Dr. Heid & Partner
RECHTSANWÄLTE · VEREID. BUCHPRÜFER
36043 FULDA, FRANZOSENWÄLDCHEN 2
TEL. (0661) 2 50 61-0, FAX 2 50 61-11

D1653801

**VOB – Teile A und B
KOMMENTAR**

HEINZ INGENSTAU †/HERMANN KORBION †

VOB
Teile A und B
KOMMENTAR

16., überarbeitete Auflage

herausgegeben von
Prof. Dr. Horst Locher und Prof. Dr. Klaus Vygen

bearbeitet von

Prof. Dr. Christian Döring, Rechtsanwalt, Stuttgart; **Bernd Düsterdiek,** Deutscher Städte- und Gemeindebund, Bonn; **Dr. Edgar Joussen,** Rechtsanwalt, Berlin; **Karl-Heinz Keldungs,** Vorsitzender Richter am Oberlandesgericht Düsseldorf; **Claus-Jürgen Korbion,** Rechtsanwalt, Düsseldorf; **Dr. Rüdiger Kratzenberg,** Ministerialrat im Bundesministerium für Verkehr, Bau und Stadtentwicklung; **Prof. Dr. Horst Locher,** Rechtsanwalt, Reutlingen; **Dr. Ulrich Locher,** Rechtsanwalt, Reutlingen; **Malte Müller-Wrede,** Rechtsanwalt, Berlin; **Peter Oppler,** Rechtsanwalt, München; **Norbert Portz,** Beigeordneter, Deutscher Städte- und Gemeindebund; **Dr. Claus Schmitz** M. A., Rechtsanwalt, München; **Dr. Urban Schranner,** Rechtsanwalt, Berlin; **Christian Sienz,** Rechtsanwalt, München; **Prof. Dr. Klaus Vygen,** Vorsitzender Richter am Oberlandesgericht a.D., Düsseldorf; **Universitätsprofessor Dr. iur. Axel Wirth,** TU Darmstadt.

1. Auflage 1960
2. Auflage 1962
3. Auflage 1964
4. Auflage 1966
5. Auflage 1968
6. Auflage 1971
7. Auflage 1974
8. Auflage 1977
9. Auflage 1980
10. Auflage 1984
11. Auflage 1989
12. Auflage 1993
13. Auflage 1996
14. Auflage 2001
15. Auflage 2004
16. Auflage 2007

Bibliografische Information der Deutschen Bibliothek
Die Deutsche Bibliothek verzeichnet diese Publikation in der Deutschen Nationalbibliografie; detaillierte bibliografische Daten sind im Internet über http://dnb.ddb.de abrufbar

ISBN 3-8041-2141-1

Werner – eine Marke der Wolters Kluwer Deutschland GmbH
Alle Rechte vorbehalten.
© 2007 by Wolters Kluwer Deutschland GmbH, Neuwied
Das Werk einschließlich aller seiner Teile ist urheberrechtlich geschützt. Jede Verwertung außerhalb der engen Grenzen des Urheberrechtsgesetzes ist ohne Zustimmung des Verlages unzulässig und strafbar. Das gilt insbesondere für Vervielfältigungen und Übersetzungen, Mikroverfilmungen und die Einspeicherung und Verarbeitung in elektronischen Systemen.
Satz: Satz-Offizin Hümmer GmbH, Waldbüttelbrunn
Umschlaggestaltung: Futurweiss Kommunikationen, Wiesbaden
Druck und Verarbeitung: Lego Print, Lavis (Trento) Italien
Printed in Italy, December 2006
www.werner-verlag.de

Vorwort zur 16. Auflage

In Erinnerung an Hermann Korbion, der in diesem Jahr – zusammen mit der VOB – 80 Jahre alt geworden wäre, wird nun die 16. Auflage dieses VOB-Kommentars vorgelegt. Es ist dies nun schon die dritte Auflage nach dem Tode Korbions im Jahre 1999. Seinem Vermächtnis fühlen sich die Herausgeber und das gesamte Autorenteam verpflichtet. Im Vorwort zur 1. Auflage im Jahre 1960 hatte Korbion schon darauf hingewiesen, dass es seine Absicht sei, »einen Kommentar aus der Sicht eines unabhängigen, objektiven Dritten zu schreiben«. An dieser Zielrichtung haben wir stets festgehalten und so soll es auch bleiben.

Die 16. Auflage erscheint unmittelbar nach der Veröffentlichung der Neufassung aller drei Teile der VOB und ihrem Inkrafttreten am 1. November 2006. Trotzdem sind selbstverständlich alle Neuerungen in der VOB/A und in der VOB/B nicht nur abgedruckt, sondern auch bereits kommentiert, da die neue Fassung schon seit einigen Monaten bekannt war.

In dieser 16. Auflage gibt es einige wichtige Neuerungen:

Die bedeutendste Änderung ist sicherlich darin zu sehen, dass die Kommentierung der §§ 98 ff. GWB und der Vergabe-Verordnung, also die umfangreichen Vorschriften für die Bauvergaben der öffentlichen Auftraggeber oberhalb der Schwellenwerte, in diesem VOB-Kommentar jetzt nicht mehr enthalten sind. Dafür gab es zwei gewichtige Gründe: Zum einen sollte der Ingenstau/Korbion unbedingt weiterhin einbändig bleiben, was aber bei Einbeziehung des GWB und der VergabeVO nicht mehr möglich gewesen wäre, da schon die 15. Auflage mehr als 3.200 Seiten umfasste. Zum anderen hat sich das Vergaberecht oberhalb der Schwellenwerte weitgehend von der VOB/A gelöst und sich mehr und mehr zu einem eigenen Rechtsgebiet entwickelt und verselbstständigt. Dies hat jetzt auch das Bundesverfassungsgericht in seinem Beschluss vom 13. Juni 2006 – 1 BvR 1160/03 – BauR 2007, Heft 1 – bestätigt. Damit ist der Ingenstau/Korbion zu seinen Wurzeln zurückgekehrt und wieder ein lupenreiner VOB-Kommentar geworden.

Als weitere Neuerung wurden die Zitate deutlich gekürzt und erscheinen nun nicht mehr als Fußnoten, sondern sind in den Text eingearbeitet worden, so dass der Leser sofort erkennen kann, ob es sich um eine gesicherte BGH-Rechtsprechung oder aber um eine bedeutende oder auch weniger bedeutende Literaturmeinung oder die Rechtsprechung eines Oberlandesgerichts oder Landgerichts handelt. Da dem Kommentar eine CD-ROM mit allen im Kommentar zitierten und zudem in der Zeitschrift BauR (seit 1970) veröffentlichten Entscheidungen beigefügt ist, konnten zahlreiche weitere Fundstellen gespart werden.

Verlag, Herausgeber und Autoren sind für eine kritische Begleitung sowie Hinweise oder Anregungen für eine weitere Verbesserung der Gestaltung und inhaltlichen Kommentierung dankbar und hoffen auf eine rege Diskussion der Nutzer mit den jeweiligen Autoren der einzelnen Kommentierungen.

Bearbeitungsstand: September/Oktober 2006

Reutlingen/Düsseldorf, November 2006   Die Herausgeber

Vorwort

Vorwort zur ersten Auflage

Die Verfasser dieses Kommentars haben es sich zur Aufgabe gemacht, die Bestimmungen der VOB zu erläutern. Sie sind sich einer Schwierigkeit bewußt: Der anzusprechende Personenkreis ist nicht einheitlich zusammengesetzt. Während die Auftraggeber, Architekten und Auftragnehmer praktische Vorschläge und Lösungen erwünschen, wird von den Behörden, den Gerichten und den Rechtsanwälten eine Auseinandersetzung mit den einzelnen Problemen erwartet. Hinzu kommt, dass die Auslegung vertraglicher Vereinbarungen, um die es sich bei der VOB handelt, an sich schon schwieriger ist als die Kommentierung von Gesetzen. Mit Rücksicht auf die Bedürfnisse der Praxis ist auf theoretische Erörterungen weitgehend verzichtet worden. Auf der anderen Seite sind die im Laufe der Jahre in Rechtsprechung und Schrifttum erörterten Fragen eingehend behandelt. Dabei haben es die Verfasser, die weder einer mit Baufragen sich befassen-den Behörde noch einem bauberuflichen Verband angehören, die andererseits aber von Hause aus mit der Materie in etwa vertraut sind, bewußt vermieden, sich mit den beteiligten Kreisen in Verbindung zu setzen. Das geschah nicht, weil sie sich hiervon keine wertvollen Anregungen erhofften. Es war aber ihre Absicht, einen Kommentar aus der Sicht eines unabhängigen objektiven Dritten zu schreiben. Die von den beteiligten Kreisen veröffentlichten Auffassungen sind hierbei selbstverständlich verwertet worden. Auf Grund der Verarbeitung des reichhaltigen Materials haben die Verfasser sich bei den einzelnen Bestimmungen zu einer festen Meinung bekannt. Sie haben geglaubt, dem Benutzer des Kommentars aus dem Sinn der VOB sowie unter Auswertung der Rechtsprechung und des Schrifttums eine klare Lösung der Probleme geben zu müssen; gegensätzliche Meinungen und Ansichten Dritter sind dabei angeführt. Es ist Aufgabe eines Kommentars, von dem bestehenden Gesetz auszugehen. So können auch bei der Kommentierung der VOB die Wünsche einzelner Beteiligter, mögen sie auch im Einzelfall berechtigt sein, nicht berücksichtigt werden. Diese Aufgabe zu erfüllen, ist eine Angelegenheit der Verfasser der VOB.

Die Rechtsprechung der höheren Gerichte ist bis in die letzte Zeit berücksichtigt. Wenn auf eine Spezialfundstelle immer wieder verwiesen werden mußte, so geschah das aus dem Grunde, weil sehr viele Entscheidungen an anderer Stelle nicht veröffentlicht sind. Es läßt sich aber nicht verantworten, aus diesem Grunde die Rechtsprechung zu übergehen. Zudem sind in allen diesen Fällen die Leitgedanken der Entscheidungen in den Kommentaren aufgenommen.

Düsseldorf, im August 1960   Die Verfasser

Bearbeiterverzeichnis

Prof. Dr. Christian Döring	VOB/A §§ 11, 12
	VOB/B §§ 3, 5, 6, 11
Bernd Düsterdiek	VOB/A §§ 32, 32a, 32b
Dr. Edgar Joussen	VOB/A § 14
	VOB/B §§ 17, 18
	Anhang 2, Anhang 4
Karl-Heinz Keldungs	VOB/A §§ 5, 5b, 15
	VOB/B Vorbemerkung, §§ 1, 2, 15
Claus-Jürgen Korbion	VOB/A § 1
	Anhang 3
Dr. Rüdiger Kratzenberg	VOB/A §§ 9–10b, 17–25b
Prof. Dr. Horst Locher	Anhang 1
Dr. Ulrich Locher	VOB/B §§ 14, 16
Malte Müller-Wrede	VOB/A §§ 1a, 1b, 3–3b
Peter Oppler	VOB/B §§ 4, 7, 12
Norbert Portz	VOB/A §§ 16, 26–33b
Dr. Claus Schmitz M.A.	VOB/B § 8 Nr. 2
Dr. Urban Schranner	VOB/A Vor §§ 2–2b, 4, 6–8b, 16–16b
	SKR §§ 1–14
Christian Sienz	Anhang 1
Prof. Dr. Klaus Vygen	Einleitung
	VOB/B Vor §§ 8 und 9, § 8 Nr. 1, 3–7, § 9
Prof. Dr. Axel Wirth	VOB/A § 13
	VOB/B §§ 10, 13

Inhaltsverzeichnis

		Seite
Abkürzungsverzeichnis		XIV
Literaturverzeichnis		XXI
Einleitung		1
VOB/A	**Allgemeine Bestimmungen für die Vergabe von Bauleistungen**	61
§ 1	Bauleistungen	61
§ 1a	Verpflichtung zur Anwendung der a-Paragraphen	106
§ 1b	Verpflichtung zur Anwendung der b-Paragraphen	124
Vor § 2	Allgemeine Erläuterungen zu den Verhandlungen über den Abschluss eines Bauvertrages	129
§ 2	Grundsätze der Vergabe	138
§ 2b	Schutz der Vertraulichkeit	166
§ 3	Arten der Vergabe	169
§ 3a	Arten der Vergabe	190
§ 3b	Arten der Vergabe	216
§ 4	Einheitliche Vergabe, Vergabe nach Losen	222
§ 5	Leistungsvertrag, Stundenlohnvertrag, Selbstkostenerstattungsvertrag	234
§ 5b	Rahmenvereinbarung	249
§ 6	Angebotsverfahren	253
§ 7	Mitwirkung von Sachverständigen	258
§ 8	Teilnehmer am Wettbewerb	269
§ 8a	Teilnehmer am Wettbewerb	332
§ 8b	Teilnehmer am Wettbewerb	347
§ 9	Beschreibung der Leistung	360
§ 9b	Beschreibung der Leistung	429
§ 10	Vergabeunterlagen	430
§ 10a	Vergabeunterlagen	466
§ 10b	Vergabeunterlagen	469
§ 11	Ausführungsfristen	472
§ 12	Vertragsstrafen und Beschleunigungsvergütungen	482
§ 13	Verjährung der Mängelansprüche	491
§ 14	Sicherheitsleistung	500
§ 15	Änderung der Vergütung	508
§ 16	Grundsätze der Ausschreibung und der Informationsübermittlung	518
§ 16a	Anforderungen an Teilnahmeanträge	539
§ 16b	Anforderungen an Teilnahmeanträge	541
§ 17	Bekanntmachung, Versand der Vergabeunterlagen	541
§ 17a	Vorinformation, Bekanntmachung, Versand der Vergabeunterlagen	558
§ 17b	Aufruf zum Wettbewerb	567
§ 18	Angebotsfrist, Bewerbungsfrist	576
§ 18a	Angebotsfrist, Bewerbungsfrist	583
§ 18b	Angebotsfrist, Bewerbungsfrist	591
§ 19	Zuschlags- und Bindefrist	595
§ 20	Kosten	608
Vor §§ 21 ff.	Vorbemerkung zu §§ 21 ff.	625
§ 21	Form und Inhalt der Angebote	629
§ 21a	Form der Angebote	648
§ 21b	Form der Angebote	648
§ 22	Eröffnungstermin	649
§ 23	Prüfung der Angebote	667

Inhaltsverzeichnis

Seite

§ 24	Aufklärung des Angebotsinhalts	675
§ 25	Wertung der Angebote	687
§ 25a	Wertung der Angebote	735
§ 25b	Wertung der Angebote	738
§ 26	Aufhebung der Ausschreibung	740
§ 26a	Mitteilung über den Verzicht auf die Vergabe	771
§ 27	Nicht berücksichtigte Bewerbungen und Angebote	776
§ 27a	Nicht berücksichtigte Bewerbungen	787
§ 27b	Mitteilungspflichten	804
§ 28	Zuschlag	810
§ 28a	Bekanntmachung der Auftragserteilung	822
§ 28b	Bekanntmachung der Auftragserteilung	827
§ 29	Vertragsurkunde	831
§ 30	Vergabevermerk	834
§ 30a	Vergabevermerk	843
§ 31	Nachprüfungsstellen	844
§ 31a	Nachprüfungsbehörden	848
§ 31b	Nachprüfungsbehörden	857
§ 32	Baukonzessionen	857
§ 32a	Baukonzessionen	869
§ 32b	Baukonzessionen	876
§ 33a	Melde- und Berichtspflichten	877
§ 33b	Aufbewahrungs- und Berichtspflichten	881
VOB/A-SKR	**Vergabebestimmungen nach der Richtlinie 2004/17 EG**	**885**
§ 1	Bauleistungen, Geltungsbereich	889
§ 2	Diskriminierungsverbot, Schutz der Vertraulichkeit	890
§ 3	Arten der Vergabe	890
§ 4	Rahmenvereinbarung	892
§ 5	Teilnehmer am Wettbewerb	892
§ 6	Beschreibung der Leistung	896
§ 7	Vergabeunterlagen	998
§ 8	Informationsübermittlung, Vertraulichkeit der Teilnahmeanträge und Angebote	900
§ 9	Aufruf zum Wettbewerb	901
§ 10	Angebotsfrist, Bewerbungsfrist	904
§ 11	Wertung der Angebote	905
§ 12	Mitteilungspflichten	908
§ 13	Bekanntmachung der Auftragserteilung	909
§ 14	Aufbewahrungs- und Berichtspflichten	909
§ 15	Vergabekammer	910
VOB/B	**Allgemeine Vertragsbedingungen für die Ausführung von Bauleistungen**	**911**
Vorbemerkungen vor Teil B		911
§ 1	**Art und Umfang der Leistung**	**913**
§ 1 Nr. 1	[Bestandteile des Vertrags]	914
§ 1 Nr. 2	[Auslegung von Widersprüchen]	917
§ 1 Nr. 3	[Änderungen des Bauentwurfs]	922
§ 1 Nr. 4	[Ausführung nicht vereinbarter Leistungen]	928
§ 2	**Vergütung**	**931**
§ 2 Nr. 1	[Generalklausel für die Vergütung]	957
§ 2 Nr. 2	[Die Berechnung der Vergütung]	976
§ 2 Nr. 3	[Änderungen der Vergütung/Mengenabweichungen beim Einheitspreisvertrag]	980
§ 2 Nr. 4	[Spätere Übernahme von Leistungsteilen durch den Auftraggeber]	993
§ 2 Nr. 5	[Änderung der Preisgrundlagen durch Eingriffe des Auftraggebers]	998
§ 2 Nr. 6	[Vergütung für zusätzliche Leistungen]	1014

Inhaltsverzeichnis

Seite

§ 2 Nr. 7	[Änderung der Vergütung beim Pauschalvertrag]	1026
§ 2 Nr. 8	[Nicht bestellte Leistungen]	1040
§ 2 Nr. 9	[Besondere planerische Leistungen des Auftragnehmers auf Verlangen des Auftraggebers]	1051
§ 2 Nr. 10	[Vergütung von Stundenlohnarbeiten]	1055
§ 3	**Ausführungsunterlagen**	1059
§ 3 Nr. 1	[Ausführungsunterlagen]	1063
§ 3 Nr. 2	[Abstecken der Hauptachsen]	1068
§ 3 Nr. 3	[Die Verbindlichkeit der Ausführungsunterlagen]	1071
§ 3 Nr. 4	[Feststellung des Zustandes von Straßen usw.]	1076
§ 3 Nr. 5	[Vom Auftragnehmer zu beschaffende Unterlagen]	1079
§ 3 Nr. 6	[Verwendung der in Nr. 5 genannten Unterlagen]	1081
§ 4	**Ausführung**	1086
§ 4 Nr. 1	[Die Bereitstellungs- sowie Überwachungsrechte und -pflichten des Auftraggebers]	1090
§ 4 Nr. 2	[Die grundsätzliche Verantwortlichkeit des Auftragnehmers für die ordnungsgemäße Ausführung der geschuldeten Bauleistung]	1123
§ 4 Nr. 3	[Prüfungs- und Anzeigepflicht des Auftragnehmers und ihre Auswirkungen]	1154
§ 4 Nr. 4	[Die Bereitstellungspflicht des Auftraggebers]	1190
§ 4 Nr. 5	[Schutzpflichten des Auftragnehmers]	1194
§ 4 Nr. 6	[Die Pflicht zur Beseitigung vertragswidriger Stoffe oder Bauteile]	1201
§ 4 Nr. 7	[Mängelansprüche des Auftraggebers während der Bauausführung vor Fertigstellung der vertraglichen Gesamtleistung]	1206
§ 4 Nr. 8	[Die grundsätzliche Verpflichtung des Auftragnehmers zur Selbstausführung der nach dem Vertrag geschuldeten Bauleistung]	1228
§ 4 Nr. 9	[Entdeckungen während der Ausführung]	1237
§ 4 Nr. 10	[Gemeinsame Zustandsfeststellung von Teilen der Leistung]	1240
§ 5	**Ausführungsfristen**	1244
§ 5 Nr. 1–3	[Grundregelung in Nr. 1–3]	1249
§ 5 Nr. 4	[Rechtsfolgen bei Verletzung der in Nr. 1–3 festgelegten Pflichten]	1258
§ 6	**Behinderung und Unterbrechung der Ausführung**	1270
§ 6 Nr. 1	[Die Anzeigepflicht des Auftragnehmers]	1276
§ 6 Nr. 2	[Die Verlängerung der Ausführungsfristen]	1281
§ 6 Nr. 3	[Pflichten des Auftragnehmers während und nach der Behinderung oder Unterbrechung]	1292
§ 6 Nr. 4	[Berechnung der Verlängerung der Ausführungsfristen]	1296
§ 6 Nr. 5	[Unterbrechung: Vorläufige Abrechnung während der Unterbrechung der Leistung]	1300
§ 6 Nr. 6	[Schadensersatz und Entschädigung]	1304
§ 6 Nr. 7	[Unterbrechung: Vorzeitige Vertragskündigung]	1327
§ 7	**Verteilung der Gefahr**	1332
§ 7 Nr. 1–3	Verteilung der Gefahr	1337
Vor §§ 8 und 9	[Kündigung, Rücktritt, Vertragsbeendigung]	1349
§ 8	**Kündigung durch den Auftraggeber**	1370
§ 8 Nr. 1	[Freie Kündigung »ohne wichtigen Grund«]	1377
§ 8 Nr. 2	[Kündigung wegen Vermögensverfalls des Auftragnehmers]	1404
§ 8 Nr. 3	[Kündigung durch den Auftraggeber aus wichtigem Grunde]	1421
§ 8 Nr. 4	[Kündigung wegen unzulässiger Wettbewerbsbeschränkung]	1451
§ 8 Nr. 5	[Schriftform für jede Kündigung]	1457
§ 8 Nr. 6	[Abnahme, Aufmaß und Abrechnung nach Kündigung]	1459
§ 8 Nr. 7	[Vertragsstrafe nach erfolgter Kündigung]	1468
§ 9	**Kündigung durch den Auftragnehmer**	1470
§ 9 Nr. 1	[Kündigung wegen Gläubiger- oder Schuldnerverzuges des Auftraggebers]	1475
§ 9 Nr. 2	[Formelle Kündigungsvoraussetzungen]	1497

Inhaltsverzeichnis

Seite

§ 9 Nr. 3	[Kündigungsfolgen]	1499
§ 10	**Haftung der Vertragsparteien**	1506
§ 10 Nr. 1	[Die schuldrechtlich-vertragliche Haftung der Bauvertragspartner]	1508
§ 10 Nr. 2	[Schadensausgleich im Innenverhältnis zwischen Auftragnehmer und Auftraggeber bei Haftung gegenüber einem Dritten aufgrund gesetzlicher Haftpflichtbestimmungen]	1513
§ 10 Nr. 3	[Alleinige Haftung des Auftragnehmers im Innenverhältnis: Einzelfälle unerlaubter Handlung]	1536
§ 10 Nr. 4	[Sondertatbestand: Verletzung gewerblicher Schutzrechte]	1538
§ 10 Nr. 5	[Anwendung der Ausgleichsregelungen der Nr. 2, 3 und 4 zugunsten gesetzlicher Vertreter und Erfüllungsgehilfen]	1539
§ 10 Nr. 6	[Grundpflichten der Bauvertragspartner bei Inanspruchnahme durch einen geschädigten Dritten]	1539
§ 11	**Vertragsstrafe**	1541
§ 11 Nr. 1	[Anwendung gesetzlicher Bestimmungen]	1545
§ 11 Nr. 2	[Vertragsstrafe bei nicht rechtzeitiger Erfüllung]	1552
§ 11 Nr. 3	[Fristberechnung]	1555
§ 11 Nr. 4	[Vorbehalt der Vertragsstrafe bei Abnahme]	1559
§ 12	**Abnahme**	1564
§ 12 Nr. 1	[Abnahme auf Verlangen des Auftragnehmers]	1592
§ 12 Nr. 2	[Teilabnahme]	1599
§ 12 Nr. 3	[Abnahmeverweigerung]	1603
§ 12 Nr. 4	[Förmliche Abnahme]	1608
§ 12 Nr. 5	[Fiktive Abnahme]	1616
§ 12 Nr. 6	[Gefahrübergang]	1624
§ 13	**Mängelansprüche**	1624
Vor § 13		1634
§ 13 Nr. 1	[Sachmangelfreie Leistung]	1704
§ 13 Nr. 2	[Leistungen nach Probe]	1735
§ 13 Nr. 3	[Haftung des Auftraggebers]	1738
§ 13 Nr. 4	[Verjährungsfrist für Mängelansprüche]	1753
§ 13 Nr. 5	[Mängelbeseitigung durch Auftragnehmer]	1816
§ 13 Nr. 6	[Minderung]	1879
§ 13 Nr. 7	[Schadensersatz]	1898
§ 14	**Abrechnung**	1935
§ 14 Nr. 1	[Voraussetzungen der Prüfbarkeit der Rechnungen]	1938
§ 14 Nr. 2	[Das Aufmaß]	1945
§ 14 Nr. 3	[Zeitpunkt der Einreichung der Schlussrechnung]	1952
§ 14 Nr. 4	[Rechnungsaufstellung durch Auftraggeber]	1954
§ 15	**Stundenlohnarbeiten**	1960
§ 15 Nr. 1	[Grundsätze für die Abrechnung nach Stundenlöhnen]	1963
§ 15 Nr. 2	[Zusätzliche Aufsichtsvergütung]	1968
§ 15 Nr. 3	[Kontrolle der Stundenlohnleistungen durch den Auftraggeber]	1970
§ 15 Nr. 4	[Frist zur Vorlage von Stundenlohnrechnungen; Zahlung]	1978
§ 15 Nr. 5	[Abrechnung bei Zweifeln über Umfang der Stundenlohnarbeiten]	1980
§ 16	**Zahlung**	1984
§ 16 Nr. 1	[Abschlagszahlungen]	1996
§ 16 Nr. 2	[Vorauszahlungen]	2013
§ 16 Nr. 3	[Die Schlusszahlung]	2018
§ 16 Nr. 4	[Die Teilschlusszahlung]	2064
§ 16 Nr. 5	[Beschleunigung von Zahlungen; Skontoabzüge; Folgen verzögerter Zahlung, insbesondere Zinsen, Arbeitseinstellung]	2066
§ 16 Nr. 6	[Zahlung der Vergütung des Auftragnehmers durch den Auftraggeber an Dritte]	2079

Inhaltsverzeichnis

		Seite
§ 17	**Sicherheitsleistung**	2087
§ 17 Nr. 1	[Ausdrückliche Vereinbarung, Zweck und Höhe der Sicherheitsleistung]	2092
§ 17 Nr. 2	[Arten der Sicherheitsleistung]	2114
§ 17 Nr. 3	[Wahlrecht und Austauschrecht des Auftragnehmers]	2116
§ 17 Nr. 4	[Sicherheitsleistung durch Bürgschaft]	2132
§ 17 Nr. 5	[Sicherheitsleistung durch Hinterlegung von Geld]	2183
§ 17 Nr. 6	[Sicherheitsleistung durch Einbehalt von Zahlungen]	2185
§ 17 Nr. 7	[Fristgerechte Leistung der Sicherheit durch Auftragnehmer]	2200
§ 17 Nr. 8	[Rückgabe der Sicherheit]	2203
§ 18	**Streitigkeiten**	2218
§ 18 Nr. 1	[Gerichtsstand für gerichtliche Streitigkeiten aus dem Bauvertrag]	2220
§ 18 Nr. 2	[Die Klärung von Meinungsverschiedenheiten bei Verträgen mit Behörden]	2234
§ 18 Nr. 3	[Vereinbarung von Verfahren zur Streitbeilegung]	2242
§ 18 Nr. 4	[Einschaltung einer staatlich anerkannten Materialprüfungsstelle]	2244
§ 18 Nr. 5	[Grundsätzlich keine Befugnis des Auftragnehmers zur Arbeitseinstellung]	2252
Anhang 1	AGB-Recht und VOB/B	2255
Anhang 2	Sicherung von Vergütungsansprüchen der Bauunternehmer	2305
Anhang 3	Die Unternehmereinsatzformen	2409
Anhang 4	Selbstständiges Beweisverfahren, Schiedsgutachten und Schiedsverfahren	2624
Stichwortverzeichnis		2691

Benutzerhinweise für CD-ROM

Abkürzungsverzeichnis

a.A.	anderer Ansicht
a.a.O.	am angegebenen Ort
ABN	Allgemeine Bedingungen für die Bauwesenversicherung von Gebäuden
Abs.	Absatz
AbzG	Abzahlungsgesetz
AcP	Archiv für die civilistische Praxis
a.E.	am Ende
a.F.	alte Fassung
AFG	Arbeitsförderungsgesetz
AG	Amtsgericht
AGB	Allgemeine Geschäftsbedingungen
AGB-Gesetz bzw. AGBG	Gesetz zur Regelung des Rechts der Allgemeinen Geschäftsbedingungen
AHaftpflichtVB	Allgemeine Haftpflichtversicherungsbedingungen
AHB	Allgemeine Versicherungsbedingungen für die Haftpflicht-Versicherung
ALR	Preußisches Allgemeines Landrecht
Alt.	Alternative
a.M.	anderer Meinung
Anh.	Anhang
AnwBl.	Anwaltsblatt (Zeitschrift)
AO	Abgabenordnung
AöR	Archiv für öffentliches Recht
AR	Arbeit und Recht (Zeitschrift)
ArbGG	Arbeitsgerichtsgesetz
ArchBR	Archiv für Bürgerliches Recht
Arge	Arbeitsgemeinschaft
ATV	Allgemeine Technische Vertragsbedingungen
AÜG	Arbeitnehmerüberlassungsgesetz
Aufl.	Auflage
AVB	Allgemeine Vertragsbedingungen
BAG	Bundesarbeitsgericht, auch amtliche Sammlung der Entscheidungen des Bundesarbeitsgerichts
BAnz.	Bundesanzeiger
BauGB	Baugesetzbuch (früher BBauG)
BauPG	Bauproduktengesetz
BaupreisVO	Baupreisverordnung
BauR	Baurecht, Zeitschrift für das gesamte öffentliche und zivile Baurecht
BauRB	Der Baurechtsberater (Zeitschrift)
BaustellV	Baustellenverordnung
BayObLG	Bayerisches Oberstes Landesgericht
BayVBl.	Bayerische Verwaltungsblätter (Zeitschrift)
BayVGH	Bayerischer Verwaltungsgerichtshof
BB	Der Betriebs-Berater (Zeitschrift)
BBB	BundesBauBlatt
Bd.	Band
BEG	Bundesentschädigungsgesetz
Beil.	Beilage

Abkürzungsverzeichnis

Beschl. v.	Beschluss vom
Betrieb	Der Betrieb (Zeitschrift)
BEvakG	Bundesevakuiertengesetz
BGB	Bürgerliches Gesetzbuch
BGBl.	Bundesgesetzblatt
BGH	Bundesgerichtshof
BGHSt	Amtliche Sammlung der Entscheidungen des Bundesgerichtshofes in Strafsachen
BGHZ	Amtliche Sammlung der Entscheidungen des Bundesgerichtshofes in Zivilsachen
BHO	Bundeshaushaltsordnung
BImSchG	Bundes-Immissionsschutzgesetz
BKR	Zeitschrift für Bank- und Kapitalmarktrecht; Baukoordinierungsrichtlinie
BLB	Bauleistungsbuch
BlGBW	Blätter für Grundstücks-, Bau- und Wohnungsrecht (Zeitschrift) bis 1991
BrBp	Baurecht und Baupraxis (Zeitschrift)
BR-Drucks.	Bundesratsdrucksache
BReg.	Bundesregierung
BStBl.	Bundessteuerblatt
BT-Drucks.	Bundestagsdrucksache
BTR	Der Bauträger (Zeitschrift)
BTV	Besondere Technische Vertragsbedingungen
BVB	Besondere Vertragsbedingungen
BVerwG	Bundesverwaltungsgericht
BVerwGE	Amtliche Sammlung der Entscheidungssammlung des Bundesverwaltungsgerichts
BVFG	Bundesvertriebenengesetz
BW	Bauwirtschaft (Zeitschrift)
bzw.	beziehungsweise
CEN	Europäisches Komitee für Normung
CENELEC	Europäisches Komitee für Elektronische Normung
c.i.c.	culpa in contrahendo (Verschulden bei Vertragsschluss)
DAA	Deutscher Aufzugsausschuss
DAB	Deutsches Architektenblatt (Zeitschrift)
DAR	Deutsches Autorecht (Zeitschrift)
DB	Der Betrieb (Zeitschrift)
ders.	derselbe
d.h.	das heißt
DIN	Deutsches Institut für Normung e.V.
Diss.	Dissertation
DJ	Deutsche Justiz (Zeitschrift)
DNA	Deutscher Normenausschuss
DNotZ	Deutsche Notar-Zeitschrift
DÖV	Die Öffentliche Verwaltung (Zeitschrift)
DRiZ	Deutsche Richterzeitung (Zeitschrift)
DVA	Deutscher Vergabe- und Vertragsausschuss
DVBl.	Deutsches Verwaltungsblatt

Abkürzungsverzeichnis

DWW	Deutsche Wohnungswirtschaft (Zeitschrift)
EG	Europäische Gemeinschaften
EKStG	Einkommensteuergesetz
EN	Europäische Normen
ErgBd.	Ergänzungsband
ETB	Einheitliche Technische Baubestimmungen
EU	Europäische Union
EuGH	Europäischer Gerichtshof
EuZW	Europäische Zeitschrift für Wirtschaftsrecht
EVM	Einheitliche Verdingungsmuster der Finanzbauverwaltungen
EWG	Europäische Wirtschaftsgemeinschaft
EWiR	Entscheidungen zum Wirtschaftsrecht (Zeitschrift)
EWR	Europäischer Wirtschaftsraum
FamRZ	Zeitschrift für das gesamte Familienrecht
FS	Festschrift
FG	Festgabe
GAEB	Gemeinsamer Ausschuss Elektronik im Bauwesen
GBl.	Gesetzblatt
GE	Das Grundeigentum (Zeitschrift)
GefStoffVO	Gefahrstoffverordnung
GewA	Gewerbearchiv (Zeitschrift)
GewO	Gewerbeordnung
GG	Grundgesetz
GMBl.	Gemeinsames Ministerialblatt des Bundesministers für Wirtschaft und Finanzen
GmSOGB	Gemeinsamer Senat der obersten Gerichtshöfe des Bundes
GOA	Gebührenordnung für Architekten
GOI	Gebührenordnung für Ingenieure
Gruchot	Beiträge zur Erläuterung des Deutschen Rechts, begründet von Gruchot
GrundE	Das Grundeigentum (Zeitschrift)
GRUR	Gewerblicher Rechtsschutz und Urheberrecht (Zeitschrift)
GSB	Gesetz zur Sicherung von Bauforderungen
GU	Generalunternehmer
GVBl.	Gesetz- und Verordnungsblatt
GVG	Gerichtsverfassungsgesetz
GWB	Gesetz gegen Wettbewerbsbeschränkungen
HD	Harmonisierungsdokumente
HGB	Handelsgesetzbuch
HGrG	Haushaltsgrundsätzegesetz
h.M.	herrschende Meinung
HO	Handwerksordnung
HOAI	Verordnung über die Honorare für Leistungen der Architekten und der Ingenieure
HpflG	Haftpflichtgesetz
HRR	Höchstrichterliche Rechtsprechung
Hs.	Halbsatz

Abkürzungsverzeichnis

IB	Wussow, Informationen zum Baurecht (Zeitschrift)
IBR	Immobilien und Baurecht (Zeitschrift)
i.d.F. v.	in der Fassung vom
i.d.R.	in der Regel
i.d.S.	in diesem Sinne
i.E.	im Ergebnis
insbes.	insbesondere
InsO	Insolvenzordnung
InVo	Insolvenz und Vollstreckung (Zeitschrift)
i.S.d.	im Sinne des/dieses
ISO	Internationale Organisation für Normung
i.S.v.	im Sinne von
i.V.m.	in Verbindung mit
JA	Juristische Arbeitsblätter (Zeitschrift)
JBl. Saar	Justizblatt des Saarlandes
JMBl. NW	Justizministerialblatt für das Land Nordrhein-Westfalen
JR	Juristische Rundschau (Zeitschrift)
Jura	Juristische Ausbildung (Zeitschrift)
JurBüro	Das juristische Büro (Zeitschrift)
JuS	Juristische Schulung (Zeitschrift)
JW	Juristische Wochenschrift (Zeitschrift)
JZ	Juristenzeitung (Zeitschrift)
KG	Kammergericht; Kommanditgesellschaft
KO	Konkursordnung
KOM	Kommissionsdokument(e)
Komm.	Kommentar
KTA	Kerntechnischer Ausschuss
KTS	Konkurs-, Treuhand- und Schiedsgerichtswesen, Zeitschrift für Insolvenzrecht
(L)	im Rahmen zitierter Entscheidungen: nur Leitsatz veröffentlicht
LBO	Landesbauordnung
LG	Landgericht
LHO	Leistungs- und Honorarordnung der Beratenden Ingenieure
lit.	litera (Buchstabe)
LKR	Lieferkoordinierungsrichtlinie
LM	Lindenmaier/Möhring, Nachschlagewerk zur BGH-Rechtsprechung (Zeitschrift)
LSP-Bau	Leitsätze für die Ermittlung von Preisen für Bauleistungen aufgrund von Selbstkosten; Anlage zur VO PR Nr. 1/72
LZ	Leipziger Zeitschrift für Deutsches Recht
MaBV	Makler- und Bauträgerverordnung
m.Anm. v.	mit Anmerkung von
MBl.	Ministerialblatt
MDR	Monatsschrift für Deutsches Recht (Zeitschrift)
MinBlFin.	Ministerialblatt des Bundesfinanzministers
MitBl.	Mitteilungsblatt

Abkürzungsverzeichnis

MittBayNot	Mitteilungen des Bayerischen Notarvereins, der Notarkasse und der Landesnotarkammer Bayern, herausgegeben vom Bayerischen Notarverein e.V., München
MRVG	Gesetz zur Verbesserung des Mietrechts
m.w.N.	mit weiteren Nachweisen
NdsRpfl.	Niedersächsische Rechtspflege (Zeitschrift)
n.F.	neue Fassung
NJW	Neue Juristische Wochenschrift (Zeitschrift)
NJW-RR	NJW-Rechtsprechungsreport Zivilrecht (Zeitschrift)
NpV	Nachprüfungsverordnung
Nr.	Nummer
NVwZ	Neue Zeitschrift für Verwaltungsrecht
NVwZ-RR	Neue Zeitschrift für Verwaltungsrecht, Rechtsprechungsreport
NW	Nordrhein-Westfalen
NZBau	Neue Zeitschrift für Baurecht und Vergaberecht
NZV	Neue Zeitschrift für Verkehrsrecht
o.Ä.	oder ähnliches
OLG	Oberlandesgericht, zugleich Sammlung der Rechtsprechung der Oberlandesgerichte
OLGR	OLG-Report, Zivilrechtsprechung der Oberlandesgerichte
OLGZ	Entscheidungen der Oberlandesgerichte in Zivilsachen
OVG	Oberverwaltungsgericht
ProdHG	Produkthaftungsgesetz
ProdSG	Produktsicherheitsgesetz
pVV	positive Vertragsverletzung
RBBau	Richtlinien des Bundesministers für Raumordnung, Bauwesen und Städtebau für die Durchführung von Bauaufgaben des Bundes im Zuständigkeitsbereich der Finanzbauverwaltungen
RdA	Recht der Arbeit (Zeitschrift)
Rn.	Randnummer
RG	Reichsgericht
RGBl.	Reichsgesetzblatt
RGRK	Kommentar der Reichsgerichtsräte zum BGB, herausgegeben von Mitgliedern des Bundesgerichtshofes
RGSt.	Amtliche Entscheidungssammlung des Reichsgerichts in Strafsachen
RGZ	Amtliche Entscheidungssammlung des Reichsgerichts in Zivilsachen
RIW	Recht der internationalen Wirtschaft (Zeitschrift)
Rpfleger	Der Deutsche Rechtspfleger (Zeitschrift)
RVO	Reichsversicherungsordnung
S.	Seite; Satz
SchlHA	Schleswig-Holsteinische Anzeigen
SchwarzarbG	Gesetz zur Bekämpfung der Schwarzarbeit
SeuffArch.	Seufferts Archiv für Entscheidungen oberster Gerichte
SFH	Schäfer/Finnern/Hochstein, Rechtsprechung zum privaten Baurecht (vormals: Schäfer/Finnern, Rechtsprechung der Bau-Ausführung)
SKR	Vergabebestimmungen nach der EG-Sektorenrichtlinie

Abkürzungsverzeichnis

Slg.	Sammlung (der Rechtsprechung des EuGH)
SMBl.	Sammelblatt
StGB	Strafgesetzbuch
st.Rspr.	ständige Rechtsprechung
TA Luft	Technische Anleitung zur Reinhaltung der Luft
TS	Technische Spezifikationen
TVR-Gas	Technische Vorschriften und Richtlinien für die Errichtung und Unterhaltung von Niederdruckgasanlagen in Gebäuden und auf Grundstücken
u.a.	unter anderem
UFITA	Archiv für Urheber-, Film-, Funk- und Theaterrecht
UKlaG	Unterlassungsklagengesetz
UrhG	Urheberrechtsgesetz
Urt. v.	Urteil vom
usw.	und so weiter
u.U.	unter Umständen
UVV	Unfallverhütungsvorschriften der Berufsgenossenschaften
UWG	Gesetz gegen unlauteren Wettbewerb
v.	vom, von
VDE	Verein Deutscher Elektrotechniker
VDI	Verein Deutscher Ingenieure
VerbrKrG	Gesetz über Verbraucherkredite
VergabeR	Zeitschrift für das gesamte Vergaberecht
VergVO	Vergabeverordnung
VerkMitt.	Verkehrsrechtliche Mitteilungen (Zeitschrift)
VersPrax	Versicherungspraxis (Zeitschrift)
VersR	Versicherungsrecht (Zeitschrift)
VG	Verwaltungsgericht
vgl.	vergleiche
VglO	Vergleichsordnung
VgRÄG	Vergaberechtsänderungsgesetz
VgV	Vergabeverordnung
v.H.	von Hundert
VHB	Vergabehandbuch für die Durchführung von Bauaufgaben des Bundes im Zuständigkeitsbereich der Finanzbauverwaltungen
VK	Vergabekammer
VOB	Vergabe- und Vertragsordnung für Bauleistungen
VOB/A	Vergabe- und Vertragsordnung für Bauleistungen, Teil A
VOB/B	Vergabe- und Vertragsordnung für Bauleistungen, Teil B
VOB/C	Vergabe- und Vertragsordnung für Bauleistungen, Teil C
VOL	Verdingungsordnung für Leistungen
Vor	Vorbemerkung
VRS	Verkehrsrechtssammlung (Zeitschrift)
VÜA	Vergabeüberwachungsausschuss
VVG	Versicherungsvertragsgesetz
VW	Versicherungswirtschaft (Zeitschrift)
VwGO	Verwaltungsgerichtsordnung
VwVfG	Verwaltungsverfahrensgesetz

Abkürzungsverzeichnis

WEG	Gesetz über das Wohnungseigentum und das Dauerwohnrecht
WEZ	Zeitschrift für Wohnungseigentumsrecht
WHG	Wasserhaushaltsgesetz
WiKG	Gesetz zur Bekämpfung der Wirtschaftskriminalität
WM	Wertpapiermitteilungen (Zeitschrift)
WRP	Wettbewerb in Recht und Praxis (Zeitschrift)
WuM	Wohnungswirtschaft und Mietrecht (Zeitschrift)
WuW	Wirtschaft und Wettbewerb (Zeitschrift)
z.B.	zum Beispiel
ZfA	Zeitschrift für Arbeitsrecht
ZfBR	Zeitschrift für deutsches und internationales Baurecht
ZfIR	Zeitschrift für Immobilienrecht
ZfS	Zeitschrift für Schadensrecht
Ziff.	Ziffer
ZIP	Zeitschrift für Wirtschaftsrecht
ZMR	Zeitschrift für Miet- und Raumrecht
ZPO	Zivilprozessordnung
ZRP	Zeitschrift für Rechtspolitik; Beilage zur Neuen Juristischen Wochenschrift
ZSW	Zeitschrift für das gesamte Sachverständigenwesen
z.T.	zum Teil
ZuSEG	Gesetz über die Entschädigung von Zeugen und Sachverständigen
ZVB	Zusätzliche Vertragsbedingungen
ZVersWiss	Zeitschrift für die gesamte Versicherungswissenschaft
ZVgR	Zeitschrift für deutsches und internationales Vergaberecht
ZZP	Zeitschrift für Zivilprozess
z.Zt.	zur Zeit

Literaturverzeichnis

Adolphsen Das Uncitral-Modellgesetz über die Beschaffung von Gütern, Bau- und Dienstleistungen, 1996; **Ax/Schneider/Reichert** VOF Die Vergabe von freiberuflichen Leistungen, 2005; **Bärmann/Pick** WEG, Wohnungseigentumsgesetz Kommentar, 15. Aufl. 2001; 17. Aufl. 2006; **Bärmann/Pick/Merle** Wohnungseigentumsgesetz Kommentar, 9. Aufl. 2003; **Bärmann/Seuß** Praxis des Wohnungseigentums, 4. Aufl. 1996; **Bar, von** Verkehrspflichten, 1980; **Barnickel** Aktuelle kartellrechtliche Probleme der Bauwirtschaft; **Bassenge** Wohnungseigentum, 5. Aufl. 1999; **Battis/Krautzberger/Löhr** Baugesetzbuch: BauGB, 9. Aufl. 2005; **Baumbach/Hopt** Handelsgesetzbuch, 32. Aufl. 2006; **Baumbach/Lauterbach/Albers/Hartmann** Zivilprozessordnung, 64. Aufl. 2006; **Baumgärtel** Handbuch der Beweislast im Privatrecht, Band 1, 2. Aufl. 1991; **Baur** Der schiedsrichterliche Vergleich, 1971; **Bayerlein u.a.** Praxishandbuch Sachverständigenrecht, 3. Aufl. 2002; **Bechtold** Kartellgesetz, Gesetz gegen Wettbewerbsbeschränkungen, 3. Aufl. 2002; **Beck'sches Richterhandbuch** 2. Aufl. 1999; **Beck'scher VOB-Kommentar** Teil A, 2001 (hrsgg. von Motzke/Pietzcker/Prieß); Teil B, 1997 (hrsgg. von Ganten/Jagenburg/Motzke); **Belz** Handbuch des Wohnungseigentums, 3. Aufl. 1996; **Biermann** Der Bauleiter im Bauunternehmen, 3. Aufl. 1996; **Bindhardt/Jagenburg** Die Haftung des Architekten, 8. Aufl. 1981; **Blaese** Der Erfüllungsanspruch und seine Konkretisierung im Werkvertrag, Baurechtliche Schriften, 1988; **Boeddinghaus/Hahn/Schulte** Die neue Bauordnung in Nordrhein-Westfalen, 2. Aufl. 2000; **Boesen** Vergaberecht, Kommentar zum 4. Teil des GWB, 2. Aufl. 2002; **Brox/Rüthers/Schlüter/Jülicher** Arbeitskampfrecht, 2. Aufl. 1982; **Pause** Bauträgerkauf und Baumodelle, 4. Aufl. 2004; **Bschorr/Zanner** Die Vertragsstrafe im Bauwesen, 2003; **Burchardt/Pfülb** ARGE-Kommentar, 4. Aufl. 2006; **Burmeister** Die Bindung der Gemeinden an die Verdingungsordnung für Bauleistungen (VOB), 1989; **Buss** Schallschutz von A-Z (Loseblatt); **Byok/Jaeger** Kommentar zum Vergaberecht, 2. Aufl. 2005; **Canaris** Schuldrechtsmodernisierung 2002, 2002; **Chossy, von** Bauarbeiterschutz, 1966; **Claussen/Ostendorf** Korruption im öffentlichen Dienst, 2. Aufl. 2002; **Christoffel** Bauunternehmer- und Bauhandwerkerrecht; **Cuypers** Das neue Bauvertragsrecht, 2. Aufl. 2002; **Cuypers/Böhm** Rechtshandbuch der Sanierung und Modernisierung von Gebäuden, 1995; **Damerau, von der/Tauterat** VOB im Bild, 2 Bände: Hochbau- und Ausbauarbeiten, 18. Aufl. 2005; Tiefbau- und Erdarbeiten, 17. Aufl. 2003; **Daub/Eberstein** VPÖÄ – Die Preise bei öffentlichen Aufträgen, 9. Aufl. 2003; **Daub/Eberstein** VOL – Verdingungsordnung für Leistungen (Loseblatt); **Daub/Piel/Soergel** Kommentar zur VOB Teil A (Band 1), 1981; **Daub/Piel/Soergel/Steffani** Kommentar zur VOB Teil B (Band 2), 1976; **Dauner-Lieb/Heidel/Lepa/Ring** Anwaltkommentar Schuldrecht, 2002; **Dierbach/Ditten** Handbuch VOB/B, 5. Aufl. 2003; **Döderlein/Vygen** Taschenlexikon bau- und architektenrechtlicher Entscheidungen (Loseblatt), 7. Aufl., Stand: Juni 2006; **Dörner/Luczak/Wildschütz** Handbuch des Fachanwalts Arbeitsrecht, 5. Aufl. 2006; **Dolzer/Vogel/Graßhof** Bonner Kommentar zum Grundgesetz (Loseblatt); **Donus** Der Fertighausvertrag, 1998; **Ebisch/Gottschalk** Preise und Preisprüfungen bei öffentlichen Aufträgen, 7. Aufl. 2001; **Ehrhardt-Renken** Kostenvorschuss zur Mängelbeseitigung, Baurechtliche Schriften, 1986; **Eickmann u.a.** Heidelberger Kommentar zur Insolvenzordnung, 4. Aufl. 2006; **Englert/Bauer** Rechtsfragen zum Baugrund, Baurechtliche Schriften, Band 5, 2. Aufl. 1991; **Englert/Grauvogel/Maurer** Handbuch des Baugrund- und Tiefbaurechts 3. Aufl. 2004; **Englert/Stocker** 40 Jahre Spezialtiefbau 1953–1993, Festschrift für Karlheinz Bauer zum 65. Geburtstag, 1993; **Erdl** Der neue Vergaberechtsschutz, Baurechtliche Schriften,1999; **Erman** Handkommentar zum BGB, 11. Aufl. 2004; **Eschenbruch** Recht der Projektsteuerung, 2. Aufl. 2003; **Fahrenschon u.a.** Arge-Kommentar, Juristische und betriebswirtschaftliche Erläuterungen zum Arbeitsgemeinschaftsvertrag, 3. Aufl. 1998; **Feber** Schadensersatzansprüche bei der Auftragsvergabe nach VOB/A, Baurechtliche Schriften, 1987 1993; Festgabe für Rudolf Lukes, 2002; Festgabe für Steffen Kraus, 2003; Festschrift für Carl Soergel, 1993; Festschrift für E.v. Caemmerer, 1978; Festschrift für Gerd Motzke, 2006; Festschrift für Götz von Craushaar, 1997; Festschrift für Hermann Korbion, 1986; Festschrift für Horst Locher, 1990; Festschrift für Jack Mantscheff, 2000; Festschrift für Karl-

Literaturverzeichnis

Heinz Schiffers, 2001; Festschrift für Klaus Vygen, 1999; Festschrift für Konrad Gelzer, 1991; Festschrift für Walter Jagenburg, 2002; Festschrift für Wolfgang Heiermann, 1995; **Fikentscher** Die Geschäftsgrundlage als Frage des Vertragsrisikos, 1971; **Fischer** Die Regeln der Technik im Bauvertragsrecht, Baurechtliche Schriften, 1986; **Fischer** Wartungsverträge 2. Aufl. 2003; **Fleischmann/Hemmerich** Angebotskalkulation mit Richtwerten, 4. Aufl. 2004; **Franke/Höfler** Auftragsvergabe nach VOL/A und VOF, 1999; **Franke/Kemper/Zanner/Grünhagen** VOB-Kommentar, 2. Aufl. 2004; **Frieling** Klauseln im Bauvertrag, 1993; **Frikell/Frikell** Der Subunternehmervertrag Bau, 2. Aufl. 1999; **Fritz** Haftungsfreizeichnung im Bauträger- und Architektenvertrag nach dem AGBG, 1979; **Frommhold/Hasenjäger** Wohnungsbau-Normen, 24. Aufl. 2005; **Gädtke/Temme/Heintz** Landesbauordnung Nordrhein-Westfalen, 10. Aufl. 2003; **Ganten** Pflichtverletzung und Schadensrisiko im privaten Baurecht, 1986; **Gauch** Der Werkvertrag (Schweizerisches Recht), 4. Aufl. 1996; **Gauch** Kommentar zur SIA-Norm 118 Art. 157–190 sowie zu Art. 38–156, ferner zu Art. 157–190 (Schweizerisches Recht), 1991 und 1992; **Geigel** Der Haftpflichtprozess, 24. Aufl. 2004; **Geiger** EUV/EGV, Kommentar, 4. Aufl. 2004; **Glatzel/Hofmann/Frikell** Unwirksame Bauvertragsklauseln nach dem AGB-Gesetz, 10. Aufl. 2003; **Groß** Die Bauhandwerkersicherungshypothek, 1978; **Groß** Die Sicherung der Ansprüche aus dem Bauvertrag vor dem Hauptsacheprozess, 5. Aufl. 1984; **Groß** Haftungsrisiken des Architekten bei Planung, Beratung, Überwachung, Koordinierung und Kostenermittlung, 1981; **Groß u.a.** VOB-Haftungs- und Prozessrisiken in Bauverträgen, Handbuch (Loseblatt); **Haas/Heck** Der Sachverständige des Handwerks, 5. Aufl. 2001; **Hagenloch** Handbuch zum Gesetz über die Sicherung von Bauforderungen (GSB), 1992; **Hahn** Rückforderungen im Bauvertragsrecht, Anspruch und Verwirkung beim öffentlichen Auftrag, Baurechtliche Schriften, Band 4,1986; **Heidland** Der Bauvertrag in der Insolvenz, 2. Aufl. 2003; **Heiermann** Aktuelle juristische Probleme des Generalunternehmers, Schriftenreihe der Deutschen Gesellschaft für Baurecht e. V., Band 2, Frankfurt; **Heiermann/Kullack/Bayer** Kommentar zur Schiedsgerichtsordnung für das Bauwesen, 2. Aufl. 2002; **Heiermann/Linke** AGB im Bauwesen, 1978; **Heiermann/Riedl/Rusam** Handkommentar zur VOB, 10. Aufl. 2003; **Heinrich** Der Baucontrollingvertrag, Bauplanung und Baumanagement nach HOAI und BGB, Baurechtliche Schriften, 10. Band, 2. Aufl. 1998 (1997?); **Henn** Schiedsverfahrensrecht, 3. Aufl. 2000; **Henkel** Die Abnahmefiktion im Werkvertragsrecht, Dissertation, 2004; **Hereth/Ludwig/Naschold** Kommentar zur VOB, Teil B, 1954; **Korbion/Mantscheff/Vygen** Kommentar zur HOAI, 6. Aufl. 2004; **Heymann, von/Wagner/Rösler** MaBV für Notare und Kreditinstitute, 2000; **Hilgers/Buscher** Der Anlagenvertrag, 2005; **Höfler/Bayer** Praxishandbuch Bauvergaberecht, 2. Aufl. 2003; **Hofmann/Koppmann** Die neue Bauhandwerkersicherung, 4. Aufl. 2000; **Inhuber** Das Skonto im Endverbrauchergeschäft unter besonderer Berücksichtigung baurechtlicher Probleme, Baurechtliche Schriften,1993; **Jagenburg/Sieber/Mantscheff** Das private Baurecht im Spiegel der Rechtsprechung, 3. Aufl. 2000; **Jasper** Die Kardinalpflichten im Bauvertrag, Baurechtliche Schriften,1999; **Jauernig** Kommentar zum BGB, 11. Aufl. 2004; **Jessnitzer/Frieling** Der gerichtliche Sachverständige, 11. Aufl. 2000; **Jestaedt/Kemper/Marx** Das Recht der Auftragsvergabe, 1999; **Jochem** HOAI-Kommentar, 4. Aufl. 1998; **Joussen** Der Industrieanlagenvertrag, 2. Aufl. 1996; **Kainz** Der Skontoabzug und Preisnachlass beim Bauvertrag, 4. Aufl. 1998; **Kaiser** Das Mängelhaftungsrecht in Baupraxis und Bauprozess, 7. Aufl. 1992; **Kapellmann/Langen** Einführung in die VOB/B, 15. Aufl. 2006; **Kapellmann/Messerschmidt** VOB Teile A und B, 2003; **Kapellmann/Schiffers** Vergütung, Nachträge und Behinderungsfolgen beim Bauvertrag, Band 1 – Einheitspreisvertrag, 5. Aufl. 2006; Band 2 – Pauschalvertrag einschließlich Schlüsselfertigbau, 3. Aufl. 2000; **Kapellmann/Vygen** Jahrbuch Baurecht; **Kattenbusch** Baubetriebliche Betrachtungen zur Ausgewogenheit zwischen dem Anordnungsrecht des Auftraggebers und den Vergütungsregelungen beim VOB-Vertrag, 2002; **Keil/Martinsen/Vahland** Kostenrechnung für Bauingenieure, 10. Aufl. 2004; **Keisers** Die Verjährung von bauvertraglichen Mängelansprüchen, insbesondere solchen aus mangelhafter Mängelbeseitigung, Dissertation 1977, Köln; **Kessel** Zivilrechtliche Folgen von Verstößen gegen die §§ 2–8 MaBV, Baurechtliche Schriften, 1989; **Kiesel** VOB-Teil B, Kommentar 1984; **Klaft** Die Bauhandwerkersicherung nach § 648a BGB, 1998; **Klein** Produkthaftung bei Baustoffen und Bauteilen unter Einbeziehung der Rechtsverhältnisse des Baustoffhandels, 2. Aufl.

Literaturverzeichnis

1990; **Kleine-Möller/Merl** Handbuch des privaten Baurechts, 3. Aufl. 2005; **Klocke/Neimke** Der Sachverständige und seine Auftraggeber, 2003; **Knacke** Auseinandersetzungen im privaten Baurecht, 3. Aufl. 1998; **Knacke** Die Vertragsstrafe im Baurecht, Baurechtliche Schriften,1988; **Kniffka** Bauvertragsrecht, IBR-Kommentar; **Kniffka/Koeble** Kompendium des Baurechts, 2. Aufl. 2004; **Koeble** Gewährleistung und selbständiges Beweisverfahren bei Bausachen, 2. Aufl. 1993; **Koeble** Rechtshandbuch Immobilien; Kölner Schrift zur Insolvenzordnung, 2. Aufl. 2000; **Kopp/Ramsauer** Verwaltungsverfahrensgesetz, 9. Aufl. 2005; **Kopp/Schenke** Verwaltungsgerichtsordnung, 14. Aufl. 2005; **Korbion** Vergaberechtsänderungsgesetz; **Korbion/Hochstein/Keldungs** Der VOB-Vertrag, 8. Aufl. 2002; **Korbion/Locher** AGB-Gesetz und Bauerrichtungsverträge, 3. Aufl. 1997; **Korbion/Locher/Sienz** AGB und Bauerrichtungsverträge, 4. Aufl. 2006; **Korbion/Mantscheff/Vygen** HOAI 6. Aufl. 2004; **Kromik/Schwager** Aktuelles Bauvertragsrecht (VOB) unter den neuen Bestimmungen des AGB-Gesetzes, 1978; **Kübler/Prütting** InsO (Losebatt); **Kulartz/Kus/Portz** Kommentar zum GWB-Vergaberecht, 2006; **Kullmann/Pfister** Produzentenhaftung (Losebatt); **Kuß** Verdingungsordnung für Bauleistungen (VOB) Teile A und B – Kommentar, 4. Aufl. 2003; **Lachmann/Nieberding** Insolvenz am Bau, 2006; **Lampe-Helbig/Wörmann** Handbuch der Bauvergabe, Verfahren – Überprüfung – Schadensersatz, 2. Aufl. 1995; **Lange** Baugrundhaftung und Baugrundrisiko für den Bauvertrag, Baurechtliche Schriften, Band 34, 1997; **Langen/Bunte** Kommentar zum deutschen und europäischen Kartellrecht, 10. Aufl. 2006; **Larenz** Lehrbuch des Schuldrechts, Band I – Allgemeiner Teil, 14. Aufl. 1987; Band II/1 – Besonderer Teil, 13. Aufl. 1986; Band II/2 – Besonderer Teil, 13. Aufl. 1994; **Larenz/Wolf** Allgemeiner Teil des Bürgerlichen Rechts, 9. Aufl. 2004; **Leinemann** Die Vergabe öffentlicher Aufträge, 3. Aufl. 2004; **Leinemann** VOB/B Kommentar, 2. Aufl. 2005 (zitiert: Leinemann/Bearbeiter); **Leupertz/Merkens** Handbuch Bauprozess, 2004; **Lippok/Korth** Abbrucharbeiten, 2004.; **Littbarski** Haftungs- und Versicherungsrecht im Bauwesen, 1986; **Locher, Horst** Aktuelle Fragen zum Baubetreuungs- und Bauträgerrecht, 4. Aufl. 1989; **Locher, Horst** Das private Baurecht, 7. Aufl. 2005; **Locher, Horst** Das Recht der Allgemeinen Geschäftsbedingungen, 3. Aufl. 1997; **Locher, Ulrich** Die Rechnung im Werkvertragsrecht, 1990; **Locher/Koeble/Frik** Kommentar zur HOAI, 9. Aufl. 2006; **Locher/König** Bauherrenmodelle in zivil- und steuerrechtlicher Sicht, Baurechtliche Schriften, 1982; **Locher/Mes** Beck'sches Prozessformularbuch, 10. Aufl. 2006; **Locher-Weiß** Rechtliche Probleme des Schallschutzes, Rechtsfragen mit technischer Einführung, Baurechtliche Schriften, Band 3, 4. Aufl. 2004; **Löffelmann/Fleischmann** Architektenrecht, 4. Aufl. 2000; **Löwe/Graf v. Westphalen/Trinkner** Kommentar zum Gesetz des Rechts der Allgemeinen Geschäftsbedingungen, 2. Aufl. 1983, ferner Band III, Einzelklauseln und Klauselwerke, 1985; **Maier** Handbuch der Schiedsgerichtsbarkeit, 1979; **Mandelkow** Chancen und Probleme des Schiedsgerichtsverfahrens in Bausachen, Baurechtliche Schriften, 1995; **Mansel/Budzikiewicz** Das neue Verjährungsrecht, 2002; **Mantscheff** Einführung in die Baubetriebslehre, 2003; **Marburger** Die Regeln der Technik im Recht, 1979; **Marcks** MaBV, Makler- und Bauträgerverordnung, 7. Aufl. 2003; **Markus/Kaiser/Kapellmann** AGB-Handbuch Bauvertragsklauseln, 2004; **Martin** Montageversicherung, 1972; **Maunz/Dürig** Grundgesetz für die Bundesrepublik Deutschland, Kommentar (Losebatt); **Medicus** Bürgerliches Recht, 20. Aufl. 2004; **Mergel** Die Sicherung von Bauforderungen in Recht und Praxis, mit Hinweisen auf das schweizerische und französische Recht, Baurechtliche Schriften, 1989; **Meyer/Höver/Bach** Die Vergütung und Entschädigung von Sachverständigen, Zeugen, Dritten sowie von ehrenamtlichen Richtern nach dem JVEG, 23. Aufl. 2005; **Miegel** Die Haftung des Architekten für höhere Baukosten sowie fehlerhafte und unterlassene Kostenermittlung, Baurechtliche Schriften, 1995; **Mittag** VOB/C Praxiskommentar, Losebatt; **Möhring/Nicolini** Urheberrechtsgesetz, Kommentar, 2. Aufl. 2000; **Müller-Foell** Die Mitwirkung des Bestellers beim Werkvertrag, 1982; **Müller-Wrede** VOL/A 1. Aufl. 2006; **Müller-Wrede** VOF-Kommentar, 2.Aufl. 2003; Münchener Kommentar zum Bürgerlichen Gesetzbuch, Band 1 – Allgemeiner Teil mit AGB-Gesetz, 4. Aufl. 2001; Band 2a – Schuldrecht Allgemeiner Teil, 4. Aufl. 2003; Band 3 – Schuldrecht Besonderer Teil, 4. Aufl. 2004; Münchener Kommentar zur Insolvenzordnung, Band 2, 2002; **Neuenfeld** Bauversicherungen, 1976; **Neuenfeld/Baden/Dohna** HOAI, Kommentar (Losebatt); **Neuenfeld/Baden/Dohna** Handbuch des Architektenrechts (Losebatt); **Nicklisch/Weick** VOB Teil B,

Literaturverzeichnis

3. Aufl. 2001; **Niebuhr/Kulartz/Kus/Portz** Kommentar zum Vergaberecht, 2000; **Noch** Vergaberecht kompakt, 3. Aufl. 2005 und 2. Aufl. (2002?); **Noch** Vergaberecht und subjektiver Rechtsschutz, 1998; **Noelle/Rogmans** Öffentliches Auftragswesen, 3. Aufl. 2002; **Noosten** Die Unterdeckung Allgemeiner Geschäftskosten bei Bauablaufstörungen und Anwendung der VOB/B aus baubetrieblicher Sicht, 2005; **Oberhäuser** Vertragsstrafe – ihre Durchsetzung und Abwehr, 2003; **Palandt** Bürgerliches Gesetzbuch, Kommentar, 65. Aufl. 2006; **Pause** Rechtshandbuch Immobilien, Band 1, Bauen und Finanzieren (Loseblatt); **Pietzcker** Die Zweiteilung des Vergaberechts, Subjektive Rechte – Rechtschutz – Reform 2001; **Prölss/Martin** Versicherungsvertragsgesetz, 27. Aufl. 2004; **Prütting/Wegen/Weinreich** BGB Kommentar, 2006; Reichsgerichtsrätekommentar zum BGB (RGRK), 12. Aufl. 1974 ff.; **Reidt/Stickler/Glahs** Vergaberecht, Kommentar, 2. Aufl. 2003; **Reister** Nachträge beim Bauvertrag, 2003; **Reithmann/Meichssner/von Heymann** Kauf vom Bauträger, 7. Aufl. 1995; **Retemeyer** Sicherheitsleistung durch Bankbürgschaft, Untersuchungen für das Spar-, Giro- und Kreditwesen, 1995; **Röthlein** Private Bausachen, 2. Aufl. 1995; **Samson/Himmelstjerna** Gewährleistungsprobleme bei der Sanierung und Renovierung von Altbauten; **Schabel** Vergaberecht 1997; **Schäfer/Finnern/Hochstein/Korbion** Rechtsprechung zum privaten Baurecht (Loseblatt); **Schelle/Erkelenz** VOB/A, Alltagsfragen und Problemfälle zu Ausschreibung und Vergabe von Bauleistungen, 1983; Schiedsgerichtsordnung für das Bauwesen, herausgegeben von der Deutschen Gesellschaft für Baurecht und vom Deutschen Beton-Verein e.V.; **Schmalzl** Die Berufshaftpflichtversicherung des Architekten und Bauunternehmers, 1989; **Schmidt, Andreas** Hamburger Kommentar zum Insolvenzrecht, 2006; **Schmidt, Karsten** Gesellschaftsrecht, 4. Aufl. 2002; **Schmidt-Salzer** Allgemeine Geschäftsbedingungen, 2. Aufl. 1977; **C. Schmitz** Die Bauinsolvenz, 3. Aufl. 2004; **C. Schmitz** Die Abwicklung des Bauvertrags in der Insolvenz, IBR-Reihe, Stand: 14.07.2006; **C. Schmitz** Sicherheiten für die Bauvertragsparteien, 2005; **Schricker** Urheberrecht, Kommentar, 3. Aufl. 2006; **Schwab/Walter** Schiedsgerichtsbarkeit, 7. Aufl. 2005; **Schwärzel/Peters** Die Bürgschaft im Bauvertrag, Baurechtliche Schriften, 1992; **Siegburg** Die Bauwerksicherungshypothek, 1989; **Siegburg** Handbuch der Gewährleistung beim Bauvertrag, 4. Aufl. 2000; **Siegburg** Verjährung im Baurecht, 1993; **Simon/Busse** Bayerische Bauordnung – Kommentar (Loseblatt); **Soergel** Bürgerliches Gesetzbuch mit Einführungsgesetz und Nebengesetzen, Kommentar; **Staudinger** Kommentar zum Bürgerlichen Gesetzbuch mit Einführungsgesetz und Nebengesetzen, 1993 ff.; **Stein/Jonas** Kommentar zur Zivilprozessordnung, Pflichtfortsetzung; **Stelkens/Bonk/Sachs** Verwaltungsverfahrensgesetz, Kommentar, 6. Aufl. 2001; **Sterner** Rechtsschutz und Rechtsbindungen bei der Vergabe öffentlicher Aufträge 1996; **Thomas/Putzo** Kommentar zur Zivilprozessordnung, 27. Aufl. 2005; **Thode/Quack** Abnahme und Gewährleistung im Bau- und Bauträgervertrag, 2003; **Thode/Wirth/Kuffer** Praxishandbuch des Architektenrechts, 2004; **Uhlenbruck** InsO, 12. Aufl. 2002; **Ulmer** Gesellschaft bürgerlichen Rechts und Partnerschaftsgesellschaft, 4. Aufl. 2004; **Ulmer/Brandner/Hensen** AGB-Gesetz, Kommentar, 10. Aufl. 2006; **Völlink/Kehrberg** Vergabe- und Vertragsordnung für Bauleistungen Teil A, Kommentar, 2004; Vergabehandbuch für die Durchführung von Bauaufgaben des Bundes im Zuständigkeitsbereich der Finanzbauverwaltungen (VHB), Ausgabe 2006; herausgegeben vom Bundesministerium für Verkehr, Bau- und Wohnungswesen; **Vygen**, Bauvertragsrecht nach VOB – Grundwissen, 4. Aufl. 2004; **Vygen/Schubert/Lang** Bauverzögerung und Leistungsänderung, 4. Aufl. 2002; **Weise** Selbstständiges Beweisverfahren im Baurecht, 2. Aufl. 2002; **Weise** Sicherheiten im Baurecht, 1999; **Weitnauer** Wohnungseigentumsgesetz, 9. Aufl. 2004; **Wellmann** Der Sachverständige in der Praxis, 7. Aufl. 2004; **Werner/Pastor** Der Bauprozess, 11. Aufl. 2005; **Werner/Pastor/Müller** Baurecht von A–Z (Lexikon), 7. Aufl., 2000; **Weyand** Praxiskommentar Vergaberecht, 2004; **Wirth** Darmstädter Baurechtshandbuch, 2. Aufl. 2005; **Wirth** Rechtsfragen des Baustoffhandels, Baurechtliche Schriften, 1994; **Wirth/Sienz/Englert** Verträge am Bau nach der Schuldrechtsreform, 2002; **Wolf/Horn/Lindacher** AGB-Gesetz, Kommentar, 4. Aufl. 1999; **Wolff/Bachof/Stober** Verwaltungsrecht, Band 1, 11. Aufl. 1999; **Wussow** Unfallhaftpflichtrecht, 15. Aufl. 2002; **Zielemann** Vergütung, Zahlung und Sicherheitsleistung nach VOB, 2. Aufl. 1995; **Zöller** Kommentar zur Zivilprozessordnung, 25. Aufl. 2005.

Vergabe- und Vertragsordnung für Bauleistungen (VOB)

Einleitung

Inhaltsübersicht   Rn.

A. Allgemeine Einleitung	1
I. Hinweise zum Aufbau des VOB-Kommentars	1
II. Das Vertragsrecht des BGB als gesetzliche Grundlage aller Bauverträge	3
1. BGB – alt und neu – und seine Bedeutung für Bauverträge	3
2. Das Verhältnis von BGB und VOB zueinander	4
3. Abgrenzung öffentliches und privates Baurecht	5
4. Vergaberecht	8
III. Die VOB/B als Grundlage des VOB-Bauvertrages	11
B. Die Entstehung und Entwicklung der Vergabe- und Vertragsordnung für Bauleistungen (VOB)	12
I. Die Entstehungsgeschichte der VOB Teile A, B und C bis heute	12
1. Die Entstehung der VOB	12
2. Die Fortentwicklung der VOB von 1952 bis 2003	14
3. Die Neufassung der VOB 2006	24
II. Regelungen des BGB und ihre Auswirkungen auf die VOB/B	25
1. Neue Bestimmungen im BGB mit baurechtlichem Bezug	25
2. Auswirkungen	26
3. Die Änderungen der VOB/B 2002/2003	28
4. Die Änderungen der VOB/B 2006	29
C. Die drei Teile der VOB	32
I. Teil A	32
II. Teil B	33
III. Teil C	34
D. Die Rechtsnatur der VOB (Teile A, B und C)	37
I. Gesetz, Rechtsverordnung, Gewohnheitsrecht, Handelsbrauch oder Allgemeine Geschäftsbedingung mit Vereinbarungserfordernis?	37
1. Rechtliche Einordnung der VOB	37
2. Erforderlichkeit der ausdrücklichen Vereinbarung	38
3. Die VOB/B und VOB/C in Ausschreibungen der Architekten/Ingenieure	39
4. VOB/B als Handelsbrauch	40
II. Gewerbeüblichkeit und/oder Verkehrssitte einzelner VOB-Regelungen	42
III. Die rechtliche Bedeutung des Teils A	43
E. Ansprüche der Baubeteiligten bei Verstößen gegen die VOB/A	52
I. Grundsätzliches	52
II. Haftung aus Verschulden bei Vertragsverhandlungen (culpa in contrahendo)	54
1. Grundlagen nach altem BGB und neuem BGB 2002	54
2. »Antrag« und »Eingehen«	56
3. Einzelpflichten der Beteiligten an Vertragsverhandlungen	57
4. Grundsatz der Gleichbehandlung	60
5. Aufklärungspflichten des Bieters	61
6. Vertragsverhandlungen durch Vertreter	62
III. Voraussetzungen des Schadensersatzanspruches aus §§ 311 Abs. 2, 241 Abs. 2, 280 Abs. 1 BGB n.F. oder culpa in contrahendo	65
1. Verletzung eines Vertrauensverhältnisses	65
2. Verschulden	66
3. Schadensersatz bei Verstößen gegen die VOB/A	67
4. Etwaiges Mitverschulden des Geschädigten	68
5. Anspruch auf Ersatz des Vertrauensinteresses oder des Erfüllungsinteresses	69

Einleitung

	Rn.
6. Verjährung.	74
IV. Schadensersatzanspruch gem. § 126 GWB und §§ 19, 20, 33 GWB n.F.	75
V. Schadensersatzanspruch aus unerlaubter Handlung gem. §§ 823 ff. BGB	79
1. Verstöße gegen §§ 823 Abs. 1, 824, 826 BGB	79
2. Verstoß gegen Schutzgesetze gem. § 823 Abs. 2 BGB	83
VI. Anfechtung und Nichtigkeit abgeschlossener Bauverträge	88
1. Grundsätzliches.	88
2. Anfechtung wegen arglistiger Täuschung.	89
3. Verstoß gegen gesetzliches Verbot (§ 134 BGB)	94
4. Verstoß gegen die guten Sitten (§ 138 BGB)	96
F. Allgemeingültigkeit der VOB/A für Bauvorhaben der öffentlichen Hand	100
I. Verpflichtung zur Anwendung der VOB/A Abschnitt 1 (Basisparagraphen)	100
II. Verpflichtung zur Anwendung der VOB/A bei EU-Bauvergaben (a-Paragraphen).	101
III. Das Vergabehandbuch als Hilfe bei öffentlichen Bauaufträgen	103

A. Allgemeine Einleitung

I. Hinweise zum Aufbau des VOB-Kommentars

1 Bis zur 11. Auflage dieses Kommentars bestand die VOB insgesamt aus drei Teilen, der VOB/A, der VOB/B und der VOB/C, so dass sich der Aufbau des Kommentars von selbst ergab. Zunächst wurden die Bestimmungen des Teils A und dann die des Teils B kommentiert.

Dies änderte sich seit 1992 mehrfach durch zahlreiche EG-Richtlinien und deren Umsetzung in innerdeutsches Recht, wovon in besonderem Maße die VOB/A betroffen war. So wurde mit der VOB Fassung 1992 die VOB/A zunächst in zwei Abschnitte aufgeteilt, die sog. Basis-Paragraphen der bisherigen VOB/A als Abschnitt 1 und als Abschnitt 2 kamen neu hinzu die sog. »a-Paragraphen«, die neben den Basis-Paragraphen bei den EU-Bauvergaben zur Anwendung kommen, wenn der Schwellenwert gem. § 1a VOB/A überschritten wird. Mit Einführung der VOB Fassung 1992 ergab sich aber noch eine weitere Sonderregelung für den speziellen Bereich der Wasser-, Energie- und Verkehrsversorgung sowie den Telekommunikationssektor auf Grund der EG-Sektorenrichtlinie. Die Umsetzung in innerdeutsches Recht erfolgte durch die VOB 1992 dergestalt, dass der VOB/A ein dritter und vierter Abschnitt angefügt wurden, nämlich zum einen die sog. »b-Paragraphen« und schließlich noch die Vergabebestimmungen nach der EG-Sektorenrichtlinie, also die VOB/A-SKR.

2 Dies hat Korbion zu Recht veranlasst, die jeweiligen a- und b-Paragraphen und deren Besonderheiten gegenüber den Basisparagraphen der VOB/A sofort im Anschluss an letztere und nur die VOB/A-SKR geschlossen gesondert zu kommentieren. Dies soll auch in dieser und den folgenden Auflagen so weit wie möglich beibehalten werden.

Ein neues Problem für den Aufbau des Kommentars ergab sich dann aber nach der letzten Auflage durch das **In-Kraft-Treten des Vergaberechtsänderungsgesetzes** und dessen Eingliederung in das Gesetz gegen Wettbewerbsbeschränkungen (§§ 97 ff. GWB) und der gleichzeitigen Aufhebung des Haushaltsgrundsätzegesetzes am 1.1.1999 sowie durch die völlig neu gefasste **Vergabeverordnung** 2000 anstelle der bisher geltenden Vergabeverordnung v. 22.2.1994. Dies hat Korbion noch vor seinem plötzlichen Tod im August 1999 veranlasst, im Anschluss an die 13. Auflage seines Kommentars einen Ergänzungsband als Kommentar zum Vergaberechtsänderungsgesetz herauszugeben, wobei er aber von Anfang an die Absicht hatte, diese Trennung bei der nächsten Auflage wieder aufzugeben und die **Kommentierung des Vergaberechtsänderungsgesetzes (§§ 97 ff. GWB) in den VOB-Kommentar** zu integrieren. Diese Absicht *Korbions* haben wir als neues Autorenteam ab der 14. Auflage auch umgesetzt, um den VOB-Kommentar als umfassendes Werk der Information zur VOB von der Ausschreibung und Vergabe aller Bauleistungen über den Vertragsabschluss bis zur Ausführung der Bauleistungen und zur Gewährleistung zu erhalten. Dies erforderte zugleich auch die Aufnahme der neuen Vergabe-Verordnung und deren Kommentierung. Diese erhebliche Erweiterung der zu kommentierenden Bestimmungen bedingte andererseits eine gewisse Kürzung in den bisherigen Teilen des Kommentars, ohne dass dies aber auf Kosten der notwendigen Information und Qualität gehen sollte.

Mit der **15. Auflage** wurde an *Korbions* Vermächtnis festgehalten, die VOB insgesamt in einem einzigen Band zu kommentieren, um ein Auseinanderdriften von Vergaberecht und Bauvertragsrecht bei zwei Bänden zu vermeiden und stattdessen die Wechselwirkungen und Schnittstellen zwischen dem Vergaberecht und dem Bauvertragsrecht zu betonen und deutlich zu machen. Dies bedingte auch eine neue Gliederung. So wurde das gesamte Vergaberecht geschlossen vorangestellt und kommentiert, beginnend mit der VOB Teil A in ihren drei Teilen, also Basis-Paragraphen, a-Paragraphen und b-Paragraphen, gefolgt von der VOB/A–SKR sowie den §§ 97 ff. GWB und der Vergabeverordnung. Im Anschluss daran folgte die Kommentierung der VOB Teil B, bei der eine weitere Untergliederung der einzelnen Paragraphen nach einzelnen Nummern erfolgte, um die Übersichtlichkeit zu steigern.

Mit der nun vorliegenden 16. Auflage haben sich Herausgeber und Autoren entschlossen, wieder zu den Anfängen dieses als VOB-Kommentar von Korbion konzipierten Werkes zurückzukehren und sich auf die Kommentierung der VOB/A und der VOB/B zu beschränken. Dafür gab es mehrere Gründe: Oberstes Gebot war und sollte es auch bleiben, diesen VOB-Kommentar auf Dauer einbändig zu halten und trotzdem ein gut lesbares Schriftbild vorzusehen. Dies war nur möglich durch Verzicht auf eine Kommentierung des GWB §§ 97 bis 129 und der Vergabe-Verordnung. Dafür gab und gibt es aber auch sachliche und inhaltliche Gründe: Das **Vergaberecht** entwickelt sich – jedenfalls für den Bereich oberhalb der Schwellenwerte des § 1a VOB/A – immer stärker zu einem völlig eigenständigen Rechtsgebiet, das sich mehr und mehr vom Bauvertragsrecht entfernt, ohne die Schnittstellen zu erkennen und zu beachten und Lösungsmöglichkeiten anzubieten (vgl. zu dieser Problematik insbesondere die Beiträge auf den Freiburger Baurechtstagen 2003 [BauR 2004 Heft 1a, 147 ff.]). Im Anhang werden verschiedene Sondergebiete behandelt, wie z.B. das **Recht der Allgemeinen Geschäftsbedingungen im Baurecht**, die Unternehmereinsatzformen, die verschiedenen Möglichkeiten zur **Sicherung von Vergütungsansprüchen des Bauunternehmers** (GSB, §§ 648, 648a BGB) sowie das **Bauprozessrecht** und das **Schiedsverfahren**.

II. Das Vertragsrecht des BGB als gesetzliche Grundlage aller Bauverträge

1. BGB – alt und neu – und seine Bedeutung für Bauverträge

Das Vertragrecht des BGB ist zunächst die Grundlage aller Bauverträge. Haben also die Vertragspartner eines Bauvertrages nichts anderes vereinbart, so beurteilen sich die Rechte und Pflichten von Auftraggeber und Auftragnehmer allein nach dem BGB, und zwar dabei vor allem nach dem für alle Verträge geltenden Allgemeinen Teil des BGB, soweit es um den Abschluss des Bauvertrages durch Angebot und Annahme (§§ 145 ff. BGB) oder um die Auslegung seines Inhalts und der beiderseitigen Leistungspflichten, wie z.B. **Bau-Soll-Bestimmung** oder Art und Umfang der Mitwirkungs- und **Kooperationspflichten** des Auftraggebers oder Bestellers (§§ 133, 157 BGB), geht, aber auch nach dem Allgemeinen Teil des Schuldrechts (§§ 241 ff. BGB), in dem insbesondere die beiderseitigen Leistungspflichten und die Folgen ihrer Verletzung geregelt sind, wobei auch dieser Teil für alle Schuldverhältnisse und damit vor allem für alle Verträge gilt. Gerade in diesem Allgemeinen Teil des Schuldrechts hat nun das **Schuldrechtmodernisierungsgesetz** mit Wirkung für alle nach dem 1.1.2002 abgeschlossenen Verträge erhebliche Änderungen bewirkt, die teilweise auch das Bau- und Werkvertragsrecht betreffen und auch nicht ohne Auswirkung auf die VOB/B bleiben konnten, weil neben dem Allgemeinen Teil des Schuldrechts auch der Besondere Teil dieses Schuld-

Einleitung

rechts erheblich geändert worden ist (§§ 433 ff. BGB), in dem die einzelnen Vertragstypen, vor allem der Kaufvertrag und der Werkvertrag (§§ 631 ff. BGB), geregelt sind. Die Änderungen in der VOB/B 2002, die richtigerweise **VOB/B 2003** heißen muss, da sie erst mit Wirkung v. 15.2.2003 in Kraft gesetzt worden ist (zeitgleich mit der neuen **Vergabe-Verordnung v.** 11.2.2003, BGBl. I S. 169 ff.), betreffen ganz überwiegend deshalb auch Anpassungen an das **neue BGB 2002**. Zu beachten ist aber, dass das neue BGB weitgehend nur für Verträge gilt, die nach dem 1.1.2002 abgeschlossen worden sind. Ausnahmen davon gibt es vor allem bei den neuen Verjährungsvorschriften, deren neue Verjährungsfristen kürzer sind und teilweise auch für Altverträge gelten.

2. Das Verhältnis von BGB und VOB zueinander

4   Wenn die Vertragspartner die VOB/B, sei es die alte oder neue, nicht ausdrücklich als Vertragsgrundlage vereinbart haben, beurteilt sich der Bauvertrag allein nach dem BGB-Werkvertragsrecht der §§ 631 ff. BGB und den übrigen Teilen des BGB. Aber auch wenn die VOB/B als Vertragsgrundlage vereinbart worden ist, ist für diese Bauverträge trotzdem auch das BGB keineswegs bedeutungslos. Die Regelungen der VOB/B sind in Teilbereichen dem BGB angepasst (vgl. z.B. § 13 Nr. 1 VOB/B) und in anderen Teilbereichen ergänzen sie die Vorschriften des BGB (z.B. §§ 12, 17 VOB/B) oder weichen auch vom BGB ab (z.B. §§ 5, 6, 8, 9, 16 VOB/B). Daneben gibt es aber auch Bestimmungen im BGB, die unverändert neben der VOB/B zur Anwendung kommen, weil die VOB/B dazu keine Regelungen vorsieht (z.B. Verjährungsfrist für Vergütungsanspruch gem. §§ 195 ff. BGB, Anfechtung von Willenserklärungen gem. §§ 119 ff. BGB, Auslegungsgrundsätze gem. §§ 133, 157 ff. BGB, Grundsatz von Treu und Glauben gem. §§ 242, 313 BGB, Schadensersatzanspruch wegen Verschuldens bei Vertragsverhandlungen gem. §§ 311 Abs. 2, 241 Abs. 2, 280 BGB n.F. [2002] und Entschädigungsanspruch des Auftragnehmers gem. § 642 BGB bei Verletzung von Mitwirkungspflichten des Auftraggebers und Annahmeverzug [BGH BauR 2000, 722]).

Die VOB als Vergabe- und Vertragsordnung für Bauleistungen befasst sich in ihren drei Hauptteilen zunächst mit der Vergabe von Bauleistungen (Teil A oder auch DIN 1960) von der Ausschreibung der Bauleistungen bis zur Zuschlagserteilung, also dem Vertragsabschluss, sodann mit den Allgemeinen Vertragsbedingungen für die Ausführung von Bauleistungen (Teil B oder auch DIN 1961) vom Vertragsabschluss über die Ausführung bis zur Abnahme, Abrechnung, Zahlung und Gewährleistung und schließlich noch mit den Allgemeinen Technischen Vertragsbedingungen für Bauleistungen (ATV), die als Teil C der VOB gelten und die DIN 18299 ff. umfassen. Sämtliche Teile der VOB sind dem privaten Baurecht zuzuordnen, wenngleich dies bezüglich eines Teils der Regelungen der VOB/A über die **Vergabe von Bauleistungen** als Folge der Europäischen Richtlinien und der Rechtsprechung der Vergabesenate der Oberlandesgerichte in letzter Zeit mehr und mehr zweifelhaft wird, weil auch Grundsätze des öffentlichen Rechts neben dem Wettbewerbsrecht dabei zunehmend Bedeutung erlangen. Dies führt zu einer starken Verselbstständigung beider Rechtsgebiete durch die Gerichte. Die Vergabesenate entscheiden allein nach wettbewerbsrechtlichen Gesichtspunkten und die Bausenate allein nach Vertragsrecht (vgl. dazu u.a. OLG Jena BauR 2005, 1161 ff., und BGH BauR 2005, 857 f.), ohne die Auswirkungen auf das jeweils andere Rechtsgebiet zu sehen. Dies zeigt sich besonders an den Problemen der **Bauzeitverschiebung** durch langwierige **Vergabenachprüfungsverfahren** sowie der Frage der Bauzeitanpassung und der damit nicht selten verbundenen **Vergütungsanpassung** (vgl. dazu eingehend Freiburger Baurechtstage 2003 BauR 2004 Heft 1a, 147 ff., insbesondere *Gröning* BauR 2004, 199 ff.). Dies bedarf letztlich einer Klärung durch den Gesetzgeber.

3. Abgrenzung öffentliches und privates Baurecht

5   **Öffentliches Recht und Privatrecht** unterscheiden sich vor allem nach ihrem Zweck und ihren Durchsetzungsmitteln wesentlich voneinander. Im Privatrecht dienen die gesetzlichen und vertraglichen Bestimmungen dem Ausgleich und der Verwirklichung privater Interessen, im öffentlichen

Einleitung

Recht aber der Verwirklichung und Durchsetzung öffentlicher Interessen. Das typische Durchsetzungsmittel im Privatrecht ist dabei der **Zivilprozess** zweier Parteien vor den ordentlichen Gerichten, also Amts-, Land- und Oberlandesgericht sowie Bundesgerichtshof, oder aber das von den Vertragspartnern vereinbarte Schiedsgerichtsverfahren. Das typische Durchsetzungsmittel des öffentlichen Rechts sind dagegen Anordnungen und Verwaltungsakte von Behörden und unmittelbarer Zwang, gegen die sich der Betroffene im **Verwaltungsgerichtsverfahren** vor den Verwaltungsgerichten (Verwaltungs-, Oberverwaltungs- und Bundesverwaltungsgericht) zur Wehr setzen kann. Diese aufgezeigten Unterschiede gelten in gleicher Weise auch für das private und das öffentliche Baurecht.

Dem **öffentlichen Baurecht** als Teilbereich des öffentlichen Rechts und insbesondere des öffentlichen Verwaltungsrechts gehören insbesondere alle Rechtsvorschriften an, die die Zulässigkeit von baulichen Anlagen, ihre Errichtung, Nutzung, Änderung, Beseitigung und ihre notwendige Beschaffenheit sowie die Ordnung, Förderung und Grenzen der baulichen Nutzung des Bodens betreffen. Danach sind dem öffentlichen Baurecht zuzuordnen: Das Planungsrecht, das Bodenordnungsrecht und das Bauordnungsrecht. Diese Bereiche des öffentlichen Baurechts sind vor allem geregelt im **Baugesetzbuch** und in der Baunutzungsverordnung, in den Bauordnungen der Länder, in den verschiedenen Straßengesetzen, in der Gewerbeordnung, im Immissionsschutzgesetz, den zahlreichen Vorschriften des Umweltrechts usw.

Gegenstand des **öffentlichen Planungsrechts** ist die überörtliche Planung oder auch Raumordnung und die örtliche Planung oder auch **Bauleitplanung**, die im Baugesetzbuch v. 1.7.1987 (BauGB) geregelt sind. Dazu gehören vor allem die Aufstellung von Flächennutzungsplänen und Bebauungsplänen.

Neben dem Planungsrecht von Bedeutung ist das Raumordnungsgesetz (ROG) und das Bodenordnungsrecht, das insbesondere das Baunutzungsrecht, geregelt in der Baunutzungsverordnung (Bau NVO), umfasst.

Schließlich spielt das **Bauordnungsrecht** für die Durchführung eines Bauvorhabens eine entscheidende Rolle; es findet seinen Niederschlag in den – teilweise unterschiedlichen – Landesbauordnungen der einzelnen Länder und regelt die Beschaffenheit von Bauwerken mit dem Ziel, Gefahren für die Allgemeinheit und die Nachbarn abzuwenden.

Das **Privatrecht** wird vor allem vom Bürgerlichen Gesetzbuch (BGB) beherrscht; ferner gehören hierzu das Handels- und Gesellschaftsrecht, das Wirtschaftsrecht, das Arbeitsrecht und das Wettbewerbsrecht sowie letztlich auch das neu entstandene Vergaberecht.

Für das **private Baurecht** kommt dem BGB und hier insbesondere dem Allgemeinen Teil und dem Schuldrecht, speziell dem Werkvertragsrecht, eine besondere Bedeutung zu. Daneben sind aber für das private Baurecht auch das Handelsgesetzbuch (HGB), das Gesetz über die Allgemeinen Geschäftsbedingungen (AGBG), das allerdings seit dem 1.1.2002 aufgehoben, inhaltlich aber im Wesentlichen in das BGB 2002 (§§ 305 ff.) übernommen worden ist, die Makler- und Bauträgerverordnung (MaBV), das Gesetz über das Wohnungseigentum und das Dauerwohnrecht (WEG), das Gesetz über die Sicherung der Bauforderung (GSB) und das neue Bauforderungssicherungsgesetz sowie schließlich die Honorarordnung für Architekten und Ingenieure (HOAI) von Bedeutung.

Zunehmend wird das deutsche Baurecht aber auch beeinflusst durch **Richtlinien der Europäischen Union,** die zwar bisher nur teilweise in das deutsche Recht umgesetzt worden sind, zum Teil aber auch ohne diese Umsetzung unmittelbar gelten. Zu erwähnen sind hier vor allem:

– die Baukoordinierungsrichtlinie (BKR)
– die Lieferkoordinierungsrichtlinie (LKR)
– die Dienstleistungsrichtlinie (DIKR)
– die Sektorenrichtlinie (SKR)

Einleitung

- die Bauproduktenrichtlinie (vgl. dazu im Einzelnen *Lampe-Helbig/Wörmann* Handbuch der Bauvergabe, Verfahren – Überprüfung – Schadensersatz Rn. 4 ff.; *Wirth* Rechtsfragen des Baustoffhandels Rn. 940 ff.)
- die Verbraucherschutzrichtlinie
- die Dienstleistungsrichtlinie
- die Überwachungs- und Rechtsmittelrichtlinien
- die Verbrauchsgüterkaufrichtlinie

Das **private Baurecht** regelt die Rechtsbeziehungen der an der Planung und Durchführung eines Bauvorhabens Beteiligten, also des Bauherrn zum Bauunternehmer oder zum Architekten oder Ingenieur, des General- oder Hauptunternehmers zum Sub- oder Nachunternehmer usw., aber auch die Rechtsbeziehungen der am Bau Beteiligten zu Dritten, wie z.B. zum Nachbarn nach den Nachbarrechtsgesetzen der Länder oder anderen vom Baugeschehen Betroffenen (Verkehrssicherungspflicht) und schließlich den Haftungsausgleich zwischen mehreren Verantwortlichen.

Streitigkeiten aus dem privaten Baurecht, also vor allem aus den Vertragsbeziehungen mehrerer Baubeteiligter, werden vor den Zivilgerichten (Amtsgericht, Landgericht, Oberlandesgericht, Bundesgerichtshof) ausgetragen, evtl. aber auch vor vereinbarten privaten Schiedsgerichten oder in Schlichtungen (vgl. dazu vor allem die Schieds- und Schlichtungsordnung Bau [SO Bau] der Arge Baurecht im Deutschen AnwaltVerein).

7 Das private Baurecht gilt grundsätzlich auch für den Staat und alle seine Untergliederungen, soweit diese Bauverträge abschließen und durchführen, da es sich dabei um das sog. **Fiskalische Handeln der öffentlichen Auftraggeber** handelt (über die Abgrenzung zwischen öffentlich-rechtlichen und privatrechtlichen Verträgen vgl. BGHZ 32, 214; ferner BGH NJW 1961, 73). Dies gilt zunächst uneingeschränkt für den eigentlichen Abschluss von Bauverträgen und deren Abwicklung, wenn öffentliche Auftraggeber als Bauvertragspartner von Bauunternehmen oder Architekten und Ingenieuren auftreten. Grundsätzlich ist aber auch das **Vergabeverfahren**, das den Vertragsabschluss vorbereitet und zur Auswahl des »richtigen« Bauunternehmens für den Vertragsabschluss führen soll, dem privaten Baurecht oder jedenfalls dem Privatrecht zuzuordnen, da das Vergaberecht für die Vergaben oberhalb der Schwellenwerte nach den jeweils einschlägigen EU-Richtlinien seit dem 1.1.1999 im Gesetz gegen Wettbewerbsbeschränkungen (vgl. §§ 97 bis 129 GWB) geregelt ist. Dabei ergeben sich aber in letzter Zeit durch Entscheidungen des Europäischen Gerichtshofes und der Vergabesenate der Oberlandesgerichte mehr und mehr in Teilbereichen Anlehnungen an das öffentliche Recht.

4. Vergaberecht

8 Wenn also hier und da in den zu kommentierenden Teilen der VOB – vornehmlich bei Teil A – Anklänge an Gedanken zu finden sind, die dem öffentlichen Recht entstammen könnten, so wäre es dennoch nicht richtig, bei der in Bezug auf rechtliche Außenwirkungen gegenüber den an der Vergabe beteiligten oder an dieser interessierten Unternehmern anzustellenden Beurteilung und Auslegung Maßstäbe anzulegen, die dem Charakter des privaten Rechts nicht voll entsprechen würden. Das gilt vor allem auch für das bei öffentlichen Bauaufträgen vorgesehene und strengen Formvorschriften unterliegende Vergabeverfahren nach Teil A in allen seinen Abschnitten, auch unter Berücksichtigung des die Auftraggeberseite dienstintern verpflichtenden Haushaltsrechts, das allerdings für sich im internen Auftraggeberbereich dem öffentlichen Recht unterliegt. Es ist nämlich als grundlegender Obersatz zu beachten, dass nach dem hier maßgebenden deutschen Recht zwischen Partnern von Bauvertragsverhandlungen und abgeschlossenen Bauverträgen niemals das Verhältnis der Über- und Unterordnung, wie es dem öffentlichen Recht eigen ist, mit allen seinen Auswirkungen herrschen kann, sondern dass hier die uneingeschränkte Gleichordnung der Verhandlungs- und Vertragspartner maßgebend ist, die allen Beteiligten die Stellung von gleichberechtigten Partnern gibt (so auch BVerwGE 5, 325, 327 = NJW 1958, 394; BVerwGE 14, 65, 72 = NJW

Einleitung

1962, 1535; BGH NJW 1968, 547). Dies gilt auch für den Bereich der, wenn auch verspätet, erfolgten (vgl. dazu EuGH BauR 1995, 835 = EuZW 1995, 635) Umsetzung der EG-Richtlinie zur Koordinierung der Rechts- und Verwaltungsvorschriften für die Anwendung der Nachprüfungsverfahren im Rahmen der Vergabe öffentlicher Liefer- und Bauaufträge (sog. Überwachungsrichtlinie) v. 21.12.1989 (ABlEG Nr. L 395/33 30.12.1989), nämlich zunächst durch die §§ 57a, 57b, 57c des Haushaltsgrundsätzegesetzes i.d.F. v. 26.11.1994 (BGBl. I S. 1928) sowie die daraufhin erlassene Verordnung über Vergabebestimmungen für öffentliche Aufträge (Vergabeverordnung – VergVO) v. 22.2.1994 (BGBl. I S. 312) und die Verordnung über das Nachprüfungsverfahren für öffentliche Aufträge (Nachprüfungsverordnung – NpV) v. 22.2.1994 (BGBl. I S. 324; ebenso *Lötzsch/Bornheim* NJW 1995, 2134, 2136). Inzwischen ist aber diese sog. **haushaltsrechtliche Lösung** der Umsetzung der EG-Richtlinien für die oberhalb der Schwellenwerte liegenden sog. EU-Vergaben durch die sog. wettbewerbsrechtliche Lösung in §§ 97 ff. GWB (BGBl. I S. 2512 ff.) seit dem 1.1.1999 und die neue Vergabeverordnung 2000 (BGBl. I S. 168) in der geänderten Fassung v. 14.2.2003 und der demnächst (voraussichtlich ab Oktober 2006) geltenden neuen Fassung abgelöst worden. Auch hierdurch hat sich an der vorgenannten privatrechtlichen Einordnung des **Außenverhältnisses** des öffentlichen Auftraggebers gegenüber den an der Vergabe beteiligten oder an ihr interessierten Unternehmern im Grundsatz nichts geändert.

Für das Vergabeverfahren kann eine Ausnahme nur in Erwägung gezogen werden, wenn Entscheidungen aufgrund Anweisung einer vorgesetzten Dienststelle oder sonst in Wahrnehmung oder zur Erfüllung besonderer behördlicher Aufgaben oder Pflichten **im Sinne eines Verwaltungsaktes** als typisch öffentlich-rechtliches Gestaltungsmittel getroffen werden, wie z.B. in Fällen, in denen es darum geht, öffentliche Belange von übergeordnetem Interesse durchzusetzen. Dies könnte z.B. bei einem **Tariftreue-Gesetz** oder der Schaffung des sog. **Korruptionsregisters** der Fall sein. Die stürmische Entwicklung des neuen Vergaberechts in den letzten Jahren kann aber durchaus dazu führen, dass sich zwischen öffentlichem und privatem Recht das Vergaberecht völlig verselbstständigt mit sehr großen Problemen für die Auswirkungen auf das Bauvertragsrecht, weil durch die Vergabe-Nachprüfungsverfahren die im Angebot des Bieters enthaltenen Fristen und damit durchaus auch die Preise nicht mehr als verbindlich gelten können, da der Zuschlag dann veränderte Rahmenbedingungen setzt (vgl. dazu jetzt auch BGH BauR 2005, 857, unter Hinweis auf § 150 Abs. 2 BGB). **9**

Geht man nach alldem davon aus, dass Abschluss und Durchführung von Bauverträgen in jedem Falle, also auch bei Beteiligung der öffentlichen Hand, nach Privatrecht zu beurteilen sind, so gilt für den Abschluss von Bauverträgen der Allgemeine Teil des BGB, insbesondere §§ 145 ff. BGB, und für die Durchführung des Bauvertrages das Schuldrecht des BGB (§§ 241 ff. BGB) und vor allem das Werkvertragsrecht der §§ 631 bis 651 BGB. Da der Bauvertrag grundsätzlich als Werkvertrag oder seltener als Werklieferungsvertrag (vgl. § 651 BGB a.F.) anzusehen ist, der nach dem Schuldrechtmodernisierungsgesetz gem. § 651 BGB n.F. (2002) jetzt nach Kaufrecht zu beurteilen ist, **das Werkvertragsrecht aber nicht auf die speziellen Belange des Bauvertrages als eines auf Kooperation der Vertragspartner ausgerichteten Langzeitvertrages** (*Nicklisch/Weick* VOB Teil B Einl. Rn. 1 bis 4) abstellt, entstand schon im 19. Jahrhundert vor allem bei den Öffentlichen Auftraggebern verstärkt das Bedürfnis, für die Abwicklung von komplexen Bauverträgen bei größeren Bauvorhaben eine besondere Rechts- oder Vertragsordnung zu schaffen. So gab es schon früh von staatlicher Seite sog. Verdingungsordnungen, die sich nicht nur mit der Vergabe und Submission befassten, sondern auch mit Regelungen für die Gestaltung der Bauverträge und für die Bauausführung. Diese Vorläufer der heutigen VOB **führten dann schließlich zur Gründung des Reichsverdingungsausschusses (RVA), der im Jahre 1926 die endgültige Fassung der Verdingungsordnung für Bauleistungen verabschiedete**. Seit 1947 wurde und wird diese Aufgabe vom Deutschen Verdingungsausschuss für Bauleistungen, jetzt umbenannt in Deutscher Vergabe- und Vertragsausschuss (DVA), übernommen. Seitdem wurde die VOB in allen ihren Teilen laufend überarbeitet und fortentwickelt, insbesondere 1952, 1973, 1988, 1992, 1996, 2000, 2002/2003 und nunmehr durch Beschl. v. 27.6.2006. Daneben bleibt aber auch mehr und mehr deutlich der Ruf nach dem Gesetzgeber zur **10**

Einleitung

Schaffung eines eigenständigen Bauvertragsgesetzes im BGB (vgl. dazu: *Kraus/Vygen/Oppler* BauR 1999, 964 ff.; Institut für Baurecht Freiburg i.Br. e.V. BauR 1999, 699 ff., und den jetzt vom Bundesministerium der Justiz in Umlauf gebrachten Fragebogen zu einem gesetzlich geregelten Bauvertragsrecht im BGB [BauR 2006, 258 ff.] mit einer Stellungnahme des Instituts für Baurecht in Freiburg i.Br. e.V. [BauR 2006, 260 ff.] und von *Peters* [NZBau 2005, 270 ff.]) nach dem Muster des bereits 1979 geschaffenen und aus dem bis dahin anzuwendenden Werkvertragsrecht ausgegliederten Reisevertragsgesetzes der §§ 651a bis 651k BGB, da die isolierten Einzelfalländerungen für Bauverträge im BGB-Werkvertragsrecht bisher mehr geschadet als genutzt haben und die vorgegebenen Ziele keineswegs erreicht haben, wie das am 1.5.2000 in Kraft getretene Gesetz zur Beschleunigung fälliger Zahlungen (vgl. dazu *Kraus/Vygen/Oppler* BauR 1999, 964 ff., sowie *Roos* BauR 2000, 459 ff., und *Jani* BauR 2000, 949) allzu deutlich gezeigt hat. Eine Beschleunigung fälliger Zahlungen ist dadurch jedenfalls nicht erreicht worden. Daran kann sich aber demnächst durchaus etwas ändern durch das voraussichtlich Anfang 2007 in Kraft tretende Bauforderungssicherungsgesetz.

III. Die VOB/B als Grundlage des VOB-Bauvertrages

11 Wegen der **Unzulänglichkeiten des gesetzlichen Werkvertragsrechts** für die Abwicklung von Bauverträgen hat sich seit vielen Jahren eine Aufspaltung des privaten Baurechts ergeben, und zwar einerseits in Bauverträge, die sich nach dem gesetzlichen Werkvertragsrecht der §§ 631 ff. BGB beurteilen, und andererseits in solche Bauverträge, in denen die VOB Teil B als Vertragsgrundlage vereinbart worden ist, wobei diese sog. **VOB-Bauverträge** in der Praxis heute bei weitem überwiegen. Während die öffentlichen Auftraggeber aufgrund haushaltsrechtlich bindender Vorschriften weitgehend gezwungen sind, ihren Bauverträgen die VOB/B zugrunde zu legen, und zwar grundsätzlich ohne Änderungen, ist der private Auftraggeber und entsprechend natürlich auch der Bauunternehmer dazu nicht verpflichtet. Dennoch machen auch die privaten Auftraggeber und deren Architekten und Ingenieure oder die Projektsteuerer immer mehr von der Möglichkeit Gebrauch, die **VOB/B als Vertragsgrundlage** – wenn auch allzu oft mit gewissen, teilweise erheblichen Änderungen – zu vereinbaren, weil sich die Auffassung durchsetzt, dass die VOB/B die Belange und Interessen beider Bauvertragspartner besser berücksichtigt als das allgemeine und für alle Arten von Werkverträgen (Schuhreparatur, Autoreparatur usw.) geltende Werkvertragsrecht des BGB (vgl. zu den Vor- und Nachteilen der VOB/B für beide Bauvertragspartner im Einzelnen *Vygen* Bauvertragsrecht nach VOB und BGB Rn. 150 ff.).

B. Die Entstehung und Entwicklung der Vergabe- und Vertragsordnung für Bauleistungen (VOB)

I. Die Entstehungsgeschichte der VOB Teile A, B und C bis heute

1. Die Entstehung der VOB

12 Die VOB ist nicht »aus heiterem Himmel« geschaffen worden. Vielmehr hat es bis zu ihrer erstmaligen Veröffentlichung eine längere rechtsgeschichtliche Entwicklung gegeben (vgl. dazu die interessanten Ausführungen von *Schubert* FS Korbion 1986 S. 389 sowie von *Jagenburg* 100 Jahre Kölner VOB BauR 1989, 17; *Lampe-Helbig/Wörmann* S. 5 ff.). Die VOB entstand in den Jahren nach dem Ersten Weltkrieg aus dem Bedürfnis und insbesondere der Notwendigkeit, für die Vergabe und Durchführung von Bauleistungen der öffentlichen Hand, möglichst aber auch darüber hinaus, klare und einheitliche Grundsätze und Vorschriften zu schaffen. Sie hatte zahlreiche Vorläufer schon im 19. Jahrhundert in den einzelnen Regierungsbezirken der Länder, die aber stark voneinander abwichen. Der Reichsverdingungsausschuss (vgl. dazu und zu seiner Tätigkeit näher *Schubert* FS Korbion 1986 S. 395 ff.), der sich auf Ersuchen des damaligen Reichstages unter der geschäftsführenden

Leitung des Reichsfinanzministeriums (Reichsbauverwaltung) aus Vertretern der Reichsverwaltungen, der Länderregierungen, der Städte, der Wirtschaft und der Gewerkschaften zusammengesetzt hatte, schuf in der Zeit von 1921 bis 1926 dann erstmalig eine einheitliche Verdingungsordnung für Bauleistungen mit dem Ziel, »(...) für die Vergebung von Leistungen und Lieferungen einheitliche Grundsätze für Reich und Länder zu schaffen«. Es wurden zunächst mehrere Entwürfe zur Diskussion gestellt (vgl. *Schubert* FS Korbion 1986 S. 403 ff.). Am 6.5.1926 wurde die Erstfassung der VOB, die schon damals aus den Teilen A, B und C bestand, beschlossen (zur Entstehungsgeschichte der VOB siehe auch *Kaiser* Mängelhaftungsrecht Rn. 3 ff.; *Daub* Die Bauverwaltung 1966, 257; *Nicklisch/Weick* Einl. Rn. 23 ff.).

Die Allgemeinen Technischen Vertragsbedingungen (Teil C der VOB oder auch ATV; früher: Allgemeine Technische Vorschriften) wurden nach erstmaliger Veröffentlichung der VOB laufend ergänzt und überarbeitet. Auch heute liegt dort bei Änderungen häufig ein Schwergewicht. Nach dem Zweiten Weltkrieg wurde die VOB neu bearbeitet, und zwar durch den 1947 gegründeten Deutschen Verdingungsausschuss für Bauleistungen, jetzt umbenannt in **Deutscher Vergabe- und Vertragsausschuss für Bauleistungen (DVA)** (dazu näher: *Lampe-Helbig* FS Korbion 1986 S. 249, 250 f.). In diesem Ausschuss sind die am heutigen Baugeschehen beteiligten Ministerien, öffentlichen Verwaltungen, Wirtschafts- und Berufsverbände sowohl der Auftraggeber- als auch der Auftragnehmerseite vertreten. Drei Hauptarbeitsausschüsse sind vom DVA im Oktober 1949 zur Neubearbeitung der VOB eingesetzt worden. Das Ergebnis legte der Allgemeine Hauptarbeitsausschuss dem DVA in seiner Hauptversammlung in Stuttgart im Juni 1952 vor. Durch Beschluss der Hauptversammlung wurden dann in der Fassung 1952 festgelegt: **Teil A (DIN 1960)**: Allgemeine Bestimmungen für die Vergabe von Bauleistungen, und **Teil B (DIN 1961)**: Allgemeine Vertragsbedingungen für die Ausführung von Bauleistungen. Der in der Grundgestaltung technische **Teil C** war schon vorher laufend überarbeitet worden, was auch weiterhin geschah. Später ist die Ausgabe 1965 der VOB (Teile A, B und C) erschienen. Für die hier interessierenden Teile A und B waren damals aber keine Änderungen zur Fassung 1952 vorgenommen worden.

2. Die Fortentwicklung der VOB von 1952 bis 2003

Die seit 1952 fortschreitende Entwicklung von Technik, Wirtschaft und Recht, vor allem aber auch der Rechtsprechung sowie die zwischenzeitliche Arbeit an der Entstehung des gemeinsamen Marktes bedingten die erneute **grundlegende Überarbeitung der VOB.** Diese begann im Frühjahr 1967 und wurde im Oktober 1973 hinsichtlich der Teile A und B abgeschlossen, während die Überarbeitung des Teils C erst 1974 vorläufig beendet wurde. Der DVA hat in seiner 8. Hauptversammlung v. 10. bis 12.10.1973 in Kassel die überarbeiteten Teile A und B sowie die bis dahin in der Überarbeitung abgeschlossenen Gewerke des Teils C verabschiedet. Diese Gestaltung der VOB, insbesondere in den im Rahmen dieser Kommentierung besonders interessierenden Teilen A und B, erhielt die Bezeichnung »**Fassung 1973**«. Sie wurde erstmals in sich geschlossen mit den Teilen A und B in einem Sonderdruck der Beilage zum BAnz Nr. 216 15.11.1973 (MinBlFin. 1973, 691) veröffentlicht (siehe zu dieser Neufassung *Korbion* Betrieb 1974, 78 = Die Bauverwaltung 1973, 583). Die bis 1974 erfolgte weitere Bearbeitung des Teils C wurde durch Rundschreiben des Bundesministers für Raumordnung, Bauwesen und Städtebau v. 28.10.1974 (MinBlFin. 1974, 677) mit Wirkung v. 1.1.1975 verbindlich eingeführt (über die nachträgliche Änderung der Gerichtsstandsvereinbarung in § 18 Nr. 1 VOB/B siehe § 18 VOB/B). Im Juli 1976 wurde ein Ergänzungsband zur VOB-Ausgabe von 1973 herausgegeben, der die bis dahin weiterhin fortlaufend auf den neuesten Stand gebrachten DIN-Normen, soweit solche seit der Ausgabe 1973 neugefasst oder verändert worden waren, beinhaltet.

Im Wesentlichen durch das **AGB-Gesetz** v. 9.12.1976 (BGBl. I S. 3317), das am 1.4.1977 in Kraft trat, sowie durch das am 1.1.1980 in Kraft getretene **Umsatzsteuergesetz** (1980) v. 26.11.1979 (BGBl. I S. 2359) ergab sich die **Notwendigkeit zur Anpassung von VOB-Bestimmungen** an diese neue Ge-

Einleitung

setzeslage. Dies betraf die Regelungen in § 6 Nr. 6 VOB/B einerseits und die Regelungen in § 16 Nr. 1 Abs. 1 und in § 17 Nr. 6 Abs. 1 VOB/B andererseits. Außerdem waren noch kleinere Änderungen im Hinblick auf die EG-Baukoordinierungsrichtlinie vorzunehmen. Aus diesem Anlass wurde eine neue Gesamtausgabe der VOB, dabei vor allem auch unter Berücksichtigung zwischenzeitlicher weiterer Änderungen und Ergänzungen im Bereich der Allgemeinen Technischen Vertragsbedingungen des Teils C, im Oktober 1979 herausgegeben (vgl. dazu Bekanntmachung der Neufassung im BAnz Nr. 206 6.11.1979 sowie durch den Bundesminister für Raumordnung, Bauwesen und Städtebau v. 25.10.1979, Bauverwaltung 1980, 32). Die ab dann gültige Gesamtausgabe der drei Teile der VOB trug die Bezeichnung »**Ausgabe 1979**«. Für den technischen Bereich wurden Ergänzungsbände 1984 und 1985 herausgegeben.

16 In den folgenden Jahren wurde weiter an der VOB, vor allem mit dem Ziel sachgerechter Änderungen und Ergänzungen, gearbeitet. Das **vorläufige Endergebnis war die im Oktober 1988 vorgestellte Fassung von 1988,** die im Vergleich zu der bisherigen allerdings für den rechtlichen Bereich nur wenige neue Punkte **brachte.**

Insbesondere durch die **Richtlinie zur Änderung der EG-Richtlinie über die Koordinierung der Vergabe öffentlicher Bauaufträge Nr. 71/305/EWG v. 18.7.1989** (Nr. 89/440/EWG), neu gefasst durch die **Richtlinie 93/38/EWG v. 14.6.1993** (AblEG Nr. L 199 19.8.1993) wurde wiederum die **Änderung des Teils A** der VOB erforderlich, wobei es zu einer »**Zweiteilung**« kam, indem zu den sog. Basisparagraphen sog. **a-Paragraphen hinzukamen, die nur für den Bereich der über einem bestimmten Schwellenwert liegenden öffentlichen Bauvergaben neben den Basisparagraphen Geltung beanspruchen** (vgl. dazu § 1a VOB/A). Bei dieser Gelegenheit wurden Änderungen bei § 16 Nr. 1 Abs. 3, Nr. 3 Abs. 2 (jetzt Abs. 2 bis 6) VOB/B sowie § 17 Nr. 2 VOB/B vorgenommen. Diese Fassung wurde am 19.7.1990 im BAnz Nr. 132a veröffentlicht. Auch Teil C wurde wiederum überarbeitet. Diese neue Fassung wurde dann von den auf der öffentlichen Auftraggeberseite beteiligten Ressorts als **Fassung 1990** eingeführt.

17 Bereits bei Veröffentlichung der Fassung von 1990 war die **Notwendigkeit** bekannt, die VOB **vor allem in ihrem Teil A** wiederum zu überarbeiten. Dies ergab sich nicht nur aus der vorgenannten Baukoordinierungsrichtlinie, sondern vor allem wegen einer zwischenzeitlich ergangenen anderen **Richtlinie der EG v. 17.9.1990 betreffend die Auftragsvergabe durch Auftraggeber im Bereich der Wasser-, Energie- und Verkehrsversorgung sowie im Telekommunikationssektor (90/531/EG), ebenfalls neu gefasst durch die Richtlinie 93/38 EWG v. 14.6.1993** (AblEG Nr. L 199 19.8.1993). Diese besonderen Baubereiche mussten in die VOB/A mit eingearbeitet werden. **Dies geschah durch die jetzigen b-Paragraphen bzw. die Vergabebestimmungen nach der EG-Sektorenrichtlinie (VOB/SKR).** Auch hier ist ein bestimmter Schwellenwert für deren Anwendung festgesetzt. In Teil B wurden auch Ergänzungen bzw. Erweiterungen vorgenommen, nämlich durch die jetzigen Regelungen in § 3 Nr. 6 VOB/B sowie § 7 Nr. 2 und 3 VOB/B. Diese **Fassung der VOB 1992** ist im BAnz v. 27.11.1992 (Beilage v. 12.11.1992) veröffentlicht worden (vgl. dazu u.a. auch *Portz* NJW 1993, 2145, 2146 f.). Auch Teil C wurde wiederum überarbeitet bzw. erweitert (zur Umgestaltung des deutschen Bauvertragsrechts durch EG-Richtlinien: *Locher* BauR 1992, 293).

Die **Ergänzungsausgabe 1996** beinhaltet außer einer Änderung der §§ 2 Nr. 8 und 13 Nr. 4 VOB/B sowie einer bloßen Berichtigung des Wortlauts in § 4 Nr. 1 Abs. 3 VOB/B lediglich den vor allem durch neue und ergänzte Normen neu zusammengestellten Teil C. Teil A blieb dabei unverändert. Die Ergänzung ist im BAnz v. 11.6.1996 (Nr. 105 S. 6361 f.) bekannt gemacht worden. Dort findet sich auch der Wortlaut der genannten neuen bzw. berichtigten Bestimmungen des Teils B.

18 Diese Änderungen im Teil B der VOB haben teils Zustimmung (*Joussen* Jahrbuch Baurecht 1998 S. 111 ff.), teils aber auch Kritik hervorgerufen und letztlich dazu geführt, dass das Institut für Baurecht Freiburg i.Br. e.V. mit einem Arbeitskreis renommierter Baurechtler aus ganz Deutschland umfangreiche Vorschläge zur Änderung der VOB/B beim DVA eingebracht hat (vgl. dazu im Einzelnen

Einleitung

mit eingehender Begründung: BauR 1999, 699 ff.). Diese Vorschläge beruhen auf zwei Grundüberlegungen: Zum einen muss die VOB/B viel stärker darauf ausgerichtet werden, dass sie nicht nur für Bauvorhaben der öffentlichen Hand, sondern zahlenmäßig weitaus häufiger in Bauverträgen auch von privaten Auftraggebern als Vertragsgrundlage vereinbart wird, weil das BGB-Werkvertragsrecht den speziellen Problemen des Bauvertrages als eines auf Kooperation der Bauvertragspartner angelegten Langzeitvertrages in keiner Weise gerecht wird und für die mit der Bauausführung befassten Baubeteiligten auch nicht verständlich ist, zumal es weitgehend an konkreten Regelungen der beiderseitigen Rechte und Pflichten fehlt. Zum anderen muss die VOB/B in allen ihren Vorschriften und nicht nur als Ganzes so gestaltet werden, dass **jede einzelne Bestimmung der VOB/B der Inhaltskontrolle des AGB-Gesetzes bzw. jetzt den entsprechenden Vorschriften in den §§ 305 ff. BGB n.F. (2002) standhält**; denn es kann auf Dauer nicht hingenommen werden, dass gerade die öffentlichen Auftraggeber sich auf Bestimmungen der VOB/B berufen, die für sich genommen bei isolierter Inhaltskontrolle dem AGB-Gesetz bzw. jetzt den §§ 305 ff. BGB n.F. (2002) nicht standhalten (vgl. dazu im Einzelnen: BauR 1999, 699 ff.; *Kraus* Beilage zur BauR 1997 Heft 4; *Kraus/Sienz* BauR 2000, 631; und vor allem: *Korbion/Locher/Sienz* AGB und Bauerrichtungsverträge 4. Aufl. 2006 Kap. F. Rn. 2 ff.). Dies ist im Übrigen auch aus rechtlichen Gründen ein dringendes Bedürfnis, weil die VOB/B zwar gem. § 23 Abs. 2 Nr. 5 AGBG a.F. von der Inhaltskontrolle ausgenommen worden ist, sofern sie als Ganzes unverändert Vertragsgrundlage ist, weil aber diese privilegierte VOB/B in der damaligen Fassung bei In-Kraft-Treten des AGB-Gesetzes im Jahre 1977 nicht mehr existiert, sondern seitdem erhebliche Veränderungen erfahren hat, die diese Privilegierung zumindest erheblich in Frage stellen, wenn nicht gar ausschließen, weil es sich möglicherweise nicht um eine **dynamische, sondern nur um eine statische Privilegierung der VOB/B in der damaligen Fassung** handelt. Anderenfalls müssten sich verfassungsrechtliche Probleme ergeben, da die Verfasser der VOB, also der Deutsche Vertragsausschuss, keine Gesetzgebungskompetenz hat (vgl. dazu auch *Kraus/Sienz* BauR 2000, 631 ff.; a.A., aber mit überzeugenden Begründungen: *Joussen* BauR 2003, 1759, der die Privilegierung der VOB/B als ausgewogenes Vertragswerk auch nach der Aufnahme des AGB-Gesetzes in die §§ 305 ff. BGB n.F. [2002] bejaht, dabei allerdings die Frage der Ausgewogenheit bei jeder Änderung der VOB/B in die Entscheidungskompetenz der Gerichte stellt; dies bedarf dann vor allem bezüglich der VOB/B 2002/2003 einer erneuten Beurteilung und Entscheidung). Diese Problematik der Privilegierung der VOB/B ist inzwischen aber noch größer geworden, da der BGH durch Urt. v. 22.1.2004 (BauR 2004, 668) entschieden hat, dass »jede vertragliche Abweichung von der VOB/B dazu führt, dass diese nicht als Ganzes vereinbart ist« und es nicht darauf ankommt, welches Gewicht der Eingriff hat. Ungeklärt ist danach nur noch, ob auch eine Abänderung der Verjährungsfrist für Mängelansprüche, die in § 13 Nr. 4 VOB/B immer noch mit der Regelfrist von 4 Jahren vorgesehen ist, wenn nichts anderes vereinbart ist, durch den Auftraggeber auf 5 Jahre auch als vertragliche Abweichung von der VOB/B anzusehen ist. Dies wird man letztlich als unbedenklich ansehen können, da einerseits die VOB/B geradezu empfiehlt, eine Verjährungsfrist für Mängelansprüche zu vereinbaren, also auch die gesetzliche Frist von 5 Jahren, so dass keine »vertragliche Abweichung« vorliegt und auch kein »Eingriff«. Alle anderen Änderungen der VOB/B führen zur isolierten Inhaltskontrolle der VOB/B-Bestimmungen mit häufig ungewissem Ausgang, weshalb die VOB/B dringend AGB-fest gemacht werden sollte (vgl. *Vygen* Editorial BauR 2006 Heft 2, 285).

Schließlich bedarf die VOB/B dringend auch einer **Anpassung an Entwicklungen in der Baupraxis**, denen die VOB/B nur höchst unzureichend Rechnung trägt, wie z.B. die funktionale Leistungsbeschreibung, die Unterscheidung zwischen Detail- und Global-Pauschalvertrag, der ausufernde Einsatz von Nachunternehmern, die Problematik der Stellung des Vorunternehmers als Erfüllungsgehilfe des Auftraggebers im Rahmen seines Vertragsverhältnisses zum nachfolgenden Unternehmer, der auf dieser mangelhaften oder verspäteten Vorunternehmerleistung aufbauen soll (vgl. dazu jetzt BGH BauR 2000, 722 = NZBau 2000, 187), die Auswirkungen des Vergaberechts im Falle eines Nachprüfungsverfahrens und der damit einhergehenden Verlängerung der Bindefristen auf den Bauvertrag, insbesondere den Baubeginn und dessen Verschiebung und dadurch bedingte Mehrkosten bei

Einleitung

Erdarbeiten im Winter statt Sommer oder Stahlpreiserhöhungen usw. (vgl. dazu BGH BauR 2005, 857 und OLG Jena BauR 2005, 1161 ff.).

19 **Die VOB 2000** hat dem nur unzureichend Rechnung getragen, weil der DVA nach seinem Organisations- und Arbeitsschema dazu auch kaum in der Lage ist; denn dort heißt es (vgl. *Peters* Jahrbuch Baurecht 2000 S. 56):

»*Grundsätzlich ist im DVA stets eine einheitliche Meinungsbildung anzustreben; ist dies ausnahmsweise nicht zu erreichen, so muss auch für Körperschaften, die eine abweichende Meinung vertreten, eine tragbare, abgewogene Regelung gesucht werden*«.

Sieht man dabei ferner die **Zusammensetzung des DVA mit einem Übergewicht der staatlichen Auftraggeberseite im Vorstand von 5 zu 4 gegenüber den Auftragnehmern**, so ist auch in Zukunft kaum zu erwarten, dass die VOB/B so umgestaltet und modernisiert wird, dass sie auch für private Auftraggeber und zugleich auch für die Auftragnehmerseite ohne wesentliche Änderungen als gerechter Interessenausgleich empfunden und dann auch unverändert vereinbart werden kann. Deshalb ertönt in letzter Zeit zunehmend der **Ruf nach dem Gesetzgeber zur Schaffung eines eigenständigen Bauvertragsrechts im BGB**, vergleichbar dem Reisevertragsrecht der §§ 651a ff. BGB, wozu inzwischen durch das am 1.5.2000 in Kraft getretene **Gesetz zur Beschleunigung fälliger Zahlungen** mit Änderungen in §§ 284, 288, 631 ff. BGB ein erster Schritt getan ist (vgl. dazu *Kraus/Oppler/Vygen* BauR 1999, 964 ff.; *Jani* BauR 2000, 949).

20 Immerhin hat die **VOB 2000 durchaus gewichtige Änderungen im Teil A** (vgl. dazu *Joussen/Schranner* BauR 2000, 625 ff.) **in Anpassung an das Vergaberechtsänderungsgesetz in §§ 97 bis 129 GWB** (vgl. dazu *Jaeger* Jahrbuch Baurecht 2000 S. 107 ff.) **und die neue Vergabeverordnung 2000** (BR-Drucks. 455/1/00) sowie folgende weniger bedeutsame Änderungen in Teil B gebracht (vgl. dazu *Joussen/Schranner* BauR 2000, 334 ff.): In § 2 Nr. 8 Abs. 2 VOB/B erfolgte eine Ergänzung durch einen S. 3, wonach die Vergütung sich nach den Berechnungsgrundlagen für geänderte oder zusätzliche Leistungen gem. § 2 Nr. 5 und 6 VOB/B richtet, ohne allerdings zu klären, ob dies nun auch für die Vergütung gem. § 2 Nr. 8 Abs. 3 VOB/B gelten soll, was nach der Stellung in § 2 Nr. 8 Abs. 2 VOB/B nicht der Fall ist, nach Sinn und Zweck aber dringend geboten ist (vgl. dazu unten § 2 Nr. 8 VOB/B). In § 4 Nr. 8 Abs. 1 S. 3 VOB/B ist nunmehr ausdrücklich ein **Kündigungsrecht des Auftraggebers bei unzulässigem Subunternehmereinsatz** geregelt und am Ende des § 4 VOB/B ist als Nr. 10 die bisher in § 12 Nr. 2b VOB/B enthaltene Regelung in veränderter Ausgestaltung zu finden, wonach der **Zustand von Teilen der Leistung** auf Verlangen gemeinsam von Auftraggeber und Auftragnehmer festzustellen ist, wenn diese Teile der Leistung durch die weitere Ausführung der Prüfung und Feststellung entzogen werden, wobei das Ergebnis schriftlich niederzulegen ist. In § 6 Nr. 2a VOB/B wurden entsprechend der Rechtsprechung bei der Verursachung einer Behinderung des Auftragnehmers die Worte »durch einen vom Auftraggeber zu vertretenden Umstand« ersetzt durch die Worte »aus dem Risikobereich des Auftraggebers«, wie dies auch im Schrifttum schon lange gefordert worden war (vgl. z.B. *Vygen/Schubert/Lang* Bauverzögerung und Leistungsänderung Rn. 130 ff.). Von besonderer Bedeutung erscheint aber die Neuregelung in § 16 Nr. 5 Abs. 3 VOB/B, wonach in Zukunft **bei nicht rechtzeitiger Zahlung von Abschlags- und Schlussrechnungen und Ablauf einer angemessenen Nachfrist** Zinsen in Höhe von 5% über dem Zinssatz der Spitzenrefinanzierungsfazilität (SRF) der Europäischen Zentralbank zu zahlen sind, die zeitweise schon bei 5,5% lag, so dass sich ein **Zinssatz von über 10,5%** ergab. Unbedeutendere Änderungen finden sich noch in §§ 7 Nr. 1, 8 Nr. 2 Abs. 1 und 16 Nr. 2 Abs. 1 S. 2 VOB/B und in der VOB/C.

21 Die **VOB/B 2002/2003** wurde notwendig, um den Änderungen des BGB durch das Schuldrechtmodernisierungsgesetz, das am 1.1.2002 in Kraft getreten ist, Rechnung zu tragen. Diese Neufassung der VOB/B ist allerdings erst mit In-Kraft-Treten der ebenfalls geänderten Vergabe-Verordnung am 15.2.2003 wirksam und für die öffentlichen Auftraggeber verbindlich geworden. Daraus ergibt sich eine gewisse **Rechtsunsicherheit bezüglich der Verträge mit VOB/B-Vereinbarung, die in der**

Einleitung

Zeit vom 1.1.2002 bis zum 14.2.2003 abgeschlossen worden sind, da für diese die VOB/B (Fassung 2000) anzuwenden ist, gleichzeitig aber das BGB in neuer Fassung 2002, woraus sich durchaus Probleme ergeben können, vor allem wegen des stark abweichenden Mängelrechts (vgl. dazu im Einzelnen unten § 13 Nr. 1 bis 7 VOB/B), aber auch bei der Höhe des Zinsanspruchs gem. § 16 Nr. 5 Abs. 3 VOB/B.

Für Bauverträge mit VOB/B-Vereinbarung nach dem 15.2.2003 ist nun aber eine weitgehende Angleichung des Mängelrechtes erfolgt und es sind weiter gehende Änderungen in der VOB/B vorgenommen worden, die im Folgenden kurz zusammengefasst werden:

22

Für die VOB/A sah der DVA keinen Änderungsbedarf, wenn man von der Änderung der Bekanntmachungs-Muster zu § 17 VOB/A absieht.

Dagegen war der **Änderungsbedarf für die VOB/B** infolge des Schuldrechtmodernisierungsgesetzes durch das BGB 2002 sehr groß, wobei sich insbesondere auch die Frage stellt, ob der DVA mit seinen Beschl. v. 16./17.4.2002 dem hinreichend Rechnung getragen hat. Zweifel bestehen insoweit vor allem deshalb, weil durch die **Abschaffung des AGB-Gesetzes** und dessen Einbindung in das BGB in den §§ 305 ff. BGB 2002 sich ernsthaft die Frage stellt, ob die **VOB/B als Ganzes** noch als **privilegiertes Regelwerk** i.S.d. Rechtsprechung des BGH (BauR 1983, 161 ff. = BGHZ 86, 135 ff.) angesehen werden kann oder ob jetzt auf Grund dieser geänderten Fassung der Bestimmungen zur Privilegierung nicht jede einzelne Regelung der VOB/B der **isolierten Inhaltskontrolle** unterworfen ist, wie dies in der Literatur bereits vertreten wird (vgl. dazu insbesondere *Quack* ZfBR 2002, 428; *Weyer* BauR 2002, 857 ff.; *Preussner* BauR 2002, 231 ff.; *Oberhauser* Jahrbuch BauR 2003, 1 ff.; a.A. *Joussen* BauR 2002, 1759). Zu dieser Frage hat sich der DVA in seinen Beschlüssen zur Neufassung der VOB/B eindeutig geäußert:

These des DVA:

23

»*Die VOB/B bleibt auch nach In-Kraft-Treten des Gesetzes zur Modernisierung des Schuldrechts ein privilegiertes Regelwerk.*«

Begründung:

Nach der bis 31.12.2001 bestehenden Rechtslage ergab sich die Privilegierung der VOB/B im Gesetz zur Regelung des Rechts der Allgemeinen Geschäftsbedingungen (AGBG) für § 10 Nr. 5 AGBG a.F. (fingierte Erklärungen) und § 11 Nr. 10f AGBG a.F. (Verkürzung von Gewährleistungsfristen) aus § 23 Abs. 2 Nr. 5 AGBG a.F. Die Konstruktion, dass die »VOB/B als Ganzes« als ausgewogene Regelung gilt und eine **isolierte Inhaltskontrolle** der einzelnen Klauseln der VOB/B zu unterbleiben hat, war von der Rechtsprechung entwickelt worden. Nach dieser Rechtsprechung handelt es sich bei der VOB/B um allgemeine Vertragsbedingungen, die in ihrer Gesamtheit als ausgewogen zu bezeichnen sind.

In der hierzu grundlegenden Entscheidung des BGH (BauR 1983, 161 ff. = BGHZ 86, 135) heißt es, dass sich die VOB/B in ihrem Inhalt wesentlich von sonstigen Allgemeinen Geschäftsbedingungen unterscheide. Die VOB/B sei gerade kein Vertragswerk, das den Vorteil einer Vertragsseite verfolge. Bei ihrer Ausarbeitung seien die Interessengruppen der Auftragnehmer und Auftraggeber beteiligt und die VOB/B könne daher nicht ohne weiteres mit einseitigen Allgemeinen Geschäftsbedingungen auf eine Stufe gestellt werden. Würden durch eine Billigkeitskontrolle nach dem AGBG die Interessen einer Vertragsseite bevorzugende Bestimmungen für unwirksam erklärt, würde der vom Vertragswerk beabsichtigte Ausgleich der Interessen gestört. Damit würde das Ziel der **Inhaltskontrolle des AGBG** verfehlt. Diese Erwägungen treffen grundsätzlich auch heute uneingeschränkt zu.

Es handelt sich also bei der VOB/B um eine hinlänglich ausgewogene Regelung, sofern sie in ihrer Gesamtheit vereinbart wird. Diese Privilegierung fußt normativ darauf, dass § 23 Abs. 2 Nr. 5 AGBG a.F. eine dynamische Verweisung auf die VOB/B enthält (*Staudinger/Schlosser* 13. Bearbeitung § 23

Einleitung

AGBG Rn. 29). Der Gesetzgeber hatte sich bei der Schaffung des § 23 Abs. 2 Nr. 5 AGBG a.F. von der Erwägung leiten lassen, dass es sich bei der VOB/B um eine ausgewogene, bereit liegende Vertragsordnung handelt (BT-Drucks. 7/3919 S. 42). Dies gilt aber nach dem bereits erwähnten Urteil des BGH v. 22.1.2004 (BauR 2004, 668) nur noch dann, wenn der Bauvertrag die VOB/B unverändert als Vertragsgrundlage vorsieht, denn **jede vertragliche Abweichung von der VOB/B** führt dazu, dass diese nicht als Ganzes vereinbart ist und deshalb jede Bestimmung der VOB/B der isolierten Inhaltskontrolle unterliegt, ohne dass es darauf ankommt, welches Gewicht der jeweilige Eingriff hat.

3. Die Neufassung der VOB 2006

24 Zum **80. Geburtstag der VOB** hat der Deutsche Vergabe- und Vertragsausschuss (DVA) durch Beschluss des Hauptausschusses Allgemeines v. 17.5.2006 einige bedeutsame Änderungen der VOB/B vorgeschlagen, z.B. die Zusammenfassung der Nr. 3 und 4 des § 1 VOB/B und als Folge davon auch der Nr. 5 und 6 des § 2 VOB/B und deren Ergänzung um das Recht des Auftraggebers zu Anordnungen bezüglich Art und Umfang der vertraglichen Leistung und soweit geboten auch hinsichtlich der Bauzeit. Dieses weitergehende **Anordnungsrecht des Auftraggebers** sollte allerdings zugleich auch für **Änderungen des Bauentwurfs** eingeschränkt werden und nur Anwendung finden, wenn der Betrieb des Auftragnehmers auf die dafür erforderlichen Leistungen eingerichtet ist und sie unter Abwägung der beiderseitigen Interessen nicht unzumutbar sind. Diese vom Hauptausschuss vorgeschlagene Änderung war ausgewogen und entsprach im Wesentlichen dem Grundgedanken des § 315 BGB, wonach ein **einseitiges Leistungsbestimmungsrecht**, wie es derzeit in § 1 Nr. 3 VOB/B vorgesehen ist, nur nach billigem Ermessen ausgeübt werden kann. Da § 1 Nr. 3 VOB/B diese Beschränkung nicht enthält, lässt sich kaum in Frage stellen, dass § 1 Nr. 3 VOB/B einer isolierten Inhaltskontrolle gem. §§ 307 BGB n.F. nicht standhält (vgl. *Vygen* a.a.O. Rn. 165). Da diese **isolierte Inhaltskontrolle** bei jeder vertraglichen Abweichung von der VOB/B durch den Auftraggeber eingreift (BGH BauR 2004, 668), bedurfte es dringend dieser oder einer vergleichbaren Neuregelung des § 1 Nr. 3 und 4 VOB/B. Trotzdem ist dieser Vorschlag des Hauptausschuss Allgemeines im Vorstand des DVA abgelehnt worden, so dass es insoweit weiterhin bei der alten Regelung der VOB/B bleibt und damit die derzeit bestehende **Rechtsunsicherheit** über Umfang und Grenzen des Rechts des Auftraggebers, den Bauentwurf zu ändern, fortwirkt (vgl. dazu vor allem *Thode* ZfBR 2004, 214 ff.; *Zanner/Keller* NZ Bau 2004, 353 ff., sowie BauR 2006 Heft 1a, 166 ff.). Nachdem diese notwendige Änderung in der **VOB/B 2006** nicht vollzogen worden ist, sind die vorgenommenen Änderungen der VOB/B eher bedeutungslos und haben mehr klarstellenden Charakter, weil meist nur die BGH-Rechtsprechung umgesetzt worden ist (vgl. § 2 Nr. 7, § 4 Nr. 8, § 6 Nr. 6 S. 3, § 8 Nr. 2 Abs. 1, § 13 Nr. 4 Abs. 1 und 2, § 14 Nr. 2 S. 3 bis 5, § 16 Nr. 3 Abs. 1, § 16 Nr. 3 Abs. 5 S. 2, § 16 Nr. 5 Abs. 5, § 17 Nr. 5 S. 1, § 17 Nr. 6 Abs. 1 S. 2 und § 18 Nr. 3 VOB/B). Von Bedeutung sind allenfalls noch die Änderungen in § 16 Nr. 1 S. 1 VOB/B, wonach jetzt **Abschlagszahlungen** auf Antrag in möglichst kurzen Zeitabständen **oder zu den vereinbarten Zeitpunkten** zu gewähren sind.

Demgegenüber enthält die **VOB/C** nunmehr **weitere Gewerke** (DIN 18322: Kabelleitungstiefbauarbeiten und DIN 18459 Abbruch- und Rückbauarbeiten) und teilweise auch Änderungen bei den schon bisher unter den Allgemeinen Technischen Vertragsbedingungen (ATV) aufgeführten Normen für die einzelnen Gewerke.

II. Regelungen des BGB und ihre Auswirkungen auf die VOB/B

1. Neue Bestimmungen im BGB mit baurechtlichem Bezug

25 Mit Art. 6 Nr. 4 des Schuldrechtsmodernisierungsgesetzes wurde das AGB-Gesetz aufgehoben. Die Regelungen über die Einbeziehung und Kontrolle von Allgemeinen Geschäftsbedingungen sind nunmehr in den §§ 305 ff. BGB enthalten. Eine dem bisherigen § 23 Abs. 2 Nr. 5 AGBG a.F. entspre-

chende Privilegierung der VOB/B ist in den §§ 305 ff. BGB wieder zu finden. Es ist in § 308 S. 1 Nr. 5 BGB (Regelungen über fingierte Erklärungen) und § 309 S. 1 Nr. 8b ff. BGB (Verjährungsfrist) geregelt, dass diese Vorschriften nicht für Leistungen gelten, für die die Verdingungsordnung für Bauleistungen als Ganzes Vertragsgrundlage ist.

In der Begründung zum Gesetzesentwurf wird ausgeführt, dass im § 308 S. 1 Nr. 5 BGB die Privilegierung für die fingierten Erklärungen aufgenommen wurde und diese Änderung rein redaktioneller Art sei, weil diese bereits in § 23 Abs. 2 Nr. 5 AGBG a.F. enthalten war. Der Gesetzgeber wollte mit der Übernahme dieser Regelungen die Rechtsprechung des BGH (BauR 1983, 161 ff.) zur Privilegierung der VOB/B als Ganzes übernehmen (Begründung des Gesetzesentwurfs der Regierungsfraktionen v. 14.5.2001; nachfolgend: Begr. BT-Drucks. 14/6040 S. 154, 158).

2. Auswirkungen

Die Entscheidung des Gesetzgebers, den Gesetzesentwurf in dieser Form zu beschließen, bedeutet, **26** dass er die durch die Rechtsprechung entwickelte Privilegierung der »VOB als Ganzes« billigt. Hierfür spricht, dass der Gesetzgeber durch die Regelungen in §§ 308 Nr. 5, 309 Nr. 8b BGB die Regelungen des § 23 Abs. 2 Nr. 5 AGBG a.F. inhaltlich übernommen hat und damit die Besonderheiten des Bauwerkvertrages erkannt hat. Dem Gesetzgeber war die Rechtsprechung des BGH zur »VOB/B als Ganzes« und die in der Literatur hieran geäußerte Kritik (vgl. z.B. Institut für Baurecht Freiburg i.Br. e.V. BauR 1999, 699 ff.) bekannt. Der Gesetzgeber hat gleichwohl die Regelungen des § 23 Abs. 2 Nr. 5 AGBG a.F. übernommen und auch die diesbezügliche Rechtsprechung nicht eingeschränkt, so dass er diese Rechtsprechung als zutreffend ansieht und auch mit der Gesetzesänderung übernehmen wollte. Besonders zeigt sich dieser gesetzgeberische Wille daran, dass der Antrag der PDS-Fraktion auf Streichung der die VOB/B privilegierenden Regelungen in §§ 308 und 309 BGB in der zweiten Lesung des Schuldrechtmodernisierungsgesetzes vom Deutschen Bundestag abgelehnt wurde (BT-Drucks. 14/7080, Protokoll v. 11.10.2001 S. 18765).

Hätte der Gesetzgeber in Abänderung der Rechtsprechung die VOB/B wie jede andere Allgemeine Geschäftsbedingung der Inhaltskontrolle gem. §§ 307 ff. BGB unterstellen wollen, hätte er die Privilegierungen entfallen lassen und dies in der Begründung entsprechend klargestellt.

Auch eine Beschränkung der Privilegierung der VOB/B auf die Regelungen zur Verjährung und zu fingierten Erklärungen ist vom Gesetzgeber nicht beabsichtigt. Die Formulierung der Privilegierung der »VOB/B als Ganzes« in den §§ 308 und 309 BGB und nicht an einer gesonderten Stelle hatte lediglich den Zweck, dem Rechtsanwender die Zuordnung zu erleichtern, nicht aber die bestehende Rechtsprechung des BGH einzugrenzen (Begr. BT-Drucks. 14/6040 S. 154).

Öffentliche Auftraggeber sind außerdem auf Grund der Verweisungen in der VgV auf die VOB/A, die ihrerseits die Verwendung der VOB/B vorschreibt (§ 10 Nr. 1 Abs. 2 VOB/A) gezwungen, in ihren Verträgen die VOB/B zu vereinbaren. Es widerspräche der Einheit der Rechtsordnung, wenn die den öffentlichen Auftraggebern auf diese Weise vorgegebenen Regelungen voll als AGB auf ihre Wirksamkeit zu überprüfen wären. Dies würde nämlich zu dem unhaltbaren Ergebnis führen, dass die in der VOB/B enthaltenen und den öffentlichen Auftraggebern zwingend vorgeschriebenen Regelungen teilweise unwirksam wären, ohne dass die öffentlichen Auftraggeber die Möglichkeit hätten, wirksame Regelungen zu vereinbaren.

Ob diese Beschlusslage des DVA der Rechtsprechung des VII. Zivilsenats des BGH letztlich standhalten **27** wird, bleibt abzuwarten (vgl. dazu vor allem *Joussen* BauR 2002, 1759, und *Weyer* BauR 2002, 857 ff.). Sollte dies nicht der Fall ein, wird der Gesetzgeber zum Handeln gezwungen sein, denn es kann letztlich nicht sein, dass die öffentlichen Auftraggeber einerseits haushaltsrechtlich und vor allem auf Grund der für öffentliche Auftraggeber zwingenden Vergabevorschriften (GWB, VgV und VOB/A) zur Vereinbarung der VOB/B gezwungen sind, andererseits die Rechtsprechung

Einleitung

dann feststellt, dass eine Reihe der VOB/B-Bestimmungen gegen die §§ 305 ff. BGB verstoßen und deshalb unwirksam sind. Deshalb sollte der Gesetzgeber schon vor einer solchen Rechtsprechung eine **eindeutige Regelung zur Privilegierung der VOB/B als Ganzes in § 310 BGB** schaffen und die Beschränkung dieser Privilegierung auf fingierte Erklärungen (§ 308 S. 1 Nr. 5 BGB) und auf die Verkürzung der Verjährungsfrist für Mängelansprüche (§ 309 S. 1 Nr. 8b BGB) aufheben. Geschieht dies nicht, wird dem DVA nichts anderes übrig bleiben, als die **VOB/B insgesamt zu ändern, damit jede einzelne Regelung der isolierten Inhaltskontrolle der §§ 305 ff. BGB standhält**, wie es das Institut für Baurecht in Freiburg mit seinen Vorschlägen zur Änderung der VOB/B (BauR 1999, 699 ff.) angeregt hatte. Eine dritte Alternative könnte auch darin gesehen werden, ein **eigenes Bauvertragsrecht im BGB** zu schaffen, wie dies bezüglich des Reisevertragsrechts geschehen ist. Auch dazu hatte das Institut für Baurecht in Freiburg bereits bei den Beratungen zum Schuldrechtmodernisierungsgesetz im Einzelnen ausformulierte Vorschläge unterbreitet (BauR 2001 Heft 4a).

Wegen dieser bestehenden Rechtsunsicherheit in den nächsten Jahren sollten Bauvertragspartner bei Abschluss ihrer Bauverträge beide im Sinne einer **Kooperationspflicht bei Vertragsabschluss** Wert darauf legen, dass die VOB/B als Ganzes zur Vertragsgrundlage gemacht wird, sie also **nicht von einem Vertragspartner gestellt** wird. Damit erreicht man, dass die §§ 305 ff. BGB gar nicht zur Anwendung kommen. Dies entspricht im Grundsatz auch durchaus dem Sinn und Zweck der **VOB/B als einer ausgewogenen Vertragsordnung**, die von dem paritätisch aus den Interessengruppen der Auftraggeber und Auftragnehmer besetzten DVA geschaffen wurde. Deshalb wird die Vereinbarung der VOB/B als Vertragsgrundlage für Bauverträge sowohl von den Verbänden der Bauwirtschaft als auch von den Verbänden der gewerblichen Auftraggeber empfohlen, von den öffentlichen Auftraggebern sogar vorgeschrieben. Dies wirft die Frage auf, ob die **VOB/B überhaupt als Allgemeine Geschäftsbedingungen** i.S.d. § 305 BGB anzusehen und der Inhaltskontrolle zu unterstellen sind, wenn ein Verbraucher nicht beteiligt ist. Jedenfalls bedarf es bei jedem einzelnen VOB-Bauvertrag ohne Verbraucherbeteiligung der sorgfältigen Prüfung, ob die vereinbarte VOB/B wirklich von einer Seite gestellt worden ist oder ob nicht beide Vertragspartner sie als Vertragsgrundlage gewollt haben.

3. Die Änderungen der VOB/B 2002/2003

28 Die Änderungen der VOB/B 2002/2003 betrafen zunächst einige bloß **redaktionelle Änderungen** ohne jeglichen Einfluss auf die Rechtslage.

Neben diesen inhaltlich unbedeutenden redaktionellen Änderungen gab es aber in der **VOB/B 2002/2003** auch sachlich wichtige Änderungen, die teils durch das BGB 2002, teils aber auch durch die Rechtsprechung oder durch Forderungen in der Literatur notwendig wurden, und zwar:

– **§ 13 Nr. 1 bis 7 VOB/B**: Bei den dort geregelten Mängelansprüchen (früher: Gewährleistungsansprüchen) sind umfangreiche Änderungen zur Anpassung an das neue BGB 2002 erfolgt, darüber hinaus aber auch eine Erweiterung gegenüber dem BGB beim Mangelbegriff durch die Aufnahme der anerkannten Regeln der Technik in § 13 Nr. 1 und eine Verdoppelung der Gewährleistungsfristen der alten VOB/B von 2 auf 4 Jahre bzw. von 1 auf 2 Jahre in § 13 Nr. 4.

– **§ 16 Nr. 2 VOB/B** legt den **Zinssatz** für **Vorauszahlungen** nun auf 3 v.H. über dem Basiszinssatz des § 247 BGB fest, so dass der bisherige Zinssatz der Spitzenrefinanzierungsfazilität der EZB in der VOB/B keine Rolle mehr spielt.

– **§ 16 Nr. 5 Abs. 3 VOB/B** hat den **Zinssatz** nach Ablauf der Nachfrist dem BGB in § 288 Abs. 2 BGB n.F. (2002) angepasst (5% bzw. 8% über Basiszinssatz).

– **§ 16 Nr. 5 Abs. 4 und 5 VOB/B** wurden neu eingefügt und regeln in Abs. 4 den **Zinsanspruch** ohne Nachfristsetzung bei Nichtzahlung des unbestrittenen Guthabens innerhalb von 2 Monaten nach Zugang der Schlussrechnung und in Abs. 5 das Recht des Auftragnehmers, die Arbeiten bei Zahlungsverzug und erfolgloser Nachfristsetzung einzustellen.

- **§ 16 Nr. 6 VOB/B**: Diese Vorschrift wurde im Hinblick auf das BGH-Urteil (BauR 1990, 727 = NJW 1990, 2384) neu geregelt: Die Zahlung des Auftraggebers an Subunternehmer seines Auftragnehmers erfordert zusätzlich zur bisherigen Regelung jetzt, dass der Subunternehmer wegen Zahlungsverzugs des Auftragnehmers die Fortsetzung seiner Leistung zu Recht verweigert und die **Direktzahlung** die Fortsetzung der Leistung sicherstellen soll.
- **§ 17 Nr. 4 VOB/B** wurde durch einen S. 3 dahingehend ergänzt, dass der Auftraggeber entsprechend der neueren BGH-Rechtsprechung als Sicherheit keine **Bürgschaft** fordern kann, die den Bürgen zur Zahlung auf erstes Anfordern verpflichtet.
- **§ 17 Nr. 8 VOB/B** regelt die Rückgabe der Vertragserfüllungsbürgschaft und der Sicherheit für Mängelansprüche neu und bestimmt, dass Gewährleistungsbürgschaften nach Ablauf von 2 Jahren zurückzugeben sind, sofern kein anderer Rückgabezeitpunkt vereinbart worden ist, obwohl die neue Verjährungsfrist in der VOB/B 2002/2003 auf 4 Jahre erhöht worden ist.
- **§ 18 Nr. 2 VOB/B** ist durch einen Abs. 2 ergänzt worden. Danach wird durch den Eingang eines Antrags auf Durchführung eines Verfahrens nach § 18 Nr. 2 die Verjährung des in diesem Antrag geltend gemachten Anspruchs gehemmt und die Hemmung endet 3 Monate nach Beendigung des Verfahrens.

4. Die Änderungen der VOB/B 2006

Zum **80. Geburtstag der VOB-Teile A, B und C** hatte der Hauptausschuss Allgemeines (HAA) des Deutschen Vergabe- und Vertragsausschusses für Bauleistungen (DVA) einige grundlegende Änderungen der VOB/A und der VOB/B erarbeitet und im Beschl. v. 17.5.2006 die Änderungen der VOB/B zur Diskussion gestellt. Die bedeutendsten Änderungsvorschläge betrafen die **Zusammenfassung des § 1 Nr. 3 und 4** und folglich auch des **§ 2 Nr. 5 und 6** sowie des **§ 14 Nr. 2 (Verpflichtung zum gemeinsamen Aufmaß)** und des **§ 16 Nr. 3 Abs. 1 S. 1 VOB/B (Verkürzung der Schlusszahlungsfristen bei Pauschal- und Stundenlohnverträgen)**. Genau diese weitgehend überzeugenden Änderungsvorschläge sind nun aber doch gescheitert und werden nicht umgesetzt, so dass sich wieder einmal die schon seit vielen Jahren kritisierte Reformunwilligkeit des DVA in erschreckender Weise zeigt (vgl. dazu auch *Vygen* Editorial BauR 2006, 285).

29

Dennoch sollen diese **Änderungsvorschläge** hier kurz festgehalten werden, um sie bei künftigen Diskussionen zur Neufassung der VOB/B nicht in Vergessenheit geraten zu lassen:

- Die vorgeschlagene, aber letztlich nicht erfolgte Änderung sah eine Zusammenfassung und erweiternde Klarstellung von § 1 Nr. 3 und 4 VOB/B vor und damit eine **Klärung des Umfangs des einseitigen Leistungsbestimmungsrechts des Auftraggebers bezüglich zeitlicher Anordnungen** und zugleich auch eine **Klärung der Grenzen dieses Leistungsbestimmungsrechts**, womit auch erreicht worden wäre, dass die gesamte Regelung einer **isolierten AGB-Inhaltskontrolle** gem. § 307 BGB standhält. Die vorgeschlagene, aber gescheiterte Formulierung des § 1 Nr. 3 VOB/B sollte lauten:

»Der Auftraggeber kann Anordnungen zu Art und Umfang der vertraglichen Leistung, soweit geboten auch hinsichtlich der Bauzeit, treffen, wenn der Betrieb des Auftragnehmers auf die dafür erforderlichen Leistungen eingerichtet ist und sie unter Abwägung der beiderseitigen Interessen nicht unzumutbar sind. Andere Leistungen, die der Auftraggeber nicht anordnen kann, können dem Auftragnehmer nur mit seiner Zustimmung übertragen werden.«

Mit dieser Regelung hätte man zwei Ziele erreicht: Zum einen wäre die derzeit bestehende und nun weiterhin bestehende Rechtsunsicherheit behoben worden, ob der Auftraggeber nach § 1 Nr. 3 oder 4 VOB/B auch **zeitliche Anordnungen**, wie z.B. **Unterbrechungen der Bauausführung, Baustopps, Beschleunigungen** nach eingetretenen Verzögerungen oder Leistungsänderungen usw., treffen darf mit der Folge eines **Mehrkostenerstattungsanspruchs** gem. § 2 Nr. 5 VOB/B (so wohl die derzeit überwiegende Ansicht in der Literatur, u.a. *Kniffka* IBR-Online-Kommentar § 631 Rn. 335 ff.; *Zanner/Keller* NZBau 2004, 353 ff.; *Vygen* BauR 2006, 166 f.) oder ob

Einleitung

dies eine vertragswidrige Anordnung darstellt, die dann nicht befolgt werden muss und ggf. Schadensersatzansprüche auslösen kann (so insbesondere *Thode* ZfBR 2004, 214 ff.; *Quack* ZfBR 2004, 107 f.). Zugleich wäre auch die Diskussion im Schrifttum beendet, ob § 1 Nr. 3 VOB/B mit seinem schrankenlosen Leistungsbestimmungsrecht des Auftraggebers zur Änderung des Bauentwurfs einer häufig gebotenen **isolierten Inhaltskontrolle gem. §§ 307, 308 Nr. 4 BGB** standhält, was wegen des Fehlens der Grenzen des § 315 BGB und des daraus folgenden Verstoßes gegen das **Transparenzgebot** in § 307 BGB letztlich zu verneinen ist, da eine **geltungserhaltende Reduktion** im Wege der Auslegung bei AGB nicht zulässig ist.

– Die vorgeschlagene, aber ebenfalls nicht erfolgte Änderung sah folgerichtig eine **Zusammenfassung des § 2 Nr. 5 und 6 VOB/B** vor, die schon wegen der häufig auftretenden Abgrenzungsprobleme zu begrüßen und letztlich nur eine Rückkehr oder jedenfalls Annäherung an die Fassung der **VOB/B 1926** wäre.

– Zu bedauern ist schließlich auch, dass die vorgeschlagene Ergänzung des § 14 Nr. 2 VOB/B mit der **Verpflichtung beider Vertragspartner zum gemeinsamen Aufmaß** bei später nur noch schwer feststellbaren Leistungen und der **Umkehr der Beweislast** bei Nichtbefolgung nicht erfolgt ist, zumal damit nur der Rechtsprechung des BGH entsprochen worden wäre (vgl. BGH BauR 2003, 1207 ff.; BauR 2004, 1443 ff.) und dies auch den Bauvertragspartnern und Bauleitern Klarheit gebracht hätte.

– Nicht aufgenommen wurde in die Neufassung der VOB/B 2006 zu guter Letzt auch die vorgeschlagene **Verkürzung der Schlusszahlungsfristen** von bisher 2 Monaten in § 16 Nr. 3 Abs. 1 VOB/B bei Ansprüchen aus **Stundenlohnverträgen** und aus **Pauschalverträgen** auf nur noch 30 Werktage, um damit die VOB/B-Zahlungsfristen den gesetzlichen Regelungen für den Zahlungsverzug nach bereits 30 Kalendertagen nach Zugang der Schlussrechnung (§ 286 Abs. 3 BGB n.F.) anzunähern.

30 Mit diesen vom DVA durch Beschl. v. 27.6.2006 abgelehnten Änderungen der VOB/B bleibt wieder einmal festzustellen, dass die tatsächlich vorgenommenen Änderungen fast ausschließlich deklaratorischen Inhalt und kaum praktische Bedeutung haben, so dass der Ruf nach dem Gesetzgeber und einem **eigenständigen Bauvertragsrecht im BGB** lauter und dringender werden wird, so dass der 80. Geburtstag der VOB/B vielleicht auch der letzte runde Geburtstag sein könnte und damit auch der DVA seine Existenzberechtigung verliert.

31 Trotzdem sollen die beschlossenen Änderungen in der VOB/B 2006 hier aber wenigstens kurz erwähnt werden:

– In § 2 Nr. 7 Abs. 1 S. 2 VOB/B wird im Klammerzusatz der § 242 BGB durch § 313 BGB ersetzt, weil schon seit dem 1.1.2002 die **Änderung der Geschäftsgrundlage** dort jetzt gesetzlich geregelt ist und es nicht mehr der Heranziehung des Grundsatzes von Treu und Glauben in § 242 BGB bedarf. Außerdem wird § 2 Nr. 7 Abs. 1 S. 4 zu einem neuen Abs. 2 mit der Formulierung, dass die Regelungen des § 2 Nr. 4, 5 und 6 VOB/B auch bei Vereinbarung einer Pauschalsumme gelten. Inhaltlich ändert sich dadurch nichts.

– In § 4 Nr. 8 Abs. 2 VOB/B wird klargestellt, dass Auftragnehmer bei der Weitervergabe von Bauleistungen an **Nachunternehmer** nicht die VOB/A zugrunde legen müssen, sondern nur die Teile C der VOB.

– § 6 Nr. 6 VOB/B wird um einen neuen S. 2 ergänzt mit der Klarstellung gemäß der BGH-Rechtsprechung (BauR 2000, 722; BauR 2004, 1285), dass der Anspruch des Auftragnehmers auf angemessene **Entschädigung nach § 642 BGB** unberührt bleibt, sofern die Behinderungsanzeige erfolgt oder Offenkundigkeit nach § 6 Nr. 1 S. 2 VOB/B gegeben ist.

– Das **Kündigungsrecht des Auftraggebers im Insolvenzfall des Auftragnehmers** in § 8 Nr. 2 VOB/B ist erweitert worden und greift jetzt auch ein, wenn das Insolvenzverfahren zulässigerweise vom Auftraggeber oder einem anderen Gläubiger beantragt wird (§§ 14 und 15 InsO).

Einleitung

- In § 13 Nr. 4 Abs. 1 S. 1 VOB/B entfällt die besondere **Verjährungsfrist** von 2 Jahren bei Mängelansprüchen für **Arbeiten an einem Grundstück** und sie gilt nunmehr nur noch für »andere Werke, deren Erfolg in der Herstellung, Wartung oder Veränderung einer Sache besteht und für die vom Feuer berührten Teile von Feuerungsanlagen«.
- Von einer gewissen praktischen Bedeutung ist die **Neuregelung der Abschlagszahlungen** in § 16 Nr. 1 S. 1 VOB/B. Danach sind Abschlagszahlungen in Zukunft auf Antrag in möglichst kurzen Zeitabständen oder zu den vereinbarten Zeitpunkten zu gewähren, so dass abweichende **Zahlungspläne** möglich werden, ohne dass eine von der VOB/B abweichende Vereinbarung vorliegt.
- Bedeutsam ist auch der neue S. 2 im § 16 Nr. 3 Abs. 1 VOB/B, der auf der BGH-Rechtsprechung zur Prüfbarkeit beruht (BauR 2004, 316 ff., 319, für die Honorarschlussrechnung des Architekten; BGH BauR 2004, 1937, für die Fälligkeit der **Schlussrechnung nach der VOB/B**; BGH BauR 2005, 1951, ebenfalls für Abschlagsrechnungen) und folgenden Wortlaut hat:
»Werden Einwendungen gegen die Prüfbarkeit unter Angabe der Gründe hierfür nicht spätestens innerhalb von 2 Monaten nach Zugang der Schlussrechnung erhoben, so kann der Auftraggeber sich nicht mehr auf die fehlende Prüfbarkeit berufen.«
- Die weiteren Änderungen in § 16 Nr. 3 Abs. 5 S. 2 (Beginn der Frist für die Begründung des Vorbehalts), in § 16 Nr. 5 Abs. 5 (keine doppelte Fristsetzung vor Einstellung der Arbeiten wegen Verzugs des Auftraggebers), in § 17 Nr. 5 S. 1 (Erläuterung zum Sperrkonto) und in § 17 Nr. 6 Abs. 1 S. 2 VOB/B (Bemessungsgrundlage bei Berechnung des Sicherheitseinbehalts im Hinblick auf § 13b UStG) haben weitgehend nur klarstellende Funktion.
- Als § 18 Nr. 3 VOB/B wird neu eingefügt:
»Daneben kann ein Verfahren zur Streitbeilegung vereinbart werden. Eine Vereinbarung sollte mit Vertragsabschluss erfolgen.« Damit wird immerhin ein erster Schritt zur Rückkehr zu der anzustrebenden Regelung in der **VOB/B von 1926**, die in **§ 18 Nr. 3 VOB/B zwingend vor Anrufen des Gerichts** eine **Schlichtung** vorsah und diese Schlichtung auch wie folgt bereits im Einzelnen regelte mit folgendem Wortlaut:
»3. Vor Anrufen des Gerichts (Schiedsgericht oder ordentliches Gericht) kann jeder Teil die Schlichtung des Streitfalles durch einen Unparteiischen verlangen. Wenn sich die Parteien über ihn oder über die Stelle, die ihn ernennen soll, nicht einigen, so wird er durch den Präsidenten des für den Ort der Baustelle zuständigen Landgerichts ernannt. Wenn mit Einverständnis der Behörden und der Berufsvertretungen der Unternehmer Stellen geschaffen sind oder künftig geschaffen werden, die geeignete Unparteiische benennen können, so sollen diese Stellen darum angegangen werden.
Der Unparteiische ist nur dem Gesetz und seinem Gewissen verantwortlich. Er hat alsbald nach seiner Ernennung die Parteien anzuhören, die Prüfung vorzunehmen, und wenn eine Schlichtung nicht gelingt, spätestens innerhalb 4 Wochen seinen Vergleichsvorschlag den Parteien in je einer Ausfertigung zu übersenden. Hierbei hat der Unparteiische eine Frist von höchstens 2 Wochen zu setzen, innerhalb derer die Parteien dem Unparteiischen die Annahme oder Ablehnung zu erklären haben. Nach Ablauf dieser Frist, und wenn der Unparteiische nicht rechtzeitig seinen Vorschlag macht, ist die Anrufung des Gerichts zulässig (Ziff. 4).
Der Unparteiische bestimmt in seinem Vergleichsvorschlag zugleich, wie die Kosten auf die Parteien verteilt werden. Lehnen diese den Vergleichsvorschlag ab, so entscheidet das Gericht auch über die Kosten, jedoch hat jede Partei vorbehaltlich dieser Entscheidung dem Unparteiischen die Hälfte seiner Kosten als Vorschuss zu vergüten. Sie haften dem Unparteiischen für seine Kosten als Gesamtschuldner.«

Einleitung

C. Die drei Teile der VOB

I. Teil A

32 Teil A beinhaltet nach seiner **für alle der nunmehr vier Abschnitte** maßgebenden Überschrift »**Allgemeine Bestimmungen für die Vergabe von Bauleistungen**«. Damit sind Inhalt und Grenzen deutlich festgelegt. **Teil A der VOB bezieht sich in seiner Gesamtheit auf den Geschehensablauf bis zum endgültigen Abschluss eines Bauvertrages.** Grundlage sind an sich die allgemeinen gesetzlichen Vorschriften des BGB (vor allem die §§ 145 ff.), die durch die Einzelbestimmungen des Teils A der VOB erläutert, ergänzt, abgeändert oder eingeschränkt werden.

Diese Vergaberegeln des Teils A beziehen und beschränken sich grundsätzlich auf Bauvergaben öffentlicher Auftraggeber. Es ist aber durchaus möglich, dass auch private Auftraggeber, vor allem solche, die häufig bauen, **zu Beginn** von Vertragsverhandlungen über bestimmte, von ihnen vorgesehene Bauverträge sich gegenüber Bietern und ihren Verhandlungspartnern zur Einhaltung der Vergabebestimmungen des Teils A, soweit im jeweiligen Fall einschlägig, verpflichten, was aber völlig eindeutig und zweifelsfrei erfolgen muss (vgl. auch OLG Köln BauR 1994, 100). Dazu genügt noch nicht die bloße Verwendung von Ausdrücken, die bei der öffentlichen Bauvergabe typisch sind, wie z.B. beschränkte Ausschreibung, Wettbewerb, Bieter, Zuschlag. Auch für private Bauherren kann eine Bauvergabe nach VOB/A von Vorteil sein, insbesondere im Hinblick auf die Baukosten (vgl. dazu *Wingsch* BauR 1994, 447).

II. Teil B

33 Die Allgemeinen Vertragsbedingungen für die Ausführung von Bauleistungen (Teil B der VOB) behandeln die rechtlichen Beziehungen der Bauvertragspartner, somit deren Rechte und Pflichten, **nach Vertragsabschluss.** Bis zu diesem Zeitpunkt gelten dagegen die Allgemeinen Bestimmungen für die Vergabe von Bauleistungen (VOB/A) und/oder die Regelungen des Allgemeinen Teils und des Schuldrechts des BGB. Die VOB/B regelt die Rechte und Pflichten der Bauvertragspartner vom Vertragsabschluss bis zur vollständigen beiderseitigen Erfüllung aller sich aus dem Bauvertrag und der VOB/B ergebenden Vertragspflichten einschließlich der Mängelansprüche und deren Verjährungsfristen und der Auszahlung des Sicherheitseinbehalts, also bis zum Ablauf der Verjährungsfristen für Mängelansprüche und für den Vergütungsanspruch bzw. dessen vollständiger Erfüllung.

Die VOB/B enthält dabei spezielle Regelungen für den Bauvertrag, die einem dringenden Bedürfnis der Praxis entsprechen, da die gesetzlichen Rahmenvorschriften des Schuldrechts und des Werkvertragsrechts des BGB völlig unzureichend und in keiner Weise auf die besonderen Belange der Abwicklung von Bauverträgen als **Langzeitverträge mit beiderseitigen Kooperationspflichten** zugeschnitten sind. Die VOB/B enthält deshalb Änderungen und Ergänzungen der gesetzlichen Bestimmungen, teilweise aber auch nur detailliertere und genauere, speziell auf Bauverträge zugeschnittene Festlegungen der Rechte und Pflichten der Bauvertragspartner, die im Falle der Vereinbarung der VOB/B als Vertragsgrundlage grundsätzlich dem BGB vorgehen. Dies gilt auch für die **Auslegung von Leistungsbeschreibungen**, für die die Auslegungsregeln der VOB/C kraft Vereinbarung gem. § 1 Nr. 1 S. 2 und § 2 Nr. 1 VOB/B den gesetzlichen Vorschriften der §§ 133, 157 BGB entgegen der insoweit unzutreffenden Entscheidung des BGH (»Konsoltraggerüst« BauR 2002, 935) vorgehen, also insbesondere die Unterscheidung von **Nebenleistungen** und **Besonderen Leistungen** in den DIN 18299 ff. Während die öffentlichen Auftraggeber verpflichtet sind, die VOB/B als Vertragsgrundlage ohne Abweichungen zu vereinbaren, steht es den privaten Auftraggebern frei, ob sie im Bauvertrag die VOB/B vereinbaren oder nicht. Dies ist aber in aller Regel dringend zu empfehlen, da die VOB/B auch für den privaten Auftraggeber **erhebliche Vorteile gegenüber der gesetzlichen Regelung** hat, z.B. § 1 Nr. 3, § 2 Nr. 5 und 6, § 16 Nr. 3 Abs. 1 VOB/B, die teilweise für den Auftraggeber sogar unverzichtbar sein können, wie insbesondere das einseitige Leistungsbestimmungsrecht, jederzeit den Bauentwurf ändern zu können, ein Recht, das das gesetzliche Werkvertragsrecht nicht kennt und sich deshalb allenfalls bei notwendigen Änderungen aus dem Grundsatz von Treu und Glauben herleiten lässt (vgl. dazu im Einzelnen *Vygen* Rn 130 ff.).

III. Teil C

Teil C erfasst die **Allgemeinen Technischen Vertragsbedingungen (bis zur Fassung 1988: Vorschriften) für Bauleistungen.** Diese Bestimmungen sind hier in folgender Hinsicht beachtenswert: Nach § 1 Nr. 1 S. 2 VOB/B sind sie **Bestandteil eines VOB-Bauvertrages** (vgl. auch § 2 Nr. 1, § 4 Nr. 2 Abs. 1, § 13 Nr. 1 VOB/B). **Sie gehören also mit zum VOB-Bauvertrag.** Das kann bei ihrer Nichtbeachtung für den Auftragnehmer zu Schwierigkeiten, vor allem zu Mängelrügen, somit Nachbesserungspflichten oder Minderung der Vergütung, u.U. sogar zu Schadensersatzpflichten, aber auch zu Meinungsverschiedenheiten und Streitigkeiten bei der Abrechnung führen. Es ist für die Beteiligten dringend geboten, den Teil C nicht als etwas Nebensächliches zu betrachten, sondern ihm die Beachtung zu schenken, die ihm zukommt. Viele Auftragnehmer mussten schon im Verlauf eines Rechtsstreites erfahren, dass ihre Leistung nicht den an sie zu stellenden technischen Anforderungen oder ihre Abrechnung nicht den in der VOB Teil B und C vorgesehenen Anforderungen an eine prüfbare Abrechnung entsprochen hat. Aber auch die Vorschriften in Abschnitt 4 der ATV sind vertragsrechtlich von erheblicher Bedeutung, soweit sie bestimmte Leistungen der einzelnen Gewerke zu **nicht vergütungspflichtigen Nebenleistungen** erklären und andere zu **Besonderen Leistungen**, die zusätzlich zu vergüten sind, wenn sie in der Leistungsbeschreibung nicht erwähnt worden sind. Dies wird teilweise auch in der Rechtsprechung nicht hinreichend beachtet (vgl. BGH BauR 2002, 935 m. Anm. v. *Keldungs*, *Quack* und *Asam-Peter* BauR 2002, 1247 ff., sowie vor allem *Motzke* NZBau 2002, 641 ff., und Beck'scher VOB/C-Komm. zu den einzelnen DIN 18299 ff.).

Ein besonderes Problem stellt dabei auch noch die Frage dar, ob und ggf. mit welchen Rechtsfolgen die **VOB/C als Allgemeine Technische Vertragsbedingungen zugleich auch Allgemeine Geschäftsbedingungen sind** und insoweit der **Inhaltskontrolle des AGB-Gesetzes** bzw. jetzt der §§ 305 ff. BGB n.F. (2002) unterliegen (vgl. dazu u.a. *Grauvogl* Jahrbuch Baurecht 1998 S. 330 ff.; *Vogel* BauR 2000, 345 ff.). Diese AGB-Kontrolle wird sich aber in erster Linie auf die Abschnitte 4 und 5 der ATV DIN 18299 ff. mit ihren Abrechnungsvorschriften sowie den **Nebenleistungen** in Abgrenzung zu den **Besonderen Leistungen** beschränken. Dabei sollte aber stets auch beachtet werden, dass diese ATV von den Bauvertragspartnern durch Vereinbarung der VOB/B ausdrücklich mitvereinbart worden sind, so dass in vielen Fällen für eine **AGB-Kontrolle** schon **das erforderliche Stellen dieser ATV durch einen Vertragspartner fehlt** bzw. der Vertragspartner, der die Unwirksamkeit geltend machen will, gerade der ist, der sie selbst oder durch seinen Planer gestellt hat.

Schließlich muss man sich auch darüber im Klaren sein, dass die Einzelheiten der Technischen Vertragsbedingungen auch dann eine Rolle spielen können, wenn sie oder überhaupt Teil B der VOB im Bauvertrag nicht ausdrücklich vereinbart worden sind, das Gericht aber darüber zu entscheiden hat, ob die geleistete Arbeit nach allgemeinen werkvertraglichen Grundsätzen den Anforderungen fach- bzw. handwerksgerechter Ausführung entspricht oder ob **Aufmaß und Abrechnung** den **Abrechnungsvorschriften der VOB/C** entspricht. Denn die Technischen Vertragsbedingungen enthalten jedenfalls in der Regel die Grundlage für die Beurteilung, sei es unmittelbar für das Gericht, sei es für das Gutachten eines Sachverständigen, ob die ausgeführte Leistung oder die erstellte Abrechnung vertragsgerecht ist. Es ist somit für beide Bauvertragspartner schlechthin geboten, die Technischen Vertragsbedingungen zu kennen und sich daran zu orientieren. Dabei ist zu beachten, dass die Allgemeinen Technischen Vertragsbedingungen in ihrer Grundlage die sog. Normalausführung festlegen. Abweichungen davon müssen deshalb ausdrücklich vertraglich festgelegt werden, um verbindlich zu sein, wobei die für den konkreten Fall aufgestellte **Leistungsbeschreibung** (vgl. § 9 VOB/A sowie § 1 Nr. 2 VOB/B) Vorrang hat. Entscheidend für die Vertragsgerechtheit einer Leistung

Einleitung

sind aber letztlich die **anerkannten Regeln der Technik**, die der Auftraggeber bzw. sein Planer bei seiner Leistungsbeschreibung zu berücksichtigen und der Auftragnehmer bei der Ausführung der Vertragsleistung einzuhalten haben (vgl. § 4 Nr. 2 Abs. 1 S. 2 VOB/B). Besonders zu beachten ist die **DIN 18299**, die mit »Allgemeine Regelungen für Bauarbeiten jeder Art« überschrieben ist. Inhaltlich erfasst sie diejenigen technischen Vertragsbedingungen, die für alle oder den überwiegenden Teil der bauvertraglichen Leistungsbereiche gelten. Sie ist in der Ausgabe Dezember 1992 u.a. in den Abschnitten 0.1, 0.2, 2.3.1, 2.3.4, 3.3.4.1.11, 4.1.12, 4.2.11, des weiteren in der Fassung Dezember 1995 ebenfalls in den Abschnitten 0.1, 0.2 sowie 3.1, 4.1.4, 4.2.4 geändert bzw. ergänzt worden, um Anforderungen an Entsorgung und Wiederverwertung, Pflege und Wartung maschineller und elektrotechnischer Anlagen, technischer Spezifikationen sowie Sonderformen der Abrechnung gerecht zu werden. Aus den gleichen oder ähnlichen Gründen erfolgte eine Ergänzung bzw. Neufassung bzw. Berichtigung in den Abschnitten 0.1.9, 0.1.15 bis 0.1.19, 0.2.1 bis 0.2.3, 0.2.11, 0.2.18 bis 0.2.21, 3.1.4, 4.1.4, 4.2.1, 4.2.4 sowie eine neue Nummerierung in den Bezeichnungen bei 4.2.5 bis 4.2.17 in der Fassung vom Juni 1996. Die weiteren DIN 18300 ff., die in der Ausgabe von Juni 1996 übernommen, teilweise redaktionell, teilweise fachtechnisch überarbeitet und im Jahre 2000 mit den DIN 18336, 18385 und 18386 erweitert wurden, enthalten dann die leistungsspezifischen Regelungen für die einzelnen Leistungsbereiche (Gewerke) entsprechend deren allgemeinen technischen Erfordernissen. Soweit die DIN 18300 ff. abweichende Regelungen haben, gehen diese der DIN 18299 vor, was dem rechtlichen Grundsatz entspricht, dass die speziellere Regelung der allgemeineren gegenüber Vorrang hat. Nach diesen Gegebenheiten im Normenwerk sind die DIN 18300 ff. zum großen Teil schon früher neu überarbeitet worden, um Überschneidungen zur DIN 18299 zu vermeiden. Mit der DIN 18299 wurde eine angestrebte Vereinfachung des Normenwerkes für Bauleistungen erreicht; sie hat aber zur Folge, dass die Baubeteiligten in Zukunft nicht nur die für ihr Gewerk geltenden Normen (DIN 18300 ff.) kennen müssen, sondern insbesondere auch die jeder dieser Normen vorgeschaltete DIN 18299. Diese gilt im Übrigen auch für jene bauvertraglichen Leistungen, für deren Bereich ausnahmsweise noch keine speziellen DIN-Normen bestehen. Teil C der VOB gehört nicht zu den gem. § 5 UrhG vom Urheberrechtsschutz freigestellten Werken (BGH NJW 1984, 1621 = MDR 1984, 290 = SFH § 5 UrhG Nr. 1 = ZfBR 1984, 84; dazu beachtlich: *Lukes* NJW 1984, 1595, insbesondere zur Frage des Erwerbs der urheberrechtlichen Befugnisse an den DIN-Normen S. 1598). Andererseits: Die aufgrund der Landesbauordnungen durch amtliche Erlasse oder Bekanntmachungen »als Technische Baubestimmungen bauaufsichtlich eingeführten« DIN-Normen sind nach § 5 Abs. 1 UrhG vom **Urheberrechtsschutz** auch dann freigestellt, wenn ihr Text nicht in die Erlasse (Bekanntmachungen) wörtlich inkorporiert, sondern lediglich im Anhang oder einer allgemein zugänglichen Quelle abgedruckt ist, jedoch auf ihn als maßgebende Technische Baubestimmung Bezug genommen wird (BGH BauR 1990, 765 = NJW-RR 1990, 1542).

36 Nach dem Ergänzungsband 2000 zur Ausgabe der VOB von 1992 und der Neufassung der VOB 2006 sind folgende Normen im Rahmen Allgemeiner Technischer Vertragsbedingungen (vgl. zu deren Bedeutung und Auslegung im Einzelnen: *Englert/Katzenbach/Motzke* Beck'scher VOB-Komm. Teil C 2003) maßgebend und bei der Bauausführung zu beachten, da diese DIN-Normen zumindest die – widerlegbare – Vermutung für sich haben, dass sie den allgemein anerkannten Regeln der Technik entsprechen:

»Allgemeine Regelungen für Bauarbeiten jeder Art« (DIN 18299)
»Erdarbeiten« (DIN 18300)
»Bohrarbeiten« (DIN 18301)
»Brunnenbauarbeiten« (DIN 18302)
»Verbauarbeiten« (DIN 18303)
»Ramm-, Rüttel- und Pressarbeiten« (DIN 18304)
»Wasserhaltungsarbeiten« (DIN 18305)
»Entwässerungskanalarbeiten« (DIN 18306)
»Druckrohrleitungsarbeiten im Erdreich« (DIN 18307)

Einleitung

»Dränarbeiten« (DIN 18308)
»Einpressarbeiten« (DIN 18309)
»Sicherungsarbeiten an Gewässern, Deichen und Küstendünen« (DIN 18310)
»Nassbaggerarbeiten« (DIN 18311)
»Untertagebauarbeiten« (DIN 18312)
»Schlitzwandarbeiten mit stützenden Flüssigkeiten« (DIN 18313)
»Spritzbetonarbeiten« (DIN 18314)
»Verkehrswegebauarbeiten, Oberbauschichten ohne Bindemittel« (DIN 18315)
»Verkehrswegebauarbeiten, Oberbauschichten mit hydraulischen Bindemitteln« (DIN 18316)
»Verkehrswegebauarbeiten, Oberbauschichten aus Asphalt« (DIN 18317)
»Verkehrswegebauarbeiten, Pflasterdecken, Plattenbeläge, Einfassungen« (DIN 18318)
»Rohrvortriebsarbeiten« (DIN 18319)
»Landschaftsbauarbeiten« (DIN 18320)
»Düsenstrahlarbeiten« (DIN 18321)
»Kabelleitungstiefbauarbeiten« (DIN 18322)
»Gleisbauarbeiten« (DIN 18325)
»Maurerarbeiten« (DIN 18330)
»Beton- und Stahlbetonarbeiten« (DIN 18331)
»Naturwerksteinarbeiten« (DIN 18332)
»Betonwerksteinarbeiten« (DIN 18333)
»Zimmer- und Holzbauarbeiten« (DIN 18334)
»Stahlbauarbeiten« (DIN 18335)
»Abdichtungsarbeiten« (DIN 18336)
»Dachdeckungs- und Dachabdichtungsarbeiten« (DIN 18338)
»Klempnerarbeiten« (DIN 18339)
»Betonerhaltungsarbeiten« (DIN 18349)
»Putz- und Stuckarbeiten« (DIN 18350)
»Fassadenarbeiten« (DIN 18351)
»Fliesen- und Plattenarbeiten« (DIN 18352)
»Estricharbeiten« (DIN 18353)
»Gussasphaltarbeiten« (DIN 18354)
»Tischlerarbeiten« (DIN 18355)
»Parkettarbeiten« (DIN 18356)
»Beschlagarbeiten« (DIN 18357)
»Rollladenarbeiten« (DIN 18358)
»Metallbauarbeiten« (DIN 18360)
»Verglasungsarbeiten« (DIN 18361)
»Maler- und Lackierarbeiten« (DIN 18363)
»Korrosionsschutzarbeiten an Stahl- und Aluminiumbauten« (DIN 18364)
»Bodenbelagsarbeiten« (DIN 18365)
»Tapezierarbeiten« (DIN 18366)
»Holzpflasterarbeiten« (DIN 18367)
»Raumlufttechnische Anlagen« (DIN 18379)
»Heizanlagen und zentrale Wassererwärmungsanlagen« (DIN 18380)
»Gas-, Wasser- und Abwasser-Installationsanlagen innerhalb von Gebäuden« (DIN 18381)
»Nieder- und Mittelspannungsanlagen mit Nennspannungen bis 36 kV« (DIN 18382)
»Blitzschutzanlagen« (DIN 18384)
»Förderanlagen, Aufzugsanlagen, Fahrtreppen und Fahrsteige« (DIN 18385)
»Gebäudeautomation« (DIN 18386)
»Dämmarbeiten an technischen Anlagen« (DIN 18421)

Einleitung

»Gerüstarbeiten« (DIN 18451)
»Abbruch- und Rückbauarbeiten« (DIN 18459).

D. Die Rechtsnatur der VOB (Teile A, B und C)

I. Gesetz, Rechtsverordnung, Gewohnheitsrecht, Handelsbrauch oder Allgemeine Geschäftsbedingung mit Vereinbarungserfordernis?

1. Rechtliche Einordnung der VOB

37 **Die VOB ist als solche mit ihren Teilen A und B im Grundsatz bisher weder Gesetz noch Rechtsverordnung,** was schon seit langem allgemeiner Erkenntnis entspricht (vgl. zuletzt für Teil A deutlich BGH BauR 1992, 221 = NJW 1992, 827). Es ist auch **nicht** – jedenfalls noch nicht – möglich, sie als **Gewohnheitsrecht** zu bezeichnen (so u.a. auch OLG Karlsruhe SFH § 24 VOB/A Nr. 1 m. zutr. krit. Anm. v. *Hochstein* zu dem dort entschiedenen Fall selbst). Noch immer ist nämlich die Auffassung nicht gerechtfertigt, die VOB/B sei in den Kreisen der Auftragnehmer und der Auftraggeber bereits derart verbreitet, dass sie als allgemein anerkannte Rechtsnorm Allgemeingültigkeit besitze (so auch *Kaiser* Rn. 11; *Heinrich* BauR 1982, 224; *Nicklisch/Weick* Einl. Rn. 23 ff., 29). Zwar findet die VOB/B bei Bauvorhaben öffentlicher Auftraggeber **regelmäßig Anwendung, weil insoweit bindende behördeninterne und haushaltsrechtliche Anordnungen und seit 1999 auch gesetzliche Vorschriften (vgl. §§ 97 ff. GWB) ihre Anwendung vorschreiben. Öffentliche** Auftraggeber sind aber nur ein Teil der am Baugeschehen »Beteiligten«. In den Kreisen der privaten Auftraggeber ist die VOB/B teilweise noch immer nicht hinreichend bekannt und hat demgemäß dort noch nicht überall Eingang in die Bauverträge gefunden. Wenn auch die VOB unbestritten in der Vergangenheit die rechtlichen, wirtschaftlichen und technischen Vorgänge des Baugeschehens sehr stark beeinflusst hat, so kann ihrer Anwendung als allgemeingültiges Gewohnheitsrecht bisher nicht gefolgt werden.

Dabei ist jedoch eine **Besonderheit** festzuhalten: Sofern es sich um sog. **EU-Vergaben** handelt, haben die Bestimmungen des Vergaberechtsänderungsgesetzes (§§ 97 ff. GWB) und der Vergabe-Verordnung bewirkt, dass Bauvergaben nach den Abschnitten 2 und 3 sowie SKR des Teiles A der VOB aufgrund von Bestimmungen erfolgen, die den Charakter von Rechtsverordnungen haben, wodurch eine enorme Aufwertung vor allem der VOB/A erfolgt ist, deren rechtliche Tragweite noch kaum absehbar ist. Immerhin lässt sich schon heute feststellen, dass zumindest ein Teil der Bestimmungen der VOB/A, sofern sie auch den **Bieterschutz** bewirken wollen oder sollen, durch §§ 97 ff. GWB und die neue Vergabe-Verordnung **Rechtsnormcharakter** bekommen haben.

Die VOB/A und VOB/B können auch nicht als Handelsbrauch angesehen werden. Die VOB/B ist vielmehr eine vom DVA geschaffene und bei Bedarf fortentwickelte ausgewogene Vertragsordnung für Bauverträge, die grundsätzlich Auftraggebern und Auftragnehmern gleichermaßen zur Gestaltung ihrer Bauverträge zur Verfügung steht. Sie ist damit noch **keine Allgemeine Geschäftsbedingung.** Sie wird vielmehr erst dann zur **AGB, wenn sie von einem Bauvertragspartner gestellt wird**, nicht aber, wenn beide die VOB/B als Vertragsgrundlage haben wollen. Selbst wenn ein Bauvertragspartner sie stellt, unterliegt sie nach bisheriger und wohl auch zukünftiger Rechtsprechung nicht der **isolierten Inhaltskontrolle** einzelner Bestimmungen, so lange sie ohne Abweichungen vereinbart worden ist, da die VOB/B insgesamt auch in der neuesten Fassung 2006 ausgewogen die Interessen beider Vertragspartner berücksichtigt.

Diese Grundsätze gelten gleichermaßen auch für die **VOB/C**, die in Teilbereichen (Abrechnungsregeln) zwar AGB sein können, aber nur, wenn sie von dem Vertragspartner gestellt worden sind, der durch sie begünstigt wird.

2. Erforderlichkeit der ausdrücklichen Vereinbarung

Aus diesem grundsätzlichen AGB-Charakter folgt aber, dass die VOB zumindest in ihrem vertragsrechtlichen Kern (Teile B und C) anstelle des gesetzlichen Werkvertragsrechts der §§ 631 ff. BGB oder zusätzlich und ergänzend neben das BGB-Werkvertragsrecht nur treten kann, wenn ihre Anwendung im konkreten Einzelfall zwischen den Partnern des Bauvertrages ausdrücklich vereinbart worden ist.

Die Vereinbarung der VOB/B geschieht zur Vermeidung eventueller Beweisschwierigkeiten **am besten schriftlich,** wenn auch Schriftform nicht unbedingt Voraussetzung für die Gültigkeit ist, sondern eine mündliche Abrede ausreicht. **Maßgebend** ist dabei **diejenige Fassung, die im Zeitpunkt des Vertragsabschlusses gilt, also bis einschließlich 14.2.2003 die VOB/B 2000, ab 15.2.2003 die VOB/B 2002/2003** und ab **Oktober 2006** die **neue VOB/B Ausgabe 2006.** Das trifft vor allem auch auf die Vereinbarung zu, es gelte die VOB, »neueste Fassung« oder »neueste Auflage« (ebenso KG NJW 1994, 2555 = ZfBR 1993, 224). **Allerdings sind für eine wirksame Vereinbarung der VOB/B die Einbeziehungsvoraussetzungen des § 306 BGB n.F. (2002) zu beachten.**

Die VOB/B ist nämlich in ihrer rechtlichen Qualifikation als **Allgemeine Geschäftsbedingung** anzusehen, die nur dann durch einen Vertragspartner zum wirksamen Vertragsbestandteil gemacht werden kann, wenn dem anderen Vertragspartner in zumutbarer Weise Gelegenheit gegeben wurde, von dem Inhalt und Wortlaut der VOB/B Kenntnis zu nehmen. Das kann gegenüber Vertragspartnern, die im Baugewerbe tätig sind oder einen **Architekten oder Ingenieur als ihren Sachwalter** an ihrer Seite haben, bereits durch die bloße Vereinbarung der VOB/B ohne weiteres bejaht werden, da all diesen Personen die VOB/B bekannt ist oder jedenfalls sein muss. Gibt aber z.B. der Bauunternehmer oder Bauhandwerker ein Angebot unmittelbar an einen nicht in der Baubranche tätigen Bauherrn ab, so müssen dem Angebot die VOB/B und möglicherweise auch die jeweils einschlägigen Texte der VOB/C vollständig im Wortlaut beigefügt werden, wenn sie wirksam vereinbart werden soll.

Sofern die VOB/B – ganz oder teilweise – und auch sonst Zusätzliche oder Besondere Vertragsbedingungen im Bauvertrag nicht oder nicht wirksam vereinbart worden sind, sind nur die einschlägigen Vorschriften des BGB anzuwenden, wie sich aus § 6 AGBG a.F. bzw. jetzt § 306 BGB n.F. ergibt.

3. Die VOB/B und VOB/C in Ausschreibungen der Architekten/Ingenieure

Die Frage, ob ein **Architekt oder Ingenieur befugt** ist, die VOB/B rechtsverbindlich **für den Auftraggeber** mit dem Bieter bzw. Auftragnehmer zu **vereinbaren,** richtet sich nach den Befugnissen, die sich aus seinem Vertrag mit dem Auftraggeber im Einzelfall ergeben. Die dem Architekten vertraglich übertragene Aufgabe zur »Vergabe der Bauarbeiten« umschließt grundsätzlich das Recht, von sich aus und verbindlich für den Auftraggeber mit dem Auftragnehmer die VOB/B zu vereinbaren (BGHZ 48, 108 = NJW 1967, 2005). Dazu ist dem Architekten oder Ingenieur sogar dringend zu raten, wenn auch mit dem Hinweis, dass er in aller Regel eine **Gewährleistungsfrist von 5 Jahren** schon in den Verdingungsunterlagen vorsehen sollte, da diese heute weitgehend üblich und sachgerecht ist und die Vereinbarung **kürzerer Gewährleistungsfristen** unter Umständen sogar zu einer **Haftung des Architekten** wegen Verletzung seiner Pflichten als Sachwalter des Bauherrn oder wegen Verletzung seiner Aufklärungspflicht über die Folgen solch kurzer Gewährleistungsfristen, wie sie bis zum In-Kraft-Treten der neuen VOB/B 2002/2003 mit nur 2 Jahren dort vorgesehen waren (jetzt 4 Jahre), führen kann.

Hat der Architekt vom Auftraggeber den Auftrag, in den Verträgen mit ausführenden Unternehmern die Verjährung der Gewährleistungsansprüche nach den Bestimmungen des BGB zu regeln, vereinbart er aber die VOB/B unverändert, so haftet er, wenn der Auftragnehmer später zu Recht die Einrede der Verjährung erhebt, dem Auftraggeber nach § 635 BGB a.F. bzw. §§ 634 Nr. 4, 636,

Einleitung

280, 281, 283 BGB n.F. (2002) auf Schadensersatz, weil er im Bereich der **Mitwirkung bei der Vergabe eine fehlerhafte Leistung** erbracht hat. Das gilt auch, wenn der Bauvertrag so unklar ist, dass sich der Auftragnehmer mit Erfolg auf Verjährung gem. § 13 Nr. 4 VOB/B berufen kann (BGH BauR 1983, 168 = NJW 1983, 871 = ZfBR 1983, 81).

Architekten und Ingenieure können und sollten im Rahmen der Leistungsphasen 6 und 7 des § 15 HOAI (Vorbereitung und Mitwirkung bei der Vergabe) auch die jeweils einschlägigen DIN-Normen der VOB/C zur Grundlage machen, um klare Abrechnungs- und Ausführungsregeln festzulegen, die auch für die Kalkulation des Auftragnehmers von Bedeutung sind.

4. VOB/B als Handelsbrauch

40 Die VOB/B hat grundsätzlich auch nicht die Geltung als **Handelsbrauch**. Ein solcher Handelsbrauch, der in § 346 HGB gesetzlich umrissen ist durch die im Handelsverkehr geltenden Gewohnheiten und Gebräuche, setzt eine **längere Übung voraus**. Hiernach **kann ein Handelsbrauch sich nicht auf die in den Verträgen unveränderte VOB/B als Ganzes beziehen,** da insoweit **Allgemeingültigkeit** im Sinne längerer und anerkannter Übung, damit steter Gewohnheit, ebenso wenig in Betracht kommen kann **wie hinsichtlich** der Frage **des Gewohnheitsrechts** (vgl. oben Rn. 25). Insbesondere kann allein deswegen, weil die öffentlichen Auftraggeber gesetzlich oder dienstintern zur Anwendung der VOB/B verpflichtet sind, sicher nicht schon von Handelsbrauch gesprochen werden, da hierdurch nicht bereits die für Bauverträge schlechthin notwendige Allgemeingültigkeit zum Ausdruck kommt. Das gilt umso mehr, als nicht zuletzt auch öffentliche Auftraggeber in ihren Verträgen von der VOB/B abweichende Bedingungen aufstellen. In dieser Hinsicht würde es auch nicht reichen, wenn auch private Auftraggeber – was zweifelhaft ist – überwiegend die VOB/B vereinbaren (so aber *Heiermann/Linke* AGB im Bauwesen S. 39). Im Übrigen spricht sich die VOB durch § 10 Nr. 2 VOB/A selbst gegen ihre bereits erfolgte Anerkennung als Handels- oder Gewerbegebrauch aus.

41 Was demgegenüber **durchaus Handelsbrauch** sein kann, sind **Einzelvorschriften,** die der längeren tatsächlichen und dauernden Gewohnheit am jeweiligen Ort entsprechen. Zu beachten ist aber: Wie aus § 346 HGB ersichtlich, kann man von im »Handelsverkehr geltenden Gewohnheiten und Gebräuchen« nur sprechen, wenn die »Handelspartner« **Kaufleute** sind. Die Voraussetzungen hierfür sind in den §§ 1 bis 5 HGB geregelt. Des Weiteren ist das **Vorliegen eines Handelsgeschäfts** notwendig (§ 343 HGB).

Allein das ergibt, dass die Frage des Handelsbrauchs in Bezug auf **Einzelvorschriften der VOB nur in beschränktem Maße** zur Erörterung gelangen kann. Aus der Natur der Sache folgt, dass zunächst die Regelungen des Teils A außer Betracht zu bleiben haben, also überhaupt nicht für den »Handelsbrauch« in Frage kommen. Auch der Teil B wird nur insoweit zur Erörterung stehen können, als gewisse Einzelvorschriften über die Vertragsverpflichtungen ihrer Art und ihrem Umfang nach in dem fortlaufend mit Bauverträgen befassten kaufmännischen Kreis unabhängig und losgelöst von der VOB zur steten und zugleich den Beteiligten bewussten Gewohnheit geworden sind. Wann eine **Einzelregelung der VOB als Handelsbrauch** anzusprechen ist, lässt sich nur im Einzelfall beantworten. Auch hier wird **äußerste Vorsicht** am Platze sein. Das wird z.B. in Bezug auf die Abrechnungsbestimmung in § 14 Nr. 1 und 2 VOB/B der Fall sein und wohl auch bei der Regelung des § 15 Nr. 3 VOB/B über die Pflicht des Bauunternehmers zur Erstellung und Einreichung von **Stundenlohnzetteln** (darüber, welche Anforderungen bei der Ermittlung des Handelsbrauchs zu stellen sind: OLG Hamburg MDR 1963, 849; über Wesen, Entstehung und Feststellung eines Handelsbrauchs: BGH Betrieb 1966, 29 = NJW 1966, 502; zur Feststellung des Handelsbrauchs: *Wagner* NJW 1969, 1282).

Einleitung

II. Gewerbeüblichkeit und/oder Verkehrssitte einzelner VOB-Regelungen

Von dem Handelsbrauch zu unterscheiden ist die **Gewerbeüblichkeit**. Diese hat nicht die vorangehend bezeichneten engen handelsrechtlichen Voraussetzungen. **Grundlage bildet** vielmehr **die in § 157 BGB enthaltene Generalklausel**. Danach sind Verträge so auszulegen, wie es Treu und Glauben mit Rücksicht auf die Verkehrssitte verlangen. Es kann also durchaus sein, dass bestimmte Einzelregelungen der VOB/B zur Auslegung einer oder mehrerer nicht geregelter Fragen in einem sonst nicht nach der VOB/B ausgerichteten Bauvertrag heranzuziehen sind. Unter den heutigen Umständen können die Bestimmungen der VOB/B durchaus einen Anhalt dafür geben, was im **Baugewerbe als üblich und den Beteiligten als zumutbar angesehen werden kann**. Allerdings muss für eine solche Folgerung **Grundvoraussetzung** sein, **dass die Regelungen der VOB/B nicht denen des BGB** – sei es in dessen allgemeinen Vorschriften, sei es in den besonderen Bestimmungen der §§ 631 ff. – **widersprechen, sondern sie höchstens nur ergänzen oder konkretisieren**.

42

Die Auslegung dessen, was als im Baugewerbe üblich und den Beteiligten zumutbar angesehen werden kann, ist – im Rahmen des § 157 BGB – eine Frage an die sog. **Verkehrssitte**. Diese muss **nach den Gewohnheiten und Gepflogenheiten des Bauvertragswesens** beurteilt werden. Voraussetzung ist dabei, dass Üblichkeit und Zumutbarkeit für **beide Vertragsteile** – Auftraggeber und Auftragnehmer – als gegeben zu erachten sind (RGZ 135, 345). Auch hier kommt es im Rahmen der Auslegung ganz auf den Einzelfall an. Eine generelle Formel lässt sich nicht festlegen. Dies muss daher der Kommentierung der einzelnen Regelungen des Teils B vorbehalten bleiben, vor allem der dort vorgenommenen jeweiligen Klärung der Frage, ob und inwieweit einzelne in Teil B enthaltene Bestimmungen auch für gleichliegende Sachverhalte bei der Auslegung von BGB- Verträgen herangezogen werden können. Dies wird z.B. für den Grundgedanken in §§ 4 Nr. 3, 13 Nr. 3 VOB/B in der Rechtsprechung ganz allgemein bejaht, wenn auch mit der Einschränkung, dass es auf die in § 4 Nr. 3 VOB/B vorgesehene Schriftform beim BGB-Vertrag nicht ankommt.

III. Die rechtliche Bedeutung des Teils A

Teil A regelt den Weg von der Vorbereitung und der Aufnahme der Vertragsverhandlungen über deren Ablauf bis zum rechtsgültigen Abschluss eines Bauvertrages. Dabei wird wesentlich auf das Verhalten des Bauherrn als des »Vergebenden« abgestellt. **Teil B** enthält Allgemeine Vertragsbedingungen für die Ausführung von Bauleistungen, beginnend mit dem Abschluss und Inhalt des Bauvertrages mit beiderseitigen Rechten und Pflichten bis zur Erfüllung, d.h. bis zur ordnungsgemäßen Herstellung des Werks einschließlich der Mängelansprüche und der endgültigen Zahlung der geschuldeten Vergütung durch den Auftraggeber. Zu beachten ist aber, dass auf der einen Seite auch die VOB/A neben den reinen Ausschreibungs- und Vergabevorschriften **Hinweise zur Vertragsgestaltung** enthält (z.B. § 5 VOB/A mit Empfehlungen und Voraussetzungen für die verschiedenen Vertragstypen **Einheitspreis-, Pauschal-, Stundenlohn- und Selbstkostenerstattungsvertrag**; § 10 VOB/A: Vertragsbedingungen mit einer Auflistung möglicher Regelungen; § 11 VOB/A: Vertragsstrafe und Beschleunigungsvergütung; § 13 VOB/A: Gewährleistungsfrist; § 14 VOB/A: Sicherheitsleistung; § 15 VOB/A: Vergütungsanpassung bei **Lohn- und Materialpreissteigerungen**) und auf der anderen Seite die **VOB/C** auch für beide Vertragspartner bedeutsame **Rechte und Pflichten** enthält (Pflichten des Auftragnehmers zur Unterrichtung des Auftraggebers bei abweichenden Bodenverhältnissen und beiderseitige Pflichten, die erforderlichen Maßnahmen gemeinsam festzulegen, z.B. DIN 18300 Ziff. 3.15, 3.5.3, 3.7.4, 3.7.7, 3.8.4, oder DIN 18301 Ziff. 3.3.4, 3.4.2). Außerdem enthalten die DIN-Normen im Abschnitt 4.1 und 4.2 Hinweise auf **Nebenleistungen,** die auch ohne Erwähnung im Vertrag, insbesondere im Leistungsverzeichnis, zur vertraglichen Leistung gehören, und auf **Besondere Leistungen,** die zusätzlich zu vergüten sind, wenn sie erforderlich werden, im Leistungsverzeichnis aber nicht vorgesehen sind. Dabei handelt es sich um **entscheidende und mit Vereinbarung der VOB/B gem. § 1 Nr. 1 S. 2 VOB/B ausdrücklich von dem Vertragspartner**

43

Einleitung

vereinbarte Auslegungskriterien bei der Ermittlung der geschuldeten und mit dem vereinbarten Preis abgegoltenen Bau-Solls (so überzeugend: *Motzke* NZBau 2002, 641 ff.; im Gegensatz zu BGH BauR 2002, 935, m. Anm. v. *Quack, Keldungs und Asam-Peter* BauR 2002, 1247), wie sich letztlich schon aus § 2 Nr. 1 VOB/B ergibt.

44 Im Privatrecht, vor allem nach dem BGB, hat kein Unternehmer, der an dem Abschluss eines Vertrages interessiert ist und der mit dem Bauherrn diesbezüglich verhandeln will oder verhandelt, im Grundsatz einen Anspruch darauf, dass a) die Vertragsverhandlungen mit ihm überhaupt und ihrem äußeren Gang nach in einer bestimmten Weise geführt werden, b) der Vertrag mit ihm abgeschlossen wird und c) der Vertrag inhaltlich so – wie von ihm gewünscht – mit ihm zustande kommt. Diese allgemeinen Grundsätze gelten an sich auch für **die VOB/A**, zu dessen Einhaltung der öffentliche Auftraggeber stets verpflichtet ist, ohne dass aber nach der bisherigen Rechtslage ein **unmittelbarer, individuell einklagbarer Anspruch auf Einhaltung dieser Vergabevorschriften** bestand. Grundlage für diese Folgerung ist, dass die Vergaberegeln der VOB/A ursprünglich vor allem dem Erfordernis **sparsamer Haushaltsführung durch den öffentlichen Auftraggeber, grundsätzlich aber nicht dem Schutz des einzelnen Bewerbers oder Bieters dienen sollten** (vgl. dazu auch BGH BauR 1980, 63 = NJW 1980, 180, im Hinblick auf § 25 Nr. 2 VOB/A). Sie waren daher zunächst ausnahmslos haushaltsrechtlich einzuordnen, ohne dadurch im Allgemeinen Außenwirkungen zugunsten dieses oder jenes an der Auftragserteilung interessierten Unternehmers zu erzeugen.

45 Dies hat sich spätestens seit dem In-Kraft-Treten des Vergaberechtsänderungsgesetzes am 1.1.1999 (BGBl I S. 2512 ff.) grundlegend geändert, soweit EU-Bauvergaben über dem sog. Schwellenwert betroffen sind, weil damit die von Anfang an umstrittene haushaltsrechtliche Lösung bei der Umsetzung der EU-Richtlinien zu öffentlichen Vergaben aufgegeben und durch die wettbewerbsrechtliche Ausgestaltung ersetzt worden ist (vgl. §§ 97 ff. GWB-Gesetz gegen Wettbewerbsbeschränkungen). Soweit aber bei öffentlichen Bauvergaben der sog. Schwellenwert nicht erreicht ist, bleibt es derzeit noch bei der bloß haushaltsrechtlichen Verpflichtung des öffentlichen Auftraggebers zur Einhaltung der VOB/A bei der Ausschreibung und Vergabe von Bauleistungen. Dagegen bietet die neue Regelung durch das Vergaberechtsänderungsgesetz in §§ 97 ff. GWB und die dazu gerade geänderte **Vergabe-Verordnung** ab Oktober 2006 den an einem Vergabeverfahren beteiligten Unternehmen als Bietern oder Bewerbern erheblich weitergehende Rechte, die notfalls auch gerichtlich durchsetzbar sind (sog. **Primärrechtsschutz**). Wegen der großen praktischen Bedeutung dieses Vergaberechtsänderungsgesetzes und der neuen Vergabeverordnung 2003 wurde die Kommentierung dieser neuen Vorschriften in diesen umfassenden VOB-Kommentar in der 14. und 15. Auflage integriert, wie dies auch von Korbion zunächst beabsichtigt war. Bei Verstößen gegen die VOB/A bei EU-Vergaben oberhalb des Schwellenwertes kann der nicht zum Zuge gekommene Bieter das **Vergabe-Nachprüfungsverfahren** gem. §§ 97 ff. GWB vor den Vergabekammern und in 2. Instanz vor den Vergabesenaten einleiten, nachdem ihm gem. § 13 VgV vor der Erteilung des Zuschlags mitgeteilt worden ist, dass und warum der Auftraggeber beabsichtigt, den Zuschlag einem anderen Bieter zu erteilen. Ein trotz Einleitung des Vergabe-Nachprüfungsverfahrens erteilter Zuschlag ist unwirksam.

In dieser neuen 16. Auflage haben sich nun Verlag, Herausgeber und Autoren entschlossen, die Einbeziehung des GWB und der Vergabe-Verordnung in diesen Kommentar aufzugeben und den Charakter des ursprünglichen reinen VOB-Kommentars wiederherzustellen. Gründe dafür gab und gibt es viele, nur einige davon sollen kurz angesprochen werden: Das VOB-Bauvertragsrecht und das Vergaberecht oberhalb der Schwellenwerte entwickeln sich mehr und mehr selbstständig und dabei auseinander, nicht zuletzt auch deshalb, weil die Vergabenachprüfungsverfahren vor den Kartellsenaten der Oberlandesgerichte geführt werden und nicht den Bausenaten, so dass das formale Wettbewerbsrecht im Vordergrund steht. Zum Vergaberecht existieren inzwischen auch genügend Spezial-Kommentare und schließlich sollte der **Ingenstau/Korbion** auch weiterhin in einem einzigen Band erscheinen. In diesem VOB-Kommentar werden also nun von der 16. Auflage an wieder nur die VOB/A und die VOB/B – diese beiden aber ausführlich und umfassend – kommentiert, also nur

Einleitung

der Teil der öffentlichen Vergaben, der unterhalb der Schwellenwerte liegt und allein in der VOB/A geregelt ist.

Die Rechtsstellung des übergangenen Bieters bei **Vergaben nach der VOB/A** unterhalb der Schwellenwerte ist danach derzeit noch weitgehend anders: Kommt ein Vertrag unter **Nichtbeachtung** einzelner oder mehrerer für den Auftraggeber **zwingender Vergabebestimmungen** zustande, so ist dieser nicht unwirksam; vielmehr kommen nur **Schadensersatzansprüche** dadurch geschädigter anderer Bieter, die auf die Einhaltung der VOB/A vertraut haben und vertrauen durften, wegen Verschuldens bei den Vertragsverhandlungen (**culpa in contrahendo**) **bzw. jetzt gem. §§ 311 Abs. 2, 241 Abs. 2, 280 BGB n.F. (2002),** in Betracht (so auch *Dähne* FS Soergel S. 21, 23, und *Vygen* FS Kraus 2003 S. 249 ff.). 46

Dies bedeutet aber nicht, dass die VOB/A, soweit es sich um Wirkungen nach außen handelt, rechtlich gänzlich bedeutungslos ist. Sie zeigt nämlich zumindest in Teilbereichen die **Grenzen des zulässigen Verhandlungsspielraumes (»Ermessensspielraumes!«) auf, wobei feststehender Grundsatz die Gleichbehandlung der an einer öffentlichen Bauvergabe Beteiligten ist,** wie sich ausdrücklich auch aus § 8 Nr. 1 S. 1 VOB/A ergibt. Wenn die Bestimmungen der VOB/A, dabei in erster Linie die Basisparagraphen des Abschnittes 1, verletzt werden, so können daraus u.U. dem benachteiligten Bieter die nachfolgend dargestellten Möglichkeiten erwachsen:

In der Regel kommen bei Vertragsverhandlungen nach der VOB/A und als spätere Auftraggeber die öffentlichen Auftraggeber in Betracht. Dies ergibt sich einmal aus der Entstehungsgeschichte der Verdingungsordnung, zum anderen daraus, dass **behördenintern durchweg die haushaltsrechtlich einzuordnende Anweisung besteht,** auf der Grundlage der VOB Vertragsverhandlungen zu führen (Teil A) und Bauverträge nach ihren Vertragsbedingungen abzuschließen (Teil B) (so auch BGH BauR 1992, 221 = NJW 1992, 827). Es handelt sich dabei **nicht** um einen **Vorgang des öffentlichen Rechts** und damit der Überordnung der staatlichen Verwaltung über den einzelnen Staatsbürger, sondern um einen privatrechtlichen Vertragsabschluss mit gleichen Rechten und Pflichten beider Vertragspartner. Sämtliche in diesem engeren Bereich liegenden rechtlich beachtlichen Handlungen sind deshalb **nach zivilrechtlichen Grundsätzen** zu beurteilen. Sie gehören bei Streitigkeiten nicht zum Bereich der Verwaltungsgerichte, sondern zu dem der ordentlichen Gerichte. Entgegen früherer Auffassung (BVerwGE 5, 325) hat das Bundesverwaltungsgericht mit Recht später die Ansicht vertreten, dass die Vergabe öffentlicher Aufträge auch dort zivilrechtlicher Natur ist, wo Bewerber aufgrund besonderer gesetzlicher Vorschriften bei der Vergabe bevorzugt werden sollen. 47

Um der VOB **widersprechende Handlungen** oder Unterlassungen von **Behördenvertretern zu unterbinden** oder in die richtige und von der VOB gewollte Bahn zurückzubringen, gibt es neben den für die EU-Vergaben erwähnten gesetzlichen Bestimmungen der §§ 97 ff. GWB und der Vergabe-Verordnung **Fach- und Rechtsaufsichten** (vgl. dazu *Lampe-Helbig/Wörmann* Rn. 401 ff.). Dazu besteht auch **seit langem** der Weg der **Dienstaufsichtsbeschwerde,** die an die zuständige Aufsichtsbehörde zu richten ist. Hier kann sich vor allem auch die **Einschaltung der** für verschiedene Bereiche eingeführten sog. **VOB-Beratungsstellen bzw. VOB-Prüfstellen bzw. Auftragsberatungsstellen** in den Bundesländern anbieten, wie z.B. in Baden-Württemberg, Bayern, Berlin, Bremen, Hamburg, Hessen, Niedersachsen, Nordrhein-Westfalen, Rheinland-Pfalz, im Saarland, in Sachsen, Sachsen-Anhalt, Schleswig-Holstein, auch auf Bundesebene (vgl. dazu die Zusammenstellung mit Anschriften bei *Kapellmann/Vygen* Jahrbuch BauR 2000 S. 404 ff.), zumal diese Stellen häufig mit größerer Sachkunde und auch Schnelligkeit arbeiten. Ihnen wird sowohl von parlamentarischer als auch aufsichtsbehördlicher Seite zunehmend die gebührende Bedeutung eingeräumt (vgl. dazu Jahrbuch des Deutschen Baugewerbes Bd. 27 1977 S. 142 ff.). Insofern ist für den Bereich des Landes Nordrhein-Westfalen auch der Interministerielle Ausschuss für Grundsatzfragen der VOB (IMA-VOB) zu nennen (vgl. dazu Gemeinsamer Runderlass des Ministers für Wirtschaft, Mittelstand und Verkehr NW sowie des Innenministers NW v. 10.2.1977 SMBl. NW 233). 48

Einleitung

49 Vor allem zur **Dienstaufsichtsbeschwerde** gilt folgendes: Soweit die VOB/A in Bund und Ländern als verbindlich eingeführt worden ist, handelt es sich um eine **Dienstanweisung,** deren Befolgung von den vorgesetzten Aufsichtsbehörden sowie auch von den Rechnungsprüfungsbehörden überwacht wird. Das gilt auch für Gemeinden (vgl. dazu zutreffend *Burmeister* Die Bindung der Gemeinden an die Verdingungsordnung für Bauleistungen S. 6 ff.; VGH Baden-Württemberg v. 14.3.1988 1 S 2418/86 = NJW-RR 1988, 1045). Diese Dienstanweisung bewirkt eine **Bindung der Behörden im Innenverhältnis;** im Allgemeinen geht aber diese Bindung **nicht nach außen auf das Verhältnis der Behörde (Auftraggeber) zu einem ihr fiskalisch gegenüberstehenden Dritten (Auftragnehmer)** über.

50 Die Bindung im Innenverhältnis bedeutet aber, dass die Behörde gehalten ist, nach den für sie als verbindlich erklärten Regelungen der VOB/A zu handeln, und zwar auch, wenn in der betreffenden Ausschreibung nicht ausdrücklich hervorgehoben ist, dass auf der Grundlage von VOB/A vergeben wird. Bezüglich der VOB/A wird diese Forderung eingehalten sein, wenn eine »Verfahrensweise« festgelegt worden ist und nach ihr gehandelt wird, die diesem oder jenem Weg, wie er in Teil A aufgezeigt ist, unter den dort für zulässig gehaltenen Voraussetzungen entspricht. Dann wird eine Dienstaufsichtsbeschwerde oder ein sonst rechtlich zulässiger Weg ohne Sinn sein. Anders wird das aber zu beurteilen sein, wenn zwar eine gewisse »Verfahrensweise« nach Teil A eingeschlagen ist, es jedoch unter Berücksichtigung der Gegebenheiten des Bauvorhabens **offensichtlich** ist, dass diese **objektiv nicht gerechtfertigt** werden kann und zudem zwangsläufig zu einer Bevorteilung eines Unternehmers oder bestimmter Unternehmer unter gleichzeitigem Nachteil für andere führen muss. Als Beispiel gilt die Wahl einer Freihändigen Vergabe nach § 3 Nr. 4 VOB/A, um einem bestimmten, meist ortsansässigen Unternehmer den Auftrag zu sichern, obwohl nach den vorliegenden Umständen keineswegs die sachlichen Voraussetzungen der Freihändigen Vergabe vorliegen, sondern lediglich die der Öffentlichen oder Beschränkten Ausschreibung. Gleiches gilt für öffentliche Auftraggeber, die prinzipiell ohne die nach § 25 VOB/A vorgeschriebene Angebotswertung jeweils nur an den billigsten oder nur an ortsansässige Bieter vergeben. Auch wird eine Dienstaufsichtsbeschwerde oder eine sonstige rechtliche Handhabe sinnvoll sein, wenn eine Behörde entgegen der für sie im Innenverhältnis bindenden Anweisung grundsätzlich und von begründeten Ausnahmen abgesehen keinen Gebrauch von der VOB/A macht und die Bauaufträge nach freiem – nicht pflichtgemäßem – Ermessen vergibt. Erst recht wird eine Dienstaufsichtsbeschwerde usw. regelmäßig nicht ohne berechtigten Anlass sein, wenn Handlungen oder Unterlassungen von Behördenvertretern vorliegen, für die es eine gesetzliche **Haftungsgrundlage** gibt, wie z.B. bei der culpa in contrahendo (vgl. Rn. 54 ff., 65 ff.) oder bei einer unerlaubten Handlung nach §§ 823 und 826 BGB oder im Bereich des GWB (vgl. dazu u.a. auch *Lötzsch/Bornheim* NJW 1995, 2134, 2136 ff.).

51 Der Dritte (Bewerber, Bieter, Auftragnehmer) hat aber **im Wege der Dienstaufsichtsbeschwerde keinen rechtlich durchsetzbaren Anspruch** auf Vornahme oder Unterlassung einer Handlung durch die Behörde als Bauherrin. Er hat darüber hinaus bei der Dienstaufsichtsbehörde auch keinen Anspruch darauf, zu verlangen, dass in seinem Sinne überhaupt entschieden wird. Insbesondere ist auch im Falle der Untätigkeit der Dienstaufsichtsbehörde **nicht** die **Untätigkeitsklage** (§ 42 Abs. 1, § 75 VwGO) vor den Verwaltungsgerichten gegeben. Daher ist die Dienstaufsichtsbeschwerde streng genommen an sich ein **wenig brauchbares und geeignetes »Rechtsmittel«,** zumal hier nicht selten noch die Sorge der Unternehmerseite hinzukommt, bei etwaigen späteren Bauvorhaben des betreffenden Auftraggebers ohne berechtigten sachlichen Anlass nicht mehr berücksichtigt zu werden. Immerhin ist sie nicht ohne weiteres von der Hand zu weisen. Einmal macht sie – im Gegensatz zum Zivilprozess – keine Kosten, und zum anderen ist sie unter Berücksichtigung des gerade auch für den Behördenverkehr geltenden **Vertrauensgrundsatzes** im Einzelfall durchaus geeignet, die **Aufsichtsbehörde auf Missstände aufmerksam zu machen** und sie zumindest zur Überprüfung und ggf. zur Abhilfe für die Zukunft zu veranlassen. Jedenfalls ist das kein zu unterschätzender Vorteil, wenn man berücksichtigt, dass ein privater Auftraggeber weder durch den Unternehmer selbst noch durch eine dritte Person im Grundsatz angehalten werden kann, bei der Vergabe eines Bauauftrages in bestimmter Weise zu verfahren und gewisse Regeln einzuhalten. Hier gibt es kein Aufsichtsorgan, sondern nur das Gericht, das nach der gegebenen Rechtslage lediglich über einen beschränkten Kreis **grober Rechtsverletzungen** erkennen kann. So betrachtet ist die Verbindlichkeitserklärung der VOB – vor allem ihres Teils A – für die Vergabestellen öffentlicher Bauaufträge und die damit erfolgte Eröffnung der Dienstaufsichtsbeschwerde für den Bewerber, Bieter oder Auftragnehmer im Anwendungsbereich der unterhalb des Schwellenwerts der EU-Bauvergaben liegenden öffentlichen Bauvergaben nach der VOB/A ein nicht zu übersehender Vorteil.

E. Ansprüche der Baubeteiligten bei Verstößen gegen die VOB/A

I. Grundsätzliches

Bevor auf die möglichen Ansprüche im Einzelnen eingegangen werden kann, muss eine Trennung zwischen EU-Bauvergaben oberhalb des Schwellenwertes und innerdeutschen Vergaben unterhalb dieses Wertes vorgenommen werden. Im ersten Fall haben nämlich die Unternehmen gem. § 97 Abs. 7 GWB Anspruch darauf, dass der Auftraggeber die Bestimmungen über das Vergabeverfahren, also insbesondere der Vergabe-Verordnung und damit auch der VOB/A, einhält. Dies gilt vergaberechtlich jedenfalls, wenn diese für das Vergabeverfahren, vor allem für die Erteilung des Zuschlags von Bedeutung sind. In diesen Fällen kann der in seinen subjektiven Rechten verletzte Bieter das sog. **Vergabe-Nachprüfungsverfahren** einleiten oder auch gem. § 126 GWB **Schadensersatz** für die Kosten der Vorbereitung des Angebots oder der Teilnahme an einem Vergabeverfahren verlangen, wenn der Auftraggeber gegen eine den Schutz von Bietern oder potenziellen Bietern bezweckende Vorschrift verstoßen hat und das Unternehmen ohne diesen Verstoß bei der Wertung der Angebote eine echte Chance gehabt hätte, den Zuschlag zu erhalten, die aber durch den Rechtsverstoß beeinträchtigt wurde. Daneben bleiben aber weiterreichende Ansprüche auf Schadensersatz unberührt. Demgegenüber sind die Unternehmen bei Bauvergaben der öffentlichen Auftraggeber unterhalb der Schwellenwerte auf die allgemeinen Schadensersatzansprüche bei Verstößen gegen die Vorschriften der VOB/A beschränkt, können also weder die Vergabe im Wege des Primärrechtsschutzes verhindern noch den Schadensersatzanspruch gem. § 126 S. 1 GWB geltend machen. **52**

Auch wenn im Ausgangspunkt für diese Unternehmen kein klagbarer Anspruch des oder der Bieter auf Einhaltung der Bestimmungen der VOB/A oder gar auf Erteilung des Zuschlags besteht, ist es entgegen einer noch immer anzutreffenden Meinung, insbesondere vieler öffentlicher Auftraggeber, nicht so, dass es sich bei der VOB/A um reine dienstinterne Regelungen des Staates ohne Außenwirkung handelt. Vielmehr ist spätestens seit der Aufgabe der haushaltsrechtlichen Lösung bei der Umsetzung der EU-Richtlinien für die öffentlichen Bauvergaben am 1.1.1999 durch In-Kraft-Treten des Vergaberechtsänderungsgesetzes (§§ 97 ff. GWB) und die dadurch gewählte wettbewerbsrechtliche Lösung ein völlig **neues Vergaberecht** entstanden, weil nunmehr bei Vergaben oberhalb der EU-Schwellenwerte **vor der Zuschlagserteilung ein Vergabe-Nachprüfungsverfahren** vor den Vergabekammern und in zweiter Instanz vor den Vergabesenaten der zuständigen Oberlandesgerichte von den betroffenen und in ihren Rechten verletzten Bietern eingeleitet und durchgeführt werden kann. Ob auf Dauer dieses Nachprüfungsverfahren bei Vergaben der öffentlichen Hand auf die **Vergaben oberhalb der Schwellenwerte beschränkt** bleiben kann, ohne den **Gleichheitsgrundsatz des Art. 3 GG** zu verletzen, erscheint dabei eher zweifelhaft. Jedenfalls hat sich durch diese Neuregelung des Vergaberechts auch der Rechtscharakter der Bestimmungen der VOB/A grundlegend geändert, da die Bieter nunmehr Anspruch auf **Einhaltung der die Bieter schützenden Bestimmungen** haben (vgl. § 97 Abs. 7 GWB), ihnen also subjektive Rechte eingeräumt werden. Dadurch hat die VOB/A zumindest in Teilbereichen **Rechtsnorm-Charakter** gewonnen. Die sich aus diesen Überlegungen ergebenden Rechtswirkungen führen nicht zuletzt auch dazu, dass die Palette der möglichen Ansprüche der Baubeteiligten aus Verstößen gegen die VOB/A umfangreicher geworden ist. So können **53**

Einleitung

den Baubeteiligten, insbesondere also Bietern, folgende Ansprüche neben der möglichen **Nachprüfung des Vergabeverfahrens wegen nicht vergleichbarer Angebote infolge unklarer Leistungsbeschreibung** (so z.B. OLG Brandenburg BauR 1999, 1175 m. Anm. *Leinemann* BauR 1999, 1183 f.) mit jeweils unterschiedlichen Anspruchsvoraussetzungen zur Verfügung stehen:

- Schadensersatzanspruch aus **Verschulden bei Vertragsverhandlungen** oder Vertragsabschluss (culpa in contrahendo bzw. §§ 311 Abs. 2, 241 Abs. 2, 280 BGB n.F. [2002]);
- Anspruch aus einer Konkretisierung der Grundsätze von **Treu und Glauben** durch die VOB/A, vor allem bei widersprüchlichem Verhalten des Auftraggebers (BGH BauR 1992, 221 = ZfBR 1992, 67 = NJW 1992, 827; *Lampe-Helbig/Wörmann* Rn. 452);
- Schadensersatzanspruch aus unerlaubter Handlung, insbesondere aus § 823 Abs. 2 BGB in Verbindung mit der den Bieter schützenden Bestimmung der VOB/A (z.B. § 9 Nr. 1 und 2 VOB/A) oder der Vergabe-Verordnung als **Schutzgesetz** (vgl. dazu auch schon BGH BauR 1997, 126);
- Schadensersatzanspruch aus § 35 Abs. 1 GWB a.F. i.V.m. § 26 Abs. 2 GWB a.F. bzw. §§ 20, 33 GWB n.F. bei missbräuchlicher **Ausnutzung einer marktbeherrschenden Stellung**, auch marktbeherrschender Nachfragemacht, durch Behinderung im Geschäftsverkehr oder Diskriminierung (vgl. dazu auch BGH BauR 1997, 126).

II. Haftung aus Verschulden bei Vertragsverhandlungen (culpa in contrahendo)

1. Grundlagen nach altem BGB und neuem BGB 2002

54 Dass die Einhaltung der Vorschriften der VOB/A für Unternehmen bei Auftragsvergaben unterhalb der Schwellenwerte »**nicht einklagbar**« ist, **besagt keineswegs,** dass aufgrund von Vertragsverhandlungen, die Gegenstand der Regelungen in Teil A **in seinen sämtlichen Abschnitten** sind, **überhaupt zivilrechtliche Ansprüche** – vor allem auch Schadensersatzforderungen – der Partner gegeneinander **ausgeschlossen** sind. Wenn zwischen zwei Parteien Vertragsverhandlungen ausdrücklich auf der Grundlage des Teils A **aufgenommen** worden sind und damit die Verpflichtung zumindest eines der Partner zur Einhaltung der für die Vertragsverhandlungen entsprechenden Bestimmungen des Teiles A besteht, was auch bei privaten Auftraggebern kraft ausdrücklicher Erklärung vor oder bei der Vergabe der Fall sein kann, dann schafft diese Bindung in bestimmtem Umfang ein **vertragsähnliches Vertrauensverhältnis** des einen Partners zum anderen und umgekehrt. Es sind daher **auch im Rahmen der VOB/A die Rechtsgrundsätze anwendbar,** die die Rechtsprechung für den Fall des Verschuldens bei der Anbahnung eines Vertragsverhältnisses (**culpa in contrahendo**) aufgestellt hat und die schon aus den Entscheidungen des BGH für den Bereich des Angebotsverfahrens nach Teil A der VOB zu entnehmen sind (BGHZ 60, 221 = BauR 1973, 186 = NJW 1973, 752; BGH BauR 1980, 63 = NJW 1980, 180; BGH BauR 1981, 368 = NJW 1981, 1673; BGH BauR 1985, 75 = NJW 1985, 1466; BGH BauR 1992, 221 = NJW 1992, 827; vgl. auch BGH BauR 1994, 236 = NJW 1994, 850; OLG Düsseldorf BauR 1986, 107 = NJW-RR 1986, 508 = *Vygen* EWiR § 26 VOB/A 1/85, 1011; OLG Düsseldorf BauR 1990, 596 = NJW-RR 1990, 1041 = SFH § 25 VOB/A Nr. 5; a.A., jedoch unzutreffend: OLG Karlsruhe für die VOB-Fassung von 1952 SFH § 24 VOB/A Nr. 1 m. zutr. Anm. v. *Hochstein*). Mit dem Hinweis in Ausschreibungsbedingungen, ein Anspruch auf Anwendung der VOB/A bestehe nicht, ist ein Anspruch aus culpa in contrahendo noch nicht ausgeschlossen (OLG Düsseldorf BauR 1990, 349).

55 Mit dem neuen **Schuldrechtsmodernisierungsgesetz zum BGB** hat sich auch für diesen Schadensersatzanspruch eine entscheidende Änderung ergeben, da dieser bisher von der Rechtsprechung entwickelte Anspruch aus Verschulden bei Vertragsverhandlungen nunmehr gesetzlich geregelt ist: § 311 Abs. 2 BGB n.F. (2002) stellt zunächst fest, dass »ein **Schuldverhältnis** mit Pflichten nach § 241 Abs. 2 BGB n.F. (2002) auch entsteht durch 1. die Aufnahme von Vertragsverhandlungen, 2. die **Anbahnung eines Vertrages**, bei welcher der eine Teil im Hinblick auf eine etwaige rechtsgeschäftliche Beziehung dem anderen Teil die Möglichkeit zur Einwirkung auf seine Rechte, Rechtsgüter und Interessen gewährt oder ihm diese anvertraut, oder 3. ähnliche geschäftliche Kontakte«. Gem. § 241 Abs. 2 BGB n.F. (2002) kann das so entstandene Schuldverhältnis »nach seinem Inhalt jeden Teil zur Rücksicht auf die Rechte, Rechtsgüter und Interessen des anderen Teils verpflichten«. Verletzt der Schuldner eine solche Pflicht aus dem Schuldverhältnis, so kann der Gläubiger gem. § 280 Abs. 1 BGB n.F. (2002) Ersatz des hierdurch entstehenden Schadens verlangen, es sei denn, er hat ausnahmsweise die Pflichtverletzung nicht zu vertreten. Diese gesetzliche Neuregelung setzt damit nicht mehr zwingend voraus, dass der Anspruchsteller in seinem geschützten Vertrauen enttäuscht worden ist; sie zwingt vielmehr schon im Vorfeld eines Vertragsabschlusses die potenziellen Vertragspartner zur beiderseitigen Rücksichtnahme und **Kooperation** (vgl. dazu näher *Vygen* FS Kraus S. 249 ff.).

2. »Antrag« und »Eingehen«

Erste Voraussetzung ist hier, dass zwischen zwei – natürlichen oder juristischen – Personen **Vertragsverhandlungen angebahnt oder begonnen werden mit dem Ziel eventueller späterer vertraglicher Bindung** (vgl. jetzt § 311 Abs. 2 BGB n.F. [2002]). Dabei muss als Beginn einer derartigen Anbahnung der »Antrag« der einen Seite und das »Eingehen« hierauf seitens der anderen verlangt werden. Es genügt also z.B. die Beteiligung an einem Öffentlichen Teilnahmewettbewerb (vgl. § 3 Nr. 1 Abs. 2 VOB/A), erst recht dann an einer Ausschreibung nach Erhalt der Angebotsunterlagen, wie sie in Teil A der VOB vorgesehen ist (so auch *Dähne* FS Soergel S. 21, 23 ff.; *Diehl* ZfBR 1994, 105, 106), wobei der sich an der Vergabe eines öffentlichen Bauauftrages Beteiligende grundsätzlich davon ausgehen kann, dass der Auftraggeber die **Vergaberegeln des Teils A (ggf. auch in den Abschnitten 2, 3 und SKR) einhalten** wird, sofern nicht ausdrückliche Sonderregelungen getroffen sind (OLG Düsseldorf BauR 1990, 596 = NJW-RR 1990, 1046; vgl. dazu auch OLG Düsseldorf BauR 1989, 195 »Selbstbindung des Auftraggebers an Teil A der VOB«; *Wingsch* BauR 1994, 451). Dazu gehört insbesondere auch, dass der Auftraggeber nach den in § 25 VOB/A niedergelegten Grundsätzen den Zuschlag erteilt und die Ausschreibung nur unter den keineswegs weit auszudehnenden (a.A. *Lampe-Helbig/Zeit* BauR 1988, 659). Voraussetzungen von § 26 VOB/A aufhebt (vgl. OLG Düsseldorf BauR 1982, 53). Dagegen ist nicht die bereits erfolgte Abgabe eines konkreten und bindenden Angebots im Ausschreibungsverfahren erforderlich. Andererseits genügt aber auch nicht schon die bloße Aufforderung zur Angebotsabgabe, da allein darin noch kein »Eingehen« eines Bewerbers auf Vertragsverhandlungen oder deren Anbahnung liegt.

3. Einzelpflichten der Beteiligten an Vertragsverhandlungen

Tritt jemand in diesem Sinne in Vertragsverhandlungen mit einem anderen und in dessen Einverständnis ein, so wird ein gesetzliches Schuldverhältnis gem. § 311 Abs. 2 BGB n.F. (2002) oder – wie es früher von der Rechtsprechung verlangt wurde – ein **vertragsähnliches Vertrauensverhältnis** begründet. Hieraus folgen **bestimmte Einzelpflichten** der Beteiligten. Dazu gehören neben der Pflicht zu ernsthaftem Verhandeln insbesondere **Mitteilungs-, Aufklärungs- und Erhaltungspflichten** über für den Vertragsabschluss wesentliche Tatsachen, wie überhaupt die Pflicht, das mit Recht begründete **Vertrauen nicht zu enttäuschen** bzw. **Rücksicht auf die Rechte, Rechtsgüter und Interessen des anderen Teils zu nehmen** (§ 241 Abs. 2 BGB n.F.). So muss der Verhandlungspartner **über alle Umstände aufgeklärt** werden, die für diesen in dem Sinne wesentlich sind, dass sie den **Vertragszweck vereiteln** können; das gilt vor allem, wenn Umstände vorliegen, die der Verhandlungspartner nicht kennt, die aber für ihn – für den mit ihm Verhandelnden erkennbar – für den Vertragsabschluss von wesentlicher Bedeutung sein können; verletzt der Verhandelnde entgegen Treu und Glauben schuldhaft derartige Offenbarungspflichten, ist er dem Verhandlungspartner wegen Verschuldens bei den Vertragsverhandlungen bzw. Vertragsabschluss schadensersatzpflichtig (BGH BauR 1989, 216 = NJW 1989, 1793 = SFH § 276 BGB Nr. 17 für den Fall des schuldhaften Unterlassens der Aufklärung über den Einbau einer Feuertreppe aufgrund behördlicher Auflage;

Einleitung

vgl. dazu auch OLG Düsseldorf BauR 1990, 596 = NJW-RR 1990, 1046), wie dies jetzt in §§ 311 Abs. 2, 241 Abs. 2, 280 Abs. 1 BGB n.F. (2002) auch gesetzlich weitergehend geregelt ist. Das gilt gerade auch im Hinblick auf vorhandene Unklarheiten oder Unsicherheiten bezüglich der Finanzierung des ausgeschriebenen Bauvorhabens (vgl. dazu OLG Düsseldorf NJW 1977, 1064). Ferner ist z.B. ein Auftraggeber verpflichtet, **allen** an einem Bauvergabeverfahren beteiligten oder interessierten Unternehmern die vor und nach Abgabe ihrer Angebote eingetretenen wesentlichen Änderungen der Angebotsgrundlagen, wie Änderungen oder Irrtümer, Unklarheiten und Unvollständigkeiten in den Verdingungsunterlagen, im Einzelnen **bekannt zu geben.** Vor allem besteht die Pflicht, **schuldhaft** (vorsätzlich oder fahrlässig) **unrichtige Angaben zu unterlassen** oder sie **rechtzeitig zu berichtigen.** Zu den **Aufklärungspflichten** gehört es, dass der Auftraggeber dem sich für den Auftrag interessierenden und an der Ausschreibung beteiligten Unternehmer **alle Angaben** macht, die überhaupt oder jedenfalls wegen etwaiger Unklarheiten in den Unterlagen erforderlich sind, um ein ernsthaft zu prüfendes Angebot abgeben zu können, wie z.B. **die dem Auftraggeber bekannten Bodenverhältnisse oder Kontaminationen des Bodens oder der vorhandenen und vom Auftragnehmer abzubrechenden oder zu sanierenden Bausubstanz.** Dazu zählt weiter die Verpflichtung des Auftraggebers, den betreffenden Unternehmern alle zwischenzeitlich bis zur Eingehung des Vertrages auftretenden Umstände, die beiderseits **objektiv erkennbar** von Bedeutung für den Abschluss des Vertrages sind, mitzuteilen. Von einem – an sich berechtigten – Vorwurf der Verletzung einer Aufklärungspflicht kann sich der Verletzer nur entlasten, wenn er darlegt und beweist, dass der Geschädigte auch in Kenntnis der diesem nicht mitgeteilten Umstände den Vertrag abgeschlossen hätte (BGH WM 1977, 756 = NJW 1978, 41).

58 Als Beispiel für die **Erhaltungspflicht** ist zu nennen, dass der Auftraggeber ihm mit dem Angebot überlassene wertvolle Musterstücke oder sonstige Gegenstände aus dem Vermögen des Unternehmers sorgfältig zu verwahren hat, um sie dann in ordentlichem Zustand zurückgeben zu können. Ebenso muss der Auftragnehmer ihm überlassene Pläne, aber auch bei Besichtigung der vorhandenen Bausubstanz diese sorgfältig behandeln und Schäden daran vermeiden. Dabei darf der Begriff der **Erhaltungspflicht nicht zu eng gesehen werden. Zu den Pflichten gehört es auch, dass der Auftraggeber die von ihm unbedingt zu beachtenden zwingenden Vergaberegeln der VOB einhält,** so z.B. niemandem den Auftrag erteilt, dessen Angebot bei Beginn des Eröffnungstermins – zur Zeit der Eröffnung des ersten Angebotes (§ 22 Nr. 2 und § 5, Ausnahme Nr. 6, vor allem § 25 Nr. 1a) – überhaupt noch nicht vorgelegen hat. Außerdem darf der Auftraggeber das durch das eingeleitete und zunächst weitergeführte Ausschreibungsverfahren geschaffene Vertrauensverhältnis nicht dadurch stören, dass er sich von diesem grundlos abkehrt, insbesondere die Ausschreibung ohne Vorliegen der Voraussetzungen von § 26 VOB/A aufhebt (OLG Düsseldorf BauR 1986, 107 = NJW-RR 1986, 508 = *Vygen* EWiR § 26 VOB/A 1/85, 1011). **Umgekehrt** ist der Unternehmer verpflichtet, ihm schon vor Vertragsabschluss übergebene Sachen des Auftraggebers sorgfältig zu verwahren und vor Schaden zu schützen (BGH NJW 1977, 376 = MDR 1977, 387).

59 Als weitere und im Vergabeverfahren **ganz besonders zu beachtende Verpflichtung** im Rahmen des gesetzlichen Schuldverhältnisses gem. §§ 311 Abs. 2, 241 Abs. 2, 280 Abs. 1 BGB n.F. (2002) oder des von der Rechtsprechung zum bisherigen Recht verlangten vertragsähnlichen Vertrauensverhältnisses hat auch die **Verschwiegenheitspflicht** zu gelten. Diese ist hervorzuheben, weil am Bauvergabeverfahren in der Regel mehrere Unternehmer beteiligt sind. Der Auftraggeber hat zu beachten, dass durch seine Verhandlungen mit den Unternehmern nicht nur ein generelles, sondern **zu jedem** dieser Interessenten ein **besonderes, für sich selbstständiges Schuldverhältnis und vertragsähnliches Vertrauensverhältnis** entsteht. Er hat es in jedem Fall zu unterlassen, ihm irgendwie im Vergabeverfahren bekannt gewordene, mit dem zu erteilenden Auftrag in Zusammenhang stehende und hierfür wesentliche Umstände, die den einen Unternehmer – günstig oder ungünstig – betreffen, einem anderen Unternehmer als Konkurrenten des ersteren mitzuteilen oder sonst zur Kenntnis zu geben. Darüber hinaus geht die Verschwiegenheitspflicht so weit, dass der Auftraggeber dafür Sorge zu tragen hat, in seinen Bereich gelangte Unterlagen, Zeichnungen, Angebote, Informationen usw. nicht in die Hände oder zur Kenntnis eines anderen Unternehmers oder eines Dritten gelangen zu lassen, wenn sie im Zusammenhang mit der über die Auftragsvergabe zu treffenden Entschließung des Auftraggebers stehen (z.B. spezielle Kalkulationsunterlagen oder besondere Bezugsquellen eines Bieters). Gerade in den Ausschreibungsverfahren ist besondere Vorsicht und Sorgfalt jedem interessierten und beteiligten Unternehmer gegenüber am Platze.

4. Grundsatz der Gleichbehandlung

60 Auch sonst ist beim Ausschreibungsverfahren nach der VOB/A wichtig, dass der **Grundsatz der Gleichbehandlung** der Bieter im Rahmen der gebotenen Grenzen eingehalten wird, dass also nicht gegen das grundlegende Gebot in § 8 Nr. 1 S. 1 VOB/A verstoßen wird (vgl. dazu OLG Köln SFH Z 2.13 Bl. 53; AG Böblingen SFH Z 2.13 Bl. 46; ebenso *Locher* Das private Baurecht Rn. 71 ff.). Dazu gehört ganz allgemein die **Wahrung der Chancengleichheit** der an der Vergabe beteiligten bzw. zu beteiligenden Bewerber (vgl. dazu vor allem auch jetzt § 2 Nr. 2 VOB/A). So geht es nicht an, einem Bieter den Zuschlag nur unter besonderen, bis zum Ablauf der Angebotsfrist nicht erkennbar gemachten »Bedingungen« erteilen zu wollen (LG Offenburg SFH Z 2.13 Bl. 48). Besonders muss bei der Entscheidung über den Zuschlag auch die einseitige Bevorzugung bestimmter Bewerberkreise, wie z.B. die alleinige Berücksichtigung ortsansässiger Bewerber, grundsätzlich vermieden werden, da dies gegen die Vergabevorschriften der VOB/A, wie z.B. der §§ 3 und 8 verstoßen würde (Diskriminierungsverbot).

5. Aufklärungspflichten des Bieters

61 Im Einzelfall kann im Vergabeverfahren auch eine **Aufklärungspflicht des Bieters gegenüber dem Auftraggeber** bestehen, bei deren Verletzung er sich seinerseits einer Schadensersatzpflicht gem. § 311 Abs. 2, § 241 Abs. 2, § 280 Abs. 1 BGB n.F. (2002) oder bisher aus culpa in contrahendo ausgesetzt sieht. Das ist z.B. der Fall, wenn der Auftraggeber keinen Architekten oder sonst Sachkundigen zur Seite hat und es um die Frage geht, ob die betreffende Baumaßnahme nach den einschlägigen bauordnungsrechtlichen Vorschriften oder nach dem Denkmalschutz genehmigungsbedürftig ist oder ob es zweifelhaft ist und es nach der Sachlage geboten erscheint, diese Frage vor der Auftragsvergabe zu klären (vgl. OLG Stuttgart BauR 1980, 67). Zu diesem Bereich gehören **auch** die Regelungen in **§ 8 Nr. 3 und 4 VOB/A**.

6. Vertragsverhandlungen durch Vertreter

62 Die Verpflichtungen aus dem durch die Anbahnung von Vertragsverhandlungen begründeten gesetzlichen Schuldverhältnis treffen vor allem auch bei öffentlichen Bauvergaben im Falle der Einschaltung eines **Vertreters** grundsätzlich **den Vertretenen**, es sei denn, dem Vertreter ist von dem Verhandlungspartner persönlich **besonderes Vertrauen** entgegengebracht worden, oder er hat – was bei öffentlichen Aufträgen kaum in Betracht kommt – **selbst an dem Abschluss des Vertrages ein eigenes wirtschaftliches Interesse, und er erstrebt aus dem Geschäftsabschluss persönlichen Nutzen,** was eine ganz enge persönliche Beziehung zu dem Vertragsgegenstand voraussetzt (BGHZ 56, 81, 82; BGH BB 1975, 1128 = NJW 1975, 1774; BGH VersR 1978, 59; BGH MDR 1983, 909 = Betrieb 1983, 2079 m.w.N.; vgl. auch BGH VersR 1990, 157 = NJW 1990, 506; BGH Betrieb 1991, 1765 = ZIP 1991, 1140; BGH BauR 1992, 393 = MDR 1992, 939). Der Geschäftsführer einer GmbH, der in ihrem Namen Vertragsverhandlungen führt, haftet aber nicht schon deshalb persönlich wegen Verschuldens bei Vertragsverhandlungen durch Verfolgung eigener wirtschaftlicher Interessen, weil er alleiniger oder überwiegender Inhaber der Gesellschaftsanteile ist (BGH MDR 1986, 1002 m.w.N.; BGH WM 1988, 781; vgl. auch BGH Betrieb 1991, 176 = ZIP 1991, 1140). Ebenso wenig ist dies der Fall, wenn der Vertreter einer GmbH und Co KG Gesellschafter und Alleingeschäftsführer der Komplementär-GmbH und zugleich Kommanditist der KG ist (BGH WM 1988, 1673). Für eine Haftung eines Komplementärs genügt es nicht, wenn dieser aufgrund mehrerer zuvor abgewickelter Ge-

Einleitung

schäfte und privater Kontakte das Vertrauen seines Verhandlungs- bzw. Vertragspartners gewonnen hatte (BGH NJW-RR 1992, 605 = VersR 1992, 631). Auch reicht eine persönliche Bekanntschaft des Vertreters mit der anderen Partei für die Annahme eines über das normale Verhandlungsvertrauen hinausgehenden Vertrauens i.S.d. **Vertreterhaftung aus Verschulden bei den Vertragsverhandlungen** noch nicht aus (BGH ZIP 1988, 1576 = *Reinking* EWiR § 242 BGB 11, 88, 1165 = NJW-RR 1989, 110). Der von dem Auftraggeber mit Vertragsverhandlungen beauftragte **Architekt oder Sonderfachmann** hat grundsätzlich weder eine besondere persönliche Vertrauensstellung gegenüber den am Vertragsabschluss interessierten Bauhandwerkern noch ein eigenes wirtschaftliches Interesse am Abschluss des Bauvertrages. Im Allgemeinen treffen daher etwaige aus culpa in contrahendo sich ergebende Versäumnisse nicht den Architekten, sondern den vom ihm vertretenen Auftraggeber (vgl. BGHZ 58, 216 = NJW 1972, 942 = BauR 1972, 246).

63 Auch diese **Schadensersatzverpflichtung Dritter bei der Aufnahme von Vertragsverhandlungen** ist durch das Schuldrechtmodernisierungsgesetz nunmehr gesetzlich geregelt. So stellt § 311 Abs. 3 BGB n.F. (2002) fest, dass ein Schuldverhältnis mit Pflichten nach § 241 Abs. 2 BGB n.F. (2002) auch zu Personen entstehen kann, die nicht selbst Vertragspartei werden sollen, und ein solches Schuldverhältnis insbesondere entsteht, wenn der Dritte in besonderem Maße Vertrauen für sich in Anspruch nimmt und dadurch die Vertragsverhandlungen oder den Vertragsschluss erheblich beeinflusst.

64 Wer als Dritter bei Vertragsverhandlungen besonderes Vertrauen dahin gehend in Anspruch nimmt, er habe entscheidenden Einfluss auf die Vergabe und die Durchführung des Vertrages, was nach dem Gesagten ausnahmsweise auf den Architekten (oder einen sonstigen Dritten, wie z.B. ein Baubetreuungsunternehmen, Projektsteuerer, Projektentwickler, Makler, Leasinggeber, Betreiber eines Immobilienfonds oder ein projektbetreuender Ingenieur) zutreffen kann, kann wegen Verletzung von Schutzpflichten **auch dann schadensersatzpflichtig** sein, wenn er es **nach Vertragsabschluss unterlässt, dem Verhandlungspartner wesentliche Informationen** über die Undurchführbarkeit des Vertrages zu geben und wenn dieser deshalb Dispositionen trifft, die ihm schädlich sind, oder solche unterlässt, die ihn vor Schaden bewahrt hätten (vgl. dazu BGH Betrieb 1978, 978 = NJW 1978, 1374 m. zust. Anm. v. *Zschocke* VersR 1978, 1089; auch *Hohloch* NJW 1979, 2369). Denkbar ist dies unter den angegebenen Voraussetzungen z.B. bei der endgültigen Versagung der Baugenehmigung oder von für die Bauherstellung beantragten Mitteln, wenn der Auftragnehmer kostenträchtige Vorkehrungen zur Bauausführung trifft, die er sonst unterlassen hätte.

III. Voraussetzungen des Schadensersatzanspruches aus §§ 311 Abs. 2, 241 Abs. 2, 280 Abs. 1 BGB n.F. oder culpa in contrahendo

1. Verletzung eines Vertrauensverhältnisses

65 Die **Verletzung des vertragsähnlichen Vertrauensverhältnisses** (culpa in contrahendo) nach bisheriger Rechtsprechung und die Verletzung vorvertraglicher Pflichten gem. §§ 311 Abs. 2, 241 Abs. 2, 280 Abs. 1 BGB n.F. (2002) gibt dem Geschädigten einen **Schadensersatzanspruch** gegenüber dem Schädiger. **Grundlegende Voraussetzung** eines solchen Anspruches war bisher **immer,** dass im Einzelfall **berechtigtes Vertrauen in das Handeln oder Unterlassen des anderen enttäuscht worden ist,** was **jeweils festgestellt** werden muss (BGHZ 49, 77, 79 = NJW 1966, 498; BGHZ 60, 221 = BauR 1973, 186 = NJW 1973, 752; BGH BauR 1980, 63 = NJW 1980, 180; BGH BauR 1981, 368 = NJW 1981, 1673; BGH BauR 1985, 75 = NJW 1985, 1466; vgl. dazu auch *Hahn* BauR 1978, 426), oder jetzt die Verletzung der Pflicht zur Rücksichtnahme auf die Rechte, Rechtsgüter oder Interessen des anderen Teils und dem Anspruchsteller dadurch verursacht ein Schaden entstanden ist. Dass ein Vertrag tatsächlich zustande kommt oder abgeschlossen worden wäre, ist für die Entstehung dieses Anspruchs **nicht unbedingt** erforderlich (BGHZ 6, 330, 333 = NJW 1952, 1130).

Einleitung

2. Verschulden

Als weitere Voraussetzung muss die schadensstiftende Pflichtverletzung **einen Schaden verursacht haben und dies muss schuldhaft,** d.h. vorsätzlich oder fahrlässig (§ 276 BGB), geschehen sein. Eine solche Haftung aus Verschulden bei den Vertragsverhandlungen oder c.i.c. kommt auch in Betracht, wenn zwischen den Verhandlungspartnern bereits **Einigkeit über den Inhalt des abzuschließenden Vertrages besteht und einer der Partner dann den Vertragsabschluss ohne triftigen Grund ablehnt,** obwohl er sich vorher so verhalten hat, dass der andere Teil **berechtigterweise** auf das Zustandekommen des Vertrages **vertraut** und deswegen Aufwendungen getätigt hat (vgl. BGH MDR 1969, 641 = BB 1969, 464; vgl. dazu auch BGH NJW 1975, 43). Gleiches gilt, wenn ein Verhandlungspartner den Vertragsabschluss ausdrücklich oder durch schlüssiges Verhalten als sicher hinstellt (BGH BB 1989, 729 = MDR 1989, 731 = NJW-RR 1989, 627).

66

3. Schadensersatz bei Verstößen gegen die VOB/A

Aus dem Gesagten folgt: **Ein Schadensersatzspruch ergibt sich nicht schon aus der bloßen Beteiligung am Ausschreibungsverfahren oder der sonstigen Aufforderung zum Wettbewerb und den damit verbundenen Aufwendungen,** wenn nachher der Auftrag einem anderen erteilt wird. Insofern kann derjenige, der die Verhandlungen abgebrochen oder sonst beendet hat, grundsätzlich nur aus culpa in contrahendo bzw. jetzt §§ 311 Abs. 2, 241 Abs. 2, 280 Abs. 1 BGB n.F. haftbar sein, **wenn er durch sein früheres Verhalten in dem anderen Teil schuldhaft das Vertrauen genährt oder erweckt hat, der Vertrag werde mit Sicherheit mit ihm zustande kommen, wobei die bloße Kenntnis, der andere Teil mache Aufwendungen im Vertrauen auf den erwarteten Vertragsabschluss, noch nicht genügt.** Allerdings wird man hier den Fall gleichzustellen haben, in dem der Bewerber bzw. Bieter mit Recht erwarten konnte und durfte, er werde bei ordnungsgemäßer Einhaltung der Vergaberegeln der VOB/A den Auftrag erhalten (so – allerdings in der Frage des bloßen Abstellens auf den Bieter mit dem niedrigsten Angebotspreis insoweit zu eng – im Ausgangspunkt auch BGH BauR 1981, 368 = SFH § 26 VOB/A Nr. 2 mit zutreffender ablehnender Anmerkung von *Hochstein* = NJW 1981, 1673; BGH BauR 1984, 631 = SFH § 26 VOB/A Nr. 3 mit insoweit zu weitgehender ablehnender Anmerkung von *Hochstein*, der entscheidend auf die Beteiligung an der Vergabe für den Bereich des Vertrauensschutzes abstellt; OLG Köln SFH Z 2.13 Bl. 53; OLG Düsseldorf BauR 1983, 377; BauR 1986, 107 = NJW-RR 1986, 508 = *Vygen* EWiR § 26 VOB/A 1/85, 1011; ebenso BauR 1990, 349; BauR 1996, 98; ähnlich BauR 1989, 195; BauR 1993, 547 = NJW-RR 1993, 1046, jedoch einschränkend dahin gehend, dass der betreffende Bieter bei ordnungsgemäßer Wertung den Zuschlag hätte bekommen müssen, was jedoch angesichts der Regelung in § 25 Nr. 3 Abs. 3 S. 2 VOB/A zu eng ist; vgl. dagegen BGH BauR 1985, 75 = NJW 1985, 1466; so jetzt aber richtig: BGH BauR 1993, 214 = NJW 1993, 520). Das wird, vor allem wegen des dem Auftraggeber nach § 25 Nr. 3 Abs. 3 S. 2 VOB/A eingeräumten Wertungsspielraumes, bei Bauvergaben im Allgemeinen die Ausnahme sein, zumal an die Voraussetzungen eines Anspruchs aus Verschulden bei Vertragsverhandlungen keine zu geringen Anforderungen gestellt werden dürfen. Insbesondere ist zunächst zu verlangen, dass der Bieter ein **der Ausschreibung entsprechendes Angebot** abgegeben hat; fehlen z.B. ein in der Ausschreibung verlangter Bauzeitenplan und ein Baustelleneinrichtungsplan, so kann der Bieter keinen Anspruch geltend machen, wenn die Ausschreibung später aufgehoben wird, ohne dass die Voraussetzungen von § 26 VOB/A vorliegen (OLG Düsseldorf BauR 1983, 377; BauR 1986, 107). Dagegen ist ein solcher **Schadensersatzanspruch des preisgünstigsten Bieters** begründet, wenn der öffentliche Auftraggeber auf der Grundlage der VOB/A Erd-, Maurer- und Betonarbeiten öffentlich ausschreibt, in der Leistungsbeschreibung für das Gebäude eine Ziegelsteinverblendung vorgesehen ist und die darauf eingehenden Angebote die vom Auftraggeber geschätzten Kosten um 30% überschreiten und der öffentliche Auftraggeber dies zum Anlass nimmt, den Zuschlag nicht auf das annehmbarste Angebot zu erteilen, sondern stattdessen die Leistung zu ändern und statt der Ziegelsteinverblendung ein Wärmedämm-Verbundsystem vorzusehen und den Auftrag dazu an ein anderes Unterneh-

67

Einleitung

men ohne Aufhebung und Neuausschreibung zu vergeben (a.A. aber BGH BauR 2003, 240, der damit dem öffentlichen Auftraggeber jede Möglichkeit gibt, die Auftragsvergabe durch Leistungsänderungen im Vergabeverfahren zu manipulieren und dadurch die Korruptionsgefahr zu erhöhen).

Schließlich kann ein solcher **Schadensersatzanspruch des Bieters** und späteren Auftragnehmers gem. §§ 311 Abs. 2, 241 Abs. 2, 280 Abs. 1 BGB n.F. auch in Betracht kommen, wenn der öffentliche Auftraggeber, aber möglicherweise auch der private Auftraggeber durch seine unklare, unvollständige oder fehlerhafte Leistungsbeschreibung gegen § 9 Nr. 1 bis 3 VOB/A verstößt, da das schon durch die Anbahnung von Vertragsverhandlungen entstandene Schuldverhältnis gem. § 311 Abs. 2 BGB n.F. beide Seiten **zur Rücksicht auf die Rechte, Rechtsgüter und Interessen des anderen Teils verpflichtet** (vgl. § 241 Abs. 2 BGB n.F.). Daraus folgt also die Pflicht beider Vertragspartner schon im Vorfeld des Vertragsabschlusses zur Rücksicht auf die jeweiligen Rechte und Interessen des anderen Verhandlungs- und späteren Vertragspartners. Der Bieter und spätere Auftragnehmer kann also darauf vertrauen, dass der Auftraggeber die von ihm gewünschte Bauleistung so ausschreibt, wie er sie angeboten und ausgeführt haben will. Auf der anderen Seite kann der Auftraggeber erwarten und darauf vertrauen, dass der Bieter schon im Vorfeld des Vertragsabschlusses den Auftraggeber auf Unvollständigkeiten, Unklarheiten, Widersprüche und Fehler hinweist, wenn er sie erkennt oder fahrlässig nicht erkennt. Verstößt einer der beiden späteren Vertragspartner gegen diese Pflichten aus § 241 Abs. 2 BGB n.F. oder verstoßen beide dagegen, so wird der Schadensersatzanspruch aus § 280 Abs. 1 BGB n.F. eröffnet, sofern dies schuldhaft erfolgte.

Nachtragsforderungen können dem Bieter und späteren Auftragnehmer aus § 2 Nr. 5 oder aus § 2 Nr. 6 VOB/B in diesen Fällen nur zustehen, wenn die Ermittlung des nach dem Vertrage geschuldeten Leistungsumfangs zu der Feststellung führt, dass die später vom Auftraggeber oder seinem Architekten oder Ingenieur verlangte bzw. angeordnete Leistung nicht der geschuldeten Leistung entspricht, es sich vielmehr um eine Änderung oder Zusatzleistung handelt. Es muss deshalb nach objektiven Kriterien der geschuldete Leistungsumfang ermittelt werden, wobei die Sicht eines objektiven Bieters als des Erklärungsempfängers des Leistungsverzeichnisses maßgebend sein muss und Unklarheiten, die aus objektiver Sicht auch unter Berücksichtigung aller zur Verfügung stehenden Unterlagen wie Pläne und Zeichnungen nicht zu beheben sind, letztlich zu Lasten des ausschreibenden Auftraggebers gehen müssen und die Darlegungs- und Beweislast für einen bestimmten Leistungsumfang jeweils dem obliegt, der sich auf diesen Leistungsumfang beruft (vgl. *Vygen* FS Locher S. 263 ff., 281 ff.).

Ergeben diese Ermittlungen einen bestimmten Leistungsumfang als vom Auftragnehmer geschuldet, so ist damit zugleich entschieden, ob die später tatsächlich verlangte oder angeordnete Ausführung davon abweicht und mithin als Bauentwurfsänderung oder andere leistungsändernde Anordnung i.S.d. § 2 Nr. 5 VOB/B oder aber als Zusatzleistung i.S.d. § 2 Nr. 6 VOB/B anzusehen ist oder nicht.

Ist dies der Fall, so ist der Vergütungsanspruch des Auftragnehmers dem Grunde nach gerechtfertigt. Die Höhe bestimmt sich nach den Kalkulationsgrundlagen des Hauptangebotes und des Einheitspreises der jeweils geänderten Position des Leistungsverzeichnisses. Dies gilt im Ausgangspunkt unabhängig davon, ob die **Unklarheit oder Unvollständigkeit des Leistungsverzeichnisses** für den Bieter erkennbar war oder nicht. War sie allerdings erkennbar, so kann dem Auftraggeber unter Umständen ein aufrechenbarer Schadensersatzanspruch aus culpa in contrahendo (Verschulden bei den Vertragsverhandlungen oder bei Vertragsabschluss) bzw. jetzt §§ 311 Abs. 2, 241 Abs. 2, 280 Abs. 1 BGB n.F. zustehen, da dieser **Ausschreibungsfehler** zwar vom Auftraggeber oder seinem Architekten oder Ingenieur herrührt, der Bieter als Fachunternehmer diesen aber hätte erkennen können und müssen, weil die **Leistungsbeschreibung erkennbar vollständig, unrichtig oder unklar war**, und er im Angebotsschreiben dies hätte klarstellen müssen. Die Darlegungs- und Beweislast für die tatbestandlichen Voraussetzungen eines solchen Schadensersatzanspruches liegt bei dem Auftraggeber. Ein Schaden des Auftraggebers kann in diesen Fällen darin liegen, dass er z.B. bei Kenntnis der Unklarheit oder Unvollständigkeit die Ausschreibung wegen wesentlicher Änderung der Grundlagen gem. § 26 VOB/A hätte aufheben (vgl. BGH BauR 1993, 214) oder den Zuschlag einem anderen Bieter hätte erteilen können, der die entsprechende Leistungsposition niedriger kalkuliert hatte und deshalb auch mit seiner Nachtragsforderung niedriger gelegen hätte, weil die Preisermittlungsgrundlagen bei der Nachtragskalkulation erhalten bleiben müssen. Dieser Schadensersatzanspruch des Auftraggebers kann aber keinesfalls den gesamten Mehrvergütungsanspruch des Auftragnehmers gem. § 2 Nr. 5 oder 6 VOB/B zu Fall bringen, da dem Auftraggeber wegen seiner fehlerhaften Ausschreibung stets ein erhebliches **Mitverschulden** oder jedenfalls die entscheidende Mitverursachung anzulasten ist, so dass sich meist eine Quotelung ergibt (vgl. § 254 BGB).

Diese Möglichkeit der Kürzung des Mehrvergütungsanspruchs des Auftragnehmers durch einen Schadensersatzanspruch des Auftraggebers aus Verschulden bei den Vertragsverhandlungen unter Anwendung der Grundsätze des Mitverschuldens und des Ausgleichs bei beiderseitiger Verursachung (§ 254 BGB) führt gerade bei Nachträgen aufgrund von erkennbar unrichtigen, unvollständigen oder unklaren Leistungsbeschreibungen zu sachgerechten Ergebnissen (so schon *Vygen* FS Soergel S. 285 ff.).

Ergibt die Ermittlung des geschuldeten Leistungsumfangs bei erkennbar unvollständigen, unrichtigen oder unklaren Leistungsverzeichnissen, dass die nachträglich vom Auftraggeber oder seinem Architekten oder Ingenieur geforderte oder angeordnete Leistung vom Auftragnehmer schon nach dem Vertrag geschuldet war, so liegt weder eine Bauentwurfsänderung noch eine andere leistungsändernde Anordnung des Auftraggebers i.S.d. § 2 Nr. 5 VOB/B, sondern nur eine Anordnung i.S.d. § 4 Nr. 1 Abs. 3 S. 1 VOB/B vor, so dass dem Auftragnehmer auch kein Mehrvergütungsanspruch zustehen kann (vgl. BGH BauR 1992, 759).

In diesen Fällen kann aber dem Bieter und **Auftragnehmer anstatt eines Mehrvergütungsanspruchs aus § 2 VOB/B** durchaus ein **Schadensersatzanspruch aus culpa in contrahendo** bzw. jetzt §§ 311 Abs. 2, 241 Abs. 2, 280 Abs. 1 BGB n.F. zustehen, wenn was regelmäßig oder jedenfalls häufig der Fall sein wird, der Auftraggeber **fahrlässig unklar, unvollständig oder unrichtig** unter Verletzung seiner vorvertraglichen Pflichten gem. § 9 VOB/A ausgeschrieben hat, der Bieter diese Ausschreibungsfehler nicht erkannt hat und ihm dadurch ein Schaden entstanden ist, weil er die objektiv erforderlichen und auch geschuldeten Mehrleistungen oder Mehrkosten nicht einkalkuliert hat (vgl. OLG Stuttgart BauR 1992, 639 = IBR 1992, 487 [*Vygen*]). Dafür obliegt folgerichtig dem Auftragnehmer die Darlegungs- und Beweislast. Diesem Schadensersatzanspruch des Auftragnehmers aus culpa in contrahendo kann indes der Auftraggeber ein Mitverschulden oder eine Mitverursachung des Bieters entgegenhalten (§ 254 BGB) mit der Begründung, der Bieter habe die Unklarheit oder Unvollständigkeit des Leistungsverzeichnisses erkennen können und müssen und diese dementsprechend klarstellen müssen, so dass auch in diesem Fall eine Quotelung ermöglicht wird (vgl. *Vygen* FS Soergel S. 287 f.).

Diese Möglichkeit des Schadensersatzanspruches aus culpa in contrahendo für den Auftragnehmer unter Berücksichtigung des Mitverschuldens gem. § 254 BGB führt mithin auch in diesen Fällen zu sachgerechten Ergebnissen.

Diese aufgezeigten Lösungsansätze stellen einen tragbaren Interessenausgleich für beide Bauvertragspartner dar. Sie führen vor allem dazu, dass einerseits den Ausschreibungen und Leistungsverzeichnissen auf Seiten der Auftraggeber und der von ihnen beauftragten Architekten und Ingenieure größte Aufmerksamkeit und Sorgfalt gewidmet wird sowie fehlerhaft erstellte, d.h. unklare, unvollständige oder unrichtige Leistungsbeschreibungen für den Auftraggeber mit erheblichen Risiken verbunden sind oder jedenfalls keine Vorteile bringen, und dass andererseits auch die Bieter das Leistungsverzeichnis und die dazugehörenden Unterlagen sorgfältig durcharbeiten, Unklarheiten nicht einfach hinnehmen und »ins Blaue« hineinkalkulieren, evt. sogar darauf spekulieren können, sich nachträglich mit Nachtragsforderungen schadlos zu halten.

Einleitung

4. Etwaiges Mitverschulden des Geschädigten

68 Kommt eine Haftung aus culpa in contrahendo oder jetzt aus § 311 Abs. 2, § 241 Abs. 2, § 280 Abs. 1 BGB n.F. (2002) in Betracht, kann in Einzelfällen dem **Geschädigten nach dem Grundgedanken des § 254 BGB Mitverschulden** zur Last gelegt werden. Das gilt, wenn sich der Geschädigte in eine von ihm selbst erkannte Gefahren- bzw. hier Risikolage begeben hat. Dies ist der Fall, wenn ein verständiger Mensch von der zum Schaden führenden Handlung oder Maßnahme Abstand genommen hätte (vgl. dazu BGH WM 1974, 887). Andererseits kann einem Bieter, der Ansprüche gegen den Auftraggeber aus culpa in contrahendo geltend machen kann, nicht schon deshalb Mitverschulden wegen **Verletzung einer Schadensminderungspflicht** vorgeworfen werden, weil er sich an einer erneuten – z.B. vorher zu Unrecht aufgehobenen – Ausschreibung nicht beteiligt.

5. Anspruch auf Ersatz des Vertrauensinteresses oder des Erfüllungsinteresses

69 Grundsätzlich ergab sich bisher nach der Rechtsprechung zur Haftung aus culpa in contrahendo für den Geschädigten ein **Anspruch auf das Vertrauensinteresse oder das negative Interesse** (§ 249 BGB) und **nur ausnahmsweise** auf das sog. **Erfüllungsinteresse,** das auch als positives Interesse bezeichnet wird. Letzteres kommt nur in Betracht, wenn der Vertrag – hier Bauvertrag – **bei richtigem Verhalten des Schädigers ordnungsgemäß zustande gekommen wäre, der Bieter also mit an Sicherheit grenzender Wahrscheinlichkeit den Zuschlag erhalten hätte oder hätte erhalten müssen** (BGH BauR 1993, 214 = NJW 1993, 520; OLG Düsseldorf BauR 1986, 107 = NJW-RR 1986, 508 = *Vygen* EWiR § 26 VOB/A 1/85, 1011 m.w.N.; ebenso OLG Düsseldorf BauR 1989, 195; zustimmend *Jäckle* NJW 1990, 2520, 2524 f.). Die Ansicht von *Lampe-Helbig/Zeit* (BauR 1988, 659 ff.), wonach für den Bereich der Bauvergabe nach VOB/A die Zuerkennung des Erfüllungsinteresses auszuscheiden habe, weil sonst die auftragvergebende Verwaltung zu sehr eingeengt sei und dies zu nicht hinnehmbaren Unsicherheiten führe, ist dagegen durch nichts zu rechtfertigen. Gleiches gilt für die Ausführungen von *Dähne* (FS Soergel S. 30 f.), der hier fälschlich von einer unzumutbaren Einengung des Handlungsspielraumes der öffentlichen Verwaltung spricht, ohne zu beachten, dass das **positive Interesse im Bereich des Schadensersatzes nur bei Verletzung zwingender Vergaberegeln** gewährt wird, also dort, wo die Verwaltung keinen Spielraum hat. Auch der öffentliche Auftraggeber hat sich an die zivilrechtlichen Grundsätze des Schadensersatzrechtes im Bereich der culpa in contrahendo bzw. jetzt der Vorschriften in §§ 311 Abs. 2, 241 Abs. 2, 280 Abs. 1 BGB n.F. zu halten, was gerade ihm um so leichter fällt, wenn er die für ihn maßgebenden und in ihren Grenzen ohne weiteres übersichtlichen und daher hinlänglich verständlichen Vergabegrundsätze der VOB/A einhält, soweit diese zwingend sind, zumal diese noch im Einzelnen im **Vergabehandbuch** in den jeweiligen Richtlinien zu den einzelnen Paragraphen der VOB/A für die Praxis erläutert werden (vgl. dazu auch unten Rn. 107). Dabei ist zudem zu beachten, dass der **Geschädigte** für das Vorliegen der vorgenannten weiteren Voraussetzung **darlegungs- und beweispflichtig** ist. In der Praxis wird ihm dieser Beweis, insbesondere wenn es sich um Ausschreibungsverfahren handelt, unter Berücksichtigung der zu stellenden Beweisanforderungen – vor allem dazu, dass der Auftraggeber ihm den Auftrag unter normalen Umständen erteilt hätte bzw. bei sorgsamer Beachtung der Vergaberegeln der VOB/A hätte erteilen müssen – **nur unter besonderen Umständen gelingen** (vgl. dazu OLG Hamm VersR 1979, 627; OLG Celle BauR 1994, 627; viel zu weitgehend, weil zwingende rechtliche Grundlagen nicht hinreichend beachtend: *Drittler* BauR 1994, 451). Nach der Neufassung des BGB (§§ 311 Abs. 2, 241 Abs. 2, 280 Abs. 1 BGB n.F.) kann dagegen grundsätzlich der durch die Pflichtverletzung entstandene Schaden ersetzt verlangt werden, wobei entscheidend auf den **Kausalzusammenhang** zwischen Pflichtverletzung gem. § 241 Abs. 2 BGB n.F. und Schaden abzustellen ist.

70 Der zum Schadensersatz verpflichtete öffentliche Auftraggeber kann als **rechtmäßiges Alternativverhalten**, das den Schadensersatzanspruch ausschließt oder vermindert, einwenden, **bei Kenntnis der Pflichtwidrigkeit hätte er die Ausschreibung aufgehoben** (vgl. BGH BauR 1993, 214 = SFH § 249 BGB Nr. 23 = NJW 1993, 520; vgl. dazu auch BGH BauR 2003, 240, einer Entscheidung,

Einleitung

der allerdings nicht gefolgt werden kann). Dies kommt aber nur in Betracht, wenn er im Einzelnen darlegt und nachweist, dass im betreffenden Fall auch **die Voraussetzungen von § 26 Nr. 1 VOB/A vorlagen**, also die **Aufhebung der Ausschreibung zulässig** gewesen wäre.

Ist der Geschädigte **ausnahmsweise** berechtigt, das **Erfüllungsinteresse** geltend zu machen, ist er so zu stellen, wie er gestanden haben würde, wenn er den erstrebten Auftrag erhalten hätte. Dabei muss der Geschädigte sich die negativen Seiten seiner Kalkulation, d.h. die eigenen Aufwendungen, wie Material, Löhne, Kosten der Einrichtung und Vorhaltung der Baustelle einschließlich der damit verbundenen Einzelkosten, anteilige allgemeine Geschäftskosten, Steuern usw., anrechnen lassen. Das Erfüllungsinteresse ist daher rechnerisch **zumindest dem im Zeitpunkt des fiktiven Vertragsabschlusses kalkulierten und im Einzelnen nachzuweisenden Gewinn** gleichzusetzen (OLG Düsseldorf BauR 1986, 107 = NJW-RR 1986, 508 = *Vygen* EWiR § 26 VOB/A 1/85, 1011; zum Umfang der Beweisführung bei entgangenem Gewinn vgl. BGH NJW 1964, 661). Letztlich läuft dies darauf hinaus, eine Berechnung so vorzunehmen, wie sie im Falle der rechtsgrundlosen Kündigung des Vertrages hinsichtlich des nicht ausgeführten Leistungsteils nach § 649 S. 2 BGB bzw. § 8 Nr. 1 Abs. 2 VOB/B vorzunehmen ist. **71**

Das – davon zu unterscheidende – negative Interesse oder auch **Vertrauensinteresse als** – regelmäßig gegebene – **Ersatzleistung** bezieht sich auf das, was der Geschädigte haben würde, wenn die rechtsgeschäftliche Anbahnung, d.h. der Eintritt in die Vertragsverhandlungen, **nicht geschehen** wäre (sog. **negatives Interesse**). In der Regel kann der Geschädigte den Ersatz seiner im Rahmen der Vertragsverhandlungen gehabten **Aufwendungen** oder den **Ersatz für ein ihm entgangenes günstiges anderes Geschäft** oder den **Ersatz abhanden gekommener Gegenstände** verlangen. Zu den vergeblichen Aufwendungen rechnen z.B. die Kosten für die Beschaffung der Verdingungsunterlagen, die Besichtigung der Baustelle, die Bearbeitung, Kalkulation und Einreichung des Angebotes, Porto, Telefon- oder sonstige Übermittlungskosten sowie die Teilnahme am Eröffnungstermin. **72**

Allerdings: Hier kann bei einer vergeblichen Arbeitsleistung (z.B. für die Angebotsbearbeitung, die Anfertigung von Plänen usw.) nur dann das übliche Entgelt als Schadensersatz verlangt werden, wenn die betreffende Arbeitskraft sonst anderweitig gewinnbringend hätte eingesetzt werden können (vgl. dazu BGH NJW 1977, 1446 = BB 1977, 1018 = BauR 1978, 218; OLG Köln VersR 1991, 66).

Kommt der Vertrag zustande und kann einem Vertragspartner dabei ursächliches Verschulden, nämlich das Verschweigen wesentlicher Umstände, zur Last gelegt werden, so besteht der Ersatzanspruch des Geschädigten in dem Betrag, um den er den Vertrag wegen der Verletzung des Vertrauensinteresses **zu hoch** (**zu teuer**) **oder zu niedrig** (**zu billig**) abgeschlossen hat, ohne dass es darauf ankommt, ob der Schädiger bereit gewesen wäre, den Vertrag unter diesen geänderten Bedingungen abzuschließen (BGH BauR 1989, 216 = NJW 1989, 216). Kritisch dazu *Tiedtke* (JZ 1989, 569), jedoch zu eng, wenn er dem Geschädigten für den Fall möglichen Scheiterns des Vertragsabschlusses und des Behaltens der ihm gegenüber erbrachten Leistung im Wege des sog. kleinen Schadensersatzanspruchs nur das zuerkennen will, was das hergestellte Werk objektiv weniger wert ist als die entrichtete Vergütung. Dieser Versuch einer Verobjektivierung berücksichtigt nicht hinreichend das hier verletzte Vertrauen des Geschädigten, das für die Schadensberechnung maßgebend sein muss, ohne dass in diesem Fall die Tragweite des § 249 S. 1 BGB überschritten wäre. **73**

6. Verjährung

Grundsätzlich verjähren bis zur Neuregelung durch das BGB 2002 Schadensersatzansprüche aus culpa in contrahendo in 30 Jahren. Hier war jedoch eine Ausnahme geboten, wie der BGH gerade für den Fall eines VOB-Vergabeverfahrens entschieden hat: Verlangt der Geschädigte, so gestellt zu werden, als hätte er aus dem Vertrag, der aufgrund Verschuldens seines Verhandlungspartners nicht zustande gekommen ist, einen Erfüllungsanspruch erworben, verjährt dieser Ersatzanspruch, **74**

Einleitung

gleichviel, ob er sich auf das **positive oder das negative Interesse** richtet (BGHZ 57, 191 = BauR 1972, 109 = NJW 1972, 95; OLG Düsseldorf BauR 1982, 53 = SFH § 25 VOB/A Nr. 2; OLG Düsseldorf BauR 1986, 107 = NJW-RR 1986, 508 = *Vygen* EWiR § 26 VOB/A 1/85, 1011), innerhalb der **kurzen Verjährungsfrist,** die für den Erfüllungsanspruch aus dem angebahnten Vertragsverhältnis gilt (BGH NJW 1968, 547 = BB 1968, 12; vgl. dazu auch BGH NJW 1990, 1658). Da Erfüllungsanspruch grundsätzlich der **Vergütungsanspruch** ist, kommt nach bisheriger Rechtslage die **dafür maßgebliche Verjährung** in Betracht, also die Verjährungsfrist von 2 oder 4 Jahren gem. § 196 BGB a.F. Nach der Neufassung des BGB 2002 verjährt der Anspruch nun in 3 Jahren gem. § 195 BGB n.F., beginnend mit der Kenntnis von den den Anspruch begründenden Umständen und der Person des Schuldners (§ 199 BGB n.F.). Für den Beginn der Verjährungsfrist kommt es darauf an, wann dem Bieter bekannt geworden ist bzw. hätte bekannt sein müssen, dass ein anderer Bieter den umstrittenen Auftrag erhalten hat oder er sonst von dem pflichtwidrigen Verhalten des Auftraggebers, aus dem der Schadensersatzanspruch hergeleitet wird, Kenntnis erlangt hat oder bei gebotener Erkundigung hätte erlangen können. Der Schluss des Jahres, in das diese Kenntnis oder das Kennenmüssen fällt, ist für den Beginn der Verjährungsfrist ausschlaggebend (vgl. §§ 198, 201 BGB a.F. = §§ 195, 199 BGB n.F.).

IV. Schadensersatzanspruch gem. § 126 GWB und §§ 19, 20, 33 GWB n.F.

75 Mit Einführung des 4. Teils des GWB – Vergabe öffentlicher Aufträge – am 1.1.1999 wurde auch ein Schadensersatzanspruch des Bieters gem. § 126 GWB eröffnet, wenn ein öffentlicher Auftraggeber gegen eine den Schutz von Unternehmen bezweckende Vorschrift verstoßen hat und das Unternehmen ohne diesen Verstoß bei der Wertung der Angebote eine echte Chance gehabt hätte, den Zuschlag zu erhalten, die aber durch den Rechtsverstoß beeinträchtigt wurde. In diesem Fall kann das so betroffene Unternehmen Schadensersatz für die Kosten der Vorbereitung des Angebots oder der Teilnahme an einem Vergabeverfahren verlangen, wobei aber auch noch weiterreichende Ansprüche auf Schadensersatz unberührt bleiben (vgl. dazu im Einzelnen § 126 GWB und die Kommentierung dazu in den GWB-Kommentaren).

76 In besonderen Fällen kann einem Unternehmer aber auch ein Schadensersatzanspruch nach §§ 19, 20, 33 GWB n.F. zustehen, wenn ein Auftraggeber, insbesondere ein öffentlicher Auftraggeber, der über eine **marktbeherrschende Nachfragemacht** verfügt, diese Stellung missbräuchlich ausnutzt, indem er z.B. einen Unternehmer von der Beteiligung an Vergabeverfahren und damit der Erteilung von Aufträgen ohne sachlich gerechtfertigten Grund ausschließt, behindert oder diskriminiert (vgl. dazu *Fikentscher* Die Geschäftsgrundlage als Frage des Vertragsrisikos S. 93 ff.; ferner *Hereth* BB 1986, 310; *Broß* ZfBR 1990, 255, 258 ff.; auch *Lötzsch/Bornheim* NJW 1995, 2134, 2136). **Voraussetzung** ist allerdings nach § 19 Abs. 2 GWB, dass der **betreffende Auftraggeber als marktbeherrschend zu gelten** hat (vgl. dazu *Fikentscher* S. 91 ff.; zur Rechtsprechung hierzu vgl. *Ebel* BB 1980, 1720, 1723 f., und über Marktbeherrschungsvermutungen NJW 1981, 1763; *Säcker* zur Bedeutung der Nachfragemacht für die Feststellung von Angebotsmacht, BB 1988, 416; *Lupp* Objektivität, Transparenz und Nachprüfbarkeit der Angebotswertung bei der Vergabe öffentlicher Bauaufträge S. 200 ff.). Hinsichtlich des öffentlichen Auftraggebers wird man dies jedenfalls für die Vergabe von Bauleistungen auf dem Sektor des Tiefbaus, vor allem des Straßenbaus, des Wasserbaus (vgl. BGH BauR 1997, 126), des Eisenbahn- und Wasserstraßenbaus sowie des Post- und Fernmeldewesens sagen müssen, da hier die Bauvergabe so gut wie ausschließlich durch die öffentliche Hand erfolgt. Erst recht gilt dies für Bauvergaben im militärischen Bereich (vgl. OLG Frankfurt BauR 1990, 91 = *Leube* EWiR § 26 GWB 1989, 1007; zu diesen Fragen auch *Broß* ZfBR 1990, 255). Dabei kommt es für die Anwendbarkeit der §§ 20, 33 GWB n.F. nicht darauf an, ob zwischen dem öffentlichen Auftraggeber als Normadressaten und dem diskriminierten Unternehmer unmittelbare Vertragsbeziehungen bzw. Lieferbeziehungen in Rede stehen, so dass sich **auch der Nachunternehmer gegenüber dem Auftraggeber** auf den Schutz durch die genannte zwingende gesetzliche Bestimmung berufen kann (OLG Frankfurt BauR 1990, 91). Ein Verstoß gegen §§ 20, 33 GWB n.F. kann einmal darin liegen, dass der Auftraggeber ohne jeglichen billigenswerten Grund einen Bewerber von der Vergabe überhaupt, d.h. von vornherein entgegen den Regeln in § 8 Nr. 1 VOB/A (vgl. dazu OLG Frankfurt BauR 1990, 91; zur Vereinbarkeit der koordinierten Auftragssperre mit § 26 Abs. 2 GWB a.F. kritisch: *Mestmäcker/Bremer* BB Beilage 19 zu Heft 5/1995) ausschließt, zum anderen auch darin, dass er schuldhaft zum Nachteil des betreffenden Bewerbers oder Bieters den Bauauftrag an einen anderen Unternehmer vergibt und dabei die im Ausgangspunkt zwingenden Vergaberegeln der VOB/A **grob missachtet,** z.B. ohne nähere Prüfung der eingereichten Angebote und ohne sich weitere Gedanken zu machen, den Auftrag dem niedrigsten Bieter erteilt, also § 25 Nr. 3 Abs. 3 S. 3 VOB/A unbeachtet lässt (vgl. OLG Frankfurt BauR 1990, 91), oder dass der Auftraggeber unter grobem Verstoß gegen § 9 VOB/A von den Bewerbern Angebotsbearbeitungen verlangt, die diese in unzumutbarer Weise belasten, also dem einzelnen sonst in Betracht kommenden Bewerber die Teilnahme am Vergabewettbewerb zumindest in nicht hinnehmbarer Weise erschweren (vgl. dazu LG Berlin BauR 1985, 600), oder den Bietern unkalkulierbare und ungewöhnliche Wagnisse durch bewusst unklare Leistungsbeschreibungen entgegen § 9 Nr. 2 VOB/A überbürdet (vgl. BGH BauR 1997, 126).

Bei der Prüfung der marktbeherrschenden Nachfragemacht ist für die Abgrenzung des relevanten Marktes im Hinblick auf die Ausübung der Nachfragemacht z.B. nach **Vermessungsleistungen** der Markt für Vermessungsleistungen maßgebend, wobei es für die räumliche Marktabgrenzung darauf ankommt, in welchem Bereich die in einem bestimmten Gebiet (z.B. einer Stadt) niedergelassenen öffentlich bestellten Vermessungsingenieure ihre Leistungen ohne erhebliche Kostendifferenz anbieten können; ferner ist in der Frage der Marktmacht der Auftraggeberseite auf die Abhängigkeit der betreffenden Vermessungsingenieure von ihr abzustellen; ein etwaiges kartellrechtliches Verbot kann nur für den Markt gelten, auf dem die Machtstellung besteht oder sich auswirkt; ein Unterlassungsanspruch wegen unbilliger Behinderung steht einem Dritten nicht zu, der auf dem beherrschten Markt nicht tätig ist (BGH NJW-RR 1988, 1069 = MDR 1988, 839 = LM § 26 GWB Nr. 63). **77**

In diesem Zusammenhang ist **auch § 20 Abs. 3 GWB n.F.** zu beachten, wonach Unternehmen i.S.d. §§ 19, 20 Abs. 1 und 2 GWB n.F. ihre Marktstellung nicht dazu missbrauchen dürfen, andere Unternehmen **zur Einräumung sachlich nicht gerechtfertigter Vorzugsbedingungen** zu veranlassen. Dabei wird die Abhängigkeit des Lieferanten (Auftragnehmers) von einem Nachfrager (Auftraggeber) gem. § 20 Abs. 5 GWB vermutet, wenn letzterer regelmäßig Sondervorteile erhält, die vergleichbare andere Kunden nicht bekommen. Auch dieses ist für das Bauvergabewesen durchaus von Bedeutung. **78**

V. Schadensersatzanspruch aus unerlaubter Handlung gem. §§ 823 ff. BGB

1. Verstöße gegen §§ 823 Abs. 1, 824, 826 BGB

Neben den bereits behandelten Schadensersatzsprüchen aus Verschulden bei den Vertragsverhandlungen und aus Verstößen gegen das Gesetz gegen Wettbewerbsbeschränkungen (GWB) können sich auch Ansprüche der Baubeteiligten aus unerlaubter Handlung als sog. außervertragliche Ansprüche ergeben, also unabhängig **von dem Vorhandensein vertraglicher Verhandlungen oder dem Bestehen eines Vertrages.** Unerlaubte Handlungen können auf Lebenssachverhalten beruhen, die in keinem Zusammenhang mit Bauvertragsverhandlungen oder Bauverträgen stehen. Sie können von der geforderten Bauleistung völlig losgelöst sein. Sie können andererseits mittelbar mit der eigentlichen Bauleistung zusammenhängen, z.B. durch schuldhaftes Versehen des Auftragnehmers selbst oder eines seiner Gehilfen wird der Auftraggeber durch einen vom Bau herabfallenden Stein verletzt. Da derartige Schadensfälle im Wesentlichen unabhängig von den Bauvertragsverhandlungen und den eigentlichen Rechten der Partner aus dem abgeschlossenen Vertrag sind, wird hierauf nicht näher eingegangen. Hinsichtlich der Schäden, die nicht dem einen der Vertragspartner **79**

Einleitung

durch den anderen zugefügt werden, sondern die im Zusammenhang mit der Bauleistung einem Dritten entstanden sind, wird auf § 10 VOB/B und dessen Kommentierung verwiesen.

Es ist aber möglich, dass **unmittelbar im Zusammenhang mit Bauvertragsverhandlungen oder der Abwicklung eines geschlossenen Bauvertrages** dem einen Verhandlungs- oder Vertragspartner durch den anderen **im Wege unerlaubter Handlung ein Schaden zugefügt wird.** Dabei kann die Haftung des Schädigers auf §§ 823, 824 oder 826 BGB beruhen (vgl. dazu auch *Lötzsch/Bornheim* NJW 1995, 2134, 2136 f.).

80 Als Beispiele seien hier für den Zeitraum von **Bauvertragsverhandlungen** genannt: Der Auftraggeber will von vornherein einen Bauunternehmer vom Wettbewerb im Rahmen eines Ausschreibungsverfahrens fernhalten und behauptet wahrheitswidrig, dieser sei in Konkurs geraten oder habe sich durch unstatthafte Manipulationen strafbar gemacht; der Auftraggeber öffnet entgegen der Vereinbarung das günstig liegende Angebot eines ihm nicht genehmen Unternehmers vor dem Eröffnungstermin, veranlasst einen ihm gut bekannten anderen Unternehmer, ein billigeres Angebot abzugeben und erteilt diesem den Auftrag; der Auftragnehmer versichert dem Bauherrn, in der Lage zu sein, ein nur unter besonderen Fachkenntnissen zu errichtendes Bauwerk erstellen zu können, obwohl er diese besonderen Kenntnisse nicht hat, wodurch das Bauwerk nicht sachgerecht errichtet wird, nicht brauchbar ist oder gar einstürzt; der Auftraggeber veranstaltet unter Zugrundelegung des Teils A der VOB nur zum Schein eine Öffentliche Ausschreibung, obwohl er von vornherein vorhat, den Auftrag einem bestimmten Unternehmer zu geben, der mit ihm gut befreundet ist. Auch Bestechungen oder Bestechungsversuche im Rahmen von Bauvertragsverhandlungen gehören hierher.

81 Beispiele für die Zeit **nach Vertragsabschluss:** Die auf der Baustelle beschäftigten Arbeitnehmer eignen sich ausgebaute Gegenstände an; der Auftragnehmer entfernt bei Nacht und Nebel ohne Wissen des Auftraggebers eingebaute Fenster und Türen, weil er ihm vermeintlich zustehende Abschlagszahlungen nicht erhalten hat; bei Gelegenheit von Umbauarbeiten werden Teile des Bauwerks, an denen im Rahmen der Erfüllung des Auftrages nicht zu arbeiten ist und auch nicht gearbeitet wird, beschädigt, wie z.B. durch große, jedoch vermeidbare Erschütterungen von Baumaschinen oder durch sonstige Unachtsamkeit der Bauarbeiter; der zahlungsunfähige Auftraggeber veranlasst den Auftragnehmer zur Weiterarbeit unter Vortäuschung in Wirklichkeit nicht vorhandener Mittel; der Auftraggeber übereignet dem Auftragnehmer zur Sicherung von dessen Werklohnforderung Gegenstände, die ihm nicht gehören usw.

82 Aus diesen Beispielen ist ersichtlich, dass eine **unerlaubte Handlung** in **Betracht zu ziehen ist, wenn grobe Verstöße** gegen die im Rahmen des Rechtsverkehrs vorauszusetzenden Erfordernisse des Handelns oder Unterlassens nach Treu und Glauben vorliegen. Dabei ist eine Ersatzverpflichtung nur gegeben, wenn derjenige, der den Schaden verursacht hat, **schuldhaft, also zumindest fahrlässig** (§ 276 BGB) **gehandelt hat.**

2. Verstoß gegen Schutzgesetze gem. § 823 Abs. 2 BGB

83 Eine Haftung gem. § 823 Abs. 2 BGB wegen Verstoßes gegen ein **Schutzgesetz** (§ 823 Abs. 2 BGB) **kommt nur in Betracht bei einem schuldhaften Verstoß gegen ein Gesetz, das zumindest auch den Schutz bestimmter Personen oder Personengruppen** und nicht nur der Allgemeinheit gegen die Verletzung von Rechtsgütern bewirken soll (BGHZ 12, 146, 148; BGH NJW 1970, 1180), wie z.B. die Strafvorschriften (vgl. dazu näher § 10 VOB/B). Dabei ist **nicht Voraussetzung, dass es sich um ein Gesetz im eigentlichen Sinne** handelt. Vielmehr gehört unter den Begriff »Schutzgesetz« jede Rechtsnorm, also auch **Verordnungen, polizeiliche Vorschriften,** ferner auch behördliche Genehmigungen und die in diesen Genehmigungen festgelegten Bedingungen. Ob auch die VOB, vor allem deren Teil A, zu den Schutzgesetzen zu zählen ist, weil sie durch vielfache behördliche Anordnungen im Innenverhältnis für Behörden als Auftraggeber als verbindlich hinsichtlich ihrer Anwen-

Einleitung

dung und Beachtung erklärt worden ist, ist bisher nicht abschließend geklärt (vgl. dazu auch BGH BauR 1997, 126). Würde man dies bejahen, könnte sich in dem Falle, in dem eine Behörde Auftraggeber ist und sie sich schuldhaft entweder an die »Vergabevorschriften« des Teils A oder an die Vertragsbedingungen des Teils B oder an beides nicht hält, eine Haftung gegenüber demjenigen, dem hieraus ein Schaden entstanden ist, nach § 823 Abs. 2 BGB wegen Verletzung eines Schutzgesetzes ergeben. Eine derartige Rechtsfolge ist aber nicht gerechtfertigt, da der **VOB/A und VOB/B kein Schutzgesetzcharakter i.S.d. § 823 Abs. 2 BGB** zukommt, soweit **die Basisparagraphen des Teiles A und die Bestimmungen des Teils B in Rede stehen,** denn bei den entsprechenden Beschlüssen oder Erlassen der Ministerien und Landesregierungen zur verbindlichen Anwendung der VOB/A und VOB/B handelt es sich **lediglich um interne Verwaltungsvorschriften,** die sich an die untergeordneten Dienststellen richten und eine **gleichmäßige Behandlung der in Frage stehenden Verwaltungsgeschäfte sicherstellen** sollen, die aber nicht zum Schutze der Bewerber um öffentliche Bauaufträge erlassen worden sind (so OLG Celle Urt. v. 21.11.1955 1 U 115/54; ferner vor allem BGH SFH Z 2.11 Bl. 1 bis 3 m. Anm. *Finnern*; ebenso hinsichtlich des Teils A der VOB nochmals ausdrücklich BGH VersR 1965, 764, sowie OLG Karlsruhe SFH § 24 VOB/A Nr. 1; ferner *Dohmen* S. 49 f.; *Feber* Schadensersatzansprüche bei der Auftragsvergabe nach VOB/A S. 96 ff.).

84 Allerdings kann der in der zuerst genannten Entscheidung des BGH vertretene Standpunkt, die VOB sei bei einer Öffentlichen Ausschreibung auch angesichts der Verbindlichkeitserklärung durch das niedersächsische Staatsministerium kein Schutzgesetz, »weil die VOB nur die Wahrung des Interesses der öffentlichen Hand bezweckt«, so nicht hingenommen werden. Es ist bei objektiver Betrachtung nicht richtig, zu sagen, die VOB habe nur die Bedeutung, die Interessen der öffentlichen Hand wahrzunehmen. Deshalb kann nicht davon ausgegangen werden, dass hier nur die einseitige Interessenwahrnehmung bezweckt wird; vielmehr ist weitgehend das wohlverstandene Interesse **beider Verhandlungs- und Vertragspartner** zu berücksichtigen, wie man aus dem nach Erläuterung der Einzelbestimmungen zu gewinnenden Gesamtbild feststellen kann. Diese Auffassung wird vom III. Zivilsenat des BGH im o.a. zweiten Urteil unter Bezugnahme auf diese Kommentarstelle offensichtlich gebilligt. Sicher hat der BGH sich in seiner früheren Entscheidung auch nicht in dieser strengen Form ausdrücken wollen, da er sich in seiner Begründung den Ausführungen des OLG Celle (Urt. v. 21.11.1955 1 U 115/54) anschließt (vgl. hierzu auch *Finnern* in der Anmerkung zu SFH Z 2.11 auf Bl. 2 und 3). Insbesondere hat er in späteren Entscheidungen, zuletzt besonders auch im Hinblick auf die Bestimmungen des damaligen AGB-Gesetzes, wiederholt die noch gegebene **Ausgewogenheit der VOB/B als Gesamtvertragswerk anerkannt** (vgl. dazu u.a. die grundlegende Entscheidung BGHZ 86, 135 = BauR 1983, 161 m. Anm. *Locher* S. 362 = NJW 1983, 816).

85 **Anders** liegt es im Ausgangspunkt bei den Bauvergaben des Teiles A, denen EG-Recht zugrunde liegt und die im innerdeutschen Recht zunächst in haushaltsrechtliche Vorschriften und seit dem 1.1.1999 in kartellrechtliche Vorschriften durch das **Vergaberechtsänderungsgesetz in §§ 97 ff. GWB** nebst der neuen Vergabe-Verordnung umgesetzt sind und in der VOB/A in den Abschnitten 2 und 3 sowie SKR ihren Niederschlag gefunden haben. Soweit der **VOB/A** hierdurch **Rechtsverordnungs-** und damit **Rechtsnormcharakter** zugesprochen worden ist, kann der **Schutzgesetzcharakter i.S.d. § 823 Abs. 2 BGB** nicht mehr generell verneint werden. Vielmehr muss in diesem Rahmen jede Vorschrift der VOB/A daraufhin untersucht werden, ob sie den Bietern subjektive Rechte gewährt und damit zumindest auch für den **Bieter schützenden Charakter** hat (für Schutzgesetzcharakter: *Lampe-Helbig/Wörmann* Rn. 532 f.; wohl auch *Dreher* ZIP 1995, 1869, 1874), denn § 97 Abs. 7 GWB gibt den Bietern grundsätzlich einen subjektiven Anspruch auf Einhaltung der Vergabevorschriften durch den öffentlichen Auftraggeber. Darin liegt eine der ganz wesentlichen Änderungen gegenüber der bis zum 31.12.1998 geltenden haushaltsrechtlichen Umsetzung des EG-Vergaberechts, die solche subjektiven Rechte der Bieter grundsätzlich ausschloss. Ob dieser Schutzgesetz-Charakter dann aber auch wegen des Gebots der Gleichbehandlung grundsätzlich für die bieterschützenden Vorschriften der VOB/A unabhängig von der Höhe des Auftragsvolumens und damit der Anwendung der §§ 97 ff. GWB zu bejahen ist, wird durch die Rechtsprechung langfristig

Einleitung

zu klären sein. Dies gilt auch für die weitgehend offene Frage, welche Bestimmungen der VOB/A auch bieterschützenden Charakter haben und damit **Schutzgesetz i.S.d. § 823 Abs. 2 BGB** sind. In Betracht kommen hier vor allem:

- § 2 Nr. 2: Diskriminierungsverbot
- § 3: Vergabearten
- § 4 Nr. 2 und 3: Fachlos-Vergabe
- § 8 Nr. 1: Gleichbehandlungsgrundsatz
- § 9 Nr. 1: Eindeutige und erschöpfende Leistungsbeschreibung
- § 9 Nr. 2: Verbot der Aufbürdung ungewöhnlicher Wagnisse
- § 9 Nr. 3: Feststellung und Angabe aller die Preisermittlung beeinflussenden Umstände
- § 11 Nr. 1: Ausreichende Ausführungsfristen
- § 16 Nr. 2: Verbot von Ausschreibungen für vergabefremde Zwecke
- § 18 Nr. 1: Angebotsfrist
- § 19 Nr. 2: Zuschlags- und Bindefrist
- § 20 Nr. 2 S. 2: Festsetzung einer Entschädigung für die Angebotsbearbeitung
- § 25: Ausschluss und Wertung der Angebote
- § 26: Aufhebungsgründe für die Ausschreibung

86 Der Schadensersatzanspruch aus § 823 Abs. 2 BGB wird in der Praxis jedoch nicht allzu häufig zum Erfolg führen, weil der in Anspruch genommene Auftraggeber meist nicht selbst gegen Bestimmungen der VOB/A verstoßen hat, sondern dies durch seine sog. Verrichtungsgehilfen geschehen wird, so dass sich der Auftraggeber der Haftung durch den von ihm zu führenden, aber durchaus Erfolg versprechenden **Entlastungsbeweis** entziehen kann (§ 831 BGB), der bei Ansprüchen aus unerlaubter Handlung stets zu prüfen ist. Diese unzureichende Haftung für unerlaubte Handlung hat gerade zur Entwicklung des Rechtsinstituts »Verschulden bei den Vertragsverhandlungen« oder »culpa in contrahendo« geführt (*Lampe-Helbig/Wörmann* Rn. 533), die jetzt durch das Schuldrechtsmodernisierungsgesetz zudem eine genaue gesetzliche Grundlage durch §§ 311 Abs. 2, 241 Abs. 2, 280 Abs. 1 BGB n.F. (2002) gefunden hat.

87 Der Schadensersatzanspruch aus § 823 Abs. 2 BGB beurteilt sich seinem Umfang nach wie der aus Verschulden bei Vertragsverhandlungen gem. §§ 249 ff. BGB, allerdings nur als Geldersatz, nicht etwa auf Zuschlagserteilung. Letztlich ist der Schaden des geschädigten Bieters so zu berechnen, wie dieser ohne die Verletzung der bieterschützenden Bestimmung der VOB/A durch den Auftraggeber gestanden hätte. In diesem Fall hätte er möglicherweise den Zuschlag erhalten müssen und damit durch seinen Vergütungsanspruch eine Deckung der Allgemeinen Geschäftskosten und einen Gewinn erzielt oder aber einen höheren Vergütungsanspruch kalkuliert und erzielt (Erfüllungs- oder positives Interesse) oder evtl. auch nur keine Angebotsausarbeitungskosten gehabt.

VI. Anfechtung und Nichtigkeit abgeschlossener Bauverträge

1. Grundsätzliches

88 Neben den aufgezeigten Schadensersatzansprüchen können sich für Baubeteiligte auch noch andere Möglichkeiten außerhalb der VOB/A und VOB/B ergeben, einem nach der VOB zustande gekommenen Bauvertrag die Wirksamkeit zu versagen. So sieht das BGB die Möglichkeit vor, eine Willenserklärung, also z.B. ein Angebot oder auch die Annahmeerklärung oder die Zuschlagserteilung anzufechten und damit den Vertragsabschluss rückwirkend (§ 142 BGB) zu Fall zu bringen. Als Anfechtungsgründe kommen vor allem der Erklärungs- oder Inhaltsirrtum (§ 119 BGB) und die arglistige Täuschung bzw. widerrechtliche Drohung durch den anderen Vertragspartner (§ 123 BGB) in Betracht. Außerdem kann ein Vertrag aus verschiedenen Gründen nichtig sein:

2. Anfechtung wegen arglistiger Täuschung

Eine Anfechtung wegen arglistiger Täuschung gem. § 123 BGB kommt in Betracht, wenn jemand durch Vorspiegelung falscher Tatsachen oder durch Unterdrückung wahrer Tatsachen – also durch **Täuschung** – bei einem anderen einen für dessen Willensentscheidung maßgeblichen **Irrtum** hervorruft bzw. aufrechterhält. Dabei ist aber zu beachten, dass die Unterdrückung wahrer Tatsachen nur dann als arglistig bezeichnet werden kann, wenn eine **Rechtspflicht zur Aufklärung** besteht. Das ist nicht schlechthin der Fall, sondern nur, wenn die Aufklärung nach der Verkehrssitte oder dem Empfinden der billig und gerecht Denkenden als Voraussetzung für eine ordnungsgemäße Abwicklung des Rechtsverkehrs von entscheidender Bedeutung ist. **89**

Soweit Vertragsverhandlungen sowie der Vertragsabschluss und die spätere Abwicklung des Vertrages entsprechend den Regeln der VOB erfolgen, wird man hierzu Folgendes sagen können: Eine **Rechtspflicht zur Aufklärung** wird ohne Einschränkung bejaht werden müssen, wenn es sich um tatsächliche Umstände handelt, deren Kenntnis für die Entschließung oder das sonstige Verhalten eines Partners deshalb wesentlich ist, weil hieran wichtige Folgen nach den Bestimmungen der VOB geknüpft sind. So muss im Rahmen der Vertragsverhandlungen insbesondere eine **Offenbarungspflicht** dort bestehen, wo bestimmte Umstände für die ordnungsgemäße und sachgerechte Erbringung der Bauleistung von entscheidender Bedeutung sind. Das betrifft einmal die für die Ausführung und evtl. auch Kalkulation der geforderten Leistung wichtigen Verhältnisse an Ort und Stelle (z.B. besondere Boden- und Grundwasserverhältnisse, bedeutsame Kontaminationen des Bodens oder auch der vorhandenen und vom Auftragnehmer zu bearbeitenden oder abzutragenden Bausubstanz, besondere Anforderungen im Rahmen behördlicher Auflagen usw.) oder auch sonst Angaben, wie sie im Abschnitt 0 der DIN 18299 und der jeweiligen DIN-Norm des Gewerkes gefordert werden. Ferner bezieht sich das auch auf alle Umstände, die für den Unternehmer bei der Ausarbeitung seines Angebotes von Bedeutung sind, weil sie im Rahmen seiner Kalkulation Gewicht für die Ermittlung des angemessenen Preises (Einheits- oder Pauschalpreis) haben. Das betrifft sowohl den genauen Leistungsinhalt als auch den Leistungsumfang in den Positionen des Leistungsverzeichnisses. **Umgekehrt muss sich aber auch der Unternehmer** darüber erklären, ob er nach den in seinem Betrieb bestehenden Verhältnissen in der Lage ist, die Bauleistung in ihrem geforderten Umfang und in der vorausgesetzten Zeit ordnungsgemäß zu erbringen. Das gilt auch im Hinblick auf seine Vermögenslage; hat er im Angebotsverfahren seine eigene wirtschaftliche Bedrängnis verschwiegen, obwohl er wusste, dass hierdurch die Erreichung des Vertragszieles – die ordnungsgemäße Erstellung der betreffenden Bauleistung – vereitelt oder die Erfüllung in einem dem Auftraggeber unzumutbaren Maße erschwert wird, so kann dies die Anfechtung des aufgrund einer solchen Täuschung abgeschlossenen Bauvertrages durch den Auftraggeber rechtfertigen (vgl. BGH Betrieb 1976, 332 = WM 1976, 111). Ein einem Werkvertrag zugrunde liegendes Angebot zu wesentlich überhöhten Preisen (bis zu 300%) berechtigt den Vertragspartner zur Anfechtung, wenn von der Einholung von Konkurrenzangeboten wegen längerer Geschäftsverbindung und dem Versprechen eines »ordentlichen Preises« abgesehen wurde (OLG Saarbrücken OLGZ 1981, 248). **90**

Für die Darlegung eines ursächlichen Zusammenhanges zwischen Täuschung und Abgabe einer Willenserklärung genügt es, dass der Getäuschte Umstände dargetan hat, die für seinen Entschluss von Bedeutung sein konnten, und dass die arglistige Täuschung nach der Lebenserfahrung bei der Art des zu beurteilenden Rechtsgeschäftes Einfluss auf die Entschließung hat. Ist ein Umstand, über dessen Vorhandensein eine Vertragspartei getäuscht hat, zugleich Gegenstand einer vertraglichen Zusicherung gewesen, so rechtfertigt dies nach der Lebenserfahrung die Annahme, dass die Täuschung die Entschließung des anderen Vertragsteils beeinflusst hat (BGH VersR 1995, 1496). **91**

Eine Anfechtung einer Willenserklärung gem. § 123 BGB kommt aber auch wegen widerrechtlicher Drohung seitens des anderen Vertragspartners in Betracht. So hat der BGH entschieden, dass dem Auftraggeber ein Schadensersatzanspruch nach den Grundsätzen der culpa in contrahendo auf Be- **92**

Einleitung

freiung von einer unterschriebenen **Nachtragsvereinbarung** zusteht, wenn diese **Nachtragsvereinbarung** seitens des Auftragnehmers nur dadurch zustande gekommen ist, dass dieser dem Auftraggeber mit der Einstellung der Bauarbeiten gedroht hat und diese Drohung widerrechtlich war, weil der Nachtrag unberechtigt war (BGH BauR 2002, 89). Zugleich konnte der Auftraggeber diese seine Willenserklärung auch gem. § 123 BGB anfechten und damit die getroffene Vereinbarung zu Fall bringen.

93 Derjenige, der durch die Arglist des anderen zur Abgabe einer Willenserklärung veranlasst worden ist, hat die **Möglichkeit,** diese **nach § 123 BGB anzufechten** mit der Wirkung, dass sie als von Anfang an nichtig anzusehen ist, § 142 BGB. Über Form der Anfechtung, Anfechtungsgegner, Frist zur Anfechtung usw. wird auf den Wortlaut der §§ 124, 143, 144 BGB verwiesen. Hinzu kommt die Möglichkeit, vom Gegner **Schadensersatz** auf der Grundlage der §§ 241 Abs. 2, 280 Abs. 1 BGB n.F. (2002) oder des § 826 BGB, ggf. – je nach Sachlage – auch der §§ 823 Abs. 1 und 823 Abs. 2 BGB zu verlangen, sofern im Zeitpunkt der Anfechtung dem Anfechtenden entweder schon ein Schaden entstanden ist oder ihm später aufgrund der anfechtbaren Handlung noch unvermeidbar entsteht. Dieses Schadensersatzbegehren ist nicht von einer vorher erfolgten Anfechtung abhängig. Wegen der Einzelheiten wird auch hier auf die Bestimmungen des BGB verwiesen. Wurde eine bei Vertragsabschluss begangene arglistige Täuschung nicht von der betreffenden Vertragspartei selbst, sondern von ihrem Vertreter begangen, so haftet dafür die von diesem vertretene Vertragspartei, und zwar unter dem Gesichtspunkt des Verschuldens bei Vertragsabschluss (culpa in contrahendo) schlechthin (BGH BauR 2002, 1396), außerdem unter dem Gesichtspunkt der unerlaubten Handlung mit der Entlastungsmöglichkeit nach § 831 BGB (BGH NJW 1974, 1505).

Nimmt der Auftraggeber jedoch nach Erklärung der Anfechtung die Bauleistung entgegen und erklärt die Abnahme, so ist die Annahme berechtigt, dass er aus der erklärten Anfechtung keine Rechte herleiten und den angefochtenen Vertrag gem. § 144 BGB bestätigen will (vgl. BGH BauR 1983, 165 = NJW 1983, 816 = ZfBR 1983, 83).

3. Verstoß gegen gesetzliches Verbot (§ 134 BGB)

94 Bauverträge können aber auch von Anfang an nichtig sein. Das ist der Fall bei **Rechtsgeschäften** und demnach auch allen hierauf gerichteten Willenserklärungen, **die gegen ein gesetzliches Verbot verstoßen.** Sie sind ohne weiteres **nichtig,** wenn sich nicht aus dem in Betracht kommenden Gesetz etwas anderes ergibt (§ 134 BGB). Diese Grenze zulässigen Handelns kann durchaus auch im Baurecht von Bedeutung sein. So wird man einen Bauvertrag für unwirksam halten müssen, wenn er insgesamt gegen ein gesetzliches Verbot, z.B. gegen das **Gesetz zur Bekämpfung der Schwarzarbeit** verstößt. Dagegen genügt es nicht, wenn einzelne Regelungen des Bauvertrages gegen ein gesetzliches Verbot verstoßen, damit aber der Vertrag nach dem Willen der Parteien nicht stehen oder fallen soll; in diesen Fällen wird der nicht gesetzwidrige Teil als nach dem Parteiwillen gültig anzusehen sein, § 139 BGB. Zu beachten ist aber auch, dass bei innerdeutschen Bauvergaben, die nicht den EG-Schwellenwert der §§ 97 ff. GWB überschreiten, eine **Verletzung der Vergabevorschriften des Teils A und der diesen zugrunde liegenden gesetzlichen oder gesetzesähnlichen Vorschriften noch kein Verstoß gegen § 134 BGB** ist, da diese Bestimmungen sich nicht gegen die Vornahme bestimmter Rechtsgeschäfte wenden, sondern nur ein bestimmtes Verfahren für das Zustandekommen von Bauverträgen vorsehen (so auch *Bornheim/Stockmann* BauR 1994, 677, 688; *Lötzsch/Bornheim* NJW 1995, 2134, 2136). Ganz anders ist es jedoch bei den EU-Vergaben: Wird nämlich bei diesen Vergaben oberhalb des Schwellenwertes ein Antrag auf Nachprüfung des Vergabeverfahrens bei der Vergabekammer gestellt und dieser an den Auftraggeber zugestellt, so darf der Auftraggeber gem. § 115 Abs. 1 GWB vor einer Entscheidung der Vergabekammer und dem Ablauf der Beschwerdefrist nach § 117 Abs. 1 GWB den Zuschlag nicht erteilen und ein dennoch erteilter **Zuschlag** ist wegen Verstoßes gegen ein gesetzliches Verbot gem. § 134 BGB **unwirksam** (vgl. dazu im Einzelnen § 115 GWB).

Als gesetzliche Verbote sind insbesondere **Verstöße gegen Strafgesetze,** die das Handeln aller am Rechtsgeschäft Beteiligten unter Strafe stellen, zu bezeichnen (vgl. hierzu RGZ 104, 107; 106, 317). Hierher rechnen des Weiteren aber auch die **Verbotsnormen des AGB-Gesetzes bzw. jetzt §§ 307 ff. BGB n.F. (2002).** Dabei sind im Rahmen des § 134 BGB immer Sinn und Zweck des Gesetzes bzw. der diesem gleichgestellten Vorschriften, wie Verordnungen, maßgebend. Gesetzliche Verbote erkennt man auf dem Gebiet des Zivilrechts an bestimmten vom Gesetzgeber gewählten Formulierungen, wie z.B. »ist unzulässig«, »kann nicht«, »ist ausgeschlossen« usw. Das sind aber nur Anhaltspunkte, die die Nachprüfung des wirklichen Wesensgehaltes der in Frage kommenden Bestimmung nicht entbehrlich machen. Auch Verstöße gegen Kartellvorschriften oder Schmiergeldabreden führen nicht ohne weiteres zur Nichtigkeit des Folgevertrages. So führt die Nichtigkeit einer Preisabsprache zwischen mehreren Unternehmen grundsätzlich nicht zur (Teil-)Nichtigkeit des daraufhin zustande gekommenen Bauvertrages, den der einzelne Unternehmer mit dem Auftraggeber geschlossen hat und in dem der kartellarisch abgesprochene Preis vereinbart worden ist; davon unberührt bleibt jedoch ein etwaiger, allerdings nur schwer nachweisbarer (dazu beachtlich: *Diehl* ZfBR 1994, 105; vgl. ferner *Rutkowsky* ZfBR 1994, 257) Schadensersatzanspruch des Auftraggebers, ebenso die Kündigungsbefugnis nach § 8 Nr. 4 VOB/B.

95

4. Verstoß gegen die guten Sitten (§ 138 BGB)

Verboten sind ferner **Willenserklärungen und Rechtsgeschäfte, die gegen die guten Sitten verstoßen, § 138 BGB.** Nichtig sind nach § 138 Abs. 2 BGB insbesondere Rechtsgeschäfte, durch die jemand unter Ausbeutung der Zwangslage, der Unerfahrenheit, des Mangels an Urteilsvermögen oder der erheblichen Willensschwäche eines anderen sich oder einem Dritten für eine Leistung Vermögensvorteile versprechen oder gewähren lässt, die den Wert der Leistung dergestalt übersteigen, dass den Umständen nach die Vermögensvorteile im **auffälligen Missverhältnis zu der Leistung stehen. Wucher** ist der Hauptfall des Sittenverstoßes gegenüber einem Verhandlungs- und Vertragspartner. Bei der Prüfung der Frage, ob ein **auffälliges Missverhältnis zwischen Leistung und Gegenleistung** vorliegt, sind alle Umstände des Falles, insbesondere die Größe des mit dem Geschäft verbundenen Risikos, zu berücksichtigen. Ferner muss eine **verwerfliche Absicht** des begünstigten Vertragspartners hinzukommen. Allerdings wird in der Regel ein auffälliges und erhebliches Missverhältnis zwischen der verlangten bzw. der ausbedungenen Leistung und der Gegenleistung den Schluss auf eine bewusste oder grob fahrlässige Ausnutzung des Gegners nahe legen. So wird es z.B. ein gegen die guten Sitten verstoßendes Geschäft sein, wenn der Leiter eines Bauamts von einem noch im Aufbau befindlichen jungen Unternehmer private oder auch sonstige Bauleistungen zu einem erheblich untersetzten Preis verlangt und ihm andeutet, hiervon sei die Erteilung eines lohnenden großen Auftrages zu angemessenem Preis abhängig, oder in ihm durch schlüssiges Handeln jedenfalls einen dahin gerichteten Glauben erweckt und aufrechterhält. Allgemeine Regeln darüber, wann ein übermäßiges Missverhältnis anzunehmen ist und wann daraus allein oder in Verbindung mit anderen Umständen eine verwerfliche Gesinnung zu entnehmen ist, lassen sich nicht aufstellen. Hierzu sind Vergleichsmaßstäbe nur durch die von der Rechtsprechung in Einzelfällen aufgestellten Richtlinien und Maßstäbe zu finden, so dass hierauf zu verweisen ist (vgl. die Kommentierungen zu § 138 BGB).

96

Schlagwortartig seien von der Rechtsprechung herausgearbeitete Begriffe aufgezählt: Knebelungsverträge; die Ausnutzung einer Macht- oder Monopolstellung, wobei das vor allem auch in Geschäftsbedingungen zum Ausdruck kommen kann; Verstöße gegen besondere Treuepflichten; Außerachtlassen jeglicher Rücksicht auf den Vertragsgegner; Missachten der Grundvoraussetzungen eines geschäftlichen Wettbewerbs überhaupt usw.

97

Zusammengefasst ist zu sagen, dass verwerflich handelt und daher gegen die guten Sitten verstößt, wer im Wirtschaftsleben **die schwächere Lage des anderen bewusst ausnutzt, um übermäßigen Gewinn zu erzielen,** ferner jeder, der sich böswillig oder in grob fahrlässiger Leichtfertigkeit

98

Einleitung

der Erkenntnis verschließt, dass sich der andere nur aus den Nachteilen seiner Lage heraus auf die ihn beschwerenden Bedingungen einlässt (vgl. hierzu BGH NJW 1951, 397).

Grundsätzlich kann ein wegen sittenwidriger Übervorteilung nichtiges Rechtsgeschäft nicht nach § 140 BGB in einen rechtlich unbedenklichen Rahmen umgedeutet werden, auch nicht dahin, dass die Leistungsverpflichtung des Übervorteilten auf einen Teil beschränkt und damit auf ein erträgliches Maß zurückgeführt wird, da sonst für denjenigen, der in sittenwidriger Weise vorgeht, das damit verbundene Risiko weitgehend entfiele (BGH BB 1977, 769 = Betrieb 1977, 995 = WM 1977, 582).

99 Besondere Beachtung verdient gerade auch die **Zahlung von Schmiergeldern** im Rahmen eines Bauvergabeverfahrens mit dem Ziel, bei der Vergabe Vorteile zu erlangen. Dazu hat der BGH (NJW 1962, 1099) ausgesprochen, dass die Zahlung von Schmiergeldern an einen Vertreter des anderen Vertragsteils, um von diesem bei der Vergabe von Aufträgen bevorzugt zu werden, gegen die guten Sitten verstößt. Dies hat allerdings nicht zwingend die **Nichtigkeit des aufgrund der nichtigen Schmiergeldabrede geschlossenen Bau- oder auch Architektenvertrags** zur Folge, insbesondere dann nicht, wenn dieser Folgevertrag den Auftraggeber objektiv nicht benachteiligt (BGH BauR 1999, 1047). Das gilt auch, wenn der Vertreter zwar den Auftrag für den Vertretenen nicht zu erteilen, für diesen aber bei der Vergabe durch einen Dritten mitzubestimmen und der Vertretene an einer möglichst guten Erledigung des Auftrages ein eigenes wirtschaftliches Interesse hat (BGH NJW 1973, 363). Hat der Betroffene einen anderen mit den Bauvergabeverhandlungen beauftragt, so kann er von diesem grundsätzlich die Herausgabe des empfangenen Schmiergeldes nach Maßgabe des § 667 BGB verlangen. Insoweit ist auch auf § 12 UWG hinzuweisen. Nimmt der Architekt **»Provisionen« für die Vermittlung von Aufträgen von einem Bauhandwerker** an, so gibt das dem Auftraggeber (auch) einen wichtigen Grund zur Kündigung des Architektenvertrages (BGH BauR 1977, 363 = NJW 1977, 1915).

F. Allgemeingültigkeit der VOB/A für Bauvorhaben der öffentlichen Hand

I. Verpflichtung zur Anwendung der VOB/A Abschnitt 1 (Basisparagraphen)

100 So genannte öffentliche Bauaufträge nach den Basisparagraphen des Teiles 1 der VOB/A liegen vor, wenn Auftraggeber nach der Bundeshaushaltsordnung, den Landeshaushaltsordnungen und den Gemeindehaushaltsordnungen zur Anwendung der VOB verpflichtet sind. Dazu zählen die Bundesrepublik Deutschland, die Länder, die Gemeinden (vgl. dazu vor allem auch VGH Baden-Württemberg NJW-RR 1988, 1045; *Burmeister* Die Bindung der Gemeinden an die Verdingungsordnung für Bauleistungen; siehe außerdem z.B. § 31 GemHaushaltsVO NRW) und Landkreise und alle übrigen Gebietskörperschaften, die bundes-, landes- und gemeindeunmittelbaren juristischen Personen des öffentlichen Rechts (Körperschaften, Anstalten und Stiftungen) und die aus Gebietskörperschaften oder juristischen Personen des öffentlichen Rechts bestehenden öffentlich-rechtlichen Verbände. Hinzuzurechnen sind aber auch die übrigen, dem öffentlichen Auftragswesen zuzuordnenden Auftraggeber, soweit sie durch § 2 der BaupreisVO 1972 erfasst sind. Insoweit ist auch auf § 30 BHO hinzuweisen, wobei die Landeshaushaltsordnungen dem entsprechen. Dabei ist auch auf die vorläufigen Verwaltungsvorschriften zur BHO (Vorl. VV-BHO) aufmerksam zu machen, die wie folgt lauten:

»*1 Grundsatz der Vergabe*
1.1 Lieferungen und Leistungen sind öffentlich auszuschreiben, damit die verfügbaren Haushaltsmittel im Rahmen des Wettbewerbs wirtschaftlich und sparsam verwendet werden.
1.2 Eine öffentliche Ausschreibung liegt vor, wenn im vorgeschriebenen Verfahren eine unbeschränkte Zahl von Unternehmen aufgefordert wird, Angebote für Lieferungen und Leistungen einzureichen.

Einleitung

1.3 In welchen Fällen von einer öffentlichen Ausschreibung nach der Natur des Geschäfts oder wegen besonderer Umstände abgesehen werden kann, ist in den nach § 55 Abs. 2 für die Vergabe maßgebenden Vorschriften geregelt.

2 *Vergabevorschriften*

2.1 Bei der Vergabe von Lieferungen und Leistungen sind insbesondere anzuwenden: Verdingungsordnung für Bauleistungen (VOB)...«

Privatrechtlich ausgestaltete Gesellschaften der öffentlichen Hand oder solche, an denen die öffentliche Hand beteiligt ist, haben die Pflicht zur Anwendung der VOB, sofern ihnen dies als **Zuwendungsempfänger durch den Zuwendungsgeber auferlegt** worden ist oder wenn sie Auftragnehmer eines VOB-Vertrages sind und Bauleistungen an einen **Nachunternehmer übertragen** (vgl. § 4 Nr. 8 VOB/B); das gilt auch für Gesellschaften, an denen die öffentliche Hand beteiligt ist.

II. Verpflichtung zur Anwendung der VOB/A bei EU-Bauvergaben (a-Paragraphen)

Soweit es sich um **Bauvergaben** handelt, die nach den **EU-Vergaberichtlinien** zu beurteilen sind, ist der Kreis der als öffentliche Auftraggeber Anzusehenden noch ausgedehnt worden. Dies ergibt sich daraus, dass hiernach der **Begriff**»**öffentlicher Auftraggeber« im EU-Vergaberecht vom institutionellen zum funktionalen Begriff erweitert** worden ist (vgl. dazu *Seidel* FS Heiermann S. 293 ff. sowie ZfBR 1995, 227). Hiernach zählen zunächst bis zum 31.12.1998 gem. **§ 57a Abs. 1 HGrG und jetzt seit dem 1.1.1999 gem. § 98 GWB** die folgenden Auftraggeber **zum Bereich der öffentlichen Auftraggeber:**

101

»1. Gebietskörperschaften sowie deren Sondervermögen,

2. andere juristische Personen des öffentlichen und des privaten Rechts, die zu dem besonderen Zweck gegründet wurden, im Allgemeininteresse liegende Aufgaben nichtgewerblicher Art zu erfüllen, wenn Stellen, die unter Nr. 1 oder 3 fallen, sie einzeln oder gemeinsam durch Beteiligung oder auf sonstige Weise überwiegend finanzieren oder über ihre Leitung die Aufsicht ausüben oder mehr als die Hälfte der Mitglieder eines ihrer zur Geschäftsführung oder zur Aufsicht berufenen Organe bestimmt haben. Das Gleiche gilt dann, wenn die Stelle, die einzeln oder gemeinsam mit anderen die überwiegende Finanzierung gewährt oder die Mehrheit der Mitglieder eines zur Geschäftsführung oder Aufsicht berufenen Organs bestimmt hat, unter S. 1 fällt,

3. Verbände, deren Mitglieder unter Nr. 1 oder 2 fallen,

4. natürliche oder juristische Personen des privaten Rechts, die auf dem Gebiet der Trinkwasser- oder Energieversorgung oder des Verkehrs oder der Telekommunikation tätig sind, wenn diese Tätigkeiten auf der Grundlage von besonderen oder ausschließlichen Rechten ausgeübt werden, die von einer zuständigen Behörde gewährt wurden, oder wenn Auftraggeber, die unter Nr. 1 bis 3 fallen, auf diese Personen einzeln oder gemeinsam einen beherrschenden Einfluss ausüben können,

5. natürliche oder juristische Personen des privaten Rechts in den Fällen, in denen sie für Tiefbaumaßnahmen, für die Errichtung von Krankenhäusern, Sport-, Erholungs- oder Freizeiteinrichtungen, Schul-, Hochschul- oder Verwaltungsgebäuden oder für damit in Verbindung stehende Dienstleistungen und Auslobungsverfahren von Stellen, die unter Nr. 1 bis 3 fallen, Mittel erhalten, mit denen diese Vorhaben zu mehr als 50 vom Hundert finanziert werden,

6. natürliche oder juristische Personen des privaten Rechts, die mit Stellen, die unter Nr. 1 bis 3 fallen, einen Vertrag über die Erbringung von Bauleistungen abgeschlossen haben, bei dem die Gegenleistung für die Bauarbeiten statt in einer Vergütung in dem Recht auf Nutzung der baulichen Anlage, ggf. zuzüglich der Zahlung eines Preises besteht, hinsichtlich der Aufträge an Dritte (Baukonzession).«

Einleitung

Dazu: Die Nr. 1 deckt sich mit den unter die Basisparagraphen und demgemäß auch unter die a-Paragraphen fallenden Auftraggebern. In weiten Bereichen gilt dies auch für die in den Nr. 2 und 3 Genannten. Die **Erweiterung** des Kreises der öffentlichen Auftraggeber **aus dem privatrechtlichen Bereich,** nicht zuletzt auch für die Sektoren-Richtlinie SKR (vgl. nachfolgend Rn. 104), ergibt sich vor allem aus den Nr. 4 bis 6. Wird ein privatrechtlich organisiertes Unternehmen von einem öffentlichen Auftraggeber nach § 57a Abs. 1 Nr. 2 HGrG bzw. nach § 98 GWB beherrscht, so verfügt auch dieses Unternehmen über die Eigenschaft eines »öffentlichen Auftraggebers« i.S.d. § 57a Abs. 1 Nr. 2 HGrG bzw. des § 98 GWB (VÜA Bund Beschl. v. 20.11.1995 1 VÜ 5/95 ZfBR 1996, 101).

102 Im Übrigen enthält die Baukoordinierungsrichtlinie 93/37 EWG im Anhang I das folgende »Verzeichnis der Einrichtung und Kategorien von Einrichtungen des öffentlichen Rechts«, was vor allem für die Anwendung der Basis- und a-Paragraphen von Bedeutung ist:

»*III. Deutschland. Kategorien*

1 *Juristische Personen des öffentlichen Rechts*
Die bundes-, landes- und gemeindeunmittelbaren Körperschaften, Anstalten und Stiftungen des öffentlichen Rechts, insbesondere in folgenden Bereichen:
1.1 Körperschaften
– *Wissenschaftliche Hochschulen und verfasste Studentenschaften,*
– *berufsständische Vereinigungen (Rechtsanwalts-, Notar-, Steuerberater-, Wirtschaftsprüfer-, Architekten-, Ärzte- und Apothekerkammern),*
– *Wirtschaftsvereinigungen (Landwirtschafts-, Handwerks-, Industrie- und Handelskammern, Handwerksinnungen, Handwerkerschaften),*
– *Sozialversicherungen (Krankenkasse, Unfall- und Rentenversicherungsträger),*
– *kassenärztliche Vereinigungen,*
– *Genossenschaften und Verbände;*
1.2 Anstalten und Stiftungen
Die der staatlichen Kontrolle unterliegenden und im Allgemeininteresse tätig werdenden Einrichtungen nichtgewerblicher Art, insbesondere in folgenden Bereichen:
– *Rechtsfähige Bundesanstalten,*
– *Versorgungsanstalten und Studentenwerke,*
– *Kultur-, Wohlfahrts- und Hilfsstiftungen;*
2 *Juristische Personen des Privatrechts*
Die der staatlichen Kontrolle unterliegenden und im Allgemeininteresse tätig werdenden Einrichtungen nichtgewerblicher Art, einschließlich der kommunalen Versorgungsunternehmen:
– *Gesundheitswesen (Krankenhäuser, Kurmittelbetriebe, medizinische Forschungseinrichtungen, Untersuchungs- und Tierkörperbeseitigungsanstalten),*
– *Kultur (öffentliche Bühnen, Orchester, Museen, Bibliotheken, Archive, zoologische und botanische Gärten),*
– *Soziales (Kindergärten, Kindertagesheime, Erholungseinrichtungen, Kinder- und Jugendheime, Freizeiteinrichtungen, Gemeinschafts- und Bürgerhäuser, Frauenhäuser, Altersheime, Obdachlosenunterkünfte),*
– *Sport (Schwimmbäder, Sportanlagen und -einrichtungen),*
– *Sicherheit (Feuerwehren, Rettungsdienste),*
– *Bildung (Umschulungs-, Aus-, Fort- und Weiterbildungseinrichtungen, Volkshochschulen),*
– *Wissenschaft, Forschung und Entwicklung (Großforschungseinrichtungen, wissenschaftliche Gesellschaften und Vereine, Wissenschaftsförderung),*
– *Entsorgung (Straßenreinigung, Abfall- und Abwasserbeseitigung),*
– *Bauwesen und Wohnungswirtschaft (Stadtplanung, Stadtentwicklung, Wohnungsunternehmen, Wohnraumvermittlung),*
– *Wirtschaft (Wirtschaftsförderungsgesellschaften),*

Einleitung

- *Friedhofs- und Bestattungswesen,*
- *Zusammenarbeit mit den Entwicklungsländern (Finanzierung, technische Zusammenarbeit, Entwicklungshilfe, Ausbildung).«*

III. Das Vergabehandbuch als Hilfe bei öffentlichen Bauaufträgen

Eine **wesentliche Hilfe**, insbesondere **für die Ausschreibung, Vergabe und Gestaltung von öffentlichen Bauaufträgen**, ist das **Vergabehandbuch für die Durchführung von Bauaufgaben des Bundes im Zuständigkeitsbereich der Finanzbauverwaltungen – VHB Ausgabe 2002**, das insbesondere in seinem Teil I Richtlinien für die Vergabe von Bauaufträgen sowie deren Abwicklung (VOB Teile A und B) enthält. **103**

Das Vergabehandbuch wird herausgegeben vom Bundesministerium für Verkehr-, Bau- und Wohnungswesen und erscheint als Loseblattwerk im Deutschen Bundes-Verlag Bonn und kann dort bezogen werden. Es besteht aus insgesamt 6 Teilen: Teil I enthält **Richtlinien zur VOB/A und zur VOB/B**, und zwar bei der VOB/A auch zu den sog. a-Paragraphen und hat damit große Bedeutung für die Ausschreibung von Bauleistungen und deren Vergabe sowie die Zusammenstellung der Verdingungsunterlagen. Diese Richtlinien sind insbesondere auch von Architekten und Ingenieuren zu beachten, wenn diese für einen öffentlichen Auftraggeber die Planung, Ausschreibung, **Vorbereitung und Mitwirkung bei der Vergabe** übernommen haben (§ 15 Abs. 1 Nr. 5 bis 7 HOAI) und für diesen öffentlichen Auftraggeber das Vergabehandbuch gilt. Teil II enthält die Einheitlichen Verdingungsmuster (EVM), Teil III die Einheitlichen Formblätter (EFB), u.a. auch die wichtigen **EFB-Preis** und **EFB-Nachtrag**. Teil IV hat Allgemeine Vorschriften und Teil V Sonstige Richtlinien und Hinweise für die Finanzbauverwaltungen zum Gegenstand. Besondere Bedeutung hat aber auch der Anhang in Teil VI, der unter Nr. 601 einen **Leitfaden für die Berechnung der Vergütung bei Nachtragsvereinbarungen** nach § 2 VOB/B sowie unter Nr. 603 einen **Leitfaden für Ausschreibung und Vergabe zur Vermeidung, Verwertung und Beseitigung von Bauschutt, Baustellenabfällen und Erdaushub**. Diese beiden Leitfäden haben in der Praxis eine sehr große Bedeutung, werden aber viel zu wenig beachtet. In der Neufassung des VHB 2006 ist dieser Leitfaden vollständig neu gefasst worden und nunmehr als »Leitfaden zur Vergütung bei Nachträgen« nicht mehr im Teil VI des VHB, sondern als Anlage zur Richtlinie zu § 2 VOB/B im Teil I abgedruckt und mit zahlreichen Beispielen zu den verschiedenen Berechnungsarten für Nachträge versehen. **104**

Aus den Richtlinien zur VOB/A ist vor allem die zu § 9 VOB/A von grundlegender Bedeutung, weshalb sie hier auszugsweise wiedergegeben werden soll:

»**Beschreibung der Leistung** **105**

1 Allgemeines
1.1 Eine ordnungsgemäße, objektbezogene Leistungsbeschreibung ist Voraussetzung für die zuverlässige Bearbeitung der Angebote durch den Bieter, für die zutreffende Wertung der Angebote und die richtige Vergabeentscheidung sowie für die reibungslose und technisch einwandfreie Ausführung der Leistung und für die vertragsgemäße regelgerechte Abrechnung.
Die gedankliche Vorwegnahme der Herstellung des Werkes ist hierzu unerlässlich.
1.2 Die Leistung muss eindeutig, vollständig technisch richtig und ohne ungewöhnliche Wagnisse für die Bieter beschrieben werden.
1.2.1 Eine Leistungsbeschreibung ist eindeutig, wenn sie
  – *Art und Umfang der geforderten Leistungen mit allen dafür maßgebenden Bedingungen, z.B. hinsichtlich Qualität, Beanspruchungsgrad, technische und bauphysikalische Bedingungen, zu erwartende Erschwernisse, besondere Bedingungen der Ausführung und etwa notwendige Regelungen zur Ermittlung des Leistungsumfanges zweifelsfrei erkennen lässt,*
  – *keine Widersprüche in sich, zu den Plänen oder zu anderen vertraglichen Regelungen enthält.*

Einleitung

1.2.2 Eine Leistungsbeschreibung ist vollständig, wenn sie
 – Art und Zweck des Bauwerks bzw. der Leistung,
 – Art und Umfang aller zur Herstellung des Werks erforderlichen Teilleistungen,
 – alle für die Herstellung des Werks spezifischen Bedingungen und Anforderungen
 darstellt.

1.2.3 Eine Leistungsbeschreibung ist technisch richtig, wenn sie Art, Qualität und Modalitäten der Ausführung der geforderten Leistung entsprechend den anerkannten Regeln der Technik, den Allgemeinen Technischen Vertragsbedingungen oder etwaigen leistungs- und produktionsspezifischen Vorgaben zutreffend festlegt.
 Ausschreibungen haben in allen Leistungspositionen produktneutral zu erfolgen. Nach § 9 Nr. 5 Abs. 2 VOB/A dürfen Fabrikatsangaben/Markennamen (nur) ausnahmsweise, jedoch nur mit dem Zusatz »oder gleichwertiger Art«, verwendet werden, wenn eine Beschreibung durch hinreichend genaue, allgemeinverständliche Bezeichnungen nicht möglich ist. Diese Vorschrift regelt einen Ausnahmefall.
 Die Leistungsbeschreibung darf zudem keine ungewöhnlichen Risiken enthalten, insbesondere dürfen dem Auftragnehmer keine Aufgaben der Planung und der Bauvorbereitung, die je nach Art der Leistungsbeschreibung dem Auftraggeber obliegen, überbürdet und keine Garantien für die Vollständigkeit der Leistungsbeschreibung abverlangt werden.

1.3 Die Leistungsbeschreibung mit Leistungsverzeichnis nach § 9 Nr. 6 bis 9 VOB/A ist die Regel. Ausnahmsweise können Leistungen mit Leistungsprogramm beschrieben werden, vgl. Nr. 7.

1.4 Die Hinweise für die Aufstellung der Leistungsbeschreibung – Abschnitte 0 der ATV DIN 18299 und 18300 ff. – sind zu beachten.
 Wiederholungen der VOB/B und VOB/C sind zu vermeiden; Widersprüche in den Verdingungsunterlagen sind auszuschließen.

2 Leistungsbeschreibung mit Leistungsverzeichnis

2.1 Vor dem Aufstellen der Leistungsbeschreibung müssen die Pläne, insbesondere die Ausführungszeichnungen, soweit sie nicht vom Auftragnehmer zu beschaffen sind, und die Mengenberechnungen rechtzeitig vorliegen.

2.2 Die Leistungsbeschreibung ist zu gliedern in
 – die Baubeschreibung,
 – das Leistungsverzeichnis, bestehend aus den Vorbemerkungen und der Beschreibung der Teilleistungen.

2.2.1 In der Baubeschreibung sind die allgemeinen Angaben zu machen, die zum Verständnis der Bauaufgabe und zur Preisermittlung erforderlich sind und die sich nicht aus der Beschreibung der einzelnen Teilleistungen unmittelbar ergeben.
 Hierzu gehören – abhängig von den Erfordernissen des Einzelfalles – z.B. Angaben über
 – Zweck, Art und Nutzung des Bauwerks bzw. der technischen Anlage,
 – ausgeführte Vorarbeiten und Leistungen,
 – gleichzeitig laufende Arbeiten,
 – Lage und örtliche Gegebenheiten, Verkehrsverhältnisse,
 – Konstruktion des Bauwerks bzw. Konzept der technischen Anlage.

2.2.2 Im Leistungsverzeichnis sind ausschließlich Art und Umfang der zu erbringenden Leistungen sowie alle die Ausführung beeinflussenden Umstände zu beschreiben.
 Allgemeine, für die Ausführung wichtige Angaben, z.B. Ausführungsfristen, Preisform, Zahlungsweise, Sicherheitsleistung, etwaige Gleitklauseln, Verjährungsfrist für Mängelansprüche sind in den Weiteren Besonderen Vertragsbedingungen zu machen (vgl. Anlage zu § 10 A VHB).
 In die Vorbemerkungen zum Leistungsverzeichnis dürfen nur Regelungen technischen Inhalts aufgenommen werden, die einheitlich für alle beschriebenen Leistungen gelten. Wiederholungen oder Abweichungen von Allgemeinen und Zusätzlichen Technischen Vertragsbedingungen sind zu vermeiden.

Einleitung

Die technischen Anforderungen gem. Anhang TS (§ 9 Nr. 4 Abs. 2 VOB/A) werden in den Verdingungsunterlagen zutreffend festgelegt, wenn die Texte für die Leistungsbeschreibung dem Standardleistungsbuch entnommen werden.

Im Übrigen darf auf deutsche Normen oder andere deutsche Regelwerke nur noch unter den in § 9 Nr. 4 Abs. 3 und 4 VOB/A genannten Voraussetzungen Bezug genommen werden.

Die Ausführung der Leistung beeinflussende Umstände, beispielsweise technische Vorschriften, Angaben zur Baustelle, zur Ausführung oder zu Arbeitserschwernissen, sind grundsätzlich bei der Ordnungszahl (Position) anzugeben. Nur wenn sie einheitlich für einen Abschnitt gelten oder für alle Leistungen, sind sie dem Abschnitt bzw. dem Leistungsverzeichnis in den Vorbemerkungen voranzustellen.

Bei der Aufgliederung der Leistung in Teilleistungen dürfen unter einer Ordnungszahl nur Leistungen erfasst werden, die technisch gleichartig sind und unter den gleichen Umständen ausgeführt werden, damit deren Preis auf einheitlicher Grundlage ermittelt werden kann.

Bei der Ordnungszahl sind insbesondere anzugeben:
- *die Mengen aufgrund genauer Mengenberechnungen,*
- *die Art der Leistungen mit den erforderlichen Erläuterungen über Konstruktion und Baustoffe,*
- *die einzuhaltenden Maße mit den ggf. zulässigen Abweichungen (Festmaße, Mindestmaße, Höchstmaße),*
- *besondere technische und bauphysikalische Forderungen wie Lastannahmen, Mindestwerte der Wärmedämmung und des Schallschutzes, Mindestinnentemperaturen bei bestimmter Außentemperatur, andere wesentliche, durch den Zweck der baulichen Anlage (Gebäude, Bauwerk) bestimmte Daten,*
- *besondere örtliche Gegebenheiten, z.B. Baugrund, Wasserverhältnisse, Altlasten,*
- *andere als die in den Allgemeinen Technischen Vertragsbedingungen vorgesehenen Anforderungen an die Leistung,*
- *besondere Anforderungen an die Qualitätssicherung,*
- *die zutreffende Abrechnungseinheit entsprechend den Vorgaben im Abschnitt 05 der jeweiligen Allgemeinen Technischen Vertragsbedingungen (ATV),*
- *besondere Abrechnungsbestimmungen, soweit in VOB/C keine Regelung vorhanden ist.*

2.2.3 *Der Leistungsbeschreibung ist in der Regel das Standardleistungsbuch für das Bauwesen des GAEB (StLB-Bau, StLB Z) zugrunde zu legen.*

2.2.4 *Die Angaben über alle die Ausführung der Leistung beeinflussenden Umstände sind hier entsprechend Nr. 2.2.2 zu machen. Mit den Texten des Standardleistungsbuches für das Bauwesen nicht darstellbare Besonderheiten sind mit freien Eingaben zu beschreiben.*
Für Leistungsbeschreibungen von Straßen- und sonstigen Tiefbauarbeiten kann der Standardleistungskatalog (StLK) verwendet werden.

2.2.5 *Soweit zusammen mit den Bauleistungen auch Wartungs- und Instandhaltungsleistungen ausgeschrieben werden, sind die jeweils aktuellen Vertragsmuster des AMEV anzuwenden.*

3 **Nebenleistungen/Besondere Leistungen**

3.1 *Nebenleistungen*

3.1.1 *Nebenleistungen i.S.d. Abschnitts 4.1 der ATV DIN 18299 und 18300 ff. sind Teile der Leistung, die auch ohne Erwähnung im Vertrag zur vertraglichen Leistung gehören (§ 2 Nr. 1 VOB/B). Sie werden deshalb von der Leistungspflicht des Auftragnehmers erfasst und mit der für die Leistung vereinbarten Vergütung abgegolten, auch wenn sie in der Leistungsbeschreibung nicht erwähnt sind. Nebenleistungen sind grundsätzlich nicht in die Leistungsbeschreibung aufzunehmen. Sie sind jedoch ausnahmsweise unter einer besonderen Ordnungszahl im Leistungsverzeichnis zu erfassen, wenn ihre Kosten von erheblicher Bedeutung für die Preisbildung sind und deshalb eine selbstständige Vergütung – anstelle der Abgeltung mit den Einheitspreisen – zur Erleichterung einer ordnungsgemäßen Preisermittlung und Abrechnung geboten ist (vgl.*

Einleitung

Abschnitt 0.4.1 der ATV DIN 18299). Hierzu gehören z.B. das Einrichten und Räumen der Baustelle (vgl. Nr. 6.5), soweit sie erhebliche Kosten erwarten lassen.

3.1.2 Die Aufzählung in Nr. 4.1 der ATV DIN 18299 und 18300 ff. umfasst die wesentlichen Nebenleistungen. Sie ist nicht abschließend, weil der Umfang der gewerblichen Verkehrssitte nicht für alle Teilleistungen umfassend und verbindlich bestimmt werden kann.

3.2 Besondere Leistungen

Besondere Leistungen i.S.d. Abschnitts 4.2 der ATV DIN 18299 und 18300 ff. hat der Auftragnehmer nur zu erbringen, soweit sie in der Leistungsbeschreibung ausdrücklich erwähnt sind. Er hat hierfür Anspruch auf Vergütung. Sie müssen deshalb in die Beschreibung aufgenommen werden (vgl. Abschnitt 0.4.2 ATV DIN 18299). Die Aufzählung in Abschnitt 4.2 der ATV ist nicht vollständig; sie enthält nur Beispiele für solche Leistungen, bei denen in der Praxis Zweifel an der Vergütungspflicht auftreten.

Werden Besondere Leistungen, die in der Leistungsbeschreibung nicht enthalten sind, nachträglich erforderlich, sind sie zusätzliche Leistungen; für die Leistungspflicht und die Vereinbarung der Vergütung gelten § 1 Nr. 4 S. 1 und § 2 Nr. 6 VOB/B.

4 Wahlpositionen; Bedarfspositionen; angehängte Stundenlohnarbeiten

4.1 Wahl- und Bedarfspositionen dürfen nicht aufgenommen werden, um die Mängel einer unzureichenden Planung auszugleichen.

Sie sind als solche im Leistungsverzeichnis zu kennzeichnen. Damit ihre Preise richtig kalkuliert werden können, sind möglichst genaue Mengenansätze anzugeben. Die Spalte für den Gesamtbetrag dieser Positionen ist zu sperren, damit er nicht in die Angebotssumme einbezogen wird; hinsichtlich der Wertung siehe § 25 A Nr. 1.6.3 VHB.

Wahlpositionen für Leistungen, die statt einer im Leistungsverzeichnis vorgesehenen anderen Teilleistung ausgeführt werden sollen, sind nur vorzusehen, wenn nicht von vornherein feststeht, welche der beiden Leistungen ausgeführt werden soll.

4.2 Bedarfspositionen enthalten Leistungen, die nur bei Bedarf ausgeführt werden sollen. Sie dürfen nur ausnahmsweise in die Leistungsbeschreibung aufgenommen werden; der Umfang der Bedarfspositionen darf in diesen Ausnahmefällen dann in der Regel 10 v.H. des geschätzten Auftragswertes nicht überschreiten.

Bedarfspositionen dürfen nur Leistungen enthalten, die zur Ausführung der vertraglichen Leistung erforderlich werden können und deren Notwendigkeit zum Zeitpunkt der Aufstellung der Leistungsbeschreibung trotz aller örtlichen und fachlichen Kenntnisse nicht festzustellen ist (z.B. Wassererhaltung).

4.3 Angehängte Stundenlohnarbeiten dürfen nur in dem unbedingt erforderlichen Umfang unter den Voraussetzungen des § 5 Nr. 2 VOB/A aufgenommen werden.

5 Angaben zum Preis und dessen Berechnung

5.1 Abrechnungseinheiten

Für gleichartige Leistungen sind die Abrechnungseinheiten innerhalb einer Leistungsbeschreibung einheitlich anzugeben.

5.2 Angabe des Einheitspreises

Auf die Angabe des Einheitspreises in Worten ist zu verzichten.

5.3 Pauschalpreise

Pauschalpreise dürfen nur gem. § 5 A Nr. 1.2 VHB vorgesehen werden.

Bei Teilleistungen, für die ein Pauschalpreis vereinbart werden soll, sind im Leistungsverzeichnis die Spalten für die Mengenangabe und den Einheitspreis zu sperren; Mengenangaben, die zur Bestimmung des Leistungsumfanges benötigt werden, sind in den Wortlaut der Leistungsbeschreibung aufzunehmen.

5.4 Stundenlohnarbeiten

Bei Stundenlohnarbeiten sind Ordnungszahlen vorzusehen

– für Lohnstunden nach Berufs-, Lohn- und Gehaltsgruppen getrennte Verrechnungssätze; bei

Einleitung

jeder Gruppe ist als Vordersatz die Zahl der voraussichtlich nötigen Arbeitsstunden anzugeben, siehe § 5 A Nr. 2 VHB;
– für Gerät, das zum maßgeblichen Zeitpunkt auf der Baustelle vorhanden ist; ansonsten sind Transportkosten gesondert auszuschreiben;
– für Stoffe.

5.5 *Teillose*
Bei einer beabsichtigten Teilung in Teillose ist § 4 A Nr. 2 VHB zu beachten. Das Leistungsverzeichnis ist so zu gliedern, dass Teillose eindeutig bestimmbar oder abgrenzbar sind. Insbesondere müssen die in gesonderten Positionen erfassten Nebenleistungen den Teillosen zugeordnet werden.

6 *Einzelregelungen*

6.1 *Arbeiten in belegten Anlagen (zu § 9 Nr. 3 Abs. 1 VOB/A)*
Wenn Leistungen in Bauwerken/Anlagen ausgeführt werden sollen, in denen der Betrieb weitergeführt wird, ist vor Aufstellung der Leistungsbeschreibung mit der nutzenden Verwaltung abzustimmen, welche besonderen Vorkehrungen bei der Ausführung getroffen werden müssen, siehe Nr. 0.2.2 der ATV DIN 18299.

6.2 *Auswertung von Gutachten (zu § 9 Nr. 3 VOB/A)*
Wenn Gutachten – z.B. über Baugrund, Grundwasser oder Altlasten – eingeholt werden, sind deren Ergebnisse und die dadurch begründeten Anforderungen in der Leistungsbeschreibung vollständig und eindeutig anzugeben; das bloße Beifügen des Gutachtens reicht für eine ordnungsgemäße Leistungsbeschreibung nicht aus.

6.3 *Gütenachweis (zu § 9 Nr. 4 VOB/A)*
Bei der Festlegung von Art und Umfang verlangter Eignungs- und Güternachweise im Sinne von Abschnitt 0 der Allgemeinen Technischen Vertragsbedingungen (ATV) ist darauf zu achten, dass der Wettbewerb nicht durch die Forderung eines bestimmten Güte- oder Überwachungszeichens – bei sonst gleichwertigen Stoffen und Bauteilen – beschränkt wird. Soweit der Bieter ein Fabrikat angeben muss, ist hierfür eine Leerzeile vorzusehen.

6.4 *Pläne (zu § 9 Nr. 7 VOB/A)*
Pläne, die zur zeichnerischen Erläuterung der Leistung beigefügt werden, dienen der Ergänzung und Verdeutlichung; sie entbinden nicht von der Pflicht zur umfassenden Beschreibung der Teilleistungen.

6.5 *Baustelleneinrichtung (zu § 9 Nr. 8 VOB/A)*
Ordnungszahlen, die gem. Nr. 3.1 dieser Richtlinie für die Baustelleneinrichtung in die Leistungsbeschreibung aufgenommen werden sollen, sind nur für das Einrichten und Räumen der Baustelle, nicht für das Vorhalten der Baustelleneinrichtung vorzusehen.

7 *Leistungsbeschreibung mit Leistungsprogramm*

7.1 *Allgemeines*

7.1.1 Bei der Leistungsbeschreibung mit Leistungsprogramm werden von den Bietern Planungsleistungen (Entwurf und/oder Ausführungsunterlagen) und die Ausarbeitung wesentlicher Teile der Angebotsunterlagen (§ 9 Nr. 12 VOB/A) gefordert. Ziel dieser Beschreibungsart ist es, die wirtschaftlich, technisch, funktionell und gestalterisch beste Lösung der Bauaufgabe zu finden. Die Suche nach gestalterischen Lösungen allein rechtfertigt die Leistungsbeschreibung durch Leistungsprogramm nicht.

7.1.2 Die Leistungsbeschreibung mit Leistungsprogramm kann sich auf Teile eines Bauwerks (z.B. Heizungs-, Lüftungs-, Aufzugsanlagen), aber auch auf das gesamte Bauwerk erstrecken.

7.1.3 Eine Leistungsbeschreibung mit Leistungsprogramm kann zweckmäßig sein,
– wenn dies wegen der fertigungsgerechten Planung in Fällen notwendig ist, in denen es – beispielsweise bei Fertigteilbauten – wegen der Verschiedenartigkeit von Systemen den Bietern freigestellt sein muss, die Gesamtleistung so aufzugliedern und anzubieten, wie es ihrem System entspricht,
– wenn mehrere technische Lösungen möglich sind, die nicht im Einzelnen neutral beschrieben

Einleitung

werden können, und der Auftraggeber seine Entscheidung unter dem Gesichtspunkt der Wirtschaftlichkeit und Funktionsgerechtigkeit erst aufgrund der Angebote treffen will.
Dabei ist sorgfältig zu prüfen, ob die durch die Übertragung von Planungsaufgaben auf die Bieter entstehenden Kosten in angemessenem Verhältnis zum Nutzen stehen, und ob für die Ausarbeitung der Pläne und Angebote leistungsfähige Unternehmer in so großer Zahl vorhanden sind, dass ein wirksamer Wettbewerb gewährleistet ist.
Eilbedürftigkeit allein ist kein Grund für die Wahl dieser Beschreibungsart.

7.2 Zu § 9 Nr. 11 VOB/A

7.2.1 Eine Leistungsbeschreibung mit Leistungsprogramm stellt besonders hohe Anforderungen an die Sorgfalt der Bearbeitung. Die Beschreibung muss eine einwandfreie Angebotsbearbeitung durch die Bieter ermöglichen und gewährleisten, dass die zu erwartenden Angebote vergleichbar sind. Bevor das Leistungsprogramm aufgestellt werden darf, müssen ein vollständiges Raumprogramm, das nachträglich nicht mehr geändert werden darf, und eine genehmigte Haushaltsunterlage – Bau – vorliegen. Außerdem müssen sämtliche für das Bauvorhaben bedeutsamen öffentlich-rechtlichen Forderungen (städtebaulicher und bauaufsichtlicher Art) geklärt sein.

7.2.2 Bei der Aufstellung des Leistungsprogramms ist besonders darauf zu achten, dass die in § 9 Nr. 3 bis 5 VOB/A geforderten Angaben eindeutig und vollständig gemacht werden.

7.2.3 Als Anhalt für Angaben zum Leistungsprogramm und deren Gliederung kann die nachfolgende Aufstellung dienen. Dabei ist jeweils im Einzelfall zu prüfen, welche dieser Angaben für die genaue Beschreibung erforderlich sind.

7.2.3.1 Angaben des Auftraggebers für die Ausführung:
Beschreibung des Bauwerks/der Teile des Bauwerks
Allgemeine Beschreibung des Gegenstandes der Leistung nach Art, Zweck und Lage
Beschreibung der örtlichen Gegebenheiten wie z.B. Klimazone, Baugrund, Zufahrtswege, Anschlüsse, Versorgungseinrichtungen
Beschreibung der Anforderungen an die Leistung
Flächen- und Raumprogramm, z.B. Größenangaben, Nutz- und Nebenflächen, Zuordnungen, Orientierung
Art der Nutzung, z.B. Funktion, Betriebsabläufe, Beanspruchung
Konstruktion: ggf. bestimmte grundsätzliche Forderungen, z.B. Stahl oder Stahlbeton, statisches System
Einzelangaben zur Ausführung, z.B.
– Rastermaße, zulässige Toleranzen, Flexibilität
– Tragfähigkeit, Belastbarkeit
– Akustik (Schallerzeugung, -dämmung, -dämpfung)
– Klima (Wärmedämmung, Heizung, Lüftungs- und Klimatechnik)
– Licht- und Installationstechnik, Aufzüge
– hygienische Anforderungen
– besondere physikalische Anforderungen (Elastizität, Rutschfestigkeit, elektrostatisches Verhalten)
– sonstige Eigenschaften und Qualitätsmerkmale
– vorgeschriebene Baustoffe und Bauteile
– Anforderungen an die Gestaltung (Dachform, Fassadengestaltung, Farbgebung, Formgebung)
Abgrenzung zu Vor- und Folgeleistungen
Normen oder etwaige Richtlinien der nutzenden Verwaltung, die zusätzlich zu beachten sind
öffentlich-rechtliche Anforderungen, z.B. spezielle planungsrechtliche, bauordnungsrechtliche, wasser- oder gewerberechtliche Bestimmungen oder Auflagen

7.2.3.2 Unterlagen, die der Auftraggeber zur Verfügung stellt:
Dem Leistungsprogramm sind als Anlage beizufügen z.B. das Raumprogramm, Pläne, Erläuterungsberichte, Baugrundgutachten, besondere Richtlinien der nutzenden Verwaltung.

Einleitung

Die mit der Ausführung von Vor- und Folgeleistungen beauftragten Unternehmer sind zu benennen.
Die Einzelheiten über deren Leistung sind anzugeben, soweit sie für die Angebotsbearbeitung und die Ausführung von Bedeutung sind, z.B.
- *Belastbarkeit der vorhandenen Konstruktionen*
- *Baufristen*
- *Vorhaltung von Gerüsten und Versorgungseinrichtungen*

7.2.3.3 *Ergänzende Angaben des Bieters:*
Soweit im Einzelfall erforderlich, kann der Bieter z.B. zur Abgabe folgender Erklärungen oder zur Einreichung folgender Unterlagen aufgefordert werden:
- *Angaben zur Baustelleneinrichtung, z.B. Platzbedarf, Art der Fertigung*
- *Angaben über eine für die Bauausführung erforderliche Mitwirkung oder Zustimmung des Auftraggebers*
- *Baufristenplan, u.U. auch weitere Pläne abweichend von der vorgeschriebenen Bauzeit*
- *Zahlungsplan, wenn die Bestimmung der Zahlungsbedingungen dem Bieter überlassen werden soll*
- *Erklärung, dass und wie die nach dem öffentlichen Recht erforderlichen Genehmigungen usw. beigebracht werden können*
- *Wirtschaftlichkeitsberechnung unter Einbeziehung der Folgekosten, unterteilt in Betriebskosten und Unterhaltskosten, soweit im Einzelfall erforderlich*

7.2.3.4 *Besondere Bewertungskriterien:*
Ggf. ist anzugeben, nach welchen Gesichtspunkten – auch hinsichtlich ihrer Rangfolge – der Auftraggeber die angebotenen Leistungen zu werten beabsichtigt.

7.3 *Zu § 9 Nr. 12 VOB/A*

7.3.1 *Bei Leistungsbeschreibung mit Leistungsprogramm sind die EVM anzuwenden. Dabei ist in der Aufforderung zur Angebotsabgabe zu regeln, inwieweit Nr. 3.3 der Bewerbungsbedingungen gelten soll.*

7.3.2 *Außerdem ist in der Aufforderung zur Angebotsabgabe vom Bieter zu verlangen, dass er sein Angebot so aufstellt, dass*
- *Art und Umfang der Leistung eindeutig bestimmt,*
- *die Erfüllung der Forderungen des Leistungsprogramms nachgewiesen,*
- *die Angemessenheit der geforderten Preise beurteilt und*
- *nach Abschluss der Arbeit die vertragsgemäße Erfüllung zweifelsfrei geprüft*

werden kann.
Dabei ist anzugeben, wie die Angebote gegliedert und durch Angabe von Kennzahlen oder dergleichen erläutert werden sollen.

7.3.3 *Der Bieter ist ferner aufzufordern, sämtliche zur Beurteilung des Angebots erforderlichen Pläne und sonstige Unterlagen mit einer eingehenden Erläuterung, insbesondere der Konstruktionsprinzipien und der Materialwahl seinem Angebot beizufügen.*

7.3.4 *Er ist außerdem zu verpflichten, Pläne und Unterlagen, die nicht schon für die Beurteilung des Angebots, sondern erst für die Ausführung und Abrechnung erforderlich sind, zu bezeichnen und zu erklären, dass er alle für die Ausführung und Abrechnung erforderlichen Pläne im Falle der Auftragserteilung dem Auftraggeber rechtzeitig zur Zustimmung vorlegen werde.*

7.3.5 *Der Auftraggeber hat Pläne und sonstige Unterlagen, deren Vorlage er bei Angebotsabgabe für erforderlich hält, nach Art und Maßstab im Einzelnen anzugeben.*
Mengen- und Preisangaben sind zu fordern, soweit diese für einen einwandfreien Vergleich bei der Wertung notwendig sind. In diesen Fällen ist in den Vergabeunterlagen eine Regelung nach § 9 Nr. 12 S. 2 VOB/A zu treffen.«

Für die Erstellung und Kalkulation von **Nachtragsangeboten gem.** § 2 VOB/B und deren Prüfung **106** durch den Auftraggeber muss unbedingt der Leitfaden für die Berechnung der Vergütung bei **Nach-**

Einleitung

tragsvereinbarungen nach § 2 VOB/B beachtet werden. Dieser gibt Einzelheiten an, die den Grundregeln des § 2 VOB/B folgen, so dass dieser Leitfaden auch für Nachtragsvereinbarungen bei Bauverträgen mit privaten Auftraggebern herangezogen werden kann. Wegen seiner großen praktischen Bedeutung wird er bei § 2 VOB/B auszugsweise festgehalten.

107 Die Bestimmungen des VHB wurden bzw. werden weitgehend **auch für die Länder und Gemeinden übernommen** oder dort in ähnlicher Weise gestaltet. Sie gelten im Allgemeinen sowohl **für den Hoch- als auch für den Tiefbau.** Auf die wesentlichen Bestimmungen ist im Rahmen der nachfolgenden Kommentierungen hingewiesen oder sie sind dem Wortlaut nach zitiert, um die Baubeteiligten zu informieren.

108 Neben dem Vergabehandbuch existieren auf Bundesebene noch besondere Vergabehandbücher für den Straßen- und Wasserbau, die aber weitgehend dem VHB entsprechen und nur spezielle Unterschiede aufzeigen. So hat der Bundesminister für Verkehr, Abteilung Straßenbau, für die Vergabe und Ausführung von Bauleistungen im Straßen- und Brückenbau ein Handbuch (HVA-StB) herausgegeben, das den Besonderheiten des Straßen- und Brückenbaus Rechnung trägt und laufend ergänzt wird (Verkehrsblatt-Verlag, Dortmund). Das Handbuch ist sehr instruktiv und ebenfalls für die Praxis empfehlenswert. Ähnliches gibt es auch für den Wasserbau.

VOB Teil A
Allgemeine Bestimmungen für die Vergabe von Bauleistungen
Ausgabe 2006

§ 1
Bauleistungen

Bauleistungen sind Arbeiten jeder Art, durch die eine bauliche Anlage hergestellt, instand gehalten, geändert oder beseitigt wird.

Inhaltsübersicht   Rn.

Vorbemerkung	1
A. Allgemeines	2
B. Bauleistungen	4
I. Begriff der Bauleistung	4
II. Einzelheiten zu möglichem Inhalt und Umfang der Bauleistung	6
1. Bauwerk	6
a) Werke über und unter der Erdoberfläche	8
b) Abgrenzung	10
c) Herstellende Tätigkeit des Bauhandwerkers	11
2. Arbeiten jeder Art, durch die eine bauliche Anlage hergestellt, instand gehalten oder geändert wird	12
a) Herstellung einzelner Bauteile und Bauglieder	12
b) Kein Unterschied in Bezug auf jeweiligen Auftragsumfang	13
c) Neuherstellung, Erneuerung oder Veränderung eines Gebäudes	14
d) Wesentliche Bedeutung für Konstruktion, Erneuerung und Bestand des Gebäudes	16
e) Weitere Abgrenzung zum Bauwerksbegriff	19
3. Auch von der VOB erfasste Ausnahmen	25
a) Instandsetzungsarbeiten	25
b) Erdarbeiten	26
4. Herstellung »beweglicher Sachen« als Bauleistungen?	29
a) Seltene Fälle	29
b) Arbeiten bei einem Bauwerk	30
5. Bauerhaltungs- und Bauvorbereitungsarbeiten als Bauarbeiten; Architekten-/Ingenieurverträge; Bauträgerverträge; Bausatzverträge; Fertighausverträge	31
a) Bauerhaltungs- und Bauvorbereitungsarbeiten	31
b) Architekten- und Ingenieurverträge	34
c) Bauträgerverträge	35
d) Baubetreuungsverträge	38
e) Generalübernehmerverträge	38a
f) Bausatzverträge	39
g) Fertighausverträge	41
h) PPP-Verträge; insbesondere Mietkauf- und Leasingverträge	42
i) Anlagenbauverträge	42a
6. Bauarbeiten – auch alle Leistungen nach VOB/C	43
III. Reine Lieferungen sind keine Bauarbeiten	44
1. Leistungen im Sinne der VOL	44
a) Baustoffe, Bauteile	44
b) Mischleistungen	45
2. Leistungen im Sinne der VOF	46
3. Lieferverträge an sich	47

	Rn.
a) Abgrenzung zum Kaufvertrag	47
b) Abgrenzung zum »Werklieferungsvertrag« im Sinne des § 651 BGB n.F.	48
IV. Bloße Bereitstellung von Baugeräten; evtl. mit Bedienungspersonal	49
C. Lieferung von Stoffen und Bauteilen	54
I. Lieferung als Oberbegriff	54
1. Vom Auftraggeber gestellte Stoffe	55
2. Lieferung durch Auftragnehmer	57
3. Individualregelung	58
II. Begriffliches: Stoffe – Bauteile	59
1. Stoffe	59
2. Bauteile	60
3. Art der Lieferung	61
D. Lieferung und Montage maschineller Einrichtungen oder elektrotechnischer/elektronischer Anlagen	65
I. Rechtliche Einordnung	65
II. Lieferung und Montage	66
III. Maschinelle Einrichtung oder elektrotechnische/elektronische Anlage	68
E. Abbrucharbeiten	69
I. Allgemeines	69
II. Arbeiten bei Bauwerken oder Arbeiten an einem Grundstück?	70
F. Gerüstbauarbeiten	74
I. Allgemeines	74
II. Mögliche rechtliche Einordnung	76
1. »Unselbstständiger« Gerüstvertrag	77
2. »Selbstständiger« Gerüstvertrag	79

Aufsätze: *Englert/Grauvogl* Die Anwendung der VOB/C im Bauvertrag ATV DIN 18301 – Bohrarbeiten, Jahrbuch Baurecht 2000 S. 174 ff.; *Jagenburg* Anerkannte Regeln der Technik auf dem Prüfstand des Gewährleistungsrechts, Jahrbuch Baurecht 2000 S. 200 ff.; *Kamphausen* Zur Unverzichtbarkeit anerkannter Regeln der Technik – Testfall: Bitumendickbeschichtungen, Jahrbuch Baurecht 2000 S. 218; *Kappertz* Anwendung des Begriffs der anerkannten Regeln der Technik, FS Mantscheff 2000 S. 241 ff.; *Danker/John* Dauer der Gewährleistung für Fahrbahnmarkierungen BauR 2001, 718; *Dausner* Die Leistungsbeschreibung und VOB-Pflichten des Auftraggebers zur Vermeidung von Schäden an Leitungen BauR 2001, 713; *Englert/Grauvogl* Die Anwendung der VOB/C im Bauvertrag – DIN ATV 18302 – Brunnenarbeiten, Jahrbuch Baurecht 2001 S. 263 ff.; *Kamphausen* Die neue Abdichtungsnorm DIN 18195 – eine »Bauprozess-Norm«? BauR 2001, 545; *Lenzen* Bauvertrag verkehrt, Besonderheiten des Abbruchvertrages, FS Jagenburg 2002 S. 491 ff.; *Mantscheff* Sind die DIN 18201/202 anerkannte Regeln der Technik? FS Jagenburg 2002 S. 529; *Maurer* Die Anwendung der VOB/C im Bauvertrag ATV DIN 18303 – Verbauarbeiten, Jahrbuch Baurecht 2002 S. 277 ff.; *Preussner* Das neue Werkvertragsrecht im BGB 2002 BauR 2002, 231; *Thode* Die wichtigsten Änderungen im BGB-Werkvertragsrecht: Schuldrechtsmodernisierungsgesetz und erste Probleme NZBau 2002, 297, 360; *Voit* Die Änderungen des allgemeinen Teils des Schuldrechts durch das Schuldrechtsmodernisierungsgesetz und ihre Auswirkungen auf das Werkvertragsrecht BauR 2002, 145; *Tempel* Einbeziehung der VOB/B und C in den Bauvertrag NZBau 2003, 465; *Konopka/Acker* Schuldrechtsmodernisierung: Anwendungsbereich des § 651 BGB auf Bau- und Anlagenbauvertrag BauR 2004, 251; *Neyheusel* Rechtsfragen bei der Baubegleitenden Qualitätsüberwachung BauR 2004, 401; *Seibel* Stand der Technik, allgemein anerkannte Regeln der Technik, Stand von Wissenschaft und Technik BauR 2004, 266; *Seibel* Die Konkretisierung des Standes der Technik BauR 2004, 774; *Seibel* Die Bedeutung allgemeiner Verwaltungsvorschriften für die gerichtliche Beurteilung unbestimmter Rechtsbegriffe BauR 2004, 1245; *Locher-Weiss* Schallschutz im Hochbau – geplante Änderungen der DIN 4109 durch Entwurf DIN 4109-10 (Juni 2000) und Auswirkungen auf das Werkvertragsrecht BauR 2005, 17; *Schulze-Hagen/Fuchs* Die Gemeinfreiheit von DIN-Normen, dargestellt am Beispiel der DIN V 4108 – 6 BauR 2005, 1; *Crombach* Verstoß gegen die allgemein anerkannten Regeln der Technik durch Abweichung von Herstellerrichtlinien MDR 2006, 728; *Englert/Fuchs* Die Fundamentalnorm für die Errichtung von Bauwerken: DIN 4020 BauR 2006, 1047.

Bauleistungen   § 1 VOB/A

Vorbemerkung

§ 1 VOB/A umgrenzt die Regelungen aller drei Teile der VOB im Hinblick auf ihre Anwendbarkeit   1
und ihren Geltungsbereich. Dabei geht es um die hinreichend klare Umschreibung des **Bauleistungsbegriffes**, den die **VOB in ihren Einzelbestimmungen ausfüllen will**. Insbesondere kehrt die Umschreibung bei **allen vier Abschnitten** des Teils A wieder und ist daher **grundlegend**. Die Fassung des § 1 VOB/A wurde zunächst 1990 geändert. Eine weitere Änderung wurde 1992 aufgenommen und die Nr. 2 wurde ersatzlos gestrichen. Die Regelung der früheren Nr. 1 ist allein verblieben. Änderungen in der Fassung der VOB 2006 (BAnz Nr. 94a/2006 18.5.2006) änderten daran nichts (Sofortpaket zur Anpassung der VOB/A an zwingende Änderungen durch neue EU-Vergaberechtrichtlinien 2004/18/EG und 2004/17/EG und das ÖPP-Beschleunigungsgesetz). Wort- und bedeutungsgleich übernommen ist § 1 VOB/A auch in Abschnitt 2 (Basisparagraphen mit zusätzlichen Bestimmungen nach der EG-Baukoordinierungsrichtlinie; Richtlinie des Rates 93/37/EWG v. 14.6.1993, ABl. Nr. L 199 9.8.1993, geändert durch die Richtlinie 97/52/EG des Europäischen Parlaments und des Rates v. 13.10.1997, ABl. Nr. L 328 28.11.1997, geändert durch die Richtlinie 2001/78/EG der Kommission v. 13.9.2001, ABl. Nr. L 285 29.10.2001, ABl. Nr. L 214/1 9.8.2002, geändert durch Richtlinie 2004/18/EG des Europäischen Parlaments und des Rates vom 31.3.2004 über die Koordinierung der Verfahren zur Vergabe öffentlicher Bauaufträge, Lieferaufträge und Dienstleistungsaufträge, ABl. Nr. L 134 30.4.2004 S. 0114–0240, Fassung der Richtlinie 2005/51/EG der Kommission v. 7.9.2005, ABl. EU Nr. L 257 S. 127), Abschnitt 3 (Basisparagraphen mit zusätzlichen Bestimmungen nach der EG-Sektorenrichtlinie; Richtlinie 93/38/EWG des Rates zur Koordinierung der Auftragsvergabe durch Auftraggeber im Bereich der Wasser-, Energie- und Verkehrsversorgung sowie im Telekommunikationssektor v. 16.6.1993, ABl. Nr. L 199 9.8.1993, geändert durch die Richtlinie 98/4/EG v. 16.2.1998, ABl. Nr. L 101 1.4.1998, geändert durch die Richtlinie 2001/78/EG der Kommission v. 13.9.2001, ABl. Nr. L 285 29.10.2001, ABl. Nr. L 241/1 9.8.2002; geändert durch die Richtlinie 2004/17/EG des Europäischen Parlaments und des Rates v. 31.3.2004 zur Koordinierung der Zuschlagserteilung durch Auftraggeber im Bereich der Wasser-, Energie- und Verkehrsversorgung sowie Postdienste, ABl. Nr. L 134 30.4.2004, Fassung der VO [EG] Nr. 2083/2005 der Kommission v. 19.12.2005, ABl. EU Nr. L 333 S. 28) und Abschnitt 4 (Vergabebestimmungen nach der EG-Sektorenrichtlinie – VOB/A-SKR; Richtlinie 93/38/EWG des Rates zur Koordinierung der Auftragsvergabe durch Auftraggeber im Bereich der Wasser-, Energie- und Verkehrsversorgung sowie Telekommunikationssektor v. 16.6.1993, ABl. Nr. L 199 9.8.1993, geändert durch die Richtlinie 98/4/EG v. 16.2.1998, ABl. Nr. L 101 1.4.1998, geändert durch die Richtlinie 2001/78/EG der Kommission v. 13.9.2001, ABl. Nr. L 285 29.10.2001, ABl. Nr. L 214/1 9.8.2002; geändert durch die Richtlinie 2004/17/EG des Europäischen Parlaments und des Rates v. 31.3.2004 zur Koordinierung der Zuschlagserteilung durch Auftraggeber im Bereich der Wasser-, Energie und Verkehrsversorgung sowie Postdienste, ABl. Nr. L 134 30.4.2004, Fassung der VO [EG] Nr. 2083/2005 der Kommission v. 19.12.2005, ABl. EU Nr. L 333 S. 28). Der Begriff der Bauleistung ist grundsätzlich von dem Begriff der »Leistung« in der VOL (§ 1 VOL/A, Fassung 30.5.2006, BAnz Nr. 100a Beilage) **zu unterscheiden**. Dort wird die Leistung als Lieferung und bzw. oder Leistung beschrieben, die eben nicht unter § 1 VOB/A fällt oder als Leistung im Rahmen einer freiberuflichen Leistung gem. § 18 Abs. 1 Nr. 1 EStG ausgeübt wird (Verweis auf VOF, Fassung 13.5.2006, BAnz Nr. 91a). **Der Begriff der »Leistung« ist daher nur Oberbegriff für verschiedene Vertragsverpflichtungen.**

Anlässlich der **Schuldrechtsmodernisierungsreformdebatte** hatte der »Arbeitskreis Schuldrechtsmodernisierungsgesetz des Instituts für Baurecht Freiburg e.V.« dem Gesetzgeber in seinem Entwurf 2002 unter E § 1 den Begriff der »Bauleistungen« empfohlen. Danach sollte § 631 Abs. 2 E-BGB lauten:

VOB/A § 1   Bauleistungen

»Bauleistungen sind Arbeiten jeder Art, durch die eine bauliche Anlage, eine Außenanlage oder eine bewegliche Sache für solche Anlagen hergestellt, instand gesetzt, instand gehalten, geändert oder beseitigt wird.«

Der Entwurf zielte auf die unterschiedlichen Begriffsverwendungen und -inhalte auch in § 648a BGB, § 99 GWB und § 211 SGB I hin. Die Architekten- oder Ingenieurleistungen sollten, da von der VOB ausgeschlossen, hier ebenfalls einbezogen werden, was aber schon der Rechtsprechung entsprach (BGH Urt. v. 4.11.1982 VII ZR 53/82 BauR 1983, 84; BGH Urt. v. 24.11.1988 VII ZR 222/87 BauR 1989, 219). In seiner zweiten Entschließung wurde daher Abs. 2 dahin geändert:

»Gegenstand des Werkvertrages kann sowohl die Herstellung oder Veränderung der Sache als ein anderer durch Arbeit oder Dienstleistung herbeizuführender Erfolg sein.«

Dies entspricht dem gesetzlichen Wortlaut. Der Entschluss erweiterte den Entwurf I um die Worte »(...) **sowie Planungs- und Überwachungsleistungen hierfür**« sodann in E § 644 Abs. 2. Damit sollten nicht nur die Architekten- und Ingenieurleistungen vor dem Hintergrund der Rechtsprechung des BGB (s.o.) wörtlich in das Gesetz übernommen werden, sondern die weit verbreiteten Vertragsformen mit gleichzeitiger Planungsleistung und reiner Bauleistung (z.B. die funktionale oder teilfunktionale Ausschreibung, der Schlüsselfertigbau oder das »Construction Management«) unter einen einheitlichen Vertragsoberbegriff gebracht werden. Der Gesetzgeber hat die Anregungen in der Schuldrechtsmodernisierungsdebatte fallen gelassen (zum Fragebogen des BMJ 2005 zur Regelung eines gesetzlichen Bauvertragsrechts, der Stellungnahme des Instituts für Baurecht in Freiburg und dem Ergänzungsentwurf 2005 zum Schuldrechtsmodernisierungsgesetz BauR 2006, 258).

A. Allgemeines

2   § 1 VOB/A klärt im Wege einer **Generalklausel** die Frage, **welche Leistungen** in Betracht kommen, **um Gegenstand eines VOB-Bauvertrages,** beginnend mit dessen Anbahnung und endend mit der endgültigen Abwicklung des abgeschlossenen Vertrages, werden zu können. Hier handelt es sich um eine Umschreibung und zugleich Erläuterung des Begriffes »Bauleistung« bzw. »Leistung«, der als **Oberbegriff allen Teilen der VOB zugrunde liegt,** wobei allerdings auch auf die für Teil B maßgebende Begriffsbestimmung hinzuweisen ist. Immerhin ergibt sich, dass der Begriff »Bauleistung« den wichtigsten Teil der anderen Begriffe, insbesondere der »Leistung«, ausmacht. Daher ist § 1 nicht nur eine Regelung im Bereich des Teils A, sondern **auch als Eingangsbestimmung für die Teile B und C** aufzufassen. Will man den in **Teil B verwendeten Begriff der** »**Leistung«,** der sich mit der Generalklausel »**Bauleistung«** in § 1 VOB/A **deckt,** ohne Rechtsirrtum verstehen und auslegen, so muss man der Bauleistung eine Definition geben, die der höchstrichterlichen Rechtsprechung sowie der Rechtslehre entspricht. Hier geht es um die Schaffung der erforderlichen **vertragsrechtlichen Rechtsklarheit** (a.A. *Daub/Piel/Soergel* Erz. 1.16), was allein mit einem Vergleich zu den Vergabevorschriften der VOL/A sowie dem Argument, die VOB/A habe den Charakter einer »Einkaufsvorschrift«, sicherlich nicht auszuräumen ist. Darüber hinaus wird seit der Ausgabe 2000 der Begriff der »baulichen Anlage« verwendet. Dieser ist ebenfalls als Oberbegriff zu verstehen und zwar dahingehend, dass damit die »Arbeiten bei Bauwerken« und auch die »Arbeiten an einem Grundstück« (§ 634a BGB) gemeint sind. Das **BGB** geht aber **nicht** von **zwei verschiedenen Begriffen** aus (*Korbion/Hochstein/Keldungs* Der VOB-Vertrag Rn. 128; a.A. *Heiermann/Riedl/Rusam* Handkommentar zur VOB § 1 VOB/A Rn. 7 ff.), sondern der Begriff hat Klarstellungsfunktion, wie sich auch aus § 13 Nr. 4 Abs. 1 S. 1 VOB/B ergibt. Der nunmehr gestrichene Begriff »Arbeiten an einem Grundstück« entstammte dem BGB bis 2002. Die jetzige Fassung passt sich dem Wortlaut dort klarstellend an. Die Regelung des § 638 Abs. 1 BGB a.F. ist im gesetzlichen Verjährungsrecht in § 634a Abs. 1 Nr. 1 BGB aufgegangen (*Palandt/Sprau* § 634a Rn. 8; *Heiermann/Riedl/Rusam* § 13 Rn. 77a). Diese Arbeiten erfassen Leistungen, deren Erfolg in der Herstellung, Wartung oder Veränderung

Bauleistungen § 1 VOB/A

einer Sache besteht, wenn diese nicht Bauwerke sind. Damit ist aber hinsichtlich der beiden Begriffe kein unterschiedlicher Sinngehalt zu erkennen. Die dem Begriff des Grundstücks in § 634a Abs. 1 Nr. 1 BGB und dem § 13 Nr. 4 Nr. 1 VOB/B nunmehr zugeordneten Landschaftsbauarbeiten (DIN 18320) sind daher hier jetzt eindeutig dem Bauleistungsbegriff zu unterstellen, weil die Leistung – das Werk – dessen Erfolg in der Herstellung, Wartung oder Veränderung einer Sache besteht (zur Verjährungs- und Gewährungsleistungsproblematik dieser Arbeiten siehe unter § 13 Nr. 4 Abs.1 S. 1; Landschafts**bau**arbeiten weiterhin 2 Jahre). Der Begriff des **Werkes** in § 13 Nr. 4 Nr. 1 S. 2 VOB/B ist daher als **Teildefinition** nicht dem Begriff des **Bauwerkes** gleichzustellen, sondern **weiter gemeint**. Er erfasst auch unbewegliche Sachen, wie Erdarbeiten, hat aber eindeutig weiten Bezug auch zu beweglichen Sachen, die eben nicht »Bauwerk« i.S.d. § 13 Nr. 4 Abs. 1 S. 1 (Hs. 1) VOB/B sind. Die in der VOB/B nicht geregelten und verbleibenden Begriffe der »Bauleistung«, die weder ein Bauwerk sind noch auf dem Grundstück einschließlich des Gebäudes darauf zuzuordnen sind, sind danach kaum denkbar. Anders allerdings Planungs- und Überwachungsleistungen für ein Bauwerk im Rahmen eines General**über**nehmervertrages. Nach der **Schwerpunkttheorie** sind diese als Teil des zu leistenden Bauwerkes und damit Vertragsteil zur Errichtung des Bauwerkes anzusehen, da sie zumeist hinter dem Hauptzweck der Errichtung des Bauwerkes zurücktreten. Diese unterliegen im BGB-Vertrag der gesetzlichen Gewährleistungsfrist (§ 634a Abs. 1 Nr. 2 BGB). Die Vereinbarung der VOB/B auf den Generalübernehmervertrag beschränkt sich danach auf die Bauleistung. Die planerischen Leistungen können – für sich betrachtet – nur dem BGB unterfallen. Im Übrigen gelten § 634a Abs. 1 Nr. 1 BGB oder § 651 BGB bei Lieferverträgen.

Nach dem Gesagten leuchtet es ohne weiteres ein, dass § 1 VOB/A nicht nur eine **auf die Teile B und C übergreifende Tragweite,** sondern insbesondere angesichts dessen, dass die Teile B und C den Regelungen der §§ 305 ff. BGB unterliegen (vgl. dazu auch *Palandt/Sprau* § 308 BGB Rn. 28), eine darüber weit hinausgehende Bedeutung hat. Hier werden nämlich die zulässigen Grenzen für die Möglichkeiten der Vereinbarung der VOB/B und damit zugleich der VOB/C aufgezeigt. Darüber hinaus umreißt § 1 VOB/A auch, ob und inwieweit die Ausnahmeregelung des § 308 Nr. 5 a.E. BGB und des § 309 Nr. 8 a.E. BGB (vgl. dazu auch *Palandt/Sprau* § 309 BGB Rn. 72) zur Anwendung gelangen kann. Gerade hierdurch, wie schon beim früheren § 23 Nr. 5 AGBG, ist damit die rechtliche Tragweite von § 1 VOB/A erheblich gestiegen. 3

Im Ergebnis richtig, wird der Regelungsgehalt von § 1 VOB/A im Vergabehandbuch für die Durchführung von Bauaufgaben des Bundes im Zuständigkeitsbereich der Finanzbauverwaltungen (**VHB**) zu § 1 VOB/A – Fassung 2002, Stand 1.4.2005 – zusammengefasst.

Die in § 3 Nr. 1 und 4 VOB/A verwendeten Begriffe »Bauleistung« und »Leistung« gehen darauf zurück, dass die erstgenannte Regelung auf die in § 1 VOB/A enthaltene Definition zurückgreift. § 3 Nr. 4 VOB/A bezieht sich aber darauf, dass mit dem Begriff der »Leistung« der Gesamtgegenstand des abgeschlossenen Vertrages als die vom Auftragnehmer zu erbringende Leistung bezeichnet wird. Daher wird der Begriff der »Leistung« in § 3 Nr. 4 VOB/A nicht in Bezug auf das Vergabeverfahren, sondern im Zusammenhang mit dem Vertragsgegenstand verwendet. Daher gilt der dort geregelte Vorrang der Öffentlichen oder Beschränkten Ausschreibung dann nicht, wenn der Vertragsgegenstand (Leistung) besondere Umstände erkennen lässt, die eine Abweichung von diesem Vorrangverhältnis rechtfertigen (*Bayer/Vöhringer-Gampper* in *Höfler/Bayer* Rn. 82).

B. Bauleistungen

I. Begriff der Bauleistung

In § 1 VOB/A ist zunächst der **Begriff »Bauleistungen«** als Ausgangspunkt gebraucht. **Leistung im Rechtssinne bedeutet jede Zuwendung, die eine Vermögensverschiebung aus dem Bereich des** 4

Leistenden in den des Empfängers bewirkt. Dieser recht weite allgemeine Leistungsbegriff hat durch die Umschreibung »Bauleistung« eine **Einschränkung** dahin erfahren, dass es sich um Leistungen handeln muss, die »**mit dem Bau und dem Bauen**« in unmittelbarem Zusammenhang stehen. Dabei wird weiter seit der Fassung der VOB von 1990 nicht mehr von »Bauarbeiten jeder Art«, sondern von »**Arbeiten jeder Art**« gesprochen. Dies geschieht deshalb, weil der Auftragnehmer selbst oder durch Dritte (Nachunternehmer usw.) zur sachgerechten Erfüllung seiner Leistungspflicht **auch andere als reine Bauarbeiten an Ort und Stelle** ausführen muss, z.B. gewisse »unselbstständige« planerische Leistungen (vgl. dazu unten Rn. 31) oder auch sonstige, sozusagen vorbereitende Tätigkeiten in der Werkstatt oder an anderer Produktionsstätte (vgl. dazu unten Rn. 29), ferner u.U. auch die Herstellung bzw. Beschaffung und Montage maschineller Einrichtungen oder elektrotechnischer/elektronischer Anlagen zu bewerkstelligen hat (vgl. dazu unten Rn. 65 ff., 68). Eine weitere **Ausdehnung, aber auch zugleich Umgrenzung** gilt nach § 1 VOB/A, weil es sich um Arbeiten im Bereich einer **baulichen Anlage** handeln muss. Dieser in Teil A der VOB bisher noch nicht verwendete Begriff ist bereits früher durch die Fassung 1973 im Bereich des Teils B eingeführt und dort dann auch beibehalten worden (vgl. § 3 Nr. 2 und 4, § 12 Nr. 5 Abs. 2, § 13 Nr. 7 Abs. 1 VOB/B). Daher war es schon deswegen konsequent, diesen Begriff auch zur Umschreibung der Bauleistung in § 1 VOB/A zu verwenden. Der Begriff »bauliche Anlage« entstammt **nicht dem Werkvertragsrecht des BGB,** wo in den §§ 648 und 648a BGB von »**Bauwerk**« oder »**Arbeiten am Grundstück**« die Rede ist, vielmehr wurde er dem öffentlichen Baurecht entnommen, nämlich der **Musterbauordnung.** Dort wird schon in § 2 Abs. 2 MBO der ersten Fassung als bauliche Anlage eine mit dem Erdboden verbundene, aus Baustoffen und Bauteilen hergestellte Anlage bezeichnet. Dabei besteht eine Verbindung mit dem Boden auch dann, wenn die Anlage durch eigene Schwere auf dem Boden ruht oder auf ortsfesten Bahnen begrenzt beweglich ist oder wenn die Anlage nach ihrem Verwendungszweck dazu bestimmt ist, überwiegend ortsfest benutzt zu werden. Auch Aufschüttungen und Abgrabungen sowie künstliche Hohlräume unterhalb der Erdoberfläche gelten als bauliche Anlage. Im Übrigen sollen, wie bereits erwähnt, auch Leistungen einbezogen werden, bei denen es um außerhalb der Baustelle gefertigte maschinelle oder elektrotechnische Teile geht, die zur Herstellung einer baulichen Anlage an der Baustelle nur noch eingebaut bzw. montiert werden (*Nicklisch/Weick* VOB Teil B Einl. Rn. 59a). Des Weiteren ist damit auch klargestellt, dass Bauarbeiten nicht davon abhängig sind, ob sie später wesentliche Bestandteile des Grundstückes werden (vgl. unten Rn. 17). Ferner folgt aus dem Begriff der baulichen Anlage auch, dass es hier **nicht nur um Bauwerke i.S.d. §§ 648 und 648a BGB geht, sondern auch um solche, die nach dieser Bestimmung als Arbeiten am Grundstück** zu gelten haben. Das alles wird auch noch untermauert, indem nunmehr die **Zweckbestimmung** der Arbeiten jeder Art in Bezug auf eine bauliche Anlage dadurch umrissen wird, dass diese zu deren **Herstellung, Instandhaltung, Änderung oder – auch – Beseitigung** (zu Letzterem vgl. gesondert unten Rn. 63 ff.) dienen (zur Definition siehe *Korbion/Hochstein/Keldungs* Rn. 129).

Man kann auch den **Begriff der baulichen Anlage** zielbezogen wie folgt definieren: Zur baulichen Anlage gehören alle Teile, die erforderlich sind, damit die bauliche Anlage ihre wirtschaftliche oder technische Funktion erfüllen kann. Hierzu gehören auch solche Anlagenteile und Einrichtungen, die einer besonderen Zweckbestimmung der baulichen Anlage dienen. Entscheidend ist, dass die Anlagenteile und Einrichtungen nicht lediglich in der baulichen Anlage untergebracht sind, sondern dass sie die geplante bauliche Anlage erst funktionsfähig machen. In der Regel gibt die DIN 276 (Fassung 1981 bzw. 1993) eine Orientierungshilfe. Anlagenteile und Einrichtungen, **die nicht für die Funktionsfähigkeit der geplanten baulichen Anlage erforderlich**, vielmehr nur in dieser untergebracht sind, gehören **nicht** zur baulichen Anlage. Die Leistungen hierfür werden von § 1 VOB/A nicht erfasst.

Für alle hier der **Definition der Bauleistung** unterliegenden Merkmale ist eines in rechtlicher Hinsicht von grundlegender Bedeutung: **Allein die maßgebende, erfolgsbezogene Tätigkeit des Auftragnehmers ist in diesem weiten Rahmen angesprochen, nicht** aber die vom Erfolg unabhängige

Dienstleistung. Letztere fällt nicht unter die VOB. Gerade der Bauvertrag nach der VOB ist daher ein **Werkvertrag** i.S.d. bürgerlichen Rechts (§§ 631 ff. BGB), wobei in Einzelfällen **auch** für die erforderliche Abgrenzung die Regelung des **§ 651 BGB** eine wesentliche Rolle spielen kann. § 651 BGB ist nach der Umsetzung der Richtlinie 1999/44/EG des Europäischen Parlaments und des Rates vom 25.5.1999 zu bestimmten Aspekten des Verbrauchsgüterkaufs und der Garantien für Verbrauchsgüter (ABlEG Nr. L 171 S. 12), nach seiner Konzeption anders als der alte § 651 BGB nicht mehr nach Herkunft des Materials und Art der herzustellenden Sache, in **vertretbar** und **nicht vertretbar** zu begreifen. Vielmehr wird nun dem Kaufrecht derjenige Vertrag unterstellt, der zur Lieferung **beweglicher** Sachen, die **erst herzustellen oder zu erzeugen** sind, führt (S. 1), oder ergänzend, bezogen auf den Anwendungsbereich des § 442 Abs. 1 S. 1 BGB, auf die Fälle der Verursachung des Mangels, der vom Besteller beigesteuerten – zu Herstellung notwendigen – Stoffe anzuwenden ist (S. 2). § 651 BGB ist als Regelung bei Verbraucherverträgen über die Lieferung neu hergestellter beweglicher Sachen nach den Vorgaben der VerbrGüKRL zu begreifen und damit ausschließlich für den Tatbestand der Lieferung herzustellender oder zu erzeugender beweglicher Sachen (vgl. *Thode* NZBau 2002, 297, 360; *Palandt/Sprau* § 651 BGB Rn. 1 ff.). Dort ist es so, dass auch kein Werkvertrag besteht, wenn die Leistung des Unternehmers an einer bereits bestehenden Sache des Bestellers ausgeführt wird und die erfolgsorientierte Schöpfung dieser Leistung zusammen mit dieser Sache den Schwerpunkt der Verpflichtung des Unternehmers bildet.

Damit ist immer noch eine funktionale Unterscheidung zu treffen. Wesentlich muss daher dazu kommen, dass neben der Leistungsbezogenheit an der beweglichen Sache und der Eigentumsverschaffungspflicht auch die Erfolgsbezogenheit dem Vertrag selbst das Gepräge gibt, so bei einer geistigen Leistung, einer Einpassung in ein vorhandenes Werk oder einer Herstellung einer Funktionsfähigkeit (vgl. *Voit* BauR 2002, 145; *Westermann* NJW 2002, 241 ff.; OLG Hamm NJW-RR 2001, 1309; BGH Urt. v. 22.7.1998 VIII ZR 220/97 NJW 1998, 3197, zur Montageverpflichtung; *Palandt/Sprau* § 634a BGB Rn. 6 ff.). Dies gilt auch dann, wenn das Werk ein Scheinbestandteil (§ 95 BGB) wird (so auch BGH Urt. v. 12.5.1976 VIII ZR 26/75 NJW 1976, 1539; *Preussner* BauR 2002, 231, 241; a.A. wohl *Thode* NZBau 2002, 360; *Sienz* BauR 2002, 182, 190).

Die Auswirkung der Regelung des § 651 BGB ist allerdings dahingehend einzuschränken, dass die Mängelhaftung des Kaufvertrages der des Werkvertrages hinsichtlich der Voraussetzungen und Rechtsfolgen – wie Nacherfüllung und Verjährung – nunmehr weitgehend angleicht, weil § 651 BGB auf die bestehenden werkvertraglichen Vorschriften deutlich verweist (§§ 642, 643, 645, 649, 650 BGB). Jedoch sind dort abweichende Änderungen im Vertrag möglich, wo auf das Kaufrecht verwiesen wird (*Palandt/Sprau* § 651 BGB Rn. 1, § 433 BGB Rn. 3; *Manowski* MDR 2003, 854 ff.). Außerdem ist darauf hinzuweisen, dass der Begriff des »Werkes« im BGB als Oberbegriff einer Vielzahl von Vertragstypen gilt, und im Rahmen des Versprechens des Leistungserbringenden eine vertragstypische Leistung darstellt, die zur Herstellung und Verschaffung des bestellten individuellen Erfolgsergebnisses (= Werkes) zu erbringen ist. Damit ist Gegenstand der Leistungsverpflichtung des Auftragnehmers eine entgeltliche Wertschöpfung dadurch, dass er durch seine Arbeitsleistung für den Auftraggeber das vereinbarte Werk erst schafft (BGH Urt. v. 11.10.2001 VII ZR 475/00 NJW 2002, 749). Dies kann im Grunde die Schaffung eines **körperlichen** (Bauwerk) oder eines **unkörperlichen** (Gutachten) Arbeitsergebnisses sein. Daraus folgt, dass der Begriff des »Werkes« im BGB Grundlage des Begriffs der Bauleistung ist, **dort allerdings lediglich das Ergebnis der dazu führenden Handlung meint.** Unter der Herbeiführung eines bestimmten Erfolges als Wesensmerkmal der werkvertraglichen Verpflichtung des BGB ist regelmäßig nur das unmittelbar durch Tätigkeit des Auftragnehmers herbeizuführende Ergebnis, nicht auch der nach dem wirtschaftlichen Zweck erhoffte endgültige Erfolg zu verstehen, also das fertige Bauwerk und die damit beabsichtigte Gewinnerzielung (es sei denn, der Vertrag bestimmt inhaltlich etwas anderes, so dass hier von einer Nebenbestimmung zum Hauptvertrag zu sprechen ist). § 651 BGB befasst sich danach mit den Sachen (§§ 90 ff. BGB), die im Grundsatz körperliche Gegenstände sind, die nicht als Grundstück oder grundstücksgleich zu bewerten sind, auch wenn sie erst nach der Trennung vom Grundstück eigenständige Rechte haben, z.B. Abbruchstücke, Abfall, ausgetauschte Fenster nach Sanierung, usw. Wenn eine Vereinbarung über die bloße Bereitstellung der ausgebauten Gegenstände getroffen wurde, so erfolgt die kaufrechtliche Übertragung (zusätzlich wird eine Eigentumsübertragung anzunehmen sein, §§ 946, 950 BGB). Fehlt diese, so ist nicht von der kaufrechtlichen Übertragung und Anwendung des § 651 BGB auszugehen (so auch *Voit* BauR 2002, 145). Im Übrigen gilt die »**Schwerpunkttheorie**« (hierzu *Thode* NZBau 2002, 360; BGH Urt. v. 3.3.2004 VIII ZR 76/03 BauR 2004, 995). Erbringt der Unternehmer die Leistung an einer bereits bestehenden beweglichen Sache, scheidet auch § 651 BGB aus, wenn der Schwerpunkt der vertraglichen Verpflichtung in der Gesamtschöpfung des Erfolges im Zusammenhang mit dieser Sache besteht. Hier ist die **funktionale** Abgrenzung maßgeblich. Das Fertighaus auf einem Erbpachtgrundstück ist grundsätzlich »Werk« i.S.d. §§ 651, 631 BGB. Aber: Herstellung und Einbau unter Fortfall des selbstständigen Rechts der hergestellten Teile (Fenster, Treppen) sind Werkvertrag – nicht, wenn nur Fertigteile für die bestimmte Baustelle hergestellt und geliefert werden (OLG Frankfurt BauR 2000, 423; OLG Düsseldorf NJW-RR 2002, 14 [für Bausatz für Haus und Planung]).

§ 99 Abs. 3 GWB verwendet den **Begriff der Bauleistung** ebenfalls, allerdings mit der **weiten** Umschreibung des Begriffs »Bauauftrag«. Dieser geht auf die Baukoordinierungsrichtlinie v. 14.6.1993 Art. 1 zurück. Das Bauwerk wird definiert als »Ergebnis von Tief- und Hochbauarbeiten« und Erfüllung von »wirtschaftlicher und technischer Funktion« (siehe auch schon *Korbion* Vergaberechtsänderungsgesetz § 99 GWB Rn. 5; des Weiteren *Boesen* Vergaberecht – Kommentar zum 4. Teil des GWB § 99 Rn. 101; Beck'scher VOB-Komm./*Messerschmidt* § 1 VOB/A Rn. 46; *Weyand* Praxiskommentar Vergaberecht § 99 GWB). Damit sind die Begriffe mit dem der VOB/A identisch **erfolgsorientiert und weit**. Soweit Abs. 3 auch auf Dritte Bezug nimmt, sind hier die Konzessionäre (§ 98 Nr. 6 GWB) gemeint bzw. Bauträger- und Leasing-Modelle (vgl. *Korbion* § 99 GWB Rn. 3 ff.; *Reidt/Stickler/Glahs* Vergaberecht Kommentar § 99 Rn. 11 ff.). Im Übrigen dient die wirtschaftliche und technische Funktion des Bauwerkes gerade bei größeren Bauwerken dazu, sicherzustellen, dass die Schwellenwerte nicht durch eine künstliche Aufspaltung in kleinere bauliche Teilbauwerke/-anlagen unterschritten werden. Daher ist jeweils zu fragen, ob die baulichen Anlagen alleine oder zusammen mit anderen als Einheit dem in § 1a VOB/A und in § 99 Abs. 3 GWB verwendeten Bauwerksbegriff entsprechen (so auch Beck'scher VOB-Komm./*Messerschmidt* § 1 VOB/A Rn. 46; *Boesen* § 99 Rn. 104; *Kapellmann/Messerschmidt* VOB Teile A und B § 1 VOB/A Rn. 5 ff.). Damit ist grundsätzlich bei § 99 Abs. 3 GWB auf die **wesentliche funktionale Einheit** abzustellen, die erst durch die Bautätigkeit entstehen soll. Entscheidend ist daher, dass alles das, was zur Herstellung eines funktionsfähigen Bauwerks notwendig ist, vom Begriff des Bauauftrages nach § 99 Abs. 3 GWB erfasst ist. Ausschlaggebend ist daher insbesondere der Nutzungszweck, den der Auftraggeber mit dem Bauwerk verwirklichen will (OLG Dresden Beschl. v. 2.11.2004 Verg 11/04 VergabeR 2005, 258). Im Übrigen ergibt sich bei § 99 Abs. 3 GWB der Inhalt des dort gemeinten Begriffs des Bauauftrages ausschließlich aus dem dort geltenden »Verzeichnis der Berufstätigkeiten im Baugewerbe entsprechend dem allgemeinen Verzeichnis der wirtschaftlichen Tätigkeiten in der Europäischen Gemeinschaft (NACE)«, das als Anh. II Bestandteil der BKR ist (so auch OLG München Beschl. v. 28.9.2005 Verg 19/05; VK Brandenburg Beschl. v. 26.11.2003 VK 72/03). Zu beachten ist allerdings auch, dass im 4. Teil des GWB die Definition i.S.d. § 1 VOB/A nicht maßgeblich ist. Zwar decken sich der Anwendungsbereich von § 99 Abs. 3 GWB und § 1 VOB/A weitestgehend, weil der Begriff der »Bauleistung« erfolgsorientiert im zivilrechtlichen Sinne des vertraglich geschuldeten Leistungsbegriffs ist und der Begriff des »Bauauftrages« als Umschreibung des vergaberechtlichen Gesamtwerkes weiter und als Oberbegriff zu kennzeichnen ist. Außerdem bezieht sich der Begriff des »Bauauftrages« in § 99 Abs. 3 GWB auch und insbesondere ausschließlich auf den in der Baukoordinationsrichtlinie genannten europarechtlich-gemeinschaftlich geprägten Begriff (hierzu auch OLG München Beschl. v. 28.9.2005 Verg 19/05; VK Bund Beschl. v. 2.5.2003 VK 1–25/03).

Die VOB-Stelle Niedersachsen (4.5.2000 Fall 1241) vertritt die Meinung, der in §§ 1, 1a Nr. 1 VOB/A verwendete Ausdruck »eine bauliche Anlage« sei als Anzahl zu verstehen. Hiermit soll die Abgren-

Bauleistungen § 1 VOB/A

zung zu den jeweiligen »Finanzierungseinheiten« des Haushaltsplans gemeint sein. Diese Meinung übersieht, dass § 1 VOB/A keine Darstellung der Finanzierung beinhaltet und § 1a VOB/A keine haushaltsrechtliche Vorschrift oder Verbot ist. Vielmehr ist über § 97 Abs. 3 GWB die losweise Vergabe gem. § 4 Nr. 2 und 3 VOB/A die Regelung für »künstliche« Aufteilungen.

Der **Begriff der Bauleistung** wird **letztlich** aber **bestimmt** von dem **Vertragsgegenstand,** den der **Auftraggeber** und der **Auftragnehmer** festlegen und der sich aus **vier Komponenten** (siehe auch Beck'scher VOB-Komm./*Wirth* C Syst VIII Rn. 5) zusammensetzt: **der Baugrund, die letztliche Bauleistung, der Bauablauf und die Kalkulationsannahmen**. Dabei sind jeweils Risikopotenziale zu beachten, da jede Komponente für sich gesehen ein Wagnis enthält. Damit können Weiterungen und Vereinfachungen gemeint sein. Ziel ist immer die Bauleistung, welche **vertraglich vereinbart und funktional zum werkvertraglichen Erfolg** führt. Zu beachten sind aber immer auch die allgemein anerkannten Regeln der Technik, also die Summe der im Bauwesen anerkannten wissenschaftlichen, technischen und handwerklichen Erfahrungen, die üblicherweise als bekannt vorauszusetzen und als richtig und notwendig anerkannt sind (*Werner/Pastor* Rn. 1459 ff.; *Kappertz* FS Mantscheff 2000 S. 242; *Seibel* BauR 2004, 266 und 774), denn auch diese beschreiben die Bauwerksleistung durch ihren Inhalt. 5

II. Einzelheiten zu möglichem Inhalt und Umfang der Bauleistung

1. Bauwerk

Es liegt nach dem Vorgesagten auf der Hand, dass zu den hier erörterten Bauleistungen in erster Linie solche gehören, die **auch in den Bereich des § 633 und des § 634a BGB** einzuordnen sind, also als »Bauwerke« zu gelten haben. Seit der Fassung des »Schuldrechtsmodernisierungsgesetzes« ab dem 1.1.2002 wird allerdings nur noch, bis auf die Benennung des Begriffs in §§ 634a, 648, 648a BGB, von »**Werk**« gesprochen, welcher also den hierzu gehörenden **Oberbegriff** meint. Hiermit wiederum hängt der im Verhältnis zu § 1 VOB/A »**Arbeiten**« (vgl. oben Rn. 3; Beck'scher VOB-Komm./*Englert/Grauvogl/Katzenbach* C DIN 18299 Rn. 94, 95) engere Begriff der »Bauarbeiten« (Bauherstellungen) zusammen. Bauarbeiten sind bauhandwerkliche oder bauindustrielle Maßnahmen, mit denen **Bauwerke unmittelbar** geschaffen, erhalten oder geändert werden (BGH Urt. v. 21.12.1972 VII ZR 215/71 BauR 1973, 110). Daher kommt es zunächst auf die Umschreibung des Begriffes »Bauwerk« an. **Ein Bauwerk ist eine unbewegliche, durch Verwendung von Arbeit und Material i.V.m. dem Erdboden hergestellte Sache** (RGZ 56, 41, 43; BGH Urt. v. 16.9.1971 VII ZR 5/70 BauR 1971, 259), also nicht nur die bloße Umgestaltung des Bodens. Letzteres darf aber nicht zu weit gesehen werden: Auch ausgeschachteter Boden, der zum Dammbau verwendet wird, kann für ein Bauwerk dienen, da er Material für die Bauwerkserrichtung ist, insbesondere von anderer Stelle herangebracht, also nicht nur der Boden an seiner Lagerstelle selbst bloß umgelagert wird (zu bloßen Ausschachtungsarbeiten vgl. Rn. 28). 6

Die vorgenannte Definition ist keineswegs das Ergebnis einer rein juristischen Überlegung. Wenn das Gesetz von »Bauwerk« spricht, so bedient es sich eines Ausdruckes, der dem **Sprachgebrauch des Lebens** entnommen ist. Damit ergibt sich für die Auslegung im Einzelfall zunächst, dass diese den Sinn berücksichtigen muss, den das Leben und die daraus resultierende Erfahrung mit diesem Ausdruck zu verbinden pflegt, was diesen Begriff nach der **Verkehrsanschauung** ausmacht (BGHZ 19, 319, 324; OLG Hamm BauR 1977, 62). Allerdings ist auch bei der Zugrundelegung der Verkehrsanschauung zu berücksichtigen, dass die Erfüllung der technischen und der funktionalen Kriterien für die Bestimmung des Begriffs der »Bauleistung« zugrunde zu legen ist (*Dähne/Schelle* VOB von A bis Z »Bauleistungen«). 7

VOB/A § 1   Bauleistungen

a) Werke über und unter der Erdoberfläche

8 Dabei ist zunächst wesentlich, dass der Begriff »Bauwerk« **über und unter der Erdoberfläche** errichtete Werke erfasst, vgl. auch § 1 Abs. 1 Erbbaurechtsverordnung (BGH Urt. v. 16.9.1971 VII ZR 5/70 BauR 1971, 259; BGHZ 68, 208 = BauR 1977, 203; BGH Urt. v. 4.11.1982 VII ZR 65/82 BauR 1983, 64 [Schwimmbecken]).

9 Als **Richtlinie für den Bauwerksbegriff** dienen **beispielhaft** folgende von der Rechtsprechung entschiedenen Einzelfälle: Errichtung von Gebäuden, selbstständigen Kellern (KG JW 33, 1335); Brücken; Straßen; Kanäle; Leitungsmasten; Masten einer Flutlichtanlage (BGH MDR 1972, 410); Stützen einer Seilbahn (Kiel OLGR 1925, 126); Hängebahn in einer Werkhalle (BGH Urt. v. 20.2.1997 VII ZR 288/94 BauR 1997, 640); Einbau einer Steuerungsanlage in einer fest zu installierenden Hängebahn (OLG Köln SFHK § 640 BGB Nr. 29); Förderanlage für eine Automobilproduktion (BGH Urt. v. 3.12.1998 VII ZR 109/97 BauR 1999, 670); Gleisanlagen (KGJ 29 A 132; BGH Urt. v. 13.1.1972 VII ZR 46/70 BauR 1972, 172); Denkmäler; eine auf einem Tankstellengelände gefertigte Makadamdecke (BGH MDR 1964, 742); die Erneuerung eines großen Teils einer Hofdecke (BGH Urt. v. 19.11.1970 VII ZR 230/68); die Pflasterung eines Hofes (OLG Schleswig Urt. v. 19.7.1990 BauR 1991, 463); die u.a. als Zufahrt für Kraftfahrzeuge dienende Hofpflasterung eines Autohauses aus Betonformsteinen auf einem Schotterbett (BGH Urt. v. 12.3.1992 VII ZR 334/90 BauR 1992, 502; verneinend: OLG Stuttgart BauR 1991, 462); der zur Nutzung durch Lastwagen und Gabelstapler sowie als Lagerfläche für Grabsteine dienende Hofbelag aus Betonformsteinen auf Sand (BGH Urt. v. 12.11.1992 VII ZR 29/92 BauR 1993, 217); eine Hofbefestigung aus Verbundpflaster im Mörtelbett (OLG Köln BauR 1993, 218); die Erneuerung des Belages einer Terrasse, der Verklinkerung der Eingangstreppe (OLG Hamburg BauR 1995, 242); das Entrosten, Anstreichen mit Mennige sowie die Isolierung mit Polyurethan-Hartschaum von Lagertanks (BGH Urt. v. 8.3.1984 VII ZR 349/82 BauR 1984, 390); Arbeiten, die der Grundwasserabsenkung oder -haltung dienen (BGH Urt. v. 20.4.1966 VII ZR 122/64); eine mit gemauerten Einsteigeschächten versehene, nach Schmutz- und Regenwasser getrennte Kanalanlage (BGH SFH Z 2.414 Bl. 208 ff.); eine Fernwärmeleitung und deren Hausanschlüsse (OLG Düsseldorf NJW-RR 1993, 477). Ein Rohrbrunnen kann ein Bauwerk sein, und zwar dann, wenn das tief in die Erde reichende Rohrwerk mit der Erde eine innige Verbindung eingegangen ist, z.B. durch die Schwere des langen, nach den Regeln der Mechanik und Statik erstellten Rohrstranges (BGH Urt. v. 16.9.1971 VII ZR 5/70 BauR 1971, 259). Ebenfalls trifft dies auf Gasrohrnetze zu, da sie Tiefbauwerke sind, an die erhebliche bautechnische Anforderungen gestellt werden (BGH Urt. v. 17.12.1992 VII ZR 45/92 BauR 1993, 219). Bauwerke sind auch Stahltürme oder Förderanlagen in einem Grubenschacht, obwohl sie abgebaut werden können, die Lieferung und der Einbau eines für die individuellen Bedürfnisse des Auftraggebers geplanten Blockheizkraftwerkes (BGH Urt. v. 9.7.1987 VII ZR 208/86 BauR 1987, 681); ebenso trifft dies für Elektroarbeiten bei Neubauten zu, ohne die das Gebäude nicht als hinreichend funktionsfähig anzusehen wäre (BGH Urt. v. 30.3.1978 VII ZR 48/77 BauR 1978, 303); Gleiches gilt für die Lieferung und Montage von Fertigteilgaragen, selbst wenn sie nicht durch ein Fundament mit dem Boden verbunden sind (OLG Düsseldorf BauR 1982, 164). Bauwerk ist auch ein aus genormten Fertigteilen zusammengesetztes, ins Erdreich eingelassenes Schwimmbecken, dessen Stahlblechwand mit einem Magerbetonkranz umgeben wird, auch wenn die Fertigteile wieder ausgebaut werden können (BGH Urt. v. 4.11.1982 VII ZR 65/82 BauR 1983, 64); ebenfalls, wenn die Verbindung des Schwimmbades mit dem Grundstück durch Mauerwerk hergestellt wird (BGH Urt. v. 23.10.1986 VII ZR 48/85 BauR 1987, 79). Bauwerksleistung ist auch die Errichtung eines Sichtschutzzaunes, dessen Pfosten im Garten eines bebauten Grundstückes 80 cm in das Erdreich eingelassen sind, da er dauerhaft errichtet wird, wegen seiner massiveren Bauart nicht einem üblichen Zaun entspricht, auch dazu dient, Wind, Lärm und Geruchsbelästigungen vom Grundstück fernzuhalten (LG Hannover NJW-RR 1987, 208). Ebenso trifft dies auf einen Maschendrahtzaun zu, der an einer großen Zahl von in den Erdboden einbetonierten Metallpfosten befestigt ist (LG Weiden NJW-RR 1997, 1108). Gleiches gilt für eine Hoftoranlage, die mit drei Stahlbetonpfosten (45 cm × 45 cm) 1 m tief fundamentiert ist und aus

Bauleistungen **§ 1 VOB/A**

drei einzuhängenden Holztorflügeln bei einer Gesamtbreite von 4,20 m und einer Höhe von 1,80 m besteht (OLG Koblenz NJW-RR 1989, 336); auch ein Sportplatz als solcher; die Neuanlage und Pflasterung einer Terrasse und Garagenzufahrt (OLG Düsseldorf BauR 2000, 1532 [L]). Eine feste Werbetafel, Schaukästen und sonstige Werbeanlagen, wie Littfaßsäulen – mit oder ohne innenbewegliche Anschlagsäulen, begehbar oder nicht begehbar –, rollierende Werbetafeln und andere Arten von dauerhaft mit dem Erdboden verbundenen Anlagen und Werbekörpern (siehe auch *Battis/Krautzberger/Löhr* BauGB § 29 Rn. 13; Beck'scher VOB-Komm. § 1 VOB/A Rn. 44). Auch ortsfeste Wochenendhäuser, Gartenhäuser – soweit mindestens Streifenfundamente für ihre Standortsicherung notwendig sind, wobei es nicht auf die Größe ankommt –, Container und -kombinationen, die ebenfalls durch Vorrichtungen mit dem Erdboden versehen sind, z.B. Streifenfundamente, und eine Ausstattung haben (Baustellencontainer, Notunterkünfte, Büro- oder Schulausstattung, Medizinische Ausstattung, Einkaufsladen); erst recht, wenn diese durch Gas-, Elektro- und Wasserbelieferung durch Leitungen von außen versorgt werden (BGHZ 117, 121). Raumlufttechnische Anlagen sind seit der Änderung der VOB/A 1992 Bauleistungen gem. DIN 18379 (Beck'scher VOB-Komm./*Rauch/Lennerts* C DIN 18379 Rn. 4); Gleisanlagen einer privaten Bahn (BGH NJW 1997, 1982); Öltanks mit gemauertem Schacht (OLG Hamm NJW-RR 1996, 919); Gasrohrnetz (BGHZ 121, 94); Verkehrsanlagen mit Signalanlagen, Beschilderung und Wartungs- und Störungsarbeiten (BayObLG, Vergaberechts-Report 2000, 2); Löschwasserteich i.V.m. Errichtung eines größeren Gebäudes (OLG Oldenburg BauR 2000, 451); Auflockerung des Bodens durch Garten- und Landschaftsbauer mit der Maßgabe, den durch den Einsatz von Baumaschinen und Kran verdichteten Boden wieder durch Maschinen aufzulockern (OLG Düsseldorf BauR 2001, 648; IBR 2000, 430); Arbeiten an Rigolen (*Cuypers* Das neue Bauvertragsrecht E Rn. 121); Herstellung eines Maschendrahtzaunes an einbetonierten Metallpfosten (LG Weiden NJW-RR 1997, 1108); Dachdeckungsarbeiten (OLG Koblenz BauR 2002, 811); ein in die Erde eingebrachtes Schutzrohr (Länge 80 cm, Durchmesser 1 m), durch das eine Feuerlöschleitung geführt werden soll (BGH SFH § 638 Nr. 76); Betonsteinpflaster mit vertraglich vereinbartem Farbton »Anthrazit« (OLG Köln SFH § 638 BGB Nr. 79/80); neuartiger Werkstoff – hier: Vollwärmeisolierung nach Wulst-Punkt-Methode mit Nylongitter (BGH SFH § 638 Nr. 83); Hausinstallation mit der Anforderung der Trinkwasserverordnung (OLG Dresden IBR 2003, 243).

b) Abgrenzung
Nicht als **Bauwerke** (zur Abgrenzung siehe Rn. 27 ff. sowie *von Craushaar* BauR 1979, 449, und *Hahn* BauR 1980, 310) sind dagegen angesehen worden: **grundsätzlich technische Anlagen** (BGH Urt. v. 15.5.1997 VII ZR 287/95 BauR 1997, 1018), wie bloß festgeschraubte Maschinen (BayObLG, 6, 596); nur lose (ohne Betonbettung, Ummantelung, ohne Verbindung miteinander) in den Erdboden gelegte Rohrleitungen (BGH Urt. v. 16.9.1971 VII ZR 5/70 BauR 1971, 259); lediglicher Austausch und Einbettung in das vorhandene Erdreich eines Heizöltankes, wobei zum Anschluss die bisherigen, vorhandenen Leitungen benutzt werden (BGH Urt. v. 12.3.1986 VII ZR 332/84 BauR 1986, 437); erst Recht für den Bereich maschineller Anlagen, die lediglich ersetzt werden; Abwasser-Kreislaufanlage in einer PKW-Waschanlage, die aus nur einem Stahlblechbehälter mit Zubehör besteht (BGH Urt. v. 15.5.1997 VII ZR 287/95 BauR 1997, 1018); eine lediglich Zusatzheizung/Blockkraftwerk dann nicht, wenn eine Erneuerung der vorhandenen Heizungsanlage nicht gewollt und die Heizungsanlage aus Standardteilen individuell zusammengesucht und installiert wurde (OLG Hamm BauR 1998, 343). Eine Zurechnung als Bauwerk kommt bei einer technischen Anlage immer dann in Betracht, wenn die technische Anlage der Errichtung oder grundlegenden Erneuerung des vorhandenen Bauwerkes dient (BGHZ 53, 43; BGH Urt. v. 15.5.1997 VII ZR 287/95 BauR 1997, 1018; OLG Hamm IBR 1997, 330). Kein Bauwerk sind die Schrankwand aus Serie oder auf Maß als Raumteiler (OLG Frankfurt OLGR 1996, 194), ebenso nicht der Parkettboden (BGH Urt. v. 16.5.1991 VII ZR 296/90 BauR 1991, 603; OLG Hamm BauR 1995, 242; IBR 1999, 120), nicht die bloße Schotterung von Waldwegen (OLG Köln BauR 2000, 1531 [L] = OLGR 2000, 288), nicht Vor-

10

hangschienen und Leuchten (*Dähne/Schelle* »Bauleistungen«). Arbeiten am Grundstück sind der Gartenbrunnen (OLG Düsseldorf NJW-RR 1999, 1182), dünnschichtige Nachmarkierungsarbeiten (OLG Dresden BauR 2001, 815), der Einbau eines Generators in einem kleinen Wasserkraftwerk zum Selbsteinbau (BGH SFH § 638 BGB Nr. 82), eine Kastentransportanlage (OLG Düsseldorf BauR 2003, 409, auch zur Rügepflicht gem. § 377 HGB), die Lieferung und Montage einer Solaranlage (BGH Urt. v. 3.3.2004 VIII ZR 76/03).

c) Herstellende Tätigkeit des Bauhandwerkers

11 Diese ergibt sich aus dem Verzeichnis der Berufstätigkeiten im Baugewerbe entsprechend dem allgemeinen Verzeichnis der wirtschaftlichen Tätigkeiten in der Europäischen Gemeinschaft (**NACE**), dort Ziff. 500 bis 504.6. Das Verzeichnis beruht auf der Baukoordinierungsrichtlinie, Anh. II. Im Übrigen definiert die Baukoordinierungsrichtlinie ebenfalls als Bauwerk »das Ergebnis einer Gesamtheit von Tief- oder Hochbauarbeiten, das seinem Wesen nach eine wirtschaftliche oder technische Funktion erfüllen soll« (dort Art. 1c) wobei es keinen Unterschied macht, ob es sich z.B. um den Rohbauunternehmer, den Schreiner, Installateur, Putzer, Dachdecker, Bodenleger oder Zimmerer handelt, sofern er mit seiner Leistung (Arbeit) bei der Herstellung des Bauwerkes mitwirkt (schon BGH NJW 1956, 1195). Auch in einem Ingenieurvertrag, der die technische Konstruktion und Begleitung bei der Erstellung einer Hebe-/Förderanlage zum Ziel hat, ist die Bauwerkseigenschaft derselben ein Anhaltspunkt dafür, dass der Architekt/Ingenieur bei der Herstellung des Bauwerkes mitwirkt, was auch die Einordnung unter die Verjährungsvorschrift des § 634a Abs. 1 Nr. 1 und 2 BGB für ihn zur Folge hat (BGH Urt. v. 3.12.1998 VII ZR 109/97 BauR 1999, 670; *Palandt/Sprau* § 634a BGB Rn. 14). Dort ist allerdings zu beachten, dass sich Nr. 1 von Nr. 2 darin unterscheidet, dass Nr. 1 Arbeiten an einer Sache und Nr. 2 Arbeiten an einem Bauwerk meint. Nr. 1 betrifft daher den dienstvertraglichen Bereich, z.B. Arbeiten an Planen für Leitungsnetze (BGHZ 121, 94), Nr. 2 die Erstellung z.B. eines Bauplanes.

2. Arbeiten jeder Art, durch die eine bauliche Anlage hergestellt, instand gehalten oder geändert wird

a) Herstellung einzelner Bauteile und Bauglieder

12 Wie sich bereits aus den vorangehenden Beispielen ergibt, liegt **nicht nur** eine Arbeit an einem **Bauwerk** vor, wenn es sich um das **Werk als Ganzes** handelt. Vielmehr fällt darunter **auch** die Herstellung der einzelnen **Bauteile, Bauelemente und Bauglieder** (BGHZ 19, 319, 321; BGH Urt. v. 20.5.2003 X ZR 57/02), ohne dass es darauf ankommt, ob sie einen äußerlich hervortretenden, körperlich abgesetzten Teil des ganzen Baues darstellen (RGZ 57, 377; 63, 313; RG JW 1913, 133; RG Warn. 1916 Nr. 305 [Korkestrich als Teil eines Daches]; BGH Urt. v. 6.11.1969 VII ZR 159/67 BauR 1970, 45 [Fußbodenbelag]; OLG Hamburg OLGR 1943, 76 [Hausfassadenanstrich]). Hierher gehören auch die Lieferung und der Einbau von Schaufensterrahmen (BGH SFH 2.414 Bl. 113), der Verputz, der Dachstuhl, die Gesamtheit der eingesetzten Fenster und Türen, die Be- und Entwässerung, die Warmwasserbereitungsanlage, der feste Einbau einer Kaminanlage oder einer Kachelofen-Kaminanlage (OLG Düsseldorf NJW-RR 1999, 814), die auf das Gebäude zugeschnittene Klimaanlage (OLG Hamm OLGR 1995, 184), die Alarmanlage (BGH Urt. v. 20.6.1991 BauR 1991, 741), zugeschnittene Fertigbauteile (BGH NJW 1968, 1087), fest verklebter Teppichboden auf Estrich (BGH Urt. v. 16.5.1991 VII ZR 296/90 [L] BauR 1991, 515). Fraglich sind allerdings immer noch die Einbauküche, die nach besonderen baulichen Gegebenheiten eingebaut wurde (bejahend: LG Hamburg BauR 1999, 684; verneinend: BGH Urt. v. 15.3.1990 VII ZR 311/88 BauR 1990, 466; OLG Köln NJW-RR 1995, 818), das Einziehen von Zwischenwänden, das Beschichten eines maßgefertigten Behälters (BGH Urt. v. 26.4.1990 VII ZR 345/88 BauR 1990, 603), die Gewässerschutzbeschichtung (OLG Düsseldorf BauR 1994, 762).

Bauleistungen § 1 VOB/A

b) Kein Unterschied in Bezug auf jeweiligen Auftragsumfang
Es macht keinen Unterschied, ob ein Bau einheitlich in Auftrag gegeben worden ist oder ob die zur Gesamtherstellung erforderlichen einzelnen Werkleistungen verschiedenen Unternehmern und Handwerkern aufgetragen worden sind (BGH NJW 1957, 1195), also nach Fachlosen oder Teillosen entsprechend § 4 Nr. 2 oder 3 VOB/A. Voraussetzung ist allerdings, dass die erbrachten Leistungen mit dem Gebäude (nicht unbedingt dem Grundstück) fest verbunden worden sind (BGH Urt. v. 6.11.1969 VII ZR 159/67 BauR 1970, 45). 13

c) Neuherstellung, Erneuerung oder Veränderung eines Gebäudes
Des weiteren ist es **nicht erforderlich,** dass es sich bei einem Bauwerk um eine **Neuherstellung** handeln muss, wovon auch der Wortlaut des § 1 VOB/A seit Fassung 1990 ausgeht. Das Reichsgericht hatte bereits in verschiedenen Entscheidungen zum Ausdruck gebracht, dass Arbeiten »bei einem Bauwerk« sich sowohl auf die Herstellung als auch auf die **Erneuerung** oder **Veränderung** eines Gebäudes beziehen können (RGZ 57, 377, 380; RG Warn. 1912 Nr. 339; RG JW 1913, 133), wozu vor allem auch Umbauten oder Erweiterungsbauten zu rechnen sind, wie z.B. die Umwandlung eines Altbaus in Eigentumswohnungen durch wesentliche bauliche Maßnahmen (BGH Urt. v. 7.5.1987 VII ZR 366/85 BauR 1987, 439), eines früher gewerblich genutzten Gebäudes in eine Eigentumswohnung (BGH Urt. v. 21.4.1988 VII ZR 146/87 BauR 1988, 464) oder eines Bungalows in ein Haus mit zwei Eigentumswohnungen. (BGH Urt. v. 29.6.1989 VII ZR 151/88 BauR 1989, 597; *Löwe* EWiR § 242 BGB 6/89 S. 973; dazu *Brambring* DNotZ 1990, 99). Eine Bauwerksleistung im Sinne einer »Werkschöpfung« ist daher auch die Veränderung einer vorhandenen Heizungsanlage zum Zwecke der Energieeinsparung als Leistungserfolg (BGH Urt. v. 29.6.1981 VII ZR 299/80 BauR 1981, 575), das Ersetzen einer Ofenheizung durch eine Ölzentralheizung mit Warmwasserbereitungsanlage, die Neueindeckung eines Daches. 14

Auf der anderen Seite würde es zu weit führen, würde man jeder **Reparatur** an einem Gebäude den Charakter einer **Bauwerksarbeit** zusprechen (BGH NJW 1956, 1195). So fällt die bloße Ausbesserung von einzelnen Schäden oder Verschleißerscheinungen **nicht immer** in diesen Rahmen (OLG Hamm NJW-RR 1999, 462 [Parkettboden]). Dabei werden letztlich der Umfang der zu erbringenden Leistung und ihre Art maßgebend sein müssen. 15

d) Wesentliche Bedeutung für Konstruktion, Erneuerung und Bestand des Gebäudes
Grundlegend gilt: Das Reichsgericht erkannte bereits als »Bauwerk« Umbauarbeiten an einem Gebäude, wenn sie aufgrund eines nach den Grundsätzen der geschuldeten Werkherstellung ausgerichteten Vertrages geleistet und nach ihrem bestimmungsgemäßen Inhalt und Umfang **für die Konstruktion** des ganzen Gebäudes oder des Gebäudeteiles **von wesentlicher Bedeutung** sind (JW 1913, 133 [Säulenreihen und Unterzüge in vorhandene Eisenkonstruktion]). Ebenso sind dann Arbeiten an einem bestehenden Gebäude oder Gebäudeteil hierher zu zählen, wenn die Bauarbeit für die **Konstruktion, den Bestand und die Erhaltung des Gebäudes von wesentlicher Bedeutung** ist (OLG Naumburg JW 1933, 2017; OLG Hamburg OLGZ 43, 76). 16

Die Rechtsprechung des **BGH schließt daran an:** Nicht nur die Herstellung eines neuen Gebäudes, sondern auch die Arbeiten an einem Bauwerk, die für dessen **Erneuerung und bestimmungsgemäßen Bestand von wesentlicher Bedeutung** sind, sind als Bauarbeiten (Arbeiten an einem Bauwerk) zu verstehen, **sofern** die eingebauten Teile **mit dem Gebäude** (nicht unbedingt mit dem Grundstück) **fest** – d.h. eng und dauerhaft – **verbunden** worden sind (BGH BauR 1970, 45 [Fußbodenverlegung] m.w.N.; BGH BB 1957, 524; BGH NJW 1956, 1195 [Erneuerung eines Schieferdaches]; BGH Urt. v. 8.1.1970 BauR 1970, 47 [Schutzbeschichtung auf Außenputz]; BGH Urt. v. 25.5.1972 BauR 1972, 379 [Erweiterung einer Kreisförderanlage in einer Bonbonfabrik]; KG Urt. v. 22.3.1972 4 U 2241/71 [Neuputz einer Fassade]; BGH VersR 1972, 859 [Verlegung eines Heizrohrnetzes von der Heizzentrale]; BGH Urt. v. 16.6.1977 BauR 1977, 417 [Übernahme auch der erforderlichen Planung baulicher Veränderungen aus Anlass und im Zusammenhang mit der Lieferung und Montage serienmäßig hergestellter Legebatterien]; BGH Urt. v. 30.3.1978 VII ZR 48/77 BauR 1978, 303 [Erneuerung der elektrischen Anlage in wesentlichen Teilen]; BGH Urt. v. 22.9.1983 VII ZR 360/82 BauR 1984, 64 [Neuisolierung der Außenwände des Kellers eines bestehenden Hauses zur Beseitigung von Kellernässe und Verlegung von Dränagerohren an der Seite des Hauses]; BGH Urt. v. 4.12.1986 VII ZR 354/85 BauR 1987, 205 = *Bunte* EWiR § 638 BGB 1/87, 139 [Einbau einer Ballenpresse zur Errichtung einer Papierentsorgungsanlage im Neubau eines Verwaltungsgebäudes nach besonderer Zeichnung, weil hier nicht allein die Lieferung einer fehlerfreien, typisierten Maschine geschuldet war, sondern auch deren plangerechter Einbau und störungsfreier Lauf innerhalb der Förderanlage zu dem im Vertrag vorausgesetzten Entsorgungsgebrauch, wodurch ein unvertretbares Werk i.S.d. § 651 Abs. 1 S. 2 BGB a.F. herzustellen war, zumal die Bestandteile der Papierentsorgungsanlage fest in das Gebäude eingebaut waren, es dabei um die zweckmäßige Errichtung eines mit einer Papierentsorgungsanlage versehenen Bauwerks ging]; BGH Urt. v. 7.5.1987 VII ZR 366/85 BauR 1987, 439 [erhebliche bauliche Einzelarbeiten bei Umbau bzw. Modernisierung eines Altbaues im Rahmen der Schaffung und Veräußerung von Eigentumswohnungen]; BGH BauR 1987, 439 [Abdichtungsmaßnahmen]; LG Düsseldorf BauR 1990, 732 [Austausch sämtlicher Fensterscheiben eines Hauses durch Isolierglasscheiben]; OLG Hamm NJW-RR 1989, 1048 [Umbau einer Scheune in einen Schweinestall durch Einbau von Fütterungsanlagen und Buchtenabtrennungen selbst dann, wenn sie demontierbar und austauschbar sind, da andernfalls der vorgesehene Gebrauch, wie er durch den gänzlichen Umbau erreicht werden soll, nicht erreicht würde]; OLG Oldenburg OLGR 1995, 97 [Arbeiten an einer fest eingebauten Kegelbahn]; OLG Koblenz BauR 1995, 395 [Einbau eines zur Beheizung eines Gebäudes notwendigen Kachelofens]; OLG Düsseldorf IBR 2001, 609 [Spritzkabinen]; OLG Düsseldorf IBR 2001, 610 [zweite Förderanlage für eine bereits fest eingebaute Pulverbeschichtungsanlage]; OLG Düsseldorf OLGR 1999, 308 [Kaminanlage mit notwendiger Vorsegmentierung der Kachelteile]). Eine Pelletieranlage für eine Mühle nebst zu liefernder Betriebssoftware ist ebenfalls Bauwerksarbeit; dabei ist die Pelletieranlage Bauwerk, da sie bereits durch das Gewicht eine auf längere Dauer angelegte Verbindung aufweist (BGH Urt. v. 20.5.2003 IX ZR 57/02 BauR 2003, 1391; BGH Urt. v. 3.12.1998 VII ZR 109/97 BauR 1999, 670). Zur Betrachtungsweise der Software als Teil des Bauwerkes siehe unten Rn. 30.

17 Gleiches gilt für **Ergänzungsarbeiten**, wenn sie – ebenfalls – **zur Erneuerung sowie für den Bestand der baulichen Anlage von wesentlicher Bedeutung sind und** auch hier zur engen und dauerhaften Verbindung mit dem Gebäude führen und die **Zweckbestimmung** bei sachgerechter Betrachtung **auf eine Bauwerksleistung schließen lässt,** wie z.B. der nachträgliche Einbau einer **Klimaanlage** in ein Druckereigebäude (BGH Urt. v. 22.11.1973 VII ZR 217/71 BauR 1974, 57) oder in eine Diskothek (OLG Hamm OLGR 1995, 148); der nachträgliche Einbau einer **Beschallungsanlage** in einen Hotelsaal durch dauerhafte Verbindung mit dem Gebäude, wenn diese Anlage zur Benutzung als Ballsaal sowie für Konferenzen unabweislich nötig ist (OLG Hamburg MDR 1988, 1106); ebenso hinsichtlich einer **Einbruchalarmanlage** für ein Kaufhaus (OLG Hamm BauR 1977, 62), nicht dagegen schon ohne weiteres für ein Wohnhaus (OLG Frankfurt NJW 1988, 2546; offengelassen, ob es sich um eine Bauwerksleistung handelt: BGH Urt. v. 20.6.1991 VII ZR 305/90 BauR 1991, 741 [Arbeit am Grundstück]; siehe auch Rn. 21) oder lediglich Büroräume (OLG Düsseldorf BauR 2000, 732); auch der Einbau einer Hängebahn in eine Werkhalle, wenn es sich um eine grundlegende Erneuerung handelt (BGH NJW 1997, 1982); ebenso gilt dies für eine Sandsiebanlage in ein Siebhaus, das von zentraler Bedeutung für eine Sandaufbereitungsanlage ist (OLG Hamm BB 1997, 330); auch die Zusammenstellung und der feste, dauerhafte Einbau einer **Einbauküche** kommen hier in Betracht (BGH Urt. v. 15.2.1990 VII ZR 175/89 BauR 1990, 351; vgl. dagegen für Norddeutschland BGH Urt. v. 1.2.1990 VII ZR 110/89 BauR 1990, 369; LG Hamburg BauR 1999, 684; BGH Urt. v. 15.3.1990 VII ZR 311/88 BauR 1990, 466; OLG Köln NJW-RR 1995, 818; siehe dazu Rn. 19). Auch die **Umstellung von Koks- auf Ölfeuerung** gehört hierher, wenn ein einheitlicher Bauvertrag vorliegt, der dazu dient, ein teilweise zerstörtes Wohnhaus in einer modernen Wohnansprüchen genügenden Weise wiederherzustellen (BGH Urt. v. 8.3.1973 VII ZR 43/71 BauR 1973, 246). Ebenso trifft dies auf den Einbau eines **Kachelofens** zu, falls es sich um eine fest eingebaute und zur Beheizung notwendige Einrichtung handelt (OLG Koblenz BauR 1995, 395). Die Nachrüstung einer **Müllverbrennungsanlage** mit Rauchgasreinigungsanlage und Notstromanlage ist daher nach VOB/A und nicht nach VOL/A auszuschreiben (VÜA NRW Beschl. v.18.3.1996 415–84-43–1/95), ebenso **Malerarbeiten,** die dazu dienen, durch Bombenschäden entstandene Risse zu beseitigen (LG Bielefeld MDR 1954, 99), und umfangreiche Malerarbeiten, die im Rahmen eines grundlegenden Umbauvorhabens zur vollständigen Renovierung des Hauses dienen (BGH Urt. v. 16.9.1993 VII ZR 180/92 BauR 1994, 101; OLG Düsseldorf OLGR 1993, 17). »Bauwerksarbeit« ist auch der feste Einbau von Spülschränken, insbesondere, wenn dies im Zusammenhang mit anderen Installations- und Sanitäranlagen erfolgt. Gleiches gilt auch für den Einbau einer nichttragenden, im wesentlichen aus Spanplatten, Gips und Stuckmaterial bestehenden Decke, wenn sie mit den Raumwänden fest verbunden ist und nur unter Beschädigung anderer Bauteile entfernt werden kann, weil in diesem Fall auch die gestalterische Funktion und damit die Gesamtheit eines Gebäudes eine wesentliche Rolle spielt (OLG Köln NJW-RR 1989, 209). Auch das nachträgliche **feste** Verlegen **eines Teppichbodens** mittels Klebers in einer Wohnung ist Arbeit bei einem Bauwerk, wenn dieser vom Auftraggeber nach den individuellen Wünschen des Auftraggebers zu liefern, in bestimmter Weise zuzuschneiden und auf Dauer fest mit dem Boden zu verkleben ist; dann handelt es sich nicht nur um eine individuell zu erbringende Leistung, auf die Werkvertragsrecht anzuwenden ist (vgl. § 651 Abs. 1 BGB a.F.), sondern wegen der festen und dauerhaften Verbindung mit dem Gebäude auch um eine Bauwerksarbeit, wobei diese Leistung für den Erhalt und die bestimmungsgemäße Nutzung der Wohnung für den Auftraggeber von wesentlicher Bedeutung ist (BGH Urt. v. 20.6.1991 VII ZR 223/90 BauR 1991, 605; offengelassen noch: BGH Urt. v. 9.3.1970 VII ZR 200/68 BauR 1970, 106).

Wie die vorstehenden Beispiele zeigen, ist die genannte Voraussetzung einer **dauerhaften Verbindung mit dem Gebäude** letztlich auch im technischen und nicht nur im rechtlichen Zusammenhang zu sehen, wobei vor allem die Verkehrsanschauung eine maßgebliche Rolle spielt, insbesondere unter Berücksichtigung der Zweckbestimmung im Einzelfall (BGH Urt. v. 15.2.1990 VII ZR 175/89 BauR 1990, 351). Damit wird klar, dass **Arbeiten an einem Bauwerk nicht nur vorliegen, wenn dadurch wesentliche Bestandteile eines Grundstückes i.S.d. § 94 BGB geschaffen werden,** wie das der Fall sein kann z.B. beim Einbringen von Heizkesseln in einen Rohbau (BGH Urt. v. 27.9.1978 VII ZR 36/77 BauR 1979, 149), bei einer Zentralheizungsanlage (BGH NJW-RR 1990, 158), ebenso bei einem auf dafür bestimmten Betonhöckerfundamenten aufgestellten Pavillonbau (BGH NJW 1978, 1311) oder einem Holzfertighaus, das auf einem dafür bestimmten, im Boden eingelassenen Betonfundament sowie einer Balkenunterkonstruktion errichtet wird (OLG Karlsruhe Justiz 1983, 13) oder bei einer ohne Fundament oder Verankerung aufgestellten Fertiggarage (BFH NJW 1979, 392; OLG Düsseldorf BauR 1982, 164; ablehnend: *von Craushaar* FS Korbion S. 27 ff.), ferner bei Einbau einer leistungsfähigen Be- und Entlüftungsanlage in einem Gaststättengroßbetrieb mit Kegelzentrum (OLG Hamm NJW-RR 1986, 376), bei Einbau einer Klimaanlage in einer Diskothek (OLG Hamm OLGR 1995, 184), bei Einbau einer Alarmanlage in einem Wohnhaus (BGH Urt. v. 20.6.1991 VII ZR 305/90 BauR 1991, 741), bei Einbau einer Kompressoranlage als Bestandteil eines Werkstattgebäudes für den Betrieb eines Autohauses (OLG Jena OLGR 1996, 73); bei einer **Einbauküche** (BGH Urt. v. 12.12.1989 VII ZR 311/88 BauR 1990, 241; OLG Celle NJW-RR 1989, 913; OLG Hamburg MDR 1978, 138; OLG Köln NJW-RR 1995, 818; LG Hamburg BauR 1999, 684; a.A. OLG Hamm NJW-RR 1989, 333; KG BauR 1996, 1010), bei einer fest eingefügten, dem Baukörper angepassten Schrankwand (OLG Köln BauR 1991, 759; ablehnend: OLG Frankfurt OLGR 1996, 194). Squash-Courts, die in eine Halle eingebaut werden, die dann als Squash-Anlage betrieben werden soll, werden zu wesentlichen Bestandteilen der Halle (§ 94 Abs. 2 BGB), weil sie zur Herstellung des Gebäudes eingefügt werden (OLG München S/F/H/K § 94 BGB Nr. 5).

Vielmehr liegen Bauwerksleistungen auch bei solchen Arbeiten vor, die unter Erfüllung der übrigen Voraussetzungen **lediglich** zu einem **Scheinbestandteil eines Grundstückes** führen (§ 95 BGB), wie z.B. ein von einem Mieter errichtetes Gebäude, das nach Ablauf des Mietvertrages wieder entfernt werden soll (BGH Urt. v. 12.5.1976 VIII ZR 26/75 BauR 1976, 358). Deshalb **kann eine als Ladengeschäft genutzte »Containerkombination« ein Bauwerk i.S.v. § 634a Abs. 1 Nr. 2 BGB sein** für den Fall, dass damit die Funktion eines ortsfesten Blumenladens erreicht werden soll, woraus sich die typischen Risiken für Gebäude ergeben, und sofern eine hinreichende Verbindung mit dem Grundstück vorliegt (BGH Urt. v. 18.3.1992 IV ZR 87/91 BauR 1992, 369 [Dachreparatur]). Ebenso gilt dies für Tragluftsporthallen, Toiletten für einen Zeltplatz usw. Hiernach kann von **Bauwerken auch** gesprochen werden, wenn es sich nicht um wesentliche Bestandteile handelt. Lichtzeichenanlagen sind als Zubehör Bestandteil der Straße und damit bauliche Anlage; deren Wartung und Störungsbeseitigung steht der Sanierung gleich (BayObLG IBR 2000, 305 zur Einbeziehung in einen VOB-Vertrag).

Die §§ 93 ff., 946 BGB einerseits und die §§ 634a, 648, 648a BGB andererseits haben **unterschiedliche rechtliche Funktionen.** Während den **sachenrechtlichen** Bestimmungen vor allem die Ziele der Erhaltung wirtschaftlicher Werte und der Sicherheit des Rechtsverkehrs zugrunde liegen, dienen die **§§ 634a, 648, 648a BGB** dem **Interessenausgleich** zwischen den Vertragspartnern des Werkvertrages (BGH Urt. v. 3.12.1998 VII ZR 109/97 BauR 1999, 670). Ein Vertrag über Lieferung und Montage von Heizkörpern ist nicht dem Kaufvertragsbereich zuzuordnen, weil die Heizkörper dauerhaft mit dem Gebäude verbunden sind. Dass sie sich leicht wieder abmontieren lassen spielt keine Rolle, da das Gebäude ohne Heizkörper nicht mehr als fertiges Gebäude anzusehen wäre, da die Heizkörper von wesentlicher Bedeutung für seinen Bestand sind und es sich daher um eine Werkleistung handelt (entgegen OLG Köln BB 1982, 1578; zum Verhältnis des § 94 BGB zu Bauwerksleistungen: *von Craushaar* BauR 1979, 449; 1980, 112; FS Korbion S. 27; *Booz* BauR 1981, 107).

Gerade für den hier erörterten Bereich macht es **keinen Unterschied,** ob der Einbau der betreffenden Teile **vom Grundstückseigentümer** oder durch einen **Mieter, Pächter** usw. veranlasst worden ist (BGH Urt. v. 20.6.1991 VII ZR 305/90 BauR 1991, 741).

e) Weitere Abgrenzung zum Bauwerksbegriff

19 Dagegen: Nicht »Bauwerksarbeit« sind bei Beachtung der hier genannten Voraussetzungen der Entwurf und die Anfertigung einer Freskomalerei an der Außenwand eines Hauses, auch nicht der bloße Umbau einer vorhandenen Lichtleitung (BGH Urt. v. 28.1.1971 VII ZR 173/69 BauR 1971, 128), ebenfalls nicht die Anbringung einer **Neonleuchtreklame** an einem Ladengeschäft (OLG Hamm NJW-RR 1990, 789; OLG München BauR 1992, 63 – allerdings unzutreffend verneinend »Arbeiten am Grundstück«; vgl. auch Rn. 21), auch nicht die Herstellung und Lieferung nebst Einbau von **Info-Theken** für eine Bank (OLG Düsseldorf NJW-RR 1998, 347). Dies darf nicht verallgemeinert werden; vielmehr kommt es nicht so sehr auf die Funktion der Leuchtreklame an, sondern darauf, wie ihre Einordnung in das Gebäude erfolgt, vor allem, ob sie sich als erweiternder Bauteil darstellt. Das ist der Fall, wenn die Leuchtreklame sich als Einbau in ein – auch bestehendes – Gebäude i.S.d. Erweiterung eines Geschäftshauses auf Dauer darstellt und wegen ihrer Größe und Verbindung mit dem Haus dessen Bestandteil geworden ist. Dann handelt es sich um eine Bauwerksarbeit (OLG Hamm BauR 1995, 240).

20 Nicht Bauwerksleistungen sind im Übrigen wiederum einfache, für den Erhalt und die Funktion des bestehenden Bauwerkes nicht **erforderliche Anstreicherarbeiten,** die im Wesentlichen nur der Verschönerung und nicht der Substanzerhaltung dienen (BGH S/F/H/K Z 2. 414 Bl. 106 R und Z 2.414 Bl. 150; OLG Köln NJW-RR 1989, 1181). Auch gilt dies für **lose verlegte,** wenn auch zugeschnittene Teppichböden (LG Hamburg NJW 1979, 721; LG Düsseldorf BauR 1999, 686; a.A. LG Köln NJW 1979, 1608). Anders verhält es sich dann, wenn es sich um die Neuverlegung von Teppichböden in den Fluren eines Hochhauses mit einem Auftragswert von damals über 200.000 DM handelt, da hier die handwerkliche Arbeit mit dem Ziel der ordnungsgemäßen Benutzbarkeit des Bauwerkes im Vordergrund steht (OLG Köln BauR 1986, 441); erst recht dann, wenn es sich um individuell bestellte, zugeschnittene **und fest verlegte** Teppichböden handelt (vgl. oben Rn. 16). Demgegenüber ist die bloße Lieferung und Montage einer Markise an der Außenwand eines Gebäudes noch keine Bauwerksarbeit (LG Rottweil DB 1982, 239; OLG Köln VersR 1990, 436). In rechtlicher Hinsicht ist es auch keine Bauwerksarbeit, wenn nachträglich bei einem fertigen und bereits benutzten Wohnhaus auf einer Dachterrasse lediglich ein Dachgarten angelegt wird, es sich also um bloße Begrünungsarbeiten ohne Eingriff in die Bausubstanz handelt (OLG München NJW-RR 1990, 917). Pflege- und Wartungsarbeiten ziehen keine nennenswerten Substanzeingriffe nach sich und sind keine Bauwerksleistungen.

Maßgebend für die Beurteilung ist die Bedeutung der **Arbeit** im angegebenen Sinne, wobei auch der Auftragsumfang Anhaltspunkte geben kann. So kann es sein, dass Elektroarbeiten, die lediglich der Fertigstellung bestimmter – unwesentlicher – Restarbeiten eines anderen Unternehmers dienen, nicht mehr als Bauarbeit im Rahmen des Bauwerksbegriffes anzusehen sind, obwohl das nach dem ursprünglich dem anderen Unternehmer erteilten Auftrag der Fall war. Nicht Bauwerksarbeit sind die Lieferung und der bloße Anschluss eines serienmäßig hergestellten Heizöltanks, der lediglich in das Erdreich eingebettet und an die vorhandene Ölheizung angeschlossen wird, wenn es sich **nur um die Auswechslung des vorhandenen Tanks** handelt, die Leistung also nicht im Zusammenhang mit der Errichtung, Erneuerung oder Ergänzung eines Gebäudes o.Ä. steht; dann **überwiegt das reine Umsatzgeschäft**, so dass hier **Kaufvertragsrecht** nach den §§ 433 ff. BGB Anwendung findet (siehe auch § 651 BGB n.F.); das gilt vor allem, wenn der auf die Montage entfallende Teil der Vergütung im Verhältnis zur Gesamtvergütung ausgesprochen gering ist (BGH Urt. v. 12.3.1986 VIII ZR 332/84 BauR 1986, 437; ablehnend: *Motzke* NJW 1987, 363; dem folgend: Beck'scher VOB-Komm./*Jagenburg* Vor § 1 VOB/B Rn. 74, der vor allem übersieht, dass es sich hier nicht um eine maschinelle Einrichtung handelt). Auch der Hinweis von *Motzke* auf einzelne Regelungen der DIN 18380 führt nicht zu einer anderen Entscheidung. Abgesehen davon, dass DIN-Vorschriften kaum entscheidendes Kriterium für die letztlich maßgebende rechtliche Einordnung sein können, ist zu bedenken, dass die genannte DIN dies auch nicht will; vielmehr verfolgt sie ersichtlich das Ziel, zu bestimmen, welche Einzelleistungen bei Heizungs- und zentralen Brauchwassererwärmungsanlagen Bauwerksleistungen sein können, ohne aber damit festzulegen, wie es sich dem Vertragstyp nach verhält, wenn nur ganz bestimmte Einzelteile den Vertragsinhalt bestimmen. Das Gesagte trifft dann auch auf den bloßen Austausch des Heizkessels bei einer vorhandenen Heizungsanlage (LG Aachen NJW 1988, 1399) sowie Reparaturarbeiten an einer Wärmepumpe zu, zumal diese nur der Energieeinsparung, nicht aber der Funktion der Heizung selbst dient (OLG Köln, SFHK § 638 BGB Nr. 64). Folgerichtig gilt das auch für die Lieferung und Montage einer handelsüblichen Markise, die mit geringem Montageaufwand anzubringen und wieder abzunehmen ist (OLG Düsseldorf NJW-RR 1992, 564), ebenso für die Überholung einer, wenn auch umfangreichen, Markisenanlage (OLG Hamm BauR 1999, 39). Dies trifft ebenfalls zu, wenn mit Montage nicht die Erstellung einer Förderanlage in Auftrag gegeben wird, sondern nur zwei Pendelbecherwerke eines bestimmten Typs und ein Tragkettenförderer zu einem Gesamtpreis erworben werden (BGH Urt. v. 22.7.1998 VIII ZR 220/97 BauR 1999, 39). Gleiches gilt im Hinblick auf eine Maschine, die zwar auf Fundamenten mit dem Hallenboden verankert ist, deren Wegnahme aber die Halle ohne weiteres auch anderweitig verwendbar macht, bei der später auftretende Mängel nur solche an der Maschine und nicht an der Verbindung zum Gebäude betreffen (OLG Düsseldorf NJW-RR 1987, 563). Die Verwendung von HMV-Asche (Hausmüllverbrennungsasche) als Füllmaterial unter einer Bodenplatte, wodurch diese infolge Aufquellens der Asche reißt, ist zwar als werkvertragliche Leistung einzuordnen, jedoch richten sich die **Schadenersatzansprüche** gegen den Lieferanten nach Kaufvertragsrecht (§§ 444, 463 BGB a.F. = § 444 BGB n.F.M.; LG Köln IBR 2003, 248).

Demgegenüber liegt eine **Bauwerksarbeit** vor, wenn der Unternehmer in einem Öltank des Hauses eine Leckschutzauskleidung vornimmt, die über die bloße Instandsetzung hinausgeht, wobei der Öltank in das Erdreich eingebettet und an die vorhandene Ölzufuhrleitung mit einem gemauerten Domschacht angeschlossen ist (OLG Hamm NJW-RR 1996, 919). **Anders** ist es ebenfalls, wenn es um den Einbau einer **Einbauküche** geht, und zwar auch, wenn dieser nachträglich erfolgt und es sich um eine Küche handelt, deren Teile aus einem Programm aus serienmäßig hergestellten Küchenmöbeln einschließlich mehrerer, näher bezeichneter Elektrogeräte bestehen, **sofern** die Einbauteile und -geräte nach einem auf den Grundriss abgestellten Einbauplan zu liefern, zusammenzusetzen, an Ort und Stelle einzupassen und an das Wasser- und Elektronetz anzuschließen sind, der Auftragnehmer also unter Verwendung von vertretbaren Sachen ein unvertretbares, gerade für die Bedürfnisse und Zwecke des Auftraggebers geeignetes Werk herzustellen hat. Dabei kommt es nicht etwa auf ein prozentuales Verhältnis zwischen Küchenmöbeln und -geräten und der Montage an, weil ein solcher Zahlenvergleich den werkvertraglichen Leistungsteil nicht hinreichend wiedergibt; vielmehr ist entscheidende Beurteilungsgrundlage, dass ein individuelles Werk unter Mitwirkung bei der Planung herzustellen ist, das anderweitig nicht oder nur schwer absetzbar ist (BGH Urt. v. 15.2.1990 VII ZR 175/89 BauR 1990, 351; KG NJW-RR 1996, 1010; OLG Koblenz MDR 1998, 639). Hier ist allerdings § 651 BGB n.F. und die Verweisung bei der Herstellung von neuen beweglichen Sachen zu beachten. Sind die betreffenden Teile der Einbauküche **fest mit dem Gebäude verbunden,** und zwar **eng und auf Dauer,** so dass sie nur **zerstörerisch voneinander zu trennen** sind, so handelt es sich um eine Leistung bei Bauwerken mit der Verjährungsfrist für Gewährleistungsansprüche nach § 634a Abs. 1 Nr. 2 BGB bzw. § 13 Nr. 4 VOB/B (zur alten Rechtslage des § 638 BGB: BGH Urt. v. 15.2.1990 VII ZR 175/89 BauR 1990, 351; KG NJW-RR 1996, 1010; für den norddeutschen Bereich: BGH BauR 1990, 369; OLG Köln NJW-RR 1995, 818). Das Gesagte gilt folgerichtig auch für den Fall, dass es um Arbeiten zur Fertigstellung einer erst teilweise gelieferten und montierten Einbauküche geht, falls noch wesentliche Teile (z.B. Arbeitsplatten) einzubauen sind (OLG Hamm BauR 1992, 242).

22 Zu unterscheiden sind die **reinen Instandhaltungsmaßnahmen** und die **Instandsetzungsarbeiten** (insbesondere im WEG-Recht maßgeblich), da sie sowohl grundstücksbezogen, als auch gebäudebezogen sind. **Instandhaltungsmaßnahmen** sind als reine grundstücksbezogene Tätigkeiten, wie die Reinigung, Pflege, Wartung, **nicht oder sehr geringfügig substanzeingreifend** (*Cuypers* Instandhaltung und Änderung baulicher Anlagen S. 161 ff.), dagegen sind die **Instandsetzungsarbeiten** bauwerksbezogen. Diese Arbeiten gehen einher mit **fühlbaren Eingriffen** in die vorhandene – zustandsunabhängige – Bauwerksubstanz. Der Begriff der Reparatur ist daher unscharf für diese Unterscheidung, denn Reparatur kann auch die Auswechselung einer Glühbirne, Leuchtstoffröhre und »Starter«, Schmieren quietschender Türen sein. Daher ist die Reparatur im eigentlichen Sinne keine Bauwerksleistung oder Bauwerksarbeit, wenn sie zu keinen nennenswerten Substanzeingriffen Anlass gibt. Erst wenn die Verschleißarbeiten oder kleineren Schäden am Gebäude eine Dimension erreichen, die von einigem Gewicht für die Erhaltung des Bauwerks sind, ist die Grenze überschritten (siehe schon BGH NJW 1956, 1195). **Instandhaltungsarbeiten** sind daher: Reinigungs-, Pflege-, Wartungs- und Inspektionsleistungen; Beseitigung von Verschleißerscheinungen, kleinen Schäden, Verschönerungsarbeiten – wie Anbringen von Gemälden, Plakaten, großflächigen Stoffbespannungen (Werbeaktionen); Umbauarbeiten ohne wesentlichen Eingriff in die Bausubstanz – wie Aufputzverlegung von Elektroleitungen, Wasserleitungen in nicht nennenswertem Umfang; Unterputzverlegung einer vorhandenen Elektroleitung (BGH Urt. v. 28.1.1971 VII ZR 173/69 BauR 1971, 128).

Damit stellt sich die Abgrenzungsfrage bei **Wartungsverträgen**: Instandhaltungsverträge nach DIN 31051 sind gem. § 634a Abs. 1 Nr. 1 BGB als Werkvertrag einzuordnen. Geschuldet wird dabei als nicht gegenständlicher werkvertraglicher Erfolg der möglichst wenig störanfällige Zustand der zu betreuenden Anlage (OLG Düsseldorf NJW-RR 1988, 441) und die Erhaltung (OLG Stuttgart BB 1977, 118 [Computerwartungsplan mit Austausch von Verschleißteilen]; OLG München CR 1989, 283 [EDV-Anlage in arbeitsfähigem Zustand halten]). Auch Kundendienstverträge zählen dazu (OLG München OLGZ 91, 356 [Vertrag zur Wartung von Gas- und Ölbrenner zu einem Pauschalpreis]). In den Verträgen ist zumeist nicht Gegenstand der störungsfreie Betrieb einer technischen

Einrichtung als solche. Der möglichst störungsfreie Zustand wird zudem auch nur insoweit geschuldet, als dieser durch sorgfältige und regelmäßige Wartung herbeigeführt werden kann (OLG München CR 1989, 283). Was ein möglichst störungsfreier Betrieb ist, hängt von den Leistungen ab, zu denen der Auftragnehmer sich verpflichtet hat. Bei einem Vollwartungsvertrag ist der geschuldete Erfolg höher, als bei einer bloßen Wartungsaufgabe, ohne Verpflichtung die Anlage bei Störung wieder in Betrieb zu setzen. Wird bei einem Bauwerksvertrag nicht nur die Betriebbereitschaft der gesamten Anlage (z.B. Mehrfamilienhausanlage) i.S.d. vorhandenen technischen Einrichtungen (also Pumpen, Heizung, Wasseraufbereitungsanlage), sondern auch die Übernahme von Gewährleistungsarbeiten i.V.m. einer Verlängerung der Gewährleistungsregelungen vereinbart, ist das Werkvertragsrecht des BGB anzuwenden. Denkbar ist die Vereinbarung der VOB, wenn die Regelungen für Verbraucher (§ 13 BGB) beachtet werden. Dienst- und Mietvertragsrechte sind allgemein nicht anwendbar (allgemein zu Wartungsverträgen: *Fischer* Wartungsverträge 2. Aufl. 2003).

Instandsetzungsarbeiten sind dann Bauwerksarbeiten, wenn sie für **Bestand und Erneuerung des** **23** **Gebäudes von wesentlicher Bedeutung** sind. Dabei sind Instandsetzungs- und Umbauarbeiten dann als »Arbeiten bei Bauwerken« anzusehen, wenn entsprechende Leistungen bei Neuerrichtung »Arbeiten an Bauwerken« wären und wenn sie nach Umfang und Bedeutung mit solchen Neubauarbeiten vergleichbar wären (OLG Düsseldorf BauR 2003, 1938 [L]). Dies sind Abdichtungsarbeiten am Dach oder Isolierung eines Gebäudes bei Feuchtigkeitsschäden (BGH Urt. v. 22.9.1983 VII ZR 360/82 BauR 1984, 64; BGH Urt. v. 7.5.1987 BauR 1987, 439; *Jagenburg/Pohl* BauR 1998, 1075; *Schreiter* BauR 1998, 1082), auch im Hinblick auf DIN 18195 die Erneuerung einer Fassade zur Konservierung (BGH BauR 1970, 47; BGH Urt. v. 22.9.1983 VII ZR 360/82 BauR 1984, 64; BGH Urt. v. 7.5.1987 BauR 1987, 439; BGH Urt. v. 16.9.1993 VII ZR 180/92 BauR 1994, 101; OLG Düsseldorf BauR 1992, 679), ebenfalls zur Erhaltung Isolier-, Putz-, Beschichtungs- oder gar Malerarbeiten. Die Erneuerung einer Dachabdeckung gehört ebenso wie die Abdichtung von Flachdächern (BGH NJW 1956, 1195) hierzu; ebenfalls dazu zählen der Einbau einer tragenden Decke (OLG Köln NJW-RR 1989, 209) und die Installation einer Nachtspeicherheizung in neu aufgeteilten Eigentumswohnungen (BGH NJW 1978, 1522). Auch beim Umbau eines Altbaues mit nachträglichem Dachausbau sind die Mindestanforderungen des Schallschutzes gem. DIN 4109 (1989) zum jeweiligen Instandsetzungszeitpunkt (hier: 1997/1998) und nicht nur die Forderungen des Bauamtes einzuhalten (LG Hamburg IBR 2003, 251).

Außerdem: **Modernisierungsmaßnahmen** werden in § 3 Nr. 6 HOAI beschrieben. Damit sind **bau-** **24** **liche Maßnahmen zur nachhaltigen Erhöhung des Gebrauchswertes** des Bauwerks gemeint. Der Gebrauchswert bestimmt sich nach Nutzen, funktioneller Eigenschaft und Wirtschaftlichkeit. So können vom Begriff her auch die Erweiterungsbauten, Umbauten, Instandsetzungen und Instandhaltungen dazu zählen. Praktisch sind das die Verbesserungen am Bestand, wie Belichtung, Belüftung, Wärme- und Schallisolierung, Umbauten zur Raumnutzung und Erweiterung, erhebliche Anpassung an den Stand der Technik.

Der Begriff der **Sanierung** ist begrifflich unscharf. In Abgrenzung zum Begriff der Renovierung werden damit tief greifende Eingriffe in die Bausubstanz gemeint. Damit soll eine **erhebliche Anpassung an den Stand der Technik** erreicht werden.

Renovierung (siehe auch *Samson/Himmelstjerna* Gewährleistungsprobleme bei der Sanierung und Renovierung von Altbauten S. 8 ff.; *Cuypers* Rechtshandbuch der Sanierung und Modernisierung von Gebäuden S. 6; *Koeble* Rechtshandbuch Immobilien Nr. 26) dient der Werterhaltung des Bauwerkes durch Wartung, Instandhaltung, Instandsetzung. Tiefgreifende Substanzeingriffe sind damit aber nicht verbunden. Alters- und verschleißbedingte Mängel sind Gegenstand der Bearbeitung sowie aufgetretene einzelne Beschädigungen und Verschönerungen.

3. Auch von der VOB erfasste Ausnahmen

a) Instandsetzungsarbeiten

25 Allerdings gilt auch für die **VOB** eine **wichtige Ausnahme:** Auch Arbeiten, die **nicht** dem Begriff des »Bauwerkes« unterzuordnen sind, die also für die Erneuerung und den Bestand nicht von wesentlicher Bedeutung sind, wie die vorausgehend (vgl. Rn. 14) ausgeschiedenen reinen Ausbesserungs- und Instandsetzungsarbeiten (OLG Celle NJW 1954, 1607 [Anstricherneuerung]; LG München NJW 1970, 942) sowie Wartungs- und Störungsbeseitigungsarbeiten (BayObLG IBR 2000, 305 [Wartung und Störungsbeseitigung an Lichtzeichenanlagen einer Straße]) oder die genannten sonstigen, bloß ergänzenden Arbeiten **können Gegenstand eines VOB-Bauvertrages sein, wenn nicht die Leistung bzw. Lieferung einem anderen Vertragstyp als dem des Werkvertrages, wie z.B. einem Kaufvertrag, zuzuordnen ist.** Dies ergibt sich einmal aus der jetzigen Umschreibung des Bauleistungsbegriffes in § 1 VOB/A (siehe auch oben Rn. 3), des Weiteren aber auch aus § 13 Nr. 4 VOB/B. Es handelt sich in diesem Bereich dann nämlich im Allgemeinen um »**Arbeiten an einem Grundstück**«. Dies ist ein **Rechtsbegriff** (BGH Urt. v. 9.3.1970 VII ZR 200/68 BauR 1970, 106; vgl. auch BGH SFH Z 2.414 Bl. 106 ff. und SFH Z 2.414 Bl. 150 ff.). So sind lediglich und ohne Zusammenhang mit einer Neuerrichtung in Auftrag gegebene Abbrucharbeiten ebenfalls dem Bauleistungsbegriff in § 1 VOB/A unterzuordnen, da sie jedenfalls Arbeiten an einem Grundstück sind (siehe auch zu den von § 1 VOB/A nunmehr ausdrücklich erfassten Abbrucharbeiten unten Rn. 63 ff.).

b) Erdarbeiten

26 Hierzu gehört auch alles, was »eigentlich« als Arbeiten an einem Grundstück zu gelten hat. Begrifflich ist **in diesem weiteren Bereich** naturgemäß auch die bloße, auf sich allein abgestellte Veränderung des natürlichen Zustandes des Grund und Bodens zu verstehen (BGH Urt. v. 16.9.1971 VII ZR 5/70 BauR 1971, 259), also die alleinige Gestaltung oder Bewegung des Erdbodens, wie z.B. durch die für sich allein in Auftrag gegebene Gartengestaltung, das einfache Nachziehen eines Bachbettes, landschaftsgärtnerische Arbeiten, reine Planierarbeiten ohne Zusammenhang mit einer als Bauwerk anzusehenden Leistung, Erdauffüllungs- und Bodenverdichtungsarbeiten nur in den Außenanlagen eines Neubaus (OLG Hamm OLGR 1996, 28). Auch dieses unterfällt dem Begriff der baulichen Anlage (vgl. oben Rn. 3).

27 **Anders** liegt es, wenn mit Hilfe von Erde Dämme, Molen usw. dauerhaft errichtet werden. Das sind wiederum Bauwerke, da insoweit die Erde, die von anderer Stelle – und sei es auch aus unmittelbarer Nähe – abtransportiert und dann aufgeschüttet (verarbeitet) wird, Material (vgl. Rn. 4 ff.) ist.

28 Entgegen früher verbreiteter Ansicht sind in einem in sich abgeschlossenen Auftrag und ohne weitere Leistungen vergebene **Ausschachtungsarbeiten für eine Baugrube, sofern diese die eigentliche Bauerrichtung notwendigerweise ermöglicht,** nicht als Arbeiten an einem Grundstück, sondern als **Arbeiten an einem Bauwerk** in dem erörterten Sinne (vgl. Rn. 4 ff.) anzusehen (BGH Urt. v. 24.3.1977 VII ZR 220/75 BauR 1977, 203; vgl. hierzu *Hahn* BauR 1980, 310). Geht man davon aus, dass der Begriff »Bauwerk« wesentlich von der Verkehrsanschauung bestimmt wird (vgl. Rn. 5), so trifft die Ansicht des BGH zu, dass sich die Ausschachtungsarbeiten **demnächst bestimmungsgemäß im Bauwerk** »**verkörpern**« und deshalb auch sie mit zur mangelfreien Herstellung des Bauwerkes bestimmt sind. Werden bei der Ausführung Fehler gemacht, so schlägt sich das in einer zusätzliche kostenverursachenden Bauausführung nieder, wodurch der **untrennbare Zusammenhang mit dem Bauwerk** selbst dokumentiert wird. Auch nach allgemeinem Sprachgebrauch gehören die Ausschachtungsarbeiten mit zu den Rohbauarbeiten, also mit zu den Bauwerksleistungen (BGH Urt. v. 24.3.1977 VII ZR 220/75 BauR 1977, 203); Gleiches gilt für sich allein für in Auftrag gegebene **Verfüllungsarbeiten** (OLG Hamm BauR 1996, 399).

Bauleistungen § 1 VOB/A

Zu **Baugrund- und Tiefbauarbeiten sowie Tiefbauhilfsgewerken** vgl. *Englert/Grauvogel/Maurer* Handbuch des Baugrund- und Tiefbaurechts 3. Aufl. Rn. 705 ff.

4. Herstellung »beweglicher Sachen« als Bauleistungen?

a) Seltene Fälle

Auch **kann es** für **den Rahmen eines** Bauvertrages nach der VOB noch eine **weitere Fallgruppe** geben, die weder unter den Begriff des »Bauwerks« (vgl. Rn. 4 ff.) noch unter den der vorangehend erwähnten »Arbeiten an einem Grundstück« einzuordnen ist. So können als »Arbeiten jeder Art, durch die eine bauliche Anlage hergestellt, instand gehalten, geändert oder beseitigt wird« mit vertraglich festgelegtem Endziel der Leistung **auch bewegliche Gegenstände hergestellt** werden, die allein dadurch noch keine Verbindung mit Grund und Boden haben. Zu denken ist dabei z.B. an die bloße Verlegung jederzeit wieder entfernbarer Teppichfliesen (OLG Hamm BauR 1995, 244). Auch gilt dies für den Bau von **Stahlbetonpontons,** die später bei der eigentlichen Bauherstellung benötigt werden. Eine solche **vorbereitende** Leistung kann **ebenfalls** einem **VOB-Vertrag zugänglich sein.** Insoweit werden aber **seltene Ausnahmen** vorliegen, zumal für sie die Herstellung mittels Baustoffen oder Bauteilen Voraussetzung ist (vgl. Rn. 53 f.). Außerdem sind wiederum § 634a Abs. 1 Nr. 2 BGB und § 13 Nr. 4 VOB/B zu beachten. 29

b) Arbeiten bei einem Bauwerk

Davon scharf zu unterscheiden sind wiederum **Leistungen (Bauarbeiten), die der Herstellung durch Bearbeitung an sich – noch – beweglicher Gegenstände dienen,** die jedoch dann von dem Auftragnehmer, der dem Auftraggeber gegenübersteht, auftragsgemäß in ein Bauwerk einzubauen sind, daher **als Arbeiten bei einem Bauwerk gelten.** Das trifft zu, wenn ein Bauhandwerker Gegenstände, die **für ein bestimmtes Bauvorhaben verwendet werden sollen** – also nicht im bloßen Vorrat bei ihm vorhanden sind –, von einem anderen Unternehmer (Subunternehmer) bearbeiten lässt (z.B. Eloxieren von Fenster- und Türrahmen), auch wenn diese Arbeiten nicht auf der Baustelle ausgeführt werden (BGH Urt. v. 12.10.1978 VII ZR 220/77 BauR 1979, 54), sofern für den anderen Unternehmer die **Verwendung der bearbeiteten Teile in einem bestimmten Bauvorhaben erkennbar** ist, was regelmäßig der Fall sein dürfte. **Ferner**: Lässt ein Subunternehmer Gegenstände, die für ein **bestimmtes** Bauwerk verwendet werden sollen, zuvor von einem weiteren Subunternehmer bearbeiten (z.B. durch Beschichten eines maßgefertigten Behälters), so handelt es sich auch bei dessen Arbeiten jedenfalls **dann um solche »bei Bauwerken«, wenn der weitere Subunternehmer die Zweckbestimmung seiner Leistung kennt** (BGH Urt. v. 26.4.1990 BauR 1990, 603), wobei auch hier die Erkennbarkeit genügt. Folgerichtig muss das Gesagte **auch** gelten, wenn aufgrund eines **Vertrages gem. § 651 BGB Gegenstände zur Verwendung in einem bestimmten Bauwerk hergestellt,** also nicht nur bearbeitet werden (BGH Urt. v. 27.3.2006 BauR 1980, 355). Das kommt z.B. in Betracht im Falle des Auftrages über den Entwurf, die Herstellung, Lieferung und Montage von Leuchten (LG Arnsberg NJW-RR 1993, 341). Auch hier beträgt die Gewährleistungsfrist 5 Jahre bzw. nach § 13 Nr. 4 VOB/B als Regelfrist 4 Jahre (dazu *von Craushaar* BauR 1979, 449; *Wirth* Rechtsfragen des Baustoffhandels Rn. 128 ff.). Die Erstellung einer **Steuerungssoftware**, die unabhängig von der Erstellung einer Mühle und des Einbaues und der Steuerung einer **Pelletieranlage** dient, ist als Arbeit **bei einem Bauwerk** anzusehen, wenn der beauftragte Unternehmer weiß, dass der von ihm herzustellende Gegenstand für ein bestimmtes Bauwerk verwendet werden soll (ggf. über vertragliche Hinweise). Zu unterscheiden ist dabei, ob der Hauptunternehmer hierfür einen Subunternehmer einschaltet (= keine Arbeit bei einem Bauwerk) oder ob der Auftraggeber separat selbst einen Unternehmer für die Erstellung der Betriebssoftware beauftragt (= Arbeit bei einem Bauwerk). Damit werden die Bauwerksgefahren übertragen, eine wertende Sichtweise ist daher anzusetzen (BGH Urt. v. 20.5.2003 X ZR 57/02 BauR 2002, 1391). Die Betrachtungsweise, wonach einzelne Vertragsteile künstlich aufgestückelt werden und die Betriebssoftware als Steuerung des in das Gebäude eingebrachten Gerätes eine eigenständige Rechtssubjektivität entwickelt, ist danach grundsätzlich abzu- 30 lehnen, denn das Gerät kann nicht ohne die Steuerung betrieben werden. Das Gerät selbst kann allerdings aufgrund der Schwere eine eigene Bauwerkseigenschaft haben (BGH BauR 2003, 1391 zu Pelletieranlage).

5. Bauerhaltungs- und Bauvorbereitungsarbeiten als Bauarbeiten; Architekten-/Ingenieurverträge; Bauträgerverträge; Bausatzverträge; Fertighausverträge

a) Bauerhaltungs- und Bauvorbereitungsarbeiten

31 Als Bauleistungen gelten nicht allein die unmittelbaren Tätigkeiten bei der Bauherstellung selbst. Vielmehr zählen wegen des untrennbaren Zusammenhanges hierzu auch **Arbeiten** zum **Schutz der Bauleistung,** wie z.B. Abdeckungen, oder zur **unmittelbaren Bauvorbereitung,** wie z.B. Gerüstaufbauten (weswegen die erstmals 1988 eingeführte DIN 18451 in Teil C der VOB eingegliedert ist; vgl. Rn. 68 ff.). Einrichtung eines Lagers an der Baustelle, im Einzelfall **Planungs- und Berechnungsarbeiten,** sofern **diese vom Auftragnehmer auf der Grundlage eines Bauvertrages,** dem die VOB/B zugrunde liegt, und im **unmittelbaren und untrennbaren Zusammenhang mit der in Auftrag gegebenen Bauleistung auszuführen** sind. Dies kommt für **Planungsarbeiten** in den **sachlich begrenzten** Bereichen von § 2 Nr. 9 sowie § 3 Nr. 5 VOB/B vor – vor allem auch bei Vergaben mittels Leistungsprogrammes, wie diese in § 9 Nr. 10 bis 12 VOB/A beschrieben sind (so auch Nr. 4 zu § 1 VOB/A VHB) –, zumal diese Planungsarbeiten bereits im Bereich der Bauvergabe, also vor Vertragsabschluss liegen. Dies übersieht Beck'scher VOB-Komm./*Jagenburg* Vor § 1 VOB/B Rn. 56, 61. Ähnliches gilt auch für Vergaben in schlüsselfertiger Ausführung und gleichzeitigen Planungsaufgaben oder an einen sog. Totalunternehmer. **Anderes gilt auch im Hinblick auf in sich geschlossene Architekten- und/oder Ingenieurleistungen, die selbstständig ganze Teilleistungen aus dem Bereich der HOAI,** wie ganze Leistungsphasen nach § 15 oder § 55 HOAI, erfassen, z.B. auf Veranlassung des Auftragnehmers übernommene Statikerleistungen, Ausführungsplanung sowie Eingabepläne (BGH Urt. v. 17.9.1987 VII ZR 166/86 BauR 1987, 702; OLG Düsseldorf NJW-RR 1991, 229; insoweit jedenfalls missverstanden von OLG Hamm BauR 1987, 560; vgl. dazu Anh. 3 Unternehmereinsatzformen). Diese sind in den nachfolgend unter Rn. 34 erörterten Bereich einzuordnen (zur Abgrenzung im Einzelnen: *Korbion* FS Locher S. 127). Die von Beck'scher VOB-Komm./*Motzke* § 13 Nr. 4 VOB/B Rn. 125 ff. an den dortigen Ausführungen geübte Kritik verkennt, dass es bei dem genannten Festschriftbeitrag um die mögliche Vereinbarung der VOB/B für vom ausführenden Unternehmer auch zu erbringende planerische Leistungen geht und nicht darum, ob und inwieweit einzelne Nebenleistungen nach Nr. 4.1 und/oder Besondere Leistungen nach Nr. 4.2 der Allgemeinen Technischen Vertragsbedingungen für die jeweils geschuldete vertragliche Leistung im Gewährleistungsbereich von Bedeutung sind. Er vermag nicht hinreichend zu unterscheiden, ob es sich um vorangehend genannte bedeutende oder unbedeutende planerische Leistungen handelt oder um nach der Rechtsprechung des BGH für die mögliche Vereinbarung der VOB/B allein maßgebende selbstständige Planungsleistungen, worum es in dem Festschriftbeitrag geht.

32 Immer ist aber Voraussetzung, dass diese Erhaltungs- oder Vorbereitungstätigkeiten, die für sich allein keine eigentlichen herstellenden Arbeiten sind, im vorgenannten Zusammenhang mit Leistungen stehen, die ihrer Art und ihrem Umfang nach als die **eigentliche Aufgabe** gelten und im Übrigen die Voraussetzungen erfüllen, wie sie in Rn. 4 bis 26 näher umschrieben sind. Dabei kommt es für den Bauleistungsbegriff nicht darauf an, ob die hier umrissenen Arbeiten vom Auftragnehmer **selbst oder in dessen Auftrag** lediglich durch einen Dritten (sozusagen als Nachunternehmer) ausgeführt werden. Daher werden Bauleistungen in diesem Sinne auch von Bauträgern im Verhältnis zu Erwerbern, von Generalunternehmern gegenüber Bauträgern usw. erbracht.

33 Soweit allerdings Erhaltungs- oder Vorbereitungsarbeiten Bauleistungen sind, werden sie damit doch **nicht Bestandteile des Bauwerks,** sondern sie bleiben als solche Arbeiten. Daher zählen sie bei einem vorzeitigen Übergang der Gefahr nach § 7 Nr. 1 VOB/B nicht zu dem vergütungspflichtigen Teil der bis dahin erbrachten Leistung (BGH Urt. v. 21.12.1972 VII ZR 215/71 BauR 1973,

110; BGH Urt. v. 21.8.1997 VII ZR 17/96 »Schürmannbau« BauR 1997, 1019), wie sich ebenfalls aus dem ab Fassung 1992 aufgenommenen § 7 Nr. 2 und 3 VOB/B ergibt.

b) Architekten- und Ingenieurverträge
Demgegenüber – und davon scharf zu trennen – fallen eigentliche, in sich abgeschlossene oder als **34** abgeschlossen zu betrachtende und daher für sich selbstständig zu bewertende Architekten-, Ingenieur- oder Statikerleistungen, obwohl ihrem Charakter nach werkvertraglicher Art (BGHZ 31, 224; OLG Stuttgart BauR 1980, 82), sowie Arbeiten »bei Bauwerken« (BGH Urt. v. 12.10.1978 VII ZR 220/97 BauR 1979, 54; OLG Köln BauR 1991, 649; OLG Düsseldorf BauR 2003, 127 [Entwässerungsplanung]) nicht unter den Begriff der Arbeiten i.S.v. § 1 VOB/A (BGH Urt. v. 4.11.1982 VII ZR 53/82 BauR 1983, 84; BGH Urt. v. 24.11.1988 VII ZR 222/87 BauR 1989, 219; OLG Hamm BauR 1990, 104; LG Frankenthal SFH § 1 VOB/A Nr. 1). Es ist also nicht möglich, Architekten-, Ingenieur- oder Statikerverträge oder in dieser Hinsicht für sich selbstständig zu bewertende Leistungen auf der vertraglichen Grundlage von Teil B der VOB zu vergeben, wobei es nicht entscheidend ist, ob solche Arbeiten gemeinsam mit den Bauleistungen in einem Vertrag vergeben werden oder nicht. Daher kommt für solche Verträge oder Teile aus Verträgen auch nicht die Ausnahmeregelung des § 308 Nr. 5 bzw. § 309 Nr. 8 BGB in Betracht (*Hesse* ZfBR 1980, 259). Selbstverständlich kommen insoweit auch die Vergabegrundsätze des Teils A der VOB nicht zum Zuge. Das Gesagte gilt in gleicher Weise für besondere Vertragsgestaltungen im Bereich der Kostenermittlung, Planung und Aufsicht, insbesondere auf Seiten des Auftraggebers, wie z.B. des sog. Baucontrolling-Vertrages (dazu *Böggering* BauR 1983, 402 ff.; kritisch *Will* BauR 1984, 333; insb. *Heinrich* Der Baucontrolling-Vertrag, Baurechtliche Schriften Bd. 10 1987; wie hier: BGH Urt. v. 17.9.1987 VII ZR 166/86 BauR 1987, 702; a.A. OLG Hamm BauR 1987, 560; vgl. dazu oben Rn. 27 ff. sowie Anh. 3 Unternehmereinsatzformen).

Ist Gegenstand eines Vertrages die **baubegleitende Qualitätsüberwachung** (BQÜ), so wird man bei einen Vertrag über eine »allumfassende Leistung« des Bauüberwachers – also nicht nur »abhaken« von Bauleistungen anderer Unternehmer – von einem Werkvertrag ausgehen müssen. Allerdings ist die VOB in diesem Bereich denkbar, wenn die vertragliche Tätigkeit einen wesentlichen Eingriff in das Baugeschehen, durch eigenständige Bauleistungen im Sinne einer selbstständigen Herstellung, Instandhaltung oder Beseitigung, darstellt. Dabei kommt es nicht auf den Schwerpunkt der Tätigkeit an (ähnlich: *Neyheusel* Rechtsfragen bei der »Baubegleitenden Qualitätsüberwachung« BauR 2004, 401).

c) Bauträgerverträge
Leistungen eines Bauträgers (vgl. Anh. 3 Unternehmereinsatzformen) **sind nur insoweit Bauleis- 35 tungen** i.S.v. § 1 VOB/A und damit den Regeln der VOB zugänglich, wie sie die **eigentliche Bauherstellung** betreffen und die Bestimmungen des Teils B mit der besonderen Natur der Bauträgerschaft **vereinbar** sind (LG Frankenthal Urt. v. 5.6.1991 5 O 379/89 SFHK § 1 VOB/A Nr. 1; auch VK Lüneburg Beschl. v. 16.7.2004 203-VgK-24/2004). Dagegen sind weitere Tätigkeiten des Bauträgers, wie z.B. die Beschaffung, Bereitstellung sowie Übereignung des Grundstückes, der gesamte Bereich der wirtschaftlichen und finanziellen Betreuung sowie der insoweit selbstständig zu sehenden architektonischen und ingenieurmäßigen Planung, keine Bauarbeiten im angesprochenen Sinne; daher **passen die Vorschriften der VOB nicht** auf sie (hierzu *Locher* Das private Baurecht Rn. 414; *Locher* BauR 1984, 227; *Doerry* ZfBR 1982, 189, 193; *Werner/Pastor* Rn. 1017; *Brych/Pause* NJW 1990, 545). Einem Bauträgervertrag kann demnach die VOB nur in dem gekennzeichneten Umfang zugrunde gelegt werden, selbst wenn einige ihrer Bestimmungen aus der Natur der Sache heraus nicht anwendbar sind, wie z.B. § 1 Nr. 3, § 4 Nr. 1 Abs. 2, § 8 Nr. 1, § 16 Nr. 6 VOB/B (vgl. *Locher* BauR 1984, 225; ähnlich *Bühl* BauR 1984, 237). **Das bedingt aber zwingend** eine **klare Trennung** der als Bauarbeiten anzusprechenden Teilleistungen von den übrigen, falls die VOB in zulässigem Rahmen Vertragsinhalt werden soll, um keinen Zweifel an der Wirksamkeit der Absprache wegen **Unklarheit** (vgl.

§ 306a BGB bzw. § 5 AGB-Gesetz a.F.) aufkommen zu lassen. Da die VOB nur für Teilbereiche des Bauträgervertrages in Betracht kommt, gilt die **Ausnahmeregelung des § 308 Nr. 5 bzw. § 309 Nr. 5 BGB** (§ 23 Nr. 2 Nr. 5 AGBG a.F.; vgl. dazu § 10 VOB/A) **nur für diese, also nur für die eigentliche Bauleistung.** Allerdings ist es auch hier für die **wirksame** Einbeziehung der **VOB/B** erforderlich, dass dann für die **eigentlichen Bauleistungen die VOB/B »als Ganzes«** vereinbart wird, was insbesondere im Hinblick auf die Gewährleistungsfrist von § 13 Nr. 4 VOB/B von Bedeutung ist (zu pauschal: OLG Koblenz NJW-RR 1997, 1179; *Mehrings* NJW 1998, 3457). Das vorangehend Gesagte gilt entsprechend auch für die **sog. Wohnungsbauträger** (vgl. Anh. 3 Unternehmereinsatzformen).

36 Sicher mag es auch sonst ein anerkennenswertes Interesse des Bauträgers geben, auch für jene anderen Bereiche, die nicht eigentlich Bauleistungen nach § 1 VOB/A sind, einzelne **der VOB/B entsprechende Regelungen in den Vertrag aufzunehmen.** Das kann z.B. bei Architekten- und Ingenieurverträgen im Hinblick auf das **Gewährleistungssystem** nach § 13 Nr. 5 bis 7 VOB/B zutreffen, z.B. kann durchaus anerkannt werden, dass ein Architekt oder Ingenieur ein berechtigtes Interesse daran haben kann, mangelhafte Leistungen am Bauwerk, die auf fehlerhafte Planung und/oder Bauaufsicht beruhen, selbst nachbessern zu lassen. Andererseits ist es unzulässig, auf diese Weise den Versuch zu machen, sich auch die kurzen Verjährungsfristen nach § 13 Nr. 4 VOB/B einzuhandeln. Dies würde gegen § 309 Nr. 9 BGB (§ 11 Nr. 10 f. AGB-Gesetz a.F.) verstoßen, zumal die Ausnahmebestimmungen in § 308 Nr. 5 bzw. § 309 Nr. 5 BGB (§ 23 Abs. 2 Nr. 5 AGB-Gesetz a.F.) die Vereinbarung der **VOB als Ganzes** voraussetzen, was hier schon wegen der Verschiedenartigkeit von Ingenieur- und Architektenleistungen im Verhältnis zu den Bauleistungen nach § 1 VOB/A gar nicht möglich wäre (insoweit für den Planungsbereich: BGH Urt. v. 4.11.1982 VII ZR 53/82 BauR 1983, 84). Deshalb kommt **nur eine Vereinbarung einzelner VOB-Bestimmungen** in Betracht, **die – jede für sich allein – nicht gegen die §§ 307 bis 309 BGB (§§ 9 bis 11 AGB-Gesetz a.F.) verstoßen** (*Hesse* ZfBR 1980, 259; auch *Bartsch* BB 1982, 1699).

Auf den **Erwerb einer neu errichteten Wohnung** ist Werkvertragsrecht anzuwenden, wenn die Bauleistungen bei Vertragsschluss bereits abgeschlossen sind (BGH Urt. v. 29.6.1981 VII ZR 259/80 BauR 1981, 571; BGH Urt. v. 6.5.1982 VII ZR 74/81 BauR 1982, 493; BGH Urt. v. 21.2.1985 VII ZR 72/84 BauR 1985, 314; BGH Urt. v. 16.12.2004 VII ZR 257/03 BauR 2005, 542). Dies gilt auch für **sanierten Altbau**, denn es ist entscheidend, ob sich aus Inhalt, Zweck und wirtschaftlicher Bedeutung des Vertrages sowie aus der Interessenlage der Parteien die Verpflichtung des Veräußerers zur mangelfreien Erstellung des Bauwerkes ergibt (BGH Urt. v. 16.12.2004 VII ZR 257/03 BauR 2005, 541). Denkbar ist dabei – unter Beachtung der Einbeziehungsregeln der VOB – die Vereinbarung der VOB/B als Ganzes (BGH Urt. v. 22.1.2004 VII ZR 419/02 BauR 2004, 668; BGH Urt. v. 15.4.2004 VII ZR 129/02 BauR 2004, 1142) mit Verbrauchern (§ 13 BGB). Hat der Veräußerer eines Altbaues oder einer Altbauwohnung eine Herstellungsverpflichtung über Bauleistungen übernommen, die insgesamt Neubauarbeiten nicht vergleichbar sind, ist bei **Verletzung der Herstellungsverpflichtung** (Bauleistungsverpflichtung) dennoch Werkvertragsrecht anzuwenden, im übrigen Kaufrecht (BGH Urt. v. 6.10.2005 VII ZR 117/04 BauR 2006, 99).

37 Durch § 99 Abs. 3 GWB wird nun im öffentlichen Auftragswesen klargestellt, dass die Bauleistungen auch über Dritte abgeschlossen werden können. Hierdurch sollen auch die Bauträgermodelle mit einbezogen werden, was über § 1a Nr. 1a VOB/A folgt, so dass die Vergabe von Bauträgerleistungen durch die EG-Baukoordinierungsrichtlinie den Bauaufträgen i.S.d. § 1a VOB/A gleichzustellen ist (siehe hierzu schon: *Korbion* § 99 GWB Rn. 7; Beck'scher VOB-Komm. § 1a VOB/A Rn. 208).

d) Baubetreuungsverträge

38 Der **Baubetreuungsvertrag** ist auf die organisatorische, planerische, wirtschaftliche und finanzielle Abwicklung des Bauvorhabens begrenzt. Hierzu gehört die Durchführung, Beaufsichtigung und Abrechnung der Bauleistung/des Bauvorhabens. Der Baubetreuer ist damit aber nicht auf dem Gebiet der Bauleistung des § 1 VOB/A tätig, sondern erbringt baubezogene Organisations- und Koordinierungsleistungen. (BGH Urt. v. 20.11.1980 VII ZR 289/79 BauR 1981, 188). Die Anwendung der HOAI bei Baubetreuungsverträgen im Zusammenhang mit der Erbringung von Bauleistungen und Planungsleistungen ist anerkannt (BGH Urt. v. 22.5.1997 VII ZR 290/95 BauR 1997, 677).

e) Generalübernehmerverträge

Die gewerbsmäßige Erbringung von Bauleistungen durch die Übernahme von Planungs-, Koordinierungs- und Bauleistungen sind als Bauleistung i.S.d. VOB/A und nicht der VOL/A zu unterstellen. Unselbstständige planerische Leistungen sind keine »Arbeiten jeder Art« i.S.d. § 1 VOB/A (anders: VÜA Brandenburg VgR 1998, 42). Hinzutreten müssen immer die Leistungsaufgaben in Verbindung mit Bauleistungen. Dies ist bei Verträgen mit funktionaler Leistungsbeschreibung überwiegend der Fall. Kennzeichnend ist die Übernahme von Bauleistungen in mehr oder minder großem Umfang. Die Genehmigungsplanung wird zumeist vom Auftraggeber gestellt. Die Ausführungsplanung ist vom Auftragnehmer zu erbringen. Beim Totalschlüssigfertigvertrag erbringt der Auftragnehmer die gesamte Leistung. Die Anwendung der VOB auf den Gesamtvertrag ist bisher mit der Auslegung des Begriffs »Bauleistung« bei diesem Fallgestaltungen abgelehnt worden. Planerische Leistungen seien als untergeordnete Teilleistungen zwar Vertragsgegenstand, jedoch im Rahmen der bauvorbereitenden Handlung nicht als Gegenstand der eigentlichen, von § 1 VOB/A gemeinten Bauleistung zu sehen (BGH Urt. v. 17.9.1987 VII ZR 166/87 BauR 1987, 702; BGH Urt. v. 28.3.1996 VII ZR 228/94 BauR 1996, 544; OLG Düsseldorf NJW-RR 1991, 219; OLG Celle NJW-RR 1994, 475; a.A. OLG Hamm NJW-RR 1987, 2092). Die Anwendbarkeit der HOAI ist darüber hinaus möglich (so auch BGH Urt. v. 22.5.1997 VII ZR 290/95 BauR 1997, 677; OLG Köln BauR 2000, 910). Das wird man so nicht sagen können. Als »unselbstständige« Planungsleistungen, insbesondere bei den Ziff. 4.1 und 4.2 der DIN 18299, sind Planungsleistungen unselbstständige Glieder eines einheitlichen Leistungserfolgs. Beispielsweise sind Planungen bei DIN 18331 (Beton- und Stahlbetonarbeiten) und DIN 18379 (Lüftungstechnische Anlagen) denknotwendige Voraussetzung, die jenseits der planerischen Nebenleistung liegen. Allerdings sind die §§ 3 Nr. 1 bis 3, 4 Nr. 3, 13 Nr. 3 bei der Art der Ausführung und die §§ 5, 6, 9, 13 Nr. 5 bei der Vergütung im Unterschied zur HOAI nicht grundsätzlich anzuwenden. Daraus ergibt sich, dass Planungsleistungen als immanente Positionen über die DIN 18299 bereits Teil der VOB sind und damit zum Begriff der »Bauleistung« als geschulder Vertragsgegenstand zu zählen sind (*Korbion* FS Locher 1990 S. 127). Die Unterscheidung in »selbstständige« und »unselbstständige« Planungsleistungen ist allerdings nicht geeignet, denn die Parteien unterwerfen sich mit der Wahl der VOB im Vertrag grundsätzlich auch der Anwendung der VOB/C, auch wenn diese als Allgemeine Geschäftsbedingung zu gelten hat. Damit steht fest, dass die Wahl der VOB einen Kontrahierungszwang für die technische Leistungsbeschreibung über die DIN 18 299 ff. einführt und somit die Planungen als »unselbstständiger Teil« des Vertrages zu werten sind. Damit fließen Planungen als Teilleistungsverpflichtung in die grundsätzliche Anwendung der VOB ein und ist die VOB auf Planungsleistungen im Rahmen der o.a. Vertragsarten im Gegensatz zur bisherigen Rechtsprechung anzuwenden. Allerdings ist die Vereinbarung der VOB als Ganzes zu beachten. Das wird bei einem Generalübernehmervertrag in der Variante des Global-Pauschalvertrages auf Schwierigkeiten stoßen, da individuelle Vertragsvarianten dort über §§ 3, 11, 14, 17 VOB/B gefordert werden (siehe auch *Miernik* NZBau 2004, 409).

f) Bausatzverträge

Schwierig kann die **rechtliche Einordnung** der sog. Bausatzverträge sein, also jener Verträge, in denen ein Unternehmer einem Abnehmer vorgefertigte Bauelemente liefert, ihm darüber hinaus evtl. auch noch Planungsleistungen zur Verfügung stellt oder gar Aufsichtsleistungen erbringt, jedoch **die eigentliche ausführende Leistung bzw. Herstellung an Ort und Stelle durch den Abnehmer selbst** erbracht wird (zum Begrifflichen vgl. auch *Becher* BauR 1980, 433, der dies aber nicht hinreichend berücksichtigt; bedeutsam, aber zu rechtstheoretisch: *Duffek* BauR 1996, 465). Für die Abgrenzung kommt den von dem Unternehmer übernommenen Pflichten ausschlaggebende Bedeutung zu. Hat er die genormten Teile, die Fertigteile, **nur zu liefern,** erbringt er **keine werkvertragliche Leistung,** sondern nur eine **Kaufleistung.** Übernimmt der Unternehmer **Zusatzleistungen (Planung, Aufsicht),** handelt es sich um einen **gemischten Vertrag,** der grundsätzlich einheitlich zu beurteilen ist und bei dem eine Aufspaltung in einen kaufvertraglichen und einen werkvertraglichen Teil nicht in Betracht kommt. Vielmehr ist es dann entscheidend, ob die kaufvertragliche oder die werkvertragliche Leistung überwiegt. Insoweit kommt regelmäßig die Annahme eines Kaufvertrages in Betracht, weil im **Vordergrund die Lieferung** des **zum Selbsteinbau vorgesehenen Materials steht** und etwaige zu erbringende Planungs- oder Aufsichtsleistungen im allgemeinen nur als **Zusatzleistungen** anzusehen sind, also das Umsatzgeschäft im herkömmlichen Sinne überwiegt und es **lediglich durch werkvertragliche Elemente ergänzt wird.**

40 Das Gesagte gilt z.B. auch dann, wenn der Unternehmer die für einen Hausbau erforderlichen und hergestellten genormten Bauteile liefert, Baupläne, Bauzeichnungen und statische Berechnungen für das Bauvorhaben erstellt, den Bauherrn bei den einzelnen Bauabschnitten berät und eine sachgemäße Bauausführung überwacht. **Auch dann überwiegt noch das kaufvertragliche Umsatzgeschäft,** ohne dass dies mit werkvertraglichen Elementen gleichgewichtig wäre (so aber *Duffek* BauR 1996, 465), so dass die Regeln des Kaufvertrages und nicht die des Werkvertrages und damit der VOB/B, überdies auch des **Verbraucherkreditgesetzes,** zur Anwendung kommen (BGH Urt. v. 12.11.1980 VIII ZR 338/79 BauR 1981, 190 m. krit. Anm. v. Becher auf S. 193; BGH Urt. v. 10.3.1983 VII ZR 301/82 BauR 1983, 261; BGH Urt. v. 10.3.1983 VII ZR 302/82 BauR 1983, 266; vgl. dazu auch OLG Frankfurt NJW-RR 1989, 1364, im Hinblick auf die Kündigung nach dem Rücktritt der Verkäuferin 5 Jahre nach Vertragsabschluss bei nicht ordnungsgemäßer Belehrung über das Widerrufsrecht nach § 1b Abs. 2 AbzG; ferner OLG Hamm NJW-RR 1986, 1053, für den Fall der Beauftragung mit einer Fassadenverkleidung im Wege eines sog.»Haustürgeschäftes«). § 2 VerbrKrG ist mit § 1c AbzG identisch, weshalb Bausatzverträge widerrufen werden können (§ 7 VerbrKrG), so dass das vorangehend Gesagte auch heute gilt (vgl. dazu OLG Köln BauR 1995, 709). § 3 Abs. 1 Nr. 3 VerbrKrG ist auf einen Bausatzvertrag nur anwendbar, wenn die Leistung des Bausatzlieferanten mit einer entgeltlichen Kreditgewährung an den Erwerber verbunden ist (OLG Köln BauR 1995, 709). In solchen Fällen kommt demgemäß eine **Vereinbarung der VOB/B nicht in Betracht,** da diese Verträge in entscheidendem Maße der Beurteilung nach den §§ 433 ff., 651 BGB unterliegen. **Anders** liegt es jedoch **dann,** wenn ein Unternehmer aufgrund eines **bestimmten, ihm vorgelegten Bauplans sowie einer daraufhin von ihm angefertigten statischen Berechnung hergestellte** Zwischendecken als Fertigbauteile liefert und er dem Auftraggeber einen Verlegeplan überlässt; dann handelt es sich, auch wenn er den Einbau nicht selbst vornimmt, um als **Bauleistungen i.S.v. § 1 VOB/A geltende Arbeiten bei einem Bauwerk,** für die u.a. die Verjährungsfrist des § 634a Abs.1 Nr. 2 BGB bzw. des § 13 Nr. 4 VOB/B gilt (BGH NJW 1968, 1087), **also um Bauleistungen.** Für diese Beurteilung ist entscheidend, dass der Unternehmer die Verpflichtung übernommen hatte, die benötigten Platten nach vorgegebenen Bauplänen, und zwar aufgrund einer von ihm selbst anzufertigenden statischen Berechnung, sozusagen nach Maß herzustellen und einen entsprechenden Verlegeplan auszuarbeiten. Hier ist die Annahme berechtigt, dass insbesondere die Pflicht zur **Herstellung** der Platten die **werkvertraglichen Elemente überwiegen lässt.**

g) Fertighausverträge

41 Von den vorerörterten Bausatzverträgen zu unterscheiden sind wiederum die sog. Fertighausverträge, bei denen der **Veräußerer** selbst **vertraglich** eine **Errichtungsverpflichtung eingeht.** Insoweit handelt es sich um **reine Werkverträge** (BGH Urt. v. 10.3.1983 VII ZR 301/82 BauR 1983, 261; BGH Urt. v. 10.3.1983 VII ZR 302/82 BauR 1983, 266; OLG Düsseldorf BauR 2005, 1636). Auf solche Verträge kommen auch die Vorschriften des Verbraucherkreditgesetzes nicht zur Anwendung. In diesem Bereich ist es unbedenklich **möglich, Teil B der VOB zu vereinbaren,** was hier auch für einzelne besondere Planungsleistungen gilt (OLG Hamm MDR 1987, 407), zumal hier die Errichtungsverpflichtung weitaus das Schwergewicht bildet und die VOB/B auch solchen – nur – begleitenden Planungsaufgaben zugänglich ist, wie die §§ 3 Nr. 5 und 2 Nr. 9 VOB/B zeigen.

h) PPP-Verträge; insbesondere Mietkauf- und Leasingverträge
Bei Ausschreibung von Neubauten oder Umbauten von beispielsweise Verwaltungsgebäuden, bei denen der Investor ein Grundstück des öffentlichen Auftraggebers oder generell einer Kommune erwirbt oder ein eigenes Grundstück verwenden soll, um darauf ein Gebäude gemäß den vorgegebenen funktionalen und qualitativen Vorgaben des Auftraggebers zu errichten und dieses sodann dem Auftraggeber zur entgeltlichen Nutzung zu überlassen, handelt es sich dennoch um einen Bauauftrag i.S.d. § 99 Abs. 3 GWB und damit um eine Bauleistung gem. § 1 VOB/A (VK Lüneburg Beschl. v. 16.7.2004 – 203-VgK-24/2004). 42

i) Anlagenbauverträge
Der Auftragnehmer des Anlagenbauvertrages (grundsätzlich dazu: *Hilgers/Buscher* Der Anlagenvertrag 2005; zu Kooperationspflichten im Anlagenbau: *Schumann* BauR 2003, 162) hat typischerweise die Anlagenteile zu beschaffen und dem Auftraggeber das Eigentum daran zu verschaffen (Kaufvertrag). Er hat aus den von ihm beschafften Komponenten eine funktionsfähige Anlage zu errichten (Werkvertrag), den Auftraggeber in die Anlage einzuweisen und ggf. Wartungsarbeiten an der Anlage vorzunehmen (Dienstvertrag). Dabei ist zu berücksichtigen, dass Anlagen oder Teile davon mit dem Gebäude selbst, in dem sie untergebracht sind, nicht notwendig verbunden sein müssen (BGH Urt. v. 20.5.2003 X ZR 57/02 BauR 2003, 1391). Selbst die einzeln vergebene Programmierung einer Steuerungssoftware kann als Arbeit an einem Bauwerk eingeordnet werden, da erst das Zusammenwirken mit den anderen Gewerken zu dessen bestimmungsgemäßer Schaffung führt. Danach kann es sich auch bei Arbeiten eines Unternehmers, der ein kleineres »Teilgewerk« des Gesamtwerkes ausführt, um solche »bei Bauwerken« handeln, wenn er weiß, dass das von ihm herzustellende Gewerk für ein bestimmtes Bauwerk verwendet werden soll (BGH BauR 2003, 1391; NJW 1999, 2434; bejahend zum Anlagenbau: BGH NJW 1987, 837 [Papierentsorgungsanlage]; BGH BauR 1974, 57 [Klimaanlage in Druckereigebäude]). Im Übrigen wird auch beim Anlagenvertrag darauf abzustellen sein, dass bei wertender Betrachtung die Feststellung gerechtfertigt ist, der Auftragnehmer habe bei Errichtung oder Erneuerung jedenfalls mitgewirkt (BGH NJW 2002, 2100). Danach ist Abgrenzungskriterium zum Werkvertragsrecht, wenn eine Verbindung zwischen der technischen Anlage und dem Gebäude fehlt, einzig der Umstand, dass die Anlage nicht als Teil des Bauwerkes zu betrachten ist (BGH BauR 2003, 1391). Neben den klassischen Verwendungsarten der baulichen Nutzung ist der Anlagenvertrag am Verwendungswunsch des Auftraggebers orientiert. Neben der Errichtung mit komplizierter Planung, Umplanung, Ausführung der Anlage als solcher und Probeläufe ist zumeist Gegenstand des Vertrages ein bestimmter Leistungswert, wie Stromverbrauch, Durchsatz, Stückzahlen (siehe elektronisch gesteuerte Pelletieranlage in Mühle, BGH BauR 2003, 1391). Außerdem ist die Einweisung, Wartung und Instandhaltung Gegenstand eines solchen Vertrages. Der Anlagenvertrag ist nach der Änderung des § 651 BGB nicht grundsätzlich dem Werkvertragsrecht zuzuordnen, denn die Frage der »beweglichen Sache«, die als Anlage eingebracht wird, lässt sich nur über die Erörterung lösen, ob es sich hier um ein Scheinbestandteil (§ 95 Abs. 1 S. 2 BGB) handelt. Bei einer Windkraftanlage, die auf einem Pacht- oder Erbbaurechtsgrundstück stehen soll, geht es letztlich dann nur um die Frage, ob die Anlage den individuellen Wünschen des Auftraggebers anzupassen ist. Dann ist Werkvertragsrecht anwendbar § 651 Abs. 1 S. 2 BGB n.F. (LG Flensburg WM 2000, 2112; *Palandt/Heinrichs* § 95 BGB Rn. 3). Ob die funktionale Betrachtungsweise (so *Thode* NZBau 2002, 360; *Palandt/Sprau* § 651 BGB Rn. 4; siehe auch *Konopka/Acker* BauR 2004, 251) für den Anlagenbau sinnvoll ist, darf bezweifelt werden. Sie unterstellt eine gewisse Objektivität der Einordnungsmöglichkeit des Anlagenvertrages als solchen. Das wird man schwerlich so sehen können. Auch die Betrachtungsweise des vertraglichen »Schwerpunktes« ist nicht geeignet, das Problem beim Anlagenvertrag als **Typenkombinationsvertrag** zu lösen. Diese Erkenntnis basiert 42a

auf der Lehre des **Absorptionsprinzips** bzw. des **Kombinationsprinzips**. Das Absorptionsprinzip findet danach Anwendung, wenn man davon ausgeht, dass der Vertrag grundsätzlich dem Vertragstypus unterstellt wird, der die Hauptleistung bildet. Demgegenüber will das Kombinationsprinzip nur die für den betroffenen Vertragsteil maßgeblichen Normen einzelfallabhängig kombinieren. Besonders deutlich wird das bei den Planungs- und Überwachungsleistungen. Gem. § 634a Nr. 2 BGB wird man grundsätzlich bei beiden Prinzipien von einem betroffenen Werkvertragsteil ausgehen müssen. Das wiederum findet sich in der Ansicht wieder, die auf den mutmaßlichen Parteiwillen abstellt (BGHZ 72, 229; BGHZ 74, 204; *Palandt/Heinrichs* Vor § 311 BGB Rn. 25). Damit rückt die funktionale Betrachtungsweise wieder in den Vordergrund, weil davon auszugehen ist, dass das Vertragswerk **den individuellen Wunsch des Auftraggebers** erkennen lässt. Unter dieser Prämisse ist der Anlagenvertrag überwiegend als Werkvertrag einzuordnen. Grundsätzlich ist damit aber auch die VOB geeignet in einen solchen Vertrag aufgenommen zu werden. Es ist nach der Entscheidung BGH Urt. v. 22.1.2004 VII ZR 419/02 BauR 2004, 668, auch im Anlagenbau darauf zu achten, dass jede vertragliche Abweichung von der VOB/B dazu führt, dass diese nicht als Ganzes vereinbart ist. Es kommt nicht darauf an, welches Gewicht der Eingriff hat.

6. Bauarbeiten – auch alle Leistungen nach VOB/C

43 Schließlich sind Bauleistungen auch alle diejenigen Leistungen und Nebenleistungen, für die Allgemeine Technische Vertragsbedingungen (ATV) des Teils C der VOB bestehen; insoweit gelangt auch sonst die VOB zur Anwendung (siehe allgemein hierzu Beck'scher VOB-Komm. Teil C; *Fröhlich* VOB Gesamtkommentar 13. Aufl. 2002). Damit gehören die Allgemeinen Technischen Vertragsbedingungen – DIN – als typische Bauleistungen zum Begriff des »Bauwerkes« und der »Bauleistung« im Rahmen des BGB und der VOB, VOL und VOF. Nachdem die EG-Baukoordinierungsrichtlinie und die EG-Sektorenrichtlinie in deutsches Recht umgesetzt wurden, ist die Lieferung und der Einbau anderer maschineller Einrichtungen ebenfalls unter dem Begriff der Bauleistung einzuordnen. Daher sind weitere ATV für technische Anlagen in den Teil C aufgenommen worden, deren Beschaffung durch das öffentliche Auftragswesen bisher als Lieferleistungen nach den Regeln der VOL behandelt wurden. Hierzu zählen die DIN 18385 – Aufzugsanlagen, Fahrtreppen usw. – und die DIN 18386 – Gebäudeautomation (Beck'scher VOB-Komm./*Korbion/Lang* Teil C DIN 18386 Rn. 1 ff.).

Unabhängig vom Begriff der Bauleistung ist die **vertragliche Vereinbarung** als das zu sehen, was **als Leistungsbeschreibung zu gelten** hat. Die technischen Vertragsbedingungen der VOB/C, die in einem Bauvertrag vereinbart oder auf die einzeln Bezug genommen wird, stellen Allgemeine Geschäftsbedingungen dar, die hinter die vertraglich vereinbarte individuelle Leistungsbeschreibung zurücktreten (OLG Celle BauR 2003, 1040). Damit ist es möglich, dass die Vertragspartner in der Leistungsbeschreibung als Teil des Vertrages eine »Bauleistung« bestimmungsgemäß definieren können. Insoweit hatte der BGH bereits klargestellt, dass die Umstände des Einzelfalls, insbesondere die konkreten Verhältnisse des Bauwerkes, zu berücksichtigen sind (BGH Urt. v. 11.11.1993 VII ZR 47/93; BGH Urt. v. 28.2.2002 VII ZR 376/00 BauR 2002, 935 [Konsoltraggerüste]); *Quack* BauR 2002, 1248, und BauR 2002, 1290, ist daher zuzustimmen, indem klarzustellen ist, dass die Vertragsauslegung immer an geltendem Recht zu orientieren ist (§§ 133, 157 BGB zu Allgemeinen und Besonderen – technischen – Vertragsbestimmungen).

Allgemein zur Begriffsbestimmung »Stand der Technik«, »allgemein anerkannte Regeln der Technik« und »Stand von Wissenschaft und Technik« siehe *Seibel* BauR 2004, 266.

III. Reine Lieferungen sind keine Bauarbeiten

1. Leistungen im Sinne der VOL

a) Baustoffe, Bauteile

Der Begriff »Bauleistungen« erfasst **nicht** Leistungen, die **lediglich reine Lieferungen** von beweglichen Sachen zum Inhalt haben. Beweglich sind diejenigen Sachen, die weder Grundstück noch Grundstücksbestandteil sind (RGZ 158, 368). Demnach kann man es **nicht** als **Bauarbeit** ansprechen, wenn z.B. **lediglich Baustoffe und Bauteile angeliefert** werden, ohne dass damit durch eine **auf ein bestimmtes Bauwerk bezogene** Be- bzw. Verarbeitung zugleich eine als gewichtig anzusehende **Herstellung** am Bauobjekt selbst verbunden ist (insb. BGH Urt. v. 12.10.1978 VII ZR 220/77 BauR 1979, 54; BGH Urt. v. 27.3.1980 VII ZR 44/79 BauR 1980, 355; BGH Urt. v. 24.6.1981 BauR 1982, 175; BGH Urt. v. 12.3.1986 VIII 332/84 BauR 1986, 437, für den Fall der bloßen Lieferung und Einbettung sowie den Anschluss eines serienmäßig hergestellten Öltanks durch Auswechseln des bisher vorhandenen, bei weitem Überwiegen des Umsatzgeschäfts im Verhältnis zu einer – auch vergütungsmäßig – geringfügigen Werkleistung; vgl. dazu Rn. 14 ff.) Somit werden durch die VOB nicht reine Lieferungsverhandlungen und Lieferungsverträge über Baustoffe und Bauteile erfasst. In solchen Fällen ist das **Recht des Kaufvertrages** des BGB (§§ 433 ff. BGB) oder, falls Berücksichtigung findend, die **VOL** anzuwenden. Berücksichtigung zu finden. Die Abgrenzung zwischen VOL und **VOB** (siehe dort Abschnitt 1 § 1 Spiegelstrich 1 ergibt sich im öffentlichen Vergabeverfahren aus den Anmerkungen zu § 1 VOB/A des VHB. Dort heißt es:

44

»Bauleistungen sind Arbeiten jeder Art, durch die eine bauliche Anlage hergestellt, instand gehalten, geändert oder beseitigt wird. Darunter fallen auch alle zur Herstellung, Instandhaltung oder Änderung einer baulichen Anlage zu montierenden Bauteile, insbesondere die Lieferung und Montage maschineller und elektrotechnischer Einrichtungen. Einrichtungen, die jedoch von der baulichen Anlage ohne Beeinträchtigung der Vollständigkeit oder Benutzbarkeit abgetrennt werden können und einem selbstständigen Nutzungszweck dienen, fallen unter die VOL/A.

*Daher sind im Zusammenhang mit einer Baumaßnahme nach VOB/A die Lieferung und Montage von beispielsweise Stromerzeugungsanlagen, Schalt-, Steuer- und Regeleinrichtungen, Aufzügen und sonstigen Förderanlagen zu vergeben, soweit die maschinellen oder elektrotechnischen/elektronischen Einrichtungen zur Funktion des Bauwerkes **als notwendig** anzusehen sind.«*

Damit ist klargestellt, dass Leistungen i.S.v. Bauleistungen und freiberuflichen Leistungen nicht hierzu gehören sollen, also nicht die Leistungen aufgrund der Kauf-, Werk-, Werklieferungs-, Miet-, Versicherungs-, Entwicklungs- oder Leasingverträge oder auch Sale- und Lease-Back-Verträge (siehe hierzu *Daub/Eberstein* VOL/A § 1 Rn. 6 ff., 27, 29 ff.; *Schabel* Vergaberecht 1997; *Noch* Vergaberecht kompakt; *Leinemann* Vergaberecht 2002). Jedoch legt der VÜA Bund den Begriff der Leistungen und Lieferungen weit aus. Grundlage sind daher alle Vertragstypen, mit welchen die öffentliche Hand ihren Bedarf deckt (siehe hierzu auch *Daub/Eberstein* § 1 VOL/A Rn. 30 ff.; *Noch* Vergaberechtliche Aspekte BauR 1998, 941 ff.; *Christen* VergR 1997, 33; *Eisenmann* ZVgR 1997, 201; VÜA Bund 1 VÜ 1/94 und 9/94). Daneben liegt ein Bauauftrag i.S.d. § 1a Nr. 2 VOB/A vor, wenn bei einem Bauvertrag die Lieferung von Stoffen und Bauteilen überwiegt, aber die Einbringung in das Bauwerk oder das Verlegen oder Anbringen nur eine Nebenleistung i.S.d. Ziff. 4 zu DIN 18299 darstellt. Lieferungen, die zur Ausführung von Leistungen denknotwendig zu erbringen sind, sind im Sektorenbereich des § 1b Nr. 3 VOB/A und in § 1 Nr. 4 SKR im Rahmen von Bauleistungen in den jeweiligen Verfahrensarten auszuschreiben. So liegen allerdings auch dort keine Bauleistungen vor, wenn maschinelle oder elektrotechnische oder sonstige Anlagen ohne Beeinträchtigungen für diese Anlagen und das vorhandene Bauwerk abgetrennt werden können und für sich gesehen ein selbstständiger Nutzungszweck vorliegt (so auch *Franke/Kemper/Zanner/Grünhagen* VOB-Kommentar § 1 VOB/A Rn. 13).

b) Mischleistungen

45 Bei sog. **Mischleistungen** kann für die Frage, inwieweit bei öffentlichen Aufträgen die VOB oder die VOL in Betracht kommt, bei einer öffentlichen Bauvergabe noch die Nr. 3 zu § 1 VOB/A herangezogen werden. Hiernach musste in den Verdingungsunterlagen geregelt werden, für welche einzelnen Leistungen die VOB/B bzw. die VOL/B und die nach § 10 VOB/A bzw. § 9 VOL/A zu vereinbarenden Vertragsbedingungen war. Hier ist also eine **klare Trennung in Bauleistungen und bloße Leistungen (Lieferungen) zwingend erforderlich**. Nr. 1 der Richtlinien zum VHB nehmen pauschal auf die RBBau Abschnitte C, D und E Bezug. Letzteres gilt **auch für private Bauvergaben** (zur VOL und zum AGB-Gesetz: *Johannsen* BB 1981, 208). Bei Bauvergaben, die Lieferungen **oberhalb des Schwellenwertes** zum Inhalt haben, in welchen das »Verlegen und Anbringen lediglich eine Nebenarbeit darstellt« (vgl. § 1a Nr. 2 VOB/A), ist die VOB/A (allerdings Abschnitt 2) anzuwenden (VÜA Bund Beschl. v. 21.5.96 1 VÜ 16/96 = IBR 1996, 452). Bei **maschinellen und elektrotechnischen Einrichtungen** steht im Vordergrund die vertragsbezogene Funktionsfähigkeit des Bauwerkes, jedoch ergeben sich Abgrenzungsschwierigkeiten. Diese sind ab der Fassung VOB/A 1992 über die Erläuterungen zu § 1 VOB/A des DVA zu lösen:

»*Nicht unter § 1 VOB/A fallen Einrichtungen, die von der baulichen Anlage ohne Beeinträchtigung der Vollständigkeit oder Benutzbarkeit abgetrennt werden können und einem selbstständigen Nutzungszweck dienen, z.B.:*

– *maschinelle oder elektrotechnische Anlagen, soweit sie nicht zur Funktion einer baulichen Anlage erforderlich sind, z.B. Einrichtungen für Heizkraftwerke, für Energieerzeugung und -verteilung,*
– *öffentliche Vermittlungs- und Übertragungseinrichtungen,*
– *Kommunikationsanlagen (Sprach-, Text-, Bild- und Datenkommunikation), soweit sie nicht zur Funktion einer baulichen Anlage erforderlich sind,*
– *EDV-Anlagen und Geräte, soweit sie nicht zur Funktion einer baulichen Anlage erforderlich sind,*
– *selbstständige medizintechnische Anlagen.*«

Wesentlich für die Abgrenzung (siehe auch *Prieß* in *Jestaedt/Kemper/Marx* Das Recht der Auftragsvergabe 1999 S. 26 ff.) ist daher, dass die maschinellen Einrichtungen und/oder die elektrotechnischen Anlagen im Rahmen der vertraglichen Leistungsverpflichtung **denknotwendig für die Funktionsfähigkeit des Bauwerkes** sind, um der VOB zu unterfallen (so auch Thüringer OLG VergabeR 2003, 98). Nur die Lieferungen, deren Funktion sich nicht notwendigerweise auf das Bauwerk bezieht und die ohne Beeinträchtigung der Vollständigkeit oder Benutzbarkeit entfernt und einem jeweils eigenständigen Nutzungszweck dienen können, sind Leistungen, die der VOL unterfallen; also. Hierzu zählen dann EDV-Anlagen (siehe auch *Daub/Eberstein* § 1 VOL/A Rn. 8), EDV-Geräte, medizinische Geräte, Laborgegenstände, mobile Energie- und Wärmeerzeugungsmaschinen und Blockkraftwerke, mobile Ausstattungen, wie Herde, Waschmaschinen, Kücheneinrichtungen, Einrichtungsgegenstände, Ausstattungsgegenstände – auch zum Betrieb von Lehranstalten. Bei der Abgrenzung der Ausschreibung und Vergabe nach VOL/A und VOB/A beim öffentlichen Auftraggeber zu einer Nachrüstung einer Müllverbrennungsanlage mit Rauchgasreinigungsanlage und Notstromaggregat wurde ebenfalls vom VÜA NRW die Bauleistung erkannt (VÜA NRW Beschl. v. 18.3.96 IBR 1996, 503). Wird ein ursprünglich auf Lieferung von Material (z.B. Fliesen) und dessen Einbau ausgerichteter Bauvertrag nach teilweiser Fertigstellung der Leistung dahin gehend umgewandelt, dass der bisherige Auftragnehmer fortan nur noch das Material liefert, so muss der ursprünglich einheitliche Werkvertrag in einen Werkvertrag und einen Kaufvertrag aufgespalten und entsprechend rechtlich beurteilt werden (OLG Köln BauR 1973, 53). Reine Lieferung und daher nicht Bauarbeit liegt vor, wenn ein Hersteller von Stahlbeton-Dachplatten diese liefert und gleichzeitig einen Monteur stellt, der die Arbeitskräfte des Bauherrn zur Verlegung lediglich anlernt. Hier kommt Kaufrecht zur Anwendung (bereits BGH BB 1957, 1195). Dies ergibt sich jetzt auch über § 651 BGB, da der Schwerpunkt der Leistung auf der Herstellung einer neuen Sache liegt, die zum Werkerfolg erst beiträgt. Hier handelt es sich um einen Kaufvertrag, der mit einem Dienstvertrag gekoppelt ist, soweit die Gestellung des Monteurs in Frage kommt. Bei einem Lieferanteil von 86% und einem Anteil von 14% für Tiefbau, Trockenbau, Putzarbeiten usw. bei einer TK-Anlage ist von einer Bauleistung auszugehen (VK Brandenburg Beschl. v. 26.11.2003 VK 72/03). Die Baukoordinationsrichtlinie 93/37/EWG verweist aber bei Anh. II – Gruppe Installation – nicht auf die Anwendung der »Schwerpunkttheorie« im Rahmen der Bauleistung. Damit reicht es aus, wenn nur ein geringer Anteil der Bauleistung zum Gesamterfolg der Leistungsverpflichtung beitragen kann (hier: Erreichen eines vertragsgemäßen und funktionsfähigen Einbaus einer TK-Anlage). Die Lieferung von marktüblicher Beleuchtung für ein Bauvorhaben ohne individuelle Anfertigung oder Bearbeitung im Hinblick auf die baulichen Gegebenheiten und ohne Montage- oder Einbauarbeiten ist keine Bauleistung (OLG München Beschl. v. 28.9.2005 Verg 19/05). Bei Lieferungen von Spülmaschinen durch einen Lieferanten, der sein Produkt auch selbst einbaut, wurde von einem VOB-Vertrag ausgegangen (VK Sachsen Beschl. v. 3.4.2002 1/SVK/020–02), was nur dann zutreffend ist, wenn die Aufwendungen zum baulichen Einbau eine gewisse Größenordnung erreichen; ansonsten – bei bloßem Anschluss – ist zwingend VOL/A anzuwenden. Bei Energiesparverträgen (Contracting) ist die VOL/A zu beachten (VÜA Hessen IBR 1999, 398). Es handelt sich üblicherweise um einen Mischvertrag. Bei gemischten komplexen Verträgen kommt es auf den Schwerpunkt der Leistungen an. Dieser bestimmt sich danach, welche Leistungen und Risiken den Vertrag prägen und wie sich das finanzielle Investitionsvolumen auf die einzelnen Leistungsbereiche verteilt. Die VOB/A ist daher einschlägig, wenn der Schwerpunkt der Leistung im Baubereich liegt; andernfalls muss die Vergabe nach VOL/A zwingend erfolgen (VK Bremen Beschl. v. 3.11.2000 VK 3/00; allgemein auch zur Einbeziehung der Abgrenzung zu § 99 Abs. 3 GWB: VK Sachsen Beschl. v. 17.9.2004 1/SVK/083–04). Außerdem werden zu den maschinellen Einrichtungen nicht nur die krafterneuernden Teile wie Wärmepumpen, Generatoren und Entlüftungsmaschinen gezählt, sondern auch die daran angeschlossenen Geräte wie etwa Ventilatoren (VÜA Hessen IBR 1999, 398). Ein polizeiliches Einsatzleitsystem ist nach VOL/A auszuschreiben, weil es nicht zu einem bestimmungsgemäßen Gebrauch eines Verwaltungsgebäudes zählt (VÜA Nordrhein-Westfalen ZVgR 1998, 553). Die Wartung und Störungsbeseitigung an Lichtsignalen einer Straße sind Bauleistungen, so dass die VOB/A gilt (BayOblG Beschl. v. 29.3.2000 Verg 2/00 BauR 2001, 132). Die Lieferung und Montage einer Brandmeldeanlage bzw. ihre Erneuerung und Ergänzung in einem Museumsgebäude sind »Bauleistungen« nach § 1 VOB/A (BayOblG Beschl. v. 23.7.2002 Verg 17/02 VergR 2002, 662). Die Lieferung und der Einbau eines Kassen- und Kontrollsystems für ein Großstadion nach FIFA-Maßgaben ist dann ein Bauauftrag nach § 99 Abs. 3 GWB, wenn die Lieferung zur bestimmungsgemäßen Funktion des Stadions notwendig ist (hier: besondere Regelungen der FIFA zur Mietnutzung während eines bestimmten Zeitraumes [Fußball-Weltmeisterschaft]), selbst wenn die eigentlichen Einbauarbeiten keine vordergründige Rolle spielen (VK Baden-Württemberg Beschl. v. 28.10.2004 1 VK 68/04). Die Ausstattung einer Berufsschule mit Maschinen und Werkzeugen ist dann eine Bauleistung, wenn bauliche Einbauten zugleich hierzu vorgesehen sind (z.B. passgenaue Einbauwerkzeugschränke). Bei der Wartung und Störungsbeseitigung an Lichtzeichenanlagen einer Straße handelt es sich um eine Bauleistung (BayOblG NZBau 2000, 594). Lieferung und Montage von Laborausstattung – Dampfsterilisatoren, Wasserstoffperoxidgenerator (Thüringer OLG VergabeR 2003, 98).

2. Leistungen im Sinne der VOF

Die Verdingungsordnung für freiberufliche Leistungen (hierzu allgemein: *Müller-Wrede* VOF-Kommentar § 1 Rn. 7 ff.; *Ax/Schneider/Reichert* VOF 2005) ist nur dann anzuwenden, wenn oberhalb der dort vorgegebenen Schwellenwerte die Vergabe von Leistungen im Rahmen einer freiberuflichen Tätigkeit oder im Wettbewerb erbracht werden sollen. Der Begriff der Leistung i.S.d. VOF ist ausschließlich wesentlich für Dienstleistungen i.S.d. Dienstleistungsrichtlinie (DKR) im Rahmen der unmittelbar anzuwendenden Sektorenrichtlinie, dort Art. 11 der Dienstleistungsrichtlinie. Danach gilt für die Bundesrepublik die Tätigkeit typischer Freiberufler als verbindlich. Diese sind in den Anlagen 1 und 2 der VOL und VOF abschließend geregelt. Hilfsweise kann § 18 Abs. 1 Nr. 1 S. 2 EStG

46

herangezogen werden. Hierzu zählen die Architekten, Ingenieure und Vermessungsingenieure. In §§ 22 ff. VOF ist die Vergabe an diese Gruppe bestimmt. Wesentlich ist aber, dass die Leistungen dieser Berufsgruppe allgemein nicht bauwerksbezogen sind (hierzu allgemein: *Korbion/Mantscheff/Vygen* HOAI 6. Aufl. 2005 Einf. Rn. 52 ff.). Dies, obwohl die Leistung üblicherweise immer als Werkvertrag einzugruppieren ist. Auch Baucontrolling-Verträge unterliegen gewöhnlich, weil der Schwerpunkt nicht in der eigentlichen Erstellung der Bauleistung liegt, nicht der VOB (BGH Urt. v. 17.9.1987 VII ZR 166/86 BauR 1987, 702; a.A. *Böggering* BauR 1983, 402; *Will* BauR 1984, 333). Es sei denn, dass der Schwerpunkt des Gesamtvertrages auf der Erbringung der Bauwerksleistung liegt. Hier dürfte aber ein Bau(general)übernehmervertrag vorliegen.

3. Lieferverträge an sich

a) Abgrenzung zum Kaufvertrag

47 Hier ist die Unterscheidung zum Kaufvertrag wichtig vor dem Hintergrund der Gewährleistungsvorschriften. Beim Baustoffhandel wird überwiegend Kaufrecht zur Anwendung kommen. Dies betrifft die Liefergeschäfte über Baustoffe und Bauteile, ohne Bearbeitung. Dabei stehen Serienprodukte und genormte Produkte im Vordergrund, wie Mauersteine, Dachziegel, Sanitärartikel, Fenster, Türen, Küchen (hierzu *Wirth* Rechtsfragen des Baustoffhandels, Baurechtliche Schriften 1994 Rn. 17 ff.; BGH Urt. v. 1.2.1990 IX ZR 110/89 BauR 1990, 369; Beck'scher VOB-Komm./*Jagenburg* Vor § 1 Rn. 71 ff.).

Werden die Produkte allerdings individuell bearbeitet oder verarbeitet oder den baulichen Gegebenheiten angepasst, überwiegt die bauwerksbezogene Komponente; damit steht der werkvertraglich geschuldete Erfolg oder Erfolgszweck des Vertrages im Vordergrund. Insbesondere wenn Bauteile, auch Massenprodukte, für ein bestimmtes Bauwerk erst hergestellt werden, handelt es sich um einen Werkvertrag. Neben dem im Vordergrund stehenden werkvertraglichen Erfolg und der werkvertraglichen Leistung steht daneben die vertragliche Wunschvorstellung der Parteien, also der **werkvertragliche** Erfolg und die damit verbundene und **von beiden Parteien bei Vertragsschluss vorausgesetzte Funktion und Benutzbarkeit** im Vordergrund der Unterscheidung (so ähnlich: Beck'scher VOB-Komm./*Messerschmidt* § 1 VOB/A Rn. 31; a.A. Beck'scher VOB-Komm./*Jagenburg* Vor § 1 VOB/B Rn. 72). Katalog- und Serienprodukte sind dem Kaufrecht unterworfen, wenn geringfügige Montageleistungen mit diesen Produkten erbracht werden. Damit sind Lieferung und Montage einer maßgebundenen Kücheneinrichtung, Lieferung einer aus Teilen bestehenden Anlage, welche zusammenzusetzen ist, Lieferung von Frischbeton auf Anweisung und Rezeptur für eine bestimmte Baustelle, Lieferung und Einbau von Türen und Fenstern (ohne, dass deren Maße zunächst erfasst wurden), ein Schwimmbad als Kunststofffertigprodukt (BGH Urt. v. 12.3.1986 VIII ZR 332/84 BauR 1986, 437), genormter Heizöltank (a.A. BGH Urt. v. 4.11.1982 VII ZR 65/82 BauR 1983, 64) Werkverträge. Man wird allerdings bei der Einordnung grundsätzlich auf eine Gesamtbetrachtung des Vertrages zurückgreifen müssen. Dabei ist der **Schwerpunkt des Vertrages** zu ergründen und grundsätzlich auf die Art des zu liefernden Gegenstandes, das Wertverhältnis von Lieferung und Montage sowie auf die Besonderheiten des geschuldeten Ergebnisses abzustellen. Bei einer Solaranlage, deren Vertragsgegenstand die Lieferung und Montage ist, muss neben dem Wert der Einzelkomponenten auch der Wert der Montageleistung hinterfragt werden. Bei einem Wertanteil der Montage von 23% ist bei sonstigen Fertigfabrikatlieferungen von einem Kaufvertrag auszugehen (BGH Urt. v. 3.3.2004 VIII ZR 76/03). Ist die Kaufverpflichtung eines **serienmäßigen Produktes** mit einer sehr geringen Werkleistung, die **der Erwerber beizustellen** hat, verknüpft, so ist für den Werkvertrag kein Raum. Die Verpflichtung, ein serienmäßiges Mobilheim zu liefern und dieses auf von Erwerber zu errichtende Fundamente zu stellen, beurteilt sich nach Kaufvertrag (BGH Urt. v. 15.4.2004 VII ZR 291/03), ebenso die Verpflichtung zur Lieferung einer Lichtrufanlage und Schulung des Personals bei Selbstvornahme des Einbaus durch den Erwerber (OLG Oldenburg BauR 2004, 1324).

Bauleistungen § 1 VOB/A

b) Abgrenzung zum »Werklieferungsvertrag« im Sinne des § 651 BGB n.F.
Abzugrenzen von den **bauvertraglichen Leistungen** sind die **Leistungen in § 651 BGB**. Gemeint **48**
sind dort Verträge herzustellender oder zu erzeugender unvertretbarer beweglicher Sachen. S. 3 enthält insbesondere eine Sondervorschrift. § 651 BGB ist seit der Neufassung durch das Schuldrechtsmodernisierungsgesetz zum 1.1.2002 so gefasst worden, dass grundsätzlich die Kaufvorschriften Anwendung finden, wenn ausschließlich die Lieferung herzustellender Sachen Gegenstand des Vertrages ist. Damit wurde zugleich auch ein Teil des Art. 1 Abs. 4 der Verbrauchsgüterrichtlinie 1999/44/EG und Art. 3 Abs. 1 des UN-Kaufrechts übernommen. Dort allerdings sind die Fälle ausgenommen, in denen der Besteller einen wesentlichen Teil der zur Herstellung oder Erzeugung notwendigen Stoffe selbst zur Verfügung zu stellen hat. Jedoch ist **§ 651 BGB** nur auf **bewegliche Sachen** anzuwenden (unklar: *Konopka/Acker* BauR 2004, 251). Allerdings ist § 651 BGB unter Berücksichtigung der §§ 90, 91 BGB dann anzuwenden, wenn jede zur Erstellung eines Bauwerkes notwendige Werkleistung auszuführen ist, also noch keine feste Verbindung mit Grund und Boden oder Gebäude oder Einfügung von Sachen in ein Bauwerk besteht, § 94 Abs. 1 und 2 BGB. Dies gilt auch, wenn eine Verbindung oder Einfügung nur zum vorübergehenden Zweck erfolgt § 95 BGB (siehe hierzu *Palandt/Sprau* § 651 BGB Rn. 1 ff.; BT-Drucks. 14/6040 S. 268; *Wirth/Sienz/Englert* Verträge am Bau nach der Schuldrechtsreform 2002 S. 474 ff.). Dabei ist zu beachten, dass sich die Frage der Vertretbarkeit nicht mit der Vereinbarung der Parteien, sondern nach dem Kriterium des § 91 BGB richtet, also danach, ob die Sache im Verkehr nach Maß, Zahl und Gewicht bestimmt zu werden pflegt. Maßgebend dafür ist, ob die Individualität des Erfolges in Bezug auf den Besteller und seine Wünsche so weit zurücktritt, dass die Interessen des Bestellers durch Leistung einer anderen Sache befriedigt werden können und umgekehrt der Unternehmer die Sache auch an einen anderen Interessenten veräußern könnte. Als vertretbare Sache wird daher diejenige angesehen, die nach Katalog, Liste oder Preisverzeichnis bestimmt werden kann. Hierzu zählen auch Anfertigungen nach Muster des Bestellers, wenn sie in einer bestimmten Mindestzahl produziert werden können. Maßgebend ist, dass nicht mehr nur individuell, sondern in Massen produziert werden kann. Unvertretbare Sachen sind daher maßangefertigte Ladeneinrichtungen (BGH NJW 1974, 1322 ff.), speziell angepasste Einbauküchen (OLG Koblenz BauR 1998, 893; OLG Köln NJW-RR 2002, 1487), Lieferung und Verlegen von Teppichboden (BGH NJW 1991, 2486).

Verpflichtet sich der Unternehmer zur **Lieferung herzustellender vertretbarer Sachen**, so verweist S. 3 neben dem Kaufrecht auf das Werkvertragsrecht. Es gelten die Regeln der Obliegenheiten des Bestellers mit der Folge der Anwendung der §§ 642, 643, 645 BGB. Auch die Kündigungsregeln des § 649 BGB sind daher anzuwenden; nicht anzuwenden ist § 644 BGB. Die Stoffgefahr trifft aber ohnehin den Besteller, soweit er den zur Herstellung erforderlichen Stoff beigestellt hat. Hat der Unternehmer schuldhaft gegen die Sorgfaltspflichten verstoßen, ist er nun nach § 280 BGB zum Schadenersatz verpflichtet. Auch hinsichtlich der Vergütungsgefahr verbleibt es allerdings bei § 644 BGB, da der Besteller nur gegen Lieferung der herzustellenden Sache die Vergütung zu entrichten hat. Unterschiede ergeben sich nur im Bereich der Leistungsgefahr, da nunmehr eine klare Verweisung fehlt. Jedoch muss man den Unternehmer im Rahmen des § 275 Abs. 2 und 3 BGB für verpflichtet halten, wenn das Werk vor der Ablieferung/Übergabe zerstört wird. S. 3 verweist auch nicht auf die §§ 647 bis 648a BGB. Dabei ist nach dem bisherigen Recht eine entsprechende Anwendung des § 647 BGB bereits erwogen worden, wenn der Unternehmer wegen einer Verarbeitungsklausel die Ware für den Besteller verarbeitet, so dass dieser Eigentümer wird und der Eigentumsvorbehalt dann ausscheidet. Nach dem neuen Recht sind solche Fälle erst recht nach Werkvertragsrecht zu behandeln, weil es an einer Lieferung fehlt. Daher ist nun klargestellt, dass § 647 BGB ebenfalls anzuwenden ist. Selbst wenn man dem nicht folgen würde, liegt darin die Überlegung, dass der Unternehmer durch eine Verarbeitungsklausel zwar auf seinen Eigentumserwerb zugunsten des Erwerbers verzichtet, dass darin aber notwendigerweise auch ein Verzicht auf ein Pfandrecht an der hergestellten Sache liegt. Der Unternehmer hat allerdings auch die Möglichkeit – und es ist seine Sache – sich vertraglich ein Pfandrecht einräumen zu lassen. Es fehlt daher sicherlich an der für eine

Analogie notwendigen und erforderlichen Vergleichbarkeit des Falles mit der Konstellation bei § 647 BGB, weil der Unternehmer eine Verarbeitungsklausel akzeptiert hat. Wichtig ist, dass nach neuem Recht das Mängelrecht sich nur nach Kaufrecht, nicht nach Werkvertragsrecht bestimmt. Damit kann der Erwerber nach § 439 Abs.1 BGB statt der Mangelbeseitigung die Lieferung einer mangelfreien Sache verlangen, während § 635 BGB diese Wahl dem Unternehmer überlässt. Soweit der Unternehmer durch die Wahl der Nachlieferung übermäßig belastet wird, kann er jedoch nach § 439 Abs. 3 BGB die vom Käufer gewählte Art der Nacherfüllung verweigern. Auf Seiten des Bestellers allerdings hat dieser den Verlust des Selbstvornahmerechts zu vergegenwärtigen. Er hat die Möglichkeit, dieses durch die Vereinbarung Allgemeiner Geschäftsbedingungen auszugleichen. Desgleichen sind die Regeln über die Abnahme (§§ 640, 641, 641a, 646 BGB) nicht anwendbar. Hier ist Vorsicht geboten. Während die Abnahmeverweigerung im Werkvertragsrecht nur bei wesentlichen Mängeln Anwendung findet (§ 640 Abs. 1 S. 2 BGB), kann bei Geltung des Kaufrechts auch bei geringfügigen Abweichungen von der Sollbeschaffenheit die Ablehnung erfolgen. Da das zu erheblichen Schwierigkeiten führen kann, ist die Anwendung des § 640 Abs. 1 S. 2 BGB auf diese Fälle zwingend, sofern nicht § 475 BGB entgegensteht.

IV. Bloße Bereitstellung von Baugeräten; evtl. mit Bedienungspersonal

49 Auch die **alleinige Zurverfügungstellung von Baumaschinen** und sonstigen Baugeräten ist keine Bauleistung. Insofern handelt es sich i.d.R. um einen **Mietvertrag** (OLG Celle BauR 1995, 181; zu den Musterbedingungen von Mietverträgen über Baumaschinen und Baugeräte: *Thamm* BB 1997, 1270). Wird auch **Bedienungspersonal** gestellt (wie etwa der Kranführer oder der Baggerführer), so ist im Allgemeinen mit dem Mietvertrag ein sog. **Dienstverschaffungsvertrag** (Anh. 3 Unternehmereinsatzformen) verbunden (OLG Düsseldorf NJW-RR 1995, 160; *Saller* BauR 1995, 50; OLG Celle NJW-RR 1997, 469; OLG München VersR 1999, 112). Wichtig ist hier die jeweilige Vertragsgestaltung: Ein Spezialunternehmen für Baggerarbeiten, das im Auftrag eines anderen Unternehmens einen Bagger und einen Baggerführer für Erdarbeiten stellt, wird aufgrund eines Werkvertrages und nicht eines Dienstverschaffungsvertrages tätig, wenn die Aufgabe fest umrissen ist und nicht nach Zeit, sondern nach der Kubikmeterzahl der bewegten Erde abgerechnet wird (OLG Nürnberg NJW-RR 1997, 19).

50 Im Übrigen: Der Vermieter des Gerätes haftet nur für die Gebrauchsfähigkeit bzw. Einsatzfähigkeit der Maschine und die ordnungsgemäße Auswahl des Bedienungspersonals sowie dessen Tätigkeit als solche, während der sachgerechte Einsatz des Gerätes auf der Baustelle in den Verantwortungsbereich des Mieters gehört (KG NJW 1965, 976; BGH DB 1968, 1317; BauR 1982, 90; OLG Düsseldorf BauR 1996, 136); beim Dienstverschaffungsvertrag ist der zur Dienstleistung Verpflichtete (also z.B. das Bedienungspersonal) als Verrichtungsgehilfe des zur Dienstverschaffung Verpflichteten anzusehen (OLG Stuttgart S/F/H/K Z 2.3 Bl. 6). Demnach haftet der Vermieter eines Baukranes nicht für Schäden, die ein im Rahmen eines Dienstverschaffungsvertrages auf der Baustelle des Mieters eingesetzter Kranführer bei Arbeiten in der Nähe einer Starkstromfahrleitung anrichtet (OLG Düsseldorf VersR 1979, 674). Aus dem über die Gestellung einer Planierraupe abgeschlossenen Mietvertrag kann sich die Verpflichtung des Mieters und seines Erfüllungsgehilfen ergeben, beim Einsatz des Fahrzeuges zu Planierarbeiten in der Nähe von Betriebsgleisen der Bundesbahn in besonderer Weise für die Sicherung des mit gestellten Fahrers zu sorgen (BGH VersR 1971, 324). Wird die Durchführung der Bauleistung durch Witterungseinflüsse behindert, so ist für diese Zeit der Mietzins einschließlich des Lohnes für das Bedienungspersonal dennoch zu zahlen (LG Koblenz S/F/H/K Z 3.12 Bl. 59 f.). **Dienstvertragliche** und nicht mietvertragliche **Elemente überwiegen,** wenn Baugeräte mit Bedienungspersonal zur Verfügung gestellt werden, zu deren Bedienen **besondere, ausgefallene** Fachkenntnisse erforderlich sind, die das Bedienungspersonal besitzt oder besitzen sollte, wie z.B. bei einem besonders schweren oder einem Spezialkran (OLG Hamm VersR 1966, 641). Dann haftet derjenige, der das Gerät mit Bedienung zur Verfügung stellt, für die in seinen Risikobereich (Bedienung des Geräts) fallenden Schäden (OLG Karlsruhe MDR 1972, 325; dazu *Saller* BauR 1995, 762, 766 ff.). Ob und inwieweit eine Verkehrssicherungspflicht in Betracht kommt, richtet sich nach Inhalt und Umfang des jeweiligen Vertrages. Dagegen stehen wiederum mietvertragliche Gesichtspunkte bei Bedienungsfehlern am normalen Gerät im Vordergrund, also die Haftung des »Entleihers« für funktionsgerechtes Gerät und die Auswahl ordentlichen Personals. **Möglich ist hier unter besonderen Umständen auch ein Werkvertrag:** Ein Vertrag, nach dem ein Baukran mit Hilfe eines Autokrans auf ein Baustellengelände gehoben und wieder herausgehoben werden soll, ist Werkvertrag, wenn die Autokranfirma es in eigener Verantwortung übernommen hat, den Baukran ordnungsgemäß in die Baustelle hinein- und später wieder herauszuheben (OLG Hamm Urt. v. 26.11.1991 21 U 118/91).

In den hier erörterten Bereich gehört auch die Zurverfügungstellung von auf der Baustelle vorhandenem Gerät eines Unternehmers an einen anderen, wie z.B. durch den Hauptunternehmer an den Subunternehmer; auch im Hinblick auf den Auftraggeber kommt dies in Betracht. Sofern ein Bauunternehmer einen Spediteur mit der Gestellung eines Autodrehkranes zwecks Abbaus eines Turmdrehkranes beauftragt, richtet sich die von dem Unternehmer zu entrichtende Vergütung nicht ohne weiteres nach den Allgemeinen Deutschen Spediteurbedingungen, sondern nach den für eine solche Leistung objektiv zu bewertenden Maßstäben (BGH VersR 1976, 286).

51 Zum sog. **Leiharbeitsverhältnis** (vgl. Anh. 3 Unternehmereinsatzformen; siehe dazu ferner *Mayer/ Maly* ZfA 1972, 1; über Probleme der gewerblichen Arbeitnehmerüberlassung nach dem Arbeitnehmerüberlassungsgesetz [AÜG], vor allem im Zusammenhang mit § 12a Arbeitsförderungsgesetz a.F., ausführlich: *Becker* ZfBR 1983, 47; ferner *Boewer* DB 1982, 2033).

52 Wird Baugerät im Rahmen von § 8 Nr. 3 Abs. 3 VOB/B überlassen, so gelten die Sicherungs- und Sicherheitsmaßnahmen zu Lasten des Auftraggebers mit der Ingebrauchnahme. Eventuelle Beschädigungen und Abnutzungen hat er dem gekündigten Auftragnehmer zu ersetzen. Dies ergibt sich aus der Vergütungsverpflichtung und ist Nebenanspruch des Auftragnehmers aus der Geräteüberlassungsverpflichtung des § 8 Nr. 3 Abs. 3 VOB/B (Beck'scher VOB-Komm./*Motzke* § 8 Nr. 3 VOB/B Rn. 48). Weiterhin hat der **Auftragnehmer** dafür Sorge zu tragen, dass von den Geräten keine Gefahr, weder für die Beschäftigen – hier findet insoweit die Baustellenverordnung Anwendung – noch für andere Personen – Verkehrssicherungspflicht des Auftragnehmers – ausgeht, § 4 Nr. 2 Abs. 1 S. 1 VOB/B. Grundsätzlich fällt der **Einsatz von Gerät** in den Aufgaben- und Vertragsbereich des Auftragnehmers. Dies ergibt sich auch aus den jeweiligen Beschreibungen der Texte der DIN 18299 ff. Dort werden üblicherweise in den Ziff. 2.1 (Allgemeines), insbesondere 2.3 (Liefern) und Ziff. 3 (Ausführung) Angaben des Auftraggebers erforderlich, mit welchem Gerät der Auftragnehmer die Leistung zu erbringen hat. In den Nebenleistungen (Ziff. 4.1) und den Besonderen Leistungen (Ziff. 4.2) werden je nach Anforderungen der Geräteeinsatz auszuweisen sein (hierzu grundlegend: Beck'scher VOB-Komm./*Englert/Grauvogl/Katzenbach* C DIN 18299).

53 Die Bauleistung kann im **Tarifvertragsrecht** anders zu sehen sein (VTV Bau): Das Aufstellen von Messeständen, Regalen und Podesten sowie die Bestückung der zur Ausstellung bestimmten Flächen ist keine bauliche Leistung i.S.d. § 1 Abs. 2 VTV. Messemontagen können auch nicht als Trockenbauarbeiten verstanden werden, da ihnen der unmittelbare Bauwerksbezug fehlt (LAG Hessen Urt. v. 30.8.2004 16 Sa 1985/03 IBR 2005, 1076).

C. Lieferung von Stoffen und Bauteilen

I. Lieferung als Oberbegriff

54 Auch nach der Änderung der Fassung der VOB 1990, in der § 1 VOB/A Nr. 1 gestrichen wurde, **gilt heute**, dass das Liefern von Stoffen oder Bauteilen eindeutig in der **zum Inhalt eines Bauvertrages**

gehörenden (vgl. § 1 Nr. 1 S. 2 VOB/B) ATV 18299 in Abschnitt 2 »Stoffe, Bauteile« geregelt wird. Nach **Nr. 2.1.1** umfassen die (Bau-)Leistungen **auch die Lieferung der dazugehörigen Stoffe und Bauteile** einschließlich Abladen und Lagern auf der Baustelle, wenn in der insoweit vorrangigen DIN 18300 ff. oder auch sonst im einzelnen Vertrag nicht etwas anderes geregelt ist, wie z.B. das Beistellen von Stoffen und/oder Bauteilen durch den Auftraggeber (vgl. auch ATV 18299, Nr. 2.1.2). Die Verfasser der VOB verwiesen aus Anlass der Neufassung 1990 darauf, dass das Liefern von Stoffen und/oder Bauteilen schon in der DIN 18299 geregelt, daher in § 1 VOB/A überflüssig sei. Jedenfalls ist festzuhalten, dass hier die Änderung im Wortlaut von § 1 VOB/A **keine** – vor allem rechtliche – **Bedeutung** hat. Soweit es sich um das Liefern der Stoffe und/oder Bauteile handelt, ist allerdings jetzt noch zu beachten, dass »**das Liefern**« **maßgebend** ist und nicht etwa die bloße »Verwendung«. Daraus folgt:

1. Vom Auftraggeber gestellte Stoffe

55 Wenn Bauleistungen vergeben werden können **ohne** die damit verbundene Lieferung von Stoffen oder Bauteilen durch den ausführenden Unternehmer, so heißt dies keineswegs, dass damit Stoffe und/oder Bauteile bei dem in Frage kommenden Objekt nicht zur Verwendung gelangen. Es kann nämlich auch so sein, dass der **Auftraggeber** die Stoffe oder Bauteile **selbst stellt oder beschafft,** was in den betreffenden Verträgen häufig durch die Worte »bauseits« oder »beigestellt« zum Ausdruck kommt. Zur Unterscheidung stehen deshalb drei Gruppen:

a) Arbeiten ohne Verwendung von Baumaterial
b) Arbeiten mit Verwendung von Baumaterial, das vom Auftraggeber geliefert – »gestellt« – wird
c) Arbeiten mit Verwendung von Baumaterial, das der Auftragnehmer mitliefert bzw. auf seine Bestellung von dritter Seite anliefern lässt.

Unter den Begriff »ohne Lieferung« fällt nicht nur die zweite, sondern auch die erste Gruppe (*Daub/Piel/Soergel* ErlZ A 1.29).

56 In rechtlicher Hinsicht ergibt sich hierzu eine wichtige Folgerung: Die VOB unterscheidet für ihren Bereich im Gegensatz zum BGB nicht zwischen Werkvertrag (§§ 631 ff. BGB) und Werkvertrag i.S.d. § 651 BGB. Auch diejenige Arbeit, die unter den Begriff des »Werklieferungsvertrages« (§ 651 BGB a.F.) fallen würde, kann Gegenstand eines nach der VOB Teil B ausgerichteten Bauvertrages sein; ebenso können hierauf die Vergaberegeln des Teils A zur Anwendung kommen, zumal es sich in der Praxis sogar um den Hauptfall eines Bauvertrages handelt. Es macht also z.B. keinen Unterschied für den Anwendungsbereich der VOB, ob deshalb ein Werklieferungsvertrag anzunehmen wäre, weil sich der Auftragnehmer bzw. Vertragspartner des Auftraggebers verpflichtet, zunächst selbst ein Grundstück zu beschaffen, darauf ein Haus zu errichten und dann erst das Hausgrundstück nach Fertigstellung dem Auftraggeber zu übereignen; jedenfalls hinsichtlich etwaiger Gewährleistungsansprüche handelt es sich hier um einen Werk- bzw. Werklieferungsvertrag (BGH Urt. v. 16.4.1973 VII ZR 155/72 BauR 1973, 247). Maßgebend für die Bewertung im Einzelfall, ob es sich um einen Kauf- oder einen Werk- bzw. Werklieferungsvertrag handelt, ist es, ob der in Betracht kommende Anspruch aus der Verpflichtung zur Übereignung des Grundstückes oder aus der Verpflichtung zur Errichtung des Gebäudes hergeleitet wird (BGH Urt. v. 4.12.1975 VII ZR 269/73 BauR 1976, 133). Zur Abgrenzung zwischen Werk- und Werklieferungsvertrag (§ 651 BGB a.F.) bei der Lieferung und Montage von Fertiggaragen vgl. OLG Düsseldorf BauR 1982, 164.

2. Lieferung durch Auftragnehmer

57 Liefert der Auftragnehmer die Stoffe und/oder Bauteile, die bei der eigentlichen Bauarbeit an Ort und Stelle Verwendung finden, so ergibt sich deutlich aus der DIN 18299 Nr. 2.1.1, dass es sich um einen einheitlichen Vertrag handelt, bei dem die eigentliche Werkleistung, also alles, was im Bereich von § 1 VOB/A als Bauleistung gilt, im Vordergrund steht. Dabei kommt es auf das Verhältnis zwischen dem Wert der Stoffe und/oder Bauteile und dem der eigentlichen Leistung an Ort und Stelle für die vertragsrechtliche Einordnung nicht an. Daher richtet sich ein solcher Vertrag nach den Regelungen von Teil B der VOB, wenn dieser vereinbart wird. Auch die Bauvergabe ist naturgemäß nach Teil A ausgerichtet. Zu **unterscheiden** ist dies wiederum von dem Fall, in dem ein Teil der vom Auftragnehmer zu liefernden Stoffe und/oder Bauteile von ihm selbst **bei der Erstellung** der von ihm nach dem Vertrag an Ort und Stelle zu erbringenden **Bauleistungen verwendet** wird, ein **anderer Teil lediglich von ihm zu liefern ist**. Dann handelt es sich um sog. **gemischte Leistungen** in einem Vertrag (vgl. Rn. 38).

3. Individualregelung

Zusammenfassend ist zu sagen, dass die Vertragsparteien vor Abschluss des jeweiligen Vertrages sich darüber schlüssig werden müssen, ob es nach dem vorangehend Gesagten möglich ist, die VOB/B allein zu vereinbaren, oder ob und inwieweit hinsichtlich der Lieferung von Stoffen und/oder Bauteilen andere Bestimmungen (BGB – §§ 433 ff. – oder VOL) nicht günstiger sind. Das kann nur nach den jeweiligen Gegebenheiten im Einzelfall entschieden werden, somit für den Bereich des Individualvertrages. Daher eignen sich Allgemeine Geschäftsbedingungen im bauvertraglichen Bereich – vor allem Zusätzliche Vertragsbedingungen – nicht für solche Festlegungen, abgesehen davon, dass hier leicht Verstöße gegen Bestimmungen der §§ 305 ff. BGB vorkommen können. **58**

II. Begriffliches: Stoffe – Bauteile

1. Stoffe

Unter **Stoffen** sind **Einzelgattungen bzw. -arten des Materials** zu verstehen, das zur Be- und Verarbeitung bei der Herstellung eines Bauwerkes Verwendung findet. Beispiele: Stahl, Zement, Bausteine, Kalk, Sand, Farbe, Leim, Holz, Wasser, Öl usw. Der Begriff »Stoff« deckt sich mit dem der »Sache« i.S.d. § 90 BGB. Entgegen früherer Rechtsauffassung (RGZ 82, 12) ist hierzu auch der elektrische Strom zu zählen. Zu den Stoffen gehören also **auch** alle diejenigen **Hilfsmittel,** die der Auftragnehmer verbrauchen muss, um am Bau in eigener Tätigkeit überhaupt erst etwas zu schaffen, was vorher noch keine selbstständige, aus sich kommende Gestalt im Sinne einer Werkleistung gehabt hat. Daher rechnet hierzu alles, was bauwirtschaftlich als Baustoff, Bauhilfsstoff und Baubetriebsstoff bezeichnet wird. **59**

2. Bauteile

Demgegenüber sind **Bauteile Sachen** – ebenso in der Grundlage nach § 90 BGB zu bewerten –, die bereits aus Stoffen gebildet worden sind und die einen in sich abgeschlossenen und **fertig gestellten Körper** darstellen, der durch Einbau eine selbstständige Einzelfunktion im Rahmen des Gesamtbauwerks erhält. Hierzu gehören z.B. Eisenträger, Waschbecken, Leitungsrohre, Heizkörper, Fenster, Türen, Rolladenkästen, Stahlgewebe, insbesondere aber **auch vorgefertigte Bauelemente** (z.B. Wände, Decken, Heizöfen usw.). **60**

3. Art der Lieferung

Stoffe und/oder Bauteile können dadurch geliefert werden, dass sie der Auftragnehmer von dritter Seite kauft oder herstellen und sie dann nach Be- oder Verarbeitung bzw. Einbau in das Eigentum des Auftraggebers übergehen lässt. **61**

Jedoch ist ein vorheriger Erwerb von Dritten (Hersteller, Großhandel) nicht unbedingte Voraussetzung. Vielmehr hält es sich im Rahmen einer Lieferung, wenn der Auftragnehmer Stoffe oder Bauteile im eigenen Bereich selbst gewinnt oder herstellt und sie dann liefert. Das wird in Bezug auf die Erzeugung oder Gewinnung von Stoffen kaum vorkommen, es sei denn, der Auftragnehmer hat z.B. **62** eine eigene Kiesgrube. Eigentlich selbstverständlich ist das aber bei der Herstellung einzelner Bauteile, wie z.B. der Anfertigung von Fenstern, Türen, Eisengittern, Toren, vorgefertigten Elementen usw., also Gegenständen, die nicht erst am Bau selbst, sondern nur unter Zuhilfenahme besonderer Einrichtungen und Vorrichtungen **in der Werkstatt oder sonst im Betrieb des Auftragnehmers** hergestellt werden können.

63 Davon zu unterscheiden ist es, wenn der Auftragnehmer Stoffe oder Bauteile zwar selbst, aber nicht in den seinem eigentlichen Handwerks- oder Baubetrieb zugehörigen Werkstätten und Räumen, sondern in hiervon abgesonderten, selbstständigen Betriebsstätten herstellt, wie z.B. in eigener Zementfabrik, eigener Eisengießerei, eigenem Fertigteilwerk. Diese Art der Lieferung lässt die Anwendung der VOB ebenso zu wie in dem Fall, in dem der Auftragnehmer Stoffe verarbeitet, die er von dritter Seite bezogen und dann angeliefert hat. Das galt im Übrigen so auch nach dem Wortlaut des § 3 Abs. 1 BaupreisVO 1972. § 3 Abs. 2 BaupreisVO 1972 nimmt ausdrücklich die Montagearbeiten aus. Durch Verordnung vom 16.6.1999 (BGBl. I S. 1419) ist die VO PR Nr. 1/72 über die Preise für Bauleistungen bei öffentlich oder mit öffentlichen Mitteln finanzierten Aufträgen aufgehoben worden. Die Verordnung PR Nr. 30/53 ist daher weiterhin gültig (hierzu *Ebisch/Gottschalk*, Preise und Preisprüfungen bei öffentlichen Aufträgen).

64 Hat der Auftragnehmer im Rahmen des Bauvertrages die Aufgabe, bei dem von ihm zu errichtenden Bauwerk eigens dafür geplante und bestimmte Bauelemente in eigener Werkstatt oder in einer eigenen davon gesonderten Betriebsstätte herzustellen, die später an Ort und Stelle in das Bauwerk eingefügt werden, so liegt darin bereits der Beginn der Herstellung der Leistung (BGH Urt. v. 30.1.1975 VII ZR 72/73 BauR 1975, 218).

D. Lieferung und Montage maschineller Einrichtungen oder elektrotechnischer/ elektronischer Anlagen

I. Rechtliche Einordnung

65 Die bis 1990 geltende Fassung des früheren § 1 Nr. 2 VOB/A schloss die Lieferung und Montage maschineller Einrichtungen aus dem Bauleistungsbegriff aus, weshalb weder Teil A noch die Teile B und C der VOB für solche Leistungen als Beurteilungsgrundlage in Betracht kamen. Dies wurde durch die Regelung der Nr. 2 in der Fassung von 1990 dahin geändert, dass die Lieferung und Montage maschineller Einrichtungen – nur – dann keine Bauleistungen sein sollten, wenn sie der Instandhaltung oder Änderung einer baulichen Anlage dienen. In der Fassung 1992 wurde der bisherige § 1 Nr. 2 VOB/A ersatzlos gestrichen. Auch diese Fassung berücksichtigte, insbesondere durch den dort verwendeten Begriff »Änderung«, nicht voll die Richtpunkte, die die Rechtsprechung zur Abgrenzung von Werk- oder Werklieferungsleistungen einerseits und kaufvertraglichen Leistungen anderseits festgelegt hat. Diese werden jedenfalls durch die Hinweise zu der Fassung 1992 in etwa erfasst. Dazu gilt auf der Grundlage der auch hier maßgebenden Rechtsprechung:

In allen Fällen, in denen die Lieferung und Montage maschineller Einrichtungen oder elektrotechnischer Anlagen erforderlich ist, um die betreffende Bauleistung nach den jeweiligen technischen Erfordernissen, aber und zugleich auch für den von der Auftraggeberseite vorgesehenen Zweck der Nutzung usw. als vollständig bezeichnen zu können, also die betreffende Bauleistung (vor allem das Bauwerk) funktionsfähig zu machen, handelt es sich auch bei den maschinellen Einrichtungen oder elektrotechnischen Anlagen um Bauleistungen, für die die Regelungen der VOB Anwendung finden können bzw. müssen. Einfacher ausgedrückt: Immer dann, wenn die vorgesehene Leistung bzw. Gesamtleistung **nicht als fertig** bezeichnet werden müsste, **weil dazu die maschinelle Einrichtung oder die elektrotechnische Anlage noch erforderlich ist, um das Ziel der Bauabsicht des Auftraggebers zu erreichen,** muss man auch hier von Bauleistungen mit allen ihren Erfordernissen und – insbesondere rechtlichen – Wirkungen ausgehen (OLG Köln NJW-RR 1994, 602). Nur dann, wenn dies nicht gegeben ist, handelt es sich **nicht** um eine Bauleistung und ist der Lieferung und Montage maschineller Einrichtungen oder elektrotechnischer Anlagen **Kaufvertragsrecht** zugrunde zu legen. Bei dieser Abgrenzung kommt es nicht darauf an, ob es sich um einen Neubau, Erweiterungsbau, Sanierungs- oder Renovierungsbau handelt. Immer dann, wenn die maschinelle Einrichtung oder die technische Anlage **notwendig ist und erstmals in der betreffenden baulichen Anlage** montiert wird, handelt es sich um eine Bauleistung. Das gilt z.B. für die Lieferung und Montage eines Ölbrenners und eines Heizkessels für einen Neubau, weil diese Teile nur im Zusammenhang mit der gesamten Heizungsanlage, also auch den montierten Leitungen und Heizkörpern, somit über die maschinelle Tätigkeit hinaus, bestimmungsgemäße Wirkung zu entfalten geeignet sind. Auch trifft dies auf ein Notstromaggregat zu. Erst recht gilt dies für eine Anlage, die individuell für die Bedürfnisse des Auftraggebers konstruiert und eingebaut wird (BGH Urt. v. 9.7.1987 VII ZR 208/86 BauR 1987, 681), wie EDV-Anlagen (vgl. DIN 18386 Gebäudeautomation; Zentrale Leittechnik; Messen/Steuern/Regeln = MSR-Technik; EDV-Anlagen für Sonderzwecke, wie z.B. Einsatzleitsystem der Polizei, der Feuerwehr usw.: OLG Celle Beschl. v. 17.11.1999 13 Verg 6/99), Telefon- oder Aufzugsanlagen, Sicherungseinrichtungen, Bühnenvorhänge in einem Theater; im Falle der Errichtung eines Blockheizkraftwerkes (BGH BauR 1978, 303); bei Elektroarbeiten in Neubauten, ohne die das Gebäude nicht hinreichend funktionsfähig wäre (BGH Urt. v. 4.12.1986 VII ZR 354/85 BauR 1987, 205); bei Einbau einer raumlufttechnischen Anlage; bei einer Ballenpresse im Neubau eines Verwaltungsgebäudes nach besonderer Zeichnung, weil hier nicht allein die Lieferung einer fehlerfreien, typisierten Maschine geschuldet war, sondern auch deren plangerechter Einbau und störungsfreier Lauf innerhalb der Förderanlage zu dem im Vertrag vorausgesetzten Entsorgungsgebrauch, wodurch ein unvertretbares Werk i.S.d. § 651 Abs. 1 S. 2 BGB herzustellen war, zumal die Bestandteile der Papierentsorgungsanlage fest in das Gebäude einzubauen waren, es dabei um die zweckmäßige Errichtung eines mit der Papierentsorgungsanlage verbundenen Gebäudes ging; BGH BauR 1974, 57, bei dem nachträglichen Einbau einer Klimaanlage; BGH BauR 1973, 246, bei Umstellung von Koks- auf Ölheizung; OLG Hamburg MDR 1988, 1106, im Falle des nachträglichen Einbaues einer Beschallungsanlage in einem Hotelsaal durch dauerhafte Verbindung mit dem Gebäude, da dies zur Benutzung als Ballsaal sowie zu Konferenzzwecken unabweisbar nötig ist. Anderes gilt für den nachträglichen Einbau einer Abwasser-Kreislaufanlage, da sie nicht die Funktion für das Gebäude und die dortige Autowaschanlage hat, vielmehr dort nur untergebracht ist (BGH BauR 1997, 1018). Ebenso trifft dies auf ein zusätzliches, später geliefertes, für den Bestand und die bestimmungsgemäße Funktion des Gebäudes nicht erforderliches Blockheizkraftwerk zu (OLG Hamm BauR 1998, 343). Werden in schon vorhandenen Bestand neben dem Einsetzen neuer Wände und Decken zu einem großen Anteil auch die elektrische Anlage, Alarmanlage, Computersteuerungen und Beleuchtungen eingebaut ist im Rahmen der bauwerksbezogenen Leistungen die Schwellenwertberechnung i.S.d. § 99 Abs. 2 GWB zu beachten und als Bauleistungen nach der VOB/A auszuschreiben (BayObLG VergabeR 2002, 662 – Deutsches Museum).

Davon abgesehen ist aber eine **weitere Grenze** zu ziehen: Selbst wenn es sich um eine **maschinelle Einrichtung oder elektrotechnische Anlage handelt, die zur ordnungsgemäßen Funktion und Nutzung einer baulichen Anlage erforderlich ist, die aber nur gegen eine andere ohne Erforderlichkeit bauhandwerklicher Maßnahmen durch bloßes Lösen, Ab- und Anschrauben ausgetauscht wird, handelt es sich, wenn der Vertrag sich auf diese Arbeiten beschränkt, nicht um eine Bauleistung.** Dies gilt deshalb, weil in einem solchen Fall von der vertraglichen Zielsetzung her das **kaufvertragliche Umsatzgeschäft ausschlaggebend** ist. Dies trifft z.B. bei bloßem Austausch des Heizkessels bei einer vorhandenen Heizungsanlage zu (LG Aachen NJW-RR 1998, 1399), bei dem alleinigen Austausch einer Wärmepumpe (OLG Hamm BauR 1986, 578) oder deren Überprüfung oder aus diesem Anlass notwendig werdenden einzelnen Reparaturen an dieser (OLG Köln SFHK § 638 BGB Nr. 64), auch eines Ölbrenners, eines Aufzugsmotors als solchem usw.

Keine Bauleistung ist es nach dem Gesagten, wenn die betreffende Einrichtung oder Anlage **von vornherein nicht zum bestimmungsgemäßen Gebrauch der Leistung oder des Gebäudes nötig**

ist, wie z.B. eine Ortsvermittlungsstelle, selbstständige medizinische Geräte, Laboreinrichtungen, EDV-Anlagen (BGH BauR 1994, 654).

Bauleistung ist dagegen auch die Wartung und Störungsbeseitigung an Lichtzeichenanlagen (BayObLG ZVgR 2000, 122; OLG Düsseldorf ZVgR 1999, 160), da diese Zubehör an Straßen sind (siehe auch § 1 Abs. 4 Nr. 2 BF StrG, Art. 2 Nr. 3 Bay StrWG). Diese Arbeiten sind erfolgsbedingt und daher keine Dienstleistungsaufträge, wie die Dienstleistungsrichtlinie Anh. I A meint, sondern eine Bauleistung i.S.d. § 99 Abs. 3 GWB. Es kommt in diesem Zusammenhang darauf an, dass nicht nur die Funktionskontrolle, sondern vielmehr die Funktionstüchtigkeit sichergestellt wird, damit Substanzpflege gewollt ist.

II. Lieferung und Montage

66 Lieferung und Montage sind nicht dasselbe. Beides sind zwar rechtlich Erfüllungsvorgänge, jedoch in aufeinander folgender zeitlicher Reihenfolge; die Montage schließt sich der Lieferung an. Der Begriff **Montage** erstreckt sich auf die **Aufstellung,** den **Zusammenbau** und die **feste Verbindung an Ort und Stelle. Ledigliche Lieferung** von **marktüblicher** Beleuchtung für ein Bauvorhaben **ohne individuelle** Anfertigung oder Bearbeitung im Hinblick auf die baulichen Gegebenheiten und ohne Montage- oder Einbauarbeiten ist **keine** Bauleistung (OLG München Beschl. v. 28.9.2005 Verg 19/05).

67 Demgegenüber gehören **Zu- und Ableitungen,** z.B. Leitungen, Abflüsse einschließlich aller ihrer Einzelteile, wie Steck- und Verteilerdosen, Schalter usw., schon deshalb nicht zur Montage, weil sie **in keinem unmittelbaren Zusammenhang mit der Aufstellung** und festen Verbindung der Maschine an Ort und Stelle stehen. Sie sind bereits aus sich heraus Bauleistungen. Davon zu unterscheiden sind wiederum **bloße Anschlussleitungen,** wie Anschlusskabel usw., die unmittelbar von der maschinellen Einrichtung die bloße Verbindung zu den eigentlichen Zu- und Ableitungen schaffen. Deren Anlegung ist begrifflich der Montage unterzuordnen. Sie sind als ausgesprochene **Nebenleistungen** anzusehen (BGH Urt. v. 29.6.1981 VII ZR 299/80 BauR 1981, 575).

III. Maschinelle Einrichtung oder elektrotechnische/elektronische Anlage

68 Unter Einrichtung wird eine Sache verstanden, die einer anderen körperlich hinzugefügt ist und deren wirtschaftlichen Zwecken dient, wie z.B. ein Ofen, eine Beleuchtungsanlage, eine im Haushalt oder in einem Gewerbebetrieb verwendete Maschine. Dabei ist es unerheblich, ob diese Einrichtung Bestandteil, vor allem wesentlicher Bestandteil geworden ist, was z.B. für ein Diesel-Notstromaggregat, das in einem großen Hotelneubau oder eine Müllverbrennungsanlage eingebaut wird, zutrifft (BGH NJW 1987, 3178; VÜA NRW Beschl. v. 18.3.1996 415–84–43–1/95; vgl. auch *Palandt/Heinrichs* § 258 BGB Rn. 1; *Erman* § 258 BGB Rn. 2, 3). Nach dem hier Erörterten muss die Einrichtung aber **maschineller Art** sein, um im Rahmen ihrer Lieferung und gleichzeitigen Montage unter dem Oberbegriff der Bauleistung erörtert werden zu können. Dies ergibt sich ebenfalls aus den Hinweisen zu den Allgemeinen Bestimmungen zur Vergabe von Bauleistungen, dort zu § 1 VOB/A. Unter dem Ausdruck »Maschine« werden daher Gegenstände verstanden, die nach ihrer Beschaffenheit geeignet sind, mit Hilfe eines Antriebsmittels Kraft zu erzeugen, zu übertragen oder Kraft zur Arbeitsleistung zu verwerten. Hierzu gehören Ölfeuerungsmaschinen, Wärmepumpen (OLG Hamm BauR 1986, 578), maschinentechnische Ausrüstungsgegenstände für den Umbau und die Erweiterung einer Kläranlage (OLG Köln SFHK § 4 VOB/B Nr. 1), Lichtmaschinen, Generatoren, Transformatoren, Waschmaschinen, Entlüftungsmaschinen, Fernsprechanlagen, Anlagen der Telekommunikation, sonstige elektrotechnische Anlagen, EDV-Anlagen usw. Zu beachten ist, dass man nicht den bloßen Begriff »Maschine« gewählt, sondern ihn mit dem der »Einrichtung« verbunden hat. Deshalb ist hier nicht nur die Maschine selbst gemeint, sondern alles, was ihrer bestimmungsgemäßen

Bauleistungen § 1 VOB/A

Arbeit entsprechend den technischen Zusammenhang und damit die **maschinelle Tätigkeit als solche** bedingt. Beispiele: nicht nur der Motor, sondern auch der damit verbundene Generator; nicht nur der Motor, sondern auch der von ihm betriebene Aufzug als solcher; nicht nur die Entlüftungsmaschine, sondern auch die daran angeschlossenen Ventilatoren (vgl. oben Rn. 4 ff.).

E. Abbrucharbeiten

I. Allgemeines

Bereits in die Fassung 1990 wurden in § 1 VOB/A bei der Umschreibung des **Begriffs der Bauleistungen** zu **Abbrucharbeiten** »beseitigen« mit aufgenommen. Dies dürfte **mehr der Klarstellung** wegen erfolgt sein, da es sich auch hier nach allgemeinem Sprachgebrauch um bauliche Leistungen bzw. solche, die mit einem »Bau« zusammenhängen, handelt. Hier geschieht allerdings nicht eine herstellende, instand haltende oder ändernde Arbeit, sondern eine **beseitigende, zerstörende. Entscheidend für die Einordnung in den Bauleistungsbegriff ist, dass auch hier, und zwar im Zusammenhang mit einer baulichen Anlage, ein Erfolg geschuldet wird.** Also sind auch die Abbrucharbeiten in den Bereich des **Werkvertrages** einzuordnen (§§ 631 ff. BGB). Demgemäß sind auf solche Arbeiten auch die Bestimmungen der VOB anwendbar (hierzu *Lenzen* FS Jagenburg 2002 S. 491 ff.), im Übrigen immer dann, wenn in der beseitigenden, zerstörerischen Maßnahme zugleich eine schaffende (erfolgsorientierte) Handlung zu sehen ist (so auch Beck'scher VOB-Komm./*Messerschmidt* § 1 VOB/A Rn. 65, 66). Von den reinen Beseitigungs- und Abbrucharbeiten sind die Arbeiten der **Ausschachtung** und des **Aushubs** zu unterscheiden. Diese dienen dem Zweck der Erstellung des Bauwerkes unabhängig davon, in welcher Tiefe sie ausgeführt werden. Gleiches gilt für die Verfüllung (OLG Düsseldorf BauR 1995, 244; BauR 1998, 199). Die Baugrundarbeiten (*Englert/Grauvogl* Recht des Baugrundes; *Englert/Bauer* Rechtsfragen zum Baugrund; *Lange* Baugrundhaftung und Baugrundrisiko S. 7 ff.; *Kapellmann* Jahrbuch Baurecht 1999 S. 1 ff.; *Vygen* Jahrbuch Baurecht 1999 S. 46 ff.) sind Gründungsmaßnahmen, Bodenverbesserungen, Unterfangungen, Wasserhaltungen und betreffen die Errichtung baulicher Anlagen und Gebäude.

69

Die Abbrucharbeiten müssen immer der Leistungsbeschreibung inkl. Vorbemerkungen und damit den Anforderungen des § 9 VOB/A und den Regelungen der ATV DIN 18299 der VOB/C entsprechen (VOB-Stelle Niedersachsen v. 13.10.1994 Fall 1019; VOB-Stelle Sachsen-Anhalt v. 30.3.1995 Fall 169). Allgemein zu Abbrucharbeiten: *Lippok/Korth* Abbrucharbeiten 2004.

II. Arbeiten bei Bauwerken oder Arbeiten an einem Grundstück?

Handelt es sich bei Abbrucharbeiten um Werkleistungen, so ist sicher fraglich, wie diese in den Bereichen des §§ 634a Abs. 1 Nr. 2 BGB bzw. § 13 Nr. 4 VOB/B einzuordnen sind, also in den **Rahmen der Verjährung von Gewährleistungsansprüchen.** Hier wird zu unterscheiden sein:

70

Handelt es sich um Abbrucharbeiten, **die im Rahmen eines Bauvertrages in Auftrag gegeben werden**, der zugleich – nach erfolgtem Abbruch – die Herstellung, Instandhaltung oder Änderung einer baulichen Anlage durch den gleichen Auftragnehmer erfasst, handelt es sich also um einen einheitlichen Vertrag, so ist die dadurch geschuldete Gesamtleistung als Arbeit bei einem Bauwerk einzuordnen (vgl. oben Rn. 4 ff.; siehe Beck'scher VOB-Komm./*Englert/Langenecker/Bach/Mesch* C TV Abbrucharbeiten Rn. 10, 11). Hier wird der Gesamterfolg geschuldet, wozu, um die eigentliche aufbauende Arbeit zu ermöglichen, der Abbruch oder Teilabbruch (je nach Erforderlichkeit) gehört. Hier ist zwangsläufig eine einheitliche Bewertung im Hinblick auf das Gesamtziel erforderlich.

71

Werden Abbrucharbeiten **für sich in Auftrag gegeben,** ohne dass davon zugleich aufbauende Leistungen mit erfasst sind, geht es also um die reine Zerstörung, so könnte man ohne weiteres von –

72

bloßen – Arbeiten an einem Grundstück sprechen. Hier handelt es sich aber aus rechtlicher Sicht dann **um nichts anderes als bei den Ausschachtungsarbeiten für eine Baugrube** (vgl. oben Rn. 24), nämlich eine Tätigkeit, **um die eigentliche Bauerrichtung usw. überhaupt zu ermöglichen** (a.A. OLG Bremen BauR 1995, 862, das auch hier – wohl – von Arbeiten am Grundstück ausgeht). Dann wird man die Rechtsprechung des BGH (vgl. Rn. 28) auch auf den hier erörterten Fall anzuwenden haben, da **auch die Abbrucharbeiten bestimmungsgemäß erst die eigentliche Bauwerksarbeit ermöglichen.** Auch sie sind daher mit **zur mängelfreien Herstellung des daraufhin zu errichtenden Bauwerkes bestimmt.** Werden bei der Ausführung der Abbrucharbeiten Fehler gemacht, so schlägt sich das auch hier in einer dann kostenverteuernden eigentlichen Bauausführung nieder, wodurch der **untrennbare Zusammenhang** mit dem – späteren – Bauwerk selbst dokumentiert wird. Also handelt es sich **auch dann um Arbeiten bei einem Bauwerk. Voraussetzung** ist allerdings, dass die hier erörterten Abbrucharbeiten **in einem engen Zusammenhang mit einer konkreten Bauabsicht** im Hinblick auf die Herstellung, Instandhaltung oder Änderung einer baulichen Anlage stehen **und der Abbruchunternehmer hiervon weiß oder ihm dies ohne Schwierigkeiten erkennbar ist.** Dabei kommt es für den Bereich des anschließenden Aufbaus **nicht** darauf an, ob nunmehr wiederum die **gleiche bauliche Anlage** errichtet wird, wie sie vorher vorhanden war. **Entscheidend** ist allein, ob es sich dabei um eine **Leistung an einem Bauwerk** handelt, um die Abbrucharbeiten als bloße Arbeiten an einem Grundstück auszuscheiden. So muss bei der Abbrucharbeit auch dann von einer Arbeit bei einem Bauwerk gesprochen werden, wenn ein Haus abgerissen wird, anschließend auf dem Grundstück statt dessen ein Parkplatz mit einer Teerdecke angelegt wird.

73 Aus dem Gesagten folgt zwangsläufig, dass **Abbrucharbeiten dann Arbeiten an einem Grundstück sind, wenn sie bloß als solche erfolgen, ohne dass damit eine hinreichend konkrete aufbauende Bauleistung verbunden ist.** Das kann z.B. sein, wenn der Abbruch nur erfolgt, um die Gefährdung von Menschen und/oder Sachen, die von der abbruchreifen baulichen Anlage ausgeht, zu beseitigen oder zu verhindern. Gleiches gilt, wenn das betreffende Grundstück einem Zweck zugeführt werden soll, der von vornherein nur als Arbeit an einem Grundstück bezeichnet werden muss, wie z.B. bei Anlage eines Gartens oder Parks, ohne dass damit unter § 634a Abs. 1 Nr. 2 BGB bzw. § 13 Nr. 4 VOB/B fallende Bauwerksarbeiten verbunden sind.

F. Gerüstbauarbeiten

I. Allgemeines

74 In der VOB-Fassung 1988 wurde die bisher nur als Anhang zum Teil C der VOB geltende **DIN 18451** als **Allgemeine Technische Vertragsbedingung** in den Teil C der VOB aufgenommen. Nach Nr. 1.1 gilt diese ATV für das Auf-, Um- und Abbauen sowie für die Gebrauchsüberlassung der Gerüste (fahrbare Arbeitsbühnen regelt DIN 4422; Traggerüste regelt DIN 4421). Gerüste und Gerüstbauteile, die nicht allein aufgrund DIN 18451/DIN 4421/DIN 4422 beurteilt werden können, gelten als neue Bauart, für die der Nachweis der Brauchbarkeit zu erbringen ist (Institut für Bautechnik, Berlin), die als Baubehelf für die Ausführung von Bauarbeiten jeder Art benötigt werden (siehe zur Handhabung, Begriffsdefinition und Abrechnung/Berechnung besonders: *Mittag* VOB/C Praxiskommentar Teil 3 Kap. 3.001 ff.) In der Erläuterung des Verdingungsausschusses zur Fassung der VOB von 1988 heißt es:

»*Durch die ATV ›Gerüstarbeiten‹ sollen auch für diese Leistungen einheitliche und verbindliche Regelungen durch die VOB vorgegeben werden, die eine sachgerechte Gestaltung und Abwicklung der Verträge ermöglichen. Obwohl ein Vertrag über den Aufbau von Gerüsten kein reiner Werkvertrag nach § 631 BGB ist – er enthält vielmehr wesentliche Elemente eines Mietvertrages –, ist die Vereinbarung der Teile B und C der VOB sinnvoll. Insbesondere die an den Auf- und Abbau der Gerüste zu stellenden Anforderungen entsprechen in wesentlichen Punkten den Anforderungen an eine Bauleistung. Nicht an-*

wendbar ist die Regelung des § 7 VOB/B, die darauf beruht, dass das herzustellende Werk bereits vor der Abnahme in das Eigentum des Auftraggebers übergeht. Da nach der Rechtsprechung die vom BGB abweichende Regelung des Gefahrübergangs ohnehin für Baubehelfe keine Anwendung findet, ist auch die Vereinbarung von § 7 VOB/B für Gerüstarbeiten unschädlich. Gerüstarbeiten sind i.d.R. wesentliche Voraussetzung für die Ausführung von Bauleistungen. Sie bilden jedoch keinen eigenen Leistungsbereich; § 4 VOB/A kann demzufolge für Gerüstarbeiten nicht angewendet werden. Die Regelungen gelten nicht, soweit Gerüstarbeiten Nebenleistungen sind. Sie gelten nur für die Fälle, in denen Gerüstarbeiten zusammen mit Bauleistungen als Besondere Leistungen oder selbstständig vergeben werden.«

Hieraus ergibt sich sozusagen ein »**Zwitter**«: **Einmal** werden Gerüstarbeiten als **Bauleistungen i.S.v. § 1 VOB/A** angesehen, zum anderen aber höchstens **teilweise als Werkleistungen** im Rahmen der §§ 631 ff. BGB, also zum Teil als etwas anderes als es dem Bauleistungsbegriff im eigentlichen Sinne zugrunde liegt (vgl. dazu die Ausführungen der Rn. 1 bis 67, vor allem die dort an verschiedenen Stellen aufgeführten Abgrenzungen zu anderen Vertragstypen als denen des Werkvertrages). Insgesamt ist es durchaus **sachgerecht,** wenn Gerüstarbeiten **im Zusammenhang mit Bauleistungen i.S.v. Werkleistungen vergeben werden,** weil sie regelmäßig damit schon von der Sache her eng verbunden sind, und zwar ohne Rücksicht auf ihre rechtliche Einordnung nach Vertragsabschluss im jeweiligen Einzelfall. Andererseits muss aber auch dann auf die **rechtliche Bewertung besonderes Gewicht** gelegt werden. Der Einbezug von Gerüstarbeiten in den Bereich der Bauvergabe dürfte für öffentliche Auftraggeber aus haushaltsrechtlichen Gründen empfehlenswert sein. Private Bauvergaben sind nach den §§ 145 ff. BGB ohnehin frei, so dass hier nur für den Vertragsabschluss und die Vertragsabwicklung die jeweilige rechtliche Einordnung von Bedeutung ist, also ebenso wie beim abgeschlossenen öffentlichen Bauauftrag. 75

II. Mögliche rechtliche Einordnung

Diese hängt einmal von dem rechtlichen Zusammenhang ab, in dem die **Gerüstarbeiten zu den eigentlichen Bauleistungen i.S.v. § 1 VOB/A stehen.** Auszugehen ist davon, dass Gerüste **immer Hilfsmittel** für die Bauleistung nach § 1 VOB/A sind, so dass es sich bei ihnen im Wesentlichen um einen **Teil der Baustelleneinrichtung** handelt. Insoweit kommen in Betracht: Traggerüste, Lehrgerüste, Arbeitsgerüste, Schutzgerüste. Unterschieden wird dabei zwischen »**unselbstständigem**« **und** »**selbstständigem**« **Gerüstvertrag.** 76

1. »Unselbstständiger« Gerüstvertrag

In die **erste Gruppe** sind solche Gerüstgestellungen einzuordnen, die **von einem bauausführenden Unternehmer** erbracht werden müssen, weil er sonst **seine** von ihm nach dem Vertrag geschuldete **Leistung nicht erfüllen kann,** er also zwangsläufig dazu ein Gerüst benötigt. Dies ist grundsätzlich **in die zu erbringende Bauleistung mit einzurechnen,** wobei dann die im Zusammenhang mit der eigentlichen Bauleistung zu erbringenden Arbeiten zum Aufbau, zum etwaigen Umbau, zur Vorhaltung und zum Abbau **keine eigenständige vertragsrechtliche Funktion** haben. Vielmehr sind sie **der eigentlich zu erbringenden Leistung unterzuordnen und teilen deren rechtliches Schicksal.** Also unterliegen sie dem werkvertraglichen Bereich, damit zugleich dem Rahmen der VOB/B (*Locher* FS Gelzer S. 347, 348). Hier steht die geschuldete Hauptbauleistung absolut im Vordergrund; das Gerüst dient als **zwangsläufig notwendige Maßnahme** bei der Verwirklichung des von dem betreffenden Unternehmer übernommenen Leistungszieles. Dabei ergibt sich eine **Abgrenzung im Bereich hier maßgebender DIN-Normen, die** nach § 1 Nr. 1 S. 1 VOB/B mit Gegenstand eines **VOB-Vertrages** sind. Einmal werden Gerüstarbeiten als **Nebenleistungen** bezeichnet, was vor allem bedeutet, dass sie nach aller Erfahrung zwangsläufig mit zur Ausführung der vertraglichen Leistung gehören, und zwar **so eng,** dass sie **nicht in die Leistungsbeschreibung** mit aufzunehmen sind, hierfür auch **keine besondere Vergütung** von der Auftraggeberseite geschuldet wird, weil sie von völlig 77 untergeordneter Natur sind. Deshalb wird zu Recht angenommen, dass insoweit auch die übrigen Bestimmungen, insbesondere aus Teil B der VOB, **keine eigenständige Anwendung** finden, vielmehr derartige Nebenleistungen ohne weiteres **derselben rechtlichen Beurteilung** unterliegen **wie die damit verbundene eigentliche bauausführende Leistung.** Solche Gerüstarbeiten sind in den einzelnen Normen der **DIN 18300 ff. ausdrücklich als Nebenleistungen gekennzeichnet.** Dabei handelt es sich ausnahmslos um solche Gerüstgestellungen, die der Auftragnehmer selbst oder ein **mit ihm** vertraglich verbundener Dritter vorzunehmen hat, um seine **eigene Bauleistung** ausführen zu können. Betrachtet man das Normenwerk, so ist in bestimmten Bereichen das **Vorhalten** von Gerüsten eine **Nebenleistung,** wie z.B. bei DIN 18302 Nr. 4.1.6, DIN 18303 Nr. 4.1.6 oder DIN 18312 Nr. 4.1.14 (dort auch Traggerüste). Andere Normen kennzeichnen Gerüstleistungen **nur bis zu einer bestimmten Höhe der Gerüste** über dem Gelände oder dem Erdboden **als Nebenleistungen, über diese Höhe hinaus aber als Besondere Leistungen,** wie DIN 18314 Nr. 4.1.3 einerseits und dort Nr. 4.2.3 andererseits. Dabei liegt die **Grenze regelmäßig** bei Gerüsten, deren **Arbeitsbühnen mehr als 2 m über Gelände oder Fußboden liegen** (OLG Düsseldorf BauR 1997, 1051). Insofern gilt diese Unterscheidung nicht nur für das Vorhalten, sondern auch für das Auf- und Abbauen dieser Gerüste. Dasselbe trifft auf DIN 18333 Nr. 4.1.1 einerseits und Nr. 4.2.2 andererseits zu. Ferner gilt dies für DIN 18334 in der Gegenüberstellung von Nr. 4.1.1 mit Nr. 4.2.2, ebenso bei DIN 18336 hinsichtlich Nr. 4.1.1 und 4.2.5, soweit es sich um den Umbau von Gerüsten handelt; auch trifft dies bei DIN 18338 mit Nr. 4.1.1 und Nr. 4.2.3 sowie DIN 18339 mit Nr. 4.1.1 und Nr. 4.2.2 zu. Des Weiteren findet sich diese Unterscheidung (bei gleicher Nr.-Kennzeichnung) in DIN 18352, ebenso in der in der Fassung der VOB/C von 1998 eingeführten DIN 18351, einerseits Nr. 4.1.1, andererseits Nr. 4.2.3. Dasselbe Bild ergibt sich auch sonst bei zahlreichen anderen Normen des Teils C der VOB. **Soweit** es sich hier um **Nebenleistungen handelt, gilt das bereits Gesagte:** Insoweit kommt eine eigene rechtliche Einordnung nicht in Betracht, eine eigenständige vertragsrechtliche Bewertung findet nicht statt.

78 **Anders** liegt es jedenfalls **im Ausgangspunkt** in jenen Fällen, in denen die betreffenden Gerüstarbeiten als **Besondere Leistungen** zu gelten haben. Hier handelt es sich zwar **auch um Arbeiten, die** erforderlich sind, damit der Auftragnehmer selbst die von ihm geschuldete eigentliche Bauleistung erbringen kann. Jedoch haben die in diesem Zusammenhang zu erbringenden Gerüstarbeiten dann ein **solches Gewicht,** dass sie **nicht selbstverständlich** sind, sondern **gesondert in Auftrag gegeben werden müssen,** insoweit in eine besondere Position der Leistungsbeschreibung aufzunehmen und **besonders zu vergüten sind** (vgl. § 2 Nr. 9 VOB/B). Da **auch sie Werkleistungen** sind und insofern als **selbstständige Teilleistungen** zu gelten haben, finden für sie die §§ 631 ff. BGB oder bei Vereinbarung der VOB deren Bestimmungen Anwendung (nicht hinreichend klar dazu: *Siegburg,* Gewährleistung beim Bauvertrag Rn. 11).

2. »Selbstständiger« Gerüstvertrag

79 Zu dem sog. »selbstständigen« Gerüstvertrag zählen Gerüstarbeiten, die einem Unternehmer in Auftrag gegeben werden und bei denen er das Gerüst **nicht zur Ermöglichung der eigenen Bauleistung** erstellt, vorhält, um- oder abbaut, sondern mit dem gleichen Ziel **für andere Unternehmer.** Dies kann z.B. dadurch geschehen, dass ein Unternehmer, der auch bauausführende Leistungen zu erbringen und dafür ein Gerüst erstellt hat, dieses gemäß Auftrag des Auftraggebers **länger vorzuhalten hat, damit andere gleichzeitig und/oder nach ihm arbeitende Auftragnehmer ihre eigene Leistung erbringen können.** Es bedarf hierzu hinsichtlich der Gerüste einer **besonderen Vereinbarung der Vertragspartner**, wie die jetzige Fassung der DIN 18330 Nr. 4.2.1, DIN 18331 Nr. 4.2.3 und DIN 18335 Nr. 4.2.2 zeigt, da dies nunmehr als **Besondere Leistung** eingestuft ist. Dabei ist grundsätzlich § 2 Nr. 6 VOB/B einschlägig, wenn die längere Benutzung durch andere Unternehmer ohne die vorgenannte Vereinbarung vom Auftraggeber während der Ausführung verlangt wird. AGB des Auftraggebers, wonach der Auftragnehmer über die eigene Nutzungszeit die Gerüste zur Benutzung durch andere Unternehmer kostenlos zu überlassen habe, verstoßen grundsätzlich gegen § 9 AGBG, vor allem dann, wenn es sich nicht um eine fest bestimmte kürzere Zeit oder gar um eine unbestimmte Zeit handeln soll, da sonst ein Verstoß gegen den sich aus § 632 BGB ergebenden allgemeinen Rechtsgedanken vorliegt.

Erst recht gilt das über diese Grenzfälle hinaus, wenn der **Auftraggeber einem Gerüstbauunternehmer für sich allein die Erstellung eines Gerüstes in Auftrag gibt, damit die von ihm beauftragten ausführenden Unternehmer ihre** ihnen in Auftrag gegebenen **Werkleistungen erstellen können. Ebenso** trifft dies zu, wenn ein **bauausführender Unternehmer mit einem Gerüstbauer einen Vertrag über die Errichtung, die Vorhaltung, den etwaigen Umbau und den Abbau eines Gerüstes abschließt.** Hier handelt es sich zumindest auch um **selbstständige Werkverträge,** bei denen grundsätzlich auch die VOB/B Grundlage sein kann. Jedoch kann bei diesen »selbstständigen« Gerüstleistungen, wie sie vorangehend gekennzeichnet sind, die rechtliche Beurteilung nach ihrem Inhalt und ihrer Tragweite **nicht allein nach werkvertraglichen Elementen** erfolgen. Vielmehr handelt es sich im Allgemeinen um **gemischtvertragliche Faktoren, sofern** in diesen Leistungen **auch die Vorhaltung** der Gerüste inbegriffen ist, was regelmäßig der Fall ist. Im **Bereich der Vorhaltung überwiegen mietvertragliche Elemente** nach den §§ 535 ff. BGB; insbesondere gilt § 639 BGB (Haftungsausschluss) hinsichtlich der Pflicht zur vertragsgemäßen Überlassung während der vereinbarten Zeit (vgl. auch § 636 BGB a.F., DIN 18451 Nr. 3.6, DIN 4420 Nr. 8; insb. *Locher* FS Gelzer S. 350). Werden vom Gerüstbauer derartige mietvertragliche Pflichten verletzt, verjähren daraus resultierende Ansprüche in 3 Jahren (§ 195 BGB). **Andererseits**: Kommen während der Vorhaltezeit Gerüstteile abhanden, so hat der Gerüstbauer gegenüber dem Mieter nur mietvertragliche Ansprüche, die nach § 548 Abs. 1 BGB in 6 Monaten verjähren, wobei die Verjährungsfrist gem. § 548 Abs. 2 BGB mit dem Abbau des Gerüstes beginnt (OLG Hamm NJW-RR 1994, 1297 zu § 558 BGB a.F.). **80**

Werkvertragliche Pflichten des Gerüstbauers liegen dagegen **hinsichtlich des Aufbaus, des etwaigen Umbaus und des Abbaus** des betreffenden Gerüstes vor (*Locher* FS Gelzer S. 349; OLG Köln Urt. v. 17.1.1984 22 U 235/83 sowie OLG Koblenz Urt. v. 10.2.1989 2 U 1249/87 – beide Urteile unveröffentlicht; ebenso: OLG Hamburg BauR 1994, 123; dagegen: OLG Hamm BauR 1987, 577, sowie BauR 1991, 260 [L], das unzutreffend insgesamt von einem Mietvertrag ausgeht). Soweit es sich um diese werkvertraglichen Elemente handelt und demgemäß auch die VOB/B vereinbart werden kann, ist dazu zu bemerken: **§ 13 VOB/B kann ohne weiteres angewendet werden,** da insoweit keine Besonderheiten bestehen, was auch für die Verjährungsregelung in § 13 Nr. 3 VOB/B gilt. Fraglich ist der Gesichtspunkt der **Abnahme nach § 12 VOB/B.** Naturgemäß ist dies **nur für den werkvertraglichen Teil** der Gerüstleistung **von Bedeutung.** Daraus folgt, dass hinsichtlich der Billigung des fertig aufgebauten Gerüstes eine Teilabnahme in Betracht kommt (§ 12 Nr. 2 VOB/B), ebenso nach einem fertigen Umbau, schließlich wegen der Billigung nach Abbau des Gerüstes eine weitere – letzte – Teilabnahme (ebenfalls nach § 12 Nr. 2 VOB/B; zum alten § 12 Nr. 2a VOB/B zutreffend: *Locher* FS Gelzer S. 351 f., *Frikell* S. 39; im Wesentlichen auch OLG München NJW-RR 1987, 661; a.A. OLG Hamm BauR 1987, 577, das unzutreffend selbstständige Gerüstarbeiten für nicht abnahmefähig hält). Nach den jeweiligen Teilabnahmen richtet es sich auch, ob der Auftraggeber Ansprüche gegen den Gerüstbauer aus § 4 Nr. 7 VOB/B oder nach § 13 VOB/B hat. Dabei kann die technische Teilabnahme dann wesentliche Bedeutung gewinnen: Nach § 4 Nr. 10 VOB/B hat der Auftragnehmer das Recht zur technischen Teilabnahme. Insoweit ändert sich an der bisherigen Rechtslage nichts. Bei schriftlicher Niederlegung des Ergebnisses wird dem Auftragnehmer danach aber eine Beweiserleichterung zuteil, so dass die technische Teilabnahme bei nicht geregelten, aber später eintretenden – weil neu vereinbarten – Vertragsänderungen, zugleich wie die selbstständige Teilleistung (§ 12 Nr. 2a a.F. VOB/B) gelten kann. Wegen der Gefahrtragung bleibt es bei § 644 BGB (*Locher* FS Gelzer S. 352), insbesondere nach den in die Fassung 1992 der VOB neu aufgenommenen Regelungen in § 7 Nr. 2 und 3 VOB/B. Insgesamt dürfte zu sagen sein: Obwohl wegen der Vorhaltung für Dritte mietvertragliche Elemente ausschlaggebend sind, ist es sachgerecht, selbstständige Gerüstarbeiten der VOB/A unterzuordnen. Das rechtfertigt sich daraus, dass die werkvertraglichen Elemente (Auf-, **81**

VOB/A § 1a — Verpflichtung zur Anwendung der a-Paragraphen

Um- und Abbau) i.d.R. ein Übergewicht haben dürften. Des Weiteren dürfte dies auch aus pragmatischen Gründen gerechtfertigt sein, weil auch die selbstständigen Gerüstleistungen in engem Zusammenhang mit einer »eigentlichen« Bauleistung stehen.

§ 1a
Verpflichtung zur Anwendung der a-Paragraphen

1. (1) Die Bestimmungen der a-Paragraphen sind zusätzlich zu den Basisparagraphen von Auftraggebern i.S.v. § 98 Nr. 1 bis 3, 5 und 6 des Gesetzes gegen Wettbewerbsbeschränkungen für Bauaufträge anzuwenden, bei denen der geschätzte Gesamtauftragswert der Baumaßnahme bzw. des Bauwerks (alle Bauaufträge für eine bauliche Anlage) mindestens dem in § 2 Nr. 4 Vergabeverordnung (VgV) genannten Schwellenwert ohne Umsatzsteuer entspricht. Der Gesamtauftragswert umfasst auch den geschätzten Wert der vom Auftraggeber beigestellten Stoffe, Bauteile und Leistungen. Als Bauaufträge gelten Verträge entweder über die Ausführung oder die gleichzeitige Planung und Ausführung eines Bauvorhabens oder eines Bauwerks, das Ergebnis von Tief- oder Hochbauarbeiten ist und eine wirtschaftliche oder technische Funktion erfüllen soll, oder einer Bauleistung durch Dritte gemäß den vom Auftraggeber genannten Erfordernissen (z.B. Bauträgervertrag, Mietkauf- oder Leasing-Vertrag).

   (2) Werden die Bauaufträge i.S.v. Abs. 1 für eine bauliche Anlage in Losen vergeben, sind die Bestimmungen der a-Paragraphen anzuwenden
   - bei jedem Los mit einem geschätzten Auftragswert von 1 Mio. Euro und mehr,
   - unabhängig davon für alle Bauaufträge, bis mindestens 80% des geschätzten Gesamtauftragswertes aller Bauaufträge für die bauliche Anlage erreicht sind.

2. Die Bestimmungen der a-Paragraphen sind auch anzuwenden,
   - von den im Anhang IV der Richtlinie 2004/18/EG genannten Beschaffungsstellen,* wenn eine Baumaßnahme aus nur einem Bauauftrag mit mindestens einem Auftragswert nach § 2 Nr. 2 VgV ohne Umsatzsteuer besteht,
   - von allen übrigen Auftraggebern, wenn eine Baumaßnahme aus nur einem Bauauftrag mit mindestens einem Auftragswert nach § 2 Nr. 3 VgV ohne Umsatzsteuer besteht,
   und bei dem die Lieferung so überwiegt, dass das Verlegen und Anbringen lediglich eine Nebenarbeit darstellt.

3. Maßgebender Zeitpunkt für die Schätzung des Gesamtauftragswerts ist die Einleitung des ersten Vergabeverfahrens für die bauliche Anlage.

4. Eine bauliche Anlage darf für die Schwellenwertermittlung nicht in der Absicht aufgeteilt werden, sie der Anwendung der a-Paragraphen zu entziehen.

Inhaltsübersicht

	Rn.
A. Allgemeine Grundlagen	1
B. Voraussetzungen für die Anwendung der a-Paragraphen	3
I. Öffentliche Auftraggeber	3
1. Allgemeine Grundlagen	3
2. Einordnung als öffentliche Auftraggeber im Einzelnen	5
a) § 98 Nr. 1 GWB – institutioneller Auftraggeber	6
b) § 98 Nr. 2 GWB – funktioneller Auftraggeber	7
aa) Allgemeines	7
bb) Anhang III der RL 2004/18/EG	9

---

* AA, BMAS, BMBF, BMELV, BMF, BMFSFJ, BMG, BMI, BMJ, BMU, BMVg, BMVBS, BMWi, BMZ.

	Rn.
cc) Voraussetzungen des § 98 Nr. 2 GWB im Einzelnen.....................	11
(1) Juristische Personen des öffentlichen und privaten Rechts..............	11
(2) Im Allgemeininteresse liegende Aufgabe..........................	14
(3) Aufgaben nichtgewerblicher Art................................	17
(4) Gründungszweck..	20
(5) Beherrschung...	22
dd) Einzelfälle – Kasuistik..	27
c) § 98 Nr. 3 GWB – Verbände deren Mitglieder institutionelle oder funktionelle Auftraggeber sind...	40
d) § 98 Nr. 5 GWB – Private Auftraggeber im Bereich subventionierter Projekte	41
e) § 98 Nr. 6 GWB Baukonzessionäre....................................	42
II. Schwellenwert als Anwendungskriterium................................	43
III. Begriff der baulichen Anlage...	46
IV. Legaldefinition »Bauaufträge«.......................................	47
V. Losvergaben...	48
C. Leistungen mit weitaus überwiegendem Lieferanteil........................	50
D. Maßgeblicher Zeitpunkt für die Schätzung des Gesamtauftragswertes..................	54
E. Umgehungsverbot...	55

A. Allgemeine Grundlagen

§ 1a schreibt vor, unter welchen Voraussetzungen der 2. Abschnitt der VOB/A anzuwenden ist. Abschnitt 2 enthält gegenüber den sog. Basisparagraphen des Abschnitts 1 zusätzliche Vorschriften, die in den sog. a-Paragraphen verankert sind. Die Basisparagraphen finden weiterhin Anwendung, sofern die Bestimmungen der a-Paragraphen nicht entgegenstehen, d.h. sie werden ergänzt und teilweise abgeändert. Der Regelungsinhalt des § 1a VOB/A überschneidet sich jedoch in weiten Bereichen mit den höherrangigen Vorschriften des GWB und der VgV. Die Anwendbarkeit des 2. Abschnitts der VOB/A auf Vergabeverfahren oberhalb der Schwellenwerte wird erst durch die **statische Verweisung des § 6 VgV** ermöglicht. Ferner wiederholt § 1a VOB/A die in § 99 Abs. 3 GWB enthaltene Definition des Bauauftrags. Hinsichtlich der Schwellenwerte verweist § 1a Nr. 2 VOB/A auf die in § 2 VgV enthaltenen Angaben. Allerdings legt § 1a Nr. 1 Abs. 2 VOB/A Schwellenwerte im Falle von Losvergaben fest. Überdies enthalten § 1a Nr. 3 und 4 VOB/A Vorgaben für die Schätzung des Auftragswerts. Diesbezügliche Regelungen enthalten jedoch auch die §§ 2 und 3 VgV. Die sich aus diesen Überschneidungen ergebenden Rechtsanwendungsschwierigkeiten werden im Rahmen der nachfolgenden Kommentierung behandelt. § 1a VOB/A enthält dagegen keine näheren Angaben über den persönlichen Geltungsbereich, d.h. darüber, welche Auftraggeber zur Anwendung des 2. Abschnitts der VOB/A verpflichtet sind. Die Umsetzung der Richtlinienregelungen über den Auftraggeberbegriff finden sich in § 98 GWB.

Den a-Paragraphen liegt die Richtlinie 71/305/EWG vom 26.7.1971 über die Koordinierung der Verfahren zur Vergabe öffentlicher Bauaufträge zugrunde, die durch die Richtlinie 93/37/EWG vom 14.6.1993 komplett neugefasst und zuletzt durch die Richtlinie 2001/78/EG vom 13.9.2001 geändert wurde. Auf Beschluss des Rates und der Kommisssion wurden zwischenzeitlich die Richtlinien über die Vergabe öffentlicher Bau-, Liefer- und Dienstleistungsaufträge in einer Richtlinie 2004/18/EG vom 31.3.2004 (ABl. L 134 30.4.2004, 114 ff.) zusammengefasst. Diese Vergabekoordninierungsrichtlinie wurde zuletzt geändert durch Verordnung Nr. 2083/2005 vom 19.12.2005 (ABl. L 333 20.12.2005, 26 ff.).

Neben einer Vereinheitlichung der drei Vorgängerrichtlinien beinhaltet die neue Vergabekoordninierungsrichtlinie (VKR) auch neue Regelungen zur Höhe der Schwellenwerte. Zudem wurde durch die VKR eine neue Verfahrensart, der wettbewerbliche Dialog eingeführt, und zudem soziale und umweltpolitische Aspekte in das Vergabeverfahren integriert. Die Umsetzung dieser im Jahr 2004 veröffentlichten Richtlinie musste von den nationalen Gesetzgebern bis zum 31.1.2006 erfolgen. Diese Umsetzungsfrist wurde vom deutschen Gesetzgeber nicht eingehalten, eine teilweise Umsetzung erfolgte im Rahmen des sog. ÖPP-Beschleunigungsgesetzes im Jahr 2005 (BGBl. I 2005 S. 2672). Die hierin vorgenommenen Änderungen beschränkten sich jedoch auf die Einführung des wettbewerblichen Dialogs im Rahmen des GWB und der VgV sowie anderer einzelner Regelungen. Eine umfassende Umsetzung der VKR erfolgte nicht, insbesondere die zunächst geplante Konzeption zur »Verschlankung des Vergaberechts« wurde letztlich nicht umgesetzt (zur unmittelbaren Geltung der RL 2004/18/EG vgl. *Müller-Wrede* VergabeR 2005, 693 ff.). Auch aufgrund des Zeitdrucks entschied sich der deutsche Gesetzgeber zur Änderung und Anpassung des Vergaberechts im Rahmen des bestehenden Systems (»Kaskadenprinzip«). Teil dieser Strategie war auch die Neufassung der VOB/A im Rahmen eines »Sofortpakets« des DVA, die insbesondere Änderungen in den a-Paragraphen vorsieht. Die Veröffentlichung der VOBA 2006 im Bundesanzeiger erfolgte im Mai 2006 (BAnz 2006 Nr. 100a v. 30.5.2006 S. 1 ff.).

B. Voraussetzungen für die Anwendung der a-Paragraphen

I. Öffentliche Auftraggeber

1. Allgemeine Grundlagen

3 Nach § 1a Nr. 1 Abs. 1 VOB/A gelten die Bestimmungen der a-Pragraphen für Auftraggeber nach § 98 Nr. 1–3, 5, 6 GWB. Die Regelung verweist damit hinsichtlich der Frage der persönlichen Anwendbarkeitsvoraussetzungen auf den 4. Teil des GWB, insbesondere auf den dort umfassten Kreis von Auftraggebern, deren Auftragsvergaben einem vergaberechtlichen Nachprüfungsverfahren offenstehen. § 98 GWB unterscheidet zwischen insgesamt sechs Kategorien von Auftraggebern. Allein die Gruppe der sog. Sektorenauftraggeber nach § 98 Nr. 4 GWB wird von der Bestimmung des § 1a VOB/A insoweit ausgeklammert, für diese gelten im Bereich der VOB/A die besonderen Bestimmungen des § 1 VOB/A-SKR.

4 Die allgemeine Begrifflichkeit des öffentlichen Auftraggebers hat sich nach Einführung der neuen Vergaberichtlinien in den neunziger Jahren von einem institutionellen hin zu einem funktionellen Verständnis gewandelt. Hiernach gelten neben dem Staat und den Gebietskörperschaften auch Einrichtungen des öffentlichen Rechts und Verbände, die sich aus Mitgliedern der beiden letztgenannten Gruppen zusammensetzen, als öffentliche Auftraggeber. In das deutsche Vergaberecht hat aufgrund der Umsetzung der 1992/1993 erlassenen EG-Richtlinien zudem die funktionelle Betrachtung des Auftraggeberbegriffs Einzug gehalten (*Boesen* Vergaberecht § 98 Rn. 28).

2. Einordnung als öffentliche Auftraggeber im Einzelnen

5 Um den persönlichen Anwendungsbereich von § 1a VOB/A exakt bestimmen zu können, werden die Regelungen des § 98 Nr. 1 bis 3, 5, 6 GWB im Folgenden näher beleuchtet.

a) § 98 Nr. 1 GWB – institutioneller Auftraggeber
6 § 98 Nr. 1 GWB umfasst neben § 98 Nr. 3 GWB die sog. klassischen öffentlichen Auftraggeber, hierzu zählen die Gebietskörperschaften und deren Sondervermögen.

Gebietskörperschaften sind Körperschaften des öffentlichen Rechts, deren Hoheitsbereich durch einen räumlich abgegrenzten Teil des Staatsgebiets bestimmt wird. Hierzu zählen der Bund, die Länder, die Regierungsbezirke, die Landkreise und die Gemeinden (*Bechtold* § 98 GWB Rn. 5). Die Auftragsvergabe als Teil der Außentätigkeit erfolgt hierbei jeweils durch ihre Behörden.

Sondervermögen sind besondere Vermögensmassen ohne eigene Rechtspersönlichkeit, denen per Gesetz eine rechtliche Sonderstellung eingeräumt wird, die also die Gebietskörperschaft bei der Erfüllung ihrer Aufgaben unterstützen. Der in der Praxis bedeutsamste Fall des Sondervermögens sind die kommunalen Eigenbetriebe, die mit eigenem Personal und Sachmitteln ausgestattet sind, sie sind kraft ihrer Ausrichtung bloße nicht-rechtsfähige, dekonzentrierte Verwaltungsstellen (*Werner* in *Byok/Jaeger* Kommentar zum Vergaberecht § 98 GWB Rn. 304; *Wirner* LKV 2004, 145, 146). Als Beispiele für Sondervermögen nach § 98 Nr. 1 GWB sind auf Bundesebene etwa das Bundeseisenbahnvermögen, der Fonds Deutsche Einheit oder der Ausgleichsfonds als Sondervermögen des Bundeshaushalts zu nennen.

b) § 98 Nr. 2 GWB – funktioneller Auftraggeber
aa) Allgemeines

§ 98 Nr. 2 GWB orientiert sich am funktionalen Auftraggeberbegriff und trägt damit den europäischen Vorgaben Rechnung. Wie bereits angesprochen, gelten nach Art. 1 Abs. 9 der VKR neben den klassischen öffentlichen Auftraggebern auch solche Einrichtungen, die zu dem besonderen Zweck gegründet wurden, im Allgemeininteresse liegende Aufgaben nichtgewerblicher Art zu erfüllen, wenn sie vom Staat überprüft, geleitet oder finanziert werden, als öffentlicher Auftraggeber. **7**

Unter diese Begrifflichkeit fallen auch und gerade juristische Personen des Privatrechts, soweit sie die weiteren Voraussetzungen des § 98 Nr. 2 GWB erfüllen. Ziel der Vorschrift des § 98 Nr. 2 GWB ist es, auch für staatliche Aufgaben, die in privatrechtlicher Form erbracht werden, das Vergaberecht anzuwenden. Hierdurch soll dem Staat die »**Flucht ins Privatrecht**« verwehrt werden. Demgegenüber ist die Anwendung des Vergaberechts im Binnenmarkt nicht geboten, wenn eine staatlich beeinflusste juristische Person des Privatrechts rein erwerbswirtschaftlich tätig wird und den materiell privaten Wirtschaftsteilnehmern vergleichbar dem Wettbewerb ausgesetzt ist.

Die Auslegung der Begriffe »Allgemeininteresse« und »nichtgewerblicher Art« erfolgt nach Sinn und Zweck vergaberechtlicher Vorschriften. Das Vergaberegime ist demnach anzuwenden, wenn die staatlich beherrschte juristische Person des Privatrechts unter Beachtung aller Umstände nicht hinreichend durch die Kräfte des Marktes gesteuert wird. Hierdurch wird auch den Vergaberichtlinien entsprochen, deren Zweck es ist, die Hemmnisse für den freien Dienstleistungs- und Warenverkehr zu beseitigen, die Gefahr einer Bevorzugung inländischer Bieter oder Bewerber bei der Auftragsvergabe durch öffentliche Auftraggeber zu vermeiden sowie zugleich zu verhindern, dass sich eine vom Staat, von Gebietskörperschaften oder sonstigen Einrichtungen des öffentlichen Rechts finanzierte oder kontrollierte Stelle von anderen als wirtschaftlichen Überlegungen leiten lässt (vgl. EuGH NZBau 2003, 396 mit Verweis auf die ständige Rechtsprechung des EuGH). **8**

bb) Anhang III der RL 2004/18/EG

Ein erstes Indiz zur Beurteilung der Auftraggebereigenschaft kann der Aufzählung in **Anhang III der RL 2004/18/EG** entnommen werden, auf die Art. 1 Abs. 9 der RL 2004/18/EG verweist. **9**

Wenngleich der Anhang so vollständig wie möglich sein soll, stellt die hierin enthaltene Aufstellung der verschiedenen Institutionen nur einen ersten Anhaltspunkt für die Untersuchung der öffentlichen Auftraggebereigenschaft dar. Hinzu kommt, dass sie auf Grund der Vielzahl möglicher Einrichtungen des öffentlichen und privaten Rechts ihrer Natur nach nicht abschließend sein kann (vgl. EuGH NZBau 2003, 287). Dem Anhang kommt daher für sich allein genommen **keine konstituierende Bedeutung** zu, allerdings besteht durch die Aufnahme in den Anhang eine widerlegbare Vermutung für die Einordnung als öffentlicher Auftraggeber (vgl. OLG München Beschl. v. 7.6.2005 Verg 4/05; BayObLG Beschl. v. 24.5.2004 Verg 6/04). Ist eine bestimmte Einrichtung im Anhang III der RL 2004/18/EG aufgeführt, ohne die qualifizierenden Merkmale des § 98 Nr. 2 GWB zu erfüllen, führt ihre Erwähnung also nicht per se zu einer Klassifizierung als öffentlicher Auftraggeber. Eine genaue Einzelfallprüfung ist in diesen Fällen unumgänglich, Gleiches gilt für den umgekehrten

Fall (vgl. auch die Regierungsbegründung zum Vergaberechtsänderungsgesetz zu § 107, BT-Drucks. 13/9340 S. 15).

10 Anhang III der RL 2004/18/EG führt für Deutschland folgende Einrichtungen des öffentlichen Rechts auf:

1. Kategorien
Juristische Personen des öffentlichen Rechts

Die bundes-, landes- und gemeindeunmittelbaren Körperschaften, Anstalten und Stiftungen des öffentlichen Rechts, insbesondere in folgenden Bereichen:

1.1. Körperschaften
– wissenschaftliche Hochschulen und verfasste Studentenschaften,
– berufsständische Vereinigungen (Rechtsanwalts-, Notar-, Steuerberater, Wirtschaftsprüfer-, Architekten-, Ärzte- und Apothekerkammern),
– Wirtschaftsvereinigungen (Landwirtschafts-, Handwerks-, Industrie- und Handelskammern, Handwerksinnungen, Handwerkerschaften),
– Sozialversicherungen (Krankenkassen, Unfall- und Rentenversicherungsträger),
– Kassenärztliche Vereinigungen,
– Genossenschaften und Verbände.

1.2. Anstalten und Stiftungen
Die der staatlichen Kontrolle unterliegenden und im Allgemeininteresse tätig werdenden Einrichtungen nichtgewerblicher Art, insbesondere in folgenden Bereichen:
– rechtsfähige Bundesanstalten,
– Versorgungsanstalten und Studentenwerke,
– Kultur-, Wohlfahrts- und Hilfsstiftungen.

2. Juristische Personen des Privatrechts
Die der staatlichen Kontrolle unterliegenden und im Allgemeininteresse tätig werdenden Einrichtungen nichtgewerblicher Art, einschließlich der kommunalen Versorgungsunternehmen:
– Gesundheitswesen (Krankenhäuser, Kurmittelbetriebe, medizinische Forschungseinrichtungen, Untersuchungs- und Tierkörperbeseitigungsanstalten),
– Kultur (öffentliche Bühnen, Orchester, Museen, Bibliotheken, Archive, zoologische und botanische Gärten),
– Soziales (Kindergärten, Kindertagesheime, Erholungseinrichtungen, Kinder- und Jugendheime, Freizeiteinrichtungen, Gemeinschafts- und Bürgerhäuser, Frauenhäuser, Altersheime, Obdachlosenunterkünfte),
– Sport (Schwimmbäder, Sportanlagen und -einrichtungen),
– Sicherheit (Feuerwehren, Rettungsdienste),
– Bildung (Umschulungs-, Aus-, Fort- und Weiterbildungseinrichtungen, Volksschulen),
– Wissenschaft, Forschung und Entwicklung (Großforschungseinrichtungen, wissenschaftliche Gesellschaften und Vereine, Wissenschaftsförderung),
– Entsorgung (Straßenreinigung, Abfall- und Abwasserbeseitigung),
– Bauwesen und Wohnungswirtschaft (Stadtplanung, Stadtentwicklung, Wohnungsunternehmen, soweit im Allgemeininteresse tätig, Wohnraumvermittlung),
– Wirtschaft (Wirtschaftsförderungsgesellschaften),
– Friedhofs- und Bestattungswesen,
– Zusammenarbeit mit den Entwicklungsländern (Finanzierung, technische Zusammenarbeit, Entwicklungshilfe, Ausbildung).

cc) Voraussetzungen des § 98 Nr. 2 GWB im Einzelnen
(1) Juristische Personen des öffentlichen und privaten Rechts

Ein Unternehmen muss über eine eigene Rechtspersönlichkeit verfügen, um Auftraggeber i.S.v. § 98 Nr. 2 GWB sein zu können. Erfasst werden hierbei sowohl juristische Personen des öffentlichen als auch des privaten Rechts.

Juristische Personen des öffentlichen Rechts sind dabei Körperschaften, Anstalten, Stiftungen des öffentlichen Rechts. Teilrechtsfähige Organisationseinheiten und Beliehene fallen hingegen nicht unter diese Begrifflichkeit (*Stickler* in *Reidt/Stickler/Glahs* § 98 GWB Rn. 10; *Werner* in *Byok/Jaeger* § 98 GWB Rn. 318). Beispiele für juristische Personen des öffentlichen Rechts i.S.d. § 98 Nr. 2 GWB stellen die wissenschaftlichen Hochschulen, verfasste Studentenschaften, Sozialversicherungen, kassenärztliche Vereinigungen und die berufsständischen Vereinigungen wie Rechtsanwalts-, Architekten- und Ärztekammern dar (*Werner* in *Byok/Jaeger* § 98 GWB Rn. 318).

Juristische Personen des Privatrechts sind kraft Gesetzes Aktiengesellschaften (§ 1 AktG), Gesellschaften mit beschränkter Haftung (§ 13 GmbHG), Kommanditgesellschaften auf Aktien (§ 278 AktG), eingetragene Vereine (§§ 21, 22 BGB) Genossenschaften (§ 17 GenG) und der Versicherungsverein auf Gegenseitigkeit (§ 15 VAG).

Aber auch darüber hinaus können **weitere Organisationsformen** juristische Personen i.S.d. § 98 Nr. 2 GWB sein. Entscheidend für die Einbeziehung einer Gesellschaftsform in den Kreis der öffentlichen Auftraggeber ist der bereits angesprochene Zweck der europäischen Vergaberichtlinien. Auf eine rein formale Betrachtungsweise nach den nationalen Regelungen, hier also des deutschen Gesellschaftsrechts, kann es daher richtigerweise nicht ankommen (*Stickler* in *Reidt/Stickler/Glahs* § 98 GWB Rn. 10), was auch der Vergleich mit Art. 1 Abs. 9 der RL 2004/18/EG, der allein die »Rechtspersönlichkeit« der Einrichtung fordert, zeigt. Entscheidend ist vielmehr, ob die Gesellschaft befähigt ist, selbstständig am Rechtsverkehr teilzunehmen, ob sie in der Lage ist, alle Rechte und Pflichten, die mit einem Vergabeverfahren einhergehen, wahrzunehmen.

Nach diesem Verständnis können daher sowohl Kommanditgesellschaften (KG) als auch Offene Handelsgesellschaften (OHG) öffentliche Auftraggeber nach § 98 Nr. 2 GWB sein (vgl. VK Münster Beschl. v. 24.6.2002 VK 3/02; VK Südbayern Beschl. v. 5.9.2002 35–07/02; *Müller-Wrede/Noch* in *Müller-Wrede* VOL/A § 1a Rn. 20; *Werner* in *Byok/Jaeger* § 98 GWB Rn. 325). Gleiches gilt für Gesellschaften bürgerlichen Rechts (*Stickler* in *Reidt/Stickler/Glahs* § 98 GWB Rn. 12; *Dietlein* NZBau 2002, 136, 138). Auch Vorgründungs- und Vorgesellschaften kommen, je nach dem Stadium des Gründungsvorgangs, als öffentliche Auftraggeber i.S.d. § 98 Nr. 2 GWB in Betracht (*Werner* in *Byok/Jaeger* § 98 GWB Rn. 322; *Dietlein* NZBau 2002, 136, 138).

(2) Im Allgemeininteresse liegende Aufgabe

Die von dem Unternehmen wahrgenommene Aufgabe muss im Allgemeininteresse liegen, um eine Einordnung in § 98 Nr. 2 GWB zu rechtfertigen.

Weder in den europäischen Richtlinien, noch in der deutschen Umsetzung im Rahmen des GWB findet sich eine Definition dieser Begrifflichkeit. Der EuGH führt hierzu in stetiger Rechtsprechung aus, die Auslegung dieses Begriffs müsse **autonom** und **in allen Mitgliedsstaaten einheitlich** erfolgen (vgl. EuGH VergabeR 2004, 182). Nach der deutschen Rechtsprechung reicht hierfür in jedem Falle die **Erfüllung einer »genuin staatlichen Aufgabe«** aus (vgl. VG Koblenz Urt. v. 8.7.1997 2 K 2971/96.KO NvwZ 1999, 1133 1135; VÜA Bund Beschl. v. 12.4.1995 1 VÜ 1/95). In der Regel stellen Aufgaben, die auf andere Art als durch Angebot von Waren oder Dienstleistungen auf dem Markt erfüllt werden und die hoheitliche Befugnisse bzw. die Wahrnehmung der Belange des Staates und damit letztlich Aufgaben betreffen, die der Staat aus Gründen des Allgemeininteresses selbst erfüllen oder bei denen er einen entscheidenden Einfluss behalten möchte, im Allgemeininteresse liegende Aufgabe dar (vgl. EuGH VergabeR 2004, 182, 187; OLG München Beschl. v. 7.6.2005 Verg

4/05; BayObLG Beschl. v. 21.10.2004 Verg 17/04; Beschl. v. 24.5.2004 Verg 6/04; *Boesen* § 98 GWB Rn. 42 ff.; *Werner* in *Byok/Jaeger* § 98 GWB Rn. 247 ff.).

Ein Unternehmen in öffentlich-rechtlicher Organisationsform ist in aller Regel bereits aufgrund der gesetzlichen Vorgaben des Landes- und Kommunalrechts mit der Erfüllung spezifisch öffentlicher Aufgaben betraut, hier kann in aller Regel von der Erfüllung einer im Allgemeininteresse liegenden Aufgabe ausgegangen werden (vgl. VK Bund Beschl. v. 5.9.2001 VK 1–23/01; *Stickler* in *Reidt/Stickler/Glahs* § 98 GWB Rn. 20; *Dietlein* NZBau 2002, 136, 138 f.). Die öffentliche Zwecksetzung dient i.d.R. auch dann dem Allgemeininteresse, wenn das Unternehmen nach wirtschaftlichen Grundsätzen tätig wird (*Dreher* DB 1998, 2579; *Heise* LKV 1999, 210, 211).

15 Im Gegensatz hierzu muss bei privatrechtlich organisierten Unternehmen das Vorliegen der einzelnen Tatbestandsmerkmale besonders genau untersucht werden, diese unterliegen von vornherein gerade nicht den o.g. gesetzlichen Vorgaben des öffentlichen Rechts. Auch die Unternehmensform kann hier nicht als Kriterium für die Subsumtion unter den Begriff der öffentlichen Einrichtung herangezogen werden (*Schnabel* VergabeR 2004, 188, 189).

Der Umstand, dass ein Unternehmen neben den im Allgemeininteresse liegenden Aufgaben auch anderen Tätigkeiten nachgeht, hat keinen Einfluss auf die Zuordnung. Insoweit ist auch unschädlich, wenn die öffentliche Aufgabenerfüllung nur einen geringen Teil der Gesamttätigkeit ausmacht, solange das Unternehmen auch weiterhin öffentliche Aufgaben wahrnimmt (vgl. EuGH NJW 1998, 3261, 3262; so auch KG Beschl. v. 12.4.2000 KartVerg 91/99).

16 Sobald ein Unternehmen als Einrichtung des öffentlichen Rechts und damit als öffentlicher Auftraggeber nach § 98 Nr. 2 GWB einzustufen ist, kommt es nicht mehr darauf an, ob der jeweils im Einzelfall zu vergebende Auftrag der Erfüllung einer Gemeinwohlaufgabe dient oder nicht, der Auftrag unterliegt unabhängig davon dem Vergaberecht (vgl. EuGH NVwZ 2005, 74, 75). Einige Stimmen in der Literatur bezeichnen dies als »**Infizierung**« des Unternehmens durch die Allgemeinwohltätigkeit. In diesem Rahmen ist die Rechtsprechung des EuGH nicht frei von Widersprüchen, so lehnt er zum einen eine Differenzierung nach dem Auftragszweck bei den Einrichtungen des öffentlichen Rechts ab, andererseits geht er im Rahmen der Sektoren nur dann von einer Sektorenauftraggebereigenschaft aus, wenn der konkret zu vergebende Auftrag im Zusammenhang mit einer Sektortätigkeit steht (vgl. EuGH NZBau 2005, 474).

(3) Aufgaben nichtgewerblicher Art

17 Dem Merkmal der Nichtgewerblichkeit kommt insbesondere in den Teilbereichen, in denen Privatisierungen vorgenommen werden, eine eigenständige Bedeutung zu, hier kann die Aufgabe auch durchaus gewerblich ausgeübt werden (so *Noch* NVwZ 1999, 1083, 1084). Die **Beurteilung** der Nichtgewerblichkeit muss dabei **anhand der Aufgabe** vorgenommen werden, unerheblich ist, ob das handelnde Unternehmen als rechtliche Einheit den klassischen Gewerbebegriff erfüllt (vgl. VG Koblenz NVwZ 1999, 1133, 1135).

Der Begriff ist weder in den Richtlinien noch in den deutschen Rechtsvorschriften definiert und daher durch Kasuistik geprägt. Nach der überwiegenden Meinung liegt Nichtgewerblichkeit vor, wenn die Tätigkeit nicht primär der Gewinnerzielung dient und sie nicht nachfragebezogen ausgeübt wird (vgl. BayObLG NZBau 2005, 173 m.w.N.; VK Sachsen-Anhalt Beschl. v. 27.10.2003 VK 16/03), wenn der Auftraggeber also seine Aufgaben abweichend von marktwirtschaftlichen Mechanismen durchführen kann (vgl. BayObLG VergabeR 2003, 186, 188).

Nicht erforderlich ist insoweit das vollständige Fehlen von Wettbewerb auf dem betreffenden Markt (vgl. EuGH NVwZ 1999, 397, 399). Ebenfalls kann nicht aus dem Umstand, dass die Einrichtung Leistungen für bestimmte gewerbliche Unternehmen erbringt, auf die Gewerblichkeit geschlossen werden (vgl. EuGH NZBau 2003, 396, 399). Allerdings besteht bei Vorliegen dieser beiden Kriterien, bei letztgenanntem also bei deren Ablehnung, ein Indiz für die Nichtgewerblichkeit der zu erbringenden Leistung.

Weitere **Kriterien** für die Annahme einer **Nichtgewerblichkeit** stellen das Fehlen einer grundsätzlichen Gewinnerzielungsabsicht, das Fehlen der Übernahme der mit der Tätigkeit verbundenen Risiken und die etwaige Finanzierung der Tätigkeit aus öffentlichen Mitteln dar (vgl. EuGH VergabeR 2004, 182, 187). Auch Zugangsbeschränkungen für private Konkurrenzunternehmen können als Indiz für eine Nichtgewerblichkeit dienen. Dieses ursprünglich für den Sektorenbereich entwickelte Kriterium ist auch auf andere Bereiche übertragbar (vgl. hierzu EuGH Urt. v. 26.3.1996 C-392/93 Slg. 1996 I-1631). 18

Zentral stellt sich demnach die Frage, ob das Unternehmen in gleicher Weise wie ein Privatunternehmen dem Druck des Wettbewerbs standzuhalten hat oder ob es über eine staatlich herbeigeführte marktbezogene Sonderstellung verfügt (vgl. VK Baden-Württemberg Beschl. v. 18.3.2004 VK 7/04). Wenn bei einer Aufgabenerledigung wirtschaftliche Gesichtspunkte zwar vorhanden sind, aber eine untergeordnete Position einnehmen, etwa wenn das Unternehmen auch bei unwirtschaftlicher Verhältnissen aufgrund rechtlicher Vorgaben am der Aufgabenerfüllung festhält, spricht vieles für die Nichtgewerblichkeit.

Aufgrund dieser offenen und von vielen einzelnen Faktoren beeinflussbaren Begrifflichkeit bedarf es in jedem **Einzelfall** der Prüfung aller erheblichen rechtlichen und tatsächlichen Umstände, um die Einordnung der Aufgabenerfüllung hinsichtlich Gewerblichkeit/Nichtgewerblichkeit vornehmen zu können. Hierbei sind auch die Voraussetzungen, unter denen das Unternehmen seine Tätigkeit ausübt, und die Umstände, die zur Gründung des Unternehmens geführt haben, zu beachten (vgl. EuGH NZBau 2003, 287, 292). 19

(4) Gründungszweck

§ 98 Nr. 2 GWB setzt des Weiteren voraus, dass das Unternehmen zu dem besonderen Zweck gegründet worden sein muss, im Allgemeininteresse liegende Aufgaben nichtgewerblicher Art zu erfüllen, wobei dieser Zweck jedoch weder in einem formellen Gesetz oder in verwaltungsrechtlichen Vorschriften, Verwaltungsakten oder ähnlichem enthalten sein muss. 20

Diese im nationalen Recht bestehende Regelung ist im Hinblick auf das Gemeinschaftsrecht weit auszulegen. Allein die Tatsache, dass das Unternehmen von einem öffentlichen Auftraggeber gegründet wurde, reicht allerdings zur Erfüllung dieses Tatbestandsmerkmals nicht aus. Die Gründung muss vielmehr dem besonderen Zweck dienen, im Allgemeininteresse liegende Aufgaben zu erfüllen, die nicht gewerblicher Art sind (vgl. EuGH NJW 1998, 3261, 3263). Sofern die Gründung diesem besonderen Zweck diente, liegt die öffentliche Auftraggebereigenschaft vor, unabhängig davon, welchen Umfang die im Allgemeininteresse liegende Tätigkeit einnimmt. Es ist in keinem Fall notwendig, dass das zu beurteilende Unternehmen einzig und allein im Allgemeininterese liegende Aufgaben nicht gewerblicher Art erfüllt (vgl. EuGH NJW 1998, 3261, 3263).

Bei der Beurteilung, ob ein Unternehmen öffentlicher Auftraggeber ist, muss nicht entscheidend auf den Zweck, dem das Unternehmen zur Zeitpunkt der Gründung diente, sondern vielmehr auf den im Zeitpunkt des Vergabeverfahrens verfolgten Unternehmenszweck geachtet werden. Dies entspricht auch dem weiten Begriffsverständnis des EuGH, der die Gründungsmodalitäten für irrelevant hält, soweit die tatsächlich ausgeübte Tätigkeit des Unternehmens auf die Erfüllung einer im Allgemeininteresse liegenden Aufgabe nichtgewerblicher Art gerichtet ist (vgl. EuGH NZBau 2003, 162, 165; NZBau 2003, 450, 453; so auch OLG Düsseldorf Beschl. v. 9.4.2003 Verg 66/02; VK Sachsen-Anhalt Beschl. v. 8.3.2003 VK Hal 03/03).

Dieses Verständnis wird teilweise unter dem Hinweis auf die fehlende Rechtssicherheit abgelehnt, allein die bloß tatsächliche Zweckbestimmung ohne entsprechenden Hinweis im Gründungsakt reiche nicht aus (*Boesen* § 98 GWB Rn. 58; *Dietlein* NZBau 2002, 136, 138). Allerdings mag diese Ansicht nicht überzeugen, da hierdurch die Möglichkeit der Umgehung entstehen würde (so auch EuGH NZBau 2003, 162, 165). Dies wäre zum Beispiel etwa dann der Fall, wenn ein Unternehmen, dass objektiv eine öffentliche Aufgabe übernommen hat, aber weder der Gründungsakt noch ein etwaiger späterer Akt hierauf einen Hinweis formeller Art gibt, nicht als öffentlicher Auftraggeber nach § 98 Nr. 2 GWB eingestuft werden könnte. Allein hierdurch zeigt sich die Notwendigkeit, aus Gründen der Rechtssicherheit und um Umgehungen zu verhindern, der weiten Ansicht des EuGH zu folgen. Die objektive Feststellbarkeit der Wahrnehmung einer öffentlichen Aufgabe muss dabei aber aus verbindlichen Vereinbarungen zwischen dem Unternehmen und staatlichen Stellen zumindest ableitbar sein.

21 Der besondere Zweck, im Allgemeininteresse liegende Aufgaben nichtgewerblicher Art zu erfüllen, muss nicht der alleinige Geschäftszweck sein, vielmehr ist ausreichend, dass er neben sonstigen Geschäftszwecken steht. Nach der o.g. Infizierungstheorie ist dann die gesamte Institution als öffentlicher Auftraggeber einzustufen (vgl. EuGH NZBau 2003, 287; *Stickler* in *Reidt/Stickler/Glahs* § 98 GWB Rn. 15; *Dietlein* NZBau 2002, 136, 138). Bei einer anderen Betrachtung bestünde auch hier die Möglichkeit einer Umgehung (vgl. OLG Dresden NZBau 2004, 404).

Unbeachtlich ist zudem die Übernahme anderer, nicht dem besonderen Zweck dienender Aufgaben nach Gründung des Unternehmens. Anderes kann aber dann gelten, wenn rechtlich abgegrenzte Unternehmensteile gebildet werden, die für sich genommen den Anforderungen des § 98 Nr. 2 GWB nicht genügen.

(5) Beherrschung

22 Zusätzlich zu den vorgenannten Voraussetzungen muss das Unternehmen von einem öffentlichen Auftraggeber beherrscht werden. Das **Gesetz** zählt hierzu folgende **alternative Kriterien** auf,

– das Unternehmen wird durch einen öffentlichen Auftraggeber nach § 98 Nr. 1 oder 3 GWB überwiegend finanziert,
– das Unternehmen unterliegt der Aufsicht eines öffentlichen Auftraggebers nach § 98 Nr. 1 oder 3 GWB,
– ein Auftraggeber nach § 98 Nr. 1 oder 3 GWB hat mehr als die Hälfte der Mitglieder der zur Geschäftsführung oder Aufsicht berufenen Organe bestimmt.

Für den Begriff der Beherrschung kommt es demnach entscheidend darauf an, ob der alleinige oder gemeinsame Einfluss auf das andere Unternehmen die Möglichkeit gewährt, diesem gegenüber die eigenen Vorstellungen über das Unternehmensverhalten durchzusetzen (vgl. VÜA Bund Beschl. v. 12.4.1995 1 VÜ 1/95).

23 Ebenfalls zu den öffentlichen Auftraggebern gem. § 98 Nr. 2 GWB gehören Unternehmen, die von öffentlichen Einrichtungen nach § 98 Nr. 1 GWB überwiegend finanziert werden, oder wenn solche öffentlichen Einrichtungen die Mehrheit der Mitglieder eines zur Geschäftsführung oder Aufsicht berufenen Organs bestimmen. Die entsprechende Regelung nach § 98 Nr. 2 S. 2 GWB dient der Klarstellung und soll verhindern, dass der Anwendungsbereich des Vergaberechts durch Ausgliederungen unterlaufen wird.

24 Eine Beherrschung in Form der **überwiegenden Finanzierung** ist anzunehmen, wenn das betroffene Unternehmen quantitativ zu mehr als 50% durch öffentliche Gelder finanziert wird (*Werner* in *Byok/Jaeger* § 98 GWB Rn. 351). Bei der Bestimmung ist dabei nicht auf die einzelne Aufgabe, sondern auf die Finanzierung der juristischen Person insgesamt abzustellen (vgl. BayObLG Beschl. v. 24.5.2004 Verg 6/04; *Dreher* in *Immenga/Mestmäcker* § 98 GWB Rn. 45). Der zu betrachtende Zeitraum ist regelmäßig das Haushaltsjahr, in dem das Verfahren zur Vergabe des betreffenden Auftrags ausgeschrieben wird, aus Gründen der Transparenz und der Rechtssicherheit ist die Einstufung

zu Beginn des Haushaltsjahres auf Grundlage der zu diesem Zeitpunkt verfügbaren, gegebenenfalls auch nur veranschlagten Zahlen vorzunehmen (vgl. EuGH VergabeR 2001, 111, 115). Als Mittel zur Finanzierung gelten dabei nur solche Leistungen, die als Finanzhilfe ohne spezifische Gegenleistung die Tätigkeit des betreffenden Unternehmens finanzieren oder unterstützen, hierunter fallen etwa Fördermittel oder Zuwendungen, die zur Unterstützung der Forschung gewährt werden (vgl. EuGH VergabeR 2001, 111, 113 mit weiteren Beispielen). Eine Finanzierung kann aber auch durch die mittelbare Beteiligung über Wertpapiere, durch die Bereitstellung von Personal und Sachwerten oder durch Maßnahmen mit Subventionscharakter erfolgen (vgl. VK Südbayern Beschl. v. 13.8.2002 120.3–3194.1–31-07/02; *Dietlein* NZBau 2002, 136 [138]; a.A. *Stickler* in *Reidt/Stickler/Glahs* § 98 GWB Rn. 23a).

Das Tatbestandsmerkmal der **Aufsicht** erfordert nach der Rechtsprechung eine Verbindung mit der **25** öffentlichen Hand, die von der Intensität her gleichwertig mit den beiden anderen Alternativen, der überwiegenden Finanzierung bzw. der Bestimmung der Mitglieder bzw. der zur Aufsicht berufenen Organe ist. Eine bloß nachprüfende Kontrolle durch die öffentliche Hand reicht hierfür nicht aus, da diese schon begrifflich nicht erlaubt, die Entscheidungen des betreffenden Unternehmens im Bereich der Vergabe öffentlicher Aufträge zu beeinflussen (vgl. EuGH NZBau 2003, 287, 292 und LS 4). Eine juristische Person ist nur dann einem staatlichen Auftraggeber gleichzustellen, wenn sie so staatsgebunden ist, dass zwischen ihr und der staatlichen Stelle praktisch kein Unterschied besteht, auch wenn sie förmlich nicht in die staatliche Verwaltung eingegliedert ist (vgl. EuGH NVwZ 1990, 353). Der EuGH hat dafür ausreichen lassen, dass die Tätigkeit eines Unternehmens sehr detailliert geregelt ist und die öffentliche Hand über die Einhaltung dieser Regelungen wacht sowie bei besonders schwerwiegenden Verstößen auch Eingriffsbefugnisse hat (vgl. EuGH VergabeR 2001, 118, 122; VK Sachsen Beschl. v. 23.1.2004 1/SVK/160–03). Ob Fälle einer (qualifizierten) Rechtsaufsicht für eine Aufsicht i.S.d. § 98 Nr. 2 GWB ausreichen, ist umstritten (dagegen: BayObLG VergabeR 2003, 94 96; VK Nordbayern Beschl. v. 21.10.2004 Verg 17/04; Beschl. v. 21.7.2004 320.VK-3194–22/04; dafür: *Marx/Prieß* in *Jestaedt/Kemper/Marx/Prieß* Das Recht der Auftragsvergabe S. 19). Nach richtiger Ansicht muss hierfür die staatliche Stelle zumindest die Möglichkeit haben, die Entscheidungen des Unternehmens in Bezug auf öffentliche Aufträge zu beeinflussen (vgl. so auch EuGH VergabeR 2001, 118; OLG Düsseldorf NZBau 2003, 400, 403 f.).

Eine Beherrschung i.S.d. § 98 Nr. 2 GWB ist auch anzunehmen, wenn ein oder mehrere **öffentliche 26 Auftraggeber nach Nr. 1 oder 3 gemeinsam mehr als die Hälfte der Mitglieder bzw. der zu Aufsicht berufenen Organe bestimmen**, auch diese Beeinflussungsmöglichkeit muss wiederum der Intensität der anderen beiden Beherrschungsmöglichkeiten entsprechen. Nicht allein ausreichend ist daher die bloße Möglichkeit zur Bestellung der Mitglieder (*Dietlein* NZBau 2002, 136, 141). Die Ausgestaltung der Befugnisse der zur Aufsicht berufenen Organe muss geeignet sein, Vergabeentscheidungen zu beeinflussen (vgl. EuGH VergabeR 2001, 118, 121). Bei einer Fachaufsicht über ein Unternehmen ist dies im Gegensatz zur bloßen Rechtsaufsicht regelmäßig der Fall, da hierbei auch Zweckmäßigkeitsgesichtspunkte überprüft werden können (*Werner* in *Byok/Jaeger* § 98 GWB Rn. 363; *Dietlein* NZBau 2002, 136, 141). Die bloße Rechtsaufsicht hingegen reicht regelmäßig nicht aus (vgl. BayObLG VergabeR 2003, 94, 96; VK Baden-Württemberg Beschl. v. 10.8.2000 1 VK 17/00; *Dreher* in *Immenga/Mestmäcker* § 98 GWB Rn. 50), anderes kann in Ausnahmefällen dann gelten, wenn allein die Überwachung eine aktive Einflussnahme ermöglicht.

dd) Einzelfälle – Kasuistik
Nachfolgend soll auf für die Praxis bedeutsame Einzelfälle hingewiesen werden, die bereits die vergaberechtliche Nachprüfungsinstanzen beschäftigt haben. **27**

Gegenstand einer umfassenden Diskussion, die derzeit auch noch andauert, sind dabei die **gesetz- 28 lichen Krankenversicherungen**. Zentraler Punkt der Auseinandersetzung ist dabei die Frage, ob die gesetzlichen Krankenversicherungen, in ihrer Erscheinungsform als öffentlich-rechtliche Körperschaften, von öffentlichen Auftraggebern »beherrscht« werden. Für die AOK Bayern hat das BayObLG eine solche Beherrschung der öffentlichen Hand ausgeschlossen, insbesondere mit der Begründung, sie werde nicht durch die öffentliche Hand selbst, sondern durch die Beiträge der Mitglieder finanziert (vgl. BayObLG NZBau 2004, 623, 624). Dem entgegen hat die VK Lüneburg die gesetzlichen Krankenkassen als öffentliche Auftraggeber nach § 98 Nr. 2 GWB eingestuft, wobei sowohl auf die Beherrschung qua überwiegender staatlicher Finanzierung, als auch via fachaufsichtsähnlicher Kontrolle abgestellt wurde (vgl. VK Lüneburg Beschl. v. 21.9.2004 203-VgK-42/2004). Nach dem EuGH genügt es für die Annahme eines Beherrschungsverhältnisses, dass die Tätigkeit des Unternehmens sehr detailliert geregelt ist und ein öffentlicher Auftraggeber die Einhaltung dieser Regelungen überprüft, sowie bei besonders schwerwiegenden Verstößen eingreifen darf (vgl. EuGH VergabeR 2001, 118, 122). Legt man diese Maßstäbe, unter Berücksichtigung der weitreichenden normierten Verpflichtungen im SGB IV und SGB V der Einschätzung zugrunde, ist entgegen der Entscheidung des BayObLG die Auftraggebereigenschaft der gesetzlicher Krankenkassen gem. § 98 Nr. 2 GWB anzunehmen (so im Ergebnis auch: VK Bund Beschl. v. 5.9.2001 VK 1–23/01; VK Lüneburg Beschl. v. 21.9.2004 203-VgK-42/4004; VK Hamburg Beschl. v. 21.4.2004 VgK FB 1/04; *Byok/Jansen* NVwZ 2005, 53, 56; offen lassend: VK Bund in einer jüngeren Entscheidung Beschl. v. 12.11.2004 VK 3 – 197/04; *Wollenschläger* NZBau 2004, 655; a.A. allgemein für rechtsfähige öffentliche Körperschaften und Anstalten *Dreher* NZBau 2005, 297, 304).

29 Ebenso sind die **Träger der gesetzlichen Unfallversicherung**, organisiert in Form von öffentlichen Körperschaften (§ 29 Abs. 1 SGB IV) und damit juristische Personen des öffentlichen Rechts, als öffentliche Auftraggeber i.S.d. § 98 Nr. 2 GWB einzuordnen (vgl. OLG Düsseldorf Beschl. v. 6.7.2005 Verg 22/05). Aufgrund ihres gesetzlichen Auftrags erfüllen sie Aufgaben, die im Allgemeininteresse liegen, insbesondere sollen sie Arbeitsunfällen, Berufskrankheiten und arbeitsbedingten Gesundheitsgefahren vorbeugen und im Unglücksfall Maßnahmen der Rehabilitation und Entschädigung bereitstellen. Die staatliche Kontrolle richtet sich im Bereich der Unfallprävention neben der Rechtsaufsicht auch auf Umfang und Zweckmäßigkeit des Handelns des jeweiligen Trägers (§§ 87 Abs. 2, 90 Abs. 1, 2 SGB IV), mithin liegt auch eine staatliche Beherrschung i.S.d. § 98 Nr. 2 GWB vor (vgl. OLG Düsseldorf Beschl. v. 6.7.2005 Verg 22/05; a.A. VK Rheinland-Pfalz Beschl. v. 1.2.2005 VK 1/04).

Ähnliches gilt insoweit für **Gemeinde-Unfallversicherungsträger**, die primär für die Arbeiter und Angestellten des öffentlichen Dienstes zuständig sind (vgl. VK Rheinland-Pfalz Beschl. v 1.2.2005 VK 1/04).

30 Die **Deutsche Bahn AG** sowie ihre übrigen Tochterunternehmen, die Verkehrsaktivitäten betreiben und dabei im Wettbewerb mit anderen stehen, sind nach Einschätzung der VK Bund als Sektorenauftraggeber nach § 98 Nr. 4 GWB einzustufen (vgl. VK Bund Beschl. v. 21.1.2004 VK 2–126/03) und unterfallen daher nicht § 1a VOB/A. Anderes gilt hingegen für die **DB Netz AG**, die ein Schienennetz zur Versorgung der Öffentlichkeit im Eisenbahnverkehr betreibt und in diesem Bereich gerade keinem ausgeprägten Wettbewerb mit Privaten ausgesetzt ist. Sie ist daher öffentliche Auftraggeberin nach § 98 Nr. 2 GWB (vgl. VK Bund Beschl. v.11.3.2004 VK 1–151/03).

31 Auch **soziale Wohnungsbaugesellschaften** unterfallen der Auftraggebereigenschaft des § 98 Nr. 2 GWB. In den Satzungen dieser Gesellschaften ist die Förderung des sozialen Wohnungsbaus festgeschrieben, die eine im Allgemeininteresse liegende Aufgabe nichtgewerblicher Art darstellt (KG Berlin Beschl. v. 12.4.2000 Kart Verg 9/99; *Fischer/Noch* EzEG-VergabeR VII 2.3.2; VK Baden-Württemberg Beschl. v. 9.10.2001 1 VK 27/01; VÜA Bayern Beschl. v. 12.7.1999 VÜA 15/97; für den Sonderfall der französischen Wohnungsbaugesellschaften: EuGH VergabeR 2001, 118, 122). Der soziale Wohnungsbau stellt dabei nach Ansicht des Berliner Kammergerichts eine politische Aufgabe dar, die der Staat nicht vollständig dem freien Spiel der Kräfte überlasse, sondern Einfluss behalte, um eventuell auftretenden, politisch nicht mehr hinnehmbaren Missständen unabhängig von Gründen der Gewinnmaximierung gegensteuern zu können (vgl. KG Berlin VergabeR 2003, 356, 357; zum

Ganzen auch: *Müller-Wrede/Greb* VergabeR 2004, 565, 568). Der in diesem Segment bestehende begrenzte Wettbewerb mit Privaten schadet nicht, da sich soziale Wohnungsbaugesellschaften i.d.R. bereits aufgrund des Satzungszwecks nicht ausschließlich von wirtschaftlichen Erwägungen leiten lassen dürfen (vgl. VK Schleswig-Holstein Beschl. v. 3.11.2004 VK-SH 28/04).

Die **Deutsche Post AG** war ursprünglich aufgrund der staatlichen Beherrschung öffentliche Auftraggeberin nach § 98 Nr. 2 GWB (vgl. VÜA Bund NVwZ 1999, 1150, 1151; *Marx/Prieß* in *Jestaedt/Kemper/Marx/Prieß* S. 42 f.; *Dreher* in *Immenga/Mestmäcker* § 98 GWB Rn. 63; *Bechtold* § 98 Rn. 20; *Werner* in *Byok/Jaeger* § 98 GWB Rn. 321; *Noch* NVwZ 1999, 1083, 1084; a.A. *Boesen* § 98 GWB Rn. 78 ff.). Mit der Veräußerung von 126,5 Mio. Aktien der Deutsche Post AG durch die Kreditanstalt für Wiederaufbau (KfW) am 15.6.2005 stieg der Free Float Anteil der Aktien jedoch von vormals 43,9% auf nunmehr 55,3% (vgl. Privatisierungsschritte der Deutschen Post-AG unter: http://investors.dpwn.de/de/investoren/fakten_zum_konzern/privatisierungsschritte/index.htm). Hierdurch ging die Mehrheitsbeteiligung der öffentlichen Hand an den Aktien der Deutschen Post AG (Anteile von Bund und KfW) verloren. Die der Deutschen Post AG über den Zeitraum des 31.12.2005 hinaus eingeräumte Exklusivlizenz zur Erbringung von bestimmten Briefleistungen reicht daher allein nicht mehr aus, die Auftraggebereigenschaft nach § 98 Nr. 2 GWB zu begründen (zur Postlizenz und der Erbringung einer im Allgemeininteresse liegenden Aufgabe vgl. VÜA Bund NVwZ 1999, 1150, 1151), da es seit dem Verlust der Mehrheitsbeteiligung am 15.6.2005 an der nach § 98 Nr. 2 GWB notwendigen Voraussetzung einer staatlichen Beherrschung fehlt. Die Deutsche Post AG hat somit mit Wirkung vom 15.6.2005 ihre Stellung als »klassische« öffentliche Auftraggeberin i.S.d. § 98 Nr. 2 GWB verloren. **32**

Sparkassen sind seit dem 19.7.2005 nicht mehr als öffentliche Auftraggeber i.S.d. § 98 Nr. 2 GWB einzuordnen (vgl. OLG Rostock VergabeR 2005, 629). Mit Wirkung zu diesem Stichtag wurde die vorherige Privilegierung der Sparkassen gegenüber anderen privaten Kreditinstituten in Form der besonderen finanziellen Absicherung durch Anstaltslasten sowie eine Gewährträgerhaftung aufgehoben. Ausgangspunkt war eine Verständigung zwischen Bundesregierung und EG-Kommission zur Beilegung einer Wettbewerbsbeschwerde der EG-Kommission (vgl. Dokument der Kommission über die staatliche Beihilfe Nr. E 10/2000, C 2002, 1286). Die vorher bestehende Verpflichtung öffentlicher Körperschaften zur Unterstützung der öffentlich-rechtlichen Kreditinstitute endete zu diesem Zeitpunkt. Hierdurch hat sich auch die vorher bestehende Uneinigkeit über die vergaberechtliche Einordnung der öffentlich-rechtlichen Kreditanstalten überholt (ablehnend schon vorher die Bundesregierung, BT-Drucks. 12/4636 S. 16, 20; so auch *Boesen* § 98 GWB Rn. 71; *Heegemann* ZBB 1995, 387, 391 ff.; a.A. VK Münster Beschl. v. 24.6.2002 VK 3/02). Ungeachtet der Ersetzung der Gewährträgerhaftung durch eine normale wirtschaftliche Eigenbeziehung tragen die Sparkassen ab dem 19.7.2005 das nach marktwirtschaftlichen Grundsätzen bestehende unternehmerische Risiko selbst. **33**

Gleiches gilt für die **Landesbanken** und **Girozentralen,** auch diese können nach der Abschaffung der Gewährträgerhaftung und Anstaltslast nicht mehr unter § 98 Nr. 2 GWB eingeordnet werden (vorher wurde § 98 Nr. 2 GWB etwa für die WestLB bejaht, vgl. VK Münster ZfBR 2002, 724, 725; *Jochum* NZBau 2002, 69, 71).

Die VK Brandenburg hat unlängst auch eine **rechtsfähige Stiftung des öffentlichen Rechts**, die im Allgemeininteresse tätig wird und insbesondere mit der Bewahrung von Kulturgütern betraut ist, als öffentliche Auftraggeberin nach § 98 Nr. 2 GWB eingestuft (vgl. VK Brandenburg Beschl. v. 9.2.2005 VK 86/04). **34**

Die Einordnung von **Kirchen**, organisiert als öffentlich-rechtliche Körperschaften, in die Systematik des Vergaberechts ist umstritten. Man könnte insoweit zwischen ihren nach außen gerichteten karitativen Tätigkeiten und der rein innerkirchlichen Tätigkeit unterscheiden (so wohl *Marx/Prieß* in *Jestaedt/Kemper/Marx/Prieß* S. 42). Allerdings ist eine solche Einordnung trotz der hierdurch er- **35** reichten Vorzüge nicht mit der Rechtsprechung des EuGH vereinbar, wonach ein Unternehmen hinsichtlich all seiner Tätigkeiten öffentlicher Auftraggeber ist, auch wenn es sich nur im Hinblick auf eine Aufgabe unter den Begriff des öffentlichen Auftraggebers subsumieren lässt (vgl. EuGH NJW 1998, 3261, 3263; *Dreher* in *Immenga/Mestmäcker* § 98 GWB Rn. 65). Insbesondere die Tätigkeit der Kirchen und anderer Religionsgemeinschaften im Bereich des Schul-, Sozial- und Betreuungswesens erfolgt i.d.R. nicht nur als Interessenwahrnehmung der Glaubensgemeinschaft, sondern dient auch der Wahrnehmung einer im Allgemeininteresse liegenden Aufgabe im nichtgewerblichen Bereich. Neben der Anwendung von § 98 Nr. 2 GWB kommt im Falle eines Bauvorhabens, das durch die öffentliche Hand mit mehr als 50% subventioniert wird, auch die öffentliche Auftraggebereigenschaft nach § 98 Nr. 5 GWB in Betracht.

36 Von der Rechtsprechung derzeit noch ungeklärt ist auch die Frage der öffentlichen Auftraggebereigenschaft von **öffentlich-rechtlichen Rundfunkanstalten**. Allerdings spricht sowohl deren Tätigwerden im Rahmen eines Grundversorgungsauftrags, als auch die für die öffentlichen Rundfunkanstalten bestehende Finanzgarantie für die Auftraggebereigenschaft nach § 98 Nr. 2 GWB (*Werner* in *Byok/Jaeger* § 98 GWB Rn. 397 ff.).

37 Nach einer Entscheidung der VK Arnsberg sind **Industrie- und Handelskammern** keine öffentlichen Auftraggeber gem. § 98 Nr. 2 GWB, insbesondere weil es insofern an der erforderlichen Staatsgebundenheit mangelt (vgl. VK Arnsberg Beschl. v. 25.11.2003 VK 2–26/2003).

38 Bei den aktuell besonders im Fokus des Interesses stehenden **PPP-Projekten** kann keine pauschale Einordnung im Rahmen des § 98 Nr. 2 GWB vorgenommen werden. Aufgrund der Vielzahl der möglichen Strukturen und Organisationsformen muss bei jedem gemischtwirtschaftlichen Infrastrukturträger im Einzelfall untersucht werden, ob die Voraussetzungen für eine öffentliche Auftraggebereigenschaft vorliegen, wobei bei Einschätzung neben dem üblicherweise im Allgemeininteresse liegenden Zweck, die Höhe der Beteiligung der öffentlichen Hand sowie die Entscheidungsstrukturen von besonderer Bedeutung sind (zur Beurteilung von PPP-Projekten als öffentliche Auftraggeber insgesamt: *Koenig/Hentschel* ZfBR 2005, 442).

39 Die öffentliche Auftraggebereigenschaft als Einrichtung des öffentlichen Rechts wurde zudem in folgenden Fällen angenommen:

Bereitstellung von jedermann zugänglichen **Krankenhäusern zur Schwerpunkt- und unfallärztlichen Versorgung** sowie als akademische **Lehrkrankenhäuser** (OLG Naumburg NZBau 2004, 403); **Landesversicherungsanstalten** (BayObLG Beschl. v. 21.10.2004 Verg 17/04 unter Aufhebung von VK Nordbayern Beschl. v. 21.7.2004 320.VK-3194–22/04); **Abfallentsorgung** (EuGH NVwZ 1999, 397; VK Baden-Württemberg Beschl. v. 18.3.2004 VK 7/04; VK Südbayern Beschl. v. 15.12.2003 56–11/03); **Leichen- und Bestattungswesen** (EuGH NZBau 2003, 287, 288, 290 f.); **Forstverwaltung** (EuGH Urt. v. 17.12.1998 C-353/96); **Handwerkskammer** (VK Nordbayern Beschl. v. 23.1.2003 320.VK3194–47/02); **Stadtreinigung** (OLG Dresden NZBau 2004, 404); **Herstellung von amtlichen Druckerzeugnissen**, **Reisepässen** u.Ä. (EuGH NJW 1998, 3261); Ausrichtung von **Messen** (EuGH VergabeR 2001, 281; zur Problematik vgl. auch *Müller-Wrede* in *Ingenstau/Korbion* [Vorauflage] § 98 GWB Rn. 68 ff.); **Betrieb einer Kläranlage** (EuGH NZBau 2003, 162); **Betrieb von öffentlichen Bädern** (VK Nordbayern Beschl. v. 15.2.2002 320.VK-3194–02/02); **Betrieb von Großmärkten** (OLG Bremen Beschl. v. 22.10.2001 Verg 2/2001); **Betrieb von Parkhäusern** (VK Münster Beschl. v. 17.7.2001 VK 14/01); **Wirtschaftsförderung, Verbesserung der Infrastruktur und der Gewerbeansiedlung** (VK Baden-Württemberg Beschl. v. 6.6.2001 1 VK 6/01); **Bayrisches Rotes Kreuz** bzgl. Aufgaben des Rettungsdienstes, Zivil- und Katastrophenschutzes, Gesundheits- und Wohlfahrtswesens (BayObLG VergabeR 2003, 94); eine das **U-Bahn-Netz betreibende Stadtwerke GmbH** (BayObLG VergabeR 2003, 186, 188); Tätigkeiten, die für die Bildung, Verwaltung und die Abwicklung des mit dem **Strafvollzug** zusammenhängenden Vermögens des spanischen Staates erforderlich sind (EuGH VergabeR 2004, 182); **Aktiengesellschaft, die Immobilien plant,** baut und vermietet, wenn sie zur Förderung der Entwicklung auf dem Gebiet der sie kontrollierenden und leitenden Gebietskörperschaft tätig wird, wobei es auf die genauen Umstände des Einzelfalls ankommt (EuGH NZBau 2003, 396).

c) § 98 Nr. 3 GWB – Verbände deren Mitglieder institutionelle oder funktionelle Auftraggeber sind

§ 98 Nr. 3 GWB erfasst **Verbände aus Gebietskörperschaften**, insbesondere etwa Regierungsbezirke, Landschaftsverbände, Kommunalverbände, Schulverbände, Caritasverbände, daneben aber auch Arbeitgeberverbände, Gewerkschaften und andere Zweckverbände (*Werner* in *Byok/Jaeger* § 98 GWB Rn. 269). Auch der Bund und die Länder stellen einen Verband dar, soweit sie zusammen als Gebietskörperschaften Aufträge vergeben (vgl. OLG Brandenburg DB 1999, 1793; *Boesen* § 98 GWB Rn. 23). Zu den Verbänden der institutionellen Auftraggeber zählen zudem auch die kommunalen Wasserversorgungs-, Müllbeseitigungs- und Planungsverbände (*Heise* LKV 1999, 210, 211). **40**

Gemeinsam ist diesen Verbänden die Aufgabenerfüllung, die sie für ihre Mitglieder als öffentliche Auftraggeber wahrnehmen, die Rechtsform des jeweiligen Verbandes hat für die Einstufung als öffentlicher Auftraggeber insoweit keinen Einfluss.

d) § 98 Nr. 5 GWB – Private Auftraggeber im Bereich subventionierter Projekte

Private Auftraggeber, die für Tiefbaumaßnahmen, für die Errichtung von Krankenhäusern, Sport-, Erholungs- oder Freizeiteinrichtungen, Schul-, Hochschul- oder Verwaltungsgebäuden oder für damit in Verbindung stehende Dienstleistungen oder Auslobungsverfahren von Stellen, die unter § 98 Nr. 1 bis 3 GWB fallen, Mittel erhalten, mit denen diese Vorhaben zu mehr als fünfzig vom hundert finanziert werden, sind öffentliche Auftraggeber. Die hieraus folgende Unterwerfung von privaten Auftraggebern unter die Regelungen des Vergaberegimes trägt dem Umstand Rechung, dass bei diesen projektbezogenen Konstellationen durch die überwiegende Finanzierung (mehr als 50%) eine besondere Form der staatlichen Beherrschung vorliegt. **41**

Die Aufzählung der Maßnahmen in § 98 Nr. 5 GWB, die eine Einordnung als öffentlicher Auftraggeber rechtfertigen, ist abschließend. Allerdings sind die einzelnen Tatbestandsmerkmale nicht restriktiv, sondern weit auszulegen. Beispielsweise unterfallen daher auch Berufsschulen unter die Begrifflichkeit des Schulgebäudes (BayObLG VergabeR 2005, 74, 75).

e) § 98 Nr. 6 GWB Baukonzessionäre

§ 98 Nr. 6 GWB regelt den Fall einer vertraglichen Beauftragung eines Privaten durch die öffentliche Hand über die Erbringung von Bauleistungen, wobei der Private zudem die Risiken der Unterhaltung des Bauwerks übernimmt und als Gegenleistung hierzu das Recht erhält, die bauliche Anlage selbst zu nutzen (OLG Düsseldorf VergabeR 2002, 607, 608; BayObLG NZBau 2002, 108). **42**

In diesem Zusammenhang müssen die Sonderregelungen für Baukonzessionen in §§ 32, 32a VOB/A beachtet werden. Hiernach wird zwischen Baukonzessionären die selbst öffentliche Auftraggeber sind und anderen, die nicht selbst öffentliche Auftraggeber sind, unterscheiden. Nur die erstgenannten müssen gem. § 32a Nr. 3 VOB/A die gesamten Vergabevorschriften der Basis und a-Paragraphen anwenden, für die letztgenannte Gruppe gelten lediglich die besonderen Bekantmachungsvorschriften (*Werner* in *Byok/Jaeger* § 98 GWB Rn. 387).

Prominente **Beispiele für die Vergabe von Baukonzession** waren in der Vergangenheit der Berliner Flughafen BBI (OLG Brandenburg BauR 1999, 1175), die Travequerung in Lübeck (OLG Schleswig NZBau, 2000, 96), sowie das Berliner Olympiastadion (VK Berlin Beschl. v. 31.5.2000 VK-B2–15/00).

II. Schwellenwert als Anwendungskriterium

43 § 1a Nr. 1 Abs. 1 S. 1 VOB/A macht die Anwendung der a-Paragraphen von dem Erreichen bestimmter Schwellenwerte abhängig und legt fest, dass die darin enthaltenen Bestimmungen **zusätzlich** zu den Basisparagraphen anzuwenden sind. Insofern sind also für diese Fälle die Basisparagraphen **und dazu** die a-Paragraphen bei der betreffenden Bauvergabe zu beachten, sofern nicht die a-Paragraphen nach ihrem Wortlaut alleinige Geltung beanspruchen (vgl. z.B. § 3a Nr. 1c VOB/A). Die Höhe des maßgeblichen Schwellenwertes ergibt sich aufgrund der ausdrücklichen Verweisung in § 1 Nr. 1 Abs. 1 VOB/A aus § 2 Nr. 4 VgV. Vor der Neufassung der VOB/A enthielt § 1a Nr. 1 Abs. 1 S. 1 VOB/A selbst die Angabe des speziellen Schwellenwertes. Die hierauf beruhende Unsicherheit, ob eine Überschreitung dieser speziellen Schwellenwerte zur Anwendbarkeit der VgV und des 4. Teils des GWB führen, hat sich durch die Neufassung der VOB/A erledigt (vgl. zur alten Rechtslage: BayObLG VergabeR 2002, 662, 663 f.). Auch in der Neufassung der VOB/A sind in § 1a Nr. 1 Abs. 2 VOB/A gesonderte Auftragswerte bei einer Aufteilung des Auftrags in Lose festgeschrieben, die ihrem Inhalt nach § 2 Nr. 7 VgV entsprechen. Hier gilt weiterhin, dass bei einer Kollision weiterhin allein die Schwellenwerte des § 2 Nr. 7 VgV maßgeblich sind (BayObLG VergabeR 2002, 662, 663 f.).

44 Der maßgebliche Schwellenwert für Bauaufträge beträgt gem. § 2 Nr. 4 VgV grundsätzlich **5 Mio. €**. Werden Bauaufträge mit einem Gesamtauftragswert von über 5 Mio. € in Lose aufgeteilt, beträgt der maßgebliche Schwellenwert gem. § 2 Nr. 7 VgV **1 Mio. €**. Lose mit einem Auftragswert unter 1 Mio. € sind ausschreibungspflichtig, wenn sie dem **80%-Kontingent** des Auftraggebers gem. § 2 Nr. 7 Alt. 2 VgV zugeordnet werden. Im Rahmen der Umsetzung der neuen EG-Vergaberichtlinien ist beabsichtigt, die in § 2 VgV festgelegten Schwellenwerte den europäischen Vorschriften anzupassen. Der maßgebliche EU-Schwellenwert für öffentliche Bauaufträge bemisst sich nach Art. 7c VKR auf **5.278.000 €**.

45 Die **Schätzung des Auftragswerts** als Grundlage der Schwellenwertbetrachtung richtet sich nach den Vorgaben des § 3 VgV. Die Regelungen des § 1a Nr. 1 Abs. 1 S. 1 und 2, Nr. 3 und Nr. 4 VOB/A enthalten weitere Vorgaben zur Schätzung des Auftragswerts für Bauaufträge. Da jedoch erst das Erreichen der Schwellenwerte des § 2 VgV zur Anwendbarkeit der statischen Verweisung des § 6 VgV auf die VOB/A führt, können der VOB/A grundsätzlich keine Aussagen über den Anwendungsbereich der VgV entnommen werden, die Berechnungsvorgaben des § 1a VOB/A können jedoch zur Auslegung des § 3 VgV herangezogen werden.

Maßgeblich für die Schätzung des Schwellenwertes ist daher nach § 3 Nr. 1 VgV die geschätzte Gesamtvergütung. Der Schwellenwert ergibt sich aus dem geschätzten Gesamtauftragswert der Baumaßnahme bzw. des Bauwerks, worunter alle Bauaufträge für ein bestimmtes Bauvorhaben im Sinne seiner bestimmungsgemäßen Nutzung zu verstehen sind. Dabei muss sich der geschätzte Auftragswert auf das insgesamt zu errichtende Bauwerk oder die ganze – sonstige – Baumaßnahme (wie z.B. im Rahmen des Tiefbaus, des in Abschnitten vorzunehmenden Streckenbaus usw.) beziehen, wobei für die betreffende bauliche Anlage alle Aufträge zusammenzurechnen sind. Erforderlich ist insoweit sowohl ein funktionaler Zusammenhang der Einzelaufträge in technischer oder wirtschaftlicher Hinsicht (vgl. OLG Brandenburg Beschl. v. 20.8.2002 Verg W 4/02), als auch ein zeitlicher Zusammenhang (siehe auch Beck'scher VOB-Komm./*Kemper* § 1a VOB/A Rn. 33). Die Schätzung des Auftrageswertes durch den Auftraggeber muss dabei pflichtgemäß, nach sorgfältiger Prüfung des relevanten Marktsegmentes und im Einklang mit den Erfordernissen betriebswirtschaftlicher Finanzplanung allein anhand objektiver Kriterien erfolgen (vgl. BayObLG VergabeR 2002, 657; OLG Düsseldorf VergabeR 2002, 665).

III. Begriff der baulichen Anlage

Der Begriff der »baulichen Anlage« in § 1a VOB/A entspricht dem Begriff des Bauwerks, wie er in der Art. 1 Abs. 2b VKR und in § 99 Abs. 3 GWB enthalten ist (vgl. VK Rheinland-Pfalz Beschl. v. 10.6.2003 VK 10/03). Ein Bauwerk ist hiernach ein Ergebnis einer Gesamtheit von Tief- oder Hochbauarbeiten, das seinem Wesen nach eine technische oder wirtschaftliche Funktion erfüllen soll. Entscheidend ist die Herstellung einer funktionsfähigen Einrichtung. Das Merkmal der technischen oder wirtschaftlichen Funktion hat in der Praxis jedoch nur eine geringe Bedeutung, schon ein mittelbarer wirtschaftlicher Nutzen reicht aus (*Hailbronner* in *Byok/Jaeger* § 99 GWB Rn. 478 ff.). Generell ist bei der Frage, ob eine Einrichtung ein Bauwerk i.S.d. § 99 Abs. 3 GWB darstellt, eine weite Auslegung geboten, dies gilt auch unter Berücksichtigung der Vorgaben in den Richtlinien (vgl. OLG Dresden VergabeR 2005, 258; Thüringer OLG LSK 2003, 493).

46

IV. Legaldefinition »Bauaufträge«

§ 1a Nr. 1 Abs. 1 S. 3 VOB/A wurde eingefügt, um den Begriff des Bauauftrages an Art. 1 Abs. 2b VKR (vormals: Art. 1a BKR) und § 99 Abs. 3 GWB anzugleichen. Der Wortlaut entspricht in weiten Teilen dem von § 99 Abs. 3 GWB, lediglich die beispielhafte Aufzählung möglicher Vertragstypen wurde hinzugefügt. Bei einem **Bauträgervertrag** verpflichtet sich der Vertragspartner der öffentlichen Hand auf einem Grundstück nach Plänen des Auftraggebers ein Bauwerk zu errichten und trägt dabei das Bauherrenrisiko. Im Gegenzug verpflichtet sich der Auftraggeber, das Bauwerk zu erwerben. Beim **Mietkauf- bzw. Leasingvertrag** besteht dagegen zwar das Recht, nicht aber die Pflicht des Auftraggebers (Leasingnehmers) zum Erwerb des nach seinen Vorgaben bebauten Grundstücks. Der Leasinggeber ist statt zur Übereignung hier allein zur Gebrauchsüberlassung verpflichtet.

47

Zu den Bauaufträgen sind, auch wenn diese nicht ausdrücklich in § 99 Abs. 3 GWB benannt sind, die **Baukonzessionen** zu zählen (vgl. OLG Brandenburg NZBau 2000, 39; BayObLG NZBau 2002, 233). Nach Art. 1 Abs. 3 VKR unterscheiden diese sich von öffentlichen Bauaufträgen nur insoweit, als die Gegenleistung für die Bauleistungen ausschließlich in dem Recht zur Nutzung des Bauwerks oder in diesem Recht zuzüglich der Zahlung eines Preises besteht. Die Baukonzession hat auch in die nationalen Vorschriften (vgl. § 98 Nr. 6 GWB, § 6 VgV § 32 und § 32a VOB/A) Einzug gefunden, wodurch der Wille des Gesetzgebers, die Baukonzession dem Vergaberechtsregime zu unterwerfen, eindeutig erkennbar geworden ist (*Stickler* in *Reidt/Stickler/Glahs* § 98 GWB Rn. 28).

Nach dem letzten Halbsatz von § 99 Abs. 3 GWB liegt ein Bauauftrag auch in einem Fall vor, in dem ein Bauauftrag im vorgenannten Sinn durch Dritte gemäß den vom Auftraggeber genannten Erfordernissen erbracht wird. In der Praxis betrifft dies meist **Bauträger- oder Leasing-Modelle**, bei denen der Auftraggeber die Bauherrenfunktion an Dritte, i.d.R. eine Objektgesellschaft, überträgt. Die Leistung wird dann den Erfordernissen des öffentlichen Auftraggebers entsprechend erbracht, wenn das Verwaltungsgebäude nach dem Bedarf und den Vorgaben des Auftraggebers errichtet werden soll (VK Lüneburg Beschl. v. 20.7.2004 203-VgK-25/2004). Als Bauauftrag gilt hierbei jedoch nur die Vergabe auf erster Stufe, also die Auswahl des Leasinggebers bzw. Bauträgers. Die anschließend durch diesen vorgenommene Auswahl der Subunternehmer unterfällt allein dann dem Vergaberechtsregime, wenn der Bauträger selbst öffentlicher Auftraggeber ist (vgl. OLG Celle NZBau 2003, 60).

V. Losvergaben

§ 1a Nr. 1 Abs. 2 VOB/A regelt die **Schwellenwerte im Falle einer losweisen Vergabe**. Die hierfür allein maßgeblichen Schwellenwerte folgen jedoch aus § 2 Nr. 7 VgV. Ein Bauauftrag, dessen Gesamtauftragswert den Schwellenwert des § 2 Nr. 4 VgV überschreitet, unterfällt dem Vergaberecht.

48

Allein die Teilung dieses Gesamtbauauftrags in verschiedene kleinere Lose führt nicht dazu, dass die Beauftragung dieser Lose vergaberechtsfrei erfolgen kann.

Nach § 2 Nr. 7 Alt. 1 VgV unterliegen danach Lose, deren Auftragswert mindestens 1 Mio. € beträgt, dem Vergaberechtsregime. Das Vergabeverfahren für diese Lose richtet sich dem daher nach den Abschnitten 2 bis 4 der VOB/A. Die Vergabe derartiger Aufträge unterliegt hierbei auch der Kontrolle der vergaberechtlichen Nachprüfungsinstanzen.

49 Diejenigen Einzellose, deren Auftragswert nicht mindestens 1 Mio. € beträgt, sind im Umkehrschluss daher grundsätzlich vergaberechtsfrei (*Kühnen* in *Byok/Jaeger* § 2 VgV Rn. 1492). Etwas anderes sieht § 2 Nr. 7 Alt. 2 VgV jedoch für diejenigen Fälle vor, in denen der addierte Wert der fraglichen Einzellose einen Wert von 20% des Gesamtauftragswertes übersteigt, hier findet wiederum das Vergaberecht Anwendung. Letztlich ist der Auftraggeber demnach lediglich bei denjenigen Losen, deren Additionswert weniger als 20% des Gesamtwertes beträgt, nicht zur Vergabe anhand der Abschnitte 2 bis 4 VOB/A verpflichtet. Demzufolge unterliegt – unabhängig von Anzahl, Größe und Zuordnung der Lose – ein Anteil von mindestens 80% des Gesamtauftrages dem Vergaberechtsregime und damit der Kontrolle der Nachprüfungsbehörden.

Bei der Zuordnung der einzelnen Lose zu dem 20%-Kontingent unterliegt der Auftraggeber nicht der Verpflichtung, eine bestimmte zeitliche Reihenfolge hierbei einzuhalten (vgl. BayObLG VergabeR 2002, 61, 63; Beck'scher VOB-Komm./*Kemper* § 1a VOB/A Rn. 105 ff.; *Kühnen* in *Byok/Jaeger* § 2 VgV Rn. 1493). Des Weiteren ist er auch nicht verpflichtet, jeder Ausschreibung eines Loses eines Gesamtauftrags eine Auflistung der bisher dem 20%-Kontingent zugeordneten Lose beizufügen. Eine diesbezügliche Anordnung kann dem geltenden Recht nicht entnommen werden. Ungeachtet dessen ist der Auftraggeber angehalten die Zuordnung der Losvergaben zu den beiden Kontingenten des § 2 Nr. 7 VgV zu dokumentieren, so dass in einem Nachprüfungsverfahren die Zuordnung zum 20%-Kontingent eindeutig nachgewiesen werden kann. An eine einmal getroffene Zuordnung ist er in der Folge dann auch gebunden, es ist ihm insbesondere verwehrt, ein Los nachträglich dem vergaberechtsfreien 20%-Kontingent zuzuordnen (vgl. BayObLG VergabeR 2002, 63; VergabeR 2001, 402, 402).

C. Leistungen mit weitaus überwiegendem Lieferanteil

50 § 1a Nr. 2 VOB/A erweitert den Anwendungsbereich der a-Paragraphen für Bauaufträge mit weitaus überwiegendem Lieferanteil. Hiernach sind die Bestimmungen der a-Paragraphen auch anzuwenden, wenn eine Baumaßnahme aus nur einem Bauauftrag mit mindestens dem Auftragswert nach § 2 Nr. 2 VgV (derzeit: 130.000 €) ohne Umsatzsteuer besteht, sofern der Auftrag von den in dem Anhang IV der Richtlinie genannten Beschaffungsstellen vergeben wird, und bei dem der Lieferanteil so überwiegt, dass das Verlegen und Anbringen lediglich eine Nebenarbeit darstellt. Wird ein derartiger Auftrag von einem nicht in Anhang IV aufgeführten Auftraggeber vergeben, muss der Bauauftrag mindestens einen Auftragswert nach § 2 Nr. 3 VgV (derzeit: 200.000 €) aufweisen. Im Rahmen der Neufassung der VOB/A wurden die vormals enthaltenen starren Wertangaben im Rahmen des § 1a Nr. 2 VOB/A durch die dynamische Verweisung auf die Schwellenwerte der VgV ersetzt.

51 Ungeachtet dessen können diese Schwellenwerte jedoch nicht zur Anwendung der VgV und des 4. Teils des GWB für Bauaufträge führen, die die in § 2 Nr. 4 und 7 VgV festgelegten Schwellenwerte nicht erreichen. Die VgV ist gem. § 1 VgV nur anwendbar, wenn die in § 2 VgV festgelegten Schwellenwerte erreicht oder überschritten werden, nur dann können wiederum die statischen Verweisungen der §§ 4 ff. VgV die Verdingungsordnungen für anwendbar erklären. Daher kann eine Schwellenwertabsenkung für Bauaufträge mit überwiegendem Lieferanteil nur dann zur Anwendbarkeit der VgV führen, wenn sie in der VgV selbst oder im 4. Teil des GWB geregelt ist. Dies ist bislang nicht der

Fall, auch der im Rahmen des ÖPP-Beschleunigungsgesetzes neu eingefügte § 99 Abs. 6 GWB trägt zu keiner Änderung bei, da er allein die Abgrenzung zwischen Dienstleistungsauftrag zu Lieferauftrag und Dienstleistungsauftrag zu Bauauftrag regelt. Ein Bauauftrag mit überwiegendem Lieferanteil ist daher nur dann im Wege des vergaberechtlichen Nachprüfungsverfahrens überprüfbar, wenn die Schwellenwerte des § 2 Nr. 4 bzw. 7 VgV erreicht sind (so im Ergebnis auch BayObLG VergabeR 2002, 662).

Der Gefahr von Wertungswidersprüchen zu den niedrigeren Schwellenwerten für Lieferaufträge **52** gem. § 2 Nr. 2 und 3 VgV kann dabei nur durch eine an den europarechtlichen Vorgaben orientierte Auslegung des Bauauftragsbegriffs begegnet werden. So nimmt Anhang I der VKR zur näheren Bestimmung von Bauvorhaben auch auf Bauinstallationsarbeiten (Gruppe 45.31) Bezug. Bei derartigen Aufträgen mit Lieferanteilen ist jeweils genau zu untersuchen, ob die Installation der gelieferten Gegenstände zur Herstellung eines funktionsfähigen Bauwerks erforderlich ist und daher ein Bauauftrag i.S.d. § 99 Abs. 3 GWB vorliegt.

Die Vorschrift des § 1a Nr. 2 VOB/A hat daher nur einen eingeschränkten Anwendungsbereich. Sie kann dazu führen, dass ein öffentlicher Auftraggeber bei Vorliegen eines entsprechenden verwaltungsinternen Einführungserlasses den 2. Abschnitt der VOB/A anzuwenden hat.

Wie sich aus § 1a Nr. 2 VOB/A unmittelbar ergibt, ist dieser nur anwendbar, wenn die Baumaß- **53** nahme aus nur einem zu vergebenden Auftrag besteht. Daraus folgt, dass § 1a Nr. 2 nicht zur Anwendung gelangt, wenn der fragliche Auftrag im Rahmen eines Gesamtbauauftrags vergeben wird. Der Lieferanteil bei dem zu vergebenden Auftrag muss des Weiteren so überwiegen, dass die an Ort und Stelle zu verrichtenden Arbeiten nur eine Nebenarbeit darstellen. Es handelt sich hierbei nicht um Nebenleistungen i.S.d. Teils C der VOB. Mit dem Begriff Nebenarbeit soll deutlich zum Ausdruck kommen, dass das Werteverhältnis zwischen der Lieferung und dem Verlegen oder Anbringen so erdrückend zugunsten der Lieferung ist, dass der Bauanteil der Leistung zwar kalkulatorisch eine vergütungsmäßig anzusetzende Leistung darstellt, jedoch nicht über den Status einer Nebensache hinausgeht (a.A. Beck'scher VOB-Komm./*Kemper* § 1a VOB/A Rn. 158). In Betracht kommt hier die bloße Montage maschineller oder sonstiger technischer Einrichtungen, die ohne nennenswerte bauliche Vorkehrungen vonstatten geht, wie etwa das Auswechseln von Heizöfen in einer größeren Wohnanlage, die Lieferung und der Einbau von Labormöbeln in ein Universitätsgebäude oder die Lieferung und der Einbau von EDV-Endgeräten in ein Verwaltungsgebäude.

D. Maßgeblicher Zeitpunkt für die Schätzung des Gesamtauftragswertes

§ 1a Nr. 3 VOB/A regelt, insoweit konkretisierend zu § 3 Nr. 10 VgV, den maßgeblichen Zeitpunkt **54** zur Ermittlung des Auftragswertes. Maßgeblicher Zeitpunkt zur Berechnung des Auftragswertes ist danach die Einleitung des ersten Vergabeverfahrens für die entsprechende bauliche Anlage. Allein aufgrund der Wahl eines derart frühen Zeitpunktes ist sichergestellt, dass die Schätzung des Auftragswertes nach objektiven Kriterien erfolgt (vgl. OLG Düsseldorf VergabeR 2002, 665).

E. Umgehungsverbot

§ 1a Nr. 4 VOB/A enthält ein zweifaches Umgehungsverbot, dass ebenfalls in § 3 Nr. 2 VgV enthalten **55** ist. Demnach darf weder die Aufteilung noch die Schätzung von Aufträgen in der Absicht erfolgen, die Auftragsvergabe hierdurch dem Anwendungsbereich des Vergaberechts zu entziehen.

Eine Umgehung liegt dabei dann vor, wenn der Auftragswert mehrerer funktional zusammengehöriger Bauaufträge, die üblicherweise als Lose eines einzigen Auftrags vergeben werden würden, absichtlich nicht zu einem Gesamtauftragswert addiert werden und diese Aufteilung nicht durch objektive Gründe gerechtfertigt ist (vgl. OLG Brandenburg Beschl. v. 11.6.2004 VK 19/04; Beschl. v. 25.4.2003 VK 21/03).

Die Verkürzung einer Vertragslaufzeit ist per se nicht ausreichend, um eine absichtliche Umgehung zu begründen, da bei der Einführung eines neuen Systems (etwa im Bereich der Abfallwirtschaft) ein besonderer Grund in einer zunächst zu durchlaufenden Test-/Modellphase möglich ist (vgl. OLG Düsseldorf Beschl. v. 30.7.2003 Verg 5/03). Ein objektiver Grund kann beispielsweise dann vorliegen, wenn bei der Errichtung eines Sanatoriums der Bau für die Unterkunft von Ärzten und Schwestern sowie sonstigem Personal aus finanziellen Gründen für unbestimmte Zeit zurückgestellt werden muss.

§ 1b
Verpflichtung zur Anwendung der b-Paragraphen

1. (1) Die Bestimmungen der b-Paragraphen sind zusätzlich zu den Basis-Paragraphen von Sektorenauftraggebern für Bauaufträge anzuwenden, bei denen der geschätzte Gesamtauftragswert der Baumaßnahme bzw. des Bauwerks (alle Bauaufträge für eine bauliche Anlage) mindestens dem in § 2 Nr. 4 Vergabeverordnung (VgV) genannten Schwellenwert ohne Umsatzsteuer entspricht. Der Gesamtauftragswert umfasst auch den geschätzten Wert der vom Auftraggeber beigestellten Stoffe, Bauteile und Leistungen.

   (2) Werden die Bauaufträge i.S.v. Abs. 1 für eine bauliche Anlage in Losen vergeben, sind die Bestimmungen der b-Paragraphen anzuwenden
   – bei jedem Los mit einem geschätzten Auftragswert von 1 Mio. Euro und mehr,
   – unabhängig davon für alle Bauaufträge, bis mindestens 80% des geschätzten Gesamtauftragswertes aller Bauaufträge für die bauliche Anlage erreicht sind.

2. Eine bauliche Anlage darf für die Schwellenwertermittlung nicht in der Absicht aufgeteilt werden, sie der Anwendung der b-Paragraphen zu entziehen.

3. Lieferungen, die nicht zur Ausführung der baulichen Anlage erforderlich sind, dürfen dann nicht mit einem Bauauftrag vergeben werden, wenn dadurch für sie die Anwendung der für Lieferleistungen geltenden EG-Vergabebestimmungen umgangen wird.

4. Der Wert einer Rahmenvereinbarung (§ 5b) wird auf der Grundlage des geschätzten Höchstwertes aller für den Zeitraum ihrer Geltung geplanten Aufträge berechnet.

5. Maßgebender Zeitpunkt für die Schätzung des Gesamtauftragswertes ist die Einleitung des ersten Vergabeverfahrens für die bauliche Anlage.

Inhaltsübersicht Rn.

A. Allgemeine Grundlagen	1
B. Anwendungsvoraussetzungen zu den b-Paragraphen im Einzelnen	4
I. Auftraggeber im Sinne von § 98 Nr. 1 bis 3 GWB	4
II. Tätigkeit im Sektorenbereich	5
1. Erfasste Tätigkeiten	6
2. Zusammenhang des Auftrags mit der Tätigkeit	8
III. Bestimmung des Schwellenwertes	12
IV. Losvergaben	14
C. Umgehungsverbot	15
D. Lieferungen ohne Notwendigkeit für die Ausführung der baulichen Anlage	16
E. Schwellenwert für Rahmenvereinbarungen	17

F. Maßgeblicher Zeitpunkt für die Schätzung des Gesamtauftragswertes................... 18

A. Allgemeine Grundlagen

Die Abschnitte 3 und 4 der VOB/A dienen der Umsetzung der Sektorenrichtlinie (SKR ABl. L 134 30.4.2004, 1) in nationales Recht. Die Sektorenrichtlinie (2004/17/EG) wurde im Rahmen des EU-Legislativpakets mit Wirkung zum 31.3.2004 neu gefasst und ist nunmehr die europarechtliche Grundlage für die Abschnitte 3 und 4 der VOB/A. Beide Abschnitte setzen die Vergabe eines Bauauftrags in einem Sektorenbereich voraus. Der 3. Abschnitt der VOB/A unterwirft hierbei einen Teil der klassischen öffentlichen Auftraggeber den gegenüber dem 4. Abschnitt der VOB/A strengeren Regelungen. 1

Die Anwendbarkeit des 3. Abschnitts der VOB/A setzt das Erreichen der in § 2 Nr. 4 bzw. 7 VgV festgelegten Schwellenwerte voraus. Ab dem Erreichen dieser Schwellenwerte ist die statische Verweisung des § 7 Abs. 1 Nr. 2 VgV auf den 3. Abschnitt der VOB/A anwendbar. Diese Vorschrift legt durch eine Kombination von Auftraggebereigenschaft i.S.d. § 98 GWB und jeweils ausgeübter Sektorentätigkeit den **Anwendungsbereich des 3. Abschnitts der VOB/A** fest. Demnach ist der 3. Abschnitt der VOB/A bei der Vergabe von Bauaufträgen i.S.d. § 99 Abs. 3 GWB durch öffentliche Auftraggeber gem. § 98 Nr. 1 bis 3 GWB anwendbar, die eine Tätigkeit im Bereich der Trinkwasserversorgung (§ 8 Nr. 1 VgV) sowie des Verkehrswesens (mit Ausnahme des Luftverkehrs, § 8 Nr. 4b und 4c VgV) ausüben (zum Begriff des Bauauftrags nach § 99 Abs. 3 GWB und der Auftraggebereigenschaft nach § 98 GWB siehe § 1a VOB/A Rn. 3 ff.). 2

Daneben enthält § 1b VOB/A Bestimmungen zu den maßgeblichen Schwellenwerten (§ 1b Nr. 1 S. 1 VOB/A), zum Umgehungsverbot (§ 1b Nr. 2 VOB/A), eine Abgrenzung zu Leistungen, die den EG-Vergabebestimmungen für Lieferleistungen unterliegen (§ 1b Nr. 3 VOB/A) sowie Hinweise zur Schätzung des Auftragswerts bei Abschluss einer Rahmenvereinbarung (§ 1b Nr. 4 VOB/A) und zum maßgeblichen Zeitpunkt für die Schätzung des Gesamtauftragswertes (§ 1b Nr. 5 VOB/A). Diesbezügliche Regelungen enthalten auch die §§ 2, 3 VgV. Die sich aus diesen Überschneidungen ergebenden Rechtsanwendungsschwierigkeiten werden im Rahmen der nachfolgenden Kommentierung behandelt.

Ist der 3. Abschnitt der VOB/A anwendbar, so sind die b-Paragraphen gem. § 1b Abs. 1 VOB/A **zusätzlich zu den Basis-Paragraphen** anzuwenden. Die Anwendbarkeit der Basis-Paragraphen ist nur dann ausgeschlossen, wenn der Inhalt der b-Paragraphen ausdrücklich entgegensteht (Beck'scher VOB-Komm./*Kemper* VOB/A Vor Abschnitt 3 Rn. 35 ff.). 3

B. Anwendungsvoraussetzungen zu den b-Paragraphen im Einzelnen

I. Auftraggeber im Sinne von § 98 Nr. 1 bis 3 GWB

Allein öffentliche Auftraggeber nach § 98 Nr. 1 bis 3 GWB können nach § 7 Abs. 1 VgV, soweit die weiteren Voraussetzungen hinzutreten, verpflichtet sein, den 3. Abschnitt der VOB/A anzuwenden. Umfasst sind hiervon insbesondere die klassischen öffentlichen Auftraggeber (Bund, Länder, Gemeinden), juristische Personen des öffentlichen- und des privaten Rechts, soweit diese im Bereich der Daseinsvorsorge tätig sind, als etwa auch kommunale Zweckverbände (siehe hierzu § 1a VOB/A Rn. 40). 4

II. Tätigkeit im Sektorenbereich

5 Zur Anwendung des 3. Abschnitts der VOB/A verpflichten gemäß dem Verweis aus § 7 Nr. 1 Abs. 2 VgV nur Tätigkeiten nach § 8 Nr. 1, 4b und 4c VgV. Die europarechtliche Grundlage dieser Einstufung findet sich in Art. 1 Abs. 2b i.V.m. Art. 4, 5, 7 SKR.

1. Erfasste Tätigkeiten

6 Im **Bereich der Trinkwasserversorgung** werden hiervon die Bereitstellung und das Betreiben fester Netze zur Versorgung der Öffentlichkeit im Zusammenhang mit der Gewinnung, dem Transport oder der Verteilung von Trinkwasser sowie der Versorgung dieser Netze mit Trinkwasser umfasst. Dies gilt auch, wenn diese Tätigkeit mit der Ableitung und Klärung von Abwässern oder mit Wasserbauvorhaben sowie Vorhaben auf dem Gebiet der Bewässerung und der Entwässerung im Zusammenhang steht, sofern die zur Trinkwasserversorgung bestimmte Wassermenge mehr als 20 vom Hundert der mit dem Vorhaben oder Bewässerungs- oder Entwässerungsanlagen zur Verfügung gestellten Gesamtwassermenge ausmacht, vgl. § 8 Nr. 1 VgV.

7 Im **Verkehrsbereich** werden zweierlei Tätigkeitbereiche umfasst. Zum einen nach § 8 Nr. 4b VgV die Nutzung eines geographisch abgegrenzten Gebietes zum Zwecke der Versorgung von Beförderungsunternehmen im See- oder Binnenschiffverkehr mit Häfen oder anderen Verkehrseinrichtungen. Zum anderen nach § 8 Nr. 4c VgV das Betreiben von Netzen zur Versorgung der Öffentlichkeit im Eisenbahn-, Straßenbahn- oder sonstigen Schienenverkehr, im öffentlichen Nahverkehr auch mit Kraftomnibussen und Oberleitungsbussen, mit Seilbahnen sowie mit automatischen Systemen. Im Verkehrsbereich ist ein Netz auch vorhanden, wenn die Verkehrsleistungen auf Grund einer behördlichen Auflage erbracht werden; dazu gehören die Festlegung der Strecken, Transportkapazitäten oder Fahrpläne.

2. Zusammenhang des Auftrags mit der Tätigkeit

8 **Weitere Voraussetzung** zur Anwendung des 3. Abschnitts des VOB/A ist, dass der vom Auftraggeber zu vergebende Bauauftrag konkret mit den oben genannten Tätigkeiten nach § 8 Nr. 1, 4b bzw. 4c VgV zusammenhängt. § 9 Abs. 2 VgV verneint eine Anwendung des § 7 VgV und den hierin enthaltenen Verweis auf die Sonderregeln der VOB/A dann, wenn der Auftrag einem anderen Zweck, als der Durchführung der in § 8 VgV genannten Tätigkeiten dient. Eine entsprechende Regelung ist auch in Art. 20 Abs. 1 SKR enthalten.

9 Ein Auftraggeber, der im Bereich einer der genannten Sektoren tätig ist, muss daher vor jeder Beauftragung **konkret auf den geplanten Auftrag** hin prüfen, ob diese Beauftragung im Zusammenhang mit seiner Sektorentätigkeit steht oder nicht. Nur wenn es sich um einen sektorenbezogenen Auftrag handelt, unterliegt der Auftraggeber der Verpflichtung bei der Vergabe einer Bauleistung den 3. Abschnitt der VOB/A anzuwenden (für den Bereich der Richtlinien vgl. EuGH NVwZ 2005, 919). Die Abgrenzung zwischen einer sektorenbezogenen und einer sektorenfremden Tätigkeit ist im Einzelfall durchaus schwierig, die Vergabeverordnung enthält hierzu spezifische nähere Regeln. Art. 9 Abs. 3 SKR hilft zumindest für den Fall einer zusammengesetzten Tätigkeit, also einer teils sektorbezogenen und teils sektorfremden Beschaffung weiter. Hiernach muss, soweit der Schwerpunkt der Leistung nicht eindeutig einem der beiden Bereiche zugeordnet werden kann, die Sektorenrichtlinie angewendet werden (*Willenbruch* in *Byok/Jaeger* § 9 VgV Rn. 1551). In einem solchen Fall ist, soweit auch die weiteren Voraussetzungen vorliegen, eine Auftragsvergabe nach den Vorschriften des 3. Abschnitts der VOB/A durchzuführen.

10 Eine **sektorenfremde Beauftragung** ist hingegen zumindest in den Fällen anzunehmen, wenn zwischen der Auftragsvergabe und der Sektorentätigkeit kein auch noch so ferner Zusammenhang hergestellt werden kann, etwa bei der Errichtung eines Wohnhauses durch den im Sektorbereich tätigen

Auftraggeber, dass allein der Vermietung dienen soll und auch im Übrigen keine Verbindung zur Sektortätigkeit aufweist. Anders ist der Fall zu beurteilen, wenn die Auftragsvergabe jedenfalls auch der Sektorentätigkeit dient, hier findet § 7 Abs. 1 Nr. 2 VgV mit seinem Verweis auf den 3. Abschnitt der VOB/A volle Anwendung.

Ein nur **mittelbarer Zusammenhang** zwischen der Auftragsvergabe und der Sektorentätigkeit, soweit die Auftragsvergabe die Tätigkeit im Sektorbereich etwa nur ermöglicht, erleichtert oder fördert, dürfte hingegen **nicht ausreichen**, um von einem Sektorbezug sprechen zu können. Hierdurch würde der Anwendungsbereich des § 9 Abs. 2 VgV weitesgehend ausgehöhlt (a.A. *Dreher* in *Immenga/Mestmäcker* § 98 GWB Rn. 93; so wohl auch *Opitz* NZBau 2002, 19, 21). Im Interesse einer rechtssicheren Anwendung der Vergabevorschriften ist Auftraggebern anzuraten, bei Zweifeln, ob es sich um eine sektorenfremde Tätigkeit handelt oder nicht, von der Geltung des § 7 Abs. 1 Nr. 2 VgV auszugehen und bei der Auftragsvergabe die Vorschriften des 3. Abschnitts der VOB/A zu beachten. 11

III. Bestimmung des Schwellenwertes

Die Anwendbarkeit der b-Paragraphen beschränkt sich auf Aufträge von einer bestimmten Größenordnung. Diese für alle Bauaufträge einheitlichen Schwellenwerte sind in § 2 Nr. 4 und 7 VgV festgelegt, auf den § 1b Abs. 1 VOB/A nunmehr auch statisch verweist (zur Vorgängerregelung vgl. die Kommentierung zu § 1b VOB/A in der Vorauflage, Rn. 6). Der maßgebliche Schwellenwert für Bauaufträge beträgt gem. § 2 Nr. 4 VgV grundsätzlich 5 Mio. €. Werden Bauaufträge mit einem Gesamtauftragswert von über 5 Mio. € in Lose aufgeteilt, beträgt der maßgebliche Schwellenwert gem. § 2 Nr. 7 VgV 1 Mio. €. Lose mit einem Auftragswert unter 1 Mio. € sind ausschreibungspflichtig, wenn sie dem 80%-Kontingent des Auftraggebers gem. § 2 Nr. 7 Alt. 2 VgV zugeordnet werden (zu den Einzelheiten vgl. § 1a VOB/A Rn. 43 f.). 12

Art. 16b SKR enthält einen hiervon abweichenden erhöhten Schwellenwert für Bauaufträge in Höhe von 5.278.000 €. Eine Anpassung der VgV an diese erhöhten Schwellenwerte steht noch aus. Bis zu einer entsprechenden Umsetzung in nationales Recht gilt der Schwellenwert des § 2 Nr. 4 VgV in Höhe von 5 Mio. € fort.

Der Schwellenwert bezieht sich auf den Gesamtauftragswert. Dazu zählen beispielsweise beim Bahnbau einzelne, endgültig in sich abgeschlossene Bauabschnitte einer Strecke oder eines Bahnhofteils, die entsprechend ihrem bestimmungsgemäßen Gebrauch für sich in Betrieb genommen werden können, fertige Hochbauwerke mit den erforderlichen technischen Anlagen etc. (zu den weiteren Einzelheiten bzgl. der Schätzung des Auftragswerts siehe § 1a VOB/A Rn. 45). 13

Die sorgfältige Schätzung des Gesamtauftragswertes ist gerade bei Aufträgen, deren Wert knapp über oder unter dem Schwellenwert liegt, von entscheidender Bedeutung. Eine falsche Schätzung, auf deren Grundlage auf eine EG-weite Ausschreibung verzichtet wird, kann – so sich ihre Unkorrektheit später herausstellt – Grundlage für Schadensersatzansprüche gem. § 126 GWB von Bietern sein, die sich nachweisbar bei einer EG-weiten Ausschreibung beteiligt und eine Chance auf den Zuschlag gehabt hätten.

IV. Losvergaben

Für die Losvergabe ist eine mit § 1a Nr. 1 Abs. 2 VOB/A vergleichbare Regelung getroffen worden (siehe § 1a VOB/A Rn. 48). 14

C. Umgehungsverbot

15 Das Verbot, einen Bauauftrag absichtlich so aufzuteilen, dass dadurch die Erreichung des Schwellenwertes vermieden wird, entspricht der Bestimmung in § 1a Nr. 4 VOB/A (siehe hierzu auch § 1a VOB/A Rn. 55).

D. Lieferungen ohne Notwendigkeit für die Ausführung der baulichen Anlage

16 § 1b Nr. 3 VOB/A enthält ein weiteres spezielles Umgehungsverbot, das zur Auslegung des § 3 Nr. 2 VgV herangezogen werden kann. Hiernach dürfen Lieferungen, die nicht für die Ausführung der baulichen Anlage erforderlich sind, nicht mit einem Bauauftrag vergeben werden, wenn dadurch die für Lieferleistungen maßgeblichen EG-Vergabebestimmungen umgangen werden. Unter die Begrifflichkeit der EG-Vergabebestimmungen i.S.d. § 1b Nr. 3 VOB/A fallen hierbei auch deren nationale Umsetzungsvorschriften (Beck'scher VOB-Komm./*Kemper* § 1b VOB/A Rn. 138). Hintergrund dieser Bestimmung ist, dass der Schwellenwert für Lieferaufträge im Sektorenbereich gem. § 2 Nr. 1 VgV erheblich niedriger liegt als es nach § 2 Nr. 4 und 7 VgV für Bauaufträge der Fall ist. Aufgrund dieser Diskrepanz zwischen den Schwellenwerten, die auf den Regelungen in den Richtlinien beruhen (für Lieferleistungen gilt nach Art. 7 VKR bzw. Art. 16a SKR ein Schwellenwert von 211.000 € bzw. 422.000 €; für Bauleistungen gilt hingegen gem. Art. 7 SKR und 16 SKR ein einheitlicher Schwellenwert von 5.278.000 €), gilt es zu vermeiden, dass Lieferaufträge, die eigentlich den niedrigen Schellenwert für Lieferleistungen übersteigen und daher euopaweit ausgeschrieben werden müssten, einer Sektorenbauleistung zugeordnet werden und damit unterhalb des Schwellenwertes nach § 2 Nr. 4 und 7 VgV bleiben. Aus diesem Grund ist eine exakte Abgrenzung zwischen den Anwendungsbereichen der VOB/A und der VOL/A danach erforderlich, ob Lieferungen zwecks Ausführung einer baulichen Anlage und damit eines Bauwerks i.S.d. § 99 Abs. 3 GWB, d.h. insbesondere zu deren Herstellung, Instandhaltung, Änderung oder Beseitigung erforderlich sind oder nicht. Erforderlich ist der Lieferungsgegenstand nur dann, wenn er der Sicherstellung der Funktionsfähigkeit der Anlage dient (siehe § 1a VOB/A Rn. 50 ff.). Liegt eine für die Bauausführung nicht erforderliche Leistung vor, so ist weiter zu prüfen, ob ihr Auftragswert über dem Schwellenwert liegt, den die jeweilige Vorschrift in den EG-Richtlinien (Art. 7 VKR/Art. 16 SKR) vorschreibt. Dieser weitere Prüfungsschritt folgt aus dem unmittelbaren Wortlaut von § 1b Nr. 3 VOB/A, der ein Verbot der Vergabe der Lieferungen mit einem Bauauftrag nur dann vorschreibt, wenn hierdurch für die betreffenden Lieferungen die Anwendung der für Lieferleistungen geltenden EG-Vergabebestimmungen umgangen werden. Liegt demnach der geschätzte Wert der fraglichen Lieferung unter den maßgeblichen Schwellenwerten für Lieferaufträge, so kann sie, jedenfalls im Hinblick auf die SKR, auch im Rahmen einer Bauvergabe mitvergeben werden (*Franke/Grünhagen* in *Franke/Kemper/Zanner/Grünhagen* § 1b VOB/A Rn. 10).

E. Schwellenwert für Rahmenvereinbarungen

17 § 3 Abs. 8 VgV behandelt die **Schätzung des Auftragswerts** für den in der Praxis der Bausektoren nicht seltenen Fall der Vergabe einer Rahmenvereinbarung nach § 5b VOB/A. Die entsprechende Regelung des § 1b Nr. 4 VOB/A ist daher überflüssig. Unter einer Rahmenvereinbarung ist eine Vereinbarung mit einem oder mehreren Unternehmern zu verstehen, in der die Bedingungen für die Aufträge festgelegt werden, die im Laufe eines bestimmten Zeitraums vergeben werden sollen, insbesondere über den geplanten Preis und gegebenenfalls über die geplante Menge (siehe § 3 Abs. 8 VgV). Die Rahmenvereinbarung muss danach wenigstens einen Mindestzeitraum für ihre Anwendung genau bezeichnen. Im Gegensatz für Vergaben im Bereich der VKR, die grundsätzlich eine maximale

Laufzeit der Rahmenvereinbarung von 4 Jahren vorschreibt (Art. 32 Abs. 2 VKR) enthält die Sektorenrichtlinie hierzu keine detaillierten Angaben (hierzu auch *Haak/Degen* VergabeR 2005, 164, 167).

Um zu berechnen, ob die innerhalb einer Rahmenvereinbarung zu erbringenden Aufträge den Schwellenwert des § 2 Nr. 4 und 7 VgV übersteigen, muss der geschätzte Höchstwert aller für den Zeitraum ihrer Geltung geplanten Aufträge ermittelt werden. Hierbei muss der Auftraggeber insbesondere zweierlei beachten: einmal die mögliche Zahl der zu erteilenden Aufträge, zum anderen die in etwa vorauszusehende Entwicklung der Preise während der Laufzeit der Rahmenvereinbarung z.B. im Bereich der Löhne, Gehälter sowie des in Betracht kommenden Materials.

F. Maßgeblicher Zeitpunkt für die Schätzung des Gesamtauftragswertes

Maßgeblicher Zeitpunkt zur Ermittlung des Gesamtauftragswerts ist die **Einleitung des ersten Vergabeverfahrens** für die bauliche Anlage, d.h. spätere Verteuerungen, beispielsweise im Laufe langjähriger Bauaufträge, bleiben außer Betracht. Die Bestimmung des § 1b Nr. 5 deckt sich mit § 1a Nr. 3 und § 3 Abs. 10 VgV. Einleitungshandlung ist der Tag der Absendung der Bekanntmachung an das Amt für amtliche Veröffentlichungen der EG. Handelt es sich um ein Verhandlungsverfahren ohne Öffentliche Vergabebekanntmachung, kommt es auf den Tag der Absendung der ersten Aufforderung zur Angebotsabgabe an (siehe § 1a VOB/A Rn. 54).

18

Vor § 2
Allgemeine Erläuterungen zu den Verhandlungen über den Abschluss eines Bauvertrages

Inhaltsübersicht
Rn.

A. Grundbedeutung des Teils A und Bezeichnung der Beteiligten	1
I. Bedeutung des Teils A für die Vergabebeteiligten – Grundlage von Haftungsansprüchen	1
II. Bezeichnung der Beteiligten	8
1. Vor Vertragsabschluss	8
2. Nach Vertragsabschluss	9
B. Unterscheidung und Bedeutung von »Ist-Bestimmungen« und »Soll-Bestimmungen«	10
I. Sinn der Unterscheidung	11
1. »Ist-Bestimmungen«	12
2. »Soll-Bestimmungen«	13
II. Rechtsfolgen der Nichtbeachtung bei »Ist-Bestimmungen« und »Soll-Bestimmungen«	17
C. Zuständigkeiten für die Vergabe öffentlicher Aufträge	23

A. Grundbedeutung des Teils A und Bezeichnung der Beteiligten

I. Bedeutung des Teils A für die Vergabebeteiligten – Grundlage von Haftungsansprüchen

Adressat der Vergabevorschriften des Teils A ist nach ihrem Wortlaut der spätere mögliche **Auftraggeber.** Ihm wird aufgrund von **Erfahrungssätzen**, die sich in langjähriger Praxis im Bauwesen gebildet und als zweckmäßig herausgestellt haben, dargelegt, **wie er vorzugehen hat, wenn er Bauleistungen ausführen lassen will und** zu diesem Zwecke **mit Unternehmern einen Vertrag schließen möchte.** Für seinen Verhandlungspartner, den **Unternehmer,** haben die im Teil A getroffenen Regelungen die Bedeutung, dass dieser ersehen kann, **auf welche Art und Weise Vertragsverhandlungen**

1

mit ihm **eingeleitet** und geführt werden sollen. Er kann sich, wenn Teil A Verhandlungsgrundlage sein soll, zunächst überlegen, ob eine derartige Verfahrensweise seinen Interessen entspricht und ob er sich im konkreten Fall hierauf einlassen will. Dabei wird der Unternehmer bei objektiver Betrachtung erkennen, dass die einzelnen **Vorschriften des Teils A** keineswegs einseitig dem Auftraggeber freie Hand lassen oder nur seinen Interessen dienen, sondern dass ihm ganz **bestimmte Richtlinien** und – bei Auftragsvergaben, die unter den Anwendungsbereich des Kartellvergaberechts der §§ 97 ff. GWB fallen – weitergehend grundsätzlich »**einklagbare**« **Pflichten** auferlegt sind, die dem Unternehmer als Teilnehmer am Wettbewerb – auch im Verhältnis zu Dritten – einen **rechtlichen Schutz** bieten und zugleich allgemein einen Überblick über das zu Erwartende verschaffen. Während die allgemeinen zivilrechtlichen Vorschriften des BGB die Aufnahme und den Ablauf von Vertragsverhandlungen **nur in groben Umrissen** regeln (vgl. u.a. §§ 145 ff. BGB) und es danach grundsätzlich der freien Entscheidung des Auftraggebers überlassen ist, mit wem und wie er im Einzelnen die »Vergabeverhandlungen« führt, gibt Teil A hierzu konkrete Handlungsanweisungen. Für den Unternehmer hat dies den Vorteil, dass er sein zukünftiges Verhalten sinnvoll einrichten, besonders aber auch den – nicht zuletzt finanziellen – Aufwand im Rahmen der »Vergabe« jedenfalls annähernd überschauen kann.

2 Auch **außerhalb des besonderen vergaberechtlichen (Primär)-Rechtsschutzes nach den §§ 97 ff. GWB** kommt den Bestimmungen des **Teils A** eine nicht zu unterschätzende **rechtliche Bedeutung** zu, als sie Anknüpfungspunkt für eine Haftung des Auftraggebers wegen **Verschuldens bei Vertragsverhandlungen (culpa in contrahendo) nach § 280 Abs. 1 BGB i.V.m. §§ 311 Abs. 2, 241 Abs. 2 BGB** sein können. Als Anspruchsgegner kommen dabei nicht nur öffentliche Auftraggeber im Sinn des § 98 GWB, sondern in gleicher Weise auch rein private Auftraggeber in Betracht, sofern sich diese bei der Durchführung der Auftragsvergabe den Regeln der VOB/A ohne eine entsprechende Einschränkung unterworfen haben (vgl. BGH Urt. v. 21.2.2006 X ZR 39/03 = BauR 2006, 1140 = NJW-RR 2006, 963 = NZBau 2006, 456 = ZfBR 2006, 501). Mit der **Aufnahme von Vertragsverhandlungen** wird nach § 311 Abs. 2 Nr. 1 BGB zwischen den potenziellen späteren Vertragspartnern ein **rechtsgeschäftsähnliches Schuldverhältnis i.S.d. § 241 Abs. 2 BGB** begründet. Für den Inhalt und den Umfang der Pflichten beider Parteien ist entscheidend, inwieweit durch die Aufnahme von Vertragsverhandlungen ein **Vertrauensverhältnis** entstanden ist (allgemein dazu *Palandt/Heinrichs* § 311 BGB Rn. 11 ff.). Dies kann im Allgemeinen nicht einheitlich entschieden werden, sondern bedarf einer Würdigung der Umstände im Einzelfall. Wenn demgegenüber **Teil A bestimmte Richtlinien** für die Aufnahme und den Ablauf von Vertragsverhandlungen aufstellt, **so darf ein Unternehmer grundsätzlich auch darauf vertrauen, dass das Vergabeverfahren unter Einhaltung dieser Vorgaben eingeleitet und durchgeführt wird** (vgl. etwa BGH Urt. v. 12.6.2001 X ZR 150/99 = VergabeR 2001, 293 = NJW 2001, 3698 = NZBau 2001, 637 = ZfBR 2001, 458). Das Vertrauen muss allerdings berechtigt und schutzwürdig sein. Erkennt der Bewerber oder Bieter oder hätte er erkennen müssen, dass der Auftraggeber von den selbst auferlegten Vergaberegeln abweicht, kann er darauf keine Haftung des Auftraggebers mehr stützen (vgl. BGH Urt. v. 3.6.2004 X ZR 30/03 = VergabeR 2004, 604 = NZBau 2004, 517 = ZfBR 2004, 813).

Insoweit sind mit den Bestimmungen des Teils A Anhaltspunkte dafür aufgezeichnet, wann im Einzelfall ein schuldhaftes und zum Schadensersatz verpflichtendes, weil die gebotenen Grenzen überschreitendes Verhalten eines Verhandlungspartners unter Berücksichtigung der von der Rechtsprechung aufgestellten Grundsätze gegeben sein kann. Dadurch wird im Streitfall die Aufgabe des Richters erleichtert, ihm insbesondere dargelegt, was die Partner im Rahmen ihrer Verhandlungen als dem Vertrauensgrundsatz entsprechend angesehen haben bzw. ansehen konnten, vor allem was in den Kreisen des Bauwesens aufgrund langjähriger Erfahrung als die gebotene Umgrenzung zu gelten hat.

3 Die Haftung aus culpa in contrahendo ist grundsätzlich auf den Ersatz des **Vertrauensschadens (negatives Interesse)** gerichtet. Danach ist der Geschädigte so zu stellen wie er stünde, wenn der Auftraggeber sich ordnungsgemäß verhalten hätte, d.h. wenn er das nicht gerechtfertigte Vertrauen nicht erweckt und in Anspruch genommen hätte. Im Regelfall beschränkt sich der Umfang des Schadensersatzes des Bewerbers oder Bieters demnach auf den Ausgleich der mit der Teilnahme am Vergabeverfahren entstandenen Aufwendungen. Zu nennen sind hier vor allem die Kosten der unnützen Angebotserstellung, die etwa bei einer funktionalen Leistungsbeschreibung durchaus erheblich sein können. Darüber hinaus gewährt die Rechtsprechung – auch schon vor dem Inkrafttreten des Vergaberechtsänderungsgesetzes vom 26.8.1998 (BGBl. I S. 2512) – einem übergangenen Bewerber oder Bieter einen Anspruch auf Ersatz des **positiven Interesses**, also insbesondere des **entgangenen Gewinns**, wenn er den Auftrag ohne den Rechtsverstoß erhalten hätte (vgl. BGH Urt. v. 25.11.1992 VIII ZR 170/91 = BGHZ 120, 281 = BauR 1993, 214 = NJW 1993, 520; BGH Urt. v. 17.2.1999 X ZR 101/97 = BauR 1999, 736 = NJW 2000, 137).

Allerdings ist dem Auftraggeber – in den Grenzen des § 242 BGB (vgl. dazu OLG Dresden Urt. v. 27.1.2006 20 U 1873/05 = VergabeR 2006, 578 = BauR 2006, 1302 = ZfBR 2006, 381) – nicht verwehrt sich darauf zu berufen, dass der Bewerber etwa wegen unvollständiger Bewerbungsunterlagen oder zwingend zu verneinender Eignung zum Wettbewerb überhaupt nicht zugelassen hätte werden dürfen oder das Angebot aus einem der in § 25 Nr. 1 VOB/A genannten Gründe auszuschließen gewesen wäre (vgl. BGH Urt. v. 7.6.2005 X ZR 19/02 = VergabeR 2005, 617 = BauR 2005, 1618 = NZBau 2005, 709 = ZfBR 2005, 704; OLG Düsseldorf Urt. v. 25.1.2006 2 U [Kart] 1/05 = NZBau 2006, 464).

Ferner kann der Auftraggeber grundsätzlich einwenden, der Schaden wäre auch bei einem rechtmäßigen Verhalten (so genanntes **rechtmäßiges Alternativverhalten**) entstanden. Zu nennen ist hier der Fall, dass der Auftraggeber bei Kenntnis der Pflichtwidrigkeit die Ausschreibung nach § 26 VOB/A aufgehoben hätte, denn dann hätte der Geschädigte den Auftrag nicht erhalten (vgl. hierzu BGH Urt. v. 25.11.1992 VIII ZR 170/91 = BGHZ 120, 281 = BauR 1993, 214 = NJW 1993, 520, 521). Voraussetzung ist aber, dass tatsächlich ein Aufhebungsgrund i.S.d. § 26 VOB/A vorgelegen hatte.

Dagegen kann der Auftraggeber seiner Verpflichtung zum Ersatz des positiven Interesses nicht durch **4** eine tatsächliche aber vergaberechtlich unzulässige Aufhebung der Ausschreibung entgehen, wenn er anschließend den Auftrag anderweitig vergibt. Nimmt der Auftraggeber jedoch endgültig von der Vergabe Abstand, so scheidet ein Anspruch auf Ersatz des positiven Interesses aus, da den **Auftraggeber generell keine Verpflichtung trifft, einen einmal ausgeschriebenen Auftrag auch zu vergeben.** Gleiches gilt bei der nachfolgenden Auftragsvergabe an einen Dritten, **wenn der Gegenstand der Leistungen unter Berücksichtigung des zu befriedigenden Bedarfs sowie der technischen und wirtschaftlichen Kriterien nicht mehr der gleiche ist** (vgl. dazu OLG Dresden Urt. v. 27.1.2006 20 U 1873/05 = VergabeR 2006, 578 = BauR 2006, 1302 = ZfBR 2006, 381). Diese Überlegungen gelten grundsätzlich auch für andere Haftungsfälle, deren Ursache vor Vertragsabschluss gesetzt wird, wie z.B. für die Haftung wegen unerlaubter Handlung (§§ 823, 826 BGB), aus wettbewerbsrechtlichen Gründen (UrhG, UWG, GWB), für die Anfechtung (§ 123 BGB) usw.

Dagegen können die **Vergabebestimmungen des Teils** A als solche **nicht als Schutzgesetz i.S.d.** **5** **§ 823 Abs. 2 BGB** zu Gunsten der Bewerber oder Bieter angesehen werden, da es sich nicht um Rechtsnormen handelt (vgl. OLG Düsseldorf Urt. v. 29.7.1998 U [Kart] 24/98 = BauR 1999, 241, 246 sowie OLG Stuttgart Urt. v. 21.3.2002 2 U 240/01 = VergabeR 2002, 374, 375; a.A. *Dreher* NZBau 2002, 419, 426 f.; unklar: BGH Urt. v. 8.9.1998 X ZR 48/97 = NJW 1998, 3636, 3638; näher dazu auch *Lötzsch/Bornheim* NJW 1995, 2134, wobei allerdings zu beachten ist, dass hier die vor dem In-Kraft-Treten des Vergaberechtsänderungsgesetzes zum 1.1.1999 geltende Rechtslage, die so genannte haushaltsrechtliche Lösung, untersucht wurde). **Etwas anderes gilt** jedoch dann, wenn **Auftragsvergaben betroffen sind, die unter den Anwendungsbereich der §§ 97 ff. GWB fallen**, weil hier die Vergabebestimmungen des Teils A über die Verweisungsvorschriften der §§ 6, 7 VgV den Charakter von Rechtsnormen erhalten. Der **Schutzzweck** folgt insoweit aus § 97 Abs. 7 GWB, als dort ausdrücklich festgestellt wird, dass die **Unternehmen einen Anspruch auf Einhaltung der Bestimmungen** über das Vergabeverfahren haben (das OLG Hamm Urt. v. 22.1.2002 24 U 91/01 = BauR 2003, 538 = NJW 2003, 1125 lässt die Frage, ob den bis zum 31.12.1998 über §§ 57, 58 HGrG anzuwendenden Vergabevorschriften die Eigenschaft eines Schutzgesetzes zukommt, im Ergebnis zwar offen, gibt in den Entscheidungsgründen aber erhebliche Zweifel am Schutzcharakter zu erkennen; eingehend hierzu: *Schnorbus* BauR 1999, 77).

6 In Betracht kommt auch eine Haftung des öffentlichen Auftraggebers nach der Rechtsmissbrauchslehre unter dem Gesichtspunkt der **unzulässigen Rechtsausübung** (vgl. dazu eingehend *Kaiser* BauR 1980, 99).

7 Bei einer u.U. möglichen **Anfechtung** wegen Irrtums auf der Grundlage des § 119 BGB ist es unbedingt erforderlich, dass der Anfechtende gegenüber dem Anfechtungsgegner unzweideutig zum Ausdruck bringt, er wolle das Geschäft (die Willenserklärung, den Vertrag) gerade wegen des Willensmangels nicht bestehen lassen, sondern rückwirkend beseitigen; ein bloßer Hinweis auf einen unterlaufenen Kalkulationsirrtum mit der Bereitschaft, den Vertrag auszuführen, wenn die Vergütung angepasst werde, reicht insofern nicht (vgl. BGH Urt. v. 15.12.1987 X ZR 10/87 = NJW-RR 1988, 566 = MDR 1988, 492 = LM § 12 BGB Nr. 3). Im Übrigen berechtigt ein **interner Kalkulationsirrtum** grundsätzlich **nicht zur Anfechtung**. Dies gilt selbst dann, wenn der Erklärungsempfänger den Irrtum erkannt oder die Kenntnisnahme treuwidrig vereitelt hat. Bei Vorliegen besonderer Umstände kann der Auftraggeber allerdings unter dem Gesichtspunkt des Verschuldens bei Vertragsverhandlungen und der unzulässigen Rechtsausübung verpflichtet sein, den Erklärenden auf seinen Kalkulationsfehler hinzuweisen (BGH Urt. v. 7.7.1998 X ZR 17/97 = BGHZ 139, 177 = BauR 1998, 1089 = NJW 1998, 3192 = ZfBR 1998, 307). Liegt dagegen ein Anfechtungsgrund vor, lässt der Auftraggeber aber trotz der erklärten Anfechtung die Leistung durch den betreffenden Bieter bzw. Auftragnehmer erbringen und nimmt er sie ab, so ist davon auszugehen, dass er aus der erklärten Anfechtung keine Rechte herleiten und den angefochtenen Vertrag bestätigen will (vgl. BGH Urt. v. 2.12.1982 VII ZR 63/82 = BauR 1983, 165 = NJW 1983, 816 = SFH § 16 Nr. 3 VOB/B Nr. 26 = ZfBR 1983, 83).

II. Bezeichnung der Beteiligten

Die VOB hat für die Bezeichnung der Beteiligten verschiedene Ausdrücke gewählt.

1. Vor Vertragsabschluss

8 Das BGB kennt keine klare Bezeichnung der Beteiligten für die Zeit **vor** Vertragsabschluss. Das ist bei der VOB/A anders. Hier werden bereits die Begriffe »**Auftraggeber**« wie allgemein auch in den §§ 97 ff. GWB und – vereinzelt (z.B. § 14 Nr. 1 S. 1) – »**Auftragnehmer**« gebraucht, obwohl der Vertrag noch nicht zustande gekommen ist, sondern darüber erst verhandelt wird. Gerade im Zusammenhang mit dem im Gesamtsystem der VOB nicht allein stehenden Teil B ist es zu begrüßen, dass zur Vereinfachung der Personenbezeichnung gleiche Ausdrücke in Teil A und Teil B gewählt sind. Für den Teil A sind die Begriffe »Auftragnehmer« und »Auftraggeber« aus der »Rückschau«, d.h. aus der Sicht des tatsächlich erfolgten späteren Vertragsabschlusses, gewählt. Soweit es die **Auftragnehmerseite** anbetrifft, ist zu beachten, dass im Teil A teilweise auch Unterbezeichnungen zu finden sind:

An verschiedenen Stellen (z.B. §§ 3, 11 Nr. 2 Abs. 2 VOB/A) wird vom »**Unternehmer**« gesprochen. Im Rahmen der VOB sind damit nur solche gemeint, deren Betriebe Bauleistungen gemäß § 1 VOB/A erbringen. In den **§§ 97 ff. GWB** wird dagegen der allgemeine kartellrechtliche Begriff des »**Unternehmens**« verwendet.

Des Weiteren wird der Unternehmer als »**Bewerber**« und als »**Bieter**« bezeichnet. Die VOB unterscheidet mit diesen Begriffen systematisch zum einen die Unternehmer, die sich an den Vertragsverhandlungen über den Abschluss eines Bauvertrages **beteiligen wollen** und eine entsprechende Absicht geäußert haben, aber noch **kein Angebot abgegeben** haben (»Bewerber«, vgl. u.a. §§ 6, 8, 9, 17 Nr. 4 bis 7, 20 Nr. 2 VOB/A usw.), und zum anderen die Unternehmer, die bereits ein **Angebot abgegeben** haben und daher in wirkliche Vertragsverhandlungen mit dem Auftraggeber eingetreten sind (»Bieter«, vgl. u.a. §§ 8, 21, 22, 24, 25, 26, 27, 28 VOB/A usw.). In den §§ 97 ff. GWB wird nicht nach diesem Kriterium unterschieden, sondern allgemein von »**Teilnehmern**« gesprochen (vgl. etwa § 97 Abs. 2 GWB).

2. Nach Vertragsabschluss

Für die Zeit **nach** Vertragsabschluss spricht Teil B der VOB einheitlich von »**Auftraggeber**« und »**Auftragnehmer**«. Auftraggeber ist weitgehend gleichzusetzen mit dem »**Bauherrn**« des allgemeinen Sprachgebrauchs, ohne dass die Tragweite dieses Begriffes erschöpfend aus den dem öffentlichen Recht zugehörigen Bauordnungen oder dem Wohnungsbaugesetz umrissen werden kann (so *Daub/Piel/Soergel/Steffani* Teil B S. 59 ErlZ 0.25–0.27), da es sich hier um einen **allein nach vertragsrechtlichen Grundsätzen zu bestimmenden Begriff** handelt. Deshalb kann auch der »Bauherr« bzw. »Bauträger« bzw. »Baubetreuer« nach § 34c Abs. 1 S. 1 Nr. 2 GewO, § 3 MaBV ebenso wenig wie der nach den Landesbauordnungen so Bezeichnete mit dem Begriff des Auftraggebers gleichgesetzt werden. In jenen Vorschriften ist der Herr des gesamten Baugeschehens gemeint, der nach außen gegenüber den Baubehörden auftritt und in der Regel auch Grundstückseigentümer ist, während dieses nicht bei jedem in einem privatrechtlichen Vertrag mit dem Auftragnehmer stehenden Auftraggeber (wie insbesondere auch beim Generalunternehmer im Verhältnis zum Nachunternehmer) der Fall zu sein braucht (vgl. dazu BGH Urt. v. 26.1.1978 VII ZR 50/77 = BauR 1978, 220 = SFH § 34c GewO Nr. 1 = NJW 1978, 1054 = MDR 1978, 657 = LM § 34c GewO Nr. 2; auch BayObLG Beschl. v. 7.3.1978 BReg 3 Z 123/76 = BB 1979, 1467; zu den verschiedenen Bedeutungen des Begriffes »Bauherr« siehe *Scorl* Der Bauherr als Rechtsbegriff, dort vor allem S. 202 ff.). **Bauherr** in dem hier maßgebenden Sinne **ist jeder, der die Ausführung der Bauleistung in seinem Namen und für seine Rechnung in Auftrag gibt und damit Schuldner der dafür zu entrichtenden Vergütung ist,** also u.a. der Generalunternehmer wie auch der Hauptunternehmer, der Nachunternehmer beschäftigt, oder der im eigenen Namen Bauverträge abschließende Baubetreuer usw. (zum Begriff des öffentlichen Auftraggebers vgl. die Kommentierung zu § 98 GWB). Von erheblicher praktischer Bedeutung ist die zutreffende Bestimmung des Auftraggebers etwa bei der Bezeichnung des Antragsgegners in einem Nachprüfungsverfahren, da das Zuschlagsverbot des § 115 Abs. 1 GWB nur dann ausgelöst wird, wenn der Nachprüfungsantrag dem richtigen Auftraggeber zugestellt wird (vgl. zu dieser Problematik BayObLG Beschl. v. 1.7.2003 Verg 3/03 = BauRB 2003, 237).

Auftragnehmer ist ein Unternehmer, der als Bieter den **Auftrag (Zuschlag)** zur Ausführung der geforderten Bauleistung **erhalten hat**.

B. Unterscheidung und Bedeutung von »Ist-Bestimmungen« und »Soll-Bestimmungen«

Bei den in Teil A gewählten Formulierungen fällt auf, dass zwischen »**Ist-Bestimmungen**« und »**Soll-Bestimmungen**« unterschieden wird. An bestimmten Stellen heißt es: Es **ist** oder es **sind,** es **muss** bzw. es **müssen** oder es **werden** diese oder jene Handlungen bzw. Voraussetzungen **verlangt,** um ordnungsgemäße und dem Sinn des Teils A entsprechende Vertragsverhandlungen bis zu deren Abschluss zu führen. An anderen Stellen hat man sich damit begnügt, zum Ausdruck zu bringen, dass dieses oder jenes geschehen **soll** oder geschehen **kann.** Des Weiteren finden sich Wendungen, dass etwas **sein darf**, aber auch, dass etwas **nicht sein darf.**

I. Sinn der Unterscheidung

11 Die verschiedene Ausdrucksweise ist nicht zufällig oder wahllos bzw. nur aus sprachlichen Gründen gewählt worden. Hinter ihr steht vielmehr ein **rechtlich bedeutsamer und zu beachtender Sinn**.

1. »Ist-Bestimmungen«

12 Alle Regelungen des Teils A, die für die Vergabe von Bauaufträgen von **grundlegender Bedeutung** sind, weisen die so genannte »**Ist-Form**« auf (z.B. aus den Basisparagraphen § 2 Nr. 1 S. 1 und 3 sowie Nr. 2; § 3 Nr. 2; § 4 Nr. 3 S. 1; § 5 Nr. 3 Abs. 2; § 6 Nr. 1; § 8 Nr. 1 S. 1; § 8 Nr. 1 S. 2; § 8 Nr. 2 Abs. 1; § 8 Nr. 3 Abs. 4; § 8 Nr. 4; § 8 Nr. 6; § 9 Nr. 1 S. 1, Nr. 3 und 4 usw.). Zu dieser »Ist-Form« gehören auch Wendungen wie z.B. »muss«, »hat«, »wird«, »darf nicht« bzw. »werden« und »kommen«. Alle in die »Ist-Form« gekleideten Regelungen des Teils A bilden das **Gerippe des Vergabeverfahrens**, wie es – wenn die VOB als Grundlage dienen soll – nach den Vorstellungen ihrer Verfasser beschaffen sein muss, um eine ordnungsgemäße Vergabe zu gewährleisten. Dies gilt in gleicher Weise, wenn in die jeweilige Vergabe die a- oder b-Paragraphen mit einzubeziehen sind oder wenn die Vergabe nach den SKR-Paragraphen erfolgt.

2. »Soll-Bestimmungen«

13 Eine beachtliche Zahl der Einzelregelungen des Teils A sind aber »**Soll-Vorschriften**« (vgl. z.B. § 2 Nr. 1 S. 2; § 4 Nr. 1 und 2; § 5 Nr. 1; § 6 Nr. 2; § 7 Nr. 1 und 2; § 8 Nr. 2 Abs. 2 und 3 usw.). Damit ist gemeint, dass der in diesen Bestimmungen aufgezeigte Weg grundsätzlich **zweckmäßig** erscheint oder dass diese oder jene **Möglichkeit** besteht, um unter gewissen Voraussetzungen zu dem erstrebten Ziel einer sinnvollen Vergabe zu gelangen. Die Nichtbeachtung dieser Bestimmungen hat im Regelfall nicht schon zur Folge, dass hierdurch eine Vergabe nach Teil A der VOB nicht mehr gegeben ist oder dass darin ein Fehler zu sehen ist, der etwa im Anwendungsbereich der §§ 97 ff. GWB zwingend zu einer Rechtsverletzung eines beteiligten Bewerbers oder Bieters führt. Insoweit können im Einzelfall durchaus zweckmäßigere bzw. andere Wege beschritten werden. Es ist aber zu empfehlen, sich möglichst an die aufgrund von Erfahrungen niedergelegten Regelungen auch hier zu halten, wenn nicht wirklich begründeter Anlass besteht, davon abzuweichen.

14 Hiervon zu **unterscheiden** sind Bestimmungen, in denen es heißt, dass etwas sein »**darf**« oder bestimmte Handlungen bzw. Unterlassungen sein »**dürfen**«. Hier ist der dem Auftraggeber gewährte **Spielraum enger**. Bestimmte Vorgehensweisen sind dann nämlich **nur erlaubt,** wenn die **dafür genannten Voraussetzungen** gegeben sind, und auch **nur insoweit, als der jeweilige Spielraum nach dem Wortlaut ausdrücklich eingeräumt ist** (vgl. z.B. § 4 Nr. 3 S. 2; § 5 Nr. 2, Nr. 3 Abs. 1 und 3; § 8 Nr. 3 und Nr. 5 Abs. 1; § 9 Nr. 1 S. 2 und 3 usw.). Ebenso gilt dies, wenn in einer Bestimmung etwas als (nur) **zulässig** erklärt worden ist (wie z.B. in § 3 Nr. 3 Abs. 1 und 2 sowie Nr. 4; § 8 Nr. 3 Abs. 1 S. 2 usw.). In diesen jeweils festgelegten Grenzen muss sich der Auftraggeber halten. Eine Missachtung ist wie **die Verletzung einer zwingenden Bestimmung** anzusehen. Auch das hier Gesagte gilt in gleicher Weise, wenn in die jeweilige Vergabe die a- oder b-Paragraphen einzubeziehen sind oder die betreffende Vergabe nach den SKR-Bestimmungen erfolgt.

Die verwaltungsrechtliche Bedeutung und Interpretation der so genannten Kann- und Soll-Vorschriften (vgl. dazu u.a. BVerwG Beschl. v. 12.5.1959 IB 159/58 = NJW 1959, 1382) kann hier nicht entsprechend herangezogen werden, weil es sich dort nicht nur um einen anderen Rechtsbereich, nämlich das öffentliche Recht, handelt, sondern weil auch Sinn und Zweck der »Soll-Bestimmungen« des Teils A der VOB anders geartet sind. Auch die – der verwaltungsrechtlichen Unterscheidung ähnliche – zivilrechtliche Differenzierung zwischen Muss-, Soll- und Kann-Vorschriften (dazu näher *Enneccerus/Nipperdey* I §§ 49, 56) kann jedenfalls unmittelbar keine Anwendung finden, da **Teil A der VOB** zumindest **in den Basisbestimmungen**, d.h. im Abschnitt 1 **nicht mit Gesetzeskraft** ausgestattet ist, sondern in ihrer Anwendung grundsätzlich der Entscheidung der (künftigen) Vertragspartner unterliegt und zu ihrer Disposition steht.

Zu beachten ist allerdings, dass wegen der Umstände des Einzelfalls oder zur Erreichung des mit den Vergabebestimmungen verfolgten Zweckes oder wegen des Zusammenspiels mit anderen Vorschriften ausnahmsweise eine von diesen grundsätzlichen Folgen der Zuordnung als Muss-, Soll- oder Kann-Vorschrift **abweichende Bewertung angezeigt sein kann**. Nicht ausgeschlossen ist daher, dass **eine als »Soll-Vorschrift« formulierte Regelung tatsächlich als »Muss-Vorschrift« und umgekehrt auszulegen ist.** 15

Von ganz erheblichen praktischen Auswirkungen ist dies etwa bei der Bestimmung des § 21 Nr. 1 Abs. 2 S. 5 (= § 21 Nr. 1 Abs. 1 S. 3 a.F.) VOB/A, wonach **die Angebote nur die Preise und die geforderten Erklärungen enthalten sollen**. Auf der anderen Seite **fordert § 25 Nr. 1 Abs. 1 lit. b VOB/A den Ausschluss eines Angebotes**, wenn es den Anforderungen des § 21 Nr. 1 Abs. 2 VOB/A nicht entspricht. Nach der inzwischen gefestigten Rechtsprechung des BGH lässt § 21 Nr. 1 Abs. 2 S. 5 VOB/A trotz der Formulierung als Sollvorschrift dem Auftraggeber weder einen Handlungsspielraum noch bietet sie Platz für Ermessensüberlegungen. **Sie ist daher entgegen dem Wortlaut als »Muss-Bestimmung« auszulegen und zwingt den Auftraggeber, ein betroffenes Angebot auszuschließen, und zwar selbst dann, wenn es bei materieller Betrachtung mit den anderen (vollständigen) Angeboten vergleichbar ist oder die fehlende Angabe das Wettbewerbsergebnis nicht verändern könnte und auch Ansätze für Manipulationen nicht feststellbar sind.** Dieser restriktive und formale Maßstab gilt nach der Judikatur des BGH nicht nur für reine Preisangaben, sondern auch wenn sonstige vom Auftraggeber in der Bekanntmachung oder den Vergabeunterlagen verlangte Erklärungen – jedenfalls wenn sie im Zusammenhang mit der Preisbildung oder der Bestimmung der nachgefragten Leistung stehen – fehlen (vgl. BGH Urt. v. 8.9.1998 X ZR 85/97 = BauR 1998, 1249 = NJW 1998, 3634 = ZfBR 1999, 17; Urt. v. 7.1.2003 X ZR 50/01 = VergabeR 2003, 558 = BauR 2003, 1783 = NZBau 2003, 406 = ZfBR 2003, 503; Beschl. v. 18.2.2003 X ZB 43/02 = BGHZ 154, 32 = VergabeR 2003, 313 = BauR 2003, 1091 = NZBau 2003, 293 = ZfBR 2003, 401; Beschl. v. 18.5.2004 X ZB 7/04 = BGHZ 159, 186 = VergabeR 2004, 473 = BauR 2004, 1433 = NZBau 2004, 457 = ZfBR 2004, 710; Urt. v. 7.6.2005 X ZR 19/02 = VergabeR 2005, 617 = BauR 2005, 1618 = NZBau 2005, 709). Die ältere, zum Teil differenzierende Rechtsprechung einiger Vergabesenate (vgl. Saarländisches OLG Beschl. v. 29.5.2002 5 Verg 1/01, VergabeR 2002, 493 und OLG Thüringen Beschl. v. 5.12.2001 6 Verg 4/01 = VergabeR 2002, 256) ist durch die klare und eindeutige Rechtsprechung des BGH weitgehend überholt, wenngleich in Einzelfällen über eine großzügige Auslegung der Erklärungen und Angaben des Bewerbers oder Bieters versucht wird, die einschneidende Folge eines Ausschlusses zu vermeiden (vgl. etwa OLG Schleswig Beschl. v. 10.3.2006 1 [6] Verg 13/05 = VergabeR 2006, 367 = BauR 2006, 1194) oder im Fall geringer Verstöße, bei denen weder der Wettbewerb noch die Eindeutigkeit des Angebotsinhalts zweifelhaft ist, eine Abstimmung im Rahmen des § 24 Nr. 1 Abs. 1 VOB/A zuzulassen (so OLG Saarbrücken Beschl. v. 23.11.2005 1 Verg 3/05 = NZBau 2006, 457). 16

Mit der Frage, ob die gleiche Sanktion eines zwingenden Ausschlusses auch bei fehlenden oder unvollständigen Angaben oder Unterlagen, die vom Auftraggeber gem. § 8 Nr. 3 VOB/A ausschließlich zum Nachweis der Eignung bzw. deren Prüfung gefordert worden sind, anzuwenden ist, hat sich der BGH bislang noch nicht ausdrücklich befasst. Die Vergabesenate indessen übertragen die strikte Rechtsprechung des BGH auch auf diese Unterlagen und nehmen bei fehlenden oder unvollständigen Eignungsnachweisen gleichfalls einen zwingenden Ausschlussgrund an (vgl. OLG Frankfurt am Main Beschl. v. 23.12.2005 11 Verg 13/05 = VergabeR 2006, 212 = BauR 2006, 887). Das OLG Düsseldorf entnimmt diese Rechtsfolge aber nicht dem § 21 Nr. 1 Abs. 2 S. 5 VOB/A i.V.m. § 25 Nr. 1 Abs. 1 lit. b VOB/A, sondern der Vorschrift des § 25 Nr. 2 Abs. 1 VOB/A (vgl. OLG Düsseldorf Beschl. v. 14.10.2005 Verg 40/05 = IBR 2006, 1336; a.A. Beck'scher VOB-Komm./*Prieß* § 21 VOB/A Rn. 28).

Näher zum Ausschluss von Angeboten oder Bewerbungen wegen fehlender Angaben, Unterlagen und Nachweise unter § 8 VOB/A und § 21 VOB/A.

II. Rechtsfolgen der Nichtbeachtung bei »Ist-Bestimmungen« und »Soll-Bestimmungen«

17 Werden »Ist-Bestimmungen« oder »Soll-Bestimmungen« des Teils A nicht beachtet, so gilt Folgendes:

18 Die Nichtbeachtung von »Soll-Bestimmungen« im Vergabeverfahren hat im Allgemeinen **keine unmittelbaren** rechtlichen **Folgen.** Etwas anderes gilt allerdings dann, wenn angesichts der besonderen Umstände des konkreten Einzelfalls jede andere Entscheidung ermessensfehlerhaft wäre (so genannte **Ermessensreduzierung auf null**, siehe auch OLG Düsseldorf Beschl. v. 4.7.2005 Verg 35/05 = VergabeR 2006, 425 = ZfBR 2006, 87, zu der im Ermessen des Auftraggebers stehenden Entscheidung, ein Vergabeverfahren aufzuheben). Wenn bei einer solchen Sachverhaltslage nicht die einzig richtige und zulässige Entscheidung getroffen bzw. Handlung vorgenommen wird, liegt ein Vergabeverstoß vor. Aber auch im Übrigen ist der **Auftraggeber** nicht völlig frei, sondern **muss das ihm eingeräumte Ermessen ordnungsgemäß ausüben,** d.h. seine Entscheidungen **frei von willkürlichen oder sachwidrigen Überlegungen** treffen.

19 Auch wenn der zulässige Handlungsspielraum breiter ist, so kommt aber auch hier eine **Haftung** des öffentlichen Auftraggebers aus dem Grundsatz der **culpa in contrahendo** gemäß § 280 Abs. 1 i.V.m. §§ 311 Abs. 2, 241 Abs. 2 BGB in Betracht. Dies gilt insbesondere bei einer schuldhaften Verletzung von zwar in die Soll-Form gekleideten, aber das **Vergabeverfahren tragenden Gesichtspunkten**, wie z.B. die nicht erfolgte Sicherstellung der Finanzierung nach § 16 Nr. 1 VOB/A (insoweit zutreffend *Feber* S. 13; vgl. dazu auch BGH Urt. v. 8.9.1998 X ZR 48/97 = BGHZ 139, 259 = BauR 1998, 1232 = NJW 1998, 3636 = ZfBR 1999, 20 mit dem Hinweis, dass der Auftraggeber bei Nichtbeachtung der Soll-Bestimmung des § 16 Nr. 1 VOB/A wenigstens verpflichtet ist, die Bewerber auf den Umstand einer ungesicherten Finanzierung hinzuweisen).

20 Bei der **Nichtbeachtung der »Ist-Bestimmungen«** gilt Folgendes: Es ist zu berücksichtigen, dass die VOB/A zwar zivilrechtlichen Charakter hat, dass sie aber andererseits dem öffentlichen Bereich entstammt und sich in erster Linie an die öffentliche Verwaltung richtet, der ein Regelwerk zur Verfügung gestellt wird, wie sie bei der Beschaffung von Bauleistungen vorzugehen hat. So betrachtet handelt es sich bei den »Verfahrensvorschriften« des Teils A um eine **interne haushaltsrechtliche Verpflichtung** zukünftiger öffentlicher Auftraggeber bzw. um eine Marktordnung, die sich der öffentliche Auftraggeber selbst gegeben hat. Eine über den aus **Art. 3 Abs. 1 GG** abgeleiteten allgemeinen **Grundsatz der Selbstbindung der Verwaltung** (vgl. dazu § 8 Nr. 1 VOB/A) **hinausgehende »öffentlich-rechtliche« Rechtswirkung kann der VOB/A allerdings nicht entnommen werden.** Die im Streit um den vergaberechtlichen Rechtsschutz unterhalb der Schwellenwerte des § 2 VgV vertretene Auffassung, nach der die Vorschriften der VOB/A in den Rechtswirkungen nicht auf eine interne Bindung beschränkt seien, sondern subjektive Rechte der Bieter begründen (so etwa OVG Sachsen VergabeR 2006, 348 = BauR 2006, 1193 = NZBau 2006, 393 = ZfBR 2006, 511), überzeugt nicht. Denn **unterhalb der verfassungsrechtlich verbürgten Rechte bestimmt allein der Gesetzgeber, unter welchen Voraussetzungen dem Bürger ein Recht zustehen und welchen Inhalt es haben soll** (vgl. BVerfG Beschl. v. 31.5.1988 1 BvR 520/83 = BVerfGE 78, 214, 226 = NJW 1989, 666). Dass der Gesetzgeber in der VOB/A keine einklagbaren Rechte sieht und diese den Teilnehmern an einem Vergabeverfahren auch nicht zubilligen möchte, wird schon daran deutlich, dass in Umsetzung der EU-Vergaberichtlinien selbst für Auftragsvergaben ab Erreichen des Schwellenwertes zunächst die haushaltsrechtliche Lösung, die nach unstreitiger Auffassung gerade keine einklagbaren subjektiven Recht für die Bewerber und Bieter schaffte bzw. schaffen sollte, verfolgt wurde.

Erst mit dem am 1.1.1999 in Kraft getretenen Vergaberechtsänderungsgesetz wurden subjektive Rechte der Unternehmen begründet, aber nicht für Auftragsvergaben unterhalb der einschlägigen Schwellenwerte. Soweit die Vergabeverfahren vom Anwendungsbereich der §§ 97 ff. GWB nicht erfasst werden und sich somit ausschließlich nach den Basisparagraphen des Teils A richten, hat sich an der Rechtsnatur der VOB/A nichts geändert. **Einen besonderen, allein aus den Bestimmungen der VOB/A abgeleiteten Rechtsschutz für Auftragsvergaben unterhalb der Schwellenwerte gibt es somit nach dem geltenden Recht nicht** (ausführlich dazu OVG Berlin-Brandenburg Beschl. v. 28.7.2006 1 L 59/06; VG Karlsruhe Beschl. v. 14.6.2006 K 1437/06; OVG Niedersachsen Beschl. v. 14.7.2006 7 OB 105/06 und Beschl. v. 26.7.2006 7 OB 65/06 = IBR 2006, 512; a.A. OVG Sachsen Beschl. v. 13.4.2006 2 E 270/05 = VergabeR 2006, 348 = BauR 2006, 1193 = NZBau 2006, 393 = ZfBR 2006, 511). Bei der VOB/A handelt es sich eben nicht per se um öffentlich-rechtliche Vorschriften mit Rechtssatzqualität.

Somit geben die unterschiedlichen Formulierungen der »**Ist-Bestimmungen**« der Behörde oder dem sonst durch vergaberechtliche Bestimmungen Zugeordneten **intern** entweder die **Verpflichtung auf, so zu handeln, oder sie zeigen in den** »**Soll-Bestimmungen**« **an, welche auf** Erfahrungssätzen beruhenden Möglichkeiten bestehen, um zweckgerecht vorzugehen, wobei die letzte Entschließung dem **pflichtgemäßen Ermessen** vorbehalten ist. Bei einem Verstoß gegen »Ist-Vorschriften« des Teils A wird bei Vergabeverfahren, die aufgrund der Vorschriften der §§ 97 ff. GWB bzw. der Vergabeverordnung nach Abschnitt 2 oder Abschnitt 3 des Teils A durchzuführen sind, in der Regel eher eine Verletzung von Rechten der Unternehmen i.S.d. §§ 97 Abs. 7, 107 Abs. 2 GWB anzunehmen sein als im Fall der Nichtbeachtung von »Soll-Bestimmungen«.

21

Die Einzelregelungen des Teils A ergeben für sich dagegen weder einen Willen der Verfasser der VOB, noch lässt sich überhaupt ein dem öffentlichen Recht entstammender, hier anwendbarer Beweggrund finden, dass damit **von selbst** Rechtsfolgen des Zivilrechts oder des öffentlichen Rechts verbunden wären. Deshalb ist im Ergebnis festzuhalten: Die Beurteilung bestimmten Handelns oder Unterlassens eines Verhandlungspartners dahin gehend, ob hieraus Rechtsfolgen nach den in § 311 Abs. 2 BGB kodifizierten **Grundsätzen der culpa in contrahendo** oder aus anderen Rechtsgründen zu entnehmen sind, richtet sich auch bei Nichtbeachtung von »Ist-Bestimmungen« allein nach den für das gesamte Zivilrecht gültigen Richtlinien. **Nicht dagegen enthält Teil A öffentlich-rechtliche oder zivilrechtlich verbindliche** »**zwingende**« **Vorschriften** dergestalt, dass deren schuldhafte Missachtung **von sich aus** zugunsten des hiervon Betroffenen einen Rechtsanspruch begründete oder eine zum Schadensersatz verpflichtende Folge hätte, diesem also nach der **gegenwärtigen Rechtslage einen individuell durchsetzbaren Anspruch gäbe**. Es ist allerdings nicht zu übersehen, dass sich eine schuldhafte Verletzung gerade der »Ist-Bestimmungen« in der Regel mit einer zivilrechtlichen Haftung aus dem Gesichtspunkt des Verschuldens bei der Aufnahme von Vertragsverhandlungen und des dadurch begründeten Vertrauensverhältnisses (culpa in contrahendo) decken wird. Dies ergibt sich daraus, dass es sich hier um die **grundlegenden** Richtlinien **für** Bauvertragsverhandlungen nach der VOB handelt, **deren Einhaltung** auch **allgemein** von den **schon bisher durch die Rechtsprechung** aufgestellten und aufrechterhaltenen Anforderungen an zu billigendes Verhalten im rechtsgeschäftlichen Verkehr verlangt wird und bei denen der sich an der Vergabe eines öffentlichen Bauauftrages **Beteiligende grundsätzlich davon ausgehen kann, dass sie eingehalten werden** (vgl. BGH Urt. v. 21.2.2006 X ZR 39/03 = BauR 2006, 1140 = NJW-RR 2006, 963 = NZBau 2006, 456 = ZfBR 2006, 501; Urt. v. 3.6.2004 X ZR 30/03 = VergabeR 2004, 604 = BauR 2004, 1838 = NZBau 2004, 517 = ZfBR 2004, 813; Urt. v. 16.12.2003 X ZR 282/02 = VergabeR 2004, 480 = BauR 2004, 883 = NJW 2004, 2165 = NZBau 2004, 283 = ZfBR 2004, 404; Urt. v. 12.6.2001 X ZR 150/99 = VergabeR 2001, 293 = BauR 2001, 1633 [Ls.] = NJW 2001, 3698 = NZBau 2001, 637 = ZfBR 2001, 458; Urt. v. 7.7.1998 X ZR 17/97 = BGHZ 139, 177 = BauR 1998, 1089 = NJW 1998, 3192 = ZfBR 1998, 302).

22

C. Zuständigkeiten für die Vergabe öffentlicher Aufträge

23 Für die Aufgabenverteilung bei der **Vergabe öffentlicher Aufträge** im Bereich des Bundes siehe VHB, Loseblattausgabe 2002 (Stand 1.2.2006), unter Teil I »Zuständigkeiten«.

§ 2
Grundsätze der Vergabe

1. **Bauleistungen sind an fachkundige, leistungsfähige und zuverlässige Unternehmer zu angemessenen Preisen zu vergeben. Der Wettbewerb soll die Regel sein. Ungesunde Begleiterscheinungen, wie z.B. wettbewerbsbeschränkende Verhaltensweisen, sind zu bekämpfen.**
2. **Bei der Vergabe von Bauleistungen darf kein Unternehmer diskriminiert werden.**
3. **Es ist anzustreben, die Aufträge so zu erteilen, dass die ganzjährige Bautätigkeit gefördert wird.**

Inhaltsübersicht

	Rn.
A. Allgemeine Grundlagen	1
B. Anforderungen an den Bewerber (Nr. 1 S. 1)	2
I. Subjekt der Eignungsprüfung	3
1. Konzerngesellschaften	3
2. Nachunternehmer	5
a) Auswechseln von Nachunternehmern	7
b) Fehlende oder unvollständige Angaben zu Nachunternehmern	8
c) Inhalt der Nachunternehmererklärung	9
d) Besonderheiten bei vorgeschaltetem Teilnahmewettbewerb	10
3. Bietergemeinschaften	11
II. Vergabeart und Zeitpunkt der Eignungsprüfung	12
III. Eignungskriterien	16
1. Fachkunde	17
2. Zuverlässigkeit	20
3. Leistungsfähigkeit	21
IV. Nachweis und Entscheidung	22
C. Vergabe zu angemessenen Preisen (Nr. 1 S. 1)	24
I. Begriff des Preises	25
II. Angemessenheit des Preises	26
1. Unterschiede zwischen Werkvertragsrecht und VOB	26
2. Verhältnis objektiver und subjektiver Gesichtspunkte	28
3. Aufwendungen des Unternehmers und Gewinnbegriff	29
a) Aufwendungen	30
b) Gewinn	33
c) Umsatzsteuer	34
4. Bewertungskriterien	35
5. Vorrang der freien Vertragsabrede	36
III. Rechtsfolgen bei Abweichung vom Grundsatz der Angemessenheit	37
D. Wettbewerb als Regel (Nr. 1 S. 2)	38
E. Bekämpfung ungesunder Begleiterscheinungen (Nr. 1 S. 3)	40
I. Grundsätzliches	40
II. Doppel- oder Mehrfachbeteiligung eines Unternehmens	43
III. Befangene oder voreingenommene Personen und so genannte Projektanten	44
IV. Weitere Beispielsfälle ungesunder Begleiterscheinungen	47
F. Diskriminierungsverbot (Nr. 2)	52
G. Ganzjährige Bautätigkeit (Nr. 3)	53

Grundsätze der Vergabe § 2 VOB/A

A. Allgemeine Grundlagen

§ 2 VOB/A kann als **Generalklausel für die Anforderungen an eine sachgerechte Bauvergabe** bezeichnet werden, indem dort die tragenden Merkmale für eine angemessene Auftragserteilung im Rahmen eines bestimmten Bauvorhabens festgelegt sind: Anforderungen an den Bewerber, Bieter und späteren Auftragnehmer; Vergabe zu angemessenen Preisen; Wettbewerb als Regel; Bekämpfung ungesunder Begleiterscheinungen; Diskriminierungsverbot; ganzjährige Bautätigkeit. 1

B. Anforderungen an den Bewerber (Nr. 1 S. 1)

In § 2 Nr. 1 S. 1 sind **Richtlinien** dafür aufgestellt, **wer** auf der Auftragnehmerseite **mit Blick auf die konkret anstehende Vergabe** zur Ausführung von Bauleistungen als **geeignet** erscheint. Zwingende Voraussetzung dafür ist, dass der Unternehmer **fachkundig, leistungsfähig und zuverlässig** ist. Subjekt der Eignungsprüfung ist grundsätzlich immer das konkrete Unternehmen, das sich um den Auftrag bewirbt und als Teilnehmer eines Vergabeverfahrens in Betracht kommt (vgl. dazu näher § 8 Nr. 1 VOB/A). 2

I. Subjekt der Eignungsprüfung

1. Konzerngesellschaften

In diesem Zusammenhang stellt sich die Frage, wie etwa **Konzerngesellschaften** zu behandeln sind, d.h. **ob und ggf. inwieweit die Fachkunde und Leistungsfähigkeit auch über verbundene Unternehmen (vgl. § 15 AktG) hergeleitet werden kann.** Hierzu ist Folgendes zu sagen: Ein Unternehmen, das selbst nicht über das fachkundige Personal oder die notwendige finanzielle und technische Ausstattung verfügt, ist nicht allein deshalb als geeignet anzusehen, weil ihm die rechtliche Eigenschaft eines verbundenen Unternehmens innerhalb eines unstreitig mit diesen Mitteln ausgerüsteten Baukonzerns zukommt. Entscheidend ist allein, ob dieses sich am Wettbewerb beteiligende Unternehmen im Fall der Beauftragung auch tatsächlich über die für die Bejahung der Eignung erforderlichen personellen und sächlichen Mittel verfügen kann (vgl. EuGH Urt. v. 2.12.1999 Rs. C-176/98 [Holst Italia SpA/Comune di Cagliari] = NZBau 2000, 149 = NVwZ 2000, 427). 3

Für Auftragsvergaben, die sich nach den Abschnitten 2, 3 und 4 der VOB/A richten, wurde mit der VOB/A 2006 in § 8a Nr. 10 VOB/A, § 8b Nr. 7 und § 5 Nr. 7 SKR eine auf Art. 47 Abs. 2 der Richtlinie 2004/18/EG bzw. Art. 54 Abs. 5 der Richtlinie 2004/17/EG zurückgehende Regelung aufgenommen, die für **alle Fälle des Einsatzes anderer Unternehmen** gleichfalls auf die **Sicherstellung der Verfügbarkeit der Mittel** abstellt. Nach dieser Neuregelung kann sich ein Bieter (Gleiches gilt für einen Bewerber im Fall eines vorgeschalteten Teilnahmewettbewerbs) grundsätzlich auf die »Fähigkeiten« anderer Unternehmen stützen, wenn er einen **Nachweis** vorlegt, dass **dem anderen Unternehmen die erforderlichen Mittel zur Verfügung stehen und dass er auf diese Mittel des anderen Unternehmens auch Zugriff hat.** Für Auftragsvergaben unterhalb des Schwellenwertes kann dem Grundsatz nach nichts anderes gelten. Die Anforderungen an diesen Nachweis sollten bei der inhaltlichen Bestimmtheit jedoch nicht allzu hoch angesetzt werden. Dies gilt insbesondere bei einem Teilnahmewettbewerb, da in diesem Stadium des Verfahrens der Inhalt der Leistungsbeschreibung noch nicht bekannt ist. Andererseits genügt eine bloße Absichtserklärung oder ein unverbindliches »gentlemen's-agreement« nicht (vgl. hierzu näher unter § 8a Nr. 10 VOB/A).

Wenn von einem verbundenen Unternehmen keine verbindlichen und aussagefähigen Nachweise oder Erklärungen des anderen Konzernunternehmens vorgelegt werden, wird **eine Zurechnung von Eignungsvoraussetzungen eines anderen Unternehmens aus dem Konzernverbund** allerdings ausnahmsweise dann zugelassen werden können, wenn das sich bewerbende Unternehmen rechtlich und tatsächlich auch in der Lage ist, seinen Willen bei dem betreffenden verbundenen Unternehmen ohne weiteres durchzusetzen, dieses also beherrscht und im Grunde diese als »ein« Unternehmen anzusehen sind (a.A. OLG Frankfurt Beschl. v. 10.4.2001 11 Verg 1/01 = VergabeR 2001, 299, 301 = BauR 2001, 1634 [Ls.] = NZBau 2002, 161; danach soll es für die Annahme der Leistungsfähigkeit ausreichen, wenn es sich um einen »konzerneingebundenen« Bieter, der nicht zwingend ein beherrschendes Konzernunternehmen sein muss, handelt). Andernfalls wäre eine Privilegierung gegenüber anderen Unternehmen sachlich nicht zu rechtfertigen. Dennoch ist auch hier eine gewisse Vorsicht geboten, da der Auftraggeber in der Regel die gesellschaftsrechtlichen Beziehungen zwischen den einzelnen Gesellschaften eines Konzerns oder einer Unternehmensgruppe nicht kennt und damit weder den Grad der Verbundenheit noch die Zugriffsmöglichkeiten des etwa selbst nicht leistungsfähigen auf das leistungsfähige Unternehmen beurteilen kann. In derartigen Fällen wird das sich bewerbende Unternehmen von sich aus die in Betracht kommenden verbundenen Unternehmen zu benennen und Unterlagen vorzulegen haben, aus denen sich eindeutig ergibt, dass entweder das benötigte Personal oder Gerät zur Verfügung gestellt wird oder dass gegenüber dem abhängigen und grundsätzlich leistungsfähigen Unternehmen Entscheidungen durchgesetzt werden können und von diesem entsprechende Anweisungen auch befolgt werden. So kann der Abschluss eines hierfür ausreichenden Beherrschungsvertrages etwa durch Vorlage eines Handelsregisterauszuges belegt werden. Bleiben insoweit berechtigte Zweifel, wird der Auftraggeber im eigenen Interesse die Eignung dieses Bewerbers oder Bieters nicht bejahen können.

4   Eine hiervon zu unterscheidende Frage ist, ob die Erbringung von Leistungen durch verbundene Unternehmen als **Eigen- oder Fremdleistungen** anzusehen sind, was wegen des – jedenfalls bei Anwendung der Basisparagraphen noch – geltenden **Gebotes der Selbstausführung** nach § 8 Nr. 1 VOB/A und § 4 Nr. 8 VOB/B von erheblicher Bedeutung sein kann. Dies gilt insbesondere für die praktisch wichtige Frage, ob sich auch eine so genannte **Holding-Gesellschaft,** die selbst z.B. über keine gewerblichen Arbeitnehmer verfügt, aber Tochtergesellschaften beherrscht, bei der die notwendigen Arbeitskräfte vorhanden sind, am Wettbewerb beteiligen kann. **Ob für Auftragsvergaben, die unter den Anwendungsbereich des 4. Teil des GWB fallen, das Selbstausführungsgebot weiterhin gilt, ist zumindest zweifelhaft:** Mit der **VOB 2006** wurde mit **den §§ 8a Nr. 10 und 8b Nr. 7 VOB/A sowie § 5 Nr. 7 SKR eine neue Regelung** eingefügt, wonach sich ein Bieter bei der Erfüllung des Auftrages der Fähigkeiten anderer Unternehmen bedienen kann. Versteht man diese neue Bestimmung als Aufgabe des Selbstausführungsgebotes, dann bestehen gegen eine Beteiligung von Unternehmen, die selbst keine Bauleistungen erbringen, – bei Vorliegen der Voraussetzungen des § 8a Nr. 10 VOB/A im Übrigen – keine Einwände mehr (vgl. hierzu auch § 8 Nr. 1 VOB/A und § 8a Nr. 10 VOB/A).

2. Nachunternehmer

5   Sofern und soweit der Einsatz von **Nachunternehmern** zulässig ist, kann sich ein Unternehmen hinsichtlich der Leistungsfähigkeit und – zumindest in Teilbereichen – auch hinsichtlich der Fachkunde auf Nachunternehmer berufen, **wenn hinreichend sichergestellt ist, dass die vorgesehenen und ihrerseits geeigneten Nachunternehmer diese Arbeiten auch tatsächlich ausführen.** Insoweit gelten die vorstehenden Ausführungen zu dem Einsatz von Konzernunternehmen entsprechend. Der Auftraggeber wird zur Überprüfung der Richtigkeit der Angaben des Bieters eine Erklärung des betreffenden Nachunternehmers, aus der sich unzweifelhaft seine Bereitschaft ergibt, den Auftrag ggf. auch auszuführen, nicht nur verlangen können, sondern **der Bieter wird eine solche Erklärung des Nachunternehmers zusammen mit den Eignungsnachweisen, wie sie auch von ihm selbst beizubringen sind, schon unaufgefordert von sich aus vorlegen müssen,** da andernfalls eine Prüfung der Eignung des Bieters bzw. des geplanten Nachunternehmers u.U. überhaupt nicht möglich ist. **In begründeten Ausnahmefällen** kann zur Sicherstellung einer ordnungsgemäßen Auftragsdurchführung nicht nur eine verbindliche Zusage des Nachunternehmers, sondern auch **eine vorherige**

vertragliche Bindung des Nachunternehmers analog den Verdingungsunterlagen gefordert werden.

Allerdings ist hierbei im Rahmen des bestehenden rechtsgeschäftsähnlichen Schuldverhältnisses gem. § 241 Abs. 2 BGB vom Auftraggeber zu beachten, dass in einer zwischen dem Bieter und dem Nachunternehmer vereinbarten einseitigen Angebotsbindung eine unangemessene Benachteiligung des Nachunternehmers i.S.d. § 307 BGB liegen kann. **Richtschnur für die Angemessenheit ist hier die in § 19 Nr. 2 VOB/A vorgesehene Zuschlagsfrist von 30 Kalendertagen, die in Abhängigkeit von den Umständen des Einzelfalls aber auch deutlich länger sein kann.**

Wenn der benannte **Nachunternehmer selbst die Eignungskriterien nicht erfüllt**, kann auch der sich bewerbende **Hauptunternehmer ausgeschlossen werden** (vgl. OLG Düsseldorf Beschl. v. 16.5.2001 Verg 10/00 = IBR 2001, 508). **Dies wird jedenfalls dann gelten, wenn der Leistungsanteil dieses Nachunternehmers nicht von lediglich untergeordneter Bedeutung ist** (vgl. hierzu OLG Düsseldorf Beschl. v. 19.7.2000 Verg 10/00 = BauR 2000, 1623, 1625; BayObLG Beschl. v. 28.8.2002 Verg 20/02 = VergabeR 2003, 76 = BauR 2003, 436 [Ls.]; Beschl. v. 8.11.2002 Verg 27/02 = ZfBR 2003, 205 und Beschl. v. 15.4.2003 Verg 5/03 = VergabeR 2003, 457 = BauR 2003, 1452 [Ls.]). Daher ist bei der Auswahl der Nachunternehmer auch seitens des sich am Vergabeverfahren beteiligenden Unternehmens mit großer Sorgfalt zu verfahren, um nicht einen Ausschluss allein wegen eines nicht geeigneten Nachunternehmers zu riskieren. **6**

a) Auswechseln von Nachunternehmern

Die Frage, ob ein Auswechseln von benannten Nachunternehmern nach Ablauf der Angebotsfrist, aber noch vor Auftragsvergabe **zulässig ist**, wird in der Rechtsprechung **unterschiedlich beurteilt**. Nach Auffassung des OLG Düsseldorf wird eine Änderung der »angebotenen« Nachunternehmer grundsätzlich als unzulässig angesehen (vgl. Beschl. v. 5.5.2004 Verg 10/04 = VergabeR 2004, 650 = BauR 2004, 1839 [Ls.] = NZBau 2004, 460 = ZfBR 2004, 827), d.h. auch dann, wenn sich dadurch an der Beurteilung der Eignung des betreffenden Bieters keine Änderung ergibt, weil darin der Tatbestand eines nach § 24 Nr. 3 S. 1 VOB/A unzulässigen Nachverhandelns zu sehen sei. Demgegenüber hält das OLG Bremen (Beschl. v. 20.7.2000 2 Verg 1/2000, 2 Verg 1/00 = BauR 2001, 94, 97) ein Nachschieben oder das Auswechseln eines Nachunternehmers für statthaft, da eine Nachunternehmererklärung oder ein Verzeichnis von Nachunternehmern nicht Bestandteil des (bindenden) Angebots seien. **7**

Für die Öffentliche Ausschreibung bzw. das Offene Verfahren wird der auf den ersten Blick formalistisch erscheinenden Auffassung des OLG Düsseldorf schon deshalb zu folgen sein, weil zum einen die Angabe von Nachunternehmern nicht nur für die Beurteilung der Eignung von Bedeutung ist, sondern auch unmittelbar vertragsrechtliche Auswirkungen hat (vgl. § 4 Nr. 8 VOB/B). Zum anderen bildet der Auftraggeber seinen Willen zur Annahme des Angebotes auf der Grundlage der gesamten Angebotsunterlagen, d.h. einschließlich der vorgelegten Eignungsnachweise, die u.U. auch Anlass für eine Anfechtung wegen Irrtums oder arglistiger Täuschung sein können. Allein dies zeigt, dass die Eignungsnachweise, wozu in der Regel auch die Nachunternehmererklärung zählt, zum Angebot gehören. Ferner ist zu bedenken, dass im Fall des Eintritts eines ungeeigneten Nachunternehmers die Bindung an das Angebot unterlaufen werden und im Fall des Ersatzes eines ungeeigneten durch einen geeigneten Nachunternehmer nachträglich zu Gunsten dieses Bieters die Wertung der Angebote beeinflusst werden könnte (vgl. BayObLG Beschl. v. 15.4.2003 Verg 5/03 = VergabeR 2003, 457 = BauR 2003, 173 [Ls.]).

b) Fehlende oder unvollständige Angaben zu Nachunternehmern

Eine davon zu unterscheidende Frage ist, ob Fehler im Bereich der Eignungsnachweise – und dazu gehört im in der Regel auch eine vom Auftraggeber verlangte **Nachunternehmererklärung** – grundsätzlich genau so zu behandeln sind, wie Fehler beim eigentlichen Angebot, insbesondere bei den **8**

Angaben zu den Preisen und zum Leistungsumfang. Auch wenn die überwiegende Vergaberechtsprechung gegenwärtig eine solche Tendenz aufweist, d.h. in der Regel einen zwingenden Ausschluss annimmt (vgl. vor § 2 Rn. 16), dürfte eine derartige rigide Handhabung mit den Bestimmungen des § 25 Nr. 1 und Nr. 2 VOB/A nicht ohne weiteres in Einklang zu bringen sein. Denn im Gegensatz zu § 25 Nr. 1 VOB/A **sieht § 25 Nr. 2 VOB/A, der sich gesondert mit der Eignungsprüfung befasst, keinen Angebotsausschluss vor**, sondern bestimmt, dass anhand der vorgelegten Nachweise die Eignung der Bieter zu prüfen ist. Demzufolge können fehlende, unvollständige oder unrichtige Nachweise an sich nur dann zum Ausschluss des Angebotes führen, wenn infolge der »Mängel« die Eignung nicht festgestellt werden kann (dazu näher unter § 8 Nr. 3 VOB/A). Andererseits ist nicht zu übersehen, dass – jedenfalls bei der Öffentlichen Ausschreibung – die Eignungsnachweise gleichzeitig Inhalt des verbindlichen Angebotes sind und für diesen Fall bei Fehlen geforderter Erklärungen und Nachweise ggf. ein Ausschluss nach § 25 Nr. 1 Abs. 1 lit. b i.V.m. § 21 Nr. 1 Abs. 2 S. 5 VOB/A vorzunehmen ist (a.A. OLG Düsseldorf das den Ausschluss ausschließlich auf die Bestimmung des § 25 Nr. 2 VOB/A stützt, vgl. etwa Beschl. v. 1.2.2006 Verg 83/05 = IBR 2006, 291). Ein Nachreichen oder Nachbessern von geforderten aber nicht oder nicht wie verlangt eingereichten Eignungsnachweisen kann nicht zugelassen werden, da darin eine nach § 24 Nr. 3 VOB/A unzulässige Änderung des Angebotes zu sehen ist (so etwa OLG Düsseldorf Beschl. v. 16.5.2001 Verg 10/00 = VergabeR 2003, 457 = BauR 2003, 1452 [Ls.]).

c) Inhalt der Nachunternehmererklärung

9 Die an den **Inhalt der Nachunternehmererklärung zu stellenden Anforderungen ergeben sich grundsätzlich aus der Bekanntmachung und/oder den Verdingungsunterlagen**. Grundsätzlich sind neben dem Namen der Nachunternehmer auch die von ihnen auszuführenden Leistungen anzugeben. Der Zusatz »o.glw.« ist keine ausreichende Angabe und führt grundsätzlich zum Ausschluss des Angebotes, weil eine Prüfung der Eignung des Nachunternehmers nicht möglich ist. Soweit nicht ausdrücklich detaillierte Angaben verlangt werden, genügt grundsätzlich eine schlagwortartige Bezeichnung der Leistungsbereiche, wenn dadurch eine bestimmte Zuordnung zu den in der Leistungsbeschreibung aufgeführten Leistungen möglich ist. **Andernfalls sind auch ohne ausdrückliche Forderung des Auftraggebers u.U. sogar die Ordnungszahlen anzugeben** (vgl. OLG Schleswig Beschl. v. 8.12.2005 6 Verg 12/05 = ZfBR 2006, 190; OLG Naumburg Beschl. v. 25.10.2005 1 Verg 5/05 = NZBau 2006, 58 [Ls.] und Beschl. v. 18.7.2005 1 Verg 5/05 = ZfBR 2005, 725 [Ls.]; OLG Koblenz Beschl. v. 13.2.2006 1 Verg 1/06).

d) Besonderheiten bei vorgeschaltetem Teilnahmewettbewerb

10 Die einschneidende Sanktion eines zwingenden Angebotsausschlusses bei einem Austausch eines benannten Nachunternehmers oder bei Änderungen eines Nachunternehmerverzeichnisses dürfte dagegen ausscheiden, wenn es sich um eine Erklärung anlässlich einer vor der eigentlichen Angebotsabgabe durchgeführten Eignungsprüfung handelt (vgl. § 8 Nr. 3 Abs. 4 S. 2 und § 8 Nr. 4 VOB/A), wie etwa bei einem **vorgeschalteten Teilnahmewettbewerb** im Fall einer Beschränkten Ausschreibung bzw. einem Nichtoffenen Verfahren oder einem Verhandlungsverfahren. Denn die Bewerbung der interessierten Unternehmer erfolgt hier allein auf der Grundlage der Bekanntmachung, also ohne Kenntnis der Vergabeunterlagen und insbesondere ohne Kenntnis der Leistungsbeschreibung. **Eine »verbindliche« Benennung der Nachunternehmer kann der Auftraggeber vom Bewerber hier grundsätzlich nicht verlangen**, da kein Nachunternehmer bereit sein wird, ohne genaue Kenntnis des Leistungsumfangs eine einseitige Bindung zur Auftragsdurchführung einzugehen. Zudem ist zu berücksichtigen, dass ein Bewerber selbst nach erfolgreich bestandener Eignungsprüfung oder Auswahl nicht – jedenfalls solange das vorvertraglich begründete Schuldverhältnis (§ 311 Abs. 2 Nr. 1 i.V.m. § 241 Abs. 2 BGB) nicht verletzt wird – verpflichtet ist, sich weiter am Vergabeverfahren zu beteiligen und ein Angebot abzugeben. Dies muss auch einem Nachunternehmer zugebilligt werden.

Wenn eine für eine solche vorgezogene Eignungsprüfung abgegebene Nachunternehmerklärung dann nicht ohne Änderungen in das Angebot übernommen wird, ist dies **Anlass für eine erneute Prüfung der Eignung,** also ein Anwendungsfall des § 25 Nr. 2 Abs. 2 VOB/A, **nicht aber per se ein zwingender Ausschlussgrund.**

3. Bietergemeinschaften

Bei einer **Bietergemeinschaft** handelt es sich in der Regel um eine Gesellschaft bürgerlichen Rechts (vgl. §§ 705 ff. BGB), zu der sich mindestens zwei Unternehmen verbunden haben, um sich an einem Vergabeverfahren mit dem Ziel der Erteilung des Zuschlags auf das gemeinsame Angebot zu beteiligen. **Nicht die einzelnen Mitglieder der Bietergemeinschaft, d.h. die Gesellschafter, sondern die Bietergemeinschaft selbst ist Bewerberin oder Bieterin** (vgl. auch § 25 Nr. 6 VOB/A). Maßgeblich für die Eignung sind daher grundsätzlich die Verhältnisse bei der Bietergemeinschaft, so dass **nicht jedes ihrer Mitglieder für sich in allen Bereichen der zu vergebenden Leistungen fachkundig und leistungsfähig sein muss.** Entscheidend ist, dass die Bietergemeinschaft selbst, vermittelt durch ihre Mitglieder, insgesamt die erforderliche Fachkunde und Leistungsfähigkeit aufweist. Dies ist in der Praxis oftmals auch der Grund für die Bildung von Bietergemeinschaften, da gerade bei komplexen Auftragsvergaben nicht jedes Unternehmen über die entsprechenden Mittel verfügt, um den Auftrag allein ausführen zu können. Der Bietergemeinschaft als BGB-Gesellschaft kommt – ähnlich einer OHG – eine eigene Rechts- und Parteifähigkeit zu, so dass auch **keine Personenidentität zwischen ihr und ihren Gesellschaftern besteht**. Streng genommen müsste auch die Bietergemeinschaft im Hinblick auf die Eignungsprüfung einen Nachweis vorlegen, dass ihr die erforderlichen persönlichen und sächlichen Mittel ihrer Gesellschafter zur Verfügung stehen. Aufgrund der gesellschaftsvertraglichen Beitragspflicht (vgl. § 706 BGB) und der persönlichen Haftung der Gesellschafter für die Verbindlichkeiten der BGB-Gesellschaft (vgl. § 128 HGB analog) besteht daran jedoch grundsätzlich kein Zweifel, so dass auf einen gesonderten Nachweis verzichtet werden kann.

Im Gegensatz zu den Kriterien Leistungsfähigkeit und Fachkunde muss die **Zuverlässigkeit** bei **allen Mitgliedsunternehmen** vorhanden sein. Wenn ein Unternehmen oder eine in diesem für die Bietergemeinschaft handelnde Person unzuverlässig ist, führt dies gleichsam automatisch zur Unzuverlässigkeit der Bietergemeinschaft selbst, denn die Unzuverlässigkeit in einem Bereich kann nicht durch die Zuverlässigkeit in einem anderen Bereich aufgewogen werden (vgl. dazu OLG Düsseldorf Beschl. v. 15.12.2004 Verg 48/04 = VergabeR 2005, 207 = BauR 2005, 912 [Ls.]).

II. Vergabeart und Zeitpunkt der Eignungsprüfung

Die Aufnahme der **Eignungskriterien** in die Allgemeinregelung des § 2 VOB/A bedeutet zugleich, dass sie bei **jeder Art der öffentlichen Bauvergabe** vorliegen müssen, d.h. auch bei der Beschränkten Ausschreibung (vgl. § 8 Nr. 2 Abs. 2 VOB/A) sowie der Freihändigen Vergabe. Aus § 2 Nr. 1 S. 1 VOB/A ergibt sich weiter, dass das Vorliegen der Voraussetzungen vom Auftraggeber während des Vergabeverfahrens zu jeder Zeit geprüft werden kann. Es empfiehlt sich daher, nicht erst die Abgabe von Angeboten abzuwarten, sondern die **notwendige Prüfung bereits** vorzunehmen, wenn es um die Frage geht, **ob in Vertragsverhandlungen** mit einem bestimmten Unternehmer **eingetreten werden soll.** Dazu ist auf § 8 Nr. 3, 4 und 5 VOB/A hinzuweisen. Deshalb kann der Auftraggeber bei der Öffentlichen Ausschreibung einem Unternehmer bereits die Aushändigung der Ausschreibungsunterlagen versagen, wenn er für den Auftraggeber erkennbar den hier gestellten Anforderungen nicht genügt. Bei der öffentlichen Ausschreibung wird das Vorliegen der Eignung in der zweiten Wertungsstufe geprüft. **Eine wiederholte Berücksichtigung der Eignung in den nachfolgenden Wertungsschritten des § 25 Nr. 3 und Nr. 4 VOB/A ist grundsätzlich nicht möglich** (vgl. BGH

VOB/A § 2   Grundsätze der Vergabe

Urt. v. 8.9.1998 X ZR 109/96 = BGHZ 139, 273 = BauR 1998, 1246 = NJW 1998, 3644; OLG Düsseldorf Beschl. v. 28.5.2003 Verg 16/03 = VergabeR 2003, 586 = BauR 2003, 1784 [Ls.]).

Die in § 25 Nr. 2 Abs. 1 S. 2 VOB/A genannten persönlichen Eigenschaften unterscheiden sich inhaltlich nicht von denen des § 2 Nr. 1 S. 1 VOB/A, so dass insoweit die Eignungsprüfung nach den gleichen Maßgaben vorzunehmen ist. Bei der Beschränkten Ausschreibung und der Freihändigen Vergabe müssen die betreffenden Voraussetzungen vom Auftraggeber schon bei der Auswahl der Bewerber geprüft werden (vgl. Nr. 1.2 VHB zu § 2 VOB/A). Dies ergibt sich vor allem auch aus § 3 Nr. 3 Abs. 2a VOB/A, insbesondere aber aus §§ 8 Nr. 4 und 25 Nr. 2 Abs. 2 VOB/A.

Hinzuweisen ist insofern auf Nr. 1.3.1 VHB zu § 25 VOB/A, wo es heißt:

Fachkunde, Leistungsfähigkeit und Zuverlässigkeit der Bieter sind bei
– Öffentlicher Ausschreibung im Rahmen der Wertung der Angebote,
– Beschränkter Ausschreibung und Freihändiger Vergabe bereits vor Aufforderung zur Angebotsabgabe anhand der zu diesem Zeitpunkt vorliegenden Informationen zu prüfen.
(...)
Wenn bei Beschränkter Ausschreibung und Freihändiger Vergabe nach der Aufforderung zur Angebotsabgabe Umstände bekannt geworden sind, die Zweifel an der Fachkunde, Leistungsfähigkeit und Zuverlässigkeit des Bieters begründen, sind sie bei der Wertung zu berücksichtigen; siehe auch Richtlinie zu § 2 VOB/A.
Die Eignung ist bezogen auf die jeweils geforderte Leistung unabhängig von der Höhe des Angebotspreises zu beurteilen.
Für die Beurteilung sind die nach § 8 Nr. 3 VOB/A geforderten Nachweise heranzuziehen.

13   Der Zeitpunkt der vorzunehmenden Prüfung macht im Übrigen deutlich, dass die Eignung nicht anhand des Angebotsinhaltes zu bestimmen ist, **sondern sich diese ausschließlich nach den persönlichen Verhältnissen des Unternehmers oder des Unternehmens richtet.** Die Beurteilung der Eignung ist aber kein Selbstzweck, sondern hat sich allein an den Voraussetzungen zu orientieren, deren Erfüllung für die einwandfreie Ausführung der nachgefragten Bauleistung notwendig ist.

Auch wenn die Eignungsprüfung und die eigentliche Angebotsbewertung unterschiedliche Zwecke verfolgen und die Eignungskriterien grundsätzlich nicht erneut zur Bestimmung des wirtschaftlichsten Angebotes herangezogen werden dürfen, also »kein Mehr an Eignung« berücksichtigt werden darf (vgl. OLG Düsseldorf Beschl. v. 29.10.2003 Verg 43/03 = VergabeR 2004, 100 = BauR 2004, 566 [Ls.]), ist abhängig von den Umständen des Einzelfalls nicht ausgeschlossen, dass im Rahmen der Eignung zu prüfende Merkmale auch Einfluss auf die eigentliche Wertung der Angebote haben können, insbesondere wenn Eignungskriterien zum »Gegenstand« des eigentlichen Angebotes gemacht werden oder diese sonst einen engen Bezug zu der zu vergebenden Leistung aufweisen. Eine strikte Trennung, wie vom BGH in seiner Grundsatzentscheidung vom 8.9.1998 (BGH Urt. v. 8.9.1998 X ZR 109/96 = BGHZ 139, 273 = BauR 1998, 1246 = NJW 1998, 3644) gefordert, ist in der Praxis insoweit also nicht immer durchführbar (vgl. dazu – allerdings für ein Verfahren nach der VOL/A – auch OLG Düsseldorf Beschl. v. 23.7.2003 Verg 24/03, VII-Verg 24/03 = IBR 2003, 621 [Ls.] sowie Beschl. v. 25.2.2004 Verg 77/03 = VergabeR 2004, 537 mit Anm. *Leinemann* = BauR 2004, 1506 [Ls.] = ZfBR 2004, 506). Der Rechtsprechung des BGH ist, dem Vorschlag von Gröning (NZBau 2003, 86, 90 f.) folgend, dadurch Rechnung zu tragen, dass diejenigen Eignungskriterien, die nach Auffassung des Auftraggebers zusätzlich bei der Wertung Berücksichtigung finden sollen, in der Bekanntmachung oder den Verdingungsunterlagen als solche angegeben werden.

14   Die verlangten Eigenschaften sind nicht nur bloße »Programmsätze« ohne jegliche rechtliche Bedeutung. Grundsätzlich steht zwar jedem frei, die Auswahl des Verhandlungspartners und späteren Vertragspartners nach eigener Entschließung zu treffen. Bei Anwendung der VOB/A ist der **Auftraggeber jedoch verpflichtet, einen geeigneten Unternehmer auszuwählen**. Hält er sich nicht an diese selbst gesetzte Vorgabe, macht er sich gegenüber den geeigneten aber nicht berücksichtigten Unternehmern unter dem Gesichtspunkt der culpa in contrahendo nach §§ 280 Abs. 1, 311 Abs. 2 Nr. 1 i.V.m. § 241 Abs. 2 BGB u.U. schadensersatzpflichtig.

Kommt es zum Vertragsschluss mit einem nicht geeigneten Unternehmer, so gilt Folgendes: Bei § 2 Nr. 1 S. 1 VOB/A handelt es sich vornehmlich um eine **Schutzvorschrift zugunsten des Auftraggebers** mit dem Sinn, sich **von vornherein** mit keinem Unternehmer einzulassen, der schon den allgemeinen Anforderungen an eine ordnungsgemäße Bauleistung nicht genügt. Wenn ein solcher Unternehmer aber dennoch ein Angebot abgibt, handelt er auf eigenes Risiko. Andererseits wird man einem Auftraggeber, der einem solchen Unternehmer den Zuschlag erteilt, im Falle der Entstehung eines Schadens je nach Lage des Einzelfalles ein **Mitverschulden nach dem in § 254 BGB** niedergelegten allgemeingültigen Rechtsgedanken zurechnen müssen. Ist der Auftraggeber aus personellen oder sonstigen Gründen selbst nicht in der Lage, die hier gebotenen Prüfungen anzustellen, entlastet ihn dies nicht; er hat nämlich die zumutbare Möglichkeit, die erforderlichen Nachprüfungen durch einen sachverständigen Dritten – z.B. einen Sachverständigen, vgl. § 7 VOB/A – vornehmen zu lassen.

Das Vorliegen so genannter **Bietungssicherheiten** insbesondere **Bietungsbürgschaften** (vgl. dazu **15** *Korbion* FS Heiermann S. 217 ff.; auch *Heiermann* BB 1977, 1575, 1578) entbindet den Auftraggeber grundsätzlich nicht von der hier gebotenen Prüfung, wenn sie ihm auch erleichtert sein mag. Bietungssicherheiten wie Bietungsbürgschaften sollen jedoch nur ausnahmsweise gefordert werden, wie z.B. bei völlig unbekannten Bietern im Rahmen Öffentlicher Ausschreibungen oder zur Ausräumung von Zweifeln an der finanziellen Leistungsfähigkeit, wobei diese Sicherheit dann mit den übrigen Eignungsnachweisen vorzulegen ist. Vor dem Verlangen nach Bietungsbürgschaften ist zudem zu berücksichtigen, dass sie das Recht des Bieters, sein Angebot innerhalb der Angebotsfrist wieder zurückzunehmen (vgl. § 18 Nr. 3 VOB/A), erheblich einschränken oder – in Abhängigkeit von der Höhe der möglichen Inanspruchnahme – praktisch ausschließen.

III. Eignungskriterien

Die Forderung, dass Bauleistungen an **fachkundige** und **zuverlässige Unternehmer** zu vergeben **16** sind, verlangt zwei Eigenschaften, die aus dem persönlichen Bereich des Bewerbers selbst kommen müssen. Soweit Bewerber nicht natürliche, sondern **juristische Personen** sind, kommt es auf die für das betreffende Unternehmen Verantwortlichen, also auf die Personen, die das Unternehmen leiten, sowie in gleicher Weise – u.U. sogar vorrangig – auf diejenigen Personen an, die im Zusammenhang mit den Bauleistungen maßgebliche Aufgaben – insbesondere auch im Bereich der Aufsicht – zu versehen haben, wie z.B. kaufmännische und technische Leiter, Abteilungsleiter, Bauleiter, Poliere, Meister.

1. Fachkunde

Unter »**fachkundig**« versteht man einen Bewerber, der nicht nur notwendige, sondern **umfassende** **17** **betriebsbezogene Kenntnisse** auf dem **speziellen Sachgebiet** hat, mit dem der zu vergebende Auftrag **objektbezogen** im Zusammenhang steht. Die **Kenntnisse müssen** den heute **allgemein anerkannten Regeln der Bautechnik entsprechen**. Für die Fachkunde gilt es nicht als unbedingte Voraussetzung, dass diese auf dem üblichen Ausbildungsweg erworben worden ist. Jedoch muss man die **Eintragung in das Berufsregister** am Sitz oder Wohnort des Bewerbers verlangen (vgl. § 8 Nr. 3 Abs. 1 lit. f VOB/A), insbesondere auch im Hinblick auf das **Gesetz zur Bekämpfung der Schwarzarbeit und illegalen Beschäftigung vom 23.7.2004 – Schwarzarbeitsbekämpfungsgesetz – SchwarzArbG** (BGBl. I S. 1842, zuletzt geändert durch das Gesetz zur Umsetzung des Urteils des Bundesverfassungsgerichts v. 3.3.2004 zur akustischen Wohnraumüberwachung v. 24.6.2005 BGBl. I S. 1841, 1846). Nicht besonders zu erwähnen ist, dass eine Bauvergabe nach der VOB nicht an einen so genannten Schwarzarbeiter erfolgen darf (zu den Rechtsfolgen der Schwarzarbeit siehe unter § 4 VOB/B).

Zur Fachkunde gehört auch, dass der Unternehmer die für seine berufliche Tätigkeit maßgebenden rechtlichen Bestimmungen, nicht zuletzt auch die Unfallverhütungsvorschriften, kennt (vgl. § 4 Nr. 2 VOB/B). Für den Fall einer Weitergabe von Leistungen an Nachunternehmer muss der Betreffende zur Steuerung, Organisation und Überwachung in der Lage sein.

Dies kommt auch in Nr. 1.3.3 des VHB zu § 25 VOB/A wie folgt zum Ausdruck:

Die Eignung des Bieters hängt auch davon ab, in welchem Umfang er Leistungen an Nachunternehmer übertragen will.
Nach § 4 Nr. 8 VOB/B hat der Auftragnehmer die Leistungen, auf die sein Betrieb eingerichtet ist, grundsätzlich selbst auszuführen.
Der Bieter ist nach Nr. 6 der Bewerbungsbedingungen – EVM (B) BwB/E – 212 verpflichtet, Art und Umfang der Leistungen anzugeben, die er an Nachunternehmer zu vergeben beabsichtigt.
Ergibt sich aus den Erklärungen in Nr. 5 des Angebotsschreibens – EVM (B) Ang – 213, dass der Bieter Leistungen, auf die sein Betrieb eingerichtet ist, an Nachunternehmer übertragen will, ist zu prüfen, ob
– dadurch die für die Ausführung erforderliche Fachkunde, Leistungsfähigkeit und Zuverlässigkeit des Unternehmers beeinträchtigt wird und
– er wirtschaftlich, technisch und organisatorisch die Gewähr für ordnungsgemäße Vertragserfüllung, insbesondere für einwandfreie Koordinierung und Aufsicht bietet.

18 Wenn auch ein üblicher Ausbildungsweg nicht Voraussetzung für die Annahme der Fachkunde ist, so ist er doch ein sehr weit gehendes **Indiz,** um diese als gegeben anzusehen (vgl. dazu die Verordnung über die Berufsausbildung in der Bauwirtschaft v. 2.6.1999 BGBl. I S. 1102, zuletzt geändert durch die erste Verordnung zur Änderung der Verordnung über die Berufsausbildung in der Bauwirtschaft v. 2.4.2004 BGBl. I S. 522). Der Auftraggeber darf sich andererseits aber auf eine solche Voraussetzung allein nicht verlassen. Wenn z.B. ein von einem Bauingenieur geleitetes Unternehmen dadurch bekannt geworden ist, dass bereits zum dritten Male eine Decke infolge technisch verfehlter Bauausführung grob fehlerhaft ausgeführt oder gar eingestürzt ist, wird man diesen Bauingenieur nicht mehr für fachkundig halten können. Wer ihm dennoch in Kenntnis dieses Umstandes einen Auftrag erteilt, wird sich darauf einrichten müssen, dass ihm auf jeden Fall ein **Mitverschulden nach § 254 BGB** bei der Entstehung eines Schadens entgegengehalten werden wird. Daraus folgt aber nicht ohne weiteres, der betreffende Bewerber müsse generell nachweisen, dass er in der Vergangenheit fortlaufend bereits Bauleistungen bestimmter Art und Größe erbracht hat. Vielmehr kommt es auf die Kenntnisse an, die im Hinblick auf eine einwandfreie Ausführung erforderlich sind, um die **im Einzelfall geforderte Leistung nach ihrer Art und nach ihrem jeweiligen Umfang zu erbringen.** Insoweit kommt es also auf das konkrete Bauvorhaben an. **Das Verlangen eines Nachweises,** dass bereits **vergleichbare (nicht: gleiche) Bauleistungen** der Art und der Größe nach erbracht worden sind, etwa durch Angabe von Referenzobjekten, **ist grundsätzlich zulässig.** Nicht übersehen werden darf jedoch, dass dadurch Berufsanfängern oder bislang in anderen Bereichen (beispielsweise im Hoch- statt im Tiefbau) tätigen Unternehmern (so genannte **Newcomer**) der Marktzugang erschwert wird, weil sie aufgrund dieser Vorgabe kaum in der Lage sind, sich an einem Vergabeverfahren zu beteiligen bzw. den Zuschlag zu erhalten. Deshalb ist nicht bei jedem Bauvorhaben ein solcher Nachweis erforderlich und zulässig, sondern nur dann, wenn wegen der Art der nachgefragten Bauleistungen ein **legitimes Interesse** des Auftraggebers an diesen Informationen besteht, um die Eignung prüfen zu können (vgl. OLG Düsseldorf Beschl. v. 19.2.2002 Verg 33/01 = VergabeR 2003, 111 = BauR 2003, 433 [Ls.] und Beschl. v. 2.1.2006 Verg 93/05 und Beschl. v. 5.10.2005 Verg 55/05 = IBR 2006, 1146). Dies dürfte grundsätzlich nur dann in Betracht kommen, wenn die geforderte Baumaßnahme spezielle und besondere Erfahrungen voraussetzt (vgl. OLG Celle Beschl. v. 8.5.2002 13 Verg 5/02 = IBR 2003, 93) oder wenn bei einer unsachgemäßen und nicht fachgerechten Ausführung über den Normalfall hinausgehende Schäden oder Gefahren zu befürchten sind. Denn zu bedenken ist, dass einer **großzügigen Zulassung des Erfordernisses »vergleichbare Leistungen« eine unerwünschte und grundsätzlich zu vermeidende Einengung des Wettbewerbs die Folge ist**, da Unternehmen vom Wettbewerb ferngehalten werden, die an sich die notwendige Gewähr bieten, dass sie die nachgefragten Bauleistungen einwandfrei ausführen.

Die Frage der Fachkunde muss nicht unbedingt auf die Person des Firmeninhabers bzw. persönlich haftenden Gesellschafters, Vorstandsmitgliedes usw. ausgerichtet sein. Vielmehr kommt es bei mittleren oder großen Firmen weitgehend auf **das technische sowie kaufmännische und das sonstige Führungspersonal** (z.B. Meister, Poliere) an, soweit diesem eine verantwortliche Tätigkeit bei dem zur Ausführung anstehenden Bauvorhaben zukommen wird. Maßgebend ist dabei eine Gesamtwertung, wobei allerdings einzelne, etwa nicht hinreichend fachkundige Personen, die bei dem zu vergebenden Auftrag maßgebliche Funktionen auszuüben haben, letztlich durchaus den Ausschlag hinsichtlich des für den Bereich der Fachkunde zu findenden Ergebnisses geben können (insoweit zu eng *Heiermann/Riedl/Rusam* § 2 VOB/A Rn. 5). **19**

Dem Gesagten entspricht auch Nr. 1.3.2 VHB zu § 25 VOB/A, wo es heißt:

Fachkundig ist der Bieter, der über die für die Vorbereitung und Ausführung der jeweiligen Leistung notwendigen technischen Kenntnisse verfügt. Bei schwierigen Leistungen wird in der Regel zu fordern sein, dass der Bieter bereits nach Art und Umfang vergleichbare Leistungen ausgeführt hat.

2. Zuverlässigkeit

Zuverlässig ist ein Bewerber, wenn er in seiner Person und seinem allgemeinen Verhalten im täglichen Berufsleben die Gewähr dafür bietet, in der notwendigen **sorgfältigen Weise** die verlangte Bauleistung zu erbringen. Hierzu gehören u.a. Pünktlichkeit in der Aufnahme, der Durchführung und der Beendigung der Arbeit, Befolgung der anerkannten Regeln der Bautechnik, Erfüllung der Pflichten der Mängelhaftung wie auch Sorgfalt bei früherer Angebotsbearbeitung, wie z.B. ordnungsgemäße Kalkulation ohne spätere unbegründete Nachforderungen, keine Fehler bei oder Änderungen an ursprünglichen Eintragungen usw. **20**

Unzuverlässigkeit kann bei Spekulationspreisen vorliegen, d.h. wenn ein Bieter Fehler im Leistungsverzeichnis wie insbesondere unrichtige Mengenangaben erkennt, den Auftraggeber darüber aber nicht informiert, weil er sich mit einem – auf den ersten Blick – niedrigen Preis zu Lasten seiner Konkurrenten eine günstige Wettbewerbsposition verschaffen möchte, um dann im Auftragsfall den Auftraggeber über die zu seinem Vorteil ausgerichtete Kalkulation zu übervorteilen (vgl. OLG Brandenburg Beschl. v. 13.9.2005 Verg W 9/05 = VergabeR 2005, 770 = BauR 2006, 160 [Ls.] = NZBau 2006, 126). Gleichfalls als unzuverlässig ist ein Unternehmer anzusehen, der eine unvollständige Leistungsbeschreibung gezielt ausnutzt, um darauf später Nachforderungen stützen zu können (vgl. etwa OLG Celle Beschl. v. 8.11.2001 13 Verg 12/01 = VergabeR 2002, 176 = BauR 2002, 683 [Ls.]). Auf Unzuverlässigkeit kann ferner geschlossen werden, wenn sich der Bieter unerlaubter oder auch unsachlicher Mittel bedient, um den Auftrag zu erhalten. Dies trifft z.B. bei einem Bieter zu, der bei einer Ausschreibung nach der VOB/A seine Angebotspreise in zwei Losen durch bewusste Additionsfehler vorsätzlich erhöht, weshalb dann sein Angebot nicht berücksichtigt zu werden braucht (BGH Urt. v. 14.10.1993 VII ZR 96/92 = BauR 1994, 98 = MDR 1994, 168 = SFH § 25 VOB/A Nr. 6 = NJW-RR 1994, 284 = LM VOB/A Nr. 14 = ZfBR 1994, 69). Als unzuverlässig kann ein Unternehmer auch dann gelten, wenn er während des Vergabeverfahrens wesentliche Betriebsteile, die für die Beurteilung der Eignung insbesondere der Leistungsfähigkeit maßgeblich sind, veräußert, ohne dies dem Auftraggeber mitzuteilen (vgl. OLG Düsseldorf Beschl. v. 15.12.2004 Verg 48/04 = VergabeR 2005, 207 = BauR 2005, 912 [Ls.]) oder wenn er bei einem vorherigen Auftrag vertragswidrig und ohne Zustimmung des Auftraggebers Nachunternehmer einsetzte und damit gegen das Gebot der Selbstausführung verstieß (vgl. OLG Düsseldorf Beschl. v. 10.12.2001 Verg 41/01 = VergabeR 2002, 278).

Zur Zuverlässigkeit wird man bei bereits länger im einschlägigen Beruf Tätigen ein gewisses Maß an **Erfahrung** auf dem Gebiet der verlangten Bauleistung voraussetzen müssen. Die Zuverlässigkeit fehlt grundsätzlich, wenn ein Bewerber illegale Arbeitskräfte beschäftigt. Abgestellt auf die hier maßgebende bauberufliche Tätigkeit, kann dabei die Regelung des § 35 GewO von Bedeutung sein. Für die Frage der Zuverlässigkeit ist im Allgemeinen auf das **Verhalten des Unternehmers gegenwärtig und in der Vergangenheit** abzustellen, wobei nicht zuletzt auch etwaige Ausschlussgründe nach § 8 Nr. 5 Abs. 1 VOB/A eine wesentliche Rolle spielen werden. Als unzuverlässig kann auch ein Unternehmer gelten, der bei der Ausführung eines früheren Auftrages aus alleinigem Fehlverhalten die Bauzeit deutlich überschritten hat. Gleiches kann sein, wenn der betreffende Unternehmer den Auftraggeber unberechtigt (objektiv gesehen) und laufend mit Nachtragsforderungen überzieht. Allein die Tatsache, dass zwischen dem Auftraggeber und dem betreffenden Bewerber ein Zivilrechtsstreit wegen eines anderen Bauauftrages in der Vergangenheit geführt wurde oder ein solcher zum Zeitpunkt des Vergabeverfahrens noch anhängig ist, ist jedoch kein Grund, die Zuverlässigkeit zu verneinen.

Maßstab für die Zuverlässigkeit ist immer der Rahmen der im konkreten Fall verlangten Bauaufgabe.

Im Einklang damit steht auch Nr. 1.3.2 VHB zu § 25 VOB/A:

Zuverlässig ist ein Bieter, der seinen gesetzlichen Verpflichtungen – auch zur Entrichtung von Steuern und sonstigen Abgaben – nachgekommen ist und der aufgrund der Erfüllung früherer Verträge eine einwandfreie Ausführung einschließlich Erfüllung der Mängelansprüche erwarten lässt. Zuverlässigkeit ist nicht gegeben bei Bietern, bei denen einer der in § 8 Nr. 5 Abs. 1 VOB/A genannten Gründe vorliegt.

3. Leistungsfähigkeit

21 Der Begriff der »**Leistungsfähigkeit**« spricht mehr die **sachlichen Voraussetzungen** des Unternehmers an und unterscheidet sich insoweit von der Begriffen der Fachkunde und Zuverlässigkeit. Darunter fällt zunächst der **Betrieb** des Bewerbers selbst, insbesondere sein **Umfang und** seine **Ausstattung,** und zwar im Hinblick darauf, ob seine Kapazität ausreicht, den konkret zu vergebenden Auftrag ohne Schwierigkeiten auszuführen. **Die Leistungsfähigkeit muss grundsätzlich sowohl in kaufmännischer wie auch in technischer Hinsicht gegeben sein.** Ein **kaufmännisch** mit den üblichen Wirtschaftsunterlagen und Einrichtungen nicht oder nicht hinreichend versehener Betrieb wird in der Regel nicht als leistungsfähig gelten können. Dasselbe trifft zu, wenn die Bücher oder sonstigen erforderlichen Geschäftsunterlagen nicht auf dem Laufenden gehalten und vernachlässigt werden. Ein Unternehmer, der genötigt ist, einen Teil der ihm aus einer Bauleistung zukommenden Vergütung sogleich an seine Gläubiger abzutreten, kann im Allgemeinen bei seinem Auftraggeber nicht das Ansehen eines solventen Geschäftsmannes gewinnen.

In **technischer Hinsicht** zeichnet sich die Leistungsfähigkeit eines Bewerbers in der Ausstattung seines Betriebes mit einem Mindestmaß eigener Maschinen, sonstigen Baugeräten, Handwerkszeug sowie auch mit üblichen Materialien ab. Ausreichend dafür wäre auch, wenn der Bewerber die erforderliche Ausstattung jederzeit und ohne Schwierigkeiten durch sofortigen Zugriff im Wege der Anmietung oder im Bereich eines Gerätepools mit der Möglichkeit einer etwa notwendigen Reparatur sicherstellen kann. Zum Nachweis der technischen Ausrüstung wird in der Praxis häufig die Vorlage einer **Geräteliste** verlangt. Der Bewerber oder Bieter wird grundsätzlich von sich aus, d.h. auch ohne ausdrückliche Vorgabe des Auftraggebers, anzugeben haben, ob es sich um eigene oder fremde Geräte handelt. In der Abgabe der Geräteliste ist die stillschweigende Erklärung enthalten, dass die darin aufgeführten Gerätschaften zur Auftragsdurchführung auch uneingeschränkt zur Verfügung stehen. Bei fremden, insbesondere nicht allgemein gebräuchlichen, teuren und technisch aufwändigen Geräten wird sich – auch wenn dies nicht besonders verlangt wurde – der Bewerber oder Bieter gleichzeitig zur Verfügbarkeit des zur Bedienung erforderlichen Personals plausibel erklären müssen (so OLG Düsseldorf Beschl. v. 25.2.2004 Verg 77/03 = VergabeR 2004, 537 = BauR 2004, 1506 [Ls.];

a.A. OLG Bremen Beschl. v. 24.5.2006 – Verg 1/2006). Wie beim Einsatz von Nachunternehmern (vgl. oben Rn. 5) wird man auch ohne ein ausdrückliches Verlangen des Auftraggebers eine Verpflichtung des Bewerbers oder Bieters annehmen müssen, bereits mit der Bewerbung oder dem Angebot einen Mietvertrag oder eine sonstige rechtsverbindliche Zusage eines Dritten über die Verfügbarkeit dieser Maschinen vorzulegen.

Des Weiteren ist sowohl auf der kaufmännischen wie insbesondere auf der technischen Seite der **Personalbestand** des Unternehmers von wesentlicher Bedeutung. Dabei notwendige Voraussetzung ist im Allgemeinen ein gewisser Stamm an gelernten Kräften, wie z.B. Gesellen oder Facharbeitern. Wer nur mit Auszubildenden und Ungelernten oder Aushilfskräften einen Baubetrieb betreibt, sollte nicht damit rechnen können, auf der Grundlage der VOB einen Bauauftrag zu erhalten. Andererseits muss aber auch ein »Übermaß« an Personaleinsatz vermieden werden; so geht es nicht an, für eine Arbeit, die von einem durchschnittlichen Facharbeiter ausgeführt werden könnte, einen Meister mit einem entsprechenden höheren Lohn einzusetzen, vor allem bei Stundenlohnarbeiten.

Schließlich gehört zur Leistungsfähigkeit eines Betriebes auch seine **finanzielle Zuverlässigkeit.** Damit ist ein gewisser Bestand nicht nur an sonstigem Vermögen, sondern besonders auch an sofort verfügbaren Mitteln gemeint, um den laufenden Verpflichtungen zur ordnungsgemäßen Weiterführung des Betriebes, wie Zahlung von Löhnen, Gehältern, öffentlichen Abgaben usw., aber auch den Einkauf notwendiger Materialien, nachkommen zu können.

Insofern heißt es zutreffend in Nr. 1.3.2 VHB zu § 25 VOB/A u.a.:

Leistungsfähig ist der Bieter, der über das für die fach- und fristgerechte Ausführung notwendige Personal und Gerät verfügt und die Erfüllung seiner Verbindlichkeiten erwarten lässt.

Gleichfalls dem Kriterium der Leistungsfähigkeit zuzuordnen sind personen- oder leistungsbezogene **rechtliche** Anforderungen, die der Bewerber oder Bieter zu erfüllen hat, um die Leistungen ausführen zu können. Hierher gehören etwa behördliche Zulassungen, Patentrechte, Lizenzen u.ä.

IV. Nachweis und Entscheidung

Über die Eigenschaften der Fachkunde, Zuverlässigkeit und Leistungsfähigkeit **entscheidet der Auftraggeber nach pflichtgemäßem Ermessen** und zwar nach sorgfältiger Prüfung der ihm von dem betreffenden Bewerber übergebenen Unterlagen, der ihm vorliegenden Informationen oder sonstiger Kenntnisse und der von ihm ggf. selbst eingeholten Auskünfte etwa bei den Auftragsberatungsstellen, Industrie- und Handelskammern usw. Wichtig ist, dass der **Auftraggeber selbst** und nicht von ihm hinzugezogene Hilfspersonen wie externe Berater oder Ingenieurbüros **die abschließende Entscheidung über die Eignung treffen**. Wenn der Auftraggeber Dritte mit der Vorbereitung und Durchführung des Vergabeverfahrens beauftragt, muss er sich zumindest mit den Arbeitsergebnissen inhaltlich befassen und auseinandersetzen, denn nur so ist er in der Lage, eine eigenverantwortliche Einscheidung zu treffen (vgl. zu dieser Problematik OLG München Beschl. v. 15.7.2005 Verg 14/05 = VergabeR 2005, 799 = BauR 2006, 161 [Ls.]). Sind zur Feststellung der Eignung schwierige technische oder auch rechtliche Fragen zu klären, kann der Auftraggeber diese nicht offen lassen, sondern muss ggf. Sachverständige hinzuziehen (vgl. § 7 VOB/A; näher dazu auch OLG Düsseldorf Beschl. v. 21.2.2005 Verg 91/04 = NZBau 2006, 266 [Ls.]). 22

Zum Nachweis der Eignung dürfen von den Bewerbern oder Bietern grundsätzlich nur die in § 8 Nr. 3 VOB/A genannten Angaben gefordert werden.

Stellt der Auftraggeber die Eignung abschließend fest, ist er für den weiteren Fortgang des Vergabeverfahrens **an seine Entscheidung grundsätzlich gebunden und kann diese im Nachhinein nicht mehr ändern** (vgl. dazu KG Beschl. v. 18.7.2002 2 Kart Verg 4/02 = VergabeR 2003, 78 = BauR 2003, 436 [Ls.] sowie die Grundsatzentscheidung des BGH Urt. v. 8.9.1998 X ZR 109/96 = 23

BauR 1998, 1246 = NJW 1998, 3644 ff., wonach bei der eigentlichen Wertung der Angebote i.S.d. § 25 Nr. 3 VOB/A eine vergleichende Bewertung der Eignungskriterien nicht mehr zulässig ist). **Dies gilt nicht, wenn dem Auftraggeber neue oder für ihn neue Umstände oder Vorgänge bekannt werden, die geeignet sind, die Eignung des Bieters entweder in Frage zu stellen oder unter Umständen auch wiederherzustellen.** Für diesen Fall ist der Auftraggeber verpflichtet, die Eignungsprüfung unter Berücksichtigung dieses neuen Sachverhaltes zu wiederholen. Um **für den Auftraggeber neue Tatsachen** handelt es sich dann, wenn sich diese erst nachträglich ereignet haben oder er diese bei pflichtgemäßer Eignungsprüfung nicht erkennen konnte. Entscheidend kommt es dabei auf die Kenntnis der mit der Vorbereitung und Durchführung des Vergabeverfahrens befassten Mitarbeiter des Auftraggebers an. Eine Wissenszurechnung anderer Mitarbeiter, Abteilungen oder Stellen des Auftraggebers dürfte insoweit nicht in Betracht kommen.

Darüber hinaus **müssen** – insbesondere im Hinblick auf Mitbewerber – auch **solche Umstände,** die der Auftraggeber nicht erkannt hat, aber **bei pflichtgemäßer Prüfung hätte erkennen können, nachträglich noch berücksichtigt werden,** wenn dadurch die vorhergehende Entscheidung des Auftraggebers, d.h. die Bejahung der Eignung sich nicht mehr im Rahmen eines dem Auftraggeber grundsätzlich eingeräumten Beurteilungs- und Wertungsspielraumes halten würde (vgl. auch OLG Düsseldorf Beschl. v. 28.5.2003 Verg 16/03 = VergabeR 2003, 586 = BauR 2003, 1784 [Ls.]).

Gleiches gilt für den Fall, dass die **Eignung vom Auftraggeber zu Unrecht bejaht wurde**, obwohl die von ihm in zulässiger Weise geforderten Erklärungen oder Nachweise nicht oder nicht vollständig beigebracht worden sind und **eine Feststellung der Eignung dem Auftraggeber nach den von ihm selbst gesetzten Bedingungen im Grunde überhaupt nicht möglich war** (vgl. dazu etwa OLG Schleswig Beschl. v. 22.5.2006 1 Verg 5/06 = ZfBR 2006, 607).

Die maßgeblichen Schritte und eine – wenigstens stichwortartige – Begründung des Ergebnisses der Eignungsprüfung hat der Auftraggeber **zum Zweck einer ordnungsgemäßen Dokumentation in einem von ihm unterschriebenen Vergabevermerk niederzulegen.**

C. Vergabe zu angemessenen Preisen (Nr. 1 S. 1)

24 In der Forderung in § 2 Nr. 1 S. 1 VOB/A, dass die Bauleistungen zu **angemessenen Preisen** zu vergeben sind, kommt insbesondere für den Bereich der öffentlichen Auftragsvergaben einerseits der Grundgedanke einer sparsamen und effektiven Verwendung von Geldern zum Ausdruck und andererseits wird auf die gerade dem öffentlichen Auftraggeber auferlegte Verpflichtung hingewiesen, trotz oder wegen seiner Nachfragemacht die Angemessenheit der Preise im Auge zu behalten. Des Weiteren wird deutlich, dass bei der Vergabeentscheidung der Preis ein wesentlicher und wichtiger Gesichtspunkt bleibt, auch wenn bei der Wertung der Angebote nicht unbedingt das preislich günstigste zum Zuge kommen muss (vgl. § 25 Nr. 3 Abs. 3 VOB/A).

I. Begriff des Preises

25 Die VOB gebraucht den Begriff des »Preises«, worunter man im Allgemeinen **die Vergütung des Auftragnehmers** in Geld versteht. Sie verlangt dies aber nicht. Es ist durchaus möglich, einen Bauvertrag abzuschließen mit der Bestimmung, dass die vom Auftraggeber zu erbringende **Gegenleistung** ganz oder zum Teil **nicht in Geld,** sondern in einer anderen Art erbracht werden soll. Denkbar sind z.B. Naturalien, Materialien, die Verrechnung mit Gegenforderungen, das Recht auf Nutzung der baulichen Anlage wie etwa durch die Einräumung einer Baukonzession (vgl. dazu § 32 VOB/A) oder anderen Verwertungsmöglichkeiten für Marketing oder Werbemaßnahmen. Auch dies fällt unter den Begriff des »Preises« im weiteren Sinn, wie er in Nr. 1 S. 1 gemeint ist. Für die Bewertung

dieser Formen des Entgelts ist der angemessene Geldwert zu ermitteln, der sich bei Fehlen konkreter Anhaltspunkte nach den gegenwärtigen Marktverhältnissen richtet.

II. Angemessenheit des Preises

1. Unterschiede zwischen Werkvertragsrecht und VOB

Die grundlegende Forderung der VOB geht dahin, für die Bauleistung einen **Preis** zu vereinbaren, der als **angemessen** zu gelten hat. **26**

Das **Werkvertragsrecht** des BGB kennt den Begriff des angemessenen Preises nicht. In erster Linie kommt es auf die **Parteiabrede** an, gleichgültig auf welcher Basis diese beruht, § 631 Abs. 1 BGB. Für den Fall, dass die Vereinbarung einer Vergütung fehlt, kommt, wenn die Herstellung des Werkes den Umständen nach nur gegen Entgelt zu erwarten ist, nach der gesetzlichen Regelung zunächst die **taxmäßige Vergütung** in Betracht, § 632 Abs. 1 und 2 BGB. Eine solche scheidet jedoch allgemein für Bauverträge aus, da es für die Vergütung bei Bauleistungen grundsätzlich keine Taxen in dem vom Gesetz verstandenen Sinne (festgesetzte Tarife, gesetzliche Gebührenvorschriften usw.) gibt. Vielmehr ist hier **wesentlich** auf die in § 632 Abs. 2 BGB an zweiter Stelle genannte **übliche Vergütung** abzustellen. **Üblichkeit der Vergütung bedeutet allgemeine Verkehrsgeltung in den beteiligten Kreisen am Ort der Werkleistung, ohne dass sie den Beteiligten bekannt sein muss** (vgl. BGH Urt. v. 26.10.2000 VII ZR 239/98 = BauR 2001, 249 = NJW 2001, 151 = ZfBR 2001, 104). Im Letzteren liegt zugleich ein objektives Element, indem auf die **allgemein anerkannte Marktgeltung** abgestellt ist, die allerdings wiederum durch die Anschauung der am Markt Beteiligten subjektiv beeinflusst wird. Im Unterschied zur Taxe wird hier jedoch die **Üblichkeit nicht nur von der anbietenden Unternehmerseite, sondern gleichermaßen von der nachfragenden Auftraggeberseite bestimmt,** so dass letztlich ein **objektiviertes subjektives Moment** den **Ausschlag** bei der Festlegung der Üblichkeit **gibt.**

Die **VOB** gebraucht keinen der vorerwähnten Preisbegriffe. Vielmehr **geht sie vom angemessenen Preis aus.** Jedoch wird der Begriff des angemessenen Preises **weitgehend mit dem des üblichen Preises** in § 632 Abs. 2 BGB **zu identifizieren** sein (auch *Werner/Pastor/Müller* S. 70). Auch hier handelt es sich letztlich um den Preis, der **Marktgeltung besitzt,** der also **marktüblich ist,** was für die ordnungsgemäße Vergabe der Bauleistung ausschlaggebend sein muss (vgl. § 25 VOB/A). Wesentlich ist jedoch, dass durch den Begriff des »angemessenen Preises« die **Objektivität in der Bewertung deutlicher herausgestellt** wird, wodurch die Marktbeteiligten im Bauwesen sowohl auf der Auftraggeber- als auch der Auftragnehmerseite mit Nachdruck angehalten werden, **sich nicht allein von ihrer subjektiven Anschauung über die Preisgerechtigkeit** leiten zu lassen, sondern von den am Ort der Bauausführung **allgemeingültigen, anerkennenswerten Marktmaßstäben im Zeitpunkt der konkreten Bauvergabe.** Entgegen *Daub/Piel/Soergel* (ErlZ A 2.29) ist dies nichts anderes als die Bewertung nach marktmäßigen Preisbildungsprozessen; denn es muss hier für die Bewertung bei der Vergabe durch den Auftraggeber letztlich auf das vorgeschilderte objektivierende Element maßgebend ankommen. Aus dem Gesagten folgt, dass es zwar eine weitgehende, jedoch **nicht gänzliche Identität zwischen dem üblichen Preis i.S.d. § 632 BGB und dem angemessenen Preis nach der VOB** gibt (teilweise zu weitgehend *Heiermann/Riedl/Rusam* § 2 VOB/A Rn. 14 f., indem sie einerseits die Grenzen erst in den §§ 138 Abs. 2, 242 BGB sehen, andererseits bei marktüblichen Leistungen den angemessenen mit dem üblichen Preis identifizieren). **27**

2. Verhältnis objektiver und subjektiver Gesichtspunkte

Das ergibt sich auch aus § 25 Nr. 3 Abs. 3 S. 1 VOB/A: »In die engere Wahl kommen nur solche Angebote, die unter Berücksichtigung rationellen Baubetriebes und sparsamer Wirtschaftsführung eine einwandfreie Ausführung einschließlich Erfüllung der Mängelansprüche erwarten lassen.« **28**

Hierbei handelt es sich um Bewertungsmerkmale, die unabhängig von der subjektiven Anschauung der Beteiligten zunächst ausschließlich **objektiven Gesichtspunkten** (rationeller Baubetrieb, sparsame Wirtschaftsführung, einwandfreie Ausführung einschließlich Erfüllung der Mängelansprüche) unterworfen sind. Also geht die Grundforderung – auch die des § 2 Nr. 1 VOB/A – dahin, dass Bauvertragsverhandlungen und spätere Vertragsabschlüsse bei der Festlegung des Preises diese objektiv zu bewertenden Gesichtspunkte auch beachten müssen. Erst wenn diese aufgrund sorgfältiger Ermittlungen festgestellt worden sind, kommt ein **subjektives Element** bei der Suche nach der Angemessenheit des Preises hinzu. Dieses findet sich in § 25 Nr. 3 Abs. 3 S. 2 und 3 VOB/A. Dort ist gesagt, dass demjenigen Angebot der Zuschlag erteilt werden soll, welches unter Berücksichtigung aller Gesichtspunkte, wie z.B. Qualität, Preis, technischer Wert, Ästhetik, Zweckmäßigkeit, Umwelteigenschaften, Betriebs- und Folgekosten, Rentabilität, Kundendienst und technische Hilfe oder Ausführungsfrist als das **wirtschaftlichste** erscheint. **Der niedrigste Angebotspreis allein ist – wie dies § 25 Nr. 3 Abs. 3 S. 3 VOB/A ausdrücklich besagt – nicht entscheidend**. Andererseits kommt darin zugleich zum Ausdruck, dass **der Preis ein wichtiges und entscheidendes Merkmal im Rahmen der Angebotswertung bleibt,** ihm also nicht eine nur untergeordnete oder nebensächliche Bedeutung beigemessen werden darf (vgl. OLG Düsseldorf Beschl. v. 29.12.2001 Verg 22/01 = VergabeR 2002, 267, 274 f. = NZBau 2002, 578 und OLG Dresden Beschl. v. 5.1.2001 WVerg 0011/00, WVerg 0012/00 = VergabeR 2001, 41, 44 = BauR 2001, 690 [Ls.] = NZBau 2001, 459). Der Preis ist daher dann das ausschlaggebende Zuschlagskriterium, wenn die Angebote im Übrigen gleichwertig sind (so ausdrücklich BGH Urt. v. 26.10.1999 X ZR 30/98 = BauR 2000, 254 = NJW 2000, 661 = NZBau 2000, 35). Gleiches gilt, wenn weder in der Bekanntmachung noch in den Verdingungsunterlagen Zuschlagskriterien angegeben sind (vgl. OLG Frankfurt am Main Beschl. v. 10.4.2001 11 Verg 1/01 = VergabeR 2001, 299 = BauR 2001, 1634 [Ls.] = NZBau 2002, 161). **Grundsätzlich bestehen auch keine Bedenken, den Preis von vornherein als das allein maßgebliche Zuschlagskriterium zu bestimmen.**

Aufgrund des subjektiven Elements verbleibt dem Auftraggeber jedenfalls ein gewisser **Beurteilungsspielraum** hinsichtlich der Angemessenheit des Preises. Wie weit dieser reicht, lässt sich weder auf eine allgemeingültige Formel bringen, noch sind sonst feststehende Maßstäbe zu errichten. Es ist hierbei zu bedenken, dass in jedem Einzelfall die Anforderungen an die Annehmbarkeit verschieden sein können. Die Angemessenheit bestimmt sich nicht ausschließlich anhand des dem Unternehmer selbst zufallenden Gewinns. Zu erfassen sind hier auch alle für die konkrete Bauleistung zu erbringenden Aufwendungen einschließlich des bei dem Unternehmer vorliegenden Know-hows. Dazu kommen der Leistungswille und die Leistungsfähigkeit des Auftraggebers hinsichtlich dessen, was er für die Bauerrichtung aufwenden will und kann. Da es also für den Begriff der **Wirtschaftlichkeit** keine feststehende Formel geben kann, können die **Grenzen** der **Angemessenheit** auch nicht anhand von **Prozentzahlen** oder des **Preisabstandes zum nächst höheren Angebot** (vgl. dazu BKartA Beschl. v. 30.6.1999 VK A 12/99 = NZBau, 2000, 165, in dem zu Recht darauf hingewiesen wird, dass häufig ein auffälliger Preisabstand zwischen dem günstigsten und den nachfolgenden Angeboten auch darauf zurückzuführen sein kann, dass diese Angebote überhöht sind, weil sie z.B. auf unzulässigen Preisabsprachen beruhen) oder Ähnlichem festgelegt werden. Entscheidend ist ausschließlich das Verhältnis zwischen dem Gesamtpreis und der angebotenen Leistung unter Berücksichtigung der Umstände des konkreten Einzelfalls. Abweichungen von bis zu 20% sind für sich genommen noch kein Indiz für eine Unangemessenheit des Angebotspreises (vgl. OLG Jena Beschl. v. 22.12.1999 6 Verg 3/99 = BauR 2000, 396 = NZBau 2000, 349). Zur Beurteilung der Angemessenheit kann es ggf. nötig sein, zu untersuchen, worin jeweils die Preisdifferenz zu anderen Angeboten oder in jüngster Zeit erbrachten gleichen Leistungen besteht, so dass eine inhaltlich genaue Überprüfung aller Angebote nach den aufgeführten Bewertungspunkten unerlässlich ist. Soweit weiterer Erklärungsbedarf besteht, ist der betreffende Bieter vom Auftraggeber aufzufordern, die Preisgestaltung zu erläutern und zu begründen, wenn Anhaltspunkte für unangemessene Preise vorliegen (vgl. § 25

Nr. 3 Abs. 2 VOB/A und allgemein hierzu sowie zu den Vorgaben des EU-Vergaberechts: *Stolz* VergabeR 2002, 219).

Die Angemessenheit eines Preises muss sich natürlich in den allgemein zulässigen Grenzen halten. Dabei ist an das Verbot des Wuchers (§ 138 Abs. 2 BGB i.V.m. § 291 StGB), ferner an den Gesichtspunkt von Treu und Glauben (§ 242 BGB) zu denken. **Spezialvorschriften gegen zu niedrige Preise** finden sich im Gesetz gegen den unlauteren Wettbewerb vom 3.7.2004 (BGBl. I S. 1414, zuletzt geändert durch das Erste Gesetz über die Bereinigung von Bundesrecht im Zuständigkeitsbereich des Bundesministeriums der Justiz v. 19.4.2006 BGBl. I S. 866). Einschlägig sind insbesondere die §§ 3 ff. UWG. **Ein auffällig niedriger Preis wäre aber etwa dann nicht unzulässig oder wettbewerbswidrig, wenn sich ein so genannter Newcomer dadurch den Eintritt in den betreffenden Markt verschaffen wollte.** Insbesondere bei aufgeteilten Märkten ist dies oftmals das einzige wirksame Mittel, um den Wettbewerb wieder in Gang zu bringen (vgl. hierzu auch OLG Düsseldorf Beschl. v. 12.10.2005 Verg 37/05 = IBR 2006, 1062).

Gegen zu hohe Preise im Bereich der Vergabe von Bauleistungen bestehen dagegen **keine Spezialvorschriften** mehr, da die für öffentliche oder mit öffentlichen Mitteln finanzierte Bauten einschlägige Baupreisverordnung (PR Nr. 1/72) (Verordnung v. 6.3.1972 BGBl. I S. 293, zuletzt geändert durch Verordnung PR Nr. 1/86 v. 15.4.1986 BGBl. I S. 435) durch Verordnung vom 16.6.1999 (BGBl. I S. 1419) mit Wirkung zum 1.7.1999 aufgehoben worden ist.

Die Grenzen der Angemessenheit des Preises werden zwar in der Regel, aber nicht zwingend immer erst dann über- oder unterschritten, wenn einer der vorbezeichneten Fälle, d.h., wenn ein gesetzliches Verbot vorliegt. Insoweit wäre die Annahme falsch, dass Preise angemessen seien, so lange wie ein gesetzliches Verbot nicht überschritten ist.

3. Aufwendungen des Unternehmers und Gewinnbegriff

Ausgangspunkt für die Verhandlungen über den Preis der Bauleistung ist zunächst der **Leistungswert** selbst. Bei diesem ist von der »objektivierten« Sicht des Unternehmers auszugehen. Für ihn stellt sich der Wert der Leistung in zwei Teilen dar, die zu addieren sind. Bei dem ersten handelt es sich um die **Aufwendungen des Unternehmers** bei oder anlässlich der Erbringung der Bauleistung, und zwar hier unter richtiger Einschätzung des unternehmerischen Risikos. Der zweite ist die Summe, die am Ende zugunsten des eigenen Vermögens des Auftragnehmers übrig bleibt, der **Gewinn**.

Die richtige kalkulatorische Zuordnung der einzelnen Preiselemente zu den Leistungspositionen hat in den letzten Jahren eine erhebliche praktische Bedeutung erlangt, da nach der Rechtsprechung des BGH (Beschl. v. 18.5.2004 X ZB 7/04 = BGHZ 159, 186 = VergabeR 2004, 473 = BauR 2004, 1433) ein Angebot gemäß §§ 21 Nr. 1 Abs. 2 S. 5, 25 Nr. 1 Abs. 1 lit. b VOB/A zwingend auszuschließen ist, wenn ein Bieter im Widerspruch zu den Vorgaben des Auftraggebers oder entgegen dem Inhalt des Leistungsverzeichnisses Einheitspreise auf verschiedene Einheitspreise anderer Leistungspositionen verteilt und somit die geforderten Preise in seinem Angebot versteckt (BGH Beschl. v. 18.5.2004 X ZB 7/04 = BGHZ 159, 186 = VergabeR 2004, 473 = BauR 2004, 1433). Eine solche **unzulässige Mischkalkulation** liegt danach vor, wenn durch so genanntes »Abpreisen« bestimmter ausgeschriebener Leistungen (nicht unbedingt auf 0,01 €) und so genanntes »Aufpreisen« anderer angebotener Positionen die eigentlichen Preise für diese Leistungen auf andere Leistungen verteilt oder umgelegt werden. Hier werden nicht mehr die vom Bieter geforderten Preise im Sinne des § 21 Nr. 1 Abs. 2 S. 5 VOB/A angegeben. Durch die Verlagerung von Kostenanteilen in andere Leistungspositionen wird der Aussagegehalt von Preisangaben verfremdet und dadurch die Vergleichbarkeit der Einheitspreise der verschiedenen Angebote in dieser Leistungsposition behindert (so OLG Naumburg Beschl. v. 5.8.2005 1 Verg 7/05 = IBR 2005, 565). Näher zu dem Problem der unzulässigen Mischkalkulation unter § 21 bzw. § 25 VOB/A sowie die Aufsätze von *Herig* BauR 2005, 1385 und *Müller-*

Wrede VergabeR 2005, 776; vgl. auch Anm. *Horn* VergabeR 2006, 236, *Leinemann* VergabeR 2006, 380 sowie *Schwenker* VergabeR 2005, 235.

a) Aufwendungen

30 Zu dem ersten Teil, dem **Eigenaufwand des Unternehmers,** ist zu rechnen, was als **Selbstkosten** bezeichnet wird. Nach dem hierfür maßgeblichen Kalkulationsschema werden sie in der Regel aufgegliedert in **Einzelkosten der Teilleistungen** und in **Gemeinkosten der Baustelle,** die zusammen als **Herstellkosten** bezeichnet werden, und zu denen dann die **allgemeinen Geschäftskosten, der Kapitaldienst als Zwischenfinanzierung für die Baustelle und das Wagnis** des Unternehmers zu rechnen sind (vgl. dazu *Jebe* Preisermittlung für Bauleistungen, S. 36 sowie BauR 1978, 88; ferner *Schubert/Reister* Jahrbuch Baurecht 1999 S. 253). Nach Opitz (Selbstkostenermittlung für Bauarbeiten) sind **Einzelkosten der Teilleistungen** Kosten, die unmittelbar für die einzelnen Teilleistungen, die in ihrer Gesamtheit das Bauwerk bilden, aufgewendet werden müssen. **Gemeinkosten der Baustelle** sind Kosten, die nicht durch die einzelnen Teilleistungen, sondern durch die Gesamtheit des Baues entstehen (vgl. OLG München Beschl. v. 24.5.2006 Verg 10/06 = ZfBR 2006, 611 zu der Frage, ob die Kosten des Baukrans und der Aufwand für den Kranführer zu den Baustellengemeinkosten oder den Einzelkosten der Teilleistungen gehören). **Allgemeine Geschäftskosten,** die zu den Herstellkosten kommen, sind die Kosten, die dem Unternehmer nicht durch einen bestimmten Bauauftrag, sondern allgemein durch den Betrieb seines Gewerbes entstehen. Zu den Letzteren gehören auch die **allgemeinen Verwaltungskosten. Lohnkosten und Stoffkosten** sind Untergruppen der vorbezeichneten beiden Teile der Herstellkosten. Die Lohnkosten bezeichnen den erforderlichen Aufwand an Löhnen und Gehältern, die Stoffkosten sind der Aufwand an sachlichen Mitteln der Herstellung, also insbesondere Kosten für Material (zur Baupreisermittlung nach Selbstkosten vgl. Leitsätze für die Ermittlung von Preisen für Bauleistungen aufgrund von Selbstkosten LSP-Bau, Anlage zur VO PR Nr. 1/72 BGBl. I 1972 S. 297; zur Ermittlung von Stundenlohnabrechnungspreisen siehe a.a.O. S. 303; dazu im Einzelnen *Ebisch/Gottschalk* S. 587 ff.).

Alle diese baukalkulatorisch wesentlichen Elemente sind **nach objektiven Gesichtspunkten** wie rationeller Baubetrieb, sparsame Wirtschaftsführung, einwandfreie Bauausführung zu bewerten und zu beurteilen. Es handelt sich also um eine Beurteilung nach einem von dritter, unbefangener und sachkundiger Seite angelegten Maßstab, allerdings unter Berücksichtigung der jeweils als berechtigt anzusehenden Interessenlage der Beteiligten im Einzelfall. Dabei wird nicht verkannt, dass diese Anforderung in der Praxis nicht einfach zu erfüllen ist. Die Hauptschwierigkeiten liegen auf dem Gebiet der objektiven Bewertung der Einzelpunkte selbst. Denn zunächst kommt es auf die jeweils verlangte Bauleistung mit allen ihren Anforderungen und mehr oder weniger großen Schwierigkeitsgraden an. Zum anderen sind auch die Unternehmerbetriebe nach ihrer Art und insbesondere ihrer Ausstattung, ihrem Umfang usw. nicht nur nicht gleich, sondern grundsätzlich kaum auf einen Nenner zu bringen. Der eine hat einen Park von Spezialmaschinen, die nur für eine bestimmte und an sich nicht oft vorkommende Bauleistung heranzuziehen sind, der andere hat ihn nicht und muss dadurch einen anderweitigen Aufwand treiben, um die Bauaufgabe überhaupt erfüllen zu können. Der eine hat die Möglichkeit, Baumaterial (Stoffe oder Bauteile) bei einem Großhändler zu einem günstigeren Mengenrabatt zu erhalten als der andere. Die eine Firma hat einen größeren Lohnaufwand, den die andere, allerdings auf gesetzlich zulässige Weise, vermeiden kann. Ein Unternehmer ist in der Lage, seine Arbeiter in betriebseigenen Kraftwagen zur Baustelle zu fahren, der andere ist auf die Inanspruchnahme öffentlicher Verkehrsmittel angewiesen. Zu berücksichtigen ist auch das in den einzelnen Baubetrieben unterschiedlich vorhandene Know-how.

Angesichts der Unmenge von Unterschieden in Struktur und Möglichkeiten der einzelnen Unternehmerfirmen lässt sich durchaus zweifeln, ob ein objektivierter Maßstab für einen angemessenen Preis überhaupt gegeben sein kann. Für die VOB ist dies jedenfalls zu bejahen, weil zur Bestimmung der Angemessenheit des Preises drei Grundsätze, wie sie in § 25 Nr. 3 Abs. 3 S. 1 VOB/A niedergelegt sind, maßgeblich sind. Dadurch ist ein für **alle gültiges Mittelmaß** festgelegt, das Anforderungen aufstellt, die der Bewertung im Einzelfall dienlich sind. Dabei kommt es auf den jeweils anstehenden Vergabefall an, wobei sicherlich in einem nahen zeitlichen Zusammenhang stehende Erfahrungswerte von Baustellen, die sich aus der Nachkalkulation ergeben, eine wesentliche Hilfe sein können. Bei dieser Bewertung ist nach der Forderung der VOB folgende Fragestellung geboten:

aa) Entspricht das, was der Bieter in den Einzelpunkten seines Angebotes an Eigenaufwendungen aufgeführt hat, nach allgemeingültigen technischen Gesichtspunkten den Anforderungen, die nach dem heutigen Stand an einen rationellen Baubetrieb zu stellen sind?

bb) Entspricht das, was der Bieter in den Einzelpunkten seines Angebotes an Eigenaufwendungen aufgeführt hat, nach allgemeingültigen kaufmännischen Gesichtspunkten den Anforderungen, die nach heutigem Stand des Marktes an die sparsame Wirtschaftsführung in einem Baubetrieb zu stellen sind?

cc) Entspricht das Angebot im Einzelnen und in seiner Gesamtheit der Erwartung, dass eine einwandfreie Bauausführung gewährleistet ist? Sind in diesem Rahmen die Preisanforderungen so, dass nach den jeweils geltenden Gesichtspunkten eine gewisse Bewegungsfreiheit des Bieters bei der Bauherstellung gegeben ist und er daher »aus Zeitnot« oder sonstigen Gründen nicht genötigt ist, oberflächliche und unbefriedigende Arbeit zu leisten?

Beantwortet man diese Fragen bei gerechter Abwägung rein sachlich, so wird annähernd ein Bild zu erreichen sein, um das es bei der Ermittlung des angemessenen Preises letztlich geht. Die Ansicht von *Daub/Piel/Soergel* (ErlZ A 2.31.), der Auftraggeber könne die vorerwähnten Fragen »überhaupt nicht« beantworten, dürfte kaum zutreffen, da ihm hierzu genügend Hilfsmittel, wie auf Erfahrungen beruhende baubetriebliche Berechnungen, Preisspiegel, Statistiken, Baukostendatenbanken, ggf. sachverständige Bewertungen (vgl. § 7 VOB/A) usw., die die erforderliche Objektivierung für Ort und Zeit der Bauausführung wiedergeben bzw. ermöglichen, bei entsprechender Bemühung zur Verfügung stehen dürften.

Wesentliche Hilfe für die Ermittlung des angemessenen Preises können trotz ihres Alters die Schriften von Keil/Martinsen (*Keil/Martinsen* Einführung in die Kostenrechnung für Bauingenieure 5. Aufl. 1985) sowie von *Pause/Schmieder* bieten (Baupreis und Baupreiskalkulation 1986 vgl. auch *Jebe* Preisermittlung für Bauleistungen 1974; *Jebe* BauR 1978, 88; ferner zu den allgemeinen Grundlagen der Baukostenkalkulation und den Grenzen der kalkulatorischen Preisgestaltung *Kunz* ZSW 1980, 241; zu theoretischen Grundlagen für die Wertermittlung durch Sachverständige vgl. *Aurnhammer* BauR 1981, 139).

b) Gewinn
Bei dem **zweiten Teil,** nämlich dem **Gewinn,** handelt es sich um den Zuschlag, der sowohl auf die Einzelleistung als auch auf die Pauschalen für die Baustelleneinrichtung usw. gemacht wird. Dem Unternehmer soll nicht nur das Risiko eines eventuellen finanziellen Verlustes abgenommen werden, sondern es soll ihm ein den Umständen entsprechender, **angemessener Gewinn verbleiben.** Bei der Bemessung des über die Eigenaufwendungen hinausgehenden Preisteiles kommt es nach der VOB (§ 25 Nr. 3 Abs. 3 S. 2 und 3 VOB/A = wirtschaftlichste Angebot) auf die **nach objektiven Maßstäben zu prüfende Auffassung des einzelnen Unternehmers** an. Also ist auch hier das freie Ermessen des Unternehmers allein letztlich nicht ausschlaggebend. Vielmehr sind auch ihm durch den Begriff der **Wirtschaftlichkeit** Richtlinien gegeben, zumindest als Rahmen, womit zugleich auch die berechtigten Belange des Auftraggebers aus objektiver Warte Berücksichtigung finden. Damit ist ein **vernünftiges Mittelmaß an Gewinnstreben** gemeint, das den Verhältnissen der Person und des Betriebes des Unternehmers, aber auch der anerkennenswerten Interessenlage des Auftraggebers, gerecht wird. Zu dem Begriff der Wirtschaftlichkeit gehört auch der so genannte »**Risikozuschlag**«. Dieser ist nicht generell in einer bestimmten Summe oder in einem gewissen Prozentsatz

festzulegen, vielmehr richtet er sich nach Art und Umfang der im Einzelfall geforderten Bauleistung (vgl. dazu auch *Jebe* Preisermittlung für Bauleistungen S. 59 ff. sowie BauR 1978, 88; ferner *Schubert* Die Erfassbarkeit des Risikos der Bauunternehmer bei Angebot und Abwicklung einer Baumaßnahme 1971). Denn gerade hier sind die die Grundlage dieses Zuschlages bildenden und in der Kalkulation zu berücksichtigenden so genannten ungünstigen Annahmen niemals gleich, sondern sie sind völlig von der jeweiligen Bauleistung mit allen ihren Einzelheiten abhängig. **Dabei können die »ungünstigen Annahmen (das Risiko oder Wagnis)« nur dann ernsthaft in Erwägung gezogen werden, wenn sie im Einzelfall auch im Bereich des Möglichen liegen.** So kommt ein Zuschlag nicht in Betracht, wenn bei Erdarbeiten eindeutig feststeht, dass es sich um normalen, gewachsenen Boden handelt, also keine berechtigte Annahme oder jedenfalls begründete Unsicherheit besteht, dass besondere Schwierigkeiten, wie etwa durch notwendige Sprengungen, besonderen Verbau und/oder Maschineneinsatz usw., auftreten können. Nach allem muss sich der Unternehmer bei der Berechnung seiner über die Eigenaufwendungen hinausgehenden Gewinnforderung folgende Frage vorlegen und diese mit möglicher Objektivität beantworten: Ist das, was nach den geforderten Preisen unter Berücksichtigung der Eigenaufwendungen und aller voraussehbaren Risiken am Ende zugunsten des eigenen Vermögens des Bieters übrig bleibt, nach allgemeinen wirtschaftlichen Gesichtspunkten einer aufbauenden Fortführung des Betriebes unter Beachtung der Prinzipien vernünftigen Gewinnstrebens annehmbar, also letztlich angemessen?

c) Umsatzsteuer

34 Zu den in Rn. 29 ff. gekennzeichneten Kostenelementen ist noch die **Umsatzsteuer** zu berücksichtigen (vgl. *Jebe* Preisermittlung für Bauleistungen S. 36 sowie BauR 1978, 88) um zur **Brutto-Angebotssumme** zu kommen. Diese ist jedoch im **Angebot gesondert auszuweisen,** um Vertragsbestandteil werden zu können (vgl. *Honig* BB 1975, 447 m.w.N.). Obwohl gerade in der Bauwirtschaft ein Netto-Denken üblich ist, kann allerdings ein **Handelsbrauch dahingehend, dass zwischen beiderseits vorsteuerabzugsberechtigten Unternehmen Preisangebote oder Preisvereinbarungen im Zweifel als Netto-Preise zu verstehen sind, nicht angenommen werden** (*Werner/Pastor* S. 677 Rn. 1270 m.w.N.; *Palandt/Heinrichs* § 157 Rn. 13; a.A. *Schaumburg/Schaumburg* NJW 1975, 1261; *Staudinger/Peters* § 632 BGB Rn. 25). Abgesehen davon hat sich die gesonderte Angabe des Umsatzsteuersatzes mittlerweile allgemein durchgesetzt. Im Interesse beider Vertragsparteien ist zu empfehlen, eine Vereinbarung aufzunehmen, dass sich die Umsatzsteuer bei einer Erhöhung oder (was allerdings eher unwahrscheinlich sein wird) bei einer Ermäßigung des Steuersatzes entsprechend ändert. Das gilt vornehmlich bei Pauschalpreisangeboten, erst recht bei so genannten Festpreisangeboten. Insofern darf aber, soweit im Einzelfall anwendbar (näher zum Recht der Allgemeinen Geschäftsbedingungen siehe Anhang), § 309 Nr. 1 BGB nicht übersehen werden (vgl. dazu auch § 2 VOB/B).

4. Bewertungskriterien

35 Der in den Rn. 26 ff. vorgezeichnete Prüfungsgang hängt wesentlich von der Art des Unternehmens ab und erfolgt insoweit nach unterschiedlichen Maßstäben. In der Regel werden z.B. bei einem großen Unternehmen andere Sätze zu gelten haben als bei einem mittleren oder kleineren (vgl. BKartA Beschl. v. 20.12.1999 VK 1–29/99 = NZBau 2000, 356, wonach es allerdings keinen allgemeinen Erfahrungssatz gebe, dass die Gemeinkosten von Großunternehmen generell höher sind als die mittelständischer Unternehmen). Handelt es sich um Großbauleistungen oder um Bauarbeiten spezieller Art, so liegt es auf der Hand, dass diese Arbeiten zweckgerecht nur entweder von Großfirmen bzw. Arbeitsgemeinschaften bzw. Generalunternehmern oder von spezialisierten Firmen ausgeführt werden können. Die Heranziehung eines »normalen« Baubetriebes als Maßstab wäre verfehlt. Ausgangspunkt der Würdigung der Angebote im Hinblick auf die Angemessenheit der geforderten Preise können nur die an einen Großbetrieb, eine Arbeitsgemeinschaft, einen Generalunternehmer oder einen Spezialbetrieb zu stellenden allgemeinen Anforderungen sein. Das dürfte in der Praxis kaum auf besondere Schwierigkeiten stoßen, und zwar allein deshalb nicht, weil in diesen Fällen in der Regel eine Vergabeart (vgl. § 3 VOB/A) gewählt wird, bei der nur diese hier lediglich in Frage kommenden Unternehmer im Wettbewerb um den Auftrag zugelassen werden. Schwieriger ist das schon bei »normalen« Bauleistungen, auch kleineren Aufträgen, um die sich oftmals sowohl größere als auch kleinere Firmen und Handwerker bewerben. Gerade hier wird die unterschiedliche betriebliche Gestaltung zu nicht unerheblichen Unterschieden in den Ansatzpunkten des Angebotes führen. Eine aufgrund der Verschiedenartigkeit der jeweiligen Firmenstruktur denkbare **mehrfache Angemessenheit** scheidet jedoch aus, da die zivile Rechtsordnung für derartige Fälle, in denen in der tatsächlichen Grundlage Verschiedenheiten für dieselbe Leistung bestehen oder bestehen können, die Anlegung eines **gesunden Mittelmaßes** vorgesehen hat. Im BGB ergibt sich dies z.B. aus den §§ 243 Abs. 1, 317 Abs. 2 BGB. Es erscheint daher aus allgemeingültigen rechtlichen Gesichtspunkten gerechtfertigt, bei der Bestimmung des angemessenen Preises bei den »normalen« Bauleistungen die betrieblichen Aufwendungen und Kosten sowie die sonstigen wesentlichen Gesichtspunkte zu berücksichtigen, die bei einem **mittleren,** den allgemeinen Anforderungen entsprechenden Baubetrieb **der Üblichkeit entsprechen.** Vergleichsmaßstab ist dann nicht der konkret die Bauleistung anbietende Betrieb, sondern ein fiktives Unternehmen, das den erwähnten Anforderungen entspricht. Hierdurch ist ein hinreichendes Maß an Objektivität gewährleistet, um die im Rahmen der Prüfung der Angebote auftretenden Fragen beantworten zu können. Dadurch wird auch die immer wieder geäußerte irrige Ansicht berichtigt, das angemessene Angebot und der angemessene Preis seien gleichzusetzen mit dem **niedrigsten Angebot.** Abgesehen davon, dass dies schon nicht in den Rahmen dessen passt, was zur Preisgestaltung ausgeführt worden ist, würde man von der grundsätzlichen Anforderung einer vernünftigen Beurteilung abweichen und allein die subjektive Anschauung der Beteiligten für maßgeblich erachten, was mit dem Begriff des angemessenen Preises nicht vereinbar ist.

5. Vorrang der freien Vertragsabrede

Mit den Erläuterungen in Rn. 26 ff. ist versucht worden, dem Auftraggeber und dem Auftragnehmer darzustellen, unter welchen Kriterien und Gesichtspunkten über den Preis, vorausgesetzt die Bestimmung des § 24 Nr. 3 VOB/A steht nicht entgegen, zu verhandeln ist. Die Beachtung dieser Vorgaben soll dazu verhelfen, eine angemessene Preisgrundlage zu finden, um dann im Wege der **freien Vertragsabrede** einen i.S.d. VOB angemessenen Preis zu vereinbaren. **Nach dem Grundsatz der Vertragsfreiheit ist zwar einzig der Wille der verhandelnden Parteien für die letzte und bindende Entscheidung maßgeblich**, aber damit allein werden die Vertragsparteien der Forderung der VOB, die Bauleistung zu einem angemessen Preis zu vergeben, nicht gerecht. Auch wenn die von der VOB vorgegebene Verfahrensweise mühsam und zeitraubend ist, kann dadurch sichergestellt werden, dass die an die Vergabe gestellten Erwartungen nicht enttäuscht werden (vgl. § 25 Nr. 3 Abs. 3 S. 3 VOB/A: »Der niedrigste Angebotspreis allein ist nicht entscheidend«).

36

III. Rechtsfolgen bei Abweichung vom Grundsatz der Angemessenheit

Haben die Parteien **bewusst und gewollt** bei Abschluss eines Bauvertrages einen Preis vereinbart, der **nicht** den Erfordernissen der **Angemessenheit** in diesem oder jenem Sinn entspricht, so wird, wenn zwingende gesetzliche Vorschriften (z.B. §§ 134, 138 Abs. 2, 242 BGB) nicht entgegenstehen, dadurch nach dem Grundsatz der Vertragsfreiheit weder der Vertrag unwirksam, noch stehen diesem oder jenem an der Festlegung dieses anderweitigen Preises bewusst und gewollt Beteiligten Aufhebungsrechte oder Schadensersatzansprüche zu. Die Beteiligten haben dann, vom Gesichtspunkt der Angemessenheit her betrachtet, entweder zu ihrem Vorteil oder zu ihrem Nachteil gehandelt und **müssen sich dies zurechnen lassen.** Dass sie sich außerhalb der Regelung der VOB begeben haben, ist von ihnen vertragsrechtlich **selbst zu verantworten** (auch *Daub/Piel/Soergel* ErlZ A 2.34). Eine davon verschiedene Frage ist, ob **vor** Abschluss eines solchen Vertrages **ein Mitbewerber unter Hinweis auf die Unangemessenheit des Preises den Ausschluss dieses Angebotes verlangen und etwa

37

im Rahmen des vergaberechtlichen Rechtsschutzes gemäß den §§ 97 ff. GWB auch durchsetzen kann. Die Entscheidung hängt davon ab, ob der Vorschrift des § 25 Nr. 3 Abs. 1 VOB/A eine **bieterschützende Wirkung** zukommt (vgl. die Kommentierung unter § 25 Nr. 3 Abs. 1 VOB/A). Die hierzu ergangene Rechtsprechung ist uneinheitlich. Während das OLG Celle (Beschl. v. 30.4.1999 13 Verg 1/99 = BauR 2000, 405 = NJW 1999, 3497 = NZBau 2000, 105; OLG Saarbrücken Beschl. v. 29.10.2003 1 Verg 2/03 = NZBau 2004, 117) einen Anspruch des Bieters auf Einhaltung dieser Bestimmung bejaht, sieht das OLG Düsseldorf (Beschl. v. 19.12.2000 Verg 28/00 = VergabeR 2001, 128 = BauR 2001, 1008 = NZBau 2002, 112 [Ls.]) einen solchen nur dann, falls der unangemessene Preis ausschließlich zur Verdrängung von Wettbewerbern eingesetzt wird. Das BayObLG verneinte zunächst jeglichen Drittschutz (BayObLG Beschl. v. 12.9.2000 Verg 4/00 = VergabeR 2001, 65, 69 = BauR 2001, 690 [Ls.] = ZfBR 2001, 45), will aber nach später ergangenen Entscheidungen offensichtlich an dieser ablehnenden Auffassung – zumindest in dieser strikten Form – nicht mehr festhalten bzw. lässt dies jetzt offen (BayObLG Beschl. v. 3.7.2002 Verg 13/02 = VergabeR 2002, 637 = BauR 2003, 149 = NZBau 2003, 105 und Beschl. v. 2.8.2004 Verg 16/04 = BauR 2005, 161 [Ls.]).

D. Wettbewerb als Regel (Nr. 1 S. 2)

38 § 2 Nr. 1 S. 2 VOB/A stellt die Forderung auf, dass bei der Vergabe der Bauleistungen der Wettbewerb die Regel sein soll (im Kartellvergaberecht der §§ 97 ff. GWB ist der Wettbewerbsgedanke als **allgemeiner Grundsatz in § 97 Abs. 1 GWB** geregelt). Es leuchtet ein, dass sich die **Angemessenheit des Preises** (vgl. oben Rn. 26 ff.) **am ehesten feststellen lässt, wenn die Vergabe im Wettbewerb und dabei im Wege der Öffentlichen Ausschreibung stattfindet,** was vor allem auch durch § 30 HGrG zum Ausdruck kommt. Die Vergabe soll also grundsätzlich auf die Beteiligung mehrerer Bewerber bzw. Bieter auf der Auftragnehmerseite abgestellt werden. Diese Forderung ist keineswegs auf eine bestimmte Vergabeart (vgl. § 3 VOB/A) oder eine bestimmte Art der Vergütung (vgl. § 5 VOB/A) abgestellt oder beschränkt. Vielmehr **gilt** sie grundsätzlich **für alle** nach der VOB ausgerichteten **Vertragsverhandlungen.** Es kommt also z.B. nicht darauf an, ob die Öffentliche Ausschreibung, die Beschränkte Ausschreibung oder nur die Freihändige Vergabe (in letzterer Hinsicht vor allem auch *Lampe-Helbig/Wörmann* Rn. 64; auch *Hanke/Leuthardt* S. 45) gewählt worden ist. Allerdings wäre ein Wettbewerb dort nicht sinnvoll, wo er nach der Lage des Einzelfalles nicht möglich oder ohne Zweck ist (vgl. dazu z.B. § 3 Nr. 4 und auch § 3a Nr. 6 VOB/A). Hier wäre ein Festhalten an diesem Grundsatz nicht mehr vernünftig zu rechtfertigen. Andererseits ist aber zu berücksichtigen, dass diese Fälle ganz ersichtlich **seltenen Ausnahmecharakter** tragen und es schon einer hinreichenden Überlegung und auch Begründung bedarf, warum nicht mehrere in ausreichender Zahl am Wettbewerb beteiligt worden sind. Solche Ausnahmen sind nur denkbar in Bezug auf die Art und Besonderheit der geforderten Leistung, nicht aber aus anderen Gründen.

39 Der **Begriff des Wettbewerbs** ist nur im vorbezeichneten Sinne, nämlich **als Beteiligung mehrerer am Vergabeverfahren,** aufzufassen. Dabei ist das Bestreben der am Wettbewerb Beteiligten maßgebend, durch eigene Leistung, die nach Qualität oder Preis besser ist als die Leistung anderer Unternehmen, den Verbraucher (hier: Auftraggeber) zum Abschluss eines Vertrages zu veranlassen (*Rupprecht* Die Bauverwaltung 1978, 1; vgl. dazu insbesondere auch die Wettbewerbsregeln der Deutschen Bauindustrie, abgedruckt bei § 25 VOB/A). **Nicht gemeint ist damit nur der Wettbewerb im engeren Sinne** besonderer zivilrechtlicher und auch öffentlich-rechtlicher Gesetze oder Verordnungen. Ihre Einhaltung (z.B. §§ 3 ff. UWG) ist – auch ohne die hier erörterte Bestimmung der VOB – eine Selbstverständlichkeit. Wesentlich ist dabei vor allem auch der **bauvertragliche Zusammenhang zwischen Wettbewerbspreis und dem auf die Leistung bezogenen Dispositionsrecht des Auftraggebers** (dazu näher *Ágh-Ackermann/Kuen* BauR 1994, 439).

Zu dem in Rn. 38 und hier Gesagten muss der öffentliche Auftraggeber auch die Richtlinien in Nr. 1.1 und 1.2 des VHB zu § 2 VOB/A unbedingt beachten:

1. Wettbewerb

1.1 *Uneingeschränkter Wettbewerb ist notwendig, um*
- *ein korrektes Vergabeverhalten zu sichern,*
- *allen in Betracht kommenden Bewerbern zu gleichen Bedingungen Zugang zu öffentlichen Aufträgen zu ermöglichen,*
- *angemessene Preise zu erzielen.*

Bei der Vorbereitung und Durchführung von Vergaben ist deshalb alles zu unterlassen, was zu einer Beschränkung des Wettbewerbs führen könnte.
Insbesondere
- *ist unter Beachtung der Regeln der §§ 3 und 3a VOB/A die Vergabeart anzuwenden, die den jeweils größtmöglichen Wettbewerb gewährleistet,*
- *ist die Vergabeabsicht in einer Weise bekannt zu geben, die sicherstellt, dass alle in Betracht kommenden Bewerber rechtzeitig von ihr Kenntnis erlangen,*
- *darf der Wettbewerb nicht auf Bewerber aus einer begrenzten Region oder Bewerber mit Eigenschaften, die nicht durch Vergabezwecke gedeckt sind, beschränkt werden.*

1.2 *Auch bei einer nach § 3 Nr. 4 VOB/A zulässigen Freihändigen Vergabe und bei der Vergabe von Stundenlohnarbeiten soll der Wettbewerb die Regel sein.*

E. Bekämpfung ungesunder Begleiterscheinungen (Nr. 1 S. 3)

I. Grundsätzliches

40 **Die Bekämpfung ungesunder Begleiterscheinungen ist nach der Formulierung eine Pflicht des Auftraggebers**, vornehmlich in seinem eigenen Interesse für einen **fairen Wettbewerb** zu sorgen. Gleichzeitig dient sie aber auch der Durchsetzung der Gleichbehandlung aller an der Vergabe interessierten Unternehmen, was durch das in § 2 Nr. 2 VOB/A besonders geregelte Diskriminierungsverbot verdeutlicht wird. Ein Verstoß gegen diese Verhaltens- und Handlungspflicht des Auftraggebers kann Schadensersatzansprüche nach §§ 311 Abs. 2 Nr. 1, 241 Abs. 2, 280 Abs. 1 BGB auslösen und – bei Auftragsvergaben im Anwendungsbereich des 4. Teil des GWB eine Verletzung der subjektiven Rechte der Bieter nach § 97 Abs. 7 GWB darstellen.

41 Mit der Formulierung, dass **ungesunde Begleiterscheinungen bekämpft** werden sollen, wollte man sich ersichtlich nicht auf bestimmte, umgrenzte Sachverhalte festlegen. Nach Eplinius wurde bei der ersten Fassung der VOB an »alle Auswüchse des Wettbewerbs, Unterbietungen, unlautere Konkurrenzmittel, Auferlegung von allgemeinen oder besonderen Vertragsbedingungen, die der VOB zuwiderlaufen, Gegeneinanderausspielen der verschiedenen Bewerber durch den Bauherrn, Angebote zu Schleuderpreisen und auch an Angebote gedacht, die im Wege gegenseitiger Verabredung der Unternehmer zum Zwecke sittenwidriger Ausnutzung des Bauherrn zustande gekommen sind«. Also wird man von einer **Generalklausel** sprechen müssen, die über den Begriff der unzulässigen wettbewerbsbeschränkenden Abrede i.S.v. § 25 Nr. 1 Abs. 1c VOB/A sowie § 8 Nr. 5 VOB/B hinausgeht. Sie umfasst einmal das Verbot, die von der Rechtsordnung allgemein aufgestellten Grenzen zulässigen Handelns zu überschreiten. Zu nennen sind an erster Stelle die zwingenden gesetzlichen Bestimmungen des **Strafgesetzbuches (StGB)**, hier insbesondere die **Straftaten gegen den Wettbewerb.** Mit dem Gesetz zur Bekämpfung der Korruption vom 13.8.1997 (BGBl. I S. 2038) wurde in das Strafgesetzbuch ein neuer Abschnitt »Straftaten gegen den Wettbewerb« eingestellt. Kernstück der Neuregelung ist der § 298 StGB, der wettbewerbsbeschränkende Absprachen bei Ausschreibungen (sog. Submissionsbetrug oder Ausschreibungsbetrug) unabhängig vom Eintritt eines Schadens unter Strafe stellt. Aus dem Nebenstrafrecht wurde der Tatbestand der Angestelltenbestechung des § 12 UWG (a.F.) unter z.T. strafschärfenden Modifizierungen als neuer § 299 in das Strafgesetzbuch übernommen, um zu verdeutlichen, dass Bestechlichkeit und Bestechung nicht nur gegenüber Amtsträgern, sondern auch im geschäftlichen Bereich eine nicht zu billigende Form der Kriminalität darstellen (vgl. BR-E BT-Drucks. 13/3353 S. 13; EntwBegr. S. 15; ausführlich zu § 298 StGB: *Otto* wistra 1999, 41 und zu § 299 StGB: *Bürger* wistra 2003, 130; näher dazu auch § 8 Nr. 5 VOB/A). **Weitere unbedingte Verhaltensregeln sind im Gesetz gegen Wettbewerbsbeschränkungen (GWB)** und im **Gesetz gegen den unlauteren Wettbewerb (UWG)** normiert. Die Abwerbung von Arbeitskräften eines Mitkonkurrenten (vgl. dazu näher § 25 VOB/A) rechnet hier ebenso dazu wie z.B. auch im Rahmen des § 826 BGB das **Verbot von Preisabsprachen** zwischen mehreren Firmen mit dem Ziel, einer bestimmten Firma zu einem übersetzten Preis oder einem jedenfalls nicht angemessenen Preis den Auftrag zukommen zu lassen. Gerade weil es sich hier um die Hauptfälle ungesunder Begleiterscheinungen handelt, ist darauf in der VOB (»wie z.B. wettbewerbsbeschränkende Verhaltensweisen«) besonders hingewiesen worden. Dabei ergibt Sinn und Zweck dieser Regelung in der VOB, dass als unzulässig anzusehende Verhaltensweisen **auch vorliegen, wenn über den Rahmen des § 1 GWB hinaus wettbewerbswidrige Verhandlungen und Verabredungen zwischen Bewerbern oder Bietern stattgefunden haben, die nicht zum Erfolg geführt haben.** Hierher rechnet insbesondere auch das **Schwarzarbeitsbekämpfungsgesetz** (vgl. dazu § 4 VOB/B), **ferner das Gesetz zur Regelung der gewerbsmäßigen Arbeitnehmerüberlassung** (vgl. dazu auch *Busse* Manipulationen bei der Vergabe von Bauleistungen Bauverwaltung 1989, 437; *Schelle* Bauverwaltung 1984, 110).

42 Sowohl für die Auftragnehmer- als auch die Auftraggeberseite ist zu beachten: Ein Vertrag über ein **Preismeldeverfahren** für abgeschlossene Geschäfte, das nur einer Marktseite zugänglich ist, ist nach Ansicht des BGH (Beschl. v. 29.1.1975 KRB 4/74 = NJW 1975, 788 = MDR 1975, 508 mit krit. Anm. von *Knöpfle* NJW 1975, 986, dazu zutreffend Anm. *Emmerich* NJW 1975, 1599; vgl. auch OLG Düsseldorf Beschl. v. 26.7.2002 Kart 37/01 = WuW/E DE-R 949–952) in der Regel nach § 1 GWB unwirksam, wenn die Beteiligten nach den tatrichterlichen Feststellungen damit vertraglich auf den wettbewerbswirksamen Einsatz des Preises als Werbemittel verzichten. Insoweit wird für die Bauwirtschaft besondere Vorsicht geboten sein (siehe dazu auch *Häring* BlGBW 1975, 227, 230 sowie Bundeskartellamt, Stellungnahme v. 2.7.1976 BB 1976, 994). Anders dürfte es mit Verfahren stehen, die lediglich auf die **allgemeine Beobachtung und Förderung des Baumarktes** gerichtet sind, da sie eher wettbewerbsfördernd als wettbewerbsbehindernd sind. Sie sind wesentlich auf die sachgerechte Ausnutzung freier Kapazitäten auf dem Baumarkt abgestellt. Aber auch hier dürfen die zulässigen Grenzen nicht überschritten werden. Das kann hinsichtlich eines von einem Verband vermittelten Meldesystems (Angebotsmeldeverfahren; Baumarktstatistik) der Fall sein, das durch Rückmeldungen an Unternehmen, die eine Beteiligungsabsicht geäußert haben, vorsieht, dass jeder Beteiligte über den bei einer konkreten Ausschreibung zu erwartenden Bieterkreis informiert wird; hier kommt eine wettbewerbsbeschränkende Wirkung eines solchen Meldesystems dadurch zum Ausdruck, dass die Unsicherheit über die Wettbewerber bei einer bestimmten Vergabe beseitigt wird; die Kenntnis der Anzahl und Art der Mitbewerber dürfte durchaus geeignet sein, die Wettbewerbsanstrengungen des rückfragenden Unternehmens und somit den Zwang zu einer möglichst knappen Kalkulation zu vermindern. Dabei spielt keine Rolle, ob die Unternehmen verpflichtet sind oder freiwillig an dem Verfahren teilnehmen (BGH Beschl. v. 18.11.1986 KRV 1/86 = NJW 1987, 1821 = MDR 1987, 471 = WM 1987, 415 = ZIP 1987, 315 = LM § 1 GWB Nr. 37; Tätigkeitsbericht des Bundeskartellamtes 1979/80 S. 89; dazu *Grauel* Betrieb 1981, 2061, 2062; über Konditionenkartelle in der Bauwirtschaft *Schlenke* Bauwirtschaft 1979, 1018; ferner *Rusam* ZfBR 1986, 11 ff.).

II. Doppel- oder Mehrfachbeteiligung eines Unternehmens

43 Die **mehrfache Beteiligung** eines Unternehmens am Vergabeverfahren bedeutet grundsätzlich einen Verstoß gegen das grundsätzliche Erfordernis der »**Geheimheit« des Wettbewerbs**. Ein solcher Sachverhalt liegt in der Regel (nicht ausnahmslos) vor, wenn ein Unternehmen **gleichzeitig sowohl als Einzelunternehmen wie auch als Mitglied einer Bietergemeinschaft am Vergabeverfahren teilnimmt**, weil die Angebote hier nicht mehr in Unkenntnis des Inhalts der konkurrierenden

Angebote abgegeben werden (vgl. OLG Düsseldorf Beschl. v. 16.9.2003 Verg 52/03 = VergabeR 2003, 690 = BauR 2004, 142 [Ls.]; anders für einen Ausnahmefall OLG Düsseldorf Beschl. v. 28.5.2003 Verg 8/03 = BauR 2003, 1452).

Ein ähnliches Problem stellt sich bei der Beteiligung eines Unternehmens am Wettbewerb, das zugleich bei einem anderen sich beteiligenden Unternehmen Teile der nachgefragten Leistungen als **Nachunternehmer** angeboten hat (vgl. dazu OLG Düsseldorf Beschl. v. 13.4.2006 Verg 10/06).

Aber auch wenn sich zwei Unternehmen am Wettbewerb beteiligen, die nicht personenidentisch im juristischen Sinn sind, kann aufgrund der konkreten Umstände des Einzelfalls eine einer **Mehrfachbeteiligung** ein und desselben Unternehmens vergleichbare **wettbewerbsschädliche Situation** bestehen. Dies gilt etwa für zwei sich am Wettbewerb beteiligende Unternehmen, bei denen aufgrund der tatsächlichen Verhältnisse **die Annahme gerechtfertigt ist, dass das eine Unternehmen Kenntnis vom Inhalt des Angebotes des anderen hat**. Die Umstände und Tatsachen, die für eine solche Kenntnis sprechen, sind vom Auftraggeber festzustellen. Verwandtschaftliche Beziehungen, finanzielle und wirtschaftliche Verflechtungen oder gesellschaftsrechtliche Verbindungen für sich allein reichen hierfür in der Regel nicht aus, sollten jedoch den Auftraggeber zu weiteren Nachforschungen und Aufklärungen veranlassen. **Erreicht dagegen die rechtliche Verbindung zwischen den Unternehmen die Qualität eines abhängigen oder herrschenden Unternehmens im Sinn der §§ 17, 18 AktG, so begründet dies die (kaum zu widerlegende) Vermutung einer Mehrfach- bzw. Doppelbeteiligung der auf diese Weise verbundenen Unternehmen.**

Selbst wenn kein zum Ausschluss der Bewerbung oder des Angebotes führender Grad der Verbindung zwischen zwei oder mehreren Unternehmen besteht, wird ein **umsichtiger Auftraggeber**, soweit ihm dies wie bei der Beschränkten Ausschreibung möglich ist, zur Vermeidung von unnötigen Belastungen eines Vergabeverfahrens und zur Wahrung eines auch dem äußeren Schein nach ordnungsgemäßen Wettbewerbs **von einer solchen mehrfachen Beteiligung dieser Unternehmen Abstand nehmen**.

Der **Grundsatz des geheimen Wettbewerbs ist auch dann verletzt, wenn mehrere im Wettbewerb stehende Angebote** zwar von verschiedenen und nicht im vorstehenden Sinn verbundenen Unternehmen abgegeben werden, die jedoch **von ein und derselben Person erstellt worden sind** (vgl. OLG Thüringen Beschl. v. 19.4.2004 6 Verg 3/04 = VergabeR 2004, 520 = BauR 2004, 1505 [Ls.]).

III. Befangene oder voreingenommene Personen und so genannte Projektanten

Fraglich ist, ob eine Diskriminierung der Bewerber oder Bieter schon vorliegt, wenn auf der Seite des Auftraggebers am **Vergabeverfahren** Personen mitwirken, die aufgrund ihrer tatsächlichen oder rechtlichen Beziehungen zu einem der Bewerber oder Bieter als **voreingenommen** oder **befangen** gelten könnten oder aber eine **Diskriminierung** erst dann anzunehmen ist, wenn tatsächlich eine Einflussnahme zu Gunsten des betreffenden Unternehmers festgestellt werden kann oder zumindest eine solche sehr nahe liegt. Die erstere, sehr weitgehende Auffassung wurde insbesondere in einem Beschluss des OLG Brandenburg vom 3.8.1999 (6 Verg 1/99 = BauR 1999, 1175 = NZBau 2000, 39) vertreten, wonach allein der »**böse Schein**« genüge, eine Verletzung des Gleichbehandlungsgrundsatzes anzunehmen; zur Begründung wird auf eine **analoge Anwendung des § 20 VwVfG** verwiesen. Demgegenüber zog das OLG Saarbrücken (Beschl. v. 22.10.1999 5 Verg 4/99 = NZBau 2000, 158, 161) – insoweit dem traditionellen deutschen Vergaberechtsverständnis folgend – einen engeren Rahmen, indem für eine Diskriminierung eine konkrete Beeinträchtigung vorausgesetzt wird. Mit der Vergabeverordnung (VgV) vom 9.1.2001 (BGBl. I S. 110, i.d.F. der Bekanntmachung v. 11.2.2003 BGBl I S. 169, zuletzt geändert durch Art. 2 des ÖPP-Beschleunigungsgesetzes v. 1.9.2005 BGBl I S. 2676) hat diese Streitfrage für Auftragsvergaben, die unter den Anwendungsbereich der §§ 97 ff. GWB fallen, nunmehr in § 16 VgV eine Regelung erfahren (für Auftragsvergaben nach den Basisparagraphen gilt § 16 VgV zwar nicht unmittelbar, jedoch wird der Auftraggeber hier bei Vorliegen eines von § 16 VgV erfassten Sachverhaltes im Interesse eines fairen Wettbewerbs gehalten sein, mit größerer Aufmerksamkeit den ordnungsgemäßen Ablauf des Vergabeverfahrens zu verfolgen und ggf. Maßnahmen zu ergreifen, die verhindern, dass sich eine Mitwirkung von nach § 16 VgV ausgeschlossenen Personen auf das Ergebnis des Vergabeverfahrens auswirken kann).

Der Gesetzgeber hat sich – wenn auch noch weiter nach den Umständen differenzierend – im Grunde für die erstere Auffassung entschieden und in § 16 Abs. 1 Nr. 1 und Nr. 2 VgV unabhängig von dem tatsächlichen Einfluss auf das Vergabeverfahren einen bestimmten für den Auftraggeber tätigen Personenkreis als nicht mitwirkungsfähig qualifiziert (**absolutes Mitwirkungsverbot**). Dagegen lässt § 16 Abs. 1 Nr. 3 VgV in gewissen Fällen trotz der an sich grundsätzlich möglichen Auswirkungen auf die Entscheidungen im Vergabeverfahren die Mitwirkung von Personen dann zu, wenn ein Interessenkonflikt tatsächlich nicht besteht oder sich die Tätigkeit dieser Personen nicht auf die im Vergabeverfahren zu treffenden Entscheidungen auswirken kann (vgl. OLG Hamburg Beschl. v. 4.11.2002 1 Verg 3/02 = VergabeR 2003, 40 = NZBau 2003 = ZfBR 2003, 186, 172 [Ls.]; instruktiv auch OLG Koblenz Beschl. v. 5.9.2002 1 Verg 2/02 = VergabeR 2002, 617 = NZBau 2002, 699, das die Anwendbarkeit des § 16 VgV im Fall eines offenen Verfahrens verneint, wenn sich die Tätigkeit der als voreingenommen geltenden Person auf die Zeit vor der Vergabebekanntmachung beschränkt, etwa bei der Erstellung der Leistungsbeschreibung, da in diesem das Vergabeverfahren vorbereitenden Stadium noch keine Bieter vorhanden sind und ein Interessenkonflikt daher nicht möglich sei; so auch OLG Thüringen, Beschl. v. 8.4.2003 6 Verg 9/02 = VergabeR 2003, 577 = BauR 2003, 1784 [Ls.] = NZBau 2003, 624). Eine Missachtung des Mitwirkungsverbots des § 16 Abs. 1 VgV führt grundsätzlich nicht zur Aufhebung der Ausschreibung, sondern zum Ausschluss des betreffenden Bewerbers oder Bieters (so OLG Thüringen Beschl. v. 20.6.2005 9 Verg 3/05 = VergabeR 2005, 492 = BauR 2005, 1526 [Ls.] = NZBau 2005, 476 = ZfBR 2005, 706).

45 Ein ähnliches aber von der Regelung des § 16 VgV nicht erfasstes Problem stellt sich bei der Frage, ob sich Personen oder Unternehmen, die etwa schon bei der Projektierung des Bauvorhabens, der Erstellung der Verdingungsunterlagen oder sonstigen das Vergabeverfahren vorbereitenden Arbeiten für den Auftraggeber tätig waren, am Wettbewerb beteiligen können (so genannte **Projektantenproblematik**). In der Rechtsprechung wurde – bei Vorliegen von Informationsvorsprüngen und zur Vermeidung von Wettbewerbsverzerrungen – ein Ausschluss von tatsächlich vorbefassten Bietern auf die in den Verdingungsordnungen enthaltenen Regelungen zu Sachverständigen wie des § 7 VOB/A gestützt (vgl. OLG Düsseldorf Beschl. v. 16.10.2003 = Verg 57/03, VergabeR 2004, 236 = BauR 2004, 889 [Ls.]; OLG Thüringen Beschl. v. 8.4.2003 6 Verg 9/02 = VergabeR 2003, 577 = BauR 2003, 1784 [Ls.] = NZBau 2003, 624).

Mit der Bestimmung des § 7 VOB/A können die Projektanten jedoch nicht erfasst werden, da es sich bei diesen zum einen nicht generell um echte Sachverständige handelt und zum anderen bestimmt § 7 Nr. 1 Hs. 1 lit. a, Hs. 2 VOB/A einen zwingenden Ausschluss, d.h. als Sachverständige tätige Personen dürften selbst dann nicht als Bewerber oder Bieter am Vergabeverfahren beteiligt werden, wenn eine Wettbewerbsbeeinträchtigung trotz der Vorbefasstheit nicht zu befürchten ist. **Entscheidend für die Frage der Beteiligung von Projektanten ist allein, ob dies mit der Gleichbehandlung aller übrigen Teilnehmer vereinbar ist und ob ungerechtfertigte Wettbewerbsvorteile bestehen oder bestehen können.** Im Interesse eines möglichst breiten Wettbewerbs wird der Auftraggeber etwaige Informationsvorsprünge ausgleichen, indem er auch allen anderen Teilnehmern den gleichen Kenntnisstand verschafft.

Für Auftragsvergaben, die den Schwellenwert erreichen, wurde mit dem **Gesetz zur Beschleunigung der Umsetzung von Öffentlich Privaten Partnerschaften und zur Verbesserung gesetzlicher Rahmenbedingungen für Öffentlich Private Partnerschaften (ÖPP-Beschleunigungsgesetz) vom 1.9.2005** (BGBl. I S. 2676) **in § 4 Nr. 5 VgV und mit der VOB 2006 eine gleichlautende Bestimmung in § 8a Nr. 9 VOB/A aufgenommen**, die den Umgang des Auftraggebers mit Projektanten regelt. Danach ist ein Auftraggeber zwar nicht verpflichtet, einen Bewerber oder Bieter, der ihn vor Einleitung des Vergabeverfahrens beraten oder unterstützt hat, vom Wettbewerb fernzuhalten, er hat aber sicherzustellen, dass der Anspruch der übrigen Teilnehmer auf einen fairen und chancengleichen Wettbewerb gewahrt wird. Ausführlich zum Problem der Beteiligung von so genannten Projektanten unter § 8 Nr. 1 VOB/A.

Nicht als ungesunde Begleiterscheinung kann es aber schon angesehen werden, wenn ein Unternehmen ein besonderes Know-how auf einem Spezialgebiet des Bauwesens, wie z.B. für den Bereich der Errichtung von Turn- und Sporthallen, besitzt. Die VOB/A will keineswegs die Beteiligung eines mit besonderen Kenntnissen und Erfahrungen ausgestatteten Unternehmens für den Bereich des Wettbewerbs verhindern. Damit nicht gleich zu setzen sind allerdings die Fälle, in denen **Bewerber oder deren Mitarbeiter im Rahmen der Vorbereitung der Vergabe für den Auftraggeber in unterschiedlichem Umfang (Machbarkeitsstudien, Entwurfsarbeiten, Erstellen der Leistungsbeschreibung usw.) tätig waren**. Richtschnur für die Beantwortung der Frage, ob sich so genannte **Projektanten** am Vergabeverfahren beteiligen können oder davon fernzuhalten sind, ist die Wahrung eines **fairen Wettbewerbs**. Eine unzulässige Wettbewerbsbeeinträchtigung oder Wettbewerbsverzerrung kann jedenfalls nicht generell angenommen werden, sondern hängt von den Umständen des Einzelfalls ab. Dies wird durch die Regelung in Nr. 2 nochmals betont. **46**

IV. Weitere Beispielsfälle ungesunder Begleiterscheinungen

Weiter sind als ungesunde Begleiterscheinungen die Fälle zu rechnen, in denen ein Bewerber bzw. Bieter über den anderen, um ihn im Geschäftsleben zu schädigen, unwahre, **kreditschädigende Behauptungen** aufstellt, insbesondere mit dem Ziel, einen Konkurrenten im geschäftlichen Wettbewerb auszuschalten. Insoweit kommt neben § 826 BGB auch eine Haftung des Schädigers nach den §§ 823, 824, 249 BGB sowie nach dem Rechtsgedanken des § 1004 BGB in Betracht (vgl. dazu BGH Urt. v. 6.2.1962 VI ZR 193/61 = NJW 1962, 731). Derartig handelnde Unternehmer dürfen bei der Vergabe nach der VOB nicht berücksichtigt werden, wenn man den Sinn dieser Vorschriften nicht unbeachtet lassen will. Voraussetzung für die Haftung des Schädigers ist allerdings, dass sich die verbreitete Behauptung mit dem Betroffenen befassen oder doch in enger Beziehung zu seinen Verhältnissen, seiner Betätigung oder seiner gewerblichen Leistung stehen muss. **47**

Gemeint sind mit dem Begriff der ungesunden Begleiterscheinungen aber auch alle Fälle, die **gesetzlich** nicht einmal **verboten** sind, die aber den **Gepflogenheiten eines ordentlichen Geschäftsverkehrs im Bauleben widersprechen.** An sich bringt das Prinzip des Wettbewerbs aus sich heraus gewisse Härten und Schärfen (vgl. *Hereth/Naschold* Teil A § 2 Ez. 57) mit sich. Diese können als mit dem Wettbewerb notwendig verbunden nicht unter § 2 Nr. 1 S. 3 VOB/A fallen. Trotzdem sind es gerade die durch den Wettbewerb auftretenden unerfreulichen Begleiterscheinungen, die ein »Halt« gebieten. Es ist verständlich, wenn es die VOB vermieden hat, Einzelfälle ungesunder Begleiterscheinungen aufzuzählen. Denn diese sind einmal vielfältig möglich und zum anderen wandelbar, je nach Zeit und Ort. **48**

Eine ungesunde Begleiterscheinung ist etwa anzunehmen, wenn ein Teilnehmer über einen längeren Zeitraum mit so genannten Unterangeboten, d.h. unter den eigenen Kosten liegenden Preisen, die Absicht verfolgt, einen oder mehrere Konkurrenten vom Markt zu verdrängen (vgl. OLG Düsseldorf Beschl. v. 19.12.2000 Verg 28/00 = VergabeR 2001, 128 = BauR 2001, 1008 [Ls.] = NZBau 2002, 112 [Ls.]). **49**

Keine unzulässige Beschränkung des Wettbewerbs ist jedoch anzunehmen, wenn der Auftraggeber im Einzelfall für ein bestimmtes Bauvorhaben aus bei objektiver Betrachtung sachlich anzuerkennenden Gründen ein bestimmtes, erprobtes und als richtig empfundenes **Qualitätssicherungssystem** auf der Bewerberseite verlangt (vgl. dazu auch *Franke* FS Heiermann S. 63, 67 f.). Sind diese An- **50** forderungen allerdings nicht gegeben bzw. ist eine Qualitätssicherung auf andere Weise mit dem gleichen Erfolg zu erreichen, so liegt kein ordnungsgemäßer Wettbewerb und damit eine ungesunde Begleiterscheinung vor.

51 Eine ungesunde Begleiterscheinung auf der **Auftraggeberseite** liegt auch darin, dass jemand die Erteilung des Auftrages von der Eingehung eines **Gegengeschäftes** abhängig macht (vgl. *Weilbier/Wiesen* S. 16 f.). Bei marktbeherrschenden Unternehmen, zu denen grundsätzlich auch öffentliche Auftraggeber gehören können, kann in der Forderung nach Abschluss eines Gegengeschäfts zudem ein missbräuchliches Ausnutzen der marktbeherrschenden Stellung liegen, das dann über §§ 823 Abs. 2 BGB i.V.m. § 20 GWB zu einer Schadensersatzverpflichtung führt (siehe auch Einleitung). Zulässig dürfte es aber sein, wenn der Auftraggeber die Bewerber lediglich dazu verpflichtet, sich über Leistungen, die vom Auftraggeber oder einem mit ihm verbundenen Unternehmen allgemein am Markt angeboten werden und für die Durchführung der zu beauftragenden Bauleistungen erforderlich sind, ein Angebot einzuholen. Sicherzustellen ist in diesen Fällen aber, dass die Bewerber, die die angebotenen Leistungen nicht annehmen, sei es weil sie diese am Markt günstiger einkaufen können oder weil sie diese aus anderen nachvollziehbaren Gründen anderweitig entweder selbst oder durch Dritte erbringen wollen, keine Nachteile erleiden.

Davon zu unterscheiden ist auf der **Auftragnehmerseite** der Fall, wenn ein Bieter einen Nachlass unter der Bedingung anbietet, dass er zusätzlich zu dem zu vergebenden Auftrag einen weiteren Auftrag desselben Auftraggebers erhält. Grundsätzlich kann es sich dabei um einen eigenständigen Auftrag für ein Teil- oder Fachlos derselben oder um einen Auftrag für eine andere Baumaßnahme handeln. Eine derartige Verknüpfung (**Koppelung**) mehrerer Auftragsvergaben ist zwar nicht grundsätzlich unzulässig, sie kann aber nicht dazu führen, dass sich dadurch die Wertung des in jenem Verfahren von diesem Bieter abgegebenen Angebotes ändert, es sei denn, auch in jenem Verfahren ist von diesem Bieter ein Nachlass für den umgekehrten Fall angeboten worden, der bei Berücksichtigung zum wirtschaftlichsten Angebot führt. Unter diesen Voraussetzungen bestehen – auch im Hinblick auf die besondere Regelung in § 21 Nr. 4 VOB/A – keine Bedenken gegen die Zulassung eines solchen Koppelungsangebotes (vgl. zu einem ähnlichen Sachverhalt: VK Brandenburg Beschl. v. 7.5.2002 VK 14/02 = IBR 2002, 625).

F. Diskriminierungsverbot (Nr. 2)

52 Das **Verbot**, bei der Vergabe von Bauleistungen einen oder mehrere Unternehmer zu **diskriminieren**, ist mit der Fassung von 1992 in die VOB ausdrücklich aufgenommen worden, gehört aber seit Bestehen der VOB zu den grundlegenden **Prinzipien** des Vergaberechts und ist an sich selbstverständlich. Gerade die Verwirklichung des Wettbewerbsprinzips nach Nr. 1 S. 2 setzt zwingend voraus, dass allen Unternehmern die gleichen Chancen eingeräumt werden und nicht einer oder mehrere von ihnen ohne sachliche und nicht nachvollziehbare Gründe bevorzugt oder benachteiligt werden (ebenso Art. 2 der Richtlinie 2004/18/EG des Europäischen Parlaments und des Rates v. 31.3.2004 über die Koordinierung der Verfahren zur Vergabe öffentlicher Bauaufträge, Lieferaufträge und Dienstleistungsaufträge ABl. Nr. L 134/114 v. 30.4.2004).

Für die öffentlichen Auftraggeber folgt das **Gebot, alle Unternehmer gleich zu behandeln, zudem aus Art. 3 GG**, da die Grundrechte nach allgemeiner Auffassung auch fiskalische Hilfsgeschäfte der öffentlichen Verwaltung wie z.B. die öffentliche Bauvergabe erfassen. Im Gemeinschaftsrecht ist das Diskriminierungsverbot in Art. 12 EU-Vertrag enthalten. Dort heißt es: »**Unbeschadet besonderer Bestimmungen dieses Vertrages ist in seinem Anwendungsbereich jede Diskriminierung aus Gründen der Staatsangehörigkeit verboten.**« Es handelt sich daher um **vorrangiges EU-Recht,** das auch ohne Umsetzung in nationales Recht **unmittelbar anzuwenden** ist. Dieser absolut übergeordnete Grundsatz gilt nicht nur für die den EU-Richtlinien unterworfenen Vergabeverfahren, sondern für **alle Bauvergabeverfahren**, insbesondere also auch diejenigen, die den Basisparagraphen unterliegen. Dies sollte durch die Aufnahme der Nr. 2 nochmals besonders herausgestellt werden.

Unzulässig wäre auch die Beteiligung nur einer begrenzten Zahl von Unternehmern aus bestimmten EU-Ländern oder überhaupt aus EU-Ländern zuzulassen, das Niederlassungsrecht sowie den freien Dienstleistungsverkehr einzuschränken oder die Herkunft bestimmten Materials vorzugeben (vgl. § 12 VgV, der ausnahmsweise unter bestimmten Voraussetzungen eine solche Diskriminierung erlaubt).

Die Gleichbehandlung erfordert vor allem auch die Beachtung des Gebotes zur **produktneutralen Ausschreibung** (vgl. § 9 Nr. 10 VOB/A sowie den Erlass BMBau v. 17.12.1997 B I 2 O 1082–100 und das Vergabehandbuch des Bundes VHB 1.2.3 zu § 9 VOB/A [a.F.] sowie die Kommentierung zu § 9 Nr. 10 VOB/A).

Der Auftraggeber verstößt – unabhängig von der Vergabeart – auch dann gegen den Gleichbehandlungsgrundsatz, wenn er nur einzelne Bewerber oder Bieter über **wesentliche Änderungen der Verdingungsunterlagen** informiert (BGH Urt. v. 26.10.1999 X ZR 30/98 = BauR 2000, 254 = NJW 2000, 661 = NZBau 2000, 35 = ZfBR 2000, 113).

G. Ganzjährige Bautätigkeit (Nr. 3)

Nr. 3, wonach anzustreben ist, die Aufträge so zu erteilen, dass die **ganzjährige Bautätigkeit gefördert** wird, hat **keinerlei rechtlichen Charakter.** Es handelt sich um eine Empfehlung wirtschaftspolitischer Art, um eine möglichst weitgehende Vollbeschäftigung auf dem Bausektor zu erreichen. Dadurch soll u.a. auch das in der öffentlichen Verwaltung zu beobachtende Phänomen, dass vor allem zum Ende eines Jahres die Auftragsvergaben auffällig zunehmen, weil noch vorhandene Haushaltsmittel ausgeschöpft werden (»Dezemberfieber«), vermieden werden. Nicht zu übersehen ist schließlich, dass eine kontinuierliche Nachfrage mit einhergehender konstanter Beschäftigung der Bauwirtschaft sich auf eine günstige Baupreisgestaltung auswirkt. 53

In erster Linie wendet sich die Vorschrift an Behörden als Auftraggeber, die durch eine vorausschauende und – wenn möglich unter Berücksichtigung der vorhandenen Kapazitäten – steuernde Auftragsvergabe zu einer im besten Fall ganzjährigen Auslastung der Baubetriebe beitragen sollen. Ein wesentliches Ziel ist dabei der **Winterbau.** Inwieweit ein Bauen während der kalten Jahreszeit verwirklicht werden kann, hängt im Wesentlichen von der weiteren technischen Entwicklung auf dem Bausektor ab.

Wegen der besonderen Abhängigkeit der Bauwirtschaft von der Witterung werden von der **Bundesagentur für Arbeit** zur **Förderung der ganzjährigen Beschäftigung in der Bauwirtschaft** besondere Leistungen erbracht. Mit dem Gesetz zur Förderung ganzjähriger Beschäftigung v. 24.4.2006 (BGBl. I S. 926) wurde die bisher im Dritten Buch Sozialgesetzbuch in den §§ 209 ff. SGB III (Arbeitsförderung – v. 24.3.1997 BGBl. I S. 594) geregelte Winterbauförderung durch ein neues Leistungssystem ersetzt (vgl. § 175 ff. SGB III). An die Stelle des **Winterausfallgeldes** tritt das **Saison-Kurzarbeitergeld** (vgl. § 175 SGB III). Die **Schlechtwetterzeit** wurde auf den Zeitraum **von Dezember bis März verkürzt**. Nur für Betriebe des Dachdeckerhandwerks, des Gerüstbaus und des Garten- und Landschaftsbaus bleibt es bei der bisherigen Schlechtwetterzeit von November bis März. 54

Beim Saison-Kurzarbeitergeld bzw. zuvor Winterausfallgeld handelt es sich der Sache nach um das frühere Schlechtwettergeld, das mit dem am 1.1.1994 in Kraft getretenen Ersten Gesetz zur Umsetzung des Spar-, Konsolidierungs- und Wachstumprogramms – SKWPG (BGBl. I S. 2353) ab 1.1.1996 abgeschafft worden war. Arbeitnehmer in der Bauwirtschaft, deren Arbeitsverhältnis in der Schlechtwetterzeit nicht aus witterungsbedingten Gründen gekündigt werden kann, haben nach § 175a SGB III Anspruch auf **ergänzende Leistungen als umlagefinanziertes Wintergeld, als Zuschuss-Wintergeld und als Mehraufwands-Wintergeld**. Mit der Neuregelung der Winterbauförderung wurde gleichzeitig die Winterbau-Umlageverordnung v. 13.7.1972 (BGBl. I S. 1201) durch die Winterbeschäftigungs-Verordnung (WinterbeschV v. 26.4.2006 BGBl. S. 1086) ersetzt. Diese sieht erstmals seit der Einführung der Winterbau-Umlage eine Finanzierung sowohl durch einen Arbeitgeberanteil als auch durch einen Arbeitnehmeranteil vor. Weitere Vorschriften im Zusammenhang mit der Winterbauförderung finden sich schließlich in der Baubetriebe-Verordnung vom v. 28.10.1980 (BGBl. I S. 2033), zuletzt geändert durch die Dritte Verordnung zur Änderung der Baubetriebe-Verordnung vom 26.4.2006 (BGBl. I 1085).

Durch die Gewährung von Saison-Kurzarbeitergeld und Wintergeld an die Arbeitnehmer in der Bauwirtschaft soll verhindert werden, dass während der Schlechtwetterzeit vom 1.12. bis 31.3. Entlassungen stattfinden.

§ 2b
Schutz der Vertraulichkeit

1. Die Übermittlung technischer Spezifikationen für interessierte Unternehmer, die Prüfung und Auswahl von Unternehmern und die Auftragsvergabe können die Auftraggeber mit Auflagen zum Schutz der Vertraulichkeit verbinden.

2. Das Recht der Unternehmer, von einem Auftraggeber in Übereinstimmung mit innerstaatlichen Rechtsvorschriften die Vertraulichkeit der von ihnen zur Verfügung gestellten Informationen zu verlangen, wird nicht eingeschränkt.

Inhaltsübersicht Rn.

A. Allgemeine Grundlagen	1
B. Auflagen zum Schutz der Vertraulichkeit (Nr. 1)	3
I. Übermittlung technischer Spezifikationen	4
II. Prüfung von Unternehmen	5
III. Auswahl von Unternehmen	6
IV. Auftragsvergabe	7
V. Etwaige Haftung	8
C. Rechte der Unternehmer zum Schutz der Vertraulichkeit (Nr. 2)	9

A. Allgemeine Grundlagen

1 Für Auftragsvergaben nach der EU-Sektorenrichtlinie (Richtlinie 93/38/EWG des Rates v. 14.6.1993, ABl. Nr. L 199 v. 9.8.1993 S. 84, in der Neufassung der Richtlinie 2004/17/EG des Europäischen Parlaments und des Rates v. 31.3.2004 ABl. Nr. L 134 v. 30.4.2004 S. 1) legt § 2b VOB/A ausdrücklich den **Schutz der Vertraulichkeit**, wie er in Art. 4 Abs. 3 und 4 der Sektorenrichtlinie 93/83/EG geregelt war, fest. In der Neufassung der Sektorenrichtlinie 2004/17/EG ist dem Schutz der Vertraulichkeit mit Art. 13 eine gesonderte Vorschrift gewidmet. Der Inhalt des Art. 13 Abs. 1 der Neufassung stimmt mit der vorherigen Regelung des § 4 Abs. 3 der Richtlinie 93/38/EWG bzw. mit § 2b Abs. 1 VOB/A überein. Für Art. 13 Abs. 2 gilt im Vergleich zu Art. 4 Abs. 4 der Richtlinie 93/38/EWG bzw. des § 2b Abs. 2 VOB/A im Wesentlichen Gleiches, jedoch ist dort nunmehr klargestellt, dass es für die Beurteilung des gesetzlichen Vertraulichkeitsschutzes auf das innerstaatliche Recht ankommt, dem der Auftraggeber unterliegt. Ferner findet sich in Art. 13 Abs. 2 der Richtlinie 2004/17/EG jetzt eine beispielhafte Aufzählung, was unter vertraulichen Informationen zu verstehen ist.

Die Regelung des § 2b VOB/A trägt dem Umstand Rechnung, dass vor allem **in den Sektorenbereichen zum Teil komplexe und technisch anspruchsvolle Bauvorhaben durchzuführen sind**, die spezielle Anforderungen an die in Betracht kommenden Unternehmen stellen. Aus diesem Grund besteht oftmals ein größeres Bedürfnis der beteiligten Unternehmen, dass der Auftrageber die Vertraulichkeit hinsichtlich des Inhalts der Bewerbungs- und Angebotsunterlagen wie auch der Vertragsverhandlungen wahrt. Ferner hat auch der Auftraggeber selbst ein Interesse an dem besonderen Schutz, um zu vermeiden, dass sich Unternehmen allein deswegen nicht am Wettbewerb beteiligen, weil sie die Preisgabe ihrer Geschäfts- oder Betriebsgeheimnisse befürchten.

Nr. 1 befasst sich mit möglichen Auflagen, die der Auftraggeber zum Schutz der Vertraulichkeit festlegen kann. Nr. 2 stellt für die an den Vertragsverhandlungen teilnehmenden Unternehmer klar, dass ihre nach innerstaatlichen Rechtsvorschriften bestehenden Rechte zum Schutz der Vertraulichkeit uneingeschränkt bestehen bleiben. **2**

B. Auflagen zum Schutz der Vertraulichkeit (Nr. 1)

In Nr. 1 sind **vier Stationen** im Rahmen der hier stattfindenden Bauvergabe genannt, bei denen Auflagen zum Schutz der Vertraulichkeit gemacht werden können. Einmal handelt es sich um die **Übermittlung technischer Spezifikationen** (1), ferner um die **Prüfung von Unternehmern** (2), weiter um die **Auswahl von Unternehmen** (3) und schließlich um die **Auftragsvergabe** (4). **3**

I. Übermittlung technischer Spezifikationen

Der Begriff der **technischen Spezifikation** ist in der VOB/A im Anhang TS Nr. 1 **definiert**. Technische Spezifikationen sind sämtliche, insbesondere die in den Verdingungsunterlagen enthaltenen technischen Anforderungen an eine Bauleistung, ein Material, ein Erzeugnis oder eine Lieferung, mit deren Hilfe die Bauleistung, das Material, das Erzeugnis oder die Lieferung so bezeichnet werden können, dass sie ihren durch den Auftraggeber festgelegten Verwendungszweck erfüllen. **4**

In § 9 Nr. 5 ff. VOB/A ist grundsätzlich geregelt, wie mit technischen Spezifikationen im Rahmen der Leistungsbeschreibung umzugehen ist. Nach § 9 Nr. 5 VOB/A müssen die technischen Spezifikationen allen Bietern gleichermaßen zugänglich sein. § 9b VOB/A regelt für den Sektorenbereich ergänzend, dass Auftraggeber grundsätzlich verpflichtet sind, einem Unternehmer auf Anfrage diejenigen technischen Spezifikationen mitzuteilen, die sie regelmäßig in Bauaufträgen verwenden oder bei Beschaffungen im Zusammenhang mit regelmäßigen Bekanntmachungen benutzen.

Nach § 2b Abs. 1 VOB/A kann die Übermittlung solcher technischer Spezifikationen **mit einer der Vertraulichkeit dienenden** Auflage dieser betreffenden Spezifikationen verbunden werden; sie kann unter Umständen auch vorher erfolgen und die Übersendung der Spezifikationen kann davon abhängig gemacht werden. Hier wird es sich im Allgemeinen um Auflagen handeln, die sich auf ein bestimmtes Erzeugnis, die Angabe von Liefermöglichkeiten, erforderliche Verfahrenstechniken, Eigenschaften von bestimmten zur Ausführung notwendigen Produkten, die vertrauliche Behandlung von Zeichnungen oder Berechnungen usw. beziehen. Entscheidend ist, dass die betreffenden technischen Spezifikationen auch unter dem Schutz der Vertraulichkeit stehen, also nicht ohnehin schon einem größeren Kreis von Baubeteiligten bekannt sind. Hier muss sich der Auftraggeber – wie auch in den nachstehend erörterten Fällen – sehr sorgfältig überlegen, ob der Schutz der Vertraulichkeit erforderlich ist. Dies kann sich auf der Grundlage der später beabsichtigten Nutzung der Leistung im Zusammenhang mit den betreffenden technischen Spezifikationen ergeben.

II. Prüfung von Unternehmen

5 Für den Rahmen der **Prüfung von Unternehmern** ist ein notwendiger Schutz der Vertraulichkeit dahin gehend möglich, dass bestimmte Anforderungen, die an die Fachkunde, Leistungsfähigkeit und Zuverlässigkeit gestellt und im Einzelnen mitgeteilt werden, nicht über den Bereich des Angesprochenen hinaus bekannt gemacht oder mit anderen erörtert werden dürfen.

III. Auswahl von Unternehmen

6 In gleicher Weise sind etwaige Auflagen im Hinblick auf die **Auswahl von Unternehmen** zu beurteilen. Gerade hier kann es darauf ankommen, den an dem Auftrag interessierten Unternehmern bestimmte Anforderungen mitzuteilen, die sie zu erfüllen haben, um ernsthaft an der Auftragsvergabe beteiligt zu werden. Dass dies oft genug nicht für die sonstigen Unternehmer, die an der betreffenden Vergabe nicht beteiligt sind, bestimmt ist, liegt auf der Hand, wie z.B. eine Darlegung des Auftraggebers, warum der betreffende Unternehmer mit in die Vertragsverhandlungen einbezogen werden soll.

IV. Auftragsvergabe

7 Erst recht muss dies für die **Auftragsvergabe** gelten. Die dafür im Einzelfall maßgebenden Auswahlkriterien, die der Auftraggeber im betreffenden Fall der Vergabe festgelegt hat, können durchaus den Schutz der Vertraulichkeit beanspruchen, wenn sie den Unternehmern oder dem Unternehmen mitgeteilt werden.

V. Etwaige Haftung

8 Werden Auflagen **nicht befolgt,** kann es durchaus berechtigt sein, den Betreffenden **von der Auftragserteilung auszuschließen,** wenn der Vertrauensbruch dem Auftraggeber vorher bekannt wird. Andernfalls kann sich der das Vertrauen Missbrauchende **einem Schadensersatzanspruch aus culpa in contrahendo** gem. § 280 Abs. 1 BGB i.V.m. §§ 311 Abs. 2, 241 Abs. 2 BGB oder – je nach Fallgestaltung – einer **Schadensersatzhaftung aus unerlaubter Handlung** gem. §§ 823 ff. BGB ausgesetzt sehen.

C. Rechte der Unternehmer zum Schutz der Vertraulichkeit (Nr. 2)

9 Nr. 2 stellt klar, dass **auch** die an den Vertragsverhandlungen **beteiligten Unternehmer an dem Vertrauensschutz teilnehmen,** wenn dies nach innerstaatlichen Rechtsvorschriften gerechtfertigt ist und wenn sie die Vertraulichkeit verlangen. Dabei handelt es sich grundsätzlich um Rechtsvorschriften, die für Deutschland als Auftraggeberland maßgebend sind (vgl. Art. 13 Abs. 2 der Richtlinie 2004/17/EG. Sofern es aber um insbesondere gesetzliche Bestimmungen des Landes des in Betracht kommenden Unternehmers geht, die **auch in Deutschland verbindlich** gelten, sind auch diese hier mit einzubeziehen. Dies kann vornehmlich im Bereich des Urheberrechts in Betracht kommen. Dem Schutz der Vertraulichkeit wird vor allem im Rahmen eines Verhandlungsverfahrens eine besondere Bedeutung zukommen, da dort in Kenntnis aller abgegebenen Angebote mit den Bietern über den Preis und den Inhalt der angebotenen Leistungen einschließlich der technischen Nebenangebote verhandelt wird.

Einem Unternehmen bleibt unbenommen, einen über die gesetzlichen Bestimmungen hinausgehenden Schutz der Vertraulichkeit zu verlangen (a.A. *Heiermann/Riedl/Rusam* § 2b VOB/B Rn. 3), solange dadurch die Durchführung des Vergabeverfahrens nach den zu beachtenden Bestimmungen und Vorgaben des Auftraggebers nicht beeinträchtigt wird. Lässt sich dem Vertraulichkeitswunsch des Unternehmens nicht Rechnung tragen, so kann sich der Auftraggeber darüber aber nicht einfach hinwegsetzen, sondern muss einen solchen Bieter vom Verfahren ausschließen. Ein Bieter könnte etwa bei einem Offenen oder Nichtoffenen Verfahren nicht verlangen, dass seine Angebotssumme nicht bekannt gegeben wird, weil dies § 22 Nr. 3 Abs. 2 S. 2 VOB/A ausdrücklich vorsieht. Gleichfalls kann keine Vertraulichkeit hinsichtlich von Angaben verlangt werden, die Gegenstand der einschlägigen Informations-, Mitteilungs- und Berichtspflichten der §§ 27b und 33b VOB/A oder des § 13 VgV sind.

Der Vertrauensschutz muss sich auf **Informationen** beziehen, die **dem Auftraggeber** im Rahmen des betreffenden Vergabeverfahrens **mitgeteilt** worden sind. Wie nunmehr Art. 13 Abs. 2 der Richtlinie 2004/17/EG beispielhaft aufzählt, gehören zu den Informationen insbesondere technische und Betriebsgeheimnisse sowie die vertraulichen Aspekte der Angebote. 10

Diese Regelung korrespondiert weitgehend mit der auch hier maßgebenden Basisbestimmung in **§ 20 Nr. 3 VOB/A**, so dass auf die dortigen Erläuterungen zu verweisen ist. Einmal kann sich der verlangte Vertrauensschutz auf gesetzliche Bestimmungen, wie das Urheberrechtsgesetz, das Patentgesetz, das Geschmacksmuster- oder Gebrauchsmustergesetz usw., beziehen. Darüber hinaus kann sich der hier angesprochene Vertrauensschutz auch **unmittelbar aus § 20 Nr. 3 VOB/A** ergeben, da diese Bestimmung als innerstaatliches Recht **über** die vorgenannten **gesetzlichen Bestimmungen hinausgeht**. Zudem sind auch die Bestimmungen in **§ 3 Nr. 6 VOB/B** von Bedeutung, da sie jedenfalls entsprechend oder sinngemäß bereits hier im Vergabeverfahren zu beachten sind, soweit dies schon jetzt von Bedeutung ist.

§ 3
Arten der Vergabe

1. (1) Bei Öffentlicher Ausschreibung werden Bauleistungen im vorgeschriebenen Verfahren nach öffentlicher Aufforderung einer unbeschränkten Zahl von Unternehmern zur Einreichung von Angeboten vergeben.

   (2) Bei Beschränkter Ausschreibung werden Bauleistungen im vorgeschriebenen Verfahren nach Aufforderung einer beschränkten Zahl von Unternehmern zur Einreichung von Angeboten vergeben, gegebenenfalls nach öffentlicher Aufforderung, Teilnahmeanträge zu stellen (Beschränkte Ausschreibung nach Öffentlichem Teilnahmewettbewerb).

   (3) Bei Freihändiger Vergabe werden Bauleistungen ohne ein förmliches Verfahren vergeben.

2. Öffentliche Ausschreibung muss stattfinden, wenn nicht die Eigenart der Leistung oder besondere Umstände eine Abweichung rechtfertigen.

3. (1) Beschränkte Ausschreibung ist zulässig,
   a) wenn die Öffentliche Ausschreibung für den Auftraggeber oder die Bewerber einen Aufwand verursachen würde, der zu dem erreichbaren Vorteil oder dem Wert der Leistung im Missverhältnis stehen würde,
   b) wenn eine Öffentliche Ausschreibung kein annehmbares Ergebnis gehabt hat,
   c) wenn die Öffentliche Ausschreibung aus anderen Gründen (z.B. Dringlichkeit, Geheimhaltung) unzweckmäßig ist.

   (2) Beschränkte Ausschreibung nach Öffentlichem Teilnahmewettbewerb ist zulässig,
   a) wenn die Leistung nach ihrer Eigenart nur von einem beschränkten Kreis von Unternehmern in geeigneter Weise ausgeführt werden kann, besonders wenn außergewöhnliche Zuverlässigkeit oder Leistungsfähigkeit (z.B. Erfahrung, technische Einrichtun-

gen oder fachkundige Arbeitskräfte) erforderlich ist,
   b) wenn die Bearbeitung des Angebots wegen der Eigenart der Leistung einen außergewöhnlich hohen Aufwand erfordert.
4. Freihändige Vergabe ist zulässig, wenn die Öffentliche Ausschreibung oder Beschränkte Ausschreibung unzweckmäßig ist, besonders
   a) weil für die Leistung aus besonderen Gründen (z.B. Patentschutz, besondere Erfahrung oder Geräte) nur ein bestimmter Unternehmer in Betracht kommt,
   b) weil die Leistung nach Art und Umfang vor der Vergabe nicht eindeutig und erschöpfend festgelegt werden kann,
   c) weil sich eine kleine Leistung von einer vergebenen größeren Leistung nicht ohne Nachteil trennen lässt,
   d) weil die Leistung besonders dringlich ist,
   e) weil nach Aufhebung einer Öffentlichen Ausschreibung oder Beschränkten Ausschreibung eine erneute Ausschreibung kein annehmbares Ergebnis verspricht,
   f) weil die auszuführende Leistung Geheimhaltungsvorschriften unterworfen ist.

Inhaltsübersicht Rn.

A. Allgemeine Grundlagen	1
I. Anwendungsbereich	1
II. Vergabeverfahren und Verfahrenstypen	2
III. Verhältnis zum Verwaltungsverfahren (VwVfG) und zur Vertragsverhandlung (BGB)	3
B. Hierarchie der Verfahrenstypen/Vorrang des Wettbewerbs	6
C. Die Verfahrenstypen des 1. Abschnitts der VOB/A	8
I. Öffentliche Ausschreibung (§ 3 Nr. 1 Abs. 1 und Nr. 2 VOB/A)	9
1. Wesentliche Merkmale	9
a) Öffentliche Angebotsaufforderung	10
b) Angebotsverfahren	13
c) Vorgeschriebenes Verfahren der Öffentlichen Ausschreibung	14
2. Anwendungsbereich der Öffentlichen Ausschreibung (§ 3 Nr. 2 VOB/A)	15
II. Beschränkte Ausschreibung (§ 3 Nr. 1 Abs. 2 und Nr. 3 VOB/A)	16
1. Wesentliche Merkmale	16
a) Allgemeines	16
b) Beschränkte Ausschreibung (§ 3 Nr. 1 Abs. 2 VOB/A)	17
c) Beschränkte Ausschreibung nach Öffentlichem Teilnahmewettbewerb (§ 3 Nr. 1 Abs. 2 Hs. 2 VOB/A)	18
2. Anwendungsbereich der Beschränkten Ausschreibung (§ 3 Nr. 3 Abs. 1 VOB/A)	19
a) Missverhältnis zwischen Aufwand und erreichbarem Vorteil oder dem Wert der Leistung (§ 3 Nr. 3 Abs. 1a VOB/A)	20
b) Öffentliche Ausschreibung ohne annehmbares Ergebnis (§ 3 Nr. 3 Abs. 1b VOB/A)	24
c) Unzweckmäßigkeit der Öffentlichen Ausschreibung aus anderen Gründen (§ 3 Nr. 3 Abs. 1c VOB/A)	28
3. Anwendungsbereich der Beschränkten Ausschreibung nach Öffentlichem Teilnahmewettbewerb (§ 3 Nr. 3 Abs. 2 VOB/A)	30
a) Ausführung nur durch beschränkten Kreis von Unternehmern (§ 3 Nr. 3 Abs. 2a VOB/A)	31
b) Außergewöhnlich hoher Aufwand bei der Bearbeitung des Angebots (§ 3 Nr. 3 Abs. 2b VOB/A)	32
III. Freihändige Vergabe (§ 3 Nr. 1 Abs. 3, Nr. 4 VOB/A)	33
1. Wesentliche Merkmale	33
2. Anwendungsbereich	36
a) Unzweckmäßigkeit (§ 3 Nr. 4 Hs. 1 VOB/A)	37

	Rn.
b) Nur ein bestimmter Unternehmer kommt in Betracht (§ 3 Nr. 4a VOB/A)	39
c) Leistung nicht eindeutig beschreibbar (§ 3 Nr. 4b VOB/A)	41
d) Kleine Zusatzleistung (§ 3 Nr. 4c VOB/A)	42
e) Besondere Dringlichkeit (§ 3 Nr. 4d VOB/A)	43
f) Ausschreibung nicht erfolgversprechend (§ 3 Nr. 4e VOB/A)	44
g) Leistung unterliegt der Geheimhaltung (§ 3 Nr. 4f VOB/A)	46
D. Rechtsfolgen einer fehlerhaften Wahl des Verfahrenstyps	47

A. Allgemeine Grundlagen

I. Anwendungsbereich

§ 3 VOB/A findet zunächst für den ersten Abschnitt der VOB/A Anwendung. Darüber hinaus ist die **1** Norm im zweiten und dritten Abschnitt heranzuziehen, soweit §§ 3a und 3b VOB/A entweder auf § 3 VOB/A verweisen oder keine spezielle Regelung enthalten. Im vierten Abschnitt gilt § 3 VOB/A nicht.

Auch Auftraggeber, die grundsätzlich **nicht** zur Anwendung des 1. Abschnitts verpflichtet sind, können sich **freiwillig** an die Vergabevorschriften des 1. Abschnitts binden. Nach den Grundsätzen der culpa in contrahendo (§§ 280 ff. i.V.m. § 311 Abs. 2 Nr. 1 BGB) wäre der Auftraggeber dann bei Verletzung der Vergabevorschriften schadensersatzpflichtig. Zur Anwendung der VOB/A wird ein Auftraggeber zudem regelmäßig durch Nebenbestimmung des Subventionsbescheids verpflichtet, wenn ein Projekt mit **öffentlichen Mitteln gefördert** wird. In diesen Fällen kann jedoch der Bieter nicht die Einhaltung der Vergabevorschriften verlangen, denn die Verpflichtung hierzu besteht allenfalls im Verhältnis zum Förderungsgeber (so wohl auch *Rusam* in *Heiermann/Riedl/Rusam* § 3 VOB/A Rn. 5). Der Bieter ist hingegen nicht Partei der Fördervereinbarung. Der Rechtsweg zu den Vergabekammern kann durch einen Zuwendungsbescheid in Form eines Verwaltungsaktes nicht begründet werden und unterliegt nicht dem Dispositionsrecht der Parteien. Auch im Bereich von Fördermaßnahmen müssen daher die objektiven Voraussetzungen des §§ 97 ff. GWB geprüft werden (vgl. VK Münster Beschl. v. 6.4.2005 VK 7/05). Fehler im Vergabeverfahren können dennoch zur Rückforderung der Subvention durch die vergebende Behörde führen (vgl. VGH München BayVBl 1991, 209; VG Augsburg ZfBR 2003, 297; zur Rückforderung von Zuwendungen aufgrund Verstoßes gegen Vergaberecht siehe auch *Kulartz/Schilder* NZBau 2005, 552).

II. Vergabeverfahren und Verfahrenstypen

Jeder Erteilung eines öffentlichen Auftrags muss ein Vergabeverfahren vorausgehen, unabhängig **2** von der Überschreitung der Schwellenwerte des § 2 VgV (vgl. EuGH NVwZ 2005, 1052; zum Begriff des Vergabeverfahrens und den Fällen, in denen rechtswidrig auf die Durchführung eines Vergabeverfahrens verzichtet wird [De-facto-Vergabe]: OLG Naumburg Beschl. v. 8.1.2003 1 Verg 7/02; OLG Düsseldorf VergabeR 2001, 330; VK Bund Beschl. v. 12.12.2002 VK 1–83/02; *Burgi* NZBau 2003, 16; *Hailbronner* NZBau 2002, 474; *Müller-Wrede* FS Jagenburg S. 657). Es gibt insbesondere keine rechtsfreie Beschaffung durch die öffentliche Hand (vgl. EuGH VergabeR 2005, 737; OVG Niedersachsen Beschl. v. 7.2.2006 11 ME 26/05). Dem Auftraggeber stehen im im Rahmen einer Auftragsvergabe **unterhalb** der Schwellenwerte **drei** unterschiedliche **Typen von Vergabeverfahren** zur Verfügung. Damit soll zum einen je nach Gegenstand der Vergabe die notwendige **Flexibilität der Verwaltung** gesichert, andererseits aber ein **größtmöglicher Wettbewerb** ermöglicht werden. Diese Verfahrensarten sind gem. § 3 VOB/A die **Öffentliche Ausschreibung**, die **Beschränkte Ausschreibung,** welche mit und ohne **öffentlichen Teilnahmewettbewerb** durchgeführt werden kann, und die **Freihändige Vergabe**. Maßgebliches Unterscheidungsmerkmal zwischen den drei Verfahrenstypen ist der **Kreis der zu beteiligenden Bieter** und der **Grad der Formalisierung** des Verfahrensablaufs.

Oberhalb der Schwellenwerte wird § 3 VOB/A durch die in den §§ 3a und 3b VOB/A niedergelegten Verfahrenstypen überlagert. Dies sind neben dem **Offenen Verfahren**, das **Nichtoffene Verfahren**, das **Verhandlungsverfahren** und der **wettbewerbliche Dialog**. Letzterer wurde im Rahmen der Änderung des GWB durch das ÖPP-Beschleunigungsgesetz als vierte Verfahrensart für den Bereich oberhalb der Schwellenwerte in § 101 GWB und § 6a VgV eingefügt. Inhaltlich entsprechen die drei erstgenannten Verfahrensarten weitgehend der Öffentlichen und Beschränkten Ausschreibung sowie der Freihändigen Vergabe, wenngleich insgesamt ein erhöhtes Maß an Formalisierung festzustellen ist. Dies gilt vor allem für das Verhandlungsverfahren. Unterhalb der Schwellenwerte ist die Freihändige Vergabe gänzlich formfrei, während ab Erreichen der Schwellenwerte im Verhandlungsverfahren regelmäßig ein förmlicher Teilnahmewettbewerb durchzuführen ist.

Unabhängig vom Auftragswert gilt auch der Grundsatz des Vorrangs der Öffentlichen Ausschreibung bzw. des Offenen Verfahrens. Dieser findet sich in § 3 Nr. 2 VOB/A und ist gem. § 3a Nr. 2 VOB/A auch ab Erreichen der Schwellenwerte anzuwenden. Er ist Teil einer Hierarchie der Verfahrenstypen, die sich aus einer Gesamtbetrachtung des § 3 VOB/A erschließt.

III. Verhältnis zum Verwaltungsverfahren (VwVfG) und zur Vertragsverhandlung (BGB)

3 Die Vergabestellen sind an die Grundsätze des Verwaltungshandelns, etwa die Verfahrensfairness und die Selbstbindung der Verwaltung gebunden (vgl. KG WuW/E Verg 550 [552]). Insbesondere dürfen staatliche Auftraggeber wegen der Bindung an Art. 3 Abs. 1 GG nicht willkürlich handeln (vgl. OLG Saarbrücken Beschl. v. 29.5.2002 5 Verg 1/01; OLG Brandenburg NVwZ 1999, 1142, 1146).

4 Die Regeln zum Verwaltungsverfahren und hier insbesondere das **Verwaltungsverfahrensgesetz** (VwVfG) sind grundsätzlich neben den Vorschriften der VOB/A nicht direkt anwendbar. Die Vorschriften zur Vergabe öffentlicher Aufträge und die Vergabegrundsätze, also insbesondere die Regelungen des GWB, der VgV sowie VOB/A, VOL/A und VOF und die Rechtsvorschriften aus den Haushaltsgesetzen (§§ 7, 55 BHO und entsprechende Landesgesetze) sind vorrangig. Die entsprechenden Vorschriften enthalten für das Vergabeverfahren geltende Besonderheiten. So richtet sich das Vergabeverfahren im Gegensatz zum Nachprüfungsverfahren (§ 114 Abs. 3 GWB) nicht auf den Erlass eines Verwaltungsaktes oder einen öffentlich-rechtlichen Vertrag (§ 9 VwVfG). Am Ende des Vergabeverfahrens steht vielmehr die Vergabeentscheidung der Vergabestelle in Form des Zuschlags (§ 97 Abs. 5 GWB). Der Zuschlag ist insoweit gleichbedeutend mit der zivilrechtlichen Annahmeerklärung (§ 145 BGB) des durch den Bieter eröffneten Vertragsangebotes durch den Auftraggeber. Der geschlossene Vertrag ist zivilrechtlicher Natur (*Eschenbruch/Röwekamp* in *Kulartz/Kus/Portz* § 100 GWB Rn. 16 m.w.N.).

5 Eine Anwendung des VwVfG kann jedoch aus der nunmehr von einigen Oberverwaltungsgerichten vertretenen Auffassung zum Rechtsschutz gegen Vergabeentscheidungen unterhalb der Schwellenwerte gefolgert werden (§ 100 Abs. 1 GWB i.V.m. § 2 VgV). Diese Rechtsprechung wendet auf das Vergabeverfahren die »Zwei-Stufen-Theorie« an. Demnach geht der zweiten Stufe, dem Abschluss des privatrechtlichen Vertrages (Zuschlag, vgl. § 97 Abs. 5 GWB), eine erste Stufe in Form eines eigenständigen Verwaltungsverfahrens voraus (vgl. OVG Sachsen Beschl. v. 13.4.2006 2 E 270/05; OVG Nordrhein-Westfalen Beschl. v. 20.9.2005 15 E 1188/05; OVG Rheinland-Pfalz Beschl. v. 25.5.2005 7b 10356/05 [gegenstandslos aufgrund gemeinsamer Erledigungserklärung: VG Koblenz Beschl. v. 13.7.2005 6 L 2617/04]; VG Neustadt Beschl. v. 20.2.2006 4 L 210/06). Diese erste Stufe, der Auswahlvorgang, unterliegt danach spezifisch öffentlich-rechtlichen Regelungen, wie etwa den Vorgaben der Haushaltsgesetze und den aufgrund entsprechender Verweise anwendbaren entsprechenden Verdingungsordnungen (VOB/A). Dies ermöglicht nach Ansicht der o.g. Oberverwaltungsgerichte eine Überprüfung dieser spezifischen Auswahlentscheidung im Wege eines Verfahrens vor den Verwaltungsgerichten, § 40 Abs. 1 S. 1 VwGO (vgl. OVG Sachsen Beschl. v. 13.4.2006 2 E 270/05). Die für Auftragsvergaben oberhalb der Schwellenwerte (§ 100 Abs. 1 GWB i.V.m. § 2 VgV) bestehende Sonderzuweisung an die Vergabekammern (§§ 102 ff. GWB) ist für Auftragsvergaben unterhalb der Schwellenwerte nicht einschlägig. Folgerichtig ist es nach dieser Ansicht aus dem Gebot des effektiven Rechtsschutzes (Art. 19 Abs. 4 GG) angezeigt, eine entsprechende Streitigkeit auf der ersten Stufe den Verwaltungsgerichten zuzuweisen.

Hinsichtlich der Frage nach der direkten Anwendbarkeit des VwVfG kann es jedoch dahinstehen, ob dieser Rechtsprechung zu folgen ist oder nicht (zur Ablehnung der Zwei-Stufen-Lösung, vgl. VG Karlsruhe Beschl. v. 14.6.2006 8 K 1437/06; VG Leipzig Beschl. v. 6.9.2005 5 K 1018/05; Beschl. v. 5.9.2005 5 K 1069/05 [Letztere aufgehoben durch OVG Sachsen Beschl. v. 13.4.2006 2 E 270/06]; VG Gelsenkirchen Beschl. v. 15.10.2004 12 L 2120/04; hierzu auch *Ruthig* NZBau 2005, 497, 499). Auch die Vertreter der Zwei-Stufen-Lösung führen zur Begründung ihrer Ansicht nicht aus, dass das Vergabeverfahren, in welchem Stadium auch immer, auf den Erlass eines Verwaltungsaktes oder den Abschluss eines öffentlich-rechtlichen Vertrages gerichtet ist. Die Voraussetzung zur Anwendung der Regelungen des VwVfG (§ 9 VwVfG) liegt demnach gerade nicht vor. Im Übrigen würde selbst bei Einstufung der Auswahlentscheidung als Verwaltungsakt i.S.v. § 35 VwVfG eine unmittelbare Anwendung des VwVfG an der vorrangigen Geltung der Verdingungsordnungen scheitern. Nach Ansicht der Anhänger der Zwei-Stufen-Lösung entfaltet die VOB/A auch unterhalb der Schwellenwerte unmittelbare Rechtswirkung. Die Regelungen der VOB/A enthalten ein eigenes, von den allgemeinen Regeln des Verwaltungsverfahrens abweichendes, Verfahrensrecht. Aufgrund des Spezialitätsgrundsatzes sind diese Regelungen vorrangig anzuwenden, allein subsidiär ist die Anwendung des VwVfG in diesen Falle denkbar. Auch wenn die Frage des Rechtsschutzes gegen Vergabeentscheidungen demnach keine Auswirkungen auf die Anwendung des VwVfG auf das Vergabeverfahren entfaltet, ist die Entwicklung der Rechtsprechung und gegebenenfalls auch eine Änderung durch den Gesetzgeber in diesem Bereich genau zu beobachten.

Das Vergabeverfahren ist als Teil des Besonderen Verwaltungsrechts dem **öffentlichen Wirtschafsrecht** (Verwaltungsprivatrecht) zuzuordnen (vgl. VG Karlsruhe Beschl. v. 14.6.2006 8 K 1437/06; so wohl auch schon *Battis* DÖV 2001, 988, 990).

Die VOB/A gibt – je nach Vergabeart mit größerer oder geringerer Dichte – Vorschriften für den Vergabevorgang, der auf einen Vertragsschluss abzielt, vor, während das **BGB** diesen Bereich weitgehend der Privatautonomie der Verhandlungspartner überlässt. Verhaltenspflichten ergeben sich nur aus dem der culpa in contrahendo (§ 311 Abs. 2 BGB) zugrundeliegenden Grundsatz von Treu und Glauben (§ 242 BGB). Soweit die VOB/A im 1. Abschnitt einen bestimmten Sachverhalt regelt, ist das berechtigte Vertrauen des Bieters/Bewerbers in die Einhaltung dieser Vorschriften geschützt (vgl. BGH NJW 1998, 3640 3641; zu den Vergaberechtlichen Sekundäransprüchen insgesamt siehe: *Horn/Graef* NZBau 2005, 505). Dies gilt auch für den Fall, dass ein Privater eine Ausschreibung vornimmt und sich dabei unbeschränkt den Regeln der VOB/A unterwirft. Auch hier können Schadensersatzansprüche aus Vertrauenshaftung (§ 311 Abs. 2 BGB) bestehen (vgl. BGH Urt. v. 21.2.2006 X ZR 39/03).

6

Eine **Kollision** der detaillierten Regelungen der VOB/A mit den im BGB enthaltenen Grundsätzen von Treu und Glauben wird allerdings kaum vorkommen. Ist dies dennoch der Fall, findet sich in den Kommentierungen der Einzelbestimmungen des Vergabeverfahrens ein ausdrücklicher Hinweis. Die spezielleren und detaillierteren Regelungen zur Haftung für Verschulden bei Vertragsverhandlung, wie sie die VOB/A enthält, gehen den Vorschriften, die hierzu im BGB enthalten sind, vor. Die Vorschriften des BGB finden jedoch dann Anwendung, wenn die VOB/A keine Regelungen trifft, etwa in Bezug auf den Abschluss von Rechtsgeschäften nach §§ 104 ff. BGB, den Bestand des geschlossenen Vertrages nach §§ 134, 138 BGB (vgl. OLG Düsseldorf NZBau 2005, 484; *Byok* in *Byok/*

Jaeger § 107 GWB Rn. 960) oder die Auslegung eines Angebots, als empfangsbedürftige Willenserklärung nach §§ 133, 157 BGB (vgl. BayObLG VergabeR 2002, 644).

B. Hierarchie der Verfahrenstypen/Vorrang des Wettbewerbs

7 Der öffentliche Auftraggeber kann im ersten Abschnitt der VOB/A zwischen den Verfahrenstypen **nicht** frei wählen. Grundsätzlich hat er dasjenige Verfahren anzuwenden, welches je nach Beschaffenheit des Auftragsgegenstandes den **größtmöglichen Wettbewerb** ermöglicht. Dies legt § 2 Nr. 1 S. 2 VOB/A für Bauvergaben unmissverständlich fest. Für das Verhältnis von Öffentlicher Ausschreibung und Beschränkter Ausschreibung bzw. Freihändiger Vergabe bedeutet dies einen **Vorrang der Öffentlichen Ausschreibung**. Diese »muss« angewendet werden, wenn nicht ausnahmsweise die Eigenart der Leistung oder besondere Umstände ein Abweichen rechtfertigen, § 3 Nr. 2 VOB/A. Wann ein Abweichen gerechtfertigt ist, ist § 3 Nr. 2 bis 4 VOB/A zu entnehmen. Auch zwischen der Beschränkten Ausschreibung und der Freihändigen Vergabe besteht eine Hierarchie, die sich ebenfalls an der Breite des Wettbewerbs orientiert. Es gilt der **Vorrang der Beschränkten Ausschreibung vor der Freihändigen Vergabe** (so auch Beck'scher VOB-Komm./*Jasper* § 3 VOB/A Rn. 36). Voraussetzung einer Freihändigen Vergabe ist die Unzweckmäßigkeit der Öffentlichen und Beschränkten Ausschreibung (§ 3 Nr. 4 S. 1 VOB/A).

Die Hierarchie der Vergabearten ist auch Konsequenz des **Haushaltsrechts**, welches trotz Verschiebung des Vergaberechts oberhalb der Schwellenwerte in das Wettbewerbsrecht weiterhin Geltung beansprucht. Der Vorrang der »öffentlichen Ausschreibung« ist in § 55 Abs. 1 BHO und den diesem entsprechenden landes- und kommunalrechtlichen Vorschriften ausdrücklich niedergelegt. Damit ist nicht allein der Vorrang der gleichnamigen Vergabeart der VOB/A gemeint, sondern der Vorrang des **öffentlicheren**, also wettbewerblicheren Verfahrens. Daher ist auch die Beschränkte Ausschreibung nach Öffentlichem Teilnahmewettbewerb des § 3 Nr. 3 Abs. 2 VOB/A der Öffentlichen Ausschreibung nach § 3 Nr. 1 Abs. 1 VOB/A nicht gleichwertig, weil auch in dieser der Wettbewerb um den Auftrag begrenzt ist, obwohl jedes interessierte Unternehmen zunächst seine Teilnahmeabsicht bekunden kann (vgl. OVG Koblenz DVBl 2000, 650; *Lampe-Helbig/Wörmann* Handbuch der Bauvergabe 2. Aufl. Rn. 151).

8 Soll für ein **konkretes Bauvorhaben** die Verfahrensart bestimmt werden, so muss der Auftraggeber die Zulässigkeit **entlang der Hierarchie der Vergabearten** prüfen. Zunächst ist festzustellen, ob nicht die Öffentliche Ausschreibung gewählt werden muss, sodann ob nicht die Beschränkte Ausschreibung mit Teilnahmewettbewerb zu wählen ist und schließlich ob nicht die Beschränkte Ausschreibung ohne Teilnahmewettbewerb zulässig ist. Nur wenn auf diese Verfahrensarten aus den in § 3 Nr. 2 bis 4 VOB/A niedergelegten Gründen verzichtet werden darf, kann die Vergabe formlos durch Freihändige Vergabe erfolgen. Diese steht damit nicht wahlweise und auch nicht gleichberechtigt neben den anderen Vergabearten zur Verfügung, sondern ist vielmehr **letztes Mittel** der Vergabe. Bei der Prüfung der für das konkrete Vorhaben zulässigen Verfahrensart besteht für den Auftraggeber ein Beurteilungsspielraum. Dieser ist dann überschritten, wenn der Auftraggeber seiner Prüfung einen unrichtigen oder unvollständig ermittelten Sachverhalt zugrunde gelegt hat, den Beurteilungsspielraum unzutreffend interpretiert hat oder die Prüfung unsachgemäß bzw. willkürlich erfolgte (vgl. VK Bund Beschl. v. 1.9.2005 VK 2–99/05).

C. Die Verfahrenstypen des 1. Abschnitts der VOB/A

9 Die drei Verfahrenstypen des 1. Abschnitts der VOB/A unterscheiden sich voneinander vor allem im **Umfang des angesprochenen Kreises von Unternehmen (Adressatenkreis)** und in der **Förmlichkeit des Verfahrensablaufs** (Beck'scher VOB-Komm./*Jasper* § 3 VOB/A Rn. 8 f.). Grundsätzlich gilt:

Je größer der **Kreis der Unternehmen**, die von dem Vergabeverfahren erreicht werden, desto breiter ist der **Wettbewerb** (§ 2 Nr. 1 VOB/A) und desto **wirtschaftlicher** kann beschafft werden. Je **förmlicher** das Verfahren ausgestaltet ist, desto besser werden **Gleichbehandlung** (§ 2 Nr. 2 VOB/A) und **Transparenz** garantiert. Gleichwohl erlaubt nicht jeder Auftragsgegenstand und nicht alle Umstände des Beschaffungsbedarfs ein größtmögliches Maß an Wettbewerb. Die Verwaltung muss trotz der Verfahrensvorschriften **flexibel** auf den auftretenden Beschaffungsbedarf reagieren können. Daher stellt die VOB/A verschiedene Verfahren mit reduziertem Adressatenkreis und reduzierter Förmlichkeit zur Verfügung: Den breitesten Wettbewerb ermöglicht die Öffentliche Ausschreibung durch einen unbegrenzten Adressatenkreis. Bei Beschränkter Ausschreibung und Freihändiger Vergabe wird der Bieterkreis vom Auftraggeber begrenzt, gegebenenfalls nach einem öffentlichen Teilnahmewettbewerb. Mit dem Adressatenkreis reduziert sich auch die Förmlichkeit des Verfahrensablaufs. Öffentliche und Beschränkte Ausschreibung sind detailliert geregelt, während die Freihändige Vergabe in § 3 Nr. 1 Abs. 3 VOB/A als formlos bezeichnet wird. In diesem Verfahrenstypus obliegt es dem Auftraggeber, den Ablauf des Verfahrens zu gestalten und gegebenenfalls bestimmte Formen und Fristen vorzuschreiben.

I. Öffentliche Ausschreibung (§ 3 Nr. 1 Abs. 1 und Nr. 2 VOB/A)

1. Wesentliche Merkmale

Die Öffentliche Ausschreibung zeichnet sich dadurch aus, dass die Leistungen in einem **vorgeschriebenen**, **förmlichen** Verfahren nach einer öffentlichen Aufforderung an eine **unbeschränkte** Anzahl von Unternehmen zur Abgabe von Angeboten vergeben werden. 10

a) Öffentliche Angebotsaufforderung

Die Öffentliche Ausschreibung beginnt mit der öffentlichen Aufforderung interessierter Unternehmen zur Angebotsabgabe. Diese erfolgt durch **Bekanntmachung** gem. § 17 VOB/A. **Zusätzlich** zur Bekanntmachung kann der Auftraggeber einzelne Unternehmen zwecks Abgabe eines Angebotes ansprechen, wenn er auf deren Beteiligung Wert legt. Aus Gründen der Gleichbehandlung darf er diesen Unternehmen aber im Vergleich zur Bekanntmachung keine zusätzlichen Informationen zukommen lassen (vgl. OLG Schleswig NZBau 2000, 207). Um dem Grundsatz der Chancengleichheit gerecht zu werden, muss der Auftraggeber auch sicherstellen, dass den Bietern jeweils ausreichend Zeit zur Erstellung der Angebote verbleibt (vgl. VK Münster Beschl. v. 21.8.2003 VK 18/03). Die Bekanntmachung dient zudem insbesondere der Transparenz und der Förderung des grenzüberschreitenden Wettbewerbs in der EG (vgl. BayObLG VergabeR 2003, 345, 346). 11

Der Begriff der »öffentlichen Aufforderung« hat einen materiellen und einen formellen Inhalt. In materieller Hinsicht richtet sich die Aufforderung zur Abgabe eines Vertragsangebotes nicht an einen oder mehrere bestimmte Adressaten, sondern an den zahlenmäßig unbegrenzten Kreis der potenziellen Bieter. Formell erfolgt die Aufforderung zur Angebotsabgabe im Wege der Bekanntgabe durch geeignete Veröffentlichungsorgane. Gem. § 17 Nr. 1 Abs. 1 VOB/A sind öffentliche Ausschreibungen durch Tageszeitungen, amtliche Veröffentlichungsblätter, Fachzeitschriften oder Datenbanken bekannt zu machen.

Das Veröffentlichungsorgan für die Bekanntmachung ist so zu wählen, dass der Wettbewerb nicht ungerechtfertigt eingeschränkt wird. Der räumliche Umfang des Vergabewettbewerbs steht in direktem Zusammenhang mit der Reichweite und Leserschaft des Organs, in dem die Bekanntmachung erfolgt. Entsprechend sind für die Bekanntmachung Medien mit einer möglichst großen Reichweite zu wählen. Es sollte je nach Wert des Auftrags möglichst **bundesweite** Reichweite haben (Beck'scher VOB-Komm./*Jasper* § 3 VOB/A Rn. 13). Eine **europaweite** Ausschreibung ist zulässig und kann mittels der Medien des Amtes für amtliche Veröffentlichungen der EG erfolgen. Eine **Verpflichtung** hierzu besteht unterhalb der Schwellenwerte jedoch nicht. Eine Veröffentlichung in einem nur regio- 12 nal verbreiteten Veröffentlichungsblatt ist im Einzelfall nicht ausreichend (vgl. BayObLG VergabeR 2003, 345, 346).

Der Aufwand einer überregionalen Ausschreibung kann gleichwohl außer Verhältnis zum Aufwand der Angebotswertung stehen. Dies setzt voraus, dass von anderen als regionalen Unternehmen im Einzelfall mit einiger Sicherheit keine konkurrenzfähigen Angebote zu erwarten sind. Etwa wenn die geforderte Bauleistung nur geringen Umfang hat und für einen entfernt ansässigen Bieter die Eigenaufwendungen zu hoch wären, ist eine Ausschreibung nur in regionalen Medien vorzuziehen. Letztlich kommt es bei der Wahl des Veröffentlichungsorgans auf eine sorgfältige – bei Behörden pflichtgemäße – Prüfung der erforderlichen Reichweite an. Die Reichweite eines Veröffentlichungsorgans beeinflusst zugleich den Umfang des Wettbewerbs und der durch die mehr oder minder aufwendige Angebotswertung gebundenen Ressourcen der Vergabestelle. Die öffentliche Ausschreibung soll zwar grundsätzlich den größtmöglichen Kreis von Unternehmen ansprechen, zugleich muss der Aufwand des Vergabeverfahrens aber im Verhältnis zum Wert des Auftrags stehen.

13 Eine **ausdrückliche Begrenzung** des Teilnehmerkreises auf **bestimmte Regionen** oder **Orte** untersagt § 8 Nr. 1 S. 2 ebenso wie § 3 Nr. 1 Abs. 1 VOB/A (»einer unbeschränkten Anzahl von Unternehmen«).

Die Öffentliche Ausschreibung zeichnet sich gerade durch einen weiträumigen Wettbewerb aus. Deshalb ist die Beteiligung einer möglichst großen Anzahl von Unternehmern an den Verhandlungen über die Vergabe des Bauauftrages wünschenswert. Hinzu kommt, dass der öffentliche Auftraggeber auch unterhalb der Schwellenwerte die Grundfreiheiten des EG-Vertrages zu beachten hat (vgl. EuGH ZfBR 2002, 610 [611]). Auch bei nationalen Auftragsvergaben muss der Auftraggeber das aus dem Gleichbehandlungsgrundsatz entwickelte Gebot der Nichtdiskriminierung von Teilnehmern am Vergabeverfahren allein aufgrund ihrer Herkunft oder ihrer Staatsangehörigkeit beachten (vgl. EuGH Urt. v. 20.10.2005 C-264/03 [Kommission/Frankreich]). Eine direkte Bevorzugung ortsansässiger Unternehmen durch eine Teilnahmebegrenzung würde hiermit kollidieren. Gleichwohl können regionale Unternehmen Preisvorteile etwa wegen geringerer Transportkosten zu ihren Gunsten in das Vergabeverfahren einbringen (vgl. BayObLG VergabeR 2002, 637 641 f.; OLG Düsseldorf VergabeR 2002, 282 283).

b) Angebotsverfahren

14 Im Mittelpunkt der Öffentlichen Ausschreibung wie auch der Beschränkten Ausschreibung steht das **Angebot.** Daher werden diese als **Angebotsverfahren** bezeichnet. Anhand der präzisen Aufgabenbeschreibung in der Bekanntmachung und/oder den **Vergabeunterlagen** (§§ 9, 10, 17 Nr. 4 VOB/A) sollen die Bieter ein Angebot ausarbeiten und dem Auftraggeber vorlegen. Die Auswahl des Auftragnehmers erfolgt durch Vergleich der Angebote (§ 25 VOB/A). Damit der Wettbewerb nicht durch Absprachen der Bieter oder sachfremdes Verhalten des Auftraggebers verzerrt wird, ist der Angebotsvergleich weitgehend **formalisiert**. Die Formanforderungen des § 21 VOB/A wie auch die Anforderungen an die Vergabeunterlagen schützen also die Vergleichbarkeit der einzelnen Angebote und damit einen nachvollziehbaren Vergabewettbewerb. Eine Nachverhandlung der Angebote ist unzulässig (§ 24 Nr. 3 VOB/A). Andererseits sind dem Angebotsverfahren dann Grenzen gesetzt, wenn der Auftraggeber eine eindeutige und erschöpfende Beschreibung des Bauvorhabens nicht leisten kann. In diesen Fällen wird regelmäßig eine Freihändige Vergabe gem. § 3 Nr. 4b VOB/A zulässig sein.

c) Vorgeschriebenes Verfahren der Öffentlichen Ausschreibung

15 Gem. § 3 Nr. 1 Abs. 1 VOB/A werden bei der Öffentlichen Ausschreibung Bauleistungen »im vorgeschriebenen Verfahren« vergeben. Mit »vorgeschriebenem Verfahren« ist ein bestimmter Verfahrensgang gemeint, der den weiteren Vorschriften des 1. Abschnitts entnommen werden muss. Dies umfasst zunächst die Beachtung der allgemeingültigen und für alle Vergabearten geltenden Vergabegrundsätze des § 2 VOB/A. Hinzu kommen die förmlichen »Verfahrensvorschriften«, soweit sie

entweder auch für andere Vergabearten bestimmend sind oder speziell nur für die Öffentliche Ausschreibung gelten.

Die Bekanntmachung nach § 17 Nr. 1 VOB/A eröffnet die Angebotserstellungsphase der Öffentlichen Ausschreibung, in welcher die Bieter sowohl die Eignungsnachweise zusammenstellen als auch ein eigenes Angebot der Leistungserbringung erarbeiten. Den Rahmen für die Angebotserarbeitung legt der Auftraggeber mit der Bekanntmachung (§ 17 Nr. 1 VOB/A) und den Vergabeunterlagen (§ 10 VOB/A) einschließlich der Leistungbeschreibung (§ 9 VOB/A) fest. In diesen benennt er abschließend die zu erbringenden Eignungsnachweise (§ 8 Nr. 2 Abs. 3 VOB/A) sowie die Zuschlagskriterien (vgl. BGH NJW 1998, 3644 [3646]; NJW 2000, 137 [139]) und beschreibt detailliert die zu vergebene Bauleistung (§ 9 Nr. 1 VOB/A). Diese Angaben sichern die Gleichbehandlung im Vergabeverfahren und die Vergleichbarkeit der Angebote. Eine Veränderung der durch die Bekanntmachung und die Leistungsbeschreibung gesetzten Rahmenbedingungen des Wettbewerbs ist nur in Ausnahmefällen und unter strenger Beachtung des Gleichbehandlungsgebots zulässig (vgl. OLG Dresden v. 22.8.2002 WVerg 0010/02; VK Bund Beschl. v. 5.6.2003 VK 2 42/03). Die Phase der Angebotserstellung endet mit Ablauf der Angebotsfrist, wie sie in der Bekanntmachung angebeben ist (§ 17 Nr. 1 Abs. 2k VOB/A). Bei der Festlegung der Angebotsfrist hat der Auftraggeber die Mindestfristen des § 18 Nr. 1 VOB/A zu beachten.

Nach Ablauf der Angebotsfrist und mit dem Eröffnungstermin (§ 22 VOB/A) beginnt die Wertungsphase, in der der Auftraggeber die eingereichten Angebote prüft. Mit den Angeboten weisen die Bieter in der Öffentlichen Ausschreibung zunächst ihre Eignung nach. Fehlen in der Bekanntmachung ausdrücklich als Mindestnachweise bezeichnete Unterlagen in einem Angebot, so ist dieses zwingend auszuschließen (vgl. OLG Düsseldorf Beschl. v. 14.10.2005 Verg 40/05; Beschl. v. 22.12.2004 Verg 81/04 [für die VOL/A]; Beschl. v. 24.6.2002 Verg 26/02; BayObLG BauR 2000, 558 [560]). Nicht in der Bekanntmachung angegebene Nachweise darf der Auftraggeber nicht nachträglich abfordern (vgl. OLG Düsseldorf Beschl. v. 25.11.2002 Verg 56/02; VK Münster Beschl. v. 18.1.2005 VK 32/04; VK Bund Beschl. v. 13.10.2004 VK 3–194/04). Die Eignung der Bieter wird vom Auftraggeber anhand der geforderten Nachweise überprüft (§ 25 Nr. 2 Abs. 1 VOB/A). Dies beinhaltet die Überprüfung der Fachkunde, Leistungsfähigkeit und Zuverlässigkeit. Diese Vorgaben sind unbestimmte Rechtsbegriffe, so dass dem Auftraggeber ein Beurteilungsspielraum zusteht. Sodann vergleicht der Auftraggeber die formal ordnungsgemäßen Angebote (§§ 21, 25 Nr. 1 VOB/A) geeigneter Bieter. Den Maßstab des Vergleichs bilden die bekannt gegebenen Zuschlagskriterien, insbesondere der Preis. Eine Abweichung von diesen ist grundsätzlich unzulässig (vgl. BGH NJW 1998, 3644, 3646; NJW 2000, 137 [139]). Einen Vergleich anhand von nicht bekannt gegebenen Wertungskriterien kann der Auftraggeber grundsätzlich nicht vornehmen, in einem solchen Fall entscheidet allein der niedrigste Preis, der auch ohne die Angabe in der Bekanntmachung Wertungsrelevanz aufweist (OLG Frankfurt Beschl. v. 10.4.2001 11 Verg. 1/01; VK Lüneburg Beschl. v. 12.10.2004 203-VgK-45/2004). Schließlich wählt der Auftraggeber das wirtschaftlichste Angebot aus, überprüft dieses ggf. auf einen unangemessen niedrigen Preis (§ 25 Nr. 3 VOB/A) und erteilt vor Ablauf der Zuschlagsfrist (§ 19 VOB/A) den Zuschlag.

2. Anwendungsbereich der Öffentlichen Ausschreibung (§ 3 Nr. 2 VOB/A)

Die Öffentliche Ausschreibung hat bei jeder Bauvergabe Vorrang; sie steht in der Hierarchie der Vergabearten an oberster Stelle. Dies folgt aus § 3 Nr. 2 VOB/A. Danach muss regelmäßig im Wege der Öffentlichen Ausschreibung vergeben werden. Andererseits eignet sich die Öffentliche Ausschreibung mit ihrem **formalisierten Verfahrensablauf**, der Konzentration auf das **Angebot** und dem **Nachverhandlungsverbot** nicht für jeden Beschaffungsvorgang. Eine **effiziente Beschaffung** erfordert eine sachlich begründete Flexibilität der Vergabestelle bei der Gestaltung des Vergabeverfahrens. Auch im Interesse der Bieter muss sich das Vergabeverfahren am **Auftragsgegenstand** orientieren. Jedes Angebotsverfahren fordert auch von dem Bieter einen Kostenaufwand, der zunächst allein

16

von ihnen zu tragen ist (§ 20 Nr. 2 Abs. 1 S. 1 VOB/A). Daher gestattet § 3 Nr. 2 VOB/A die Anwendung eines anderen Verfahrenstyps, wenn die Eigenart der Leistung oder besondere Umstände dies rechtfertigen.

Zu den **Eigenarten** der Bauleistung gehören ihre technischen und wirtschaftlichen Voraussetzungen und Anforderungen sowie ihre rechtlichen Voraussetzungen. Um **besondere Umstände** handelt es sich, wenn die zur Abweichung von der öffentlichen Ausschreibung führenden Gesichtspunkte sich gerade aus dieser speziellen Bauleistung ergeben, nicht aber aus Umständen, die auch bei einer Vielzahl nicht vergleichbarer anderer Bauvorhaben auftreten können. Die Eigenart der Leistung ist daher nur ein Unterfall der besonderen Umstände (*Rusam* in *Heiermann/Riedl/Rusam* § 3 VOB/A Rn. 13 f.). Grundsätzlich muss es sich also um Umstände handeln, die bei objektiver Beurteilung echten Ausnahmecharakter tragen und daher eine Sonderbehandlung erforderlich machen. Die rein subjektive Einschätzung des Auftraggebers, es handele sich um besondere Umstände, reicht hierfür grundsätzlich nicht aus (vgl. OLG Naumburg Beschl. v. 10.11.2003 1 Verg 14/03). Der Wortlaut des § 3 Nr. 2 VOB/A bildet dabei lediglich eine **Auslegungsrichtlinie** für die Bestimmung der Fälle, in denen eine Öffentliche Ausschreibung nicht möglich oder nicht geboten ist. Die Zulässigkeit der anderen Verfahrenstypen ist in § 3 Nr. 3 und 4 VOB/A in Katalogform geregelt. Soweit dem Wortlaut nicht anderes zu entnehmen ist, sind diese Aufzählungen abschließend. Dies ergibt sich schon aus dem Vorrang der Öffentlichen Ausschreibung. Allein die Aufzählung des § 3 Nr. 4 VOB/A ist beispielhaft, wenngleich die Voraussetzung der Unzweckmäßigkeit einer Beschränkten Ausschreibung zwingend erfüllt werden muss. Darüber hinaus enthält § 3 Nr. 3 Abs. 1c VOB/A einen Auffangtatbestand, der i.S.d. § 3 Nr. 2 VOB/A auszulegen ist.

II. Beschränkte Ausschreibung (§ 3 Nr. 1 Abs. 2 und Nr. 3 VOB/A)

1. Wesentliche Merkmale

a) Allgemeines

17 Einen **weniger intensiven Wettbewerb** als die Öffentliche Ausschreibung gewährleistet die Beschränkte Ausschreibung. Der Wettbewerb um den Auftrag ist nicht öffentlich, sondern auf eine Gruppe von geeigneten Unternehmen begrenzt. Aus den geeigneten Unternehmen werden **drei bis acht** vom Auftraggeber ausgewählt (§ 8 Nr. 2 Abs. 2 VOB/A) und zur Abgabe eines Angebots aufgefordert. Durch die von vornherein begrenzte Anzahl der Bieter reduziert sich also der Wertungsaufwand in der Beschränkten Ausschreibung gegenüber der Öffentlichen Ausschreibung. Anders als die Öffentliche Ausschreibung ist die Beschränkte Ausschreibung ein **zweiteiliges Verfahren**. In einer ersten Stufe wird der Kreis derjenigen Unternehmer festgelegt, die später zur Angebotsabgabe aufgefordert werden. Erst in der zweiten Stufe, dem eigentlichen Angebotsverfahren, findet zwischen den ausgewählten Unternehmen ein Wettbewerb um die Auftragsvergabe statt. Dieser wird insbesondere durch § 8 Nr. 2 Abs. 2 VOB/A garantiert, nach dem mindestens drei Bewerber zur Angebotsabgabe aufgefordert werden müssen.

Ein **Anspruch** des Bewerbers auf Teilnahme an der Angebotsabgabe besteht nicht (das VHB verweist in Nr. 2 zu § 3 auf Nr. 2.2 der Richtlinie zu § 8, wo es wie folgt heißt: »2.2 Unternehmer, die einen Antrag auf Teilnahme am Wettbewerb gestellt haben, haben keinen Anspruch auf eine Aufforderung zur Angebotsabgabe«; hierzu auch BayObLG VergabeR 2005, 532). Fordert der Auftraggeber **nach Ablauf der Bewerbungsfrist** Unternehmer zur Angebotsabgabe auf, die sich an dem Teilnahmewettbewerb **nicht** beteiligt haben, verstößt er gegen den Gleichbehandlungsgrundsatz. Damit macht er sich gegenüber geeigneten Teilnehmern des Wettbewerbs, die nachweislich infolgedessen an der Beschränkten Ausschreibung nicht beteiligt werden, nach den Grundsätzen der culpa in contrahendo (§ 311 Abs. 2 BGB) schadensersatzpflichtig (vgl. VK Nordbayern Beschl. v. 25.11.2005 320.VK-3194–38/05).

b) Beschränkte Ausschreibung (§ 3 Nr. 1 Abs. 2 VOB/A)

Die Bewerberauswahl erfolgt in den Fällen des § 3 Nr. 3 Abs. 1 VOB/A **weitgehend formfrei** und ohne öffentliche Bekanntmachung. Die Vergabestelle ist nur durch die **Grundsätze des Vergabeverfahrens** (§ 2 Nr. 1 und 2 VOB/A) und die **Regelungen zur Eignungsprüfung** (§ 8 Nr. 3 bis 5 VOB/A) gebunden. Insbesondere dürfen keine ungeeigneten Bewerber zur Angebotsabgabe aufgefordert werden (§ 8 Nr. 4 VOB/A). 18

Bei einer Beschränkten Ausschreibung ist die **Gefahr unzulässiger Preisabsprachen** der Bieter besonders groß. Dies sollte in die Überlegungen zur Wahl der Beschränkten Ausschreibung einbezogen werden. Vorbeugend kann es sich empfehlen, einen Öffentlichen Teilnahmewettbewerb gem. § 3 Nr. 3 Abs. 2 VOB/A durchzuführen und dabei sicherzustellen, dass die Liste der aufzufordernden Bewerber nur den unmittelbar auf der Auftraggeberseite mit der Bearbeitung der Sache betrauten Personen zugänglich gemacht wird. Die Durchführung eines Öffentlichen Teilnahmewettbewerbs ist trotz fehlender Verpflichtung außerdem sinnvoll, wenn dem Auftraggeber eine hinreichende **Marktübersicht** bzgl. geeigneter Unternehmen fehlt. Der Öffentliche Teilnahmewettbewerb informiert nicht nur interessierte Unternehmen von der Vergabe sondern ermöglicht auch eine auftragsbezogene Marktsondierung.

c) Beschränkte Ausschreibung nach Öffentlichem Teilnahmewettbewerb (§ 3 Nr. 1 Abs. 2 Hs. 2 VOB/A)

Die Vergabestelle muss der Beschränkten Ausschreibung »gegebenenfalls«, dass heißt in den Fällen des § 3 Nr. 3 Abs. 2 VOB/A, einen Öffentlichen Teilnahmewettbewerb vorschalten. Damit spricht die Vergabestelle zunächst einen ebenso großen Kreis von Unternehmen an wie bei der Öffentlichen Ausschreibung. Von der Öffentlichen Ausschreibung unterscheidet sich die Beschränkte Ausschreibung nach Öffentlichem Teilnahmewettbewerb vor allem durch die organisatorische Trennung von Eignungs- und Angebotswertung. Dies kommt sowohl der Vergabestelle als auch den Bewerbern zugute, denn diesen bleibt eine Angebotserstellung bzw. -bewertung bei ohnehin fehlender Eignung erspart. Entsprechend ist die Beschränkte Ausschreibung nach Öffentlichem Teilnahmewettbewerb gem. § 3 Nr. 3 Abs. 2 VOB/A zulässig, wenn wegen des Auftragsgegenstandes ohnehin nur eine geringe Zahl von Unternehmen zur Ausführung geeignet ist oder die Angebotsbearbeitung einen ungewöhnlich hohen Aufwand erfordert. 19

Der Öffentliche Teilnahmewettbewerb ändert nichts an dem **Ermessensspielraum** der Vergabestelle bei der Auswahl der Unternehmen zur Angebotsabgabe. Dass nicht alle geeigneten Bewerber zur Angebotsabgabe aufgefordert werden müssen, ergibt sich aus der Zusammenschau der Regelungen des § 8 Nr. 2 Abs. 2 und 4 VOB/A (vgl. auch § 7a Nr. und 4 VOL/A). Die Bieterzahl wäre andernfalls nicht begrenzbar. Die Vergabestelle muss also zunächst alle ungeeigneten Bewerber ausschließen und kann sodann die Bieter anhand sachlicher Kriterien im Zusammenhang mit dem Auftrag auswählen (vgl. BayObLG VergabeR 2005, 532; VK Sachsen Beschl. v. 6.3.2000 1/SVK/11–00 [zu § 7a Nr. 3 VOL/A]). Eine **proportionale Berücksichtigung regionaler oder mittelständischer Bewerber** an den ausgewählten Unternehmen ist hingegen nicht zulässig. Ein solches Vorgehen ergibt sich vor allem nicht, wie zum Teil angenommen (vgl. VK Sachsen Beschl. v. 6.3.2000 1/SVK/11–00; hierzu auch *Rusam* in *Heiermann/Riedl/Rusam* § 3 VOB/A Rn. 20), aus dem Gleichheitsgrundsatz, sondern wird regelmäßig mangels einer sachlichen Begründung gegen denselben verstoßen (hierzu EuGH Urt. v. 20.10.2005 C-264/03; Beck'scher VOB-Komm./*Jasper* § 3 VOB/A Rn. 21).

Soweit sich eine größere Zahl von geeigneten Unternehmen im Öffentlichen Teilnahmewettbewerb bewirbt, kann die in § 8 Nr. 2 Abs. 2 VOB/A geregelte Höchstgrenze von acht Bietern überschritten werden. Angesichts der nicht-zwingenden Formulierung der Norm ist dies mit sachlicher Begründung zulässig.

2. Anwendungsbereich der Beschränkten Ausschreibung (§ 3 Nr. 3 Abs. 1 VOB/A)

20 Die Voraussetzungen für die Anwendung des Verfahrenstyps der Beschränkten Ausschreibung ohne Teilnahmewettbewerb sind in § 3 Nr. 3 Abs. 1 VOB/A genannt. Zur Auslegung der Tatbestände, insbesondere des § 3 Nr. 3 Abs. 1c VOB/A, ist § 3 Nr. 2 VOB/A heranzuziehen.

a) Missverhältnis zwischen Aufwand und erreichbarem Vorteil oder dem Wert der Leistung (§ 3 Nr. 3 Abs. 1a VOB/A)

21 Von § 3 Nr. 3 Abs. 1a VOB/A erfasst werden zunächst die Fälle, in denen die Öffentliche Ausschreibung für den Auftraggeber oder die Bewerber einen **Aufwand** verursachen würde, der zu dem **erreichbaren Vorteil** oder dem **Wert der Leistung** im **Missverhältnis** steht. Die hier auftauchenden Fragen bedürfen einer genauen Betrachtung des Einzelfalles (vgl. Nr. 1.3 des VHB, die zu § 3 VOB/A bemerkt: »Ob eine Beschränkte Ausschreibung nach § 3 Nr. 3 Abs. 1a VOB/A wegen des Missverhältnisses zwischen dem Aufwand für Auftraggeber oder Bewerber und dem erreichbaren Vorteil oder dem Wert der Leistung gerechtfertigt ist, kann nur nach den Verhältnissen des Einzelfalles beurteilt werden«; dies gilt auch in den Fällen des § 3 Nr. 3 Abs. 2 VOB/A). Zu unterscheiden ist der Kosten-Nutzen-Vergleich auf Bieter-/Bewerberseite und auf Auftraggeberseite (vgl. auch OLG Naumburg Beschl. v. 10.11.2003 1 Verg 14/03; VK Sachsen Beschl. v. 20.8.2004 1/SVK/067–04).

22 Beim **Bewerber** ist das Missverhältnis zwischen dem Aufwand der Angebotserstellung und dem Leistungswert maßgebend. Ist der Aufwand für die Erstellung des Angebotes bei normaler betrieblicher Gemeinkostenkalkulation durch den Leistungswert nicht mehr gedeckt, ist eine Beschränkte Ausschreibung durchzuführen. Der **Leistungswert** ist der **voraussichtliche Vermögenszuwachs** des Bieters in Folge der Durchführung der Bauleistung. Grundlage ist eine auf die konkrete Bauleistung unter Berücksichtigung ihres Umfanges und ihrer Eigenarten bezogene, jedenfalls überschlägige Vorausberechnung (Kalkulation) für den möglichen Auftragnehmer. Dabei ist schon deshalb ein **objektiver Maßstab** heranzuziehen, weil subjektive Beweggründe des einzelnen Bieters nicht zuverlässig ermittelt werden können (so auch *Rusam* in *Heiermann/Riedl/Rusam* § 3 VOB/A Rn. 27). Die Bewertung des Verhältnisses der Kosten der Angebotserstellung und des Leistungswertes ist nach sorgfältiger Prüfung des Auftraggebers zu treffen. Dies ist naturgemäß eine Prognose, die sich auch bei sorgfältiger Erstellung nachträglich als unvollkommen erweisen kann (vgl. BGH ZfBR 2003, 194 [194 f.]). Fehlen entsprechende Erfahrungswerte oder Kenntnisse bei der Vergabestelle kann gem. § 7 VOB/A ein Sachverständiger mit der Kostenschätzung beauftragt werden.

23 Für den **Auftraggeber** ergibt sich die Unverhältnismäßigkeit aus dem Verhältnis von »erreichbarem Vorteil« und den Aufwendungen für die Durchführung der Öffentlichen Ausschreibung. Der erreichbare Vorteil ist nicht allein im Sinne eines Vermögenszuwachses, z.B. durch niedrigere Angebotspreise infolge des breiteren Wettbewerbs, zu verstehen. Vielmehr sind auch dessen weitere Vorteile einzubeziehen, wie etwa aufkommende Änderungsvorschläge oder Nebenangebote. Auf der Kostenseite sind die Aufwendungen für die **Durchführung der Öffentlichen Ausschreibung** zu schätzen. Einzubeziehen sind externe Kosten aber auch die durch die Durchführung des Vergabeverfahrens gebundenen personellen und technischen Ressourcen des Auftraggebers. Zu beachten ist hier jedoch, dass bei dem prognostischen Vergleich nur die zusätzlichen Kosten, die bei der Durchführung einer Öffentlichen Ausschreibung anfallen würden, in die Berechnung mit einzubeziehen sind. Fixkosten, die dem Auftraggeber auch bei Durchführung einer Beschränkten Ausschreibung entstehen (»Sowieso-Kosten«) und refinanzierbare Kosten (z.B. § 20 VOB/A für Vervielfältigung der Verdingungsunterlagen) sind keine besondere Verfahrenskosten für eine Öffentliche Ausschreibung. Bei der Ermittlung des Aufwands zur Durchführung einer Öffentlichen Ausschreibung führen derartige Kosten daher zu einer Schmälerung des zusätzlichen Aufwands einer Öffentlichen Ausschreibung gegenüber einer Beschränkten Ausschreibung (vgl. VK Sachsen Beschl. v. 20.8.2004 1/SVK/067–04). Die Kosten des eigentlichen Auftrags spielen anders als bei der Gegenüberstellung für die Bewerberseite keine Rolle.

Die Prüfung im Rahmen des zu ermittelnden Bewertungsmaßstabes ist also **zweigleisig**: Kommt der Auftraggeber zu dem Ergebnis, dass wegen des erreichbaren Vorteils die Voraussetzungen der Öffentlichen Ausschreibung gegeben sind, so muss er weiter prüfen, ob auch für den Unternehmer trotz des erforderlichen Aufwandes der zu erwartende Vorteil angemessen ist. Andererseits kann der Auftraggeber ohne Bedenken von einer Öffentlichen Ausschreibung schon dann Abstand nehmen, wenn der bei dieser Ausschreibung zu seinen Lasten erforderliche Aufwand in keinem rechten Verhältnis zu dem für ihn erreichbaren Vorteil steht. In diesem Fall sind die Tatbestandsvoraussetzungen bereits gegeben; eine weitere Prüfung ist entbehrlich (vgl den Wortlaut des § 3 Nr. 3 Abs. 1a VOB/A: »oder«). Für das Vorliegen einer solchen Ausnahme trägt der Auftraggeber die Beweislast. Die Begründung für das Vorliegen einer Abweichung vom Grundsatz der Öffentlichen Ausschreibung ist aktenkundig zu machen und hat grundsätzlich vor Einleitung der beschränkten Ausschreibung zu erfolgen (für die Konstellation Offenes/Nicht Offenes Verfahren vgl. VK Sachsen Beschl. v. 20.8.2004 1/SVK/067–04). 24

Ein Missverhältnis liegt aber nicht nur dann vor, wenn die durch den Aufwand erforderliche Vermögenseinbuße gleich oder höher ist als der zu erwartende Vermögensvorteil. Vielmehr sollte der Vermögensvorteil so groß sein, dass er sowohl auf Seiten des Auftraggebers als auch auf Seiten des Bieters nicht erheblich durch die Kosten der Öffentlichen Ausschreibung geschmälert wird. Die **Kosten des Ausschreibungsverfahrens** sollen grundsätzlich sowohl für den Auftraggeber wie auch für den Auftragnehmer **von untergeordneter Bedeutung** sein. Eine generelle Festlegung von Wertgrenzen ist angesichts der erforderlichen Einzelfallbetrachtung jedoch nicht möglich.

b) Öffentliche Ausschreibung ohne annehmbares Ergebnis (§ 3 Nr. 3 Abs. 1b VOB/A)
Gem. § 3 Nr. 3 Abs. 1b VOB/A ist eine Beschränkte Ausschreibung auch dann statthaft, wenn bereits eine Öffentliche Ausschreibung durchgeführt worden ist und diese zu **keinem annehmbaren Ergebnis** führte (soweit zusätzlich auch die erneute Beschränkte Ausschreibung kein annehmbares Ergebnis verspricht, kann mittels Freihändiger Vergabe vergeben werden, siehe § 3 VOB/A Rn. 45 f.). Hierfür sind verschiedene Gründe denkbar: 25

In Betracht kommen Fälle, in denen sich die Nichtannehmbarkeit aus der **fehlenden Eignung**, d.h. etwa aus mangelnder Fachkunde oder Unzuverlässigkeit **aller** Bieter ergibt. Des Weiteren sind jene Fälle einschlägig, in denen **sämtliche Angebote** einer Öffentlichen Ausschreibung ausgeschlossen wurden. Dies beinhaltet neben den zwingenden auch die im Ermessen des Auftraggebers stehenden Ausschlussgründe. Darüber hinaus wird die **Annehmbarkeit** von Angeboten an den Voraussetzungen des § 25 Nr. 3 VOB/A gemessen. Gerade in Bezug auf die Preisgestaltung ist es denkbar, dass die Angebote nicht in einem angemessenen Verhältnis zum Wert der Leistung stehen (**Über- oder Unterpreisangebote**, vgl. § 25 Nr. 3 Abs. 1 VOB/A). Die vorliegenden Angebote müssen nach Prüfung und unter Zugrundelegung allgemeiner Erfahrungssätze sowie der in der Ausschreibung genannten Wirtschaftlichkeitskriterien in einem angemessenen Preis-Leistungsverhältnis stehen. Nur solche Angebote kommen in die engere Wahl des Zuschlags, deren Preise unter Berücksichtigung rationellen Baubetriebes und sparsamer Wirtschaftsführung eine einwandfreie Ausführung der Leistung einschließlich Gewährleistung erwarten lassen.

Bringt die Öffentliche Ausschreibung kein annehmbares Ergebnis hervor, so kann sie gem. § 26 Nr. 1c VOB/A aufgehoben werden. Die **wirksame Aufhebung** der vorangegangenen Öffentlichen Ausschreibung ist Voraussetzung der Neuvergabe desselben Auftragsgegenstandes im Wege der Beschränkten Ausschreibung (unterhalb der Schwellenwerte ist eine Aufhebung auch ohne Vorliegen der Voraussetzungen des § 26 wirksam, vgl. BGH ZfBR 2003, 194, 195). Zwar fehlt es in der VOB/A an einer dem § 26 Nr. 5 VOL/A entsprechenden Norm. Gleichwohl ist etwa § 16 Nr. 2 VOB/A zu entnehmen, dass eine Ausschreibung nur dann begonnen werden soll, wenn die Bauleistung auch tatsächlich ausgeführt werden kann. Laufen zwei parallele Vergabeverfahren zu einem Auftragsgegenstand ist dies jedoch nicht der Fall. 26

27 Werden hingegen in der Kostenschätzung der ursprünglichen Vergabe die **erforderlichen Haushaltsmittel** zu gering bemessen, so erfüllt dies nicht die Voraussetzungen des § 3 Nr. 3 Abs. 1b VOB/A. Die Öffentliche Ausschreibung scheitert in diesen Fällen unabhängig von einer Sorgfaltspflichtverletzung bei der Kostenschätzung nicht an der Unwirtschaftlichkeit der Angebote. Fehlende finanzielle Mittel bzw. entgegen allen Erfahrungen zu niedrig kalkulierte Ausführungskoten in Vorbereitung der Ausschreibung, sind vielmehr stets der Sphäre des Auftraggebers zuzurechnen und begründen nicht die Anwendung eines wettbewerbsreduzierten Verfahrenstyps. Hiervon unberührt bleibt die Möglichkeit zur Aufhebung und Neuvergabe eines reduzierten Auftragsgegenstandes im Wege einer Öffentlichen Ausschreibung (vgl. BGH ZfBR 2003, 194, 195 f., zu den Sorgfaltspflichten bei der Kostenschätzung und daraus resultierenden Schadensersatzansprüchen).

28 Der Auftraggeber hat bei der Frage, ob die durchgeführte Öffentliche Ausschreibung ein annehmbares Ergebnis gebracht hat, das **berechtigte Vertrauen** der Bieter zu beachten. Unabhängig von der Frage, ob konkurrierende Bieter oder der Auftragnehmer in die Einhaltung des § 25 Nr. 3 Abs. 1 VOB/A vertrauen dürfen, gilt dies jedenfalls für § 3 Nr. 3 Abs. 1b VOB/A. In dessen Rahmen ist ggf. inzident auch der Ausschluss eines Bieters gem. § 25 Nr. 3 VOB/A in der vorangegangenen Öffentlichen Ausschreibung überprüfbar.

c) Unzweckmäßigkeit der Öffentlichen Ausschreibung aus anderen Gründen (§ 3 Nr. 3 Abs. 1c VOB/A)

29 Die Öffentliche Ausschreibung kann auch »aus anderen Gründen« unzweckmäßig sein (§ 3 Nr. 3 Abs. 1c VOB/A). Die Norm ist ein **Auffangtatbestand** für von den Verdingungsausschüssen nicht vorhergesehene Fälle. Die **Unzweckmäßigkeit** einer Öffentlichen Ausschreibung ist ein unbestimmter Rechtsbegriff. Die Vergabestelle hat ihn **im Einzelfall** nach **objektiven Maßstäben** und unter **Beachtung der Hierarchie der Vergabearten** (§ 3 Nr. 2 VOB/A) auszulegen. Die Unzweckmäßigkeit der Öffentlichen Ausschreibung muss sich also aus der Eigenart der Leistung oder aus mit dieser zusammenhängenden, besonderen Umständen ergeben. Subjektive Gründe können keine Rolle spielen. Da Dringlichkeit und Geheimhaltung nur **Beispielcharakter** haben, kann sich die Unzweckmäßigkeit der Öffentlichen Ausschreibung auch aus anderen, vergleichbaren Gesichtspunkten ergeben.

30 **Dringlichkeit** ist gegeben, wenn konkrete, sich aus den **äußeren Umständen** ergebende Gründe den Auftraggeber zu einer zeitnahen Beschaffung zwingen. Dies ist z.B. der Fall, wenn sich aus einer nicht früher erkennbaren Lage heraus die Notwendigkeit der unverzüglichen Durchführung einer Bauleistung ergibt, etwa um Schäden zu beseitigen oder weitergehende Folgeschäden zu verhindern. Auch Naturereignisse oder drängende Gefahren, zu deren Abwehr die Beschaffung notwendig ist (vgl. OLG Düsseldorf VergabeR 2003, 55 [56 f.]; OLG Schleswig Beschl. v. 4.5.2001 6 Verg 2/2001) oder etwa die Insolvenz des bisher mit der Erbringung des Auftrags befassten Unternehmens (vgl. VK Bund Beschl. v. 29.6.2005 VK 3–52/05), können eine Dringlichkeit auslösen. Anders beurteilt sich die Situation, wenn der Auftraggeber bei einem termingebundenen Bau mit der Öffentlichen Ausschreibung grob fahrlässig so lange wartet, bis für diese praktisch keine Zeit mehr übrig bleibt. Die Fälle der Dringlichkeit nach § 3 Nr. 3c VOB/A sind abzugrenzen von solchen, bei denen das Zeitelement eine so große Rolle spielt, dass gem. § 3 Nr. 4d VOB/A sogar der Anwendungsbereich der Freihändigen Vergabe eröffnet ist. Die Tatbestände des § 3 Nr. 3c und 4d VOB/A stehen in einem Stufenverhältnis zueinander, das sich aus der Hierarchie der Vergabearten ergibt. Was für die Beurteilung der Dringlichkeit maßgeblich ist, gilt auch für die **Geheimhaltung**. Insbesondere darf deren Notwendigkeit nicht lediglich auf einer bloß subjektiven Anschauung des Auftraggebers beruhen. Stattdessen müssen objektive Anhaltspunkte gegeben sein. Ein Beispiel ist die Ausführung bestimmter militärischer oder sonst der Sicherheit der Bürger dienender Bauleistungen.

3. Anwendungsbereich der Beschränkten Ausschreibung nach Öffentlichem Teilnahmewettbewerb (§ 3 Nr. 3 Abs. 2 VOB/A)

Die Beschränkte Ausschreibung nach öffentlichem Teilnahmewettbewerb zeichnet sich vor allem durch die organisatorische Trennung von Eignungs- und Angebotswertung aus. Sie ist daher gem. § 3 Nr. 3 Abs. 2 VOB/A zulässig, wenn nur eine geringe Anzahl von Unternehmen zur Durchführung des Auftrags geeignet ist oder die Angebotserstellung besonders aufwendig ist. 31

a) Ausführung nur durch beschränkten Kreis von Unternehmen (§ 3 Nr. 3 Abs. 2a VOB/A)

Gem. § 3 Nr. 3 Abs. 2a VOB/A kommt die Durchführung eines Öffentlichen Teilnahmewettbewerbs bei Bauleistungen in Betracht, die **nach ihrer Eigenart** nur von einem **beschränkten Kreis** von Unternehmern **in geeigneter Weise** ausgeführt werden können. **Beispielhaft** werden das Erfordernis einer außergewöhnlichen Zuverlässigkeit oder Leistungsfähigkeit, wie etwa spezieller Erfahrung, besonderer technischer Einrichtungen oder besonders fachkundiger Arbeitskräfte genannt. Hierbei ist besonders an die Fälle zu denken, bei der die Ausführung des Auftrages ein technisches Spezialwissen erfordern für das die im Rahmen des normalen Ausbildungsganges (Maurer, Schreiner, Schlosser, Dachdecker, Installateur usw.) vermittelten Kenntnisse nicht ausreichen (vgl. OLG Naumburg Beschl. v. 10.11.2003 1 Verg 14/03). Das im Wege einer Spezialausbildung vermittelte Wissen muss **objektiv** und **zwingend erforderlich** sein. Hierzu zählen insbesondere Arbeiten zur Errichtung technisch komplizierter Anlagen, wie z.B. Fahrstühle, Entlüftungsanlagen, weitgespannte Brücken, vorgespannte Tragwerks- und Dachkonstruktionen, besondere Gründungen, absolut wasserdichter Beton, besondere Schalungsverfahren wie Kletter- oder Gleitschalung usw. Ferner gehören dazu Arbeiten, die ein besonderes Wissen und eine spezielle Erfahrung erfordern, wie z.B. Renovierungsarbeiten an Denkmälern. 32

b) Außergewöhnlich hoher Aufwand bei der Bearbeitung des Angebots (§ 3 Nr. 3 Abs. 2b VOB/A)

Des weiteren ist eine Beschränkte Ausschreibung nach Öffentlichem Teilnahmewettbewerb zulässig, wenn die Bearbeitung des Angebotes wegen der Eigenart der Leistung einen außergewöhnlichen hohen Aufwand erfordert. Diese Bestimmung unterscheidet sich von der Regelung in § 3 Nr. 3 Abs. 1a VOB/A dadurch, dass hier keine Abwägung zwischen dem Aufwand bei einer Öffentlichen Ausschreibung und dem erreichbaren Vorteil vorzunehmen ist. Vielmehr wird allein verlangt, dass der Aufwand bei der Angebotsbearbeitung wegen der Eigenart der Leistung außergewöhnlich hoch ist. Das kann vor allem bei großen und außergewöhnlichen Objekten zutreffen, z.B. beim Brückenbau oder großen Bahnstrecken, bei denen der Vergabe eine Leistungsbeschreibung mit Leistungsprogramm zugrunde liegt. Im Fall der Travequerung Lübeck etwa gestattete das OLG Schleswig die Durchführung einer Beschränkten Ausschreibung nach Öffentlichem Teilnahmewettbewerb (vgl. OLG Schleswig NZBau 2000, 100 [103]). In diesem Fall sollten die Bieter möglichst eigenständige Lösungen hinsichtlich des Bauwerktyps, seiner konkreten technischen Gestaltung und Art und Umfang der technischen Anlage für die Maut-Erhebung, der Finanzierung einschließlich Planung, Bau, Betrieb und Erhaltung des Bauwerks sowie einschließlich der möglichen Gestaltung der Maut-Gebühren erarbeiten. 33

III. Freihändige Vergabe (§ 3 Nr. 1 Abs. 3, Nr. 4 VOB/A)

1. Wesentliche Merkmale

Die Freihändige Vergabe i.S.d. § 3 Nr. 1 Abs. 3 VOB/A unterscheidet sich **grundlegend** von der Öffentlichen und Beschränkten Ausschreibung. Sie ermöglicht dem Auftraggeber in Bezug auf den Ablauf des Vergabeverfahrens die **größtmögliche Flexibilität**. Im Rahmen der Freihändigen Vergabe wendet sich der Auftraggeber an ausgewählte Unternehmer, um mit einem oder mehreren über 34 die Auftragsbedingungen zu verhandeln. Er vergibt »ohne ein förmliches Verfahren«. Dies bedeutet, dass die Vergabestelle den Ablauf der Verhandlungen mit **weitem Gestaltungsspielraum** formen darf. Die Grenze dieses Gestaltungsspielraums bilden weniger Frist- und Formvorschriften, sondern vielmehr die Grundsätze des Vergabeverfahrens, das Wettbewerbsprinzip und das Gleichbehandlungsgebot (§ 2 Nr. 1 und 2 VOB/A). Die Freihändige Vergabe ist also, anders als der Name suggeriert, keine privatautonome Verhandlung oder ein rechtsfreier Raum. Darüber hinaus finden alle Bestimmungen, die nicht ausdrücklich auf die Öffentliche und die Beschränkte Ausschreibung abstellen auch bei der Freihändigen Vergabe Anwendung, z.B. die §§ 4, 5, 7 bis 10 VOB/A. Das gleiche gilt, wenn in einzelnen Regelungen ausdrücklich auf die entsprechende oder sinngemäße Anwendung für die Freihändige Vergabe hingewiesen wird, wie z.B. in den §§ 19 Nr. 4, 20 Nr. 1 Abs. 2 und Nr. 2 Abs. 2, 22 Nr. 7, 23 Nr. 3 Abs. 3, 25 Nr. 6 VOB/A.

35 Während bei der Öffentlichen und der Beschränkten Ausschreibung Verhandlungen mit einem Bieter nur in engen Grenzen erlaubt sind (§ 24 VOB/A), darf der Auftraggeber in der Freihändigen Vergabe Verhandlungen über den Auftragsinhalt führen. Dies umfasst insbesondere die zu erbringende Leistung, die Ausführungsmodalitäten in technischer und rechtlicher Hinsicht und den Preis. Die Grenze bilden das Diskriminierungsverbot und der Wettbewerbsgrundsatz. Daher darf die Vergabestelle den Preis eines Konkurrenzangebots nicht an die anderen Bieter weitergeben, um diesem die Abgabe eines günstigeren Angebots zu ermöglichen (vgl. KG Berlin Beschl. v. 31.5.2000 KartVerg 1/00, 14).

36 Teil des Gestaltungsspielraums der Vergabestelle ist auch die Möglichkeit der Freihändigen Vergabe einen öffentlichen Teilnahmewettbewerb vorzuschalten (Beck'scher VOB-Komm./*Jasper* § 3 VOB/A Rn. 31). So kann sich die Vergabestelle die für die Bewerberauswahl notwendige Marktübersicht verschaffen. Das Vorschalten eines öffentlichen Teilnahmewettbewerbs vor die Freihändige Vergabe ist in der VOB/A zwar nicht ausdrücklich vorgesehen. Dessen Zulässigkeit ergibt sich aber schon aus den Grundsätze des Vergaberechts, die ein weniger an Wettbewerb und Publizität verbieten, nicht aber ein »Mehr«.

2. Anwendungsbereich

37 Die Freihändige Vergabe darf nach § 3 Nr. 4 VOB/A nur gewählt werden, wenn eine Öffentliche oder eine Beschränkte Ausschreibung unzweckmäßig ist. Durch die Hinzufügung des Wortes »nur« wird der Ausnahmecharakter der Freihändigen Vergabe gegenüber den Ausschreibungsverfahren nochmals besonders betont. Unter § 3 Nr. 4a bis 4f VOB/A sind **Fälle** aufgezählt, bei deren Vorliegen regelmäßig Unzweckmäßigkeit anzunehmen ist. Aus dem Wortlaut der Norm ergibt sich, dass es sich hierbei um **Beispielsfälle** handelt (»besonders«). Eine Freihändige Vergabe ist auch in vergleichbaren Sachverhaltskonstellationen zulässig.

a) Unzweckmäßigkeit (§ 3 Nr. 4 Hs. 1 VOB/A)

38 Eine Öffentliche oder Beschränkte Ausschreibung ist unzweckmäßig, wenn das Beschaffungsziel mit diesen Verfahrenstypen nicht **effektiv** erreicht werden kann. Die Ungeeignetheit der Öffentlichen und Beschränkten Ausschreibung muss sich auch einem objektiven Dritten geradezu aufdrängen. Der Begriff der Unzweckmäßigkeit ist wie jener des § 3 Nr. 3 Abs. 1c VOB/A ein **unbestimmter Rechtsbegriff**. Bei der Auslegung sind die Grundsätze des Vergabeverfahrens (§ 2 Nr. 1, 2 VOB/A) und die Hierarchie der Verfahrenstypen (§ 3 Nr. 2 VOB/A) zu beachten. Für die Zulässigkeit der Freihändigen Vergabe kommt es ganz auf die **Gegebenheiten des einzelnen Falles** an. Der Begriff der Unzweckmäßigkeit gesteht dem Auftraggeber einen gewissen **Beurteilungsspielraum** zu, den er durch eine sachliche Begründung ausfüllen muss. Erforderlich ist eine sorgfältige Prüfung, ob nicht doch unter Berücksichtigung aller Gegebenheiten und Anforderungen eine Vergabe durch Ausschreibung möglich ist. Die Begründung für die Wahl der Freihändigen Vergabe muss der Auftraggeber schließlich im Vergabevermerk gem. § 30 VOB/A festhalten.

Arten der Vergabe § 3 VOB/A

Unzweckmäßigkeit liegt insbesondere dann vor, wenn der **Aufwand**, den eine Öffentliche oder Beschränkte Ausschreibung verursachen würde, in keinem Verhältnis zu dem Wert der zu vergebenden Leistung stünde. Voraussetzung ist gleichwohl, dass der Grundsatz der wettbewerblichen Bauvergabe nicht umgangen wird. Dies kann durch Festlegung einer Wertgrenze erreicht werden, bei der nach aller Erfahrung der Aufwand bei einer Öffentlichen oder Beschränkten Ausschreibung unverhältnismäßig wäre. Diese Wertgrenze dürfte aber niedrig anzusetzen sein, um den der VOB/A innewohnenden Wettbewerbsgedanken nicht zu gefährden. 39

b) Nur ein bestimmter Unternehmer kommt in Betracht (§ 3 Nr. 4a VOB/A)

Eine Freihändige Vergabe ist möglich, wenn für die Leistung »aus besonderen Gründen« nur ein bestimmter Unternehmer in Betracht kommt, § 3 Nr. 4a VOB/A. In diesen Fällen wäre es **unzweckmäßig**, ein wettbewerbliches Vergabeverfahren durchzuführen. Der Begriff der besonderen Gründe ist i.S.d. § 3 Nr. 2 VOB/A und in Vergleich mit den weiteren Beispielsfällen des § 3 Nr. 4b bis 4f VOB/A auszulegen. Die Gründe müssen also **objektiv** im Zusammenhang mit der **Eigenart der Leistung** oder den **Umständen der Vergabe** stehen. Bei ungenügender Marktübersicht ist die Öffentliche oder Beschränkte Ausschreibung zu wählen. Die Durchführung einer freihändigen Vergabe nach § 3 Nr. 4a VOB/A ist damit an zwei Voraussetzungen geknüpft, die kumulativ vorliegen müssen und für die in der Regel der Auftraggeber die Beweislast trägt. Zum einen muss der Gegenstand der Beauftragung eine technische Besonderheit im Rahmen der Ausführung der Arbeiten beinhalten. Des Weiteren muss es wegen dieser technischen Besonderheit erforderlich sein, den Auftrag an ein bestimmtes Unternehmen zu vergeben (vgl. EuGH VergabeR 2005, 467). 40

Wann **besondere Gründe** für die Inanspruchnahme nur eines Unternehmers gegeben sein können, kommt durch die Erwähnung des **Patentschutzes** beispielhaft zum Ausdruck. Hierzu sind auch Urheberrechte nach dem Urheberrechtsgesetz zu zählen. Obgleich **Urheberrechte** und darauf bezogene **Lizenzen** keine gewerblichen Schutzrechte im engeren Sinne sind, können sie für bestimmte Nutzungen ähnliche monopolisierende Wirkungen entfalten. Allerdings wird man hier hinsichtlich des Bestehens von gewerblichen Schutzrechten sowie Urheberrechten und damit verbundener Lizenzen dem Auftraggeber vor der Entschließung über die Wahl der Vergabeart keine zeitraubenden Ermittlungen auferlegen können, sondern es auf seinen zumutbaren Kenntnisstand abstellen müssen. Soweit der Auftraggeber beabsichtigt einen Auftrag aufgrund des Schutzes eines Patentrechts im Wege einer freihändigen Vergabe zu vergeben, muss sichergestellt sein, dass die Patentvoraussetzungen erfüllt sind und bei der konkreten Ausführung der Leistung die Ingebrauchnahme dieses Patents notwendig ist (vgl. OLG Düsseldorf NZBau 2004, 175; zur Prüfungskompetenz hinsichtlich einer Patentrechtsverletzung vgl. *Müller-Stoy* GRUR 2006, 184). Besondere Gründe i.S.d. § 3 Nr. 4a VOB/A liegen auch dann vor, wenn die Bauleistung **spezielle Erfahrungen oder Geräte** erfordert, die nachweislich nur ein Unternehmer besitzt und mit denen nur er sachgerecht umgehen kann. Zu beachten ist gleichwohl die Unzulässigkeit des Zuschneidens einer Leistungsbeschreibung auf ein spezifisches Unternehmen ohne sachliche Gründe (vgl. etwa VK Münster Beschl. v. 14.11.2002 VK 16/02 und GA Mischo, Schlussanträge v. 13.12.2001 C-513/99 Rn. 151 ff.). Insbesondere ist bei Produktbezeichnungen stets ein technisch gleichwertiges Produkt zuzulassen (vgl. EuGH ZfBR 2002, 610 [611]).

Wenn von einem Unternehmer als möglichem Auftragnehmer gesprochen wird, so bezieht sich dies auf den **räumlichen Bereich**, aus dem heraus die **Leistung wirtschaftlich erbracht** werden kann. Die Grenzen des einzubeziehenden räumlichen Bereiches ergeben sich aus dem Verhältnis zwischen dem Auftragswert und den Aufwendungen, die aus der Entfernung vom Ort der Bauausführung resultieren und bei ordnungsgemäßer Baupreiskalkulation berechnet werden müssen. Steht von vorne herein fest, dass Unternehmen ab einer gewissen Entfernung aufgrund der zusätzlichen Kosten zwangsläufig unterliegen werden, so scheiden diese als Bewerber für den Bauauftrag von vornherein aus. Soll z.B. in einem kleinen Verwaltungsgebäude in Düsseldorf eine besondere Ölheizung nach 41 einem Spezialverfahren eingebaut werden und besitzen nur drei Firmen, nämlich eine in Essen, eine in Hamburg und eine in München, die erforderlichen Kenntnisse hierfür, so kommt allein der Unternehmer in Essen in Betracht. Soll dagegen in Düsseldorf eine neue Rheinbrücke gebaut werden und wird eine ganz besondere Ausführungsart verlangt, die nur durch eine Firma in Düsseldorf, eine andere in Berlin und eine dritte in München gewährleistet werden kann, so ist mit wirtschaftlichen Angeboten aller drei Unternehmen zu rechnen. Kommen **zwei** Unternehmer für die Leistungserbringung in Betracht, so kann dies eine Freihändige Vergabe nicht rechtfertigen. Denkbar ist in diesen Fällen neben der Öffentlichen Ausschreibung auch die Beschränkte Ausschreibung ggf. unter Abweichung von der Mindestbieterzahl des § 8 Nr. 2 Abs. 2 S. 1 VOB/A (Beck'scher VOB-Komm./ *Jasper* § 3 VOB/A Rn. 65).

c) Leistung nicht eindeutig beschreibbar (§ 3 Nr. 4b VOB/A)

42 Freihändig zu vergeben ist die Bauleistung ferner, wenn sie nach Art und Umfang vor der Erteilung des Auftrages nicht eindeutig und erschöpfend beschrieben werden kann. Vergleichbare Angebote können nur abgegeben werden, wenn **Leistungsinhalt und Leistungsumfang eindeutig und erschöpfend bestimmt** sind. Wo dies aus anzuerkennenden Gründen nicht erfolgen kann, ist ein Angebotsverfahren unzweckmäßig. Dies ist jedoch nicht schon bei einer **Leistungsbeschreibung mit Leistungsprogramm** der Fall, weil auch dort eine eindeutige und erschöpfende Festlegung der Leistung möglich ist. Dagegen kann es bei in technischer Hinsicht **neuartigen Bauvorhaben** an der hinreichenden Beschreibbarkeit der zu erbringenden Leistung fehlen. Das kann auch bei ganz speziellen Baumaßnahmen zutreffen, bei denen besondere unternehmerische Erfahrungen und Kenntnisse gefordert sind. In diesen Fällen kann es erforderlich sein, dass der Unternehmer verschiedene Techniken und Baumethoden erläutert und im Dialog mit dem Auftraggeber eine Lösung sucht. Auch bei einem durch **Kündigung** »abgebrochenen« Vorhaben und der Vergabe des »Restes« an einen Nachfolgeunternehmer kann die Leistung nicht eindeutig und erschöpfend beschreibbar sein. Die präzise Abgrenzung der Gewährleistungspflichten wird in diesen Fällen eine wesentliche Rolle spielen. Bei **Insolvenz** des bisherigen Auftragnehmers scheitert eine eindeutig und erschöpfende Beschreibung der Leistung für die Weiterführung des Bauwerks regelmäßig, weil der Umfang der erforderlichen Nachbesserungen nicht hinreichend bestimmbar ist (Beck'scher VOB-Komm./*Jasper* § 3 VOB/A Rn. 68; *Rusam* in *Heiermann/Riedl/Rusam* § 3 VOB/A Rn. 41). Voraussetzung für die hier genannten Ausnahmen ist aber, dass mit hinreichender Sicherheit miteinander vergleichbare Angebote nicht zu erwarten sind und ohne Verhandlung der Zuschlag nicht erteilt werden kann.

d) Kleine Zusatzleistung (§ 3 Nr. 4c VOB/A)

43 Gem. § 3 Nr. 4c VOB/A kann eine Freihändige Vergabe durchgeführt werden, wenn bereits eine größere Leistung vergeben wurde, eine kleinere dieser nachfolgt und sich nicht ohne Nachteil von der größeren Leistung trennen lässt. Hierbei handelt es sich um sog. **Anschlussaufträge**, die nicht nach § 1 Nr. 3 oder 4 VOB/B den Bedingungen des bisherigen Vertrages unterfallen (zur Abgrenzung von der Wahrnehmung einer Vertragsoption vgl. OLG Rostock Beschl. v. 5.2.2003 17 Verg 14/02, 16 f.). Erfasst werden Fälle, in denen **objektiv** ein **unmittelbarer Zusammenhang** zwischen der größeren vergebenen Leistung und der kleineren noch nicht vergebenen besteht. Dieser Zusammenhang muss so beschaffen sein, dass eine **Trennung** der Verträge **Nachteile** bringen würde. Diese können einmal in bautechnischer Hinsicht, z.B. wegen der notwendigen Einheit der Durchführung, liegen. Sie können aber auch finanziell begründet sein. Typisches Beispiel ist das spätere und bisher nicht eindeutig bestimmbare Stemmen von Durchbrüchen durch im Rohbau errichtete Wände und Decken. Im Allgemeinen wird es sich nur um kleinere zusätzlich notwendige Bauleistungen handeln können, die bei der Vergabe der größeren Leistung unter Berücksichtigung der Sorgfaltspflichten des Auftraggebers noch nicht erkennbar oder hinreichend bestimmbar waren. Nicht erfasst wäre etwa die erhebliche Erweiterung eines Verwaltungsneubaus nach teilweiser Herstellung der bisherigen Baumaßnahme (beachtlich hierzu die Richtlinie des VHB zu Teil B § 1 Nr. 3.3: »Leistungen, die nicht zur

Erfüllung des Vertragszwecks erforderlich sind, deren Ausführung durch den Auftragnehmer aber zweckmäßig ist [§ 1 Nr. 4 S. 2 VOB/B], dürfen freihändig nur dann an den Auftragnehmer vergeben werden [Anschlussauftrag], wenn die Voraussetzungen des § 3 Nr. 4 VOB/A erfüllt sind.«). Denkbar ist darüber hinaus, dass dem Hauptauftrag nicht nur ein Anschlussauftrag folgt, sondern **mehrere**. Um einen **Missbrauch** der Regelung des § 3a Nr. 4c VOB/A seitens des Auftraggebers zu vermeiden, wird man den Gesamtumfang der Anschlussaufträge begrenzen müssen. Die **Hälfte der Kosten des Hauptauftrages** kann als Richtwert gelten. Dabei ist grundsätzlich davon auszugehen, dass Anschlussaufträge für den Auftraggeber vorhersehbar sind; für das Gegenteil ist er **nachweispflichtig**.

e) Besondere Dringlichkeit (§ 3 Nr. 4d VOB/A)

Eine Freihändige Vergabe ist gem. § 3 Nr. 4d VOB/A zulässig, wenn die Leistung **besonders dringlich** ist. Hier handelt es sich nicht um dieselbe Art von Dringlichkeit, wie sie in § 3 Nr. 3 Abs. 1c VOB/A als Voraussetzung für eine Beschränkte Ausschreibung niedergelegt ist. Beide Tatbestände stehen in einem **Stufenverhältnis** zueinander, welches sich am Umfang des Wettbewerbs orientiert. Je geringer der Wettbewerb, desto größer sind die Anforderungen an den Ausnahmetatbestand. Für die Freihändige Vergabe wird nicht nur Dringlichkeit, sondern **besondere Dringlichkeit** verlangt, deren **Verursachung** dem Auftraggeber **nicht zuzurechnen** ist. Die besondere Dringlichkeit ist zeitlich an der Frage zu messen, ob die in § 18 Nr. 1 und 4 VOB/A vorgeschriebenen Angebotsfristen sowie die Zuschlags- und Bindefristen gem. § 19 VOB/A wegen der Dringlichkeit der Leistung bei der gebotenen objektiven Betrachtung nicht eingehalten werden können. Die Freihändige Vergabe ist daher nur in echten **Ausnahmefällen** zur Behebung einer nicht vorhersehbaren Situation in Betracht zu ziehen. Das gilt nicht nur für die Behebung von Katastrophenschäden oder die Beschaffung von Geräten zur Gefahrenabwehr (vgl. die Abwägung in OLG Düsseldorf VergabeR 2003, 55 [56 f.]), auch ein drohender vertragsloser Zustand in einem Fall der Daseinsvorsorge kann dies begründen (vgl. OLG Düsseldorf ZfBR 2004, 202, 205). Zudem sind etwa auch Bauarbeiten erfasst, deren Notwendigkeit sich aus einer unvermutet aufgetretenen Situation ergibt, insbesondere um Schäden oder weitere Schäden zu verhindern. Weiterhin kann etwa auch im Fall einer Insolvenz des bisherigen Auftragnehmers und einer darauf erfolgenden Kündigung des Bauvertrages gem. § 8 Nr. 2 Abs. 1 VOB/B ein Fall besonderer Dringlichkeit vorliegen (vgl. VK Bund Beschl. v. 29.6.2005 VK 3–52/05).

f) Ausschreibung nicht erfolgversprechend (§ 3 Nr. 4e VOB/A)

Ferner ist die Freihändige Vergabe möglich, wenn eine Öffentliche oder Beschränkte Ausschreibung aufgehoben wurde und eine erneute Ausschreibung kein annehmbares Ergebnis verspricht. Zunächst muss die **Aufhebung** wie bei § 3 Nr. 3 Abs. 1b VOB/A **wirksam** sein. Eine Neuausschreibung desselben Vergabegegenstandes ohne wirksame Aufhebung ist wegen der Gefahr zweier paralleler Vergabeverfahren nicht zulässig. Der Aufhebungsgrund muss aber nicht notwendig in dem Fehlen annehmbarer Ergebnisse liegen. Dies kann jedoch wertvolles Indiz für die Prognose für den mangelnden Erfolg einer erneuten Ausschreibung sein. Wurde die ursprüngliche Ausschreibung aus anderen von § 26 VOB/A erfassten Gründen oder sogar außerhalb dieser Vorschrift aufgehoben, wird im Rahmen des § 3 Nr. 4e VOB/A ein erhöhter Begründungsaufwand erforderlich sein. Anders als § 3 Nr. 3 Abs. 1b VOB/A ist § 3 Nr. 4e VOB/A mangels einer entsprechenden Formulierung nicht notwendig mit einem Aufhebungsgrund des § 26 VOB/A verknüpft (a.A. Beck'scher VOB-Komm./ *Jasper* § 3 VOB/A Rn. 74).

Zusätzlich darf **auch eine neue Ausschreibung kein annehmbares Ergebnis** versprechen. Es ist zunächst unter Zugrundelegung aller Gegebenheiten die sorgfältige Nachprüfung geboten, wo die Ursachen des Misserfolges der Ausschreibung gelegen haben. Lassen sich diese so beheben, dass ein Misserfolg im Falle einer neuen Ausschreibung aller Voraussicht nach auszuschließen ist (z.B. bei bloßer Änderung der Planung auf der Auftraggeberseite oder bei Verschiebung der Bauzeit), so ist für eine Freihändige Vergabe kein Raum. Vielmehr ist dann eine erneute Ausschreibung mit entsprechenden Änderungen vorzunehmen. Nur wenn die Ursachen des Misserfolges der bisherigen Ausschreibung auch in einer neuen Öffentlichen oder Beschränkten Ausschreibung nicht beseitigt werden können, ist eine Freihändige Vergabe begründet. Im Übrigen greift § 3 Nr. 4e VOB/A nach dem Gesagten nur ein, wenn die bisher vorgesehene Leistung nach Art, Umfang und Ausführungsbedingungen grundsätzlich **keine Änderungen** erfährt.

g) Leistung unterliegt der Geheimhaltung (§ 3 Nr. 4f VOB/A)

47 Schließlich kommt eine Freihändige Vergabe in Betracht, wenn die auszuführende Leistung **Geheimhaltungsvorschriften** unterworfen ist. Hier sind zwingende hoheitliche Bestimmungen erforderlich, die für **das betreffende Bauvorhaben** die Geheimhaltung gebieten. Dabei ist jedoch für den Einzelfall abzustufen und zunächst die Frage zu prüfen, ob nicht dem Erfordernis der Geheimhaltung durch eine Beschränkte Ausschreibung nach Maßgabe von § 3 Nr. 3 Abs. 1c VOB/A Genüge getan werden kann. **Betriebliche Geheimhaltungsgründe** auf Bieterseite rechtfertigen nicht die Durchführung einer Freihändigen Vergabe, sondern sind vom Auftraggeber ohnehin stets zu beachten.

D. Rechtsfolgen einer fehlerhaften Wahl des Verfahrenstyps

48 Hält sich der Auftraggeber nicht an die für die jeweilige Vergabeart gültigen Vorschriften bzw. wählt er im Vorhinein die falsche Vergabeart, hat dies im Bereich des 1. Abschnitts der VOB/A grundsätzlich keine Folgen für das laufende Vergabeverfahren. Ansprüchen mit dem Inhalt auf das laufende Vergabeverfahren einzuwirken, fehlt es unterhalb der Schwellenwerte an einer Anspruchsgrundlage. Der Bieter kann jedoch unterhalb der Schwellenwerte Schadensersatz beanspruchen, wenn die gesetzlichen Voraussetzungen der culpa in contrahendo (§ 280 Abs. 1 i.V.m. § 311 Abs. 2 BGB) vorliegen. Grundsätzlich hat die Rechtsprechung anerkannt, dass bereits die Vorverhandlungen zwischen Auftraggeber und Bieter ein vertragsähnliches Vertrauensverhältnis begründen (st. Rspr., vgl. BGH NJW 2001, 3698, 3700 m.w.N.). »Der Teilnehmer darf bei einer öffentlichen Ausschreibung darauf vertrauen, dass er eine realistische Chance auf eine Amortisation seiner oft erheblichen Aufwendungen zur Ausarbeitung eines sorgfältig kalkulierten Angebots hat. Das Ausmaß seiner Chancen kann der Bieter in einem gewissen Umfang nach den von der öffentlichen Hand zu beachtenden Bestimmungen des öffentlichen Vergaberechts abschätzen.« (BGH NJW 1998, 3640, 3641). Der Bieter kann aber auch im Vorfeld des Vergabeverfahrens auf die Einhaltung der Bestimmungen zur Einleitung des Vergabeverfahrens vertrauen (vgl. BGH NJW 2001, 3698, 3700; ZfBR 2003, 194, 195). Auch eine fehlerhafte Wahl des Vergabeverfahrens kann daher Schadensersatzansprüche aus culpa in contrahendo auslösen. Das Gesagte gilt entsprechend auch für den privaten Bauherrn, wenn er Vertragsverhandlungen auf der Grundlage der VOB/A beginnt. Eine solche Selbstverpflichtung des privaten Bauherrn zur Anwendung der VOB/A ohne haushaltsrechtlichen oder sonstigen Zwang entsteht, wenn sich dies aus der Ausschreibung klar erkennbar ergibt, etwa durch den deutlichen auch formularmäßig vorgedruckten Hinweis, dass die Vertragsverhandlungen oder die Auftragsvergabe sich nach Teil A der VOB richten.

49 Wählt der öffentliche Auftraggeber anstatt eines Verfahrenstyps des § 3a VOB/A einen solchen des § 3 VOB/A weil er irrtümlich den Auftragswert als unterhalb der Schwellenwerte liegend berechnet hat, so ist der Zugang zum Primärrechtsschutz gem. §§ 107 ff. GWB dennoch eröffnet. Entscheidend ist insoweit der tatsächliche, nicht der geschätzte Auftragswert, vgl. § 100 Abs. 1 i.V.m. § 3 VgV (OLG Düsseldorf Beschl. v. 16.2.2006 Verg 6/06; OLG Stuttgart VergabeR 2003, 101). Anwendbar sind auch die Vorschriften der §§ 97 bis 106 GWB. Gleichwohl ist der Antragsteller mit einer entsprechenden Rüge nach Ablauf der Angebotsfrist regelmäßig präkludiert, vgl. § 107 Abs. 2 S. 3 GWB (eine Rügeobliegenheit besteht nicht, wenn überhaupt kein geregeltes Vergabeverfahren durchgeführt wurde, vgl. OLG Celle Beschl. v. 8.12.2005 13 Verg 2/05; OLG Düsseldorf VergabeR

2005, 343, 344). Denn aus der Wahl eines Vergabeverfahrens des § 3 VOB/A ergibt sich, soweit der Verfahrenstyp bekannt gegeben wird, auch die Unterschreitung des Schwellenwertes nach der Schätzung des Auftragwertes durch die Vergabestelle (vgl. KG Beschl. v. 10.10.2002 2 KartVerg 13/02).

Das OLG Bremen hat an dieser Rechtsprechung in jüngster Zeit Zweifel geäußert, insbesondere dahin, ob eine derart umfassende Präklusion nach § 107 Abs. 3 GWB den Vorgaben der Rechtsmittelrichtlinie (RMRL 89/665/EWG v. 21.12.1989 i.d.F. d. Richtlinie 92/50/EWG v.18.6.1992, ABl. EG 92 L 209, 1) und der hierin enthaltenen Verpflichtung der Mitgliedsstaaten zur Gewährleistung von wirksamen Nachprüfungsinstrumentarien von rechtswidrigen Entscheidungen der Vergabebehörden (Art. 1 Abs. 1 und 3 RMRL) entspricht (vgl. OLG Bremen Beschl. v. 18.5.2006 Verg 3/2005; anders hierzu noch eine Entscheidung des OLG Bremen aus dem Jahr 2005: Beschl. v. 7.11.2005 Verg 3/05). Dies hat den Senat veranlasst diese Frage dem EuGH zur **Vorabentscheidung** vorzulegen. Im Grundsatz zweifelt der Senat nicht an der Richtlinienkonformität des § 107 Abs. 3 S. 2 GWB (vgl. hierzu auch OLG Naumburg Beschl. v. 4.1.2005 1 Verg 25/04), führt im Vorlagebeschluss jedoch aus, dass es sich bei maßgeblichen Vergaberechtsverstößen, die sich unmittelbar auf die Höhe des Auftragswertes und damit auch auf den jeweils maßgeblichen Schwellenwert beziehen, um eine besondere Problematik handelt. Insbesondere in den Fällen, in denen sich der Auftraggeber bei Überschreiten des Schwellenwertes bei der **Wahl des Ausschreibungsverfahrens** »vergreift« (OLG Bremen Beschl. v. 18.5.2006 Verg 3/2005) oder die **Schätzung des Auftragswertes vergaberechtswidrig zu niedrig** ansetzt, führt dies nach Ansicht des OLG möglicherweise zu einer den europäischen Vorgaben zuwiderlaufenden Einschränkung einer wirksamen Nachprüfungsmöglichkeit durch die Bieter. Die umfassende Präklusionswirkung des § 107 Abs. 3 S. 2 GWB kann nach Ansicht des OLG in jedem Fall nur dann ihre Wirkung entfalten, wenn für den potenziellen Bieter aus der Vergabebekanntmachung eindeutig erkennbar ist, von welchem Auftragswert der Auftraggeber ausgegangen ist. Dies könnte nach Ansicht des Senats durch eine ausdrückliche Aufführung des durch den Auftraggeber vorab geschätzten Auftragswertes oder alternativ durch eine ausdrückliche Erklärung darüber, dass von einem Erreichen oder Verfehlen des maßgeblichen Schwellenwertes ausgegangen worden ist, jeweils im Rahmen der Vergabebekanntmachung, erfolgen (vgl. OLG Bremen Beschl. v. 18.5.2006 Verg 3/2005).

Nach der hier vertretenen Ansicht ist dem Auftraggeber keine derartige Erklärungsverpflichtung aufzuerlegen, für die Bieter sind vielmehr regelmäßig aufgrund der zwingenden Angaben in der Bekanntmachung (§ 17 VOB/A) Vergaberechtsverstöße hinsichtlich der Wahl der Verfahrensart erkennbar. So muss die Vergabebekanntmachung nach § 17 Nr. 1 Abs. 2b und 2e VOB/A (für Beschränkte Ausschreibung vgl. § 17 Nr. 2 Abs. 2b und 2e VOB/A) sowohl die gewählte Verfahrensart als auch Angaben zu Art und Umfang der Leistung enthalten. Wird die Vergabe im Weg einer nationalen Ausschreibung (1. Abschnitt der VOB/A) vorgenommen, ist für die potenziellen Bieter bereits hierdurch offensichtlich erkennbar, dass der Auftraggeber nach Schätzung des maßgeblichen Auftragswertes nicht von einem Überschreiten des maßgeblichen Schwellenwertes ausgegangen ist. Hegt ein Bieter an dieser Einschätzung nach Sichtung des Auftragsumfangs und etwa aufgrund bestehender Erfahrungen aus der Vergangenheit Zweifel, besteht insbesondere die Annahme, die Vergabe sei in der falschen Verfahrensart vorgenommen worden, kann dies Gegenstand einer Rüge sein. Der vom Senat ins Auge gefassten Alternative einer »qualifizierten Erklärung« im Rahmen der Bekanntmachung über den Auftragswert bedarf es hiermit nicht. Zudem besteht bei der ins Auge gefassten Möglichkeit einer ausdrücklichen Aufführung des durch den Auftraggeber vorab geschätzten Auftragswertes eine nicht unerhebliche Gefahr der Wettbewerbsverfälschung (diese Gefahr erkennt offenbar das OLG Bremen selbst, vgl. Beschl. v. 18.5.2006 Verg 3/2005; hierzu auch KG Beschl. v. 10.10.2002 2 KartVerg 13/02). Die vom OLG alternativ vorgeschlagene Erklärung der ausschreibenden Stelle, dass sie von einem Erreichen oder Verfehlen des maßgeblichen Schwellenwertes ausgehe, hat gegenüber der Angabe der Verfahrensart keinen wesentlich erhöhten Erklärungswert. Vielmehr bringt die Vergabestelle bereits durch die Wahl der Verfahrensart, also nationaler oder europaweiter Ausschreibung zum Ausdruck, ob nach der Vorabschätzung der Auftragswert den maßgeblichen Schwellenwert überschreitet oder nicht. Einer zusätzlichen ausdrücklichen Erklärung hierzu bedarf es daher nicht. Ungeachtet dessen ist zur endgültigen Klärung dieser Rechtsfrage, die Entscheidung des EuGH abzuwarten.

50 Auch die Vorschriften der VgV, insbesondere § 13 VgV, können bei einer irrigerweise zu niedrigen Schätzung des Auftragswertes durch den Auftraggeber und einer unterbliebenen Rüge des Bieters nicht mehr geltend gemacht werden, denn deren Anwendbarkeit hängt von dem geschätzten Auftragswert ab (§ 1 VgV), nicht wie das GWB-Vergaberecht vom tatsächlichen (zur teleologischen Reduktion des § 13 S. 6 VgV im Falle einer Geltendmachung des Primärrechtsschutzes durch einen Bieter, vgl. OLG Celle Beschl. v. 8.12.2005 13 Verg 2/05). Nur bei einer missbräuchlichen Schätzung des Auftragswertes finden die Vorschriften der VgV dennoch Anwendung, vgl. § 3 Abs. 2 VgV (OLG Düsseldorf VergabeR 2002, 665 [666]; VK Baden-Württemberg Beschl. v. 27.6.2003 1 VK 29/03).

§ 3a
Arten der Vergabe

1. Bauaufträge im Sinne von § 1a werden vergeben:
   a) im Offenen Verfahren, das der Öffentlichen Ausschreibung (§ 3 Nr. 1 Abs. 1) entspricht,
   b) im Nichtoffenen Verfahren, das der Beschränkten Ausschreibung nach Öffentlichem Teilnahmewettbewerb (§ 3 Nr. 1 Abs. 2) entspricht,
   c) im Wettbewerblichen Dialog; ein Wettbewerblicher Dialog ist ein Verfahren zur Vergabe besonders komplexer Aufträge. In diesem Verfahren erfolgen eine Aufforderung zur Teilnahme und anschließend Verhandlungen mit ausgewählten Unternehmen über alle Einzelheiten des Auftrags,
   d) im Verhandlungsverfahren, das an die Stelle der Freihändigen Vergabe (§ 3 Nr. 1 Abs. 3) tritt. Beim Verhandlungsverfahren wendet sich der Auftraggeber an ausgewählte Unternehmer und verhandelt mit einem oder mehreren dieser Unternehmen über den Auftragsinhalt, gegebenenfalls nach Öffentlicher Vergabebekanntmachung.

2. Das Offene Verfahren muss angewendet werden, wenn die Voraussetzungen des § 3 Nr. 2 vorliegen.

3. Das Nichtoffene Verfahren ist zulässig, wenn die Voraussetzungen des § 3 Nr. 3 vorliegen sowie nach Aufhebung eines Offenen Verfahrens oder Nichtoffenen Verfahrens, sofern nicht das Verhandlungsverfahren zulässig ist.

4. (1) Der Wettbewerbliche Dialog ist zulässig, wenn der Auftraggeber objektiv nicht in der Lage ist,
   a) die technischen Mittel anzugeben, mit denen seine Bedürfnisse und Ziele erfüllt werden können oder
   b) die rechtlichen oder finanziellen Bedingungen des Vorhabens anzugeben.

(2) Der Auftraggeber hat seine Bedürfnisse und Anforderungen bekannt zu machen; die Erläuterung dieser Anforderungen erfolgt in der Bekanntmachung oder in einer Beschreibung.

(3) Mit den im Anschluss an die Bekanntmachung nach Abs. 2 ausgewählten Unternehmen ist ein Dialog zu eröffnen, in dem der Auftraggeber ermittelt und festlegt, wie seine Bedürfnisse am besten erfüllt werden können. Bei diesem Dialog kann er mit den ausgewählten Unternehmen alle Einzelheiten des Auftrags erörtern. Der Auftraggeber hat dafür zu sorgen, dass alle Unternehmen bei dem Dialog gleich behandelt werden. Insbesondere darf er nicht Informationen so weitergeben, dass bestimmte Unternehmen begünstigt werden könnten.

Der Auftraggeber darf Lösungsvorschläge oder vertrauliche Informationen eines Unternehmens nicht ohne dessen Zustimmung an die anderen Unternehmen weitergeben und diese nur im Rahmen des Vergabeverfahrens verwenden.

(4) Der Auftraggeber kann vorsehen, dass der Dialog in verschiedenen aufeinander folgenden Phasen abgewickelt wird, um die Zahl der in der Dialogphase zu erörternden Lösungen anhand der in der Bekanntmachung oder in den Vergabeunterlagen angegebenen Zuschlagskriterien zu verringern. Der Auftraggeber hat die Unternehmen, deren Lösungen nicht für die nächstfolgende Dialogphase vorgesehen sind, darüber zu informieren. In der Schlussphase müssen noch so viele Angebote vorliegen, dass ein echter Wettbewerb gewährleistet ist.

(5) Der Auftraggeber hat den Dialog für abgeschlossen zu erklären, wenn
    a) eine Lösung gefunden worden ist, die seine Bedürfnisse erfüllt oder
    b) erkennbar ist, dass keine Lösung gefunden werden kann;
er hat die Unternehmen darüber zu informieren. Im Fall von a) hat er die Unternehmen aufzufordern, auf der Grundlage der eingereichten und in der Dialogphase näher ausgeführten Lösungen ihr endgültiges Angebot vorzulegen. Die Angebote müssen alle zur Ausführung des Projekts erforderlichen Einzelheiten enthalten. Der Auftraggeber kann verlangen, dass Präzisierungen, Klarstellungen und Ergänzungen zu diesen Angeboten gemacht werden. Diese Präzisierungen, Klarstellungen oder Ergänzungen dürfen jedoch keine Änderung der grundlegenden Elemente des Angebots oder der Ausschreibung zur Folge haben, die den Wettbewerb verfälschen oder diskriminierend wirken könnte.

(6) Der Auftraggeber hat die Angebote aufgrund der in der Bekanntmachung oder in der Beschreibung festgelegten Zuschlagskriterien zu bewerten und das wirtschaftlichste Angebot auszuwählen. Der Auftraggeber darf das Unternehmen, dessen Angebot als das wirtschaftlichste ermittelt wurde, auffordern, bestimmte Einzelheiten des Angebots näher zu erläutern oder im Angebot enthaltene Zusagen zu bestätigen. Dies darf nicht dazu führen, dass wesentliche Aspekte des Angebots oder der Ausschreibung geändert werden, und dass der Wettbewerb verzerrt wird oder andere am Verfahren beteiligte Unternehmen diskriminiert werden.

(7) Verlangt der Auftraggeber, dass die am Wettbewerblichen Dialog teilnehmenden Unternehmen Entwürfe, Pläne, Zeichnungen, Berechnungen oder andere Unterlagen ausarbeiten, muss er einheitlich für alle Unternehmen, die die geforderte Unterlage rechtzeitig vorgelegt haben, eine angemessene Kostenerstattung hierfür gewähren.

5. Das Verhandlungsverfahren ist zulässig nach Öffentlicher Vergabebekanntmachung,
    a) wenn bei einem Offenen Verfahren oder Nichtoffenen Verfahren keine annehmbaren Angebote abgegeben worden sind, sofern die ursprünglichen Verdingungsunterlagen nicht grundlegend geändert werden,
    b) wenn die betroffenen Bauvorhaben nur zu Forschungs-, Versuchs- oder Entwicklungszwecken und nicht mit dem Ziel der Rentabilität oder der Deckung der Entwicklungskosten durchgeführt werden,
    c) wenn im Ausnahmefall die Leistung nach Art und Umfang oder wegen der damit verbundenen Wagnisse nicht eindeutig und so erschöpfend beschrieben werden kann, dass eine einwandfreie Preisermittlung zwecks Vereinbarung einer festen Vergütung möglich ist.

6. Das Verhandlungsverfahren ist zulässig ohne Öffentliche Vergabebekanntmachung,
    a) wenn bei einem Offenen Verfahren oder Nichtoffenen Verfahren keine annehmbaren Angebote abgegeben worden sind, sofern die ursprünglichen Verdingungsunterlagen nicht grundlegend geändert werden und in das Verhandlungsverfahren alle Bieter aus dem vorausgegangenen Verfahren einbezogen werden, die fachkundig, zuverlässig und leistungsfähig sind,
    b) wenn bei einem Offenen Verfahren oder Nichtoffenen Verfahren keine oder nur nach § 25

Nr. 1 auszuschließende Angebote abgegeben worden sind, sofern die ursprünglichen Verdingungsunterlagen nicht grundlegend geändert werden (wegen der Berichtspflicht siehe § 33 a),

c) wenn die Arbeiten aus technischen oder künstlerischen Gründen oder aufgrund des Schutzes von Ausschließlichkeitsrechten nur von einem bestimmten Unternehmer ausgeführt werden können,

d) weil wegen der Dringlichkeit der Leistung aus zwingenden Gründen infolge von Ereignissen, die der Auftraggeber nicht verursacht hat und nicht voraussehen konnte, die in § 18a Nr. 1, 2 und 3 vorgeschriebenen Fristen nicht eingehalten werden können,

e) wenn an einen Auftragnehmer zusätzliche Leistungen vergeben werden sollen, die weder in seinem Vertrag noch in dem ihm zugrunde liegenden Entwurf enthalten sind, jedoch wegen eines unvorhergesehenen Ereignisses zur Ausführung der im Hauptauftrag beschriebenen Leistung erforderlich sind, sofern diese Leistungen

– sich entweder aus technischen oder wirtschaftlichen Gründen nicht ohne wesentliche Nachteile für den Auftraggeber vom Hauptauftrag trennen lassen oder

– für die Vollendung der im Hauptauftrag beschriebenen Leistung unbedingt erforderlich sind, auch wenn sie getrennt vergeben werden könnten,

vorausgesetzt, dass die geschätzte Vergütung für alle solche zusätzlichen Leistungen die Hälfte der Vergütung der Leistung nach dem Hauptauftrag nicht überschreitet,

f) wenn gleichartige Bauleistungen wiederholt werden, die durch denselben Auftraggeber an den Auftragnehmer vergeben werden, der den ersten Auftrag erhalten hat, sofern sie einem Grundentwurf entsprechen und dieser Entwurf Gegenstand des ersten Auftrags war, der nach den in § 3a genannten Verfahren vergeben wurde. Die Möglichkeit der Anwendung dieses Verfahrens muss bereits bei der Ausschreibung des ersten Bauabschnitts angegeben werden; der für die Fortsetzung der Bauarbeiten in Aussicht genommene Gesamtauftragswert wird vom öffentlichen Auftraggeber bei der Anwendung von § 1a berücksichtigt. Dieses Verfahren darf jedoch nur binnen drei Jahren nach Abschluss des ersten Auftrags angewandt werden.

g) bei zusätzlichen Leistungen des ursprünglichen Auftragnehmers, die zur teilweisen Erneuerung von gelieferten Waren oder Einrichtungen zur laufenden Benutzung oder zur Erweiterung von Lieferungen oder bestehenden Einrichtungen bestimmt sind, wenn ein Wechsel des Unternehmers dazu führen würde, dass der Auftraggeber Waren mit unterschiedlichen technischen Merkmalen kaufen müsste und dies eine technische Unvereinbarkeit oder unverhältnismäßige technische Schwierigkeiten bei Gebrauch, Betrieb oder Wartung mit sich bringen würde. Die Laufzeit dieser Aufträge darf in der Regel drei Jahre nicht überschreiten.

Die Fälle der Buchstaben e und f finden nur Anwendung bei der Vergabe von Aufträgen mit einem Schwellenwert nach § 1a Nr. 1 Abs 2. Der Fall des Buchstabens g findet nur Anwendung bei der Vergabe von Aufträgen mit einem Schwellenwert nach § 1a Nr. 2.

7. (1) Der Auftraggeber enthält sich beim Verhandlungsverfahren jeder diskriminierenden Weitergabe von Informationen, durch die bestimmte Bieter gegenüber anderen begünstigt werden können.

(2) Der Auftraggeber kann vorsehen, dass das Verhandlungsverfahren in verschiedenen aufeinander folgenden Phasen abgewickelt wird, um so die Zahl der Angebote, über die verhandelt wird, anhand der in der Bekanntmachung oder in den Verdingungsunterlagen angegebenen Zuschlagskriterien zu verringern. In der Schlussphase müssen noch so viele Angebote vorliegen, dass ein echter Wettbewerb gewährleistet ist.

Arten der Vergabe § 3a VOB/A

Inhaltsübersicht Rn.

A. Allgemeine Grundlagen	1
I. Anwendungsbereich und Auslegungsgrundsätze	1
II. Vergabeverfahren und Verfahrenstypen	3
B. Hierarchie der Verfahrenstypen/Vorrang des Wettbewerbs	4
C. Die einzelnen Verfahrenstypen des 2. Abschnitts der VOB/A	6
I. Offenes Verfahren (§ 3a Nr. 1a, 2 VOB/A)	7
1. Wesentliche Merkmale (§ 3a Nr. 1a VOB/A)	7
2. Anwendungsbereich (§ 3a Nr. 2 VOB/A)	8
II. Nichtoffenes Verfahren (§ 3a Nr. 1b, 3 VOB/A)	9
1. Wesentliche Merkmale (§ 3a Nr. 1b VOB/A)	9
2. Anwendungsbereich (§ 3a Nr. 3 VOB/A)	11
III. Wettbewerblicher Dialog (§ 3a Nr. 1c VOB/A)	13
1. Wesentliche Merkmale (§ 3a Nr. 1c VOB/A)	13
2. Anwendungsbereich (§ 3a Nr. 4 Abs. 1 VOB/A)	24
a) Objektiv nachprüfbares qualifiziertes Unvermögen (§ 3a Nr. 4 Abs. 1 Hs. 1)	25
b) Technische/rechtliche/finanzielle Komplexität (§ 3a Nr. 4 Abs. 1a und 1b VOB/A)	26
aa) Technische Mittel (§ 3a Nr. 4 Abs. 1a)	27
bb) Rechtliche oder finanzielle Bedingungen (§ 3a Nr. 4 Abs. 1b VOB/A)	28
IV. Verhandlungsverfahren (§ 3a Nr. 1d, 5, 6 VOB/A)	29
1. Wesentliche Merkmale (§ 3a Nr. 1d VOB/A)	29
2. Anwendungsbereich des Verhandlungsverfahrens nach Öffentlicher Vergabebekanntmachung (§ 3a Nr. 5 VOB/A)	34
a) Keine annehmbaren Angebote bei einem vorangegangenen Offenen oder Nichtoffenen Verfahren (§ 3a Nr. 5a VOB/A)	35
b) Bauvorhaben nur zu Forschungs-, Versuchs- oder Entwicklungszwecken (§ 3a Nr. 5b VOB/A)	38
c) Unmöglichkeit der eindeutigen und erschöpfenden Beschreibung der Leistung (§ 3a Nr. 5c VOB/A)	39
3. Anwendungsbereich des Verhandlungsverfahrens ohne Öffentliche Vergabebekanntmachung (§ 3a Nr. 6 VOB/A)	40
a) Keine annehmbaren Angebote bei vorangegangenem Offenen oder Nichtoffenen Verfahren (§ 3a Nr. 6a VOB/A)	41
b) Fehlen tauglicher Angebote (§ 3a Nr. 6b VOB/A)	42
c) Technische oder künstlerische Gründe bzw. Schutz von Ausschließlichkeitsrechten (§ 3a Nr. 6c VOB/A)	43
d) Dringlichkeit aus zwingenden Gründen (§ 3a Nr. 6d VOB/A)	44
e) Erforderliche zusätzliche Leistungen (§ 3a Nr. 6e VOB/A)	46
f) Wiederholung gleichartiger Leistungen (§ 3a Nr. 6f VOB/A)	49
g) Leistungen des bisherigen Auftragnehmers zur Erneuerung oder Erweiterung (§ 3a Nr. 6g VOB/A)	50
D. Rechtsfolgen einer fehlerhaften Wahl des Verfahrenstyps	51

A. Allgemeine Grundlagen

I. Anwendungsbereich und Auslegungsgrundsätze

Für die Vergabe von Bauleistungen, die die Schwellenwerte (§ 100 Abs. 1 GWB i.V.m. § 2 Nr. 4 und 7 VgV) erreichen, stehen den öffentlichen Auftraggebern die in § 3a VOB/A beschriebenen Verfahrenstypen zur Verfügung. § 3a Nr. 1 Hs. 1 VOB/A verknüpft den **Anwendungsbereich** des § 3a VOB/A mit den Eingangsvoraussetzungen des § 1a VOB/A. Durch den nunmehr in § 1a ausdrücklich ent- **1** haltenen Verweis auf § 2 Nr. 4 und 7 VgV sind die dort enthaltenen Schwellenwerte und deren Berechnung maßgeblich (der für die Vorgängerregelung bestehende Korrekturbedarf zur Schwellenwertregelung in § 1a VOB/A hat sich daher erledigt; hierzu *Müller-Wrede* in *Ingenstau/Korbion* § 3a VOB/A Rn. 1). Der Begriff des Bauauftrags ist entsprechend dem höherrangigen Recht des § 99 Abs. 3 GWB auszulegen (Thüringer OLG VergabeR 2003, 97; BayObLG ZVgR 2000, 122, 122 f.; vgl. auch EuGH VergabeR 2001, 380, 385 ff.; zur Abgrenzung zum Lieferauftrag mit Einbau: BayObLG VergabeR 2002, 662). Der 2. Abschnitt der VOB/A erlangt seinen Charakter als zwingende Vorschrift erst und nur durch die statischen Verweisungen in GWB und VgV.

§ 3a VOB/A **modifiziert** die Basisvorschrift des § 3 VOB/A, die nur bei ausdrücklicher Verweisung oder fehlender Regelung in § 3a VOB/A Anwendung findet. In § 3a Nr. 1 VOB/A werden zunächst die für Bauvergaben oberhalb der Schwellenwerte verfügbaren Verfahrenstypen vorgestellt. Im Rahmen der Neufassung der VOB/A wurde die bisherige Trias der Verfahrensarten (Offenes, Nichtoffenes Verfahren, Verhandlungsverfahren) um eine vierte Verfahrensart, den wettbewerblichen Dialog erweitert (zum wettbewerblichen Dialog umfassend *Kaelble* in *Müller-Wrede* ÖPP-Beschleunigungsgesetz S. 37 ff.). Dies beruht auf der europarechtlichen Vorgabe der Vergabekoordinierungsrichtlinie (VKR), die im Zuge des ÖPP-Beschleunigungsgesetzes bereits Eingang in die höherrangigen Normen des GWB und der VGV gefunden hat (vgl. § 101 Abs. 1 S. 1 und Abs. 5 GWB, § 6a VgV). § 3a Nr. 2 VOB/A ist der Vorrang des Offenen Verfahrens zu entnehmen. § 3a Nr. 3 bis 6 VOB/A enthält die Regelungen, wann und unter welchen Voraussetzungen das Nichtoffene Verfahren, der wettbewerbliche Dialog und das Verhandlungsverfahren zur Anwendung gelangen können. § 3a Nr. 4 VOB/A beinhaltet darüber hinaus für die neue Verfahrensart des wettbewerblichen Dialogs Einzelheiten zu Durchführung und Ablauf des Verfahrens. In § 3a Nr. 7 VOB/A sind besondere Regelungen bei Durchführung eines Verhandlungsverfahrens enthalten, so einerseits das Verbot der diskriminierenden Weitergabe von Informationen durch den Auftraggeber an einzelne Bieter, andererseits die Möglichkeit, das Verhandlungsverfahren in verschiedenen Schritten durchzuführen, sog. »Sukzessives Abschichten« (siehe hierzu § 3a VOB/A Rn. 32).

2 Anders als § 3 VOB/A setzt § 3a VOB/A europäisches Vergaberecht um. Im Einzelnen liegen dem § 3a VOB/A die Regelung von Art. 1 Abs. 11, Art. 28 VKR (RL 2004/18/EG v. 31.3.2004 über die Koordinierung der Verfahren zur Vergabe öffentlicher Bauaufträge, Lieferaufträge und Dienstleistungsaufträge, zuletzt geändert durch VO [EG] Nr. 2083/2005 v. 19.12.2005, Abl. EG 05 Nr. L 333, 28, in Kraft seit dem 1.1.2006) zugrunde. Im Sinne dieser Vorschriften sind die Bestimmungen des § 3a VOB/A und die in Bezug genommenen des § 3 VOB/A **europarechtskonform** auszulegen. Zusätzlich sind die **§§ 97 ff. GWB,** insbesondere die Grundsätze der Gleichbehandlung, der Transparenz und des Wettbewerbs bei der Auslegung des § 3a VOB/A zu beachten.

Bezüglich des Verhältnisses des Vergabeverfahrens zum **Verwaltungsverfahren** (VwVfG) und der **Vertragsverhandlung** (BGB) gilt oberhalb der Schwellenwerte nichts anderes als unterhalb der Schwellenwerte. Insofern wird auf die Kommentierung zu § 3 VOB/A verwiesen (siehe § 3 VOB/A Rn. 3 ff.). Die Nachprüfung von Entscheidungen oberhalb der Schwellenwerte unterliegt aufgrund der Sonderzuweisung in den §§ 102 ff. GWB den Vergabekammern.

II. Vergabeverfahren und Verfahrenstypen

3 Der Vergabe eines öffentlichen Auftrags muss stets ein Vergabeverfahren vorausgehen, §§ 97 Abs. 1 und 101 Abs. 1 GWB, Art. 28 VKR (zu den Rechtsfolgen bei Verletzung dieses Grundsatzes vgl. Kap. D.). Die dem Auftraggeber bei Durchführung eines Vergabeverfahrens zur Verfügung stehenden Verfahrenstypen im Bereich des 2. Abschnitts der VOB/A unterscheiden sich vor allem in dem Kreis der zu beteiligenden Bieter und dem Grad der Formalisierung des Verfahrensablaufs. Damit soll zum einen je nach Gegenstand der Vergabe die notwendige **Flexibilität der Verwaltung** gesichert, andererseits aber ein **größtmöglicher Wettbewerb** ermöglicht werden. Die drei klassischen Verfahrenstypen des zweiten Abschnitts – das Offene Verfahren, das Nichtoffene Verfahren und das Verhandlungsverfahren – sind trotz anders lautender, den europäischen Vergaberichtlinien entnommener Bezeichnung an die Verfahrenstypen des ersten Abschnitts der VOB/A angelehnt. Das Offene Verfahren gleicht der Öffentlichen Ausschreibung (§ 3a Nr. 1a VOB/A). Das Nichtoffene Verfahren entspricht der Beschränkten Ausschreibung mit Öffentlichem Teilnahmewettbewerb (§ 3a Nr. 1b VOB/A). Allein dem Verhandlungsverfahren ist im Gegensatz zur Freihändigen Vergabe regelmäßig eine öffentliche Bekanntmachung vorzuschalten (§ 3a Nr. 1d VOB/A). Die neu eingeführte vierte Verfahrensart – der wettbewerbliche Dialog – stellt insbesondere aufgrund der dort eingeräumten Möglichkeit einer Verhandlung während der Ausschreibung eine Besonderheit dar (§ 3 Nr. 1c VOB/A). Hierdurch wird die in den übrigen Verfahrensarten bestehende strikte Trennung zwischen Ausschreibung und Verhandlung (vor allem im Rahmen des Verhandlungsverfahrens) durchbrochen (*Ruthig* NZBau 2006, 137, 139; *Pünder/Franzius* ZfBR 2006, 20).

B. Hierarchie der Verfahrenstypen/Vorrang des Wettbewerbs

Wie schon im ersten Abschnitt der VOB/A die öffentliche Ausschreibung ist im zweiten Abschnitt 4 das **Offene Verfahren vorrangig** anzuwenden. Dies ergibt sich aus § 3a Nr. 2 VOB/A, der auf § 3 Nr. 2 VOB/A verweist. Damit entspricht § 3a Nr. 2 VOB/A der Vorgabe des § 101 Abs. 6 S. 1 GWB und dem haushaltsrechtlichen Vorrang der öffentlichen Ausschreibung in § 55 Abs. 1 BHO/LHO. Der Vorrang des Offenen Verfahrens gegenüber dem Nichtoffenen Verfahren setzt jedoch nicht europäisches Richtlinienrecht um. Art. 28 VKR stellt das Offene und das Nichtoffene Verfahren gleichwertig nebeneinander. Anderes gilt für den Vorrang des Offenen und Nichtoffenen Verfahrens vor dem Verhandlungsverfahren und dem wettbewerblichen Dialog. Der Ausnahmecharakter des Verhandlungsverfahrens ist Art. 28 Abs. 2 i.V.m. Art. 30, 31 VKR zu entnehmen (zur Vorgängerregelung im Rahmen der BKR vgl. ausführlich *Koenig/Kühling* NZBau 2003, 126, 128 f.). Für den wettbewerblichen Dialog folgt dies aus Art. 28 Abs. 2 i.V.m. Art. 29 Abs. 1 VKR. Aus alledem ergibt sich ein **Stufenverhältnis**, eine **Hierarchie der Verfahrentypen**: Das Offene Verfahren ist vorrangig anzuwenden. Liegen die normierten Voraussetzungen für das Nichtoffene Verfahren vor, kann in diesem Wege vergeben werden. Ebenso ist das Verhandlungsverfahren mit bzw. ohne öffentliche Bekanntmachung nur dann zulässig, wenn einer der normierten Tatbestände einschlägig ist. Auch der wettbewerbliche Dialog ist auf Ausnahmefälle begrenzt, wie Art. 28 VKR zu entnehmen ist. Die einzelnen Tatbestände sind auf europäischer Ebene in Art. 29 VKR enthalten, auf nationaler Ebene sind sie § 6a VgV und § 3a Nr. 1 und 4 Abs. 1 VOB/A zu entnehmen (zu den einzelnen Voraussetzungen siehe die Kommentierung zum wettbewerblichen Dialog, § 3a VOB/A Rn. 13 ff.).

Als Konsequenz der Hierarchie der Verfahrenstypen sind die normierten Tatbestände für die Anwen- 5 dung des Nichtoffenen Verfahrens, des Verhandlungsverfahrens und des wettbewerblichen Dialogs Ausnahmetatbestände. Sie sind **eng auszulegen**. Die **Darlegungslast** für das Vorliegen der Tatbestandsvoraussetzung trägt der öffentliche Auftraggeber. Dies gilt in europarechtskonformer Auslegung in besonderem Maße für das **Verhandlungsverfahren** (vgl. EuGH Slg. 1987, 1039 Rn. 14; Slg. 1993 I-5923 Rn. 10; Slg. 1994 I-1569 Rn. 12) **und den wettbewerblichen Dialog**. Die **Gründe** für die Wahl des nachrangigen Verfahrenstyps sind im **Vergabevermerk** festzuhalten oder im Fall der Wahl des Nichtoffenen Verfahrens jedenfalls in den Vergabeakten zu dokumentieren.

Insbesondere die Abgrenzung zwischen dem wettbewerblichen Dialog und dem Verhandlungsverfahren (mit Bekanntmachung) stellt aufgrund sich überschneidender Anwendungsbereiche eine Schwierigkeit dar. Hier sind zwei Konstellationen zu unterscheiden. Ist wegen der Komplexität des Auftrags neben dem wettbewerblichen Dialog auch der Anwendungsbereich des Verhandlungsverfahrens nach § 3a Nr. 5c VOB/A (eindeutig beschreibbare Leistungsbeschreibung unmöglich, Gesamtpreisbildung unmöglich) eröffnet (*Pünder/Franzius* ZfBR 2006, 20, 24), ist richtigerweise der wettbewerbliche Dialog vorrangig anzuwenden (*Kaelble* in *Müller-Wrede* S. 49; *Knauff* NZBau 2005,

249, 256; a.A. *Pünder/Franzius* ZfBR 2006, 20, 24). Räumt man dem Auftraggeber in einem solchen Fall ein Wahlrecht zwischen dem wettbewerblichen Dialog und dem Verhandlungsverfahren ein, wird dieser regelmäßig auf das weniger formalisierte und wettbewerbliche Verhandlungsverfahren zurückgreifen. Die Regelung zum wettbewerblichen Dialog würde dann **de facto leer laufen** (*Kaelble* in *Müller-Wrede* S. 49). Liegt demgegenüber eine Konstellation vor, für die eine andere Fallgruppe des Verhandlungsverfahrens (mit oder ohne Bekanntmachung) einschlägig ist, besteht kein Vorrang des wettbewerblichen Dialogs. Es handelt sich hier vielmehr allein um eine **zufällige Ereignisdoppelung**, in der den allgemeinen Grundsätzen entsprechend dem Auftraggeber ein Wahlrecht zusteht. Liegen die Voraussetzungen hierfür vor, kann der Auftraggeber auch das formal ungebundenere und weniger wettbewerbliche Verhandlungsverfahren anwenden (so auch *Kaelble* in *Müller-Wrede* S. 49).

C. Die einzelnen Verfahrenstypen des 2. Abschnitts der VOB/A

6 In § 3a Nr. 1a bis 1d VOB/A wurden die Bezeichnungen der Verfahrenstypen des Art. 1 Abs. 11 VKR für das deutsche Bauvergaberecht übernommen: gem. § 3a Nr. 1 VOB/A werden Bauaufträge im Offenen Verfahren, im Nichtoffenen Verfahren, im Verhandlungsverfahren oder im wettbewerblichen Dialog vergeben. Im Vergleich mit den Verfahrenstypen des ersten Abschnitts der VOB/A werden die Begriffe durch Verweisung auf § 3 VOB/A mit Inhalt gefüllt. Für das Verhandlungsverfahren (§ 3a Nr. 7 VOB/A) und den wettbewerblichen Dialog (§ 3a Nr. 4 VOB/A) finden sich hingegen auch inhaltliche Regelungen im 2. Abschnitt der VOB/A.

I. Offenes Verfahren (§ 3a Nr. 1a, 2 VOB/A)

1. Wesentliche Merkmale (§ 3a Nr. 1a VOB/A)

7 Das Offene Verfahren entspricht gem. § 3a Nr. 1a VOB/A der Öffentlichen Ausschreibung unterhalb der Schwellenwerte. Im Offenen Verfahren werden die Leistungen daher grundsätzlich ebenfalls in einem vorgeschriebenen, förmlichen Verfahren nach einer öffentlichen Aufforderung an eine unbeschränkte Anzahl von Unternehmern zur Abgabe von Angeboten vergeben. Der Verfahrensablauf wird durch die **a-Paragraphen** jedoch an wesentlichen Stellen **modifiziert**. Zu nennen sind die gem. § 17a Nr. 2 VOB/A erforderliche Veröffentlichung der Bekanntmachung im Amtsblatt der EG, die Ergänzung der Bekanntmachung um für die EG wesentliche Angaben nach § 17a Nr. 3 Abs. 1 VOB/A, die Abfassung der Bekanntmachung nach dem in Anhang II der Verordnung (EG) Nr. 1564/2005 enthaltenen Muster gem. § 17a Nr. 4 Abs. 1 VOB/A, die Beachtung der Fristen für die Zusendung der Vergabeunterlagen in § 17a Nr. 5 VOB/A, die Erteilung beantragter Auskünfte nach § 17a Nr. 6 VOB/A, die Mindestangebotsfrist nach § 18a Nr. 1 VOB/A, ferner im Fall eines Vergabeverzichts bzw. einer Neueinleitung eines Vergabeverfahrens die Mitteilung inklusive der Gründe an die Bieter bzw. Bewerber gem. § 26a VOB/A, die Bekanntmachung der Auftragserteilung nach § 28a VOB/A sowie die Verpflichtung zur Erstellung eines qualifizierten Vergabevermerks nach § 30a VOB/A. Darüber hinaus sind stets die Vorschriften der §§ 97 ff. GWB und jene der VgV, insbesondere §§ 13 und 16 VgV, zu beachten.

2. Anwendungsbereich (§ 3a Nr. 2 VOB/A)

8 Nach § 3a Nr. 2 VOB/A muss das Offene Verfahren stattfinden, wenn die Voraussetzungen von § 3 Nr. 2 VOB/A vorliegen. Entsprechend § 3 Nr. 2 VOB/A ist das Offene Verfahren also der **Regelfall** der Vergabe eines öffentlichen Bauauftrags. Ein anderer Verfahrenstyp kann von vornherein nicht gewählt werden, wenn sich die Abweichung nicht durch die Eigenart der Leistung oder besondere Umstände begründen (zu den Begriffen »Eigenart der Leistung« und »besondere Umstände« vgl. die

Kommentierung zu § 3 Nr. 2 VOB/A). Für das Nichtoffene Verfahren, das Verhandlungsverfahren oder den wettbewerblichen Dialog müssen darüber hinaus zusätzliche Voraussetzungen gegeben sein, die in den Katalogen der Ausnahmetatbestände (§ 3a Nr. 3 bis 6 VOB/A) abschließend aufgeführt sind. Die §§ 3a Nr. 2 und 3 Nr. 2 VOB/A bilden also eine **Auslegungsleitlinie** für die folgenden Ausnahmetatbestände. Sie normieren für sich genommen keinen Tatbestand zum Abweichen vom Offenen Verfahren.

II. Nichtoffenes Verfahren (§ 3a Nr. 1b, 3 VOB/A)

1. Wesentliche Merkmale (§ 3a Nr. 1b VOB/A)

Gem. § 3a Nr. 1b VOB/A entspricht das Nichtoffene Verfahren der Beschränkten Ausschreibung nach Öffentlichem Teilnahmewettbewerb (§ 3 Nr. 1 Abs. 2 VOB/A). Der **Öffentliche Teilnahmewettbewerb** infolge einer europaweiten Bekanntmachung ist also **zwingender Bestandteil** des Nichtoffenen Verfahrens. Hieran ändert auch der pauschale Verweis des § 3a Nr. 3 VOB/A auf den zwischen Beschränkter Ausschreibung mit und ohne Öffentlichem Teilnahmewettbewerb differenzierenden § 3 Nr. 3 VOB/A nichts. Durch § 3a Nr. 3 VOB/A werden allein die Tatbestandsvoraussetzungen des § 3 Nr. 3 VOB/A, nicht aber die Ausgestaltung des Verfahrens in Bezug genommen. Der Ablauf des Nichtoffenen Verfahrens ähnelt zwar demjenigen der Beschränkten Ausschreibung mit öffentlichem Teilnahmewettbewerb, gleichwohl sind zahlreiche Modifikationen durch die a-Paragraphen zu beachten. Dies betrifft die Verpflichtung, mindestens fünf geeignete Bewerber zur Angebotsabgabe aufzufordern (§ 8a Nr. 3 VOB/A), das Erfordernis zusätzlicher Angaben in der Aufforderung zur Angebotsabgabe (§ 10a VOB/A), die Notwendigkeit einer europaweiten Bekanntmachung im Amtsblatt der EG (§ 17a Nr. 2 VOB/A), die für die Bekanntmachung zu verwendenden Muster nach Anhang II der Verordnung (EG) Nr. 1564/2005 (§ 17a Nr. 4 VOB/A), die Beachtung der Fristen für die Erteilung rechtzeitig beantragter Auskünfte (§ 17a Nr. 6 VOB/A) und für den Eingang der Anträge auf Teilnahme (Bewerbungsfrist, § 18a Nr. 2 Abs. 1 VOB/A), die Angebotsfrist (§ 18a Nr. 2 Abs. 3 VOB/A), die Mitteilung über den Verzicht oder eine etwaige Neueinleitung der Ausschreibung an die Bieter oder Bewerber (§ 26a VOB/A), die Bekanntmachung der Auftragserteilung (§ 28a VOB/A) sowie die Erstellung eines qualifizierten Vergabevermerks (§ 30a VOB/A). Auch die §§ 97 ff. GWB und die Vorschriften der VgV, insbesondere die §§ 13 und 16 VgV, sind zu beachten.

Das Nichtoffene Verfahren ist ein **zweistufiges Verfahren**, bestehend aus einem öffentlichen Teilnahmewettbewerb und einem Angebotsverfahren. Nach der Durchführung des öffentlichen Teilnahmewettbewerbs wird nur eine beschränkte Zahl von Unternehmen zur Einreichung von Angeboten aufgefordert. Im Gegensatz zum Offenen Verfahren wird der Kreis der Bieter also durch eine eignungsbezogene **Vorauswahl** von vornherein begrenzt. Im Einzelnen gestaltet sich der Öffentliche Teilnahmewettbewerb wie folgt: Nach europaweiter Bekanntmachung (§ 17a VOB/A) erhält zunächst jedes Unternehmen Gelegenheit, sein Interesse an dem zu vergebenden Auftrag zu bekunden. Aus den geeigneten Bewerbern wählt der Auftraggeber sodann eine beschränkte Anzahl von Unternehmen aus, die er zur Angebotsabgabe auffordert (mindestens 5, § 8a Nr. 3 VOB/A). Dies beinhaltet zunächst eine Eignungsprüfung und sodann ggf. eine weitere Begrenzung auf die aussichtsreichsten Bewerber. Die Auswahlentscheidung selbst ist in der VOB/A nicht detailliert geregelt, so dass die Grundsätze des Vergabeverfahrens (§ 97 Abs. 1 und 2 GWB) und etwaige bekannt gegebene Auswahlkriterien, insbesondere Mindestbedingungen (OLG Düsseldorf Beschl. v. 24.6.2002 Verg 26/02, 8; BayObLG BauR 2000, 558, 560), den rechtlichen Maßstab bilden (BayObLG VergabeR 2005, 532; OLG Düsseldorf Beschl. v. 24.6.2002 Verg 26/02; OLG Naumburg Beschl. v. 28.8.2000 1 Verg 5/00, 7; OLG Celle Beschl. v. 14.3.2000 13 Verg 2/00, 8; BayObLG BauR 2000, 558, 560). Im Übrigen steht dem Auftraggeber ein **Beurteilungsspielraum** zu, der durch die allgemeinen Grundsätze zur Überprüfung von Beurteilungsspielräumen im Vergaberecht begrenzt wird (BayObLG VergabeR 2005,

532; VK Bund Beschl. v. 13.9.2005 VK 3–82/05; zu diesen Grundsätzen im Einzelnen auch *Boesen* Kommentar zum 4. Teil der GWB § 97 Rn. 151). Nur die aufgeforderten Unternehmen können Angebote abgeben. Ein **Anspruch auf Teilnahme** am weiteren Vergabeverfahren besteht auch für geeignete Bewerber nicht (OLG Naumburg Beschl. v. 15.1.2002 1 Verg 5/00; Beschl. v. 28.8.2000 1 Verg 5/00; VK Bund Beschl. v. 13.9.2005 VK 3–82/05). In einem zweiten Teil wird sodann ein **Angebotsverfahren** durchgeführt, welches demjenigen des Offenen Verfahrens gleicht. Ein Wettbewerb um den Auftrag findet mithin nur innerhalb dieses Bieterkreises statt.

2. Anwendungsbereich (§ 3a Nr. 3 VOB/A)

11 Der Anwendungsbereich des Nichtoffenen Verfahrens für Bauvergaben nach dem zweiten Abschnitt der VOB/A wird durch § 3a Nr. 3 VOB/A festgelegt. Der dortigen Verweisung auf § 3 Nr. 3 VOB/A ist zu entnehmen, dass dessen Tatbestände auch ab Erreichen der Schwellenwerte Anwendung finden sollen (zu den einzelnen Tatbeständen des § 3 VOB/A vgl. § 3 VOB/A Rn. 16 ff.). Nach dem Wortlaut des § 3a Nr. 3 VOB/A werden **beide Absätze des § 3 Nr. 3 VOB/A** erfasst. Der Verweis bezieht sich gleichwohl nur auf die Tatbestände, **modifiziert** aber **nicht den Verfahrensablauf** des Nichtoffenen Verfahrens gem. § 3a Nr. 1a VOB/A. Auf die **europaweite Bekanntmachung** und den Öffentlichen Teilnahmewettbewerb kann daher auch in den Fällen des § 3 Nr. 3 Abs. 1 VOB/A nicht verzichtet werden. Die **Ausnahmetatbestände** des § 3 Nr. 3 VOB/A sind wie auch unterhalb der Schwellenwerte **eng** auszulegen (OLG Schleswig Beschl. v. 4.5.2001 6 Verg 2/2001). Zu beachten ist stets der Vorrang des Offenen Verfahrens gem. § 3a Nr. 2 i.V.m. § 3 Nr. 2 VOB/A. Die **Darlegungslast** für das Vorliegen der Tatbestände liegt beim öffentlichen Auftraggeber.

12 Die Ausnahmetatbestände des § 3 Nr. 3 VOB/A werden durch einen weiteren, in § 3a Nr. 3 VOB/A ausdrücklich genannten ergänzt. Nach Aufhebung eines Offenen oder Nichtoffenen Verfahrens ist eine erneute Vergabe im Wege des Nichtoffenen Verfahrens möglich, wenn nicht das Verhandlungsverfahren zulässig ist. Ausgangspunkt ist eine **rechtmäßige Aufhebung** eines Offenen oder Nichtoffenen Verfahrens gem. § 26a VOB/A. Allein die wirksame Aufhebung des vorangegangenen Verfahrens ist nicht ausreichend. Unabhängig von der Frage des Rechtsschutzes gegen die Aufhebungsentscheidung könnte die Vergabestelle andernfalls einseitig die Hierarchie der Verfahrenstypen umgehen. Darüber hinaus enthält der Tatbestand des § 3a Nr. 3 VOB/A **keine weiteren Voraussetzungen**. Insofern wurde der letzte Halbsatz des § 3a Nr. 3 VOB/A (»sofern nicht das Verhandlungsverfahren zulässig ist«) undeutlich formuliert. Keinesfalls soll die Nachrangigkeit des Verhandlungsverfahrens umgekehrt werden. Vielmehr wird auf die Möglichkeit hingewiesen, nach Aufhebung eines Offenen oder Nichtoffenen Verfahrens unter zusätzlichen Bedingungen ein Verhandlungsverfahren durchzuführen (vgl. § 3a Nr. 5a, 6a sowie 6b VOB/A).

III. Wettbewerblicher Dialog (§ 3a Nr. 1c VOB/A)

1. Wesentliche Merkmale (§ 3a Nr. 1c VOB/A)

13 Mit der Neufassung der VOB/A wurde der wettbewerbliche Dialog als neuartiger Verfahrenstyp in die VOB/A aufgenommen. Im Wege dieses Verfahrens sollen, entsprechend den europäischen Vorgaben, **komplexe Auftragsvergaben**, wie sie etwa im Bereich der Public Private Partnerships bestehen, durchgeführt werden, § 3a Nr. 1c VOB/A (EG-Kommission, Grünbuch ÖPP, KOM [2004] 327 Rn. 24 f.). In diesem Verfahren erfolgt zunächst eine Aufforderung zur Teilnahme und anschließend zu Verhandlungen mit ausgewählten Unternehmen über alle Einzelheiten des Auftrags. Die Regelung des § 3a Nr. 1c, 4 VOB/A entspricht insoweit § 6a VgV und damit weitgehend der europarechtlichen Vorgabe des Art. 29 VKR. Allerdings setzen weder § 3a Nr. 1c VOB/A noch § 6a VgV vollständig die europarechtlichen Regelungen zum wettbewerblichen Dialog um, insbesondere Art. 29, Art. 38 Abs. 3b, Art. 44 Abs. 3 und 4 und Art. 53 Abs. 3 VKR sind aufgrund der notwendigen europarechtskonformen Auslegung daher zusätzlich zu beachten (*Kaelble* in *Müller-Wrede* S. 38).

Arten der Vergabe **§ 3a VOB/A**

Auch bei näherer Betrachtung des § 3a Nr. 1c und 4 VOB/A erschließt sich der Grund für die Umsetzung der Regelungen zum wettbewerblichen Dialog im Rahmen der VOB/A nicht vollständig. Die Vorschrift entspricht weitgehend der bereits vorher geschaffenen, im Kaskadenprinzip höherrangigen Vorschrift des § 6a VgV. Die Beweggründe des Verordnungsgebers der VOB/A (DVA), die ihn dazu bewogen haben, nicht vergleichbar mit der Regelung in der VOL/A (§ 3a Nr. 1 Abs. 1 S. 3 VOL/A) umfassend auf § 6a VgV zu verweisen, sind weder offen ersichtlich noch entsprechend publiziert. Zu der immer wieder propagierten Verschlankung der Vergabevorschriften leistet die in der VOB/A getroffene konkrete Umsetzung zum wettbewerblichen Dialog in keinem Fall einen Beitrag. Zudem besteht für die Beteiligten an einem Vergabeverfahren und die Nachprüfungsinstanzen bei einer Bauvergabe im Wege des wettbewerblichen Dialogs jeweils die Notwendigkeit, sowohl die Vereinbarkeit mit § 6a VgV als auch mit § 3a Nr. 1c und 3 VOB/A zu prüfen. Der Verordnungsgeber sollte bei einer zukünftigen Neufassung der VOB/A daher eine »vereinfachende« Regelung zum wettbewerblichen Dialog, beispielsweise in Form eines Verweises auf § 6a VgV, in Betracht ziehen. **14**

Der wettbewerbliche Dialog findet keine Entsprechung in den nationalen Vergabevorschriften des Abschnitts 1 der VOB/A. Er enthält jedoch **Verfahrenselemente** der **klassischen europaweiten Vergabeverfahren**. So ähnelt der zu Beginn des wettbewerblichen Dialogs vorzunehmende Teilnahmewettbewerb dem eines Nichtoffenen Verfahrens bzw. eines Verhandlungsverfahrens mit Teilnahmewettbewerb. Die nachfolgende Dialogphase gleicht der Verhandlungsphase im Rahmen eines Verhandlungsverfahrens. Nach Beendigung der Dialogphase folgt die Angebotsphase, die Parallelen zur Angebotswertung im Nichtoffenen Verfahren aufweist. **15**

Der wettbewerbliche Dialog ist ein **dreigliedriges Verfahren**. Am Beginn des Verfahrens steht ein durch Vergabebekanntmachung eingeleiteter **Teilnahmewettbewerb** (§ 3a Nr. 4 Abs. 2 VOB/A). Anhand der in der Bekanntmachung veröffentlichten Kriterien fordert die Vergabestelle nach § 3a Nr. 4 Abs. 3 VOB/A in einer zweiten Phase geeignete Bewerber zur Teilnahme an **Dialoggesprächen** auf (Dialogphase). Die Dialoggespräche dienen ausgehend von der Zielvorstellung der Ermittlung von Lösungen, mit denen die Bedürfnisse der Vergabestelle am besten erfüllt werden können. Nach dem Abschluss der Dialogphase legen die im Verfahren verbliebenen Bewerber nach Aufforderung durch die Vergabestelle ein endgültiges **zuschlagsfähiges Angebot** vor (Angebotsphase). Die vorgelegten Angebote werden nach § 3a Nr. 4 Abs. 6 VOB/A danach zunächst in einem ersten Schritt einer formellen, daran anschließend einer wirtschaftlichen Prüfung mit anschließender Wertung durch die Vergabestelle unterzogen. Auf das anhand der bekannt gegebenen Zuschlagskriterien wirtschaftlichste Angebot erfolgt der den wettbewerblichen Dialog beendende Zuschlag. **16**

Der wettbewerbliche Dialog weist in allen drei angesprochenen Phasen Besonderheiten gegenüber den übrigen Verfahrensarten auf. **17**

So besteht im Rahmen der zwingend vorgeschriebenen Bekanntmachung die Verpflichtung des Auftraggebers, seine Anforderungen und Bedürfnisse zu formulieren sowie sie zu erläutern (optional auch in der Beschreibung, § 3a Nr. 4 Abs. 2 VOB/A). Der konkrete Inhalt der Bekanntmachung muss den in Anhang II der Verordnung (EG) Nr. 1564/2005 geforderten Vorgaben entsprechen (§ 17a Nr. 3 und 4 VOB/A). Hiernach sind in der Bekanntmachung die Eignungskriterien (insbesondere Mindestbedingungen), die Zuschlagskriterien, die Frist für die Abgabe der Teilnahmeanträge (mindestens 37 Tage, § 18a Nr. 3 i.V.m. Nr. 2 Abs. 1 VOB/A) und die Kostenerstattungsregel (optional auch im Rahmen der Projektbeschreibung, § 3a Nr. 4 Abs. 7 VOB/A) anzugeben. Beabsichtigt der Auftraggeber die Höchstzahl der zur Dialogphase einzuladenden Unternehmen zu begrenzen, muss er neben der Mindest- und Höchstzahl die objektiven, nicht diskriminierenden, auftragsbezogenen Kriterien zur Auswahl dieser Unternehmen in der Bekanntmachung angeben (§ 8a Nr. 6 VOB/A). Zusätzlich sind im Rahmen der Bekanntmachung die konkrete Durchführung und Anzahl der Dialogrunden anzugeben (*Heiermann* ZfBR 2005, 766, 770). Die Zuschlagskriterien anhand derer die Auswahl der endgültigen Angebote erfolgen soll, muss der Auftraggeber frühzeitig bekannt geben. § 3a Nr. 4 Abs. 6 VOB/A legt als spätesten Zeitpunkt hierfür die Projektbeschreibung fest. Die **Projektbeschreibung**, die allein für den wettbewerblichen Dialog als weiterer Teil der Verdingungsunterlagen eingeführt wurde, enthält erläuternde und vertiefende Angaben zu den Anforderungen und Bedürfnissen der Vergabestelle. Ob die Auftraggeber von der Möglichkeit einer solchen separaten Beschreibung Gebrauch machen, ist ihnen nach § 3a Nr. 4 Abs. 2 VOB/A freigestellt.

18 Eine **Besonderheit** besteht beim wettbewerblichen Dialog hinsichtlich der Möglichkeit einer **Verkürzung der Bewerbungsfrist aufgrund Dringlichkeit** (§ 18a Nr. 3 VOB/A). Aufgrund des Verweises in § 18a Nr. 3 VOB/A kann die Bewerbungsfrist im Gegensatz zum Verhandlungsverfahren und zum Nichtoffenen Verfahren nicht verkürzt werden. Der Verweis bezieht sich gerade **nicht** auf § 18a Nr. 2 Abs. 1 S. 2 VOB/A, der die Möglichkeit zur Kürzung beinhaltet. Dies beruht auf der Umsetzung von Art. 38 Abs. 8 VKR, der ebenfalls nur eine verkürzte Mindestfrist im Falle der Dringlichkeit für ein Verhandlungsverfahren und ein Nichtoffenes Verfahren vorsieht (*Kaelble* in *Müller-Wrede* S. 56).

Es ist indes weder auf europäischer noch auf nationaler Ebene ein Grund ersichtlich, der gegen die Möglichkeit einer Fristverkürzung im Falle der Dringlichkeit auch bei einem wettbewerblichen Dialog sprechen würde. So kann beispielsweise ein erhöhter Zeitdruck bestehen, soweit es sich um eine Leistung der Daseinsvorsorge handelt. Ist aufgrund der Komplexität des Auftrags eine Beauftragung im Wege des wettbewerblichen Dialogs notwendig und droht bei Einhaltung der geregelten Mindestbewerbungsfrist (37 Tage) die vollständige Nichterbringung der Versorgungsleistung bzw. die Unterbrechung der Kontinuität der Leistung gegenüber den Nutzern (bei Auslaufen von Verträgen), kann ein Fall der Dringlichkeit angenommen werden. In einem solchen Fall muss es dem Auftraggeber, um die Versorgung der Nutzer mit der Daseinsvorsorgeleistung sicherzustellen, möglich sein, die Bewerbungsfrist zu verkürzen.

Daher ist die in § 18a Nr. 3 VOB/A gefundene Formulierung insofern im Wege einer teleologischen Auslegung so zu verstehen, dass der Verweis sich auch auf § 18a Nr. 2 Abs. 1 S. 2 VOB/A bezieht. Alternativ besteht die Möglichkeit, in diesem Fall eine planwidrige Regelungslücke anzunehmen, die im Wege der Analogie geschlossen werden muss (für die letztgenannte Lösung, allerdings noch für § 18a VOB/A a.F., vgl. *Kaelble* in *Müller-Wrede* S. 56).

19 Die **Auswahl der Teilnehmer** der **Dialogphase** muss anhand von objektiven, nicht diskriminierenden und auftragsbezogenen Kriterien erfolgen. Der Vergabestelle steht unter Beachtung des Transparenz- und Gleichbehandlungsgrundsatzes ein Beurteilungsspielraum zu, der nur dann überschritten ist, wenn die subjektive Wertung unvertretbar und völlig haltlos ist (für die vergleichbare Auswahl beim Nichtoffenen Verfahren vgl. BayObLG VergabeR 2005, 532, 535). Um einen ausreichenden Wettbewerb zu gewährleisten darf die Anzahl der zur Dialogphase einzuladenden Bewerber grundsätzlich **nicht weniger als drei** betragen. Eine Unterschreitung dieser Mindestzahl ist allein dann statthaft, wenn weniger als drei Unternehmen die geforderte Eignung aufweisen, vgl. Art. 44 Abs. 3 Unterabsatz 3 S. 2 VKR (hierzu auch: *Kaelble* in *Müller-Wrede* S. 58; *Pünder/Franzius* ZfBR 2006, 20, 23). Bei der Ausgestaltung der sich hieran anschließenden Dialogphase steht dem Auftraggeber ein weitergehender Gestaltungsspielraum zu, um die seinen Bedürfnissen am besten entsprechenden Lösungen zu ermitteln bzw. zusammen mit den Dialogteilnehmern zu entwickeln. Die Dialogphase ist ein »**dynamischer Prozess**«, gekennzeichnet durch Veränderungen auf Angebots- als auch auf Nachfrageseite infolge der Verhandlungen (für das Verhandlungsverfahren: OLG Celle VergabeR 2002, 299, 301).

Gegenstand der Verhandlungen sind dabei die technischen Mittel bzw. die rechtlichen oder finanziellen Konditionen, die zu Beginn des Verfahrens noch nicht bestimmt werden konnten, sowie auch sämtliche den Preis beeinflussende Faktoren (*Kaelble* in *Müller-Wrede* S. 59). Bei der Ausgestaltung der Verhandlungen ist der Auftraggeber an die Grundsätze der Gleichbehandlung, der Vertraulichkeit, des Wettbewerbs und der Transparenz gebunden. Die Dialogphase wird mit der Einladung der ausgewählten Unternehmen eröffnet, § 3a Nr. 4 Abs. 3 VOB/A (zu den verschiedenen Eröffnungsoptionen vgl. *Kaelble* in *Müller-Wrede* S. 70; *Heiermann* ZfBR 2005, 766, 773). Der nachfolgende Dialog kann in mehrere Dialogrunden gegliedert werden, bei der am Ende jeder Dialogrunde die Anzahl der Lösungen bzw. Lösungsvorschläge reduziert wird. Die Vergabestelle ist nach § 3a Nr. 4 Abs. 3 VOB/A verpflichtet, allen Bewerbern die Möglichkeit zu geben, innerhalb gleicher Fristen und zu gleichen Anforderungen Lösungsvorschläge abzugeben, und den Bewerbern die hierfür notwendigen Informationen zukommen zu lassen (hierzu umfassend: *Kaelble* in *Müller-Wrede* S. 61 ff.). Will der Auftraggeber vertrauliche Informationen oder Lösungsvorschläge eines Teilnehmers an die anderen Teilnehmer weitergeben, muss er vorher dessen Zustimmung einholen (vgl. § 3a Nr. 4 Abs. 3 S. 3 VOB/A). Hiervon nicht umfasst sind nicht vertrauliche Informationen, die öffentlich bekannt sind.

Die Dialogphase ist nach § 3a Nr. 4 Abs. 5 VOB/A abgeschlossen, soweit eine den Bedürfnissen des Auftraggebers entsprechende Lösung gefunden wurde (§ 3 Nr. 4 Abs. 5a) oder wenn erkennbar ist, dass keine solche Lösung gefunden werden kann (§ 3 Nr. 4 Abs. 5b). Im erstgenannten Fall hat der Auftraggeber die verbliebenen Teilnehmer aufzufordern auf Grundlage der gefundenen Lösung(en) ein endgültiges zuschlagsfähiges Angebot abzugeben. Hat der Auftraggeber die Zahl der Lösungen verringert (§ 3a Nr. 4 Abs. 4 S. 1 VOB/A) muss er sicherstellen, dass in der Schlussphase noch so viele Angebote vorliegen, dass ein echter Wettbewerb gewährleistet ist. Für einen echten Wettbewerb sind regelmäßig drei verbleibende Unternehmen erforderlich. Eine restriktiv anzuwendende Ausnahme kann dann gelten, wenn aufgrund der Zuschlagskriterien nur eine Lösung und ein geeigneter Bewerber übrig bleibt (EG-Kommission, Erläuterungen – Wettbewerblicher Dialog – Klassische Richtlinie vom 5.10.2005 CC/2005/04_rev1 Punkt 3.2.1).

Wurde in der Dialogphase keine den Bedürfnissen des Auftraggebers entsprechende Lösung gefunden, ist der wettbewerbliche Dialog **aufzuheben** (zu den weiteren Folgen *Kaelble* in *Müller-Wrede* S. 76). In jedem Fall hat der Auftraggeber die Unternehmen, die an den Dialoggesprächen teilgenommen haben, über den Abschluss der Dialogphase zu informieren (§ 3a Nr. 4 Abs. 5 S. 1 VOB/A). 20

Wenn eine den Bedürfnissen des Auftraggebers entsprechende Lösung gefunden wurde, schließt sich hieran die **Angebotsphase**. Der Ablauf dieser Angebotsphase ähnelt der eines Nichtoffenen Verfahrens. Eine Mindestfrist für die Einreichung der Angebote ist weder in der VKR noch in den deutschen Umsetzungen (VgV bzw. VOB/A) ausdrücklich vorgesehen, die Bemessung muss aber der Komplexität des Auftrags ausreichend Rechnung tragen (*Kaelble* in *Müller-Wrede* S. 78). Anhaltspunkt für eine angemessene Frist kann hierbei die 40-Tagesfrist des Nichtoffenen Verfahrens sein (vgl. § 18a Nr. 2 Abs. 3 S. 1 VOB/A). Die eingehenden Angebote, die auf der Grundlage der eingereichten und in der Dialogphase näher ausgeführten Lösungen erstellt wurden, werden einer **Prüfung und Wertung** durch den Auftraggeber unterzogen. In einem ersten Schritt prüft der Auftraggeber, ob die Angebote alle zur Ausführung des Projekts erforderlichen Einzelheiten enthalten (**formelle Angebotsprüfung**). Der Auftraggeber kann einzelne Bieter zur Präzisierung, Klarstellung oder Ergänzung ihrer Angebote auffordern (§ 3a Nr. 4 Abs. 5 S. 5 VOB/A). Er darf jedoch nicht in weitere Verhandlungsrunden mit einzelnen Bietern eintreten (*Heiermann* ZfBR 2005, 766, 775). Gegenstand derartiger Maßnahmen zur Präzisierung, Klarstellung und Ergänzung können sowohl nebensächliche, als auch grundlegende Elemente des Angebots sein, soweit hierdurch sichergestellt ist, dass der Wettbewerb nicht verfälscht wird bzw. andere Bieter hierdurch nicht diskriminiert werden (vgl. § 3a Nr. 4 Abs. 5 S. 6 VOB/A). Hieran schließt sich die obligatorische Phase der Bewertung der Wirtschaftlichkeit der einzelnen Angebote an (**Wertungsphase**). Der Auftraggeber wählt, anhand der von ihm vorab bekannt gegebenen Zuschlagskriterien, das wirtschaftlichste Angebot aus (§ 3a Nr. 4 Abs. 6 VOB/A). Noch bevor er hierauf den Zuschlag erteilt, kann er nach § 3a Nr. 4 Abs. 6 S. 2 VOB/A den Bieter des wirtschaftlichsten Angebots auffordern, bestimmte Einzelheiten seines Angebotes näher zu erläutern bzw. im Angebot enthaltene Zusagen zu bestätigen. Derartige Maßnahmen dienen der Verdeutlichung von Unklarheiten im Angebot oder etwa der Erlangung einer Garantiezusage. Unzulässig sind Maßnahmen, die wesentliche Aspekte des Angebots oder der 21

Ausschreibung ändern. Die Erläuterung bzw. Bestätigung ist auch dann unzulässig, wenn sie eine Wettbewerbsverzerrung bzw. eine Diskriminierung der anderen Bieter zur Folge hat, § 3a Nr. 4 Abs. 6 S. 3 VOB/A (zur Frage, ob diese Voraussetzungen kumulativ oder alternativ vorliegen müssen, vgl. *Kaelble* in *Müller-Wrede* S. 84).

22 **Den Abschluss des wettbewerblichen Dialogs bildet der Zuschlag**. Auch bei einem wettbwerblichen Dialog müssen die Auftraggeber vor Erteilung des Zuschlags eine **Vorabinformation** (§ 13 VgV) erteilen.

23 Verlangt der Auftraggeber von den teilnehmenden Unternehmen die Ausarbeitung von Entwürfen, Plänen, Zeichnungen, Berechungen oder anderen Unterlagen und hat das jeweilige Unternehmen diese Unterlagen rechtzeitig innerhalb der vorgegebenen Frist vorgelegt, ist der Auftraggeber nach § 3a Nr. 4 Abs. 7 VOB/A verpflichtet, hierfür die **Kosten zu erstatten**. Es handelt sich hierbei um eine obligatorische Kostenerstattungspflicht (»muss«), die entsteht, sobald die genannten Voraussetzungen vorliegen. Der konkrete Umfang der Erstattung richtet sich auf den Ersatz der Aufwendungen und nicht auf eine Vergütung, ein Gewinnanteil ist daher bei der Bemessung nicht einzurechnen (vgl. hierzu *Heiermann* ZfBR 2005, 766, 776; *Kaelble* in *Müller-Wrede* S. 85; zur vergleichbaren Regelung in § 20 VOB/A vgl. *Franke/Grünhagen* in *Franke/Kemper/Zanner/Grünhagen* § 20 VOB/A Rn. 3).

2. Anwendungsbereich (§ 3a Nr. 4 Abs. 1 VOB/A)

24 Ein wettbewerblicher Dialog kann nach § 3a Nr. 4 Abs. 1 VOB/A durchgeführt werden, wenn der Auftraggeber **objektiv nicht in der Lage** ist, die **technischen Mittel**, mit denen seine Bedürfnisse und Ziele erfüllt werden können, anzugeben, oder wenn er die **rechtlichen oder finanziellen Bedingungen des Vorhabens** nicht angeben kann (die wortgleiche Formulierung findet sich auch in § 6a VgV). Hierdurch wird die in § 3a Nr. 1c VOB/A enthaltene vage Definition, dass der wettbewerbliche Dialog der Vergabe »besonders komplexer Aufträge« dient, konkretisiert. Will der Auftraggeber einen öffentlichen Auftrag im Wege eines wettbewerblichen Dialogs vergeben, trägt er für das Vorliegen der Voraussetzungen die **Darlegungslast** und muss die Gründe für die Wahl dieses Verfahrens im Vergabevermerk angeben (§ 30a lit. i VOB/A).

a) Objektiv nachprüfbares qualifiziertes Unvermögen (§ 3a Nr. 4 Abs. 1 Hs. 1)

25 § 3a Nr. 4 Abs. 1 VOB/A setzt voraus, dass der Auftraggeber **objektiv nicht in der Lage ist**, die technischen Mittel, die rechtlichen bzw. finanziellen Konditionen des Vorhabens anzugeben.

Der Auftraggeber ist **nicht in der Lage**, diese technischen bzw. vertraglichen Konditionen des Vorhabens anzugeben, wenn er im konkreten Einzelfall nicht über die entsprechenden Kapazitäten, wie etwa leistungsfähiges Personal bzw. entsprechendes Know-how bei Vergleichsprojekten, verfügt (*Kaelble* in *Müller-Wrede* S. 44; *Knauff* VergabeR 2004, 287, 290; so auch EG-Kommission, Erläuterungen – Wettbewerblicher Dialog – Klassische Richtlinie vom 5.10.2005 CC/2005/04_rev1 Punkt 2.1; a.A. hier wohl *Heiermann* ZfBR 2005, 766, 770, der auf die Fähigkeiten eines objektiven Dritten in der Situation des Auftraggebers abstellt). Bevor der Auftraggeber einen wettbewerblichen Dialog durchführen kann, muss er aber prüfen, ob die Komplexität des Auftrags nicht mit Einschaltung von Sachverständigen oder Projektanten bewältigt bzw. aufgelöst werden kann. Daher können Fälle, die für den Auftraggeber, aber nicht für den Markt ungewöhnlich komplex sind, nicht im wettbewerblichen Dialog vergeben werden. Besteht jedoch durch die externe Beratung die Gefahr einer verfrühten Festlegung auf einen bestimmten Lösungsansatz oder birgt dies die Gefahr eines umfänglichen Teilnahmeverbots für verbundene Unternehmen, kann ein wettbewerblicher Dialog durchgeführt werden. Gleiches gilt, wenn die Komplexität nur mit unverhältnismäßigen Kosten oder einem unverhältnismäßigen Zeitaufwand aufgelöst werden kann. Auch für den Fall, dass der Auftraggeber neue innovative Konzepte, die sich außerhalb bestehender standardisierter Konzepte bewegen, abfragen will, ist ein wettbewerblicher Dialog zulässig. Grundsätzlich sind an die Bewertung, dass der Auftraggeber nicht in der Lage ist, die technischen bzw. vertraglichen Merkmale des Auftrags hinreichend eindeutig anzugeben, keine überhöhten Anforderungen zu stellen (*Heiermann* ZfBR 2005, 766, 770; *Knauff* VergabeR 2004, 287, 290).

Der Auftraggeber darf **objektiv** nicht in der Lage sein die technischen Mittel, die rechtlichen bzw. finanziellen Konditionen des Vorhabens anzugeben. Der Auftraggeber muss demnach sein Unvermögen auch für unbeteiligte Dritte nachvollziehbar darlegen können, um eine objektive Nachprüfbarkeit seiner Einschätzung zu gewährleisten (*Kaelble* in *Müller-Wrede* S. 44; *Knauff* VergabeR 2004, 287, 290). Diese Voraussetzung ist daher dann erfüllt, wenn eine Situation besteht, die dem Auftraggeber nicht anzulasten ist, gegen ihn diesbezüglich kein Vorwurf einer Sorgfaltspflichtverletzung erhoben werden kann (EG-Kommission, Erläuterungen – Wettbewerblicher Dialog – Klassische Richtlinie vom 5.10.2005 CC/2005/04_rev1 Punkt 2.1).

b) Technische/rechtliche/finanzielle Komplexität (§ 3a Nr. 4 Abs. 1a und 1b VOB/A)

Ein wettbewerblicher Dialog ist zudem nach § 3a Nr. 4 Abs. 1 VOB/A nur zulässig, wenn die **technischen Mittel**, die **rechtlichen** bzw. die **finanziellen Konditionen** des Vorhabens nicht angegeben werden können. Hierbei sind neben den öffentlich-privaten Partnerschaften, die sich »ganz besonders« zur Vergabe im Rahmen eines wettbewerbliche Dialogs eignen sollen (EG Kommission, Grünbuch ÖPP, KOM [2004] 327 Rn. 27), auch weitere Fälle denkbar, in denen der Auftraggeber vorab gerade nicht die technischen/vertraglichen Merkmale hinreichend genau angeben kann (eingehend zu möglichen Fallbeispielen: *Heiermann* ZfBR 2005, 766, 768 ff.; *Kaelble* in *Müller-Wrede* S. 47 f.).

26

aa) Technische Mittel (§ 3a Nr. 4 Abs. 1a)

Die Begrifflichkeit des **technischen Mittels** ist in der VOB/A nicht näher definiert. Sie erschließt sich jedoch unter Bezugnahme der Regelungen zum wettbewerblichen Dialog in der VKR. Art. 1 Abs. 11 VKR bestimmt den Begriff der technischen Mittel mit einem Verweis auf Art. 23 Abs. 3b, 3c und 3d VKR näher. Hierunter fallen demnach nur die **Leistungs- und Funktionsanforderungen** i.S.v. output-orientierten Zielvorgaben; ausdrücklich nicht eingeschlossen sind die in Art. 23 Abs. 3a VKR geregelten technischen Spezifikationen, wie sie in Anhang TS der VOB/A definiert sind (so auch *Kaelble* in *Müller-Wrede* S. 45). Allein der Umstand, dass der Auftraggeber die technischen Spezifikationen, welche die Art und Weise der Leistungserbringung detailliert vorgeben, nicht angeben kann, führt daher nicht zur Anwendbarkeit des wettbewerblichen Dialogs (missverständlich insoweit die EG-Kommission, Erläuterungen – Wettbewerblicher Dialog – Klassische Richtlinie vom 5.10.2005 CC/2005/04_rev1 Punkt 2.2). Umfasst von der Begrifflichkeit des technischen Mittels sind hingegen die Fälle einer Kombination von Leistungs- und Funktionsanforderungen und technischen Spezifikationen (vgl. hierzu auch Art. 23 Abs. 3d i.V.m. Art. 1 Abs. 11 VKR).

27

Soweit der Auftraggeber die grundsätzliche technische Lösung für seinen Beschaffungsbedarf nicht angeben kann (vgl. EG-Kommission, Erläuterungen – Wettbewerblicher Dialog – Klassische Richtlinie vom 5.10.2005 CC/2005/04_rev1 Punkt 2.2 mit dem Beispiel einer Flussüberquerung, die entweder durch eine Untertunnelung oder eine überirdische Querung realisiert werden kann), ist die Durchführung eines wettbewerblichen Dialogs zulässig; kann er hingegen nur einzelne technische Spezifikationen nicht genau angeben, ist vorrangig ein Offenes bzw. Nicht Offenes **Verfahren mit funktionaler Leistungsbeschreibung** durchzuführen (vgl. *Kaelble* in *Müller-Wrede* S. 47 mit weiteren Fallbeispielen).

Ein Unvermögen des Auftraggebers, die technischen Mittel vorab anzugeben, kann etwa bei Bauwerken mit besonders hohem Innovationsbedarf (Tunnel-, Brücken- und Hochbauwerke), der Beschaffung von komplexen IT-Systemen oder der Beschaffung von komplexer Medizintechnologie bestehen (EG-Kommission, Richtlinienvorschlag vom 30.8.2000, KOM [2000] 275 S. 5 Punkt 3; *Heiermann* ZfBR 2005, 766, 767 f.; *Kaelble* in *Müller-Wrede* S. 47).

bb) Rechtliche oder finanzielle Bedingungen (§ 3a Nr. 4 Abs. 1b VOB/A)

28 Die Begriffe der **rechtlichen** bzw. **finanziellen Bedingungen** (§ 3a Nr. 4 Abs. 1b VOB/A; so auch der Wortlaut in § 6a Abs. 1 Nr. 2 VgV) werden weder in den deutschen Regelungen (GWB, VgV, VOB/A) noch in der VKR näher definiert bzw. erläutert. Eine rechtlich oder finanziell komplexe Situation soll sich bei »Vorhaben mit einer komplexen und strukturierten Finanzierung ergeben, deren finanzielle und rechtliche Konstruktion nicht im Voraus festgeschrieben werden kann« (EG-Kommission, Erläuterungen – Wettbewerblicher Dialog – Klassische Richtlinie vom 5.10.2005 CC/2005/04_rev1 Punkt 2.3). Erfasst sind demnach grundsätzliche Fragen der Struktur und der Konstruktion der vertraglichen Vereinbarung zwischen dem Auftraggeber und dem zu beauftragenden Unternehmen (*Kaelble* in *Müller-Wrede* S. 46).

Eine strikte Trennung zwischen einer rechtlichen und einer finanziellen Kondition ist allein aufgrund der Tatsache, dass die finanziellen Bedingungen einer vertraglichen (und damit rechtlichen) Umsetzung bedürfen, ohnehin nicht möglich. Ungeachtet dessen stellen etwa die wirtschaftliche Risikoverteilung im Rahmen der vertraglichen Regelung, die Vertragsdauer oder die konkrete rechtliche Gestaltung der Beziehung der Vertragspartner zueinander typische rechtliche Konditionen dar. Finanzielle Konditionen umfassen etwa die konkrete Form der Bezahlung der zu realisierenden Leistung (Drittfinanzierung, Co-Finanzierung, Alleinfinanzierung) oder im Fall einer geplanten entgeltlichen Nutzung der Leistung die Höhe der zu zahlenden Entgelte (EG-Kommission, Erläuterungen – Wettbewerblicher Dialog – Klassische Richtlinie vom 5.10.2005 CC/2005/04_rev1 Punkt 2.3; *Kaelble* in *Müller-Wrede* S. 46).

Beispiele für rechtliche bzw. finanzielle Konditionen bestehen etwa im Bereich des Baus und Betriebs von größeren Infrastrukturprojekten, Nachverkehrsdienstleistungen (Bus, Bahn) oder Krankenhausprivatisierungen (EG-Kommission, Grünbuch ÖPP, KOM [2004] 327 Rn. 2; *Pünder/Franzius* ZfBR 2006, 20, 21). Weitere Anwendungsfälle sind Vorhaben, in denen der Auftraggeber öffentliche Einrichtungen, wie etwa Schulen oder Gefängnisse von Wirtschaftsteilnehmern finanzieren, bauen und eventuell längerfristiger verwalten lassen möchte (EG-Kommission, Erläuterungen – Wettbewerblicher Dialog – Klassische Richtlinie vom 5.10.2005 CC/2005/04_rev1 Punkt 2.3).

IV. Verhandlungsverfahren (§ 3a Nr. 1d, 5, 6 VOB/A)

1. Wesentliche Merkmale (§ 3a Nr. 1d VOB/A)

29 Das Verhandlungsverfahren wird in § 3a Nr. 1d S. 2 VOB/A wie folgt definiert: Der öffentliche Auftraggeber wendet sich an von ihm ausgewählte Unternehmer und verhandelt mit einem oder mehreren dieser Unternehmer über den Auftragsinhalt, gegebenenfalls nach Öffentlicher Vergabebekanntmachung. Das Verhandlungsverfahren ist nur im Ausgangspunkt mit der **Freihändigen Vergabe** vergleichbar. Dies kommt im Wortlaut des § 3a Nr. 1d VOB/A dadurch zum Ausdruck, dass das Verhandlungsverfahren die Freihändige Vergabe im zweiten Abschnitt der VOB/A **ersetzt**. Das Verhandlungsverfahren ist also in § 3a VOB/A **umfassend und abschließend geregelt**. Die Bestimmungen zur Freihändigen Vergabe sind nicht anwendbar.

30 Das Verhandlungsverfahren ist ein **zweigliedriges Verfahren**, in dem zunächst mit oder ohne Öffentlichem Teilnahmewettbewerb geeignete Unternehmen ausgewählt und sodann **Vertragsverhandlungen** mit dem Ziel der Zuschlagsentscheidung geführt werden. Das Verhandlungsverfahren ist regelmäßig mit vorheriger europaweiter Bekanntmachung gem. § 17a VOB/A durchzuführen. Hierfür sind die in Anhang II der Verordnung (EG) Nr. 1564/2005 enthaltenen Muster zu verwenden (§ 17a Nr. 3 Abs. 2 und Nr. 4 VOB/A). Auf die Bekanntmachung kann ausschließlich in den in § 3a Nr. 6 VOB/A genannten Fällen verzichtet werden. Bei der Durchführung des Teilnahmewettbewerbs sind die Mindestfristen des § 18a Nr. 3 i.V.m. Nr. 2 Abs. 1 und 2 VOB/A zu beachten. Sie dürfen bei der Festlegung der Bewerbungsfrist nicht unterschritten werden. Zur Vertragsverhandlung sind ausschließlich geeignete Bewerber einzuladen (§ 97 Abs. 4 GWB, § 2 Nr. 1 S. 1 VOB/A). Bei der Auswahl der Verhandlungsteilnehmer steht der Vergabestelle ein Beurteilungsspielraum zu, den sie unter Beachtung des Gleichbehandlungsgrundsatzes und der Transparenz ausfüllen muss (BayObLG VergabeR 2005, 532; VK Baden-Württemberg Beschl. v. 23.1.2003 1 VK 70/02). Im Falle des Verhandlungsverfahrens mit europaweiter Bekanntmachung müssen die Verhandlungsteilnehmer aus dem Kreis der Bewerber stammen, soweit ein geeignetes Unternehmen nicht von vornherein für die Verhandlung unter Beachtung des Gleichbehandlungsgrundsatzes gesetzt wird. Bei einer hinreichenden Anzahl geeigneter Bewerber müssen in diesen Fällen mindest drei zur Vertragsverhandlung eingeladen werden (Art. 44 Abs. 3 VKR, § 8a Nr. 4 VOB/A). Die Verhandlung mit nur einem Unternehmer kommt etwa in den in § 3a Nr. 6c, 6e bis 6g VOB/A aufgeführten Fällen in Betracht. Ein **Anspruch** eines geeigneten Unternehmens **auf Teilnahme** an den Vertragsverhandlungen besteht nicht, wenngleich aus Gründen der Selbstbindung sämtliche ausgewählten Bewerber zunächst an den Verhandlungsgesprächen beteiligt werden müssen (vgl. OLG Naumburg Beschl. v. 15.1.2002 1 Verg 5/00; VK Brandenburg Beschl. v. 17.9.2002 VK 50/02; VK Bund Beschl. v. 27.8.2002 VK 2–70/02; Beschl. v. 22.8.2001 VK 2–24/01, 17 f.). Ein Unternehmen, das keinen Teilnahmeantrag gestellt hat, darf der Auftraggeber nicht zur Angebotsabgabe auffordern. Auf ein dennoch eingegangenes Angebot darf der Zuschlag nicht erteilt werden (VK Nordbayern Beschl. v. 25.11.2005 320.VK-3194–38/05).

Das Verhandlungsverfahren ist insbesondere im zweiten Teil – der Vergabeverhandlung – ein »**dynamischer Prozess**« (OLG Celle VergabeR 2002, 299, 301; VK Hessen Beschl. v. 16.7.2004 69d-VK-39/2004; VK Sachsen Beschl. v. 13.5.2002 1/SVK/029–02) und weitgehend formfrei. Es müssen **substantielle Verhandlungsgespräche** zum Auftrag geführt werden. Auf die bereits entschiedene Eignung bezogene Präsentationen der ausgewählten Bewerber sind daher nicht ausreichend (VK Thüringen Beschl. v. 20.12.2002 216–4004.20–062/02-EF-S). Der Auftraggeber kann aber über den **Gegenstand** des Auftrags ebenso verhandeln wie über den **Preis**. § 24 VOB/A ist nicht anwendbar (VK Bund Beschl. v. 10.12.2002 VK 1–93/02, 26; Beck'scher VOB-Komm./*Jasper* § 24 VOB/A Rn. 9). Zulässig ist es jedoch nicht, im Ergebnis der mit dem Bieter geführten Gespräche andere Leistungen zu beschaffen als mit der Ausschreibung angekündigt, die Identität des Beschaffungsvorhabens, das Gegenstand der Ausschreibung war, muss gewahrt bleiben (OLG Dresden VergabeR 2004, 225, 229). Auch bei der **Gestaltung des Verfahrensablaufs** ist der Vergabestelle eine hohe Flexibilität gestattet. Trotz der Gestaltungsspielräume des Auftraggebers ist das Verhandlungsverfahren jedoch **kein vergaberechtsfreier Raum** (OLG München Beschl. v. 20.4.2005 Verg 8/05 [für den Sektorenbereich]; OLG Düsseldorf Beschl. v. 18.6.2003 Verg 15/03). Rechtliche Bindungen bestehen in Form der in § 97 Abs. 1 und 2 GWB normierten Grundsätze des Vergabeverfahrens (OLG Celle VergabeR 2002, 299, 301; OLG Frankfurt VergabeR 2001, 299, 302; OLG Düsseldorf WuW/E Verg 566, 567). Der **Gleichbehandlungsgrundsatz** verwehrt es der Vergabestelle, einzelne Bieter zu bevorzugen, indem sie etwa im Falle einer selbst gesetzten Angebotsfrist verspätet eingegangene Angebote annimmt (OLG Düsseldorf WuW/E Verg 566, 567), einzelne Bieter gegeneinander ausspielt, um den Preis zu drücken, ungleichmäßig über den Stand der Verhandlungen informiert (*Müller-Wrede* in *Müller-Wrede* VOF § 16 Rn. 11 ff.) oder vertrauliche Informationen eines Bieters an einen anderen weitergibt (KG Beschl. v. 31.5.2000 KartVerg 1/00, 14). Die letztgenannte Verpflichtung, die zunächst durch die Nachprüfungsinstanzen aus dem allgemeinen Gleichbehandlungsgrundsatz (§ 97 Abs. 2 GWB) entwickelt wurde, findet sich nunmehr auch ausdrücklich in § 3a Nr. 7 Abs. 1 VOB/A wieder. Der **Transparenzgrundsatz** verlangt von der Vergabestelle, die Kriterien und die Gründe ihrer Entscheidungen offen zu legen, wie etwa bei der Abfrage eines umfangreichen Fragebogens, ohne dass die Verhandlungsteilnehmer erkennen können, wofür die Informationen benötigt werden (OLG Naumburg ZfBR 2003, 182, 185; KG BauR 2000, 1579, 1581). Weiterer Ausfluss dieses Grundsatzes ist die Verpflichtung des Auftraggebers, den Bietern den Verfahrensablauf, soweit hierüber vorab Kenntnisse bestehen, mitzuteilen und hiervon in der Folge nicht willkürlich abzuweichen (OLG Düsseldorf Beschl. v. 18.6.2003 Verg 15/03).

32 Die Verhandlungsgespräche können **verschiedenste Formen** annehmen. Entscheidend ist allein die **Beachtung der Grundsätze der Gleichbehandlung und Transparenz**. Aus diesem Grund müssen die **Zuschlagskriterien** auch im Verhandlungsverfahren ohne Bekanntmachung vor der Entscheidung offen gelegt werden, sog. **Ex-ante-Transparenz** (vgl. EuGH VergabeR 2002, 593; BayObLG VergabeR 2003, 59; OLG Düsseldorf Beschl. v. 27.11.2002 Verg 45/02). Der Auftraggeber kann die Verhandlung einem **Angebotsverfahren** annähern, so dass der Rechtsgedanke einschlägiger Vorschriften herangezogen werden kann (vor allem §§ 21, 23, 25 VOB/A). Zu beachten ist aber, dass diese Rechtsgedanken nicht als zwingendes Recht, sondern allein durch den Grundsatz der **Selbstbindung der Vergabestelle** zur Anwendung gelangen. Die Äußerungen des Auftraggebers setzen daher den Rahmen der rechtlichen Bindung. Des Weiteren kann der Auftraggeber (nur) unter Beachtung von Gleichbehandlung und Transparenz und mit sachlichen Gründen von dem Geäußerten wieder abweichen: Nach einer Angebotsabfrage kann der Auftraggeber deshalb grundsätzlich erneut von den Verhandlungsteilnehmern Angebote abfordern. Nach getroffener und mitgeteilter Zuschlagsentscheidung kann der Auftraggeber bei Vorliegen besonderer, sachgerechter Gründe die Verhandlungen wieder aufnehmen (BayObLG Beschl. v. 5.11.2002 Verg 22/02). Dies muss gleichzeitig und bei gleichem Informationsstand geschehen. Auch im Verhandlungsverfahren müssen die Bieter damit rechnen, dass ein unter diesen Voraussetzungen abgegebenes Angebot ohne weitere Verhandlungen angenommen wird.

Ein Anspruch auf Nachverhandlung besteht nicht (VK Bund Beschl. v. 27.8.2002 VK 2–70/02). Dies gilt erst Recht bei einem sog. »**last call**« (vgl. hierzu KG Beschl. v. 31.5.2000 KartVerg 1/00, 14; VK Baden-Württemberg Beschl. v. 12.1.2004 1 VK 74/03). Im Zuge der Verhandlungen kann der Auftraggeber, unter Beachtung der allgemeinen Grundsätze und mittels bekannt gemachter Kriterien, aus sachlichen Gründen einen **preferred bidder** bestimmen und nur noch mit diesem weiterverhandeln (grundsätzlich anerkannt in: OLG Brandenburg NVwZ 1999, 1142). Nach § 3a Nr. 7 Abs. 2 VOB/A ist es nunmehr auch ausdrücklich zulässig, ein Verhandlungsverfahren in mehreren Phasen (»**sukzessives Abschichten**«) durchzuführen (diese Möglichkeit war bereits vorher durch die Rechtsprechung anerkannt: OLG Celle VergabeR 2002, 299, 301; OLG Frankfurt VergabeR 2001, 299, 302). Hierbei verringert der Auftraggeber die Zahl der Angebote, über die verhandelt wird, in mehreren aufeinander folgenden Phasen. Am Ende der jeweiligen Phase scheiden Bieter aufgrund einer »Abschichtungsentscheidung« des Auftraggebers, oder da sie in technischer Hinsicht nicht die gewünschte Leistung erbringen können oder wollen, aus. Die Abschichtungsentscheidung des Auftraggebers muss dabei nach § 3a Nr. 7 Abs. 2 VOB/A anhand der in der Bekanntmachung oder den Verdingungsunterlagen enthaltenen Zuschlagskriterien erfolgen. Die Grenze des sukzessiven Abschichtens bildet wiederum der Wettbewerbsgedanke, konkretisiert in § 3a Nr. 7 Abs. 2 VOB/A, in Umsetzung des Art. 44 Abs. 4 VKR. In der Schlussphase der Verhandlung müssen hiernach so viele Angebote vorliegen, dass ein echter Wettbewerb gewährleistet ist. Grundsätzlich sind für einen echten Wettbewerb mindestens drei Angebote von unterschiedlichen Unternehmen notwendig (*so Kaelble* in *Müller-Wrede* S. 74 mit Verweis auf die EG-Kommission; a.A. *Aerosmith* The Law of Public and Utilities Procurement Rn. 10.33, der zwei Unternehmen genügen lässt). Etwas anderes kann dann gelten, wenn nach sachgerechter Reduzierung der Zahl der Angebote anhand der Zuschlagskriterien lediglich ein geeigneter Bewerber übrig bleibt (so für den vergleichbaren Fall bei einem wettbewerblichen Dialog: EG-Kommission, Erläuterungen – Wettbewerblicher Dialog – Klassische Richtlinien vom 5.10.2005 CC/2005/04_rev1 S. 9; zu weiteren Ausnahmefällen: *Kaelble* in *Müller-Wrede* S. 74 f.).

33 Die Pflicht zur **Vorabinformation** gem. § 13 VgV gilt auch im Verhandlungsverfahren mit und ohne Bekanntmachung (vgl. OLG Düsseldorf Beschl. v. 23.2.2005 Verg 87/04; Beschl. v. 24.2.2005 Verg 88/04; Thüringer OLG Beschl. v. 28.1.2004 6 Verg 11/03). Die Informationspflicht nach § 13 VgV besteht demnach grundsätzlich gegenüber denjenigen Unternehmen, die hinsichtlich eines bestimmten Beschaffungsvorgangs, nicht notwendigerweise durch Einreichen eines Angebots, dem Auftraggeber gegenüber ein Interesse am Auftrag angezeigt haben oder sich um eine Auftragserteilung beworben haben (OLG Düsseldorf VergabeR 2005, 503; teilweise wird im Falle eines Verhandlungsverfahrens ohne Bekanntmachung zur Entstehung einer Informationsverpflichtung nach § 13 VgV ein »willensgetragenes aktives Teilnahmeverhalten« gefordert, vgl. so Thüringer OLG Beschl. v. 28.1.2004 6 Verg 11/03). Schließlich sind auch im Verhandlungsverfahren die Regelungen der **Ex-post-Transparenz** zu beachten. Alle wesentlichen Entscheidungen müssen im Vergabevermerk dokumentiert werden, dessen Mindestinhalt für Auftragsvergaben nach Abschnitt 2 der VOB/A nunmehr in § 30a VOB/A festgelegt ist. Die Angebote sind einschließlich der Anlagen aufzubewahren (§ 22 Nr. 8 VOB/A). Auf Verlangen muss der Auftraggeber einem Unternehmen, dessen Bewerbung bzw. dessen Angebot keine Berücksichtigung gefunden hat, die Gründe hierfür innerhalb von 15 Kalendertagen nach Eingang des Antrags mitteilen. Die Verfahrensteilnehmer müssen zudem über die Entscheidung des Auftraggebers, auf die Vergabe des Auftrags zu verzichten oder das Verfahren neu einzuleiten, nach entsprechendem Antrag auch in Textform, informiert werden (§ 26a S. 2 VOB/A). Im Falle der Auftragserteilung muss diese bekannt gemacht werden (§ 28a Abs. 1 VOB/A). Darüber hinaus muss der Auftraggeber die in § 33a Nr. 1 VOB/A festgelegten Melde- und Berichtspflichten gegenüber der Europäischen Kommission beachten.

2. Anwendungsbereich des Verhandlungsverfahrens nach Öffentlicher Vergabebekanntmachung (§ 3a Nr. 5 VOB/A)

Die Anwendungsfälle des Verhandlungsverfahrens nach europaweiter Bekanntmachung sind in § 3a Nr. 5 VOB/A **abschließend** geregelt. Das Verhandlungsverfahren mit Bekanntmachung stellt wegen des reduzierten Wettbewerbs und der weitgehenden Formlosigkeit einen **Ausnahmefall** dar. Die einzelnen Tatbestände sind daher **restriktiv** auszulegen. Die **Darlegungslast** für das Vorliegen der Tatbestandvoraussetzungen trägt der Auftraggeber (vgl. EuGH Slg. 1987, 1039 Rn. 14; Slg. 1993 I-5923 Rn. 10; Slg. 1994 I-1569 Rn. 12). Er muss die Gründe für die Wahl des Verfahrenstyps im **Vergabevermerk** (§ 30a VOB/A) festhalten. Ein dem § 3 Nr. 3c VOB/A vergleichbarer **Auffangtatbestand** für die Anwendung des Verhandlungsverfahrens ist in § 3a Nr. 5 und 6 VOB/A nicht vorgesehen. Auch an unbestimmten Rechtsbegriffen fehlt es, so dass die Anwendung der Ausnahmetatbestände durch die Nachprüfungsinstanzen **vollständig überprüfbar** ist (*Rusam* in *Heiermann/Riedl/Rusam* § 3a VOB/A Rn. 4).

34

a) Keine annehmbaren Angebote bei einem vorangegangenen Offenen oder Nichtoffenen Verfahren (§ 3a Nr. 5a VOB/A)

Soweit in einem vorangegangenen Offenen oder Nichtoffenen Verfahren **keine annehmbaren Angebote** abgegeben wurden und die **Verdingungsunterlagen** nicht grundlegend geändert wurden, gestattet § 3a Nr. 5a VOB/A die Durchführung eines Verhandlungsverfahrens mit Vergabebekanntmachung. Werden zusätzlich alle geeigneten Bieter des vorangegangenen Verfahrens in das Verhandlungsverfahren einbezogen, so kann gem. § 3a Nr. 6a VOB/A auf die Bekanntmachung verzichtet werden. Die Bekanntmachung ist ebenfalls entbehrlich, wenn keine oder ausschließlich gem. § 25 Nr. 1 VOB/A auszuschließende Angebote abgegeben wurden (§ 3a Nr. 6b VOB/A). Bei einer grundlegenden Änderung der Verdingungsunterlagen bleibt der Rückgriff auf das Nichtoffene Verfahren (§ 3a Nr. 3 VOB/A).

35

Grundvoraussetzung des § 3a Nr. 5a VOB/A ist also zunächst, dass im vorangegangenen Offenen oder Nichtoffenen Verfahren **keine annehmbaren Angebote** abgegeben wurden. War das ursprüngliche Verfahren ein **Verhandlungsverfahren**, ist der Ausnahmetatbestand nicht einschlägig. Gegebenenfalls kann aber auf die ursprünglichen Rechtfertigungsgründe für den Verfahrenstyp erneut zurückgegriffen werden. Nicht annehmbar sind zunächst solche Angebote, die **zwingend** (etwa gem. § 25 Nr. 1 Abs. 1 VOB/A), **fakultativ** (etwa gem. § 25 Nr. 1 Abs. 2, Nr. 3 VOB/A) oder **wegen fehlender Eignung** (§ 25 Nr. 2 VOB/A) auszuschließen sind (wie hier auch Beck'scher VOB-Komm./*Jasper* § 3a VOB/A Rn. 34; i.E. ebenso *Rusam* in *Heiermann/Riedl/Rusam* § 3a VOB/A Rn. 10). In diesen

36

Fällen scheitert das Vergabeverfahren, weil die begehrte Leistung am Markt nicht angeboten wird. Die Vergabestelle muss dann ggf. in Zusammenarbeit mit geeigneten Unternehmen ihre Nachfrage anpassen und darf sich hierfür des Verhandlungsverfahrens bedienen. Ändern sich hingegen vom Auftraggeber veranlasst die technischen Spezifikationen oder muss das Verfahren aus anderen dem Auftraggeber zuzurechnenden Gründen aufgehoben werden, so kann dies nicht zu einer Privilegierung bei der Verfahrenswahl führen. § 3a Nr. 5a VOB/A ist nicht einschlägig. Weitere Voraussetzung des § 3a Nr. 5a VOB/A ist eine **wirksame** und (gem. § 26 Nr. 1c VOB/A) **rechtmäßige Aufhebung** des vorangegangenen Vergabeverfahrens. Die Aufhebung muss insbesondere unter den gegebenen Umständen verhältnismäßig sein (OLG Düsseldorf ZfBR 2004, 202, 204).

37 Um schließlich statt eines Nichtoffenen Verfahrens (§ 3a Nr. 3 VOB/A) ein Verhandlungsverfahren mit Bekanntmachung zu rechtfertigen, dürfen die **ursprünglichen Verdingungsunterlagen nicht grundlegend geändert** worden sein. Im Falle einer Aufhebung gem. § 26 Nr. 1b VOB/A ist der Ausnahmetatbestand daher nicht einschlägig. Der Begriff der »**Verdingungsunterlagen**« in § 3a Nr. 5a VOB/A ist identisch mit jenem in § 10 Nr. 1 Abs. 1b VOB/A. Es darf vor allem keine grundlegende Änderung der bisherigen Leistung durch Änderung der Leistungsbeschreibung erfolgen (so auch *Rusam* in *Heiermann/Riedl/Rusam* § 3a VOB/A Rn. 10). Aber auch Änderungen der der Vergabe zugrunde gelegten Allgemeinen Vertragsbedingungen, der ATV, der BVB, der ZVB sowie der ZTV verhindern das Verhandlungsverfahren, wenn sie grundlegend sind. Wann eine »**grundlegende**« Änderung der Verdingungsunterlagen vorliegt, ist nach den **Umständen des Einzelfalles** zu beurteilen. Zur Auslegung sind die Grundsätze der wettbewerblichen Vergabe und der Gleichbehandlung heranzuziehen. Eine grundlegende Änderung der Verdingungsunterlagen liegt dann vor, wenn die Leistung bei wirtschaftlicher Betrachtung eine andere ist, eine Anpassung der vorliegenden Angebote nicht in Betracht kommt. Entscheidend ist, ob sich mit der Änderung der Verdingungsunterlagen voraussichtlich auch der Kreis der Bewerber um den Auftrag ändert (Beck'scher VOB-Komm./ *Jasper* § 3a VOB/A Rn. 37). **Indizien** können eine erheblich veränderte Kostenschätzung sowie veränderte Wertungskriterien oder Eignungsanforderungen sein (VK Hamburg Beschl. v. 14.8.2003 VgK FB 3/03). Eine grundlegende Änderung liegt zudem dann vor, wenn aufgrund von Veränderungen, die erst nach Einleitung der Ausschreibung eingetreten und bekannt geworden sind, es für den Auftraggeber sinnlos oder unzumutbar ist, den Zuschlag auf eines der Angebote zu erteilen (OLG Düsseldorf NZBau 2005, 413).

b) Bauvorhaben nur zu Forschungs-, Versuchs- oder Entwicklungszwecken (§ 3a Nr. 5b VOB/A)

38 Ein Verhandlungsverfahren nach vorheriger Vergabebekanntmachung kommt weiter in Betracht, wenn es sich um Bauvorhaben nur zu Forschungs-, Versuchs- oder Entwicklungszwecken handelt. Voraussetzung ist die **Ausschließlichkeit** der genannten Zweckbestimmung (»nur«). Hinzu muss weiter kommen, dass die genannten Bauvorhaben nicht mit dem Ziel der **Rentabilität** oder der **Deckung der Entwicklungskosten** durchgeführt werden. Werden mit dem Bauvorhaben auch andere Zwecke, insbesondere **kommerzielle Nebenzwecke** verfolgt, so ist der Ausnahmetatbestand nicht einschlägig. Wenn schon ein F&E-Bauvorhaben wegen eines kommerziellen Nebenzwecks nicht im Verhandlungsverfahren vergeben werden darf, so gilt dies erst Recht, wenn Forschung und Entwicklung selbst nur Nebenzweck eines Bauvorhabens sind.

c) Unmöglichkeit der eindeutigen und erschöpfenden Beschreibung der Leistung (§ 3a Nr. 5c VOB/A)

39 Des Weiteren ist ein Verhandlungsverfahren mit europaweiter Bekanntmachung zulässig, wenn die Leistung **nicht eindeutig und erschöpfend beschrieben** werden kann und daher eine einwandfreie **Preisermittlung** nicht möglich ist. Bereits der Wortlaut des § 3a Nr. 5c VOB/A bezeichnet diesen Fall als »Ausnahmefall«, was zu einer **restriktiven Auslegung** verpflichtet. Die Regelung des § 3a Nr. 5c VOB/A dient der Umsetzung der Formulierung in Art. 30 Abs. 1b VKR: »die ihrer Natur nach oder

wegen der damit verbundenen Risiken eine vorherige globale Preisgestaltung nicht zulassen«. Mit der gewählten Umsetzungsformulierung soll der in der VOF (§ 2) enthaltene Fall einer nicht eindeutig und erschöpfend beschreibbaren Leistung in Einklang gebracht werden. Die Schwierigkeiten der Auslegung ergeben sich aus dem Spannungsverhältnis mit dem Rechtsgedanken des § 16 Nr. 1 VOB/A. Der Auftraggeber muss sich grundsätzlich um eine ausreichende und erschöpfende Beschreibung der Leistung bemühen und ggf. gem. § 7 VOB/A Sachverständige zu Rate ziehen. Wann diese Sorgfaltspflichten ausgeschöpft sind und der Anwendungsbereich des § 3a Nr. 5c VOB/A eröffnet ist, ist **im Einzelfall** und **anhand objektiver Gesichtspunkte** zu ermitteln: Zunächst muss der Auftraggeber seine Sorgfaltspflichten bei der Leistungsbeschreibung ausfüllen, wie z.B. durch sorgfältige Ermittlung aller für die Bauausführung bzw. die klare Bemessung der Vergütung wesentlichen Gegebenheiten am Ort der Bauausführung. Dazu zählen u.a. die Baugrundverhältnisse, wofür § 9 Nr. 3 VOB/A zwingende Gesichtspunkte beinhaltet. Fehlendes Fachwissen des Auftraggebers sollte durch Sachverständige ergänzt werden. Gelingt eine ausreichende Beschreibung der Leistung auf diese Weise nicht, kann das Verhandlungsverfahren in Betracht gezogen werden. Die Gründe für die unzureichende Beschreibbarkeit müssen jedenfalls in **Art** und **Umfang** der **Leistung** und den **damit verbundenen Wagnissen** liegen. Der Begriff des **Wagnisses** beinhaltet zum einen das unternehmerische Wagnis des Auftragnehmers entsprechend § 9 Nr. 2 VOB/A. Zum anderen werden aber auch Wagnisse für den Auftraggeber erfasst, etwa der Fall der Vereinbarung bestimmter Einheitspreise oder sogar einer bestimmten Pauschale mit dem Risiko, mit Nachtragsforderungen wegen voraussehbar veränderter oder zusätzlicher Leistungen überzogen zu werden. Entscheidend ist letztlich, dass die fehlende Beschreibbarkeit der Leistung eine **unzweifelhafte Preisermittlung vereitelt**. Dann können **keine vergleichbaren Angebote** abgegeben werden, so dass das Verhandlungsverfahren einzig angemessener Verfahrenstyp ist.

3. Anwendungsbereich des Verhandlungsverfahrens ohne Öffentliche Vergabebekanntmachung (§ 3a Nr. 6 VOB/A)

In § 3a Nr. 6a bis 6g VOB/A sind die Fälle abschließend geregelt, in denen ein **Verhandlungsverfahren ohne europaweite Bekanntmachung** durchgeführt werden darf. Das Verhandlungsverfahren ohne Bekanntmachung stellt wie jenes mit Bekanntmachung einen **Ausnahmefall** dar. Die einzelnen Tatbestände des § 3a Nr. 6 VOB/A sind deshalb **restriktiv** auszulegen. Die **Darlegungslast** trägt der Auftraggeber (vgl. EuGH NZBau 2005, 49, 51; Slg. 1987, 1039 Rn. 14; Slg. 1993 I-5923 Rn. 10; Slg. 1994 I-1569 Rn. 12). Die Anwendung der Ausnahmetatbestände ist durch die Nachprüfungsinstanzen **vollständig überprüfbar** (*Rusam* in *Heiermann/Riedl/Rusam* § 3a VOB/A Rn. 4). Die Gründe für die Wahl des Verfahrenstyps müssen sich im **Vergabevermerk** (§ 30a VOB/A) wiederfinden.

40

a) Keine annehmbaren Angebote bei vorangegangenem Offenen oder Nichtoffenen Verfahren (§ 3a Nr. 6a VOB/A)

Nach § 3a Nr. 6a VOB/A kommt ein Verhandlungsverfahren ohne vorherige Bekanntmachung in Betracht, wenn im vorangegangenen Offenen oder Nichtoffenen Verfahren **kein annehmbares Angebot** abgegeben wurde, die **Verdingungsunterlagen nicht grundlegend verändert** wurden und in das Verhandlungsverfahren **alle geeigneten Bieter** aus dem vorausgegangenen Verfahren einbezogen werden. § 3a Nr. 6a VOB/A ist ein Spezialfall des § 3a Nr. 5a VOB/A. Die ersten beiden Voraussetzungen des Tatbestandes entsprechen jenen des § 3a Nr. 5a VOB/A, so dass auf die dortige Kommentierung verwiesen werden kann. Wenn zusätzlich alle geeigneten (d.h. alle fachkundigen, zuverlässigen und leistungsfähigen) Bieter des ursprünglichen Vergabeverfahrens in das Verhandlungsverfahren einbezogen werden, kann auf die europaweite Bekanntmachung verzichtet werden. Der Auftraggeber muss dem Verhandlungsverfahren die Zuschlagskriterien zugrunde legen, die bereits dem vorherigen Verfahren zugrunde lagen (vgl. VK Südbayern Beschl. v. 21.4.2004 24–04/04). Bieter deren Angebot **aus anderen Gründen als der fehlenden Eignung ausgeschlossen** wurden

41

(§ 25 Nr. 1 oder 3 VOB/A), sind am Verhandlungsverfahren zu beteiligen. Gleichwohl muss der Auftraggeber die **Eignung** der Bieter des vorangegangenen aufgehobenen Vergabeverfahrens **erneut überprüfen** und mögliche Veränderungen zu den bereits eingereichten Eignungsnachweisen bei den Bietern abfragen. Dies kann zum Vor- und Nachteil der Bieter geschehen, denn die **Selbstbindung** des Auftraggebers aus der vorangegangenen Eignungswertung (hierzu OLG Düsseldorf Beschl. v. 4.12.2002 Verg 45/02) endet mit der Aufhebung des ursprünglichen Vergabeverfahrens. Wird auf die Bekanntmachung verzichtet, ohne alle geeigneten Bieter des vorangegangenen Verfahrens einzubeziehen, kommt § 13 S. 6 VgV zur Anwendung (OLG Dresden VergabeR 2002, 142, 144 f.).

b) Fehlen tauglicher Angebote (§ 3a Nr. 6b VOB/A)

42 § 3a Nr. 6b VOB/A ist nach hier vertretener Ansicht ebenfalls ein Spezialfall des § 3a Nr. 5a VOB/A. Erfasst werden die Fälle, in denen im vorangegangenen Offenen oder Nichtoffenen Verfahren entweder keine Angebote abgegeben wurden oder sämtliche Angebote nach § 25 Nr. 1 VOB/A ausgeschlossen wurden. Der Ausnahmetatbestand verweist auf § 25 Nr. 1 VOB/A **als Ganzes**, so dass die Unterscheidung zwischen **zwingendem** (§ 25 Nr. 1 Abs. 1 VOB/A) und **fakultativem** Ausschluss (§ 25 Nr. 1 Abs. 2 VOB/A) hier unerheblich ist. Zusätzliche Voraussetzung des § 3a Nr. 6b VOB/A ist wie schon in § 3a Nr. 5a VOB/A, dass die Verdingungsunterlagen nicht grundlegend verändert wurden. Insofern kann auf die dortige Kommentierung verwiesen werden.

c) Technische oder künstlerische Gründe bzw. Schutz von Ausschließlichkeitsrechten (§ 3a Nr. 6c VOB/A)

43 § 3a Nr. 6c VOB/A gestattet die Durchführung eines Verhandlungsverfahrens ohne Öffentliche Bekanntmachung, wenn aus technischen oder künstlerischen Gründen bzw. aufgrund von Ausschließlichkeitsrechten nur ein Unternehmer als Auftragnehmer in Betracht kommt. Trotz abweichender Formulierung ähnelt der Tatbestand des § 3a Nr. 6c VOB/A jenem des § 3 Nr. 4a VOB/A zur Freihändigen Vergabe. Die Tatbestände sind gleichwohl nicht notwendig deckungsgleich, denn § 3a Nr. 6c VOB/A setzt Art. 31 Abs. 1b VKR um und ist im Sinne der europarechtlichen Vorschriften auszulegen. Anders als § 3 Nr. 5a VOB/A (»einem beschränkten Kreis von Unternehmen«) ist § 3a Nr. 6c VOB/A nur dann einschlägig, wenn nur **ein einzelner** Unternehmer in der Lage ist, den Auftrag auszuführen (a.A. Beck'scher VOB-Komm./*Jasper* § 3a VOB/A Rn. 49). Dies ist eingangs festzustellen und bedarf zunächst einer **sorgfältigen, europaweiten Marktforschung** (EuGH VergabeR 2005, 467, 470; *Müller-Wrede* in *Müller-Wrede* § 5 VOF Rn. 57 ff.). Der Auftraggeber muss ferner darlegen, warum die technischen oder künstlerischen Gründe bzw. die Ausschließlichkeitsrechte **zwingend** die Vergabe an einen spezifischen Unternehmer erfordern (vgl. EuGH Slg. 1995 I-1249 Rn. 23). **Technische Gründe** liegen vor, wenn eine **besondere Befähigung** oder **spezielle Ausstattung** für die Durchführung des Auftrags **zwingend erforderlich** ist (vgl. die Kommentierung zu § 3 Nr. 5a VOB/A). Auch die **künstlerischen Gründe** müssen anhand **objektiver Gesichtspunkte** nachgewiesen werden. Eine bloße geschmackliche Präferenz ist nicht ausreichend, um den Wettbewerb von vornherein auf ein Unternehmen zu begrenzen. Sie kann aber bezogen auf einen bestimmten Baustil als ästhetisches Kriterium in der Bauplanung (vgl. § 16 Abs. 2 VOF) eine Rolle spielen. Regelmäßig werden deshalb mit dem Vorliegen künstlerischer Gründe zugleich auch Ausschließlichkeitsrechte den Unternehmerkreis begrenzen, etwa im Falle der Reparatur eines bereits vorhandenen Kunstwerkes. Denkbar wäre aber auch, dass in unmittelbarer räumlicher Nähe zu einem Kunstwerk ein weiteres entstehen soll und hierfür derselbe Künstler beauftragt werden muss, um ästhetische Brüche zu vermeiden. **Ausschließlichkeitsrechte** i.S.d. § 3a Nr. 6c VOB/A sind Eigentumsrechte aber auch eigentumsähnliche Rechte zum Schutz immaterieller Rechtsgüter (Patent- und Urheberrechte, Lizenzen). Im Gegensatz zu den technischen oder künstlerischen Gründen bilden die Ausschließlichkeitsrechte einen rechtlichen Zwang zur Begrenzung des Kreises der möglichen Auftragnehmer. Wurden an mehr als ein Unternehmen **Lizenzen** vergeben und stehen diese in Bezug auf den Auftrag in einem vom Lizenzgeber zugelassenen Wettbewerb, so ist § 3a Nr. 6c VOB/A nicht einschlägig (für

Linienverkehrsgenehmigungen nach dem PbefG vgl. VK Baden-Württemberg Beschl. v. 14.3.2005 1 VK 05/05).

d) Dringlichkeit aus zwingenden Gründen (§ 3a Nr. 6d VOB/A)

Die Ausnahmeregelung des § 3a Nr. 6d VOB/A ist einschlägig, wenn **kumulativ drei Voraussetzungen** erfüllt sind (vgl. EuGH Slg. 1993 I-4655 Rn. 12; Slg. 1996 I-1949 Rn. 14): Die **Fristen des § 18a Nr. 1 bis 3** VOB/A können aus zwingenden Gründen nicht eingehalten werden; diese zwingenden Gründe finden ihre Ursache in **Ereignissen**, die der Auftraggeber weder **verursacht** hat noch **voraussehen** konnte; zwischen dem unvorhersehbaren Ereignis und den sich daraus ergebenden dringlichen, zwingenden Gründen besteht ein **Kausalzusammenhang**. Ist eine der Voraussetzungen nicht gegeben, so ist die Anwendung des Verhandlungsverfahrens nicht gerechtfertigt. Grundlegende Bedingung ist also, dass die **Einhaltung der Fristen** des § 18a Nr. 1 bis 3 VOB/A **nachweislich nicht möglich** ist. Zu beachten ist, dass für das Nichtoffene Verfahren und das Verhandlungsverfahren im Falle einfacher Dringlichkeit verkürzte Fristen vorgesehen sind, deren Einhaltung ebenfalls unmöglich sein muss (vgl. EuGH Slg. 1992 I-1989 Rn. 14). Insofern steht § 3a Nr. 6d VOB/A in einem **Stufenverhältnis** zu den fristverkürzenden Vorschriften des § 18a VOB/A (vgl. *Müller-Wrede* in *Müller-Wrede* § 5 VOF Rn. 83 ff.). Die dringlichkeitsverursachenden Ereignisse dürfen darüber hinaus nicht dem Auftraggeber **zuzurechnen** sein. Ein Verschulden ist nicht erforderlich. Urlaubsbedingter Personalmangel in der Dienststelle kann daher eine Dringlichkeit nicht begründen. Dasselbe gilt, wenn der Auftraggeber das Eintreten der Ereignisse **vorhersehen** konnte. Vorhersehbar sind solche Umstände innerhalb und außerhalb der Sphäre des Auftraggebers, die bei einer pflichtgemäßen Risikoprüfung in Betracht gezogen werden müssen. Erfasst wird jedes **wirtschaftlich abfederbare** Risiko. Daher kann eine Dringlichkeit wegen der erforderlichen aber verweigerten Zustimmung einer Behörde nicht ein Verhandlungsverfahren ohne Bekanntmachung rechtfertigen (vgl. EuGH Slg. 1996 I-1949 Rn. 17 ff.). Hingegen liegt ein Fall von unvorhersehbarer Dringlichkeit vor, wenn infolge der Insolvenz des Erstauftragnehmers eine fristgerechte Herstellung der Leistung entsprechend dem ursprünglichen Plan nicht mehr gewährleistet ist (VK Bund Beschl. v. 29.6.2005 VK 3–52/05). 44

Ob bei Vorliegen zwingender Gründe die Einhaltung der Fristen des § 18a Nr. 1 bis 3 VOB/A nicht möglich ist und ein Verhandlungsverfahren ohne Bekanntmachung durchgeführt werden kann, ist letztlich durch **Abwägung im Einzelfall** zu entscheiden (in diesem Sinne auch OLG Düsseldorf VergabeR 2003, 55). Hierbei ist zwischen den Grundsätzen des Wettbewerbs und der Transparenz und den durch das Ereignis bedrohten Rechtsgütern abzuwägen. Das Verhandlungsverfahren ohne Bekanntmachung ist gerechtfertigt, wenn **bedeutende Rechtsgüter unmittelbar gefährdet** sind. Das beschleunigte Verfahren des § 18a VOB/A ist als milderes Mittel in die Abwägung einzubeziehen. Die **Darlegungslast** trägt grundsätzlich der Auftraggeber. Die Anwendung von § 3a Nr. 6d VOB/A kommt etwa bei der Beseitigung nicht vorhersehbarer Schäden oder Gefahren, infolge von Witterungseinflüssen oder Katastrophenfällen bzw. der Verhinderung weiterer oder größerer Schäden in derartigen Fällen in Betracht (ähnlich hierzu *Rusam* in *Heiermann/Riedl/Rusam* § 3a VOB/A Rn. 17). Auch in solchen Fällen ist jedoch der konkrete Einzelfall, unter Einbeziehung einer Verhältnismäßigkeitsprüfung und unter Beachtung der allgemeinen Vergaberechtsprinzipien der Gleichbehandlung, der Transparenz und des Wettbewerbs zu beachten. Unzulässig ist es daher, im Wege eines Verhandlungsverfahrens ohne Bekanntmachung nach § 3a Nr. 6d VOB/A einen unbefristeter Vertrag aufgrund eines nur punktuellen Engpasses zu vergeben (vgl. VK Sachsen Beschl. v. 7.4.2004 1/SVK/023–04). 45

e) Erforderliche zusätzliche Leistungen (§ 3a Nr. 6e VOB/A)

Der Auftraggeber kann gem. § 3a Nr. 6e VOB/A **zusätzliche Leistungen** vergeben, die **im ursprünglichen Vertrag nicht enthalten** sind, jedoch zur Ausführung der Bauleistung aufgrund eines **unvorhersehbaren Ereignisses erforderlich** wurden. Diese zusätzlichen Leistungen müssen sich nach 46

§ 3a Nr. 6e **Spiegelstrich 1** VOB/A aus technischen oder wirtschaftlichen Gründen nicht ohne wesentliche Nachteile für den Auftraggeber vom Hauptauftrag trennen lassen. Alternativ können zusätzliche Leistungen gem. § 3a Nr. 6e **Spiegelstrich 2** VOB/A vergeben werden, wenn sie für die Vollendung (der bisherige Wortlaut »Verbesserung« wurde im Rahmen der Neuregelung der VOB/A ersetzt; der nun geltende Wortlaut »Vollendung« entspricht den Vorgaben der Richtlinie [vgl. Art. 31 Nr. 4b VKR]) der im Hauptauftrag beschriebenen Leistung unbedingt erforderlich sind. In **beiden** Fällen darf die geschätzte Vergütung für die zusätzlichen Leistungen die Hälfte der Vergütung der Hauptleistung nicht überschreiten.

In § 3a Nr. 6e VOB/A wird **eingangs** deutlich zum Ausdruck gebracht, dass es sich um einen »**echten**« Zusatz im Leistungsbereich eines bereits abgeschlossenen Vertrages handeln muss: Die Leistung darf weder im ursprünglichen Vertrag noch im Entwurf desselben enthalten gewesen sein. Dabei kommt es nicht allein auf die **rechtlichen Bedingungen** des Hauptvertrages an (z.B. Allgemeine, Besondere oder Zusätzliche Vertragsbedingungen). Auch in den **technischen Vertragsbedingungen** (Allgemeine Technische Vertragsbedingungen, Zusätzliche Technische Vertragsbedingungen, insbesondere aber auch die Leistungsbeschreibung) darf die zusätzliche Leistung nicht ausgewiesen sein (»zugrunde liegenden Entwurf«). **Zweitens** muss die zusätzliche Leistung zur Durchführung der im Hauptvertrag vereinbarten Bauleistung **erforderlich** sein. Dies betrifft die Fälle, in denen die Bauleistung den **ursprünglichen Bedarf** wegen unvorhergesehener Ereignisse nicht mehr deckt. Angesichts der veränderten Sprachregelung des zweiten Spiegelstrichs in § 3a Nr. 6e VOB/A (»Vollendung« statt »Verbesserung«) werden die Fälle einer Änderung des Bedarfs nicht mehr von § 3a Nr. 6e VOB/A erfasst (zur Rechtslage hinsichtlich der vorherigen Regelung »Verbesserung…« vgl. *Müller-Wrede* in Ingenstau/Korbion § 3 VOB/A Rn. 30 ff.). **Drittens** muss die Ursache der Erforderlichkeit der zusätzlichen Leistung ein von den Vertragsparteien **unvorhergesehenes Ereignis** sein. Entscheidend sind entgegen dem Wortlaut des Ausnahmetatbestandes (»unvorhergesehen« nicht unvorhersehbar) nicht die bei Vertragsschluss tatsächlich einbezogenen Ereignisse, sondern jene, die bei **verständiger Würdigung** hätten vorhergesehen werden **können**. Andernfalls wäre die Erfüllung des Ausnahmetatbestandes und die einhergehende Reduzierung des Wettbewerbs allein vom Willen der Vertragsparteien abhängig. § 3a Nr. 6e VOB/A ist daher nicht einschlägig, wenn **grob sorgfaltswidrig** die betreffende zusätzliche Leistung nicht durch Eventual- bzw. Alternativpositionen in der dem Hauptauftrag zugrunde liegenden Leistungsbeschreibung einbezogen wurde. **Vierte** Voraussetzung des § 3a Nr. 6e VOB/A ist, dass die vor Erteilung des Zusatzauftrages geschätzte Vergütung für alle zusätzlichen Leistungen die Hälfte der Vergütung für den Hauptauftrag nicht überschreitet.

47 Weitere **fünfte** Voraussetzung der Wahl des Verhandlungsverfahrens ohne Bekanntmachung ist das Vorliegen einer der beiden in § 3a Nr. 6e VOB/A unter den Spiegelstrichen aufgeführten Bedingungen. Bei der **ersten Alternative** stehen die Merkmale der **technischen** und **wirtschaftlichen** Gründe in einem Alternativverhältnis zueinander. Voraussetzung ist, dass bei sachgerechter Betrachtung ein anderer Verfahrenstyp wegen der damit verbundenen Trennung der zusätzlichen Leistung vom Hauptauftrag wesentliche Nachteile bringen würde. Solche Nachteile werden sich regelmäßig aus **vorhersehbaren Kooperationsschwierigkeiten** des Hauptauftragnehmers mit einem anderen im öffentlichen Verfahren auszuwählenden Auftragnehmer der zusätzlichen Leistung ergeben. In **technischer** Hinsicht können Ausführungszeiten, verwendete Gerätschaften oder Bautechniken eine Rolle spielen. **Wirtschaftliche** Gründe können sich aus Kosteneinsparungen durch **Synergieeffekte** ergeben, sowohl in Bezug auf die Durchführung der Bauleistung als auch in Bezug auf die Baubetreuung durch den Auftraggeber.

Die zweite Alternative des § 3a Nr. 6e VOB/A wurde im Rahmen der Neufassung der VOB/A an die europarechtlichen Vorgaben angepasst. War nach dem bisherigen Wortlaut ausreichend, dass die Zusatzleistung für die Verbesserung der Hauptleistung erforderlich ist, setzt § 3a Nr. 6e Hs. 2 VOB/A nunmehr die **Vollendung** der Hauptleistung voraus. Dieser veränderte Wortlaut führt zur weiteren Verengung des Anwendungsbereichs der zweiten Alternative. Soweit vom Wortlaut der Vorgängerregelung auch Fälle eines veränderten Beschaffungsbedarfs erfasst waren, fallen derartige Konstellationen nicht mehr unter den geltenden Anwendungsbereich. Ein Verhandlungsverfahren ohne Bekanntmachung nach § 3a Nr. 6e Hs. 2 VOB/A ist daher vornehmlich bei einer Erweiterung oder Verlängerung der Benutzbarkeit der durch den Hauptauftrag vorgesehenen Hauptleistung zulässig. Es genügt dabei nicht, dass die Zusatzleistung für die Vollendung der Hauptleistung ratsam oder von Vorteil ist. Die Zusatzleistung muss unbedingt erforderlich sein, um den Abschluss der Hauptleistung, der aufgrund unvorhergesehener Ereignisse nicht bereits mit dem beauftragten Teil möglich ist, zu gewährleisten. Auf technische oder wirtschaftliche Nachteile der Trennung von Haupt- und Zusatzleistung kommt es dann nicht an.

Unbeachtlich ist hingegen die in § 3a Nr. 6 VOB/A a.E. formulierte **Änderung der Schwellenwerte** **48** (a.A. ohne eingehende Begründung: Beck'scher VOB-Komm./*Jasper* § 3a VOB/A Rn. 54; *Rusam* in *Heiermann/Riedl/Rusam* § 3a VOB/A Rn. 18; *Franke/Grünhagen* in *Franke/Kemper/Zanner/Grünhagen* § 3a VOB/A Rn. 74). Für Bauaufträge i.S.d. § 3a Nr. 6e und 6f VOB/A soll danach der Schwellenwert von 5 Mio. € auf 1 Mio. € abgesenkt werden (die zusätzliche Leistung ist kein Los des bereits vergebenen Hauptvertrages, sondern eine eigenständige Bauleistung, § 2 Nr. 7 VgV ist daher nicht einschlägig). Dies kollidiert mit der Schwellenwertregelung in § 2 Nr. 4 VgV, die eine entsprechende Korrektur ebenso wenig vorsieht, wie Art. 8 VKR (zur europarechtskonformen Abgrenzung zwischen Bau- und Lieferauftrag bei Lieferungen mit Einbau: BayObLG VergabeR 2002, 662). Ihren Charakter als zwingendes Recht erlangt die VOB/A erst durch die statische Verweisung in der VgV, die ihrerseits für Bauaufträge erst ab 5 Mio. € anwendbar ist. Der zweite Abschnitt erfasst also entgegen § 3a Nr. 6 a.E. VOB/A Bauaufträge über zusätzliche Leistungen zwischen 1 Mio. € und 5 Mio. € per se nicht. Die Exklusivität der Schwellenwerte des § 2 VgV wird auch im Wortlaut des § 1 VgV deutlich: »Die Verordnung trifft nähere Bestimmungen (...) für öffentliche Aufträge, deren geschätzte Auftragswerte die in § 2 geregelten Beträge (...) erreichen oder übersteigen (...).« (so auch BayObLG VergabeR 2002, 662). Insofern handelt es sich wohl um ein anhaltendes gesetzgeberisches Versehen, dass auch im Rahmen der Änderung der VOB/A nicht behoben worden ist.

f) Wiederholung gleichartiger Leistungen (§ 3a Nr. 6f VOB/A)
Im Falle der Wiederholung einer gleichartigen Bauleistung kann gem. § 3a Nr. 6f VOB/A das Verhandlungsverfahren ohne Bekanntmachung gewählt werden, wenn **kumulativ vier Voraussetzungen** erfüllt sind. **Erstens** müssen Auftraggeber und Auftragnehmer der Wiederholungsbauleistung mit jenen der Originalbauleistung **identisch** sein. **Zweitens** muss der **Grundentwurf** der zu wiederholenden Bauleistung im Einklang mit § 3a VOB/A vergeben worden sein. Eine vollkommene Identität von ursprünglicher und wiederholender Bauleistung ist gleichwohl nicht erforderlich. Vielmehr können **geringfügige Änderungen** oder Erweiterungen in technischer Hinsicht vorgenommen werden, die auf den Wettbewerb keinen Einfluss haben und wegen der Verhältnisse an Ort und Stelle der jetzigen Bauausführung zwingend notwendig sind. **Drittens** muss auf den geplanten Wiederholungsauftrag bereits bei der Ausschreibung des ersten Bauabschnitts **hingewiesen** werden. Der Auftragswert der Wiederholungsleistung ist schon bei der Schwellenwertberechnung der Hauptleistung nach § 1a VOB/A einzubeziehen. Fehlt es an einem solchen Hinweis, weil zu diesem Zeitpunkt die Notwendigkeit einer Wiederholung der Leistung nicht erkannt wurde, so ist § 3a Nr. 6f VOB/A nicht einschlägig. **Viertens** ist die Inanspruchnahme des § 3a Nr. 6f VOB/A zeitlich auf **drei Jahre nach Abschluss des Originalauftrages** begrenzt. Regelmäßig wird sich die Marktsituation für die Bauleistung innerhalb von drei Jahren dergestalt verändern, dass eine erneute Abfrage derselben Bauleistung neue Angebotsergebnisse hervorbringt und daher nicht entbehrlich ist. Maßgeblich für die Berechnung der 3-Jahresfrist ist nicht der Zeitpunkt der Beendigung der Arbeiten, die Gegenstand des Originalauftrages waren. Die Frist beginnt vielmehr mit Abschluss (zivilrechtlichem Vertragsschluss i.S.d. §§ 145 ff. BGB) des Originalauftrages. Allein eine derartige Auslegung gewährleistet eine objektive und zuverlässige Fristbestimmung und trägt damit zur Rechtssicherheit im Verfahren bei (vgl. EuGH VergabeR 2004, 710, 714 [noch zu Art. 7 Abs. 3 BKR als

g) Leistungen des bisherigen Auftragnehmers zur Erneuerung oder Erweiterung (§ 3a Nr. 6g VOB/A)

50 Nachfolgende Leistungen können gem. § 3a Nr. 6g VOB/A mittels eines Verhandlungsverfahrens ohne Bekanntmachung vergeben werden, wenn kumulativ vier Voraussetzungen vorliegen: **Erstens** müssen Auftraggeber und Auftragnehmer der nachfolgenden Bauleistung mit jenen der Originalbauleistung identisch sein. **Zweitens** muss die nachfolgende Bauleistung zur teilweisen Erneuerung von gelieferten Waren oder Einrichtungen zur laufenden Benutzung oder – alternativ – zur Erweiterung von Lieferungen oder bestehenden Einrichtungen erbracht werden. Damit sind jedoch nicht echte **zusätzliche Leistungen** gemeint, da hiervon nach dem bauvertragsrechtlichen Begriffsverständnis nur solche Leistungen erfasst werden, die im Bereich ein und desselben Auftrages vom Auftragnehmer verlangt und erbracht werden. Vielmehr geht es um nachfolgende Aufträge an den ursprünglichen Auftragnehmer. Die Voraussetzung gilt entgegen dem weiter gefassten Wortlaut nur für nachfolgende Bauleistungen gem. § 99 Abs. 3 GWB. Andere Leistungen sind nach der VOL/A oder VOF zu vergeben. In erster Linie wird damit die Erneuerung oder Erweiterung ursprünglich im Rahmen von Bauleistungen angebrachter maschineller oder sonstiger Einrichtungen erfasst. **Drittens** müsste eine Wechsel des Auftragnehmers dazu führen, dass der Auftraggeber Waren mit **unterschiedlichen technischen Merkmalen** kaufen muss und dies zu technischen Unvereinbarkeiten oder unverhältnismäßigen technischen Schwierigkeiten bei Gebrauch, Betrieb oder Wartung führt. Hieraus folgt, dass die konkrete Bauleistung (also nicht etwa ein bloßer Kauf!) es verlangt, bei dem bisherigen Auftragnehmer zu bleiben, weil nur dieser in der Lage ist, die betreffenden Gegenstände zu beschaffen, zu verarbeiten und zu warten. Gleiches gilt, wenn der Einsatz eines anderen Unternehmers unverhältnismäßige technische Schwierigkeiten mit sich bringen würde, weil eben der bisherige Auftragnehmer mit den Gegebenheiten an Ort und Stelle nicht nur besser vertraut ist, sondern die Einarbeitung eines zuverlässigen neuen Unternehmers aus der hier maßgebenden technischen Sicht unvernünftig wäre. In den erörterten Fällen handelt es sich in der Regel um so genannte Zeitverträge mit dem bisherigen Unternehmer. **Viertens** darf die Laufzeit dieses zusätzlichen Auftrags in der Regel drei Jahre nicht überschreiten. Insofern geht es vornehmlich darum, baldmöglichst den Wettbewerb auf dem Markt wiederherzustellen. Eine etwaige Verlängerung der Laufzeit kommt als Ausnahme grundsätzlich nur dann in Betracht, wenn die Marktverhältnisse nach Ablauf von drei Jahren nachweislich unverändert geblieben sind. Die **Schwellenwertabsenkung** des § 3a Nr. 6 a.E. VOB/A ist wie oben gezeigt unbeachtlich. Ergeben sich Abgrenzungsschwierigkeiten zwischen Bauleistung und Dienstleistung bzw. Lieferung, so ist im Zweifel die VOL/A mit dem niedrigeren Schwellenwert des § 2 Nr. 2 und 3 VgV einschlägig.

D. Rechtsfolgen einer fehlerhaften Wahl des Verfahrenstyps

51 Ab Erreichen der Schwellenwerte des § 2 Nr. 4 VgV steht den Unternehmen grundsätzlich die Möglichkeit des Vergaberechtsschutzes gem. den §§ 102 ff. GWB offen. Wählt der Auftraggeber ein falsches Vergabeverfahren, so können Unternehmen diesen Verstoß rügen und eine **Korrektur** verlangen. Gleichwohl wird sich der Verfahrenstyp stets aus der **Bekanntmachung** ergeben, soweit eine solche veröffentlicht wurde. Die fehlerhafte Wahl des Verfahrenstyps muss dann gem. § 107 Abs. 3 S. 2 GWB unverzüglich **bis zum Ablauf der Angebots- bzw. Bewerbungsfrist** geltend gemacht werden. Im Rahmen der Rüge muss der Bieter/Bewerber darlegen, inwieweit ihm durch die falsche Verfahrenswahl ein Nachteil entstanden ist, insbesondere dass seine **Chancen auf den Zuschlag hierdurch verringert** worden sind (OLG Düsseldorf Beschl. v. 16.2.2006 Verg 6/06 m.w.N.). Rügt der

Bieter die fehlerhafte Verfahrenswahl nicht rechtzeitig, muss er sich behandeln lassen, als ob das gewählte Verfahren der richtige Verfahrenstyp gewesen wäre (OLG Düsseldorf WuW/E Verg 566, 567; OLG Naumburg Beschl. v. 28.8.2000 1 Verg 5/00). Hiervon zu unterscheiden ist die Konstellation, in welcher der Auftraggeber statt eines europaweiten Vergabeverfahrens (§ 3a Nr. 1 VOB/A) ein nationales Vergabeverfahren (§ 3 VOB/A) durchführt. Nach der Rechtsprechung des Kammergerichts ergibt sich in einem solchen Fall aus der Bekanntgabe auch die Unterschreitung des Schwellenwertes nach der Kostenschätzung, folglich müsste dies dann auch innerhalb der Frist des § 107 Abs. 3 S. 2 GWB gerügt werden (KG NZBau 2003, 338). Etwas anderes kann jedoch dann gelten, wenn selbst für einen sorgfältigen und gewissenhaften Durchschnittsbieter die fehlerhafte Kostenschätzung und die hierauf beruhende falsche Berechnung des Schwellenwertes nicht erkennbar ist (VK Baden-Württemberg Beschl. v. 27.6.2003 1 VK 29/03). Konsequenz der Ansicht des Kammergerichts wäre, dass die Vorschriften der VgV (insbesondere § 13 VgV) außer Betracht blieben müssten, denn deren Anwendbarkeit hängt vom geschätzten Auftragswert ab (§ 1 VgV). In jedem Fall einschlägig sind gleichwohl die §§ 97 ff. GWB und insbesondere die §§ 102 ff. GWB, denn gem. § 100 Abs. 1 GWB ist der tatsächliche Auftragswert, nicht der geschätzte, maßgeblich (OLG Stuttgart VergabeR 2003, 101). Das OLG Düsseldorf hat in einer neueren Entscheidung hierzu ausgeführt, dass die Verfahrenswahl durch den Auftraggeber nicht den in §§ 104 ff. GWB enthaltenen Rechtsschutz abschneiden kann (OLG Düsseldorf Beschl. v. 16.2.2006 Verg 6/06). Für die Frage einer vergaberechtlichen Nachprüfung kommt es hiernach auf die objektive Rechtslage, nicht auf die tatsächlich gewählte (falsche) Verfahrensart an (so ausdrücklich: OLG Düsseldorf Beschl. v. 16.2.2006 Verg 6/06).

Wählt der Auftraggeber statt eines Verhandlungsverfahrens mit eines ohne Bekanntmachung, so hängt die Zulässigkeit des Rechtsschutzes vom **Beginn des Vergabeverfahrens** in einem **materiellen Sinne** ab. Ein nachprüfbares Vergabeverfahren beginnt danach, wenn die Vergabestelle den Auftragsgegenstand bestimmt hat und nunmehr einen Vertragspartner zur Ausführung der Arbeiten ermittelt. Entscheidend ist die Erkennbarkeit organisatorischer Schritte zur Ermittlung des Vertragspartners, etwa in Form der Entscheidung über die Vergabeart oder der Kontaktaufnahme mit geeigneten Unternehmen (OLG Düsseldorf Beschl. v. 10.4.2002 Verg 6/02; BayObLG VergabeR 2002, 244, 246; OLG Düsseldorf VergabeR 2001, 329, 330 f.; Thüringer OLG VergabeR 2001, 52, 54). Allerdings kann sich ein Bieter/Bewerber, der ohne Widerspruch an einem Verfahren teilnimmt, das in eklatanter Weise den förmlichen Anforderungen der Vergabevorschriften widerspricht, nachträglich nicht auf diese Formverstöße berufen (OLG Brandenburg ZfBR 2004, 503, 504).

Die Rechtsfolgen einer fehlerhaften Wahl des Verfahrenstyps in Bezug auf zivilrechtliche Ansprüche sind dieselben wie unterhalb der Schwellenwerte, insoweit kann auf die dortige Kommentierung verwiesen werden. Für die aktuelle Frage hinsichtlich der umfassenden Geltung des § 107 Abs. 3 GWB und der entsprechenden EuGH-Vorlage vgl. die Kommentierung zu § 3 VOB/A Rn. 49.

52 Von der fehlerhaften Wahl des Verfahrentyps und dem rechtswidrigen Verzicht auf die Bekanntmachung im Verhandlungsverfahren ist die **De-facto-Vergabe** zu unterscheiden (*Müller-Wrede/Kaelble* VergabeR 2001, 1, 10 f.). Eine De-facto-Vergabe liegt vor, wenn rechtswidrig völlig ohne Vergabeverfahren vergeben wird (*Burgi* NZBau 2003, 16, 17, 20 f.; *Müller-Wrede* FS Jagenburg S. 657). Gerügt werden kann nicht allein die Art und Weise der Einleitung und Durchführung eines förmlichen Vergabeverfahrens, sondern auch die Tatsache, dass ein geregeltes Vergabeverfahren bisher nicht stattgefunden hat. Der Nachprüfung unterliegt hierbei bereits die Entscheidung des Auftraggebers kein förmliches Vergabeverfahren einzuleiten, da nach seiner Einschätzung der zu erteilende Auftrag nicht unter die Regeln des Vergaberegimes fällt (EuGH NZBau 2005, 111, 113; OLG München NZBau 2005, 620, 622). Nicht gerügt werden können hingegen bloße Vorbereitungshandlungen des Auftraggebers, wie Vorstudien des Marktes oder rein interne Vorüberlegungen des Auftraggebers (EuGH NZBau 2005, 111, 113). Die Rechtsfolge für einen ohne jedwedes Vergabeverfahren abgeschlossenen Vertrag ist noch nicht abschließend geklärt. Zentrale Frage ist dabei, ob, und wenn ja in welchem Umfang die Regelung des § 13 S. 6 VgV Anwendung findet. Richtigerweise ist ein Vertrag, der im Wege einer Umgehung geltender und für den konkreten Beschaffungsvorgang einschlägiger Vergabebestimmungen geschlossen wird, grundsätzlich nichtig. Rechtsgrundlage dieser Nichtigkeitsfolge bildet dabei entweder eine (europarechtskonforme) Auslegung des § 13 S. 6 VgV (BGH NZBau 2005, 290, 294f; VK Bund Beschl. v. 12.12.2002 VK 1–83/02, 27 ff.; VK Baden-Württemberg Beschl. v. 26.3.2002 1 VK 7/02 S. 14; *Bär* ZfBR 2001, 375, 379; *Burgi* NZBau 2003, 16, 20 f.; *Dreher* NZBau 2001, 244, 245; *Hertwig* NZBau 2001, 242) oder § 134 BGB i.V.m. §§ 97 Abs. 1, 101 Abs. 1 GWB. Wirken der Auftraggeber und der Auftragnehmer, an den die Leistung direkt vergeben wird, unter bewusster Umgehung des Vergaberechts zusammen, ergibt sich die Nichtigkeitsfolge auch aus § 138 BGB (*Gehlen* NZBau 2005, 503; zum Ganzen auch: *Kaiser* NZBau 2005, 311).

§ 3b
Arten der Vergabe

1. Bauaufträge i.S.v. § 1b werden vergeben:
   a) im Offenen Verfahren, das der Öffentlichen Ausschreibung (§ 3 Nr. 1 Abs. 1) entspricht,
   b) im Nichtoffenen Verfahren, das der Beschränkten Ausschreibung nach Öffentlichem Teilnahmewettbewerb (§ 3 Nr. 1 Abs. 2) oder einem anderen Aufruf zum Wettbewerb (§ 17b Nr. 1 Abs. 1 Buchstaben b und c) entspricht,
   c) im Verhandlungsverfahren, das an die Stelle der Freihändigen Vergabe (§ 3 Nr. 1 Abs. 3) tritt. Beim Verhandlungsverfahren wendet sich der Auftraggeber an ausgewählte Unternehmer und verhandelt mit einem oder mehreren dieser Unternehmer über den Auftragsinhalt, gegebenenfalls nach Aufruf zum Wettbewerb (§ 17b Nr. 1 Abs. 1).

2. Ein Verfahren ohne vorherigen Aufruf zum Wettbewerb kann durchgeführt werden,
   a) wenn im Rahmen eines Verfahrens mit vorherigem Aufruf zum Wettbewerb keine oder keine geeigneten Angebote oder keine Bewerbungen abgegeben worden sind, sofern die ursprünglichen Bedingungen des Auftrags nicht grundlegend geändert werden,
   b) wenn ein Auftrag nur zum Zweck von Forschungen, Versuchen, Untersuchungen oder Entwicklungen und nicht mit dem Ziel der Gewinnerzielung oder der Deckung der Forschungs- und Entwicklungskosten vergeben wird sofern die Vergabe eines derartigen Auftrages einer wettbewerblichen Vergabe von Folgeaufträgen, die insbesondere diese Ziele verfolgen, nicht vorgreift,
   c) wenn der Auftrag wegen seiner technischen oder künstlerischen Besonderheiten oder aufgrund des Schutzes von Ausschließlichkeitsrechten nur von einem bestimmten Unternehmer durchgeführt werden kann,
   d) wenn dringliche Gründe im Zusammenhang mit Ereignissen, die der Auftraggeber nicht voraussehen konnte, es nicht zulassen, die in den Offenen Verfahren, Nichtoffenen Verfahren oder Verhandlungsverfahren vorgesehenen Fristen einzuhalten,
   e) bei zusätzlichen Bauarbeiten, die weder in dem der Vergabe zugrunde liegenden Entwurf noch im zuerst vergebenen Auftrag vorgesehen sind, die aber wegen eines unvorhergesehenen Ereignisses zur Ausführung dieses Auftrags erforderlich sind, sofern der Auftrag an den Unternehmer vergeben wird, der den ersten Auftrag ausführt,
   – wenn sich diese zusätzlichen Arbeiten in technischer oder wirtschaftlicher Hinsicht nicht ohne wesentlichen Nachteil für den Auftraggeber vom Hauptauftrag trennen lassen oder
   – wenn diese zusätzlichen Arbeiten zwar von der Ausführung des ersten Auftrags getrennt werden können, aber für dessen weitere Ausführungsstufen unbedingt erforderlich sind,
   f) bei neuen Bauarbeiten, die in der Wiederholung gleichartiger Arbeiten bestehen, die vom selben Auftraggeber an den Unternehmer vergeben werden, der den ersten Auftrag erhal-

ten hat, sofern sie einem Grundentwurf entsprechen und dieser Entwurf Gegenstand eines ersten Auftrags war, der nach einem Aufruf zum Wettbewerb vergeben wurde. Die Möglichkeit der Anwendung dieses Verfahrens muss bereits bei der Bekanntmachung des ersten Bauauftrags des ersten Bauabschnitts angegeben werden; der für die Fortsetzung der Bauarbeiten in Aussicht genommene Gesamtauftragswert wird vom Auftraggeber für die Anwendung von § 1b berücksichtigt,

g) bei Aufträgen, die aufgrund einer Rahmenvereinbarung vergeben werden sollen, sofern die in § 5b Nr. 2 genannte Bedingung erfüllt ist.

Inhaltsübersicht

	Rn.
A. Allgemeine Grundlagen	1
B. Hierarchie der Vergabearten/Vorrang des Wettbewerbs	2
C. Die Verfahrenstypen des 3. Abschnitts der VOB/A (§ 3b Nr. 1 VOB/A)	3
I. Offenes Verfahren (§ 3b Nr. 1a, § 3 Nr. 2)	4
II. Nichtoffenes Verfahren (§ 3b Nr. 1b, § 3 Nr. 3 VOB/A)	5
III. Verhandlungsverfahren (§ 3b Nr. 1c, § 3 Nr. 4 VOB/A)	6
IV. Verfahren ohne vorherigen Aufruf zum Wettbewerb (§ 3b Nr. 2 VOB/A)	7
1. Keine oder keine geeigneten Angebote im vorangegangenen Verfahren nach Aufruf zum Wettbewerb (§ 3b Nr. 2a VOB/A)	8
2. Auftrag zum Zweck von Forschungen, Versuchen, Untersuchungen oder Entwicklungen (§ 3a Nr. 2b VOB/A)	9
3. Möglichkeit der Ausführung nur durch einen bestimmten Unternehmer (§ 3b Nr. 2c VOB/A)	10
4. Dringlichkeit (§ 3b Nr. 2 lit. d VOB/A)	11
5. Notwendigkeit von Zusatzleistungen (§ 3b Nr. 2e VOB/A)	12
6. Wiederholungsauftrag (§ 3b Nr. 2f VOB/A)	13
7. Auftrag nach Rahmenvereinbarung (§ 3b Nr. 2g VOB/A)	14

A. Allgemeine Grundlagen

§ 3b VOB/A benennt die Vergabearten für öffentliche Bauaufträge im Bereich der Trinkwasserversorgung (§ 8 Nr. 1 VgV) sowie des Verkehrswesens, mit Ausnahme des Luftverkehrs (§ 8 Nr. 4b und 4c VgV). Der **Anwendungsbereich** des § 3b VOB/A wird wie jener des gesamten 3. Abschnitts der VOB/A von § 7 Abs. 1 Nr. 2 VgV festgelegt. Der Schwellenwert bestimmt sich nach § 100 Abs. 1 GWB i.V.m. § 2 Nr. 4 VgV. Der Aufbau des § 3b VOB/A ähnelt jenem der §§ 3 und 3a VOB/A: § 3b Nr. 1 VOB/A definiert die einzelnen **Verfahrenstypen**, die im Übrigen jenen der Sektorenrichtlinie (RL 2004/17/EG v. 31.3.2004 zur Koordinierung der Zuschlagserteilung durch Auftraggeber im Bereich der Wasser-, Energie- und Verkehrsversorgung sowie der Postdienste, zuletzt geändert durch VO [EG] Nr. 2083/2005 v. 19.12.2005, ABl. EG 05 Nr. L 333, 28, in Kraft seit dem 1.1.2006) entsprechen (vgl. Art. 1 Abs. 9 SKR): das Offene Verfahren, das Nichtoffene Verfahren und das Verhandlungsverfahren. Die im 2. Abschnitt der VOB/A neu eingeführte vierte Verfahrensart, der wettbewerbliche Dialog, kann von Auftraggebern, die bei einer Beauftragung die Vergabe nach Abschnitt 3 VOB/A durchführen müssen, hingegen nicht angewandt werden (§ 101 Abs. 6 S. 2 GWB i.V.m. § 6a Abs. 1 VgV). § 3b Nr. 2 VOB/A benennt unter den Buchstaben a bis g Ausnahmetatbestände für den Verzicht auf den ansonsten obligatorischen öffentlichen Aufruf zum Wettbewerb (Begriffsdefinition in § 17b Nr. 1 Abs. 1 VOB/A). Dennoch unterscheidet sich die Regelung des § 3b VOB/A in zwei Punkten von § 3 und § 3a VOB/A: Die Ausnahmetatbestände des § 3b Nr. 2 VOB/A sind auch für das Nichtoffene Verfahren anwendbar. Dieses muss daher nicht stets mit einem Öffentlichen Teilnahmewettbewerb durchgeführt werden. Ferner fehlt eine ausdrückliche Normierung des Vorrangs des Offenen Verfahrens.

Bei der Anwendung der Regelungen des 3. Abschnitts der VOB/A sind gem. § 1b Nr. 1 Abs. 1 VOB/A die **Basisparagraphen** neben den b-Paragraphen heranzuziehen. Wegen der geringen Regelungsdichte ist dies im Anwendungsbereich des § 3b VOB/A von besonderer Bedeutung. § 3b VOB/A wird insoweit durch die Vorschriften des § 3 VOB/A ergänzt.

Die **Rechtsfolgen einer fehlerhaften Wahl des Verfahrenstyps** sind dieselben wie im zweiten Abschnitt der VOB/A, so dass auf die dortige Kommentierung (siehe § 3a VOB/A Rn. 48 f.) verwiesen werden kann.

B. Hierarchie der Vergabearten/Vorrang des Wettbewerbs

2   Anders als § 3 Nr. 2 und § 3a Nr. 2 VOB/A enthält § 3b VOB/A keine ausdrückliche Normierung eines Stufenverhältnisses zwischen den einzelnen Verfahrenstypen. Dies findet seinen Grund in der Nachbildung des § 3b VOB/A nach der entsprechenden Vorschrift in der SKR (Art. 1 Abs. 9): Das europäische Vergaberecht geht im Bereich der Sektoren von einer Gleichrangigkeit der Verfahrenstypen aus, unabhängig von der Art des öffentlichen Auftraggebers. Im deutschen Vergaberecht gilt die Gleichrangigkeit der Verfahrenstypen aber gem. § 101 Abs. 6 S. 2 GWB nur für die privaten Sektorenauftraggeber nach § 98 Nr. 4 GWB. Für alle anderen öffentlichen Auftraggeber einschließlich jener, die den 3. Abschnitt der VOB/A anzuwenden haben, ergibt sich die Hierarchie der Vergabearten aus § 101 Abs. 6 S. 1 GWB. Ferner kann sie aus § 3 Nr. 2 VOB/A abgeleitet werden, der gem. § 1b Nr. 1 Abs. 1 VOB/A Anwendung findet. Im dritten Abschnitt der VOB/A stehen die Verfahrenstypen also trotz einer fehlenden ausdrücklichen Regelung in einem Stufenverhältnis zueinander, das jenem des zweiten Abschnitts der VOB/A gleicht (Beck'scher VOB-Komm./*Jasper* § 3b VOB/A Rn. 20; *Franke/Grünhagen* in *Franke/Kemper/Zanner/Grünhagen* § 3b VOB/A Rn. 5).

C. Die Verfahrenstypen des 3. Abschnitts der VOB/A (§ 3b Nr. 1 VOB/A)

3   Gem. § 3b Nr. 1 VOB/A werden Bauaufträge in den Sektoren Trinkwasserversorgung (§ 8 Nr. 1 VgV) und Verkehrswesen mit Ausnahme des Luftverkehrs (§ 8 Nr. 4b und 4c VgV) im Offenen Verfahren, im Nichtoffenen Verfahren oder im Verhandlungsverfahren vergeben.

I. Offenes Verfahren (§ 3b Nr. 1a, § 3 Nr. 2)

4   In § 3b Nr. 1a VOBA wird, ebenso wie bei der Vergabe nach den a-Paragraphen, als erstes das Offene Verfahren, das der öffentlichen Ausschreibung gem. § 3 Nr. 1 Abs. 1 VOB/A entspricht, genannt (vgl. hierzu die Kommentierung zu § 3a VOB/A Rn. 7 f. und § 3 VOB/A Rn. 10 ff.). Neben § 3b Nr. 1a VOB/A findet der Basisparagraph § 3 Nr. 2 VOB/A Anwendung, so dass das Offene Verfahren stattfinden muss, wenn nicht die **Eigenart der Leistung** oder **besondere Umstände** eine Abweichung rechtfertigen (vgl. hierzu § 3 VOB/A Rn. 16).

II. Nichtoffenes Verfahren (§ 3b Nr. 1b, § 3 Nr. 3 VOB/A)

5   Das Nichtoffene Verfahren ist zulässig, soweit die **Voraussetzungen des § 3 Nr. 3 VOB/A** erfüllt sind (Beck'scher VOB-Komm./*Jasper* § 3b VOB/A Rn. 23). § 3 Nr. 3 VOB/A ist mangels abdrängender Sonderregelung im 3. Abschnitt der VOB/A einschlägig. In Bezug genommen werden wie schon in § 3a Nr. 3 VOB/A sämtliche Ausnahmetatbestände des § 3 Nr. 3 VOB/A, jedoch ohne das in den Fällen des § 3 Nr. 3 Abs. 1 VOB/A auf die Bekanntmachung verzichtet werden könnte. Der vergleichbare Aufruf zum Wettbewerb ist im 3. Abschnitt der VOB/A vielmehr nur nach Maßgabe des § 3b Nr. 2 VOB/A entbehrlich.

Trotz der gleichen Bezeichnung unterscheidet sich das Nichtoffene Verfahren des § 3b Nr. 1b VOB/A von jenem des § 3a Nr. 1b VOB/A. Das Nichtoffene Verfahren kann entweder mit einem Öffentlichen Teilnahmewettbewerb entsprechend § 3 Nr. 1 Abs. 2 VOB/A oder mit einem Aufruf zum Wettbewerb gem. § 17b Nr. 1 Abs. 1 VOB/A durchgeführt werden. Zu Letzterem rechnen neben der Bekanntmachung (§ 17b Nr. 1a VOB/A) auch der Aufruf zum Wettbewerb durch Veröffentlichung einer regelmäßigen Bekanntmachung nach § 17b Nr. 2 VOB/A (§ 17b Nr. 1b VOB/A) sowie die Veröffentlichung einer Bekanntmachung über das Bestehen eines Prüfsystems nach § 8b Nr. 5 VOB/A (§ 17b Nr. 1c VOB/A). Unter den in § 3b Nr. 2 VOB/A genannten Voraussetzungen kann auf einen vorangehenden öffentlichen **Aufruf zum Wettbewerb** verzichtet werden. Ein vergleichbarer Verzicht auf die europaweite Bekanntmachung ist im Nichtoffenen Verfahren des 2. Abschnitts der VOB/A nicht zulässig.

Der weitere Verfahrensablauf des Nichtoffenen Verfahrens im 3. Abschnitt der VOB/A ähnelt jenem des Nichtoffenen Verfahrens des § 3a Nr. 1b VOB/A. Zu beachten sind jedoch die im Einzelnen abweichenden Regelungen der b-Paragraphen.

III. Verhandlungsverfahren (§ 3b Nr. 1c, § 3 Nr. 4 VOB/A)

Ferner steht den öffentlichen Auftraggebern gem. § 3b Nr. 1c VOB/A das Verhandlungsverfahren zur Verfügung. Obwohl das Verhandlungsverfahren nach dem Wortlaut des § 3b Nr. 1c VOB/A an die Stelle der Freihändigen Vergabe tritt, sind für das Verhandlungsverfahren mit Aufruf zum Wettbewerb die Anwendbarkeitsvoraussetzungen des **§ 3 Nr. 4 VOB/A** zu beachten (Beck'scher VOB-Komm./*Jasper* § 3b VOB/A Rn. 24 f.). Andernfalls würde es an entsprechenden Ausnahmetatbeständen völlig fehlen, so dass wegen der in § 101 Abs. 6 S. 2 GWB normierten Hierarchie der Vergabearten das Verhandlungsverfahren nach Aufruf zum Wettbewerb ohne Anwendungsbereich verbliebe. Soweit sich die Tatbestandvoraussetzungen des § 3 Nr. 4 VOB/A und jene des § 3b Nr. 2 VOB/A überschneiden, kann das Verhandlungsverfahren ohne Aufruf zum Wettbewerb durchgeführt werden.

6

Im Verhandlungsverfahren wendet sich der Auftraggeber an ausgewählte Unternehmer und verhandelt mit einem oder mehreren dieser Unternehmer über den Auftragsinhalt, gegebenenfalls nach Aufruf zum Wettbewerb (§ 17b Nr. 1 Abs. 1 VOB/A). Dies deckt sich im Wesentlichen mit der Regelung in § 3a Nr. 1d VOB/A. Auch im 3. Abschnitt der VOB/A muss der Auftraggeber die wesentlichen Grundsätze des Vergabeverfahrens – **Gleichbehandlung**, **Transparenz** und **Wettbewerb** – einhalten (vgl. im Einzelnen hierzu die Kommentierung zu § 3a VOB/A Rn. 29 ff.). Dabei wird jedoch, anders als in § 3a Nr. 1d VOB/A, nicht auf eine vorangegangene europaweite Bekanntmachung, sondern auf einen Aufruf zum Wettbewerb (§ 17b Nr. 1 Abs. 1 VOB/A) hingewiesen. Der **Aufruf zum Wettbewerb** ist ein Oberbegriff für drei verschiedene Arten von Bekanntmachungen, die in § 17b Nr. 1 Abs. 1 VOB/A benannt sind: Alternativ kann der Auftraggeber entweder eine regelmäßige Bekanntmachung nach § 17b Nr. 2 VOB/A veröffentlichen, gem. § 17b Nr. 1c VOB/A eine Bekanntmachung über das Bestehen eines Prüfsystems nach § 8b Nr. 9 VOB/A publizieren oder durch europaweite Bekanntmachung nach Anhang V der Verordnung (EG) Nr. 1564/2005 auf die Vergabe hinweisen. Soweit es sich um einen Aufruf zum Wettbewerb handelt, der dem Verhandlungsverfahren vorangeht, ist das Wort »gegebenenfalls« wie in § 3a Nr. 1b bis 1d VOB/A auszulegen (siehe hierzu § 3a VOB/A Rn. 29 ff.).. Eine Vergabe ohne vorherigen Aufruf zum Wettbewerb kommt nur in Betracht, wenn dieser nach den Ausnahmetatbeständen in § 3b Nr. 2 VOB/A entbehrlich ist.

IV. Verfahren ohne vorherigen Aufruf zum Wettbewerb (§ 3b Nr. 2 VOB/A)

§ 3b Nr. 2 VOB/A enthält unter den Buchstaben a bis g Ausnahmen von dem grundlegenden Erfordernis eines Aufrufs zum Wettbewerb. § 3b Nr. 2 VOB/A bezieht sich nur auf das Nichtoffene Verfahren und das Verhandlungsverfahren, da bei einem Offenen Verfahren zwingend eine entspre-

7

chende Bekanntmachung erfolgt (§ 3b Nr. 1a VOB/A), woraufhin die Unternehmen erst ihre Angebote einreichen können. Der in § 3b Nr. 2 VOB/A aufgeführte Katalog ist abschließend und lässt dem Auftraggeber keinen Spielraum (so auch *Rusam* in *Heiermann/Riedl/Rusam* § 3b VOB/A Rn. 11). Wegen der Hierarchie der Vergabearten sind die Tatbestände eng auszulegen. Die **Darlegungs- und Beweislast** trägt der Auftraggeber.

1. Keine oder keine geeigneten Angebote im vorangegangenen Verfahren nach Aufruf zum Wettbewerb (§ 3b Nr. 2a VOB/A)

8 Nach § 3b Nr. 2a VOB/A ist ein Aufruf zum Wettbewerb nicht erforderlich, wenn im Rahmen eines Verfahrens mit vorherigem Aufruf zum Wettbewerb keine oder keine geeigneten Angebote abgegeben wurden, sofern die ursprünglichen Bedingungen des Auftrages nicht grundlegend geändert werden. Dies entspricht nach Sinn und Inhalt der Regelung in § 3a Nr. 5a VOB/A, so dass auf die dortige Kommentierung verwiesen werden kann (siehe § 3a VOB/A Rn. 34).

An geeigneten Angeboten mangelt es etwa bei fehlender Eignung der Bieter oder unangemessenen Preisen. Wenn hier von Bedingungen des Auftrags die Rede ist, so handelt es sich vor allem um die in § 10b Nr. 1a VOB/A genannten Wertungskriterien i.S.v. § 25 Nr. 3 VOB/A und die Beschreibung der Leistung in den Verdingungsunterlagen. Dabei geht es neben dem technischen Wert und der Wirtschaftlichkeit (Angebots-, Unterhaltungs- und Betriebskosten) auch um für den Einzelfall besondere Kriterien, auf die der Auftraggeber Wert legt, z.B. gestalterische und funktionsbedingte Gesichtspunkte, Nutzungsdauer und Ausführungsfrist. Diese Gesichtspunkte dürfen sich nicht grundlegend geändert haben (vgl. zur Begriffsbestimmung § 3a VOB/A Rn. 37). Anderenfalls kann auf den vorherigen Aufruf zum Wettbewerb nicht verzichtet werden.

2. Auftrag zum Zweck von Forschungen, Versuchen, Untersuchungen oder Entwicklungen (§ 3a Nr. 2b VOB/A)

9 Nach § 3b Nr. 2b VOB/A ist ein vorheriger Aufruf zum Wettbewerb nicht erforderlich, wenn ein Auftrag nur zum Zweck von Forschungen, Versuchen, Untersuchungen oder Entwicklungen und nicht mit dem Ziel der Gewinnerzielung oder der Deckung der Forschungs- und Entwicklungskosten vergeben wird. Die Neufassung der VOB/A hat zusätzlich eine weitere Voraussetzung für die Anwendung von § 3b Nr. 2b VOB/A aufgenommen, demnach darf die Vergabe eines derartigen Auftrages einer wettbewerblichen Vergabe von Folgeaufträgen, die insbesondere diese Ziele verfolgen, nicht vorgreifen. Diese Formulierung folgt der europäischen Vorgabe in Art. 40 Abs. 3b SKR (für den Bereich der VOL/A enthielt bereits die Vorgängerregelung in § 3b Nr. 2b VOL/A eine derartige Regelung; Art. 30 Abs. 1d VKR enthält keine derartige Einschränkung, allerdings ist nach dieser Vorschrift ein Verhandlungsverfahren mit Bekanntmachung durchzuführen; vgl. auch § 3a Nr. 5b VOB/A). Im Wesentlichen entspricht die Regelung § 3 Nr. 5b VOB/A, so dass im Einzelnen auf die dortige Kommentierung verwiesen werden kann (siehe § 3a VOB/A Rn. 38).

3. Möglichkeit der Ausführung nur durch einen bestimmten Unternehmer (§ 3b Nr. 2c VOB/A)

10 Ohne vorherigen Aufruf zum Wettbewerb kann eine Vergabe stattfinden, wenn der Auftrag zum einen wegen seiner technischen oder künstlerischen Besonderheiten oder aufgrund des Schutzes von Ausschließlichkeitsrechten nur von bestimmten Unternehmern ausgeführt werden kann und sofern zum anderen die Vergabe eines derartigen Auftrages einer wettbewerblichen Vergabe von Folgeaufträgen, die insbesondere diese Ziele verfolgen nicht vorgreift. (§ 3b Nr. 2c VOB/A). Der erste Teil dieser Bestimmung deckt sich inhaltlich mit der Regelung in § 3a Nr. 6c VOB/A. Die dortigen Ausführungen gelten auch für den 3. Abschnitt der VOB/A (siehe § 3a VOB/A Rn. 43).

Der Auftraggeber muss, soweit er eine Beauftragung nach § 3b Nr. 2c VOB/A beabsichtigt den Ausnahmecharakter dieser Vorschrift beachten. Ihn trifft, insbesondere in den Fällen, in denen die technischen Besonderheiten des Auftrags nur die Vergabe an einen einzigen Anbieter zulassen, eine besondere Dokumentationspflicht in den Vergabeakten. In diesem Zusammenhang ist daher vorab eine Markterkundung, auch unter Einschaltung von Sachverständigen unerlässlich, um im Fall einer Nachprüfung belastbar darlegen zu können, dass nur ein Unternehmen am Markt über das notwendige Know-how zur Ausführung der Arbeiten verfügt (EuGH VergabeR 2005, 467, 470).

4. Dringlichkeit (§ 3b Nr. 2 lit. d VOB/A)

Ferner ist der Aufruf zum Wettbewerb entbehrlich, wenn dringliche Gründe im Zusammenhang mit Ereignissen vorliegen, die der Auftraggeber nicht voraussehen konnte und die es nicht zulassen, die in den Offenen Verfahren, Nichtoffenen Verfahren oder Verhandlungsverfahren vorgesehenen Fristen einzuhalten (§ 3b Nr. 2d VOB/A). Diese Regelung entspricht dem Sinngehalt der Bestimmung in § 3a Nr. 5d VOB/A. Auch hier geht es darum, dass ein Ereignis die Auftragsvergabe ausgelöst hat, welches Dringlichkeit im Hinblick auf diese Vergabe, vor allem dabei die dahinter stehende Ausführung des Auftrags, verlangt. Auch ist entscheidend, dass das mit dieser Vergabe verbundene Ereignis in keiner Weise für die Auftraggeberseite vorhersehbar war. Bei einzuhaltenden Fristen von Behörden deren Genehmigung für das Vorhaben notwendig ist, liegt diese Voraussetzung in der Regel nicht vor. Derartige Fristen sind bereits vor Durchführung des Vergabeverfahrens vorhersehbar und in die zeitliche Organisation des Beschaffungsvorgangs mit einzubeziehen (EuGH VergabeR 2005, 467, 470 f.). Maßstab für die Dringlichkeit sind die in § 18b VOB/A genannten Fristen. Können diese im betreffenden Einzelfall nach objektiven Gesichtspunkten nicht eingehalten werden, so kann eine Vergabe im Verhandlungsverfahren ohne vorherigen Aufruf zum Wettbewerb erfolgen.

5. Notwendigkeit von Zusatzleistungen (§ 3b Nr. 2e VOB/A)

Ferner kann ein Vergabeverfahren ohne vorherigen Aufruf zum Wettbewerb unter den in § 3b Nr. 2e VOB/A im Einzelnen genannten Voraussetzungen stattfinden. Diese Regelung deckt sich in weiten Teilen mit der Bestimmung in § 3a Nr. 6e VOB/A (vgl. daher hierzu auch § 3a VOB/A Rn. 46 f.). Es handelt sich auch hier um vom bisherigen Auftrag und seinen Bedingungen nicht erfasste Zusatzleistungen, die an einen Unternehmer vergeben werden sollen, der den Hauptauftrag erhalten hat. Ebenfalls muss der Anlass für die Vergabe der zusätzlichen Bauarbeiten ein unvorhergesehenes Ereignis sein, das erst im Anschluss an die frühere Vergabe eingetreten ist. Des Weiteren sind zwei alternative Voraussetzungen aufgezählt, wobei die erste Alternative ihrem Inhalt nach mit der in § 3a Nr. 6e VOB/A gleichbedeutend ist. Die zweite Alternative in § 3b Nr. 2e VOB/A setzt voraus, dass die zusätzlichen Arbeiten für die **weiteren Ausführungsstufen des ersten Auftrags unbedingt erforderlich** sind (§ 3a Nr. 6e VOB/A setzt hingegen voraus, dass die Zusatzleistung zur »Vollendung« der beauftragten Leistung unbedingt erforderlich ist). Die Zusatzleistung muss also etwa für den Anschluss an eine, im weiteren Verlauf des Gesamtbeschaffungsvorhabens zu beauftragende, Leistung notwendig sein. Diese später zu beauftragende Leistung muss einen weiteren (oder den letzten) Schritt zur Erreichung des vom Auftraggeber mit der Beschaffung verfolgten Ziels darstellen. Es ist also ein beschaffungsbezogener Zusammenhang zwischen dem ursprünglichen Auftrag und dem noch später zu vergebenden weiteren Auftrag erforderlich, wobei die Zusatzleistung für die Anbindung dieser beiden Aufträge zueinander unbedingt erforderlich sein muss. Etwa dann, wenn der Auftraggeber das Bauwerk in verschiedenen aufeinander folgenden Ausführungsstufen (Bauabschnitten) realisieren will und die nächste Ausführungsstufe erst nach Erbringung der Zusatzleistung beauftragt/erbracht werden kann, kommt eine Anwendung von § 3b Nr. 2e Hs. 2 VOB/A in Betracht.

Ein wesentlicher Unterschied zwischen § 3b Nr. 2e und § 3a Nr. 6e VOB/A liegt zudem darin, dass in § 3b Nr. 2e VOB/A keine Wertgrenze für die Vergabe des zusätzlichen Auftrags gesetzt ist, sofern die anderen Voraussetzungen erfüllt sind. Nach § 3a Nr. 6e VOB/A ist aber eine Vergabe ohne vorherigen Aufruf zum Wettbewerb unter den genannten Voraussetzungen nur zulässig, wenn die geschätzte Vergütung für alle zusätzlichen Leistungen die Hälfte der Vergütung der Leistung nach dem Hauptauftrag nicht überschreitet.

6. Wiederholungsauftrag (§ 3b Nr. 2f VOB/A)

13 Weiter kommt nach § 3b Nr. 2f VOB/A ein Vergabeverfahren ohne vorherigen Aufruf zum Wettbewerb zu den dort näher genannten Voraussetzungen bei **Wiederholung gleichartiger Leistungen** in Betracht. Diese Bestimmung deckt sich weitgehend mit § 3a Nr. 6f VOB/A (vgl. § 3a VOB/A Rn. 49). Voraussetzung ist, dass der erste Auftrag nach einem Aufruf zum Wettbewerb vergeben wurde. Der Schwellenwert bestimmt sich entgegen dem Wortlaut nicht nach § 1b VOB/A, sondern nach § 2 Nr. 4 VgV (BayObLG VergabeR 2002, 662, 663 f.). Ein wesentlicher Unterschied zu § 3a Nr. 6f VOB/A liegt darin, dass hier keine zeitliche Grenze im Hinblick auf die Vergabe des Wiederholungsauftrags festgesetzt worden ist. Während dort bestimmt ist, dass das Verhandlungsverfahren ohne Öffentliche Vergabebekanntmachung nur binnen drei Jahren nach Abschluss des ersten Auftrags angewandt werden darf, ist in der hier erörterten Regelung davon keine Rede. Eine zeitliche Grenze für einen Wiederholungsauftrag wird nicht gesetzt.

7. Auftrag nach Rahmenvereinbarung (§ 3b Nr. 2g VOB/A)

14 Schließlich wird nach § 3b Nr. 2g VOB/A das Verhandlungsverfahren ohne vorherigen Aufruf zum Wettbewerb bei Aufträgen, die aufgrund einer Rahmenvereinbarung vergeben werden sollen, zugelassen, sofern die in § 5b Nr. 2 VOB/A genannten Bedingungen erfüllt sind. Danach kommt eine Einzelvergabe ohne vorherigen Aufruf zum Wettbewerb nur in Betracht, wenn die überdachende Rahmenvereinbarung im Wege eines Verfahrenstyps mit vorherigem Aufruf zum Wettbewerb nach § 3 Nr. 1 VOB/A vergeben wurde (§ 5b Nr. 2 Abs. 2 VOB/A). Andernfalls kann der jetzt zu vergebende Einzelauftrag nur nach vorherigem Aufruf zum Wettbewerb vergeben werden (§ 5b Nr. 2 Abs. 3 VOB/A). Dem Auftraggeber steht es also frei, entweder die Rahmenvereinbarung oder die Einzelaufträge mit Aufruf zum Wettbewerb zu vergeben (§ 5b Nr. 2 Abs. 1 VOB/A). Da bei der Wahl des Vergabeverfahrens über § 3b Nr. 1 VOB/A hinaus auch § 3 Nr. 2 VOB/A Anwendung findet, muss ferner die Hierarchie der Verfahrenstypen beachtet worden sein (Beck'scher VOB-Komm./*Japser* § 3b VOB/A Rn. 43). Im Übrigen erfasst die hier erörterte Ausnahmeregelung in § 3b Nr. 2g VOB/A nur Einzelaufträge, die eine Rahmenvereinbarung zur Grundlage haben, dagegen eindeutig nicht die Rahmenvereinbarung selbst.

§ 4
Einheitliche Vergabe, Vergabe nach Losen

1. **Bauleistungen sollen so vergeben werden, dass eine einheitliche Ausführung und zweifelsfreie umfassende Haftung für Mängelansprüche erreicht wird; sie sollen daher in der Regel mit den zur Leistung gehörigen Lieferungen vergeben werden.**

2. **Umfangreiche Bauleistungen sollen möglichst in Lose geteilt und nach Losen vergeben werden (Teillose).**

3. **Bauleistungen verschiedener Handwerks- oder Gewerbezweige sind in der Regel nach Fachgebieten oder Gewerbezweigen getrennt zu vergeben (Fachlose). Aus wirtschaftlichen oder technischen Gründen dürfen mehrere Fachlose zusammen vergeben werden.**

Inhaltsübersicht

	Rn.
A. Allgemeine Grundlagen	1
I. Förderung mittelständischer Interessen	2
II. Rechtsschutz	3
B. Der Grundsatz der einheitlichen Vergabe (Nr. 1)	4
I. Allgemeines	4
II. Einheitliche Ausführung	5
III. Zweifelsfreie und umfassende Haftung für Mängelansprüche	6
IV. Vergabe einschließlich der zur Bauleistung gehörenden Zulieferungen	7
C. Die Vergabe nach Losen (Nr. 2 und 3)	9
I. Teillose (Nr. 2)	10
II. Parallelausschreibung	14
III. Fachlose (Nr. 3)	17
1. Ausnahmen vom Gebot der Vergabe nach Fachlosen	20
a) Generalunternehmer und Arbeitsgemeinschaft	21
b) Fachlosgruppen	24
2. Nachträgliche Teilung in Fachlose	26
D. Sammelaufträge	27

A. Allgemeine Grundlagen

§ 4 VOB/A enthält **grundsätzliche Vorgaben, wie der Auftraggeber den Umfang der zu vergebenden Bauleistungen bei der einzelnen Auftragsvergabe bestimmen soll.** Die Nr. 1 befasst sich mit Vorgaben an den Auftraggeber vornehmlich unter dem Gesichtspunkt der Qualitätssicherung und spricht von einer einheitlichen Ausführung. Der frühere und auch heute noch gebräuchliche Begriff der Gewährleistung ist mit der VOB 2002 in Anpassung an die Diktion des Schuldrechtsmodernisierungsgesetzes durch den der Mängelansprüche ersetzt worden. Eine substanzielle Änderung des Regelungsgehaltes ist damit – jedenfalls im Ergebnis – nicht verbunden. 1

Im scheinbaren Widerspruch zu Nr. 1, bei der von einer einheitlichen Ausführung die Rede ist, stehen die Nr. 2 und 3, die eine grundsätzliche Trennung eines umfänglichen oder aus mehreren Gewerken bestehenden Auftrages in Lose vorsehen.

I. Förderung mittelständischer Interessen

Im Mittelpunkt der Vorschrift des § 4 VOB/A steht die Forderung, nicht alle Bauleistungen einheitlich in Form eines einzigen Auftrags zu vergeben, sondern die zu vergebenden Bauleistungen **in Fach- und Teillose aufzuteilen,** um bei einer Baumaßnahme nicht nur einem, sondern mehreren Unternehmern Aufträge zukommen zu lassen und dadurch **die Wettbewerbschancen der kleineren und mittleren Unternehmen in der überwiegend handwerklich und mittelständisch organisierten deutschen Bauwirtschaft zu erhalten bzw. zu verbessern** (Nr. 2 und Nr. 3). Wegen der besonderen Bedeutung der Losvergabe für den Mittelstand wurde in § 97 Abs. 3 GWB als »Allgemeiner Grundsatz« der Auftragsvergaben bestimmt, dass mittelständische Interessen vornehmlich durch Teilung der Aufträge in Fach- oder Teillose zu berücksichtigen sind (hierzu näher *Müller-Wrede* Grundsätze der Losvergabe unter dem Einfluss mittelständischer Interessen, NZBau 2004, 643; *Antweiler* Die Berücksichtigung von Mittelstandsinteressen im Vergabeverfahren – Rechtliche Rahmenbedingungen VergabeR 2006, 637). 2

Die Zulassung von Bietergemeinschaften, die es auch kleineren oder mittleren Unternehmen ermöglichen, sich im Zusammenschluss mit anderen Unternehmen um Aufträge zu bewerben, die sie alleine nicht ausführen könnten, ist zwar grundsätzlich als »mittelstandsfreundlich« anzusehen, ist jedoch – allein schon wegen der zwangsläufigen gesamtschuldnerischen und u.U. existenzbedrohenden Haftung des kleineren oder mittleren Unternehmens – kein adäquater Ersatz für eine Teilung des Auftrages nach Losen (vgl. auch OLG Düsseldorf Beschl. v. 4.3.2004 Verg 8/04 = VergabeR 2004, 511 = BauR 2004, 1505 [Ls.] = ZfBR 2004, 725 [Ls.]).

Die beabsichtigte Mittelstandsförderung ist kein auftragsbezogenes Kriterium, sondern beruht auf wirtschaftspolitischen Überlegungen. Daher liegt im Grunde ein so genannter **vergabefremder Gesichtspunkt** vor, der aufgrund der ausdrücklichen Vorgabe in Nr. 2 und Nr. 3 zwar bei der Festlegung des Auftragsumfangs, nicht aber bei der Wertung der Angebote berücksichtigt werden kann. Der Umstand allein, dass ein Bieter dem Mittelstand zuzuordnen ist, führt also nicht dazu, dass dessen Angebot einem grundsätzlich gleichwertigen Angebot eines Bauindustrieunternehmens stets vorzuziehen sei.

II. Rechtsschutz

3 Ob bei Nichtbeachtung dieses Grundsatzes der (möglichen und zumutbaren) Aufteilung des Auftrages in Fach- und Teillose ein Vergabeverfahren an einem grundsätzlichen Mangel leidet, der u.U. zur Aufhebung des Verfahrens führen kann, ist fraglich. Allgemein anerkannt ist zwar, dass § 97 Abs. 3 GWB nicht als bloßer Programmsatz zu verstehen ist, sondern den Unternehmen ein subjektives Recht gegen den Auftraggeber vermittelt, dass er diese Vorgabe beachtet und bei Vorliegen der Voraussetzungen auch danach handelt.

Allerdings ist § 4 VOB/A im Gegensatz zu der entsprechenden Vorschrift des § 5 VOL/A als **»Soll-Bestimmung« formuliert**. Aufgrund der eindeutigen Vorgabe in § 97 Abs. 3 GWB und vor allem des allgemein zu beachtenden Wettbewerbsprinzips (vgl. § 2 Nr. 1 S. 2 VOB/A) **wird ein Auftraggeber aber grundsätzlich verpflichtet sein, eine losweise Vergabe vorzunehmen, wenn keine sachlichen Gründe für eine »Gesamtvergabe« vorliegen** (so – allerdings zu § 5 VOL/A – OLG Düsseldorf Beschl. v. 8.9.2004 VII Verg 38/04 = VergabeR 2005, 107 = BauR 2005, 609 [Ls.] = NZBau 2004, 688). Nicht als unzulässig anzusehen ist in einem solchen Fall aber, dass sich der Auftraggeber nicht auf eine Ausschreibung in Einzellosen beschränkt, sondern Angebote auch für mehrere und/oder alle Lose zulässt. Dies muss sich aber eindeutig aus der Bekanntmachung ergeben. Der Auftraggeber ist dann allerdings nicht verpflichtet, die Vergabe nach Einzellosen vorzunehmen, wenn ein Angebot über alle Lose vorliegt und dieses unter Berücksichtigung der maßgeblichen Zuschlagskriterien das wirtschaftlichste ist.

B. Der Grundsatz der einheitlichen Vergabe (Nr. 1)

I. Allgemeines

4 Nach § 4 Nr. 1 VOB/A sollen Bauleistungen so vergeben werden, dass eine **einheitliche Ausführung und** zweifelsfreie **umfassende Haftung für Mängelansprüche** erreicht wird. Hier wird aus der praktischen Erfahrung zum Ausdruck gebracht, dass **Bauleistungen (vgl. hierzu § 1 VOB/A) grundsätzlich einheitlich vergeben** werden sollen. Das betrifft vor allem auch die daraus abgeleitete allgemeine Forderung, die eigentlichen Leistungen **zugleich mit den dazugehörigen Stoffen und Bauteilen (vgl. hierzu § 1 VOB/A) in Auftrag zu geben (vgl. Rn. 7 f.)**. Grundgedanke ist die Erwägung, dass im Hinblick auf die Durchführung und ordnungsgemäße sowie mängelfreie Fertigstellung klare und eindeutig voneinander abgegrenzte Verhältnisse geschaffen werden sollen. Es gibt in Bauprozessen immer wieder die schwierige Frage zu lösen, ob die fehlende oder bemängelte Einzelleistung noch zu den vertraglichen Pflichten des Auftragnehmers gehört hat oder ob sie von einem anderen Auftragnehmer oder überhaupt zu erbringen war, wenn der Bauvertrag hinsichtlich seines

Umfanges unklar gefasst und nicht eindeutig ist. Die VOB hat die von ihr geforderte Einheitlichkeit in der Hauptsache im Hinblick auf die Mängelhaftung gesehen. Andererseits nimmt sie vorrangig auf die Bauausführung und damit auf deren Gang im Einzelnen Bezug. Das bedeutet, dass die Notwendigkeit der Einheitlichkeit der Vergabe auch wegen anderer Gesichtspunkte gesehen wird, wie z.B. der Fristen, der Termine, der Fälligkeit, der Vergütung, der Verjährung usw.

II. Einheitliche Ausführung

Die Forderung nach **einheitlicher Ausführung** darf **nicht** zu Missverständnissen dahin gehend führen, dass damit die zum betreffenden Bauvorhaben gehörigen Arbeiten in ihrer **Gesamtheit einem Unternehmer** als Verantwortlichem und einzig Haftendem übertragen werden sollen. Die Nr. 1 kann insoweit **nicht allein als Rechtfertigung eines Einsatzes von Generalunter- oder gar Generalübernehmern** angeführt werden. Gemeint ist vielmehr, dass Bauleistungen, die einem Gewerbezweig oder Handwerkszweig zuzurechnen sind (Mauer-, Schreiner-, Klempner-, Dachdecker-, Tiefbauarbeiten usw.), in der Regel an **einen** Unternehmer der entsprechenden Branche vergeben werden sollen. Auch sollen mehrere Unternehmer des gleichen Gewerbezweiges an einem Bauvorhaben nur dann als Auftragnehmer beschäftigt werden, wenn sich die einzelnen von den verschiedenen Unternehmern getrennt zu erledigenden Arbeiten einwandfrei voneinander abgrenzen lassen. Für den letzteren Fall fordert der Gedanke der einheitlichen Ausführung weiterhin, dass die Durchführung der Arbeiten zügig und ohne gegenseitige Behinderung oder Abhängigkeit der verschiedenen Unternehmer untereinander vonstatten gehen kann.

Der Auftraggeber hat besonders darauf zu achten, dass die jeweils von ihm gesondert zu vergebenden Arbeiten **nahtlos ineinander greifen.** Er hat stets darauf zu achten, dass **Unklarheiten** über die **Zuordnung** so genannter »Randleistungen« zu diesem oder jenem Gewerbezweig und damit Auftrag **vermieden werden.** Andernfalls werden dadurch unter Umständen Ursachen für Kostenerhöhungen gesetzt, die der Auftraggeber sich dann selbst zuzuschreiben hat.

Eine wesentliche Rolle für die Vorgabe einer einheitlichen Ausführung spielen die Art und Weise der betrieblichen Gestaltung und Ausrüstung von Unternehmen. Dies gilt auch für die baubetrieblichen Verhältnisse auf der Baustelle, also die räumliche Möglichkeit, auf der Baustelle zu arbeiten, und ferner für die Frage, ob mehrere Unternehmer im Rahmen eines Gewerkes eingesetzt werden sollen.

III. Zweifelsfreie und umfassende Haftung für Mängelansprüche

Die Vorgabe einer **zweifelsfreien umfassenden Haftung für Mängelansprüche** ist als entscheidender Gesichtspunkt für die Forderung nach einheitlicher Vergabe zu verstehen. Dies bedeutet zunächst nicht, dass hier eine **besondere, über das sonst übliche Maß hinausgehende** Mängelhaftung verlangt wird. Der Begriff der »Haftung für Mängelansprüche« ist i.S.d. § 13 VOB/B, insbesondere dessen Nr. 1 zu verstehen. Demnach hat der Auftragnehmer die Gewähr zu übernehmen, dass seine Leistung zur Zeit der Abnahme frei von Sachmängel ist, d.h. wenn sie die vereinbarte Beschaffenheit aufweist und den anerkannten Regeln der Technik entspricht oder – wenn die Beschaffenheit **nicht** vereinbart ist – sich für die nach dem Vertrag vorausgesetzte oder für die gewöhnliche Verwendung eignet und eine Beschaffenheit aufweist, die bei Werken der gleichen Art üblich ist und die der Auftraggeber nach der Art der Leistung erwarten kann (vgl. § 13 VOB/B). Die Forderung nach einer zweifelsfreien umfassenden Mängelhaftung bedeutet nicht, die vorangehend definierte Gewähr in allen ihren Einzelheiten so zu erbringen, dass praktisch jede in etwa voraussehbare Schadensmöglichkeit unbedingt ausgeschlossen ist. Das würde im Ergebnis einem Garantievertrag entsprechen (vgl. hierzu *Hereth/Naschold* Teil A § 4 Ez. 4.7; auch *Daub/Piel/Soergel* ErlZ A 4.9), der damit nicht gemeint ist. Gedacht ist vielmehr daran, durch den Umfang der Vergabe **eine übersichtliche und objektiv eindeutige Mängelhaftung zu erreichen und Klarheit über die Pflichten der Mängelhaf-**

tung des jeweiligen Unternehmers zu erzielen. Vermieden werden sollen insbesondere Abgrenzungsschwierigkeiten im Bereich der jeweiligen Unternehmeraufgaben im Rahmen des zur Vergabe anstehenden Bauvorhabens. Gerade dies ist durch das Wort »**zweifelsfrei**« deutlich zum Ausdruck gebracht worden. Die Haftung für Mängelansprüche hängt von den Güteansprüchen ab, die an die Einzelleistung gestellt werden. In der Regel wird man von den Normen des Teils C der VOB und den diese überlagernden allgemein anerkannten Regeln der Technik (vgl. dazu § 4 VOB/B) ausgehen müssen, da sie aufgrund von Erfahrungen, die allgemeiner Anerkennung unterliegen, gebildet worden sind. Es bleibt also festzuhalten, dass unter dem Begriff der zweifelsfreien umfassenden Haftung für Mängelansprüche **nicht** eine über das übliche Maß (§ 13 VOB/B) hinausgehende **Garantie** zu verstehen ist. Es reicht aus, wenn eine wie in § 13 VOB/B beschriebene und übliche Mängelhaftung, die übersichtlich und objektiv eindeutig sein und zugleich auch alle Leistungen umfassen muss, zur Grundlage der Vertragsverhandlungen und auch des späteren Vertrages gemacht wird. Dies wird durch das in § 4 Nr. 1 VOB/A gebrauchte Wort »zweifelsfreie« besonders klar hervorgehoben.

IV. Vergabe einschließlich der zur Bauleistung gehörenden Zulieferungen

7 In Nr. 1 Halbsatz 2 heißt es, dass Bauleistungen in der Regel mit den zur Leistung gehörigen Lieferungen vergeben werden sollen. Eine einheitliche Ausführung und zugleich auch eine zweifelsfreie umfassende Haftung für Mängelansprüche werden am ehesten dadurch erreicht, dass die Bauleistung **mit den zu ihr gehörenden Lieferungen** in einem Vertrag verbunden wird. Diesem Grundgedanken folgt auch die Regelung in der **DIN 18 299,** wonach gemäß Nr. 2.1.1 die Leistungen auch die Lieferung der dazugehörigen Stoffe und Bauteile (einschließlich Abladen und Lagern auf der Baustelle) umfassen. Dem Auftraggeber steht im Normalfall dann nur der ihm allein verantwortliche Unternehmer gegenüber, so dass es kaum zu Unklarheiten über die Tragweite der Mängelhaftung kommen kann. Diese Regelung stellt keine unzumutbare Belastung des Unternehmers dar, da er sich, wenn die Lieferung von Stoffen oder Bauteilen Mängel aufweist und er deshalb vom Bauherrn in Anspruch genommen wird, grundsätzlich im Wege des Rückgriffs an seinen Lieferanten halten kann. Es erscheint auch nicht unbillig, nicht dem Besteller des Werkes, sondern dem mit der Herstellung des Werkes befassten fachkundigen Unternehmer die Verantwortung für die Ordnungsgemäßheit und Mängelfreiheit der zur Verwendung gelangenden Stoffe oder Bauteile aufzubürden. Für diese Risikoverteilung ist nicht zuletzt ausschlaggebend, dass durch eine derartige Handhabung der Unternehmer als Fachmann zu Recht gezwungen wird, das zur Verwendung kommende Material auf seine Güte, Zuverlässigkeit und Preiswürdigkeit in erforderlicher Weise zu überprüfen. Zu beachten ist aber: **Nach Nr. 1 Halbsatz 2 sollen die Bauleistungen nur in der Regel mit den zur Leistung gehörigen Lieferungen vergeben werden.** Das heißt, dass eine sorgfältige – bei Behörden pflichtgemäße – Prüfung vorweg geboten ist, ob die Vergabe der Bauleistung mit den zu dieser gehörenden Lieferungen von Stoffen oder Bauteilen notwendig ist oder nicht. Das wird in der Regel zu bejahen sein. Trotzdem lässt die VOB genügend Spielraum, wenn im Einzelfall eine andere Handhabung zweckmäßig oder sogar notwendig ist. Wann solche **Ausnahmefälle** gegeben sein können, ist Tatfrage. Dabei spielen **wirtschaftliche Gesichtspunkte** (Kosten der Beistellung von Stoffen durch Beförderung, Bruch, Versicherung, Lagerung usw.), wie sie von *Hereth/Naschold* (zu Teil A § 4 Ez. 4.7) angeführt werden, sicher eine Rolle, doch wohl keineswegs die entscheidende. In erster Linie dürften **technische und wirtschaftliche Überlegungen** stehen. Wenn es sich bei den einzubauenden Bauteilen um solche besonderer Art oder Fabrikation handelt, weil etwa deren Hersteller z.B. aus Gründen der Sicherheit ganz spezielle Qualitätsanforderungen erfüllen müssen und zur Überwachung ihrer Einhaltung vom Auftraggeber eigens Prüfsysteme eingerichtet wurden, dürfte ein solcher Ausnahmefall vorliegen. Aber auch wenn die Verwendung der Bauteile weniger vom handwerksgerechten Zusammenbau, sondern überwiegend von ihrer ordnungsgemäßen Funktion abhängig ist (vgl. *Daub/Piel/Soergel* ErlZ A 4.16), kann es durchaus im Sinne einer zweifelsfreien umfassenden Mängelhaftung liegen, wenn die Lieferung von der Bauleistung als solche getrennt und insoweit ein unmittelbares Haftungsverhältnis für Mängel zwischen dem Auftraggeber und den Lieferanten oder Herstellern der Stoffe oder Bauteile geschaffen wird. Auch kommt es vor, dass die Beistellung von Stoffen an einzelnen Orten oder in einzelnen Gewerbezweigen der Üblichkeit entspricht. In Zweifelsfällen gibt eine Stellungnahme der zuständigen Industrie- und Handelskammer oder Handwerkskammer Aufschluss.

In diesem Sinne sagt auch Nr. 1 VHB zu § 4 VOB/A:

Von der Regel, dass Bauleistungen mit den zur Leistung gehörigen Lieferungen vergeben werden, darf nur abgewichen werden, wenn
– dies technisch oder wirtschaftlich begründet, oder
– die Beistellung der Stoffe oder Bauteile orts- oder gewerbeüblich ist.
In der Leistungsbeschreibung ist mit allen erforderlichen Einzelheiten eindeutig anzugeben, welche Stoffe und Bauteile beigestellt werden.

Wenn Lieferungen nicht gemeinsam mit der Bauleistung vergeben werden, der eigentliche Bauauftrag also die Lieferung von bestimmten Stoffen oder Bauteilen nicht umfasst, ist auf **zwei wesentliche Vorschriften** hinzuweisen: Nach **§ 13 Nr. 3 VOB/B** entfällt eine Haftung des Auftragnehmers für Mängel, die auf vom Auftraggeber beigestellte Stoffe oder Bauteile zurückzuführen sind, wenn er seiner Prüf- und Hinweispflicht gem. **§ 4 Nr. 3 VOB/B** nachgekommen ist. Nach dieser letztgenannten Bestimmung muss der Auftragnehmer, wenn er Bedenken gegen die Güte der vom Auftraggeber gelieferten Stoffe oder Bauteile hat, diese dem Auftraggeber unverzüglich, möglichst vor Arbeitsbeginn, schriftlich anzeigen. **An die Hinweis- und Prüfungspflicht des Auftragnehmers werden in der Rechtsprechung strenge Anforderungen gestellt.** Dieser Pflicht kann sich der Auftragnehmer auch nicht dadurch entziehen, dass er den Auftraggeber auf seine fehlenden Erfahrungen und Kenntnisse hinweist, wenn entsprechende Erfahrungen und Kenntnisse von einem Fachunternehmen zu erwarten sind. Etwas anderes gilt jedoch dann, wenn über die Risiken hinsichtlich der Verwendung von bestimmten Materialien eine gesonderte rechtsgeschäftliche Vereinbarung getroffen wurde (vgl. zu diesem Problemkreis BGH Urt. v. 12.5.2005 VII ZR 45/04 = BauR 2005, 1314 = NZBau 2005, 456 = ZfBR 2005, 667). Für das Bestehen der Prüf- und Hinweispflicht trägt der Auftraggeber und für ihre ordnungsgemäße Erfüllung obliegt dem Auftragnehmer die Beweislast. Allerdings bleibt der Auftraggeber nach § 4 Nr. 3 Hs. 2 VOB/B für seine Lieferungen verantwortlich (zur Tragweite dieser Bestimmungen im Einzelnen, insbesondere auch zu ihrer Abgrenzung voneinander, vgl. § 4 und § 13 VOB/B).

8

C. Die Vergabe nach Losen (Nr. 2 und 3)

Unter Los wird ein **Teil der Gesamtleistung,** eine **Teilleistung,** verstanden. Entscheidend ist hier, dass eine **klare und sichere Trennung der Leistung** erzielt wird, damit eine eindeutige umfassende Mängelhaftung und auch einheitliche Ausführung insgesamt, also bei jeder einzelnen Teilleistung und damit zugleich bei allen zusammen, erreicht wird. Die VOB **unterscheidet** – als Unterfälle des Loses – die Aufteilung in **Teillose** (Nr. 2) und in **Fachlose** (Nr. 3). Ob und welche Aufteilung erfolgen soll, hat der Auftraggeber **vor** der Ausschreibung unter Berücksichtigung des Wettbewerbsgrundsatzes nach pflichtgemäßem Ermessen zu entscheiden und festzulegen (vgl. hierzu auch OLG Schleswig Urt. v. 13.10.2000 6 Verg 4/2000 = IBR 2001, 38 sowie OLG Düsseldorf Beschl. v. 17.3.2004 Verg 1/04 = VergabeR 2004, 513 = NZBau 2004, 461 = ZfBR 2004, 500, wonach eine nachträgliche Dokumentation der für die Entscheidung maßgeblichen Erwägungen nicht zulässig sein soll).

9

I. Teillose (Nr. 2)

10 Die Aufteilung in Teillose bedeutet eine **mengenmäßige oder räumliche Unterteilung der Gesamtleistung.** Der Begriff des Teilloses bedeutet insoweit nicht »Teil eines Loses« (vgl. OLG Thüringen Beschl. v. 15.7.2003 6 Verg 7/03 = VergabeR 2003, 683 = BauR 2004, 141 [Ls.]). Im Grundsatz wird hier eine **zu einem bestimmten Handwerks- oder Gewerbezweig gehörende Gesamtbauleistung** in sich und nach äußeren Gesichtspunkten, wie z.B. nach Einzelhäusern, Einzelbauten sonstiger Art, abgeschlossenen Teilen am gleichen Objekt, wie z.B. bestimmte Abschnitte oder Strecken im Bereich einer Gesamtbaumaßnahme, aufgeteilt und zum Gegenstand besonderer Vertragsverhandlungen und regelmäßig voneinander getrennten Bauverträgen gemacht. Wann im Einzelfall eine Aufteilung in Teillose erfolgen kann oder soll, hängt von der Zweckmäßigkeit ab. Einen Leitpunkt hierfür gibt Nr. 2, indem dort von **umfangreichen** Bauarbeiten gesprochen wird, die nach Teillosen vergeben werden sollen. **Regelfall der Aufteilung in Teillose** werden daher **nur größere Einzel- oder Gesamtprojekte** sein können. Eine Teilung kann aber nur in Erwägung gezogen werden, wenn die räumliche Teilung in der Weise möglich ist, dass eine **klare Trennung** der einzelnen Aufgabengebiete (Teilleistungen) sowohl in der Auftragsvergabe als insbesondere in der praktischen Bauausführung eindeutig vorgenommen werden kann. Gerade die Möglichkeit der eindeutigen Abgrenzung der Teilleistungen voneinander ist wesentliche Voraussetzung für Klarheit, Vollständigkeit und alle wichtigen Gesichtspunkte umfassende Vertragsverhandlungen. Eine Missachtung dieses Gebotes würde den Keim späterer Streitigkeiten in sich tragen, da Meinungsverschiedenheiten im Bauvertragswesen in großem Maße dort zu finden sind, wo es um Umfang und Grenzen von Vertragspflichten geht.

11 Es **muss bei Beginn** der Vergabe **schon in der Bekanntmachung angegeben werden**, ob eine Teilung erfolgt und wie sie im Einzelnen vorgesehen ist. Das ergibt sich z.B. aus § 17 Nr. 1 Abs. 2 lit. f. und Nr. 2 Abs. 2 lit. f. VOB/A. **Nicht vereinbar mit dem Publizitäts- und dem Wettbewerbsprinzip wäre, wenn sich die Aufteilung in Lose erst aus den Verdingungsunterlagen bzw. dem Anschreiben ergäbe. Etwas anders gilt**, wenn sich der Auftraggeber die Vergabe in Lose und an verschiedene Bieter nur **vorbehält** (vgl. § 10 Nr. 5 Abs. 2 lit. o VOB/A). In diesem Fall sind Gegenstand der Ausschreibung die »ungeteilten« Leistungen im Sinn einer Gesamtvergabe. Mit dem Vorbehalt möchte der Auftraggeber lediglich sicherstellen, dass er mehrere Aufträge für einzelne in der Leistungsbeschreibung getrennt als »Lose« ausgewiesene und anzubietende Leistungsteile erteilen kann, wenn sich bei der Wertung der Angebote herausstellen sollte, dass nicht ein Angebot über die Gesamtleistung, sondern mehrere Angebote über einzelne »Lose« verschiedener Bieter zusammen das wirtschaftlichste Angebot bilden.

Die vorherige Bekanntmachung der Aufteilung des Auftrages in Lose ist nicht nur wichtig für den Entschluss des Unternehmers, sich überhaupt an der Vergabe zu beteiligen, sondern insbesondere für seine ordnungsgemäße Kalkulation. Hierzu ist grundlegende Anforderung, dass die jeweiligen **Leistungsbeschreibungen eindeutig und vollständig den vorgesehenen Umfang der Losvergabe kennzeichnen.** Teillose können im Übrigen nicht erst nach dem Eröffnungstermin und noch viel weniger nach Vertragsabschluss, also nach der Vergabe, gebildet werden, zumal Letzteres bereits eine Teilkündigung des Vertrages mit den Folgen aus § 8 Nr. 1 VOB/B (§ 649 BGB) oder auch § 2 Nr. 4 VOB/B darstellen würde. Eine Zuwiderhandlung verstieße gegen die Regelungen der VOB (ebenso *Daub/Piel/Soergel* ErlZ A 4.26). Ebenso unzulässig wäre es, wenn der Auftraggeber die Teillose erst während der Vergabeverhandlungen oder erst durch den Zuschlag bilden wollte, weil dem § 150 Abs. 2 BGB entgegenstünde. Insoweit ist auf § 9 VOB/A hinzuweisen, wo die Voraussetzungen der Leistungsbeschreibung im Einzelnen geregelt sind. Der Grundsatz der Vollständigkeit und Eindeutigkeit der Leistungsbeschreibung ist einer der Eckpfeiler des Vergabeverfahrens der VOB. Andererseits ist es – wie gesagt – **nicht zu beanstanden**, wenn die Leistungsbeschreibung eindeutig den Anforderungen von § 9 Nr. 1 ff. VOB/A entspricht und zugleich den **Vorbehalt** enthält, klar umrissene und mit selbständigen Angebotspreisen versehene Teile der ausgeschriebenen Gesamtleistung zu Teillosen zu vergeben. Dies kann unter dem Gesichtspunkt des Wettbewerbs und im Interesse eines sparsamen und wirtschaftlichen Handelns sogar angezeigt sein.

Dies wird auch durch das VHB in Nr. 2 Abs. 1 zu § 4 VOB/A richtig erfasst: **12**

2. Teillose
Bei einer beabsichtigen Aufteilung in Teillose sind die Verdingungsunterlagen so aufzustellen, dass Art und Umfang der vorgesehenen Teillose eindeutig und vollständig beschrieben sind.

Bei Beachtung dieser Maßgaben wird ein ordnungsgemäßer Vergabewettbewerb gewährleistet; der Auftragnehmer kann unter den angegebenen Voraussetzungen kalkulieren, je nach möglichem Auftragsumfang, wie er ihm ganz eindeutig dargestellt wird. Sind diese Voraussetzungen aber nicht gewahrt, ist eine spätere Teilung in Teillose nicht zulässig.

Zu beachten ist weiter: Wenn die Möglichkeit der Vergabe der Gesamtleistung oder zu einem oder zu **13** mehreren Fach- oder Teillosen besteht, ist es natürlich einleuchtend, dass die Kalkulation des Unternehmers zu verschiedenen Angebotspreisen führen kann. Im Allgemeinen kann er nach dem Prinzip des Leistungsvertrages (vgl. § 5 Nr. 1 VOB/A) zu einem für den Auftraggeber günstigeren Preis kommen, je umfangreicher der ihm dann tatsächlich erteilte Auftrag ist. Deshalb hat der Auftraggeber durchaus ein berechtigtes Interesse daran, die »abgestuften« Preise zu erfahren, bevor er sich über den Umfang der Vergabe im Bereich eines Auftrages entschließt. Dabei kann es sinnvoll sein, sozusagen »von unten« anzufangen, nämlich den Bieter aufzufordern, den Preis für ein Los anzugeben, und sich außerdem darüber zu äußern, wie sich der Preis bei der Vergabe von zwei oder weiterer im Einzelnen genannter Lose oder sogar der Gesamtleistung ermäßigt. Unter der Voraussetzung eines entsprechenden Vorbehaltes kann der Auftraggeber in Abhängigkeit von dem Ergebnis der Angebotsbewertung dann entscheiden, ob er die Lose einzeln beauftragt oder mehrere Lose zu mehreren Aufträgen oder alle Lose zu einem einzigen Auftrag zusammenfasst. Durch den Hinweis des Auftraggebers auf diese Möglichkeit in der Bekanntmachung oder in den Verdingungsunterlagen wird vermieden, dass die Bieter von sich aus so genannte Preisnachlässe bei der Zusammenfassung mehrerer Lose anbieten. Dies hat auch das VHB in Nr. 2 Abs. 2 zu § 4 VOB/A im Auge, wenn dort gesagt ist:

Die Bewerber sind aufzufordern, anzugeben, inwieweit sich der Preis bei Beauftragung mehrerer Lose oder der Gesamtleistung ermäßigt. Es ist festzulegen, dass Angebote sich nicht auf die Verrechnungssätze für Stundenlohnarbeiten erstrecken.

Der letzte Satz ist aus sich heraus verständlich, weil bei Stundenlohnarbeiten sich der Umfang des Auftrages grundsätzlich nicht auf die Verrechnungssätze für Stundenlohnarbeiten auswirken kann.

II. Parallelausschreibung

Zulässig ist es auch, **mehrere Ausschreibungen** in verschiedenen Formen zu gleicher Zeit und **ne- 14 beneinander parallel** durchzuführen (Beck'scher VOB-Komm./*Sterner* § 16 VOB/A Rn. 28; ausführlich dazu: *Heiermann* Die Parallelausschreibung im Vergaberecht FS Jagenburg S. 265 sowie *Kaiser* NZBau 2002, 553 und *Portz* KommJur 2004, 90). Es kann also einmal ein Angebot angefordert werden, das die Gesamtvergabe zum Gegenstand hat, und ein weiteres, das in den Verdingungsunterlagen (§ 9 i.V.m. § 10 Nr. 1 Abs. 1 lit. b VOB/A) eine Aufteilung nach Teillosen enthält. Wenngleich dieses Vorgehen dann zu unterlassen ist, wenn dadurch ein unzumutbarer Aufwand für die Angebotsbearbeitung auf der Unternehmerseite entstünde (vgl. KG Beschl. v. 22.8.2001 KartVerg 3/01 = VergabeR 2001, 392 = NZBau 2002, 402, 404), kann die Unzulässigkeit nicht allein deswegen angenommen werden, weil es sich im Ergebnis um zwei nebeneinander laufende, selbstständige Vergabeverfahren handelt. Der Auftraggeber bewegt sich noch innerhalb des von der VOB für die Gestaltung des Vergabeverfahrens vorgegebenen Rahmens, wenn er sich auf verschiedene Weise mehrere Angebote unterbreiten lässt, obwohl an sich nur ein Auftragsgegenstand vorhanden ist. Zur

Wahrung der erforderlichen Transparenz und zur Vermeidung von Schadensersatzansprüchen ist aber vom Auftraggeber zu verlangen, dass er in dem jeweiligen Vergabeverfahren auf das parallel laufende Verfahren hinweist. Zur Vermeidung von Wettbewerbsvorteilen sollten entweder die Eröffnungstermine in beiden Verfahren gleichzeitig abgehalten oder bei zeitlich auseinander liegenden Eröffnungsterminen ausnahmsweise bestimmt werden, dass in Abweichung zu § 18 Nr. 2 VOB/A die Angebotsfrist mit dem Eröffnungstermin im ersten Verfahren endet (vgl. BayObLG Beschl. v. 21.12.2000 Verg 13/00 = VergabeR 2001, 131 = BauR 2001, 1008 [Ls.]).

15 Gegen eine **parallele Ausschreibung** bestehen auch bei Vergaben, die unter den **Anwendungsbereich der §§ 97 ff. GWB** fallen, **keine grundsätzlichen Bedenken.** Zunächst ist, wie sich insbesondere aus § 3 Abs. 5 VgV ergibt, die Bestimmung des nach § 2 Nr. 4 VgV einschlägigen Schwellenwertes von derzeit 5 Mio. € als Voraussetzung für die Anwendbarkeit der §§ 97 ff. GWB nicht davon abhängig, ob die Auftragsvergabe nach Fach- und/oder Teillosen erfolgt. Die Parallelausschreibungen sind, soweit nicht im Einzelfall die Ausnahmevorschrift des § 2 Nr. 7 VgV eingreift, daher im vollen Umfang gem. §§ 102 ff. GWB nachprüfbar. Mögliche Nachteile der Bewerber in ihrem Rechtsschutz lassen sich vermeiden, wenn die parallel laufenden Vergabeverfahren insoweit gedanklich als Einheit gesehen werden und z.B. das Zuschlagsverbot nach § 115 Abs. 1 GWB in dem einen Vergabeverfahren gleichzeitig und ohne besonderen Hinweis auch das Parallelverfahren erfasst. Andernfalls könnte durch eine Einzelvergabe, für die unter Umständen der Anwendungsbereich der §§ 107 ff. GWB überhaupt nicht eröffnet ist, der Primärrechtsschutz unterlaufen werden, da nach der wirksamen Erteilung des Zuschlages hinsichtlich der Leistungen für ein Teillos eine Erteilung des Zuschlags hinsichtlich der parallel ausgeschriebenen Gesamtleistung nicht mehr möglich wäre. Dogmatisch lässt sich die über das konkrete Vergabeverfahren hinausgehende Wirkung des Zuschlagsverbots dadurch begründen, dass Gegenstand des Zuschlagsverbots nicht das konkrete Vergabeverfahren ist, sondern der jeweils zu vergebende Auftrag. Zwischen den parallel ausgeschriebenen Aufträgen besteht insoweit eine Teilidentität, so dass das den einen Auftrag betreffende Zuschlagsverbot immer ganz oder teilweise auch den anderen Auftrag erfasst.

16 Eine **vergleichende Ausschreibung einer eigen- und einer fremdfinanzierten öffentlichen Baumaßnahme** hinsichtlich desselben Objekts dürfte ebenfalls zulässig sein. Ein vergabefremder Zweck i.S.d. § 16 Nr. 2 VOB/A liegt dann nicht vor, wenn im Wettbewerb festgestellt werden soll, welche Auftragsmodalitäten günstiger sind. Dies jedenfalls solange als das Verfahren tatsächlich auf die Beschaffung einer Leistung, also auf die Erteilung eines Auftrages gerichtet ist und nicht lediglich der Markterkundung oder Wirtschaftlichkeitsberechnungen dient (vgl. OLG Celle Beschl. v. 22.1.2002 Verg 18/01 = VergabeR 2002, 154 = NZBau 2002, 400 = ZfBR 2002, 293).

III. Fachlose (Nr. 3)

17 Bezüglich der **Vergabe nach Fachlosen** heißt es in Nr. 3 und Nr. 4 VHB zu § 4 VOB/A:

3. Fachlose
Welche Leistungen zu einem Fachlos gehören, bestimmt sich nach den gewerberechtlichen Vorschriften und der allgemein oder regional üblichen Abgrenzung.

4. Zusammenfassung von Fachlosen
Die zusammengefasste Vergabe mehrerer Fachlose oder die Vergabe aller Fachlose an einen Generalunternehmer darf nur unter den Voraussetzungen des § 4 Nr. 3, S. 2 VOB/A erfolgen. Die erforderlichen Planungsunterlagen und die eindeutige und vollständige Beschreibung aller Leistungen müssen vor der Abgabe der Vergabeunterlagen an die Bewerber vorliegen.

18 Die **Vergabe nach Fachlosen** unterscheidet sich in ihrer Grundlage von der Vergabe nach Teillosen. Es werden aus der Gesamtbauleistung (nicht nur der nach einzelnen Gewerken) bestimmte Bauleistungsarten, wie Mauer-, Zimmer-, Klempner-, Dachdecker-, Fliesenlegerarbeiten, herausgenom-

men und gesondert ausgeschrieben. Es erfolgt, ohne dass allerdings eine Aufteilung nach den Bereichen einzelner DIN-Normen nach Teil C unbedingt notwendig ist (was *Daub/Piel/Soergel* ErlZ A 4.32 f., 4.40 in ihrer Kritik zu nachfolgend Rn. 24 nicht genügend berücksichtigen), **getrennt nach den fachlichen Aufgabengebieten** jeweils **eine eigenständige Ausschreibung** auf der Basis der in § 9 VOB/A niedergelegten Einzelheiten.

Nach § 4 Nr. 3 S. 1 VOB/A ist die Vergabe **nach Fachlosen die Regel**. Es ist nach Aufteilung in die einzelnen Fachgebiete nur der Unternehmer zur Abgabe eines Angebotes aufzufordern, der **Fachmann auf dem betreffenden Gebiet** ist. Dahinter steht zum einen die aus Erfahrungen gewonnene Überlegung, dass ein Bauvorhaben, das auf der Grundlage der wirtschaftlichsten Angebote für einzelne Fachlose hergestellt wird, in der Regel insgesamt nach Preis, Qualität und Lebensdauer von höherer Wirtschaftlichkeit ist. Zum anderen erfüllt die Fachlosvergabe eine wirtschaftspolitische Forderung, nämlich den Handwerker oder den Gewerbetreibenden mit den Arbeiten zu beauftragen, die seiner Berufsausbildung und -ausübung entsprechen. **Es ist vor allem auch eine staatspolitische Verpflichtung für den öffentlichen Auftraggeber, bei schlechter Konjunkturlage eine Vergabe nach Fachlosen vorzunehmen, um eine möglichst breite Streuung der Aufträge zu erreichen.**

19

Ist ein nach Fachlosen aufgeteilter Teil der Gesamtbauleistung (z.B. die Zimmerarbeiten an einem zu errichtenden Gebäude) derart umfangreich, dass er nach der Zweckmäßigkeit sowie den tatsächlichen und rechtlichen Möglichkeiten (vgl. oben Rn. 1 ff.) noch einmal räumlich aufgeteilt werden soll, so bestehen gegen eine Vergabe von Teilleistungen aus dem fachlich aufgeteilten Einzelkomplex keine Bedenken. Die Gesamtleistung wird also hier doppelt geteilt, und zwar einmal in ein Fachlos, und zum anderen wird dieses Fachlos in mehrere Teillose aufgeteilt, die zum Gegenstand mehrerer voneinander selbstständiger Ausschreibungen bzw. Vergaben gemacht werden. Auch kann bei Aufteilung des Gesamtkomplexes in Teillose innerhalb dieser Teillose (Teilleistungen) ebenfalls eine Ausschreibung nach Fachlosen vorgenommen werden.

1. Ausnahmen vom Gebot der Vergabe nach Fachlosen

Wenn nach Nr. 3 S. 1 die Bauleistungen verschiedener Handwerks- oder Gewerbezweige in der Regel nach Fachgebieten oder Gewerbezweigen getrennt zu vergeben sind, so gibt es von diesem Gebot nach Nr. 3 S. 2 auch **Ausnahmen, insbesondere wenn wirtschaftliche oder technische Gründe** (etwa: Gesichtspunkte einheitlicher Ausführung und damit verbundener günstigerer Preisgestaltung und/oder – in Ausnahmefällen – zweifelsfreier Mängelhaftung) vorliegen. Vorstellbar ist dies z.B. bei Modernisierungsarbeiten oder bei Bauten mit jedenfalls teilweise besonderer Funktion, insbesondere technischer Einrichtung oder vorgesehener besonderer Nutzung, wie z.B. beim Sportstättenbau. Die Gründe müssen im **Einzelfall** gegeben sein. **Der bloße Hinweis des Auftraggebers auf einheitliche Verjährungsfristen oder einen verringerten Koordinierungsaufwand bei nur einem Auftragnehmer oder ein kostengünstigeres Vergabeverfahren kann für sich allein die Zusammenfassung mehrerer oder gar aller Fachlose nicht rechtfertigen** (vgl. auch VK Sachsen Beschl. v. 2.11.1999 1 SVK 19–1999 = IBR 2000, 302 sowie OLG Düsseldorf Beschl. v. 8.9.2004 VII Verg 38/04 = VergabeR 2005, 107 = BauR 2005, 609 [Ls.] = NZBau 2004, 688). Diese Vorteile sind allgemein bei einer Verbindung von Fach- wie im Übrigen auch bei Teillosen gegeben und sind gerade nicht durch die Besonderheiten des Einzelfalls bedingt. Die Auswahl der erörterten, auf die Struktur des Auftragnehmers abzielende Vergabeart muss vielmehr aufgrund sachgerechter, die Gegebenheiten des konkreten Falles hinreichend berücksichtigender Überlegungen des Auftraggebers (vgl. dazu *Skopnik* Die Bauverwaltung 1974, 278) getroffen werden.

20

a) Generalunternehmer und Arbeitsgemeinschaft

Ausnahmen können im Einzelfall aus sachlich begründeten und auch an der **Zweckmäßigkeit orientierten Erwägungen gerechtfertigt sein** (zutreffend *Daub/Piel/Soergel* ErlZ A 4.42); bestimmte

21

Betriebe können außer in ihrem eigenen Fachgebiet auf dem Bausektor Arbeiten mit erledigen, die zu dem fachlichen Gegenstand ihres Unternehmens an sich nicht gehören. In diesem Fall kann es daher technisch zweckmäßig und auch wirtschaftlich tragbar sein, von einer strengen Aufteilung in Fachlose Abstand zu nehmen. Ebenso kann im Einzelfall das mit der Vergabe zu erreichende **Leistungsziel** ein Abweichen von dem Gebot der Fachlosteilung begründen. Dies gilt z.B. bei einer Vergabe auf der Grundlage einer Leistungsbeschreibung mit Leistungsprogramm, vor allem wenn der Planungsentwurf vom Unternehmer zu erbringen ist, und beim so genannten schlüsselfertigen Bauen. Eine Vergabe an einen oder wenige Unternehmer kann hier nicht nur wirtschaftlich oder technisch sinnvoll, sondern sogar notwendig sein, um das Leistungsziel überhaupt erreichen zu können. In diesen von der »normalen« Auftragsvergabe abweichenden Fällen wird auch der Einsatz eines **Generalunternehmers** zulässig sein.

22 Gegen eine Vergabe mehrerer Fachlose an einen Unternehmer bestehen keine Bedenken, wenn der betreffende Unternehmer in seinem Betrieb zulässigerweise die Arbeiten **verschiedener Gewerbezweige** ausführt. Dabei ist Voraussetzung, dass dieser Betrieb nicht nur mehreren Fachgebieten genügend eingerichtet und mit dem erforderlichen Personal ausgestattet ist, sondern dass darüber hinaus der Unternehmer selbst oder die leitenden Persönlichkeiten im Betrieb die Anforderungen der Fachkundigkeit und Zuverlässigkeit auf allen entsprechenden Gebieten besitzen. Wenn in einem derartigen Fall der betrieblichen Zusammenfassung mehrerer Fachgebiete der betreffende Unternehmer in der Lage ist, preismäßig im Angebot bzw. in den Einzelangeboten günstiger zu kalkulieren, ist es hauptsächlich eine Folge der Rationalisierung.

23 Aus den zuletzt genannten Gründen können hier auch **vertikal gegliederte** (vgl. *Jebe/Vygen* S. 329 f.) **Arbeitsgemeinschaften** einbezogen werden. In der Regel handelt es sich bei diesen Gemeinschaften um BGB-Gesellschaften i.S.d. §§ 705 ff. BGB (vgl. zu den Auswirkungen des Handelsrechtsreformgesetzes v. 22.6.1998 auf die Rechtsnatur der Arbeitsgemeinschaft eingehend *Joussen* BauR 1999, 1063; nach Auffassung von *Joussen* – ihm folgend OLG Dresden Urt. v. 20.11.2001 2 U 1928/01 = BauR 2002, 1414 = NJW-RR 2003, 257 – sind Arbeitsgemeinschaften zur Errichtung von Großbauvorhaben als offene Handelsgesellschaften [OHG] einzustufen; a.A. *Schmidt* DB 2003, 703; OLG Karlsruhe Urt. v. 7.3.2006 17 U 73/05 = BauR 2006, 1190 [Ls.]). Nachdem lange umstritten war, ob die BGB-Gesellschaft eine eigene Rechtspersönlichkeit oder Rechtsfähigkeit besitzt, hat der BGH mit Urteil v. 29.1.2001 (II ZR 331/00 = BGHZ 146, 341 = BauR 2001, 775 = NJW 2001, 1056 = ZIP 2001, 330 = ZfBR 2001, 392) entschieden, dass die BGB-Gesellschaft als solche rechtsfähig ist, soweit sie als Außengesellschaft am Rechtsverkehr eigene Rechte und Pflichten begründet. Sie wird insoweit weitgehend wie die OHG behandelt (BGH Versäumnisurt.v. 7.4.2003 II ZR 56/02 = BGHZ, 154, 370 = NJW 2003, 1803 = ZIP 2003, 899). Die Arbeitsgemeinschaft als BGB-Gesellschaft unterscheidet sich in Gestaltung und Haftung kaum von einem **Einzelunternehmer.** Eine aus mehreren Einzelunternehmern bestehende Arbeitsgemeinschaft kann daher einem Unternehmer gleich gestellt werden, der in seinem Betrieb mehrere Fachgebiete vereinigt (näher zu Arbeitsgemeinschaften siehe unter Anhang).

b) Fachlosgruppen

24 Weitere Ausnahmen vom Grundsatz der getrennten Vergabe nach Fachlosen sind die so genannten **Fachlosgruppen.** Im Einzelfall kann es aus Gründen der Zweckmäßigkeit und/oder Wirtschaftlichkeit sinnvoll sein, an sich fachlich verschiedene Fachlose zu einer Fachlosgruppe zu verbinden. In Betracht kommt hier z.B. eine einheitliche Vergabe der gesamten Rohbauarbeiten, der Heizungs- und sanitären Installationsarbeiten, der Elektro- und Lüftungsarbeiten usw. (zutreffend *Daub/Piel/Soergel* ErlZ A 4.40 f.). In Zweifelsfällen kann auch durch Rückfrage bei der zuständigen Industrie- und Handelskammer oder der Handwerkskammer geklärt werden, ob und bei welchen Fachlosen eine Ausschreibung und Vergabe nach Fachlosgruppen üblich ist.

Als Auftragnehmer für eine Fachlosgruppe kann nur ein Unternehmer in Betracht gezogen werden, der sowohl die fachlichen als auch die betrieblichen Qualitäten besitzt, die erforderlich sind, um die an sich in mehrere Fachgebiete gehörenden Arbeiten ordnungsgemäß durchführen zu können. Deshalb können in der Regel Fachlosgruppen nur da gebildet werden, wo die einzelnen Fachgebiete nicht völlig fremd einander gegenüberstehen, wie z.B. bei Zimmer- und Installationsarbeiten, sondern wo sie miteinander verwandt sind, wie z.B. bei Erd-, Mauer- und Betonarbeiten. Die Fachlosgruppen sind ebenfalls in Nr. 4 VHB zu § 4 VOB/A berücksichtigt worden (vgl. oben Rn. 17).

Bei der Frage, ob Fachlose zusammengefasst werden sollen, ist vor allem auch der **Generalunternehmer** zu berücksichtigen (vgl. dazu *Soergel* Bauwirtschaft 1986, 937). Während die in Rn. 21 bis 23 untersuchten Möglichkeiten vorwiegend nach der betrieblichen Seite ausgerichtet sind, wird hier von dem Unternehmer als solchem gesprochen; dies selbstverständlich aber auch hier unter dem Gesichtspunkt der wirtschaftlichen und technischen Zweckmäßigkeit. In diesem Zusammenhang ist der gesamte Komplex der **Unternehmereinsatzformen** zu betrachten, d.h. die Abgrenzung von Stellung und Aufgaben des Generalunternehmers, des Alleinunternehmers und der Arbeitsgemeinschaft, des Nach- und Nebenunternehmers usw. Dazu wird auf den Anhang »Unternehmereinsatzformen und Arbeitsgemeinschaft« verwiesen, wo diese Fragen gesondert behandelt werden. 25

2. Nachträgliche Teilung in Fachlose

Andererseits muss es umgekehrt grundsätzlich auch zulässig sein, mehrere nach S. 2 zunächst für eine Vergabe vorgesehene Fachlose später **zu einzelnen Fachlosen aufzulösen und zu vergeben.** Voraussetzung dafür ist jedoch, dass der Auftraggeber schon **in der Bekanntmachung oder spätestens in den Verdingungsunterlagen bzw. im Anschreiben** (vgl. § 10 Nr. 5 Abs. 2 lit. o VOB/A) hinsichtlich einer solchen nachträglichen Aufspaltung einen ausdrücklichen **Vorbehalt** erklärt hat und er vor Einholung von Angeboten trotz der von ihm sorgfältig geprüften Gegebenheiten noch nicht übersehen konnte, ob wirtschaftliche oder technische Gründe oder sonstige sachlich möglicherweise gegebene Zweckmäßigkeitserwägungen wirklich vorliegen. Dies rechtfertigt sich allein daraus, dass die Einzelvergabe nach Fachlosen gemäß S. 1 die Regel ist (vgl. auch oben Rn. 19). 26

D. Sammelaufträge

Während die in § 4 VOB/A geregelten Vergaben grundsätzlich darauf abgestellt sind, auf **ein bestimmtes,** jeweils der Vergabe unterliegendes Bauobjekt bezogen zu sein, kann es aus den in Nr. 3 S. 2 angegebenen wirtschaftlichen oder technischen Gründen angezeigt sein, bestimmte gleichartige Leistungen, die häufig bei **mehreren Bauobjekten** benötigt werden, einheitlich zu vergeben. Das betrifft insbesondere Leistungen, die nach Art und Umfang – aus technischer Sicht – **genau bestimmt oder bestimmbar** sind und die **serienmäßig hergestellt** werden. Dazu gehören vor allem vorgefertigte Bauteile, Fertighäuser, Hallen, Teile betriebstechnischer Anlagen. Durch eine gemeinsame Vergabe kann einmal eine günstigere Preisgestaltung und zum anderen eine einheitlichere ordnungsmäße Ausführung gewährleistet erscheinen. Dann kann sich die so genannte Sammelvergabe als zweckmäßig oder gar als geboten erweisen. Insoweit kommt grundsätzlich auch ein **Zusammenschluss mehrerer Auftraggeber zu einer »Einkaufsgemeinschaft«** in Betracht. Hierbei ist jedoch darauf zu achten, dass die durch die Regelungen des GWB gezogenen Grenzen eingehalten werden. Eine Koordinierung des Nachfrageverhaltens der Auftraggeberseite kann grundsätzlich eine nach § 1 GWB unzulässige Wettbewerbsbeschränkung darstellen. Allerdings kommt unter Umständen eine Freistellung vom Kartellverbot des § 1 GWB gem. § 4 GWB in Betracht (vgl. hierzu BGH Urt. v. 12.11.2002 KZR 11/01 = BGHZ 152, 347 = VergabeR 2004, 193 = BauR 2004, 888 [Ls.]; allgemein zum Thema der gemeinsamen Beschaffungen durch den Zusammenschluss oder die Zusam- 27 menarbeit mehrerer Kommunen und der Einkaufsgemeinschaften: *Stemmer/Aschl* VergabeR 2005, 287 ff.).

Die Sammelvergabe ist vom einzelnen Objekt **unabhängig,** und sie dient einer rationellen Baugestaltung entweder bei mehreren gleichzeitig ausgeführten Bauten, vor allem an verschiedenen Orten, oder auch im Rahmen einer gewissen Bevorratung für künftige Baufälle. Um dem Gesichtspunkt wirtschaftlicher oder technischer Zweckmäßigkeit voll gerecht werden zu können, ist es erforderlich, dass die in Betracht kommenden Vorhaben in einem gewissen abzusehenden **zeitlichen Rahmen** liegen, damit nicht Anschaffungen gemacht werden, die wegen der fortschreitenden Technik oder auch der weiteren wirtschaftlichen Entwicklung nicht mehr sachgemäß wären, also sozusagen zum »Ladenhüter« werden könnten.

Für den Bereich der öffentlichen Bauvergabe sind **Richtlinien zur Vergabe von Sammelaufträgen** ergangen, die im VHB unter Teil V abgedruckt sind. Dadurch soll eine hinreichende Sicherheit für eine ordnungsgemäße Handhabung gewährleistet werden. Auch der private Bauherr kann den Richtlinien wichtige Anhaltspunkte entnehmen, die bei der Vergabe von Sammelaufträgen beachtet werden sollten.

§ 5
Leistungsvertrag, Stundenlohnvertrag, Selbstkostenerstattungsvertrag

1. Bauleistungen sollen so vergeben werden, dass die Vergütung nach Leistung bemessen wird (Leistungsvertrag), und zwar:
   a) in der Regel zu Einheitspreisen für technisch und wirtschaftlich einheitliche Teilleistungen, deren Menge nach Maß, Gewicht oder Stückzahl vom Auftraggeber in den Verdingungsunterlagen anzugeben ist (Einheitspreisvertrag),
   b) in geeigneten Fällen für eine Pauschalsumme, wenn die Leistung nach Ausführungsart und Umfang genau bestimmt ist und mit einer Änderung bei der Ausführung nicht zu rechnen ist (Pauschalvertrag).
2. Bauleistungen geringeren Umfangs, die überwiegend Lohnkosten verursachen, dürfen im Stundenlohn vergeben werden (Stundenlohnvertrag).
3. (1) Bauleistungen größeren Umfangs dürfen ausnahmsweise nach Selbstkosten vergeben werden, wenn sie vor der Vergabe nicht eindeutig und so erschöpfend bestimmt werden können, dass eine einwandfreie Preisermittlung möglich ist (Selbstkostenerstattungsvertrag).
   (2) Bei der Vergabe ist festzulegen, wie Löhne, Stoffe, Gerätevorhaltung und andere Kosten einschließlich der Gemeinkosten zu vergüten sind und der Gewinn zu bemessen ist.
   (3) Wird während der Bauausführung eine einwandfreie Preisermittlung möglich, so soll ein Leistungsvertrag abgeschlossen werden. Wird das bereits Geleistete nicht in den Leistungsvertrag einbezogen, so ist auf klare Leistungsabgrenzung zu achten.

Inhaltsübersicht Rn.

A. Einteilung der VOB-Verträge nach der Art der Vergütung 2
B. Der angemessene Preis als Maßstab sämtlicher Vergütungsarten 3
C. Der Leistungsvertrag (§ 5 Nr. 1 VOB/A) 5
D. Der Einheitspreisvertrag (§ 5 Nr. 1a VOB/A) 8
E. Der Pauschalvertrag (§ 5 Nr. 1b VOB/A) 13
    I. Genaue Bestimmung von Art und Umfang der Bauleistung 16
    II. Voraussichtlich keine Änderung bei der Ausführung 17
    III. Eindeutige Leistungsbeschreibung durch Auftraggeber 18
    IV. Pauschalvertrag über Teile der Leistung 22

	Rn.
F. Eindeutige Preisvereinbarung	24
G. Der Stundenlohnvertrag (§ 5 Nr. 2 VOB/A)	25
I. Nur bei lohnintensiven Bauleistungen geringeren Umfangs	26
1. Bauleistungen geringeren Umfangs	27
2. Vorwiegend Lohnkosten	28
II. »Angehängte« und »selbstständige« Stundenlohnarbeiten	29
III. Ausdrückliche vorherige Vereinbarung	30
IV. Wettbewerbsgrundsatz; Bekanntgabe von Verrechnungssätzen	31
H. Selbstkostenerstattungsverträge (§ 5 Nr. 3 VOB/A)	32
I. Ausnahmecharakter	33
II. Nachträglicher Übergang zum Leistungsvertrag	34
III. Selbstkosten und Gewinnsatz	37
J. Der GMP-Vertrag	38
I. Wesen des GMP-Vertrages	38
II. Nachunternehmerleistungen	41
III. Vergütung des Generalunternehmers	42
IV. Bausoll	43

Aufsätze: *Moeser* Der Generalunternehmervertrag mit einer GMP-Preisabrede ZfBR 1997, 113 f.; *Grünhoff* Die Konzeption des GMP-Vertrages – Mediation und value engineering NZBau 2000, 313 ff.; *Oberhauser* Der Bauvertrag mit GMP-Abrede – Struktur und Vertragsgestaltung BauR 2000, 1397 ff.; *Biebelheimer/Wazlawik* Der GMP-Vertrag – Der Versuch einer rechtlichen Einordnung BauR 2001, 1639; *Thierau* Das Bausoll beim GMP-Vertrag, FS Jagenburg S. 815.

§ 5 VOB/A bringt grundlegende Begriffe für den Bereich der Vergütung des Auftragnehmers. Die Aufnahme in Teil A bringt deutlich zum Ausdruck, dass diese Begriffsbestimmungen nicht erst für abgeschlossene Bauverträge maßgebend sind, sondern dass sie schon im Rahmen des Bauvergabeverfahrens eine gleiche und tragende Bedeutung haben. **1**

A. Einteilung der VOB-Verträge nach der Art der Vergütung

Diese Vorschrift befasst sich mit den Begriffen des **Leistungsvertrages,** des **Stundenlohnvertrages** und des **Selbstkostenerstattungsvertrages.** Hierbei handelt es sich **nicht** um **spezielle Vertragstypen,** wie sie im besonderen Schuldrecht des BGB niedergelegt sind, z.B. Kaufvertrag, Dienstvertrag, Werkvertrag usw. Vielmehr unterfallen die Leistungsverträge, Stundenlohnverträge und Selbstkostenerstattungsverträge dem einen Vertragstypus, wie er der VOB nach § 1 VOB/A und demgemäß Teil B zu Grunde gelegt ist, nämlich dem **Bauvertrag** als Sonder- oder Unterfall des Werkvertrages des BGB. Es werden durch die genannten Begriffe bestimmte **Möglichkeiten des Entgelts** für die Bauleistung des Auftragnehmers aufgezeichnet. **2**

B. Der angemessene Preis als Maßstab sämtlicher Vergütungsarten

Auszugehen ist von der grundlegenden Bestimmung des § 2 Abs. 1 S. 1 VOB/A, wonach Bauleistungen zu **angemessenen Preisen** zu vergeben sind. Dies ist der **Obersatz für die Preisgestaltung** im Rahmen der VOB. Er ist der Regelung des § 5 VOB/A in allen ihren Einzelheiten voranzustellen. Bringt man den erwähnten Obersatz mit den Einzelbestimmungen des § 5 VOB/A in die notwendige Verbindung, so ergibt sich daraus Folgendes: Der angemessene Preis kann in der Regel einmal den **Wert der Leistung,** sofern diese für die Berechnung der Vergütung gleichartig ist, als Grundlage haben, des Weiteren die hierfür **aufgewendete Zeit** sowie das dabei verbrauchte Material und zum **3**

Dritten die für die Leistung – rückwirkend berechnet – entstandenen **Aufwendungen des Auftragnehmers,** jeweils einschließlich Gewinnzuschlag.

4 Verlangt der Auftraggeber in der Ausschreibung bzw. bei Einleitung des Vergabeverfahrens eine Preisberechnung auf der Grundlage einer **bestimmten,** in § 5 VOB/A angesprochenen **Vergütungsart,** muss der Bieter dem Auftraggeber bei Angebotsabgabe Mitteilung machen, wenn er davon bei der Berechnung der beanspruchten Vergütung abgewichen ist, sofern die Abweichung für den Auftraggeber nicht erkennbar ist (vgl. BGH 1.4.1981 VIII ZR 51/80 NJW 1981, 2050), wobei jedoch dem Auftraggeber eine im Rahmen des Zumutbaren liegende Kontrolle abzuverlangen ist, zumal solche Abweichungen oft genug erkennbar sind. Verletzt der Bieter hier seine Pflicht, kann er gegebenenfalls aus **§ 280 BGB schadensersatzpflichtig** sein, wobei im Falle der Verletzung zumutbarer Kontrollpflichten des Auftraggebers bzw. seiner Erfüllungsgehilfen auch ein Mitverschulden (§ 254 BGB) zu dessen Lasten in Betracht kommen kann. Der Schaden bemisst sich in diesem Fall nach dem Differenzbetrag zwischen der tatsächlich eingesetzten Berechnungsart und der vom Auftraggeber verlangten.

C. Der Leistungsvertrag (§ 5 Nr. 1 VOB/A)

5 Die Definition dieses Begriffs folgt nicht aus dem allgemeinen Sprachgebrauch des BGB, sondern aus der für alle Teile der VOB verbindlichen Begriffsbestimmung in § 1 VOB/A. Beim **Leistungsvertrag** nach § 5 VOB/A wird im Allgemeinen eine enge Beziehung und Abhängigkeit der Vergütung von der **wirklichen Leistung** geschaffen. Nur der **Wert des Erbrachten** bzw. zu Erbringenden ist **Bemessungsgrundlage** für die angemessene **Vergütung** des Auftragnehmers.

Der **Leistungsvertrag,** d.h. die Bemessung der Vergütung auf der Basis der Leistung des Unternehmers, ist die **grundlegende Vergütungsform** eines Bauvertrages **nach der VOB.** Dies ergibt sich einmal aus der Voranstellung in § 5 Nr. 1 VOB/A vor den übrigen Möglichkeiten des Stundenlohnvertrages und des Selbstkostenerstattungsvertrages gem. Nr. 2 und 3. Zum anderen ergibt sich dies auch aus der Formulierung, wie sie von den Verfassern der VOB gewählt worden ist. Während in Nr. 1 die grundsätzliche Vergabe von Bauleistungen im Leistungsvertrag vorgesehen ist, sollen für den Stundenlohnvertrag und den Selbstkostenerstattungsvertrag einschränkende tatsächliche Voraussetzungen gegeben sein (»Bauleistungen geringeren Umfanges, die überwiegend Lohnkosten verursachen ...« oder »Bauleistungen größeren Umfanges dürfen ausnahmsweise nach Selbstkosten vergeben werden, wenn sie ...«). Dies bedingt bei sorgfältiger Handhabung der VOB, dass von Seiten des Auftraggebers und des Auftragnehmers zunächst zu prüfen ist, ob die Festlegung der Vergütung auf der Basis der Leistung möglich ist oder ob tatsächliche Umstände vorliegen, die die Ausnahmeregelungen in § 5 Nr. 2 und 3 VOB/A erforderlich machen.

6 Der Leistungsvertrag umfasst zwei verschiedene Typen, nämlich einmal den Einheitspreisvertrag und zum anderen den Pauschalvertrag. Diese Aufzählung ist abschließend. Der **Leistungsvertrag** kann also nur **als Einheitspreisvertrag oder als Pauschalvertrag** geschlossen werden.

7 Der **Leistungsvertrag** ist **keineswegs identisch mit dem so genannten Festpreisvertrag.** Dieser – von der VOB nicht benutzte – Begriff kennzeichnet nämlich **keinen zusätzlichen Vergütungsbzw. Vertragstyp.** Er bedeutet – anders als die in § 5 VOB/A angeführten Vertragsarten kein besonderes Berechnungssystem und keine besondere Art der Vergütungsberechnung. Unter Festpreisvertrag versteht man vielmehr einen Vertrag, in dem bei Vertragsschluss kein Vorbehalt über Preisänderungen auf Grund solcher Umstände gemacht ist, die während der Bauausführung bei gleich bleibender Leistung in Bezug auf **Löhne bzw. Gehälter und die Materialpreise oder auch die Kosten der Baustelle** (so genannte Gleitklauseln, vgl. § 15 VOB/A) auftreten; deshalb schließt der bloße Gebrauch des Wortes »Festpreis« nicht ohne weiteres die in § 2 Nr. 3 bis 6 VOB/B (beim Pauschalvertrag Nr. 4 bis 6) erwähnten Preisänderungsmöglichkeiten aus. Gleiches gilt für den Schadensersatz-

anspruch nach § 6 Nr. 6 VOB/B für den Fall schuldhafter Verletzung von Mitwirkungspflichten durch den Auftraggeber. Durch die Vereinbarung des »Festpreises« ändert sich nichts daran, dass es sich bei dem im Übrigen unveränderten Einheits- bzw. Pauschalvertrag weiterhin um einen Leistungsvertrag handelt, da die Vergütung nach wie vor auf der Grundlage der Leistung des Unternehmers berechnet wird. Die VOB hat insbesondere im Rahmen des Leistungsvertrages den Festpreisvertrag nicht zu erwähnen brauchen. Das gilt auch hinsichtlich der Unterfälle des Leistungsvertrages (Einheitspreisvertrag und Pauschalvertrag). Der Festpreisvertrag, d.h. die Frage, ob bei der Ausführung der veränderten Leistung eine spätere Preisänderung möglich ist, hat mit den Grundmaßstäben der Berechnung der Vergütung nichts zu tun. Auch sonst sind Fragen einer späteren Preisänderung im Rahmen von § 5 VOB/A ohne Bedeutung. Solche liegen im Bereich von § 2 VOB/B. Vom Gesagten abgesehen, wird das Wort »Festpreis« im Vertrag häufig an Stelle des Begriffs »Pauschalpreis« gebraucht, so dass in Wirklichkeit ein solcher gemeint ist, was gegebenenfalls im Wege der Auslegung festzustellen ist.

D. Der Einheitspreisvertrag (§ 5 Nr. 1a VOB/A)

Der Einheitspreisvertrag ist die **regelmäßige Form** des Leistungsvertrages (so auch Nr. 1.1 VHB zu § 5 VOB/A). Das gilt auch für Bauunterhaltungsarbeiten. Die **Vorrangigkeit** des Einheitspreisvertrages vor dem Pauschalvertrag ist insofern von Bedeutung, als es notwendig ist, im Bauvertrag **ausdrücklich festzulegen, wenn ein Pauschalpreis vereinbart worden ist.** Dies ergibt sich aus § 2 Nr. 2 VOB/B, der eine klare – vertraglich vereinbarte – Rangfolge aufzeigt. Erfolgt das nicht, wird sich jede Vertragspartei, vor allem im Hinblick auf § 632 Abs. 2 BGB, gefallen lassen müssen, dass nach Einheitspreisen abgerechnet wird, auch dann, wenn der Bauvertrag in seiner Preisvereinbarung unklar ist, ihm jedoch die VOB als Vertragsgrundlage dient. Immerhin müssen im Falle von Vertragsverhandlungen auf Grund von Einheitspreisangeboten die in den einzelnen Positionen angegebenen Einheitspreise Gegenstand der Vertragsverhandlungen sein. 8

Die vorangehend dargelegten Grundsätze **gelten für den Bauvertrag allgemein,** also auch dort, wo die VOB/B nicht Vertragsgrundlage wird bzw. ist; also muss auch dort eine Pauschalpreisvereinbarung **gesondert getroffen** werden. Andernfalls muss die Vergütung grundsätzlich nach Einheitspreisen bemessen werden, was gerade für den Bereich des § 632 Abs. 2 BGB zu beachten ist. Die Ansicht von Grimme (MDR 1989, 20), der dem Pauschalvertrag die Wirkung des »Prototyps« für den BGB-Bauvertrag beimessen will, verkennt, dass auch hinsichtlich der rechtlichen Grundlagen des Vergütungsanspruches des Auftragnehmers in erster Linie eine baubetriebswissenschaftliche Betrachtungsweise geboten ist, nach der sich die rechtliche Beurteilung richtet, vor allem im Bereich der Üblichkeit.

Beim Einheitspreisvertrag werden zum Zwecke der Bemessung der vom Auftraggeber geschuldeten Vergütung für technisch und wirtschaftlich **einheitliche Teilleistungen,** deren Menge nach Maß, Gewicht oder Stückzahl vom Auftraggeber in den Verdingungsunterlagen anzugeben ist, **Einheitspreise** festgesetzt. Bestimmte Teile in technischem und wirtschaftlichem Zusammenhang sind z.B. der Verputz, die anzufertigenden Türen, die zu verlegenden Lichtleitungen, Dachziegel usw. Das entspricht in dieser allgemein gehaltenen Form den Anforderungen des technischen und des wirtschaftlichen Zusammenhanges aber nur, wenn es sich um **gleichartige Teile** handelt. Werden z.B. Türen, Lichtschalter, Dachziegel, Dachbalken, Waschbecken, Mauerwerk, Fenster usw. verschiedener Art, Ausführung, Beschaffenheit oder Größe verlangt, so können nur diese für sich eine Teilleistung im hier angegebenen Sinne bilden, weil nur insoweit ein technischer und wirtschaftlicher Zusammenhang gegeben ist. Sie müssen dann einzeln als selbstständige Teilleistungen in das Leistungsverzeichnis aufgenommen werden. Es kommt also immer auf den nach der Verkehrsanschauung maßgeblichen technischen und wirtschaftlichen Zusammenhang im Sinne einer Einheit an. 9

10   Den Anforderungen des Einheitspreisvertrages im Rahmen des Leistungsvertrages ist aber noch nicht damit Genüge getan, dass technisch und wirtschaftlich einheitliche Teilleistungen als solche festgelegt und in das Leistungsverzeichnis aufgenommen werden. Vielmehr ist es weiter notwendig, dass der Auftraggeber in den Verdingungsunterlagen (Leistungsbeschreibung) **bei den so genannten Vordersätzen** die **Teilleistungen nach Maß, Gewicht oder Stückzahl** angeben muss. Er muss also mitteilen, wie viel m² Dachziegel von bestimmter Größe und Ausführungsart oder wie viel Stück Fenster nach Art und Größe verlangt werden oder wie viel m² bzw. m³ eines bestimmten Mauerwerkes oder Putzes notwendig sind. Der Einheitspreis wird dann dadurch errechnet, dass der Auftragnehmer in den ihm nach den genannten Erfordernissen zugegangenen Unterlagen nach gebotener sorgfältiger Kalkulation (in den Grundbestandteilen Lohn, Material, Baustellenkosten, allgemeine Geschäftskosten, Gewinn) den **Einzelpreis** nach der jeweils maßgeblichen Maß-, Gewichts- oder Stück**einheit** festlegt. **Dies ist der Einheitspreis,** so wie er in § 5 Nr. 1a VOB/A gemeint ist. Als Nächstes ist der **Positionspreis** zu bestimmen, der **das Ergebnis der Multiplikation der Vordersätze mit dem Einheitspreis innerhalb der jeweiligen Position ist.** Schließlich kommt noch der **Gesamtpreis,** d.h. die Endsumme im Angebot, in Betracht.

Beispiel: Es sind 100 m² Linoleum mit einem m²-Preis von 5 € zu verlegen. Einheitspreis: 5 €; Positionspreis 500 €. Hinzu kommen in einer weiteren Position Estricharbeiten je m² 4 €. Einheitspreis: 4 €; Positionspreis 400 €. Gesamtpreis: 900 € usw.

Aus dem Begriff Leistungsvertrag als Einheitspreisvertrag ergibt sich, dass **nicht** der aus der Summe der Positionspreise errechnete **Gesamtpreis entscheidend** ist. Der Gesamtpreis ist die bloß rechnerische Zusammenzählung der Positionspreise und – innerhalb deren – der Einheitspreise. **Auch die Positionspreise sind nicht entscheidend;** vielmehr ist der **vertraglich vereinbarte Preis nur der jeweilige Einheitspreis.** Das hat vor allem folgende Bedeutung: Besteht Streit über die Berechtigung nur eines oder einiger Einheitspreise, so ist der Streit hierauf beschränkt, ohne dass die anderen Einheitspreise im Rahmen der anderen Positionen hiervon berührt werden. Diese anderen Einheitspreise hat der Auftraggeber jedenfalls zu bezahlen, ohne dass er im Grundsatz befugt ist, den Ausgang des Streites über die Berechtigung bestimmter selbstständiger Einheitspreise abzuwarten. Streitigkeiten können sich demnach zur Preisfrage nur auf die bestimmte Teilleistung in Verbindung mit dem hierauf bezogenen Einheitspreis stützen. Von den Streitfragen sonst nicht betroffene Teilleistungen und die damit verbundenen Einheitspreise bleiben unberührt.

11   Daraus folgt zugleich für die spätere **Abrechnung:** Es ist zu jeder Position des Leistungsverzeichnisses die Vergütung nach der **tatsächlich ausgeführten,** durch Aufmaß ermittelten Leistung und Multiplikation mit dem vereinbarten Einheitspreis zu berechnen. **Auf einen im Angebot** früher errechneten abweichenden Gesamtbetrag kommt es nicht an; vielmehr ergibt die Summe der so nach erfolgter Ausführung errechneten Positionspreise den Gesamtpreis.

Denkbar ist auch der Abschluss eines Einheitspreisvertrages mit **Höchstpreisklausel** dergestalt, dass sich beim späteren Aufmaß nicht die Überschreitung eines bestimmten Endpreises (z.B. des Angebotspreises) ergeben darf. Abgesehen davon, dass dies beim Individualvertrag sowie beim Formularvertrag voraussetzt, dass die Vordersätze des Angebotes, falls deren Ermittlung vom Auftraggeber oder seinem Architekten bzw. Ingenieur erfolgt ist, nicht schuldhaft falsch festgelegt worden sind, ist für die Wirksamkeit einer solchen Vereinbarung weiterhin Voraussetzung, dass sie hinreichend klar und unzweideutig zum Ausdruck kommt, insofern vor allem nicht gegen die Grundsätze des § 305c BGB verstößt (vgl. dazu OLG Hamm 2.11.1988 17 U 177/87 NJW-RR 1989, 20, für den Fall der Beauftragung zu einer »Auftragshöchstsumme« bei nach den Umständen bestehenden Zweifeln, ob hier wirklich ein Höchstpreis vereinbart war). Falls durch eine solche Klausel die Möglichkeiten einer Vergütungsänderung nach § 2 Nr. 3 bis 6 VOB/B eingeengt oder gar ausgeschlossen sein sollen, ist eine Vereinbarung der VOB/B als Ganzes nicht mehr gegeben.

Möglich ist es, **einzelne Teilleistungen nicht nach Einheitspreisen, sondern als Pauschale** zu vergeben, wie z.B. die Baustelleneinrichtung, insoweit vor allem sonst notwendige Leistungsbestandteile, die über die Ansätze einzelner Positionen hinausgehen.

E. Der Pauschalvertrag (§ 5 Nr. 1b VOB/A)

Eine Preisvereinbarung nach Pauschalvertrag ist die **Ausnahme** im Rahmen des Leistungsvertrages. Sie kommt nur in geeigneten Fällen in Betracht. Wann diese – aus anerkannter baubetriebswirtschaftlicher Sicht – gegeben sein können, ist in § 5 Nr. 1b VOB/A umrissen. Demnach müssen zwei wesentliche Voraussetzungen vorliegen. Zunächst muss die geforderte **Leistung nach Ausführungsart und Umfang genau bestimmt** sein. Des Weiteren darf **mit einer Änderung** sowohl der Leistung als auch der Ausführungsart **nicht zu rechnen** sein, selbstverständlich im Rahmen des bei der Vergabe Vorgesehenen oder Vorhersehbaren. Dies sind im Verhältnis zum Einheitspreisvertrag recht einschneidende und sehr wesentliche Einschränkungen, so dass es dringend geboten erscheint, gerade diese Gesichtspunkte einer sehr sorgfältigen und gewissenhaften Prüfung zu unterziehen. Diese an sich strengen Anforderungen beruhen darauf, dass mit der Pauschalpreisvereinbarung die **Vordersätze sozusagen »festgeschrieben«** werden, der Auftragnehmer also die vorgesehene Leistung grundsätzlich ohne Rücksicht darauf auszuführen hat, welche Mengen dafür tatsächlich erforderlich sind, was aber auch zum Nachteil des Auftraggebers im Falle von Mindermengen ausschlagen kann (*Kapellmann/Schiffers* Bd. 2 Rn. 2 ff.).

Von *Kapellmann/Schiffers* stammt die Unterscheidung zwischen einem Detail-Pauschalvertrag und einem Global-Pauschalvertrag. Dem Detail-Pauschalvertrag liegt eine differenzierte Leistungsbeschreibung zu Grunde. Gegenstand des Pauschalpreises sind nur die in der Leistungsbeschreibung enthaltenen Teilleistungen (*Kapellmann/Schiffers* Bd. 2 Rn. 2). Pauschaliert wird nur die Vergütung. Das ist der klassische Fall des § 5 Nr. 1b VOB/A.

Beim Global-Pauschalvertrag steht das Leistungsziel im Vordergrund. Die Leistungsbeschreibung wird auf generelle Aussagen reduziert, die Leistungsseite somit globalisiert. Für die vereinbarte Pauschalvergütung sind alle zur Verwirklichung des Bausolls notwendigen Leistungen zu erbringen. Der Auftragnehmer muss den Leistungsinhalt zwangsläufig ergänzen (*Kapellmann/Schiffers* Bd. 2 Rn. 13).

Der **Ausnahmecharakter** des Pauschalpreises wird vor allem durch Nr. 1.2 VHB zu § 5 VOB/A eindeutig festgehalten:

1.2 *Pauschalpreise sind nur in geeigneten Fällen zu vereinbaren.*
1.2.1 *Zuvor ist sorgfältig zu prüfen, ob*
  – die Leistungen nach Ausführungsart und Umfang genau bestimmt und
  – Änderungen bei der Ausführung nicht zu erwarten sind.
1.2.2 *Diejenigen Teile der Leistungen, deren Art oder Umfang sich im Zeitpunkt der Vergabe noch nicht genau bestimmen lassen – z.B. Erd- oder Gründungsarbeiten – sind zu Einheitspreisen zu vergeben.*
1.2.3 *Weder die Vergabe auf Grund eines Leistungsprogramms noch die zusammengefasste Vergabe sämtlicher Leistungen an einen Auftragnehmer zwingt zur Vereinbarung eines Pauschalpreises.*
1.2.4 *Zur Beschreibung von Teilleistungen, für die ein Pauschalpreis vereinbart werden soll, vgl. Nr. 5.3 der Richtlinie zu § 9 VOB/A.*

I. Genaue Bestimmung von Art und Umfang der Bauleistung

16 Da die geforderte Leistung nach Ausführungsart und Umfang genau bestimmt sein muss, wird eine Umgrenzung gezogen, die in weit engerem Sinn gemeint ist, als vielfach angenommen wird. Die Betonung ist auf das Wort »genau« zu legen. Die **genaue Bestimmtheit der Ausführungsart** erfordert, dass zwischen den Beteiligten (Auftraggeber und Bieter) zur Zeit des Vertragsschlusses völlige Klarheit darüber herrscht, in welcher Art und Weise und wie das Bauvorhaben und seine Einzelheiten auszuführen sind, was z.B. bei Umbaumaßnahmen häufig nicht zutrifft. Hierzu gehört nicht nur die Gestaltung der baulichen Ausführung als solche (wie z.B. Gründungstiefe, Grundwasserabsenkung), sondern es gehören dazu alle damit zusammenhängenden Fragen, wie der hinreichenden Ermittlung der Vordersätze, der Materialart, des Arbeitseinsatzes, der Konstruktion, hier vor allem in statischer Hinsicht, usw. In gleichem Sinne hat dies für den **Umfang der Bauleistung** zu gelten. Man wird zusammenfassend sagen müssen, **dass alle wesentlichen Gesichtspunkte, die Gegenstand einmal des Leistungsverzeichnisses und zum anderen der Kalkulation des Unternehmers in Bezug auf Ausführungsart und Umfang sind, genau bestimmt sein müssen,** was im Übrigen auch für die Vergabe auf Grund funktionaler Leistungsbeschreibung gilt. Man wird nur insoweit eine Ausnahme zulassen können und dürfen, als Zweifel hinsichtlich der Ausführungsart und des Leistungsumfangs in wenigen Einzelpunkten bestehen, die nicht von maßgebendem Einfluss auf die Preisgestaltung sind. Man sollte aber auch bei noch so gering erscheinenden Unklarheiten und Zweifeln grundsätzlich diese zu beseitigen versuchen, **bevor** man pauschal anbietet bzw. verhandelt.

II. Voraussichtlich keine Änderung bei der Ausführung

17 Es ist aber für den Pauschalvertrag nicht schon Raum, wenn die Leistung nach Ausführungsart und Umfang bei den Vertragsverhandlungen genau bestimmt ist, sondern erst, wenn nach Lage des konkreten Sachverhaltes später (nach Vertragsschluss) mit einer **Änderung** sowohl **der Ausführungsart als auch des Leistungsumfanges nicht zu rechnen** ist. Darin liegt natürlich eine Schwierigkeit; denn es gibt immer Ereignisse, mit denen man nicht rechnen kann, wie z.B. bei Umbau- oder Modernisierungsarbeiten. Es reicht aber, wenn man eine eingehende Überlegung im Zeitpunkt der Angebotsabgabe darüber anstellt, ob es nach aller Voraussicht bei den gegebenen Umständen und Voraussetzungen verbleiben wird. Es sind dabei alle vorhersehbaren Gegebenheiten zu überprüfen, die für die Bauausführung von Bedeutung sind. Hierzu gehören vor allem Fragen der Finanzierung, der Voraussetzungen, die das öffentliche Baurecht an die Bauausführung knüpft, sowie insbesondere technische Fragen, wie die des Baugrundes, der Wasserverhältnisse, der Entsorgung usw. Nicht geeignet für eine Pauschalvereinbarung sind ferner leider in der Praxis oft genug vorkommende Fälle, in denen nur eine unzulängliche Leistungsbeschreibung, lückenhafte Pläne, keine Statik, nicht hinreichend bestimmte Baumaterialien, keine klar bestimmbare Bauzeit vorliegen. Besonders auch vom Bieter ist zu verlangen, dass er sich **vor** Eingehung eines Pauschalabkommens **gewissenhaft** Überlegungen dahin gehend unterzieht, ob alle Umstände, die für ihn und sein Pauschalangebot gegenwärtig maßgebend sind, nach aller Voraussicht auch so lange fortbestehen werden, bis die vertraglichen Verpflichtungen zur Erbringung der Bauleistung in vollem Umfange erfüllt sind. Dabei kommt es nicht auf technische, kaufmännische, personelle und sonstige rein innerbetriebliche Fragen an, die bei der Angebotsabgabe eine Rolle gespielt haben, sondern vor allem auch auf sonstige Einzelpunkte, die im Bauvertrag von Bedeutung sein werden, wie z.B. die Einhaltung der Bauzeit, die möglichen Witterungsverhältnisse, die allgemeine Preisgestaltung auf dem Bausektor, Besondere oder Zusätzliche Vertragsbedingungen usw. Dass auch für Behördenaufträge diese Anforderungen zu gelten haben, ergibt sich deutlich aus den Richtlinien in Nr. 1.2 VHB zu § 5 VOB/A. Vor allem ist in Nr. 1.2.3 mit Recht hervorgehoben, dass weder die Vergabe auf Grund eines Leistungsprogramms noch die zusammengefasste Vergabe sämtlicher Leistungen an einen Auftragnehmer zur Vereinbarung eines Pauschalpreises zwingt.

III. Eindeutige Leistungsbeschreibung durch Auftraggeber

Auch bei einer Vergabe zu Pauschalpreisen ist es für den Auftraggeber grundsätzlich erforderlich, dass er eine **eindeutige,** ins Einzelne gehende und darüber hinaus inhaltlich keinerlei Zweifel zulassende **Leistungsbeschreibung** aufstellt und dem Bieter überlässt (ebenso *Christoffel* Bauunternehmer- und Bauhandwerkerrecht S. 72; auch *Kapellmann/Schiffers* Bd. 2 Rn. 236). Deswegen ist auch die grundsätzliche Forderung nach einer Leistungsbeschreibung mit Leistungsverzeichnis in § 9 Nr. 5 bis 9 VOB/A aufgestellt worden; hingegen bilden hier Leistungsbeschreibungen nach Leistungsprogramm die Ausnahme. Die Leistungsbeschreibung, auf Grund deren eine mögliche Pauschalpreisvergabe erfolgen soll, ist vom Auftraggeber **sehr sorgfältig** abzufassen. Daher bestimmt auch Nr. 1.4 Abs. 1 VHB zu § 5 VOB/A, dass bei der Vergabe auf Grund eines Leistungsverzeichnisses alle Teilleistungen erfasst, eindeutig beschrieben und die Mengen vollständig und genau ermittelt werden müssen. 18

Andererseits ist es vom Begrifflichen nicht unbedingt erforderlich, dass der Bieter in dem Leitungsverzeichnis in den Preisspalten alle Einzelposten ausfüllt, es sei denn, dass dies ausdrücklich verlangt wird; denn bei der Pauschalpreisvergabe kommt es letztlich darauf an, was nach Leistungsart und -umfang von dieser erfasst wird und wie hoch der Pauschalpreis, der seiner Natur nach ein **einziger** und **einheitlicher Endpreis** ist, sich darstellt. Gegebenenfalls kann es daher sogar genügen, in das Leistungsverzeichnis nur einen Preis, und zwar den Pauschalpreis selbst, einzusetzen. Das gilt natürlich nicht, wenn vom Auftraggeber ein zweifaches Angebot, nämlich eins nach Einheitspreisen und das andere nach einer Pauschale, über denselben Bauleistungsgegenstand gefordert wird. Dann bedingt die Forderung nach Einheitspreisen eine genaue Angabe aller wesentlichen Preispunkte, insbesondere der Einzelpreise, da sonst eine ordnungsgemäße Wertung nicht möglich ist. Eine Aufforderung, wegen des gleichen Gegenstandes zwei verschiedene Arten der Preisberechnung anzubieten, ist durchaus zulässig. In diesem Fall handelt es sich um zwei verschiedene und voneinander getrennte Angebote, wobei das eine für den Fall der Einheitspreisvergabe, das andere für den Fall der Pauschalpreisvergabe Geltung haben soll. 19

Es ist **dem Bieter dringend zu raten, auch bei einem Pauschalpreisangebot zunächst eine Preisberechnung so offen auszuweisen, als wenn er zu Einheitspreisen anbieten würde.** Dies gilt besonders für den Fall der späteren Preisänderung auf der Grundlage der Vorschriften in § 2 Nr. 4 bis 6 VOB/B, die nach § 2 Nr. 7 Abs. 1 S. 4 VOB/B auch auf Pauschalverträge anwendbar sind, wodurch die Berechnung des neuen Preises, für die der Auftragnehmer in allen Punkten darlegungs- und beweispflichtig ist, **entscheidend erleichtert,** u.U. sogar erst ermöglicht wird. 20

Wird nicht die Form der Vergabe nach Leistungsverzeichnis, sondern eine solche auf Grund eines **Leistungsprogramms** gewählt, so ist zwar die Aufstellung eines Leistungsverzeichnisses durch den Auftraggeber bei der Pauschalpreisvergabe an sich nicht notwendig, aber besonders hier müssen die erforderlichen Sicherheiten geschaffen werden, um die Pauschalpreisabsprache hinsichtlich des Leistungsumfangs eindeutig zu sichern. Daher muss es Grundlage für eine Pauschalpreisvereinbarung sein, dass der betreffende Bieter in den von ihm nach § 9 Nr. 12 VOB/A anzufertigenden Unterlagen sämtliche in Betracht kommenden Leistungen nach Art und Umfang eindeutig und vollständig festlegt (vgl. Nr. 1.4 Abs. 2 VHB zu § 5 VOB/A), was mit der gebotenen Sicherheit wiederum grundsätzlich nur durch Leistungsbeschreibung per Leistungsverzeichnis erfolgen kann. Gerade hier ist nämlich besonders darauf zu achten, dass eine klare Festlegung von Leistungsart und Leistungsumfang erfolgt, bevor eine Pauschalpreisabsprache getroffen wird. Sofern sich Leistungen bei der Vergabe nicht hinreichend bestimmen lassen, ist es **dringend geboten,** hier keine Pauschalpreisabrede zu treffen, sondern die **Vergabe nach Einheitspreisen** zu wählen. Das gilt auch hinsichtlich einzelner Teilleistungen, wie z.B. bei Erd- oder Gründungsarbeiten, bei Vereinbarung eines Pauschalpreises für die übrigen Leistungen (vgl. Nr. 1.2.2 VHB zu § 5 VOB/A). 21

Gibt der Auftragnehmer ein **Nebenangebot zur Pauschale** ab, so trägt er grundsätzlich allein das Risiko für die richtige Ermittlung der Leistung, der Mengen sowie insgesamt der Kosten und letztlich der richtigen Angabe des Preises.

IV. Pauschalvertrag über Teile der Leistung

22 Es ist nicht nur möglich, die gesamte Bauleistung zum Pauschalpreis zu vergeben, sondern **auch Teile** davon, insbesondere einzelne Lose, wie sie in § 4 VOB/A aufgeführt sind. Auch ist es möglich, im Rahmen **eines** an einen Unternehmer zu vergebenden Auftrages – hinsichtlich des Gesamtvorhabens oder hinsichtlich von Teilen desselben nach Losen usw. – **bei der Preisvereinbarung Unterschiede** zu machen, und zwar dergestalt, dass ein Teil der Arbeiten im Rahmen des Leistungsvertrages zu Einheitspreisen und ein zusammengefasster anderer Teil zu einem Pauschalpreis vergeben wird. Das gilt insbesondere, wenn hinsichtlich nur eines Teiles der von einem Unternehmer in einem einheitlichen Auftrag zu übernehmenden Einzelarbeiten die Voraussetzungen der Pauschalvereinbarung gegeben sind. Ebenso kann eine Pauschalvereinbarung in einem Vertrag wegen bestimmter Einzelarbeiten mit einer anderen Form der Vergütung, wie dem Stundenlohnvertrag oder der Selbstkostenerstattung, hinsichtlich anderer im gleichen Vertrag enthaltenen Einzelarbeiten verbunden werden. Wird in einem Vertrag vereinbart, dass wegen bestimmter Teilleistungen ein Aufmaß erfolgen soll, so handelt es sich bei diesem Teil um die Vereinbarung einer Einheitspreisvergütung.

23 Grundlegende Voraussetzung für die Zulässigkeit derartiger **Mischformen in der Preisvereinbarung** innerhalb eines bestimmten Bauvertrages mit dem gleichen Bieter bzw. Auftragnehmer ist, dass sowohl in der Leistungsbeschreibung oder im Leistungsprogramm (§ 9 VOB/A) als auch in dem Angebot und schließlich im Bauvertrag selbst eine **genaue Unterscheidung der Einzelleistungen** zu treffen ist, für die eine verschiedenartige Preisvereinbarung getroffen worden ist. Andernfalls kann es später zu unerfreulichen Auseinandersetzungen zwischen den Vertragspartnern kommen (vgl. dazu besonders Nr. 1.2.2 und Nr. 1.2.4 VHB zu § 5 VOB/A).

F. Eindeutige Preisvereinbarung

24 Zu beachten ist, dass man sich im Rahmen des Leistungsvertrages bei allen Preisvereinbarungen – gleich welcher Art und welcher Mischform – hinsichtlich ihrer Art und Tragweite in allen Einzelheiten bei Abschluss des Bauvertrages im Klaren ist. Nur dann sind die Voraussetzungen eines **eindeutigen** Vertragsschlusses gegeben. So ist es beim Einheitspreisvertrag erforderlich, zweifelsfrei zum Ausdruck zu bringen, dass sich die Preisangabe u.a. auf Lohn und zu verwendendes Material bezieht. Die bloße Vereinbarung eines ca.-Preises führt regelmäßig zur Annahme, dass ein Einheitspreisvertrag und nicht ein Pauschalvertrag gewollt ist, also die Vertragspartner von der Notwendigkeit eines späteren Aufmaßes ausgehen (ähnlich OLG Hamm 26.3.1993 12 U 203/92 NJW-RR 1993, 1490; 23.6.1995 12 U 25/95 BauR 1996, 123 = OLGR Hamm 1995, 241 = NJW-RR 1996, 86). Allerdings ist es möglich, auch **nach Vertragsschluss** die einmal getroffene **Preisvereinbarung einverständlich** zu ändern und eine andere festzulegen. Man kann z.B. eine Einheitspreisabrede in eine Pauschalvereinbarung umändern usw. Eine ähnliche Änderungsmöglichkeit sieht die VOB im Übrigen in § 5 Nr. 3 Abs. 3 VOB/A vor. In Fällen, in denen eine in einem abgeschlossenen Bauvertrag getroffene Preisvereinbarung ihrer Art nach später geändert wird, ist zu beachten, dass es hierzu einer **eindeutigen und übereinstimmenden Willenserklärung** aller beteiligten Partner bedarf. Soweit der Bauvertrag schriftlich geschlossen worden und für evtl. Änderungen die **Schriftform** vorgeschrieben ist, bedarf es grundsätzlich deren Einhaltung bei späteren Änderungsabreden. Hiervon kann es jedoch im Einzelfall Ausnahmen geben, bei denen auch eine mündliche Änderungsabsprache wirksam ist. Ob eine Änderungsvereinbarung die bisherige Preisvereinbarung voll ungültig macht, ist Tatfrage, da es auf den mutmaßlichen oder erklärten Parteiwillen ankommt. Ist die Änderung so, dass durch

G. Der Stundenlohnvertrag (§ 5 Nr. 2 VOB/A)

Der Begriff des Stundenlohnvertrages wird in der Praxis oftmals auf andere Weise zum Ausdruck gebracht, wie z.B. durch die Worte »Regiearbeiten« oder »Arbeiten in Regie bzw. auf Regiebasis«. Inhaltlich ist damit nichts anderes gemeint. Die **Vergütung nach Stundenlöhnen** ist eine **Ausnahme** von der Grundform des Leistungsvertrages. Schon begrifflich ergibt eine Gegenüberstellung der Leistungspreisvereinbarung mit der einer Stundenlohnvergütung, dass im letzteren Fall **Bemessungsgrundlage** weniger die tatsächlich erbrachte Leistung ihrem Wert nach ist, sondern der **Aufwand an Arbeitsentgelt und Material,** der für die Erbringung der Bauleistung erforderlich ist. Man setzt hier also den Lohn- und Materialaufwand in den Vordergrund, der bei einem Leistungsvertrag auch eine wesentliche Rolle im Rahmen der Kalkulation spielt, jedoch nicht die allein maßgebende.

I. Nur bei lohnintensiven Bauleistungen geringeren Umfangs

Schon aus dieser Unterscheidung ergibt sich, dass nach der VOB, die für die Bemessung der Vergütung den Wert der Leistung als vorrangig anerkennt, eine Vereinbarung der **Stundenlohnvergütung** nur **ausnahmsweise in Betracht** kommen kann. Daher ist es verständlich, wenn für den Stundenlohnvertrag **zwei** wesentliche **Einschränkungen** gemacht sind.

1. Bauleistungen geringeren Umfangs

Eine **Stundenlohnvergütung** darf **einmal** nur zum Zuge kommen, wenn es sich um **Bauleistungen geringeren Umfanges** handelt. Wann im Einzelfall Bauleistungen geringeren Umfanges gegeben sind, lässt sich nicht generell betragsmäßig oder in Prozentsätzen beantworten. Vielmehr kommt es auf die jeweilige Sachlage an. In der Regel wird man davon ausgehen müssen, dass nur – allerdings unentbehrliche – **Neben- oder Hilfsarbeiten** von geringer Bedeutung und von verhältnismäßig nicht allzu großem, für sich selbstständigem Wert in Betracht kommen können (z.B. das Stemmen von Löchern oder Schlitzen für Leitungsrohre in einem gleichzeitig errichteten Rohbau). Schwieriger ist die Abwägung, wenn die Stundenlohnarbeiten nicht als Nebenarbeiten (so genannte angehängte Stundenlohnarbeiten) innerhalb eines größeren Auftrages, sondern als solche allein durchgeführt werden sollen. Dann werden im Allgemeinen nur Arbeiten von wirklich geringem Umfang und Wert in Betracht kommen können, für die sich z.B. eine Ausschreibung nicht lohnen würde, wie etwa kleinere Reparaturen. Allerdings können vereinzelt und ausnahmsweise auch größere Arbeiten für sich als Stundenlohnarbeiten in Betracht kommen, sofern dafür sachgerecht, d.h. vom letztlich maßgebenden Gesichtspunkt der Angemessenheit, eine Vergütung nur nach Stundenlöhnen gerechtfertigt ist, wie dies z.B. für Nachbesserungsarbeiten durch eine Drittfirma unter den Voraussetzungen von § 13 Nr. 5 Abs. 2 VOB/B gelten kann.

2. Vorwiegend Lohnkosten

Selbst wenn nach dem Gesagten die Voraussetzungen erfüllt sind, kommt als **zweites Erfordernis** für die Vergabe nach Stundenlohnvergütung hinzu, dass diese **Arbeit vorwiegend Lohnkosten** verursacht. Das ist eine ganz erhebliche Einschränkung, da hier für den Unternehmer der Lohnaufwand das maßgebliche Kriterium seiner Tätigkeit sein muss. Das ist der Fall, wenn die übrigen Kosten, z.B. für Planung, insbesondere Baustoffe, Baustelleneinrichtung usw., insgesamt weniger als 50% ausmachen, während die Lohnkosten für sich allein diesen Prozentsatz überschreiten.

VOB/A § 5 Leistungsvertrag, Stundenlohnvertrag, Selbstkostenerstattungsvertrag

II. »Angehängte« und »selbstständige« Stundenlohnarbeiten

29 **Stundenlohnverträge** können in zweierlei Hinsicht in Betracht kommen. So können sie zusätzlicher **Teil eines** dem Auftragnehmer in der Hauptsache nach Leistungsgrundsätzen erteilten **Gesamtauftrages** sein, wobei der Hauptteil des Auftrages nach Einheitspreisen oder nach Pauschalsätzen abzurechnen ist. Gerade mit größeren Bauverträgen sind oft gewisse Nebenarbeiten mit überwiegenden Lohnkosten verbunden, die unter die Voraussetzungen einer Stundenlohnvergütung fallen. Sie werden im Leistungsverzeichnis in der Regel am Schluss aufgeführt, und zwar als besondere Positionen. Die so zu Stande kommenden Stundenlohnvereinbarungen werden vielfach als »**angehängte Stundenlohnarbeiten**« (vgl. *Dähne* FS Jagenburg S. 97) **bezeichnet.** Regelmäßig wird dabei der ausdrückliche oder sinngemäße Zusatz benutzt »für Unvorhergesehenes«, »nach Bedarf« oder »auf besondere Anordnung«. Durch die Aufnahme derartiger Arbeiten versucht der Auftraggeber Leistungen zu erfassen, die im Leistungsverzeichnis nicht beschrieben worden sind, um sich so vor Nachtragsaufträgen zu schützen. Er erreicht dadurch eine Vergütungsbasis für ungewisse Mehrleistungen (*Dähne* FS Jagenburg S. 100). **Stundenlohnarbeiten können aber auch** »**selbstständig**« **sein** (vgl. *Dähne* FS Jagenburg S. 98), und zwar dann, wenn nur Stundenlohnarbeiten vergeben werden und das Leistungsverzeichnis – wenn es überhaupt vorliegt – weitere und auf einer anderen Basis abzurechnende Arbeiten nicht vorsieht.

Dies wird auch in Nr. 2.2 VHB zu § 5 VOB/A zum Ausdruck gebracht:

»*2.2 Stundenlohnarbeiten, die ohne Verbindung mit Leistungsverträgen vergeben werden, sind selbstständige Stundenlohnarbeiten. In Verbindung mit Leistungsverträgen sind es angehängte Stundenlohnarbeiten.*«

III. Ausdrückliche vorherige Vereinbarung

30 Woraus im Einzelnen der Stundenlohn besteht, wie er abgerechnet wird und welche Voraussetzungen sonst nach einem abgeschlossenen Vertrag für den Eintritt gewisser Rechte oder Folgen gegeben sein müssen, ist im Einzelnen in § 15 VOB/B geregelt. Wichtig ist insbesondere für den Unternehmer § 2 Nr. 10 VOB/B, wonach **Stundenlohnarbeiten nur vergütet** werden, wenn sie **vor** ihrem **Beginn** als solche **ausdrücklich vereinbart** worden sind. Dies darf nicht dahin gehend missverstanden werden, dass es immer richtig sei, unabhängig von dem Abschluss des Bauvertrages eine Vergütung nach Stundenlöhnen erst vor Arbeitsbeginn zu vereinbaren. Vielmehr ist die ausdrückliche Absprache der Vergütung nach Stundenlöhnen grundsätzlich ebenso wesentlicher Bestandteil für die zur Vertragsgültigkeit notwendige übereinstimmende Willensbekundung der Partner bei Eingehung des Bauvertrages, wie das auch hinsichtlich der Pauschalvergütung oder hinsichtlich der Vergütung auf der Grundlage der Selbstkostenerstattung der Fall zu sein hat. Sie muss also grundsätzlich als solche schon im Bauvertrag festgelegt und bezeichnet werden. Ausnahmsweise kann aber die Stundenlohnvergütung noch später nach Vertragsschluss vereinbart werden, wie die angeführte Bestimmung aus Teil B zeigt. Um spätere Streitigkeiten zu vermeiden, sollte man das allerdings nur in Ausnahmefällen tun.

IV. Wettbewerbsgrundsatz; Bekanntgabe von Verrechnungssätzen

31 **Wesentlich** ist, dass für Stundenlohnverträge gleichermaßen der **Wettbewerbsgrundsatz** gilt wie für Bauverträge, bei denen für die Vergütung das Leistungsprinzip (Einheits- oder Pauschalpreis) ausschlaggebend ist. Dies kommt so auch in Nr. 2.1 VHB zu § 5 VOB VOB/A deutlich zum Ausdruck. Gerade hier muss für den Auftraggeber eine hinreichende Gewähr geboten sein, dass er den geeignetsten Bieter auswählt, wofür Voraussetzung ist, dass er die Zusammensetzung der angebotenen **Verrechnungssätze** hinreichend vor Vergabe prüfen kann. Daher bestimmt hierzu **Nr. 2.3 VHB zu § 5 VOB/A** zu Recht:

Leistungsvertrag, Stundenlohnvertrag, Selbstkostenerstattungsvertrag § 5 VOB/A

»Sollen Stundenlohnarbeiten auf Grund eines Wettbewerbs vergeben werden, sind die Bieter aufzufordern, Verrechnungssätze anzubieten, in denen unaufgegliederte Lohn- und Gehaltskosten, Lohn- und Gehaltsnebenkosten, Sozialkassenbeiträge, Gemeinkostenanteile und Gewinn enthalten sind. Die Verrechnungssätze (€/Stunde) sind nach Berufs-, Lohn- und Gehaltsgruppen getrennt zu fordern.

Tarifliche Zuschläge für Mehr-, Nacht-, Sonntags- und Feiertagsarbeiten sind in die Verrechnungssätze nicht einzubeziehen, sondern gesondert nachzuweisen. Für Mehrarbeit fallen zusätzlich die Sozialkosten in voller Höhe, für Nacht-, Sonntags- und Feiertagsarbeit nur die Beiträge zur gesetzlichen Unfallversicherung an. Die voraussichtlich erforderliche Stundenzahl ist anzugeben.«*

Des Weiteren heißt es in **Nr. 2.4**:

»Der Verrechnungssatz gilt unabhängig von der Anzahl der abgerechneten Stunden. § 2 Nr. 3 VOB/B gilt insoweit nicht (vgl. Nr. 7.2 EVM [B] ZVB/E, Nr. 2.3 EVM [Z] ZVB).«

Außerdem ist in **Nr. 2.5** ausgeführt:

»Soweit für die Vergütung von Stoffkosten keine Vereinbarungen getroffen worden sind, sind diese vom Auftragnehmer mit ihrem Einstandspreis zuzüglich angemessener Zuschläge für Gemeinkosten und Gewinn nachzuweisen.«

H. Selbstkostenerstattungsverträge (Nr. 3)

Während nach den Regeln der VOB/A die Vergütung nach Stundenlöhnen nur bei Bauleistungen geringeren Umfanges in Betracht kommt, ist bei Bauleistungen **größeren Umfanges** eine Ausnahme vom Grundsatz des vorher hinsichtlich der Vergütung genau festliegenden Leistungsvertrages auf der Basis der Erstattung von Selbstkosten des Auftragnehmers möglich. Der **Selbstkostenerstattungsvertrag** muss eine **wirkliche Ausnahme** bleiben, weil er **noch weniger** als der Stundenlohnvertrag einen jedenfalls bei Vertragsschluss eindeutig bewertbaren Ausgleich zwischen einem zweifelsfrei feststellbaren Marktwert der Leistung des Unternehmers und der Gegenleistung des Auftraggebers darstellt. Die Bemessung der Vergütung geht auch hier nicht von dem Leistungswert als solchem aus, sondern von dem **Gesamtaufwand des Unternehmers,** und zwar aus nachträglicher Sicht. Es ist ferner zu bedenken, dass die Arten, der Umfang und die Höhe der Einzelbestandteile, die die Selbstkosten ausmachen, praktisch bei jedem Auftragnehmer **verschieden** sind, da sie von der Gestaltung des Betriebes und der konkreten Wirtschaftsführung abhängig sind, sich aber kaum auf einen allgemein gültigen objektiven Nenner bringen lassen. Es lässt sich nicht leugnen, dass diese Art der Bemessung der Vergütung dem Unternehmer die Möglichkeit gibt, die angeblichen Selbstkosten auf diese oder jene Weise zu »erhöhen« und damit einen verschleierten sowie schwer nachprüfbaren Gewinn zu erzielen. Andererseits kann es aber auch sein, dass der Auftragnehmer dadurch einen Schaden erleidet, dass er nicht alle Selbstkosten erfassen kann oder erfasst und dadurch einen auf der Basis der Selbstkosten beruhenden Bauvertrag mit nicht unerheblichem Verlust abschließt. Letztlich dient es daher dem Interesse beider Vertragspartner, **von** einem Bauvertrag nach **Selbstkostenerstattung Abstand** zu nehmen. Jedenfalls setzt ein Selbstkostenerstattungsvertrag ganz erhebliches beiderseitiges Vertrauen der Vertragspartner voraus.

I. Ausnahmecharakter

Die VOB hat auch dem **Selbstkostenerstattungsvertrag** eine ganz untergeordnete Bedeutung mit **Ausnahmecharakter** gegeben. Außerdem sind für dessen Zulässigkeit ganz **eingeschränkte Voraussetzungen** festgelegt worden, bei deren richtiger und sorgfältiger Anwendung es **nur ganz selten** zu einem Vertragsschluss mit Vergütung der Bauleistung nach Selbstkosten kommen dürfte. Es muss sich um **Bauleistungen größeren Umfanges** handeln, die vor der Vergabe **nicht** so eindeutig und

32

33

erschöpfend bestimmt werden können, dass eine **einwandfreie Preisermittlung möglich** ist. Dabei genügt nicht lediglich die Feststellung, zurzeit sei die Leistung nicht genau bestimmbar, sondern es ist weiter die aus objektiver Sicht nachprüfbare Überzeugung notwendig, dass diese Bestimmbarkeit auch nicht unter Einsatz aller vorhandenen zumutbaren Mittel herbeigeführt werden kann. Es wird also z.B. nicht ausreichen, dass nicht feststeht, welcher Baugrund vorhanden ist (evtl. Fließsand, kontaminierter Boden), sondern es muss hinzukommen, dass die zur Ermittlung der wahren Verhältnisse führenden Untersuchungen entweder derzeit aus technischen Gründen (wie z.B. Auswechseln der Fundamente bei laufendem Betrieb, durchgebrochene Deiche, zur Verfügung stehende Prüfungsmöglichkeiten) nicht möglich sind oder dass die hierfür einzusetzenden Mittel die Grenze des Zumutbaren übersteigen. Auch kann es sein, dass eine Klärung der wahren Gegebenheiten nicht jetzt, aber in absehbarer Zeit möglich ist. In diesen Fällen wird es für den Auftraggeber als zumutbar gelten können, mit der Vergabe bis dahin zu warten, es sei denn, dass **besondere Gründe** zu einer vorzeitigen Vergabe und zum Baubeginn zwingen, wie z.B. eine Termingebundenheit oder die Beseitigung einer Notlage usw. Als Termingebundenheit dürfte es für Behörden nicht genügen, dass das Bauvorhaben finanziell in einem bestimmten Etatjahr unterzubringen ist; denn die Verwendung öffentlicher Gelder erfordert gerade im Bauwesen eine ganz **besondere Sorgfalt,** der in der Regel durch rechtzeitige und sorgfältige Planung in allen Einzelheiten Genüge getan werden kann und muss.

II. Nachträglicher Übergang zum Leistungsvertrag

34 Gerade wegen der Gefahren, die ein Selbstkostenerstattungsvertrag mit sich bringen kann, sieht § 5 Nr. 3 Abs. 3 S. 1 VOB/A vor, dass noch ein **Leistungsvertrag** abgeschlossen werden soll, **wenn während der Bauausführung** eine **einwandfreie Preisermittlung** möglich wird. Diese Voraussetzung ist gegeben, wenn während der Bauausführung die Leistungen eindeutig und erschöpfend bestimmt werden können, wie das nach Nr. 1a oder b notwendig ist. Die VOB will also durch diesen Hinweis zum Ausdruck bringen, dass ein **Selbstkostenerstattungsvertrag auch nach Vertragsschluss nur so lange Gültigkeit haben soll, wie das nach den Umständen unbedingt notwendig ist.** Es bleibt aber Folgendes festzuhalten: Ein einmal auf der Grundlage der Selbstkostenerstattung abgeschlossener Bauvertrag bindet die Vertragspartner dergestalt, dass seine spätere **Abänderung nicht einseitig** von diesem oder jenem Vertragspartner vorgenommen werden kann. Vielmehr ist eine **übereinstimmende Willenserklärung beider Teile** (des Auftragnehmers und des Auftraggebers) notwendig, um die Änderung herbeizuführen. Es empfiehlt sich dringend, **im Bauvertrag** von Anfang an eine **Klausel aufzunehmen,** wonach **beide Partner verpflichtet sind,** eine Vertragsänderung zum Einheitspreisvertrag oder zum Pauschalvertrag hin vorzunehmen, wenn die tatsächlichen Voraussetzungen hierfür gegeben sind. Insofern wird dann jedem Partner ein klagbares Recht gegen den anderen auf Einwilligung zur Vertragsänderung eingeräumt, u.U. auch ein Recht zur Kündigung des Vertrages aus wichtigem Grund, wenn sich der Vertragspartner ohne hinreichenden Grund weigert, sich auf die Vertragsänderung einzulassen. Jedenfalls bleibt die Umwandlung des Vertrages im Ergebnis problematisch. Denn auch die Einzelheiten eines Leistungsvertrages, d.h. die hierauf aufgebaute Preisgestaltung, bedürfen einer übereinstimmenden Willensbekundung der Vertragsparteien, um zu einer neuen Preisabsprache zu kommen, die letztlich aus praktischen Gründen mit einer Klage kaum erzwingbar sein dürfte, es sei denn, man überlässt die Bestimmung dem Gericht oder einem sonstigen Dritten (§ 317 BGB). Einigen sich die Partner nicht auf die Preise eines Leistungsvertrages, wird man nur in Ausnahmefällen von einer **Änderung oder einem Wegfall der Geschäftsgrundlage** sprechen können, wodurch die Anpassung an die wirklichen Gegebenheiten oder notfalls die Auflösung des gesamten Bauvertrages bewirkt werden könnte. Häufig wird es bei dem bisherigen Vertrag auf der Basis der Selbstkostenerstattung bleiben müssen. Da dies zu unerfreulichen wirtschaftlichen Ergebnissen führen kann, mag es im Einzelfall gerechtfertigt sein, im Bauvertrag ein **gesondertes Kündigungs- oder Rücktrittsrecht** der Partner vom ganzen Vertrag zu vereinbaren für den

Fall, dass eine Einigung bei der Umwandlung der Art der Gegenleistung nicht erzielt wird. Da eine solche Kündigungsklausel nach dem Gesagten eine in der VOB/B sonst nicht vorgesehene vertraglich fixierte Verpflichtung im Einzelfall voraussetzt, einer Umwandlung des Vertrages in einen Leistungsvertrag zuzustimmen, sobald die Voraussetzungen nach § 5 Nr. 3 Abs. 2 S. 1 VOB/A gegeben sind, handelt es sich um eine vertraglich besonders ausgestaltete Kündigung mit der Folge, dass die bisher erbrachten Leistungen auf der Basis der Selbstkostenerstattung abzurechnen sind, im Allgemeinen aber darüber hinausgehende gegenseitige Ansprüche nicht bestehen, es sei denn, das Verhalten des sich sperrenden Partners stellt sich als eine schuldhafte Vereitelung des Vertragszweckes dar (a.A. *Heiermann/Riedl/Rusam* § 5 VOB/A Rn. 31; wie hier: Beck'scher VOB-Komm./*Motzke* § 5 Rn. 168). Man wird es auch für vertretbar halten können, in den Bauvertrag eine Bestimmung aufzunehmen, dass der Auftraggeber seine Zustimmung zu den später vom Auftragnehmer geforderten Einheitspreisen nur versagen kann, wenn hierfür ein wichtiger Grund gegeben ist, und zwar im Hinblick auf die Unangemessenheit der neuen Preisforderungen.

Die Beweislast dafür, dass die Voraussetzungen für die Umwandlung des Preises gegeben sind, hat diejenige Vertragspartei, die sich darauf beruft. **35**

Es ist selbstverständlich, dass für die **Umwandlung vom Selbstkostenerstattungsvertrag zum Leistungsvertrag** alle Voraussetzungen erfüllt sein müssen, die an einen Leistungsvertrag dieser oder jener Art zu stellen sind. Vor allem ist für den Einheitspreisvertrag ein genaues, nach § 9 Nr. 5 bis 9 VOB/A ausgerichtetes Leistungsverzeichnis mit Einzelpreisen aufzustellen, während es beim Pauschalvertrag hinreichend ist, wenn in die Leistungsaufstellung, die auch hier ins Einzelne gehen muss, die Pauschalpreise oder der Pauschalpreis eingesetzt werden. Nach § 5 Nr. 3 Abs. 3 S. 2 VOB/A ist bei der Umwandlung vom Selbstkostenerstattungsvertrag in einen Leistungsvertrag auf eine klare Leistungsabgrenzung zu achten, wenn das bisher Geleistete nicht in den Leistungsvertrag mit aufgenommen wird. Es ist eine scharfe Trennung zu ziehen, die entweder in Einzelheiten im neuen Vertrag festgelegt werden muss oder die jedenfalls durch das für den Leistungsvertrag maßgebliche Leistungsverzeichnis ausgewiesen wird. Was dann nicht im Leistungsverzeichnis erscheint, aber auf Grund eindeutiger Unterlagen als zur Zeit der Abänderung des Bauvertrages fertig gestellt gilt, muss nach Selbstkosten abgerechnet werden. Es ist dringend zu empfehlen, auf einer eindeutigen, ins Einzelne gehenden Festlegung des Leistungsbestandes, insbesondere in schriftlicher Form, zu bestehen, wobei hinsichtlich bestimmter Einzelleistungen auch ein Aufmaß vorzunehmen sein wird, um nicht etwa später notwendige Beweismittel zu entbehren. Dabei ist insbesondere zu berücksichtigen, dass die Berechnungsart nach Selbstkosten von der nach Leistung – sei es nach Einheitspreisen, sei es nach Pauschalpreisen – in ihrer Grundlage derart verschieden ist, dass es unmöglich ist, zwischen beiden eine Kombination zu finden, die eine befriedigende Gesamtpreisgestaltung ermöglichen würde. **36**

III. Selbstkosten und Gewinnsatz

Die Forderungen des Unternehmers, die im Rahmen eines Selbstkostenerstattungsvertrages in Ansatz gebracht werden können, sind in § 5 Nr. 3 Abs. 2 VOB/A dargelegt. Demnach ist einmal zu unterscheiden zwischen den **Selbstkosten** im eigentlichen Sinne **und** dem hierauf aufgebauten **Gewinnsatz** (zum Begriff der Selbstkosten im eigentlichen Sinne vgl. § 2 VOB/A Rn. 14 ff.). Insofern fällt unter Selbstkosten, was von Seiten des Unternehmers an Aufwand (Lohn, Material, Kosten der Baustelle, allgemeine Geschäftskosten) erforderlich ist, um die Bauleistung vertragsgemäß erbringen zu können. Beim Vertragsschluss ist weiter festzulegen, wie die einzelnen Posten der Selbstkosten zu vergüten sind. Das bedeutet, dass diese in ihren Höhen bestimmt werden müssen. Dies gilt auch für die Deckungsbeiträge (allgemeine Geschäftskosten, Wagnis und Gewinn). Es ist ratsam, die sich hieraus ergebenden Zahlen im Bauvertrag festzulegen oder jedenfalls eine entsprechende Aufstellung zu dessen Anlage zu machen, um sie als Richtpunkte für die spätere Abrechnung zu haben. **37**

J. Der GMP-Vertrag

I. Wesen des GMP-Vertrages

38 Der in Teil A der VOB nicht geregelte Bauvertrag mit einer GMP-Preisabrede (»guaranteed maximum price«) ist ein in den Vereinigten Staaten gängiges Vertragsmodell, das in Einzelfällen auch in Deutschland unter der Bezeichnung »**garantierter Maximalpreisvertrag**« Anwendung findet. Gewählt wird dieser Vertragstyp überwiegend bei Großprojekten mit einer mehrjährigen Laufzeit, die einen noch unvollständigen Planungsstand aufweisen. Beim GMP-Vertrag wird der Generalunternehmer vom Bauherrn bereits zu einem Zeitpunkt beauftragt, in dem die Bauplanung erst in geringem Umfang vorhanden ist. Fest stehen zu diesem Zeitpunkt in der Regel die Lage, die Gebäudeart und die geplante Nutzung. Die frühzeitige Einbeziehung des Generalunternehmers in der Planungsphase soll es ermöglichen, das Know-how des Generalunternehmers bei der noch zu vervollständigenden Planung zu nutzen und damit die bei der anschließenden Bauausführung anfallenden Kosten zu verringern und für den Bauherrn kalkulierbar zu machen (*Biebelheimer/Wazlawik* BauR 2001, 1639, 1640).

39 Nach Einholung mehrerer Angebote bestimmt der Bauherr einen Generalunternehmer, mit dem er in Verhandlungen über den Abschluss eines Vertrages für Planungs- und Beraterleistungen eintritt. In diesen Vertrag wird eine Option für die weitere Zusammenarbeit und entsprechende Modalitäten für die Ausführungsphase aufgenommen (*Oberhauser* BauR 2000, 1397, 1399). In der sich diesem Stadium anschließenden Planungsphase arbeitet der Generalunternehmer mit Vertretern des Bauherrn und Architekten an der Gestaltung des Objektes zusammen und bringt seine Erfahrungswerte im Kosten-, Termin- und Ausführungsbereich ein (*Oberhauser* BauR 2000, 1397, 1399). Für diese Tätigkeit erhält der Generalunternehmer ein gesondertes Honorar. Ist die Planung hinreichend weit fortgeschritten und sind die wesentlichen Projektdaten ermittelt, wird vom Generalunternehmer der garantierte Maximalpreis vorgeschlagen, den der Bauherr ablehnen oder annehmen kann. Der Maximalpreis wird kalkuliert auf der Basis der voraussichtlichen Herstellungskosten, den Deckungsbeiträgen (allgemeine Geschäftskosten, Zuschlag für Wagnis und Gewinn) und dem Risikozuschlag, der sich daraus ergibt, das die Planung noch nicht vollständig ist und deshalb alle erforderlichen Positionen noch nicht erfasst werden können (*Oberhauser* BauR 2000, 1401).

40 Lehnt der Bauherr den vorgeschlagenen Preis ab, weil er seinen Vorstellungen oder seinen finanziellen Möglichkeiten nicht entspricht, sucht er einen neuen Partner. Der ausgeschiedene Partner erhält für seine bisherige Tätigkeit das vereinbarte Honorar. Je nachdem, inwieweit Planungsleistungen vom ausgeschiedenen GMP-Partner erbracht wurden, kann es angezeigt sein eine Vereinbarung über das Urheberrecht des ausgeschiedenen GMP-Partners zu treffen (*Oberhauser* BauR 2000, 1399).

II. Nachunternehmerleistungen

41 Verständigen sich Bauherr und Generalunternehmer über den garantierten Maximalpreis, ist es Aufgabe des Generalunternehmers, bei der Vergabe der Nachunternehmerleistungen mit dem Bauherrn zusammenzuarbeiten. Ein Grundprinzip des GMP-Vertrages ist eine strikte Trennung zwischen Bauleistungen, die der Generalunternehmer selbst zu erbringen hat, und Bauleistungen, die von Nachunternehmern zu erbringen sind. Die Nachunternehmerleistungen berechnet der Generalunternehmer dem Bauherrn als »durchlaufenden Posten«, also ohne GU-Zuschlag. Diese Berechnung als durchlaufender Posten erfordert eine Beteiligung des Bauherrn bei der Preisfindung und der Beauftragung des Nachunternehmers, um für ihn eine Kostentransparenz zu gewährleisten (*Grünhoff* NZBau 2000, 313, 315). Der Bauherr muss darüber hinaus die Gelegenheit haben, jederzeit alle die Tätigkeiten der Nachunternehmer betreffenden Geschäftsvorgänge zu prüfen, um frühzeitig Informationen über die Kostenentwicklung des Projekts zu erhalten (*Grünhoff* NZBau 2000, 313, 315). Die Prinzipien des GMP-Vertrages können mithin wie folgt definiert werden: gemeinsame Entwicklung des noch offenen Bausolls, Trennung der Eigenleistungen von den Nachunternehmerleistungen, Zusammenarbeit bei Planung und Vergabe zur Erreichung eines beiderseitigen wirtschaftlichen Vorteils.

III. Vergütung des Generalunternehmers

Die Vergütung des Generalunternehmers setzt sich zusammen aus dem Vergütungsanspruch für die von ihm ausgeführten Bauleistungen, einer Vergütung für Planungs- und Regieleistungen, einer Erstattung der Kosten der Nachunternehmerleistungen und einem Bonus. Das ist ein Betrag, den der Generalunternehmer dann erhält, wenn er das Bauvorhaben kostengünstiger ausführt und den garantierten Maximalpreis unterschreitet. In dieser von Grünhoff (NZBau 2000, 313, 315) als Kernstück der Vergütungsvereinbarung bezeichneten Bonusregelung liegt der wirtschaftliche Reiz dieses Vertragstyps. Wird das Bauvorhaben exakt zu dem garantierten Maximalpreis ausgeführt, beschränkt sich der Gewinn des Generalunternehmers auf den im Maximalpreis kalkulierten Gewinn. Der Bauherr erzielt dann nur die mit der frühen Einschaltung des Generalunternehmers verbundenen Vorteile. Liegen die Baukosten über dem garantierten Maximalpreis, hat der Generalunternehmer die Differenz zu tragen. Beweist der Generalunternehmer aber Geschick in den Verhandlungen mit Lieferanten und Nachunternehmern, vor allem auch bei der Frage, ob Nachtragsforderungen von Nachunternehmern gerechtfertigt sind, und erreicht er dadurch, dass der garantierte Maximalpreis unterschritten wird, kommt er in den Genuss der Bonusleistung und der Bauherr zu einem niedrigeren Preis, da der Bonus nicht die gesamte Differenz zwischen tatsächlichem Preis und garantiertem Maximalpreis abdeckt. Wie der Bonus zu berechnen ist, bleibt den Vertragsverhandlungen zwischen Bauherr und Generalunternehmer vorbehalten. Am gerechtesten erscheint eine Bonusregelung auf der Basis des Saldos aus den einzelnen Budgets (so auch *Oberhauser* BauR 2000, 1407).

IV. Bausoll

Problematisch beim GMP-Vertrag ist die Bestimmung des Bausolls. Da Hauptanwendungsbereich des GMP-Vertrages Bauprojekte mit baubegleitender Planung sind, wird der garantierte Maximalpreis zu einem Zeitpunkt vereinbart, in dem das Bausoll nicht vollständig feststeht. Es stellt sich deshalb die Frage, für welche Bauleistung der Maximalpreis garantiert wird. Die Garantie wird man, wie Thierau (FS Jagenburg S. 905; siehe auch *Oberhauser* BauR 2000, 1408; a.A. *Grünhoff* NZBau 2000, 316) zutreffend dargelegt hat, nur auf die Leistungen beziehen können, die für die Verwirklichung des geplanten Projekts erforderlich sind, während der Preis nicht garantiert wird für unerwartete nachträgliche Bausoll-Änderungen, etwa Brandschutzauflagen, die nicht dem Risikobereich der unvollständigen Planung zuzurechnen sind. Derartige Änderungen des Leistungsinhalts führen zu einer linearen Anhebung des garantierten Maximalpreises bei Beibehaltung der Bonusregelung (*Grünhoff* NZBau 2000, 316; *Oberhauser* BauR 2000, 1409).

§ 5b
Rahmenvereinbarung

1. Eine Rahmenvereinbarung ist eine Vereinbarung mit einem oder mehreren Unternehmern, in der die Bedingungen für die Aufträge festgelegt werden, die im Laufe eines bestimmten Zeitraums vergeben werden sollen, insbesondere über den in Aussicht genommenen Preis und gegebenenfalls die in Aussicht genommene Menge.
2. (1) Rahmenvereinbarungen können als Auftrag im Sinne dieser Vergabebestimmungen angesehen werden und aufgrund eines Verfahrens nach § 3b Nr. 1 abgeschlossen werden.

(2) Ist eine Rahmenvereinbarung in einem Verfahren nach § 3b Nr. 1 abgeschlossen worden, so kann ein Einzelauftrag aufgrund dieser Rahmenvereinbarung nach § 3b Nr. 2 Buchstabe g ohne vorherigen Aufruf zum Wettbewerb vergeben werden.
(3) Ist eine Rahmenvereinbarung nicht in einem Verfahren nach § 3b Nr. 1 abgeschlossen worden, so muss der Vergabe des Einzelauftrags ein Aufruf zum Wettbewerb vorausgehen.

3. **Rahmenvereinbarungen dürfen nicht dazu missbraucht werden, den Wettbewerb zu verhindern, einzuschränken oder zu verfälschen.**

Inhaltsübersicht
Rn.

A. Begriff der Rahmenvereinbarung (§ 5b Nr. 1 VOB/A)	2
B. Zulässigkeit von Rahmenvereinbarungen (§ 5b Nr. 2 VOB/A)	5
I. Verfahren nach § 3b Nr. 1 VOB/A	6
II. Einzelauftrag	7
III. Aufruf zum Wettbewerb	8
C. Missbrauchsverbot (§ 5b Nr. 3 VOB/A)	9

1 § 5b VOB/A befasst sich mit einer besonderen vertraglich einzuordnenden Vereinbarung, die bei Bauvergaben auf der Grundlage der EG-Sektorenrichtlinie eine Rolle spielen kann, nämlich der Rahmenvereinbarung. Eine solche hat weder in den Basisparagraphen noch in den a-Paragraphen ihren Niederschlag gefunden, so dass die Annahme gerechtfertigt ist, dass sie im Wesentlichen nur bei öffentlichen Bauvergaben im Bereich der hier angesprochenen Bausektoren eine regelungsbedürftige »Sonderform« ist. Dazu werden Inhalt und mögliche Tragweite einer solchen Vereinbarung in Nr. 1 umschrieben. In Nr. 2 sind die näheren Voraussetzungen für eine Rahmenvereinbarung aus dem Gesichtspunkt ordnungsgemäßen Vergabewettbewerbs näher festgelegt. Dazu dient auch Nr. 3, durch die vor dem Missbrauch des Wettbewerbs durch den Abschluss von Rahmenvereinbarungen gewarnt wird.

A. Begriff der Rahmenvereinbarung (§ 5b Nr. 1 VOB/A)

2 Hier ist festgelegt, dass eine **Rahmenvereinbarung des Auftraggebers mit einem oder mehreren Unternehmern** in der Weise abgeschlossen werden kann, dass darin **die Bedingungen für die Aufträge festgelegt werden, die im Laufe eines bestimmten Zeitraums vergeben werden sollen, insbesondere über den in Aussicht genommenen Preis und gegebenenfalls die in Aussicht genommene Menge.** Daraus folgt zunächst, dass eine Rahmenvereinbarung zwischen Auftraggeber und einem oder mehreren Unternehmern **nur die wesentlichen Vereinbarungen** für innerhalb eines bestimmten Zeitraums **noch abzuschließende,** von dem Rahmen erfasste Einzelverträge darstellt. Insofern handelt es sich um eine Option, von der der Auftraggeber später Gebrauch machen kann, aber nicht muss (vgl. auch *Heiermann/Müller/Franke* Kommentar zur VOB/A-SKR § 4 SKR Rn. 6 f.). Immerhin ist auch der Rahmenvertrag für die Zukunft eine **bindende Vereinbarung,** und zwar **soweit die dort getroffenen Absprachen im Einzelnen reichen.** Diese **gelten auch** für die **innerhalb seiner Geltungsdauer abgeschlossenen Einzelverträge** zwischen denselben Vertragspartnern. Besonders wichtig für die bindende Wirkung einer Rahmenvereinbarung ist es, dass sie **nur einen Zeitraum erfasst, der eindeutig hinsichtlich Anfang** (im Allgemeinen Abschluss der Vereinbarung) **und Ende festgelegt** ist. Dabei ist der Rahmenvertrag **keineswegs immer** mit dem so genannten **Zeitvertrag** identisch. Möglich ist es, dass ein Zeitvertrag ein Rahmenvertrag in dem hier angesprochenen Sinne ist. Denkbar ist aber auch ein Zeitvertrag, der **für seine Dauer endgültig als Einzelvertrag abgeschlossen ist und sämtliche Bedingungen enthält, ohne dass ihm eine Rahmenvereinbarung sozusagen vorgelagert ist.** Ein Zeitvertrag fällt demnach nur unter die hier besprochene Regelung, wenn er mit der erörterten Rahmenvereinbarung vergleichbar ist.

Neben der hinreichend klaren Festlegung des Zeitraums, innerhalb dessen nach dem Rahmen ausgerichtete Einzelverträge abgeschlossen werden können, muss die Rahmenvereinbarung inhaltliche **Mindestabsprachen** enthalten, **nach denen die Einzelverträge ausgerichtet werden sollen.** Also muss die Vereinbarung auch einen Verpflichtungsinhalt – und -umfang – in dieser Hinsicht haben. Hiernach sind gemäß der Regelung in § 5b Nr. 1 VOB/A die **Bedingungen** im Rahmen **verbindlich festzulegen, die für die späteren Einzelaufträge in gleicher Weise gelten sollen.** Das gilt umso mehr, als sich der spätere Auftragnehmer leistungsbereit halten muss. Um welche Bedingungen es sich im Einzelfall handeln kann bzw. muss, ist **nicht näher umschrieben.** Vielmehr sind dort nur nach aller Erfahrung **durchweg wesentliche Punkte** (»insbesondere«) genannt, aber auch das nur beispielhaft. Das gilt einmal für den **in Aussicht genommenen Preis.** Dabei ergibt sich aus dieser Formulierung (»in Aussicht genommenen«), dass es sich hier keinesfalls schon um die endgültigen Preise für die späteren Einzelaufträge handeln soll und wohl auch nicht kann, zumal bei Rahmenvereinbarungen oftmals nicht die Preisentwicklung vorhersehbar ist, die während ihrer Dauer eintreten kann. Daher dürfte es genügen, die Berechnungsart (Einheitspreise, Pauschalen, Stundenlöhne), evtl. auch Richtpreise, bei Stundenlohnarbeiten Stundenlohnverrechnungssätze, eine Höchstzahl zu leistender Stunden usw. anzugeben. Falls endgültige Preise angegeben werden sollen, dürfte es angebracht sein, unter den Voraussetzungen von § 15 VOB/A in die Rahmenvereinbarung eine Lohn- und/oder Materialpreisgleitklausel aufzunehmen, was selbstverständlich grundsätzlich für längerfristige Verträge gilt. **Ähnlich** verhält es sich mit der in § 5b Nr. 1 VOB/A weiter erwähnten **Angabe in der Rahmenvereinbarung, nämlich der in Aussicht genommenen Menge.** Das spielt dort eine Rolle, wo bestimmtes Material oder bestimmte Materialarten benötigt werden und der Rahmen der Vereinbarung **leistungsmäßig abgesteckt** ist. Hier geht es vor allem darum, dem Unternehmer oder den Unternehmern in etwa den Bedarf aufzuzeigen, damit sie in der Lage sind, rechtzeitig und sachgerecht Vorsorge für die Beschaffung des Materials, je nach seiner Beschaffenheit und vor allem der Menge zu treffen. Sinnvoll ist es, in der Rahmenvereinbarung das betreffende Objekt zu bezeichnen, auf welches diese sich erstrecken soll (z.B. Oberleitungen, Starkstrommasten). Was ansonsten in die Rahmenvereinbarung aufgenommen werden kann bzw. soll, bestimmt sich nach den **Gegebenheiten des Einzelfalls. Voraussetzung** ist hier, dass es sich um Regelungen handelt, die **zumindest im Allgemeinen bei den später abzuschließenden Einzelverträgen in gleicher oder davon nicht wesentlich abweichender Weise wiederkehren.** Insoweit kann es sich um Bedingungen zu gestalterischen sowie insbesondere funktionsbedingten Gesichtspunkten, die voraussichtliche Nutzungsdauer der in Betracht kommenden Leistungen, die Ausführungsfristen, das Erfordernis bestimmter Sicherungsvorkehrungen, den Einsatz bestimmter Geräte, das Erfordernis der Bereitstellung qualifizierten Personals usw. handeln.

Wenn es in Nr. 1 heißt, dass die Rahmenvereinbarung mit einem Unternehmer **oder mehreren Unternehmern** getroffen werden kann, so bedeutet dies, dass sie Unternehmer **mit einbeziehen** kann, mit denen **später getrennte Einzelverträge abgeschlossen werden sollen.** Dies ist dann sinnvoll, wenn und soweit die Rahmenvereinbarung Bedingungen erfasst, die für sämtliche Einzelverträge gleich sind, auch wenn sie mit verschiedenen Unternehmern abgeschlossen werden.

B. Zulässigkeit von Rahmenvereinbarungen (§ 5b Nr. 2 VOB/A)

§ 5b Nr. 2 VOB/A setzt aus dem übergeordneten Grundsatz ordnungsgemäßen Bauvergabewettbewerbs **Grenzen hinsichtlich der Zulässigkeit** von Rahmenvereinbarungen. Diese sind in Abs. 1 bis 3 aufgeführt.

VOB/A § 5b   Rahmenvereinbarung

I. Verfahren nach § 3b Nr. 1 VOB/A

6 Zunächst ist nach § 5b Abs. 1 VOB/A gegen eine Rahmenvereinbarung **nichts einzuwenden, wenn sie auf der Grundlage eines Verfahrens nach § 3b Nr. 1 VOB/A abgeschlossen worden ist,** also entweder im Wege eines Offenen Verfahrens, eines Nichtoffenen Verfahrens oder eines Verhandlungsverfahrens nach vorherigem Aufruf zum Wettbewerb.

II. Einzelauftrag

7 Da dann der **Grundsatz ordnungsgemäßen Vergabewettbewerbs gewahrt** worden ist, gestattet § 5b Abs. 2 VOB/A den **Einzelauftrag,** der der Rahmenvereinbarung folgt, im Wege des Verhandlungsverfahrens **ohne vorherigen Aufruf zum Wettbewerb** zu vergeben. Hier genügt also das bloße Verhandlungsverfahren, um einen nachfolgenden Einzelauftrag ordnungsgemäß zu vergeben.

III. Aufruf zum Wettbewerb

8 **Anders** liegt es, wenn die **Rahmenvereinbarung nicht im Wettbewerbsverfahren nach § 3b Nr. 1 VOB/A zu Stande gekommen ist,** etwa im Wege eines Verhandlungsverfahrens ohne vorherigen Aufruf zum Wettbewerb, obwohl die Voraussetzungen für eine Vergabe nach § 1b VOB/A vorgelegen haben. Dann muss dem zu vergebenden **Einzelauftrag ein Aufruf zum Wettbewerb vorangehen,** wie sich aus § 5b Abs. 3 VOB/A ergibt. Hiernach kann die Vergabe dieses Einzelauftrages zwar im Verhandlungsverfahren nach § 3b Nr. 1c VOB/A erfolgen, aber nur nach Aufruf zum Wettbewerb (vgl. § 17b Nr. 1 Abs. 1 VOB/A).

C. Missbrauchsverbot (§ 5b Nr. 3 VOB/A)

9 Hier ist nochmals deutlich zum Ausdruck gebracht worden, dass **Rahmenvereinbarungen nicht dazu missbraucht werden dürfen, den Wettbewerb zu verhindern, einzuschränken oder zu verfälschen.** Diese Forderung ist schon aus den vorangegangenen Regelungen der Nr. 2 ersichtlich. Auch sonst gilt diese Bestimmung für alle Rahmenvereinbarungen. Sie stellt sich als **generelles Verbot dar, durch Rahmenvereinbarungen den Wettbewerb zu verhindern, einzuschränken oder zu verfälschen. Dies betrifft vor allem den Inhalt und die Tragweite solcher Vereinbarungen** dahin gehend, dass sie dort nicht getroffen werden dürfen, wo der **in § 5b Nr. 1 VOB/A festgelegte zulässige Inhalt einer solchen Vereinbarung überschritten** ist, also auf Bereiche ausgedehnt wird, die ohne zulässigen Eingriff in den Wettbewerb nicht durch die Rahmenvereinbarung angetastet werden dürfen. Vor allem ist es eine Verhinderung oder Verfälschung des Wettbewerbs, in die Rahmenvereinbarung zu Lasten des Unternehmers Bedingungen aufzunehmen, die für diesen später bei wesentlicher Änderung der Verhältnisse **nicht mehr steuerbar** sind, wenn es sich um den Abschluss der Einzelverträge handelt. Daraus ergibt sich zugleich, dass der **Zeitraum,** über den der Rahmenvertrag abgeschlossen werden soll, **nicht zu lang** sein und deswegen den oder die Unternehmer nicht über Gebühr binden darf. Insofern dürften – je nach den Gegebenheiten des betreffenden Falles – die Rahmenverträge kaum länger als 1 bis 2 Jahre andauern.

§ 6
Angebotsverfahren

1. Das Angebotsverfahren ist darauf abzustellen, dass der Bewerber die Preise, die er für seine Leistungen fordert, in die Leistungsbeschreibung einzusetzen oder in anderer Weise im Angebot anzugeben hat.

2. Das Auf- und Abgebotsverfahren, bei dem vom Auftraggeber angegebene Preise dem Auf- und Abgebot der Bieter unterstellt werden, soll nur ausnahmsweise bei regelmäßig wiederkehrenden Unterhaltungsarbeiten, deren Umfang möglichst zu umgrenzen ist, angewandt werden.

Inhaltsübersicht

	Rn.
A. Allgemeine Grundlagen	1
B. Allgemeine Anforderungen an das Angebot	2
C. Allgemeines zum Angebots- sowie zum Auf- und Abgebotsverfahren	3
D. Angebotsverfahren (Nr. 1)	5
E. Auf- und Abgebotsverfahren (Nr. 2)	6
I. Anwendungsbereich: Regelmäßig wiederkehrende Unterhaltungsarbeiten und Zeitverträge	7
II. Praktische Durchführung	11

A. Allgemeine Grundlagen

1 Die Überschrift »**Angebotsverfahren**« erfasst den Inhalt des § 6 VOB/A nicht vollständig, da neben dem so genannten **Angebotsverfahren** in Nr. 1 zugleich der **Ausnahmefall** des so genannten **Auf- und Abgebotsverfahrens** in Nr. 2 geregelt wird. Inhaltlich befasst sich die Bestimmung mit der Frage, welches Verfahren sowohl von Auftraggeber- als auch von Auftragnehmerseite zu beachten ist, um ein den allgemeinen Anforderungen entsprechendes **klares** und inhaltlich zweifelsfreies **Angebot** abgeben zu können bzw. zu erhalten. Nach § 6 Nr. 1 VOB/A bildet das Angebotsverfahren für die öffentliche Bauvergabe die Regel; dagegen folgt aus dem Wortlaut der Nr. 2, dass das so genannte Auf- und Abgebotsverfahren nach allgemeiner Anschauung nur ausnahmsweise in Betracht kommt. Nach seinem Wortlaut wendet sich § 6 VOB/A an den Auftraggeber. Doch wird zugleich zum Ausdruck gebracht, dass ein den Vorgaben des Auftraggebers entsprechendes Handeln vom Bewerber bei der Angebotsabgabe erwartet wird. Insoweit betrifft die Regelung des § 6 VOB/A in gleicher Weise Auftraggeber wie auch Bewerber (a.A. *Hereth/Naschold* Ez. 4 zu § 6).

Die Regelung des § 6 VOB/A ist seit längerem unverändert geblieben.

B. Allgemeine Anforderungen an das Angebot

2 § 6 VOB/A stellt das Bemühen dar, den allgemeinen Anforderungen des Zivilrechts an den Inhalt eines Vertragsangebotes unter besonderer Berücksichtigung der Gegebenheiten im Bauwesen in bestmöglicher Form gerecht zu werden. Nach allgemeinem Zivilrecht (§§ 145 ff. BGB) ist ein **klar, eindeutig** und **zweifelsfrei** gefasstes Vertragsangebot die beste Gewähr, um im Falle der Annahme des Angebotes unterschiedliche Auffassungen der Vertragsparteien über Inhalt und Umfang der vertraglichen Leistung auszuschließen. Ein Angebot kann nur mit dem Inhalt, wie es abgegeben wurde, angenommen werden. **Ergänzungen, Erweiterungen und Einschränkungen** bei der Annahme gelten nach § 150 Abs. 2 BGB als **Ablehnung** des Angebotes verbunden mit einem **neuen Angebot**, das nun seinerseits von der Gegenseite in dieser Form und mit diesem Inhalt angenommen werden muss, um zu einem Vertragsabschluss zu kommen (vgl. auch § 28 VOB/A).

Zur Frage der Einheit und Einheitlichkeit des Vertragsangebotes ist z.B. auf eine Entscheidung des OLG Düsseldorf (Urt. v. 4.11.1955 5 U 364/54 SFH Z 2.12 Bl. 1–4) hinzuweisen, der folgender Sachverhalt zugrunde lag: Ein Bauunternehmer hatte über dasselbe Bauobjekt im Abstand von einem Monat zwei Angebote mit voneinander abweichenden Leistungen, jedoch mit dem gleichen Pauschalpreis eingereicht. Der Bauherr vertrat die Auffassung, dass er die jeweils für ihn günstigsten Positionen aus beiden Angeboten auswählen könnte und dass daher Mehrforderungen des Bauunternehmers über den Pauschalpreis hinaus nicht begründet seien. Das OLG Düsseldorf ließ diese Argumentation unter der Begründung, dass zwei Angebote nicht zugleich Gegenstand eines Bauvertrages sein können, nicht zu.

In einem anderen Fall nahm das BKartA an, dass sich zwei Angebote von zwei untereinander verflochtenen Unternehmen über ein und dieselbe Baumaschine gegenseitig ausschließen (vgl. Beschl. v. 12.5.2003 VK 2 – 20/03 = IBR 2003, 1080). Die Besonderheit dieses Falles lag darin, dass Gegenstand der Vergabe der Abschluss eines Rahmenvertrages über die Ausführung von Bauleistungen mittels einer ganz speziellen Baumaschine war.

Ebenfalls zu einer Änderung des Angebotes kann u.U. die nachträgliche, d.h. nach Ablauf der Angebotsfrist erfolgende Einreichung von Eignungsnachweisen führen, die nach den Vorgaben der Bekanntmachung oder der Verdingungsunterlagen schon mit dem Angebot vorzulegen gewesen wären (vgl. OLG Düsseldorf Beschl. v. 16.5.2001 Verg 10/00 = IBR 2001, 508 sowie die Kommentierung zu § 8 Nr. 3 VOB/A).

C. Allgemeines zum Angebots- sowie zum Auf- und Abgebotsverfahren

3 § 6 VOB/A befasst sich mit zwei verschiedenen Möglichkeiten des Vertragsangebotes, nämlich dem **normalen Angebotsverfahren** und dem **Auf- und Abgebotsverfahren** (ebenso *Daub/Piel/Soergel* ErlZ A 6.1). Der wesentliche Unterschied zwischen beiden liegt darin, dass im ersten Fall die geforderten Preise nur vom Bewerber anzugeben sind, während im zweiten Fall zunächst der Auftraggeber Preise nennt, zu denen der Bewerber dann Stellung nimmt (so genanntes Verfahren der **Lizitation**, vgl. dazu *Jebe* Preisermittlung für Bauleistungen S. 1). Bei beiden Verfahren wird zunächst ein **Handeln des Auftraggebers** bzw. dessen bevollmächtigten Vertreters, wie z.B. des Architekten, verlangt. Nach Nr. 1 soll er das **Leistungsverzeichnis** oder ein anderes als Angebotsunterlage dienendes Schriftstück so weit **ausfüllen,** als es sich um die Einzelheiten der geforderten Bauleistungen (Positionen) mit allen für die Angebotsabgabe wesentlichen Punkten in den Vordersätzen und der eigentlichen Leistungsbeschreibung (Stückzahl, Art und Beschaffenheit, Maße, Gewichte usw.) handelt; **hierbei sind die Vorgaben des § 9 VOB/A zu beachten.** Der Auftraggeber soll also vor Aushändigung der Angebotsunterlagen, insbesondere des Leistungsverzeichnisses an den Unternehmer, alles eintragen, was zur Abgabe eines inhaltlich klaren und eindeutigen Angebots erforderlich ist, und zwar so, dass der Unternehmer lediglich noch die geforderten Preise einzusetzen braucht.

Noch umfangreicher ist die »Vorarbeit« des Auftraggebers im Falle des Auf- und Abgebotsverfahrens. Hier setzt er nicht nur die geforderte Leistung im vorgeschilderten Umfang in die Angebotsunterlagen ein, sondern darüber hinaus auch noch die **ihm angemessen erscheinenden Preise.**

4 In beiden Fällen hat die vom Auftraggeber zunächst verlangte Tätigkeit ihren guten Sinn. Sie soll dazu dienen, einmal das Angebot so zu bekommen, wie es der geforderten Leistung in ihren Einzelheiten entspricht, ohne dass es zu Unstimmigkeiten kommen kann, und sie soll zum anderen die erwarteten mehreren Angebote im Interesse ihrer Vergleichbarkeit einheitlich klar, erschöpfend und eindeutig machen. Das setzt naturgemäß voraus, dass der Auftraggeber alles unternimmt, um sämtliche Einzelpunkte der Bauleistung und der Preisgestaltung zu beachten, vor allem im äußeren Aufbau und Wortlaut eindeutig zu sein. Sonst kann er Gefahr laufen, sich bei späteren Auseinandersetzungen einer Haftung aus culpa in contrahendo (vgl. §§ 311 Abs. 2 Nr. 2, 241 Abs. 2 BGB) schuldig und damit gem. § 280 Abs. 1 BGB schadensersatzpflichtig zu machen. Das Gleiche trifft aber auch auf den Unternehmer zu. Von ihm muss verlangt werden, dass er alle Einzelheiten der Eintragungen des Auftraggebers **nachprüft** und in Zweifelsfällen, zum Zwecke der Gewinnung notwendiger Klarheit, **Rückfrage** beim Auftraggeber bzw. bei dessen Beauftragten hält. Im Falle des Auftretens späterer Streitigkeiten ist der sich aus § 254 BGB ergebende allgemeine Rechtsgedanke der Mitverursachung bzw. des Mitverschuldens von nicht unerheblicher Bedeutung. In diesem Zusammenhang ist vor allem auch auf § 3 Nr. 3 S. 2 VOB/B, § 4 Nr. 2 und 3 VOB/B, § 13 Nr. 3 VOB/B hinzuweisen.

Sofern der Auftraggeber einen **Architekten** mit den hier erörterten Aufgaben betraut, sind diese als Vorbereitung der Vergabe nach § 15 Abs. 2 Nr. 6 HOAI und damit als planerische Leistung einzuordnen, weshalb der Auftraggeber gegenüber dem Unternehmer für schuldhaftes Fehlverhalten des Architekten nach den §§ 276, 278 BGB einzustehen hat; selbstverständlich haftet dann der Architekt seinerseits dem Auftraggeber nach § 634 BGB bzw. auf Schadensersatz aus § 280 BGB.

D. Angebotsverfahren (Nr. 1)

Der Regelfall des Angebotsverfahrens nach Nr. 1 verlangt vom Bieter einmal im Rahmen des **ihm fachlich Zumutbaren** die **inhaltliche Nachprüfung** der vom Auftraggeber aufgrund seiner **Einzeleintragungen** gemachten Angaben **und** zum anderen – nach vorangegangener ordnungsgemäßer Kalkulation – das **Einsetzen der geforderten Preise**. Diese Preise sind je nach dem Einzelfall als Einheitspreise, Pauschalbeträge, Stundenlohnsätze usw. (vgl. hierzu § 5 VOB/A) in das Leistungsverzeichnis einzusetzen. Bei der Vergabe nach Selbstkosten ist § 5 Nr. 3 Abs. 2 VOB/A zu beachten. Aus Gründen der Klarheit, Eindeutigkeit und Übersichtlichkeit wird in der Regel als Angebotsunterlage eine **Leistungsbeschreibung** i.S.d. Leistungsbeschreibung mit Leistungsverzeichnis (§ 9 Nr. 11 ff. VOB/A) zu verwenden sein. Wenn dem Bieter keine derartige Leistungsbeschreibung überlassen worden ist, so hat er die Preise »in anderer Weise« im Angebot anzugeben. In Betracht kommt dies insbesondere bei einer Vergabe nach Leistungsprogramm (vgl. § 9 Nr. 15 ff. VOB/A). Gerade bei dieser Ausschreibungsmethode ist besonders darauf zu achten, dass das Angebot des Bieters einheitlich, klar und erschöpfend gehalten ist. Führt er die Preise auf einem gesonderten Blatt und getrennt von den Einzelangaben der Leistung auf, so muss klar erkennbar sein, welche Preise zu welchen Einzelleistungen oder Positionen gehören und worauf sie sich im Einzelnen beziehen. Das ist naturgemäß weniger wichtig, wenn der Bieter befugt ist, zu Pauschalsätzen anzubieten, vor allem, wenn für die gesamte Leistung des Angebotes nur ein Pauschalpreis zu benennen ist. **5**

E. Auf- und Abgebotsverfahren (Nr. 2)

Das **Auf- und Abgebotsverfahren** nimmt dem Bieter bis auf eine Nachberechnung der eingesetzten Preise fast jede von einem Anbietenden sonst zu fordernde Tätigkeit ab. Es muss jedoch als eine **Ausnahmeerscheinung** im Rahmen der Abfassung von Angeboten über den Abschluss von Bauverträgen gelten. Diese Art des »Angebotsverfahrens« birgt, wie Hereth/Naschold (vgl. Teil A § 6 Ez. 6.8) zutreffend ausführen, die Gefahr in sich, dass sich der Bieter die vom Auftraggeber gesetzten Preise zu Eigen macht, und zwar ohne Rücksicht auf seine eigenen Belange. Das kann sich zum Vorteil für ihn auswirken, das kann aber auch die Folge haben, dass dem Bieter keineswegs der erwartete Gewinn verbleibt, da seine individuellen, für die Preisbildung mitentscheidenden innerbetrieblichen Gegebenheiten häufig nicht hinreichend beachtet werden. **6**

I. Anwendungsbereich: Regelmäßig wiederkehrende Unterhaltungsarbeiten und Zeitverträge

7 Das Auf- und Abgebotsverfahren soll daher nur dann zur Anwendung gelangen, wenn es sich um **regelmäßig wiederkehrende Unterhaltungsarbeiten**, deren Umfang möglichst zu umgrenzen ist, handelt (vgl. dazu VK Berlin Beschl. v. 10.2.2005 VK – B 2 – 74/04). Dazu können auch **zwangsläufig** mit der Unterhaltung auszuführende geringfügige Um- oder Erweiterungsbauten zählen. Dann ist eine derartige vom Auftraggeber verfasste Angebotsabgabe vertretbar, da dort regelmäßig allgemein anerkannte Preisbildungen (»Preislisten«) gegeben sind, die jedenfalls in etwa den Belangen des einzelnen Bieters entsprechen dürften. Unterhaltungsarbeiten sind bei einem bestimmten Objekt ein regelmäßig feststehender Begriff, wie das auch für die hier zu fordernden Preise der Fall sein dürfte. Bei Unterhaltungsarbeiten handelt es sich um Bauleistungen, die nicht eine Errichtung, sondern den **Fortbestand** eines errichteten Bauwerkes zum Inhalt haben und die zur Erreichung dieses Zieles regelmäßig wiederkehrend notwendig sind, wie z.B. die Überholung einer Staumauer, die Wartung eines Flachdaches. Ein gewisses Maß an Sicherheit wird erreicht, wenn die Leistung ihrem Umfang nach genau bestimmbar und eingegrenzt wird. Insoweit sollte man im Leistungsverzeichnis genau angeben, welche Arbeiten im Einzelnen verlangt werden, insbesondere auch, wo sie ausgeführt werden sollen, da dies für die Kostenermittlung von entscheidender Bedeutung sein kann. Ein Auf- und Abgebotsverfahren sollte nicht gewählt werden, wenn die genaue Umgrenzung der zu erbringenden Leistung nicht möglich ist, da es sonst zu Unzuträglichkeiten bei der späteren Abwicklung – auch bei der Durchführung der Arbeiten selbst – kommen kann.

8 Einen Anwendungsfall des Auf- und Abgebotsverfahrens bildet in der Praxis zuweilen die Vergabe von **Rahmenverträgen**. Auch wenn in der VOB/A der Typus des Rahmenvertrages nicht – wie etwa im Sektorenbereich (§ 5b VOB/A oder § 4 VOB/A-SKR) – ausdrücklich geregelt ist, wird nicht in Frage gestellt, dass der Abschluss von Rahmenverträgen grundsätzlich auch im Anwendungsbereich der Basis- oder der a-Paragraphen zulässig ist (vgl. etwa OLG Düsseldorf Beschl. v. 25.5.2005 Verg 8/05; KG Beschl. v. 15.4.2004 2 Verg 22/03, VergabeR 2004, 762 = BauR 2005, 162 [Ls.]). Daran hat sich durch die VOB 2006 nichts geändert. Zwar ist erstmals für die so genannten klassischen öffentlichen Auftraggeber in der Neufassung der Koordinierungsrichtlinie 2004/18/EG vom 31.3.2004 (ABl. Nr. L 134 v. 30.4.2004) in Art. 1 Abs. 5 die Rahmenvereinbarung definiert und in Art. 32 für die Mitgliedstaaten in Form einer Option die Einführung des Abschlusses von Rahmenvereinbarungen vorgesehen. **Daraus kann aber nicht der Schluss gezogen werden, dass die Verfasser der VOB/A 2006, indem sie von dieser Option keinen Gebrauch gemacht haben, sich gleichsam gegen die Zulässigkeit der üblichen und verbreiteten Vertragsform des Rahmenvertrages entschieden hätten.** Insoweit sollte die bestehende Rechtslage vielmehr beibehalten werden, zumal die Richtlinie 2004/18/EG in Art. 32 weitere Regelungen enthält, wie bei der Vergabe von Rahmenvereinbarungen und den Einzelabrufen zu verfahren ist (zu Rahmenverträgen siehe unter § 5b VOB/A sowie *Gröning* Das Konzept der neuen Koordinierungsrichtlinie für die Beschaffung von Rahmenvereinbarungen VergabeR 2005, 156 ff.; *Franke* Rechtsschutz bei der Vergabe von Rahmenvereinbarungen ZfBR 2006, 546 ff.).

Unterhaltungsarbeiten werden vielfach durch Rahmenverträge für eine darin festgelegte Zeit vergeben werden (so genannte »**Zeitverträge**«). Hier stellt sich die Frage, welche Laufzeiten für solche Zeitverträge (noch) zulässig sind. **Als Richtschnur wird die in Art. 32 Abs. 2 S. 6 der Richtlinie 2004/18/EG für den Normalfall angegebene Maximallaufzeit von vier Jahren heranzuziehen sein.** Nur in begründeten Ausnahmefällen dürfte diese Grenze überschritten werden können. Vertragslaufzeiten von 25 Jahren sind grundsätzlich nicht zu rechtfertigen (so VK Arnsberg Beschl. v. 21.2.2006 VK 29/05 = NZBau 2006, 536; dazu allgemein: *Siegel* Zulässige Vertragslaufzeiten im Vergaberecht ZfBR 2006, 554).

Gerade bei längeren Vertragslaufzeiten muss der Bieter überlegen, ob für ihn die Abgabe eines Angebotes nach den vom Auftraggeber eingesetzten Preisen im Hinblick auf die voraussichtlich zu erwartende wirtschaftliche Entwicklung, vor allem in der Material- und Lohnpreisgestaltung, vertretbar ist. In solchen Fällen ist es für ihn zweckmäßig, darauf zu achten, ob **Lohn- und Stoffpreisgleitklauseln** (vgl. dazu § 15 VOB/A) nach den Angebotsunterlagen vorgesehen sind oder ob es ihm gestattet wird, diese zum Gegenstand des Angebotes zu machen.

Möglich ist im Übrigen auch der Abschluss eines **Rahmenvertrages, der nicht die Merkmale eines Zeitvertrages in dem hier angesprochenen Sinne** erfüllt. Ein solcher Rahmenvertrag ohne bestimmte zeitliche Festlegung ist auf die Erbringung bestimmt umrissener, hinreichend gekennzeichneter Leistungen als solche gerichtet. Aufgrund der den Parteien hier zustehenden Gestaltungsfreiheit sind die Erscheinungsformen dieser Vertragskategorie vielfältig. Zum einen kann ein solcher Rahmenvertrag den Zweck haben, für erst nachfolgende verbindliche Einzelbeauftragungen im Vorhinein den Vertragsinhalt festzulegen (vgl. dazu BGH Urt. v. 28.9.1989 VII ZR 152/88 = BauR 1990, 99 = NJW-RR 1990, 28 = SFH § 315 BGB Nr. 3 = ZfBR 1990, 15 = MDR 1990, 233 = LM § 315 BGB Nr. 40). Davon zu unterscheiden sind solche Verträge, bei denen mit Abschluss des Rahmenvertrages bereits ein bestimmtes Volumen in Auftrag gegeben wird, die Erbringung der darin enthaltenen Teilleistungen aber vom Abruf des Auftraggebers gemäß § 5 Nr. 2 VOB/B abhängig ist. Ein wiederum anderer Fall liegt vor, wenn sich der Unternehmer im Rahmenvertrag zu bestimmten Leistungen verpflichtet und dem Auftraggeber darin das Recht eingeräumt wird, jeweils durch einseitige Erklärung einen verbindlichen Einzelauftrag auf der Grundlage des Rahmenvertrages auszulösen. Was die Vertragspartner hier im Einzelfall wirklich gewollt haben, ist unter Berücksichtigung aller Begleitumstände durch Auslegung zu ermitteln.

Eine Abnahmeverpflichtung des Auftraggebers ist keine zwingende Voraussetzung für die Zulässigkeit eines Rahmenvertrages (zweifelnd KG Beschl. v. 15.4.2004 – 2 Verg 22/03, VergabeR 2004, 762 = BauR 2005, 162 [Ls.]), jedoch muss eine Vergabe auf der Grundlage des Rahmenvertrages zumindest ernsthaft beabsichtigt sein. Ansonsten liegt ein Fall des § 16 Nr. 2 VOB/A vor, d.h. die Ausschreibung eines Rahmenvertrages erfolgt dann für vergabefremde Zwecke, weil er nicht auf die Beschaffung einer Bauleistung gerichtet ist. Zudem wird der Auftraggeber, um den Unternehmen eine seriöse Kalkulation zu ermöglichen, auch die ungefähre Größenordnung der abzuwickelnden Aufträge anzugeben haben. **Unzulässig wäre aber, wenn mit mehreren Unternehmen die inhaltlich gleichen Rahmenverträge geschlossen werden und nicht eindeutig geregelt ist, nach welchen Kriterien auf welchen Rahmenvertrag welche Leistungen abgerufen werden** (vgl. dazu KG a.a.O. sowie VK Berlin Beschl. v. 10.2.2005 VK – B 2 – 74/04).

Öffentliche Auftraggeber haben im Hinblick auf **Zeitverträge** Nr. 1 ff. VHB zu § 6 VOB/A zu beachten, vor allem auch die dort zu Nr. 1.5 festgelegten Wertgrenzen; siehe dazu auch die dafür maßgebenden Musterunterlagen in VHB Teil II.

II. Praktische Durchführung

Bei dem Auf- und Abgebotsverfahren besteht für den Bieter die Möglichkeit, das Angebot mit den vom Auftraggeber eingesetzten Preisen abzugeben und diese damit anzunehmen. Er kann aber auch **andere Preise einsetzen** und entweder die Angaben des Auftraggebers über- oder unterbieten. Zulässig, wenn auch allgemein nicht üblich, ist es auch, dass der Auftraggeber für Über- oder Unterschreitungen seiner eingesetzten Preise einen gewissen **Prozentsatz der Abweichungsmöglichkeit** festlegt. Dadurch bringt der Auftraggeber zum Ausdruck, dass er ein Angebot, das außerhalb dieser Grenzen liegt, nicht akzeptieren wird. Vorgesehen werden kann auch, dass für alle Positionen ein einheitlicher Zu- oder Abschlag (in Prozentsätzen) möglich ist.

12 Alles in allem ist das Auf- und Abgebotsverfahren eine **äußerst unbefriedigende** und den berechtigten Interessen der Bieter nur in Ausnahmefällen gerecht werdende Art des Angebotsverfahrens. Daher sollte man versuchen, das Angebotsverfahren nach § 6 Nr. 1 VOB/A möglichst ausschließlich zur Anwendung zu bringen und nach den dort gegebenen Richtlinien zu handeln.

§ 7
Mitwirkung von Sachverständigen

1. Ist die Mitwirkung von besonderen Sachverständigen zweckmäßig, um
   a) die Vergabe, insbesondere die Verdingungsunterlagen, vorzubereiten oder
   b) die geforderten Preise einschließlich der Vergütungen für Stundenlohnarbeiten (Stundenlohnzuschläge, Verrechnungssätze) zu beurteilen oder
   c) die vertragsgemäße Ausführung der Leistung zu begutachten,
   so sollen die Sachverständigen von den Berufsvertretungen vorgeschlagen werden; diese Sachverständigen dürfen weder unmittelbar noch mittelbar an der betreffenden Vergabe beteiligt sein.
2. Sachverständige i.S.v. Nummer 1 sollen in geeigneten Fällen auf Antrag der Berufsvertretungen gehört werden, wenn dem Auftraggeber dadurch keine Kosten entstehen.

Inhaltsübersicht
                                                                                              Rn.
A. Allgemeine Grundlagen	1
B. Unterschied zwischen § 7 Nr. 1 und Nr. 2 VOB/A	4
I. Die verschiedenen Ausgangspunkte	4
II. Zweck der Mitwirkung von Berufsvertretungen	5
III. Verbot der sonstigen Beteiligung des Sachverständigen	6
C. Sachverständiger nach § 7 Nr. 1 VOB/A	8
I. Fachliche Voraussetzungen	9
II. Aufgaben	11
III. Benennung und Beauftragung des Sachverständigen	12
IV. Anforderungen an das Gutachten und Haftungsfragen	13
1. Art und Form der Mitwirkung	13
2. Vertrags- und Haftungsgrundlagen	14
3. Grundsatz der persönlichen Erstellung	17
4. Einsatz von Sonderfachmännern	18
5. Ansprüche aus Vertrag mit Schutzwirkung zugunsten Dritter	19
6. Haftungsbeschränkung	20
V. Vergütung	22
1. Bemessung der Höhe	22
2. Schuldner der Vergütung	23
D. Sachverständiger nach § 7 Nr. 2 VOB/A	24
I. Ausschließliche Benennung durch Berufsvertretung	25
II. Tätigkeitsvoraussetzungen	26
III. Vertragspartner und Kostenschuldner des Sachverständigen	28
E. Bedeutung der Gutachten nach § 7 VOB/A	30

Aufsätze: *Döbereiner* Die Haftung des gerichtlichen und außergerichtlichen Sachverständigen nach der neueren Rechtsprechung des BVerfG und des BGH BauR 1979, 282; *Olzen* Das Verhältnis von Richtern und Sachverständigen im Zivilprozess unter besonderer Berücksichtigung des Grundsatzes der freien Beweiswürdigung ZZP 1980 Bd. 63, 66; *Pieper* Rechtsstellung des Sachverständigen und Haftung für fehlerhafte Gutachten Gedächtnisschrift Bruns 1980 S. 167 ff.; *Döbereiner* Die vertragliche Haftung des Bau- und Bewertungssachverständigen für private Gutachten und Empfehlungen BauR 1982, 11; *Müller* Die

Rolle des gerichtlichen Sachverständigen im gerichtlichen Verfahren ZSW 1983, 100; *Bleutge* Die Hilfskräfte des Sachverständigen – Mitarbeiter ohne Verantwortung? NJW 1985, 1185; *Ankermann* Das Recht auf mündliche Befragung des Sachverständigen: Keine Wende NJW 1985, 1204; *Pause* Der unabhängige Sachverständige NJW 1985, 2576; *Keilholz* Zur Haftung des Sachverständigen in (schieds-)gerichtlichen Bausachen, insbesondere bei von ihm veranlassten Sanierungsmaßnahmen gelegentlich einer (schieds-)gerichtlichen Begutachtung BauR 1986, 377; *Kamphausen* Auswirkungen der neueren Rechtsprechung auf die Tätigkeit von Bausachverständigen FS Soergel 1993 S. 327 ff.; *Quack* Zur Problematik der stillschweigenden Rechtsanwendung durch Sachverständige BauR 1993, 161; *Locher* Zur vertraglichen Haftung des Bau- und Grundstückssachverständigen FS v. Craushaar 1997 S. 393 ff.; *Kappertz* Die Schwierigkeiten des Sachverständigen bei der Anwendung des Begriffs der allgemein anerkannten Regeln der Technik FS Mantscheff 2000 S. 241 ff.; *Leineweber* Zur Feststellung einer technischen Verursachungsquote durch den Sachverständigen FS Mantscheff 2000 S. 249 ff.; *Schmidt-Räntsch* Vertrag und Haftung des Sachverständigen nach der Schuldrechtsmodernisierung AUR 2003, 265 ff.; *Horn* Projektantenstatus im VOF-Verfahren? NZBau 2005, 28 ff.; *Müller-Wrede/Lux* Die Behandlung von Projektanten im Vergabeverfahren ZfBR 2006, 327 ff.

A. Allgemeine Grundlagen

§ 7 VOB/A beinhaltet allgemeine Vorgaben zum Umgang mit Sachverständigen. In geeigneten Fällen, die in Nr. 1 exemplarisch genannt sind, sollen Sachverständige **bereits vor bzw. während der Vergabe** eingesetzt werden. Nach der Regelungssystematik ist § 7 deshalb auch in Teil A zu finden. Der **Begriff des Sachverständigen** ist in Teilen der Rechtsprechung zuletzt erheblich ausgeweitet und mehr oder weniger auf alle Personen angewendet worden, die der Auftraggeber etwa im Zusammenhang mit der Projektierung oder der Vorbereitung der Vergabe zur Beratung oder Unterstützung hinzugezogen hat (vgl. OLG Düsseldorf Beschl. v. 16.10.2003 Verg 57/03 = VergabeR 2004, 236 = BauR 2004, 889 [Ls.]; OLG Jena Beschl. v. 8.4.2003 6 Verg 9/02 = VergabeR 2003, 577 = BauR 2003, 1784 [Ls.] = NZBau 2003, 624; OLG Naumburg Beschl. v. 26.2.2004 1 Verg 17/03, VergabeR 2004, 387 = BauR 2004, 1204 [Ls.] = ZfBR 2004, 509). **Ein solches Verständnis wird der Bestimmung des § 7 VOB/A nicht gerecht.** Denn **nicht jede Tätigkeit im Vorfeld einer Auftragsvergabe**, die der Auftraggeber mangels geeigneten Fachpersonals nicht oder (wegen Personalabbaus) nicht mehr selbst erbringen kann, **macht die eingesetzten Personen zu besonderen Sachverständigen im Sinn des § 7 VOB/A**. So gehört etwa die Erstellung einer Leistungsbeschreibung zu den allgemeinen Aufgaben des Auftraggebers. Wenn er mit der Erfüllung dieser Aufgabe ein Ingenieurbüro beauftragt, dann wird dieses dadurch nicht zu einem (besonderen) Sachverständigen. Etwas anderes gilt dann, wenn sich etwa bei der Abfassung der Leistungsbeschreibung spezielle Fragestellungen ergeben, zu deren Lösung eine besondere Fach- und Sachkunde erforderlich ist, die über die üblichen Anforderungen hinausgeht.

1

Ferner darf nicht übersehen werden, dass ein Sachverständiger von den Beteiligten als neutral und unparteiisch wahrgenommen wird und nicht als Erfüllungsgehilfe des Auftraggebers bei der Durchführung des Vergabeverfahrens (so auch *Müller-Wrede/Lux* ZfBR 2006, 327). Nur bei einem solchen Verständnis rechtfertigt sich auch das in § 7 Nr. 1 Hs. 2 VOB/A geregelte **absolute Beteiligungsverbot** des Sachverständigen bei der Vergabe. Die Zulassung von so genannten **Projektanten** oder sonstigen an der Vergabe beratend oder unterstützend tätigen Personen am (späteren) Vergabeverfahren als Bewerber oder Bieter, die nicht als Sachverständige anzusehen sind, beurteilt sich demnach nicht nach § 7 VOB/A, sondern nach § 2 Nr. 1 VOB/A (vgl. dort Rn. 44 f. und § 8 Nr. 1 VOB/A Rdn. 27 ff.).

Die **Beauftragung der Sachverständigen nach § 7 VOB/A ist streng zu unterscheiden** von der Anordnung der Begutachtung von Beweisfragen durch einen Sachverständigen **auf Antrag einer Partei im Rahmen eines selbstständigen Beweisverfahrens** gemäß §§ 485 ff. ZPO oder **sonst im gerichtlichen Verfahren** (vgl. §§ 402 ff. ZPO; eingehend zu den verschiedenen Tätigkeiten für Bausachver-

2

ständige vgl. *Kamphausen* FS Soergel S. 327, 328 ff.; ausführlich zum gerichtlichen Sachverständigen *Jessnitzer/Ulrich*). Eine eigenständige Regelung über die Beauftragung eines Gutachters – außerhalb eines gerichtlichen Verfahrens wie auch des § 7 VOB/A – enthält die Vorschrift des § 641a BGB (eingefügt durch das Gesetz zur Beschleunigung fälliger Zahlungen vom 30.3.2000, BGBl. I S. 330). Entgegen den Erwartungen des Gesetzgebers hat diese Vorschrift jedoch kaum praktische Bedeutung erlangt. Der Unternehmer hat danach einseitig die Möglichkeit, in einem in § 641a Abs. 2 bis 4 BGB im Einzelnen beschriebenen Verfahren einen qualifizierten Sachverständigen zu beauftragen, eine Bescheinigung über die mangelfreie Fertigstellung der geschuldeten Leistung zu erstellen. Mit dieser so genannten **Fertigstellungsbescheinigung,** die nicht als Gutachten, sondern als Privaturkunde i.S.d. § 416 ZPO zu qualifizieren ist, soll der Unternehmer in die Lage versetzt werden, seinen Vergütungsanspruch im Wege des Urkundenprozesses gem. §§ 592 ff. ZPO durchzusetzen. Bei Vereinbarung der VOB/B ist § 641a BGB zwar grundsätzlich anwendbar, da insoweit neben § 12 Nr. 5 Abs. 1 und 2 VOB/B ein weiterer Fall einer fiktiven Abnahme vorliegt. Der Auftraggeber kann bei Vereinbarung der VOB/B die Anwendbarkeit des § 641a BGB allerdings dadurch verhindern, indem er eine förmliche Abnahme nach § 12 Nr. 4 Abs. 1 VOB/B verlangt, da für diesen Fall jede Form einer fiktiven Abnahme – wie etwa nach § 641a BGB – ausgeschlossen ist.

3 Die Mitwirkung von **Sachverständigen** nach Nr. 1 und auch nach Nr. 2 (»Sachverständige i.S.v. Nr. 1 ...«) ist nicht beschränkt auf Fragen, die im Zeitraum **vor und während der Vertragsverhandlungen** oder **beim Abschluss des Bauvertrags** auftreten. Sachverständige können darüber hinaus auch bei der **Abwicklung eines** bereits **geschlossenen Bauvertrages** hinzugezogen werden, wie dies Nr. 1c für die Begutachtung der **vertragsgemäßen Ausführung der Leistung** vorsieht. Die Bestimmung bezieht und beschränkt sich demnach **nicht nur** auf die allgemeinen Regeln über die Vergabe von Bauleistungen des **Teils A,** sondern **erstreckt** sich auch auf die Allgemeinen Vertragsbedingungen für die Ausführung vertraglich vereinbarter Bauleistungen des **Teils B.** Sofern eine der Vertragsparteien bei der Abwicklung des geschlossenen Bauvertrags (Teil B) von der in § 7 VOB/A gegebenen Möglichkeit Gebrauch machen wollte, müsste **entweder** unmittelbar **im Bauvertrag oder in einer Zusatzvereinbarung ausdrücklich auf diese Bestimmung hingewiesen werden.** Andererseits ist zu bedenken, dass ein **allein** aufgrund des § 7 VOB/A erstelltes Gutachten kein Schiedsgutachten ist und auch sonst **keine Bindungswirkung** zwischen den Parteien hat. Daher wird ein solches Gutachten nur in seltenen Fällen Streitigkeiten über die vertragsgemäße Ausführung der Leistung ausräumen. Davon abweichend sieht **§ 18 Nr. 4 VOB/B** bei Meinungsverschiedenheiten über die Eigenschaften von Stoffen und Bauteilen unter bestimmten Voraussetzungen für beide Vertragsparteien die Möglichkeit vor, durch Einschaltung einer staatlichen oder staatlich anerkannten Materialprüfungsstelle eine für beide Parteien **verbindliche Klärung** herbeizuführen.

Zu beachten ist allerdings, dass der **Auftraggeber Herr des Vergabeverfahrens** ist und insbesondere **die wichtigen Entscheidungen über die Eignung oder die Wertung der Angebote weder an einen Sachverständigen noch sonst an einen Dritten delegieren kann** (so OLG München Beschl. v. 15.7.2005 Verg 14/05 = VergabeR 2005, 799 = BauR 2006, 161 [Ls.]; OLG Naumburg Beschl. v. 26.2.2004 1 Verg 17/03 = VergabeR 2004, 387 = BauR 2004, 1204 [Ls.] = ZfBR 2004, 509). Diese muss der Auftraggeber selbst **eigenverantwortlich** treffen, was aber nicht ausschließt, dass er sich die Grundlagen etwa in Form eines Vergabevorschlages vorbereiten lässt.

B. Unterschied zwischen § 7 Nr. 1 und Nr. 2 VOB/A

I. Die verschiedenen Ausgangspunkte

4 **Zu unterscheiden** ist zwischen den Regelungen in Nr. 1 und in Nr. 2, da diese **zwei verschiedene Ausgangspunkte** haben. In **Nr. 1** ist ein Sachverständiger gemeint, der vom Auftraggeber oder kraft ausdrücklicher Vereinbarung auch vom Auftragnehmer oder von beiden herangezogen wird. Dagegen handelt es sich nach **Nr. 2** um einen Sachverständigen, der von den Berufsvertretungen auf deren eigene Initiative vorgeschlagen wird. **Voraussetzung** für die Tätigkeit eines solchen Sachverständigen ist die **Einwilligung des Auftraggebers;** er muss sich bereit finden, den Sachverständigen zu hören. Die Arbeitsaufnahme dieses Sachverständigen ohne Einwilligung des Auftraggebers ist unzulässig, da die Berufsvertretung keinerlei Rechtsanspruch darauf erheben kann, sich in ein vertragliches oder vertragsähnliches Verhältnis einzumischen oder auch sonst in diesem Rahmen tätig zu werden.

II. Zweck der Mitwirkung von Berufsvertretungen

Die in § 7 VOB/A geregelte **Mitwirkung von Berufsvertretungen** bei der Benennung von Sachverständigen (Nr. 1) oder gar die Beauftragung von Sachverständigen mit Einwilligung des Auftraggebers (Nr. 2) erscheint zwar angesichts der heute kaum noch praktizierten Verfahrensweise als überholt, hat aber einen **tieferen und gerechtfertigten Sinn.** Dieser besteht darin, dass eine Beteiligung der Berufsvertretungen bzw. deren Vertrauenspersonen bei den entscheidenden Punkten der Bauvertragsverhandlungen bzw. bei der Abwicklung des Bauvertrags gewollt ist. Es ist zu bedenken, dass die **Aufgabe der Berufsvertretungen darin liegt,** die ihnen angeschlossenen Unternehmer in ihren **berechtigten Belangen zu vertreten und zu betreuen**, sie aber auch in der **Ausübung ihres Berufs zu überwachen,** um im ordnungsgemäßen Gewerbe- und Handwerkswesen nicht zu billigende Auswüchse zu verhindern. Einerseits haben die Berufsvertretungen im Interesse ihrer Mitglieder ein gewisses Mitspracherecht im Hinblick auf die saubere und richtige Handhabung des Bauverdingungswesens für sich in Anspruch zu nehmen, zum anderen haben sie ihre Mitglieder anzuhalten, nicht nur bei der Bauverdingung, sondern allgemein im Rahmen des beruflich Vertretbaren zu handeln. Der Begriff »Berufsvertretungen« ist hier in einem weiteren Sinne zu verstehen. Dazu gehören nicht nur die öffentlich-rechtlichen Organisationen (Kammern), sondern auch Wirtschaftsverbände, also Vereinigungen »von Unternehmern (und Unternehmungen) des gleichen fachlichen Wirtschaftszweiges (vgl. *Huber* Wirtschaftsverwaltungsrecht 1953, S. 243)«.

III. Verbot der sonstigen Beteiligung des Sachverständigen

Sicherlich wird auf der Auftraggeberseite immer eine vorsichtige Haltung gegenüber Sachverständigen eingenommen werden, die von den Berufsvertretungen vorgeschlagen werden. Dem Anliegen des § 7 VOB/A, durch die Einschaltung von Sachverständigen eine den Vorgaben der VOB entsprechende Vergabe sicherzustellen, kann nur dann mit Erfolg Rechnung getragen werden, wenn zum einen der Auftraggeber den Berufsvertretungen Vertrauen entgegenbringt und zum anderen die Berufsvertretungen ihrer Aufgabe gerecht werden und nicht nur hochqualifizierte Fachleute zu Sachverständigen auswählen, sondern darüber hinaus auch darauf achten, dass diese nach ihrer Einstellung und ihrem Handeln geeignet sind, volles Vertrauen als Mittler zwischen Auftraggeber und Auftragnehmer zu verdienen.

Die VOB sucht die erforderliche Akzeptanz beider Seiten dadurch sicherzustellen, indem die etwa zu beauftragenden **Sachverständigen weder unmittelbar** (z.B. als Bieter) **noch mittelbar** (z.B. als Ratgeber eines Bieters) **an der betreffenden Vergabe beteiligt sein dürfen.** Daraus leitet sich jedoch kein generelles Verbot der Beteiligung von so genannten Projektanten ab, also von solchen Personen oder Unternehmen, die vom Auftraggeber beauftragt sind, Bauleistungen zu planen, zu beschreiben und/oder zu überwachen (vgl. oben Rn. 1; a.A. Vorauflage und *Schelle/Erkelenz* S. 271; zur Mitwirkung des Projektanten unter § 2 VOB/A Rn. 44 f. und 8 VOB/A Rn. 27 ff.). Diese in Nr. 1 ausdrücklich erhobene Forderung bezieht sich **auch** auf Fälle der **Nr. 2,** wie sich aus der Formulierung dort (»Sachverständige i.S.v. Nr. 1 ...«) ergibt. Ein Verstoß hiergegen kann in Abhängigkeit von den Gegebenheiten des Einzelfalls Schadensersatzansprüche nach § 280 BGB wegen Verletzung von Pflichten aus vertragsähnlichen (culpa in contrahendo, § 311 Abs. 2 BGB) oder vertraglichen Schuldverhältnissen (positive Vertragsverletzung) oder den §§ 823 ff. BGB auslösen.

C. Sachverständiger nach § 7 Nr. 1 VOB/A

8   § 7 Nr. 1 betrifft die **Mitwirkung von Sachverständigen** auf Anforderung des Auftraggebers oder auch des Auftragnehmers, falls dieser hierzu vertraglich berechtigt oder verpflichtet ist.

I. Fachliche Voraussetzungen

9   Es muss sich um eine Person handeln, die auf einem bestimmten **Sachgebiet** (z.B. einem Zweig der Bautechnik, der Baubetriebswirtschaft, des Rechts) aufgrund ihrer **Ausbildung, Erfahrung** und ihres herausragenden **Wissens geeignet und in der Lage ist, Zweifelsfragen zu erkennen und objektiv sowie weitgehend zutreffend zu beurteilen** (vgl. auch *Bleutge* NJW 1985, 1185, 1187, dazu *Pause* NJW 1985, 2576).

10 Zur **Bestellung zum öffentlichen Sachverständigen** ist besondere Fachkunde erforderlich, die grundsätzlich nur bei qualifizierten Kenntnissen und langjährigen, umfangreichen Erfahrungen im Beruf vorliegt (OVG Lüneburg GewArch 1977, 377; dazu im Einzelnen auch *Bleutge* DRiZ 1977, 170; ferner vor allem *Bock* in Handbuch des Sachverständigenrechts § 3 f.; zur Frage der Verfassungswidrigkeit des Verfahrens der Industrie- und Handelskammern für die öffentliche Bestellung von Sachverständigen beachtlich *Broß* ZfBR 1992, 1). Wenn Nr. 1 von »**besonderen Sachverständigen**« spricht, heißt dies nicht, dass es sich hier um Personen handeln muss, deren Kenntnisse über das von einem Sachverständigen normalerweise zu verlangende Wissen und Können hinausgehen. Vielmehr bedeutet dies: Ein weiter Kreis der am Baugeschehen beteiligten Personen ist **ohnehin als sach- und fachkundig anzusehen,** jedenfalls unter den allgemeinen Voraussetzungen, die von der VOB verlangt werden. Das gilt im Hinblick auf § 2 Nr. 1 S. 1 VOB/A besonders für den Bewerber, Bieter und späteren Auftragnehmer (vgl. hierzu § 2 VOB/A Rn. 16 ff.). Bei dem »besonderen« Sachverständigen handelt es sich dagegen um jemanden, der wegen seines **besonders anerkannten Sachverstands** zusätzlich zu anderen beteiligten fachkundigen und sachverständigen Personen hinzugezogen wird, wobei er eine **unparteiische Mittlerstellung** zwischen den Beteiligten einnimmt.

II. Aufgaben

11 Die **Aufgaben,** mit denen ein Sachverständiger im Wege der »Mitwirkung« betraut werden kann, sind in Nr. 1 aufgezählt (Vorbereitung der Vergabe, insbesondere der Verdingungsunterlagen, Prüfung der geforderten Preise und bei Stundenlohnarbeiten der Stundenlohnsätze [Stundenlohnzuschläge, Verrechnungssätze], Feststellung der vertragsgemäßen Ausführung der Leistung). Diese **Aufzählung** ist **nicht abschließend** (zu eng *Daub/Piel/Soergel* ErlZ A 7.4, da schon der Gebrauch des Wortes »zweckmäßig« auf einen Ermessensspielraum hinweist). Vielmehr handelt es sich hier nur um die **Hauptfälle** einer etwa notwendigen Begutachtung. Der Sachverständige kann auch mit der Prüfung von in § 7 nicht ausdrücklich genannten Punkten beauftragt werden, wenn diese im **unmittelbaren Zusammenhang** mit den betreffenden Bauvertragsverhandlungen oder der Abwicklung eines Bauvertrags im Einzelfall stehen, wie z.B. mit Fragen zur etwaigen Änderung der Vergütung des Auftragnehmers nach Vertragsabschluss bzw. im Rahmen der späteren Abrechnung. Selbstverständlich muss dafür ein nachweisbar begründeter Anlass bestehen, wie er sich etwa aufgrund der Art der geforderten Leistung, z.B. bei Sanierungs- oder Modernisierungsarbeiten, ergeben kann.

III. Benennung und Beauftragung des Sachverständigen

Die Beauftragung eines Sachverständigen nach Vorschlag durch die Berufsvertretung **hängt von der vorangegangenen Anforderung eines oder mehrerer der Verhandlungspartner (Auftraggeber, Bewerber, Bieter) oder Vertragspartner (Auftraggeber, Auftragnehmer) ab.** Regelmäßig wird es sich im Rahmen eines Vergabeverfahrens um den Auftraggeber handeln, da die Verfahrensvorschriften des Teils A im Allgemeinen die Handlungsweise des Auftraggebers bestimmen sollen. Weiter gehend nahm der Vergabeüberwachungsausschuss des Bundes (VÜA Bund) in seinem Beschluss vom 16.12.1998 (2 VÜ 22/98 = IBR 1999, 395) **eine Pflicht des Auftraggebers an, einen Sachverständigen hinzuzuziehen**, wenn er nicht selbst über eigene Sachkenntnisse verfügt, die erforderlich wären, um aufgetretene technische Fragen nachzuprüfen. Dem Auftraggeber steht zwar ein Ermessensspielraum zu, der sich jedoch unter bestimmten Umständen soweit verdichten kann, dass ohne Einschaltung eines Sachverständigen nicht mehr von einer sachgerechten Entscheidungsfindung gesprochen werden kann. Dies kann gerade in der Wertungsphase der Fall sein, wie die genannte und in der Sache zutreffende Entscheidung des VÜA Bund zeigt. Andererseits kann kraft Vereinbarung mit dem Auftraggeber auch der Bieter berechtigt oder gar verpflichtet sein, einen Sachverständigen anzufordern und zur Mitwirkung bei bestimmten Zweifelsfragen zu beauftragen. Letztlich kann eine Vereinbarung zwischen Auftraggeber und Bieter dahin lauten, dass die Beauftragung eines Sachverständigen von beiden gemeinsam erfolgen soll. Soweit die Sachverständigentätigkeit im Rahmen der Abwicklung eines Bauvertrags liegen soll (Teil B), kann die vertraglich vereinbarte Anforderung eines Sachverständigen – je nach dem Einzelfall – sowohl durch den Auftraggeber als auch durch den Auftragnehmer erfolgen. **Vertragliche Beziehungen bestehen dabei zwischen dem Sachverständigen und dem Beauftragenden (Auftraggeber, Auftragnehmer, Bieter usw.), also demjenigen, der den Sachverständigen nach § 7 Nr. 1 VOB/A angefordert hat und beschäftigt.** Der Rechtsnatur nach handelt es sich **grundsätzlich um einen Werkvertrag i.S.d. § 631 BGB** (vgl. BGH Urt. v. 10.11.1994 III ZR 50/94 = BGHZ 127, 378 = NJW 1995, 392 = ZfBR 1995, 75 im Fall eines Wertgutachtens; ferner auch BGH Urt. v. 28.4.1992 X ZR 27/91 = NJW-RR 1992, 1078 = ZfBR 1992, 264 = WM 1992, 1579 hinsichtlich eines Vertrags zur Erstattung eines geohydrologischen Gutachtens sowie BGH Urt. v. 11.10.2001 VII ZR 475/00 = BGHZ 149, 57 = BauR 2002, 315 = NJW 2002, 749 zu der Erfassung von Baumängeln). Im **Vordergrund steht die Erbringung eines bestimmten Erfolgs**, nämlich des sachgerechten schriftlichen oder mündlichen Gutachtens.

12

IV. Anforderungen an das Gutachten und Haftungsfragen

1. Art und Form der Mitwirkung

Die Mitwirkung des Sachverständigen besteht in der **schriftlichen oder mündlichen gutachtlichen Äußerung.** Insoweit unterscheidet sich die Stellung des Sachverständigen der Aufgabe nach nicht von der des unparteiischen gerichtlichen Sachverständigen (§§ 402 ff. ZPO), ohne dass beide aber generell gleichzusetzen wären. Die Ausführungen des Sachverständigen sind objektiv zu halten und ohne Rücksicht auf die Person der Beteiligten aus sachlichen Erwägungen abzufassen (Hinweise für die ordnungsgemäße und sachgerechte Tätigkeit des Sachverständigen finden sich bei *Wellmann* Der Sachverständige in der Praxis, 7. Aufl. 2004, sowie bei *Klocke* Der Sachverständige und seine Auftraggeber, 2. Aufl. 1987; *Klocke* BauR 1986, 299; zu Einzelfragen siehe insbesondere *Bayerlein* u.a. Praxishandbuch Sachverständigenrecht 3. Aufl. 2002). Gutachtliche Äußerungen, die sich nicht auf die objektive sachliche Beurteilung der gestellten Fachfragen beziehen, sondern einseitig zum Vorteil einer Partei abgefasst sind und dadurch unsachlich werden, sind zu vermeiden.

13

2. Vertrags- und Haftungsgrundlagen

Aufgrund der **werkvertraglichen Rechtsnatur** ergibt sich, dass der Gutachter **ohne Rücksicht auf Verschulden für die Mangelhaftigkeit seines Gutachtens gemäß §§ 634 ff. BGB auf Nacherfül-**

14

lung oder Minderung, im Falle des Verschuldens auf Schadensersatz nach §§ 280, 281 BGB haftet (BGH Urt. v. 19.12.1996 VII ZR 233/95 = BauR 1997, 488 = NJW 1997, 2173 = ZfBR 1997, 185; ferner Urt. v. 20.10.1964 VI ZR 101/63 = NJW 1965, 106; Urt. v. 29.11.1965 VII ZR 265/63 = NJW 1966, 539; Urt. v. 8.12.1966 VII ZR 144/64 = NJW 1967, 719 = SFH Z 2.414 Bl. 171 ff.).

Das Gutachten ist fehlerhaft, wenn es eine objektiv unrichtige Aussage enthält oder wenn das an sich objektiv richtige Ergebnis durch fehlerhafte Untersuchung gewonnen wurde oder wenn zwar das objektiv richtige Ergebnis auf ordnungsgemäßem Weg ermittelt wurde, das Gutachten jedoch Mängel in der Darstellung derart enthält, dass aus ihm keine eindeutige, zweifelsfreie Aussage hervorgeht. Während Schadensersatzansprüche aus Fehlern eines zur **Beseitigung von Bauwerksmängeln** erstatteten **Sanierungsgutachtens nach § 638 BGB (a.F.) nach fünf Jahren seit Abnahme bzw. Vollendung der vom Gutachter zu erbringenden Leistungen verjährten** (zu § 638 BGB [a.F.]: BGH Urt. v. 12.3.1987 VII ZR 80/86 = BauR 1987, 456 = NJW-RR, 1987, 853 = ZfBR 1987, 189 = SFH § 638 BGB Nr. 37 = LM § 638 BGB Nr. 62 = Anm. *Schubert* JR 1988, 198; unzutreffend daher *Volze* ZfG 1993, 217, 218, der von 6 Monaten auf der Grundlage des § 638 Abs. 1 BGB ausgeht; über die Aufgaben des Sachverständigen bei Begutachtung von Sanierungsarbeiten vgl. auch *Ruffert* ZSW 1984, 73; zur Verjährung des Anspruchs wegen Mangelfolgeschäden aufgrund eines fehlerhaften Gutachtens siehe BGH SFH Z 3.004.0 Bl. 1 ff.; BGH Urt. v. 20.1.1972 VII ZR 148/70 = NJW 1972, 625; Urt. v. 26.10.1978 VII ZR 249/77 = BGHZ 72, 257 = BauR 1979, 76 = NJW 1979, 214 = SFH § 638 BGB Nr. 2 = ZfBR 1979, 29), **gilt jetzt gem. § 634a Abs. 1 Nr. 3 BGB die regelmäßige Verjährungsfrist des § 195 BGB von drei Jahren.** Die Frist beginnt nach § 199 Abs. 1 BGB mit Ablauf des Jahres, in dem der Anspruch auf Mängelhaftung entsteht und der Auftraggeber Kenntnis von der Mangelhaftigkeit erlangt oder ohne grobe Fahrlässigkeit erlangen hätte müssen. In jedem Fall tritt nach Ablauf von 10 Jahren nach Abnahme bzw. der Vollendung der Gutachterleistungen Verjährung ein (vgl. § 199 Abs. 4 BGB). Eine Abnahme liegt grundsätzlich nicht schon in der kritiklosen Entgegennahme des Gutachtens; vor allem setzt eine stillschweigende Abnahme voraus, dass der Auftraggeber vorher Gelegenheit hatte, das Gutachten nachzuprüfen (BGH Urt. v. 28.4.1992 X ZR 27/91 = NJW-RR 1992, 1078 = ZfBR 1992, 264).

Die schwierigen Abgrenzungsfragen einer Haftung nach § 635 BGB (a.F.) oder aus positiver Vertragsverletzung sind mit dem In-Kraft-Treten des Schuldrechtsmodernisierungsgesetzes zum 1.1.2002 entfallen, da insoweit mit den §§ 634 Nr. 4, 280 Abs. 1 BGB ein einheitlicher Haftungstatbestand geschaffen wurde. Für die alte Rechtslage ist darauf hinzuweisen, dass die Rechtsprechung hinsichtlich der Haftung nach der Art des Gutachtens differenzierte. Eine Haftung gemäß § 635 BGB (a.F.) war danach bei so genannten »Sanierungsgutachten« anzunehmen, während bei so genannten »feststellenden« Gutachten eine Haftung aus positiver Vertragsverletzung folgte (vgl. einerseits BGH Urt. v. 26.10.1978 VII ZR 249/77 = BGHZ 72, 257 = BauR 1979, 76 = NJW 1979, 214; Urt. v. 12.3.1987 VII ZR 80/86 = BauR 1987, 456 und andererseits BGH Urt. v. 10.6.1976 VII ZR 129/74 = BGHZ 67, 1 = JZ 1977, 228).

15 Ein Schadensersatz aus den §§ 634 Nr. 4, 280 Abs. 1 BGB kann sich z.B. ergeben, wenn der Auftraggeber oder Bieter bzw. Auftragnehmer infolge schuldhaft falscher Äußerung des »Sachverständigen« geschädigt wird. Das gilt vor allem auch, wenn er durch das Gutachten »begünstigt« worden ist, sich in gutem Glauben danach richtet und später infolge eindeutiger anderweitiger richterlicher Beurteilung einen Schaden erleidet. Dagegen sind Sachverständigengutachten grundsätzlich nicht einem Anspruch auf Widerruf zugänglich; denn sie sind, auch soweit es sich um die Feststellung von Tatsachen handelt, durchweg als Werturteile anzusehen. Anders ist das nur, wenn die der Schlussfolgerung des Sachverständigen vorausgehende methodische Untersuchung oder die zum Ergebnis führende Anwendung spezieller Kenntnisse und Fähigkeiten nur vorgetäuscht oder grob leichtfertig vorgenommen worden ist (vgl. BGH Urt. v. 18.10.1977 VI ZR 171/76 = NJW 1978, 751 = VersR 1978, 229 = JZ 1978, 102 = MDR 1978, 395). Ausnahmsweise kann **bei grobem Verstoß auch eine Haftung des Sachverständigen nach §§ 823, 826 BGB eingreifen, wenn er sein Gutachten in leicht-**

fertiger und gewissenloser Weise erstellt sowie mit der Möglichkeit rechnet, dass ein Dritter durch sein Gutachten getäuscht wird und dadurch einen Vermögensschaden erleidet; hier verstößt der Sachverständige auch dann gegen die guten Sitten, wenn er sich grob fahrlässig der Erkenntnis verschließt, dass sein Gutachten unrichtig ist (BGH Urt. v. 24.9.1991 VI ZR 293/90 = NJW 1991, 3282; BGHZ 10, 228, 233 = NJW 1953, 1665 m.w.N.; Urt. v. 13.7.1956 VI ZR 132/55 = LM BGB § 826 [Gb] Nr. 4 = NJW 1956, 1595; BGH VersR 1966, 1032, 1034; vgl. dazu auch OLG Hamm Urt. v. 13.4.1983 13 U 204/82 = VersR 1985, 841).

Ist ein Gutachten schlecht erstattet, so berechtigt dies allerdings nicht zur Anfechtung des Sachverständigenvertrags wegen Irrtums (§ 119 BGB). Vielmehr kommen allein die Vorschriften über die Folgen einer vertragswidrigen Leistung in Betracht (BGH Urt. v. 28.4.1992 X ZR 27/91 = ZfBR 1992, 264; vgl. ferner BGH Urt. v. 18.12.1954 II ZR 296/53 = BGHZ 16, 54, 57 = NJW 1955, 340), d.h. Ansprüche gem. §§ 634, 280 f. BGB, wobei allerdings die Anforderungen an einen öffentlich bestellten oder einen sonst sich als Sachverständigen Anbietenden nicht zu gering zu veranschlagen sind.

Die in § 839a BGB geregelte Haftung des gerichtlichen Sachverständigen scheidet im Rahmen eines Vergabeverfahrens aus. Zwar wird in Teilen der Literatur vertreten, dass § 839a BGB über den Wortlaut der Bestimmung hinaus auch bei Verwaltungsverfahren anwendbar sei (so MüKo/*Wagner* § 839a BGB Rn. 14; a.A. *Palandt/Sprau* § 839a BGB Rn. 1), jedoch **erfüllt ein Vergabeverfahren nicht die Merkmale eines Verwaltungsverfahrens**. Dagegen kann ein im Rahmen eines **Nachprüfungsverfahrens von der Vergabekammer beauftragter Sachverständiger** grundsätzlich **nach § 839a BGB haftbar gemacht werden**, da es sich bei einem Nachprüfungsverfahren nicht nur um ein Verwaltungsverfahren handelt, sondern um **ein gerichtsähnlich ausgestaltetes Verfahren**. 16

3. Grundsatz der persönlichen Erstellung

Der Sachverständige muss den **Gutachtenauftrag im Wesentlichen persönlich vorbereiten, bearbeiten und abschließen,** was vor allem gilt, wenn sich Beurteilungs- und Ermessensspielräume ergeben (vgl. OLG Nürnberg Beschl. v. 16.5.2006 5 W 781/06 = BauR 2006, 1361 [Ls.] zu der Verwirkung des Entschädigungsanspruches bei einem gerichtlichen Sachverständigen im Fall der nicht zugelassenen Mitwirkung von Dritten bei der Gutachtenerstellung). **Hilfskräfte** darf er **nur** einsetzen, **wenn entweder wissenschaftlich oder technisch abgesicherte Arbeiten zu erledigen oder Verfahren anzuwenden sind und/oder wenn er anhand von eindeutigen Unterlagen die Feststellungen oder Folgerungen seiner Hilfskräfte in allen Phasen und Denkabläufen überprüfen und dafür die fachliche Verantwortung übernehmen kann** (vgl. auch BSG Urt. v. 27.4.1989 9 RV 29/88 = VersR 1990, 992). **Ortsbesichtigungen muss der Sachverständige grundsätzlich selbst vornehmen.** Er muss seine Hilfskraft je nach Art und Umfang der von ihr zu erledigenden Arbeiten in fachlicher und persönlicher Hinsicht sorgfältig auswählen, anleiten, überwachen und fortbilden, andernfalls haftet er nach § 278 BGB oder kann sich nach § 831 BGB nicht entlasten; wenn ihr Einsatz zu Fehlern des Gutachtens führt, haftet der Sachverständige in gleicher Weise wie für eigene Fehler (insoweit zutreffend *Bleutge* NJW 1985, 1185; dazu *Pause* NJW 1985, 2576, der richtig darauf hinweist, dass der Begriff der Unabhängigkeit i.S.v. »unparteiisch« zu verstehen ist und dass häufig wegen für die Sachverständigentätigkeit übergreifender Fachdisziplinen nicht selten ein Zusammenschluss mehrerer Sachverständiger beauftragt werden muss und dann tätig ist; in diesem Fall bedeutet es rechtlich keinen Unterschied, als wenn ein einzelner Sachverständiger beauftragt worden ist). 17

4. Einsatz von Sonderfachmännern

Beauftragt der Sachverständige im Rahmen seiner Tätigkeit seinerseits einen **Sonderfachmann**, so haftet der Sachverständige für ein fehlerhaftes Gutachten des Sonderfachmanns nach den werkvertraglichen Regeln über die Mängelhaftung i.V.m. § 278 BGB, wenn die vom Sonderfachmann zu begutachtende Frage zu der vom Sachverständigen übernommenen vertraglichen Leistungspflicht ge- 18 hört. Außerhalb der eigentlichen Leistungspflichten haftet der Sachverständige nach den Grundsätzen der positiven Vertragsverletzung (§ 280 Abs. 1 BGB) nur für dessen Auswahl und dessen Überprüfung nach den von ihm zu erwartenden Kenntnissen (BGH Urt. v. 19.12.1996 VII ZR 233/95 = BauR 1997, 488 = NJW 1997, 2173 = ZfBR 1997, 185).

Wenn der Sachverständige mangels eigener hinreichender Sachkunde dem Auftraggeber empfohlen hat, einen Sonderfachmann hinzuzuziehen, der Auftraggeber diesem Rat Folge leistet und der Sonderfachmann schuldhaft ein unrichtiges Gutachten erstattet, steht dem Auftraggeber wegen eigener vertraglicher Beziehungen gegen den Sonderfachmann ein Anspruch nach den Vorschriften über die werkvertragliche Mängelhaftung der §§ 633 ff. BGB zu.

5. Ansprüche aus Vertrag mit Schutzwirkung zugunsten Dritter

19 Der Sachverständige kann unter Umständen auch einem nicht am Vertrag unmittelbar beteiligten Dritten verantwortlich sein, wenn die Voraussetzungen für die Annahme eines **Vertrages mit Schutzwirkung zugunsten Dritter** vorliegen. Hier steht zwar die geschuldete Hauptleistung allein dem Auftraggeber zu, jedoch ist der Dritte in der Weise in die vertraglichen Sorgfalts- und Obhutspflichten einbezogen, dass er bei deren Verletzung vertragliche Schadensersatzansprüche geltend machen kann (BGH Urt. v. 22.1.1968 VIII ZR 195/65 = BGHZ 49, 350). Dies kann insbesondere dann der Fall sein, wenn die Gutachtenerstattung erkennbar nicht nur für den Auftraggeber allein, sondern auch für diesen konkret interessierten Dritten bedeutsam sein soll und ist sowie diesem **als Grundlage für dessen weitere – vor allem wirtschaftliche – Entschließung dienen soll** (vgl. dazu BGH Urt. v. 20.4.2004 X ZR 250/02 = BGHZ 159, 1= BauR 2005, 122 = NJW 2004, 3035; Urt. v. 2.11.1983 IVa ZR 20/82 = BauR 1984, 189 = NJW 1984, 355 = SFH § 328 BGB Nr. 3; Urt. v. 23.1.1985 IVa ZR 66/83 = ZIP 1985, 398 = WM 1985, 450 = *Köndgen* EWiR § 676 BGB 1/85 S. 151; OLG Saarbrücken Urt. v. 13.7.1971 2 U 127/70 = NJW 1972, 55; OLG München BB 1956, 866) **bzw. wenn das zukünftige Verhalten des Dritten vom Inhalt und Ergebnis des Gutachtens abhängt** (vgl. BGH Urt. v. 13.11.1997 X ZR 144/94 = BauR 1998, 189 = NJW 1998, 1059; ferner Urt. v. 10.11.1994 III ZR 50/94 = BGHZ 127, 378 = BauR 1995, 284 = NJW 1995, 392 = ZIP 1994, 1954).

6. Haftungsbeschränkung

20 Möglich ist es im Grundsatz, dass der Sachverständige – als Privatgutachter – seine **Haftung auf grobe Fahrlässigkeit und Vorsatz beschränkt.** Dabei ist die Vereinbarung einer Haftungsbeschränkung des Sachverständigen in **AGB – jedenfalls soweit nicht Schäden wegen der Verletzung von Leben, Körper und Gesundheit betroffen sind – grundsätzlich ohne Verstoß gegen § 307 Abs. 2 Nr. 2 BGB möglich, wenn er nicht das in seinen Berufsstand gesetzte besondere Vertrauen in Anspruch nimmt, es sich also nicht um die Verletzung einer ihm obliegenden Kardinalpflicht handelt** (vgl. OLG Celle Urt. v. 5.1.1995 22 U 196/93 = BauR 1995, 715 mit Anm. *Meyer-Reim* im Falle eines Auftrags zur Bewertung eines Hauses, dessen Ankauf beabsichtigt war; vgl. zur Haftungsbeschränkung ferner *Hübner* NJW 1988, 443 f.). Der zulässige Inhalt von AGB des Sachverständigen im Rahmen des § 7 VOB/A bestimmt sich grundsätzlich nach der Generalklausel des § 307 BGB, da der Auftraggeber in der Regel eine juristische Person des öffentlichen Rechts darstellt oder bei der Anwendung der VOB/A durch einen privaten Auftraggeber meist ein Unternehmer im Sinn des § 14 BGB vorliegen wird (vgl. § 310 Abs. 1 S. 1 BGB). AGB liegen dann aber nicht vor, wenn die wesentlichen Vertragsbedingungen, wie der Gegenstand des zu erstattenden Gutachtens, die Vergütung des Sachverständigen und dessen Zeitaufwand für das Gutachten, individuell festgelegt werden (vgl. dazu auch *Littbarski* ZIP 1996, 812 zur Frage eines etwaigen erweiterten Versicherungsschutzes).

21 **Literatur zur Haftung des Sachverständigen allgemein und umfassend**: *Döbereiner/v. Keyserlingk* Sachverständigenhaftung 1979; *Bremer* Der Sachverständige, seine Stellung im öffentlichen und privaten Recht 2. Aufl. 1973; *Wellmann* Der Sachverständige in der Praxis 7. Aufl. 2004; *Haas* Der Sachverständige des Handwerks; außerdem *Wessel* in Praxishandbuch Sachverständigenrecht § 35; für den gerichtlichen Sachverständigen aber ganz besonders *Jessnitzer/Ulrich* Der gerichtliche Sachverständige 11. Aufl. 2000. Zu den straf- und zivilrechtlichen Folgen der fälschlichen Bezeichnung als »öffentlich bestellter und vereidigter Sachverständiger« *Bremer* BB 1974, 210; über Haftungsprobleme der technischen Kontrolle *Hübner* NJW 1988, 441; *Motzke* Die Haftung des Bodengutachters BTR 2004, 50 ff.; *Jaeger* Sachverständigenhaftung nach Vertrags- und Deliktsrecht ZAP Fach 2, 441–456.

V. Vergütung

1. Bemessung der Höhe

Der Sachverständige ist, soweit nichts anderes vertraglich vereinbart wurde, grundsätzlich vorleistungspflichtig und kann daher erst nach Erfüllung seiner Leistungspflichten die ihm **für seine Tätigkeit zustehende Vergütung verlangen.** Ein Anspruch des Sachverständigen auf Abschlagszahlungen gemäß § 632a BGB wird kaum in Betracht kommen, da Teile einer gutachtlichen Stellungnahme sicherlich nur in wenigen Ausnahmefällen verwertbar sein dürften. Für die Höhe der Vergütung ist in erster Linie die vereinbarte Vergütung (§ 631 Abs. 1 BGB) maßgeblich, wobei der Sachverständige im Streitfall die Beweislast für die getroffene Vereinbarung hat. Falls die Vereinbarung einer Vergütung nicht erfolgt ist oder nicht bewiesen wird, gilt § 632 BGB. Man kann von einem Sachverständigen nicht verlangen, dass er sein Können und Wissen unentgeltlich zur Verfügung stellt. Die Vergütung des hier tätigen Sachverständigen richtet sich grundsätzlich nach dem Zeitaufwand und nicht nach dem Bauvorhaben, da der Sachverständige nicht als Sonderfachmann beschäftigt wird (vgl. OLG Celle OLGZ 1971, 25). Notfalls muss die Vergütung nach billigem Ermessen gemäß den §§ 315, 316 BGB festgelegt werden (vgl. BGH Urt. v. 4.4.2006 X ZR 122/05 = BauR 2006, 1341 = NJW 2006, 2472; *Müller* ZSW 1981, 295, 298 ff.). **22**

Sowohl für die Üblichkeit der Vergütung nach § 632 Abs. 2 BGB als auch für die Bestimmung nach billigem Ermessen sind objektive Gesichtspunkte maßgebend, die sich jedoch nicht nach den Entschädigungssätzen des **Gesetzes über die Vergütung von Sachverständigen, Dolmetscherinnen, Dolmetschern, Übersetzerinnen und Übersetzern sowie Entschädigung von ehrenamtlichen Richterinnen, ehrenamtlichen Richtern, Zeuginnen, Zeugen und Dritten (Justizvergütungs- und -entschädigungsgesetz** – JVEG v. 5.5.2004 BGBl. I S. 71, zuletzt geändert durch das Gesetz zur Einführung von Kapitalanleger-Musterverfahren v. 16.8.2005 BGBl. I S. 2437) richten, sondern allein nach der Üblichkeit bzw. dem billigen Ermessen, ausgerichtet nach der Schwierigkeit der jeweiligen Aufgabe, der Erfahrung und dem besonderen Fachwissen des Sachverständigen; die Sätze des JVEG können daher nur bis zu einem gewissen Grad zur Beurteilung herangezogen werden, ob die Forderung des Sachverständigen den Rahmen der Üblichkeit bzw. Billigkeit in beachtlichem Maße überschreitet (vgl. OLG Koblenz ZSW 1986, 45; ähnlich OLG Köln Beschl. v. 16.11.1987 17 W 621/1987 = BauR 1989, 372).

2. Schuldner der Vergütung

Unberührt hiervon ist die Frage, **wer die Kosten des Sachverständigen zu tragen hat.** Anders als Nr. 2 enthält Nr. 1 keine Regelung. Daraus lässt sich zunächst nur der allgemein gültige Satz ableiten, dass der Sachverständige von demjenigen zu vergüten ist, der ihn beauftragt hat. Ob Letzterer im Ergebnis im Innenverhältnis gegenüber den sonst Beteiligten die Kosten allein trägt oder diese von jenen ganz oder teilweise zu übernehmen sind, richtet sich nach den im Einzelfall getroffenen Abmachungen. Fehlt es daran, so bleibt die Kostenlast beim Auftraggeber des Sachverständigen, es sei denn, dass sich in einem späteren Prozess nach den für § 91 ZPO geltenden Grundsätzen – Erstattung notwendiger Kosten – etwas anderes ergibt (vgl. dazu etwa BGH Beschl. v. **23**

17.12.2002 VI ZB 56/02 = BGHZ 153, 235 = NJW 2003, 1398 und Beschl. v. 23.5.2006 VI ZB 7/05 = BauR 2006, 1361 [Ls.] = NJW 2006, 2415). **Möglich** ist auch, dass die Kosten vom Gegner aufgrund eines aus den Feststellungen des Sachverständigen sich ergebenden **materiell-rechtlichen Anspruchs,** wie z.B. eines Schadensersatzanspruchs aus culpa in contrahendo gem. § 280 i.V.m. § 311 Abs. 2 BGB, nach § 4 Nr. 7 VOB/B oder § 13 Nr. 7 VOB/B oder als Mängelbeseitigungskosten nach § 13 Nr. 5 Abs. 2 VOB/B, zu erstatten sind (vgl. BGH Urt. v. 17.2.1999 X ZR 40/96 = BauR 1999, S. 1056 [Ls.] = NJW-RR 1999, 813 zur Erstattung von Sachverständigenkosten im Rahmen des Aufwendungsersatzanspruchs gemäß § 633 Abs. 2 S. 2 [a.F.] i.V.m. § 476a BGB [a.F.]).

D. Sachverständiger nach § 7 Nr. 2 VOB/A

24 Bei § 7 Nr. 2 handelt es sich um die Mitwirkung von Sachverständigen, die nicht vom Auftraggeber oder Bieter bzw. Auftragnehmer über die Berufsvertretung angefordert, sondern die auf Initiative und Wunsch der Berufsvertretungen mit bestimmten Prüfungsfragen befasst werden. Zum Sachverständigen gemäß § 7 Nr. 1 (vgl. oben Rn. 8 ff.), dessen Regelungen hinsichtlich der Voraussetzungen der Beauftragung **sonst auch hier gelten,** ergeben sich folgende **Abweichungen bzw. Ergänzungen:**

I. Ausschließliche Benennung durch Berufsvertretung

25 Im Gegensatz zu Nr. 1 geht nach Nr. 2 die Initiative, einen Sachverständigen einzuschalten, von den Berufsvertretungen aus. Es handelt sich daher **ausschließlich um Sachverständige, die von den Berufsvertretungen benannt werden.**

II. Tätigkeitsvoraussetzungen

26 Die Beschäftigung eines Sachverständigen nach Nr. 2 hängt davon ab, ob sich die Berufsvertretung im Einzelfall entschließt, die Anhörung eines Sachverständigen in Vorschlag zu bringen. Ob der Sachverständige dann tätig werden kann, hängt von der Einwilligung der als Verhandlungs- oder Vertragspartner Beteiligten ab, die in geeigneten Fällen erteilt werden soll (»sollen gehört werden«). Es ist also letztlich in das Ermessen dieser Beteiligten gestellt. Bei richtiger Auslegung der Nr. 2 handelt es sich hier aber nicht um ein völlig freies Ermessen der Beteiligten ohne Prüfungsobliegenheit. Vielmehr müssen sie, vor allem, um eine mögliche Haftung aus Verschulden bei Vertragsabschluss oder aus späterer Gewährleistung, positiver Vertragsverletzung oder aus unerlaubter Handlung zu vermeiden, sorgfältig überlegen, ob die aufgetretenen Zweifelsfragen für eine Sachverständigenanhörung geeignet sind.

27 Soweit von der Anhörung eines Sachverständigen die Rede ist, darf dies nicht wörtlich aufgefasst werden. Hier ist nicht nur eine mündliche Berichterstattung durch den Sachverständigen gemeint, sondern auch die Abfassung eines schriftlichen Gutachtens, die Anfertigung von Zeichnungen und Berechnungen, kurzum alles, was im gegebenen Rahmen Sachverständigentätigkeit sein kann (vgl. dazu auch oben Rn. 11).

III. Vertragspartner und Kostenschuldner des Sachverständigen

28 Im Gegensatz zu § 7 Nr. 1 VOB/A (vgl. oben Rn. 8 ff.) wird es im Falle der Nr. 2 allgemein **nicht** gerechtfertigt sein, in der Mitwirkung eines Sachverständigen ein **Vertragsverhältnis** mit **dem Auftraggeber oder dem Bieter oder mit beiden anzunehmen.** Vertragspartner des Sachverständigen **ist hier in der Regel die Berufsvertretung.** Die Ausführungen unter Rn. 12 ff. gelten dann entspre-

chend für dieses Verhältnis. Dass die Beteiligten, vor allem der Auftraggeber, zur Aufnahme der Tätigkeit des Sachverständigen die Einwilligung erteilen müssen, ändert hieran nichts.

Handelt es sich demnach bei § 7 Nr. 2 VOB/A um ein Vertragsverhältnis zwischen der Berufsvertretung und dem Sachverständigen, so ist **Schuldner einer** etwaigen, grundsätzlich auch hier dem Sachverständigen geschuldeten **Vergütung, die Berufsvertretung,** es sei denn, dass diese im Einzelfall kraft Vereinbarung vom Bieter bzw. Auftragnehmer übernommen wurde. Hinzuweisen ist darauf, dass der Kostenausschluss zugunsten des Auftraggebers nach dem Wortlaut der Nr. 2 (»dadurch«) nicht nur die eigentliche gutachtliche Tätigkeit nebst den Vorbereitungsarbeiten des Sachverständigen erfasst, sondern auch adäquat damit zusammenhängende Kosten, wie z.B. solche einer Ortsbesichtigung, der Materialbeschaffung für den Sachverständigen, der Prüfung von Unterlagen, des Schriftverkehrs usw. (zur Berechnung der Vergütung des Sachverständigen vgl. oben Rn. 22). 29

E. Bedeutung der Gutachten nach § 7 VOB/A

Gutachtliche Stellungnahmen von Sachverständigen im Rahmen von § 7 VOB/A sind nur Hilfsmittel für die Entschließung oder das weitere Verhalten der Verhandlungs- bzw. Vertragspartner (über »Modell-Gutachten« *Schulz* ZSW 1986, 40. Zu den theoretischen Grundlagen für die Wertermittlung durch Sachverständige vgl. *Aurnhammer* BauR 1981, 139; zum optischen Bau- und Wohnungsmangel auch *Kamphausen* BauR 1995, 343; zur Erstattung von Gutachten beachtenswert *Klocke* BauR 1986, 294; ferner *Rudolph* in Handbuch Sachverständigenrecht § 30 ff.). 30

Demnach greifen sie nicht unmittelbar in die Vertragsverhandlungen oder in den abgeschlossenen Vertrag selbst ein. Es kann daher nur die Frage sein, inwieweit der eine oder andere Partner sich die Feststellungen des Sachverständigen anlässlich der Vertragsverhandlungen oder der Geltendmachung von Rechten aus dem abgeschlossenen Bauvertrag zu eigen macht und sie insoweit verwertet. Dabei ist der Betreffende keinesfalls jeder eigenen Überlegung und Entschließung enthoben. Vielmehr muss er bedenken, dass es letztlich um seine **eigenen Belange** geht, die ihm grundsätzlich nicht von einem anderen abgenommen werden können. Soweit es sich um Behörden als Auftraggeber handelt, ist daher mit Recht im VHB zu § 7 VOB/A hervorgehoben worden, dass die Mitwirkung von Sachverständigen das Bauamt nicht entbindet, **die Entscheidung in eigener Verantwortung** zu treffen. Dies ist vom öffentlichen Auftraggeber besonders zu beachten, was in der Praxis nicht immer der Fall ist (vgl. oben Rn. 3).

§ 8
Teilnehmer am Wettbewerb

1. Alle Bewerber oder Bieter sind gleich zu behandeln. Der Wettbewerb darf insbesondere nicht auf Bewerber beschränkt werden, die in bestimmten Regionen oder Orten ansässig sind.

2. (1) Bei Öffentlicher Ausschreibung sind die Unterlagen an alle Bewerber abzugeben, die sich gewerbsmäßig mit der Ausführung von Leistungen der ausgeschriebenen Art befassen.
(2) Bei Beschränkter Ausschreibung sollen im Allgemeinen nur 3 bis 8 geeignete Bewerber aufgefordert werden. Werden von den Bewerbern umfangreiche Vorarbeiten verlangt, die einen besonderen Aufwand erfordern, so soll die Zahl der Bewerber möglichst eingeschränkt werden.
(3) Bei Beschränkter Ausschreibung und Freihändiger Vergabe soll unter den Bewerbern möglichst gewechselt werden.

3. (1) Von den Bewerbern oder Bietern dürfen zum Nachweis ihrer Eignung (Fachkunde, Leistungsfähigkeit und Zuverlässigkeit) Angaben verlangt werden über
   a) den Umsatz des Unternehmers in den letzten drei abgeschlossenen Geschäftsjahren, soweit er Bauleistungen und andere Leistungen betrifft, die mit der zu vergebenden Leistung vergleichbar sind, unter Einschluss des Anteils bei gemeinsam mit anderen Unternehmern ausgeführten Aufträgen,
   b) die Ausführung von Leistungen in den letzten drei abgeschlossenen Geschäftsjahren, die mit der zu vergebenden Leistung vergleichbar sind,
   c) die Zahl der in den letzten drei abgeschlossenen Geschäftsjahren jahresdurchschnittlich beschäftigten Arbeitskräfte, gegliedert nach Berufsgruppen,
   d) die dem Unternehmer für die Ausführung der zu vergebenden Leistung zur Verfügung stehende technische Ausrüstung,
   e) das für die Leitung und Aufsicht vorgesehene technische Personal,
   f) die Eintragung in das Berufsregister ihres Sitzes oder Wohnsitzes,
   g) andere, insbesondere für die Prüfung der Fachkunde geeignete Nachweise.
   Als Nachweise nach den Buchstaben a, c und f sind auch von der zuständigen Stelle ausgestellte Bescheinigungen zulässig, aus denen hervorgeht, dass der Unternehmer in einer amtlichen Liste in einer Gruppe geführt wird, die den genannten Leistungsmerkmalen entspricht.
   (2) Als Nachweis der Eignung (Fachkunde, Leistungsfähigkeit und Zuverlässigkeit) ist insbesondere auch die vom Auftraggeber direkt abrufbare Eintragung in die allgemein zugängliche Liste des Vereins für die Präqualifikation von Bauunternehmen e.V. (Präqualifikationsverzeichnis) zulässig. Auf den konkreten Auftrag bezogene zusätzliche Nachweise können verlangt werden.
   (3) Der Auftraggeber wird andere ihm geeignet erscheinende Nachweise der wirtschaftlichen und finanziellen Leistungsfähigkeit zulassen, wenn er feststellt, dass stichhaltige Gründe dafür bestehen.
   (4) Bei Öffentlicher Ausschreibung sind in der Aufforderung zur Angebotsabgabe die Nachweise zu bezeichnen, deren Vorlage mit dem Angebot verlangt oder deren spätere Anforderung vorbehalten wird. Bei Beschränkter Ausschreibung nach Öffentlichem Teilnahmewettbewerb ist zu verlangen, dass die Nachweise bereits mit dem Teilnahmeantrag vorgelegt werden.

4. Bei Beschränkter Ausschreibung und Freihändiger Vergabe ist vor der Aufforderung zur Angebotsabgabe die Eignung der Bewerber zu prüfen. Dabei sind die Bewerber auszuwählen, deren Eignung die für die Erfüllung der vertraglichen Verpflichtungen notwendige Sicherheit bietet; dies bedeutet, dass sie die erforderliche Fachkunde, Leistungsfähigkeit und Zuverlässigkeit besitzen und über ausreichende technische und wirtschaftliche Mittel verfügen.

5. (1) Von der Teilnahme am Wettbewerb dürfen Unternehmer ausgeschlossen werden,
   a) über deren Vermögen das Insolvenzverfahren oder ein vergleichbares gesetzlich geregeltes Verfahren eröffnet oder die Eröffnung beantragt worden ist oder der Antrag mangels Masse abgelehnt wurde,
   b) deren Unternehmen sich in Liquidation befinden,
   c) die nachweislich eine schwere Verfehlung begangen haben, die ihre Zuverlässigkeit als Bewerber in Frage stellt,
   d) die ihre Verpflichtung zur Zahlung von Steuern und Abgaben sowie der Beiträge zur gesetzlichen Sozialversicherung nicht ordnungsgemäß erfüllt haben,
   e) die im Vergabeverfahren vorsätzlich unzutreffende Erklärungen in Bezug auf ihre Fachkunde, Leistungsfähigkeit und Zuverlässigkeit abgegeben haben,
   f) die sich nicht bei der Berufsgenossenschaft angemeldet haben.

(2) Der Auftraggeber darf von den Bewerbern oder Bietern entsprechende Bescheinigungen der zuständigen Stellen oder Erklärungen verlangen.
(3) Der Nachweis, dass Ausschlussgründe i.S.v. Absatz 1 nicht vorliegen, kann auch durch eine Bescheinigung nach Nummer 3 Abs. 2 geführt werden, es sei denn, dass dies widerlegt wird.

6. Justizvollzugsanstalten, Einrichtungen der Jugendhilfe, Aus- und Fortbildungsstätten und ähnliche Einrichtungen sowie Betriebe der öffentlichen Hand und Verwaltungen sind zum Wettbewerb mit gewerblichen Unternehmern nicht zuzulassen.

Inhaltsübersicht Rn.

A. Allgemeine Grundlagen	1
B. Grundsätze für sämtliche Vergabearten (Nr. 1)	3
I. Gleichbehandlung aller Bewerber	4
1. Grundrechtsbindung	5
2. Inhalt des Gleichbehandlungsgrundsatzes	6
3. Sachlich-objektive Regelungen über den Teilnehmerkreis	8
II. Unzulässigkeit der Beschränkung auf Bewerber aus bestimmten Regionen oder Orten	11
III. Bevorzugte Bewerber	14
IV. Beteiligung von Handelsunternehmen	17
V. Teilnehmer am Wettbewerb und Unternehmereinsatzformen	18
1. Gewerbsmäßige Ausführung als Grundvoraussetzung	18
2. Unzulässigkeit des Generalübernehmereinsatzes	21
3. Höhe des Eigenleistungsanteils und Generalunternehmereinsatz	23
4. Konzerngesellschaften und Nachunternehmer	24
5. Besonderheiten beim Nebenunternehmereinsatz	26
6. Beteiligung von so genannten Projektanten	27
7. Bestimmungen des Vergabehandbuchs	33
C. Ausschluss von Bewerbern aus dem Bereich öffentlicher Betriebe (Nr. 6)	34
D. Teilnahme am Wettbewerb bei Öffentlicher Ausschreibung (Nr. 2 Abs. 1)	40
I. Teilnahmevoraussetzungen	40
1. Befassung mit der ausgeschriebenen Art der Bauleistung	41
2. Erbringen eigener Bauleistung	42
II. Aushändigung der Verdingungsunterlagen	43
E. Beschränkte Anzahl der Teilnehmer bei Beschränkter Ausschreibung (Nr. 2 Abs. 2)	45
I. Maßgebliche Auswahlkriterien	46
II. Beschränkung auf 3 bis 8 Bewerber	47
1. § 3 Nr. 3 VOB/A als Anhaltspunkt für die Beschränkung	50
2. Umfangreiche Vorarbeiten als Grund einer Beschränkung (Nr. 2 Abs. 2 S. 2)	51
3. Auswahl durch den Auftraggeber und sich nach Aufforderung bildende Bietergemeinschaft	56
4. Auswahl unabhängig von der Unternehmens- bzw. Betriebsstruktur	59
5. Grundsatz des größtmöglichen Wettbewerbs	60
6. Zeitpunkt der Aufforderung	61
F. Gebot des Wechsels der Teilnehmer (Nr. 2 Abs. 3)	62
G. Nachprüfung und Nachweis von Fachkunde, Leistungsfähigkeit und Zuverlässigkeit der Bewerber (Nr. 3)	64
I. Grundsätze	65
1. Ausschluss wegen fehlender oder unvollständiger Erklärungen und Nachweise	66
2. Nachreichen von Eignungsnachweisen	68
II. Fragenkreis im Rahmen der Aufklärung	70
1. Umsatz der letzten drei Geschäftsjahre	71
2. Ausgeführte Leistungen in den letzten drei Geschäftsjahren	72
3. Beschäftigte Arbeitskräfte in den letzten drei Geschäftsjahren	73

	Rn.
4. Die für den konkreten Auftrag zur Verfügung stehende technische Ausrüstung	74
5. Das für den konkreten Auftrag zur Verfügung stehende technische Personal	75
6. Eintragung in das Berufsregister	76
7. Weitere ggf. erforderliche Auskünfte und Nachweise	77
III. Auskunftsmittel im Einzelnen (Nr. 3 Abs. 1 S. 2 und Abs. 3)	78
IV. Nachweis durch Präqualifikation (Nr. 3 Abs. 2)	81
1. Einführung in die VOB/A	81
2. Begriff und Ziel der Präqualifikation	82
3. Ablauf des Präqualifikationsverfahrens	83
4. Erforderliche Zulassung durch den Auftraggeber	84
V. Zeitpunkt der Auskunftsanforderung (Nr. 3 Abs. 4 und Nr. 4)	86
1. Öffentliche Ausschreibung und Beschränkte Ausschreibung nach Öffentlichem Teilnahmewettbewerb	86
2. Beschränkte Ausschreibung und Freihändige Vergabe	90
H. Ausschluss von Bewerbern von der Teilnahme am Wettbewerb (Nr. 5)	91
I. Allgemeines	91
II. Mögliche Ausschlussgründe (Nr. 5 Abs. 1)	94
1. Insolvenzverfahren	94
2. Liquidation des Bewerberbetriebs	95
3. Schwere Verfehlung des Bewerbers	96
a) Regelung im Vergabehandbuch	98
b) Submissionsbetrug u.a.	99
c) Nachweis der schweren Verfehlung	104
d) Andere gesetzliche Ausschlussgründe	107
e) Auftragssperre	109
f) Gemeinsame Regelung der Bundesministerien	114
g) Tariftreue	115
4. Nichtzahlung von Steuern, Abgaben und Sozialversicherungsbeiträgen	117
5. Vorsätzlich unzutreffende Erklärungen der Bewerber	121
6. Nichtanmeldung bei der Berufsgenossenschaft	123
III. Feststellung von Ausschlussgründen (Nr. 5 Abs. 2 und 3); Beweislast	125
1. Bescheinigung der zuständigen Stellen oder Erklärungen	126
2. Bescheinigung nach Nr. 3 Abs. 2	127

A. Allgemeine Grundlagen

1 § 8 VOB/A befasst sich mit der **grundlegenden Frage, wie der Kreis von Unternehmern, die nach § 2 Nr. 1 VOB/A für die Ausführung von Bauleistungen grundsätzlich in Betracht kommen, bestimmt wird,** d.h. welche Unternehmen zu beteiligen sind und von welchen Unternehmen der Auftraggeber Abstand nehmen kann oder muss. Nr. 1 enthält den elementaren Grundsatz der Gleichbehandlung. Nr. 2 differenziert bei der Anzahl der Teilnehmer nach den verschiedenen Vergabearten. Nr. 3 und ergänzend dazu Nr. 4 treffen Regelungen über die zum Nachweis der Eignung der Bewerber oder Bieter ggf. erforderlichen Angaben und die Modalitäten der Nachweisführung. Nr. 5 enthält Grundregeln über den Ausschluss von Bewerbern von den Vertragsverhandlungen, während Nr. 6 sich mit bestimmten »Unternehmen« beschäftigt, bei denen es keine Konkurrenz im Rahmen eines Wettbewerbs mit gewerblichen Unternehmen gibt und die deshalb vom Vergabewettbewerb fernzuhalten sind.

§ 8 VOB/A wurde durch die VOB 2000 in Nr. 5 Abs. 1 lit. a der geänderten Rechtslage angepasst, die sich durch das In-Kraft-Treten der Insolvenzordnung zum 1.1.1999 und der gleichzeitigen Aufhebung der Vergleichsordnung und Konkursordnung ergeben hatte. Eine weitere **wichtige Änderung** erfolgte mit der **VOB/A 2006**: In dem neu eingefügten § 8 Nr. 3 Abs. 2 VOB/A wird dem Auftraggeber die Möglichkeit eröffnet, das umständliche und für beide Seiten aufwändige Verfahren des Nachweises und der Prüfung der Eignung durch den Abruf einer Eintragung des Bewerbers oder Bieters in das so genannte **Präqualifikationsverzeichnis** zu ersetzen.

Systematisch gesehen ist § 8 eine Ergänzung und Weiterführung der Bestimmungen in § 3 VOB/A. Während dort die Einzelvoraussetzungen für die verschiedenen von der VOB vorgesehenen Arten der Bauvertragsvergabe geregelt sind, bestimmt § 8, **wer als Bieter** bei der gemäß § 3 ausgewählten Verfahrensart im konkreten Fall **in Betracht kommen kann**. In Abhängigkeit von der jeweiligen **Vergabeart** trifft § 8 überwiegend **unterschiedliche Regelungen**. **2**

Spätestens mit Übersendung der Vergabeunterlagen entsteht zwischen dem Auftraggeber und dem betreffenden Bewerber **ein rechtsgeschäftsähnliches Schuldverhältnis i.S.d. § 311 Abs. 2 Nr. 2 i.V.m. § 241 Abs. 2 BGB** (Rechtsinstitut der culpa in contrahendo, das mit dem am 1.1.2002 in Kraft getretenen Schuldrechtsmodernisierungsgesetz in § 311 Abs. 2 BGB eine gesetzliche Regelung gefunden hat), **bei dessen schuldhafter Verletzung dem Verhandlungspartner unter Umständen ein Schadensersatzanspruch aus § 280 Abs. 1 BGB entstehen kann** (vgl. BGH Urt. v. 21.2.2006 X ZR 39/03 = BauR 2006, 1140 = NJW-RR 2006, 963 = NZBau 2006, 456 = ZfBR 2006, 501; Urt. v. 3.6.2004 X ZR 30/03 = VergabeR 2004, 604 = BauR 2004, 1838 = NZBau 2004, 517 = ZfBR 2004, 813; Urt. v. 16.12.2003 X ZR 282/02 = VergabeR 2004, 480 = BauR 2004, 883 = NJW 2004, 2165 = NZBau 2004, 283 = ZfBR 2004, 404; Urt. v. 12.6.2001 X ZR 150/99 = VergabeR 2001, 293 = BauR 2001, 1633 [Ls.] = NJW 2001, 3698 = NZBau 2001, 637 = ZfBR 2001, 458; Urt. v. 7.7.1998 X ZR 17/97 = BGHZ 139, 177 = BauR 1998, 1089 = NJW 1998, 3192 = ZfBR 1998, 302; eingehend dazu vor § 2 VOB/A Rn. 2 und Rn. 22 und Einl.). Eine solche schuldhafte Verletzung im Rahmen einer öffentlichen Ausschreibung kann z.B. in der Übersendung der angeforderten Ausschreibungsunterlagen, in der Entsendung eines Mitarbeiters des Auftraggebers zur gemeinsamen Besichtigung der Baustelle und Erläuterung der vorgesehenen Arbeiten mit dem Bewerber, in der Bitte um Verlängerung der Zuschlags- und Bindefrist und in der Aufforderung zur Übersendung einer Referenzliste gesehen werden, **wenn zu den jeweiligen Zeitpunkten für den öffentlichen Auftraggeber bereits feststand oder feststehen musste,** dass ein eventuelles Angebot von diesem Bewerber **ausgeschlossen und nicht gewertet wird** und der Auftraggeber den Bewerber darauf **vor Angebotsabgabe nicht hinweist** (vgl. OLG Düsseldorf Urt. v. 13.3.1990 23 U 127/89 = BauR 1990, 596 = NJW-RR 1990, 1046 = SFH § 25 VOB/A Nr. 5). Insoweit trägt der Bewerber bzw. Bieter für das rechtswidrige und schuldhafte Verhalten des Auftraggebers die Darlegungs- und Beweislast. Dagegen besteht im Allgemeinen keine Verpflichtung des öffentlichen Auftraggebers, den Bewerber bzw. Bieter in jedem dieser Fälle darauf hinzuweisen, dass bestimmte Gesichtspunkte (wie z.B. mehrere anhängige Prozesse mit ihm aufgrund von Kündigungen der früher abgeschlossenen Bauverträge) bei der Eignungsprüfung berücksichtigt werden (OLG Düsseldorf a.a.O.).

B. Grundsätze für sämtliche Vergabearten (Nr. 1)

Nr. 1 stellt zunächst **für alle Vergabearten allgemein gültige Grundregeln** auf, die der Auftraggeber in seinem Verhalten gegenüber der Bewerber- bzw. Bieterseite im personellen Bereich zu beachten hat. **3**

I. Gleichbehandlung aller Bewerber

Der **übergeordnete Grundsatz, dass alle Bewerber gleich zu behandeln sind** (S. 1), war ursprünglich nicht ausdrücklich geregelt, sondern fand – wie im Übrigen auch das dem Inhalt nach mit dem Gleichbehandlungsgrundsatz identische Diskriminierungsverbot in § 2 Nr. 2 VOB/A – erst auf- **4** grund der EG-Richtlinie zur Liberalisierung bei der Vergabe öffentlicher Bauaufträge Eingang in die VOB/A (vgl. dazu *Lampe-Helbig/Wörmann* Rn. 168, 65, 66). Dadurch ergaben sich jedoch keine inhaltlichen Änderungen, da der Gleichbehandlungsgrundsatz, auch wenn ursprünglich nicht ausdrücklich erwähnt, seit jeher elementarer Bestandteil der deutschen Vergabebestimmungen ist. Insbesondere setzt auch die Beachtung des in § 2 Nr. 1 S. 2 VOB/A niedergelegten **Wettbewerbsprinzips** zwingend voraus, dass alle Bieter gleich behandelt werden. Der Gleichbehandlungsgrundsatz wurde auch im Kartellvergaberecht in § 97 Abs. 2 GWB als »Allgemeiner Grundsatz« an herausgehobener Stelle benannt.

1. Grundrechtsbindung

5   Nach **Art. 3 Abs. 1 GG** sind **alle Menschen vor dem Gesetz gleich**. Das bindet nicht nur die Rechtsprechung und den Gesetzgeber, sondern auch die **Verwaltung**. Die öffentliche Bauvergabe erfolgt zwar auf der Grundlage und in den Formen des Privatrechts (vgl. dazu auch *Unger* BauR 1984, 465, 468 f.), sie bleibt aber dennoch ein **Akt öffentlicher Gewalt i.S.d. Art. 1 Abs. 3 GG** (vgl. OVG Berlin-Brandenburg Beschl. v. 28.7.2006 1 L 59/06 = IBR 2006, 576; OVG Niedersachsen Beschluss. v. 14.7.2006 7 OB 105/06; OLG Brandenburg Beschl. v. 3.8.1999 6 Verg 1/99 = BauR 1999, 1176 = NZBau 2000, S. 39, 42 f. = NJW 2000, 149 [Ls.]; BKartA Beschl. v. 29.4.1999 VK 1 7/99 = BauR 1999, 1284 = NJW 2000, 151 = NZBau 2000, 53; eingehend zur rechtlichen Einordnung des öffentlichen Beschaffungswesens *Pernice/Kadelbach* DVBl. 1996, 1100, 1106 m.w.N.). Demzufolge ist auch im Bereich des fiskalischen Verwaltungshandelns wie der Vergabe von Bauaufträgen durch die öffentliche Hand eine **Grundrechtsbindung** anzuerkennen, und zwar unabhängig davon, ob die Beschaffung der öffentlichen Hand – in den Kategorien des Verwaltungsrechtes – dem Verwaltungsprivatrecht (»unmittelbare Grundrechtsbindung«) oder den fiskalischen Hilfsgeschäften (»Drittwirkung von Grundrechten«) zugeordnet wird. Allgemein anerkannt ist insoweit, dass sich bei einem Vergabeverfahren der öffentlichen Hand **subjektive Rechte der Bewerber oder Bieter aus dem in Art. 3 GG verankerten Gleichbehandlungsgrundsatz ergeben können** (vgl. OVG Berlin-Brandenburg a.a.O.). **Die Bestimmungen der VOB/A allein vermitteln dagegen keine subjektiven Rechte** (vgl. vor § 2 VOB/A Rn. 5 und 19 ff.). Von der Frage der Grundrechtsbindung zu trennen ist die nach der gegenwärtigen Rechtslage umstrittene Frage, welcher Rechtsweg im Fall von Streitigkeiten bei nach den Vorschriften der VOB/A durchgeführten Auftragsvergaben unterhalb des Schwellenwertes einzuschlagen ist. Nach wohl zutreffender Auffassung handelt es sich **nicht um eine öffentlich-rechtliche, sondern um eine zivilrechtliche Streitigkeit**, da es sich bei der VOB/A um eine zivilrechtlich geprägte, nicht dem Sonderrecht des Staates zugeordnete Verfahrensordnung handelt, die auf den Abschluss eines privatrechtlichen Vertrages gerichtet ist (so etwa OVG Berlin-Brandenburg Beschl. v. 28.7.2006 1 L 59/06 = IBR 2006, 576; OVG Niedersachsen Beschluss. v. 14.7.2006 7 OB 105/06; a.A. OVG Sachsen Beschl. v. 13.4.2006 2 E 270/05 = VergabeR 2006, 348 = BauR 2006, 1193 = NZBau 2006, 393 = ZfBR 2006, 511; OVG Rheinland-Pfalz Beschl. v. 25.5.2005 7 B 10356/05 = VergabeR 2005, 478 = BauR 2005, 1525 = NZBau 2005, 411 = ZfBR 2005, 590; zu der Problematik des Rechtsschutzes und Rechtsweges bei öffentlichen Auftragsvergaben siehe auch *Dörr* DÖV 2001, 1014 ff.; *Pünder* VerwArch 2004, 38; zu der Anwendung der Zwei-Stufen-Theorie: ablehnend *Hollands/Sauer* DÖV 2006, 55 ff.; *Schneider/Häfner* DVBl. 2005, 989 ff.; *Heuvels* NZBau 2005, 570 ff.; *Ruthig* NZBau 2005, 497 ff.; *Losch* VergabeR 2006, 298 ff.; bejahend *Prieß/Hölzl* ZfBR 2005, 593 ff.).

Zu beachten ist weiter, dass sich der öffentliche Auftraggeber – unabhängig von dieser verfassungsrechtlichen Sicht – dem Gleichbehandlungsgrundsatz mit der Anwendung der Bestimmungen der VOB/A auch **freiwillig** unterworfen hat.

Im Übrigen wurde auch mit dem am 1.1.1999 in Kraft getretenen Vergaberechtsänderungsgesetz der privatrechtliche Charakter des Vergabeverfahrens und der begründeten vertraglichen Beziehungen nicht berührt, jedoch ist für Streitigkeiten bei Vergaben, die unter den Anwendungsbereich des 4. Teils des GWB fallen, mit den §§ 102 ff. GWB ein besonderes Rechtsschutzverfahren eingerichtet worden, um den von den EU-Richtlinien geforderten effektiven Rechtsschutz (Primärrechtsschutz) sicherzustellen.

2. Inhalt des Gleichbehandlungsgrundsatzes

Gleichbehandlung aller Bewerber bedeutet, dass im Wesentlichen **gleiche Tatbestände ohne Ansehung der Person auch gleich zu regeln bzw. zu behandeln sind** (vgl. BVerfG Entsch. v. 19.12.1951 1 BvR 220/51 = BVerfGE 1, 97, 107). Daraus folgt weiter, dass Ungleiches seiner Eigenart entsprechend verschieden zu behandeln ist. Dabei ist zu beachten, dass unter den verschiedenen möglichen Regelungen eine weitgehende Gestaltungsfreiheit besteht. Daher wird gegen Art. 3 Abs. 1 GG nur verstoßen, wenn versäumt worden ist, tatsächliche Gleichheiten oder Ungleichheiten der zu regelnden Lebensverhältnisse zu berücksichtigen, die von einigem Gewicht sind und daher bei einer am **Gerechtigkeitsgedanken** orientierten Wertung beachtet werden müssen (vgl. BVerfG Urt. v. 20.7.1954 1 BvR 459/52 = BVerfG 4, 18 und BVerfG Beschl. v. 30.11.1955 1 BvL 120/53 = BVerfGE 4, 352, 357 = NJW 1956, 99). Eine auf sachfremden Erwägungen beruhende **ungerechtfertigte Differenzierung** liegt somit **erst vor, wenn sich ein vernünftiger, aus der Natur der Sache folgender oder sonst sachlich einleuchtender Grund für eine unterschiedliche Behandlung nicht mehr finden lässt** (vgl. BVerfG Urt. v. 23.10.1951 2 BvG 1/51 = BVerfGE 1, 14). 6

Praktische Relevanz hat der Gleichbehandlungsgrundsatz vor allem in Nachprüfungsverfahren bei der Frage erlangt, ob ein Bieter, dessen Angebot zu Recht wegen von ihm nicht eingehaltener Vorgaben ausgeschlossen wurde, sich (noch) darauf berufen kann, dass auch die Angebote aller anderen Bieter an Fehlern leiden und gleichfalls ausgeschlossen werden müssen, mit der Folge der Aufhebung der Ausschreibung, oder ob ihm dies wegen fehlender Antragsbefugnis nach § 107 Abs. 2 GWB verwehrt ist, weil er selbst keine Chance mehr hat, den Zuschlag zu erhalten und daher in seinen Rechten auch nicht verletzt sein kann (vgl. etwa zu diesem Problem BGH Beschl. v. 18.2.2003 X ZB 43/02 = VergabeR 2003, 313 = NZBau 2003, 293 und OLG Düsseldorf Beschl. v. 16.5.2006 VII Verg 19/06). **Während das OLG Naumburg** (Beschl. v. 26.10.2005 1 Verg 12/05 = VergabeR 2006, 209 = NZBau 2006, 57 [Ls.] = ZfBR 2006, 92) in einem solchen Fall, unabhängig von der Frage, ob auch allen anderen Angeboten gleiche, ähnliche oder sonstige Fehler anhaften, **die Antragsbefugnis verneint**, sieht das **OLG Düsseldorf einen Anspruch des Bieters dann als gegeben, wenn alle anderen noch in der Wertung befindlichen Angebote gleichfalls ausgeschlossen werden müssten, vorausgesetzt es handelt sich um gleiche oder zumindest gleichartige Mängel** (Beschl. v. 15.12.2004 VII Verg 47/04 = VergabeR 2005, 195 = BauR 2005, 912 [Ls.]). Das **OLG Frankfurt am Main** (Beschl. v. 23.12.2005 11 Verg 13/05 = VergabeR 2006, 212 = BauR 2006, 887 [Ls.]) sieht – weitergehend als das OLG Düsseldorf – **den Gleichbehandlungsgrundsatz auch dann als verletzt an, wenn alle anderen Angebote an einem zum Ausschluss führenden Mangel leiden, ohne dass es auf die Art des Mangels ankäme.** Wegen der abweichenden Entscheidung des OLG Naumburg legte das OLG Frankfurt am Main die Sache gemäß § 124 Abs. 2 GWB dem BGH zur Entscheidung vor, die jedoch noch nicht ergangen ist. 7

Im Ergebnis wird der Auffassung des OLG Frankfurt am Main zu folgen sein. Das OLG Naumburg stellt im Grunde allein auf den formalen Begriff der Antragsbefugnis im Sinn des § 107 Abs. 2 GWB ab und übersieht, dass mit der Teilnahme an einem Vergabeverfahren ein rechtsgeschäftähnliches Schuldverhältnis im Sinn des § 311 Abs. 2 Nr. 1 i.V.m. § 241 Abs. 2 BGB begründet wird, das den Auftragnehmer in seinem **Vertrauen darauf schützt, dass das Vergabeverfahren unter Einhaltung der zugrundeliegenden Bestimmungen der VOB/A eingeleitet und durchgeführt wird** (vgl. etwa BGH Urt. v. 12.6.2001 X ZR 150/99 = VergabeR 2001, 293 = NJW 2001, 3698 = NZBau 2001, 637 = ZfBR 2001, 458). Dieses Vertrauen wäre pflichtwidrig verletzt, wenn der Auftraggeber nur sein Angebot, nicht aber auch alle anderen Angebote aus dem Wettbewerb nehmen würde, denen gleichfalls ein zum Ausschluss führender Mangel anhaftet. Der vom OLG Düsseldorf vorgenommenen Differenzierung nach gleichen oder gleichartigen Mängel fehlt die innere Rechtfertigung, da es für die Beteiligten keinen Unterschied bedeutet, aus welchen Gründen ein Angebot zwingend auszuschließen ist. In dem einen wie dem anderen Fall ergibt sich der Ausschluss aus den für anwendbar erklärten Bestimmungen der VOB/A, ohne dass zwischen diesen Mängeln etwa ein Hierarchieverhältnis begründet wäre. Zudem bedeutet eine unterschiedliche Handhabung und Zuordnung von zwingenden Ausschlussgründen eine erhebliche Beeinträchtigung der Rechtssicherheit. Eine andere Frage ist allerdings, ob die Nachprüfungsbehörden oder die Vergabesenate von sich aus verpflichtet sind, die anderen Angebote zur Wahrung des Gleichbehandlungsgrundsatzes auf Ausschlusstatbestände hin zu überprüfen. Aufgrund des geltenden **Amtsermittlungsgrundsatzes** und der meist eingeschränkten Gewährung von Akteneinsicht wird im Interesse eines fairen Verfahrens jedoch eine solche Pflicht anzunehmen sein. Zudem wird die Bestimmung des § 114 Abs. 1 GWB, die der Vergabekammer die Möglichkeit eröffnet, auf die Rechtmäßigkeit des Verfahrens hinzuwirken, in der Praxis zu wenig beachtet bzw. in der Rechsprechung zu restriktiv ausgelegt (wie etwa durch das OLG Rostock Beschl. v. 8.3.2006 17 Verg 16/05 = VergabeR 2006, 374 = BauR 2006, 1194 = ZfBR 2006, 388).

3. Sachlich-objektive Regelungen über den Teilnehmerkreis

8 Diese Grundsätze gelten **entsprechend für die gesamte Bauvergabe nach der VOB bis zum Zuschlag**, insbesondere sind unter diesem Blickwinkel Regelungen zu beurteilen, wie sie sich in § 8 VOB/A in den Nr. 2 bis 6 befinden. Bei genauer Betrachtung sind diese unbedenklich, weil sie mit dem Gleichheitsgrundsatz konform gehen, indem sie **gleiche Verhältnisse auch gleich behandeln.** Ein Verstoß gegen den Gleichheitsgrundsatz kann daher erst gegeben sein, wenn die genannten Regeln nicht beachtet werden und für das Abweichen kein vernünftiger, sachlich zu rechtfertigender Grund vorliegt, der im Streitfall **vom Auftraggeber darzulegen und nachzuweisen** ist. Für eine regionale Begrenzung des Wettbewerbs ist, wie der in Nr. 1 S. 2 genannte Beispielsfall zeigt, grundsätzlich kein solcher sachlicher Grund gegeben. Eine unzulässige Ungleichbehandlung läge z.B. auch dann vor, wenn nach Durchführung eines öffentlichen Teilnahmewettbewerbs auch solche Unternehmen zur Angebotsabgabe aufgefordert werden, die sich nicht **an dem Teilnahmewettbewerb beteiligt** haben. Wenn der Auftraggeber sich entschließt, eine Leistung schlüsselfertig und gleichzeitig nach einzelnen Gewerken auszuschreiben, so ist er grundsätzlich gehalten, gleiche Termine für die Abgabe der Angebote in beiden Vergabeverfahren festzulegen (zu dem hier vorliegenden Fall einer so genannten Parallelausschreibung näher unter § 4 VOB/A Rn. 14 und § 16 VOB/A Rn. 35 ff.).

9 Ein Verstoß gegen den Gleichheitsgrundsatz liegt dagegen nicht schon darin, dass § 8 VOB/A Regeln aufstellt, insbesondere auf **bestimmte Gruppen** bezogene Ausnahmen enthält, die in dieser Form in anderen Wirtschaftszweigen oder **außerhalb** der an der öffentlichen Bauvergabe Beteiligten nicht bestehen (vgl. BVerfG Urt. v. 7.1.1959 1 BvR 100/57 = BVerfGE 9, 73 = NJW 1959, 667; BVerfG Entsch. v. 17.11.1959 1 BvL 80/53 = 1 BvL 20/59 = BVerfGE 10, 185 = NJW 1960, 139). Die in Rede stehenden Regelungen enthalten **sachliche Gründe, die bei ihrer richtigen Handhabung Willkür auszuschließen** geeignet sind. Mit den Vorgaben in § 8 VOB/A werden vor allem wirtschafts- und wettbewerbspolitische Ziele unter Berücksichtigung des Sozialstaatsprinzips sowie des Grundsatzes der Marktautonomie mit geeigneten und angemessenen Mitteln verfolgt.

10 Die Regeln des § 8 VOB/A stehen insbesondere in Einklang mit den gesetzlich vorgeschriebenen Grenzen einer zulässigen unterschiedlichen Behandlung von Unternehmern, wie sie etwa in den §§ 826 und 138 BGB und nicht zuletzt in den Vorschriften des GWB (vgl. dazu OLG Frankfurt Urt. v. 1.2.1989 17 U 224/87 = BauR 1990, 91 = ZIP 1989, 1220 = WRP 1988, 745) enthalten sind. Dennoch ist gerade bei der Anwendung der Regeln des § 8 VOB/A im konkreten Einzelfall immer zusätzlich darauf zu achten, dass die getroffene Entscheidung des Auftraggebers auch diesen gesetzlichen Ge- und Verboten standhält.

II. Unzulässigkeit der Beschränkung auf Bewerber aus bestimmten Regionen oder Orten

Nr. 1 S. 2 ist ein von der VOB besonders hervorgehobener **Beispielsfall** für das Verbot ungleicher Behandlung. Dass es sich hier lediglich um die Nennung nur eines Beispiels handelt, geht aus dem Wort »insbesondere« hervor. Allerdings wird dadurch gleichzeitig betont, dass die Auftraggeberseite **besonderen Bedacht** darauf nehmen muss, den Wettbewerb nicht auf Bewerber, die in bestimmten Regionen oder Orten ansässig sind, zu beschränken. Das hat grundsätzliche **Bedeutung in zweierlei Hinsicht:** 11

Einmal folgt diese Bestimmung dem grundlegenden Satz in § 2 Nr. 1 S. 2 VOB/A, dass bei der Vergabe der Bauleistungen der Wettbewerb die Regel sein soll. Dies wird in § 8 Nr. 1 nochmals ausdrücklich dadurch betont, dass auch eine gebietsmäßige oder gar örtliche Beschränkung des Wettbewerbs nicht erfolgen darf. 12

Das Erfordernis der Beteiligung aller Bewerber ohne regionale oder örtliche Einschränkung nach Nr. 1 S. 2 ist eine sog. »Mussvorschrift (vgl. dazu Vor § 2 VOB/A)«. Daraus folgt, dass **eine Beschränkung des Bewerber- oder Bieterkreises auf eine bestimmte Region** (z.B. eines Kreises, Regierungsbezirks oder eines Bundeslands) **oder gar auf einen bestimmten Ort nicht zulässig ist**. Eine solche unzulässige Beschränkung muss sich dabei nicht unbedingt aus dem Text der Bekanntmachung selbst oder den Verdingungsunterlagen ergeben. Insoweit kann auch ausreichen, wenn eine größere Auftragsvergabe ausschließlich in einer kleineren Lokalzeitung bekannt gemacht wird und dadurch zwangsläufig nur ein regional begrenzter Bewerberkreis Kenntnis erlangt (vgl. hierzu den instruktiven Fall: OLG Schleswig Urt. v. 23.8.2001 4 L 5/01 = ZfBR 2002, 305). 13

Allerdings wird z.B. gerade bei der beschränkten Ausschreibung kein Verstoß gegen diese Vorschrift vorliegen, wenn bei bestimmten, in der Regel wertmäßig kleinen und alltäglichen Vergaben die aufzufordernden Bieter auf einen gewissen räumlichen Einzugsbereich beschränkt werden, weil außerhalb oder weiter entfernt ansässige Bieter **allein aus Wettbewerbsgründen nicht in der Lage sind,** sich an einer derartigen Vergabe zu beteiligen, für sie vielmehr eine solche Beteiligung nur sinnlosen Aufwand und nicht zu rechtfertigende Kosten bringen würde (dazu ist auf das unter § 3 VOB/A Gesagte zu verweisen). Insoweit handelt es sich um von der reinen Vernunft geprägte allgemein gültige Umstände, die ihre Rechtfertigung gerade auch in der Wahrung eines gesunden und echten Wettbewerbs haben.

In jedem Fall der Abweichung ist aber eine **besonders strenge Auslegung** geboten, um nicht den übergeordneten Gleichheitsgrundsatz zu gefährden. Es bedarf also eingehender und genauer, an der VOB orientierter Überlegungen, um etwaige Ausnahmen annehmen und ggf. rechtfertigen zu können. Die den möglichen Ausnahmen zugrunde liegenden Erwägungen müssen immer solche sein, die in unmittelbarem Zusammenhang mit der ordnungsgemäßen Leistungserstellung stehen. Ein Grund könnte z.B. eine spätere schnellere Verfügbarkeit von in der Nähe befindlichen Unternehmern sein, wenn dies eine unabdingbare Voraussetzung für die Bauausführung ist (wie z.B. für Instandhaltungen, Reparaturen, unbedingt nötige Wartungen). Andere Überlegungen, wie z.B. aus steuerlichen Gesichtspunkten (z.B. Erhöhung des Gewerbesteueraufkommens), Beschäftigung von heimischen Arbeitskräften, der Konjunkturbelebung usw. sind dagegen unzulässig und müssen außer Betracht bleiben (ähnlich auch *Schelle/Erkelenz* S. 79 ff.; zu den Möglichkeiten einer Privilegierung ortsansässiger Unternehmen bei öffentlichen Auftragsvergaben siehe *Robbe* VR 2005, 325 ff.; näher zu der Frage, inwieweit die Ortsansässigkeit eines Unternehmens im Rahmen der Angebotswertung Berücksichtigung finden kann: *Müller-Wrede* VergabeR 2005, 32 ff.).

III. Bevorzugte Bewerber

14 Eine Einschränkung des Grundsatzes der Gleichbehandlung aller Bewerber kann durchaus geboten sein, wenn dafür **anerkennenswerte Gründe aus Überlegungen des staatlichen Gemeinschaftsgedankens vorliegen, die ein Abweichen rechtfertigen.** Dabei spielt insbesondere die Erwägung eine Rolle, bestimmte Bewerberkreise besonders zu berücksichtigen, die aufgrund ihres persönlichen Schicksals als förderungswürdig erscheinen. Entsprechende Richtlinien dazu finden sich unter Teil IV VHB. Zu den bevorzugten Bewerbern heißt es in Teil I Nr. 4 VHB zu § 8 VOB/A:

Bei der Vergabe öffentlicher Aufträge sind die Richtlinien des Bundes für die Berücksichtigung von Werkstätten für Behinderte und Blindenwerkstätten bei der Vergabe öffentlicher Aufträge (Teil IV – 404) zu beachten. Das gilt auch für Baumaßnahmen, die von der deutschen Bauverwaltung für die ausländischen Streitkräfte mit deren Heimatmitteln durchgeführt werden; die Zuschlagserteilung auf ein Angebot, das geringfügig über dem wirtschaftlichsten bzw. annehmbarsten Angebot liegt, bedarf jedoch der Zustimmung der ausländischen Streitkräfte. Nicht anwendbar sind diese Richtlinien bei Vergabe von Aufträgen im Rahmen der gemeinsam finanzierten NATO-Infrastruktur (NATO-Bauten).

Der Bieter hat nachzuweisen, dass er bevorzugter Bewerber ist.

Die Bevorzugung gilt nach den Richtlinien nur für Auftragsvergaben im Rahmen der Beschränkten Ausschreibung und der Freihändigen Vergabe nach den Basisparagraphen, also nicht bei Vergaben nach den §§ 97 ff. GWB (vgl. Runderlass des Bundesministeriums für Wirtschaft und Technologie v. 10.5.2001 BAnz.Nr. 109 S. 1773 v. 16.6.2001).

15 Durch die vorgenannten Richtlinien tritt nicht schon von vornherein und ohne weiteres eine Einschränkung des Bewerberkreises als solcher ein, vielmehr beziehen sich diese Richtlinien in ihrem Kern auf die spätere Vergabe selbst. Dies setzt aber – naturgemäß – voraus, dass bevorzugte Bewerber auch bevorzugt als Teilnehmer am Wettbewerb zu gelten haben, es sei denn, es liegen die in § 8 Nr. 3 bis 6 im Einzelnen geregelten Ausnahmen vor, die auch auf bevorzugte Bewerber Anwendung finden müssen.

Desgleichen ergibt sich aus der Beteiligung bevorzugter Bewerber nicht schon, dass nur eine Beschränkte Ausschreibung oder Freihändige Vergabe in Betracht kommen könnte. Dafür sind allein die Regelungen in § 3 Nr. 3 und 4 VOB/A und die dortigen Abgrenzungen maßgebend.

16 Zu den inzwischen aufgehobenen Vorschriften des Bundesvertriebenengesetzes (§ 74) und des Bundesentschädigungsgesetzes (§ 68) hatte sich der BGH hinsichtlich des zu beachtenden Verfahrens und etwaiger Schadensersatzpflichten des Auftraggebers im Falle ihrer Verletzung grundlegend geäußert (vgl. VersR 1965, 764): Bei getrennten Ausschreibungen für verschiedene Bauleistungen hat der öffentliche Auftraggeber die Schutzbestimmungen für Unternehmer, die dem bevorzugten Personenkreis des § 74 BVFG oder des § 68 BEG angehören, **auch bei Einzelangeboten** zu berücksichtigen. Ein Verstoß kann den öffentlichen Auftraggeber aus culpa in contrahendo (jetzt: § 280 Abs. 1 BGB i.V.m. §§ 311 Abs. 2, 241 Abs. 2 BGB), möglicherweise auch wegen der Verletzung eines Schutzgesetzes (§ 823 Abs. 2 BGB), schadensersatzpflichtig machen. Der Antrag eines Verfolgten (§ 68 BEG) an einen öffentlichen Auftraggeber, ihn mit Rücksicht auf seine Verfolgteneigenschaft bei der Vergabe öffentlicher Aufträge bevorzugt zu berücksichtigen, und daran anschließende Verhandlungen können zwischen den Parteien ein vertragsähnliches Vertrauensverhältnis (jetzt: rechtsgeschäftsähnliches Schuldverhältnis gemäß § 311 Abs. 2 BGB) begründen, aus dem sich u.a. für den öffentlichen Auftraggeber die Verpflichtung ergibt, bei der Auftragsvergabe die einschlägigen Vorschriften über die bevorzugte Berücksichtigung bestimmter Bewerber zu beachten. Eine Verletzung dieser Verpflichtung kann einen Schadensersatzanspruch aus Verschulden bei Vertragsschluss entstehen lassen (vgl. BGH Urt. v. 3.3.1966 III ZR 123/64 = VersR 1966, 630).

Für den früher geltenden § 37 Abs. 2 Schwerbeschädigtengesetz (in der Fassung v. 14.8.1961 BGBl. I S. 1233, 1348, 1652) entschied das BVerwG, dass einem Schwerbeschädigten bei der Vergabe von öffentlichen Aufträgen kein Rechtsanspruch auf Bevorzugung, sondern nur das **Recht auf fehlerfreie Ermessensausübung** zusteht; die Bevorzugungspflicht ist verletzt, wenn die angestellten Erwägungen als sachfremd zu bezeichnen sind und die berücksichtigten Umstände neben der Sache liegen, so dass die Entscheidung über den Zuschlag letztlich auf Willkür beruht (vgl. BVerwG Urt. v. 26.11.1969 V C 93–98.67 = BVerwGE 34, 213 = DÖV 1970, 280). Anstelle der Schwerbeschädigten (das Gesetz zur Sicherung der Eingliederung Schwerbehinderter in Arbeit, Beruf und Gesellschaft [Schwerbehindertengesetz – SchwbG] v. 16.6.1953 BGBl. I S. 389, in der Fassung der Bekanntmachung v. 26.8.1986 BGBl. I S. 1421, 1550, wurde aufgehoben; die entsprechenden Vorschriften wurden weitgehend in das Neunte Buch des Sozialgesetzbuches übernommen) gehören nach den Regelungen des **Sozialgesetzbuches (SGB) Neuntes Buch (IX) – Rehabilitation und Teilhabe behinderter Menschen – vom 19.6.2001** (BGBl. I S. 1046, BGBl. III S. 860–9, zuletzt geändert durch Art. 5 des Gesetzes zur Fortentwicklung der Grundsicherung für Arbeitsuchende v. 20.7.2006 [BGBl. I S. 1706]) **nunmehr die Werkstätten für Behinderte** (vgl. § 141) und die **Blindenwerkstätten** (vgl. § 143) zu den bevorzugten Bewerbern. Nicht zum Kreis bevorzugter Bewerber gehören dagegen Ausbildungsbetriebe (zutreffend und eingehend dazu *Strohs* BauR 1988, 144).

IV. Beteiligung von Handelsunternehmen

Gegen die Beteiligung von Handelsunternehmen am Wettbewerb um die Vergabe der hier in Rede stehenden **handwerklichen Leistungen** bestehen keine grundsätzlichen Bedenken. Allerdings muss der öffentliche Auftraggeber bei der Vergabe die einschlägigen **Vorschriften der Handwerksordnung** (HwO) vom 17.9.1953 (BGBl. I S. 141, in der Fassung der Bekanntmachung v. 24.9.1998 BGBl. I S. 3074, zuletzt geändert durch Art. 3b des Gesetzes zur Änderung des Gemeindefinanzreformgesetzes und anderer Gesetze v. 6.9.2005 BGBl. I S. 2725) **beachten**. Sofern ein Bewerber rechtlich nicht in der Lage ist, eine zu vergebende Handwerksleistung auszuführen, weil er ein im Sinn des § 1 Abs. 2 HwO i.V.m. Anlage A zulassungspflichtiges Handwerk ausübt, aber nicht in der Handwerksrolle eingetragen ist, darf der Auftraggeber eine Beteiligung dieses Bewerbers am Vergabeverfahren nicht zulassen (vgl. BayObLG Beschl. v. 24.1.2003 Verg 30/02 = OLGR München 2003, 299 = NZBau 2003, 633 [Ls.]). Zu beachten ist, dass gerade die bei der Vergabe von Bauleistungen einschlägigen Leistungsbereiche wie Maurer- und Beton- oder Zimmererarbeiten zu den nach Anlage A der Handwerksordnung zulassungspflichtigen Handwerken gehören.

17

V. Teilnehmer am Wettbewerb und Unternehmereinsatzformen

1. Gewerbsmäßige Ausführung als Grundvoraussetzung

Die im Rahmen des § 8 Nr. 1 VOB/A erörterten Grundsätze gelten allgemein für **alle in Betracht kommenden Bewerber** als Teilnehmer am Wettbewerb. Zwar spielt keine Rolle, in welcher privatrechtlichen Rechtsform die Bewerber gegenüber dem Auftraggeber auftreten. Voraussetzung ist jedoch, und das liegt im Sinn und Zweck einer Bauvergabe begründet, dass sich die betreffenden Bewerber **selbst gewerbsmäßig an der Ausführung von Bauleistungen beteiligen, diese also nicht nur vermitteln oder an Nachunternehmer durchreichen, sondern insoweit selbst tätig werden (so genanntes Gebot der Selbstausführung)**. Korrespondierend zu dieser grundsätzlichen Eignungsvoraussetzung der Bewerber bestimmt **§ 4 Nr. 8 Abs. 1 VOB/B** für die Zeit nach der Auftragsvergabe, dass der Auftragnehmer die beauftragten Leistungen grundsätzlich im eigenen Betrieb auszuführen hat. Lässt der Auftragnehmer ohne Zustimmung des Auftraggebers Leistungen, auf die sein Betrieb eingerichtet ist, durch Dritte erbringen, riskiert er u.U. eine außerordentliche Kündigung des Bauvertrages (vgl. § 4 Nr. 8 Abs. 1 S. 4 VOB/B). Ersichtlich ist die VOB als Ganzes der herkömmlichen Vorstellung verhaftet, wonach der Auftragnehmer die zu vergebende Leistung auch

18

selbst in seinem Betrieb ausführt. Nach der VOB ist dies zugleich eine wesentliche Voraussetzung für eine wirtschaftliche Beschaffung und einwandfreie Ausführung der Bauleistungen. Zudem wird dadurch dem grundsätzlichen Anliegen der VOB, der Förderung von kleinen und mittleren Betrieben, Rechnung tragen (vgl. dazu auch § 97 Abs. 2 GWB).

Mit der VOB/A 2006 hat sich an der Maßgeblichkeit des Selbstausführungsgebotes keine Änderung ergeben, jedenfalls soweit sich das Vergabeverfahren ausschließlich nach den Basisparagraphen richtet. Für Auftragsvergaben, die unter den Anwendungsbereich der §§ 97 ff. GWB fallen, dürfte das Selbstausführungsgebot aufgrund der neuen (gleichlautenden) Vorschriften der §§ 8a Nr. 10 und 8b Nr. 7 VOB/A sowie § 5 Nr. 7 VOB/A-SKR jedoch nicht mehr mit der gleichen Strenge wie bei den Basisparagraphen gelten (vgl. hierzu näher die Kommentierung zu § 8a Nr. 10 VOB/A).

Geeigneter Teilnehmer ist daher also zunächst derjenige, der selbstständig und nachhaltig am allgemeinen wirtschaftlichen Verkehr mit der Absicht teilnimmt, einen Gewinn zu erzielen. Diese Einschränkung ist aus dem Grundsatz der Gleichbehandlung der Bewerber, die aus ihrer gewerblichen Betätigung heraus gleiche Startmöglichkeiten besitzen müssen, sowie vor allem auch aus dem übergeordneten, in § 2 Nr. 1 VOB/A enthaltenen Vergabegrundsatz berechtigt.

19 Ein Bewerber, der überwiegend das Ziel verfolgt, einen oder mehrere Mitbewerber vom Markt zu verdrängen, darf daher vom Auftraggeber am Vergabeverfahren nicht beteiligt werden. Ein solcher Fall kann etwa dann vorliegen, wenn ein Unternehmen einen Preis anbietet, der nicht einmal die eigenen Kosten deckt. Dies allein reicht jedoch nicht aus, einem Bieter die Teilnehmereigenschaft abzusprechen, da für ein solches Verhalten durchaus auch andere sachliche Gründe bestehen können z.B. Verschaffung des Marktzutritts, Vermeidung von Kurzarbeit und Entlassungen (vgl. dazu OLG Düsseldorf Beschl. v. 19.12.2000 Verg 28/00 = VergabeR 2001, 128 = BauR 2001, 1008 [Ls.] = NZBau 2002, 112 [Ls.]).

20 Als Teilnehmer am Wettbewerb kommen grundsätzlich sowohl **Einzelunternehmer** als auch **Hauptunternehmer mit Nachunternehmern** sowie **Generalunternehmer**, ferner auch im Rahmen einer baurechtlichen **Arbeitsgemeinschaft** oder an einer **Bietergemeinschaft** Beteiligte in Betracht. **Nicht** trifft das auf die so genannten **Generalübernehmer** (vgl. OLG Düsseldorf Beschl. v. 5.7.2000 Verg 5/99 = BauR 2000, 1639 [Ls.] = NZBau 2001, 106; OLG Saarbrücken Beschl. v. 21.4.2004 1 Verg 1/04 = VergabeR 2004, 731 = BauR 2005, 161 = NZBau 2004, 690; BayObLG Beschl. v. 17.6.2002 Verg 14/02 = VergabeR 2002, 485), **Baubetreuer**, **Bauträger** oder gar die so genannten **Treuhänder** zu, wenn sie sich **nicht selbst zu einem wesentlichen Teil** mit der zu erbringenden Bauleistung befassen, also nicht selbst »mit Hand anlegen (näher hierzu im Anhang unter Unternehmereinsatzformen)«.

2. Unzulässigkeit des Generalübernehmereinsatzes

21 Teilweise wird vertreten, dass aufgrund der EU-Richtlinien und der sie auslegenden Rechtsprechung des EuGH (wie etwa in den Urt. v. 2.12.1999 Rs. C-176/98 [Holst Italia SpA/Comune di Cagliari] = NZBau 2000, 149 = EuZW 2000, 110; Urt. v. 14.4.1994 Rs. C-389/92 [Ballast Nedam Groep/Belgien] = Slg. 1994, I-1289/1307; Urt. v. 18.12.1997 Rs. C-5/97 [Ballast Nedam Groep/Belgien], Slg. 1997, I-7549/7562 und Urt. v. 18.3.2004 Rs. C – 314/01 [Siemens AG Österreich, ARGE Telekom & Partner] = VergabeR 2004, 465, 299 = NZBau 2004, 340 = ZfBR 2004, 481) **der Einsatz von Generalübernehmern bei Auftragsvergaben auch außerhalb des Anwendungsbereichs der §§ 97 ff. GWB zulässig sei** (so *Pauly* VergabeR 2005, 312, 318; *Prieß/Decker* VergabeR 2004, 159, 166; *Kullack/Terner* ZfBR 2003, 443; Beck'scher VOB-Komm./*Prieß/Hausmann* § 8 VOB/A Rn. 48 f., weisen auf Art. 1 lit. a der [früheren] Baukoordinierungsrichtlinie [BKR], jetzt Art. 1 Abs. 2 lit. b der Richtlinie 2004/18/EG hin, wonach ein öffentlicher Bauauftrag auch vorliegt, wenn ein Dritter die Bauleistung erbringt; ähnlich, i.E. aber offen: BKartA Beschl. v. 1.3.2002 VK 1 – 3/02 = NZBau 2002, 463).

Dem ist jedoch nicht zu folgen: Zum einen besteht aufgrund der eindeutigen Aussagen der VOB insgesamt kein Raum für eine – u.U. denkbare – richtlinienkonforme Auslegung im Bereich der Basisparagraphen. Zunächst ist festzustellen, dass sich den EU-Richtlinien selbst keine unmittelbare Aussage entnehmen lässt, dass eine nationale Regelung des Inhalts, dass bei der Vergabe von Bauleistungen zumindest ein Teil im eigenen Betrieb auszuführen ist, nicht möglich oder zulässig ist. Die Bestimmung des Art. 1 lit. a BKR bzw. jetzt Art. 1 Abs. 2 lit. b der Richtlinie 2004/18/EG enthält zwar eine Definition des Begriffs des öffentlichen Bauauftrages, jedoch keine Vorgaben für die Gestaltung von Vergabeverfahren. Mit der Erfassung von Verträgen, bei denen Dritte die Bauleistungen erbringen, soll vornehmlich sichergestellt werden, dass über eine solche Vertragskonstruktion nicht der Anwendungsbereich der BKR unterlaufen wird. Dagegen bedeutet diese Vorschrift nicht, dass der öffentliche Auftraggeber solche Verträge ohne jede Einschränkung zulassen oder auf die Beachtung des VOB-Gebotes der Selbstausführung verzichten müsste.

Die Vorschriften der Richtlinien über Unteraufträge in Art. 20 BKR bzw. jetzt Art. 25 der Richtlinie 2004/18/EG sind gleichfalls kein Argument gegen das Selbstausführungsgebot, da dieses den Einsatz von Nachunternehmern nicht verbietet. Soweit der EuGH in der Entscheidung v. 18.3.2004 (Siemens AG Österreich, ARGE Telekom & Partner a.a.O.) auf die Bestimmungen der Art. 32 Abs. 2 lit. c und h der (früheren) Dienstleistungsrichtlinie (DLR) verweist, spricht auch dies nicht gegen das Selbstausführungsgebot, da die dort angesprochenen Angaben, d.h. nähere Informationen über den Nachunternehmer und den Umfang der vom Nachunternehmer auszuführenden Leistungen, ausschließlich der Eignungsprüfung dienen; daraus lässt sich aber nicht ableiten, dass eine Abwicklung **sämtlicher Leistungen** durch Nachunternehmer zwingend möglich sein muss.

Des Weiteren wird der erwähnten Entscheidung (zu Unrecht) die generelle Zulässigkeit von Generalübernehmern entnommen (so etwa *Pauly* VergabR 2005, 312), was in dieser Deutlichkeit tatsächlich aber nicht der Fall ist. Zunächst befasst sich der EuGH darin mit einem der Dienstleistungsrichtlinie zuzuordnenden Sachverhalt, also nicht mit Bauleistungen. Ferner spricht der EuGH in Rz. 42 des Urteils selbst davon, dass dem Bieter durch Art. 25 DLR das Recht eingeräumt wird **einen Teil des Auftrages** durch Dritte ausführen zulassen. Daraus kann aber nicht ohne weiteres der Schluss gezogen werden, dass einem Bieter ohne jede Einschränkung und zwingend erlaubt sein muss, **alle zu vergebenden Leistungen durch Unteraufträge abzuwickeln**.

Ein gewichtiges Argument gegen die Zulässigkeit des Einsatzes von Generalübernehmern oder sonstigen »Unternehmereinsatzformen«, bei denen keine eigenen Bauleistungen erbracht werden, ist schließlich, dass die Regelungen der Art. 47 Abs. 2 und 48 Abs. 3 der Richtlinie 2004/18/EG, wonach sich ein Bieter bei der Erfüllung seines Auftrages der Fähigkeiten anderer Unternehmen bedienen kann, mit der VOB 2006 zwar in §§ 8a Nr. 10 und 8b Nr. 7 VOB/A sowie § 5 Nr. 7 VOB/A-SKR, also für Auftragsvergaben nach den §§ 97 ff. GWB, aufgenommen wurden, **nicht aber in die Basisparagraphen**; gerade weil diese Bestimmungen als Aufgabe des Selbstausführungsgebotes bzw. als Wegfall des Eigenleistungserfordernisses verstanden werden könnten (vgl. etwa *Kronberg* VergabeR 2005, 685, 691), haben die Verfasser der VOB/A dadurch zum Ausdruck gebracht, dass wenigstens bei Vergaben unterhalb des Schwellenwertes an dem herkömmlichen Verständnis der VOB festzuhalten ist.

3. Höhe des Eigenleistungsanteils und Generalunternehmereinsatz

Die Bestimmung des »wesentlichen Teils« ist anhand der konkreten Umstände des Einzelfalls, insbesondere der Komplexität der Baumaßnahme, der bei der Ausführung der Bauleistungen betroffenen Fachbereiche und ihrer eher allgemeinen oder überwiegend speziellen Anforderungen vorzunehmen. Deshalb darf der vom OLG Frankfurt (Beschl. v. 16.5.2000 11 Verg 1/99 = BauR 2000, 1595 = NZBau 2001, 101) für einen **Generalunternehmer** angegebene Wert von **mindestens einem Drittel** der Bauleistung, die im eigenen Betrieb auszuführen ist, nicht als absolute Untergrenze verstanden werden, sondern als allgemeine Richtschnur, die bei einer Generalunternehmervergabe im Regelfall zu beachten ist. Auf der anderen Seite kann ggf. auch ein höherer Anteil als ein Drittel erforderlich sein, um dem Anliegen der VOB Rechnung zu tragen.

Die Abgrenzung kann in Einzelfällen durchaus erhebliche Schwierigkeiten bereiten. Durch klare Vorgaben in den Bewerbungsbedingungen, insbesondere hinsichtlich des zu erbringenden Eigenanteils, können diese weitgehend vermieden werden. Des Weiteren empfiehlt sich, im Einzelnen anzugeben, wie sich der Eigenleistungsanteil konkret berechnet (z.B. nach den Anteilen an der Angebotssumme, eigener oder fremder »Wertschöpfung«, unter Abzug des Aufwandes für von Dritten geliefertes Material, nach Kalkulationsgrundlagen usw.).

Ein Ausschluss vom Wettbewerb ist jedenfalls in den Fällen geboten, in denen der Bewerber gegenüber dem Auftraggeber als Generalunternehmer oder als Hauptunternehmer **ausschließlich** oder **ganz überwiegend** mit Nachunternehmern (Subunternehmern) auftritt (vgl. OLG Düsseldorf Beschl. v. 19.7.2000 Verg 10/00 = BauR 2000, 1623).

4. Konzerngesellschaften und Nachunternehmer

24 Die **Leistungen von** mit dem Bewerber bzw. Bieter **verbundenen Unternehmen (Konzerngesellschaften) können grundsätzlich nicht als Eigenleistungen angesehen werden.** Daher kann sich eine ausschließlich auf Steuerungs- und Managementaufgaben beschränkte so genannte **Holding-Gesellschaft** nicht darauf berufen, die gewerblichen Leistungen würden von ihren verbundenen Tochterunternehmen erbracht werden. Die Konzerngesellschaften bleiben eigenständige juristische Personen und können in diesem Punkt nicht anders behandelt werden als andere Unternehmen. Darüber hinaus ist der Auftraggeber in der Regel auch nicht in der Lage, im Einzelfall die rechtlich und tatsächlich komplizierte Frage zu beurteilen oder zu klären, ob das betreffende Unternehmen mit dem sich bewerbenden Unternehmen verbunden ist. Zudem stellt sich das Problem, nach welchen Kriterien sich die »Verbundenheit« eines Unternehmens überhaupt bestimmt (vgl. hierzu etwa § 10 Abs. 2 VgV). **Im Interesse einer zügigen und rechtssicheren Abwicklung des Vergabeverfahrens ist daher auch bei Konzerngesellschaften keine Ausnahme von dem Gebot der Selbstausführung zuzulassen.** Soweit in der Literatur unter Berufung auf die Rechtsprechung des EuGH (vgl. Urt. v. 2.12.1999 Rs. C-176/98 [Holst Italia SpA/Comune di Cagliari] = NZBau 2000, 149 = EuZW 2000, 110; zustimmend OLG Frankfurt Beschl. v. 10.4.2001 11 Verg 1/01 = VergabeR 2001, 299 = BauR 2001, 1634 [Ls.] = NZBau 2002, 161) eine andere Auffassung vertreten wird, ist dagegen einzuwenden, dass sich die maßgeblichen Entscheidungen des EuGH (Urt. v. 14.4.1994 Rs. C-389/92 [Ballast Nedam Groep/Belgien] = Slg. 1994, I-1289/1307 und Urt. v. 18.12.1997 Rs. C-5/97 [Ballast Nedam Groep/Belgien] = Slg. 1997, I-7549/7562) vordergründig nicht mit dem Gebot der Selbstausführung der VOB, sondern mit der Frage befassen, ob sich ein Bieter bzw. Bewerber zum Nachweis der Leistungsfähigkeit auf verbundene Unternehmen berufen kann (hierzu im Einzelnen unter § 2 VOB/A Rn. 3).

25 Zulässig ist es dagegen, wenn der betreffende Bewerber mit dem verbundenen Unternehmen in Form einer **Bietergemeinschaft** am Wettbewerb teilnimmt, weil **keine Bedenken dagegen bestehen, wenn Unternehmen, die selbst keine eigene gewerbliche Leistung erbringen, sich in einer Bietergemeinschaft mit einem gewerblich tätigen Unternehmer oder mehreren gewerblichen Unternehmern mit dem Ziel der gemeinschaftlichen gesamten Bauausführung um die Vergabe bewerben.** Ein Ausschluss vom Wettbewerb wäre unzulässig, weil wenigstens ein Mitglied der Gemeinschaft selbst und damit auch diese Gemeinschaft (meist eine Gesellschaft des Bürgerlichen Rechts) selbst die Leistung ausführt. Dem steht dann auch § 25 Nr. 6 VOB/A nicht entgegen (so i.E. zutreffend *Braun* BauR 1977, 21). Voraussetzung ist allerdings, dass die selbst auszuführende Leistung der Bietergemeinschaft nicht selbst wieder von untergeordneter Bedeutung ist. Der Auftraggeber wird aber im Zweifel den Nachweis verlangen müssen, aus dem sich die Ernsthaftigkeit

des Zusammenschlusses nicht nur zwecks Erteilung des Auftrags, sondern vor allem auch zwecks Ausführung der ausgeschriebenen Leistung ergibt. Im Übrigen kommt es in diesen Fällen im Hinblick auf die personelle Leistungsfähigkeit ganz besonders auf das Vorliegen der Voraussetzungen gemäß den §§ 2 Nr. 1, 25 Nr. 2 und 3 VOB/A an.

5. Besonderheiten beim Nebenunternehmereinsatz

An sich gehören auch **Nebenunternehmer** dem Kreis an, der die vorgenannten Voraussetzungen für die Teilnahme am Wettbewerb erfüllt. Dies kann aber für den Auftraggeber Schwierigkeiten ergeben, weil sich nicht selten für die Vertragsbeziehungen zwischen ihm, dem Hauptunternehmer und dem Nebenunternehmer beachtliche Zweifelsfragen insbesondere im Bereich der Mängelhaftung herausstellen können (siehe auch BGH Urt. v. 26.6.2003 VII ZR 126/02 = BauR 2003, 1379 = NJW 2003, 2980 = NZBau 2003, 557 = ZfBR 2003, 684 zum Bestehen eines Gesamtschuldverhältnisses zwischen Nebenunternehmern, wenn ein von diesen mitverursachter Mangel nur einheitlich beseitigt werden kann). 26

Es kann daher auch im Allgemeinen aus dem Gleichbehandlungsgrundsatz in § 8 Nr. 1 VOB/A nicht beanstandet werden, wenn der Auftraggeber aus berechtigtem eigenem Interesse grundsätzlich die Beteiligung von Nebenunternehmern ausschließt und eine solche nur ausnahmsweise – nämlich dort, wo für die Vertragsgestaltung und die Vertragsabwicklung für ihn hinsichtlich des Nebenunternehmers wegen des klar und übersichtlich gelagerten Falls keine Schwierigkeiten zu befürchten sind – gestattet.

6. Beteiligung von so genannten Projektanten

Bei der Vergabe von Bauleistungen stellt sich die **grundsätzliche Frage, ob eine Person oder ein Unternehmen, die mit der Projektierung des Bauvorhabens befasst waren oder sonst bei der Vorbereitung des Vergabeverfahrens insbesondere bei der Erstellung der Verdingungsunterlagen für den Auftraggeber beratend oder unterstützend tätig geworden waren** (so genannter **Projektant**), **sich anschließend am Wettbewerb um die Vergabe dieser Leistungen beteiligen kann**. Ein vergleichbares Problem tritt auf, wenn nicht der Bewerber oder Bieter selbst, sondern eine bei ihm beschäftigte oder mit ihm gesellschaftsrechtlich, verwandtschaftlich oder auf sonstige Weise verbundene Person eine solche Tätigkeit im Vorfeld des Vergabeverfahrens ausübte. 27

Schon wegen der Fülle der denkbaren Fallkonstellationen und des unterschiedlichen Grades und Umfangs der Vorbefassung ist eine allgemein gültige und alle denkbaren Fälle erfassende Lösung hier nicht möglich. Entscheidend muss sein, ob unter Berücksichtigung der konkreten Umstände des Einzelfalls **bei einer Beteiligung des Projektanten der Grundsatz eines fairen Wettbewerbs gewahrt wird oder nicht**.

Hier ist Folgendes zu beachten: Unzweifelhaft wird ein als Projektant tätiger Unternehmer als Bieter den anderen nicht mit den Vorarbeiten befassten Bietern gegenüber insoweit im Vorteil sein, als er die einzelnen Gegebenheiten und Erfordernisse der Bauleistung aufgrund der geleisteten Vorarbeiten und der damit verbundenen Kenntnisse und Erfahrungen besser beurteilen und demgemäß sein Vertragsangebot hierauf eher abstellen kann. Auch kann es sein, dass die angefertigten Vergabeunterlagen für die anderen Bieter nicht eindeutig oder missverständlich abgefasst sind, was dem mit den Vorarbeiten vertraut gewesenen Bieter nicht zum Nachteil gereicht, weil er die wirklichen Umstände kennt und weiß, was tatsächlich gewollt ist. Alle diese Umstände als solche rechtfertigen aber noch nicht generell den Ausschluss eines solchen Unternehmers als Bieter. Voraussetzung ist, dass **im konkreten Einzelfall** ggf. unter Berücksichtigung von Art und Umfang des bestehenden Informationsvorsprungs ein **greifbarer Vorteil** des Projektanten festzustellen ist. Ein unzulässiger Eingriff in das Gebot des lauteren Wettbewerbs bzw. eine Ungleichbehandlung der anderen Bewerber liegt nicht schon dann vor, wenn ein Vorteil des Projektanten nicht mit Sicherheit ausgeschlossen 28 werden kann, sondern erst, **wenn nach den tatsächlichen Gegebenheiten eine gewisse Wahrscheinlichkeit dafür spricht.** Dies wird z.B. bei einer Vergabe auf Grundlage einer den Anforderungen des § 9 Nr. 11 ff. VOB/A in vollem Umfang entsprechenden Leistungsbeschreibung mit Leistungsverzeichnis weniger der Fall sein, als bei einer Leistungsbeschreibung mit Leistungsprogramm gemäß § 9 Nr. 15 ff. VOB/A, bei der aufgrund der vorhandenen Gestaltungsspielräume mehr Möglichkeiten gegeben sind, das im Rahmen der Projektierung erlangte Wissen bei der Angebotserstellung zu verwerten und dadurch einen erheblichen, unverdienten Wettbewerbsvorteil zu erlangen. Einen solchen unzulässigen und wettbewerbsschädlichen Wissensvorsprung hat das OLG Düsseldorf in einem Fall angenommen, bei dem der geschäftsführende Gesellschafter einer Ingenieurgesellschaft, die für den Auftraggeber das Bauvorhaben projektiert und das Leistungsverzeichnis erstellt hat, zugleich Geschäftsführer eines Unternehmens war, das sich in Bietergemeinschaft mit einem anderen Unternehmen am Vergabeverfahren gerade für dieses Bauvorhaben beteiligte (vgl. Beschl. v. 16.10.2003, Verg 57/03, VergabeR 2004, 236 = BauR 2004, 889 [Ls.]). Das OLG Düsseldorf stützte den Ausschluss aber auf das Beteiligungsverbot von Sachverständigen gemäß § 7 Nr. 1 Hs. 2 VOB/A anstatt auf den allgemeinen Wettbewerbsgrundsatz gem. § 2 Nr. 1 S. 2 VOB/A (vgl. dazu § 7 VOB/A Rn. 1 f.).

Eine weitere in der Praxis vorkommende Fallgestaltung ist, dass ein Unternehmen eines Baukonzerns für den Auftraggeber Planungsleistungen erbringt und ein anderes Unternehmen des gleichen Konzerns sich um die Ausführung der Bauleistungen bewirbt (vgl. dazu VÜA Bund Beschl. v. 24.5.1996 1 VÜ 2/96 = WuW 1997, 265). Ein genereller Ausschluss ist hier nicht zwingend geboten.

29 Um einen ordnungsgemäßen und diskriminierungsfreien Wettbewerb zu gewährleisten, wird der Auftraggeber allerdings verpflichtet sein, Maßnahmen zu ergreifen, um etwaige ungerechtfertigte Wettbewerbsvorteile des vorbefassten Bewerbers oder Bieters von vornherein zu verhindern oder aber auszugleichen, indem er allen Teilnehmern den gleichen Kenntnisstand verschafft. In all diesen Fällen wird er zudem **im besonderen Maße darauf zu achten haben**, ob sich im Angebot des Projektanten oder des verbundenen Unternehmens Auffälligkeiten feststellen lassen, die auf ein unlauteres Handeln schließen lassen.

In Übereinstimmung mit diesen Grundsätzen steht auch die mit dem Gesetz zur Beschleunigung der Umsetzung von Öffentlich Privaten Partnerschaften und zur Verbesserung gesetzlicher Rahmenbedingungen für Öffentlich Private Partnerschaften (**ÖPP-Beschleunigungsgesetz**) vom 1.9.2005 (BGBl. I S. 2676) in **§ 4 Nr. 5 VgV bzw. § 6 Abs. 3 VgV und mit der VOB 2006 in § 8a Nr. 9 VOB/A aufgenommene Regelung, die für Auftragsvergaben, die den Schwellenwert erreichen, den Umgang des Auftraggebers mit Projektanten zum Inhalt hat.** Danach ist ein Auftraggeber gleichfalls nicht verpflichtet, einen Bewerber oder Bieter, der ihn vor Einleitung des Vergabeverfahrens beraten oder unterstützt hat, vom Wettbewerb auszuschließen. **Er hat aber sicherzustellen, dass der Anspruch der übrigen Teilnehmer auf einen fairen und chancengleichen Wettbewerb gewahrt wird.** Zur Projektantenproblematik siehe unter § 2 VOB/A Rn. 44 ff. sowie allgemein dazu *Müller-Wrede/Lux* Die Behandlung von Projektanten im Vergabeverfahren ZfBR 2006, 327; *Horn* Projektantenstatus im VOF-Verfahren NZBau 2005, 28; *Opitz* Das Fabricom-Urteil des EuGH: Zur Verfälschung des Vergabewettbewerbs durch Projektantenbeteiligung ZWeR 2005, 440.

30 Damit ist jedoch nicht gesagt, dass der Auftraggeber nicht befugt wäre, derartige Interessenkollisionen von vornherein auszuschließen und Projektanten oder andere Unternehmen, die an der Vorbereitung der Vergabe mitgewirkt haben, oder Unternehmen, die mit solchen Unternehmen wiederum rechtlich verbunden (vgl. zur Definition des verbundenen Unternehmens § 10 Abs. 2 VgV) oder wirtschaftlich verflochten sind, nicht allgemein und generell vom Wettbewerb um einen Bauauftrag fern zu halten. **Zur Vermeidung von späteren Streitigkeiten und von Misstrauen unter den Bewerbern bzw. der Bewerber gegenüber dem Auftraggeber ist vielmehr zu überlegen, ob der Ausschluss dieses Personenkreises vom Wettbewerb nicht im Normalfall aus Vernunftgründen geboten ist.** Beanstandungen des Vergabeverfahrens wegen Ungleichbehandlung der Bewerber, weil an der **Vorbereitung der Vergabe** unmittelbar oder mittelbar über Dritte Beteiligte am Wettbewerb zugelassen werden, wäre in diesen Fällen von vornherein der Boden entzogen (vgl. dazu auch die mit der Ausgabe 1999 erfolgte Änderung unter 1.3 VHB zu § 8 VOB/A, wonach Unternehmer, die mit der Planung und/oder Ausarbeitung der Verdingungsunterlagen beauftragt waren, grundsätzlich nicht mehr am Wettbewerb um die Vergabe von Bauleistungen beteiligt werden dürfen, siehe unter Rn. 33).

Für das Verfahren bieten sich zwei Wege an: Zum einen steht dem Auftraggeber frei, mit demjenigen, den er mit Tätigkeiten im Vorfeld der Vergabe betraut, **vertraglich einen Verzicht auf dessen spätere Beteiligung am Vergabeverfahren zu vereinbaren,** wodurch aber nur ein mit dem Projektanten personenidentischer Bewerber oder Bieter vom Wettbewerb fern gehalten werden kann. Zum anderen könnte der Auftraggeber die **einschlägigen Tatbestände und Vorgaben,** die wegen einer unmittelbaren oder mittelbaren Vorbefassung zum Ausschluss vom Wettbewerb führen, **entweder in der Bekanntmachung veröffentlichen oder in den Vergabeunterlagen,** insbesondere den Bewerbungsbedingungen **im Einzelnen regeln.**

Einem solchen Verfahren steht auch die erwähnte neue Bestimmung des § 8a Nr. 9 VOB/A nicht entgegen, da diese zwar dem Auftraggeber besondere Handlungspflichten auferlegt, wenn sich Projektanten am Wettbewerb beteiligen, aber keine Aussage darüber trifft, dass es dem Auftraggeber verboten wäre, eine solche Situation erst gar nicht entstehen zu lassen; jedenfalls liegt in einem solchen Vorgehen des Auftraggebers eine auf sachlichen Erwägungen beruhende Einschränkung der wirtschaftlichen Betätigung des vorbefassten Bewerbers oder Bieters im Interesse eines fairen und chancengleichen Wettbewerbs (a.A. *Müller-Wrede/Lux* ZfBR 2006, 327, 329).

Im Grundsatz nicht anders ist der Fall zu behandeln, in dem der Bewerber oder der Bieter selbst, einer seiner Mitarbeiter oder sonst eine Person während des Vergabeverfahrens an Entscheidungen in einer Funktion mitwirken oder mitwirken könnten, **die eine Interessenkollision oder sonst eine Besorgnis der Befangenheit begründet**. Auch hier wird im Interesse des Wettbewerbs zunächst nicht an erster Stelle ein Ausschluss des Bewerbers oder Bieters stehen, sondern der Auftraggeber wird Maßnahmen ergreifen müssen, damit das auf Seiten des Auftraggebers tätige betreffende Unternehmen bzw. die Person die während des Vergabeverfahrens zu treffenden Entscheidungen nicht beeinflussen kann. Nur dann, wenn im Verfahren tatsächliche Vorteile oder Beeinflussungen festgestellt werden oder wenigstens greifbar nahe liegen (vgl. dazu auch § 2 VOB/A Rn. 44 ff.), wird ein Ausschluss des Bewerbers oder Bieters in Frage kommen. Der »**böse Schein**« **allein** oder das Vorliegen eines **bloßen Neutralitätsdefizits** reicht grundsätzlich aber nicht aus, um einen Bewerber oder Bieter vom Wettbewerb auszuschließen (zutreffend insoweit OLG Stuttgart Beschl. v. 24.3.2000 2 Verg 2/99 = BauR 2000, 1639 [Ls.] = NZBau 2000, 301, 304 f. mit Anm. *Dreher* NZBau 2000, 280). Die zu dem Fall des so genannten **Doppelmandats** (ein Doppelmandat in diesem Sinne liegt vor, wenn sowohl auf Seiten des Auftraggebers als auch auf Bieterseite die gleichen Personen in den jeweiligen Aufsichtsgremien vertreten sind; vgl. dazu § 20 Abs. 1 Nr. 5 VwVfG) ergangene Entscheidung des OLG Brandenburg (Beschl. v. 3.8.1999 6 Verg 1/99 = BauR 1999, 1176 = NZBau 2000, 39; ähnlich: OLG Saarbrücken Beschl. v. 22.10.1999 5 Verg 4/99 = NZBau 2000, 158, 161 und, allerdings zu einem anders gelagerten Sachverhalt, BayObLG Beschl. v. 20.12.1999 Verg 8/99 = BauR 2000, 615 = NZBau 2000, 259), die unter Hinweis auf das in **§ 20 VwVfG** geregelte Tätigkeitsverbot **ohne Rücksicht auf Kausalitätserfordernisse** eine Verletzung eines vergaberechtlichen »Neutralitätsgebots« annimmt, ist daher **im Ergebnis zu weitgehend und abzulehnen. Maßgebend ist nach dem in § 2 Nr. 2 VOB/A niedergelegten Grundsatz nicht die formale Neutralität, sondern die tatsächliche Gleichbehandlung der Unternehmer.** Dem Auftraggeber ist es dann untersagt, einen oder mehrere Unternehmer zu diskriminieren. Wo eine solche Diskriminierung jedoch konkret nicht möglich ist, weil die betreffende Maßnahme oder Handlung für die Vergabeentscheidung des Auftraggebers entweder nicht ursächlich geworden sein können oder tatsächlich nicht ursächlich geworden sind, kann daher auch kein Verstoß gegen den Gleichbehandlungsgrundsatz vorliegen (vgl. OLG Stuttgart a.a.O.).

Für Auftragsvergaben, die den Schwellenwert erreichen, regelt § 16 VgV im Einzelnen, welchem Personenkreis unter welchen Umständen eine Mitwirkung am Vergabeverfahren auf Seiten des Auftraggebers verboten ist. Zu beachten ist aber, dass § 16 VgV die Projektanten im eigentlichen Sinn nicht erfasst, da § 16 VgV auf den Zeitraum der Vorbereitung des Vergabeverfahrens nicht anwendbar ist. § 16 VgV setzt zumindest **einen Bewerber** voraus, der jedoch **vor der Vergabebekanntmachung noch nicht vorhanden sein kann** (so OLG Koblenz Beschl. v. 5.9.2002 1 Verg 2/02 = VergabeR 2002, 617 = BauR 2003, 148 [Ls.] = NZBau 2002, 699 = ZfBR 2002, 829; vgl. auch OLG Thüringen Beschl. v. 8.4.2003 6 Verg 9/02 = VergabeR 2003, 577 = BauR 2003, 1784 [Ls.] = NZBau 2003, 624). **Eine Missachtung des Mitwirkungsverbots des § 16 Abs. 1 VgV führt grundsätzlich nicht zur Aufhebung der Ausschreibung, sondern zum Ausschluss des betreffenden Bewerbers oder Bieters** (so OLG Thüringen Beschl. v. 20.6.2005 9 Verg 3/05 = VergabeR 2005, 492 = BauR 2005, 1526 [Ls.] = NZBau 2005, 476 = ZfBR 2005, 706).

Inhaltlich differenziert die Vorschrift des § 16 VgV und regelt in § 16 Abs. 1 Nr. 1 und Nr. 2 VgV unabhängig von dem tatsächlichen Einfluss auf das Vergabeverfahren für einen bestimmten für den Auftraggeber tätigen Personenkreis ein **absolutes Mitwirkungsverbot**. Dagegen lässt § 16 Abs. 1 Nr. 3 VgV in gewissen Fällen trotz der an sich grundsätzlich möglichen Auswirkungen auf die Entscheidungen im Vergabeverfahren die Mitwirkung von Personen dann zu, wenn ein Interessenkonflikt tatsächlich nicht besteht oder sich die Tätigkeit dieser Personen nicht auf die im Vergabeverfahren zu treffenden Entscheidungen auswirken kann.

Auch wenn die Bestimmung des § 16 VgV für Auftragsvergaben nach den Basisparagraphen nicht unmittelbar gilt, wird sie auch hier für den Auftraggeber eine Richtschnur dafür sein, wie mit als befangen oder voreingenommen geltenden Personen umzugehen ist. Ggf. ist eine unter Mitwirkung einer als grundsätzlich befangen oder voreingenommen geltenden Person zustande gekommene Entscheidung unter deren Ausschluss zu prüfen und nötigenfalls neu zu treffen (so OLG Koblenz a.a.O.).

32 Als Ergebnis ist daher festzuhalten, dass sich auch der mit den Vorarbeiten betraut gewesene Unternehmer grundsätzlich am Ausschreibungsverfahren als Bewerber oder Bieter beteiligen kann, allerdings unter der grundlegenden Voraussetzung, dass keine Verstöße des Projektanten gegen die Gebote des lauteren Wettbewerbs, wie z.B. gegen § 9 VOB/A oder sonstige damit zusammenhängende Erfordernisse, ersichtlich sind. Darüber hinaus ist die Angebotsfrist aus der berechtigten Sicht der übrigen Bieter ausreichend zu bemessen (vgl. § 18 VOB/A). Zudem ist es geboten und notwendig, dem vom Projektanten abgegebenen Angebot **besondere Aufmerksamkeit** zu widmen, insbesondere bei der Beurteilung der Angebotspreise. Bestehen hier beachtenswerte Unterschiede zu den anderen Angeboten, so erscheint es zur Wahrung des gesunden Wettbewerbs geboten, die Ursachen zu ermitteln. Liegen diese in einer Unrichtigkeit, Unvollständigkeit oder in einer Missverständlichkeit des vom betreffenden Bieter aufgestellten Leistungsverzeichnisses oder anderer für die Angebotsabfassung wesentlicher Vorarbeiten, so wird der Auftraggeber nicht umhin können, die **Ausschreibung aufzuheben** (vgl. *Hereth/Naschold* Teil A § 25 Ez. 25.115).

Auf keinen Fall darf der Auftraggeber die Angebotsprüfung dem Projektanten, soweit dieser in Anwendung der Grundsätze des § 16 VgV nicht ohnehin von der Mitwirkung ausgeschlossen ist, überlassen, sondern muss diese entweder selbst vornehmen oder damit einen objektiven Dritten, etwa einen Sachverständigen nach § 7 VOB/A beauftragen (vgl. insbesondere auch die dort unter Rn. 12 zitierte Entscheidung des VÜA Bund v. 16.12.1998). Zu beachten ist aber, dass unabhängig von der Beteiligung eines Projektanten der **Auftraggeber Herr des Vergabeverfahrens** ist und insbesondere **die wichtigen Entscheidungen über die Eignung oder die Wertung der Angebote weder an einen Sachverständigen noch sonst an einen Dritten delegieren kann, sondern diese eigenverantwort-**

lich zu treffen hat (vgl. OLG München Beschl. v. 15.7.2005 Verg 14/05 = VergabeR 2005, 799 = BauR 2006, 161 [Ls.]; OLG Naumburg Beschl. v. 26.2.2004 1 Verg 17/03 = VergabeR 2004, 387 = BauR 2004, 1204 [Ls.] = ZfBR 2004, 509).

Im Fall der Beteiligung des mit den Vorarbeiten betraut gewesenen Unternehmers als Bieter dürfte den Interessen des Wettbewerbs insbesondere bei einer Beschränkten Ausschreibung dadurch Rechnung getragen werden, dass eine größere Anzahl von anderen Unternehmern zur Angebotsabgabe aufgefordert wird. Schließlich muss sich der Auftraggeber genau überlegen, wie er im Falle der Vergabe an den Projektanten die spätere Vertragsabwicklung vornehmen will; insoweit erscheint es richtig, die Überwachung, Abnahme und Abrechnung der Leistung einem sachverständigen Dritten zu überlassen. Letzteres sollte auch hinsichtlich der entstehenden Kosten bei der Angebotswertung (§ 25 Nr. 3 VOB/A) berücksichtigt werden.

7. Bestimmungen des Vergabehandbuchs

Dem Vorstehenden entsprechen im Wesentlichen die Richtlinien unter 1. bis 3.1 zu § 8 VOB/A des VHB:

1. Teilnahmevoraussetzung

1.1 Am Wettbewerb dürfen sich Bieter, die gewerbsmäßig Bauleistungen der geforderten Art ausführen, einzeln oder gemeinschaftlich beteiligen.
Gewerbsmäßig befasst sich derjenige mit einer Leistung, der sich selbstständig und nachhaltig am allgemeinen wirtschaftlichen Verkehr mit der Absicht beteiligt, einen Gewinn zu erzielen.
Bietergemeinschaften sind grundsätzlich unter den gleichen Bedingungen wie einzelne Bieter zum Wettbewerb zuzulassen und bei Beschränkter Ausschreibung zur Teilnahme aufzufordern.
Bei Beschränkter Ausschreibung sind Angebote von Bietergemeinschaften, die sich erst nach der Aufforderung zur Angebotsabgabe aus aufgeforderten Unternehmen gebildet haben, nicht zuzulassen.
Ohne Aufforderung eingegangene Angebote derartiger Unternehmer sind auszuschließen.
(. . . . . . .)

1.2 Gewerberechtliche Voraussetzungen, Auszüge aus Gewerbe- und Bundeszentralregister
Soweit gewerberechtliche Voraussetzungen für die Ausübung der Tätigkeit gefordert werden, müssen die Bieter diese erfüllen.
Die Prüfung obliegt der nach Landesrecht zuständigen Behörde.
Stellt diese fest, dass die gewerberechtlichen Voraussetzungen nicht erfüllt sind, ist der Bewerber nicht zu beteiligen.
Teilt eine für die Prüfung der gewerberechtlichen Voraussetzungen zuständige Behörde mit, dass ein Verfahren wegen unberechtigter Ausübung eines Gewerbes oder gewerberechtlicher Unzuverlässigkeit (Bußgeld- oder Gewerbeuntersagungsverfahren) eingeleitet ist, so ist bis zum Abschluss des Verfahrens von der Beteiligung des betreffenden Unternehmers am Wettbewerb abzusehen.
Hat die Vergabestelle Zweifel, ob die gewerberechtlichen Voraussetzungen erfüllt sind, muss es im Rahmen der Prüfung von Fachkunde, Leistungsfähigkeit und Zuverlässigkeit Aufklärung herbeiführen.

1.2.1 Die Vergabestelle fordert bei Bauaufträgen Auskünfte aus dem Gewerbezentralregister nach § 150a der Gewerbeordnung oder verlangt vom Bewerber/Bieter die Vorlage entsprechender Auskünfte im Original oder als Kopie.
Die Auskünfte dürfen nicht älter als 3 Monate sein (§ 21Gesetz zur Bekämpfung der Schwarzarbeit und illegalen Beschäftigung).
Fordert die Vergabestelle die Auskünfte aus dem Gewerbezentralregister nicht selbst an, so sind diese
 – bei Öffentlichen Ausschreibungen/Offenen Verfahren nach Aufforderung durch die Vergabestelle in der Regel von den in der engeren Wahl verbliebenen Bietern zu verlangen, es sei denn,

gültige Auszüge liegen bei der Vergabestelle bereits vor (vgl. EVM [L] A – 211 und EVM [L] A EG – 211 EG),

– *bei Beschränkten Ausschreibungen und Freihändigen Vergaben/Verhandlungsverfahren ohne öffentliche Vergabebekanntmachung mit dem Angebot (vgl. EVM [L] A – 211 und EVM [L] A EG – 211 EG) anzufordern,*

– *bei Beschränkten Ausschreibungen mit vorherigem Teilnahmewettbewerb/Nichtoffenen Verfahren und Verhandlungsverfahren nach öffentlicher Vergabebekanntmachung mit der Abgabe der Bewerbung um Teilnahme vorzulegen.*

Planende Unternehmen

Unternehmen, die mit der Planung und/oder Ausarbeitung der Verdingungsunterlagen beauftragt waren, dürfen grundsätzlich nicht am Wettbewerb um die Vergabe von Bauleistungen beteiligt werden.

2. Auswahl der Bewerber

2.1 *Ist eine Bewerberauswahl zu treffen (z.B. bei Beschränkter Ausschreibung), sind die Bewerber nach pflichtgemäßem Ermessen unter Berücksichtigung des Umfangs der Leistung und der Eignung der Bewerber auszuwählen.*
Dabei ist zu beachten, dass

– *der Auftragnehmer die Leistung grundsätzlich im eigenen Betrieb auszuführen hat (§ 4 Nr. 8 VOB/B),*

– *die Übertragung von Leistungen an Nachunternehmer der vorherigen schriftlichen Zustimmung des Auftraggebers bedarf, soweit es sich nicht um Leistungen handelt, auf die der Betrieb des Auftragnehmers nicht eingerichtet ist,*

– *nicht in der Region oder am Ort ansässige Unternehmen in angemessener Zahl zur Angebotsabgabe aufgefordert werden.*

2.2 *Unternehmer, die einen Antrag auf Teilnahme am Wettbewerb gestellt haben, haben keinen Anspruch auf eine Aufforderung zur Angebotsabgabe.*

2.3 *Unternehmer aus Mitgliedstaaten der Europäischen Gemeinschaften, aus einem Staat der Vertragsparteien des Abkommens über den Europäischen Wirtschaftsraum bzw. einem Staat der Vertragsparteien des WTO-Übereinkommens über das öffentliche Beschaffungswesen sind unter den gleichen Bedingungen zur Angebotsabgabe aufzufordern wie inländische Bewerber.*

2.4 *Bei Beschränkten Ausschreibungen bzw. Nichtoffenen Verfahren ist eine Liste der aufzufordernden Unternehmer zu erstellen. Dazu kann EFB Verg A– 351 i.V.m. EFB Firm 2 – 353 verwendet werden. Die Liste ist vertraulich zu behandeln.*
Durch Wechsel der Unternehmer bei der Aufstellung der Liste ist sicherzustellen, dass Einzelne nicht bevorzugt werden.
Die Liste der aufzufordernden Unternehmer darf nicht allgemein zugänglich gemacht werden.
Die Festlegung der aufzufordernden Unternehmer erfolgt durch den Behördenleiter oder einen von ihm Beauftragten aus der Vergabestellet, indem sie den vorgeschlagenen Bieterkreis durch Streichung und/oder Ergänzung verändern. Wenn darauf verzichtet wird, ist das im Vergabevermerk zu begründen.

2.5 *Freiberuflich Tätige dürfen die aufzufordernden Unternehmer nicht bestimmen. Sie können lediglich der Vergabestelle Vorschläge unterbreiten. Ebenso wenig dürfen sie Vergabeunterlagen versenden, Planungsunterlagen zur Einsicht auslegen, Auskünfte erteilen, Angebote öffnen bzw. den Eröffnungstermin durchführen, da es sich dabei um nicht delegierbare Bauherrenaufgaben handelt.*
Es sind alle erforderlichen Vorkehrungen zu treffen, dass aus den firmenneutral aufzustellenden Verdingungsunterlagen weder direkt noch indirekt Rückschlüsse auf die freiberuflich Tätigen gezogen werden können.

3. Besondere Unternehmereinsatzformen

3.1 *Hauptunternehmer/Nachunternehmer*

Der Hauptunternehmer ist Vertragspartner des Auftraggebers; der Nachunternehmer steht zum Auftraggeber in keinem Vertragsverhältnis.

Generalunternehmer

Als Generalunternehmer wird derjenige Hauptunternehmer bezeichnet, der sämtliche für die Herstellung einer baulichen Anlage erforderlichen Bauleistungen zu erbringen hat und wesentliche Teile hiervon selbst ausführt. Bei der Vergabe an Generalunternehmer ist § 4 A Nr. 4 VHB zu beachten.

Bietergemeinschaften

Bietergemeinschaften sind Zusammenschlüsse von Unternehmern auf vertraglicher Grundlage mit dem Zweck, Bauaufträge für gleiche oder verschiedene Fachgebiete oder Gewerbezweige gemeinsam auszuführen.

C. Ausschluss von Bewerbern aus dem Bereich öffentlicher Betriebe (Nr. 6)

34 § 8 Nr. 6 VOB/A enthält eine **weitere,** den **Grundsatz der Gleichbehandlung und vor allem die Chancengleichheit** der Bewerber **berücksichtigende Regelung.** Justizvollzugsanstalten, Einrichtungen der Jugendhilfe, Aus- und Fortbildungsstätten und ähnliche, d.h. vornehmlich sozialpolitischen Zielsetzungen unterliegende Einrichtungen, sowie Betriebe der öffentlichen Hand und Verwaltungen sind danach zum Wettbewerb mit gewerblichen Unternehmern nicht zuzulassen (vgl. dazu OLG Düsseldorf Beschl. v. 17.11.2004 VII-Verg 46/04 = IBR 2005, 1034; siehe hier auch OLG Düsseldorf Beschl. v. 23.3.2005 VII-Verg 68/04, wonach die Förderung einer Einrichtung mit öffentlichen Mitteln diese noch nicht zu einer »ähnlichen Einrichtung« im Sinn der insoweit gleichlautenden, aber im Weiteren deutlich enger gefassten Vorschrift des § 7 Nr. 6 VOL/A macht).

35 Diese Vorschrift, die im Besonderen von Behörden als Auftraggeber zu beachten ist, hat ihren Sinn in der Wahrung und Aufrechterhaltung eines gesunden Wettbewerbs unter den Bietern. Gemeint sind alle Betriebe, die der öffentlichen Verwaltung angehören oder dieser unterstellt sind. Diese bilden aus der Sicht des Wettbewerbs keine Konkurrenz für die Baubetriebe der gewerblichen Wirtschaft, da sie **nicht erwerbswirtschaftlich orientiert** sind. Sie haben sich nicht an die wirtschaftlichen Erfordernisse zu halten, die bei der gewerblichen Wirtschaft Grundvoraussetzung für den Existenzerhalt sind. Wie Hereth/Naschold (§ 8 Ez. 8.26 ff. VOB/A) zutreffend darauf hinweisen, muss bei Unternehmen der gewerblichen Wirtschaft die für eine Leistung zu fordernde Gegenleistung so beschaffen sein, dass sie in der Regel zumindest die Selbstkosten deckt. Auf dieses Erfordernis haben die Betriebe der öffentlichen Verwaltung oder die Verwaltungszweige, die die Gewerbetätigkeit ausüben, zwar zu achten, jedoch bedeutet eine Missachtung nicht den Untergang dieser Betriebe. Denn ein eventueller Fehlbetrag wird, wenn die Leistungen für Rechnung einer auf Steuer- oder Gebühreneinnahmen angewiesenen Körperschaft erbracht werden, letzten Endes aus diesen Einnahmen gedeckt. Es handelt sich also im Verhältnis zu der gewerblichen Wirtschaft um **grundlegend andere Arbeitsbedingungen,** die eine echte Konkurrenz ausschließen. Zu beachten ist jedoch, dass § 8 Nr. 6 lediglich den »**Wettbewerb**« **zwischen Bietern der gewerblichen Wirtschaft und den Betrieben der öffentlichen Hand im weitesten Sinne untersagt.** Damit ist **nicht gesagt,** dass **Bauvergaben an diese Betriebe überhaupt verboten sind.** Da Wettbewerb in erster Linie die Einhaltung gleicher Grundbedingungen für alle Bewerber bedeutet, erscheint es daher zulässig, die Betriebe der öffentlichen Hand **unter sich** an einem Ausschreibungsverfahren zu beteiligen. Andererseits muss aber bedacht werden, dass hierdurch der gewerblichen Wirtschaft Aufträge und Arbeits- sowie Gewinnmöglichkeiten entzogen werden. Daher muss es unbedingtes volkswirtschaftliches Gebot sein und bleiben, die Betriebe der öffentlichen Hand nur in einer maßvollen und die berechtigten Belange der gewerblichen Unternehmer beachtenden Weise mit Bauaufträgen in der geschilderten Art zu versehen. Nach dem Sinn der hier erörterten Regelung gilt dies auch für die Freihändige Vergabe (anderer Ansicht *Heiermann/Riedl/Rusam* § 8 VOB/A Rn. 68, die die vorgenannten tragenden Gesichtspunkte für die Ausschlussklausel nicht hinreichend beachten; wie hier *Schelle* § 8 Rn. 30). Zu den vom Wettbewerb ausgeschlossenen Einrichtungen zählen auch die Regiebetriebe der öffentlichen Hand.

36 **Unternehmen, die der öffentlichen Hand ganz oder teilweise gehören und in privatrechtlicher Verfassung**, etwa in Form einer Kapitalgesellschaft (GmbH, AG) geführt werden, können als »Betriebe der öffentlichen Hand« im Sinn des § 8 Nr. 6 VOB/A vom Wettbewerb mit anderen gewerblichen Unternehmen ausgeschlossen sein. Ein generelles Verbot der Beteiligung von privatrechtlich organisierten Unternehmen, die ganz oder überwiegend im Anteilsbesitz der öffentlichen Hand stehen, lässt sich § 8 Nr. 6 VOB/A jedoch nicht entnehmen (a.A. *Zimmermann* ZfBR 2006, 220, 225). Soweit nach den gesetzlichen Vorschriften der öffentlichen Hand eine erwerbswirtschaftliche Betätigung, die im Übrigen nicht schon dann fehlt, wenn der Zweck der Tätigkeit nicht ausschließlich die Gewinnerzielung ist, ausnahmsweise erlaubt ist (vgl. die einschränkenden Regelungen der Kommunalverfassungen wie bspw. Art. 87 und Art. 92 der Gemeindeordnung für den Freistaat Bayern [GO] v. 22.8.1998 GVBl. 1998, S. 796), dann bestehen gegen eine Beteiligung am Wettbewerb auch keine grundsätzlichen Bedenken. Sofern sich ein Unternehmen der öffentlichen Hand trotz eines solchen so genannten **Marktzutrittsverbots** wirtschaftlich betätigt und am Wettbewerb teilnimmt, liegt kein Fall des § 8 Nr. 6 VOB/A vor, jedoch ein Verstoß gegen den Wettbewerbsgrundsatz im Sinn des § 2 Nr. 1 S. 2 und 3 VOB/A (so OLG Düsseldorf Beschl. v. 17.6.2002 Verg 18/02 = VergabeR 2002, 471 = NZBau 2002, 626 = ZfBR 2002, 820 und Beschl. v. 23.3.2005 VII-Verg 68/04).

37 Nach dem Sinn und Zweck des Beteiligungsverbotes des § 8 Nr. 6 VOB/A ist anhand des Einzelfalls zu unterscheiden, ob das betreffende Unternehmen **tatsächlich erwerbswirtschaftlich orientiert** ist oder lediglich **im privatrechtlichen Gewand** nach wie vor **Aufgaben der Daseinsvorsorge wahrnimmt** (formelle Aufgabenprivatisierung oder Organisationsprivatisierung), also primär einen öffentlichen Zweck verfolgt und zu diesem Zweck auch gegründet wurde, so dass die erwerbswirtschaftliche Betätigung und die Gewinnerzielungsabsicht bei einer Gesamtbetrachtung dieses Unternehmens eher in den Hintergrund treten (näher dazu Beck'scher VOB-Komm./*Prieß/Hausmann* § 8 VOB/A Rn. 138). Während im ersteren Fall das Unternehmen der öffentlichen Hand nicht anders zu behandeln ist als jedes andere privatwirtschaftliche (insoweit zutreffend *Heiermann/Riedl/ Rusam* a.a.O. Rn. 70), ist bei letzterem Fall allein schon **wegen des kaum vorhandenen Insolvenzrisikos** (darauf stellt – allerdings für den Fall einer Anstalt des öffentlichen Rechts – das OLG Celle Beschl. v. 8.11.2001 13 Verg 9/01 = VergabeR 2002, 154 = NZBau 2002, 400 = ZfBR 2002, 293, ab) **ein echter und chancengleicher Wettbewerb nicht möglich, so dass solche, in der Praxis meist kommunale Unternehmen, nicht als Teilnehmer an einem Vergabeverfahren neben anderen gewerblichen Unternehmen zugelassen werden dürfen.**

38 Eine von der Regelung in § 8 Nr. 6 VOB/A **zu unterscheidende Frage** ist, ob die öffentliche Hand berechtigt ist, an ihr gehörende Unternehmen ohne Beachtung der vergaberechtlichen Bestimmungen der §§ 97 ff. GWB, d.h. ohne Durchführung eines Vergabeverfahrens, Aufträge zu vergeben. In der Literatur und Rechtsprechung wird dies dann für zulässig erachtet, wenn ein so genanntes »**Inhouse-Geschäft**« (Eigengeschäft) des öffentlichen Auftraggebers vorliegt (vgl. unter § 99 GWB und im Weiteren *Gröning* ZIP 2001, 497, 501 f.; *Jaeger* NZBau 2001, 6, 9 f.; *Dreher* NZBau 2001, 360, 363). Ein solches ist nach der hierzu ergangenen Rechtsprechung (EuGH Urt. v. 18.11.1999 Rs. C 107/98 [Teckal] = BauR 2000, 299 [Ls.] = NZBau 2000, 90, 9; BGH Beschl. v. 12.6.2001 X ZB 10/01 = VergabeR 2001, 286 = NZBau 2001, 517 = WM 2001, 2019; BayObLG Beschl. v. 22.1.2002 Verg 18/01 = VergabeR 2002, 244 [mit Anm. Wagner] = NZBau 2002, 397; OLG Düsseldorf Beschl. v. 12.1.2004 VII Verg 71/03 = NZBau 2004, 343) nur unter engen Voraussetzungen anzunehmen.

Hierfür ist **(kumulativ) erforderlich**, dass der **öffentliche Auftraggeber oder jedenfalls öffentlichrechtliche Stellen** (vgl. dazu EuGH Urt. v. 11.01.2005 Rs. C-26/03 [Stadt Halle u.a.] = VergabeR 2005, 44 = BauR 2005, 607 [Ls.] = NZBau 2005, 111, wonach die auch nur minderheitliche Beteiligung eines privaten Unternehmens die Annahme eines In-house-Geschäfts ausschließt)

- alle Geschäftsanteile an dem zu beauftragenden Unternehmen halten,
- über das zu beauftragende Unternehmen eine Kontrolle ausüben wie über ihre eigenen Dienststellen,
- dem öffentlichen Auftraggeber ein umfassendes Weisungsrecht zusteht und
- das zu beauftragende Unternehmen zugleich seine Tätigkeit im Wesentlichen für diesen öffentlichen Auftraggeber bzw. die ihre Anteile innehabenden öffentlichen Auftraggeber verrichtet (vgl. EuGH a.a.O. Rz. 49).

Bei einem »In-house-Geschäft« finden die §§ 97 ff. GWB keine Anwendung. Damit ist jedoch nicht gesagt, dass sich ein dem öffentlichen Auftraggeber gehörendes Unternehmen, bei dem grundsätzlich die Merkmale für ein »In-house-Geschäft« vorliegen, nicht an einem Vergabeverfahren dieses öffentlichen Auftraggebers beteiligen könnte. Diese Frage ist allein anhand der Vorschrift des § 8 Nr. 6 VOB/A zu beurteilen. Im Übrigen gilt: Wenn der öffentliche Auftraggeber von der Möglichkeit einer Beauftragung ohne Vergabeverfahren keinen Gebrauch macht, gelten die vergaberechtlichen Bestimmungen ohne Einschränkung.

Die Richtlinie im VHB § 8 Nr. 5 VOB/A bestimmt dazu zutreffend: **39**

5. *Zum Wettbewerb mit gewerblichen Unternehmen nicht zugelassene Bewerber*
5.1 *Justizvollzugsanstalten, Einrichtungen der Jugendhilfe, Aus- und Fortbildungsstätten und ähnliche Einrichtungen sowie Betriebe der öffentlichen Hand und Verwaltungen sind zum Wettbewerb mit gewerblichen Unternehmen nicht zuzulassen, vgl. § 8 Nr. 6 VOB/A.*
Angebote, die bei einer Öffentlichen Ausschreibung abgegeben worden sind, dürfen nicht berücksichtigt werden. Aufträge dürfen derartigen Einrichtungen nur in begründeten Ausnahmefällen und nur dann erteilt werden, wenn sie von ihnen zu Bedingungen ausgeführt werden, die nicht ungünstiger sind als die, unter denen sie die private Wirtschaft ausführen würde. Sie sind freihändig zu vergeben.
5.2 *Soweit für diese Aufträge die Vorschriften der VOB/B nicht unmittelbar angewendet werden können, sind entsprechende Vereinbarungen zu treffen.*

D. Teilnahme am Wettbewerb bei Öffentlicher Ausschreibung (Nr. 2 Abs. 1)

I. Teilnahmevoraussetzungen

Nach Nr. 2 Abs. 1 sind bei Öffentlicher Ausschreibung gemäß § 3 Nr. 1 VOB/A die Unterlagen an alle Bewerber abzugeben, die sich **gewerbsmäßig** (vgl. dazu auch Nr. 1.1 Abs. 2 VHB zu § 8 VOB/A) mit der Ausführung von **Leistungen der ausgeschriebenen Art** befassen. § 8 Nr. 2 Abs. 1 VOB/A enthält zugleich den alle Vergabeverfahren übergreifenden Grundsatz der **Selbstausführung**, d.h. dass sich an einem Vergabeverfahren nach der VOB/A nur solche Unternehmen beteiligen und Aufträge erhalten können, die zumindest einen Teil der zu vergebenden Leistungen selbst ausführen (vgl. oben § 8 Nr. 1 VOB/A Rn. 18 ff.). **40**

1. Befassung mit der ausgeschriebenen Art der Bauleistung

Nach dem **traditionellen Verständnis der VOB** bedeutet dies zunächst, dass die **Abgabe von Unterlagen nur an solche Bewerber erfolgen darf, die ihrer gewerblichen Betätigung nach demjenigen Bereich zuzuordnen sind**, dem die **betreffende Bauleistung,** insbesondere aufgeteilt nach den entsprechenden Gewerken, **angehört.** Der Rohbauunternehmer hat also keinen Anspruch auf Aushändigung von Ausschreibungsunterlagen für das Ausbaugewerbe, wenn er sich damit nicht befasst. Die Abgrenzung wird sich häufig durch die jeweiligen Bereiche finden lassen, die im Rahmen einer bestimmten oder mehrerer bestimmter **DIN-Normen des Teils C** liegen (z.B. Erdarbeiten, Mauerarbeiten, Stahlbauarbeiten, Estricharbeiten usw.). Zu beachten ist in diesem Zusammenhang auch **41**

§ 5 HwO, wonach derjenige, der ein Handwerk legal betreibt, hierbei auch die mit diesem Handwerk technisch oder fachlich zusammenhängenden oder diese wirtschaftlich ergänzenden Arbeiten in anderen Handwerken ausführen darf, z.B. Klempnerarbeiten durch ein Dachdeckungsunternehmen, Wasserinstallationsarbeiten durch Heizungsbauer und Lüftungsbauer, Lüftungsarbeiten durch Zentralheizungsbauer, Estricharbeiten durch einen Fußbodenverleger, Dachdeckungsarbeiten durch einen Zimmerer. Das kommt aber nur in Betracht, wenn solche weiteren Arbeiten im Einzelfall im Verhältnis zur einem bestimmten Handwerkszweig zugehörigen Hauptleistung lediglich von **untergeordneter Bedeutung** sind und sich aus technischen und fachlichen sowie wirtschaftlichen Gründen, vor allem im Hinblick auf die Mängelhaftung, die sachgerechte Bemessung der Vergütung usw., nach der berechtigten Sicht des Auftraggebers die Vergabe in einem Auftrag mehr oder weniger zwangsläufig anbietet. Insofern ist aber eine enge Auslegung geboten. Nicht in Betracht kommt z.B. eine Gipserfirma für Malerarbeiten an einem denkmalgeschützten Gebäude, da das Gipserhandwerk sich grundsätzlich nicht auf Anstricharbeiten bezieht. Dagegen können etwa **Landschaftsgärtner** wie auch **Betriebe des Garten- und Sportplatzbaus** mit der Herstellung von Wegen und Plätzen sowie von Hartsportplätzen und Laufbahnen neben Unternehmen des Straßenbauhandwerks beauftragt werden. Entscheidend ist hier, dass die betroffenen baulichen Maßnahmen **nicht allein dem Berufsbild des Straßenbauerhandwerks** gemäß HwO Anlage A Nr. 5 zuzuordnen sind, sondern im wesentlichen Zusammenhang mit gärtnerischen oder landschaftsgärtnerischen Arbeiten stehen. Für die Abgrenzung ist im Einzelfall die Verkehrsanschauung maßgebend, und zwar im Rahmen einer natürlichen Betrachtungsweise. So sind Garten-, Park-, Grün- und Friedhofsanlagen, Vorgärten zu Wohnhäusern mit gepflasterten Flächen (z.B. Hauseingänge, Garagenzufahrten) i.S. eines nach dem Bestellerwillen funktionalen Zusammenhangs, überhaupt die Schaffung von Außenanlagen mit wesentlich gärtnerisch und landschaftsgärtnerisch geprägten Flächen, gerade auch im Zusammenhang mit Gebäuden oder Stellplätzen, dem Garten- bzw. landschaftsgärtnerischen Bereich zuzuordnen. Dabei ist nicht maßgebend, dass Arbeiten des Landschafts- und Gartenbaus zusammen mit solchen bauhandwerklicher Art, vor allem des Straßenbauhandwerks, vergeben werden; vielmehr können z.B. Pflasterarbeiten auch für sich allein an einen Garten- oder Landschaftsbauer vergeben werden, wenn sie nach der angegebenen natürlichen Betrachtungsweise wegen der Einbindung in die Umgebung auch dem Landschafts- und Gartenbau zuzurechnen sind. Anders liegt es, wenn es sich um Arbeiten handelt, die in keinem wesentlichen Zusammenhang mit gärtnerischen oder landschaftsgärtnerischen Anlagen stehen (vgl. dazu auch Urt. des OVG Rheinland-Pfalz v. 22.1.1991 6 A 11 945/90 OVG = GewArch. 1991, 347; ferner Beschl. des BayObLG v. 23.3.1992 3 Ob OWi 96/91 = BauR 2004, 1672 [Ls.] = GewArch 1992, 240 sowie des OVG Niedersachsen v. 17.6.1991 8 L 38/89 = GewArch 1991, 347; zur Frage, ob zum Berufsbild des Kachelofen- und Luftheizungsbauerhandwerks auch der betriebsfertige Zusammenbau von offenen Kaminen und Kachelöfen anhand vorgefertigter Bausatzteile gehört, vgl. BGH Urt. v. 23.2.1989 I ZR 18/87 = NJW-RR 1989, 941 [Ls.] = MDR 1989, 790 = LM § 1 UWG Nr. 508; dazu weiter BGH Urt. v. 11.7.1991 I ZR 23/90 = NJW-RR 1992, 738 = MDR 1992, 247). Das Anlegen von Parkplätzen auf Privatgrundstücken kann demzufolge wiederum zu den wesentlichen Tätigkeiten des zulassungspflichtigen Straßenbauerhandwerks i.S.d. § 1 Abs. 2 i.V.m. Anlage A Nr. 5 HwO gehören (so BVerwG Urt. v. 3.9.1991 1 C 55/88 = NVwZ-RR 1992, 472 zu der früheren Fassung der HwO). Die Montage und Reparatur industriell vorgefertigter Rollläden gehören grundsätzlich zum Kernbereich des Rollladen- und Jalousiebauerhandwerks (BVerwG Urt. v. 25.2.1992 1 C 27/89 = NVwZ-RR 1992, 547), das nach § 18 Abs. 2 i.V.m. Anlage B Nr. 13 HwO als zulassungsfreies Handwerk oder handwerkähnliches Gewerbe betrieben werden kann. Das Verlegen von Fliesen im Dünnbettverfahren durch Verkleben wird vom Kernbereich des Fliesenlegerhandwerks erfasst und ist keine wesentliche Tätigkeit des Maler- und Lackiererhandwerks.

2. Erbringen eigener Bauleistung

Weiter folgt aus Nr. 2 Abs. 1, dass es sich um einen **gewerblich tätigen Bewerber** handeln muss, also einen solchen, der sich selbstständig und auf gewisse Dauer angelegt am allgemeinen wirtschaftlichen Verkehr auf dem vorangehend umrissenen Gebiet mit der Absicht beteiligt, einen Gewinn zu erzielen (vgl. dazu Rn. 18 ff.). Dazu ist unbedingte Voraussetzung, dass er die öffentlich-rechtlichen Zulassungsvoraussetzungen, wie z.B. nach der Handwerksordnung, erfüllt. Keine Bedenken bestehen dabei, wenn die Vergabeunterlagen an Ingenieurbüros oder sonstige Planer mit der Aufforderung oder auf deren Anregung ausgehändigt werden, um in Zusammenarbeit mit ausführenden Unternehmern Angebote abzugeben oder Änderungsvorschläge und Nebenangebote auszuarbeiten, jedoch unter dem Vorbehalt, dass diese Planer kein eigenes Angebot abgeben dürfen und ihnen die Namen derjenigen Bauunternehmen, die sonst die Vergabeunterlagen erhalten haben, nicht mitgeteilt werden, vgl. § 17 Nr. 6 VOB/A. Andernfalls würde man mittelständische und kleinere Unternehmen gegenüber Großfirmen, die eigene Planungsabteilungen unterhalten, benachteiligen (zutreffend dazu *Schelle/Erkelenz* S. 76 f.; auch *Heiermann/Riedl/Rusam* § 8 VOB/A Rn. 18). 42

II. Aushändigung der Verdingungsunterlagen

Die **Verdingungsunterlagen** sind **auszuhändigen**, sobald sich die Bewerber beim Auftraggeber oder dessen Vertreter – z.B. dem Architekten – aufgrund der Öffentlichen Ausschreibung melden. Die Unterlagen sind dem jeweiligen Bewerber auch **vollständig** auszuhändigen **oder – bei elektronischer Übermittlung – zur Verfügung zu stellen**, damit dieser in die Lage versetzt wird, ein ordnungsgemäßes, allen Anforderungen entsprechendes Angebot abzugeben. **Insbesondere** muss der Bewerber eine die **Anforderungen von § 9 VOB/A erfüllende Leistungsbeschreibung** erhalten. Geschieht das nicht, kann hier bereits die Grundlage für eine spätere Haftung oder Mithaftung des Auftraggebers aus § 280 Abs. 1 i.V.m. § 311 Abs. 2 BGB (culpa in contrahendo) oder den Mängelansprüchen gemäß § 634 ff. BGB oder aus anderen rechtlichen Gründen liegen. Verdingungsunterlagen müssen auch in **ausreichender Zahl** zur Verfügung stehen, damit sie jedem Bewerber ausgehändigt werden können. Die Abgabe von Unterlagen unter dem Vorbehalt »solange der Vorrat reicht«, widerspricht dem Wettbewerbsgrundsatz und ist daher unzulässig. Sofern ein Bewerber die Voraussetzungen nach Nr. 2 Abs. 1 erfüllt, kann er nicht schon deswegen vom Wettbewerb bei **Öffentlicher Ausschreibung** ausgeschlossen werden, auch dann nicht, wenn er sich die Verdingungsunterlagen von dritter Seite besorgt hat. 43

Eine **Verpflichtung** zur Aushändigung der Verdingungsunterlagen besteht nicht, wenn **Umstände** gegeben sind, die eine Verweigerung der Herausgabe der Unterlagen rechtfertigen oder bei Vorliegen von **Ausschlussgründen**. 44

E. Beschränkte Anzahl der Teilnehmer bei Beschränkter Ausschreibung (Nr. 2 Abs. 2)

In § 8 Nr. 2 Abs. 2 S. 1 VOB/A ist bestimmt, dass bei Beschränkter Ausschreibung nach § 3 Nr. 3 VOB/A **im Allgemeinen nur 3 bis 8 geeignete Bewerber** zu Angeboten aufgefordert werden sollen. 45

I. Maßgebliche Auswahlkriterien

Wenn die Unterlagen an **geeignete** Bewerber auszuhändigen sind, so folgt daraus, dass für die Auswahl der in Frage kommenden Bewerber nicht allein die subjektive, einseitige Ansicht des Auftraggebers ausschlaggebend sein kann. Vielmehr beinhaltet der Begriff »geeignet« eine weitgehende **Objektivierung der Anforderungen, die der Auftraggeber bei im Zeitpunkt der Aufforderung maßgebender Betrachtung** zu beachten hat. Entscheidend sind ausschließlich die in § 2 Nr. 1 VOB/A 46 niedergelegten Auswahlkriterien der Fachkunde, Leistungsfähigkeit und Zuverlässigkeit des Bewerbers, jeweils bezogen auf die zu vergebende Leistung (vgl. dazu § 2 VOB/A Rn. 2 und 16 ff.). Gerade die Beschränkte Ausschreibung setzt **im besonderen Maße** das Vorhandensein dieser Eigenschaften voraus.

II. Beschränkung auf 3 bis 8 Bewerber

47 Des Weiteren wird hier eine **Richtlinie** darüber aufgestellt, **wie viele Bewerber** bei einer Beschränkten Ausschreibung zur Abgabe von Angeboten aufgefordert werden sollen. Aus der Formulierung (»sollen im Allgemeinen«) ergibt sich, dass es sich keinesfalls um feststehende oder unbedingt in diesem Rahmen zu haltende Zahlen handelt. Das gilt insbesondere für eine zahlenmäßige Beschränkung der Bewerber **nach oben**. Obersatz des Vergabeverfahrens nach der VOB und demnach auch bei der Beschränkten Ausschreibung ist der **Begriff des gesunden Wettbewerbs,** wie er in § 2 Nr. 1 S. 2 VOB/A hervorgehoben ist (vgl. auch § 2 VOB/A Rn. 38 ff.). Unter Wahrung dieses Gesichtspunktes hat man aufgrund von Erfahrungssätzen versucht, eine ungefähre Angabe der Zahl der an einer Beschränkten Ausschreibung normalerweise zu beteiligenden Bewerber zu machen. Hieraus folgt für den bauvergebenden Auftraggeber, dass er zunächst prüfen soll, ob in seinem Fall dem Grundsatz des gesunden und ihm letztlich zum Vorteil gereichenden Wettbewerbs Genüge getan ist, wenn er diese oder jene Anzahl von Bewerbern auffordert, oder ob es mehr sein müssen oder weniger sein können. Diese Prüfung wird unter den jeweiligen Gegebenheiten zu durchaus verschiedenen Ergebnissen führen. Dabei spielen zwar in erster Linie die Grundsätze des gesunden Wettbewerbs eine entscheidende Rolle, aber es sind allgemein auch noch weitere Gesichtspunkte zu beachten (vgl. auch Rn. 60).

48 Hat zuvor ein **öffentlicher Teilnahmewettbewerb** stattgefunden (vgl. dazu § 3 Nr. 3 Abs. 2 VOB/A), so ist die Auswahl der Bewerber einer dann folgenden Beschränkten Ausschreibung auf die Teilnehmer an diesem Wettbewerb einzugrenzen, weil sonst Sinn und Zweck des **öffentlichen Teilnahmewettbewerbs** in ihr Gegenteil verkehrt würden. Der **Auftraggeber** ist bei einem öffentlichen Teilnahmewettbewerb aber **nicht verpflichtet,** alle als grundsätzlich geeignet anzusehenden Bewerber weiter **am Vergabeverfahren zu beteiligen**. Die geeigneten Bewerber haben insoweit **keinen einklagbaren Anspruch, zur Angebotsabgabe aufgefordert zu werden**. Eine Pflicht des Auftraggebers, bereits in der Bekanntmachung anzugeben, dass er von den geeigneten Bewerbern nur eine begrenzte Anzahl zur Abgabe eines Angebotes aufzufordern beabsichtigt, wird vom OLG München (Beschl. v. 20.4.2005 Verg 26/04 = VergabeR 2005, 532 = BauR 2005, 1528 [Ls.] = ZfBR 2005, 595) selbst für Auftragsvergaben, die den §§ 97 ff. GWB unterfallen, nicht angenommen. Zu beachten ist hierbei jedoch, dass diese Entscheidung in Auslegung des Wortlautes der Bestimmung des Art. 22 Abs. 2 BKR ergangen ist. Die vergleichbare Bestimmung der Richtlinie 2004/18/EG befasst sich jetzt in Art. 44 Abs. 3 mit der Bewerberauswahl im Fall der Begrenzung und **verlangt vom Auftraggeber, dass er in der Bekanntmachung nicht nur die objektiven (Auswahl-)Kriterien benennt, sondern auch die Mindestzahl oder Höchstzahl der zur Angebotsabgabe aufzufordernden Bewerber angibt**.

Wenn der Auftraggeber aus dem Kreis der geeigneten Bewerber aber eine **begrenzte Anzahl für das weitere Verfahren auswählt, dann muss er diese Entscheidung willkürfrei nach sachlichen Gesichtspunkten und orientiert an den Anforderungen der zu lösenden Bauaufgabe treffen**. Maßstab für das Auswahlverfahren sind die **Grundsätze der Gleichbehandlung und der Transparenz**, denen der Auftraggeber im Rahmen des ihm zustehenden weiten Ermessensspielraums Rechnung zu tragen hat. **Wenn der Auftraggeber für die Durchführung der Bewerberauswahl ein Bewertungssystem (Punktekatalog u.Ä.) erstellt, dann muss er sich an seine eigenen Vorgaben halten und kann nicht nachträglich wieder davon abweichen** (vgl. OLG Düsseldorf Beschl. v. 14.10.2005 Verg 40/05 = NZBau 2006, 525).

Eine andere Frage ist, ob der Auftraggeber verpflichtet ist, nicht nur die Kriterien für die Auswahl, sondern auch den Inhalt eines von ihm erstellten Bewertungssystem bzw. die Gewichtung der Auswahlkriterien und der Unterkriterien bekannt zu geben. Nach einer allerdings zu einem Vergabeverfahren nach der VOF ergangenen Entscheidung des OLG Düsseldorf vom 29.10.2003 (Verg 43/03, VergabeR 2004, 100) ist eine vorherige Bekanntgabe der Reihenfolge und Gewichtung der Auswahlkriterien nicht gefordert; etwas anderes soll aber dann gelten, wenn der Auftraggeber bereits vor der Bekanntmachung die Auswahlkriterien und ihre Bedeutung zueinander (Gewichtung) aufgestellt hat. In einem solchen Fall, so der Senat unter Verweis auf das Urteil des EuGH vom 12.12.2002 (Rs. C 470/99 = VergabeR 2003, 141), müssen aus Gründen der Transparenz und der Gleichbehandlung der Bewerber in der Bekanntmachung nicht nur die Kriterien als solche, sondern auch die bei der Auswahl vorgesehene Gewichtung der Kriterien mitgeteilt werden. **49**

Da jedoch weder in der VOB/A noch in der Richtlinie 2004/18/EG Regeln enthalten sind, wie bei der Auswahl von Bewerbern unter Berücksichtigung der bekannt gegebenen Kriterien aus dem Kreis der geeigneten Bewerber zu verfahren ist, und auch nicht ersichtlich ist, woraus sich eine Verletzung des Gleichbehandlungsgrundsatzes oder eine Beeinträchtigung der Transparenz allein aus dem Grund ergeben soll, weil die Gewichtung der Auswahlkriterien nicht bekannt gemacht worden war, ist **eine Pflicht des Auftraggebers zur Bekanntmachung der Modalitäten des Auswahlverfahrens schon grundsätzlich nicht anzunehmen**. Das vom OLG Düsseldorf zitierte Urteil des EuGH vom 12.12.2002 stellt bei genauem Hinsehen auch nicht maßgeblich auf den Grundsatz der Gleichbehandlung und die daraus abgeleitete Verpflichtung zur Transparenz ab, sondern mehr auf die von den EU-Vergaberichtlinien verfolgte Marktöffnung und vor allem auf die Ermöglichung der Überprüfung, ob das Auswahlverfahren unparteiisch durchgeführt worden ist. Zur Vermeidung des Anscheins einer unsachlichen Einflussnahme auf das Auswahlverfahren wird dem Auftraggeber in der Regel aber selbst daran gelegen sein, etwa die für die Auswahl vorgesehene Bewertungsmatrix allen interessierten Unternehmen im Voraus zur Verfügung zu stellen.

Dieses Ergebnis stimmt auch mit der Richtlinie 2004/18/EG und der VOB 2006 überein, da dort eine Bekanntgabe der Gewichtung nur hinsichtlich der Zuschlagskriterien (vgl. Art. 53 der Richtlinie 2004/18/EG bzw. § 10a lit. a VOB/A) geregelt ist, aber gerade nicht für die Kriterien zur Auswahl von Bewerbern, die zur Angebotsabgabe aufgefordert werden sollen (vgl. Art. 44 Abs. 3 der Richtlinie 2004/18/EG). Aus der weiteren Entscheidung des EuGH vom 24.11.2005 (Rs. C 331/04, VergabeR 2006, 202 = BauR 2006, 887 [Ls.] = NZBau 2006, 194) lässt sich insoweit nichts Gegenteiliges entnehmen, da sich dieses Urteil ausschließlich mit der rechtlichen Situation bei Zuschlagskriterien, nicht aber mit der bei Auswahlkriterien befasst (vgl. auch die kritische Anm. v. *Hübner* VergabeR 2006, 206 ff.).

1. § 3 Nr. 3 VOB/A als Anhaltspunkt für die Beschränkung

Anhaltspunkte für die im konkreten Vergabeverfahren zu bestimmende Anzahl geben die Aufteilungen in Nr. 3 Abs. 1 des § 3 VOB/A selbst. Während es z.B. bei Beschränkten Ausschreibungen nach Nr. 3 Abs. 1 lit. b durchaus zweckmäßig sein kann, die Zahl der Bewerber möglichst groß zu halten, also ggf. über acht hinauszugehen, kann es andererseits bei Beschränkten Ausschreibungen nach § 3 Abs. 1 Nr. 3 lit. a und c VOB/A begründet sein, nicht mehr als drei Bewerber zur Angebotsabgabe aufzufordern. **50**

2. Umfangreiche Vorarbeiten als Grund einer Beschränkung (Nr. 2 Abs. 2 S. 2)

Eine weitere Auslegungsregel ist in § 8 Nr. 2 Abs. 2 S. 2 VOB/A enthalten, wonach dann, wenn von den Bewerbern **umfangreiche Vorarbeiten** verlangt werden, die einen besonderen Aufwand erfordern, die **Zahl der Bewerber möglichst eingeschränkt** werden soll. Das ist keinesfalls der gleiche Fall, wie er in § 3 Abs. 1 Nr. 3 lit. a VOB/A niedergelegt ist (vgl. hierzu § 3 VOB/A). Vielmehr handelt **51** es sich hier um eine wesentliche Verstärkung der dort angeführten allgemeinen Voraussetzungen für eine Beschränkte Ausschreibung. Das ergibt schon die Formulierung selbst (umfangreiche Vorarbeiten; besonderer Aufwand). Ferner kommt hinzu, dass ein Bezug des Aufwands zu dem erreichbaren Vorteil oder dem Wert der Leistung nicht mehr hergestellt wird, da dieser bereits im Rahmen des § 3 Abs. 1 Nr. 3 lit. a VOB/A als Grundvoraussetzung für die Beschränkte Ausschreibung geprüft worden ist. Schließlich ist zu beachten, dass § 8 Nr. 2 Abs. 2 S. 2 VOB/A für jede Beschränkte Ausschreibung gilt, gleichgültig, ob sie sich nach § 3 Nr. 3 Abs. 1 lit. a, b oder c VOB/A richtet.

52 **Vorarbeiten** bedeutet die **Schaffung oder Beschaffung von Unterlagen** im denkbar weitesten Umfang, um ein ordnungsgemäßes Vertragsangebot darauf aufbauen zu können. Wie weit diese Vorarbeiten gehen können, kommt auf den Einzelfall an und ist nach den jeweiligen Erfordernissen verschieden. So kann es sich um den Entwurf oder die weitere Bearbeitung des Leistungsverzeichnisses in allen Einzelheiten, Zeichnungen (auch Details), Berechnungen jeder Art, die Anfertigung der Statik, die Einholung von Auskünften oder auch Genehmigungen usw. handeln. Dabei kommen häufig Arbeiten vor, die der Auftraggeber selbst gar nicht leisten könnte, sondern die Fachkräfte ausführen müssten, die andererseits aber zweckmäßiger wegen der Notwendigkeit besonderer Erfahrungen und Fachkenntnisse vom Bieter und/oder in dessen Verantwortung zu bewerkstelligen sind. Gerade bei Leistungsbeschreibungen mit Leistungsprogramm nach § 9 Nr. 15 ff. VOB/A ist das der Fall.

53 Die Vorarbeiten müssen einen **beachtlichen Umfang** annehmen **und** einen **besonderen Aufwand** voraussetzen. Dies ist objektiv zu sehen. Es muss sich um einen erheblichen Aufwand des Bieters an geldwerter Leistung handeln. Umfangreiche Vorarbeiten dürften gegeben sein, wenn der Bieter zum Zweck der Erstellung eines allen Anforderungen gerecht werdenden Angebots einen Aufwand an Zeit und Mühe hat, der ihm bei richtiger Würdigung nur deshalb zugemutet werden kann, weil die geringe Zahl der Bewerber seine Chancen erhöht, den Bauauftrag zu erhalten. Sind diese Voraussetzungen gegeben, so ist es gerechtfertigt, die Zahl der Bieter möglichst klein zu halten. Es gehört auch zu den Erfordernissen eines gesunden Wettbewerbs, dass dem Einzelnen, der sich hieran beteiligt, **kein unzumutbares** und von ihm nicht oder nur mit unzumutbaren Schwierigkeiten zu überbrückendes **Risiko** aufgebürdet wird. Dem Bieter soll dieses nur zugemutet werden, wenn ihm dafür im Rahmen des Wettbewerbs eine reelle und durchaus nahe liegende Chance eingeräumt wird, und zwar nicht nur zum wirtschaftlichen Ausgleich für seine Vorarbeiten, sondern zur Erzielung eines Gewinns durch Erhalt des Bauauftrages.

54 Das Risiko der einen besonderen Aufwand erfordernden umfangreichen **Vorarbeiten** ist dann wesentlich geringer, wenn sie jedem Bieter durch den Auftraggeber angemessen und unabhängig vom Bauauftrag **entschädigt** werden, wie dies § 20 Nr. 2 VOB/A für diese Fälle und insbesondere für die Leistungsbeschreibung mit Leistungsprogramm gemäß § 9 Nr. 15 ff. VOB/A auch vorsieht. Wird eine angemessene Entschädigung festgesetzt, spricht grundsätzlich nichts dagegen, eine größere Anzahl von Bewerbern mit der Abgabe derartiger Angebote zu beauftragen. Ob dies für den Auftraggeber allerdings wirtschaftlich ist, ist eine andere, nach den Gegebenheiten des einzelnen Falls auszurichtende Frage, die meist negativ zu beantworten sein wird. Wenn auch eine Erhöhung der Zahl der Bieter grundsätzlich zu bejahen ist, so darf doch andererseits nicht unbeachtet bleiben, dass gerade die Bieter weniger daran interessiert sind, Vorarbeiten gegen Entschädigung zu leisten, sondern daran, den Bauauftrag zu erhalten. Man sollte daher auch unter der hier erwähnten Voraussetzung die Zahl der mit Vorarbeiten befassten Bieter verhältnismäßig klein lassen, vor allem nur solche beauftragen, die letztlich auch für die Ausführung des Bauauftrags in Betracht kommen.

55 Möglich ist auch, die in § 8 Nr. 2 Abs. 2 S. 2 VOB/A angeführten **Vorarbeiten unabhängig** und **gesondert** vom eigentlichen Ausschreibungsverfahren von einer bestimmten Zahl der oder einem hierzu besonders aufzufordernden **Unternehmer** leisten zu lassen. Dies wird nach Art und Charakter dieses **gesonderten Auftrags** in der Regel als entgeltlich anzusehen sein (§ 632 BGB), zumal hier die Vergabe des eigentlichen Bauauftrags noch nicht in die Wege geleitet worden ist, sondern nur vorbereitet wird. Dieser **Sonderauftrag** unterliegt nicht den Voraussetzungen, wie sie z.B. an eine

Beschränkte Ausschreibung nach § 3 Nr. 3 VOB/A zu stellen sind, da Gegenstand des Auftrages keine Bauleistung ist. Bei der Gestaltung, insbesondere bei der Wahl der Auftragnehmer, ist der Auftraggeber grundsätzlich frei, soweit sich nicht aus den Bestimmungen der VOL oder VOF etwas anderes ergibt. Im Grunde handelt es sich hier um den gleichen Fall, als wenn der Auftraggeber die Anfertigung der Vergabeunterlagen z.B. einem Architekten oder Ingenieur übertragen würde, der seinerseits nicht auf der Seite der Bieter bei den Vergabeverhandlungen steht, sondern auf Seiten des Auftraggebers.

3. Auswahl durch den Auftraggeber und sich nach Aufforderung bildende Bietergemeinschaft

Die **Auswahl der Bewerber** für eine Beschränkte Ausschreibung liegt **grundsätzlich in der Hand des Auftraggebers,** weshalb es unzulässig ist, dass ein zur Angebotsabgabe aufgeforderter Unternehmer die Angebotsunterlagen an einen anderen nicht aufgeforderten Unternehmer weitergibt. Unzulässig dürfte sein, wenn sich der aufgeforderte Unternehmer mit einem oder mehreren **nicht aufgeforderten Unternehmern** zu einer Bietergemeinschaft zusammenschließt (a.A. Vorauflage und *Heiermann/Riedl/Rusam* § 25 VOB/A Rn. 112). Auch wenn dadurch nicht schon grundsätzlich unzulässig in den Wettbewerb eingegriffen wird, **handelt es sich bei einer nachträglich gebildeten oder in der personellen Zusammensetzung veränderten Bietergemeinschaft nicht mehr um den gleichen Bewerber**, der die Teilnahme am Verfahren beantragt hat bzw. der zur Angebotsabgabe aufgefordert worden ist. Grundsätzlich tritt mit Ablauf der Bewerbungs- oder Teilnahmefrist eine Bindung an die Zusammensetzung einer Bietergemeinschaft ein (vgl. OLG Hamburg Beschl. v. 2.10.2002 Verg 1/00 = NZBau 2003, 223). Bei einer Bietergemeinschaft handelt es sich um eine Gesellschaft bürgerlichen Rechts, die nach der Rechtsprechung des BGH (weitgehende) Rechtsfähigkeit besitzt (BGH Urt. v. 29.1.2001 II ZR 331/00 = BGHZ 146, 341 = BauR 2001, 775 = NJW 2001, 1056); sie ist daher mit den zusammengeschlossenen Bewerbern nicht personenidentisch, sondern ein **anderer Bewerber**. Gleiches gilt bei einer nachträglichen Bildung oder Erweiterung einer Bietergemeinschaft aus dem Kreis der zur Angebotsabgabe aufgeforderten Bewerber (vgl. dazu ausführlich *Roth* NZBau 2005, 316 ff.). **Nach der Abgabe des Angebotes und vor Erteilung des Zuschlags verbietet sich eine Veränderung in der Person des Bieters auch bei einer Öffentlichen Ausschreibung, da dies eine unzulässige Änderung des Angebotes nach § 24 Nr. 3 VOB/A bedeutete** (vgl. OLG Düsseldorf Beschl. v. 24.5.2005 VII Verg 28/05 = NZBau 2005, 710).

Gegen die Zulässigkeit der nachträglichen Bildung einer Bietergemeinschaft spricht ferner der Wettbewerbsgrundsatz sowie das berechtigte Interesse des Auftraggebers an der **Verhinderung von Preisabsprachen,** deren Gefahr gerade bei der beschränkten Ausschreibung in erhöhtem Maße gegeben ist. Zu der Regelung in Nr. 1.1 VHB zu § 8, wonach bei der Beschränkten Ausschreibung Angebote von Bietergemeinschaften, die sich nach der Aufforderung zur Angebotsabgabe aus den aufgeforderten Unternehmern bilden, nicht zuzulassen sind, ausführlich *Malotki* BauR 1997, 564.

Im Übrigen gelten auch hier die übergeordneten Grundsätze der Gleichbehandlung sowie der Wahrung des Wettbewerbs im am weitesten möglichen Sinne. Daher ist es **im Allgemeinen zwingend geboten**, dass die aufzufordernden Bieter nicht alle aus einem Ort oder einem engumgrenzten Bereich stammen (vgl. oben Rn. 11 ff.). Vielmehr dient es dem Wettbewerb und auch der Forderung nach Gleichbehandlung, wenn **Bewerber aus einem möglichst großen räumlichen Bereich zur Angebotsabgabe aufgefordert werden.** So reicht es nicht von vornherein, eine Beschränkte Ausschreibung nur unter ortsansässigen Bietern zu veranstalten, weil später Reparatur- oder Wartungsarbeiten zu erwarten sind, da auch ein Nichtortsansässiger unter Umständen – evtl. durch einen zuverlässigen Dritten – in der Lage ist, solche Arbeiten auszuführen.

4. Auswahl unabhängig von der Unternehmens- bzw. Betriebsstruktur

59 Kein Gesichtspunkt für die Auswahl der Bewerber nach § 8 Nr. 2 Abs. 2 VOB/A ist ferner, diese allein nach ihrer Struktur, d.h. nach **Groß-, Mittel- und Kleinbetrieben**, auszusuchen. Grundsätzlich sind Fragen der Struktur nur im Rahmen der Grundregeln von Fachkunde, Leistungsfähigkeit und Zuverlässigkeit von Bedeutung, wobei in diesem Zusammenhang besonders die zweite Eigenschaft von praktischer Bedeutung ist. Es können also bei der Beschränkten Ausschreibung Betriebe durchaus verschiedener Größe zur Angebotsabgabe aufgefordert werden, wenn sie die Leistungsfähigkeit besitzen, die geforderte Bauleistung mit allen ihren Erfordernissen zu erbringen. Auch hier ist der Grundsatz des Wettbewerbs maßgebend, der es u.a. erfordert, **jedem Leistungsfähigen, Fachkundigen und Zuverlässigen eine echte Chance zu gewähren.**

5. Grundsatz des größtmöglichen Wettbewerbs

60 Allgemein ist zur Zahl der bei der Beschränkten Ausschreibung zur Angebotsabgabe aufzufordernden Bewerber zu sagen, dass **möglichst viele,** ggf. auch mehr als acht Bewerber, in Betracht zu ziehen sind, wenn es nach den in Rn. 47 ff. ausgeführten Grundsätzen unter dem Gesichtspunkt des Wettbewerbs erwünscht und vertretbar ist. Zu beachten ist insbesondere, dass der Auftraggeber keine Gewähr dafür hat, das die von ihm aufgeforderten Bewerber tatsächlich auch ein Angebot abgeben.

Mindestens wird es drei Bewerber geben müssen, um einen Wettbewerb im eigentlichen Sinn veranstalten zu können. Die Beteiligung nur zweier Bewerber an einer Beschränkten Ausschreibung gibt kein Bild richtigen Wettbewerbs. Sie kann nur in ganz wenigen Ausnahmefällen gerechtfertigt sein, und zwar nur dann, wenn eine so spezielle Bauleistung gefordert wird, für die unter Beachtung vernünftiger, insbesondere wirtschaftlicher Gesichtspunkte nicht mehr als zwei Bewerber vorhanden sind, wofür der Auftraggeber ggf. darlegungs- und beweispflichtig ist.

6. Zeitpunkt der Aufforderung

61 Grundsätzlich müssen die ausgewählten Bewerber **gleichzeitig aufgefordert** werden. Nur ausnahmsweise bei Vorliegen sachlicher Gründe dürfen Bewerber auch noch später angesprochen werden, aber nur dann, wenn der **Gleichbehandlungsgrundsatz** nach Nr. 1 (vgl. Rn. 4 ff.) **in jedem Fall uneingeschränkt eingehalten** wird. Dabei darf der nachträglich aufgeforderte Bewerber keinesfalls in Zeitnot hinsichtlich der Angebotsbearbeitung kommen, es müssen also die Richtlinien von § 18 Nr. 1 VOB/A eingehalten werden, selbstverständlich muss auch der vorgesehene Eröffnungstermin dann noch möglich sein.

F. Gebot des Wechsels der Teilnehmer (Nr. 2 Abs. 3)

62 § 8 Nr. 2 Abs. 3 VOB/A, wonach bei **Beschränkter Ausschreibung** und bei **Freihändiger Vergabe** (hierzu § 3 VOB/A) **unter den Bewerbern möglichst gewechselt** werden soll, hat seine Grundlage gleichfalls im Gebot des vernünftigen Wettbewerbs sowie der Gleichbehandlung der Bewerber bei der Bauvergabe. Diese Regelung entspricht der berechtigten Sicht aller an der Bauvergabe interessierten Unternehmer. Es soll möglichst **jedem die gleiche Chance geboten und die Bevorzugung einzelner Unternehmer durch zu häufige Beauftragung im Verhältnis zu anderen vermieden werden**. Die Gefahr der Bevorzugung einzelner besteht, wenn durch häufige Wiederholung nur einem beschränkten Unternehmerkreis oder nur einem Unternehmer unter Ausschluss anderer die Möglichkeit gegeben wird, über den Abschluss eines Bauvertrags zu verhandeln. Das kann bei der Beschränkten Ausschreibung und der Freihändigen Vergabe der Fall sein, während davon bei der Öffentlichen Ausschreibung nicht gesprochen werden kann. § 8 Nr. 2 Abs. 3 VOB/A geht naturgemäß nur den Auftraggeber an, der innerhalb eines überschaubaren Zeitraums mehrere Bauaufträge zu vergeben hat, wobei es auf die Frage einer bestimmten Regelmäßigkeit nicht ankommt. **Von Bedeutung ist § 8 Nr. 2 Abs. 3 VOB/A hauptsächlich für den öffentlichen Auftraggeber, der ständig oder regelmäßig mit der Vergabe von Bauaufträgen befasst ist,** besonders dann, wenn diese in ihrem Umfang gleich oder ähnlich sind. Es empfiehlt sich für diese Auftraggeber, eine Kontrolle einzurichten. Des Weiteren ist es gerade auch hier ratsam, genügend nicht ortsansässige Bewerber zu berücksichtigen, um den jeweils gebotenen Wechsel zu gewährleisten. Für den Auftraggeber ist es sicher sachgerecht, zur Überprüfung festzuhalten, welche Unternehmer zur Angebotsabgabe aufgefordert wurden und Angebote abgegeben haben.

Derartige Aufzeichnungen müssen sich natürlich auf den sachlich gebotenen Inhalt beschränken. Die dadurch herbeigeführte Kontrolle darf vor allem nicht unsachlichen Motiven unterliegen. Sie darf nicht dahin gehen, eine Art »Anwesenheitsliste« mit dem Ziel zu führen, nachzuprüfen, ob sich bei der Beschränkten Ausschreibung jeder zur Abgabe eines Angebotes aufgeforderte Unternehmer auch wirklich beteiligt hat, um den Nichtteilnehmer von einer späteren Aufforderung auszuschließen. Da als Regelfall davon auszugehen ist, dass der – ohnehin wohl kaum vorhandene – Unternehmer, der am Erhalt eines öffentlichen Bauauftrags desinteressiert ist, dies im Allgemeinen die vergebende Behörde wissen lässt, wird anzunehmen sein, dass die Nichtbeteiligung an der Angebotsabgabe im Einzelfall auf durchaus sachlichen Motiven beruht (Arbeitsüberlastung, anderweitige Betriebsplanung, die Ansicht, nicht hinreichend fachkundig oder leistungsfähig zu sein usw.). Handelt es sich um einen sonst tüchtigen und zuverlässigen Unternehmer, so kann die vergebende Behörde die jetzige Nichtbeteiligung am Angebot, wenn sie ihre Aufgaben in dem hier maßgeblichen fiskalischen Bereich sachgerecht wahrnimmt, dem Unternehmer nicht in dem Sinne nachtragen, dass sie ihn bei einer späteren Vergabe »links liegen lässt«. Sonst würde sich die Behörde letztlich selbst schaden. Ein solches Verhalten kann die Ursache für eine unzulässige Kartellbildung von Unternehmern sein (vgl. *Crome* BB 1959, 832, 833). Außerdem würde der Unternehmer, der sich augenblicklich außerstande sieht, sich am Wettbewerb zu beteiligen oder aus sachgerechten Gründen nicht gezwungen sein will, ein preislich überhöhtes Scheinangebot abzugeben, also ein Angebot, dessen Preise so hoch liegen, dass er für die Auftragserteilung ohnehin nicht in Betracht kommt, nur um bei einer späteren Vergabe von der vergebenden Behörde nicht »vergessen« zu werden. Ein solches Angebot birgt zudem die Gefahr in sich, eine Täuschung über die Nachfragesituation und die Preisgestaltung herbeizuführen. Das wäre nicht nur ungesund, sondern die vergebende Behörde hätte zweifellos auch Schwierigkeiten, den hier maßgeblichen angemessenen Preis zu ermitteln (dazu *Dipper* BB 1959, 835). Der betreffende Unternehmer kann sich aus seiner »Verlegenheit« auch nicht dadurch befreien, dass er die Angebotsunterlagen einfach an einen anderen, zur Angebotsabgabe nicht aufgeforderten Unternehmer weitergibt, da **allein der Auftraggeber die Auswahl der an der Beschränkten Ausschreibung zu beteiligenden Unternehmer trifft** (vgl. Rn. 56).

G. Nachprüfung und Nachweis von Fachkunde, Leistungsfähigkeit und Zuverlässigkeit der Bewerber (Nr. 3)

Wie sich aus § 2 Nr. 1 S. 1 VOB/A ergibt, ist **grundlegende Voraussetzung** für eine ordnungsgemäße Bauvergabe, dass derjenige, der sich um einen Bauauftrag bewirbt, die **erforderlichen persönlichen und sachlichen Voraussetzungen besitzen muss**, also fachkundig, leistungsfähig und zuverlässig ist (vgl. dazu § 2 VOB/A Rn. 16 ff.). Dies liegt im Bereich des gebotenen **Wettbewerbs**, darüber hinaus aber auch im Rahmen der notwendigen **Gleichbehandlung** der Bewerber. Die Aufmerksamkeit des Auftraggebers muss auf das Vorliegen dieser Eignungsvoraussetzungen **bereits** gerichtet sein, wenn es – im Rahmen von § 8 VOB/A – um die Aushändigung von Vergabeunterlagen bei Öffentlicher Ausschreibung oder die Aufforderung zur Angebotsabgabe bei Beschränkter Ausschreibung oder Freihändiger Vergabe geht. Es wäre nämlich sinn- und zweckwidrig, mit einem Bewerber und späteren Bieter in Vertragsverhandlungen einzutreten, der die grundlegenden Voraussetzungen nicht erfüllt und daher für eine sachgerechte Vergabe nicht in Betracht kommen kann. **Um die Eignung festzustellen, gibt § 8 Nr. 3 VOB/A dem Auftraggeber vor, welche Nachweise er für die Eignungsprüfung von den Bewerbern und Bietern verlangen kann und wie der Nachweis der Eignung zu führen ist (Abs. 1 bis 3) und wo er anzugeben hat, welche Nachweise er hierfür benötigt (Abs. 4).**

Mit der **VOB 2006** wurde in dem **neuen Absatz 2 eine Regelung eingefügt**, die eine **vereinfachte Eignungsprüfung durch den Abruf der Eintragung des betreffenden Bewerbers oder Bieters im so genannten Präqualifikationsverzeichnis ermöglicht**. Die Regelungen der Absätze 2 und 3, die sich inhaltlich nicht verändert haben, sind folglich um eine Nummer nach hinten gerückt und finden sich jetzt in den Absätzen 3 und 4.

I. Grundsätze

65 Der Auftraggeber ist grundsätzlich frei in seiner Entscheidung, auf welche Art und Weise, insbesondere mit welchen Mitteln er sich die Informationen beschafft, die notwendig sind, um die Eignung der Bewerber feststellen zu können (insoweit zutreffend VÜA Bund Beschl. v. 14.6.1996 1 VÜ 7/96 = SFH § 8 VOB/A [1973] Nr. 2 = WuW 1997, 282). Daher besteht grundsätzlich auch keine Pflicht des Auftraggebers, Eignungsnachweise von den Bewerbern oder Bietern anzufordern. Allerdings wird sich der Auftraggeber in der Regel **ohne die aktive Mitwirkung** der Bewerber nicht über die Fachkunde, Leistungsfähigkeit und Zuverlässigkeit insbesondere solcher Bewerber **hinreichend und sachgerecht informieren können**, die sich anlässlich eines Vergabeverfahrens bei ihm melden oder mit denen der Auftraggeber selbst in Verbindung tritt, ihm bisher aber **nicht bekannt** waren oder über die **sonst** bei ihm **Informationsdefizite** bestehen. Die Regelung in Nr. 3 gibt dem Auftraggeber die **Befugnis, vom Bewerber selbst bestimmte Angaben abzufordern**, die nach allgemeiner Erfahrung für die Beurteilung der Eignung aussagefähig sind. Wenn der Auftraggeber Eignungsnachweise verlangt, dann muss er diese nicht konkret benennen, sondern kann es den Bewerbern oder Bietern überlassen, welche Unterlagen oder Erklärungen sie für ausreichend erachten, um die Eignung zu dokumentieren (vgl. OLG Düsseldorf Beschl. v. 1.2.2006 Verg 83/05 = IBR 2006, 291).

Zu beachten ist weiter, dass die vom Bewerber zu verlangenden Auskünfte sich **im Rahmen des nach der allgemeinen Rechtsordnung Zulässigen und Zumutbaren halten müssen**. Sie müssen weiter einem **im Einzelfall gebotenen objektiv-sachlichen Informationsbedürfnis dienen** und nicht der bloßen Neugier oder der Absicht der Diskriminierung entspringen. Außerdem **dürfen** Informationen vom betreffenden Bewerber **nur gefordert werden, soweit sie noch fehlen**, also um Kenntnislücken beim Auftraggeber auszufüllen. Der Umfang der Auskünfte muss sich somit dort beschränken, wo bereits Teilinformationen vorliegen. Umfangreicher werden die zu verlangenden Auskünfte sein müssen, wenn der betreffende Bewerber dem Auftraggeber in der Frage seiner Fachkunde, Leistungsfähigkeit oder Zuverlässigkeit bisher überhaupt unbekannt ist.

Weiter erfordern der Gleichbehandlungsgrundsatz und die Transparenz des Vergabeverfahrens, dass der **Auftraggeber nicht nachträglich, d.h. ohne weitere Kundgabe jedenfalls nicht nach Ablauf der Bewerbungs- oder Angebotsfrist, den festgelegten und bekannt gemachten Maßstab für die Eignungsprüfung, insbesondere Art und Umfang der vorzulegenden Erklärungen und Nachweise, ändern oder von der Einhaltung dieser Vorgaben wieder abgehen kann** (vgl. OLG Düsseldorf Beschl. v. 13.1.2006 Verg 83/05).

1. Ausschluss wegen fehlender oder unvollständiger Erklärungen und Nachweise

66 Sofern die vom Auftraggeber nach Nr. 3 verlangten Erklärungen und Eignungsnachweise nicht oder nicht vollständig oder nicht in der entsprechenden Form vorgelegt werden, muss der betreffende

Bewerber oder Bieter damit rechnen, **als ungeeignet angesehen und im weiteren Vergabeverfahren nicht mehr berücksichtigt zu werden** (vgl. OLG Düsseldorf Beschl. v. 19.3.2001 Verg 7/01 = VergabeR 2001, 221 = BauR 2001, 1304 [Ls.]).

Für den Fall, dass Erklärungen oder Nachweise, die im Zusammenhang mit der Eignung des Bieters stehen, die nach den Vorgaben des Auftraggebers **zusammen mit dem Angebot einzureichen** sind, aber nicht – wie gefordert – im Angebot enthalten sind, bleibt dem Auftraggeber – jedenfalls bei den förmlichen Vergabearten – **in der Regel keine andere Möglichkeit der Reaktion, als ein solches Angebot auszuschließen.** Die Rechtsgrundlage bzw. die – aus Sicht der übrigen Bieter – rechtliche Verpflichtung des Auftraggebers findet sich in § 21 Nr. 1 Abs. 2 S. 5 VOB/A i.V.m. § 25 Nr. 1 Abs. 1 lit. b VOB/A (a.A. OLG Düsseldorf, das diese Rechtsfolge der Vorschrift des § 25 Nr. 2 Abs. 1 VOB/A entnimmt, vgl. etwa Beschl. v. 14.10.2005 Verg 40/05 = IBR 2006, 1336; wie hier Beck'scher VOB-Komm./*Prieß* § 21 VOB/A Rn. 28).

Der BGH hat sich in einem als Grundsatzentscheidung verstandenen Beschluss vom 18.2.2003 (X ZB 43/02 = BGHZ 154, 32 = VergabeR 2003, 313 = BauR 2003, 1091 = NZBau 2003, 293 = ZfBR 2003, 401) mit den Folgen von verlangten aber fehlenden Angaben im Angebot befasst. Der BGH entnimmt die Verpflichtung des Auftraggebers, ein Angebot auszuschließen, das nicht alle geforderten Erklärungen enthält, den Vorschriften der § 21 Nr. 1 Abs. 2 S. 5 VOB/A i.V.m. § 25 Nr. 1 Abs. 1 lit. b VOB/A und verweist zur Begründung auf die Grundsätze der Gleichbehandlung und der Transparenz. Im Ergebnis nimmt der BGH immer dann einen **Ausschlussgrund** an, wenn Angaben oder Erklärungen fehlen, die nach den Vorgaben des Auftraggebers eine Relevanz für die Vergabeentscheidung haben sollen. Fehlende Angaben, die von Rechts wegen nicht gefordert werden können, deren Beschaffung für den angesprochenen Bieterkreis unmöglich ist oder einen unzumutbaren Aufwand bedeutet oder die bei verständiger Würdigung keinerlei zusätzlichen Informations- oder Erkenntniswert haben, können folglich nicht zu einem Ausschluss führen. Der Einwand, dass das betreffende Angebot aber trotz des »Mangels« im Ergebnis nach wie vor mit den anderen Angeboten verglichen werden könne, kann den Ausschluss allerdings nicht verhindern, da nach dem erwähnten Beschluss des BGH die erforderliche **»Vergleichbarkeit in jeder Hinsicht«** gegeben sein muss.

Dieser restriktive und formale Maßstab gilt nach der Judikatur des BGH nicht nur für reine Preisangaben, sondern auch, wenn sonstige vom Auftraggeber in der Bekanntmachung oder den Vergabeunterlagen verlangte Erklärungen – jedenfalls wenn sie im Zusammenhang mit der Preisbildung oder der Bestimmung der nachgefragten Leistung stehen – fehlen (vgl. BGH Urt. v. 8.9.1998 X ZR 85/97 = BauR 1998, 1249 = NJW 1998, 3634 = ZfBR 1999, 17; Urt. v. 7.1.2003 X ZR 50/01 = VergabeR 2003, 558 = BauR 2003, 1783, = NZBau 2003, 406 = ZfBR 2003, 503; Beschl. v. 18.2.2003 X ZB 43/02 = BGHZ 154, 32 = VergabeR 2003, 313 = BauR 2003, 1091 = NZBau 2003, 293 = ZfBR 2003, 401; Beschl. v. 18.5.2004 X ZB 7/04 = BGHZ 159, 186 = VergabeR 2004, 473 = BauR 2004, 1433 = NZBau 2004, 457 = ZfBR 2004, 710; Urt. v. 7.6.2005 X ZR 19/02 = VergabeR 2005, 617 = BauR 2005, 1618 = NZBau 2005, 709).

Zwar hat sich der BGH noch nicht ausdrücklich mit der Frage befasst, ob der Auftraggeber auch bei fehlenden oder unvollständigen Angaben, Erklärungen oder Unterlagen, die ausschließlich im Rahmen der Eignungsprüfung von Bedeutung sein können, gezwungen ist, das betreffende Angebot auszuschließen. Von den Vergabekammern und den Vergabesenaten wird die Rechtsprechung des BGH jedoch auch bei fehlenden oder unvollständigen Eignungsnachweisen angewendet (vgl. OLG Frankfurt am Main Beschl. v. 23.12.2005 11 Verg 13/05 = VergabeR 2006, 212 = BauR 2006, 887), **wenngleich zum Teil versucht wird, den als übertrieben kritisierten Formalismus abzumildern** und durch eine großzügige Auslegung der Erklärungen und Angaben des Bewerbers oder Bieters die einschneidende Folge eines Ausschlusses zu vermeiden (vgl. etwa OLG Schleswig Beschl. v. 10.3.2006 1 [6] Verg 13/05 = VergabeR 2006, 367 = BauR 2006, 1194 [Ls.]) oder im Fall geringer Verstöße, durch die weder der Wettbewerb noch die Eindeutigkeit des Angebotsinhalts beeinträchtigt wird, eine Abstimmung im Rahmen des § 24 Nr. 1 Abs. 1 VOB/A zuzulassen (so OLG Saarbrücken Beschl. v. 23.11.2005 1 Verg 3/05 = NZBau 2006, 457 und Beschl. v. 12.5.2004 1 Verg 4/04 = ZfBR 2004, 714).

67 Richtig ist, dass die Übernahme der Rechtsprechung des BGH auf Eignungsnachweise im Einzelfall zu – zumindest auf den ersten Blick – unbilligen Ergebnissen führen kann, etwa weil das im Übrigen wirtschaftlichste Angebot wegen eines vergessenen Auszuges oder eines versehentlich unterbliebenen Ankreuzens eines Formularblattes ausgeschlossen werden muss. **Im Interesse eines chancengleichen, transparenten und frei von Manipulationen durchzuführenden Vergabeverfahrens werden diese Härten von der VOB/A jedoch in Kauf genommen**, zumal – wie die Erfahrung bei den Nachunternehmererklärungen zeigt – die Fehlerquellen bei einem konsequenten Handeln der Vergabestellen in diesem Bereich im Laufe der Zeit deutlich zurückgehen.

Im Ergebnis lässt sich den Bestimmungen der VOB/A auch keine andere Lösung entnehmen:

Der Sachverhalt des unvollständigen Angebotes wird von § 21 Nr. 1 Abs. 2 S. 5 VOB/A erfasst. Eine Differenzierung des Angebotsinhaltes nach Erklärungen, die dem Eignungsnachweis dienen und nach Erklärungen, die dem eigentlichen Angebot (Angebot im engeren Sinn) zuzuordnen sind, nimmt § 21 Nr. 1 Abs. 2 S. 5 VOB/A nicht vor, zumal eine solche klare Abgrenzung bei bestimmten Erklärungen wie etwa den Angaben zum Nachunternehmereinsatz schon nicht möglich ist (vgl. die Darstellung zu der so genannten Nachunternehmererklärung unter § 2 VOB/A Rn. 8). **Wenn geforderte Angaben oder Erklärungen fehlen, wird der vom Auftraggeber vorgegebene Rahmen der zu beachtenden Mindestbedingungen nicht eingehalten**, so dass ein Zuschlag auf ein solches Angebot nicht erfolgen könnte. Die Frage, ob ohne diese Angaben oder Erklärungen eine Eignungsprüfung möglich ist oder die Eignung sonst festgestellt werden kann, stellt sich nicht. Das Angebot scheitert schon in der ersten Stufe der Wertung des § 25 Nr. 1 VOB/A.

Erst wenn alle nach der Bekanntmachung oder den Verdingungsunterlagen vorzulegenden Nachweise und abzugebenden Erklärungen dem Angebot beigefügt worden sind, ist die Prüfung eröffnet, ob auf der Grundlage dieser Nachweise und Erklärungen die Eignung dieses Bieters zu bejahen ist (vgl. § 25 Nr. 2 VOB/A, der selbst keinen Ausschlussgrund formuliert; a.A. OLG Düsseldorf Beschl. v. 14.10.2005 Verg 40/05 = NZBau 2006, 525).

Erfolgt die Eignungsprüfung dagegen im Rahmen eines vor der eigentlichen Angebotsabgabe durchgeführten Verfahrens wie bei der Beschränkten Ausschreibung nach Öffentlichem Teilnahmewettbewerb (vgl. § 8 Nr. 3 Abs. 4 S. 2 VOB/A), kommt es darauf an, ob analog § 25 Nr. 2 VOB/A **anhand der nach der Bekanntmachung vorzulegenden Nachweise die Eignung festgestellt werden kann oder nicht**. Da der Auftraggeber nach eigenem Ermessen bestimmt, welche Angaben und Unterlagen er für die Eignungsprüfung benötigt, wird er aber in der Regel nicht in der Lage sein, die Eignung eines Bewerbers festzustellen, wenn in dessen Bewerbung die nach der Bekanntmachung vorzulegenden Nachweise und abzugebenden Erklärungen fehlen oder unvollständig sind.

2. Nachreichen von Eignungsnachweisen

68 Ein **Nachreichen von mit dem Angebot vorzulegenden aber versehentlich nicht vorgelegten Eignungsnachweisen nach Ablauf der Angebotsfrist ist nicht möglich**, da darin eine **unzulässige Änderung des Angebotes** liegt (vgl. § 24 Nr. 3 VOB/A). Ausgenommen sind nach § 24 Nr. 1 VOB/A zulässige Aufklärungen hinsichtlich der vorgelegten Eignungsnachweise (vgl. OLG Saarbrücken Beschl. v. 23.11.2005 1 Verg 3/05 = NZBau 2006, 457 und Beschl. v. 12.5.2004 1 Verg 4/04 = ZfBR 2004, 714).

Dagegen kann dies bei einem **vorgeschalteten Teilnahmewettbewerb ausnahmsweise anders zu beurteilen** sein, da § 24 Nr. 3 VOB/A diesen Verfahrensabschnitt nicht erfasst. Zur Vermeidung von Manipulationen und zur Wahrung des Grundsatzes der Gleichbehandlung der übrigen Bewerber ist hierfür allerdings Voraussetzung, dass der Inhalt der betreffenden Erklärungen nicht der Disposition des Bewerbers unterliegt, sondern jederzeit überprüfbare Verhältnisse wiedergibt, die auch im Zeitpunkt des Ablaufs der Bewerbungsfrist nicht anders gewesen sein können.

Eine Verpflichtung des Auftraggebers, den Bewerber zur Nachreichung fehlender Unterlagen aufzufordern, besteht in der Regel nicht, wenn hinsichtlich der Art und des Umfangs der vorzulegenden Unterlagen und Nachweise aufgrund der hinreichend klaren und deutlichen Hinweise in der Bekanntmachung oder in den Verdingungsunterlagen keine Zweifel angebracht sind (vgl. OLG Nürnberg Urt. v. 17.4.2002 4 U 3972/01 = BauR 2003, 296 [Ls.] = OLGR Nürnberg 2002, 433). Letzteres kann z.B. der Fall sein, wenn ein Auftraggeber über viele Jahre hinweg die Nachreichung bestimmter Unterlagen zugelassen hat, dann aber ohne vorherigen Hinweis auf eine Änderung dieser Vergabepraxis das Fehlen dieser Unterlagen plötzlich zum Anlass nimmt, diesen Bieter vom weiteren Wettbewerb auszuschließen. Hier durfte der Bieter auf eine Beibehaltung der ihm bekannten Verfahrensweise berechtigt vertrauen, so dass der Ausschluss einen Verstoß gegen den Grundsatz von Treu und Glauben (§ 242 BGB) darstellt (vgl. hierzu näher OLG Düsseldorf Beschl. v. 20.3.2003 Verg 8/03 = VergabeR 2003, 461). 69

Fordert der Auftraggeber von sich aus den Unternehmer unter Beachtung dieser Maßgaben zur Nachreichung fehlender Unterlagen auf und kommt der Auftragnehmer dem nicht nach, so liegt allein darin eine Unzuverlässigkeit begründet, die einen Ausschluss rechtfertigt. Wird in einem solchen Fall vom Auftraggeber die Ausschreibung aufgehoben, ohne dass die Voraussetzungen des § 26 VOB/A vorliegen, könnte dieser Bieter selbst dann keinen Schadensersatz wegen Verschuldens bei Vertragsabschluss (jetzt: § 280 Abs. 1 BGB i.V.m. § 311 Abs. 2 BGB) verlangen, wenn er das niedrigste Angebot abgegeben hat (vgl. OLG Düsseldorf Urt. v. 5.3.1993 22 U 220/92 = BauR 1993, 597 = NJW-RR 1993, 1046).

II. Fragenkreis im Rahmen der Aufklärung

Nr. 3 Abs. 1 S. 1 regelt in der Aufzählung unter Buchstabe a bis Buchstabe g den Fragenkreis, der in Betracht kommen kann, **um die erforderliche Unterrichtung** durch den Bewerber für den Auftraggeber **zu erreichen.** Danach **dürfen zum Nachweis der Fachkunde, Leistungsfähigkeit und Zuverlässigkeit die folgenden Angaben verlangt werden,** wobei allerdings **alle verlangten Nachweise, Auskünfte und Informationen unmittelbar auftragsbezogen** sein müssen: 70

1. Umsatz der letzten drei Geschäftsjahre

Über den **Umsatz des Bewerbers in den letzten drei abgeschlossenen Geschäftsjahren,** soweit es Bauleistungen und andere Leistungen betrifft, die mit der zu vergebenden Leistung **vergleichbar** sind, **unter Einschluss des Anteils bei gemeinsam mit anderen Unternehmern ausgeführten Aufträgen.** 71

Es kommt hiernach nur auf den Umsatz des Bewerbers in dem genannten Zeitraum an, der sich auf **Bauleistungen** und andere **Leistungen** – wie z.B. Eigenlieferungen, Planungsleistungen – bezieht, die sich ihrer Art und Ausführung nach mit **denjenigen** vergleichen lassen, **die jetzt vergeben** werden sollen. **Die betreffenden Leistungen müssen insoweit vergleichbar, aber nicht gleich sein.** Da die Frage die **Quantität** betrifft, sind leistungsmäßig einschlägige Beteiligungen des Bewerbers an gemeinsam mit anderen Unternehmen ausgeführten Aufträgen, wie z.B. im Rahmen einer Arbeitsgemeinschaft oder eines sonstigen zum Zwecke der gemeinsamen Ausführung vorhanden gewesenen Zusammenschlusses, mit zu berücksichtigen.

2. Ausgeführte Leistungen in den letzten drei Geschäftsjahren

Das Gesagte gilt grundsätzlich auch für die **Auskunft über die Ausführung von Leistungen in den letzten drei abgeschlossenen Geschäftsjahren,** die mit der zu vergebenden Leistung zumindest **ver-** 72

gleichbar sind. Hier liegt das Schwergewicht der Auskunft bei der Ausführung derartiger Leistungen, und zwar nicht nur der Anzahl, sondern auch der leistungsmäßigen Beteiligung nach, einschließlich der näheren technischen Ausführung. Maßgebend ist hier also der Gesichtspunkt der **Qualität,** wobei es für die **jetzt erforderliche Ausführung** auf die nötigen Kenntnisse und Erfahrungen, die erforderlichen technischen, wirtschaftlichen und finanziellen Mittel sowie die Gewähr für die nötige Sicherheit zur mängelfreien und pünktlichen Erbringung der Leistung ankommt. In diesem Rahmen ist der Maßstab der Vergleichbarkeit anzusetzen. Allerdings dürfen die von der Unternehmerseite zu erbringenden Nachweise nicht überspannt werden, indem sie dieser unzumutbaren Zeitaufwand und insbesondere Kosten verursachen. Dies betrifft aber nicht sozusagen branchenübliche Nachweise, wie z.B. die Bescheinigung des Deutschen Vereins des Gas- und Wasserfaches (DVGW) (insoweit zutreffend *Heiermann/Riedl/Rusam* § 8 VOB/A Rn. 40). Obwohl im Wortlaut der VOB nicht ausdrücklich erwähnt, kann es im Einzelfall durchaus sachgerecht sein, in dem hier angesprochenen Leistungsbereich auch vergleichbare Arbeiten mit einzubeziehen, die der betreffende Unternehmer im Rahmen von Arbeitsgemeinschaften oder sonst mit anderen Unternehmern ausgeführt hat. Nicht ohne weiteres vergleichbar sind bisher nur ausgeführte Teilleistungen, wenn es sich jetzt um eine schlüsselfertige Ausführung handelt, oder Leistungen des Hochbaus mit denen des Tiefbaus.

3. Beschäftigte Arbeitskräfte in den letzten drei Geschäftsjahren

73 Ferner kann vom Bewerber Auskunft über **die Zahl der in den letzten drei abgeschlossenen Geschäftsjahren jahresdurchschnittlich legal beschäftigten Arbeitskräfte,** gegliedert nach Berufsgruppen, einschließlich der Führungskräfte, verlangt werden. Damit wird insbesondere die Leistungsfähigkeit des Bewerbers angesprochen. Im Allgemeinen kann ein hinreichend klares Bild nur dadurch gewonnen werden, dass der Bewerber die Beschäftigten nach Berufsgruppen aufgliedert. Das muss natürlich im Zusammenhang mit der nunmehr beabsichtigten Bauleistung stehen, insbesondere im Hinblick auf die Fachbereiche, die im Rahmen dieser Leistung einzusetzen sind. Dies gilt für sämtliche Fachkräfte, die dem für die konkrete Vergabe in Betracht kommenden Unternehmensbereich angehören, gleichgültig in welchem Rahmen (z.B. in Arbeitsgemeinschaften) sie in dem genannten Zeitraum beschäftigt waren.

4. Die für den konkreten Auftrag zur Verfügung stehende technische Ausrüstung

74 Ähnlich liegt es bei der etwaigen Auskunft über die dem Unternehmer **für die Ausführung der zu vergebenden Leistung zur Verfügung stehende technische Ausrüstung.** Hier handelt es sich um die vorhandenen sachlichen Mittel (z.B. Maschinen, Baustelleneinrichtung, Fahrzeuge usw.). Auch das ist auf die zu vergebende Leistung ihrem Umfang und ihrer Art nach bezogen. Dabei geht es um den Nachweis **technischer Leistungsfähigkeit,** weshalb es vor allem auch auf technische Mittel und deren Brauchbarkeit ankommt, die speziell für die vorgesehene Ausführung nötig sind; bloße Allgemeinangaben genügen also nicht. Ganz entscheidend ist auch, dass die erforderlichen technischen Mittel für die jeweils geforderte Ausführung **zur Verfügung stehen,** also einsatzbereit sein müssen. Dabei kommt es vor allem auch auf die vorhandene Verfügungsmacht des betreffenden Unternehmers an; insofern muss der Nachweis des Vorliegens bereits im Zeitpunkt der Angebotsabgabe geführt werden (so auch *Heiermann/Riedl/Rusam* § 8 VOB/A Rn. 42). Im Übrigen genügt aber der Nachweis, dass die betreffenden technischen Ausrüstungsgegenstände ohne jede Hinderung einsatzbereit sind, sobald sie während der vorgesehenen Ausführung benötigt werden.

5. Das für den konkreten Auftrag zur Verfügung stehende technische Personal

75 Der Nachweis über das dem Unternehmer für die Leitung und Aufsicht der zu vergebenden Leistung zur Verfügung stehende **technische Personal** dient in erster Linie als Beleg für die **Fachkunde und Zuverlässigkeit** in personell-technischer Hinsicht. Dies ist ein **entscheidender Faktor** für die Gewähr einwandfreier Ausführung im technischen Bereich, wobei es vor allem um die Beaufsichtigung dahin geht, dass die Leistung **technisch einwandfrei und pünktlich** ausgeführt wird. Maßgebend ist dabei die unumgängliche Fachkunde und Zuverlässigkeit des Leitungs- und Aufsichtspersonals im Hinblick auf Ausbildung, vor allem aber auch Erfahrung bei der Ausführung früherer vergleichbarer Objekte. Wie jeder Betrieb steht und fällt gerade auch der Baubetrieb mit dem mit der Leitung und Aufsicht betrauten Personal. Dass der Auftraggeber hier ein besonders berechtigtes Interesse zur Information hat, bedarf keiner näheren Erläuterung. Vor allem ist der Nachweis wichtig, dass das erforderliche qualifizierte Führungspersonal auch für die Zeit der Ausführung der in Betracht kommenden Leistung zur Verfügung steht.

6. Eintragung in das Berufsregister

Grundlegend ist auch die Auskunft über die **Eintragung in das Berufsregister** des Sitzes oder Wohnsitzes des Bewerbers, was Voraussetzung für die Vergabe an den betreffenden Unternehmer überhaupt zu sein hat. Entscheidend ist die Feststellung, dass dieser Unternehmer **seine Betätigung in** – in der Regel öffentlich-rechtlich – **zulässiger Weise** ausübt, dass er also die Erlaubnis besitzt, Leistungen in der vorgesehenen Art auszuführen. Nach deutschem Recht ist hier die Eintragung entweder in das **Handelsregister oder die Handwerksrolle und das Mitgliederverzeichnis der Industrie- und Handelskammer, bezogen auf das zu vergebende Gewerk bzw. die zu vergebenden Gewerke, im Allgemeinen maßgebend.** Soweit es sich um Unternehmer aus dem außerdeutschen Bereich im Rahmen der EU handelt, werden in Anhang IX Teil A der Richtlinie 2004/18/EG des Europäischen Parlaments und des Rates vom 31.3.2004 über die Koordinierung der Verfahren zur Vergabe öffentlicher Bauaufträge, Lieferaufträge und Dienstleistungsaufträge (ABl. Nr. L 134 v. 30.4.2004, S. 114) über die nach Art. 46 dieser Richtlinie ggf. nachzuweisenden Eintragungen in das Berufs- oder Handelsregister folgende Angaben gemacht:

76

– für Belgien das »Registre du Commerce« – »Handelsregister«;
– für Dänemark das »Erhvervs-og Selskabsstyrelsen«;
– für Deutschland das »Handelsregister« und die »Handwerksrolle«;
– für Griechenland das »Mitroo Ergoliptikon Epicheirison« – »M.E.E.P. Register der Vertragsunternehmen des Ministeriums für Umwelt, Raumordnung und öffentliche Arbeiten (YPECHODE)«;
– für Spanien das »Registro Oficial de Empresas Clasificades del Ministerio de Hacienda«;
– für Frankreich das »Registre du commerce et des sociétes« und das »Répertoire des métiers«;
– im Fall Irlands kann der Unternehmer aufgefordert werden, eine Bescheinigung des »Registrar of Companies« oder des »Registrar of Friendly Societies« oder andernfalls eine Bescheinigung über die von ihm abgegebene eidesstattliche Erklärung vorzulegen, dass er den betreffenden Beruf in dem Lande, in dem er niedergelassen ist, an einem bestimmten Ort und unter einer bestimmten Firmenbezeichnung ausübt;
– für Italien das »Registro della Camera di commercio, industria, agricoltura e artigianato«;
– für Luxemburg das »Registre aux firmes« und das »Rôle de la Chambre des métiers«;
– für die Niederlande das »Handelsregister«;
– für Österreich das »Firmenbuch«, das »Gewerberegister« und die »Mitgliederverzeichnisse der Landeskammern«;
– für Portugal das Register der »Instituto dos Mercados de Obras Públicas e Particulares e do Immobiliario« (IMOPPI);
– für Finnland das »Kaupparekisteri«/»Handelsregistret«;
– für Schweden die »aktiebolags-, handels- eller föreningsregistren«;
– im Fall des Vereinigten Königreichs kann der Unternehmer aufgefordert werden, eine Bescheinigung des »Registrar of Companies« vorzulegen oder andernfalls eine Bescheinigung über die von ihm abgegebene eidesstattliche Erklärung beizubringen, dass er den betreffenden Beruf in dem

Lande, in dem er niedergelassen ist, an einem bestimmten Ort und unter einer bestimmten Firmenbezeichnung ausübt.

7. Weitere ggf. erforderliche Auskünfte und Nachweise

77 Mit der Regelung unter Buchstabe g wird zum Ausdruck gebracht, dass die **Aufzählung unter Nr. 3 Abs. 1 nicht abschließend** ist, sondern dass der Auftraggeber **auch andere, insbesondere für die Prüfung der Fachkunde geeignete Nachweise** fordern kann. Dies betrifft, wie das Wort »insbesondere« zeigt, **im Allgemeinen** den **persönlichen Eignungsbereich**, ohne dass dies allerdings darauf beschränkt sein müsste. Dabei ist in erster Linie die Fachkunde angesprochen, weil erfahrungsgemäß gerade hier im Einzelfall besondere Anforderungen gestellt werden. Der Auftraggeber kann an zusätzlichen Nachweisen z.B. dann ein berechtigtes Interesse haben, wenn ein ganz spezielles oder ein neuartiges Bauverfahren für die beabsichtige Bauleistung zum Einsatz kommt oder für eine vollständige und mängelfreie Ausführung der Leistung besondere Materialkenntnisse erforderlich sind. Der Auftraggeber wird in diesen Fällen u.a. Nachweise abgelegter Prüfungen oder Besuche von Fortbildungsseminaren oder die Angabe einschlägiger Referenzen usw. verlangen können. Dies muss sich aber wie gesagt nicht unbedingt auf das Persönliche beschränken, sondern kann sicherlich auch Fragen der Ausstattung mit Geräten oder sonstigen sachlichen Mitteln für die hier angesprochene spezielle Ausführung betreffen. Es handelt sich letztlich um Auskünfte, die von den vorangehend in Rn. 71 ff. genannten Punkten **nicht erfasst** werden **oder über deren Inhalt und Tragweite hinausgehen**. Immer muss aber ein **sachlich berechtigter Grund** bestehen, der sich einmal auf die jeweils vorgesehene Bauleistung, zum anderen auf die tragenden Merkmale der Fachkunde, Zuverlässigkeit und Leistungsfähigkeit beschränkt.

III. Auskunftsmittel im Einzelnen (Nr. 3 Abs. 1 S. 2 und Abs. 3)

78 Nr. 3 Abs. 1 S. 2 befasst sich mit der Frage, auf **welche Weise** die vom Auftraggeber zu fordernden **Auskünfte hinreichend**, aber auch **möglichst ohne großen Aufwand** beigebracht werden dürfen. Für die unter **S. 1 lit. a, c und f** genannten Sachverhalte können danach die zu erbringenden Nachweise durch von der zuständigen Stelle ausgestellte Bescheinigungen erbracht werden, aus denen hervorgeht, dass der Bewerber in einer amtlichen Liste in einer Gruppe geführt wird, die den genannten **Leistungsmerkmalen entspricht.** Für den Bereich der EU sind innerstaatliche **Qualifikationslisten** angesprochen, aus denen die erforderlichen Angaben entnommen und bescheinigt werden können (vgl. dazu auch Art. 52 der Richtlinie 2004/18/EG).

79 Sofern solche Listen **nicht bestehen**, sollte von dem Bewerber der **am Geringsten mögliche Aufwand** gefordert werden, um die notwendigen Nachweise zu erbringen. Dies kommt in **Abs. 2 der Nr. 3** zum Ausdruck, wonach der Auftraggeber andere ihm geeignet erscheinende Nachweise der **wirtschaftlichen und finanziellen Leistungsfähigkeit** zulassen wird, wenn er feststellt, dass stichhaltige Gründe dafür bestehen. Im Allgemeinen sollte sich der Auftraggeber mit Aufstellungen des Bewerbers begnügen, sofern überhaupt ein nachprüfbarer Anlass besteht, solche anzufordern, und nur dann, wenn Unvollständigkeiten, Unklarheiten oder sonstige Zweifel bestehen, auf der Vorlage von schriftlichen Erklärungen Dritter oder amtlicher Stellen beharren, wobei allerdings der Bewerber in der Lage sein muss, sich etwaige Bescheinigungen ohne erhebliche Kosten nach ihm zumutbarer Sachlage zu beschaffen und dadurch der Wettbewerb nicht unzumutbar eingeengt wird. Wie weit dieses im Allgemeinen zu gehen hat, hängt im Wesentlichen von den **praktischen Erfahrungen** ab, insbesondere auch vom **Verhalten der Bewerber- oder Bieterseite.** Werden dort die Auskünfte sorgfältig vorbereitet und zusammengestellt, fördert das nur das allgemeine Vertrauen der Auftraggeberseite; geschieht das nicht, so kann niemand dem Auftraggeber – gerade dem öffentlichen Auftraggeber – vorwerfen, wenn er strengere Anforderungen stellt. Vor allem muss sich der Bewerber auch darüber im Klaren sein, dass er sich bei schuldhaft erteilten unrichtigen oder unvollständigen

Auskünften gegenüber dem Auftraggeber **schadensersatzpflichtig** machen kann, und zwar aus culpa in contrahendo (§ 241 Abs. 2 i.V.m. § 311 Abs. 2 BGB), ggf. sogar aus unerlaubter Handlung (§ 826 BGB), oder auch Anfechtungstatbestände – vor allem aus § 123 BGB – geschaffen werden können, wenn der Bauvertrag später aufgrund unrichtiger Auskunft abgeschlossen wird. Außerdem kommt ein Ausschluss von dieser oder von anderen Vergaben nach Nr. 5 Abs. 1 lit. e in Betracht (vgl. Rn. 121 f.).

Für die Frage, ob hinsichtlich der Form der vom Bewerber oder Bieter beizubringenden Nachweise, Erklärungen oder Bescheinigungen **das Original oder eine nach den gesetzlichen Vorschriften das Original ersetzende Form erforderlich ist**, gilt Folgendes: **Bei Eigenerklärungen des Bewerbers oder Bieters oder bei auf die konkrete Vergabe bezogenen Erklärungen Dritter wird grundsätzlich das Original vorzulegen sein**. Dagegen wird **bei allgemeinen behördlichen Auskünften und Bescheinigungen** – jedenfalls soweit vom Auftraggeber keine bestimmte Form vorgegeben wird – **die Vorlage einer Kopie oder eines EDV-Ausdrucks ausreichen und zulässig sein** (vgl. OLG Düsseldorf Beschl. v. 16.1.2006 VII-Verg 92/05). Denn der Auftraggeber hat zu berücksichtigen, dass sich die Unternehmen häufig gleichzeitig an mehreren Vergabeverfahren beteiligen und nicht immer die Originale oder mehrere Ausfertigungen bzw. beglaubigte Abschriften zur Hand haben; zudem bedeutet die Beschaffung von Originalen einen zusätzlichen Aufwand an Zeit und Kosten.

Die Beweislast für die rechtzeitige und vollständige Vorlage der verlangten Eignungsnachweise trägt der Bewerber oder Bieter (vgl. OLG Düsseldorf Beschl. v. 20.1.2006 Verg 98/05). Allerdings darf der Auftraggeber, sofern der Unternehmer die ordnungsgemäße Einreichung der Unterlagen plausibel darlegt, nicht einfach untätig bleiben, sondern muss in seinem Einflussbereich Nachforschungen anstellen und den möglichen Verbleib der Unterlagen aufklären. **Erst wenn sich trotz zumutbarer Anstrengungen die Unterlagen nicht auffinden lassen, darf der Auftraggeber die gegensätzlichen Behauptungen des Unternehmers unberücksichtigt lassen.** 80

IV. Nachweis durch Präqualifikation (Nr. 3 Abs. 2)

1. Einführung in die VOB/A

Während in der bisherigen Fassung der VOB/A ein **Präqualifikationsverfahren nur für Sektorenauftraggeber** (vgl. § 8b Nr. 5 ff. VOB/A 2002 bzw. § 8b Nr. 9 ff. VOB/A 2006 und § 5 Nr. 5 ff. SKR 2002 bzw. § 5 Nr. 9 ff. SKR 2006) vorgesehen war, wurde mit der **VOB/A 2006** – entsprechend der Regelung in **Art. 52 der Richtlinie 2004/18/EG** – in dem **neuen Abs. 2 des § 8 Nr. 3 VOB/A auch für den Bereich der Auftragsvergaben nach den Abschnitten 1 und 2 die Möglichkeit einer vorgezogenen Eignungsprüfung in Form einer Präqualifikation** eingeführt. 81

2. Begriff und Ziel der Präqualifikation

Die Präqualifikation bedeutet eine allgemeine, vorgelagerte und von einer konkreten Auftragsvergabe losgelöste unabhängige Prüfung und Beurteilung eines Unternehmens, ob es die grundsätzlichen Anforderungen an die Eignung erfüllt, d.h. fachkundig, leistungsfähig und zuverlässig ist. Ziel der Präqualifikation ist, die nach **§ 8 Nr. 3 VOB/A** für den **Einzelfall vorgeschriebene Eignungsprüfung**, soweit sie sich auf die grundsätzlichen Kriterien stützt, wie sie insbesondere in § 8 Nr. 3 Abs. 1 und § 8 Nr. 5 Abs. 1 VOB/A genannt sind, durch den **Abruf einer Eintragung** im so genannten **Präqualifikationsverzeichnis zu ersetzen**. Dadurch sollen sich sowohl Auftraggeber als auch die Bewerber oder Bieter den grundsätzlich mit der Vorlage der einzureichenden Nachweise und deren Prüfung verbundenen Aufwand an Zeit und Kosten ersparen. Gleichzeitig soll dadurch zum **Abbau von Bürokratie** beigetragen und das in der Praxis nicht zu unterschätzende Risiko, dass Angebote allein aus formalen Gründen auszuschließen sind, weil die vom Auftraggeber verlangten 82

Eignungsnachweise nicht, nicht vollständig oder nicht in der geforderten Form eingereicht worden sind, beseitigt werden.

3. Ablauf des Präqualifikationsverfahrens

83 Zum **Ablauf des Präqualifikationsverfahrens** finden sich in § 8 Nr. 3 Abs. 2 VOB/A selbst keine näheren Regelungen. Die einzige Angabe ist, dass es sich bei dem Präqualifikationsverzeichnis um eine allgemein zugängliche Liste des **Vereins für die Präqualifikation von Bauunternehmen** handelt, der in der Form eines eingetragenen Vereins organisiert ist.

Die Grundlagen für die Durchführung eines Präqualifizierungsverfahrens sind in einer **Leitlinie des Bundesministeriums für Verkehr, Bau- und Wohnungswesen** (Stand: 8.11.2005) niedergelegt, deren wesentlicher Inhalt wie folgt lautet:

- Ziffer 1 regelt den **Anwendungsbereich** der Leitlinie und bestimmt, dass für alle Unternehmen des **Bauhaupt- und -nebengewerbes** die Möglichkeit der Präqualifikation eröffnet ist.
- Ziffer 2 enthält **Begriffsdefinitionen**. Zu erwähnen ist, dass **Antragsteller** nur eine natürliche oder juristische Person sein kann, die sich **gewerbsmäßig** mit der Ausführung von Bauleistungen befasst; Generalübernehmer scheiden als Antragsteller daher aus. Ferner ergibt sich aus der Definition der Leistungsbereiche und der in Bezug genommenen Anlage 2, dass eine Präqualifikation sowohl für **Einzelleistungen (Verzeichnis A)** als auch für **Komplettleistungen (Verzeichnis B)** möglich ist.
- Ziffer 3 befasst sich mit den Aufgaben, der Struktur und der Organisation der **Organe der Präqualifizierung**, d.h. den **Präqualifizierungsstellen** und dem **Verein für die Präqualifikation von Bauunternehmen**.

Bei den Präqualifizierungsstellen handelt es sich um private, unabhängige und fachlich kompetente Stellen, die das eigentliche Präqualifizierungsverfahren gemäß näheren Bestimmungen der Ziffern 5 und 6 durchführen. Sie werden vom Bundesamt für Bauwesen und Raumordnung und vom Verein für die Präqualifikation von Bauunternehmen überwacht und kontrolliert.

Die wesentliche **Aufgabe** des Vereins für die Präqualifikation von Bauunternehmen ist die **Führung des bundesweit einheitlichen Präqualifikationsverzeichnisses** auf der Grundlage der von den Präqualifizierungsstellen zur Verfügung gestellten Daten; dieses Verzeichnis **enthält die präqualifizierten Unternehmen** und ist allen Beteiligten im Internet zugänglich zu machen.

Beim Verein für die Präqualifikation von Bauunternehmen werden ein **Beirat** und ein **Beschwerdeausschuss** gebildet. Der Beschwerdeausschuss entscheidet über Beschwerden von Unternehmen über Entscheidungen der Präqualifizierungsstellen; die Einzelheiten des Beschwerdeverfahrens sind in Ziffer 10 der Leitlinie geregelt.

- Ziffer 4 befasst sich mit der Auswahl und Beauftragung der Präqualifizierungsstellen.
- Ziffer 5 regelt das **Antragsverfahren** und bestimmt in Ziffer 5.4, dass die **Präqualifizierungsfrist sechs Wochen nicht überschreiten darf**, gerechnet ab Eingang eines vollständigen Antrags.
- Ziffer 6 enthält Vorgaben zum Ablauf des Prüfungsverfahrens und zu den zugrunde liegenden Prüfungskriterien (vgl. Anlage 1 der Leitlinie).
- Ziffer 7 bestimmt, dass nach positiver Entscheidung über den Antrag spätestens nach **sechs Kalendertagen** die Eintragung ins Präqualifikationsverzeichnis zu erfolgen hat.
- Ziffer 8 befasst sich mit den Mitteilungspflichten bei der Ablehnung eines Antrags und bestimmt für den Fall der Einreichung unzutreffender Nachweise, dass ein neuer Antrag erst nach Ablauf von 24 Monaten gestellt werden kann.
- Ziffer 9 trifft nähere Regelungen zur Gültigkeit und Streichung der Präqualifikation sowie zur Möglichkeit des Nachreichens von Unterlagen.
- Ziffer 10 regelt im Einzelnen den Ablauf des **Beschwerdeverfahrens**.

- Ziffer 11 enthält allgemeine Grundsätze im Umgang mit den Anträgen, Daten, Erklärungen und Akten.
- Ziffer 12 bestimmt, dass für die Präqualifikation ein Entgelt gefordert wird.
- Ziffer 13 enthält die **Anlage 1 mit den für die Präqualifikation maßgeblichen Prüfungskriterien und die Anlage 2 mit der Einteilung der Leistungsbereiche.**

4. Erforderliche Zulassung durch den Auftraggeber

Wenn nach den Vorgaben des Auftraggebers Eignungsnachweise beizubringen sind, die grundsätzlich Gegenstand des Präqualifikationsverfahrens sind, kann der Bewerber oder Bieter nicht ohne weiteres **auf seine Eintragung in das Präqualifikationsverzeichnis verweisen, sondern nur dann, wenn der Auftraggeber den Nachweis der Eignung durch den Abruf der Eintragung in der Bekanntmachung oder den Verdingungsunterlagen ausdrücklich zugelassen hat.** Bei der Eignungsprüfung selbst handelt es sich um einen entscheidenden Teil des gesamten Vergabeverfahrens. Grundsätzlich ist dem Auftraggeber nicht gestattet, die Eignungsprüfung, die sich im Übrigen nicht allein auf bloße Feststellungen beschränkt, sondern auch Bewertungen erfordert, an Dritte zu delegieren, denn der Auftraggeber muss die Entscheidung über die Eignung der Bewerber oder Bieter selbst und in eigener Verantwortung treffen. Mit dem Abruf der Eintragung wird ihm diese Entscheidung – jedenfalls in dem vom Präqualifizierungsverfahren erfassten Umfang – abgenommen, was (wohl) mit Blick auf die Regelung in Art. 52 der Richtlinie 2004/18/EG noch als zulässig anzusehen ist. **Allerdings setzt dies zumindest das vorherige ausdrückliche Einverständnis des Auftraggebers voraus**, zumal sich die VOB/A nicht nur an öffentliche Auftraggeber richtet. Des Weiteren ist zu berücksichtigen, dass zwischen den Präqualifizierungsstellen, bei denen es sich um ausschließlich private Einrichtungen handelt, und dem Auftraggeber grundsätzlich keine vertraglichen Rechtsbeziehungen bestehen, die im Fall von Fehlern bei der Präqualifizierung Grundlage von Haftungsansprüchen sein könnten. Auch insoweit wird man eine gesonderte Erklärung des Auftraggebers fordern müssen, ob er sich bei der Eignungsprüfung in fremde Hände begeben will. Schließlich ist zu berücksichtigen, dass Adressat der VOB/A der Auftraggeber ist, dem ein Rahmen vorgegeben wird, innerhalb dessen er ein Vergabeverfahren abzuwickeln hat. Deshalb ist der Abruf der Eintragung zum Zweck des Eignungsnachweises eine Möglichkeit, die dem Auftraggeber an die Hand gegeben wird, und von der er, soweit ihm dies sinnvoll erscheint, Gebrauch machen kann, die ihm aber nicht von vornherein aufgezwungen ist.

Selbst wenn der Auftraggeber zum Nachweis der Eignung den Abruf der Eintragung im Präqualifikationsverzeichnis zugelassen hat, **bleibt daneben der Nachweis der Eignung gemäß dem »konventionellen« Verfahren weiterhin möglich**, zumal sich nicht alle Unternehmen am Präqualifikationsverfahren beteiligen (können) oder Unternehmen trotz ihrer Beteiligung aus unterschiedlichen Gründen nicht präqualifiziert worden sein können. Zudem ist zu beachten, dass nach **§ 8 Nr. 3 Abs. 2 S. 2 VOB/A** ohnehin noch zusätzliche Nachweise, die auf den konkreten Auftrag bezogen sind, verlangt werden können.

V. Zeitpunkt der Auskunftsanforderung (Nr. 3 Abs. 4 und Nr. 4)

1. Öffentliche Ausschreibung und Beschränkte Ausschreibung nach Öffentlichem Teilnahmewettbewerb

Nr. 3 Abs. 4 regelt, wann bei Öffentlicher Ausschreibung und bei Beschränkter Ausschreibung nach Öffentlichem Teilnahmewettbewerb die von den Bewerbern zu verlangenden Auskünfte anzufordern und zu bezeichnen sind.

Bei Öffentlicher Ausschreibung ist der Auftraggeber verpflichtet, die von ihm verlangten Nachweise (spätestens) **in der Aufforderung zur Angebotsabgabe** im Einzelnen zu bezeichnen (vgl.

§ 10 Nr. 5 Abs. 2 lit. l VOB/A) und sich diese **mit Einreichung des Angebots** vorlegen zu lassen, wobei **bis zum Ablauf der Angebotsfrist Nachweise zu jeder Zeit nachgeliefert oder vervollständigt werden können**. Nach § 17 Nr. 1 Abs. 2 lit. s VOB/A sollen die **verlangten Nachweise** allerdings bereits **in der Bekanntmachung** angegeben werden, damit der interessierte Unternehmer frühzeitig entscheiden kann, ob er in der Lage ist, die Anforderungen zu erfüllen. Dies schließt aber nicht aus, dass in der Aufforderung zur Angebotsabgabe weitere Nachweise gefordert werden oder zu den in der Bekanntmachung genannten Nachweisen ergänzende Angaben gemacht werden (vgl. OLG Schleswig Beschl. v. 22.5.2006 1 Verg 5/06 = ZfBR 2006, 607). **Wenn aber in der Bekanntmachung Nachweise genannt werden, dann dürfen in dem Anschreiben die Anforderungen an diese Nachweise nicht wesentlich verändert werden. Andernfalls wäre der Wettbewerbsgrundsatz verletzt, da nicht auszuschließen ist, dass sich bei Kenntnis der Änderungen noch andere Unternehmen am Verfahren beteiligt hätten.**

88 Der Auftraggeber kann, wie sich aus dem Halbsatz 2 des Satzes 1 ergibt, sich die Vorlage weiterer Nachweise auch für die Zeit nach Abgabe des Angebots bzw. nach Ablauf der Angebotsfrist **vorbehalten**. Voraussetzung ist aber auch hier, dass die **vorbehaltenen Nachweise in der Aufforderung zur Angebotsabgabe benannt sind.** Die Bezeichnung der Nachweise ist im ersten Fall selbstverständlich, weil der Bewerber sonst nicht weiß, was er mit dem Angebot vorzulegen hat. Im zweiten Fall, d.h. wenn Nachweise vorbehalten werden, ist die Bezeichnung der Unterlagen in der Aufforderung zur Angebotsabgabe deshalb notwendig, weil dies für den Entschluss des Bewerbers, ob er sich überhaupt am Angebotsverfahren **beteiligen will,** von entscheidender Bedeutung sein kann. Es soll also von vornherein vermieden werden, im Bewerber die Hoffnung zu erwecken, einen Bauleistungsauftrag zu erhalten, obwohl er die im Einzelfall notwendigen persönlichen und sachlichen Voraussetzungen nicht erfüllt. Der Vorbehalt kann für den Auftraggeber zweckmäßig sein, weil er im Zeitpunkt der Aufforderung zur Angebotsabgabe im Allgemeinen noch nicht weiß, wer sich bei Öffentlicher Ausschreibung am Vergabeverfahren beteiligen will, wer ihm also hinsichtlich Fachkunde, Leistungsfähigkeit und Zuverlässigkeit bereits bekannt ist und wer nicht, von wem er also die erforderlichen Auskünfte braucht. Allerdings ist dabei auch zu berücksichtigen, dass mit nachträglich eingereichten Nachweisen unter Umständen eine Beeinflussung des Wettbewerbsergebnisses ermöglicht wird. Insoweit wird von dem Vorbehalt mit einer gewissen Zurückhaltung Gebrauch zu machen sein.

89 **Bei Beschränkter Ausschreibung nach öffentlichem Teilnahmewettbewerb** (vgl. § 3 Nr. 1 Abs. 2 VOB/A) **muss der Auftraggeber die Nachweise – ausnahmslos und sozusagen als Ausnahme von der Regel – bereits mit der Vorlage des Teilnahmeantrages** verlangen (vgl. OLG Düsseldorf Beschl. v. 19.3.2001 Verg 7/01 = VergabeR 2001, 221 = BauR 2001, 1304 [Ls.]). Dies leuchtet schon deswegen ein, weil der Auftraggeber die Auskünfte haben muss, um dieses »Vorvergabeverfahren« ordnungsgemäß abschließen zu können, also sich nach sachgerechter Prüfung zu entscheiden, wen er – bei Beschränkter Ausschreibung – zur Angebotsabgabe auffordert oder mit wem er – bei Freihändiger Vergabe – in konkrete Vertragsverhandlungen eintritt.

2. Beschränkte Ausschreibung und Freihändige Vergabe

90 Gemäß Nr. 4 ist bei der »**normalen**« Beschränkten Ausschreibung und bei **Freihändiger Vergabe** schon vor der Aufforderung zur Angebotsabgabe die Eignung der Bewerber zu prüfen. In solchen Fällen wird im Allgemeinen davon auszugehen sein, dass der Auftraggeber den betreffenden oder die betreffenden Bewerber schon **kennt**, also über deren Fachkunde, Leistungsfähigkeit und Zuverlässigkeit hinreichend orientiert ist, somit darauf bezogene Auskünfte nicht mehr braucht. Ist das dennoch nötig, muss er die Auskünfte in jedem Fall **vor** der Aufforderung zur Angebotsabgabe verlangen, um sich selbst darüber klar zu werden, wen er auffordern bzw. mit wem er in Vertragsverhandlungen eintreten darf. Vor allem geht es auch nicht an, in dem vom Auftraggeber ins Auge gefassten Bewerber falsche Hoffnungen zu erwecken und ihn mit unnützen und sinnlosen Arbeiten zu belasten, die mit der Angebotsabgabe verbunden sind. Der weitere Wortlaut der Nr. 4 ist eigentlich eine Selbstverständlichkeit. Es bedürfte an sich keiner besonderen Erwähnung, dass **nur solche Bewerber ausgewählt werden dürfen**, die für die **Erfüllung der vertraglichen Verpflichtungen** die **erforderliche Sicherheit** bieten und dafür die nötige Fachkunde, Leistungsfähigkeit und Zuverlässigkeit besitzen und über ausreichende technische und wirtschaftliche Mittel verfügen. Im Grunde machen diese Vorgaben also deutlich, dass auch bei »normaler« Beschränkter und Freihändiger Vergabe **keine minderen Anforderungen** an die für die Vertragsverhandlungen auszuwählenden Unternehmer gestellt werden dürfen **als auch sonst**. Die vor Aufforderung zur Angebotsabgabe vorzunehmende Eignungsprüfung ist ein **zeitlich vorweggenommener Wertungsabschnitt**, der bei Öffentlicher Ausschreibung bzw. Beschränkter Ausschreibung nach Öffentlichem Teilnahmewettbewerb erst nach Abgabe des Angebots bei der Ermittlung des wirtschaftlichsten Angebotes nach § 25 VOB/A in der zweiten Wertungsstufe vorzunehmen ist. Insoweit sind die Eignungsprüfungen gleichwertig. Daraus folgt zum einen, dass der Auftraggeber zur Aufklärung die gleichen Auskünfte und Informationen, wie unter § 8 Nr. 3 Abs. 1 und 3 VOB/A beschrieben, verlangen kann. Zum anderen dürfen, sofern die Eignung des aufzufordernden Bewerbers einmal bejaht wurde, auch bei der späteren Wertung des Angebots keine zusätzlichen Anforderungen an die Eignung des Bieters gestellt oder ein »**Mehr an Erfahrung**« eines anderen Bieters berücksichtigt werden (vgl. zur Öffentlichen Ausschreibung BGH Urt. v. 8.9.1998 X ZR 99/96 = BGHZ, 139, 273 = BauR 1998, 1246 = NJW 1998, 3644 = ZfBR 1999, 16). Insoweit wurde die Eignung des Bieters eben schon geprüft und mit der Aufforderung zur Angebotsabgabe auch bestätigt. Lediglich solche **Umstände, die nach Aufforderung zur Angebotsabgabe erst bekannt werden** und Zweifel an der Eignung des Bieters begründen, dürfen noch berücksichtigt werden, wie dies in § 25 Nr. 2 Abs. 2 VOB/A vorgesehen ist (näher hierzu unter § 2 VOB/A Rn. 23).

H. Ausschluss von Bewerbern von der Teilnahme am Wettbewerb (Nr. 5)

I. Allgemeines

In Nr. **5** sind bestimmte Sachverhalte beschrieben, **die zum Ausschluss eines Unternehmers von der Teilnahme am Wettbewerb führen können,** weil deren Vorliegen im Allgemeinen annehmen lässt, dass der betreffende Bewerber nicht die erforderliche Fachkunde, Leistungsfähigkeit und Zuverlässigkeit besitzt, um das beabsichtigte Bauvorhaben sachgerecht und ordnungsgemäß auszuführen (auch *Lampe-Helbig/Wörmann* Rn. 170). Während sich die Regelung in Nr. 5 mit dem Ausschluss des **Unternehmers** befasst, **gestattet § 25 Nr. 1 Abs. 2 VOB/A für die Zeit nach Abgabe des Angebotes dem Auftraggeber die gleiche Reaktionsmöglichkeit,** indem das **Angebot** eines Unternehmers **ohne nähere inhaltliche Wertung ausgeschlossen werden kann,** wenn der Unternehmer einen der in Nr. 5 genannten Tatbestände erfüllt. Diese Regelung wird insbesondere bei Öffentlicher Ausschreibung und Beschränkter Ausschreibung nach Öffentlichem Teilnahmewettbewerb sowie allgemein dann, wenn sich die Ausschlussgründe erst während des Vergabeverfahrens ergeben, zum Tragen kommen. Um beiden Seiten sinnlose und unnütze Arbeit für die Angebotsbearbeitung bzw. -prüfung zu ersparen, ist der Auftraggeber zudem gehalten, den betreffenden Bewerber, soweit dies nach dem jeweiligen Kenntnisstand möglich ist, bereits **vor** Angebotsabgabe vom Wettbewerb auszuschließen.

91

Nr. 5 ist eine so genannte »**Kann-**« bzw. »**Darf-Vorschrift**«, die es der Entschließung des Auftraggebers – beim öffentlichen Auftraggeber der pflichtgemäßen sachgerechten Überprüfung und Entscheidung – überlässt, ob er den betreffenden Bewerber ausschließen will oder nicht. Daher handelt es sich **nicht um von vornherein unbedingte Ausschlussgründe**. Allerdings kann der **Auftraggeber** unter Umständen auch **verpflichtet sein, ein Unternehmen auszuschließen, weil sich jede andere Entscheidung nicht mehr im Rahmen des dem Auftraggeber eingeräumten Ermessens halten**

92

und eine weitere Beteiligung dieses ungeeigneten Unternehmens die anderen Teilnehmer in ihrem Anspruch auf Gleichbehandlung verletzen würde. Dies wird insbesondere bei vorsätzlich begangenen schweren Verfehlungen i.S.d. Nr. 5 lit. c innerhalb des konkreten oder zumindest eines in engem zeitlichen Zusammenhang stehenden vorherigen Vergabeverfahrens der Fall sein.

Das bloße Vorliegen der in Nr. 5 genannten Ausschlusstatbestände genügt demnach in der Regel nicht. Die Entscheidung hierzu muss sich vielmehr an der allein maßgebenden Frage und deren Beantwortung orientieren, ob der Bewerber bei der **gebotenen objektiven Betrachtung** unter den gegebenen Umständen voraussichtlich in der Lage sein wird, die ins Auge gefasste Bauleistung **im Rahmen seiner Sachkunde, Leistungsfähigkeit und Zuverlässigkeit zu erbringen oder nicht**. Können allerdings berechtigte Bedenken gegenüber der Zuverlässigkeit des Bewerbers oder Bieters von diesen nicht ausgeräumt werden (zu den insoweit bestehenden Mitwirkungspflichten des Unternehmers vgl. OLG München Beschl. v. 27.1.2005 Verg 2/05 = VergabeR 2005, 391 = ZfBR 2005, 614), so wird in der Regel eine Beauftragung eines solchen Unternehmers nicht in Betracht kommen, was bedeutet, dass der Auftraggeber von einer weiteren Beteiligung dieses Unternehmers Abstand zu nehmen hat, zumal bei öffentlichen Auftragsvergaben ein schützenswertes Interesse der Allgemeinheit besteht, dass mit öffentlichen Mitteln wirtschaftlich umgegangen und bei der Auswahl von Auftragnehmern sorgfältig verfahren wird (vgl. dazu auch BGH Urt. v. 14.12.1976 VI ZR 251/73 = NJW 1976, 628 = BayVBl 1977, 313).

93 Zu beachten ist weiter, dass die **Ausschlussgründe der Nr. 5 grundsätzlich als abschließend anzusehen sind** (so Beck'scher VOB-Komm./*Prieß/Haussmann* § 8 VOB/A Rn. 98; vgl. auch EuGH Urt. v. 9.2.2006 Rs. C-228/04 = VergabeR 2006, 340 = ZfBR 2006, 275 = NZBau 2006, 328) und nicht durch weitere Tatbestände, selbst wenn sie in der Bekanntmachung oder den Verdingungsunterlagen genannt sind, ergänzt werden können. Insoweit besteht auch kein Bedarf, da erstens den einzelnen Tatbeständen bei der gebotenen und an dem Merkmal der Eignung, insbesondere der Zuverlässigkeit ausgerichteten Auslegung ein weiter Anwendungsbereich zukommt und im Übrigen sich die Eignung eines Unternehmers nicht allein nach dem Nichtvorliegen der in Nr. 5 beschriebenen Sachverhalte richtet, sondern nach den grundsätzlichen Anforderungen, die die Vorschrift des § 2 Nr. 1 VOB/A an ihn stellt.

II. Mögliche Ausschlussgründe (Nr. 5 Abs. 1)

1. Insolvenzverfahren

94 Bewerber oder Bieter dürfen ausgeschlossen werden, wenn über deren Vermögen **das Insolvenzverfahren oder ein vergleichbares gesetzlich geregeltes Verfahren eröffnet oder die Eröffnung beantragt worden ist oder der Antrag mangels Masse abgelehnt wurde.** Während in den Fällen der Eröffnung oder der Beantragung der Eröffnung des Insolvenzverfahrens die **gegenwärtige Leistungsfähigkeit** des Bewerbers oder Bieters anzuzweifeln ist und sie **im Allgemeinen** nicht gegeben sein wird, kann dies bei **Ablehnung des Antrags mangels Masse als feststehend angenommen werden.** Solche Bewerber oder Bieter auszuschließen, liegt im schutzwürdigen Interesse des Auftraggebers. Es handelt sich um einen ähnlichen Sachverhalt, der den Auftraggeber nach abgeschlossenem Vertrag berechtigt, dem Auftragnehmer aus wichtigem Grunde gemäß § 8 Nr. 2 VOB/B zu kündigen. Um so mehr ist es dann ein Gebot der Vernunft, den betreffenden Bewerber oder Bieter bereits von Anfang an von der Vergabe auszuschließen. Daher wird man den **Ausschlussgrund auch** dann schon entsprechend § 8 Nr. 2 VOB/B als gegeben ansehen können, wenn der **Bewerber oder Bieter seine Zahlungen einstellt** (vgl. § 17 Abs. 2 S. 2 InsO). Für den Ausschluss **genügt** bereits, wenn der **Antrag** auf Eröffnung des Insolvenzverfahrens gestellt ist und **beim Insolvenzgericht vorliegt**. Voraussetzung ist aber, dass die hier angesprochenen Umstände noch in dem Zeitpunkt vorliegen, in dem bei Öffentlicher Ausschreibung die Angebotsunterlagen an den Bewerber abzugeben sind oder der Öffentliche Teilnahmewettbewerb bei Beschränkter oder Freihändiger Vergabe stattfindet oder sonst die Vertragsverhandlungen mit dem Bewerber oder Bieter aufgenommen werden, oder dass diese Umstände bis zum Beginn der Wertung der Angebote eintreten. Für die danach liegende Zeit bis zum Zuschlag kommt § 25 Nr. 1 Abs. 2 VOB/A zur Anwendung; für die Zeit nach Vertragsabschluss bis zur Vollendung der Leistung gilt § 8 Nr. 2 VOB/B. **Kein Ausschlussgrund ist es, wenn** das Insolvenzverfahren bereits **vor dem genannten Anfangszeitpunkt beendet ist und** der Betrieb des Bewerbers **wieder ordnungsgemäß arbeitet**; naturgemäß muss der Bewerber auch seine Zahlungen wieder aufgenommen haben und seine Verpflichtungen wieder voll erfüllen. Gleiches gilt, wenn die Eröffnung des Insolvenzverfahrens vorher rechtskräftig abgelehnt worden ist, weil die dafür maßgebenden Voraussetzungen nicht vorliegen, ausgenommen bei Ablehnung mangels Masse (vgl. § 207 InsO).

2. Liquidation des Bewerberbetriebs

Die Leistungsfähigkeit ist auch dann nicht gegeben, wenn sich der Betrieb des Bewerbers in **Liquidation** bzw. **Abwicklung** befindet. Das gilt auch, wenn trotz des Liquidationsstadiums noch genügend finanzielle Mittel zur Verfügung stehen. Auch dann wird man davon ausgehen müssen, dass der betreffende Betrieb nicht mehr die Gewähr für eine hinreichend sorgfältige Ausführung der Leistung bis zu deren ordnungsgemäßer Vollendung – einschließlich Mängelhaftung – bietet. Maßgebend ist auch hier der in Rn. 86 ff. genannte Zeitpunkt bzw. Zeitraum. 95

3. Schwere Verfehlung des Bewerbers

Ein Bewerber kann weiter ausgeschlossen werden, wenn er nachweislich – im Einzelnen vom Auftraggeber darzulegen und nachzuweisen – eine **schwere Verfehlung begangen hat, die seine Zuverlässigkeit als Bewerber mit Blick auf die zu vergebenden Bauleistungen in Frage stellt.** Voraussetzung ist demnach zunächst eine schwere, für die anstehende Bauauftragsvergabe bedeutsame Verfehlung, die für sich grundsätzlich geeignet sein muss, **Zweifel an der Zuverlässigkeit eines Teilnehmers aufzuwerfen.** Solche schweren Verfehlungen werden im Allgemeinen bei strafrechtlichen Verurteilungen, die im Zusammenhang mit der geschäftlichen Tätigkeit des Unternehmers stehen, vorliegen. Gleiches wird bei zivilgerichtlichen Verurteilungen in Betracht kommen, in denen ein den strafrechtlichen Vorschriften ähnliches Unwerturteil, wie z.B. im Rahmen der §§ 823, 826, 123, 134, 138 BGB, zum Ausdruck kommt. Nicht zu vergessen sind unlautere Machenschaften, die vom GWB (vgl. dazu § 25 VOB/A) geahndet werden. Dagegen liegt grundsätzlich keine schwerwiegende Verfehlung in dem hier erörterten Sinne vor, wenn der Auftraggeber mit dem betreffenden Bewerber in der Vergangenheit wiederholt Zivilprozesse führen musste, die sich auf die Abwicklung von Bauverträgen bezogen haben, da es dem Bieter nicht angelastet werden kann, wenn er versucht, seine – wenn auch vermeintliche – Rechtsposition vor den Gerichten mit den zulässigen Mitteln des Prozessrechts durchzusetzen (vgl. dazu auch OLG Celle Urt. v. 26.6.1998 6 U 21/97 = BauR 2000, 1326 ff. sowie LG Düsseldorf Urt. v. 16.3.2005 12 O 225/04 = WuW/E Verg 1126 = IBR 2005, 340). Ferner ist zu berücksichtigen, dass die Situation aus früheren Aufträgen im Allgemeinen nicht mehr gleichzusetzen ist mit der des jetzt zu vergebenden Auftrags (zutreffend *Schelle/Erkelenz* S. 98). 96

Wenn eine solche nachweisliche schwere Verfehlung vorliegt bzw. vom Auftraggeber zu Recht angenommen wird, dann hat der Auftraggeber innerhalb des ihm zustehenden und nur eingeschränkt überprüfbaren Einschätzungs- und Beurteilungsspielraums zu entscheiden, ob dadurch die Zuverlässigkeit des betreffenden Unternehmers **in Frage gestellt wird.** Wie der Wortlaut »in Frage stellt« verdeutlicht, ist weder erforderlich, dass der Auftraggeber die Unzuverlässigkeit positiv feststellt (vgl. OLG München Beschl. v. 21.4.2006 Verg 8/06 = VergabeR 2006, 561 = ZfBR 2006, 507), noch dass er von der Unzuverlässigkeit in dem für einen strafrechtlichen Schuldspruch notwendigen Grad überzeugt sein muss (vgl. auch BGH Urt. v. 14.12.1976 VI ZR 251/73= NJW 1976, 628 = BayVBl. 1977, 313).

97 Die schwere Verfehlung muss den für die Führung des Unternehmens **verantwortlichen Personen anzulasten sein** (im Regelfall wird bei juristischen Personen und Personengesellschaften auf die in § 30 Abs. 1 OWiG genannten verantwortlichen Personen abzustellen sein, wobei entscheidend immer die tatsächlichen Verhältnisse sind, also die Funktion, die die betreffende Person ungeachtet einer etwaig fehlenden formal-juristischen Bestellung in Wirklichkeit innehat). Desgleichen sind dem Unternehmer von anderen Personen begangene schwere Verfehlungen zuzurechnen, wenn bei den verantwortlichen Personen insoweit ein Aufsichts- oder Organisationsverschulden im Sinn des § 130 OWiG vorliegt (vgl. auch § 8a Nr. 1 VOB/A). Dass es auf die verantwortlichen Personen und nicht auf das Unternehmen ankommt, zeigt auch das Urteil des OLG Celle vom 26.11.1998 (14 U 283/97 = BauR 1999, 389 = NJW 1999, 3787), wonach der Ausschluss eines Unternehmers für zulässig erachtet wurde, weil gegen den Geschäftsführer wegen wettbewerbsbeschränkender Absprachen rechtskräftig ein Bußgeld verhängt worden war. Keine Bedeutung maß das OLG Celle dem Umstand bei, dass die rund zwei bis vier Jahre vor dem Ausschluss zurückliegenden Taten von dem betreffenden Geschäftsführer **für andere Firmen** der Firmengruppe begangen wurden.

Zur Wiederherstellung der Zuverlässigkeit vgl. unten Rn. 111.

a) Regelung im Vergabehandbuch

98 Die im VHB beispielhaft aufgeführten Beispielsfälle einer schweren Verfehlung sind zutreffend ausgewählt und lauten wie folgt:

6. Ausschlussgründe

Verfehlungen nach § 8 Nr. 5c VOB/A sind z.B.:
– *Vollendete oder versuchte Beamtenbestechung* (vgl. dazu vor allem näher *Müller* sowie *Schaupensteiner* in *Claussen* Korruption im öffentlichen Dienst S. 67 ff. und 83 ff., sowie *Schubert* Handbuch des Wirtschafts- und Steuerstrafrechts 1. Aufl. 2000 S. 794 ff.), *Vorteilsgewährung sowie schwerwiegende Straftaten, die im Geschäftsverkehr begangen worden sind, insbesondere Diebstahl, Unterschlagung, Erpressung, Betrug, Untreue und Urkundenfälschung;*
– *Verstöße gegen das Gesetz gegen Wettbewerbsbeschränkungen (GWB), unter anderem die Beteiligung an Absprachen über Preise oder Preisbestandteile, verbotene Preisempfehlungen, die Beteiligung an Empfehlungen oder Absprachen über die Abgabe oder Nichtabgabe von Angeboten, über die Aufrechnung von Ausfallentschädigungen sowie über Gewinnbeteiligung und Abgaben an andere Bewerber.*

b) Submissionsbetrug u.a.

99 Im Bereich der Vergabe von Bauleistungen stellt sich häufig heraus, dass der **Wettbewerb** auf Unternehmerseite **durch rechtswidrige Preisabsprachen manipuliert wurde** (nach Schätzungen sollen rund 30 bis 70% der Produktion des Bauhauptgewerbes durch unzulässige Absprachen dem Wettbewerb entzogen sein, vgl. *Otto* wistra 1999, 41, 43). Neben einer Ordnungswidrigkeit nach den Vorschriften des GWB kommt grundsätzlich eine Strafbarkeit wegen **Betrugs gemäß § 263 StGB** zum Nachteil des Auftraggebers in Betracht. Voraussetzung dafür ist allerdings, dass **durch die Preisabsprache dem Auftraggeber ein Vermögensnachteil entstanden ist**, was wiederum voraussetzt, dass der **ohne Preisabsprache bei Beachtung der für das Ausschreibungsverfahren geltenden Vorschriften erzielbare so genannte Wettbewerbspreis niedriger ist als der tatsächlich mit dem Unternehmer vereinbarte Preis** (BGH Urt. v. 21.11.1961 1 StR 424/61 = BGHSt 16, 367 ff.). Eine Bestrafung wegen Betrugs scheitert in der Praxis oftmals an dem Nachweis eines tatsächlichen Vermögensschadens, da die Behauptung der Beschuldigten, der Auftraggeber habe trotz der Preisabsprache ein angemessenes Angebot erhalten und angenommen, so gut wie nicht widerlegt werden kann. Der BGH hat die ursprünglich hohen Anforderungen (a.a.O.) an den Nachweis eines Vermögensschadens im Laufe seiner Rechtsprechung zwar deutlich gelockert (vgl. BGH Urt. v. 8.1.1992 2 StR

102/91 = BGHSt 38, 186 = BauR 1992, 383 = NJW 1992, 921 sowie Urt. v. 31.8.1994 2 StR 256/94 = NJW 1995, 737). Instruktiv ist hier das Urt. des BGH v. 11.7.2001 (1 StR 576/00 = BGHSt 47, 83 = NJW 2001, 3718 = NZBau 2001, 574). Danach kann eine Preisabsprache den Betrugstatbestand auch bei einer Freihändigen Vergabe erfüllen, wenn eine Anfrage an mindestens zwei Unternehmer gegangen ist. Der Vermögensschaden liegt in der Differenz zwischen der vertraglich vereinbarten Auftragssumme und dem Preis, der bei Beachtung der Vergabevorschriften erzielbar gewesen wäre. Der erzielbare Preis, so der BGH bestimme sich nach dem erzielten Preis abzüglich der absprachegemäß bedingten Preisaufschläge. Insoweit seien Schmiergeldzahlungen und Ausgleichszahlungen an andere beteiligte Unternehmen ein eindeutiges Indiz für die Mindesthöhe des Betrugsschadens (ebenso OLG München Urt. v. 19.2.2002 9 U 3318/01 = VergabeR 2002, 546 = BauR 2002, 1097 = NZBau 2002, 509).

Ungeachtet dessen stoßen die Strafverfolgungsbehörden in der Praxis weiterhin auf erhebliche Schwierigkeiten beim Schadensnachweis (vgl. dazu im Einzelnen *König* JR 1997, 397, 441). Zudem ist die geänderte Rechtsprechung des BGH die unter bestimmten Umständen die Schätzung eines hypothetischen Marktpreises anhand objektivierender Indizien für zulässig erachtet und letztlich das Vorliegen eines Vermögensschaden schlussfolgert, erheblicher Kritik in der Literatur ausgesetzt (vgl. *Lüderssen* wistra 1995, 246; *Hefendehl* ZfBR 1993, 164; *Mitsch* JZ 1994, 877; eingehend *Oldigs* Möglichkeiten und Grenzen der strafrechtlichen Bekämpfung von Submissionsabsprachen, 1998, 30 ff.). Vor diesem Hintergrund und einer jahrzehntelangen rechtspolitischen Diskussion um einen eigenständigen Straftatbestand entschloss sich der Gesetzgeber, mit dem **Gesetz zur Bekämpfung der Korruption** vom 13.8.1997 (BGBl. I S. 2038) eine neue Vorschrift in das Strafgesetzbuch aufzunehmen, die rechtswidrige Preisabsprachen erfasst. **Der Tatbestand der wettbewerbsbeschränkenden Absprachen bei Ausschreibungen gemäß § 298 StGB setzt als abstraktes Gefährdungsdelikt keinen Vermögensschaden voraus. Schutzgut ist nicht das Vermögen des Ausschreibenden, sondern der freie Wettbewerb.** Die Strafbestimmung ist daher **ohne Rücksicht auf die Höhe des Preises** erfüllt, wenn ein Angebot abgegeben wird, das auf einer rechtswidrigen Absprache bei einer Ausschreibung über Waren oder gewerbliche Dienstleistungen beruht. Der Anwendungsbereich dieser Bestimmung ist jedoch nach der Rechtsprechung des BGH (Beschl. v. 22.6.2004 4 StR 428/03 = BauR 2005, 556 = NJW 2004, 2761 = NZBau 2004, 513) erheblich eingeschränkt, weil gerade die in der Praxis häufigen Fälle, in denen es zu einem Wettbewerb gar nicht kommt, weil sich ein Unternehmer mit dem Auftraggeber als Veranstalter des Wettbewerbs abgesprochen hat (so genannte **vertikale Absprache**), nicht erfasst sein sollen. Nach diesem Beschluss des BGH **erfordert die Absprache im Sinn des § 298 StGB eine solche zwischen zwei miteinander im Wettbewerb stehenden Unternehmen** (so genannte **horizontale Absprache**). Bei Vorliegen einer horizontalen Absprache ist jedenfalls eine Strafbarkeit nach § 298 StGB selbst dann möglich, wenn das Angebot angemessen ist und auch im Wettbewerb kein wirtschaftlicheres Angebot zu erzielen gewesen wäre. Nicht unter den Begriff der Ausschreibung fällt die Freihändige Vergabe i.S.d. § 3 Nr. 1 Abs. 3 VOB/A, da bei dieser Vergabeart ein vorausgehender öffentlicher Teilnahmewettbewerb nicht vorgesehen ist. Die Begrifflichkeit des § 298 StGB ist insoweit nicht völlig deckungsgleich mit den Bestimmungen der VOB/A. **Erfasst werden** aber nicht nur Vergabeverfahren der öffentlichen Auftraggeber, sondern auch **Ausschreibungen durch Private**, sofern das Vergabeverfahren gleich oder ähnlich den Verfahren nach den Verdingungsordnungen ausgestaltet ist.

100 Angesichts des auch strafrechtlich besonders geschützten Rechtsgutes des freien Wettbewerbs bestehen keine Bedenken, wenn vom Bewerber oder Bieter eine Erklärung gefordert wird, dass er in der letzten Zeit (z.B. in den letzten zwei Jahren) nicht an einer unzulässigen wettbewerbsbeschränkenden Abrede teilgenommen hat.

101 Neben § 298 StGB wurde mit dem Gesetz zur Bekämpfung der Korruption eine weitere Strafvorschrift, die hier von Interesse ist, in das Strafgesetzbuch eingefügt. Um das zunehmend abhanden kommende Unrechtsbewusstsein wieder zu stärken, wurde der ursprünglich in § 12 UWG geregelte

Tatbestand der **Angestelltenbestechung** unter zum Teil erheblicher Anhebung des Strafrahmens in das Kernstrafrecht als neuer **§ 299 StGB** übernommen. Mit dem Tatbestand der **Bestechlichkeit und Bestechung im geschäftlichen Verkehr** wird deutlich, dass nicht nur im Bereich der öffentlichen Hand, sondern auch in der Privatwirtschaft korruptive Verhaltensweisen missbilligt werden und – um eines gesunden Wettbewerbs willen – nötigenfalls mit den Mitteln des Strafrechts zu bekämpfen sind.

102 Mit dem Gesetz zur Bekämpfung der Korruption wurde der **Amtsträgerbegriff in § 11 Abs. 1 Nr. 2 lit. c StGB** erweitert. Durch eine **funktionale Begriffsbestimmung** wird damit der Entwicklung in der öffentlichen Verwaltung, die **Erfüllung öffentlicher Aufgaben** zunehmend auf **privatrechtlich organisierte Einrichtungen** zu übertragen, Rechnung getragen. Insbesondere soll sichergestellt werden, dass **Korruption** trotz der privatrechtlichen Organisationsform weiterhin nach den sog. Amtsdelikten, insbesondere den §§ 331 ff. StGB, nämlich der **Vorteilsannahme,** der **Bestechlichkeit,** der **Vorteilsgewährung** und der **Bestechung** bestraft werden kann (nach einem Beschluss des OLG Frankfurt v. 22.7.2002 1 HEs 114/02 sind bei der Deutsche Bahn AG und ihren Konzerngesellschaften beschäftigte beurlaubte Beamte – trotz ihres privatrechtlichen Anstellungsverhältnisses – Amtsträger i.S.d. § 11 Abs. 1 Nr. 2 lit. a StGB, wenn sie in einem Bereich tätig sind, in dem es um den Bau und den Ausbau des Schienennetzes bzw. dazugehöriger Servicefunktionen wie z.B. den Einkauf geht).

Hinzuweisen ist in diesem Zusammenhang schließlich auf das **EU-Bestechungsgesetz vom 10.9.1998,** mit dem ein am 27.9.1996 von den Mitgliedstaaten der EU verabschiedetes Protokoll über den Schutz der finanziellen Interessen der Europäischen Gemeinschaften in nationales Recht umgesetzt wurde, und auf das **Gesetz zur Bekämpfung der internationalen Bestechung vom 10.9.1998,** das auf ein auf Ebene der OECD erarbeitetes Übereinkommen vom 27.12.1997 zurückzuführen ist. Beide Gesetze verfolgen das Ziel, Defizite der nationalen Gesetzgebung bei der Bekämpfung von grenzüberschreitenden Korruptionsfällen zu beseitigen. Für Auftragsvergaben, die unter den Anwendungsbereich der §§ 97 ff. GWB fallen, wurde zum Zweck der Bekämpfung von Korruption und Terrorismus mit der VOB 2006 in § 8a Nr. 1 VOB/A, 8b Nr. 1 VOB/A und § 5 Nr. 2 SKR auf der Grundlage der Richtlinien 2004/18/EG und 2004/17/EG eine Regelung eingeführt, die den Auftraggeber bei Vorliegen von Verurteilungen wegen bestimmter Straftaten in der Regel verpflichtet, ein betroffenes Unternehmen vom Wettbewerb auszuschließen (vgl. dazu die Kommentierung zu § 8a Nr. 1 VOB/A).

103 Neben diesen Delikten sind **schwere Verfehlungen** i.S. der Nr. 5 lit. c ferner anzunehmen, **wenn dem Bewerber oder Bieter der Vorwurf der Beihilfe oder Anstiftung zur Untreue (§ 266 StGB) oder zum Betrug (§ 263 StGB) bei einem früheren Vergabeverfahren oder der Auftragsdurchführung zu machen ist**. Zu denken ist etwa an mit der Planung oder der Vorbereitung der Vergabe beauftragte Architekten oder Ingenieure oder Beschäftigte des Auftraggebers, die Preisabsprachen der Bewerber oder Bieter fördern, indem sie z.B. Informationen über Namen von zur Abgabe von Angeboten aufgeforderten Unternehmern, das zur Verfügung stehende Budget oder die Angebotspreise von Mitbewerbern erteilen, oder wenn diese Personen durch die Vorgabe von für andere Bewerber ungünstigen Ausführungsterminen, bestimmten Baumaterialien oder Ausführungsweisen, unvollständigen Leistungsbeschreibungen oder fehlerhaften Massen- und Mengenansätzen die Vergabe zugunsten eines bestimmten Unternehmers gezielt steuern und dafür von diesem eine Vergütung erhalten (vgl. KG Beschl. v. 23.3.1992 Kart 10/91 = ZIP 1992, 1109 = *Niederleithinger* EWiR § 266 StGB 1/92, 697; vgl. dazu auch BayObLG Beschl. v. 20.7.1995 4St RR 4/95 = NJW 1996, 268, das hier von Bestechung durch den Bauunternehmer und Bestechlichkeit sowie Untreue des Planungsingenieurs ausgeht, und Haft, NJW 1996, 238, der wohl zutreffend hinsichtlich des Planungsingenieurs Betrug und Beihilfe zum Betrug annimmt; u.U. kann auch ein für die öffentliche Hand freiberuflich tätiger Ingenieur die Amtsträgereigenschaft gemäß § 11 Abs. 1 Nr. 2 lit. c StGB erfüllen, vgl. BGH Urt. v. 29.1.1998 1 StR 64/97 = NJW 1998, 2373).

c) Nachweis der schweren Verfehlung

Der Ausschlussgrund wegen einer schweren Verfehlung **setzt nicht eine bereits erfolgte gerichtliche oder gar rechtskräftige Verurteilung** des betreffenden Bewerbers oder Bieters **voraus** (so auch OLG Saarbrücken Beschl. v. 29.12.2003 1 Verg 4/03, NZBau 2004, 346 = ZfBR 2004, 490). Bei schweren Verfehlungen in Form von Straftaten kann in dem Absehen von einem Urteilsspruch kein Verstoß gegen die Unschuldsvermutung etwa des Art. 6 Abs. 2 EMRK gesehen werden, da – wie das OLG Saarbrücken (a.a.O.) zu Recht feststellt – zum einen eine schwere Verfehlung nicht zwingend einen strafrechtlichen Schuldspruch voraussetzt und zum anderen die Unschuldsvermutung nicht verlangt, dass einem betroffenen Unternehmer keine geschäftlichen Nachteile entstehen dürfen. Eine Verletzung des Art. 3 GG scheidet gleichfalls aus, da das Vorliegen einer schweren Verfehlung im Sinn der Nr. 5 ein sachlicher Grund für einen Ausschluss ist. **104**

Ausreichend ist das Vorliegen einer schweren Verfehlung, die jedoch »nachweislich« sein muss. Welche Anforderungen dabei an die »**Nachweislichkeit**« zu stellen sind, hängt von den Umständen des Einzelfalls ab. Wurde gegen einen Unternehmer oder eine andere in seinem Unternehmen verantwortliche Person wegen eines **dringenden Tatverdachts** hinsichtlich eines das Merkmal einer schweren Verfehlung erfüllenden Straftatbestandes Untersuchungshaft (§ 112 StPO) angeordnet, so wird dem Auftraggeber nicht zuzumuten sein, einem solchen Unternehmer vor Klärung der Vorwürfe einen Auftrag zu erteilen. Dies jedenfalls dann nicht, wenn die Tat, deren er dringend verdächtig ist, auch noch gegen ihn als Auftraggeber gerichtet gewesen sein soll. Gleiches gilt für den Fall, dass die **Staatsanwaltschaft etwa wegen eines Korruptionsdeliktes Anklage** gegen den sich bewerbenden Unternehmer **erhoben hat.** Um hier eine sachgerechte Entscheidung treffen zu können, muss sich der Auftraggeber immer auch selbst, soweit dies möglich und zumutbar ist, ein Bild über die dem betreffenden Unternehmer zur Last gelegten Taten verschaffen. Andernfalls kann er deren Auswirkungen auf die Zuverlässigkeit kaum richtig bewerten. **Die Einstellung eines Ermittlungsverfahrens oder ein Freispruch muss dagegen nicht zwangsläufig bedeuten, dass eine schwere Verfehlung nicht gegeben ist.** In der Praxis werden von den Staatsanwaltschaften Ermittlungen wegen korruptiver Sachverhalte häufig erst gar nicht aufgenommen oder wieder eingestellt, weil hinsichtlich der in Betracht kommenden Delikte Verfolgungsverjährung eingetreten ist. Die Verjährungsfrist beträgt bei den meisten Korruptionsdelikten fünf Jahre (§ 78 Abs. 3 Nr. 4 StGB i.V.m. § 263 oder § 298 oder § 299 oder § 331 ff. StGB). **105**

Dem **Auftraggeber** bleibt zudem unbenommen, **den Nachweis der schweren Verfehlung** ohne behördliche oder gerichtliche Unterstützung **selbst zu führen**. Allerdings muss das Vorliegen einer schweren Verfehlung bei objektiver Beurteilung der ermittelten Tatsachengrundlage **zweifelsfrei und eindeutig** sein. Wegen der damit einhergehenden Unsicherheiten und Schwierigkeiten wird in der Praxis ein außerhalb eines zumindest staatsanwaltschaftlichen Ermittlungsverfahrens zu führender Nachweis kaum vorkommen. Bei fehlerhafter Annahme einer schweren Verfehlung, jedenfalls dann, wenn die eigenen Recherchen oder Informationen Dritter nicht sorgfältig durchgeführt bzw. überprüft wurden, ist unter Umständen mit Schadensersatzansprüchen des Ausgeschlossenen zu rechnen. In jedem Fall ist dem Auftraggeber zu empfehlen, mit dem Ausschluss in diesen Fällen eher zurückhaltend und vorsichtig umzugehen (so auch *Füchsel* Schriftenreihe der Deutschen Gesellschaft für Baurecht e.V. Bd. 24 S. 2; ebenso *Pietzcker* a.a.O. S. 58) und ihn auf Fälle zu beschränken, in denen die Verfehlungen offen auf der Hand liegen. Für den Nachweis reicht generell und ohne weiteres aber aus, wenn die schwere Verfehlung Gegenstand einer vorliegenden rechtskräftigen gerichtlichen Verurteilung ist oder von dem Unternehmer oder der sonst verantwortlichen Person eingeräumt wird. **106**

d) Andere gesetzliche Ausschlussgründe

Ein gesetzlich geregelter **Ausschlussgrund** ergibt sich aus § 21 des Gesetzes zur Bekämpfung der Schwarzarbeit und illegalen Beschäftigung vom 23.7.2004 – Schwarzarbeitsbekämpfungsgesetz – SchwarzArbG (BGBl. I S. 1842, zuletzt geändert durch das Gesetz zur Umsetzung des Urteils des **107**

Bundesverfassungsgerichts v. 3.3.2004 zur akustischen Wohnraumüberwachung v. 24.6.2005 BGBl. I S. 1841, 1846), wonach Bewerber von der Teilnahme an einem Wettbewerb um öffentliche Aufträge der in § 98 Nr. 1 bis 3 und 5 GWB genannten Auftraggeber **bis zu einer Dauer von drei Jahren ausgeschlossen werden sollen**, wenn sie wegen eines Verstoßes gegen bestimmte Vorschriften, insbesondere wegen illegaler Beschäftigung oder Nichtabführens von Sozialversicherungsbeiträgen, zu einer Freiheitsstrafe von mehr als drei Monaten oder einer Geldstrafe von mehr als 90 Tagessätzen verurteilt oder mit einer Geldbuße von wenigstens 2.500 € belegt worden sind. Das Gleiche gilt auch schon vor der Durchführung eines Straf- oder Bußgeldverfahrens, wenn im Einzelfall angesichts der Beweislage kein vernünftiger Zweifel an einer schwerwiegenden entsprechenden Verfehlung besteht. Bei den Vorschriften, die verletzt sein müssen, handelt es sich im Einzelnen um

– Ordnungswidrigkeiten nach § 8 Abs. 1 Nr. 2 SchwarzArbG (Beauftragung von Personen, die vorsätzlich gegen Anzeige- und Mitteilungspflichten nach § 60 SGB III oder gegen Meldepflichten nach § 8a des Asylbewerberleistungsgesetz verstoßen oder die der Anzeige- und der Eintragungspflicht nach § 14 GewO bzw. § 1 HwO nicht nachkommen)
– Strafvorschriften der §§ 9 bis 11 SchwarzArbG (Erschleichen von Sozialleistungen, Beschäftigung von Ausländern ohne Genehmigung oder ohne Aufenthaltstitel und zu ungünstigen Arbeitsbedingungen sowie Beschäftigung von Ausländern ohne Genehmigung in größerem Umfang)
– Ordnungswidrigkeiten nach § 404 Abs. 1 oder 2 Nr. 3 SGB III (Beschäftigung von Ausländern ohne Arbeitsgenehmigung oder Aufenthaltstitel)
– Ordnungswidrigkeiten und Strafvorschriften nach dem Gesetz zur Regelung der gewerbsmäßigen Arbeitnehmerüberlassung (Arbeitnehmerüberlassungsgesetz – AÜG, in der Fassung der Bekanntmachung v. 3.2.1995 BGBl. I S. 158, zuletzt geändert durch Art. 6 Nr. 4 des Gesetzes zur Änderung des Aufenthaltsgesetzes und weiterer Gesetze v. 14.3.2005 BGBl. I S. 721). Im Einzelnen handelt es sich um § 15 AÜG (Verleih von ausländischen Arbeitnehmern ohne erforderliche Arbeitserlaubnis durch Verleiher ohne Verleiherlaubnis), § 15a AÜG (Entleih ausländischer Arbeitnehmer ohne Arbeitserlaubnis zu »ausbeuterischen« Bedingungen oder in größerer Zahl oder beharrlich wiederholt) und § 16 Abs. 1 Nr. 1, 1b oder 2 AÜG (Überlassung eines Leiharbeiters ohne Erlaubnis; unzulässige Überlassung von Arbeitnehmern oder die Zulassung von deren Tätigkeit im Baugewerbe u.a.)
– Strafvorschriften des § 266a Abs. 1 bis 4 StGB (Vorenthalten von Beiträgen des Arbeitnehmers zur Sozialversicherung und zur Bundesanstalt für Arbeit; unrichtige oder unvollständige Angaben oder das Unterlassen von Angaben gegenüber der für den Einzug der Beiträge zuständigen Stelle; Einbehalten von Teilen des Arbeitsentgelts).

In der Gesetzesbegründung zu der früheren ähnlichen Bestimmung des **§ 5 des Gesetzes zur Bekämpfung der Schwarzarbeit in der Fassung vom 6.2.1995** (BGBl. I S. 165) sind eine Reihe von Gesichtspunkten aufgezählt, die die Vergabestelle bei ihrer Entscheidung über einen Ausschluss zugrunde legen soll, und zwar:

– die absolute und relative Zahl der illegal beschäftigten Arbeitnehmer,
– die Dauer der Beschäftigung illegaler Arbeitnehmer,
– die Häufigkeit etwaiger Verstöße,
– eine bestehende Wiederholungsgefahr,
– der seit einem Rechtsverstoß verstrichene Zeitraum,
– der Umfang der Auswirkungen eines Normenverstoßes auf den öffentlichen Auftraggeber,
– organisierte Maßnahmen durch den Unternehmer, um einen weiteren Normenverstoß zu vermeiden,
– eine Beschränkung des Verstoßes auf nur einen Tätigkeitsbereich des Unternehmens,
– ob die illegale Beschäftigung zu Wettbewerbsverzerrungen geführt hat (z.B. günstigere Kalkulation der Angebotspreise),
– ob der Ausschluss zu einer relevanten Verengung des Bewerber-/Bieterkreises führt,
– ob gleichzeitig gegen Steuer- und Abgabevorschriften verstoßen worden ist (§§ 370, 377, 380 AO).

Bei einer erstmaligen Verfehlung soll der Bewerber in der Regel für sechs Monate, im Wiederholungsfall für zwei Jahre (jetzt: drei) auszuschließen sein (vgl. BT-Drucks. 12/7563 S. 10 f.).

Eine weitere **gesetzliche Grundlage für den Ausschluss** eines Unternehmers ist in **§ 6 des Gesetzes über zwingende Arbeitsbedingungen bei grenzüberschreitenden Dienstleistungen (Arbeitnehmer-Entsendegesetz – AEntG) vom 26.2.1996** (BGBl. I S. 227, zuletzt geändert durch Art. 11 des Gesetzes zur Förderung ganzjähriger Beschäftigung v. 24.4.2006 BGBl. I, S. 926) enthalten. Danach kann ein Bewerber für eine angemessene Zeit bis zur nachgewiesenen Wiederherstellung seiner Zuverlässigkeit ausgeschlossen werden, wenn er wegen eines Verstoßes gegen die Vorschriften des Arbeitnehmer-Entsendegesetzes mit einer Geldbuße von wenigstens 2.500 € belegt worden ist. Das Gleiche gilt auch schon vor Durchführung eines Bußgeldverfahrens, wenn im Einzelfall angesichts der Beweislage kein vernünftiger Zweifel an einer schwerwiegenden Verfehlung besteht.

108

e) Auftragssperre

Gegen einen über die einzelne Vergabe hinausgehenden **Ausschluss vom Wettbewerb für eine längere Zeit** (so genannte **Auftragssperre**) bestehen grundsätzlich keine rechtlichen Bedenken (vgl. *Gabriel* VergabeR 2006, 173, 189; LG Frankfurt am Main Urt. v. 26.11.2003 2–06 O 345/03 = NZBau 2004, 630; LG Berlin Urt. v. 22.3.2006 23 O 118/04 = NZBau 2006, 397). Sie dürfte allerdings nur bei schwerwiegenden Fällen oder wiederholten Verstößen oder bei Vorliegen anderweitig strafbaren Verhaltens wie Betrug, Bestechung oder Ähnlichem gerechtfertigt sein (zur Zulässigkeit von vergaberechtlichen Sanktionen wie der Auftragssperre unter dem Blickwinkel der Grundrechte ausführlich *Pietzcker* NZBau 2003, 242; vgl. hierzu auch *Ohle/Gregoritza* ZfBR 2003, 16; mit den Rechtsschutzmöglichkeiten eines von einer Auftragssperre betroffenen Unternehmers befasst sich eingehend *Sterner* NZBau 2001, 423). **Nicht unbedingt erforderlich ist aber, dass der Unternehmer die schwere Verfehlung verschuldet hat, da es nicht auf die persönliche Vorwerfbarkeit im Sinne des strafrechtlichen Schuldprinzips ankommt, sondern auf die Zurechenbarkeit des die Unzuverlässigkeit begründenden Handelns** (vgl. dazu auch BGH Urt. v. 14.12.1976 VI ZR 251/73 = NJW 1976, 628 = BayVBl 1977, 313).

109

Über die Dauer eines solchen Ausschlusses ist unter Nr. 5 lit. c nichts ausgesagt. Entsprechend der Regelung in Nr. 3 Abs. 1 lit. a bis c wird hierfür regelmäßig ein Zeitraum von drei Jahren in Betracht kommen, falls der Bieter ggf. nachweist, dass er in dem genannten Zeitraum nicht mehr »aufgefallen« ist (ähnlich *Schelle/Erkelenz* S. 98). Zu beachten ist allerdings immer, dass letztlich die Entscheidungsgrundlage sein muss, ob bei der konkreten Auftragsvergabe der Unternehmer die Eignungskriterien, vorliegend in Rede stehend insbesondere die Anforderungen an die Zuverlässigkeit, erfüllt. Diese können grundsätzlich nicht aufgrund der in der Vergangenheit begangenen Verfehlungen auch für die Zukunft allgemein und pauschal in Abrede gestellt werden, sondern müssen bei jedem einzelnen Vergabeverfahren von Neuem geprüft werden.

110

Das Vertrauen in seine Zuverlässigkeit kann der betreffende Unternehmer wiederherstellen, indem er

111

– durch innerbetriebliche organisatorische oder personelle Maßnahmen, z.B. Entlassung der in die Verfehlung verstrickten Mitarbeiter, sicherstellt, dass sich solche Verfehlungen nicht wiederholen (»Selbstreinigung«); nicht ausreichend wäre, wenn sich ein Unternehmen nur dem Schein nach von einem Gesellschafter oder Geschäftsführer, dem eine schwere Verfehlung anlastet, trennt oder diesen über stille Beteiligungen oder Treuhandverträge auch weiterhin den Einfluss auf die Geschäfte dieses Unternehmens ermöglicht; im Gegenteil begründet ein solches Verhalten für sich allein erneut die Unzuverlässigkeit dieses Unternehmens (vgl. dazu OLG Düsseldorf Beschl. v. 28.7.2005 Verg 42/05 = IBR 2005, 616),
– im Einzelfall die von ihm zu erwartende aktive Unterstützung gegenüber den Ermittlungsbehörden oder dem Auftraggeber bei der Sachverhaltsaufklärung leistet und

– einen infolge der Verfehlung ggf. entstandenen Schaden – auch wenn die Vorgänge schon längere Zeit zurückliegen – wiedergutmacht, und zwar auch dann, wenn die schweren Verfehlungen von inzwischen entlassenen Mitarbeitern begangen worden sind, für deren Handeln er aber nach Gesetz oder Vertrag gegenüber dem Geschädigten haftet; ansonsten profitierte der Unternehmer am Ende noch von den ihm zurechenbaren schweren Verfehlungen seiner Mitarbeiter.

112 Wenn sich ein wegen einer schweren Verfehlung im Sinn der Nr. 5 lit. c zu Recht ausgeschlossener Unternehmer ernsthaft bemüht diesen Vorgaben gerecht zu werden, dürfte ein weiterer Ausschluss vom Wettbewerb grundsätzlich nicht mehr gerechtfertigt sein. Zu beachten ist jedoch, dass ein **wesentlicher Zweck der Auftragssperre – in Anlehnung an strafrechtliche Sanktionen – in ihrer generalpräventiven Wirkung** liegt, die Begehung schwerer Verfehlungen zu verhindern und insbesondere auch allen anderen Marktteilnehmern vor Augen zu führen, dass sich ein solches Verhalten im Ergebnis nicht »lohnt«. Daher ist es in Abhängigkeit von Dauer und Schwere der begangenen Verfehlungen durchaus für zulässig zu erachten, wenn das betreffende Unternehmen erst nach einer gewissen Zeitspanne wieder zum Wettbewerb zugelassen wird. Auch kann die Unzuverlässigkeit eines Unternehmers selbst bei einer schon mehrere Jahre zurückliegenden schweren Verfehlung noch angenommen werden, wenn diese von für sein Unternehmen verantwortlichen Personen begangen worden sind, der Unternehmer davon Kenntnis hatte und – ohne Sanktionen gegen diese Personen zu verhängen – darauf vertraute, dass diese Machenschaften nicht bekannt werden oder sich erst dann zu Selbstreinigungsmaßnahmen veranlasst sieht, wenn wegen der ihm bekannten schweren Verfehlungen staatsanwaltschaftliche Ermittlungen aufgenommen werden.

113 Wenn der Unternehmer von einer unbestimmten Vielzahl von Auftragsvergaben **mehrerer Auftraggeber** oder **eines Auftraggebers** für ein gesamtes Gebiet, wie z.B. ein Bundesland (vgl. Runderlass der Hessischen Landesregierung über Vergabesperren zur Korruptionsbekämpfung v. 16.2.1995 i.d.F. v. 1.7.1997 StAnz. Nr. 35 v. 1.9.1997, 2590; siehe dazu auch die Entscheidung des OLG Frankfurt v. 10.6.1997 11 U [Kart] 10/97, OLGR Frankfurt 1998, 66) dauerhaft ausgeschlossen wird, liegt eine so genannte **koordinierte Auftragssperre** vor (eingehend dazu *Mestmäcker/Bremer* Die koordinierte Sperre im Deutschen und Europäischen Recht der öffentlichen Aufträge BB Beilage 19 zu Heft 5/1995). Eine wesentliche Bedeutung wäre hier der von der Bundesregierung geplanten Einrichtung eines bundesweiten Registers über unzuverlässige Unternehmen zugekommen. Auf das »Korruptionsregister« hätten alle öffentlichen Auftraggeber Zugriff gehabt, mit der Folge, dass insoweit ein flächendeckender Ausschluss von Vergabeverfahren für die betroffenen Unternehmen jederzeit möglich gewesen wäre. Ein vom Bundestag bereits beschlossener Gesetzesentwurf (Gesetz zur Einrichtung eines Registers über unzuverlässige Unternehmen, BT-Drucks. 14/9356 v. 11.6.2002) scheiterte jedoch an der erforderlichen Zustimmung des Bundesrates. Inzwischen liegt zwar ein neuer Entwurf eines »**Gesetzes zur Errichtung eines zentralen Registers über den Ausschluss unzuverlässiger Unternehmen von der Vergabe öffentlicher Aufträge aus korruptionsbezogenen Gründen – Korruptionsregistergesetz – KorrRegG**« (vgl. Art. 6 des Entwurfes eines Gesetzes zur Neuregelung des Vergaberechts, BMWA I B 3 – 26 05 13, Stand: 29.3.1995) vor, dessen Realisierung aber mehr als ungewiss ist. Dagegen sind auf der Ebene einzelner Bundesländer wie in Berlin, Hamburg und Nordrhein-Westfalen Korruptionsregister bereits eingerichtet worden (vgl. dazu näher *Gabriel* VergabeR 2006, 173, 187 f.).

Auch bei den koordinierten Auftragssperren ist der Grundsatz der Verhältnismäßigkeit zu beachten und erfordert in gleicher Weise wie bei den »normalen« Auftragssperren, den betroffenen Unternehmern die Möglichkeit zu geben, sich zu rehabilitieren und sie unter Beachtung der unter Rn. 111 dargelegten Grundsätze ggf. zum Wettbewerb wieder zuzulassen. Im Übrigen wird in Nr. 5 lit. c der Unternehmer und nicht das Unternehmen als solches angesprochen. Sofern also im Einzelfall keine Gründe gegen die Zuverlässigkeit des sich bewerbenden Unternehmers bestehen, darf nicht ohne weiteres von vergangenen Verfehlungen auf die Unzuverlässigkeit geschlossen werden. Der Auftraggeber ist in diesen Fällen jedoch berechtigt, sich vom Unternehmer die Zuverlässigkeit über die normalen Anforderungen hinaus durch Angaben darüber nachweisen zu lassen, welche konkreten Konsequenzen seitens des Unternehmers aus den früher vorgefallenen Verfehlungen gezogen wurden.

f) Gemeinsame Regelung der Bundesministerien

Zu Auftragssperren bei der Vergabe von Aufträgen durch den Bund vgl. die gemeinsame Regelung der Bundesministerien für Raumordnung, Bauwesen und Städtebau, für Wirtschaft, des Innern, der Verteidigung, für Verkehr, für Post und Telekommunikation vom 15.4.1994 (B I 2 A–O 1086–000), die wie folgt lautet:

Ausschluss von Unternehmern von der Vergabe Öffentlicher Aufträge bei illegaler Beschäftigung von Arbeitskräften wegen

- *Unzuverlässigkeit (§ 8 Nr. 5 Abs. 1 Buchst. c VOB/A, § 7 Nr. 5 Buchst. c VOL/A)*
- *nicht ordnungsgemäßer Erfüllung der Verpflichtung zur Zahlung von Steuern und Abgaben sowie der Beiträge zur gesetzlichen Sozialversicherung (§ 8 Nr. 5 Abs. 1 Buchst. d VOB/A, § 7 Nr. 5 Buchst. d VOL/A)*
- *temporäre Auftragssperre*

Ab sofort ist bei Vergabeverfahren nach der VOB und nach der VOL in Bezug auf illegale Beschäftigung von Arbeitskräften folgendes strikt zu beachten:

I.1. Es wird vermutet, dass die erforderliche Zuverlässigkeit i.S. von § 8 Nr. 5 Abs. 1 Buchst. c VOB/A und § 7 Nr. 5 Buchst. c VOL/A nicht besitzt, wer wegen illegaler Beschäftigung (§§ 227, 227a, 229 Abs. 1 Nr. 2 des Arbeitsförderungsgesetzes, §§ 15, 15a, 16 Abs. 1 Nr. 1 und 2 des Arbeitnehmerüberlassungsgesetzes, § 2 des Gesetzes zur Bekämpfung der Schwarzarbeit) zu einer Freiheitsstrafe von mehr als drei Monaten oder einer Geldstrafe von mehr als 90 Tagessätzen verurteilt oder mit einer Geldbuße von wenigstens fünftausend DM belegt worden ist.

2. Das gleiche gilt auch schon vor Durchführung eines Straf- oder Bußgeldverfahrens, wenn im Einzelfall angesichts der Beweislage kein vernünftiger Zweifel an einer schwerwiegenden illegalen Beschäftigung besteht.

3. Liegen die Voraussetzungen von Nummer I 1 oder 2 vor, ist der Bewerber/Bieter unter Berücksichtigung der Umstände des Einzelfalles nach Maßgabe der Nummer I 4 bis 6 in der Regel von der Vergabe auszuschließen, und zwar bei einer erstmaligen Verfehlung in der Regel für 6 Monate, im Wiederholungsfalle regelmäßig für zwei Jahre. Tatbestände, die vor dem (Tag des Inkrafttretens) liegen, werden nicht berücksichtigt.

4. Die Dauer des Ausschlusses ist im Falle der Nummer I 1 grundsätzlich vom Zeitpunkt der Registereintragung an zu berechnen. Im Falle der Nr. I 2 ist der Ausschluss von dem Zeitpunkt an zu berechnen, zu dem der öffentliche Auftraggeber Kenntnis im Sinne der Nummer I 2 erlangt.

5. Die Vergabestelle hat bei ihrer Entscheidung über einen Ausschluss alle Besonderheiten des Einzelfalles zu berücksichtigen, insbesondere anhand der folgenden Kriterien:
   - *die absolute und relative Zahl der illegal beschäftigten Arbeitnehmer,*
   - *die Dauer der Beschäftigung illegaler Arbeitnehmer,*
   - *die Häufigkeit etwaiger Verstöße,*
   - *eine bestehende Wiederholungsgefahr,*
   - *der seit einem Rechtsverstoß verstrichene Zeitraum,*
   - *der Umfang der Auswirkung eines Normenverstoßes auf den öffentlichen Auftraggeber,*
   - *organisatorische Maßnahmen durch den Unternehmer, um einen weiteren Normenverstoß zu vermeiden,*
   - *u.U. eine Beschränkung des Verstoßes auf nur einen Tätigkeitsbereich des Unternehmens,*

- *ob die illegale Beschäftigung zu Wettbewerbsverzerrungen geführt hat (z.B. günstigere Kalkulation der Angebotspreise),*
- *ob der Ausschluss von öffentlichen Aufträgen die Wirtschaftslage des Unternehmens gefährdet,*
- *ob der Ausschluss zu einer relevanten Verengung des Bewerber-/Bieterkreises führt,*
- *ob gleichzeitig gegen Steuer- und Abgabentatbestände verstoßen worden ist (§§ 370, 377, 380 AO, 266a StGB).*

Anhand insbesondere dieser Kriterien hat die Vergabestelle zu prüfen, ob der Bewerber/Bieter im zu entscheidenden Einzelfall nicht oder abweichend von der in Nummer I 3 vorgesehenen Regelzeit auszuschließen ist.

Unberührt hiervon bleibt die Möglichkeit, bei nachgewiesenem Vorliegen der Voraussetzungen des § 8 Nr. 5 Abs. 1 Buchst. d VOB/A bzw. § 7 Nr. 5 Buchst. d VOL/A den Unternehmer allein auf der Grundlage eines Verstoßes gegen Steuer- und Abgabentatbestände auszuschließen.

6. Die Vergabestelle soll sich bei ihrer Entscheidung im Interesse eines einheitlichen Verwaltungshandelns der öffentlichen Hand regional und sektoral mit anderen Vergabestellen abstimmen.

7. Dem Bewerber/Bieter ist vor einem Ausschluss Gelegenheit zur Äußerung innerhalb einer angemessenen Frist zu geben.

II. Verfahren zur Prüfung der Voraussetzung von I Nummer 1. Die Vergabestelle hat wie folgt zu verfahren:

1. *Vom Bewerber um einen öffentlichen Auftrag*
   - *nach der VOB oder*
   - *nach der VOL für solche Bereiche, in denen nach den Erfahrungen der Bundesregierung und der gesetzlichen Wertung in § 99 Viertes Buch Sozialgesetzbuch die Gefahr illegaler Beschäftigung besteht (Schaustellergewerbe, Gebäudereinigungsgewerbe, Personen- und Güterbeförderungsgewerbe, Beherbergungs- und Gaststättengewerbe, Auf- und Abbau von Messen und Ausstellungen)*

   ist zur Prüfung von Eintragungen nach Nummer I 1 gemäß § 8 Nr. 5 Abs. 2 VOB/A und § 7 Nr. 4 VOL/A eine Auskunft aus dem Gewerbezentralregister nach § 150 der Gewerbeordnung zu verlangen.

   Bei Bewerbungen um einen Auftrag über Leistungen nach der VOL im Übrigen reicht grundsätzlich eine Eigenerklärung zu Verurteilungen und Bußgeldbescheiden gemäß Nummer I 1 aus. Auf die Möglichkeit des Ausschlusses von der Teilnahme am Wettbewerb nach § 7 Nr. 5 Buchst. e VOL/A bei unzutreffenden Erklärungen ist hinzuweisen. Nur bei Anhaltspunkten für eine illegale Beschäftigung ist auch von diesen Bewerbern eine Auskunft aus dem Gewerbezentralregister zu verlangen. Der Registerauszug nach Absatz 1 darf nicht älter als drei Monate sein.

   Die vorstehenden Vorlage- und Erklärungspflichten gelten nicht für die Vergabe von Aufträgen nach der VOL mit geringfügigem Volumen (bis 20.000 DM), hiervon ausgenommen sind Dauerschuldverhältnisse (z.B. Reinigungsauftrag über 6 Jahre).

   Bei dringlichen VOL-Vergaben ist zuzulassen, dass der Registerauszug unverzüglich nachgereicht werden kann.

2. Von ausländischen Bewerbern/Bietern sind statt oder neben dem in Nummer II 1 Absatz 1 genannten Auszug aus dem Gewerbezentralregister gleichwertige Bescheinigungen von Gerichts- oder Verwaltungsbehörden ihres Herkunftslandes zu verlangen.

3. Der Registerauszug nach Nummer II 1 bzw. 2 ist von dem Leiter der Vergabestelle oder von einem durch den Leiter bestimmten Mitarbeiter auf Eintragungen wegen Bußgeldbescheiden im Zusammenhang mit illegaler Beschäftigung zu prüfen. Über evtl. Eintragungen ist ein Vermerk zu fertigen, der den Vergabeakten beizufügen ist. Der Registerauszug ist sodann unverzüglich zurückzugeben. Alle Registerauszüge sind streng vertraulich zu behandeln. Andere als die illegale Beschäftigung betreffende Eintragungen dürfen nicht entnommen oder weitergegeben werden, es sei denn, sie wirken

sich ebenfalls auf die Beurteilung der Zuverlässigkeit nach § 8 Nr. 5 Abs. 1 Buchst. c VOB/A bzw. § 7 Nr. 5 Buchst. c VOL/A bzw. § 7 Nr. 5 Buchst. d VOL/A aus.

4. a) Im Falle der Öffentlichen Ausschreibung nach § 3 Nr. 1 Abs. 1 VOB/A und § 3 Nr. 1 Abs. 1 VOL/A bzw. des Offenen Verfahrens nach § 3a Nr. 1 Buchst. a VOB/A und § 3a Nr. 1 Abs. 1 S. 1, erste Alternative VOL/A, ist vorzusehen, dass der Registerauszug erst nach Aufforderung und nur von den Bewerbern/Bietern vorzulegen ist, deren Angebote in die engere Wahl kommen.

b) Im Falle der Beschränkten Ausschreibung nach öffentlichem Teilnahmewettbewerb nach § 3 Nr. 1 Abs. 2, zweite Alternative VOB/A, und § 3 Nr. 1 Abs. 4, erste Alternative VOL/A, des Nichtoffenen Verfahrens nach § 3a Nr. 1 Buchst. b und § 3a Nr. 1 Abs. 1 S. 1 zweite Alternative VOL/A sowie des Verhandlungsverfahrens nach § 3a Nr. 1 Buchst. c VOB/A und § 3a Nr. 1 Abs. 1 S. 2, erste Alternative VOL/A, ist vorzusehen, dass der Registerauszug mit dem Antrag auf Teilnahme vorzulegen ist.

c) Im Falle der Beschränkten Ausschreibung nach § 3 Nr. 1 Abs. 2, erste Alternative VOB/A, und § 3 Nr. 1 Abs. 2 VOL/A sowie der Freihändigen Vergabe nach § 3 Nr. 1 Abs. 3 VOB/A und § 3 Nr. 1 Abs. 3 VOL/A ist vorzusehen, dass der Registerauszug mit der Abgabe des Angebotes vorzulegen ist.

5. Auf das Verlangen nach Vorlage der in Nummer II 1 und 2 genannten Bescheinigungen durch die Bewerber/Bieter ist in der jeweiligen Bekanntmachung bzw. der Aufforderung zur Abgabe eines Angebotes hinzuweisen. Es ist ferner darauf hinzuweisen, dass ein Angebot von der Wertung ausgeschlossen werden kann, wenn die in Nummer II 1 und 2 genannten Bescheinigungen nicht rechtzeitig vorgelegt worden sind.

Vgl. dazu auch den Erlass des Bundesministers für Raumordnung, Bauwesen und Städtebau vom 28.11.1994 (B I 2 A–0 1086–000, VOB-Materialsammlung VHB Nr. 3.1) mit den folgenden Anwendungshinweisen zur vorgenannten Regelung:

I. *Zuständigkeiten der Vergabestelle (Bauamt)*

1. Die Vergabestelle hat bei Vergaben nach VOB und bei selbstständigen Vergaben an Unternehmen des Gebäudereinigungsgewerbes nach VOL über 20.000 DM nach Abschnitt II Nr. 1 des Erlasses vom 5. April 1994 i.V.m. Abschnitt II Nr. 4 Auszüge aus dem Gewerbezentralregister zu verlangen. Hierzu sind die erforderlichen Eintragungen in Bekanntmachungen und Verdingungsmustern vorzunehmen. Die Textvorgaben für die jeweiligen Verwaltungsbereiche und Vergabearten ergeben sich aus der Anlage.

Soweit bei der Prüfung des Registerauszuges nach Abschnitt II Nr. 3 Eintragungen über Bußgeldbescheide im Zusammenhang mit illegaler Beschäftigung oder andere sich auf die Beurteilung der Zuverlässigkeit auswirkende Tatbestände festgestellt werden, ist der nach Abschnitt II Nr. 3 Abs. 1 über die Eintragung zu fertigende Vermerk unverzüglich der zuständigen Oberfinanzdirektion zur weiteren Veranlassung vorzulegen. Eine vertrauliche Behandlung ist sicherzustellen. Mit der Vorlage an die Oberfinanzdirektion sind auch zeitliche und finanzielle Auswirkungen (Ablauf der Zuschlagsfrist, Beginn der Arbeiten, Folgekosten wegen Stillstand usw.) aufzuzeigen.

2. Die Vergabestelle hat Bewerber und Bieter, die bereits früher von der Oberfinanzdirektion ausgeschlossen wurden, schriftlich auf den bestehenden Ausschluss hinzuweisen. Die Oberfinanzdirektion ist durch Abdruck zu unterrichten. Maßgebender Zeitraum ist der Ablauf der Zuschlagsfrist. Endet der zeitlich befristete Ausschluss vorher, ist ein neuer Gewerberegisterauszug zu verlangen.

3. Die Vergabestelle hat bei sonstigen Vergaben nach der VOL über 20.000 DM Eigenerklärungen nach Abschnitt II Nr. 1 zu verlangen. Hierzu sind die erforderlichen Eintragungen in die Verdingungsmuster zu veranlassen. Die Textvorgaben für die jeweiligen Verwaltungsbereiche und Vergabearten ergeben sich aus der Anlage.

VOB/A § 8 — Teilnehmer am Wettbewerb

Zuständigkeit der Oberfinanzdirektion

1. Die Oberfinanzdirektion hat die von den Vergabestellen vorgelegten Vermerke über Eintragungen in den Registerauszügen im Hinblick auf Abschnitt I zu prüfen. Ist der Ausschluss eines Unternehmens beabsichtigt, gibt sie dem Bewerber/Bieter Gelegenheit zur Äußerung innerhalb einer angemessenen Frist (Abschnitt I Nr. 7). Die betroffene Vergabestelle ist zu unterrichten. Die sich aus der zeitlichen Verzögerung evtl. ergebenden Auswirkungen sind mit der Vergabestelle abzuklären.
2. Die Oberfinanzdirektionen eines Bundeslandes sollen sich vor der Entscheidung über einen Ausschluss abstimmen.
3. Die Entscheidung über den Ausschluss ist von der zuständigen Oberfinanzdirektion dem betroffenen Unternehmen und der Vergabestelle mitzuteilen, die die Entscheidung veranlasst hat. Das Bundesbauministerium, andere Oberfinanzdirektionen des Bundeslandes und die übrigen Vergabestellen der Oberfinanzdirektion sind durch Abdruck zu unterrichten.

II. Textvorgaben zur Anwendung des Vergabehandbuches des Bundes

1. Vergaben nach der VOB
   Bei öffentlichen Ausschreibungen und offenen Verfahren ist
   – bei der Bekanntmachung im EFB-BekÖ(Öffentliche Ausschreibung) unter Buchstabe a bzw. im EFB- BekB (Offenes Verfahren) unter Nr. 11 a
   – bei der Angebotsanforderung (nach Abschnitt II Nr. 4 a) in Nr. 4 der Angebotsanforderung (EVM[B] A bzw. EVM[B] A EG) oder Nr. 2 der EVM[K] A/BwB
   einzutragen:
   »Der Bieter hat auf Verlangen des Bauamtes zum Nachweis seiner Zuverlässigkeit gemäß § 8 Nr. 5 Abs. 2 VOB/A einen Auszug aus dem Gewerbezentralregister nach § 150 Abs. 1 Gewerbeordnung vorzulegen. Der Auszug darf nicht älter als drei Monate sein. Ausländische Bieter haben auf Verlangen eine gleichwertige Bescheinigung ihres Herkunftslandes vorzulegen. Ein Angebot kann von der Wertung ausgeschlossen werden, wenn der Auszug nicht rechtzeitig vorgelegt wird.«
   Bei Nichtoffenen Verfahren, Beschränkten Ausschreibungen nach Öffentlichem Teilnahmewettbewerb und Verhandlungsverfahren ist (nach Abschnitt II Nr. 4 b) bei der Bekanntmachung im EFB-BekC (Nichtoffenes Verfahren) unter Nr. 10 a, im EFB-BekT (Beschränkte Ausschreibung nach Öffentlichem Teilnahmewettbewerb) unter Buchstabe p und im EFB-BekD (Verhandlungsverfahren) unter Nr. 9a einzutragen:
   »Der Bewerber hat zum Nachweis seiner Zuverlässigkeit gemäß § 8 Nr. 5 Abs. 2 VOB/A mit dem Antrag auf Teilnahme einen Auszug aus dem Gewerbezentralregister nach § 150 Abs. 1 Gewerbeordnung vorzulegen. Der Auszug darf nicht älter als drei Monate sein. Ausländische Bieter haben eine gleichwertige Bescheinigung ihres Herkunftslandes vorzulegen. Ein Angebot kann von der Wertung ausgeschlossen werden, wenn der Auszug nicht rechtzeitig vorgelegt wird.«
   Bei Beschränkten Ausschreibungen (ohne öffentlichen Teilnahmewettbewerb) und Freihändigen Vergaben ist (nach Abschnitt II. Nr. 4 c) in Nr. 4 der Angebotsanforderung (EVM[B]A) bzw. in Nr. 2 der Angebotsanforderung (EVM[K] A/BwB) einzutragen:
   »Der Bieter hat mit Abgabe seines Angebotes zum Nachweis seiner Zuverlässigkeit gemäß § 8 Nr. 5 Abs. 2 VOB/A einen Auszug aus dem Gewerbezentralregister nach § 150 Abs. 1 Gewerbeordnung vorzulegen. Der Auszug darf nicht älter als drei Monate sein. Ausländische Bieter haben eine gleichwertige Bescheinigung ihres Herkunftslandes vorzulegen. Ein Angebot kann von der Wertung ausgeschlossen werden, wenn der Auszug nicht rechtzeitig vorgelegt wird.«

III. Ergänzende Hinweise
   Zur Erläuterung und einheitlichen Handhabung meines Erlasses vom 5.4.1994 (22.3.1994) bitte ich um die Beachtung der folgenden ergänzenden Hinweise:

Zu I Nr. 3 S. 2:
Die Regelung bezweckt sicherzustellen, dass Tatbestände berücksichtigt werden, die nach dem jeweiligen Inkrafttreten der Ausschlussregelung in den betreffenden Verwaltungsbereichen (z.B. Geschäftsbereich der einzelnen Bundesressorts oder der Landesressorts, soweit die Regelung übernommen wird) liegen.

Zu I 1 und 5:
Die Ausschlussregelung ist als eine Vermutungsregelung abgefasst: Liegen die Voraussetzungen nach I 1. vor, so ist der Unternehmer in der Regel von der Vergabe auszuschließen.

Diese Regelungstechnik hat zur Folge, dass grundsätzlich der Unternehmer die Darlegungs- und Beweislast dafür hat, abweichend von der Regelvermutung nicht ausgeschlossen zu werden. Der Unternehmer muss deshalb zu den Kriterien 1. bis 10. die für ihn günstigsten Umstände selbst einbringen. D.h., die für die Ausschlussentscheidung zuständige Oberfinanzdirektion hat sich z.B. bei ihrer Entscheidung über einen Ausschluss des Unternehmers nur dann

— *mit dem Aspekt der absoluten und relativen Zahl der illegal beschäftigten Arbeitnehmer zu befassen, wenn sich der Auftragnehmer zu seinen Gunsten darauf beruft, dass er nur eine geringe absolute Anzahl von Arbeitnehmern illegal eingesetzt habe und diese Zahl im Verhältnis zu allen Beschäftigen des Unternehmens gering sei*
— *mit der Dauer der Beschäftigung illegaler Arbeitnehmer zu befassen, wenn der Unternehmer zu seinen Gunsten vorbringt, er habe nur über einen kurzen Zeitraum illegale Arbeitnehmer eingesetzt*
— *mit dem Aspekt einer Gefährdung der Wirtschaftslage des Unternehmens zu befassen, wenn der Unternehmer durch entsprechende Belege (Bilanzen, Steuererklärungen etc.) glaubhaft macht, dass der Ausschluss von öffentlichen Aufträgen die Wirtschaftslage des Unternehmens gefährdet.*

Beruft sich der Unternehmer nicht auf einzelne für ihn günstige Kriterien, so hat die zuständige Oberfinanzdirektion nur bei positiver Kenntnis einzelner Umstände diese bei ihrer Entscheidung über einen Ausschluss zu berücksichtigen. Dies trifft z.B. regelmäßig auf diejenigen Umstände zu, die unmittelbar aus den vorgelegten Gewerbezentralregisterauszügen bzw. nach dem Abschnitt II Nr. 3 Abs. 1 über die Eintragungen gefertigten Vermerk zu entnehmen sind, also insbesondere die Häufigkeit etwaiger eingetragener Verstöße oder der seit einem Rechtsverstoß verstrichene Zeitraum. Eine eigene Nachforschungspflicht trifft die Vergabestelle bzw. die Oberfinanzdirektion im Übrigen nicht.

Das Kriterium zu 11 hat die Oberfinanzdirektion aus eigener Marktkenntnis zu beurteilen. Die Prüfung des Kriteriums zu 12 obliegt ebenfalls der Vergabestelle.

Wie sich aus der Formulierung »insbesondere« in I 5. Abs. 2 ergibt, sind ggf. auch andere für die Ausschlussentscheidung im Einzelnen relevante Kriterien zu berücksichtigen, soweit sich der Unternehmer auf solche beruft oder diese der Vergabestelle positiv bekannt sind.

Zu II 1
Die Gewerbezentralregisterauszüge sind

— *für natürliche Personen beim zuständigen Einwohnermeldeamt*
— *für juristische Personen bei der Stelle zu beantragen, die nach Landesrecht für die Anmeldung des Gewerbes zuständig ist (in der Regel das Gewerbeamt).*

Diese Stelle leitet einen entsprechenden Vordruck an das Gewerbezentralregister beim Bundeszentralregister in Berlin weiter; von dort wird der ausgefüllte Vordruck direkt an den Bewerber versandt.

Kann ein Unternehmen den geforderten Gewerbezentralregisterauszug z.B. wegen zu knapper Vergabefristen nicht rechtzeitig vorlegen, kann die Bescheinigung bis zum Ablauf der Zuschlagsfrist, ggf. auch erst nach Auftragserteilung, nachgereicht werden. Der Auftragnehmer hat jedoch schriftlich zu versichern, dass Eintragungen wegen illegaler Beschäftigung im Gewerbezentralregister nicht bestehen. Der Auftragnehmer ist darauf hinzuweisen, dass er bei einer unzutreffenden Angabe nach § 7 des EVM(B) Ang. von weiteren Aufträgen ausgeschlossen werden kann.

Für VOB-Verfahren ist ein »Schwellenwert«, unterhalb dessen die Auszüge nicht erforderlich sind, bislang nicht vorgesehen.

Zum bundesweiten Ausschluss von Bietern bei überregionaler Bedeutung der Preisabsprache ist der Erlass des BMBau v. 5.12.1994 (B I 2 A–01082–102/21) zu beachten, wonach regional (z.B. in den Ländern) ausgeschlossene Bieter auch bundesweit ausgeschlossen werden können (vgl. Die Bauverwaltung 1995, 51).·

g) Tariftreue

115 Der Tatbestand einer schweren Verfehlung liegt nicht unbedingt vor, wenn der Bewerber gegen einen für ihn verbindlichen Tarifvertrag oder einen nach § 5 TVG für allgemein verbindlich erklärten Tarifvertrag verstoßen hat; allerdings kann dabei die Angemessenheit der dann im etwaigen Angebot geforderten Preise nach § 2 Nr. 1 S. 1 VOB/A in Frage stehen. Möglich und zulässig ist aber, von den Bietern und/oder späteren Auftragnehmern eine Verpflichtungserklärung dahin zu fordern, dass sie **die für sie geltenden tarifvertraglichen Bestimmungen,** insbesondere wenn ein Tarifvertrag gemäß § 5 TVG für allgemein verbindlich erklärt wurde, einhalten. Nicht zulässig ist es dagegen, wenn ein öffentlicher Auftraggeber, z.B. ein Bundesland, darüber hinaus ohne Allgemeinverbindlicherklärung oder Tarifgebundenheit des betreffenden Unternehmers die **Einhaltung von in einer bestimmten Region geltenden Lohntarifen fordert,** um etwa die örtliche Bauwirtschaft vor auswärtiger Konkurrenz zu schützen. Unstreitig ist, dass ohne gesetzliche Grundlage eine derartige Erklärung – unabhängig davon, ob der betreffende Auftraggeber ein marktbeherrschender Nachfrager i.S.d. § 19 Abs. 2 GWB ist – nicht verlangt werden kann (vgl. BGH Vorlagebeschl. v. 18.1.2000 KVR 23/98 = BauR 2000, 1736 = NZBau 2000, 189; OLG Hamburg Beschl. v. 4.11.2002 1 Verg 3/02 = VergabeR 2003, 40 = ZfBR 2003, 186). In erster Linie folgt die Unzulässigkeit derartiger so genannter **Tariftreueerklärungen** zwar aus wettbewerbsrechtlichen Überlegungen (vgl. BKartA Beschl. v. 3.11.1997 B5–75123-VX-61/95 – Tariftreueerklärung = WuW 1998, 207 sowie die zugehörige Beschwerdeentscheidung des KG Berlin Beschl. v. 20.5.1998 Kart 24/97 = ZIP 1998, 1600 = NJWE-WettbR 1998, 284 = EWiR 1998, 981; OLG Köln Urt. v. 23.2.200 28 O [Kart] 561/04 = NZBau 2006, 134), darüber hinaus kann dieses Verlangen des Auftraggebers – jedenfalls ohne gesetzliche Grundlage – aber auch vor der VOB keinen Bestand haben. Mit den **Tariftreueerklärungen** werden im Grunde wirtschaftspolitische Ziele verfolgt, die außerhalb der nach der VOB an den Unternehmer zu stellenden Anforderungen stehen, wie sie in § 2 Nr. 1 S. 1 VOB/A dem Grundsatz nach enthalten sind (vgl. VÜA Bund Beschl. v. 16.12.1998 2 VÜ 32/98 = WuW 1999, 324; allgemein zur Zulässigkeit so genannter vergabefremder Kriterien vgl. Kommentierung zu § 97 Abs. 4 GWB sowie *Burgi* NZBau 2001, 64 ff.; *Ziekow* NZBau 2001, 72 ff.; *Burgbacher* VergabeR 2001, 169, *Burgi/Nicola/Waldhorst* RdA 2006, 85 ff.). Zudem dürfte mittelbar auch ein Verstoß gegen das Verbot der Beschränkung des Wettbewerbkreises auf bestimmte Regionen gemäß § 8 Nr. 1 S. 2 VOB/A vorliegen, da Unternehmern von außerhalb mit einem insgesamt niedrigeren Lohnniveau der Zugang zu der Auftragsvergabe erschwert oder gar unmöglich gemacht wird.

116 Ein **Tariftreuegesetz** auf Bundesebene ist bis heute nicht zustande gekommen. Ein entsprechender Gesetzentwurf wurde zwar vom Bundestag am 26.4.2002 beschlossen, jedoch verweigerte der Bundesrat am 31.5.2002 seine Zustimmung. Dagegen sind gesetzliche Tariftreuepflichten in einigen Landesvergabegesetzen enthalten (vgl. etwa Bayerisches Bauaufträge-Vergabegesetz v. 28.6.2000 GVBl. 2000 S. 364; Vergabegesetz für das Land Bremen v. 17.12.2002 GBl. Nr. 66 v. 19.12.2002 S. 594; Niedersächsisches Vergabegesetz v. 2.9.2002 GVBl. S. 370, zuletzt geändert durch Gesetz v. 9.12.2005 GVBl. S. 395; Tariftreue-Gesetz Nordrhein-Westfalen v. 17.12.2002 GVBl. S. 8; Saarländisches Bauaufträge-Vergabegesetz v. 23.8.2000 ABl. S. 1846; Sächsisches Vergabegesetz v. 8.7.2002 SächsGVBl. Nr. 10 v. 26.7.2002, 218). Allerdings bestehen gegenüber den gesetzlichen Tariftreuepflichten neben allgemeinen gemeinschaftsrechtlichen (Diskriminierung von Auftragnehmern aus EU-Mitgliedstaaten, Verletzung der Dienstleistungsfreiheit gem. Art. 49 EG-Vertrag) auch grundsätzliche verfas-

sungsrechtliche Bedenken. Zum einen ist fraglich, ob den Bundesländern hierfür überhaupt eine Gesetzgebungskompetenz zusteht (zweifelnd *Gallwas* VergR 2001, 1 ff.) und zum anderen greift die Tariftreueregelung in die über Art. 9 Abs. 3 GG grundrechtlich gesicherte **negative Koalitionsfreiheit** ein, wenn Unternehmer gezwungen werden, sich an Tarifverträge zu halten, die nicht für allgemeinverbindlich erklärt wurden. Das Berliner Vergabegesetz (BerlVergG) v. 9.7.1999 (GVBl., 369) hat der BGH wegen der von ihm angenommenen Verfassungswidrigkeit mit Beschl. v. 18.1.2000 (KVR 23/98, BauR 2000, 1736 = NZBau 2000, 189 = ZfBR 2000, 316) dem BVerfG zur verbindlichen Entscheidung gemäß Art. 100 Abs. 1 GG vorgelegt. Eine Entscheidung dazu ist noch nicht ergangen. In einem weiteren Fall hat das OLG Celle mit Beschluss v. 3.8.2006 (13 U 72/06 = IBR 2006, 513) eine im Niedersächsischen Landesvergabegesetz geregelte Tariftreuepflicht gem. Art. 234 EG-Vertrag dem EuGH zur Entscheidung vorlegt, da es die Tariftreuepflicht nicht mit der in Art. 49 EG-Vertrag geregelten Dienstleistungsfreiheit für vereinbar hält.

4. Nichtzahlung von Steuern, Abgaben und Sozialversicherungsbeiträgen

Auszuschließen von der Teilnahme am Wettbewerb sind nach **Nr. 5 Abs. 1 lit. d** auch solche Bewerber, die ihre **Verpflichtung zur Zahlung von Steuern und Abgaben sowie von Beiträgen zur gesetzlichen Sozialversicherung** nicht ordnungsgemäß erfüllt haben. Diese Regelung hat ihren Grund darin, den Auftraggeber von vornherein davor zu schützen, von öffentlichen Kassen wegen der Verbindlichkeiten des Bewerbers bzw. späteren Auftragnehmers in Anspruch genommen zu werden, sei es aufgrund Abtretung, sei es kraft Gesetzes oder auch kraft im Wege der Zwangsvollstreckung durchgeführter Pfändung und Überweisung. Während Steuern Leistungen im Rahmen der Steuergesetze umfassen, sind Abgaben Beiträge und Gebühren, die eine öffentliche Körperschaft kraft ihrer Finanzhoheit erheben kann. Mit den Beiträgen zur gesetzlichen Sozialversicherung sind insbesondere die Beiträge zur Kranken-, Unfall-, Renten- und Arbeitslosenversicherung (§ 1 SGB IV) gemeint.

117

Hierzu zählen auch Beiträge zu Sozialkassen, die aufgrund von für allgemeinverbindlich erklärten Tarifverträgen zu zahlen sind (a.A. OLG Schleswig-Holstein Urt. v. 6.11.2001 6 U 50/01 = VergabeR 2002, 316 = ZfBR 2002, 16). Zwar sind Sozialkassen keine gesetzliche Sozialversicherung, dennoch besteht auch hier ein vergleichbares Interesse der betroffenen Solidargemeinschaft an einer Sicherstellung des Aufkommens der benötigten Mittel. Zu berücksichtigen ist weiter, dass die Allgemeinverbindlicherklärung zwar kein Gesetz im klassischen Sinn ist, jedoch kommt ihr als Rechtssetzungsakt eigener Art eine gleiche Wirkung zu. Auch dies rechtfertigt es, die Sozialkassenbeiträge als Beiträge zur gesetzlichen Sozialversicherung anzusehen oder zumindest als gesetzliche Abgabe. Bei der Auslegung des Ausschlusstatbestandes Nr. 5 Abs. 1 lit. d ist schließlich zu beachten, dass die hier im Vordergrund stehende Zuverlässigkeit des Bewerbers in Frage gestellt ist, wenn er gesetzlich geregelten Zahlungspflichten, die im unmittelbaren Zusammenhang mit seiner gewerblichen Tätigkeit und der auszuführenden Bauleistung stehen, nicht nachkommt. Eine Pflicht zur allgemeinen Gesetzestreue des Unternehmers kann der Bestimmung der Nr. 5 Abs. 1 lit. d jedoch nicht entnommen werden. Voraussetzung ist insoweit immer ein sachlicher Bezug zu dem zu vergebenden Auftrag (ebenso *Willenbruch* VergabeR 2002, 321).

Demzufolge wird der Ausschluss eines Unternehmers, obwohl nicht ausdrücklich erwähnt, ebenfalls zulässig sein, wenn dieser seinen Pflichten nach dem **Arbeitnehmer-Entsendegesetz** (AEntG) nicht nachkommt und das Mindestentgelt nicht zahlt oder – wie soeben erwähnt – keine Zahlungen an gemeinsame Einrichtungen der Tarifvertragsparteien leistet (vgl. § 1 AEntG), weil dann für das beabsichtigte Bauvorhaben die Gefahr besteht, dass der Auftraggeber gemäß **§ 1a AEntG** von den Gläubigern unter Umständen als **gesetzlicher Bürge** in Anspruch genommen wird. Schließlich ist generell darauf zu achten, ob der Bewerber illegale Arbeitskräfte beschäftigt. Zu berücksichtigen sind auch etwaig vorgesehene Nachunternehmer, wie dies § 1a AEntG auch aus haftungsrechtlichen Gesichtspunkten deutlich macht.

118 Voraussetzung für den Ausschluss eines Bewerbers muss allerdings sein, dass er **entweder gegenwärtig** – also im Zeitpunkt der Ausschreibung bzw. des Angebotsverfahrens – die genannten Pflichten nicht oder nicht vollständig erfüllt **oder** dass dies **in der Vergangenheit** in einer Weise geschehen ist, dass für den Auftraggeber die konkrete Gefahr der Wiederholung gerade auch heute noch besteht. Einer weiteren Auslegung ist das Tatbestandsmerkmal »nicht ordnungsgemäß erfüllt haben« nicht zugänglich. Ein Unternehmer könnte auch nicht allein deshalb ausgeschlossen werden, weil er mit dem Begünstigten (Finanzamt, Sozialversicherung, u.a.) über die Frage der Berechtigung der Zahlungspflichten streitet. Voraussetzung hiefür ist aber, dass die Gründe aus Sicht des Unternehmers wenigstens plausibel und nachvollziehbar sind. Denn kein Unternehmer kann und soll über die Auftragsvergabe gezwungen werden, Forderungen, an deren Rechtmäßigkeit er mit guten Gründen zweifelt, zu begleichen. Im Streitfall ist der Auftraggeber für das Vorliegen des Ausschlussgrundes beweispflichtig (vgl. dazu auch EuGH Urt. v. 9.2.2006 Rs. C 226/04 »La Cascina« VergabeR 2006, 340 = ZfBR 2006, 275 = NZBau 2006, 328 sowie Anm. *Schabel* VergabeR 2006, 346).

119 Nach dem Gesagten kann auch die **Erteilung einer steuerlichen Unbedenklichkeitsbescheinigung durch das Finanzamt nicht zur Sicherung zukünftiger Steuerforderungen von einer Forderungsabtretung des Bewerbers abhängig gemacht werden,** da es an dem erforderlichen inneren Zusammenhang fehlt, den die Unbedenklichkeitsbescheinigung erfüllen soll, nämlich die Beurteilung der Leistungsfähigkeit und Zuverlässigkeit des Bewerbers für die ordnungsgemäße Ausführung des von der Vergabe erfassten Bauvorhabens; eine solche Bescheinigung dient nicht der Sicherung schon fälliger Steuerforderungen, sondern erst – möglicherweise mit dem zu vergebenden Auftrag – fällig werdender Steuerforderungen, die noch nicht einmal entstanden sind; hier wird von Seiten der Finanzbehörde ein unzulässiger Druck ausgeübt, der insbesondere auch dazu führt, dass der Auftraggeber über die wirkliche Sachlage getäuscht wird, indem säumige Steuerzahler nichtsäumigen gleichgestellt werden und daher die Vergabeentscheidung zum Nachteil des nichtsäumigen beeinflusst werden kann; da hier die von der Erteilung der Bescheinigung abhängig gemachte Abtretung lediglich als Druckmittel der Finanzbehörde anzusehen ist, ist eine dennoch erfolgte Abtretung nach § 138 BGB nichtig (BGH Urt. v. 21.3.1985 VII ZR 192/83 = BGHZ 94, 125 = BauR 1985, 442 = NJW 1985, 1825 = SFH § 8 VOB/A Nr. 1 mit Anm. *Hochstein* = ZfBR 1985, 160). Gegenüber den Rückforderungsansprüchen, die sich daraus im Hinblick auf vom Auftraggeber an die Finanzbehörde bezahlte Vergütungsanteile des zum Auftragnehmer gewordenen Bewerbers bzw. Bieters ergeben, kann nicht mit später entstandenen Steuerforderungen aufgerechnet werden, weil dem der Gesichtspunkt der unzulässigen Rechtsausübung (§ 242 BGB) entgegensteht (BGH a.a.O.).

Zur Problematik der Abhängigkeit öffentlicher Aufträge von steuerlichen Unbedenklichkeitsbescheinigungen vgl. von Elsner (BB 1979, 793). Daraus und vor allem auch wegen der bereits vorangehend genannten Probleme war es durchaus sachgerecht, als der Bundesminister für Raumordnung, Bauwesen und Städtebau (Erlass v. 8.10.1990 B I 2 – 0 1080–410/11) ein Schreiben des Bundesministers der Finanzen (IV A 5 – S 0270–10/90 v. 18.9.1990) bekannt gegeben hatte, in dem mitgeteilt wird, dass **künftig auf die Anforderung der steuerlichen Unbedenklichkeitsbescheinigungen bei der Vergabe öffentlicher Aufträge verzichtet** und stattdessen von den Bewerbern eine Erklärung gemäß § 8 Nr. 5 Abs. 2 VOB/A (vgl. dazu unten Rn. 126) gefordert werde. **Danach genügt eine Erklärung des Bewerbers oder Bieters, dass er seiner Verpflichtung zur Zahlung fälliger Steuern und Abgaben sowie der Beiträge zur gesetzlichen Sozialversicherung nachgekommen ist.**

120 Von der Unbedenklichkeitsbescheinigung ist die in § 48b EStG geregelte **Freistellungsbescheinigung** zu unterscheiden. Durch deren Vorlage kann der Unternehmer den ansonsten vom Auftraggeber nach den §§ 48 ff. EStG vorzunehmenden Steuerabzug (15 v.H. der Vergütung) vermeiden. Einer vom Bewerber vorgelegten Freistellungsbescheinigung kommt im Hinblick auf die Frage der Eignung, hier insbesondere der Zuverlässigkeit, eine eher untergeordnete Bedeutung zu. Die Freistellungsbescheinigung wird nach § 48b Abs. 1 und Abs. 2 EStG erteilt, wenn der Unternehmer bestimmten, in der Abgabenordnung geregelten Anzeige-, Auskunfts- und Mitwirkungspflichten nachkommt und im Übrigen glaubhaft macht, dass keine zu sichernden Ansprüche bestehen. **Trotz dieser geringen Anforderungen wird der Auftraggeber dennoch die Vorlage einer Freistellungsbescheinigung verlangen können** (a.A. *Ortlieb* NZBau 2002, 416). Dies zum einen deshalb, weil die Freistellungsbescheinigung zumindest ein Indiz für die steuerliche Zuverlässigkeit darstellt, und – allerdings nicht im Zusammenhang mit der Eignungsprüfung stehend, sondern aus allgemeinen Überlegungen – zum anderen deshalb, weil der Auftraggeber ansonsten gezwungen ist, den Steuerabzug vorzunehmen und in einem umständlichen und aufwändigen Verfahren (§ 48 Abs. 1 und Abs. 2 EStG) gegenüber dem Finanzamt abzurechnen. Zudem haftet der Auftraggeber für einen nicht oder in zu geringer Höhe vorgenommenen Steuerabzug (§ 48 Abs. 3 EStG).

5. Vorsätzlich unzutreffende Erklärungen der Bewerber

Ein Ausschlussgrund ist nach **Nr. 5 lit. e** ferner dann gegeben, wenn Bewerber im Vergabeverfahren **vorsätzlich unzutreffende Erklärungen** in Bezug auf ihre **Fachkunde, Leistungsfähigkeit und Zuverlässigkeit** abgegeben haben (zu den Begriffen Fachkunde, Leistungsfähigkeit und Zuverlässigkeit vgl. § 2 VOB/A Rn. 16 ff.). Voraussetzung für den Ausschluss ist, dass der betreffende Bewerber **vorsätzlich** gehandelt hat und dass sich die unzutreffenden Erklärungen auf Tatsachen beziehen, die für die vorgenannten Merkmale wesentlich sind. Da diese **grundlegend** für eine sachgerechte Bauvergabe an einen Unternehmer überhaupt sind, liegt auf der Hand, dass jener Bewerber von vornherein kein Vertrauen genießen kann, der seine wirklichen Verhältnisse – auf den Rahmen der drei Merkmale beschränkt – falsch dargestellt oder verschwiegen hat. Ein vorsätzliches Handeln kann auch bei Angaben oder Behauptungen **ins Blaue hinein** vorliegen, was etwa dann der Fall ist, wenn ein Bewerber oder Bieter Nachunternehmer benennt, ohne diese vorher wegen der zu vergebenden Leistungen überhaupt kontaktiert zu haben.

121

Wegen der entscheidenden Bedeutung der Eignungskriterien für die Auftragserteilung besteht eine **Aufklärungspflicht des Bewerbers** auch über solche Umstände, nach denen der Auftraggeber zwar nicht gefragt, die aber für die Beurteilung offensichtlich bedeutsam sind, weil sie den Vertragszweck vereiteln oder gefährden könnten (vgl. BGH NJW 1971, 1795; zur Qualifikation bei Übernahme von Architektenleistungen OLG Nürnberg Urt. v. 12.9.1997 6 U 2235/96 = BauR 1998, 1273 = NJW-RR 1998, 1714). Dies trifft z.B. zu, wenn der Bewerber verschweigt, dass er illegale Arbeitskräfte beschäftigt (vgl. dazu Rundschreiben des BMBau v. 3.7.1987 B I 2 – 01082 – 108/30). Zu beachten ist jedoch, dass ein Ausschlussgrund nur bei **Vorsatz** vorliegt. Grundsätzlich betrifft der Ausschluss vom Wettbewerb nur das Verfahren, um das es sich gerade handelt. Man wird aber auch solche Bewerber mit der hier erörterten Regelung erfassen müssen, die in **früheren Vergabeverfahren** sich eines solchen groben Verstoßes schuldig gemacht haben. Allerdings wird der Ausschluss **nicht auf ewige Zeit** ausgedehnt werden können. Hat es sich z.B. um einen einmaligen Verstoß gehandelt, der schon lange Jahre zurückliegt, und hat sich der Bewerber zwischenzeitlich ordnungsgemäß verhalten, dürfte es nicht angehen, ihn wegen der einmaligen früheren Verfehlung jetzt vom Wettbewerb auszuschließen. Als Richtschnur wird auch hier sinngemäß der in Nr. 3 Abs. 1 geregelte Zeitraum von drei Jahren seit dem Vorkommnis heranzuziehen sein.

Für die Darlegung eines ursächlichen Zusammenhangs zwischen Täuschung und Abgabe einer Willenserklärung genügt es, dass der Getäuschte Umstände dargetan hat, die für seinen Entschluss von Bedeutung sein konnten, und dass die arglistige Täuschung nach der Lebenserfahrung bei der Art des zu beurteilenden Rechtsgeschäfts Einfluss auf die Entscheidung hat; ist ein Umstand, über dessen Vorhandensein eine Vertragspartei getäuscht hat, zugleich Gegenstand einer vertraglichen Zusicherung gewesen, so rechtfertigt dies nach der Lebenserfahrung die Annahme, dass die Täuschung die Entschließung des anderen Vertragsteils beeinflusst hat (BGH Urt. v. 12.5.1995 V ZR 34/94 = VersR 1995, 1496). Ein Ausschlussgrund liegt daher immer dann vor, wenn sich der betreffende Bewerber zum Zweck der Erreichung eines Bauauftrags gegenüber dem Auftraggeber bzw. dessen Ver-

122

treter einer **arglistigen Täuschung** schuldig macht, die den Auftraggeber, wenn es zum Vertrag gekommen wäre, zur **Anfechtung nach § 123 BGB berechtigt hätte**. Dazu kann auch das Verschweigen wirtschaftlicher Bedrängnis gehören, wenn dadurch der in Aussicht genommene Vertragszweck vereitelt oder zum Nachteil des Auftraggebers wesentlich erschwert würde (vgl. BGH Urt. v. 5.12.1975 V ZR 34/74 = Betrieb 1976, 332 = WM 1976, 111).

6. Nichtanmeldung bei der Berufsgenossenschaft

123 Schließlich können Bewerber ausgeschlossen werden, die sich **nicht bei der Berufsgenossenschaft angemeldet** haben. Diese Bestimmung ist wegen des Sachzusammenhangs aus § 25 Nr. 1 Abs. 1c VOB/A einer früheren Fassung der VOB hierher übernommen worden. Gemeint ist die Nichtanmeldung bei **derjenigen Berufsgenossenschaft, der der betreffende Bewerber nach dem von ihm ausgeübten Beruf zugehören muss.** Dieser Ausschlussgrund hat folgende Bewandtnis:

Nach den Vorschriften der ursprünglich in der **Reichsversicherungsordnung** (RVO) und durch das Unfallversicherungs-Einordnungsgesetz v. 7.8.1996 (BGBl. I S. 1254; zuletzt geändert durch Art. 6 des Gesetzes zur Förderung ganzjähriger Beschäftigung v. 26.4.2006 BGBl. I 926) als Siebtes Buch in das **Sozialgesetzbuch** aufgenommenen gesetzlichen Unfallversicherung ist grundsätzlich jeder Unternehmer gezwungen, Mitglied der Berufsgenossenschaft zu sein. Wie sich aus den §§ 2 ff. SGB VII ergibt, unterstehen der gesetzlichen Unfallversicherung die Betriebe der Bauunternehmer selbst, daneben aber auch die Bauarbeiten außerhalb eines gewerbsmäßigen Baubetriebes. Jeder Unternehmer gewerbsmäßiger oder nichtgewerbsmäßiger Bauarbeiten ist gemäß §§ 114, 121 SGB VII Mitglied der für ihn zuständigen Berufsgenossenschaft, also auch der so genannte private Eigenbauherr (vgl. OLG Düsseldorf Urt. v. 17.1.1978 4 U 201/77 = BB 1978, 480 = NJW 1978, 1694 = VersR 1978, 638). Dabei unterliegen die Unternehmer gegenüber der Berufsgenossenschaft der Anmeldepflicht (§ 192 SGB VII). Bei einer Nichtanmeldung haben die Arbeitnehmer in dem Baubetrieb zwar Versicherungsschutz. Es treten aber zwei andere Folgen ein: Einmal kann die Berufsgenossenschaft ihre Umlage nicht richtig berechnen, zum anderen unterliegen die nicht angemeldeten Betriebe nicht der Überwachung durch die Berufsgenossenschaft, soweit es die von dieser herausgegebenen Unfallverhütungsvorschriften anbelangt. Insoweit wird auf §§ 14 ff. SGB VII verwiesen. Das Fehlen der Überwachung durch die Berufsgenossenschaft kann für den Auftraggeber zu unzuträglichen und unzumutbaren Verhältnissen führen. Es ist zu bedenken, dass er in vielen Fällen mit den Vorschriften der Berufsgenossenschaft nicht vertraut sein kann oder wird, er daher den Bewerber nicht anzuhalten vermag, die **Unfallverhütungsvorschriften** einzuhalten. Davon abgesehen wäre es für den Auftraggeber auch unzumutbar, Kontrollbefugnisse auszuüben, die nicht in seinen Aufgabenbereich fallen. Das Gleiche gilt hinsichtlich der richtigen Berechnung und rechtzeitigen Bezahlung der Beiträge. Weggefallen ist mit der Neuregelung der Unfallversicherung allerdings das Risiko des Bauherrn, unter Umständen für die Versicherungsbeiträge des Unternehmers haftbar gemacht zu werden. Nach der nicht in das Siebte Sozialgesetzbuch übernommenen Vorschrift des § 729 RVO war dies für den Fall vorgesehen, dass der Bewerber in seiner Eigenschaft als Unternehmer Bauarbeiten nicht gewerbsmäßig durchführte (zur Haftungsersetzung gemäß §§ 636, 637 RVO in der Rechtsprechung des Bundesgerichtshofs *Lepa* VersR 1985, 8. Allgemein zu den Haftungsregeln der §§ 636 ff. RVO siehe vor allem auch *Geigel/Kolb* Kap. 31 Rn. 1 ff.; zu den Änderungen der Haftung infolge des Unfallversicherungs-Einordnungsgesetzes v. 7.8.1996 näher *Rolfs* Die Neuregelung der Arbeitgeber- und Arbeitnehmerhaftung bei Arbeitsunfällen durch das SGB VII, NJW 1996, 3177 sowie *Waltermann* Änderungen im Schadensrecht durch das neue SGB VII NJW 1997, 3401).

124 Im Ergebnis ist es jedenfalls richtig, diejenigen Bewerber auszuschalten, die sich nicht bei der Berufsgenossenschaft angemeldet haben. Die Sicherung der Kontrolle der Einhaltung der Unfallverhütungsvorschriften sowie die Gewähr der rechtzeitigen und richtigen Berechnung und Einziehung der Beiträge ist für den Auftraggeber, insbesondere wenn es sich um die öffentliche Hand handelt, von besonderer Bedeutung.

III. Feststellung von Ausschlussgründen (Nr. 5 Abs. 2 und 3); Beweislast

Wie bereits hervorgehoben, ist der **Auftraggeber** für das Vorliegen einer der in Abs. 1 genannten Ausschlussgründe **darlegungs- und beweispflichtig**. Er muss also entsprechende Tatsachen behaupten und ggf. beweisen. Das kann für ihn im Einzelfall schwierig sein, und er wird hierzu vielfach der **Mithilfe des betreffenden Bewerbers oder Bieters** bedürfen. Vor allem muss es auch im eigenen Interesse des Bewerbers oder Bieters liegen, hier mitzuwirken, damit die aufgeworfenen Fragen nicht durch Einschaltung Dritter geklärt werden müssen, sondern sozusagen intern geregelt werden. Daher entspricht es den Regeln der **Vernunft,** wenn in den Absätzen 2 und 3 eine Rahmenregelung für die Mitwirkung der Bewerber oder Bieter – also vor und nach Angebotsabgabe bis zum Zuschlag – getroffen wurde (auch *Füchsel* Schriftenreihe der Deutschen Gesellschaft für Baurecht e.V. Bd. 24 S. 21). Insoweit handelt es sich zugleich um eine **Mitwirkungspflicht des Bewerbers oder Bieters im Bereich des Wettbewerbs.** Verschließt er sich dieser Mitwirkung, dürfte dies für den Auftraggeber ohne weiteres die Berechtigung beinhalten, den betreffenden Bewerber oder Bieter vom Wettbewerb oder weiteren Wettbewerb **auszuschließen.** Allerdings darf der Auftraggeber auch hier nicht willkürlich oder aus bloßem Gutdünken handeln. Vielmehr muss er – von ihm ggf. darzulegende – gewichtige Gründe haben, um die Aufklärung zu fordern. Er muss also wirklich im Zweifel sein, was allerdings bei dem Auftraggeber unbekannten Bewerbern allgemein der Fall sein dürfte. Im Einzelnen handelt es sich um folgende Mitwirkungen des Bewerbers oder Bieters im Rahmen der gebotenen Aufklärung:

125

1. Bescheinigung der zuständigen Stellen oder Erklärungen

Nach Nr. 5 Abs. 2 darf der Auftraggeber von den Bewerbern oder Bietern entsprechende **Bescheinigungen der zuständigen Stellen oder Erklärungen verlangen**. Im ersten Fall handelt es sich um Bescheinigungen **Dritter,** dabei vornehmlich der zuständigen Behörden; im zweiten Fall handelt es sich um – naturgemäß vollständige und richtige – Erklärungen des Bewerbers oder Bieters **selbst**, ggf. auch durch **von ihm hinzugezogene Dritte.** Selbstverständlich darf das Verlangen auf Vorlage von Bescheinigungen oder Abgabe von Erklärungen nur auf diejenigen Fälle bezogen und damit zugleich beschränkt sein, die von Nr. 5 Abs. 1 erfasst sind (vgl. oben Rn. 91 ff.), also **nicht darüber hinausgehen.** Dabei handelt es sich in den Fällen der Nr. 5 Abs. 1 lit. a, b und c um sog. Negativbescheinigungen oder -erklärungen, während Nr. 5 Abs. 1 lit. d als sog. Positivbescheinigung oder -erklärung aufzufassen ist. Gesonderte steuerliche Unbedenklichkeitsbescheinigungen sind bei öffentlichen Aufträgen nicht mehr zu fordern; vielmehr genügt jetzt eine entsprechende Erklärung (vgl. oben Rn. 119, wonach eine entsprechende Erklärung auch vom Bewerber oder Bieter abgegeben werden kann; siehe dazu Erlass des BMBau v. 8.10.1990 B I 2 – 0 1080 – 410/11). Im Fall der Nr. 5 Abs. 1 lit. e macht die Vorlage von Bescheinigungen oder Erklärungen wenig Sinn, so dass sich der Auftraggeber hier im Allgemeinen auf **andere, jedoch angemessene Weise** Klarheit verschaffen muss. Das Wort »Bescheinigungen« ergibt, dass sie von Dritten **schriftlich** abgegeben werden sollen, während, wie das Wort »Erklärungen« zeigt, der betreffende Bewerber oder Bieter oder der von ihm hinzugezogene Dritte selbst seine Aufklärung **auch mündlich** geben kann. Jedoch sollte auch hier beiderseits aus Beweisgründen die Schriftform oder zumindest die Textform gewählt werden.

126

2. Bescheinigung nach Nr. 3 Abs. 2

Der Nachweis, dass Ausschlussgründe nach Nr. 5 Abs. 1 nicht vorliegen, kann gemäß Nr. **5 Abs. 3** dadurch geführt werden, dass eine **Bescheinigung nach Nr. 3 Abs. 2 vorgelegt** wird. Allerdings kann es sein, dass die Angaben der Bescheinigung nach Nr. 3 Abs. 2 **nicht mehr zutreffen**, sich insbesondere die wirklichen Verhältnisse bei dem betreffenden Bewerber oder Bieter bis zur Zuschlagserteilung geändert haben. Sollte der Auftraggeber dieses erfahren, wie z.B. die Eröffnung eines Insolvenzverfahrens, wobei für den Bewerber oder Bieter auch eine **Pflicht zur Mitteilung** besteht, um eine Haftung zumindest aus culpa in contrahendo zu vermeiden, so nützt die Bescheinigung nichts

127

mehr. Ihr bloßes Vorhandensein reicht dann nicht, um diesen Bewerber oder Bieter (weiter) am Wettbewerb zu beteiligen. Deshalb regelt die VOB hier auch mit Recht, dass der Inhalt der Bescheinigung bis zur Zuschlagserteilung **widerlegt** werden kann, was zugleich bedeutet, dass letztlich den Auftragnehmer auch hier die Beweislast trifft.

§ 8a
Teilnehmer am Wettbewerb

1. (1) Ein Unternehmen ist von der Teilnahme an einem Vergabeverfahren wegen Unzuverlässigkeit auszuschließen, wenn der Auftraggeber Kenntnis davon hat, dass eine Person, deren Verhalten dem Unternehmen zuzurechnen ist, rechtskräftig wegen Verstoßes gegen eine der folgenden Vorschriften verurteilt worden ist:
   a) § 129 des Strafgesetzbuches (Bildung krimineller Vereinigungen), § 129a des Strafgesetzbuches (Bildung terroristischer Vereinigungen), § 129b des Strafgesetzbuches (kriminelle und terroristische Vereinigungen im Ausland),
   b) § 261 des Strafgesetzbuches (Geldwäsche, Verschleierung unrechtmäßig erlangter Vermögenswerte),
   c) § 263 des Strafgesetzbuches (Betrug), soweit sich die Straftat gegen den Haushalt der EG oder gegen Haushalte richtet, die von der EG oder in ihrem Auftrag verwaltet werden,
   d) § 264 des Strafgesetzbuches (Subventionsbetrug), soweit sich die Straftat gegen den Haushalt der EG oder gegen Haushalte richtet, die von der EG oder in ihrem Auftrag verwaltet werden,
   e) § 334 des Strafgesetzbuches (Bestechung), auch i.V.m. Artikel 2 des EU-Bestechungsgesetzes, Artikel 2 § 1 des Gesetzes zur Bekämpfung internationaler Bestechung, Artikel 7 Abs. 2 Nr. 10 des Vierten Strafrechtsänderungsgesetzes und § 2 des Gesetzes über das Ruhen der Verfolgungsverjährung und die Gleichstellung der Richter und Bediensteten des Internationalen Strafgerichtshofes,
   f) Artikel 2 § 2 des Gesetzes zur Bekämpfung internationaler Bestechung (Bestechung ausländischer Abgeordneter im Zusammenhang mit internationalem Geschäftsverkehr),
   g) § 370 der Abgabenordnung, auch i.V.m. § 12 des Gesetzes zur Durchführung der gemeinsamen Marktorganisationen und der Direktzahlungen (MOG), soweit sich die Straftat gegen den Haushalt der EG oder gegen Haushalte richtet, die von der EG oder in ihrem Auftrag verwaltet werden.
   Einem Verstoß gegen diese Vorschriften gleichgesetzt sind Verstöße gegen entsprechende Strafnormen anderer Staaten. Ein Verhalten ist einem Unternehmen zuzurechnen, wenn eine für dieses Unternehmen für die Führung der Geschäfte verantwortlich handelnde Person selbst gehandelt hat oder ein Aufsichts- oder Organisationsverschulden gemäß § 130 des Gesetzes über Ordnungswidrigkeiten (OWiG) dieser Person im Hinblick auf das Verhalten einer anderen für den Bewerber handelnden Person vorliegt.
   (2) Als Nachweis, dass die Kenntnis nach Absatz 1 unrichtig ist, akzeptiert der Auftraggeber eine Urkunde einer zuständigen Gerichts- oder Verwaltungsbehörde des Herkunftslands. Wenn eine Urkunde oder Bescheinigung vom Herkunftsland nicht ausgestellt ist oder nicht vollständig alle vorgesehenen Fälle erwähnt, kann dies durch eine eidesstattliche Erklärung oder eine förmliche Erklärung vor einer zuständigen Gerichts- oder Verwaltungsbehörde, einem Notar oder einer dafür qualifizierten Berufsorganisation des Herkunftslands ersetzt werden.
   (3) Von einem Ausschluss nach Absatz 1 kann nur abgesehen werden, wenn zwingende Gründe des Allgemeininteresses vorliegen und andere die Leistung nicht angemessen er-

bringen können oder wenn aufgrund besonderer Umstände des Einzelfalls der Verstoß die Zuverlässigkeit des Unternehmens nicht in Frage stellt.

2. Beim Offenen Verfahren gilt § 8 Nr. 2 Abs. 1.
3. Beim Nichtoffenen Verfahren müssen mindestens 5 geeignete Bewerber aufgefordert werden. § 8 Nr. 2 Abs. 2 S. 1 gilt nicht. Auf jeden Fall muss die Zahl der aufgeforderten Bewerber einen echten Wettbewerb sicherstellen. Die Eignung ist anhand der mit dem Teilnahmeantrag vorgelegten Nachweise zu prüfen.
4. Beim Verhandlungsverfahren mit Vergabebekanntmachung und beim Wettbewerblichen Dialog darf bei einer hinreichenden Anzahl geeigneter Bewerber die Zahl der zu Verhandlungen aufzufordernden Bewerber nicht unter drei liegen. Es sind jedoch so viele Bewerber zu berücksichtigen, dass ein Wettbewerb gewährleistet ist.
5. Beim Verhandlungsverfahren gilt § 8 Nr. 3 bis 5.
6. Will der Auftraggeber im Nichtoffenen Verfahren, im Wettbewerblichen Dialog oder im Verhandlungsverfahren die Zahl der Teilnehmer begrenzen, so gibt er in der Bekanntmachung die von ihm vorgesehenen objektiven und nicht diskriminierenden, auftragsbezogenen Kriterien, die vorgesehene Mindestzahl und gegebenenfalls auch die Höchstzahl an einzuladenden Bewerbern an.
7. Kann ein Unternehmer aus einem berechtigten Grund die geforderten Nachweise nicht beibringen, so kann er den Nachweis seiner Eignung durch Vorlage jedes anderen vom Auftraggeber als geeignet erachteten Belegs erbringen.
8. Der Auftraggeber kann von Bietergemeinschaften die Annahme einer bestimmten Rechtsform nur für den Fall der Auftragserteilung verlangen und sofern dies für die ordnungsgemäße Durchführung des Auftrages notwendig ist.
9. Hat ein Bieter oder Bewerber vor Einleitung des Vergabeverfahrens den Auftraggeber beraten oder sonst unterstützt, so hat der Auftraggeber sicherzustellen, dass der Wettbewerb durch die Teilnahme des Bieters oder Bewerbers nicht verfälscht wird.
10. Ein Bieter kann sich, ggf. auch als Mitglied einer Bietergemeinschaft, bei der Erfüllung eines Auftrags der Fähigkeiten anderer Unternehmen bedienen, ungeachtet des rechtlichen Charakters der zwischen ihm und diesen Unternehmen bestehenden Verbindungen. Er muss in diesem Fall dem Auftraggeber gegenüber nachweisen, dass ihm die erforderlichen Mittel zur Verfügung stehen, indem er beispielsweise eine entsprechende Verpflichtungserklärung dieser Unternehmen vorlegt.
11. (1) Auftraggeber können zusätzlich Angaben über Umweltmanagementverfahren verlangen, die der Bewerber oder Bieter bei der Ausführung des Auftrags gegebenenfalls anwenden will. In diesen Fällen kann der Auftraggeber zum Nachweis dafür, dass der Bewerber oder Bieter bestimmte Normen für das Umweltmanagement erfüllt, die Vorlage von Bescheinigungen unabhängiger Stellen verlangen. In diesen Fällen nehmen sie auf das Gemeinschaftssystem für das Umweltmanagement und die Umweltbetriebsprüfung (EMAS) oder auf Normen für das Umweltmanagement Bezug, die auf den einschlägigen europäischen oder internationalen Normen beruhen und von entsprechenden Stellen zertifiziert sind, die dem Gemeinschaftsrecht oder einschlägigen europäischen oder internationalen Zertifizierungsnormen entsprechen. Gleichwertige Bescheinigungen von Stellen in anderen Mitgliedstaaten sind anzuerkennen. Die Auftraggeber erkennen auch andere Nachweise für gleichwertige Umweltmanagement-Maßnahmen an, die von Bewerbern oder Bietern vorgelegt werden.

(2) Auftraggeber können zum Nachweis dafür, dass der Bewerber oder Bieter bestimmte Qualitätssicherungsnormen erfüllt, die Vorlage von Bescheinigungen unabhängiger Stellen verlangen. In diesen Fällen nehmen sie auf Qualitätssicherungsverfahren Bezug, die den einschlägigen europäischen Normen genügen und von entsprechenden Stellen zertifiziert sind, die den europäischen Zertifizierungsnormen entsprechen. Gleichwertige Bescheinigungen von Stellen aus anderen Mitgliedstaaten sind anzuerkennen. Die Auftraggeber erkennen auch andere gleichwertige Nachweise für Qualitätssicherungsmaßnahmen an.

Inhaltsübersicht   Rn.

A. Allgemeine Grundlagen 1
B. Zwingender Ausschlussgrund bei rechtskräftiger Verurteilung wegen bestimmter Straftaten (Nr. 1) 3
   I. Allgemeines 3
   II. Die Voraussetzungen im Einzelnen: Rechtskräftige Verurteilung u.a. (Nr. 1 Abs. 1) 5
   III. Kenntnis und Nachweis der Verurteilung sowie Gegenbeweis (Nr. 1 Abs. 1 und Abs. 2). 9
   IV. Ausnahmen vom zwingenden Ausschluss (Nr. 1 Abs. 3) 10
C. Offenes Verfahren (Nr. 2) 11
D. Nichtoffenes Verfahren (Nr. 3) 12
   I. Zahl der aufzufordernden Unternehmer 12
   II. Nachweis der Eignung 13
E. Verhandlungsverfahren mit Vergabebekanntmachung und Wettbewerblicher Dialog (Nr. 4) . 14
F. Verhandlungsverfahren (Nr. 5) 15
G. Begrenzung der Anzahl der Teilnehmer (Nr. 6) 16
H. Vorlage anderer als der geforderten Nachweise (Nr. 7) 19
I. Rechtsform von Bietergemeinschaften (Nr. 8) 20
J. Beteiligung von vorbefassten Bewerbern oder Bietern (Nr. 9) 26
K. Leistungserfüllung durch Dritte (Nr. 10) 31
L. Nachweis von Umweltmanagement- und Qualitätssicherungsverfahren (Nr. 11) 34
   I. Umweltmanagementverfahren (Abs. 1) 35
   II. Qualitätssicherungsnormen (Abs. 2) 36

A. Allgemeine Grundlagen

1 § 8a VOB/A ergänzt die Basisbestimmung des § 8 VOB/A für den Bereich der Vergaben, bei denen der Gesamtauftragswert den maßgeblichen Schwellenwert gemäß § 2 Nr. 4 VgV erreicht (vgl. § 1a Nr. 1 Abs. 1 VOB/A), und befasst sich mit dem gleichen Thema des am Wettbewerb zu beteiligenden Personenkreises. § 8a VOB/A, der zunächst die Vorgaben der Richtlinie 93/37/EWG zur Koordinierung der Verfahren zur Vergabe öffentlicher Bauaufträge vom 14.6.1993 – Baukoordinierungsrichtlinie (BKR) – (ABl. Nr. L 199 v. 9.8.1993 S. 54, geändert durch die Richtlinie 97/52/EG v. 13.10.1997 ABl. Nr. L 328 v. 28.11.1997 und die Richtlinie 2001/78/EG v. 13.9.2001 ABl. Nr. L 285 v. 29.10.2001, ABl. Nr. L 214/I v. 9.8.2002) umsetzte, wurde mit der **VOB 2006 in Anpassung an die Neufassung der Koordinierungsrichtlinien** durch die Richtlinie 2004/18/EG des europäischen Parlaments und des Rates vom 31.3.2004 über die Koordinierung der Verfahren zur Vergabe öffentlicher Bauaufträge, Lieferaufträge und Dienstleistungsaufträge (ABl. Nr. L 134 v. 30.4.2004) **grundlegend geändert**.

Sofern und soweit § 8a VOB/A keine von **§ 8 VOB/A abweichenden Regelungen enthält, gilt § 8 VOB/A ohne Einschränkung.** Daher kommen z.B. nach Gegenstand und Inhalt dieselben Nachweise in Betracht, wie sie in der Basisbestimmung in § 8 Nr. 3 und 4 VOB/A aufgeführt sind. Nicht zuzustimmen war daher der Auffassung, wonach die zulässigen Nachweise hinsichtlich der technischen Leistungsfähigkeit auf die in Art. 27 BKR aufgeführten Nachweise beschränkt gewesen sein sollen (so OLG Thüringen Beschl. v. 5.12.2001 6 Verg 3/01 = VergabeR 2002, 160 = ZfBR 2002, 389).

Nach der eindeutigen Regelung in § 8 Nr. 3 lit. g VOB/A steht es dem Auftraggeber offen, andere oder zusätzliche Nachweise als die ausdrücklich genannten zu verlangen, sofern hierfür ein sachlicher Grund bzw. ein konkreter Bedarf besteht. Die Art. 27 BKR ersetzende und dem Inhalt nach weitgehend deckungsgleiche Bestimmung des Art. 48 der Richtlinie 2004/18/EG ist gleichfalls – im Gegensatz zu Art. 47 der Richtlinie 2004/18/EG – abschließend formuliert. Für eine richtlinienkonforme Auslegung des § 8a VOB/A besteht jedoch weder eine Notwendigkeit noch der dafür erforderliche Spielraum. Zulässig ist daher, zum Nachweis der technischen Leistungsfähigkeit z.B. eine Zertifizierung nach den DIN EN ISO 9000 ff. zu fordern, soweit dem Bieter gleichzeitig die Möglichkeit eingeräumt wird, einen entsprechenden Nachweis auch anders zu führen, wie dies jetzt § 8a Nr. 11 Abs. 2 VOB/A ausdrücklich vorsieht. Ein Bieter kann allerdings nicht allein deshalb ausgeschlossen werden, weil er diese geforderte Zertifizierung nicht vorgelegt hat, wenn und solange die technische Leistungsfähigkeit auf andere Art und Weise ausreichend belegt ist (vgl. § 8a Nr. 11 Abs. 2 S. 4 VOB/A).

Während sich die bisherige Fassung im Grunde auf **Verweisungen zu § 8 VOB/A** beschränkte und **2** abweichende bzw. konkrete Regelungen nur hinsichtlich der **Anzahl** der bei einem Nichtoffenen Verfahren und einem Verhandlungsverfahren aufzufordernden Bewerber enthielt, hat § 8a VOB/A unter zum Teil wörtlicher Aufnahme des Textes der Richtlinie 2004/18/EG eine **erhebliche Ausweitung** des Regelungsinhalts erfahren. Der Umfang der Vorschrift ist von ursprünglich vier auf jetzt elf Nummern angewachsen, wobei lediglich die Nr. 1 und 2 sowie weitgehend die Nr. 3, jetzt Nr. 2 bis 4, unverändert geblieben sind.

B. Zwingender Ausschlussgrund bei rechtskräftiger Verurteilung wegen bestimmter Straftaten (Nr. 1)

I. Allgemeines

Während es bei **§ 8 Nr. 5 Abs. 1 lit. c VOB/A** grundsätzlich im **Ermessen des Auftraggebers liegt**, **3** ob er **ein Unternehmen** bei Vorliegen einer schweren Verfehlung vom Wettbewerb **ausschließt**, ordnet § 8a Nr. 1 VOB/A für den Fall einer **rechtskräftigen Verurteilung** einer für das Unternehmen für die Führung der Geschäfte **verantwortlich handelnden Person wegen einer der in § 8a Nr. 1 Abs. 1 VOB/A im Einzelnen und abschließend aufgezählten Straftaten** an, dass dieses **Unternehmen** grundsätzlich **zwingend wegen Unzuverlässigkeit vom Wettbewerb auszuschließen ist**. Mit der Aufnahme dieses Ausschlusstatbestands, der auf **Art. 45 Abs. 1 der Richtlinie 2004/18/EG** zurückgeht, kommt das **rechtspolitische Anliegen zum Ausdruck, die Korruption und den Terrorismus effektiver zu bekämpfen**, indem Wirtschaftsteilnehmer, die sich dieser Straftaten schuldig gemacht haben, keine öffentlichen Aufträge mehr erhalten sollen. **Im Vordergrund steht im Eigentlichen nicht die Eignung, insbesondere die Zuverlässigkeit des betreffenden Unternehmens für die zu vergebenden Leistungen, sondern in erster Linie wird die öffentliche Auftragsvergabe hier als Mittel zur vorbeugenden Verbrechensbekämpfung** in dem angesprochenen Bereich der Kriminalität **eingesetzt**. Im Grunde handelt es sich bei diesem zwingenden Ausschlussgrund daher um einen »vergabefremden Aspekt« im weiteren Sinn, da er nicht unbedingt einen Bezug zu den zu vergebenden Leistungen verlangt.

Durch die Regelung in § 8a Nr. 1 VOBA ergeben sich **keine Änderungen bei den Anforderungen** **4** **oder den Voraussetzungen eines Ausschlusses wegen einer schweren Verfehlung gem. § 8 Nr. 5 Abs. 1 lit. c VOB/A**, da die Anwendbarkeit des § 8 VOB/A und die danach möglichen Sanktionen von der Regelung des § 8a Nr. 1 VOB/A unberührt bleiben. § 8a Nr. 1 VOB/A ist, soweit die Straftat zugleich die Zuverlässigkeit dieses Unternehmens in Frage stellt, was in der Regel der Fall sein wird, als »**Verschärfung**« zu verstehen, da er dem Auftraggeber gerade keinen Ermessens- oder Beurteilungsspielraum (abgesehen von der Ausnahme in § 8a Nr. 1 Abs. 3 Hs. 2 VOB/A) belässt. Wenn ein zum Ausschluss nach § 8a Nr. 1 VOB/A führender Sachverhalt vorliegt, wird der Auftraggeber nach der Zielrichtung dieser Vorschrift insbesondere auch eine Auftragssperre gegen das betreffende Unternehmen verhängen dürfen (vgl. dazu im Einzelnen § 8 Nr. 5 Abs. 1 lit. c VOB/A Rn. 91 ff.).

II. Die Voraussetzungen im Einzelnen: Rechtskräftige Verurteilung u.a. (Nr. 1 Abs. 1)

5 **Der Auftraggeber ist nur dann verpflichtet, ein Unternehmen auszuschließen**, wenn er **Kenntnis** davon hat, dass eine (1) **rechtskräftige Verurteilung vorliegt**, und zwar (2) **einer Person, deren Verhalten dem Unternehmen zuzurechnen ist**, und (3) **wegen einer der aufgeführten Straftatbestände**, denen nach Abs. 1 S. 2 vergleichbare Strafnormen anderer Staaten gleichgesetzt sind.

6 Die Verurteilung setzt ein **Urteil der Strafgerichtsbarkeit bzw. eines vergleichbaren unabhängigen Organs der Strafrechtspflege** in anderen Staaten voraus. Aufgrund der strafrechtlichen Ausrichtung und des Wortlautes »Verurteilung« wird ein Urteil der Zivil- oder Verwaltungsgerichte, soweit die Feststellung einer Strafbarkeit hinsichtlich eines dieser Straftatbestände im Tenor oder den Urteilsgründen überhaupt möglich bzw. denkbar ist, nicht ausreichen. Rechtskräftig ist das Urteil, wenn ein Rechtsmittel nicht statthaft ist oder nicht rechtzeitig eingelegt worden ist, bei allseitigem Verzicht und bei Rücknahme eines eingelegten Rechtsmittels.

7 Die Verurteilung muss sich **gegen eine Person** richten, **deren Verhalten dem Unternehmen zuzurechnen ist**. In Nr. 1 Abs. 1 S. 3 ist näher beschrieben, wann dies der Fall ist. Entweder muss eine für dieses Unternehmen für die Führung der Geschäfte verantwortlich handelnde Person selbst gehandelt haben oder bei dieser Person liegt ein Aufsichts- oder Organisationsverschulden gemäß § 130 des Gesetzes über Ordnungswidrigkeiten (OWiG) im Hinblick auf das Verhalten einer anderen für den Bewerber handelnden Person vor. Wie der Formulierung zu entnehmen ist, **kommt es auf die »faktisch« die Geschäfte führenden Personen an,** so dass sich ein Unternehmen dem Ausschluss nicht entziehen kann, wenn sich eine verurteilte Person von seinem Geschäftsführerposten abberufen lässt, aber weiterhin über eingesetzte Strohmänner tatsächlich die Geschäfte führt und das Unternehmen leitet oder als Mehrheitsgesellschafter ausscheidet, aber weiterhin in Form einer stillen Beteiligung die Geschicke des Unternehmens bestimmt.

8 Die Straftatbestände im Einzelnen:

- § 129 StGB (Bildung krimineller Vereinigungen), § 129a StGB (Bildung terroristischer Vereinigungen), § 129b StGB (kriminelle und terroristische Vereinigungen im Ausland),
- § 261 StGB (Geldwäsche, Verschleierung unrechtmäßig erlangter Vermögenswerte),
- § 263 StGB (Betrug) und § 264 (Subventionsbetrug), **soweit sich die Straftaten gegen den Haushalt der EG oder gegen Haushalte richten, die von der EG oder in ihrem Auftrag verwaltet werden**. Die Verurteilung wegen Betruges oder Subventionsbetruges aufgrund von Handlungen, die in keinem Zusammenhang mit Finanzmitteln der EU stehen, begründet daher keinen zwingenden Ausschluss nach § 8a Nr. 1 Abs. 1 VOB/A, kann aber Anlass für einen Ausschluss wegen einer nachweislichen schweren Verfehlung i.S.d. § 8 Nr. 5 Abs. 1 lit. c VOB/A sein.
- § 334 StGB (Bestechung), auch i.V.m. Artikel 2 des EU-Bestechungsgesetzes, Artikel 2 § 1 des Gesetzes zur Bekämpfung internationaler Bestechung, Artikel 7 Abs. 2 Nr. 10 des Vierten Strafrechtsänderungsgesetzes und § 2 des Gesetzes über das Ruhen der Verfolgungsverjährung und die Gleichstellung der Richter und Bediensteten des Internationalen Strafgerichtshofes,
- Art. 2 § 2 des Gesetzes zur Bekämpfung internationaler Bestechung (Bestechung ausländischer Abgeordneter im Zusammenhang mit internationalem Geschäftsverkehr),
- § 370 AO auch i.V.m. § 12 des Gesetzes zur Durchführung der gemeinsamen Marktorganisationen und der Direktzahlungen (MOG), soweit sich die Straftat gegen den Haushalt der EG oder gegen Haushalte richtet, die von der EG oder in ihrem Auftrag verwaltet werden.

Zusammenfassend lässt sich sagen, dass über die in § 8a Nr. 1 Abs. 1 lit. c, d und g VOB/A genannten Straftaten des Betrugs, des Subventionsbetrugs und der Steuerhinterziehung die **finanziellen Interessen der EU**, insbesondere die **öffentlichen Mittel der EU geschützt** werden sollen. Die weiteren Strafbestimmungen der **§§ 129 ff. StGB, § 261 StGB** und die genannten **Bestechungsdelikte** (vgl. § 8a Nr. 1 Abs. 1 lit. a, b, e und f VOB/A) dienen der **Bekämpfung der organisierten Kriminalität, des Terrorismus und der Geldwäsche sowie allgemein der Eindämmung der grenzüberschreitenden Korruption.**

III. Kenntnis und Nachweis der Verurteilung sowie Gegenbeweis (Nr. 1 Abs. 1 und Abs. 2)

Grundsätzlich reicht zum Nachweis die **Kenntnis des Auftraggebers** von einer Verurteilung einer für die Führung des Unternehmens verantwortlichen Person aus, um die **Ausschlussverpflichtung zu begründen**. Voraussetzung ist aber, dass die **Kenntnis auf seriösen und grundsätzlich einer Überprüfung zugänglichen Quellen** beruht. Reine Gerüchte oder bloße Mutmaßungen reichen daher nicht aus; andererseits darf sich der Auftraggeber der Erlangung der Kenntnis nicht verschließen und wird sogar gehalten sein, bestehenden Anhaltspunkten nachzugehen oder eine zweifelhafte Informationslage aufzuklären. 9

Sofern nach diesen Vorgaben die Annahme der Kenntnis nicht zu beanstanden ist, ist das betroffene **Unternehmen** mit dem **Beweis belastet**, dass die Kenntnis des Auftraggebers **unrichtig** ist, d.h. dass eine solche **Verurteilung** entweder **nicht vorliegt** oder dass sich das Unternehmen die **Verurteilung nicht** nach § 8a Nr. 1 Abs. 1 S. 3 VOB/A **zurechnen** lassen muss. Hinsichtlich der **Nachweisführung** bestimmt **§ 8a Nr. 1 Abs. 2 VOB/A**, dass der Auftraggeber **Urkunden und Bescheinigungen zu akzeptieren hat**, die ggf. durch **eidesstattliche** oder **andere förmliche Erklärungen** vor einer zuständigen Gerichts- oder Verwaltungsbehörde, einem Notar oder einer dafür qualifizierten Berufsorganisation des Herkunftslands ersetzt werden können. Für deutsche Unternehmen kommt hier eine Auskunft aus dem Bundeszentralregister durch Vorlage eines Führungszeugnisses gemäß §§ 30 ff. Bundeszentralregistergesetz (BZRG) in Betracht. Nicht ausreichend wäre ein Gewerbezentralregisterauszug, da in das Gewerbezentralregister nicht die in Nr. 1 Abs. 1 genannten Straftaten eingetragen werden, sondern dieses neben verwaltungsbehördlichen Entscheidungen und Bußgeldbescheiden nur über Verurteilungen wegen einer Straftat nach den §§ 10 f. SchwarzArbG, nach §§ 15 f. AÜG und nach § 266a Abs. 1, 2 und 4 StGB Auskunft gibt (vgl. § 149 Abs. 2 GewO).

Sollte sich aus dem Führungszeugnis eine Straftat des Betruges oder Subventionsbetruges ergeben, müsste anhand weiterer Unterlagen wie dem Strafurteil geprüft werden, ob der nach Nr. 1 Abs. 1 lit. c und d für die Annahme des zwingenden Ausschlussgrundes erforderliche Bezug zu EU-Geldern gegeben ist, sofern nicht der Auftraggeber die Straftat ohnehin zum Anlass nimmt, das Unternehmen nach § 8 Nr. 5 Abs. 1 lit. c VOB/A auszuschließen.

Fraglich ist, ob ein Unternehmen auch dann noch zwingend auszuschließen ist, wenn zwar eine Verurteilung vorliegt, aber die **straffällig gewordene Person** oder ggf. die verantwortlich handelnde Person, der ein Aufsichts- oder Organisationsverschulden zur Last liegt, **entlassen und nachweislich jegliche Verbindungen zu dieser Person bzw. zu diesen Personen abgebrochen worden sind**. Für die Anwendbarkeit zumindest bei den der Korruption im weiteren Sinn zuzuordnenden Straftaten spricht insbesondere der hinter der Regelung des § 8a Nr. 1 VOB/A stehende Gedanke der Sanktion und der Abschreckung. Voraussetzung dürfte aber sein, dass zumindest noch ein enger zeitlicher Zusammenhang zwischen der Verurteilung bzw. der Entlassung und dem Vergabeverfahren besteht. Zu beachten ist weiter, dass die in **§ 8a Nr. 1 Abs. 1 VOB/A** genannten Straftaten in der Regel gleichzeitig eine schwere Verfehlung im Sinne des § 8 Nr. 5 Abs. 1 VOB/A darstellen und wegen ihrer Schwere grundsätzlich auch die Verhängung einer **mehrjährigen Auftragssperre rechtfertigen** können.

IV. Ausnahmen vom zwingenden Ausschluss (Nr. 1 Abs. 3)

10 Nach **Art. 45 Abs. 1 S. 3 der Richtlinie 2004/18/EG** kann es den Auftraggebern überlassen werden, ob sie trotz einer Verurteilung wegen einer der aufgeführten Straftaten **von dem Ausschluss des betreffenden Unternehmens ausnahmsweise absehen wollen**, wenn zwingende Gründe des Allgemeininteresses vorliegen.

In Nr. 1 Abs. 3 wurde von dieser Möglichkeit Gebrauch gemacht, aber ergänzend bestimmt, dass **zwingende Gründe des Allgemeininteresses allein nicht ausreichen,** sondern – in Form von Alternativen – zusätzlich hinzukommen muss, dass

- andere Unternehmen die Leistung nicht oder nicht angemessen erbringen können oder
- aufgrund besonderer Umstände des Einzellfalls der Verstoß die Zuverlässigkeit des Unternehmens nicht in Frage stellt.

Auch wenn aus der Formulierung in Nr. 1 Abs. 3 nicht eindeutig hervorgeht, ob die Ausnahmemöglichkeit der 2. Alternative (»aufgrund besonderer Umstände...«) gleichfalls zwingende Gründe des Allgemeininteresses voraussetzt, wird dies aufgrund des insoweit eindeutigen Richtlinientextes zu bejahen sein.

Ein denkbarer Sachverhalt der in **§ 8a Nr. 1 Abs. 3 Alt. 1 VOB/A** geregelten Ausnahme wäre etwa, wenn zur Aufrechterhaltung der Ver- oder Entsorgungssicherheit der Bevölkerung nur ein Unternehmen in Betracht kommt, dessen Inhaber oder sonstige verantwortlich handelnde Person wegen einer der maßgeblichen Straftaten rechtskräftig verurteilt worden ist.

Wichtig ist, dass **dem Unternehmen kein Anspruch auf Zulassung zum Wettbewerb zusteht**, selbst wenn ein solcher Ausnahmetatbestand anzunehmen ist. Die Entscheidung, ob ein an sich auszuschließendes Unternehmen aufgrund der Ausnahmemöglichkeit der Nr. 1 Abs. 3 dennoch am Wettbewerb beteiligt wird, steht im – ohnehin erheblich eingeschränkten – **Ermessen des Auftraggebers** (»kann nur«). Dass sich das dem Auftraggeber eingeräumte Ermessen soweit verdichtet, dass er verpflichtet ist, ein dem Tatbestand nach auszuschließendes Unternehmen zuzulassen, ist aufgrund des Regelungszweckes kaum denkbar.

C. Offenes Verfahren (Nr. 2)

11 Nach Nr. 2 findet beim Offenen Verfahren § 8 Nr. 2 Abs. 1 (zum Begriff des Offenen Verfahrens vgl. § 3a VOB/A) uneingeschränkt und zwingend Anwendung. Demnach sind auch hier die Vergabeunterlagen an **alle Bewerber** (nicht nur beschränkt auf Bewerber aus den Mitgliedstaaten der EU) abzugeben, die sich gewerbsmäßig mit Leistungen der ausgeschriebenen Art befassen (dazu ist zur Vermeidung von Wiederholungen auf § 8 VOB/A Rn. 40 ff. zu verweisen).

D. Nichtoffenes Verfahren (Nr. 3)

I. Zahl der aufzufordernden Unternehmer

12 In Nr. 3 S. 1 ist die Zahl der im Nichtoffenen Verfahren (über den Begriff des Nichtoffenen Verfahrens vgl. § 3a VOB/A) zur Angebotsabgabe aufzufordernden Unternehmer zumindest teilweise anders festgelegt als in § 8 Nr. 2 Abs. 2 S. 1 VOB/A. Kommt ein EU-weites Nichtoffenes Verfahren zum Zuge, so ergibt sich hier aus S. 1, dass **mindestens 5 geeignete Bewerber** zur Angebotsabgabe aufzufordern sind. Anders als bei der Beschränkten Ausschreibung gilt **diese Zahl als Untergrenze. Im Allgemeinen** dürfte eine sachgerechte Vergabe im Nichtoffenen Verfahren es auch **erforderlich machen, eine höhere Zahl als acht Unternehmer** zur Angebotsabgabe anzusprechen. Diese besonde-

ren Anforderungen, die hier an den sachgerechten Wettbewerb gestellt werden, sind **ernst zu nehmen** und **unbedingt zu beachten**. Dies kommt auch deutlich darin zum Ausdruck, als in **S. 2** noch einmal ausdrücklich vermerkt ist, dass **§ 8 Nr. 2 Abs. 2 S. 1 VOB/A nicht gilt**. Nicht zuletzt durch **S. 3** wird die Auftraggeberseite unmissverständlich aufgefordert, einen **echten Wettbewerb sicherzustellen**, womit selbstverständlich in erster Linie auch die Aufforderung einer hinreichenden Zahl von Wettbewerbern gemeint ist (im Übrigen kann hier wie auch zu dem Problemkreis der Auswahl einer begrenzten Anzahl aus dem Kreis der geeigneten Bewerber auf die Ausführungen zu § 8 VOB/A Rn. 45 ff. hingewiesen werden).

II. Nachweis der Eignung

In **Nr. 3 S. 4** ist bestimmt, dass die Eignung der aufzufordernden Unternehmer **anhand der mit dem Teilnahmeantrag vorgelegten Nachweise zu prüfen** ist. Daraus folgt, dass die Eignung der Bewerber, die zur Angebotsabgabe aufgefordert werden sollen, **vorweg** geprüft werden muss. Dabei dienen die mit dem Teilnahmeantrag durch den Bewerber vorgelegten Nachweise als Prüfungsgrundlage. Dies setzt zwangsläufig voraus, dass der Auftraggeber in der zunächst von ihm ausgehenden Aufforderung, Teilnahmeanträge zu stellen, die Vorlage dieser Nachweise auch tatsächlich gefordert hat. Im Übrigen gelten § 8 Nr. 3 bis 5 VOB/A, insbesondere also die in Nr. 3 genannten Nachweise und die Ausschlussgründe ohne Einschränkung (vgl. oben Rn. 1 und § 8 VOB/A Rn. 64 ff. und 91 ff.).

13

E. Verhandlungsverfahren mit Vergabebekanntmachung und Wettbewerblicher Dialog (Nr. 4)

Zum **Verhandlungsverfahren nach Öffentlicher Vergabebekanntmachung** und zu dem mit der VOB 2006 neu aufgenommenen **Wettbewerblichen Dialog** ist zunächst von **§ 3a Nr. 5 bzw. § 3a Nr. 4 VOB/A** auszugehen, vor allem, was deren Zulässigkeit angeht (vgl. dazu § 3a VOB/A). Für ein solches Verhandlungsverfahren wie auch den Wettbewerblichen Dialog wird in **Nr. 4** festgelegt, dass die **Mindestzahl** der zu den Verhandlungen aufzufordernden Bewerber **nicht unter drei** liegen darf, was allerdings voraussetzt, dass auch drei geeignete Bewerber vorhanden sind (vgl. auch Art. 44 Abs. 3 der Richtlinie 2004/18/EG). Daher ist es unzulässig, ein Verhandlungsverfahren oder einen Wettbewerblichen Dialog unter dieser Zahl stattfinden zu lassen, wenn bei der Prüfung **vor der Aufforderung festgestellt worden ist**, dass sich auf die Vergabebekanntmachung eine ausreichende Anzahl **geeigneter Bewerber** gemeldet hat. Nicht entscheidend ist allerdings, wie viele Unternehmer sich auf die Vergabebekanntmachung überhaupt gemeldet haben, sondern darauf, dass diese für den konkret zu vergebenden Auftrag auch geeignet sind. Dabei können nach Nr. 4 vorher entsprechende Eignungsnachweise entsprechend § 8 Nr. 3 und 4 VOB/A gefordert werden (vgl. § 8 VOB/A Rn. 64 ff.), ebenso kommt dabei auch ein Ausschluss entsprechend a.a.O. Nr. 5 in Betracht (vgl. a.a.O. Rn. 91 ff.). Im Übrigen ergibt sich aus dem **eindeutigen Wortlaut** der hier besprochenen Regelung der Nr. 3 für den Fall, dass sich **zunächst mehr als drei geeignete Bewerber** auf die Öffentliche Vergabebekanntmachung **gemeldet haben, zumindest drei aufgefordert** werden müssen, mit dem Auftraggeber in konkrete Vertragsverhandlungen einzutreten. Es ist zu bedenken, dass gerade auch hier die Sicherstellung eines ordnungsgemäßen Vergabewettbewerbs die oberste Regel ist, was nunmehr mit dem infolge der Änderung durch die VOB 2006 neu angefügten S. 2 noch einmal ausdrücklich festgestellt wird. Danach sind **so viele Bewerber** zu berücksichtigen, dass ein **Wettbewerb gewährleistet** ist.

14

F. Verhandlungsverfahren (Nr. 5)

15 Schließlich ist in **Nr. 5** auch das Verhandlungsverfahren **ohne Öffentliche Vergabebekanntmachung** angesprochen (über dessen Zulässigkeitsvoraussetzungen vgl. § 3a VOB/A). Ohne ergänzende oder abweichende Vorgaben wird in Nr. 5 lediglich auf die Regelungen in **§ 8 Nr. 3 bis 5 VOB/A** verwiesen. Demzufolge geht es auch hier vorweg um Eignungsnachweise (vgl. § 8 VOB/A Rn. 64 ff.) sowie um die Prüfung im Hinblick auf etwaige Ausschlussgründe gemäß a.a.O. Nr. 5 (vgl. § 8 VOB/A Rn. 91 ff.).

Über die **Zahl der aufzufordernden Unternehmer** bei einem Verhandlungsverfahren ohne vorherige öffentliche Vergabebekanntmachung, wie es in § 3a Nr. 5 VOB/A geregelt ist (vgl. dazu § 3a VOB/A), findet sich in § 8a VOB/A **keine Bestimmung**. Dies bedeutet aber nicht, dass der Auftraggeber ohne weiteres bestimmen kann, ob und wie viele Unternehmer er zu Vertragsverhandlungen auffordert. Zu beachten ist hier die Basisvorschrift in **§ 8 Nr. 2 Abs. 3 VOB/A**, wonach bei Freihändiger Vergabe unter den Bewerbern möglichst gewechselt werden soll (vgl. dazu § 8 Rn. 62 f. VOB/A). Maßstab ist also der **Grundsatz des Wettbewerbs**, der darüber hinaus auch der allgemein gültigen Generalklausel in § 2 Nr. 1 S. 2 VOB/A zu entnehmen ist, wonach bei **jeder Bauvergabe der Wettbewerb die Regel** sein soll. Daraus folgt zugleich, dass auch beim Verhandlungsverfahren ohne vorherige Vergabebekanntmachung grundsätzlich mehrere Unternehmer zur Angebotsabgabe aufzufordern sind, damit dem Gebot des Wettbewerbs Genüge getan wird.

G. Begrenzung der Anzahl der Teilnehmer (Nr. 6)

16 Mit der **VOB 2006** wurde in **Nr. 6** – zurückgehend auf Art. 44 Abs. 3 der Richtlinie 2004/18/EG – dem Auftraggeber die Möglichkeit eingeräumt, beim Nichtoffenen Verfahren, beim Wettbewerblichen Dialog und beim Verhandlungsverfahren **die Anzahl der Teilnehmer zu begrenzen**. Dies bedeutet, dass der Auftraggeber nicht alle geeigneten Unternehmen aus dem Bewerberkreis zur Angebotsabgabe auffordern muss, sondern dass es ihm – sofern dem Erfordernis eines ordnungsgemäßen Wettbewerbs Genüge getan ist (vgl. Nr. 4) – grundsätzlich überlassen ist, von den geeigneten Bewerbern – eine ausreichende Anzahl vorausgesetzt – wiederum nur einen Teil an dem weiteren Verfahren zu beteiligen. Während nach § 8b Nr. 3 (jetzt Nr. 4) VOB/A, der für den Sektorenbereich eine der Sache nach vergleichbare Regelung schon bislang enthielt, die Begrenzung nur bei Beachtung bestimmter weiterer Vorgaben zugelassen ist (vgl. § 8b Nr. 4 VOB/A), ist der Auftraggeber hier **grundsätzlich frei in seiner Entscheidung**. Allerdings wird der Auftraggeber, bevor er von der Begrenzung der Teilnehmer Gebrauch macht, die Regelungen des § 8b Nr. 4 VOB/A in seine Überlegungen einbeziehen und im Weiteren die grundsätzlichen Risiken bei einer niedrigen Teilnehmerzahl wie etwa Preisabsprachen, keine Gewähr, dass auch alle aufgeforderten Bewerber Angebote abgeben, usw. zu berücksichtigen haben. **In jedem Fall hat der Auftraggeber aber sicherzustellen, dass ein Wettbewerb gewährleistet ist** (vgl. Nr. 4).

17 Wichtig ist, dass die Absicht der Begrenzung der Anzahl der Bewerber (in Form einer Mindest- oder ggf. auch Höchstzahl) sowie die Kriterien, die für die Auswahlentscheidung maßgeblich sein sollen, **in der Bekanntmachung veröffentlicht werden**. Ansonsten wird – jedenfalls nach der jetzigen Regelung – der Auftraggeber nicht befugt sein, von den geeigneten Bewerbern nur bestimmte Unternehmen für das weitere Verfahren auszuwählen. Die gegensätzliche Entscheidung des OLG München (Beschl. v. 20.4.2005 Verg 26/04 = VergabeR 2005, 532 = BauR 2005, 1528 [Ls.] = ZfBR 2005, 595) wird angesichts der Neufassung des § 8a VOB/A nicht mehr aufrechterhalten werden können.

18 Wenn der Auftraggeber aus dem Kreis der geeigneten Bewerber eine begrenzte Anzahl für das weitere Verfahren auswählt, dann muss er diese Entscheidung willkürfrei nach sachlichen Gesichtspunkten und orientiert an den Anforderungen der zu lösenden Bauaufgabe auf der Grundlage der bekannt gemachten »**objektiven und nicht diskriminierenden, auftragsbezogenen Kriterien**« treffen. Eine Verpflichtung des Auftraggebers, auch eine für die Auswahl festgelegte Gewichtung der Kriterien bekannt zu geben, ist jedoch nicht anzunehmen (vgl. zu dieser für die Praxis bedeutsamen Frage § 8 VOB/A Rn. 49 VOB/A).

H. Vorlage anderer als der geforderten Nachweise (Nr. 7)

Die mit der **VOB 2006 als neue Nr. 7** eingefügte Regelung räumt dem Bewerber oder Bieter die **Möglichkeit** ein, statt der vom Auftraggeber geforderten Nachweise **die Eignung auch durch Vorlage jedes anderen vom Auftraggeber als geeignet erachteten Beleges nachzuweisen**. **Zwingende Voraussetzung** für diese Erleichterung ist aber, dass der Unternehmer den geforderten Nachweis aus einem **berechtigten Grund** nicht beibringen kann. An das Vorliegen eines solchen berechtigten Grundes sind, da es sich um eine Ausnahmevorschrift handelt, allerdings strenge Anforderungen zu stellen. Er ist nicht immer schon dann gegeben, wenn ein Unternehmen die geforderten Nachweise nicht zur Hand hat oder wenn zu deren Beschaffung erhebliche Anstrengungen erforderlich sind oder mit diesen ein gewisser Kostenaufwand verbunden ist, solange nicht die Grenze des Zumutbaren überschritten wird. Wenn ein berechtigter Grund vorliegt, kann dieses Unternehmen zwar nicht ausgeschlossen werden, weil es nicht die verlangten Nachweise geliefert hat (vgl. dazu § 8 VOB/A Rn. 66 ff. VOB/A), allerdings ist es **von der Pflicht zur Vorlage eines Nachweises nicht befreit, sondern muss ersatzweise andere geeignete Belege vorlegen,** aus denen sich – aus Sicht eines verständigen Auftraggebers – die mit dem geforderten Nachweis bezweckten Aussagen in vergleichbarer oder zumindest ähnlicher Weise herleiten und überprüfen lassen.

19

I. Rechtsform von Bietergemeinschaften (Nr. 8)

In § 8a Nr. 8 VOB/A ist mit der VOB 2006 eine dem Inhalt nach bereits in § 8b Nr. 4 (jetzt Nr. 5) VOB/A enthaltene und mit dem ÖPP-Beschleunigungsgesetz in § 6 Abs. 2 Nr. 1 VgV eingefügte Regelung in den Abschnitt 2 übernommen worden. Sie besagt, dass **Bietergemeinschaften grundsätzlich frei** darüber **entscheiden können, wie sie sich rechtlich organisieren**. Uneingeschränkt gilt dies nach der gesetzlichen Regelung allerdings nur für die Zeit des Vergabeverfahrens, d.h. bis zum Abschluss eines rechtsverbindlichen Vertrags. Für den Fall der **Auftragserteilung kann** dagegen der Auftraggeber von einer Bietergemeinschaft **die Annahme einer bestimmten Rechtsform verlangen, vorausgesetzt**, dass dies nach objektiven Maßstäben **für die ordnungsgemäße Durchführung des Auftrags wirklich notwendig** ist.

20

Im Interesse eines breiten und vor allem freien Wettbewerbs soll Bietergemeinschaften die Beteiligung an einem Vergabeverfahren nicht unnötig erschwert werden. Eine solche den Wettbewerb beeinträchtigende Vorgabe wäre, wenn der Auftraggeber für die Teilnahme am Wettbewerb von den interessierten Unternehmen, die sich in der Absicht, ein gemeinsames Angebot abzugeben, zu einer Bietergemeinschaft zusammengefunden haben, eine bestimmte Rechtsform verlangte. Wie sich aus der Basisbestimmung des § 21 Nr. 5 VOB/A ergibt, sieht die VOB/A in der Phase bis zur Zuschlagserteilung die Belange des Auftraggebers bei der Beteiligung von Bietergemeinschaften als ausreichend gewahrt, wenn **eines ihrer Mitglieder als bevollmächtigter Vertreter bezeichnet wird**, damit der Auftraggeber weiß, wer für ihn als Ansprechpartner zu gelten hat. Für die Beurteilung der **Fachkunde, Leistungsfähigkeit und Zuverlässigkeit** ist die Rechtsform der Bietergemeinschaft im **Regelfall ohne Bedeutung**. Denn die gemeinschaftlichen Bieter sind ohnehin einmal in ihrer Einzelstruktur, zum anderen und insbesondere in ihrer Gesamtheit in **technischer und baubetrieblicher Hinsicht** zu überprüfen und zu bewerten. Ein Interesse des Auftraggebers **bei der Eignungsprüfung** zu wissen, **welche Rechtsform** diese gemeinschaftlichen Bieter **im Falle der Zuschlagserteilung** haben

21

werden, könnte sich aber ergeben, wenn die rechtlichen Verhältnisse innerhalb der Bietergemeinschaft ausnahmsweise für die Frage von Bedeutung sind, ob etwa die technische, wirtschaftliche und finanzielle Leistungsfähigkeit dieser Bietergemeinschaft sichergestellt ist. In einem solchen Fall wird der Auftraggeber auf die rechtliche Situation der Bietergemeinschaft abzustellen haben, in der sie ein Angebot abgegeben hat und ggf. den Zuschlag erhalten wird, oder er wird von der Möglichkeit der Nr. 8 Gebrauch machen und für den Fall der Zuschlagserteilung eine bestimmte Rechtsform verlangen, sollte dies für die Bejahung der Eignung unbedingt erforderlich sein.

Wenn die berechtigten Auftraggeberbelange die Annahme einer bestimmten Rechtsform allein für das Vergabeverfahren grundsätzlich aber nicht erfordern, dann wäre ein solches Verlangen auch nicht sachgerecht. Daher lässt Nr. 8 dies nicht zu.

22 **Anders** liegt es dagegen grundsätzlich für die Zeit **nach Zuschlagserteilung**. Danach kann von der betreffenden Bietergemeinschaft für den Fall der Erteilung des Zuschlags, also unter einer solchen aufschiebenden Bedingung, die **Eingehung einer näheren Bindung im Sinne einer bestimmten Rechtsform verlangt** werden. Dies allerdings nur dann, **wenn es für die ordnungsgemäße Durchführung des – jetzt abgeschlossenen – Vertrags wirklich erforderlich ist**. Aus Sicht der Auftraggebers ist erforderlich, dass er sich für den Bereich der Auftragsdurchführung hinsichtlich seiner Rechte oder Pflichten in gebotenem Maß an seinem Vertragspartner orientieren und sich an den oder die jeweils Verantwortlichen oder Berechtigten rechtswirksam halten bzw. wenden kann. So ist es für die rechtliche Bewertung in der angegebenen Hinsicht z.B. durchaus von Bedeutung, ob sich der Auftraggeber einer BGB-Gesellschaft nach den §§ 705 ff. BGB (regelmäßig im Fall einer Arbeitsgemeinschaft) oder einer nach den §§ 741 ff. BGB orientierten Gemeinschaft oder einem Zusammenschluss nach Handelsrecht oder auf der Basis einer in anderen EU-Staaten üblichen oder möglichen Rechtsform als Vertragspartner gegenübersieht.

23 Für Bietergemeinschaften, die sich **nach deutschem Recht** beurteilen, wird sich **ein Bedürfnis des Auftraggebers nach einer bestimmten Rechtsform jedoch nicht ergeben**. Denn Bietergemeinschaften sind grundsätzlich als Gesellschaften des Bürgerlichen Rechts (GbR) zu qualifizieren, weil die Mitglieder einen gemeinsamen Zweck verfolgen, nämlich die Abgabe eines Angebotes mit dem Ziel der Zuschlagserteilung. Die GbR wird nach der Rechtsprechung des BGH als rechtsfähiger Personenverband angesehen, d.h. die GbR selbst ist Träger von Rechten und Pflichten und zudem haften neben der GbR ihre Mitglieder bzw. Gesellschafter gesamtschuldnerisch für die Verbindlichkeiten der GbR.

24 Sollte tatsächlich im Einzelfall die Notwendigkeit einer bestimmten Rechtsform für den Fall der Auftragserteilung bestehen, dann **muss sich diese Forderung bereits aus der Bekanntmachung ergeben**.

25 Im Weiteren lässt sich aus der Regelung der **Nr. 8** entnehmen, dass **Bietergemeinschaften** Einzelbewerbern gleichgestellt sind und sich jederzeit am Wettbewerb beteiligen können. Eine **wettbewerbsbeschränkende Vereinbarung** gem. § 1 GWB ist darin **in der Regel nicht zu sehen** (vgl. OLG Düsseldorf Beschl. v. 23.3.2004 Verg 68/04; BGH Beschl. v. 5.2.2002 KZR 3/01 = BGHZ 149, 391 = NJW 2002, 2176; vertiefend auch *Prieß/Gabriel* Die Bildung und Beteiligung von Bietergemeinschaften in Vergabe- und Nachprüfungsverfahren WuW 2006, 385 ff.). Allerdings ist zu beachten, dass nach der Rechtsprechung die Zulässigkeit von Bietergemeinschaften zumindest erfordert, dass es für jedes Mitglied sonst aus tatsächlichen oder wirtschaftlichen Gründen unmöglich oder jedenfalls kaufmännisch unvernünftig wäre, sich als selbstständiger Anbieter dem Wettbewerb zu stellen (vgl. OLG Düsseldorf a.a.O.).

J. Beteiligung von vorbefassten Bewerbern oder Bietern (Nr. 9)

Die nach der **VOB 2006 neue Regelung der Nr. 9** findet sich mit gleichem Wortlaut in § 6 Abs. 3 bzw. § 4 Abs. 5 VgV (eingefügt durch das ÖPP-Beschleunigungsgesetz). Inhaltlich befasst sich die Vorschrift mit der Frage, wie der Auftraggeber zu verfahren hat, wenn sich Personen an dem Vergabeverfahren als Bewerber oder Bieter beteiligen möchten, die ihn zuvor beraten oder unterstützt haben. Dieser Personenkreis wird allgemein mit dem Begriff der »**Projektanten**« bezeichnet (vgl. § 2 VOB/A Rn. 44 ff. und § 8 VOB/A Rn. 27 ff.). **26**

Zunächst ist zu beachten, dass Nr. 9 eine Mitwirkung **vor der Einleitung des Vergabeverfahrens** voraussetzt. Nicht erfasst ist der Fall, wenn **während des Vergabeverfahrens** Personen als Bewerber oder Bieter auftreten, die gleichzeitig entweder selbst oder über »verbundene« Personen auf der Seite des Auftraggebers tätig sind und an Entscheidungen **im Vergabeverfahren** mitwirken oder diese beeinflussen können (vgl. hierzu § 16 VgV und § 2 VOB/A Rn. 44 ff. sowie § 8 VOB/A Rn. 31 ff.).

Inhaltlich trägt § 8a Nr. 9 VOB/A der Rechtsprechung des EuGH Rechnung (vgl. Urt. v. 3.3.2005 Rs. C – 34/03 [»Fabricom«] = VergabeR 2005, 319 = ZfBR 2005, 393 = NZBau 2005, 351; vgl. dazu auch Anm. *Schabel* VergabeR 2005, 326) und bestimmt, dass allein die Tatsache, dass ein Bewerber oder Bieter im Vorfeld des Vergabeverfahrens für den Auftraggeber tätig war, seine Eignung als Teilnehmer am Vergabeverfahren nicht gleichsam automatisch entfallen lässt und der Auftraggeber daher nicht von vornherein verpflichtet ist, einen solchen Bewerber oder Bieter vom Wettbewerb auszuschließen. Maßstab der Entscheidung ist ausschließlich, ob unter Berücksichtigung der konkreten Umstände des Einzelfalls **bei einer Beteiligung des Projektanten der Grundsatz eines fairen Wettbewerbs gewahrt wird oder nicht**. **27**

Wenn sich aufgrund der Tätigkeit des betreffenden Bewerbers oder Bieters im Vorfeld des Vergabeverfahrens jedoch Wettbewerbsvorteile gleich welcher Art ergeben oder mit gewisser Wahrscheinlichkeit ergeben können, dann muss der Auftraggeber **sicherstellen, dass der Wettbewerb nicht verfälscht wird**. Bei Verdachtsmomenten darf der Auftraggeber nicht untätig bleiben, sondern muss selbst im Rahmen des Zumutbaren aufklären, ob ein Sachverhalt vorliegt, der die Chancengleichheit aller Teilnehmer beeinträchtigen könnte. Auch sind unter Umständen Fälle denkbar, in denen ein Bewerber oder Bieter von sich aus verpflichtet sein kann, dem Auftraggeber seine Vorbefassung bzw. seine Beziehungen zu einem Projektanten im Sinn einer vorvertraglichen Aufklärungspflicht zu offenbaren.

Grundsätzlich steht es im **pflichtgemäßen Ermessen**, welche Maßnahmen der Auftraggeber zur Herstellung eines fairen Wettbewerbs ergreift. Nach der gesetzlichen Begründung des § 4 Abs. 5 VgV soll der Auftraggeber einen etwaigen Informationsvorsprung des Projektanten durch umfassende Informationen aller Bieter vermeiden. Eine **Ermessensreduzierung auf null** mit der Folge eines **zwingenden Ausschlusses des Projektanten vom Wettbewerb** wird nur dann vorliegen, wenn aufgrund von Art und Umfang der vorangegangen Mitwirkung des Bewerbers oder Bieters ein bestehender und aus dieser Tätigkeit herrührender Wettbewerbsvorteil mit geeigneten und zumutbaren Vorkehrungen nicht ausgeglichen werden kann. Dies kann im Fall der Mitwirkung des Bewerbers oder Bieters bei der Projektierung eines Bauvorhabens etwa bei einer Leistungsbeschreibung mit Leistungsprogramm eher der Fall sein als bei einer Leistungsbeschreibung mit Leistungsverzeichnis. Ein solcher »ausgleichungspflichtiger« Informationsvorsprung wird insbesondere auch bei **rechtlichen, wirtschaftlichen, personellen Verflechtungen** zwischen dem Projektanten und dem Bewerber oder Bieter zu untersuchen sein. Dies wäre etwa dann der Fall, wenn der Inhaber eines Ingenieurbüros für den Auftraggeber die Verdingungsunterlagen erstellt und sich dann ein Unternehmen, bei dem der Inhaber dieses Ingenieurbüros als Geschäftsführer tätig ist, um den Auftrag bewirbt. **28**

29 Fraglich ist, ob der Auftraggeber nicht das Entstehen dieser problematischen Situation verhindern kann, indem er Projektanten oder andere Unternehmen, die an der Vorbereitung der Vergabe mitgewirkt haben, oder Unternehmen, die mit solchen Unternehmen wiederum verbunden (vgl. zur Definition des verbundenen Unternehmens § 10 Abs. 2 VgV) oder wirtschaftlich verflochten sind, nicht von vornherein von dem nachfolgenden Vergabeverfahren fernhält. Nicht zu übersehen ist, dass die Beteiligung von Projektanten oftmals Ursache von späteren Streitigkeiten und von Misstrauen unter den Bewerbern bzw. der Bewerber gegenüber dem Auftraggeber ist. Beanstandungen des Vergabeverfahrens wegen Ungleichbehandlung der Bewerber, weil an der **Vorbereitung der Vergabe** unmittelbar oder mittelbar über Dritte Beteiligte am Wettbewerb zugelassen werden, wäre in diesen Fällen von vornherein der Boden entzogen (vgl. dazu auch die bereits mit der Ausgabe 1999 erfolgte Änderung unter 1.3 VHB zu § 8 VOB/A, wonach Unternehmer, die mit der Planung und/oder Ausarbeitung der Verdingungsunterlagen beauftragt waren, grundsätzlich nicht mehr am Wettbewerb um die Vergabe von Bauleistungen beteiligt werden dürfen).

Für das Verfahren bieten sich zwei Wege an:

Zum einen steht dem Auftraggeber frei, mit demjenigen, den er mit Tätigkeiten im Vorfeld der Vergabe betraut, **vertraglich einen Verzicht auf dessen spätere Beteiligung am Vergabeverfahren zu vereinbaren,** wodurch aber nur ein mit dem Projektanten personenidentischer Bewerber oder Bieter vom Wettbewerb fern gehalten werden kann.

Zum anderen könnte der Auftraggeber die **einschlägigen Tatbestände und nähere Vorgaben,** die wegen einer unmittelbaren oder mittelbaren Vorbefassung zum Ausschluss vom Wettbewerb führen, entweder **in der Bekanntmachung veröffentlichen oder in den Vergabeunterlagen,** insbesondere den Bewerbungsbedingungen **im Einzelnen regeln**. Aufgrund des erwähnten Urteils des EuGH (a.a.O.) wird der Auftraggeber aber eine Regelung vorsehen müssen, die es einem vorbefassten Unternehmen ermöglicht, den Nachweis zu führen, dass eine Verfälschung des Wettbewerbs durch seine Teilnahme trotz seiner Vorbefassung ausgeschlossen ist; nicht zu beseitigende Zweifel werden zu Lasten des betreffenden Unternehmens gehen dürfen.

30 **Einem solchen Verfahren steht die Regelung des § 8a Nr. 9 VOB/A an sich nicht entgegen,** da diese zwar dem Auftrageber besondere Handlungspflichten auferlegt, wenn sich Projektanten am Wettbewerb beteiligen, aber keine Aussage darüber trifft, dass es dem Auftraggeber verboten wäre, eine solche Situation erst gar nicht entstehen zu lassen. Vordringliches Ziel ist der Schutz eines unverfälschten Wettbewerbs und nicht in erster Linie die Ermöglichung der Teilnahme auch von Projektanten. Ein solches Vorgehen des Auftraggebers dürfte – in Abhängigkeit von der konkreten Ausgestaltung der Verfahrensregeln – nicht zu beanstanden sein, weil es eine auf sachlichen Erwägungen beruhende Einschränkung der wirtschaftlichen Betätigung des vorbefassten Bewerbers oder Bieters im Interesse eines fairen und chancengleichen Wettbewerbs bedeutet (a.A. *Müller-Wrede/Lux* ZfBR 2006, 327, 329).

Zur Projektantenproblematik siehe unter § 8 VOB/A, Rn. 27 ff., 2 VOB/A, Rdn. 45 sowie allgemein dazu *Müller-Wrede/Lux* Die Behandlung von Projektanten im Vergabeverfahren ZfBR 2006, 327; *Horn* Projektantenstatus im VOF-Verfahren NZBau 2005, 28; *Opitz* Das Fabricom-Urteil des EuGH: Zur Verfälschung des Vergabewettbewerbs durch Projektantenbeteiligung ZWeR 2005, 440.

K. Leistungserfüllung durch Dritte (Nr. 10)

31 Die aufgrund der **VOB 2006 neue Regelung des § 8a Nr. 10 VOB/A** hat ihren Ursprung in Art. 47 Abs. 2 der Richtlinie 2004/18/EG und wurde zuvor schon durch das ÖPP-Beschleunigungsgesetz in § 6 Abs. 2 Nr. 2 VgV (für Bauleistungen) aufgenommen.

Sie besagt, dass sich **ein Bieter zur Erfüllung des Auftrages grundsätzlich der »Fähigkeiten« anderer Unternehmen bedienen kann, vorausgesetzt er legt einen Nachweis vor, dass ihm bzw. dem anderen Unternehmen die zur Auftragsdurchführung erforderlichen Mittel zur Verfügung stehen und dass er auf diese Mittel des anderen Unternehmens auch uneingeschränkt Zugriff hat**. Der Inhalt dieser Vorschrift ist an sich keine Besonderheit, da der Einsatz von Dritten bei der Abwicklung eines Bauauftrages etwa in Form von Nachunternehmern auch schon bisher allgemein üblich und zulässig war, was insbesondere die Bestimmung des § 4 Nr. 8 VOB/B dokumentiert.

Fraglich ist allenfalls, ob als Folge dieser neuen Regelung jetzt in Abweichung von dem grundsätzlichen Selbstausführungsgebot der VOB auch die Teilnahme von Unternehmen zulässig ist, die bei der Durchführung des Auftrages im eigenen Betrieb keine Bauleistungen mehr erbringen, wie dies insbesondere bei Generalübernehmern der Fall ist. Aus der Nr. 10 lässt sich dies nicht unbedingt ableiten, da über den **Umfang des Einsatzes Dritter keine Aussage getroffen wird**. Auch die Rechtsprechung des EuGH zwingt nicht eindeutig zu einem (vollständigen) Abgehen vom Selbstausführungsgebot (a.A. *Pauly* VergabeR 2005, 312, 318; *Prieß/Decker* VergabeR 2004, 159, 166; *Kullack/Terner* ZfBR 2003, 443). So verweist etwa die Entscheidung des EuGH in der Sache »Siemens AG Österreich, ARGE Telekom & Partner« (Urt. v. 18.3.2004 Rs. C – 314/01 = VergabeR 2004, 465, 299 = NZBau 2004, 340 = ZfBR 2004, 481) auf die Bestimmungen des Art. 32 Abs. 2 lit. c und h der (früheren) Dienstleistungsrichtlinie (DLR), d.h. auf Angaben im Rahmen der Eignungsprüfung. Daraus ergibt sich aber nicht, dass es unzulässig wäre, wenn nicht **alle zu vergebenden Leistungen durch Unteraufträge abgewickelt werden dürfen**.

Nicht zu übersehen ist auf der anderen Seite, dass aufgrund der Neuregelung in Nr. 10 das Erfordernis der Selbstausführung im Anwendungsbereich des § 8a VOB/A, d.h. bei Auftragsvergaben, die den Schwellenwert erreichen, eine deutliche Abschwächung erfahren hat. Da das Selbstausführungsgebot aber in den daneben anwendbaren Basisbestimmungen verankert ist, wird es auch weiterhin zulässig sein, wenn der Auftraggeber von vornherein solche Unternehmen nicht für geeignet erachtet, die bei den zu vergebenden Arbeiten überhaupt keine eigenen Bauleistungen erbringen, auch wenn die Anforderungen an den Umfang der Eigenleistung erheblich reduziert sein werden. **Dieses Erfordernis einer Eigenleistung muss sich dann aber bereits aus der Bekanntmachung ergeben**.

Unabhängig davon ist bei einem **Einsatz von Dritten durchgängig** – und zwar unabhängig vom rechtlichen Charakter der zwischen dem Bieter und dem Dritten bestehenden Verbindungen – **ein Nachweis dahingehend erforderlich, dass dem Bieter die erforderlichen Mittel im Fall der Beauftragung auch zur Verfügung stehen**. Demzufolge haben Bieter (wohl) selbst dann einen Nachweis vorzulegen, wenn sie auf die Kapazitäten von Konzernunternehmen, die in einen von ihm beherrschten Konzern eingegliedert sind, zugreifen wollen. Auf den Grad der Beherrschung dürfte es nicht ankommen, da § 8a Nr. 10 ohne Rücksicht darauf einen Nachweis verlangt, wenn der Bieter sich der Fähigkeiten eines **anderen Unternehmens** bedienen möchte. **32**

Hinsichtlich der »**Qualität**« **des Nachweises** trifft § 8a Nr. 10 VOB/A keine abschließende Regelung, erwähnt aber beispielhaft eine Verpflichtungserklärung des Unternehmens, dessen sich der Bieter zu bedienen beabsichtigt. Grundsätzlich wird der Auftraggeber zur Überprüfung der Richtigkeit der Angaben des Bieters eine **im Sinn des Vertragsrechts verbindliche** Erklärung etwa des genannten Nachunternehmers verlangen können, aus der sich unzweifelhaft dessen sich verpflichtende Bereitschaft ergibt, im Fall der Zuschlagserteilung diesem Bieter die benötigten Mittel zur Verfügung zu stellen bzw. den Auftrag auszuführen. Unverbindliche Zusagen, bloße Absichtserklärung oder ein »gentlemen's-agreement« reichen hierfür grundsätzlich nicht aus (vgl. hierzu auch § 8 VOB/A Rn. 3). **33**

L. Nachweis von Umweltmanagement- und Qualitätssicherungsverfahren (Nr. 11)

34 In Ergänzung zu **§ 8 Nr. 3 Abs. 1 VOB/A** sieht **§ 8a Nr. 11 VOB/A** vor, dass der Auftraggeber Angaben über **Umweltmanagement- und Qualitätssicherungsverfahren** von den Bewerbern oder Bietern fordern kann.

Abs. 1 befasst sich mit der Zulässigkeit von Angaben und Nachweisen über Umweltmanagementverfahren und Abs. 2 über Qualitätssicherungsnormen. Auch wenn in beiden Absätzen in erster Linie auf der Ebene der EU entwickelte Systeme und Normen Bezug genommen wird, darf bei der praktischen Anwendung nicht übersehen werden, dass der Auftraggeber verpflichtet wird, **gleichwertige Bescheinigungen von Stellen aus anderen Mitgliedstaaten wie allgemein auch andere gleichwertige Nachweise anzuerkennen** (vgl. Abs. 1 S. 4 und 5 bzw. Abs. 2 S. 3 und 4).

I. Umweltmanagementverfahren (Abs. 1)

35 Unter Umweltmanagement wird der Teil des Managements eines Unternehmens verstanden, der sich mit dem Umweltschutz beschäftigt, d.h. mit den Tätigkeiten, Produkten und Dienstleistungen des Unternehmens, die Auswirkungen auf die Umwelt haben. In einem Umweltmanagementsystem wird festgelegt, welche Elemente das Umweltmanagement kennzeichnen und wie es funktioniert nach Organisationsstruktur, Planung, Ausführung und Kontrolle. **Für den Fall, dass der Auftraggeber Angaben über ein Umweltmanagementverfahren und dazu die Einhaltung bestimmter Normen verlangt, gibt ihm Abs. 1 vor, dass er (nur) Bescheinigungen unabhängiger Einrichtungen fordern kann.** Er muss sodann auf das Gemeinschaftssystem für das Umweltmanagement und die Umweltbetriebsprüfung (EMAS) oder auf Normen Bezug nehmen, die auf den einschlägigen europäischen oder ggf. internationalen Normen beruhen bzw. diesen genügen und von Stellen zertifiziert sind, die wiederum dem Gemeinschaftsrecht oder europäischen oder internationalen Zertifizierungsnormen entsprechen.

Bei dem Gemeinschaftssystem für das Umweltmanagement und die Umweltbetriebsprüfung (Eco-Management and Audit Scheme, EMAS) handelt es sich um ein von der EU entwickeltes Instrument für Unternehmen, die ihre Umweltleistung verbessern wollen. Rechtsgrundlage ist die Verordnung (EG) Nr. 761/2001. Ein anderes auf internationaler aber privatwirtschaftlicher Normung beruhendes Umweltmanagementsystem ist das System nach ISO 14001 (internationale Fassung) bzw. als deutsche Fassung die DIN EN ISO 14001:2005–02, veröffentlicht am 1.2.2005 mit dem Titel: »Umweltmanagementsysteme – Anforderungen mit Anleitung zur Anwendung (ISO 14001:2004)«.

II. Qualitätssicherungsnormen (Abs. 2)

36 Eine im Wesentlichen gleichlautende Regelung trifft Abs. 2 für den Fall, dass der Auftraggeber Nachweise von den Bewerbern oder Bietern verlangt, dass diese bestimmte Qualitätssicherungsnormen erfüllen. **Auch hier kann der Auftraggeber (nur) die Vorlage von Bescheinigungen unabhängiger Stellen verlangen.** Im Weiteren hat er dann auf Qualitätssicherungsverfahren Bezug zu nehmen, die den europäischen Zertifizierungsnormen genügen und von entsprechenden Stellen zertifiziert sind, die ihrerseits wieder den europäischen Zertifizierungsnormen entsprechen.

Die Qualitätssicherung versteht sich etwa nach der DIN EN ISO 8402, 1995–08, Ziffer 3.5 als jede geplante und systematische Tätigkeit, die innerhalb des Qualitätsmanagementsystems verwirklicht wird und die dargelegt wird, um Vertrauen dahingehend zu schaffen, dass eine Einheit die Qualitätsanforderungen erfüllen wird. Ein solches System zur Qualitätssicherung wird etwa in der DIN EN 9000 ff. in Form mehrerer ISO-Normen beschrieben.

§ 8b
Teilnehmer am Wettbewerb

1. (1) Ein Unternehmen ist von der Teilnahme an einem Vergabeverfahren wegen Unzuverlässigkeit auszuschließen, wenn der Auftraggeber Kenntnis davon hat, dass eine Person, deren Verhalten dem Unternehmen zuzurechnen ist, rechtskräftig wegen Verstoßes gegen eine der folgenden Vorschriften verurteilt worden ist:
   a) § 129 des Strafgesetzbuches (Bildung krimineller Vereinigungen), § 129a des Strafgesetzbuches (Bildung terroristischer Vereinigungen), § 129b des Strafgesetzbuches (kriminelle und terroristische Vereinigungen im Ausland),
   b) § 261 des Strafgesetzbuches (Geldwäsche, Verschleierung unrechtmäßig erlangter Vermögenswerte),
   c) § 263 des Strafgesetzbuches (Betrug), soweit sich die Straftat gegen den Haushalt der EG oder gegen Haushalte richtet, die von der EG oder in ihrem Auftrag verwaltet werden,
   d) § 264 des Strafgesetzbuches (Subventionsbetrug), soweit sich die Straftat gegen den Haus-halt der EG oder gegen Haushalte richtet, die von der EG oder in ihrem Auftrag verwaltet werden,
   e) § 334 des Strafgesetzbuches (Bestechung), auch i.V.m. Artikel 2 des EU-Bestechungsgesetzes, Artikel 2 § 1 des Gesetzes zur Bekämpfung internationaler Bestechung, Artikel 7 Abs. 2 Nr. 10 des Vierten Strafrechtsänderungsgesetzes und § 2 des Gesetzes über das Ruhen der Verfolgungsverjährung und die Gleichstellung der Richter und Bediensteten des Internationalen Strafgerichtshofes,
   f) Artikel 2 § 2 des Gesetzes zur Bekämpfung internationaler Bestechung (Bestechung ausländischer Abgeordneter im Zusammenhang mit internationalem Geschäftsverkehr),
   g) § 370 der Abgabenordnung, auch i.V.m. § 12 des Gesetzes zur Durchführung der gemeinsamen Marktorganisationen und der Direktzahlungen (MOG), soweit sich die Straftat gegen den Haushalt der EG oder gegen Haushalte richtet, die von der EG oder in ihrem Auftrag verwaltet werden.

   Einem Verstoß gegen diese Vorschriften gleichgesetzt sind Verstöße gegen entsprechende Strafnormen anderer Staaten. Ein Verhalten ist einem Unternehmen zuzurechnen, wenn eine für dieses Unternehmen für die Führung der Geschäfte verantwortlich handelnde Person selbst gehandelt hat oder ein Aufsichts- oder Organisationsverschulden gemäß § 130 des Gesetzes über Ordnungswidrigkeiten (OWiG) dieser Person im Hinblick auf das Verhalten einer anderen für den Bewerber handelnden Person vorliegt.

   (2) Als Nachweis, dass die Kenntnis nach Absatz 1 unrichtig ist, akzeptiert der Auftraggeber eine Urkunde einer zuständigen Gerichts- oder Verwaltungsbehörde des Herkunftslands. Wenn eine Urkunde oder Bescheinigung vom Herkunftsland nicht ausgestellt ist oder nicht vollständig alle vorgesehenen Fälle erwähnt, kann dies durch eine eidesstattliche Erklärung oder eine förmliche Erklärung vor einer zuständigen Gerichts- oder Verwaltungsbehörde, einem Notar oder einer dafür qualifizierten Berufsorganisation des Herkunftslands ersetzt werden.

   (3) Von einem Ausschluss nach Absatz 1 kann nur abgesehen werden, wenn zwingende Gründe des Allgemeininteresses vorliegen und andere die Leistung nicht angemessen erbringen können oder wenn aufgrund besonderer Umstände des Einzelfalls der Verstoß die Zuverlässigkeit des Bewerbers nicht in Frage stellt.

2. (1) Auftraggeber, die Bewerber für die Teilnahme an einem Nichtoffenen Verfahren oder an einem Verhandlungsverfahren auswählen, richten sich dabei nach objektiven Regeln und Kriterien. Diese Regeln und Kriterien legen sie schriftlich fest und stellen sie interessierten Unternehmern zur Verfügung.

(2) Kriterien im Sinne des Absatzes 1 sind insbesondere Fachkunde, Leistungsfähigkeit und Zuverlässigkeit. Zu deren Nachweis können z.B. Angaben nach § 8 Nr. 3 verlangt werden.

3. Kriterien nach Nummer 1 können auch Ausschließungsgründe nach § 8 Nr. 5 Abs. 1 sein.

4. Ein Kriterium kann auch die objektive Notwendigkeit sein, die Zahl der Bewerber so weit zu verringern, dass ein angemessenes Verhältnis zwischen den besonderen Merkmalen des Vergabeverfahrens und dem zur Durchführung notwendigen Aufwand sichergestellt ist. Es sind jedoch so viele Bewerber zu berücksichtigen, dass ein Wettbewerb gewährleistet ist.

5. Von Bietergemeinschaften kann nicht verlangt werden, dass sie zwecks Einreichung eines Angebots oder für das Verhandlungsverfahren eine bestimmte Rechtsform annehmen; von der den Zuschlag erhaltenden Gemeinschaft kann dies jedoch verlangt werden, sofern es für die ordnungsgemäße Durchführung des Auftrags notwendig ist.

6. Bei der Auswahl der Teilnehmer an einem Nichtoffenen Verfahren oder Verhandlungsverfahren sowie bei der Entscheidung über die Qualifikation sowie bei der Überarbeitung der Prüfungskriterien und -regeln dürfen die Auftraggeber nicht
   – bestimmten Unternehmern administrative, technische oder finanzielle Verpflichtungen auferlegen, die sie anderen Unternehmern nicht auferlegt hätten,
   – Prüfungen und Nachweise verlangen, die sich mit bereits vorliegenden objektiven Nachweisen überschneiden.

7. Ein Bieter kann sich, gegebenenfalls auch als Mitglied einer Bietergemeinschaft, bei der Erfüllung eines Auftrags der Fähigkeiten anderer Unternehmen bedienen, ungeachtet des rechtlichen Charakters der zwischen ihm und diesem Unternehmen bestehenden Verbindung. Er muss in diesem Fall dem Auftraggeber gegenüber nachweisen, dass ihm die erforderlichen Mittel zur Verfügung stehen, indem er beispielsweise eine entsprechende Verpflichtungserklärung dieser Unternehmen vorlegt.

8. (1) Auftraggeber können zusätzlich Angaben über Umweltmanagementverfahren verlangen, die der Bewerber oder Bieter bei der Ausführung des Auftrags gegebenenfalls anwenden will. In diesen Fällen kann der Auftraggeber zum Nachweis dafür, dass der Bewerber oder Bieter bestimmte Normen für das Umweltmanagement erfüllt, die Vorlage von Bescheinigungen unabhängiger Stellen verlangen. In diesen Fällen nehmen sie auf das Gemeinschaftssystem für das Umweltmanagement und die Umweltbetriebsprüfung (EMAS) oder auf Normen für das Umweltmanagement Bezug, die auf den einschlägigen europäischen oder internationalen Normen beruhen und von entsprechenden Stellen zertifiziert sind, die dem Gemeinschaftsrecht oder einschlägigen europäischen oder internationalen Zertifizierungsnormen entsprechen. Gleichwertige Bescheinigungen von Stellen in anderen Mitgliedstaaten sind anzuerkennen. Die Auftraggeber erkennen auch andere Nachweise für gleichwertige Umweltmanagement-Maßnahmen an, die von Bewerbern oder Bietern vorgelegt werden.
(2) Auftraggeber können zum Nachweis dafür, dass der Bewerber oder Bieter bestimmte Qualitätssicherungsnormen erfüllt, die Vorlage von Bescheinigungen unabhängiger Stellen verlangen. In diesen Fällen nehmen sie auf Qualitätssicherungsverfahren Bezug, die den einschlägigen europäischen Normen genügen und von entsprechenden Stellen zertifiziert sind, die den europäischen Zertifizierungsnormen entsprechen. Gleichwertige Bescheinigungen von Stellen aus anderen Mitgliedstaaten sind anzuerkennen. Die Auftraggeber erkennen auch andere gleichwertige Nachweise für Qualitätssicherungsmaßnahmen an.

9. (1) Auftraggeber können ein System zur Prüfung von Unternehmern (Präqualifikationsverfahren) einrichten und anwenden. Sie sorgen dann dafür, dass sich Unternehmen jederzeit einer Prüfung unterziehen können.

(2) Das System kann mehrere Qualifikationsstufen umfassen. Es wird auf der Grundlage der vom Auftraggeber aufgestellten objektiven Regeln und Kriterien gehandhabt. Der Auftraggeber nimmt dabei auf geeignete europäische Normen über die Qualifizierung von Unternehmern Bezug. Diese Kriterien und Regeln können erforderlichenfalls auf den neuesten Stand gebracht werden.

(3) Auf Verlangen werden diese Qualifizierungsregeln und -kriterien sowie deren Fortschreibung interessierten Unternehmern übermittelt. Bezieht sich der Auftraggeber auf das Qualifizierungssystem einer anderen Einrichtung, so teilt er deren Namen mit.

(4) Enthalten die Qualifizierungsregeln Anforderungen an die wirtschaftlichen und finanziellen sowie technischen und/oder beruflichen Fähigkeiten des Unternehmens, kann sich dieses gegebenenfalls auf die Fähigkeit anderer Unternehmen stützen, unabhängig von dem Rechtsverhältnis, in dem es zu diesen Unternehmen steht. In diesem Fall muss es dem Auftraggeber nachweisen, dass es während der gesamten Gültigkeit des Prüfsystems über diese Ressourcen verfügt, beispielsweise durch eine entsprechende Verpflichtungserklärung dieser Unternehmen.

10. Die Auftraggeber unterrichten die Antragsteller innerhalb von 6 Monaten über die Entscheidung zu deren Qualifikation. Kann diese Entscheidung nicht innerhalb von 4 Monaten nach Eingang des Prüfungsantrags getroffen werden, hat der Auftraggeber dem Antragsteller spätestens zwei Monate nach Eingang des Antrags die Gründe für eine längere Bearbeitungszeit mitzuteilen und anzugeben, wann über die Annahme oder die Ablehnung seines Antrags entschieden wird.

11. Negative Entscheidungen über die Qualifikation werden unverzüglich, spätestens jedoch innerhalb von 15 Kalendertagen nach der Entscheidung den Antragstellern unter Angabe der Gründe mitgeteilt. Die Gründe müssen sich auf die in Nummer 9 erwähnten Prüfungskriterien beziehen.

12. Die als qualifiziert anerkannten Unternehmer sind in ein Verzeichnis aufzunehmen. Dabei ist eine Untergliederung nach Fachgebieten möglich.

13. Die Auftraggeber können einem Unternehmer die Qualifikation nur aus Gründen aberkennen, die auf den in Nummer 9 erwähnten Kriterien beruhen. Die beabsichtigte Aberkennung muss dem betroffenen Unternehmer mindestens 15 Kalendertage vor dem für die Aberkennung vor-gesehenen Termin schriftlich unter Angabe der Gründe mitgeteilt werden.

Inhaltsübersicht

	Rn.
A. Allgemeine Grundlagen.	1
B. Zwingender Ausschlussgrund bei rechtskräftiger Verurteilung wegen bestimmter Straftaten (Nr. 1).	4
C. Auswahl der Teilnehmer beim Nichtoffenen Verfahren und Verhandlungsverfahren (Nr. 2).	5
I. Gebot objektiver Auswahlkriterien (Abs. 1).	6
II. Grundsatz: Fachkunde, Leistungsfähigkeit und Zuverlässigkeit; Nachweise.	9
D. Ausschließungsgründe (Nr. 3).	11
E. Notwendigkeit der Verringerung der Zahl der Bewerber (Nr. 4).	12
I. Allgemeines.	12
II. Begrenzung beim Nichtoffenen Verfahren.	13
III. Begrenzung beim Verhandlungsverfahren.	14
IV. Gewährleistung des Wettbewerbs.	15
F. Bietergemeinschaften als Bewerber (Nr. 5).	16
G. Grenzen der an die Teilnehmer zu stellenden Anforderungen (Nr. 6).	17
H. Leistungserfüllung durch Dritte (Nr. 7).	20
I. Nachweis von Umweltmanagement- und Qualitätssicherungsverfahren (Nr. 8).	21

	Rn.
J. Präqualifikationsverfahren (Nr. 9 ff.)	22
I. Allgemeines	22
II. Definition des Präqualifikationsverfahrens (Abs. 1 S. 1)	23
III. Pflicht zur Zulassung (Abs. 1 S. 2)	24
IV. Qualifikationskriterien und -stufen (Abs. 2)	25
V. Informationspflicht des Auftraggebers auf Verlangen (Abs. 3)	26
VI. Leistungserfüllung durch Dritte (Abs. 4)	27
VII. Entscheidung über die Qualifikation (Nr. 10)	28
VIII. Negative Entscheidungen über die Qualifikation (Nr. 11) und Rechtsschutz des Unternehmers	29
IX. Liste über die als qualifiziert anerkannten Unternehmer (Nr. 12)	30
X. Aberkennung der Qualifikation (Nr. 13)	31

A. Allgemeine Grundlagen

1 § 8b VOB/A beinhaltet nähere Bestimmungen über die **Teilnehmer am Wettbewerb bei Vergabeverfahren, die im Bereich der Richtlinie 2004/17/EG** des Europäischen Parlaments und des Rates v. 31.03.2004 zur Koordinierung der Zuschlagserteilung im Bereich der Wasser-, Energie- und Verkehrsversorgung sowie der Postdienste (ABl. Nr. L 134 v. 30.4.2004 S. 1), **dem so genannten Sektorenbereich liegen.** Mit der Richtlinie 2004/17/EG wurden die Regelungen der Richtlinie 93/38/EWG des Rates zur Koordinierung der Auftragsvergabe durch Auftraggeber im Bereich der Wasser-, Energie- und Verkehrsversorgung sowie im Telekommunikationssektor vom 14.6.1993 (ABl. Nr. L 199 v. 9.8.1993 S. 84; geändert durch die Richtlinie 98/4/EG v. 16.2.1998, ABl. Nr. L 101 v. 1.4.1998 S. 1, und Richtlinie 2001/78/EG, ABl. Nr. L 285 v. 29.10.2001, ABl. Nr. L 214/I v. 9.8.2002) erheblich geändert und in Form einer Neufassung ersetzt.

Mit der **VOB 2006 hat die Vorschrift des § 8b VOB/A in Anpassung an die Richtlinie 2004/17/EG eine umfassende Änderung erfahren.** Die Regelungen in Nr. 1, Nr. 7 und Nr. 8 haben den gleichen Inhalt wie die Nr. 1, Nr. 10 und Nr. 11 des § 8a VOB/A, so dass insoweit auf die Kommentierungen bei § 8a VOB/A verwiesen werden kann.

2 Grundsätzlich ist zu beachten, dass **die Regelungen des § 8b VOB/A neben den Regelungen des Basisparagraphen § 8 VOB/A gelten** und den Besonderheiten Rechnung tragen sollen, die hier für Vertragsverhandlungen in diesem speziellen Vergabebereich, den so genannten **Sektoren**, zumindest eine Rolle spielen können. Nicht besonders zu erwähnen ist, dass diese Vorschrift nur für Vergaben gilt, bei denen der Gesamtauftragswert den in § 2 Nr. 4 VgV genannten Schwellenwert erreicht (vgl. § 1b Nr. 1 VOB/A).

3 Nr. 1 regelt einen zwingenden Ausschluss eines Unternehmens vom Wettbewerb bei Vorliegen einer Verurteilung wegen bestimmter Straftaten. Nr. 2 befasst sich zunächst mit der Auswahl der Teilnehmer bei einem Nichtoffenen Verfahren oder bei einem Verhandlungsverfahren. Nr. 3 betrifft in diesem Bereich mögliche Ausschlussgründe. In Nr. 4 ist die Zahl der Wettbewerber und deren etwaige Begrenzung angesprochen. Nr. 5 betrifft Bietergemeinschaften als Wettbewerber. Die Regelung in Nr. 6 legt Grenzen für die Entscheidung über die Auswahl von Teilnehmern, bei der Qualifikation sowie bei der Überarbeitung der Prüfungskriterien und -regeln bei einem Nichtoffenen Verfahren oder einem Verhandlungsverfahren fest. Nr. 7 betrifft Regeln für den Fall der Leistungserfüllung durch Dritte und Nr. 8 befasst sich mit den Bedingungen bei vom Auftraggeber verlangten Nachweisen über Umweltmanagement- und Qualitätssicherungssystemen. Nr. 9 behandelt für den Bereich aller Vergabearten Fragen über ein vom Auftraggeber eingerichtetes System zur Prüfung von Unternehmern (so genanntes **Präqualifikationsverfahren**). Nr. 10 betrifft die Mitteilung der Entscheidung über die Qualifikation. In Nr. 11 ist der Inhalt der Begründung bei einer negativen Entscheidung zur Qualifikation umrissen, vor allem die Pflicht, diese Entscheidung dem betreffenden Unternehmer mitzuteilen. Nr. 12 verlangt die Aufnahme der als qualifiziert anerkannten Unternehmer in eine Liste. Nr. 13 enthält zwingende Regeln, die der Auftraggeber bei Aberkennung der Qualifikation eines Unternehmers zu beachten hat. Die frühere Nr. 11, die sich mit der Pflicht zur Bekanntmachung des Prüfsystems im Amtsblatt der Europäischen Gemeinschaften befasste, wurde bei den Änderungen der VOB 2006 gestrichen und findet sich nun an dem systematisch richtigen Platz des § 17b Nr. 3 VOB/A.

B. Zwingender Ausschlussgrund bei rechtskräftiger Verurteilung wegen bestimmter Straftaten (Nr. 1)

Die Nr. 1 geht zurück auf Art. 54 Abs. 4 der Richtlinie 2004/17/EG bzw. Art. 45 Abs. 1 der Richtlinie 2004/18/EG und ist mit § 8a Nr. 1 VOB/A deckungsgleich, so dass auf die dortige Kommentierung verwiesen werden kann. **4**

C. Auswahl der Teilnehmer beim Nichtoffenen Verfahren und Verhandlungsverfahren (Nr. 2)

Nr. 2 steckt zunächst den Rahmen für die Auswahl der Teilnehmer am Wettbewerb **beim Nichtoffenen Verfahren oder beim Verhandlungsverfahren** ab. **5**

I. Gebot objektiver Auswahlkriterien (Abs. 1)

In **Abs. 1** geht es um die **Auswahl von geeigneten Teilnehmern** an einem der vorgenannten Vergabeverfahren. Es liegt in der Natur der Sache, dass das Offene Verfahren hier nicht genannt ist, weil sich dort die Teilnehmer am Wettbewerb aus eigenem Entschluss beteiligen, somit der Auftraggeber zu Beginn dieses Vergabeverfahrens noch keine Möglichkeit zur Auswahl hat. Anders liegt es dagegen beim Nichtoffenen Verfahren und beim Verhandlungsverfahren, weil dort der Auftraggeber von vornherein die Entschließung trifft, wen er zur Abgabe eines Angebotes auffordert bzw. mit wem er über den Abschluss eines konkreten Bauvertrags verhandelt. Darauf ist die Regelung in § 8b Nr. 1 VOB/A angelegt. Über die Vergabeentscheidung als Abschluss des Vergabeverfahrens ist dagegen keine Aussage enthalten. Dafür sind ausschließlich die Bestimmungen des § 25 bzw. 25b VOB/A maßgebend. Für die in den angegebenen Vergabebereichen angesprochene Auswahl von Verhandlungspartnern ist als **zwingender Grundsatz** bestimmt, dass der **Auftraggeber** hierfür **objektive Regeln und Kriterien festzulegen** hat. Ergänzend zu berücksichtigen sind hier die in § 8b Nr. 6 VOB/A gezogenen Grenzen bei der Festlegung von Anforderungen an die Unternehmen, **die seit der VOB 2006** auch für die Auswahl von Teilnehmern an einem Nichtoffenen Verfahren oder Verhandlungsverfahren **unmittelbare Geltung haben**. **6**

Im Ergebnis sind die Regeln und Kriterien für die Auswahl der Teilnehmer auf die Erfordernisse abzustellen und auszurichten, die zur ordnungsgemäßen Durchführung der zu vergebenden Bauleistungen notwendig sind; sie **dürfen jedoch ausschließlich objektive Gesichtspunkte** beinhalten, die mit Blick auf die Auswahl der geeigneten Unternehmer ausgearbeitet worden sind. Sie können durchaus auch als allgemeine Richtpunkte für weitere Vergaben dienen, wenn sie für die Anforderungen des weiteren Falls oder der weiteren Fälle **uneingeschränkt geeignet** sind.

Dabei wird nach **Abs. 1 S. 2** verlangt, dass die betreffenden Auswahlkriterien **schriftlich festgelegt und interessierten Unternehmern zur Verfügung gestellt** werden. In Abweichung von § 5 Nr. 1 Abs. 1 SKR, der eine Festlegung in Textform (vgl. § 126b BGB) genügen lässt, fordert Abs. 1 S. 2 **7** eine schriftliche Niederlegung. Insoweit dürfte es sich aber um ein redaktionelles Versehen handeln, zumal bei Einhaltung der Textform der Zweck der Regelung gleichfalls erreicht wird, d.h. festzustellen, dass solche Kriterien zur Auswahl tatsächlich vorhanden sind und welchen Inhalt sie im Einzelnen haben. Dabei geht es auch um die Ermöglichung der Kontrolle, ob diese Auswahlkriterien unverändert geblieben und eingehalten werden bzw. worden sind.

Fraglich ist, ob die Pflicht, die **Auswahlkriterien interessierten Unternehmern zur Verfügung zu stellen, ein Verlangen** von Seiten der **Unternehmer voraussetzt**. Sofern dem Nichtoffenen Verfahren und Verhandlungsverfahren **ein Aufruf zum Wettbewerb vorausgeht**, wie dies der Regelfall nach § 3b Nr. lit. b und c VOB/A ist, **sind diese objektiven Regeln und Kriterien** – wie bei den neben § 8b VOB/A weiterhin anwendbaren Bestimmungen der §§ 8, 17 VOB/A – **bereits in der zu veröffentlichenden Bekanntmachung nach § 17b Nr. 1 VOB/A anzugeben**. Nur dann, wenn nach § 3b Nr. 2 VOB/A für die Durchführung eines Nichtoffenen Verfahrens oder eines Verhandlungsverfahrens ausnahmsweise **ein vorheriger Aufruf nicht erforderlich** ist und auch nicht erfolgt, wird erst das **Verlangen eines Unternehmers die Pflicht auslösen**, diesem über die Regeln und Kriterien Kenntnis zu verschaffen. Erforderlich ist aber zusätzlich, dass der betreffende Unternehmer wegen seines eigenen Tätigkeitsbereichs **ein rechtlich schutzwürdiges Interesse** hat, was grundsätzlich nur im Hinblick auf die konkrete Vergabe beurteilt werden kann, wenn dies auch für zukünftige Fälle, die gleichgelagert sind, ausreichen dürfte.

8 Der Auftraggeber muss darauf bedacht sein, **sowohl die Auswahlkriterien absolut objektiv festzulegen als auch die Verpflichtungen aus S. 2 genau einzuhalten.** Andernfalls kann darin ein Verstoß gegen die Grundsätze der Gleichbehandlung und der Transparenz liegen, der von dem interessierten aber nicht berücksichtigten Unternehmen als eigene Rechtsverletzung geltend gemacht und einer Überprüfung durch die Nachprüfungsbehörden und Vergabesenate zugeführt werden kann (vgl. §§ 97 Abs. 7, 107 ff. GWB). Überdies setzt sich der Auftraggeber unter Umständen einer Haftung aus culpa in contrahendo gemäß § 280 Abs. 1 BGB i.V.m. § 311 Abs. 2 Nr. 2 BGB aus.

II. Grundsatz: Fachkunde, Leistungsfähigkeit und Zuverlässigkeit; Nachweise

9 **Abs. 2** legt die **entscheidenden Grundlagen** für die Festlegung der nach Abs. 1 genannten Kriterien zur Auswahl der Teilnehmer am Wettbewerb fest. In Übereinstimmung mit den grundlegenden Anforderungen, wie sie in § 2 Nr. 1 und § 8 Nr. 3 VOB/A festgelegt sind (vgl. § 2 VOB/A Rn. 2 ff. und § 8 VOB/A Rn. 17 VOB/A), müssen die Bewerber **insbesondere fachkundig, leistungsfähig und zuverlässig sein** (vgl. § 2 VOB/A Rn. 17 ff.). Im Unterschied zu den Basisparagraphen, wo dies nicht ausdrücklich vermerkt ist, wird mit dem Wort »insbesondere« deutlich gemacht, dass es hier für die Festlegung der Auswahlgesichtspunkte durchaus **auch auf weitere Merkmale** ankommen kann **bzw. auf strengere Anforderungen** in den betreffenden Bereichen. Sicherzustellen ist aber in jedem Fall, dass die erforderliche Objektivität gewahrt bleibt und keiner der an der Vergabe interessierten Bewerber gegenüber anderen bevorzugt oder benachteiligt und der Wettbewerb nicht unnötig eingeschränkt wird.

10 Nach **Abs. 2 S. 2** können zum Nachweis z.B. Angaben verlangt werden, wie sie in **§ 8 Nr. 3 VOB/A** ausgeführt sind (vgl. dazu § 8 VOB/A Rn. 64 ff.). Da es sich hier nur um eine beispielhafte Benennung handelt, ist davon auszugehen, dass **auch andere oder weitere Nachweise** verlangt werden können, um das erforderliche objektive Bild über die Geeignetheit der betreffenden Bewerber zu gewinnen (vgl. zu Art und Umfang der Nachweise auch § 8a VOB/A Rn. 1). Dies können etwa über das allgemeine Niveau hinausgehende besondere Fachkenntnisse auf einem Spezialgebiet im Bereich des Bauens hochtechnisierter Anlagen, besondere Kenntnisse über die Bearbeitung oder Verarbeitung ganz speziellen Materials usw. sein.

D. Ausschließungsgründe (Nr. 3)

Nr. 3 stellt klar, dass Kriterien nach Nr. 2 **auch Ausschließungsgründe nach § 8 Nr. 5 Abs. 1 VOB/A** sein können (vgl. dazu § 8 Rn. 91 ff. VOB/A). Aufgrund des systematischen Aufbaus der VOB/A wäre die Regelung an sich nicht erforderlich gewesen, da die Basisparagraphen, soweit nicht spezielle Regelungen getroffen werden, grundsätzlich auch bei den b-Paragraphen ergänzend zur Anwendung kommen. Insoweit handelt es sich lediglich um eine **Klarstellung**. Danach können also die in § 8 Abs. 1 lit. a bis f VOB/A aufgeführten Ausschlussgründe so genannte **negative Merkmale** für die vom Auftraggeber nach Nr. 1 aufzustellenden Kriterien für die Auswahl zur Teilnahme am Nichtoffenen Verfahren oder Verhandlungsverfahren sein. Dabei ist es nicht erforderlich, bei der schriftlichen Festlegung der Regeln und Kriterien die in § 8 Nr. 5 Abs. 1 VOB/A genannten Tatbestände nochmals wortwörtlich ganz oder teilweise – je nachdem, ob sie ganz oder nur zum Teil maßgebend sein sollen – zu wiederholen. Vielmehr genügt ein **ausdrücklicher und klarer Hinweis** auf die betreffenden Regelungen in § 8 Nr. 5 Abs. 1 VOB/A, um dies den interessierten Unternehmern hinreichend zu verdeutlichen.

11

E. Notwendigkeit der Verringerung der Zahl der Bewerber (Nr. 4)

I. Allgemeines

Neben den in Nr. 2 und 3 genannten Auswahlkriterien kann nach **Nr. 4** auch die **objektive Notwendigkeit** gegeben sein, die **Zahl der Bewerber** so weit **zu verringern**, dass ein angemessenes Verhältnis zwischen den besonderen Merkmalen des Vergabeverfahrens und dem zur Durchführung notwendigen Aufwand sichergestellt ist; **jedoch sind so viele Bieter zu berücksichtigen, dass ein Wettbewerb gewährleistet ist**. Von dieser hier aufgezeigten Möglichkeit sollte von Auftraggeberseite **nur in wirklich begründeten Ausnahmefällen** Gebrauch gemacht werden, und dann auch **mit äußerster Sorgfalt und nach ausreichender Überlegung**. Dies deshalb, weil hier die Gefahr besteht, dass unter Umständen der ordnungsgemäße Vergabewettbewerb nicht mehr hinreichend gewährleistet ist. Maßgebend ist die durchaus verständliche Notwendigkeit, ein **angemessenes Verhältnis** zwischen den besonderen Merkmalen des Vergabeverfahrens und dem zur Durchführung (des Verfahrens) notwendigen Aufwand sicherzustellen. Dabei ist **zunächst** als Ausgangspunkt **festzustellen, um welches** der von **Nr. 2 Abs. 1** erfassten **Vergabeverfahren** es sich im Einzelfall handelt, also um ein **Nichtoffenes Verfahren** oder um ein **Verhandlungsverfahren**.

12

II. Begrenzung beim Nichtoffenen Verfahren

Wegen des **Nichtoffenen Verfahrens** ist zu beachten, dass diesem ein **Öffentlicher Teilnahmewettbewerb** entsprechend § 3 Nr. 1 Abs. 2 VOB/A oder ein **anderer Aufruf zum Wettbewerb** nach § 17b Nr. 1 Abs. 1 lit. b und c VOB/A **voranzugehen** hat, wie sich aus **§ 3b Nr. 1 lit. b VOB/A** ergibt. Dabei ist vor allem auf § 3 Nr. 1 Abs. 2 VOB/A i.V.m.a.a.O. Nr. 3 Abs. 2 hinzuweisen, wonach eine Beschränkte Ausschreibung nach Öffentlichem Teilnahmewettbewerb dann zulässig ist, wenn die Leistung **nach ihrer Eigenart nur von einem beschränkten Kreis von Unternehmern in geeigneter Weise ausgeführt werden kann oder wenn die Bearbeitung des Angebots einen außergewöhnlich hohen Aufwand erfordert** (vgl. dazu § 3 VOB/A). Die dort angeführten Richtpunkte, die in einem **Basisparagraphen** enthalten sind und daher **auch hier** für Vergaben **nach Abschnitt 3 gelten**, dürften deshalb **maßgebende Kriterien** für die angemessene Verringerung des Kreises der Bewerber nach den vorangehend dargelegten Abwägungsgesichtspunkten sein (a.A. Beck'scher VOB-Komm./ *Prieß* § 8b VOB/A Rn. 29). Das gilt grundsätzlich auch für den Fall einer Vergabe nach vorangegangenem Aufruf zum Wettbewerb entsprechend § 17b Nr. 1 Abs. 1 lit. b und c VOB/A.

13

III. Begrenzung beim Verhandlungsverfahren

14 Soweit es sich um die Reduzierung der Zahl der Bewerber für die Teilnahme an einem **Verhandlungsverfahren** handelt, ist zunächst festzustellen, dass hier in § 8b Nr. 2 Abs. 1 VOB/A das Verhandlungsverfahren **schlechthin genannt** ist. Falls die Durchführung dieses Verhandlungsverfahrens **ohne vorherigen Aufruf zum Wettbewerb** erfolgen kann, dürfen die dafür in **§ 3b Nr. 2 VOB/A** genannten Voraussetzungen durchaus als **Anhaltspunkte für die Überlegung zur Reduzierung des Bewerberkreises** herangezogen werden (vgl. dazu § 3b VOB/A). Im Übrigen finden sich hier zulässige Überlegungsansätze für die Beantwortung der Frage, wie der Kreis der Bewerber **nach einem vorangegangenen Aufruf zum Wettbewerb zur Vermeidung unzumutbaren Aufwands begrenzt** werden kann. Auch dürften sich weitere geeignete Anhaltspunkte für die Beurteilung aus der **Basisregelung in § 3 Nr. 4 VOB/A** entnehmen lassen (vgl. dazu § 3 VOB/A). Schließlich spricht nichts dagegen, Umstände als **annähernde** Bewertungsgrundlage heranzuziehen, die für die Möglichkeit einer **Beschränkten Ausschreibung ohne vorherigen Öffentlichen Teilnahmewettbewerb** nach § 3 Nr. 3 Abs. 1 lit. a bis c VOB/A maßgebend sind.

IV. Gewährleistung des Wettbewerbs

15 Trotz der Möglichkeit, den Bewerberkreis zu reduzieren, ist allerdings sowohl beim Nichtoffenen Verfahren als auch beim Verhandlungsverfahren – gleich, ob mit oder ohne vorausgehendem Teilnahmewettbewerb bzw. Aufruf zum Wettbewerb – zwingend die **durch Satz 2 gezogene Grenze einzuhalten**. Danach müssen ohne Ausnahme immer so viele Bewerber als Teilnehmer am Wettbewerb berücksichtigt werden, dass ein **Wettbewerb gewährleistet** ist. Hier handelt es sich um eine **absolute Grenze, die nicht unterschritten werden darf**. Diese Gefahr wird kaum drohen, wenn sich der Auftraggeber an die vorangehend aufgezeigten, zum Vergleich geeigneten Gesichtspunkte und Maßgaben hält. Vor allem wird dadurch auch deutlich, dass es immer **auf die Umstände des Einzelfalls** ankommt, um die Reduzierung der Zahl der Bewerber zu rechtfertigen. **Von vornherein und generell unzulässig wäre es, ohne sachlichen Bezug zu der zu vergebenden Bauleistung lediglich schlagwortartig festgelegte anderweitige Vorgaben in die Kriterien aufzunehmen,** um die Begrenzung der Bewerber zu rechtfertigen. Notwendig ist vielmehr, diese Vorgaben **an hinreichend umschriebenen Gruppen von Einzelfallgestaltungen auszurichten**.

F. Bietergemeinschaften als Bewerber (Nr. 5)

16 Nr. 5 befasst sich mit der Frage, wie **Bietergemeinschaften** zu behandeln sind, wenn sie als **Bewerber** auftreten. Die Regelung in Nr. 5 ist zwar nicht wörtlich, aber dem Inhalt nach mit § 8a Nr. 8 VOB/A gleich, so dass auf die dortige Kommentierung Bezug genommen werden kann.

G. Grenzen der an die Teilnehmer zu stellenden Anforderungen (Nr. 6)

17 Ausgehend von dem allgemein geltenden **Gebot der Gleichbehandlung** aller Unternehmer sind in Nr. 6 **absolute Grenzen** für die vom Auftraggeber bei der Auswahl der Teilnehmer an einem Nichtoffenen Verfahren oder Verhandlungsverfahren und der Entscheidung über die Qualifikation oder der Prüfungskriterien und Regeln zulässigerweise zu stellenden Anforderungen enthalten. Die Grenzen sind dort gezogen, wo sich eine **unterschiedliche Behandlung von Unternehmern oder Überschneidungen mit anderen Nachweisen ergäbe**.

Für das Verständnis dieser Bestimmung ist zu beachten, dass der wesentliche Teil der Nr. 6 (..... bei der Entscheidung über die Qualifikation sowie bei der Überarbeitung der Prüfungskriterien und -regeln...) vor der Änderung der VOB 2006 – gleichfalls als Nr. 6 – eine ergänzende Regelung innerhalb des zuvor in Nr. 5 ff. geregelten Präqualifikationsverfahrens war. **Mit der VOB 2006 wurden die nach Nr. 6 zu beachtenden Grenzen – als allgemeine Vorschrift – auch auf die Auswahl der Teilnehmer beim Nichtoffenen Verfahren und Verhandlungsverfahren erstreckt.**

Danach darf sich eine unterschiedliche Behandlung der Unternehmen oder eine Überschneidung von Nachweisen nicht ergeben **bei der Auswahl der Teilnehmer an einem Nichtoffenen Verfahren oder Verhandlungsverfahren, bei der Entscheidung über die Qualifikation** und **bei der späteren Überarbeitung der Prüfungskriterien und -regeln.**

Nach der Regelung hinter dem **ersten Spiegelstrich** ist es untersagt, **bestimmten Unternehmern administrative, technische oder finanzielle Verpflichtungen aufzuerlegen, die** von den betreffenden Auftraggebern **nicht anderen Unternehmern auferlegt werden würden.** Hier ist ganz klar das **Verbot der Ungleichbehandlung** ausgesprochen, das der Auftraggeber unbedingt zu beachten hat, wenn er sich nicht zumindest aus **culpa in contrahendo gemäß § 280 Abs. 1 i.V.m. § 311 Abs. 2 Nr. 2 BGB schadensersatzpflichtig** machen will. Mit dem Begriff administrative Verpflichtungen dürften im Allgemeinen zusätzliche Nachweise oder häufiger wiederholte Bescheinigungen oder Genehmigungen gemeint sein, die anderen Unternehmern nicht in gleicher Weise abgefordert werden. Technische Verpflichtungen sind Nachweise bestimmter Verfahrenstechniken, technischer Einrichtungen oder Geräte, die anderen interessierten Unternehmern aus gleicher oder vergleichbarer Fachrichtung nicht auferlegt werden. Auch in den Regeln und Kriterien festgelegte finanzielle Verpflichtungen, wie z.B. die Bereitstellung von Sicherheitsleistungen oder der etwaige Verzicht auf Vorauszahlungen, müssen allen Unternehmern mit gleichen Bedingungen auferlegt werden.

18

Gemäß der Regelung hinter dem **zweiten Spiegelstrich** dürfen des Weiteren **keine Prüfungen und Nachweise verlangt** werden, die sich **mit bereits vorliegenden objektiven Nachweisen überschneiden.** Hier geht es um die Geschlossenheit und Klarheit, vor allem die Einheitlichkeit der von den Unternehmern beizubringenden Unterlagen. Insofern darf der Auftraggeber von den interessierten Unternehmern – unter Umständen aus Bequemlichkeit – nichts verlangen, was sich **schon aus den vorhandenen objektiven Nachweisen ergibt.** Das kann z.B. der Fall sein, wenn es sich um Nachweise gemäß § 8 Nr. 3 VOB/A handelt (vgl. § 8 Rn. 54 ff. VOB/A), die bereits nach Nr. 2 verlangt und vorgelegt worden sind. Damit ist allerdings nicht schon gesagt, dass es unzulässig wäre, die bereits vorgelegten Nachweise und etwa auch Prüfungen usw. nach einiger Zeit aktualisiert, also auf den **neuesten Stand** gebracht, zu verlangen.

19

H. Leistungserfüllung durch Dritte (Nr. 7)

Die Regelung in Nr. 7 ist mit § 8a Nr. 10 VOB/A gleich, so dass auf die dortige Kommentierung Bezug genommen werden kann.

20

I. Nachweis von Umweltmanagement- und Qualitätssicherungsverfahren (Nr. 8)

Auch diese Regelung findet sich wörtlich und inhaltlich übereinstimmend in § 8a Nr. 11 VOB/A. Nähere Erläuterungen dazu finden sich dort unter Rn. 34 ff.

21

J. Präqualifikationsverfahren (Nr. 9 ff.)

I. Allgemeines

22 Das Präqualifikationsverfahren ist eine Besonderheit für **Auftragsvergaben in Sektorenbereichen**. Davon zu unterscheiden ist die nach der Neufassung der VOB 2006 in der Basisbestimmung des § 8 Nr. 3 Abs. 2 VOB/A vorgesehene Möglichkeit des Nachweises der »allgemeinen« Eignungsvoraussetzungen eines Unternehmens durch den Abruf einer Eintragung im so genannten Präqualifikationsverzeichnis. Um die Eintragung zu erlangen, muss sich das Unternehmen zuvor gleichfalls einem Präqualifikationsverfahren unterziehen, das sich allerdings nach inhaltlich anderen Regeln, die zudem keine Gesetzesqualität haben, orientiert (vgl. § 8 Nr. 3 Abs. 2 VOB/A Rn. 81 ff.). **Losgelöst von einem konkreten Vergabeverfahren kann (nicht: muss) der Auftraggeber** in einem vorgezogenen Verfahren feststellen, welche **Unternehmer generell geeignet** sind, die Anforderungen an bestimmte, sich in der Zukunft wiederholende Auftragsvergaben des betreffenden Auftraggebers zu erfüllen. Durch das Präqualifikationsverfahren soll insbesondere dem Umstand Rechnung getragen werden, dass gerade im Bereich der Sektoren oftmals sehr spezielle Anforderungen an wiederholt zu beschaffende, technisch hoch entwickelte und komplizierte Ausrüstungen und Anlagen gestellt werden und somit von vornherein nur ein bestimmter Kreis von Unternehmern für die Auftragsvergabe in Betracht kommt. Der besondere Vorteil für den Auftraggeber liegt darin, dass er in den nachfolgenden Vergabeverfahren bei den präqualifizierten Unternehmen keine Eignungsprüfung mehr durchführen muss, was auf Seiten des Auftraggebers erhebliche Einsparungen an personellem und zeitlichem Aufwand bewirken kann. Zudem ersetzt die Bekanntmachung über das Bestehen eines Präqualifikationssystems in einem Nichtoffenen Verfahren oder in einem Verhandlungsverfahren den Aufruf zum Wettbewerb (vgl. § 17b Nr. 1 Abs. 1 lit. c und Nr. 4 VOB/A).

II. Definition des Präqualifikationsverfahrens (Abs. 1 S. 1)

23 Nach der Definition in Nr. 9 Abs. 1 handelt es sich beim Präqualifikationsverfahren um die **Einrichtung und Anwendung eines bestimmten Systems zur Prüfung von Unternehmen.** Gemeint ist ein einheitliches Schema, das ein bestimmter Auftraggeber für Vergaben von Bauleistungen in den Sektorenbereichen festlegen und durchführen kann. Die Einrichtung eines solchen **Prüfsystems** ist **nicht von einer bestimmten Vergabeart abhängig,** sondern kann weitergehend als oben Nr. 2 ff. **auch** das **Offene Verfahren** erfassen (a.A. Beck'scher VOB-Komm./*Kemper* § 8b VOB/A Rn. 76 f.). Ein solches System zur Prüfung von Unternehmen kann wie gesagt **nicht nur nützlich, sondern auch erforderlich** sein, wenn man bedenkt, dass die hier auf bestimmten Bereichen wie insbesondere der Trinkwasser- oder Energieversorgung und dem Verkehrswesen zu vergebenden Aufträge es von vornherein erfordern, dass die Vertragsverhandlungen mit dem Ziel der Auftragsvergabe **oft spezielle Anforderungen auf Unternehmerseite** beinhalten müssen, die zusätzlich zu oder neben den allgemeinen Anforderungen unbedingt zu beachten sind. Dabei leuchtet es ohne weiteres ein, dass diese besonderen Prüfungsanforderungen selbst innerhalb der einzelnen Sektoren noch unterschiedlich oder noch näher verästelt sein können oder müssen, so dass auch hier ggf. **unterschiedliche oder weitere Präqualifikationen nötig** sind. Daher dürfte es nicht nur auf der Auftraggeberseite, sondern auch auf Seiten der Bewerber durchaus von erheblichem Interesse sein, schon **zu Beginn der Vertragsverhandlungen zu wissen, welche speziellen Anforderungen** in einem bestimmten Sektor oder an einen Teil desselben zu stellen sind bzw. gestellt werden. Dieses System zur Prüfung von Unternehmen dient nicht zuletzt dazu, den Bewerbern Gelegenheit zur Überlegung zu geben, ob sie sich an einer bestimmten Vergabe beteiligen können oder wollen.

III. Pflicht zur Zulassung (Abs. 1 S. 2)

Für den Fall, dass ein Auftraggeber ein Prüfsystem eingerichtet hat und betreibt, wird durch die **Verpflichtung nach Satz 2** sichergestellt, dass interessierte Unternehmer, die an den vorhergehenden Verfahren nicht teilgenommen haben oder aus Gründen abgelehnt wurden, die zwischenzeitlich aber beseitigt sind, sich **jederzeit einer Prüfung unterziehen können.** Damit wird dem Entstehen einer »geschlossenen Veranstaltung« zwischen dem Auftraggeber und den bereits präqualifizierten Unternehmern entgegengewirkt. Der Auftraggeber ist daher gehalten, die **Anträge zu jeder Zeit entgegenzunehmen** und darüber **innerhalb von sechs Monaten zu befinden** (vgl. unten Rn. 28). **24**

IV. Qualifikationskriterien und -stufen (Abs. 2)

Nach **Abs. 2 S. 1** kann dieses System der Präqualifikation **mehrere Qualifikationsstufen** umfassen. Dies bedeutet die Festlegung eines »**Auswahlsystems**« in der Weise, dass zunächst mehr breite oder allgemeinere Prüfungsstufen und dann mehr und mehr spezielle Stufen der Prüfung festgelegt werden, also eine Art »**Ausfilterung**« festgeschrieben wird. Dieses abgestufte System muss naturgemäß auch in einer **feststehenden und überprüfbaren Art und Weise** umschrieben werden. Daher ist in **Satz 2** festgelegt, dass die jeweiligen **Stufen der Qualifikation auf der Grundlage der vom Auftraggeber aufgestellten objektiven Regeln und Kriterien gehandhabt** werden. Dies bedeutet zunächst, dass der Auftraggeber im Falle eines von ihm gewollten Systems der Prüfung von Unternehmern dieses im Einzelnen nach **objektiven Gesichtspunkten** festzulegen und auch zu handhaben hat, also nach den bei **objektiver fachlicher Beurteilung gegebenen Notwendigkeiten,** die im Einzelnen der fachlichen Überprüfung standhalten. Diese sind im Übrigen entsprechend Nr. 2 Abs. 1 S. 2 **schriftlich** (wohl auch in Textform gem. § 126b BGB) niederzulegen, wie sich aus **Abs. 3 Satz 1** ergibt, und zwar hinreichend genau zu den jeweiligen Stufen. Dabei ist der Auftraggeber nach **Satz 3 verpflichtet**, die von ihm aufzustellenden objektiven Regeln und Systeme für sein Präqualifikationsverfahren durch **Bezugnahme auf geeignete europäische Normen über die Qualifizierung von Unternehmern auszurichten.** Sinn dieser Regelung ist es, Unternehmer aus anderen EU-Ländern auch im Rahmen der hier erörterten Präqualifikation nicht von vornherein zu benachteiligen. Der Auftraggeber ist daher bei Einrichtung eines Systems zur Prüfung von Unternehmern **in erster Linie verpflichtet, nachzuforschen, ob eine und welche europäische Norm über die Qualifizierung von Unternehmern besteht**, die den aus objektiver Sicht berechtigten Anforderungen **in seinem Fall genügt**. Trifft dies zu, muss er diese europäische Norm in **sein System mit aufnehmen und auch ausdrücklich darauf Bezug nehmen.** Gerade hier wie überhaupt ist aber zu beachten, dass ein bisher festgelegtes Präqualifikationsverfahren auch die Anforderungen erfüllt, die **gegenwärtig zu stellen, also nicht zwischenzeitlich überholt** sind. Dies dient keineswegs nur dem Interesse des Auftraggebers, sondern vor allem auch dem der interessierten Unternehmer. Daher bestimmt **Satz 4,** dass die betreffenden Kriterien und Regeln **erforderlichenfalls auf den neuesten Stand gebracht werden können.** Angesichts des Gesagten wird man unter Berücksichtigung des wohl berechtigten Unternehmerinteresses sagen müssen, dass es sogar eine **Verpflichtung** des Auftraggebers ist, diese Kriterien und Regeln auf den neuesten Stand zu bringen, **wenn es sonst zum Nachteil von Unternehmern wäre, die sich sowohl bautechnisch als auch baubetriebswirtschaftlich mit Erfolg um fortschrittliche Wege bemüht haben.** **25**

V. Informationspflicht des Auftraggebers auf Verlangen (Abs. 3)

Da die Qualifizierungsregeln und -kriterien nach dem Wortlaut in Abs. 2 S. 2 gemäß den Grundsätzen in Nr. 2 Abs. 1 S. 1 auszurichten und außerdem nach a.a.O. S. 2 schriftlich niederzulegen sind (vgl. oben Rn. 6 ff.), ist es **nur konsequent**, wenn in **Abs. 3 S. 1** bestimmt ist, dass diese **auf Verlangen interessierten Unternehmern zu übermitteln** sind. Da dies beim Nichtoffenen Verfahren oder beim Verhandlungsverfahren für »normale« Regeln und Kriterien bereits nach Nr. 2 Abs. 1 S. 2 gilt, **26** kommt hier eine Übersendung auf Verlangen interessierter Unternehmer vor allem beim Offenen Verfahren und im Übrigen dann in Betracht, wenn das System zur Prüfung von Unternehmen nicht schon in den nach Nr. 2 Abs. 1 S. 1 aufzustellenden Regeln und Kriterien mitenthalten, also in ein gesondertes Schriftstück aufgenommen ist. Im Übrigen gilt hier auch das zu Nr. 2 Abs. 1 S. 1 Gesagte (vgl. oben Rn. 6 ff.). Schließlich dient **Abs. 3 S. 2** dazu, das Präqualifikationsverfahren den interessierten Unternehmern **auf jeden Fall offen zu legen bzw. zugänglich zu machen**. Wenn der Auftraggeber nämlich **kein eigenes Qualifizierungsverfahren** festgelegt hat und verwendet, sondern das eines anderen oder einer anderen Stelle (Einrichtung) benutzt, so ist er zumindest verpflichtet, den interessierten Unternehmern den Namen dieses Dritten mitzuteilen, damit er sich dort die Unterlagen besorgen kann. Liegt der Fall so, dass der Dritte auf Anforderung eines interessierten Unternehmers die Herausgabe verweigert, kommt der Weg nach § 17b Nr. 3 VOB/A in Betracht. **Nützt auch dieser nichts**, dürfte der **Auftraggeber verpflichtet** sein, dem interessierten Unternehmer die entsprechenden Unterlagen **zu beschaffen**.

VI. Leistungserfüllung durch Dritte (Abs. 4)

27   Mit der **VOB 2006** wurde die für Einzelvergaben in § 8b Nr. 7 bzw. in § 8a Nr. 10 VOB/A geltende Regelung, die einem Unternehmen die Möglichkeit einräumt, sich hinsichtlich der für die Eignung erforderlichen wirtschaftlichen und finanziellen sowie technischen und/oder beruflichen Fähigkeiten auf andere Dritte zu stützen, gleichzeitig auch für das Präqualifikationsverfahren vorgesehen. **Auf die Art der rechtlichen Beziehungen zwischen den Unternehmen kommt es dabei nicht an.** Wichtig ist jedoch, dass das zu **qualifizierende Unternehmen einen Nachweis erbringt**, aus dem sich ergibt, dass es **während der gesamten Gültigkeit des Prüfsystems** über diese Ressourcen verfügen kann, d.h. **dass die Anforderungen an die Eignung auch dauerhaft sichergestellt sind** (vgl. im Weiteren auch die Kommentierung zu § 8a Nr. 10 VOB/A).

VII. Entscheidung über die Qualifikation (Nr. 10)

28   Diese Regelung hat die **absolute Verpflichtung** des Auftraggebers zum Gegenstand, den betreffenden Unternehmern seine **Entscheidung über deren Qualifikation bekannt zu geben**, also wahrheitsgemäß zu offenbaren. Dabei ist der Auftraggeber verpflichtet, diese Entscheidung **innerhalb einer Frist von sechs Monaten** mitzuteilen. Diese Frist ist grundsätzlich eine **Maximalfrist**, die als ausreichend angesehen wird, um die entsprechenden Prüfungen vorzunehmen und zu einer sachgerechten Entscheidung zu kommen. Grundsätzlich ist der Prüfungsantrag **zügig zu bearbeiten und darüber zu entscheiden**. Hier ist dem berechtigten Interesse des Unternehmers Rechnung zu tragen, baldmöglichst die Entscheidung über seine Qualifikation **zu erfahren**, damit er seine unternehmerischen Maßnahmen und Dispositionen danach einrichten kann. Im Allgemeinen dürfte ein Mittelwert von etwa zwei bis drei Monaten anzusetzen sein. Damit der Unternehmer, der einen Prüfungsantrag eingereicht hat, **nicht unzumutbar lange hingehalten** wird, bestimmt **Satz 2** für den Auftraggeber zwingend, dass dann, wenn die Entscheidung über die Qualifikation **nicht innerhalb von vier Monaten nach Eingang des Prüfungsantrags** getroffen werden kann, der Auftraggeber **verpflichtet ist, dem betreffenden Unternehmer spätestens zwei Monate nach Eingang des Prüfungsantrags die Gründe für die längere** Bearbeitungszeit mitzuteilen und anzugeben, wann über die Annahme oder Ablehnung entschieden wird. Dies entspricht einer auch hier vom Auftraggeber einzuhaltenden Pflicht zur Information. Daraus folgt zunächst, dass der Auftraggeber sofort nach Eingang des Prüfungsantrags zu überlegen und festzulegen hat, ob und welche Nachweise er von dem Antragsteller etwa noch benötigt und nachfordern muss, um in die eigentliche – zügige – Prüfung eintreten zu können. Kann die Entscheidung **nicht bis kurz vor Ablauf von zwei Monaten** getroffen werden, **muss der Auftraggeber feststellen, ob ihm diese innerhalb der nächsten zwei Monate gelingt**, was in der Regel möglich sein dürfte. Ist nach zwei Monaten entweder eindeutig, dass

dies bei aller Anstrengung im Rahmen der Zumutbarkeit **nicht möglich** sein wird, oder ist es **noch ungewiss**, so ist der Auftraggeber **spätestens** zwei Monate nach Eingang des Antrags verpflichtet, den betreffenden **Antragsteller zu unterrichten und ihm dabei die Gründe für die längere Bearbeitungszeit mitzuteilen und des Weiteren anzugeben, wann über die Annahme oder Ablehnung seines Antrags entschieden wird**; die in Satz 1 geregelte Frist von insgesamt sechs Monaten, berechnet ab Eingang des Prüfantrages, ist dabei einzuhalten.

VIII. Negative Entscheidungen über die Qualifikation (Nr. 11) und Rechtsschutz des Unternehmers

Satz 1 bestimmt für den Auftraggeber zwingend, dass im Einzelfall getroffene **negative Entscheidungen** über die Qualifikation den Antragstellern unter **Angabe von Gründen mitzuteilen** sind. Die Mitteilung hat **unverzüglich, spätestens aber innerhalb von 15 Kalendertagen** zu erfolgen. Hier ist entscheidend die Verpflichtung des Auftraggebers, die Gründe für die negative Entscheidung dem betreffenden Antragsteller unverzüglich bekannt zu geben, damit dieser in der Lage ist, einmal selbst die Gründe zu erfahren, zum anderen aber vor allem, sich zu entscheiden, ob er gemäß § 31b VOB/A i.V.m. §§ 102 ff. GWB die Vergabekammer anrufen möchte. Das Präqualifikationsverfahren ist zwar nicht auf eine konkrete Vergabe gerichtet, stellt aber inhaltlich einen **zeitlich vorweggenommenen Verfahrensabschnitt nachfolgender Vergabeverfahren** dar. Sofern **Maßnahmen im Präqualifikationsverfahren** der Nachprüfung durch die Vergabekammern entzogen wären, bestünde die Gefahr, dass ein zu Unrecht nicht präqualifizierter Unternehmer von einem zu vergebenden Auftrag überhaupt nichts erfährt, da nach § 17b Nr. 1 Abs. 1 lit. c VOB/A der Aufruf zum Wettbewerb durch das Bestehen eines Prüfsystems erfolgen kann und nach § 17b Nr. 4 VOB/A die Teilnehmer aus den präqualifizierten Bewerbern ausgewählt werden. Gerade die **Publizitätsvorschriften**, die ermöglichen sollen, dass jeder interessierte Unternehmer am Wettbewerb um die Vergabe öffentlicher Aufträge teilhaben kann, sind jedoch Rechte, auf deren Einhaltung die Unternehmen ein **subjektives Recht i.S.d. § 97 Abs. 7 GWB** haben.

Falls der Auftraggeber die **uneingeschränkte Pflicht zur Begründung** – was regelmäßig anzunehmen sein dürfte – **schuldhaft verletzt**, setzt er sich unter Umständen zudem einer Haftung aus **culpa in contrahendo gemäß § 280 Abs. 1 BGB i.V.m. § 311 Abs. 2 Nr. 2 BGB** aus. Im Übrigen muss die Begründung hinreichend **klar und verständlich** und daher für den Antragsteller nachvollziehbar sein. Dabei ist **zwingende Voraussetzung, dass sich die Gründe auf die in Nr. 9 erwähnten Prüfungskriterien beziehen müssen** (vgl. oben Rn. 22 ff.), sie haben sich also nach diesen erschöpfend zu richten, wie sich aus **Satz 2** ergibt.

IX. Liste über die als qualifiziert anerkannten Unternehmer (Nr. 12)

In **Nr. 12** ist für den Auftraggeber zwingend vorgeschrieben, dass er die von ihm als qualifiziert anerkannten Unternehmer **in ein Verzeichnis aufzunehmen** hat (S. 1). Dies dient einmal der Vereinfachung, wenn es sich um bestimmte Vergaben handelt und es darum geht, ob und welche Unternehmer bereits als qualifiziert anerkannt sind und demzufolge ein erneutes Präqualifikationsverfahren nicht mehr erforderlich ist. Hinzu kommt aber, dass diese Liste auch der Überprüfung dient, ob und inwieweit die einmal getroffene Feststellung über die Qualifikation **noch gerechtfertigt** ist. Dabei kann es ratsam sein, der Übersicht halber die Liste **nach Fachgebieten** unternehmerischer Betätigung zu untergliedern (S. 2).

X. Aberkennung der Qualifikation (Nr. 13)

Nr. 13 regelt die Voraussetzung, unter der einem Unternehmer eine einmal erteilte Qualifikation **wieder aberkannt** werden darf. Hiernach können für die Aberkennung **nur Gründe** in Betracht kommen, **die auf den in Nr. 9 genannten Kriterien beruhen (S. 1)**. Diese sind **allein entscheidend**. Also muss der Auftraggeber im Rahmen der Prüfung, ob er einem bestimmten Unternehmer die Qualifikation aberkennen kann bzw. muss, nach den gemäß Nr. 9 festgelegten Kriterien (a.a.O.) vorgehen. **Besonders wichtig ist S. 2, wonach es nicht zulässig ist, dass der Auftraggeber die vorgenannte Prüfung zur Entziehung der Qualifikation vornimmt und dann dem betreffenden Unternehmer die zu seinen Lasten getroffene Entscheidung einfach mitteilt.** Vielmehr ist der Auftraggeber nach Prüfung der Entziehungskriterien und nachdem er zu der Auffassung gelangt ist, dass diese vorliegen, **vor Ausspruch der Entziehung verpflichtet, dem Unternehmer mindestens 15 Kalendertage vor dem für die Aberkennung vorgesehenen Termin von der beabsichtigten Aberkennung Mitteilung zu machen, und zwar schriftlich unter Angabe der Gründe**. Dies folgt aus dem allgemeinen Grundsatz, dass dem Betroffenen unbedingt Gelegenheit gegeben werden muss, sich vor einer Entscheidung zu seinen Ungunsten **zur Sache zu äußern**. Innerhalb der **Mindestfrist von 15 Kalendertagen** hat der Betroffene Gelegenheit, mit sachlichen Gründen das auszuräumen, was ihm der Auftraggeber vorhält. Eine Aberkennung, die unter Verletzung des vorgeschriebenen Verfahrens ausgesprochen wurde, stellt in der Regel eine Rechtsverletzung des Unternehmers i.S.d. § 97 Abs. 7 GWB dar, die er vor der Vergabekammer gemäß den §§ 107 ff. GWB geltend machen kann (vgl. oben Rn. 29).

§ 9
Beschreibung der Leistung

Allgemeines

1. Die Leistung ist eindeutig und so erschöpfend zu beschreiben, dass alle Bewerber die Beschreibung im gleichen Sinne verstehen müssen und ihre Preise sicher und ohne umfangreiche Vorarbeiten berechnen können. Bedarfspositionen (Eventualpositionen) dürfen nur ausnahmsweise in die Leistungsbeschreibung aufgenommen werden. Angehängte Stundenlohnarbeiten dürfen nur in dem unbedingt erforderlichen Umfang in die Leistungsbeschreibung aufgenommen werden.

2. Dem Auftragnehmer darf kein ungewöhnliches Wagnis aufgebürdet werden für Umstände und Ereignisse, auf die er keinen Einfluss hat und deren Einwirkung auf die Preise und Fristen er nicht im Voraus schätzen kann.

3. (1) Um eine einwandfreie Preisermittlung zu ermöglichen, sind alle sie beeinflussenden Umstände festzustellen und in den Verdingungsunterlagen anzugeben.
   (2) Erforderlichenfalls sind auch der Zweck und die vorgesehene Beanspruchung der fertigen Leistung anzugeben.
   (3) Die für die Ausführung der Leistung wesentlichen Verhältnisse der Baustelle, z.B. Boden- und Wasserverhältnisse, sind so zu beschreiben, dass der Bewerber ihre Auswirkungen auf die bauliche Anlage und die Bauausführung hinreichend beurteilen kann.
   (4) Die »Hinweise für das Aufstellen der Leistungsbeschreibung« in Abschnitt 0 der Allgemeinen Technischen Vertragsbedingungen für Bauleistungen, DIN 18299 ff., sind zu beachten.

4. Bei der Beschreibung der Leistung sind die verkehrsüblichen Bezeichnungen zu beachten.

Beschreibung der Leistung § 9 VOB/A

Technische Spezifikationen

5. Die technischen Anforderungen (Spezifikationen – siehe Anhang TS Nr. 1) an den Auftragsgegenstand müssen allen Bietern gleichermaßen zugänglich sein und dürfen den Wettbewerb nicht in unzulässiger Weise behindern.

6. Die technischen Spezifikationen sind in den Verdingungsunterlagen zu formulieren:
   (1) entweder unter Bezugnahme auf die in Anhang TS definierten technischen Spezifikationen in der Rangfolge
      a) nationale Normen, mit denen europäische Normen umgesetzt werden,
      b) europäische technische Zulassungen,
      c) gemeinsame technische Spezifikationen,
      d) internationale Normen und andere technische Bezugsysteme, die von den europäischen Normungsgremien erarbeitet wurden oder,
      e) falls solche Normen und Spezifikationen fehlen, nationale Normen, nationale technische Zulassungen oder nationale technische Spezifikationen für die Planung, Berechnung und Ausführung von Bauwerken und den Einsatz von Produkten.
   Jede Bezugnahme ist mit dem Zusatz »oder gleichwertig« zu versehen;
   (2) oder in Form von Leistungs- oder Funktionsanforderungen, die so genau zu fassen sind, dass sie den Unternehmen ein klares Bild vom Auftragsgegenstand vermitteln und dem Auftraggeber die Erteilung des Zuschlags ermöglichen;
   (3) oder in Kombination von Absatz 1 und Absatz 2, d.h.
      a) in Form von Leistungs- oder Funktionsanforderungen unter Bezugnahme auf die Spezifikationen gemäß Absatz 1 als Mittel zur Vermutung der Konformität mit diesen Leistungs- oder Funktionsanforderungen;
      b) oder mit Bezugnahme auf die Spezifikationen gemäß Absatz 1 hinsichtlich bestimmter Merkmale und mit Bezugnahme auf die Leistungs- oder Funktionsanforderungen gemäß Nummer 2 hinsichtlich anderer Merkmale.

7. Verweist der Auftraggeber in der Leistungsbeschreibung auf die in Nummer 6 Abs. 1 Buchstabe a genannten Spezifikationen, so darf er ein Angebot nicht mit der Begründung ablehnen, die angebotene Leistung entspräche nicht den herangezogenen Spezifikationen, sofern der Bieter in seinem Angebot dem Auftraggeber nachweist, dass die von ihm vorgeschlagenen Lösungen den Anforderungen der technischen Spezifikation, auf die Bezug genommen wurde, gleichermaßen entsprechen. Als geeignetes Mittel kann eine technische Beschreibung des Herstellers oder ein Prüfbericht einer anerkannten Stelle gelten.

8. Legt der Auftraggeber die technischen Spezifikationen in Form von Leistungs- oder Funktionsanforderungen fest, so darf er ein Angebot, das einer nationalen Norm entspricht, mit der eine europäische Norm umgesetzt wird, oder einer europäischen technischen Zulassung, einer gemeinsamen technischen Spezifikation, einer internationalen Norm oder einem technischen Bezugssystem, das von den europäischen Normungsgremien erarbeitet wurde, entspricht, nicht zurückweisen, wenn diese Spezifikationen die geforderten Leistungs- oder Funktionsanforderungen betreffen. Der Bieter muss in seinem Angebot mit geeigneten Mitteln dem Auftraggeber nachweisen, dass die der Norm entsprechende jeweilige Leistung den Leistungs- oder Funktionsanforderungen des Auftraggebers entspricht. Als geeignetes Mittel kann eine technische Beschreibung des Herstellers oder ein Prüfbericht einer anerkannten Stelle gelten.

9. Schreibt der Auftraggeber Umwelteigenschaften in Form von Leistungs- oder Funktionsanforderungen vor, so kann er die Spezifikationen verwenden, die in europäischen, multinationalen oder anderen Umweltgütezeichen definiert sind, wenn

a) sie sich zur Definition der Merkmale des Auftragsgegenstands eignen,
b) die Anforderungen des Umweltgütezeichens auf Grundlage von wissenschaftlich abgesicherten Informationen ausgearbeitet werden;
c) die Umweltgütezeichen im Rahmen eines Verfahrens erlassen werden, an dem interessierte Kreise – wie z.B. staatliche Stellen, Verbraucher, Hersteller, Händler und Umweltorganisationen – teilnehmen können, und
d) wenn das Umweltgütezeichen für alle Betroffenen zugänglich und verfügbar ist.

Der Auftraggeber kann in den Vergabeunterlagen angeben, dass bei Leistungen, die mit einem Umweltgütezeichen ausgestattet sind, vermutet wird, dass sie den in der Leistungsbeschreibung festgelegten technischen Spezifikationen genügen. Der Auftraggeber muss jedoch auch jedes andere geeignete Beweismittel, wie technische Unterlagen des Herstellers oder Prüfberichte anerkannter Stellen, akzeptieren. Anerkannte Stellen sind die Prüf- und Eichlaboratorien sowie die Inspektions- und Zertifizierungsstellen, die mit den anwendbaren europäischen Normen übereinstimmen. Der Auftraggeber erkennt Bescheinigungen von in anderen Mitgliedstaaten ansässigen anerkannten Stellen an.

10. Soweit es nicht durch den Auftragsgegenstand gerechtfertigt ist, darf in technischen Spezifikationen nicht auf eine bestimmte Produktion oder Herkunft oder ein besonderes Verfahren oder auf Marken, Patente, Typen eines bestimmten Ursprungs oder einer bestimmten Produktion verwiesen werden, wenn dadurch bestimmte Unternehmen oder bestimmte Produkte begünstigt oder ausgeschlossen werden. Solche Verweise sind jedoch ausnahmsweise zulässig, wenn der Auftragsgegenstand nicht hinreichend genau und allgemein verständlich beschrieben werden kann; solche Verweise sind mit dem Zusatz »oder gleichwertig« zu versehen.

Leistungsbeschreibung mit Leistungsverzeichnis

11. Die Leistung soll i.d.R. durch eine allgemeine Darstellung der Bauaufgabe (Baubeschreibung) und ein in Teilleistungen gegliedertes Leistungsverzeichnis beschrieben werden.

12. Erforderlichenfalls ist die Leistung auch zeichnerisch oder durch Probestücke darzustellen oder anders zu erklären, z.B. durch Hinweise auf ähnliche Leistungen, durch Mengen- oder statische Berechnungen. Zeichnungen und Proben, die für die Ausführung maßgebend sein sollen, sind eindeutig zu bezeichnen.

13. Leistungen, die nach den Vertragsbedingungen, den Technischen Vertragsbedingungen oder der gewerblichen Verkehrssitte zu der geforderten Leistung gehören (§ 2 Nr. 1 VOB/B), brauchen nicht besonders aufgeführt zu werden.

14. Im Leistungsverzeichnis ist die Leistung derart aufzugliedern, dass unter einer Ordnungszahl (Position) nur solche Leistungen aufgenommen werden, die nach ihrer technischen Beschaffenheit und für die Preisbildung als in sich gleichartig anzusehen sind. Ungleichartige Leistungen sollen unter einer Ordnungszahl (Sammelposition) nur zusammengefasst werden, wenn eine Teilleistung gegenüber einer anderen für die Bildung eines Durchschnittspreises ohne nennenswerten Einfluss ist.

Leistungsbeschreibung mit Leistungsprogramm

15. Wenn es nach Abwägen aller Umstände zweckmäßig ist, abweichend von Nummer 11 zusammen mit der Bauausführung auch den Entwurf für die Leistung dem Wettbewerb zu un-

terstellen, um die technisch, wirtschaftlich und gestalterisch beste sowie funktionsgerechte Lösung der Bauaufgabe zu ermitteln, kann die Leistung durch ein Leistungsprogramm dargestellt werden.

16. (1) Das Leistungsprogramm umfasst eine Beschreibung der Bauaufgabe, aus der die Bewerber alle für die Entwurfsbearbeitung und ihr Angebot maßgebenden Bedingungen und Umstände erkennen können und in der sowohl der Zweck der fertigen Leistung als auch die an sie gestellten technischen, wirtschaftlichen, gestalterischen und funktionsbedingten Anforderungen angegeben sind, sowie gegebenenfalls ein Musterleistungsverzeichnis, in dem die Mengenangaben ganz oder teilweise offen gelassen sind.
(2) Die Nummern 12 bis 14 gelten sinngemäß.

17. Von dem Bieter ist ein Angebot zu verlangen, das außer der Ausführung der Leistung den Entwurf nebst eingehender Erläuterung und eine Darstellung der Bauausführung sowie eine eingehende und zweckmäßig gegliederte Beschreibung der Leistung – gegebenenfalls mit Mengen- und Preisangaben für Teile der Leistung – umfasst. Bei Beschreibung der Leistung mit Mengen- und Preisangaben ist vom Bieter zu verlangen, dass er
    a) die Vollständigkeit seiner Angaben, insbesondere die von ihm selbst ermittelten Mengen, entweder ohne Einschränkung oder im Rahmen einer in den Verdingungsunterlagen anzugebenden Mengentoleranz vertritt und, dass er
    b) etwaige Annahmen, zu denen er in besonderen Fällen gezwungen ist, weil zum Zeitpunkt der Angebotsabgabe einzelne Teilleistungen nach Art und Menge noch nicht bestimmt werden können (z.B. Aushub-, Abbruch- oder Wasserhaltungsarbeiten) – erforderlichenfalls anhand von Plänen und Mengenermittlungen – begründet.

Inhaltsübersicht Rn.

Allgemeine Grundlagen	1
Erster Abschnitt: Einleitung	2
A. Grundlagen der Beschreibung der Leistung	2
B. Einteilung von § 9 VOB/A	6
Zweiter Abschnitt: Grundvoraussetzungen für eine ordnungsgemäße Beschreibung der Leistung	7
A. Grundregeln der Beschreibung der Leistung nach Nr. 1	7
I. Eindeutige und erschöpfende Beschreibung der Leistung	8
1. Haftungsvoraussetzungen	11
2. Notwendige Angaben	13
3. Vorbehalte des Auftraggebers	14
II. Gleiches Verständnis für alle Bewerber	15
III. Aufnahme von Bedarfspositionen nur ausnahmsweise, Zulagen, Alternativpositionen, angehängte Stundenlohnarbeiten	17
1. Beschränkung von Bedarfspositionen (Eventualpositionen)	17
2. Aufnahme von angehängten Stundenlohnarbeiten nur im unbedingt erforderlichen Umfang	20
IV. Einzelgesichtspunkte	21
1. Eindeutigkeit der Leistungsbeschreibung	21
2. Angabe der für die Preisermittlung wesentlichen Umstände	23
3. Individuelle Preisberechnung	24
4. Fingierte Leistungsmehrforderungen	27
B. Kein ungewöhnliches Wagnis (Nr. 2)	28
I. Allgemeiner Grundsatz	28
II. Ungewöhnliches Wagnis	29
III. Keine Einflussmöglichkeit für Auftragnehmer	30
IV. Ausnahme: Ausgleichsmöglichkeit	32

	Rn.
V. Nr. 2 als zwingende Regelung	33
C. Einzelangaben zu den Leistungsanforderungen (Nr. 3)	35
I. Ermöglichung einwandfreier Preisermittlung (Abs. 1)	36
1. Einzelheiten des geplanten Bauvorhabens	39
2. Obliegenheiten des Auftraggebers	41
a) Umstände des Auftraggebers	43
b) Konkrete Bauleistung	45
c) Ergänzende Untersuchungen	46
d) Angabe in den Verdingungsunterlagen	47
e) Prüfungspflicht des Bewerbers	48
II. Erforderlichenfalls Angabe des Zweckes und der vorgesehenen technischen Beanspruchung der fertigen Leistung (Nr. 3 Abs. 2)	49
1. Weitere Erläuterungen	50
2. Haftungsfragen	51
3. Gesamtzweck der Bauleistung	52
III. Beschreibung der für die Ausführung der Leistung wesentlichen Verhältnisse der Baustelle (Nr. 3 Abs. 3)	53
1. Vollständigkeit der Beschreibung	53
2. Baugrundrisiko	54
3. Bodenrisiko und AGB	55
4. Wasserrechtliche Vorschriften	56
IV. Beachtung von Hinweisen in Abschnitt 0 der ATV DIN 18 299 ff. (Nr. 3 Abs. 4)	57
1. Anwendung der ATV DIN 18 299	57
2. Notwendige Angaben	59
a) Angaben zur Baustelle	60
b) Angaben zur Ausführung	61
c) Gebot der Klarheit	62
d) Ausnahmsweise Angabe von Nebenleistungen	63
e) Abrechnungseinheiten	64
D. Verkehrsübliche Bezeichnungen – Technische Anforderungen (Nr. 4–10)	65
I. Verkehrsübliche Bezeichnungen (Nr. 4)	66
II. Allgemeine wettbewerbliche Anforderungen	67
III. Festlegung technischer Anforderungen (Nr. 6)	68
1. »Technische Spezifikationen«	69
2. »Norm«	70
3. Europäische technische Zulassungen	71
4. Gemeinsame technische Spezifikationen	72
5. Zusatz »oder gleichwertig«	73
E. Nachweis der Gleichwertigkeit durch den Bieter (Nr. 7)	74
F. Nachweis bei Leistungs- und Funktionsanforderungen (Nr. 8)	78
G. Verwendung von Umweltgütezeichen	79
H. Bestimmte Erzeugnisse oder Verfahren, bestimmte Ursprungsorte und Bezugsquellen (Nr. 10)	80
I. Vermeidung bestimmter Angaben	82
II. Ausnahmen	83
Dritter Abschnitt: Leistungsbeschreibung mit Leistungsverzeichnis	86
A. Grundlagen (Nr. 11)	87
I. Die allgemeine Darstellung der Bauaufgabe (Baubeschreibung)	88
1. Allgemeine Übersicht	88
2. Technische Angaben	90
3. Keine offenkundigen Angaben	91
4. Keine Angaben für Teilleistungen	92
5. Vergabehandbuch	93
II. Die Beschreibung durch Leistungsverzeichnis	94

	Rn.
B. Erforderlichenfalls Darstellung der Leistung durch Zeichnung oder durch Probestücke oder anderweitige Erklärung (Nr. 12)	96
I. Zeichnungen und Probestücke; andere Hinweise, insbesondere Mengen- oder statische Berechnungen	96
1. Zeichnungen und Probestücke	97
2. Weitere Mittel zur Klärung	98
II. Eindeutige Bezeichnung	99
C. Entbehrlichkeit von Leistungsangaben (Nr. 13)	100
I. Nur notwendige Angaben in Leistungsbeschreibung	100
II. Andere Verdingungsunterlagen; gewerbliche Verkehrssitte	102
III. Nebenleistungen/Besondere Leistungen	103
D. Gliederung des Leistungsverzeichnisses (Nr. 14)	104
I. Grundsatz	105
1. Gleichartigkeit der technischen Beschaffenheit	106
2. Keine Gleichartigkeit der Leistungsanforderungen	107
II. Zulagen, Wahl- und Bedarfspositionen	108
III. Platz für Einsetzen der Preise	109
IV. Vorbemerkungen	111
V. Keine Angaben mit rechtlichem Gehalt	113
Vierter Abschnitt: Leistungsbeschreibung mit Leistungsprogramm	114
A. Allgemeines	114
I. Ausnahmeform der Leistungsbeschreibung	114
II. Grundlegende Anforderungen an Auftraggeber und Bieter	119
III. Besondere rechtliche Aspekte	121
IV. Ausgleich für Aufwendungen der Bieter	122
B. Grundsätzliche Voraussetzungen für eine Leistungsbeschreibung mit Leistungsprogramm (Nr. 15)	123
I. Zweckmäßigkeit der Beschreibung mit Leistungsprogramm	125
II. Wettbewerbsgedanke ist grundlegend	127
III. Technisch, wirtschaftlich, gestalterisch und funktionsgerecht beste Lösung	129
1. Technische Lösung	131
2. Wirtschaftlichkeit	132
3. Gestaltung	133
4. Zweck	134
IV. Wirtschaftliche Vertretbarkeit als Voraussetzung	135
C. Anforderungen an die Leistungsbeschreibung mit Leistungsprogramm (Nr. 16)	136
I. Erkennbarkeit der für die Entwurfsbearbeitung maßgebenden Umstände	138
II. Erforderliche Einzelmitteilungen	140
III. Notwendige Unterlagen	145
IV. Richtlinien des Vergabehandbuches	148
D. Anforderungen an die Angebote der Bieter bei Leistungsbeschreibung mit Leistungsprogramm (Nr. 17)	151
I. Grundsatzregelung in S. 1	152
1. Entwurf	153
2. Bauablauf	155
3. Bauausführung	156
4. Gliederung der Leistungsbeschreibung	157
5. Verwendung von Kennzahlen	158
II. Anforderungen an Leistungsbeschreibung mit Mengen- und Preisangaben	159
1. Vollständige Mengenangaben	160
2. Ausnahmen	161
III. Regelungen des VHB zu § 9 Nr. 12 VOB/A	162

Aufsätze: *Englert* Das »Baugrundrisiko« – ein normierungsbedürftiger Rechtsbegriff? BauR 1991, 537; *Bühl* Grenzen der Hinweispflicht des Bieters BauR 1992, 26; *Vygen* Rechtliche Probleme bei Ausschreibung, Vergabe und Abrechnung von Alternativ- und Eventualpositionen, BauR 1992, 135; *Vygen* Nachträge bei lückenhaften und/oder unklaren Leistungsbeschreibungen des Auftraggebers FS Soergel S. 277 ff.; *Schottke* Das Baugrundrisiko bei dem VOB-Vertrag BauR 1993, 407, 565; *Cuypers* Leistungsbeschreibung und Verstöße gegen die VOB/A BauR 1994, 426; *Dähne* Ansprüche des Auftragnehmers bei fehlerhafter Leistungsbeschreibung Die Bauverwaltung 1994, 31; *Marbach* Nachtragsforderung bei mangelnder Leistungsbeschreibung der Baugrundverhältnisse im VOB-Bauvertrag und bei Verwirklichung des »Baugrundrisikos« BauR 1994, 168; *Hanhardt* Prüfungs- und Hinweispflichten des Bieters bei lückenhafter und unklarer Leistungsbeschreibung FS Heiermann 1995, S. 111 ff.; *Mandelkow* Qualifizierte Leistungsbeschreibung als wesentliches Element des Bauvertrages BauR 1996, 31; *Quack* Über die Verpflichtung des Auftraggebers zur Formulierung der Leistungsbeschreibung nach den Vorgaben von § 9 VOB/A BauR 1998, 381; *Quack* Die Leistungsbeschreibung und VOB BauR 2001, 713; *Weber* Zulässigkeit und Grenzen von Leistungsbeschreibungen nach europäischem Recht NZBau 2002, 194.

Allgemeine Grundlagen

1 Die von § 9 VOB/A erfasste Beschreibung der Leistung ist das eigentliche Kernstück der Vergabeunterlagen sowie auch des späteren Vertragsinhalts. Unter dem Blickwinkel eines fairen Vergabeverfahrens wird durch eine ordnungsgemäße Leistungsbeschreibung zum einen der Wettbewerbsgegenstand näher bezeichnet. Zum anderen werden Inhalt und Umfang der vom Auftragnehmer anzubietenden und nach Vertragsabschluss zu erbringenden Leistung festgelegt, was in gleicher Weise auch die Grundlage für die Bemessung der Vergütung des Bieters bzw. Bewerbers ist. § 9 VOB/A ist die einzige Bestimmung im Bereich der Teile A und B der VOB, die in bestimmte Gruppen mit jeweiligen Überschriften eingeteilt ist. Die erste Gruppe »Allgemeines« befasst sich mit allgemeingültigen und grundlegenden Anforderungen, die an die Beschreibung der Leistung zu stellen sind. Unter der Überschrift »Technische Spezifikationen« sind Regelungen für die technischen Anforderungen an den Auftragsgegenstand zusammengefasst worden. Die dritte mit der Überschrift »Leistungsbeschreibung mit Leistungsverzeichnis« betrifft die in der Praxis nach wie vor beste, deswegen auch nach wie vor gängigste Art der Beschreibung der Leistung. Gruppe vier mit der Bezeichnung »Leistungsbeschreibung mit Leistungsprogramm« umschreibt einen Ausnahmefall der Beschreibung der Leistung, also einen Fall, der unter Berücksichtigung des Baugeschehens in aller Breite nicht als Regel gelten, sondern nur unter bestimmten besonderen Voraussetzungen angezeigt sein kann. § 9 VOB/A wurde in der Fassung der VOB von 2006 wesentlich verändert. Neu eingefügt wurde in nahezu wörtlicher Übernahme der Bestimmungen der EU-Vergabekoordinierungsrichtlinie (2004/18/EG) die Bestimmungen in der zweiten Gruppe (Nr. 5 bis 10) über die »Technischen Spezifikationen«, die die Nummern 4 und 5 von § 9 VOB/A der Fassung 2002 ersetzten.

Erster Abschnitt:
Einleitung

A. Grundlagen der Beschreibung der Leistung

2 **In der Beschreibung der Leistung** muss hinreichend genau festgelegt und erfasst werden, was den Umfang der im Einzelfall geforderten Bauleistung in allen ihren Einzelheiten **ausmacht.** Dies hat eine dreifache Bedeutung. Zunächst wird damit der **Wettbewerbsgegenstand für das Vergabeverfahren nach VOB/A näher bezeichnet.** Insoweit richten sich die Anforderungen von § 9 VOB/A an den Auftraggeber und **bezwecken zugleich den Schutz der Bieter im Hinblick auf einen ordnungsgemäßes Vergabeverfahren nach VOB/A** (OLG Brandenburg v. 3.8.1999 BauR 1999, 1175 = NZBau 2000, 39). Weiterhin wird **die geforderte Bauleistung i.S.d. Vertragsgerechtheit nach**

Art und Umfang festgelegt, wobei hier der Grundsatz von Treu und Glauben tragende Bedeutung hat (ebenso *Marbach* BauR 1994, 168, 170). Die Leistungsbeschreibung hat aber noch eine weitere Bedeutung. Sie ist auch die **Grundlage** für die **Berechnung** der durch den Auftragnehmer zu fordernden Gegenleistung des Auftraggebers, die **angemessene Vergütung** und demgemäss auch für die **Abrechnung der zur Vertragserfüllung erbrachten Leistung.** Durch die Beschreibung der Leistung wird die **Grundlage für alles** geschaffen, **was später wesentlicher Inhalt des Bauvertrages – Leistung einerseits, Gegenleistung andererseits – ist.** Die VOB/A geht dabei von **zwei Arten der Leistungsbeschreibung** aus, die sich nach anerkennenswerter Erfahrung für einen ordnungsgemäßen Bauvergabewettbewerb bewährt haben, nämlich von der **Leistungsbeschreibung mit Leistungsverzeichnis (Nr. 11–14) als Regel und von der Leistungsbeschreibung mit Leistungsprogramm (Nr. 15–17) als Ausnahme.** Andere Arten der Leistungsbeschreibung, wie z.B. mündliche oder schriftliche bloß überschlägige Angaben, sind der VOB/A **unbekannt** und werden vor allem auch von den fachlich anzuerkennenden, solide arbeitenden Kreisen des Bauwesens ganz überwiegend abgelehnt. Dies mit Recht, weil gerade dann nach aller Erfahrung Streitigkeiten über Inhalt und Umfang des Vertrags und der danach auszurichtenden Vergütung sozusagen vorprogrammiert sind.

Die Ausschreibungsgrundsätze von § 9 VOB/A gelten direkt nur im Fall einer Vergabe nach VOB/A, sie bieten aber zumindest auch **Anhaltspunkte** dafür, was bei einer **ordnungsgemäßen Leistungsbeschreibung im Rahmen allgemeiner Bauvergabe auch außerhalb der VOB** zu beachten ist. **Insbesondere** gilt dies für **Bauverträge,** die auf der Grundlage der **§§ 631 ff. BGB** zu beurteilen sind. Vor allem wird auch der **Pflichtenkreis des Architekten,** der vom Auftraggeber mit der Anfertigung der Ausschreibungsunterlagen und der Mithilfe bei der Vergabe von Bauleistungen beauftragt ist (vgl. § 15 Abs. 2 Nr. 6 und 7 HOAI), für den Bereich **seines** Vertrages mit dem Auftraggeber bestimmt, was auch für Ingenieure und sonstige Sonderfachleute gilt. Das trifft um so mehr zu, als der **Bieter bei der Berechnung seines Angebots grundsätzlich von den von einem Architekten,** insoweit als Erfüllungsgehilfen des Auftraggebers, **entworfenen Leistungsbeschreibungen im Leistungsverzeichnis ausgehen kann** (BGH Schäfer/Finnern Z 2.410 Bl. 34 ff.). **Diese Grundsätze gelten für alle Vergabearten,** insbesondere auch für die Freihändige Vergabe (§§ 3 Nr. 1 Abs. 3, 8 Nr. 2 Abs. 3 VOB/A; vgl. BGH VersR 1966, 488 = SFH Z 3.01 Bl. 353 ff.).

Zu der hier dem Auftraggeber bzw. dessen Architekten übertragenen Aufgabe ordnungsgemäßer Beschreibung der Leistung zählt vor allem auch alles, was nach dem Leistungsbild des § 15 Abs. 2 Nr. 5 HOAI unter den Begriff der »**Ausführungsplanung**« fällt, also Grundlage der Vorbereitung der Vergabe nach § 15 Abs. 2 Nr. 6 HOAI ist, somit das Erarbeiten und Darstellen der ausführungsreifen Planungslösung; dazu gehören z.B. Pläne für die Ausbildung von Fassadenteilen, Festlegung der Einzelheiten für eine Aufzuganlage nach den örtlichen Gegebenheiten, Bestimmung der Lage und von Einzelheiten der Installation in jeder Hinsicht usw. (vgl. dazu BGH NJW 1975, 737 = BauR 1975, 218 = BlGBW 1975, 138 = MDR 1975, 482 = BB 1975, 990 = Betrieb 1975, 786 = WM 1975, 333 = Schäfer/Finnern Z 3.014 Bl. 1 ff.).

3

Erst recht gilt dies für die Vorbereitung der Vergabe nach § 15 Abs. 2 Nr. 6 HOAI selbst, nämlich das Ermitteln der Mengen und Aufstellen von Leistungsverzeichnissen.

Auch dann, wenn die Beschreibung der Leistung nicht vom Architekten aufgestellt ist, sondern vom – späteren – Auftragnehmer stammt, obliegt dem **Architekten** eine **Prüfungspflicht** dahin gehend, ob sie **sämtliche für ein ordnungsgemäßes Funktionieren der Leistung unumgänglich erforderliche Angaben enthält,** anderenfalls den Auftraggeber im Verhältnis zum Auftragnehmer wegen Planungsverschulden seines Architekten eine Mitverantwortlichkeit (§§ 254, 278 BGB) treffen kann (BGH BauR 1978, 405 = MDR 1978, 831 = SFH § 639 BGB Nr. 2 für den Fall des Unterlassens des Dachdeckers, in der Leistungsbeschreibung einen Kapp- oder Überhangstreifen bzw. ein Formstück bei geplantem Kupferblech-Wandanschluss vorzusehen).

4

Für die Beschreibung der Leistung – gleich welcher Art – müssen generell die folgenden Gesichtspunkte beachtet werden: Die zur Ausführung in Aussicht genommene Bauleistung muss den Bedürfnissen und Wünschen des Auftraggebers sowie der erkennbar beabsichtigten Benutzer bestmöglich entsprechen und auch einen positiven Beitrag zur Gestaltung der Umwelt leisten; dabei ist das jeweilige berechtigte Interesse des Auftraggebers und der Allgemeinheit aufeinander abzustimmen. Des Weiteren muss die betreffende Bauleistung **nach den jeweiligen anerkannten Regeln der Technik unter Beachtung der dafür maßgebenden bauordnungsrechtlichen Bestimmungen ausführbar** sein. Wichtig sind insofern als wesentliche Anhaltspunkte die jetzigen Regelungen hier in § 9 Nr. 3 Abs. 4 sowie Nr. 4 Abs. 2–4 VOB/A. Hinsichtlich des finanziellen Aufwandes muss die Bauleistung den Wertvorstellungen des Auftraggebers sowie der potenziellen Nutzer voll entsprechen. Diese Grundsätze sind sowohl von dem Auftraggeber, vor allem auch seinem bauplanenden Architekten, als auch dem Auftragnehmer, einschließlich der für diesen planenden Personen, unbedingt zu beachten (vgl. dazu Bauwirtschaft 1974, 1852 = Baubetriebsberater 1974, 74; siehe vor allem auch *Jebe* Preisermittlung für Bauleistungen, S. 29; ferner *Vygen* FS Soergel S. 277 ff.).

5 Beschreibungen der Leistung genießen für den Regelfall **keinen urheberrechtlichen Schutz,** weil sie – lediglich – die wörtliche Aufzählung und technische Beschreibung der zu einer Gesamtleistung gehörenden Einzelleistungen sind und aus ihnen regelmäßig nicht schon die individuelle Gestaltung eines Bauwerkes entnommen werden kann. (so zutreffend *Wolfensberger* BauR 1979, 457; vgl. dazu insbesondere auch BGH, BauR 1984, 423 = Betrieb 1984, 2028 = NJW 1985, 1631 = MDR 1984, 1001 = SFH § 2 UrhG Nr. 3 = ZfBR 1984, 234 in Bezug auf Ausschreibungsunterlagen für den Bau einer Pipeline).

B. Einteilung von § 9 VOB/A

6 In der **VOB/A** ist neben grundlegenden, für alles geltenden Gesichtspunkten berücksichtigt, dass neben der Beschreibung der Leistung in der traditionellen Form des Leistungsverzeichnisses zunehmend auch andere Formen (funktionale Leistungsbeschreibungen) zur Anwendung gelangen, für die wesentliche Richtpunkte angegeben werden mussten. Außerdem war es notwendig, dem Gebot des übersichtlichen Aufbaus der Vergabeunterlagen gerade im Hinblick auf die Leistungsbeschreibung gerecht zu werden. Insbesondere die nahezu wörtliche Übernahme der Regelungen der Vereinigten Koordinierungsrichtlinie für öffentliche Aufträge (2004/18/EG), deren Umsetzung in deutsches Recht mit der Ausgabe 2006 der VOB/A erfolgt ist, führte zu einer nicht unbeträchtlichen Erweiterung des § 9. Der Zusammenhalt in einem Paragraphen erschien aber sachlich geboten, insbesondere entschied sich der DVA für eine Übernahme der für den EU-Binnenmarkt geltenden Bestimmungen zu den »Technischen Spezifikationen« in die Basisparagraphen, um eine Abweichung der Regeln oberhalb und unterhalb der EU-Schwellenwerte zu vermeiden. Demzufolge konnte in der VOB/A Ausgabe 2006 § 9a entfallen. Der Übersichtlichkeit halber wurde § 9 VOB/A in die folgenden vier **Untergruppen** eingeteilt:

1. Allgemeines, umfassend nunmehr die Nr. 1–4
2. Technische Spezifikationen, umfassend nunmehr die Nr. 5–10
3. Leistungsbeschreibung mit Leistungsverzeichnis, umfassend nunmehr die Nr. 11–14
4. Leistungsbeschreibung mit Leistungsprogramm, umfassend wie schon früher die Nr. 15–17

Zweiter Abschnitt:
Grundvoraussetzungen für eine ordnungsgemäße Beschreibung der Leistung

A. Grundregeln der Beschreibung der Leistung nach Nr. 1

Hier ist der Grundsatz aufgestellt, dass die Bauleistung eindeutig und so erschöpfend zu beschreiben ist, dass alle Bewerber die Beschreibung im gleichen Sinne verstehen müssen und ihre Preise sicher und ohne umfangreiche Vorarbeiten berechnen können.

I. Eindeutige und erschöpfende Beschreibung der Leistung

Eine eindeutige und erschöpfende Beschreibung der Leistung hat sowohl für die **Schaffung einer transparenten Wettbewerbsgrundlage bis zum Zuschlag** (*Franke/Kemper/Zanner/Grünhagen* § 9 VOB/A Rn. 10) **als auch für die Bestimmung des Umfangs der späteren Leistungspflicht des Auftragnehmers, d.h. des Bausolls,** ihre hervorragende Bedeutung. Das vom Auftraggeber bzw. von einem durch ihn beauftragten Erfüllungsgehilfen (§ 278 BGB), wie z.B. dem bauplanenden Architekten oder Ingenieur, aufgestellte Leistungsverzeichnis ist zwar noch kein Vertragsangebot (vgl. dazu auch *Cuypers* BauR 1994, 426, 427). Dafür ist nämlich Voraussetzung, dass es vom Bieter dem Auftraggeber gegenüber abgegeben wird. Dem Bieter wird daher zunächst mit einer Aufforderung zur Abgabe eines Vertragsangebots die geforderte Leistung in ihren Einzelpunkten in Form der Beschreibung der Leistung mitgeteilt. Zugleich wird er damit aufgefordert, diese Beschreibung zum Gegenstand seines Angebotes zu machen. Gerade diese **Vorarbeit des Auftraggebers** bzw. seines im Bereich der Planung tätigen Vertreters (Erfüllungsgehilfen) erfordert einen klaren, **vollständigen und** für jeden in Betracht kommenden fachkundigen Bieter **eindeutigen Inhalt.** Das Leistungsverzeichnis muss also möglichst detaillierte Angaben erhalten (OLG Koblenz v. 5.9.2002 ZfBR 2002, 829). Abzustellen ist auf die Sicht des potenziellen Bieters, dabei kann der Auftraggeber von dem Verständnis eines durchschnittlichen, mit der Art der Ausschreibung vertrauten Bieters ausgehen (BGH v. 22.4.1993 BauR 1993, 595 und BGH v. 23.1.2003 BauR 2002, 536). Ein **Verstoß des Auftraggebers gegen diese Grundsätze kann bereits im laufenden Vergabeverfahren von den Bietern gerügt werden und im Anwendungsbereich des GWB zur Beanstandung des Vergabeverfahrens durch die Nachprüfungsstellen führen** (OLG Dresden v. 10.1.2000 BauR 2000, 1592 = IBR 2000, 153). Nur durch eine eindeutige und erschöpfende Leistungsbeschreibung können später in der Vertragsabwicklung Auslegungsprobleme oder gar Rechtsstreitigkeiten vermieden werden. Der Auftraggeber hat alle Mühe aufzuwenden, sich insbesondere von Fachkräften beraten und helfen zu lassen, um den Anforderungen, die ihn hier treffen, in vollem Umfang nachzukommen. Vor allem muss er in den entsprechenden Leistungspositionen einen Leistungsinhalt beschreiben, der **verkehrsüblich** ist und keine Besonderheiten aufweist, die der Auftragnehmer nicht ohne weiteres erkennen kann. Befolgt der Auftraggeber diese grundlegenden Anforderungen **schuldhaft** nicht, wird er den Bietern und nicht nur dem Auftragnehmer, der den Bauauftrag erhält, **möglicherweise** auf Schadensersatz aus dem Gesichtspunkt des **Verschuldens bei Vertragsabschluss** (culpa in contrahendo) oder – je nach Sachlage – auch aus anderen rechtlichen Gesichtspunkten, z.B. §§ 823, 826 BGB, haften müssen. Außerdem können **Anfechtungstatbestände,** §§ 119, 123 BGB, in Betracht kommen. Dabei muss sich der Auftraggeber eine arglistige Täuschung seines Architekten oder Ingenieurs zurechnen lassen, sofern er die Täuschung kannte oder den Umständen nach kennen musste (§ 123 Abs. 2 BGB). Schließlich kann eine Unklarheit oder Unvollständigkeit im Leistungsverzeichnis, das dem späteren Vertragsabschluss zugrunde gelegt wird, nach §§ 154, 155 BGB auch dazu führen, dass kraft Gesetzes ein rechtsgültiger **Bauvertrag überhaupt nicht zustande** kommt. Dazu gehört auch der in der Ausschreibung nötige Vorbehalt, den Zuschlag nur auf einen Teil der angebotenen einzelnen Leistungen zu erteilen. Alle diese möglichen Folgen können zu erheblichen finanziellen oder sonstigen Verlusten führen.

Gegen das Gebot der eindeutigen und erschöpfenden Leistungsbeschreibung verstößt es auch, wenn der Auftraggeber **ohne zwingende Notwendigkeit zahlreiche Wahl- oder Alternativpositionen und auch Bedarfs- oder Eventualpositionen** (vgl. zur Wertung von Alternativpositionen OLG Schleswig NZBau 2000, 207 und unten unter § 9 VOB/A Rn. 17 ff.) in die Leistungsbeschreibung aufnimmt, lediglich um sich für später seinen endgültigen Entschluss, wie ausgeführt werden soll, vorzubehalten. Auch insofern kann er dem späteren Auftragnehmer wegen nicht vorhersehbarer Mehrkosten schadensersatzpflichtig sein. **Für die Eventualpositionen hat die Fassung 2000 mit einer restriktiven Regelung in Nr. 1 S. 2 die zu begrüßenden Konsequenzen gezogen**; auch wenn die unterbliebene Ausdehnung der Regelung auf Alternativpositionen schwerlich zu begründen ist.

9   Insbesondere für die Zeit **nach Vertragsabschluss** kann den Auftraggeber, der eine unrichtige oder unvollständige Beschreibung der Leistung aufgestellt hat, die zum Vertragsinhalt geworden ist, das **Risiko für eine spätere mangelhafte Bauausführung treffen,** vornehmlich dann, wenn der Auftragnehmer ihm etwa nach § 4 Nr. 3 bzw. § 13 Nr. 3 VOB/B auferlegte Prüfungs- und Mitteilungspflichten ordnungsgemäß erfüllt und der Auftraggeber dem nicht Rechnung getragen hat. Diese auf dem Grundsatz von **Treu und Glauben beruhende Haftungsbefreiungsmöglichkeit** kann dem Bieter bzw. späteren Auftragnehmer nicht durch eine Ausschlussklausel dahin gehend genommen werden, dass er bereits vor Vertragsabschluss verpflichtet sei, Bedenken gegen die Leistungsbeschreibung und Pläne geltend zu machen; nach Vertragsabschluss geltend gemachte Bedenken, die ihre Grundlage in den übergebenen Unterlagen hätten, berechtigten den Bieter bzw. Auftragnehmer nicht, andere Preise oder zusätzliche Leistungen für die ordnungsgemäße Ausführung in Rechnung zu stellen. Eine solche Klausel verstößt gegen das AGB-Recht (insoweit zutreffend OLG München BauR 1986, 579 = Betrieb 1986, 739 = MDR 1986, 408 = NJW-RR 1986, 382 = SFH § 9 AGBG Nr. 9 = BB 1986, 554). Gleiches trifft auf eine Klausel zu, wonach der Auftragnehmer verpflichtet ist, sich vor Angebotsabgabe über alle preisbildenden Umstände zu informieren, andernfalls Nachforderungen infolge von Unkenntnis oder falscher Einschätzung der tatsächlich gegebenen Umstände ausgeschlossen seien; das gilt auch für den kaufmännischen Verkehr (LG München I Urt. v. 8.1.1985 7 O 16131/84). Unwirksam ist ebenfalls die Bestimmung, Pauschalangebote und -aufträge verpflichten den Auftragnehmer, unter alleiniger Verantwortung im Rahmen der Ausschreibung und der gültigen Vorschriften selbst zu ermitteln bzw. zu prüfen, welche Mengen, Abmessungen, Konstruktionen, Baustoffe, Arbeiten usw. zur Erfüllung seiner Leistung bzw. Funktion seiner Anlagen erforderlich sind (OLG Frankfurt Urt. v. 20.9.1984 6 U 37/84). In gleicher Weise trifft dies auf die Klausel zu, der Auftragnehmer verpflichte sich, vor Vertragsabschluss den Auftraggeber schriftlich darauf aufmerksam zu machen, welche weiteren Kosten oder Leistungen als Voraussetzung für die Erfüllung der angebotenen Leistung erforderlich werden; Nachträge, die sich aus der Nichterfüllung dieser Verpflichtung ergäben, würden vom Auftraggeber nicht bezahlt (LG Frankfurt Urt. v. 18.9.1984 2/13 O 133/84). Ein Verstoß gegen das AGB-Recht ist auch die Bestimmung, nach Vertragsabschluss könne sich der Auftragnehmer nicht mehr darauf berufen, Unterlagen oder Auskünfte nicht genau oder überhaupt nicht erhalten zu haben oder einem Kalkulationsirrtum oder sonstigen Missverständnis unterlegen zu sein (OLG München BB 1984, 1386 = Bunte, Bd. IV, 271). Ebenfalls trifft dies auf die Klausel zu, dem Bieter seien die »Verhältnisse der Baustelle« bekannt, wenn dadurch Ansprüche für Umstände ausgeschlossen werden sollen, die durch eine Besichtigung der Baustelle noch nicht erkennbar sind (dazu ist auch auf *Korbion/Locher* Rn. 67 ff. hinzuweisen).

10 Ist das vom Auftraggeber verfasste Leistungsverzeichnis für den Bieter, der das vorauszusetzende Fachwissen hat, nicht erkennbar unvollständig, unrichtig oder unklar bzw. missverständlich, muss er dann jedenfalls im Ausgangspunkt auch das **Risiko für eine dem Auftragnehmer zukommende veränderte oder zusätzliche Vergütung nach § 2 Nr. 5, 6 VOB/B tragen** (vgl. dazu auch OLG Hamm NJW-RR 1994, 406; für den Bereich der Baugrundverhältnisse u.a. *Marbach* BauR 1994, 168, 171 ff.). Der Auftraggeber kann sich von seiner Verantwortung auch nicht dadurch befreien, dass er sie einseitig auf die Bewerber bzw. Bieter abschiebt, wie z.B. durch die Vorbemerkung »Sollten einzelne Positionen in der nachfolgenden Leistungsbeschreibung nicht genau beschrieben

Beschreibung der Leistung § 9 VOB/A

sein oder Teile, die selbstverständlich zur Ausführung gehören, nicht genannt werden, gilt für die Leistung immer die fix und fertige Arbeit einschließlich aller Nebenkosten.« Dies verstößt nicht nur gegen § 9 Nr. 1, 2 VOB/A und 3 sowie § 2 VOB/B, sondern vor allem bei Mehrfachverwendung gegen das AGB-Recht (zur Frage notwendiger Angaben über die Bodenbeschaffenheit bei Ausbaggerungsarbeiten vgl. BGH SFH Z 2.311 Bl. 17 ff.).

Zu beachten ist in diesem Zusammenhang ganz besonders:

1. Haftungsvoraussetzungen

Verstöße gegen die Regel von § 9 Nr. 1 VOB/A sind bis zum Inkrafttreten des Vergaberechtsänderungsgesetzes zum 1.1.1999 vor allem unter dem **Blickwinkel eines möglichen Schadensersatzanspruches des Auftragnehmers aus culpa in contrahendo** diskutiert worden. Im Hinblick auf das Transparenzgebot des § 97 Abs. 1 GWB für die Beschaffung von Bauleistungen und den **Anspruch der Unternehmen auf Einhaltung der Bestimmungen über das Vergabeverfahren nach § 97 Abs. 7 GWB** kommt verstärkt der wettbewerbliche Aspekt der Vorschrift zum Tragen. Mit dem gesetzlichen Ziel einen fairen Bauvergabewettbewerb zu gewährleisten, werden den Bietern danach **grundsätzlich subjektive Rechtsansprüche auf Einhaltung der Anforderungen des § 9 VOB/A an die Abfassung der Leistungsbeschreibung** vermittelt (OLG Dresden v. 10.1.2000 BauR 2000, 1592 = IBR 2000, 153). Den Anwendungsbereich der §§ 97 ff. GWB vorausgesetzt – also bei Bauvergaben regelmäßig oberhalb des EG-Schwellenwertes von 5 Mio. € – hat ein Bieter, der im Vergabeverfahren erkennt, dass eine Leistungsbeschreibung den Anforderungen des § 9 Nr. 1 VOB/A nicht genügt – nach entsprechender Rüge – und vor Zuschlagserteilung die Möglichkeit ein Nachprüfungsverfahren nach den §§ 102 ff. GWB einzuleiten (vgl. *Niebuhr/Kulartz/Kus/Portz* § 97 GWB Rn. 283). Gerade im Hinblick auf mögliche Schadensersatzansprüche ist allerdings zu beachten, dass das **Nachprüfungsverfahren des GWB in Umsetzung der EG-Vergaberichtlinien auf die Gewährung von Primärrechtsschutz ausgerichtet** ist und keine unmittelbare Änderung der materiellen Anforderungen des Vergaberechts bezweckt hat. Die materiellen Vergabegrundsätze des § 97 GWB sind bewusst den Verdingungsordnungen nachgebildet. Soweit in der Literatur daher die bisherige Rechtsprechung des BGH als »unter der Ägide des § 97 Abs. 7 GWB nicht mehr aufrecht zu erhalten« qualifiziert wird, dürfte dies zu weitgehend sein (*Niebuhr/Kulartz/Kus/Portz* § 97 GWB Rn. 283). Es wird aber Aufgabe der Rechtsprechung sein, das Verhältnis der neueren wettbewerblichen Regeln zu den materiellen Vorschriften der VOB im Einzelnen zu klären. Nach der bisherigen Rechtsprechung des BGH (NJW 1966, 498 = SFH Z 2.11 Bl. 4 ff. = LM § 9 VOB/A Nr. 1 = MDR 1966, 317 = BB 1966, 56 = Betrieb 1966, 148; umfassend: *Quack* BauR 1998, 381 ff., der eine generelle Schadensersatzverpflichtung wegen Verstoßes gegen eine »Beschreibungspflicht« des § 9 VOB/A ablehnt und darlegt, dass ein Schadensersatzanspruch voraussetzt, dass der Auftragnehmer die Leistungsbeschreibung als VOB/A-gemäß verstehen durfte und in diesem Sinne in die Geltung der VOB/A »vertraut« hat) kommt im Zusammenhang mit § 9 Nr. 1 VOB/A ein **Schadensersatzanspruch des Auftragnehmers aus culpa in contrahendo** in Betracht, wenn der Auftraggeber in der Leistungsbeschreibung **unrichtige Angaben macht oder ihm bekannte erhebliche Umstände verschweigt und der Auftragnehmer bzw. Bieter dies trotz des bei ihm zu verlangenden Fachwissens nicht erkennt.** Dasselbe gilt bei von Auftraggeberseite verfassten, unvollständigen Leistungsbeschreibungen. Jedoch ist grundlegende Voraussetzung, dass der Auftragnehmer bzw. Bieter in seinem schutzwürdigen Vertrauen auf die Einhaltung der Regeln von § 9 VOB/A enttäuscht worden ist (BGH Urt. v. 9.1.1997 VII ZR 559/95 [Bodenpositionen] BauR 1997, 466 = NJW 1997, 1577). Das ist **nicht der Fall**, wenn das Leistungsverzeichnis die für die Preisermittlung wesentlichen Umstände für den Bieter **erkennbar nur lückenhaft** angibt. Dann kann der Bieter **allein daraus** keinen Schadensersatz aus culpa in contrahendo geltend machen, weil es ihm wegen der **für ihn gegebenen Erkennbarkeit** der Lückenhaftigkeit möglich ist, etwaige Zweifelsfragen vor Angebotsabgabe zu klären oder jedenfalls entsprechende Hinweise zu machen. Dasselbe gilt, wenn sich für den Bieter bzw. späteren Auf-

11

tragnehmer aus dem Leistungsverzeichnis und aus weiteren verfügbaren Unterlagen die Bauausführung in bestimmter Weise nicht mit hinreichender Klarheit ergibt, der Bieter aber darauf bei der späteren Kalkulation maßgebend abstellen will (BGH BauR 1987, 683 = NJW-RR 1987, 1306 = SFH § 2 Nr. 5 VOB/B Nr. 4 = Betrieb 1987, 2402 = LM § 2 VOB/B Nr. 8. Dazu vor allem aus baubetrieblicher Sicht beachtlich *Olshausen* FS Soergel S. 343, 350 ff.). Wenn in der eingangs dieser Randnummer genannten Entscheidung ein Schadensersatzanspruch nicht zuerkannt wurde, weil der Auftraggeber nur eine lückenhafte Leistungsbeschreibung aufgestellt hatte und der Auftragnehmer auf ausdrückliches Befragen, ob ihm diese Angaben genügten oder ob er noch weitere Unterlagen benötige, sich selbst das Gelände und dessen Beschaffenheit (Probelöcher) angesehen und keine weiteren Anfragen an den Auftraggeber gerichtet hat, so muss dem uneingeschränkt zugestimmt werden. Bei der gegebenen Sachlage hatte der Auftragnehmer bzw. Bieter durch sein eigenes Verhalten erkennbar zum Ausdruck gebracht, er werde das Risiko für etwaige, letztlich auf der unvollständigen Leistungsbeschreibung beruhende und dann nicht gesondert zu vergütende Mehrleistungen selbst tragen. Der Auftragnehmer bzw. Bieter hat sich durch sein eigenes Verhalten etwaiger berechtigter Ansprüche aus culpa in contrahendo begeben. Mit Recht weist der BGH darauf hin, es sei nichts dafür dargetan, dass der Auftragnehmer in seinem Vertrauen auf die Richtigkeit der Angaben des Auftraggebers enttäuscht worden wäre. **Enttäuschtes Vertrauen** ist aber die **Grundlage** eines Schadensersatzanspruches wegen Verschuldens bei Vertragsabschluss (RGZ 120, 249, 251; BGH LM § 276 BGB [Fb] Nr. 1; außerdem vor allem die eingangs dieser Rn. genannte Entscheidung). Dies zeigt, dass der Auftragnehmer **sich nicht ohne eigene Prüfung auf nach seinem vorauszusetzenden Fachwissen erkennbare unvollständige Leistungsverzeichnisse einlassen darf,** insbesondere alle daraus hervorgehenden Zweifelsfragen vor Angebotsabgabe klären muss, geeignetenfalls durch vorherige Besichtigung der für die Ausführung maßgebenden Örtlichkeit, Einsicht in vorhandene (also nicht erst später von Auftraggeberseite erstellte) Planungsunterlagen (dazu vgl. weiter BGH SFH Z 2.311 Bl. 5 ff.; Z 2.413 Bl. 18 ff. = BB 1962, 111 = Betrieb 1962, 16; Z 3.01 Bl. 353 ff.; Z 2.311 Bl. 27 ff.; Z 2.11 Bl. 8 ff.; Z 2.310 Bl. 38 ff. = WM 1975, 233). Ist z.B. dem Bieter vor Angebotsabgabe bekannt, dass im Straßenkörper Versorgungsleitungen verlegt sind, und sind dort umfangreiche Arbeiten durchzuführen, die nur durch Handaushub zu erledigen sind, dann kann er letzteres nicht später im Wege des Nachtrages gesondert vergütet verlangen. Vor allem darf er auch **nicht leichtfertig handeln** und angesichts eines für ihn ersichtlich unklaren und unvollständigen Leistungsverzeichnisses auch noch ein **stark unterkalkuliertes Angebot abgeben;** das geht dann erst recht zu seinen Lasten (BGH BauR 1988, 338 = MDR 1988, 666 = SFH § 9 VOB/A Nr. 1 = ZfBR 1988, 182 = NJW-RR 1988, 785 = Siegburg, EWiR § 9 VOB/A 1/88, 617 = WM 1988, 789 = Betrieb 1988, 1796). Das Gesagte gilt entsprechend, wenn der Umfang der Leistung, sei es in den Vorbemerkungen im Vordersatz, sei es in der eigentlichen Leistungsposition, **ganz klar erkennbar unrichtig** angegeben worden ist, wie z.B. bei der nötigen Kreuzung des Laufes eines bestimmten Flusses, dessen Breite 25 m beträgt, jedoch im Leistungsverzeichnis versehentlich nur mit 2,50 m angegeben worden ist. Ein Bieter, der erkennt, dass einzelne Positionen mit weit überhöhten Mengenansätzen ausgeschrieben sind und entgegen den Bewerbungsbedingungen auf diese Unrichtigkeit der Leistungsbeschreibung nicht hinweist, sondern versucht, durch aus dem Rahmen fallende niedrige Einheitspreise in diesen Positionen eine günstige Stellung im Ausschreibungsverfahren zu erlangen, ist nicht hinreichend zuverlässig i.S.v. § 25 Nr. 2 Abs. 1 VOB/A und hat keinen Schadensersatzanspruch wegen enttäuschten Vertrauens in die Ordnungsgemäßheit der Ausschreibung; das gilt auch, wenn der Bieter zwar das niedrigste Angebot gemacht hat, dieses aber unter Berücksichtigung der tatsächlich auszuführenden Mengen nicht mehr zutrifft und dann sein Angebot nicht mehr das annehmbarste ist (OLG Düsseldorf BauR 1994, 240 = NJW-RR 1994, 224).

Entgegen Bühl (BauR 1992, 26). bestehen die vorgenannten Klärungs- und Hinweispflichten des Bieters nicht nur dann, wenn er die Vollständigkeit oder Unvollständigkeit der Leistungsbeschreibung tatsächlich erkannt hat, sondern auch schon, wenn er diese Umstände **angesichts des bei ihm vorauszusetzenden fachlichen Wissens hätte erkennen müssen** (auch *Hanhardt* FS Heiermann S. 111, 113 ff.). Andernfalls wäre der Bieter, der sich von vornherein oberflächlich oder nachlässig an einer Bauvergabe bzw. an Auftragsverhandlungen beteiligt, unverdient im Vorteil.

Ist dagegen die **Lückenhaftigkeit** des Leistungsbeschriebs für den Bieter bzw. späteren Auftragnehmer bei hier vorauszusetzendem normalen, keinen kostenmäßig zumutbaren Aufwand erfordernden Überlegungen und Feststellungen **nicht erkennbar,** so haftet der Auftraggeber wegen des dadurch dem Auftragnehmer entstehenden Mehraufwandes aus dem Gesichtspunkt der culpa in contrahendo bzw. – später – aus positiver Vertragsverletzung (vgl. LG Tübingen BauR 1980, 67 im Hinblick auf fehlende Angaben über ein bereits verlegtes Fernmeldekabel durch die Bundespost als Auftraggeber; ferner OLG Stuttgart BauR 1992, 639 im Falle der nicht hinreichenden Angabe der Anforderungen an eine Kühleinrichtung; siehe dazu auch *Feber* S. 86 f.). 12

Allerdings kommt ein Schadensersatzanspruch aus Verschulden bei Vertragsabschluss wegen unvollständiger Leistungsbeschreibung eines öffentlichen Auftraggebers nur in Frage, wenn der Auftragnehmer bzw. Bieter nach dieser Leistungsbeschreibung verpflichtet war bzw. werden sollte, die fraglichen Leistungen, um die es bei der unvollständigen Leistungsbeschreibung geht, ohne besondere Vergütung zu erbringen (BGH BauR 1994, 236 = NJW 1994, 850 = MDR 1994, 378 = Betrieb 1994, 777 = SFH § 9 VOB/A Nr. 3 = LM VOB/A Nr. 15). Andernfalls fehlt es an einem konkreten Schaden. Diese Frage ist allerdings nicht erst bei der Verschuldensabwägung zu berücksichtigen, sondern bereits im Rahmen des eigentlichen Anspruchsgrundes, nämlich, ob der Auftragnehmer bzw. Bieter in seinem berechtigten Vertrauen enttäuscht worden ist (BGH BauR 1994, 236 = NJW 1994, 850 = MDR 1994, 378 = Betrieb 1994, 777 = SFH § 9 VOB/A Nr. 3 = LM VOB/A Nr. 15). Die Berechnung des Schadensersatzes richtet sich nach den Maßstäben in § 2 Nrn. 3–8 VOB/B.

2. Notwendige Angaben

Nicht notwendig ist es, dass alle technischen Einzelheiten der auszuführenden Leistung, vor allem in verfahrenstechnischer Hinsicht, angegeben werden, da diese dem fachkundigen Unternehmer überlassen bleiben können; Voraussetzung ist allerdings, dass die Beschreibung der Leistung **alle notwendigen technischen Angaben** enthält, um die verlangte Beschaffenheit der Leistung ausreichend zu kennzeichnen (BGH v. 23.1.2003 BauR 2002, 536). Wesentliche Anhaltspunkte hierfür liefern z.B. die Bestimmungen in § 9 Nr. 11–14 VOB/A sowie in den einschlägigen Allgemeinen Technischen Vertragsbedingungen der VOB/C und andere technische Regelungen, soweit sie in den einschlägigen Fachkreisen als anerkannt angesehen werden können. Hier kann sich die Beachtung so genannter standardisierter Leistungsbeschreibungen empfehlen, wie des Standardleistungsbuches (StLB-Bau) des Gemeinsamen Ausschusses Elektronik im Bauwesen (GAEB), des Standardleistungskataloges des Bundesverkehrsministeriums für den Bereich des Straßenbaus (StLK), der Leistungsbeschreibung für die Vergabe und Ausführung von Bauleistungen im Straßen- und Brückenbau (HVA-StB). 13

3. Vorbehalte des Auftraggebers

Allgemeingehaltene, insbesondere **unbestimmte Vorbehalte** des Auftraggebers (»Der Auftraggeber behält sich vor, einzelne Positionen des Angebots wegfallen zu lassen, ohne dass Mehrforderungen geltend gemacht werden können«; zum Verstoß dieser Klausel gegen § 10 Nr. 3 AGB-Gesetz siehe LG Nürnberg-Fürth SFH § 10 Nr. 1 AGB-Gesetz Nr. 2, bestätigt durch OLG Nürnberg SFH § 10 Nr. 3 AGB-Gesetz Nr. 2; OLG München BB 1984, 1386 = Bunte, Bd. IV, 271) stehen der nach der VOB geforderten Eindeutigkeit und Vollständigkeit der Beschreibung der Leistung **entgegen** (dazu auch OLG Düsseldorf BauR 1996, 98 bei unklarem Vorbehalt zur Herausnahme einzelner Leistungsteile vor Zuschlagserteilung). Sie dürfen von einem sorgfältigen Auftraggeber höchstens in wirklich angebrachten Ausnahmefällen, wie z.B. bei objektiv anerkennenswerter, vom Bieter erkennbarer und hinreichend einkalkulierbarer Unklarheit über den Leistungsumfang, verwendet werden, die er zu begründen hat. Jedenfalls ist es treuwidrig, solche Klauseln generell ohne zwingende Notwen- 14 digkeit zu verwenden – insbesondere in Formularen –, nur um eine »Rückendeckung für Eventualfälle« zu haben. Der Auftraggeber legt auf diese Weise die Ursache für einen späteren Streit, was von den Gerichten zumindest im Rahmen des § 254 BGB nicht unbeachtet gelassen werden darf. Ist für Gemeinkosten der Baustelle keine besondere Position ausgewiesen, so kann der Auftragnehmer im Falle der hier erörterten Herausnahme einzelner Positionen durch den Auftraggeber in Anlehnung an § 2 Nr. 4 VOB/B jedenfalls eine Verteilung dieser Kosten auf die verbleibenden Positionen verlangen. **Für den hier erörterten Bereich sind vor allem auch die Verbotsklauseln des AGB-Rechts zu beachten.**

II. Gleiches Verständnis für alle Bewerber

15 Wenn in Nr. 1 weiter das Erfordernis der eindeutigen und erschöpfenden Beschreibung der Leistung dadurch umrissen wird, **dass alle Bewerber die Beschreibung in gleichem Sinne verstehen müssen und ihre Preise sicher und ohne umfangreiche Vorarbeiten berechnen können,** so handelt es sich um eine auf den Bauvertrag abgestellte **Zusammenfassung** der in Rn. 13 ff. dargelegten **allgemeingültigen Erfordernisse.** Die Forderung nach »Verständnis im gleichen Sinne« bedeutet: Der Auftraggeber muss sich in den Einzelangaben so klar ausdrücken, dass die an dem Vergabeverfahren beteiligten Unternehmer unter Zugrundelegung der bei ihnen vorauszusetzenden Fachkenntnisse sie **objektiv in gleichem Sinne verstehen müssen** (OLG Düsseldorf v. 2.8.2002 IBR 2003, 216). Ansonsten besteht die Gefahr, dass nicht vergleichbare Angebote eingereicht werden (OLG Brandenburg BauR 1999, 1175).

16 Diese Vorschrift hat aber noch eine weitere Bedeutung. Sie dient vor allem auch der Verwirklichung des Grundsatzes in § 2 Nr. 1 S. 2 VOB/A, dass der **Wettbewerb die Regel** sein soll. Mit Inkrafttreten des Vergaberechtsänderungsgesetzes ist der Grundsatz der **Beschaffung von Bauleistungen im Wettbewerb** nun auch bundesgesetzlich in § 97 Abs. 1 GWB festgelegt. Ein Wettbewerb kann nur erfolgen, wenn sich, vor allem bei der Öffentlichen Ausschreibung, genügend Unternehmer für die Vergabe interessieren. Das wiederum kann nur der Fall sein, wenn der Auftraggeber die Beschreibung der Leistung und die übrigen Vergabeunterlagen ordnungsgemäß so herstellt, dass sie eindeutig und vollständig sind und dem Unternehmer ein **festumrissenes Bild** von der geforderten Leistung geben (OLG Dresden BauR 2000, 1592). **Nur dann** kann man einem Unternehmer überhaupt **zumuten,** sich an einem Bauvergabewettbewerb zu beteiligen. Im Anwendungsbereich des EU-Vergaberechts, d.h. insbesondere bei Eu-weiten Ausschreibungen können **Verstöße des Auftraggebers bei der Beschreibung der Leistung im Wege von Nachprüfungsverfahren vor den Vergabekammern geltend gemacht werden**. Leider wird die Forderung in § 9 Nr. 1 VOB/A viel zuwenig von der Auftraggeberseite beachtet. Dieses Fehlverhalten des Auftraggebers schadet ihm selbst weil dann ein **echter Wettbewerb** nicht zustande kommt, der sowohl auf die Güte der Leistung als auch auf die Preisgestaltung nur fördernden Einfluss haben könnte. Im Übrigen muss sich der Auftraggeber darüber klar sein, dass eine schuldhafte Vernachlässigung der hier erörterten Pflichten, die sich aus der täglichen Erfahrung der Praxis der Bauausführung gebildet haben, unerwünschte **zivilrechtliche Konsequenzen** haben kann. In einem die Vorschrift § 9 Nr. 1 VOB/A missachtenden Verhalten kann nämlich die **Ursache für eine Haftung** nicht nur aus den in Rn. 16 ff. angeführten rechtlichen Gesichtspunkten, sondern auch, falls ein Vertrag auf der Grundlage der mangelhaften Leistungsbeschreibung zustande kommt, die auf **Veranlassung** des Auftraggebers zum Angebot und dann zum Vertragsinhalt geworden ist, zu einem so erheblichen **eigenen Verschulden** (Mitverschulden) entsprechend § 254 BGB führen, dass etwaige spätere Ansprüche des Auftraggebers gegen den Auftragnehmer aus dem Vertrag ausgeschlossen sein können.

Andererseits darf nicht übersehen werden, dass es sich bei dem **Bieter** um einen **Fachmann** handelt. Etwaige **erkennbare** Mängel in der Leistungsbeschreibung wird er dem Auftraggeber auch in dem hier erörterten Bereich kaum entgegenhalten können, wenn es sich um solche handelt, die er bei der

Beschreibung der Leistung § 9 VOB/A

bei ihm vorauszusetzenden Fachkunde ohne Schwierigkeiten **erkannt hat oder hätte erkennen können.** Auf keinen Fall darf der Auftraggeber zwischen Ausschreibung und Auftragserteilung die Leistungsbeschreibung so ändern, dass sich dadurch bei der späteren Angebotswertung eine Verschiebung der Bieter ergibt, weil dann eine unzulässige Verfälschung des Vergabewettbewerbs vorliegt. Insofern bleibt dem Auftraggeber nur die Aufhebung der Ausschreibung und eine erneute Ausschreibung, sofern die Voraussetzungen von § 26 VOB/A gegeben.

III. Aufnahme von Bedarfspositionen nur ausnahmsweise, Zulagen, Alternativpositionen, angehängte Stundenlohnarbeiten

1. Beschränkung von Bedarfspositionen (Eventualpositionen)

Bedarfs- oder Eventualpositionen waren bis zur Fassung 2000 in der VOB nicht ausdrücklich erwähnt, spielen aber in der Praxis eine gewisse Rolle bei der Erstellung von Leistungsbeschreibungen. Ebenso wie Zulagen und Wahl- oder Alternativpositionen wurden sie auch vor der Ausgabe 2000 als problembehaftet, aber unter bestimmten Bedingungen noch zulässig angesehen. Mit der Ausgabe 2000 wurde an zentraler Stelle – unter den allgemeinen Anforderungen an eine ordnungsgemäße Leistungsbeschreibung in Nr. 1 S. 2 – **der Ausnahmecharakter der Zulässigkeit von Bedarfspositionen und angehängten Stundenlohnarbeiten betont.** Auch wenn sich die Frage der Aufnahme von Bedarfspositionen in der Praxis vor allem bei der Leistungsbeschreibung mit Leistungsverzeichnis (§ 9 Nr. 11–14 VOB/A) stellt, erscheint die Aufnahme der Neuregelung an diesem Standort unter den allgemeinen Anforderungen der Nrn. 1–4 als folgerichtig, da die **Aufnahme von Bedarfspositionen ohne zwingende Notwendigkeit vor allem ein Verstoß gegen das Gebot der eindeutigen und erschöpfenden Leistungsbeschreibung** nach § 9 Nr. 1 VOB/A darstellt. Bedarfspositionen (für die in der Praxis auch noch teilweise ohne inhaltliche Änderung der Begriff der Eventualpositionen Verwendung findet) dürfen also nur noch ausnahmsweise in die Leistungsbeschreibung aufgenommen werden. Eine **Verletzung dieses Gebotes kann zu einer Beeinträchtigung des fairen Bauwettbewerbs führen** und auch in Nachprüfungsverfahren von den Vergabekammern, Vergabeprüfstellen und Vergabesenaten überprüft werden. Demnach kann die Ausschreibung von »Optionen« (Wahl- oder Alternativpositionen) die Vorwirkung des Gebots, den Zuschlag auf das wirtschaftlichste Angebot zu erteilen, und das Gebot einer eindeutigen und erschöpfenden Leistungsbeschreibung dann verletzen, wenn diese Bestandteile der Ausschreibung ein solches Gewicht in der Wertung erhalten sollen, dass sie der Bedeutung der Haupt- und Grundpositionen für die Zuschlagserteilung gleichkommen (OLG Saarbrücken Beschl. v. 22.10.1999 5 Verg. 4/99 NZBau 2000, 158 zur vergleichbaren Rechtslage nach der VOL). **Alternativpositionen in Leistungsbeschreibungen sind nicht zulässig um Mängel einer unzureichenden Planung auszugleichen. Ebenso sind sie unzulässig, wenn sie von ihrer Zahl oder ihrem Gewicht her keine sichere Beurteilung mehr erlauben, welches Angebot das wirtschaftlichste ist** (OLG Schleswig Urt. v. 17.2.2000 11 U 91/98 NZBau 2000, 207). Außerdem kann man Bedarfspositionen ohne Vordersätze im Leistungsverzeichnis bzw. ohne genaue quantitative und qualitative Beschreibung nicht vernünftig bewerten, sie sind daher unzulässig und haben bei der Bewertung außer Betracht zu bleiben (VÜA NW v. 5.6.1998 AZ. 424–84-47–2/97, zitiert nach Vergaberechts-Report 9/98). Für die Kriterien, nach denen Bedarfspositionen ausnahmsweise auch weiterhin in Leistungsbeschreibungen aufgenommen werden können, kann in weitem Umfang auf die bisherige Literatur zurückgegriffen werden. Wegen der entsprechenden Interessenlage und des Sachzusammenhangs werden nachfolgend auch die Verwendung von Zulagen und Wahlpositionen (Alternativpositionen) in der Leistungsbeschreibung dargestellt.

Von einer der VOB entsprechenden Leistungsbeschreibung kann man grundsätzlich auch noch sprechen, wenn **im Einzelfall gewisse Ausnahmen vorliegen**, die entweder zusätzlich oder alternativ gegeben sind. Das kann z.B. der Fall sein, wenn zu den eigentlichen Leistungsanforderungen, insbesondere in Bezug auf Material und/oder die Verfahrenstechnik, den Baugrund oder die sonstigen

Verhältnisse der Baustelle, Zulagen, Alternativen oder Bedarfsfälle treten. Sie stehen neben oder unter gewissen Voraussetzungen anstelle der in der Position aufgeführten Hauptleistung. Insofern ist zu unterscheiden: Zulagen sind Positionen, in denen bestimmte Voraussetzungen festgelegt sind, unter denen eine zusätzliche Vergütung gezahlt werden soll. I.d.R. kommt das vor, wenn sich erst bei der Ausführung herausstellen kann, ob bestimmte Erschwernisse vorliegen, ob z.B. schwerer Fels angetroffen wird, für dessen Entfernung besondere Maßnahmen zu treffen sind. Von **Wahl- oder Alternativpositionen** ist die Rede, wenn der Auftraggeber im Rahmen der Ausschreibung noch nicht weiß, ob eine bestimmte in einer Position zusammengefasste Leistung so wie vorgesehen ausgeführt werden kann oder soll oder ob an deren Stelle eine gleichwertige oder ähnliche Leistung treten soll. **Bedarfs- oder Eventualpositionen** liegen vor, wenn sich bei der Ausschreibung bzw. beim Beginn der Vertragsverhandlungen noch nicht sagen lässt, ob zum bisher Vorgesehenen nicht noch eine zusätzliche Leistung erforderlich ist. Die Notwendigkeit solcher Positionen kann sich z.B. ergeben, wenn bei Kanalbauarbeiten die im Bereich der Trasse verlaufenden Erdleitungen aller Art sich nicht exakt durch Pläne oder sonstige Hilfsmittel angeben lassen und die Notwendigkeit von Handschachtung zur Feststellung, zum Schutz und zur Sicherung so genannter Sparten denkbar ist.

Liegen solche Ausnahmen vor, muss in der Leistungsbeschreibung jeweils eine **scharfe Trennung** vorgenommen werden, da sonst wegen fehlender Übersichtlichkeit eine vergleichende Prüfung der Angebote entweder nicht oder nur schwerlich möglich ist. Daher müssen **zumindest** – auch bei Gleichartigkeit in technischer und preislicher Hinsicht – die Zulagen, Alternativen oder Eventualfälle im Leistungsverzeichnis **in gesonderte Positionen aufgenommen** und als solche deutlich ausgewiesen, insbesondere hinsichtlich der Preisermittlung gesondert behandelt werden. Sind viele derartige Sonderfälle vorgesehen oder haben sie einschneidende Bedeutung für die Gesamtheit der geforderten Bauleistungen, ist es erforderlich, sie zwecks Übersichtlichkeit auch sonst gesondert aufzuführen, indem z.B. in geeigneten Fällen mehrere Leistungsverzeichnisse aufgestellt werden, die einmal diesen, zum anderen jenen Zulage-, Alternativ- oder Eventualfall behandeln.

18 Im Falle einer **Zulageposition** wird der Auftrag zur so genannten Hauptposition erteilt mit dem **Vorbehalt bzw. der aufschiebenden Bedingung,** dass die zusätzliche Vergütung bezahlt wird, **wenn im Einzelnen** vom späteren Auftragnehmer **nachgewiesen** wird, dass und inwieweit die von der Zulage erfassten Erschwernisse eintreten. **Alternativen oder Wahlpositionen** sind davon abhängig, also **auch insoweit aufschiebend bedingt,** dass der Auftraggeber diese später durch eindeutiges Verlangen gegen die so genannte Hauptposition **austauscht,** also die Alternative an die Stelle der bisherigen Hauptposition tritt. Bei den **Eventualfällen oder Bedarfspositionen** hängt deren Beauftragung auch von dem späteren Entschluss des Auftraggebers – **ebenfalls aufschiebend bedingt** – ab, ob er die entsprechende Position später noch **zusätzlich in Auftrag** gibt.

Es liegt auf der Hand, dass im Falle des Vorliegens von **Alternativen oder Wahlpositionen, insbesondere** aber im Falle von **Eventualpositionen bzw. Bedarfspositionen erhebliche Probleme auftauchen können.** Dies betrifft vor allem die Fragen der dem späteren Auftragnehmer etwa auferlegten **Bauzeit** sowie ganz besonders die **Festlegung der Vergütung** für den Fall des Eintritts der damit verbundenen aufschiebenden Bedingungen, dort vornehmlich der Bereiche von **§ 2 Nr. 5 oder 6 VOB/B.** Dies folgt aus den grundlegenden Erfordernissen der Einhaltung ordnungsgemäßen Wettbewerbs nach § 2 VOB/A sowie den Grundsätzen, wie sie hier in § 9 Nr. 1 und 2 VOB/A aufgestellt sind. In beiden Fällen ist daher **grundlegendes Erfordernis, dass trotz Ausschöpfung aller örtlichen und technischen Erkenntnismöglichkeiten im Zeitpunkt der Ausschreibung objektiv nicht festzustellen ist, ob und in welchem Umfang die Leistung in dieser oder in jener Weise ausgeführt werden muss** (OLG Schleswig NZBau 2000, 207). Im Falle von **Bedarfs- oder Eventualpositionen muss hinzukommen,** dass in dem Zeitpunkt, in dem der Auftraggeber die Notwendigkeit und den Umfang der Leistung erkennt, eine gesonderte Vergabe an ein anderes Unternehmen nach aller Erfahrung **technisch und wirtschaftlich nicht zu vertreten ist;** außerdem muss hinzukommen, dass die Leistung in dem Zeitpunkt, in dem sie sich als notwendig erweist, i.S.v. **§ 1 Nr. 4**

S. 1 VOB/B nötig ist**, um die ursprünglich vergebene Leistung ausführen können. Dabei müssen die **Mengenansätze** zumindest **mit äußerster Sorgfalt geschätzt** werden, um dem Bieter eine **hinreichende Kalkulation** zu ermöglichen. Ferner darf der **Wert** der Bedarfs- oder Eventualpositionen i.d.R. **nur geringfügig** sein, was dazu zwingt, sie im Falle der **Überschreitung** dieses Werts **ausdrücklich für den Bereich von § 2 Nr. 6 VOB/B offenzuhalten**. Immer bedarf es der klaren Bezeichnung der Alternativen oder Wahlpositionen bzw. der Eventual- oder Bedarfspositionen.

Zu dem in Rn. 119 f. Erörterten bestimmt das VHB 2002 in Nr. 4 zu § 9 VOB/A: **19**

4   *Wahlpositionen; Bedarfspositionen; angehängte Stundenlohnarbeiten*
4.1 *Wahl- und Bedarfspositionen dürfen nicht aufgenommen werden, um die Mängel einer unzureichenden Planung auszugleichen.*
     Sie sind als solche im Leistungsverzeichnis zu kennzeichnen. Damit ihre Preise richtig kalkuliert werden können, sind möglichst genaue Mengenansätze anzugeben. Die Spalte für den Gesamtbetrag dieser Positionen ist zu sperren, damit er nicht in die Angebotssumme einbezogen wird; hinsichtlich der Wertung siehe § 25 A Nr. 1.6.3 VHB.
     Wahlpositionen für Leistungen, die statt einer im Leistungsverzeichnis vorgesehenen anderen Teilleistung ausgeführt werden sollen, sind nur vorzusehen, wenn nicht von vornherein feststeht, welche der beiden Leistungen ausgeführt werden soll.
4.2 *Bedarfspositionen enthalten Leistungen, die nur bei Bedarf ausgeführt werden sollen. Sie dürfen nur ausnahmsweise in die Leistungsbeschreibung aufgenommen werden; der Umfang der Bedarfspositionen darf in diesen Ausnahmefällen dann in der Regel 10 v.H. des geschätzten Auftragswertes nicht überschreiten.*

Bedarfspositionen dürfen nur Leistungen enthalten, die zur Ausführung der vertraglichen Leistung erforderlich werden können und deren Notwendigkeit zum Zeitpunkt der Aufstellung der Leistungsbeschreibung trotz aller örtlichen und fachlichen Kenntnisse nicht festzustellen ist (z.B. Wasserhaltung).

2. Aufnahme von angehängten Stundenlohnarbeiten nur im unbedingt erforderlichen Umfang

Wie bereits betont, gelten die dargelegten Grundsätze für die ausnahmsweise zulässige Aufnahme von Wahl- und Bedarfspositionen in die Leistungsbeschreibung nicht nur bei Leistungsverträgen, also Einheitspreis- oder Pauschalpreisverträgen, sondern auch bei Stundenlohnverträgen und insbesondere bei so genannten angehängten Stundenlohnarbeiten. In der Fassung 2000 wird in einem neuen § 9 Nr. 1 S. 3 VOB/A klargestellt, dass angehängte Stundenlohnarbeiten nur in dem unbedingt erforderlichen Umfang in die Leistungsbeschreibung aufgenommen werden dürfen. Auch hier sollte der Auftraggeber zur Vermeidung von Fehlern bei der Anwendung der VOB die Notwendigkeit von angehängten Stundenlohnarbeiten unbedingt im Einzelfall auf ihre Notwendigkeit hin überprüfen. **20**

Das VHB 2002 bestimmt hierzu in Nr. 4.4 zu § 9 VOB/A Folgendes:

4.3 *Angehängte Stundenlohnarbeiten dürfen nur in dem unbedingt erforderlichen Umfang unter den Voraussetzungen des § 5 Nr. 2 VOB/A aufgenommen werden.*

IV. Einzelgesichtspunkte

1. Eindeutigkeit der Leistungsbeschreibung

Eindeutigkeit der Beschreibung der Leistung setzt voraus, dass sie sowohl in ihrem äußeren Bild als auch in ihrer inhaltlichen Zusammenstellung und der dabei gewählten Ausdrucksweise so gehalten ist, dass sie von allen fachkundigen Bewerbern in gleicher Weise verstanden wird. Der hier wesent- **21** liche, ordnungsgemäße Wettbewerb ist nur möglich, wenn **alle Bewerber die gleiche Ausgangsposition** erhalten. Dazu gehört alles, was für die Entschließung des Teilnehmers hinsichtlich seines Handelns beim Wettbewerb von Bedeutung ist. Zur Eindeutigkeit gehört es auch, dass in der Leistungsbeschreibung nicht nur die Maß- und Gewichtsangaben den allgemein in Fachkreisen anerkannten Grundsätzen entsprechen, sondern dass insbesondere auch die Einzelheiten der geforderten Leistung technisch richtig sowie übersichtlich beschrieben sind. I.d.R. wird es dabei zum **Gebrauch von Fachausdrücken** kommen. Hier ist zu beachten, dass nur solche Fachausdrücke zu verwenden sind, die **Allgemeingültigkeit in den entsprechenden Fachkreisen** besitzen, sich durchgesetzt haben und dem die Anforderungen von § 2 Nr. 1 S. 2 VOB/A erfüllenden Fachmann als Bewerber bekannt sein müssen (zum Begriff »verdrängter Boden« bei Kanalbauarbeiten vgl. BGH SFH Z 2.11 Bl. 13). So ist z.B. der Begriff »Baugrubentiefe« nicht identisch mit dem Begriff »Baugrubenaushub« (vgl. dazu DIN 18 300 Nr. 5.1.1).

Nicht ausreichend sind daher Angaben in der Leistungsbeschreibung, die nur von einzelnen Bewerbern oder möglichen Bietern richtig verstanden werden, von anderen wiederum verschieden ausgelegt werden können (vgl. dazu BGH BauR 1993, 595 = SFH § 9 VOB/A Nr. 2 = MDR 1993, 977 = NJW-RR 1993, 1109 = LM VOB/A Nr. 13 für den Bereich »Sonderfarben«). **Insofern kommt dem Wortlaut der Leistungsbeschreibung für die Auslegung einer nach VOB/A ausgeschriebenen Leistung nach §§ 133, 157 BGB besondere Bedeutung zu** (OLG Düsseldorf BauR 1998, 1025 = IBR 1998, 239). Dabei können nicht ausgesprochene Einschränkungen des Wortlautes nur zum Tragen kommen, wenn sie von allen gedachten Empfängern so – in gleicher Weise – verstanden werden mussten. Daneben können Umstände des ausgeschriebenen Vorhabens, wie technischer und qualitativer Zuschnitt, architektonischer Anspruch und Zweckbestimmung des Gebäudes für die Auslegung von Bedeutung sein (BGH a.a.O.). Dabei erfordert die Klärung der vertraglichen Ansprüche eine umfassende Auslegung der Leistungsbeschreibung nach dem objektiven, fachkundigen Empfängerhorizont (vgl. dazu auch BGH BauR 1994, 625 = NJW-RR 1994, 1108 = Betrieb 1994, 1871 = SFH § 2 Nr. 8 VOB/ B Nr. 2 = MDR 1994, 1119 = LM § 2 VOB/B Nr. 13 zur Auslegung des Begriffes »Schalung«). Neben dem bereits vorangehend als grundlegend gekennzeichneten Wortlaut sind dabei auch die Umstände des Einzelfalles, der Verkehrssitte sowie Treu und Glauben heranzuziehen (BGH BauR 1994, 236 = NJW 1994, 850 = MDR 1994, 378 = Betrieb 1994, 777 = SFH § 9 VOB/A Nr. 3 = LM VOB/A Nr. 15 für den Fall der Ausschreibung von Wasserhaltungsmaßnahmen nach Wahl des Auftragnehmers). Allerdings können auch bei einem eindeutigen Wortlaut nach den Umständen des Einzelfalles völlig ungewöhnliche und von keiner Seite erwartete Leistungen von der Leistungsbeschreibung ausgeschlossen sein (BGH a.a.O. für den Fall von außergewöhnlichen Wasserhaltungsarbeiten, die von keiner Vertragsseite nach der konkreten Sachlage zu erwarten waren). Insofern muss sich der öffentliche Auftraggeber nach Treu und Glauben daran festhalten lassen, dass er nach § 9 Nr. 2 VOB/A (insofern nach eigenem Bekunden) dem Auftragnehmer kein ungewöhnliches Wagnis auferlegen will, wobei der Auftragnehmer im Zweifelsfalle nicht ohne weiteres ein solches Wagnis zu erwarten braucht (BGH a.a.O.). Letzteres kommt in Betracht, wenn weder der Wortlaut der Leistungsbeschreibung noch die Umstände des Einzelfalles bei objektiv fachkundiger Betrachtung einen hinreichend klaren Anhaltspunkt für die Auferlegung eines ungewöhnlichen Wagnisses durch den zukünftigen Auftragnehmer aufweisen (zu diesen Fragen auch *Cuypers* BauR 1994, 426 ff., der mit beachtlichen Gründen auf § 2 Nr. 5 S. 2 VOB/B als Bewertungsmaßstab hinweist; siehe auch *Hanhardt* FS Heiermann S. 111 f.).

Bei der nach §§ 133, 157 BGB gebotenen Auslegung von Leistungsbeschreibungen kann den Ausführungen eines technischen Sachverständigen nur eine begrenzte Funktion zukommen. Diese beschränkt sich im Wesentlichen darauf, das für die Beurteilung bedeutsame Fachwissen zu vermitteln, also etwa Fachsprache und Üblichkeiten, vor allem, wenn sie sich zu einer Verkehrssitte i.S.v. § 157 BGB verdichtet haben. Dabei kann die Frage, ob eine Beschreibung der Leistung korrekt oder vorzugswürdig ist, nur insoweit auf die Auslegung des Vertrages zurückwirken, als eine ingenieurtechnisch unkorrekte Leistungsbeschreibung das für die Auslegung maßgebliche Verständnis aus der ob-

Beschreibung der Leistung § 9 VOB/A

jektiven Empfängersicht beeinflusst ist (BGH BauR 1995, 538 = NJW-RR 1995, 914 = LM § 133 [B] BGB Nr. 41 = SFH § 133 BGB Nr. 9 = MDR 1995, 1011).

Der Eindeutigkeit der Beschreibung der Leistung wird es auch dienen, wenn der Auftraggeber bestimmte Richtlinien und Hinweise befolgt, die aufgrund allgemeiner Erfahrungen gerade auch für die Aufstellung des Leistungsverzeichnisses für bestimmte Bauleistungen festgelegt worden sind. Insoweit ist auch auf Teil II – Einheitliche Verdingungsmuster – und Teil III – Einheitliche Formblätter – des Vergabehandbuches hinzuweisen. **22**

Vor allem sind in diesem Zusammenhang für den öffentlichen Auftraggeber die im **VHB 2002 unter 1.1–1.4 zu § 9 VOB/A** aufgeführten Gesichtspunkte von **tragender Bedeutung**. Diese sollte **auch der private Auftraggeber,** insbesondere dessen Erfüllungsgehilfe (Architekt, Ingenieur), **besonders beachten, um** einer etwaigen vollen oder teilweisen **Haftung zu entgehen**. Sie lauten:

1   Allgemeines
1.1   *Eine ordnungsgemäße, objektbezogene Leistungsbeschreibung ist Voraussetzung für die zuverlässige Bearbeitung der Angebote durch den Bieter, für die zutreffende Wertung der Angebote und die richtige Vergabeentscheidung sowie für die reibungslose und technisch einwandfreie Ausführung der Leistung und für die vertragsgemäße und regelgerechte Abrechnung.*
Die gedankliche Vorwegnahme der Herstellung des Werkes ist hierzu unerlässlich.
1.2   *Die Leistung muss eindeutig, vollständig, technisch richtig und ohne ungewöhnliche Wagnisse für die Bieter beschrieben werden.*
1.2.1   *Eine Leistungsbeschreibung ist eindeutig, wenn sie*
  – *Art und Umfang der geforderten Leistungen mit allen dafür maßgebenden Bedingungen, z.B. hinsichtlich Qualität, Beanspruchungsgrad, technische und bauphysikalische Bedingungen, zu erwartende Erschwernisse, besondere Bedingungen der Ausführung und etwa notwendige Regelungen zur Ermittlung des Leistungsumfanges zweifelsfrei erkennen lässt,*
  – *keine Widersprüche in sich, zu den Plänen oder zu anderen vertraglichen Regelungen enthält.*
1.2.2   *Eine Leistungsbeschreibung ist vollständig, wenn sie*
  – *Art und Zweck des Bauwerks bzw. der Leistung,*
  – *Art und Umfang aller zur Herstellung des Werks erforderlichen Teilleistungen,*
  – *alle für die Herstellung des Werks spezifische Bedingungen und Anforderungen darstellt.*
1.2.3   *Eine Leistungsbeschreibung ist technisch richtig, wenn sie Art, Qualität und Modalitäten der Ausführung der geforderten Leistung entsprechend den anerkannten Regeln der Technik, den Allgemeinen Technischen Vertragsbedingungen oder etwaigen leistungs- und produktspezifischen Vorgaben zutreffend festlegt.*
Ausschreibungen haben in allen Leistungspositionen produktneutral zu erfolgen. Nach § 9 Nr. 5 Abs. 2 VOB/A dürfen Fabrikatsangaben/Markennamen (nur) ausnahmsweise, jedoch nur mit dem Zusatz »oder gleichwertiger Art«, verwendet werden, wenn eine Beschreibung durch hinreichend genaue, allgemeinverständliche Bezeichnungen nicht möglich ist. Diese Vorschrift regelt einen Ausnahmefall.
Die Leistungsbeschreibung darf zudem keine ungewöhnlichen Risiken enthalten, insbesondere dürfen dem Auftragnehmer keine Aufgaben der Planung und der Bauvorbereitung, die je nach Art der Leistungsbeschreibung dem Auftraggeber obliegen, überbürdet und keine Garantien für die Vollständigkeit der Leistungsbeschreibung abverlangt werden.
1.3   *Die Leistungsbeschreibung mit Leistungsverzeichnis nach § 9 Nr. 6 bis 9 VOB/A ist die Regel. Ausnahmsweise können Leistungen mit Leistungsprogramm beschrieben werden, vgl. Nr. 7.*
1.4   *Die Hinweise für die Aufstellung der Leistungsbeschreibung – Abschnitte 0 der ATV DIN 18299 und 18300 ff. - sind zu beachten.*
Wiederholungen der VOB/B und VOB/C sind zu vermeiden; Widersprüche in den Verdingungsunterlagen sind auszuschließen.

2. Angabe der für die Preisermittlung wesentlichen Umstände

23 Die Beschreibung der Leistung muss ferner so beschaffen sein, dass der Bieter nicht nur klar und unmissverständlich sieht, was von ihm verlangt wird, sondern er auch in die Lage versetzt wird, anhand der Leistungsangaben des Auftraggebers die **Preise** sowohl im Einzelnen als auch in ihrer Gesamtheit, vor allem hinsichtlich seines Eigenaufwandes (Lohn, Material, Kosten der Baustelle, Allgemeine Geschäftskosten), **ordnungsgemäß zu kalkulieren. Daher sind alle tatsächlichen Umstände in der Beschreibung der Leistung mit anzugeben,** die wesentliche Gesichtspunkte für eine sachgerechte, vollständige Kalkulation nach allgemeinen baubetrieblichen und bautechnischen Regeln geben. Hierzu gehören z.B. die Mitteilung der näheren Verhältnisse, wie Entfernungen, Vorhandensein von Versorgungsleitungen, Lagermöglichkeiten, ferner der Lage der Baustelle, der Beschaffenheit des Baugrundes, der Grundwasserverhältnisse, auch der An- und Abfuhrmöglichkeiten usw., vgl. hierzu insbesondere auch nachfolgend Nr. 3. Das ist allerdings nur erforderlich, wenn es auf die Preisbildung beim betreffenden Bauvorhaben von Einfluss sein kann. Entscheidende Anhaltspunkte für die hier notwendigen Leistungsangaben ergeben sich vor allem auch aus anerkannten technischen Normen, wie z.B. den DIN-Normen in VOB/C. Auf jeden Fall muss die Leistungsbeschreibung nicht nur den Zustand der veränderten, sondern auch den der zu verändernden Sache hinreichend klar erkennen lassen (zu den Besonderheiten beim Tunnelvortrieb vgl. *Schottke* S. 67 ff.).

Ohne einen gesonderten Hinweis in einem Leistungsverzeichnis ist die gesamte Bewehrung für die Decken, auch die für eine Fertigteildecke, in der dafür vorgesehenen Position des Leistungsverzeichnisses abzurechnen (OLG Braunschweig NJW-RR 1995, 81).

3. Individuelle Preisberechnung

24 Sind **alle für die Preisbildung wesentlichen Umstände** so in der Beschreibung der Leistung anzugeben, dass die Bewerber ihre Preise nicht nur sicher, sondern **ohne umfangreiche Vorarbeiten** berechnen können, so bedeutet dies: Natürlich kann dem Bieter im Bereich der Aufstellung Beschreibung der Leistung nicht alle Arbeit abgenommen werden, die erforderlich ist, um zu einer sachgerechten, vor allem alle wesentlichen Umstände berücksichtigenden Preisberechnung (Kalkulation) zu kommen. Die **Preisberechnung** ist nämlich **individuell,** weil jeder Bieter die bei ihm gegebenen Verhältnisse berücksichtigen muss und er im Übrigen subjektiv eine eigene Anschauung über den konkret zu fordernden angemessenen Preis hat. Andererseits ist es gerade Sinn der Nr. 1, dem Bieter in der Beschreibung der Leistung **alle Angaben** zu machen, die in tatsächlicher Hinsicht für seine Preisbildung von Bedeutung sind oder sein können (z.B. die Angabe der Holzstärken bei der beabsichtigten Errichtung eines Dachstuhles oder die Festlegung der Art und Weise des Dichtanschlusses im Rahmen einer Kanaldichtung). Das gilt auch für die Einzelumstände, die an sich auch vom Bieter selbst, möglicherweise an Ort und Stelle, festgestellt werden können. Auch diese müssen zum Zwecke der Klarheit, Vollständigkeit und zum Verständnis im gleichen Sinne für alle Bewerber vom Auftraggeber ermittelt und in der Beschreibung der Leistung bekannt gegeben werden. Dem Bewerber ist es dann zu überlassen, die für seine Preisbildung notwendigen Schlussfolgerungen aus den ihm unterbreiteten Tatsachen zu ziehen.

25 Auch muss die Beschreibung der Leistung in Inhalt und Aufbau so gestaltet sein, dass sie später nach Erstellung der Leistung eine **ordnungsgemäße** und daher **eindeutige Abrechnung gestattet.** Grundsätzlich muss sie so beschaffen sein, dass sie die Grundlage für die spätere Abrechnung zu bilden vermag.

26 Nicht ordnungsgemäß ist z.B. ein Leistungsverzeichnis, das für Rammpfähle folgende Preisgruppen enthält: »Längen von 10 bis 11 m, Längen von 11 bis 12 m«. Beträgt nachher beim Aufmaß die Länge der Rammpfähle 11 m, entstehen sofort Zweifel, ob nach der ersten oder der zweiten Preisgruppe abzurechnen ist. Solche Zweifel (vgl. *Finnern* Bau und Bauindustrie 1964, 104). muss der Auftraggeber von vornherein zu vermeiden suchen. Hier hätte er nur zu schreiben brauchen: »Längen von über 10 bis 11 m, Längen von über 11 bis 12 m«, um die notwendige Klarheit zu schaffen. Andererseits ist es Sache des Auftragnehmers, auf das in eindeutig angegebenen Staffelpreisen liegende Risiko, das vor allem in einer einzelnen Staffel liegen kann, zu achten.

4. Fingierte Leistungsmehrforderungen

Als ein Verstoß gegen die Regel der Nr. 1 ist es auch zu werten, wenn der Auftraggeber gegen das aus dem Grundsatz von Treu und Glauben entspringende Gebot der inhaltlichen **Wahrheit** der Leistungsbeschreibung verstößt, indem er **Mengenübersetzungen** oder **Schaupositionen** aufnimmt, also nur **fingierte** Leistungsmehrforderungen, mit dem Ziel, die Bereitstellung der Finanzierungsmittel mit einigen Reserven zu sichern oder für die prozentuale Bemessung der Bauleistungsmittel eine höhere Berechnungsbasis zu gewinnen. Das betrifft insbesondere bewusste Mengenüber- und/oder -untersetzungen sowie Wahl- und Bedarfspositionen; diese sind unbedingt auf wirkliche Notwendigkeiten im Einzelfall zu beschränken, gegebenenfalls auch dem Bewerber bzw. Bieter gegenüber zu rechtfertigen (vgl. dazu auch *Kniffka* ZfBR 1992, 1, 6, obwohl der von ihm erwähnte, vom OLG Hamm – BauR 1990, 744 – entschiedene Fall keine ausreichenden Anhaltspunkte für die Annahme einer Manipulation ergab). Wie vorangehend genannte Manipulationen werden im Allgemeinen eine Haftung des Auftraggebers aus Verschulden beim Vertragsabschluss rechtfertigen, falls dadurch die Ursache dafür gesetzt wird, dass einzelne oder mehrere Bieter nicht an der Vergabe beteiligt werden, obwohl dies nach § 25 VOB/A – dort vor allem Nr. 3 – hätte der Fall sein müssen. Auch können Haftungsgrundlagen aus § 826 BGB oder – nach Vertragsabschluss – aus positiver Vertragsverletzung wegen schuldhafter Verletzung von Aufklärungspflichten gegeben sein. Durch die genannte Handlungsweise wird nämlich der von der VOB geforderte besondere Bauleistungswettbewerb gefährdet. Hierdurch kann auch derjenige Bewerber gegenüber den anderen zu einem ungerechtfertigten Vorteil kommen, dem es gelingt, die »Windeier auszukundschaften«, um dann dort absolut niedrige Preise einzusetzen (vgl. dazu auch *Crome* BB 1961, 118, 119). 27

B. Kein ungewöhnliches Wagnis (Nr. 2)

I. Allgemeiner Grundsatz

Nach Nr. 2 **darf** dem Auftragnehmer **kein ungewöhnliches Wagnis** aufgebürdet werden für Umstände oder Ereignisse, auf die er **keinen Einfluss** hat und deren Einwirkung auf die Preise und Fristen er nicht im voraus schätzen kann. Hier ist eine Voraussetzung genannt, die **nicht auf das Leistungsverzeichnis beschränkt** ist, sondern die **Allgemeingültigkeit** sowohl für die Gesamtheit der Vertragsverhandlungen, insbesondere aber auch für den Vertragsabschluss selbst und die darin enthaltenen Bedingungen, hat. Diese **Allgemeingültigkeit** kommt in der VOB auch dadurch zum Ausdruck, dass in § 9 Nr. 1 VOB/A vom Bewerber die Rede ist, während in Nr. 2 vom **Auftragnehmer** gesprochen wird. Wenn dort die für die Gesamtheit der Vertragsverhandlungen, des Vertragsabschlusses und der Vertragsabwicklung geltende Bestimmung aufgenommen worden ist, so ist zu bedenken: Die vom Auftraggeber anzufertigende und dann dem Bewerber zu übergebende Beschreibung der Leistung ist dazu bestimmt, ihrem Gesamtinhalt nach vom Bewerber im Rahmen seines Angebotes übernommen zu werden, so dass sie Gegenstand seines vertraglichen Willens wird. I.d.R. wird also das, was der Auftraggeber im Leistungsverzeichnis als nach seiner Auffassung vertragsgerechte Leistung verlangt, vom Bewerber als seinem Vertragswillen entsprechend im Angebot übernommen und insoweit bindend wiederum dem Auftraggeber gegenüber erklärt. Regelmäßig wird sodann dieses der Beschreibung der Leistung entsprechende Angebot zum Gegenstand der Vertragsverhandlungen gemacht und im Falle des Zuschlages **Inhalt** des beide Partner bindenden **Bauvertrages,** durch den vertragliche Rechte und Pflichten entstehen. Es erwächst also im Regelfall eine 28

Verpflichtung des Auftragnehmers im Bauvertrag, die ihre **Ursache** in den Einzelheiten des vom Auftraggeber zu Beginn aufgestellten **Leistungsverzeichnisses** hat. Diese auf dem Leistungsverzeichnis beruhende Verpflichtung kann ungerechtfertigt sein, wenn sie den Auftragnehmer **unzumutbar belastet** und ihm ein ungewöhnliches Wagnis aufbürdet. Will man dies verhindern, muss man den **Auftraggeber** von vornherein dazu anhalten, die **Lauterkeit des Rechtsverkehrs zu wahren**. Daher ist hier von einer **Generalklausel des Bauvertragsrechts** zu sprechen. Dem widerspricht nicht, wenn an anderer Stelle richtig darauf hinweist, dass sich Nr. 2 zunächst als interne Verwaltungsvorschrift nur den öffentlichen Auftraggeber bindet. Die Auffassung, dass »was vergaberechtlich verboten sei, gleichwohl zivilrechtlich dennoch wirksam sein kann« (*Kapellmann* in *Messerschmidt-Kapellmann* § 9 VOB/A Rn. 21) ist zwar abstrakt richtig. Im Falle eines öffentlichen Auftraggebers wird die Heranziehung des Grundsatzes des Verbots eines ungewöhnlichen Wagnisses aber für die Vertragsauslegung über § 242 BGB und im Rahmen der AGB-Kontrolle regelmäßig zu einer Unwirksamkeit entsprechender Vertragsklauseln führen müssen.

II. Ungewöhnliches Wagnis

29 In Nr. 2 wird von einem ungewöhnlichen Wagnis gesprochen (vgl. BGH SFH Z 2.311 Bl. 31 ff. = MDR 1969, 655 = Betrieb 1969, 1058), das dem Auftragnehmer nicht aufgebürdet werden darf. Dabei ist die Betonung auf das Wort »ungewöhnlich« zu legen. An sich enthält jeder Vertrag ein Wagnis für diesen oder jenen Partner oder für beide Teile, das bei Bauverträgen ohnehin schon recht hoch liegt. Derartige **gewöhnliche Wagnisse** sind hier **nicht gemeint, diese müssen vom Auftragnehmer getragen werden** (OLG Düsseldorf v. 9.7.2003 Verg 26/03), da die VOB keineswegs eine Besserstellung der Partner will, als es sonst im zivilen Vertragsrecht der Fall sein würde. Daher haben hier zunächst alle mit einem Wagnis verbundenen Pflichten auszuscheiden, die von Einzelregelungen der VOB – insbesondere auch deren Teil B – oder auch im BGB einschließlich der damit zusammenhängenden Rechtsprechung erfasst werden, wie z.B. die Gewährleistungspflichten, die Sicherheitsleistungen, die Vertragsstrafen, die Voraussetzungen der Änderbarkeit der Vergütung, die Art und Fälligkeit der Vergütung, die Ausführungsfristen, die Gefahrverteilung, die Kündigungsvoraussetzungen, die Abnahme, die Haftung der Vertragsparteien usw. Das gilt allerdings nur in dem Umfang, wie die erwähnten Pflichten von der VOB oder im BGB **ausdrücklich oder stillschweigend gedeckt bzw. gebilligt** werden. Inwieweit das der Fall ist, ist eine Frage der Auslegung unter Heranziehung der entsprechenden Bestimmungen im Einzelfall. Insoweit ist dann der Fall nicht nach der allgemein gehaltenen Regel in Nr. 2 zu prüfen, sondern nach der jeweiligen hierfür maßgeblichen Bestimmung im Teil B der VOB, wie z.B. nach dem Maßstab von § 4 Nr. 2 VOB/B, oder dem Werkvertragsrecht des BGB oder nach dessen allgemeinen Vorschriften oder – bei Fehlen einer entsprechenden Vorschrift – nach den von der Rechtsprechung aufgestellten Grundsätzen. Dazu gilt, dass nicht nur dann gewöhnliche Wagnisse vorliegen, wenn der Auftragnehmer sie durch sein vorauszusetzendes technisches, wirtschaftliches und organisatorisches Können zu beeinflussen vermag, sondern auch, wenn er bestimmte mögliche Vorkommnisse nicht beeinflussen kann, die aber **keine grundlegenden Auswirkungen** auf das zwischen Leistung und Gegenleistung vorauszusetzende Äquivalent haben, vor allem von dem als **normal anzusehenden unternehmerischen Wagnis** gedeckt werden. Kommt man bei der Prüfung zu dem Ergebnis, dass das dem Auftragnehmer aufzubürdende oder aufgebürdete und für ihn vorhersehbare Wagnis den **zumutbaren** Rahmen in einschneidender Weise überschreitet, wird man von einem ungewöhnlichen Wagnis sprechen müssen (vgl. dazu auch *Schottke* BauR 1993, 565 ff.). **Besonders kritisch sind hier im Einzelfall vom Auftraggeber aufgestellte Besondere oder Zusätzliche Vertragsbedingungen zu betrachten** (§ 10 Nr. 2 Abs. 2, Nr. 3 und 4 VOB/A). Dabei handelt es sich nicht selten um Bedingungen, deren möglicher Eintritt vom Bieter bzw. späteren Auftragnehmer weder voraussehbar noch überschaubar ist, wie z.B. hinsichtlich der im Gegensatz zu den beschriebenen tatsächlichen Bodenverhältnisse und deren Auswirkun-

gen, evtl. auch im Hinblick auf eine Kontamination. Derartige Klauseln können durchaus nach dem AGB-Recht oder im Individualvertrag nach § 242 BGB unwirksam sein.

III. Keine Einflussmöglichkeit für Auftragnehmer

Zu beachten ist, dass Nr. 2 nicht allgemein die Auferlegung eines ungewöhnlichen Wagnisses verbieten will, sondern **nur** ein solches **für Umstände und Ereignisse, auf die** der **Auftragnehmer keinen Einfluss hat** und deren Einwirkung auf die Preise und Fristen er nicht im voraus schätzen kann. Der Auftraggeber kann daher bei Ausschreibungen dem Auftragnehmer auch Risiken übertragen, die einer AGB-rechtlichen Beurteilung nicht standhalten, **wenn er auf das außergewöhnliche Wagnis im Anschreiben der Aufforderung zur Angebotsabgabe nach § 10 Nr. 1 Abs. 1a VOB/A ausdrücklich hinweist**. Der Bieter kann den Hinweis dann bei seiner Kalkulation berücksichtigen und einen entsprechenden **Risikozuschlag seinem Angebot hinzufügen (BGH BauR 1988, 339)**. Beispielweise wird dem Auftragnehmer ein ungewöhnliches Wagnis noch nicht ohne weiteres aufgebürdet, dass die im Rahmen seines Auftrags entgeltlich anzubietenden Gerüste zugleich auch für Folgearbeiten vorgehalten werden müssen (BGH BauR 1998, 1249 = IBR 1998, 462). Ebenso liegt bei einem Auftrag zur Munitionsberäumung ein ungewöhnliches Wagnis nicht schon darin, dass der voraussichtliche Leistungsumfang des Auftrags durch »Hochrechnung« des Leistungsumfangs der Beräumung von Testfeldern ermittelt wird, wenn weder dem Auftraggeber noch dem Auftragnehmer der tatsächliche Umfang bekannt ist (OLG Naumburg v. 15.12.2005 VergabeR 2006, 278). Vorkommnisse werden nur als ungewöhnliche Wagnisse angesehen, wenn sie einmal **hinsichtlich ihres Eintritts ungewiss** sind, zum anderen, wenn sie dem **Einfluss des Auftragnehmers**, insbesondere im Hinblick auf ihre Abwendung, **entzogen** sind. Ferner muss hinzukommen, dass der Auftragnehmer nicht in der Lage ist, ihre Einwirkung auf die ihm gesetzten **Fristen** und die voraussichtlich für ihn maßgebenden **Preise** im voraus zu schätzen. Dabei ist, wie sich aus dem Begriff »ungewöhnlich« ergibt, eine **Einwirkung erheblicher und einschneidender Art** gemeint. Man wird als ungewöhnliche Wagnisse i.S.v. Nr. 2 die Übernahme der Haftung für Zufall und höhere Gewalt ansehen müssen, ferner auch Verzichte auf Verjährungseinreden hinsichtlich der Gewährleistung oder die unzumutbar überlange Ausdehnung der Verjährungsfristen, die Vereinbarung äußerst kurzer, kaum einzuhaltender Herstellungsfristen, die Übernahme einer außergewöhnlichen Gewährleistung, auch die Verpflichtung zur Verwendung nicht erprobter Baustoffe oder solcher minderwertiger Art ohne gleichzeitige Haftungseinschränkung. Auch kommen Haftungsübernahmen des Auftragnehmers für das Handeln und Unterlassen Dritter in Betracht, die seinem Einfluss entzogen sind (ebenso BGH Schäfer/Finnern Z 2.311 Bl. 31 ff. = MDR 1969, 655 = Betrieb 1969, 1058). Nicht zuletzt gilt dies auch für unzumutbare Bindungen des Auftragnehmers an die vereinbarte Vergütung im Falle beachtlicher Veränderungen des Leistungsinhaltes und/oder der Leistungszeit (vgl. dazu auch *Schottke* S. 70 ff.). So ist es z.B. bei der Vergabe von Zeitverträgen dringend erforderlich anzugeben, auf welche Dauer der Vertrag abgeschlossen werden soll und wie auch sonst die für die Kalkulation des Bieters maßgebenden Bedingungen liegen, wie z.B. hinsichtlich des Einsatzes von Arbeitskräften.

Der Begriff des ungewöhnlichen Wagnisses unterscheidet sich demnach auch von dem des allgemeinen und auch dem des besonderen Bauwagnisses. **Allgemeine Bauwagnisse** sind solche, die mehr oder weniger stark bei jedem Bauobjekt anfallen können, die sich also auch über mehrere Baustellen hinweg gegenseitig ausgleichen können. Als **besondere Wagnisse** sind jene einzuordnen, die nur mit einer bestimmten Bauausführung oder einem Teil derselben ursächlich verbunden sind. Sowohl das allgemeine wie auch das besondere Bauwagnis werden von der »Verbotsnorm« der Nr. 2 nicht erfasst.

IV. Ausnahme: Ausgleichsmöglichkeit

32   Selbst unter den vorangehend festgelegten Voraussetzungen kann man von einem **ungewöhnlichen Wagnis** nach Nr. 2 **nicht** sprechen, **wenn der Auftragnehmer** für die Übernahme außergewöhnlicher Verpflichtungen **von anderer Seite** oder auch **auf andere Weise oder überhaupt** finanziell für etwaige von ihm nicht voraussehbare und seinem Einfluss entzogene Umstände oder Ereignisse **abgesichert ist** und er sich schadlos halten kann. Sinn der Nr. 2 ist letzten Endes, den Auftragnehmer **in wirtschaftlicher, also in vergütungsmäßiger Hinsicht zu sichern** und ihm nach Möglichkeit den angemessenen Preis für seine Leistung zukommen zu lassen. Daher kann in diesem Zusammenhang von einem ungewöhnlichen Wagnis nach Nr. 2 nicht mehr die Rede sein kann, wenn das damit übernommene Risiko (ausnahmsweise) durch **Versicherungsleistungen gedeckt** wird. Dann kann der Auftragnehmer die Auswirkungen des von ihm zu übernehmenden ungewöhnlichen Wagnisses im voraus schätzen, indem er die ihm bekannten möglichen Versicherungsleistungen mit einkalkulieren kann. Die zur Deckung aufzubringenden Versicherungsprämien sind als fixe Kosten i.d.R. nicht so hoch, dass man von einer unzumutbaren Bürde zu Lasten des Auftragnehmers sprechen könnte. Der Auftragnehmer ist also verpflichtet, die üblichen Versicherungen, selbst für ungewöhnliche Wagnisse, abzuschließen, allerdings nur, wenn die Prämien in für ihn zumutbarem Rahmen liegen, es sei denn, er ist ohne weiteres befugt, sie im Einzelfall in die Preise mit einzukalkulieren.

V. Nr. 2 als zwingende Regelung

33   Ergibt sich demnach, dass Sinn und Tragweite der Nr. 2 an sich **eingeschränkt** zu betrachten sind und es in jedem Einzelfall sorgfältiger Abstufung bei der Prüfung bedarf, ob ein ungewöhnliches Wagnis vorliegt oder nicht, ist jedoch zu beachten, dass es sich nach der seit der **Fassung 1992** aufgenommenen Formulierung (»**darf kein**«) um eine so genannte »**Muss-Vorschrift**« handelt, die der Auftraggeber **zu beachten hat,** will er nicht einer etwaigen Haftung, wie z.B. aus culpa in contrahendo oder aus anderen Rechtsgründen, unterliegen. Hiernach handelt es sich jetzt um ein **generelles Verbot** für den Auftraggeber, die hier aufgezeigten Grenzen **zu überschreiten.** Bürdet er dem Bieter bzw. Auftragnehmer ein diesem unzumutbares – also ungewöhnliches – Wagnis auf, verlässt er den ihm für die Vertragsgestaltung eingeräumten, ohnehin weiten Spielraum zulässigen Tuns oder Unterlassens. Der Begriff des ungewöhnlichen Wagnisses bildet damit die **Grenze im Hinblick auf den Gesichtspunkt von Treu und Glauben** (§ 242 BGB). Diese ist sicher überschritten, wenn es sich um Vertragsklauseln handelt, deren Voraussetzungen und Folgen für den Bieter bzw. späteren Auftragnehmer nicht vorhersehbar und nicht zu überschauen, daher für ihn im Einzelfall unzumutbar sind. Sofern eine **AGB-rechtliche Überprüfung** zum Tragen kommt, ist es unter diesen Voraussetzungen durchaus möglich, dass solche Vertragsklauseln unwirksam sind. Das gilt im Falle unzumutbarer einseitiger Risikobelastung des Auftragnehmers vor allem, wenn ihm keine Vergütung zugestanden wird, durch die das Risiko einigermaßen abgedeckt ist.

34   Eine zulässige Entschließungsfreiheit drückt sich oft auch in den von der Rechtsprechung im Allgemeinen gebilligten **Garantieverpflichtungen** aus. Damit sind nicht schon die vielfach als Garantieverträge bezeichneten, im Kern nur allgemeinen Gewährleistungsverpflichtungen gemeint, die letztlich nur die normale Obliegenheit des Auftragnehmers hervorheben, eine vertragsgerechte Leistung zu erbringen. Insoweit handelt es sich um Verpflichtungen des Auftragnehmers, die ihm das Gesetz oder die VOB hinsichtlich der ordnungsgemäßen Erbringung der Leistung sowieso auferlegt, wie z.B. Gewährleistungspflichten, Schadensersatzpflichten wegen Nicht- oder Schlechterfüllung oder wegen Verzuges usw. Dazu zählen in manchen Verträgen gewählte Formulierungen allgemeiner Art, wie z.B. »Garantie im Sinne des Gesetzes« o.Ä. (vgl. hierzu BGH SFH Z 2.400 Bl. 6 ff.). Diese Verpflichtungen kraft Gesetzes oder aufgrund der VOB können aber auch vertraglich erweitert oder eingeengt werden, **ohne schon** zu der hier gemeinten **Garantie** zu werden. Die **wirklichen Ga-**

rantieverträge, die in diesem Zusammenhang zu untersuchen sind, beinhalten **mehr** als die bloße Verpflichtung des Auftragnehmers zur vertragsgemäßen Erbringung der Leistung. Sie gehen darüber hinaus; ihr Wesen liegt in der Begründung einer **selbstständigen** Verpflichtung, für einen bestimmten Erfolg einzustehen oder die Gefahr eines künftigen, noch nicht entstandenen Schadens zu übernehmen (BGH SFH Z 2.10 Bl. 8 ff.; vgl. ferner RGZ 146, 123 und 163, 99; BGH LM Nr. 1 zu BGB § 765). Es handelt sich um eine **Verpflichtung besonderer Art nach § 305 BGB**. Angenommen worden ist das Vorliegen eines solchen Garantievertrages bei einer Garantie für Arbeiten zur Sicherung und Unterfangung von Nachbargrundstücken (OLG Hamburg Hans. Rechts- und Gerichtszeitschrift 1930, 536), ferner auch bei dem Versprechen eines Architekten, dass ein von ihm übernommener Bau eine bestimmte Bausumme nicht überschreiten werde (RGZ 137, 84; vgl. hierzu auch BGH Schäfer/Finnern Z 3.01 Bl. 70 ff.), was entsprechend auch für eine derartige Verpflichtung des Bieters bzw. Auftragnehmers gilt. Diese Garantieverträge müssen nicht unbedingt ungewöhnliche Wagnisse i.S.d. Nr. 2 sein. Vielmehr kommt es auf den **jeweiligen Einzelfall und das damit wirklich verbundene Risiko an.** Ein Garantievertrag, der das Gebot von § 9 Nr. 2 VOB/A nicht einhält, ist zu vermeiden. Der Grundsatz von Treu und Glauben mit den hierfür von der Rechtsprechung aufgestellten Maßstäben muss letztlich auch für die Frage maßgebend sein, ob es wettbewerbsrechtlich zulässig sein kann, gewisse Garantien – gleich welcher Art – über den allgemeinen, insbesondere im Gewerbe üblichen Rahmen hinaus einzugehen (zum Garantievertrag vgl. insbesondere auch § 13 VOB/B).

C. Einzelangaben zu den Leistungsanforderungen (Nr. 3)

In der jetzigen Nr. 3 sind seit der Fassung der VOB von 1990 bestimmte Anforderungen an die Beschreibung der Leistung in **ihrem Inhalt** zusammengestellt worden, die im Wesentlichen schon früher in § 9 VOB/A enthalten waren. Da diese hier zusammengefassten Anforderungen für jede Beschreibung der Leistung zu gelten haben, war es durchaus richtig, sie noch in der Gruppe »Allgemeines« als Nr. 3 aufzuführen. 35

I. Ermöglichung einwandfreier Preisermittlung (Abs. 1)

Die Regelung in Abs. 1 bestimmt, dass, um eine **einwandfreie Preisermittlung** zu ermöglichen, **alle die sie beeinflussenden Umstände festzustellen und in den Verdingungsunterlagen anzugeben sind.** Es ist hier das Schwergewicht auf die Möglichkeit einer ordnungsgemäßen und umfassenden Preisermittlung gelegt. Die dafür geltenden Maßstäbe sind aber darüber hinaus zu beachten, nämlich **auch im Hinblick auf die ordnungsgemäße Leistungsanforderung als solche,** um nicht später im Rahmen der Erfüllung bzw. Gewährleistung in Schwierigkeiten zu geraten, insbesondere nicht dadurch, dass dem Auftraggeber wegen Fehlleistungen in der Planung eine **Mitverantwortlichkeit** (§ 254 BGB) oder gar eine Alleinverantwortlichkeit vorgeworfen werden muss. 36

Dabei ist auf die Rechtsprechung des Reichsgerichts zur Frage der **culpa in contrahendo** sowie auf die Judikatur zum Mitverschulden (§ 254 BGB) hinzuweisen (JW 1919, 35 und HRR 1931, 1040; zu Fragen des Einstehenmüssens für in diesem Zusammenhang handelnde Erfüllungsgehilfen siehe RG, JW 1915, 240 und OLG München SFH Z 2.211 Bl. 3, wobei das OLG auch auf Voraussetzungen des Mitverschuldens [§ 254 BGB] eingegangen ist). Sinn des § 254 BGB ist es, den an sich ersatzpflichtigen Schädiger nicht den endgültigen wirtschaftlichen Nachteil der einem anderen zugefügten Schädigung voll tragen zu lassen, wenn der **Geschädigte selbst zur Entstehung des Schadens beigetragen** hat (BGH MDR 1962, 473). Ein mitwirkendes Verschulden ist ein **Verschulden in eigener Angelegenheit,** nämlich ein Außerachtlassen derjenigen Aufmerksamkeit und Sorgfalt, die nach Lage der Sache zur Wahrnehmung eigener Angelegenheiten jeder verständige Mensch ausübt, um Schäden zu vermeiden (BGH SFH Z 3.00 Bl. 52 ff.). Die Schadensminderungspflicht legt dem Geschädig- 37 ten alle Maßnahmen auf, die nach allgemeiner Lebenserfahrung von einem ordentlichen Menschen angewandt werden müssen, um den Schaden abzuwenden oder zu verringern (BGH VersR 1965, 1173; zum Begriff der »Umstände i.S.d. § 254« vgl. *Klauser* MDR 1963, 185).

38 Im Übrigen drohen dem Auftraggeber dann, wenn er die Leistung nicht ordnungsgemäß und daher unvollständig beschreibt, **nicht nur** Rechtsfolgen in Gestalt der **culpa in contrahendo,** sondern **auch** der **Anfechtungstatbestände nach §§ 119 oder 123 BGB** in Form von Schadensersatzansprüchen aus möglichen **unerlaubten Handlungen** (§§ 823, 826 BGB) oder durch die §§ 154, 155 BGB, die sich mit dem so genannten **Dissens** (Einigungsmangel) befassen. Letzteres kann z.B. in Betracht kommen, wenn es an einer Vereinbarung über die zu verwendende Holzart fehlt (BGH SFH Z 2.1 Bl. 9). Ebenso trifft das zu, wenn Unklarheiten über den Einbau nur verzinkter oder zusätzlich polyesterbeschichteter Bleche herrscht (vgl. dazu OLG Köln BauR 1996, 555 = SFH § 2 Nr. 5 VOB/B Nr. 8). Ein Dissens scheidet allerdings aus, wenn der Erklärende seinen Willen irrtümlich zum Ausdruck gebracht und der Erklärungsempfänger erkannt hat, was der Erklärende in Wahrheit sagen wollte (falsa demonstratio); dann ist der tatsächliche Wille des Erklärenden maßgebend, und für eine Auslegung ist kein Raum (BGH WM 1972, 1422). Auch liegt kein versteckter Einigungsmangel vor, wenn nur der innere Wille der Vertragspartner nicht übereinstimmt. Dieser ist nur von Bedeutung, wenn er in den abgegebenen Erklärungen zum Ausdruck kommt. Jede Erklärung ist zunächst danach auszulegen, in welchem Sinn sie von ihrem Empfänger verstanden werden muss. Ergibt sich, dass die sich äußerlich deckenden Erklärungen objektiv in einem einander entsprechenden Sinn verstanden werden müssen, so ist eine Einigung zustande gekommen (BGH WM 1973, 114). Über die genannten Grundlagen hinaus kann der Nachteil des Auftraggebers auch darin bestehen, dass er infolge andersartiger Bauausführung, als sie im unvollständigen Leistungsverzeichnis gefordert wird, nach § 2 Nr. 5 oder 6 VOB/B grundsätzlich verpflichtet ist, eine zu seinen Lasten gehende veränderte Vergütung zu zahlen.

1. Einzelheiten des geplanten Bauvorhabens

39 **Grundlegende Voraussetzung** für die Feststellung der für die Preisermittlung maßgebenden Umstände ist es, dass sich der **Auftraggeber hinreichend über die Einzelheiten der beabsichtigten Bauherstellung im klaren sein muss.** Dazu gehört, dass er, **bevor** er mit der Ausschreibung beginnt, in dem auf seiner Seite grundsätzlich obliegenden planerischen Bereich die erforderlichen **Vorarbeiten abgeschlossen** hat, um eine ordnungsgemäße Beschreibung der Leistung aufstellen, also ausschreiben zu können. Hierher zählt einmal die Fertigstellung aller Planungsunterlagen, die für die behördliche Baugenehmigung erforderlich sind (vgl. § 15 Abs. 2 Nr. 1–4 HOAI), dazu auch grundsätzlich die **vorherige Erteilung der Baugenehmigung.** Hierzu rechnet aber auch die erfolgte **Fertigstellung von Ausführungsplanung und Mengenermittlungen** (vgl. § 15 Abs. 2 Nr. 5 und 6 HOAI), da ohne diese eine ordnungsgemäße Leistungsbeschreibung nicht möglich ist. Ein Auftraggeber muss beispielsweise bei Altbauten das mögliche Vorhandensein von Asbest bei Rohrummantelungen prüfen und das Prüfergebnis in den Verdingungsunterlagen festhalten (OLG Düsseldorf BauR 1999, 491).

Das wird mit Recht auch in Nr. 2.1. des VHB 2002 zu § 9 VOB/A hervorgehoben:

2.1. Vor dem Aufstellen der Leistungsbeschreibung müssen die Pläne, insbesondere die Ausführungszeichnungen, soweit sie nicht vom Auftragnehmer zu beschaffen sind, und die Mengenberechnungen rechtzeitig vorliegen.

40 Eine Ausnahme von dieser Regel kann sich allerdings aus der Natur der Sache ergeben, wie z.B. beim Tunnelvortrieb, dessen Einzelheiten evtl. erst im Laufe der Bauausführung festgestellt werden können (vgl. dazu *Schottke* S. 43 f., 79 ff.). Auf das hier grundsätzlich Geltende hat der **Auftraggeber besonders zu achten**, will er nicht später wegen aufgetretener Unklarheiten, insbesondere wegen Preiserhöhungen infolge erforderlich gewordener und bei sorgfältiger Planung im angeführten Umfang vermeidbarer Änderungen und Zusatzleistungen, in Anspruch genommen werden. Dies wirkt sich in der Zeit nach Vertragsabschluss aus, insbesondere im Rahmen von § 2 Nr. 5 und 6 VOB/B, aber auch hinsichtlich der Erfüllung bzw. Gewährleistung, z.B. im Bereich von § 4 Nr. 3 oder § 13 Nr. 3 VOB/B, jedoch trifft das auch für eine etwaige Haftung wegen Verschuldens beim Vertragsabschluss für das Vergabeverfahren selbst zu. Vor allem muss der Auftraggeber hier im Verhältnis zum Bieter oder späteren Auftragnehmer für das Tun oder Unterlassen seines **bauplanenden Architekten oder Ingenieurs** als seines für den Planungsbereich tätigen Erfüllungsgehilfen (§§ 276, 278 BGB) **einstehen.**

2. Obliegenheiten des Auftraggebers

Die Forderung in Nr. 3 Abs. 1, dass **alle die Preisermittlung beeinflussenden Umstände festzustellen** und in den Verdingungsunterlagen anzugeben sind, besagt im Ausgangspunkt das gleiche wie Nr. 1. Die eindeutige und erschöpfende Beschreibung der Leistung wird wesentlich durch zwei Arbeitsvorgänge erreicht, nämlich einmal durch die Feststellung aller die Preisermittlung beeinflussenden Umstände und zum anderen auch durch deren Angabe in der Beschreibung der Leistung. **41**

Die Feststellung aller die Preisermittlung beeinflussenden Umstände setzt zunächst eine Ermittlungstätigkeit voraus. Diese **obliegt dem Auftraggeber,** in dessen Bereich die Beschreibung der Leistung aufgestellt wird. **42**

Die Forderung nach Feststellung aller die Preisermittlung beeinflussenden Umstände ist eine **generelle Umgrenzung der Tätigkeit des Auftraggebers.** Die VOB musste es im Wesentlichen bei dieser bewenden lassen und konnte in den nachfolgenden Absätzen der **Nr. 3 nur beispielhaft** Fälle aufzählen, um nähere Erläuterungen zu geben. Eine abschließende Aufzählung darüber, was unter allen die Preisermittlung beeinflussenden Umständen zu verstehen ist, ist nicht möglich, weil die dem Einzelfall zugrunde liegenden, sich nach den jeweiligen technischen Anforderungen richtenden Umstände nicht selten grundverschieden und daher nicht in ihrer Gesamtheit voraussehbar sind.

a) Umstände des Auftraggebers

Umstände, die die Preisermittlung beeinflussen, sind alle **tatsächlichen Gegebenheiten in der Person des Auftraggebers** oder eines auf seiner Seite an dem Bauvorhaben beteiligten Dritten, ferner die an Ort und Stelle der Bauausführung begründeten **Einzelverhältnisse oder Einzelzustände,** die für die Art und Weise sowie den Umfang der geforderten Bauleistung einschließlich aller ihrer Nebenpunkte bestimmend oder mitbestimmend sind und die ein **solches Gewicht** haben, dass sie bei objektiver und gesunder Anschauung bei der Festlegung der durch den Bewerber zu fordernden Vergütung mitberücksichtigt und mitkalkuliert werden müssen. Das ist der Fall, wenn das Fehlen oder das Vorhandensein dieser Einzelverhältnisse und Einzelzustände den Preis nicht feststehen lässt, sondern nach oben oder nach unten bewegt. Es kommt also letztlich darauf an, ob nach allgemeiner Auffassung in den beteiligten Fachkreisen dieser oder jener Einzelumstand geeignet ist, **auf den Preis einzuwirken** (z.B. die Bodenbeschaffenheit bei Ausbaggerungsarbeiten – vgl. BGH SFH Z 2.311 Bl. 17 ff. – oder die möglichen Arbeitsunterbrechungen nach dem jeweiligen Grundwasserstand – vgl. BGH SFH Z 2.511 Bl. 12 ff.). **43**

Das ist nicht dahin gehend misszuverstehen, dass jeder dieser Einzelumstände, die die Preisermittlung zu einem abweichenden Ergebnis führen würden, und sei er noch so geringfügig, festzustellen wäre. Vielmehr sind Umstände, die nur zu einer **geringfügigen Preisänderung** führen, nicht als einflussreich auf die Preisermittlung anzusehen. Wann es sich um derartige geringfügige Umstände im Bereich der Preisermittlung handelt, ist Tatfrage, auf deren Beantwortung nicht zuletzt der Wert und der Umfang des dem Auftrag zugrundeliegenden Gesamtkomplexes einen Einfluss ausübt. Wesentlicher Gesichtspunkt für die Begrenzung des Begriffes »Einfluss« muss im Einzelfall die **gesunde durchschnittliche Meinung eines mit den technischen und kaufmännischen Gepflogenheiten** **44**

vertrauten Dritten aus den jeweiligen Fachkreisen sein, denen der Bewerber angehört. Anhaltspunkte hierfür können vor allem auch die Leistungsanforderungen in den Allgemeinen Technischen Vertragsbedingungen sein; so sind die unter der jeweiligen Ordnungszahl 4 zusammengefassten so genannten **Nebenleistungen** als für die Preisbildung nicht erheblich anzusehen, alle anderen in den Normen aufgeführten Leistungspunkte dagegen wohl.

b) Konkrete Bauleistung

45 Die Forderung, dass **alle** die Preisermittlung beeinflussenden Umstände festzustellen sind, ist nur auf die eigentlichen Leistungselemente der **konkret geforderten Bauleistung** abgestellt. Sie hat also keine generelle Bedeutung in dem Sinne, dass der Auftraggeber auch alle äußeren, von der speziellen Leistungsforderung **losgelösten Elemente, die die Preisbildung allgemein beeinflussen,** festzustellen und dann im Leistungsverzeichnis aufzuführen hätte. So wird z.B. vom Auftraggeber keineswegs verlangt, dass er die **allgemeinen** Umstände, die für die jeweiligen Baupreisverhältnisse maßgebend sind, oder die allgemeinen Wirtschafts- und Marktlagen feststellt. Diese **allgemeingültigen Verhältnisse,** wie z.B. die Tatsache, dass Arbeiten im Fels Erschwernisse mit sich bringen (LG Tübingen BauR 1980, 67), müssen einem Bewerber, der die Anforderungen in § 2 Nr. 1 S. 1 VOB/A erfüllt, ohnehin bekannt sein. Auch kann es u.U. entbehrlich sein, Feststellungen über an sich wesentliche Verhältnisse zu treffen und diese in der Leistungsbeschreibung mitzuteilen, wenn sie eindeutig in einem größeren Umfang gegeben sind und **allen in Betracht kommenden Bewerbern** bekannt sein müssen. Man denke an die in einem größeren Gebiet, in dem das Bauobjekt errichtet werden soll, in Fachkreisen allgemein bekannten gleichartigen Boden- oder Grundwasserverhältnisse. Hier kann es berechtigt sein, keine besonderen Feststellungen zu treffen. Allerdings ist hierzu Voraussetzung, dass tatsächlich in einem größeren Umfang **gleichartige Verhältnisse** vorliegen und dass der fachkundige und zuverlässige Bewerber diese mit Sicherheit kennen muss. Eine bloße Vermutung des Bewerbers über diese Verhältnisse sowie die Annahme derselben ist nicht hinreichend (RG HRR 1931, 1040). Daher sollte man vorsichtig sein und lieber etwas mehr Feststellungen treffen, als sie unbedingt notwendig sind, zumal der Auftraggeber für die etwaige Entbehrlichkeit näherer Angaben darlegungs- und beweispflichtig ist.

Das Gesagte gilt z.B. auch für Arbeiten, die in einer baulichen Anlage ausgeführt werden sollen, deren Weiterbenutzung in der Bauzeit beabsichtigt ist. Dazu verhält sich das VHB 2002 in Nr. 6.1 zu § 9 VOB/A:

> 6.1 Arbeiten in belegten Anlagen (zu § 9 Nr. 3 Abs. 1 VOB/A)
> Wenn Leistungen in Bauwerken/Anlagen ausgeführt werden sollen, in denen der Betrieb weitergeführt wird, ist vor Aufstellung der Leistungsbeschreibung mit der nutzenden Verwaltung abzustimmen, welche besonderen Vorkehrungen bei der Ausführung getroffen werden müssen, vgl. Nr. 0.2.2 der ATV DIN 18 299.

c) Ergänzende Untersuchungen

46 Um der notwendigen Feststellung nachzukommen, darf sich der Auftraggeber nicht darauf beschränken, alle ihm schon bekannten, die Preisermittlung beeinflussenden Umstände in der Leistungsbeschreibung anzugeben. Vielmehr ist er gehalten, eine eigene Tätigkeit durch **Überlegungen, Prüfungen und** gegebenenfalls **Untersuchungen** zu entfalten, um eine klare Übersicht auch über die ihm noch nicht bekannten Umstände im Rahmen seiner konkreten Bauabsicht zu gewinnen, die für die Preisermittlung von Bedeutung sind. Will der Auftraggeber richtig nach Inhalt und Tragweite der VOB handeln, muss von ihm verlangt werden, dass er **notfalls auch einen finanziellen Aufwand** treibt, um eine sichere und ohne umfangreiche Vorarbeiten durch den Bewerber mögliche Preisberechnung vorzubereiten, wie z.B. durch Einholung eines **Bodengutachtens**. Beispielsweise müssen Bodenuntersuchungen durchgeführt werden, die ein annäherndes Bild der tatsächlichen Verteilung der Bodenschichten und ihrer Stärken ergeben (OLG München BauR 1998, 800 = IBR

1997, 496). Man wird zwar insoweit nicht in jedem Fall von einer Rechtspflicht des Auftraggebers zum Handeln sprechen können. Andererseits muss sich der Auftraggeber aber dessen bewusst sein, dass eine Nichtbeachtung seiner Ermittlungsaufgabe, falls die daraus entstehenden Folgen für die Preisgestaltung erheblich sind, zumindest eine Veränderung der von ihm geschuldeten Vergütung zu seinen Lasten, u.a. nach § 2 Nr. 3 ff. VOB/B, im Gefolge hat.

d) Angabe in den Verdingungsunterlagen

Die festgestellten, die Preisermittlung beeinflussenden Umstände hat der Auftraggeber **in den Verdingungsunterlagen anzugeben.** Dies hat **in rechter Weise und an geeigneter Stelle** in der Beschreibung der Leistung zu erfolgen. Soweit es den jeweiligen Inhalt im Einzelnen anbetrifft, muss **Vollständigkeit** gegeben sein; die Angaben in der Beschreibung der Leistung müssen sich mit den Tatsachen der vorangegangenen Feststellung decken. Man wird auch eine **Mitteilungspflicht des Auftraggebers** bejahen müssen, wenn er einzelne oder alle die Preisermittlung beeinflussenden Umstände vor Abfassung der Beschreibung der Leistung entgegen seiner Verpflichtung nicht ermittelt hat und diese daher in der Beschreibung der Leistung nicht berücksichtigt sind. Das gilt vor allem, wenn der Auftraggeber es dem Bewerber überlassen will, die nötigen Ermittlungen selbst anzustellen. Dann muss der **Auftraggeber** als **verpflichtet** angesehen werden, in den Verdingungsunterlagen eine entsprechende **Mitteilung von seinem Unterlassen** zu machen, da der Unternehmer nicht nur nach der VOB, sondern auch aus dem allgemeingültigen Grundsatz von Treu und Glauben im Rechtsverkehr zur Annahme berechtigt sein kann, dass die vom Auftraggeber aufgestellte Beschreibung der Leistung den für die Berechnung seiner Vergütung maßgebenden Anforderungen **voll** gerecht wird. Daher verstößt eine ohne diese Mitteilung in Ausschreibungsbedingungen des Auftraggebers enthaltene Klausel, der Bieter erkläre mit seiner Unterschrift unter das Angebot, ihm seien die örtlichen Verhältnisse bekannt, gegen das Verbot der Beweislastumkehr, somit gegen das AGB-Recht.

47

e) Prüfungspflicht des Bewerbers

In diesem Zusammenhang ist andererseits zu beachten: Eine **gewisse Prüfungspflicht obliegt auch dem Bewerber.** Diese bezieht sich jedenfalls auf den Inhalt der ihm zur Abfassung und Abgabe eines Vertragsangebots überlassenen Beschreibung der Leistung oder auf sonstige Planungsunterlagen, und zwar nach deren letztem Stand, soweit sie dem Bewerber vor Angebotsabgabe zur Verfügung stehen. Stellt er dort aufgrund seines **Fachwissens Unstimmigkeiten oder Fehler fest oder muss er diese kraft des bei ihm vorauszusetzenden Fachwissens erkennen,** darf er es keineswegs dabei bewenden lassen, sondern er muss sie dem Auftraggeber zur Berichtigung mitteilen. Dasselbe hat auch zu gelten, wenn der Bewerber die Unstimmigkeiten oder Fehler in der Beschreibung der Leistung dadurch erkennt oder erkennen muss, dass er Gelegenheit erhält, sich an Ort und Stelle von den wahren Verhältnissen zu überzeugen. Gleiches trifft zu, wenn der Auftraggeber in der Beschreibung der Leistung etwas verlangt, was den anerkannten Regeln der Technik widerspricht (vgl. OLG Neustadt zur Frage unsachgemäßer Anordnung des Bauherrn bei der Anlegung einer Terrasse: SFH Z 2.303 Bl. 1 ff., wobei der Anmerkung von Finnern zugestimmt wird). Bei derartigen Unterlassungen des Bewerbers handelt es sich um **echte Pflichtwidrigkeiten,** aufgrund deren er später weder eine andere als die vereinbarte Vergütung noch einen Schadensersatzanspruch geltend machen kann, wobei hinsichtlich des letzteren zumindest ein den Anspruch ausschließendes, ganz überwiegendes **Mitverschulden nach § 254 BGB** gegeben sein dürfte.

48

II. Erforderlichenfalls Angabe des Zweckes und der vorgesehenen technischen Beanspruchung der fertigen Leistung (Nr. 3 Abs. 2)

Abs. 2 ist eine weitere Ergänzung zu den Grundbestimmungen in Nr. 1 und Nr. 3 Abs. 1. Danach sind auch der **Zweck und die vorgesehene Beanspruchung der fertigen Leistung,** soweit nötig,

49

in den Verdingungsunterlagen anzugeben. Der Ausdruck »erforderlichenfalls« bedeutet, dass Angaben über den Zweck oder die vorgesehene Beanspruchung der fertigen Leistung nur in bestimmten Fällen nötig sind. Das gilt z.B. auch, wenn mit dem betreffenden späteren Auftragnehmer der Abschluss eines Wartungsvertrages beabsichtigt ist. Der hier gewählte Begriff der Erforderlichkeit bedeutet nicht die Möglichkeit bloßen Ermessens, sondern bedeutet eine **zwingende Notwendigkeit** (»sind«) dann, wenn sich das Erfordernis dieser ergänzenden Angaben im Einzelfall ergibt. Die Mitteilung der hier festgehaltenen Einzelheiten kann vor allem zwingend erforderlich sein, um im Einzelfall Unklarheiten im Hinblick auf die Eindeutigkeit der Leistungsbeschreibung zu vermeiden (vgl. dazu BGH BauR 1993, 595 = SFH § 9 VOB/A Nr. 2 = MDR 1993, 977 = NJW-RR 1993, 1109 = LM VOB/A Nr. 13; BGH BauR 1994, 625 = NJW-RR 1994, 1108 = Betrieb 1994, 1871 = MDR 1994, 1119 = LM § 2 VOB/B Nr. 13).

1. Weitere Erläuterungen

50 Die eindeutige und erschöpfende Darstellung der Leistung bedingt ein völlig richtiges, vollständiges und zweifelsfreies Verständnis des Inhaltes und Zweckes der in den Verdingungsunterlagen anzugebenden Leistungsanforderungen. In manchen Fällen ist dieses nicht schon aus den Einzelheiten der Leistungsbeschreibung zu gewinnen. Vielmehr bedarf es noch **näherer Erläuterungen,** die dem Bewerber einen zweifelsfreien und klaren Überblick geben.

2. Haftungsfragen

51 Abs. 2 hat aber nicht nur die Bedeutung, dem Bewerber den **Zweck** und die **vorgesehene Beanspruchung der verlangten Leistung** im Hinblick auf die Preisermittlung vor Augen zu führen, sondern er hat weitere rechtliche Ziele. So können und müssen **nicht nur Fragen der Vergütung,** sondern z.B. **auch der Erfüllung, der Gewährleistung, der Gefahrtragung, der Haftung für Schäden** davon beeinflusst werden, was dem Bewerber in den Verdingungsunterlagen bekannt gegeben worden oder durch sie erkennbar geworden ist und was er dann auf Veranlassung des Auftraggebers in seinem Vertragsangebot berücksichtigt und schließlich Grundlage des abgeschlossenen Bauvertrages wird. Der **Auftraggeber** hat also alle Veranlassung, hier **sehr sorgfältig vorzugehen** und auch diese für die Gesamtheit der Bauleistung wesentlichen Gesichtspunkte deutlich und erschöpfend zu benennen.

3. Gesamtzweck der Bauleistung

52 Die nach Abs. 2 zu machenden Angaben betreffen im Allgemeinen den **Gesamtzweck** und die **Gesamtheit der Beanspruchung der fertigen Bauleistung,** wobei der Zweck die technische Beanspruchung ausmachen kann oder umgekehrt. Als Beispiel für die Notwendigkeit der Angabe des Zweckes sei genannt: Ein Bauwerk, insbesondere eine darin enthaltene Betondecke, muss in seiner Beschaffenheit und Struktur ganz anders gestaltet sein, wenn darin bzw. darauf ungewöhnlich schwere und entsprechend arbeitende Maschinen aufgestellt werden sollen, als wenn es sich nur um eine im normalen Rahmen, d.h. unter normalen Erschütterungen, arbeitende Maschinenanlage handelt. Das ist auch ein Beispiel zur Frage der vorgesehenen Beanspruchung. Zu dieser können alle Einflüsse, die auf den Bestand und die Unversehrtheit der baulichen Anlage einwirken können, wie z.B. Gase, Dämpfe, Erschütterungen, übernormale Abnutzungen usw., gezählt werden.

Beschreibung der Leistung § 9 VOB/A

III. Beschreibung der für die Ausführung der Leistung wesentlichen Verhältnisse der Baustelle (Nr. 3 Abs. 3)

1. Vollständigkeit der Beschreibung

Der Abs. 3 bezieht sich auf alle im gegebenen Fall für die Ausführung wesentlichen Verhältnisse, also **alle Umstände, die für den Bieter und späteren Auftragnehmer bei seiner Kalkulation der Preise, darüber hinaus aber für beide Vertragspartner im Hinblick auf die vollständige und ordnungsgemäße Ausführung der Leistung wesentlich sind bzw. sein müssen.** Es kommt auf die Umstände des Einzelfalles an, was hier von Bedeutung ist. Dabei geben bereits Richtpunkte die Einzelaufzählungen in den Abschnitten 0 der DIN 18 299 ff. ab. Hier gibt Abs. 3 **ergänzend** die **zwingende Richtlinie** dahin, dass die Beschreibung so sein muss, dass der Bewerber die Auswirkungen einmal auf die bauliche Anlage – also die Verhältnisse im Bereich der Baustelle – und zum anderen auf die verlangte Bauausführung hinreichend beurteilen kann. Dabei wird hier das Gebot der **Vollständigkeit** und der eindeutigen, keinen Zweifel zulassenden **Klarheit** aufgestellt. Insofern ist vor allem zu beachten, dass im Gegensatz zu dem vorangehenden Abs. 2 **nicht bloß auf die »Erforderlichkeit« abgestellt** ist. Daraus ist deutlich zu erkennen, dass die angesprochenen Verhältnisse **beschrieben werden müssen** und dies nur dann nicht der Fall zu sein braucht, wenn sie für den Rahmen des jeweils abzuschließenden Vertrages keine Rolle spielen. Hier wird jedenfalls im Ausgangspunkt grundsätzlich das **Risiko dem Ausschreibenden auferlegt,** was dann im Falle der Nichtbeachtung in erster Linie zu seinen Lasten gehen kann, vor allem, wenn es später um die Frage der sachgerechten, vollständigen, pünktlichen Ausführung sowie der letztlich dem Auftragnehmer zuzuerkennenden Vergütung geht. Als unbedingt zu beachtenden wesentlichen Punkt führt die VOB hier **beispielhaft die Boden- und Wasserverhältnisse** an, weil gerade diese erfahrungsgemäß für weite Bereiche der Bauausführung eine **tragende Rolle** spielen (auch *Marbach* BauR 1994, 168, 169). Unter »**Baugrund**« sind diejenigen Teile der Erdoberfläche zu verstehen, die mit den darunter liegenden Erd- und Grundwasserschichten bzw. den darüber liegenden Wasserflächen Grundlage für die Errichtung eines oder mehrerer Bauwerke sind ohne Rücksicht auf grundbuchrechtliche Aufteilungen sowie die Eigentumsverhältnisse (vgl. *Englert* BauR 1991, 537; vgl. dazu u.a. im Einzelnen *Marbach* BauR 1994, 168). Es handelt sich also um den **Oberbegriff**, der alle für die Errichtung des Bauvorhabens maßgeblichen Eigenschaften, wie auch etwaige Altlasten oder Kontaminationen, erfasst (richtig *Marbach* a.a.O.). Zum Baugrund rechnen beim **Tunnelbau** auch die Bodenformationen (das Gebirge), in denen mit Hilfe von Stütz- und Sicherungsmitteln das Tragesystem hergestellt wird. »**Baugrundstück**« ist ein Grundstück, das zur Errichtung eines Bauwerkes rechtlich und tatsächlich verwendet werden kann (*Englert* a.a.O.).

53

2. Baugrundrisiko

Der Begriff »**Baugrundrisiko**« erfasst einmal Abweichungen der tatsächlich angetroffenen Boden- und Wasserverhältnisse von den erwarteten, soweit dies für die betreffende Bauausführung von Bedeutung ist (vgl. dazu OLG Stuttgart BauR 1994, 631), zum anderen betrifft er strenggenommen diejenigen Fälle, in denen die vorgenannten Abweichungen in ihren **behindernden oder wirtschaftlichen Folgen** von **keinem der Vertragspartner** einschließlich deren Erfüllungsgehilfen **zu vertreten** sind (ähnlich *Englert* a.a.O. sowie FS Bauer S. 375, 377 und *Schottke* BauR 1993, 407, 408, 565; ferner *Marbach* BauR 1994, 168, 177 ff., der mit Recht § 645 BGB heranzieht; vgl. auch OLG Köln SFH § 7 VOB/B Nr. 2). Liegt dagegen **Verschulden** vor, haftet im Allgemeinen derjenige, der gebotene Handlungen unterlassen hat. Sowohl im ersten wie auch im zweiten Fall liegt dabei aber im Ausgangspunkt die **grundlegende Verantwortung auf der Seite des Auftraggebers**, weil dieser **im Wege einer ordnungsgemäßen, erschöpfenden und hinreichend genauen** Leistungsbeschreibung (BGH BauR 1994, 236; OLG Düsseldorf BauR 1991, 219; so auch *Schottke* a.a.O.) die Bereitstellungspflicht hinsichtlich des ordnungsgemäß bebaubaren Grund und Bodens hat. Dadurch wird auch deutlich, dass insbesondere in rechtlicher Hinsicht der **Auftraggeber grundsätzlich das**

54

Risiko für die maßgebenden Boden- und Wasserverhältnisse trägt und den Auftragnehmer im Allgemeinen nur eine **Mitverantwortung** treffen kann, wenn er im Einzelfall eine ihm zumutbare Prüfung unterlässt (vgl. BGH, SFH Z 2.414.0 Bl. 8; vgl. auch LG Köln BauR 1980, 368 mit Anm. Hofmann = SFH § 2 Ziff. 6 VOB/B Nr. 2 mit Anm. Hochstein). Das betrifft Fälle, in denen es für die sachgerechte Feststellung der notwendigen Ausführung und der damit verbundenen Kalkulation des Bieters bzw. späteren Auftragnehmers wesentlich auf die Boden- und Wasserverhältnisse ankommt, wie z.B. bei der Art und Weise der Anlegung einer so genannten Betonwanne (BGH a.a.O.). Das wird sich i.d.R. auf Fragen der Wasserhaltung bzw. der Abführung von Wasser (z.B. bei Grundwasserabsenkungen), Erdarbeiten jeder Art, Mauer- und Betonierarbeiten beziehen, allerdings nicht nur hinsichtlich der Arbeiten selbst, sondern auch wegen des erforderlichen Geräteeinsatzes. Natürlich ist Voraussetzung, dass z.B. der Baugrund für die Ausführung, vor allem die zeitliche Einhaltung der vorgegebenen Bauzeit sowie die Gewährleistung und die Preisgestaltung, von Bedeutung ist, dass Gewässer dem Grundstück benachbart sind oder das Grundwasser überhaupt eine Rolle spielt. Soweit das nicht der Fall ist, sind Angaben entbehrlich. Außerdem bedarf es keines Hinweises bei Offenkundigkeit oder im betreffenden Fall bestehender genauer Kenntnis des Geländes durch die Bewerber. Hinsichtlich der Bodenverhältnisse sollte der Auftraggeber nicht nur die Bodenklasse nach DIN 18 300 Nr. 2.3 als solche angeben, wozu er immer verpflichtet ist, sondern auch die Merkmale, die zur Einordnung in die betreffende Bodenklasse führen. Das gilt um so mehr, als der Auftraggeber grundsätzlich das Risiko der richtigen Ermittlung der Baugrundverhältnisse trägt (vgl. LG Köln BauR 1980, 368 mit Anm. Hofmann = SFH § 2 Ziff. 6 VOB/B Nr. 2 mit kritischer Anmerkung Hochstein). Auch sonstige dem Auftraggeber bekannte Verhältnisse, die in Bezug auf den Boden oder das Wasser für die Ausführung und die Preisermittlung eine Rolle spielen, sind anzugeben, wie z.B. die Mitteilung durch die Telekom als Auftraggeber, dass sich im Baubereich ein bereits verlegtes Fernmeldekabel befindet (vgl. LG Tübingen BauR 1980, 67). Gleiches gilt generell für die Angabe von **Versorgungsleitungen** (über bauvertragliche Bodenrisikoverteilung im Rechtsvergleich *Wiegand* ZfBR 1990, 2; zur Frage, ob ein Geologe oder ein Grundbauingenieur als Sonderfachmann bei der Ermittlung der Boden- und Wasserverhältnisse in Betracht kommt, vgl. *Jebe* BauR 1982, 336).

Anzugeben sind auch die **wesentlichen Ergebnisse von eingeholten Gutachten**. Dazu sagt mit Recht Nr. 6.2 VHB 2002 zu § 9 VOB/A:

6.2 Auswertung von Gutachten (zu § 9 Nr. 3 VOB/A)
Wenn Gutachten – z.B. über Baugrund, Grundwasser oder Altlasten – eingeholt werden, sind deren Ergebnisse und die dadurch begründeten Anforderungen in der Leistungsbeschreibung vollständig und eindeutig anzugeben; das bloße Beifügen des Gutachtens reicht für eine ordnungsgemäße Leistungsbeschreibung nicht aus.

3. Bodenrisiko und AGB

55 Gerade deshalb, weil in Abs. 3 die grundlegende Verantwortlichkeit des Auftraggebers für die Boden- und Wasserverhältnisse und deren richtige Beschreibung zum Ausdruck kommt, sind **Klauseln in Ausschreibungs- und Vertragsbedingungen des Auftraggebers**, die sich als AGB darstellen, **an den Verbotsklauseln des AGB-Rechts, zu messen, weswegen die unangemessene Überwälzung des Boden- und Wasserrisikos auf den Bieter bzw. späteren Auftragnehmer unzulässig ist.** So kann zwar von dem Bieter bzw. Auftragnehmer verlangt werden, zu bestätigen, dass er sich über die Lage der Baustelle und die für ihn erkennbare Bodenbeschaffenheit überzeugt hat, weil dies zu dem für ihn zumutbaren Verpflichtungsinhalt zu rechnen ist (vgl. OLG Karlsruhe AGBE III § 9 Nr. 15). Zielt eine derartige Klausel aber darauf ab, dem Bieter bzw. Auftragnehmer auch solche Ansprüche abzuschneiden, die sich durch Erschwernisse ergeben, die erst nach Angebotsabgabe erkennbar werden (etwa weil es der Auftraggeber bisher versäumt hat, ein Bodengutachten einzuholen), so liegt darin eine verschuldensunabhängige garantiemäßige Einstandspflicht, die von den Haftungsprinzipien der §§ 275, 276 BGB zum Nachteil des Bieters bzw. Auftragnehmers abweicht, wes-

Beschreibung der Leistung § 9 VOB/A

wegen entsprechende Klauseln unwirksam sind (*Locher* NJW 1979, 2235, 2237; *v. Westphalen* ZfBR 1985, 252, 253; vgl. dazu auch *Englert/Bauer* Rn. 114 ff.; *Feber* S. 34 f.; *Wiegand* ZfBR 1990, 2). Unzulässig sind daher Klauseln wie »Der Auftragnehmer erklärt verbindlich, dass ihm die Trassenführung, insbesondere die Boden-, Wasser-, Verkehrs- und Zufahrtsverhältnisse bekannt sind und er aus Nichtkenntnis keinen Anspruch gegen den Auftraggeber herleiten kann« oder »Die gegebenenfalls in den Ausführungsunterlagen dargestellten Bodenarten, Grundwasserstände und unterirdischen Anlagen dienen nur als Anhalt; der Auftraggeber übernimmt keine Gewähr für die Richtigkeit und Vollständigkeit der Angaben.« (zutreffend dazu *v. Westphalen* a.a.O.). Auch ist es ein AGB-rechtlicher Verstoß, wenn dem Bieter bzw. späteren Auftragnehmer auferlegt wird, das **Vorhandensein und die Lage von Versorgungsleitungen ohne besondere Vergütung** zu erkunden.

4. Wasserrechtliche Vorschriften

Soweit notwendig, sind in der Leistungsbeschreibung auch die zu beachtenden **wasserrechtlichen** **56** Vorschriften **anzugeben,** obwohl dies in der jetzigen Fassung der VOB nicht mehr ausdrücklich erwähnt ist. Das gilt aber nur, wenn sie im Einzelfall wirklich eine Rolle spielen. Wenn es auch etwas **ungewöhnlich ist,** von dem **Auftraggeber die Angabe rechtlicher Bestimmungen** zu verlangen, so ist zu berücksichtigen, dass es sich hier um Vorschriften handelt, die auch bei ordnungsgemäßer Beachtung des Grundsatzes in § 2 Nr. 1 S. 1 VOB/A **nicht bei jedem fachkundigen und zuverlässigen Unternehmer als bekannt vorausgesetzt werden können.** Das gilt besonders, weil sowohl das öffentliche als auch das zivile Wasserrecht örtlich verschieden sein, auch sonst behördliche Auflagen oder Anordnungen vorliegen können, daher insbesondere von auswärts kommenden oder in anderen Gegenden wohnenden Unternehmern nicht ohne weiteres bekannt sein können. Hinzu kommt hier, dass es **nach § 4 Nr. 1 Abs. 1 S. 2 VOB/B** u.a. **Aufgabe des Auftraggebers** ist, die erforderlichen öffentlich-rechtlichen **Genehmigungen und Erlaubnisse nach dem Wasserrecht einzuholen.** Damit wird zugleich die **Kenntnis** der wasserrechtlichen Bestimmungen **beim Auftraggeber vorausgesetzt.** Dies bedeutet, dass im späteren Schadensfall infolge von Missachtung wasserrechtlicher Vorschriften der Auftraggeber grundsätzlich allein einzustehen hat, es sei denn, er weist nach, dass der Auftragnehmer sie kannte oder unbedingt kennen musste. Aber auch in letzterem Fall kommt es nur zu einer Haftungsverteilung nach § 254 BGB, wobei der Auftraggeber i.d.R. einen erheblichen Teil des Schadens selbst zu tragen haben wird, da dies dem ihm grundsätzlich obliegenden Planungsbereich zuzurechnen ist.

IV. Beachtung von Hinweisen in Abschnitt 0 der ATV DIN 18 299 ff. (Nr. 3 Abs. 4)

1. Anwendung der ATV DIN 18 299

Nr. 3 Abs. 4 war zuerst in Nr. 4 S. 2 der Fassung 1988 enthalten. Hiernach hat der Auftraggeber die **57** »Hinweise für das Aufstellen der Leistungsbeschreibung« in Abschnitt 0 der Allgemeinen Technischen Vertragsbedingungen für Bauleistungen DIN 18.299 ff. zu beachten. Dabei kommt es auf die nunmehrige **Fassung von Dezember 2002** an. **Dies heißt, dass der Auftraggeber zwingend verpflichtet** ist, dort aufgeführte Einzelpunkte zu berücksichtigen bzw. in die Beschreibung der Leistung mit aufzunehmen, **wenn** sie für den betreffenden Vergabefall **von Bedeutung** sind oder von Bedeutung sein können. Abs. 4 gilt insofern als **ergänzende Bestimmung** zu den vorangehenden Absätzen 1–3, sozusagen auch als **Auffangregelung.** Das hier Gesagte gilt **auch für Abbrucharbeiten,** weil auch diese Bauleistungen nach § 1 VOB/A sind.

Der Hinweis auf die jeweiligen Abschnitte 0 der DIN 18 299 ff. ist **keinesfalls nur eine bloße Verweisung der Einfachheit halber.** Vielmehr dient diese Regelung dazu, die jeweils in den genannten DIN **geregelten Einzelheiten ausdrücklich auch mit in die VOB aufzunehmen,** ohne diese ausdrücklich wiederholen zu müssen. Jeder, der eine Beschreibung der Leistung aufzustellen hat, muss daher die betreffenden, in den genannten Normen aufgeführten Gesichtspunkte kennen, sie überdenken **58** und sich dahin entschließen, ob sie im jeweiligen Vergabe- bzw. Vertragsfall eine Rolle spielen können. Falls ja, müssen sie bei der Aufstellung des Leistungsverzeichnisses beachtet werden. Andernfalls kann man sich etwaigen Ansprüchen der Gegenseite, zumindest aber selbst Unklarheiten in Bezug auf den Leistungsinhalt und den Rahmen der zu vereinbarenden bzw. später vereinbarten Vergütung ausgesetzt sehen. Dabei ist vorweg die für alle Bauleistungen maßgebende DIN 18 299 zu beachten. Ergänzend sind dann die Angaben in den die jeweiligen Gewerke im Abschnitt 0 betreffenden Normen (DIN 18 300 ff.) heranzuziehen. Letztere müssen als speziellere Regelungen dann **Vorrang vor den Angaben im Abschnitt 0 der DIN 18 299** haben, was dem allgemeingültigen Rechtssatz entspricht, dass die **speziellere Regelung der mehr generellen vorgeht**.

2. Notwendige Angaben

59 Ausgehend von der allgemeingültigen DIN 18 299, bedarf es nach deren Abschnitt 0 in der Leistungsbeschreibung der Mitteilung über folgende Bereiche: **Angaben zur Baustelle (0.1), Angaben zur Ausführung (0.2), Einzelangaben bei Abweichungen von den ATV (0.3), Einzelangaben zu Nebenleistungen und Besonderen Leistungen (0.4) und den Abrechnungseinheiten für Teilleistungen (0.5)**. Dabei sind solche Mitteilungen aber nur nötig, wenn sie im Einzelfall für die Ausführung und die Vergütung eine Rolle spielen.

a) Angaben zur Baustelle

60 Sie sind im Allgemeinen nötig zu Lage der Baustelle und Umgebungsbedingungen, Zufahrtsmöglichkeiten und Beschaffenheit der Zufahrt sowie etwaige Einschränkungen bei ihrer Benutzung; Art und Lage der baulichen Anlagen, z.B. auch Anzahl und Höhe der Geschosse; Verkehrsverhältnisse auf der Baustelle, insbesondere Verkehrsbeschränkungen; für den Verkehr freizuhaltende Flächen; Lage, Art, Anschlusswert und Bedingungen für das Überlassen von Anschlüssen für Wasser, Energie und Abwasser; Lage und Ausmaß der dem Auftragnehmer für die Ausführung seiner Leistungen zur Benutzung oder Mitbenutzung überlassenen Flächen, Räume; Bodenverhältnisse, Baugrund und seine Tragfähigkeit; Ergebnisse von Bodenuntersuchungen; hydrologische Werte von Grundwasser und Gewässern; Art, Lage, Abfluss, Abflussvermögen und Hochwasserverhältnisse von Vorflutern; Ergebnisse von Wasseranalysen; besondere umweltrechtliche Vorschriften; besondere Vorgaben für die Entsorgung, z.B. besondere Beschränkungen für die Beseitigung von Abwasser und Abfall; Schutzgebiete oder Schutzzeiten im Bereich der Baustelle, z.B. wegen Forderungen des Gewässer-, Boden-, Natur-, Landschafts- oder Immissionsschutzes; vorliegende Fachgutachten o.Ä.; Art und Umfang des Schutzes von Bäumen, Pflanzenbeständen, Vegetationsflächen, Verkehrsflächen, Bauteilen, Bauwerken, Grenzsteinen u.Ä. im Bereich der Baustelle; im Baugelände vorhandene Anlagen, insbesondere Abwasser- und Versorgungsleitungen; bekannte oder vermutete Hindernisse im Bereich der Baustelle, z.B. Leitungen, Kabel, Dräne, Kanäle, Bauwerksreste und, soweit bekannt, deren Eigentümer; vermutete Kampfmittel im Bereich der Baustelle, Ergebnisse von Erkundungs- oder Beräumungsmaßnahmen; besondere Anordnungen, Vorschriften und Maßnahmen der Eigentümer (oder der anderen Weisungsberechtigten) von Leitungen, Kabeln, Dränen, Kanälen, Wegen, Gewässern, Gleisen, Zäunen und dergleichen im Bereich der Baustelle; Art und Umfang von Schadstoffbelastungen, z.B. des Bodens, der Gewässer, der Luft, der Stoffe und Bauteile; vorliegende Fachgutachten o.Ä.; Art und Zeit der vom Auftraggeber veranlassten Vorarbeiten; Arbeiten anderer Unternehmer auf der Baustelle.

b) Angaben zur Ausführung

61 Sie sind im Allgemeinen erforderlich für vorgesehene Arbeitsabschnitte, Arbeitsunterbrechungen und -beschränkungen nach Art, Ort und Zeit sowie Abhängigkeit von Leistungen anderer; besondere Erschwernisse während der Ausführung, z.B. Arbeiten in Räumen, in denen der Betrieb weiterläuft, oder bei außergewöhnlichen äußeren Einflüssen; besondere Anforderungen für Arbeiten in kontaminierten Bereichen, gegebenenfalls besondere Anordnungen für Schutz- und Sicherheits-

maßnahmen; besondere Anforderungen an die Baustelleneinrichtung und an die Entsorgungseinrichtungen, z.B. Behälter für die getrennte Erfassung; Besonderheiten der Regelung und Sicherung des Verkehrs, gegebenenfalls auch, wieweit der Auftraggeber die Durchführung der erforderlichen Maßnahmen übernimmt; Auf- und Abbauen sowie Vorhalten der Gerüste, die nicht Nebenleistung sind; Mitbenutzung fremder Gerüste, Hebezeuge, Aufzüge, Aufenthalts- und Lagerräume, Einrichtungen und dergleichen durch den Auftragnehmer; wie lange, für welche Arbeiten und gegebenenfalls für welche Beanspruchung der Auftragnehmer seine Gerüste, Hebezeuge, Aufzüge, Aufenthalts- und Lagerräume, Einrichtungen und dergleichen für andere Unternehmer vorzuhalten hat; Verwendung oder Mitverwendung von wiederaufbereiteten (Recycling-)Stoffen; besondere Anforderungen an Art und Güte und Umweltverträglichkeit der Stoffe und Bauteile, auch z.B. an die schnelle biologische Abbaubarkeit von Hilfsstoffen; Anforderungen an wiederaufbereitete (Recycling-)Stoffe und an nicht genormte Stoffe und Bauteile; Art und Umfang der vom Auftraggeber verlangten Eignungs- und Gütenachweise; unter welchen Bedingungen auf der Baustelle gewonnene Stoffe verwendet werden dürfen bzw. müssen oder einer anderen Verwertung zuzuführen sind; Art, Zusammensetzung und Menge der aus dem Bereich des Auftraggebers zu entsorgenden Böden, Stoffe und Bauteile; Art und Verwertung bzw. bei Abfall die Entsorgungsanlage, Anforderungen an die Nachweise über Transporte, Entsorgung und die vom Auftraggeber zu tragenden Entsorgungskosten; Art, Menge, Gewicht der Stoffe und Bauteile, die vom Auftraggeber beigestellt werden, sowie Art, Ort (genaue Bezeichnung) und Zeit ihrer Übergabe; in welchem Umfang der Auftraggeber Abladen, Lagern und Transport von Stoffen und Bauteilen übernimmt oder dafür dem Auftragnehmer Geräte oder Arbeitskräfte zur Verfügung stellt; Leistungen für andere Unternehmer; Mitwirken beim Einstellen von Anlageteilen und bei der Inbetriebnahme von Anlagen im Zusammenwirken mit anderen Beteiligten, z.B. mit dem Auftragnehmer für die Gebäudeautomation; Benutzung von Teilen der Leistung vor der Abnahme; Übertragung der Wartung während der Dauer der Verjährungsfrist für die Gewährleistungsansprüche für maschinelle und elektrotechnische Anlagen, bei denen eine ordnungsgemäße Pflege und Wartung einen erheblichen Einfluss auf Funktionsfähigkeit und Zuverlässigkeit der Anlage haben, z.B. Aufzugsanlagen, Fahrtreppen, Mess-, Steuer- und Regelungseinrichtungen, Anlagen der Gebäudeleittechnik, Gefahrenmeldeanlagen, Feuerungsanlagen; Abrechnungen nach bestimmten Zeichnungen oder Tabellen.

c) Gebot der Klarheit
Sollen unter Zugrundelegung der vorangehend unter a und b genannten Einzelgesichtspunkte **andere Regelungen als in den DIN 18 299 ff.** vorgesehenen getroffen werden, erfordert dies naturgemäß die gebotene **Eindeutigkeit und Klarheit** in den Angaben der Leistungsbeschreibung, vor allem auch der Bezeichnung im Einzelnen, damit der betreffende Verhandlungs- bzw. Vertragspartner bei Unterstellen seiner Fachkunde **keine Zweifel** haben kann. Abweichungen von der DIN 18 299 sind dabei erfahrungsgemäß denkbar, wenn die Lieferung von Stoffen und/oder Bauteilen nicht zur Leistung gehören soll; wenn nur ungebrauchte Stoffe und/oder Bauteile vorgehalten werden dürfen; wenn auch gebrauchte Stoffe und/oder Bauteile geliefert werden dürfen.

62

d) Ausnahmsweise Angabe von Nebenleistungen
Wegen der **Einzelangaben zu Nebenleistungen und Besonderen Leistungen** ist zu beachten: Da **Nebenleistungen** (Abschnitt 4 aller hier wesentlichen Normen) im Allgemeinen ohnehin mit zum geschuldeten Leistungsumfang und zu der vereinbarten Vergütung gehören, müssen sie in der Leistungsbeschreibung **nur aufgeführt werden,** wenn sie **ausnahmsweise gesondert vergütet** werden sollen. Außerdem ist eine ausdrückliche Erwähnung sachgerecht und geboten, wenn die Kosten der betreffenden Nebenleistung von **erheblicher Bedeutung für die Preisbildung** sind, was besonders für das Einrichten und Räumen der Baustelle, Gerüste und für besondere Anforderungen an Zufahrten, Lager- und Stellflächen in Betracht kommt. In solchen Fällen müssen in der Leistungsbeschreibung besondere Ordnungszahlen (Positionen) vorgesehen werden. **Besondere**

63

Leistungen nach Abschnitt 4.2 aller ATV (wie z.B. Beaufsichtigung von Leistungen anderer Unternehmer; Sicherungsmaßnahmen zur Unfallverhütung; Besondere Schutzmaßnahmen gegen Witterungsschäden, Hochwasser und Grundwasser; Versicherung der Leistung bis zur Abnahme oder Versicherung eines außergewöhnlichen Haftpflichtwagnisses; Besondere Prüfung von durch den Auftraggeber gelieferten Stoffen und Bauteilen usw.) müssen selbstverständlich **in der Leistungsbeschreibung angegeben** werden, wobei es sachgerecht sein dürfte, hierfür besondere Ordnungszahlen (Positionen) aufzunehmen. Das gilt besonders deshalb, weil Besondere Leistungen grundsätzlich gesondert zu vergüten sind. Das hier Gesagte gilt **auch für Abbrucharbeiten,** weil auch diese Bauleistungen nach § 1 VOB/A sind.

e) Abrechnungseinheiten

64 Diese sind im Leistungsverzeichnis für die jeweiligen Teilleistungen (Positionen) gemäß den Angaben in den Abschnitten 0.5 der betreffenden ATV anzugeben.

D. Verkehrsübliche Bezeichnungen – Technische Spezifikationen (Nr. 4–10)

65 Nr. 4–10 befassen sich mit Allgemeinanforderungen, die an die inhaltlich richtige und vollständige Beschreibung der Leistung zu stellen sind. Hier geht es um die eindeutige, erschöpfende und einheitliche Darstellung der eigentlichen Leistungsanforderung, die der Auftraggeber stellt, vor allem darum, dass die Bewerber bzw. Bieter und folgerichtig dann auch der spätere Auftragnehmer genau wissen, welche Leistungsanforderungen an ihn gestellt werden. Die Regeln sind mit der Ausgabe 2006 nahezu **wortgleich dem EU-Recht (Vereinigte Koordinierungsrichtlinie 200/18/EG) entnommen.** Sie gelten gleichermaßen unterhalb und oberhalb der Schwellenwerte und definieren einige neue Anforderungen an eine ordnungsgemäße Leistungsbeschreibung. Eine wichtige Neuerung stellt die **Öffnung für eine Beschreibung in Form von Leistungs- oder Funktionsanforderungen** dar, deren praktische Auswirkungen in Deutschland aber zunächst als eher gering einzuschätzen ist.

I. Verkehrsübliche Bezeichnungen (Nr. 4)

66 In **Nr. 4** werden **Regeln für die Ausdrucksweise** bei der Beschreibung der Leistungseinzelheiten aufgestellt. Dabei handelt es sich um weitere Richtlinien zu dem in Nr. 1 enthaltenen allgemeingültigen Grundsatz des erschöpfenden und insbesondere des eindeutigen Leistungsverzeichnisses. Es leuchtet ein, dass die Leistungsbeschreibung mit Ausdrücken arbeiten muss, die den für die Bauleistung in Betracht kommenden **Fachkreisen entstammen und dort allgemein und nicht nur sachlich oder regional begrenzt üblich** sind. Man muss also Fachausdrücke wählen, die in diesen Fachkreisen Allgemeingültigkeit besitzen und die zum anderen auch bei einem fachkundigen und zuverlässigen Bewerber (§ 2 Nr. 1 S. 1 VOB/A) kraft seiner Ausbildung und Erfahrung als bekannt vorausgesetzt werden müssen. Seltene und erst in jüngster Zeit gebildete, deshalb in Fachkreisen noch nicht allgemein bekannte Ausdrücke sind nach Möglichkeit zu erklären oder zu vermeiden, damit weder Unverständnis noch Missverständnis beim Bewerber aufkommen können. Die **Erwähnung der einschlägigen DIN- bzw. DIN EN-Bezeichnungen,** vor allem der dort gebrauchten Begriffe, reicht aus, da es sich um allgemein anerkannte Güte- und Messbestimmungen handelt, die vom Deutschen Normenausschuss herausgegeben worden sind. Das gilt um so mehr, als die DIN-Normen auch von Staats wegen anerkannt sind, wie der Vertrag der Bundesrepublik Deutschland mit dem Deutschen Institut für Normung e. V. vom 5.6.1975 (Bauwirtschaft 1975, 1024) zeigt. **Die deutschen Normen werden zunehmend ersetzt durch internationale und europäische Normen** oder durch Europäische technische Zulassungen bzw. »Gemeinsame technische Spezifikationen« in den Mitgliedstaaten der EU, die –soweit vorhanden- den Leistungsverzeichnissen zugrunde gelegt werden müssen. Dass diese

Normen in den entsprechenden Fachkreisen bekannt sind, ist ohne weiteres anzunehmen, da die Erlangung dieser Kenntnis mit zur Ausbildung des Bewerbers und damit zu dem Begriff der Fachkundigkeit gehört.

II. Allgemeine wettbewerbliche Anforderungen

In **Nr. 5** werden grundlegende Anforderungen an die bei öffentlichen Bauvergaben zu verwendende technische Spezifikationen definiert: Sie müssen **allen Bietern gleichermaßen zugänglich sein und dürfen den Wettbewerb nicht in unzulässiger Weise behindern**. Die **Nr. 5 ist als vorangestellte Generalklausel zu verstehen**, die in den folgenden Nummern der Vorschrift weiter konkretisiert wird. Bei den in Nr. 6 Abs. 1a bis 1e genannten technischen Spezifikationen ist regelmäßig von der Vermutung auszugehen, dass sie die Anforderungen der Nr. 5 erfüllen, soweit sie gemäß den entsprechenden Regeln zustande gekommen und bekannt gemacht worden sind.

67

III. Festlegung technischer Spezifikationen (Nr. 6)

Nr. 6 legt im Einzelnen fest, wie die Leistungsbeschreibung bei der Vergabe von Bauleistungen zu erfolgen hat. Die Ausgabe 2006 enthält mit der **Übernahme der europäischen Vorgaben von Art. 23 der VKR (2004/18/EG)** sowohl Einschränkungen gegenüber der bisherigen Praxis, als auch Erweiterungen der Spielräume, wie Auftraggeber die technische Beschreibung des Ausschreibungsgegenstandes zu formulieren haben. Einschränkend –aber i.S.d. Verwirklichung eines einheitlichen EU-Binnenmarktes zu begrüßen- sind die **vorrangige Festlegung auf die Bezugnahme europäischer Spezifikationen**. Nationale Normen oder technische Zulassungen dürfen nach Nr. 6 Abs. 1e nur noch in Bezug genommen werden, soweit europäische Normen oder Spezifikationen **nicht vorhanden** sind. Ein weiteres Absehen von der Bezugnahme europäischer Spezifikationen, wie es die Vorfassung der VOB in bestimmten Fällen gestattete, ist nicht mehr möglich. Angesichts der zunehmenden Veröffentlichung von europäisch harmonisierten Normen gerade im Bauproduktenbereich wird eine Bezugnahme von nationalen Spezifikationen **zunehmend Ausnahmecharakter** bekommen. Dies gilt verstärkt für sonstige technische Regeln, deren Bezugnahme mit Inkrafttreten der Regelung der VOB 2006 regelmäßig nur noch nachrangig als »nationale Spezifikation« nach § 9 Abs. 1e möglich ist. Nach der VOB 2006 sind die technischen Anforderungen (siehe Anhang TS) in den Verdingungsunterlagen unter Beachtung der Rangfolge nach Nr. 6 Abs. 1 unter Bezugnahme der folgenden Möglichkeiten zu formulieren:

68

– **nationale Normen, mit denen europäische Normen umgesetzt werden** (siehe Anhang TS Nr. 2)
– **europäische technische Zulassungen** (siehe Anhang TS Nr. 3)
– **gemeinsame technische Spezifikationen** (siehe Anhang TS Nr. 4)
– **internationale Normen und andere technische Bezugssysteme, die von den europäischen Normungsgremien erarbeitet wurden** (siehe Anhang TS Nr. 2)
– **falls solche europäischen oder internationalen Spezifikationen fehlen, nationale Normen, nationale technische Zulassungen oder nationale technische Spezifikationen für die Planung, Berechnung und Ausführung von Bauwerken und den Einsatz von Produkten** (siehe Anhang TS Nr. 2)

Andererseits wird der Spielraum der Möglichkeiten eine Leistung gemäß der VOB zu beschreiben durch die **generelle Zulassung der Möglichkeit technische Spezifikationen in Form von Leistung- oder Funktionsanforderungen nach Nr. 6 Abs. 2 zu formulieren** erheblich erweitert. Hierzu liegen noch kaum praktische Erfahrungen vor. Generell ist zu empfehlen, sich bei den Anforderungen an eine ordnungsgemäße Leistungs- oder Funktionsanforderung an den Maßstäben an eine Leistungsbeschreibung mit Leistungsprogramm nach § 9 Nr. 15–17 VOB/A und dem dort gesagten zu orientieren.

1. »Technische Spezifikationen«

69 Der Begriff »**Technische Spezifikationen**« ist in Nr. 1 des Anhanges TS zu VOB/A wie folgt definiert:

1.1 »Technische Spezifikationen« sind sämtliche, insbesondere in den Verdingungsunterlagen enthaltenen, technischen Anforderungen an eine Bauleistung, ein Material, ein Erzeugnis oder eine Lieferung, mit deren Hilfe die Bauleistung, das Material, das Erzeugnis oder die Lieferung so bezeichnet werden können, dass sie ihren durch den öffentlichen Auftraggeber festgelegten Verwendungszweck erfüllen. Zu diesen technischen Anforderungen gehören Qualitätsstufen, Umweltleistungsstufen, die Konzeption für alle Verwendungsarten (»Design for all«) (einschließlich des Zugangs von Behinderten) sowie Konformitätsbewertung, die Gebrauchstauglichkeit, Sicherheit oder Abmessungen, einschließlich Konformitätsbewertungsverfahren, Terminologie, Symbole, Versuchs- und Prüfmethoden, Verpackung, Kennzeichnung und Beschriftung sowie Produktionsprozesse und -methoden. Außerdem gehören dazu auch die Vorschriften für die Planung und die Berechnung von Bauwerken, die Bedingungen für die Prüfung, Inspektion und Abnahme von Bauwerken, die Konstruktionsmethoden oder -verfahren und alle anderen technischen Anforderungen, die der Auftraggeber für fertige Bauwerke oder der dazu notwendigen Materialien oder Teile durch allgemeine oder spezielle Vorschriften anzugeben in der Lage ist.

2. »Norm«

70 Der Begriff der Norm ist in Nr. 2 a.a.O. nunmehr wie folgt umschrieben:

»Norm« ist eine technische Spezifikation, die von einem anerkannten Normungsgremium zur wiederholten oder ständigen Anwendung angenommen wurde, deren Einhaltung jedoch nicht zwingend vorgeschrieben ist und die unter eine der nachstehenden Kategorien fällt:

- **internationale Norm:** Norm, die von einem internationalen Normungsgremium angenommen wird und der Öffentlichkeit zugänglich ist
- **europäische Norm:** Norm, die von einem europäischen Normungsgremium angenommen wird und der Öffentlichkeit zugänglich ist
- **nationale Norm:** Norm, die von einem nationalen Normungsgremium angenommen wird und der Öffentlichkeit zugänglich ist

3. Europäische technische Zulassung

71 Der Begriff der europäisch technischen Zulassung ist wie folgt definiert (Anhang TS Nr. 3):

»Europäische technische Zulassung«: eine positive technische Beurteilung der Brauchbarkeit eines Produkts hinsichtlich der Erfüllung der wesentlichen Anforderungen an bauliche Anlagen; sie erfolgt aufgrund der spezifischen Merkmale des Produktes und der festgelegten Anwendungs- und Verwendungsbedingungen. Die europäische technische Zulassung wird von einer zu diesem Zweck vom Mitgliedstaat zugelassenem Gremium ausgestellt.

4. Gemeinsame technische Spezifikationen

72 Diese sind wie folgt definiert (Anhang TS Nr. 4):

»Gemeinsame technische Spezifikationen« sind technische Spezifikation, die nach einem von den Mitgliedstaaten anerkannten Verfahren erarbeitet und die im Amtsblatt der Europäischen Gemeinschaften veröffentlicht wurden.

5. Zusatz »oder gleichwertig«

Nach § 9 Nr. 6 Abs. 1 S. 2 VOB/A ist ab der Ausgabe 2006 ist jede Bezugnahme der in Abs. 1a bis 1e **73** genannten Normen oder sonstigen Spezifikationen **mit dem Zusatz »oder gleichwertig« zu versehen**. Dies kann in den Leistungsverzeichnissen **nach jedem Zitat oder auch vor die Klammer gestellt an einer zentralen Stelle der Vergabeunterlagen** geschehen. Eine Forderung, dass konkret jede einzelne Norm mit diesem Zusatz zu versehen ist, ist abzulehnen. Da der Zusatz ohnehin ohne weitere Konditionen in jedem Fall zu gelten hat (**jede Bezugnahme**) wäre eine Differenzierung innerhalb des Leistungsverzeichnisses ein Verstoß gegen die Regeln von § 9 VOB/A und in jedem Fall zu beanstanden. Dann ist es dem gewollten Regelungszweck gemäß aber auch ausreichend, wenn an nur einer dem Bieter zur Verfügung gestellten Stelle der Vergabeunterlagen transparent klargestellt wird, dass der Auftraggeber immer auch eine Bezugnahme auf technische Spezifikationen zulässt, die den ausgeschriebenen Spezifikationen gleichwertig sind. Zweck der Regelung ist vor allem, den Gedanken der produktneutralen Ausschreibung zu fördern und damit den Wettbewerb möglichst vieler technischer Lösungen zu ermöglichen, die den ausgeschriebenen Erfolg ebenfalls sicher stellen.

E. Nachweis der Gleichwertigkeit durch den Bieter (Nr. 7)

Nr. 7 hebt ausdrücklich hervor, dass **nicht ohne weiteres** mit der Begründung abgelehnt werden **74** darf, dass Angebot entspräche nicht den in der Ausschreibung herangezogenen Spezifikationen. Ein Ausschluss scheidet demnach aus, wenn **der Bieter in seinem Angebot nachweist, dass die von ihm vorgeschlagenen Lösungen den Anforderungen der technischen Spezifikationen, auf die der Auftraggeber in seinen Ausschreibungsunterlagen Bezug genommen hat, gleichermaßen entsprechen.**

Zum einem wird durch die mit der VOB 2006 eingeführten Regelung klargestellt, dass sich der Auf- **75** traggeber **immer** mit einem vom Bieter angebotenen entsprechenden Nachweis sachlich auseinander zu setzen hat. Eine pauschaler Ausschluss solcher Angebote ist nicht möglich. **Die Möglichkeit, den Nachweis der Gleichwertigkeit angebotener Materialen oder Verfahren zu führen, wird aber in Umsetzung des EU-Rechtes andererseits auch deutlich konditioniert:**

Nr. 7 stellt klar, dass es **alleine Sache des Bieters ist, einen solchen Nachweis zu erbringen**. Er trägt **76** die volle Beweislast. **Dem Auftraggeber steht dabei ein angemessener Beurteilungsspielraum zu**, ob die vom Bieter vorgeschlagene Lösung tatsächlich der ausgeschriebenen technischen Spezifikation entspricht. Die Verwendung des Terminus »Nachweis« stellt klar, dass es sich um eine – für den durchschnittlichen Auftraggeber – **technisch ohne weiteres nachvollziehbare Darlegung** handeln muss. Keineswegs kann vom Auftraggeber die Herbeiziehung weiterer technischer Gutachten o.Ä. verlangt werden, um den Nachweis des Bieters zu prüfen.

Wichtig ist auch, dass der Nachweis nach Nr. 7 durch den Bieter unaufgefordert **in seinem Angebot** **77** zu erfolgen hat. Im Interesse der beschleunigten Durchführung eines Vergabeverfahrens besteht also kein Anspruch des Bieters darauf, dass der Auftraggeber etwa nach Angebotsöffnung im Rahmen von Aufklärungsgesprächen einem nicht eindeutigen Nachweis des Bieters weiter nachgeht. Der Bieter trägt also das volle Risiko des Ausschlusses seines Angebotes. Um dieses Risiko abzumildern, enthält die VOB in Nr. 7 S. 2 **eine widerlegbare Regelvermutung für eine geeignete Form des Nachweises**: Als geeignete Mittel zum Nachweis der Gleichwertigkeit können technische Beschreibungen des Herstellers oder ein Prüfbericht einer anerkannten Stelle dienen. Damit ist zu den inhaltlichen Anforderungen an einen solchen Nachweis allerdings nichts gesagt.

F. Nachweis bei Leistungs- und Funktionsanforderungen (Nr. 8)

78 Nr. 8 verhält sich zu der Frage, wie ein Bieter die **Gleichwertigkeit seines technischen Lösungsvorschlags bei Ausschreibungen in Form von Leistungs- und Funktionsanforderungen** nachweisen kann. Auch hier liegt die Last der Nachweiserbringung allein beim Bieter. Nach Nr. 8 wird dieser Nachweis für den Bieter erleichtert, wenn er nachweisen kann, dass seine technische Lösung den Anforderungen an eine technische Spezifikation der EU entspricht. Es muss sich dabei um eine der in § 9 Nr. 6 Abs. 1a bis 1d VOB/A genannten Fälle handeln. Die entscheidende – vom Auftraggeber zu beurteilende – Frage ist hierbei, ob die vom Bieter genannte europäische Spezifikation auch tatsächlich den ausgeschriebenen Leistungs- oder Funktionsanforderungen entspricht.

G. Verwendung von Umweltgütezeichen

79 Nr. 9 enthält mit der Ausgabe VOB 2006 erstmals Regelungen über die Inbezugnahme von Umweltgütezeichen. In Umsetzung von Art. 23 VKR (2004/18/EG) wird **für Auftraggeber die Option eröffnet, bei der Ausschreibung Umwelteigenschaften in Form von Umweltgütezeichen festzulegen**. Durch die Entscheidung des europäischen Gesetzgebers, bestimmte Umweltgütezeichen bei der Leistungsbeschreibung zuzulassen, wird eine lange geführte Diskussion zugunsten einer Öffnung der Berücksichtigung von Umweltbelangen, die über die eigentliche Produkteigenschaft des Ausschreibungsgegenstandes hinausgehen, entschieden. Diese **Umweltzeichen müssen allerdings den in § 9 S. 1 VOB/A unter den Buchstaben a bis d genannten Anforderungen genügen**. Insbesondere muss ein verwendetes Umweltzeichen auf wissenschaftlicher Basis ausgearbeitet, in einem geordneten, allgemein zugänglichen Verfahren erstellt, und allen Betroffenen zugänglich und verfügbar sein. Es ist vorhersehbar, dass die Anwendung dieser unbestimmten Rechtsbegriffe vergaberechtlichen Streit über die Zulässigkeit eines verwendeten Umweltzeichens im Einzelfall hervorrufen kann. Praktische Erfahrungen liegen hierzu gerade im VOB-Bereich noch nicht verwertbar vor.

H. Bestimmte Erzeugnisse oder Verfahren, bestimmte Ursprungsorte und Bezugsquellen (Nr. 10)

80 Ohne Änderung des generellen Regelungszweckes, des Gebotes (produkt-)neutraler Ausschreibungen, bringt die Übernahme der EU-rechtlichen Regelung des Art. 23 der Richtlinie 2004/18/EG doch einige wichtige Änderungen. Die bis zur Vorausgabe in § 9 Nr. 5 VOB/A auf zwei Absätze aufgeteilte Regelung wurde zusammengefasst und einheitlichen Rechtsfolgen unterworfen.

81 Nach **Nr. 10 S. 1 darf bei der Leistungsbeschreibung in technischen Spezifikationen nicht auf eine bestimmte Produktion oder Herkunft oder ein besonderes Verfahren oder auf Marken, Patente, Typen eines bestimmten Ursprungs oder einer bestimmten Produktion verwiesen werden, soweit es nicht durch den Auftragsgegenstand gerechtfertigt ist. Dieser Grundsatz der produkt- und verfahrensmäßigen Neutralität** ist grundsätzlich zu beachten, es bleibt also kein über die Vorschrift hinausgehender Ermessensspielraum. Das gilt insbesondere auch für ausländische Erzeugnisse, Verfahren, Ursprungsorte und Bezugsquellen, wenn sie den deutschen gleichwertig sind. Jedenfalls die öffentlichen Auftraggeber müssen sie befolgen; wenn auch der private Auftraggeber an diese Regelung nicht unbedingt gebunden ist, so ist ihm doch zu raten, sie zu beachten, um nicht später in Schwierigkeiten zu kommen, vor allem nicht Gefahr zu laufen, sich bei der Bauvergabe von vornherein einseitig zu orientieren und dann Rechtsnachteile wegen selbst gegebener Anordnungen auf sich zu nehmen.

Beschreibung der Leistung § 9 VOB/A

I. Vermeidung bestimmter Angaben

Auf folgende Bezeichnungen darf in technischen Spezifikationen in der Leistungsbeschreibung nicht verwiesen werden: **82**

– **Bestimmte Produktion** weist auf die Herstellerfirma hin. Hierzu können auch **Bestimmte Bezugsquellen** wie die Angabe eines bestimmten Lieferanten für Stoffe oder Bauteile, wie z.B. die Angabe eines Baustoffhändlers gehören.

– **Bestimmte Herkunft** sind bestimmte Orte, in denen Stoffe oder Bauteile hergestellt werden, wie z.B. Zement aus A'dorf.

– **Besondere Verfahren** sind die Art und Weise der Herstellung der Bauleistung, also ein bestimmter technischer Vorgang, der der Herstellung der Bauleistung im Einzelnen dient (Verfahrenstechnik). Dazu rechnet auch der Vorgang der Herstellung bestimmter Stoffe oder Bauteile, wie z.B. Fertigbeton.

– **Marken, Patente, Typen eines bestimmten Ursprungs oder einer bestimmten Produktion** sind wie die drei voran gegangenen Beispiele die Bezeichnung bestimmter Baustoffe oder Bauleistungen, die auf Grund ihrer Bekanntheit oder eines besonderen Schutzes aber bereits als Synonym für bestimmte Produkt- oder Verfahrens und Qualitätseigenschaften stehen können, z.B. »Heidelberger Zement« oder »Fischer Dübel«.

II. Ausnahmen

Alle vorgenannten besonderen **Angaben** sind **grundsätzlich** bei der Aufstellung der Beschreibung der Leistung **nicht zu verwenden**. Das gilt auch im Hinblick auf ein bestimmtes Güte- oder Überwachungszeichen, wenn es gleichwertige Stoffe oder Bauteile auf dem Markt gibt (vgl. dazu VHB zu § 9 Nr. 5 VOB/A). Grundlage für dieses verpflichtende Gebot ist die Erwägung des **unbedingt einzuhaltenden gesunden Bauwettbewerbs,** wie sie sich aus der grundlegenden Bestimmung in § 2 Nr. 1 S. 2 und 3 VOB/A ergibt. Zu den unter bestimmten Bedingungen aber seit der Fassung 2006 zugelassenen Umweltgütezeichen vgl. oben unter § 9 Nr. 9 VOB/A. **83**

Das Verbot der neutralen Ausschreibung ist aber in mehrfacher Hinsicht mit der Übernahme der Regelung des Art. 23 der Richtlinie 2004/18/EG gelockert worden:

Wie schon in der Vorfassung kann von diesem Gebot abgewichen werden, **wenn der Auftragsgegenstand, also die Art der geforderten Bauleistung, es rechtfertigt.** Keine Rechtfertigungsgründe liegen vor, wenn der öffentliche Auftraggeber in der Ausschreibung vorsieht, dass soweit wie möglich nationales Material und nationale Verbrauchsgüter sowie nationale Arbeitskräfte und Ausrüstungsgegenstände eingesetzt werden sollen (*Franke/Kemper/Zanner/Grünhagen* § 9 VOB/A Rn. 121). Ebenso ist eine Klausel unzulässig, wonach die Bieter eine Bescheinigung über die Übereinstimmung der angebotenen Produkte mit bestimmten inländischen Normen vorzulegen haben, obwohl es für diese bereits ISO-Normen gibt (EuGH Rs 45/87; »Dundalk-Fall«). Diese Ausnahme der Rechtfertigung ist auch dadurch verobjektiviert, dass sie auf die Gegebenheiten der **geforderten Bauleistung** abgestellt ist. Es kommt also nicht auf die etwaige subjektive Interessenlage des Auftraggebers an, wie z.B. seine Beziehungen zu einem bestimmten Baustoffhändler, mit dem er für ihn günstige Gegengeschäfte machen kann oder den er gut kennt. Vielmehr ist es **allein entscheidend**, ob die jetzt geplante Bauleistung es rechtfertigt, bestimmte Erzeugnisse, Verfahren, Ursprungsorte und Bezugsquellen zu verlangen. Ausschlaggebendes Merkmal sind dabei die **jeweils maßgebenden technischen und gestalterischen Anforderungen,** und es ist allein wesentlich, ob diese eine Ausnahme in der angegebenen Hinsicht rechtfertigen. Dabei genügt es allerdings, dass sich die Ausnahme aus **technischen und gestalterischen Gesichtspunkten,** bezogen auf die Art der geforderten Leistung, **rechtfertigen lässt,** also sachlich vertretbar ist. Das kann z.B. bei Sanierungen, Renovierungen, Um- und Erweiterungsbauten der Fall sein, um die Einheitlichkeit der Konstruktion, nicht zuletzt auch berechtigte gestalterische und geschmackliche Gesichtspunkte, wie z.B. hinsichtlich der Eindeckung mit einem bestimmten Schiefer, zu wahren (OLG Frankfurt a.M. v. 28.10.2003 11 Verg 9/03 Veris; OLG Düsseldorf v. 6.10.2004 VergabeR 2005, 188 = NZBau 2005, 169). Ausnahmegesichtspunkte sind allerdings **auch** auf die **spätere Nutzung der Leistung zu erstrecken**, wie z.B. hinsichtlich bestimmter **umweltfreundlicher Erzeugnisse und Verfahren,** soweit dies in der genannten Richtung von Bedeutung ist, wobei gerade auf die berechtigten Bestrebungen des Umweltschutzes durchaus in weitem Maße Gewicht gelegt werden kann bzw. muss. In diesem Zusammenhang spielt auch die Bildung des Preises, vor allem im Hinblick auf seine Vorteilhaftigkeit für den Auftraggeber, eine wesentliche Rolle, allerdings unter der Voraussetzung, dass in technischer und gestalterischer Hinsicht gegen die bestimmte Art und Weise der Ausführung keine Bedenken bestehen. Für das Vorliegen derartiger Ausnahmen ist der Auftraggeber im Streitfall darlegungs- und beweispflichtig. Hat der Auftraggeber bestimmte Stoffe oder Bauteile vorgeschrieben, handelt es sich begrifflich um **Anweisungen bzw. Anordnungen i.S.d. § 645 Abs. 1 S. 1 BGB, § 13 Nr. 3 VOB/B, an die der Auftragnehmer bzw. Bieter gebunden ist.** Allerdings haftet er auch für diese auf ordnungsgemäße Erfüllung bzw. Gewährleistung, vor allem dahin, dass die betreffenden Stoffe für die vorgesehene Art der Ausführung den anerkannten Regeln der Technik entsprechen; jedoch kann sich der spätere Auftragnehmer dann von seiner Verantwortlichkeit durch **gebotenen Hinweis nach § 4 Nr. 3 VOB/B befreien,** wie sich aus § 13 Nr. 3 VOB/B ergibt. Aber auch ohne einen gebotenen Hinweis bleibt der Auftraggeber für seine Anordnung gemäß § 4 Nr. 3 VOB/B letzter Halbsatz verantwortlich, insofern **entsprechend § 254 BGB mitverantwortlich,** weshalb es dem Auftraggeber anzuraten ist, **entsprechende Anordnungen nur in wirklich gebotenen Ausnahmefällen** zu treffen.

Der Verweis auf **Marken, Patente, Typen eines bestimmten Ursprungs oder einer bestimmten Produktion** ist nach § 9 Nr. 10 S. 1 VOB/A nur dann nicht zulässig, wenn dadurch bestimmte Unternehmen oder bestimmte Produkte **begünstigt oder ausgeschlossen** werden. Diese aus der EG-Richtlinie übernommene Einschränkung einer neutralen Ausschreibung ist nicht recht verständlich, denn die beschriebene Begünstigung bzw. der Ausschluss wird regelmäßig immer der Fall sein beim Verweis auf bestimmte Marken, Patente, Typen eines bestimmten Ursprungs oder einer bestimmten Produktion. Diese einschränkende Erläuterung kann nur so verstanden werden, dass es auf eine **Einzelfallbetrachtung** ankommt und in ganz besonders gelagerten Ausnahmefällen eine Begünstigung oder ein Ausschluss eines bestimmten Unternehmen oder eines bestimmten Produkts nicht vorliegt. Hierfür hat der Auftraggeber den Nachweis zu führen.

84 Der neue S. 2 der Nr. 10 lässt den Verweis auf bestimmte Produkte, Verfahren etc. **ausnahmsweise zu, wenn der Auftragsgegenstand nicht hinreichend genau und verständlich beschrieben werden kann.** Solche Verweise sind dann **stets mit dem Hinweis »oder gleichwertig«** zu versehen. Der Inhalt von S. 2 entspricht der Regelung der Vorfassung des Abs. 2 von § 9 Nr. 5. Die aus der EG-Richtlinie 2004/18/EG übernommene Regelung ist nicht recht verständlich und hat nur klarstellenden Charakter, da nach § 9 Nr. 6 S. 2 ohnehin jede Bezugnahme auf eine technische Spezifikation mit dem Zusatz »oder gleichwertig« zu versehen ist.

Diese Regelung hat **zwei Gründe: Der erste** liegt in der Forderung nach **Eindeutigkeit.** Es kann vorkommen, dass sich ein bestimmtes Erzeugnis oder eine bestimmte Verfahrensart mit einer eigenen Bezeichnung auf dem Baumarkt derart durchgesetzt hat, dass diese Bezeichnung bzw. dieser Name in den allgemeinen **fachlichen Sprachgebrauch übergegangen** ist. Um Missverständnisse zu vermeiden, wird daher in Nr. 5 Abs. 2 vorgeschrieben, dass diese Bezeichnung bzw. dieser Markenname Verwendung finden darf, jedoch nur, wenn dafür **andere** hinreichende und allgemeinverständliche Bezeichnungen **nicht vorhanden** sind. Es muss sich also um Erzeugnisse oder Verfahren (z.B. Markennamen, Warenzeichen oder Patente) handeln, die aus sich heraus nach dem allgemeinen – insbesondere technischen – Sprachgebrauch auf ein bestimmtes Erzeugnis oder Verfahren hinweisen, das in seiner Zusammensetzung oder auch in seiner Zweckbestimmung sozusagen sich im

Beschreibung der Leistung § 9 VOB/A

Begrifflichen eingebürgert hat und wofür es sonst allgemeinverständliche Begriffe nicht gibt (z.B. Dyckerhoff-Weiß usw.). Das ist aber mit Vorsicht zu behandeln, und es sind vom Auftraggeber eingehende Überlegungen dahin gehend zu fordern, ob es wirklich erforderlich ist, Bezeichnungen für bestimmte Erzeugnisse oder Verfahren, dabei insbesondere Markennamen, zu wählen. Das gilt vornehmlich im Hinblick auf den **zweiten Grund der Regelung**, der dahin geht, dem grundlegenden **Gedanken des Wettbewerbs,** wie er sich aus § 2 Nr. 1 S. 2 VOB/A ergibt, in der erforderlichen Weise Rechnung zu tragen. Der Wettbewerb, vor allem auch im Bauvertragswesen, muss jedem offen stehen, der in der Lage ist, im gewerblichen Verkehr Leistungen zu erbringen, also den Markt und damit den Wettbewerb in gesunder Weise zu bereichern. Deshalb dürfen Bezeichnungen für bestimmte Erzeugnisse oder Verfahren – insbesondere Markennamen – nur auf das unbedingt Notwendige im Rahmen der Leistungsbeschreibung abgestellt werden, da es grundsätzlich Sache des Auftragnehmers ist, zu entscheiden, welche Erzeugnisse (z.B. Baustoffe) er bei der betreffenden Bauausführung einsetzen will.

Auch dürfte es häufig nicht auszuschließen sein, dass es zwar die notwendigen allgemeinverständlichen Angaben in der Beschreibung der Leistung erfordern, Bezeichnungen für bestimmte Erzeugnisse oder Verfahren – vor allem Markennamen, Warenzeichen oder Patente – zu wählen, dass sich aber möglicherweise sowohl in der Qualität als auch im Preis gleichwertige Erzeugnisse oder Verfahren auf dem Baumarkt befinden. Daher ist es nichts anderes als das **Gebot ordnungsgemäßen Bauwettbewerbs,** dies im Vergabeverfahren und damit in der Leistungsbeschreibung zu berücksichtigen. Deshalb ist zumindest für den öffentlichen Auftraggeber zu beachten, dass er bei der Angabe bestimmter Erzeugnisse oder Verfahren immer in der Leistungsbeschreibung hinzuzusetzen hat »**oder gleichwertiger Art**«. Der Bieter gibt also ein ordnungsgemäßes Angebot ab, wenn er sich in diesem Rahmen hält, ohne dass dabei schon von Änderungsvorschlägen oder Nebenangeboten gesprochen werden kann. Gleichwertig sind Erzeugnisse oder Verfahren, wenn sie die Qualität der verlangten Erzeugnisse oder Verfahren nach allgemeiner Anerkennung der betreffenden technischen Fachkreise hinsichtlich ihrer Tauglichkeit und Mängelfreiheit, ausgerichtet nach dem zum Ausdruck gekommenen Auftraggeberwillen, uneingeschränkt erreichen. **Ob hier Gleichwertigkeit vorliegt, hat der betreffende Bieter gegebenenfalls darzulegen und auch nachzuweisen.** Das wird häufig dadurch möglich sein, dass der Bieter jedenfalls bestimmte Erzeugnisse, also Stoffe oder Bauteile, **mit Gütezeichen,** wozu auch das so genannte Umweltzeichen gehört, anbietet (zur Gleichwertigkeit von bestimmten Fußbodenbelägen und Teppichböden vgl. OLG Düsseldorf BauR 1990, 349; vgl. dazu wegen des Verlangens des Auftraggebers nach einem Gütezeichen oben Rn. 85).

Zu diesen Fragen verhält sich auch das VHB mit Recht, wo es unter Nr. 6.3 zu § 9 VOB/A, vor allem im Hinblick auf das Erfordernis der Aufrechterhaltung ordnungsgemäßen Wettbewerbs, wie folgt heißt:

Bei der Festlegung von Art und Umfang verlangter Eignungs- und Gütenachweise i.S.v. Abschnitt 0 der Allgemeinen Technischen Vertragsbedingungen (ATV) ist darauf zu achten, dass der Wettbewerb nicht durch die Forderung eines bestimmten Güte- oder Überwachungszeichens – bei sonst gleichwertigen Stoffen und Bauteilen – beschränkt wird. Soweit der Bieter ein Fabrikat angeben muss, ist hierfür eine Leerzeile vorzusehen.

Also dürfen dem Bieter nicht anderweitige Nachweise der Gleichwertigkeit genommen werden, wenn diese u.U. auch erschwert sein mögen.

**Dritter Abschnitt:
Leistungsbeschreibung mit Leistungsverzeichnis**

86 Der nachfolgend erörterte Abschnitt in § 9 (**Nr. 11–14**) VOB/A befasst sich mit der schon **bisher bekannten** Form der **Leistungsbeschreibung,** die schon in § 9 Nr. 2 VOB/A der Fassung 1952 als die **zweckmäßige Form** der Angabe der geforderten Leistung gekennzeichnet war. Nach der durchaus der Praxis entsprechenden Absicht der Verfasser der VOB soll diese Art der Leistungsbeschreibung **auch jetzt noch die Regel bilden.** Andererseits ist festzustellen, dass sie nicht ausschließlich in Betracht kommt, sondern – wenn auch als Regelfall – nur eine der möglichen Formen der Leistungsbeschreibung darstellt, also auch in Einzelfällen andere und möglicherweise zweckmäßigere Beschreibungsarten denkbar sind, wie z.B. die auch in § 9 VOB/A geregelte Leistungsbeschreibung mit Leistungsprogramm (Nr. 15–17).

Der Grundsatz, dass die Leistungsbeschreibung mit Leistungsverzeichnis die Regel bilden soll, gilt vor allem für den öffentlichen Auftraggeber, wie sich aus Nr. 1.3 VHB 2002 zu § 9 VOB/A ergibt; dort heißt es:

*1. Allgemeines
Die Leistungsbeschreibung mit Leistungsverzeichnis nach § 9 Nr. 6–9 ist die Regel. Ausnahmsweise können Leistungen mit Leistungsprogramm beschrieben werden, vgl. Nr. 7.*

A. Grundlagen (Nr. 11)

87 Nach Nr. 11 soll die Leistung i.d.R. durch eine **allgemeine Darstellung der Bauaufgabe (Baubeschreibung)** und ein **in Teilleistungen gegliedertes Leistungsverzeichnis** beschrieben werden. Daraus ergibt sich, dass eine Leistungsbeschreibung mit Leistungsverzeichnis normalerweise nicht allein aus dem eigentlichen Leistungsverzeichnis, sondern darüber hinaus noch aus der so genannten Baubeschreibung besteht. Bei Nr. 11 handelt es sich um eine so genannte »Soll-Vorschrift«, was bedeutet, dass sowohl der notwendige Inhalt einer Baubeschreibung als auch ein solcher eines Leistungsverzeichnisses auch auf andere Weise den Bietern im Rahmen des Angebotsverfahrens klargemacht werden kann. Immer wird aber vorausgesetzt, dass dabei die **zwingende Regel in Nr. 1,** nämlich der eindeutigen und erschöpfenden, für alle Bewerber gleichermaßen verständlichen Beschreibung der Leistung eingehalten wird. Diese Voraussetzungen können aber nur erfüllt werden, wenn der Auftraggeber zur Zeit der Aufstellung der Leistungsbeschreibung alle Unterlagen erstellt und/oder beschafft hat, die für eine **ordnungsgemäße Leistungsbeschreibung unbedingt erforderlich** sind. Daher bestimmt Nr. 2.1 VHB 2002 zu § 9 VOB/B mit Recht in zwingender Form:

Vor dem Aufstellen der Leistungsbeschreibung müssen die Pläne, insbesondere die Ausführungszeichnungen, soweit sie nicht vom Auftragnehmer zu beschaffen sind, und die Mengenberechnungen rechtzeitig vorliegen.

Wer sichergehen will, muss sich an die in § 9 Nr. 11–14 VOB/A festgelegten, aus allgemeiner Erfahrung gegebenen Regeln halten.

I. Die allgemeine Darstellung der Bauaufgabe (Baubeschreibung)
1. Allgemeine Übersicht

88 Diese dient dazu, den Bewerbern eine **hinreichende Übersicht** über die gewünschte Bauleistung **im Allgemeinen** zu geben. Die Baubeschreibung dient auch der Auslegung des einer Leistungsbeschreibung hinsichtlich der Umstände des ausgeschriebenen Vorhabens, wie technischer und qualitativer Zuschnitt, architektonischer Anspruch und Zweckbestimmung des Gebäudes (BGH BauR 1993,

Beschreibung der Leistung § 9 VOB/A

595; *Franke/Kemper/Zanner/Grünhagen* § 9 VOB/A Rn. 145). Sie muss auch einen ausreichenden, klar zum Ausdruck kommenden Überblick über das erstrebte Leistungsziel enthalten. Diesem Zweck dienen vielfach die so genannten **Vorbemerkungen zum Leistungsverzeichnis.** Diese müssen die im Einzelfall wesentlichen Angaben **allgemeiner,** auf das **Leistungsziel** ausgerichteter, also für die Gesamtleistung bedeutsamer Art haben. Dazu gehören Lage, Gesamtart der Ausführung, Gesamtzweck der Bauleistung, die erstrebte Nutzungsabsicht usw. Dabei muss auf die Bedürfnisse des Einzelfalles abgestellt werden. Wichtig ist, dass den Bewerbern der **jeweils erforderliche,** zunächst überschlägige **Überblick** verschafft wird, um sich von vornherein darüber klar werden zu können, ob sie sich an dem betreffenden Ausschreibungsverfahren beteiligen wollen.

Dieses bedingt zugleich, die Baubeschreibung, die nicht für den Bauherrn als Laien oder die Baubehörde im Hinblick auf die Genehmigungsfähigkeit des Bauvorhabens, sondern für den in Betracht kommenden **Unternehmerbereich** bestimmt ist, also für den **bautechnischen Fachmann,** auf die für diesen **notwendigen Angaben zu beschränken.** Dies verlangt einmal der in Nr. 1 festgelegte Grundsatz der Klarheit, zum anderen und insbesondere ist dies durch die Zweckbestimmung der Baubeschreibung umgrenzt, nämlich die Möglichkeit der Beurteilung durch den Fachmann in bautechnischer Hinsicht, ohne zugleich auf Details eingehen zu müssen. Damit ist **dreierlei** gesagt: 89

2. Technische Angaben

Einmal hat sich die Baubeschreibung auf **technische Angaben zu beschränken.** Nur hierfür dient sie. Daher ist es zu vermeiden, in Vorbemerkungen andere Angaben zu machen, wie z.B. solche rechtlichen Inhalts. Dazu zählt vor allem der **grundsätzlich nicht** in die Vorbemerkungen gehörende Hinweis auf die Allgemeinen Vertragsbedingungen (§ 10 Nr. 1 Abs. 2 VOB/A) oder die Darlegung von Besonderen oder Zusätzlichen Vertragsbedingungen (§ 10 Nr. 4 VOB/A). Diese sind **gesondert** und in von der Leistungsbeschreibung, insbesondere von den Vorbemerkungen zum Leistungsverzeichnis, **getrennte Verdingungsunterlagen** aufzunehmen. Hiernach ist festzuhalten, dass die Baubeschreibung, insbesondere wenn sie sich in Vorbemerkungen ausdrückt, nicht über die **erforderlichen** technischen Angaben hinausgehen darf. Dies wird in der Praxis vielfach nicht beachtet, was die Gefahr mit sich bringt, dass der spätere Vertragsinhalt unklar oder gar widerspruchsvoll werden kann. Das geht dann, wenn sich der Widerspruch nicht hinreichend klar nach der Regelung in § 1 Nr. 2 VOB/B auflösen lässt, grundsätzlich zu Lasten dessen, der die Baubeschreibung, dabei vor allem die Vorbemerkungen, aufgestellt hat, also des Auftraggebers. 90

3. Keine offenkundigen Angaben

Zum anderen ergibt sich daraus, dass mit den in Betracht kommenden Bewerbern **Fachleute auf bautechnischem Gebiet** angesprochen werden, zugleich, dass die Baubeschreibung **nur solche Punkte** aufführen soll, die **nicht von vornherein für den betreffenden Fachmann klar zu sein haben,** was sich z.B. für die Frostbeständigkeit von Vormauersteinen allein aus ihrer Zweckbestimmung ergibt (vgl. BGH BauR 1979, 154 = SFH § 13 Ziff. 3 VOB/B Nr. 2). Vor allem sind technische Einzelerläuterungen zu vermeiden, die sich ohnehin aus anderen technischen Vertragsunterlagen ergeben, wie aus den Allgemeinen Technischen Vertragsbedingungen oder auch aus Zusätzlichen Technischen Vertragsbedingungen, in letzterem Falle jedenfalls bei einem Auftraggeber, der mit Hilfe seiner Zusätzlichen Technischen Vertragsbedingungen häufig baut, sofern dies allgemein in den in Betracht kommenden Auftragnehmerkreisen bekannt ist, wie z.B. der Bundesbahn, der Bundespost (Postdienst, Postbank, Telekom), großen gemeinnützigen Baugesellschaften usw. Das sind hier Selbstverständlichkeiten, die nicht noch gesondert in die Vorbemerkungen aufgenommen werden sollen. Das Gesagte verbietet es allerdings nicht, ohne nähere Mitteilung technischer Einzelheiten, die sich ohnehin aus den betreffenden Allgemeinen oder Zusätzlichen Technischen Vertragsbedingungen ergeben, auf die gewollte **Anwendbarkeit** bestimmter Allgemeiner oder Zusätzlicher Technischer Vertragsbedingungen **als solcher** hinzuweisen, wie z.B. durch die Erklärung in den Vorbe- 91 merkungen: »Ausführung nach DIN …« oder »Ausführung nach den Zusätzlichen Technischen Vertragsbedingungen für … des Auftraggebers«, wobei jedoch auf die Zweckbestimmung der Baubeschreibung, nämlich die **überschlägige** Darstellung der in der jeweiligen Ausschreibung behandelten Gesamtleistung, Bedacht zu nehmen ist.

4. Keine Angaben für Teilleistungen

92 Drittens ergibt sich aus der genannten Zweckbestimmung weiter, dass in die Baubeschreibung bzw. die dazu zählenden allgemeinen Vorbemerkungen **nur solche technische Angaben** aufzunehmen sind, die sich auf die von der betreffenden Ausschreibung erfasste **Gesamtleistung beziehen.** Daher gehören **nicht** solche Angaben hierher, die sich nur auf **bestimmte Teilleistungen** – wenn auch über einen gesamten Teilbereich – im Rahmen dieser Ausschreibung beziehen. Diese sind nämlich nicht hier, sondern – wenn auch als weitere Vorbemerkungen – in den einzelnen Teilbereichen der Leistungsbeschreibung selbst anzubringen.

5. Vergabehandbuch

93 Die vorangehend aufgeführten Voraussetzungen ergeben sich jedenfalls teilweise auch aus Nr. 2.2.1–2.2.4 des VHB 2002 zu § 9 VOB/A:

2.2.2 Im Leistungsverzeichnis sind ausschließlich Art und Umfang der zu erbringenden Leistungen sowie alle die Ausführung der Leistung beeinflussenden Umstände zu beschreiben.
Allgemeine, für die Ausführung wichtige Angaben, z.B. Ausführungsfristen, Preisform, Zahlungsweise, Sicherheitsleistung, etwaige Gleitklauseln, Verjährungsfrist für Mängelansprüche sind in den Weiteren Besonderen Vertragsbedingungen zu machen (vgl. Anlage zu § 10 A VHB).
In die Vorbemerkungen zum Leistungsverzeichnis dürfen nur Regelungen technischen Inhalts aufgenommen werden, die einheitlich für alle beschriebenen Leistungen gelten. Wiederholungen oder Abweichungen von Allgemeinen und Zusätzlichen Technischen Vertragsbedingungen sind zu vermeiden.
Die technischen Anforderungen gemäß Anhang TS (§ 9 Nr. 4 Abs. 2 VOB/A) werden in den Verdingungsunterlagen zutreffend festgelegt, wenn die Texte für die Leistungsbeschreibung dem Standardleistungsbuch entnommen werden.
Im Übrigen darf auf deutsche Normen oder andere deutsche Regelwerke nur noch unter den in § 9 Nr. 4 Abs. 3 und 4 VOB/A genannten Voraussetzungen Bezug genommen werden.
Die Ausführung der Leistung beeinflussende Umstände, beispielsweise technische Vorschriften, Angaben zur Baustelle, zur Ausführung oder zu Arbeitserschwernissen, sind grundsätzlich bei der Ordnungszahl (Position) anzugeben. Nur wenn sie einheitlich für einen Abschnitt gelten oder für alle Leistungen, sind sie dem Abschnitt bzw. dem Leistungsverzeichnis in den Vorbemerkungen voranzustellen.
Bei der Aufgliederung der Leistung in Teilleistungen dürfen unter einer Ordnungszahl nur Leistungen erfasst werden, die technisch gleichartig sind und unter den gleichen Umständen ausgeführt werden, damit deren Preis auf einheitlicher Grundlage ermittelt werden kann.
Bei der Ordnungszahl sind insbesondere anzugeben:
– *die Mengen aufgrund genauer Mengenberechnungen,*
– *die Art der Leistungen mit den erforderlichen Erläuterungen über Konstruktion und Baustoffe,*
– *die einzuhaltenden Maße mit den gegebenenfalls zulässigen Abweichungen (Festmaße, Mindestmaße, Höchstmaße),*
– *besondere technische und bauphysikalische Forderungen wie Lastannahmen, Mindestwerte der Wärmedämmung und des Schallschutzes, Mindestinnentemperaturen bei bestimmter Außentemperatur, andere wesentliche, durch den Zweck der baulichen Anlage (Gebäude, Bauwerk) bestimmte Daten,*
– *besonders örtliche Gegebenheiten, z.B. Baugrund, Wasserverhältnisse, Altlasten,*

- andere als die in den Allgemeinen Technischen Vertragsbedingungen vorgesehenen Anforderungen an die Leistung,
- besondere Anforderungen an die Qualitätssicherung,
- die zutreffende Abrechnungseinheit entsprechend den Vorgaben im Abschnitt 05 der jeweiligen Allgemeinen Technischen Vertragsbedingungen (ATV),
- besondere Abrechnungsbestimmungen, soweit in VOB/C keine Regelung vorhanden ist.

2.2.3 Der Leistungsbeschreibung ist i.d.R. das Standardleistungsbuch für das Bauwesen des GAEB (StLB-Bau und StLB [Z]) zugrunde zu legen.

2.2.4 Die Angaben über alle die Ausführung der Leistung beeinflussenden Umstände sind hier entsprechend Nr. 2.2.2 zu machen. Mit den Texten des Standardleistungsbuches für das Bauwesen nicht darstellbare Besonderheiten sind mit freien Eingaben zu beschreiben.
Für Leistungsbeschreibungen von Straßen- und sonstigen Tiefbauarbeiten kann der Standardleistungskatalog (StLK) verwendet werden.

2.2.5 Soweit zusammen mit den Bauleistungen auch Wartungs- und Instandhaltungsleistungen ausgeschrieben werden, sind die jeweils aktuellen Vertragsmuster des AMEV anzuwenden.

II. Die Beschreibung durch Leistungsverzeichnis

Als **weiterer Bestandteil der Leistungsbeschreibung** gilt nach Nr. 11 im Allgemeinen ein **in Teilleistungen gegliedertes Leistungsverzeichnis.** Das Leistungsverzeichnis ist eine aus technischer Sicht aufgestellte »Liste«, die die **Leistungsanforderungen im Einzelnen** enthält. Es handelt sich also um die aus technischer Sicht gebotene Angabe von Art und Umfang der verlangten Arbeiten. Gerade auch das Leistungsverzeichnis muss den Anforderungen der Nr. 1 genügen, es muss also eine **eindeutige und erschöpfende Beschreibung** enthalten, und zwar so, dass sie gleichermaßen für alle Bewerber verständlich ist, insbesondere auch im Hinblick auf die **Preisberechnung,** die für die Angebotsbearbeitung wesentlicher, wenn nicht ausschlaggebender Bestandteil ist. Ein möglichst umfassender und genauer Leistungsbeschrieb ist vor allem auch deshalb notwendig, weil sonst die **Möglichkeit nachträglicher Preisänderungen** nach § 2 Nr. 3–6 VOB/B in besonderem Maße gegeben ist. 94

Grundlegend wichtig ist dabei, dass das Leistungsverzeichnis **in Teilleistungen im Bereich des jeweiligen Ausschreibungsrahmens aufzugliedern ist.** Teilleistungen sind solche Leistungsteile, die unter einer Ordnungszahl (Position) mit dem dazugehörigen Vordersatz (voraussichtliche Mengen) beschrieben sind. Nähere Erläuterungen gibt hier § 9 Nr. 9 VOB/A. Des Weiteren zählen hierher auch Vorbemerkungen zu **einzelnen** – technisch abzugrenzenden – Leistungsbereichen. Ferner ist wegen etwaiger Änderungsvorschläge und Nebenangebote, die naturgemäß nicht schon in die vom Auftraggeber aufgestellte Leistungsbeschreibung, insbesondere das Leistungsverzeichnis, gehören können, auf § 10 Nr. 5 Abs. 4 VOB/A hinzuweisen. 95

B. Erforderlichenfalls Darstellung der Leistung durch Zeichnung oder durch Probestücke oder anderweitige Erklärung (Nr. 12)

I. Zeichnungen und Probestücke; andere Hinweise, insbesondere Mengen- oder statische Berechnungen

Nach **S. 1 ist die Leistung, wenn nötig, zeichnerisch oder durch Probestücke darzustellen oder anders zu erklären,** z.B. durch Hinweise auf ähnliche Leistungen, durch **Mengen- oder statische Berechnungen.** Damit ist keinesfalls gemeint, dass die Leistungsbeschreibung durch derartige Darstellungs- und Feststellungsweisen ersetzt werden kann oder ersetzt würde. Vielmehr handelt es sich um die zur Schaffung eindeutiger Klarheit möglichen **Ergänzungsmittel,** die **zusätzlich** der eigent- 96 lichen **Leistungsbeschreibung beizugeben** sind. Man geht von dem Gedanken aus, dass die Leistungsbeschreibung, die aus dem schriftlich niedergelegten Wort besteht, vielfach das Gewollte in allen notwendigen Einzelheiten nicht so zum Ausdruck zu bringen vermag, wie hierzu andere Darstellungs- und Feststellungsmittel in der Lage sind. Im Falle von Unstimmigkeiten zwischen der Leistungsbeschreibung und den hier angeführten Ergänzungsmitteln ist grundsätzlich die Leistungsbeschreibung ausschlaggebend.

1. Zeichnungen und Probestücke

97 Zweifellos sind **Zeichnungen und Probestücke** sehr gute Ergänzungsmittel. Natürlich müssen die Zeichnungen so klar und übersichtlich unter Verwendung der in den jeweiligen Fachkreisen üblichen zeichnerischen oder sonstigen bautechnischen Ausdrucksmittel und Maßstäbe sein, dass das erstrebte Ziel dadurch erreicht wird. Dabei ist eine hinreichende Kennzeichnung in Bezug auf das, was die Zeichnungen näher erläutern sollen, erforderlich; bloß allgemeine Bezugnahmen reichen dazu nicht. Probestücke müssen aus dem geforderten Material bestehen, die die vorgesehene Form, Stärke, Farbe usw. haben und sich auf die konkret geforderte Leistung beziehen. Aus dem gegebenen Zusammenhang kommen hier insbesondere die **Ausführungspläne,** die der bauplanende Architekt nach § 15 Abs. 2 Nr. 5 HOAI zu fertigen hat, in Betracht.

2. Weitere Mittel zur Klärung

98 Soweit weiter **beispielhaft** andere Mittel zur Klärung angegeben sind, wie **Mengenberechnungen oder statische Berechnungen,** ist das ebenfalls eindeutig. Nicht ganz einfach ist der **Hinweis auf ähnliche Leistungen.** Ein solcher erscheint nur angebracht, wenn es sich um wirklich ähnliche Leistungen in dem Sinne handelt, dass sie von der Optik her einen **echten Maßstab und Vergleich** zu der hier darzustellenden Leistung bedeuten. Man sollte einen Hinweis auf ähnliche Leistungen daher nur in **an die Identität grenzenden, den in Betracht kommenden Bewerbern geläufigen oder ohne Schwierigkeiten feststellbaren Ähnlichkeitsfällen** wählen, ihn im Übrigen vermeiden. Geeignet kann der Hinweis sein, wenn es um die – nunmehr wiederholte – Erklärung bestimmter gleichartiger technischer Voraussetzungen, insbesondere auch Verfahrensweisen, geht.

II. Eindeutige Bezeichnung

99 Die Forderung in S. 2, dass Zeichnungen und Proben, die für die Ausführung maßgebend sein sollen, **eindeutig zu bezeichnen** sind, bezieht sich nicht auf den Inhalt der Zeichnungen oder der Proben als solchen, sondern auf deren **Benennung.** Hiermit ist nicht nur gesagt, dass die Benennung auf den Zeichnungen und Probestücken **anzubringen** ist, vielmehr ist damit auch zum Ausdruck gebracht, dass die Benennung in Form eines entsprechenden Hinweises an der maßgeblichen Stelle **in der Leistungsbeschreibung selbst** zu erfolgen hat. Am besten geschieht das durch entsprechende Nummerierung, die sowohl in der Leistungsbeschreibung als auch auf den Zeichnungen gleichlautend ist.

C. Entbehrlichkeit von Leistungsangaben (Nr. 13)

I. Nur notwendige Angaben in Leistungsbeschreibung

100 Zu berücksichtigen ist, dass sich die Verdingungsunterlagen **nicht in der Leistungsbeschreibung erschöpfen,** sondern dass diese nur ein bestimmter und in sich abgeschlossener Teil derselben ist. Es ist streng darauf zu achten, dass in die Leistungsbeschreibung nur das aufgenommen wird, was darin **enthalten sein muss.** Angaben, die sich aus den **anderen neben** der Leistungsbeschreibung maßgebenden **Verdingungsunterlagen** ergeben, gehören **nicht** auch noch **in die Leistungsbe-**

schreibung, insbesondere nicht in das Leistungsverzeichnis. Sonst besteht durch derartige Wiederholungen die Gefahr des Missverständnisses, indem der Bewerber vielfach nicht weiß, ob es sich um dieselbe oder um verschiedene Regelungen handelt. Außerdem könnten auch Unklarheiten innerhalb der Gesamtheit der Verdingungsunterlagen entstehen. Alle diese möglichen Folgen können vermieden werden, wenn sich der Auftraggeber bei der Abfassung der Leistungsbeschreibung **streng an das hält, was nach § 9 VOB/A deren Inhalt zu sein hat.** Das gilt umso mehr, als unklare Leistungsbeschreibungen oft mit die Ursache für eine Kartellbildung der Bewerber sind, was gerade auch der Auftraggeber unbedingt zu vermeiden hat (vgl. *Crome* BB 1959, 883).

Um das hier Erforderliche zu erreichen und den Auftraggeber auf die Notwendigkeiten der Leistungsbeschreibung zurückzuführen, dient Nr. 13. Sie ist weitgehend angelehnt an § 2 Nr. 1 VOB/B. Im Allgemeinen gehören zu Nr. 13 die anderweitig ersichtlichen oder feststehenden Einzelheiten der technischen Ausführung. Nur wenn eine Leistung auf verschiedene Art ausgeführt werden kann und der Auftraggeber eine bestimmte Art der Ausführung wünscht, insbesondere wenn dies für die Preisberechnung wesentlich ist, wird die verlangte Ausführung im Leistungsverzeichnis auf jeden Fall beschrieben werden müssen (BGH SFH Z 3.01 Bl. 353). **101**

II. Andere Verdingungsunterlagen; gewerbliche Verkehrssitte

Zu den anderen Verdingungsunterlagen, die außerhalb und zugleich neben der Leistungsbeschreibung bestehen, also dort nicht mehr zu wiederholen sind, gehören die **Vertragsbedingungen,** die **Technischen Vertragsbedingungen** und die **gewerbliche Verkehrssitte.** Begriffe und Tragweiten der beiden ersteren ergeben sich aus § 10 Nr. 1–4 VOB/A. Daraus folgt, dass zu den Vertragsbedingungen i.S.d. Nr. 13 nicht nur die Allgemeinen Vertragsbedingungen, sondern auch eventuelle Zusätzliche Vertragsbedingungen und auch etwaige Besondere Vertragsbedingungen zu zählen sind. Das Gleiche hat hinsichtlich der Technischen Vertragsbedingungen zu gelten. Zu ihnen zählen nicht nur die Allgemeinen Technischen Vertragsbedingungen, sondern auch die eventuellen Zusätzlichen Technischen Vertragsbedingungen. Andererseits gehören technische Änderungen oder Ergänzungen, die nach den Erfordernissen des Einzelfalles notwendig sind, wiederum in die Leistungsbeschreibung (§ 10 Nr. 3 S. 3 VOB/A). Soweit schließlich die **gewerbliche Verkehrssitte** in Rede steht, handelt es sich im Gegensatz zu den Vertragsbedingungen oder den Technischen Vertragsbedingungen um etwas, das weder gesondert noch überhaupt in den Verdingungsunterlagen ausdrücklich zum Ausdruck kommt, jedenfalls gilt das im Hinblick auf Einzelaufzählungen usw. Zu beachten ist, dass es sich hier **nicht** um die **allgemeine Verkehrssitte** handelt, sondern um die um den Begriff der **Gewerblichkeit eingeschränkte.** Verstanden wird hierunter nicht die **Überzeugung,** die allgemein bei den am Rechtsleben Beteiligten herrscht, sondern nur diejenige, die den **an der Bauerrichtung beteiligten Kreisen** eigen ist, die örtlich verschieden sein kann. Natürlich gehen die eventuell abweichenden Vertragsbedingungen oder Technischen Vertragsbedingungen vor, da sie ja ausdrücklich Gegenstand von Vertragsverhandlungen sind und dann Vertragsinhalt werden. Daher kommt die gewerbliche Verkehrssitte nur in Betracht, wo es gilt, im Wege der Auslegung **Lücken auszufüllen.** Auch sollte man zur Vermeidung späterer Unzuträglichkeiten die Frage der gewerblichen Verkehrssitte im Zusammenhang mit der Leistungsbeschreibung nur insoweit zur Erörterung bringen, als es sich um Leistungselemente handelt, die nach Anschauung aller Beteiligten, insbesondere aller Bewerber, offensichtlich und offenkundig als zur geforderten Leistung zugehörig zu rechnen sind. Dazu gehört z.B. die Entfernung von Schleifstaub von Solnhofener Platten vor dem Verlegen, um den festen Verbund der Platten mit dem Mörtelbett zu erreichen (vgl. BGH SFH Z 3.01 Bl. 353). **102**

III. Nebenleistungen/Besondere Leistungen

Hier trifft das VHB 2002 in Nr. 3 die folgenden zutreffenden Unterscheidungen: **103**

3.1 Nebenleistungen

3.1.1 Nebenleistungen i.S.d. Abschnittes 4.1 der ATV DIN 18 299 und 18.300 ff. sind Teile der Leistung, die auch ohne Erwähnung im Vertrag zur vertraglichen Leistung gehören (§ 2 Nr. 1 VOB/A). Sie werden deshalb von der Leistungspflicht des Auftragnehmers erfasst und mit der für die Leistung vereinbarten Vergütung abgegolten, auch wenn sie in der Leistungsbeschreibung nicht erwähnt sind.

Nebenleistungen sind grundsätzlich nicht in die Leistungsbeschreibung aufzunehmen. Sie sind jedoch ausnahmsweise unter einer besonderen Ordnungszahl im Leistungsverzeichnis zu erfassen, wenn ihre Kosten von erheblicher Bedeutung für die Preisbildung sind und deshalb eine selbstständige Vergütung – anstelle der Abgeltung mit den Einheitspreisen – zur Erleichterung einer ordnungsgemäßen Preisermittlung und Abrechnung geboten ist (vgl. Abschnitt 0.4.1 der ATV DIN 18 299 und Nr. 2.2.1 der Erläuterungen zu ATV DIN 18 299). Hierzu gehören z.B. das Einrichten und Räumen der Baustelle (vgl. Nr. 6.5) sowie die Entsorgung von Sonderabfall, soweit sie erhebliche Kosten erwarten lassen.

3.1.2 Die Aufzählung in Nr. 4.1 der ATV DIN 18 299 und 18.300 ff. umfasst die wesentlichen Nebenleistungen. Sie sind nicht abschließend, weil der Umfang der gewerblichen Verkehrssitte nicht für alle Teilleistungen umfassend und verbindlich bestimmt werden kann.

3.2 Besondere Leistungen

Besondere Leistungen im Sinne des Abschnitts 4.2 der ATV DIN 18 299 und 18.300 ff. hat der Auftragnehmer nur zu erbringen, soweit sie in der Leistungsbeschreibung ausdrücklich erwähnt sind. Er hat hierfür Anspruch auf Vergütung. Sie müssen deshalb in die Beschreibung aufgenommen werden (vgl. Abschnitt 0.4.2 ATV DIN 18 299). Die Aufzählung in Abschnitt 4.2 der ATV ist nicht vollständig; sie enthält nur Beispiele für solche Leistungen, bei denen in der Praxis Zweifel an der Vergütungspflicht auftreten.

Werden Besondere Leistungen, die in der Leistungsbeschreibung nicht enthalten sind, nachträglich erforderlich, sind sie zusätzliche Leistungen; für die Leistungspflicht und die Vereinbarung der Vergütung gelten § 1 Nr. 4 S. 1 und § 2 Nr. 6 VOB/B.

D. Gliederung des Leistungsverzeichnisses (Nr. 14)

104 Nr. 14 enthält grundlegende Richtlinien für das Leistungsverzeichnis, wobei der in Nr. 1 zum Ausdruck gekommene Grundsatz, dass die Leistung eindeutig und so erschöpfend zu beschreiben ist, dass sie – vor allem auch für die Kalkulation durch die Bieter – allgemeinverständlich ist, auch hier als Ausgangspunkt dient. Daher ist es geboten, für das **Leistungsverzeichnis einen eindeutigen und unmissverständlichen Aufbau** zu wählen. Unter diesem Leitgedanken regelt **Nr. 14 allgemeingültige Gesichtspunkte,** die prinzipiell für jedes Leistungsverzeichnis gelten.

Hiernach ist die **Leistung** im Leistungsverzeichnis **so aufzugliedern, dass unter einer Ordnungszahl (Position) nur solche Leistungen aufgenommen werden, die nach ihrer technischen Beschaffenheit und für die Preisbildung als in sich gleichartig anzusehen sind.** Ungleichartige Leistungen sollen unter einer Ordnungszahl (**Sammelposition**) nur zusammengefasst werden, wenn eine Teilleistung gegenüber einer anderen **für die Bildung eines Durchschnittspreises ohne nennenswerten Einfluss ist.**

I. Grundsatz

105 Für die Beschreibung der Leistung gibt S. 1 eine eindeutige und leichtverständliche Übersicht. Diese wird von dem Grundgedanken geleitet, eine **einwandfreie Preisermittlung** zu ermöglichen und eine vergleichende Prüfung der Angebote zu ermöglichen oder jedenfalls zu erleichtern. Dabei kommt hier nicht nur das durch Nr. 1 verfolgte berechtigte Interesse der Bewerber zum Ausdruck, sondern auch das Interesse des Auftraggebers im Hinblick auf die spätere Prüfung und Wertung der ihm übermittelten Angebote. Er muss eine klare Übersicht in den Angeboten erhalten, insbesondere den Aufbau der Preise überblicken, Vergleiche zwischen den einzelnen Angaben anstellen und die Ursache von Unterschieden feststellen können. Um dies zu erreichen, hat in dem Leistungsverzeichnis eine **Aufgliederung der geforderten Leistung** zu erfolgen, und zwar unter so genannten Ordnungszahlen oder, wie es allgemein heißt, **Positionen.** Häufig spricht man auch von Teilleistungen, die in einer Position zusammengefasst werden. Dies ist aber weder als Teilleistung i.S.v. § 266 BGB aufzufassen, noch darf es mit dem Begriff des Teilloses nach § 4 Nr. 2 VOB/A (vgl. hierzu § 4 VOB/A). verwechselt werden. Hier handelt es sich weder um für sich beurteilbare, in sich abgeschlossene Leistungselemente der Vertragsleistung, noch viel weniger um einen Inbegriff eines für sich abgeschlossenen und selbstständigen Bauvertrages. Vielmehr sind die hier gemeinten Teilleistungen nichts anderes als **technisch zusammengehörige einzelne Teile** der nach dem Gesamtbild des Leistungsbeschriebes geforderten Leistung. Nach der in Abs. 1 gegebenen Umgrenzung, aus der sich der Begriff der Teilleistung gebildet hat, sind unter eine Ordnungszahl bzw. Position **nur solche** Leistungsanforderungen aus der Gesamtheit der durch den Leistungsbeschrieb umgrenzten Bauleistung aufzunehmen, **die nach ihrer technischen Beschaffenheit und für die Preisbildung als in sich gleichartig anzusehen sind.** Der Zweck dieser Regelung geht vor allem dahin, eine **einwandfreie Festlegung der Einzelkosten der Teilleistungen** (im Allgemeinen Einheitspreise) im angegebenen Sinne zu ermöglichen. Einzelkosten der Teilleistungen sind Kosten, die unmittelbar für die Erbringung der Teilleistungen, die in ihrer Gesamtheit das Bauwerk bzw. den durch den Leistungsbeschrieb erfassten Teil desselben bilden, aufgewendet werden müssen.

1. Gleichartigkeit der technischen Beschaffenheit

Ausgangspunkt ist die Gleichartigkeit der technischen Beschaffenheit, soweit diese eine einheitliche und zusammenfassende Preisbildung zulässt. So muss man z.B. im Falle von Erdarbeiten, bei denen auch Mauerreste zu beseitigen sind, trennen zwischen dem Erdaushub und der für die Preisbildung anders zu wertenden Beseitigung der Mauerreste und diese in zwei verschiedene Positionen aufnehmen. Dasselbe hat auch für die Herstellung von Mauerwerk zu gelten, das zum Teil aus Ziegelsteinen, zum Teil aus Schwemmsteinen gemauert werden soll. Auch müssen bei Erdarbeiten die verschiedenen Bodenklassen getrennt werden; also genügt nicht die Angabe »... m² Boden der Klassen 4–7«; notfalls muss dies im Wege von **Alternativ- oder Bedarfspositionen** geschehen, wenn die Bodenbeschaffenheit nicht hinreichend klar ist. Auch wird die Frage der Gleichartigkeit in der technischen Beschaffenheit nicht nur nach der Art der zur Verwendung gelangenden Materialien, sondern darüber hinaus auch nach ihrer **Zweckbestimmung beim Auf- oder Einbau** beurteilt werden müssen. Das drückt sich beim gleichen Material vielfach in unterschiedlichen Stärken oder sonstigen Maßen aus, was auch auf die Preisbildung nicht ohne Einfluss ist. Überhaupt ist die unterschiedliche Funktion einer Teilleistung mit ein tragendes Merkmal, um diese in eine besondere Position aufzunehmen, wie es z.B. in Bezug auf einen Dichtanschluss im Rahmen einer Kanaldichtung zutrifft.

2. Keine Gleichartigkeit der Leistungsanforderungen

Aus S. 1 ergibt sich zugleich im Umkehrschluss, dass **ungleichartige Leistungsanforderungen, die nach ihrer technischen Beschaffenheit und für die Preisbildung nicht als zusammengehörig zu betrachten sind, grundsätzlich nicht unter einer Ordnungszahl (Position) zusammengefasst** werden dürfen. Hiervon gibt es nach S. 2 eine Ausnahme, wenn eine Teilleistung gegenüber einer anderen für die **Bildung eines Durchschnittspreises ohne nennenswerten Einfluss** ist, womit zugleich das hier in S. 2 verwendete Wort »sollen« umrissen ist. Man rückt also von der Voraussetzung der Einheitlichkeit der technischen Beschaffenheit ab und lässt es lediglich auf die Frage der Preisbildung ankommen. Das **gilt aber nur,** wenn die Festlegung eines **Durchschnittspreises erfolgt,**

insbesondere möglich ist. Vom Fehlen eines nennenswerten Einflusses für die Bildung eines Durchschnittspreises wird man nur sprechen können, wenn die jeweiligen zu dieser oder jener Teilleistung gehörenden Einzelpreise **im Wesentlichen gleichartig** sind und bestenfalls **im geringen Maße voneinander abweichen.** Sonst würde sich die Bildung eines Durchschnittspreises, der ein echtes **Spiegelbild** des Wertes **jeder** der hier zusammengefassten Teilleistungen für sich sein muss, nicht ermöglichen lassen. Ein Durchschnitt liegt vor, wenn die ihn bildenden Einzelheiten nur geringfügig nach oben oder unten von dem Mittelwert abweichen, daher der Mittelwert im Wesentlichen die für die jeweilige Teilleistung geltende Preissituation richtig wiedergibt.

II. Zulagen, Wahl- und Bedarfspositionen

108 Von einem der Regel folgenden Aufbau eines Leistungsverzeichnisses kann man grundsätzlich auch noch sprechen, wenn im Einzelfall gewisse Besonderheiten vorliegen, die entweder zusätzlich oder alternativ gegeben sind, die aber die grundsätzliche Aufbauregel in Nr. 14 unberührt lassen. Wegen der Bedenken im Hinblick auf das Gebot einer eindeutigen und erschöpfenden Leistungsbeschreibung sind Wahl- und Bedarfspositionen und ebenso angehängte Stundenlohnarbeiten und Zulagen nur ausnahmsweise unter bestimmten Bedingungen zulässig. Im Hinblick auf Bedarfspositionen hat dies die Fassung 2000 in einem neuen § 9 Nr. 1 S. 2 VOB/A ausdrücklich klargestellt (vgl. hierzu oben unter § 9 Nr. 1 VOB/A). Auf die dort gegebenen ausführlichen Hinweise wird verwiesen. Ist die Aufnahme einer Bedarfsposition ausnahmsweise gerechtfertigt, muss diese den Zusatz »nur auf Anordnung« enthalten. Unterbleibt der notwendige Hinweis des Auftraggebers auf diesen Charakter der Position, führt dies zur Notwendigkeit der Aufhebung der Ausschreibung (OLG Koblenz BauR 1998, 169).

III. Platz für Einsetzen der Preise

109 Weiter muss das **Leistungsverzeichnis** bei den einzelnen Positionen hinreichend und übersichtlich Raum aufweisen, in den der Bewerber die von ihm errechneten **Preise einsetzen** kann. Um welche Preise es sich handeln muss und wo sie im Einzelnen stehen müssen, hängt davon ab, in welcher Preisart anzubieten ist (Leistungsvertrag, Stundenlohnvertrag, Selbstkostenerstattungsvertrag), wobei beim Leistungsvertrag insbesondere zwischen dem Einheitspreisvertrag und dem Pauschalvertrag unterschieden werden muss (vgl. Anm. zu § 5 VOB/A). Gerade auch im letzteren Fall sollte man **die für die Einheitspreisberechnung die allgemein bekannten und gängigen Formulare von Leistungsverzeichnissen verwenden,** um eine hinreichend klare Übersicht über die Kalkulation des Bieters zu gewinnen. Hinzu kommt, dass damit eine ausreichende Beurteilungsgrundlage geschaffen wird, wenn es später nach Vertragsabschluss zu Leistungsänderungen kommt, die zu einer Änderung der Vergütung nach Maßgabe von § 2 Nr. 4–6 VOB/B nötigen. Weitere Preiszergliederungen, als es zur Herausstellung dieser einzelnen Preisarten zum Zwecke ihrer Verdeutlichung notwendig ist, sind nicht vorgesehen, auch nicht unbedingt erforderlich. Das gilt auch für die Aufgliederung der Einheitspreise in Lohn- und Stoffanteile sowie sonstige Kosten. Lediglich bei öffentlichen Aufträgen kann es aus fiskalischer Sicht erforderlich sein, eine weitere Preiszergliederung zu verlangen. Das kann aber nur Gründe haben, die außerhalb des allgemeinen Zivilrechts und der zivilrechtlichen Anforderungen der VOB liegen.

110 Zu den vorgenannten Punkten ist im VHB 2002 in Nr. 5 zu § 9 VOB/A bestimmt:

5   Angaben zum Preis und dessen Berechnung
5.1 Abrechnungseinheiten
    Für gleichartige Leistungen sind die Abrechnungseinheiten innerhalb einer Leistungsbeschreibung einheitlich anzugeben.
5.2 Angabe des Einheitspreises

Beschreibung der Leistung § 9 VOB/A

Auf die Angabe des Einheitspreises in Worten ist zu verzichten.

5.3 **Pauschalpreise**
Pauschalpreise dürfen nur gemäß Nr. 1.2 der Richtlinie zu § 5 VOB/A vorgesehen werden. Bei Teilleistungen, für die ein Pauschalpreis vereinbart werden soll, sind im Leistungsverzeichnis die Spalten für die Mengenangabe und den Einheitspreis zu sperren. Mengenangaben, die zur Bestimmung des Leistungsumfanges benötigt werden, sind in den Wortlaut der Leistungsbeschreibung aufzunehmen.

5.4 **Stundenlohnarbeiten**
Bei Stundenlohnarbeiten sind Ordnungszahlen vorzusehen
– *für Lohnstunden nach Berufs-, Lohn- und Gehaltsgruppen getrennte Verrechnungssätze; bei jeder Gruppe ist als Vordersatz die Zahl der voraussichtlich nötigen Arbeitsstunden anzugeben, vgl. Nr. 2 der Richtlinie zu § 5 VOB/A,*
– *für Gerät, das zum maßgeblichen Zeitpunkt auf der Baustelle vorhanden ist; ansonsten sind Transportkosten gesondert auszuschreiben,*
– *für Stoffe.*

5.5 **Teillose**
Bei einer beabsichtigten Teilung in Teillose ist Nr. 2 der Richtlinie zu § 4 VOB/A zu beachten. Das Leistungsverzeichnis ist so zu gliedern, dass Teillose eindeutig bestimmbar oder abgrenzbar sind. Insbesondere müssen die in gesonderten Positionen erfassten Nebenleistungen den Teillosen zugeordnet werden.

IV. Vorbemerkungen

In einer Reihe von Fällen wird es vorkommen, dass unter Berücksichtigung der strengen Anforderungen in § 9 Nr. 1 VOB/A bestimmte, im Einzelfall unbedingt notwendige Angaben im Rahmen einer Ordnungszahl (Position) **nicht oder nicht recht untergebracht werden können.** Das kann auf verschiedenen Gründen beruhen, vor allem darauf, dass die erforderliche Klarheit und Eindeutigkeit der einzelnen Leistungsangaben durch **zu viele Erläuterungen gefährdet wäre,** oder auch darauf, dass die notwendigen Angaben mehr allgemeiner Art sind, sie sich nicht auf die einzelne Position beschränken, sondern darüber hinausgehende Geltung haben. Um Missverständnisse zu vermeiden, muss daher im Einzelfall eine Lösung gefunden werden, die **notwendigen Angaben an richtiger und übersichtlicher Stelle in der Leistungsbeschreibung** bzw. im hierfür dienenden Leistungsverzeichnis unterzubringen. Dabei hat sich in der Praxis eine als sachgerecht zu bezeichnende Übung dahin gehend gebildet, dass vielfach zu Beginn des Leistungsverzeichnisses oder einzelner Gruppen desselben in einer **Vorbemerkung die Angaben** eingetragen werden, **die** für die Gesamtleistung oder Teile davon und damit alle dafür maßgeblichen Positionen **Allgemeingültigkeit haben.** 111

Soweit bestimmte Erfordernisse für lediglich eine Position wesentlich sind und Geltung haben, sollten sie in dieser Position belassen bleiben, gegebenenfalls mit einem Hinweis, dass sie nur hierfür gelten. Unter Umständen könnten sie eingeklammert, in einen besonderen Absatz aufgenommen oder sonst von den eigentlichen Leistungsangaben in dieser Position in sichtbarer Weise getrennt werden. Ist das nicht tunlich, sind eventuell Fußnoten oder die Aufnahme dieser Position in ein besonderes Blatt des Leistungsverzeichnisses angebracht. Zu achten ist in jedem Fall darauf, dass die **notwendige Klarheit** unter gleichzeitiger Beachtung des betreffenden Bezuges und der **Vollständigkeit** gewahrt bleibt. 112

V. Keine Angaben mit rechtlichem Gehalt

Weder in die Vorbemerkungen noch in die Einzelpositionen der Leistungsbeschreibung bzw. des Leistungsverzeichnisses gehören Anforderungen **rechtlicher Art,** wie Fristen, Fragen der Haftung, 113 der Abnahme, der Gewährleistung, der Sicherheitsleistung, des Gerichtsstandes usw. Diese sind in die Zusätzlichen oder Besonderen Vertragsbedingungen aufzunehmen, wie sich aus § 10 Nr. 4 VOB/A ergibt. In die Leistungsbeschreibung bzw. in das hierfür dienende Leistungsverzeichnis gehören **nur Angaben über die Leistungsanforderungen selbst**. Es handelt sich hier um rein tatsächlich-technische Leistungsangaben, wenn auch mit rechtlichem Hintergrund in Bezug auf die konkret geforderte Ausführung. Dem steht nicht § 9 Nr. 2 VOB/A entgegen. Einmal geht diese Bestimmung in ihrer Tragweite über die Vorgänge bei der Abfassung des Leistungsverzeichnisses hinaus, zum anderen beinhaltet sie Rechtsfolgen, die an sich erst in den Besonderen Vertragsbedingungen zum Ausdruck kommen, die aber ihre tatsächliche Grundlage im Leistungsverzeichnis haben können.

Vierter Abschnitt:
Leistungsbeschreibung mit Leistungsprogramm

A. Allgemeines

I. Ausnahmeform der Leistungsbeschreibung

114 Während in der allgemeinen Praxis der Bauvergabe vom Auftraggeber eine ins einzelne gehende Leistungsbeschreibung verlangt würde oder auch noch wird, wie sie in § 9 in Nr. 11 ff. VOB/A gekennzeichnet ist und **nach wie vor als Hauptfall einer Leistungsbeschreibung** gilt, hat sich in der Praxis auch eine besondere Art der Leistungsbeschreibung ergeben, die bestenfalls nur noch in **einem Teil** der bisher vom Auftraggeber geforderten Beschreibung der Leistung entspricht. Insofern hat sich – allerdings mit einer Reihe von Varianten je nach Lage des Einzelfalles – eine **besondere Form der Leistungsbeschreibung als Ausnahmetyp** herausgebildet, die die Verfasser der VOB unter dem Begriff der »**Leistungsbeschreibung mit Leistungsprogramm**« in § 9 Nr. 15–17 VOB/A zusammengefasst haben.

115 Dabei handelt es sich um eine abgeschwächte Form der Leistungsbeschreibung im überkommenen Sinn: Hier wird nämlich vom Auftraggeber **nur der Rahmen oder das Programm der gewünschten Bauleistung** angegeben, wobei er es den Bietern überlässt, bei der Angebotsbearbeitung den Rahmen oder das Programm dadurch auszufüllen, dass sie, jedenfalls zum Teil **auch im Wege der Planung,** die erforderlichen Leistungseinzelheiten nach ihrer Vorstellung erarbeiten und dann in ihrem Angebot angeben. Danach handelt es sich vom Ergebnis her gesehen nicht mehr um eine Leistungsbeschreibung, die in der erforderlichen vollständigen Form von Auftraggeberseite vor Beginn des Bauvergabeverfahrens in einer Weise ausgearbeitet wird, dass die Bieter bzw. Bewerber nur noch die von ihnen verlangten Preise zu kalkulieren und einzusetzen haben (vgl. § 6 Nr. 1 VOB/A). Vielmehr werden von diesen jedenfalls **Teilaufgaben übernommen,** die nach der normalen Leistungsbeschreibung entsprechend Nr. 11 ff. grundsätzlich allein Aufgabe des Auftraggebers sind. Der Auftraggeber stellt nur das Programm oder den Rahmen zur Verfügung, und der **Bieter füllt dieses aus.** Von letzterem wird hier jedenfalls in gewissem Ausmaß eine **eigene Architektur- bzw. Konstruktionskonzeption** verlangt. Schon daraus ergibt sich, dass sich die Leistungsbeschreibung mit Leistungsprogramm grundsätzlich nur für bestimmte und – wegen des hier notwendigen Kostenaufwandes im Angebotsverfahren – zeitlich zugleich oder in gewissen Abschnitten wiederkehrende, gleichartige oder zumindest weitgehend ähnliche Bauvorhaben, dabei insbesondere der öffentlichen Hand, eignet, wie es z.B. beim Bau von Turn- und Sporthallen, Schwimmbädern, Verwaltungsbauten, auch im Rahmen der Heizungs-, Klima- und Lüftungstechnik, der Entsorgung der Fall sein kann. Sonst dürfte die mit dieser besonderen Art der Leistungsbeschreibung vor allem auch noch in der letzten Zeit zugleich propagierte Idee der Baukostensenkung kaum erreicht werden können. Dabei ist vor allem auch zu beachten, dass die hier erörterte Vergabeform, nicht zuletzt wegen des von den Bietern abzufordernden Aufwandes, allgemein nur **im Wege Beschränkter Ausschreibung in Betracht kommt.**

Andererseits ist in positiver Hinsicht festzuhalten, dass die funktionale Leistungsbeschreibung in ihrem Grundgedanken dem Anbieter im Rahmen des bei ihm vorhandenen Know-how häufig Spielraum in gestalterischer und konstruktiver Hinsicht lässt, was durchaus für die Erreichung einer besonderen Bauwerksqualität im Rahmen des technischen Fortschritts sprechen kann. Insoweit handelt es sich in der Zielsetzung um die **Verbindung des Qualitäts- und des Preiswettbewerbs,** was durchaus zu begrüßen ist, **wenn** dieses besondere System der Leistungsbeschreibung gemäß dieser Zielsetzung in der dafür erforderlichen Art und Weise gehandhabt wird. Die genannte Zielsetzung muss vor allem ausschlaggebend bei der Bewertung der mit Hilfe funktionaler Leistungsbeschreibung eingeholten Angebote sein. Im berechtigten Interesse der Bieterseite ist es allerdings eine Verpflichtung der Auftraggeberseite, im Rahmen der Ausschreibung auch die **entscheidenden Kriterien für die spätere Angebotsbewertung,** vor allem auch hinsichtlich des jeweiligen mit der konkreten Ausschreibung beabsichtigten Funktionsbereiches, anzugeben (OLG Frankfurt NZBau 2002, 161 zur Notwendigkeit der Angabe von Wertungskriterien bei EU-weiten Ausschreibungen). Des Weiteren trifft dies auf die **Vorgabe eines bestimmten Endpreises zu, wenn dem Auftraggeber hier eine absolute Grenze gesetzt ist, die auf keinen Fall überschritten werden darf.** 116

Jedoch muss sich der Auftraggeber auch dahin beschränken, die funktionale Leistungsbeschreibung **nur dort einzusetzen, wo sie nach ihrem Grundgedanken hingehört: Sie ist nur für solche Fälle gedacht, in denen es sich bei ganz bestimmten Bauvorhaben um die Ermittlung der technischen, wirtschaftlichen und gestalterischen sowie funktionsgerechten Lösung der Bauaufgabe** handelt, und zwar mit dem objektiv als **berechtigt anzusehenden Anliegen, unternehmerisches** Wissen und unternehmerische Erfahrung mit bei der Planung des Bauvorhabens einzusetzen. Andernfalls wäre der Gedanke gesunden Bauwettbewerbs, vor allem auch hinsichtlich der Breite der Anbieterseite, zumindest gefährdet. Keinesfalls geht es an, bauunternehmerisches Wissen zu bemühen, bloß um einen eigenen Planer, wie Architekt oder Sonderfachmann, »zu sparen«. Insofern muss der Auftraggeber vor allem überlegen, ob die von ihm erstrebte richtige Lösung der Bauaufgabe unter Mithilfe der Bieterseite nicht evtl. in gleicher Weise durch eine Leistungsbeschreibung nach Leistungsverzeichnis auf der Grundlage der Nr. 11–14 mit der ausdrücklichen Zulassung von Änderungsvorschlägen und Nebenangeboten erreicht wird. 117

Eine Leistungsbeschreibung mit Leistungsprogramm ist nicht nur möglich hinsichtlich eines Gesamtbauvorhabens, sondern auch wegen eines in sich abgeschlossenen, für sich – vor allem auch im Angebotsverfahren – bewertbaren Teils desselben. 118

II. Grundlegende Anforderungen an Auftraggeber und Bieter

Dass es hier **verschiedene Formen der Leistungsbeschreibung** geben kann, liegt auf der Hand. Sie sind abhängig davon, inwieweit der Auftraggeber selbst in seiner Beschreibung Leistungsangaben macht und inwieweit sie reichen. Danach richtet es sich, in welchem Umfang hier von den Bietern Arbeit verlangt wird, um ein ordnungsgemäßes Angebot in einer vollständigen, also einer den Erfordernissen der Nrn. 11 ff. entsprechenden Weise abzugeben. Letzteres ist auch hier der **Endzweck** der Vergabe nach Leistungsprogramm, ebenso wie bei allen anderen Bauvergaben. 119

Daraus folgt zwangsläufig, dass eine Vergabe nach Leistungsprogramm **besondere Sorgfalt** bei Festlegung des Programms oder des Rahmens durch den Auftraggeber sowie bei der anschließenden Angebotsbearbeitung durch den Bieter verlangt, um die erforderliche Eindeutigkeit für alle zu beteiligenden Bieter, denen ein nicht unerheblicher Eigenaufwand abgefordert wird, zu erreichen. Daher ist es zwingendes Erfordernis, dass die Bieter aus ihrer hier zu verlangenden besonderen (eigenen!!!) Fachkunde, Zuverlässigkeit und Leistungsfähigkeit heraus in der Lage sind, die **in Nr. 16 und 17 vor-**

geschriebenen **Mindestanforderungen** für eine sachgerechte Angebotsbearbeitung zu erfüllen, außerdem der Auftraggeber unbedingt die **Regeln der Nr. 15** beachtet und hiernach prüft, ob es für den bei ihm vorliegenden Bauvergabefall überhaupt sinnvoll und möglich ist, nach Leistungsprogramm auszuschreiben. Hier ist in jedem Fall sorgfältige Überlegung am Platze, bei deren Verletzung dem anderen Teil, hier vor allem den Bietern, **Ansprüche aus Verschulden bei Vertragsabschluss** entstehen können. Eine unsorgfältige Vergabe nach Leistungsprogramm kann vor allem auch die Ursache für **spätere Ansprüche nach abgeschlossenem Vertrag** sein oder sie ausschließen lassen, obwohl sie sonst nach einer Vergabe nach Nr. 3 ff. gegeben wären. Zu denken ist hier vornehmlich an die Verletzung von Mitwirkungspflichten des Auftraggebers nach § 3 und § 5 VOB/B mit u.a. einer möglichen Schadensersatzpflicht nach § 6 Nr. 6 VOB/B sowie auf der anderen Seite an Erfüllungs- und Gewährleistungsansprüche des Auftraggebers nach § 4 Nr. 6 und 7 sowie § 13 VOB/B.

120 Es ist daher – in erster Linie für den Auftraggeber – geboten, **sorgfältige Überlegungen** anzustellen, bevor eine Vergabe nach Leistungsprogramm in die Wege geleitet wird. Keineswegs kann es daher für den öffentlichen Auftraggeber genügen, allein oder vorwiegend aus Gründen der Personalersparnis sowie der gegenwärtigen Ersparnis von Geldern im eigenen Bereich Bauaufträge ohne nähere Überlegung im Wege funktionaler Leistungsbeschreibung auszuschreiben. Dabei geht es vor allem um die notwendige Erkenntnis, dass man bei Bauvorhaben, wie sie hier in Betracht kommen, oft genug erst nach vielen Jahren richtig weiß, was sie wirklich gekostet haben. Dazu kommt hier auch die pflichtgemäß anzustellende Überlegung, ob nicht die funktionale Leistungsbeschreibung im Einzelfall den sachgerechten Einsatz von mittleren oder kleineren Unternehmen überhaupt oder jedenfalls in dem Sinne behindert, dass diese von vornherein in die Abhängigkeit von Generalunternehmern gedrängt werden, obwohl dies im betreffenden Fall nicht angebracht oder gar erforderlich wäre. Deshalb ist für die öffentliche Bauvergabe im VHB unter Nr. 1.3 zu § 9 VOB/A mit Recht bestimmt worden, dass eine derartige Leistungsbeschreibung **nur ausnahmsweise als Abweichung von dem in § 9 Nr. 11–14 VOB/A vorangestellten Regelfall** in Betracht kommt. Im Übrigen **gilt hier § 9 Nr. 12–14 VOB/A sinngemäß,** soweit das im Einzelfall möglich ist (vgl. Nr. 11 Abs. 2).

Zu dem vorangehend Gesagten bestimmt das VHB unter 7.1 zu § 9 VOB/A zutreffend:

7.1 Allgemeines

7.1.1 Bei der Leistungsbeschreibung mit Leistungsprogrammen werden von den Bietern Planungsleistungen (Entwurf und/oder Ausführungsunterlagen) und die Ausarbeitung wesentlicher Teile der Angebotsunterlagen (§ 9 Nr. 12 VOB/A) gefordert. Ziel dieser Beschreibungsart ist es, die wirtschaftlich, technisch, funktionell und gestalterisch beste Lösung der Bauaufgabe zu finden. Die Suche nach gestalterischen Lösungen allein rechtfertigt die Leistungsbeschreibung durch Leistungsprogramm nicht.

7.1.2 Die Leistungsbeschreibung mit Leistungsprogramm kann sich auf Teile eines Bauwerkes (z.B. Heizungs-, Lüftungs-, Aufzugsanlagen), aber auch auf das gesamte Bauwerk erstrecken.

7.1.3 Eine Leistungsbeschreibung mit Leistungsprogramm kann zweckmäßigerweise sein,

– wenn dies wegen der fertigungsgerechten Planung in Fällen notwendig ist, in denen es – beispielsweise bei Fertigteilbauten – wegen der Verschiedenartigkeit von Systemen den Bietern freigestellt sein muss, die Gesamtleistung so aufzugliedern und anzubieten, wie es ihrem System entspricht,

– wenn mehrere technische Lösungen möglich sind, die nicht im Einzelnen neutral beschrieben werden können, und der Auftraggeber seine Entscheidung unter dem Gesichtspunkt der Wirtschaftlichkeit und Funktionsgerechtigkeit erst aufgrund der Angebote treffen will.

Dabei ist sorgfältig zu prüfen, ob die durch die Übertragung von Planungsaufgaben auf die Bieter entstehenden Kosten in angemessenem Verhältnis zum Nutzen stehen, und für die Ausarbeitung der Pläne und Angebote leistungsfähige Unternehmer in so großer Zahl vorhanden sind, dass ein wirksamer Wettbewerb gewährleistet ist.

Eilbedürftigkeit allein ist kein Grund für die Wahl dieser Beschreibungsart.

Beschreibung der Leistung § 9 VOB/A

III. Besondere rechtliche Aspekte

In diesem Zusammenhang dürfen auch die folgenden **rechtlichen Erwägungen nicht außer Betracht** bleiben: **121**

Nach allgemeiner Rechtsauffassung, die ihre Grundlage in der bisher üblichen und auch nach wie vor den Hauptfall bildenden Leistungsbeschreibung gemäß Nr. 11 ff. hat, gilt der Satz, dass es im Allgemeinen **Sache des Auftraggebers** ist, für eine ordnungsgemäße Bauplanung, wozu auch die Ausschreibung gehört, Sorge zu tragen und dass sich der Bieter bzw. spätere Auftragnehmer ebenso allgemein darauf verlassen kann, dass dies geschieht. Bei einer Vergabe nach Leistungsprogramm werden jedoch – je nach Lage des Einzelfalles – die Gewichte mehr oder weniger verschoben. Bei dieser Vergabe werden nämlich von den Bietern durchweg **auch Planungsleistungen** (Entwurf und/oder Ausführungsunterlagen) und außerdem die Ausarbeitung wesentlicher Teile der Angebotsunterlagen (Nr. 17) verlangt. Dies ist ausdrücklich unter Nr. 7.1.1. zu § 9 VOB/A des VHB hervorgehoben. Daraus folgt aber, dass **auch der Bieter** und dabei insbesondere der spätere Auftragnehmer **im Rahmen der Planung** tätig wird, was grundsätzlich bedingt, dass er hierfür **auch die Verantwortung** zu übernehmen hat. Es kann also – entgegen der für die so genannten Normalfälle allgemeingültigen Rechtsauffassung – hier zu einer **Aufspaltung der Verantwortlichkeit für den Planungsbereich** kommen mit der Folge, dass ein Teil desselben von vornherein auf Seiten des Bieters bzw. Auftragnehmers liegt, also nicht die grundsätzliche Alleinverantwortlichkeit des Auftraggebers gegeben ist. Das kann vor allem von Bedeutung sein, wenn es sich später nach Bauausführung um die Beurteilung eines auf die Planung zurückgehenden Mangels im Rahmen der Gewährleistung handelt, insbesondere auch für die Frage der Verantwortlichkeit oder Mitverantwortlichkeit des einen und/oder anderen Vertragsteiles. Das gilt nicht nur, wenn der Bieter bzw. Auftragnehmer die für die ordnungsgemäße Angebotsabgabe erforderlichen Einzelheiten durch eine eigene Planungsabteilung, sondern auch, wenn er sie durch ein selbstständiges Planungsbüro (Architekten, Ingenieure) anfertigen lässt. Dieses ist dann ebenso **Erfüllungsgehilfe** des Bieters bzw. Auftragnehmers für den Planungsbereich, wie es z.B. umgekehrt im genannten Regelfall für den Auftraggeber der selbstständige, für diesen nach dem überkommenen Bild aufgrund eigenen Vertrages mit ihm arbeitende Architekt oder Ingenieur ist.

IV. Ausgleich für Aufwendungen der Bieter

Es liegt auf der Hand, dass eine Vergabe mit Leistungsprogramm von den Bietern einen **erheblichen, kostenmäßig ins Gewicht fallenden Aufwand** bei der von ihnen vorzunehmenden, im Einzelfall geforderten Angebotsbearbeitung fordert. Dies zwingt dazu, den Bietern zumindest einen **billigen Ausgleich** für ihre geleistete Arbeit zu gewähren, vorausgesetzt, sie ist so ausgefallen, dass sie gemäß Nr. 17 den vom Auftraggeber im Rahmen der Nr. 16 gesetzten Anforderungen entspricht. Hiervon geht auch § 20 Nr. 2 S. 2 und 3 VOB/A aus. **122**

B. Grundsätzliche Voraussetzungen für eine Leistungsbeschreibung mit Leistungsprogramm (Nr. 15)

Nr. 15 regelt die grundlegenden Erfordernisse, die notwendig sind, um es für sinnvoll zu halten, nach Leistungsprogramm zu vergeben. Wenn es **nach Abwägen aller Umstände zweckmäßig** ist, abweichend von Nr. 11 zusammen mit der Bauausführung auch den Entwurf für die Leistung dem Wettbewerb zu unterstellen, um die technisch, wirtschaftlich und gestalterisch beste sowie funktionsgerechte Lösung der Bauaufgabe zu ermitteln, kann die Leistung durch ein Leistungsprogramm vonseiten des Auftraggebers dargestellt werden. Das kommt nicht nur bei Massenleistungen des industrialisierten Bauens in Betracht, also dort, wo große Serien vergeben werden, sondern auch **123**

bei großen Einzelbauwerken oder Teilen davon, wo der letzte planerische Entscheidungsvorschlag zweckmäßigerweise der Erfahrung des Unternehmers überlassen bleibt. Immerhin wird das eine **Ausnahme** bilden. Vor allem muss sich der Auftraggeber darüber im Klaren sein, dass hier nach einmal erfolgter Vergabe eine Änderung des vereinbarten Leistungsinhaltes nicht mehr in Betracht kommen kann, wenn nicht etwaige wirtschaftliche Vorteile, die mit dieser besonderen Art der Leistungsbeschreibung erreicht werden können, in Frage gestellt werden sollen. Auch wird in Einzelfällen die Überlegung angebracht sein, ob die vorherige Veranstaltung eines Ideenwettbewerbs im architektonischen Bereich und die anschließende Ausschreibung mit Leistungsverzeichnis nicht sinnvoller, vor allem auch rationeller oder kostensparender ist. Gleiches trifft auf die Frage einer Ausschreibung nach Leistungsverzeichnis gemäß Nr. 11 ff. mit gleichzeitiger ausdrücklicher Zulassung von Änderungsvorschlägen oder Nebenangeboten zu.

124 **Zwingende Voraussetzung** für eine Beschreibung nach Leistungsprogramm muss es aber sein, dass das **Leistungsziel mit seinen wesentlichen Einzelheiten feststeht,** also eine **Veränderung nicht zu erwarten ist.** Anderenfalls ist im Allgemeinen nicht die erforderliche Gewähr für eine sachgerechte Angebotsbewertung gegeben.

I. Zweckmäßigkeit der Beschreibung mit Leistungsprogramm

125 Die erforderliche Zweckmäßigkeit einer Leistungsbeschreibung mit Leistungsprogramm ist hinsichtlich ihrer Voraussetzungen nicht dem bloßen eigenen Ermessen des Auftraggebers überlassen, vielmehr sind ihr durch weitere in Nr. 15 enthaltene Merkmale **Grenzen** gesetzt. Dabei ist der Auftraggeber hinreichend klar aufgefordert, eingehende und sorgfältige – bei Behörden pflichtgemäße – Überlegungen darüber anzustellen, ob die hier erörterte Art der Leistungsbeschreibung in Betracht gezogen werden kann; denn die **VOB verlangt die Abwägung aller** – im Einzelfall in Betracht kommenden – **Umstände.** Siehe dazu im Einzelnen auch VHB 7.1.4 zu § 9 VOB/A: Notwendigkeit bei fertigungsgerechter Planung; Möglichkeit mehrerer technischer Lösungen, die nicht im Einzelnen neutral beschrieben werden können, bei genügender Zahl leistungsfähiger Unternehmer; jeweils jedoch in Relation zu setzen zu den durch die Planung entstehenden Kosten und dem erreichbaren Nutzen. Das liegt auch im ureigenen Interesse des Auftraggebers, um der etwaigen, möglicherweise sonst nicht gegebenen, schuldhaft herbeigeführten Haftung bei Auftreten späterer Unzuträglichkeiten zu entgehen.

126 Dabei ist die Abwägung aller Umstände zwar **grundsätzlich auf das gesamte geplante Objekt abzustellen,** das Gegenstand der Ausschreibung sein soll. Jedoch ist es nicht notwendig, dieses entweder nur nach der überkommenen Leistungsbeschreibung gemäß Nr. 11 ff. oder nur auf der Grundlage einer Leistungsbeschreibung mit Leistungsprogramm darzustellen. Vielmehr kann es im Einzelfall sein, dass die Merkmale für die Beschreibung mit Leistungsprogramm nur hinsichtlich eines Teilbereiches zu bejahen sind. In solchen Fällen kann es gerechtfertigt sein, diese Leistungsbeschreibung **auf bestimmte Teile** eines Bauwerkes – auch im Rahmen der Gesamtausschreibung desselben – zu beschränken, wie z.B. Heizungs-, Lüftungs-, Aufzugsanlagen. Dies hebt das VHB unter 7.1.3 zu § 9 VOB/A ausdrücklich hervor. Die Ausschreibung der übrigen Teile der Gesamtleistung hat dann nach Maßgabe der Nr. 11 ff. zu erfolgen.

II. Wettbewerbsgedanke ist grundlegend

127 **Grundlegender Umstand,** der eine Leistungsbeschreibung nach Leistungsprogramm rechtfertigt, ist derjenige des **Wettbewerbs.** Das bringt die VOB dadurch zum Ausdruck, dass gemeinsam mit der Bauausführung auch der Entwurf für die Leistung dem Wettbewerb unterstellt wird. Dies besagt einmal, dass durch die zusätzliche Anforderung des Entwurfs im Rahmen der Bauvergabe der Wettbewerb auf jeden Fall aufrechterhalten werden muss, dass es also **genügend Bewerber** geben muss, die in der Lage sind, ihr Angebot auch für den Bereich des Entwurfs zu bearbeiten und abzugeben, dass außerdem die abzugebenden Angebote einschließlich der Entwürfe voraussichtlich auch **miteinander verglichen werden können.** Gerade auch dafür ist der in § 8 Nr. 1 S. 1 VOB/A zum Ausdruck gekommene **Grundsatz von Bedeutung, dass alle Bewerber oder Bieter gleich zu behandeln** sind. Der Wettbewerb darf also nicht dadurch verfälscht werden, dass nur ein oder nur zwei Bewerber den für Vergleichszwecke geeigneten Entwurf zu fertigen vermögen, obwohl sonst bei einer Ausschreibung nach Nr. 11 ff. gerade für diese Leistung genügend sachkundige, leistungsfähige und zuverlässige Bewerber zur Verfügung ständen (vgl. dazu auch Nr. 7.1.3 zu § 9 VOB/A VHB). Das kann andererseits allerdings auch nur gelten, wenn für den Planungsbereich eine hinreichende Ausweichmöglichkeit besteht, um den Bauentwurf zu fertigen, wie z.B. durch Architekten oder Ingenieure.

Eine Leistungsbeschreibung mit Leistungsprogramm rechtfertigt sich besonders, wenn die Unterstellung auch der Entwurfsbearbeitung unter den **Wettbewerb** diesen nicht nur aufrechterhält, sondern im konkreten Fall **sogar fördert**, was besonders dann zutreffen kann, wenn eine genügende Anzahl von Bewerbern vorhanden und voraussichtlich in der Lage ist, eine spezielle, für den technischen und wirtschaftlichen Fortschritt dienende Bauaufgabe, die in ihrer Planung und Ausführung ein besonderes Können erfordert, in ihren Einzelheiten zu planen und später auszuführen. **128**

III. Technisch, wirtschaftlich, gestalterisch und funktionsgerecht beste Lösung

Liegen die genannten Voraussetzungen vor, so kommt es weiter darauf an, ob eine Beschreibung nach Leistungsprogramm aller Voraussicht nach dazu führt, die **technisch, wirtschaftlich und gestalterisch beste sowie funktionsgerechte Lösung** der Bauaufgabe zu ermitteln, um also dieser zum Zuschlag zu verhelfen. Wichtig ist dabei die Erlangung zuverlässiger und untereinander vergleichbarer Angaben der Bieter über die äußere Funktion, die innere Funktion und die gestalterische Qualität. Es genügt nicht, dass beim Auftraggeber lediglich subjektive Erwägungen ohne objektiv anerkennenswerte Notwendigkeit vorliegen. So reicht nicht schon die bloße Erwägung des Auftraggebers, die betreffende Leistung zum Pauschalpreis zu vergeben. **129**

Auch genügt es nicht, wenn ein unschlüssiger Bauherr sich zu einer Beschreibung nach Leistungsprogramm entschließen will, bloß um die gestalterisch beste Lösung herauszufinden, wie in Nr. 7.1.1 zu § 9 VOB/A des VHB mit Recht hervorgehoben wird. Dieses **reicht nicht** aus, weil die Bieter grundsätzlich nicht dazu da sind, dem Auftraggeber bloß – evtl. zwecks »Einsparung« eines bauplanenden Architekten oder Ingenieurs – bei ihm noch nicht oder nicht hinreichend vorhandene Planungsideen zu vermitteln, was nicht zuletzt auch für Baubehörden gilt. Andererseits kann es reichen, wenn die Gegebenheiten hinsichtlich eines der vier Merkmale objektiv die Beschreibung mit Leistungsprogramm rechtfertigen. **130**

1. Technische Lösung

Ob die Ermittlung der **technisch besten Lösung** sinnvoll erscheint, müssen die Gegebenheiten des Einzelfalles entscheiden. Dazu reicht es nicht aus, bereits klar erkannte technische Lösungsmöglichkeiten, vor allem hinsichtlich ihrer Vorzüge gegenüber anderen, sich von den Bietern **nochmals** beschreiben und insoweit anbieten zu lassen. Vielmehr muss es sich schon darum handeln, dass ein **wirkliches Informationsbedürfnis** des Auftraggebers besteht. Das kann sein, wenn er technische Lösungsmöglichkeiten, die allerdings als solche gegeben sein müssen, worüber sich der Auftraggeber gegebenenfalls vor Beginn der Ausschreibung an sachkundiger Seite erkundigen muss, **nicht näher kennt** oder wenn er zwar über die Möglichkeiten schon näher informiert ist, es jedoch sozusagen auf **Feinheiten** ankommt, die nur von Bieterseite im Rahmen des Angebotsverfahrens in Erfahrung zu bringen sind. So kann es sein, dass eine Reihe von technischen Lösungen möglich ist, sie aber nicht generell von Auftraggeberseite umschrieben werden kann, auch nicht »neutral« in dem Sinne, dass **131** eine Beschreibung der Leistung von allen in Betracht kommenden Bewerbern in gleichem Sinne verstanden wird oder werden kann. Beispielsweise kann es wegen der Verschiedenartigkeit der Systeme bei Fertigteilbauten notwendig sein, den Bietern freizustellen, die Gesamtleistung in technischer Hinsicht so aufzugliedern, wie es ihrem System entspricht (vgl. Nr. 7.1.3 zu § 9 VOB/A VHB).

2. Wirtschaftlichkeit

132 Wirtschaftliche Gesichtspunkte zum Herausfinden der besten Lösung der Bauaufgabe liegen vor, wenn dies für die **Gestaltung der Baupreise** von **wesentlicher** – also nicht nur unbeachtlicher – **Bedeutung** ist. Das darf aber nicht dahin missverstanden werden, dass es hier nur um die Preisgestaltung bei sonstiger Klarheit über die technische, gestalterische und funktionsgerechte Lösung geht. Dann könnte der günstigste Preis auch im Wege einer Leistungsbeschreibung mit Leistungsverzeichnis nach Nr. 11 ff. herausgefunden werden. Vielmehr wird die Wirtschaftlichkeit im Allgemeinen eine Leistungsbeschreibung mit Leistungsprogramm **nur rechtfertigen,** wenn sie sich nur im Wege von **Planungsleistungen** der Bieter ermitteln lässt, wenn dies also im Zusammenhang mit der Technik, der Gestaltung und der Funktionsgerechtigkeit herausgefunden werden muss. Dies bedeutet, dass hier i.d.R. eines der anderen drei Merkmale **ebenfalls** vorliegen muss, um aus Gründen der Wirtschaftlichkeit zu einer Beschreibung mit Leistungsprogramm zu kommen.

3. Gestaltung

133 Hinsichtlich der **gestalterisch besten Lösung** kommt es auf die Notwendigkeit hinreichender Ermittlung an. Entscheidend ist also, ob die Bauaufgabe nach vorheriger Erkundigung des Auftraggebers in gestalterischer Hinsicht auf verschiedene Weise gelöst werden kann, und zwar durch Erreichung des Gestaltungszieles, das sich der Auftraggeber gesetzt hat. Das kann vor allem sein, wenn es letztlich um die Ermittlung der gestalterischen Erfahrung auf Bieter-, also auf Unternehmerseite geht, es sich nicht lediglich nur um die Planungserfahrung eines bauplanenden Architekten oder Ingenieurs handelt. I.d.R. wird das zutreffen, wenn damit zugleich Fragen der technisch, wirtschaftlich und funktionsgerechtesten Lösung verbunden sind. Es muss somit im Kern auf die **unternehmerische Erfahrung im Gestaltungsbereich** ankommen. Das wird vielfach mit Erzeugnissen zusammenhängen, die bei der Bauausführung verwendet werden und mit denen der Bieter in gestalterischer Hinsicht seine Erfahrungen gemacht hat, die nicht ohne weiteres für den Auftraggeber, insbesondere nicht durch bloße Besichtigung von Vergleichsobjekten, erkennbar sind. Dabei kann es sich sowohl um die Gesamtgestaltung des Bauvorhabens als auch die Gestaltung eines Teils der Bauaufgabe, die der Ausschreibung zugrunde liegt, handeln. Wesentlich ist hier die Gestaltung der Baukörper sowie der Innenräume; nicht zu vergessen ist auch die städtebauliche Einordnung im Hinblick auf Umgebung, Freianlagen und Bauabschnitte.

4. Zweck

134 Ähnlich verhält es sich mit der **funktionsgerechten Lösung** der Bauaufgabe. Hier handelt es sich nicht um die Gestaltung, also die Form der beabsichtigten Leistung, sondern um die **Erreichung des Zweckes,** den diese erfüllen soll. Auch hier kommt es für die Wahl einer Leistungsbeschreibung mit Leistungsprogramm maßgebend darauf an, ob die auf technischem Gebiet beruhenden Lösungsmöglichkeiten für den Auftraggeber nicht oder nur unter Schwierigkeiten durch Leistungsbeschreibung mit Leistungsverzeichnis zu ermitteln sind, weil hier eine klare Leistungsbeschreibung, die allen Bietern in gleicher Weise verständlich ist, nicht oder nur schwer aufgestellt werden kann. Maßgebend ist die Blickrichtung auf die beabsichtigte Funktion der Bauleistung, also den Zweck, den diese erfüllen soll. Es kann sein, dass es mit der objektiv erforderlichen Anspannung dem Auftraggeber unmöglich oder jedenfalls schwierig ist, festzustellen, ob eine bestimmte Bauweise, auf die sich ein oder mehrere Bewerber eingestellt haben, die Funktion des beabsichtigten Bauwerkes im Hinblick auf dessen spätere Benutzung zu erfüllen vermag, wie z.B. wegen zu erwartender Erschüt-

Beschreibung der Leistung § 9 VOB/A

terungen im Rahmen der Produktion in einer Fabrik, und ob es möglich ist, etwa damit zusammenhängenden möglichen Schäden am Bauwerk durch besondere Vorkehrungen zu begegnen. Hier kann es sinnvoll sein, entsprechende Planungsüberlegungen im Rahmen des Entwurfs der Bieterseite zu überlassen, also deren auf Erfahrung beruhende Kenntnisse mit einzuspannen.

IV. Wirtschaftliche Vertretbarkeit als Voraussetzung

Sind die vorerörterten Erfordernisse gegeben, so wird man es im Ausgangspunkt für berechtigt halten können, eine Leistungsbeschreibung mit Leistungsprogramm vorzunehmen. Allerdings muss noch eine **weitere Voraussetzung** gegeben sein: Es muss für alle Fälle **wirtschaftlich vertretbar** sein, im Rahmen der Vergabe den Bietern Planungsaufgaben zu übertragen, also nicht nur im Hinblick auf die Wirtschaftlichkeit des Bauvorhabens selbst, sondern auch wegen des allgemeinen Aufwandes, der hier bei einer Angebotsbearbeitung verlangt wird. Es muss besonders bedacht werden, dass den Bietern hier im Allgemeinen **erhebliche Kosten** entstehen, die der Auftraggeber den Bietern auch angemessen zu entschädigen hat (vgl. § 20 Nr. 2 Abs. 1 S. 2 und 3 VOB/A), dass also der **Kostenfaktor** eine **erhebliche Rolle** spielt. Daher ist die Frage der **Verhältnismäßigkeit** zwischen dem durch besondere Angebotsbearbeitung der Bieter verfolgten Zweck und dem damit zusammenhängenden Kostenaufwand vorab zu klären. Es dürfen also nicht Kosten zu erwarten sein, durch die der damit herbeigeführte Aufwand nicht mehr in gesundem Verhältnis zu dem objektiv zu erwartenden Ergebnis steht. Vor allem geht es nicht an, auf diese Weise eine Verteuerung des Bauvorhabens herbeizuführen, die durch sinnvolle andere Mittel der Klärung, wie z.B. durch Einschaltung eines oder zweier Sachverständiger oder durch die ausdrückliche Zulassung von Änderungsvorschlägen oder Nebenangeboten bei im Übrigen feststehendem Planungskonzept, vermieden oder jedenfalls spürbar geringer würde. Hier wird also **vom Auftraggeber eine sehr sorgfältige und sachgerechte vorherige Überlegung** verlangt, die er selbst anstellen muss und die er nicht anderen überlassen darf. Im Allgemeinen kann er hier vor allem auch nicht sagen, dazu habe er keine Zeit. Deshalb ist die etwaige **Eilbedürftigkeit** grundsätzlich für sich allein **noch kein Grund** für die Wahl der Leistungsbeschreibung mit Leistungsprogramm. Diese Gesichtspunkte sind auch durch die Nr. 7.1.3 VHB zu § 9 VOB/A angesprochen worden.

135

C. Anforderungen an die Leistungsbeschreibung mit Leistungsprogramm (Nr. 16)

Die Vergabe auf der Grundlage einer Leistungsbeschreibung mit Leistungsprogramm kann nur dann eine hinreichende Aussicht auf Erfolg bieten, wenn sie vom Auftraggeber **nicht nur sorgfältig vorbereitet** wird, **sondern** wenn sie vor allem **sämtliche im Einzelfall erforderlichen Angaben enthält**, die das erstrebte Ziel zu erreichen geeignet sind. Deshalb ist **Nr. 16 von grundlegender, insbesondere auch haftungsrechtlicher Bedeutung und auf jeden Fall von Auftraggeberseite zu beachten und einzuhalten.**

136

Hiernach umfasst das Leistungsprogramm eine Beschreibung der Bauaufgabe, aus der die Bewerber **alle** für die Entwurfsbearbeitung und ihr Angebot **maßgebenden Bedingungen und Umstände erkennen** können und in der sowohl der **Zweck** der fertigen Leistung als auch die an sie gestellten **technischen, wirtschaftlichen, gestalterischen und funktionsbedingten Anforderungen** angegeben sind, sowie gegebenenfalls ein **Musterleistungsverzeichnis** (genaugenommen: Bedarfsverzeichnis), in dem die Mengenangaben ganz oder teilweise offengelassen sind; § 9 Nr. 11–14 VOB/A gilt sinngemäß. Wesentlich sind dabei für die Angaben des Auftraggebers: die eindeutige städtebaulich-architektonische Formulierung der Bauaufgabe, die Vorlage einer Vorentwurfsplanung, die örtlichen Bedingungen, die grundsätzlichen Entwurfskriterien, das Bauprogramm selbst und die Qualitäten des technischen sowie nichttechnischen Ausbaues, die technischen Systeme, die Anforderungen an Bauteile und Bauelemente, insoweit vor allem hinsichtlich der Außenanlagen, des Verkehrs, des

137

Raumbildes (z.B. Zuordnung zu einzelnen Räumen, am besten durch ein Raum- und Gebäudebuch) und der tragenden Bauteile sowie der Versorgung und Entsorgung. Dazu gehört unabdingbar auch eine hinreichend klare **Ablaufplanung,** was vor allem für die Preisgestaltung von erheblicher Bedeutung ist. Unter diesen Gesichtspunkten sind die nachfolgenden Erörterungen zu betrachten.

I. Erkennbarkeit der für die Entwurfsbearbeitung maßgebenden Umstände

138   Das Leistungsprogramm hat zunächst eine Beschreibung der erstrebten Leistung in dem Sinne zu umfassen, dass **alle** in Betracht kommenden **Bewerber** die für ihre Entwurfsbearbeitung und ihr Angebot **maßgebenden Umstände erkennen können.** Daher muss aus der Beschreibung **lückenlos** alles zu erkennen sein, was den Bewerbern für eine Entwurfsbearbeitung an Einzelheiten bekannt sein muss. Dabei muss es sich um eine inhaltlich nicht nur erschöpfende Beschreibung handeln, sondern vor allem auch um eine solche, die für alle in Betracht kommenden Bieter klar und einheitlich verständlich ist, also Missverständnisse und Unklarheiten vermeidet. Es muss demnach alles vom Auftraggeber umschrieben werden, was notwendig ist, um **Angebote,** vor allem in dem hier in erster Linie maßgebenden Planungsbereich, herbeizuführen, die miteinander **vergleichbar** sind, daher später **ordnungsgemäß gewertet werden können.**

139   Dabei müssen **vorweg** die Voraussetzungen geklärt werden, die überhaupt den Rahmen der Leistung und deren Ausgestaltung bestimmen. Dazu gehört einmal das vom Auftraggeber gewünschte **Raumprogramm,** das vollständig und zugleich endgültig sein muss, also später nicht mehr geändert werden darf. Des Weiteren müssen vom Auftraggeber die notwendigen **öffentlich-rechtlichen Voraussetzungen** geschaffen werden, z.B. städtebaulich und bauaufsichtsrechtlich. Für den öffentlichen Auftraggeber gilt gleiches auch in haushaltsrechtlicher Hinsicht, wie überhaupt – auch für den privaten Auftraggeber – vorher Klarheit darüber bestehen muss, ob und inwieweit er die ihm vorschwebende Bauaufgabe **zu finanzieren in der Lage ist.** Auf alle diese Punkte wird mit Recht unter 7.2.1 des VHB zu § 9 VOB/A hingewiesen.

II. Erforderliche Einzelmitteilungen

140   Über diese allgemeinen Grundlagen hinaus sind vom Auftraggeber durch die erforderlichen **Einzelmitteilungen** in der gebotenen erschöpfenden Form auch diejenigen Angaben zu machen, die seinen **eigentlichen Beweggrund** für die Leistungsbeschreibung mit Leistungsprogramm ausmachen.

141   Dazu zählt einmal der **Zweck der fertigen Leistung,** also die Mitteilung, welcher Bestimmung im Rahmen der Benutzung oder etwaigen Verwertung die erstrebte Leistung dienen soll. Hierher gehört nicht allein die Mitteilung über den Zweck im groben, z.B. die Angabe, dass eine Schule gebaut werden soll, sondern auch die Angabe der Zweckbestimmung im Einzelnen, wie z.B. die Art der Schule, die Klassenfrequenz, die im Rahmen des Raumprogramms wesentlichen Ausbildungsziele sowie etwa darüber hinausgehende Nutzungszwecke, wie z.B. für Volkshochschule, Theater, Schwimmausbildung usw.

142   Dazu müssen zweitens die Angaben kommen, die aus technischen, wirtschaftlichen, gestalterischen und funktionsbedingten Gründen notwendig sind, um eine **in einheitliche Richtung gehende Planung** der Bieter im Angebotsverfahren zu erreichen. Es müssen Einzelangaben gemacht werden, die sich über die eigentlichen Beweggründe der Vergabe vermittels Leistungsbeschreibung mit Leistungsprogramm verhalten, diese somit näher kennzeichnen.

143   Drittens soll gegebenenfalls – also immer dann, wenn es bei objektiver Betrachtung möglich ist – ein **Musterleistungsverzeichnis** vom Auftraggeber aufgestellt werden, in dem die Mengenangaben, soweit dies für die von den Bietern zu verlangende Planung erforderlich ist, ganz oder teilweise offengelassen sind. Gerade auch das ist wichtig, um eine einheitliche Angebotsbearbeitung zu ermög-

lichen, also zu erreichen, dass später eine einheitliche Beurteilung der Angebote möglich ist. Damit soll im Wesentlichen vorgezeichnet werden, wie die Angebote zu gliedern und durch Angabe von Kennzahlen usw. zu erläutern sind. Lässt sich das nicht durch ein Musterleistungsverzeichnis ermöglichen, muss der Auftraggeber **andere Mittel und Wege** suchen, um den genannten Zweck zu erreichen, und sei es nur durch sonstige Mitteilung der notwendigen Angebotsgliederung und der Kennzeichnung der einzelnen Abschnitte. Dass dabei folgerichtige, also logisch klar gegliederte technische Gesichtspunkte maßgebend sein müssen, liegt auf der Hand.

Viertens müssen, wie sich aus Nr. 16 Abs. 2 ergibt, auch **alle für den Einzelfall maßgebenden Punkte** aufgeführt werden, um den besonderen Bedingungen an Ort und Stelle des Bauvorhabens und auch sonst zwecks späterer einheitlicher Beurteilung gerecht zu werden. Deshalb sagt die VOB hier, dass die Nrn. 12–14 in § 9 VOB/A sinngemäß gelten. Dies bedeutet, dass diese Regelungen im Einzelfall zu überprüfen sind, und zwar **vergleichsweise** dahin gehend, ob sie auch für diesen jetzt in Betracht kommenden Vergabefall etwas auszusagen vermögen, was für die geplante Ausführung eine Rolle spielt, und zwar aus technischen, wirtschaftlichen, gestalterischen und funktionellen Erwägungen. Dann sind entsprechende Angaben in die Beschreibung des Bauprogramms bzw. des Rahmens des Bauvorhabens mit aufzunehmen, insbesondere auch in der in Nr. 12–14 gekennzeichneten Art und Weise.

144

III. Notwendige Unterlagen

Die vorgenannten Voraussetzungen können oftmals nicht durch eine einzige Aufstellung im Wege bloßer Wortbeschreibung erreicht werden. Vielmehr kann es – und wird es im Regelfall auch – notwendig sein, dem bloßen Programm als solchem als **Anlagen** die dazugehörigen und für eine einheitliche Beurteilung durch die Bieter **notwendigen Unterlagen** beizufügen, die eine in sich geschlossene ergänzende oder erläuternde Aussage machen. Dazu gehören neben dem Raumprogramm u.a. Pläne, Erläuterungsberichte, Baugrundgutachten, evtl. Modelle sowie bestimmte Richtlinien für die vorgesehene Benutzung der fertigen Leistung.

145

Auch kann es wesentlich sein, für die von den Bietern zu verlangende Planung bekannt zu geben, welche vorangehenden oder auch welche nachfolgenden **Leistungen von anderen Unternehmern** außerhalb des jetzt zu vergebenden Leistungsinhaltes vorgesehen sind. Dabei wird es auf Einzelangaben hierzu ankommen, natürlich nur, soweit sie für die Angebotsbearbeitung und die spätere Ausführung von Bedeutung sind. Das kann z.B. für die Frage der Belastbarkeit von vorhandenen bzw. von anderen Unternehmern auszuführenden Konstruktionen, der den anderen Unternehmern eingeräumten Baufristen, deren Vorhaltung von Gerüsten und Versorgungseinrichtungen bedeutungsvoll sein.

146

Wie weit das hier zu gehen hat, hängt von den Gegebenheiten des Einzelfalles ab. Maßgebend ist die Frage, was den Bietern zur Verfügung gestellt werden muss, um sie in die Lage zu versetzen, der **Zielrichtung entsprechende, jeweils in gleicher Weise beurteilbare, den Leistungsrahmen vollständig ausfüllende Angebote abzugeben**.

147

IV. Richtlinien des Vergabehandbuches

Zu den genannten Voraussetzungen und Anforderungen können vor allem auch die unter 7.2 VHB 2002 zu § 9 VOB/A aufgeführten Richtlinien eine wertvolle Hilfe sein:

148

7.2   *Zu § 9 Nr. 11 VOB/A*
7.2.1   *Eine Leistungsbeschreibung mit Leistungsprogramm stellt besonders hohe Anforderungen an die Sorgfalt der Bearbeitung. Die Beschreibung muss eine einwandfreie Angebotsbearbeitung durch die Bieter ermöglichen und gewährleisten, dass die zu erwartenden Angebote vergleichbar sind.*

VOB/A § 9   Beschreibung der Leistung

Bevor das Leistungsprogamm aufgestellt werden darf, müssen ein vollständiges Raumprogramm, das nachträglich nicht mehr geändert werden darf, und eine genehmigte Haushaltsunterlage – Bau – vorliegen. Außerdem müssen sämtliche für das Bauvorhaben bedeutsamen öffentlich-rechtlichen Forderungen (städtebaulicher und bauaufsichtlicher Art) geklärt sein.

7.2.2 Bei der Aufstellung des Leistungsprogramms ist besonders darauf zu achten, dass die in § 9 Nr. 3 bis 5 und 7 bis 9 VOB/A geforderten Angaben eindeutig und vollständig gemacht werden.

7.2.3 Als Anhalt für Angaben zum Leistungsprogramm und deren Gliederung kann die nachfolgende Aufstellung dienen. Dabei ist jeweils im Einzelfall zu prüfen, welche dieser Angaben für eine genaue Beschreibung erforderlich sind.

7.2.3.1 Angaben des Auftraggebers für die Ausführung:
Beschreibung des Bauwerks/der Teile des Bauwerks
Allgemeine Beschreibung des Gegenstandes der Leistung nach Art, Zweck und Lage
Beschreibung der örtlichen Gegebenheiten wie z.B. Klimazone, Baugrund, Zufahrtswege, Anschlüsse, Versorgungseinrichtungen
Beschreibung der Anforderungen an die Leistung
Flächen- und Raumprogramm, z.B. Größenangaben, Nutz- und Nebenflächen, Zuordnungen, Orientierung
Art der Nutzung, z.B. Funktion, Betriebsabläufe, Beanspruchung
Konstruktion; ggf. bestimmte grundsätzliche Forderungen, z.B. Stahl oder Stahlbeton, statisches System
Einzelangaben zur Ausführung, z.B.:
– Rastermaße, zulässige Toleranzen, Flexibilität
– Tragfähigkeit, Belastbarkeit
– Akustik (Schallerzeugung, -dämmung, -dämpfung)
– Klima (Wärmedämmung, Heizung, Lüftungs- und Klimatechnik)
– Licht- und Installationstechnik, Aufzüge
– hygienische Anforderungen
– besondere physikalische Anforderungen (Elastizität, Rutschfestigkeit, elektrostatisches Verhalten)
– sonstige Eigenschaften und Qualitätsmerkmale
– vorgeschriebene Baustoffe und Bauteile
– Anforderungen an die Gestaltung (Dachform, Fassadengestaltung, Farbgebung, Formgebung)
Abgrenzung zu Vor- und Folgeleistungen
Normen oder etwaige Richtlinien der nutzenden Verwaltung, die zusätzlich zu beachten sind öffentlich-rechtliche Anforderungen, z.B. spezielle planungsrechtliche, bauordnungsrechtliche, wasser- oder gewerberechtliche Bestimmungen oder Auflagen.

7.2.3.2 Unterlagen, die der Auftraggeber zur Verfügung stellt:
Dem Leistungsprogramm sind als Anlage beizufügen z.B. das Raumprogramm, Pläne, Erläuterungsberichte, Baugrundgutachten, besondere Richtlinien der nutzenden Verwaltung.
Die mit der Ausführung von Vor- und Folgeleistungen beauftragten Unternehmer sind zu benennen.
Die Einzelheiten über deren Leistung sind anzugeben, soweit sie für die Angebotsbearbeitung und die Ausführung von Bedeutung sind, z.B.
– Belastbarkeit der vorhandenen Konstruktionen,
– Baufristen,
– Vorhalten von Gerüsten und Versorgungseinrichtungen.

149 Hinzu kann kommen, dass zwecks einheitlicher Bearbeitung der Angebote im betreffenden Fall bestimmte Angaben gemacht werden müssen, die sich durch den Auftraggeber nur als solche umschreiben lassen, die also in den Einzelheiten letztlich von Bieterseite kommen müssen. Auch hierauf müssen die Bieter aufmerksam gemacht werden, damit sie den Erfordernissen gerecht werden, also nichts unterlassen, was letztlich bei der Vergabe eine Rolle spielt. Das gilt vornehmlich für jene Gesichtspunkte, die **nicht ohne weiteres für die Bieter erkennbar** sind. Dazu gehört im Allgemeinen eine ordnungsgemäße **Ablaufplanung.** Auch insofern können für den Auftraggeber als Beispiele Gesichtspunkte wesentlich sein, die in den Richtlinien des VHB unter 7.2.3.3 zu § 9 VOB/A enthalten sind:

Ergänzende Angaben des Bieters:

Soweit im Einzelfall erforderlich, kann der Bieter z.B. zur Abgabe folgender Erklärungen oder zur Einreichung folgender Unterlagen aufgefordert werden: Angaben zur Baustelleneinrichtung, z.B. Platzbedarf, Art der Fertigung; Angaben über eine für die Bauausführung erforderliche Mitwirkung oder Zustimmung des Auftraggebers; Baufristenplan, u.U. auch weitere Pläne abweichend von der vorgeschriebenen Bauzeit; Zahlungsplan, wenn die Bestimmung der Zahlungsbedingungen dem Bieter überlassen werden soll; Erklärung, dass und wie die nach dem öffentlichen Recht erforderlichen Genehmigungen usw. beigebracht werden können; Wirtschaftlichkeitsberechnung unter Einbeziehung der Folgekosten, unterteilt in Betriebskosten und Unterhaltungskosten, soweit im Einzelfall erforderlich.

Auch kann es im Einzelfall für den Bieter wesentlich sein, nach welchen Gesichtspunkten, und zwar überhaupt sowie hinsichtlich bestimmter Einzelgesichtspunkte die **Angebotswertung** nach § 25 VOB/A, dessen Aufbau und Regeln allerdings auch hier gelten und zu beachten sind, vonstatten gehen soll. Dabei kommt es insbesondere auf die Angabe der **Schwerpunkte** an. Dies ist wesentlich, um den Bietern die erforderliche Hilfestellung dahin zu geben, ob sie sich entschließen wollen, sich unter Zugrundelegung der bei ihnen vorhandenen Verhältnisse überhaupt an der betreffenden Vergabe zu beteiligen und, falls ja, worauf sie besonderes Gewicht bei ihrer Angebotsbearbeitung zu legen haben, um sich möglichst aussichtsreich am Wettbewerb beteiligen zu können. Natürlich beschränkt sich dieses auf den Sinn und Zweck der Leistungsbeschreibung mit Leistungsprogramm, nämlich dem Herausfinden der technisch, wirtschaftlich, gestalterisch sowie funktionsmäßig besten Lösung der Bauaufgabe. **150**

In diesem Sinne dürfte auch Nr. 7.2.3.4 zu § 9 VOB/A VHB 2002 zu verstehen sein, wo es heißt:

Besondere Bewertungskriterien
Gegebenenfalls ist anzugeben, nach welchen Gesichtspunkten – auch hinsichtlich ihrer Rangfolge – der Auftraggeber die angebotenen Leistungen zu werten beabsichtigt.

Grundsätzlich sollte der Auftraggeber dies im berechtigten Interesse der Bieter befolgen. Bei EU-weiten Ausschreibungen ergibt sich die rechtliche Verpflichtung zur Angabe von Wertungskriterien auch bei Funktionalausschreibungen auch aus dem Vorrang der §§ 10a, 25a i.V.m. § 1a VOB/A (OLG Frankfurt NZBau 2002, 161 zur Notwendigkeit der Angabe von Wertungskriterien bei EU-weiten Ausschreibungen).

D. Anforderungen an die Angebote der Bieter bei Leistungsbeschreibung mit Leistungsprogramm (Nr. 17)

Schließlich befasst sich Nr. 17 mit den **Anforderungen,** die an die **Angebote der Bieter** und demnach auch an die dafür zu leistenden **vorbereitenden Arbeiten durch die Bieter** zu stellen sind. Auch dieses verfolgt den Zweck, einheitliche und den Erfordernissen entsprechende vollständige Angebote zu erlangen, um in eine ordnungsgemäße Prüfung und Wertung der Angebote eintreten zu können. Es geht also darum, wie die Angebote der Bieter sowohl ihrem Inhalt als auch ihrer äußerlichen Gestaltung nach aufzusetzen sind. Maßgebend sind dafür in erster Linie die Angaben, die das den Bietern vorgelegte, nach den Regeln der Nr. 16 ausgerichtete Programm ausweist. Es kommt aber weiter darauf an, dass die Bieter dieses nicht nur vollständig beachten, sondern dass sie darüber **151** hinaus auch die entsprechenden Ausarbeitungen im Rahmen ihres Angebotes abliefern. Auch darauf muss der Auftraggeber von vornherein achten und im Rahmen seiner Ausschreibung die nötigen Hilfen vermitteln.

I. Grundsatzregelung in S. 1

152 Dazu dient zunächst der in **Nr. 17 S. 1** VOB/A ermittelte **Grundsatz,** dass von dem Bieter ein Angebot zu verlangen ist, das außer der Ausführung der – geforderten – Leistung den Entwurf nebst eingehender Erläuterung und eine Darstellung der Bauausführung sowie eine eingehende und zweckmäßig gegliederte Beschreibung der Leistung – gegebenenfalls mit Mengen- und Preisangaben für Teile der Leistung – umfasst.

1. Entwurf

153 Das **Schwergewicht** liegt hier in erster Linie – was sich aus der Natur dieser besonderen Leistungsbeschreibung ergibt – bei der **Entwurfsbearbeitung** und der ordnungsgemäßen, übersichtlichen **Eingliederung dieses Entwurfs** in das Angebot. Selbstverständlich ist dabei, dass der Bieter einen nach allgemein anerkannten technischen Gesichtspunkten ordnungsgemäßen Entwurf aufstellt und einreicht. Dazu muss er die entsprechenden Pläne in geordneter und der Gliederung des Angebots ausgerichteter Reihenfolge vorlegen. Um dieses zu erreichen, muss ihm der Auftraggeber die erforderlichen Angaben machen, vor allem auch, in welcher einheitlichen Weise die Pläne aufzustellen sind, nicht zuletzt auch hinsichtlich des Maßstabes und ihrer Art im Einzelnen. Entsprechendes gilt auch für andere Bestandteile des Entwurfs.

154 Weiterhin kommt der erforderlichen **Erläuterung des Entwurfs** wesentliche Bedeutung zu, die überall dort – und zwar im weitesten Sinne – notwendig ist, wo die zeichnerische oder sonstige planerische Darstellung aus sich heraus nicht oder nur schwer verständlich ist, darüber hinaus aber auch, wo Erklärungen erforderlich sind, die für den Auftraggeber wesentlich sind, und sei es auch nur, um seine Aufmerksamkeit bei der Prüfung und Wertung der Angebote zu wecken. Diese Erläuterung muss derart eingehend sein, dass sie **alle erforderlichen Gesichtspunkte erfasst,** außerdem muss sie so deutlich sein, dass der Auftraggeber sie aus sich heraus verstehen kann und nicht erst noch Rückfrage halten muss. Zur eingehenden Erläuterung gehören vor allem auch Angaben über die im Einzelfall vorgesehenen Konstruktionsprinzipien sowie die Materialwahl, wie es der Vorstellung des Bieters entspricht. Auf alle diese Gesichtspunkte sind die jeweiligen Bewerber im Einzelfall vom Auftraggeber im Rahmen der Ausschreibung hinzuweisen, und sie sind anzuhalten, diese zu befolgen.

2. Bauablauf

155 Die vorerwähnten Punkte können nicht nur für die Vergabe selbst wesentlich sein, sondern auch für die **Abwicklung** eines späteren Bauvertrages im Rahmen der **Ausführung,** z.B. hinsichtlich des voraussichtlichen **Bauablaufes,** sowie auch der **Abrechnung,** wenn hier auch die **Vereinbarung eines Pauschalpreises zweckmäßig** sein dürfte. Gerade auch insoweit können wesentliche Gesichtspunkte vorliegen, die bereits jetzt im Rahmen der Bauvergabe eine entscheidende, jedenfalls aber wesentliche Rolle spielen. Daher wird es häufig notwendig sein, die Bieter aufzufordern, mit dem Angebot auch zu diesen Gesichtspunkten wesentliche Pläne und Unterlagen nicht nur in geordneter und übersichtlicher Weise vorzulegen, sondern auch zu erläutern. Zumindest muss der Bieter aufgefordert werden, diese Pläne und sonstigen Unterlagen im Rahmen des Angebotes im Einzelnen zu bezeichnen und sich außerdem zu verpflichten, sie dem Auftraggeber auf Anforderung so rechtzeitig vorzulegen, dass er nicht nur darüber orientiert ist, sondern ihnen auch beipflichten kann. Also wird es notwendig sein, dass der Auftraggeber die Verwendung solcher für die Ausführung und Abrechnung – erst – notwendiger Pläne und Unterlagen von seinem Einverständnis abhängig macht, was wiederum voraussetzt, dass er **bereits im Vergabeverfahren orientiert** wird, worum es sich bei der späteren Ausführung und Abrechnung im Einzelnen handelt, was also hier Grundlage sein soll. Sicherer und besser für beide Seiten dürfte es allerdings sein, diese Pläne und Unterlagen bereits mit dem Angebot selbst vorzulegen.

3. Bauausführung

Des Weiteren wird es im Allgemeinen notwendig sein, vom Bieter Angaben über den **Gang der Bauausführung** zu verlangen, also den vorgestellten Hergang der Ausführung. Das betrifft nicht nur die Einzelheiten des zeitlichen Bauablaufes, sondern auch den technischen Ablauf, insoweit vor allem auch im Hinblick auf die Baustelleneinrichtung, das Fertigungsprogramm, die Voraussetzungen für einen technisch ordnungsgemäßen Bauhergang usw. Gerade das wird i.d.R. einer klaren und allgemeinverständlichen wörtlichen Erläuterung bedürfen. Insoweit ist eine hinreichend klare **Ablaufplanung** von Bieterseite geboten. Dabei ist eine sachgerechte Koordination der einzelnen vorgesehenen Leistungen unerlässlich.

156

4. Gliederung der Leistungsbeschreibung

Letztlich bedarf es noch einer **eingehenden,** vor allem nach den DIN-Normen ausgerichteten, **gutgegliederten Beschreibung der Leistung,** wie sie sich nach der Entwurfsbearbeitung durch den einzelnen Bieter darstellt. Um die hinreichende Klarheit und vor allem die umfassende Leistungsdarstellung zu erreichen, dürfte es angezeigt sein, sich hier im Wesentlichen nach den Richtlinien auszurichten, wie sie auch für eine Leistungsbeschreibung mit Leistungsverzeichnis gelten, also aus Nr. 11–14 zu entnehmen sind. Die dort herausgearbeiteten Gesichtspunkte sind **sinngemäß zu beachten,** insbesondere auch die in Nr. 14 enthaltenen. Wichtig sind im Allgemeinen auch die notwendigen **Mengen- und Preisangaben,** worin gerade auch Teilleistungen – u.U. für sich abgeschlossen – mit einzubeziehen sind. Vor allem müssen von den Bietern Mengen- und Preisangaben gefordert werden, wenn dieses, was i.d.R. der Fall sein dürfte, notwendig ist, um im Rahmen der Angebotswertung zutreffende Schlüsse aus den einzelnen Angeboten im Hinblick auf das annehmbarste Angebot ziehen zu können.

157

5. Verwendung von Kennzahlen

Insgesamt muss von den Bietern verlangt werden, ihre Angebote so aufzugliedern, dass durch diese Art und Umfang der Leistung eindeutig und vor allem vollständig, gegebenenfalls durch Änderungsvorschläge oder Nebenangebote, bestimmt sind, die beabsichtigte Erfüllung der Forderungen des Leistungsprogramms nachgewiesen wird, die Angemessenheit der geforderten Preise beurteilt werden kann, schließlich auch die Möglichkeit besteht, nach Erstellung der Leistung die ordnungsgemäße Erfüllung eindeutig und klar nachzuprüfen. Dazu ist es notwendig, im Rahmen der Ausschreibung anzugeben, **wie die Gliederung der Angebote** zu erfolgen hat, wie sie vor allem in ihren Einzelpunkten erläutert werden sollen, wozu z.B. **Kennzahlen** sachdienlich sein können.

158

II. Anforderungen an Leistungsbeschreibung mit Mengen- und Preisangaben

Weiterhin enthält **Nr. 17 S. 2** noch einige Richtpunkte für den Fall der Beschreibung der Leistung mit **Mengen- und Preisangaben**. Diese dienen dazu, einmal eine hinreichende **Bindung** der Bieter an ihre Mengen- und Preisangaben herbeizuführen, zum anderen, etwa hinsichtlich der Mengen- und Preisangaben verbliebene **Ungewissheiten** dem Auftraggeber hinreichend **klar vor Augen zu führen**, um ihm eine sachgerechte Berücksichtigung im Rahmen der Angebotswertung zu ermöglichen.

159

1. Vollständige Mengenangaben

160 Hiernach ist der Auftraggeber gehalten, vom Bieter zu verlangen, dass er (a) **die Vollständigkeit seiner Angaben, insbesondere die von ihm selbst ermittelten Mengen, entweder ohne Einschränkung oder im Rahmen einer in den Verdingungsunterlagen anzugebenden Mengentoleranz vertritt.** Es geht also darum, dass der Bieter für die von ihm ermittelten Mengen gerade zu stehen bereit ist, zumindest aber willens ist, eine von ihm vom Auftraggeber in den Verdingungsunterlagen angegebene Mengentoleranz für maßgebend zu erachten und nicht darüber hinauszugehen. Es liegt auf der Hand, dass hierdurch die Preisangaben der Bieter eine hinreichend verbindliche Grundlage bekommen sollen, dass vor allem etwaige, sonst nach der VOB nicht vorgesehene Änderungen in der Preisgestaltung vermieden werden sollen. Dadurch dürfen allerdings Möglichkeiten der Preisänderung, wie sie in § 2 Nr. 3 ff. VOB/B ins Auge gefasst sind, nicht schon ausgeschlossen werden. Vielmehr soll der Bieter an seine Mengen- und Preisangaben – nur – genauso gebunden werden, wie dies bei seinen Preisermittlungen im Falle der Leistungsbeschreibung durch Leistungsverzeichnis der Fall wäre. Allerdings muss den Besonderheiten der Beschreibung mit Leistungsprogramm insofern Rechnung getragen werden, als etwaige Mengentoleranzen, die vom Auftraggeber im Einzelnen festzulegen sind, in die Bindung des Bieters mit einzubeziehen sind.

2. Ausnahmen

161 Die Besonderheiten des Einzelfalles können es gebieten, dass eine **Festlegung** durch die Bieter nach Mengenangaben, wie sie vorangehend umschrieben ist, jedenfalls in einzelnen Bereichen der zu vergebenden Leistung **nicht möglich** ist. Dass auch hier der Auftraggeber eine bestimmte **Sicherung** im Rahmen der Vergabe, vor allem der sachgerechten Wertung der Angebote, haben muss, leuchtet ohne weiteres ein. Deshalb wird in Nr. 17 S. 2 weiter bestimmt, dass (b) vom Bieter etwaige Annahmen, zu denen er in besonderen Fällen gezwungen ist, weil zum Zeitpunkt der Angebotsabgabe einzelne Teilleistungen nach Art und Menge noch nicht bestimmt werden können (z.B. Aushub-, Abbruch- oder Wasserhaltungsarbeiten), erforderlichenfalls anhand von Plänen und Mengenermittlungen, im Rahmen seines Angebotes **begründet** werden. Die Begründung ist hier vor allem auch erforderlich, um dem Auftraggeber die Nachprüfung zu ermöglichen, ob diese Annahmen sich wirklich darauf stützen, dass bei Angebotsabgabe die betreffenden Teilleistungen nach Art und Menge noch nicht bestimmt werden können. Das gilt auch insofern, als es vorkommen kann, dass einzelne Bieter in ihrem Angebot lediglich Annahmen bringen, andere dazu wiederum ins einzelne gehende Mengenangaben. Dabei kann es durchaus sein, dass letztere ihre Angaben ohne die erforderliche Vorsicht gemacht haben, was dem Auftraggeber später Ärger einbringen kann, während sich der bereits jetzt mit seinen Angaben vorsichtige Bieter nach Sachlage durchaus als der dem Auftraggeber zuverlässigere erweisen kann. Gerade hier ist eine sorgfältige Begründung des betreffenden Bieters, der von Annahmen ausgeht, notwendig, um den Auftraggeber ins nötige Bild zu setzen. Hierzu können im Einzelfall Pläne und Mengenermittlungen, letztere gegebenenfalls mit den erforderlichen Erläuterungen, eine wertvolle Hilfe sein.

III. Regelungen des VHB zu § 9 Nr. 12 VOB/A

162 Zur Beachtung der vorgenannten Einzelgesichtspunkte kann auch Nr. 7.3 VHB 2002 zu § 9 VOB/A dienen, wobei die Regelungen im Einzelnen lauten:

7.3 Zu § 9 Nr. 12 VOB/A
7.3.1 Bei Leistungsbeschreibung mit Leistungsprogramm sind die EVM anzuwenden. Dabei ist in der Aufforderung zur Angebotsabgabe zu regeln, inwieweit Nr. 3.3 der Bewerbungsbedingungen gelten soll.
7.3.2 Außerdem ist in der Aufforderung zur Angebotsabgabe vom Bieter zu verlangen, dass er sein Angebot so aufstellt, dass

- *Art und Umfang der Leistung eindeutig bestimmt,*
- *die Erfüllung der Forderungen des Leistungsprogramms nachgewiesen,*
- *die Angemessenheit der geforderten Preise beurteilt und*
- *nach Abschluss der Arbeit die vertragsgemäße Erfüllung zweifelsfrei geprüft werden kann. Dabei ist anzugeben, wie die Angebote gegliedert und durch Angabe von Kennzahlen oder dergleichen erläutert werden sollen.*

7.3.3 *Der Bieter ist ferner aufzufordern, sämtliche zur Beurteilung des Angebotes erforderlichen Pläne und sonstige Unterlagen mit einer eingehenden Erläuterung, insbesondere der Konstruktionsprinzipien und der Materialwahl seinem Angebot beizufügen.*

7.3.4 *Er ist außerdem zu verpflichten, Pläne und Unterlagen, die nicht schon für die Beurteilung des Angebotes, sondern erst für die Ausführung und Abrechnung erforderlich sind, zu bezeichnen und zu erklären, dass er alle für die Ausführung und Abrechnung erforderlichen Pläne im Falle der Auftragserteilung dem Auftraggeber rechtzeitig zur Zustimmung vorlegen werde.*

7.3.5 *Der Auftraggeber hat Pläne und sonstige Unterlagen, deren Vorlage er bei Angebotsabgabe für erforderlich hält, nach Art und Maßstab im Einzelnen anzugeben.*
Mengen- und Preisangaben sind zu fordern, soweit diese für einen einwandfreien Vergleich bei der Wertung notwendig sind. In diesen Fällen ist in den Verdingungsunterlagen eine Regelung nach § 9 Nr. 12 S. 2 VOB/A zu treffen.

§ 9b
Beschreibung der Leistung

Die Auftraggeber teilen dem an einem Auftrag interessierten Unternehmer auf Anfrage die technischen Spezifikationen mit, die regelmäßig in ihren Bauaufträgen genannt werden oder die sie bei Beschaffungen im Zusammenhang mit regelmäßigen Bekanntmachungen gemäß § 17b Nr. 2 benutzen. Soweit sich solche technischen Spezifikationen aus Unterlagen ergeben, die interessierten Unternehmern zur Verfügung stehen, genügt eine Bezugnahme auf diese Unterlagen.

Inhaltsübersicht

	Rn.
A. Allgemeine Grundlagen	1
B. Mitteilung technischer Spezifikationen	2
I. Mitteilung an Unternehmen	3
II. Bezugnahme auf Unterlagen	4

A. Allgemeine Grundlagen

§ 9b VOB/A enthält ergänzende Bestimmungen zu der ohnehin eingehenden Basisregelung von § 9 VOB/A für den Fall der Beschreibung der Leistung im Bereich der Vergaben auf der Grundlage der EG-Sektorenrichtlinie (Trinkwasser- oder Energieversorgung sowie Verkehrs- und Fernmeldewesen). § 9b VOB/A konnte in der Fassung 2006 wesentlich verkürzt werden, da die neu gefasste Basisregelung von § 9 VOB/A die Bestimmungen des EU-Rechtes bereits fast vollständig umsetzt. Lediglich die Mitteilung von regelmäßig durch (bestimmte) Auftraggeber verwendeten technischen Spezifikationen war aufrechtzuerhalten.   **1**

B. Mitteilung technischer Spezifikationen

2 § 9b VOB/A dient der **Publizität von Spezifikationen, die von der Auftraggeberseite aufgestellt worden sind.** Diese sollen interessierten Unternehmern mitgeteilt werden, damit auch sie diese überprüfen und ihre unternehmerischen Dispositionen danach ausrichten können.

I. Mitteilung an Unternehmen

3 Die Auftraggeber sind verpflichtet, dem an einem **Auftrag interessierten Unternehmer auf Anfrage** die technischen Spezifikationen mitzuteilen, die **regelmäßig in den Bauaufträgen genannt werden oder die sie bei Beschaffungen im Zusammenhang mit regelmäßigen Bekanntmachungen gemäß § 17b Nr. 2 VOB/A benutzen.** Die genannte Mitteilungspflicht besteht **nur** gegenüber dem **an einem Auftrag interessierten Unternehmer,** also einem Unternehmer, der in einem konkreten Vergabeverfahren als Bewerber oder gar Bieter aufzutreten gedenkt. Dies muss er dem Auftraggeber u.U. näher darlegen. Des Weiteren besteht die Mitteilungspflicht nur **auf Anfrage,** also dann, wenn der betreffende Bewerber oder Bieter danach fragt. Als Gegenstand der Mitteilung kommen einmal Spezifikationen in Betracht, die **regelmäßig in den Bauaufträgen** des betreffenden Auftraggebers **genannt** werden, die also nicht nur für spezielle Aufträge aufgestellt worden sind, sondern üblicherweise Gegenstand der von ihm vergebenen Bauaufträge sind. Ferner sind **auch solche technischen Spezifikationen** erfasst, die von Auftraggeberseite **bei Beschaffungen im Zusammenhang mit regelmäßigen Bekanntmachungen benutzt werden.** Daraus ergibt sich, dass es sich hier, wie das Wort »Beschaffungen« zeigt, im Allgemeinen um technische Spezifikationen handelt, die im Wesentlichen die **Beschaffung und Bereitstellung von Material** betreffen. Dabei geht es hier allgemein um den Fall, der in § 17b Nr. 1b sowie Nr. 2 Abs. 3 VOB/A geregelt ist. Die bei diesen regelmäßigen Bekanntmachungen benutzten technischen Spezifikationen, also solche, die den **Normalfall einer bestimmten Art und Weise eines zu erteilenden Auftrages betreffen,** sind von der Mitteilungspflicht erfasst.

II. Bezugnahme auf Unterlagen

4 Es wäre **übertrieben,** wollte man den Auftraggeber zur vorgenannten Mitteilung **immer und in jedem Fall** verpflichten, vor allem auch dann, wenn dem interessierten Unternehmer die technischen Spezifikationen, um die es sich hier handelt, **ohnehin zur Verfügung stehen.** Daher ist in S. 2 bestimmt, dass dann, wenn sich die betreffenden technischen Spezifikationen **aus Unterlagen ergeben, die interessierten Unternehmern zur Verfügung stehen, eine Bezugnahme des Auftraggebers auf diese Unterlagen genügt.** Dies kann z.B. auf früheren Ausschreibungen beruhen oder auf sonst den interessierten Unternehmern bereits bekanntgemachten oder gar aus Veröffentlichungen bekannten Unterlagen. Dann wäre es reiner **Formalismus,** wollte man den Auftraggeber zur erneuten Überlassung von Unterlagen verpflichten. Vorausgesetzt ist allerdings, dass diese **unverändert geblieben** sind.

§ 10
Vergabeunterlagen

1. (1) Die Vergabeunterlagen bestehen aus
   a) dem Anschreiben (Aufforderung zur Angebotsabgabe), gegebenenfalls Bewerbungsbedingungen (§ 10 Nr. 5) und
   b) den Verdingungsunterlagen (§§ 9 und 10 Nr. 1 Abs. 2 und Nr. 2 bis 4).
   (2) In den Verdingungsunterlagen ist vorzuschreiben, dass die Allgemeinen Vertragsbe-

dingungen für die Ausführung von Bauleistungen (VOB/B) und die Allgemeinen Technischen Vertragsbedingungen für Bauleistungen (VOB/C) Bestandteile des Vertrags werden. Das gilt auch für etwaige Zusätzliche Vertragsbedingungen und etwaige Zusätzliche Technische Vertragsbedingungen, soweit sie Bestandteile des Vertrags werden sollen.

2. (1) Die Allgemeinen Vertragsbedingungen bleiben grundsätzlich unverändert. Sie dürfen von Auftraggebern, die ständig Bauleistungen vergeben, für die bei ihnen allgemein gegebenen Verhältnisse durch Zusätzliche Vertragsbedingungen ergänzt werden. Diese dürfen den Allgemeinen Vertragsbedingungen nicht widersprechen.
(2) Für die Erfordernisse des Einzelfalles sind die Allgemeinen Vertragsbedingungen und etwaige Zusätzliche Vertragsbedingungen durch Besondere Vertragsbedingungen zu ergänzen. In diesen sollen sich Abweichungen von den Allgemeinen Vertragsbedingungen auf die Fälle beschränken, in denen dort besondere Vereinbarungen ausdrücklich vorgesehen sind und auch nur soweit es die Eigenart der Leistung und ihre Ausführung erfordern.

3. Die Allgemeinen Technischen Vertragsbedingungen bleiben grundsätzlich unverändert. Sie dürfen von Auftraggebern, die ständig Bauleistungen vergeben, für die bei ihnen allgemein gegebenen Verhältnisse durch Zusätzliche Technische Vertragsbedingungen ergänzt werden. Für die Erfordernisse des Einzelfalles sind Ergänzungen und Änderungen in der Leistungsbeschreibung festzulegen.

4. (1) In den Zusätzlichen Vertragsbedingungen oder in den Besonderen Vertragsbedingungen sollen, soweit erforderlich, folgende Punkte geregelt werden:
   a) Unterlagen (§ 20 Nr. 3, § 3 Nr. 5 und 6 VOB/B),
   b) Benutzung von Lager- und Arbeitsplätzen, Zufahrtswegen, Anschlussgleisen, Wasser- und Energieanschlüssen (§ 4 Nr. 4 VOB/B),
   c) Weitervergabe an Nachunternehmer (§ 4 Nr. 8 VOB/B),
   d) Ausführungsfristen (§ 11, § 5 VOB/B),
   e) Haftung (§ 10 Nr. 2 VOB/B),
   f) Vertragsstrafen und Beschleunigungsvergütungen (§ 12, § 11 VOB/B),
   g) Abnahme (§ 12 VOB/B),
   h) Vertragsart (§ 5), Abrechnung (§ 14 VOB/B),
   i) Stundenlohnarbeiten (§ 15 VOB/B),
   j) Zahlungen, Vorauszahlungen (§ 16 VOB/B),
   k) Sicherheitsleistung (§ 14, § 17 VOB/B),
   l) Gerichtsstand (§ 18 Nr. 1 VOB/B),
   m) Lohn- und Gehaltsnebenkosten,
   n) Änderung der Vertragspreise (§ 15).
   (2) Im Einzelfall erforderliche besondere Vereinbarungen über die Mängelansprüche sowie deren Verjährung (§ 13, § 13 Nr. 1, 4 und 7 VOB/B) und über die Verteilung der Gefahr bei Schäden, die durch Hochwasser, Sturmfluten, Grundwasser, Wind, Schnee, Eis und dergleichen entstehen können (§ 7 VOB/B), sind in den Besonderen Vertragsbedingungen zu treffen. Sind für bestimmte Bauleistungen gleichgelagerte Voraussetzungen im Sinne von § 13 gegeben, so dürfen die besonderen Vereinbarungen auch in Zusätzlichen Technischen Vertragsbedingungen vorgesehen werden.

5. (1) Für die Versendung der Verdingungsunterlagen (§ 17 Nr. 3) ist ein Anschreiben (Aufforderung zur Angebotsabgabe) zu verfassen, das alle Angaben enthält, die außer den Verdingungsunterlagen für den Entschluss zur Abgabe eines Angebots notwendig sind.
   (2) In dem Anschreiben sind insbesondere anzugeben:
   a) Art und Umfang der Leistung sowie der Ausführungsort,
   b) etwaige Bestimmungen über die Ausführungszeit,

c) Bezeichnung (Anschrift) der zur Angebotsabgabe auffordernden Stelle und der den Zuschlag erteilenden Stelle,
d) Name und Anschrift der Stelle, bei der zusätzliche Unterlagen angefordert und eingesehen werden können,
e) gegebenenfalls Höhe und Einzelheiten der Zahlung des Entgelts für die Übersendung dieser Unterlagen,
f) Art der Vergabe (§ 3),
g) etwaige Ortsbesichtigungen,
h) gegebenenfalls Zulassung von digitalen Angeboten und Verfahren zu ihrer Ver- und Entschlüsselung,
i) genaue Aufschrift der schriftlichen Angebote oder Bezeichnung der digitalen Angebote,
j) gegebenenfalls auch Anschrift, an die digitale Angebote zu richten sind,
k) Ort und Zeit des Eröffnungstermins (Ablauf der Angebotsfrist, § 18 Nr. 2) sowie Angabe, welche Personen zum Eröffnungstermin zugelassen sind (§ 22 Nr. 1 Satz 1),
l) etwa vom Auftraggeber zur Vorlage für die Beurteilung der Eignung des Bieters verlangte Unterlagen (§ 8 Nr. 3 und 4),
m) die Höhe etwa geforderter Sicherheitsleistungen,
n) Nebenangebote (vgl. Absatz 4),
o) etwaige Vorbehalte wegen der Teilung in Lose und Vergabe der Lose an verschiedene Bieter,
p) Zuschlags- und Bindefrist (§ 19),
q) sonstige Erfordernisse, die die Bewerber bei der Bearbeitung ihrer Angebote beachten müssen,
r) die wesentlichen Zahlungsbedingungen oder Angabe der Unterlagen, in denen sie enthalten sind (z.B. § 16 VOB/B),
s) die Stelle, an die sich der Bewerber oder Bieter zur Nachprüfung behaupteter Verstöße gegen die Vergabebestimmungen wenden kann.

(3) Der Auftraggeber kann die Bieter auffordern, in ihrem Angebot die Leistungen anzugeben, die sie an Nachunternehmer zu vergeben beabsichtigen.

(4) Wenn der Auftraggeber Nebenangebote wünscht oder nicht zulassen will, so ist dies anzugeben; ebenso ist anzugeben, wenn Nebenangebote ohne gleichzeitige Abgabe eines Hauptangebots ausnahmsweise ausgeschlossen werden. Von Bietern, die eine Leistung anbieten, deren Ausführung nicht in Allgemeinen Technischen Vertragsbedingungen oder in den Verdingungsunterlagen geregelt ist, sind im Angebot entsprechende Angaben über Ausführung und Beschaffenheit dieser Leistung zu verlangen.

(5) Auftraggeber, die ständig Bauleistungen vergeben, sollen die Erfordernisse, die die Bewerber bei der Bearbeitung ihrer Angebote beachten müssen, in den Bewerbungsbedingungen zusammenfassen und dem Anschreiben beifügen.

6. Sollen Streitigkeiten aus dem Vertrag unter Ausschluss des ordentlichen Rechtswegs im schiedsrichterlichen Verfahren ausgetragen werden, so ist es in besonderer, nur das Schiedsverfahren betreffender Urkunde zu vereinbaren, soweit nicht § 1031 Abs. 2 Zivilprozessordnung auch eine andere Form der Vereinbarung zulässt.

Inhaltsübersicht

	Rn.
A. Allgemeine Grundlagen	1
B. Begriff der Vergabeunterlagen (Nr. 1 Abs. 1)	2
I. Bedeutung	2
II. Anschreiben	3
III. Verdingungsunterlagen	4
C. Vertragsbedingungen beim VOB-Vertrag (Nr. 1 Abs. 2 und Nr. 2)	5

		Rn.
I.	Notwendige Vertragsbedingungen (Nr. 1 Abs. 2 Satz 1)	6
II.	Zusätzliche Vertragsbedingungen (Nr. 1 Abs. 2 Satz 2, Nr. 2 Abs. 1)	7
	1. Keine Einzelfallbezogenheit	8
	2. Nur bei Notwendigkeit	10
III.	Besondere Vertragsbedingungen (Nr. 2 Abs. 2)	11
IV.	Bedeutung der Nr. 1 Abs. 2	12
	1. Ausdrückliche Einbeziehung	13
	2. Hinweis für Bewerber	14
V.	Mitteilung Besonderer Vertragsbedingungen in Verdingungsunterlagen erforderlich	15
VI.	Inhaltliche Klarheit Zusätzlicher oder Besonderer Bedingungen	16

D. Einzelheiten über die Vertragsbedingungen nach § 10 Nr. 2–4 VOB/A ... 17
   I. Ergänzungen, Einschränkungen oder Änderungen der §§ 631 ff. BGB (Nr. 1 Abs. 2, Nrn. 2, 4) ... 17
      1. Eingeschränkte Verhandlungsfreiheit ... 18
      2. Anwendungsbereich der Bedingungen ... 19
      3. Ausnahmsweise Veränderung der Allgemeinen Vertragsbedingungen ... 20
      4. Grundsätzlich kein Eingriff in VOB/B ... 21
         a) Berechtigte Ausnahmen ... 22
         b) Sonderfälle ... 23
         c) Nähere Festlegungen ... 24
         d) Öffnungsklauseln der VOB/B ... 25
      5. Ergänzung besonderer Vertragsbedingungen ... 26
         a) Aufnahme Zusätzlicher Vertragsbedingungen ... 27
         b) Einzelfallbetrachtung ... 28
         c) Ausreichende Begründung erforderlich ... 29
      6. Zusammenhang mit weiteren Vertragsbedingungen ... 31
         a) Anwendungsbereich der VOB/A ... 32
         b) Anwendungsbereich der VOB/B ... 37
         c) Besondere Leistungen ... 38
      7. Gewährleistung und Gefahrtragung ... 39
   II. Technische Vertragsbedingungen (Nr. 3) ... 43
      1. Unveränderbarkeit der ATV der VOB/C ... 44
      2. Ausnahmen ... 45
      3. Ergänzungen und Änderungen ... 47
      4. Aufnahme in die Leistungsbeschreibung ... 48

E. Anschreiben ... 49
   I. Versendung ... 50
   II. Inhalt des Anschreibens ... 51
      1. Allgemeines ... 51
      2. Beispielsfälle im Katalog von Nr. 5 Abs. 2 ... 52
         a) Art und Umfang der Leistung ... 53
         b) Ausführungszeit ... 55
         c) Angabe der Vergabestelle ... 56
         d) Angabe der Auskunftsstelle ... 57
         e) Kosten der Unterlagen ... 58
         f) Art des Vergabeverfahrens ... 59
         g) Ortsbesichtigungen ... 60
         h) Zulassung elektronischer Angebote ... 61
         i) Aufschrift der Angebote ... 62
         j) Angabe der E-Mail-Anschrift ... 63
         k) Ort und Zeit des Eröffnungstermins ... 64
         l) Nachweise der Eignung ... 65
         m) Sicherheitsleistungen ... 66
         n) Ausschluss von Nebenangeboten ... 67

		Rn.
o)	Aufteilung in Lose	68
p)	Angabe der Zuschlags- und Bindefrist	69
q)	Sammelposition	70
r)	Zahlungsbedingungen	75
s)	Nachprüfungsstelle	76
3. Beabsichtigter Nachunternehmereinsatz		77
4. Behandlung von Nebenangeboten		78
a)	Zulassung von Nebenangeboten	81
b)	Zwingende Angabe	82
c)	Grundsätzlich auch ohne Hauptangebot	83
d)	Technische Beschreibung von Nebenangeboten	84
III. Sonderregelungen für Auftraggeber, die ständig Bauleistungen vergeben		86
F. Bauten der öffentlichen Hand		89
G. Schiedsvereinbarung nach § 10 Nr. 6 VOB/A		90

Aufsätze: *Höfler* Die elektronische Vergabe öffentlicher Aufträge NZBau 2000, 449; *Wolf-Hegerbekermeier* Die VOB 2000 Teil A Neuerungen bei der Vergabe von Bauleistungen BauR 2000, 1667; *Weyand* Die elektronische Ausschreibung und Vergabe von Bauaufträgen – ein Statusbericht ZVgR 2001, 51; *Joussen/ Schranner* Die wesentlichen Änderungen der VOB/A 2006, BauR 2006, 1038.

A. Allgemeine Grundlagen

1 Während § 9 VOB/A die Leistungsbeschreibung betrifft, die einen besonders wichtigen Teil des späteren Bauvertrages ausmacht, behandelt § 10 VOB/A die Gesamtheit der Vergabeunterlagen, die regelmäßig aus dem Anschreiben, den Bewerbungsbedingungen und den Verdingungsunterlagen bestehen. Die Anforderungen des § 10 VOB/A an die formale und inhaltliche Gestaltung der Vergabeunterlagen bilden eine unverzichtbare Grundlage für einen diskriminierungsfreien, gesunden Wettbewerb und förmliche Vergabeverfahren, wie von der VOB in §§ 2 und 3 VOB/A gefordert. Auch die Vergabeunterlagen werden, soweit sie vom Auftraggeber pflichtgemäß zu beachten sind oder sonst von ihm für erforderlich gehalten werden, neben der vom Bieter mit Preisen versehenen Leistungsbeschreibung Gegenstand des Angebotes der Bieterseite und, im Falle der Zuschlagserteilung, des später abgeschlossenen Bauvertrages. Aus der Gesamtheit der in §§ 9 und 10 VOB/A genannten Unterlagen, soweit sie im Einzelfall Gegenstand der Vertragsverhandlungen werden, bestimmen sich im Allgemeinen die Rechte und Pflichten der dann später am Bauvertrag beteiligten Vertragspartner. Ebenso wie im Bereich der Leistungsbeschreibung nach § 9 VOB/A geht man auch für den Rahmen von § 10 VOB/A davon aus, dass die hier angesprochenen Vergabeunterlagen vom Auftraggeber nicht nur festgelegt, sondern der Bewerberseite auch ausgehändigt oder – soweit möglich – bekannt gemacht werden. Gerade die Bewerbungsbedingungen stellen Allgemeine Geschäftsbedingungen dar, auf die insbesondere das AGB-Recht der §§ 305 ff. BGB Anwendung findet.

Aufbau und Inhalt von § 10 VOB/A sind seit den Fassungen 1990 und 1992 neu geregelt worden.

Nr. 1 befasst sich mit dem grundsätzlichen Inhalt und Umfang der Vergabeunterlagen. Nr. 2 regelt, welche rechtlichen Bedingungen im Allgemeinen für den VOB-Vertrag in Betracht zu ziehen sind. Nr. 3 spricht in dieser Hinsicht die Technischen Vertragsbedingungen an. Nr. 4 nennt Einzelheiten, die für Zusätzliche oder Besondere Vertragsbedingungen in Betracht zu ziehen sein können. In gleicher Weise regelt Nr. 5 Einzelpunkte, die für das Anschreiben erforderlich sein können, ferner Fragen des etwaigen Nachunternehmereinsatzes, von Änderungsvorschlägen oder Nebenangeboten sowie von besonderen Erfordernissen bei Angeboten an Auftraggeber, die ständig Bauleistungen vergeben. Schließlich enthält Nr. 6 die grundlegenden Anforderungen für eine Schiedsgerichtsvereinbarung.

Die Fassung 2000 änderte die Nr. 5 im Hinblick auf die Zulassung digitaler Angebote und brachte sonstige redaktionelle Anpassungen von § 10 VOB/A. Die Fassung 2002 brachte redaktionelle Änderungen in Nr. 4 Abs. 2 und Nr. 6. In der Fassung 2006 entfiel in Nr. 5 Abs. 2n und in Abs. 4 der Begriff der Änderungsvorschläge, ansonsten blieb § 10 VOB/A unverändert.

B. Begriff der Vergabeunterlagen (Nr. 1 Abs. 1)

I. Bedeutung

Während § 10 VOB/A bis zur Fassung 1990 den Begriff »Vertragsbedingungen« zur Überschrift hatte, wird jetzt der Begriff »**Vergabeunterlagen**« gebraucht. Dies ist eine zu vollem Recht erfolgte Klarstellung. Einmal erfasst die Regelung des **§ 10 VOB/A mehr als** das, was gemeinhin unter **Vertragsbedingungen** verstanden wird. Hier wird u.a. auch bestimmt, was der Bewerber bzw. Bieter **bei der Bearbeitung und Abgabe seines Angebotes oder seiner Bewerbung zu beachten** hat, was somit für das Angebot als solches wesentlich ist (Nr. 5). Diese Dinge werden dann **nicht Inhalt des Vertrages,** können also **schon deswegen** nicht als **Vertragsbedingungen** bezeichnet werden. Zum anderen: Von Vertragsbedingungen kann logischerweise erst gesprochen werden, wenn es sich um Regelungen handelt, die **abgeschlossenen Verträgen** zugrunde liegen. Insofern passte dies nicht für den Bereich von § 10 VOB/A, der – wie überhaupt Teil A – das Stadium der dem **Vertragsabschluss vorangehenden Vertragsverhandlungen** zwischen öffentlichem Auftraggeber und dem sich für den Vertragsabschluss interessierenden Unternehmer regelt. Hier handelt es sich nämlich um Unterlagen, die schon diesen Vertragsverhandlungen zugrunde liegen, somit Gegenstand dieser Verhandlungen sind. Daher ist die jetzige Kennzeichnung der Sache nach mit Sicherheit richtiger. Vor allem wird hierdurch verdeutlicht, dass die betreffenden Bedingungen **bereits jetzt** den Vertragsverhandlungen zugrunde liegen, daher auch Gegenstand des vom Bewerber bzw. Bieter geforderten Angebotes sein müssen, für den Entschluss des Auftraggebers über die Auftragserteilung mit maßgebend sind, dann aber letztlich auch Gegenstand des Vertrages werden sollen. Sie werden dann auch Vertragsbedingungen, **begrifflich aber erst nach Zuschlagserteilung.**

Nr. 1 Abs. 1 definiert zugleich das, was begrifflich zu den Vergabeunterlagen gehört:

II. Anschreiben

Einmal wird unter Nr. 1 Abs. 1a hiervon das **Anschreiben** erfasst, das als die Aufforderung des Auftraggebers zur Angebotsabgabe für den zu vergebenden Bauauftrag zu verstehen ist. Dazu gehört von im Einzelfall gebotenen Inhalten her alles das, was näher in Nr. 5 aufgeführt ist (vgl. dazu unten Rn. 49 ff.). Das gilt nach dem ausdrücklichen Wortlaut in Nr. 1 Abs. 1a auch für das, was für bestimmte Fälle als **Bewerbungsbedingungen** für sozusagen vorklärende Maßnahmen zu bezeichnen ist, wie z.B. für einen Öffentlichen Teilnahmewettbewerb nach § 3 Nr. 1 Abs. 2, Nr. 3 Abs. 2 VOB/A.

III. Verdingungsunterlagen

Des weiteren zählen gemäß der Bestimmung unter Nr. 1 Abs. 1b zu den Vergabeunterlagen die so genannten **Verdingungsunterlagen,** also das, was **auch dem späteren Vertragsinhalt** zugrunde liegen soll. Durch die Bezeichnung nach Paragraphen im Klammerzusatz rechnen dazu einmal die jeweils maßgebende **Leistungsbeschreibung** (§ 9 VOB/A), die in Nr. 1 Abs. 2 im Einzelnen **aufgeführten Vertragsbedingungen** (vgl. dazu nachfolgend Rn. 5 ff.) und die in den Nrn. 2–4 genannten Einzelregelungen (vgl. unten Rn. 16 ff.).

C. Vertragsbedingungen beim VOB-Vertrag (Nr. 1 Abs. 2 und Nr. 2)

5 **§ 10 Nr. 1 Abs. 2 und Nr. 2 VOB/A führen im Einzelnen auf, welche Vertragsbedingungen es beim VOB-Vertrag gibt.** Hierbei ist zu unterscheiden zwischen den Unterlagen, die, ebenso wie die Leistungsbeschreibung nach § 9 VOB/A, in jedem Einzelfall zu den Vertragsunterlagen gehören **müssen,** und zwischen den Unterlagen, die dazugehören **können.**

I. Notwendige Vertragsbedingungen (Nr. 1 Abs. 2 S. 1)

6 Zu den **Vertragsbedingungen, die unbedingt erforderlich** sind, gehören **die Allgemeinen Vertragsbedingungen** für die Ausführung von Bauleistungen sowie die **Allgemeinen Technischen Vertragsbedingungen.** Hinsichtlich der ersteren sind die Vorschriften gemeint, die in **Teil B der VOB niedergelegt sind. Teil B wird hiernach mit seinen Bestimmungen grundsätzlich insgesamt** zum Gegenstand von durch die Vergabevorschriften des Teils A stark formalisierten Vertragsverhandlungen gemacht und damit später zum **Inhalt des Bauvertrags. Dasselbe** hat für die **Allgemeinen Technischen Vertragsbedingungen** des **Teils C** der VOB zu gelten. Das trifft jedoch mit Ausnahme der grundsätzlich für alle Gewerke maßgebenden DIN 18 299 nicht auf die Gesamtheit der Allgemeinen Technischen Vertragsbedingungen zu, sondern **nur insoweit,** als die Willensrichtung der Beteiligten bei den Vertragsverhandlungen und beim Vertragsabschluss geht. Diese ist zwangsläufig **durch die technische Art und den Umfang der geforderten Bauleistung umgrenzt,** die im Allgemeinen durch die Leistungsbeschreibung (§ 9 VOB/A) verdeutlicht ist. Werden Dachdeckerarbeiten gefordert, kommen nur die hierfür gegebenen DIN-Bestimmungen in Betracht, nicht aber z.B. auch die über Erdarbeiten usw. Gegebenenfalls kommt die Beachtung mehrerer DIN-Normen in Betracht, wenn die Leistungsbeschreibung diese mit umfasst.

II. Zusätzliche Vertragsbedingungen (Nr. 1 Abs. 2 S. 2, Nr. 2 Abs. 1)

7 Hinsichtlich der **Vertragsunterlagen, die** außer den notwendigen weiter **zum VOB-Vertrag gehören können,** bleibt in erster Linie dem Auftraggeber und in zweiter Linie dem Bewerber die Wahl überlassen, ob er bei Vorliegen entsprechender Voraussetzungen **Zusätzliche Vertragsbedingungen** oder **Zusätzliche Technische Vertragsbedingungen** zum Gegenstand des Bauvertrages machen will. Zusätzliche Vertragsbedingungen oder Zusätzliche Technische Vertragsbedingungen finden sich nicht im Teil B oder im Teil C der VOB. Dort sind nur die Allgemeinen Bedingungen festgehalten. Der Grund hierfür ist: Den Allgemeinen Bedingungen liegen sowohl im Teil B als auch im Teil C Tatbestände und daraus folgende Erkenntnisse zugrunde, wie sie sich aufgrund langjähriger Erfahrungen auf dem Bausektor und losgelöst von einem bestimmten Einzelfall gebildet haben. **Sie beanspruchen daher Allgemeingültigkeit, jedenfalls soweit es die für sie ausschlaggebende Grundlage erfahrungsgemäß regelmäßig wiederkehrender Umstände** anbetrifft. Da in der Wirklichkeit des täglichen Lebens und damit gerade auch auf dem Bausektor die in den Einzelfällen gegebenen Umstände häufig nicht gleichartig sind, ergibt es sich zwangsläufig, dass **die generellen Bestimmungen der Teile B und C vielfach nicht ausreichen** oder auch nicht hinreichend geeignet sind, um die in Rede stehenden konkreten Lebensvorgänge richtig zu treffen und zu beurteilen. Um zu einem befriedigenden Ergebnis zu gelangen, ist der Auftraggeber gehalten, zusätzliche Bedingungen rechtlicher und/oder technischer Art aufzustellen und diese **ergänzend** zu den Allgemeinen Bedingungen zum Gegenstand der Vertragsverhandlungen und des späteren Bauvertrages zu machen.

1. Keine Einzelfallbezogenheit

8 Von Zusätzlichen Vertragsbedingungen und Zusätzlichen Technischen Vertragsbedingungen spricht die VOB aber nicht schon bei der Regelung der Vertragsverhältnisse bezüglich eines einzelnen Vergabefalles, sondern nur, wenn **vom konkreten Vergabefall losgelöst bei ein und demselben Auf-**

traggeber bei allen oder mehreren im Wesentlichen gleichartigen Bauleistungen Verhältnisse gegeben sind, die **einheitlich** einer **zusätzlichen Regelung bedürfen**. Im Grunde genommen sind daher die **Zusätzlichen Vertragsbedingungen** und die **Zusätzlichen Technischen Vertragsbedingungen ebenfalls genereller** Natur und von einem **einzelnen jetzt zu vergebenden Bauobjekt losgelöst**. Im Verhältnis zu den Allgemeinen Vertragsbedingungen und den Allgemeinen Technischen Vertragsbedingungen sind die **Zusätzlichen Vertragsbedingungen und die Zusätzlichen Technischen Vertragsbedingungen** ebenfalls allgemeingültige Regeln, allerdings insoweit eingeschränkt **bezogen auf die Bauvorhaben eines bestimmten Auftraggebers**.

Es ergibt sich aus der Natur der Zusätzlichen Vertragsbedingungen und der Zusätzlichen Technischen Vertragsbedingungen, dass sie nur bei solchen Auftraggebern in Betracht kommen können, die nicht selten mit der Vergabe von Bauaufträgen befasst sind. Hierbei ist insbesondere an bestimmte öffentliche Auftraggeber zu denken, wie vor allem Bund, Länder und Gemeinden. Entsprechendes kann allerdings auch für bestimmte private Bauherren, wie z.B. große Industriefirmen, Bauträgergesellschaften usw. gelten. Die Zusätzlichen Vertragsbedingungen und die Zusätzlichen Technischen Vertragsbedingungen sind, wenn sie nach dem Willen der Beteiligten Vertragsbestandteile werden sollen, so zu behandeln wie die Allgemeinen Vertragsbedingungen und die Allgemeinen Technischen Vertragsbedingungen. Es ist demnach in den Verdingungsunterlagen vorzuschreiben, dass sie Vertragsbestandteile werden sollen, d.h., sie sind beim Vertragsabschluss verbindlich zum Inhalt des Vertrages in Form von Rechten und Pflichten zu erklären (Nr. 1 Abs. 1 S. 2). Dies muss im Hinblick auf ihre Bezeichnung und Tragweite ganz deutlich und unmissverständlich gesehen werden.

2. Nur bei Notwendigkeit

Die Aufstellung von Zusätzlichen Bedingungen hat nur Sinn, wenn sie **wirklich angebracht** ist, also **Abweichungen** von Teil B oder C aus sachlich anzuerkennenden Erwägungen **notwendig** sind. Es ist zwecklos und führt vor allem zu Verwirrungen, lediglich des eigenen »Renommees« willen Zusätzliche Vertragsbedingungen aufzustellen, die nicht erforderlich oder die in Wirklichkeit gar keine sind oder sogar unwirksam sind, weil sie – jedenfalls teilweise – nur bestimmte Regeln aus Teil B oder C wiederholen oder weil sie sich **vom zulässigen Rahmen Zusätzlicher Vertragsbedingungen entfernen** und daher als **Allgemeine Geschäftsbedingungen** der **Beurteilung nach dem AGB-Gesetz** unterliegen. Außerdem ist es auf die Dauer gewiss nicht förderlich, wenn gleichartige Auftraggeber – wie z.B. Stadtgemeinden – jeder für sich den »Ehrgeiz« haben, eigene Zusätzliche Vertragsbedingungen aufzustellen, obwohl eine Vereinheitlichung dringend geboten wäre.

III. Besondere Vertragsbedingungen (Nr. 2 Abs. 2)

Zu beachten sind aber gerade hier schon die Fälle, in denen bei **einem einzelnen Bauvorhaben** nach dessen Erfordernissen und Gegebenheiten Regelungen getroffen werden müssen, die weder von den Allgemeinen Vertragsbedingungen oder den Allgemeinen Technischen Vertragsbedingungen noch von den für mehrere gleichartige oder ähnliche Vorhaben eines häufig bauenden Auftraggebers bestimmten Zusätzlichen Vertragsbedingungen oder Zusätzlichen Technischen Vertragsbedingungen berührt werden. Der Fall tritt häufig auf, wenn z.B. der betreffende Auftraggeber, vor allem auch der private, keine zusätzlichen Regelungen nach § 10 Nr. 1 Abs. 2 S. 2 VOB/A aufgestellt hat, eben **weil er nur einmal oder jedenfalls nur gelegentlich baut oder weil nur bei einem bestimmten Bauvorhaben besondere Verhältnisse sind, die zu sonst nicht nötigen Regelungen zwingen**. Diesen besonderen Erfordernissen, nämlich im **konkreten Einzelfall** in bestimmten Punkten dieses oder jenes anders, zusätzlich oder ergänzend regeln zu müssen, wird durch die **Besonderen Vertragsbedingungen** nach Nr. 2 Abs. 2 und in technischer Hinsicht durch Ergänzungen oder Änderungen in der Leistungsbeschreibung nach Nr. 3 S. 3 Rechnung getragen. **Hier handelt es sich** also um im Einzelfall besonders aufzustellende Regelungen. Obwohl weder die Besonderen Vertragsbedingungen noch die Ergänzungen und Änderungen im Leistungsverzeichnis in § 10 Nr. 1 Abs. 2 VOB/A erwähnt sind, **zählen** sie doch **zu den Verdingungsunterlagen.**

IV. Bedeutung der Nr. 1 Abs. 2

12   Wenn nach Nr. 1 Abs. 2 in den Verdingungsunterlagen vorzuschreiben ist, dass die Allgemeinen Vertragsbedingungen und die Allgemeinen Technischen Vertragsbedingungen sowie die Zusätzlichen Vertragsbedingungen und die Zusätzlichen Technischen Vertragsbedingungen Bestandteile des Vertrages werden, hat das **zweierlei Bedeutung:**

1. Ausdrückliche Einbeziehung

13   Die VOB geht davon aus, dass die jeweiligen Verhandlungs- und späteren Vertragsbestandteile zum Gegenstand entsprechender, ausdrücklicher schriftlicher oder mündlicher Erklärungen gemacht werden müssen und dass dies auch notwendig ist für Bedingungen, die sich entweder aus der VOB ergeben oder nach dieser aufzustellen sind. Es **reicht** demnach grundsätzlich eine nur **stillschweigende Einbeziehung nicht aus,** um damit alle Bestimmungen der VOB zum Vertragsinhalt zu machen. Damit spricht sich die VOB selbst gegen ihre – etwa schon erfolgte – Anerkennung als Gewohnheitsrecht, als Handels- und Gewerbebrauch aus. Die gegenteilige Auffassung von *Daub/Piel/Soergel* (ErlZ A 10.67.) widerspricht der insoweit klaren Regelung der Nr. 1 Abs. 2. Dies betrifft die Gesamtheit ihrer Bestandteile, worunter besonders die Allgemeinen Vertragsbedingungen und die Allgemeinen Technischen Vertragsbedingungen zu verstehen sind. **Umso mehr** muss dies für die Zusätzlichen Bedingungen oder gar die Besonderen Bedingungen gelten, da diese erst recht nicht als stillschweigend vereinbart, gewerbeüblich oder dem Handelsbrauch entsprechend angesehen werden können, zumal sie sich vielfach auf einen kleinen am Baugeschehen beteiligten Kreis beschränken.

2. Hinweis für Bewerber

14   **Der Bewerber muss in den Verdingungsunterlagen darauf hingewiesen** (Nr. 1 Abs. 2 S. 1: »ist vorzuschreiben«) **werden, dass die Allgemeinen Vertragsbedingungen und die Allgemeinen Technischen Vertragsbedingungen sowie ggf. die Zusätzlichen Vertragsbedingungen und die Zusätzlichen Technischen Vertragsbedingungen Vertragsbestandteile werden.** Dabei genügt ein Hinweis mit entsprechender **klarer und eindeutiger Bezeichnung,** ohne dass vom Auftraggeber in jedem einzelnen Fall verlangt würde, diese Bedingungen und Vorschriften wörtlich abzuschreiben und sie in ihrem vollen Wortlaut in den Verdingungsunterlagen anzugeben. Es handelt sich also **praktisch** um eine **Bezugnahme.** Diese **Bezugnahme ist hinsichtlich der Zusätzlichen Vertragsbedingungen und der Zusätzlichen Technischen Vertragsbedingungen allerdings nur erlaubt,** wenn diese von dem betreffenden Auftraggeber, der sie aufgestellt hat, in der Weise veröffentlicht worden sind, dass der einzelne Bewerber ohne Schwierigkeiten in der Lage ist, hiervon an anderer Stelle und außerhalb der Verdingungsunterlagen Kenntnis zu nehmen. Ist das nicht der Fall, so ist der Auftraggeber verpflichtet, diese zusätzlichen Bedingungen den jeweiligen Verdingungsunterlagen **beizufügen.**

Im Übrigen genügt eine bloße Bezugnahme auf von den Bewerbern auf andere Weise ohne Schwierigkeiten einzusehende und zur Kenntnis zu nehmende Vertragsbedingungen nicht nur für die Vertragsverhandlungen, sondern **auch für den späteren Bauvertrag.**

Soweit allerdings im betreffenden Vergabefall das AGB-Recht eingreift, sind hier jedoch die Einbeziehungsvoraussetzungen der §§ 305 ff. BGB zu beachten. Das betrifft vor allem auch das Erfordernis des klaren und deutlichen Hinweises. Heißt es in der von einer Gemeinde vorformulierten

»Vorbemerkung« zum Angebot für die Vergabe von Tiefbauarbeiten lediglich, maßgebend seien u.a. die »Vorschriften und Bedingungen der Straßenbauverwaltung von Rheinland-Pfalz«, so werden damit – auch gegenüber einem kaufmännischen Vertragspartner – die »Zusätzlichen Vertragsbedingungen für die Ausführung im Straßen- und Brückenbau (ZVB-StB)« nicht wirksam in den Vertrag einbezogen (BGH BauR 1988, 207 = SFH § 2 AGBG Nr. 5 = ZIP 1988, 175 = NJW 1988, 1210 = MDR 1988, 402 = JZ 1988, 720, dazu *Wagner* S. 698).

V. Mitteilung Besonderer Vertragsbedingungen in Verdingungsunterlagen erforderlich

Etwaige **Besondere Vertragsbedingungen** nach Nr. 2 Abs. 2, die sich lediglich auf den konkreten Einzelfall beziehen, sind selbstverständlich nicht an bestimmter Stelle veröffentlicht und können daher außerhalb der jeweiligen Verdingungsunterlagen vom Bewerber nicht zur Kenntnis genommen werden. Deshalb kommt hier eine **bloße Bezugnahme nicht in Betracht.** Vielmehr ist es notwendig, diese für den Einzelfall geltenden besonderen Bedingungen, damit über sie ordnungsgemäß verhandelt wird und damit sie in der notwendigen klaren und eindeutigen Weise in den Bauvertrag aufgenommen werden können, **gesondert in den Verdingungsunterlagen mitzuteilen. Das gleiche** gilt hinsichtlich der in Nr. 3 S. 3 erwähnten Ergänzungen und Änderungen technischer Art, **die in jedem einzelnen Fall in der Leistungsbeschreibung mitaufzuführen sind.**

15

VI. Inhaltliche Klarheit Zusätzlicher oder Besonderer Bedingungen

In allen Fällen, in denen neben den Allgemeinen Vertragsbedingungen Zusätzliche oder Besondere Vertragsbedingungen aufgestellt werden, ist **Voraussetzung,** dass diese **inhaltlich klar und ohne Widerspruch** in Bezug auf den sonstigen Vertragsinhalt sind. Etwaige **Unklarheiten** gehen dabei **zu Lasten desjenigen, der die Zusätzlichen oder Besonderen Bedingungen aufgestellt hat.** Außerdem unterliegen sie im Hinblick auf ihre **Wirksamkeit** der **Inhaltskontrolle** nach den für Allgemeine Geschäftsbedingungen gültigen Maßstäben. In der Praxis anerkannt und jedenfalls für den öffentlichen Auftraggeber zu empfehlen sind insoweit die im VHB 2002 festgelegten Einheitlichen Verdingungsmuster (EVM), Einheitlichen Formblätter (EFB) sowie die Mustertexte im Anhang zur Richtlinie zu § 10 VOB/A (abgedruckt unten unter § 10 VOB/A E).

16

D. Einzelheiten über die Vertragsbedingungen nach § 10 Nr. 2–4 VOB/A

I. Ergänzungen, Einschränkungen oder Änderungen der §§ 631 ff. BGB (Nr. 1 Abs. 2, Nrn. 2, 4)

Nr. 2 befasst sich im Anschluss an Nr. 1 Abs. 2 näher mit den Allgemeinen Vertragsbedingungen, den etwaigen Zusätzlichen Vertragsbedingungen und den möglichen Besonderen Vertragsbedingungen. Hinsichtlich der beiden letzteren ist weiter **auch Nr. 4** von Bedeutung. Grundsätzlich haben diese Vertragsbedingungen gemeinsam, dass sie sich **inhaltlich auf die rechtliche Gestaltung des Bauvertrags beziehen.** Ihnen allen ist daher, zumindest weit vorwiegend, **rechtlicher Charakter** zuzusprechen. Diese Bedingungen sind **Ergänzungen, Einschränkungen oder Änderungen des Werkvertragsrechts des BGB.** Werden sie zwischen den Vertragschließenden wirksam vereinbart, **gehen** sie kraft der herrschenden Vertragsfreiheit im Einzelfall bei der rechtlichen Beurteilung diesen **gesetzlichen Regelungen vor,** es sei denn, sie sind nach allgemeinen Vorschriften (z.B. §§ 242, 138 BGB) oder gemäß § 134 BGB nach den besonderen Bestimmungen des AGB-Rechts (§§ 305 ff. BGB) unwirksam. Werden dagegen gesetzliche Regelungen von ihnen generell bei Allgemeinen Vertragsbedingungen oder auch sonst (bei Zusätzlichen oder bei Besonderen Vertragsbedingungen) **nicht erfasst, so haben diese nach wie vor Geltung für die rechtliche Auslegung und Beurteilung.** Dies entspricht dem allgemeinen Grundsatz, dass dann, wenn bestimmte Sachverhalte von einschlä-

17

gigen gesetzlichen Regelungen erfasst sind und sich darüber vertragliche Bestimmungen nicht aussprechen, die betreffenden gesetzlichen Regelungen maßgebend sind.

1. Eingeschränkte Verhandlungsfreiheit

18 Daraus, dass die drei genannten Arten rechtlicher Bedingungen in Teil A der VOB nicht erst an späterer Stelle, und zwar bei den Vorschriften über den eigentlichen Vertragsabschluss, sondern schon im Rahmen der Vorschriften über die Verdingungsunterlagen aufgenommen worden sind, ergibt sich eine nicht unerhebliche **richtungweisende Festlegung für die Willensbildung** der Beteiligten, in ganz besonderer Weise des Auftraggebers, bereits für das Stadium der Vorbereitung der durch die Vergabevorschriften der VOB stark formalisierten Vertragsverhandlungen und für diese Verhandlungen selbst. Während nach den allgemeinen **Vorschriften des BGB die Gestaltung und Führung von Vertragsverhandlungen sowohl ihrer äußeren Form als auch ihrem Inhalt nach grundsätzlich völlig frei sind, wird hier für den Bereich der Vergabe nach Teil A der VOB besonders dem Auftraggeber eine bestimmte und klar umgrenzte Linie vorgeschrieben,** die er einzuhalten hat. Das hat für den Bieter im Rahmen der VOB-Vergabe im Gegensatz zu einem Vertragsinteressenten oder Verhandlungspartner nach dem BGB den unbestrittenen Vorteil, dass er von Beginn an weiß, was von ihm verlangt wird und was er an Vertragsinhalt zu erwarten hat. Hinzu kommt, dass er die Gewissheit haben darf, soweit es die grundlegenden Allgemeinen Vertragsbedingungen und Allgemeinen Technischen Vertragsbedingungen anbetrifft, dass er einen Bauvertrag nach Bedingungen abschließen soll, die aufgrund **langjähriger und allgemein anzuerkennender Erfahrung** aufgestellt worden sind und die ihn daher normalerweise **nicht überdurchschnittlich belasten.** Andererseits wird er hierdurch natürlich auch angehalten, sich in seinen eigenen Bedingungen an das anzuerkennende, objektiv zu bewertende Maß zu halten.

2. Anwendungsbereich der Bedingungen

19 **Die drei Arten der Vertragsbedingungen unterscheiden sich grundsätzlich in der Möglichkeit ihres Anwendungsbereichs.** Während die **Allgemeinen Vertragsbedingungen Grundsatzrichtlinien für jeden** auftretenden Einzelfall bedeuten und daher immer als grundlegend vorauszusetzen sind, ist das bei den Zusätzlichen Vertragsbedingungen und bei den Besonderen Vertragsbedingungen nicht der Fall. Die **Zusätzlichen Vertragsbedingungen** berücksichtigen nämlich »**zusätzlich« zu den Allgemeinen Vertragsbedingungen** über die einzelne Bauvergabe hinausgehende Verhältnisse und Gegebenheiten bei dem einzelnen Auftraggeber. Die **Besonderen Vertragsbedingungen** führen darüber hinaus **speziell beim Einzelnen Bauvorhaben** gegebene Besonderheiten an. Diese Unterschiede zwischen den einzelnen Arten der Vertragsbedingungen zeigen eine **echte Abstufung zwischen ihnen** an. Deutlichen **Vorrang** genießen die **Allgemeinen Vertragsbedingungen,** da sie allgemeingültiger Art sind. Erst wenn diese bei gebotener objektiver Betrachtung nicht ausreichen, kommen hilfsweise Zusätzliche Vertragsbedingungen in Betracht, und erst dann, wenn diese ebenfalls nicht hinreichend sind, können ersatzweise Besondere Vertragsbedingungen in Erwägung gezogen werden. Dies kommt aus dem Aufbau und dem Inhalt der Regelungen in § 10 Nr. 2 VOB/A wie folgt zum Ausdruck:

3. Ausnahmsweise Veränderung der Allgemeinen Vertragsbedingungen

20 **Nach Nr. 2 Abs. 1 S. 1 bleiben die Allgemeinen Vertragsbedingungen grundsätzlich unverändert.** Das bedeutet, dass **Teil B** der VOB, der die Allgemeinen Vertragsbedingungen enthält, in den Bauvertrag **grundsätzlich unverändert übernommen werden muss.** Diese Forderung ist nicht nur aus Gründen der Rationalisierung aufgestellt worden; vielmehr soll sie **insbesondere** dazu **dienen, die Gleichgewichtigkeit der berechtigten Belange der beiden Vertragspartner zu wahren**, dabei vor allem **vermeiden, dass der öffentliche Auftraggeber einseitig eine bei ihm vorhandene Marktmacht ausnutzt.** Wenn von »grundsätzlich« die Rede ist, so heißt das, dass es in aller Regel so

zu sein hat, dass Ausnahmen denkbar sind, aber nur aus **für beide Seiten als berechtigt anzusehenden Erwägungen zulässig sein sollen.** Diese etwaigen Ausnahmen sind sowohl im Rahmen der Zusätzlichen Vertragsbedingungen als auch im Bereich der Besonderen Vertragsbedingungen möglich. Allerdings gilt das für die Zusätzlichen Vertragsbedingungen nur in einem **recht beschränkten** Umfang.

4. Grundsätzlich kein Eingriff in VOB/B

Für den Bereich der Zusätzlichen Vertragsbedingungen kommt nur in Ausnahmefällen ein Eingriff in den Inhalt des Teils B, die Allgemeinen Vertragsbedingungen, in Betracht. Dies ergibt sich aus der Forderung in Nr. 2 **Abs. 1 S. 3,** wonach die **Zusätzlichen Vertragsbedingungen den Allgemeinen Vertragsbedingungen nicht widersprechen dürfen.** Insoweit ergibt sich ein recht **eingeengtes Feld,** das wie folgt zu umgrenzen ist: Vorweg ist hervorzuheben, dass der Begriff »**ergänzt**« in **S. 2** nicht in der Weise zu verstehen ist, dass nur eine Ergänzung i.S. eines Zusätzlichen zu den Allgemeinen Vertragsbedingungen aufgestellt werden kann. Sonst wäre S. 3 überflüssig, der begrifflich eine mögliche Überschneidung oder gar einen Eingriff in die Allgemeinen Vertragsbedingungen voraussetzt. Daher kommen grundsätzlich als Zusätzliche Vertragsbedingungen **sowohl echte Ergänzungen als in gewissem Umfang auch Änderungen der Allgemeinen Vertragsbedingungen** in Betracht. Das Letztere muss allerdings eine **sehr eingeschränkt zu sehende Ausnahme** bleiben. Vor allem sind in dieser Hinsicht auch die Grundsätze zu beachten, die von der Rechtsprechung zur **Wirksamkeit Allgemeiner Geschäftsbedingungen** aufgestellt worden sind **und die letztlich im AGB-Recht ihren Niederschlag gefunden haben:** Vorformulierte und für eine Vielzahl oder alle vorkommenden Fälle gleich gefasste Vertragsbedingungen unterliegen den allgemeinen Inhaltsschranken der §§ 134, 138, 242 BGB. Insoweit verlaufen ihre **zulässigen Grenzen enger und anders als die der Einzelverträge** (BGHZ 22, 90 = NJW 1957, 17). Wer allgemeine Geschäftsbedingungen (lies: Zusätzliche Vertragsbedingungen) aufstellt, darf nicht nur sein eigenes Interesse verfolgen, er muss auch das der ihm gegenüberstehenden künftigen Vertragsgenossen (lies: Bewerber bzw. Bieter) und das der Allgemeinheit wahren. Auch der dem § 315 BGB zugrunde liegende Schutzgedanke spielt hier eine wesentliche Rolle.

a) Berechtigte Ausnahmen

Als Ergänzung kommt in erster Linie in Betracht, dass bei einem **ständig Bauleistungen vergebenden Auftraggeber** allgemeine Verhältnisse vorliegen, die als »Ausnahmeerscheinungen« im Verhältnis zur allgemeinen Erfahrung **bei objektiver Betrachtung als berechtigt** anzusehen sind und deshalb keine hinreichende Berücksichtigung in den Allgemeinen Vertragsbedingungen gefunden haben, die aber andererseits **für diesen Auftraggeber einer generellen Regelung** bedürfen.

Insoweit ist z.B. auf die Zusätzlichen Vertragsbedingungen für die Ausführung von Bauleistungen im Straßen- und Brückenbau, die Richtlinien des VHB zur VOB/B, die Zusätzlichen Vertragsbedingungen der Bahn AG usw., hinzuweisen.

b) Sonderfälle

Weiter gibt es Fälle, in denen in Teil B der VOB Rechtsfolgen aufgezeigt sind, die erst zum Zuge kommen, wenn die Voraussetzungen für den Eintritt dieser Rechtsfolgen zwischen den Beteiligten vorweg geregelt sind. Damit sind die in § 10 Nr. 4 Abs. 1a bis n VOB/A aufgeführten Fälle gemeint. Wenn z.B. in § 11 Nr. 1 VOB/B festgehalten ist, dass die §§ 339–345 BGB gelten sollen, so heißt das noch keineswegs, dass bei bloßer Vereinbarung des Teils B auch tatsächlich Vertragsstrafen zwischen den Parteien vereinbart worden sind; ähnliches gilt z.B. für die Sicherheitsleistung nach § 17 VOB/B, wie sich dort aus Nr. 1 Abs. 1 ergibt. **Insoweit bedarf es also einer über die Allgemeinen Vertragsbedingungen hinausgehenden Abrede zwischen den Parteien.** Sie kann, wenn die grundlegenden Voraussetzungen hierfür gegeben sind (vgl. Rn. 6 ff.), in den Zusätzlichen Vertragsbedingungen vom Auftraggeber verlangt werden. Diese an sich häufigen Fälle, in denen erst eine besondere Vereinbarung den Eintritt einer in den Allgemeinen Vertragsbedingungen (Teil B der VOB) geregelten Rechtsfolge bewirkt, müssen aber in der **Umgrenzung der Nr. 2 Abs. 1 S. 3 des § 10 VOB/A gesehen** werden. Das heißt: Nicht im Widerspruch zu den Allgemeinen Vertragsbedingungen stehen Zusätzliche Vertragsbedingungen, wenn sie sich auf den **grundsätzlichen Ausgangspunkt beschränken** und nicht in die von den Allgemeinen Vertragsbedingungen für diesen Fall vorgesehenen Rechtsgrundlagen ändernd eingreifen, sondern diese belassen (z.B. die Anwendung der §§ 339 bis 345 BGB). Werden dagegen auch diese Folgen geändert, z.B. durch die Festlegung von rechtlichen Ergebnissen, die den §§ 339 bis 345 BGB widersprechen oder über diese hinausgehen, ist das nach S. 3 im Rahmen Zusätzlicher Vertragsbedingungen für den Bereich der VOB-Vergabe **unzulässig**. Es muss hier also bei dem verbleiben, was hinsichtlich rechtlicher Folgen in den Allgemeinen Vertragsbedingungen und darüber hinaus im Gesetz niedergelegt ist.

c) Nähere Festlegungen

24 Auch kann es notwendig sein, dass **einzelne Begriffe, die in Teil B verwendet sind und zu deren Ausfüllung bestimmte tatsächliche Vorgänge erforderlich sind, hinsichtlich dieser tatsächlichen Vorgänge einer näheren Festlegung bedürfen.** So kann sich z.B. die Notwendigkeit ergeben, den Vorgang des Aufmaßes in § 14 Nr. 2 VOB/B (vgl. § 14 Rn. 27 ff.) wegen der Besonderheit der jeweiligen und sich häufig wiederholenden Baumaßnahmen näher zu erläutern, wie z.B. durch das Erfordernis der Art und Weise gemeinsamen Aufmaßes. Gleiches gilt für die genauere Festlegung der Fälligkeit und der Höhe von Abschlagszahlungen (vgl. § 16 Nr. 1 VOB/B), etwa durch Kennzeichnung bestimmter Bautenstände und/oder Quoten der Vertragssumme. Ebenso gilt dies für die Konkretisierung der Auftragnehmerpflichten nach § 4 Nr. 2 VOB/B im Hinblick auf Immissionsschutz, Landschaftsschutz, Verkehrssicherung, Unfallschutz usw.

d) Öffnungsklauseln der VOB/B

25 Schließlich gibt es **Fälle, in denen die VOB im Teil B** zwar Voraussetzungen mit Rechtsfolgen ausspricht, dass sie aber **Änderungen ausdrücklich zulässt.** Diese Fälle sind äußerlich an der Formulierung »... wenn nichts anderes vereinbart ist ...« zu erkennen. Hier lässt es also die VOB offen und gestattet es den Beteiligten, eine andere Rechtsfolge festzulegen. Das kann in genereller Weise von einem Auftraggeber im Wege Zusätzlicher Vertragsbedingungen vorgenommen werden. Als hier in Betracht kommende Beispielsfälle seien §§ 4 Nr. 4, 13 Nr. 4, 18 Nr. 1 S. 1 VOB/B genannt. Dass eine von § 13 Nr. 4 VOB/B abweichende Regelung der Gewährleistungsfrist in Zusätzlichen Bedingungen zulässig ist, ohne dass dadurch bei im Übrigen unverändert vereinbarten wesentlichen Regelungen des Teils B die Ausgewogenheit in Zweifel zu ziehen ist, wenn dabei nicht die gesetzliche Gewährleistungsfrist des § 638 BGB überschritten wird, ist entgegen OLG München auch wohl die Auffassung des BGH (vgl. u.a. BGH BauR 1987, 84 = NJW 1987, 381 = ZfBR 1987, 37 = SFH § 13 Nr. 5 VOB/B Nr. 16 = MDR 1987, 310 = Betrieb 1987, 379 = BB 1986, 2291 = WEZ 1987, 228 = LM § 13 VOB/B Nr. 22 = Hochstein, EWiR § 13 Nr. 5 VOB/B 1/86, 1249; Verlängerung jedenfalls auf drei Jahre). Das gilt umso mehr, als in § 13 Nr. 2 VOB/A das Wort »nur« in der nunmehr geltenden, veränderten Fassung der VOB gestrichen worden ist. Allerdings kommt für den Bereich der Bauvergabe nach Teil A eine Abweichung von § 13 Nr. 4 VOB/B grundsätzlich nur unter Einschränkungen in Betracht, wie sich jetzt aus Nr. 4 Abs. 2 ergibt (vgl. Rn. 39 ff.).

5. Ergänzung besonderer Vertragsbedingungen

26 **Nach § 10 Nr. 2 Abs. 2 S. 1 VOB/A sind für die Erfordernisse des Einzelfalles (vgl. hierzu Rn. 10). die Allgemeinen Vertragsbedingungen und die etwaigen Zusätzlichen Vertragsbedingungen durch Besondere Vertragsbedingungen zu ergänzen.** Hierbei sollen sich die Abweichungen von den Allgemeinen Vertragsbedingungen auf die Fälle beschränken, in denen besondere Vereinbarun-

gen ausdrücklich vorgesehen sind, und auch nur, soweit es die Eigenart der Leistung und ihre Ausführung erfordern.

a) Aufnahme Zusätzlicher Vertragsbedingungen

Natürlich können die Besonderen Vertragsbedingungen alles das beinhalten, was sonst in die Zusätzlichen Vertragsbedingungen aufzunehmen wäre (vgl. Rn. 21–24). Dieser Fall wird vor allem praktisch, wenn keine Zusätzlichen Vertragsbedingungen, wie z.B. beim privaten Auftraggeber, vorhanden oder erforderlich sind, weil entweder die Voraussetzungen hierfür nicht vorliegen, vor allem, wenn er nur einmal oder selten baut oder weil der Auftraggeber davon Abstand genommen hat, solche Bedingungen aufzustellen (vgl. Rn. 6 ff.). **27**

b) Einzelfallbetrachtung

Die Möglichkeit, vom Grundsatz der Unveränderlichkeit der Allgemeinen Vertragsbedingungen (Nr. 2 Abs. 1 S. 1) abzugehen, ist hier schon deshalb erforderlich, weil die **Besonderen Vertragsbedingungen speziell auf einen vorliegenden Einzelfall abgestellt** sind und dessen Einzelerfordernissen Rechnung tragen sollen. Will man dabei klare Grundlagen schaffen, so muss man schon ein Abgehen von den generellen Regelungen der Allgemeinen und der etwaigen Zusätzlichen Vertragsbedingungen **in Einzelpunkten gestatten, wenn dies zur Förderung der Sache unter Wahrung der beiderseits berechtigten Belange ausnahmsweise notwendig ist.** Deshalb können die Besonderen Vertragsbedingungen nicht nur Ergänzungen im wörtlichen Sinne enthalten, sondern durch sie können auch Abweichungen von den Allgemeinen und Zusätzlichen Vertragsbedingungen festgelegt werden. Das ergibt sich daraus, dass es sich bei der auf den hier erörterten Bereich bezogenen Bestimmung in § 10 Nr. 2 Abs. 2 S. 2 VOB/A um eine Sollvorschrift handelt (vgl. hierzu Vor § 2 VOB/A Rn. 5 ff.). **28**

c) Ausreichende Begründung erforderlich

Der Auftraggeber soll sich aber bei der Aufstellung von Besonderen Vertragsbedingungen eine große Beschränkung auferlegen, wie durch die jetzige Fassung der VOB zumindest klarer als früher zum Ausdruck gekommen ist. Sie sollen zunächst nur aufgestellt werden, **wenn hierfür ein wirklich beachtlicher und zu rechtfertigender Grund besteht**. Ein solcher ist **nur anzuerkennen, soweit die Eigenart der Bauleistung und ihre Ausführung** (z.B. eine Spezialleistung, die besonderen Anforderungen genügen muss) **dies erfordern.** Jedenfalls hängt das von den Gegebenheiten des Einzelfalles ab, wobei vor allem auch neuartige Bauweisen einschließlich Verfahrenstechniken, Fragen des Immissionsschutzes usw. von Bedeutung sein können. Es kann nicht der Sinn solcher Besonderen Vertragsbedingungen sein, durch eine Reihe von Einzelregelungen ohne triftigen Grund die Allgemeinen Vertragsbedingungen und damit den Teil B der VOB praktisch aufzuheben. Vornehmlich muss dabei – vor allem vonseiten des öffentlichen Auftraggebers – der Versuch »einseitigen Diktats« durch eine der Vertragsparteien unterbleiben. Dem trägt die VOB hier vor allem auch durch die weitere Forderung Rechnung, dass sich die Abweichungen von den Allgemeinen Vertragsbedingungen auf jene Fälle beschränken sollen, in denen **besondere Vereinbarungen ausdrücklich vorgesehen** sind (vgl. Rn. 22–24). Diese Grenzen, durch die wohlberechtigten Interessen der Auftraggeberseite vollauf Rechnung getragen wird, sind in der Praxis besonders zu beachten. **29**

Zur Frage der Auswirkung einer Besonderen Vertragsbedingung, dass »jeder Auftrag, ob Zusatz- oder Ergänzungsauftrag«, schriftlich erteilt werden müsse, ist hervorzuheben, dass ein **später nur mündlich einverständlich (auch ergänzend oder zusätzlich) abgeschlossener Vertrag dennoch wirksam** ist. Den Vertragspartnern steht es frei, eine vereinbarte Schriftform später abzubedingen, ohne dass im Übrigen die Geltung der anderen Vertragsbedingungen berührt wird. **30**

6. Zusammenhang mit weiteren Vertragsbedingungen

31 Die in § 10 Nr. 4 VOB/A enthaltenen Vorschriften müssen im Zusammenhang mit den Regelungen über die Zusätzlichen Vertragsbedingungen und die Besonderen Vertragsbedingungen in Nr. 2 gesehen werden. **Nr. 4 Abs. 1** bezieht sich, einschließlich der dort enthaltenen Aufzählung, in gleicher Weise auf die Zusätzlichen wie auch auf die Besonderen Vertragsbedingungen. Wenn die VOB hier anführt, dass in den Zusätzlichen Vertragsbedingungen oder in den Besonderen Vertragsbedingungen die im Einzelnen aufgezählten Punkte, soweit dies erforderlich ist, geregelt werden sollen, bedeutet das folgendes: Teil B der VOB sieht eine Reihe von Rechtsfolgen vor, wobei es den Beteiligten überlassen bleibt, hierüber Vereinbarungen über Einzelvoraussetzungen und -folgen zu treffen.

a) Anwendungsbereich der VOB/A

32 In **Nr. 4 Abs. 1m und 1n** der Aufzählung sind nur auf das **Vergabeverfahren des Teils A** entfallende Gesichtspunkte genannt. Das gilt demnach auch für die unter Abs. 1m angeführten Lohn- und Gehaltsnebenkosten, obwohl die frühere Bestimmung in § 9 Nr. 8 Abs. 3 VOB/A (Fassung 1973) entfallen ist. Hierbei handelt es sich um mögliche und ggf. notwendige Einzelregelungen, bei denen weder die tatsächlichen Voraussetzungen noch die rechtlichen Folgerungen ausdrücklich in den Bestimmungen des Teils B enthalten sind, die also von den Allgemeinen Vertragsbedingungen **nicht geregelt** werden, was bei den unter Abs. **1a–1n** genannten Punkten, zumindest hinsichtlich der Folgen bei entsprechender Vereinbarung, anders ist. Zur erstgenannten Gruppe zählt allerdings auch die unter Abs. **1h** erwähnte **Vertragsart** (§ 5 VOB/A).

33 Die Aufzählungen unter **Nr. 4 Abs. 1a–1n** sind nicht abschließend, vielmehr dürfen sie nur als **Beispiele aufgefasst werden,** wenn sie auch entsprechend den Erfahrungen der Praxis den Rahmen des evtl. Notwendigen so gut wie erschöpfend wiedergeben. Dadurch wird also keinesfalls der überhaupt nur mögliche Inhalt Zusätzlicher oder Besonderer Vertragsbedingungen abschließend umgrenzt. Es kommt immer auf den Einzelfall an unter Beachtung objektiv berechtigter Belange der zukünftigen Vertragspartner. Deshalb ist es z.B. auch möglich, nicht nur, wie es in Nr. 4e genannt ist, Besondere oder Zusätzliche Vertragsbedingungen abweichend von § 10 Nr. 2 VOB/B zu treffen, sondern auch von § 10 Nr. 1 VOB/B (über einen solchen Fall vgl. OLG Karlsruhe SFH Z 2.413 Bl. 21 ff.). Der Ansicht von *Daub/Piel/Soergel* (ErlZ A 10.90.), wonach die hier getroffene Aufzählung abschließend sein soll, übersieht, dass es maßgeblich nicht auf das Merkmal »soweit erforderlich«, sondern auf das diesem vorangehende Grundmerkmal »sollen« ankommt, wodurch entscheidend der mögliche Spielraum eindeutig zum Ausdruck gelangt ist (vgl. Vor § 2 VOB/A Rn. 5 ff.). **Dabei müssen allerdings** bei einer Beurteilung von auf der Grundlage von Nr. 4 Abs. 1 getroffenen Vertragsbestimmungen **die durch die zwingenden Regelungen des AGB-Gesetzes gezogenen Grenzen, insbesondere auch dessen § 9,** berücksichtigt werden. **Insbesondere darf dadurch auch nicht die Vereinbarung der VOB/B als Ganzes in Gefahr gebracht werden.**

34 Die Rechtsprechung hat sich z.B. mit der für den Bereich der Haftung in Besonderen Vertragsbedingungen getroffenen Abrede der Parteien befasst: »Der Auftragnehmer verpflichtet sich, den Auftraggeber von allen Ansprüchen Dritter freizustellen, die durch das Verhalten des Auftragnehmers oder seiner Erfüllungs- oder Verrichtungsgehilfen bei der Ausführung der Auftragsarbeiten oder der mit diesen zusammenhängenden Arbeiten – ohne Rücksicht auf Verschulden – ausgelöst und gegen den Auftraggeber geltend gemacht werden.« (BGH BauR 1972, 116 = NJW 1972, 256 = MDR 1972, 229 = LM VOB/B Nr. 48 = SFH Z 4.141 Bl. 58 = VersR 1972, 173 = BlGBW 1972, 59). Mit Recht sagt der BGH dazu, dass derartige Klauseln aus Gründen der Billigkeit **eng auszulegen** sind (dazu auch BGH BauR 1975, 286 = NJW 1975, 1315 = BB 1975, 855 = MDR 1975, 748 = VersR 1975, 857 = SFH Z 3.000 Bl. 3 = BlGBW 1975, 236 = LM Allg. Vertragsbest. A-Vertrag Nr. 3). Daher kann dieser besonderen vertraglichen Regelung nicht entnommen werden, dass von ihr auch solche Schäden erfasst werden sollen, die bei ordnungsgemäßer Ausführung der Leistung zwangsläufig entstehen müssen

und daher für den Auftragnehmer unvermeidbar sind. In der zuletzt genannten Entscheidung hat der BGH mit Recht festgestellt, dass die Einschränkung einer vertraglichen Schadensersatzhaftung nicht ohne weiteres auch für Ansprüche aus unerlaubter Handlung gilt.

Bedenklich ist eine Vertragsklausel: »Die Abnahme der vom Unternehmer übernommenen Arbeiten gilt erst als erfolgt, wenn der Bauherr das Gesamtwerk des Architekten abgenommen hat.« Eine solche Klausel kann vor allem bei größeren und lang andauernden Bauleistungen als eine unzulässige Einengung des Auftragnehmers gegen die guten Sitten verstoßen (deshalb auch gegen § 9 AGB-Gesetz), da eine Abnahme des Architektenwerks frühestens nach Fertigstellung des Gesamtvorhabens in Betracht kommt und im Übrigen der Architekt aus seinem Vertrag mit dem Auftraggeber im Allgemeinen nicht die gleiche Leistung schuldet wie der Auftragnehmer. An sich möglich ist es, durch Zusätzliche Vertragsbedingungen Teilabnahmen nach § 12 Nr. 2a VOB/B – auch im Hinblick auf § 12 Nr. 5 Abs. 2 VOB/B – und zugleich Teilschlusszahlungen nach § 16 Nr. 4 VOB/B auszuschließen, da das Werkvertragsrecht des BGB ebenso grundsätzlich eine Teilabnahme in § 640 BGB nicht vorsieht und auch für die in § 641 Abs. 1 S. 2 BGB angesprochene Teilfälligkeit der Vergütung eine ausdrückliche Vereinbarung der Vertragspartner für die Vornahme einer Teilabnahme vorsieht. Allerdings wird dadurch in die Ausgewogenheit der VOB/B eingegriffen, so dass dann eine Vereinbarung der VOB/B als Ganzes nicht mehr vorliegt, weshalb davon Abstand zu nehmen ist. Im Übrigen wäre dies überhaupt nur solange als zulässig zu erachten, als die erbrachte Teilleistung in der Obhut des Auftragnehmers verbleibt und sie vom Auftraggeber oder mit dessen Billigung durch Dritte nicht bereits in Anspruch genommen wird, wie durch Inbenutzungnahme, Freigabe zum Verkehr usw. Dann würde der Auftragnehmer einem für ihn unzumutbaren Risiko im Hinblick auf Beschädigungen, Zerstörungen, Abnutzungen seiner Leistung unterworfen, die er nicht zu steuern in der Lage ist. Unter diesen Umständen wären entsprechende Vertragsbedingungen nach § 242 BGB (im Einzelfall) oder nach § 9 AGB (in Formularbedingungen = Zusätzliche Vertragsbedingungen) unwirksam mit der Wirkung, dass an ihre Stelle die vorgenannten VOB-Regelungen treten (vgl. dazu auch *Schlenke* Bauwirtschaft 1979, 845). Unbedenklich ist es, die Abrechnung nicht vom Aufmaß an Ort und Stelle, sondern von einer nach Aufmaß gefertigten Zeichnung abhängig zu machen (Nr. 4 Abs. 1h; siehe dazu BGH Urt. v. 23.9.1965 VII ZR 72/63).

Der Vorbehalt einer Vertragsstrafe kann auch in eine formularmäßig vorbereitete Abnahmeniederschrift aufgenommen und mit deren Unterzeichnung erklärt werden; zur Abgabe einer Vorbehaltserklärung und zu ihrer Entgegennahme ist im Zweifel jeder zur Durchführung der förmlichen Abnahme bevollmächtigte Vertreter der Vertragspartner befugt; eine in AGB (ZVB) enthaltene Vereinbarung, wonach der Auftragnehmer, wenn er in Verzug gerät, für jeden Werktag der Verspätung eine Vertragsstrafe von 0,1%, höchstens jedoch 10% der Angebotssumme zu zahlen hat, ist wirksam (BGH BauR 1987, 92 = NJW 1987, 380). Unwirksam ist eine Vertragsstrafenregelung für Nichteinhaltung von Fristen bei Bauarbeiten, wenn die Vertragsstrafe für die Überschreitung von Zwischen- und Endterminen gelten soll, wobei jedoch unklar ist, ob die Höhenbegrenzung für die Summe der möglichen Einzelvertragsstrafen oder für jede Einzelne gilt (OLG Koblenz BauR 2000, 330).

b) Anwendungsbereich der VOB/B
In den Aufzählungen der Nr. 4 fehlt jeglicher Hinweis auf Vergütungsfragen, soweit sie in § 2 VOB/B enthalten sind, obwohl hierzu an sich z.B. nach § 2 Nr. 4 VOB/B Anlass bestanden hätte. Das hat seinen Grund darin, dass grundsätzlich **Vergütungsfragen nicht zu den** in § 10 VOB/A angeführten **Verdingungsunterlagen, sondern** in die **Leistungsbeschreibung (§ 9 VOB/A) gehören.** Sie sollten daher auch im Rahmen Zusätzlicher oder Besonderer Vertragsbedingungen **nicht** aufgenommen werden. Soweit außerhalb des von § 2 VOB/B erfassten Rahmens nachträgliche Änderungen der durch Vertragsabschluss vereinbarten Vergütung in Betracht kommen, sind diese durch die in Nr. 4 Abs. 1o in Bezug genommene Vorschrift § 15 VOB/A für eine etwaige Aufnahme in die Zusätzlichen Vertragsbedingungen oder in die Besonderen Vertragsbedingungen umgrenzt. Gleiches

gilt für die in Nr. 4 Abs. 1n erwähnten Lohn- und Gehaltsnebenkosten, insbesondere, wenn es sich um die Vereinbarung von Stundenlohnarbeiten (vgl. dazu § 5 Nr. 2 VOB/A) handelt. Ferner ist die nach Vergütungsgesichtspunkten ausgerichtete **Vertragsart selbst** (§ 5 VOB/A) unter Nr. 4 Abs. 1h berücksichtigt.

c) Besondere Leistungen

38 Ausgenommen sind hier auch Fälle, wie sie früher in § 9 Nr. 6 VOB/A – Fassung 1973 – (**besondere Leistungen**) aufgeführt waren und statt dessen jetzt in den Abschnitten 0.4.2 sowie 4.2 der DIN 18 299 enthalten sind. Auch derartige Regelungen betreffen **nicht** die in § 10 VOB/A gemeinten **Verdingungsunterlagen**, sondern die **Leistungsbeschreibung**, so dass sie dort zu berücksichtigen sind.

7. Gewährleistung und Gefahrtragung

39 Nach Nr. 4 Abs. 2 sind im Einzelfall erforderliche, besondere Vereinbarungen über die Gewährleistung (§ 13 VOB/A, § 13 Nr. 1, 4 und 7 VOB/B) und über die Verteilung der Gefahr bei Schäden, die durch Hochwasser, Sturmfluten, Grundwasser, Wind, Schnee, Eis und dergleichen entstehen können (§ 7 VOB/B), grundsätzlich in den Besonderen Vertragsbedingungen zu treffen. Das rührt daher, dass diese Absprachen **im Allgemeinen** ihre **Grundlage in den Gegebenheiten des Einzelfalles haben** und deshalb für eine generelle Aufnahme in die Zusätzlichen Vertragsbedingungen ungeeignet sind. Allerdings hat die VOB mit Rücksicht auf § 13 VOB/A hier **in S. 2** Anlass zu dem Hinweis, dass dann, wenn für bestimmte Bauleistungen gleichgelagerte Voraussetzungen i.S.v. § 13 gegeben sind, **die besonderen Vereinbarungen zur Frage der Verjährung bei Gewährleistungsansprüchen auch in Zusätzlichen Technischen Vertragsbedingungen vorgesehen werden können.**

40 **Zu besonderen oder zusätzlichen Vereinbarungen über die Gewährleistung besteht vor allem auch Anlass, wenn es sich um ein Bauobjekt im Wege des Fertigbaus handelt.** Zwecks Vermeidung von Missverständnissen empfiehlt es sich, hinsichtlich des Gesamtobjekts, vor allem im Hinblick auf das Fundament und die darauf zu setzenden Fertigbauteile, einheitliche Gewährfristen festzulegen. Insoweit erscheint es aus dem Gesichtspunkt von Treu und Glauben außerdem geboten, den späteren Auftragnehmer in gewissem Umfang von seiner Prüfungspflicht hinsichtlich der vom Auftraggeber oder dessen Architekt **selbst beschafften Fertigbauteile** oder der in Fertigbauweise vorgesehenen Leistungsteile zu befreien. Sonst würde dem Auftragnehmer ein unzumutbares Risiko auferlegt, weil er in diesen Fällen nach dem Willen des Auftraggebers **genormte Arbeit eines anderen** zu übernehmen hat, für die er in der Regel nicht verantwortlich gemacht werden kann. Hier würde dem Auftraggeber auch kein unzumutbares Opfer auferlegt, weil er sich durch seinen Lieferungsvertrag mit dem Fertigteilhersteller, vor allem durch eine vertraglich vereinbarte Ausdehnung der dafür sonst maßgeblichen Gewährfristen, hinreichend schützen kann (zur Einstandspflicht eines Fertighausherstellers, der sich zur Errichtung eines Fertighauses oberhalb der Kellergeschossdecke verpflichtet, hinsichtlich fehlerhafter Beurteilung der Baugrundverhältnisse siehe BGH SFH Z 2.414.0 Bl. 13 = BauR 1977, 131 = MDR 1977, 206 = BB 1977, 269 = Betrieb 1977, 301).

41 Soll bei einer Leistungsbeschreibung nach Leistungsprogramm (§ 9 Nr. 10 ff. VOB/A) nur für einen bestimmten Leistungsbereich eine von § 13 Nr. 4 VOB/B abweichende Gewährleistungsfrist unter den Voraussetzungen von § 13 Nr. 2 VOB/A festgelegt werden, so muss die erforderliche Abgrenzung in den Besonderen oder Zusätzlichen Bedingungen hinreichend klar und zweifelsfrei zum Ausdruck kommen.

42 Eine besondere Vereinbarung über die Gewährleistung dahin gehend, dass der Auftraggeber **keinen Schadensersatzanspruch,** sondern **nur ein Rücktrittsrecht** hat, wenn der Auftragnehmer eine angemessene Frist zur Behebung des Mangels verstreichen lässt, sollte in einem VOB-Bauvertrag nicht getroffen werden, weil im Rahmen der Gewährleistung nach der VOB kein Rücktrittsrecht des Auftraggebers vorgesehen, für den Regelfall auch nicht erforderlich ist (zur Zulässigkeit vgl. BGH BB 1963, 453). Ebenso wenig ist es angebracht, im Vertrag eine Regelung dahin gehend zu treffen, »der Unternehmer haftet für seine Leistungen nach den Bestimmungen der VOB und des BGB«. Das führt besonders zu Unklarheiten hinsichtlich der für die Gewährleistung maßgebenden Gesichtspunkte, wie vor allem der Gewährleistungsfrist (vgl. OLG Düsseldorf, BauR 1972, 117).

II. Technische Vertragsbedingungen (Nr. 3)

Die technischen Bestimmungen in Nr. 3 beziehen sich auf die Allgemeinen Technischen Vertragsbedingungen, die Zusätzlichen Technischen Vertragsbedingungen sowie die Änderungen und Ergänzungen der Leistungsbeschreibung im Einzelfall. Im Gegensatz zu den Vertragsbedingungen sind die **technischen Bestimmungen** sowie die hierzu zu zählende Leistungsbeschreibung als solche (ohne die späteren Preisangaben) im Ausgangspunkt nicht auf rechtliche Fragen und auf die rechtliche Gestaltung des Bauvertrages bezogen. Sie bilden vielmehr zunächst die **tatsächliche Grundlage der Leistungsanforderungen.** Das Werkvertragsrecht des BGB enthält derartige technische Vorschriften nicht. Maßgeblich sind dort – ungeschrieben – die **allgemein anerkannten Regeln der Technik,** wenn nicht im Einzelfall besondere vertragliche Abreden getroffen worden sind. Liegt bei der VOB allerdings der Fall so, dass die technischen Bestimmungen des Teils C nicht mit den allgemein anerkannten Regeln der Technik übereinstimmen, etwa weil sie unvollständig oder nach dem neuesten Stand überholt sind, gehen die letztgenannten in jedem Fall vor (vgl. § 4 VOB/B). Decken sie sich, was weit überwiegend zutrifft, verdienen im konkreten Bauvertrag die technischen Bestimmungen der VOB maßgebliche Beachtung, weil sie als geschrieben festliegen. Sind schließlich technische Bedingungen im Einzelfall nicht vorhanden, insbesondere keine Allgemeinen Technischen Vertragsbedingungen, kommt es wieder auf die anerkannten Regeln der Technik an. Die sich hieraus abzeichnende **Vorrangigkeit der anerkannten Regeln der Technik** kommt vor allem auch in den einzelnen Arten der technischen Regelungen nach der VOB zum Ausdruck, insbesondere ihrer Abstufung zueinander.

1. Unveränderbarkeit der ATV der VOB/C

In Nr. 3 S. 1 ist zunächst bestimmt, dass die Allgemeinen Technischen Vertragsbedingungen des Teils C grundsätzlich unverändert bleiben. Das stimmt mit dem überein, was hinsichtlich der Allgemeinen Vertragsbedingungen in Nr. 2 Abs. 1 S. 1 gesagt ist. Insoweit hat hier das gleiche zu gelten (vgl. Rn. 19).

2. Ausnahmen

Es sind aber Ausnahmen vom Grundsatz der Unveränderbarkeit der Allgemeinen Technischen Vertragsbedingungen ebenso wie bei den Vertragsbedingungen zulässig. Das gilt zunächst für den Bereich **Zusätzlicher Technischer Vertragsbedingungen.** Dabei ist in **Nr. 3 S. 2 der Fassung 1992 klargestellt** worden, dass dies – anders als früher (vgl. 11. Aufl. an dieser Stelle) – ebenso wie bei den Zusätzlichen Vertragsbedingungen auf ganz **bestimmte Fallgestaltungen beschränkt** sein muss, nämlich dort, wo Auftraggeber **ständig Bauleistungen vergeben und für die bei ihnen allgemein gegebenen Verhältnisse solche Zusätzlichen Technischen Vertragsbedingungen benötigen.** Die genannte Bestimmung ist also jetzt der für Zusätzliche Vertragsbedingungen maßgebenden Regelung in Nr. 2 Abs. 1 (vgl. oben Rn. 20 ff.) angepasst worden. Daher ist auf das oben Gesagte zu verweisen; dieses gilt hier entsprechend. Die von der VOB zugelassenen Ausnahmegesichtspunkte werden für die Praxis im Allgemeinen **im technischen Bereich,** der hier angesprochen ist, **häufiger** sein. Das beruht darauf, dass es zweifellos eine ganze Reihe von Auftraggebern gibt, die sich mit Baumaßnahmen befassen, die über den Normalrahmen der Allgemeinen Technischen Vertragsbedingungen

VOB/A § 10 Vergabeunterlagen

hinausgehen oder jedenfalls von diesen entweder nicht oder nur unvollkommen erfasst sind. Dabei handelt es sich naturgemäß um technisch besondere oder jedenfalls speziellere Bauaufgaben, die sich bei bestimmten, häufig bauenden Auftraggebern im Rahmen ihres Aufgabenbereichs **allgemein** ergeben. In letzterer Hinsicht ist damit gesagt, dass die Tätigkeit ganz bestimmter Auftraggeber **grundsätzlich** (»allgemein«) Bauvorhaben betrifft, für **die besondere und über dem sonst üblichen Normalrahmen liegende technische Anforderungen** gestellt werden müssen. Insofern muss es sich bei ihnen um den allgemeinen Rahmen ihrer bautechnischen Maßnahmen handeln, also **nicht um Einzelfälle,** die von Nr. 3 S. 3 erfasst sind (vgl. unten Rn. 47 f.). Hier kommen z.B. sich in technischer Hinsicht wiederholende Bauten der Bundesautobahnverwaltung, der Bahn AG, der Energieunternehmen, im Bereich der Ver- oder Entsorgung usw. in Betracht. Bei diesen ist es sicher geboten, für die von ihnen wiederholt vorzunehmenden Baumaßnahmen Zusätzliche Technische Vertragsbedingungen aufzustellen, in die in Betracht kommenden Vertragsverhandlungen einzuführen und u.a. auf deren Basis die Verträge abzuschließen. Ein Verbot des Widerspruchs (vgl. oben Rn. 20) zu den Allgemeinen Technischen Vertragsbedingungen ist in Nr. 3 nicht aufgeführt. **Das hat seinen Grund darin, dass auch für die hier erörterten speziellen Baumaßnahmen die anerkannten Regeln der Bautechnik in jedem Fall vorrangigen Charakter haben.** Diese richten sich nach dem jeweils neuesten Stand. Um dieses Erfordernis zu erfüllen, muss der Auftraggeber bei der Gestaltung der Zusätzlichen Technischen Vertragsbedingungen weitgehend freie Hand haben. Das reicht natürlich **nur so weit, wie es die anerkannten Regeln der Technik gestatten.**

46 Gerade hier ist es für den Auftraggeber zwingend geboten, die Zusätzlichen Technischen Vertragsbedingungen **besonders klar und eindeutig abzufassen.** Vor allem ist es notwendig, bei Änderungen oder Ergänzungen der Allgemeinen Technischen Vertragsbedingungen an den entsprechenden Stellen ausdrücklich darauf hinzuweisen, welche Allgemeinen Technischen Vertragsbedingungen im Einzelnen ergänzt und abgeändert sind oder welche nicht zur Geltung kommen sollen. Das ist erforderlich, um gerade hier leicht mögliche Unklarheiten auf der Auftragnehmerseite zu vermeiden.

3. Ergänzungen und Änderungen

47 Wenn in **Nr. 3 S. 3** davon gesprochen wird, dass **für die Erfordernisse des Einzelfalles Ergänzungen oder Änderungen in der Leistungsbeschreibung festzulegen** sind, so handelt es sich ganz deutlich um das auf der technischen Seite liegende **Gegenstück der Besonderen Vertragsbedingungen.** Die für deren Aufstellung maßgeblichen Grundsätze (vgl. Rn. 10 und 25–29) gelten demnach jedenfalls sinngemäß auch hier. Gerade der Einzelfall mit seinen vielfach besonderen technischen Anforderungen gebietet es, dem Auftraggeber möglichst freie Hand zu lassen, wenn er bei der Abfassung der Leistungsbeschreibung die jeweils geltenden anerkannten Regeln der Technik beachten will und muss. Auch hier kann es sich sowohl um Ergänzungen als auch um Änderungen der Allgemeinen Technischen Vertragsbedingungen handeln, was in S. 3 auch ausdrücklich hervorgehoben worden ist.

4. Aufnahme in die Leistungsbeschreibung

48 Technische Ergänzungen und Änderungen für die Erfordernisse des Einzelfalles haben ihre Besonderheit darin, dass sie entgegen den anderen Arten der Vertragsbedingungen und technischen Vorschriften nicht etwas äußerlich hervortretendes Selbstständiges im Rahmen der Vertragsunterlagen darstellen und daher auch nicht als besondere Verdingungsunterlage aufzustellen sind. **Sie gehören vielmehr zur Leistungsbeschreibung nach § 9 VOB/A und sind in diese aufzunehmen.** Die Leistungsbeschreibung befasst sich nämlich im Besonderen mit den technischen Anforderungen, die an die Bauleistung **im Einzelfall** gestellt werden. Dazu gehören schon begrifflich, da sie zunächst tatsächlicher und nicht rechtlicher Art sind, die Änderungen und Ergänzungen der Allgemeinen oder auch der Zusätzlichen Technischen Vertragsbedingungen. Dies ergibt sich insbesondere aus § 9 Nr. 8 VOB/A. Wenn nämlich in der Leistungsbeschreibung nichts Besonderes hervorgehoben wird, sind nach dieser Bestimmung die Allgemeinen Technischen Vertragsbedingungen und die Zusätzlichen Technischen Vertragsbedingungen der Leistungsbeschreibung zu unterstellen. Sind aber im Einzelfall **Abweichungen oder Ergänzungen** im Hinblick auf die Allgemeinen **Technischen und die Zusätzlichen Technischen Vertragsbedingungen** vorgesehen, ist es zur Schaffung der gebotenen Klarheit für die Bewerber notwendig, sie **in der Leistungsbeschreibung** auch aufzuführen. Dabei ist es erforderlich, um die Eindeutigkeit und die Vollständigkeit der Leistungsbeschreibung gemäß dem Grundsatz des § 9 Nr. 1 VOB/A zu wahren, an den entsprechenden Stellen, an denen die Änderungen und Ergänzungen aufgeführt werden, darauf hinzuweisen, welche Bestimmungen aus den Allgemeinen oder Zusätzlichen Technischen Vertragsbedingungen im Wege der Änderung oder Ergänzung betroffen werden. Insoweit wird es in manchen Fällen unumgänglich sein, bei der Aufstellung der Leistungsbeschreibung Fachleute hinzuzuziehen, denen die Allgemeinen Technischen Vertragsbedingungen und die etwaigen Zusätzlichen Technischen Vertragsbedingungen geläufig und insbesondere auch in ihrer Tragweite im Einzelnen bekannt sind, um sich über deren Änderungen oder Ergänzungen im Hinblick auf die Erfordernisse der Allgemeinen Regeln der Technik ausreichend klar werden zu können.

E. Anschreiben

Die jetzige **Nr. 5** fasst die Regelungen über das Anschreiben zusammen, mit dem den Bewerbern die Verdingungsunterlagen übergeben werden und das insbesondere die Aufforderung zur Abgabe eines Angebotes enthält. **49**

I. Versendung

Unter Hinweis auf § 17 Nr. 3 (genau genommen muss es Nr. 4 heißen!) VOB/A geht die VOB zutreffend davon aus, dass die Verdingungsunterlagen (vgl. dazu oben Rn. 3) den Bewerbern **zu übersenden** sind. Hiernach sind die Verdingungsunterlagen **den Bewerbern zuzuleiten.** Den Unterlagen ist dann das in Nr. 5 Abs. 1 genannte **Anschreiben beizufügen.** **50**

II. Inhalt des Anschreibens

1. Allgemeines

Nach **Nr. 5 Abs. 1** muss das Anschreiben **alle Angaben** enthalten, **die außer den Verdingungsunterlagen für den Entschluss zur Abgabe eines Angebots notwendig sind.** Dabei ist bewusst auf die Notwendigkeit abgestellt worden, was zugleich bedeutet, dass es auf die **Erfordernisse des Einzelfalles** ankommt. Selbstverständlich kann es nach den Gegebenheiten des Einzelfalles erforderlich sein, auch standardisierte Bedingungen, die ein Auftraggeber für die Angebotsbearbeitung beachtet wissen will, im Anschreiben anzugeben. Deshalb müssen in den Anschreiben sämtliche Angaben enthalten sein, die die **Besonderheit** des jeweils auszuführenden Bauvorhabens gemäß der in Aussicht genommenen Vergabe beinhalten. Voraussetzung ist natürlich, dass die betreffenden Angaben für den Entschluss eines Bewerbers, sich an der Vergabe zu beteiligen, **wesentlich** sind. Hier ist eine **sorgfältige Überlegung** des Auftraggebers geboten. Dabei ist besonders zu berücksichtigen, dass in dem nachfolgenden Katalog in Nr. 5 Abs. 2 nur die **Mindesterfordernisse** der Aufforderung zur Angebotsabgabe enthalten sind, um den Bewerbern von Beginn an die wesentlichen Punkte, die mit der geforderten Leistung und ihrer Vergabe im Zusammenhang stehen, zur Kenntnis zu bringen. Es ist also darauf zu achten, dass auch solche Punkte den Bewerbern in dem Anschreiben mitgeteilt werden, die bei der betreffenden Vergabe wesentlich sind, die aber in dem nachfolgenden Katalog **nicht** im Einzelnen aufgeführt worden sind. Dazu gehört z.B. die Mitteilung, dass unter Umständen ganz spezielle Kenntnisse, Erfahrungen und Leistungsfähigkeiten erforderlich sind. Das soll nur als Bei- **51** spiel gelten, da die Erfordernisse des Einzelfalles verschieden sind. Jedenfalls muss der Auftraggeber beachten, dass er **alle wesentlichen Gesichtspunkte im Rahmen seines Anschreibens** berücksichtigt und **angibt,** die bei gebotener objektiver Betrachtung für den Entschluss eines Bewerbers, sich an der Vergabe zu beteiligen, **maßgebend** sind oder sein können.

2. Beispielsfälle im Katalog von Nr. 5 Abs. 2

52 Der in Nr. 5 Abs. 2 angeführte Katalog beinhaltet nach dem Vorhergesagten nur **Beispiele.** Denn dort sind diejenigen Einzelheiten aufgezählt, die sich nach **allgemeiner Erfahrung** im Rahmen der Bauvergabe als **für das Anschreiben notwendig erwiesen haben.** Damit ist zugleich gesagt, dass sich der Auftraggeber die Einzelheiten genau überlegen muss, die hier aufgezählt sind, und zwar in der Hinsicht, ob sie für seinen Vergabefall **notwendig** sind. Insoweit muss der Auftraggeber sorgfältige Überlegungen anstellen. Im Einzelnen handelt es sich um die folgenden Gesichtspunkte:

a) Art und Umfang der Leistung

53 Soweit es um Angaben über **Art und Umfang der Leistung** im Anschreiben geht (a), ist zu bedenken, dass diese sich in ihren Einzelheiten aus der Leistungsbeschreibung ergeben müssen. Im Anschreiben soll der Auftraggeber daher nur eine ganz knappe, aber **deutliche Umschreibung** dessen geben, was von den Bewerbern an Bauleistung erwartet wird und wie diese sich aus den Einzelheiten der Leistungsbeschreibung zusammensetzt; z.B.: »Es sollen die Erdarbeiten, die Beton- und Mauerarbeiten für die Errichtung eines fünfgeschossigen Wohngebäudes in X-Stadt, Y-Straße 12, vergeben werden; Erdarbeiten etwa 2.000 m², Betonarbeiten etwa 1.000 m², Mauerarbeiten etwa 2.000 m².« Bei der Angabe über den Umfang der Leistung genügt eine ungefähre Mitteilung, da dem Bewerber nur eine für seine **grundsätzliche Entschließung hinreichende Aufklärung** gegeben zu werden braucht.

54 Hinzu kommt, dass im Anschreiben **auch der Ausführungsort** anzugeben ist. Das ist naturgemäß auch wesentlich für die Entschließung, ob sich der betreffende Unternehmer an der Bauvergabe beteiligen will. Dies gilt einmal im Hinblick auf seine betriebliche Kapazität, zum anderen aber auch im Hinblick auf die Preisgestaltung. Solange der Unternehmer nicht weiß, wo die Bauleistung zu erbringen ist, kann er sich noch nicht klar genug entschließen, ob er überhaupt an der Baumaßnahme Interesse haben kann.

b) Ausführungszeit

55 Bei den Bestimmungen über die **Ausführungszeit** (b) handelt es sich um die Fristen, die nach § 11 VOB/A in den Verdingungsunterlagen anzugeben sind. Es sollen aber nicht schon die Fristangaben im Einzelnen gemacht werden, wie sie dort mitgeteilt werden. Vielmehr ist hier die bloße, jedoch hinreichend deutliche Angabe der **zeitlichen Richtpunkte,** auch in jahreszeitlicher Hinsicht, gemeint, unter denen in dem konkreten Baufall die ausgeschriebenen Arbeiten durchgeführt und fertig gestellt werden sollen. Die Angaben sollen **ganz allgemein** dem Bewerber die **Möglichkeit der Entschließung** geben, ob er in der genannten Zeit nach seinen betrieblichen und sonstigen Verhältnissen wirklich in der Lage ist, den Bauauftrag zu übernehmen. Ist das nicht der Fall, so wäre es sinnlos, sich überhaupt an einer Vergabe zu beteiligen.

c) Angabe der Vergabestelle

56 Naturgemäß ist es für den Unternehmer unumgänglich notwendig zu wissen, welche Stelle – einschließlich ihrer Anschrift – **zur Angebotsabgabe auffordert** und welche Stelle den **Zuschlag erteilt** (c). Im Allgemeinen wird die zur Angebotsabgabe auffordernde Stelle mit derjenigen identisch sein, die den Zuschlag erteilt. In Einzelfällen kann es allerdings vorkommen, dass beide auseinanderfallen. Dann muss das im Anschreiben klar zum Ausdruck gebracht werden. Für den Bewerber bzw. Bieter ist es auch in **rechtlicher Hinsicht** unbedingt notwendig zu wissen, **wer** sein **Verhandlungspartner**

sein wird. Das gilt umso mehr, als er wissen muss, an wen er sich schon im Vergabeverfahren bei Auftreten von Unklarheiten oder Unzuträglichkeiten zu wenden hat. Insbesondere hat dies im Zusammenhang mit Nachprüfungsverfahren nach dem zweiten Abschnitt des 4. Teils des GWB (§§ 102 ff. GWB) besondere Bedeutung: Der Antragsteller hat **Verstöße gegen Vergabevorschriften gegenüber dem Auftraggeber** unverzüglich zu rügen, § 107 Abs. 3 GWB.

d) Angabe der Auskunftsstelle

Weiter muss das Anschreiben die Namen der Stellen unter Angabe der Anschriften enthalten, **bei denen ggf. zusätzlichen Unterlagen angefordert und eingesehen werden können** (d). Die VOB in der Fassung 2000 geht davon aus, dass die Verdingungsunterlagen grundsätzlich mit dem Anschreiben von der Vergabestelle an die Bewerber zu versenden sind. Die Regelung konnte daher gegenüber der Vorfassung gestrafft werden und regelt nur noch die Anforderung und Einsehmöglichkeit von möglichen zusätzlichen Unterlagen. Auch diese Regelung hat eine **zivilrechtliche Bedeutung.** Der Auftraggeber kann sich nur dann auf die Richtigkeit eines seinen Anforderungen entsprechenden Angebots verlassen und das Angebot zugunsten oder zu Lasten des Bewerbers verwerten, wenn er diesen über die von ihm gestellten tatsächlichen Leistungsanforderungen in jeder Hinsicht **erschöpfend unterrichtet** hat. Dem Bieter muss also schlechthin zumindest die Einsicht in alles ermöglicht werden, was im Rahmen der Verdingungsunterlagen und der zusätzlichen Unterlagen für seine Angebotsabgabe **wesentlich** ist. **57**

Soweit möglich, sollten den Bewerbern dann – jedenfalls auf Anforderung – auch Ablichtungen o.Ä. solcher Unterlagen zur Verfügung gestellt werden, was sich im Sinne einer sorgfältigen Angebotsbearbeitung durchaus auszahlen kann.

Auch auf die Möglichkeit, einen gesonderten Termin für die Anforderung oder Einsichtnahme festzulegen wurde verzichtet, um die Vorschrift zu vereinfachen. Es ist Sache des Auftraggebers, **grundsätzlich bis zum Ende der Angebotsfrist** im Interesse eines breiten Wettbewerbs den Bietern die notwendigen Informationen zur Angebotsabgabe zugänglich zu machen.

e) Kosten der Unterlagen

Des Weiteren sind in dem Anschreiben ggf. **Höhe und Einzelheiten der Zahlung des Entgelts für die Übersendung der unter vorangehend d aufgeführten Unterlagen anzugeben** (e). Dies betrifft nach § 20 Nr. 1 Abs. 1 VOB/A **nur** den Fall, in dem eine **Öffentliche Ausschreibung** stattfindet, während bei **Beschränkter Ausschreibung und Freihändiger Vergabe alle Unterlagen unentgeltlich abzugeben** sind (§ 20 Nr. 1 Abs. 2 VOB/A). Da bei Öffentlicher Ausschreibung **schon in der Bekanntmachung** nach § 17 Nr. 1 VOB/A anzugeben ist, wie hoch die Entschädigung ist und dass sie nicht erstattet wird, wie in § 20 Nr. 1 Abs. 1 VOB/A deutlich gesagt ist, da außerdem in § 17 Nr. 1 Abs. 2j VOB/A hinsichtlich der Bekanntmachung zum Ausdruck gekommen ist, dass in dieser ggf. Höhe und Einzelheiten der Zahlung der Entschädigung für die Übersendung dieser Unterlagen (also der dort unter i genannten, die mit den hier in Nr. 5 Abs. 2d aufgeführten [vgl. vorangehend Rn. 57] identisch sind) zu nennen sind, und da hier in e auch nur der Wortlaut von § 17 Nr. 1 Abs. 2j VOB/A wiederholt wird, handelt es sich sozusagen um eine **doppelte Benennung.** Das lässt nur den Schluss zu, dass etwaige Höhe und Einzelheiten der Zahlung der Entschädigung für die Übersendung der Unterlagen **sowohl in der Bekanntmachung nach § 17 Nr. 1 VOB/A als auch in dem Anschreiben nach hier Nr. 5 aufzuführen sind.** Dies gilt dann angesichts der Regelung in § 17 Nr. 1 Abs. 2i VOB/A **auch für vorangehend d (vgl. Rn. 57).** **58**

f) Art des Vergabeverfahrens

Grundlegend wichtig für die Entschließung, ob sich der Unternehmer an der Vergabe beteiligen will, ist es, dass er weiß, welche **Art der Vergabe** gemäß § 3 VOB/A im vorliegenden Fall gewählt ist (f). Das gilt vor allem wegen der Aussichten für die Erlangung des Auftrages im Hinblick auf den Kreis **59** der anderen möglichen Bewerber. Dabei hat im Anschreiben die Benennung der Art des Vergabeverfahrens allgemein gehalten und klar zu erfolgen, insbesondere ohne Begründung und Rechtfertigung im Hinblick darauf, warum gerade diese Vergabeart gewählt worden ist. Es genügt daher die kurze Mitteilung im Anschreiben, wie z.B.: »... im Wege der Öffentlichen Ausschreibung ...« oder »... durch Beschränkte Ausschreibung ...« Dies dürfte hinreichend klar sein, um den Bewerber ordnungsgemäß zu orientieren.

g) Ortsbesichtigungen

60 Etwaige **Ortsbesichtigungen** (g) können im Einzelfall von Bedeutung sein, wenn die Verdingungsunterlagen, insbesondere die Leistungsbeschreibung, nicht so gestaltet werden können, dass sich der Bewerber ein **völlig klares Bild** über Art und Umfang der Leistungsanforderungen machen kann, sondern wenn hierzu eine Kenntnisnahme wesentlicher Umstände an Ort und Stelle des Bauvorhabens erforderlich ist. In erster Linie gilt das für größere Bauvorhaben, wie z.B. Siedlungsprojekte, insbesondere aber auch – weit gefasst – spezielle Vorhaben, wie z.B. bei Tiefbauten. Das gilt aber auch sonst für bestimmte Vorhaben, bei denen die örtlichen Verhältnisse für die Entschließung zur Abgabe des Angebotes von ausschlaggebender Bedeutung sein können, wie z.B. im Hinblick auf die Anfahrtwege, die Baugrundverhältnisse usw. Die Ortsbesichtigung kann im Anschreiben für alle Bewerber auf einen Termin festgesetzt werden. Einen gemeinsamen Termin soll man nach Möglichkeit vermeiden, wenn Wert darauf gelegt wird, dass die einzelnen Bewerber vorher nichts voneinander erfahren sollen. Die Besichtigung kann daher auch den Bewerbern selbst in einem bestimmten, im Anschreiben anzugebenden Zeitpunkt oder Zeitraum überlassen bleiben, wobei ggf. noch mitzuteilen ist, wer von seiten des Auftraggebers zur Erteilung notwendiger Auskünfte an Ort und Stelle zur Verfügung steht. Im Übrigen haben Ortsbesichtigungen die wesentliche Bedeutung, dass sich unter Umständen später der Bewerber bzw. Auftragnehmer **nicht** mehr darauf **berufen kann**, er habe von bestimmten, für ihn als Fachmann erkennbaren Verhältnissen an Ort und Stelle **nichts gewusst.** Gerade deshalb ist dem Unternehmer ohnehin dringend zu raten, in jedem Fall von sich aus eine Ortsbesichtigung anzustreben.

h) Zulassung elektronischer Angebote

61 Wenn der Auftraggeber von der mit der Fassung 2000 eingeführten **Möglichkeit zur Zulassung der elektronischen Angebotsabgabe** Gebrauch machen will, so hat er dies nach (h) im Anschreiben anzugeben. Da die Zulassung der elektronischen (der in der VOB verwendete Begriff der »digitalen« ist inhaltsgleich) Angebotsabgabe allein vom Auftraggeber nach seinem Ermessen nach § 21 Nr. 1 Abs. 1 S. 1 VOB/A zu entscheiden ist, kommt der Angabe im Anschreiben besondere Bedeutung für die Frage zu, ob er dann auch elektronische Angebote entgegenzunehmen und zu bearbeiten hat. Dies betrifft **zum einem das »ob« der elektronischen Angebotsabgabe, zugleich aber auch das »wie«.** Mit der geforderten Angabe zu den (technischen) **Verfahren der Ver- und Entschlüsselung oder der Signatur von elektronischen oder digitalen Angeboten**, wird der Auftraggeber angehalten, **genaue Angaben z.B. über die zu verwendende software, Schnittstellen, d.h. alle zur elektronischen Kommunikation notwendigen Anforderungen** zu geben. Umgekehrt erfährt der Bewerber, unter welchen **ausschließlichen Bedingungen** er von dem neuen Medium der digitalen Angebotsabgabe Gebrauch machen kann. Auf die Abfassung von zweifelsfreien Angaben zu den notwendigen Verfahren der elektronischen Kommunikation ist daher zur Vermeidung von späteren Streitigkeiten größter Wert zu legen.

i) Aufschrift der Angebote

62 Die Bestimmung über die **Aufschrift der Angebote** (i) hat eine **doppelte Bedeutung.** Zunächst soll der Auftraggeber die **genaue Anschrift des Adressaten des Vertragsangebotes** angeben, im Normalfall also seine eigene Anschrift. Weiterhin fällt hierunter aber auch eine etwaige **Kenn-Nummer des Bauobjektes,** d.h. eine Zahl oder eine in Buchstaben vorgenommene Abkürzung. Fehlt eine der-

artige Kenn-Nummer, was insbesondere bei einmaliger oder jedenfalls nicht sehr häufiger Bauvergabe durch den betreffenden Auftraggeber der Fall sein kann, muss das Objekt nach Lage oder seiner speziellen Bestimmung aufgeführt werden. Alle diese unter den Begriff der »Aufschrift der Angebote« fallenden Angaben muss der Bewerber nicht nur auf seinem Angebot wiedergeben, sondern auch schon auf einem **Umschlag,** in dem das Angebot enthalten ist. Damit wird eine Fehlleitung oder Zurücksendung vor dem Eröffnungstermin und daher das Nichtvorliegen des Angebots zu diesem wichtigen Zeitpunkt vermieden. Die genaue Aufschrift auch auf dem Umschlag ist erforderlich, damit der Auftraggeber auch seine Verpflichtung nach § 22 Nr. 1 S. 2 VOB/A erfüllen kann. Bei häufiger vorkommenden Bauvergaben ist hier die Beifügung und Verwendung farbiger Klebezettel sinnvoll (vgl. *Kuß* § 10 VOB/A Rn. 30). Soweit die Abgabe von digitalen = elektronischen Angebote vom Auftraggeber zugelassen ist, ist in dem Anschreiben auch die **Bezeichnung der digitalen Angebote** anzugeben. Hierbei handelt es sich sozusagen um die »**elektronische Kennnummer**« des Angebots. Wie auch in der Papierform ist sicherzustellen, dass das elektronische Dokument mit dem digitalen Angebot nicht fehlgeleitet wird und beispielsweise auf dem vom Auftraggeber zu bestimmenden EDV-Anlagen zum Eröffnungstermin bereit liegt.

j) Angabe der E-Mail-Anschrift
Soweit digitale Angebote vom Auftraggeber nach § 21 Nr. 1 Abs. 1 S. 2 VOB/A zugelassen sind, ist stets auch **die Anschrift, an die digitale bzw. elektronische Angebote zu senden sind**, anzugeben. Üblicherweise kommen hierfür also E-Mail und Internet-Anschriften in Betracht. 63

k) Ort und Zeit des Eröffnungstermins
Wesentlich ist auch die **Angabe des Ortes und der Zeit des Eröffnungstermins** (k) im Anschreiben. Nach § 22 Nr. 1 S. 1 VOB/A dürfen bei Ausschreibungen am Eröffnungstermin grundsätzlich nur die Bieter und ihre Bevollmächtigten zugegen sein. Hierüber muss von vornherein **Klarheit** geschaffen werden, insbesondere darüber, wen der Auftraggeber zum Eröffnungstermin zulassen will. Des Weiteren ist die Bestimmung von Ort und Zeit des Eröffnungstermins auch deshalb besonders wichtig, weil nach § 18 Nr. 2 VOB/A die **Angebotsfrist in dem Zeitpunkt abläuft, in dem der Verhandlungsleiter im Eröffnungstermin mit der Öffnung der Angebote beginnt.** Gerade deshalb muss der Bieter von Ort und Zeit des Eröffnungstermins wissen, damit er kein verspätetes Angebot abgibt. Er will dieses Risiko mit Sicherheit nicht eingehen, da es nur vergebliche Arbeit für ihn bedeuten würde. 64

Hinsichtlich des Ortes müssen die Angaben so sein, dass sich der Bieter ohne **Schwierigkeit zurechtfindet,** also nicht nur das Gebäude (z.B. Friedrichstraße 20, Rathaus), sondern auch der Raum (z.B. Zimmer 10). Da die Mitteilung vom Eröffnungstermin in dem Anschreiben enthalten sein muss, genügt nicht die bloße Mitteilung, die Bieter würden von einem noch festzusetzenden Eröffnungstermin benachrichtigt. Hinsichtlich des Zeitpunktes des Eröffnungstermins ist zu fordern, dass dieser auf eine Stunde gelegt wird, zu der grundsätzlich allen zur Eröffnung zugelassenen Bietern eine zumutbare Teilnahme möglich ist.

l) Nachweise der Eignung
Es ist besonders wesentlich für die Bewerber, zu erfahren, ob der Auftraggeber mit der Vorlage des Angebotes für die **Beurteilung der Eignung** (Fachkunde, Leistungsfähigkeit und Zuverlässigkeit, § 2 Nr. 1 S. 1 VOB/A) **Unterlagen** verlangt und welche (§ 8 Nr. 3 und 4 VOB/A). 65

m) Sicherheitsleistungen
Auch die Höhe etwa geforderter **Sicherheitsleistungen** (m) wird im Allgemeinen für den Bewerber von größtem Interesse sein (vgl. Rn. 22). 66

n) Ausschluss von Nebenangeboten

67 Von besonderer Bedeutung ist auch die Kenntnis der Bewerber darüber, ob der Auftraggeber **Nebenangebote** wünscht, zulässt oder ausschließt (n). Mit der Ausgabe 2006 **entfiel der inhaltsgleiche Begriff der Änderungsvorschläge**. Die VOB/A spricht nunmehr zu Recht nur noch von Nebenangeboten. Einmal muss schon der Auftraggeber selbst das größte Interesse daran haben, von vornherein klarzustellen, in welchem Rahmen er ein Angebot wünscht. Darüber hinaus liegt es aber im besonderen Interesse der Bewerber, von Anfang an Klarheit darüber zu haben, ob sie sich Gedanken über Nebenangebote machen können bzw. dürfen oder nicht. Es kann vor allem nicht in ihrem Interesse liegen, hier einen möglicherweise **vergeblichen Aufwand** zu treiben oder gar das **Risiko** einzugehen, beim Zuschlag wegen abgegebener Nebenangebote nicht berücksichtigt zu werden. Daher ist die Angabe über die Zulassung von Nebenangeboten im Anschreiben **grundlegend wichtig**. Im Einzelnen verhält sich hierüber noch Nr. 5 Abs. 4 (vgl. Rn. 76 ff.).

o) Aufteilung in Lose

68 Auch etwaige **Vorbehalte wegen der Teilung in Lose und Vergabe der Lose** an verschiedene Bieter (o) gehören in das Anschreiben. Das ist dann entbehrlich, wenn von vornherein die Ausschreibung **nur** auf Lose abgestellt ist. Vielmehr geht es hier darum, diejenigen Fälle zu erfassen, in denen von Auftraggeberseite noch nicht die klare Entscheidung getroffen worden ist, wieweit im Einzelnen vergeben werden soll, ob also der Zuschlag möglicherweise nur auf einen Teil der angebotenen Leistungen erfolgt. Das ist auch mit dem Ausdruck »Vorbehalte« klar zum Ausdruck gekommen. Es handelt sich hier also nur um **echte Vorbehalte** wegen der Möglichkeit einer **späteren Änderung** des beabsichtigten Leistungsumfanges durch Aufteilung in Lose. Dabei ist daran gedacht, dass eine Aufteilung der ins Auge gefassten Leistungseinzelheiten in Lose möglicherweise erfolgt oder dass eine bereits vorgesehene Aufteilung in Lose sich dahin gehend auswirken kann, dass für einzelne Lose wiederum nur verschiedene Bieter in Betracht gezogen werden können. Umgekehrt wird es in Auslegung der hier erörterten Vorschrift auch notwendig sein, Angaben im Anschreiben zu machen, wenn eine **Erweiterung** des bisherigen Leistungsumfanges, z.B. durch Zusammenfassung von vorgesehenen Losen, vorbehalten werden soll. Der Auftraggeber wird daher jede etwaige und mögliche Änderung des Leistungsinhaltes, soweit sie vorhersehbar ist und ihr ein **gewisses Gewicht** im Rahmen der Gesamtleistung zukommt, in das Anschreiben mit aufnehmen müssen, falls er sich darüber zu dieser Zeit noch nicht klar entschieden hat. Das hat im Übrigen nicht nur die Bedeutung, den Bewerber über den Leistungsumfang kurz und übersichtlich zu informieren, sondern es spielt auch ein **rechtlicher Gesichtspunkt** eine maßgebliche Rolle. Der Bewerber gibt nämlich gerade nach der VOB ein Vertragsangebot ab, das den Verdingungsunterlagen und demnach auch der Leistungsbeschreibung entspricht; jedenfalls muss der Auftraggeber im Stadium der Ausschreibung davon ausgehen. Grundsätzlich kann dieses Angebot vom Auftraggeber nur so angenommen werden, wie es abgegeben ist. Eine Annahme unter Änderungen, vor allem auch in Bezug auf den ursprünglich verlangten Leistungsinhalt, kann lediglich als ein **Neuangebot,** und zwar hier des **Auftraggebers** (§ 150 Abs. 2 BGB), gelten. Nach § 28 Nr. 2 Abs. 2 VOB/A muss dieses Neuangebot vom Bieter seinerseits in der veränderten Form angenommen werden, wenn ein wirksamer Bauvertrag zustande kommen soll. Ist mit Änderungen zu rechnen, die nicht nur den Verhandlungsinhalt, sondern besonders auch den Gang der Vertragsverhandlungen betreffen, müssen die Bewerber bereits im Anschreiben auf derartige Möglichkeiten aufmerksam gemacht werden, da solche Änderungen für ihre Entschließung zur Beteiligung an der Ausschreibung von Wichtigkeit sein können.

p) Angabe der Zuschlags- und Bindefrist

69 Die Notwendigkeit der **Angabe der Zuschlags- und Bindefrist** (p) im Anschreiben hat Bezug auf § 19 VOB/A, insbesondere dessen Nr. 3, wonach vorzusehen ist, dass der **Bieter** bis zum Ablauf der Zuschlagsfrist an sein **Angebot gebunden** ist. Dies hat auch eine materiell-rechtliche Bedeutung. Nach dem BGB muss nämlich die Annahme eines Angebotes sofort oder jedenfalls kurzfristig erfol-

Vergabeunterlagen § 10 VOB/A

gen, wie § 147 BGB zeigt; sonst gilt es als abgelehnt. Nach der VOB wird die zeitliche **Bindung an das Angebot** als bis zum Ablauf der Zuschlagsfrist **fortdauernd festgelegt,** was rechtlich zulässig ist (vgl. auch § 148 BGB). Immerhin muss darüber aber von vornherein Klarheit geschaffen werden, und zwar **bereits im Anschreiben,** das zur Angebotsabgabe auffordert. Fehlt es an der Angabe der Zuschlags- und Bindefrist, besteht die Bindung des Bieters an sein Angebot **nur nach den gesetzlichen Vorschriften** (§§ 146 ff. BGB), ist also im Allgemeinen – zum Nachteil des Auftraggebers – kürzer als nach den in § 19 VOB/A eingeräumten Möglichkeiten (vgl. dazu den Fall OLG Düsseldorf SFH § 19 VOB/A Nr. 3).

q) Sammelposition

Des Weiteren ist unter dem Buchstaben (q) sozusagen eine **Sammelposition** aufgestellt worden, die Gesichtspunkte aufzählt, die im jeweiligen Einzelfall für die erforderlichen Angaben im Anschreiben wesentlich sind. Dabei ist allgemein gesagt, dass in das Anschreiben sonstige Erfordernisse, die die **Bewerber bei der Bearbeitung ihrer Angebote beachten müssen, aufzunehmen** sind. Es handelt sich um Gesichtspunkte, die für die Entschließung der betreffenden Bewerber, ob sie sich an der Angebotsabgabe beteiligen wollen oder nicht, **wesentlich** sind. Dabei kommt es jeweils auf die **Gegebenheiten des Einzelfalles** an. **70**

Wichtig kann in diesem Zusammenhang z.B. § 18 Nr. 3 VOB/A sein, wonach bis zum Ablauf der Angebotsfrist Angebote schriftlich, fernschriftlich, telegrafisch oder ggf. digital **zurückgezogen** werden können. Da dies im Grundsatz den allgemeinen Regeln des Bürgerlichen Gesetzbuches widerspricht, hat der betreffende Bewerber ein besonderes Interesse daran, zu erfahren, ob § 18 Nr. 3 VOB/A gelten soll oder nicht. Enthält das Anschreiben hierüber nichts, so kann der Bewerber grundsätzlich von § 18 Nr. 3 VOB/A ausgehen, soweit es sich um die Vergabe durch einen öffentlichen Auftraggeber handelt. Er kann annehmen, dass er das Angebot bis zum Ablauf der Angebotsfrist zurücknehmen kann. Der öffentliche Auftraggeber muss also eine etwaige **Rücknahmemöglichkeit ausschließen,** falls dies im konkreten Vergabefall anders sein soll. Nicht so liegt dies beim privaten Auftraggeber, von dem grundsätzlich gesagt werden kann, dass er nicht ohne weiteres § 18 Nr. 3 VOB/A zugrunde legt, es sei denn, der private Auftraggeber erklärt in den Angebotsunterlagen ausdrücklich, die Bauvergabe nach VOB Teil A (DIN 1960) vornehmen zu wollen (vgl. dazu auch § 18 VOB/A). **71**

Wesentlich kann in diesem Zusammenhang auch § 19 Nr. 1 VOB/A sein, wonach die Zuschlagsfrist mit dem Eröffnungstermin beginnt. Will der Auftraggeber hiervon Abstand nehmen, so muss er dies ausdrücklich in dem Anschreiben zum Ausdruck bringen. Es liegt auf der Hand, dass der Bieter wissen möchte, ab wann die Zuschlagsfrist beginnt, damit er deren Dauer berechnen kann. Dies ist nicht nur wesentlich für seine betriebliche Planung im Allgemeinen, sondern auch im Hinblick auf die Frage, ob er mit einem von ihm angestrebten Bauauftrag rechnen kann oder nicht. **72**

Wesentlich sind auch Angaben über den **Inhalt der Angebote,** die im konkreten Fall gefordert werden. Zwar gibt § 21 VOB/A hierfür die erforderlichen Richtlinien. Es kann aber im Einzelfall notwendig sein, von den Bietern noch **weitere Angebotsangaben zu fordern,** die sich nicht ohne weiteres aus § 21 VOB/A ergeben. Da § 21 VOB/A den regelmäßigen Inhalt von Angeboten wiedergibt, insbesondere auch den Umfang und die Genauigkeit der Angebotsabfassung, kann es für den Bieter im Einzelfall von besonderem Interesse sein zu wissen, welche Vorarbeiten er zur Angebotsabgabe zu leisten, was er in das Angebot aufzunehmen und welchen Aufwand er hierzu im Einzelnen zu leisten hat. Insofern dürfte es ein **zwingendes Erfordernis** für die Auftraggeberseite aus dem Gesichtspunkt von **Treu und Glauben** sein, hierzu die nötigen Angaben zu machen, anderenfalls gerade hier eine Haftung aus culpa in contrahendo in Betracht kommen kann. **73**

Das Vorhergesagte sind **nur beispielhafte Angaben,** die sich aus der Regelung in § 10 Nr. 5 Abs. 2q VOB/A ergeben können. Es kann selbstverständlich in einzelnen Fällen auch **noch weitere Erfordernisse** geben, hinsichtlich deren besondere Hinweise im Anschreiben an die Bieter erforderlich sind. **74**

r) Zahlungsbedingungen

75 Die unter (r) angeführte weitere Forderung, in dem Anschreiben auch die **wesentlichen Zahlungsbedingungen** mitzuteilen oder Angaben über die Unterlagen zu machen, in denen sie enthalten sind, ist ein weiterer wichtiger Punkt, der zum Inhalt des Anschreibens gehört. Es bedarf eigentlich keiner näheren Erläuterung, dass es für den Entschluss zur Beteiligung am betreffenden Vergabewettbewerb auf Bewerberseite besonders bedeutsam ist, welche Zahlungsregelungen getroffen werden sollen. Dies gilt in erster Linie im Hinblick auf § 16 VOB/B, wie z.B. zu der Frage etwaiger Vorauszahlungen, der Voraussetzungen für Abschlagszahlungen, Teilschlusszahlungen sowie der Schlusszahlung. Ähnliches trifft auf Fälligkeitsvoraussetzungen auf der Grundlage von § 14 Nr. 2 (Aufmaß) oder Nr. 1 (Voraussetzungen für eine prüfbare Rechnung) VOB/B, insbesondere hinsichtlich der dieser beizufügenden Unterlagen usw., zu. Im Übrigen erfasst die hier erörterte Regelung alle Arten der Vergabe, gleichgültig, ob es sich um eine Öffentliche, eine Beschränkte Ausschreibung oder eine Freihändige Vergabe handelt. Insofern ist das berechtigte Interesse der Bewerber bzw. Bieter daran, die wesentlichen Zahlungsbedingungen zu erfahren oder zu wissen, wo sie zu erfahren sind, in gleicher Weise gegeben.

s) Nachprüfungsstelle

76 Die unter (s) aufgenommene Forderung, dass im Anschreiben die Stelle zu nennen ist, **an die sich die Bewerber oder Bieter zur Nachprüfung behaupteter Verstöße gegen die Vergabebestimmungen wenden können,** ist ein ganz wesentlicher Punkt, der **auf keinen Fall unbeachtet bleiben darf.** Der VOB/A wohnt in wesentlich verstärktem Maße als früher das Bestreben inne, gerade die öffentliche Auftraggeberseite zu zwingen, sich im Rahmen eines sachgerechten Vergabewettbewerbs absolut objektiv zu verhalten und daher gleiche Maßstäbe anzulegen, sich vor allem den Forderungen der Marktgerechtigkeit unbedingt zu unterwerfen. Dies zwingt zwangsläufig zu einer **verstärkten Nachprüfbarkeit und tatsächlich gehandhabter Nachprüfung** in dem Bereich, dem der öffentliche Auftraggeber, nicht zuletzt auch in haushaltsrechtlicher Hinsicht, unterworfen ist. Das kommt gerade auch in Teil A der VOB selbst vorrangig durch den in die Fassung 1990 eingeführten **§ 31 VOB/A zum Ausdruck. Vgl. dazu insbesondere die dortigen Erläuterungen.** Der Bieter und Bewerber muss daher **von vornherein** wissen und wiederholt darauf hingewiesen werden, an welche Stelle er sich wenden kann, wenn er von Verstößen gegen Vergabebestimmungen erfahren hat oder glaubt, dass solche vorliegen. Da in einem solchen Fall die betreffende Nachprüfungsstelle, angesichts des in zeitlicher Hinsicht verhältnismäßig kurzen Vergabeverfahrens zu schnellem Handeln gezwungen ist, um durch entsprechende Eingriffe sachgerechtes Handeln der Auftraggeberseite notfalls zu erzwingen, wird von dem betreffenden Bewerber oder Bieter auch erwartet, dass er sogleich aus seiner Sicht gegebene Vergabeverstöße der zur Überprüfung zuständigen Stelle zur Kenntnis gibt. Daher muss besonders auch im Anschreiben klar und deutlich zum Ausdruck gebracht werden, wer die hier maßgebende Stelle ist und welche genaue Anschrift sie hat.

Die vorstehenden Erläuterungen beziehen sich schon auf die Vergabe von öffentlichen Bauaufträgen, deren Auftragssummen unter den EG-Schwellenwerten (für Bauaufträge regelmäßig 5 Mio. €) liegen. Im Anwendungsbereich des **4. Teils des GWB** (Vergabe öffentlicher Aufträge) mit seinem **förmlichen gesetzlichen Nachprüfungsverfahren** und insbesondere dem gesetzlichen Anspruch der Unternehmen darauf, dass der Auftraggeber die Bestimmungen über das Vergabeverfahren einhält, gelten sie verstärkt. Hier ist insbesondere die **Angabe der zuständigen Vergabekammer und ggf. der Vergabeprüfstelle** im Anschreiben anzugeben, im Übrigen ist auf die entsprechenden Erläuterungen zum GWB hinzuweisen.

3. Beabsichtigter Nachunternehmereinsatz

77 Seit der Fassung 1992 ist in dem **jetzigen Abs. 3** der Nr. 5 dem Auftraggeber die Möglichkeit eingeräumt worden, im Anschreiben die – späteren – Bieter aufzufordern, **in ihrem Angebot die Leistun-**

gen anzugeben, die sie an Nachunternehmer zu vergeben beabsichtigen. Ob der Auftraggeber davon Gebrauch macht, ist ersichtlich seiner eigenen Entschließung überlassen worden (»kann«). Zu empfehlen ist dies vor allem dann, wenn dem Auftraggeber in besonderer Weise daran gelegen sein muss, sich ein – bisher noch fehlendes – Bild über die Sachkunde, Leistungsfähigkeit und Zuverlässigkeit des jeweiligen Bieters zu machen. Ein Bieter, der entscheidende Teile der zu vergebenden Leistung Nachunternehmern übergeben will, bedarf in besonderem Maße der Überprüfung in der angegebenen Hinsicht. Möglicherweise wird es dann verstärkt darauf ankommen, ob der betreffende Bieter das erforderliche sachkundige und vor allem erfahrene Personal besitzt, das ohne weiteres in der Lage ist, die Leistungen von Nachunternehmern mit der gebotenen Intensität zu beaufsichtigen und zu überprüfen. Daher kann es für den Auftraggeber auch wichtig sein, zu erfahren, ob und welche Leistungen an Nachunternehmer weiter vergeben werden sollen, auf die der eigene Betrieb des Bieters eingerichtet ist und bei welchem dies nicht der Fall ist. Andererseits kann es sogar im Einzelfall für den Auftraggeber erwünscht sein, etwa aus wirtschaftlichen oder mittelstandspolitischen Gründen, dass der Einsatz von Nachunternehmern erfolgt. Im Übrigen ist hier besonders auf **§ 4 Nr. 8 VOB/B** hinzuweisen, wonach der Einsatz von Nachunternehmern grundsätzlich der (schriftlichen) Zustimmung des Auftraggebers bedarf. Insoweit kann es durchaus angebracht sein, dass der Auftraggeber schon im Vergabeverfahren seine Zustimmung verweigern oder von bestimmten Bedingungen abhängig machen will. Es kann also eine ganze Reihe von berechtigten Gründen für den Auftraggeber geben, schon im Anschreiben die Angabe beabsichtigten Nachunternehmereinsatzes zu verlangen.

4. Behandlung von Änderungsvorschlägen oder Nebenangeboten

78 § 10 Nr. 5 Abs. 4 VOB/A bestimmt, dass, wenn der Auftraggeber **Nebenangebote wünscht oder nicht zulassen will, dies im Anschreiben anzugeben ist.** Mit der Ausgabe 2006 **entfiel der inhaltsgleiche Begriff der Änderungsvorschläge**. Die VOB/A spricht nunmehr zu Recht nur noch von Nebenangeboten. Des Weiteren ist anzugeben, wenn Nebenangebote **ohne gleichzeitige Abgabe** eines Hauptangebotes **ausnahmsweise** ausgeschlossen werden sollen. Soweit der Bieter eine Leistung anbietet, deren Ausführung nicht in Allgemeinen Technischen Vertragsbedingungen oder in den Verdingungsunterlagen geregelt ist, sind von ihm im Angebot entsprechende Angaben über Ausführung und Beschaffenheit dieser Leistung zu verlangen. Zur Frage der Angabe von Mindestbedingungen vgl. die Kommentierung zu §10a VOB/A, da diese Anforderungen nur oberhalb der EG-Schwellenwerte gelten.

79 Nebenangebote setzen **begrifflich** voraus, dass die **Leistung inhaltlich anders angeboten** wird, als sie in der Leistungsbeschreibung, die zum Gegenstand des Vergabeverfahrens gemacht worden ist, enthalten ist. Der bis zur Ausgabe 2002 ebenfalls in der VOB/A verwendete **Begriff der Änderungsvorschläge** betraf die Änderung lediglich einzelner Leistungsteile oder Leistungsbestandteile, während Nebenangebote vorlagen, wenn es sich um die Änderung entweder des gesamten vorgesehenen Leistungsinhaltes oder jedenfalls ganzer Abschnitte davon handelte. Dies Unterscheidung war nicht zwingend erforderlich, da ein Nebenangebot, als der weitere Begriff stets auch Änderungsvorschläge umfasste. Zur Vereinfachung und in Angleichung an die Begrifflichkeiten des EU-Rechts wird ab der Ausgabe 2006 nur noch der Begriff des Nebenangebots verwendet. In diesem Sinne können sich Nebenangebote auch auf sonstige Bedingungen, die Vertragsbestandteile werden sollen, beziehen, also auf die Bedingungen insgesamt oder einzelne derselben, wie z.B. die Ausführungsfristen.

80 Dass solche Änderungen des bisher ins Auge gefassten Leistungsinhaltes auch auf die Preisgestaltung einwirken können, bedarf keiner näheren Erörterung. Darüber hinaus kann dies **aber auch** der Fall sein, **wenn** sich zwar der ausgeschriebene Leistungsgegenstand im Angebot nicht ändert, wenn aber der **Leistungsumfang** für den einzelnen zu vergebenden Auftrag **in Frage** steht. So kann z.B. sein, dass eine Gesamtleistung in mehreren Losen vergeben werden soll und entsprechend ausgeschrieben worden ist, dass ein Bieter aber im Rahmen seines Angebotes einen Preisnachlass auf die Gesamtleistung anbietet, wenn ihm der Auftrag für alle vorgesehenen Lose erteilt wird. Auch dies wird begrifflich dem Nebenangebot zuzurechnen sein, da hier die **Preisgestaltung letztlich vom endgültig vergebenen Leistungsumfang abhängig** ist. Nicht schon Änderungsvorschläge oder Nebenangebote dürften hingegen vorliegen, wenn auch der Leistungsumfang nicht in Frage steht, sondern der Bieter in seinem Angebot in einer anderen als der geforderten Preisart anbietet, wie z.B. zum Pauschalpreis anstelle zum Einheitspreis, sofern nur die Voraussetzungen in § 5 Nr. 1b VOB/B gegeben sind, es sei denn, der Auftraggeber hat ausdrücklich zum Angebot **nur** zu Einheitspreisen aufgefordert (zu weit gehend hier *Schelle/Erkelenz* S. 286) oder der Bieter bietet neben dem Einheitspreis auch zur Pauschale an (insofern zu eng *Hofmann* ZfBR 1984, 259, 260). Auch das bloße Anbieten von **Skonto** auf die Vergütung ist noch kein Nebenangebot, zumal § 16 Nr. 5 Abs. 2 VOB/B eine Skontovereinbarung durchaus zulässt, ferner die Fälligkeitsregelung in § 16 Nr. 3 Abs. 1 VOB/B nur eine Obergrenze in zeitlicher Hinsicht darstellt (zutreffend auch *Hofmann* ZfBR 1984, 259, 260). Anders liegt es dagegen, und es ist von einem Nebenangebot auszugehen, wenn der Bieter einen **anderen als den vorgesehenen Abrechnungsmodus**, z.B. Abrechnung nach Gewicht statt nach Fläche, vorschlägt (insoweit zutreffend *Schelle/Erkelenz* a.a.O.). **Keine** Änderungsvorschläge oder Nebenangebote sind es, wenn der Auftraggeber ausdrücklich zum Angebot in zwei oder mehreren **Alternativen** auffordert, wie z.B. sowohl zum Angebot nach einzelnen Losen als auch zu zusammengefassten Losen. Dann wären Alternativen gleichberechtigt nebeneinander gestellt, so dass von der Aufforderung zu – zulässigen – **Alternativangeboten,** nicht aber von Änderungsvorschlägen oder Nebenangeboten, die hier erörtert werden, gesprochen werden muss.

a) Zulassung von Nebenangeboten

81 Im Grundsatz ist Nr. 5 Abs. 4 aus § 9 Nr. 8 VOB/A der Fassung 1952 entnommen. Er ist jedoch in entscheidendem Maße **erweitert.** Während § 9 Nr. 8 VOB/A der Fassung 1952 bestimmte, dass Nebenangebote zur Auswahl unter verschiedenen Ausführungsmöglichkeiten lediglich zu fordern sind, wenn es aus gewichtigen Gründen geboten ist, ergibt sich eine erhebliche Erweiterung in der jetzigen Fassung der VOB. Die frühere Fassung behandelte nur den seltenen Fall, in dem es darum ging, ob und wann der Auftraggeber Nebenangebote fordern sollte, wobei sowohl hier wie dann in § 25 VOB/A offengelassen worden war, welche Folgerung zu ziehen ist, wenn der betreffende Bieter dieser Forderung nicht entspricht. Es war daher notwendig, sich § 25 (dort vor allem der früheren Nr. 3) VOB/A anzuschließen, nämlich den Auftraggeber anzuhalten, für die Bieter Klarheit über sein Interesse an Nebenangeboten zu schaffen.

b) Zwingende Angabe

82 Deshalb wird jetzt zunächst vom Auftraggeber **zwingend** gefordert, dass er in dem Anschreiben zur Angebotsabgabe klarzustellen hat, **wenn er Nebenangebote wünscht oder nicht zulassen will.** Auch Letzteres kann auf einzelne Leistungsbestandteile beschränkt sein, wie z.B. die Nichtzulassung einer bestimmten Ausführungsart. Mit der hier erörterten Regelung ist dem berechtigten Anliegen der Bewerberseite Genüge getan, nämlich von vornherein darüber **orientiert** zu werden, ob und inwieweit sie sich mit Änderungsvorschlägen oder Nebenangeboten befassen dürfen oder nicht. Der Auftraggeber ist **unbedingt gehalten, diese Regelung einzuhalten,** damit die späteren Bieter im Rahmen ihrer Angebotsbearbeitung sich von Anfang an darauf einrichten können, ob sie sich mit Änderungsvorschlägen oder Nebenangeboten befassen können, sollen oder müssen. Es leuchtet ein, dass die Bewerber großes Interesse daran haben, die Frage des **Aufwandes** und des **möglichen Umfanges ihrer Angebotsbearbeitung vorher** beurteilen zu können, **ebenso die Chance einer etwaigen Auftragserteilung.** Der Auftraggeber muss sich hier allerdings sehr sorgfältig überlegen, ob und inwieweit er Änderungsvorschläge oder Nebenangebote wünscht oder nicht zulässt. Im letzteren Fall muss er sich vor allem darüber im Klaren sein, dass er damit den Bietern von vornherein Möglichkeiten nimmt, mit **ihrer Erfahrung** im Hinblick auf die technisch richtige Gestaltung des Bauwerkes mitzuwirken. Sollte die Ausführung dann später wegen der Planung des Auftragge-

bers nicht in Ordnung sein, wird er sich **weniger** auf eine Verantwortlichkeit oder **Mitverantwortlichkeit** seines Auftragnehmers berufen können, wenn er von vornherein schon im Angebotsverfahren dem Bieter eigene Überlegungen nicht ermöglicht hat. Abgesehen von begründeten Ausnahmefällen, dürfte es daher dem Auftraggeber **anzuraten** sein, **grundsätzlich Änderungsvorschläge oder Nebenangebote zuzulassen.**

c) Grundsätzlich auch ohne Hauptangebot

Ausgehend von dem Gesagten, dürfte es von dem Auftraggeber grundsätzlich zu fordern sein, dass er auch Änderungsvorschläge und Nebenangebote zulässt, **ohne** dass gleichzeitig ein **Hauptangebot** abgegeben wird. Es kann durchaus sein, dass der betreffende Bieter grundlegend andere Vorstellungen über die technisch richtige und sachgerechte Ausführung hat. Dem Bieter hier die nötige **Bewegungsfreiheit** einzuräumen, **entspricht** nicht nur den Grundsätzen eines guten **Bauwettbewerbs,** sondern vor allem im Grundsatz auch den **Interessen des Auftraggebers.** Nur dann, wenn eine bestimmte Art und Weise der Ausführung der Leistung aus **zwingenden Gründen vorgeschrieben** ist (z.B. wegen einer eingeschränkten Zweckbestimmung oder einer nicht zu ändernden Lage des Bauwerkes), sollte der Auftraggeber Änderungsvorschläge und Nebenangebote ausschließen, was sicher auch für Teilbereiche geschehen kann. Deshalb sagt die VOB in § 10 Nr. 5 Abs. 4 S. 1 Hs. 2 VOB/A mit Recht, dass Angaben im Anschreiben dann zu machen sind, wenn Nebenangebote ohne gleichzeitige Abgabe eines Hauptangebotes **ausnahmsweise ausgeschlossen** werden. Das Wort »ausnahmsweise« weist deutlich darauf hin, dass der Auftraggeber hier Änderungsvorschläge und Nebenangebote nur in begründeten Ausnahmen ausschließen soll. Jedenfalls muss er, wenn er sich dazu entschließt, dies im Anschreiben ganz klar zum Ausdruck bringen. Tut er das nicht, so kann er sich unter Umständen, je nach den Gegebenheiten des Einzelfalles, wegen Verschuldens bei Vertragsabschluss schadensersatzpflichtig machen, wenn der Bieter in gutem Glauben die Arbeit von Änderungsvorschlägen oder Nebenangeboten auf sich nimmt. Allerdings reicht dann das bloße Schweigen des Auftraggebers für eine Haftung noch nicht aus, weil der Bieter aus § 25 Nr. 5 VOB/A entnehmen kann, dass der Auftraggeber die Wertung vornehmen muss.

d) Technische Beschreibung von Nebenangeboten

Gerade im Rahmen von Nebenangeboten kann es vorkommen, dass der Bieter eine **besondere Leistung anbietet,** die ihm eingefallen ist oder die seiner unternehmerischen Erfahrung entspringt, für die es aber keine **Allgemeinen Technischen Vertragsbedingungen** gibt oder die **in den Verdingungsunterlagen,** die vom Auftraggeber aufgestellt worden sind, **nicht geregelt** ist. Dann ist es erforderlich, dass der Bieter im Angebot die notwendigen Angaben über die Ausführung und Beschaffenheit dieser von ihm nunmehr im Wege des Änderungsvorschlages oder des Nebenangebotes fixierten Leistung macht, damit der Auftraggeber die Beurteilungsgrundlage hat, um das annehmbarste Angebot herauszufinden. Daher dient Nr. 5 Abs. 4 S. 2 in erster Linie dem **ordnungsgemäßen Bauvergabewettbewerb.** Sie dient gleichermaßen dazu, dem Auftraggeber die erforderliche Klarheit über das zu geben, was ihm als Änderungsvorschlag oder Nebenangebot unterbreitet wird, was deren Hintergrund ist und wie die Ausführung dazu im Einzelnen aussieht. Es erscheint durchaus richtig und angebracht, wenn die VOB hier in **zwingender Form** verlangt, dass entsprechende Angaben im Angebot des Bieters bereits im Anschreiben gefordert werden, damit die Bewerberseite sich von vornherein darauf einrichten kann. Das hat auch für die spätere Vertragsgestaltung bzw. Vertragsabwicklung einen durchaus realen **rechtlichen Hintergrund.** Der **Auftraggeber überlässt** für den Bereich von Änderungsvorschlägen und Nebenangeboten **die Bauplanung** in ihren Einzelheiten zumindest in einem gewissen Sinne **der Bieterseite.** Diese ist freiwillig bereit, die damit verbundene zusätzliche Arbeit grundsätzlich auf ihre Kosten zu übernehmen. Zugleich ist es aber eine rechtliche Folge, dass die Bieterseite hier in den **Planungsbereich eingreift,** was in gutem Sinne gemeint ist. Das bedingt aber rechtlich, dass der betreffende Bieter, der Änderungsvorschläge oder Nebenangebote abgibt, die **Verantwortung oder Mitverantwortung** für den hier in Rede stehenden

Planungsbereich mit übernimmt, es sei denn, sein Angebot beruht auf Grundlagen, die der Auftraggeber allein zu verantworten hat, wie z.B. die Beschaffenheit des Baugrundes, und der Bieter sich nach Sachlage auf die ihm vorgegebenen Annahmen im konkreten Fall verlassen konnte. Anderenfalls: Geht seine Bauausführung später schief, wird ihm eine erhöhte Verantwortlichkeit übertragen werden müssen, wenn er nicht von vornherein im Angebot dem Auftraggeber entsprechende Angaben macht, insbesondere diesen auf gewisse **Risiken,** sowohl in der Bauausführung als auch hinsichtlich der Baupreisgestaltung, **hinweist. Das ist nicht erforderlich, wenn sich seine Änderungsvorschläge oder Nebenangebote in dem Bereich Allgemeiner Technischer Vertragsbedingungen oder wenn sie sich nicht anders als im Rahmen herkömmlicher Bauweisen bewegen (vgl. dazu LG Köln SFH § 6 Nr. 6 VOB/B Nr. 2)** oder wenn sie bereits aus den Verdingungsunterlagen insofern ersichtlich sind, dass sie technisch **hinreichend** von der Auftraggeberseite **beurteilt werden können.** Der Bieter tut also gut daran, wenn er im Rahmen der Angebotsbearbeitung sehr sorgfältig arbeitet. Deshalb ist es richtig, wenn die VOB zunächst zwingend vom Auftraggeber fordert, bereits im Anschreiben zu verlangen, dass die Bieter im Angebot entsprechende Angaben über Ausführung und Beschaffenheit dieser von ihnen im Wege der Änderungsvorschläge oder Nebenangebote angebotenen Leistung machen. Das entspricht nichts anderem als dem **Grundsatz von Treu und Glauben,** der hier dahin geht, die Bewerber auf etwaige Risiken, die sie später haftungsmäßig treffen können, von vornherein hinzuweisen, damit sie sich darüber im Klaren sind, dass sie das Beste zu tun haben, um dieses Risiko soweit als möglich klein zu halten.

85   Die hier geforderten Angaben über Ausführung und Beschaffenheit beschränken sich auf den Bereich von Änderungsvorschlägen oder Nebenangeboten. Sie müssen selbstverständlich so **vollständig** und so **klar** sein, dass der Auftraggeber sich ein **hinreichendes Bild** über die Konsequenzen der Änderungsvorschläge oder Nebenangebote machen kann. Dies richtet sich nach dem Einzelfall, d.h. danach, inwieweit etwaige Änderungsvorschläge und Nebenangebote reichen, insbesondere inwieweit es erforderlich ist, diese im Einzelnen dem Auftraggeber hinreichend und umfassend klarzumachen. Da die Fälle verschieden sind, insbesondere was die Anforderungen betrifft, muss es bei dieser generellen Umschreibung verbleiben, jedenfalls muss der Bewerber sich von vornherein darüber im Klaren sein, dass er hier **besser mehr Angaben** macht **als weniger.**

III. Sonderregelungen für Auftraggeber, die ständig Bauleistungen vergeben

86   Nach § 10 Nr. 5 Abs. 5 VOB/A ist vorgeschrieben, dass Auftraggeber, die **ständig Bauleistungen** vergeben, die Erfordernisse, die die Bewerber bei der Bearbeitung ihrer Angebote beachten müssen, **in Bewerbungsbedingungen zusammenfassen** und dem **Anschreiben beifügen** sollen.

87   Diese Regelung erfasst Auftraggeber, die ständig Bauleistungen vergeben. Das betrifft in erster Linie Auftraggeber der öffentlichen Hand, die laufend mit der Vergabe von Bauleistungen befasst sind. Hier ist aus **Rationalisierungsgründen** geregelt, dass diese Auftraggeber ihre Bewerbungsbedingungen – einheitlich – zusammenfassen und sie dann gleich dem Anschreiben beifügen sollen. Im Grunde genommen handelt es sich um einen ähnlichen Gedanken, wie er für Zusätzliche Vertragsbedingungen hier in § 10 Nr. 2 Abs. 1 VOB/A bestimmend ist. Auch dort handelt es sich um Bedingungen, die in den einzelnen Bauverträgen des jeweiligen Auftraggebers immer wiederkehren. Ähnlich liegt es hier. Hier sollen Bedingungen bzw. Erfordernisse zusammengefasst und dem Anschreiben beigefügt werden, die generell als Voraussetzung für die Bewerbung um Vergabe eines Bauauftrages bei diesem Auftraggeber gelten. Es leuchtet ein, dass dies am einfachsten dadurch geschieht, dass der betreffende Auftraggeber sozusagen formularmäßig diese Bedingungen zusammenfasst und sie dann dem Anschreiben beifügt, **wobei er allerdings gerade auch hier darauf achten muss, dass er nicht gegen zwingende Vorschriften des AGB-Rechts verstößt.**

88   Wie weit diese Bedingungen reichen, insbesondere inwieweit solche einheitlich für mehrere oder alle Bauvergaben des betreffenden Auftraggebers ausschlaggebend sind, richtet sich nach dem **Einzelfall.**

Vergabeunterlagen § 10 VOB/A

Dazu ist eine sorgfältige Überlegung der Auftraggeberseite am Platze, ob und inwieweit hier sozusagen formularmäßig Bewerbungsbedingungen aufgestellt werden können. **Nur soweit dies möglich ist, soll und darf das geschehen.** Auf jeden Fall ist darauf hinzuweisen, dass die hier gemeinten Bewerbungsbedingungen nicht unmittelbar mit den etwaigen, vorangehend erwähnten Zusätzlichen Vertragsbedingungen zu tun haben. Sie müssen daher sehr genau voneinander getrennt werden. Das dürfte auch keine Schwierigkeit sein, weil die Bewerbungsbedingungen dem Anschreiben beizufügen sind, während Zusätzliche Vertragsbedingungen in den eigentlichen Angebotsunterlagen (Verdingungsunterlagen) enthalten bzw. diesen beizufügen sind.

F. Bauten der öffentlichen Hand

Für öffentliche Auftraggeber ist in Nr. 1.1. VHB zu § 10 VOB/A zwingend vorgeschrieben, dass bei der Vergabe die **Einheitlichen Verdingungsmuster – EVM** – grundsätzlich zu verwenden sind. Sie sind aus Teil II VHB zu entnehmen. Ergänzungen dazu finden sich in Nr. 2 ff. VHB zu § 10 VOB/A. Außerdem ist in Nr. 1.1. VHB u.a. hervorgehoben, dass Vordrucke Angebotsaufforderung, Angebotsschreiben, Besondere Vertragsbedingungen und Auftragsschreiben nach den Richtlinien zu den §§ 10 bis 15 VOB/A auszufüllen sind. Wegen weiterer Einzelregelungen im VHB 2002 zu § 10 VOB/A vgl. dort Nr. 1.1. ff., die wie folgt lauten: 89

Zu § 10 VOB/A

Vergabeunterlagen

1 *Verwendung der Einheitlichen Verdingungsmuster – EVM –*
1.1 *Bei der Vergabe sind die Einheitlichen Verdingungsmuster – EVM – (Teil II) – zu verwenden. Die Vordrucke Angebotsanforderung, Angebotsschreiben, Besondere Vertragsbedingungen und Auftragsschreiben sind nach den Richtlinien zu den §§ 10 bis 15 VOB/A auszufüllen; die Vordrucke Bewerbungsbedingungen und Zusätzliche Vertragsbedingungen dürfen nicht geändert werden. Soweit erforderlich, sind die Ergänzungen der Einheitlichen Verdingungsmuster EVM-Erg den Verdingungsunterlagen beizufügen.*
Für die Vereinbarung Weiterer Besonderer Vertragsbedingungen – WBVB – in Nr. 10 bzw. Nr. 9 der EVM (B/L) BVB – 214/234 sind die in der Anlage zu dieser Richtlinie enthaltenen Texte zu verwenden.
1.2 *Die Einheitlichen Verdingungsmuster für Leistungen EVM (L) – 230 sind bei der eigenständigen Vergabe von Leistungen anzuwenden, die nicht Teil der baulichen Anlage werden. Sie sind nicht anzuwenden, wenn sie zusammen mit Bauleistungen vergeben werden.*
1.3 *Bau- und Lieferaufträge mit einer Vergütung bis zu 7.500 € können mit Bestellschein EVM Best – 203 erteilt werden, wenn die Art der Leistung und die Abwicklung des Auftrages dies erfordert. Die Leistungen sind soweit wie möglich dem Wettbewerb zu unterstellen. Diese Regelung gilt nicht für Einzelaufträge im Zeitvertrag.*
1.4 *Vertretungsformel:*
Bei Baumaßnahmen des Bundes sind die Verträge im Namen und für Rechnung der Bundesrepublik Deutschland, vertreten durch das Ressort, dem die oberste baufachliche Leitungsbefugnis zusteht, abzuschließen. Die Ressorts werden vertreten durch die zuständige technische Aufsichtsbehörde in der Mittelinstanz und diese wiederum durch das örtlich zuständige Bauamt.
Bei Baumaßnahmen Dritter – z.B. der Bundesanstalt für Arbeit (BA), – sind die Verträge im Namen und für Rechnung des Dritten abzuschließen. Dieser wird vertreten durch die zuständige technische Aufsichtsbehörde in der Mittelinstanz und diese durch das örtlich zuständige Bauamt.
1.5 *In Nr. 2 der Aufforderung zur Abgabe eines Angebotes – 211/221/231 ist ausschließlich eine Stelle des Bauamtes zu benennen.*
2 *Lohngleitklausel*

VOB/A § 10 — Vergabeunterlagen

2.1 Wenn die Bieter aufgefordert werden sollen, zusätzlich zum Hauptangebot ein Angebot mit Lohngleitklausel (EFB-LGI) abzugeben, ist den Verdingungsunterlagen das Formblatt EFB-LGl – 316 doppelt beizufügen. Es ist in der Angebotsanforderung und im Angebotsschreiben als Anlage aufzuführen.

2.2 Im Hauptangebot sind feste Einheits- und/oder Pauschalpreise einzutragen, die für die gesamte vertraglich festgelegte Ausführungszeit gelten (Festpreisvertrag).
Zusätzlich zum Hauptangebot kann der Bieter ein Angebot mit Lohngleitklausel abgeben, bei dem Lohn- und Gehaltsmehr- oder -minderaufwendungen erstattet werden. (Festpreisvertrag mit Preisvorbehalt).
Er hat hierzu im beiliegenden Formblatt »Angebot Lohngleitklausel EFB-LGl – 316« den Prozentsatz anzugeben, um den sich in diesem Fall Einheits- und Pauschalpreise gegenüber dem Hauptangebot vermindern. Er hat weiterhin den Änderungssatz in v.T. für die jeweiligen Abschnitte anzugeben (EFB-LGI – 316).

3 Preisbemessungsklausel
Wenn für die Ausführung der Leistung Kupfer, Blei, Aluminium oder andere Nichteisenmetalle in so erheblichem Umfange verwendet werden, dass die Kalkulation durch die Preisschwankungen dieser Stoffe wesentlich beeinflusst werden kann, so ist in Nr. 10 bzw. Nr. 9 der Besonderen Vertragsbedingungen – EVM (B/L) BVB – 214/234 – der Text gemäß – WBVB T 2 07 und ggf. T 2 08 aufzunehmen.
Das Bauamt hat die durchschnittliche Notierung aus der Zeit vor der Abgabe der Unterlagen an die Bieter anzugeben.

4 Ausschluss von Nebenangeboten und Änderungsvorschlägen
Sofern ausnahmsweise abweichend von Nr. 4.3 der Bewerbungsbedingungen (EVM [B] BwB/E – 212) Nebenangebote oder Änderungsvorschläge ausgeschlossen werden sollen, ist in Nr. 5.2 der »Aufforderung zur Abgabe eines Angebotes« EVM (B) A – 211 bzw. EVM (B) A EG – 211 EG in der hierfür vorgesehenen Leerzeile einzutragen: »Nebenangebote und Änderungsvorschläge sind ausgeschlossen«.

5 Einsatz von Nachunternehmern
Bei Aufträgen über umfangreiche Leistungen, für die der Einsatz einer größeren Anzahl von Nachunternehmern erwartet wird, ist unter Nr. 10 bzw. Nr. 9 der Besonderen Vertragsbedingungen – EVM (B/L) BVB – 214/234 – der Text gemäß WBVB T 2 24 aufzunehmen.

6 Anwendung der Datenverarbeitung
Siehe »Richtlinie zur Anwendung der Datenverarbeitung im Bauvertragswesen« (RiDV, Teil V – 502).

7 Aufgliederung der Angebotssumme
Zur Beurteilung der Angemessenheit der Angebotspreise sind den Verdingungsunterlagen die EFB-Preis beizufügen, wenn die voraussichtliche Angebotssumme mehr als 50.000 € betragen wird:
– für Leistungen des Bauhauptgewerbes die Formblätter EFB-Preis 1a, 1b, 1c – 311a, b, c und EFB-Preis 2 – 312
– für elektrische Kabel- und Leitungsanlagen in Gebäuden (DIN 18 382) die Formblätter EFB-Preis 1c, 1d – 311c, d sowie EFB-Preis 2 – 312
– für Leistungen des Maschinenbaues und der Elektroindustrie die Formblätter EFB-Preis 1d – 311d und EFB-Preis 2 – 312
– für alle anderen Leistungen die Formblätter EFB-Preis 1c – 311c und EFB-Preis 2 – 312.
Der Bieter hat das seiner Kalkulationsmethode entsprechende Formblatt EFB-Preis 1 auszufüllen und mit seinem Angebot abzugeben (siehe Nr. 3.5 des EVM [B] BwB/E – 212).
Im EFB-Preis 2 – 312 sind zur Aufgliederung wichtiger Einheitspreise die Teilleistungen so vorzugeben, dass sich danach die für die Angebotssumme maßgebenden Kalkulationsbestandteile beurteilen lassen.

8 Pauschalierung des Verzugsschadens

Kommt eine Pauschalierung des Verzugsschadens nach § 11 A Nr. 3 VHB in Betracht, ist unter Nr. 10 bzw. Nr. 9 der Besonderen Vertragsbedingungen EVM (B/L) BVB – 214/234 der Text gemäß WBVB T 2 34 zu vereinbaren.

9 *Verjährungsfrist für die Mängelansprüche*
Soll im Vertrag eine Verjährungsfrist für Mängelansprüche vereinbart werden, ist in Nr. 10 bzw. Nr. 9 der Besonderen Vertragsbedingungen EVM (B/L) BVB – 214/234 ein Text gemäß T 2 28 der WBVB einzusetzen.

10 *Vorauszahlungen*

10.1 *Zulässigkeit*

10.2 *Vorauszahlungen können in den Verdingungsunterlagen vorgesehen werden, wenn dies*
  – *allgemein üblich oder*
  – *durch besondere Umstände gerechtfertigt ist (§ 56 Abs. 1 BHO).*

10.3 *Als allgemein üblich sind Vorauszahlungen anzusehen, wenn in dem betreffenden Wirtschaftszweig regelmäßig, d.h. auch bei nicht öffentlichen Auftraggebern, Vorauszahlungen ausbedungen werden. Bei maschinellen und elektrotechnischen Einrichtungen sind Vorauszahlungen allgemein üblich.*

10.4 *Besondere Umstände für Vorauszahlungen liegen z.B. vor, wenn die Ausführung der Leistung infolge ihres Umfangs oder ihrer Eigenart für den Auftragnehmer mit einer unzumutbaren Kapitalinanspruchnahme verbunden ist.*
Die Gründe für die Vereinbarung von Vorauszahlungen sind aktenkundig zu machen.
Ein besonderer Umstand ist nicht gegeben, wenn am Ende des Haushaltsjahres Ausgaben vor Fälligkeit geleistet werden, um zu verhindern, dass die Ausgaben sonst verfallen.
Lässt sich bei Aufstellung der Verdingungsunterlagen nicht ausreichend übersehen, ob die Voraussetzungen für Vorauszahlungen bei allen voraussichtlichen Bietern gleichmäßig gegeben sind, so können die Zahlungsbedingungen dem Wettbewerb unterstellt werden. In diesem Fall sind von den Bietern Angaben zu verlangen über
  – *die Höhe der Vorauszahlungen und*
  – *die Zahlungstermine.*
Bei der Wertung der Angebote ist auch die verlangte Zahlungsweise zu berücksichtigen.

10.5 *Regelung im Einzelfall*
Die Höhe der Vorauszahlung sowie der Zeitpunkt der Auszahlung, die Sicherheitsleistung (Nr. 10.6) und – ggf. – die Art und Weise der Tilgung (Nr. 10.7) ist im Einzelfall in Nr. 10 der Besonderen Vertragsbedingungen – EVM (B) BVB – 214 gemäß dem Text WBVB T2 35 zu vereinbaren.

10.6 *Sicherheitsleistung*
Für Vorauszahlungen ist stets Sicherheit in Höhe der Vorauszahlung durch selbstschuldnerische Bürgschaft eines
  – *in den Europäischen Gemeinschaften oder*
  – *in einem Staat der Vertragsparteien des Abkommens über den Europäischen Wirtschaftraum oder*
  – *in einem Staat der Vertragsparteien des WTO-Übereinkommens über das öffentliche Beschaffungswesen zugelassenen Kreditinstituts bzw. Kredit- oder Kautionsversicherers nach vorgeschriebenen Formblatt EFB-Sich 3 – 323.3 zu fordern.*

10.7 *Tilgung von Vorauszahlungen*
Nach § 16 Nr. 2 Abs. 2 VOB/B sind Vorauszahlungen auf die nächstfälligen Zahlungen anzurechnen, soweit damit Leistungen abgegolten sind, für welche die Vorauszahlungen gewährt worden sind.
Soll eine andere Art der Anrechnung vereinbart werden, ist die Art der Tilgung in Nr. 10 der Besonderen Vertragsbedingungen – EVM (B) BVB – 214 zu regeln.

10.8 *Bei Vorauszahlungen für Anlagen der technischen Gebäudeausrüstung hat das Bauamt bereits bei Aufforderung zur Abgabe eines Angebots unter Nr. 10 der Besonderen Vertragsbedingungen EVM (B) BVB – 214 den Text über Vorauszahlungen nach WBVB T2 35 aufzunehmen*

11 Übernahme von Anlagen der technischen Gebäudeausrüstung vor der Abnahme
Ist zu erwarten, dass eine Anlage der technischen Gebäudeausrüstung nicht unmittelbar nach Fertigstellung auf ihre Vertragsmäßigkeit geprüft werden kann (Funktionsprüfung), so kann unter Nr. 10 der Besonderen Vertragsbedingungen – EVM (B) BVB – 214 die in WBVB T2 27 festgelegte Regelung getroffen werden.

12 Wartungs- oder instandhaltungsbedürftige Anlagen der technischen Gebäudeausrüstung

12.1 Das Bauamt hat bereits vor Aufstellung der Verdingungsunterlagen mit der für den Anlagenbetrieb zuständigen Stelle zu klären, ob und für welchen Zeitraum sie bei Anlagen bzw. Anlagenteilen, für die eine Wartung oder Instandhaltung nach öffentlich-rechtlichen Vorschriften verpflichtend, notwendig bzw. zu empfehlen ist, mit dem Auftragnehmer, der die Anlage erstellt, einen Wartungs- oder Instandhaltungsvertrag abschließen oder Eigenwartung durchführen will.
Das Ergebnis ist schriftlich festzuhalten und von der für den Anlagenbetrieb zuständigen Stelle unterschriftlich zu bestätigen. Sofern ein Wartungs- oder Instandhaltungsvertrag abgeschlossen werden soll, ist zugleich dessen Dauer in den Verdingungsunterlagen verbindlich festzulegen.

12.2 Die für den Anlagenbetrieb zuständige Stelle ist darauf hinzuweisen, die Wartung oder Instandhaltung dem Ersteller der Anlage zu übertragen, sofern nicht zwingende Gründe gegeben sind davon abzuweichen. Die Übertragung der Wartung/Instandhaltung kommt nur in Betracht für Anlagen bzw. Anlagenteile der technischen Gebäudeausrüstung, bei denen eine ordnungsgemäße Wartung/Instandhaltung einen erheblichen Einfluss auf die Sicherheit und Funktionsfähigkeit der Anlage hat. Nur um eine vierjährige Verjährungsfrist für Mängelansprüche erreichen zu können, darf ein Wartungs- oder Instandhaltungsvertrag nicht abgeschlossen werden.

12.3 Sofern die Wartungs-/Instandhaltungskosten die Wertung der Angebote erheblich beeinflussen können, hat das Bauamt mit dem Angebot für die Erstellung der Anlage auch ein Angebot für die Wartung/Instandhaltung anzufordern.
Das gilt unter der Voraussetzung, dass
– die ausgeschriebene Leistung überwiegend aus störanfälligen Anlagen bzw. Anlagenteilen besteht, die als wartungs- oder instandhaltungsbedürftig einzustufen sind und
– die für den Anlagenbetrieb zuständige Stelle einen Wartungs- oder Instandhaltungsvertrag abschließen will.

12.4 Wenn die Bieter aufgefordert werden sollen, zusätzlich zum Angebot für die Erstellung der Anlage ein Angebot für die Wartung oder Instandhaltung abzugeben, ist in Nr. 9 der »Aufforderung zur Abgabe eines Angebotes« EVM (B) A – 211 bzw. EVM (B) A EG – 211 EG folgendes einzutragen:
»Der Bieter hat zusammen mit dem Angebot für die Erstellung der Anlage mit dem beigefügten Vertragsmuster auch ein Angebot für die Wartung/Instandhaltung abzugeben. Beide Angebote werden gewertet.
Die Vergabe der Herstellung der Anlage erfolgt durch das Bauamt. Der Wartungs-/Instandhaltungsvertrag wird nach erfolgter Abnahme durch die für den Anlagenbetrieb zuständige Stelle geschlossen.
Ein Anspruch auf Abschluss eines Wartungs-/Instandhaltungsvertrages besteht nicht.«
Der Aufforderung zur Abgabe eines Angebots ist dann das EVM Erg Wart – 242.1 oder EVM Erg Inst – 242.2 sowie das dem Bedarf entsprechende Vertragsmuster (siehe VHB Teil VI) zweifach beizufügen.

13 Ausländische Streitkräfte/NATO-Infrastruktur
Bei Maßnahmen für ausländische Streitkräfte oder für die NATO-Infrastruktur, denen die EVM (B oder L – 210/230) zugrunde liegen, ist den Verdingungsunterlagen die Ergänzung der Einheitlichen Verdingungsmuster – EVM-Erg Strkr – 244 bzw. EVM Erg NATO – 245 doppelt beizufügen. Sie sind in der Angebotsanforderung und im Angebotsschreiben als Anlage aufzuführen.
Bei Maßnahmen für die ausländischen Streitkräfte ist zusätzlich in Nr. 9 des EVM (B) A – 211 bzw. Nr. 8 des EVM (L) A – 231 einzutragen:
»Bei den beschriebenen Leistungen handelt es sich um Arbeiten für die Streitkräfte, die aus deren Heimatmitteln finanziert werden.«

Vergabeunterlagen　　　　　　　　　　　　　　　　　　　　　　　　　　　　§ 10 VOB/A

Vgl. auch Nr. 1.1 des EVM-Erg Strkr – 244.
Die britischen Streitkräfte können in bestimmten, auf Formblatt ABG 3 näher bezeichneten Einzelfällen, verlangen, dass die Frist für die Schlusszahlung auf 3 Monate verlängert wird. In diesen Fällen ist in das EVM-Erg Strkr – 244 einzutragen:
3. Ergänzung der Besonderen Vertragsbedingungen
»Abweichend von § 16 VOB/B wird für die Schlusszahlung eine Zahlungsfrist von 3 Monaten vereinbart.«

14　Sammelaufträge
Wegen der Besonderen Vertragsbedingungen bei Sammelaufträgen siehe Nr. 3 der »Richtlinie zur Vergabe von Sammelaufträgen« (Teil V – 505).

15　Gerichtsstand
Nach § 18 VOB/B ist als Gerichtsstand der Sitz der für die Prozessvertretung des Auftraggebers zuständigen Stellen vereinbart, soweit eine solche Vereinbarung nach § 38 ZPO zulässig ist.
Sofern ein anderer Gerichtsstand vereinbart werden soll, ist unter Nr. 10 der Besonderen Vertragsbedingungen – EVM (B/Z) BVB – 214 der Text gemäß – WBVB T 2 50 aufzunehmen.

16　Schutzbedürftige Baumaßnahmen des Bundes sowie der NATO – Infrastruktur und der Streitkräfte der Entsendestaaten
Bei Verschlusssachenvergaben im Rahmen vorgenannter Baumaßnahmen ist neben der Aufforderung zur Abgabe eines Angebotes und den Bewerbungs- und Vertragsbedingungen zusätzlich das EVM Erg VS – 246 sowie das Merkblatt über die Behandlung von Verschlusssachen, VS NfD Merkblatt (anzufordern über Buero-ZS4@bmwi.bund.de) in 2-facher Ausfertigung beizufügen.
Bei der Vergabe von Bewachungsleistungen ist das Muster Bewachungsvertrag und Wachanweisung (RiSBau in Anhang 20/1 der RBBau) zu verwenden.
Den Absageschreiben ist zusätzlich das Einheitliche Formblatt EFB (B/Z/L) ErgAbs VS – 305.a beizufügen. Für die Erstellung von Baustellen- und Besucherausweisen sind die entsprechenden Muster EFB – Ausw – 358 zu beachten. Im Übrigen wird auf die Richtlinien für Sicherheitsmaßnahmen bei der Durchführung von Bauaufgaben – RiSBau in Anhang 20/1 der RBBau verwiesen.

Besondere Aufmerksamkeit verdienen nicht zuletzt auch die Weiteren Besonderen Vertragsbedingungen – WBVB – in der Anlage der Richtlinie des VHB zu § 10 VOB/A.

G. Schiedsvereinbarung nach § 10 Nr. 6 VOB/A

Streitigkeiten aus Bauverträgen werden normalerweise durch die ordentlichen Gerichte (Amtsgericht, Landgericht usw.) entschieden. Die ZPO kennt aber auch die Möglichkeit, anstelle des ordentlichen Gerichts ausnahmsweise ein Schiedsgericht entscheiden zu lassen, §§ 1025–1066 ZPO. Dann steht dem dennoch vor einem staatlichen Gericht in Anspruch genommenen Vertragspartner die Einrede des Schiedsvertrages zu (§ 1032 ZPO). Bei der Vorschrift des § 10 Nr. 6 VOB/A handelt es sich nicht um die Angabe einer weiteren Verdingungsunterlage im eigentlichen Sinn. Vielmehr ist die Aufnahme dieser Bestimmung im Rahmen des § 10 VOB/A nur deshalb erfolgt, weil es der Ausfertigung eines besonderen Schriftstückes, einer Urkunde bedarf, um eine Schiedsvereinbarung wirksam zu treffen (zur Schiedsgerichtsbarkeit allgemein und umfassend vgl. neben den einschlägigen Kommentaren zur ZPO: *Schwab/Walter* Schiedsgerichtsbarkeit, 5. Aufl. 1995; *Glossner* Schiedsgericht in der Praxis, 2. Aufl. 1978; *Maier* Handbuch der Schiedsgerichtsbarkeit, 1979; *Henn* Schiedsverfahrensrecht, 2. Aufl. 1991; *Jagenburg* FS Oppenhoff 1985 S. 147 ff.; über Privatautonomie und Schiedsgerichtsbarkeit bei internationalen Bauverträgen *Nicklisch* RIW/AWD 1991, 89; des Weiteren *Mandelkow* Chancen und Probleme des Schiedsgerichtsverfahrens in Bausachen, 1995, Baurechtliche Schriften, Bd. 30). Dabei ist im Einzelfall hinreichend klar zum Ausdruck zu bringen, ob es sich um die Vereinbarung eines Schiedsgerichts handelt oder ob eine Schiedsgutachtenabrede getroffen werden soll, weil es sonst schwierig sein kann, dies jeweils klar zu unterscheiden; insofern kommt

90

es im Rahmen der Auslegung darauf an, ob eine Streitentscheidung oder nur die verbindliche Feststellung von Tatsachen gewollt ist. Falls der Vereinbarung eine bestimmte Schiedsgerichtsordnung zugrunde gelegt ist, ist dies ein entscheidendes Merkmal für die Annahme, dass eine Schiedsgerichtsabsprache gewollt ist (vgl. dazu *Kurth* NJW 1990, 2038). Die Vorschrift des § 1031 Abs. 2 ZPO, auf die verwiesen wird, lautet: »(2) Die Form des Absatzes 1 gilt auch dann als erfüllt, wenn die Schiedsvereinbarung in einem von der einen Partei der anderen Partei oder von einem Dritten beiden Parteien übermittelten Schriftstück enthalten ist und der Inhalt des Schriftstücks im Fall eines nicht rechtzeitig erfolgten Widerspruchs nach der Verkehrssitte als Vertragsinhalt angesehen wird.«

Wegen weiterer Erläuterungen zum Schiedsgerichtverfahren vergleiche unten die Kommentierung zu § 18 VOB/B.

§ 10a
Vergabeunterlagen

Bei Bauaufträgen i.S.v. § 1a muss das Anschreiben (Aufforderung zur Angebotsabgabe) außer den Angaben nach § 10 Nr. 5 Abs. 2 folgendes enthalten:

a) Die maßgebenden Wertungskriterien i.S.v. § 25 Nr. 3, sofern nicht in der Bekanntmachung angegeben (§ 17a Nr. 2 bis 4). Dabei ist die Gewichtung der einzelnen Kriterien anzugeben. Kann die Gewichtung aus nachvollziehbaren Gründen nicht angegeben werden, sind in der Aufforderung zur Angebotsabgabe die Kriterien in der absteigenden Reihenfolge ihrer Bedeutung zu nennen.
b) Die Angabe, dass die Angebote in deutscher Sprache abzufassen sind.
c) Einen Hinweis auf die Bekanntmachung nach § 17a Nr. 3 beim Nichtoffenen Verfahren und beim Verhandlungsverfahren.
d) Die Angabe, ob beabsichtigt ist, ein Verhandlungsverfahren oder einen Wettbewerblichen Dialog in verschiedenen, aufeinander folgenden Phasen abzuwickeln, um hierbei die Zahl der Angebote zu begrenzen.
e) Bei Nichtoffenen Verfahren, bei Verhandlungsverfahren mit vorheriger europaweiter Bekanntmachung und beim Wettbewerblichen Dialog die gleichzeitige Aufforderung in Textform an die ausgewählten Bewerber ihre Angebote einzureichen, zu verhandeln oder am Wettbewerblichen Dialog teilzunehmen. Die Aufforderung enthält entweder die Verdingungsunterlagen bzw. Beschreibung und zusätzliche Unterlagen oder die Angabe des Zugriffs auf die Verdingungsunterlagen, wenn diese auf elektronischem Wege unmittelbar zugänglich gemacht werden.
f) Die Nennung von Mindestanforderungen für Nebenangebote, sofern diese nicht ausgeschlossen sind,
g) Beim Wettbewerblichen Dialog die Nennung von Termin und Ort des Beginns der Konsultationsphase.

Inhaltsübersicht

	Rn.
A. Allgemeine Grundlagen	1
B. Maßgebende Wertungskriterien (Buchstabe a)	2
C. Angebote in deutscher Sprache (Buchstabe b)	6
D. Hinweis auf die Bekanntmachung (Buchstabe c)	7
E. Abwicklung des Wertungsvorgangs in Phasen (Buchstabe d)	8
F. Aufforderung an ausgewählte Bewerber (Buchstabe e)	9
G. Mindestanforderungen für Nebenangebote (Buchstabe f)	10
H. Beginn der Konsultationsphase (Buchstabe g)	11

A. Allgemeine Grundlagen

§ 10a VOB/A enthält in Umsetzung der EG-Baukoordinierungsrichtline ergänzende Angaben zu dem Anschreiben nach § 10 Nr. 5 VOB/A für den Fall, dass es sich um eine so genannte EG-Vergabe auf der **Grundlage von § 1a VOB/A** handelt. Darauf beschränkt sich diese Regelung zugleich. Die Fassung 2006 brachte umfangreiche Ergänzungen in § 10a VOB/A in Umsetzung der EU-Richtlinie 2004/18/EG. Hervorzuheben sind die Regelungen zur zwingenden Angabe von Gewichtungskriterien und zu Mindestbedingungen für Nebenangebote in den Buchstaben a und f. 1

Nach dem Eingangssatz ist für den Auftraggeber **zwingend** vorgeschrieben, dass das Anschreiben als **Erweiterung (außer)** zu § 10 Nr. 5 Abs. 2 VOB/A bei einer Bauvergabe auf der Grundlage von § 1a VOB/A die dann nachfolgend aufgeführten **weiteren Angaben enthalten muss.** Daraus ist zunächst deutlich, dass das Anschreiben auch hier alles das erfassen muss, was bereits in § 10 Nr. 5 Abs. 2 VOB/A (vgl. dazu § 10 VOB/A Rn. 49–86) festgelegt ist. Hier ist für die genannten Vergaben lediglich weiter gesagt, dass das Anschreiben **auch noch das enthalten muss, was unter den jeweiligen Buchstaben aufgeführt ist.**

B. Maßgebende Wertungskriterien (Buchstabe a)

Darauf bezogene nähere Mitteilungen sind **nicht in jedem Fall erforderlich,** vielmehr nur dann, wenn zu diesen Punkten **keine Angaben** in der vorangegangenen **Bekanntmachung nach § 17a Nrn. 2–4 VOB/A** enthalten sind. Ist das bereits der Fall, so bedarf es in dem Anschreiben **keiner Wiederholung,** weil davon auszugehen ist, dass etwa an der Vergabe interessierte Bewerber bereits orientiert sind, also keines erneuten Aufschlusses bedürfen. Trifft das **nicht** zu, dann sind jedenfalls jetzt im Anschreiben die **maßgebenden Wertungskriterien i.S.v. § 25 Nr. 3 VOB/A** anzugeben. Dabei wird allerdings **nicht** eine umfassende Aufklärung über **sämtliche** nach § 25 Nr. 3 VOB/A zu beachtenden Wertungskriterien verlangt. Vielmehr handelt es sich um eine nähere Aufklärung über **die Regelung in § 25 Nr. 3 Abs. 3 S. 2 und 3 VOB/A.** Nach der hier in § 10a Spiegelstrich 1 VOB/A angeführten Bestimmung ist einmal (»neben«) anzugeben, **welche Wertungskriterien zur Frage des technischen Wertes und der Wirtschaftlichkeit maßgebend** sind, wie der Angebotspreis, die Unterhaltungs- und Betriebskosten in Bezug auf die zu erstellende Leistung. Des weiteren sind Kriterien aufzunehmen, auf die der Auftraggeber **für die Wertung im Bereich der einzelnen Vergabe Wert legt.** Dabei sind **beispielhaft** gestalterische und funktionsbedingte Gesichtspunkte, vorgesehene Nutzungsdauer und Ausführungsfrist genannt, wozu noch weitere Punkte kommen können, die im betreffenden Fall für den Entschluss des Auftraggebers zum Zuschlag **wesentlich** sind. Bis zur Ausgabe 2002 war bei den nötigen Angaben eine **bestimmte Reihenfolge** einzuhalten, und zwar so, wie deren **Bedeutung** aus der Sicht des Auftraggebers abgestuft wird. **Ab der Ausgabe 2006 ist darüber hinaus nach §10a Buchst. a S. 2 immer die Gewichtung der einzelnen Kriterien anzugeben.** Die einzelnen Kriterien, wie beispielsweise Preis, technischer Wert, Wartungsfreundlichkeit, Gestaltung etc. sind also **mit einer Prozentangabe oder einem Koeffizienten zu verbinden,** damit der Bieter erkennen kann, welches Gewicht das einzelne Kriterium im Vergleich zu den anderen beim Wertungsprozess haben wird. Soweit der »Preis« als einziges Wertungskriterium angegeben wird, kommt ihm also eine Gewichtung von 100 v.H. zu. 2

Von der Angabe der Gewichtung für die einzelnen Kriterien kann nach §10a Buchst. a S. 3 **nur aus nachvollziehbaren Gründen** abgesehen werden. Damit wird der **Ausnahmecharakter** von S. 3 hervorgehoben. Es muss **in Zusammenhang mit der Beschaffenheit einer Bauleistung objektiv nicht möglich sein,** Bewertungskriterien zu nennen. Solche Fälle sind bei der Ausschreibung von Bauleistungen nicht ohne weiteres ersichtlich; es bleibt abzuwarten, ob und welche Einzelfälle von den 3

VOB/A § 10a — Vergabeunterlagen

Nachprüfungsstellen anerkannt werden. In diesen Fällen sind wie nach der Rechtslage vor der Ausgabe 2006 die Kriterien in der absteigenden Reihenfolge ihrer Bedeutung anzugeben.

4 Die Regelung von **Buchst. a hat erhebliche Bedeutung** für die Frage, ob eine Ausschreibung den Vorschriften des Vergaberechts gemäß erfolgt ist. Sie richtet sich an die Vergabestelle, **ein Verstoß, wie z.B. die fehlende Angabe einer Gewichtung, hat aber bieterschützenden Charakter** und kann von den am Wettbewerb Beteiligten vor den Nachprüfungsstellen geltend gemacht werden und dürfte regelmäßig zur Beanstandung einer Ausschreibung führen.

5 Diese Angaben dienen bei derartig gewichtigen Vergaben, wie diejenigen auf der Grundlage von § 1a VOB/A, für den Entschluss des Unternehmers, ob es Sinn hat, ein Angebot auszuarbeiten und abzugeben, eine wichtige Rolle. Vor allem wird durch die hier vorgeschriebene Angabe der maßgebenden Wertungskriterien auch den Unternehmern aus den anderen Ländern eindeutig vor Augen geführt, dass bei einer Vergabe durch einen öffentlichen Auftraggeber im Bereich der Bundesrepublik Deutschland im Einzelnen gewertet wird, wie es in **§ 25 Nr. 3 VOB/A vorgeschrieben** ist, dass insbesondere nach a.a.O. Abs. 3 S. 3 allein der **niedrigste Angebotspreis** für den Vergabeentschluss des Auftraggebers **nicht entscheidend** ist.

C. Angebote in deutscher Sprache (Buchstabe b)

6 Die Bestimmung des **Buchstabens b** ist ein sicher **notwendiger Hinweis** für Unternehmer aus dem **nicht deutschsprachigen** Bereich der übrigen EG-Länder. Insofern ist in der hier erörterten Regelung zwingend die Angabe im Anschreiben vorgeschrieben, dass die Angebote in deutscher Sprache abzufassen sind. Dies ist erforderlich, um eine **ordnungsgemäße Handhabung** im Bereich der öffentlichen Bauvergabe **zu gewährleisten.** Das verlangt allerdings von den nicht deutschsprachigen Unternehmern, dass sie sich vor Angebotsabgabe darum bemühen, die im Einzelfall erforderlichen baubetrieblichen, bautechnischen und auch baurechtlichen Begriffe nach deutschem Verständnis kennenzulernen und zu begreifen. Umgekehrt gilt dies für Unternehmer, die sich im nicht deutschsprachigen Bereich um Aufträge bemühen, genauso.

D. Hinweis auf die Bekanntmachung (Buchstabe c)

7 Die Regelung des **Buchstabens c** ordnet an, dass im Anschreiben ein **Hinweis auf die Bekanntmachung nach § 17a Nr. 3 VOB/A beim Nichtoffenen Verfahren und beim Verhandlungsverfahren** zu machen ist. Begrenzt ist dies somit auf das Nichtoffene Verfahren und das Verhandlungsverfahren. Auch die dort geregelten Gesichtspunkte müssen für den interessierten Unternehmer wichtig sein. Dabei ist im Anschreiben ein **Hinweis auf die konkrete Stelle in der Bekanntmachung,** in der diese Angaben enthalten sind, zu machen, damit sich die interessierten Unternehmer **informieren können.** Beim Offenen Verfahren ist dies hingegen nicht erforderlich, weil davon auszugehen ist, dass die interessierten Unternehmer schon durch die Bekanntmachung orientiert sind, daher eines – erneuten – Hinweises nicht bedürfen.

E. Abwicklung des Wertungsvorgangs in Phasen (Buchstabe d)

8 Nach **Buchstabe d** haben die Auftraggeber bei der Durchführung eines Verhandlungsverfahrens oder eines Wettbewerblichen Dialogs **stets anzugeben, ob beabsichtigt ist, zur Reduzierung der Zahl der Bieter das Verfahren in Phasen abzuwickeln.** Die Befugnis des Auftraggebers, das Verhandlungsverfahren gestuft, also in Phasen abzuwickeln, ergibt sich aus § 3a Nr. 7 Abs. 2 VOB/A, für den Wettbewerblichen Dialog aus § 3a Nr. 4 Abs. 4 VOB/A. **Buchstabe d verpflichtet den Auf-**

traggeber, diese **Absicht in den Vergabeunterlagen transparent** zu machen, damit ein Bieter sein Angebot auch auf diese Phasen der Wertung einstellen kann und sein Angebot nicht aus vermeidbaren Gründen zu früh aus dem Wettbewerb ausgeschlossen wird.

F. Aufforderung an ausgewählte Bewerber (Buchstabe e)

Bei zweistufigen Verfahren mit vorheriger Bekanntmachung hat die Aufforderung zur Angebotsabgabe die **ausdrückliche Aufforderung zur weiteren Teilnahme an die ausgewählten Bewerber** zu enthalten, was an sich selbstverständlich ist. Dies darf nicht mündlich oder telefonisch sondern nur in Textform (schriftlich oder elektronisch) geschehen. Nach S. 2 wird klarstellend darauf hingewiesen, dass die Aufforderung die Verdingungsunterlagen zu enthalten hat. Für die Praxis **bei Nutzung der e-vergabe ist die zweite Alternative von S. 2 von Bedeutung**, nachdem es vergaberechtlich möglich und ausreichend ist, **statt der Versendung den Bewerbern eine elektronische Zugriffsmöglichkeit** anzugeben, mit der die Bewerber die Verdingungsunterlagen, z.B. durch down-load erhalten können. Diese Zugriffsmöglichkeit hat »unmittelbar« zu sein. Nicht zulässig wäre es danach, die Bewerber auf eine dritte Stelle, wie z.B. eine Ausschreibungsdatenbank, zu verweisen, insbesondere wenn ein Bewerber dort noch weitere Zugangsschranken, wie pass-Wörter oder Gebühren zu überwinden hätte.

9

G. Mindestanforderungen für Nebenangebote (Buchstabe f)

Buchstabe f verpflichtet die Auftraggeber bei allen europaweiten Ausschreibungen, bei denen die Abgabe von Nebenangeboten zulässig ist, **stets Mindestanforderungen für diese zugelassenen Nebenangebote in der Bekanntmachung oder den Verdingungsunterlagen zu benennen**. Diese Regelung hat erhebliche Bedeutung, da nach dem ebenfalls mit der Ausgabe 2006 aus dem Europarecht übernommenen §25a Nr. 3 VOB/A (zum Inhalt der Mindestanforderungen vgl. die dortige Kommentierung) vom Auftraggeber nur noch Nebenangebote bei der Wertung berücksichtigt werden dürfen, die die von ihm verlangten Mindestanforderungen erfüllen. Um einem Ausschluss aus diesem Grunde zu entgehen, muss ein Bieter diese Mindestanforderungen vorher kennen können, was Regelungsinhalt des Buchstabens f ist.

10

H. Beginn der Konsultationsphase (Buchstabe g)

Führt der Auftraggeber einen Wettbewerblichen Dialog nach § 3a Nr. 4 VOB/A durch, so hat er nach Buchstaben g spätestens nach Auswahl der Bewerber, die an dem weiteren Verfahren teilnehmen sollen, diesen **Termin und Ort des Beginns der Konsultationsphase mitzuteilen**. Die Auftraggeber werden dieser Regelung schon im eigenen Interesse stets genügen, damit die von ihm ausgesuchten Bewerber auch tatsächlich am weiteren Verfahren teilnehmen und den Beginn der Konsultationsphase nicht versäumen.

11

§ 10b
Vergabeunterlagen

1. Bei Bauaufträgen i.S.v. § 1b muss das Anschreiben (Aufforderung zur Angebotsabgabe) außer den Angaben nach § 10 Nr. 5 Abs. 2 Folgendes enthalten:
   a) sofern nicht in der Bekanntmachung, der Aufforderung zur Interessenbestätigung (§ 17b

Nr. 2 Abs. 4c), der Aufforderung zur Verhandlung oder den Verdingungsunterlagen angegeben (§ 17b Nr. 1 Abs. 1 Buchstabe a), die maßgebenden Wertungskriterien i.S.v. § 25 Nr. 3. Dabei ist die Gewichtung der einzelnen Kriterien anzugeben. Kann die Gewichtung aus nachvollziehbaren Gründen nicht angegeben werden, sind die Kriterien in der absteigenden Reihenfolge ihrer Bedeutung zu nennen.
b) die Angabe, dass die Angebote in deutscher Sprache abzufassen sind,
c) der Hinweis auf die Veröffentlichung der Bekanntmachung,
d) gegebenenfalls der Tag bis zu dem die zusätzlichen Unterlagen angefordert werden können,
e) die Angabe der Unterlagen, die gegebenenfalls beizufügen sind.

2. Der Auftraggeber benennt die Mindestanforderungen für Nebenangebote, sofern er diese nicht ausgeschlossen hat.

Inhaltsübersicht Rn.

A. Allgemeine Grundlagen	1
B. Inhalt des Anschreibens, Aufforderung zur Angebotsabgabe (Nr. 1)	2
I. Nr. 1a	3
II. Nr. 1b	4
III. Nr. 1c	5
IV. Nr. 1d	6
V. Nr. 1e	7
C. Änderungsvorschläge oder Nebenangebote (Nr. 2)	8

A. Allgemeine Grundlagen

1 § 10b VOB/A enthält in Umsetzung der EG-Sektorenrichtlinie ergänzende Bestimmungen zur Basisregelung in § 10 VOB/A über die Vergabeunterlagen, für den Fall einer **Vergabe nach § 1b VOB/A**. Nr. 1 betrifft den Inhalt des Anschreibens. Nr. 2 enthält eine besondere Regelung zu Änderungsvorschlägen oder Nebenangeboten. Die Fassung 2006 ergänzte Nr. 1a um die obligatorische Angabe der Gewichtung der Wertungskriterien und um einen neuen Buchstaben d mit der Möglichkeit zur Angabe einer Frist zur Anforderung zusätzlicher Unterlagen. Weiterhin wurde die Regelung zur Angabe von Mindestbedingungen der Nr. 2 an die gleich lautende Regelung für die klassischen Auftraggeber in §10a Buchst. f angepasst.

B. Inhalt des Anschreibens, Aufforderung zur Angebotsabgabe (Nr. 1)

2 Ausgangspunkt ist hier, dass das Anschreiben bzw. die Aufforderung zur Angebotsabgabe **zunächst** die Angaben enthalten muss, wie sie in der Basisregelung **in § 10 Nr. 5 Abs. 2 VOB/A** aufgeführt sind. Für den Fall der Vergabe im Bereich der hier in den b-Paragraphen angesprochenen Bausektoren enthält **Nr. 1 unter a–e weitere Anforderungen** für ergänzende Angaben.

I. Nr. 1a

3 Falls nicht bereits in der Bekanntmachung (§ 17b Nr. 1 Abs. 1a VOB/A) mitgeteilt, müssen nach Nr. 1a im Anschreiben bzw. der Aufforderung zur Angebotsabgabe die maßgebenden **Wertungskriterien i.S.v. § 25 Nr. 3 VOB/A** angegeben werden. Dabei handelt es sich **neben dem technischen Wert und der Wirtschaftlichkeit** (Angebotspreis, Unterhaltungs- und Betriebskosten) um die Angabe **besonderer Kriterien, auf die der Auftraggeber im Einzelfall Wert legt,** wie z.B. gestalterische und funktionsbedingte Gesichtspunkte, **Nutzungsdauer** und Ausführungsfrist. Diese Wertungskriterien müssen also als **abschließendes Wertungsschema** bereits beim Aufstellen der Verdingungsunterlagen festgelegt werden. In Umsetzung der EU-Vergabekoordinierungsrichtlinie 2004/17/EG haben wie auch im Bereich der klassischen Auftraggeber Bausektorenauftraggeber grundsätzlich immer die Gewichtung der einzelnen Wertungskriterien anzugeben. Nur wenn ausnahmsweise eine Angabe der Gewichtung aus objektiven Gründen nicht möglich ist, reicht es aus, die Kriterien in der absteigenden Reihenfolge ihrer Bedeutung anzugeben. Diese Bestimmung stimmt mit der in § 10a Spiegelstrich Buchst. a VOB/A überein, so dass auf die dortigen Erläuterung (vgl. § 10a VOB/A Rn. 2–5) zu verweisen ist.

II. Nr. 1b

Die in **Nr. 1b** gestellte Anforderung, wonach im Anschreiben bzw. in der Aufforderung zur Angebotsabgabe aufzunehmen ist, dass die **Angebote in deutscher Sprache** abzufassen sind, deckt sich mit der Regelung in § 10a Spiegelstrich 2 VOB/A (vgl. dazu § 10a VOB/A Rn. 6). **4**

III. Nr. 1c

Nach **Nr. 1c** muss ferner ein **Hinweis auf die Veröffentlichung der Bekanntmachung** gemacht werden. Dabei handelt es sich um eine der Bekanntmachungen, wie sie in § 17 Nr. 1 VOB/A aufgeführt sind. Dazu ist anzugeben, wann und wo und auf welche Weise die Veröffentlichung geschehen ist. **5**

IV. Nr. 1d

Nach **Nr. 1d** kann der **Tag bis zu dem zusätzliche Unterlagen angefordert werden können** im Anschreiben angegeben werden. Diese Regelung trägt dem Bedürfnis des Auftraggebers Rechnung, das Vergabeverfahren organisieren zu können. Die zügige Versendung von zusätzlichen Unterlagen an die Bieter setzt entsprechende Dispositionen, z.B. durch Vervielfältigung von Unterlagen, voraus. In solchen Fällen ist den Vergabestellen zu raten, von der Möglichkeit der Angabe einer solchen Anforderungsfrist Gebrauch zu machen. Ob eine solche Frist juristisch als Ausschlussfrist zu werten ist, dürfte umstritten sein. Aber auch, wenn eine verspätete Anforderungen durch einen Bewerber nicht automatisch zu einem Ausschluss des Bewerbers aus dem Vergabeverfahren führen sollte, ist vom Regelungszweck der Vorschrift her klar, dass die Möglichkeit, dass ein Bewerber die zusätzlichen Unterlagen gar nicht oder für die Berücksichtigung bei seiner Angebotsabgabe zu spät erhält, zu Lasten des Bewerbers geht und keinen Verstoß des Auftraggebers gegen die Bestimmungen über das Vergabeverfahren i.S.v. § 97 Abs. 7 GWB darstellen kann. **6**

V. Nr. 1e

Schließlich muss das Anschreiben (die Aufforderung zur Angebotsabgabe) gemäß **Nr. 1e** die Angabe enthalten, **welche Unterlagen** im betreffenden Vergabefall **beizufügen sind.** Dabei muss es sich um solche handeln, die neben den von § 10 Nr. 5 Abs. 2l VOB/A ohnehin geforderten Unterlagen noch verlangt werden, wie sich eingangs der Nr. 1 (»neben«) ergibt. Das wird im Allgemeinen Unterlagen betreffen, die sich auf die Regelungen in § 8b Nr. 1–5 VOB/A beziehen. Welche Unterlagen angefordert werden, muss im Einzelnen und für alle Bewerber einheitlich sowie verständlich angegeben werden. **7**

C. Änderungsvorschläge oder Nebenangebote (Nr. 2)

8   Nr. 2 verpflichtet die Bausektorenauftraggeber, bei allen europaweiten Ausschreibungen, bei denen die Abgabe von Nebenangeboten nicht vom Auftraggeber ausgeschlossen wurde, **stets Mindestanforderungen für diese zugelassenen Nebenangebote in der Bekanntmachung oder den Verdingungsunterlagen zu benennen.** Diese Regelung hat erhebliche Bedeutung, da nach dem ebenfalls mit der Ausgabe 2006 aus dem Europarecht übernommenen §25b Nr. 3 VOB/A (zum Inhalt der Mindestanforderungen vgl. die dortige Kommentierung) vom Auftraggeber nur noch Nebenangebote bei der Wertung berücksichtigt werden dürfen, die die von ihm verlangten Mindestanforderungen erfüllen. Um einem Ausschluss aus diesem Grunde zu entgehen, muss ein Bieter diese Mindestanforderungen vorher kennen können, was Regelungsinhalt der Nummer 2 ist.

Danach ist in dem Anschreiben (Aufforderung zur Angebotsabgabe) anzugeben, wenn der Auftraggeber **Änderungsvorschläge oder Nebenangebote nicht oder nur i.V.m. einem Hauptangebot zulassen will.** Diese Regelung entspricht der Bestimmung in § 10a Buchst. f VOB/A.

8   Nach **Nr. 2** sind gegebenenfalls die **Mindestanforderungen an Nebenangebote** anzugeben, außerdem ist anzugeben, **auf welche Weise sie einzureichen** sind. Hierzu ist festzuhalten ist, dass von Bietern, die eine Leistung anbieten, deren Ausführung nicht in Allgemeinen Technischen Vertragsbedingungen oder in den Verdingungsunterlagen geregelt ist, im Angebot entsprechende Angaben über Ausführung und Beschaffenheit ihrer Leistung zu verlangen sind (vgl. dazu § 10 VOB/A Rn. 82). Die hier erörterte Regelung geht **über das Vorgenannte hinaus.** Mit der Verpflichtung zur Angabe von Mindestanforderungen wird in Umsetzung des EU-Vergaberechts der Richtlinien 2004/17/EG und 2004/18/EG eindeutig das Ziel verfolgt, dass die Abgabe von – zugelassenen – Nebenangeboten, die **für den Auftraggeber nach seinem Bestellerziel nicht brauchbar sind, vermieden** werden soll. Diese Mindestanforderungen richten sich nach den **Erfordernissen des Einzelfalls,** wobei es sich um technische, vor allem auch verfahrenstechnische oder baubetriebliche Gesichtspunkte, insbesondere auch im Zusammenhang mit der Dauerhaftigkeit der Leistung, wie überhaupt der vorgesehenen Art der Nutzung, handeln wird.

§ 11
Ausführungsfristen

1. (1) Die Ausführungsfristen sind ausreichend zu bemessen; Jahreszeit, Arbeitsbedingungen und etwaige besondere Schwierigkeiten sind zu berücksichtigen. Für die Bauvorbereitung ist dem Auftragnehmer genügend Zeit zu gewähren.
    (2) Außergewöhnlich kurze Fristen sind nur bei besonderer Dringlichkeit vorzusehen.
    (3) Soll vereinbart werden, dass mit der Ausführung erst nach Aufforderung zu beginnen ist (§ 5 Nr. 2 VOB/B), so muss die Frist, innerhalb derer die Aufforderung ausgesprochen werden kann, unter billiger Berücksichtigung der für die Ausführung maßgebenden Verhältnisse zumutbar sein; sie ist in den Verdingungsunterlagen festzulegen.

2. (1) Wenn es ein erhebliches Interesse des Auftraggebers erfordert, sind Einzelfristen für in sich abgeschlossene Teile der Leistung zu bestimmen.
    (2) Wird ein Bauzeitenplan aufgestellt, damit die Leistungen aller Unternehmer sicher ineinander greifen, so sollen nur die für den Fortgang der Gesamtarbeit besonders wichtigen Einzelfristen als vertraglich verbindliche Fristen (Vertragsfristen) bezeichnet werden.

3. Ist für die Einhaltung von Ausführungsfristen die Übergabe von Zeichnungen oder anderen Unterlagen wichtig, so soll hierfür ebenfalls eine Frist festgelegt werden.

4. Der Auftraggeber darf in den Verdingungsunterlagen eine Pauschalierung des Verzugsschadens (§ 5 Nr. 4 VOB/B) vorsehen; sie soll 5 v.H. der Auftragssumme nicht überschreiten. Der Nachweis eines geringeren Schadens ist zuzulassen.

Inhaltsübersicht   Rn.

A. Allgemeines 1
   I. Bedeutung der Fristbestimmung 2
   II. Vertragsfristen als Ausführungs- oder Einzelfristen maßgebend 3
   III. Missachtung der Vorgaben des § 11 VOB/A 4
B. Die Vertragsfristen (Ausführungsfristen und Einzelfristen) 5
   I. Allgemeines – AGB-Recht 5
      1. Klare und zweifelsfreie Fristbestimmung erforderlich 6
      2. Fehlende Fristvereinbarung 7
      3. Fristberechnung 8
   II. Die Ausführungsfristen (§ 11 Nr. 1 und 3 VOB/A) 9
      1. Fristen für die Ausführung und Fertigstellung der Gesamtleistung 9
      2. Ausreichende Bemessung der Ausführungsfristen (§ 11 Nr. 1 Abs. 1 und 2 VOB/A) .. 11
      3. Frist für Auftraggeber zur Übergabe von Zeichnungen oder anderen Unterlagen (§ 11 Nr. 3 VOB/A) 13
      4. Angemessene Frist bis zum Abruf der Leistung (§ 11 Nr. 1 Abs. 3 VOB/A) 14
   III. Die Einzelfristen (§ 11 Nr. 2 VOB/A) 16
      1. Fristen für in sich abgeschlossene Teilleistungen, Teilabschnitte oder Zwischenstufen . 16
      2. Einzelfristen als Vertragsfristen nur bei ausdrücklicher Vereinbarung 17
C. Sonstige Fristen 18
   I. Baufristenpläne 18
   II. Baufortschrittspläne 19
   III. Rechtliche Bedeutung der Nichtvertragsfristen 20
D. Pauschalierter Verzugsschaden (§ 11 Nr. 4 VOB/A) 21
   I. Allgemeines 21
      1. Unbedingte Beachtung von Bestimmungen des AGB-Rechts 24
      2. Zwei Voraussetzungen bei § 309 Nr. 5 BGB 25
      3. Berechnung nach Auftragssumme 28
   II. Schadenspauschale bei Kündigung 29

Aufsätze: *Hornik* Bemessung der Ausführungsfristen nach der Baustellenverordnung (BauStellV) BauR 2002, 1132; *Roquette* Praktische Erwägungen zur Bauzeit bei Vertragsgestaltung und baubegleitende Beratung, Jahrbuch Baurecht 2002 S. 33; *Rothfuchs* Bemessungsgrundlage für den pauschalierten Schadensersatzanspruch nach § 648a Abs. 6 S. 4 BGB BauR 2005, 1672; *Würfele* Verschieben der Zuschlags- und Bindefrist im Vergabeverfahren BauR 2005, 1253.

A. Allgemeines

§ 11 VOB/A beschreibt, welche bauzeitlichen Anforderungen der öffentliche Auftraggeber seinen Bauverträgen zugrunde legen kann und darf. Es gilt hierbei, das berechtigte Interesse des Auftraggebers, die zu vergebende Leistung innerhalb der erforderlichen Zeit zu erhalten, und das des Unternehmers, für seine Kalkulation und innerbetriebliche Disposition frühzeitig den zeitlichen Ausführungsrahmen zu wissen, anzuerkennen und zu berücksichtigen. Neben der in Nr. 1 enthaltenen grundsätzlichen Forderung nach einer ausreichenden Fristbemessung behandelt Nr. 2 die mögliche Verbindlichkeit von Einzelfristen, und zwar auf der Grundlage eines Bauzeitenplanes. Nr. 3 berücksichtigt den Fall, dass für die Ausführung der Leistung die Übergabe von Zeichnungen und anderen Unterlagen wichtig ist. Die Nr. 4 befasst sich mit der Frage der Pauschalierung eines Verzugsscha- 1

VOB/A § 11 — Ausführungsfristen

dens (§ 5 Nr. 4 VOB/B). Auch für private Auftraggeber empfiehlt sich die Beachtung der hier aufgestellten Grundsätze.

I. Bedeutung der Fristbestimmung

2   Die Bestimmung einer Frist bedeutet **die Festlegung eines Zeitraumes,** innerhalb dessen eine bestimmte Handlung vorgenommen werden soll oder muss. Handelt es sich hierbei um **Vertragsfristen** (vgl. § 5 Nr. 1 S. 1 VOB/B), **sind sie in dem Sinne bindend,** dass sie unbedingt eingehalten werden müssen. Bei ihrer Nichteinhaltung droht grundsätzlich eine bestimmte Rechtsfolge, wie z.B. Entziehung des Auftrags, Schadensersatz wegen Verzuges, wobei allerdings regelmäßig noch weitere Voraussetzungen vorliegen müssen, wie z.B. Verzug des Verpflichteten. Diese weiteren Voraussetzungen ergeben sich aus den betreffenden Regeln in Teil B der VOB, wie z.B. aus § 5 Nr. 4, § 6 Nr. 6, § 8 Nr. 3 VOB/B usw. Auch können für den betreffenden Einzelfall gesetzliche Vorschriften maßgebend sein, wie z.B. die §§ 280 ff., 323 ff. BGB.

II. Vertragsfristen als Ausführungs- oder Einzelfristen maßgebend

3   Die VOB unterscheidet zwischen vertraglich verpflichtend vereinbarten Fristen (Vertragsfristen) und anderen Fristen, denen zunächst diese Verbindlichkeit fehlt. Insbesondere sind die in **Bauzeitenplänen** (Balkenplänen, Linienplänen, Netzplänen) genannten nicht ohne weiteres Vertragsfristen, wie § 11 Nr. 2 Abs. 2 VOB/A und § 5 Nr. 1 VOB/B verdeutlichen. Die Vertragsfristen unterteilen sich in Ausführungsfristen und Einzelfristen. Die nicht bindenden Fristen stellen nur Richtpunkte im Sinne eines »Sollens« dar.

III. Missachtung der Vorgaben des § 11 VOB/A

4   § 11 VOB/A ist eine bauvertragliche Bestimmung, indem sie Anforderungen an die vertraglich zu vereinbarenden Fristen im Interesse beider Vertragspartner empfiehlt. Als Verwaltungsanweisung ist sie vom Ausschreibenden zu beachten. Streitig ist, ob ihr die Bedeutung einer Verfahrensvorschrift, deren Verletzung über die §§ 97 Abs. 7, 107 Abs. 3 GWB angegriffen werden kann (so KG BauR 2000, 1579 für § 11 VOL/A; *Franke/Kemper/Zanner/Grünhagen* § 11 VOB/A Rn. 17; *Langen* in *Kapellmann/Messerschmidt* § 11 VOB/A Rn. 8; a.A. Beck'scher VOB-Komm./*Motzke* § 11 VOB/A Rn. 7 f., 15, mit beachtlichen Argumenten; *Heiermann/Riedl/Rusam* § 11 VOB/A Rn. 3, 4), oder einer Ordnungsvorschrift zukommt. Auch die Einordnung als Ordnungsvorschrift kann bei ihrer Missachtung zu einer Verletzung der Rechte der Bieter führen. Bei der Vorgabe einer definitiv unauskömmlichen Ausführungsfrist werden zeitlich nicht erfüllbare Angebote rechtlich wirksam abgegeben mit daraus resultierenden Schadensersatzansprüchen (§§ 275 Abs. 1, 283, 311a BGB). Die Rechte der Bieter werden verletzt, wenn von ihnen Angebote abgefordert werden, die gleich bei ihrer Annahme zu Schadensersatzansprüchen des Auftraggebers führen. Die **bieterschützende Funktion** und damit die Rügefähigkeit unauskömmlicher Ausführungsfristen in der Ausschreibung ist demgemäß von der Rechtsprechung anerkannt (BayObLG VergabeR 2002, 534; OLG Düsseldorf IBR 2002, 326 [*Weyand*]; OLG Jena BauR 2000, 1611).

B. Die Vertragsfristen (Ausführungsfristen und Einzelfristen)

I. Allgemeines – AGB-Recht

5   Bei den von den Vertragschließenden vereinbarten Fristen handelt es sich um den festgelegten Zeitraum, **in dem die Arbeiten** insgesamt oder in einzelnen festgelegten Teilen **begonnen, ausgeführt**

Ausführungsfristen § 11 VOB/A

und beendet werden müssen. Dabei kommt es für die jeweilige Frist wesentlich auf die Bestimmung des Beginns und des Endes an.

Wird der Beginn- und Endtermin in AGB geregelt (z.B. ZVB, BVB) und dort bewusst offen gelassen, kann hierin eine unangemessene Risikoaufbürdung zu Lasten des Vertragspartners des Verwenders liegen. Eine Verletzung der §§ 308 Nr. 4, 309 Nr. 7b und 8a BGB begründet eine formularmäßig verwendete Bedingung des Auftraggebers, wonach eine Verzögerung des Baubeginns den Fertigstellungstermin nur berührt, soweit die Verzögerung 4 Wochen übersteigt und vom Auftraggeber zu vertreten ist. Eine Klausel, nach der nach besonderer schriftlicher Aufforderung durch den Auftraggeber zu beginnen ist, die spätestens (...) Werktage nach Auftragserteilung erfolgt, ist unwirksam, da dem Auftragnehmer eine angemessene Abruffrist zur betrieblichen Planung nicht zugebilligt wird. Behält sich der Bauherr in AGB vor, »im Auftragsschreiben den Beginn und das Ende der Ausführungsfrist und etwaiger Einzelfristen datumsmäßig festzulegen«, so ist dies unwirksam, da der Interessenlage des Auftragnehmers ohne Einräumung der Berechtigung nach § 315 BGB nicht ausreichend Rechnung getragen wird (OLG Frankfurt BauR 2003, 269).

Eine in den AGB des Auftraggebers enthaltene Regelung, wonach der Auftragnehmer, der den Fertigstellungstermin überschreitet, auch ohne Mahnung in Verzug gerät, verstößt nur dann nicht gegen § 309 Nr. 4 BGB, wenn im Vertrag der Fertigstellungstermin nach dem Kalender bestimmt ist oder die übrigen Ausnahmetatbestände der §§ 286 Abs. 2, 636 BGB vorliegen.

1. Klare und zweifelsfreie Fristbestimmung erforderlich

Die Vertragschließenden können die Frist nach Zeiteinheiten (Tage, Wochen, Kalenderwochen, Monate), nach dem Kalender mit Angabe des Beginns und des Endes der Fertigstellung oder anderweitig frei bestimmen. Wesentlich ist, dass die **Frist bestimmt oder zumindest einwandfrei bestimmbar** ist, weshalb eine genaue **datumsmäßige Festlegung** des Beginns und des Endes auch im Hinblick auf § 286 Abs. 2 BGB **am besten** ist. Die Angaben dürfen daher nicht nur allgemein gehalten sein; unklare Zusätze wie »je nach Witterung«, »voraussichtlich«, »ungefähr«, »ca.«, sind völlig unbestimmt (OLG Düsseldorf BauR 1997, 851; VOB-Stelle Niedersachsen, Stellungnahme v. 2.6.1998 Fall 1147 IBR 1999, 114 [*Asam-Peter*]) und zu vermeiden. Als Beginn wird vielfach ein Zeitpunkt nach der Erteilung des Auftrags oder ein bestimmtes Ereignis (z.B. Beendigung der Ausschachtungsarbeiten) genommen. Ist nur eine kalendermäßige Zeitspanne (z.B. 6 Monate, 12 Kalenderwochen) angegeben, so ist darauf zu achten, dass zumindest über den Anfangstermin keine Unklarheiten aufkommen können; der in der Praxis gebräuchliche Ausdruck »Beginn der Ausführung« als Anfangstermin ist nicht bestimmt genug (vgl. *Hereth/Naschold* Teil A § 11 V Ez. 11.9). Hierbei ist unklar, ob damit der Beginn der Vorbereitungsarbeiten im Betrieb des Auftragnehmers, der Beginn des Einrichtens der Baustelle oder der Beginn der eigentlichen Bauarbeiten gemeint ist. Bei Fehlen anderer Anhaltspunkte ist im Zweifel der Vertrag dahingehend auszulegen, dass der Beginn des Einrichtens der Baustelle der maßgebende Anfangszeitpunkt ist. Für öffentliche Auftraggeber ist zudem auf Nr. 1.1 f. VHB zu § 11 VOB/A hinzuweisen.

2. Fehlende Fristvereinbarung

Haben die Vertragschließenden eine Frist für den Beginn der Ausführung **nicht** vereinbart, so hat der Auftragnehmer **innerhalb von 12 Werktagen nach Aufforderung (Abruf)** durch den Auftraggeber zu beginnen (§ 5 Nr. 2 VOB/B). Diese Frist kann im Einzelfall zu kurz bemessen sein, da der Auftragnehmer in ihr nicht nur zumindest mit der Einrichtung der Baustelle zu beginnen, sondern alsdann auch ohne schuldhaftes Zögern die eigentliche Ausführung angemessen zu fördern und die Leistung zügig zu vollenden hat (vgl. auch Beck'scher VOB-Komm./*Motzke* § 11 VOB/A Rn. 82, der eine Bauvorbereitungszeit von 12 Werktagen aufgrund des hohen Mechanisierungsgrades der Baubetriebe für nicht ausreichend erachtet; ebenso *Langen* in *Kapellmann/Messerschmidt* § 11 VOB/A

Rn. 33). Um dies abzumildern, gibt § 11 Nr. 1 Abs. 3 vor, dass der Auftraggeber den Abrufzeitraum in der Verdingungsunterlagen unter Berücksichtigung der Ausführungsverhältnisse bekannt geben soll; auch hat der **Auftragnehmer** ein **Recht auf Auskunft** über den voraussichtlichen Baubeginn. Der Grundsatz des § 11 VOB/A, ausreichende Fristen zu vereinbaren, gilt auch hier. Zum Leistungsbestimmungsrecht nach § 315 BGB vgl. Hanseatisches OLG BauR 2004, 1618.

3. Fristberechnung

8 Soweit abweichende Vereinbarungen nicht getroffen sind und auch die Bestimmungen der VOB nichts anderes besagen, gelten die allgemeinen Auslegungsvorschriften über Fristen der **§§ 186 bis 193 BGB.** Diese Vorschriften enthalten Einzelheiten über die **Berechnung der Fristen** nach Tagen, Monaten und Jahren. Sie sagen nichts über die Art und die Dauer der Fristen. Bei einer nach Werktagen bemessenen Frist gelten auch **Samstage als Werktage.**

II. Die Ausführungsfristen (§ 11 Nr. 1 und 3 VOB/A)

1. Fristen für die Ausführung und Fertigstellung der Gesamtleistung

9 Sie beziehen sich auf die eigentliche Ausführung der vertraglichen Leistung, berechnet nach Beginn, Dauer der Ausführung und Beendigung. Eine ohne nähere Abgrenzung vereinbarte Ausführungsfrist gilt grundsätzlich für die **gesamte vertragliche Leistung.** Daneben ist es auch zulässig, **besondere Fristen (Einzelfristen)** für in sich abgeschlossene Teile der durch den jeweiligen Vertrag umrissenen Bauleistung zu bestimmen, was z.B. bei umfangreichen Arbeiten erforderlich werden kann. Innerhalb der Ausführungsfrist hat der Auftragnehmer die gesamte Leistung zu erbringen. Ist nur ein **Endtermin** angegeben, so ist **dieser entscheidend;** der Auftragnehmer hat den Beginn der Arbeiten selbst zu bestimmen, oder er muss, falls er nicht sogleich nach Vertragsabschluss beginnen kann, den Abruf des Auftraggebers abwarten, um dann innerhalb der Frist von 12 Werktagen zu beginnen (§ 5 Nr. 2 VOB/B). Er muss die Arbeit, natürlich unter angemessener Förderung und ohne Behinderung anderer bei dem Bauvorhaben Tätiger einschließlich des Auftraggebers und seiner Erfüllungsgehilfen (z.B. Architekt, Ingenieur), nur innerhalb der Frist fertig stellen. Fehlt es hingegen auch an einem Endtermin, kann man von einer Ausführungsfrist nicht sprechen, sondern nur von einer **angemessenen Förderungspflicht** des Auftragnehmers (BGH Urt. v. 21.10.2003 X ZR 218/01 = IBR 2004, 62 [*Leitzke*]: angemessene Herstellungsfrist muss Auftragnehmer beweisen).

10 Die Ausführungsfrist ist eine Vertragsfrist, sofern sie im Vertrag als verbindlich festgelegt worden ist (vgl. § 5 Nr. 1 VOB/B). Rechtsfolgen sind im Falle der Nichtbeachtung Schadensersatz, Entziehung des Auftrags usw.

2. Ausreichende Bemessung der Ausführungsfristen (§ 11 Nr. 1 Abs. 1 und 2 VOB/A)

11 Die **Ausführungsfristen** müssen **ausreichend bemessen** sein (Nr. 1 Abs. 1 S. 1). Zu kurz bemessene Fristen bringen nur Nachteile mit sich. Eine zu schnelle Ausführung liegt wegen der damit verbundenen zeitlichen Sonderleistungen meist im Preis höher, die Gefahr einer nicht mängelfreien Arbeit ist zudem größer. So ist dem Auftragnehmer **genügend Zeit** zu geben, **die geplante Arbeit vorzubereiten,** die notwendigen Materialien, Geräte und Arbeitskräfte zu beschaffen und bereitzustellen sowie die Arbeiten selbst ordnungsgemäß auszuführen (Abs. 1 S. 2). Dabei sind in jedem Einzelfall die besonderen Umstände und Schwierigkeiten zu berücksichtigen wie Jahreszeit, Arbeitsbedingungen, Möglichkeit der Beschaffung von Materialien und Geräten, Mangel an Facharbeitern, übliche arbeitsfreie Tage – auch Betriebsurlaube – usw. Bei der Festlegung von Ausführungsfristen ist auch zu beachten, ob der spätere Auftragnehmer die von ihm verlangte Leistung in einem Zuge durchführen kann, oder ob er aus vorhersehbaren – regelmäßig technischen – Gründen die Ausführung zeitweise unterbrechen muss und sie erst später fortführen und beenden kann. Einzuplanen sind ferner

Zeitpuffer. Mit ihnen sollen Bauablaufstörungen aus Behinderungen und Verzögerungen aufgefangen werden, damit im üblichen Bauablauf in Teilbereichen nicht ungewöhnliche Zeitstörungen den gewünschten Endtermin gefährden (*Schiffers* Jahrbuch Baurecht 1998 S. 292; *Vygen/Schubert/Lang* Rn. 269, 384; *Kapellmann/Schiffers* Bd. 1 Rn. 824; BGH Urt. v. 27.6.1985 VII ZR 23/84 = BauR 1985, 561). Zeitpuffer sind vom Auftragnehmer bei seiner Bauzeitplanung, aber auch vom Ausschreibenden bei der Vorgabe von Ausführungsfristen zu beachten (*Langen* in *Kapellmann/Messerschmidt* § 11 VOB/A Rn. 29; Beck'scher VOB-Komm./*Motzke* § 11 VOB/A Rn. 77). Deshalb sind auch die **außergewöhnlich kurzen Fristen nur bei besonderer Dringlichkeit** vorzusehen. Bei der Wertung von Angeboten ist zu beachten, dass der Erhalt von Angeboten bei extrem kurzer Ausführungsfrist kein Kriterium für eine besondere Leistungsfähigkeit des Bieters ist (KG BauR 2000, 1579; *Franke/Kemper/Zanner/Grünhagen* § 11 VOB/A Rn. 11). Vom öffentlichen Auftraggeber sind zudem unbedingt die Vorgaben in Nr. 1.3 und 2 VHB zu § 11 VOB/A einzuhalten.

Eine wesentliche Bedeutung hat eine **bauseits ordnungsgemäße Bauablaufplanung**, in der kontinuierliche, sich ständig wiederholende Arbeitsabläufe angestrebt werden, wobei der sich daraus einstellende wirtschaftliche Vorteil insbesondere am so genannten Einarbeitungseffekt erkennbar ist (vgl. dazu *Vygen/Schubert/Lang* Rn. 465 ff.). 12

3. Frist für Auftraggeber zur Übergabe von Zeichnungen oder anderen Unterlagen (§ 11 Nr. 3 VOB/A)

Ist es für die Einhaltung der vorgesehenen Ausführungsfristen oder Einzelfristen wichtig, dass **Zeichnungen oder andere Unterlagen** vor dem Beginn oder während der Ausführung **übergeben werden** (vgl. dazu z.B. auch § 3 Nr. 1, § 4 Nr. 1 Abs. 1 S. 2 VOB/B), so soll gem. **§ 11 Nr. 3 VOB/A** hierfür **ebenfalls eine Frist festgelegt** werden. Sie ist als **Vertragsfrist** zu verstehen (a.A. Beck'scher VOB-Komm./*Motzke* § 11 VOB/A Rn. 114 ff., der für die Beurteilung als Vertragsfrist nach dem Parteiwillen differenziert, sowie *Langen* in *Kapellmann/Messerschmidt* § 11 VOB/A Rn. 56, der zwischen bedingten und unbedingten Vertragsfristen unterscheidet, abhängig davon, ob ein vorheriger Abruf durch den Auftragnehmer erfolgen muss). Störungen des Bauablaufs durch fehlende Auftraggeberunterlagen sollen so vermieden werden. Derartige Fristen wirken zugunsten des Auftragnehmers, indem sie **dem Auftraggeber** im Bauvertrag gesetzt werden. Hält dieser die Frist nicht ein, so hat dies **zur Folge, dass die dem Auftragnehmer gesetzte Ausführungsfrist nicht zu laufen beginnt.** Zumindest ist der Auftragnehmer gem. § 286 Abs. 4 BGB entlastet. Das Fehlen derartiger Unterlagen begründet zudem regelmäßig eine **Behinderung** des Auftragnehmers mit daraus folgenden Ansprüchen aus § 6 VOB/B. Erforderlich ist allerdings, dass die Übergabe der Zeichnungen oder anderer Unterlagen wesentliche Voraussetzung für die ungehinderte und zügige Durchführung der Leistung des Auftragnehmers ist, für die ihm Ausführungsfristen gesetzt worden sind, insofern also ein **adäquat-kausaler Zusammenhang** besteht. Sind zwecks Einhaltung von Baufristen in Folge mehrere Zeichnungen oder sonstige Unterlagen rechtzeitig zu übergeben, empfiehlt es sich, Listen über Planlieferungsfristen zum Vertragsinhalt zu machen. 13

4. Angemessene Frist bis zum Abruf der Leistung (§ 11 Nr. 1 Abs. 3 VOB/A)

Diese **zwingende** Regelung bezieht sich auf § 5 Nr. 2 VOB/B und berücksichtigt den berechtigten Schutz des Auftragnehmers. Das **zu lange Hinauszögern** der Aufforderung zum Beginn der Ausführung ist für eine vorauszusetzende rationale Betriebsführung des Auftragnehmers **unzumutbar** und würde ihm zudem in preislicher Hinsicht **unzumutbare Wagnisse** auferlegen, was § 9 Nr. 2 VOB/A widersprechen würde. Die Frage der Zumutbarkeit richtet sich nach den Gegebenheiten des Einzelfalles. Sie ist unter Berücksichtigung der im Zeitpunkt des Vertragsabschlusses auf Seiten des Auftraggebers zu erwartenden Voraussehbarkeit des Beginns der Durchführung der Leistung des betreffenden Auftragnehmers als durchweg kurz – unter normalen Umständen einige Wochen oder höchstens wenige Monate – zu bewerten. Auch die für den Auftragnehmer erkennbaren Umstände 14 (allgemeiner Leistungsstand sowie Fortschritt des Bauwerks im Zeitpunkt der Angebotsabgabe, bevorstehende Jahreszeit, Umfang von Vorleistungen) sind zu beachten. Entscheidend ist hier – und dies dürfte die Grenze des Zulässigen sein –, dass der Auftraggeber den Abruf für einen Zeitpunkt sicherstellt, zu dem die dem Vertrag zugrunde gelegte **Vergütung des Auftragnehmers noch dem für ihn bei Angebotsabgabe vorhersehbaren Wagnis entspricht**, und zu dem der Auftragnehmer im Rahmen seiner betrieblichen Dispositionen im Hinblick auf die Erfüllung anderer Bauverträge nicht in unüberwindliche oder nur mit unzumutbarem Verlust verbundene Schwierigkeiten gerät. Diese Grenze des Zumutbaren kann in Einzelfällen durch die Vereinbarung von Lohn- und Materialpreisgleitklauseln abgemildert bzw. hinausgeschoben sein (vgl. § 15 VOB/A). Im Falle von Verstößen gegen die vorgenannten Grundsätze kann eine § 11 Nr. 1 Abs. 3 VOB/A in beachtlichem Maße widersprechende Regelung gegen § 242 BGB oder, bei Vorliegen von AGB (vgl. § 10 VOB/A), gegen **§ 307 BGB** verstoßen, und daher unwirksam sein.

15 Diese Überlegungen wirken sich auch im Vergabeverfahren aus: Der Wunsch des Ausschreibenden nach **Verlängerung der Bindefrist** aufgrund der Einleitung eines Prüfungsverfahrens nach §§ 107 ff., 116 ff. GWB kann die ausgeschriebenen Ausführungsfristen und Beginntermine überholen. Die Zustimmung der Bieter zu einer Bindefristverlängerung ist nach dem OLG Jena (BauR 2000, 1611) gem. §§ 133, 157 BGB dahingehend auszulegen, dass der durch das Verfahren bedingte Aufschub der Ausführung zu den im Angebot enthaltenen Fristen hinzugerechnet wird. Verändern sich hierdurch die Grundlagen der Preisbildung, so ist dem späteren Auftragnehmer auch ein Anspruch auf Anpassung der Vergütung zuzuerkennen (Thüringer OLG BauR 2005, 1161; BayObLG VergabeR 2002, 534; *Würfele* BauR 2005, 1253).

III. Die Einzelfristen (§ 11 Nr. 2 VOB/A)

1. Fristen für in sich abgeschlossene Teilleistungen, Teilabschnitte oder Zwischenstufen

16 Sie sind **ebenfalls Ausführungsfristen**. Ihr Unterschied zur Ausführungsfrist im engeren Sinn liegt darin, dass die **Einzelfristen** nicht für die gesamte Leistung, sondern **daneben** noch **für in sich abgeschlossene Teile der Gesamtleistung** vereinbart werden. Sie können für nach Zeit bemessene Teilabschnitte oder Zwischenstufen der Bauausführung festgelegt werden. Regelmäßig zeigt der **Bauzeitenplan** auf, in welcher Reihenfolge und in welchen Zeitabschnitten die einzelnen Arbeiten ausgeführt werden sollen. Er hat den Zweck, einerseits ein zeitliches Überschneiden der Arbeiten, insbesondere der einzelnen Auftragnehmer zu verhindern, andererseits für den ungehinderten Baufortschritt beachtliche Verzögerungen zu vermeiden. In diesem Sinne kann er helfen, Personaldispositionen, Gerätebereitstellung sowie kontinuierliche Arbeit einheitlich und den Erfordernissen entsprechend zu gestalten, und so genannte »Fieberkurven« zu vermeiden.

2. Einzelfristen als Vertragsfristen nur bei ausdrücklicher Vereinbarung

17 Einzelfristen als Vertragsfristen sollen für in sich abgeschlossene Teile der Leistung nur dann mit Haftungsfolgen verknüpft werden, wenn es ein **erhebliches Interesse** des Auftraggebers erfordert (§ 11 Nr. 2 Abs. 1 VOB/A). Bei den in einem **Bauzeitenplan aufgeführten Fristen sollen nur die als Vertragsfristen vereinbart werden,** die für den Fortgang der Gesamtarbeit **besonders wichtig** sind (§ 11 Nr. 2 Abs. 2 VOB/A). So ist **nicht jede Frist,** die bei der Vergabe eines Auftrags in den Verdingungsunterlagen, beim Angebot, in der Korrespondenz oder mündlich genannt wird, eine **Vertragsfrist**. Auch die Erklärung eines Bauzeitenplanes zum Vertragsgegenstand bewirkt noch nicht, dass die dort ablesbaren Fristen Vertragsfristen werden (ebenso Beck'scher VOB-Komm./*Motzke* § 11 VOB/A Rn. 98). **Einzelfristen** sind **nur dann Vertragsfristen,** wenn dies zwischen den Vertragschließenden **ausdrücklich vereinbart** ist (§ 5 Nr. 1 S. 2 VOB/B). Da zu viele Fristen eher störend als fördernd wirken, sollten die Vertragschließenden bemüht sein, **möglichst wenige Einzelfristen** als Vertragsfristen zu vereinbaren. Eine solche Vereinbarung erfordert, dass die Frist in den Verdingungs-

unterlagen als Vertragsfrist bezeichnet oder der übereinstimmende Wille, vertraglich bindende Fristen festzulegen, aus dem Wortlaut der Verdingungsunterlagen zweifelsfrei festzustellen ist (z.B. »bindend«); hierfür soll nach dem BGH (Urt. v. 14.1.1999 VII ZR 73/98 = BauR 1999, 645 = NJW 1999, 1108) bereits ausreichend sein, dass eine Klausel in den Besonderen Vertragsbedingungen die im Bauzeitenplan benannten Einzelfristen zu Vertragsfristen erklärt. Die Einordnung von Einzelfristen als Vertragsfristen kann auch nachträglich noch getroffen werden, was nach Vertragsabschluss eine Vereinbarung der Vertragspartner verlangt. Schriftform ist nicht erforderlich, wenn auch aus Beweisgründen dringend zu empfehlen.

C. Sonstige Fristen

I. Baufristenpläne

Neben den Ausführungsfristen und Einzelfristen als Vertragsfristen kommen auch **sonstige Fristen** bei der Vergabe von Bauarbeiten nach der VOB vor. Erwähnt sind schon die Einzelfristen in den Bauzeitenplänen, soweit sie nicht durch Vereinbarung zu Vertragsfristen erklärt worden sind. Weitere Fristen finden sich in den in der VOB nicht besonders genannten »**Baufristenplänen**« (vgl. *Hereth/Naschold* Teil A § 11 Ez. 11.18). Einen solchen Plan wird der sorgfältige Auftragnehmer, insbesondere bei großen, umfangreichen Arbeiten für seinen **inneren Betrieb aufstellen,** um eine **innerbetriebliche Selbstkontrolle** über den Fortgang der Bauausführung zu erhalten (vgl. Beck'scher VOB-Komm./*Motzke* § 11 VOB/A Rn. 40: »Unternehmerablaufplan«). Er wird als Balkenplan, Linienplan oder Netzplan aufgestellt. Im Baufristenplan enthaltene Fristen werden nicht ohne weiteres »Vertragsfristen«; auch wenn der Plan dem Auftraggeber zugänglich gemacht wird und sich der Ablauf der Arbeiten danach richten soll. Hierzu bedarf es einer **ausdrücklichen Vereinbarung** wie bei den Einzelfristen.

18

II. Baufortschrittspläne

Die so genannten **Baufortschrittspläne,** die ebenfalls in der VOB nicht besonders hervorgehoben sind, stellen gegenüber dem »Soll« im Bauzeitenplan des Auftraggebers und im Baufristenplan des Auftragnehmers den »Ist-Zustand« im Fortschritt des Bauvorhabens dar, weswegen auch häufig von **Soll- und Ist-Vergleich** gesprochen wird. Der Baufortschrittsplan muss nicht gesondert aufgestellt werden, sondern er entsteht regelmäßig durch Eintragung der **wirklichen** Ausführungszeiten auf dem Bauzeitenplan des Auftraggebers oder auf dem Baufristenplan des Auftragnehmers. Für die Dokumentation von Behinderungssituationen hat es eine hervorzuhebende Bedeutung (vgl. § 6 Nr. 4 Rn. 3, Nr. 6 Rn. 27, 40).

19

III. Rechtliche Bedeutung der Nichtvertragsfristen

Alle **nicht** als **Vertragsfristen** anzusehenden Fristen sind zwar zunächst **nicht** mit der Rechtsfolge der Vertragsfristen (Verzug, Kündigung, Schadensersatz, Vertragsstrafe usw.) ausgestattet. Andererseits sind sie auch **nicht ohne Bedeutung.** Sie geben einen Überblick über den zeitlichen Ablauf der Bauausführung; der Auftragnehmer ist gehalten, **auch diese Fristen zu beachten.** Missachtet der Auftragnehmer diese Fristen, kann der Auftraggeber bereits während der Bauausführung erkennen, dass die Ausführungsfrist nicht eingehalten werden wird. Er kann so frühzeitig seine Ansprüche, die ihm aus der Verletzung der Ausführungsfrist erwachsen, vorbereiten, oder Abhilfe versuchen, etwa durch eine Aufforderung an den Auftragnehmer nach **§ 5 Nr. 3 VOB/B.** Auch hier können ihm Ansprüche gegen den Auftragnehmer zustehen, wie z.B. unter den Voraussetzungen von § 5 Nr. 4 VOB/B, nach § 6 Nr. 6 VOB/B, gar nach § 8 Nr. 3 VOB/B oder nach entsprechender Mahnung aus den §§ 280, 286 BGB.

20

D. Pauschalierter Verzugsschaden (§ 11 Nr. 4 VOB/A)

I. Allgemeines

21 Durch § 11 Nr. 4 VOB/A ist es dem Auftraggeber gestattet, in den Verdingungsunterlagen eine Pauschalierung des Verzugsschadens vorzusehen bzw. festzulegen, wobei die Pauschale 5% der Auftragssumme nicht übersteigen soll. Außerdem ist der Nachweis eines geringeren Schadens durch den späteren Auftragnehmer zuzulassen.

22 Diese Regelung befasst sich nur mit der **Pauschalierung des Verzugsschadens**, wie der Hinweis auf **§ 5 Nr. 4 VOB/B** deutlich ausweist. Erfasst sind Ansprüche des Auftraggebers wegen nicht ordnungsgemäßer Einhaltung von verbindlichen vertraglichen Fristen. Genau genommen handelt es sich hierbei um einen **Schadensersatzanspruch** des Auftraggebers gegen den Auftragnehmer nach **§ 6 Nr. 6 VOB/B,** bei dem, außer bei vorsätzlichem oder grob fahrlässigem Handeln, also bei so genanntem »normalen« Verschulden des Auftragnehmers (leichter Fahrlässigkeit) der Schadensersatz ohne entgangenen Gewinn gewährt wird.

23 Die Schadenspauschale betrifft Schäden des Auftraggebers wegen nicht zeitgerechter Erfüllung durch den Auftragnehmer. Sie unterscheidet sich deshalb von einer Vertragsstrafereglung. Wesentlich ist für die Pauschale des Schadensersatzanspruches aus Verzug, dass er einen **tatsächlich eingetretenen Schaden voraussetzt,** den der Auftraggeber im konkreten Fall als solchen darzulegen und zu beweisen hat. Ihm obliegt also nicht nur der Nachweis des Verzugseintritts, sondern darüber hinaus der eines Schadens, wobei er – und das ist Sinn der Schadenspauschale – die **genaue Schadenshöhe nicht beweisen muss.** Des Weiteren ist zu beachten, dass die Regelung des § 343 BGB auf die hier angesprochene Schadenspauschale keine Anwendung findet, vielmehr bei Individualvereinbarungen die Grenze bei § 138 BGB liegt (BGH Urt. v. 8.10.1969 VIII 2 R 20/68 = NJW 1970, 29, 32; a.A. *Palandt/Heinrichs* § 343 BGB Rn. 2).

1. Unbedingte Beachtung von Bestimmungen des AGB-Rechts

24 Da es sich um eine Vergaberegelung für Bauvergaben des öffentlichen Auftraggebers handelt, erfasst sie in erster Linie diejenigen Fälle, in denen das Verlangen auf einen pauschalen Schadensersatz in ZVB oder anderen Allgemeinen Geschäftsbedingungen als Verdingungsunterlage auftaucht. Dann sind aber die Vorschriften des **materiellen Rechts der AGB,** hier des **§ 309 Nr. 5,** evtl. auch **§ 308 Nr. 7 BGB unbedingt zu beachten.** (siehe auch *Ulmer/Brandner/Hensen* § 11 Nr. 5 Rn. 9 ff.; *Wolf/Horn/Lindacher* § 11 Nr. 5 Rn. 3 ff.)

2. Zwei Voraussetzungen bei § 309 Nr. 5 BGB

25 Nach **§ 309 Nr. 5 BGB** müssen **zwei Voraussetzungen** gegeben sein, damit Vereinbarungen dieser Art wirksam sind. Einmal darf die Pauschale in den geregelten Fällen den nach dem **gewöhnlichen Lauf der Dinge zu erwartenden Schaden** oder die **gewöhnlich eintretende Wertminderung nicht übersteigen.** Dabei ergreift die erste Alternative den hier in Rede stehenden Verzugsschaden (u.a. *Ulmer/Brandner/Hensen* § 11 Nr. 5 Rn. 10 ff.). Insofern kommt es auf den branchentypischen Durchschnittsschaden an. Maßgeblich ist der Verzugsschaden der Auftraggeberseite, für den man kaum einen Durchschnittswert wird festlegen können. So hängt die Höhe des Verzugsschadens zum einen von der Dauer der Verzögerung ab, zum anderen von der beabsichtigten späteren Nutzung der zu errichtenden baulichen Anlage. Es muss also in jedem Einzelfall überlegt werden, wie hoch der voraussichtliche Schaden bei welcher Verzögerung sein kann, woraus dann für eine akzeptable Pauschalierung ein Mittelwert gebildet werden muss, wobei die Mehrwertsteuer mangels Entgelt für eine Leistung außer Betracht zu bleiben hat. Der in § 11 Nr. 4 VOB/A genannte Prozentsatz beschreibt keinen **generell** bei Bauvorhaben gültigen durchschnittlichen Verzugsschaden von 5% der Auftragssumme. Erforderlich ist eine **Einzelfallbetrachtung.** Die Regelung der § 11 Nr. 4

VOB/A ist als **Warnung** aufzufassen und so zu verstehen, dass die Festlegung von mehr als 5% nur in besonders begründeten Einzelfällen berechtigt sein kann, die einer sorgfältigen Überlegung bedürfen. In den Hinweisen zu den Allgemeinen Bestimmungen für die Vergabe von Bauleistungen – VOB/A, DIN 1960 Ausgabe 1992 – ist zur Pauschalierung des Verzugsschadens ausgeführt:

»*Die Pauschalierung des Verzugsschadens soll in den Fällen vereinbart werden, in denen die branchenüblichen Allgemeinen Geschäftsbedingungen des jeweiligen Fachbereiches eine Begrenzung des Verzugsschadens der Höhe nach vorsehen. Derartige Allgemeine Geschäftsbedingungen gibt es z.B. in der elektrotechnischen Industrie und im Bereich des Maschinen- und Anlagenbaus.*«

[»*kann ... vereinbart werden*« *gemäß der wortgleichen, seit 1993 unveränderten Fassung des VHB zu § 11 VOB/A Nr. 3*].

Daraus ist zumindest die Empfehlung zu folgern, nur dort überhaupt im Rahmen von Allgemeinen Geschäftsbedingungen einen pauschalierten Schadensersatz vorzusehen, wo dies in der betreffenden Branche der Unternehmerseite abverlangt wird.

Auch wenn pauschalierte Verzugsschadensansprüche sich in dem vorangehend fixierten Rahmen bewegen, muss für deren Wirksamkeit nach § **309 Nr. 5b BGB** noch hinzukommen, dass dem anderen Vertragsteil **nicht der Nachweis abgeschnitten** wird, im betreffenden Fall sei auf der Auftraggeberseite **kein Schaden entstanden,** oder der **Schaden** sei **wesentlich niedriger** als die festgelegte Pauschale. Dies ist eine **zwingende weitere Voraussetzung,** die nicht alternativ, sondern kumulativ im Rahmen einer derartigen Klausel erforderlich ist. Dem späteren Auftragnehmer ist die Möglichkeit offen zu halten, seinerseits darzulegen und zu beweisen, dass der entstandene Schaden in seiner Höhe niedriger ist, die Höhe der Pauschale nicht erreicht wird, und wie hoch er tatsächlich ist. Dabei ist **§ 11 Nr. 4 S. 2 VOB/A enger gefasst, als § 309 Nr. 5b BGB es fordert.** Dort kommt es auf den Nachweis eines wesentlich geringeren Schadens an, während hier **nur** die Zulassung des **Nachweises eines geringeren Schadens** verlangt wird. Die Diskussion zur Wesentlichkeit nach § 309 Nr. 5b BGB, im Allgemeinen 10% Differenz zur Pauschale (vgl. hierzu *Ulmer/Brandner/Hensen* § 11 Nr. 5 Rn. 23; *Palandt/Heinrichs* § 309 BGB Rn. 31), entfällt somit. **26**

Die zur Schadenspauschale angeführten Gesichtspunkte gelten grundsätzlich nach §§ 310 Abs. 1, 307 BGB **auch für den kaufmännischen Verkehr,** allerdings in einem **geringeren Maße,** wie sich aus den hier maßgebenden Grundsätzen des § 307 BGB ergibt. **27**

3. Berechnung nach Auftragssumme

Schließlich wird gem. § 11 Nr. 4 VOB/A die Schadenspauschale – also der hier genannte Betrag von 5% – nach der **Auftragssumme bemessen.** Dabei kommt es grundsätzlich auf diejenige Summe an, die bei **Vertragsabschluss** als Vergütung des Auftragnehmers festgelegt worden ist, was bei **Pauschalverträgen** keine Schwierigkeiten bereitet. Bei **Einheitspreisen** muss zwangsläufig die **beim Vertragsabschluss maßgebende Angebotsendsumme** ausschlaggebend sein, die bei der rechnerischen Prüfung nach § 23 VOB/A errechnet wurde, obwohl dieser Endpreis kein endgültiger und nicht die wirkliche Auftragssumme ist. Am schwierigsten ist die Festlegung einer Auftragssumme bei **Stundenlöhnen,** weil eine solche beim Abschluss des Vertrages kaum festzustellen ist. Daher bleibt für eine wirksame Vereinbarung von Schadenspauschalen bei Verzugsschäden im Bereich von Stundenlohnarbeiten nur übrig, dass bei Vertragsabschluss oder bereits in den Verdingungsunterlagen eine Auftragssumme angenommen und zur Grundlage für die Schadenspauschale gemacht wird. Geschieht dies nicht, ist keine wirksam vereinbarte Schadenspauschalierung vorhanden (vgl. § 154 Abs. 1 BGB). **28**

II. Schadenspauschale bei Kündigung

Denkbar ist, dass sich der Auftraggeber eine Verzugsschadenspauschale auch oder nur für den Fall vorbehält, dass er den **Vertrag wegen schuldhafter Leistungsverzögerung des Auftragnehmers** **29**

kündigt, was unter den Voraussetzungen von § 5 Nr. 4 VOB/B in Verbindung mit § 8 Nr. 3 VOB/B möglich ist (a.A. *Langen* in *Kapellmann/Messerschmidt* § 11 VOB/A Rn. 61; Beck'scher VOB-Komm./*Motzke* § 11 VOB/A Rn. 122). Bei Schadenspauschalen für derartige Fälle ist nach § 308 Nr. 7b BGB zu beachten, dass **kein unzulässiger Aufwendungsersatz** (jetzt erhöhte Baukosten, Nutzungsausfall) in einer Pauschale festgelegt wird. Hier darf die Höhe der Pauschale die im typischen Anwendungsfall entstehenden erforderlichen vertragsbedingten Aufwendungen des Verwenders nicht überschreiten; sie muss auch etwaige Vorteile der vorzeitigen Vertragsbeendigung, namentlich ersparte Auslagen, angemessen in Rechnung stellen und darf dem Vertragspartner (Auftragnehmer) den Gegenbeweis, dass keine oder geringere Aufwendungen entstanden sind, nicht abschneiden (vgl. *Ulmer/Brandner/Hensen* § 10 Nr. 7 Rn. 19). Im Übrigen kann AGB-rechtlich die Beurteilung nach § 309 Nr. 5, Nr. 7b oder Nr. 8a BGB oder nach beiden Bestimmungen erfolgen, da die eine die andere nicht ausschließt. Für das im Rahmen der AGB-Kontrolle maßgebliche gesetzliche Leitbild ist jetzt auf § 648a Abs. 5 BGB n.F. hinzuweisen. Im Falle der Vertragsbeendigung wegen nicht gestellter Sicherheit wird ein Schaden von 5% der Vergütung vermutet.

§ 12
Vertragsstrafen und Beschleunigungsvergütungen

1. Vertragsstrafen für die Überschreitung von Vertragsfristen sind nur auszubedingen, wenn die Überschreitung erhebliche Nachteile verursachen kann. Die Strafe ist in angemessenen Grenzen zu halten.
2. Beschleunigungsvergütungen (Prämien) sind nur vorzusehen, wenn die Fertigstellung vor Ablauf der Vertragsfristen erhebliche Vorteile bringt.

Inhaltsübersicht   Rn.

A. Allgemeines.. 1
B. Vertragsstrafen (§ 12 Nr. 1 VOB/A) 2
   I. Überblick... 2
   II. Voraussetzung: Wirksame Vereinbarung.. 6
     1. Abhängigkeit von Wirksamkeit der Hauptverbindlichkeit.................. 6
     2. Mögliche Unwirksamkeit des Strafversprechens selbst; AGB-Recht 7
   III. Inhalt der Vertragsstrafen
     1. Weitgehende Möglichkeit der Vereinbarung von Vertragsstrafen......... 9
     2. Eindeutige Vereinbarung einer Vermögensleistung und deren Fälligkeit . 12
   IV. Vereinbarung nur bei Drohen erheblicher Nachteile 14
   V. Die Höhe der Strafe 15
     1. Angemessene Grenzen; notfalls Herabsetzung............................. 15
     2. Grenzen im Bereich des AGB-Rechts 16
     3. Weitere Rechtspunkte für AGB-rechtliche Zulässigkeit 19
     4. Bestimmung der Höhe durch Berechtigten oder Dritten.................. 21
C. Beschleunigungsvergütungen, Prämien (§ 12 Nr. 2 VOB/A) 22
   I. Bedeutung... 22
   II. Ausnahmefall... 23
   III. Vereinbarungen der Parteien maßgebend 24

Aufsätze: *Weyer* Verteidigungsmöglichkeiten des Unternehmers gegenüber einer unangemessen hohen Vertragsstrafe BauR 1988, 28; *Schlünder* Vertragsstrafen-Klauseln in Bauverträgen ZfBR 1995, 281; *Cuypers* Die Vertragsstrafe beim Bauen ZfBR 1998, 272; *Kemper* Die Vereinbarung von Vertragsstrafen bei Fristüberschreitung in Allgemeinen Geschäftsbedingungen BauR 2001, 1015; *Leinemann* Vertragsstrafe – Der einzig sichere Weg zum Gewinn am Bau? BauR 2001, 472; *Kesselring* Der Einfluss des AGB-Gesetzes auf das private Baurecht – Ein Rückblick auf 25 Jahre Rechtsentwicklung, FS Jagenburg 2002 S. 327; *Vogel* Absicherung der gewerblichen Unternehmerhaftung gem. § 1a AEntG BauR 2002, 1013; *Kreikenbohm* Nachträge und Vertragsstrafe BauR 2003, 315; *Lau* Die Vertragsstrafenabrede in BGB-Werkverträgen und VOB-Bauverträgen – Ein stumpfes Schwert? Jahrbuch Baurecht 2003 S. 55; *Roquette/Laumann* AGB-Vertragsstrafen dürfen 5% der Auftragssumme nicht überschreiten – Vertrauensschutz für Altfälle orientiert sich an der Auftragssumme BauR 2003, 1271; *Wolter* Neue Obergrenze für Vertragsstrafe in AGB BauR 2003, 1274; *Siegburg* Zur strafbewehrten Tariftreueerklärung des Bundes BauR 2004, 421; *Pauly* Zur Problematik des Vertrauensschutzgrenze bei alten Bauvertragsstrafenklauseln BauR 2005, 1229; siehe auch eingangs § 11 VOB/B.

A. Allgemeines

§ 12 VOB/A beschreibt Vorgaben für die Vereinbarung von Vertragsstrafen (Nr. 1) und so genannten **1** Beschleunigungsvergütungen (Nr. 2). Beide Versprechen bedürfen ausdrücklicher vertraglicher Regelungen (vgl. § 11 Nr. 1 VOB/B) im Bauvertrag. Vor diesem Hintergrund definiert der vergaberechtliche Teil A der VOB für den öffentlichen Auftraggeber Richtlinien, nach denen die Vereinbarung von Vertragsstrafen und/oder Beschleunigungsvergütungen allgemeiner Auffassung entsprechend gerechtfertigt ist oder nicht. Vertragsstrafenklauseln unterliegen regelmäßig als Allgemeine Geschäftsbedingungen der Kontrolle anhand des materiellen Rechts der Allgemeinen Geschäftsbedingungen.

B. Vertragsstrafen (§ 12 Nr. 1 VOB/A)

I. Überblick

Die Vertragsstrafe hat den Zweck, den Schuldner zur Vertragstreue anzuhalten, ihn vor Vertragsverletzungen abzuschrecken und dem Gläubiger die damit zusammenhängende Schadloshaltung zu erleichtern, ihm nämlich den Nachweis des entstandenen Schadens im Einzelfall zu ersparen (BGH Urt. v. 18.11.1983 VII ZR 305/81 BGHZ 85, 305 = BauR 1983, 80; BGH Urt. v. 23.6.1988 VII ZR 117/87 BauR 1988, 588; BGH Urt. v. 20.1.2000 VII ZR 46/98 BauR 2000, 1049 = NJW 2000, 2106). **2**

Es handelt sich um eine zwischen den Vertragschließenden **gesondert vereinbarte** (die bloße Vereinbarung der VOB genügt also nicht), vom eigentlichen Leistungsinhalt im Sinne der Erstellung der Bauleistung losgelöste **Zahlung**, die im Falle des Eintritts der dafür maßgebenden Voraussetzungen vom Auftragnehmer zu leisten ist oder vom Vergütungsanspruch des Auftragnehmers, ggf. im Wege der Aufrechnung, abgezogen oder vor dem Gericht als Forderung eingeklagt werden muss, wenn ihre freiwillige Leistung verweigert wird. Die Vertragsstrafe dient **vornehmlich als Druckmittel, den Auftragnehmer zur fristgerechten Erfüllung seiner Verpflichtungen anzuhalten**. Dies entspricht auch der allgemeinen bauvertraglichen Praxis. **3**

Anstelle einer Vertragsstrafe kann in **Besonderen oder Zusätzlichen Vertragsbedingungen** für den Fall der Nichterfüllung vertraglicher oder vorvertraglicher Pflichten selbstverständlich auch eine **Schadenspauschale** vereinbart werden. Der entscheidende Unterschied zwischen beiden besteht darin, dass bei der Vertragsstrafe dem Auftraggeber kein Schaden entstanden sein muss, andererseits bei der Schadenspauschale eine spätere Herabsetzung nach § 343 BGB nicht in Betracht kommt; weshalb hier die Grenze grundsätzlich nur bei § 138 BGB zu ziehen ist (BGH Urt. v. 8.10.1969 VIII ZR 20/68 = NJW 1970, 29, 32; a.A. *Palandt/Heinrichs* Kommentar § 343 BGB Rn. 2; vgl. oben VOB/A § 11 Rn. 21 ff.). **4**

Von Vertragsstrafen zu unterscheiden sind auch so genannte **Verfallklauseln** (zur Abgrenzung vgl. *Bschorr/Zanner* S. 17 ff.; Beck'scher VOB-Komm./*Motzke* § 11 VOB/A Rn. 23 ff.). Durch sie verliert **5**

der Schuldner bei Nichterfüllung oder nichtgehöriger Erfüllung eigene Rechte, ohne dass der Gläubiger solche gewinnt. Sie betreffen keine von der Hauptverpflichtung zu unterscheidende Leistung. Falls der Wegfall oder die Beschränkung von Ansprüchen durch eine Verfallklausel vereinbart ist und die dafür maßgebenden Voraussetzungen eingetreten sind, tritt der Wegfall oder die Beschränkung ohne weiteres ein. Auf eine zwischen den Vertragspartnern abgesprochene Verfallklausel können die §§ 339 ff. BGB entsprechend angewendet werden (BGH Urt. v. 4.11.1982 VII ZR 11/82 BauR 1983, 77 = SFH § 123 BGB Nr. 4; ebenso *Knacke* Die Vertragsstrafe im Baurecht S. 13; Beck'scher VOB-Komm./*Bewersdorf* Vor § 11 VOB/B Rn. 17).

II. Voraussetzung: Wirksame Vereinbarung

1. Abhängigkeit von Wirksamkeit der Hauptverbindlichkeit

6 Die **Vertragsstrafe** wird meist im **Bauvertrag vereinbart.** Sie kann auch im Wege einer gesonderten Abmachung und zu einem späteren Zeitpunkt zwischen den Vertragschließenden festgelegt werden. Sie kann sich ferner aus dem Zusammenhang mehrerer Vertragsunterlagen ergeben, sofern dies klar erkennbar und inhaltlich eindeutig sowie zweifelsfrei ist (vgl. dazu OLG Düsseldorf BauR 1982, 582; SFH § 11 VOB/B Nr. 7). Eine **Form** ist grundsätzlich **nicht** vorgeschrieben; bedarf jedoch die Hauptverbindlichkeit einer vorgeschriebenen Form, so gilt auch für die Strafvereinbarung die gleiche Formvorschrift (ebenso *Knacke* S. 13 f. m.w.N.; a.A. Beck'scher VOB-Komm./*Bewersdorf* § 11 Nr. 1 VOB/B Rn. 6; *Bschorr/Zanner* S. 11, 76 ff.). **Voraussetzung** für das Wirksamwerden einer Strafbestimmung ist, dass die **Hauptverbindlichkeit rechtswirksam begründet worden ist (§ 344 BGB);** sie ist also **akzessorisch.** Ist die Hauptverpflichtung (z.B. die Verpflichtung zur Bauausführung überhaupt) oder die Vereinbarung über die Bauzeit nicht wirksam oder von Anfang an wegen fehlender Willensübereinstimmung überhaupt nicht wirksam zustande gekommen ist (vgl. auch die §§ 154, 155 BGB), dann entfällt zugleich auch die vereinbarte Vertragsstrafe (ebenso Beck'scher VOB-Komm./*Motzke* § 11 VOB/A Rn. 83, auch im Fall einer dauernden Einrede, z.B. Verjährungseinrede). Voraussetzung für die wirksame Vereinbarung einer Vertragsstrafe ist nicht zuletzt, dass in der betreffenden Vertragsbestimmung auch **ohne jeden Zweifel** der Wille der Vertragspartner zur Absprache einer Vertragsstrafe zum Ausdruck kommt (vgl. auch BGH Urt. v. 8.2.2001 VII ZR 427/98 BauR 2001, 945 = NJW 2001, 1346 bzgl. einer Vertragsstrafe für Einzel- und Gesamtfristen).

2. Mögliche Unwirksamkeit des Strafversprechens selbst; AGB-Recht

7 Das Strafversprechen kann auch für sich allein nichtig oder unwirksam sein oder angefochten werden, z.B. weil es gegen ein gesetzliches Verbot verstößt, weil es sittenwidrig oder wegen Willensmangels nicht rechtmäßig zustande gekommen ist. Dabei ist vor allem auch auf die Verbotsnorm in **§ 309 Nr. 6 BGB** hinzuweisen (vgl. dazu *Ulmer/Brandner/Hensen* § 11 Nr. 6 Rn. 5 ff.; *Wolf/Horn/Lindacher* § 11 Nr. 6 Rn. 10 ff.). Die Hauptverbindlichkeit kann in einem solchen Fall rechtswirksam bestehen bleiben, sofern sich dieses im Einzelfall im Wege der Auslegung nach § 139 BGB rechtfertigen lässt; bei Anwendung des **AGB-Rechts** ist § **306 BGB** zu beachten.

8 Hinsichtlich der von § 12 VOB/A nicht **ausdrücklich** erfassten Vertragsstrafe wegen Nichterfüllung gilt: Durch Allgemeine Geschäftsbedingungen und Formularverträge – also insbesondere auch durch Zusätzliche Vertragsbedingungen – kann die Verpflichtung des Gläubigers, auf seinen Schadensersatzanspruch wegen Nichterfüllung die aus diesem Grund verwirkte Vertragsstrafe anzurechnen (vgl. § 340 Abs. 2 BGB), nicht abbedungen werden (BGH Urt. v. 21.11.1991 I ZR 87, 90 = BB 1992, 307; OLG Karlsruhe BB 1980, 600 – zu § 341 Abs. 3 BGB). **Gleiches** gilt aber auch für eine **Vertragsstrafe wegen nicht gehöriger Erfüllung,** wie schon die Verweisung des § 341 Abs. 2 auf § 340 Abs. 2 BGB zeigt. So ist eine Allgemeine Geschäftsbedingung, die neben Schadensersatzansprüchen eine gesondert vereinbarte Vertragsstrafe regelt, nach § 307 Abs. 2 Nr. 1 BGB unwirksam (OLG Düsseldorf BauR 2003, 94; ebenso *Franke/Kemper/Zanner/Grünhagen* § 11 VOB/B Rn. 10).

III. Inhalt der Vertragsstrafen

1. Weitgehende Möglichkeit der Vereinbarung von Vertragsstrafen

Die VOB spricht in § 12 Nr. 1 VOB/A nur von **Vertragsstrafen für die Überschreitung von Vertragsfristen** (vgl. dazu § 5 VOB/B) und damit über den in der Praxis des Bauvertragswesens am häufigsten vorkommenden Fall nicht gehöriger Erfüllung. Es können aber für vielfältige Fallgestaltungen Vertragsstrafen vereinbart werden, wie z.B. **Nichterfüllung, teilweise Nichterfüllung, anderweitige nicht gehörige Erfüllung, sonst verspätete Erfüllung**, wobei auch **Nebenpflichten** einer Vertragsstrafe zugänglich sind (so OLG Jena MDR 1999, 993, für die Pflicht zur Erstellung einer Schlussrechnung; dies ablehnend: *Leinemann/Hafkesbrink* § 11 VOB/B Rn. 39 f. Fn. 132; vgl. auch *Vogel* BauR 2002, 1013, für die Absicherung des Risikos aus § 1a AEntG; *Leinemann* BauR 2001, 1472, 1474 f.; *Franke/Kemper/Zanner/Grünhagen* § 11 VOB/B Rn. 15 sowie *Siegburg* BauR 2004, 421: Vertragsstrafe wegen Verstoßes gegen den Tarifvertrag). 9

Denkbar ist auch die Festlegung einer »**Vertragsstrafe« für den Bereich des Bauvergabeverfahrens** selbst, falls sich Bieter grober Pflichtverletzungen während des Vergabeverfahrens schuldig machen, sich z.B. aus Anlass der Vergabe an **Preisabsprachen** beteiligt. Dabei ist jedoch zu beachten, dass sich eine in Ausschreibungsbedingungen enthaltene Klausel **im Bereich des § 307 BGB** bewegt. Neben der Überschreitung eines noch zulässigen Rahmens ist zu berücksichtigen, ob die Strafe auch bei Nichterhalt des Auftrags oder bei Aufhebung der Ausschreibung fällig wird, und so dem Auftraggeber einen nicht berechtigten Vorteil beschert. Von Bedeutung ist auch eine marktbeherrschende oder monopolartige Stellung des Auftraggebers (vgl. dazu OLG Frankfurt BauR 1987, 324 = NJW-RR 1986, 895). Allerdings wird man mit dem BGH in diesem Fall eher von einem Garantieversprechen oder einer diesem ähnlichen Erklärung ausgehen müssen, sofern durch die betreffende Klausel ein nicht in der Zukunft, sondern in der Vergangenheit liegendes Verhalten der Bieter erfasst werden soll (BGH Urt. v. 23.6.1988 VII ZR 117/87 BGHZ 105, 24 = SFH § 9 AGBG Nr. 38 = BauR 1988, 588). Anders dann, wenn die Klausel in der Zukunft liegende Preisabsprachen absichern soll; insoweit dürfte die Einordnung als Vertragsstrafe durchaus anzunehmen sein. 10

Möglich ist es auch, in AGB des Auftraggebers für den Fall unzulässiger Preisabsprachen der Bieter im Vergabeverfahren nicht eine Vertragsstrafe, sondern **einen pauschalen Schadensersatzanspruch** (z.B. in Höhe von 3% der Auftragssumme) festzulegen (vgl. dazu BGH Urt. v. 21.12.1995 VII ZR 286/94 BauR 1996, 384; LG Berlin BauR 1996, 245).

Nach einer Entscheidung des KG (BauR 2001, 1101 mit Anm. *Leinemann*) ist eine Klausel, die eine Strafe in Höhe von 3% des Auftragswertes für den nicht genehmigten Nachunternehmereinsatz vorsieht, wegen Verstoßes gegen § 307 BGB unwirksam, wenn sie verschuldensunabhängig formuliert ist. Zudem sei die Höhe unangemessen hoch als auch eine solche Klausel überraschend i.S.d. § 305c BGB. 11

2. Eindeutige Vereinbarung einer Vermögensleistung und deren Fälligkeit

Die **vereinbarte Strafe** muss in einer **Vermögensleistung** bestehen, die **neben der Hauptverbindlichkeit** zu leisten ist. Regelmäßig wird die Zahlung einer bestimmten **Geldsumme** vereinbart, wobei es üblich und auch zulässig ist, die Vertragsstrafe durch einen Teilbetrag der Auftragssumme oder der Abrechnungssumme auszubedingen. Zumindest beim Pauschalpreisvertrag scheitert der Anspruch auf die Vertragsstrafe nicht an der fehlenden Schlussrechnung, da der Pauschalpreis und damit die Rechnungssumme von vornherein fest stehen (OLG Düsseldorf BauR 2001, 1737). Ebenso häufig ist die Vereinbarung eines bestimmten Betrages, der in festgelegten Zeiträumen immer wieder anfällt (wie z.B. 100 € je Arbeitstag). Auch andere Vermögensleistungen, z.B. zusätzliche Arbeitsstunden oder Lieferung eines bestimmten Gegenstandes, können Gegenstand der Vertragsstrafenregelung sein. 12

13 Es muss genau festgelegt werden, **unter welchen Voraussetzungen** bzw. zu welchem Zeitpunkt die **Vertragsstrafe fällig ist.** Dazu reicht noch nicht allein eine Vertragsbestimmung, dass die Leistung bis zu einem bestimmten Zeitpunkt fertig gestellt sein »soll« (vgl. OLG Düsseldorf BauR 1982, 582 = SFH § 11 VOB/B Nr. 7). Grundsätzlich ist **Verzug des Versprechenden** erforderlich. Gerade auch hier gilt das Gebot der inhaltlichen Klarheit und Vollständigkeit der vertraglichen Vertragsstrafenregelung; besonders trifft dies im Hinblick auf in **Allgemeinen Geschäftsbedingungen** enthaltene, die VOB (§ 11 VOB/B) ergänzende Bestimmungen zu. Eine Vertragsstrafenabrede in AGB ist grundsätzlich wirksam. Sie ist auch nicht überraschend, da in Bauverträgen eine Vertragsstrafe vornehmlich für den Fall der Überschreitung der Bauzeit nicht unüblich ist (BGH Urt. v. 18.11.1982 VII ZR 305/81 BGHZ 85, 305 = BauR 1983, 80 = SFH § 341 BGB Nr. 4). Sind in Vertragsstrafenklauseln jedoch gesetzesfremde Inhalte (»Verschuldensunabhängigkeit«, »fehlende Bestimmung zur Strafhöhe«) enthalten, liegt bei diesen Einzelbestimmungen ein Verstoß gegen das AGB-Recht vor, es sei denn, dieser gesetzesfremde Kern der Klausel ist individuell ausgehandelt (BGH Urt. v. 16.7.1998 VII ZR 9/97 BauR 1998, 1094 = SFH § 1 AGB-Gesetz Nr. 10 = NJW 1998, 3488). Klauseln, die eine verschuldensunabhängige Vertragsstrafe vorsehen (z.B. bei Überschreitung der Fertigstellungstermine), sind wegen Verstoßes gegen §§ 307, 309 Nr. 6 BGB unwirksam. Ist in diesem Fall jedoch die VOB/B vereinbart, greift ergänzend die ein Verschulden verlangende Bestimmung des § 11 Nr. 2 VOB/B, so dass insgesamt eine verschuldensabhängige Regelung vorliegt (BGH Urt. v. 8.7.2004 VII ZR 231/03 BauR 2004, 1611; Thüringer OLG BauR 2004, 1456; »gleichrangige Ergänzung« nach OLG Düsseldorf IBR 2005, 8 [*Oberhauser*]; BGH Urt. v. 13.12.2001 VII ZR 432/00 BauR 2002, 782; BGH Urt. v. 7.3.2002 VII ZR 41/01 BauR 2002, 1086 = NJW 2002, 2322 = NZBau 2002, 383: mit Vereinbarung der VOB/B ist eine verschuldensabhängige Vertragsstrafe vereinbart, auch wenn die Klausel verschuldensfrei formuliert ist). Nach BGH (Urt. v. 12.10.1978 VII ZR 139/75 BGHZ 72, 222 = BauR 1979, 56 = SFH § 341 BGB Nr. 1) ist es dagegen zulässig, in Bauverträgen abweichend von § 341 Abs. 3 BGB durch AGB zu vereinbaren, dass der Vorbehalt der Vertragsstrafe nicht schon bei Abnahme erklärt werden muss, sondern dass er noch bis zur Schlusszahlung geltend gemacht werden kann (vgl. BGH Urt. v. 23.1.2003 VII ZR 210/01 BauR 2003, 870).

IV. Vereinbarung nur bei Drohen erheblicher Nachteile

14 Die VOB geht – für den **öffentlichen Auftraggeber zwingend** – davon aus, dass von Vertragsstrafen nur Gebrauch gemacht wird, wenn die Nichteinhaltung der unter Vertragsstrafe gestellten Verpflichtung **erhebliche Nachteile** verursacht. Die Berechtigung einer solchen Vereinbarung muss im Zweifelsfalle vom Auftraggeber dargelegt und ggf. bewiesen werden. Insofern kommt es auf die Nachteile und deren Ausmaß an, die im Einzelfall bei verzögerter Fertigstellung voraussichtlich entstehen. Nach BGH (Urt. v. 30.3.2006 VII ZR 44/05 BauR 2006, 1128) nimmt aber ein Verstoß gegen § 12 VOB/A der vereinbarten Vertragsstrafe nicht ihre materiell-rechtliche Wirksamkeit. Eine Berufung auf Treu und Glauben ist möglich, allerdings muss der Auftragnehmer die rechtfertigenden Gründe im Einzelfall darlegen (siehe auch KG IBR 2003, 124 [*Oberhauser*]; Beck'scher VOB-Komm./*Motzke* § 11 VOB/A Rn. 11, 44, der den Rückgriff auf § 12 VOB/A zur Beurteilung der Wirksamkeit der Vertragsstrafeklausel ablehnt; ebenso *Langen* in *Kapellmann/Messerschmidt* § 12 VOB/A Rn. 8, der aber bei Vergaben oberhalb der Schwellenwerte bieterschützenden Charakter der Norm bejaht; OLG Brandenburg NZBau 2000, 39; OLG Saarbrücken BauR 2001, 1109: Unwirksamkeit einer auf 12% der Auftragssumme begrenzten Vertragsstrafe der öffentlichen Hand; vgl. dazu auch VHB zu § 12 VOB/A Nr. 1 Abs. 2; a.A. OLG Jena Urt. v. 22.10.1996 8 U 474/96, wonach der öffentliche Auftraggeber aus Treu und Glauben gehindert ist, sich auf seine Vertragsstrafenregelung zu berufen, wenn ihm durch die Fristüberschreitung kein erheblicher Nachteil entstanden ist; BGH Beschl. v. 19.2.1998 VII ZR 354/96 BauR 2001, 1446 [Revision nicht angenommen]). Dieser Grundsatz muss aber auch für die sonstigen Vertragsstrafen gelten, weil § 12 VOB/A trotz seines einengenden Textes im Grundsatz für alle Arten von Vertragsstrafen gelten dürfte, die im Rahmen von Bauvergaben öffentlicher Auftraggeber vereinbart werden sollen. Nicht zulässig ist es also, jede Verpflichtung des Auftragnehmers des Bauvertrages mit einer Vertragsstrafe zu sichern. Sie dient nicht der Schöpfung neuer, vom Sachinteresse des Auftraggebers losgelöster Geldforderungen (vgl. BGH Urt. v. 18.11.1982 VII ZR 305/81 BGHZ 85, 305 = BauR 1983, 80; OLG Hamm BauR 1997, 661). Zudem ist zu berücksichtigen, dass die Bieter im Allgemeinen bei der Vereinbarung einer Vertragsstrafe die damit verbundene Erhöhung des Wagnisses in den Angebotspreis einkalkulieren werden; deshalb hebt z.B. das VHB zu § 12 Nr. 2 VOB/A mit Recht hervor, dass nur die Überschreitung solcher **Einzelfristen** für in sich abgeschlossene Teile der Leistung unter Vertragsstrafe zu stellen ist, von denen der **Baufortschritt entscheidend abhängt** (weiter gehend: Langen in Kapellmann/Messerschmidt § 12 VOB/A Rn. 27, der mit Blick auf einen Entschädigungsanspruch des Nachunternehmers nach § 642 BGB auch die Einzelfristen gem. § 11 Nr. 2 Abs. 2 VOB/A pönalisieren möchte; vgl. auch OLG Celle BauR 2003, 1413).

V. Die Höhe der Strafe

1. Angemessene Grenzen; notfalls Herabsetzung

Sie kann von den Vertragschließenden frei festgesetzt werden, wobei für **Individualabreden** ein verhältnismäßig weiter Spielraum besteht, dabei allerdings zwingende, allgemeingültig gesetzlich festgelegte Grenzen zu beachten sind. So kann eine Vertragsstrafenvereinbarung wegen ihrer im Einzelfall festgelegten Höhe gegen die guten Sitten (§ 138 BGB) verstoßen und daher nichtig sein. So kann nach OLG Celle (BauR 2001, 1108) bei einer individuell vereinbarten Vertragsstrafe von 15% Sittenwidrigkeit bereits dann vorliegen, wenn auf Grund der Vertragsgestaltung mit einer Verwirkung der Vertragsstrafe zwangsläufig gerechnet werden musste. Gleiches kann bei Ausnutzung wirtschaftlicher Macht, Existenzgefährdung oder Knebelung des Schuldners zutreffen (*Weyer* BauR 1988, 28, 29). Im Übrigen ist beim VOB-Vertrag die Höhe der Vertragsstrafe jedoch in angemessenen Grenzen zu halten (§ 12 Nr. 1 S. 2 VOB/A). Auch beim VOB-Vertrag gilt zudem § 343 BGB (vgl. § 11 Nr. 1 VOB/B), wonach eine verwirkte Strafe, die unverhältnismäßig hoch ist, auf Antrag des Schuldners durch ein gerichtliches Urteil auf den angemessenen Betrag herabgesetzt werden kann. **§ 343 BGB** ist **zwingendes Recht,** er kann also nicht durch Parteivereinbarung außer Kraft gesetzt werden (BGH Urt. v. 22.5.1968 VIII ZR 69, 66 = NJW 1968, 1625; *Knacke* S. 40). Eine Herabsetzung der Vertragsstrafe setzt aber voraus, dass sie verwirkt und noch nicht entrichtet worden ist. Die bloße Aufrechnung durch den Auftraggeber bewirkt dies nicht (Beck'scher VOB-Komm./*Bewersdorf* § 11 Nr. 1 VOB/B Rn. 64; *Nicklisch/Weick* § 11 VOB/B Rn. 33). Erforderlich ist vielmehr ein Leistungswille des Auftragnehmers. § 343 BGB findet jedoch gem. § 348 HGB **keine Anwendung bei Kaufleuten**, wenn die Vertragsstrafe im Rahmen des Betriebes des Handelsgewerbes versprochen worden ist (*Hereth/Ludwig/Naschold*, § 11 VOB/B Ez. 11, 26; *Locher* Das private Baurecht Rn. 425; *Heiermann/Riedl/Rusam* § 11 VOB/B Rn. 39f; *Nicklisch/Weick* § 11 VOB/B Rn. 32; *Knacke* S. 19; *Weyer* BauR 1988, 28, 32 f.). Da nach Neufassung des § 1 Abs. 2 HGB nun auch (Bau-)Handwerker zu den Kaufleuten zählen, wenn ihr Unternehmen einen nach Art und Umfang eingerichteten Gewerbebetrieb erfordert, wird der Anwendungsbereich des § 343 BGB für die Baubranche weiter eingeschränkt und verbleibt nur den Handwerkern, deren Unternehmen **keinen** nach Art und Umfang **eingerichteten Gewerbebetrieb** erfordert. Offen bleibt für Kaufleute im Einzelfalle nur das Berufen auf § 138 oder § 242 BGB, dabei insbesondere die Geltendmachung der Änderung oder des Wegfalles der Geschäftsgrundlage. Für die Kaufmannseigenschaft kommt es auf den Zeitpunkt der Vereinbarung der Vertragsstrafe, nicht aber auf deren Verwirkung an (*Knacke* Die Vertragsstrafe im Baurecht).

2. Grenzen im Bereich des AGB-Rechts

16 Soweit für den Bereich des § 348 HGB eine Herabsetzung der Vertragsstrafe ausgeschlossen ist, kann eine in Allgemeinen Geschäftsbedingungen – regelmäßig Zusätzliche Vertragsbedingungen – vereinbarte Vertragsstrafe wegen **unzulässiger Überhöhung etwa des Tagessatzes nach § 307 BGB** unwirksam sein. **Auch im nichtkaufmännischen Bereich** kann eine ihrer Höhe nach übersetzte, in Allgemeinen Geschäftsbedingungen enthaltene Vertragsstrafenklausel der Prüfung nach § 307 BGB unterliegen, sofern im Einzelfall § 309 Nr. 6 BGB nicht eingreift, weil es dem Betroffenen nicht zumutbar ist, immer auf eine Herabsetzung nach § 343 BGB, die nur für den jeweiligen Einzelfall erfolgen kann, angewiesen zu sein. Dies setzt aber voraus, **dass** derjenige, der als **Gläubiger die Vertragsstrafe beansprucht, auch Verwender i.S.d. § 305 BGB ist** (bei Bauverträgen regelmäßig der Auftraggeber). **Anders** dann, wenn sich der Vertragspartner des Verwenders (bei Bauverträgen regelmäßig der Auftragnehmer) **selbst und aus freien Stücken** zur Leistung einer Vertragsstrafe verpflichtet. Dann kommt eine Kontrolle nach dem AGB-Recht **nicht** in Betracht (vgl. dazu OLG Köln SFH § 9 AGBG Nr. 65 = BauR 1995, 708, im Falle, dass sich ein Bauträger von sich aus zur Zahlung einer Vertragsstrafe bei nicht rechtzeitiger Fertigstellung einer Wohnung einschließlich Gemeinschaftseigentum verpflichtet). Das gilt als Voraussetzung auch für die nachfolgenden Ausführungen.

17 Regelmäßig wird die Höhe der Vertragsstrafe nach Zeitabschnitten der Überschreitung von Vertragsfristen, wie z.B. je Tag oder je Woche, mit einem bestimmten Betrag oder Prozentsatz der **Auftrags- oder Abrechnungssumme** (zutreffend: *Bschorr/Zanner* S. 61, *Franke/Kemper/Zanner/Grünhagen* § 11 VOB/B Rn. 22, *Kemper* BauR 2001, 1015, die bei Fehlen eindeutiger vertraglicher Regelungen vom Netto-Auftragswert ausgehen) für den jeweiligen Zeitabschnitt bemessen (z.B. 100 €/0,1% je Tag oder 500 €/1,0% je Woche der Überschreitung). Zulässig ist es auch, einen festen Betrag, sozusagen pauschal, zu bestimmen, wobei **in allen Fällen** die Grenzen **AGB-rechtlicher Zulässigkeit** zu beachten sind. Ist die Vertragsstrafe nach Zeitabschnitten (Tag, Woche usw.) in einem bestimmten Betrag festgelegt, so bestimmen sich hier die AGB- rechtlichen Grenzen durch Umrechnung auf die vorgenannten Prozentsätze. Sofern die Grenzen der Zulässigkeit eingehalten sind, verfällt im Zweifel der ganze sich daraus ergebende Betrag und nicht nur ein Prozentsatz davon, gemessen an dem Auftragswert des nicht fertig gestellten Teils im Verhältnis zum fertig gestellten Teil (a.A. OLG München SFH Z 2.411 Bl. 59 m. zutr. abl. Anm. v. *Hochstein*; wie hier u.a. auch *Werner/Pastor* Rn. 2073 f.). Weiter ist zu berücksichtigen, eine Vertragsstrafe nur für diejenigen Tage zu vereinbaren, an denen tatsächlich gearbeitet wird. Da die Vertragsstrafe nicht der Geldschöpfung dient, haben Sonn- und Feiertage (Kalendertage) unberücksichtigt zu bleiben. Dies sollte zumindest dann auch für Samstage (Werktage) gelten, wenn die Auftragsabwicklung Samstagsarbeit nicht vorsieht (OLG Dresden BauR 2001, 949 m. Anm. *Althoff*; OLG Koblenz BauR 2000, 1338; OLG Celle BauR 2000, 1490; vgl. auch BGH Urt. v. 18.1.2001 VII ZR 238/00 BauR 2001, 791). Des Weiteren unterliegt die Vertragsstrafe selbst nicht der Umsatzsteuer, da sie kein Leistungsentgelt darstellt (zutreffend: *Kemper* BauR 2001, 1015).

18 Etwas anderes wird jedoch bei der Sanktionierung von Zwischenterminen zu gelten haben. Bezugsgröße für die Strafe pro Zeitabschnitt ist dann der zu diesen Zwischenterminen erreichte Auftragswert der geschuldeten Leistung (so OLG Hamm BauR 2000, 1202; BGH Urt. v. 21.1.2003 VII ZR 210/01 BauR 2003, 870; zweifelnd: *Franke/Kemper/Zanner/Grünhagen* § 11 VOB/B Rn. 40; *Bschorr/ Zanner* S. 69 ff.). Zu berücksichtigen ist für den Fall der Vereinbarung von Vertragsstrafen bei **Überschreitung von im Bauvertrag festgelegten Einzelfristen** (Vertragsfristen, vgl. § 5 Nr. 1 S. 2 VOB/B), dass ein bestimmter Betrag oder ein bestimmter Prozentsatz der vereinbarten Vergütung, der bei Vereinbarung der Vertragsstrafe für Überschreitung – lediglich – der Endfrist für die jeweilige vertragliche Gesamtleistung noch zulässig wäre (z.B. 0,1% der Auftragssumme), gleichwohl übersetzt sein kann, weswegen eine entsprechende Vertragsstrafenvereinbarung nach § 242 bzw. § 307 BGB unwirksam ist (vgl. Thüringer OLG BauR 2003, 1416). Geschieht die Überschreitung bereits im Bereich der ersten Zwischenfristen und kann die Endfrist letztlich nicht eingehalten werden, würde sich der wirkliche Betrag bzw. Prozentsatz in einer Weise vervielfältigen, dass dies für den Auftragnehmer auch unter Berücksichtigung der berechtigten Belange des Auftraggebers unzumutbar ist. Das gilt erst recht, wenn der Auftragnehmer die zunächst versäumte Bauzeit später wieder einholt und die Endfrist einhält oder nur minimal überschreitet. In diesem Bereich ist es erst recht erforderlich, betragsmäßig und vor allem auch zeitlich eine Begrenzung in der jeweiligen vertraglichen Vereinbarung vorzunehmen (vgl. dazu OLG Bremen NJW-RR 1987, 468; so auch OLG Hamm BauR 2000, 1202, für eine Klausel, die Zwischen- und Endtermine mit derselben Tagessatzhöhe [0,3%] sanktioniert, was ein Verwirken der gesamten Vertragsstrafe trotz Einhalten des Endtermins ermöglicht). Bei der Sanktionierung von Zwischenterminen ist eine kumulierende Wirkung zu vermeiden und zumindest auf trennbare Vertragsstrafenregelungen zu achten, die dann einer eigenständigen ABG-Kontrolle unterliegen können (BGH Urt. v. 21.1.2003 VII ZR 210/01 BauR 2003, 870; Urt. v. 18.1.2001 VII ZR 238/00 BauR 2001, 791; BGH Urt. v. 14.1.1999 VII ZR 73/98 BauR 1999, 645 = NJW 1999, 1108; KG IBR 2003, 18 [*Oberhauser*]; *Kemper* BauR 2001, 1015; *Leinemann/Hafkesbrink* § 11 VOB/B Rn. 27; *Bschorr/Zanner* S. 71).

3. Weitere Rechtspunkte für AGB-rechtliche Zulässigkeit

Die Festlegung von höchstzulässigen Prozentsätzen oder Beträgen allein reicht aber für sich noch nicht aus, um die AGB-rechtlich zulässigen Grenzen festzulegen. Die Vertragsstraferegelung bedarf zudem einer **Obergrenze**, da eine höhenmäßig unbegrenzte Vertragsstrafe für Auftragnehmer unzumutbar ist. Unter Aufgabe seiner bisherigen Rechtsprechung hat der BGH (Urt. v. 21.1.2003 VII ZR 210/01 BauR 2003, 870) eine 10%ige Obergrenze der Vertragsstrafe für unangemessen und den Auftragnehmer benachteiligend bezeichnet, weshalb sie unwirksam ist. Die der Vertragsstrafe innewohnende Doppelfunktion (**Druck- und Kompensationsfunktion**) habe in einem angemessenen Verhältnis zu dem Unternehmerwerklohn zu stehen. Eine Geldschöpfung sei nicht der Sinn einer Vertragsstrafe. Von einer Unangemessenheit ist auszugehen, wenn in wenigen Tagen durch die Vertragsstrafe typischerweise der Gewinn des Unternehmers aufgezehrt wird, wobei dies einer generalisierenden Betrachtungsweise unterliegt. Kriterium muss nach BGH sein, ob die Obergrenze der Vertragsstrafe generell und typischerweise für den Bauvertrag, für die sie formuliert ist, angemessen ist. Ein weiters Kriterium ist die voraussichtliche Schadenshöhe, die allgemein bei Verträgen dieser Art erwartet werden dürfe. Besonders ungünstige Schadensentwicklungen haben unberücksichtigt zu bleiben und sind separat mit Schadensersatzansprüchen zu verfolgen. Unter Anwendung dieser Grundsätze stellt der BGH fest, dass eine die Auftragssumme um 5% übersteigende Obergrenze unangemessen ist. Die **Obergrenze von 5%** sei ausreichend für die Erfüllung der Druck- und Kompensationsfunktion. 19

Dem Auftraggeber bleibt es unbenommen, individualvertraglich eine seinen Interessen im Einzelfall entsprechende Vereinbarung mit dem Auftragnehmer zu treffen, wodurch eine **angemessene Erhöhung** gegenüber den für den Bereich von AGB festgelegten Richtlinien durchaus zulässig ist (BGH Urt. v. 21.1.2003 VII ZR 210/01 BauR 2003, 870). Im Rahmen von AGB führt diese Grenzziehung letztlich auch zu keinen unzumutbaren Belastungen für den Auftraggeber, da es ihm möglich bleibt, seinen im Einzelfall entstandenen, durch den Verzug des Auftragnehmers herbei geführten Schaden, der die Vertragsstrafe übersteigt, geltend zu machen. Die ihn insoweit treffende Darlegungs- und Beweislast entspricht ohnehin nur den allgemeinen Grundsätzen des Schadensersatzrechtes. Man wird im Ergebnis als Richtpunkt letztlich festhalten können, dass **neben einem angemessenen Prozentsatz (höchstens 0,3% je Arbeitstag)** oder einer danach ausgerichteten Summe für einen entsprechenden Zeitraum ein **Höchstsatz von 5%** der Auftragssumme die Grenze bilden muss (vgl. auch BGH Urt. v. 20.1.2000 VIII ZR 46/98 = BauR 2000, 1049; Urt. v. 14.1.1999 VII ZR 73/98 BauR 1999, 645 = SFH § 11 VOB/B [1973] Nr. 12 = NJW 1999, 1108 m. Anm. *Wenner* EWiR

1999, 427; BGH Beschl. v. 24.2.2005 VII ZR 340/03 BauR 2005, 1015: Hinweis auf Obergrenze in einer Fußnote reicht nicht).

20 Aufgrund Änderung seiner Rechtsprechung gewährte der BGH **Vertrauensschutz** für Altverträge **mit einem Volumen von rund 13 Mio. DM**, da er noch in seiner Entscheidung vom 18.1.2001 (BGH Urt. v. 18.1.2001 VII ZR 238/00 BauR 2001, 791) die 10%ige Obergrenze unbeanstandet gelassen und bestätigt hat, dass sie im vertretbaren Rahmen liege. Die hierdurch zunächst entstandene Rechtsunsicherheit ist durch eine Folgeentscheidung des BGH (Urt. v. 8.7.2004 VII ZR 24/03 BauR 2004, 1609) dahingehend geklärt worden, dass Vertrauensschutz für Altverträge mit einem Volumen über **15 DM** nicht in Anspruch genommen werden kann, für darunter liegende Auftragsvolumina gilt der Vertrauensschutz nur bis zum 30.6.2003. Vertragsstrafeklauseln mit einer Obergrenze von mehr als 5% gehören damit der Vergangenheit an (Schleswig-Holsteinisches OLG BauR 2005, 1641; OLG Oldenburg BauR 2005, 887; »kein Vertrauensschutz«: LG Lübeck IBR 2005, 10 [*Groß*]).

4. Bestimmung der Höhe durch Berechtigten oder Dritten

21 Die Parteien können, was aber zur Vermeidung späterer Streitigkeiten vermieden werden sollte, im Bauvertrag auch die Bestimmung der Höhe der Vertragsstrafe unterlassen und statt dessen festlegen, dass diese später von dem **berechtigten Vertragspartner** oder von einem **Dritten** (§§ 315, 317 BGB) bestimmt wird (ebenso *Nicklisch/Weick* § 11 VOB/B Rn. 27; *Kleine-Möller/Merl/Oelmaier* § 13 Rn. 373 m.w.N.). Hier sind die Grundsätze des **billigen Ermessens** maßgebend (§§ 315, 319 BGB), wobei die in Rn. 15 ff. angeführten Grundsätze Beachtung finden. Es kann auch vereinbart werden, dass ein **Gericht oder ein Schiedsgericht die Strafe unmittelbar festsetzen** soll. Zwar kennt das BGB nach seinem Wortlaut eine derartige Möglichkeit nicht. Für das Schiedsgericht ist aber anerkannt, dass es eine Vertragsstrafe unmittelbar festsetzen kann (RGZ 153, 193). Umso weniger bestehen Bedenken, dass das Staatsgericht bei entsprechend übereinstimmendem Willen der Vertragspartner eine solche Bestimmung trifft (a.A., jedoch ohne hinreichende Berücksichtigung der durch die vorgenannte Vertragsvereinbarung für den Einzelfall zum Ausdruck gebrachten berechtigten Belange der Parteien BGH Urt. v. 14.10.1977 I ZR 119/76 BB 1978, 12; BAG ZIP 1981, 199 = BB 1981, 302, zumal dann eine Herabsetzung nach § 343 BGB kaum praktisch werden dürfte).

C. Beschleunigungsvergütungen, Prämien (§ 12 Nr. 2 VOB/A)

I. Bedeutung

22 Sie stellen das **Gegenteil der Vertragsstrafe** dar. Während letztere im allgemeinen die Überschreitung von Fristen ahndet und vom Auftragnehmer an den Auftraggeber zu zahlen ist, wird umgekehrt die Beschleunigungsvergütung an den **Auftragnehmer** entrichtet, wenn dieser die **vorgesehenen Fristen unterschreitet,** also schneller als vertraglich vorgesehen die von ihm geschuldete Leistung erbringt. Genau genommen handelt es sich um eine dem Auftragnehmer zugestandene zusätzliche Vergütung (vgl. auch OLG Brandenburg BauR 2003, 1738), so dass auch Umsatzsteuer anfällt (vgl. OLG Köln IBR 2001, 107 [*Brößkamp*]).

II. Ausnahmefall

23 Beschleunigungsvergütungen sind selten. Sie sind – zwingend für öffentliche Auftraggeber – nur vorzusehen, wenn die **beschleunigte Fertigstellung** der Arbeit **erhebliche Vorteile** bringt. Das ergibt sich schon aus folgenden Gedanken: Der Auftragnehmer hat im Regelfall seine Leistung ohnehin zügig zu erbringen und die ausbedungenen Ausführungsfristen einzuhalten. Es wäre nicht sinnvoll, diese Fristen länger zu bemessen, bloß um dem Auftragnehmer Vorteile bei Nichtausnutzung dieser Fristen zu verschaffen. Will der Auftragnehmer aber **normal festgesetzte Fristen** (vgl. auch

§ 11 Nr. 1 Abs. 1 VOB/A mit der eng auszulegenden Ausnahme des § 11 VOB/A Nr. 2) unterschreiten, dann muss er entweder zusätzliche Aufwendungen (etwa durch Überstunden) erbringen, die er durch die Beschleunigungsvergütung höchstens wieder ausgleicht, oder aber die Qualität der Arbeit leidet durch die überhastete Ausführung, woran der Auftraggeber kein Interesse haben kann. Deshalb ist es wirtschaftlicher für beide Teile und gewährleistet eine fachgerechte Arbeit, wenn man von vornherein durch Einkalkulierung von zusätzlichen Kosten und Wagnissen die Fristen abkürzt und so den Wünschen des Auftraggebers Rechnung trägt.

III. Vereinbarungen der Parteien maßgebend

Die Höhe sowie die sonstigen Voraussetzungen für die Beschleunigungsvergütung (Prämie) ergeben sich aus den Vereinbarungen zwischen den Vertragschließenden, die auch noch während der Abwicklung des Bauvertrages getroffen werden können. Dem eine solche Prämie schuldenden Auftraggeber bleibt für Fälle der groben Unangemessenheit nur der normale Weg offen, die Herabsetzung bei Gericht zu erreichen, indem er nachweist, dass ein **Verstoß gegen die guten Sitten oder gegen Treu und Glauben** vorliegt, er vor allem für die Festsetzung der Beschleunigungsvergütung nicht zumindest die Mitverantwortung trägt. Hier sind strenge Maßstäbe anzulegen, weil der Auftraggeber grundsätzlich **freiwillig** diese Beschleunigungsvergütung versprochen hat und es bei ihm lag, eine unangemessene Höhe nicht erst anzubieten. Eine Herabsetzung nach § 343 BGB kommt nicht in Betracht.

24

Fällig werden Beschleunigungsvergütungen, sobald die dafür vereinbarungsgemäß gesetzten Bedingungen eingetreten sind. Im Übrigen hat der Auftraggeber alles zu tun, damit der Auftragnehmer die Beschleunigungsvergütung verdienen kann. Insbesondere dürfen er und/oder seine Erfüllungsgehilfen den Auftragnehmer nicht durch Verletzung der Bereitstellungs- und Mitwirkungspflichten behindern. Vielmehr muss er diese rechtzeitig und voll erfüllen. Anderenfalls macht sich der Auftraggeber bei schuldhafter Verletzung der genannten Pflichten aus **positiver Vertragsverletzung schadensersatzpflichtig** (a.A. Beck'scher VOB-Komm./*Motzke* § 12 VOB/A Rn. 107, der einen Anspruch auf ein Verdienen der Beschleunigungsvergütung verneint, da ohne Vereinbarung von auf die Beschleunigung abgestimmter Mitwirkungspflichten sich der Auftraggeber der Unternehmerablaufplanung nicht beuge; ebenso *Langen* in *Kapellmann/Messerschmidt* § 12 VOB/A Rn. 36 – diese Sichtweise ist zu eng, da auch der Auftraggeber zur Förderung der Bauaufgabe und zur Kooperation mit dem Auftragnehmer verpflichtet ist). Dabei besteht der Schaden des Auftragnehmers in der Regel in der konkret entgangenen Beschleunigungsvergütung.

§ 13
Verjährung der Mängelansprüche

Andere Verjährungsfristen als nach § 13 Nr. 4 VOB/B sollen nur vorgesehen werden, wenn dies wegen der Eigenart der Leistung erforderlich ist. In solchen Fällen sind alle Umstände gegeneinander abzuwägen, insbesondere, wann etwaige Mängel wahrscheinlich erkennbar werden und wieweit die Mängelursachen noch nachgewiesen werden können, aber auch die Wirkung auf die Preise und die Notwendigkeit einer billigen Bemessung der Verjährungsfristen für Mängelansprüche.

Inhaltsübersicht

	Rn.
Vorbemerkung.	1
A. Allgemeines zum Mangelrecht	3
I. Begriff des Mangelrechts	3

	Rn.
II. Mängelrechte im Rahmen von § 13 VOB/A und § 13 VOB/B	4
III. Grenzen der Mängelrechte bzw. ihrer Verjährungsfristen	5
IV. Zur Frage der Vereinbarkeit von Vertragsklauseln zum Mangelrecht mit dem AGB-Recht	6

B. Erwägungen zur Änderung der vertraglichen Verjährungsfrist von Mängelrechten in § 13 VOB/A.. 7
    I. Grundsätzliche Festlegung durch die Vertragsparteien........................ 7
    II. Eigenart der Leistung (§ 13 S. 1 VOB/A)................................... 10
        1. Fristen der VOB im Spannungsfeld zwischen BGB und europarechtlichen Vorgaben . 11
        2. Einzelgesichtspunkte zur Eigenart der Leistung............................ 12
            a) Zu verwendende Stoffe oder Bauteile................................. 13
            b) Vorgesehene Ausführungsart.. 14
            c) Vorgesehene Nutzung der Leistung................................... 15
            d) Eigenart der Leistung.. 16
            e) Nur beispielhafte Aufzählung....................................... 17
    III. Abwägung (§ 13 S. 2 VOB/A).. 18
        1. Erkennbarkeit von Mängeln; Nachweis der Ursachen...................... 19
        2. Berechtigte Belange des Auftragnehmers................................. 20
            a) Auswirkung auf die Preise.. 21
            b) Billige Bemessung der Verjährungsfristen............................. 22
    IV. Öffentliche Bauaufträge... 23
C. Rechtschutzfragen/Vergaberecht 24

Aufsätze: *Graf v. Westphalen* Produkthaftung – Haftungsfreizeichnung und Haftungsfreistellung nach dem AGB-Gesetz NJW 1979, 838; *Kaiser* Rechtsbehelfe des Werkbestellers vor der Abnahme bei Nachbesserungspflichtverletzungen durch den Unternehmer ZfBR 1980, 109; *Nicklisch* Die Schadensersatzhaftung für Eigenschaftszusicherung und deren Einschränkbarkeit durch Allgemeine Geschäftsbedingungen FS Beitzke S. 89 ff.; *Baumgärtel* Die Beweislastverteilung bei einem Gewährleistungsausschluss im Rahmen eines Bauträgervertrages ZfBR 1988, 101; *Marly* Die Aufnahme einer Ausschlussfrist für Mängelanzeigen in Allgemeinen Geschäftsbedingungen NJW 1988, 1184; *Wittmann* Gewährleistungsfrist und Verjährungsfrist für Gewährleistungsansprüche BB 1991, 854; *Danker* Dauer der Gewährleistung für Fahrbahnmarkierungen BauR 2001, 718; *Leenen* Die Neuregelung der Verjährung JZ 2001, 552; *Rüfner* Verjährung bei Mängeln eines Bauwerks nach dem Diskussionsentwurf eines Schuldrechtsmodernisierungsgesetzes ZflR 2001, 16; *Weyer* Selbständiges Beweisverfahren und Verjährung von Baumängelansprüchen nach künftigem Recht BauR 2001, 1807; *Zimmermann/Leenen/Mansel/Ernst* Zum Verjährungsrecht nach dem Regierungsentwurf eines Schuldrechtsmodernisierungsgesetzes JZ 2001, 684; *Lenkeit* Das modernisierte Verjährungsrecht Sonderheft 1a BauR 2002, 196; *Mansel* Die Neureglung des Verjährungsrechts NJW 2002, 89; *Werner* Das neue Verjährungsrecht aus dem Blickwinkel des Baurechts FS Jagenburg 2002 S. 1025; *Wirth/Sienz/Englert* Verträge am Bau nach der Schuldrechtsreform 2002.

Vorbemerkung

1 § 13 VOB/A ist dem Bereich der Vertragsverhandlungen zuzuordnen. Er soll dem Auftraggeber für diesen Bereich Empfehlungen geben. Angesprochen war dabei bis zur VOB 2000 in einer nun nicht mehr bestehenden Nr. 1 die Frage der Gewährleistung. Die Ziff. 1 lautete:

»1. Auf Gewährleistung über die Abnahme hinaus soll verzichtet werden bei Bauleistungen, deren einwandfreie, vertragsgemäße Beschaffenheit sich bei der Abnahme unzweifelhaft feststellen lässt und bei denen auch später keine Mängel zu erwarten sind.«

Diese Regelung wurde durch die VOB 2000 abgeschafft. Die Begründung war darin zu finden, dass ein genereller Verzicht auf die Gewährleistung nach der Abnahme nicht mehr zur Diskussion stehen soll. Bauleistungen, bei denen keine Mängel zu erwarten sind, hat es einfach zu selten gegeben. Auch ist es nachvollziehbar, dass die Auftraggeberseite ein entsprechendes Risiko nicht mehr allein auf sich nimmt. Aus diesem Grunde war in der 13. Auflage von Korbion auch die Streichung der Nr. 1 gefordert worden. Dem kam der Verdingungsausschuss mit der VOB 2000 nach. Verblieben ist seit dem nur noch die frühere Ziff. 2 – allerdings ohne Bezifferung. Sie befasst sich weiterhin mit der Frage, wann andere Verjährungsfristen vorliegen, als es § 13 Nr. 4 VOB/B der Allgemeinen Vertragsbedingungen vorsieht.

Bei der folgenden Kommentierung werden zunächst mögliche Erwägungen zur Änderung der vertraglichen Frist für Mängelrechte dargestellt. Als Vorraussetzung hierfür wird nochmals kurz auf den Begriff der Mängelrechte eingegangen. Obwohl die Ziff. 1 weggefallen ist, kann die Frage der Verjährungsfristen nur ausreichend beurteilt werden, wenn überhaupt deutlich ist, was unter die Mängelrechte fällt, für die diese Fristen vereinbart bzw. verändert werden sollen. Dabei werden naturgemäß auch Fragen des AGB-Rechts zu behandeln sein. Ein weiterer Schwerpunkt ist die begriffliche Festlegung der »Eigenart der Leistung« (S. 1), und eine für die Praxis notwendige Abwägung der unterschiedlichen Belange. Abschließend werden einige Auswirkungen auf die Vergabe angesprochen. **2**

A. Allgemeines zum Mangelrecht

I. Begriff des Mangelrechts

Unter Mängelrechte im Sinne der VOB versteht man die Pflicht des Auftragnehmers, auch nach Abnahme der erbrachten Leistung dafür einzustehen, dass die hergestellte Bauleistung die vertraglich vereinbarte Beschaffenheit hat und den anerkannten Regeln der Technik entspricht. **3**

»Ist die Beschaffenheit nicht vereinbart, so ist die Leistung zur Zeit der Abnahme frei von Sachmängeln, a) wenn sie sich für die nach dem Vertrag vorausgesetzte, sonst b) für die gewöhnliche Verwendung eignet und eine Beschaffenheit aufweist, die bei Werken der gleichen Art üblich ist und die der Auftraggeber nach der Art der Leistung erwarten kann.«

Diese Definition ergibt sich aus § 13 Nr. 1 VOB/B. Sie ist fast identisch mit dem Sachmangelbegriff des Werkvertrags (§ 633 Abs. 1 BGB). Ist der Auftragnehmer einer dieser Pflichten nicht nachgekommen, so hat der Auftraggeber Anspruch auf Beseitigung des festgestellten Mangels oder auf Minderung der Vergütung, gegebenenfalls auch auf Schadensersatz (§ 13 Nr. 5 bis 7 VOB/B). Welche Voraussetzungen hierfür vorliegen müssen, welcher Anspruch im Einzelfall entsteht und ob noch weitere als die vorbezeichneten Ansprüche gegeben sind, zeigen die Anmerkungen zu § 13 VOB/B auf.

II. Mängelrechte im Rahmen von § 13 VOB/A und § 13 VOB/B

In beiden Bestimmungen sind nur die »normalen« Mängelrechte angesprochen, von der auch in § 4 Nr. 1 VOB/A die Rede ist. Sie sind nicht zu verwechseln mit einem Garantievertrag. Ein solcher könnte eine Haftung des Auftragnehmers für das bedingungslose Eintreten des Erfolges seiner Bauleistung begründen. Es würde dazu führen, dass der Unternehmer für jeden auftretenden Mangel einzustehen hat, ganz gleich, worin die technische Ursache des Mangels liegt und ob der Unternehmer sonst dafür verantwortlich zu machen ist. Es ist Sache der Beteiligten, in besonders gelagerten Fällen einen an keine Form gebundenen Garantievertrag abzuschließen. Zu bedenken ist aber, dass ein dahingehender Wille der Vertragschließenden unzweifelhaft erkennbar werden muss. Wird nur allgemein von »Garantie«, »Garantiefrist«, Haftung, Mängelrechten, Gewährleistung u.Ä. gesprochen, so handelt es sich regelmäßig nur um Mängelrechte im normalen Umfang. Diese haben ihre Regelung in § 13 VOB/B gefunden (zu den über die Gewährleistung hinausgehenden Garantieverpflichtungen vgl. § 13 VOB/B). **4**

III. Grenzen der Mängelrechte bzw. ihrer Verjährungsfristen

5 § 13 VOB/B regelt die generellen Voraussetzungen und Folgen für den Bereich der Mängelrechte, wie sie von den Verfassern der VOB für sachgerecht im Sinne eines angemessenen Interessenausgleichs erachtet werden. Obwohl nicht in jedem Fall ratsam, ist es den Vertragsparteien aber nicht verwehrt, von § 13 VOB/B abweichende oder die dortigen Bestimmungen ergänzende besondere individualvertragliche Absprachen zu treffen. Dies liegt im Rahmen der Vertragsfreiheit. Entsprechendes ergibt sich auch aus § 639 BGB. Über eine abweichende Vereinbarung müssen sich die Vertragspartner aber zweifelsfrei einig sein; so ist z.B. in der widerspruchslosen Hinnahme einer modifizierten Auftragsbestätigung allein noch keine stillschweigende Einverständniserklärung zu sehen (BGHZ 61, 282 = BB 1973, 1459; BGH BB 1974, 1136 = Betrieb 1974, 2466). Zu beachten sind aber die Grundsätze eines Kaufmännischen Bestätigungsschreibens.

Die Parteien eines Bauvertrages müssen sich somit während der Vertragsverhandlungen – insbesondere der Auftraggeber schon bei Aufstellung der Verdingungsunterlagen – darüber Gedanken machen, ob und gegebenenfalls in welcher Weise sie eine besondere Regelung der Mängelrechte wünschen. Dabei ist vordringlich der vom BGH ausgesprochene Grundsatz zu beachten, dass Verträge, die aufgrund Allgemeiner Geschäftsbedingungen geschlossen werden, wesentlich strengeren Grundsätzen unterliegen als frei ausgehandelte. Allgemeine Geschäftsbedingungen – Formularverträge – können weit eher unangemessene, darüber hinaus in sich unklare, intransparente oder überraschende Klauseln enthalten. In ihnen kann sich die missbräuchliche Verfolgung einseitiger Interessen auf Kosten des Vertragspartners verkörpern. Einen Schutz des Vertragspartners vor einer unbilligen Interessendurchsetzung ohne angemessenen Ausgleich erfolgt durch die AGB-rechtliche Inhaltskontrolle gem. §§ 307 ff. BGB (BGHZ 147, 282; NJW 2003, 886; dazu im Einzelnen, insbesondere zum Anwendungsbereich bei Bauverträgen, Anhang 1 in diesem Werk). Vor allem die §§ 308 und 309 BGB enthalten zahlreiche ausdrücklich aufgeführte Verbote im Hinblick auf vertragliche Bestimmungen zu den Mängelrechten. Zu beachten sind insbesondere § 309 Nr. 2, 3, 6 bis 8 BGB und nicht zuletzt die Generalklausel des § 307 BGB. Gerade bei von der VOB abweichenden Vertragsbestimmungen ist eine verschärfte Inhaltskontrolle geboten (vgl. auch BGH BauR 1975, 206 = SFH Z 7.22 Bl. 7). Dabei kann auch eine weithin übliche Klausel unangemessen i.S.d. § 307 BGB sein (BGHZ 114, 15 = NJW 91, 1677; BGHZ 106, 267 = NJW 89, 582).

IV. Zur Frage der Vereinbarkeit von Vertragsklauseln zum Mangelrecht mit dem AGB-Recht

6 Siehe § 13 VOB/B.

B. Erwägungen zur Änderung der vertraglichen Verjährungsfrist von Mängelrechten in § 13 VOB/A

I. Grundsätzliche Festlegung durch die Vertragsparteien

7 Aus dem Wortlaut in § 13 Nr. 4 VOB/B ist zu ersehen, dass es die VOB den Vertragspartnern überlässt, die Frist für die Verjährung der Mängelansprüche im Bauvertrag individuell zu regeln. Der Begriff der Gewährleistung wurde in der Schuldrechtsreform unnötigerweise durch Mängelrechte ersetzt. Nur wenn im Einzelfall vertraglich anderweitige Absprachen nicht getroffen worden sind, greifen die in § 13 Nr. 4 VOB/B vorgesehenen von § 634a BGB teilweise abweichenden Fristen ein (dazu § 13 Nr. 4 VOB/B). Besonders zu beachten ist die auch für die VOB maßgebende zwingende gesetzliche Bestimmung des § 639 BGB.

Für etwaige von § 13 Nr. 4 VOB/B abweichende Absprachen ist es unumgänglich, dass diese mit hinreichender Klarheit, vor allem auch hinsichtlich ihrer Tragweite, getroffen werden. In diese Betonung der Klarheit passt auch eine Entscheidung des Bundesgerichtshofes vom 6.12.2001. Im entschiedenen Fall hatte sich ein Auftraggeber mit seinem Auftragnehmer hinsichtlich mangelhafter Türen auf deren Überarbeitung geeinigt. Die vereinbarten Arbeiten wurden jedoch nicht korrekt ausgeführt. Im folgenden selbstständigen Beweisverfahren kommt der Sachverständige zum Ergebnis, dass eine Mängelbeseitigung nur durch Neuherstellung möglich ist. Als der Auftraggeber seinen Vorschuss auf Ersatzvornahme einklagt (für eine Neuherstellung), obsiegt er beim Landgericht, unterliegt allerdings beim Berufungsgericht. Erst der BGH legt die Vereinbarung zwischen Auftraggeber und Auftragnehmer dahingehend aus, dass sie unter der »stillschweigenden Bedingung« geschlossen war, dass die vereinbarte Nachbesserung zum vertragsmäßigen Erfolg führen musste – insbesondere dass durch die Zustimmung des Auftraggebers zur Nachbesserung nicht ein Verzicht auf eine nun doch erforderliche Neubestellung zu sehen sei (BGH BauR 2002, 472 = NZBau 2002, 149 = ZfBR 2002, 251). **8**

Eine fehlende Klarheit ist auch dann zu bemängeln, wenn in einem Bauvertrag folgende Klausel enthalten ist: »Der Unternehmer haftet für seine Leistungen nach den Bestimmungen der VOB und des BGB.« (OLG Düsseldorf BauR 1972, 117). Gleiches gilt für die Bestimmung: »Gewährleistung und Haftung des Unternehmers richten sich nach der VOB bzw. dem BGB; bei unterschiedlicher Auffassung gilt die jeweils günstigere für den Bauherrn.« (BGH BauR 1986, 200 = NJW 1986, 924).

Gerade wegen der von der VOB in § 13 Nr. 4 VOB/B bewusst offen gelassenen Möglichkeit anderweitiger vertraglicher Vereinbarung bedurfte es einer ergänzenden Regelung in den Vergabevorschriften des Teils A darüber, wann im Einzelnen von § 13 Nr. 4 VOB/B abweichende Verjährungsfristen für den Bereich eines VOB-Vertrages vertretbar erscheinen. Dem dient § 13 VOB/A (früher § 13 Nr. 2 VOB/A). Die im Rahmen dieser Vorschrift anzustellenden Erwägungen sind nicht nur ausschlaggebend für die Festlegung der eigentlichen Verjährungsfristen der Mängelansprüche nach § 13 Nr. 4 sowie Nr. 5 Abs. 1 S. 2 VOB/B, sondern auch für die Bemessung einer von § 13 Nr. 5 Abs. 1 S. 3 VOB/B abweichenden besonderen Frist für die Mängelbeseitigungsleistung. Für diese war bis einschließlich der VOB 2000 § 13 Nr. 4 VOB/B Richtpunkt. Die VOB/B ist allerdings durch die VOB 2000 einen neuen Weg gegangen. Man hat die ursprüngliche zweijährige Gewährleistungsfrist für Mängelansprüche bei Bauwerken auf 4 Jahre hochgesetzt. Mit dieser Veränderung war das ursprüngliche Verweisungssystem nicht mehr vereinbar. Aus diesem Grunde wurde in § 13 Nr. 5 S. 2 VOB/B für den Anspruch auf Beseitigung gerügter Mängel ausdrücklich auf eine zweijährige Frist abgestellt. **9**

II. Eigenart der Leistung (§ 13 S. 1 VOB/A)

Nach § 13 S. 1 VOB/A sollen von § 13 Nr. 4 VOB/B abweichende Gewährleistungsfristen nur vorgesehen werden, wenn dies wegen der Eigenart der Leistung erforderlich ist. **10**

1. Fristen der VOB im Spannungsfeld zwischen BGB und europarechtlichen Vorgaben

Die Gründungsväter der VOB gingen davon aus, dass die »frühere« Regelverjährungsfrist in § 13 Nr. 4 VOB/B von zwei Jahren für die überwiegende Zahl der Bauverträge als ausreichend anzusehen sei. Man argumentierte, dass mit der zweijährigen Frist zunächst die Belange der Auftragnehmerseite ausreichend gewahrt wären. Die Auftraggeberseite hätte es in der Hand etwas anderes durchzusetzen »Ist für die Gewährleistung keine Verjährungsfrist im Vertrag vereinbart (...)«. Diese Lösung wurde in der Praxis in den 90er Jahren des letzten Jahrhunderts immer weniger akzeptiert. Ausgenommen wohl nur die öffentliche Hand. Die private Baurechtspraxis vereinbarte mehr und mehr die fünfjährige Frist des BGB. Dies unterstützt von Stellungnahmen des VII. Zivilsenats des Bundesgerichtshofes. Dieser hatte sich aufgrund eines Gutachtens sogar für eine siebenjährige Frist ausgesprochen. Gestützt wurden die Gegner der kurzen Frist auch durch die europäischen Überlegungen. **11**

So war es seit der Verbraucherschutzrichtlinie nicht mehr möglich, gegenüber einem Verbraucher die zweijährige Frist zu vereinbaren.

Die unterschiedlichen Stellungnahmen ergaben sich auch daraus, dass die Väter der VOB zwar sehr wohl wussten, dass die ursprüngliche zweijährige Frist »äußerst« kurz bemessen war – sie hatten jedoch die **Ausgewogenheit der VOB** im Blick. Nach ihren Überlegungen sollte die VOB/B gerade »harte« Regelungen enthalten. Dies vor dem Hintergrund, dass beide Vertragsparteien eines Bauvertrages teilweise deutlich besser, teilweise deutlich schlechter gestellt werden sollten als in Standardwerkverträgen. Ziel war es insoweit, den Bauvertrag zügig abzuwickeln, insbesondere auch die Auseinandersetzungen nach der Abnahme zeitlich zu begrenzen. Die Praxis im deutschen Baurecht hat allerdings gezeigt, dass sich diese Hoffnungen nicht erfüllt haben. Dies, obwohl die VOB/B eine weit reichende Akzeptanz erfahren hat und das deutsche Baugeschehen ohne sie kaum auskommen kann.

Auch wenn der Vergabe- und Vertragsausschuss mit der Verdopplung der Verjährungsfristen der Mängelansprüche des § 13 Nr. 4 VOB/B in der VOB 2002 in die Ausgewogenheit der Vergabe- und Vertragsordnung weit reichend eingegriffen hat, kann sein Vorgehen begrüßt werden. Die äußeren Umstände haben sich nicht zuletzt durch europarechtliche Vorgaben zu sehr verändert. Der für die VOB zuständige Ausschuss hat mit seinem Vorgehen auf die Zeichen der Zeit reagiert. Insbesondere die öffentliche Hand wird sich nun wieder »leichter tun«. Dies allerdings unabhängig von der weiterhin in der Diskussion stehenden Frage, ob die neuen Fristen der VOB/B europarechtlichen Prüfungen standhalten.

2. Einzelgesichtspunkte zur Eigenart der Leistung

12 Dieses objektive Merkmal bringt die VOB durch den Begriff der Eigenart der Bauleistung zum Ausdruck. Sie macht somit die Möglichkeit anderweitiger Gewährleistungsfristvereinbarungen von der Art und Weise sowie der Beschaffenheit der geforderten Leistung abhängig. Dabei weist der Begriff Eigenart darauf hin, dass hier nur eine allgemeine Umschreibung möglich ist. Diese kann nur die Leistung als solche betreffen, nicht dagegen Umstände, die anderswo ihre Ursache haben; hierzu zählen Fragen der Finanzierung, Witterungsbedingungen, die allgemeine Marktlage und Gesichtspunkte, die sich auf die außerhalb des eigentlichen Leistungszieles liegenden Umstände in der Person des Auftraggebers oder Auftragnehmers beziehen.

Daher sind von dem Begriff der Eigenart der Bauleistung erfasst:

a) Zu verwendende Stoffe oder Bauteile

13 Erstens die Art der zu verwendenden Stoffe oder Bauteile, insbesondere ob über deren Güte, Brauchbarkeit und konstruktive Ausgestaltung langjährige und gefestigte Erfahrungen bestehen; auch wann voraussichtlich eine abschließende Beurteilung der Ordnungsgemäßheit möglich ist. Eine Verlängerung der Gewährleistungsfrist (Verjährungsfrist der Mängelansprüche) kommt hiernach z.B. beim Einsatz unerprobter Stoffe und Bauteile oder nicht hinreichend bekannter Verfahren in Frage.

b) Vorgesehene Ausführungsart

14 Zum zweiten die jeweils gewählte Art der Ausführung oder der anzuwendenden Bauverfahren; insbesondere, ob diese früher oder später als innerhalb der normalen Frist (§ 13 Nr. 4 VOB/B) eine sachgerechte Beurteilung über die ordnungsgemäße Leistungserstellung zulassen. Dabei werden vornehmlich der technische Fortschritt und dessen anerkannter Stand im Zeitpunkt der Vergabe von ausschlaggebendem Gewicht sein. Vor allem bei neuartigen Bauweisen kann es vorkommen, dass nach bisheriger Erfahrung die Verlängerung der Regelfrist angebracht erscheint.

c) Vorgesehene Nutzung der Leistung

Zum dritten die vorgesehene Nutzung der Leistung, wobei auf das Gesamtbauwerk abzustellen sein wird. Es kann sein, dass ein Gebäude besonderen und über das Normalmaß hinausgehenden Beanspruchungen ausgesetzt ist (z.B. durch Erschütterungen bei einem Fabrikbau nach Inbetriebnahme, eine auf den Leistungssport ausgerichtete Sportanlage, eine Schule mit besonderen Ausbildungseinrichtungen, Beständigkeit des Betons gegen aggressive Dämpfe oder Wasser, wasserdichter Beton trotz Wärmeeinfluss usw.) Auch hier kann es sein, dass sich die vertragsgemäße Benutzung erst später als in der Normalfrist feststellen lässt. Andererseits kann es sein, dass die Nutzung der Leistung schon frühzeitig eine abschließende Beurteilung der Vertragsgemäßheit ermöglicht (z.B. beim Bau einfacher Garagen oder einer Grundstücksgrenzmauer usw.), so dass hier sogar eine Verkürzung der Frist angebracht sein kann.

15

d) Eigenart der Leistung

Viertens kann es einen weiteren berechtigten Grund zu einer Änderung der normalen Verjährungsfrist geben. Er ist aus dem Wortlaut in § 13 S. 1 VOB/A ersichtlich. Dort wird von anderen Verjährungsfristen als nach § 13 Nr. 4 VOB/B, die die Ausführung von Bauleistungen betreffen, gesprochen. Dabei wird im Rahmen des Erforderlichen eine Verbindung zur Eigenart der Leistung hergestellt. Daraus ergibt sich, dass ein Grund für die Vereinbarung einer anderen Frist nicht nur in technischen Besonderheiten oder in der vorgesehenen Art der Nutzung, sondern auch darüber hinaus in der betreffenden Gesamtbauleistung liegen kann. Das kann, wie es in den Erwägungsgründen zur Fassung der VOB von 1973 erwähnt ist, z.B. sein, wenn eine Straßendecke oder ein Brückenbauwerk erst später in Betrieb genommen wird und die Mängelfreiheit erst dann oder jedenfalls nach einer gewissen Nutzung festzustellen ist (zu denken ist an die unterschiedliche Festlegung von Anspruchsfristen im Generalunternehmervertrag einerseits und in Nachunternehmerverträgen andererseits, vor allem mit Hinblick auf § 307 BGB).

16

e) Nur beispielhafte Aufzählung

Die unter a bis d genannten Fälle sind nur beispielhaft: Demnach kann es auch noch andere Gesichtspunkte geben, die nach der Eigenart der Bauleistung eine anderweitige Regelung der Verjährungsfristen der Mängelansprüche rechtfertigen. Die genannten Beispiele dürften Richtpunkte zur Beurteilung weiterer Fälle sein. Dies immer vor dem Hintergrund, dass die kürzen Fristen der VOB neben dem BGB überhaupt akzeptiert werden.

17

III. Abwägung (§ 13 S. 2 VOB/A)

Wie sich aus § 13 S. 2 VOB/A ergibt, wird für die Änderung der in § 13 Nr. 4 VOB/B vorgesehenen Frist noch mehr vorausgesetzt als die nach S. 1 festgelegte Erforderlichkeit anhand der Eigenart der Leistung. Es wird insoweit eine Abwägung in verschiedener Hinsicht verlangt.

18

1. Erkennbarkeit von Mängeln; Nachweis der Ursachen

Einmal ist die Überlegung am Platze, wann etwaige Mängel erfahrungsgemäß erkennbar werden und wieweit die Mängelursachen noch nachgewiesen werden können (vgl. auch Nr. 3 VHB zu § 13 VOB/A). Es ist zusätzlich zu überlegen, ob und wann bei der konkret in Betracht kommenden Leistung die möglichen Mängel erkennbar sind und nachgewiesen werden können. Das ist eine an sich selbstverständliche zusätzliche Erwägung. Schließlich geht es hier um die Frist, innerhalb derer die Geltendmachung von Mängelansprüchen ohne zu erwartende Verjährungseinrede des Auftragnehmers noch in Betracht kommt. Dabei ist die allgemeine Erfahrung ausschlaggebend. Sie richtet sich nach den anerkannten Erfahrungen der Technik (z.B. danach, wann sich ein Bauwerk bei den hier vorliegenden Bodenverhältnissen voraussichtlich gesetzt haben wird und mit dem Auftreten von Rissen nicht mehr zu rechnen ist).

19

Für die Bemessung der Verjährungsfrist ist es auch von Bedeutung, ob und wann etwa in Betracht zu ziehende Mängel voraussichtlich als solche erkennbar sind. Dies ist eindeutig und klar abgrenzbar im Hinblick auf andere Erscheinungen, die dem Auftragnehmer nicht angelastet werden können (z.B. die Verursachung eines Mangels durch einen anderen Auftragnehmer oder eine übliche Abnutzung im Einzelfall; so mit Recht Nr. 3 VHB zu § 13 VOB/A). Sobald es hier für den grundsätzlich beweisbelasteten Auftraggeber zu Schwierigkeiten kommen kann, sollte man die Verjährungsfrist hierauf nicht erstrecken; vor allem dann, wenn zunehmend oder gar überwiegend von normalen oder gar übernormalen Verschleißerscheinungen die Rede sein kann. Das richtet sich nach der Art und dem jeweiligen Nutzungszweck der Leistung.

2. Berechtigte Belange des Auftragnehmers

20 Des Weiteren werden Überlegungen gefordert, die aus objektiver Sicht die berechtigten Belange nicht nur des Auftraggebers, sondern auch des Auftragnehmers im Auge behalten.

a) Auswirkung auf die Preise

21 Einmal ist es die Frage der Auswirkung einer zeitlich anderweitigen Frist auf die Preise. Es liegt auf der Hand, dass es bei zeitlich verlängertem Gewährleistungswagnis eine berechtigte Forderung des zukünftigen Auftragnehmers sein kann, einen Zuschlag zu dem für die normale Verjährungszeit berechtigten Preis zu verlangen. Man könnte von einem Wagniszuschlag sprechen, vgl. hierzu § 9 Nr. 2 VOB/A. Es muss dabei in die Erwägung des Auftraggebers mit einbezogen werden, ob sich für ihn ein solcher Zuschlag »lohnt«; ob er also in einem vertretbaren Verhältnis zu dem für ihn durch die Verlängerung der Verjährungsfrist erzielbaren Vorteil steht (so auch Nr. 3 VHB zu § 13 VOB/A). Umgekehrt gilt dies entsprechend für die Überlegung einer etwaigen Verkürzung der normalen Frist.

b) Billige Bemessung der Verjährungsfristen

22 Schließlich ist auch die Frage einer billigen Bemessung der Verjährungsfristen für Mängelansprüche zu beachten. Hierzu gilt zunächst das oben Gesagte. Hinzu kommt die rechtspolitische Überlegung, die den kürzeren Verjährungsfristen im Rahmen der Gewährleistung beim Bauvertrag (§ 634a BGB und § 13 Nr. 4 VOB/B) zugrunde liegt. Dabei ist auf den oben erwähnten Grundsatz bzw. Ziel der VOB/B hinzuweisen, im Bereich der Mängelrechte »baldmöglichst« Rechtsfrieden zu schaffen.

IV. Öffentliche Bauaufträge

23 Für eine etwaige von der Regelfrist in § 13 Nr. 4 VOB/B abweichende Vereinbarung durch einen öffentlichen Auftraggeber ist im VHB (Vergabehandbuch Ausgabe 2002, elektronisch aktualisierter Stand vom 1.2.2006; http://www.bmvbs.de/Anlage/original_949619/VHB-2002-Stand-Februar-2006.pdf) zu § 13 VOB/A als nur beispielhafte Aufzählung (Wortlaut: »insbesondere«) bestimmt:

»1. Verjährungsfrist für Mängelansprüche
Die Regelfrist für die Verjährung von Mängelansprüchen beträgt bei Bauwerken 4 Jahre. Das gilt grundsätzlich auch für maschinelle und elektrotechnische/elektronische Anlagen und Anlagenteile. Ob ausnahmsweise eine Verjährungsfrist für Mängelansprüche von 2 Jahren gem. § 13 Nr. 4 Abs. 2 VOB/B gilt, bestimmt sich nach den Umständen des Einzelfalls.

2. Verjährungsfrist für Mängelansprüche bei Bauunterhaltungsarbeiten
Bauunterhaltungsarbeiten können Arbeiten an einem Bauwerk oder Arbeiten an einem Grundstück sein. Für diese Arbeiten ist in der Regel eine 4-jährige Verjährungsfrist zu vereinbaren.

3. Abweichung von der Regelfrist
Sofern ausnahmsweise von der Regelfrist des § 13 Nr. 4 Abs. 1 VOB/B abweichende Verjährungsfristen vereinbart werden sollen, können folgende Umstände als Anhalt für die Bemessung der Fristen dienen:

- die Frist, innerhalb der bei Bauleistungen der betreffenden Art Mängelansprüche üblicherweise noch erkennbar werden;
- der Zeitpunkt, bis zu dem einwandfrei festgestellt werden kann, ob aufgetretene Mängel auf vertragswidrige Leistung oder auf andere Ursachen, z.B. übliche Abnutzung, zurückzuführen sind, z.B. üblicher Verschleiß oder Abnutzung durch vertragsgemäßen Gebrauch;
- die Abwägung, ob Preiserhöhungen oder -minderungen durch Berücksichtigung des erhöhten oder geminderten Mängelansprüche-Risikos in einem angemessenen Verhältnis zu dem erzielbaren Vorteil stehen.

4. Neuartige Baustoffe
Bei Verwendung neuartiger Baustoffe und Baukonstruktionen ist stets zu prüfen, inwieweit die Verjährungsfrist verlängert werden muss, weil über das Auftreten von Mängeln noch keine Erfahrungen vorliegen.

5. Vereinbarung von Verjährungsfristen
Soll im Vertrag für die Mängelansprüche eine Verjährungsfrist vereinbart werden, ist in Nr. 10 bzw. Nr. 9 der Besonderen Vertragsbedingungen EVM (B/L) BVB – 214/234 ein Text gem. T$_2$ 28 der WBVB einzusetzen.«

C. Rechtschutzfragen/Vergaberecht

Die über § 13 VOB/A vorzunehmende Wertung, wann andere Verjährungsfristen als nach § 13 Nr. 4 VOB/B zu vereinbaren sind, hat auch Auswirkungen auf das Vergabeverfahren. Man wird davon ausgehen können, dass bei einer von § 13 VOB/A nicht gedeckten Vereinbarung »anderer Verjährungsfristen« einen Bieter im Sinne des § 9 Nr. 2 VOB/A unangemessen benachteiligt (in diesem Sinne auch *Franke/Mertens* § 13 VOB/A Rn. 6). Sofern der Auftraggeber tatsächlich abweichende Verjährungsfristen vereinbaren will, wird er entsprechende Begründungen regelmäßig im Vergabevermerk dokumentieren müssen. Strittig ist, ob § 13 VOB/A i.V.m. § 9 Nr. 2 VOB/A bieterschützende Wirkung zukommt (ablehnend: Beck'scher VOB-Kommentar § 13 VOB/A Rn. 10; bejahend: *Franke/Mertens* § 13 VOB/A Rn. 8; ebenso Beck'scher Kurzkomm./*Weyer* § 13 VOB/A Rn. 19 mit der Begründung, dass alle Vergabevorschriften – außer Ordnungsvorschriften – bieterschützend seien; hierzu auch OLG Düsseldorf »Euromünzblättchen III« BauR 2000, 1603 = NZBau 2000, 440). **24**

Sofern von der VOB/B abweichende Verjährungsfristen vereinbart werden, unterliegen diese der AGB-rechtlichen Inhaltskontrolle. Regelmäßig werden allerdings auch die »eigentlichen« Fristen des § 13 VOB/B der entsprechenden Kontrolle unterliegen. Dies zum einen deshalb, weil es den »reinen« VOB/B-Vertrag m.E. in der Praxis so gut wie nicht gibt. Zum anderen deshalb, weil auch bei einem solchen »reinen« Vertrag die Privilegierung umstritten ist. Gleich welcher Fall vorliegt, sollen Vereinbarungen zu Verjährungsfristen auch als AGB für Fachunternehmen keine überraschenden Klauseln i.S.d. § 305c Abs. 1 BGB darstellen (BGH BauR 1987, 445 = NJW-RR 1987, 851; ebenso Beck'scher Kurzkomm./*Weyer* § 13 VOB/A Rn. 20). Allerdings wird man gleichwohl eine Prüfung nach § 307 BGB durchführen müssen. **25**

Nach dem OLG Dresden kann sich ein Bieter im Wege einer einstweiligen Verfügung auf Unterlassung gegen eine wettbewerbswidrige Ausschreibung des öffentlichen Auftraggebers wehren (§§ 19, 33 GWB; OLG Dresden BauR 2001, 816). Das Gericht nahm in diesem Fall die missbräuchliche Ausnutzung einer marktbeherrschenden Stellung an. **26**

§ 14
Sicherheitsleistung

1. Auf Sicherheitsleistung soll ganz oder teilweise verzichtet werden, wenn Mängel der Leistung voraussichtlich nicht eintreten oder wenn der Auftragnehmer hinreichend bekannt ist und genügende Gewähr für die vertragsgemäße Leistung und die Beseitigung etwa auftretender Mängel bietet. Bei Beschränkter Ausschreibung sowie bei Freihändiger Vergabe sollen Sicherheitsleistungen in der Regel nicht verlangt werden.

2. Die Sicherheit soll nicht höher bemessen und ihre Rückgabe nicht für einen späteren Zeitpunkt vorgesehen werden, als nötig ist, um den Auftraggeber vor Schaden zu bewahren. Die Sicherheit für die Erfüllung sämtlicher Verpflichtungen aus dem Vertrag soll 5 v.H. der Auftragssumme nicht überschreiten. Die Sicherheit für die Mängelansprüche soll 3 v.H. der Abrechnungssumme nicht überschreiten.

Inhaltsübersicht	Rn.
Vorbemerkung	1
A. Begriff und Arten der Sicherheitsleistung	2
I. Begriff	2
II. Arten	3
B. Sicherungsgegenstand und Verzicht auf Sicherheitsleistung (Nr. 1)	4
I. Sicherungsgegenstand	5
II. Verzicht auf Sicherheitsleistung	7
1. Voraussichtlich keine Mängel	8
2. Gewähr für vertragsgemäße Erfüllung	9
3. Ausnahmen bei Öffentlicher Ausschreibung	10
4. Ausnahmen bei Beschränkter Ausschreibung und Freihändiger Vergabe (S. 2)	11
5. Abhängigkeit der Sicherheitsleistung von Auftragssummen	13
C. Die Höhe der Sicherheit (Nr. 2)	14
I. Keine gesetzliche Festlegung	14
II. Hinweise zur vertraglichen Festlegung	15
D. Rückgabe der Sicherheit (Nr. 2 S. 1)	24
I. Grundsätze	25
II. Bestimmungen des VHB	28

Vorbemerkung

1 § 14 VOB/A befasst sich mit der Frage, ob und inwieweit bei der Gestaltung von Vergabeunterlagen bzw. von Bauaufträgen öffentlicher Auftraggeber die **Stellung einer Sicherheitsleistung des jeweiligen Auftragnehmers sachgerecht** ist und in welcher Höhe dies angebracht erscheint. Die Regelung beruht auf der Ausgangsüberlegung, dass dem Auftraggeber nicht automatisch die Befugnis zufällt, vom Bieter bzw. vom späteren Auftragnehmer die Stellung einer Sicherheit zu verlangen. Stattdessen muss dies im jeweiligen Vertrag oder in den Vergabeunterlagen festgelegt bzw. vereinbart werden. Dies ergibt sich nicht nur aus § 17 Nr. 1 Abs. 1 VOB/B, sondern in erster Linie aus den dort in Bezug genommenen gesetzlichen Bestimmungen der §§ 232 ff. BGB.

Sicherheitsleistung § 14 VOB/A

A. Begriff und Arten der Sicherheitsleistung

I. Begriff

Die Sicherheitsleistung durch den Auftragnehmer dient dazu, etwa **eintretende finanzielle Verluste vom Auftraggeber abzuwenden.** Sie wird **nicht wie die Vertragsstrafe anstelle der oder zusätzlich zur Leistung fällig** (vgl. §§ 340 f. BGB), sondern sichert lediglich eine **mögliche Forderung** des Auftraggebers. Dieser soll davor geschützt werden, wegen etwaiger berechtigter zukünftiger (also noch nicht entstandener und noch nicht voraussehbarer, jedoch möglicher) Forderungen aus dem betreffenden Vertrag fruchtlos zu vollstrecken; es soll ein an sich zum Bereich des Auftragnehmers gehörender Vermögenswert vorhanden sein, an dem der Auftraggeber sich nach Eintritt von im Einzelnen festzulegenden Voraussetzungen schadlos halten kann. Die Sicherheitsleistung ist also ein **Mittel zur Abwendung künftiger Rechtsverletzungen** oder Benachteiligungen. Ihre gesetzlichen Grundlagen finden sich in den §§ 232 ff. BGB (vgl. dazu auch § 17 Nr. 1 Rn. 1 VOB/B).

2

II. Arten

Die für den Bauvertrag nach der VOB üblichen **Arten der Sicherheitsleistung** sind in Teil A nicht geregelt; sie **sind** vielmehr **§ 17 Nr. 2 VOB/B zu entnehmen**. Soweit auch diese Bestimmung nicht ausreicht, sind die §§ 232 bis 240 BGB ergänzend heranzuziehen (vgl. § 17 Nr. 1 VOB/B Rn. 50). Nr. 3 VHB zu § 14 VOB/A bestimmt dazu für öffentliche Auftraggeber:

3

3 Arten der Sicherheiten
Nach § 17 Nr. 2 i.V.m. Nr. 3 VOB/B hat der Auftragnehmer die Wahl zwischen den folgenden Arten der Sicherheit:
– Einbehalt von Geld (§ 17 Nr. 6)
– Hinterlegung von Geld (§ 17 Nr. 5) und
– Stellung einer Bürgschaft (§ 17 Nr. 4).
Der Auftragnehmer kann im Laufe der Vertragsabwicklung eine einmal gewählte Art der Sicherheit durch eine andere der vorgenannten ersetzen.
Für vereinbarte Abschlagszahlungen i.S.d. § 16 Nr. 1 Abs. 1 S. 3 VOB/B und vereinbarte Vorauszahlungen kann Sicherheit nur durch Bürgschaft geleistet werden.

Bereits für das Vergabeverfahren ist zu beachten, dass der **Auftragnehmer**, der gemäß § 17 Nr. 1 VOB/B eine Sicherheit zu stellen hat, vorbehaltlich einer vorgehenden Vereinbarung aus den nach § 17 Nr. 2 VOB/B zugelassenen verschiedenen Arten der Sicherheit eine ihm genehme Art frei **wählen kann** (§ 17 Nr. 3 VOB/B). Nach deren erstmaliger Bereitstellung ist der Auftragnehmer nach § 17 Nr. 3 VOB/B weiter berechtigt, **eine Sicherheit durch eine andere zu ersetzen**.

B. Sicherungsgegenstand und Verzicht auf Sicherheitsleistung (Nr. 1)

Nach dem Grundverständnis der VOB/A soll die **Sicherheitsleistung nicht die Regel sein.** Dies wiederum beruht auf dem Gedanken, dass durch eine Sicherheitsleistung finanzielle Mittel des Auftragnehmers gebunden werden, mit denen er sonst arbeiten könnte (auch *Retemeyer* S. 48). Selbst wirtschaftlich gut fundierte Unternehmer verfügen nicht immer über ein solches Eigenkapital, dass sie es sich leisten können, in großem Umfang Geld oder sonstige Vermögenswerte zu Sicherheitszwecken zu hinterlegen oder für längere Zeit dem Auftraggeber zu belassen. Müssen sie dafür gar Geld aufnehmen oder z.B. Bankbürgschaften stellen, erhöht das in Wirklichkeit nur die Kosten des Betriebes und damit die Baupreise, so dass letzten Endes der Auftraggeber wirtschaftlich zu der ihm zu gewährenden Sicherheitsleistung noch mit herangezogen wird. Aus all diesen Gründen soll die Vereinbarung einer Sicherheitsleistung im Rahmen eines VOB-Bauvertrages eine **Ausnahme** bilden, wie sich

4

aus der engen Fassung von § 14 VOB/A und dem mit der VOB 2000 eingefügten S. 2 in Nr. 1 ausdrücklich ergibt (vgl. LG Berlin Urt. v. 12.10.1959 93 O 84/59 SFH Z 2.320 Bl. 8 f.; dazu grundlegend *Daub* BauR 1977, 24 ff.). Ein **Rechtsanspruch des Bieters gegen die Vergabestelle**, aufgrund der nur als Sollvorschrift ausgestalteten Regelung in § 14 VOB/A von der Forderung nach einer Sicherheit in der Ausschreibung abzusehen, **besteht jedoch nicht** (vgl. dazu BGH Urt. v. 30.3.2006 VII ZR 44/05 BauR 2006, 1128, 1129 = NJW 2006, 2555, 2556 = NZBau 2006, 504, 505 = ZfBR 2006, 465, 466 zu der deutlich weiter gehenden Regelung in § 12 Nr. 1 S. 1 VOB/A, wonach – anders als in der Soll-Vorschrift des § 14 VOB/A – die Vereinbarung von Vertragsstrafen nur auszubedingen sind, wenn die Fristüberschreitung erhebliche Nachteile verursachen kann: Selbst hier gewährt der BGH Auftragnehmern für den Fall, dass unter Verstoß gegen § 12 Nr. 1 S. 1 VOB/A Vertragsstrafen vereinbart und diese sogar verwirkt sind, praktisch keinerlei Abwehrrechte). Aus dieser Sichtweise heraus sind die folgenden Einschränkungen zu verstehen, die § 14 VOB/A enthält.

I. Sicherungsgegenstand

5   Eine **Sicherheit** kann auf der Grundlage der VOB-Regelungen **für alle zukünftigen Forderungen** vereinbart werden, die dem Auftraggeber gegen den Auftragnehmer aus dem betreffenden Bauvertrag erwachsen können. Hierzu zählen u.a. Kosten, die durch Beseitigung von Mängeln durch Dritte entstehen, Schadensersatzansprüche, Mietausfälle, Vertragsstrafen, pünktliche Vertragserfüllung, Sicherung von Vorauszahlungen oder Abschlagszahlungen nach § 16 Nr. 2 Abs. 1, Nr. 1 Abs. 1 S. 3 VOB/B, Ansprüche auf Erstattung von Überzahlungen usw. (vgl. dazu auch Nr. 1 und Nr. 2 VHB zu § 14 VOB/A). Darüber hinaus können Sicherheiten auch schon vor Vertragsschluss verlangt werden, wie z.B. während des Vergabeverfahrens dafür, dass der Bieter sein Angebot in der Zuschlagsfrist aufrechterhält (so genannte **Bietungsbürgschaft**). Das kommt aber nur **ausnahmsweise** in Betracht, zumal das VHB zu § 14 VOB/A solche Sicherheiten nicht (mehr) erwähnt.

6   Es ist möglich und nach den Gegebenheiten des einzelnen Falles im wirtschaftlichen Interesse der Bauvertragspartner auch anzuraten, die Sicherheitsleistung in den Verdingungsunterlagen und damit im Bauvertrag auf nur einzelne mögliche Ansprüche (Gewährleistung usw.) zu beschränken. Wenn dagegen nur allgemein Sicherheit gefordert und geleistet ist, werden entsprechend **§ 17 Nr. 1 Abs. 2 VOB/B alle Ansprüche bezüglich der vertragsgemäßen Ausführung der Leistung und der Gewährleistung** (Mangelansprüche) erfasst (vgl. ausführlich § 17 Nr. 1 VOB/B Rn. 12 ff.).

II. Verzicht auf Sicherheitsleistung

7   Bei der Aufstellung der Vergabeunterlagen kommt der Auftraggeber nicht selten zu der Erkenntnis, dass es bei der Abwicklung des Bauvorhabens voraussichtlich zu keinen sicherzustellenden Forderungen kommen wird. In diesen Fällen soll er – **ohne dass daraus ein entsprechender Anspruch des späteren Auftragnehmers entsteht** (vgl. OLG Stuttgart Urt. v. 17.12.1975 13 U 95/75 BauR 1976, 435 sowie vorstehend Rn. 4 a.E.) – ganz oder zumindest teilweise auf eine Sicherheitsleistung **verzichten** (vgl. dazu auch Nr. 6 VHB zu § 14 VOB/A): Der Verzicht kann **noch nach Vertragsabschluss** erklärt werden, was aber hinreichend eindeutig geschehen muss. Zwar kann ein solcher Verzicht auch stillschweigend zum Ausdruck gebracht werden; hieran sind allerdings strenge Anforderungen zu stellen (vgl. BGH Urt. v. 22.6.1995 VII ZR 118/94 BauR 1995, 701 = ZIP 1995, 1195 = *v. Feldmann* EWiR § 397 BGB 1/95, 859 = MDR 1995, 1011 = SFH § 397 BGB Nr. 1 = LM § 397 BGB Nr. 11 = NJW-RR 1996, 237).

1. Voraussichtlich keine Mängel

8   Anlass für einen Verzicht auf eine Sicherheitsleistung ist zunächst die Einschätzung des Auftraggebers, dass **voraussichtlich keine Mängel der Bauleistung eintreten werden**. Ein Indiz für eine sol-

che Einschätzung ist stets dann gegeben, wenn im konkreten Vertrag auf Gewährleistungs- bzw. Mängelansprüche verzichtet wird. § 14 Nr. 1 VOB/A geht sodann aber darüber hinaus: Er verlangt nicht, dass das Nichtauftreten von Mängeln bei der Abnahme unzweifelhaft feststeht, sondern es reicht bereits, dass **voraussichtlich** mit keinen Mängeln zu rechnen ist. Dabei ist die Prognoseentscheidung aus § 14 Nr. 1 VOB/A allerdings nicht auf etwaige Baumängel nach der Abnahme beschränkt, sondern schließt das Erfüllungsstadium ein. Mit dieser Maßgabe ist nach dem Grundgedanken von § 14 Nr. 1 VOB/A immerhin davon auszugehen, dass die Sicherheitsleistung die Ausnahme bleiben soll (vgl. dazu auch *Hanhardt* Bauwirtschaft 1979, 969). Demgegenüber zeigt die Praxis, dass die Fälle, in denen der Auftraggeber aller Voraussicht nach nicht mit dem Eintritt von Mängeln zu rechnen braucht, verhältnismäßig selten sind und sich erfahrungsgemäß auf bestimmte Baubereiche beschränken (vgl. etwa Arbeiten zu reinen Abbrucharbeiten LG Hamburg Urt. v. 1.9.2003 325 O 125/02, Berufung durch Beschl. des OLG Hamburg gemäß § 522 Abs. 2 ZPO zurückgewiesen: Beschl. v. 13.2.2004 8 U 165/03 IBR 2004, 248).

2. Gewähr für vertragsgemäße Erfüllung

Selbst wenn der Auftraggeber voraussichtlich mit Mängeln oder sonstigen Ansprüchen berechtigt rechnen kann, soll er dennoch auf eine Sicherheitsleistung verzichten, wenn die beiden folgenden Voraussetzungen vorliegen: Zum einen ist der Auftragnehmer dem Auftraggeber hinreichend bekannt, und zwar hinsichtlich seiner betrieblichen und für die hier angesprochene Zuverlässigkeit ausschlaggebenden Eigenschaften; zum anderen bietet der spätere Auftragnehmer genügende Gewähr für die vertragsgemäße Ausführung und für die Beseitigung etwa auftretender Mängel. Handelt es sich somit um einen in jeder Beziehung absolut fachkundigen, leistungsfähigen und zuverlässigen Bieter im Sinne des § 2 VOB/A, besteht allgemein die Gewähr, dass die Bauleistung vertragsgemäß ausgeführt wird. Zumindest kann aber davon ausgegangen werden, dass ein solcher Auftragnehmer etwaige Mängel, die dennoch auftreten, ordnungsgemäß und pünktlich beseitigt. Nach § 14 Nr. 1 VOB/A soll der Auftraggeber in solchen Fällen keine Sicherheit für die Gewährleistung begehren, was entsprechend auch für Bietungs- und Vertragserfüllungssicherheiten gelten muss. Sache des Bewerbers bzw. Bieters ist es, sich im Einzelfall einem unzumutbaren Verlangen auf Sicherheitsleistung zu widersetzen, ohne dass er allerdings einen Rechtsanspruch auf den Verzicht hat (vgl. oben Rn. 7).

9

3. Ausnahmen bei Öffentlicher Ausschreibung

Soweit nach § 14 Nr. 1 VOB/A bei bestimmten zuverlässigen Auftragnehmern auf eine Sicherheitsleistung verzichtet werden kann oder soll, muss dagegen einschränkend beachtet werden, dass im Regelfall der Öffentlichen Ausschreibung oder u.U. auch bei der Beschränkten Ausschreibung während des Ausschreibungsverfahrens der spätere Auftragnehmer nicht oder nicht hinreichend bekannt ist. Der Auftraggeber kann daher zu der Zuverlässigkeit eines Bieters auch unter dem Gesichtspunkt, ob er gemäß § 14 Nr. 1 VOB/A von einer Sicherheitsleistung absehen soll, praktisch keine Einschätzung abgeben. Im Gegenteil: Den Bewerbern müssen bereits in den Vergabeunterlagen (vgl. § 10 Nr. 4 Abs. 1k VOB/A) bzw. in der Bekanntmachung oder in der Aufforderung zur Angebotsabgabe (vgl. § 17 Nr. 1 Abs. 2p und Nr. 2 Abs. 2n VOB/A) etwa geforderte Sicherheiten bekannt gegeben werden, um im Angebotsverfahren ordnungsgemäß kalkulieren zu können. Der Auftraggeber hat somit **kaum eine andere Wahl, als insbesondere bei der öffentlichen Ausschreibung eine Sicherheit von allen Bietern** zu fordern. Daher ist bei dieser Art der Ausschreibung die einschränkende Regelung des § 14 Nr. 1 VOB/A nur von geringer Bedeutung (*Kahle* BauR 1976, 329).

10

4. Ausnahmen bei Beschränkter Ausschreibung und Freihändiger Vergabe (S. 2)

Anders als bei der öffentlichen Ausschreibung kennt der Auftraggeber in der Regel den Auftragnehmer bei der **Beschränkten Ausschreibung bzw. freihändigen Vergabe**. Somit kann er bei diesen

11

beiden Vergabearten auch dessen Zuverlässigkeit unter dem Gesichtspunkt abschätzen, ob er gemäß § 14 Nr. 1 S. 1 VOB/A von einer Sicherheitsleistung absehen soll. Diese Unterscheidung zwischen öffentlicher Ausschreibung einerseits und Beschränkter Ausschreibung/Freihändiger Vergabe andererseits findet auch ihren Niederschlag in § 14 Nr. 1 S. 2 VOB/A. Diese Regelung beruht dabei maßgeblich auf der wirtschaftspolitischen Überlegung, die Auftragnehmer von liquiditätsbeeinträchtigenden Sicherheitsleistungen zu entlasten (vgl. hierzu auch *Joussen/Schranner* BauR 2000, 625, 627). Diese sind vor dem Hintergrund zu sehen, dass sich der Auftraggeber bei der Freihändigen Vergabe sowie der Beschränkten Ausschreibung an einen von ihm selbst ausgewählten Bewerberkreis richtet; er kann somit die »Qualität« des betreffenden Bieters besser beurteilen, als dies bei der öffentlichen Ausschreibung allein anhand der Eignungskriterien der Fall wäre. Hieraus folgt allerdings auch, dass § 14 Nr. 1 S. 2 VOB/A **für die Beschränkte Ausschreibung nach öffentlichem Teilnahmewettbewerb** (vgl. § 3 Nr. 1 Abs. 2 VOB/A) **nicht anwendbar** sein dürfte, da bei dieser Vergabeart der Bewerberkreis vom Auftraggeber ebenfalls nicht bestimmt werden kann.

12 Bisher ist nicht ersichtlich, dass sich § 14 Nr. 1 S. 2 VOB/A in der Praxis der öffentlichen Auftraggeber durchgesetzt hat. Sicherheitsleistungen werden nämlich vielfach nicht nur unter dem Aspekt einer ausreichenden Solvenz des Auftragnehmers gesehen. Stattdessen ist gerade in Gewährleistungsfällen die Androhung der öffentlichen Verwaltung, von der Sicherheitsleistung Gebrauch zu machen, oftmals das einzig wirksame Druckmittel, eine Mängelbeseitigung erfolgreich durchzusetzen. Daher werden sich mit diesem Argument selbst mit der Beschränkung in Nr. 1 S. 2 viele öffentliche Auftraggeber dazu veranlasst sehen, auch bei der Beschränkten Ausschreibung oder der Freihändigen Vergabe Sicherheitsleistungen zu verlangen. Mit der Klarstellung in Nr. 1 S. 2 ist dies aber **nicht vereinbar**.

5. Abhängigkeit der Sicherheitsleistung von Auftragssummen

13 Neben den sich unmittelbar aus § 14 Nr. 1 ergebenden Beschränkungen hängt die Frage, ob Sicherheit gefordert werden soll, bei öffentlichen Aufträgen nicht zuletzt von der voraussichtlichen Auftragssumme ab. Dazu bestimmt Nr. 2 zu § 14 VOB/A VHB:

2 Sicherheiten
2.1 für die vertragsgemäße Erfüllung sind
– *bei Öffentlicher Ausschreibung, Offenem Verfahren und bei internationaler NATO-Ausschreibung erst ab einer voraussichtlichen Auftragssumme von 250.000 € zu verlangen,*
– *bei Beschränkter Ausschreibung, Beschränkter Ausschreibung nach Öffentlichem Teilnahmewettbewerb, Freihändiger Vergabe, Nichtoffenem Verfahren und Verhandlungsverfahren in der Regel nicht zu verlangen,*
2.2 sind für die Erfüllung der Mängelansprüche in der Regel ab einer Auftragssumme bzw. der Abrechnungssumme von 250.000 € zu verlangen,
2.3 sind für Abschlagszahlungen oder Vorauszahlungen zu verlangen. Dabei sind § 16 B Nr. 1.4 und Nr. 2.2 VHB zu beachten.

C. Die Höhe der Sicherheit (Nr. 2)

I. Keine gesetzliche Festlegung

14 Weder nach dem Gesetz (vgl. §§ 232 ff. BGB) noch nach § 17 VOB/B (vgl. dazu § 17 Nr. 1 VOB/B Rn. 32 ff.) müssen die Vertragsparteien die **Höhe der Sicherheitsleistung im Bauvertrag festlegen**. Ist keine Höhe der Sicherheitsleistung festgelegt worden, so wird man dem Gläubiger, d.h. bei einer Sicherheitsleistung nach § 14 VOB/A/§ 17 VOB/B regelmäßig dem Auftraggeber, die Befugnis einräumen müssen, die Höhe nach § 316 BGB zu bestimmen (ebenso *Werner/Pastor* Rn. 1262; *Kleine-*

Möller Handbuch des privaten Baurechts § 2 Rn. 557; *Praun/Merl* a.a.O. § 12 Rn. 1262; *Siegburg* Handbuch der Gewährleistung Rn. 2493; *Nicklisch/Weick* § 17 VOB/B Rn. 18; *Heiermann/Riedl/Rusam* § 14 VOB/B Rn. 8; auch *Retemeyer* S. 48 – a.A. *Thierau* in *Kapellmann/Messerschmidt* § 17 VOB/B Rn. 85 f., der eine solche Sicherungsabrede für unwirksam hält). Die Bestimmung muss gemäß § 315 BGB nach billigem Ermessen erfolgen; dabei muss die Sicherheit jedenfalls hoch genug sein, um das zu sichernde Recht wertmäßig abdecken zu können (*Palandt/Heinrichs* Vor § 232 Rn. 1 BGB). Insoweit ist davon auszugehen, dass der in Nr. 2 S. 2 bzw. S. 3 genannte **Satz von 5% der Auftragssumme für Erfüllungssicherheiten bzw. 3% der Abrechnungssumme für Gewährleistungssicherheiten** im Allgemeinen als **angemessen und ausreichend** und somit für den **Normalfall als gewerbeüblich** angesehen werden kann (a.A. OLG München Urt. v. 15.10.1991 9 U 2951/91 BauR 1992, 234 = NJW-RR 1992, 218; dagegen insoweit zutreffend IBR 1993, 183-*Motzke*). Eine Überschreitung dieser Grenzen in AGB mit der Festlegung einer Sicherheit von äußerstenfalls 10% der Auftrags- bzw. Abrechnungssumme dürfte allerdings kaum gegen § 307 BGB verstoßen (siehe hierzu § 17 Nr. 1 Rn. 33 VOB/B). Notfalls muss das Gericht die angemessene Höhe der zu leistenden Sicherheit bestimmen (§ 315 Abs. 3 S. 2 BGB).

II. Hinweise zur vertraglichen Festlegung

Zur Vermeidung unnötiger Streitigkeiten sollte die Höhe der Sicherheit bereits in den Vergabeunterlagen oder jedenfalls nachträglich im Bauvertrag vereinbart werden. Dies gilt vor allem, um etwaige Unklarheiten und Meinungsverschiedenheiten, wie sie sich nach dem Gesagten leicht ergeben können, zu verhindern. **15**

Die Sicherheit sollte nach allem nur so hoch bemessen sein, als notwendig ist, um den Auftraggeber vor Schaden zu bewahren. Es ist allerdings vielfach schwierig, dazu bereits in den Vergabeunterlagen eine genaue Bewertung zu treffen. Denn der Auftraggeber kann im Einzelnen nicht voraussehen, welche Mängel auftreten oder welche sonstigen Ansprüche aus einer ggf. festzustellenden Schlechtleistung des Auftragnehmers im Erfüllungsstadium erwachsen werden. Er wird auf Schätzungen angewiesen sein, wobei gewisse **Erfahrungssätze** Anhaltspunkte geben können. Die VOB sieht dazu vor, dass eine Sicherheit für die Vertragserfüllung insgesamt **fünf vom Hundert der Auftragssumme und für die Mängelansprüche (gemeint sind die nach der Abnahme) drei von Hundert der Abrechnungssumme nicht überschreiten** soll. Der für die Gewährleistung – also die Zeit nach der Abnahme – als angemessen angesehene niedere Satz von 3% der Abrechnungssumme rechtfertigt sich aus der Erkenntnis, dass der Auftraggeber zwischenzeitlich die vom Auftragnehmer erbrachte Leistung als im Wesentlichen vertragsgerecht und somit zumindest vorläufig als erfüllt entgegengenommen hat. Bei diesen Werten ist die VOB/A im Rahmen durchschnittlicher Erfahrung von dem Gedanken ausgegangen, dass es nicht Sinn einer Sicherheit sein kann, Geld oder andere Vermögenswerte des Auftragnehmers über Gebühr festzulegen. **16**

Aus § 14 Nr. 2 kann immerhin weiter entnommen werden, dass die für die Zeit der Vertragserfüllung genannten 5% im Allgemeinen für **Vertragserfüllungssicherheiten** als berechtigt angesehen werden. Dies dürfte entsprechend für so genannte **Bietungssicherheiten** gelten, während für die **Zeit der Gewährleistung eine Herabsetzung** auf 3% als angemessen erscheint. Diese Grenzen sollten vor allem auch in jenen Verträgen beachtet werden, in denen nach der vertraglichen Vereinbarung die Vertragserfüllungssicherheit in eine Gewährleistungssicherheit übergehen soll: Hier ist nach der Abnahme die diesbezügliche Differenz zwischen der höheren Vertragserfüllungssicherheit und der niedrigeren Gewährleistungssicherheit dem Auftragnehmer unverzüglich zurückzugewähren. Zu beachten ist weiter, dass sich die in Nr. 2 S. 2 genannte Vertragserfüllungssicherheit (für die Zeit vor der Abnahme) in Höhe von 5% nach der **Auftragssumme** richtet (bei Einheitspreisverträgen nach der vorläufigen Angebotsendsumme, bei Pauschalverträgen nach der Vertragssumme, bei Stundenlohnverträgen nach der geschätzten Höhe der Gesamtvergütung). Demgegenüber bemisst **17** sich nach Nr. 2 S. 3 die Gewährleistungssicherheit von 3% nach der **Abrechnungssumme einschließlich aller Nachträge.** Die Differenzierung ist sachgerecht, weil von der Gewährleistungssicherheit alle vom Auftragnehmer tatsächlich erbrachten Leistungen erfasst sein müssen. Dafür bietet naturgemäß die Abrechnungssumme einen hinreichenden Anhalt (vgl. dazu aber auch weiter unten die Bemerkung zu Nr. 4 VHB zu § 14 VOB/A). Da es hier um die Sicherung des Auftraggebers für etwaige zukünftige Gewährleistungsansprüche, also die Wahrung seiner Interessen geht, ist im Zweifel diejenige Abrechnungssumme zugrunde zu legen, die der Auftraggeber für richtig hält.

18 Neben der Vertragserfüllungs- und Gewährleistungssicherheit gibt es noch weitere Sicherheiten, die in § 14 VOB/A nicht behandelt sind, hier vor allem die **Sicherheiten für Vorauszahlungen** (§ 16 Nr. 2 Abs. 1 S. 1 VOB/B) und für **Abschlagszahlungen** (§ 16 Nr. 1 Abs. 1 S. 3 VOB/B) für noch nicht eingebaute Bauteile sowie für noch nicht verarbeitete Stoffe. Diese Sicherheiten sind der Höhe nach in ihrem vollen – anteiligen – Vergütungswert anzusetzen.

19 Bei der Bemessung der Höhe der Sicherheitsleistung ist im Allgemeinen von der jeweils maßgebenden **Bruttosumme** auszugehen. Etwas anderes gilt nur im Anwendungsbereich des § 13b UStG, wenn Subunternehmer für baugewerbliche Hauptunternehmer tätig werden. Wird hier auf die Abrechnungssummen Bezug genommen, ist insoweit auf die Netto-Beträge abzustellen. Für den öffentlichen Auftraggeber hat dies jedoch in der Regel keine Bedeutung, so dass es bei ihm als Bezugsgröße bei den Bruttobeträgen verbleibt (siehe dazu ausführlich § 17 Nr. 1 Rn. 34 f.).

20 Nach der Fassung 2002 (mit Stand 1.2.2006) führt das VHB in Nr. 4 zu §14 VOB/A zur Höhe der Sicherheitsleistung aus:

4 Höhe der Sicherheiten
Ist für die vertragsgemäße Erfüllung und/oder die Mängelansprüche eine Sicherheit erforderlich, ist in Nr. 4.1 des EVM (B) BVB – 214 bzw. Nr. 6.1 des EVM (L) BVB – 234 der Vonhundertsatz einzutragen. Als Sicherheit für die vertragsgemäße Erfüllung sollen in der Regel bis zu 5 v.H. der Auftragssumme vorgesehen werden. Höhere Sicherheiten dürfen nur gefordert werden, wenn ein ungewöhnliches Risiko für den Auftraggeber zu erwarten ist; die Sicherheit darf in diesem Fall 10 v.H. der Auftragssumme nicht überschreiten.
Als Sicherheit für die Mängelansprüche sollen in der Regel 3 v.H., höchstens jedoch bis zu 5 v.H. der Auftragssumme einschließlich erteilter Nachträge vorgesehen werden.

21 Die eher restriktiven Regelungen des § 14 Nr. 2 VOB/A enthalten zugleich den Hinweis der VOB an den Auftraggeber, eine **Übersicherung zu vermeiden.** So wird es jedenfalls nicht den Vergaberegeln der VOB gerecht, wenn der Auftraggeber sich für den Fall des Vertragsabschlusses z.B. durch eine Ausführungsbürgschaft eine Sicherheit von 10% ausbedingt und sodann außerdem bei jeder einzelnen seiner Zahlungen zusätzlich Teile davon als Sicherheit (ggf. wiederum von 10%) einbehält (vgl. dazu u.a. Erläuterungen bei § 17 Nr. 1 Rn. 33 VOB/B). Letzteres ist vor allem deswegen nicht gerechtfertigt, weil der Auftraggeber z.B. bei später auftretenden Leistungsmängeln **zusätzlich** noch ein Leistungsverweigerungsrecht hinsichtlich des durch die Sicherheitsleistung nicht abgedeckten Vergütungsteils nach §§ 320, 641 Abs. 3 BGB geltend machen kann. Ohnehin kommt hinzu, dass ein solches Vorgehen des Auftraggebers sich grundsätzlich nur preiserhöhend, also letztlich zu seinem Nachteil, auswirken kann (ähnlich *Heiermann/Riedl/Rusam* § 14 VOB/B Rn. 6; vgl. ferner *Heiermann* BB 1977, 1575, 1580 f.). Diese Grundsätze sind bei für die Bauwirtschaft schlechter Konjunkturlage besonders zu beachten. Denn überhöhte Sicherheitsleistungen laufen den dann gebotenen Bestrebungen um die Belebung des Baumarktes und der Erhaltung der Arbeitsplätze zuwider.

22 Aus dem Gesagten folgt, dass derartige **Sicherheitsverlangen** nicht nur in ihrem Umfang und in ihrer Höhe ungerechtfertigt sind, sondern sogar auch **unwirksam sein können**, wenn sie sich in den **AGB des Auftraggebers**, hier vor allem in dessen Zusätzlichen Vertragsbedingungen finden. So widerspricht es § 307 BGB, wenn der Auftraggeber generell und ohne Unterscheidung vom Auftragnehmer die Vereinbarung eines zinslosen Sicherheitseinbehalts von 10% der Bruttoauftragssumme

Sicherheitsleistung § 14 VOB/A

verlangt (vgl. im Einzelnen § 17 Nr. 1 VOB/B Rn. 33, 39). Aber auch in AGB des Auftragnehmers kann eine Bestimmung zur Sicherheitsleistung an einer AGB-Inhaltskontrolle scheitern. So verstößt eine Vertragsklausel gegen § 309 Nr. 2 BGB, die dem Auftraggeber nur das Recht zum Einbehalt von 10% des Rechnungsbetrages bis zur Mängelbeseitigung durch den Auftragnehmer einräumt.

Zulässig und mit § 307 BGB vereinbar ist es immerhin, in AGB die **Erteilung des Zuschlages von der vorherigen Stellung einer Vertragserfüllungsbürgschaft** abhängig zu machen (BGH Urt. v. 20.4.2000 VII ZR 458/97 BauR 2000, 1498 = NJW-RR 2000, 1331 = ZfBR 2000, 479 = NZBau 2000, 424). Möglich ist es auch, von dem für den Zuschlag in Betracht kommenden Bieter eine Bestätigung des in Aussicht genommenen Bürgen zu verlangen, dass dieser im Falle des Zuschlages die geforderte Bürgschaft fristgerecht zur Verfügung stellt. Damit ist den berechtigten Interessen des Auftraggebers hinreichend Genüge getan (vgl. im Einzelnen § 17 Nr. 7 VOB/B Rn. 3). 23

D. Rückgabe der Sicherheit (Nr. 2 S. 1)

Nach Nr. 2 S. 1 soll die Rückgabe der Sicherheit **nicht für einen späteren Zeitpunkt vorgesehen werden, als nötig ist, um den Auftraggeber vor Schaden zu bewahren.** Soweit sich dies nicht aus Sinn und Zweck der Sicherheit von selbst ergibt, sollte der Auftraggeber dazu in den Vergabeunterlagen den Zeitpunkt der ganzen oder teilweisen Rückgewähr der Sicherheiten benennen. Allerdings hat der betreffende spätere Auftragnehmer hierauf keinen Rechtsanspruch (vgl. OLG Stuttgart Urt. v. 17.12.1975 13 U 95/75 BauR 1976, 435). 24

I. Grundsätze

Eine Sicherheit ist spätestens zurückzugeben, **wenn sich der Zweck der jeweiligen Sicherheitsleistung** erledigt hat, also wenn dem Auftraggeber kein Schaden mehr droht, für dessen ganze oder teilweise Deckung die Sicherheitsleistung dient. Diesem Grundgedanken folgt auch § 14 Nr. 2 S. 1: Er enthält die Forderung an den Auftraggeber, eine Sicherheit nicht länger zu behalten, als nötig, um ihn vor Schaden zu bewahren. Insoweit hängt die Notwendigkeit der Aufrechterhaltung eines Sicherungsmittels deutlich vom Sicherungszweck ab. Für eine **Vertragserfüllungssicherheit** ergibt sich der danach geltende Rückgabezeitpunkt ohne weiteres aus § 17 Nr. 8 Abs. 1 VOB/B: Sie ist vorbehaltlich einer abweichenden Vereinbarung spätestens nach Abnahme und Stellung einer Mängelsicherheit zurückzugewähren, es sei denn, dass Ansprüche des Auftraggebers, die nicht von der gestellten Sicherheit für Mängelansprüche umfasst sind, noch nicht erfüllt sind. 25

Wird **nur** eine **Gewährleistungssicherheit** vereinbart, so ist diese in erster Linie ebenfalls nach der getroffenen Vereinbarung zurückzugewähren. Spätester Zeitpunkt für die Rückgabe wäre – zieht man das Absicherungsinteresse des Auftraggebers im Sinne des § 14 Nr. 2 S. 1 heran – der Ablauf der Gewährleistung. Hiervon abweichend immerhin sieht § 17 Nr. 8 Abs. 2 VOB/B vor, dass mangels anderweitiger Vereinbarung eine Mängelsicherheit bereits nach Ablauf von zwei Jahren zurückzugeben ist – eine Regelung, mit der der Auftragnehmer nach der mit der VOB 2002 erfolgten Verlängerung der Regelverjährung von Gewährleistungsansprüchen auf vier Jahre gemäß § 13 Nr. 4 VOB/B nicht noch weiter belastet werden sollte (vgl. dazu im Einzelnen Erläuterungen zu § 17 Nr. 8 VOB/B Rn. 11 ff.). 26

Handelt es sich um eine **Bietungssicherheit,** so ist diese nach Zuschlagserteilung (§ 27 VOB/A) oder nach – ausnahmsweiser – Aufhebung der Ausschreibung (§ 26 VOB/A) zurückzugeben (vgl. dazu *Korbion* FS Heiermann S. 217 ff.). Geht es um eine **Vorauszahlungssicherheit,** ist diese zurückzugewähren, wenn die Voraussetzungen von § 16 Nr. 2 Abs. 2 VOB/B gegeben sind. Eine auf der Grundlage von § 16 Nr. 1 Abs. 1 S. 3 VOB/B für **eine Abschlagszahlung** gewährte Sicherheit ist zurückzu- 27 gewähren, wenn die betreffenden Stoffe oder Bauteile verarbeitet und in das Bauwerk eingebaut worden sind.

II. Bestimmungen des VHB

28 Für öffentliche Auftraggeber bestimmt Nr. 1 und 5 VHB zu § 14 VOB/A zur Vorlage der Sicherheitsleistung:

1 Ein Bedürfnis nach Sicherheitsleistung kann bestehen
1.1 dafür, dass der Auftragnehmer
  – die ihm übertragene Leistung einschließlich der Abrechnung vertragsgemäß erbringt,
  – Mängel- und Schadensersatzansprüche erfüllt,
1.2 bei Abschlagszahlungen für angefertigte, bereitgestellte Bauteile oder für auf der Baustelle angelieferte Stoffe und Bauteile,
1.3 bei Vorauszahlungen.

5 Rückgabezeitpunkt für Mängelanspruchsicherheit
Die Rückgabe der Sicherheit richtet sich nach § 17 Nr. 8 VOB/B.
Sofern im Einzelfall ein höheres Sicherheitsbedürfnis besteht, ist abweichend von der zweijährigen Regelfrist ein anderer Rückgabezeitpunkt in Nr. 4.1 des EVM (B) BVB – 214 bzw. in Nr. 6.1 des EVM (L) BVB – 234 festzulegen.

§ 15
Änderung der Vergütung

Sind wesentliche Änderungen der Preisermittlungsgrundlagen zu erwarten, deren Eintritt oder Ausmaß ungewiss ist, so kann eine angemessene Änderung der Vergütung in den Verdingungsunterlagen vorgesehen werden. Die Einzelheiten der Preisänderungen sind festzulegen.

Inhaltsübersicht Rn.

A. Allgemeines... 2
   I. Ausgangspunkt.. 2
   II. VOB-Regelungen... 4
   III. Bekanntgabe der Grundlagen etwaiger Preisänderungen 8
   IV. Festpreisvereinbarung.. 9
B. Die Voraussetzungen für § 15 VOB/A 14
   I. Änderung der Preisermittlungsgrundlagen 15
   II. Wesentlichkeit der Änderung..................................... 17
   III. Zu erwartende Änderung 18
   IV. Ungewissheit über Eintritt oder Ausmaß der Änderung 21
C. Die Preisänderungsregelung in § 15 VOB/A 23
   I. Angemessene Änderung 24
   II. Änderung für den Fall des Eintritts bestimmter Ereignisse 25
   III. Einzelheiten der Preisänderung................................... 26
      1. Bezeichnung der Preisermittlungsgrundlagen 27
      2. Festlegung der Grenzen der Preisänderung 30
      3. Übernahme der VHB-Richtlinien............................. 32
   IV. Preisvorbehalte 33

1 § 15 VOB/A geht von dem allgemein gültigen rechtlichen Grundsatz aus, dass Angebote und erst recht vertraglich vereinbarte Preise fest sind, also nicht durch Veränderungen – vor allem Erhöhun-

gen – in dem vom Unternehmer zu kalkulierenden bzw. kalkulatorisch angenommenen Eigenaufwand, der zur Erstellung der von ihm geforderten Leistung erforderlich ist (Löhne, Materialkosten, Kosten der Baustelle, Allgemeine Geschäftskosten), berührt werden. Dies ist gerade im Bauvertragswesen eine nicht zu unterschätzende Belastung für den ausführenden Unternehmer, weil die Abwicklung von Bauverträgen bis zur Abnahme nicht selten eine längere Zeit beansprucht, man oft genug hier von einem Bauvertrag als so genanntem »Langzeitvertrag« spricht. Der Aufgabe, dieses besondere Risiko des Unternehmers in vertretbaren Fällen abzumildern, dient die Regelung in § 15 VOB/A. Diese empfiehlt, unter gewissen Voraussetzungen dem Unternehmer im Einzelfall durch die Vereinbarung bestimmter Ausgleichsklauseln (so genannte Gleitklauseln) dadurch entgegenzukommen, dass man ihm gestattet, bei der späteren Ausführung zwischenzeitlich eingetretene, ihm nachteilige Entwicklungen in den Preisen im Bereich des von ihm zu erbringenden Eigenaufwandes auf den Vertragspartner in gewissem Umfang abzuwälzen. Die Fassung der hier zur Erörterung stehenden Regelung gestattet es aber auch, zu Gunsten des Auftraggebers entsprechende Klauseln zu vereinbaren und dadurch die Möglichkeit der Preisherabsetzung wegen verbilligten Eigenaufwandes des Auftragnehmers zu haben. Allerdings kommt dieser Fall in der Praxis nur ganz selten vor.

A. Allgemeines

I. Ausgangspunkt

Bei Bauverträgen kann sich nach Vertragsschluss, aber auch noch während der Ausführung der Leistung des Auftragnehmers, herausstellen, dass die ursprünglich vereinbarte Leistung ihrem Umfang oder ihrer Art nach nicht so erbracht werden kann oder nicht so erbracht werden soll, wie das ursprünglich unter Zugrundelegung der bei Vertragsschluss getroffenen Preisvereinbarung vorgesehen war.

Dies kann einmal auf nach Vertragsschluss hervorgetretenen äußeren Einflüssen oder Umständen oder auch auf einer Willensänderung der Beteiligten, insbesondere des Auftraggebers, beruhen. Dann stimmen regelmäßig die Maßstäbe nicht mehr, die bei den Vertragsverhandlungen und dem Vertragsschluss zu Grunde gelegt worden sind, um Leistung und Gegenleistung aufeinander abzustimmen, sofern dadurch die sich aus § 631 Abs. 1, § 632 Abs. 1 BGB ergebenden Grenzen überschritten worden sind. Die am Bauvertrag Beteiligten werden dann entweder einen vollständig neuen Vertrag schließen oder Einzelbestimmungen des Bauvertrages abändern. Gegebenenfalls ist darüber eine gerichtliche Entscheidung herbeizuführen.

Möglich ist es aber auch, dass sich der vertraglich festgelegte Leistungsinhalt **nicht** oder – im Vergleich zur bisherigen Preisgestaltung – **nur unwesentlich** ändert, dass sich aber in der Zeit zwischen Vertragsschluss und Fertigstellung die für die **notwendigen Eigenaufwendungen (Selbstkosten) des Auftragnehmers** erforderlichen Kosten fühlbar zu Lasten eines Vertragspartners – **regelmäßig des Auftragnehmers** – **ändern.** Dann ist der insoweit benachteiligte Vertragspartner nach dem Grundsatz pacta sunt servanda grundsätzlich an den bisher vertraglich vereinbarten Preis **gebunden, wenn nicht** eine ausdrückliche vertragliche Vereinbarung vorliegt, dass der betroffene Vertragspartner zur Änderung der Preise berechtigt ist oder wenn nicht die Voraussetzungen für die Änderung oder den Wegfall der Geschäftsgrundlage gegeben sind.

II. VOB-Regelungen

Auch die VOB geht von dem das Vertragsrecht beherrschenden **Grundsatz aus, dass die bei Vertragsschluss maßgebenden Regelungen für die Gesamtabwicklung des Vertrages gültig** sind. Das betrifft in **besonderem Maße die Vergütung** des Auftragnehmers, für deren Bemessung es somit grundsätzlich auf den **Zeitpunkt des Vertragsschlusses** ankommt, also auf die dabei vereinbarte

VOB/A § 15 Änderung der Vergütung

(§ 631 Abs. 1 BGB, § 2 Nr. 1 VOB/B) oder die zu jener Zeit angemessene bzw. übliche (§ 632 Abs. 2 BGB) Vergütung. In dieser Beziehung spricht man durchaus mit Recht von »**Festpreis**« (besser: festem Preis). Jedoch kann es bei Bauverträgen, deren Erfüllung häufig eine längere Zeit in Anspruch nimmt und bei denen es außerdem nicht selten zu Veränderungen des bei Vertragsschluss vorgesehenen Leistungsinhaltes kommt, Schwierigkeiten geben. Sie liegen darin, dass die **bisherigen Grundlagen,** unter denen sich der Auftragnehmer in Bauvertragsverhandlungen eingelassen und unter denen er den Bauvertrag geschlossen hat, in dieser oder jener Hinsicht **fortgefallen** sein können, ohne dass damit schon von Änderung oder Wegfall der Geschäftsgrundlage im Rechtssinne gesprochen werden könnte.

5   Für den Fall, dass es später bei der Vertragsabwicklung zu **Veränderungen im vorgesehenen Leistungsinhalt** kommt, **enthält Teil B Regelungen** für die einzelnen hier üblicherweise vorkommenden Fallgruppen und zeigt die Voraussetzungen etwaiger Vergütungsänderungen sowie die Grundsätze für die dann vorzunehmende Neuberechnung der bisher vom Auftraggeber dem Auftragnehmer geschuldeten Gegenleistung auf. Insoweit ist z.B. auf § 2 Nr. 3 bis 6, 7, 8 Abs. 2 VOB/B besonders hinzuweisen, ebenso auf den an sich vergütungsgleichen Schadensersatzanspruch des Auftragnehmers im Falle der schuldhaften Verletzung von Mitwirkungspflichten durch den Auftraggeber in § 6 Nr. 6 VOB/B. Soweit diese Einzelregelungen im konkreten Fall nicht eingreifen, kann auch hier der Grundsatz der Änderung oder des Wegfalls der Geschäftsgrundlage zu einer – wenn auch in der Praxis seltenen – Veränderung der bisherigen vertraglichen Vergütung führen. Mit dieser Fallgruppe befasst sich § 15 VOB/A **nicht.**

6   Die vorgenannten **Bestimmungen in Teil B ergreifen nicht die** in Rn. 2 erwähnte **Fallgruppe,** in der es nicht zur Veränderung des vorgesehenen Leistungsinhaltes kommt, sondern **sich bei gleich bleibendem Leistungsinhalt die bisher der Preiskalkulation des Auftragnehmers zugrunde liegenden Selbstkosten in der Zeit nach Vertragsschluss bis zur endgültigen Erstellung der vertraglich vorgesehenen Leistung geändert haben.** Das betrifft zumeist die Material- und/oder die Personalkosten, kann aber auch die Kosten der Baustelle sowie die allgemeinen Geschäftskosten ergreifen. Da Teil B für solche Fälle keine Regelungen trifft, somit grundsätzlich für den betroffenen Vertragspartner nur ein – in seltenen Fällen durchgreifendes – Berufen auf die Änderung oder den Wegfall der Geschäftsgrundlage in Betracht gezogen werden könnte, kann es gerade hier zu für diesen Vertragspartner nachteiligen Folgen in Bezug auf die bisher dem Vertrag zu Grunde gelegte Vergütung kommen.

7   Diesen Vertragspartner vor **bei Vertragsschluss nicht vorhersehbaren Nachteilen zu bewahren, dient** die in die Vergaberegelungen des Teils A eingeordnete Bestimmung des **§ 15 VOB/A,** deren Sinn es ist, in den Vergabe- und demgemäß auch den späteren Vertragsunterlagen **Preisanpassungsklauseln** vorzusehen. Wenn auch die Grundvorstellung für den Bereich von § 15 VOB/A von der zuletzt genannten Fallgruppe ausgeht, ist sie jedoch, wie der Wortlaut ergibt, **nicht darauf allein beschränkt. Vielmehr können sich die Grundlagen der Preisermittlung auch bei bisher (bei Vertragsschluss) noch nicht feststehenden, nach Vertragsschluss eintretenden Änderungen des Leistungsinhaltes wesentlich ändern.** Wenn auch die genannten Regelungen in Teil B für solche Fälle die etwaige Berechtigung des Auftragnehmers oder des Auftraggebers zur Anpassung der Vergütung und die Grundlagen für die Neuberechnung an sich abschließend angeben, kann es im **Einzelfall durchaus sinnvoll, u.U. sogar geboten sein, in den Vergabe- bzw. – dann – Vertragsunterlagen noch nähere Regelungen für die Neuberechnung im Einzelfall festzulegen. Auch darauf bezieht sich § 15 VOB/A.** Letztlich liegt die Grundlage der hier erörterten Regelung darin, dem **Grundgedanken von § 9 Nr. 2 VOB/A zu folgen,** also zu verhindern, dass dem späteren Auftragnehmer ein **ungewöhnliches Wagnis** auferlegt wird. Außerdem kann durch Gleitklauseln vermieden werden, dass der Bieter Risikozuschläge bei seiner Kalkulation macht, die der späteren Wirklichkeit nicht entsprechen, was sich zum Nachteil des Auftraggebers auswirken kann.

III. Bekanntgabe der Grundlagen etwaiger Preisänderungen

Soweit voraussehbar, sollen dem Bewerber oder Bieter die **Grundlagen etwaiger Preisänderungen** **8** bekannt gegeben und damit auch zum Verhandlungs- und späteren Vertragsinhalt gemacht werden. Damit erhält er einmal einen frühzeitigen Hinweis auf eine mögliche Änderung oder Neufestsetzung der ihm nach Vertragsschluss bzw. nach Erledigung der Leistung zustehenden Vergütung und kann sich darauf einrichten. Zum anderen wird ihm als späterem Auftragnehmer auch dadurch, dass die näheren Grundlagen und Maßstäbe etwaiger Änderungen der ihm zustehenden Vergütung in den Vergabeunterlagen festgelegt und dann zum Gegenstand des Bauvertrages gemacht werden, notfalls der **Klageweg eröffnet,** wenn später Umstände eingetreten sind, die den in den Vergabeunterlagen festgelegten tatsächlichen Voraussetzungen für eine Preisänderung oder eine Neufestlegung des Preises entsprechen. Dabei liegt für beide Seiten der Vorteil einer Regelung nach § 15 VOB/A im Verhältnis zu einer sich lediglich aus den Allgemeinen Vertragsbedingungen (z.B. aus § 2 Nr. 3 bis 8 VOB/B) ergebenden Anspruchs- und auch Bemessungsgrundlage darin, dass hier bereits für den konkreten Fall maßgebende **Einzelheiten** für eine Preisänderung oder eine Preisneufestsetzung festgehalten und später zum Vertragsinhalt gemacht werden, während sie ohne eine solche Regelung lediglich nach den Allgemeinen Vertragsbedingungen oder gar den allgemeinen Grundsätzen des geltenden Zivilrechts festgestellt werden müssten. § 15 VOB/A ist allerdings nur von Interesse, wenn in den Vergabeunterlagen und in dem darauf beruhenden Vertragsschluss auch Preise festgelegt sind. Das hängt nicht zuletzt von den im Einzelfall gewählten Vergütungsarten ab. Es kommen für den Rahmen der hier angestellten Erörterung **Leistungsverträge** (Einheitspreisverträge und Pauschalverträge), auch **Stundenlohnverträge** in Betracht, dagegen nicht die **Selbstkostenerstattungsverträge,** weil sich die Vergütung ohnehin nach der tatsächlich erbrachten Leistung und den hierbei gemachten Aufwendungen bemisst.

IV. Festpreisvereinbarung

Solange ein **Festpreis ausdrücklich als solcher** vereinbart werden soll oder vereinbart worden ist, ist **9** das **Verlangen** des Auftragnehmers auf **Preisänderung bei Veränderung der Preisermittlungsgrundlagen hinsichtlich der bisher festgelegten, unverändert gebliebenen Leistung** (anders die von § 2 Nr. 3 bis 6, 7, 8 Abs. 2 VOB/B oder § 6 Nr. 6 VOB/B erfassten Fälle) **nicht gerechtfertigt.** Der Festpreisgedanke ist **in dem gekennzeichneten Rahmen** von solcher Wichtigkeit, dass Ausnahmen grundsätzlich nicht zuzulassen sind. Diese Auffassung widerspricht auch nicht dem Sinn des § 15 VOB/A. Es liegt in der Entscheidung des Auftragnehmers, ob er trotz zu erwartender Änderungen der Preisermittlungsgrundlagen (also der Löhne, des Materials, der Kosten der Baustelle und der Allgemeinen Geschäftskosten) sich zu einem Festpreis entschließt und hierfür seine Leistung anbieten will. Wer ein Angebot zu Festpreisen abgibt, nimmt das **Risiko von Lohn- und Materialpreiserhöhungen während der Bauzeit auf sich;** deshalb muss er sich grundsätzlich am Vertrag festhalten lassen, auch wenn einzelne Preiserhöhungen von ihm nicht vorausgesehen werden konnten; der Gesichtspunkt der Änderung oder des Wegfalls der **Geschäftsgrundlage** greift hier nur in Ausnahmefällen ein, was in Betracht kommen kann, wenn der Verpflichtete erkennbar nur das Risiko »normaler« Preisschwankungen übernehmen will. Wird berücksichtigt, dass der **Auftragnehmer ohnehin an den vertraglich festgelegten Preis gebunden** ist, ergibt sich, dass der **Begriff des »Festpreises«** in den Vergabeunterlagen bzw. im späteren Bauvertrag eigentlich **keine eigenständige, besondere rechtliche Bedeutung** hat, wenn von dem zuletzt genannten Gesichtspunkt, nämlich einem erschwerten Berufen auf die Änderung oder den Wegfall der Geschäftsgrundlage, abgesehen wird.

Günstiger steht der Auftragnehmer da, wenn ihm in den Vergabeunterlagen die Befugnis einge- **10** räumt wird, **durch eine Preisanpassungsklausel, die ihre Grundlage in § 15 VOB/A hat,** sich **auf eine Erhöhung der Selbstkosten,** insbesondere der Personal- und Materialkosten, **zu berufen.**

11 **Ausnahmsweise** kann er dies **auch ohne eine solche Klausel,** selbst bei Vereinbarung eines so genannten Festpreises, wenn **ihm ein vertragliches Recht** dazu eingeräumt worden ist. Das trifft z.B. zu, wenn der Auftragnehmer mit **Recht nach § 16 Nr. 5 Abs. 5 VOB/B die Arbeit eingestellt hat und Preiserhöhungen eintreten,** die sonst bei zügigem Baufortschritt in dem betreffenden Fall nicht zum Zuge gekommen wären. Auch sonst kann dies bei einer Verletzung von Vertragspflichten des Auftraggebers im Rahmen seiner Mitwirkungspflichten liegen.

12 Ferner: Ist die Festpreisvereinbarung lediglich auf die Lohn- und Materialkosten im Zeitpunkt des Vertragsschlusses oder bis zu einem bestimmten Zeitpunkt abgestellt und sind spätere Preiserhöhungen **erkennbar vorbehalten,** so kann der Auftragnehmer dann weder nach § 632 Abs. 2 BGB den üblichen Werklohn noch einen angemessenen Teuerungszuschlag nach den §§ 315, 316 BGB verlangen; vielmehr wird durch diesen Vorbehalt dem Auftragnehmer nach § 642 BGB nur ein Anspruch auf eine angemessene Entschädigung für die eingetretenen und nachzuweisenden Kostensteigerungen eröffnet.

13 Eine Klausel in **AGB,** wonach der Auftragnehmer bei Erhöhung der der Kalkulation zugrunde liegenden Kosten zwischen Vertragsschluss und Abnahme berechtigt ist, die in der Auftragsbestätigung genannten Preise entsprechend zu berichtigen, kann nur dann zu einer Preiserhöhung führen, wenn die Vertragspartner sich über die Preiserhöhung einigen oder der Auftragnehmer seine ursprüngliche Kalkulation offen legt und nachweist, **welche Kosten** (Lohn, Material, Baustellengemeinkosten, Allgemeine Geschäftskosten) sich um welchen **Betrag in welchem Zeitraum erhöht haben.** Wird in einem Formularvertrag über die Errichtung eines Bauwerks ein Festpreis vereinbart, der nur gelten soll, wenn bis zu einem bestimmten Zeitpunkt mit dem Bau begonnen werden kann, so verstößt eine Bestimmung in dem Formularvertrag, wonach sich bei Überschreiten des Festpreistermins der Gesamtpreis um den Prozentsatz erhöht, zu dem der Unternehmer entsprechende Bauwerke im Zeitpunkt des Baubeginns nach der dann gültigen Preisliste anbietet, gegen § 307 BGB und ist daher unwirksam, da das berechtigte Interesse des Auftraggebers am Festhalten des Preises höher zu bewerten ist als die Interessenlage des Auftragnehmers an einer Preisanpassung, zumal diese Klausel **keine Begrenzung auf die eigenen Mehraufwendungen** des Auftragnehmers enthält und der Auftragnehmer möglicherweise dadurch eine Erhöhung des Gewinns erreichen kann (vgl. OLG Stuttgart 25.3.1988 2 U 155/87 NJW-RR 1988, 786, 788).

B. Die Voraussetzungen für § 15 VOB/A

14 Nach Satz 1 wird verlangt, dass im Einzelfall wesentliche **Änderungen** der Preisermittlungsgrundlagen, deren Eintritt oder Ausmaß **ungewiss** ist, **zu erwarten** sind.

I. Änderung der Preisermittlungsgrundlagen

Erste Voraussetzung ist eine **Änderung der Preisermittlungsgrundlagen.**

15 Eine Änderung der Preisermittlungsgrundlagen liegt vor, wenn sich ursprünglich zutreffend zu Grunde gelegte Tatsachen später auf Veranlassung des Auftraggebers, für ihn befugt handelnder Personen oder sonstiger Dritter (z.B. Lieferanten) ändern. Auch eine Änderung allgemeiner Marktverhältnisse fällt unter diesen Begriff. Dagegen liegt eine Änderung nicht vor, wenn die grundlegenden Tatsachen unverändert bleiben und nur die daraus geschlossene Folgerung auf falschen Überlegungen beruht. So fallen z.B. Kalkulationsirrtümer des Bieters nicht unter den Begriff der Änderung der Preisermittlungsgrundlagen.

16 Der **Begriff der Preisermittlungsgrundlagen** ist im weitesten Sinne zu verstehen; er umfasst alles, was wesentlicher Gegenstand der Preisberechnung, vornehmlich der Kalkulation, im Einzelfall ist

Änderung der Vergütung § 15 VOB/A

und **auf die eigenen Kosten des Bieters bzw. späteren Vertragspartners einen Einfluss ausübt.** Hierzu gehören zunächst die vom Auftraggeber gemachten Angaben über die Einzelheiten der Leistungsanforderungen, wie sie in der Leistungsbeschreibung oder den sonstigen Leistungsangaben nach § 9 VOB/A enthalten sind bzw. enthalten sein müssen. Hinzu kommen alle Faktoren, die unter Zugrundelegung der Leistungsanforderungen des Auftraggebers für den späteren Auftragnehmer bei der Preisberechnung eine Rolle spielen, weil sie diese beeinflussen. Hierzu rechnen u.a. Lohn- und Gehaltskosten, lohngebundene Kosten, Materialpreise, Frachtpreise, Abschreibungs- und Verzinsungssätze für Geräte, Kreditkosten, Steuern usw. Dabei kommen im Rahmen der VOB in objektiver und subjektiver Hinsicht allerdings **nur die** Faktoren in Betracht, die von dem **grundlegenden Erfordernis des angemessenen Preises nach § 2 VOB/A gedeckt** werden.

II. Wesentlichkeit der Änderung

Zweite Voraussetzung ist, dass nicht eine irgendwie geartete Änderung der Preisermittlungsgrundlagen eintritt, sondern dass es sich um eine **wesentliche Änderung** handeln muss. Hierin liegt eine **weitere Einschränkung.** Eine geringfügige Änderung reicht nicht aus, vielmehr muss es sich um solche Änderungen handeln, die bei sachkundiger Betrachtung – also nach der Beurteilung eines unbeteiligten fachmännischen Dritten – bei der Berechnung und Festlegung der Preise eine beachtenswerte Rolle spielen. Das tun sie dann, wenn sich die Differenz zwischen der bisherigen und der veränderten Grundlage der Preisermittlung (im Allgemeinen der Selbstkosten des Unternehmers) auf die Gestaltung des Preises derart auswirkt, dass **keine echte Relation** zwischen Leistung und Gegenleistung **im Sinne** einer als anerkennenswert zu bezeichnenden **Angemessenheit** mehr vorhanden ist, vor allem der Grad des Wagnisses, das ein Unternehmer nach allgemeiner fachkundiger Auffassung zu tragen hat, in recht beachtlichem Ausmaß überschritten wird. **Wann** dies zu bejahen ist, ist **Frage des Einzelfalles und kann daher in Teil A der VOB nur generell umschrieben werden. Grundsätzlich müssen die Voraussetzungen dafür im Einzelfall in klarer Kennzeichnung festgelegt werden.** Keineswegs ist aber erforderlich, dass die strengen Voraussetzungen der Änderung oder gar des Wegfalls der Geschäftsgrundlage vorliegen müssen. Vielmehr verlangt der genannte Maßstab für die Änderung der Preisermittlungsgrundlagen **weitaus weniger.**

17

III. Zu erwartende Änderung

Die weitere Regelung in § 15 VOB/A, dass **wesentliche Änderungen** der Preisermittlungsgrundlagen zu erwarten sein müssen, bringt durch den Begriff »**erwarten**« zwei außerdem zu beachtende Gesichtspunkte zum Ausdruck.

18

Einmal **dürfen** zur Zeit der Ausschreibung bzw. zu Beginn der Vertragsverhandlungen die **wesentlichen Änderungen noch nicht eingetreten sein.** Anderenfalls würde kein Bedürfnis bestehen, eine besondere Vereinbarung nach § 15 VOB/A zu treffen, da die bereits eingetretenen Verhältnisse in die Vergabeunterlagen und anschließend in das Angebot mit aufgenommen werden müssen.

19

Des Weiteren müssen, nach den zur Zeit der Ausschreibung vorliegenden Umständen **gewisse Anhaltspunkte vorliegen,** aus denen sich nach aller Erfahrung wesentliche Änderungen der Preisermittlungsgrundlagen abzeichnen. Dabei sind solche Anhaltspunkte nur gegeben, wenn sie bei **objektiver Beurteilung** der gegenwärtig herrschenden Lage auch wirklich so gesehen werden können. So ist z.B. eine **Verteuerung** auf dem Lebensmittelmarkt noch kein Anhaltspunkt für eine wesentliche Änderung der Baupreisermittlungsgrundlagen, ebenso nicht eine **Lohnerhöhung** für die Arbeiter eines den Bausektor nicht berührenden Industriezweiges. Dagegen kann eine Verteuerung des Öls oder des Eisens oder von sonstigen Brennstoffen wegen des Zusammenhanges mit der Herstellung von Baumaterialien, von Bauteilen oder Bauleistungen selbst durchaus ein begründeter Anhalts-

20

punkt für eine wesentliche Änderung der Preisermittlungsgrundlagen sein. Das hat nicht nur für eine Verteuerung, sondern auch für eine **Verbilligung** zu gelten.

IV. Ungewissheit über Eintritt oder Ausmaß der Änderung

21 Schließlich wird noch vorausgesetzt, dass der **Eintritt oder das Ausmaß der Änderungen ungewiss** ist. Die Ungewissheit ist Voraussetzung für eine Maßnahme nach § 15 VOB/A, weil bei Gewissheit über Eintritt und Ausmaß die Änderungen in den Preisermittlungsgrundlagen bereits von vornherein berücksichtigt werden können. Steht z.B. fest, dass zu einem gewissen Zeitpunkt die Preise für Kalksandsteine um 20% oder die Schreinerlöhne um 5% steigen werden, und erstreckt sich die Bauausführung über diesen Zeitraum hinaus, bedarf es keiner Sonderregelung nach § 15 VOB/A; diese Erhöhungen können schon in dem Vertragsangebot des Bieters beachtet werden. Voraussetzung für die Entbehrlichkeit einer Regelung nach § 15 VOB/A ist allerdings, dass **sowohl** der Eintritt **als auch** das Ausmaß der Änderung der Preisermittlungsgrundlagen feststehen muss. Es genügt nicht, wenn zwar das Ausmaß, nicht aber der Eintritt oder umgekehrt feststeht. Steht z.B. fest, dass eine Lohnerhöhung der Bauarbeiter um 5% eintritt, ist aber deren Beginn nicht bekannt, oder weiß man, dass in Kürze der Holzpreis steigt, weiß man aber noch nicht in welcher Höhe, so kann das noch keine hinreichende Berücksichtigung in den Vergabeunterlagen bzw. in den Vertragsangeboten im Sinne einer genauen Berechnung erfahren.

22 Hierher gehören nicht nur Veränderungen der Löhne oder der Materialpreise, sondern dazu rechnet z.B. auch, dass der Auftraggeber in den Vergabeunterlagen bloß die Möglichkeit andeutet, dass er die Erdarbeiten bei seinem Bauvorhaben selbst vornimmt. Ein solcher Fall lässt sich nicht immer ohne Preisvorbehalt allein nach § 2 Nr. 4 VOB/B befriedigend lösen, da durch den Wegfall von Teilleistungen auch die Eigenaufwendungen des Auftragnehmers sich in **anderen** Leistungsteilen bzw. Positionen zu seinem Nachteil verändern können, wie z.B. durch sonst nicht eintretende Stillliegezeiten.

Daher sind hier alle späteren Eingriffe des Auftragnehmers oder von dritter Seite einzubeziehen, die eine Veränderung der bisherigen Preisermittlungsgrundlage bedeuten, sofern sie in Teil B, insbesondere § 2 Nr. 3 bis 7, § 6 Nr. 6 VOB/B, **keine ausreichende** Regelung gefunden haben.

C. Die Preisänderungsregelung in § 15 VOB/A

23 Unter den in Rn. 13 ff. erläuterten Voraussetzungen **kann** eine **angemessene Änderung** der Vergütung in den Vergabeunterlagen **vorgesehen** werden. Also muss es sich um eine – spätere – **ausdrückliche vertragliche, jedoch schon in den Vergabeunterlagen vorgesehene Regelung** mit allen ihren Einzelheiten handeln. Dies ist **Voraussetzung,** da ohne eine solche Vereinbarung lediglich die Vergütungsänderungsbestimmungen in Teil B sowie die seltene Ausnahme der Änderung oder des Wegfalls der Geschäftsgrundlage in Betracht kommen. Dabei sind die **Einzelheiten der Preisänderung** ebenfalls in den Vergabeunterlagen festzulegen. Es kann angezeigt sein, diese über den konkreten Vergabefall hinaus einheitlich festzulegen, um den Bietern eine bestimmte Klarheit und Sicherheit zu vermitteln. Insofern können vor allem so genannte Indexklauseln hilfreich sein.

Soweit die §§ 305 ff. BGB im betreffenden Vergabefall eingreifen, ist an sich auch für den Bereich des VOB-Vertrages zu beachten, dass nach § 309 Nr. 1 BGB eine **formularmäßige Preiserhöhungsklausel verboten** ist, die bereits einen **Zeitraum bis zu vier Monaten seit Vertragsschluss** erfasst. Das kommt aber in Bauverträgen im Allgemeinen nicht vor, weil dazu eine entsprechende Klausel in den **Vertragsbedingungen des Auftragnehmers** Voraussetzung wäre, was vor allem bei Stundenlohnverträgen von Bedeutung sein könnte. **Also bleibt § 15 VOB/A von dieser Bestimmung unberührt.** Unter Entgelt i.S.v. § 309 Nr. 1 BGB ist der Preis einschließlich Umsatzsteuer zu verstehen, was bei Änderungen der Umsatzsteuer von Bedeutung ist.

Änderung der Vergütung § 15 VOB/A

Im Übrigen kann hier § 307 BGB eine Rolle spielen. Für Vertragsverhältnisse unter Kaufleuten ist nicht § 309 Nr. 1 BGB, sondern § 307 BGB die Beurteilungsgrundlage; dabei sind formularmäßige Preisänderungsklauseln grundsätzlich bei so genannten Festpreisabsprachen, kurzfristigen Verträgen, bei denen die Preisentwicklung überschaubar ist, unzulässig; ansonsten kommt es auf die Frage unverschuldeter, nicht vorhersehbarer Preisentwicklung an, wobei eine Gewinnerhöhung nur ausnahmsweise – bei Bauverträgen grundsätzlich nicht – in Betracht kommt. Preisänderungsklauseln in AGB müssen **inhaltlich klar,** insbesondere wegen ihrer Voraussetzungen und Folgen völlig zweifelsfrei sein; anderenfalls könnten sie allein nach § 305c Abs. 2 BGB unwirksam sein. Unklar ist z.B. Ziff. 2.5 der Lohngleitklausel für Bauleistungen, Fassung 1973, sofern es sich dort um das Wort »soweit« in Bezug auf den Satz von 0,5% der Abrechnungssumme handelt. Dies kann bedeuten, dass eine Erstattung der Mehrkosten nur in Betracht kommt, wenn diese 0,5% der Abrechnungssumme überschreiten. Möglich ist aber auch die Auslegung, dass das Wort »soweit« nicht nur die Voraussetzung für den Anspruch auf Erstattung der Lohnmehrkosten, sondern auch seine Begrenzung festlegt (vgl. dazu OLG Hamm 8.11.1988 24 U 73/88 BauR 1989, 755; LG Kiel 28.8.1990 20 U 73/89 BauR 1991, 346). Nr. 10.12 der ZVB-StB 80 erfasst ersparte Aufwendungen, die der Auftragnehmer tatsächlich nicht hatte, nicht dagegen solche, die ihm bei anderem Verhalten und anderen Entscheidungen hätten erspart bleiben können, wenn ihm sein Verhalten bei sachgerechter Beurteilung nicht als leichtfertig vorzuwerfen ist (vgl. LG Kiel BauR 1991, 346, im Falle der Vereinbarung von festen Preisen mit dem Lieferanten, wenn sich später aber nicht hinreichend vorhersehbar vor der Lieferung und dem Einbau niedrigere Stoffpreise auf dem Markt ergeben).

I. Angemessene Änderung

Vorzusehen ist eine **angemessene Änderung der Vergütung.** Gemeint ist damit die bestmögliche **Wiederherstellung des Gleichgewichts** zwischen Leistung und Gegenleistung auf Grund der neuen Preisermittlungsgrundlagen, allerdings unter Berücksichtigung der bisherigen Grundlagen als Ausgangspunkt. Dabei ist für den zu verändernden Bereich besonderes Gewicht auf eine **angemessene Veränderung** zu legen, was sich wiederum mit dem für die VOB allgemein gültigen Grundsatz des angemessenen Preises nach § 2 VOB/A deckt. **24**

II. Änderung für den Fall des Eintritts bestimmter Ereignisse

Es ist in § 15 VOB/A nicht von einer Festlegung bereits als gegeben anzusehender Umstände die Rede, wie das hinsichtlich des übrigen Inhaltes der Vergabeunterlagen der Fall ist. Man kann nur, und das wird durch den Begriff des »Vorsehens« dargetan, eine Bestimmung **für den Fall des Eintritts** der erwähnten Voraussetzungen treffen, weshalb hier grundsätzlich von einer aufschiebenden Bedingung (§ 158 Abs. 1 BGB) gesprochen werden muss. Das muss in der erforderlichen **Klarheit, Übersichtlichkeit und Bestimmtheit** erfolgen, insbesondere im späteren Angebot. **25**

Die in Angeboten häufig vorkommende Wendung »unser Angebot ist auf der derzeitigen Lohn- und Materialpreisbasis kalkuliert« beinhaltet noch keinen Vorbehalt der Inrechnungstellung späterer Preiserhöhungen. Damit wird nämlich nur eine Selbstverständlichkeit zum Ausdruck gebracht, ohne dass dadurch eine Vereinbarung späterer Preisänderung oder auch nur das hinreichend deutliche Verlangen dazu in Erwägung gezogen werden kann. Anders ist es, wenn im Angebot ausdrücklich zum Ausdruck kommt, dass die angebotenen Preise nur unter der Voraussetzung ungehinderter Bauausführung sowie – insbesondere – gleich bleibender Lohn- und Materialkosten gelten; darin ist eine hinreichend klare Vorbehaltserklärung der Berechnung späterer Preiserhöhungen enthalten. Eine Klausel, wonach unvermeidbare Mehrkosten an Löhnen ersetzt werden, betrifft nicht nur tarifliche Lohnerhöhungen, sondern auch sonstige Umstände, die es dem Auftragnehmer bei ordnungsgemäßer, ungestörter Weiterführung seines Betriebes unumgänglich erscheinen lassen, Lohnmehrforderungen zuzugestehen.

III. Einzelheiten der Preisänderung

26 Wie im Einzelfall eine angemessene Änderung der Vergütung festzusetzen ist, wird in der »zwingenden« Regelung des S. 2 in § 15 VOB/A zum Ausdruck gebracht. Angesichts der Bestimmung, dass die **Einzelheiten der Preisänderungen festzulegen sind,** ist zu beachten:

1. Bezeichnung der Preisermittlungsgrundlagen

27 Zunächst wird verlangt, dass die für eine spätere Preisänderung maßgebenden Voraussetzungen im Einzelnen festgelegt werden. Es **genügt** also **nicht, nur allgemein von der Erwartung der Änderung wesentlicher Preisermittlungsgrundlagen zu sprechen.** Vielmehr ist die **Angabe im Einzelnen erforderlich, welche Preisermittlungsgrundlagen** zum Gegenstand eines Preisvorbehaltes gemacht werden (z.B. Löhne, Lohnnebenkosten, Preise für Holz, für Zement, für Installationsmaterial usw.). Sollen die Preise bestimmter Stoffe einer Gleitklausel unterworfen werden, so bedarf es **bei Vertragsschluss** der Angabe der marktüblichen Preise, weil spätere Preisänderungen nur vom Ausgangspunkt und von der Grundlage **dieser** Preise aus zuverlässig ermittelt werden können; ohne diese Angaben im Angebot besteht die Gefahr, dass es bei der dann notwendigen späteren Ermittlung des Einstandspreises zu Schwierigkeiten kommt. Entsprechendes gilt für im Vertrag vorgesehene bzw. enthaltene Lohngleitklauseln.

28 Um welche Preisermittlungsgrundlagen es sich im betreffenden Fall handelt, für die eine Preisänderung vorzusehen ist, hängt von der jeweiligen Situation ab. Es kann sich nur um eine Einzige handeln, wenn z.B. lediglich mit einem neuen Lohntarif für Dachdecker zu rechnen ist. Ebenso kann aber auch eine Reihe von Preisermittlungsgrundlagen in Betracht kommen, wenn z.B. eine Verteuerung (oder etwaige Verbilligung) des Gases oder des Öls bevorsteht. Somit kann eine Preisänderung bei einer nicht unerheblichen Zahl von im Einzelfall zu verwendenden Baustoffen und/oder bei hier zu erbringenden Bauleistungen erwartet werden. Dann ist es zulässig, wenn man im Preisvorbehalt nicht jedes Material im Einzelnen aufzählt, sondern wenn allgemein eine deutliche Umgrenzung gegeben wird, z.B. »falls infolge der Verteuerung von Brennstoffen sich Preisänderungen des im Leistungsverzeichnis aufgezählten Baumaterials und/oder der damit zusammenhängenden Leistungen während der Bauausführung ergeben sollten (...)«. Hat ein Auftragnehmer **Stoffe** bereits **zum alten Preis eingekauft oder noch auf Lager,** so kann er nachträglich nicht den neuen Preis in Rechnung stellen, selbst wenn ein Preisvorbehalt bezüglich dieses Stoffes gemacht ist. Für den Auftragnehmer ist nämlich dann eine Verteuerung, für die er ohnehin beweispflichtig ist (bei der Verbilligung dagegen der Auftraggeber), nicht eingetreten.

29 Auch ist in den Vergabeunterlagen festzulegen, **wann die Änderungen als wesentlich** angesehen werden. Es genügt nicht die Angabe, dass der eingesetzte Preis nicht mehr gilt, wenn eine Änderung dieser oder jener Art eintritt. Vielmehr muss angegeben werden, bei welchem Grad der Änderung der bisherige Preis nicht mehr gelten soll (z.B. eine Lohnerhöhung der Schreiner von mindestens 5%, eine Verteuerung der Mauersteine um 10% usw.). Eine Klausel ist hinreichend klar, wonach Mehrlöhne und Zuschläge nur erstattet werden sollen, wenn sie zusammen 0,5% der Abrechnungssumme überschreiten, weil dadurch doch hinreichend deutlich wird, dass der Auftragnehmer Lohnmehrkosten von 0,5% der Abrechnungssumme auf jeden Fall selbst tragen soll. Eine entsprechende Klausel in AGB – insbesondere Zusätzlichen Vertragsbedingungen – ist daher nicht gem. § 305c Abs. 2 BGB unklar.

2. Festlegung der Grenzen der Preisänderung

30 Es genügt nicht, lediglich anzugeben, unter welchen Voraussetzungen und unter welchen Bedingungen der bisherige Preis geändert werden oder evtl. außer Kraft treten soll. Vielmehr müssen insbesondere auch Angaben darüber gemacht werden, **in welchen Grenzen sich die Änderungen von Preisermittlungsgrundlagen auswirken** sollen. Damit ist nicht bereits die genaue Höhe des neuen

Änderung der Vergütung § 15 VOB/A

Preises gemeint, da dieser in der ungewissen Situation, in der man sich bei der Vereinbarung eines Preisvorbehaltes befindet, nicht schon bestimmt werden kann. Vielmehr ist an die **Festlegung der Elemente der Preisermittlungsgrundlagen** gedacht, die bei der Bildung des neuen Preises erfasst werden sollen. Hier werden **üblicherweise Lohn- und/oder Materialpreisgleitklauseln** vereinbart. **Umsatzsteuergleitklauseln** sind häufig anzutreffen.

Fehlt es daran, ist dagegen die Möglichkeit der Veränderung der Vergütung festgelegt, kommt im Zweifel eine Bestimmung durch den Auftragnehmer nach § 315 BGB in Betracht. Voraussetzung dafür ist jedoch, dass der Auftragnehmer seine Kalkulation offen legt und nachweist, welche Kosten (Lohn, Material, Baustellenkosten, allgemeine Geschäftskosten) sich um welchen Betrag in welchem Zeitraum erhöht haben. Eine Klausel in AGB, wonach der Auftragnehmer bei Erhöhung der der Kalkulation zugrunde liegenden Kosten zwischen Vertragsschluss und Abnahme berechtigt ist, die in der Auftragsbestätigung genannten Preise entsprechend zu berichtigen, kann nur dann zu einer Preiserhöhung führen, wenn die Vertragspartner sich über die Preiserhöhung einigen oder der Auftragnehmer seine ursprüngliche Kalkulation offen legt und nachweist, welche Kosten (Lohn, Material, Baustellenkosten, allgemeine Geschäftskosten) sich um welchen Betrag in welchem Zeitraum erhöht haben. **Nicht zu empfehlen** ist die Vereinbarung von Gleitklauseln, die sich nach dem **Baukostenindex** richten, da hierdurch nicht nur unerhebliche Kostenänderungen, sondern auch der einkalkulierte Gewinn erfasst würde, während es im allgemeinen Sinn und Zweck der Gleitklauseln ist, den in fühlbarer Weise veränderten Eigenaufwand des Auftragnehmers zu erfassen.

3. Übernahme der VHB-Richtlinien

Es ist allgemein **zu empfehlen, auch im Bereich privater Bauvergabe** bei der Festlegung von Lohn- und Materialpreisgleitklauseln **entsprechend den VHB-Richtlinien zu verfahren,** da diese die Möglichkeit bieten, in sachgerechter Weise die Anpassung an die veränderte Kostensituation vorzunehmen. Dabei genügt allerdings nicht schon die bloße Angabe in den Vergabeunterlagen, dass »die staatlichen Regelungen« gelten sollen. Vielmehr muss sich unmissverständlich ergeben, dass eine Änderungsklausel überhaupt vereinbart werden soll; ferner muss im Leistungsverzeichnis ein Ansatz des Auftraggebers zum Eintragen des Änderungssatzes enthalten sein; im Falle einer Stoffpreisgleitklausel muss der Auftraggeber in einer Anlage »Verzeichnis für Stoffpreisgleitklausel« zum Leistungsverzeichnis die Erstattung von Stoffmehr- und Minderaufwendungen vorsehen (*Schelle/Erkelenz* VOB/A, Alltagsfragen und Problemfälle zu Ausschreibung und Vergabe von Bauleistungen S. 178).

IV. Preisvorbehalte

Nach § 15 VOB/A ist davon auszugehen, dass die **Preisvorbehalte in die Vergabeunterlagen** aufgenommen werden. Gem. § 10 Nr. 4o VOB/A gehören sie in die Zusätzlichen oder in die Besonderen Vertragsbedingungen.

Darüber verhalten sich die Nr. 2 und Nr. 3 zu § 10 VOB/A Nr. 2:

2 Lohngleitklausel
2.1 Wenn die Bieter aufgefordert werden sollen, zusätzlich zum Hauptangebot ein Angebot mit Lohngleitklausel (EFB-LGl) abzugeben, ist den Verdingungsunterlagen das Formblatt EFB-LGl – 316 doppelt beizufügen. Es ist in der Angebotsanforderung und im Angebotsschreiben als Anlage aufzuführen.
2.2 Im Hauptangebot sind feste Einheits- und/oder Pauschalpreise einzutragen, die für die gesamte vertraglich festgelegte Ausführungszeit gelten (Festpreisvertrag).
Zusätzlich zum Hauptangebot kann der Bieter ein Angebot mit Lohngleitklausel abgeben, bei dem Lohn- und Gehaltsmehr- oder -minderaufwendungen erstattet werden (Festpreisvertrag

mit Preisvorbehalt). Er hat hierzu im beiliegenden Formblatt »Angebot Lohngleitklausel EFB-LGl – 316« den Prozentsatz anzugeben, um den sich in diesem Fall Einheits- und Pauschalpreise gegenüber dem Hauptangebot vermindern. Er hat weiterhin den Änderungssatz in v.T. für die jeweiligen Abschnitte anzugeben (EFB-LGl – 316).

3 Preisbemessungsklausel

Wenn für die Ausführung der Leistung Kupfer, Blei, Aluminium oder andere Nichteisenmetalle in so erheblichem Umfange verwendet werden, dass die Kalkulation durch die Preisschwankungen dieser Stoffe wesentlich beeinflusst werden kann, so ist in Nr. 10 bzw. Nr. 9 der Besonderen Vertragsbedingungen – EVM (B/L) BVB – 214/234 – der Text gemäß WBVB T_2 07 und ggf. T_2 08 aufzunehmen.
Das Bauamt hat die durchschnittliche Notierung aus der Zeit vor der Abgabe der Unterlagen an die Bieter anzugeben.

§ 16
Grundsätze der Ausschreibung und der Informationsübermittlung

1. Der Auftraggeber soll erst dann ausschreiben, wenn alle Verdingungsunterlagen fertig gestellt sind und wenn innerhalb der angegebenen Fristen mit der Ausführung begonnen werden kann.
2. Ausschreibungen für vergabefremde Zwecke (z.B. Ertragsberechnungen) sind unzulässig.
3. (1) Die Auftraggeber geben in der Bekanntmachung oder den Verdingungsunterlagen an, ob Informationen per Post, Telefax, direkt, elektronisch oder durch eine Kombination dieser Kommunikationsmittel übermittelt werden.
   (2) Das für die elektronische Übermittlung gewählte Netz muss allgemein verfügbar sein und darf den Zugang der Bewerber und Bieter zu den Vergabeverfahren nicht beschränken. Die dafür zu verwendenden Programme und ihre technischen Merkmale müssen nichtdiskriminierend, allgemein zugänglich und kompatibel mit allgemein verbreiteten Erzeugnissen der Informations- und Kommunikationstechnologie sein.
   (3) Die Auftraggeber haben dafür Sorge zu tragen, dass den interessierten Unternehmen die Informationen über die Spezifikationen der Geräte, die für die elektronische Übermittlung der Anträge auf Teilnahme und der Angebote erforderlich sind, einschließlich Verschlüsselung zugänglich sind. Außerdem muss gewährleistet sein, dass die in Anhang I genannten Anforderungen erfüllt sind.
4. Der Auftraggeber kann im Internet ein Beschafferprofil einrichten, in dem allgemeine Informationen wie Kontaktstelle, Telefon- und Faxnummer, Postanschrift und E-Mail-Adresse sowie Angaben über Ausschreibungen, geplante und vergebene Aufträge oder aufgehobene Verfahren veröffentlicht werden können.

Inhaltsübersicht

	Rn.
A. Allgemeine Grundlagen.	1
I. Grundvoraussetzung der Ausschreibung (Nr. 1 und 2)	2
II. Grundsätze der Informationsübermittlung (Nr. 3 und 4)	4
III. Anwendungsbereich.	5
B. Grundsätze der Ausschreibung (Nr. 1)	6
I. Ausschreibungsbeginn	6
II. Schutz der Unternehmen.	7
III. Fertigstellung aller Verdingungsunterlagen	10

		Rn.
	1. Inhalt und Umfang	10
	2. Ausnahmen	12
IV.	Ausführungsbeginn innerhalb der angegebenen Fristen	14
	1. Vorliegen der rechtlichen Voraussetzungen	15
	2. Vorliegen der tatsächlichen Voraussetzungen	17
	3. Maßgeblicher Zeitpunkt: Beginn der Einzelaufträge	21
	4. Ausnahmen in begründeten Einzelfällen (Soll-Vorschrift)	22
C.	Ausschreibungen für vergabefremde Zwecke (Nr. 2)	26
I.	Allgemeines	26
II.	Einzelfälle	28
III.	Ausnahmen	33
IV.	Sonderfall: Parallelausschreibungen	35
	1. Bau und Finanzierung eines Vorhabens	37
	2. Fachunternehmen/Generalunternehmen	38
	3. Technische Alternativen	39
	4. Zulässigkeit von Parallelausschreibungen	40
D.	Rechtsschutz bei Verstößen gegen Nr. 1 und Nr. 2	45
I.	Primärrechtsschutz	45
II.	Sekundärrechtsschutz	46
	1. Schadensersatzpflicht aus Verletzung eines vorvertraglichen Schuldverhältnisses	46
	2. Umfang der Schadensersatzpflicht	49
	a) Ersatz des negativen Interesses	49
	b) Ersatz des entgangenen Gewinns	51
	3. § 126 GWB als eigene Anspruchsgrundlage	53
E.	Gleichwertigkeit der Informationsmittel und Einsatz elektronischer Kommunikationsmittel (Nr. 3)	55
I.	Angabe der Art der Kommunikationsmittel (Abs. 1)	55
II.	Allgemeine Zugänglichkeit des Netzes (Abs. 2)	56
III.	Technische Anforderungen der Geräte (Abs. 3)	57
F.	Beschafferprofil (Nr. 4)	58

Aufsätze: *Christen* Kommunal-Leasing und Öffentliche Auftragsvergabe VergabeR 1997, 33 ff.; *Schnorbus* Der Schadensersatzanspruch des Bieters bei der fehlerhaften Vergabe öffentlicher Aufträge BauR 1997, 77 ff.; *Pietzcker* Die neue Gestalt des Vergaberechts ZHR (162) 1998, 427 ff.; *Prieß* Anmerkung zum Beschluss des KG Berlin v. 22.8.2001 VergabeR 2001, 399 ff.; *Weihrauch* Anmerkung zum Beschluss des OLG Düsseldorf v. 5.3.2001 VergabeR 2001, 237 f.; *Heiermann* FS Jagenburg 2002; *Kaiser* Die Zulässigkeit von Parallelausschreibungen NZBau 2002, 553 ff.; *Schwenker* Anmerkung zum Beschluss des OLG Celle v. 8.11.2001 VergabeR 2002, 158 f.; *Willenbruch* Anmerkung zum Urteil des Schleswig-Holsteinischen OLG VergabeR 2002, 321 f.; *Müller/Ernst* Elektronische Vergabe ante portas – Übersicht über aktuelle und zukünftige Rechtsfragen NJW 2004, 1768 ff.; *Portz* Die Zulässigkeit der Parallelausschreibungen KommJur 2004, 90 ff.

A. Allgemeine Grundlagen

§ 16 VOB/A, der sich in den **Nr. 1 und 2** mit den grundsätzlichen Anforderungen an die Zulässigkeit eines Vergabeverfahrens befasst, wurde mit der **VOB 2006 um die Nr. 3 und 4 ergänzt**, die – wie die **erweiterte Überschrift** zum Ausdruck bringt – gleichfalls grundsätzliche aber mit dem Regelungsinhalt der Nr. 1 und 2 in keinem thematisch-inhaltlichen Zusammenhang stehende Vorgaben enthält zur **Informationsübermittlung**, also der Art und Weise des Informationsaustausches zwischen dem Auftraggeber und den an Aufträgen interessierten Unternehmen bzw. den Bewerbern oder und Bietern, und zwar insbesondere bei einem Einsatz von **elektronischen Kommunikationsmitteln**.

1

VOB/A § 16   Grundsätze der Ausschreibung und der Informationsübermittlung

I. Grundvoraussetzung der Ausschreibung (Nr. 1 und 2)

2 Die von ihrer Stellung innerhalb der Paragraphenfolge der VOB/A erst in der Mitte aufgeführte Vorschrift des § 16 über die **Grundsätze der Ausschreibung** beinhaltet insbesondere mit ihrer Nr. 1 eine **Grundvoraussetzung** für den Beginn des Ausschreibungsverfahrens (**Ausschreibungsreife**). Für die Bewerber und Bieter gewährleistet die Einhaltung der Vorschrift des § 16, dass sie sich in einem transparenten und gleichberechtigten Vergabeverfahren (vgl. § 97 Abs. 1 und 2 GWB und § 2 Nr. 1 und Nr. 2 VOB/A) mit der Chance für den Erhalt eines Auftrags und damit der Zuschlagserteilung (vgl. § 28) bewerben können. Erst die Einhaltung des § 16 Nr. 1 VOB/A schafft für den Auftraggeber die **Voraussetzung** für eine ordnungsgemäße Durchführung des Vergabeverfahrens. Eine Nichtberücksichtigung durch den Auftraggeber kann bei Auftragsvergaben (oberhalb der EG-Schwellenwerte) sowohl in einem Nachprüfungsverfahren nach §§ 102 ff. GWB angegriffen werden als auch zu Schadensersatzpflichten durch den Auftraggeber wegen schuldhafter Verletzung einer vorvertraglichen Pflicht nach § 311 Abs. 2 i.V.m. §§ 241 Abs. 2, 280 ff. BGB führen.

3 Indem § 16 Nr. 2 VOB/A Ausschreibungen für **vergabefremde Zwecke** (z.B. Ertragsberechnungen) als unzulässig erklärt, wird verdeutlicht, dass Ausschreibungsverfahren durch die Auftraggeber nur mit der Zielrichtung begonnen werden dürfen, diese Verfahren durch Vertragsschluss und Zuschlagserteilung (§ 28) zu beenden; dies setzt naturgemäß das Vorliegen eines Bedarfs an der Beschaffung der Bauleistung wie auch die Absicht voraus, den Bedarf durch das konkret eingeleitete Verfahren auch zu befriedigen. Es wäre also vergaberechtswidrig, wenn der Auftraggeber eine Ausschreibung allein zu dem Zweck durchführen würde, (Preis-)Angebote von Bietern für Bauleistungen ohne konkrete Vergabeabsicht einzuholen. Es handelt sich bei § 16 Nr. 1 VOB/A einerseits und § 16 Nr. 2 VOB/A andererseits um jeweils selbstständige und inhaltlich unterschiedlich ausgestaltete Regelungen, die **jede für sich** zu betrachten und zu würdigen sind.

II. Grundsätze der Informationsübermittlung (Nr. 3 und 4)

4 Die mit der VOB 2006 neu aufgenommenen Regelungen der **Nr. 3 und 4** tragen den inzwischen weit verbreiteten neuen Informations- und Kommunikationstechnologien mittels des Einsatzes elektronischer Mittel wie z.B. E-Mail und World Wide Web (als Dienste des Internet) Rechnung. **Grundsätzlich sind mit der VOB 2006 die elektronischen Mittel den herkömmlichen Mitteln zur Kommunikation und zum Informationsaustausch gleichgesetzt worden.** In Nr. 3 Abs. 1 ist bestimmt, dass der Auftraggeber in der Bekanntmachung oder den Verdingunterlagen anzugeben hat, welche Kommunikationsmittel zur Übermittlung vorgesehen sind und trifft in **Abs. 2 und 3** für den Fall von **elektronischen Kommunikationsmitteln** nähere Voraussetzungen, die hierbei zu beachten sind. **Nr. 4** schließlich sieht vor, dass die Auftraggeber im Internet ein so genanntes **Beschafferprofil** einrichten können (vgl. dazu Rn. 58).

III. Anwendungsbereich

5 Auch wenn nach dem Wortlaut des § 16 VOB/A sowohl in der Überschrift wie auch im Text der Nr. 1 und der Nr. 2 jeweils nur von »Ausschreibungen« die Rede ist, was nach der Terminologie der VOB/A an sich ausschließlich die förmlichen Verfahren wie Öffentliche und Beschränkte Ausschreibung bzw. Offene und Nichtoffene Verfahren erfasst, findet § 16 VOB/A auch bei **Freihändigen Vergaben** bzw. **Verhandlungsverfahren** Anwendung. Für die Bestimmungen in Nr. 3 und Nr. 4, die – abweichend von Nr. 1 und 2 – ohnehin keinen Hinweis auf eine bestimmte Art der Vergabe enthalten, erfordert dies schon der Sinn und Zweck der Regelungen, da die Anforderungen an die Art der eingesetzten Kommunikationsmittel unabhängig davon sind, ob die Vergabe im Weg eines förmlichen Verfahrens oder durch Freihändige Vergabe bzw. im Verhandlungsverfahren erfolgt. Dies gilt aber auch für Nr. 1, denn auch hier darf der Auftraggeber nicht »ins Blaue hinein« Aufträge, etwa ohne vorab gesicherte Finanzierung, vergeben, sondern ist verpflichtet, alle Voraussetzungen für eine ordnungsgemäße Auftragsvergabe zu schaffen. Ebenso wenig darf der Auftraggeber auf der Grundlage eines Freihändigen Vergabeverfahrens oder aber eines Verhandlungsverfahrens Ertragsberechnungen einholen, ohne tatsächlich einen Bauvertrag abschließen zu wollen. Dementsprechend dehnt die Parallelvorschrift des § 16 Nr. 3 VOL/A ausdrücklich den Anwendungsbereich des § 16 VOB/A auch auf Freihändige Vergaben aus (vgl. auch Beck'scher VOB-Komm./*Sterner* § 16 VOB/A Rn. 4). Auch wenn die VOB-Vorschrift des § 16 VOB/A eine derartige ausdrückliche Erfassung nicht vorsieht, unterfallen daher auch hier Freihändige Vergaben und Verhandlungsverfahren dem Anwendungsbereich der Norm.

B. Grundsätze der Ausschreibung (Nr. 1)

I. Ausschreibungsbeginn

Nach § 16 Nr. 1 VOB/A soll der Auftraggeber erst dann ausschreiben, wenn alle Verdingungsunterlagen fertig gestellt sind und wenn innerhalb der angegebenen Fristen mit der Ausführung begonnen werden kann. Maßgeblicher **Zeitpunkt** für die Einhaltung dieser Voraussetzungen ist nicht die rein interne Bedarfsprüfung auf Seiten des Auftraggebers, sondern seine nach **außen** dokumentierte Vergabeabsicht. Je nach Verfahrensart ist damit für den **Ausschreibungsbeginn** und damit auch für den Zeitpunkt des Vorliegens der Voraussetzungen des § 16 Nr. 1 VOB/A zu unterscheiden: Bei **Öffentlichen Ausschreibungen** und **Offenen Verfahren** ist Ausschreibungsbeginn grundsätzlich die jeweilige **Bekanntmachung** in den einschlägigen Veröffentlichungsblättern (vgl. §§ 17, 17a und 17b VOB/A). Bei Vergabeverfahren **ohne vorherige öffentliche Bekanntmachung** der Vergabeabsicht, also bei Beschränkter Ausschreibung sowie beim nicht Offenen Verfahren ohne vorherige Vergabebekanntmachung sowie bei Freihändiger Vergabe, ist der Ausschreibungsbeginn der Zeitpunkt, in dem der Auftraggeber an einzelne Unternehmen herantritt und diese zur Abgabe eines Angebots **auffordert**. Bei Beschränkter Ausschreibung **nach vorherigem Öffentlichem Teilnahmewettbewerb** sowie bei Verhandlungsverfahren **nach vorheriger Öffentlicher Vergabebekanntmachung** werden die Verdingungsunterlagen erst auf der Grundlage der konkreten Bewerbung durch die Unternehmen benötigt. In diesen Fällen kann daher die **Bewerbungsfrist** noch für die Fertigstellung der Verdingungsunterlagen genutzt werden. Keinesfalls darf aber auch hier z.B. ein Verhandlungsverfahren ohne Öffentliche Vergabebekanntmachung mit der Begründung durchgeführt werden, die Vergabeunterlagen hätten ansonsten nicht rechtzeitig fertig gestellt werden können (vgl. *Lampe-Helbig/Wörmann* Rn. 87).

II. Schutz der Unternehmen

Grund für die durch den Auftraggeber einzuhaltenden Voraussetzungen des § 16 Nr. 1 VOB/A ist, dass dieser durch die Ausschreibung erstmalig geschäftliche Beziehungen mit den an der Ausschreibung interessierten Unternehmen knüpft. Durch die Ausschreibung und durch die Teilnahme der Unternehmen am Vergabeverfahren wird zwischen diesen und dem Auftraggeber ein **vorvertragliches Schuldverhältnis** begründet, das nach Treu und Glauben (§ 242 BGB) zu gegenseitiger Rücksichtnahme und Sorgfalt verpflichtet (vgl. BGH Urt. v. 21.11.1991 VII ZR 203/90 = BGHZ 116, 149 = BauR 1992, 221 ff. = NJW 1992, 827; Urt. v. 8.9.1998 X ZR 99/96 = BGHZ 139, 280 = BauR 1998, 1238 = NJW 1998, 3640; BGH Urt. v. 12.6.2001 X ZR 150/99 = VergabeR 2001, 293, 297 = NJW 2001, 3698 = NZBau 2001, 637; Schleswig-Holsteinisches OLG Urt. v. 6.11.2001 6 U 50/01 = VergabeR 2002, 316 ff. m. Anm. *Willenbruch* = ZfBR 2002, 186; eingehend dazu vor § 2 VOB/A, Rn. 2 und Rn. 22 sowie § 8 VOB/A, Rn. 2 und Einl.). Diese Sorgfaltspflichten werden für den Auftraggeber als **Grundsätze der Ausschreibung** in § 16 Nr. 1 VOB/A näher konkretisiert.

8 Die Vorschrift dient neben dem **Schutz der Auftraggeber** zur Gewährleistung eines ordnungsgemäßen Vergabeverfahrens insbesondere dem **Schutz der Unternehmen.** Unternehmen, die sich an einer Ausschreibung beteiligen, investieren regelmäßig einen erheblichen **Arbeits- und Finanzaufwand** für die Kalkulation und die Fertigung ihrer Angebote. Sie nehmen dennoch an der Ausschreibung teil, weil die Durchführung eines ordnungsgemäßen Vergabeverfahrens einen **transparenten Wettbewerb unter Gleichberechtigten** erfordert (vgl. § 97 Abs. 1 und 2 GWB und § 2 Nr. 1 und Nr. 2 VOB/A). Unter dieser Voraussetzung können die Unternehmen in gewissen Grenzen einschätzen, mit welcher Chance unter Berücksichtigung ihres Aufwandes sie den Zuschlag erhalten (vgl. BGH Urt. v. 8.9.1998 X ZR 48/97 = BGHZ 139, 259 = BauR 1998, 1232 = NJW 1998, 3636; *Feber* Schadensersatzansprüche bei der Auftragsvergabe nach VOB/A 1987 S. 23). Wenn der Auftraggeber demnach eine Ausschreibung vornimmt und sich ein Unternehmen diesem formalisierten Verfahren unterwirft, darf dieses auch darauf vertrauen, dass die der Vergabe zugrundeliegenden Bestimmungen, insbesondere die **Grundsätze der Ausschreibung** nach § 16 Nr. 1 VOB/A, eingehalten werden. Gehört damit die Einhaltung der Grundsätze der Ausschreibung zu den **Sorgfaltspflichten des Auftraggebers**, kann ein Unternehmen bei einer schuldhaften Verletzung dieser Pflichten gegenüber dem Auftraggeber aus Verschulden vor Vertragsschluss gem. § 311 Abs. 2 i.V.m. § 241 Abs. 2 und § 280 ff. BGB Schadensersatzansprüche geltend machen, wenn er durch die Pflichtverletzung einen Schaden erlitten hat (vgl. BGH Urt. v. 8.9.1998 X ZR 99/96 = BGHZ 139, 280 = BauR 1998, 1238 ff. = NJW 1998, 3640; BGH Urt. v. 12.6.2001 X ZR 150/99 = VergabeR 2001, 293, 297 = NJW 2001, 3698 = NZBau 2001, 637; Schleswig-Holsteinisches OLG Urt. v. 6.11.2001 6 U 50/01 = VergabeR 2002, 316 ff. m. Anm. *Willenbruch* = ZfBR 2002, 186; OLG Celle Urt. v. 9.5.1996 14 U 21/95 = BauR 1996, 860 = ZfBR 1997, 40, 40; *Feber* a.a.O. S. 23 f., 47 f.).

9 § 16 Nr. 1 VOB/A stellt kumulativ (»und«) zwei Voraussetzungen auf, die den Unternehmer davor schützen sollen, sich **verfrüht** in Vertragsverhandlungen zu begeben. Zum einen muss der Auftraggeber sicherstellen, dass **alle Verdingungsunterlagen** vor der Ausschreibung **fertiggestellt** sind; zum anderen muss er darüber hinaus gleichzeitig alles Erforderliche tun, dass der Bieter innerhalb der angegebenen Fristen **mit der Ausführung beginnen kann**. Verletzt der Auftraggeber auch **nur eine** der beiden Voraussetzungen, kann er sich schadensersatzpflichtig machen.

III. Fertigstellung aller Verdingungsunterlagen

1. Inhalt und Umfang

10 Die dem Auftraggeber obliegende Pflicht, erst dann auszuschreiben, wenn **alle Verdingungsunterlagen fertiggestellt sind,** drückt im Grundsatz eine **Selbstverständlichkeit** aus. Erst aufgrund der Verdingungsunterlagen kann ein Unternehmen erkennen, was von ihm an konkreter Leistung sowie an rechtlichen und tatsächlichen Bedingungen erwartet wird. Nur auf der Grundlage eindeutiger Verdingungsunterlagen, die den Bewerbern nach § 17 Nr. 4 Abs. 1 VOB/A »in kürzestmöglicher Frist und in geeigneter Weise zu übermitteln sind«, kann er ein klares und vollständiges Angebot sowie die von ihm geforderten Erklärungen i.S.d. § 21 Nr. 1 Abs. 2 S. 5 VOB/A abgeben. Die Nichteinhaltung der dem Auftraggeber obliegenden Pflicht zur Fertigstellung aller Verdingungsunterlagen kann daher auch **nicht mit Eilbedürftigkeit** oder etwa mit der **Schwierigkeit** zur Zusammenstellung aller Verdingungsunterlagen oder der Schwierigkeit zur **Beschreibung der Leistung begründet** werden. Die Bereitstellung ordnungsgemäßer Ausschreibungsunterlagen obliegt in jedem Fall als **Pflicht dem Auftraggeber**.

11 Mit der Fertigstellung aller Verdingungsunterlagen knüpft § 16 Nr. 1 VOB/A an die Vorschrift der §§ 9, 9a und b, 10, 10a und b VOB/A sowie §§ 6 und 7 SKR an. Danach gehören zu den Verdingungsunterlagen insbesondere die **Leistungsbeschreibung, die Allgemeinen Vertragsbedingungen für die Ausführung von Bauleistungen (VOB/B), die Allgemeinen Technischen Vertragsbedingungen für Bauleistungen (VOB/C) sowie etwaige Besondere oder Zusätzliche Vertragsbedingungen**

und etwaige **Besondere Technische oder Zusätzliche Technische Vertragsbedingungen** (vgl. insoweit die Kommentierung zu §§ 9 ff. VOB/A sowie zu §§ 6 und 7 SKR). Es genügt deshalb nicht, wenn der Auftraggeber dem interessierten Unternehmen bei der Aufforderung zur Abgabe eines Angebots nur z.B. die Leistungsbeschreibung und die Allgemeinen Vertragsbedingungen überreicht ohne etwaige Zusätzliche und/oder Besondere Vertragsbedingungen. In diesem Fall kann sich der Bewerber kein vollständiges Bild über Art und Umfang der tatsächlich geforderten Leistung machen. Erfasst von den Verdingungsunterlagen sind insbesondere Zeichnungen, Pläne, Berechnungen, Bodenuntersuchungen, soweit diese nach Art und Umfang der Ausschreibung erforderlich sind. Im Einzelfall ist jeweils vom Auftraggeber das in die Verdingungsunterlagen einzustellen, was dem späteren **Bauvertrag zugrundegelegt wird**.

2. Ausnahmen

Ausnahmen von den Fertigstellungen aller Verdingungsunterlagen kann es **in inhaltlicher und quantitativer Sicht** für den Auftraggeber nur unter den in der VOB/A aufgeführten Voraussetzungen geben. Hierzu gehört insbesondere der Fall, dass es für den Auftraggeber nach den Voraussetzungen des § 9 Nr. 15–17 VOB/A, also insbesondere nach Abwägen aller Umstände, zweckmäßig ist, eine **Leistungsbeschreibung mit Leistungsprogramm** zu erstellen. In diesem Fall werden den Bietern einzelne Leistungen übertragen, für die im Normalfall der Auftraggeber zuständig ist. Der Auftraggeber wird also durch die Leistung der Bieter von der Fertigstellung aller Verdingungsunterlagen befreit. Voraussetzung ist, dass der Auftraggeber ein Leistungsprogramm nach § 9 Nr. 16 VOB/A erstellt, so dass er sodann die Aufstellung des Leistungsverzeichnisses nach Maßgabe des § 9 Nr. 17 VOB/A auf den Bieter verlagern darf. Bei der Leistungsbeschreibung mit Leistungsprogramm werden demgemäß von den Bietern Planungsleistungen (Entwurf und/oder Ausführungsunterlagen) und die Ausarbeitung wesentlicher Teile der Angebotsunterlagen gefordert. Eine Leistungsbeschreibung mit Leistungsprogramm kann insbesondere dann zweckmäßig sein, wenn es für die Bestimmung der Bauleistung überwiegend auf die Erfahrung des in der täglichen Baupraxis stehenden Unternehmens selbst ankommt. Sind dann mehrere technische Lösungen möglich, die nicht im Einzelnen neutral beschrieben werden können, kann der Auftraggeber seine Entscheidung unter dem Gesichtspunkt der **Wirtschaftlichkeit** und **Funktionsgerechtigkeit** erst aufgrund der Bieterangebote treffen (vgl. die VHB-Regelung zu § 9 VOB/A Nr. 7.1). Auch wenn der Auftraggeber bei einer Leistungsbeschreibung mit Leistungsprogramm aus Transparenz-, Wettbewerbs- und Gleichbehandlungsgründen die Bauaufgabe für alle Bieter so vollständig wie möglich beschreiben muss (vgl. § 9 Nr. 11 VOB/A) und daher auch hier grundsätzlich die Anforderungen des § 9 Nr. 1 bis 3 VOB/A gelten (Vorgabe des Bausolls), wird durch § 9 Nr. 12 VOB/A praktisch die Aufstellung der Leistungsbeschreibung mit Leistungsverzeichnis vom Auftraggeber auf den Bieter verlagert (vgl. auch *Heiermann/Riedl/Rusam* § 16 VOB/A Rn. 4; a.A.: *Franke/Kemper/Zanner/Grünhagen* § 16 VOB/A Rn. 8, die die Bieteranforderungen bei einer Leistungsbeschreibung mit Leistungsprogramm entgegen der Vorgabe des § 9 Nr. 12 bzw. [jetzt] Nr. 17 VOB/A enger begrenzen). Jedoch bleibt auch in diesen Fällen grundsätzlich zu prüfen, ob nicht bei Einhaltung der Voraussetzungen zur Fertigstellung aller Verdingungsunterlagen durch den Auftraggeber dem Bieter die Möglichkeit zur Abgabe von Angeboten mit technischen Besonderheiten in Form von **Neben- oder Alternativangeboten** ermöglicht werden kann.

In zeitlicher Hinsicht kann sich eine weitere **Ausnahme** von der grundsätzlich vorausgesetzten Fertigstellung aller Verdingungsunterlagen durch den Auftraggeber daraus ergeben, dass die Regelung des § 16 Nr. 1 VOB/A erst dann eingreift, wenn **die Verdingungsunterlagen tatsächlich benötigt werden**. Hieraus kann gefolgert werden, dass bei der Öffentlichen Ausschreibung und beim Offenen Verfahren trotz des grundsätzlich mit der Bekanntmachung (vgl. §§ 17, 17a und 17b VOB/A) zusammenfallenden Ausschreibungsbeginns die Verdingungsunterlagen noch nicht unbedingt mit der erstmaligen Bekanntmachung über die Ausschreibung selbst, sondern erst zum Zeitpunkt der erforderlichen **Versendung an die Bewerber** vorliegen müssen. Eine derartige **noch rechtzeitige** Fertigstellung der Verdingungsunterlagen kann auch bei der Beschränkten Ausschreibung nach Öffentlichem Teilnahmewettbewerb sowie beim Nichtoffenen Verfahren gegeben sein. Wegen der hier laufenden Bewerbungsfrist (§§ 18 Nr. 4, 18a Nr. 2 Abs. 1 und 18b Nr. 2 lit. a VOB/A) brauchen daher die Verdingungsunterlagen noch nicht vollständig mit dem Zeitpunkt der Bekanntmachung vom Auftraggeber fertig gestellt zu sein. Allerdings geht der Auftraggeber bei einer derartigen Vorgehensweise ein Risiko ein. Durch **unvorhergesehene Ereignisse** kann nämlich die Gefahr zur Verlängerung der Bewerbungsfrist und damit des nicht mehr möglichen Einhaltens des beabsichtigten Zeitplanes gegeben sein. Es ist daher dem Auftraggeber dringend anzuraten, die Fertigstellung der Verdingungsunterlagen **nicht bis zum Schluss** hinauszuzögern und der Vorgabe des § 16 Nr. 1 VOB/A Genüge zu tun.

IV. Ausführungsbeginn innerhalb der angegebenen Fristen

14 Nach Nr. 1 muss als **weitere Voraussetzung** für die Ausschreibung kumulativ hinzukommen, dass **innerhalb der angegebenen Fristen mit der Ausführung begonnen werden kann.** Innerhalb der angegebenen Fristen kann mit der Ausführung immer dann begonnen werden, wenn alle **rechtlichen und tatsächlichen Voraussetzungen** für den Ausführungsbeginn vorliegen. Was daher im Einzelfall vom Auftraggeber als von ihm zu erbringende Leistung gefordert werden kann, richtet sich nach den konkreten Voraussetzungen, die für die Durchführung des Bauauftrages nötig sind.

1. Vorliegen der rechtlichen Voraussetzungen

15 **In rechtlicher Hinsicht** sind vom Auftraggeber die Voraussetzungen herbeizuführen, die den Baubeginn – rechtlich – zulässig machen. Dazu gehört insbesondere die Verfügungsgewalt über das zu bebauende Grundstück, die entweder durch gültig **erworbenes Eigentum** oder durch sonstige **zivile Rechte**, wie Nießbrauch, Dienstbarkeiten, Erbbaurechte etc. gesichert werden kann. Weiter gehören hierzu alle erforderlichen **öffentlich-rechtlichen Genehmigungen,** soweit diese im Einzelfall notwendig sind, wie insbesondere die **Baugenehmigung** bzw. etwaige baurechtliche Sonder- oder Ausnahmegenehmigungen, Befreiungen bzw. rechtlich verbindliche Einverständniserklärungen. Die in diesem Zusammenhang anwendbare Vorschrift des § 4 Nr. 1 Abs. 1 VOB/B über die Ausführungen der Bauleistungen nennt beispielhaft neben öffentlich-rechtlichen Genehmigungen und Erlaubnissen nach dem **Baurecht** auch noch solche nach dem **Straßenverkehrsrecht, dem Wasserrecht und dem Gewerberecht.** Darüber hinaus haben Genehmigungen nach dem **Umweltrecht**, z.B. die Einhaltung der Vorschriften des **Bundesimmissionsschutzgesetzes** und der **Umweltverträglichkeitsprüfung,** in den letzten Jahren zunehmende Bedeutung erlangt.

16 Da die Praxis insbesondere bei komplexeren Bauvorhaben auf sensiblen Grundstücken gezeigt hat, dass die Verwaltungen nicht selten einen längeren Zeitraum zur Ausstellung der notwendigen Genehmigungen benötigen, ist dem Auftraggeber dringend anzuraten, diese Zeitspanne im **Vorfeld der Ausschreibung** zu berücksichtigen. Ansonsten besteht die Gefahr der Verzögerung des Baubeginns mit erheblichen nachteiligen Konsequenzen für den Auftraggeber. Dieser trägt für die Einholung der notwendigen Genehmigungen grundsätzlich **das alleinige Risiko.** Wenn etwa ein Unternehmen mit einem Bauvorhaben nur deswegen nicht rechtzeitig beginnen kann, weil die Baugenehmigung hierfür fehlt, kann er nicht nur eine Verlängerung der Ausführungsfrist gegenüber dem Auftraggeber nach § 6 Nr. 2 Abs. 1 lit. a VOB/B geltend machen. Wegen des Verschuldens des Auftraggebers hat das Unternehmen auch Anspruch auf Ersatz des hierdurch entstandenen Schadens (vgl. § 6 Nr. 6 VOB/B). Dieser Schaden kann z.B. in der während der verlängerten Ausführungsfristen erfolgten Erhöhung der Lohn- und Materialkosten bestehen (siehe auch *Heiermann/Riedl/Rusam* § 16 VOB/A Rn. 23).

2. Vorliegen der tatsächlichen Voraussetzungen

In tatsächlicher Hinsicht ist der Auftraggeber ebenfalls verpflichtet, alle notwendigen Voraussetzungen für die Ausführung des Bauvorhabens zu schaffen. Hierzu gehört insbesondere die tatsächliche Zurverfügungstellung des Grundstücks, die Freimachung der künftigen Baustelle für den Arbeitsbeginn sowie das Anlegen und die Bereitstellung notwendiger Zufahrten. Auch für die Fertigstellung notwendigerweise von **anderen Unternehmenn zu erbringenden Vorarbeiten** hat der Auftraggeber Sorge zu tragen. Der wesentlichste Bereich der Sicherstellung der tatsächlichen Voraussetzungen durch den Auftraggeber, deren Verletzung zur **Schadensersatzpflicht** führen kann, liegt aber neben der Bereitstellung der notwendigen **Plan- und Ausführungsunterlagen** (vgl. § 3 VOB/B) in der **Sicherstellung der Finanzierung** (siehe grundlegend dazu vier Urteile des BGH zum Schadensersatz v. 8.9.1998 X ZR 99/96 = BGHZ 139, 280 = BauR 1998, 1238 = NJW 1998, 3640; X ZR 109/96 = BGHZ 139, 273 = BauR 1998, 1246 = NJW 1998, 3644; X ZR 48/97 = BGHZ 139, 259 = BauR 1998, 1232 = NJW 1998, 3636; X ZR 85/97 = BauR 1998, 1249 = NJW 1998, 3634 = ZfBR 1999, 17 sowie OLG Düsseldorf Beschl. v. 14.2.2001 Verg 14/00 = NZBau 2003, 60 [Ls.]; OLG Düsseldorf Urt. v. 1.2.1999 5 U 93/98 = BauR 1999, 741 = ZVgR 1999, 197, 198; OLG Schleswig Urt. v. 1.12.1995 14 U 42/94 = ZVgR 1997, 170, 172). Dies bedeutet, dass das Ausschreibungsverfahren erst dann eingeleitet und die Unternehmen zur Abgabe eines Angebots aufgefordert werden dürfen, wenn die **Finanzierung gesichert ist.** Hiermit verbunden ist die Pflicht des Auftraggebers, **vor der Ausschreibung** die Kosten eines Bauvorhabens genau durchzukalkulieren und daraufhin zu überprüfen, ob sie durch die zur Verfügung stehenden Haushaltsmittel gedeckt sind. In den vier erwähnten Grundsatzurteilen des BGH vom 8.9.1998 (a.a.O.) sind die Voraussetzungen und Grenzen des § 16 Nr. 1 VOB/A deutlich aufgezeigt worden. In einem dieser Urteile (X ZR 48/97 a.a.O.) hatte ein Staatsbauamt nach rein mündlicher Zusage durch das Finanzministerium und ohne Vorliegen einer verbindlichen schriftlichen Finanzierungszusage den Neubau eines Dienstgebäudes öffentlich mit Baubeginn für das folgende Jahr ausgeschrieben. Kurz vor dem Eröffnungstermin beschloss das Landeskabinett, das Vorhaben nicht in den Haushalt einzustellen. Daraufhin hob das Staatsbauamt die Ausschreibung auf. Der BGH stellte heraus, dass die Vergabestelle ohne irgendeine **Zusage von Haushaltsmitteln** gar nicht ausschreiben dürfe. Dies folge schon aus § 16 Nr. 1 VOB/A, wonach nur ausgeschrieben werden dürfe, wenn innerhalb der vorgesehenen Fristen mit der Ausschreibung tatsächlich begonnen werden kann. Hiermit sind aber Ausschreibungen »ins Blaue« hinein nicht vereinbar (so schon die Vorinstanz zum BGH-Urteil: OLG Frankfurt/Main Urt. v. 20.2.1997 1 U 105/95 = IBR 1997, 354). Von einer gesicherten Finanzierung kann daher nur dann ausgegangen werden, wenn die erforderlichen Mittel auch tatsächlich zur Verfügung stehen, also entweder bereits zugewiesen sind oder die nach den haushaltsrechtlichen Bestimmungen erforderliche Verpflichtungsermächtigung erteilt ist.

Wenn die Finanzierung für ein Bauvorhaben **nicht gesichert** ist, darf der Auftraggeber auch nicht auf der Grundlage eines Hinweises in den **Verdingungsunterlagen »vorbehaltlich« der Mittelvergabe** ausschreiben. Eine derartige Ausschreibung widerspricht wegen einer einseitigen sowie überraschenden und unzulässigen Risikoverlagerung vom Auftraggeber auf die Bieter und Bewerber den Grundsätzen der §§ 305c und 307 BGB und ist daher unzulässig (vgl. LG München I Urt. v. 29.10.1996 11 O 8041/96 = BauR 1997, 524, für § 9 AGBG). Derartige Vorbehalte sind dadurch gekennzeichnet, dass der Auftraggeber sich in Klauseln insofern abzusichern versucht, dass dann, wenn »wider Erwarten die in Aussicht gestellten Mittel zur vollen Finanzierung der Maßnahme nicht bereitgestellt werden, der Auftraggeber sich vorbehält, die Ausschreibung aufzuheben«. Ansprüche des Auftragnehmers auf Entschädigung werden durch die Klauseln ausgeschlossen. Derartige Klauseln gewähren den Unternehmen keine Planungssicherheit für die Finanzierung und führen bei endgültiger Nichtbereitstellung der Finanzierung zu nutzlosen Aufwendungen der Bieter. Die Ausschreibung muss daher insgesamt als irreführend bezeichnet werden (vgl. LG München I, Urt. v. 29.10.1996 – 11 O 8041/96 BauR 1997, 524; *Noch* Vergaberecht Kompakt S. 115 f.). Derartige

»**Vorbehaltsklauseln**« in den Verdingungsunterlagen müssen daher stets gegenüber den Bewerbern und Bietern als überraschend (vgl. § 305c BGB), der Vorgabe des § 16 Nr. 1 VOB/A widersprechend und daher als rechtswidrig angesehen werden. Es ist jedenfalls einem Bewerber oder Bieter nicht zuzumuten, zunächst sämtliche Verdingungsunterlagen durchzuarbeiten, um dann feststellen zu müssen, dass der Auftraggeber einen Finanzierungsvorbehalt gemacht hat (vgl. auch *Franke/Kemper/Zanner/Grünhagen* § 16 VOB/A Rn. 17). Ausnahmen können im Einzelfall nur dann erlaubt werden, wenn Bewerber und Bieter **unmissverständlich** auf eine ungesicherte Finanzierung hingewiesen werden.

19 Weiterhin ist eine Ausschreibung ohne gesicherte Finanzmittel **kein rechtmäßiger Aufhebungsgrund** nach § 26 VOB/A. Diese Vorschrift setzt grundsätzlich voraus, dass der Aufhebungsgrund ohne vorherige Kenntnis des Auftraggebers **nach Beginn** der Ausschreibung eingetreten ist (vgl. BGH Urt. v. 25.11.1992 VIII ZR 170/91 = BGHZ 120, 281 = BauR 1993, 214 = NJW 1993, 520, 521; BGH Urt. v. 8.9.1998 X ZR 48/97 = BGHZ 139, 259 = BauR 1998, 1232 = NJW 1998, 3636; OLG Schleswig Urt. v. 1.12.1995 14 U 42/94 = ZVgR 1997, 170 ff.; a.A. Hanseatisches OLG Beschl. v. 4.11.2002 1 Verg 3/02 = VergabeR 2003, 40 = BauR 2003, 434 [Ls.], das auch bei einem dem Auftraggeber zum Zeitpunkt der Ausschreibung bereits bekannten Aufhebungsgrund von der Rechtmäßigkeit der Aufhebung ausgeht). War der Aufhebungsgrund demgegenüber von vornherein für den Auftraggeber **bekannt** oder **erkennbar**, macht er sich bei einer – dann unrechtmäßigen – Aufhebung der Ausschreibung gegenüber den Bewerbern schadensersatzpflichtig. Nicht zuletzt wegen dieses Risikos ist der Auftraggeber gut beraten, vor Beginn der Ausschreibung die Kosten der konkreten Bauleistung auch unter **Berücksichtigung von Lohn- oder Materialpreiserhöhungen** genau durchzukalkulieren. Dabei hat er auch den Zeitpunkt für die konkrete Ausführung der Leistung in Betracht zu ziehen. Ist die Finanzierung nur für einen **Teil des Bauvorhabens** gesichert, darf der Auftraggeber auch nur insoweit ausschreiben. Demgegenüber würde es einen Verstoß gegen § 16 Nr. 1 VOB/A bedeuten, wenn der Auftraggeber in diesem Fall die Gesamtleistung ausschreibt, anschließend aber den Auftrag nur hinsichtlich des bereits finanzierten Teils und nach Bereitstellung der restlichen Haushaltsmittel den restlichen Bauauftrag an das bereits beauftragte Unternehmen vergibt.

20 Bei alternativen Finanzierungsmodellen (Betreibermodelle, Leasing, Baukonzessionen etc.) muss der Auftraggeber im Hinblick auf die Finanzierung nicht nur **vor der Ausschreibung** sicherstellen, dass diese Finanzierungsform wirtschaftlicher als die konventionelle Finanzierung ist (vgl. Verfassungsgerichtshof Rheinland-Pfalz Urt. v. 20.11.1996 N 3/96 = ZVgR 1997, 117). Er muss auch gewährleisten, dass die Finanzierung während der gesamten – häufig sehr viel längeren – Laufzeit des Projekts sichergestellt ist.

3. Maßgeblicher Zeitpunkt: Beginn der Einzelaufträge

21 Mit der Ausführung der in § 16 Nr. 1 VOB/A angegebenen Fristen ist **nicht der Beginn der Bauarbeiten als solcher** gemeint, sondern der **Beginn der für das jeweilige Unternehmen** in seinem Gewerk (vgl. den Grundsatz der Losvergabe in § 97 Abs. 3 GWB, § 4 VOB/A) entscheidenden Arbeiten einschließlich der damit zwangsläufig verbundenen Vorarbeiten. Sind z.B. Schreinerarbeiten Gegenstand des Bauauftrags und ist das hierfür erforderliche Leistungsverzeichnis aufgestellt, kommt es für den Beginn der Ausführung auf den Beginn der Schreinerarbeiten im Rahmen des Gesamtauftrages an. Mit den »angegebenen Fristen« sind die Ausführungsfristen gemeint, wie diese in § 11 VOB/A sowie in § 5 VOB/B erwähnt sind.

4. Ausnahmen in begründeten Einzelfällen (Soll-Vorschrift)

22 Bei § 16 Nr. 1 VOB/A handelt es sich zwar um eine **Soll-Vorschrift**. Dadurch wird aber nur zum Ausdruck gebracht, dass es in **Einzelfällen begründete Ausnahmen** vom hier aufgestellten Grundsatz der Fertigstellung aller Verdingungsunterlagen und der Pflicht, innerhalb der angegebenen Fristen

mit der Ausführung beginnen zu können, geben kann. Für diese begründeten Ausnahmen ist der Auftraggeber **darlegungs- und beweispflichtig**. Neben dem in § 9 Nr. 15 bis 17 VOB/A geregelten Fall (siehe Rn. 12) kann es **eng auszulegende Ausnahmen** geben. Eine derartige Ausnahme kann etwa im Falle einer noch **nicht endgültig erteilten Zustimmung** zur Vergabe durch eine übergeordnete Behörde vorliegen. So lag der Sachverhalt in einem vom BayObLG (Beschl. v. 15.7.2002 Verg 15/02 = VergabeR 2002, 535 ff. = NZBau 2002, 689) entschiedenen Fall, bei dem die Vergabestelle wegen noch nicht endgültig erteilter Zustimmung zur Vergabe durch das Bundesbauministerium die ursprünglich festgelegten Zuschlagsfristen verlängern musste. Das Gericht sah hierin keinen Verstoß gegen § 16 Nr. 1 VOB/A, weil die zeitliche Einschätzung der Vergabestelle, bis zum ursprünglichen Ablauf der Bindefrist die Wertung abzuschließen und die Zustimmung der beteiligten Behörden zu erhalten, »durchaus realistisch erschien«. Der vom BayObLG vertretenen Auffassung ist zuzustimmen. § 16 Nr. 1 VOB/A stellt mit seiner zweiten Voraussetzung darauf ab, dass »innerhalb der angegebenen Fristen mit der Ausführung **begonnen** werden kann«. Es reicht daher aus, wenn zum Zeitpunkt des endgültigen Beginns alle Voraussetzungen für die Baudurchführung gegeben sind. Insoweit ist entscheidend, dass der Auftraggeber bei Festlegung der Bauausführungsfristen realistischerweise davon ausgehen kann, dass zu diesem Zeitpunkt alle erforderlichen Voraussetzungen für die Baudurchführung vorliegen.

Weiterhin kann es eine wesentliche Ausnahme von der Vorgabe des § 16 Nr. 1 VOB/A im Falle einer **23** **noch nicht restlos gesicherten Finanzierung** zum Zeitpunkt des Ausschreibungsbeginns geben. Voraussetzung ist aber stets, dass der Auftraggeber die Bewerber und Bieter **klar und unmissverständlich** über die ungesicherte Finanzierung aufklärt (vgl. OLG Frankfurt/Main Urt. v. 20.2.1997 1 U 105/95 = ZVgR 1997, 271 = IBR 1997, 354; vgl. auch: *Franke/Kemper/Zanner/Grünhagen* § 16 VOB/A Rn. 17). Der Auftraggeber kommt dieser Aufklärungspflicht nur dann ordnungsgemäß nach, wenn ein entsprechender deutlicher Hinweis auf die nicht endgültig gesicherte Finanzierung bereits in der **Vergabebekanntmachung** gem. §§ 17, 17a, 17b VOB/A und in der **Aufforderung zur Angebotsabgabe** (im Anschreiben) gem. § 10 Nr. 1 Abs. 1 lit. a VOB/A erfolgt ist. Voraussetzung muss aber auch hier sein, dass die endgültige Mittelbereitstellung aufgrund der konkreten Gegebenheiten höchstwahrscheinlich ist und die Ausschreibung selbst dringlich ist, so dass auf die endgültige Sicherung der Finanzierung nicht mehr gewartet werden kann. Ein zulässiges Abweichen von der Vorgabe des § 16 Nr. 1 VOB/A ist insbesondere dann gegeben, wenn der Auftraggeber aufgrund erhaltener konkreter und schriftlicher Zusicherungen keine ernsthaften Zweifel daran haben kann, dass die Finanzierung **bis zum Baubeginn** steht. Insoweit ist auf die **Richtlinie** zu § 16 VOB/A im Vergabehandbuch des Bundes (VHB Ausgabe 2002, Stand: 1.2.2006) mit der vorgesehenen Möglichkeit von Ausnahmen hinzuweisen. Diese lautet:

»Zeitpunkt der Ausschreibung.
Zur Angebotsabgabe darf erst aufgefordert werden, wenn die erforderlichen Ausgabemittel zugewiesen sind und/oder eine Verpflichtungsermächtigung erteilt ist. Ausnahmen bedürfen der Zustimmung der zuständigen Obersten Bundesbehörde.«

Auch die EG-Kommission, die Bundes- sowie die Landesregierungen haben in der Vergangenheit – **24** etwa bei der **Flutkatastrophe** in Ostdeutschland im August des Jahres 2002 – einen vorzeitigen Maßnahmenbeginn insbesondere gegenüber den Kommunen zugelassen und eine Ausschreibung unter dem Vorbehalt der Förderzusage zuwendungsrechtlich nicht als Vorhabenbeginn gewertet. Die Ausnahmen dürfen aber keinesfalls für den Auftraggeber zum Anlass genommen werden, auch in weiteren Fällen ohne Vorliegen der Finanzierung eine Ausschreibung einzuleiten. Dies wäre **rechtswidrig** und würde ihn ggf. auch zum Schadensersatz gegenüber den Bietern für nutzlose Aufwendungen verpflichten. Wenn der Auftraggeber von den eng begrenzten Ausnahmemöglichkeiten einer Ausschreibung trotz nicht vollständiger Finanzierung Gebrauch macht, muss er in jedem Fall den Bieter zur Vermeidung von Schadensersatzpflichten auf diesen Tatbestand klar und unmissverständlich hinweisen. Sind die Bieter dann bereit, sich auf eine Ausschreibung einzulassen, obwohl sie der Auftraggeber dennoch auf die verbleibenden Restunsicherheiten hingewiesen hat, ist dies letztlich ihr **Risiko**. Bieter können in diesen Fällen nicht die Durchführung eines ordnungsgemäßen Vergabeverfahrens im Nachprüfungsverfahren geltend machen. Dies würde einen Verstoß gegen den Grundsatz von Treu und Glauben (§ 242 BGB) und gegen den Grundsatz des venire contra factum proprium bedeuten. Denn die Bieter und Bewerber konnten in den genannten Fällen selbst entscheiden, ob sie sich trotz ungesicherter Finanzierung an der Ausschreibung beteiligen.

25 Aber auch dann, wenn eine Ausnahme im Einzelfall aufgrund rechtlich vorgegebener Abweichung vom Grundsatz des § 16 Nr. 1 VOB/A eingreift, muss sich der Auftraggeber vergegenwärtigen, dass er von den Bewerbern ggf. die Abgabe von **arbeitsaufwendigen und kostenträchtigen Angeboten** verlangt, von deren Unentgeltlichkeit er nicht ohne weiteres ausgehen kann. Insofern muss auch hier im Hinblick auf eine Kostenerstattung für die Bearbeitung der Angebote die Regelung des § 20 Nr. 2 Abs. 1 VOB/A zugrunde gelegt werden. Nach S. 1 dieser Vorschrift wird zwar für die Bearbeitung der Angebote grundsätzlich keine Entschädigung gewährt; anders sieht jedoch die Sachlage nach Maßgabe des § 20 Nr. 2 Abs. 1 S. 2 VOB/A aus. Verlangt danach der Auftraggeber, dass der Bewerber Entwürfe, Pläne, Zeichnungen, statische Berechnungen, Mengenberechnungen oder andere Unterlagen ausarbeitet, insbesondere in den Fällen des § 9 Nr. 15 bis 17 VOB/A, so ist einheitlich für alle Bieter in der Ausschreibung eine **angemessene Entschädigung** festzusetzen. Diese Entschädigung steht nach S. 3 jedem Bieter zu, der ein der Ausschreibung entsprechendes Angebot mit den geforderten Unterlagen rechtzeitig eingereicht hat. Diese Regelung muss der Auftraggeber auch berücksichtigen, wenn er – ausnahmsweise – ohne endgültig gesicherte Finanzierung ausschreibt. Auf eine **Entschädigung** für die Ausarbeitung **umfangreicher Angebote** haben daher die Bewerber und Bieter selbst bei endgültigem Ausbleiben der Finanzierung in Entsprechung zu § 20 Nr. 2 Abs. 1 S. 2 und 3 VOB/A bei Ausschreibungen sowie gem. § 20 Nr. 2 Abs. 2 VOB/A auch bei Freihändigen Vergaben Anspruch, vorausgesetzt der Auftraggeber hat eine solche festgesetzt. Ansonsten können die Bieter eine Entschädigung nur dann unter dem Gesichtspunkt des Schadensersatzes wegen schuldhafter Verletzung einer vorvertraglichen Pflicht nach § 311 Abs. 2 i.V.m. §§ 241 Abs. 2, 280 ff. BGB verlangen, wenn sie auf den Umstand der nicht gesicherten Finanzierung nicht hingewiesen worden sind.

C. Ausschreibungen für vergabefremde Zwecke (Nr. 2)

I. Allgemeines

26 Nach Nr. 2 sind Ausschreibungen für **vergabefremde Zwecke** (z.B. bloße Ertragsberechnungen) **unzulässig**. Obwohl die VOB/A ausschließlich in § 16 Nr. 2 den Ausdruck **vergabefremde Zwecke** verwendet, werden in der rechtlichen und politischen Diskussion unter diesen Begriff sehr viel weitergehende Sachverhalte erfasst. Zu erwähnen ist insbesondere die Koppelung der Auftragsvergabe an die **Einhaltung der Tariflöhne** (so genannte Tariftreueerklärungen, vgl. dazu § 8 VOB/A Rn. 115 f.), **die Koppelung der Auftragsvergabe an ausbildungsfördernde Maßnahmen bzw. speziell frauenfördernde Maßnahmen, die Koppelung der Auftragsvergabe an die Nichtbeschäftigung von Unternehmern, die der Scientology-Organisation angehören sowie die Koppelung der Auftragsvergabe an bestimmte umweltschützende Maßnahmen durch die Bieterseite**. Zu diesem gesamten Themenkomplex wird auf die Kommentierung zu § 97 Abs. 4 GWB verwiesen (vgl. auch *Pietzcker* ZHR 162 [1998], 464 ff.).

27 Demgegenüber betrifft § 16 Nr. 2 VOB/A einen ausdrücklichen **Spezialfall** der vergabefremden Zwecke, der mit den rechtlich und politisch diskutierten Sachverhalten nichts gemeinsam hat. § 16 Nr. 2 VOB/A knüpft vielmehr an die Grundsatzregelung des § 16 Nr. 1 VOB/A an, woraus sich ergibt, dass der Auftraggeber nur dann ausschreiben soll, wenn es zu einem ordnungsgemäßen Bauauftrag, also der Vergabe einer Leistung an ein sich im Vergabeverfahren bewerbendes Bauunternehmen, kommen kann. Die Vorschrift des § 16 Nr. 2 VOB/A erklärt es in diesem Zusammenhang für ausdrück-

lich unzulässig, dass der Auftraggeber Bauleistungen **ohne Bauabsicht** ausschreibt. Auch in einem derartigen Fall würden die Bieter und Bewerber – wie bei einer Verletzung des § 16 Nr. 1 VOB/A – getäuscht und missbraucht (instruktiv: OLG Celle Urt. v. 8.11.2001 13 Verg 10/01 = IBR 2002, 154; VK Hessen Beschl. v. 20.2.2002 69d-VK-47/2001; siehe auch VK Thüringen Vergaberechts-Report 6/01; Beck'scher VOB-Komm./*Sterner* § 16 VOB/A Rn. 20). Daher sollen Handlungen des Auftraggebers, die nicht mit der ernsthaft beabsichtigten und später verwirklichten Bauvergabe verbunden sind, von vornherein vermieden werden. Das Interesse eines Unternehmens ist regelmäßig nicht auf die Berechnung der Baukosten etc. beschränkt, sondern auf den **Erhalt des Bauauftrages** gerichtet. Nur hierfür wendet er nicht unerhebliche Mühen und Kosten auf, die er regelmäßig mit der Chance verbunden sieht, auch den Bauauftrag zu erhalten. Hat ein Auftraggeber daher keine ernste Bauabsicht und schreibt er nur zweckentfremdend aus, macht er sich grundsätzlich wegen eines vorvertraglichen Verschuldens gegenüber den Bewerbern gem. § 311 Abs. 2 i.V.m. §§ 241 Abs. 2, 280 ff. BGB aus Gründen einer **schuldhaften Pflichtverletzung** schadensersatzpflichtig.

II. Einzelfälle

Beispielhaft nennt § 16 Nr. 2 VOB/A als – unzulässigen – vergabefremden Zweck die Ausschreibung zum Ziel der **Ertragsberechnung**, also mit dem Ziel, die voraussichtlichen Baukosen zu ermitteln (*Franke/Kemper/Zanner/Grünhagen* § 16 VOB/A Rn. 21 ff.). Weitere und hiermit eng verknüpfte Sachverhalte erwähnt die VOL/A in der parallelen Vorschrift des § 16 Nr. 2 VOB/A. Danach sind neben den Ertragsberechnungen beispielhaft als unzulässig auch **Vergleichsanschläge und Marktkundungen** aufgeführt. Alle genannten Fälle haben eines gemeinsam: Dem Auftraggeber **fehlt** die konkrete Absicht zum Abschluss eines Bauauftrages. Zwar kann ein Auftraggeber, der bzgl. eines konkreten Bauprojektes nicht über die entsprechende Marktübersicht der vorhandenen Unternehmer verfügt, sich diese durch einen vorgeschalteten **öffentlichen Teilnahmewettbewerb** verschaffen (vgl. §§ 3 Nr. 1 Abs. 2, 3a Nr. 1 lit. b VOB/A); dieser vorgeschaltete Teilnahmewettbewerb ist aber stets jeweils die **Vorstufe** für die **Erteilung** eines Bauauftrages nach Durchführung des Vergabeverfahrens und dient gerade nicht der **alleinigen Markterkundung** oder **Ertragsberechnung**. 28

Einer Kommune ist es daher z.B. untersagt, durch Ausschreibungen zum Zwecke der **Ertragsberechnung** oder der **Marktkundung** Auskünfte darüber einzuholen, ob der eigene Bauhof bestimmte Grundstücksarbeiten preiswerter durchführen kann als externe Bieter. Ebenfalls untersagt ist es, in einem formalen Ausschreibungsverfahren feststellen zu lassen, ob die im Haushalt veranschlagten Mittel für ein Bauvorhaben von den jeweiligen »Angeboten gedeckt sind«, um dann bei negativem Ausgang von einer rechtlich verbindlichen Ausschreibung abzusehen. Will daher der Auftraggeber derartige Marktkundungen und Ertragsberechnungen vornehmen, darf er dies grundsätzlich nicht in Form von **Ausschreibungen tun**. Diese wären wegen der mangelnden Absicht zur Bauvergabe letztlich nur **Scheinausschreibungen** zum Nachteil der Bieter. 29

Erfasst von der in § 16 Nr. 2 VOB/A erwähnten Ausschreibung für vergabefremde Zwecke ist auch die Ausschreibung **optionaler Leistungen** dann, wenn die Option lediglich zum Zwecke der Preiserkundung abgefragt wird und dem Bieter durch die **Abwälzung des Kalkulationsrisikos** ein ungewöhnliches Wagnis aufgebürdet wird. So hat das Saarländische OLG in einem Beschluss vom 22.10.1999 (5 Verg 4/99 = NZBau 2000, 158 ff., für einen § 16 Nr. 2 VOL/A betreffenden Sachverhalt) entschieden, dass eine Ausschreibung für insgesamt 50 Lose, bei der sich der Auftraggeber zahlreiche Optionen, die ihrerseits verschiedene Alternativen enthalten, offen hält, einen Verstoß gegen § 16 Nr. 2 VOB/A bedeutet. Hier müsse davon ausgegangen werden, dass eine Option lediglich zu dem Zwecke der **Preisermittlung** ausgeschrieben werde, **ohne** dass der Ausschreibung ein hinreichender Vergabewille zugrunde liege. Die damit gegebene Ausschreibung sei eine solche für **vergabefremde Zwecke**. Sie verstoße gegen das **Wirtschaftlichkeitsprinzip** und sei damit unzulässig. 30

31 In praktischer Sicht kann aus dieser Entscheidung nur der Schluss gezogen werden, dass Optionen nur ausnahmsweise ausgeschrieben werden sollten, diese im Verhältnis zu den Grundpositionen **nicht überwiegend ins Gewicht fallen dürfen** und sie **mit hoher Wahrscheinlichkeit ausgeführt werden sollten**. Ansonsten besteht die Gefahr des Verstoßes gegen § 16 Nr. 2 VOB/A, da den Unternehmen unzulässige Preisermittlungen abgefordert werden. Derartige Ausschreibungen mit einer unnötigen Vielzahl von Optionen beinhalten im Übrigen einen Verstoß gegen die in § 9 Nr. 1 VOB/A dem Auftraggeber auferlegte Pflicht der eindeutigen und erschöpfenden Beschreibung der Leistung. Sie bürden dem Auftragnehmer nach § 9 Nr. 2 VOB/A ein ungewöhnliches Wagnis auf und sind auch schon von daher unzulässig. Dies stellt auch die VOB/A seit ihrer Fassung 2000 klar. Nach § 9 Nr. 1 S. 2 VOB/A dürfen danach **Bedarfspositionen (Eventualpositionen) nur ausnahmsweise** in die Leistungsbeschreibung aufgenommen werden.

32 Bei der Vergabe von Rahmenverträgen hat das KG Berlin die Verfolgung vergabefremder Zwecke dann angenommen, wenn gleichzeitig mit mehreren Unternehmen gleichlautende Rahmenverträge geschlossen werden, **ohne dass aber feststeht, dass der Auftraggeber** oder – wie in dem entschiedenen Fall – andere berechtigte Verwaltungsstellen **innerhalb der Vertragslaufzeit auch nur eine einzige vom Rahmenvertrag erfasste Leistung abrufen werden**. In einem solchen Fall, so das KG Berlin, sei der Rahmenvertrag **nicht auf eine Beschaffung gerichtet**, sondern es werde dem Bieter **lediglich eine Vergabe in Aussicht gestellt**, indem er als »Gewinner« der Ausschreibung in einen Katalog aufgenommen werde (vgl. KG Beschl. v. 15.4.2004 VergabeR 2004, 762 = BauR 2005, 162 [Ls.]). Im Weiteren bewertete das KG (a.a.O.) den Verstoß gegen § 16 Abs. 2 VOB/A als einen so schwerwiegenden Mangel des Vergabeverfahrens, dass die Ausschreibung aufzuheben sei.

III. Ausnahmen

33 Wegen des eindeutigen Wortlauts des § 16 Nr. 2 VOB/A und seines zwingenden Charakters (»Ausschreibungen für vergabefremde Zwecke **sind** unzulässig«) ist es dem Auftraggeber grundsätzlich untersagt, Ertragsberechnungen oder Markterkundungen durch **formelle Ausschreibungsverfahren** vornehmen zu lassen. Trotzdem ist das Interesse des Auftraggebers legitim, in bestimmten Fällen in Erfahrung zu bringen, was z.B. ein konkretes Bauobjekt kosten würde. Um entsprechende Angaben zu erhalten, ohne der Gefahr der Schadensersatzpflicht ausgesetzt zu sein, ist es daher erforderlich, dass der Auftraggeber die befragten Unternehmen auf die fehlende Bauabsicht klar und eindeutig hinweist und zu diesem Zwecke von vornherein den Anschein der Durchführung eines ordnungsgemäßen Vergabeverfahrens mit öffentlicher Bekanntmachung etc. vermeidet. Der Auftraggeber sollte daher von vornherein zum Ausdruck bringen, dass es bei seinem Handeln **nicht um ein Vergabeverfahren**, sondern um eine **unverbindliche Preisanfrage, Markterkundung oder Ertragsberechnung** geht (a.A. *Franke/Kemper/Zanner/Grünhagen* § 16 VOB/A Rn. 26, die aber verkennen, dass das oben erwähnte Verfahren gerade kein förmliches Vergabeverfahren beinhaltet). Ein Fall des enttäuschten Vertrauens liegt dann gerade nicht vor.

34 Wenn aber der Auftraggeber in diesem Sinne von Unternehmen in sich abgeschlossene und umfangreichere Arbeiten, also z.B. die Anfertigung und die Abgabe einer komplexeren Ertragsberechnung verlangt, ist sein Begehren auf den Abschluss eines Werkvertrages gerichtet. In diesem Fall muss davon ausgegangen werden, dass der Auftraggeber die abgeforderte Leistung von den Unternehmen, insbesondere bei einer Ausarbeitung umfangreicher Unterlagen (vgl. die Wertung in § 20 Nr. 2 VOB/A), **nicht unentgeltlich** verlangen kann. Vielmehr ist insoweit auf § 632 Abs. 1 BGB zu verweisen, wonach eine **Vergütung als stillschweigend vereinbart** gilt, wenn die Herstellung des Werkes den Umständen nach nur gegen Vergütung zu erwarten ist. Der Auftraggeber muss daher grundsätzlich für von ihm verlangte aufwändige Leistungen, die wegen des Fehlens einer wirklichen Bauabsicht selbstständigen Charakter tragen, dem oder den Bewerbern, und zwar **jedem einzelnen von ihnen**, eine Vergütung nach den Grundsätzen des § 632 Abs. 2 BGB zahlen. Dies gilt unabhängig davon, ob eine derartige Vergütung vorher festgelegt oder vereinbart worden ist. Eine derartige Vergütung kommt nur dann ausnahmsweise nicht in Betracht, wenn sich die beteiligten Unternehmen freiwillig bereiterklärt haben, die von ihnen abgeforderte Leistung unentgeltlich zu erbringen bzw. wenn es sich um einen reinen und nicht aufwändigen Kostenanschlag handelt. Dieser ist nach § 632 Abs. 3 BGB im Zweifel nicht zu vergüten.

IV. Sonderfall: Parallelausschreibungen

Wenn nach der ausdrücklichen Bestimmung des § 16 Nr. 2 VOB/A Ausschreibungen für vergabefremde Zwecke (z.B. Ertragsberechnungen) unzulässig sind, stellt sich die Frage der Zulässigkeit bzw. Unzulässigkeit so genannter **Parallelausschreibungen** (vgl. dazu auch § 4 VOB/A Rn. 14 ff.). Eine Parallelausschreibung beinhaltet eine Ausschreibung, bei der es mehrere vom Auftraggeber im Einzelnen vorgegebene Möglichkeiten für die Abgabe von Angeboten durch Bieter in dem Sinne gibt, dass jede dieser Möglichkeiten jeweils für sich Gegenstand einer **eigenen Ausschreibung** sein könnte. Zweck einer Parallelausschreibung ist demnach, mehrere Varianten dem Wettbewerb zu unterwerfen, diesen hierdurch zu fördern und damit die Wirtschaftlichkeit der Vergabe insgesamt zu verbessern. Für die einzelnen Bieter verringert sich allerdings durch Parallelausschreibungen die Chance auf Erhalt des Zuschlags, da sie mit einer größeren Konkurrenz konfrontiert werden. Dies gilt vor allem für diejenigen Bieter, die nur eine der vom Auftraggeber vorgegebenen Möglichkeiten (Variante) anbieten können. **Unterschieden werden muss eine Parallelausschreibung von der Abgabe von Nebenangeboten.** Letztere kann der Auftraggeber inhaltlich nicht vorgeben. Er hat vielmehr nur die Möglichkeit, Nebenangebote ausdrücklich zuzulassen, ohne ihre Beschaffenheit im Einzelnen bestimmen zu können (vgl. *Dähne/Schelle* VOB von A bis Z S. 981). Die inhaltliche Ausformung der Nebenangebote ist vielmehr Sache der Bieter. 35

Klassischerweise wird unter dem Begriff der Parallelausschreibung die **gleichzeitige** Ausschreibung unterschiedlicher Leistungen, z.B. einer Bau- und einer Dienstleistung, in getrennten Vergabeverfahren nach der VOL/A und der VOB/A verstanden. Im weiteren Zusammenhang werden aber insbesondere auch folgende Sachverhalte unter dem Begriff der »Parallelausschreibung« zusammengefasst: 36

1. Bau und Finanzierung eines Vorhabens

Bei dieser Art der Parallelausschreibung werden Bau- und Finanzierungsleistungen zum selben Zeitpunkt in **einer Ausschreibung** ausgeschrieben. Dabei werden dann drei Lose gemeldet. Los 1 enthält die Bauleistungen, Los 2 die Finanzierungsleistungen und Los 3 die Bau- und Finanzierungsleistungen aus einer Hand. Die vom Auftraggeber abgefragten verschiedenen Leistungen können dabei entsprechend ihrer Wirtschaftlichkeit kombiniert werden. Eine derartige Parallelausschreibung lag einem vom KG entschiedenen Fall zugrunde (vgl. KG Beschl. v. 22.8.2001 KartVerg 3/01 = BauR 2001, 1965 = NZBau 2002, 402 ff. = VergabeR 2001, 392 ff. m. Anm. *Prieß*, der diesen Sachverhalt allerdings als gegen § 16 Nr. 2 VOB/A verstoßende unzulässige »Doppelausschreibung« ansieht). 37

2. Fachunternehmen/Generalunternehmen

Als Parallelausschreibung wird es auch angesehen, wenn auf der Grundlage einer Leistungsbeschreibung mit Leistungsverzeichnis nebeneinander und gleichzeitig alle Fachlose zum Gegenstand einer Ausschreibung gemacht werden und der Auftraggeber darauf hinweist, dass sowohl einzelne Fachlose von **Fachunternehmen** als auch alle Lose zusammen als Paket von **Generalunternehmen** angeboten werden können (vgl. § 17 Nr. 1 Abs. 2 lit. f. und Nr. 2 Abs. 2 lit. f. VOB/A). Auch mit dieser, nur unter Berücksichtigung von § 97 Abs. 3 GWB und § 4 VOB/A zulässigen Ausschreibung (Vorrang der Losvergabe) soll festgestellt werden, welche Ausschreibungsvariante für den Auftraggeber kostengünstiger ist (vgl. auch Beck'scher VOB-Komm./*Sterner* § 16 VOB/A Rn. 28; *Christen* VgR 1997, 33, 34; zu den Anforderungen an gestaffelte Eröffnungstermine bei dieser Art der Parallelaus- 38 schreibung: VK Sachsen Beschl. v. 13.2.2002 1/SVK/003–02 m.w.N.; instruktiv zur Wertung solcher Lose: VK Bremen Beschl. v. 23.8.2001 VK 4/01). Die Verwaltungspraxis dieser Ausschreibungsform hat z.B. in Rheinland-Pfalz gezeigt, dass i.d.R. die **Fachlosausschreibung** für den Auftraggeber gegenüber der Generalunternehmervergabe **wirtschaftlicher** ist.

3. Technische Alternativen

39 Schließlich wird unter dem Begriff der Parallelausschreibung auch die **Ausschreibung technischer Alternativen** für ein Bauwerk (z.B. eine Hängebrücke oder eine Bogenbrücke oder alternative Kläranlagensysteme), die Ausschreibung über verschiedene Baumaterialien (z.B. Holz oder Stahl für eine Dachkonstruktion) sowie auch die Ausschreibung über die Sanierung oder den Neubau eines Vorhabens erfasst (vgl. *Dähne/Schelle* VOB von A bis Z S. 981).

4. Zulässigkeit von Parallelausschreibungen

40 Parallelausschreibungen sind nicht ohne weiteres zulässig, sondern an bestimmte **Voraussetzungen** geknüpft. Die Zulässigkeit einer Parallelausschreibung kann immer nur im Einzelfall beurteilt werden. Insbesondere muss die Grenze des § 16 VOB/A berücksichtigt werden. Dies bedeutet, dass auch bei Parallelausschreibungen die Fertigstellung der Verdingungsunterlagen für alle möglichen Varianten gegeben sein muss und innerhalb der angegebenen Fristen mit der Ausführung begonnen werden kann (§ 16 Nr. 1 VOB/A). Bei der alternativen Bau- und Finanzierungsausschreibung (siehe oben Rn. 37) muss der Auftraggeber die Bieter für den Fall des **Nichtvorliegens einer Haushaltsfinanzierung** hierüber voll umfänglich informieren. Denn insbesondere die Bieter zu Los 1 (Bauleistung) werden so darauf aufmerksam gemacht, dass eine Zuschlagserteilung für den Fall nicht möglich ist, dass entweder keine Privatfinanzierung über Los 2 gefunden wird oder aber nur eine Privatfinanzierung, die jedoch teurer ist als eine typische Haushaltsfinanzierung und daher nicht zum Zuge kommen kann. Der öffentliche Auftraggeber muss daher zur Vermeidung von Bieteransprüchen darauf hinweisen, dass zum einen die Finanzierung entgegen § 16 Nr. 1 VOB/A noch nicht gesichert ist und das Vorhaben in der geplanten Ausführungsfrist nur dann verwirklicht werden kann, wenn über die Ausschreibung des Loses 2 (Finanzierung) eine Privatfinanzierung gefunden werden kann, die insbesondere nicht teurer ist als eine Haushaltsfinanzierung (vgl. *Franke/Kemper/Zanner/Grünhagen* § 16 VOB/A Rn. 40).

41 Weiter setzt eine Parallelausschreibung voraus, dass der Auftraggeber bereits auf diese besondere Form der Ausschreibung sowohl in der **Bekanntmachung** (§§ 17, 17a, 17b VOB/A) als auch in den **Vergabeunterlagen** (§§ 10, 10a, 10b VOB/A) **deutlich hinweist**. Der Hinweis in den Vergabeunterlagen muss dabei zwingend bereits im **Anschreiben** (§ 10 Nr. 1 Abs. 1 lit. a VOB/A), also der Aufforderung zur Angebotsabgabe, enthalten sein. Es wäre unzumutbar, erst die Vielzahl der Verdingungsunterlagen durcharbeiten zu müssen, bevor ein Bewerber dann von den Besonderheiten, die mit der Parallelausschreibung verbunden sind, erfährt (vgl. *Franke/Kemper/Zanner/Grünhagen* § 16 VOB/A Rn. 37; grundlegend zur Zulässigkeit von Parallelausschreibungen: *Kaiser* NZBau 2002, 553 ff.). Eine entscheidende **Grenze** für Parallelausschreibungen enthält die Vorschrift des § 16 Nr. 2 VOB/A, die Ausschreibungen für vergabefremde Zwecke (z.B. Ertragsberechnungen) für unzulässig erklärt. **Markterkundungen und Wirtschaftlichkeitsberechnungen** gehören zu den Pflichten der Vergabestelle **vor Beginn der Ausschreibung**, so dass eine Ausschreibung, die erkennbar Markterkundungen und Wirtschaftlichkeitsberechnungen bezweckt, vergabefremden Zwecken dient (vgl. VK Thüringen Beschl. v. 20.3.2001 Vergaberechts-Report 6/2001, 3 f. m. Anm. *Boesen* IBR 2001, 506; die Vergabestelle hatte im entschiedenen Fall parallel nach VOB/A und VOL/A ausgeschrieben). In dem der VK Thüringen zugrunde liegenden Fall wurde zu Recht ein Verstoß gegen § 16 Nr. 2 VOB/A und § 9 Nr. 1 VOB/A angenommen, weil es sowohl an einer hinreichend konkreten Leistungsbeschreibung fehlte als auch die Art der Ausschreibung mangels konkreter Vergabeabsicht eine unzulässige Markterkundung darstellte.

Neben der erforderlichen hinreichend konkreten Beschreibung der Leistung auch bei Parallelaus- **42** schreibungen – vergleichbar mit der bei der Funktionalausschreibung bekannten Problematik – müssen bei einer Parallelausschreibung insbesondere auch die Grundsätze eines ordnungsgemäßen **Wettbewerbs, eines transparenten Vergabeverfahrens und der Gleichbehandlung der Bieter und Bewerber** gewährleistet sein (vgl. § 97 Abs. 1 und 2 GWB und § 2 Nr. 1 und Nr. 2 VOB/A). Dies bedeutet auch, dass bei Parallelausschreibungen die berechtigten Interessen der Bieter im Hinblick auf einen **zumutbaren Arbeitsaufwand** gewahrt werden, das Verfahren für die Beteiligten hinreichend **transparent** ist und sichergestellt ist, dass die **wirtschaftlichste** Verfahrensweise zum Zuge kommt (vgl. KG Beschl. v. 22.8.2001 KartVerg 3/01 = NZBau 2002, 402 ff. = VergabeR 2001, 392 ff. m. Anm. *Prieß*; vgl. auch zur unzulässigen »Doppelausschreibung«: OLG Düsseldorf Beschl. v. 5.3.2001 Verg 2/01 = BauR 2001, 1305 [Ls.] = VergabeR 2001, 234 ff. m. Anm. *Weihrauch*). Das OLG Celle (Beschl. v. 8.11.2001 13 Verg 9/01 = BauR 2002, 682 [Ls.] = NZBau 2002, 400 ff. = VergabeR 2002, 154 ff. m. Anm. *Schwenker*; siehe auch OLG Bremen Beschl. v. 22.10.2001 Verg 2/2001 = IBR 2002, 33) hat zu Recht herausgestellt, dass Parallelausschreibungen immer dann **unzulässig** sind, wenn sie **nicht auf die Beschaffung des gleichen Leistungsgegenstands** gerichtet sind, sondern auf die Feststellung zunächst des günstigsten Verfahrens für den Ausschreibenden, um sodann die Leistungen zu beschaffen. In dem entschiedenen Fall wurden auf unzulässige Weise Baukomponenten mit Dienstleistungselementen für den Bau einer Kläranlage und für die Abwasserbehandlung kombiniert. Die Angebotswertung sollte nach einer den Bietern vorher nicht bekannt gegebenen Nutzwertanalyse erfolgen. Im Vordergrund stand damit eben nicht die Vergleichbarkeit der Angebote, sondern die Frage, welches Verfahren für die Vergabestelle das günstigste ist.

Parallelausschreibungen müssen daher immer dann als unzulässig wegen **Verstoßes** gegen den **Wett-** **43** **bewerbs-, den Gleichbehandlungs- und den Transparenzgrundsatz** angesehen werden, wenn sie mit dem Zwecke der Markterkundung im Grundsatz von vornherein **zwei getrennte Ausschreibungsverfahren** beinhalten, von denen nur eines zum Zuge kommen kann, während das andere zwingend aufgehoben werden muss. In diesem Sinne muss etwa eine Ausschreibung, mit der erst erkundet werden soll, ob die Sanierung einer Schule oder deren Neubau an anderer Stelle wirtschaftlicher ist, als unzulässige Markterkundung angesehen werden. In all diesen Fällen liegen **zwei getrennte** und damit unzulässige Ausschreibungen vor. »Parallelausschreibung« ist daher immer **als Einzahl** zu verstehen, mit dem **ein und derselbe Ausschreibungszweck** erreicht werden soll. Dies folgt zwingend aus § 16 Nr. 2 VOB/A, da jeweils nur **einmal** (Bsp.: Bauvergabe oder Vergabe der Finanzierung; Generalunternehmen oder Fachunternehmen für Gewerke; Hängebrücke oder Bogenbrücke) vergeben werden kann (so auch: *Dähne/Schelle* VOB von A bis Z S. 985; vgl. im Einzelnen zur »Zulässigkeit von Parallelausschreibungen« *Kaiser* NZBau 2002, 553 ff.; *Heiermann* FS Jagenburg 2002).

Insgesamt entsprechen Parallelausschreibungen, die das **Wettbewerbs-, Transparenz- und Gleich-** **44** **behandlungsgebot** beachten und keinen Verstoß gegen § 16 Nr. 2 VOB/A darstellen, durchaus einem sachgerechten Bedürfnis der Praxis und insbesondere der Auftraggeberseite. Dies gilt zumindest für alle vom Auftraggeber **objektiv** nicht vorab eindeutig festlegbaren Leistungsbeschreibungen, so dass er erst durch eine Parallelausschreibung Kenntnis darüber erhält, welche Angebotsvariante für ihn im Ergebnis **wirtschaftlicher** ist. Derartige Zweifelsfälle sind insbesondere bei komplexeren und umfangreicheren Bauvorhaben mit technischen Schwierigkeiten gegeben. Hier muss daher eine Parallelausschreibung zum Zwecke des wirtschaftlichen und technischen Vergleichs (vgl. auch § 4 Nr. 3 S. 2 VOB/A) zwischen den Angeboten zugelassen werden. In diesem Sinne müssen auch Parallelausschreibungen im Rahmen von **Privatisierungen** öffentlicher Bauvorhaben, bei denen gleichzeitig eine VOB-Ausschreibung für den Bau sowie eine VOL-Ausschreibung für Bau, Betrieb und Finanzierung z.B. eines Blockheizkraftwerkes durchgeführt wird, für grundsätzlich zulässig erachtet werden (vgl. OLG Celle Beschl. v. 8.11.2001 13 Verg 9/01 = BauR 2002, 682 [Ls.] = NZBau 2002, 400 ff. = VergabeR 2002, 154 ff. m. Anm. *Schwenker*; VÜA Bund Beschl. v. 14.4.1997 1 VÜ 24, 25 und 97/96 [Technikzentrale]; Beck'scher VOB-Komm./*Sterner* § 16 VOB/A Rn. 27). Aber auch in den Fällen, in denen der Auftraggeber bei komplexeren technischen Vorhaben durch eine Parallelausschreibung die wirtschaftlichste und technisch beste Form der Vergabe erkunden will, bleibt die Parallelausschreibung die **Ausnahme**. Grundsätzlich hat sich daher die Vergabestelle **vor der Ausschreibung** darüber abschließend Gedanken zu machen, was sie konkret beschaffen will oder kann (vgl. dazu auch *Prieß* Anm. zu KG Beschl. v. 22.8.2001 – KartVerg 3/01, VergabeR 2001, 399, 400).

D. Rechtsschutz bei Verstößen gegen Nr. 1 und Nr. 2

I. Primärrechtsschutz

45 § 16 VOB/A stellt sowohl in seiner Nr. 1 als auch in Nr. 2 **Grundvoraussetzungen** der Ausschreibung auf. Rechtsverstöße gegen § 16 Nr. 1 oder Nr. 2 VOB/A müssen daher als gravierend eingestuft werden (vgl. *Noch* Vergaberecht Kompakt S. 112). § 16 VOB/A ist vom Auftraggeber trotz seiner Formulierung als Soll-Vorschrift mithin im Sinne einer **Muss-Vorschrift** zu begreifen und deswegen zur Vermeidung von Vergabefehlern stringent anzuwenden (vgl. VÜA Sachsen Beschl. v. 15.5.1999 1 VÜA 7/98). Daher haben Unternehmen gem. § 97 Abs. 7 GWB einen Anspruch darauf, dass der Auftraggeber die Bestimmung des § 16 VOB/A als eine wesentliche Bestimmung des Vergabeverfahrens einhält. Bei § 16 VOB/A handelt es sich mithin um eine Schutznorm i.S.d. § 97 Abs. 7 GWB, deren Verletzung bei Auftragsvergaben bei Erreichen der Schwellenwerte zur Einleitung eines Nachprüfungsverfahrens gem. §§ 102 ff. GWB führen kann (vgl. OLG Düsseldorf Beschl. v. 5.10.2000 Verg 14/00; Beck'scher VOB-Komm./*Sterner* § 16 VOB/A Rn. 31; *Prieß* VergabeR 2001, 399, 400).

II. Sekundärrechtsschutz

1. Schadensersatzpflicht aus Verletzung eines vorvertraglichen Schuldverhältnisses

46 Mit dem Beginn der Ausschreibung und deren öffentlicher Bekanntmachung tritt der Auftraggeber erstmalig in Kontakt mit interessierten Unternehmen. Insofern entspricht es ständiger Rechtsprechung, dass spätestens mit der auf der Grundlage der Ausschreibung erfolgten Anforderung der Ausschreibungsunterlagen durch die Bewerber zwischen dem Auftraggeber und den Unternehmen ein **vertragsähnliches Vertrauensverhältnis** zustande kommt, das die Parteien zu gegenseitiger Rücksichtnahme verpflichtet und Sorgfaltspflichten begründet (vgl. BGH Urt. v. 21.11.1991 VII ZR 203/90 = BGHZ 116, 149 = BauR 1992, 221 ff. = NJW 1992, 827; Urt. v. 8.9.1998 X ZR 99/96 = BGHZ 139, 280 = BauR 1998, 1238 = NJW 1998, 3640; Urt. v. 8.9.1998 X ZR 48/97 = BGHZ 139, 259 = BauR 1998, 1232 = NJW 1998, 3636; Urt. v. 12.6.2001 X ZR 150/99 = VergabeR 2001, 293, 297 = NJW 2001, 3698 = NZBau 2001, 637; Schleswig-Holsteinisches OLG Urt. v. 6.11.2001 6 U 50/01 = VergabeR 2002, 316 ff. m. Anm. *Willenbruch* = ZfBR 2002, 186; OLG Düsseldorf Urt. v. 18.2.1999 5 U 93/98 = BauR 1999, 741 = ZVgR 1999, 197, 198). Auf dieses Verhältnis sind die Rechtsgrundsätze des Verschuldens bei der Anbahnung eines Vertragsverhältnisses gem. § 311 Abs. 2 BGB i.V.m. § 241 Abs. 2 BGB mit der Maßgabe anzuwenden, dass für den Auftraggeber die Finanzierung für das Bauvorhaben nach § 16 Nr. 1 VOB/A gesichert sein muss, **bevor** mit der Ausschreibung begonnen werden kann (so OLG Schleswig Urt. v. 1.12.1995 14 U 42/94 = ZVgR 1997, 170, 172).

47 Hieran ändert auch ein Hinweis in den Bewerbungsbedingungen eines Auftraggebers nichts, wonach die VOB/A **nicht Vertragsbestandteil** wird und daher ein **Rechtsanspruch des Bieters** auf deren Anwendung nicht besteht (vgl. OLG Schleswig Urt. v. 1.12.1995 14 U 42/94 = ZVgR 1997, 170, 172). Dass nämlich die VOB/A nicht Vertragsbestandteil wird, ist selbstverständlich, da die VOB/A nur das Vergabeverfahren regelt. Der Umstand, dass die Einhaltung bestimmter Vorschriften nicht einklagbar ist, schließt daher Schadensersatzansprüche wegen eines Verstoßes gegen die Vorschrift des § 16 VOB/A nicht aus (vgl. auch OLG Düsseldorf Urt. v. 9.11.1989 12 U 247/88 = BauR 1990, 349;

Schnorbus Der Schadensersatzanspruch des Bieters bei der fehlerhaften Vergabe öffentlicher Bauaufträge, BauR 1999, 77, 81). Denn es liegt gerade im Wesen eines durch die Aufnahme von Vertragsverhandlungen bzw. die Anbahnung eines Vertrages begründeten Schuldverhältnisses (vgl. § 311 Abs. 2 BGB), dass die Beachtung von Obliegenheiten zwar nicht erzwungen, ihre Verletzung jedoch durch Schadensersatzansprüche kompensiert werden kann (§ 311 Abs. 2 i.V.m. §§ 241 Abs. 2, 280 ff. BGB). Eine derartige Schadensersatzpflicht wird insbesondere dadurch ausgelöst, dass ein Auftraggeber nicht auf eine ungesicherte bzw. – teilweise – fehlende Finanzierung eines Bauvorhabens hinweist, obwohl er bei Anwendung der erforderlichen Sorgfalt hätte erkennen können, dass die zur Verfügung stehenden Haushaltsmittel nicht ausreichen, um einen Auftrag in dem ausgeschriebenen Umfange zu erteilen (vgl. BGH Urt. v. 21.11.1991 VII ZR 203/90 = BGHZ 116, 149 = BauR 1992, 221 ff. = NJW 1992, 827; Urt. v. 8.9.1998 X ZR 48/97 = BGHZ 139, 259 = BauR 1998, 1232 = NJW 1998, 3636; Urt. v. 12.6.2001 X ZR 150/99 = VergabeR 2001, 293, 297 = NJW 2001, 3698 = NZBau 2001, 637; Schleswig-Holsteinisches OLG Urt. v. 6.11.2001 6 U 50/01 = VergabeR 2002, 316 ff. m. Anm. *Willenbruch* = ZfBR 2002, 186; OLG Schleswig Urt. v. 1.12.1995 14 U 42/94 = ZVgR 1997, 170, 172). Ein derartiges Vorgehen ist ein eindeutiger Verstoß gegen § 16 Nr. 1 VOB/A, wonach eine Ausschreibung nur dann erfolgen soll, wenn innerhalb der angegebenen Frist mit den Arbeiten begonnen werden kann. Dies setzt insbesondere die Sicherung der Finanzierung voraus (vgl. OLG Düsseldorf Urt. v. 18.2.1999 5 U 93/98 = BauR 1999, 741 = ZVgR 1999, 197, 198).

Ein derartig von vornherein vorliegender Vergabeverstoß, der dem Auftraggeber bekannt oder zumindest erkennbar war, kann **keinen rechtmäßigen Grund** zur Aufhebung der Ausschreibung nach § 26 VOB/A erzeugen. Ein rechtmäßiger Grund zur Aufhebung der Ausschreibung scheidet regelmäßig dann aus, wenn z.B. die fehlende Finanzierung auf **Fehler des Auftraggebers** bei der Ermittlung des Finanzierungsbedarfes zurückzuführen ist, der Auftraggeber also von vornherein den Aufhebungsgrund selbst gesetzt hat (vgl. BGH Urt. v. 8.9.1998 X ZR 99/96 = BGHZ 139, 280 = BauR 1998, 1238. = NJW 1998, 3640; siehe aber auch Hanseatisches OLG Beschl. v. 4.11.2002 1 Verg 3/02 = VergabeR 2003, 40 = BauR 2003, 434 [Ls.]). Änderungen in den Grundlagen der Finanzierung können daher einen schwerwiegenden, die **rechtmäßige** Aufhebung der Ausschreibung ermöglichenden Grund i.S.d. § 26 Nr. 1 lit. c VOB/A nur dann bilden, wenn sie für den Auftraggeber auf **nicht bekannten oder voraussehbaren** Umständen beruhen. **48**

2. Umfang der Schadensersatzpflicht

Vgl. dazu auch die Erläuterungen unter Vor § 2 VOB/A Rn. 2 ff.

a) Ersatz des negativen Interesses

Die bloße Teilnahme von Unternehmen an einem fehlerhaften Vergabeverfahren führt zu einem Schadensersatzanspruch (§ 311 Abs. 2 i.V. zu § 241 Abs. 2, 280 ff. BGB), wenn die Ausschreibung – wie im Falle fehlender Finanzierung oder fehlender öffentlich-rechtlicher Genehmigungen – dem Auftraggeber **von vornherein** bekannt oder erkennbar war und somit einen Verstoß gegen § 16 Nr. 1 VOB/A bedeutet. In diesem Fall kann er sich daher bei der Aufhebung der Ausschreibung nicht auf § 26 VOB/A stützen, da die dort genannten Voraussetzungen für eine – **rechtmäßige** – **Aufhebung** nicht vorliegen. Der Auftraggeber ist dann grundsätzlich **allen Teilnehmern** gegenüber in Höhe des sog. **Vertrauensschadens (negatives Interesse)** ersatzpflichtig. Dies gilt auch für den erstrangigen Bieter, da für diesen ein über den Vertrauensschaden hinausgehender Erfüllungsanspruch (Ersatz des positiven Interesses) regelmäßig voraussetzen würde, dass er bei ordnungsgemäßer Vergabedurchführung den **Auftrag hätte erhalten müssen** (vgl. BGH Urt. v. 8.9.1998 X ZR 48/97 = BGHZ 139, 259 = BauR 1998, 1232 = NJW 1998, 3636; Urt. v. 12.6.2001 X ZR 150/99 = VergabeR 2001, 293, 297 = NJW 2001, 3698). Diesen Nachweis wird der erstrangige Bieter aber grundsätzlich nicht führen können, da der Ausschreibende jederzeit von der weiteren Durchführung des Vergabeverfahrens bis zu dessen Abschluss durch die Auftragsvergabe hätte absehen können. Es gibt keinen – **49** vor allem nicht gerichtlich durchsetzbaren – Anspruch eines erstrangigen Bieters auf Erteilung des Zuschlages und zwar auch nicht in den Fällen, in denen ein Aufhebungsgrund nach § 26 VOB/A nicht gegeben ist (vgl. EuGH Urt. v. 28.10.1999 C-328/96 = NZBau 2000, 153, 154 [Ziff. 24]; EuGH Urt. v. 18.6.2002 C-92/00 = VergabeR 2002, 361 ff. [Ziff. 41] = NZBau 2002, 458; BGH Urt. v. 8.9.1998 X ZR 48/97 = BGHZ 139, 259 = BauR 1998, 1232 = NJW 1998, 3636; OLG Düsseldorf Beschl. v. 15.3.2000 – Verg 4/00 NZBau 2000, 306 ff.). Ob ein Auftrag daher letztlich tatsächlich vergeben wird oder nicht, ist eine **privatautonome**, bis zum Vertragsschluss jeder Zeit **reversible Entscheidung des Auftraggebers,** auf welche der Bieter nicht vertrauen kann.

50 Etwas anderes folgt auch nicht aus der Neuordnung des Vergaberechts zum 1.1.1999. Auch wenn nach § 97 Abs. 7 GWB Bieter ein **subjektives Recht** auf die Einhaltung der das Vergabeverfahren regelnden Vorschriften eingeräumt bekommen haben, haben sie damit nicht einen Anspruch auf die Erteilung eines Auftrages in den Fällen, in denen dieser mangels Vorliegen der Voraussetzungen des § 16 VOB/A, also etwa wegen fehlender Finanzierung, nicht erteilt werden darf. Gerade die fehlende Sicherstellung der Finanzierung macht deutlich, dass auch der »erstrangige Bieter« **keinen Ersatz auf das positive Interesse (entgangener Gewinn)** geltend machen kann. In diesem Fall lässt sich ja gerade nicht feststellen, dass ein Unternehmen bei pflichtgemäßem Verhalten des Auftraggebers das beste Angebot abgegeben und damit den Zuschlag erhalten hätte. Denn gerade bei einer ordnungsgemäßen Kalkulation muss davon ausgegangen werden, dass der Auftraggeber wegen fehlender Finanzmittel die Ausschreibung mit der Folge unterlassen hätte, dass kein Bieter die Möglichkeit gehabt hätte, den Auftrag zu erhalten (so auch *Schnorbus* BauR 1999, 77, 89). Es bleibt also dabei, dass bei einem Verstoß gegen § 16 VOB/A alle Bewerber Anspruch auf Schadensersatz haben, der aber dem Umfange nach grundsätzlich auf den sog. Vertrauensschaden (**negatives Interesse**), also auf die Kosten für die Erarbeitung und Erstellung der Angebote etc., beschränkt ist. Bei komplexeren und großen Bauvorhaben kann aber auch dieser Anspruch erheblich sein.

b) Ersatz des entgangenen Gewinns

51 Etwas anderes, also der **Ersatz des positiven Interesses (entgangener Gewinn)**, kann nur ausnahmsweise dann zum Tragen kommen, wenn der Auftraggeber gerade nicht von einer Zuschlagserteilung, etwa wegen fehlender Finanzierung, z.B. nach Aufhebung der Ausschreibung, absieht, sondern für das gleiche Projekt und den gleichen Auftragsgegenstand ein neues Vergabeverfahren durchführt und anschließend den Auftrag erteilt. In diesem Fall bleibt nach der **Rechtsprechung auch des BGH** dem Bieter der Nachweis offen, dass er in dem ursprünglichen Vergabeverfahren den Zuschlag hätte erhalten müssen. Zumindest dann, wenn der später – an das falsche Unternehmen – zugeschlagene Auftrag wirtschaftlich mit dem vorher ausgeschriebenen Auftrag identisch ist (vgl. zu dieser »wirtschaftlichen Identität«: BGH Urt. v. 8.9.1998 X ZR 48/97 = BGHZ 139, 259 = BauR 1998, 1232 = NJW 1998, 3636), ist der später erteilte Zuschlag im Hinblick auf die Ersatzpflicht des Ausschreibenden einem **Zuschlag auf die erste Ausschreibung gleichzusetzen** (vgl. BGH Urt. v. 8.9.1998 X ZR 99/96 = BGHZ 139, 280 = BauR 1998, 1238 = ZVgR 1998, 578). Wird daher bei dieser Sachverhaltsalternative das Vertrauen eines »erstrangigen Bieters« enttäuscht, so ist er gemäß § 249 S. 1 BGB so zu stellen, wie er bei ordnungsgemäßem Vergabeablauf stehen würde. Hätte er danach den Auftrag erhalten, steht ihm auch der entgangene Gewinn (**positives Interesse**) zu (vgl. BGH Urt. v. 8.9.1998 X ZR 99/96 = BGHZ 139, 280 = BauR 1998, 1238 = NJW 1998, 3640; Urt. v. 8.9.1998 X ZR 48/97 = BGHZ 139, 259 = BauR 1998, 1232 = NJW 1998, 3636; Urt. v. 8.9.1998 X ZR 109/96 = BGHZ 139, 273 = BauR 1998, 1246 = NJW 1998, 3644; Urt. v. 26.10.1999 X ZR 30/98 = BauR 2000, 254 = NJW 2000, 661 jeweils m.w.N.; OLG Düsseldorf Urt. v. 31.1.2001 U [Kart] 9/00 = BauR 2001, 1635 [Ls.] = VergabeR 2001, 345, 346; OLG Thüringen Beschl. v. 27.2.2002 6 U 360/01 = VergabeR 2002, 419, 421). Im Hinblick auf den Nachweis, ob der den Schadensersatz geltend machende Bieter bei ordnungsgemäßem Vergabeverlauf den Auftrag erhalten hätte, besteht eine Besonderheit. Wenn nämlich die Vergabestelle gegen Vergabevorschriften verstoßen hat, trägt sie die **Darlegungs- und Beweislast** dafür, dass der Bieter, der deshalb Schadensersatz in Form des positiven

Interesses beansprucht, den Zuschlag ohne diesen Verstoß nicht erhalten hätte. Insoweit kehrt sich die Darlegungs- und Beweislast zu Lasten des Auftraggebers um (Schleswig-Holsteinisches OLG Urt. v. 6.11.2001 6 U 50/01 = VergabeR 2002, 316, 321 m. Anm. *Willenbruch*).

Ein Ersatzanspruch des Bieters kann regelmäßig nur dann zum Tragen kommen, wenn der Bieter ein **52** den **formellen und inhaltlichen Anforderungen** einer Ausschreibung entsprechendes Angebot abgegeben hat. Hat er daher ein Angebot abgegeben, das z.B. schon aus formellen Gründen, etwa wegen Offenlassens der geforderten Preise sowie des Nichtenthaltens der geforderten Angaben und Erklärungen, hätte ausgeschlossen werden müssen, steht ihm auch kein Schadensersatz zu.

3. § 126 GWB als eigene Anspruchsgrundlage

Neben dem bei Auftragsvergaben unterhalb der EG-Schwellenwerte möglichen Ersatzanspruch der **53** Bewerber auf der Grundlage der culpa in contrahendo steht den Unternehmen seit dem 1.1.1999 mit **§ 126 GWB eine eigene Anspruchsgrundlage für Schadensersatzansprüche** zu. Voraussetzung ist, dass der Auftraggeber gegen eine den Schutz von Unternehmen bezweckende Vorschrift verstoßen hat und das Unternehmen ohne diesen Verstoß bei der Wertung der Angebote eine **echte Chance** gehabt hätte, den Zuschlag zu erhalten, diese aber durch den Rechtsverstoß beeinträchtigt wurde. Bei Vorliegen dieser Voraussetzungen kann das Unternehmen Schadensersatz für die Kosten der Vorbereitung des Angebots oder der Teilnahme an einem Vergabeverfahren verlangen.

Weitergehende Ansprüche, also solche auf den entgangenen Gewinn, bleiben nach § 126 S. 2 GWB **54** unberührt. Auch auf der Grundlage des § 126 GWB muss davon ausgegangen werden, dass bei einem Verstoß gegen § 16 VOB/A alle Bieter und Bewerber, die in ihrem Vertrauen auf eine ordnungsgemäße Ausschreibung von vornherein enttäuscht worden sind, das **negative Interesse** ersetzt verlangen können. Insofern besteht zunächst einmal im Vorstadium der Ausschreibung für alle Unternehmen die potenzielle Chance (echte Chance), den Zuschlag zu erhalten. Diese Chance ist durch den Verstoß des Auftraggebers gegen eine Schutzvorschrift zugunsten der Unternehmen (§ 16 VOB/A) vereitelt worden. Ansprüche auf entgangenen Gewinn kann demgegenüber nur jeweils das Unternehmen geltend machen, das bei ordnungsgemäßem Vergabeverlauf den Auftrag erhalten hätte (vgl. im Einzelnen die Kommentierung zu § 126 GWB in *Niebuhr/Kulartz/Kus/Portz* Vergaberecht). Dieser Nachweis dürfte bei einem Verstoß gegen § 16 Nr. 1 VOB/A grundsätzlich vom Bewerber dann **nicht** erbracht werden können, wenn es tatsächlich nicht zu einem Abschluss des Vergabeverfahrens durch Zuschlagserteilung gekommen ist (vgl. BGH Urt. v. 8.9.1998 X ZR 99/96 = BGHZ 139, 280 = BauR 1998, 1238 = NJW 1998, 3640; Urt. v. 8.9.1998 X ZR 48/97 = BGHZ 139, 259 = BauR 1998, 1232 = NJW 1998, 3636).

E. Gleichwertigkeit der Informationsmittel und Einsatz elektronischer Kommunikationsmittel (Nr. 3)

I. Angabe der Art der Kommunikationsmittel (Abs. 1)

In **§ 16 Nr. 3 Abs. 1 VOB/A** wird dem Auftraggeber die Verpflichtung auferlegt, in der **Bekanntma-** **55** **chung oder den Verdingungsunterlagen** anzugeben, für welche Art der nach der VOB/A möglichen und grundsätzlich zugelassenen Kommunikationsmittel für den Austausch von Informationen er sich entschieden hat. Aufgezählt ist die Übermittlung per Post, Telefax, direkt, d.h. durch Boten, persönliche Übergabe, auch mündlich, und elektronisch. Der Auftraggeber muss sich dabei aber nicht für eines dieser Kommunikationsmittel entscheiden, sondern kann mehrere oder alle nebeneinander zulassen. Denkbar wäre auch, dass der Auftraggeber innerhalb eines Vergabeverfahrens für bestimmte Informationen unterschiedliche Kommunikationsmittel vorgibt, wofür u.U. bei Beteiligung mehrerer unterschiedlich ausgerüsteter Stellen des Auftraggebers ein Bedarf gegeben sein kann.

§ 16 Nr. 3 Abs. 1 VOB/A erfasst die Informationen während eines Vergabeverfahrens wie z.B. weitergehende Auskünfte oder Termine für Besichtigungen, **nicht aber etwa die Bekanntmachung, die Teilnahmeanträge, die Verdingungsunterlagen oder das Angebot**. Für die Bekanntmachung ergibt sich dieses aus der Bestimmung selbst, da hier die Bekanntmachung als die frühest mögliche Mitteilung vorausgesetzt wird. Unabhängig davon bestehen für die Art und Form der Bekanntmachung, der Teilnahmeanträge, der Verdingungsunterlagen und des Angebotes eigenständige Regelungen in § 17 Nr. 1–4 und § 21 Nr. 1 Abs. 1 VOB/A.

II. Allgemeine Zugänglichkeit des Netzes (Abs. 2)

56 Für den Fall des Einsatzes **elektronischer Kommunikationsmittel** sind in Absatz 2 **Mindestanforderungen** geregelt, denen das vom Auftraggeber zur Übermittlung von Daten gewählte Netz wie auch die verwendeten Programme entsprechen müssen.

Um den Wettbewerb nicht einzuschränken und die Bewerber oder Bieter nicht zu diskriminieren, muss das **Netz**, d.h. das technische System der Verbindung zwischen den interessierten Unternehmen und dem Auftraggeber, **allgemein verfügbar sein**, was etwa bei dem Anwendungsdienst des Internets der Fall ist. Unzulässig wäre etwa ein vom Auftraggeber selbst eingerichtetes so genanntes Intranet, d.h. ein Rechnernetzwerk, das nur von bestimmten, im Voraus festgelegten Teilnehmern genutzt werden kann.

Im Weiteren bestimmt Absatz 2, dass auch die vom Auftraggeber verwendeten und zur Kommunikation mit ihm **erforderlichen Programme** und deren **technische Merkmale allgemein zugänglich und mit den gängigen Technologien kompatibel** bzw. interoperabel sein müssen.

III. Technische Anforderungen der Geräte (Abs. 3)

57 Wenn vorgesehen ist, dass die **Anträge auf Teilnahme** und die **Angebote auf elektronischem Weg eingereicht werden können**, dann muss der Auftraggeber nach § 16 Nr. 3 Abs. 3 S. 1 VOB/A sicherstellen, dass den interessierten Unternehmen die Informationen über die Spezifikationen der Geräte, die für den Empfang der elektronisch zu übermittelnden Anträge auf Teilnahme und der Angebote eingesetzt werden, einschließlich Verschlüsselung zugänglich sind. Unabhängig von den technischen Merkmalen der verwendeten Geräte sind nach **S. 2** in jedem Fall die in der **Anlage I der VOB/A** genannten Anforderungen einzuhalten. Danach müssen die Geräte folgende Merkmale gewährleisten:

– Möglichkeit der Verwendung einer elektronischen Signatur für Angebote.
– Bestimmbarkeit von Tag und Uhrzeit des Eingangs der Teilnahmeanträge oder Angebote.
– Ausschluss des Zugangs zu den Daten vor Ablauf des hierfür festgesetzten Termins.
– Sichere Feststellung eines Verstoßes gegen das Zugangsverbot.
– Festlegung und Änderung des Zeitpunkts der Öffnung der Daten ausschließlich durch die hierfür bestimmten Personen.
– Möglichkeit des Zugangs zu den übermittelten Daten ausschließlich dann, wenn die hierfür bestimmten Personen gleichzeitig und erst nach dem festgesetzten Zeitpunkt tätig werden.
– Zugänglichkeit der übermittelten Daten ausschließlich den zur Kenntnisnahme bestimmten Personen.

F. Beschafferprofil (Nr. 4)

58 In § 16 Nr. 4 VOB/A ist für den Auftraggeber die Möglichkeit vorgesehen, unter seiner Adresse im Internet ein so genanntes **Beschafferprofil** einzurichten. Dadurch soll Unternehmen, die an öffentlichen Auftragsvergaben interessiert sind, **der Zugang zu allgemeinen Informationen erleichtert werden**. Beispielhaft für die im Beschafferprofil abrufbaren Informationen werden die Kontaktstelle, Telefon- und Faxnummer, Postanschrift und E-Mail-Adresse des Auftraggebers sowie Angaben über Ausschreibungen, geplante und vergebene Aufträge oder aufgehobene Verfahren genannt. Für Auftragsvergaben, die unter den Anwendungsbereich des 4. Teil des GWB fallen, ist zu beachten, dass der Auftraggeber **im Beschafferprofil** nach § 17a Nr. 1 Abs. 4 VOB/A auch eine **Vorinformation bzw. eine regelmäßige Bekanntmachung** nach § 17b Nr. 1 Abs. 4 VOB/A **veröffentlichen kann**, wenn er (bei § 17a Nr. 1 Abs. 4 S. 1 Hs. 2 VOB/A: **zuvor**) die Veröffentlichung auf elektronischem Weg dem Amt für amtliche Veröffentlichungen unter Verwendung des in Anlage VIII der Verordnung (EG) Nr. 1564/2005 der Kommission v.7.9.2005 enthaltenen Standardformulars meldet.

§ 16a
Anforderungen an Teilnahmeanträge

1. Die Auftraggeber haben die Integrität der Daten und die Vertraulichkeit der übermittelten Anträge auf Teilnahme am Vergabeverfahren auf geeignete Weise zu gewährleisten. Per Post oder direkt übermittelte Anträge auf Teilnahme am Vergabeverfahren sind in einem verschlossenen Umschlag einzureichen, als solche zu kennzeichnen und bis zum Ablauf der für ihre Einreichung vorgesehenen Frist unter Verschluss zu halten. Bei elektronisch übermittelten Teilnahmeanträgen ist dies durch entsprechende organisatorische und technische Lösungen nach den Anforderungen des Auftraggebers und durch Verschlüsselung sicherzustellen. Die Verschlüsselung muss bis zum Ablauf der für ihre Einreichung vorgesehenen Frist aufrecht erhalten bleiben.

2. Anträge auf Teilnahme am Vergabeverfahren können auch per Telefax oder telefonisch gestellt werden. Werden Anträge auf Teilnahme telefonisch oder per Telefax gestellt, sind diese vom Bewerber bis zum Ablauf der Frist für die Abgabe der Teilnahmeanträge durch Übermittlung per Post, direkt oder elektronisch zu bestätigen.

Inhaltsübersicht   Rn.

A. Allgemeine Grundlagen..   1
B. Schutz der Integrität der Daten und der Vertraulichkeit (Nr. 1)   2
C. Form des Teilnahmeantrages (Nr. 2)...   5

A. Allgemeine Grundlagen

§ 16a VOB/A wurde durch die **VOB 2006** neu in den Abschnitt 2 der VOB/A eingefügt und geht zurück auf Art. 42 der Richtlinie 2004/18/EG. Der Zweck der Bestimmung ist die Sicherstellung eines geheimen und fairen Wettbewerbs, eines transparenten Vergabeverfahrens, der Ausschluss von Manipulationsmöglichkeiten wie auch der individuelle Schutz der sich bewerbenden Unternehmen. **1**

B. Schutz der Integrität der Daten und der Vertraulichkeit (Nr. 1)

Nr. 1 S. 1 legt dem Auftraggeber die Pflicht auf, bei **Teilnahmeanträgen** die **Integrität der Daten**, **2** was vor allem bei auf elektronischem Weg übermittelten Teilnahmeanträgen zum Tragen kommt, und den **Schutz der Vertraulichkeit** über den Inhalt der Teilnahmeanträge **auf geeignete Weise sicherzustellen**. Auch wenn es dem Auftraggeber in Ausübung pflichtgemäßen Ermessens grundsätzlich überlassen ist, welche geeigneten Vorkehrungen er zum Schutz vorsieht, enthält **Satz 2 für per**

Post und direkt übermittelte und die Sätze 3 und 4 für elektronisch übermittelte Teilnahmeanträge** bestimmte vom Auftraggeber unbedingt einzuhaltende Vorgaben. Eine wörtlich und inhaltlich deckungsgleiche Regelung findet sich in den Basisparagraphen für den Schutz der einzureichenden Angebote, die mit der VOB 2006 in Nr. 1 Abs. 2 Sätze 2 bis 4 der die Form und den Inhalt von Angeboten regelnden Vorschrift des § 21 VOB/A aufgenommen wurde. Im Gegensatz zu § 21 Nr. 1 Abs. 2 VOB/A, der auch bei Auftragsvergaben unterhalb der Schwellenwert zu beachten ist, **gelten die Vorgaben des § 16a Nr. 1 VOB/A nur für Auftragsvergaben, die unter den Anwendungsbereich des 4. Teils des GWB fallen**. In den Basisparagraphen ist eine ausdrückliche Regelung über den Umgang mit Teilnahmeanträgen (vgl. § 17 Nr. 4 VOB/A) zwar nicht enthalten, aber auch hier folgt aus den allgemein geltenden Grundsätzen des Wettbewerbs und der Gleichbehandlung (vgl. § 2 Nr. 1 und 2 VOB/A), dass die Integrität des Inhalts eines Teilnahmeantrags wie auch die Vertraulichkeit zu wahren sind. Der Auftraggeber kann allenfalls freier entscheiden, welche Maßnahmen er für geeignet erachtet, da er sich nicht unbedingt an die Vorgaben des § 16a Nr. 1 Sätze 2 bis 4 VOB/A halten muss. In der Praxis wird sich der Auftraggeber aber in der Regel an dem in § 16a Nr. 1 VOB/A vorgesehenen Verfahren auch bei Auftragsvergaben unter dem Schwellenwert orientieren.

3   Nach S. 2 muss der Auftraggeber für Teilnahmeanträge, die mit der Post übersendet oder persönlich übergeben werden, als Mindestbedingung (in der Bekanntmachung) verlangen, dass diese in einem **verschlossenen Umschlag** eingereicht werden müssen. Sodann hat der Auftraggeber diese unmittelbar nach ihrem Eingang bzw. ihrer Übergabe, soweit dies noch nicht vom Bewerber geschehen ist, als **Teilnahmeantrag zu kennzeichnen** und bis zum Ablauf der Bewerbungsfrist nicht nur verschlossen aufzubewahren, sondern – auch zum Schutz gegen ein Abhandenkommen – **unter Verschluss zu halten**.

Bei **elektronisch übermittelten Teilnahmeanträgen** ist diesen Vorgaben gleichfalls zu entsprechen. S. 3 gibt dem Auftraggeber auf, hierfür die **organisatorische und technische Lösung mit der Möglichkeit einer Verschlüsselung** vorzusehen. Auch diese Modalitäten müssen notwendigerweise den interessierten Unternehmen zuvor (in der Bekanntmachung) mitgeteilt werden. In S. 4 ist schließlich bestimmt, dass die Verschlüsselung bis zum Ablauf der Bewerbungsfrist aufrechterhalten bleiben muss.

4   Zu weiteren Einzelheiten vgl. die Kommentierung zu der deckungsgleichen Regelung zu Angeboten unter § 21 Nr. 1 Abs. 2 VOB/A.

C. Form des Teilnahmeantrages (Nr. 2)

5   Nach § 16a Nr. 2 VOB/A können Teilnahmeanträge, sofern in der Bekanntmachung nicht eine bestimmte Form vorgegeben ist, grundsätzlich sowohl in **Textform** (vgl. § 126b BGB) als auch telefonisch und daher, was allerdings nicht erwähnt ist, auch mündlich gestellt werden. Wenn Teilnahmeanträge jedoch nur **telefonisch** gestellt werden, dann verlangt **S. 2 eine Bestätigung in Textform durch den Bewerber vor Ablauf der Teilnahmefrist**. Anzumerken ist in diesem Zusammenhang, dass sich aus der Formulierung des Art. 42 Abs. 6 lit. b der Richtlinie 2004/18/EG, dem diese Bestimmung entnommen ist, nicht hinreichend deutlich ergibt, wer den telefonisch oder mündlich gestellten Teilnahmeantrag, d.h. der Auftraggeber oder der Auftragnehmer, zu bestätigen hat. An sich spräche für eine Bestätigungspflicht des Auftraggebers, dass andernfalls die Möglichkeit der telefonischen Antragstellung keinen Sinn macht, wenn ohnehin noch eine schriftliche Bestätigung durch den Bewerber erforderlich ist. Denn dann wird er auf die telefonische Antragstellung verzichten und sich gleich mit einem Antrag in Textform bewerben. Zudem ist eine Bestätigung des telefonisch gestellten Teilnahmeantrages durchaus für den Bewerber von Interesse, da er dadurch Kenntnis bzw. den Nachweis erlangt, dass sein (nur) telefonisch gestellter Antrag vom Auftraggeber auch registriert

worden ist. Angesichts des eindeutigen Wortlauts in S. 2 ist eine dahingehende Auslegung jedoch nicht möglich. Zudem dürfte nach der Richtlinie 2004/18/EG tatsächlich auch eine Bestätigung durch den Bewerber erforderlich sein, wenn man die weitere Regelung in Art. 42 Abs. 6 lit. c der Richtlinie 2004/18/EG berücksichtigt, wo nur eine Bestätigung durch den Bewerber gemeint sein kann.

§ 16b
Anforderungen an Teilnahmeanträge

1. Die Auftraggeber haben die Integrität der Daten und die Vertraulichkeit der übermittelten Anträge auf Teilnahme am Vergabeverfahren auf geeignete Weise zu gewährleisten. Per Post oder direkt übermittelte Anträge auf Teilnahme am Vergabeverfahren sind in einem verschlossenen Umschlag einzureichen, als solche zu kennzeichnen und bis zum Ablauf der für ihre Einreichung vorgesehenen Frist unter Verschluss zu halten. Bei elektronisch übermittelten Teilnahmeanträgen ist dies durch entsprechende organisatorische und technische Lösungen nach den Anforderungen des Auftraggebers und durch Verschlüsselung sicherzustellen. Die Verschlüsselung muss bis zum Ablauf der für ihre Einreichung vorgesehenen Frist aufrecht erhalten bleiben.

2. Anträge auf Teilnahme am Vergabeverfahren können auch per Telefax oder telefonisch gestellt werden. Werden Anträge auf Teilnahme telefonisch oder per Telefax gestellt, sind diese vom Bewerber bis zum Ablauf der Frist für die Abgabe der Teilnahmeanträge durch Übermittlung per Post, direkt oder elektronisch zu bestätigen.

Die Regelung des § 16b VOB/A hat ihren Ursprung in Art. 48 der Richtlinie 2004/17/EG und ist wortgleich mit der Bestimmung des § 16a VOB/A, so dass auf die dortige Kommentierung verwiesen werden kann. **1**

§ 17
Bekanntmachung, Versand der Vergabeunterlagen

1. (1) Öffentliche Ausschreibungen sind bekannt zu machen, z.B. in Tageszeitungen, amtlichen Veröffentlichungsblättern oder auf Internetportalen.
(2) Diese Bekanntmachungen sollen folgende Angaben enthalten:
a) Name, Anschrift, Telefon-, Telefaxnummer sowie E-Mailadresse des Auftraggebers (Vergabestelle),
b) gewähltes Vergabeverfahren,
c) Art des Auftrags, der Gegenstand der Ausschreibung ist,
d) Ort der Ausführung,
e) Art und Umfang der Leistung, allgemeine Merkmale der baulichen Anlage,
f) falls die bauliche Anlage oder der Auftrag in mehrere Lose aufgeteilt ist, Art und Umfang der einzelnen Lose und Möglichkeit, Angebote für eines, mehrere oder alle Lose einzureichen,
g) Angaben über den Zweck der baulichen Anlage oder des Auftrags, wenn auch Planungsleistungen gefordert werden,
h) etwaige Frist für die Ausführung,
i) Name und Anschrift der Stelle, bei der die Verdingungsunterlagen und zusätzlichen Unterlagen angefordert und eingesehen werden können, falls die Unterlagen auch digital eingesehen und angefordert werden können, ist dies anzugeben,

j) gegebenenfalls Höhe und Einzelheiten der Zahlung des Entgelts für die Übersendung dieser Unterlagen,
k) Ablauf der Frist für die Einreichung der Angebote,
l) Anschrift, an die die Angebote schriftlich auf direktem Weg oder per Post zu richten sind, gegebenenfalls auch Anschrift, an die Angebote digital zu richten sind,
m) Sprache, in der die Angebote abgefasst sein müssen,
n) Personen, die bei der Eröffnung der Angebote anwesend sein dürfen,
o) Datum, Uhrzeit und Ort der Eröffnung der Angebote,
p) gegebenenfalls geforderte Sicherheiten,
q) wesentliche Zahlungsbedingungen und/oder Verweisung auf die Vorschriften, in denen sie enthalten sind,
r) gegebenenfalls Rechtsform, die die Bietergemeinschaft, an die der Auftrag vergeben wird, haben muss,
s) verlangte Nachweise für die Beurteilung der Eignung des Bieters,
t) Ablauf der Zuschlags- und Bindefrist,
u) gegebenenfalls Nichtzulassung von Nebenangeboten,
v) sonstige Angaben, insbesondere die Stelle, an die sich der Bewerber oder Bieter zur Nachprüfung behaupteter Verstöße gegen Vergabebestimmungen wenden kann.

2. (1) Bei Beschränkten Ausschreibungen nach Öffentlichem Teilnahmewettbewerb sind die Unternehmer durch Bekanntmachungen, z.B. in Tageszeitungen, amtlichen Veröffentlichungsblättern oder auf Internetportalen, aufzufordern, ihre Teilnahme am Wettbewerb zu beantragen.
(2) Diese Bekanntmachungen sollen folgende Angaben enthalten:
a) Name, Anschrift, Telefon-, Telefaxnummer sowie E-Mailadresse des Auftraggebers (Vergabestelle),
b) gewähltes Vergabeverfahren,
c) Art des Auftrags, der Gegenstand der Ausschreibung ist,
d) Ort der Ausführung,
e) Art und Umfang der Leistung, allgemeine Merkmale der baulichen Anlage,
f) falls die bauliche Anlage oder der Auftrag in mehrere Lose aufgeteilt ist, Art und Umfang der einzelnen Lose und Möglichkeit, Angebote für eines, mehrere oder alle Lose einzureichen,
g) Angaben über den Zweck der baulichen Anlage oder des Auftrags, wenn auch Planungsleistungen gefordert werden,
h) etwaige Frist für die Ausführung,
i) gegebenenfalls Rechtsform, die die Bietergemeinschaft, an die der Auftrag vergeben wird, haben muss,
j) Ablauf der Einsendefrist für die Anträge auf Teilnahme,
k) Anschrift, an die diese Anträge zu richten sind,
l) Sprache, in der diese Anträge abgefasst sein müssen,
m) Tag, an dem die Aufforderungen zur Angebotsabgabe spätestens abgesandt werden,
n) gegebenenfalls geforderte Sicherheiten,
o) wesentliche Zahlungsbedingungen und/oder Verweis auf die Vorschriften, in denen sie enthalten sind,
p) mit dem Teilnahmeantrag verlangte Nachweise für die Beurteilung der Eignung (Fachkunde, Leistungsfähigkeit, Zuverlässigkeit) des Bewerbers,
q) gegebenenfalls Nichtzulassung von Nebenangeboten,
r) sonstige Angaben, insbesondere die Stelle, an die sich der Bewerber oder Bieter zur Nachprüfung behaupteter Verstöße gegen Vergabebestimmungen wenden kann.

3. Anträge auf Teilnahme sind auch dann zu berücksichtigen, wenn sie durch Telefon, Telefax oder in sonstiger Weise elektronisch übermittelt werden, sofern die sonstigen Teilnahmebedingungen erfüllt sind.

4. (1) Die Vergabeunterlagen sind den Bewerbern in kürzestmöglicher Frist und in geeigneter Weise zu übermitteln.
(2) Die Vergabeunterlagen sind bei Beschränkter Ausschreibung nach Öffentlichem Teilnahmewettbewerb an alle ausgewählten Bewerber am selben Tag abzusenden.

5. Jeder Bewerber soll die Leistungsbeschreibung doppelt und alle anderen für die Preisermittlung wesentlichen Unterlagen einfach erhalten. Wenn von den Unterlagen (außer der Leistungsbeschreibung) keine Vervielfältigungen abgegeben werden können, sind sie in ausreichender Weise zur Einsicht auszulegen, wenn nötig, nicht nur am Geschäftssitz des Auftraggebers, sondern auch am Ausführungsort oder an einem Nachbarort.

6. Die Namen der Bewerber, die Vergabeunterlagen erhalten oder eingesehen haben, sind geheim zu halten.

7. (1) Erbitten Bewerber zusätzliche sachdienliche Auskünfte über die Vergabeunterlagen, so sind die Auskünfte unverzüglich zu erteilen.
(2) Werden einem Bewerber wichtige Aufklärungen über die geforderte Leistung oder die Grundlagen der Preisermittlung gegeben, so sind sie auch den anderen Bewerbern unverzüglich mitzuteilen, soweit diese bekannt sind.

Inhaltsübersicht Rn.

A. Allgemeine Grundlagen..	1
B. Bekanntmachung bei Öffentlicher Ausschreibung (Nr. 1)...............	3
I. Die Bekanntmachungsorgane..	4
II. Inhalt der Bekanntmachung...	5
C. Bekanntmachung bei Beschränkten Ausschreibungen nach Öffentlichem Teilnahmewettbewerb (Nr. 2)..................................	29
I. Die Bekanntmachungsorgane..	30
II. Inhalt der Bekanntmachung...	31
D. Zu berücksichtigende Teilnahmeanträge (Nr. 3)............................	36
E. Frist zur Übermittlung der Vergabeunterlagen (Nr. 4)....................	38
I. Öffentliche Ausschreibung...	39
II. Beschränkte Ausschreibung nach Öffentlichem Teilnahmewettbewerb	40
III. Freihändige Vergabe...	41
F. Anzahl der abzugebenden Angebotsunterlagen (Nr. 5)...................	42
I. Zahl der Unterlagen..	43
II. Einsicht in die Unterlagen...	44
G. Geheimhaltung der Namen der Bewerber, die Vergabeunterlagen erhalten oder eingesehen haben (Nr. 6)...	45
H. Auskünfte und Aufklärungen an Bewerber (Nr. 7).........................	48
I. Auskünfte...	49
II. Aufklärungen...	52

A. Allgemeine Grundlagen

§ 17 VOB/A legt im Einzelnen die formellen Erfordernisse fest, die der Auftraggeber zu erfüllen hat, **1** wenn er im Wege einer Ausschreibung sozusagen auf den Markt tritt. Es handelt sich hier um Bestimmungen, die die Art und Weise regeln, wenn sich der Auftraggeber an eine ihm bisher nicht bekannte

Anzahl von an der betreffenden Bauvergabe interessierten Unternehmern wendet. Insofern sind in Nr. 1 die Formerfordernisse genannt, die sich auf die Öffentliche Ausschreibung beziehen. Nr. 2 befasst sich in dieser Hinsicht mit der Beschränkten Ausschreibung nach Öffentlichem Teilnahmewettbewerb. Nr. 3 regelt die Frage, wie weit der Auftraggeber bei ihm eingehende Teilnahmeanträge zu berücksichtigen hat, wenn sie ihm auf besondere Weise übermittelt worden sind. Nr. 4 bestimmt die Fristen, bzw. Zeitpunkte, wann der Auftraggeber die Vergabeunterlagen an Bewerber zu übermitteln hat. Nr. 6 legt die Geheimhaltungspflicht des Auftraggebers im Hinblick auf Bewerber fest, die die Vergabeunterlagen erhalten oder eingesehen haben. Schließlich spricht Nr. 7 die Frage an, wann und inwieweit der Auftraggeber sachdienliche Auskünfte oder wichtige Aufklärungen zu erteilen bzw. vorzunehmen hat. § 17 VOB/A ist in der Fassung 1990 grundlegend geändert worden. Nach kleineren Änderungen durch die Fassung 1992 wurden mit der Fassung 2000 vor allem der Zulassung von digitalen Angeboten mit Ergänzungen von Nr. 1 Rechnung getragen; die Fassung 2006 passt die Bekanntmachungsorgane an die neueren technischen Entwicklungen an, insbesondere durch die Zulassung von Internetportalen.

§ 17 VOB/A dient der erforderlichen **Publizität für Bauvergabeverfahren,** insbesondere zur **Sicherstellung von ordnungsgemäßen,** dabei möglichst weitverbreiteten **Bauvergabewettbewerben.** Diese Regelungen sind daher – insbesondere vom öffentlichen Auftraggeber – sehr sorgfältig zu beachten.

Die im Wesentlichen auf die EU-Richtlinie zur Koordinierung der Bauvergabeverfahren zurückgehende Fassung des § 17 VOB/A berücksichtigt die **Ausschreibungsverfahren,** wie sie in § 3 Nr. 1 Abs. 1, Nr. 2 und 3 Abs. 2 VOB/A geregelt sind (vgl. dazu § 3 VOB/A).

2 Daher regelt **in erster Linie Nr. 1 die Bekanntmachung der Öffentlichen Ausschreibung. Nr. 2** betrifft **Beschränkte Ausschreibungen nach Öffentlichem Teilnahmewettbewerb.** Auch hierfür musste die erforderliche Publizität sicher gestellt werden. Die Nrn. 3–7 sind ergänzende Regelungen für die von den Nrn. 1 und 2 erfassten Bekanntmachungsfällen (vgl. oben Allgemeine Grundlagen).

B. Bekanntmachung bei Öffentlicher Ausschreibung (Nr. 1)

3 Nr. 1, die **allein Öffentliche Ausschreibungen** betrifft, gliedert sich dahin gehend, dass im ersten Absatz die Frage der Veröffentlichungsorgane behandelt wird, in Absatz 2 die Frage des im Allgemeinen erforderlichen Inhalts der Bekanntmachungen.

I. Die Bekanntmachungsorgane

4 Nr. 1 Abs. 1 schreibt vor, dass Öffentliche Ausschreibungen bekannt zu machen sind, und zwar z.B. durch **Tageszeitungen, amtliche Veröffentlichungsblätter oder auf Internetportalen.** Es handelt sich hier, wie sich aus dem Wort »sind« ergibt, um eine, jedenfalls für den öffentlichen Auftraggeber, **zwingende Vorschrift.** Die Einhaltung dieser Bestimmung ist Voraussetzung für eine Vergabe im Wege der Öffentlichen Ausschreibung nach § 3 Nr. 1 Abs. 1 VOB/A (vgl. hierzu § 3 VOB/A). Der Auftraggeber hat bei der Wahl der Veröffentlichungsorgane besonders darauf zu achten, dass er nur solche im Einzelfall aussucht, die einem **unbeschränkten Kreis von Bewerbern ohne besondere Schwierigkeiten zugänglich** sind. Das ist in der Regel bei amtlichen Veröffentlichungsblättern der Fall. Sofern es sich um Bauvergaben des Bundes handelt, ist als amtliches Veröffentlichungsorgan die Internetausschreibungsplattform www.bund.de. Soweit zur Bekanntmachung der Öffentlichen Ausschreibungen Tageszeitungen gewählt werden sollen, muss der Auftraggeber daran denken, dass es sich nicht um in der Auflagenzahl zu kleine, gebietlich zu sehr eingeschränkte und auch fachlich zu sehr spezialisierte Organe handelt, es sei denn, es betrifft eine ausgesprochene Spezialbaumaßnahme. Insbesondere müssen alle Organe auch das Fachgebiet ansprechen, auf dem sich die Ausschreibung bewegt. Wichtig ist in jedem Fall, dass die notwendige **Breitenwirkung garantiert** wird, um Sinn und Zweck der Öffentlichen Ausschreibung zu erreichen. Gerade die zuletzt genannte grundlegende Forderung wird auch dadurch belegt, dass die Fassung 1992 für die Bekanntmachung nicht nur Tageszeitungen, amtliche Veröffentlichungsblätter oder Internetportale vorsieht, sondern diese nur **beispielhaft** aufführt (»z.B.«). Gerade um die nötige Breitenwirkung zu erreichen, kann es sich im Einzelfall durchaus empfehlen, auch andere Veröffentlichungsorgane mit heran zu ziehen, wie z.B. Verbandsblätter usw. Abgesehen davon kann es durchaus auch angezeigt sein, dieselbe Bekanntmachung in mehreren in Betracht kommenden Organen zugleich zur Veröffentlichung zu bringen.

Mit der zunehmenden Verbreitung der elektronischen Datenverarbeitung hat die **Bekanntmachung in elektronischen Datenbanken** an Bedeutung gewonnen. Häufig können **Ausschreibungstexte nunmehr als elektronische Dateien auch per Diskette, CD-ROM oder online z.B. über das Internet** abgerufen werden. Dies ist generell zulässig, gerade bei der Bekanntmachung in gewerblichen Datenbanken sollte der Auftraggeber aber stets die oben genannten Bedingungen (problemloser Zugang für einen unbeschränkten Kreis von Bewerbern!) im Auge behalten.

Zu dem Gesagten heißt es in den Nrn. 1.2 und 1.3 des VHB 2002 zu § 17 VOB/A:

1.2 Öffentliche Ausschreibungen und Teilnahmewettbewerbe vor Beschränkten Ausschreibungen sind im Bundesausschreibungsblatt zu veröffentlichen. Daneben sollen Ausschreibungen und Aufforderungen auch in Tageszeitungen oder Fachzeitschriften veröffentlicht werden, wenn dies zur Erfüllung des Ausschreibungszweckes nötig ist.

1.3 Für die Bekanntmachungen der Öffentlichen Ausschreibungen, der Beschränkten Ausschreibungen nach Öffentlichem Teilnahmewettbewerb und die hierfür erforderlichen Anschreiben sind folgende Einheitliche Formblätter (Teil III) zu verwenden:
  – EFB (B/Z) Veröff 2 – 345 – Anschreiben an das Bundesausschreibungsblatt und andere Veröffentlichungsblätter
  – EFB-BekÖ – 348.Ö – Bekanntmachungsmuster Öffentliche Ausschreibung
  – EFB-BekT – 348. T – Bekanntmachungsmuster Beschränkte Ausschreibung nach Öffentlichem Teilnahmewettbewerb.

II. Inhalt der Bekanntmachung

Nr. 1 Abs. 2 zählt Einzelheiten auf, die in den Bekanntmachungen über Öffentliche Ausschreibungen **nach aller Erfahrung** aufgenommen werden sollen. **Sinn** dieser Regelung ist es, den in Betracht kommenden Bewerbern **zumindest in groben Umrissen den Leistungsinhalt und die wesentlichsten Dinge des Vergabeverfahrens bekanntzugeben.** Der Bewerber soll bereits mit dem Lesen der Bekanntmachung und vor der Anforderung der Ausschreibungsunterlagen sich zumindest in etwa sagen können, ob die hier vorliegende Öffentliche Ausschreibung sein Interesse finden kann oder nicht. **5**

Dabei ist besonders hervor zu heben, dass die in Absatz 2 gewählte Aufzählung lediglich **Allgemeinanforderungen** an die Bekanntmachung nennt, um den Bewerbern von Beginn an die wesentlichsten Punkte, die mit der geforderten Leistung und ihrer Vergabe im Zusammenhang stehen, zur Kenntnis zu bringen. Es ist aber darauf zu achten, dass **weitere grundlegende Erfordernisse, die im Einzelfall von Bedeutung sind, ebenfalls mit in die Bekanntmachung** in kurzer, klarer Form gehören sollten. Hierzu zählt z.B. die Mitteilung, dass ganz spezielle Kenntnisse, Erfahrungen und eine besondere Leistungsfähigkeit wegen der außergewöhnlichen Bauleistung erforderlich sind, falls hierüber überhaupt eine Öffentliche Ausschreibung stattfindet. **6**

Nach Absatz 2 sollen die folgenden Einzelangaben in der Bekanntmachung enthalten sein.

7 — Nach Absatz 2a sind zunächst **Name, Anschrift, Telefon-, Faxnummer sowie E-Mailadresse des Auftraggebers (Vergabestelle)** zu nennen. Hiernach muss diejenige Stelle bezeichnet werden, die als öffentlicher Auftraggeber fungiert und den Auftrag (Zuschlag) erteilen will. Es genügt also nicht die Mitteilung des etwaigen Vertreters des Auftraggebers, wie z.B. des Architekten oder Ingenieurs, wenn sie auch noch als zusätzliche Information angezeigt erscheinen mag. Die Angabe, auf welchen verschiedenen Wegen die auftragvergebende Stelle zu erreichen ist (Telefon usw.), ist nötig, um den in Betracht kommenden Bewerbern gleiche Wettbewerbschancen zu gewährleisten, je nach den einzelnen Kontaktmöglichkeiten, die ihnen zur Verfügung stehen.

8 — Weiter (b) muss das hier – Öffentliche Ausschreibung – **gewählte Vergabeverfahren** bekannt gemacht werden, damit die angesprochenen Unternehmer sich darauf einstellen können, dass es sich um einen evtl. großen Kreis von Mitbewerbern handelt, um also ihre etwaigen Chancen für den Erhalt des Auftrages abschätzen zu können.

9 — Die Angabe der **Art des Auftrages, der Gegenstand der Ausschreibung** ist (c), dient der Klarstellung, welche einzelnen bauunternehmerischen Tätigkeiten bei der Ausführung des zu vergebenden Auftrages maßgebend sind, wie z.B., ob es sich um Erdarbeiten, Beton- oder/und Mauerwerksarbeiten bzw. Schreinerarbeiten handelt. Dies ist nötig, um den für die Vergabe in Betracht kommenden Kreis baugewerblicher Betätigung von den fachlichen Erfordernissen her klar zu stellen.

10 — Die Bekanntmachung des **Ortes der Ausführung** (d) ist wesentlich, weil der Unternehmer wissen muss, ob dieser im Verhältnis zum Sitz seines Unternehmens für ihn in Erwägung zu ziehen ist, vor allem in leistungsmäßiger Hinsicht. Insbesondere ist dies aber auch für seine Kalkulation von tragender Bedeutung, weil es für ihn zumindest auf eine überschlägige Bewertung seiner Eigenkosten, wie Bereitstellung von Material, Personal, Kosten der Baustelle, allgemeine Geschäftskosten, bezogen auf den Ort der Baustelle, ankommen muss. Vor allem geht es dabei auch um die Überlegung, was ihm dort auf welche Weise zur Verfügung stehen kann.

11 — Die Angabe von **Art und Umfang der Leistung** (e) dient dazu, dem Unternehmer zu verdeutlichen, ob und in welchem Umfang die vorgesehene Leistung in den Bereich seines Unternehmens fällt, vor allem, ob es darauf eingerichtet ist. Insofern müssen dem Kreis etwaiger Bewerber die erforderlichen Angaben erschöpfend gemacht werden. Einzelheiten zu der Leistung brauchen aber nicht angegeben zu werden, weil das der von dem Unternehmer anzufordernden Leistungsbeschreibung vorbehalten ist. Außerdem müssen in der Bekanntmachung die **allgemeinen Merkmale der baulichen Anlage** mitgeteilt werden, wie z.B., ob es sich um ein historisches Gebäude handelt, das zu renovieren ist usw.

12 — Ist vorgesehen, dass die bauliche Anlage oder der zu erteilende Auftrag **in Lose aufgeteilt** werden soll (vgl. § 4 Nr. 2 und/oder 3 VOB/A) muss dem Unternehmer vorweg gesagt werden, **ob es sich um Fachlose oder Teillose oder beides (Art der Lose) handelt und um welches Ausmaß der einzelnen Lose (Umfang) es geht (f). Falls den Unternehmern die Möglichkeit eingeräumt werden soll, Angebote für eines, mehrere oder alle vorgesehenen Lose einzureichen,** ist auch das in die Bekanntmachung mit aufzunehmen. Diese Angaben sind nicht nur für die Beurteilung der eigenen Fachkunde und Leistungsfähigkeit (z.B. der betrieblichen Kapazität des Unternehmers) von besonderer Bedeutung, sondern vor allem auch hier für seine Kalkulation. Kann er für mehrere Lose anbieten, wird der Unternehmer u.U. günstiger kalkulieren können, als wenn er sich nur mit einzelnen Fachlosen, insbesondere aber Teillosen, befassen darf.

13 — Falls **auch Planungsleistungen** gefordert werden, muss **der Zweck der vorgesehenen baulichen Anlage oder des Auftrages** mitgeteilt werden (g). Dies betrifft vornehmlich die Fälle, in denen der Unternehmer **neben** der eigentlichen bauunternehmerischen Ausführung auch Planungsleistungen zu erbringen hat. Dabei ist in erster Linie an eine Leistungsbeschreibung nach Leistungsprogramm gemäß § 9 Nr. 10 bis 12 VOB/A zu denken. Der Unternehmer muss sich überlegen können,

ob und inwieweit er betrieblich neben der eigentlichen Ausführung an Ort und Stelle auch in der Lage ist, solche planerischen Leistungen ordnungsgemäß zu erfüllen, nicht zuletzt wegen des ihm zur Verfügung stehenden Personals. Hat er solches im eigenen Betrieb nicht bereit, muss der Unternehmer sich überlegen können, ob und inwieweit es möglich ist, Dritte für planerische Leistungen einzusetzen, etwa durch mit diesen abgeschlossene Verträge. In letzterer Hinsicht spielen nicht nur kostenmäßige, sondern vor allem auch haftungsrechtliche Gesichtspunkte eine nicht unwesentliche Rolle.

– Besonders wichtig ist auch die Angabe über die – vorgesehene – **Frist der Ausführung** (h). Sinn dieser Regelung ist es, dem Unternehmer die Möglichkeit zu geben, sachgerecht zu überlegen, ob er in der vorgegebenen Zeit in der Lage sein wird, einen etwaigen Auftrag im Rahmen seiner betrieblichen Situation, vor allem im Hinblick auf andere Aufträge, pünktlich ausführen zu können. Hinzu kommt auch, dass die Frage der zeitlichen Einordnung eines etwaigen Auftrages in kostenmäßiger Hinsicht von Bedeutung sein kann, wie z.B. im Hinblick auf die Möglichkeit, zusätzliches Personal bereit zu haben, ebenso Geräte, ob es sich um einen so genannten Winterbau handeln wird usw. Bei der Angabe einer etwaigen Ausführungsfrist muss der Auftraggeber, weil dies im berechtigten Unternehmerinteresse erforderlich ist, **hinreichend genaue Angaben** über die vorgesehene Ausführungsfrist machen, also genügen nicht bloße Angaben über die voraussichtliche Bauzeit als solche. Vielmehr geht es in erster Linie für die Unternehmer darum, zu wissen, wann der voraussichtliche **Baubeginn** ist und **wie lange die Bauzeit** hinsichtlich des zu vergebenden Auftrages aller Voraussicht nach dauert. Dies ist bestmöglichst hinreichend genau anzugeben, wobei auch etwa eingeplante, zumindest aber vorhersehbare Unterbrechungen oder Behinderungen zu nennen sind. Kann der Auftraggeber zur Zeit der Bekanntmachung eine hinreichend genaue Mitteilung nicht machen, muss er dies in der Bekanntmachung klar und deutlich zum Ausdruck bringen. **14**

– Die Mitteilung **von Name und Anschrift der Dienststelle, bei der die Verdingungsunterlagen (vgl. dazu § 10 VOB/A Rn. 3) und die zusätzlichen Unterlagen angefordert und eingesehen werden können** (i), ist von ebenfalls grundlegender Bedeutung für den Entschluss eines Unternehmers, ob er sich an der Vergabe beteiligen, also ein Angebot ausarbeiten und abgeben will. **Falls die Unterlagen auch digital eingesehen und angefordert werden können, ist dies ausdrücklich anzugeben**. Gerade aus den Verdingungsunterlagen und den zusätzlichen Unterlagen kann der Unternehmer erst ersehen, wie die Leistung im Einzelnen aussehen soll. Daher muss der Unternehmer schon von vornherein durch die Bekanntmachung wissen, an welche Dienststelle und unter welcher genauen Anschrift er sich an diese wenden kann, um die erforderlichen Verdingungsunterlagen und die zusätzlichen Unterlagen zu erhalten, zumindest aber einzusehen. Um hier die erforderlichen Handlungen vornehmen zu können, muss dem Unternehmer schon in der Bekanntmachung gesagt werden, an wen er sich wenden kann. Vor allem kann es sein, dass die hier angesprochenen Unterlagen sich an anderer Stelle befinden als bei der auftragvergebenden Stelle, so dass die Anforderung nach dort zu richten, ebenso die etwaige Einsicht (wie z.B. in die Planungen außerhalb der Leistungsbeschreibung, das Bodengutachten usw.) dort vorzunehmen ist. **15**

– Gegebenenfalls müssen auch die **Höhe und die Einzelheiten der Zahlung der Entschädigung** für die Übersendung der unter (i) (vgl. vorangehend Rn. 15) genannten Unterlagen in der Bekanntmachung aufgeführt werden (j) (vgl. dazu § 10 VOB/A Rn. 58). Die hier für die Bekanntmachung getroffene Regelung hat den Zweck, zuerst die Höhe einer etwa nach § 20 Nr. 1 Abs. 1 VOB/A geforderten Entschädigung bekanntzugeben. Des Weiteren sind auch Art und Weise der Zahlung der Entschädigung mitzuteilen, wie z.B. durch Überweisung unter genauer Angabe des Kontos, Einziehung per Nachnahme usw. Vor allem muss vom Auftraggeber auch verlangt werden zu sagen, ob er die Versendung der Verdingungsunterlagen gegen »Vorauskasse« verlangt oder ob er die Übermittlung unabhängig von bereits erfolgter Zahlung vornimmt. **16**

17 – Die Angabe **des Ablaufs der Frist für die Einreichung der Angebote** (k) ist vor allem deswegen wichtig, weil diese mit der Eröffnung des ersten Angebotes im Eröffnungstermin zusammen fällt (vgl. dazu § 18 VOB/A Nr. 2). Angebote, die zu diesem Zeitpunkt nicht vorliegen, dürfen grundsätzlich nicht eröffnet werden (§ 22 Nr. 2 VOB/A) und unterliegen ebenso grundsätzlich dem Ausschluss von der Wertung (§ 25 Nr. 1a VOB/A). Daher muss der interessierte Unternehmer wissen, bis wann er ein Angebot ausgearbeitet und vorgelegt haben muss, um sich nicht vergebliche Arbeit zu machen. Er muss also den »Arbeitsplan« – nicht zuletzt auch seiner mit der Angebotsbearbeitung befassten Angestellten usw. – entsprechend aufstellen können.

18 – Von entscheidender Bedeutung ist weiter die Angabe der (genauen) **Anschrift, an die die Angebote zu richten** sind (l). Mit der Zulassung der Abgabe von digitalen Angeboten **kommen gegebenenfalls auch elektronische Anschriften, z.B. eine Internet-Adresse,** in Frage. Dies überschneidet sich nicht unbedingt mit der unter vorangehend (a) zu machenden Angabe (vgl. oben Rn. 7). Vor allem ist diese weitere Bekanntmachung nämlich dann notwendig, wenn der Auftraggeber das Angebot an eine andere Dienststelle oder auch sonst an eine andere Adresse gerichtet wissen will, wie z.B. an den Architekten oder Ingenieur.

19 – An sich ist es selbstverständlich für eine Bauvergabe, die ein Objekt im innerdeutschen Bereich und außerhalb des Regelungsbereiches von § 1a VOB/A betrifft, dass die Angebote **in deutscher Sprache** abzufassen sind (m). Da aber § 17 VOB/A auch für Vergaben im EU-Bereich gilt, weil § 17a VOB/A keine diesbezügliche spezielle Regelung mehr enthält, dürfte diese Klarstellung berechtigt sein. Sie gehört bereits – zumindest zunächst (vgl. dazu § 10a VOB/A zweiter Spiegelstrich) – in die Bekanntmachung. Vor allem ist hier von Bedeutung, dass Fachausdrücke so in die Angebote aufgenommen werden müssen, dass sie der in Deutschland allgemein anerkannten und hier üblichen Fachsprache entsprechen.

20 – Erforderlich ist weiter die Angabe in der Bekanntmachung, **wer** von der – zukünftigen – Bieterseite **bei der Eröffnung der Angebote,** also beim Eröffnungstermin, **anwesend sein darf** (n). Dies ist wegen der Bestimmung in § 22 Nr. 1 S. 1 VOB/A von Wichtigkeit, wonach im Eröffnungstermin nur die Bieter und deren Bevollmächtigte anwesend sein dürfen. Auf diese Bestimmung muss wörtlich hingewiesen werden. Zweckmäßig dürfte es sein, bereits in der Bekanntmachung mitzuteilen, wer als Bevollmächtigter des Bieters gelten kann und auf welche Weise er bzw. der Bieter seine Bevollmächtigung nachweisen kann.

21 – Unbedingt sind weiter anzugeben **Datum, Uhrzeit und Ort des Eröffnungstermins** (o). Das gilt nicht nur, um dem Unternehmer zweifelsfrei klarzumachen, bis wann der Verhandlungsleiter grundsätzlich sein Angebot in Händen haben muss (§ 22 Nr. 2 VOB/A). Vielmehr wird hier auch dem berechtigten Interesse des Bieters gefolgt, an dem Eröffnungstermin selbst oder durch einen Bevollmächtigten teilnehmen, sich also darauf einrichten zu können, sowie die Möglichkeit für eine erste Vorausschätzung seiner Lage im Wettbewerb zu erhalten, um dann seine betrieblichen Vorkehrungen zu treffen.

22 – Ob und welche **Sicherheiten** von den Unternehmern im betreffenden Vergabeverfahren gefordert werden (p), kann bereits jetzt für den Entschluss des Unternehmers, sich an der Vergabe zu beteiligen, von wesentlicher Bedeutung sein. Für Sicherheiten sind vom Unternehmer vor allem zusätzlicher Aufwand und zusätzliche Kosten aufzubringen. Von besonderem Interesse kann dies für den Bereich einer etwaigen Bieterbürgschaft sein. Vor allem muss der Auftraggeber dann auch die Höhe und die Art der zu leistenden Sicherheit angeben. Dieser Punkt spielt im Übrigen auch für die Zeit nach einem etwaigen Vertragsabschluss eine Rolle, wie § 14 VOB/A und § 17 VOB/B deutlich machen.

23 – Angesichts der grundsätzlich auch beim VOB-Vertrag geltenden Vorleistungspflicht ist es weiter ein besonderes Merkmal für den Entschluss des Unternehmers zur Beteiligung an dem in Rede stehenden Vergabeverfahren, zu wissen, **welche wesentlichen Zahlungsbedingungen** maßge-

bend sein sollen, wobei **auch/oder (»und/oder«) in der Bekanntmachung auf die Vorschriften, in denen die Zahlungsbedingungen enthalten sind, hinzuweisen** ist (q). Dabei geht es vornehmlich um Angaben zu Vorauszahlungen, die nach § 16 Nr. 2 VOB/B einer besonderen Vereinbarung bedürfen, vor allem auch der Bedingungen hierfür, zu Abschlagszahlungen nach § 16 Nr. 1 VOB/B, Teilschlusszahlungen gemäß § 16 Nr. 4 VOB/B sowie der Schlusszahlung entsprechend § 16 Nr. 3 VOB/B. In letzterer Hinsicht bedarf es aber keiner näheren Darlegung, sondern es genügt ein Hinweis auf diese Vorschriften. Dazu ist auch dringend zu raten, weil grundsätzlich von § 16 Nrn. 1, 3 und 4 VOB/B abweichende Vertragsregelungen ohne weiteres dazu führen können, dass die VOB/B nicht mehr »als Ganzes« vereinbart worden ist

— Für die Unternehmer ist es für die Abschätzung ihrer etwaigen Chancen bei der Vergabe sicherlich von großer Bedeutung, **welche Rechtsform eine Bietergemeinschaft, an die der Auftrag evtl. vergeben wird, haben muss** (r). Das gilt sicherlich in erster Linie für den Unternehmer, der sich möglicherweise mit anderen zur gemeinsamen Abgabe eines Angebotes zusammen schließen will. Hier muss der Unternehmer wissen, zu welcher rechtlichen Form er sich mit anderen Unternehmen verbinden kann oder muss, um sich an dem betreffenden Vergabewettbewerb beteiligen zu können. Dabei liegt der Regelfall in der Bildung einer Arbeitsgemeinschaft. Der Auftraggeber kann aber auch eine andere Rechtsform verlangen, wie etwa die einer Haupt- und Nebenunternehmergestaltung, die aber aus umsatzsteuerlichen Gründen kaum zu empfehlen ist. Die Frage der Rechtsform des Zusammenschlusses mit anderen Unternehmern ist vor allem dann von Bedeutung, wenn es sich um umfangreiche Bauleistungen handelt, die in einem Auftrag vergeben werden sollen, und kleinere oder mittelständische Unternehmen oder auch Niederlassungen größerer Firmen entweder wegen ihrer eigenen von vornherein gegebenen Leistungsfähigkeit Schwierigkeiten haben, allein diesen größeren Auftrag zu übernehmen oder dies an sich könnten, aber wegen ihrer sonstigen Auftragssituation dazu nicht in der Lage sind. **24**

— In das Anschreiben sind die **Nachweise** aufzunehmen, die der Auftraggeber von den Unternehmern zur **Beurteilung ihrer Fachkunde, Leistungsfähigkeit oder Zuverlässigkeit** verlangt (s). Da diese Unterlagen in der Regel mit dem Angebot vorgelegt werden müssen, ist es geboten, die Unternehmer jetzt darauf hinzuweisen, ob und welche Nachweise gefordert werden. Dabei handelt es sich um die in § 8 Nr. 3 VOB/A angeführten Nachweise. Der betreffende, für die Vergabe an sich interessierte Unternehmer muss sich einmal überlegen können, ob er die geforderten Nachweise erbringen kann und auf welche Weise. Außerdem muss ihm auch hinreichend Zeit verbleiben, um sich die erforderlichen Unterlagen zu beschaffen, falls er sie nicht schon in Händen hat. **25**

— Unbedingt erforderlich ist weiter die **Angabe des Ablaufs der Zuschlags- und Bindefrist** (t) (vgl. § 19 Nr. 2 und Nr. 3, auch Nr. 4 VOB/A). Die sich für die Vergabe möglicherweise interessierenden Unternehmen sollen schon durch die Bekanntmachung wissen, bis wann sie an ihr Angebot gebunden sind, sich also darauf einzurichten haben, wann sie voraussichtlich den Auftrag in ihre betrieblichen Überlegungen endgültig mit einbeziehen müssen. **26**

— In der Bekanntmachung ist auch eine entsprechende Angabe zu machen, wenn der Auftraggeber **Änderungsvorschläge oder Nebenangebote nicht zulassen** will (u). Insofern ist im Rahmen der Kommentierung auch auf den notwendigen Inhalt des späteren Anschreibens nach § 10 Nr. 5 Abs. 4 VOB/A hinzuweisen (vgl. dazu § 10 VOB/A Rn. 76 ff.). Für den Entschluss des Unternehmers, sich an einer Öffentlichen Ausschreibung zu beteiligen, kann es von tragender Bedeutung sein, ob er im Angebot Änderungsvorschläge oder ein Nebenangebot machen darf, vor allem im Hinblick auf sein spezielles Know-how zu dem hier zur Vergabe gelangenden Auftrag. Sämtliche Bewerber können im Übrigen durch die hier erforderliche Angabe erfahren, ob sich der Wettbewerb auf die für die Angebotsbearbeitung als maßgebend erachtete Leistungsbeschreibung beschränkt oder nicht und darauf ihre weiteren Entschlüsse abstellen. **27**

28 – Schließlich sind in die Bekanntmachung einer Öffentlichen Ausschreibung auch noch **sonstige Angaben** aufzunehmen, die außer den genannten Punkten für den Entschluss von durch diese Bekanntmachung aufgeforderten Unternehmern, ob sie sich am Vergabewettbewerb beteiligen wollen, nach **allgemein anzuerkennenden Gesichtspunkten von wesentlicher Bedeutung** sein können. Hier kommt es für die Beurteilung auf den jeweiligen Einzelfall an. Vor allem ist aber noch zusätzlich ein Weiteres vorgeschrieben, nämlich die **Angabe der Stelle, an die sich der Bewerber oder Bieter zur Nachprüfung behaupteter Verstöße gegen Vergabebestimmungen wenden kann** (v) (dazu ist auf § 10 VOB/A Rn. 74, vor allem aber auf die zu § 31 VOB/A gemachten Ausführungen zur Vermeidung von Wiederholungen Bezug zu nehmen).

C. Bekanntmachung bei Beschränkten Ausschreibungen nach Öffentlichem Teilnahmewettbewerb (Nr. 2)

29 Bei der von **vornherein** so eingeleiteten Vergabe im Wege Beschränkter Ausschreibung sowie bei der Freihändigen Vergabe kann die Bekanntmachung grundsätzlich nicht von Bedeutung sein. Denn sowohl die Beschränkte Ausschreibung als auch die Freihändige Vergabe setzen voraus, dass **der Auftraggeber** sich **mit bestimmten oder einem bestimmten Interessenten** auf der Unternehmerseite **in Verbindung setzt**. Deshalb ist im Allgemeinen bei derartigen Vergabeverfahren die öffentliche Bekanntmachung ohne Belang. Sie ist aber von Gewicht, wenn es sich um eine Beschränkte Ausschreibung nach Öffentlichem Teilnahmewettbewerb handelt (vgl. dazu § 3 Nr. 1 Abs. 2, Nr. 3 Abs. 2 VOB/A: dazu a.a.O. Rn. 47 ff.). Nur in diesem Bereich ist die Bekanntmachung überhaupt zu erwägen.

I. Die Bekanntmachungsorgane

30 Daher geht auch **Nr. 2 Abs. 1** für den Fall Beschränkter Ausschreibungen von solchen nach Öffentlichem Teilnahmewettbewerb aus. Nur dann sind Bekanntmachungen vorgesehen. Diese erfolgen z.B. in **Tageszeitungen, amtlichen Veröffentlichungsblättern oder auf Internetportalen.** Hier gilt dasselbe wie bei Öffentlichen Ausschreibungen, so dass auf Rn. 4 zu verweisen ist. Die Bekanntmachung in den Organen geschieht dahin gehend, dass die etwaigen Interessenten aufzufordern sind, ihre Teilnahme am Wettbewerb zu beantragen.

II. Inhalt der Bekanntmachung

31 Nr. 2 Abs. 2 bringt nähere Bestimmungen darüber, **welchen Inhalt die Bekanntmachungen haben sollen,** wenn es sich um Beschränkte Ausschreibungen nach Öffentlichem Teilnahmewettbewerb handelt. Dabei schließt sich diese Regelung in Inhalt und Aufbau weitgehend an die in Nr. 1 Abs. 2 genannten Einzelangaben an. Hier sind alle Punkte aufgezählt, zum großen Teil unter **Wiederholung** der für die Öffentliche Ausschreibung genannten, die **für die Stellung von Teilnahmeanträgen wichtig sind.**

32 Völlige Identität besteht auch in der Reihenfolge der für die Öffentliche Ausschreibung in Nr. 1 Abs. 2 unter a–h aufgeführten Einzelheiten mit den hier ebenfalls weiter unter a–h genannten (vgl. dazu die Erläuterungen oben Rn. 7–14).

33 Hier **nicht genannt** sind die in Nr. 1 Abs. 2 unter i–j und t aufgeführten Punkte (vgl. oben Rn. 15, 16, 26), weil diese für den Bereich des Teilnahmeantrages grundsätzlich **noch keine Rolle** spielen.

34 Des Weiteren sind unter **anderer buchstabenmäßiger Bezeichnung** folgende Gesichtspunkte genannt, die aber dem **Inhalt nach gleich** sind. Dies trifft zu auf hier Buchstabe i, dort Buchstabe r (dazu oben Rn. 24);

hier Buchstabe j, dort Buchstabe k (dazu oben Rn. 17);

hier Buchstabe k, dort Buchstabe l (dazu oben Rn. 18);

hier Buchstabe l, dort Buchstabe m (dazu oben Rn. 19);

hier Buchstabe n, dort Buchstabe p (dazu oben Rn. 22);

hier Buchstabe o, dort Buchstabe q (dazu oben Rn. 23);

hier Buchstabe p, dort Buchstabe s (dazu oben Rn. 25);

hier Buchstabe q, dort Buchstabe u (dazu oben Rn. 27);

hier Buchstabe r, dort Buchstabe v (dazu oben Rn. 28).

Kein Gegenstück zu Nr. 1 Abs. 2 hat die hier in **Buchstabe m** geforderte **Angabe des Tages, an dem die Aufforderungen zur Angebotsabgabe spätestens abgesandt werden. Dies ist eine Besonderheit des Teilnahmeantrages.** Hier geht es um die Information des an der Teilnahme Beteiligten, ob sein Teilnahmeantrag Erfolg gehabt hat, ob er sich somit auf die eigentliche Beschränkte Ausschreibung im Rahmen seiner betrieblichen Disposition einrichten kann, also die Bearbeitung und Abgabe des Angebotes. 35

D. Zu berücksichtigende Teilnahmeanträge (Nr. 3)

Nach der Nr. 3 ist der Auftraggeber verpflichtet (»sind«), **auch solche Anträge auf Teilnahme zu berücksichtigen, die durch Telefon, Fax oder in sonstiger Weise elektronisch übermittelt worden sind, sofern die sonstigen Teilnahmebedingungen erfüllt** sind. Mit der zunehmenden Verbreitung der elektronischen Datenverarbeitung werden z.B. **Anträge durch e-mail oder über das Internet** an Bedeutung gewinnen (vgl. hierzu *Höfler* Die elektronische Vergabe öffentlicher Aufträge NZBau 2000, 449). Diese Regelung betrifft, wie aus ihrem Wortlaut deutlich hervorgeht, zweifelsfrei diejenigen Fälle, die von Nr. 2 erfasst sind, also den **Bereich der Beschränkten Ausschreibung nach Öffentlichem Teilnahmewettbewerb** (oben Rn. 29 ff.). Sie spricht die formellen Erfordernisse an, die der an dem Teilnahmewettbewerb interessierte Unternehmer erfüllen muss, um sich an dem hier gemeinten Wettbewerb beteiligen zu können. Dabei geht Nr. 3 zunächst **vom Normalfall** aus, dass die Teilnahme **in schriftlicher Form** beantragt wird, wie aus der Wendung »auch« deutlich hervorgeht. Um etwaige Zweifel hinsichtlich der wirksamen Form des Teilnahmeantrages auszuräumen, wird hier jetzt klargestellt, dass dieser Antrag beim Auftraggeber auch durch Telegramm, Fernschreiben, Fernkopierer, Telefon oder in sonstiger Weise elektronisch übermittelt werden kann. **Anders als beim Angebot selbst** (vgl. dazu § 21 VOB/A Rn. 11 und § 22 VOB/A Rn. 7) wo aus Gründen unverfälschten Wettbewerbs eine **strengere Form** verlangt wird (z.B. müssen elektronische Angebote digital signiert und verschlüsselt sein), gesteht die VOB dem interessierten Unternehmer für den Bereich des zu stellenden Antrages auf Beteiligung am Teilnahmewettbewerb zu, sich **verschiedenster Übermittlungsmethoden** zu bedienen. Der Grund liegt ersichtlich darin, dass es für den Teilnahmewettbewerb nicht schon auf die sonstige Formstrenge ankommt, um allgemeinen Grundsätzen ordnungsgemäßen Bauwettbewerbs zu genügen. Dieser erfordert eine solche Formstrenge erst ab Beginn des eigentlichen Vergabewettbewerbs, der mit Beendigung des Öffentlichen Teilnahmewettbewerbs beginnt, nämlich der Aufforderung zur Angebotsabgabe seitens des Auftraggebers. Allerdings muss der auf die genannte Weise dem Auftraggeber übermittelte Teilnahmeantrag **inhaltlich alles das** enthalten, was **in der Bekanntmachung von der Auftraggeberseite als Bedingung für diesen Antrag gefordert wird,** wie z.B. nach Nr. 2 Abs. 2p die Nachweise für die Beurteilung der Eignung (Fachkunde, Leistungsfähigkeit, Zuverlässigkeit) des Bewerbers (vgl. dazu oben Rn. 34, 25); ferner 36 müssen die Anträge an die richtige Anschrift (vgl. Nr. 2 Abs. 2k) gerichtet und in der geforderten Sprache abgefasst sein (vgl. dazu oben Rn. 34, 18 f.). Nicht zuletzt müssen die auf die genannte Weise übermittelten Anträge auch **fristgerecht** beim Auftraggeber eingehen, wie dies nach Nr. 2 Abs. 2j in der Bekanntmachung verlangt worden ist (vgl. dazu oben Rn. 34, 17). Sofern die **Art der Übermittlung** aus sachlichen Gründen diese Teilnahmebedingungen **nicht erfüllen kann,** wie z.B. die Vorlage der Nachweise über die Eignung nach Nr. 2 p, ergibt sich zwangsläufig, dass diese **unverzüglich (§ 121 BGB), also innerhalb weniger Tage, nachzureichen** sind. Werden die sonstigen Teilnahmebedingungen **nicht erfüllt**, ist der Auftraggeber gezwungen, den Antrag **unberücksichtigt zu lassen bzw. zurückzuweisen.** Dies erfordert der auch hier – wenn auch in begrenztem Umfang – zu beachtende Wettbewerb. Das wird in Nr. 3 eben dadurch zum Ausdruck gebracht, dass der Unternehmer, der sich der genannten modernen Übermittlungsmethoden bedient, die sonstigen Teilnahmebedingungen erfüllen muss.

37 Angesichts dessen, dass es für einen ordnungsgemäßen Teilnahmeantrag auch genügt, sich bei dem Auftraggeber fernmündlich zu melden, ergibt sich naturgemäß die Frage, ob es auch ausreicht, wenn sich der Unternehmer selbst oder auch durch seinen mit hinreichender Vollmacht nachgewiesenen Vertreter **persönlich meldet** und sein Teilnahmeinteresse ordnungsgemäß, also unter Einhaltung der sonstigen Teilnahmebedingungen, **mündlich** bekundet. Dies wird in entsprechender Anwendung des in § 147 Abs. 1 S. 2 BGB liegenden Gedankens **zu bejahen** sein. Anders dann, wenn der Auftraggeber in der Bekanntmachung eine solche Verfahrensweise ausdrücklich ausschließt.

E. Frist zur Übermittlung der Vergabeunterlagen (Nr. 4)

38 Nr. 4 will **sicherstellen,** dass die Bewerber die Vergabeunterlagen **schnellstmöglich** erhalten. Dies ist eine **zwingende Forderung, um einen ordnungsgemäßen Vergabewettbewerb zu ermöglichen,** vor allem die interessierten Unternehmer nicht in Zeitnot zu bringen, sie insbesondere in die Lage zu versetzen, die Angebotsfrist (vgl. § 18 Nr. 1 VOB/B) oder die Bewerbungsfrist (vgl. § 18 Nr. 4 VOB/A) auf jeden Fall einhalten zu können. Falls der Auftraggeber hier schuldhaft handelt, haftet er dem betroffenen Bewerber gegenüber aus dem Gesichtspunkt der **culpa in contrahendo (§ 311 Abs. 2 i.V.m. § 241 Abs. 2 BGB).** Insbesondere ist zunächst zu beachten, dass § 17 VOB/A gerade auch aus systematischen Gründen dem **§ 16 VOB/A nachfolgt.** Dieser verlangt aber in Nr. 1, dass grundsätzlich und von Ausnahmen abgesehen die den wesentlichen Teil der Vergabeunterlagen ausmachenden Verdingungsunterlagen (vgl. § 10 VOB/A Rn. 1–3) **bereits fertiggestellt** sind (vgl. dazu § 16 VOB/A Rn. 4), **bevor der Auftraggeber** entsprechend den Regelungen in § 17 Nrn. 1 und 2 VOB/B sozusagen **auf den Markt tritt.** Der Auftraggeber hat unter dieser Prämisse die Pflicht, es den interessierten Unternehmern zu ermöglichen, die ihnen gesetzten Fristen zur Abgabe ihrer Angebote oder Bewerbungen voll ausschöpfen zu können. Aus der Regelung der Nr. 4 folgt im Übrigen sozusagen selbstverständlich, dass der Auftraggeber verpflichtet ist, die abzugebenden Vergabeunterlagen **in der nötigen Zahl zur Verfügung** zu haben, was von ihm im Einzelfall eine **sachgerechte Vorausschätzung** erfordert. Mehr kann von ihm in dieser Hinsicht allerdings nicht verlangt werden; notfalls muss er weiter erforderliche Ausfertigungen nachfertigen bzw. nachdrucken lassen, und zwar **sofort,** wenn sich herausstellt, dass die bisher vorliegenden Vergabeunterlagen nicht ausreichen. Außerdem muss der Auftraggeber die Vergabeunterlagen an die in Betracht kommenden Unternehmer übersenden; er kann also die Überlassung nicht von der Abholung abhängig machen, zumal dann ortsansässige oder ortsnahe Unternehmer wegen der ihnen dadurch eingeräumten Angebotsfrist bevorzugt würden.

Bekanntmachung, Versand der Vergabeunterlagen § 17 VOB/A

I. Öffentliche Ausschreibung

Nach **Nr. 4 Abs. 1** sind den Bewerbern die Vergabeunterlagen in **kürzestmöglicher Frist und in geeigneter Weise zu übermitteln**. Hier ist die in Nr. 1 geregelte **Öffentliche Ausschreibung** angesprochen. **Sobald sich Bewerber gemeldet haben**, d.h. die Bewerbung beim Auftraggeber eingegangen ist, müssen den Bewerbern die Vergabeunterlagen in **kürzest möglicher Frist** übermittelt werden. Dies bedeutet nach dem Sinn des § 17 Nr. 4 VOB/A (vgl. oben Rn. 38), dass dies **grundsätzlich sofort** zu geschehen hat. Dabei ist der Öffentliche Auftraggeber verpflichtet, innerdienstlich alle erforderlichen Vorkehrungen zu treffen, um diese Forderung zu verwirklichen. Die Übermittlung der Vergabeunterlagen hat weiter **in geeigneter Weise** zu erfolgen, wozu sich im Allgemeinen der Postversand anbietet. Möglich ist auch eine **sonst zulässige zuverlässige Übermittlung, wie beispielsweise die elektronische Übermittlung durch e-mail oder das Internet**. Die Bewerber können aber nicht von sich aus eine bestimmte Übermittlung der Unterlagen fordern, weil dies der pflichtgemäßen und vor allem für alle Bewerber geltenden **Entscheidung des Auftraggebers überlassen ist**. Falls die Voraussetzungen von § 17a Nr. 1 VOB/A vorliegen, muss der Auftraggeber die Fristenregelung a.a.O. Nr. 5 beachten. 39

II. Beschränkte Ausschreibung nach Öffentlichem Teilnahmewettbewerb

Im Falle der von **Nr. 2** erfassten **Beschränkten Ausschreibung nach Öffentlichem Teilnahmewettbewerb** sind nach **Nr. 4 Abs. 2** die Vergabeunterlagen **an alle ausgewählten Bewerber am selben Tag** ab zu senden, wobei für die Art der Versendung das vorangehend (siehe Rn. 39). Gesagte entsprechend gilt. Hier liegt die Sicherung des ordnungsgemäßen Wettbewerbs, was die zeitlichen Anforderungen anbelangt, **in der Hand des Auftraggebers,** und zwar deshalb, weil er sich zu entscheiden hat, welche einzelnen Bewerber, die sich gemeldet haben, er zur Angebotsabgabe auffordern will; das steht dann fest, wenn er die Auswahl der Bewerber getroffen hat. Um den genannten zeitlich einheitlichen Wettbewerb zu verwirklichen, wird vom Auftraggeber **zwingend** verlangt, die Vergabeunterlagen **am selben Tag abzusenden,** was er unbedingt sicherstellen muss und **gegebenenfalls nachzuweisen** hat. 40

III. Freihändige Vergabe

Nr. 4 Abs. 2 ist entsprechend anzuwenden, wenn es sich entweder um eine **Beschränkte Ausschreibung ohne vorherigen Öffentlichen Teilnahmewettbewerb oder um eine Freihändige Vergabe** handelt. Auch hier trifft der Auftraggeber die Auswahl der zur Angebotsabgabe aufzufordernden Unternehmer. Um **allen die gleichen Chancen** in der hier maßgebenden zeitlichen Hinsicht zu geben, sind auch in solchen Fällen die Vergabeunterlagen am gleichen Tage abzusenden. 41

F. Anzahl der abzugebenden Angebotsunterlagen (Nr. 5)

Hier ist geregelt, dass jeder Bewerber die **Leistungsbeschreibung doppelt** und alle anderen **für die Preisermittlung wesentlichen Unterlagen einfach** erhalten soll. Wenn von Unterlagen (außer der Leistungsbeschreibung) keine Vervielfältigungen abgegeben werden können, sind sie **in ausreichender Weise zur Einsicht auszulegen,** wenn nötig nicht nur am Geschäftssitz des Auftraggebers, sondern auch am Ausführungsort oder an einem Nachbarort. 42

Es ist Sinn und Zweck dieser Regelung, den Bewerbern die nötigen Unterlagen vollständig zu beschaffen, damit sie **zur ordnungsgemäßen Angebotsbearbeitung und Angebotsabgabe in der Lage** sind. S. 1 enthält nur eine so genannte Soll-Vorschrift, während S. 2 in verpflichtender Form abgefasst ist. Aber auch S. 1 soll einen **ordnungsgemäßen Bauwettbewerb gewährleisten,** insbe-

I. Zahl der Unterlagen

43 Die Regelung in S. 1, dass jeder Bewerber die **Leistungsbeschreibung** doppelt und alle anderen Unterlagen einfach erhalten soll, hat folgenden Grund:

Die Leistungsbeschreibung bringt dem Bewerber die **wesentlichen Einzelpunkte über die tatsächliche Leistungsanforderung.** Es handelt sich um die **eigentliche Grundlage für sein Angebot, insbesondere aber den späteren Vertrag.** Der Bewerber braucht die Leistungsbeschreibung, außer zur Kalkulation und zu Vergleichszwecken oder auch sonst im Vergabeverfahren, gerade auch dazu, sich für den Fall des Zuschlags in hinreichender Weise auf die Ausführung der Leistung **vorbereiten und diese dann sachgerecht ausführen** zu können, also geht es auch darum, dem späteren Bieter bzw. Auftragnehmer die Anfertigung von Abschriften bzw. Kopien zu ersparen. Diese Regelung dient daher teilweise auch der **Vereinfachung in der Handhabung.** Dass die Bewerber die anderen für die Preisermittlung wesentlichen Unterlagen (wozu grundsätzlich auch Pläne gehören) nur einfach erhalten sollen, hat seinen Grund darin, dass sie in der Regel kein Interesse oder kein Bedürfnis haben, hiervon eine Zweitschrift zurückzubehalten, weil sie im Allgemeinen solche Unterlagen behalten dürfen und nicht mit dem Angebot zurückgeben müssen. Anderenfalls dürfte es auch hier für den Auftraggeber **empfehlenswert** sein, ein Doppel beizufügen, falls die betreffenden Unterlagen so wesentlich sind, dass sie eine grundlegende Bedeutung für die spätere Ausführung der Leistung haben, also der Leistungsbeschreibung ähneln oder dieser sogar gleichstehen. Das gilt vor allem, wenn es für den Bewerber auch hier angezeigt ist, eine Zweitschrift, insbesondere zum Zweck der ordnungsgemäßen Vorbereitung und Durchführung der verlangten Bauleistung, zurückzubehalten.

Unter 3. zu § 17 VOB/A heißt es im VHB 2002:

3. Verdingungsunterlagen
Welche Verdingungsunterlagen außer der Leistungsbeschreibung den Bewerbern doppelt zur Verfügung zu stellen sind, ergibt sich aus der Aufforderung zur Angebotsabgabe – EVM (B) A –.

II. Einsicht in die Unterlagen

44 Hinsichtlich der anderen Ausschreibungsunterlagen, für die keine Vervielfältigungen abgegeben werden können (S. 2), ist als **Mindesterfordernis** aufgestellt, dass diese **in ausreichender Weise zur Einsicht auszulegen** sind, wobei es dringend geboten ist, dass der Auftraggeber über diese Ausschreibungsunterlagen eine Liste aufstellt und diese dem Einsichtnehmenden zur Verfügung stellt. Hierbei wird es sich in der Regel um Unterlagen handeln, die von § 17 Nr. 1 Abs. 2i VOB/A erfasst sind. Voraussetzung ist natürlich, dass es sich um Unterlagen handelt, die für die Angebotsbearbeitung **wesentlich** sind. Dabei ist vor allem an Detailzeichnungen, Sachverständigengutachten, Probestücke, Zeichnungen im weiteren Sinne, Berechnungen usw. gedacht, deren Vervielfältigung entweder **nicht möglich oder mit unverhältnismäßig hohen** und daher außerhalb des Bereichs der auf das jeweilige Vergabeverfahren abzustellenden Zumutbarkeit liegenden **Kosten** verbunden ist. Somit reicht bloßer Zeitmangel beim Auftraggeber zur Anfertigung von Vervielfältigungen für sich allein sicher nicht aus, wie sich aus dem Gesagten ergibt. Andererseits müssen die Bewerber den Inhalt und die Bedeutung dieser Unterlagen durch **Einsicht-** oder Kenntnisnahme an anderer Stelle ohne **besondere Schwierigkeiten verstehen können.** Sinn dieser Bestimmung ist es, die Auslage zur Einsichtnahme so durchzuführen, dass **jeder Bewerber** den mit den Unterlagen erstrebten **Zweck in rechter Weise erfassen kann.** Deshalb wird der Begriff »in ausreichender Weise« in S. 2 noch dadurch erläutert, dass die Auslegung nicht nur am Geschäftssitz des Auftraggebers, sondern notfalls auch am Ausführungsort oder an einem Nachbarort geschieht. Die Auslegung außerhalb des Ge-

schäftssitzes des Auftraggebers wird vor allem notwendig sein, wenn neben der Einsichtnahme in die Unterlagen zum rechten Verständnis eine Ortsbesichtigung, eine sonstige Untersuchung gewisser Umstände an Ort und Stelle oder eine mehrmalige Einsichtnahme erforderlich ist. Die Wahl eines anderen Ortes als der drei genannten ist dem Auftraggeber nicht möglich, weil dies für die Bieter grundsätzlich unzumutbar wäre. Aus dem vorangehend Gesagten folgt, dass eine bloße Formulierung in den Ausschreibungsunterlagen »Pläne und Unterlagen können eingesehen werden« ohne Angabe des Ortes grundsätzlich nicht ausreicht.

G. Geheimhaltung der Namen der Bewerber, die Vergabeunterlagen erhalten oder eingesehen haben (Nr. 6)

Diese Regelung, wonach die Namen der Bewerber, die Vergabeunterlagen erhalten oder eingesehen haben, geheimzuhalten sind, entspringt dem **Gebot des ordnungsgemäßen Bauvergabewettbewerbs**. Sie folgt dem Grundsatz in § 2 Nr. 1 S. 2 VOB/A. Der Auftraggeber hat die nötige **Zurückhaltung und Objektivität** zu wahren, und die mit der betreffenden Vergabe Befassten (auch deren Vertreter) alles zu tun, in dem betreffenden Ausschreibungsverfahren einen **echten Wettbewerb** aufkommen zu lassen. Dem Auftraggeber ist dringend zu empfehlen, in einem Vergabeverfahren sich an die hier erörterte **zwingende** Vorschrift **streng zu halten**. Andernfalls könnte er sich gegenüber benachteiligten Bewerbern haftbar machen, sei es aus dem Gesichtspunkt der **culpa in contrahendo** (Verschulden bei der Anbahnung vertraglicher Beziehungen), sei es wegen der sonstigen Überschreitung der Grenzen rechtlich zulässigen Handelns. Eine solche Haftung ist aber nicht schon schlechthin gegeben, wenn die hier erörterte Vorschrift nicht eingehalten worden ist. Vielmehr müssen auch die übrigen Voraussetzungen erfüllt sein, die für eine Haftung aus culpa in contrahendo (vgl. hierzu Einleitung vor § 1) oder für das Vorliegen sonstiger Haftungsgründe (vgl. hierzu Einleitung vor § 1) erforderlich sind. Der Auftraggeber sollte aber bereits **Ansatzpunkte** eines für ihn nachteilige Folgen herbeiführenden Verhaltens vermeiden, also insbesondere die hier getroffene Regelung nicht verletzen. Bei der Beachtung dieser Bestimmung können ihm von keiner Seite Vorwürfe über ein nicht objektives Verhalten bei der Bauvergabe gemacht werden. Solche Vorwürfe führen zumindest zu Unzuträglichkeiten, die es von vornherein zu vermeiden gilt.

Nr. 6 bezweckt in erster Linie, zu verhindern, dass die Bewerber vor der Angebotsabgabe **miteinander Fühlung** aufnehmen, um entgegen dem Wettbewerbsgrundsatz Absprachen oder sonstige Vereinbarungen zu treffen, die auf die Vergabe an Einzelne oder eine Gruppe von Bewerbern von Einfluss sind. Zudem würden hierdurch andere Bewerber benachteiligt. Bei einer Zuwiderhandlung könnte der Auftraggeber unter Umständen mitverantwortlich für das Auftreten von Wettbewerbswidrigkeiten sein. Im Übrigen liegt die Geheimhaltung ihrem Sinn und Zweck nach letztlich im **eigenen Interesse des Auftraggebers,** da er erfahrungsgemäß eine bessere Auswahl unter den Angeboten hat, wenn diese im echten Wettbewerb der Bieter untereinander zustande gekommen sind.

Aus dem Gesagten ergibt sich zugleich das Bestreben, zu vermeiden, dass der Auftraggeber bewusst oder unbewusst einem Verstoß mehrerer Bieter gegen das **Gesetz gegen Wettbewerbsbeschränkungen** i.d.F. der Bekanntmachung vom 26.8.1998 (BGBl. I S. 235) Vorschub leistet.

H. Auskünfte und Aufklärungen an Bewerber (Nr. 7)

Nr. 7 entspricht ebenso der Verpflichtung des Auftraggebers zur **Einhaltung eines ordnungsgemäßen Bauvergabewettbewerbs,** wie es im Hinblick auf Nr. 6 der Fall ist. Daher kann hinsichtlich der Grundlagen auf Rn. 45 ff. verwiesen werden. Hinzu kommt hier das weitere Gebot, das im ordnungsgemäßen Bauvergabewettbewerb mit enthalten ist, nämlich **sämtliche Bewerber gleich zu behandeln.** Die hier angesprochenen Auskünfte und Aufklärungen müssen nach dem Wortlaut der

VOB/A nicht unbedingt schriftlich, sondern können auch mündlich erteilt werden (vgl. OLG Düsseldorf BauR 1996, 98). Jedoch ist dem Auftraggeber dringend anzuraten, die Schriftform zu wählen, weil er für die ordnungsgemäße, klare und vollständige Erfüllung seiner hier gegebenen Verpflichtungen darlegungs- und beweisbelastet ist.

I. Auskünfte

49 Nr. 7 Abs. 1 beruht in seiner Grundlage auf einer Forderung der EG-Richtlinie zur Koordinierung der Bauvergabeverfahren. Hier wird verlangt, dass dann, wenn Bewerber zusätzliche sachdienliche Auskünfte über die Vergabeunterlagen erbitten, die **Auskünfte unverzüglich zu erteilen** sind.

50 Voraussetzung für die hier behandelten Auskünfte ist, dass schon die Anfragen der betreffenden Bewerber **sachdienlich** sind, dass sie also bei objektiver Betrachtung mit der Sache zu tun haben, wie z.B. im Hinblick auf berechtigte Zweifelsfragen zum Inhalt und Umfang der Leistungsbeschreibung nach § 9 VOB/A. Das ist der Fall, wenn die von den Bewerbern gestellten Fragen im Zusammenhang mit der geforderten Bauleistung im Hinblick auf eine ordnungsgemäße Angebotsbearbeitung oder Angebotsabgabe stehen. Dabei sollte der Auftraggeber diese Frage **großzügig** behandeln. Insbesondere hat er hier auch Gelegenheit, etwaige Missverständnisse von vornherein auszuräumen (zu den Anforderungen an die Auskunftpflicht der Vergabestelle vgl. OLG Naumburg v. 23.7.2001 Verg 2/01).

51 Sinn und Zweck der hier getroffenen Regelung ist es, den Bewerbern **schnellstmöglich** die nötige **Aufklärung zu verschaffen,** damit sie keine Zeit verlieren und von ihnen die Angebotsabgabefrist eingehalten werden kann. Sollte der Auftraggeber hier schuldhaft nachlässig handeln, kann er sich unter Umständen ebenfalls aus dem Gesichtspunkt der culpa in contrahendo schadensersatzpflichtig machen, insbesondere dann, wenn der betreffende Bewerber nachweist, dass er unter normalen Umständen den Zuschlag bekommen hätte.

II. Aufklärungen

52 Nr. 7 Abs. 2 befasst sich mit **Aufklärungen gegenüber einem Bewerber.** Hier ist bestimmt, dass dann, wenn einem Bewerber **wichtige Aufklärungen** über die geforderte Leistung oder die Grundlage der Preisermittlung gegeben werden, sie **auch den anderen Bewerbern unverzüglich mitzuteilen sind,** soweit die anderen Bewerber bekannt sind. Letzteres ist grundsätzlich nur bei der Öffentlichen Ausschreibung (vgl. Nr. 1) sowie bei der Beschränkten Ausschreibung nach Öffentlichem Teilnahmewettbewerb (hier hinsichtlich des Letzteren, vgl. Nr. 2) fraglich, nicht aber bei sonstigen Beschränkten Ausschreibungen oder Freihändigen Vergaben. Handelt es sich um die noch laufende Angebotsfrist oder Bewerbungsfrist, so können die Auskünfte nur denjenigen gegeben werden, die bisher Vergabeunterlagen angefordert oder Teilnahmeanträge gestellt haben oder in der nächsten Zeit noch stellen werden. Da es sich bei Nr. 7 Abs. 2 um eine grundlegende Forderung im Rahmen ordnungsgemäßen Bauvergabewettbewerbs handelt, dürfte diese Regelung für die **Beschränkte Ausschreibung ohne vorherigen Teilnahmewettbewerb** sowie bei **Freihändiger Vergabe** entsprechende **Geltung** beanspruchen.

53 Voraussetzung ist hier, dass es um Aufklärungen gegenüber einem Bewerber oder mehreren Bewerbern geht, wobei es sich um **etwas Neues** handeln muss. Es darf sich also für einen objektiven und fachkundigen Betrachter nicht bereits in der erforderlichen Eindeutigkeit aus den Vergabeunterlagen (Verdingungsunterlagen und Anschreiben) ergeben. Hat ein Bewerber eindeutige Angaben in den Ausschreibungsunterlagen aus subjektiven Gründen missverstanden, vor allem nicht richtig gelesen, so ist es ohne weiteres zulässig, dass die notwendige und zum richtigen Verständnis erforderliche Erklärung nur ihm gegenüber abgegeben wird. In diesem Fall brauchen die anderen Bewerber nicht auch angesprochen zu werden, da bei diesen das rechte Verstehen der Unterlagen vorausgesetzt

und somit keine einseitige Bevorzugung des einen Bewerbers angenommen werden kann. Anders wäre es, wenn bei **mehreren Bewerbern** berechtigte Zweifelsfragen über die inhaltliche Bedeutung und Tragweite der Ausschreibungsunterlagen auftauchen. Dann müsste der Auftraggeber, wenn er seinen Pflichten in rechter Weise genügen will, eine Ergänzung oder eine Berichtigung der Ausschreibungsunterlagen vornehmen. Wird er in diesem Rahmen von einem Bewerber angesprochen und erteilt er diesem die gewünschten Auskünfte, so handelt es sich um eine Aufklärung in dem in Nr. 7 gemeinten Sinne.

Weiterhin muss es sich um Aufklärungen über die **geforderte Leistung oder die Grundlagen der Preisermittlung** handeln. Das ist im **weitesten Sinne** zu verstehen. So fällt unter den Begriff der »geforderten Leistung« nicht nur alles, was in technischer oder sonstiger Hinsicht für die beabsichtigte vertragliche Leistung von Bedeutung ist, etwa nach der Leistungsbeschreibung einschließlich etwaiger Zusätzlicher Technischer Vorschriften, sondern hierzu gehören auch rechtliche Anforderungen des Leistungsinhaltes, wie z.B. solche aufgrund von Zusätzlichen oder Besonderen Vertragsbedingungen. 54

Andererseits ist die im weiten Sinne zu verstehende Aufklärung über die geforderte Leistung und die Preisermittlungsgrundlagen im Rahmen der Nr. 7 insoweit einschränkend zu verstehen, als es sich um eine **wichtige Aufklärung** handeln muss. Wichtig ist die Aufklärung immer, wenn es die Erläuterung oder die Ergänzung eines rechtlichen oder tatsächlichen Einzelpunktes betrifft, der im Rahmen des Wettbewerbs der Bewerber untereinander **von Bedeutung** ist. Das ist der Fall, wenn durch die Aufklärung seitens des Auftraggebers dem betreffenden Bewerber im Verhältnis zu seinen Mitbewerbern ein klareres oder gar besseres Wissen über die geforderte Leistung einschließlich der Preisermittlungsgrundlagen vermittelt wird. Das ist auch ein wesentlicher Ausfluss des in § 8 Nr. 1 S. 1 VOB/A zum Ausdruck gelangten Gleichbehandlungsgrundsatzes. Wird der Bewerber also durch die Aufklärung in die Lage versetzt, ein Angebot abzugeben, das in dieser oder jener Hinsicht bei objektiver Würdigung geeignet ist, den Auftraggeber **eher anzusprechen,** so muss man immer von einer wichtigen Aufklärung sprechen. 55

Unter den genannten Voraussetzungen hat der Auftraggeber die dem einen Bewerber gegebene wichtige Aufklärung **unverzüglich auch den anderen Bewerbern,** soweit diese bekannt sind, mitzuteilen. Der Begriff »unverzüglich« ist rechtlich. Er bedeutet ein Handeln des Auftraggebers »**ohne schuldhaftes Zögern**« (§ 121 BGB). Zu beachten ist, dass »unverzüglich« nicht das gleiche bedeutet wie »sofort«. Vielmehr wird dem Auftraggeber eine angemessene Überlegungs- und Vorbereitungsfrist eingeräumt, um Berichtigungen oder Ergänzungen der Vergabeunterlagen zu überlegen, abzufassen, zu vervielfältigen und an die übrigen Bewerber abzusenden. Andererseits ist in dem Begriff »unverzüglich« in jedem Fall die **Verpflichtung zur Wahrung der berechtigten Interessen der übrigen Bewerber** enthalten. Das bedeutet, dass den anderen Bewerbern die notwendige wichtige Aufklärung so rechtzeitig innerhalb der Angebotsfrist (§ 18 VOB/A) zuzugehen hat, dass sie diese, **ohne zeitlich in Schwierigkeiten zu geraten,** nach eingehender Überlegung im Rahmen ihres Angebots berücksichtigen können. Für den Fall, dass die Voraussetzungen von § 17a Nr. 1 VOB/A vorliegen, ist hier bereits auf die Sonderregelungen in § 17a Nr. 6 VOB/A aufmerksam zu machen. 56

Im Übrigen tut der Auftraggeber hier gut daran, sich eine **Liste der Bewerber** aufzustellen, damit er einmal weiß, von wem die Anfrage kommt, zum anderen aber auch in der Lage ist, die einem Bewerber gegebene Aufklärung auch unverzüglich an die anderen weiterzuleiten. 57

Im Übrigen kann im Einzelfall nicht nur ein bloßes Recht, sondern in gewissem Maß auch ein besonderer Anlass des Bieters zur Einholung von Aufklärungen gegeben sein. So wäre es nicht zulässig, wenn er ohne Einholung der gebotenen Auskunft später im Angebot vermerkt, er habe eine bestimmte, ihm unklare Angabe in den Verdingungsunterlagen in einem bestimmten Sinne verstanden. Falls dies nicht dem entspricht, was der Auftraggeber eindeutig erkennbar hat sagen wollen, so handelt es sich um eine nicht zulässige Änderung der Verdingungsunterlagen nach § 21 Nr. 2 VOB/A (vgl. auch *Heiermann/Riedl/Rusam* § 17 VOB/A Rn. 37).

Andererseits verstößt eine Klausel in den Verdingungsunterlagen des Auftraggebers gegen § 9 AGBG, die den Wortlaut hat: »Etwaige Zweifel oder Einwendungen über die Art der Leistungen oder Verpflichtungen sind zur Zeit der Abgabe des Angebotes bei der ausschreibenden Stelle vorzubringen und zu klären. Spätere Reklamationen werden nicht berücksichtigt.« Diese Klausel ist wegen des zu weitgehenden Inhaltes ein Verstoß gegen Treu und Glauben (vgl. auch LG München I BauR 1992, 270 L).

§ 17a
Vorinformation, Bekanntmachung, Versand der Vergabeunterlagen

1. (1) Die wesentlichen Merkmale für
   - eine beabsichtigte bauliche Anlage mit einem mindestens geschätzten Gesamtauftragswert nach § 2 Nr. 4 VgV ohne Umsatzsteuer,
   - einen beabsichtigten Bauauftrag, bei dem der Wert der zu liefernden Stoffe und Bauteile weit überwiegt, mit einem geschätzten Auftragswert von mindestens 750.000 €,

   sind als Vorinformation bekannt zu machen.
   (2) Die Vorinformation ist nur dann zwingend vorgeschrieben, wenn die Auftraggeber die Möglichkeit wahrnehmen, die Frist für den Eingang der Angebote gemäß § 18 Nr. 1 Abs. 2 zu verkürzen.
   (3) Die Vorinformation ist nach dem in Anhang I der Verordnung (EG) Nr. 1564/2005 enthaltenen Muster zu erstellen.
   (4) Sie sind sobald wie möglich nach Genehmigung der Planung dem Amt für amtliche Veröffentlichungen der Europäischen Gemeinschaften[1] zu übermitteln oder im Beschafferprofil nach § 16 Nr. 4 zu veröffentlichen; in diesem Fall ist dem Amt für amtliche Veröffentlichungen zuvor auf elektronischem Wege die Veröffentlichung mit dem in Anhang VIII der Verordnung (EG) Nr. 1564/2005 enthaltenen Muster zu melden. Die Vorinformation kann außerdem in Tageszeitungen, amtlichen Veröffentlichungsblättern oder Internetportalen veröffentlicht werden.

2. (1) Werden Bauaufträge i.S.v. § 1a im Wege eines Offenen Verfahrens, eines Nichtoffenen Verfahrens, eines Wettbewerblichen Dialogs oder eines Verhandlungsverfahrens mit Vergabebekanntmachung vergeben, sind die Unternehmer durch Bekanntmachungen aufzufordern, ihre Teilnahme am Wettbewerb zu beantragen.
   (2) Die Bekanntmachungen müssen die in Anhang II der Verordnung (EG) Nr. 1564/2005 geforderten Informationen enthalten und sind im Amtsblatt der Europäischen Gemeinschaften zu veröffentlichen. Sie sind dem Amt für amtliche Veröffentlichungen der Europäischen Gemeinschaften unverzüglich, in Fällen des beschleunigten Verfahrens per Telefax oder elektronisch[2] zu übermitteln. Die Bekanntmachung soll sich auf ca. 650 Wörter beschränken.
   (3) Der Tag der Absendung an das Amt für amtliche Veröffentlichungen der Europäischen Gemeinschaften muss nachgewiesen werden können.
   (4) Die Bekanntmachung wird unentgeltlich, spätestens 12 Tage nach der Absendung, im Supplement zum Amtsblatt der Europäischen Gemeinschaften in der Originalsprache veröffentlicht. Eine Zusammenfassung der wichtigsten Angaben wird in den übrigen Amtssprachen der Gemeinschaften veröffentlicht; der Wortlaut in der Originalsprache ist verbindlich.

---

[1] Amt für amtliche Veröffentlichungen der Europäischen Gemeinschaften, 2, rue mercier, L-2985 Luxemburg 1
[2] http://simap.eu.int

(5) Die Bekanntmachungen können auch inländisch veröffentlicht werden, z.B. in Tageszeitungen, amtlichen Veröffentlichungsblättern oder Internetportalen. Sie dürfen nur die dem Amt für amtliche Veröffentlichungen der Europäischen Gemeinschaften übermittelten Angaben enthalten und dürfen nicht vor Absendung an dieses Amt veröffentlicht werden.
(6) Bekanntmachungen, die über das Internetportal des Amtes für amtliche Veröffentlichungen der Europäischen Gemeinschaften[3] auf elektronischem Weg erstellt und übermittelt wurden (elektronische Bekanntmachung), werden abweichend von Abs. 4 spätestens 5 Kalendertage nach ihrer Absendung veröffentlicht.

3. (1) Die Bekanntmachung eines Offenen Verfahrens oder Nichtoffenen Verfahrens muss außer den Angaben nach § 17 Nr. 1 Abs. 2 bzw. § 17 Nr. 2 Abs. 2 folgende Angaben enthalten:
   – gegebenenfalls Hinweis auf beschleunigtes Verfahren wegen Dringlichkeit,
   – Kriterien und deren Gewichtung für die Auftragserteilung, wenn diese nicht im Anschreiben (Aufforderung zur Angebotsabgabe) genannt werden (siehe § 10a),
   – Tag der Veröffentlichung der Vorinformation im Amtsblatt der Europäischen Gemeinschaften oder Hinweis auf ihre Nichtveröffentlichung,
   – Tag der Absendung der Bekanntmachung.
   (2) Die Bekanntmachung eines Verhandlungsverfahrens und eines Wettbewerblichen Dialogs muss die in Anhang II der Verordnung (EG) Nr. 1564/2005 enthaltenen Angaben enthalten.

4. (1) Die Bekanntmachung ist beim Offenen Verfahren, Nichtoffenen Verfahren, Verhandlungsverfahren und Wettbewerblichen Dialog nach dem in Anhang II der Verordnung (EG) Nr. 1564/2005 enthaltenen Muster zu erstellen.
   (2) Dabei sind zu allen Nummern Angaben zu machen; die Texte des Musters sind nicht zu wiederholen.

5. Sind bei Offenen Verfahren die Vergabeunterlagen nicht auf elektronischem Weg frei, direkt und vollständig verfügbar, werden die Vergabeunterlagen den Bewerbern innerhalb von 6 Kalendertagen nach Eingang des Antrags zugesandt, sofern dieser Antrag rechtzeitig vor dem Schlusstermin für den Eingang der Angebote eingegangen ist.

6. Rechtzeitig beantragte Auskünfte über die Vergabeunterlagen sind spätestens 6 Kalendertage vor Ablauf der Angebotsfrist zu erteilen. Bei Nichtoffenen Verfahren und beschleunigten Verhandlungsverfahren nach § 18 Nr. 2 Abs. 4a beträgt diese Frist 4 Kalendertage.

Inhaltsübersicht   Rn.

A. Allgemeine Grundlagen/Vorinformation 1
   I. Erforderlichkeit nach Nr. 1 Abs. 1 und 2.................................. 2
   II. Bekanntmachung (Nr. 1 Abs. 3) 3
   III. Art der Veröffentlichung (Nr. 1 Abs. 4) 4
B. Bekanntmachung von Vergaben (Nr. 2) 5
   I. Erforderlichkeit der Bekanntmachung (Nr. 2 Abs. 1).................... 5
   II. Art der Bekanntmachung (Nr. 2 Abs. 2) 6
   III. Nachweis des Tages der Absendung (Nr. 2 Abs. 3) 7
   IV. Zeitpunkt der Veröffentlichung (Nr. 2 Abs. 4) 8
   V. Veröffentlichung im Inland (Nr. 2 Abs. 5)............................... 9
   VI. Elektronische Bekanntmachungen (Nr. 2 Abs. 6) 10
C. Inhalt der Bekanntmachungen (Nr. 3) 11
   I. Zunächst wie bei einer inländischen Vergabe (Nr. 3 Abs. 1)........... 11
   II. Erforderliche weitere Angaben (Nr. 3 Abs. 1) 12
      1. Beschleunigtes Verfahren 12

---
[3] http://simap.eu.int

		Rn.
2. Angabe der Wertungskriterien und deren Gewichtung		13
3. Datum der Vorinformation		14
4. Datum der Absendung der Bekanntmachung		15
III. Bekanntmachung eines Verhandlungsverfahrens oder Wettbewerblichen Dialogs mit Vergabebekanntmachung (Nr. 3 Abs. 2)		16
D. Verwendung von Mustern (Nr. 4)		17
I. Bei Offenen und Nichtoffenen Verfahren (Nr. 4 Abs. 1)		17
II. Umfang der Angaben (Nr. 4 Abs. 2)		18
E. Frist zur Übersendung der Vergabeunterlagen und zusätzlichen Unterlagen beim Offenen Verfahren (Nr. 5)		19
F. Fristgerechte Erteilung von Auskünften (Nr. 6)		20

A. Allgemeine Grundlagen / Vorinformation

1 In § 17a VOB/A finden sich ergänzende Regelungen zu § 17 VOB/A im Falle der Vergabe von so genannten EG-Aufträgen, also solcher, die **unter § 1a VOB/A fallen.** Nr. 1 legt zunächst die Vorinformation fest. Nr. 2 befasst sich mit den Bekanntmachungen bei Offenen Verfahren, Nichtoffenen Verfahren oder bei Verhandlungsverfahren mit Vergabebekanntmachung. Nr. 3 bestimmt ergänzende Angaben zu denen, die in § 17 Nr. 1 Abs. 2 bzw. Nr. 2 Abs. 2 VOB/A bereits enthalten sind. Nr. 4 befasst sich mit der Art und Weise des Inhalts der jeweiligen Bekanntmachung. Nr. 5 legt eine Frist zur Zusendung der Vergabeunterlagen beim Offenen Verfahren fest. Schließlich befasst sich Nr. 6 mit der Frist, innerhalb derer rechtzeitig beantragte Auskünfte zu erteilen sind. § 17a wurde erstmals in die Fassung der VOB von 1990 aufgenommen und bei den Folgeausgaben mehrfach verändert. Mit der Fassung 2006 wurde § 17a an die veränderten Fristen und Neuregelungen der EU-Vergabekoordinierungsrichtlinie 2004/18/EG angepasst und auf die Bekanntmachungsmuster der Verordnung (EG) Nr. 1564/2005 verwiesen, die direkte Geltung innehaben.

Die Bekanntmachungspflichten gemäß §§ 17, 17a VOB/A müssen vom öffentlichen Auftraggeber unbedingt erfüllt werden; ein Verstoß kann von Unternehmen nach entsprechender Rüge in einem Nachprüfungsverfahren vor der Vergabekammer bzw. vor den Vergabesenaten der Oberlandesgerichte geltend gemacht werden. Ebenso ist – soweit diese eingerichtet sind – ein Einschreiten der Vergabeprüfstellen dringend geboten.

Zur Form der Bekanntmachungen ist besonders auf Nr. 4 zu § 17a VOB/B im VHB und die dortigen Verweisungen Bezug zu nehmen.

Die in Nr. 1 angesprochene **Vorinformation** ist in Umsetzung der EG-Vergabekoordinierungsrichtlinie in Teil A der VOB aufgenommen worden. Wie schon der Wortlaut sagt, handelt es sich um eine **dem eigentlichen Vergabeverfahren vorweggenommene Information.** Dies hat den Sinn, interessierte Unternehmer aufzuklären, dass ein bestimmter öffentlicher Auftraggeber die Einleitung eines bestimmten Bauvergabeverfahrens plant, damit sich diese Unternehmer rechtzeitig darauf einstellen können. Dazu gehört vor allem auch die unternehmerische Abwägung, welches in absehbarer Zeit zur Ausführung gelangende Objekt aus seiner Sicht mehr Interesse verdient als ein anderes.

I. Erforderlichkeit nach Nr. 1 Abs. 1 und 2

2 Für die Erforderlichkeit einer Vorinformation geht diese Regelung ebenso wie § 1a VOB/A von einer bestimmten europarechtlich vorgegebenen Wertgrenze (5.278.000 € nach § 2 Nr. 4 VgV) aus, wobei der **geschätzte Auftragswert** zugrunde zu legen ist. Insofern korrespondiert hier **Nr. 1 Abs. 1 erster Spiegelstrich mit der Wertangabe in § 1a Nr. 1 Abs. 1 VOB/A. Anders als in § 1a Nr. 2 VOB/A** ist nach dem zweiten Spiegelstrich als Wertgrenze für eine Vorinformation in Fällen, in denen der **Wert der zu liefernden Stoffe oder Bauteile weit überwiegt, nicht** von einem geschätzten Auftragswert von mindestens **200.000 €** auszugehen, sondern von **mindestens 750.000 €.** Hier ist somit für die Erforderlichkeit der Vorinformation die Wertgrenze **höher** angesetzt. Das ist anders als in der nachfolgenden Nr. 2. Daher kommt die Vorinformation nicht für alle Fälle in Betracht, in denen die Regelung in § 1a VOB/A greift. Dies beruht auf der sicher richtigen Erkenntnis, dass das unternehmerische Interesse an einer Vorinformation eigentlich nur bei **erheblichen geschätzten Auftragswerten** gegeben sein kann.

Zwingend erforderlich ist die Abgabe einer Vorinformation nach dem mit der Ausgabe 2006 eingefügten Absatz 2 **nur in den Fällen,** in denen ein Auftraggeber von den Möglichkeiten einer Ver**kürzung der Angebotsfrist nach §18a Nr. 1 Abs. 2 (von 52 auf 36 oder bis zu 22 Kalendertagen) Gebrauch machen will;** die Bekanntgabe einer Vorinformation also ansonsten freiwillig.

II. Bekanntmachung (Nr. 1 Abs. 3)

Gefordert ist in Nr. 1 Abs. 1 weiter, dass die **wesentlichen Merkmale** für die die Wertgrenze überschreitenden Baumaßnahmen **in der Vorinformation bekanntzumachen** sind. Dazu ist hinsichtlich des Inhaltes der Bekanntmachung nach Nr. 1 Abs. 2 ein **bestimmtes Muster** zu verwenden, nämlich der Anhang I der Verordnung (EG) Nr. 1564/2005. Dieses ist schon aus Gründen der Einheitlichkeit unbedingt einzuhalten. 3

Übrigen heißt es dazu in Nr. 1 VHB 2002 zu § 17a VOB/A:

1. Vorinformation
Die Vorinformation ist immer bekanntzumachen. Es genügt in die Bekanntmachung alle Informationen aufzunehmen, die zum Zeitpunkt der Absendung der Bekanntmachung vorliegen.

III. Art der Veröffentlichung (Nr. 1 Abs. 4)

Hier ist **zwingend** vorgeschrieben, dass die Bekanntmachungen nach Genehmigung der Planung so bald wie möglich dem **Amt für amtliche Veröffentlichungen der Europäischen Gemeinschaften zu übermitteln** sind. Außerdem können sie in Tageszeitungen, amtlichen Veröffentlichungsblättern oder auf Internetportalen veröffentlicht werden. Ausgangspunkt ist zunächst, dass die Planung der von Absatz 1 erfassten Baumaßnahme **genehmigt** worden ist. Voraussetzung sind demnach alle Genehmigungen, die für das entsprechende Objekt nach maßgebenden bauordnungsrechtlichen Bestimmungen zu erteilen sind. Dies richtet sich nach den entsprechenden öffentlich-rechtlichen Vorschriften. Dabei genügt nicht schon die Fertigstellung der Genehmigungsplanung; vielmehr muss auch die erforderliche Genehmigung **rechtsbeständig** vorliegen. Ist diese Voraussetzung erfüllt, müssen die Bekanntmachungen **so bald als möglich** dem genannten Amt der EG zugeleitet werden. Die Zuleitung kann sowohl in der herkömmlichen Schriftform als auch in der Übermittlung eines elektronischen Dokuments oder online durch Ausfüllen der von der EG unter http://simap.eu.int bereitgehaltenen Muster erfolgen. Sie hat schnellstmöglich zu erfolgen, sobald der Auftraggeber im Rahmen ordnungsgemäßen Dienstbetriebes in der Lage ist, die betreffende Bekanntmachung mit der gebotenen Vollständigkeit zu verfassen und an das Amt abzusenden. Diese Übermittlung hat zum Zwecke der Veröffentlichung durch das betreffende Amt zu erfolgen. Hiernach können interessierte Unternehmer aus dem Amtsblatt der Europäischen Gemeinschaften (vgl. auch Nr. 2 Abs. 2; nachstehend Rn. 6) die hier angesprochene Vorinformation ersehen. Seit Mitte des Jahres 1999 erscheinen die **Veröffentlichungen für öffentliche Aufträge im Supplement des Amtsblatts der Europäischen Gemeinschaften nicht mehr in Papierform.** Die Veröffentlichungen werden den interessierten Unternehmen auf CD-ROM zur Verfügung gestellt und sind über das Internet abrufbar. Nach dem zweiten Halbsatz in Absatz 3 kann der Auftraggeber **außerdem** die Vorinformation **in** 4

Tageszeitungen, amtlichen Veröffentlichungsblättern oder Internetportalen (**Ausschreibungsdatenbanken**) veröffentlichen, wobei grundsätzlich **inländische Organe** gemeint sind. Dies dürfte im Allgemeinen zu empfehlen sein, weil jedenfalls inländische Unternehmer solche Veröffentlichungen möglicherweise eher zur Kenntnis nehmen als das Amtsblatt der EG. Vor allem ist eine **zusätzliche** Veröffentlichung in solchen Organen eher angezeigt, wenn es sich um eine besonders bedeutsame Baumaßnahme handelt. Für eine Veröffentlichung der betreffenden Vorinformation muss der Auftraggeber allerdings Kosten aufwenden, während die Bekanntmachung im Amtsblatt der Europäischen Gemeinschaften nach Nr. 2 Abs. 4 S. 1 kostenlos erfolgt, was auch für die Veröffentlichung der Vorinformation zu gelten hat.

B. Bekanntmachung von Vergaben (Nr. 2)

I. Erforderlichkeit der Bekanntmachung (Nr. 2 Abs. 1)

5   Nr. 2 regelt die Bekanntmachung der Vergabeverfahren. Mit der Bekanntmachung wird der Wettbewerb eröffnet. Dabei werden von Nr. 2 Abs. 1 diejenigen Vergaben erfasst, die unter die Regelung in § 1a VOB/A fallen. Die **Verpflichtung zur Bekanntmachung** besteht **also in weiterem Umfang als zur Vorinformation nach Nr. 1 (vgl. dazu oben Rn. 2)**. Allerdings bezieht sich die Vergabebekanntmachung auf diejenigen **Fälle, in denen es zunächst in der Hand der etwa interessierten Unternehmer liegt, sich um die Teilnahme an einer konkreten Vergabe zu bemühen**, wie bei dem **Offenen Verfahren** (vgl. § 3a Nr. 1a VOB/A), einem **Nichtoffenen Verfahren** (vgl. § 3a Nr. 1b VOB/A), wobei diesem ein **Öffentlicher Teilnahmewettbewerb vorauszugehen** hat (vgl. § 3a Nr. 1b VOB/A), und schließlich beim **Verhandlungsverfahren mit Vergabebekanntmachung (vgl. § 3a VOB/A)**. **Nicht** der Bekanntmachungspflicht unterliegt hingegen das **Verhandlungsverfahren ohne vorherige Vergabebekanntmachung**, (vgl. dazu § 3a VOB/A Rn. 12 ff.) da dort die Initiative zur Teilnahme am Wettbewerb – ausnahmsweise – von vornherein von der Auftraggeberseite ausgeht, also eine Bekanntmachung überflüssig ist. Für die hier geregelten Fälle geht es um die **Aufforderung, Teilnahmeanträge zu stellen**.

II. Art der Bekanntmachung (Nr. 2 Abs. 2)

6   Nach Nr. 2 Abs. 2 S. 1 ist **zwingend** vorgeschrieben, dass die hier maßgebenden Bekanntmachungen im **Amtsblatt der EG** zu veröffentlichen sind. Entsprechend regelt dies auch Nr. 2 zu § 17a VOB/A des VHB. Nach a.a.O. S. 2 sind die Bekanntmachungen dem **Amt für amtliche Veröffentlichungen** der Europäischen Gemeinschaften **unverzüglich zu übermitteln**, wobei diese Frist mit der **Fertigstellung** der jeweiligen Bekanntmachung beginnt. Durch das Wort »unverzüglich« ist der Auftraggeber verpflichtet, die Übermittlung sogleich schriftlich (dies schließt die Möglichkeiten der elektronischen Übermittlung mit ein) in allgemein akzeptabler Zeitspanne vorzunehmen, und zwar unter **sofortiger Ausnutzung der bei ihm vorauszusetzenden Möglichkeiten** (§ 121 BGB: ohne schuldhaftes Zögern). Handelt es sich darüber hinaus um ein so genanntes **beschleunigtes Verfahren (vgl. dazu § 18a VOB/A Nr. 2)** bedarf die Übermittlung der Bekanntmachung einer besonderen Beschleunigung, jedenfalls was den Weg der Übermittlung betrifft. Insofern ist die Bekanntmachung **nur noch per Telefax oder durch elektronische Übermittlung** auf den Weg zu bringen. Eine Übermittlung durch Brief etc. ist wegen der längeren Postlaufzeiten nicht mehr zulässig. Hinzu kommt für **alle** Bekanntmachungen, dass eine solche jeweils **650 Wörter nicht überschreiten** darf. Dies dient einmal dazu, die Bekanntmachung in der erforderlichen kurzen, prägnanten, aber vollständigen Art abzufassen, des Weiteren aber auch dazu, die Veröffentlichung schnellst möglichst zu ermöglichen. Praktisch entscheidend ist die Verpflichtung des Auftraggebers, die von der EU vorgeschriebenen Muster (vgl. § 17a Nr. 4 Abs. 1 VOB/A) verwenden zu müssen.

III. Nachweis des Tages der Absendung (Nr. 2 Abs. 3)

Hier ist ausdrücklich bestimmt, dass der Tag der Absendung an das Amt für amtliche Veröffentlichungen der Europäischen Gemeinschaften **nachgewiesen** werden muss. Dies ist allerdings nicht schon aus sich heraus der Fall, sondern es ist erst erforderlich, wenn es im Einzelfall darauf ankommt. Dabei geht es in erster Linie darum, die Erfüllung der in Nr. 1 Abs. 3 (vgl. oben Rn. 4) sowie in Nr. 2 Abs. 2 (vgl. vorangehend Rn. 6) festgelegten Pflichten nachzuweisen, insbesondere aber auch, den Beweis zu führen, dass die Veröffentlichung im Amtsblatt der Europäischen Gemeinschaften pünktlich erfolgt ist. Um den Tag der Absendung nachweisen zu können, muss der Auftraggeber dies **beweiskräftig festhalten,** wie z.B. durch ein Postausgangsbuch, durch Poststempel auf dem Einlieferungsschein usw. Im Übrigen ist der Tag der Absendung auch in den nach § 30 VOB/A anzufertigenden – späteren – Vergabevermerk aufzunehmen.

7

IV. Zeitpunkt der Veröffentlichung (Nr. 2 Abs. 4)

In Absatz 4 S. 1 ist festgelegt, dass die Bekanntmachung **unentgeltlich, spätestens 12 Tage nach Absendung im Supplement zum Amtsblatt der Europäischen Gemeinschaften in der Originalsprache** veröffentlicht wird. Dabei rechnen die 12 Tage ab dem Tag nach der Absendung (§ 187 Abs. 1 BGB). Wenn von 12 Tagen die Rede ist, so handelt es sich um Kalendertage, da dies allgemein den jetzigen Fristenregelungen in Teil A der VOB entspricht. Die Erfüllung dieser Pflicht liegt eigentlich beim Amt für amtliche Veröffentlichungen der EG. Da es sich auch hier um Auftraggeberpflichten handelt, zu deren Erfüllung das genannte Amt – nur – Hilfestellung leistet, ist davon auszugehen, dass dieses hier als **Erfüllungsgehilfe des Auftraggebers** zu gelten hat. Diese Veröffentlichung hat in der **Originalsprache**, regelmäßig also in deutsch, zu erfolgen. Nach a.a.O. S. 2 werden außerdem **zusammenfassend** die **wichtigsten Angaben in den übrigen Amtssprachen** der Gemeinschaften veröffentlicht. Dabei handelt es sich um die grundlegenden Angaben zu der bekanntgemachten Bauvergabe, wobei es naturgemäß Pflicht des Amtes ist, hier eine einheitliche Linie zu finden und fortlaufend einzuhalten. Die Unternehmer müssen in den anderen Sprachen sozusagen in Kurzfassung darauf hingewiesen werden, worum es sich handelt, damit sie in die Lage versetzt sind, sich durch Übersetzung der in der Originalsprache vorgenommenen Veröffentlichung näher zu informieren. Nach dem letzten Halbsatz des Satzes 2 a.a.O. ist klargemacht, dass nur der in der **Originalsprache veröffentlichte Wortlaut verbindlich** ist.

8

V. Veröffentlichung im Inland (Nr. 2 Abs. 5)

Nach Absatz 5 S. 1 ist die Art und Weise der Bekanntmachungen dadurch erweitert oder wohl eher klargestellt, dass sie **auch im Inland veröffentlichet** werden können, und zwar z.B. in Tageszeitungen, amtlichen Veröffentlichungsblättern oder Internetportalen (Ausschreibungsdatenbanken). Mit dem Begriff der inländischen Veröffentlichung ist eine solche innerhalb der Bundesrepublik Deutschland in deutscher Sprache gemeint. Um einen ordnungsgemäßen Vergabewettbewerb im Bereich der EG abzusichern, ist hierzu in S. 2 a.a.O. bestimmt, dass die Veröffentlichungen im Inland **nur diejenigen Angaben** enthalten dürfen, **die dem Amt für amtliche Veröffentlichungen der Europäischen Gemeinschaften übermittelt** worden sind. Der Auftraggeber muss sich somit strikt an den Inhalt derjenigen Bekanntmachung halten, die er dem genannten Amt übermittelt hat. Um auch in zeitlicher Hinsicht für die interessierten Unternehmer gleiche Wettbewerbschancen bestmöglich abzusichern, ist weiter vorgeschrieben, dass die im Inland erfolgenden Veröffentlichungen **nicht vor Absendung der – eigentlichen – Bekanntmachung an das Amt veröffentlicht werden dürfen.** Hier ist es sicher sinnvoll, den Inhalt der inländischen Bekanntmachungen nicht vor dem Tag der Absendung der Bekanntmachung an das Amt zur Veröffentlichung herauszugeben.

9

Im Übrigen heißt es hierzu in Nr. 3 zu § 17a VOB/A des VHB 2002:

3. Bekanntmachung in innerstaatlichen Veröffentlichungsblättern

Offene Verfahren, Nichtoffene Verfahren, Verhandlungsverfahren mit Vergabebekanntmachung sind bei den in der Richtlinie zu § 17 Nr. 1.2 VOB/A aufgeführten Veröffentlichungsblättern zu veröffentlichen.

VI. Elektronische Bekanntmachungen (Nr. 2 Abs. 6)

10   Der mit der Ausgabe 2006 eingefügte neue Absatz 6 bringt einen Anreiz für Auftraggeber die elektronische Form der Übermittlung zu wählen, in dem in diesen Fällen die Bekanntmachungen **nicht erst nach 12, sondern bereits nach spätestens 5 Tagen im Amtsblatt der EG erfolgt**. Eine Übermittlung per Fax oder die bloße Übermittlung einer Datei als e-mail dürfte nach dem Zweck der Vorschrift nicht ausreichend sein, vielmehr dürfte die Übermittlung durch Nutzung der online-Muster auf dem Portal der EG erforderlich sein.

C. Inhalt der Bekanntmachungen (Nr. 3)

I. Zunächst wie bei einer inländischen Vergabe (Nr. 3 Abs. 1)

11   Nr. 3 Abs. 1 schreibt für die Vergaben eines **Offenen Verfahrens oder** eines **Nichtoffenen Verfahrens** nach Öffentlichem Teilnahmewettbewerb vor, dass die jeweilige Bekanntmachung die Angaben **enthalten muss, wie sie nach § 17 Nr. 1 Abs. 2 VOB/A** (vgl. dazu im Einzelnen § 17 VOB/A Rn. 5–28) bzw. nach § 17 Nr. 2 Abs. 2 VOB/A (vgl. dazu § 17 VOB/A Rn. 31–35) gefordert werden. Hier liegt also insoweit **Identität** mit Vergaben vor, die sich nach den **inländischen Vorschriften** zu richten haben. In Absatz 1 a.a.O. sind aber noch weitere Angaben für die hier erörterten Vergaben vorgeschrieben:

II. Erforderliche weitere Angaben (Nr. 3 Abs. 1)

1. Beschleunigtes Verfahren

12   Falls es sich um ein **beschleunigtes Verfahren wegen Dringlichkeit handelt,** muss ein Hinweis gemacht werden. Dies betrifft diejenigen Fälle, in denen das Nichtoffene Verfahren aus besonderen Gründen der Dringlichkeit beruht (vgl. dazu § 3a Nr. 3 VOB/A). Dieser Hinweis ist vor allem auch deshalb erforderlich, weil im Falle der hier angesprochenen Dringlichkeit nicht nur für die Bewerbungsfrist, sondern auch für die Angebotsfrist nach § 18a Nr. 2 Abs. 1 und 2 VOB/A verkürzte Fristen festgelegt werden können, somit sich der an der betreffenden Vergabe an sich interessierte Unternehmer überlegen können muss, ob er solche abgekürzte Frist auch einhalten kann.

2. Angabe der Wertungskriterien und deren Gewichtung

13   Ferner sind **Kriterien für die Auftragserteilung** und deren prozentuale Gewichtung anzugeben, **wenn** dies **nicht im Anschreiben** (Aufforderung zur Angebotsabgabe) geschieht. Dazu ist auf § 10a Buchstabe a) VOB/A hinzuweisen. Diese Angaben werden zweckmäßigerweise nicht in der Bekanntmachung, sondern im Anschreiben gemacht. Dort ist es eher angebracht, weil der interessierte Unternehmer, dem mit dem Anschreiben die Vergabeunterlagen übermittelt werden, dann eher die Kriterien für die Auftragserteilung nachvollziehen kann, als es hier im Bereich der Bekanntmachung der Fall sein kann.

3. Datum der Vorinformation

14   Weiter ist der **Tag der Veröffentlichung der Vorinformation** im Amtsblatt der Europäischen Gemeinschaften anzugeben. Dies ist nötig, um dem Unternehmer auch anhand des Inhaltes der Vor-

information (vgl. oben Rn. 3) – gegebenenfalls nochmals – die Möglichkeit der Überlegung in der Frage der Beteiligung am jetzt bevorstehenden Vergabewettbewerb zu geben. Falls eine **Vorinformation nicht veröffentlicht** ist, muss **auch** ein entsprechender **Hinweis in der Bekanntmachung** erfolgen. Dies gilt vor allem in jenen Fällen, in denen zwar eine so genannte EG-Vergabe nach Maßgabe von § 1a VOB/A zu erfolgen hat, jedoch eine Vorinformation nicht erforderlich ist (vgl. oben Rn. 2).

4. Datum der Absendung der Bekanntmachung

Mitzuteilen ist auch der **Tag der Absendung der Bekanntmachung.** Dies hat zum Hintergrund, gegebenenfalls nachprüfen zu können, ob von Auftraggeberseite die Verpflichtungen gemäß der Nr. 2 Abs. 2 bis 4 ordnungsgemäß eingehalten worden sind (vgl. oben Rn. 6 ff.). 15

III. Bekanntmachung eines Verhandlungsverfahrens oder Wettbewerblichen Dialogs mit Vergabebekanntmachung (Nr. 3 Abs. 2)

Hier ist **zwingend** vorgeschrieben, dass die Bekanntmachung die **Angaben des Anhangs II** der Verordnung (EG) Nr. 1564/2005 enthalten muss. Möglich ist dabei, dass bei der betreffenden Vergabe diese oder jene im Muster aufgeführte Angabe nicht zutrifft oder entbehrlich ist. Da die Verwendung des Musters vorgeschrieben ist, muss dann in einem derartigen Fall der betreffende Gesichtspunkt durchgestrichen oder – besser – durch das Wort »entfällt« gekennzeichnet werden (vgl. auch Nr. 4 Abs. 2). 16

D. Verwendung von Mustern (Nr. 4)

I. Bei Offenen und Nichtoffenen Verfahren (Nr. 4 Abs. 1)

Absatz 1 schreibt **zwingend** die **Verwendung von Mustern** vor, wie sie im Anhang II der Verordnung (EG) Nr. 1564/2005 enthalten sind. Dies gilt sowohl im Falle des Verhandlungsverfahrens mit Vergabebekanntmachung, als auch für das Offene Verfahren sowie das Nichtoffene Verfahren nach Öffentlichem Teilnahmewettbewerb. In diesen Fällen ist zwingend vorgeschrieben die Bekanntmachung nach dem im Anhang II enthaltenen Muster zu erstellen (der Wortlaut ist unter Vorschriften, Anhang II zu Teil A der VOB abgedruckt). 17

II. Umfang der Angaben (Nr. 4 Abs. 2)

Nach Nr. 4 Abs. 2 sind bei allen für die Bekanntmachung in Betracht kommenden Vergaben **zu allen Nummern in den Mustern Angaben** zu machen. Daraus ist die klare Aussage ersichtlich, dass die Muster unbedingt vollständig ausgefüllt werden müssen. Falls und soweit der Text des Musters für den betreffenden Vergabefall nicht zutrifft oder entbehrlich ist, so gilt auch hier das bereits Gesagte (vgl. oben Rn. 16). Nicht erforderlich ist es, in der Bekanntmachung **die Texte des Musters** zu wiederholen. Diese brauchen **in der Bekanntmachung nicht ausdrücklich aufgeführt** zu werden. Sinn dieser Regelung ist es, den Umfang der Bekanntmachung möglichst klein zu halten und Überflüssiges bestmöglich zu vermeiden. Wegen der zwingend zu beachtenden Übersichtlichkeit sind aber die jeweiligen Nummern und Buchstaben aus den Mustern den jeweiligen Angaben voranzustellen. Damit lässt sich kaum vermeiden, dass wegen der besseren Verständlichkeit der jeweilige Text des Musters im EG-Amtsblatt oder in den sonstigen Veröffentlichungsorganen wieder erscheint. 18

E. Frist zur Übersendung der Vergabeunterlagen und zusätzlichen Unterlagen beim Offenen Verfahren (Nr. 5)

19 Nr. 5 bezieht sich **nur** auf eine Vergabe im Wege des **Offenen Verfahrens und wenn die Versendung der Vergabeunterlagen nicht auf elektronischem Weg, also insbesondere auf dem Postweg erfolgt.** Unter der Voraussetzung, dass im Offenen Verfahren die Vergabeunterlagen und die zusätzlichen Unterlagen **von den Bewerbern rechtzeitig angefordert** wurden, ist für den Öffentlichen Auftraggeber zwingend vorgeschrieben, dass sie den betreffenden Bewerbern **innerhalb von 6 Kalendertagen nach Eingang des Antrags zugesandt** werden müssen. Voraussetzung ist allerdings die **rechtzeitige Anforderung** durch die Bewerberseite. Insoweit kommt es darauf an, ob der betreffende Bewerber die Unterlagen **innerhalb der in der Bekanntmachung genannten Frist angefordert** hat, wobei es auf den Tag des Eingangs beim Auftraggeber ankommt. Insoweit ist auf Nr. 3 Abs. 1 hinzuweisen, wo auf § 17 Nr. 1 Abs. 2 VOB/A Bezug genommen worden ist (vgl. oben Rn. 10). Hier ist die in § 17 Nr. 1 Abs. 2i VOB/A enthaltene Fristbestimmung maßgebend (vgl. dazu § 17 VOB/A Rn. 15). Danach muss die Bekanntmachung eine **Endfrist** (»spätestens«) enthalten. **Auf diese kommt es an,** wenn die Frage der Rechtzeitigkeit der Anforderung der Vergabeunterlagen und zusätzlichen Unterlagen in Rede steht. Ist hier Rechtzeitigkeit festzustellen, so muss der Auftraggeber dem jeweilig Anfordernden die Vergabeunterlagen und die zusätzlichen Unterlagen **innerhalb von 6 Kalendertagen zusenden.** Dies bedeutet, dass der Auftraggeber **je nach Eingang der Anforderung jedem einzelnen Bewerber die genannten Unterlagen innerhalb von 6 Kalendertagen zusenden muss.** Dabei ist es in der Frage, ob diese Frist eingehalten wurde, ausreichend, wenn die **Absendung spätestens nach 6 Kalendertagen** durch Abgang beim Auftraggeber erfolgt. Dies lässt sich bei sachgerechter Auslegung aus dem hier in Nr. 5 verwendeten Wort (»zugesandt«) entnehmen, das auf **pünktliche Handlung im Bereich des Auftraggebers** abstellt. Der Auftraggeber tut gut daran, bei dem jeweils in die Wege geleiteten Offenen Verfahren über den Eingang der Anforderung durch die Bewerber und den Abgang der Unterlagen aus seinem Bereich Buch zu führen, da er in dem hier erörterten Bereich darlegungs- und beweispflichtig ist. Ist der Auftraggeber nicht in der Lage, der jeweiligen Anforderung pünktlich Folge zu leisten, wird er gezwungen sein, die Angebotsfrist gemäß § 18a Nr. 1 Abs. 3 VOB/A zu verlängern.

F. Fristgerechte Erteilung von Auskünften (Nr. 6)

20 Nr. 6 befasst sich schließlich mit der **pünktlichen Erledigung von Auskünften,** die von der Bewerberseite verlangt werden. Diese Regelung ist auf **sämtliche hier in Betracht kommenden Vergabeverfahren** angelegt, betrifft also nicht nur das Offene Verfahren. Die Auskünfte sollen den als Bieter Interessierten in die Lage versetzen, sie bei der Angebotsbearbeitung zu berücksichtigen. Hiernach müssen **rechtzeitig** beantragte Auskünfte über die Vergabeunterlagen **spätestens 6 Kalendertage, bei Nichtoffenen Verfahren und beschleunigten Verhandlungsverfahren** (§ 18a Nr. 2 Abs. 4a) **4 Kalendertage vor Ablauf der Angebotsfrist** erteilt werden. Auch hier ist zunächst die Frage der Rechtzeitigkeit zu prüfen. Einzusetzen ist der Tag des Ablaufes der im Einzelfall festgelegten Angebotsfrist. Des Weiteren ist § 188 Abs. 1 BGB ausschlaggebend, wonach eine nach Tagen bestimmte Frist mit dem Ablauf des letzten Tages der Frist endet. Da hier nach Kalendertagen (also ganzen Tagen) zu rechnen ist, außerdem die Auskunft vor Ablauf der Angebotsfrist zu erteilen ist, folgt zwangsläufig, dass die Frist einen Tag vor dem Ende der Angebotsfrist abläuft. Von da sind 6 Kalendertage bzw. 4 Kalendertage zurückzurechnen, woraus sich wiederum der Beginn der Frist zur Auskunftserteilung ergibt. Dabei muss die Bitte um Auskunft spätestens einen Tag vor diesem Fristbeginn beim Auftraggeber eingehen (vgl. § 187 Abs. 1 BGB), um rechtzeitig zu sein. Aus der Fristenregelung in Nr. 6 folgt, dass der Auftraggeber im Allgemeinen nur eine recht kurze Zeit zur Verfügung hat, um die bei ihm eingegangenen Anfragen pünktlich zu erledigen. Dies um so mehr, als aus dem hier verwendeten Wort »zu erteilen« nach allgemeinem Sprachgebrauch folgen dürfte, dass die Auskunft bis zum letzten Tag der jeweiligen Frist beim anfragenden Bewerber auch **eingegangen** sein muss (vgl. dazu auch § 18a VOB/A Rn. 5 a.E.) In vielen Fällen, in denen die Anfragen erst kurz vor Ablauf der Angebotsfrist eingehen, wird es dem Auftraggeber bei aller zumutbaren Anstrengung gar nicht möglich sein, die dort festgelegten Fristen einzuhalten. Dies kann aber keine Verletzung der Vorschriften des Vergaberechts durch den Auftraggeber darstellen, der keinen Einfluss auf den Zeitpunkt in dem Auskünfte verlangt werden nehmen kann.

§ 17b
Aufruf zum Wettbewerb

1. (1) Ein Aufruf zum Wettbewerb kann erfolgen
   a) durch Veröffentlichung einer Bekanntmachung nach Anhang V der Verordnung (EG) Nr. 1564/2005,
   b) durch Veröffentlichung einer regelmäßigen nichtverbindlichen Bekanntmachung nach Nummer 2,
   c) durch Veröffentlichung einer Bekanntmachung über das Bestehen eines Prüfsystems nach § 8b Nr. 9.
   (2) Die Kosten der Veröffentlichung der Bekanntmachungen im Amtsblatt der Europäischen Gemeinschaften werden von den Gemeinschaften getragen.

2. (1) Die wesentlichen Merkmale für eine beabsichtigte bauliche Anlage mit einem geschätzten Gesamtauftragswert nach § 1b Nr. 1 Abs. 1 sind als regelmäßige nichtverbindliche Bekanntmachung mindestens einmal jährlich nach Anhang IV der Verordnung (EG) Nr. 1564/2005 zu veröffentlichen, wenn die regelmäßige nichtverbindliche Bekanntmachung nicht als Aufruf zum Wettbewerb verwendet wird.
   (2) Die Bekanntmachung ist nur dann zwingend vorgeschrieben, wenn die Auftraggeber die Möglichkeit wahrnehmen, die Frist für den Eingang der Angebote gem. § 18b Nr. 1 Abs. 2 zu verkürzen.
   (3) Die Bekanntmachungen als Aufruf zum Wettbewerb sind unverzüglich nach der Entscheidung mit der die beabsichtigte bauliche Anlage oder die ihr zugrunde liegende Planung genehmigt wird nach dem in Anhang V der Verordnung (EG) Nr. 1564/2005 enthaltenen Muster zu erstellen und dem Amt für amtliche Veröffentlichung der Europäischen Gemeinschaften zu übermitteln[1].
   (4) Hat der Auftraggeber im Internet ein Beschafferprofil eingerichtet, so kann er regelmäßige nichtverbindliche Bekanntmachungen auch dort veröffentlichen. In diesem Fall meldet er der EU-Kommission auf elektronischem Wege die Veröffentlichung mit dem in Anhang VIII der Verordnung (EG) Nr. 1564/2005 enthaltenen Muster.
   (5) Erfolgt der Aufruf zum Wettbewerb durch Veröffentlichungen einer regelmäßigen nichtverbindlichen Bekanntmachung, so
   a) müssen in der Bekanntmachung Bauarbeiten, die Gegenstand des zu vergebenden Auftrags sein werden, nach Art und Umfang genannt sein und die in Anhang V der Verordnung (EG) Nr. 1564/2005 geforderten Angaben enthalten,
   b) muss die Bekanntmachung den Hinweis, dass dieser Auftrag im Nichtoffenen Verfahren oder Verhandlungsverfahren ohne spätere Veröffentlichung eines Aufrufs zur Angebotsabgabe vergeben wird, sowie die Aufforderung an die interessierten Unternehmer enthalten, ihr Interesse schriftlich mitzuteilen,

---

1 Amt für amtliche Veröffentlichungen der Europäischen Gemeinschaften, 2, rue mercier, L-2985 Luxemburg 1

c) müssen die Auftraggeber später alle Bewerber mindestens auf der Grundlage der nachfolgend aufgelisteten Angaben über den Auftrag auffordern, ihr Interesse zu bestätigen, bevor mit der Auswahl der Bieter oder der Teilnehmer an einer Verhandlung begonnen wird:
   I   Art und Menge, einschließlich etwaiger Optionen auf zusätzliche Aufträge, und möglichenfalls veranschlagte Frist für die Inanspruchnahme dieser Optionen; bei wiederkehrenden Aufträgen Art und Menge und möglichenfalls veranschlagte Frist für die Veröffentlichung der Bekanntmachungen späterer Ausschreibungen für die Bauarbeiten, die Gegenstand des Auftrags sein sollen;
   II Art des Verfahrens; Nichtoffenes Verfahren oder Verhandlungsverfahren;
   III gegebenenfalls Zeitpunkt, zu dem die Leistungen beginnen bzw. abgeschlossen werden;
   IV Anschrift und letzter Tag für die Vorlage des Antrags auf Aufforderung zur Angebotsabgabe sowie die Sprache oder Sprachen, in denen die Angebote abzugeben sind;
   V   Anschrift der Stelle, die den Zuschlag erteilt und die Auskünfte gibt, die für den Erhalt der Spezifikationen und anderer Dokumente notwendig sind;
   VI alle wirtschaftlichen und technischen Anforderungen, finanziellen Garantien und Angaben, die von Auftragnehmern verlangt werden;
   VII Höhe der für die Vergabeunterlagen zu entrichtenden Beträge und Zahlungsbedingungen;
   VIII Art des Auftrags, der Gegenstand des Vergabeverfahrens ist;
   IX die Zuschlagskriterien sowie deren Gewichtung oder gegebenenfalls die nach ihrer Bedeutung eingestufte Reihenfolge der Kriterien, wenn diese Angaben nicht in der Bekanntmachung, der Aufforderung zur Interessenbestätigung, der Aufforderung zur Verhandlung oder den Verdingungsunterlagen enthalten sind.
d) dürfen zwischen deren Veröffentlichung und dem Zeitpunkt der Zusendung der Aufforderung an die Bewerber gemäß Nummer 2 Abs. 3, Buchstabe c höchstens 12 Monate vergangen sein. Im Übrigen gilt § 18b Nr. 2.

3. Entscheidet sich der Auftraggeber für die Einführung eines Prüfsystems so ist dies Gegenstand einer Bekanntmachung nach Anhang VII der Verordnung (EG) Nr. 1564/2005, die über den Zweck des Prüfsystems und darüber informiert, wie die Qualifizierungsregeln angefordert werden können. Beträgt die Laufzeit des Systems mehr als drei Jahren so ist die Bekanntmachung jährlich zu veröffentlichen. Bei kürzerer Laufzeit genügt eine Bekanntmachung zu Beginn des Verfahrens.

4. Erfolgt ein Aufruf zum Wettbewerb durch Veröffentlichung einer Bekanntmachung über das Bestehen eines Prüfsystems, so werden die Bieter in einem Nichtoffenen Verfahren oder die Teilnehmer an einem Verhandlungsverfahren unter den Bewerbern ausgewählt, die sich im Rahmen eines solchen Systems qualifiziert haben.

5. (1) Der Tag der Absendung der Bekanntmachung muss nachgewiesen werden können. Vor dem Tag der Absendung darf die Bekanntmachung nicht veröffentlicht werden.
(2) Alle Veröffentlichungen dürfen nur die dem Amt für amtliche Veröffentlichungen der Europäischen Gemeinschaften übermittelten Angaben enthalten.
(3) Die Bekanntmachung wird unentgeltlich, spätestens 12 Kalendertage nach der Absendung im Supplement zum Amtsblatt der Europäischen Gemeinschaften in der Originalsprache veröffentlicht. Eine Zusammenfassung der wichtigsten Angaben wird in den übrigen Amtssprachen der Gemeinschaften veröffentlicht; der Wortlaut in der Originalsprache ist verbindlich. Bekanntmachungen, die über das Internetportal des Amtes für amtliche Veröffentlichungen der Europäischen Gemeinschaften[2] auf elektronischem Wege erstellt und

---

[2] (http://simap.eu.int)

übermittelt wurden (elektronische Bekanntmachung), werden abweichend von Satz 1 spätestens 5 Kalendertage nach ihrer Absendung veröffentlicht.

6. Sind bei offenen Verfahren die Vergabeunterlagen nicht auf elektronischem Weg frei, direkt und vollständig verfügbar, werden die Vergabeunterlagen den Bewerbern binnen 6 Kalendertagen nach Eingang des Antrags zugesandt, sofern dieser Antrag rechtzeitig vor dem Schlusstermin für den Eingang der Angebote eingegangen ist.

7. Rechtzeitig beantragte Auskünfte über die Vergabeunterlagen sind spätestens 6 Kalendertage vor Ablauf der Angebotsfrist zu erteilen.

8. Die Vergabeunterlagen sind beim Nichtoffenen Verfahren und beim Verhandlungsverfahren mit vorherigem Aufruf zum Wettbewerb an alle ausgewählten Bewerber am selben Tag abzusenden.

Inhaltsübersicht

	Rn.
A. Allgemeine Grundlagen	1
B. Arten des Aufrufes zum Wettbewerb, Kosten der Veröffentlichung (Nr. 1)	2
I. Bekanntmachungsmuster	2
II. Regelmäßige Bekanntmachung	3
III. Präqualifikationsverfahren	4
IV. Kostenlose Veröffentlichung	5
C. Regelmäßige Bekanntmachung (Nr. 2)	6
I. Mindestanforderungen der regelmäßigen Bekanntmachung	7
II. Zwingende regelmäßige Bekanntmachung (Nr. 2 Abs. 2)	8
III. Art der Bekanntmachungen	9
IV. Beschafferprofil	10
V. Zwingende Einzelangaben	11
1. Art und Umfang der Bauarbeiten	12
2. Hinweise unter Buchstabe b	13
3. Aufforderung der Bewerber	14
4. Höchstfrist zwölf Monate	15
D. Aufruf zum Wettbewerb durch Veröffentlichung einer Bekanntmachung über das Bestehen eines Prüfungssystems (Nr. 3 und 4)	16
E. Einzelheiten für alle Arten des Aufrufs zum Wettbewerb durch Bekanntmachung (Nr. 5)	18
I. Nachweis des Tages der Absendung	19
II. Inhalt der amtlichen Veröffentlichungen	20
III. Zeitpunkt und Art der Veröffentlichungen	21
F. Vergabeunterlagen und Zusätzliche Unterlagen im Offenen Verfahren (Nr. 6)	22
G. Erteilung von Auskünften (Nr. 7)	23
H. Absendung der Vergabeunterlagen im Nichtoffenen und im Verhandlungsverfahren (Nr. 8)	24

A. Allgemeine Grundlagen

§ 17b VOB/A regelt ergänzend zur Basisbestimmung über die Bekanntmachung sowie den Versand der Vergabeunterlagen in § 17 VOB/A eine bei Vergaben auf der Grundlage der b-Paragraphen besondere Art der Bekanntmachung, nämlich den Aufruf zum Wettbewerb (vgl. dazu bisher § 3b Nr. 1b VOB/A als Nichtoffenes Verfahren, a.a.O. Nr. 1c als Verhandlungsverfahren). Nr. 1 befasst sich mit den verschiedenen Möglichkeiten des Aufrufs zum Wettbewerb und den Kosten der Veröffentlichung. Nr. 2 regelt die Anforderungen an eine regelmäßige Bekanntmachung im Einzelnen. Nr. 3 und 4 befassen sich mit einem Aufruf zum Wettbewerb durch Veröffentlichung einer Bekanntmachung über das Bestehen eines Prüfsystems (vgl. § 8b Nr. 5 VOB/A). Nr. 5 betrifft Fragen zur Absendung der Bekanntmachung, zu den Grenzen des Inhaltes der Bekanntmachung sowie zum Veröffentlichungsorgan. Nr. 6 bezieht sich auf die Zusendung der Vergabeunterlagen und der zusätzlichen Unterlagen an die Bewerber, während Nr. 7 die Frist zur Erteilung rechtzeitig beantragter Auskünfte regelt. Schließlich betrifft Nr. 8 die Zusendung der Vergabeunterlagen beim Nichtoffenen Verfahren und beim Verhandlungsverfahren. Mit der Fassung 2006 wurde § 17a VOB/A an die veränderten Fristen und Neuregelungen der EU-Vergabekoordinierungsrichtlinie für Sektorenauftraggeber 2004/17/EG angepasst und auf die Bekanntmachungsmuster der Verordnung (EG) Nr. 1564/2005 verwiesen, die direkte Geltung innehaben.

B. Arten des Aufrufes zum Wettbewerb, Kosten der Veröffentlichung (Nr. 1)

I. Bekanntmachungsmuster

2 Nach **Nr. 1 Abs. 1a** kann der Aufruf zum Wettbewerb durch **Veröffentlichung einer Bekanntmachung nach den Anhang V** der Verordnung (EG) Nr. 1564/2005 erfolgen.

II. Regelmäßige Bekanntmachung

3 Nach **Nr. 1 Abs. 1b** kann der Aufruf zum Wettbewerb durch Veröffentlichung einer **regelmäßigen nichtverbindlichen Bekanntmachung nach Nr. 2** geschehen, dies betrifft Vergaben nach § 3b Nr. 1b oder 1c VOB/A, also im Nichtoffenen Verfahren oder im Verhandlungsverfahren. Über die Einzelheiten regelmäßiger Bekanntmachung vgl. § 17b Nr. 2 VOB/A.

III. Präqualifikationsverfahren

4 Gemäß **Nr. 1 Abs. 1c** kann der Aufruf zum Wettbewerb des Weiteren durch Veröffentlichung einer Bekanntmachung über das **Bestehen eines Prüfsystems nach § 8b Nr. 5 VOB/A** erfolgen. Hier handelt es sich um das so genannte **Präqualifikationsverfahren,** das der Auftraggeber einrichten und anwenden kann. Macht er hiervon Gebrauch, so erfolgt ein Aufruf zum Wettbewerb durch eine **Veröffentlichung gemäß Nr. 1c.** Nähere Regelungen trifft dazu nachfolgend **Nr. 3.**

IV. Kostenlose Veröffentlichung

5 In **Abs. 2** ist für **alle Arten des Aufrufes zum Wettbewerb einheitlich** geregelt, dass die **Kosten** der Veröffentlichung der Bekanntmachungen im Amtsblatt der Europäischen Gemeinschaften **von den Gemeinschaften getragen** werden. Dies bedeutet, dass eine Berechnung der Kosten dieser Veröffentlichung gegenüber dem Auftraggeber nicht erfolgt.

C. Regelmäßige Bekanntmachung (Nr. 2)

6 Der Begriff der regelmäßigen nichtverbindlichen Bekanntmachung bedeutet, dass die Auftraggeber aus dem Bereich der Trinkwasser- oder Energieversorgung sowie des Verkehrs- oder Fernmeldewesens (SKR) **die Möglichkeit haben**, **in regelmäßigen zeitlichen Abständen ihre beabsichtigen Bauvergaben bekannt zu geben.** Dies entspricht in etwa der Vorinformation für Vergaben im Bereich der a-Paragraphen (vgl. dazu § 17a VOB/A Rn. 1 ff.).

I. Mindestanforderungen der regelmäßigen Bekanntmachung

Nach **Absatz 1** können die **wesentlichen Merkmale für eine beabsichtigte bauliche Anlage mit einem geschätzten Gesamtauftragswert nach § 1b Nr. 1VOB/A als nichtverbindliche regelmäßige Bekanntmachung mindestens einmal jährlich bekannt gegeben werden.** Hieraus ergibt sich der Begriff der regelmäßigen Bekanntmachung: Sie kann in **bestimmten zeitlichen Abständen** erfolgen, und zwar in einem Höchstabstand von einem Jahr (»mindestens einmal jährlich«). Dabei hat sich die Bekanntmachung auf bauliche Anlagen zu beziehen, die **unter** die Bestimmung von **§ 1b Nr. 1 VOB/A fallen,** also die dort festgelegten Voraussetzungen erfüllen (vgl. dazu § 1b VOB/A Rn. 1 f.). Sofern mehrere bauliche Anlagen in einem bestimmten Zeitraum – äußerstenfalls einem Jahr – vergeben werden sollen, können diese in einer Bekanntmachung zusammengefasst werden. Die nichtverbindliche regelmäßige Bekanntmachung muss ferner die **wesentlichen Merkmale** der beabsichtigten baulichen Anlage enthalten. Dabei kommt es auf die wesentlichen Merkmale der Anlage **als solche** an, wie z.B. ihren Zweck, ihre vorgesehene Nutzung, ihre Lage, ihre wichtigsten Beschaffenheitsmerkmale usw.

7

II. Zwingende regelmäßige Bekanntmachung (Nr. 2 Abs. 2)

Die ansonsten nicht vorgeschriebene regelmäßige Bekanntmachung ist aber dann zwingend vom Auftraggeber abzugeben, wenn er von der Möglichkeit, der **Fristverkürzung für die Abgabe von Angeboten** nach § 18b Nr. 1 Abs. 2 VOB/A (**von 52 auf 36 oder bis zu 22 Kalendertagen**) Gebrauch machen will.

8

III. Art der Bekanntmachungen

Absatz 3 verhält sich über die **Art der Bekanntmachungen.** Hiernach haben die Bekanntmachungen als Aufruf zum Wettbewerb nach **Anhang V** der Verordnung (EG) Nr. 1564/2005 zu erfolgen und sind unverzüglich nach der Entscheidung mit der die beabsichtigte bauliche Anlage oder die ihr zugrunde liegende Planung genehmigt wird dem Amt für amtliche Veröffentlichungen der Europäischen Gemeinschaften (2, Rue Mercier, L-2985 Luxemburg 1) zu übermitteln.

9

IV. Beschafferprofil

Der Auftraggeber kann im Internet nach § 16 Nr. 4 VOB/A ein Beschafferprofil einrichten, in dem allgemeine Informationen wie Kontaktstelle, Telefon- und Faxnummer, Postanschrift und E-Mail-Adresse sowie Angaben über Ausschreibungen, geplante und vergebene Aufträge oder aufgehobene Verfahren veröffentlicht werden können. **Nach dem mit der Ausgabe 2006 neu eingefügten Absatz 4 kann der Auftraggeber auch ein solches Beschafferprofil nutzen, um dort eine regelmäßige Bekanntmachung zu veröffentlichen.** Aber auch in diesem Fall hat er die EU-Kommission hierüber zu unterrichten. Die Unterrichtung hat nach S. 2 von Absatz 4 unter Verwendung des Musters nach Anhang VII der Verordnung (EG) Nr. 1564/2005 zu erfolgen.

10

V. Zwingende Einzelangaben

Absatz 5 enthält für den Fall der **regelmäßigen Bekanntmachung bestimmte Einzelpunkte,** die eingehalten werden müssen:

11

1. Art und Umfang der Bauarbeiten

Nach **Buchstabe a** ist es zunächst erforderlich, dass in der Bekanntmachung **Bauarbeiten, die Gegenstand des zu vergebenden Auftrages sein werden, nach Art und Umfang genannt** sind. Wei-

12

terhin hat die Bekanntmachung alle die in Anhang V der Verordnung (EG) Nr. 1564/2005 geforderten Angaben zu enthalten. Mit dem Begriff »**Bauarbeiten**« dürften Leistungen gemeint sein, die am Ort der Leistung selbst zu erbringen sind, die aber in der Regel mit dem Begriff der **Bauleistungen i.S.v. § 1 VOB/A (vgl. die Anmerkungen dort) identisch** sind. Auszuklammern sind höchstens bloße, für sich selbstständige, für die betreffenden Bauleistungen nicht benötigte Lieferungen, die mit dem Vertrag etwa verbunden werden sollen. Dabei müssen diese Bauarbeiten in der Bekanntmachung nach **Art und Umfang** genannt sein. In erster Hinsicht ist anzugeben, ob Rohbauarbeiten oder Ausbauarbeiten, und zwar welche (z.B. Rohbauarbeiten für ein E-Werk, bestimmte technische Anlagen darin usw.) ausgeführt werden sollen. Des Weiteren ist das Ausmaß der Bauarbeiten anzugeben, wobei es sich im Allgemeinen darum handelt, in welchem Verhältnis z.B. die Rohbauarbeiten zu den Ausbauarbeiten und diese wiederum untereinander stehen. Nicht geht es dabei um die Angabe des vorausgeschätzten Vergütungswertes, da dies von den Begriffen »Art und Umfang« nicht erfasst ist, abgesehen davon, dass es für den Auftraggeber in diesem Stadium zumindest untunlich wäre, in kostenmäßiger Hinsicht Angaben zu machen. Wohl dürfte es erforderlich sein, in der Bekanntmachung anzugeben, ob es sich um einen Neubau, einen Umbau, einen Erweiterungsbau oder eine Renovierung handelt.

2. Hinweise unter Buchstabe b

13   Nach der Bestimmung **unter Buchstabe b** muss die Bekanntmachung den **Hinweis enthalten, dass dieser Auftrag im Nichtoffenen Verfahren oder im Verhandlungsverfahren ohne spätere Veröffentlichung eines Aufrufs zur Angebotsabgabe vergeben wird; ferner muss die Bekanntmachung die Aufforderung an interessierte Unternehmer enthalten, ihr Interesse schriftlich mitzuteilen.** Diese Regelung beruht darauf, dass der hier zur Erörterung stehende Aufruf zum Wettbewerb nach Nr. 1b und Nr. 2 im Allgemeinen für Nichtoffene Verfahren (vgl. § 3b Nr. 1b VOB/A) oder für Verhandlungsverfahren (vgl. a.a.O. Nr. 1c) vorgesehen ist. Jedoch ist Nr. 2 **ansonsten auch auf das Offene Verfahren anwendbar,** weil sonst die Bestimmung in § 18b Nr. 1 Abs. 2 VOB/A widersprüchlich und ohne Sinn wäre. Davon kann aber nicht ausgegangen werden.

Naturgemäß ist es nötig, den interessierten Unternehmern in der Bekanntmachung deutlich zu machen, dass der betreffende Auftrag **im Nichtoffenen Verfahren oder im Verhandlungsverfahren vergeben wird,** insbesondere dass später vor der Vergabe **keine weitere** Veröffentlichung eines Aufrufs zur Angebotsabgabe mehr erfolgt, dass dieses also schon mit dieser Bekanntmachung geschieht, demnach dieser Aufruf bereits hiermit erfolgt. Dazu dient auch das weitere Erfordernis, dass die interessierten Unternehmer aufgefordert werden, **schriftlich** ihr Interesse an der hier vorgesehenen Vergabe mitzuteilen. Auch diese Aufforderung bringt klar zum Ausdruck, dass eine weitere Bekanntmachung als Aufruf zum Wettbewerb nicht mehr erfolgt. Die hier verlangte schriftliche Bekundung des Interesses der Unternehmer muss von diesen eingehalten werden, damit sie die erforderliche Sicherheit haben, außerdem aber der Auftraggeber überschauen kann, welchem Interessentenkreis er sich gegenübersieht; ferner besitzt er dann Unterlagen mit genauen Namen und Anschriften der interessierten Unternehmer. Auch kann der Auftraggeber durch die schriftlichen Mitteilungen eher in die Lage versetzt sein, zu überschauen, ob er für die Vergabe endgültig ein Nichtoffenes Verfahren oder ein Verhandlungsverfahren wählt. Die schriftliche Mitteilung kann auch durch Fernschreiber, Fernkopierer oder Telefax oder elektronisch erfolgen.

3. Aufforderung der Bewerber

14   Gemäß **Absatz 3c** müssen die Auftraggeber **später alle Bewerber auf der Grundlage von genaueren, in Nr. 2 Abs. 5c unter den Ziffern I bis IX im Einzelnen genannten, Angaben über den Auftrag auffordern, ihr Interesse zu bestätigen, bevor mit der Auswahl der Bieter oder Teilnehmer an der Verhandlung begonnen wird.** Der Auftraggeber muss den Unternehmern, die sich aufgrund der Bekanntmachung **gemeldet haben,** alle die hier **näher festgelegten Einzelheiten** schildern, die

für das **fortdauernde Interesse der Bieter an der Vergabe von Bedeutung sind,** wie z.B. jetzt nähere Einzelpunkte über Art und Umfang der vorgesehenen Maßnahme, insbesondere inzwischen eingetretene Änderungen hinsichtlich des Einsatzes bestimmter Gewerke, vor allem auch zur vorgesehenen Bauzeit, zum Bauablauf usw. Dabei muss den Bewerbern, die sich auf die Bekanntmachung gemeldet haben und die jetzt von Auftraggeberseite angesprochen werden, was naturgemäß schriftlich zu erfolgen hat, **Gelegenheit gegeben** werden, **im jetzigen Stadium zu überlegen, ob sie wirklich bzw. nach wie vor Interesse an der betreffenden Vergabe haben.** Dies dient zweierlei: Einmal wird dadurch dem Auftraggeber ermöglicht zu überlegen, mit wem er in Vertragsverhandlungen eintreten bzw. wen er zur Angebotsabgabe auffordern soll. Soweit Unternehmer ihr Interesse bestätigen, was tunlichst auch jetzt schriftlich erfolgen oder so auch verlangt werden sollte, ist der Auftraggeber für seine weiteren Überlegungen und Maßnahmen hinreichend orientiert. Gleiches gilt in anderer Hinsicht, wenn bestimmte Unternehmer nunmehr erklären, an dieser beabsichtigten Vergabe kein Interesse mehr zu haben. Äußern sich Unternehmer auf die hier erörterte Anfrage **nicht,** muss angenommen werden, dass – auch – sie **kein Interesse** mehr haben, da insoweit Schweigen im negativen Sinne auszulegen sein dürfte. Die Auftraggeber müssen des Weiteren auch beachten, dass sie erst nach Eingang der Antworten auf die Anfrage mit der konkreten Auswahl der Bieter oder der Teilnehmer an der betreffenden Verhandlung beginnen dürfen. **Sie dürfen also nicht voreilig handeln und müssen das Ergebnis ihrer hier maßgeblichen Aufforderung abwarten.** Hier dürfte es angezeigt sein, den anzusprechenden Unternehmern eine **Frist zur Äußerung** zu setzen, damit Klarheit über den Zeitpunkt herrscht, ab welchem der Auftraggeber mit der Auswahl beginnen kann. Dazu ist auf **nachfolgend d sowie § 18b Nr. 2 VOB/A** hinzuweisen.

4. Höchstfrist zwölf Monate

Es dürfte einleuchten, dass zwischen dem Zeitpunkt der Veröffentlichung der regelmäßigen Bekanntmachung und der Aufforderung gemäß vorangehend c **keine für die interessierten Unternehmer unzumutbar lange Zeit** liegen darf. Deshalb bestimmt die Regelung **unter Buchstabe d,** dass hier **höchstens zwölf Monate** vergangen sein dürfen. Dies ist eine **äußerste Frist.** Hat der Auftraggeber bis dahin keine Anfrage an die Unternehmer, die sich auf die Bekanntmachung gemeldet haben, gerichtet, ist davon auszugehen, dass die bisherige Bekanntmachung gegenstandslos ist. Will der Auftraggeber dann dennoch vergeben, muss er die betreffende Bauabsicht erneut in die nächste regelmäßige Bekanntmachung aufnehmen, und zwar unter erneuter Beachtung der hier in Nr. 2 Abs. 3 im Einzelnen genannten Voraussetzungen. Des Weiteren ist hier in Abs. 3d S. 2 auf **§ 18b Nr. 2 VOB/A hingewiesen.** Diese Regelung verhält sich über die Angebots- bzw. Bewerbungsfrist, und sie gilt auch hier.

15

D. Aufruf zum Wettbewerb durch Veröffentlichung einer Bekanntmachung über das Bestehen eines Prüfungssystems (Nr. 3 und 4)

Mit der Ausgabe 2006 wurden in einer **neuen Nummer 3 die Publizitätsanforderungen für die Verwendung von Prüfsystemen (Präqualifikationsverfahren) durch Sektorenauftraggeber geregelt.** Auftraggeber können nach § 8b Nr. 9 VOB/A ein System zur Prüfung von Unternehmern (Präqualifikationsverfahren) einrichten und anwenden. In diesem Fall hat der Auftraggeber dies gegenüber der EU-Kommission anzuzeigen. Die Anzeige hat unter Verwendung des Bekanntmachungsmusters nach Anhang VII der Verordnung (EG) Nr. 1564/2005 zu erfolgen. Der Auftraggeber hat über den Zweck des Prüfsystems und darüber zu informieren, wie die Qualifizierungsregeln angefordert werden können. Beträgt die Laufzeit des Systems mehr als drei Jahren so ist die Bekanntmachung jährlich zu veröffentlichen. Bei kürzerer Laufzeit genügt eine Bekanntmachung zu Beginn des Verfahrens.

16

17 Angesprochen ist in **Nummer 4** die Regelung in **Nr. 1 Abs. 1c**, also der **Aufruf zum Wettbewerb durch Veröffentlichung einer Bekanntmachung über das Bestehen eines Prüfsystems nach § 8b Nr. 9 VOB/A**. Hiernach werden die Bieter in einem Nichtoffenen Verfahren oder die Teilnehmer an einem Verhandlungsverfahren (vgl. dazu § 3b Nr. 1b und/oder 1c VOB/A) **unter denjenigen Bewerbern ausgewählt, die sich im Rahmen eines solchen Verfahrens qualifiziert haben.** Hier kommt es also letztlich auf diejenigen Unternehmer an, die in das nach § 8b Nr. 9 VOB/A aufzustellende **Verzeichnis aufgenommen** worden sind (vgl. dazu § 8b VOB/A). Dieser Weg dient einmal jetzt der Vereinfachung bei der Auswahl durch den Auftraggeber, zum anderen aber auch für die Unternehmer als Bestätigung dahin gehend, dass sie sich jedenfalls in der Grundlage nicht vergeblich an einem Präqualifikationsverfahren beteiligt haben.

E. Einzelheiten für alle Arten des Aufrufs zum Wettbewerb durch Bekanntmachung (Nr. 5)

18 Nr. 5 erfasst also **alle nach Nr. 1a bis 1c möglichen Formen der Bekanntmachung** (vgl. oben Rn. 1–4). Hier finden sich Bestimmungen, die dazu angelegt sind, gerade auch in den durch Aufruf zum Wettbewerb eingeleiteten Vergabeverfahren bestmöglichst dafür zu sorgen, dass der **Vergabewettbewerb gewahrt bleibt und keiner der an der Vergabe interessierten Unternehmer benachteiligt wird.**

I. Nachweis des Tages der Absendung

19 Nach **Abs. 1 S. 1** muss der **Tag der Absendung der Bekanntmachung nachgewiesen** werden, wobei der Tag der Absendung an das Amtsblatt der Europäischen Gemeinschaften gemeint ist. Dies muss der Auftraggeber nicht nur festhalten, sondern sich von der übersendenden Stelle (wie z.B. der Post) gegebenenfalls bestätigen lassen, damit er den von ihm zu führenden Beweis führen kann. Dies entspricht im Übrigen der Regelung in § 17a Nr. 2 Abs. 3 VOB/A. In **S. 2** ist **zwingend** festgelegt, dass die **Bekanntmachung vor dem Tag der Absendung nicht veröffentlicht werden darf.** Damit sind naturgemäß nur Veröffentlichungen gemeint, die nicht im Amtsblatt der Europäischen Gemeinschaften erfolgen. Auch diese Bestimmung dient der Wahrung ordnungsgemäßen Vergabewettbewerbs.

II. Inhalt der amtlichen Veröffentlichungen

20 In **Abs. 2** ist bestimmt, dass **alle Veröffentlichungen nur die dem Amt für amtliche Veröffentlichungen der Europäischen Gemeinschaften übermittelten Angaben enthalten dürfen.** Gerade auch diese Bestimmung dient der Aufrechterhaltung ordnungsgemäßen Wettbewerbs. Sie soll sicherstellen, dass andere Veröffentlichungen als im Amtsblatt der Europäischen Gemeinschaften ihrem Inhalt nach nicht so gestaltet sind, dass sie eingehender sind oder Hinweise enthalten, die bestimmten (etwa inländischen) Bewerbern einen Vorsprung im Wettbewerb ermöglichen. Diese Bestimmung entspricht der Regelung in § 17a Nr. 2 Abs. 5 S. 2 VOB/A (vgl. § 17a VOB/A Rn. 9).

III. Zeitpunkt und Art der Veröffentlichungen

21 Nr. 5 Abs. 3 befasst sich mit dem **Zeitpunkt und der Art der Veröffentlichung im Amtsblatt der Europäischen Gemeinschaften**. Festgelegt, dass die Bekanntmachung **unentgeltlich, spätestens 12 Tage nach Absendung im Supplement zum Amtsblatt der Europäischen Gemeinschaften in der Originalsprache** veröffentlicht wird. Dabei rechnen die 12 Tage ab dem Tag nach der Absendung (§ 187 Abs. 1 BGB). Wenn von 12 Tagen die Rede ist, so handelt es sich um Kalendertage, da dies allgemein den jetzigen Fristenregelungen in Teil A der VOB entspricht. Die Erfüllung dieser Pflicht liegt eigentlich beim Amt für amtliche Veröffentlichungen der EG. Da es sich auch hier um Auftraggeberpflichten handelt, zu deren Erfüllung das genannte Amt – nur – Hilfestellung leistet, ist davon auszugehen, dass dieses hier als **Erfüllungsgehilfe des Auftraggebers** zu gelten hat. Diese Veröffentlichung hat in der **Originalsprache**, regelmäßig also in deutsch, zu erfolgen. Nach a.a.O. S. 2 werden außerdem **zusammenfassend** die **wichtigsten Angaben in den übrigen Amtssprachen** der Gemeinschaften veröffentlicht. Dabei handelt es sich um die grundlegenden Angaben zu der bekanntgemachten Bauvergabe, wobei es naturgemäß Pflicht des Amtes ist, hier eine einheitliche Linie zu finden und fortlaufend einzuhalten. Die Unternehmer müssen in den anderen Sprachen sozusagen in Kurzfassung darauf hingewiesen werden, worum es sich handelt, damit sie in die Lage versetzt sind, sich durch Übersetzung der in der Originalsprache vorgenommenen Veröffentlichung näher zu informieren. Nach dem letzten Halbsatz des S. 2 a.a.O. ist klargemacht, dass nur der in der **Originalsprache veröffentlichte Wortlaut verbindlich** ist. Der mit der Ausgabe 2006 eingefügte **neue S. 3** bringt einen Anreiz für Auftraggeber die elektronische Form der Übermittlung zu wählen, in dem in diesen Fällen die Bekanntmachungen **nicht erst nach 12 sondern bereits nach spätestens 5 Tagen im Amtsblatt der EG erfolgt**. Eine Übermittlung per Fax oder die bloße Übermittlung einer Datei als e-mail dürfte nach dem Zweck der Vorschrift nicht ausreichend sein, vielmehr dürfte die Übermittlung durch Nutzung der Online-Muster auf dem Portal der EG erforderlich sein.

F. Vergabeunterlagen und Zusätzliche Unterlagen im Offenen Verfahren (Nr. 6)

Nr. 6 bezieht sich **nur** auf eine Vergabe im Wege des **Offenen Verfahrens und wenn die Versendung der Vergabeunterlagen nicht auf elektronischem Weg also z.B. auf dem Postweg erfolgt.** Unter der Voraussetzung, dass im Offenen Verfahren die Vergabeunterlagen und die zusätzlichen Unterlagen **von den Bewerbern rechtzeitig angefordert wurden,** ist für den Öffentlichen Auftraggeber zwingend vorgeschrieben, dass sie den betreffenden Bewerbern **innerhalb von 6 Kalendertagen nach Eingang des Antrags zugesandt** werden müssen. Voraussetzung ist allerdings die **rechtzeitige Anforderung** durch die Bewerberseite. Insoweit kommt es darauf an, ob der betreffende Bewerber die Unterlagen **innerhalb der in der Bekanntmachung genannten Frist angefordert** hat, wobei es auf den Tag des Eingangs beim Auftraggeber ankommt. Insoweit ist auf Nr. 3 Abs. 1 hinzuweisen, wo auf § 17 Nr. 1 Abs. 2 VOB/A Bezug genommen worden ist. Hier ist die in § 17 Nr. 1 Abs. 2i VOB/A enthaltene Fristbestimmung maßgebend (vgl. dazu § 17 VOB/A Rn. 15). Danach muss die Bekanntmachung eine **Endfrist** (»spätestens«) enthalten. **Auf diese kommt es an,** wenn die Frage der Rechtzeitigkeit der Anforderung der Vergabeunterlagen und zusätzlichen Unterlagen in Rede steht. Ist hier Rechtzeitigkeit festzustellen, so muss der Auftraggeber dem jeweilig Anfordernden die Vergabeunterlagen und die zusätzlichen Unterlagen **innerhalb von 6 Kalendertagen zusenden.** Dies bedeutet, dass der Auftraggeber **je nach Eingang der Anforderung jedem einzelnen Bewerber die genannten Unterlagen innerhalb von 6 Kalendertagen zusenden muss.** Dabei ist es in der Frage, ob diese Frist eingehalten wurde, ausreichend, wenn die **Absendung spätestens nach 6 Kalendertagen** durch Abgang beim Auftraggeber erfolgt. Dies lässt sich bei sachgerechter Auslegung aus dem hier in Nr. 6 verwendeten Wort (»zugesandt«) entnehmen, das auf **pünktliche Handlung im Bereich des Auftraggebers** abstellt. Der Auftraggeber tut gut daran, bei dem jeweils in die Wege geleiteten Offenen Verfahren über den Eingang der Anforderung durch die Bewerber und den Abgang der Unterlagen aus seinem Bereich Buch zu führen, da er in dem hier erörterten Bereich darlegungs- und beweispflichtig ist. Ist der Auftraggeber nicht in der Lage, der jeweiligen Anforderung pünktlich Folge zu leisten, wird er gezwungen sein, die Angebotsfrist gemäß § 18b VOB/A zu verlängern.

G. Erteilung von Auskünften (Nr. 7)

23 Nr. 7 befasst sich schließlich mit der **pünktlichen Erledigung von Auskünften,** die von der Bewerberseite verlangt werden. Diese Regelung ist auf **sämtliche hier in Betracht kommenden Vergabeverfahren** angelegt, betrifft also nicht nur das Offene Verfahren. Die Auskünfte sollen den als Bieter Interessierten in die Lage versetzen, sie bei der Angebotsbearbeitung zu berücksichtigen. Hiernach müssen **rechtzeitig** beantragte Auskünfte über die Vergabeunterlagen **spätestens 6 Kalendertage vor Ablauf der Angebotsfrist** erteilt werden. Auch hier ist zunächst die Frage der Rechtzeitigkeit zu prüfen. Einzusetzen ist der Tag des Ablaufes der im Einzelfall festgelegten Angebotsfrist. Des Weiteren ist § 188 Abs. 1 BGB ausschlaggebend, wonach eine nach Tagen bestimmte Frist mit dem Ablauf des letzten Tages der Frist endet. Da hier nach Kalendertagen (also ganzen Tagen) zu rechnen ist, außerdem die Auskunft vor Ablauf der Angebotsfrist zu erteilen ist, folgt zwangsläufig, dass die Frist einen Tag vor dem Ende der Angebotsfrist abläuft. Von da sind 6 Kalendertage bzw. 4 Kalendertage zurückzurechnen, woraus sich wiederum der Beginn der Frist zur Auskunftserteilung ergibt. Dabei muss die Bitte um Auskunft spätestens einen Tag vor diesem Fristbeginn beim Auftraggeber eingehen (vgl. § 187 Abs. 1 BGB), um rechtzeitig zu sein. Aus der Fristenregelung in Nr. 7 folgt, dass der Auftraggeber im Allgemeinen nur eine recht kurze Zeit zur Verfügung hat, um die bei ihm eingegangenen Anfragen pünktlich zu erledigen. Dies um so mehr, als aus dem hier verwendeten Wort »zu erteilen« nach allgemeinem Sprachgebrauch folgen dürfte, dass die Auskunft bis zum letzten Tag der jeweiligen Frist beim anfragenden Bewerber auch **eingegangen** sein muss. In vielen Fällen, in denen die Anfragen erst kurz vor Ablauf der Angebotsfrist eingehen, wird es dem Auftraggeber bei aller zumutbaren Anstrengung gar nicht möglich sein, die dort festgelegten Fristen einzuhalten. Dies kann aber keine Verletzung der Vorschriften des Vergaberechts durch den Auftraggeber darstellen, der keinen Einfluss auf den Zeitpunkt in dem Auskünfte verlangt werden nehmen kann.

H. Absendung der Vergabeunterlagen im Nichtoffenen und im Verhandlungsverfahren (Nr. 8)

24 Auch diese Regelung dient dem Bestehen und der Aufrechterhaltung eines **ordnungsgemäßen Vergabewettbewerbs.** Die hier getroffene Bestimmung, dass die **Vergabeunterlagen beim Nichtoffenen Verfahren und beim Verhandlungsverfahren mit vorherigem Aufruf zum Wettbewerb an alle ausgewählten Bewerber am selben Tag abzusenden** sind, hat zum Beweggrund, dass jeder Bewerber möglichst die gleiche Zeit zur Bearbeitung seines Angebots haben muss. Soweit hier nur das Verhandlungsverfahren mit vorherigem Aufruf zum Wettbewerb erfasst ist, nicht aber das ohne vorherigen Aufruf zum Wettbewerb, so erklärt sich dies damit, dass im letzteren Fall der Auftraggeber nach dem durch § 3b Nr. 2 VOB/A vorgegebenen Rahmen (vgl. § 3b VOB/A) ohnehin nur entweder mit einem oder wenigen Unternehmern verhandelt, so dass der Zeitpunkt der Absendung der Verdingungsunterlagen kein besonderes Gewicht für den Gesichtspunkt des Vergabewettbewerbs hat.

§ 18
Angebotsfrist, Bewerbungsfrist

1. Für die Bearbeitung und Einreichung der Angebote ist eine ausreichende Angebotsfrist vorzusehen, auch bei Dringlichkeit nicht unter 10 Kalendertagen. Dabei ist insbesondere der zusätzliche Aufwand für die Besichtigung von Baustellen oder die Beschaffung von Unterlagen für die Angebotsbearbeitung zu berücksichtigen.
2. Die Angebotsfrist läuft ab, sobald im Eröffnungstermin der Verhandlungsleiter mit der Öffnung der Angebote beginnt.

Angebotsfrist, Bewerbungsfrist § 18 VOB/A

3. Bis zum Ablauf der Angebotsfrist können Angebote in Textform zurückgezogen werden.
4. Für die Einreichung von Teilnahmeanträgen bei Beschränkter Ausschreibung nach Öffentlichem Teilnahmewettbewerb ist eine ausreichende Bewerbungsfrist vorzusehen.

Inhaltsübersicht

	Rn.
A. Allgemeine Grundlagen/Begriff und Bedeutung der Angebotsfrist	1
I. Anfangs- und Endtermin	2
II. Bemessung der Angebotsfrist (Nr. 1, 2)	5
1. Allgemeines	5
2. Elemente der Bemessung	6
a) Bearbeitungszeit	7
b) Einreichung der Angebote	8
3. Zeitraum vor Bearbeitung des Angebotes	9
4. Frist	10
B. Rücknahme von Angeboten (Nr. 3)	13
I. Praktische Bedeutung	14
II. Verhältnis zu § 145 BGB	15
III. Formerfordernisse	16
IV. Wirkung	17
C. Teilnahmeanträge bei Beschränkter Ausschreibung nach Öffentlichem Teilnahmewettbewerb (Nr. 4)	19
I. Grundlage	19
II. Fristbemessung	20

A. Allgemeine Grundlagen/Begriff und Bedeutung der Angebotsfrist

§ 18 VOB/A befasst sich mit der Zeit, innerhalb der nach Beginn eines Vergabewettbewerbs auf Abschluss des betreffenden Bauvertrages gerichtete Angebote oder Bewerbungen von interessierten Unternehmern einzureichen sind. Auch diese Regelung unterliegt der vorrangigen Forderung, einen sauberen Vergabewettbewerb unter für die Bewerber bzw. Bieter gleichen Wettbewerbsbedingungen durchzuführen. Dazu gehört zunächst, dass den betreffenden Unternehmern hinreichend Zeit für die Bearbeitung und Einreichung ihrer Angebote eingeräumt wird, womit sich Nr. 1 befasst. Ähnliches gilt auch für die Bewerbungsfrist zur Einreichung von Teilnahmeanträgen bei Beschränkter Ausschreibung nach Öffentlichem Teilnahmewettbewerb, worüber sich Nr. 4 verhält. Nr. 2 und 3 betreffen Regelungen über das Ende der jeweiligen Angebotsfrist sowie die Möglichkeit etwaiger Rücknahme bereits eingereichter Angebote. § 18 VOB/A wurde durch die Fassungen 1990, 1992, 2000 geändert; die Fassung 2002 ließ ihn unverändert. Die Fassung 2006 änderte die Formvorgaben für das Zurückziehen von Angeboten in Nr. 3. 1

§ 18 VOB/A befasst sich in den Nrn. 1–3 mit der Angebotsfrist. Sie ist eine **Ausschlussfrist,** so dass Angebote, die nach Fristablauf (Eröffnung des ersten Angebotes) eingereicht werden, bei der Vergabe des Bauauftrages grundsätzlich (Ausnahme: § 22 Nr. 6 VOB/A) keine Berücksichtigung mehr finden dürfen, wie sich aus § 22 Nr. 2 und 5 VOB/A sowie § 25 Nr. 1a i.V.m. § 18 Nr. 2 VOB/A ergibt. Die Angebotsfrist hat aber eine weitere Bedeutung. Sie umreißt gemäß der Regelung in Nr. 3 auch den Zeitraum, in dem es dem Bieter gestattet ist, sein Angebot zurückzuziehen und damit wieder gegenstandslos zu machen.

I. Anfangs- und Endtermin

2 Die Angebotsfrist setzt, wie jede Frist, einen Anfangs- und einen Endtermin voraus. Die **Fristbestimmung** ist **objektiv** aufzufassen, d.h. der Fristenlauf ist **unabhängig** von der **subjektiven Kenntnisnahme** desjenigen, der innerhalb des bestimmten Zeitraumes Handlungen vornehmen soll. Daher ist es für den **Beginn des Fristenlaufes** im Bauvergabeverfahren nicht notwendig, dass der einzelne Bewerber von der Ausschreibung Kenntnis erlangt oder gar die Ausschreibungsunterlagen schon in Händen hat. Vielmehr ist der Fristbeginn regelmäßig mit dem Zeitpunkt gleichzusetzen, in dem der Auftraggeber nach außen erkennbar mit der Erklärung hervortritt, dass er Ausschreibungsunterlagen fertiggestellt und diese zur Absendung oder Abholung bereitgestellt hat, es sei denn, er bestimmt ausdrücklich, dass Angebote nicht vor einem gewissen Zeitpunkt entgegengenommen werden. Daher ist es auch hier durchaus vertretbar, den Beginn der Angebotsfrist, insbesondere um **zeitlich gleichliegende Ausgangspunkte** zu haben, bei Öffentlicher Ausschreibung und auch der Freihändigen Vergabe auf den Zeitpunkt der Absendung der Bekanntmachung an die Veröffentlichungsblätter, bei Beschränkter Ausschreibung auf den Zeitpunkt der Absendung der Anschreiben mit der Aufforderung zur Abgabe von Angeboten festzulegen, also so, wie es in der VOB sonst nur in den von § 18a Nr. 1 Abs. 1, Nr. 2 Abs. 2 VOB/A erfassten Fällen geschieht. **Entscheidend ist letztlich aber die ausreichende Bemessung des Fristendes** (also der Bestimmung des Eröffnungstermins) unter Berücksichtigung der nachfolgend in Rn. 5 ff. genannten maßgebenden Umstände, wobei naturgemäß im Falle Öffentlicher Ausschreibung noch ein **bestimmter Zeitraum zusätzlich zu berücksichtigen** ist, der **erfahrungsgemäß** zwischen der Absendung der Bekanntmachung und der Veröffentlichung der Bekanntmachung liegt.

3 Demgegenüber wird bei Öffentlicher oder Beschränkter Ausschreibung das **Fristende** nach § 18 Nr. 2 VOB/A eindeutig bestimmt; **die Angebotsfrist läuft ab, sobald im Eröffnungstermin der Verhandlungsleiter mit der Öffnung der Angebote beginnt.** Daher muss der Auftraggeber nicht nur das Datum, sondern auch die Stunde des Eröffnungstermins angeben. Damit ist nach § 22 Nr. 2 VOB/A die **Öffnung des ersten Angebotes** gemeint. **Nicht** gilt dies bei der **Freihändigen Vergabe**, da dort kein Eröffnungstermin stattfindet. Vielmehr muss dort das Fristende im Rahmen der konkreten Aufforderung zur Angebotsabgabe **individuell festgelegt** werden.

4 Setzt der Auftraggeber bei Öffentlicher oder Beschränkter Ausschreibung einen Fristbeginn fest, ist er auch gehalten, den Eröffnungstermin genau an das Fristende zu setzen, wie sich als Folge der Regelung in Nr. 2 ergibt. Deshalb ist es sinnvoll, das Fristende nicht an einen Werktag unmittelbar vor oder nach einem Sonn- oder Feiertag festzulegen (vgl. Nr. 1 VHB zu § 18 VOB/A sowie Rn. 11).

II. Bemessung der Angebotsfrist (Nr. 1, 2)

1. Allgemeines

5 **§ 18 Nr. 1 VOB/A befasst sich mit der Bemessung der Angebotsfrist.** Diese Regelung **ist allgemein und gilt für alle drei Vergabearten,** also die Öffentliche, die Beschränkte Ausschreibung sowie auch die Freihändige Vergabe. Die Festlegung der Angebotsfrist ist grundsätzlich von der Willensentschließung und **nach außen hervorgetretenen** Willensäußerung des Auftraggebers abhängig. Der Auftraggeber muss allen in Betracht kommenden Bewerbern **ausreichende Zeit** zur Verfügung stellen, ein Angebot in der Weise zu überlegen und abzufassen, dass es auf eingehender und sorgfältiger Bearbeitung beruht. Das dient zumindest ebenso den Interessen des Auftraggebers als denjenigen der Bewerber. Ein infolge Zeitmangels unsorgfältig oder unvollständig abgefasstes Angebot kann auch dem Auftraggeber bei der späteren Bauausführung Nachteile bringen. Besonders der im fiskalischen Bereich tätige öffentliche Auftraggeber ist gehalten, auf eine ausreichende Angebotsfrist Bedacht zu nehmen, damit nicht die Grundursache einer unsachgemäßen, weil nicht hinreichend durchdachten Bauausführung gelegt wird. Ferner könnte dadurch auch die Grundlage für eine Haftung aus **culpa in contrahendo** nach § 311 Abs. 2 i.V.m. § 241 Abs. 2 BGB gegeben sein, weil entfernt wohnende Bieter nicht rechtzeitig die Angebotsunterlagen zur Verfügung haben, auch sonst in unzumutbare Zeitbedrängnis geraten, weil etwa noch eine Besichtigung der Baustelle oder die Einsicht von beim Auftraggeber oder an dritter Stelle verwahrter Ausführungsunterlagen usw. nötig ist, wodurch der fundamentale Vergabegrundsatz der **Gleichbehandlung der Bieter nach § 8 Nr. 1 VOB/A** verletzt wäre.

2. Elemente der Bemessung

Nr. 1 ist also nach ihrer Zweckbestimmung zu sehen. Zwei grundlegende Elemente sind angeführt, nämlich die Bearbeitung und die Einreichung der Angebote. **6**

a) Bearbeitungszeit

Es handelt sich einmal um die **richtige Bemessung der** notwendigen **Bearbeitungszeit** vom Beginn der Überprüfung der Angebotsunterlagen, wozu auch die Einsichtnahme nach § 10 Nr. 5 Abs. 2d VOB/A gehört, bis zur Fertigstellung des Angebotes. Dabei sind alle Handlungen zu berücksichtigen und zeitlich ausreichend zu bewerten, die in diesem Bereich nach den jeweils gegebenen Umständen des betreffenden Vergabevorhabens vom Bewerber erwartet werden müssen. Insbesondere müssen auch Sonderanforderungen eingerechnet werden, wie sie von S. 2 beispielhaft genannt werden (Besichtigung von Baustellen, wobei es auf die jeweiligen Baustellenverhältnisse ankommt, die Beschaffung von Unterlagen über die Angebotsbearbeitung). Hierzu zählen auch Arbeiten, die vom Bewerber besonders verlangt werden, wie z.B. die Ausarbeitung von Plänen, Entwürfen, Zeichnungen, statischen Berechnungen, Mengenberechnungen. Diese Sonderanforderungen nehmen im Allgemeinen eine größere Zeit in Anspruch als z.B. die bloße Nachprüfung des Leistungsbeschriebes sowie die Berechnung und das Einsetzen der Angebotspreise in die Leistungsbeschreibung nach § 6 Nr. 1 VOB/A. Daher ist es unbedingtes Erfordernis, bei einer Leistungsbeschreibung mit Leistungsprogramm (§ 9 Nr. 10 bis 12 VOB/A) die Angebotsfrist den für die Bieter verbundenen erhöhten Anforderungen anzupassen (vgl. Nr. 2. VHB zu § 18 VOB/A). **7**

b) Einreichung der Angebote

Unter dem in S. 1 weiter erwähnten Begriff »**Einreichung**« der Angebote sind zeitlich alle Vorgänge zu bemessen, die beachtet werden müssen, um das fertige Angebot in den Bereich des Auftraggebers zu bringen, d.h. diesem **zugehen** zu lassen (§ 130 BGB). Dabei sind einmal die Entfernung zwischen dem Geschäftssitz der möglichen Bieter und dem Ort der Angebotsabgabe und zum anderen die Möglichkeiten der Beförderung des Angebots zu berücksichtigen. Derartige Fragen spielen insbesondere eine Rolle, wenn bei einer Öffentlichen oder einer Beschränkten Ausschreibung Angebote aus entfernten Gebieten zu erwarten sind. **8**

3. Zeitraum vor Bearbeitung des Angebotes

Zu den in S. 1 genannten beiden Elementen (Bearbeitung und Einreichung der Angebote) sowie den in S. 2 beispielhaft genannten Elementen ist bei der Bemessung der Angebotsfrist noch **ein weiterer Umstand hinzuzurechnen, nämlich der Zeitraum, der vor der eigentlichen Bearbeitung des Angebotes durch den jeweiligen Bewerber liegt.** Zu bedenken ist, dass insbesondere bei der Öffentlichen Ausschreibung zwischen dem Hervortreten des Auftraggebers nach außen, nämlich der Bekanntgabe der Ausschreibung und der tatsächlichen Erlangung der Ausschreibungsunterlagen durch die Bewerber einige Zeit vergeht. Dabei ist nicht von der Handlungsweise eines als säumig zu bezeichnenden Bewerbers auszugehen, der erst in letzter Minute die Ausschreibungsunterlagen anfordert. Dem Bewerber ist aber eine kurze **Überlegungsfrist** zuzugestehen, in der er sich schlüssig werden soll, ob er sich an der Vergabe beteiligen will. Weiter kommt die Berechnung der voraussicht- **9**

VOB/A § 18   Angebotsfrist, Bewerbungsfrist

lichen Zeitdauer hinzu, die gebraucht wird, um den in Betracht kommenden, insbesondere auch den entfernt wohnenden, Bewerbern die Ausschreibungsunterlagen zuzuleiten.

4. Frist

10   Wenn in Nr. 1 S. 1 im letzten Halbsatz davon die Rede ist, dass **die Angebotsfrist auch bei Dringlichkeit nicht unter 10 Kalendertagen (also unter Einschluss von Sonn- und Feiertagen) liegen darf, ist das als nicht unterschreitbare Mindestzeit aufzufassen,** wofür hier zusätzlich **Dringlichkeit** vorliegen muss, die sich bei objektiv anzuerkennender Bewertung auf die **Notwendigkeit schneller Leistungsausführung beziehen muss.** Im Zweifel hat dies der **Auftraggeber darzulegen und zu beweisen.** Daraus ist keinesfalls zu folgern, dass bei größeren Bauleistungen die Frist kürzer bemessen werden kann, wie durch die Hinzufügung des Wortes »auch« klargestellt ist. Vielmehr darf **keine Vergabe** von Bauleistungen eine Angebotsfrist **unter 10 Kalendertagen haben, selbst nicht bei Dringlichkeit. Bei dieser Frist handelt es sich um ein Mindesterfordernis;** sie dürfte bei richtiger Beachtung der vorangehend dargelegten wesentlichen Merkmale jedenfalls bei Öffentlichen und auch Beschränkten Ausschreibungen keineswegs ausreichen, zumal jetzt von Kalendertagen die Rede ist. Deshalb versteht es sich eigentlich von selbst, dass **an die Dringlichkeit erhebliche Anforderungen** zu stellen sind, es sich also um eine **seltene Ausnahme** handelt. Hinsichtlich der **Einreichung** der Angebote gilt im Zusammenhang mit dem Ablauf der Angebotsfrist aber § 193 BGB, falls einmal im Anschreiben irrtümlich als Eröffnungstermin ein Sonn- oder Feiertag oder ein Samstag angegeben werden sollte. Danach tritt an die Stelle des Sonntags oder des Feiertags bzw. Samstags der nächstfolgende Werktag.

11   Dabei ist im Hinblick auf öffentliche Auftraggeber auf Nr. 1. VHB zu § 18 VOB/A hinzuweisen, wonach die Frist für die Abgabe von Angeboten nicht an einem Werktag unmittelbar vor oder nach einem Sonn- oder Feiertag enden soll. Sinn dieser Regelung ist es u.a., die Bewerber vor Sonntagsarbeit weitgehend zu bewahren und ihnen außerdem den arbeitsfreien Samstag möglichst zu sichern. Auch sollten Zeiten allgemein bekannter Betriebsurlaube der Bewerber Berücksichtigung finden. Das alles gilt auch im Hinblick auf den Eröffnungstermin, zu dessen Beginn die Angebotsfrist abläuft (**vgl. Nr. 2**).

12   Das Gesagte dürfte zur Wahrung berechtigter Interessen **beider** zukünftiger Vertragspartner **auch für die privaten Auftraggeber** zu berücksichtigen sein.

B. Rücknahme von Angeboten (Nr. 3)

13   Nach Nr. 3 können eingereichte **Angebote bis zum Ablauf der Angebotsfrist** (vgl. hierzu oben Rn. 1, 3) **zurückgezogen werden.** Während bei **Öffentlicher und Beschränkter Ausschreibung** der in Nr. 2 genannte **Zeitpunkt** (Eröffnung des ersten Angebotes) maßgebend ist, kommt es bei der **Freihändigen Vergabe** hier auf den Zeitpunkt an, der **in der Aufforderung zur Angebotsabgabe genannt** ist, **und** auf die **jeweilige Öffnung des Angebotes,** also nicht nur des Ersten, da hier kein Eröffnungstermin stattfindet. Daher kann der Auftraggeber auch jeweils die Angebote öffnen, nachdem sie bei ihm eingegangen sind. Also tritt hier die **Bindung wie bei § 145 BGB sofort** ein, so dass hier praktisch **keine Möglichkeit zur Zurückziehung** des Angebotes besteht (vgl. auch Rn. 15).

I. Praktische Bedeutung

14   Die Regelung hat erhebliche praktische Bedeutung. Geht man davon aus, dass der einzelne Bewerber berechtigt ist, sein Vertragsangebot beliebig während des ganzen Laufs der Angebotsfrist, also im Falle der Ausschreibung noch kurz vor der Eröffnung der Angebote, einzureichen, entspricht es der **Billigkeit,** dem Bieter, der sein Angebot schon frühzeitig abgegeben hat, zu gestatten, es wieder

zurückzunehmen. Es können nachträglich Umstände eingetreten sein, die ihn bewegen, ein **neues Angebot anzufertigen und einzureichen oder ganz von der Ausschreibung zurückzutreten**, zumal wenn diese von dem Bewerber, der später eingereicht hat, möglicherweise bereits beachtet worden sind (ebenso *Daub/Piel/Soergel* ErlZ A 18.51 m.w.N.). Dies läuft auch nicht den berechtigten Interessen des Auftraggebers entgegen, wenn er die zu vergebende Leistung ausgeschrieben hat. Für diesen kann das eingereichte Angebot erst von entscheidender Bedeutung sein, wenn er von seinem Inhalt Kenntnis erhalten hat, also nach der Eröffnung (vgl. § 22 VOB/A) und demnach nach dem Ablauf der Angebotsfrist.

II. Verhältnis zu § 145 BGB

§ 145 BGB besagt, dass derjenige, der einem anderen die Schließung eines Vertrages anträgt, an den Antrag gebunden ist, es sei denn, dass er die Gebundenheit ausgeschlossen hat. »**Antragen**« bedeutet hier nicht bloßer Zugang des Angebotes, sondern auch die – zumutbare – **Kenntnisnahme des Antraggegners von dem Angebotsinhalt**. Dieser letztere Zeitpunkt kann von den Beteiligten festgelegt werden, wie es für die Öffentliche und die Beschränkte Ausschreibung (zur Freihändigen Vergabe vgl. oben Rn. 13) in § 22 VOB/A geschieht. Hiernach erlangt der Auftraggeber erst nach Eröffnung und daher nach Ablauf der Angebotsfrist Kenntnis vom Inhalt des Angebots. Da demnach die Kenntnis frühestens mit der Eröffnung des ersten Angebotes beginnt, greift die im § 145 BGB angeführte Gebundenheit des Bieters an sein Angebot im Falle der Ausschreibung erst zu diesem Zeitpunkt und nicht schon früher ein. Zwar ist das Angebot bereits vorher während der Angebotsfrist dem Auftraggeber zugegangen (anderer Meinung offenbar *Hereth/Naschold* Teil A § 18 Ez. 18.11; unscharf insoweit auch *Daub/Piel/Soergel* ErlZ A 18.49) **nicht aber schon angetragen** i.S.v. § 145 BGB, da die Kenntnisnahme vom Angebotsinhalt, damit zugleich die Gebundenheit daran, trotz der an sich gegebenen Möglichkeit vereinbarungsgemäß bis zum Eröffnungstermin und damit bis zum Ablauf der Angebotsfrist ausgeschlossen ist. Das gilt auch dann, wenn ein Angebot versehentlich vor dem Beginn des Eröffnungstermins eröffnet wird (zutreffend *Daub/Piel/Soergel* ErlZ A 18.49).

15

III. Formerfordernisse

Die Zurückziehung eines abgegebenen Angebots während der Angebotsfrist ist ebenso eine empfangsbedürftige Willenserklärung wie die Abgabe des Angebotes. Daher haben für ihre Wirksamkeit und ihren Zugang ebenfalls die allgemeinen Vorschriften zu gelten wie bei der Einreichung des Angebotes (§§ 130 ff. BGB). Das Risiko des rechtzeitigen Zuganges der Rücknahmeerklärung innerhalb der Angebotsfrist trägt der zurücknehmende Bieter. Eine entsprechende Anwendung des § 149 BGB kommt nicht in Betracht, da dieser nur auf die Abgabe von Vertragsangeboten, nicht auch deren Rücknahme Anwendung findet. Nach § 149 BGB gehen nämlich Verzögerungen in der Beförderung u.U. zu Lasten des Empfängers des Angebots. Die **Zurückziehung des Angebotes muss, um wirksam zu sein in der nach Nr. 3 vorgeschriebenen Form erfolgen**. Seit der Fassung 2006 ist die Textform nach dem BGB als Form vorgeschrieben, möglich ist also neben der Schriftform auch die Rücknahme mit Fax, E-Mail o.Ä.

16

Die Vorlage seines Telextextes durch den Absender beweist noch nicht den Zugang dieses Textes beim Empfänger; die Möglichkeit der Manipulation kann nur durch die Zeugenvernehmung der Person, die das Fernschreibgerät bedient hat, ausgeschlossen werden (OLG Karlsruhe NJW 1973, 1611). Ist aber die Absendung eines Telefax bewiesen, so besteht die Vermutung, dass es zugegangen ist (OLG München NJW 1994, 527; dazu auch *Reuss* BauR 1993, 388; ferner *Daumke* ZIP 1995, 722).

Somit folgt aus dem Gesagten: Eine **bloße mündliche oder fernmündliche Zurückziehung des Angebots genügt nicht**.

IV. Wirkung

17 Die Wirkung einer ordnungsgemäßen Zurückziehung des Angebotes nach Nr. 3 liegt darin, dass es mit dem Zugang der Rücknahmeerklärung für die Zukunft nicht mehr gilt. Es können daher auf der Grundlage dieses Angebotes weder Vertragsverhandlungen geführt noch ein Vertragsabschluss gegründet werden, es sei denn, das zurückgezogene Angebot wird **innerhalb** der Angebotsfrist noch einmal mit gleichem oder geändertem Inhalt dem Auftraggeber eingereicht. Reicht der Bieter während der Angebotsfrist mehrere Angebote ein, ohne die Übrigen bis auf eines ausdrücklich zurückzunehmen, muss er noch während der Angebotsfrist klarstellen, welches Gültigkeit besitzen soll; anderenfalls kann grundsätzlich keines der verbliebenen Berücksichtigung finden. Anders dann, wenn nachträglich eingereichte Angebote Änderungsvorschläge oder Nebenangebote **neben** dem schon vorgelegten Hauptangebot sein sollen. Allerdings muss der Bieter dann solche Änderungsvorschläge oder Nebenangebote hinreichend kennzeichnen.

18 Hinsichtlich des Inhaltes der Rücknahmeerklärung ist § 133 BGB zu beachten. Es kommt nicht darauf an, dass der Bieter in seiner schriftlichen, fernschriftlichen oder telegrafischen Erklärung wörtlich mitteilt, er ziehe sein Angebot zurück. Entscheidend ist der nach außen zum Ausdruck gebrachte **wirkliche Wille des Erklärenden,** der im Zweifel in der Zeit vor dem Ablauf der Angebotsfrist als eine Rücknahme im Sinne der Nr. 3 zu bewerten ist. Das gilt auch für den Fall, dass der Bieter erklären sollte, er fechte sein Angebot an. Wenn auch während des Laufes der Angebotsfrist an sich Anfechtungstatbestände nach § 119 BGB oder gar nach § 123 BGB gegeben sein können, so ist doch im Zweifel anzunehmen, dass der Bieter den in diesem Zeitpunkt bei einer VOB-Vergabe noch möglichen **einfacheren Weg** der Zurückziehung des Angebotes wählen will. Für eine Anfechtung müssen nämlich gesetzliche Anfechtungstatbestände in allen ihren Voraussetzungen vorliegen. Eine Anfechtung wird nur gewollt sein, wenn schon eine Bindung im Sinne des § 145 BGB an das Angebot eingetreten und daher **nach Angebotseröffnung** die bloße Zurückziehung des Angebotes nicht mehr möglich ist (zur Anfechtung vgl. § 19 VOB/A Rn. 21 ff.).

C. Teilnahmeanträge bei Beschränkter Ausschreibung nach Öffentlichem Teilnahmewettbewerb (Nr. 4)

I. Grundlage

19 Ausgangspunkt und Voraussetzung ist der besondere Vergabewettbewerb der Beschränkten Ausschreibung nach Öffentlichem Teilnahmewettbewerb, wie er seine Regelung in **§ 3 Nr. 3 Abs. 2 VOB/A** gefunden hat. Die dort erörterten Bestimmungen gelten als Voraussetzungen für die **Fristenregelung in Nr. 4, die als ergänzende Bestimmung** für die Einreichung von Teilnahmeanträgen in diesem besonderen Vergabefall maßgebend ist.

II. Fristbemessung

20 Nach Nr. 4 ist für die Einreichung von Teilnahmeanträgen eine **ausreichende Bewerbungsfrist** vorzusehen. Das **zwingende** Erfordernis einer angemessenen Frist ergibt sich daraus, dass es sich auch bei dem hier erörterten Vergabeverfahren um ein solches handelt, das dem **Wettbewerb unterstellt** ist. Jedem in Betracht kommenden Bewerber muss daher eine angemessene Frist eingeräumt werden. Dabei ist vor allem zu bedenken, dass sämtliche Bewerber die **gleichen Chancen** haben müssen, also keiner von ihnen einen Wettbewerbsvorsprung haben darf. Im Übrigen ist die Bewerbungsfrist **nur ausreichend, wenn die in Betracht kommenden Bewerber ausreichende Zeit haben, um ihren Antrag mit der erforderlichen Vollständigkeit und Sorgfalt zu bearbeiten und einzureichen.** Hier gilt das zu Nr. 1 Gesagte entsprechend (vgl. oben Rn. 5–12).

§ 18a
Angebotsfrist, Bewerbungsfrist

1. (1) Beim Offenen Verfahren beträgt die Frist für den Eingang der Angebote (Angebotsfrist) mindestens 52 Kalendertage, gerechnet vom Tag nach Absendung der Bekanntmachung.
(2) Die Frist für den Eingang der Angebote kann verkürzt werden, wenn eine Vorinformation gemäß § 17a Nr. 1 nach dem vorgeschriebenen Muster (Anhang I der Verordnung (EG) Nr. 1564/2005) mindestens 52 Kalendertage, höchstens aber 12 Monate vor dem Zeitpunkt der Absendung der Bekanntmachung des Auftrags im Offenen Verfahren nach § 17a Nr. 2 an das Amtsblatt der Europäischen Gemeinschaften abgesandt wurde. Diese Vorinformation muss mindestens die im Muster einer Bekanntmachung (Anhang II der Verordnung (EG) Nr. 1564/2005) für das Offene Verfahren geforderten Angaben enthalten, soweit diese Informationen zum Zeitpunkt der Absendung der Vorinformation vorlagen.
Die verkürzte Frist muss für die Interessenten ausreichen, um ordnungsgemäße Angebote einreichen zu können. Sie sollte generell mindestens 36 Kalendertage vom Zeitpunkt der Absendung der Bekanntmachung des Auftrags an betragen; sie darf 22 Kalendertage nicht unterschreiten.
(3) Können die Verdingungsunterlagen, die zusätzlichen Unterlagen oder die geforderten Auskünfte wegen ihres großen Umfangs nicht innerhalb der in § 17a Nr. 5 und 6 genannten Fristen zugesandt bzw. erteilt werden, sind die in den Absätzen 1 und 2 vorgesehenen Fristen angemessen zu verlängern.
(4) Bei Bekanntmachungen, die über das Internetportal des Amtes für amtliche Veröffentlichungen der Europäischen Gemeinschaften[1] auf elektronischem Wege erstellt und übermittelt werden (elektronische Bekanntmachung), können die in Absatz 1 und 2 genannten Angebotsfristen um 7 Kalendertage verkürzt werden.
(5) Die Angebotsfrist kann um weitere 5 Kalendertage verkürzt werden, wenn ab der Veröffentlichung der Bekanntmachung die Verdingungsunterlagen und alle zusätzlichen Unterlagen auf elektronischem Wege frei, direkt und vollständig verfügbar gemacht werden; in der Bekanntmachung ist die Internetadresse anzugeben, unter der diese Unterlagen abrufbar sind.
(6) Im Offenen Verfahren darf die Kumulierung der Verkürzungen keinesfalls zu einer Angebotsfrist führen, die kürzer ist als 15 Kalendertage, gerechnet vom Tag nach Absendung der Bekanntmachung.

2. (1) Beim Nichtoffenen Verfahren beträgt die Frist für den Eingang der Anträge auf Teilnahme (Bewerbungsfrist) mindestens 37 Kalendertage, gerechnet vom Tag nach Absendung der Bekanntmachung. Aus Gründen der Dringlichkeit kann die Bewerbungsfrist auf 15 Kalendertage verkürzt werden.
(2) Die Bewerbungsfrist kann bei elektronischen Bekanntmachungen gemäß Nummer 1 Abs. 4 um 7 Kalendertage verkürzt werden.
(3) Beim Nichtoffenen Verfahren beträgt die Angebotsfrist mindestens 40 Kalendertage, gerechnet vom Tag nach Absendung der Aufforderung zur Angebotsabgabe. Die Frist für den Eingang der Angebote kann auf 26 Kalendertage verkürzt werden, wenn eine Vorinformation gemäß § 17a Nr. 1 nach dem vorgeschriebenen Muster (Anhang I der Verordnung (EG) Nr. 1564/2005) mindestens 52 Kalendertage, höchstens aber 12 Monate vor dem Zeitpunkt der Absendung der Bekanntmachung des Auftrags im Nichtoffenen Verfahren nach § 17a Nr. 2 an das Amtsblatt der Europäischen Gemeinschaften abgesandt wurde. Diese Vorinformation muss mindestens die im Muster einer Bekanntmachung (Anhang II der Verordnung (EG) Nr. 1564/2005) für das Nichtoffene Verfahren oder gegebenenfalls die im Muster einer

---

[1] http://simap.eu.int

Bekanntmachung (Anhang II der Verordnung (EG) Nr. 1564/2005) für das Verhandlungsverfahren geforderten Angaben enthalten, soweit diese Informationen zum Zeitpunkt der Absendung der Vorinformation vorlagen.

(4) Aus Gründen der Dringlichkeit können diese Fristen wie folgt verkürzt werden:
a) auf mindestens 15 Kalendertage für den Eingang der Anträge auf Teilnahme bzw. mindestens 10 Kalendertage bei elektronischer Bekanntmachung gemäß Nummer 1 Abs. 4,
b) bei Nichtoffenen Verfahren auf mindestens 10 Kalendertage für den Eingang der Angebote.

(5) Die Angebotsfrist kann um weitere 5 Kalendertage verkürzt werden, wenn ab der Veröffentlichung der Bekanntmachung die Verdingungsunterlagen und alle zusätzlichen Unterlagen auf elektronischem Wege frei, direkt und vollständig verfügbar gemacht werden; in der Bekanntmachung ist die Internetadresse anzugeben, unter der diese Unterlagen abrufbar sind.

3. Beim Wettbewerblichen Dialog ist entsprechend Nummer 2 Abs. 1 Satz 1 und Abs. 2 und beim Verhandlungsverfahren mit Vergabebekanntmachung ist entsprechend Nummer 2 Abs. 1 und 2 zu verfahren.

4. Können die Angebote nur nach einer Ortsbesichtigung oder Einsichtnahme in nicht übersandte Unterlagen erstellt werden und können die Fristen der Nummern 1 und 2 deswegen nicht eingehalten werden, so sind sie angemessen zu verlängern.

Inhaltsübersicht Rn.

A. Allgemeine Grundlagen/Angebotsfrist bei Offenem Verfahren (Nr. 1)	1
I. Normalfrist	2
II. Verkürzung bei Vorinformation	3
III. Etwaige Verlängerung der Frist	4
IV. Verkürzung der Angebotsfrist bei elektronischer Bekanntmachung	10
B. Angebotsfrist beim Nichtoffenen Verfahren (Nr. 2)	13
I. Anträge auf Teilnahme	14
II. Angebotsfristen	18
C. Wettbewerblicher Dialog und Verhandlungsverfahren mit Vergabebekanntmachung (Nr. 3)	21
D. Notwendigkeit von Ortsbesichtigung oder Einsichtnahme in nicht übersandte Unterlagen (Nr. 4)	22
E. Vergabehandbuch	23

A. Allgemeine Grundlagen/Angebotsfrist bei Offenem Verfahren (Nr. 1)

1 § 18a VOB/A, der in die Fassung 1990 aufgenommen wurde, behandelt die Frage der Angebots- bzw. Bewerbungsfrist für diejenigen Fälle, in denen Bauaufträge öffentlicher Auftraggeber vergeben werden, die unter die Regelungen in § 1a VOB/A fallen. Nr. 1 betrifft die Angebotsfrist beim Offenen Verfahren. Nr. 2 regelt die Bewerbungs- bzw. Angebotsfrist beim Nichtoffenen Verfahren. Nr. 3 bezieht sich auf das Verhandlungsverfahren mit Vergabebekanntmachung. Nr. 4 betrifft die Verlängerung von Fristen unter bestimmten Voraussetzungen. Mit der Fassung 2006 wurde § 18a an die veränderten Fristen und Neuregelungen der EU-Vergabekoordinierungsrichtlinie 2004/18/EG angepasst und direkt auf die Bekanntmachungsmuster der Verordnung (EG) Nr. 1564/2005 verwiesen, die direkte Geltung innehaben.

Nr. 1 regelt die Angebotsfrist beim Offenen Verfahren. Zum Begriff sowie zu dem grundsätzlichen Erfordernis der Durchführung des Offenen Verfahrens vgl. § 3a VOB/A.

Angebotsfrist, Bewerbungsfrist   § 18a VOB/A

I. Normalfrist

Gemäß **Abs. 1** ist die **Angebotsfrist auf mindestens 52 Kalendertage** festgesetzt. Es handelt sich **2**
dabei um eine grundsätzliche **Mindestfrist,** von der im Allgemeinen auszugehen ist, die dann einzuhalten ist (Ausnahmen Abs. 2 und 3). Gerechnet wird diese Frist vom **Tag nach Absendung der Bekanntmachung.** Diese Fristberechnung richtet sich nach § 187 Abs. 1 BGB. Mit dem Begriff der Bekanntmachung ist diejenige gemeint, die in § 17a Nr. 2 Abs. 1 VOB/A genannt ist, durch die also die Unternehmer aufgefordert werden, ihre Teilnahme am Wettbewerb zu beantragen. Dabei muss die Bekanntmachung beim Offenen Verfahren inhaltlich zunächst die Angaben enthalten, wie sie in § 17 Nr. 1 Abs. 2 VOB/A im Einzelnen aufgeführt sind, außerdem aber auch diejenigen, wie sie außerdem in § 17a Nr. 3 Abs. 1 VOB/A genannt sind. Insofern ist für das Offene Verfahren bei der Fassung der Bekanntmachung gemäß § 17a Nr. 4 Abs. 1, erster Spiegelstrich VOB/A, nach dem Muster in Anhang B zu zu verfahren. Die Art der Bekanntmachung ergibt sich aus § 17a Nr. 2 Abs. 2 und 5 VOB/A. Wichtig ist vor allem auch, dass der Tag der Absendung der Bekanntmachung an das Amt für amtliche Veröffentlichungen der Europäischen Gemeinschaften nachgewiesen werden muss, naturgemäß vom Auftraggeber.

II. Verkürzung bei Vorinformation

Nach **Abs. 2** ist es – ausnahmsweise – erlaubt, die Angebotsfrist **zu verkürzen, sofern eine den An- 3 forderungen der Nummer 1 Abs. 2 genügende Vorinformation erfolgt ist.**

Dauer der verkürzten Frist: Die dann verkürzte Frist soll **noch generell mindestens 36 Kalendertage** vom Zeitpunkt der Absendung des Auftrags an betragen. Diese 36 Kalendertagefrist ist als »Sollvorschrift« formuliert. Dies bedeutet, dass ausnahmsweise, wenn besondere Dringlichkeitsgründe hinzutreten, diese Frist weiter verkürzt werden darf, nämlich auf bis zu **22 Kalendertage, die als absolute Untergrenze** genannt sind. Dabei gilt für den Fristbeginn das vorangehend in Rn. 2 Gesagte auch hier.

Form der Vorinformation: Es muss sich um eine Vorinformation gemäß § 17a Nr. 1 VOB/A nach dem vorgeschriebenen Muster des Anhangs I der Verordnung (EG) Nr. 1564/2006 handeln.

Zeitpunkt der Vorinformation: Die Vorinformation muss **mindestens 52 Kalendertage, aber höchstens 12 Monate vor der Absendung der Bekanntmachung des Auftrags** an das Amtsblatt der Europäischen Gemeinschaften erfolgt sein.

Weitere Voraussetzung ist, dass diese geforderten Angaben **zum Zeitpunkt der Bekanntmachung der Vorinformation verfügbar** waren, d.h., es ist unschädlich, wenn bestimmte an sich notwendige Angaben aus den Mustern nach Anhang A und B **aus objektiven Gründen nicht möglich** waren. Die Art der Veröffentlichung erfolgt nach Maßgabe von § 17a Nr. 1 Abs. 3 VOB/A. Sofern eine derartige Vorinformation ordnungsgemäß erfolgt ist, rechtfertigt sich durchaus die Abkürzung der Angebotsfrist, weil die an der betreffenden Bauvergabe interessierten Unternehmer **bereits informiert** sind, daher sich im Rahmen ihrer betrieblichen Planung frühzeitig auf die sachgerechte Bearbeitung des Angebotes innerhalb einer kürzeren Frist einstellen können.

III. Etwaige Verlängerung der Frist

Andererseits ist aber auch zu berücksichtigen, dass die an der Vergabe interessierten Unternehmer **4**
aus **ihnen nicht zuzurechnenden Gründen** möglicherweise nicht in der Lage sind, die regelmäßige Angebotsfrist nach Abs. 1 oder die Ausnahmefrist gemäß Abs. 2 einzuhalten, vielmehr die Gründe für die Behinderung der **Auftraggeberseite zuzuordnen** sind. Das trifft nach Abs. 3 zu, wenn die Verdingungsunterlagen, die zusätzlichen Unterlagen oder die erforderlichen Auskünfte wegen ihres

großen Umfanges **nicht innerhalb der in § 17a Nr. 5 und 6 VOB/A genannten Fristen** zugesandt bzw. erteilt werden können.

5   Falls beim Offenen Verfahren die Vergabeunterlagen und zusätzlichen Unterlagen **rechtzeitig** angefordert wurden, so ist nach **§ 17a Nr. 5 VOB/A** zwingend vorgeschrieben, dass diese innerhalb von 6 Kalendertagen nach Eingang des Antrages zugesandt werden müssen. Ähnliches gilt hinsichtlich der in **§ 17a Nr. 6 VOB/A** genannten **Auskünfte über die Vergabeunterlagen,** sofern sie **rechtzeitig** beantragt worden sind. Im Übrigen sind nach § 17a Nr. 6 VOB/A rechtzeitig beantragte **Auskünfte so zu erteilen,** dass die betreffende Auskunft spätestens 6 Kalendertage vor Ablauf der Angebotsfrist beim Anfragenden **eingegangen** ist. Dies folgt aus dem unterschiedlichen Wortlaut der Nr. 6 zu a.a.O. Nr. 5 (dort: »zugesandt werden«, wofür Absendung reicht; hier »zu erteilen«, was Eingang beim Anfragenden bedeutet).

6   Sind die Voraussetzungen dahin gegeben, dass die Verdingungsunterlagen, die zusätzlichen Unterlagen oder die geforderten Auskünfte nicht innerhalb der in § 17a Nr. 5 und 6 VOB/A genannten Fristen zugesandt bzw. erteilt werden können, so kommt eine **Verlängerung der Angebotsfrist** nach dem Wortlaut des hier erörterten Abs. 3 **nur** in Betracht, wenn die Einhaltung der Fristen **wegen des großen Umfangs der Unterlagen bzw. Auskünfte** nicht erfolgen kann. Dies setzt einen beachtlichen Umfang voraus, der **über das Normalmaß erheblich hinausgeht.** Maßgebend ist dabei die Frage, ob das, was der Bewerber zur sachgerechten und vollständigen Angebotsbearbeitung benötigt, einen erheblichen zeitlichen Aufwand erfordert, der bei objektiver Betrachtung jetzt nicht mehr innerhalb der in den Abs. 1 und 2 aufgeführten Angebotsfristen zu bewältigen ist. Dabei ist für die Überlegung im Einzelfall das unbedingte Gebot eines ordnungsgemäßen Vergabewettbewerbs maßgebend, der in jedem Fall, vor allem auch im Interesse des Auftraggebers, gewährleistet sein muss. Im Übrigen wird man hier bei der gebotenen sachgerechten Bewertung nicht allein und nur den großen Umfang der Verdingungsunterlagen, der zusätzlichen Unterlagen oder der geforderten Auskünfte zu beachten haben, sondern nach Treu und Glauben (§ 242 BGB) auch die im Einzelfall gegebene sachliche Schwierigkeit, die bei der Angebotsbearbeitung zu berücksichtigen ist. Oftmals werden ein großer Umfang sowie eine besondere sachliche Schwierigkeit zusammenkommen, so dass dann eine Verlängerung der Angebotsfrist erst recht berechtigt ist. **Nach dem KG Berlin ist eine Verlängerung der Angebotsfrist entgegen §18a Nr. 1 Abs. 3 VOB/A grundsätzlich nicht geeignet, den Wettbewerb zu verzerren** (KG Berlin BauR 2000, 1620 mit dem Hinweis, dass eine solche Verlängerung die Rügefrist des § 107 Abs. 3 S. 2 GWB nicht erweitert).

7   Die Verlängerung der in den Absätzen 1 und 2 vorgesehenen Fristen hat **angemessen** zu geschehen. Daraus wird deutlich, dass es sich um eine sachgerechte Bewertung im Einzelfall handeln muss. Dabei ist von den Mindestfristen von 52 bzw. 36 Kalendertagen auszugehen, und der zeitliche Zuschlag ist durch Bewertung des im Einzelfall vorliegenden großen Umfanges sowie des gegebenen Schwierigkeitsgrades festzulegen. Somit ist der ordnungsgemäße, erforderliche zeitliche Zuschlag bei objektiver Betrachtung festzustellen. Es liegt durchaus im wohlberechtigten Interesse auch des Auftraggebers, hier den Zuschlag eher länger als kürzer zu bemessen, wobei allerdings von der erforderlichen Fachkunde des betreffenden Bewerberkreises sozusagen als selbstverständlich auszugehen ist.

8   Möglich ist es im Übrigen, dass der hier erörterte Zuschlag auf die Fristen **noch zu erweitern** ist, **wenn die Voraussetzungen der Nr. 4 neben denjenigen der Nr. 1 Abs. 3 vorliegen** (vgl. unten Rn. 18).

9   Eine Verlängerung der in den Absätzen 1 und 2 genannten Fristen ist **bereits in der Bekanntmachung** zu berücksichtigen, also von vornherein den Fristen des Abs. 1 oder 2 hinzuzurechnen. Stellt sich **erst nachträglich die Notwendigkeit der Verlängerung** der Angebotsfrist heraus, insbesondere durch verlangte Auskünfte, so muss sie **später verlängert** werden. Dies setzt naturgemäß die **unverzügliche Benachrichtigung aller Bewerber** voraus, soweit diese bekannt sind oder ermittelt werden können.

IV. Verkürzung der Angebotsfrist bei elektronischer Bekanntmachung

Nach dem mit der Ausgabe 2006 neu eingefügten Abs. 4 können bei Bekanntmachungen, die über das Internetportal des Amtes für amtliche Veröffentlichungen der Europäischen Gemeinschaften auf elektronischem Wege erstellt und übermittelt werden (elektronische Bekanntmachung), die in Abs. 1 und 2 genannten Angebotsfristen um 7 Kalendertage verkürzt werden. Damit sollen Anreize für eine weitgehende Nutzung der elektronischen Medien geschaffen werden. 10

Ebenso kann die Angebotsfrist nach Abs. 5 um weitere 5 Kalendertage verkürzt werden, wenn ab der Veröffentlichung der Bekanntmachung die Verdingungsunterlagen und alle zusätzlichen Unterlagen auf elektronischem Wege frei, direkt und vollständig verfügbar gemacht werden; in der Bekanntmachung ist die Internetadresse anzugeben, unter der diese Unterlagen abrufbar sind. 11

Allerdings wird mit einem neuen Abs. 6 ab der Ausgabe 2006 eine **Mindestfrist für die Angebotsfrist** eingeführt, die auch unter Heranziehung aller möglichen Verkürzungsmöglichkeiten in keinem Fall unterschritten werden darf: Im Offenen Verfahren darf die Kumulierung der Verkürzungen keinesfalls zu einer Angebotsfrist führen, die kürzer ist als 15 Kalendertage, gerechnet vom Tag nach Absendung der Bekanntmachung. 12

B. Angebotsfrist beim Nichtoffenen Verfahren (Nr. 2)

Nr. 2 verhält sich einmal in Abs. 1 und 2 mit der Frist für den Eingang der Anträge auf Teilnahme (Bewerbungsfrist), zum anderen in den Absätzen 3 bis 6 mit der eigentlichen Angebotsfrist. 13

I. Anträge auf Teilnahme

Bei dem Nichtoffenen Verfahren, wie es in Nr. 2 Abs. 1 angesprochen ist, handelt es sich um das in § 3a Nr. 1b VOB/A geregelte Vergabeverfahren (vgl. dazu § 3a VOB/A). Dieses entspricht der Beschränkten Ausschreibung nach Öffentlichem Teilnahmewettbewerb gemäß § 3 Nr. 1 Abs. 2 VOB/A, wobei vor allem auch § 3a Nr. 3 sowie § 3 Nr. 3 VOB/A maßgebend sind (vgl. dazu § 3 VOB/A). 14

Hier ist die Frist für den **Eingang der Anträge auf Teilnahme (Bewerbungsfrist) auf mindestens 37 Kalendertage** festgesetzt (Abs. 1 S. 1). Auch diese **Mindestfrist** ist **grundsätzlich zwingend** und muss im Allgemeinen eingehalten werden. Maßgebend für den **Beginn der Frist ist der Tag nach Absendung der Bekanntmachung.** Auch hier ist mit der Bekanntmachung diejenige gemeint, die in § 17a Nr. 2 Abs. 1 VOB/A aufgeführt ist. Dabei muss die Bekanntmachung inhaltlich das enthalten, was in § 17 Nr. 2 Abs. 2 VOB/A sowie in § 17a Nr. 3 Abs. 1 VOB/A im Einzelnen aufgeführt ist. Die Art der Bekanntmachung ist in § 17a Nr. 2 Abs. 2, 5 VOB/A festgelegt. Besonders wichtig ist auch hier, dass der Tag der Absendung an das Amt für amtliche Veröffentlichungen der Europäischen Gemeinschaften vom Auftraggeber nachgewiesen werden muss (a.a.O. Abs. 3). 15

Nach S. 2 der hier erörterten Bestimmung kann die Frist für den Eingang der Anträge (Bewerbungsfrist) **aus Gründen der Dringlichkeit auf 15 Kalendertage verkürzt** werden. Dies ist nicht so zu verstehen, dass dann immer eine Verkürzung auf 15 Kalendertage erfolgen kann. Vielmehr ist diese Regelung dahin auszulegen, dass eine Verkürzung **auf bis zu** 15 Kalendertage vorgenommen werden kann, **und zwar je nach dem hier maßgebenden Grad der Dringlichkeit.** Dazu ist wiederum eine sachgerechte, nach objektiven Gesichtspunkten ausgerichtete Bewertung im Einzelfall erforderlich. Auf jeden Fall ist **selbst bei äußerster Dringlichkeit die unterste Grenze von 15 Kalendertagen einzuhalten.** Die Festlegung einer noch kürzeren Bewerbungsfrist ist somit unzulässig. Ob und inwieweit eine Dringlichkeit vorliegt, richtet sich nach den Gegebenheiten des Einzelfalles. Wichtig ist dabei, dass hier eine Dringlichkeit und **nicht eine besondere Dringlichkeit** zu fordern ist. Dies entspricht in etwa der Regelung in § 3 Nr. 3 Abs. 1c VOB/A (vgl. dazu § 3 VOB/A). Hier kommt es für 16 die Beurteilung der Dringlichkeit auf rein **sachliche Gründe** an, die eine eilige Vergabe notwendig machen, und zwar **allein deswegen, weil die eilige Ausführung erforderlich** ist. Zu bedenken ist hier vor allem, dass die Verkürzung der Bewerbungsfrist nach Abs. 1 S. 2 eine **Ausnahme** ist, daher die Gründe für ihre Notwendigkeit **vom Auftraggeber** nicht nur sorgfältig überlegt werden müssen, sondern darüber hinaus auch von ihm im Einzelnen **darzulegen und zu beweisen** sind. Im Übrigen hat der Auftraggeber zu beachten, dass er in der Bekanntmachung gemäß § 17a Nr. 3 Abs. 1 VOB/A auf die Erforderlichkeit für ein beschleunigtes Verfahren **hinzuweisen** hat.

17 Nach Abs. 2 kann die Bewerbungsfrist bei elektronischer Bekanntmachungs die über das Internetportal des Amtes für amtliche Veröffentlichungen der Europäischen Gemeinschaften auf elektronischem Wege erstellt und übermittelt werden um 7 Kalendertage verkürzt werden. Damit sollen Anreize für eine weitgehende Nutzung der elektronischen Medien geschaffen werden.

II. Angebotsfristen

18 Gemäß **Nr. 2 Abs. 3 S. 1** ist beim Nichtoffenen Verfahren die **Angebotsfrist,** also die Frist zur Einreichung ordnungsgemäßer Angebote, **mindestens 40 Kalendertage,** was auch hier als **Mindestfrist** gilt, die grundsätzlich nicht unterschritten werden darf. Dabei kommt es für die Fristberechnung auf die **Absendung der Aufforderung zur Angebotsabgabe** durch den Auftraggeber an. Auch hier beginnt die Frist am Tag nach der Absendung, was § 187 Abs. 1 BGB entspricht. Im Übrigen soll nach § 17 Nr. 2 Abs. 2m VOB/A in der Bekanntmachung im Rahmen des Teilnahmewettbewerbs der Tag angegeben werden, an dem die Aufforderungen zur Angebotsabgabe spätestens abgesandt werden, wodurch die Bewerber über den voraussichtlichen Tag des Einganges der Aufforderung zur Angebotsabgabe sozusagen vorweg informiert werden. Des Weiteren rechtfertigt sich die hier im Verhältnis zum Offenen Verfahren nach Nr. 1 Abs. 1 kürzere Mindestfrist zur Angebotsabgabe von 40 Kalendertagen auch deswegen, weil dem hier zur Erörterung stehenden Nichtoffenen Verfahren der Teilnahmewettbewerb vorausgegangen ist, der Bewerber auch insofern sich eher auf die Angebotsbearbeitung und die Angebotsabgabe einstellen kann.

19 Nach **Abs. 3 S. 2** kann die Angebotsfrist **auf 26 Kalendertage verkürzt werden, wenn eine Vorinformation (i.S.v. § 17a Nr. 1 VOB/A)** erfolgt ist, **die den in Abs. 2 genannten Anforderungen genügt.** Hier muss die Vorinformation mindestens die Angaben des Musters einer Bekanntmachung **für das Nichtoffene Verfahren bzw. für das Verhandlungsverfahren** enthalten. Zu den übrigen **Anforderungen an die Vorinformation** gilt das oben zu Nr. 1 Abs. 2 Gesagte entsprechend.

20 Letztlich ist in **Abs. 4 bestimmt, dass aus Gründen der Dringlichkeit** nach dem Buchstaben a) die Bewerbungsfrist auf 15 Kalendertage, bzw. auf 10 Kalendertage bei elektronischer Bekanntmachung und nach Buchstaben b) die Angebotsfrist von 40 bzw. 26 Kalendertagen **auf 10 Kalendertage verkürzt** werden kann. Hierzu ist auf das im Rahmen von Abs. 1 S. 2 Erörterte zu verweisen. Die hier mögliche Abkürzung auf 10 Kalendertage muss nach Sachlage mit Sicherheit eine **seltene Ausnahme** sein. Hierfür müssen schon ganz **besondere Gründe der Dringlichkeit** vorliegen, wie z.B. eine Baumaßnahme, deren schnellstmögliche Erledigung im Allgemeininteresse liegt und die derart dringend ist, dass sie keinen Aufschub duldet. Hier dürften an die **Darlegungs- und Beweislast des Auftraggebers besonders strenge Anforderungen** zu stellen sein.

C. Wettbewerblicher Dialog und Verhandlungsverfahren mit Vergabebekanntmachung (Nr. 3)

21 Gemeint ist hier ein Wettbewerblicher Dialog nach § 3a Nr. 4 VOB/A bzw. ein Verhandlungsverfahren, das unter den Voraussetzungen von **§ 3a Nr. 5 VOB/A** stattfindet. Dabei ist zunächst zu bemerken, dass sich die Nr. 3 **nicht auch auf das Verhandlungsverfahren ohne Öffentliche Vergabebe-**

kanntmachung bezieht, wie es in § 3a Nr. 5 VOB/A geregelt ist. Ein solches Verfahren ist von der in § 18a VOB/A im Einzelnen geregelten Frist **nicht erfasst.** Dies bedeutet aber nicht, dass für ein solches Vergabeverfahren überhaupt keine Regelung über die erforderliche Angebotsfrist getroffen worden ist. Vielmehr gilt hier die Allgemeinregelung in **§ 18 Nr. 1 VOB/A** zumindest entsprechend. Dazu ist auf die Ausführungen zu § 18 Rn. 5 ff. zu verweisen. Sofern es sich um das **von Nr. 3 erfasste Verhandlungsverfahren nach Öffentlicher Vergabebekanntmachung** handelt, gelten ebenfalls die in **Nr. 2 Abs. 1 genannten Fristen,** für einen Wettbewerblichen Dialog die in Nr. 2 Abs. 1 S. 1 und Abs. 2 genannten Fristen.

D. Notwendigkeit von Ortsbesichtigung oder Einsichtnahme in nicht übersandte Unterlagen (Nr. 4)

Nach dieser Regelung sind für **alle Vergabearten Fristverlängerungen** vorzunehmen, **soweit** es sich um die **Angebotsfristen** beim Offenen Verfahren nach Nr. 1, beim Nichtoffenen Verfahren nach Nr. 2 Abs. 2 S. 1 und 2 handelt. In allen diesen Fällen kommen – gegebenenfalls weitere – Fristverlängerungen dann in Betracht, wenn die **Angebote nur nach einer Ortsbesichtigung oder Einsichtnahme in nicht übersandte Unterlagen erstellt werden können.** Soweit es sich um Letzteres handelt, wird an die Regelung in § 17 Nr. 5 S. 2 VOB/A angeknüpft. Auch bei der vorliegenden Fallgestaltung ist die Fristverlängerung nach den **Gegebenheiten des Einzelfalles** auszurichten. Dabei kommt es darauf an, wie weit der Weg in Betracht kommender Bewerber zu einer Ortsbesichtigung und welcher Aufwand dazu nötig ist, wo sich zur Einsichtnahme erforderliche Unterlagen befinden, wie umfangreich sie sind, vor allem auch, wann sie mit der gebotenen Vollständigkeit zur Verfügung stehen. Hierzu sind nähere Angaben in der Bekanntmachung bzw. der Aufforderung zur Angebotsabgabe zu machen. Bei der Bemessung der aus den genannten Gründen festzulegenden Fristverlängerung hat der Auftraggeber darauf zu achten, dass ein **ordnungsgemäßer Vergabewettbewerb gesichert** ist und kein Bewerber unter einen für ihn unzumutbaren Druck gerät.

22

E. Vergabehandbuch

Hilfreich ist hier als Übersicht die zu § 18a VOB/A des VHB 2006 aufgeführte Tabelle:

23

Zu § 18a VOB/A – Angebotsfrist, Bewerbungsfrist

Hinweis: Alle nachstehenden Fristen sind in Kalendertagen angegeben!

1. Angebotsfrist, Bewerbungsfrist (Regelfristen)

Art der Frist	Frist, gerechnet	Offenes Verfahren	Nichtoffenes Verfahren		wettbewerbl. Dialog	Verhandlungsverfahren		VOB/A
		Regelfrist	Regelfrist	Beschleu. Verfahren	Regelfrist	Regelfrist	Beschleu. Verfahren	
Bewerbungsfrist	vom Tag nach Absendung der Bekanntmachung	–	37	15[4)]	37	37	15[4)]	§ 18a Nr. 2/Nr. 3
Angebotsfrist	vom Tag nach Absendung der Bekanntmachung	52[1) 2)]	–	–	–	–	–	§ 18a Nr. 1

Art der Frist	Frist, gerechnet	Offenes Verfahren	Nichtoffenes Verfahren		wettbe-werbl. Dialog	Verhandlungs-verfahren		VOB/A
		Regelfrist	Regelfrist	Beschleu. Verfahren	Regelfrist	Regelfrist	Beschleu. Verfahren	
Angebotsfrist	vom Tag nach Absendung der Aufforderung zur Angebots-abgabe	–	40[1]	10[1] [4]		–	–	§ 18a Nr. 2

2. Verkürzte Angebotsfrist bei Vorinformation[3]

Angebotsfrist bei Vorinformation	vom Tag der Absen-dung der Bekannt-machung	36 (Soll) 22 (mind.)	–	–	–	–	–	§ 18a Nr. 1
Angebotsfrist bei Vorinformation	vom Tag nach Ab-sendung der Auffor-derung zur Ange-botsabgabe	–	26[1] [5]	10[1] [4]	–	–	–	§ 18a Nr. 2

3. Übersendung der Vergabeunterlagen und zusätzlicher Unterlagen, Auskunftserteilung

Übersendung der Unterlagen	vom Tag nach Eingang des Antrags	6	–	–	–	–	–	§ 17a Nr. 5
Auskunftserteilung	Tage vor Ablauf der Angebotsfrist	6	6	4	-	6	4	§ 17a Nr. 6

1) Können Angebote nur nach einer Ortsbesichtigung oder Einsichtnahme in ausgelegte Vergabeunterlagen erstellt werden, ist die Angebotsfrist zu verlängern (§ 18a Nr. 4 VOB/A).
2) Können die Vergabeunterlagen, die zusätzlichen Unterlagen oder die geforderten Auskünfte wegen ihres großen Umfangs nicht innerhalb der Frist zugesandt bzw. erteilt werden, ist die Frist angemessen zu verlängern (§ 18a Nr. 1 Abs. 3 VOB/A).
3) Die Frist für den Eingang der Angebote kann verkürzt werden, wenn eine Vorinformation gemäß § 17a Nr. 1 nach dem vorgeschriebenen Muster mindestens 52 Kalendertage, höchstens aber 12 Monate vor dem Zeitpunkt der Ab-sendung der Bekanntmachung des Auftrags im Offenen Verfahren nach § 17a Nr. 2 an das Amtsblatt der Europäi-schen Gemeinschaften abgesandt wurde; diese Vorinformation, die im Muster der Bekanntmachung für das Offene Verfahren geforderten Angaben enthält; diese Informationen zum Zeitpunkt der Absendung der Bekanntmachung verfügbar sind.
4) aus Gründen der Dringlichkeit.
5) Der öffentliche Auftraggeber muss eine Vorinformation gemäß § 17a Nr. 1 nach dem vorgeschriebenen Muster (An-hang I der Verordnung (EG) Nr. 1564/2005) mindestens 52 Kalendertage, höchstens aber 12 Monate vor dem Zeit-punkt der Absendung der Bekanntmachung des Auftrags im Nichtoffenen Verfahren nach § 17a Nr. 2 an das Amts-blatt der Europäischen Gemeinschaften abgesandt haben. Diese Vorinformation muss mindestens ebenso viele In-formationen wie das Muster einer Bekanntmachung für das Nichtoffene Verfahren oder ggf. wie das Muster einer Bekanntmachung für das Verhandlungsverfahren enthalten, soweit diese Informationen zum Zeitpunkt der Absen-dung der Bekanntmachung für die Vorinformation vorlagen.

§ 18b
Angebotsfrist, Bewerbungsfrist

1. (1) Beim Offenen Verfahren beträgt die Frist für den Eingang der Angebote (Angebotsfrist) mindestens 52 Kalendertage, gerechnet vom Tag nach Absendung der Bekanntmachung.
(2) Hat der Auftraggeber eine regelmäßige nichtverbindliche Bekanntmachung gemäß § 17b Nr. 2 Abs. 2 nach dem vorgeschriebenen Muster (Anhang IV der Verordnung (EG) Nr. 1564/2005) mindestens 52 Kalendertage, höchstens aber 12 Monate vor dem Zeitpunkt der Absendung der Bekanntmachung des Auftrags nach § 17b Nr. 1 Abs. 1 Buchstabe a an das Amtsblatt der Europäischen Gemeinschaften abgesandt, so beträgt die Frist für den Eingang der Angebote im Offenen Verfahren grundsätzlich mindestens 36 Kalendertage, keinesfalls jedoch weniger als 22 Kalendertage, gerechnet ab dem Tag der Absendung der regelmäßigen nichtverbindlichen Bekanntmachung nach § 17b Nr. 2 Abs. 2.
(3) Bei Bekanntmachungen, die über das Internetportal des Amtes für amtliche Veröffentlichungen der Europäischen Gemeinschaften[1] auf elektronischem Wege erstellt und übermittelt werden (elektronische Bekanntmachung), können die in Abs. 1 und 2 genannten Angebotsfristen um 7 Kalendertage verkürzt werden.
(4) Die Angebotsfrist kann um weitere 5 Kalendertage verkürzt werden, wenn ab der Veröffentlichung der Bekanntmachung die Verdingungsunterlagen und alle zusätzlichen Unterlagen auf elektronischem Wege frei, direkt und vollständig verfügbar gemacht werden; in der Bekanntmachung ist die Internetadresse anzugeben, unter der diese Unterlagen abrufbar sind.
(5) Im Offenen Verfahren darf die Kumulierung der Verkürzungen keinesfalls zu einer Angebotsfrist führen, die kürzer ist als 15 Kalendertage, gerechnet vom Tag nach Absendung der Bekanntmachung.

2. Beim Nichtoffenen Verfahren und Verhandlungsverfahren mit vorherigem Aufruf zum Wettbewerb gilt:
   a) Die Frist für den Eingang von Teilnahmeanträgen (Bewerbungsfrist) aufgrund einer Bekanntmachung gemäß § 17b Nr. 1 Abs. 1 Buchstabe a oder der Aufforderung nach § 17b Nr. 2 Abs. 3 Buchstabe c beträgt in der Regel mindestens 37 Kalendertage, gerechnet vom Tage nach Absendung der Bekanntmachung oder der Aufforderung an. Sie darf auf keinen Fall kürzer sein als 22 Kalendertage, bei elektronischer Übermittlung der Bekanntmachung nicht kürzer als 15 Kalendertage.
   b) Die Bewerbungsfrist kann bei elektronischen Bekanntmachungen gemäß Nummer 1 Absatz 3 um 7 Kalendertage verkürzt werden.
   c) Die Angebotsfrist kann zwischen dem Auftraggeber und den ausgewählten Bewerbern einvernehmlich festgelegt werden, vorausgesetzt, dass allen Bewerbern dieselbe Frist für die Erstellung und Einreichung von Angeboten eingeräumt wird.
   d) Falls eine einvernehmliche Festlegung der Angebotsfrist nicht möglich ist, setzt der Auftraggeber im Regelfall eine Frist von mindestens 24 Kalendertagen fest. Sie darf jedoch keinesfalls kürzer als 10 Kalendertage, gerechnet vom Tag nach Absendung der Aufforderung zur Angebotsabgabe, sein. Bei der Festlegung der Frist werden nur die in Nr. 3 genannten Faktoren berücksichtigt.

3. Können die Angebote nur nach Prüfung von umfangreichen Unterlagen, z.B. ausführlichen technischen Spezifikationen, oder nur nach einer Ortsbesichtigung oder Einsichtnahme in ergänzende Unterlagen zu den Vergabeunterlagen erstellt werden und können die Fristen der Nummern 1 und 2 deswegen nicht eingehalten werden, so sind sie angemessen zu verlängern.

---

[1] http://simap.eu.int

VOB/A § 18b Angebotsfrist, Bewerbungsfrist

Inhaltsübersicht Rn.

A. Allgemeine Grundlagen... 1
B. Angebotsfrist beim Offenen Verfahren (Nr. 1) 2
    I. Regelfrist 52 Kalendertage 2
    II. Verkürzte Angebotsfrist 3
    III. Elektronische Bekanntmachungen 4
C. Fristen bei Nichtoffenen Verfahren und Verhandlungsverfahren nach vorherigem Aufruf zum Wettbewerb (Nr. 2) 7
    I. Bewerbungsfrist von 37 Kalendertagen 8
    II. Einvernehmliche Festlegung 10
    III. Regelfrist von 24 Kalendertagen 11
D. Bei Festsetzung angemessener Fristen zu berücksichtigende Umstände (Nr. 3) 12

A. Allgemeine Grundlagen

1 § 18b VOB/A enthält ergänzende Regelungen zur Basisbestimmung in § 18 VOB/A zu Fragen der Angebotsfrist bzw. Bewerbungsfrist in jenen Fällen, in denen die Vergabe in den Sektoren der Trinkwasser- oder Energieversorgung sowie des Verkehrs- und Fernmeldewesens zu erfolgen hat, weil i.V.m. der Vergabeverordnung die Voraussetzungen von **§ 1b VOB/A** gegeben sind. Dabei wird in einer Reihe von Bereichen an die Bestimmungen in § 17b VOB/A angeknüpft. Nr. 1 betrifft die Angebotsfrist im Offenen Verfahren. Für Nichtoffene und Verhandlungsverfahren mit vorherigem Aufruf zum Wettbewerb befasst sich die Nr. 2. Nr. 3 enthält Möglichkeiten zur Fristverlängerung für alle Vergabearten. Die Fassung 2006 enthält Aktualisierungen im Hinblick auf die EU-Vergabekoordinierungsrichtlinie für Sektorenauftraggeber (2004/17/EG) und die Verwendung der Bekanntmachungsmuster der Verordnung (EG) Nr. 1564/2005.

B. Angebotsfrist beim Offenen Verfahren (Nr. 1)

I. Regelfrist 52 Kalendertage

2 In **Abs. 1** ist als Grundregel festgehalten, dass beim Offenen Verfahren die Angebotsfrist **mindestens 52 Kalendertage** beträgt, und zwar gerechnet vom Tag nach Absendung der Bekanntmachung. Diese Bestimmung ist **inhaltsgleich mit** der Regelung in **§ 18a Nr. 1 Abs. 1 VOB/A,** so dass auf die Erläuterungen dazu Bezug genommen werden kann (vgl. § 18a VOB/A Rn. 2).

II. Verkürzte Angebotsfrist

3 Gemäß der **Ausnahmeregelung in Abs. 2** kann die **Frist verkürzt** werden, **wenn eine den zeitlichen und inhaltlichen Vorgaben des Abs. 2 genügende regelmäßige nichtverbindliche Bekanntmachung nach § 17b Nr. 2 Abs. 2 VOB/A erfolgt** ist. **Vom Grundgedanken her deckt sich diese Bestimmung mit § 18a Nr. 1 Abs. 2 VOB/A,** wonach die gleiche Verkürzung möglich ist, wenn dort eine Vorinformation vorausgegangen ist (vgl. dazu § 18a VOB/A Rn. 3). Auch hier sind die in Betracht kommenden Bewerber bereits durch die regelmäßige Bekanntmachung hinreichend informiert, so dass im Allgemeinen davon auszugehen ist, dass sie mit einer kürzeren Frist für die Bearbeitung und Abgabe des Angebotes auskommen.

III. Elektronische Bekanntmachungen

Nach dem mit der Ausgabe 2006 neu eingefügten Abs. 3 können bei Bekanntmachungen, die über das Internetportal des Amtes für amtliche Veröffentlichungen der Europäischen Gemeinschaften auf elektronischem Wege erstellt und übermittelt werden (elektronische Bekanntmachung), die in Abs. 1 und 2 genannten **Angebotsfristen um 7 Kalendertage verkürzt** werden. Damit sollen Anreize für eine weitgehende Nutzung der elektronischen Medien geschaffen werden. 4

Ebenso kann die Angebotsfrist nach Abs. 4 **um weitere 5 Kalendertage verkürzt werden**, wenn ab der Veröffentlichung der Bekanntmachung die Verdingungsunterlagen und alle zusätzlichen Unterlagen auf elektronischem Wege frei, direkt und vollständig verfügbar gemacht werden; in der Bekanntmachung ist die Internetadresse anzugeben, unter der diese Unterlagen abrufbar sind. 5

Allerdings wird mit einem neuen Abs. 5 ab der Ausgabe 2006 eine **Mindestfrist** für die Angebotsfrist eingeführt, die auch unter Heranziehung aller möglichen Verkürzungsmöglichkeiten in keinem Fall unterschritten werden darf: Im Offenen Verfahren darf die Kumulierung der Verkürzungen keinesfalls zu einer Angebotsfrist führen, die kürzer ist als 15 Kalendertage, gerechnet vom Tag nach Absendung der Bekanntmachung. 6

C. Fristen bei Nichtoffenen Verfahren und Verhandlungsverfahren nach vorherigem Aufruf zum Wettbewerb (Nr. 2)

Hier mussten wegen der Besonderheiten dieser Verfahren verschiedene Fristenregelungen getroffen werden, wie sich aus den Einzelgesichtspunkten ergibt, die unter Buchstabe a und b geregelt sind. 7

I. Bewerbungsfrist von 37 Kalendertagen

In **Abs. 2a S. 1** ist die Frist für den **Eingang von Teilnahmeanträgen (Bewerbungsfrist) aufgrund einer Bekanntmachung nach § 17b Nr. 1 Abs. 1a VOB/A oder einer Aufforderung nach § 17b Nr. 2 Abs. 5c VOB/A auf regelmäßig mindestens 37 Kalendertage, gerechnet vom Tage nach Absendung der Bekanntmachung oder der Aufforderung an, festgelegt**. Dazu ist festzuhalten, dass sich aus dem Wort »**mindestens**« eindeutig ergibt, dass regelmäßig diese Frist **nicht unterschritten werden darf**. Andererseits erlauben die hier gebrauchten Worte »**in der Regel**«, im Einzelfall auch **kürzere Fristen festzulegen**. Dies setzt aber voraus, dass im Einzelfall eine **wohlbegründete Ausnahme** vorliegt, die keinesfalls auf einer Nachlässigkeit des Auftraggebers beruhen darf, sondern die sich aus dem Zwang der Verhältnisse ergibt, auf die der Auftraggeber keinen Einfluss hat, ihm auch im Hinblick auf seine Erfüllungsgehilfen (wie Planer usw.) kein Vorwurf zu machen ist (§ 278 BGB). Im Zweifelsfalle ist eine solche Ausnahme **vom Auftraggeber** im Einzelnen **zu begründen und nachzuweisen**. Selbst für solche Ausnahmefälle hat der Auftraggeber eine **Mindestfrist zu wahren**, wie sich hier aus **S. 2** ergibt. Hiernach darf auch in Ausnahmefällen die Frist **nicht kürzer als 22 Kalendertage** sein; auch bei Verwendung der Verkürzungsmöglichkeit für elektronische Bekanntmachungen nicht kürzer als 15 Kalendertage. Die in Betracht kommende Frist rechnet sich jeweils vom Tag nach Absendung der betreffenden Aufforderung (§ 187 Abs. 1 BGB). 8

Nach dem mit der Ausgabe eingefügten Buchstaben b kann auch die Bewerbungsfrist um 7 Kalendertage verkürzt werden, wenn eine elektronische Bekanntmachung gemäß den Anforderungen der N. 1 Abs. 3 durch die Vergabestelle erfolgt ist. 9

II. Einvernehmliche Festlegung

10 Nach **Abs. 2b** kann die Angebotsfrist, also die Frist zur Abgabe von Angeboten, vom Auftraggeber und von den ausgewählten Bewerbern **einvernehmlich festgelegt** werden. Dies betrifft, wie eingangs dieser Nr. 2 gesagt, das Nichtoffene Verfahren sowie das Verhandlungsverfahren nach vorherigem Aufruf zum Wettbewerb. Mit den nunmehr zur Angebotsabgabe ausgesuchten Bewerbern kann der Auftraggeber also die Angebotsfrist im allseitigen Einvernehmen festlegen. Voraussetzung ist allerdings, dass **allen Bewerbern dieselbe Frist** für die Bearbeitung und Einreichung von Angeboten eingeräumt wird. Dies ist **zwingende Voraussetzung,** da es sich gerade hier darum handeln muss, allen Beteiligten gleiche Chancen auch in zeitlicher Hinsicht einzuräumen.

III. Regelfrist von 24 Kalendertagen

11 Falls es **nicht** zu einer einvernehmlichen Festlegung der Angebotsfrist nach Abs. 2b (vgl. oben Rn. 6) kommt, bestimmt Abs. 2c S. 1, dass der Auftraggeber **im Regelfall eine Frist von mindestens 24 Kalendertagen** festzusetzen hat. Auch diese Frist ist eine **Mindestfrist,** und sie darf **nur in wirklichen Ausnahmen unterschritten** werden, was sich vor allem aus den Worten »im Regelfall« ergibt. Hierzu gilt das bereits oben in Rn. 4 Ausgeführte. **Selbst wenn** eine **begründete Ausnahme** von der Regel vorliegt, setzt **S. 2** eine **zwingende Grenze.** Hiernach darf die Angebotsfrist **keinesfalls kürzer als 10 Kalendertage,** gerechnet vom Tag nach Absendung der Aufforderung zur Angebotsabgabe (§ 187 Abs. 1 BGB), sein. Diese Frist ist bei **objektiver Betrachtung sehr kurz,** zumal sie bereits am Tage nach Absendung der Aufforderung zur Angebotsabgabe beginnt. **In der Praxis** wird eine solche kurze Mindestfrist **kaum einzuhalten** sein. Zu beachten ist deshalb hier **besonders S. 3,** wonach bei der Festlegung der Frist **nur die in Nr. 3 genannten Faktoren berücksichtigt werden.** Dies betrifft sowohl den Fall des S. 1 als auch den des S. 2 (vgl. dazu nachfolgend Rn. 8).

D. Bei Festsetzung angemessener Fristen zu berücksichtigende Umstände (Nr. 3)

12 Diese Regelung gilt mit als **Maßstab für das Setzen angemessener Fristen** sowohl im Falle des Offenen Verfahrens nach Nr. 1 (vgl. oben Rn. 1 f.) als auch bei Nichtoffenen Verfahren und Verhandlungsverfahren mit vorherigem Aufruf zum Wettbewerb (vgl. oben Rn. 4 ff.). Können die Angebote **nur nach Prüfung von umfangreichen Unterlagen,** z.B. ausführlichen technischen Spezifikationen, oder nur nach einer Ortsbesichtigung oder Einsichtnahme in ergänzende Unterlagen zu den Vergabeunterlagen erstellt werden, so muss dies beim Festsetzen angemessener Fristen berücksichtigt werden. Diese Regelung hat Ähnlichkeit mit den Bestimmungen in § 18a Nr. 1 Abs. 3 VOB/A sowie a.a.O. Nr. 4 (vgl. § 18a VOB/A Rn. 4 ff. sowie 18). Die dort angeführten Gesichtspunkte sind auch hier entsprechend zu beachten. Hier kommt es zunächst auf die Prüfung **umfangreicher Unterlagen** an, wobei **beispielhaft die Prüfung ausführlicher technischer Spezifikationen** genannt ist. In letzterer Hinsicht kann es insbesondere sein, dass der Auftraggeber zusätzliche oder abweichende technische Spezifikationen aufgestellt hat (vgl. § 9b VOB/A), die entweder in ihrem Umfang oder im Bereich technischer Schwierigkeiten oder in beidem erheblich über den normalerweise für eine ordnungsgemäße Angebotsabgabe zu erwartenden Aufwand hinausgehen. **Dasselbe** gilt auch für die **Prüfung von sonstigen Unterlagen,** wie zahlreicher und schwieriger Zeichnungen oder Berechnungen oder sonstiger planerischer Angaben, die für die Angebotsbearbeitung wichtig sind, vor allem die vom Bewerber bzw. Bieter vorzunehmende Kalkulation. Des Weiteren kann es erforderlich sein, was eigentlich schon für den Regelfall geboten ist, sich **an Ort und Stelle über wesentliche Punkte für eine ordnungsgemäße Kalkulation zu orientieren, eine Ortsbesichtigung vorzunehmen oder an anderer Stelle, etwa beim Auftraggeber oder dessen Planer, Einsicht in die Vergabeunterlagen ergänzende Unterlagen,** die den Bewerbern nicht mitgesandt worden sind, **zu nehmen,** wobei naturgemäß auch hier in erster Linie an umfangreiche planerische Unterlagen zu denken ist. Alle diese Umstände müssen bei der Bemessung der hier nach § 18b VOB/A festzulegenden Fristen **beachtet** werden, was normalerweise zu einer **Fristverlängerung** führt. Also muss der Auftraggeber unter **Berücksichtigung der ihm vorgegebenen Mindestfristen** im konkreten Einzelfall überlegen, ob und welche **Zuschläge** er aus den vorgenannten Gründen zu geben hat, und zwar nach dem Richtpunkt, was ein fachkundiger Bieter bei objektiver Betrachtung an Zeit braucht, um unter Berücksichtigung der gegebenen Umstände ein **vollständiges, der Sache entsprechendes, die maßgebenden Gesichtspunkte berücksichtigendes Angebot abzugeben**. Alle Erfahrung lehrt, dass der Auftraggeber hier gut beraten ist, **nicht kleinlich** zu sein, also bei der Bestimmung der jeweils maßgebenden Frist eher **großzügig** zu verfahren. Umso mehr ist dann die Möglichkeit geschaffen, der wirklichen Sachlage entsprechende Angebote zu erhalten, was dann jedenfalls eher die Möglichkeit bietet, abgeschlossene Bauverträge für beide Seiten zufriedenstellend abzuwickeln.

§ 19
Zuschlags- und Bindefrist

1. Die Zuschlagsfrist beginnt mit dem Eröffnungstermin.
2. Die Zuschlagsfrist soll so kurz wie möglich und nicht länger bemessen werden, als der Auftraggeber für eine zügige Prüfung und Wertung der Angebote (§§ 23 bis 25) benötigt. Sie soll nicht mehr als 30 Kalendertage betragen; eine längere Zuschlagsfrist soll nur in begründeten Fällen festgelegt werden. Das Ende der Zuschlagsfrist ist durch Angabe des Kalendertages zu bezeichnen.
3. Es ist vorzusehen, dass der Bieter bis zum Ablauf der Zuschlagsfrist an sein Angebot gebunden ist (Bindefrist).
4. Die Nummern 1 bis 3 gelten bei Freihändiger Vergabe entsprechend.

Inhaltsübersicht   Rn.

A. Allgemeine Grundlagen	1
I. Begriffliches	2
II. Beachtung des AGB-Rechts	3
III. Erforderliche Angaben im Anschreiben	5
IV. Rechtsfolgen bei Nichtfestlegung der Zuschlags- und Bindefrist	6
B. Die Zuschlagsfrist und ihre Dauer (Nr. 1 und 2)	7
I. Grundlagen	7
1. Gesetzliche Regelung	7
2. Fristbestimmung durch Auftraggeber	8
3. Fristbestimmung durch Auftraggeber praxisnah	9
II. Angemessenheit der Frist	10
III. Eröffnungstermin als Fristbeginn	11
IV. Bemessung der Frist	12
1. Möglichst kurze Frist	13
2. Festlegung der Frist	14
V. Bestimmung des Fristendes	15
VI. Verlängerung der Zuschlagsfrist	16
C. Die Bindefrist (Nr. 3)	20
I. Bedeutung der Nr. 3	20
II. Anfechtung des Angebots, insbesondere Kalkulationsirrtum	23
1. Lösung von der Bindung grundsätzlich nur durch Anfechtung	23
2. Unverzügliche Irrtumsanfechtung – Inhalt der Anfechtungserklärung	24
3. Kalkulationsirrtum	26
4. Inhaltsirrtum	29
5. Einzelfälle	30

	Rn.
6. AGB-Klauseln	34
7. Folgen der Anfechtung	36
8. Anfechtung durch den Auftraggeber	38
D. Geltung bei Freihändiger Vergabe	39

Aufsätze: *Freese* Bauvergabe nach VOB/A bei erkanntem Kalkulationsirrtum des Bieters BB 1982, 1271; *Hundertmark* Die Behandlung des fehlkalkulierten Angebotes bei der Bauvergabe nach VOB/A BB 1982, 16; *Koch* Angebotskorrekturen bei öffentlichen Aufträgen BB 1982, 1517; *Heiermann* Der Kalkulationsirrtum des Bieters beim Bauvertrag BB 1984, 1836; *Höfler* Die Bedeutung der Zuschlags- und Bindefrist für das Vergabeverfahren nach der VOB/A BauR 2000, 963; *Gesterkamp* Rechtsfragen zur Zuschlags- und Bindefrist – Rechtsfolgen ihres Ablaufs VergabeR 2002, 454.

A. Allgemeine Grundlagen

1 § 19 VOB/A befasst sich im Anschluss an die §§ 18 und 18a VOB/A mit weiteren für die Vergabe von Bauaufträgen des Öffentlichen Auftraggebers ausschlaggebenden Fristen, nämlich der Zuschlags- und der Bindefrist. Diese formalen Regelungen haben durch das Inkrafttreten des Vergaberechtsänderungsgesetzes insbesondere für den Vertragsschluss im Vergabeverfahren noch weiter an Bedeutung gewonnen. In diesem Bereich bedarf es aber im Rahmen der Kommentierung auch der Erörterung von mit diesen Fristen zusammenhängenden Rechtsfragen. Gerade auch hier greifen Gesichtspunkte ein, die das AGB-Recht zur Grundlage haben. Des Weiteren bedarf es der Erörterung von Rechtsgrundsätzen im Zusammenhang mit etwaiger Anfechtung von Angeboten durch den Bieter. Gerade auch deswegen sollten die hier zur Erörterung stehenden Fragen auch bei der Bauvergabe privater Bauherren Beachtung finden. Die in Nr. 2 genannte Frist wurde durch die Fassung 1992 geändert; die Fassungen 2000, 2002 und 2006 ließen § 19 VOB/A unverändert.

I. Begriffliches

2 § 19 VOB/A regelt nicht nur die Zuschlagsfrist, sondern auch die Bindefrist. Mit der einen befassen sich Nr. 1 und 2, die andere ist in Nr. 3 behandelt. Unter **Zuschlagsfrist** versteht man den **Zeitraum,** der dem Auftraggeber **zur Überlegung** zur Verfügung steht, welches der eingereichten, zur Kenntnis genommenen Angebote er annehmen, mit welchem der Bieter er den beabsichtigten Bauvertrag abschließen, also wem er den Zuschlag erteilen will. Die **Bindefrist** ist der Zeitraum, in dem die **Bieter ihrerseits an ihre Angebote** gegenüber dem Auftraggeber **gebunden** sind, so dass sie diese nicht mehr ohne weitere sachliche Voraussetzungen, wie es bei § 18 Nr. 3 VOB/A der Fall ist, zurücknehmen bzw. zurückziehen können. Eine Zusammenfassung der Zuschlags- und der Bindefrist in einer Bestimmung der VOB rechtfertigt sich aus dem sich nach §§ 145 ff. BGB ergebenden inneren rechtlichen Zusammenhang.

II. Beachtung des AGB-Rechts

3 Bereits mit dem **Urteil vom 26.9.1997 hat sich der BGH in Zusammenhang mit einer Vertragsstrafenregelung sich grundsätzlich zu dem so genannten »Vielzahlkriterium« geäußert** (BGH Urt. v. 26.9.1997 VII ZR 318/95 BauR 1997, 123 = NJW 1997, 135). Die beabsichtigte Verwendung in einer Vielzahl von Fällen ist Voraussetzung für die Annahme von Allgemeinen Geschäftsbedingungen und die Anwendbarkeit des ABG-Rechts. Der Begriff der Vielzahl unterstreicht i.V.m. dem Merkmal der Vorformulierung den nicht am individuellen Vertragsverhältnis, sondern am Massengeschäft ausgerichteten Charakter der Allgemeinen Geschäftsbedingungen (*Ulmer* in *Ulmer/Brandner/Hensen* § 1 Rn. 23). Nach der genannten Rechtsprechung des BGH ist die wiederholte Verwendung einer Klausel in verschiedenen Verträgen nicht immer Voraussetzung dafür, dass von Allgemeinen Geschäftsbedingungen gesprochen werden kann. Hat der Verwender die Klausel vorformuliert, so ist **für das Merkmal der Vielzahl nach § 305 Abs. 1 BGB entscheidend, ob der Verwender schon beim ersten Mal beabsichtigt, sie auch in weitere Verträge einzubeziehen.** Wird eine Klausel dagegen allein für einen konkreten Einzelvertrag vorformuliert, so dass von Allgemeinen Geschäftsbedingungen zunächst nicht die Rede sein kann, bleibt es bei dieser Beurteilung, selbst wenn später diese Vertragsbedingung in weitere Verträge Eingang findet und dort als Allgemeine Geschäftsbedingung einzustufen ist. Wenn ein Auftraggeber eine Klausel über die Festlegung der Zuschlagsfrist oder die Vereinbarung einer Bindefrist gleichermaßen gegenüber allen Bietern verwendet hat, wäre es danach unerheblich, dass hierin eine Mehrfachverwendung zu erkennen ist. Denn nach dem damaligen § 1 AGB-Gesetz (nunmehr § 305 Abs. 1 BGB) ergibt sich nach BGH die Eigenschaft als Allgemeine Geschäftsbedingung aus der Vorformulierung für viele Verträge nicht für die Ausschreibung gegenüber mehreren Bietern, die nur auf den Abschluss eines einzelnen Vertrages abzielt (BGH a.a.O., 125). Die nachstehende der Vorauflage entsprechende Auffassung zur Anwendbarkeit des AGB-Rechts wird daher von Höfler als »nicht mehr haltbar angesehen« (*Höfler* BauR 2000, 963, 964; zur Auslegung der BGH-Rechtsprechung vgl. auch *Schulz* NZBau 2000, 317).

Diese weitgehende Konsequenz erscheint noch nicht gesichert. Die **Reichweite des zu einer Vertragsstrafenklausel eines privaten Auftraggebers ergangenen BGH-Urteils dürfte noch zu klären sein.** Jedenfalls, wenn eine Wiederverwendungsabsicht des Auftraggebers vorliegt – was gerade bei öffentlichen und großen privaten Auftraggebern oftmals der Fall sein dürfte, behält die nachstehende Auffassung ihre Bedeutung. Unter Hinweis darauf, dass Zuschlagsfrist und Bindefrist zeitlich identisch sind, ist danach derjenige, der **Allgemeine Geschäftsbedingungen** (Zusätzliche Vertragsbedingungen bzw. formularmäßige Ausschreibungsbedingungen) **verwendet,** wie auch häufig der öffentliche Auftraggeber, in dem hier gegebenen Zusammenhang **verpflichtet, § 308 Nr. 1 BGB zu beachten.** Hiernach ist eine Bestimmung verboten, durch die sich der Verwender unangemessen lange oder nicht hinreichend bestimmte Fristen für die Annahme oder Ablehnung eines Angebotes vorbehält. Weil es sich hier um den Schutz der wirtschaftlichen Freiheit handelt, gilt die Regelung des § 308 Nr. 1 a.a.O. über § 307 BGB a.a.O. auch zugunsten von Kaufleuten (richtig *Ulmer/Brandner/Hensen* § 10 Nr. 1 Rn. 10). **Außerdem** verhält sich ein Auftraggeber, der nach VOB/A ausschreibt und sich **nicht an die Grundsätze von § 19 Nr. 2 VOB/A hält, treuwidrig (§ 242 BGB),** wenn er **ohne rechtfertigenden Grund** eine **erheblich längere** Zuschlagsfrist in Anspruch nimmt und dann den Bieter, der den Zuschlag erhält, an diese binden will (BGH BauR 1992, 221 = SFH VOB [Allgemeines] Nr. 1 = NJW 1992, 827 = ZfBR 1992, 67 Nr. 6 = MDR 1992, 262 = LM VOB/A Nr. 12). **Richtpunkte** dafür, welche Fristen für angemessen zu gelten haben, liefert demnach **§ 19 Nr. 2 i.V.m. Nr. 3 VOB/A.** Wenn es sich bei Nr. 2 auch um eine so genannte Soll-Vorschrift handelt, so gibt sie jedenfalls im Rahmen des genannten Gesetzes eine Beurteilungsgrundlage für die Festlegung angemessener Zuschlags- und Bindefristen ab (so auch BGH a.a.O.). **Angesichts des AGB-Rechts hat daher § 19 VOB/A an rechtlichem Gewicht gewonnen,** sofern es sich um von einem betreffenden Auftraggeber mehrfach verwendete Ausschreibungsbedingungen handelt; vgl. dazu LG Nürnberg-Fürth (SFH § 10 Nr. 1 AGB-Gesetz Nr. 2), wonach eine ohne Rücksicht auf die Erfordernisse des Einzelfalles erfolgte generelle Festlegung in den Ausschreibungsunterlagen, dass die Bieter 8 Wochen ab Einreichung der Angebote gebunden sind, unzulässig ist (bestätigt durch OLG Nürnberg SFH § 10 Nr. 3 AGB-Gesetz Nr. 2). Gleiches trifft auf die Klausel zu, wonach das Angebot verbindlich sei für eine Zuschlagsfrist von drei Monaten, beginnend mit dem Tag der Angebotsabgabe; weiter OLG Köln (SFH § 19 VOB/A Nr. 4) bei genereller Festlegung einer Zuschlagsfrist von 36 Werktagen, jedoch unzutreffend in der Annahme, bei der Frist in § 19 Nr. 2 VOB/A handle es sich um eine Obergrenze, da übersehen wird, dass es sich hier um eine Soll-Vorschrift handelt, die in dieser Fassung im Grundsatz lediglich einen Mittelwert zum Ausdruck bringen kann (so schon BGH BauR 1986, 334 = SFH § 23 VOB/A Nr. 1 = Betrieb 1986, 962 = NJW-RR 1986, 569 = MDR 1986, 575 = LM VOB/A Nr. 9 = ZfBR 1986, 128). Im Ergebnis ist zu folgern: Der Auftraggeber darf eine Zuschlags- und Bindefrist **bis 30 Kalendertagen ohne besondere Begründung ausnutzen.** Falls er eine **längere Frist** in Anspruch nehmen will, **muss** dies vom Auftraggeber **begründet werden** (BGH BauR 1992, 221 = SFH VOB [Allgemeines] Nr. 1 = NJW 1992, 827 = ZfBR 1992, 67 Nr. 6 = MDR 1992, 262 = LM VOB/A Nr. 12). **Damit die Bewerber bzw. Bieter darüber rechtzeitig informiert** werden, muss dies **in den Vergabeunterlagen** geschehen. Es ist zu bedenken, dass die Frage der Angebots- und Bindefrist für die innerbetriebliche Disposition der Unternehmer von **grundlegender Bedeutung** ist.

Nach § 308 Nr. 1 BGB unwirksam, weil zu unbestimmt, ist eine Klausel, wonach der Auftrag erst angenommen sei, »wenn er nicht innerhalb von 4 Wochen nach Besuch meines Technikers schriftlich abgelehnt wird« (LG Dortmund MDR 1981, 759).

III. Erforderliche Angaben im Anschreiben

5 **Nach § 10 Nr. 5 Abs. 2p VOB/A ist die Zuschlags- und die Bindefrist in das Anschreiben (Aufforderung zur Angebotsabgabe) aufzunehmen.** Die Bekanntgabe der beiden Fristen an die Bewerber hat aber noch eine über die reine Zweckbestimmung nach § 10 Nr. 5 Abs. 2p VOB/A (Wichtigkeit für den Entschluss zur Beteiligung an der Ausschreibung) hinausgehende Bedeutung. Denn die nach § 19 VOB/A festzulegenden Fristen schaffen in der Regel die **nach § 148 BGB zulässige Sonderlage,** wonach bei Bestimmung einer Frist die Annahme eines Angebots nur innerhalb der Frist erfolgen kann. Zur Vermeidung von Rechtsnachteilen, die beim Fehlen entsprechender Fristangabe auftreten könnten, wird dringend empfohlen, im Anschreiben Mitteilungen über Zuschlags- und Bindefristen aufzunehmen, und zwar unabhängig von § 10 Nr. 5 Abs. 2p VOB/A.

IV. Rechtsfolgen bei Nichtfestlegung der Zuschlags- und Bindefrist

6 **Unterbleibt die Festlegung einer Zuschlags- und Bindefrist,** so kommen die nachfolgend in Rn. 8 ff. erläuterten Rechtswirkungen nicht in Betracht. Vielmehr **bleibt** es dann **bei den maßgebenden gesetzlichen Regelungen, insbesondere des § 147 Abs. 2 BGB** (vgl. BGH BauR 1992, 221 = SFH VOB [Allgemeines] Nr. 1 = NJW 1992, 827 = ZfBR 1992, 67 Nr. 6 = MDR 1992, 262 = LM VOB/A Nr. 12; OLG Düsseldorf BauR 1980, 65 = SFH § 19 VOB/A Nr. 3; dazu nachfolgend Rn. 8).

B. Die Zuschlagsfrist und ihre Dauer (Nr. 1 und 2)

I. Grundlagen

1. Gesetzliche Regelung

7 Wie ausgeführt (vgl. § 18 VOB/A Rn. 15), kann man **bei Ausschreibungsverfahren** von einem bindenden »Antragen« zur Schließung eines Vertrages i.S.v. § 145 BGB im Rahmen eines Ausschreibungsverfahrens nach der VOB in dem Zeitpunkt sprechen, in dem das **Angebot im Eröffnungstermin geöffnet wird.** Von da ab läuft die Frist, in der nach der gesetzlichen Regelung (§ 146 BGB) die Annahme **rechtzeitig zu erklären** ist. Das würde bedeuten, dass bei Anwesenheit des Bieters die Annahme sofort erklärt werden müsste, § 147 Abs. 1 BGB. Selbst wenn man aber das Vertragsangebot im Vergabeverfahren der VOB als ein Angebot unter Abwesenden bezeichnen wollte (z.B., wenn der Bieter oder sein bevollmächtigter Vertreter im Eröffnungstermin nicht zugegen ist), so müsste die Annahme des Angebotes nach § 147 Abs. 2 BGB bis zu einem Zeitpunkt geschehen, in dem der Bieter den Eingang der Antwort **unter regelmäßigen Umständen erwarten darf.** Zwar wird hierbei dem Auftraggeber eine angemessene Überlegungsfrist zugebilligt. Diese gesetzliche Forderung ist aber zu unbestimmt und kann für beide Seiten zu Problemen führen. Hierbei ist auch zu bedenken, dass bei mehreren Angeboten, die nachgeprüft werden müssen, der Auftraggeber meist gar nicht in der Lage sein wird, in solch kurzer Zeit seine Entscheidung zu treffen. **Daher ist es weitaus klarer**

für beide Teile, wenn für die Annahme des Angebotes eine Frist bestimmt wird, wie das auch nach § 148 BGB gestattet ist. Eine solche festgesetzte Frist ist dann entgegen § 147 BGB allein maßgebend für die eventuelle Annahme des Angebotes. Hierdurch werden die möglichen Folgen einer verspäteten Annahme nach § 150 BGB ausgeschlossen, zumal sich diese Bestimmung wohl kaum mit der Natur eines Vergabeverfahrens nach der VOB vereinbaren lässt. § 150 BGB besagt nämlich, dass die verspätete Annahme des Angebotes durch den Auftraggeber als neues Angebot dem Bieter gegenüber aufzufassen ist, das dieser wieder seinerseits annehmen muss; es sei denn, dass eine solche ausdrückliche Annahme nach der Verkehrssitte nicht erwartet wird oder der Auftraggeber darauf verzichtet hat (§ 151 BGB). Durch die Bestimmung der Annahmefrist (der Zuschlagsfrist) wird den Besonderheiten des Bauvergabeverfahrens, das eine recht eingehende Überprüfung der oft zahlreichen Angebote verlangt, weit eher Rechnung getragen als durch eine unbestimmte zeitliche Regelung, wie sie in den Vorschriften des BGB enthalten ist.

2. Fristbestimmung durch Auftraggeber

Zwar bestimmt § 148 BGB, dass die Bestimmung der Annahmefrist durch den Antragenden zu erfolgen hat. Das wäre der Bieter. **Demgegenüber wird aber diese Frist nach der VOB im Anschreiben des Auftraggebers nach § 10 Nr. 5 Abs. 2p VOB/A festgelegt.** Trotzdem ist das auch i.S.v. § 148 BGB zu rechtfertigen. Ebenso wie der Auftraggeber durch Anfertigung der Verdingungsunterlagen dem Bewerber, der Anbietender im Rechtssinne werden soll, wesentliche Teile des Angebotsinhalts »vorschreibt« und es ihm dann überlässt, die Verdingungsunterlagen zum Gegenstand seines Angebotes zu machen, ist es auch hier. Dadurch, dass im Anschreiben der Wille des Auftraggebers kundgetan wird, bei abgegebenen Angeboten innerhalb einer von ihm festgelegten Frist sich über den Zuschlag, d.h. die Annahme des Angebotes, zu entscheiden, macht der Bieter diese Frist im Wege stillschweigender und für beide Teile deutlich erkennbarer Bestimmung **zu seiner eigenen** i.S.v. § 148 BGB. Jedenfalls gilt das für den Regelfall, in dem der Bieter diese Frist hinnimmt und aufgrund der Ausschreibungsunterlagen die Leistung anbietet. Zwar ist es dem Bieter unbenommen, auf dem Angebot zu vermerken, dass er mit der vom Auftraggeber festgelegten Frist nicht einverstanden ist und dass er eine Erklärung über die Annahme seines Angebotes (den Zuschlag) innerhalb einer kürzeren oder längeren Frist erwartet. Dann handelt es sich um ein **Nebenangebot.** Dies wird allerdings kaum vorkommen, da grundsätzlich ein besonderes Interesse des Bieters an einer anderweitigen Fristsetzung nicht gegeben sein dürfte, **wenn** sich der Auftraggeber an die Richtlinien der §§ 18 Nr. 1–3 und 19 Nr. 1 und 2 VOB/A **gehalten hat.** Außerdem wird der Bieter, der die Zuschlagsfrist entgegen dem Vorschlag des Auftraggebers verkürzt, damit rechnen müssen, dass sein Angebot nicht beachtet wird. Zumindest wird er aber im Falle des Zuschlages mit einem umständlichen und keinem der Beteiligten dienenden Verfahren auf der Grundlage des § 150 BGB rechnen müssen.

3. Fristbestimmung durch Auftraggeber praxisnah

Dass die Zuschlagsfrist vom Auftraggeber errechnet wird, ist im Übrigen der Praxis mehr dienlich. Denn es ist zu bedenken, dass bei der Öffentlichen Ausschreibung in der Regel mit einer Vielzahl von Angeboten zu rechnen ist. Hinzu kommt dabei vor allem auch bei der Beschränkten Ausschreibung und selbst bei der Freihändigen Vergabe, dass der Auftraggeber hinreichend Zeit zur Prüfung und Wertung der Angebote benötigt. Wollte nun jeder Bieter für sich eine Zuschlagsfrist bestimmen, so wäre dadurch die Durchführung eines wirklichen Vergabeverfahrens in hohem Maße gefährdet, vor allem unter Beachtung der grundlegenden Forderung nach einem ordnungsgemäßen Vergabewettbewerb. Denn davon kann nur gesprochen werden, wenn dem Auftraggeber hinreichend Gelegenheit gegeben wird, alle Angebote gemeinsam einer hinreichenden Überprüfung zu unterziehen, bevor er über den Zuschlag entscheidet.

II. Angemessenheit der Frist

10 **Wesentlich ist, dass die vom Auftraggeber im Anschreiben festzusetzende Zuschlagsfrist, die im Wege stillschweigender Erklärung vom Bieter übernommen werden soll, so bemessen ist, dass sie den Interessen aller Beteiligten dient.** Hierauf hat der Auftraggeber besonders zu achten. Sein Interesse ist es, wie schon gesagt, hinreichend Zeit und Gelegenheit zu erhalten, alle eingereichten Angebote einer sorgfältigen und eingehenden Überprüfung zu unterziehen und darüber hinaus eine ausreichende Überlegungsfrist zu haben, um über den Zuschlag endgültig entscheiden zu können. Das Interesse der Bieter liegt darin, möglichst bald Gewissheit über die Aussichten ihres Angebotes zu erhalten; insbesondere nicht über die vom Auftraggeber zu beanspruchende Zeit hinaus hingehalten zu werden. Dabei ist die betriebliche Planung der Bieter, insbesondere die Einordnung möglicher Aufträge in den laufenden Arbeitsgang, wesentlicher Gesichtspunkt der erforderlichen Rücksichtnahme. Diesen Anforderungen wird der Auftraggeber grundsätzlich nur genügen, wenn er bei der Fristberechnung davon ausgeht, dass er mit der Prüfung der Angebote sogleich nach deren Eröffnung beginnt.

III. Eröffnungstermin als Fristbeginn

11 Nach Nr. 1 beginnt die **Zuschlagsfrist mit dem Eröffnungstermin.** Dies ist zeitlich mit der **Beendigung der Öffnung des letzten Angebots im Eröffnungstermin** gleichzusetzen. Denn die Überprüfung und Wertung der Angebote kann nicht eher beginnen, bevor nicht **alle** Angebote eröffnet und damit der inhaltlichen Kenntnisnahme durch den Auftraggeber zugänglich sind. Insoweit ist es geboten, die **Bindefrist genau einheitlich beginnen** zu lassen. Die Ansicht von Schelle/Erkelenz (S. 195) sowie Heiermann/Riedl/Rusam (§ 19 VOB/A Rn. 1), wonach die Zuschlagsfrist schon mit Eröffnung des ersten Angebotes beginnen soll, ist unrichtig, zumal die Gefahr, dass dann ein Bieter, dessen Angebot früher als das der anderen Bieter eröffnet worden ist, sein Angebot in Kenntnis der anderen Angebote wieder zurückziehen kann, nicht besteht. Hier wird die **Bindung an das konkret abgegebene Angebot mit der Bindefrist verwechselt. Die Bindung an das Angebot beginnt nämlich schon mit der Öffnung des ersten Angebotes (vgl. § 18 VOB/A Rn. 13, 1 und 2); ab da kann ein Angebot also nicht mehr zurückgezogen werden. Für den Lauf und damit die Berechnung der Zuschlagsfrist** ist jedoch § 187 Abs. 1 BGB zu beachten, wonach die Frist erst am Tage nach dem Eröffnungstermin beginnt.

Die Zuschlagsfrist **endet** in dem Zeitpunkt, der im Anschreiben bestimmt und vom Bieter entsprechend § 148 BGB durch sein Angebot stillschweigend übernommen wird.

IV. Bemessung der Frist

12 **§ 19 Nr. 2 VOB/A befasst sich mit der Bemessung der Zuschlagsfrist.** Insofern muss nach dem in Rn. 8 Erwähnten mit berücksichtigt werden, dass die Bieter ein berechtigtes Interesse daran haben, schnellstmöglich zu erfahren, welches Ergebnis ihr Angebot gehabt, insbesondere, ob es zur Vergabe geführt hat. Dabei gehört zu ihrer ordnungsgemäßen betrieblichen Planung auch die Beschaffung bzw. Bereitstellung von Arbeitskräften, Maschinen und Geräten, auch die rechtzeitige Verpflichtung von etwa für die Bauausführung in Betracht kommenden Nachunternehmern sowie von Baustofflieferanten usw.

1. Möglichst kurze Frist

13 Unter Berücksichtigung dessen **stellt Nr. 2 S. 1 den allgemeinen Grundsatz auf, dass die Zuschlagsfrist so kurz wie möglich und nicht länger bemessen sein soll, als der Auftraggeber für eine zügige Prüfung und Wertung der Angebote (§§ 23–25 VOB/A) benötigt.** Aus dem Wortlaut der Nr. 2 folgt zunächst, dass sie nicht etwa die Fristbestimmung ersetzt, sondern dass diese **in jedem**

einzelnen Fall erfolgen muss; die VOB-Regelung ist **nur eine Richtlinie für die Angemessenheit** einer Fristbestimmung (vgl. OLG Düsseldorf BauR 1980, 65 = SFH § 19 VOB/A Nr. 3). Weiterhin bedeutet das Wort »zügig«, dass der Auftraggeber gehalten ist, ohne zeitlichen Aufschub die Angebote zu prüfen und zu werten und sich nach dem dabei gefundenen Ergebnis zur Vergabe zu entschließen. Die von ihm vorzunehmenden Handlungen dulden also **keine Verzögerung;** insbesondere darf der Auftraggeber die Angebote nicht liegen lassen und sich zwischenzeitlich anderen Dingen zuwenden. Vor allem liegt es auch in seinem Bereich, das für die Prüfung und Wertung erforderliche Personal zur Verfügung zu haben. Durch den Hinweis auf die §§ 23–25 VOB/A ist klargestellt, dass die zügige Prüfung und Wertung **alle Handlungen** beinhaltet, wie sie in den genannten Vorschriften niedergelegt sind, und die dafür unbedingt notwendige Zeit. Im Rahmen der zügigen Prüfung und Wertung liegt es daher auch noch, wenn im Einzelfall Verhandlungen mit Bietern nach § 24 VOB/A notwendig werden, diese sich aber aus objektiv anzuerkennenden Gründen nicht sofort, sondern erst nach einigen Tagen verwirklichen lassen. Der Auftraggeber muss den in Nr. 2 S. 1 niedergelegten Grundsatz **ernst nehmen und unbedingt beachten,** zumal es ja auch in seinem Interesse liegt, baldmöglichst Klarheit über die Vergabe zu gewinnen.

2. Festlegung der Frist

Nr. 2 S. 2 dient dazu, den im vorerörterten S. 1 niedergelegten allgemeinen Grundsatz zu erhärten und zugleich näher zu fixieren. Hiernach soll die Zuschlagsfrist nicht mehr als 30 Kalendertage betragen. Damit ist zum Ausdruck gebracht, dass nach allgemeinen Erfahrungen der Praxis für den Regelfall eine Zuschlagsfrist von 30 Kalendertagen als ausreichend anzusehen ist. Dabei handelt es sich um einen **Anhaltspunkt.** Dadurch ist zugleich gesagt, dass es für die Bemessung der Zuschlagsfrist unter Berücksichtigung des in S. 1 genannten Grundsatzes immer auf die objektiv zu bewertenden Gegebenheiten und **Erfordernisse des Einzelfalles** ankommt. Es kann z.B. sein, dass der Auftraggeber entweder sofort oder jedenfalls nach weniger als 30 Kalendertagen in der Lage ist, die Leistung zu vergeben. Dann muss er eine kürzere Zuschlagsfrist festsetzen, um dem Grundsatz des S. 1 entsprechend zu handeln. Andererseits kann es sein, dass im Einzelfall eine Zuschlagsfrist von 30 Kalendertagen nicht ausreicht, sondern länger sein muss. Hierzu sagt S. 2 Hs. 2, dass eine **längere Zuschlagsfrist nur in begründeten Fällen festgelegt werden soll** (vgl. dazu BGH BauR 1986, 334 = SFH § 23 VOB/A Nr. 1 = Betrieb 1986, 962 = NJW-RR 1986, 569 = MDR 1986, 575 = LM VOB/A Nr. 9 = ZfBR 1986, 128 bei größerem Brückenbau mit zugelassenen und eingereichten Nebenangeboten; siehe ferner BGH BauR 1992, 221 = SFH VOB/A [Allgemeines] Nr. 1 = ZfBR 1992, 67 = NJW 1992, 827 = MDR 1992, 262 = LM VOB/A Nr. 12 zur Berücksichtigung der Willensbildung bei der Bauvergabe einer Gemeinde, insbesondere unter Beteiligung von ehrenamtlich tätigen Gremien). **Damit ist klar zum Ausdruck gebracht worden, dass eine längere Zuschlagsfrist nur ausnahmsweise** in Betracht kommen kann, wenn also besondere und anerkennenswerte sowie vom Auftraggeber näher anzugebende Umstände vorliegen, die für eine zügige Prüfung und Wertung der Angebote eine längere als 30 kalendertägige Zuschlagsfrist erfordern. Die Gründe hierzu müssen nachprüfbar sein und gegebenenfalls vom Auftraggeber offen gelegt, im Streitfall also auch bewiesen werden, wie sich aus dem Wortlaut der VOB (»in begründeten Fällen«) ergibt (so auch BGH in der zuletzt genannten Entscheidung; siehe auch oben Rn. 9). Dazu reicht nicht die Begründung, die Bieter hätten die Möglichkeit zu Änderungsvorschlägen und Nebenangeboten gehabt und es habe gegebenenfalls der Abstimmung mit der Denkmalbehörde und dem Amt für Denkmalpflege bedurft (vgl. OLG Hamm BauR 1996, 243). Andererseits kann es bei einer Gemeinde sein, dass in einem solchen Fall nicht absehbar ist, für welche Sitzung des Vergabeausschusses die Sache entscheidungsreif wird (OLG Hamm a.a.O., im Falle der Verlängerung der Bindefrist um 44 Arbeitstage).

V. Bestimmung des Fristendes

15 § 19 Nr. 2 S. 3 VOB/A beinhaltet eine ergänzende Regelung hinsichtlich der Bestimmung des Endes der Zuschlagsfrist, indem dort gesagt ist, das Ende der Zuschlagsfrist müsse durch **Angabe des Kalendertages, also des genauen Datums,** nicht daher durch Angabe der bloßen Zahl von Tagen oder Wochen, bezeichnet werden. Durch die VOB-Fassung 1992 (»ist ... zu ...«) ist klargestellt worden, dass diese Bestimmung **zwingend** ist, somit vom Auftraggeber eingehalten werden muss. Dies entspricht durchaus den berechtigten Belangen sowohl des Auftraggebers als auch der Bieter. Sie dient nämlich dazu, Unklarheiten und vor allem Missverständnisse zu vermeiden, besonders hinsichtlich der im Bereich der Frist liegenden Samstage, Sonntage und Feiertage. Der Auftraggeber muss also unbedingt hiernach verfahren, um spätere Unzuträglichkeiten, nicht zuletzt auch Anfechtungstatbestände (§§ 119 ff. BGB), zu vermeiden. Diese Regelung dient vor allem auch den berechtigten Belangen etwaiger ausländischer Bieter.

VI. Verlängerung der Zuschlagsfrist

16 Ist ein Auftraggeber in begründbaren Fällen nicht in der Lage, innerhalb der vorgesehenen Zuschlagsfrist den Zuschlag zu erteilen, **kann auch nachträglich, aber regelmäßig innerhalb der zunächst vorgesehenen Zuschlagsfrist, eine Verlängerung der Frist erfolgen.** Die VOB (§ 28 Nr. 1 VOB/A) sieht zwar vor, dass der Zuschlag innerhalb der Zuschlags- und Bindefrist zu erteilen ist, geht aber selbst davon aus, dass der Zuschlag auch nach Fristablauf erteilt werden kann (§ 28 Nr. 2 Abs. 2 VOB/A). Voraussetzung ist, dass der Auftraggeber die **Bieter, deren Angebote nach § 25 Nr. 3 VOB/A in die engere Wahl kommen, informiert** und sie auffordert, einer Verlängerung der Zuschlags- (und damit auch der Binde-)frist zuzustimmen. Erforderlich kann es bei einer Fristverlängerung auch häufig sein, die Ausführungsfristen entsprechend zu ändern. Ist im Zeitpunkt der Festsetzung der verlängerten Zuschlagsfrist die Wertung der Angebote noch nicht so weit fortgeschritten, dass die Angebote ermittelt worden sind, die in die engere Wahl kommen, hat der Auftraggeber alle noch im Wettbewerb befindlichen Bieter aufzufordern, der Verlängerung der Zuschlagsfrist zuzustimmen (ebenso im Ergebnis *Höfler* BauR 2000, 963, 965, der zwar aus nicht zwingenden dogmatischen Gründen zwischen der Zuschlagsfrist und der Bindefrist differenziert, aber für eine Verlängerung der Bindefrist zu den gleichen Schlussfolgerungen kommt).

17 **Eine Verlängerung der Zuschlagsfrist ist dabei nicht von der Zustimmung aller betroffenen Bieter abhängig.** Die bis zur 13. Auflage gegenteilige vertretene Rechtsauffassung wird – vor allem in Zusammenhang mit der neuen Rechtslage nach dem GWB und der hierzu ergangenen Rechtsprechung, die im Folgenden dargestellt wird, **nicht mehr aufrechtgehalten** (ebenso *Heiermann/Riedl/Rusam* § 19 VOB/A Rn. 9). Ein nach § 24 Nr. 3 VOB/A unstatthaftes Verhandeln liegt nicht vor, da die **Wettbewerbssituation in der Regel nicht zum Nachteil der Bieter verändert** wird, die einer Verlängerung der Zuschlagsfrist nicht zustimmen. Dies **gilt uneingeschränkt für die Nichtberücksichtigung von Angeboten, bei denen eine Zustimmung zur Verlängerung der Bindefrist nicht vorliegt, wenn diese Angebote ohnehin nicht als die wirtschaftlichsten anzusehen sind** (vgl. *Niebuhr/Kulartz/Kus/Portz* § 97 GWB Rn. 59). Problematischer ist der Fall, wenn der Bieter, der aufgrund seines wirtschaftlichen Angebotes an sich den Zuschlag erhalten müsste, einer Fristverlängerung nicht zustimmt (zum Schadensersatz bei Aufhebung des Verfahrens BGH BauR 1998, 1232, 1235). Nur Bietern, die der Verlängerung der Zuschlagsfrist zugestimmt haben und damit erklären, dass sie ihr Angebot aufrechterhalten, kann der Zuschlag erteilt werden. Auch in einem solchen Fall wird die Wettbewerbssituation aber dann nicht zu Lasten des vermeintlich besten Bieters verändert, wenn der Grund für die Notwendigkeit einer Verlängerung der Zuschlagsfrist gerade in der Durchsetzung des gesetzlichen Wettbewerbsprinzips liegt, wie es etwa bei Aussetzung eines Vergabeverfahrens durch den Suspensiveffekt nach § 115 Abs. 1 GWB im Rahmen eines eingeleiteten Nachprüfungsverfahrens der Fall ist.

Gründe für eine Verlängerung der Zuschlagsfrist können beispielsweise ein **erhöhter Wertungsaufwand oder die Einleitung eines Nachprüfungsverfahrens** sein. Ein erhöhter Wertungsaufwand kann sich z.B. aus einem großen Aufklärungsbedarf bei Vorliegen einer Vielzahl zulässigerweise eingereichten Nebenangebote und Änderungsvorschlägen ergeben. Ebenso kann die Prüfung der Eignung einen größeren Zeitraum beanspruchen, wenn sich zahlreiche Bieter aus dem EU-Ausland an dem Vergabeverfahren beteiligen. 18

In vielen Fällen wird die Verlängerung der Zuschlagsfrist bei der Einleitung eines Nachprüfungsverfahrens nach §§ 102 ff. GWB geboten sein. Da die Entscheidung der Vergabestelle über den Zuschlag durch die Einleitung eines Nachprüfungsverfahrens nach § 115 Abs. 1 GWB suspendiert ist und die Dauer des Nachprüfungsverfahrens in vielen Fällen die Zuschlagsfrist überschreiten könnte, **kann es für die Vergabestelle geboten sein, die betroffenen Bieter zur Verlängerung der Zuschlagsfrist aufzufordern.** Anders als beispielsweise in Österreich ist im deutschen Recht eine automatische Hemmung der Zuschlagsfrist nicht vorgesehen. Die Zuschlags-(und Binde-)frist läuft vielmehr ungehindert weiter, wenn es in Folge eines Nachprüfungsverfahrens zur Aussetzung des Vergabeverfahrens kommt. **Nur durch eine entsprechende Verlängerung der Zuschlagsfrist ist der Auftraggeber in diesen Fällen in der Lage, das Vergabeverfahren nach Beendigung des Nachprüfungsverfahrens fortzusetzen.** Die Aufforderung zu einer Fristverlängerung liegt dabei keineswegs im freien Ermessen des Auftraggebers, vielmehr soll er alles unternehmen, dass dem auf einen Zuschlag ausgerichteten Wesen des förmlichen Bauvergabeverfahrens nach VOB Rechnung getragen wird. Zu Recht hat das Bayer. Oberste Landesgericht im Rahmen eines Nachprüfungsverfahrens entschieden, dass ein **Vergabeverfahren auch nach Ablauf der Zuschlagsfrist** (aber vor Beendigung des Vergabeverfahrens!) **fortgesetzt werden kann, wenn der Auftraggeber alsbald alle für die Vergabe noch in Betracht kommenden Unternehmen auffordert, der Verlängerung der Zuschlags- und Bindefrist zuzustimmen** (BayObLG Beschl. v. 21.5.1999 Verg. 1/99 NZBau 2000, 49). Es genügt dann, wenn mit den weiterhin am Zuschlag interessierten und je nach Verfahrensstand in Betracht kommenden Bietern eine neue Zuschlags- und Bindefrist in Lauf gesetzt und der Zuschlag innerhalb dieser Frist erteilt wird. In diesen Fällen ist von Bedeutung, dass die Zuschlagsfrist nach § 19 Nr. 2 VOB/A möglichst kurz zu halten ist. Wie oben festgestellt, soll sie nicht länger bemessen werden, als der Auftraggeber für eine Prüfung und Wertung der Angebote benötigt. Andererseits wird sich der Zuschlag schon wegen des mit einem Nachprüfungsantrag verbundenen Suspensiveffektes (§ 115 Abs. 1 GWB) in zahlreichen Fällen über eine kurz bemessene Zuschlagsfrist hinaus zwangsläufig verzögern, wenn ein Bieter nach Beginn der Zuschlagsfrist (regelmäßig der Eröffnungstermin nach § 19 Nr. 1 VOB/A) einen solchen Antrag stellt. **Es entspräche nicht der Zielsetzung des Nachprüfungsverfahrens, wenn es ein Bieter in der Hand hätte, durch Stellung des Nachprüfungsantrags und Verweigerung der Zustimmung zur Fristverlängerung das Vergabeverfahren praktisch zu beenden.** 19

C. Die Bindefrist (Nr. 3)

I. Bedeutung der Nr. 3

Nr. 3, wonach vorzusehen ist, dass der Bieter bis zum Ablauf der Zuschlagsfrist an sein Angebot gebunden ist (Bindefrist), brauchte aus einer rechtlichen Notwendigkeit heraus an sich nicht besonders festgelegt zu werden. Das gilt insbesondere, wenn im Anschreiben und demgemäß im späteren Angebot des Bieters (vgl. Rn. 6) eine Bestimmung der Zuschlagsfrist enthalten ist. Mit der Bindung im Sinne der Nr. 3 ist nämlich das Gleiche gemeint, was in § 145 BGB zum Ausdruck gebracht ist. Die Bindung an das Angebot endet nach § 146 BGB (»... Der Antrag erlischt ...«), wenn das Angebot nicht rechtzeitig angenommen worden ist. Das heißt im Hinblick auf die hier wesentliche Vorschrift des § 148 BGB, dass das Angebot und damit zugleich auch die Bindung daran in dem Zeit- 20 punkt zum Erlöschen kommen, in dem die Zuschlagsfrist abgelaufen ist. Der Bestand der Bindefrist ist daher grundsätzlich ohnehin abhängig von der Dauer der Zuschlagsfrist, sie ist also zeitlich identisch (nach der VOB beschränkt sich die Tätigkeit des Auftraggebers darauf, dem Bieter die Erklärung abzuverlangen, dass dieser sich bis zum Ablauf der Zuschlagsfrist [ohne die Bestimmung einer gesonderten kalendermäßigen Bindefrist] an sein Angebot bindet, vgl. Nr. 7 des EVM ANG 213 des VHB 2002; dies wird wohl von *Franke/Grünhagen* in: *Franke/Kemper/Zanner/Grünhagen* § 19 VOB/A Rn. 7 bei ihrer Kritik übersehen) damit, so dass aus dieser zugleich die Bindefrist kraft gesetzlicher Regelung zu entnehmen ist. Aufgrund dieses Gleichklangs der Zuschlagsfrist mit der Bindefrist gelten für die Bemessung, die Verlängerung und die Wirkungen der Bindefrist die identischen Grundsätze, wie sie oben für die Zuschlagsfrist dargelegt sind. Insbesondere kann im Einverständnis mit dem Bieter eine Zuschlagserteilung auch nach Ablauf der Bindefrist des § 19 Nr. 3 VOB/A erfolgen (BayObLG VergabeR 2002, 64). Auch die VOB behandelt Zuschlags- und Bindefrist im Übrigen stets als eine Einheit (vgl. z.B. § 28 Nr. 1 VOB/A).

21 Wenn trotzdem in Nr. 3 noch eine besondere Regelung vorgesehen ist, die sich mit der gesetzlichen Folge deckt, so kann das nur die Bedeutung haben, **die Bieter ausdrücklich auf die Identität der Bindefrist mit der Zuschlagsfrist aufmerksam zu machen,** insbesondere durch den damit verbundenen Hinweis, dass **mit dem Beginn und bis zum Ablauf der Bindefrist eine Zurücknahme oder Zurückziehung des Angebotes nicht mehr,** wie das während der Angebotsfrist nach § 18 Nr. 3 VOB/A noch möglich ist, erfolgen kann. Zieht der Bieter dennoch innerhalb der Bindefrist sein Angebot zurück und ist er nicht bereit, auf der Grundlage des abgegebenen Angebots einen Vertrag abzuschließen, haftet er dem Auftraggeber für den diesem (z.B. durch vergeblichen Aufwand hinsichtlich dieses Bieters, insbesondere aber die Mehrkosten durch Beauftragung eines anderen Unternehmers bzw. Bieters) entstehenden Schaden aus Verschulden bei Vertragsabschluss – **culpa in contrahendo** – (insoweit zutreffend *Runge* BauR 1970, 205). **Darüber hinaus ist der Auftraggeber** wegen der weiterhin bestehenden rechtlichen Bindung des Bieters an sein Angebot (vgl. dazu u.a. *Staudinger/Coing* § 145 Rn. 11) **nicht gehindert,** dem – jetzt widerstrebenden – **Bieter den Zuschlag zu erteilen,** ihn also vertraglich zu verpflichten. Dann kommt der Bauvertrag gemäß dem Angebot des Bieters mit allen Rechten und Pflichten für beide Seiten dennoch zustande. Erfüllt der Auftragnehmer dann seine Leistungspflicht nicht, so können sich für ihn daraus dieselben Rechtsfolgen ergeben wie bei einem »freiwillig« abgeschlossenen Vertrag (vgl. §§ 5 Nr. 4, 8 Nr. 3 bzw. 6 Nr. 6 VOB/B).

Der Bieter ist im Übrigen nicht verpflichtet, den Auftraggeber auf den drohenden Ablauf der Bindefrist hinzuweisen (vgl. BGH BB 1971, 286).

22 Ist die Ausschreibung nicht während der Zuschlagsfrist unter den im betreffenden Fall tatsächlich vorliegenden Voraussetzungen von § 26 VOB/A aufgehoben worden, ist es **unzulässig,** ohne erneutes Vergabeverfahren (vgl. § 3 VOB/A) mit lediglich einem oder einem Teil der **bisherigen** Bieter Verhandlungen über die Auftragserteilung durchzuführen, da dann der von der VOB/A vorrangig verfolgte Wettbewerb mit Chancengleichheit nicht beachtet würde.

II. Anfechtung des Angebots, insbesondere Kalkulationsirrtum

1. Lösung von der Bindung grundsätzlich nur durch Anfechtung

23 **Infolge der nach § 145 BGB mit der Eröffnung eingetretenen Bindung an das Angebot kann dieses einseitig durch den Bieter im Allgemeinen nur noch im Wege der Anfechtung aus der Welt geschafft werden.** Grundsätzlich ist nämlich davon auszugehen, dass der Bieter, der nach einer von ihm für zutreffend gehaltenen Berechnungsgrundlage einen bestimmten Preis kalkuliert und diesen dann anbietet, auch das Risiko dafür trägt, dass seine Kalkulation richtig ist und sich seine dem Angebot zugrunde liegenden Erwartungen erfüllen (zutreffend *Heiermann* BB 1984, 1836 m.w.N.). Da-

her muss die Anfechtung des Angebotes, insbesondere der darin enthaltenen Preisangaben und der dieser zugrunde liegenden Kalkulation, eine **Ausnahme** sein. Hierfür kommt in der Regel die **Anfechtung wegen Irrtums**, in **Ausnahmefällen** die **Anfechtung wegen arglistiger Täuschung** des Bieters durch den Auftraggeber in Betracht. Grundvoraussetzung ist, dass Anfechtungstatbestände vorliegen, wie sie in den §§ 119 und 123 BGB geregelt sind. Die Anfechtung muss sich also aus dort umschriebenen rechtserheblichen Lebensvorgängen rechtfertigen, um zulässig zu sein, worin der Hauptunterschied zu der einfachen Angebotsrücknahme nach § 18 Nr. 3 VOB/A liegt. Wegen der Einzelheiten der Anfechtungsvoraussetzungen wird zunächst auf die einschlägigen BGB-Kommentierungen zu den §§ 119–124 BGB verwiesen. Für das Vorliegen von rechtlich beachtlichen Anfechtungsgründen ist der **Bieter bzw. spätere Auftragnehmer darlegungs- und beweisbelastet** (vgl. dazu auch OLG Köln BauR 1995, 98 = SFH § 119 BGB Nr. 4).

2. Unverzügliche Irrtumsanfechtung – Inhalt der Anfechtungserklärung

Für eine Anfechtung wegen **Irrtums** ist es besonders wesentlich, dass sie **unverzüglich nach Kenntnis des Anfechtungsgrundes** zu geschehen hat (§ 121 BGB), **also in sehr kurzer Frist,** was bei schriftlicher Anfechtung im Hinblick auf § 121 Abs. 1 S. 2 BGB durch Absendung mit der Bestimmung unverzüglichen Transports an den Anfechtungsgegner, z.B. durch Einwerfen eines an diesen adressierten Briefes, Aufgabe eines Einschreibens, Telegramms, erfolgen muss; dazu genügt grundsätzlich nicht schon die Anfechtung in einer zunächst dem Gericht einzureichenden Klageschrift (BGH NJW 1975, 39 = MDR 1975, 126 = JZ 1975, 62 = BB 1974, 1552 = LM § 121 BGB Nr. 2; Anm. *Schubert* JR 1975, 152). Unterlässt der Auftragnehmer (Bieter) die rechtzeitige Anfechtung, so bleibt er nicht nur an seine Erklärung gebunden, sondern er macht sich u.U. gegenüber dem Auftraggeber aus **culpa in contrahendo schadensersatzpflichtig.** Das kann z.B. sein, wenn er in seinem Angebot darauf hinweist, dass Abweichungen vom Leistungsverzeichnis durch Unterstreichungen gekennzeichnet seien, er jedoch in einer geänderten Position die Unterstreichungen versäumt (vgl. dazu OLG Celle BauR 1995, 392). Allerdings dürfte dies nur in Betracht kommen, wenn die Unterlassung der – bloßen – Unterstreichung für den Auftraggeber bei der von ihm im konkreten Fall abzuverlangenden Sorgfalt nicht ohne weiteres erkennbar ist.

Die Anfechtungserklärung bedarf nicht unbedingt des Wortes »Anfechtung«, sie muss aber inhaltlich ganz zweifelsfrei den Willen des Anfechtenden zum Ausdruck bringen, dass er das Geschäft bzw. – hier – sein Angebot wegen des Willensmangels nicht bestehen lassen, sondern rückwirkend beseitigen will. Dazu reicht nicht die Mitteilung, man könne den Auftrag nicht ausführen, weil ein schwerwiegender Kalkulationsfehler unterlaufen sei, man sei bereit, den Auftrag auszuführen, bitte aber um eine unbedingt notwendige Preiskorrektur (BGH NJW-RR 1988, 566 = MDR 1988, 492 = LM § 121 BGB Nr. 3 = ZfBR 1988, 115 Nr. 1).

3. Kalkulationsirrtum

Hervorzuheben ist, dass der so genannte **Kalkulationsirrtum**, d.h. der Irrtum eines Bieters bei der Berechnung und Bestimmung der von ihm nach dem Angebot geforderten Preise, keineswegs immer ein Irrtum über den Inhalt des Angebotes, sondern oft **genug nur ein dem Bereich der eigenen Risikoübernahme zuzuordnender Irrtum im Beweggrund** ist, der in der Regel nicht zur Anfechtung berechtigt (vgl. KG MDR 1956, 356; OLG Köln Urt. v. 19.3.1970 14 U 197/69). Erkennt der Bieter nachträglich, dass der von ihm **bewusst** kalkulierte und in das Angebot eingesetzte Preis zu hoch oder zu niedrig angesetzt ist (etwa aufgrund der Ergebnisse des Eröffnungstermins oder der rechnerischen Prüfung durch den Auftraggeber), so ist dies ein **unbeachtlicher Motivirrtum;** er bleibt **grundsätzlich an den Angebotspreis gebunden.** Erst recht gilt dies, wenn der Bieter einen Preis in das Angebot eingesetzt hat, weil er glaubt, die betreffende Position aus diesem oder jenem Grund vernachlässigen zu können (so genannter »Spekulationsirrtum«). Auch kommt eine Anfechtung wegen Eigenschaftsirrtums nicht in Betracht (§ 119 Abs. 2 BGB), weil der Preis keine verkehrswesentliche Eigenschaft der Leistung ist (*Heiermann* a.a.O., m.w.N.), was unbestritten ist. Das gilt vor allem auch beim Irrtum über den vertraglich vorgesehenen Abrechnungsmaßstab (vgl. sinngemäß KG SFH Z 2.410 Bl. 64).

27 Entscheidende Grundlage für diese strenge Bindung des Bieters an seine einmal im Angebot abgegebene Erklärung ist der zugunsten des Auftraggebers als Erklärungsempfänger durchgreifende **Vertrauensschutz,** der **Vorrang für sich in Anspruch nehmen muss,** vor allem im Hinblick auf die unbedingt gebotene Sicherheit im Rechtsverkehr.

28 Rechtserheblich könnte für den Rahmen des eigentlichen Kalkulationsirrtums als Erklärungsirrtum daher nur ein Irrtum sein, der zumindest zugleich auch einen **Irrtum in der Erklärung selbst** (somit in dem nach außen abgegebenen Angebot) als so genannter externer und nicht nur interner Erklärungsirrtum veranlasst hat, wenn es sich also um einen **echten Berechnungsirrtum** handelt (ebenso BGH BauR 1995, 842 = SFH § 157 BGB Nr. 17 = NJW-RR 1995, 1360; OLG Köln BauR 1995, 98 = SFH § 119 BGB Nr. 4). Ein Erklärungsirrtum setzt in der Person dessen, der ihm unterliegt, ein **Auseinanderfallen von Wille und Erklärung** voraus. Der Betreffende muss also, **ohne dies zu merken,** nach außen etwas anderes zum Ausdruck gebracht haben als das, was er in Wirklichkeit hatte erklären wollen; er beabsichtigte zwar, seine Erklärung, so wie sie lautet, auch tatsächlich abzugeben, irrte aber über deren Bedeutung, die dem Erklärten unter den gegebenen Umständen im Rechtsverkehr zukam. Daher ist für eine Anwendung des § 119 Abs. 1 BGB nur Raum, wenn **Erklärungsinhalt und Erklärungswille miteinander nicht im Einklang** gestanden haben (es wird z.B. versehentlich in das Angebot der Preis 100 € eingesetzt, obwohl 1.000 € zu erklären beabsichtigt war).

4. Inhaltsirrtum

29 Möglich ist auch ein rechtlich beachtlicher Irrtum über den Inhalt der Erklärung, der sich zugleich als Berechnungsirrtum auswirkt (vgl. dazu BGH BauR 1986, 334 = SFH § 23 VOB/A Nr. 1 = Betrieb 1986, 962 = NJW-RR 1986, 569 = MDR 1986, 575 = LM VOB/A Nr. 9 = ZfBR 1986, 128; verneint zur Frage, ob die statische Berechnung vom Auftragnehmer oder vom Auftraggeber zu fertigen war, wobei der Vertragsinhalt insoweit nicht zweifelhaft sein konnte).

5. Einzelfälle

30 Hat der **Auftraggeber** den Kalkulationsirrtum seinerseits tatsächlich (positiv) **erkannt,** so ist er, ohne dass es auf die vorangehend dargelegte Einengung auf den eigentlichen Erklärungsirrtum ankommt, verpflichtet, den Bieter aufgrund des mit der Aufforderung zur Angebotsabgabe und vor allem die Angebotsabgabe begründeten **vertragsähnlichen Vertrauensverhältnisses** darauf hinzuweisen. Unterlässt er dies, kann er den Bieter nach Treu und Glauben daran nicht festhalten (ebenso BGH BauR 1980, 63 = NJW 1980, 180 = SFH § 25 VOB/A Nr. 1 = MDR 1980, 223 = LM VOB/A Nr. 4; BGH BauR 1995, 842 = SFH § 157 BGB Nr. 17 = NJWRR 1995, 1360), **auch kommt ein Schadensersatzanspruch des Bieters aus culpa in contrahendo** in Betracht (vgl. OLG Köln BauR 1995, 98 = SFH § 119 BGB Nr. 4), der dahin geht, dass der Auftraggeber die Differenz zum »reellen« Preis zu entrichten hat.

31 Gleiches gilt, wenn der Auftraggeber vom Bieter nach der Angebotseröffnung und vor dem Zuschlag auf einen Irrtum hingewiesen wurde und ihm dies nachgewiesen worden ist (vgl. OLG Köln NJW 1985, 1475). Das Gesagte trifft erst recht zu, wenn der Auftraggeber den Irrtum nicht nur erkannt, sondern schon vor Vertragsabschluss den richtigen Preis ermittelt hat, sodann den Auftrag erteilt und die Leistung ausführen lässt. **Bloßes Erkennenmüssen des Irrtums genügt dagegen regelmäßig nicht** (BGH a.a.O.). Gleiches gilt, wenn der Auftragnehmer für seinen Irrtum Gründe vorbringt, **an deren Richtigkeit der Auftraggeber bei objektiver Betrachtung begründete Zweifel haben kann und hat** (vgl. dazu BGH BauR 1986, 334 = SFH § 23 VOB/A Nr. 1 = Betrieb 1986, 962 =

NJW-RR 1986, 569 = BauR 1986, 575 = LM VOB/A Nr. 9 = ZfBR 1986, 128; ferner OLG Köln BauR 1995, 98 = SFH § 119 BGB Nr. 4).

Hat der Auftraggeber den Kalkulationsirrtum darüber hinaus **veranlasst oder mitveranlasst,** kann er den Gegner nach Treu und Glauben erst recht nicht binden (vgl. dazu RGZ 62, 149; 152, 403; RG Warn. 1937 Nr. 32; BGHZ 46, 268, 273). Insbesondere trifft dies zu, wenn der Auftraggeber oder sein hierzu im Planungsbereich tätiger Vertreter (z.B. Architekt und/oder Sonderfachmann) entgegen den nach § 9 VOB/A gegebenen Pflichten die Angebotsunterlagen, vor allem das Leistungsverzeichnis, **schuldhaft falsch oder unrichtig aufgestellt** haben und **dadurch** den – insoweit auch internen – Irrtum des Bieters bzw. späteren Auftragnehmers **veranlasst** haben. Dann ist **für diese Fälle** mit Koch und Heiermann (a.a.O.) auch eine Angebotskorrektur durch den Bieter bzw. Auftragnehmer zuzulassen. 32

Gleiches gilt, wenn ein **Festhalten** an dem irrtümlich angebotenen Preis **gegen die guten Sitten** (§ 826 BGB) oder sonst **gegen Treu und Glauben** (§ 242 BGB) verstoßen würde (zum Kalkulationsirrtum und seiner etwaigen Anfechtbarkeit beachtlich auch sonst *Wieser* NJW 1972, 708, dessen Ausführungen richtungweisend für die zukünftige Rechtsprechung sein könnten; zustimmend dazu auch *Heiermann* a.a.O.). 33

6. AGB-Klauseln

Eine Klausel im Vertrag, dass der Auftragnehmer »unbedingten Anspruch auf Berichtigung von Preisirrtümern und Berechnungsfehlern« habe, ist mangels hinreichender Bestimmtheit unwirksam (AG Gießen NJW 1975, 1929 mit Anm. *Lopau*). 34

Andererseits verstößt eine Regelung in AGB – insbesondere Zusätzlichen Vertragsbedingungen – des Auftraggebers, dass sich der Auftragnehmer bzw. Bieter nicht auf einen Kalkulationsirrtum berufen darf, gegen § 307 Abs. 1 und 2 BGB bzw. gegen § 242 BGB. Hier werden wesentliche Grundgedanken der gesetzlichen Regelung (§ 119 BGB) missachtet, was Lampe-Helbig (FS Korbion S. 249, 265 f.) übersieht, zumal es auch hier keine »besondere« Zumutbarkeit oder Unzumutbarkeit für den Bereich des öffentlichen Auftragwesens geben kann. Vor allem gilt das Gesagte für eine Klausel »Der Einwand eines Preis- oder Kalkulationsirrtums auf seiten des Auftragnehmers ist ausgeschlossen.« (BGH BauR 1983, 368 = NJW 1983, 1671 = MDR 1984, 42 = SFH § 9 AGBG Nr. 8 = ZfBR 1983, 188 = Betrieb 1983, 2080 = BB 1983, 1877 = ZIP 1983, 831). Dadurch wird nämlich nicht nur der unbeachtliche Motivirrtum und auch nicht nur der beachtliche Erklärungsirrtum erfasst, sondern jedes damit verbundene Gegenrecht, wie etwa die Einrede der unzulässigen Rechtsausübung oder ein Anspruch aus culpa in contrahendo. Das gilt vornehmlich für jene Fälle, in denen der Auftraggeber seinerseits den Irrtum erkannt hat oder beide Vertragspartner sich in einem Irrtum über die der Preisberechnung zugrunde liegenden Faktoren befunden haben. Ein Ausschluss auch damit verbundener Rechte des Auftragnehmers würde eindeutig gegen § 307 Abs. 1 BGB verstoßen, da dies, wie auch sonst, eine dem Auftragnehmer unzumutbare einseitige Bevorzugung des Auftraggebers wäre (BGH a.a.O.). Dem stehen berechtigte Interessen des Auftraggebers nicht entgegen, weil dieser durch die Regelung des § 122 Abs. 1 BGB – Ersatz des Vertrauensschadens – hinreichend geschützt ist (BGH a.a.O.; in diesem Sinne auch OLG München *Bunte* Bd. IV, 271 = BB 1984, 1386; vgl. ferner *v. Westphalen* ZfBR 1985, 252, 253). 35

7. Folgen der Anfechtung

Wird unter den angegebenen Voraussetzungen, soweit möglich bzw. erforderlich, eine zulässige Anfechtungserklärung abgegeben, wird damit das bis dahin nach § 145 BGB bindende **Angebot nichtig,** § 142 Abs. 1 BGB. Es gilt als von Anfang an nicht abgegeben. Allerdings ist auch § 139 BGB zu beachten, wonach unter Umständen nur eine **Teilnichtigkeit** vorliegen kann, wenn sich der Irrtum nur auf einen Teil des Angebotes bezieht. Das gilt aber nur, wenn im Zweifel anzunehmen ist, dass 36 der **nicht angefochtene Teil nach dem Parteiwillen für sich Bestand haben soll,** die Parteien also insoweit dennoch einen Vertrag abschließen wollen. Vor allem ist zu beachten, dass sich der mit Erfolg anfechtende Bieter nach Maßgabe des **§ 122 BGB schadensersatzpflichtig** machen kann, indem er dem Auftraggeber den Schaden ersetzen muss, der diesem im Rahmen des Vergabeverfahrens wegen des berechtigten Vertrauens in die Richtigkeit des Angebotsinhaltes entsteht. Der Schadensersatz besteht allerdings nur in den Mehrkosten des Auftraggebers im Rahmen des Vergabeverfahrens (so genanntes negatives Interesse), d.h. der Auftraggeber ist so zu stellen, wie er stehen würde, wenn der Bieter sich nicht am Angebotsverfahren beteiligt hätte, dagegen nicht so, wie er stehen würde, wenn er dem betreffenden Bieter den Auftrag erteilt hätte (so genanntes positives Interesse).

37 Wird eine Anfechtung wegen Irrtums (§ 119 BGB) mit einer bestimmten Begründung erklärt, so können andere Anfechtungsgründe nicht nachgeschoben werden, wenn eine selbstständige Anfechtung mit diesen Gründen nach § 121 Abs. 1 BGB verspätet wäre (BGH LM § 143 BGB Nr. 4; BAG BB 1981, 1156).

8. Anfechtung durch den Auftraggeber

38 Im Übrigen kommen die erwähnten Voraussetzungen der Anfechtung nicht nur hinsichtlich des Angebots des betreffenden Bieters in Betracht, sondern auch für den Auftraggeber, wenn er den Auftrag erteilt hat und dadurch für ihn bindende Rechte und Pflichten entstanden sind.

D. Geltung bei Freihändiger Vergabe

39 § 19 Nr. 4 VOB/A stellt klar, dass die Nrn. 1–3 entsprechend auch für die Freihändige Vergabe gelten. Sie müssen also gerade auch dort zumindest ihrem tragenden Sinngehalt gemäß Beachtung finden.

§ 20
Kosten

1. (1) Bei Öffentlicher Ausschreibung darf für die Leistungsbeschreibung und die anderen Unterlagen ein Entgelt gefordert werden. Dieses Entgelt darf nicht höher sein als die Selbstkosten des Auftraggebers für die Vervielfältigung der Leistungsbeschreibung und der anderen Unterlagen sowie der Kosten der postalischen Versendung an die betreffenden Bieter; dies gilt auch bei digitaler Übermittlung. In der Bekanntmachung (§ 17 Nr. 1) ist anzugeben, wie hoch es ist und dass es nicht erstattet wird.
(2) Bei Beschränkter Ausschreibung und Freihändiger Vergabe sind alle Unterlagen unentgeltlich abzugeben.

2. (1) Für die Bearbeitung des Angebots wird keine Entschädigung gewährt. Verlangt jedoch der Auftraggeber, dass der Bewerber Entwürfe, Pläne, Zeichnungen, statische Berechnungen, Mengenberechnungen oder andere Unterlagen ausarbeitet, insbesondere in den Fällen des § 9 Nr. 10 bis 12, so ist einheitlich für alle Bieter in der Ausschreibung eine angemessene Entschädigung festzusetzen. Ist eine Entschädigung festgesetzt, so steht sie jedem Bieter zu, der ein der Ausschreibung entsprechendes Angebot mit den geforderten Unterlagen rechtzeitig eingereicht hat.
(2) Diese Grundsätze gelten für die Freihändige Vergabe entsprechend.

3. Der Auftraggeber darf Angebotsunterlagen und die in den Angeboten enthaltenen eigenen Vorschläge eines Bieters nur für die Prüfung und Wertung der Angebote (§§ 23 und 25) ver-

wenden. Eine darüber hinausgehende Verwendung bedarf der vorherigen schriftlichen Vereinbarung.

Inhaltsübersicht   Rn.

A. Allgemeine Grundlagen 1
B. Das Entgelt für die vom Auftraggeber ausgearbeiteten Verdingungsunterlagen (Nr. 1) 4
    I. Beschränkung auf die Öffentliche Ausschreibung 4
    II. Höhe des Entgelts 5
    III. Bekanntmachung der Entschädigungshöhe sowie der etwaigen Erstattung 8
    IV. Verhältnis des VHB 2002 zu § 20 VOB/A zu den in Rn. 3 ff. erörterten Fragen. 11
C. Die Entschädigung für die Tätigkeit des Bewerbers bei der Bearbeitung des Angebots (Nr. 2) . 12
    I. Grundsätzlich keine Entschädigung.. 12
    II. Ausnahme: Entschädigungspflicht 17
        1. Angemessene Entschädigung... 18
        2. Entschädigung bei der Ausschreibung entsprechender Angebote................. 22
        3. Anspruch des Bieters... 23
        4. Ausschluss von Entschädigungen 25
    III. Folgen fehlender Entschädigungsfestsetzung in der Ausschreibung 26
        1. Mögliche Ansprüche nach BGB... 28
        2. Einzelfälle... 30
        3. Auslegungsregel nach Nr. 2 Abs. 1 S. 2 32
D. Urheberschutz des Bieters an den von ihm ausgearbeiteten Unterlagen (Nr. 3) 34
    I. Allgemeines... 34
    II. Sacheigentum an den Unterlagen.. 35
    III. Urheberschutz selbst... 41
    IV. Tragweite der VOB-Regelung 49
    V. Vereinbarung über die Verwendung von Unterlagen 53

Aufsätze: *Einbeck* Die Vergütung von Vorarbeiten im Werkvertragsrecht BB 1967, 147; *Sturhan* Vergütung von Projektierungsarbeiten nach Werkvertragsrecht BB 1974, 1552; *Vygen* Der Vergütungsanspruch des Unternehmers für Projektierungsarbeiten und Ingenieurleistungen im Rahmen der Angebotsabgabe FS Korbion 1986 S. 439; *Hahn* Projektierung baulicher Anlagen: Kostenlos? BauR 1989, 670; *Nestler* Der Schutz nichturheberrechtlicher Bauzeichnungen BauR 1994, 589.

A. Allgemeine Grundlagen

§ 20 VOB/A ist aus der rechtlichen Sicht in zwei Abschnitte aufgegliedert. Einmal befasst sich diese **1** Bestimmung mit den Kosten der vom Auftraggeber ausgearbeiteten Vergabeunterlagen (Nr. 1) und denjenigen, die dem Bewerber bei der Angebotsbearbeitung entstehen (Nr. 2), zum anderen betrifft sie Fragen des Urheberschutzes bzw. sonstigen Schutzes an den von ihm ausgearbeiteten Unterlagen. Die Fassung 2000 brachte Änderungen in Nr. 1; die Fassungen 2002 und 2006 ließen § 20 VOB/A unverändert.

Nr. 1 regelt die Frage des **Entgeltes für die vom Auftraggeber angefertigten Verdingungsunterla- 2 gen,** die den Bewerbern übergeben werden. Nr. 2 bezieht sich auf die Entschädigung der einzelnen Bieter **für die Bearbeitung bzw. Abfassung des Angebots sowie auf eine Entschädigung für die Fälle, in denen die Bieter vom Auftraggeber aufgefordert werden, gewisse Verdingungsunterlagen selbst anzufertigen und ihrem Angebot beizufügen.** Demgegenüber regelt Nr. 3 einen Tatbestand, der sich eigentlich nicht unter den Begriff der Kosten bringen lässt. Sie behandelt vielmehr die **Verwendungsmöglichkeit der von den Bietern ausgearbeiteten Unterlagen, wobei es auch um den Schutz des Urhebers an geistigen Erzeugnissen geht.** Im Hinblick auf Nr. 3 ist daher die für § 20 gewählte Überschrift »Kosten« zweifellos zu eng.

3 Bei den Nrn. 1 und 2 handelt es sich **nicht** um die Bezahlung einer **vertraglichen Vergütung aus einem bereits bestehenden Werkvertrag** zwischen dem jeweiligen Bieter und dem Auftraggeber (§§ 631 ff. BGB) für die nach abgeschlossenem Bauvertrag zu erbringende Bauleistung selbst, sondern um den **Ersatz oder die Erstattung von bestimmten Kosten, die im Rahmen der Bauvertragsverhandlungen entstanden sind.**

B. Das Entgelt für die vom Auftraggeber ausgearbeiteten Verdingungsunterlagen (Nr. 1)

I. Beschränkung auf die Öffentliche Ausschreibung

4 **Für die Leistungsbeschreibung und die Verdingungsunterlagen,** die vom Auftraggeber angefertigt worden sind, **darf** von den Bewerbern **ein Entgelt gefordert werden, und zwar nur im Falle einer Öffentlichen Ausschreibung** (Nr. 1 Abs. 1 S. 1 Hs. 1). **Bei Beschränkter Ausschreibung und bei Freihändiger Vergabe sind dagegen alle Unterlagen unentgeltlich abzugeben** (Nr. 1 Abs. 2). Beweggrund für diese Unterscheidung ist, weil bei der Öffentlichen Ausschreibung angesichts der unbeschränkten Anzahl von Bewerbern grundsätzlich damit gerechnet werden muss, dass eine erhebliche Zahl von vervielfältigten Leistungsbeschreibungen und sonstigen Verdingungsunterlagen abgefordert wird. Dabei können auch so genannte Bewerber auftreten, denen nicht oder noch nicht ernstlich daran gelegen ist, das geforderte Bauvorhaben auszuführen und sich um die Auftragserteilung zu bemühen, sondern die sich lediglich unterrichten wollen oder aus anderen Gründen die Einsicht in die Verdingungsunterlagen begehren. Jedenfalls kann weder die Ernsthaftigkeit des Angebotswillens noch der wahre Beweggrund der Abforderung der Verdingungsunterlagen vom Auftraggeber kontrolliert werden. Das bringt bei einer Öffentlichen Ausschreibung für den Auftraggeber die Gefahr mit sich, dass er bei der Vervielfältigung der Verdingungsunterlagen höhere Kosten hat, als es unter normalen Umständen bei Abforderung der Unterlagen durch nur wirklich interessierte Bewerber gerechtfertigt wäre. Der Bestimmung, dass der Auftraggeber bei Öffentlicher Ausschreibung ein Entgelt für die Verdingungsunterlagen zu fordern berechtigt ist, kommt demnach eine gewisse **Schutzwirkung** zu. Diese ist aber nicht erforderlich, wenn es sich um Beschränkte Ausschreibungen oder um Freihändige Vergaben handelt. Hier kann der Auftraggeber, der selbst die Auswahl unter den Bewerbern trifft, darauf sehen, dass er die Verdingungsunterlagen nur an wirklich interessierte Bewerber abgibt. Daneben kommt seit der Fassung 2000 auch der Gegenleistungsgedanke zur Geltung, der Höhe nach beschränkt auf einen Ersatz der Selbstkosten des Auftraggebers.

II. Höhe des Entgelts

5 **Die Höhe des Entgelts darf die Selbstkosten der Vervielfältigung der Leistungsbeschreibung und der sonstigen Unterlagen sowie der postalischen Versendung nicht überschreiten** (Nr. 1 Abs. 1 S. 2). Die Vorschrift geht davon aus, dass der Auftraggeber seinen **tatsächlichen Aufwand bei der Vervielfältigung und Versendung** bezahlt erhält. In der Spruchpraxis der Nachprüfungsstellen ist vereinzelt angenommen worden, dass § 20 Nr. 1 Abs. 1 VOB/A zugunsten von an Wettbewerb teilnehmenden Bewerbern und Bietern subjektive Rechte enthält, deren Verletzung im Rahmen eines Nachprüfungsverfahrens geltend gemacht werden können (VK Sachsen v. 12.3.2001 1 SVK/9.01). Dabei dürfte aber nur in besonderen einzelnen Fallgestaltungen begründbar sein. Als geeignete Maßnahme gemäß §114 Abs.1 GWB im Falle überhöhter Entgeltforderungen kommt danach einzig die Verpflichtung des Auftraggebers zur Rückzahlung der von den Bewerbern zu Unrecht verlangten Kosten in Betracht. Diesen darf er auf die tatsächlich gefertigten Unterlagen umlegen, gleichgültig, in welcher Zahl sie später bei ihm angefordert werden. Eine Erstattung weiterer Kosten ist ausgeschlossen. Die Aufstellung und Zusammenstellung der Verdingungsunterlagen **selbst** in mindestens einer Ausfertigung erfordern nämlich einen Aufwand, der schlechthin jedem Auftraggeber entsteht

und ihm von vornherein zuzumuten ist. Unzulässig ist es ebenso, wenn der Auftraggeber neben oder anstelle der Selbstkosten eine so genannte »Bearbeitungsgebühr« verlangt.

Zu den Selbstkosten der Vervielfältigung zählen 1. Stoffkosten, d.h. Kosten des Vervielfältigungs- und Lichtpauspapiers sowie für Druckfarbe, Verbrauch an elektrischer Energie usw.; **2. Arbeitskosten,** d.h. Gehalt bzw. Lohn des für die Vervielfältigung eingesetzten Personals, wie der Drucker und Lichtpauser und deren Beaufsichtigung einschließlich der Arbeitgeberanteile der Sozialversicherungsbeiträge; **3. Abschreibung, Instandhaltung und Instandsetzung** der Vervielfältigungsgeräte; **4. Gemeinkosten** (z.B. Raumkosten); **5. Umsatzsteuer,** soweit der Auftraggeber umsatzsteuerpflichtig ist, wobei diese gesondert auszuweisen ist (zutreffend *Daub/Piel/Soergel* ErlZ A 20.12).

6

Unter Berücksichtigung des angeführten Schutzgedankens ist mit der Fassung 2000 klargestellt, dass die von ihrer Art her vergleichbaren **Kosten der Versendung, wie Porto usw.**, ebenfalls zum vom Bieter zu entrichtenden Entgelt gehören. Dies rechtfertigt sich daraus, dass in der Praxis die Kosten der Versendung Größenordnungen erreichen, die den Vervielfältigungskosten entsprechen, bzw. diese deutlich überschreiten. Soweit zukünftig **vermehrt auch Leistungsbeschreibungen und andere Vergabeunterlagen nicht in Papierform, sondern als elektronische Datei** digital an die Bieter übermittelt werden, trifft die Fassung 2000 in Nr. 1 Abs. 1 S. 2 zwei Aussagen: Zum einen sollen auch in diesem Fall die **Selbstkosten des Auftraggebers** die Höhe des Entgelts bestimmen. Da im Bereich der digitalen Übermittlung von Vergabeunterlagen zurzeit noch keine genauen Kosten angegeben werden können, wird zum anderen für diesen Fall ein **fester Kostendeckel** bestimmt: Egal wie hoch sich die Selbstkosten des Auftraggebers bei der digitalen Übersendung der Unterlagen berechnen, so darf er doch **höchstens das Entgelt** fordern, **das bei Vervielfältigung und postalischer Übersendung der Unterlagen in Papierform angefallen wäre**.

7

Die hier angesprochenen Selbstkosten müssen sich jeweils auf die konkrete Vergabe beschränken; sie dürfen nicht darüber hinausgehen.

Die vorangehend dargelegten Grundsätze zur Erstattung eines Entgelts gelten **auch,** wenn die Ausschreibungsunterlagen **nicht vom Auftraggeber selbst, sondern in dessen Auftrag von dritter Seite,** wie z.B. einem Architekten- oder Ingenieurbüro, angefertigt worden sind.

III. Bekanntmachung der Entschädigungshöhe sowie der etwaigen Erstattung

In der Bekanntmachung nach § 17 Nr. 1 VOB/A (dort Abs. 2j) muss angegeben werden, wie hoch die verlangte Entschädigung ist und dass sie nicht erstattet wird, dass also eine Rückzahlung nicht erfolgt. Diese letztere in die Fassung der VOB von 1990 aufgenommene Regelung ist im Ergebnis sachgerecht, weil die Vorgänge, die auf der Auftraggeberseite mit der Rückzahlung verbunden sind, zu aufwendig wären und im Allgemeinen nicht in angemessenem Verhältnis zur vereinnahmten Entschädigung stünden.

8

Die Forderung, dass in der Bekanntmachung nach § 17 Nr. 1 VOB/A die Höhe der Entschädigung anzugeben ist, dient der **Aufklärung und der Wahrung berechtigter Interessen aller Beteiligten.** Der Auftraggeber bringt damit zum Ausdruck, dass er ein Entgelt verlangt und dass Bewerber die Verdingungsunterlagen nur dann erhalten, wenn sie die Auslagen erstatten. Das kann bereits manchen an sich uninteressierten Bewerber davon abhalten, Verdingungsunterlagen zu verlangen.

9

So hat der Auftraggeber hinterher, wenn er den Bewerber als solchen angenommen und ihm die Verdingungsunterlagen ohne Verlangen einer Entschädigung ausgehändigt hat, **keinen Rechtsanspruch** mehr auf ihre Bezahlung. Denn ein **gesetzlicher Anspruch,** etwa aus Geschäftsführung ohne Auftrag, **besteht nicht.** Man kann nämlich nicht sagen, dass der Auftraggeber bei der Vervielfältigung der Verdingungsunterlagen im Interesse der Bewerber handelt, indem er ihnen eine an sich in ihren Bereich fallende Aufgabe abnimmt, wie es im Rahmen einer Geschäftsführung ohne Auftrag

10

erforderlich wäre. Zwar ist es richtig, dass der Auftraggeber sowohl in der Aufstellung als auch in der darauf folgenden Vervielfältigung der Verdingungsunterlagen Arbeiten verrichtet, die auch von den Bewerbern erledigt werden könnten. Wenn auch der Auftraggeber bei einer Öffentlichen Ausschreibung nach der VOB selbst die Verdingungsunterlagen anfertigt, ist das sowie die anschließende Vervielfältigung aber keineswegs schon der eigentliche Sinn seiner Tätigkeit. Dieser liegt vielmehr darin, für eine **sachgerechte Bauvergabe geeignete Angebote zu erhalten,** und zwar bei der Öffentlichen Ausschreibung in möglichst großer Zahl. Der Auftraggeber will und soll eine echte Auswahl treffen können, um durch einen ordnungsgemäßen Wettbewerb seine eigenen Interessen wahrnehmen zu können. Dieses wird aber nur dann erreicht, wenn die wesentlichen Angebotsunterlagen einheitlich, übersichtlich und auch sonst eindeutig sind. Um das zu erreichen, muss sich der Auftraggeber selbst mit der Aufstellung und Vervielfältigung der Verdingungsunterlagen befassen. Dadurch bringt er in erster Linie sein eigenes Interesse zum Ausdruck. Damit entfällt aber eine wesentliche Voraussetzung für die Geschäftsführung ohne Auftrag. Ähnliches gilt für den Gesichtspunkt etwaiger ungerechtfertigter Bereicherung.

IV. Verhältnis des VHB 2002 zu § 20 VOB/A zu den in Rn. 3 ff. erörterten Fragen

11 Bei Öffentlicher Ausschreibung ist stets ein Entgelt in Höhe der Selbstkosten für die Vervielfältigung der Leistungsbeschreibung und der anderen Unterlagen sowie der Kosten der postalischen Versendung zu fordern, wenn das Entgelt den Betrag von 5 € übersteigt.

Die Technischen Aufsichtsbehörden in der Mittelinstanz legen hierfür Richtsätze fest, die im notwendigen Umfang der Preisentwicklung anzupassen sind.

C. Die Entschädigung für die Tätigkeit des Bewerbers bei der Bearbeitung des Angebots (Nr. 2)

I. Grundsätzlich keine Entschädigung

12 **Nach Nr. 2 Abs. 1 S. 1 wird den Bewerbern für die Bearbeitung des Angebots keine Entschädigung gewährt.** Dabei ist zu Recht der Begriff der Bearbeitung und nicht der Ausarbeitung gewählt worden. Da nach der VOB grundsätzlich die Verdingungsunterlagen zunächst vom Auftraggeber aufgestellt werden, beschränkt sich im Allgemeinen die eigentliche Arbeitstätigkeit des einzelnen Bewerbers auf die Überprüfung der Ausarbeitungen des Auftraggebers sowie auf die Preisermittlung (Kalkulation) entsprechend § 6 Nr. 1 VOB/A. Jedenfalls ist das die gedankliche Grundlage der hier erörterten Bestimmung.

13 Die Regelung entspricht auch den Interessen und der Rechtslage. Die Angebotsbearbeitung ist nämlich nicht eine echte Leistung mit einem für sich rechtlich bewertbaren eigenen Vergütungswert, sondern eine **eindeutig im Bereich des Bauvergabewettbewerbs liegende Tätigkeit,** die auf den Erhalt eines Bauauftrages gerichtet ist. Das entspricht dem im BGB-Werkvertragsrecht geltenden Grundsatz, dass der Unternehmer die zur Anbahnung geschäftlicher Beziehungen getätigten Aufwendungen ohne besondere Vereinbarung nicht ersetzt verlangen kann, auch dann nicht, wenn es nicht zum Abschluss eines entsprechenden Hauptvertrages kommt, da insofern ein **besonderes Werk nicht vorliegt** (BGH SFH Z 3.00 Bl. 188; OLG Karlsruhe BB 1971, 1385, 1386; ebenso *Vygen* FS Korbion 1986 S. 439, 440; *Grimme* S. 120 f.; *Zielemann* Rn. 140). **Die normalerweise anfallenden Kosten der Angebotsbearbeitung rechnen zu den allgemeinen Geschäftskosten des Unternehmers.**

14 S. 1 gilt wie Nr. 2 überhaupt nicht nur für die Öffentliche, sondern auch für die Beschränkte Ausschreibung. Er hat nach Nr. 2 Abs. 2 **auch Geltung für die Freihändige Vergabe,** und zwar entsprechend. Der Begriff »entsprechend« ist hier deshalb gewählt worden, weil bei der Freihändigen Vergabe ihrer Natur nach vielfach eine andersartige Bearbeitung des Angebots erfolgt, als es bei den Vergaben durch Ausschreibung der Fall ist. Dies ändert aber nichts am Grundsatz der kostenlosen Angebotsbearbeitung, wie sich aus Absatz 2 ergibt.

Nr. 2 Abs. 1 S. 1 gilt für den Normalfall, d.h. für einen normalen Umfang an Angebotsarbeit, wie er im Bauvergabebereich, insbesondere bei Vertragsverhandlungen nach VOB/A, erwartet werden kann. Allgemein wird man sagen können, dass die **normalen Arbeitsanforderungen ohne Vergütungspflicht so weit reichen, wie sie im Einzelfall, also auch bei größeren Aufträgen, üblich und erforderlich sind,** um vollständige, klare, allen Anforderungen entsprechende Angebote im Rahmen eines ordnungsgemäßen Wettbewerbs zu erzielen, insbesondere unter Berücksichtigung der normalerweise vom Auftraggeber zu erwartenden Vorarbeiten nach den §§ 9–15 VOB/A (ebenso auch *Grimme* S. 121 f.). Das trifft auch auf Änderungsvorschläge oder Nebenangebote zu (vgl. auch Rn. 15). Was darüber hinausgeht, ist nicht mehr unter den in Nr. 2 Abs. 1 S. 1 genannten Grundsatz zu bringen. Das ergibt sich aus Nr. 2 Abs. 1 S. 2 und den dort aufgezählten Beispielen.

Soll eine von Nr. 2 Abs. 1 S. 1 abweichende Regelung getroffen werden, so muss dies rechtzeitig vor Angebotsbearbeitung – vor allem von seiten des Bieters – geschehen, und zwar durch ausdrückliche und klare Vereinbarung. Das Verlangen einer »Bearbeitungsgebühr« erst nach Bearbeitung der Angebotsunterlagen durch formularmäßige Klauseln des Bieters verstößt nicht nur gegen § 3 AGB-Gesetz, sondern auch gegen § 9 a.a.O. (vgl. BGH ZIP 1982, 184 = NJW 1982, 765 = BB 1982, 517 = WM 1982, 202 = MDR 1982, 572 = Betrieb 1982, 640 = LM AGBG Nr. 26 für den Bereich von »Reparatur-Bedingungen« der Elektrogerätebranche). Anders liegt es, wenn der Auftraggeber eine inhaltlich eindeutige, klar hervorgehobene Klausel dahin, dass er eine Bearbeitungsgebühr für Kostenanschläge zu zahlen bereit ist, wenn es nicht zur Auftragserteilung kommt, unmittelbar darunter unterschreibt, bevor er seine Zustimmung zur Erteilung des Kostenanschlags erteilt (vgl. KG ZIP 1982, 1333).

II. Ausnahme: Entschädigungspflicht

§ 20 Nr. 2 Abs. 1 S. 2 regelt die Entschädigung für die Bearbeitung des Angebots sowie für die Ausarbeitung von Unterlagen und rechtfertigt keinen Anspruch des Auftraggebers nach weiteren Leistungen, wie z.B. das Erstellen von Musterflächen (OLG Düsseldorf v. 30.1.2003 IBR 2003, 1060). **Die in Absatz 1 S. 2 aufgezählten besonderen Einzelleistungen,** nämlich das **Verlangen** des Auftraggebers nach Ausarbeitung von Entwürfen, Plänen, Zeichnungen, statischen Berechnungen, Mengenberechnungen oder anderen Unterlagen, **müssen einen Umfang haben, der nicht zu einer regelmäßig zu erwartenden ordnungsgemäßen Bearbeitung des Angebots gehört** (ebenso *Grimme* S. 121). **Somit ist eine solche Sondertätigkeit nicht schon vorhanden, wenn eine oder mehrere der hier genannten Arbeiten als solche verlangt werden. Vielmehr müssen die vom Auftraggeber geforderten Entwürfe, Pläne usw. schon ein erhebliches Arbeitsmaß** annehmen, um aus dem Rahmen des sonst Üblichen zu fallen. So kann es sein, dass z.B. kleinere Zeichnungen oder Berechnungen verlangt werden, die keinen echten Ausnahmecharakter tragen und daher noch im Rahmen einer normalen Angebotsbearbeitung liegen. Es ist also nicht alles, was unter den Begriff des Entwurfes, Planes usw. zu bringen ist, gleichzeitig auch unter S. 2 und damit unter die Ausnahme vom Grundsatz zu stellen. Vielmehr kommen hierfür nur solche Entwürfe, Pläne usw. in Betracht, die sowohl arbeitsmäßig als auch sonst eine **wirklich eigenständige und in sich geschlossene Leistung** darstellen und daher **nicht zum Normalangebot im Rahmen der VOB** gerechnet werden können. Man wird daher Pläne, Zeichnungen, Berechnungen usw. von S. 2 ausschließen müssen, die lediglich zur Erläuterung und zur Verdeutlichung der Angebotsangaben selbst dienen (ebenso *Vygen* FS Korbion 1986 S. 439, 442). Das wird grundsätzlich auch für solche Pläne usw. gelten müssen, die im Wesentlichen dazu zu dienen bestimmt sind, beim Angebot von vorgefertigten Elementen ihre Konstruktion und ihren technischen Aufbau sowie den vorgesehenen Einbau zu erläutern, die also nicht besonders für ein einzelnes Bauvorhaben angefertigt worden sind (ebenso *Daub/Piel/Soergel* ErlZ A 20.32; *Vygen* a.a.O.; auch *Zielemann* Rn. 141). Diese gewerbeüblichen Arbeiten gehören zu einem normalen, nicht zu vergütenden Angebot. Im Übrigen ist die in Nr. 2 Abs. 1 S. 2 gewählte Aufzählung **nur beispielhaft und keineswegs abschließend.** Dies ergibt sich aus der Formulierung »... oder andere Unterlagen ...« Man hat also lediglich die typischen Fälle aufgezählt, die nach Art und Umfang aus der normalen Angebotsbearbeitung herausfallen können, wie sie sich **aufgrund von Erfahrungssätzen herausgebildet** haben. Welche »anderen Unterlagen« in Betracht kommen, muss der Einzelfall ergeben, wobei die geforderte Leistungsart und der Leistungsumfang richtigerweise an den genannten Beispielen zu messen sind. Dabei ist Richtpunkt, dass es sich um sozusagen einer eigenen Bewertung zugängliche Planungsleistungen handeln muss, die an sich dem Auftraggeberbereich obliegen, vor allem zur Vorbereitung einer ordnungsgemäßen, vollständigen Ausschreibung, insbesondere als Grundlage eines Leistungsverzeichnisses nach § 9 VOB/A zu dienen haben. Gehen die Anforderungen für die Erstellung »anderer Unterlagen« beachtlich über das Normalmaß hinaus, so sind sie dem S. 2 einzuordnen. Vornehmlich kommen hier Fälle in Betracht, die unter § 9 Nr. 10–12 VOB/A fallen, wie die VOB auch hier zum Ausdruck bringt. Es liegt auf der Hand, dass Leistungsbeschreibungen mit Leistungsprogramm von dem Bieter grundsätzlich erhebliche, über die normale Angebotstätigkeit hinausgehende Arbeiten verlangen, wie vor allem aus Nr. 12 a.a.O. im Einzelnen ersichtlich ist. Ähnlich kann es liegen, wenn es sich bei dem Bieter um einen so genannten Auftragnehmer-Architekten bzw. -Ingenieur handelt, der neben dem Leistungsangebot auch architektonische oder ingenieurmäßige Planungen erbringt. Fallen Letztere in den Rahmen der HOAI, insbesondere deren § 15, dort vor allem in den Bereich des Abs. 2 Nr. 5 und 6, wird der Leistende berechtigt sein, diese Arbeiten gesondert – im Allgemeinen nach der HOAI – abzurechnen (vgl. KG BauR 1973, 256 für den Bereich der GOA mit zutreffender Anm. *v. Stocki* a.a.O.). Bei Ingenieurleistungen sowie bei planerischen Leistungen sonstiger Sonderfachleute sind die für deren Berechnung allgemein anerkannten Sätze nach den entsprechenden Gebührenordnungen (jetzt durchweg in der HOAI) geregelt, allerdings grundsätzlich nur im Ausgangspunkt, in Ansatz zu bringen. In letzterer Hinsicht ist vor allem an so genannte **Projektierungsarbeiten** zu denken, wie sie u.a. im Heizungsbau, bei der Klima- und Haustechnik sowie beim Messebau vorkommen (z.B. Wärmebedarfsberechnung, Montageplan) (vgl. dazu auch *Sturhan* BB 1974, 1552; *Honig* BB 1975, 447; *Vygen* FS Korbion 1986 S. 439, 441, sowie *Hahn* BauR 1989, 670, der die einzelnen möglichen Tätigkeiten im Bereich der Projektierung aufzeigt und rechtlich einzuordnen versucht). Solcherlei Arbeiten sind allerdings nicht ohne weiteres als für sich bewertbare Architekten- und/oder Ingenieurleistungen dergestalt zu sehen, dass die Annahme erlaubt wäre, im Falle des Nichtzustandekommens eines Bauleistungsvertrages sei aufgrund eines für sich allein zu betrachtenden Architekten- oder Ingenieurvertrages die Vergütung geschuldet (in diesem Sinne auch OLG Düsseldorf BauR 1991, 613 = SFH § 632 BGB Nr. 17). Dann würde der Zusammenhang mit dem **Bauvergabewettbewerb** unterliegenden Angebotsverfahren außer Betracht gelassen, der nicht hinweggedacht werden kann, weil sonst einmal die Architekten- oder Ingenieurleistungen nicht gefordert und erbracht worden wären und weil zum anderen diese Leistungen allein oder jedenfalls entscheidend **vorrangig** getätigt werden, **um den Bauleistungsauftrag zu erhalten.** Daher kommt für einen Vergütungsanspruch nicht die **Verjährungsregelung** des § 196 Abs. 1 Nr. 7 BGB – wie beim normalen Architektenvertrag –, sondern die **des § 196 Abs. 1 Nr. 1 BGB** mit der Folge in Betracht, dass **auch § 196 Abs. 2 BGB** zum Tragen kommen kann (vgl. BGH BauR 1980, 172 = SFH § 196 Abs. 1 Nr. 1 BGB Nr. 5 = NJW 1980, 447 = MDR 1980, 305 = LM § 196 BGB Nr. 38).

Dabei tritt die Fälligkeit des betreffenden Vergütungsanspruches regelmäßig entweder mit Erteilung des Bauleistungsauftrages oder dessen Ablehnung ein (zu Letzterem BGH a.a.O.).

Kosten § 20 VOB/A

1. Angemessene Entschädigung

Für von Abs. 1 S. 2 erfasste besondere Leistungen ist einheitlich für alle Bieter eine **angemessene** **18** **Entschädigung** in der Ausschreibung festzusetzen. **Anspruchsvoraussetzung ist grundsätzlich das Verlangen des Auftraggebers** auf **Anfertigung** der hier in Betracht kommenden Unterlagen und die **erfolgte Festsetzung** der **Entschädigung** in der **Ausschreibung.** Dabei ist das **Verlangen** in dem Sinne zu verstehen, dass die Ausarbeitung der Unterlagen vom Auftraggeber **gefordert** wird, **um die von ihm bisher ausgearbeiteten Verdingungsunterlagen zu ergänzen,** insbesondere zu verdeutlichen oder auch zu erweitern. **Nicht** erfasst sind davon also Unterlagen, die der Bieter im Rahmen von **Nebenangeboten oder Änderungsvorschlägen von sich aus** ausarbeitet und die Änderungsvorschläge oder Nebenangebote lediglich nicht ausgeschlossen oder nur zugelassen oder gewünscht, nicht aber ausdrücklich gefordert worden sind (zutreffend *Schelle/Erkelenz* S. 289 f.).

Die Regelung in Abs. 1 S. 2 betrifft sämtliche Vergabeformen, also die Öffentliche und die Beschränkte Ausschreibung sowie auch die Freihändige Vergabe. Mit der Ausschreibung sind die Bekanntmachung nach § 17 Nr. 1 VOB/A (bei Öffentlicher Ausschreibung) und das Anschreiben nach § 10 Nr. 5 Abs. 2 VOB/A (bei jeder Ausschreibungsart sowie bei der Freihändigen Vergabe nach hier Nr. 2 Abs. 2) gemeint. **19**

Über den Begriff der **angemessenen Entschädigung,** der hier mit dem der angemessenen Vergütung, allerdings entsprechend dem Begriff »**Entschädigung**« nur als nach allgemeiner Erfahrung festzusetzender **Aufwendungsersatz**, ohne Gewinnanteil, gleichzusetzen ist. Soweit es sich um Architekten- oder Ingenieurleistungen handelt, was im Allgemeinen zutreffen wird, könnten die dafür maßgebenden Gebührenordnungen (vgl. Rn. 14). Richtpunkte für die Bemessung der Entschädigungshöhe abgeben, wobei noch ein gewisser Abschlag dafür zu machen sein wird, dass der betreffende Bieter in erster Linie den Erhalt eines Bauleistungsauftrages im Wettbewerb erstrebt, zumal hier von einer angemessenen **Entschädigung** – und **nicht Vergütung** –, also von Aufwendungsersatz ohne Ansatz eines entsprechenden Gewinnanteils, die Rede ist. **20**

Die Festsetzung der Entschädigung in der Ausschreibung hat neben der dadurch für den Auftraggeber geschaffenen Bindung auch den Zweck, den Bewerber darauf aufmerksam zu machen, was der Auftraggeber als Gegenleistung für die Ausarbeitung dieser besonderen Unterlagen für angemessen hält. Insoweit macht der Auftraggeber ein in sich selbstständiges Angebot, wobei es dem Bewerber freisteht, dieses durch Anfertigung und Einreichung der verlangten besonderen Unterlagen innerhalb der Angebotsfrist (vgl. auch § 151 BGB) anzunehmen und insofern eine **von der eigentlichen Bauleistung und deren Vergabe getrennte vertragliche Vereinbarung mit dem Auftraggeber zu treffen.** Dabei steht dann eine solche Vereinbarung als Bedingung **in unlösbarem Zusammenhang mit dem Angebot als solchem;** für sich allein würde sie keinen Bestand haben. Über sie wird auch meist nicht gesondert verhandelt, sondern sie ist in die Bauvertragsverhandlungen mit eingeschlossen. **21**

2. Entschädigung bei der Ausschreibung entsprechender Angebote

Diese Abhängigkeit kommt in Nr. 2 Abs. 1 S. 2 dadurch zum Ausdruck, dass im Falle der Festsetzung einer angemessenen Entschädigung in der Ausschreibung jedem Bieter die Entschädigung zustehen soll, der ein der **Ausschreibung entsprechendes Angebot** rechtzeitig abgegeben hat. Dabei wird das Entstehen des Anspruches nicht lediglich von der Abgabe eines Vertragsangebotes auf Abschluss eines Bauvertrages abhängig gemacht, sondern das **Angebot muss** darüber hinaus, um den Entschädigungsanspruch zum Entstehen zu bringen, **einschließlich der besonders angeforderten Unterlage der Ausschreibung entsprechen und rechtzeitig** mit dieser **eingereicht** worden sein. Wegen der Rechtzeitigkeit wird auf § 18 VOB/A verwiesen; hiernach **hat** der Auftraggeber eine Regelung über die Frist zur Abgabe sowohl in der Bekanntmachung nach § 17 Nr. 1 Abs. 2k VOB/A (bei Öffentlicher Ausschreibung) als auch im Anschreiben (bei jeder Vergabeart) nach § 10 Nr. 5 Abs. 2k **22**

VOB/A zu treffen. Das Angebot entspricht der Ausschreibung, wenn der Bieter die vertragliche Leistung so angeboten hat, wie sie nach den Verdingungsunterlagen, und zwar insgesamt nach den Ausschreibungsunterlagen, gefordert worden ist. Der Bieter muss dabei im Wesentlichen im Rahmen der Ausschreibungsunterlagen bleiben. Er ist nicht gehindert, in dem Angebot gewisse wohlbegründete Abweichungen, wie z.B. Änderungsvorschläge oder Nebenangebote, zu machen, es sei denn, dass dies im Einzelfall ausgeschlossen ist (vgl. § 17 Nr. 1 Abs. 2u sowie Nr. 2 Abs. 2q bzw. § 10 Nr. 5 Abs. 2n sowie Abs. 4 VOB/A). Es muss sich inhaltlich um ein Angebot handeln, das der Auftraggeber im Rahmen eines **echten Wettbewerbs bei der Angebotswertung nach § 25 Nr. 2 und 3 VOB/A verwerten und in Betracht ziehen kann.**

3. Anspruch des Bieters

23 Nr. 2 Abs. 1 S. 3 schafft, wenn der Auftraggeber in der Ausschreibung eine angemessene Entschädigung für die Ausarbeitung von Sonderleistungen im Sinne des S. 2 festgesetzt hat, unter den vorgenannten Voraussetzungen für jeden Bieter den Ausgangspunkt für einen materiellrechtlichen Anspruch. Diese Vorschrift geht über die sonstigen Regelungen in VOB/A, soweit diese nicht einklagbare Ordnungsbestimmungen enthält, hinaus. Allerdings wird man auch hier unter Beachtung der gesamten Struktur der VOB/A nicht sagen können, dass S. 3 eine eigene, unmittelbare Anspruchsgrundlage in der Weise bildet, wie dies z.B. bei den gesetzlichen Regelungen des BGB der Fall sein könnte. Diese ergibt sich vielmehr **nur aus der Festlegung des Entschädigungsanspruches in den Ausschreibungsbedingungen selbst.** Sie ist somit Voraussetzung für einen klageweise durchsetzbaren Anspruch.

24 Arbeitet der Bewerber die verlangten Unterlagen aufgrund der in der Ausschreibung festgesetzten angemessenen Entschädigung aus, so ist daraus im Hinblick auf die Auslegungsbestimmung in S. 3 zu schließen, dass er sich den aus der Ausschreibung, gegebenenfalls ergänzend aus den §§ 631 ff. BGB sich ergebenden Voraussetzungen der Entstehung und Fälligkeit der Entschädigung unterwirft.

4. Ausschluss von Entschädigungen

25 Vermerkt der Auftraggeber in der Ausschreibung hingegen, dass er für die Sonderleistungen keine Entschädigung gewährt, so ist es im Wege des Umkehrschlusses für den Bewerber klar, dass in diesem Fall die Auslegungsvorschrift in S. 3 nicht zur Anwendung kommen und mithin nach dem ausdrücklich geäußerten Willen des Auftraggebers eine Vergütung nicht gezahlt werden soll. Arbeitet der Bewerber die Unterlagen trotzdem aus und reicht er sie mit dem Angebot ein, so kann er kraft ihn **bindender Vereinbarung** mit dem Auftraggeber keine Vergütung beanspruchen. Hier ist also die Wirkung umgekehrt wie bei erfolgter Festsetzung.

III. Folgen fehlender Entschädigungsfestsetzung in der Ausschreibung

26 **Es gibt weiter den besonders bei privaten Bauvergaben recht häufigen Fall, dass der Auftraggeber zwar die Ausarbeitung von in den Bereich von Nr. 2 Abs. 1 S. 2 fallenden Unterlagen verlangt, dass er aber nichts über eine Entschädigung für diese Arbeiten sagt.** Auch dafür bietet die Auslegungsregel in S. 3 jedenfalls im Ausgangspunkt einen Anhalt für die Beurteilung.

27 Am sichersten und zur Vermeidung hier ernsthaft drohender Rechtsnachteile empfehlenswert ist es in einem solchen Fall, wenn der Bewerber **vor Beginn** der betreffenden Arbeiten die Entschädigungsfrage mit dem Auftraggeber zweifelsfrei und ausdrücklich **regelt** (ebenso *Vygen* FS Korbion 1986 S. 439, 444; ferner *Grimme* S. 117 f.) Anderenfalls:

Kosten § 20 VOB/A

1. Mögliche Ansprüche nach BGB

Heranzuziehen sind die gesetzlichen Bestimmungen des BGB. Zwar ist im Zivilrecht grundsätzlich **28**
Schweigen als Ablehnung **zu beurteilen.** Aus dem Schweigen eines anderen kann im Allgemeinen
niemand ihm günstige Rechtsfolgen herleiten, etwa – wie hier – einen Entschädigungsanspruch für
eine Leistung. Andererseits hat der Gesetzgeber zu erkennen gegeben, dass es vielfach nicht der Billigkeit entspricht, von einem anderen eine Leistung zu erhalten, ohne hierfür eine Gegenleistung zu
schulden. Er hat daher in verschiedenen Vorschriften zum Ausdruck gebracht, dass ein Schweigen
über eine Gegenleistung diese nicht ohne weiteres ausschließt, sondern dass sie u.U. trotzdem geschuldet wird. Voraussetzung hierfür ist naturgemäß, dass diese Leistung ordnungsgemäß erbracht,
vor allem nicht mit Mängeln behaftet ist. Eine derartige Regelung findet sich auch in dem hier im
Rahmen der VOB heranzuziehenden Werkvertragsrecht des BGB, und zwar im § 632 BGB. Danach
gilt eine **Vergütung als stillschweigend vereinbart, wenn** die Herstellung des Werkes **den Umständen nach** nur gegen eine Vergütung zu erwarten ist (vgl. *Sturhan* BB 1974, 1552; vgl. ferner *Honig* BB
1975, 447). Der dieses sehr einschränkenden Ansicht (OLG Hamm BauR 1975, 418 = BB 1975, 112 =
MDR 1975, 402 = Betrieb 1975, 112 sowie insbesondere m.w.N. BGH BauR 1979, 509 = BB 1979,
1427 = NJW 1979, 2202 = SFH § 632 BGB Nr. 2 mit richtiger krit. Anm. Hochstein = MDR 1979,
1015 = Betrieb 1979, 2078 = ZfBR 1979, 203 = WM 1979, 1063 = JZ 1979, 606 = LM § 632 BGB Nr. 8;
BGH BauR 1980, 172 = SFH § 196 Abs. 1 Nr. 1 BGB Nr. 5 = NJW 1980, 447 = MDR 1980, 305 = LM
§ 196 BGB Nr. 38; vgl. auch *Werner/Pastor* Rn. 1105 ff.), die hier eine Entschädigung des Unternehmers **von der Vereinbarung des Ersatzes seiner Aufwendungen abhängig macht,** kann zwar für
viele Fälle, jedoch nicht uneingeschränkt gefolgt werden (ebenso auch *Vygen* FS Korbion 1986
S. 439, 445). Eine Ausnahme gilt jedenfalls für jene Fälle, in denen der Unternehmer auf **ausdrückliches Verlangen des Auftraggebers Planungsleistungen übernimmt,** deren Erbringung nach den
einschlägigen DIN-Normen (ohne dort nichtvergütete Nebenleistungen zu sein) oder sonst nach
der Verkehrssitte an sich Aufgabe des Auftraggebers bzw. seines Architekten oder eines sonst von
ihm hinzuzuziehenden Sonderfachmannes ist (insoweit zu eng *Daub/Piel/Soergel* ErlZ A 20.50 f.)
**und darüber hinaus die Ausarbeitung in dem genannten Umfang zweifelsfrei erkennbar nicht
ausschließlich oder jedenfalls nicht überwiegend dem Wettbewerb** im Rahmen der Bauvergabe
zwecks Ermittlung des annehmbarsten Angebots dient (vgl. BGH BauR 1979, 509 = BB 1979,
1427 = NJW 1979, 2202 = SFH § 632 BGB Nr. 2 = MDR 1979, 1015 = Betrieb 1979, 2078 = ZfBR
1979, 203 = WM 1979, 1063 = JZ 1979, 606 = LM § 632 BGB Nr. 8; ebenso *Vygen* FS Korbion
1986 S. 439, 444 f.; ferner *Locher* Das private Baurecht Rn. 55; auch *Zielemann* Rn. 142). Dann
dürfte in der Aufforderung des Auftraggebers ein Angebot auf Abschluss eines Vertrages zur Erbringung werkvertraglicher Leistungen liegen, das der betreffende Bieter durch Anfertigung und Übersendung der geforderten Unterlagen annimmt (*Vygen* a.a.O.), und es dürfte dem Unternehmer eine
angemessene Vergütung zustehen. Die Höhe dieser Vergütung richtet sich allerdings nicht nach den
Grundsätzen der Angemessenheit, sondern nach der Staffelung, wie sie in § 632 Abs. 2 BGB enthalten ist (vgl. hierzu § 2 VOB/A Rn. 10). **Diese Bestimmung ist für den hier geregelten Entschädigungsanspruch entsprechend heranzuziehen** (vgl. auch *Staudinger/Riedel* § 632 Anm. 6; a.A. *Einfeld* BB 1967, 147, 149). Dabei sind die oben in Rn. 15 ff. angeführten Richtpunkte zu beachten (zu
weitgehend daher *Vygen* FS Korbion 1986 S. 439, 447 f., der hier die vollen – anteiligen – Vergütungssätze der HOAI heranziehen will; auch hier dürfte ein gewisser Abschlag zu machen sein, weil die
vom Bieter geforderten besonderen planerischen Leistungen jedenfalls auch im Rahmen eines Vergabewettbewerbs erfolgen; so auch *Zielemann* Rn. 144. Zur Verjährung eines solchen Anspruches
vgl. Rn. 14).

Grundsätzlich anders zu bewerten ist es, wenn der Bieter **von sich aus und ohne entsprechende** **29**
Aufforderung durch den Auftraggeber, vor allem im Zusammenhang mit seinem Angebot, von
ihm ausgearbeitete zusätzliche Unterlagen dem Auftraggeber übermittelt, da es dann in aller Regel
an einer übereinstimmenden vertraglichen oder vertragsähnlichen **Einigung über eine gesonderte**

Vergütungspflicht fehlt. Vor allem liegt dann in der bloßen Entgegennahme durch den Auftraggeber noch kein Einverständnis i.S.d. § 151 BGB, da bloßes Schweigen nicht schon als Annahme zu werten ist. **Anders kann es dann liegen, wenn der Auftraggeber von den Unterlagen i.S.d. Verwertung Gebrauch macht.** Ein etwaiger entgegenstehender Wille des Auftraggebers wird dann entsprechend § 116 BGB zu bewerten sein (vgl. *Grimme* S. 112 ff.).

2. Einzelfälle

30 Ob ein Bieter eine Vergütung bzw. Entschädigung entsprechend § 632 BGB unter den angeführten Voraussetzungen verlangen kann, ist generell nicht zu beantworten; es richtet sich vielmehr **nach dem jeweiligen Einzelfall,** wie bereits aus Rn. 22 f. ersichtlich ist. Dabei kommt es darauf an, ob nach allgemeiner Auffassung die vom Auftraggeber verlangte Sonderleistung ihrer Art, ihrem Umfang und ihrer Zweckbestimmung nach unter besonderer Beachtung des gleichzeitig veranstalteten Bauvergabewettbewerbs normalerweise nur gegen eine Vergütung zu erwarten ist (§ 632 Abs. 1 BGB). Hierzu lassen sich nur allgemeine Regeln aufstellen. Dabei wird man grundsätzlich unterscheiden müssen, ob die betreffenden Unterlagen hergestellt werden, damit der Auftraggeber sich ein Bild von der Art und den Kosten der Ausführung des Bauprojektes **überhaupt erst** machen bzw. ob er sie unabhängig vom konkret zu erteilenden Bauauftrag für die spätere Ausführung ersichtlich verwenden will und kann oder ob die ausgearbeitete Unterlage den Auftraggeber gleichrangig oder überwiegend in die Lage versetzen soll, sich **im Rahmen des Wettbewerbs** zur Vergabe der Bauarbeit an den betreffenden Bieter zu entscheiden (vgl. auch LG Hamburg SFH Z 2.10 Bl. 21 ff.; OLG Hamburg MDR 1985, 321). Im ersten Fall handelt es sich um einen selbstständigen Werkvertrag oder um ein werkvertragsähnliches Verhältnis, bei dem die Regeln des Werkvertragsrechts des BGB jedenfalls entsprechend, demnach auch § 632 BGB, Anwendung finden, da diese letztlich eine nähere Ausgestaltung des Grundsatzes von Treu und Glauben (§ 242 BGB) sind. Insoweit müsste also für die Unterlagenanfertigung kraft gesetzlicher Regel trotz des Stillschweigens des Auftraggebers eine Vergütung gezahlt werden. Im zweiten Fall handelt es sich um ein so genanntes spezialisiertes Angebot, das jedenfalls gleichrangig auf den Abschluss eines Bauvertrages gezielt (so genanntes Akquisitionsinteresse) und seiner Zweckbestimmung nach unentgeltlich ist, daher nicht als gesonderter Werkvertrag oder als werkvertragsähnliches Verhältnis betrachtet werden kann. Diese Unterscheidung stößt in der Praxis auf erhebliche Schwierigkeiten. In der Regel wird weder der eine noch der andere Fall in klar erkennbarer scharfer Trennung vorliegen. Man wird gerade im Bauwesen oft genug sagen müssen, dass die Anfertigung besonderer Unterlagen sowohl der einen als auch der anderen Zweckbestimmung dient. Dann lässt sich eine Lösung nach dieser oder jener Richtung nur dadurch finden, dass man bei objektiver Beurteilung im Einzelfall die Frage zu beantworten sucht, welche der beiden Zweckbestimmungen vorrangig ist. Der erste Fall, d.h. das Vorliegen eines vergütungspflichtigen besonderen Werkvertrages oder werkvertragsähnlichen Verhältnisses, wird dann vorliegen, wenn der Auftraggeber oder sein Architekt bzw. Ingenieur noch keine entsprechenden an sich von ihm bzw. diesen bereitzustellenden Unterlagen angefertigt oder in Händen hat, die er insbesondere **unabhängig** von der konkreten Bauauftragserteilung auch zur späteren Bauausführung braucht (ebenso *Grimme* S. 122; wohl auch *Zielemann* Rn. 142). Dann hängt letztlich sein Entschluss über die Art und Weise der Bauausführung und damit über die Art und den Umfang des zu erteilenden Bauauftrages weitaus vorwiegend davon ab, was ihm durch die von den Bewerbern gefertigten Unterlagen gesagt wird. Man soll diesen ersten Fall aber auch nicht zu eng sehen und ihn nicht lediglich auf die persönliche Entschließung des Auftraggebers über die Art und Weise der Bauausführung abstellen. Vielmehr müssen hierzu auch die Fälle zählen, in denen die vom Auftraggeber bereits getroffene oder zu treffende Wahl von der Entschließung eines Dritten, z.B. der Genehmigung einer Behörde, abhängig ist und hierfür Pläne, Zeichnungen, Berechnungen usw. zur Genehmigung vorgelegt werden müssen (im Ergebnis wie hier wohl auch *Daub/Piel/Soergel* ErlZ A 20.49; vgl. dazu auch *Grimme* S. 125 ff.). Anders liegt es somit in dem Fall, in dem die Anfertigung von Zeichnungen oder Berechnungen **branchenüblich** ist, **um dem Auftraggeber** den Entschluss über die Vergabe **an den betreffenden Unternehmer** zu ermöglichen oder zu erleichtern, wie z.B. bei der Planung von Gaststätteneinrichtungen, von Kücheneinrichtungen, ebenfalls bei Umplanungsarbeiten einer Fertighausfirma, um ein konkretes Objekt der Leistung dem Auftraggeber überhaupt erst schmackhaft zu machen (dazu zutreffend OLG Hamm BB 1993, 1618 = NJW 1993, 1368) usw. Dann ist der **Bereich des Wettbewerbs vorrangig,** so dass insofern keine gesonderte Vergütung in Betracht kommt (insoweit zutreffend OLG Düsseldorf BauR 1991, 613 = SFH § 632 BGB Nr. 17).

Auf der Grundlage des Gesagten kann daher dem BGH (BauR 1979, 509 = BB 1979, 1427 = NJW 1979, 2202 = SFH § 632 BGB Nr. 2 mit richtiger krit. Anm. *Hochstein* = MDR 1979, 1015 = Betrieb 1979, 2078 = ZfBR 1979, 203 = WM 1979, 1063 = JZ 1979, 606 = LM § 632 BGB Nr. 8) nicht gefolgt werden, wenn der in dieser Entscheidung mitgeteilte Sachverhalt zugrunde gelegt wird, nach dem ein Bauträger formularmäßig Angebote für eine Fußbodenheizung verlangt, sich später aber zur Vergabe einer »konventionellen« Heizung entschlossen hatte, ohne einen entsprechenden Vorbehalt zu machen. Entgegen der Ansicht des BGH kann hier von einem Angebotsverfahren, das ganz oder zumindest überwiegend dem Wettbewerb diente, nicht mehr gesprochen werden (ebenso *Vygen* FS Korbion 1986 S. 439, 445 f.; unklar dazu *Zielemann* Rn. 142). Denn es hat sich hier nicht nur um einen im Zeitpunkt der Angebotsaufforderung hinsichtlich der Art der Ausführung noch unentschlossenen Auftraggeber (was allein in dessen Risikobereich fällt) gehandelt, sondern darüber hinaus und damit zusammenhängend um einen Auftraggeber, der überhaupt nicht ernsthaft – abgestellt auf das hier maßgebende Angebotsverfahren – einen Wettbewerb in dem hier richtig zu verstehenden Sinne veranstaltet hat. Dieser setzt nämlich voraus, dass der sich an der Ausschreibung Beteiligende nicht nur einen anfänglichen, sondern darüber hinaus einen fortdauernden Wettbewerb bis zu einer Auftragsvergabe an einen am Wettbewerb Beteiligten erwarten kann und darf. Das bedingt aber den Fortbestand der Ausschreibungsgrundlage (hier Fußbodenheizung), auf der die Angebotsbearbeitung gemäß der – vorbehaltlosen – Aufforderung erfolgt ist. Wird diese später durch den Auftraggeber ohne für den Angebotsbearbeiter rechtlich erkennbaren Grund geändert, liegt nichts näher als die Annahme, dass es sich um den vorerörterten ersten Fall handelt. Zumindest wird man dem Auftraggeber eine schuldhafte Verletzung des durch die vorbehaltlose Ausschreibung geschaffenen Vertrauens vorwerfen müssen, ihn also für den vergeblichen, weil gänzlich aus dem Wettbewerb herausgenommenen Angebotsaufwand aus dem Gesichtspunkt der culpa in contrahendo schadensersatzpflichtig halten müssen. Dies folgt vor allem auch aus den für die Bauvergabe allgemeingültigen Grundsätzen, wie sie in § 16 VOB/A Ausdruck gefunden haben. 31

3. Auslegungsregel nach Nr. 2 Abs. 1 S. 2

Eine Auslegungsregel liegt insbesondere auch in der Aufzählung in Nr. 2 Abs. 1 S. 2. Wenn dort von einer grundsätzlichen Vergütungspflicht für die erwähnten Arbeiten ausgegangen wird, so wird man jedenfalls im Sinne eines Richtpunktes feststellen können, dass derartige besondere Ausarbeitungen nicht in den Rahmen eines normalen Angebots und damit zumindest nicht vorrangig in den Bereich des Wettbewerbs fallen. Dies gilt vor allem, weil der Auftraggeber üblicherweise selbst für die Anfertigung aller Ausschreibungsunterlagen, also auch der Pläne, Zeichnungen, Berechnungen usw., sorgen muss (vgl. auch § 3 Nr. 1 VOB/B). Es ist davon auszugehen, dass er solche Unterlagen noch nicht hat, wenn er deren Ausarbeitung von den Bietern verlangt. Im Übrigen ergibt sich eine besondere Vergütungspflicht des Auftraggebers für die hier erörterten Fälle nach Vertragsabschluss aus § 2 Nr. 9 VOB/B. Es ist nicht einzusehen, hier einen durchgreifenden Unterschied zu dem Bereich zu machen, in dem ein Vertrag noch nicht abgeschlossen ist (zutreffend *Vygen* FS Korbion 1986 S. 439, 446 f.). 32

Zur **Beweislast** in dem hier erörterten Bereich: Für das Vorliegen von Umständen, die für die Annahme einer Vergütungspflicht nach § 632 Abs. 1 BGB sprechen, hat der Auftragnehmer die Darlegungs- und Beweislast; dagegen trägt dann dafür, dass hier ausnahmsweise keine Vergütung geschuldet wird, der Auftraggeber die Darlegungs- und Beweislast (vgl. *Baumgärtel* ZfBR 1989, 231 f.). 33

D. Urheberschutz des Bieters an den von ihm ausgearbeiteten Unterlagen (Nr. 3)

I. Allgemeines

34 **Diese Regelung bezieht sich nur auf Unterlagen, die der Bieter nach Nr. 2 für den Auftraggeber angefertigt hat, zuzüglich etwaiger eigener Vorschläge des Bieters in den Angeboten.** Das ist auch gerechtfertigt, weil die übrigen Ausschreibungsunterlagen und die darin gemachten Angaben auf der geistigen Tätigkeit des Auftraggebers bzw. des von diesem eingeschalteten Architekten oder Sonderfachmannes und nicht des Bieters beruhen.

II. Sacheigentum an den Unterlagen

35 Der in Nr. 3 enthaltene Schutzgedanke entspringt dem Urheberrecht und hat mit dem Eigentum an der Sache selbst, d.h. dem gewöhnlichen Eigentumsbegriff, nichts zu tun.

36 Bei der Frage, wem das **Sacheigentum** an den von den Bietern konzipierten Unterlagen zusteht, kann man nicht aus dem Schutz der Urheberschaft gemäß Nr. 3 den Umkehrschluss ziehen, dass das Sacheigentum in jedem Fall auf den Auftraggeber übergeht. Das ist allein deswegen nicht möglich, weil Nr. 3 die **Frage des Sacheigentums** an den vom Bieter gefertigten Unterlagen überhaupt **nicht erwähnt.** Sie ist vielmehr nach allgemeinen Grundsätzen zu beantworten. Dabei ergibt sich keine einheitliche Linie, da die Willensrichtung der Beteiligten im Einzelfall maßgebend ist. Es kommt darauf an, ob beim Bieter hinsichtlich der von ihm angefertigten Unterlagen ein **Übereignungswille** vorliegt und ob der Auftraggeber zur **Annahme des Sacheigentums** bereit ist.

37 **Solange das Angebotsverfahren schwebt,** d.h. bis zum Zuschlag nach § 28 VOB/A oder bis zur Feststellung nach § 27 VOB/A, welche Angebote **nicht** in Betracht kommen, **kann man kaum eine Willensübereinstimmung** zwischen dem Auftraggeber und jedem einzelnen Bieter dahin gehend annehmen, dass bereits mit der Einreichung der Unterlagen ein **Übereignungswille hinsichtlich des Sacheigentums** vorhanden ist. Dies erklärt sich daraus, dass der Auftraggeber nur ein Interesse am Erwerb solcher Unterlagen haben kann, die für die spätere Bauausführung eine Rolle spielen. Deshalb ist auch in § 27 Nr. 4 VOB/A ausgesprochen, dass Entwürfe, Ausarbeitungen, Muster und Proben zu nicht berücksichtigten Angeboten an die betreffenden Bieter zurückzusenden sind, wenn dies im Angebot oder innerhalb 30 Kalendertagen nach Ablehnung des Angebotes gefordert wird. Dabei bedeutet die Rückforderung nicht das Verlangen auf Rückübereignung einer vorher mit der Angebotsabgabe übereigneten Sache, sondern eine Willensäußerung über die **Rückgewähr des bloßen Besitzes** an diesen Unterlagen. Nach allgemeiner Erfahrung ist festzustellen, dass der Auftraggeber im Allgemeinen zunächst an keiner der ihm mit dem Angebot im Rahmen der Nr. 2 überreichten Unterlagen Eigentum erwirbt oder erwerben will und dass dies auch später hinsichtlich der Unterlagen, die bei der Vergabe nicht berücksichtigt worden sind, ebenfalls nicht der Fall ist. **Insoweit** besteht **lediglich** ein **Besitzverhältnis** zwischen dem Auftraggeber und dem jeweiligen Bieter, das mit der Rückgabe der Unterlagen, falls diese nach § 27 Nr. 4 VOB/A gefordert wird, oder nach Ablauf der Rückgabefrist nach der gleichen Vorschrift, falls die Rückgabe nicht gefordert wird, sein Ende findet. Während der Dauer dieses Besitzverhältnisses besteht eine **Verwahrungspflicht des Auftraggebers** hinsichtlich der in seinem Besitz befindlichen Unterlagen, die sich entsprechend den §§ 688 ff. BGB regelt. Ein Eigentumsübergang kann auch nicht ohne weiteres daraus geschlossen werden, dass der Auftraggeber dem Bieter für die Anfertigung der Unterlagen eine Entschädigung zu zahlen hat (vgl. Rn. 11 ff.). Diese wird, falls nicht ausdrücklich etwas anderes in den Ausschreibungsunterlagen festgelegt oder sonst vereinbart wird, nicht für den Erwerb des Sacheigentums an den Unterlagen, sondern lediglich für deren Ausarbeitung gezahlt.

38 Auch ist auf § 27 Nr. 3 VOB/A hinzuweisen, wonach nicht berücksichtigte Angebote und Ausarbeitungen der Bieter **nur mit ihrer Zustimmung für eine neue Ausschreibung oder für andere Zwe-**

Auch bei den Unterlagen, die zu dem Angebot gehören, das vom Auftraggeber angenommen, dem also der Zuschlag nach § 28 VOB/A erteilt wird, wird grundsätzlich ein Wille zum Eigentumsübergang nicht angenommen. Dies ergibt sich aus § 3 Nr. 6 Abs. 2 und 3 VOB/B. Da Teil B regelmäßig zwischen den Parteien vereinbart wird, liegt hierin ein Ausschluss des Eigentumsüberganges, **es sei denn, dass** ausdrücklich bei Vertragsabschluss und damit regelmäßig in den dem Vertragsangebot dienenden Ausschreibungsunterlagen **etwas anderes vereinbart wird** (vgl. § 3 VOB/B). **Daher kann Daub/Piel/Soergel** (ErlZ A 27.25), die für diesen Fall regelmäßig einen Willen zur Eigentumsübertragung (durch die Auftragserteilung bedingt?) annehmen wollen, nicht gefolgt werden. **39**

Aus alledem ergibt sich, dass das **Sacheigentum** an den vom Bieter nach Nr. 2 gefertigten Unterlagen und den in den Angeboten enthaltenen eigenen Vorschlägen der Bieter **nicht auf den Auftraggeber übergeht,** dass jedenfalls grundsätzlich ein Eigentumsübertragungswille auf beiden Seiten nicht anzunehmen ist. Das Gegenteil wird sich nur ergeben, wenn dies ausdrücklich, sei es in den Ausschreibungsunterlagen und dem Vertragsangebot, sei es im späteren Bauvertrag, geregelt ist. Es empfiehlt sich gleichermaßen im Interesse des Auftraggebers und der Bieter, die Frage des Sacheigentums an den Unterlagen ausdrücklich zu bestimmen, um späteren Meinungsverschiedenheiten zu begegnen (zu der Frage, welche Bauunterlagen der Architekt an den Bauherrn herausgeben muss, siehe LG Köln SFH Z 3.012 Bl. 5). **40**

III. Urheberschutz selbst

Das von Nr. 3 miterfasste Urheberrecht, das vom Sacheigentum zu trennen ist (vgl. Rn. 28 ff.), besteht nicht uneingeschränkt an allen Unterlagen, die der Bieter gemäß Nr. 2 angefertigt hat, oder an allen in den Angeboten enthaltenen eigenen Vorschlägen des Bieters. Vielmehr ergibt sich aus dem Begriff des Urheberrechts, dass dieses **nur so weit reichen kann, wie urheberrechtlich geschützte Verhältnisse gegeben** sind (so auch OLG München v. 4.8.2005 8U 1540/05). Diese Frage ist aufgrund der einschlägigen gesetzlichen Vorschriften und deren Tragweite zu beantworten. Nur soweit ein gesetzlicher Urheberschutz reicht, besteht Urheberrecht auch im Bereich der Nr. 3. Die Ausführung eines Bauwerkes unter Benutzung urheberrechtlich geschützter Entwürfe ist eine Form der Vervielfältigung im Sinne des § 16 Abs. 1 UrhG (OLG Hamburg UFITA 1977 Bd. 79, 343; zum Umfang der jetzigen Regelung in Nr. 3 vgl. aber Rn. 51 ff.). **41**

Als Rechtsgrundlage kamen früher die Vorschriften des Gesetzes betreffend das Urheberrecht an Werken der Literatur und der Tonkunst vom 19.6.1901 (RGBl. 1901 S. 227) sowie das Gesetz betreffend das Urheberrecht an Werken der bildenden Kunst und der Fotografie vom 9.1.1907 (RGBl. 1907 S. 7) in Betracht. Für den hier interessierenden Gegenstand bildete das Literatururhebergesetz aus dem Jahre 1901 die Regel, während das Kunsturhebergesetz die Ausnahme war. Beide Gesetze sind **im Wesentlichen** durch das am 1.1.1966 in Kraft getretene **Gesetz über Urheberrecht und verwandte Schutzrechte ersetzt worden. Diesem hat sich die VOB angepasst.** **42**

Das Urheberrechtsgesetz verfolgt vor allem **zwei tragende Gesichtspunkte:** Einmal geht es darum, den **Urheber dort zu beteiligen, wo aus seinem Geisteswerk wirtschaftlicher Nutzen gezogen wird,** da im Urheberrecht die Verbreitung des Werkes und dessen Nutzung durch Dritte Hauptziel des Urhebers ist. Zum anderen überträgt der Urheber nach der **Zweckübertragungstheorie** (vgl. § 31 Abs. 4 und 5 UrhG) **nicht mehr Rechte, als zur Zweckerreichung erforderlich sind,** was auch von den Rechten gilt, die die Zweckerreichung erst ermöglichen, sofern darüber eine hinreichend klare vertragliche Regelung getroffen wird (dazu näher *v. Gamm* BauR 1982, 97 m.w.N.). **43**

Auch Beamte können sich für im Rahmen ihres Dienstes erbrachte Leistungen auf Urheberschutz berufen (vgl. dazu *Seewald/Freudling* NJW 1986, 2688). Bei der Frage, ob ein Verbietungsrecht des Architekten nach § 14 UrhG besteht, ist auf die Abwägung der betroffenen Interessen abzustellen. Dabei ist auf der Eigentümerseite insbesondere eine wirtschaftliche Nutzung der Dachgeschosse, die ggf. erst durch Ausbau der vorhandenen Substanz hergestellt wird, in Ansatz zu bringen (vgl. OLG München NJWE-MietR 1996, 116).

44 **Leistungsbeschreibungen** vermögen regelmäßig keinen urheberrechtlichen Schutz zu genießen, weil es sich bei ihnen – nur – um die wörtliche Aufzählung und die technische Beschreibung eines Bauwerkes oder eines Teils desselben handelt, aus der im Allgemeinen die bauliche Gestaltung nicht mit der erforderlichen Deutlichkeit entnommen werden kann (zutreffend *Wolfensberger* BauR 1979, 457). Im Allgemeinen trifft dies auch auf **Ausschreibungsunterlagen** zu. Insofern ist besonders zu berücksichtigen, dass es für den Urheberschutz auf der Grundlage individueller, in der Formgestaltung zum Ausdruck kommender Schöpfung nicht auf den schöpferischen Gehalt des wissenschaftlichen oder technischen Inhalts der Darstellung ankommt. Die technische Lehre als solche kann hiernach nicht Gegenstand des Urheberschutzes sein und kann daher auch nicht zur Begründung der Schutzfähigkeit von Schriftwerken, die die technische Lehre enthalten, herangezogen werden. Die Urheberschutzfähigkeit solcher Schriftwerke kann ihre Grundlage allein in der **notwendig schöpferischen Form der Darstellung** finden (BGH BauR 1984, 423 = SFH § 2 UrhG Nr. 3 = Betrieb 1984, 2028 = NJW 1985, 1631 = MDR 1984, 1001 = ZfBR 1984, 234 in Bezug auf Ausschreibungsunterlagen für eine Pipeline. – Zur Kunstschutzfähigkeit von Bauwerken vgl. BGH NJW 1957, 1108 = BB 1957, 560; BGH NJW 1957, 220 = JZ 1957, 177; ferner BGH Betrieb 1973, 1745 = SFH Z 9.1 Bl. 20, insbesondere zur Berechnung des Schadensersatzanspruches nach § 97 Abs. 1 UrhG. Soweit ein Kunsturheberschutz nach diesem Gesetz bestand, wird wegen der Einzelheiten von Art und Umfang auf die §§ 15 ff. verwiesen. Zum so genannten sklavischen Nachbau Bruchhausen in Baubetriebswirtschaft BauR 1965, 196; zur Schutzfähigkeit von Fertighäusern und Fertighausbauteilen BauR 1964, 58. Zum urheberrechtlichen Schutz von Entwürfen für Bauvorhaben des öffentlich geförderten Wohnungsbaues, zur freien Benutzung derartiger Entwürfe i.S.v. § 24 UrhG sowie der Urhebervermutung des § 10 Abs. 1 UrhG: OLG Hamm GRUR 1967, 608).

45 Der mit der Planung eines Projektes beauftragte **Architekt** überträgt jedenfalls stillschweigend das Recht, nach seinen Plänen zu bauen, auf den Auftraggeber, da dieses **Nutzungsrecht** Sinn und Zweck des Architektenvertrages ist (LG Köln SFH § 97 UrhG Nr. 1. – Dazu jedoch kritisch *Meyer/Reimer* BauR 1980, 291, vor allem beachtlich zur Frage des Architektenwettbewerbs und des Urheberrechts. vgl. insbesondere auch OLG Köln BauR 1980, 374). Auch wenn ein Urheberrecht an Architektenplänen besteht und die Bauausführung bereits begonnen worden ist, kann der Architekt die weitere Ausführung grundsätzlich nicht verbieten, weil der Auftraggeber mit der Vergütung im Rückstand sei oder weil er – abredewidrig – den Architekten nicht mit der Bauausführung beauftragt habe; der Architekt ist hinsichtlich der Benutzung seiner Pläne vorleistungspflichtig; nur unter besonderen Umständen, insbesondere einer entsprechenden Abrede, kann der Architekt berechtigt sein, die urheberrechtliche Nutzungsbefugnis »zurückzurufen« (OLG Frankfurt BauR 1982, 295. Zur Beurteilung der Frage, ob das Urheberrecht eines Architekten bei Fortsetzung des Bauvorhabens durch einen anderen Architekten unter Änderung seiner Pläne verletzt wird, BGH GRUR 1980, 853). Die Einräumung einer **Nachbaubefugnis** des Auftraggebers durch den Architekten liegt nicht schon vor, wenn die Vertragspartner nur eine zeitliche Bindung zur erneuten Beschäftigung des Architekten hinsichtlich etwaiger weiterer Baumaßnahmen eingehen und im Übrigen nur die Honorarfrage zu den bisherigen Leistungen regeln (vgl. BGH BauR 1981, 298 = GRUR 1981, 196 Anm. *Nordemann*. Zu den damit zusammenhängenden Fragen vor allem auch *v. Gamm* BauR 1982, 97). Auch aus der Übernahme eines Einzelauftrages zur Erstellung eines Vorentwurfs für ein Bauwerk durch einen Architekten, kann regelmäßig noch nicht die Einräumung urheberrechtlicher Nutzungsbefugnisse, insbesondere des Nachbaurechts, geschlossen werden (BGH BauR 1984, 416 = NJW 1984, 2818 = MDR 1984, 913 = JZ 1984, 635 = SFH § 16 UrhG Nr. 1). Die Kündigung des Bauvertrages zwischen dem Auftraggeber und einem Dritten führt zur Beendigung des Vertrages ex nunc, lässt aber den Bauvertrag für die Vergangenheit als Rechtsgrund ebenso bestehen wie die zuvor in Erfüllung des Vertrages, aber unabhängig von seinem Fortbestand erfolgte Übertragung des Nachbaurechtes durch den Dritten, wenn dieser das Nachbaurecht seinerseits wirksam vom Architekten mit der Befugnis der Weiterübertragung an den Bauherrn eingeräumt bekommen hat (BGH BauR 1982, 387 = SFH § 649 BGB Nr. 5 = NJW 1982, 2553 = MDR 1982, 723 = LM § 649 BGB Nr. 10 = ZfBR 1982, 160).

Andererseits ist derjenige, der Inhaber des Urheberrechts ist, insofern vor allem der Architekt, gemäß § 25 UrhG befugt, in einem nach dem jeweiligen Einzelfall ausgerichteten Maß der Zumutbarkeit für den Benutzer des Grundstückes dieses und die für das Urheberrecht wesentlichen Räume des von ihm entworfenen Gebäudes zu betreten, um Fotografien von dem urheberrechtlich geschützten Werk anzufertigen (LG Düsseldorf BauR 1980, 96. Zu urheberrechtlichen Ansprüchen des Architekten im Konkurs des Auftraggebers vgl. *Neuenfeld* BauR 1980, 230). **46**

Eine Verwirkung urheberrechtlich geschützter Ansprüche kommt nur ausnahmsweise in Betracht (vgl. dazu BGH, LM § 242 [Cc] BGB Nr. 37 = GRUR 1981, 652).

Der etwaige Urheberschutz kommt dem Urheber zu, also grundsätzlich dem Bieter, der die geschützten Unterlagen nach § 20 Nr. 2 VOB/A angefertigt und dem Auftraggeber eingereicht hat. Der Urheberschutz ist **nicht davon abhängig, ob der Bieter Entschädigung** für die Anfertigung der Unterlagen erhalten hat. Eine etwaige Entschädigung nach § 20 Nr. 2 VOB/A enthält grundsätzlich nur den Ausgleich für die **Ausarbeitung** der Pläne, Zeichnungen usw., also für die geleistete Arbeit und den dabei gehabten Aufwand, nicht aber für den hierdurch entstandenen Urheberschutz. Auch ist der Schutz nicht davon abhängig, dass der Bieter bei der Einreichung der angefertigten Unterlagen die Anforderungen nach Nr. 2 Abs. 1 S. 3 erfüllt hat, da diese VOB-Regelung die gesetzlich festgelegten Verhältnisse unberührt lässt. **47**

Das **Recht auf Anbringung der Urheberbezeichnung am Werk** nach § 13 S. 2 UrhG steht grundsätzlich jedem Urheber zu. Dies gilt auch für Zweckbauten. Jedoch kann dieses Recht aufgrund von Verkehrsgewohnheiten oder allgemeiner Branchenübung eingeschränkt werden, wenn diese – ausdrücklich oder stillschweigend – Vertragsinhalt geworden sind (vgl. dazu BGH BauR 1994, 784 = NJW 1994, 2621 = BB 1994, 1654 = *Schicker* EWiR § 13 UrhG 1/94, 1029 = ZIP 1994, 1630). **48**

Zur **Beweislast bei Urheberrechtsverletzung:** In aller Regel erbringt der Verletzte den Nachweis durch Vorlage seines Werkes; dann muss der Gegner darlegen und beweisen, dass eine Urheberrechtsverletzung nicht vorliegt (BGH NJW 1982, 108 = MDR 1982, 118).

IV. Tragweite der VOB-Regelung

Unter Berücksichtigung des Gesagten (Rn. 34 ff.) **ergibt sich,** dass die zur Wahrung urheberrechtlicher Verhältnisse getroffene Regelung in Nr. 3 S. 1 **über** den gesetzlich abgesteckten Rahmen **ihrem Wortlaut nach hinausgeht** (ebenso *Daub/Piel/Soergel* ErlZ A 20.60). **Die VOB sagt generell,** dass der Auftraggeber Angebotsunterlagen – vorausgesetzt natürlich, dass sie von Bieterseite kommen – und die in den Angeboten enthaltenen Vorschläge eines Bieters **nur für die Prüfung und Wertung der Angebote** (§§ 23 und 25 VOB/A) **verwenden darf.** Hieran hat sich der Auftraggeber nach der VOB zu halten. Diese generelle und **von dem Bestehen eines Urheberrechts losgelöste Regelung** hat für den Auftraggeber einen nicht zu unterschätzenden Vorteil: Er ist im Einzelfall der Prüfung enthoben, ob tatsächlich urheberrechtliche Ansprüche des oder der Bieter bestehen, was angesichts teilweise für den urheberrechtlich nicht Bewanderten recht komplizierter Fragen, soweit es das Bauwesen anbelangt, zu begrüßen ist. Wenn die VOB hier eine den urheberrechtlichen Grenzen **vorgeschaltete** »Verbotsnorm« setzt und der Auftraggeber sich daran hält, so dient das nur seinem eigenen Schutz und damit seinem Interesse. **49**

50 Das gilt umso mehr, als auch die unbedingt schutzwürdige Interessenlage der Bieter zu beachten ist, was zumindest aus Billigkeitsgründen allgemein für die unternehmereigenen Vorschläge zur Frage der Lösung der konkret gestellten Bauaufgabe zutrifft. Dazu gehören nicht nur zeichnerische und textliche Darstellungen, sondern auch das in ihnen liegende Know-how ist zu beachten. Dies bezieht sich auch auf die Leistungsdarstellungen in Änderungsvorschlägen oder Nebenangeboten (insoweit zutreffend *Hofmann* ZfBR 1984, 259, 262).

51 Eine schuldhafte Verletzung der hier im VOB-Bereich ausdrücklich auferlegten Verpflichtung kann Schadensersatzansprüche des Bieters aus **culpa in contrahendo** begründen, was nicht ohne weiteres auch für Bauvergaben außerhalb der VOB/A gelten kann. Auf anderen Grundlagen beruhenden zivilrechtlichen Schadensersatzansprüchen sieht sich der Auftraggeber sonst im Allgemeinen nur ausgesetzt, wenn sein Handeln im Rahmen der Verwertung von Unterlagen und Vorschlägen der Bieter sich als ein Verstoß gegen einschlägige Gesetze darstellt, wie z.B. das erwähnte Urheberrechtsgesetz (so auch *Nestler* BauR 1994, 589, 590).

52 **Selbstverständlich** ist es, **dass** der **Auftraggeber** die Angebotsunterlagen und Angebotsvorschläge **bis zu einem gewissen Grade verwenden muss.** Denn diese sind ja im Rahmen eines Angebotsverfahrens eingereicht worden, in dem es um die Vergabe eines Bauleistungsauftrages geht. Insbesondere muss der Auftraggeber in der Lage sein, die Unterlagen und Vorschläge eines Bieters mit solchen eines anderen oder mehrerer anderer zu vergleichen. Deshalb muss es ihm gestattet sein, im Rahmen der Prüfung und Wertung der Angebote nach den §§ 23 und 25 VOB/A die ihm eingereichten Unterlagen und Vorschläge, sofern sie von Bieterseite kommen, innerhalb der dort gesetzten Grenzen zu verwenden. Dagegen ist der Auftraggeber im Bereich der § 23 und 25 VOB/A, also einer Bauvergabe nach VOB/A, nicht berechtigt, die Angebotsunterlagen oder die in den Angeboten enthaltenen eigenen Vorschläge eines Bieters anderen Bietern zur Verfügung zu stellen (anders LG Stuttgart BauR 1994, 650, jedoch für den Bereich des § 31 UrhG, § 1 UWG).

V. Vereinbarung über die Verwendung von Unterlagen

53 Nr. 3 S. 1 – vor allem auch dann, wenn im Einzelfall urheberrechtliche oder sonst wettbewerbsrechtliche Grenzen nach den einschlägigen Gesetzen gesetzt sind – ist jedoch nicht so zu verstehen, dass er auf jeden Fall eingehalten werden muss. **Vielmehr gestattet S. 2 a.a.O. eine über S. 1 hinausgehende Verwendung unter der Voraussetzung, dass dies vorher schriftlich vereinbart worden ist.** Sofern Urheberschutz besteht, ist eine solche Vereinbarung eine Selbstverständlichkeit. Insofern bringt S. 2 dies nur in Erinnerung. Allerdings ist die hier festgelegte **Schriftform** nicht unbedingt Wirksamkeitsvoraussetzung, sondern sie **dient** nur **Beweiszwecken.** Jedoch ist ihre Einhaltung dringend geboten.

54 Voraussetzung für eine über S. 1 hinausgehende Verwertungserlaubnis ist es, dass hierüber, gegebenenfalls auch über die Grenzen, **klare Vereinbarungen** getroffen werden. Wenn von einer »darüber hinausgehenden Verwendung« die Rede ist, bedeutet das einmal eine Verwendung über den Angebotszweck hinaus und zum anderen ohne Rücksicht auf etwa bestehende Urheberrechte.

55 Die Vereinbarung einer Verwendung über den Rahmen der Nr. 3 S. 2 hinaus kann vor oder nach Überreichung der Angebotsunterlagen bzw. Angebote nebst ihren Anlagen getroffen werden. **Voraussetzung ist allerdings, dass dies vor ihrer Verwendung geschieht,** zumal sonst etwa bestehende Urheberrechte bereits verletzt sein könnten (vgl. § 39 Abs. 1 UrhG). Soweit eine solche Vereinbarung getroffen wird, kann der Bieter hierfür ein entsprechendes Entgelt verlangen, da der Verzicht auf die geistigen Eigentumsrechte nicht schon in der angemessenen Vergütung nach Nr. 2 enthalten ist (ebenso *Christoffel* S. 31).

Form und Inhalt der Angebote Vor §§ 21 ff. VOB/A

Vorbemerkung zu §§ 21 ff.

Inhaltsübersicht
Rn.
- A. Allgemeine Grundlagen 1
- B. §§ 21 ff. VOB/A als Kern des Vergabeverfahrens 2
  - I. Besondere Verpflichtung des öffentlichen Auftraggebers 3
  - II. Keine Änderung in der Person des Bieters 4
    1. Rechtsgrundlage 4
    2. Bildung einer Arbeitsgemeinschaft 5
    3. Wechsel von Bietern vor Angebotsabgabe 9

A. Allgemeine Grundlagen

Die folgenden Bestimmungen des Teils A reichen von der **Abgabe** über **die Eröffnung, die Prüfung** **1** **der Angebote, die etwaigen Verhandlungen mit den Bietern, insbesondere die Wertung der Angebote, bis zum Zuschlag, also dem Vertragsabschluss;** darüber hinaus regeln sie noch besondere Anforderungen, wie **den Vergabevermerk, die Angabe der Nachprüfungsstelle sowie den Sonderfall der Baukonzessionen.** Sie haben den Vorteil, dass sie auf Erfahrungen in der Baupraxis aufgebaut sind. Werden sie zur Grundlage der Verhandlungen über den Abschluss eines Bauvertrages gemacht und die dort aufgezeigten Grenzen beachtet, so ergibt sich eine weit geringere Gefahr des Auftretens von Zweifelsfragen oder gar von Streitpunkten, als es bei bloßer Berücksichtigung der gesetzlichen Bestimmungen der Fall ist.

B. §§ 21 ff. VOB/A als Kern des Vergabeverfahrens

Die Vorschriften in den §§ 21 ff. VOB/A bilden den Kernpunkt des Vergabeverfahrens. Soll ein **2** solches sachgemäß durchgeführt werden, so verdienen sie **unbedingte Beachtung.** Das gilt vor allem aus dem entscheidenden Gesichtspunkt des ordnungsgemäßen Vergabewettbewerbs. Dieser übergeordnete und sich aus § 97 Abs. 1 GWB und § 2 Nr. 1 S. 2 und 3 VOB/A ergebende Grundsatz legt dem **Auftraggeber besonders wichtige Pflichten** auf. Sie gehen einmal in die Richtung der **Geheimhaltung** von wesentlichen Angebotsangaben des Bieters gegenüber Mitbietern in dem für den Bauvergabewettbewerb gebotenen Maße. Dazu dienen u.a. die Vorschriften über den Eröffnungstermin (§ 22 VOB/A) und über etwaige Verhandlungen mit den Bietern (§ 24 VOB/A). Zum anderen gilt die **unbedingte Forderung der Unveränderlichkeit des Angebots und des Angebotsverfahrens in der Zeit zwischen der Angebotsabgabe und dem Zuschlag.** Angebot und Angebotsverfahren dürfen in dieser Zeit nicht geändert werden, um den **Grundsatz des nichtdiskriminierenden und transparenten Wettbewerbs** bei der Bauvergabe nicht in Gefahr zu bringen. Es gibt nur **drei Möglichkeiten: entweder auf ein Angebot, so wie es abgegeben ist, den Zuschlag zu erteilen oder es nicht zu tun oder die Ausschreibung nach § 26 VOB/A aufzuheben.**

I. Besondere Verpflichtung des öffentlichen Auftraggebers

Besonders der öffentliche Auftraggeber muss darauf bedacht sein, die in den **§§ 21 ff. VOB/A** zum **3** Ausdruck gelangten **Grundsätze des ordnungsgemäßen Bauvergabewettbewerbs** zu beachten. Für den Anwendungsbereich des EG-Vergaberechts, aber **mit Ausstrahlungswirkung für den gesamten Beschaffungsbereich der öffentlichen Hände,** sind die Beachtung von allgemeinen Grundsätzen bei der Vergabe öffentlicher Aufträge durch den Bundesgesetzgeber mit dem Inkrafttreten des Vergaberechtsänderungsgesetzes festgeschrieben worden (vgl. die allgemeinen Grundsätze des § 97

GWB [v. 26.8.1998, BGBl. I S. 2512], mit dem erstmals materielle Vergabegrundsätze, die bisher den Vergabe- und Vertragsordnungen vorbehalten waren, gesetzlich festgelegt worden sind). Übergeordnete Kernvorschrift ist § 97 Abs. 1 GWB, nachdem öffentliche Auftraggeber Waren, Bau- und Dienstleistungen (...) **im Wettbewerb** und **im Wege transparenter Vergabeverfahren** beschaffen. Entsprechend dem in Deutschland vom Bundesgesetzgeber festgelegten so genannten Kaskadenprinzip aus Gesetz, (Vergabe-)Verordnung und den Verdingungsordnungen stellen gerade auch **die § 21 ff. VOB/A eine Konkretisierung des gesetzlich geforderten transparenten Vergabeverfahrens dar, die der öffentliche Auftraggeber von Bauleistungen zu beachten hat.**

Das gilt umso mehr, als gerade er es ist, der durch die Zahl der Aufträge und die erheblichen Werte der durchgeführten Baumaßnahmen das Baugeschehen maßgebend beeinflusst (grundlegend dazu schon u.a. *Forsthoff* Der Staat als Auftraggeber 1963; *Daub* Bau und Bauindustrie 1963, 891). Vor allem dürfen einmal eingeschlagene Vergabeverfahren nicht ohne weiteres geändert oder sonst von Auftraggeberseite beeinflusst werden, auch wenn dies »von Vorteil für die Kasse« ist. Viel wesentlicher und damit im Ergebnis kostensparender ist es, über den Einzelfall hinaus zu einem guten und gesunden Vertrauensverhältnis zwischen der Auftraggeber- und der Auftragnehmerseite zu kommen. Vor allem darf es gegenüber den Unternehmern nicht zu Willkür oder jedenfalls einer Behandlung ohne bestimmte, billigenswerte Maßstäbe kommen, die von der VOB nicht gedeckt werden. So kann z.B. gegen einen bestimmten Unternehmer verhängte und von § 8 Nr. 5 VOB/A nicht gedeckte **Auftragssperre** eine rechtswidrige Verletzung seines Gewerbebetriebes sein; die öffentliche Verwaltung darf bei fiskalischen Hilfsgeschäften, die auf einem bestimmten Markt für bestimmte Unternehmen von großer wirtschaftlicher Bedeutung sind, nicht willkürlich vorgehen (vgl. OLG Stuttgart WuW 1974, 55). Für öffentliche Auftraggeber dürften auch im Bauvergabewettbewerb die Regeln zu beachten sein, die der BGH in seinem Urt. v. 10.1.1963 (NJW 1963, 644) in einem anderen rechtlichen und hier an sich nicht einschlägigen Zusammenhang aufgestellt hat, die aber genauso »in das Buch der Auftraggeber« beim Bauvergabewettbewerb gehören:

»Alle Amtsträger, Behörden und juristische Personen des öffentlichen Rechts haben bei der Erfüllung ihrer öffentlichen Aufgaben die Gesetze zu beachten sowie gerecht und unparteiisch zu verfahren. Bei wirtschaftslenkenden Maßnahmen und insbesondere bei Ausschreibungen hat die öffentliche Hand darauf zu achten, dass alle Lenkungsmaßnahmen nach Umfang, Dauer und Stärke auf das am Zweck der Maßnahme auszurichtende Maß beschränkt werden (Grundsatz der Verhältnismäßigkeit). Die Beamten haben auf die berechtigten Interessen der betroffenen Wirtschaftskreise Rücksicht zu nehmen, um vermeidbare Schäden möglichst zu verhindern. Die Verwaltung hat weiter darauf zu achten, dass für alle Bewerber gleiche Wettbewerbsbedingungen bestehen und erhalten bleiben. Sie darf ohne sachliche Gründe keinen Bewerber bevorzugen oder benachteiligen. Die Pflicht der Verwaltung zum konsequenten Verhalten verpflichtet die Amtsträger ferner, eine in bestimmter Weise geplante und begonnene Maßnahme entsprechend durchzuführen und sich dabei nicht zu ihrem eigenen früheren Verhalten in Widerspruch zu setzen, wenn die Rücksichtnahme auf Interessen der Beteiligten das gebietet. Das Vertrauen des Bürgers, das er in die Beständigkeit behördlicher Maßnahmen gesetzt hat, darf nach dem auch im Bereich der öffentlichen Verwaltung geltenden Grundsatz von Treu und Glauben nicht missachtet werden. Das gilt besonders, wenn eine Behörde – etwa durch eine öffentliche Bekanntmachung – einen Tatbestand geschaffen hat, mit dessen Fortbestand die Beteiligten rechnen dürfen und auf dessen Geltung sie im Rahmen vernünftiger Erwägungen ihre geschäftlichen Maßnahmen abgestellt oder eingeleitet haben. Die Verwaltung darf deshalb auch die Bedingungen einer Ausschreibung nach ihrem Beginn nicht ohne weiteres abändern, wenn Interessenten darauf ihre geschäftlichen Maßnahmen gestützt haben.« Diese Grundsätze sind mit der weiteren rechtlichen Entwicklung und deren Überprüfung durch Nachprüfungsbehörden und Gerichte, insbesondere durch den Erlass der EU-Vergaberichtlinien, des Vierten Abschnitts des GWB und der Fortschreibung der VOB/A inzwischen hinreichend konkretisiert worden.

II. Keine Änderung in der Person des Bieters

1. Rechtsgrundlage

Nicht nur das Angebot hat nach seiner Abgabe **unverändert** zu bleiben, sondern darüber hinaus auch die Person des Bieters. Es kann also nicht ein anderer das Angebot des bisherigen Bieters »übernehmen«. Das ergibt sich schon aus § 19 Nr. 3 VOB/A, wonach vorzusehen ist, dass der Bieter bis zum Ablauf der Zuschlagsfrist an sein Angebot gebunden bleibt. Dies gilt **grundsätzlich** auch für die Bildung von **Arbeitsgemeinschaften,** die von Bietern erst **nach Abgabe des Angebots und vor Erteilung des Zuschlags eingegangen oder vom Auftraggeber gefordert werden.** Zwar wird dadurch, dass sich dem Bieter ein anderer durch Gründung einer Arbeitsgemeinschaft nur zugesellt und er dessen Angebot unverändert übernimmt, das Angebot hinsichtlich der angebotenen Leistung und des dafür verlangten Preises nicht beeinträchtigt. Jedoch wird – und das ist entscheidend – die nach dem Willen der VOB **nach** der Angebotseröffnung auf der Seite der Bieter **zur Ruhe gekommene Wettbewerbslage** mit dem Ziel, dem Auftraggeber das sorgfältige Auswählen des annehmbarsten Angebots nach besten Kräften zu ermöglichen, im Allgemeinen wieder in Bewegung gebracht und dadurch **zu Ungunsten** der anderen Bieter verändert. Gerade das widerspricht aber dem Leitgedanken der Regelungen in den §§ 22–25 VOB/A.

2. Bildung einer Arbeitsgemeinschaft

Deshalb geht die VOB für den Regelfall davon aus, dass auch eine **Änderung in der Person des Bieters nach der Angebotseröffnung und vor Zuschlagserteilung, selbst durch Bildung einer Arbeitsgemeinschaft, nicht in Betracht** kommt (so auch VHB zu § 8 VOB/A Nr. 2.2 Abs. 2 jedenfalls für den Fall Beschränkter Ausschreibung). Sie lässt eine solche Änderung in den §§ 22–25 VOB/A weder ausdrücklich zu, noch kann eine Zulässigkeit aus dem Sinn dieser Vorschriften entnommen werden. Insbesondere aus der engen Begrenzung in § 24 VOB/A muss entnommen werden, dass eine Veränderung in der Person des Bieters nicht als den besonderen Wettbewerbsregeln der VOB entsprechend angesehen wird. Der letzte Beweis dafür, dass auch die Bildung einer Arge **in der Zuschlagsfrist** nicht den Vorstellungen der Verfasser der VOB entsprochen hat, ergibt sich aber aus § 21 Nr. 4 VOB/A. Diese Regelung, in der Bietergemeinschaften ausdrücklich erwähnt werden, setzt in ihrem inneren Zusammenhang voraus, dass die VOB gegen eine Bildung von Arbeitsgemeinschaften usw. **vor** Angebotsabgabe und gegen deren Beteiligung **nichts einzuwenden** hat. Dagegen kann auch nichts gesagt werden, weil dies den Wettbewerb um größere Bauaufträge nur fördert und außerdem kleinere und zuverlässige Unternehmer in die Lage versetzt, sich zusammen mit anderen an einem leistungsgerechten Bauwettbewerb zu beteiligen. Andererseits muss dies **in zeitlicher Hinsicht eine Grenze** haben, um den Wettbewerb unter **allen** Bietern nicht zu beeinträchtigen. Die VOB hat dies deutlich erkannt, indem die Bildung von Arbeitsgemeinschaften und deren Vertretung in § 21 VOB/A berührt wird, der sich **mit der Abfassung** und **dem Inhalt der Angebote vor** bzw. **im Zeitpunkt** ihrer **Einreichung** befasst. Damit ist unzweifelhaft auch ausgedrückt, dass die VOB im Allgemeinen eine Bildung von Arbeitsgemeinschaften **im Rahmen eines Vergabewettbewerbs zeitlich nur bis zur Abgabe des Angebotes** zulässt. Zu einem **späteren Zeitpunkt,** insbesondere nach dem Eröffnungstermin, kommt ein solcher Zusammenschluss von Bietern **grundsätzlich nicht mehr in Betracht,** weil sonst der ordnungsgemäße Wettbewerb gefährdet wäre. Dabei ist vor allem zu berücksichtigen, dass das Angebot einer Arge auch dann, wenn es von einem Bieter unverändert übernommen wird, zumindest im baurechtlichen Wettbewerb **ein anderes** ist als das des bisherigen Einzelbewerbers. Nicht nur die wettbewerbsmäßige Stellung gegenüber den anderen Mitbewerbern wird dadurch innerhalb der Zuschlagsfrist **geändert,** sondern darüber hinaus wird auch der Auftraggeber in unzumutbarer Weise belastet. Denn er darf sich jetzt nicht mehr damit begnügen, das Angebot unter Berücksichtigung des bisherigen Einzelbewerbers zu prüfen und zu werten, sondern er muss insoweit **alle Beteiligten der Arge** ins Auge fassen. Es kann nämlich ein begründeter Zweifel für den Auftraggeber vorliegen, ob **die Arge** bei ihrem ursprünglich vom Einzelbewerber abgegebenen Angebot die für die Erfüllung der späteren vertraglichen Verpflichtungen **nötige Sicherheit** bietet (§ 25 Nr. 2 Abs. 1 S. 2 VOB/A) oder ob die in der Arbeitsgemeinschaft zusammengeschlossenen Unternehmer unter Berücksichtigung rationellen Baubetriebs und sparsamer Wirtschaftsführung **eine einwandfreie Ausführung einschließlich Gewährleistung erwarten lassen** (§ 25 Nr. 3 Abs. 3 S. 1 VOB/A). Jedenfalls wäre hier vom Auftraggeber **eine sehr eingehende und sorgfältige Untersuchung** zu erwarten, die für ihn schlechthin unzumutbar ist. Auch dieser Gesichtspunkt rechtfertigt es, wenn die VOB gemäß § 21 Nr. 4 VOB/A ersichtlich davon ausgeht, dass im Vergabeverfahren eine Arbeitsgemeinschaft **nur** in der Zeit **bis zur Einreichung der Angebote** gebildet werden kann.

6   Außerdem **könnte** die Bildung einer Arbeitsgemeinschaft **nach Angebotsabgabe und vor Zuschlagserteilung möglicherweise** dazu führen, dass der Auftraggeber, der diesem zustimmt, eine nach § 1 Abs. 1 des Gesetzes gegen Wettbewerbsbeschränkungen (GWB) unzulässige Vereinigung von Unternehmern fördert und dass die sich dabei zusammenschließenden Unternehmer (Bieter) damit gegen ein gesetzliches Verbot verstoßen. Insoweit ist im **Grundgedanken** auf das Urteil des BGH vom 23.4.1959 (BGHZ 30, 89, vollständig abgedruckt BB 1959, 717) hinzuweisen. In dem dort entschiedenen Fall hatte A das niedrigste Angebot abgegeben. Er hatte sich verkalkuliert. Anstatt das Angebot ohne weiteres zurückzunehmen, was ihm gestattet war, vereinbarte er mit B, der das nächsthöhere Angebot abgegeben hatte, er werde das Angebot zurückziehen und, falls B dann den Zuschlag erhalte, die Arbeiten für B ausführen und den Gewinn mit ihm teilen. So wurde verfahren, da B den Zuschlag auf diese Weise erhielt. Auch hier handelte es sich um die Änderung der Angebotslage **innerhalb der Zuschlagsfrist,** obwohl an den einzelnen Angeboten nichts geändert wurde. Der BGH hat hierin einen Verstoß gegen § 1 GWB gesehen:

»Die Abrede der Parteien verstieß gegen jenes Verbot. Für Verdingungsabsprachen, durch die sich die Beteiligten **vor der Abgabe** ihrer Gebote dahin einigen, dass einem von ihnen der Auftrag unter Umgehung des echten Wettbewerbs zugeleitet werden soll, ist dies bereits vom Bundesgerichtshof anerkannt worden (unter anderem BGHSt 12, 148); dabei kommt es auf den Umfang und die Tragweite der Verbindung nicht an (BGHSt 9, 114, 118). Der Senat folgt dieser Auffassung.

Vorliegend haben sich die Parteien erst **nach Abgabe** ihrer Gebote geeinigt. Das ändert aber nichts an der Beurteilung. Der Vertrag hatte nach den Feststellungen des Oberlandesgerichts auch hier zum Inhalt, den Wettbewerb zwischen den Parteien zu beschränken. Denn die Antragstellerin (A) sollte zugunsten der Antragsgegnerin (B) auf ihr zu jenem Zeitpunkt noch rechtswirksames Angebot verzichten oder verpflichtete sich dazu; diese sollte somit aus dem bis dahin zwischen ihnen bestehenden Wettbewerb ausscheiden. Der Umstand, dass es zu diesem Ausscheiden noch der Zustimmung des Auftraggebers bedürfte, ist insoweit bedeutungslos, weil der den freien Wettbewerb beschränkende Charakter des Vertrags dadurch nicht berührt wurde.«

Da es nach den Feststellungen des BGH auf den **Umfang und die Tragweite** der Vereinbarung **nicht ankommt,** kann ein den Wettbewerb verbotswidrig beschränkender Vertrag zwischen mehreren Unternehmen, die getrennte Angebote abgegeben haben, **während der Zuschlagsfrist** auch dann vorliegen, wenn vereinbart wird, dass man sich zu einer **Arbeitsgemeinschaft** zusammenschließt, das Angebot eines Bieters übernimmt, wodurch zugleich mit Zustimmung des Auftraggebers die übrigen Angebote zurückgenommen werden.

7   Das in Rn. 4 ff. Gesagte kann **nur dann anders zu beurteilen** sein, wenn die zwischen Angebotsabgabe und Zuschlagserteilung liegende Gründung einer Arbeitsgemeinschaft **in keiner Weise den ordnungsgemäßen Bauvergabewettbewerb beeinträchtigt.** Dies trifft **nur** zu, wenn **dem bisherigen Bieter auch sonst der Auftrag erteilt worden wäre, und zwar nach genauer, strenger Einhaltung der Vorschriften in den §§ 23, 24 VOB/A und insbesondere § 25 VOB/A,** also die Bildung der Arbeitsgemeinschaft darauf keinen Einfluss hat (so auch *Heiermann/Riedl/Rusam* § 25 VOB/A Rn. 113, jedoch nicht hinreichend scharf in der gebotenen Abgrenzung). Für das Vorliegen einer solchen Ausnahme ist der Auftraggeber im Einzelnen darlegungs- und beweispflichtig. Möglicherweise

anders kann auch der Fall zu bewerten sein, in dem zunächst gemeinschaftliche Bieter ein Angebot abgeben, einer oder mehrere davon dann später vor Zuschlagserteilung ausscheiden. Dann kann sich die Wettbewerbslage für die übrigen Bieter, die ihrerseits ein Angebot abgegeben haben, eigentlich nicht verschlechtern, weil sie dann nur einem Bieter oder weniger gemeinschaftlichen Bietern als bisher gegenüberstehen. Dann kann es gerechtfertigt sein, das betreffende Angebot, naturgemäß bezogen auf die übrig gebliebenen gemeinschaftlichen Bieter oder gar den allein übrig gebliebenen Bieter, aus der bisherigen Gemeinschaft zuzulassen und in die Prüfung und Wertung mit einzubeziehen.

Ob ausnahmsweise auch der **Eintritt eines neuen Mitglieds im Austausch für ein bisheriges Mitglied einer Bietergemeinschaft** zulässig sein kann ist umstritten. Zweifellos kann sich gerade in Zusammenhang mit der Ausschreibung von komplexen Großprojekten, z.B. ÖPP-Projekten, bei denen die Phase zwischen Abgabe der Angebote (bzw. den Beginn der Verhandlungen im Verhandlungsverfahren) und dem Zuschlag sich oftmals über einen längeren Zeitraum hinstreckt, hierfür ein praktisches Bedürfnis ergeben. Diskutiert wird beispielsweise der Fall des Austauschs eines in Insolvenz gegangenen Mitglieds einer Bietergemeinschaft mit einem anderen Unternehmen, ohne, dass sich damit Art und Umfang der Leistung oder die Eignung der Bietergemeinschaft insgesamt ändern würden. Auch in einem solchen Ausnahmefall bleibt aber das oben Gesagte Voraussetzung, dass eine Veränderung der Wettbewerbssituation der verschiedenen Bieter untereinander ausgeschlossen sein muss. **8**

3. Wechsel von Bietern vor Angebotsabgabe

Unzulässig kann dagegen auch der »Wechsel« von »Bietern« bereits **vor** Angebotsabgabe sein, und zwar im Bereich der Beschränkten Ausschreibung (vgl. dazu § 8 VOB/A), es sei denn, der Auftraggeber ist schon vor Ablauf der Angebotsfrist ausdrücklich damit einverstanden, dass ein bisher nicht aufgeforderter Unternehmer ein Angebot abgibt. **9**

§ 21
Form und Inhalt der Angebote

1. (1) Der Auftraggeber legt fest, in welcher Form die Angebote einzureichen sind. Schriftlich eingereichte Angebote sind immer zuzulassen. Sie müssen unterzeichnet sein. Elektronisch übermittelte Angebote sind nach Wahl des Auftraggebers mit einer fortgeschrittenen elektronischen Signatur nach dem Signaturgesetz und den Anforderungen des Auftraggebers oder mit einer qualifizierten elektronischen Signatur nach dem Signaturgesetz zu versehen.
(2) Die Auftraggeber haben die Integrität der Daten und die Vertraulichkeit der Angebote auf geeignete Weise zu gewährleisten. Per Post oder direkt übermittelte Angebote sind in einem verschlossenen Umschlag einzureichen, als solche zu kennzeichnen und bis zum Ablauf der für die Einreichung vorgesehenen Frist unter Verschluss zu halten. Bei elektronisch übermittelten Angeboten ist dies durch entsprechende technische Lösungen nach den Anforderungen des Auftraggebers und durch Verschlüsselung sicherzustellen. Die Verschlüsselung muss bis zum Ablauf der Frist zur Einreichung der Angebote aufrecht erhalten bleiben. Die Angebote sollen nur die Preise und die geforderten Erklärungen enthalten. Änderungen des Bieters an seinen Eintragungen müssen zweifelsfrei sein.
(3) Änderungen an den Verdingungsunterlagen sind unzulässig.
(4) Der Auftraggeber soll allgemein oder im Einzelfall zulassen, dass Bieter für die Angebotsabgabe eine selbstgefertigte Abschrift oder stattdessen eine selbstgefertigte Kurzfassung des Leistungsverzeichnisses benutzen, wenn sie den vom Auftraggeber verfassten Wortlaut der Urschrift des Leistungsverzeichnisses als allein verbindlich schriftlich anerkennen; Kurzfas-

sungen müssen jedoch die Ordnungszahlen (Positionen) vollzählig, in der gleichen Reihenfolge und mit den gleichen Nummern wie in der Urschrift, wiedergeben.
(5) Muster und Proben der Bieter müssen als zum Angebot gehörig gekennzeichnet sein.

2. Eine Leistung, die von den vorgesehenen technischen Spezifikationen abweicht, darf angeboten werden, wenn sie mit dem geforderten Schutzniveau in Bezug auf Sicherheit, Gesundheit und Gebrauchstauglichkeit gleichwertig ist. Die Abweichung muss im Angebot eindeutig bezeichnet sein. Die Gleichwertigkeit ist mit dem Angebot nachzuweisen.

3. Die Anzahl von Nebenangeboten ist an einer vom Auftraggeber in den Verdingungsunterlagen bezeichneten Stelle aufzuführen. Etwaige Änderungsvorschläge oder Nebenangebote müssen auf besonderer Anlage gemacht und als solche deutlich gekennzeichnet werden.

4. Soweit Preisnachlässe ohne Bedingungen gewährt werden, sind diese an einer vom Auftraggeber in den Verdingungsunterlagen bezeichneten Stelle aufzuführen.

5. (1) Bietergemeinschaften haben eines ihrer Mitglieder als bevollmächtigten Vertreter für den Abschluss und die Durchführung des Vertrags zu bezeichnen.
(2) Fehlt die Bezeichnung im Angebot, so ist sie vor der Zuschlagserteilung beizubringen.

6. Der Auftraggeber hat die Anforderungen an den Inhalt der Angebote nach den Nummern 1 bis 5 in die Vergabeunterlagen aufzunehmen.

Inhaltsübersicht Rn.

A. Allgemeine Grundlagen	1
B. Die Regelung nach Nr. 1	2
I. Festlegung des Auftraggebers	2
II. Schriftliche Angebote	3
1. Rechtliche Bedeutung	3
2. Anforderungen an die Unterschrift	4
3. Unterschrift durch Bevollmächtigten	5
III. Elektronische Angebote	6
IV. Umgang mit Angeboten	8
V. Einsetzen nur der Preise und der geforderten Erklärungen	9
VI. Änderungen des Bieters an seinen Eintragungen	12
VII. Keine Änderung an den Verdingungsunterlagen durch den Bieter	13
1. Rechtsfolgen bei abgeändertem Angebot	13
2. Inhaltliche Anforderungen an Verdingungsunterlagen	14
3. Angebotsabgabe unter aufschiebenden/auflösenden Bedingung	16
VIII. Rationalisierung: Zulassung von Abschriften und Kurzfassungen des Angebots	17
IX. Muster und Proben	22
C. Abweichung der Leistung von den vorgesehenen technischen Spezifikationen (Nr. 2)	23
I. Grundlage der Regelung	24
II. Zulässigkeit der Abweichung	26
III. Bezeichnung im Angebot	28
IV. Nachweis der Gleichwertigkeit	29
D. Änderungsvorschläge und Nebenangebote (Nr. 3)	30
E. Preisnachlässe ohne Bedingungen (Nr. 4)	32
F. Angebote von Bietergemeinschaften (Nr. 5)	33
I. Begriff – Zulässigkeit	33
II. Bezeichnung des bevollmächtigten Vertreters der Arbeitsgemeinschaft	36
III. Bezeichnung des bevollmächtigten Vertreters anderer Bietergemeinschaften	37
IV. Nachholung der Bezeichnung vor Zuschlag	38
G. Mitteilung in den Verdingungsunterlagen (Nr. 6)	40

Form und Inhalt der Angebote § 21 VOB/A

Aufsätze: *Höfler* Die elektronische Vergabe öffentlicher Aufträge NZBau 2000, 449; *Dähne* Was sind unzulässige Änderungen an den Verdingungsunterlagen? VergabeR 2002, 224; *Köhler* Rechtsfolgen fehlender Preisangaben nach VOL/A und VOB/A VergabeR 2002, 356.

A. Allgemeine Grundlagen

§ 21 VOB/A ist eine wichtige Bestimmung im Hinblick auf ein dem ordnungsgemäßen Wettbewerb dienendes Vergabeverfahren. Nr. 1 befasst sich mit grundlegenden Anforderungen an die Angebote der Bieter. Nr. 2 betrifft das Angebot von Leistungen, die von den vorgesehenen technischen Spezifikationen abweichen. Diese Bestimmung wurde in die Fassung der VOB 1992 neu aufgenommen. Nr. 3 bezieht sich auf etwaige Änderungsvorschläge oder Nebenangebote. Nr. 5 stellt bestimmte Anforderungen an Angebote von Bietergemeinschaften. Diese Regelung wurde 1992 (damals Nr. 4) neu gefasst. In diese Fassung der VOB wurde auch die Nr. 6 (damals Nr. 5) neu aufgenommen. Die Fassung 2000 änderte die Nrn. 1 und 3 und fügte eine neue Nr. 4 mit Vorschriften für Preisnachlässe ohne Bedingung ein. Mit der Fassung 2006 wurden die Bestimmungen zu elektronischen Vergabe und zum Umgang mit eingereichten Angeboten in Nr. 1 an Neuregelungen der EU-Vergabekoordinierungsrichtlinie 2004/18/EG angepasst. 1

In § 21 VOB/A ist trotz der Überschrift keinesfalls alles darüber gesagt, was ein ordnungsgemäßes Vertragsangebot in einem richtig nach der VOB durchgeführten Vergabeverfahren enthalten soll. Vielmehr handelt es sich hier lediglich um eine **Zusammenfassung der Angebotsgrundsätze** im Vergabeverfahren und um eine Ergänzung derselben in gewissen Einzelpunkten. Die zunächst zu beachtenden Einzelvorschriften ergeben sich aus den §§ 6, 9 bis 20 VOB/A. § 21 VOB/A ist daher, wenn man sich über bestimmte Einzelheiten oder auch über den Gesamtinhalt eines Vertragsangebotes im Rahmen des Vergabeverfahrens unterrichten will, **nur im Zusammenhang** mit dieser oder jener oder sogar mit allen der genannten **anderen Bestimmungen zu verstehen** und zu lesen.

Wichtig ist aber auch, dass die Anforderungen, wie sie in § 21 VOB/A erwähnt sind, die Bieter **nicht automatisch** verpflichten, sondern von diesen **nur berücksichtigt werden müssen, wenn der Auftraggeber sie in den Vergabeunterlagen gemäß § 10 VOB/A vorgeschrieben hat.** Dies folgt auch aus der jetzigen Nr. 6.

B. Die Regelung nach Nr. 1

I. Festlegung des Auftraggebers

Der **Auftraggeber hat das Recht und die Pflicht die Spielregeln eines fairen Bauvergabewettbewerbs zu bestimmen**. Nach Nr. 1 Abs. 1 S. 1 ist es insbesondere seine Aufgabe, die **Form festzulegen, nach der Angebote einzureichen sind**. Praktisch betrifft dies die Frage, ob neben den bei VOB Vergaben unterhalb der Auftragswerte der EU-Schwellenwerte stets zuzulassenden schriftlichen Angeboten auch elektronische Angebote vom Auftraggeber akzeptiert werden. Insbesondere bei der Zulassung von elektronischen Angeboten umfasst der Grundsatz aber auch das Recht und die Pflicht hinreichend genau **Einzelheiten zur Form der Angebote und den Verfahrensanforderungen zur Einreichung der Angebote festzulegen.** 2

II. Schriftliche Angebote

1. Rechtliche Bedeutung

Nr. 1 S. **2 und 3 befassen sich mit schriftlichen Angeboten**. Inhaltlich sind mit den Änderungen der Ausgabe 2006 insoweit keine Änderungen gegenüber der VOB/A 2002 beabsichtigt. Die **Abgabe** 3 schriftlicher Angebote wird in S. 2 als Regelfall besonders hervorgehoben, indem diese immer zuzulassen sind. Neu ist, dass in Umsetzung der EU-Vergabekoordinierungsrichtlinie 2004/18/EG im Anwendungsbereich der europaweit auszuschreibenden Bauvergaben auch eine ausschließlich elektronische Angebotsabgabe vom Auftraggeber vorgesehen werden kann (vgl. hierzu § 21a VOB/A). Die **schriftlichen Angebote müssen nach § 21 Nr. 1 Abs. 1 S. 3 immer unterzeichnet sein**. Bei schriftlichen Angeboten entsprechen die Anforderungen der VOB/A damit den Anforderungen der gesetzlich vorgeschriebenen Schriftform des § 126 Abs. 1 BGB. Erforderlich ist als Regelfall die eigenhändige Unterzeichnung durch Namensunterschrift (vgl. hierzu PWW/*Ahrens* Rn. 4–5 zu § 126 BGB). Die Forderung nach Unterschriftsleistung unter das Angebot vor dessen Abgabe ist nicht willkürlich oder aus einem bloß praktischen Grund von den Verfassern der VOB aufgestellt worden, sondern sie hat einen **rechtlichen Hintergrund**. Es ist nämlich davon auszugehen, dass nach dem System des Vergabeverfahrens nach VOB/A, insbesondere der äußeren Gestaltung der Ausschreibungsunterlagen, das Angebot auf Abschluss eines Bauvertrags **schriftlich** erfolgen soll. Indem der Bieter diesem Begehren des Auftraggebers auf Wahl der schriftlichen Form Folge leistet, gilt die Schriftlichkeit als Regel vereinbart, § 127 S. 1 BGB. **Mündliche Angebote** – auch telefonisch abgegebene – sind daher **nicht als Angebote i.S.d. VOB/A anzusehen,** und ihnen kommt, vor allem im Rahmen eines Vergabeverfahrens, keine Rechtswirksamkeit zu (anders dagegen beim Zuschlag, der keine Schriftform verlangt, vgl. BGH BauR 1975, 274 = SFH Z 2.312 Bl. 6). **Nicht ausreichend ist die Wiedergabe des Namens des Bieters in Textform;** diese einfachste Form schriftlicher Erklärungen im Sinne des § 126b BGB wurde durch § 21 Nr. 1 Abs. 1 S. 3 VOB/A ausgeschlossen. Daher ist nicht ausreichend, wenn z.B. die Unterschrift nur fotokopiert ist. **Fehlt die Unterschrift** (z.B. bei einem Telebrief) **oder stammt sie nicht von einem dazu Befugten,** so kann man **nicht** von einem **wirksamen,** den Bieter vor allem nach § 19 VOB/A bindenden **Angebot** sprechen. Natürlich ist es theoretisch möglich, eine fehlende Unterschrift **bis zur Eröffnung der Angebote** nachzuholen. Angebote über **Fernschreiber, Telefax** oder durch **Telegramm** lassen sich grundsätzlich **nicht** in das System des Vergabeverfahrens (vgl. insbesondere §§ 6, 9 ff., 22 VOB/A) einordnen, zumal die Angebotsunterlagen vom Auftraggeber erstellt und **diese** als Angebot vom Bieter übersandt werden, nachdem er darin schriftlich die von ihm geforderten Erklärungen, insbesondere durch Einsetzen der Preise, abgegeben hat. In hierfür geeigneten Ausnahmefällen ist es jedoch hinreichend, wenn der Bieter über **Fernschreiber, Telefax** oder durch **Telegramm** auf die ihm übersandten Verdingungsunterlagen ohne eigene Abänderung Bezug nimmt und lückenlos im geforderten Umfang vollständig und entsprechend dem Aufbau des Leistungsverzeichnisses im Einzelnen die Preise nennt. Ist die Absendung eines Telefaxes bewiesen, so besteht im Übrigen die Vermutung, dass es zugegangen ist (OLG München NJW 1994, 527; anders noch OLG Karlsruhe NJW 1973, 1611). Um dabei jedoch zu einer rechtsverbindlichen Unterschrift zu gelangen und damit dem Angebot i.S.d. VOB Wirksamkeit zu geben, ist es notwendig, dem Fernschreiben, Telebrief, Telefax oder Telegramm ein **mit der Unterschrift des Bieters versehenes Bestätigungsschreiben nachzusenden,** das noch **vor** dem **Eröffnungstermin eingetroffen** sein muss (ähnlich BGH NJW 1990, 188 = MDR 1990, 226 = BB 1989, 2357 = LM § 518 Abs. 1 ZPO Nr. 25; vgl. dazu aber § 22 VOB/A Rn. 7, weswegen die vorangehenden Erörterungen mehr theoretischer Art sind).

Die Unterschrift unter das Angebot ist an einer Stelle so anzubringen, dass sie **ersichtlich den gesamten Inhalt des Angebotes abdeckt.** Anderenfalls ist den Anforderungen der Nr. 1 Abs. 1 S. 2 nicht genügt.

2. Anforderungen an die Unterschrift

4 **Der Bieter muss darauf achten, dass sein Angebot rechtswirksam unterzeichnet ist.** Angebote müssen »schriftlich eingereicht und unterzeichnet« sein. Durch den Verzicht auf das früher (bis zur Ausgabe 2000) vorgeschriebene **Erfordernis der »Rechtsverbindlichkeit« der Unterschrift** wird jetzt richtigerweise besser klargestellt, dass **für die Angebotsabgabe keine über die Formvor-**

schriften des BGB hinausgehenden Anforderungen** gelten sollen (obsolet ist insoweit die restriktive Spruchpraxis einzelner Vergabeüberwachungsausschüsse, vgl. hierzu VÜA Sachsen-Anhalt Beschl. v. 11.9.1996 1 VÜ 4/96).

Normalerweise unterschreibt der Bieter selbst. Er kann auch unter Berücksichtigung der handelsrechtlichen Vorschriften (§§ 12, 17 HGB) mit dem Namen seiner Firma unterschreiben, falls diese in das Handelsregister eingetragen ist. Handelt es sich bei dem Bieter um eine Handelsgesellschaft, so sind für die Wirksamkeit der Unterschrift die entsprechenden einschlägigen Vorschriften über die **Vertretungsmacht nach außen,** insbesondere deren Umfang, maßgebend. Kommen **mehrere selbstständige Unternehmen** als Bieter in einem Angebot vor, bieten sie vor allem gemeinschaftlich **(Haupt- und Nebenunternehmer, Arbeitsgemeinschaften oder sonstige gemeinschaftliche Bieter)** an, so ist grundsätzlich die Unterschrift **aller** am Angebot beteiligten Unternehmer erforderlich. Das gilt insbesondere für den Haupt- und Nebenunternehmer (vgl. dazu *Reuss* BauR 1993, 388), wobei der Nebenunternehmer nur den Teil des Angebots zu unterschreiben braucht, der die ihn selbst betreffende Leistung im Rahmen des Angebots erfasst. Voraussetzung ist dabei aber, dass eine eindeutige und klare Trennung im Angebot, insbesondere bei den diesem zugrunde liegenden Verdingungsunterlagen, möglich ist. Mitglieder von Arbeitsgemeinschaften müssen sämtlich das Angebot unterschreiben, weil grundsätzlich jedem von ihnen die Vertretungsmacht zukommt, es sei denn, dass – was an sich die Regel ist – etwas anderes im Gesellschaftsvertrag vereinbart ist (insoweit wird auf die §§ 714 f., 709 bis 713 BGB sowie auf Anhang 1 verwiesen). Steht nach dem Gesellschafts- oder Arbeitsgemeinschaftsvertrag die Geschäftsführung bzw. die Vertretungsmacht **(so genannte Federführung)** nur einem oder nur einzelnen Firmen zu, so muss dies dem Auftraggeber gegenüber im Angebot angegeben werden, wie sich aus Nr. 4 Abs. 1 ergibt. Hieraus folgt zugleich, dass die VOB Wert darauf legt, dass die Federführung nur einem Arge-Mitglied übertragen wird, damit der Auftraggeber einen ihm für alle verantwortlichen Verhandlungspartner hat.

3. Unterschrift durch Bevollmächtigten

Es ist aber auch möglich, dass der Bieter **einen anderen beauftragt und zugleich bevollmächtigt,** 5 mit Wirkung für oder gegen ihn das Angebot zu unterzeichnen oder überhaupt für ihn das Angebot abzugeben. **Dann gelten die §§ 164 ff. BGB.** Um dabei Missverständnisse zu vermeiden, ist es für den Bieter in einem solchen Fall dringend geboten, eine Bevollmächtigung im Sinne der Nr. 4 Abs. 1 beizufügen, insbesondere wenn der Auftraggeber den Bevollmächtigten des Bieters als solchen nicht kennt. Dabei ist der Umfang der Vollmacht anzugeben, ob sie nur für die Angebotsabgabe selbst oder auch für den Eröffnungstermin, für etwaige Verhandlungen, für den Vertragsabschluss, gegebenenfalls sogar für die Durchführung der Leistung durch den betreffenden Bieter gilt. Es ist dringend geboten, diese Gesichtspunkte zu beachten (vgl. auch VHB Ziff. 1 zu § 21 VOB/A), weil sonst daraus Rechtsstreitigkeiten entstehen könnten, die es zu vermeiden gilt (vgl. dazu als anschauliches Beispiel den vom BGH in BGHZ 36, 30 = NJW 1961, 2251 = SFH Z 2.212 Bl. 7 entschiedenen Fall). Der Grundsatz, dass ein Vertrag nur dann mit dem Vertretenen zustande kommt, wenn der Wille, im fremden Namen zu handeln, dem Gegner erkennbar geworden ist, ist nur eine Auslegungsregel. Ergeben die Umstände, dass trotz fehlender Erkennbarkeit eines Vertreterhandelns ein Dritter Vertragspartei sein soll – etwa wenn bei einem betriebsbezogenen Geschäft der Gegner den Vertreter für den Betriebsinhaber hält –, so kommt das Geschäft mit dem Dritten zustande (vgl. BGH BauR 1980, 353 im Hinblick auf das Handeln für eine GmbH oder eine Einzelfirma als Geschäftsführer oder als Inhaber; zur Bevollmächtigung vgl. auch § 2 VOB/B Rn. 29 ff.).

Das **Handeln eines vollmachtlosen Vertreters kann nachträglich genehmigt werden (vgl. §§ 182 ff. BGB),** fraglich ist, ob dies auch noch nach Beginn der Angebotswertung erfolgen kann. Bis zur Fassung 2000 folgte aus der zwingenden Regelung in § 25 Nr. 1b VOB/A (wegen Fehlens einer rechtsverbindlichen Unterschrift nach § 21 Nr. 1 S. 2 VOB/A a.F.), dass diese Angebote nicht gewertet werden konnten. Die Fassung 2000 verzichtete aber auf das zusätzliche Erfordernis der »Rechtsverbindlichkeit«, es sollen die üblichen zivilrechtlichen Grundsätze gelten. Damit dürfte die zur alten Fassung des § 21 Nr. 1 Abs. 1 VOB/A zu Recht betonte strenge Förmlichkeit der VOB (vgl. § 25 Nr. 1 Abs. 1 Buchst. b VOB/A) nicht mehr in jedem Fall zu einer Verdrängung der Grundsätze über die rechtsgeschäftlichen Willenserklärungen vollmachtloser Vertreter führen, ohne dass damit freilich den Bietern manipulative Gestaltungsmöglichkeiten gestattet werden müssten.

III. Elektronische Angebote

6 Wenn dies der Auftraggeber nach § 21 Nr. 1 Abs. 1 S. 1 zulässt, können die unterzeichneten schriftlichen Angebote **ersetzt werden durch mit fortgeschrittener Signatur im Sinne des Signaturgesetzes versehene elektronische Angebote**, die verschlüsselt eingereicht werden müssen. **Seit der Fassung 2000 wird damit in der VOB/A neben der Schriftform eine andere, nämlich die elektronische Form für die Angebotsabgabe in der VOB zugelassen** (vgl. auch *Franke/Kemper/Zanner/Grünhagen* § 21 VOB/A Rn. 20 ff., und *Höfler* Die elektronische Vergabe öffentlicher Aufträge NZBau 2000, 449). In Umsetzung der Neuregelungen der EU-Vergabekoordinierungsrichtlinie 2004/18/EG wird die herkömmliche Schriftform und die elektronische Angebotsabgabe gleichwertig nebeneinander gestellt, wenn der Auftraggeber dies bei der konkreten Vergabe und unter Berücksichtigung der konkreten Umstände (wie seiner technischen Ausrichtung, die Zahl der auf dem Teilmarkt zu erwartenden elektronischen Angebote etc.) zulässt.

Nach § 21 VOB/A ist die **Abgabe von digitalen Angeboten also nicht generell für alle Vergabeverfahren möglich**. Vielmehr ist **Voraussetzung, dass der Auftraggeber diese Möglichkeit ausdrücklich festlegt**. Die Vorschrift ist als fakultative Zulassung digitaler Angebote zu verstehen, die der öffentliche Auftraggeber für das konkrete Vergabeverfahren **nach seinem Ermessen** durch Bekanntmachung in der Ausschreibung, bzw. in den sonstigen Vergabeunterlagen, treffen kann. Es bedarf damit stets der ausdrücklichen Zulassung von digitalen Angeboten durch den Auftraggeber im konkreten Vergabeverfahren.

Die Formulierung »Daneben kann der...« ist von dem beabsichtigten Normzweck der Neuregelung eindeutig i.S.v. »Alternativ zur schriftlichen Unterzeichnung nach S. 1« zu verstehen. Sie bedeutet aber zu Recht auch nicht entweder/oder (Schriftform oder digital). **Neben der digitalen Angebotsabgabe bleibt es im Bereich der nationalen Bauvergaben nach S. 2 stets weiterhin zulässig, vom Bieter unterzeichnete schriftliche Angebote einzureichen**. Damit trägt die VOB den Bedenken vor allem kleinerer Betriebe der Bauwirtschaft Rechnung, die noch nicht über eine entsprechende EDV-Ausstattung verfügen.

Anders als in der Neuregelegung der VOL/A (Ausgabe 2006) ist es dem Auftraggeber **im Bereich der nationalen Bauvergaben** also **bis auf weiteres verwehrt, die Abgabe von elektronischen Angeboten als alleinige Möglichkeit vorzugeben**. Auf der anderen Seite hat der Auftraggeber der Zulassung entsprechend zugelassene elektronische Angebote zu akzeptieren und darf beispielsweise nicht die parallele Einreichung von schriftlichen Angeboten zusätzlich verlangen. Im Gegenteil, elektronische und schriftliche Angebote dürfen nicht parallel abgegeben werden, um Unklarheiten zu vermeiden, welches Angebot bei inhaltlichen Abweichungen zu Grunde zu legen ist. Widrigenfalls kann ein Auftraggeber ein solches Angebot ausschließen.

7 Wichtigste Anforderung an ein elektronisches Angebot ist nach § 21 Nr. 1 Abs. 1 S. 4 VOB/A die Unterzeichnung eines Angebotes mittels einer **elektronischen Signatur**. Die VOB nimmt hier für die Anforderungen der Signatur einen gleitenden Verweis auf das deutsche Signaturgesetz vom 22.7.1997 (BGBl. I S. 1870, 1872) vor. Zugelassen sind seit der Ausgabe 2006 **gleichwertig die fortgeschrittene elektronische Signatur nach § 2 Nr. 2 des Signaturgesetzes oder die qualifizierte elektronische Signatur nach § 2 Nr. 3 des Signaturgesetzes**. Nach dem Signaturgesetz und der zugehörigen Signaturverordnung vom 22.10.1997 (BGBl. I S. 2498) bestimmen sich die sicherheitstechnischen Anforderungen an die digitale Signatur im Einzelnen. Daneben verlangt die VOB/A in Abs. 2, dass das elektronische Angebot, **verschlüsselt** eingereicht werden muss.

IV. Umgang mit Angeboten

Abs. 2 ab der Fassung 2006 **stellt genauere Anforderungen an den Umgang mit Angeboten**. Dabei werden im wesentlichen Neuregelungen der EU-Vergabekoordinierungsrichtlinie 2004/18/EG wörtlich in die VOB/A übernommen Zunächst werden die Auftraggeber nach S. 1 verpflichtet, die **Integrität der Daten und die Vertraulichkeit der Angebote auf geeignete Weise zu gewährleisten**. Der bisher nur aus § 22 Nr. 8 VOB/A zu entnehmende Grundsatz der Vertraulichkeit der Angebote wird damit ausdrücklich in der VOB/A geregelt. Der Grundsatz gilt gleichermaßen für schriftliche und elektronische Angebote. **Neben der Vermeidung von Manipulationen dient er auch dem Schutz von Betriebsgeheimnissen** und anderen Angaben der Bieter. Die Regelung des S. 2, wonach per Post oder direkt übermittelte Angebote in einem verschlossenen Umschlag einzureichen, als solche zu kennzeichnen und **bis zum Ablauf der für die Einreichung vorgesehenen Frist unter Verschluss zu halten** sind, ergab sich auch bisher schon inhaltsgleich aus den Vorschriften über den Eröffnungstermin (vgl. § 22 Nr. 1 S. 2 VOB/A). Bei elektronisch übermittelten Angeboten ist dies **durch entsprechende technische Lösungen nach den Anforderungen des Auftraggebers** und durch Verschlüsselung sicherzustellen. Die Verschlüsselung muss bis zum Ablauf der Frist zur Einreichung der Angebote aufrecht erhalten bleiben. Die Notwendigkeit, elektronische Angebote entsprechend zu schützen und zu behandeln bezieht sich sowohl auf die **Einreichung der Angebote durch den Bieter**, als auch auf den **Umgang mit den Angeboten durch den Auftraggeber** nach Eingang der Angebote. **Das Angebot ist danach von der Absendung beim Bieter an bis zur Öffnung im Eröffnungstermin durch Verschlüsselung zu schützen.** Damit wird insbesondere dem unbedingten Gebot nach Vertraulichkeit im Vergabeverfahren Rechnung getragen.

8

V. Einsetzen nur der Preise und der geforderten Erklärungen

Die Forderung in Nr. 1 Abs. 2 S. 5, dass die Angebote nur die Preise und die geforderten Erklärungen enthalten sollen, besagt im Kern, dass das Vertragsangebot klar, vollständig und in jeder Hinsicht zweifelsfrei sein soll. Um dieses zu erreichen, geht die VOB davon aus, dass die Verdingungsunterlagen **zunächst vom Auftraggeber** für alle in Betracht kommenden Bieter **in gleicher Weise, inhaltlich klar, vollständig und unmissverständlich, dabei vor allem unter genauer Beachtung der in § 9 VOB/A festgelegten Einzelgesichtspunkte,** angefertigt werden. Die Bieter sollen sie dann nach jeweils gebotener sorgfältiger Überprüfung **zum Gegenstand ihres eigenen Angebotswillens** bei der Angebotsabgabe machen. Daraus ergibt sich zwangsläufig, **dass für die Angebote grundsätzlich Schriftform** erforderlich ist. Disketten genügen allein nicht, können aber beigefügt werden.

9

Hinzu kommt dann in erster Linie das **Einsetzen der Preise** durch die Bieter. Dieser in Nr. 1 Abs. 1 S. 3 wiederholte Grundgedanke ist bereits in der grundsätzlichen Bestimmung § 6 Nr. 1 VOB/A enthalten (vgl. dazu § 6 VOB/A Rn. 5). Dabei ist es erforderlich, dass der Bieter im Angebot nicht nur einen so genannten Gesamtpreis nennt, sondern auch die jeweils geforderten Einzelpreise, **also alle Preise,** da es sonst **nicht vollständig** ist. Im Bereich der den förmlichen Nachprüfungsverfahren vor Vergabekammern und Vergabesenaten der Oberlandesgerichte zugänglichen EU-weit auszuschreibenden Bauvergaben, hat sich zu Frage der Unvollständigkeit des Angebotes und eines daraus resultierenden Ausschlusses nach § 25 Nr. 1 Abs. 1b VOB/A eine in der Abgrenzung uneinheitliche Einzeljudikatur entwickelt:

10

Insbesondere der **BGH legt strenge Maßstäbe an die Auslegung der genanten Vorschriften. Damit ein Angebot gewertet werden kann, sind insbesondere alle in der Leistungsbeschreibung geforderten Preise so wie gefordert vollständig und mit dem Betrag anzugeben, der für die betreffende Leistung beansprucht wird (Verbot der so genannten Mischkalkulation; BGH v. 24.5.2005 BauR 2005, 1620 = VergabeR 2005, 754 = NZBau 2005, 594 = IBR 2005, 563). **Erforderlich ist ein jeder Hinsicht (mit den anderen Angeboten) vergleichbares Angebot.** So ist es nicht zulässig, z.B. die Baustelleneinrichtung, die in einer eigenen Position enthalten ist und für die deshalb eine eigene Preisangabe gefordert wird, in den Preis für eine eigentliche Leistungsposition, wie z.B. Rohrverlegung oder Verlegung, mit »hineinzurechnen«; erst recht gilt dies, wenn in diesem Zusammenhang dann in anderen Positionen gar kein oder ein viel zu niedriger Preis angegeben wird. Andererseits ist nach OLG Düsseldorf (OLG Düsseldorf v. 30.4.2002 Verg 03/02) aus § 21 Nr. 1 Abs. 1 S. 3 VOB/A nicht abzuleiten, dass ein Bieter auch kleine Nebenpositionen mit fiktiven Preisen ausweisen und seine interne Kalkulation offen legen muss. Fordert der Auftraggeber die aufgegliederte Angabe von Einheitspreisen, wie z.B. in Lohn- und Materialkosten, so muss der Bieter dies grundsätzlich auch befolgen, zumal solche Preisbestandteile durchaus hilfreich für die Ermittlung veränderter Preise nach Vertragsabschluss, z.B. gemäß § 2 Nrn. 3–7 VOB/B, sein können. **Ein Bieter muss die von ihm angebotenen Einzelpreise nach der richtigen Rechtsprechung** (BayObLG NZBau 2001, 643) **nach § 21 Nr. 1 VOB/A vollständig aufgliedern, zum Angebotsausschluss führt eine nicht entsprechende Preisangabe nur dann, wenn sich das Angebot wegen seiner Unvollständigkeit nicht mehr zu einer ordnungsgemäßen Wertung eignet.** In diesen Fällen ist also **noch kein zwingender Grund für den Ausschluss nach § 25 Nr. 1 Abs. 1b VOB/A** (ein Ausschluss wird allerdings dann im Rahmen der eigentlichen Wertung oftmals erfolgen müssen, da sonst eine ordnungsgemäße Wertung nicht möglich ist), anzunehmen weil es sich **jedenfalls** hier nur um eine so genannte Soll-Vorschrift handelt, nach der der Auftraggeber zwar verfahren kann, aber nicht muss. **§ 21 Nr. 1 Abs. 1 VOB/A i.V.m. § 25 Nr. 1 Abs. 2 VOB/A sind als Soll-Vorschriften dahingehend auszulegen, dass nachträgliche Ergänzungen fehlender Angaben und Erklärungen (ausnahmsweise) möglich sind, sofern hierdurch die Wettbewerbsstellung eines Bieters nicht verändert wird** (BayObLG NZBau 2000, 211). Ähnlich das OLG Schleswig-Holstein, **wonach die »scharfe« Sanktion eines zwingenden Angebotsausschlusses nur bei Fehlen solcher Erklärungen oder Erklärungsteile greift, die kalkulationserheblich sind** und sich im Wettbewerb auswirken (OLG Schleswig v. 10.3.2006 IBR 2006, 288; möglich danach das Nachreichen eines Prüfzeugnisses, weil damit gemäß § 24 VOB/A nur aufgeklärt wird, ob das Produkt die Anforderungen einer DIN EN erfüllt, ohne dass damit der Bieterwettbewerb nachträglich nachhaltig verändert würde). Sehr weitgehend allerdings OLG Dresden (OLG Dresden VergabeR 2002, 174), wonach in atypischen Sonderfällen ein Angebotsausschluss wegen fehlender Preisangaben ungerechtfertigt sein soll, wenn es dem Auftraggeber möglich ist, eine fehlende Einzelpreisangabe durch Rückrechnung aus einem vorhandenen Gesamtpreis zu bestimmen. Umstritten ist, ob das **Fehlen des Formblattes »Aufgliederung wichtiger Einheitspreise – EFB-Preis** 312–2« noch kein unbedingt zu beachtender Ausschlussgrund ist, es dient vor allem dem Auftraggeber für die Angebotsauswertung im Hinblick auf Leistungsfähigkeit, Zuverlässigkeit und Sachkunde des Bieters nach § 25 Nr. 2 Abs. 1 VOB/A, somit als Beurteilungshilfe (OLG Celle BauR 1986, 436 = NJW-RR 1986, 99). Das gilt auch für die anderen Formblätter EFB-Preis 1a, 1b, 1c, 1d des VHB 2002. Auch eine **fehlende oder unvollständige Nachunternehmererklärung** macht das Angebot unvollständig und führt zum zwingenden Ausschluss. Dazu führen zwar nicht automatisch fehlende oder ungenaue Zuordnungen zu den Ordnungsziffern des Leistungsverzeichnisses. **Eine zu formalistische Prüfung erscheint bei der Frage der Vollständigkeit des Angebotes nach § 21 Nr. 1 Abs. 2 S. 5 VOB/A nicht angebracht.** Zu einem **Wertungsausschluss** führt eine unvollständige Nachunternehmererklärung jedenfalls immer dann, wenn **auch eine Gesamtschau der Bietererklärungen nicht zweifelsfrei darüber Auskunft gibt, wofür der Nachunternehmer in der Bauausführung verwendet werden soll** (OLG Dresden v. 11.4.2006 WVerg 0006/06). Andererseits ist es entgegen Heiermann/Riedl/Rusam (§ 25 VOB/A Rn. 101) unzulässig, Angebote mit fehlenden oder unzulänglichen Preisangaben als Nebenangebote zu behandeln, da es allein dem Bieter überlassen bleiben muss, mit einer hinreichend klaren Erklärung darüber zu entscheiden, welchen Status er seinem Angebot geben will, abgesehen davon, dass auch ein Nebenangebot schon begrifflich eindeutige Preisangaben verlangt, also ebenso, wie dies für das Hauptangebot zu gelten hat.

Soll **Mehrwertsteuer** gesondert beansprucht werden, so muss diese grundsätzlich in das Angebot mit aufgenommen werden, um Vertragsinhalt zu werden, da sich sonst bei der Abrechnung Schwierigkeiten ergeben können (vgl. *Honig* BB 1975, 447 m.w.N.). Dabei sollte der Bieter, vor allem bei Pauschal- und/oder so genannten Festpreisangeboten, zur Vermeidung etwaiger Rechtsnachteile darauf hinweisen, dass eine etwa während der Zeit nach Angebotsabgabe und der Bauausführung eintretende Erhöhung des Mehrwertsteuersatzes dem Auftraggeber in Rechnung gestellt wird.

Durch das Einsetzen der Preise wird das Angebot ein **so genannter »garantierter Kostenvoranschlag«** i.S.d. § 650 BGB.

Die weitere Bestimmung in Nr. 1 Abs. 2 S. 5, dass der Bieter außer den Preisen nur die **geforderten Erklärungen im Angebot abgeben** darf, ist auch nur eine Zusammenfassung von Grundsätzen, wie sie nach der VOB für ein ordnungsgemäßes Vertragsangebot Geltung haben müssen. Es ist zu berücksichtigen, dass der Bieter bei der Angebotsabgabe außer den Preisen im Grundsatz keine von ihm **ursprünglich stammenden** Erklärungen abgibt. Das folgt daraus, dass der Auftraggeber in dem von der VOB erfassten Regelfall die Verdingungsunterlagen bzw. Ausschreibungsunterlagen selbst fertigt, und zwar gemäß den hierfür maßgebenden Einzelvorschriften der §§ 9–20 VOB/A. Diese Angaben werden dann als **eigene** Erklärungen vom Bieter durch die Ausfüllung und Einreichung des ihm zugesandten Angebots übernommen. Die Übernahme geschieht durch die Unterschrift unter das entsprechende Angebot und dessen Einreichung. Es kann darüber hinaus aber auch vorkommen, dass der **Auftraggeber** neben dem Einsetzen der Preise **Erklärungen verlangt**, die nicht bereits Inhalt der Ausschreibungsunterlagen sind. Der Bieter muss dann auch diese Erklärungen gesondert in seinem Angebot abgeben, damit sie Vertragsinhalt werden können. Andererseits kann es sein, dass der Bieter im Einzelfall es für erforderlich hält, die zu seinem Angebot gewordenen **Erklärungen näher zu erläutern**. Dies kann ihm sicherlich **nicht verwehrt** werden, zumal es dem Auftraggeber eine wirkliche Hilfe bei der weiteren Behandlung des Angebotes sein kann. Der Bieter muss jedoch darauf achten, dass es bei dieser Erläuterung **bleibt** und **dass sie nicht** in eine **Änderung an den Verdingungsunterlagen »ausartet«**. Anderenfalls riskiert er den Ausschluss nach § 25 Nr. 1 Abs. 1b VOB/A. Handelt es sich um **Nebenangebote,** muss der Bieter den Anforderungen gerecht werden, wie sie hier **in Nr. 3** gestellt sind (vgl. nachfolgend Rn. 26).

Diese Grundsätze haben aktuelle **Bedeutung u.a. für die oftmals abgeforderten Erklärungen, die der Beurteilung der Zuverlässigkeit des Bieters dienen**, wie beispielsweise **Tariftreueerklärungen, Auszüge aus dem Gewerbezentralregister oder Führungszeugnisse**. Unabhängig von der Frage ihrer inhaltlichen Sinnhaftigkeit ist das Abfordern solcher Erklärungen vergaberechtlich grundsätzlich möglich. Teilweise gibt es hierfür auch eigene fachgesetzliche Rechtsgrundlagen (vgl. § 5 SchwarzarbG). **So können fehlende Tariftreueerklärungen oder Nachunternehmererklärungen gemäß § 25 Nr. 1 Abs. 1 lit. b) i.V.m. § 21 Nr. 1 Abs. 1 VOB/A zum Ausschluss des Angebots führen** (BayObLG VergabeR 2002, 252). **Dies gilt aber nur, wenn das Fehlen geforderter Erklärungen eine ordnungsgemäße Wertung verhindert**, nach dem OLG Bremen (OLG Bremen BauR 2001, 94) ist eine Verpflichtung der Vergabestelle zur restriktiven Handhabung von Ausschlusstatbeständen anzunehmen. Zu weitgehend ist es aber, wenn mit der Begründung, die Nachunternehmererklärung beziehe sich nur auf »untergeordnete Leistungen«, ein Ausschluss abgelehnt wird (OLG Celle VergabeR 2002, 176). Der Funktion der Ordnungsvorschrift von § 21 VOB/A, für einen transparenten, geordneten Wettbewerb zu sorgen, muss unbedingt Rechnung getragen werden. **Richtigerweise sind Angebote mit fehlenden Angaben über den Umfang des beabsichtigten Nachunternehmereinsatz generell von der Wertung auszuschließen** (OLG Thüringen VergabeR 2002, 256).

VI. Änderungen des Bieters an seinen Eintragungen

12 Wenn in Nr. 1 Abs. 1 S. 6 von **Änderungen des Bieters an seinen Eintragungen** die Rede ist, so handelt es sich um eine den **Absatz 3,** der Änderungen an den vom Auftraggeber aufgestellten Verdingungsunterlagen erfasst, **ergänzende Vorschrift.** Sie bezieht sich entsprechend dem Grundsatz, klare und eindeutige Angebote zu erzielen, **auf Änderungen,** die der Bieter an **von ihm** zunächst vorgenommenen Eintragungen vornimmt, bevor er das Angebot abgibt. Gemeint sind vor allem Durchstreichungen, andere, »berichtigte« Zahlen, geänderte, vom Bieter geforderte Erklärungen usw. Die Vornahme von solchen nachträglichen **Änderungen** lässt besonders die **Gefahr von Missverständnissen** auftauchen. Der Bieter muss also bei derartigen Änderungen besonders darauf achten, dass sie klar und eindeutig das Gewollte zum Ausdruck bringen und dass eine **Mehrdeutigkeit vermieden** wird. Andernfalls könnten Missverständnisse beim Auftraggeber dazu führen, dass der Bieter den Auftrag nicht erhält (§ 25 Nr. 1 Abs. 1b VOB/A). Darüber hinaus besteht für jeden der Beteiligten die Gefahr, dass das wirklich Gewollte nicht richtig zur Geltung kommt, wenn z.B. im Falle eines späteren Rechtsstreits das Gericht zur Auslegung nach §§ 133, 157 BGB gezwungen werden sollte.

VII. Keine Änderung an den Verdingungsunterlagen durch den Bieter

1. Rechtsfolgen bei abgeändertem Angebot

13 Die Einhaltung des förmlichen Vergabeverfahrens nach VOB/A und eine spätere zufrieden stellende Vertragsabwicklung wird nur erreicht, wenn der Auftraggeber die Verdingungsunterlagen in einer ordentlichen Art und Weise ausarbeitet, damit der Bieter sie auch guten Gewissens übernehmen kann, und wenn andererseits der Bieter die Verdingungsunterlagen auch vollinhaltlich seinem Angebot zugrunde legt, d.h. im Einzelnen das übernimmt, was der Auftraggeber ihm »vorgeschrieben« hat. Gibt der Bieter dagegen ein Angebot ab, das den an sich ordnungsgemäß erstellten Verdingungsunterlagen nicht entspricht, oder macht er sich diese ganz oder teilweise nicht zu Eigen, so liegt zwar auch ein Vertragsangebot vor, sofern er die Änderung (u.U. durch Streichen) hinreichend für den Auftraggeber kenntlich macht. Ein solches **abgeändertes Angebot** aber kann vom Auftraggeber nicht angenommen werden. Das gilt insbesondere für alle öffentlichen Auftraggeber, die sich bei der Vergabe genau an die VOB/A zu halten haben. Insoweit wird insbesondere auf § 23 Nr. 1 und § 25 Nr. 1b VOB/A verwiesen. **Aus diesem Grunde heißt es in Nr. 1 Abs. 3 zwingend, dass Änderungen an den Verdingungsunterlagen durch den Bieter unzulässig sind. Das Angebot eines Bieters, das unzulässige Änderungen der Verdingungsunterlagen aufweist, ist nach § 25 Nr. 1 Abs. 1 lit. b VOB/A i.V.m. § 21 Nr. 1 Abs. 3 VOB/A von der Angebotswertung auszuschließen** (OLG Düsseldorf VergabeR 2001, 38; ebenso OLG Naumburg ZVgR 2001, 66). Bei dieser Vorschrift handelt es sich nicht um einen ungerechtfertigten Zwang und eine daraus herzuleitende Einengung des freien Entschließungswillens des Bieters. Man darf darin wie auch in einigen anderen Bestimmungen der VOB/A nicht ein Übergewicht des Auftraggebers über den Bewerber sehen. Es ist nämlich hervorzuheben, dass nach den Vorschriften des BGB der Auftraggeber bestimmen kann, mit wem und unter welchen Bedingungen er verhandeln und Verträge abschließen will. Bei einer Vergabe nach der VOB ist dagegen der Bewerber bzw. Bieter nicht gänzlich der völlig freien Willensentschließung und den Verhandlungsbedingungen des Auftraggebers unterworfen. Dieser ist nämlich gehalten, im Vergabeverfahren bestimmte Formen und gewisse Voraussetzungen in den Verdingungsunterlagen einzuhalten, was nicht zuletzt dem Schutz des Unternehmers dient. Zumindest weiß der Bewerber bzw. Bieter von vornherein, was im Vergabeverfahren nach der VOB auf ihn zukommt, was bei Vertragsverhandlungen nach dem BGB wegen der dort grundsätzlich gegebenen Vertragsverhandlungsfreiheit nicht ohne weiteres der Fall zu sein braucht. Im Übrigen darf man die Regelung nicht missverstehen. Denn der in ihr liegende, auf Erfahrungssätzen beruhende **Grundgedanke geht dahin, einwand-**

freie, miteinander vergleichbare Vertragsangebote zu erhalten, die einen echten Wettbewerb unter den Bietern ermöglichen.

2. Inhaltliche Anforderungen an Verdingungsunterlagen

Voraussetzung ist naturgemäß, dass der **Auftraggeber** dem Zweckgedanken der VOB entsprechend handelt und dabei vor allem die **Verdingungsunterlagen ordnungsgemäß**, d.h. klar, eindeutig und übersichtlich, aufstellt. Er darf in ihnen grundsätzlich nichts fordern, was nicht den anerkannten Regeln der Technik oder den Allgemeinen Technischen Vertragsbedingungen entspricht oder was als unzumutbare und/oder unbegründete Vertragsbedingung zu bezeichnen wäre. In letzterer Hinsicht ist auch gerade hier auf die zwingenden Bestimmungen des AGB-Rechts hinzuweisen. Würde der Auftraggeber nicht nach den Bedingungen und Voraussetzungen der VOB handeln, dann hätte diese Zuwiderhandlung zur Folge, dass die **Bieter auch nicht an Nr. 1 Abs. 3 gebunden** sein können. Man kann im Rahmen eines ordnungsgemäßen Vergabeverfahrens nicht von dem Bieter die Befolgung der VOB verlangen, wenn der Auftraggeber unsachliche und ungerechtfertigte Forderungen in die Verdingungsunterlagen aufnimmt. **14**

Auch wenn die Verdingungsunterlagen – dabei insbesondere die Leistungsbeschreibung – **unklar** sind, darf der Bieter diese **nicht von sich aus ändern.** Im Allgemeinen wird der Bieter hier durch Abgabe von Änderungsvorschlägen oder Nebenangeboten seine Chancen wahren können. Zulässig ist es jedoch, wenn der Bieter einen Vermerk anbringt, dass und wie er die betreffende unklare Stelle verstanden hat. Ähnliches gilt, wenn der Auftraggeber in den Verdingungsunterlagen ein bestimmtes Fabrikat fordert, das für die verlangte Leistung untauglich oder unsicher ist oder nicht mehr hergestellt wird. Dann darf der Bieter **nicht von der Vergabe ausgeschlossen** werden, zumal seine Handlungsweise vom Auftraggeber – möglicherweise sogar schuldhaft – veranlasst wurde. Auch hier kann, wenn die Unklarheit einen ordnungsgemäßen Vergabewettbewerb nicht mehr ermöglicht, die Ausschreibung aufzuheben sein; anderenfalls kann die Vergabe durchgeführt werden, wenn die ernsthaft für die Vergabe in Betracht kommenden Bieter (vgl. § 25 Nr. 3 Abs. 3 VOB/A) die betreffende unklare Stelle im wirklich gemeinten Sinne verstanden und erkennbar danach ihr Angebot ausgerichtet haben. **15**

3. Angebotsabgabe unter aufschiebenden/auflösenden Bedingung

Für unter einer aufschiebenden oder auflösenden **Bedingung** (vgl. § 158 Abs. 1 und 2 BGB) **abgegebene Angebote** gilt: Änderungsvorschläge und/oder Nebenangebote sind zulässig, wenn sie zum einen nicht generell nach § 10 Nr. 5 Abs. 4 VOB/A und daher gemäß § 25 Nr. 1 Abs. 1d VOB/A von der Wertung ausgeschlossen sind und zum anderen den Formvorschriften nach § 21 Nr. 3 S. 2 VOB/A entsprechen und nicht nach § 25 Nr. 1 Abs. 2 VOB/A ausgeschlossen werden können. Dann sind sie nach § 25 Nr. 5 S. 1 VOB/A in die Wertung einzubeziehen. Voraussetzung ist aber – wie überhaupt für bedingte Angebote –, dass sie gemäß § 25 Nr. 1 Abs. 1a VOB/A rechtzeitig vorgelegen haben. Außerdem muss sich der Eintritt der Bedingung jedenfalls bis zum Ablauf der Zuschlagsfrist ergeben, weshalb hier eine ganz klare Fassung des Angebotes erforderlich ist, um auch insoweit den Verdacht von Manipulationen auszuschließen. Das gilt für alle unter einer Bedingung stehenden Angebote. Dagegen sind so genannte **Koppelungsangebote unzulässig,** also Angebote, die ihre Wirksamkeit von einer weiteren Auftragsvergabe abhängig machen, weil hier der Wettbewerb unzulässig verfälscht wird; anders dann, wenn sie bei objektiver Auslegung als Nebenangebote aufzufassen sind und der Auftraggeber solche nicht ausgeschlossen hat (vgl. dazu und zur etwaigen Wertung *Schelle* Bauverwaltung 1988, 278). Zulässig sind auch Angebote mit Skontoabzügen oder Preisnachlässen für den Fall der Auftragserteilung, sofern sie sich auf den konkreten Vergabefall beschränken. Dagegen sind Angebote, die einen Nachlass von der Zuschlagserteilung **vor Ablauf der Zuschlags- oder Bindefrist abhängig** machen, **unzulässig,** da hierdurch der Vergabewettbewerb **16** nachteilig beeinträchtigt werden kann, nämlich das Vertrauen der übrigen Bieter auf Einhaltung der genannten Fristen, was für ihre Angebote ausschlaggebend gewesen sein kann.

VIII. Rationalisierung: Zulassung von Abschriften und Kurzfassungen des Angebots

17 **§ 21 Nr. 1 Abs. 4 VOB/A ist aus der zunehmenden Verwendung von Datenverarbeitungsanlagen im Rahmen der Angebotsbearbeitung zu verstehen.** Hiernach soll der Auftraggeber allgemein oder – jedenfalls – im Einzelfall zulassen, dass Bieter für die Angebotsabgabe eine selbst gefertigte Abschrift oder stattdessen eine selbstgefertigte Kurzfassung des Leistungsverzeichnisses benutzen, wenn sie in besonderer Erklärung den vom Auftraggeber verfassten Wortlaut des Leistungsverzeichnisses **als allein verbindlich** anerkennen; Kurzfassungen müssen jedoch die Ordnungszahlen (Positionen) vollzählig, in der gleichen Reihenfolge und mit den gleichen Nummern wie in der Urschrift wiedergeben.

18 Hier handelt es sich um eine den Fortschritten der Technik, deren sich der rationell arbeitende Baubetrieb im Rahmen der Angebotsbearbeitung bedienen soll, gerecht werdende **Zweckmäßigkeitsregel.** Es wäre in Fällen, in denen die Angebotsbearbeitung durch Datenverarbeitungsanlagen erfolgt, nicht sinnvoll zu fordern, die maschinell ermittelten Angebotspreise manuell in die vom Auftraggeber übermittelten Urschriften des Leistungsverzeichnisses zu übertragen. Sonst würde der von Unternehmerseite angestrebte Rationalisierungszweck nicht nur weitgehend wieder aufgehoben, sondern es bestünde darüber hinaus noch die Gefahr von Übertragungsfehlern.

19 Die VOB stellt es bei dieser Regelung nicht eingeschränkt auf die Benutzung von EDV-Geräten ab, sondern **erlaubt generell für die Angebotsabgabe eine vom Bieter selbst gefertigte Abschrift oder Kurzfassung des Leistungsverzeichnisses.** Es können also Grundlage hierfür auch andere Rationalisierungsmaßnahmen im Betrieb des Bieters sein.

20 Wie sich aus der Wendung »Der Auftraggeber soll ...« ergibt, strebt die VOB bewusst die **Förderung von Rationalisierungen** im Rahmen der Angebotsbearbeitung und -abgabe zugunsten der Bieter an. Sie will dadurch den Auftraggeber anhalten, dies auch von seiner Seite zu tun. Selbstverständlich bleibt es der sachgerechten Überlegung des Auftraggebers überlassen, ob er die Angebotsabgabe durch Benutzung von Abschriften oder Kurzfassungen des Leistungsverzeichnisses zulassen will. Wesentlich wird dabei für ihn auch die Überlegung sein, dass er bei Ablehnung Erschwernisse für die Bieter schaffen kann, die sich in den geforderten Preisen niederschlagen können.

21 Selbstverständlich müssen dem Auftraggeber für den Fall der Zulassung von durch die Bieter selbst gefertigten Angebotsabschriften oder selbst gefertigten Kurzfassungen des Angebots **die erforderlichen Sicherheiten dergestalt gewährt werden, dass auch hier die Urschrift des von ihm verfassten Leistungsverzeichnisses im vollen Wortlaut Inhalt des Angebots wird.** Deshalb wird in diesem Fall von der VOB die Abgabe einer besonderen – schriftlichen – Erklärung des betreffenden Bieters verlangt, dass er den Wortlaut der Urschrift des Leistungsverzeichnisses als **allein verbindlich anerkennt.** Außerdem muss der Auftraggeber den notwendigen Bezug zwischen Kurzfassung und Original des Leistungsverzeichnisses herstellen können. Darum wird weiter von der VOB gefordert, dass dann die Ordnungszahlen (Positionen) vollzählig und in der gleichen Reihenfolge und mit den gleichen Nummern wie in der Urschrift in der Kurzfassung enthalten sein müssen. Es kann sinnvoll sein, zum Zwecke der Klarheit zu fordern, dass die Kurzfassung auch für jede Teilleistung die Ordnungszahl, die Menge, die Einheit, den Einheitspreis und den Gesamtbetrag, den jeweiligen Kurztext, die dem Leistungsverzeichnis entsprechenden Zwischensummen der Leistungsabschnitte, die Angebotsendsummen und auch sonstige vom Auftraggeber geforderten Textergänzungen enthält.

Deckt sich die vom Bieter gefertigte Kurzfassung nicht mit der Langfassung des Auftraggebers, so ist Letztere angesichts der vom Bieter abgegebenen Verbindlicherklärung maßgebend. Sicherheitshalber geht der Auftraggeber dann aber zunächst den Weg der Aufklärung nach § 24 Nr. 1 VOB/A. **Führen Mängel im Kurzleistungsverzeichnis zu einem insgesamt widersprüchlichen Angebot, so muss dies regelmäßig zum Ausschluss des Angebotes führen** (OLG Naumburg ZVgR 2001, 66).

Fordert der Auftraggeber die Bieter vor Auftragserteilung auf, ein vollständig ausgefülltes Leistungsverzeichnis nachzureichen, so müssen sie dem grundsätzlich Folge leisten.

IX. Muster und Proben

Von Wichtigkeit ist auch die Vorschrift, dass Muster und Proben der Bieter als zum Angebot gehörig gekennzeichnet werden müssen (Nr. 1 Abs. 5). Dies schließt an die Regelung an, in der die Möglichkeit der Darstellung durch Proben im Rahmen der Leistungsbeschreibung angeführt ist, nämlich an § 9 Nr. 12 VOB/A. Die Probestücke haben bei einem Vertragsangebot den Zweck, die angebotene Leistung deutlich, klar und erschöpfend sowie unter Ausschluss von Zweifelsfragen darzustellen. Bereits in § 9 Nr. 12 VOB/A wird das Gebot aufgestellt, die Proben eindeutig zu bezeichnen. Die Bezeichnung ist einmal allgemeiner Art, indem sie zu erkennen gibt, zu welchem Angebot die Probe gehört. Weiterhin ist es aber auch notwendig, einen Hinweis darauf zu geben, welchen Teil des Angebotes im Einzelnen die Probe ergänzt. Entsprechendes gilt auch für die Vorlage von Mustern. Diese unterscheiden sich begrifflich von Proben dadurch, dass sie nicht vom Bieter selbst gefertigt, sondern von dritter Seite, wie z.B. vom Baustofflieferanten, beschafft worden sind. Von Bedeutung ist diese Unterscheidung allerdings nicht, weil Nr. 1 Abs. 5 gleichermaßen Proben und Muster erfasst.

C. Abweichung der Leistung von den vorgesehenen technischen Spezifikationen (Nr. 2)

Nach der seit der Fassung 1992 in die VOB neu aufgenommenen Regelung in Nr. 2 darf eine solche Leistung nur angeboten werden, wenn sie mit dem geforderten Schutzniveau in Bezug auf Sicherheit, Gesundheit und Gebrauchstauglichkeit gleichwertig ist. Die Abweichung muss im Angebot eindeutig bezeichnet sein. Die Gleichwertigkeit ist mit dem Angebot nachzuweisen. Diese Bestimmung ist nach dem Wortlaut eindeutig **zwingend** und muss daher eingehalten werden.

I. Grundlage der Regelung

Diese Regelung kommt nicht aus sich heraus, sondern ist eine **Folge** der **in § 9 Nr. 5–10 VOB/A** getroffenen Bestimmungen (vgl. § 9 VOB/A Rn. 67 ff.). Darauf ist zunächst zu verweisen und die dort mit der Ausgabe 2006 eingeführten Lockerungen, wie dem Gebot, immer auch als gleichwertig nachgewiesene technische Spezifikationen oder gar Funktionalbeschreibungen berücksichtigen zu können. **Nr. 2 richtet sich zwar grundsätzlich ebenfalls an den Auftraggeber, der die Wertung des Angebots durchzuführen hat.** Letztlich wird aber die **Befugnis des Bieters geregelt, unter welchen Bedingungen er Bauleistungen anbieten kann, die von den im Leistungsverzeichnis angegebenen technischen Spezifikationen abweichen.** Der Auftraggeber darf von sich aus von den Bietern grundsätzlich keine Angebote fordern und dann auch nicht entgegennehmen, die eine Abweichung von den vorgesehenen technischen Spezifikationen darstellen. Allerdings trifft ebenso wie für den Fall von § 9 Nr. 6 Abs. 1 S. 2 und Nr. 7 VOB/A gerade im Bereich der Nr. 2 den Bieter die volle **Prüfungspflicht,** ob die hier geregelten Ausnahmen vorliegen. Der Auftraggeber hat dem Bieter durch die Vergabeunterlagen möglichst eindeutig Einzelheiten anzugeben, damit diesem die **Prüfung** hinsichtlich etwaiger Ausnahmen überhaupt **sachgerecht ermöglicht wird,** wie z.B. durch Angabe der vorgesehenen Nutzung der Leistung oder gar des gesamten Bauwerks oder der vorausgesetzten baulichen Sicherheit. In diesem Zusammenhang ist auf § 10 Nr. 5q VOB/A hinzuweisen.

25 **Dies gilt verstärkt** dann, und den **Bieter trifft die volle Verantwortung für die Beachtung der in Nr. 2 S. 1 umschriebenen Anforderungen,** wenn er selbst den maßgebenden Teil des Angebotes oder dieses überhaupt hinsichtlich der Verfahrenstechnik oder des zu verwendenden Materials aufstellt, wie z.B. im Rahmen einer Leistungsbeschreibung nach Leistungsprogramm (vgl. § 9 Nr. 15–17 VOB/A) oder in dem insofern maßgebenden Bereich **Änderungsvorschläge oder Nebenangebote macht. Dies dürfte die eigentliche Tragweite der Nr. 2 sein.** Dann hat er grundsätzlich auch die von vornherein gegebene Pflicht, auf die Einhaltung der technischen Spezifikationen zu achten. Anderenfalls kann er aus culpa in contrahendo verantwortlich sein.

II. Zulässigkeit der Abweichung

26 Nach Nr. 2 S. 1 ist eine Abweichung von der in der betreffenden technischen Spezifikation aufgeführten Leistung oder Teilleistung **nur erlaubt,** wenn das dort geforderte **Schutzniveau auch eingehalten** wird. Dabei ist der Begriff Schutzniveau so zu verstehen, dass es sich um die in den vorgesehenen technischen Spezifikationen angeführten **Mindesterfordernisse** handelt. Insofern ist zunächst eine Ausrichtung nach den Technischen Spezifikationen (TS), wie sie von § 9 Nr. 6 VOB/A erfasst sind, geboten.

27 **Ob eine Abweichung** von dem so zu verstehenden Schutzniveau zulässig ist, richtet sich zunächst nach dem Gesichtspunkt der Sicherheit. Darunter ist die technische Sicherheit im Hinblick auf Haltbarkeit, Standfestigkeit und Dauertauglichkeit nach aller technischen Erfahrung der einschlägigen Fachbereiche am Ort der Bauausführung zu verstehen, wie z.B. die gesicherten Erfahrungen im Hinblick auf die Verfahrenstechnik, Materialtauglichkeit, Gefahrlosigkeit im Bereich der baulichen Vorbereitung und Herstellung usw. Von weiterer – gleichrangiger – Wichtigkeit ist das unbedingte Verlangen auf **Einhaltung der Gesundheit.** Dies betrifft die Vermeidung jeglicher nachteiliger Einwirkung auf die Bewohner oder sonstigen Benutzer, aber auch die erforderliche Umweltverträglichkeit, nicht zuletzt auch in Bezug auf die Vermeidung sonstiger gesundheitsschädlicher Auswirkungen auf Mensch und Tier. Die schließlich angesprochene Gebrauchstauglichkeit muss die vorgesehene Nutzung der baulichen Maßnahme uneingeschränkt gewährleisten. Von technischen Spezifikationen im angegebenen Sinne ganz oder teilweise **abweichende** Angebote können **nur dann** abgegeben werden, wenn sie in der aufgeführten Hinsicht **gleichwertig** sind, also das Schutzniveau in Bezug auf Sicherheit, Gesundheit und Gebrauchstauglichkeit einhalten, demnach die dafür maßgebenden Anforderungen **in gleicher Weise** erfüllen.

Hinsichtlich des in Nr. 2 S. 1 gekennzeichneten Ausnahmerahmens ist für den Bereich des Vergabeverfahrens **die DIN 18 299 Nr. 2.3.2,** wonach Stoffe und Bauteile, für die DIN-Normen bestehen, den DIN-Güte- und Messbestimmungen entsprechen müssen, **nicht anzuwenden.** Jedoch **gilt** diese Bestimmung **weiter dann,** wenn der Bieter eine Leistung mit **nicht von den DIN- Normen abweichenden technischen Anforderungen anbietet** (Lampe-Helbig/Wörmann Rn. 133). **Anders** verhält es sich allerdings mit der **DIN 18 299 Nr. 2.3.4,** eine Regelung, die **nicht ausgeklammert** werden kann, **insbesondere** im Hinblick auf den **dortigen Abs. 2.** Demnach muss **auch hier gelten:** Wenn für Stoffe und Bauteile eine Überwachungs-, Prüfzeichenpflicht oder der Nachweis der Brauchbarkeit, z.B. durch allgemeine bauaufsichtsrechtliche Zulassung, allgemein vorgeschrieben ist, kann von einer Gleichwertigkeit nur ausgegangen werden, wenn die Stoffe oder Bauteile ein Überwachungs- oder Prüfzeichen tragen oder für sie der genannte Brauchbarkeitsnachweis erbracht ist.

III. Bezeichnung im Angebot

28 Nr. 2 S. 2 verlangt weiterhin für ein taugliches und damit berücksichtigungsfähiges Angebot, dass die Abweichung von den vorgesehenen technischen Spezifikationen **eindeutig im Angebot zu be-**

Form und Inhalt der Angebote § 21 VOB/A

zeichnen ist. Hiernach ist in der betreffenden Position des Angebotes, in den davon erfassten Positionsgruppen, in dem Abschnitt oder u.U. im ganzen Angebot eindeutig und klar verständlich zu sagen, dass eine Abweichung von der technischen Spezifikation vorliegt und worin sie liegt.

IV. Nachweis der Gleichwertigkeit

Nach **Nr. 2 S. 3** genügt der vorgenannte Hinweis aber noch nicht. Vielmehr muss die behauptete **29 Gleichwertigkeit** im Angebot **durch den Bieter nachgewiesen** werden, und zwar vollständig, soweit die Abweichung reicht. Die Nachweise werden am sichersten durch Unterlagen, die von dritter Seite stammen, erbracht, wie z.B. durch anerkannte Prüfberichte, Zulassungen usw. Sie sind dem Angebot beizufügen, da es **sonst nicht vollständig** ist. Die Kosten für die Nachweise hat, wenn sie nicht vom Auftraggeber zu fordern sind (vgl. oben Rn. 21) der Bieter zu tragen. Die Vergabestelle kann auf den Nachweis der Gleichwertigkeit eines nach Nr. 2 S. 3 zugelassenen technischen Nebenangebotes verzichten, wenn sie durch ein Ingenieurbüro sachverständig beraten wurde (OLG Düsseldorf v. 4.7.2001 Verg 20/01). Sofern der **Nachweis der Gleichwertigkeit erbracht** ist, handelt es sich um **keinen Änderungsvorschlag und auch nicht um ein Nebenangebot** (vgl. nachfolgend Rn. 27), **wie die unterschiedlichen Bestimmungen in § 25 Nr. 5 und Nr. 4 VOB/A deutlich zeigen, wo nach der letzteren Regelung ein Angebot wie ein Hauptangebot zu werten ist** (vgl. dazu auch § 25 VOB/A Rn. 79; ferner VHB Nr. 2 zu § 21 VOB/A). Ein die Voraussetzungen von § 21 Nr. 2 VOB/A erfüllendes Angebot muss demnach gewertet werden. Auch ein unvollständiger Erläuterungsbericht des Bieters zu seinem (technischen) Nebenangebot berechtigt die Vergabestelle im Einzelfall nicht nach § 25 Nr. 1 VOB/A zum Angebotsausschluss, weil diese Vorschrift nur auf § 21 Nr. 1 VOB/A, nicht aber auf § 21 Nr. 2 VOB/A Bezug nimmt (OLG Naumburg ZVgR 2000, 68).

D. Änderungsvorschläge und Nebenangebote (Nr. 3)

Die Anzahl von Nebenangeboten ist nach dem mit der Fassung 2000 eingefügten neuen § 21 30 Nr. 3 S. 1 VOB/A an einer vom Auftraggeber in den Verdingungsunterlagen bezeichneten Stelle aufzuführen. In der Praxis hat der Bieter die Zahl der Nebenangebote an einer bestimmten Stelle im Angebotsschreiben (vgl. Nr. 6.2 des Angebotsschreibens nach VHB, EVM [B] Ang/1999) anzugeben. Dieses **Formerfordernis ist geeignet, um die Transparenz des Vergabeverfahrens und insbesondere des Eröffnungstermins zu erhöhen.** Es wurden Fälle mitgeteilt, in denen der Verhandlungsleiter im Eröffnungstermin nicht – wie nach § 22 Nr. 3 Abs. 2 S. 3 VOB/A vorgeschrieben – bekannt geben konnte, ob und von wem Änderungsvorschläge oder Nebenangebote abgegeben worden sind. Ein Änderungsvorschlag, der in den in Bausachen meist umfangreichen Angebotsunterlagen gleichwohl an versteckter Stelle enthalten war und dann den Zuschlag erhalten sollte, gab häufig zu Spekulationen über Manipulationen Anlass. Nicht einsichtig ist, warum die Fassung 2000 bei einem Verstoß gegen diese Formvorschrift des S. 1 nicht ebenfalls – wie bei einem vergleichbaren Verstoß gegen S. 2, die Möglichkeit des Ausschlusses von der Wertung nach § 25 Nr. 1 Abs. 2 VOB/A vorgesehen hat.

Weiterhin müssen Nebenangebote (zum Begriff § 10 VOB/A Rn. 76 ff.) **nach § 21 Nr. 3 S. 2 VOB/A 31 auf besonderer Anlage gemacht und als solche deutlich gekennzeichnet werden.** Darunter ist ein vom Hauptangebot **getrenntes,** für sich aufgestelltes und unterschriebenes Schriftstück zu verstehen, das die klare Kennzeichnung als Nebenangebot enthält. Letzteres wird, um etwaige Missverständnisse auszuräumen, am besten durch das deutlich sichtbare und lesbare Wort »Nebenangebot« zum Ausdruck gebracht. Es muss bereits in der äußeren Gestaltung klar werden, was das eigentliche, vom Auftraggeber in seiner Ausschreibung geforderte Angebot sein soll und was **auf Vorschlag des Bieters** ersatzweise danebensteht. Zweck dieser Trennung ist die **Vermeidung von Zweifeln** über Tragweite und Umfang des angeforderten Hauptangebotes und dessen, was durch Eigeninitiative des Bieters danebensteht. Das ist umso mehr angebracht, als nach § 22 Nr. 3 Abs. 2 S. 3 VOB/A im Eröffnungstermin angegeben werden muss, ob und von wem Nebenangebote eingereicht worden sind. Das kann von Auftraggeberseite nur befolgt werden, wenn Nebenangebote **als solche inhaltlich** klar erkennbar sind. **Nach dem mit der Fassung 2000 ergänzten § 25 Nr. 1 Abs. 2 VOB/A können Angebote, die nicht auf besonderer Anlage gemacht oder deutlich gekennzeichnet sind, nunmehr von der Wertung ausgeschlossen werden** (vgl. dazu § 25 Nr. 1 Abs. 2 VOB/A). Damit ist allen Bietern dringend anzuraten, diese neuen Formvorschriften im Sinne eines möglichst transparenten Bauvergabeverfahrens besonders ernst zu nehmen.

Wie die Nebenangebote im weiteren Verlauf des Vergabeverfahrens neben oder anstelle des Hauptangebotes zu behandeln sind, ergibt sich aus § 25 Nr. 5 VOB/A (vgl. § 25 VOB/A Rn. 80 ff.). Hinsichtlich der Nebenangebote ist auch auf § 10 Nr. 5 Abs. 4 VOB/A zu verweisen. Auch die Nebenangebote müssen schriftlich eingereicht und unterzeichnet sein.

E. Preisnachlässe ohne Bedingungen (Nr. 4)

32 Nach der mit der Fassung 2000 eingefügten neuen Nr. 4 sind vom Bieter gewährte Preisnachlässe ohne Bedingung an einer vom Auftraggeber in den Verdingungsunterlagen bezeichneten Stelle aufzuführen.

Es ist sicher grundsätzlich zulässig, dass der Bieter für den Fall der Auftragserteilung einen **Nachlass** auf die geforderten Preise anbietet, jedoch darf er dies nicht einseitig von Bedingungen abhängig machen, die der **Ausschreibung nicht entsprechen,** da dies auch eine unzulässige Änderung der Verdingungsunterlagen wäre. Voraussetzung ist ferner, dass der Bieter hinreichend klar zum Ausdruck bringt, **worauf** er den Nachlass gewähren will, ob auf die Angebots- oder auf die Abrechnungssumme, auf alle oder nur einen Teil der Preise, im letzteren Fall auf welche. **Die Regelung des § 21 Nr. 4 betrifft dabei nicht Nachlässe bei den Einheitspreisen für einzelne Leistungspositionen im Rahmen der Kalkulation, sondern nur Preisabschläge für das Gesamtangebot** (OLG München v. 24.5.2006 Verg 10/06). Anders liegt es dann, wenn der Bieter nur das fordert, was ihm die VOB/B ohnehin gewährt, wie: Der Nachlass werde unter der Voraussetzung gewährt, dass der Auftraggeber Abschlagszahlungen binnen 18 Werktagen (vgl. § 16 Nr. 1 Abs. 3 VOB/B) entrichtet, wobei in letzterer Hinsicht eher von Skonto die Rede ist. Im Übrigen muss auch sonst klar zum Ausdruck kommen, dass ein Nachlass gewollt ist. So ist die Wendung »Angebot« nicht hinreichend klar.

Damit dieser an sich zulässige Nachlass ohne Bedingung aber auch gewertet werden darf, ist er – vergleichbar der Regelung zur Angabe von Nebenangeboten und Änderungsvorschlägen nach Nr. 3 – an einer bestimmten Stelle der Verdingungsunterlagen (in der Praxis im Angebotsschreiben vgl. Nr. 6 in VHB 2002 EVM [B] Ang-213) aufzuführen.

Auch diese neue Formvorschrift dient der Transparenz der Angebotsunterlagen und der Eindämmung von Manipulationsmöglichkeiten. Aus der Praxis werden Fälle mitgeteilt, in denen auf Grund von in den Angebotsunterlagen oftmals an versteckter Stelle enthaltenen Preisnachlässen, die im Eröffnungstermin nicht ohne weiteres ersichtlich waren, letztlich die Bieterreihenfolge für das wirtschaftlichste Angebot verändert wurde. Um von vornherein den Anreiz für den manipulativen Einsatz, z.B. durch nachträgliche Ergänzung der Angebotsunterlagen von **Preisnachlässen** einzudämmen, trifft die Fassung 2000 jetzt eine eindeutige Sanktionsfolge: **Preisnachlässe, die diesen Anforderungen nicht entsprechen, sind nach dem neuen § 25 Nr. 5 VOB/A nicht mehr zu werten.**

Form und Inhalt der Angebote   § 21 VOB/A

F. Angebote von Bietergemeinschaften (Nr. 5)

I. Begriff – Zulässigkeit

Der in die Fassung 1992 aufgenommene einheitliche Begriff »Bietergemeinschaften« (früher 33
»Arbeitsgemeinschaften und andere gemeinschaftliche Bieter«) erfasst den Zusammenschluss
mehrerer Unternehmer mit dem Ziel, den durch die Verdingungsunterlagen umrissenen Bauauftrag gemeinschaftlich zu erhalten und – regelmäßig als Arbeitsgemeinschaft – durchzuführen. Dabei wird es sich je nach der Gestaltung dieser Bietergemeinschaften rechtlich um eine BGB-Gesellschaft, um eine Gemeinschaft des BGB oder um einen handelsrechtlichen Zusammenschluss handeln. Anders liegt es, wenn ein Zusammenschluss erfolgt, ohne dass von vornherein eine feste Bindung für eine Gemeinschaftsarbeit gewollt ist, insbesondere wenn die Abrede getroffen wird, dass jeder Bieter selbstständig und für sich ein Angebot abgeben soll. Denkbar ist auch, dass einzelne Unternehmer übereinkommen, ein Angebot jeweils selbstständig über nur einen Teil abzugeben, was allerdings nur beachtlich sein kann, wenn der Auftraggeber das zugelassen hat. Dann handelt es sich nicht um gemeinschaftliche Bieter im Sinne des § 21 Nr. 5.

Bietergemeinschaften in dem von § 21 Nr. 5 Abs. 1 gemeinten Sinne verstoßen nicht schon gegen 34
zwingende Vorschriften des GWB. Einmal ist es der ausschreibende Auftraggeber, der sich aus freiem Entschluss dadurch den Markt suchen kann, dass er Bietergemeinschaften zulässt oder ausschließt. Zum anderen wird dort, wo Bietergemeinschaften sinnvoll sind, nämlich bei umfangreichen Vorhaben oder gar Großprojekten, einer Reihe von Unternehmen, die allein derartige Aufträge nicht ausführen könnten, der Markt erweitert. Bei großen Baufirmen kommt es für die Beurteilung der Zulässigkeit des Zusammenschlusses in der Regel auf die betreffende, an der Bietergemeinschaft beteiligte Niederlassung an, sofern sie nach ihrer wirtschaftlichen und sonstigen Struktur in eigener Kompetenz und Verantwortung zu handeln befugt ist.

Daher kann nach dem Gesagten im Allgemeinen auch in diesem Bereich **nicht** von einer **unzuläs-** 35
sigen Ausnutzung einer Marktbeherrschung gesprochen werden, insbesondere wenn berücksichtigt wird, dass die weit überwiegende Zahl der Aufträge, für die sich Bietergemeinschaften bzw. Arbeitsgemeinschaften bewerben, unter Berücksichtigung der Grundsätze in § 2 Nr. 1 S. 1 VOB/A den dort festgeschriebenen Regeln gemäß nur durch unternehmerische Zusammenschlüsse im wohlberechtigten Interesse des Auftraggebers angeboten und vor allem ordnungsgemäß ausgeführt werden können. Anderenfalls wären – u.U. auch größere – Unternehmen gezwungen, unter Berücksichtigung ihrer vorhandenen Kapazität nur Teile der ausgeschriebenen Gesamtleistung anzubieten, was dann nicht nur der Ausschreibung entgegenstehen würde, sondern auch den durch die **Ausschreibung klar erkennbaren Interessen des Auftraggebers zuwiderliefe.** Dem lässt sich auch nicht mit dem Argument begegnen, gerade größere Unternehmen könnten sich fehlende Kapazitäten selbst beschaffen. Dies wäre nicht nur ein unzulässiger Eingriff in allgemeine marktwirtschaftliche Grundsätze freier Unternehmertätigkeit, sondern würde auch beschäftigungspolitisch unzumutbare, weil unüberschaubare Risiken für die geordnete Unternehmenstätigkeit nach Abwicklung des betreffenden Bauauftrages bedeuten. Gerade auch die Sicherung von Arbeitsplätzen für in jedem Baubetrieb erforderliches qualifiziertes Personal würde dadurch in Frage gestellt. Hiernach kann nicht ohne nähere Anhaltspunkte im Einzelfall davon ausgegangen werden, die Bildung von Bietergemeinschaften, dabei in erster Linie Arbeitsgemeinschaften speziell im Bereich größerer Unternehmen, sei ein Verstoß gegen § 1 GWB. Schließlich hängt hier die Handlungsfreiheit der jeweiligen Unternehmer in der **Grundursache** nicht von ihrer freien Entschließung ab, sondern in erster Linie **von der Bestimmung des ausschreibenden Auftraggebers über Art und Umfang der geforderten Leistung.** Er bestimmt auf diese Weise in erster Linie den für die konkrete Bauausführung in Betracht kommenden Markt. Das betrifft damit auch den jeweils möglichen Kreis der Wettbewerber. Macht der Auftraggeber – ggf. aus in seinem Bereich liegenden wohlerwogenen Erwägungen – von der Möglichkeit der Vergabe nach Losen von § 4 Nr. 2 und 3 VOB/A keinen Gebrauch oder schreibt

er nur beschränkt aus oder vergibt er (zulässigerweise) gar freihändig, so leuchtet ohne weiteres ein, dass der Zusammenschluss zu Bietergemeinschaften oder zu Arbeitsgemeinschaften jedenfalls häufig auf **seine Initiative** zurückgeht. Daher kann von einer rechtlich relevanten Beschränkung des Wettbewerbs eigentlich nur dort gesprochen werden, wo sich ein anderer Unternehmer gegenüber anderen am Wettbewerb teilnehmenden oder dafür in Betracht kommenden Unternehmern absprachegemäß oder sonst eindeutig erkennbar verpflichtet, von seiner Freiheit zur wettbewerblichen Betätigung auf dem Markt nach eigenem Willen keinen oder nur einen begrenzten Gebrauch zu machen. Das ist aber grundsätzlich bei Bietergemeinschaften anders, da deren Mitglieder sich gerade am Wettbewerb beteiligen. Daher wird man Bietergemeinschaften und demgemäß auch Arbeitsgemeinschaften zulassen müssen, **wenn keiner der Beteiligten den Auftrag allein hätte ausführen können**; jeder von ihnen überhaupt nicht oder zu dieser Zeit nicht über die erforderliche Kapazität zur Ausführung des Auftrages verfügt, worin auch der Fall einzubeziehen ist, dass infolge der Ausführung anderweitiger Aufträge die erforderliche Kapazität nicht zur Verfügung steht; die Beteiligten zwar über die erforderliche Kapazität verfügen, aber erst die Bietergemeinschaft oder Arbeitsgemeinschaft sie in die Lage versetzt, ein erfolgversprechendes Angebot abzugeben. Dabei können im Einzelfall Erwägungen zur Risikobeschränkung bei der betreffenden Auftragsausführung oder der Umstand, dass einzelne sich zusammenschließende Unternehmen über bestimmte Spezialkenntnisse oder spezielle – notwendige – Geräte verfügen, selbst aber nicht zur Ausführung des Gesamtauftrages in der Lage sind, oder die erforderliche Stärkung des für den betreffenden großen Auftrag erforderlichen unternehmerischen Kapitalrahmens eine Rolle spielen (vgl. dazu im gleichen Sinne wie vorangehend insbesondere BGH BauR 1984, 302 = Betrieb 1984, 606 = GRUR 1984, 379 = ZfBR 1984, 124 = BB 1984, 364; *Immenga* Betrieb 1984, 385).

II. Bezeichnung des bevollmächtigten Vertreters der Arbeitsgemeinschaft

36 Arbeitsgemeinschaften haben als Bietergemeinschaften eines ihrer Mitglieder (Nr. 5 Abs. 1) als **bevollmächtigten Vertreter** für den Abschluss und die Durchführung des Vertrages zu bezeichnen (so genannte federführende Firma). Das widerspricht an sich der Bestimmung im BGB (§§ 709 ff.), wonach die Geschäftsführung sowie auch die Vertretungsmacht grundsätzlich allen Gesellschaftern zusteht, es sei denn, dass dies nach dem Gesellschaftsvertrag einem oder einigen Gesellschaftern allein überlassen ist. Man wird aber in der hier erörterten Bestimmung der VOB nicht einen ungerechtfertigten Zwang gegenüber den Arbeitsgemeinschaften auf eine bestimmte Gestaltung ihres Gesellschaftsvertrages, nämlich die Vereinbarung der Übertragung der Vertretungsmacht nur auf einen Gesellschafter (so genannte federführende Firma), erblicken können. Denn einmal wird hier nicht grundsätzlich eine bestimmte Gestaltung des Gesellschaftsvertrages verlangt, sondern lediglich **eine klare Verdeutlichung gegenüber dem Auftraggeber, wer als berechtigter und verantwortlicher Vertreter der Arbeitsgemeinschaft für ein konkretes Bauvorhaben gilt.** Die anerkennenswerten Interessen des Auftraggebers gebieten es, dass dieser mit **einem** verantwortlichen Unternehmer der Arbeitsgemeinschaft verhandeln kann, damit eindeutige, zweifelsfreie und übereinstimmende Abreden und Verhandlungen getroffen bzw. gepflogen werden können. Auch ist es in der Regel den Belangen der Arbeitsgemeinschaft dienlich, wenn nur einer der am Zusammenschluss beteiligten Unternehmer die Verhandlungen führt. Damit werden doppelte und/oder nicht übereinstimmende Vereinbarungen vermieden.

III. Bezeichnung des bevollmächtigten Vertreters anderer Bietergemeinschaften

37 Die **Bezeichnung des bevollmächtigten Vertreters** für den Abschluss und die Durchführung des Vertrages **wird auch bei den anderen gemeinschaftlichen Bietern,** die nicht in der Form der Arbeitsgemeinschaft zusammengeschlossen sind, **gefordert.** Eine jedenfalls früher typische Form dieses Zusammenschlusses ist die Unternehmereinsatzform von **Haupt- und Nebenunternehmer** (vgl.

hierzu Anhang 1, Unternehmereinsatzformen). Weiter ist denkbar eine heute häufigere Gemeinschaft von Unternehmern, die ein gemeinschaftliches Angebot (also nicht Einzelangebote, vgl. dazu Vor §§ 21 Rn. 6 VOB/A) einreicht und das Ziel hat, im Falle des Zuschlages eine **Arbeitsgemeinschaft für den Vertragsabschluss und die Vertragsdurchführung zu bilden,** die also bei der Angebotsabgabe noch keine Arbeitsgemeinschaft ist. Auch hier ist mit Rücksicht auf den schon festliegenden Zweck eine Gemeinschaft gebildet, die einen bevollmächtigten Vertreter zu benennen hat. Daher kann der Auftraggeber auch schon im Vergabeverfahren die rechtzeitige Mitteilung von der beabsichtigten Bildung einer Arbeitsgemeinschaft verlangen (vgl. hier jedoch auch Vor §§ 21 ff. VOB/A Rn. 28 ff.). **Die Identität einer Bietergemeinschaft muss bei Angebotsangabe erkennbar sein. Eine fehlende Bietergemeinschaftserklärung wird regelmäßig zur Nichtbeteiligung der Bietergemeinschaft führen** (BayObLG VergabeR 2002, 77).

IV. Nachholung der Bezeichnung vor Zuschlag

Nr. 5 Abs. 2 geht davon aus, dass die Benennung des bevollmächtigten Vertreters schon im Angebot enthalten sein muss. Dabei ist es bei einer Vergabe nach VOB/A nicht erforderlich, dass derartige Bezeichnungen als Erklärungen ausdrücklich in der Ausschreibung gefordert werden. Vielmehr ergibt sich, falls nach Teil A vergeben wird, diese Forderung aus den **zwingenden** Regelungen in Nr. 5 Abs. 1. **38**

Für den Fall, dass die **Bezeichnungen** im Angebot vergessen worden sind, müssen sie **vor der Zuschlagserteilung** (§ 28 Nr. 1 VOB/A) **beigebracht** werden, d.h. dem Auftraggeber oder dessen bevollmächtigtem Vertreter zugehen. Der Sinn dieser ebenfalls zwingenden Bestimmung liegt darin, dass der Auftraggeber **spätestens kurz vor dem Vertragsabschluss** wissen muss, wer von der betreffenden Arbeitsgemeinschaft oder den sonst in Frage kommenden gemeinschaftlichen Bietern verantwortlich ist. Der Auftraggeber muss zumindest wissen, wer sein Vertragsgegner sein soll und/oder wer diesen verantwortlich und mit allen Rechten und Pflichten vertritt. **39**

G. Mitteilung in den Verdingungsunterlagen (Nr. 6)

Nach der neu in die Fassung 1992 aufgenommenen Nr. 6 ist der Auftraggeber **verpflichtet** (»hat«), die **Anforderungen an den Inhalt der Angebote nach den Nrn. 1–5 in die Vergabeunterlagen aufzunehmen.** Daraus folgt, dass alles das, was für die betreffende Bauvergabe aus den vorangehend erläuterten Bestimmungen in § 21 Nr. 1–5 VOB/A von Bedeutung ist, **ausdrücklich** in den betreffenden Vergabeunterlagen aufgeführt werden muss. Da regelmäßig alles, was in den Nrn. 1–5 geregelt ist, bedeutsam ist, wird dann die Aufnahme aller Bestimmungen aus den Nrn. 1–5 erforderlich sein. Dabei genügt **ein bloßer Hinweis auf § 21 Nr. 1–5 VOB/A nicht,** vielmehr erfordert die hier verlangte **Aufnahme** in die Vergabeunterlagen, dass die betreffenden Bestimmungen **wörtlich in den Vergabeunterlagen zu wiederholen** sind. Dies hat zum Beweggrund, dass es sich hier um besonders wichtige Gesichtspunkte des Bauvergabewettbewerbs handelt, die von allen Bietern unbedingt zu beachten sind. Entscheidend ist aber vor allem, dass die in § 21 Nr. 1–5 VOB/A aufgeführten Regelungen für sich allein die Bieter nicht schon verpflichten können, sondern **erst dann, wenn dies ausdrücklich von Auftraggeberseite im Rahmen der einzelnen Vergabe verlangt wird** (vgl. dazu oben Rn. 1). Im Übrigen ist auf § 10 Nr. 5 Abs. 2q VOB/A hinzuweisen. **40**

§ 21a
Form der Angebote

§ 21 Nr. 1 Abs. 1 S. 2 gilt nicht.

Inhaltsübersicht Rn.

A. Allgemeine Grundlagen.. 1
B. Elektronische Angebotsabgabe bei EU-weiten Ausschreibungen....................... 2

A. Allgemeine Grundlagen

1 § 21a wurde mit der Ausgabe 2006 in Umsetzung der EG-Vergabekoordinierungsrichtlinie 2004/18/EG in die VOB/A eingefügt. Die Vorschrift gilt nur im Anwendungsbereich der über den EU-Schwellenwerten liegenden Bauvergaben.

B. Elektronische Angebotsabgabe bei EU-weiten Ausschreibungen

2 Die Vorschrift hat nur einen Regelungsgehalt: Die **Regelung des § 21 Nr. 1 Abs. 1 S. 2, wonach schriftliche Angebote immer zuzulassen sind, gilt im Oberschwellenwertbereich nicht. Hier ist es also möglich, die Abgabe von Angeboten in ausschließlich elektronischer Form im Rahmen der Bekanntmachung und den Verdingungsunterlagen durch den Auftraggeber festzulegen.** Dies entspricht den Möglichkeiten der EG-Vergabekoordinierungsrichtlinie 2004/18/EG, die eine ausschließlich elektronische Angebotsabgabe zulässt. Gerade im Bereich der großen Bauaufträge ist es zukünftig sicher eher möglich, die Prognose zu stellen, dass sich genügend Bauunternehmen an einem Bauvergabewettbewerb auf ausschließlich elektronischer Form beteiligen. Selbstverständlich bleibt es dem Auftraggeber unbenommen, auch im Anwendungsbereich der EG-Vergabekoordinierungsrichtlinien Angebote auch – oder ausschließlich – in schriftlicher Form abzufordern. Im Übrigen kann auf die Kommentierung zu § 21 Nr. 1 verwiesen werden.

§ 21b
Form der Angebote

§ 21 Nr. 1 Abs. 1 S. 2 gilt nicht.

Inhaltsübersicht Rn.

A. Allgemeine Grundlagen.. 1
B. Elektronische Angebotsabgabe bei EU-weiten Ausschreibungen....................... 2

A. Allgemeine Grundlagen

1 § 21b wurde mit der Ausgabe 2006 in Umsetzung der EG-Vergabekoordinierungsrichtlinie 2004/17/EG in die VOB/A eingefügt. Die Vorschrift gilt nur für Sektorenauftraggeber im Anwendungsbereich der über den EU-Schwellenwerten liegenden Bauvergaben.

B. Elektronische Angebotsabgabe bei EU-weiten Ausschreibungen

Die Vorschrift hat nur einen Regelungsgehalt: **Die Regelung des § 21 Nr. 1 Abs. 1 S. 2, wonach schriftliche Angebote immer zuzulassen sind, gilt im Oberschwellenwertbereich nicht.** Hier ist es also **möglich, die Abgabe von Angeboten in ausschließlich elektronischer Form im Rahmen der Bekanntmachung und den Verdingungsunterlagen durch den Auftraggeber festzulegen.** Dies entspricht den Möglichkeiten der EG-Vergabekoordinierungsrichtlinie 2004/17/EG, die eine ausschließlich elektronische Angebotsabgabe zulässt. Gerade im Bereich der großen Bauaufträge ist es zukünftig sicher eher möglich, die Prognose zu stellen, dass sich genügend Bauunternehmen an einem Bauvergabewettbewerb auf ausschließlich elektronischer Form beteiligen. Selbstverständlich bleibt es dem Auftraggeber unbenommen, auch im Anwendungsbereich der EG-Vergabekoordinierungsrichtlinien Angebote auch – oder ausschließlich – in schriftlicher Form abzufordern. Im Übrigen kann auf die Kommentierung zu § 21 Nr. 1 verwiesen werden.

2

§ 22
Eröffnungstermin

1. Bei Ausschreibungen ist für die Öffnung und Verlesung (Eröffnung) der Angebote ein Eröffnungstermin abzuhalten, in dem nur die Bieter und ihre Bevollmächtigten zugegen sein dürfen. Bis zu diesem Termin sind die auf direktem Weg oder per Post schriftlich zugegangenen Angebote, die beim Eingang auf dem ungeöffneten Umschlag zu kennzeichnen sind, unter Verschluss zu halten; entsprechend sind digitale Angebote zu kennzeichnen und verschlüsselt aufzubewahren.

2. Zur Eröffnung zuzulassen sind nur Angebote, die dem Verhandlungsleiter bei Öffnung des ersten Angebots vorliegen.

3. (1) Der Verhandlungsleiter stellt fest, ob der Verschluss der schriftlichen Angebote unversehrt ist und die digitalen Angebote verschlüsselt sind.
   (2) Die Angebote werden geöffnet und in allen wesentlichen Teilen im Eröffnungstermin gekennzeichnet. Name und Wohnort der Bieter und die Endbeträge der Angebote oder ihrer einzelnen Abschnitte, ferner andere den Preis betreffende Angaben werden verlesen. Es wird bekannt gegeben, ob und von wem Änderungsvorschläge oder Nebenangebote eingereicht sind. Weiteres aus dem Inhalt der Angebote soll nicht mitgeteilt werden.
   (3) Muster und Proben der Bieter müssen im Termin zur Stelle sein.

4. (1) Über den Eröffnungstermin ist eine Niederschrift zu fertigen. Sie ist zu verlesen; in ihr ist zu vermerken, dass sie verlesen und als richtig anerkannt worden ist oder welche Einwendungen erhoben worden sind.
   (2) Sie ist vom Verhandlungsleiter zu unterschreiben; die anwesenden Bieter und Bevollmächtigten sind berechtigt, mit zu unterzeichnen.

5. Angebote, die bei der Öffnung des ersten Angebots nicht vorgelegen haben (Nummer 2), sind in der Niederschrift oder in einem Nachtrag besonders aufzuführen. Die Eingangszeiten und die etwa bekannten Gründe, aus denen die Angebote nicht vorgelegen haben, sind zu vermerken. Der Umschlag und andere Beweismittel sind aufzubewahren.

6. (1) Ein Angebot, das nachweislich vor Ablauf der Angebotsfrist dem Auftraggeber zugegangen war, aber bei Öffnung des ersten Angebots aus vom Bieter nicht zu vertretenden Gründen dem Verhandlungsleiter nicht vorgelegen hat, ist wie ein rechtzeitig vorliegendes Angebot zu behandeln.

(2) Den Bietern ist dieser Sachverhalt unverzüglich schriftlich mitzuteilen. In die Mitteilung sind die Feststellung, dass der Verschluss unversehrt war, und die Angaben nach Nummer 3 Abs. 2 aufzunehmen.

(3) Dieses Angebot ist mit allen Angaben in die Niederschrift oder in einen Nachtrag aufzunehmen. Im Übrigen gilt Nummer 5 S. 2 und 3.

7. Den Bietern und ihren Bevollmächtigten ist die Einsicht in die Niederschrift und ihre Nachträge (Nummern 5 und 6 sowie § 23 Nr. 4) zu gestatten; den Bietern können die Namen der Bieter sowie die verlesenen und die nachgerechneten Endbeträge der Angebote sowie die Zahl ihrer Änderungsvorschläge und Nebenangebote nach der rechnerischen Prüfung mitgeteilt werden. Nach Antragstellung hat dies unverzüglich zu erfolgen. Die Niederschrift darf nicht veröffentlicht werden.

8. Die Angebote und ihre Anlagen sind sorgfältig zu verwahren und geheim zu halten; dies gilt auch bei Freihändiger Vergabe.

Inhaltsübersicht Rn.

A. Allgemeine Grundlagen	1
B. Zweck des Eröffnungstermins	3
C. Die Einzelvorgänge vor und im Eröffnungstermin	8
I. Kennzeichnung und Verwahrung der Angebote bis zur Eröffnung	8
1. Schadensersatzansprüche	11
2. Kennzeichnungspflicht der Umschläge	15
II. Zur Eröffnung zugelassene Angebote	16
III. Eröffnungsvorgang	20
1. Unversehrtheit der Angebote	20
2. Kennzeichnung der Angebote	23
3. Verlesung der Angebote	25
4. Bekanntgabe von Änderungsvorschlägen und Nebenangeboten	28
5. Sonstige Angebotsinhalte	29
6. Muster und Proben	30
IV. Niederschrift	31
1. Zweck der Niederschrift	31
2. Verlesung der Niederschrift	33
3. Unterschrift	34
4. Bestimmungen des VHB	35
V. Behandlung nicht rechtzeitiger Angebote	36
1. Zeitpunkt des Eingangs	37
2. Grundsatz des Ausschlusses	38
3. Umgang mit verspäteten Angeboten	39
4. Aufnahme von Gründen	40
5. Aufbewahrungspflichten	41
VI. Ausnahmsweise Berücksichtigung von Angeboten, die dem Verhandlungsleiter bei Öffnung des ersten Angebots nicht vorgelegen haben	42
1. Voraussetzungen	42
2. Schriftliche Mitteilung	44
3. Unversehrtheit des Angebots	45
4. Notwendige Angaben	46
5. Aufnahme in Niederschrift	47
6. Aufnahme der Gründe	48
VII. Einsicht in Niederschrift; Mitteilung an Bieter; Veröffentlichungsverbot	49
1. Einsichtsrecht der Bieter	49
2. Mitteilung an Bieter	50
3. Keine Veröffentlichung der Niederschrift	51

Eröffnungstermin **§ 22 VOB/A**

Rn.

D. Aufbewahrung und Geheimhaltung der Angebote 53
    I. Allgemeines 53
    II. Beim Zuschlag nicht berücksichtigte Angebote 57
    III. Angebot, das den Zuschlag erhält 58
    IV. Anwendung auf die Freihändige Vergabe 59

A. Allgemeine Grundlagen

§ 22 VOB/A befasst sich mit dem Eröffnungstermin, der im Falle einer Ausschreibung der betreffen- **1** den Bauvergabe stattzufinden hat, wobei es sich bei dieser Regelung im Wesentlichen um die Festlegung von Förmlichkeiten handelt. Nr. 1 schreibt die Verpflichtung zur Abhaltung des Eröffnungstermins fest, bestimmt den Kreis der zu ihm zuzulassenden Personen und regelt die Verwahrung der Angebote bis zum Termin. Nr. 2 umschreibt den Kreis der Angebote, die zum Eröffnungstermin zugelassen werden dürfen. Nr. 3 befasst sich mit den Vorgängen und Anforderungen während des Eröffnungstermins. Nr. 4 legt die Anfertigung einer Niederschrift über den Eröffnungstermin fest. Die Nrn. 5 und 6 befassen sich mit den Angeboten, die bei Öffnung des ersten Angebotes noch nicht vorgelegen haben, wobei die Ausnahmebestimmung der Nr. 6 neu in die Fassung 1992 der VOB aufgenommen worden ist. Nr. 7 behandelt das Einsichtsrecht der Bieter in die Niederschrift sowie die Frage, was ihnen aus den geöffneten Angeboten mitgeteilt werden darf. Schließlich verpflichtet Nr. 8 den Auftraggeber zur Verwahrung und Geheimhaltung der Angebote. Die Fassung 2000 änderte die Nrn. 1, 3 und 7; die Fassungen 2002 und 2006 ließen § 22 VOB/A unverändert.

Durch den Eröffnungstermin sind der Tag und die Stunde gekennzeichnet, in denen die Ange- **2** botsfrist abläuft, vgl. hierzu § 18 Nr. 2 VOB/A. Also dürfen Eröffnungstermin und Ende der Angebotsfrist zeitlich nicht auseinanderfallen, weshalb besonders auch in diesem Punkt Unklarheiten in den Vergabeunterlagen vermieden werden müssen. Solche Eröffnungstermine kennt man grundsätzlich **nur bei Vergaben durch Ausschreibung.** Es muss sich also **entweder** um eine **Öffentliche oder** um eine **Beschränkte Ausschreibung** handeln. Derjenige, der nach VOB ausschreibt, **muss** auch einen **Eröffnungstermin abhalten.** Es besteht somit eine entsprechende Verpflichtung des Auftraggebers; es entspricht demgemäß nicht der VOB, den Bewerbern bzw. Bietern aus Anlass einer Ausschreibung mitzuteilen, ein Eröffnungstermin werde nicht stattfinden. Will der Auftraggeber keinen Eröffnungstermin durchführen, so kann er den Auftrag nur freihändig vergeben, da ihm dann die Bestimmung des Vergabeverfahrens offenbleibt. Allerdings müssen dann wiederum die Voraussetzungen für eine Freihändige Vergabe vorliegen (vgl. § 3 Nr. 4 VOB/A), da sonst auch nicht VOB-gerecht vergeben wird. Auch bei Freihändiger Vergabe gilt überdies Nr. 8 (vgl. Rn. 49).

B. Zweck des Eröffnungstermins

Nach Nr. 1 S. 1 dient der bei der Öffentlichen und Beschränkten Ausschreibung abzuhaltende **3** Eröffnungstermin zwei wesentlichen Vorgängen, nämlich einmal der Öffnung und zum anderen der Verlesung der Angebote. Wie die **Öffnung und die Verlesung der Angebote** vor sich zu gehen hat, ist in Nr. 3 des Näheren geregelt (vgl. Rn. 15 ff.). **Im Eröffnungstermin dürfen nur die Bieter und ihre Bevollmächtigten zugegen sein.** Aus Nr. 4 Abs. 2 und Nr. 7 folgt, dass auch **ein Recht** der Bieter und ihrer Bevollmächtigten **zur Anwesenheit** besteht (vgl. Rn. 26 und 41 f.). Hinsichtlich des Personenkreises, der im betreffenden Vergabefall als Bieter zu gelten hat, dürften im Einzelfall kaum Zweifel bestehen. Bei Bevollmächtigten des Bieters wird man im Allgemeinen ebenfalls keine Zweifel haben können. Das gilt insbesondere bei Gesellschaften handelsrechtlicher oder zivilrechtlicher Art als Bieter, die sich im Termin durch ihre vertretungsberechtigten Gesellschafter, Prokuristen, Geschäftsführer oder satzungsmäßig Befugten vertreten lassen. **Über diesen Kreis hinaus müssen die Bevollmächtigten eines Bieters aber keine rechtliche Vertretungsmacht im engeren Sinne besitzen, ausreichend ist der Nachweis der Bevollmächtigung zum Zwecke der Anwesenheit im Eröffnungstermin durch ein formloses Schreiben des Bieters** (Klarstellung gegenüber der 14. Aufl., vgl. *Franke/Kemper/Zanner/Grünhagen* § 22 VOB/A Rn. 14). Um von vornherein Klarheit zu haben, empfiehlt es sich, **zu Beginn** des Termins, d.h. vor der Öffnung des ersten Angebots, festzustellen, **wer im Einzelnen erschienen ist und wen er vertritt.** Hat der Auftraggeber oder der Verhandlungsleiter **Zweifel an dem Anwesenheitsrecht** eines Erschienenen, so kann es ihm nicht nur nicht verwehrt werden, sondern es ist ihm sogar im eigenen und im Interesse der übrigen Bieter dringend anzuraten, sich die **Bevollmächtigung nachweisen zu lassen** und im Falle des Unvermögens den Betreffenden vom Termin auszuschließen. Es ist daher zweckmäßig, einen der Auftraggeberseite noch nicht bekannten Vertreter mit einer schriftlichen Vollmacht zu versehen, schon um Verzögerungen im Termin durch etwa notwendig werdende Rückfragen zu vermeiden.

4 Sinn der Nr. 1 S. 1 ist es, dass nur die **unmittelbar Beteiligten,** also die Bieter und der Auftraggeber bzw. deren Vertreter, am Termin teilnehmen. Hierdurch werden auch die **Grundsätze des Wettbewerbs** und der damit verbundenen Geheimhaltung als oberstes Gebot bei der Ausschreibung **gewahrt.** Insbesondere soll dadurch die immerhin mögliche, unbefugte Kenntnisnahme oder gar Einflussnahme von dritter Seite vermieden werden.

5 Aus den genannten Gründen kann wegen der damit verbundenen Unsicherheit dem Bieter **nicht** das **Recht** zugestanden werden, **fernmündlich Auskunft über das Ergebnis des Eröffnungstermins** zu erhalten. **Anders** dürften dagegen die Verhältnisse **bei schriftlicher oder fernschriftlicher Anfrage** liegen.

6 Die Grundsätze ordnungsgemäßen Bauwettbewerbs bedingen es auch, dass der Eröffnungstermin **zum bestimmten Termin,** nämlich am Ende der Angebotsfrist, **eingehalten** wird, also genau zu dem Termin, der im Anschreiben als der Zeitpunkt des Endes der Angebotsfrist bezeichnet ist (vgl. § 10 Nr. 5 Abs. 2k VOB/A). Es muss von Auftraggeberseite peinlichst darauf geachtet werden, dass **alle Bieter die gleichen Chancen** haben, was insbesondere auch voraussetzt, dass für alle die **Angebotsfrist gleich** lang ist. Insofern ist bei Losvergaben in die einzelnen Lose aufzuteilen. Das ergibt sich zwingend aus der grundsätzlichen Forderung nach Gleichbehandlung aller Bewerber und demgemäß auch Bieter (vgl. § 8 Nr. 1 S. 1 VOB/A). Beachtet der Auftraggeber dieses nicht, kann er sich u.U. gegenüber benachteiligten Bietern **schadensersatzpflichtig** machen, falls der Auftraggeber einen Bieter dadurch bevorzugt hat, dass er noch dessen Angebot abgewartet und diesem dann den Zuschlag erteilt hat, obwohl ein anderer Bieter, der die ursprüngliche Angebotsfrist eingehalten hat, sonst unter den Voraussetzungen von § 25 VOB/A den Auftrag hätte erhalten müssen. Deshalb bestimmt das VHB 2002 in Nr. 1.3. zu § 22 VOB/A mit Recht:

1.3. Der Eröffnungstermin ist pünktlich wahrzunehmen.

7 Ein **Hinausschieben des Eröffnungstermins ist nur unter ganz außergewöhnlichen, völlig unvorhergesehenen, später eingetretenen Ereignissen möglich,** die mehrere Bieter treffen, wie z.B. bei Unruhen, Schneestürmen, Poststreik u.ä. Nicht reichen dagegen normale witterungsbedingte Ereignisse, Verkehrsstaus, sonstige persönliche Behinderungen des Bieters usw., mit denen also gewöhnlicherweise gerechnet werden muss (zutreffend *Schelle/Erkelenz* S. 211). Eine **Vergabestelle ist z.B. nicht zu einer Verschiebung des Eröffnungstermins verpflichtet**, wenn glaubhaft gemacht wurde, dass die Verdingungsunterlagen, z.B. auf dem Postweg, nur zu einem Bieter verloren gegangen sind (OLG Düsseldorf v. 21.12.2005 IBR 2006, 218). Es ist allerdings ein Gebot der Fairness, die Stunde des Eröffnungstermins so auszurichten, dass die Bieter möglichst wenig Behinderungen zu erwarten haben.

Eröffnungstermin § 22 VOB/A

C. Die Einzelvorgänge vor und im Eröffnungstermin

I. Kennzeichnung und Verwahrung der Angebote bis zur Eröffnung

Die nach Nr. 1 S. 2 **festgelegte Verwahrung der Angebote von ihrem Eingang bis zum Eröffnungstermin ist eine wesentliche Verpflichtung des Auftraggebers.** Er hat die Pflicht, die auf direktem Weg oder per Post eingegangenen Angebote **ungeöffnet unter Verschluss** zu halten, sie also dem Zugriff Dritter zu entziehen. Daraus ergibt sich zwangsläufig, **dass für die Angebote grundsätzlich Schriftform** erforderlich ist. Disketten genügen allein nicht, können aber beigefügt werden. **8**

Per **Fernschreiben oder Telefax** eingegangene Angebote (vgl. dazu § 21 VOB/A) müssen **zwangsläufig ausgeschlossen** werden, weil sie **nicht im verschlossenen Umschlag beim Auftraggeber eingehen,** infolgedessen auch dem Verhandlungsleiter nicht ungeöffnet vorliegen (ebenso u.a. *Reuss* BauR 1993, 388). Daher wird dadurch dem übergeordneten, auf jeden Fall zu beachtenden **Wettbewerbsgrundsatz nicht Genüge** getan. Es würde auch nicht helfen zu sagen, der Auftraggeber könne stellvertretend für den Bieter das Angebot in einen verschlossenen Umschlag nehmen, da es eben nicht auszuräumen ist, dass das Angebot beim Auftraggeber jedenfalls unverschlossen ankommt, daher die Möglichkeit unzulässiger Handhabung – wenn unter Umständen auch nur für eine kurze Zeit – nicht auszuschließen ist (vgl. auch Rn. 17). **9**

Außer schriftlichen Angeboten kann seit der Fassung 2000 **auch die Abgabe digitaler Angebote möglich** sein, soweit der Auftraggeber die Abgabe digitaler Angebote nach § 21 Nr. 1 Abs. 1 S. 2 VOB/A zugelassen hat. Die Anforderungen der Nr. 1 S. 2 gelten dann entsprechend: Die **digitalen Angebote sind dann zu kennzeichnen und verschlüsselt aufzubewahren.** **10**

1. Schadensersatzansprüche

Es muss vermieden werden, dass **Unbefugte** vom Angebotsinhalt vor der Eröffnung Kenntnis nehmen, diesen für ein eigenes Angebot verwerten oder ihn an andere weitergeben. Sonst kann von einem ordnungsgemäßen Wettbewerb nicht mehr die Rede sein. Auch kann sich der Auftraggeber, der seine **Verwahrungspflichten nicht befolgt** und hierbei schuldhaft handelt, wegen **Bruchs des Vertrauensverhältnisses** zu den Bietern unter Umständen aus dem Gesichtspunkt der **culpa in contrahendo (vgl. hierzu Einleitung Vor § 1) schadensersatzpflichtig** machen. Insbesondere wird der Auftraggeber dann auch für leichte Fahrlässigkeit zu haften haben, da § 690 BGB, der nur eine Sorgfalt wie in eigenen Angelegenheiten erfordert, nicht zur Anwendung gelangen dürfte (auch *Daub/Piel/Soergel* ErlZ A 22.18). Denn bei der Verwahrungspflicht im Vergabeverfahren nach der VOB handelt es sich um eine Teilverpflichtung im Rahmen des durch die Ausschreibung und die Einreichung der Angebote begründeten **besonderen Vertrauensverhältnisses** des Auftraggebers zu jedem einzelnen Bieter. Der Auftraggeber hat also allen Anlass, alle Vorkehrungen für eine sorgfältige Aufbewahrung der Angebote zu treffen, bis diese eröffnet werden. Er muss die für ihn beim Vergabeverfahren beschäftigten Hilfspersonen sorgfältig auswählen, da er für deren Verschulden wie für eigenes nach § 278 BGB einzustehen hat. **11**

Für öffentliche Auftraggeber ist zu dem Gesagten Nr. 1.1. VHB 2002 zu § 22 VOB/A zu beachten. Dort heißt es: **12**

1.1. Alle Angebote sind auf dem Umschlag mit Datum und Uhrzeit des Eingangs zu versehen und unmittelbar, unverzüglich und ungeöffnet dem für die Verwahrung zuständigen Bediensteten, der an der Vergabe nicht beteiligt sein darf, zuzuleiten. Zur Verdingungsverhandlung sind dem Verhandlungsleiter die EFB – Verd 1–3 zu übergeben. Im EFB-Verd 2 und 3 sind vorher Namen und Wohnort der Firmen, in der Reihenfolge der Angebotsanforderung, einzutragen.

Die Verwahrungspflichten des Auftraggebers umfassen alles, was erforderlich ist, um ein ordnungsgemäßes, unabhängiges und unbeeinflusstes Anbieten der Leistung zu gewährleisten. **13**

Dazu gehören u.a. der Schutz vor Kenntnisnahme vom Angebotsinhalt vor der Eröffnung, wobei die Kenntnisnahme eines jeden, also auch im Bereich des Auftraggebers, gemeint ist, ferner die unbeschädigte und verschlossene Aufbewahrung des Angebotes, auch die Sicherstellung gegen ein Abhandenkommen oder einen Verlust des Angebots durch **Verwahrung an einem sicheren Ort.** Wird aus Versehen ein Angebot zu früh eröffnet, so ist es unverzüglich wieder zu verschließen und mit einem entsprechenden Vermerk zu versehen, der im Eröffnungstermin zu verlesen ist (Nr. 4 Abs. 1 S. 2; zutreffend *Schelle/Erkelenz* S. 209). Ein solches versehentliches Öffnen kann vor allem auch vom Bieter verursacht worden sein, ohne dass den Auftraggeber ein Vorwurf treffen kann, etwa dadurch, dass er die gemäß § 10 Nr. 5 Abs. 2i VOB/A verlangte Aufschrift auf dem Angebot unterlässt und dadurch das Angebot in der Posteingangsstelle wie die übrige Post geöffnet wird. Wird das Angebot dann sofort wieder verschlossen, liegt vor allem auch kein Grund zur Aufhebung der Ausschreibung vor. Das versehentliche Öffnen, Datum und Uhrzeit des erneuten Verschließens sowie die Namen der Beteiligten sind in dem Verschluss zu vermerken, um die Überprüfbarkeit herbeizuführen. Anders liegt es naturgemäß dann, wenn hinreichende, vom Auftraggeber zu beweisende Anhaltspunkte vorliegen, dass das Angebot zur Ermöglichung von Manipulationen, also zwecks unlauteren Eingriffs in den Wettbewerb, vorzeitig eröffnet wurde.

14 Entsprechendes gilt auch für die **Verwahrung digitaler Angebote**. Die elektronischen **Dokumente sind vom Auftraggeber auf geeignete Weise zu speichern**, so dass insbesondere eine versehentliche Löschung oder sonstige Veränderung des Dokuments nicht zu befürchten ist. Die versehentliche oder manipulative Öffnung des Dokuments und damit die **Kenntnisnahme des Angebotsinhalts ist vor allem durch die von der VOB nach § 21 Nr. 1 Abs. 1 S. 2 VOB/A vorgeschriebene Verschlüsselung zu verhindern.**

2. Kennzeichnungspflicht der Umschläge

15 **Die Angebote sind bei ihrem Eingang auf dem ungeöffneten Umschlag zu kennzeichnen.** Dadurch muss auf dem Angebotsumschlag nach außen erkennbar dargetan werden, dass es sich um ein auf eine bestimmte Ausschreibung bezogenes Schriftstück handelt, das besonders sorgfältiger Behandlung und Aufbewahrung bedarf. Wie die **Kennzeichnung** zu erfolgen hat, muss dem jeweiligen Auftraggeber überlassen bleiben. **Bei digitalen Dokumenten sind die gleichen Angaben entsprechend vom Auftraggeber dem Dokument beizufügen**, bevor die digitalen Angebote gespeichert werden. Man kann Zettel mit Bezeichnung der betreffenden Ausschreibung aufkleben (was auch schon vom Bieter verlangt werden kann), Nummern daran befestigen oder sich auch mit einer besonderen Aufschrift begnügen; auf jeden Fall muss dies aber deutlich lesbar und dauerhaft sein. Es ist erforderlich, eine einheitliche Kennzeichnung zu wählen, zumal auch die Aufschrift nach § 10 Nr. 5 Abs. 2i VOB/A einheitlich zu geschehen hat. Für den öffentlichen Auftraggeber gilt des Weiteren auch hier Nr. 1.1. VHB 2002 zu § 22 VOB/A (vgl. Rn. 9).

II. Zur Eröffnung zugelassene Angebote

16 **Nach Nr. 2 dürfen nur Angebote zur Eröffnung zugelassen werden, die dem Verhandlungsleiter bei der Öffnung des ersten Angebots vorliegen.** Dabei kommt es entscheidend auf den **tatsächlichen Beginn des Eröffnungstermins bzw. auf die tatsächliche Öffnung des ersten Angebots** an. Verspätet sich also der vorgesehene Eröffnungstermin (vgl. aber oben Rn. 6) und werden vor Beginn noch Angebote eingereicht, sind diese zur Eröffnung zuzulassen (wohl auch *Kuß* § 22 VOB/A Rn. 9). Vor allem sind auch weitere Angebote eines Bieters zu eröffnen, sofern sie dem Verhandlungsleiter rechtzeitig vorliegen, wie z.B. Berichtigungen bisher eingereichter Angebote; anderenfalls kommt eine Haftung des Auftraggebers aus **culpa in contrahendo** in Betracht (vgl. dazu LG Darmstadt BauR 1990, 601).

Eröffnungstermin | § 22 VOB/A

Kommen Angebote später an, so ergeben sich die Folgen aus § 23 Nr. 1 VOB/A und § 25 Nr. 1a 17 VOB/A (vgl. auch Rn. 28 ff., aber auch Rn. 34 ff.). Grundsätzlich trägt somit der **Bieter** das **Risiko der Übermittlung und des rechtzeitigen Einganges seines Angebots** beim Auftraggeber. Diejenigen Angebote, die bei der Öffnung des ersten Angebots vorliegen, müssen inhaltlich geprüft werden, wie aus § 23 Nr. 2 VOB/A ersichtlich ist.

Verhandlungsleiter ist derjenige, den der Auftraggeber mit der Abhaltung des Eröffnungster- 18 **mins beauftragt.** Das wird beim **privaten Auftraggeber,** wenn dieser sich erklärtermaßen nach der VOB richtet und nicht selbst eröffnet, derjenige sein, den er als fachkundige Person seines Vertrauens mit der Durchführung des Vergabeverfahrens und gegebenenfalls auch mit der Bauaufsicht bei der späteren Durchführung beauftragt hat. Insoweit kommen hauptsächlich Architekten, Ingenieure und Bauleiter des Auftraggebers als Verhandlungsleiter in Betracht. Falls der Auftraggeber nicht selbst Verhandlungsleiter ist, gelten für die von ihm ausgewählten, beauftragten und bevollmächtigten Personen die **Grundsätze des § 278 BGB,** d.h., er hat für deren Handlungen sowie Unterlassungen, insbesondere deren Verschulden, einzustehen. **Für öffentliche Auftraggeber** heißt es in Nr. 1.2. VHB 2002 zu § 22 VOB/A wie folgt:

1.2. Der Eröffnungstermin soll von einem mit der Vergabe nicht befassten Bediensteten geleitet werden. Zur Unterstützung des Verhandlungsleiters ist ein Schriftführer zuzuziehen, der eine Niederschrift nach Formblatt EFB – Verd 1–4 (Teil III) anzufertigen hat. Er soll an der Bearbeitung der Verdingungsunterlagen und an der Vergabe nicht beteiligt sein.

Somit darf Verhandlungsleiter nicht sein, wer an der Ausarbeitung der Vergabeunterlagen, bei der 19 Bestimmung der verschiedenen Termine des Vergabeverfahrens, der Prüfung und Wertung der Angebote, der etwaigen Aufhebung der Ausschreibung (zutreffend *Daub/Piel/Soergel* ErlZ A 22.29) sowie an der Entschließung über den Zuschlag beteiligt ist. Entscheidend ist außerdem, dass es sich beim Verhandlungsleiter um einen mit den Regeln des Eröffnungsverfahrens Vertrauten handelt (was beim öffentlichen Auftraggeber also nicht unbedingt einen »Baufachkundigen« verlangt; insoweit missverstanden von *Daub/Piel/Soergel* ErlZ A 22.28).

Außer dem Schriftführer kann der Auftraggeber **Hilfskräfte** hinzuziehen, wenn es im Einzelfall Zahl und Umfang der Angebote erfordern. Diese müssen aber **dieselben Anforderungen,** wie sie vorangehend dargelegt sind, **erfüllen.**

III. Eröffnungsvorgang

1. Unversehrtheit der Angebote

Nr. 3 Abs. 1 bezeichnet als erste Aufgabe des Verhandlungsleiters zu Beginn des Eröffnungster- 20 **mins die Pflicht, festzustellen, ob der Verschluss der Angebote unversehrt bzw. ob die digitalen Angebote verschlüsselt sind.** Dadurch soll nachgeprüft werden, ob der Auftraggeber seinen Verwahrungspflichten hinsichtlich der vor dem Eröffnungstermin eingegangenen Angebote nachgekommen ist. Dies geschieht nicht nur im Interesse der Bieter, sondern auch im Interesse des Auftraggebers. Es soll den Bietern nachgewiesen werden, dass zwischenzeitlich das Angebot richtig verwahrt geblieben ist und kein Unbefugter, insbesondere auch kein anderer Bieter oder Sonstiger von der Unternehmer- oder der Auftraggeberseite, von seinem Inhalt Kenntnis genommen hat. Der Auftraggeber soll sich durch die Prüfung den Bietern gegenüber entlasten können und in die Lage versetzt werden, etwaigen späteren Einwendungen, z.B. eines beim Zuschlag nicht berücksichtigten Bieters, gegen die ordnungsgemäße Verwahrung der Angebote zu begegnen (auch *Daub/Piel/Soergel* ErlZ A 22.34). In diesem Sinne sieht hier Nr. 1.4. VHB 2002 zu § 22 VOB/A vor:

1.4. Der Verhandlungsleiter hat sich vor Öffnung des ersten Angebots zu vergewissern, dass alle auf die Ausschreibung hin eingegangenen Angebote ungeöffnet vorliegen.

VOB/A § 22   Eröffnungstermin

Die im Eröffnungstermin zu verlesenden Angaben sind der Seite 3 des Angebotsschreibens zu entnehmen.

Verspätet eingegangene Angebote sind als solche zu bezeichnen. Ihr Inhalt ist nicht zu verlesen. Die Umstände des verspäteten Eingangs sind im Formblatt EFB – Verd 4 zu vermerken.

21 Der Verhandlungsleiter muss danach zunächst das ungeöffnete, unversehrte Vorliegen aller eingegangenen Angebote überprüfen. Das ist bei Behörden einfach, da es sich um eine Überprüfung der nach Nr. 1 S. 2 gekennzeichneten und in die Liste nach Formblattmuster eingetragenen Angebote handelt (vgl. Rn. 9). Auch der bei der Vergabe sich nach den Regeln des Teils A richtende private Auftraggeber sollte nach dieser Richtlinie handeln und sich zunächst vergewissern, ob alle eingereichten Angebote an Ort und Stelle des Eröffnungstermins vorliegen. Das würde bedingen, dass auch er die Angebote bei ihrem Eingang registriert. Er beweist hierdurch die Erfüllung seiner Verwahrungspflichten und entlastet sich zugleich.

Bei digitalen Angeboten hat der Verhandlungsleiter festzustellen, ob die die Angebote enthaltenen Dokumente noch verschlüsselt sind. Z.B. kann dies geschehen, indem unter Zeugen versucht wird, das noch verschlüsselte Dokument zu öffnen.

22 Ist ein Angebot nicht verschlossen, so hat dies nicht schon den Ausschluss von der Vergabe zur Folge, weil die dafür maßgebenden Gründe in § 25 Nr. 1 Abs. 1 VOB/A abschließend genannt sind. Jedoch ist dies in der Niederschrift nach Nr. 4 Abs. 1 zu vermerken, um den anderen Bietern die erforderliche Kenntnis zu vermitteln, insbesondere um den Ursachen des Nichtverschließens nachzugehen, vor allem etwaige Wettbewerbsverfälschungen feststellen zu können. Selbstverständlich ist der betreffende Bieter zu benachrichtigen, um ihm Gelegenheit zur Stellungnahme zu geben. Gelangt das unverschlossene Angebot frühzeitig in den Bereich des Auftraggebers oder ist der Bieter am Eröffnungstermin anwesend, so dient die Benachrichtigung bzw. der Hinweis über den Nichtverschluss auch dazu, dem Bieter Gelegenheit zu geben, sein Angebot zurückzuziehen, evtl. ein neues vor Öffnung des ersten Angebots einzureichen (ähnlich *Schelle/Erkelenz* S. 208 f.). Dies gilt auch für Angebote, die mittels Fernschreiben oder Telefax beim Auftraggeber eingereicht wurden, zumal sie offen bei ihm ankommen, daher die vorzeitige Kenntnisnahme durch Unbefugte nicht ausgeschlossen werden kann (vgl. Rn. 7).

2. Kennzeichnung der Angebote

23 **Nr. 3 Abs. 2 und 3 schildern den eigentlichen Eröffnungsvorgang.** Danach werden zunächst die Angebote geöffnet und in ihren wesentlichen Teilen im Eröffnungstermin gekennzeichnet. Die **Kennzeichnung** nimmt der Verhandlungsleiter selbst oder sein etwaiger Gehilfe vor der Verlesung vor. Sinn der Kennzeichnung ist es, später Unstimmigkeiten über die Identität der Angebotsangaben, insbesondere einen unerlaubten Austausch mit günstigeren Angeboten oder Verwechslungen, zu vermeiden. Hinzu kommt der Nachweis, dass das betreffende Angebot zu Beginn des Eröffnungstermins nach Nr. 2 vorgelegen hat und daher für das weitere Vergabeverfahren zuzulassen ist. Um auch hier spätere Meinungsverschiedenheiten zu vermeiden, hat die Kennzeichnung sogleich **noch im Eröffnungstermin** zu erfolgen wie seit der Fassung 2000 ausdrücklich verlangt wird, und zwar **an Ort und Stelle;** falls dies zwangsläufig in einem anderen Raum geschehen muss, jedenfalls unter Hinzuziehung von Zeugen. Das Verlangen auf Kennzeichnung in allen wesentlichen Teilen des Angebots bedeutet zugleich, dass nicht alle Blätter des Angebots einer Kennzeichnung bedürfen. Wesentliche Teile sind diejenigen, die **für den späteren Vertragsinhalt von Bedeutung** sind, ferner diejenigen, bei denen die oben aufgezeigten Gefahren, wie Verwechslung und Austausch, entstehen können, die aber durch die Kennzeichnung zu vermeiden sind. **Dazu zählen grundsätzlich die Preise, die in der Ausschreibung geforderten Erklärungen sowie die Unterschrift.** Diejenigen Teile des Angebots, insbesondere die Verdingungsunterlagen, die der Auftraggeber selbst angefertigt hat, können kaum Gefahr laufen, vertauscht zu werden, da sie bei allen Bietern einen gleichen Inhalt haben.

Die Kennzeichnung geschieht zweckmäßigerweise durch ein Merkmal, das nicht leicht nachgemacht werden kann. Ein bloßer Bleistiftstrich oder eine mit Bleistift aufgetragene eingekreiste Ziffer o.Ä. . dürfte nicht ausreichen (so auch mehrere Entscheidungen der Vergabekammern u.a. Sachsen 1/SVK/004–05). Geeignet erscheinen Stempel, Lochsysteme usw. **Bei einen Verstoß gegen die ordnungsgemäße Kennzeichnung ist ein ordnungsgemäßer Wettbewerb nicht mehr gegeben und die Ausschreibung aufzuheben**. Zur Kennzeichnung verhält sich Nr. 1.5. VHB 2002 zu § 22 VOB/A wie folgt: **24**

1.5. Sofort nach Eröffnung sind die Angebote mit allen Anlagen durch Lochen oder auf andere geeignete Weise so zu kennzeichnen, dass nachträgliche Änderungen und Ergänzungen verhindert werden.

Digitale Angebote sind entsprechend zu kennzeichnen, z.B. kann nach der Öffnung der Dokumente eine Sicherungskopie des Angebotes angelegt werden.

3. Verlesung der Angebote

Es ist nicht vorgeschrieben, dass jeweils das gesamte Angebot zur Verlesung gelangt. **Vielmehr beschränkt sich die Verlesung auf die Punkte des Angebots, die bei einer Ausschreibung mit Rücksicht auf den Wettbewerb für die Kenntnisnahme der beteiligten anderen Bieter wesentlich sind** (Nr. 3 Abs. 2 S. 2). Hierzu gehören zunächst Name und Wohnort der Bieter. Ferner sind dazu als Kernpunkt die im Angebot aufgeführten **Preise** zu rechnen, und zwar aus Wettbewerbsgründen im Interesse der Beteiligten grundsätzlich die **Endbeträge** der Angebote. Hierbei kann es sich bei Einheitspreisen um den Gesamtpreis (Angebotsendpreis) – nicht also um die einzelnen Endpreise in den Positionen – oder um den angebotenen Pauschalpreis handeln. Wenn die Leistung derart bemessen ist, dass das Angebot einzelne für sich zu betrachtende Abschnitte ausweist (z.B. Erdarbeiten, Mauerarbeiten, Betonarbeiten) und der Auftraggeber in der Ausschreibung abschnittsweise Preisangaben mit jeweiligen Endpreisen verlangt hat, so sind die Endbeträge dieser Abschnitte zu verlesen, da es sich dann um Preisangaben für verselbstständigte, von anderen deutlich getrennte Leistungsinhalte handelt. Das trifft vor allem bei einer Ausschreibung nach Einzellosen oder dem Vorbehalt zur Vergabe nach Losen zu. Das wettbewerbsmäßig berechtigte Interesse der Bieter beschränkt sich u.U. nicht nur auf die bloßen Preisangaben, sondern es können auch **wesentliche Gesichtspunkte der Preisbildung** von Interesse sein. Diese den Preis betreffenden Angaben können im Angebot vom Bieter allgemein gemacht sein, sie können aber auch in einzelnen Abschnitten oder gar nur bei einzelnen Positionen vermerkt sein. Voraussetzung ist jedoch, dass dies für den Verhandlungsleiter bei der Angebotseröffnung **hinreichend erkennbar** ist; andernfalls muss es genügen, wenn die entsprechenden Angaben bei der rechnerischen Prüfung festgestellt und später in die Niederschrift aufgenommen werden (§ 23 Nr. 4 VOB/A), die die Bieter einsehen können (vgl. nachfolgend Rn. 41 f.). Unter der angegebenen Voraussetzung hat der Verhandlungsleiter hierauf bei der Verlesung zu achten, und es ist ein entsprechender, für alle Beteiligten verständlicher Hinweis des Verhandlungsleiters geboten. Wann es sich im Einzelnen um solche wesentlichen Angaben handelt, ist letztlich Tatfrage, die der ordnungsgemäßen Entschließung des Verhandlungsleiters unterliegt. Der Verhandlungsleiter wird prüfen und sich die Frage beantworten müssen, ob es sich um Angaben handelt, die für den Auftraggeber bei seiner Entschließung über die Vergabe bedeutsam sein können. Dazu gehören bei etwa angebotenen **Preisnachlässen (vgl. dazu § 21 VOB/A Rn. 5) sicher die dafür im Angebot angegebenen Voraussetzungen sowie die Nachlasshöhe, in letzterer Hinsicht auch, ob der Nachlass auf die Angebots- oder die Abrechnungssumme gewährt wird. Auch etwa eingeräumte Skonti** sind zu verlesen, da auch sie für die Bildung der Preise, vor allem der Angebotsendpreise, von Bedeutung sind. Ebenso gilt dies hinsichtlich des etwaigen **Änderungssatzes für die Pfennig-, bzw. Centklausel** (anderer Ansicht wohl *Schelle/Erkelenz* S. 178 f.); anders dann, wenn sie als Einzelan- **25** sätze im Leistungsverzeichnis ausgewiesen sind, also nicht über eine vom Auftraggeber vorausgeschätzte Lohnerhöhung hinausgehen (ebenso *Heiermann/Riedl/Rusam* § 22 VOB/A Rn. 25).

26 Der bloße Hinweis, dass ein Angebot mit einem Anschreiben versehen ist, das wie die Angebote anderer Bieter, die ebenfalls mit einem Begleitschreiben versehen sind, auch Nebenangebote enthält, ist nicht ausreichend i.S.d. § 22 Nr. 3 Abs. 2 S. 2 VOB/A, weil er keinerlei Aufschluss über die Anzahl der von den einzelnen Bietern eingereichten Nebenangebote gibt (vgl. Vergabeüberwachungsausschuss des Bundes, Beschl. v. 3.4.1996 1 VÜ 1/96 = ZfBR 1996, 219 m. richtiger Anm. v. *Höfler*).

27 Werden Angaben aus den Angeboten versehentlich falsch verlesen oder überhaupt nicht, so sind diese in der Niederschrift nach Nr. 4 richtigzustellen oder nachzutragen. Für den weiteren Vergabewettbewerb wesentliche Gesichtspunkte müssen den Bietern unverzüglich mitgeteilt werden. Werden nach § 22 Nr. 3 Abs. 2 VOB/A zu verlesende Angaben –etwa Preisabschläge bei Vergabe mehrerer Lose an einen Bieter- nicht verlesen, so stellt dies zwar einen Verstoß gegen diese Vorschrift dar. Dies führt aber nicht zu einem Prüf- oder Wertungsausschluss, das es sich hierbei nur um eine Formvorschrift handelt, deren Verletzung nicht zu Lasten des Bieters gehen kann (VK Baden-Württemberg v. 22.6.2004 1 VK 32/04).

4. Bekanntgabe von Änderungsvorschlägen und Nebenangeboten

28 Von Interesse für die Bieter im Rahmen des Wettbewerbs ist es auch zu erfahren, ob und von wem **Änderungsvorschläge oder Nebenangebote** eingereicht worden sind (Nr. 3 Abs. 2 S. 3). Das gilt mit Rücksicht auf § 25 Nr. 5 VOB/A auch dann, wenn der Auftraggeber Änderungsvorschläge oder Nebenangebote nicht gefordert hat. **Seit der Fassung 2000 hat der Bieter nach § 21 Nr. 3 S. 1 VOB/A die Anzahl von Nebenangeboten oder Änderungsvorschlägen an einer vom Auftraggeber bestimmten Stelle im Angebotsschreiben anzugeben.** Für die **Bekanntgabe der Nebenangebote und Änderungsvorschläge** ist ausgehend vom Wortlaut der VOB grundsätzlich nur zu fordern, dass bei der Verlesung mitgeteilt wird, **ob und von wem Nebenangebote** eingereicht worden sind. Wird ein Nebenangebot nicht im Submissionstermin verlesen, ist dies unschädlich, sofern es mit dem Hauptangebot rechtzeitig vorlag (VK Baden-Württemberg v. 7.3.2003 1 VK 11/03). Das ist aber nur eine Mindestvoraussetzung, die unter der grundlegenden Bedingung ordnungsgemäßen Bauvergabewettbewerbs steht. Auch hier dürfte neben den Belangen des Auftraggebers **gleichwertig** das berechtigte Interesse der Bieter stehen, das dahin geht, durch die Verlesung der Angebotspreise für ihre weitere unternehmerische Planung zu erfahren, ob für sie überhaupt Chancen bestehen, an der eigentlichen Vergabe beteiligt zu werden. Insofern trifft es allerdings zu, dass Preise von Änderungsvorschlägen oder Nebenangeboten den an der Vergabe interessierten anderen Bietern anders als bei dem leistungsmäßig einheitlich ausgerichteten Hauptangebot wenig besagen, wenn sie nicht zugleich von dem Inhalt der in Änderungsvorschlägen oder Nebenangeboten vorgeschlagenen veränderten Leistung Kenntnis haben. Richtig ist weiter, dass der Verhandlungsleiter in zahlreichen Fällen, in denen Änderungsvorschläge oder Nebenangebote abgegeben werden, nicht bereits im Zeitpunkt der Angebotsverlesung übersehen kann, ob und inwieweit sich die Änderungsvorschläge und Nebenangebote leistungs- und damit zusammenhängend preismäßig im Verhältnis zum Hauptangebot auswirken. Daher wird man im Allgemeinen davon ausgehen müssen, dass zwar die Preise von Änderungsvorschlägen oder Nebenangeboten nicht bereits bei der Angebotseröffnung zu verlesen sind, dass aber den genannten berechtigten Belangen der übrigen Bieter dennoch Rechnung getragen werden muss. Dies ist dadurch zu lösen, dass den interessierten Bietern nach Angebotsprüfung (vgl. § 23 Nr. 4 VOB/A), also einer hinreichenden Zeit, in der der Auftraggeber Gelegenheit hatte, die **Angebotsendsummen** – auch hinsichtlich der Änderungsvorschläge oder Nebenangebote – zu prüfen und festzustellen und diese in der Niederschrift über den Eröffnungstermin zu vermerken, auf Wunsch die Einsicht in die Niederschrift und ihre Nachträge gestattet wird (§ 22 Nr. 7 VOB/A). Damit dürfte man der grundlegenden Forderung nach einer wettbewerbsgerechten Vergabe (§ 2 Nr. 1 S. 2 und 3 VOB/A) ausreichend Folge leisten. Gerade dieser Grundsatz ist als **Obersatz auch für jene Fälle** zu beachten, in denen – ohne dass der Auftraggeber dies ausgeschlossen hätte – von Bietern **nur Änderungsvorschläge oder** – hier regelmäßig – **Nebenangebote abgegeben worden sind** oder im Eröffnungstermin versehentlich das Verlesen des Vorliegens von Änderungsvorschlägen oder Nebenangeboten vergessen wurde. Sofern diese darauf beruhen, dass der Auftraggeber schuldhaft nachlässig ausgeschrieben hat, dürfte hier eine Verletzung des zwingenden Gebots in § 9 Nr. 1 VOB/A vorliegen, wodurch der Auftraggeber zur Aufhebung der Ausschreibung nach § 26 Nr. 1c VOB/A gezwungen sein kann, anderenfalls er den schuldlos vergeblich anbietenden Bietern aus **culpa in contrahendo (vgl. dazu Einleitung Vor § 1)** schadensersatzpflichtig sein kann. Besonders gefährlich kann dies für den Auftraggeber sein, der bei einer Leistungsbeschreibung mit Leistungsprogramm nicht die an ihn nach § 9 Nr. 11 VOB/A zu stellenden Mindestforderdnisse erfüllt.

5. Sonstige Angebotsinhalte

Dadurch, dass Weiteres aus dem Inhalt der Angebote nicht bekanntgegeben werden soll (Nr. 3 Abs. 2 S. 4), wird – allerdings bei gebotener Beachtung des Erfordernisses lauteren Vergabewettbewerbs – nicht einer Art Geheimhaltung das Wort geredet, sondern es sollen Angaben, die den Bietern ohnehin bekannt sind oder jedenfalls bekannt sein sollten, nicht wiederholt werden. Das gilt insbesondere für die vom Auftraggeber selbst aufgestellten Vergabeunterlagen, die rechtlichen Vertragsbedingungen und die Technischen Vertragsbedingungen. Es kann Ausnahmefälle geben, in denen mehr verlesen werden muss. Insoweit wird der Verhandlungsleiter auftretende Zweifelsfragen aus dem Gesichtspunkt des berechtigten Interesses der Bieter an einem ordnungsgemäßen Wettbewerb entscheiden müssen. **29**

6. Muster und Proben

Muster und Proben der Bieter müssen im Termin zur Stelle sein (Nr. 3 Abs. 3). Hierdurch wird ebenfalls klargestellt, dass die **Angebote,** die bei der Öffnung des ersten Angebots vorliegen, **vollständig** sein müssen. Es soll eine den übrigen Bietern nicht bekannt werdende Beeinflussung des Auftraggebers vermieden werden, indem ein Bieter nachträglich ein Muster oder eine Probe liefert. **30**

IV. Niederschrift

1. Zweck der Niederschrift

Die Niederschrift über den Eröffnungstermin soll als Beweismittel gelten und dient somit dem Interesse des Auftraggebers und aller beteiligten Bieter (Nr. 4 Abs. 1 S. 1). Man muss daher großes Gewicht auf eine vollständige und sorgfältige Anfertigung des Protokolls legen. In ihm sind die wesentlichen Vorgänge der Eröffnung zu vermerken. Anzugeben sind der Tag und die Stunde des Termins, die namentliche Bezeichnung der Teilnehmer, das Vorliegen von Vollmachten sowie das Ausschließen von vollmachtslosen Vertretern der Bieter, ferner alle sonstigen in Nr. 3 angeführten Handlungen des Verhandlungsleiters sowie etwaige Erklärungen der Anwesenden, soweit diese die Angebote und das Angebotsverfahren betreffen (vgl. auch Rn. 29). Insbesondere sollten Beschwerden und Rügen oder sonstige Einwendungen mit aufgenommen werden. Ist bei Beschränkter Ausschreibung ein Angebot von einem Bieter eingegangen, der nicht zur Angebotsabgabe aufgefordert wurde, so ist dies in der Niederschrift zu vermerken. **31**

Im Übrigen darf ein Bieter die in den Ausschreibungsunterlagen geforderte, aber **versehentlich unterlassene Erklärung darüber, ob er einen Lehrling beschäftigt, noch während des Eröffnungstermins nachholen,** was dann von dem Verhandlungsleiter in das Protokoll mit aufzunehmen ist; hierdurch wird der Wettbewerb nicht zu Lasten der anderen Bieter beeinträchtigt; wenn auch die Angebote derjenigen Bieter möglicherweise rechnerisch mit einem Zuschlag versehen werden, die **32** keinen Lehrling beschäftigen, so wird durch die nachträgliche Erklärung des Bieters im Eröffnungstermin seinerseits kein anderes Angebot vorgelegt, vor allem kein veränderter Preis angeboten, da der rechnerische Zuschlag feststeht und ohne weiteres ermittelt werden kann, umgekehrt auch, wenn dieser entfällt; auch sonst werden die übrigen Bieter nicht im Bereich des Wettbewerbs beeinträchtigt, da die Unterlassung der Erklärung über die Lehrlingsbeschäftigung nichts anderes als ein Versehen in einer Nebenfrage ist (BGH BauR 1990, 463 = Betrieb 1990, 1280 = SFH § 22 VOB/A Nr. 2 = MDR 1990, 813 = NJW-RR 1990, 858 = ZfBR 1990, 195).

2. Verlesung der Niederschrift

33 Die gefertigte **Niederschrift ist zu verlesen** (Nr. 4 Abs. 1 S. 2), damit festgestellt werden kann, ob sie vollständig ist. Auch sollen sich die Bieter und der Verhandlungsleiter noch einmal über die wesentlichen Vorgänge des Eröffnungstermins klarwerden. Zu vermerken ist, dass die Verlesung **stattgefunden hat,** dass die Niederschrift inhaltlich **als richtig anerkannt worden ist oder welche Einwendungen erhoben worden sind.** Ein Bieter, der später irgendwelche Einwendungen gegen den Gang des Eröffnungstermins erhebt, wird schlecht gehört werden können, wenn er oder sein Vertreter nicht nach der Verlesung der Niederschrift gegen die Richtigkeit oder Vollständigkeit derselben Einwendungen zu Protokoll erhoben hat. Um diesen Zweck, der mit dem Protokoll verbunden ist, zu erreichen, ist es erforderlich, dass der Verhandlungsleiter oder sein als Protokollführer hinzugezogener Gehilfe **alle Sorgfalt** sowohl auf die äußere wie auch auf die inhaltlich richtige Fertigung des Protokolls legt. Er darf sich auch nicht weigern, die Beanstandungen der Bieter in die Niederschrift aufzunehmen. Darauf, ob diese aus der Sicht des Verhandlungsleiters berechtigt sind, kommt es hier nicht an.

3. Unterschrift

34 **Die Niederschrift ist vom Verhandlungsleiter zu unterschreiben** (Nr. 4 Abs. 2). Darin kommt die Verantwortlichkeit des Verhandlungsleiters als Vertreter des Auftraggebers zum Ausdruck. Die Bieter und ihre Bevollmächtigten sind berechtigt, die Niederschrift neben dem Verhandlungsleiter mit zu unterschreiben. Hiervon sollte weitgehend Gebrauch gemacht werden, damit die Richtigkeit des Protokolls nicht nur vom Verhandlungsleiter, sondern auch von anderen Beteiligten bestätigt wird. Andererseits kann der Auftraggeber von den Bietern nicht verlangen, dass sie oder ihre Bevollmächtigten die Niederschrift unterzeichnen. Das steht im freien Ermessen der Bieter. Ebensowenig steht es mit der VOB im Einklang, wenn der Auftraggeber bzw. der für ihn handelnde Verhandlungsleiter den Bietern oder deren Bevollmächtigten das Recht auf die Unterschrift verweigern wollte.

4. Bestimmungen des VHB

35 Für öffentliche Auftraggeber ist hier auf Nr. 1.2. VHB zu § 22 VOB/A hinzuweisen (vgl. Rn. 13).

V. Behandlung nicht rechtzeitiger Angebote

36 Nr. 5 befasst sich mit den Angeboten, die dem Verhandlungsleiter nicht rechtzeitig, also nicht bei der Öffnung des ersten Angebots, vorgelegen haben.

1. Zeitpunkt des Eingangs

37 Angebote können noch während des Eröffnungstermins **nach Öffnung des ersten Angebots** eintreffen, oder sie gelangen erst **nach Beendigung des Termins** in die Hände des Verhandlungsleiters. Diese Unterscheidung ist insofern von Bedeutung, als die noch während des Termins eintreffenden **Angebote** mit **in die Niederschrift** aufgenommen werden, während die erst nach dem Termin eingehenden Angebote **in einem Nachtrag zur Niederschrift** zu erfassen sind. Es ist notwendig, dass die

Angebote, die noch während des Termins und daher vor Abschluss der Niederschrift eintreffen, in dieser aus Gründen der Übersichtlichkeit und des Vermeidens von Irrtümern von den anderen, vorher vorliegenden Angeboten getrennt aufgeführt werden.

2. Grundsatz des Ausschlusses

Die verspätet vorliegenden Angebote sind nach Nr. 2 grundsätzlich sämtlich nicht zur Eröffnung zuzulassen, was auch für später vom Bieter ergänzte und vorgelegte Angebote gilt. Sie fallen auch bei der Wertung der Angebote aus, wie sich aus § 25 Nr. 1a VOB/A ergibt. Daraus folgt, dass zwar eine Öffnung, **nicht** aber eine **Eröffnung** i.S.v. Nr. 2 in Betracht kommt (so auch *Daub/Piel/Soergel* ErlZ A 22.21). In die Niederschrift oder deren Nachtrag sind daher nicht alle Punkte aufzunehmen, die bei rechtzeitig vorliegenden Angeboten erfasst werden (vgl. Rn. 31 f.). Das ergibt sich aus der unbedingten Formulierung in § 22 Nr. 2 VOB/A und § 25 Nr. 1a VOB/A. Es soll alles vermieden werden, was auch nur den Anschein erwecken könnte, dass das Ausschreibungsverfahren nicht unter den gleichen Bedingungen für alle Bieter im Rahmen eines ordnungsgemäßen Wettbewerbs durchgeführt worden sei. Reicht ein Bieter verspätet sein Angebot ein, so kann bei den übrigen immer der Verdacht auftauchen, dass er den Inhalt bereits eröffneter Angebote gekannt und verwertet hat. Grundsätzlich muss daher die von der VOB geforderte Handhabung hinsichtlich der verspäteten Angebote genau eingehalten werden. Erteilt der Auftraggeber den Auftrag an einen Bieter, dessen Angebot bei Öffnung des ersten Angebots noch nicht vorlag, so haben die übrigen Bieter, die ihre Angebote rechtzeitig eingereicht haben, aus dem Gesichtspunkt des **Verschuldens bei Vertragsabschluss** einen **Schadensersatzanspruch** jedenfalls auf Ersatz der Kosten der Angebotsbearbeitung sowie der – vergeblichen – Teilnahme am Eröffnungstermin gegen den Auftraggeber. (OLG Hamm BB 1972, 243; OLG Köln SFH Z 2.13 Bl. 53). **38**

3. Umgang mit verspäteten Angeboten

Es reicht deshalb aus, die verspäteten Angebote zu öffnen, Name und Anschrift der verspäteten Bieter in die Niederschrift oder den Nachtrag aufzunehmen sowie die genaue Eingangszeit einzutragen. Dabei sind nicht nur der Tag und die Stunde zu vermerken, sondern auch die Zeit nach Minuten, wenn der Eröffnungstermin noch nicht beendet ist. Es ist genau der Zeitpunkt festzuhalten, zu dem das verspätete Angebot in die Hände des Verhandlungsleiters gelangt. Dass es hier allein auf die Person des Verhandlungsleiters ankommen kann, ergibt sich aus dem Zusammenhang mit Nr. 2. Nicht aufzunehmen und erst recht nicht zu verlesen sind die Preise und die sich auf den Preis beziehenden Angaben. Wenn sich die vorangehend geschilderten Tatsachen auch so feststellen lassen, kann auch **von der Öffnung** des verspäteten Angebotes bzw. der verspäteten Angebote überhaupt **Abstand genommen** werden. Das kann durchaus angezeigt sein, um dem Verhandlungsleiter bzw. Auftraggeber die mögliche Kenntnisnahme vom Angebotsinhalt zu ersparen, was für seine Objektivität sprechen kann. **39**

Außerdem ist es zumindest zweckmäßig, auch die verspätet eingegangenen Angebote als solche zu kennzeichnen, wie dies in Nr. 1.4. VHB zu § 22 VOB/A vorgesehen ist (vgl. oben Rn. 15).

4. Aufnahme von Gründen

Schließlich sind in die Niederschrift die etwa bekannten Gründe, aus denen die Angebote nicht rechtzeitig vorgelegen haben, mit aufzunehmen. Diese können dadurch bekannt sein, dass sie der Auftraggeber oder der Verhandlungsleiter selbst weiß, dass sie ihm von dritter Seite mitgeteilt worden sind oder dass sie vom verspäteten Bieter, nach Möglichkeit unter Vorlage oder Benennung von Beweismitteln, bezeichnet werden. Diese Bestimmung ist **zwingend,** wie aus ihrer Formulierung eindeutig ersichtlich ist; ihre Einhaltung ist daher nicht in das Ermessen des Verhandlungsleiters oder des Auftraggebers gestellt. Sie ist dazu da, die berechtigten Interessen des verspäteten Bieters, **40**

naturgemäß auch der übrigen Bieter und nicht zuletzt des Auftraggebers selbst, zu wahren. Es sind Fälle denkbar, in denen der Bieter durch widrige und äußere Einflüsse, die seinem Willen nicht unterlegen haben, an der rechtzeitigen Abgabe gehindert worden ist. Dazu ist vor allem auch auf die jetzige Ausnahmeregelung der Nr. 6 hinzuweisen (vgl. Rn. 36 ff.).

5. Aufbewahrungspflichten

41 Die weitere Forderung in Nr. 5, dass der Umschlag des Angebotes und andere Beweismittel aufzubewahren sind, dient dazu, **Unterlagen** für spätere Entscheidungen und etwaige Streitigkeiten **sicherzustellen.**

VI. Ausnahmsweise Berücksichtigung von Angeboten, die dem Verhandlungsleiter bei Öffnung des ersten Angebots nicht vorgelegen haben

1. Voraussetzungen

42 Nach Abs. 1 ist ein **Angebot**, das **nachweislich vor Ablauf der Angebotsfrist,** also vor der Öffnung der Angebote, **dem Auftraggeber zugegangen war** (§ 18 Nr. 2 VOB/A), jedoch dem **Verhandlungsleiter bei Öffnung des ersten Angebots aus vom Bieter nicht zu vertretenden Gründen nicht vorgelegen hat, wie ein rechtzeitig vorliegendes Angebot zu behandeln.** Unbedingte Voraussetzung ist dabei, dass es sich um ein Angebot handelt, das dem **Auftraggeber vor Ablauf der Angebotsfrist zugegangen** war. Anderenfalls ist eine darüber hinausgehende Beachtung des betreffenden Angebots **rechtsmissbräuchlich.** Ein Angebot, das dem Auftraggeber erst später zugegangen ist, bleibt nämlich auch hier zum Nachteil des Bieters unberücksichtigt. In letzter Hinsicht spielt es dabei keine Rolle, ob das Nichtvorliegen dem Bieter zuzurechnen ist oder nicht, wie z.B. wegen Verkehrsstaus bei der Übermittlung, Fehlverhaltens der Post oder sonst mit der Übermittlung des Angebots betrauter Dritter, unvorhergesehener Witterungseinflüsse, durch die der rechtzeitige Zugang beim Auftraggeber verhindert wird, usw. Also können in dem hier erörterten Bereich nur solche Angebote zur Diskussion stehen, die **dem Auftraggeber zum genannten Zeitpunkt zugegangen** waren. Da es sich bei dem Angebot um eine auf Abschluss eines Vertrages gerichtete Willenserklärung handelt, setzt der Zugang des Angebots – vor allem auch hinsichtlich des Zeitpunktes – voraus, dass sie in den Machtbereich des Empfängers (hier Auftraggebers) gelangt ist und den normalen Umständen nach zu erwarten ist, dass er davon Kenntnis nimmt (vgl. dazu *Palandt/Heinrichs* § 130 BGB Anm. 5). Hiernach muss das Angebot schon **vor Eröffnung des ersten Angebots in dem Bereich vorgelegen haben, der dem Auftraggeber** zuzurechnen ist, wie z.B. der Posteingangsstelle, dem Briefkasten, wenn eine Leerung in bestimmten Zeitabständen – hier vor Beginn des Eröffnungstermins – innerdienstlich geregelt und dies nach außen, wie z.B. durch Aufschrift, bekanntgemacht worden ist. Insofern ist **besonders von Bedeutung, dass der Auftraggeber in dem Anschreiben (vgl. § 10 Nr. 5 VOB/A) deutlich und unmissverständlich die Stelle angibt, bei der die Angebote einzureichen sind** (so auch *Zielemann* Rn. 86). Geschieht das nicht hinreichend oder missverständlich, kann hier der Auftraggeber den betroffenen Bietern gegenüber aus **culpa in contrahendo** schadensersatzpflichtig sein. Reicht aber der Bieter sein Angebot rechtzeitig bei der ihm richtig bekanntgemachten Stelle ein, naturgemäß mit richtiger Anschrift und Aufschrift, so kann es ihm **grundsätzlich nicht angelastet** werden, wenn dieses Angebot dem Verhandlungsleiter nicht bei Öffnung des ersten Angebots vorliegt. Immerhin **verlangt Abs. 1 mit Recht ausdrücklich, dass das Nichtvorliegen des rechtzeitig zugegangenen Angebots beim Verhandlungsleiter auf vom Bieter nicht zu vertretenden Gründen** beruhen muss, ihm hier also kein Verschulden vorgeworfen werden kann (vgl. § 276 BGB; § 10 VOB/B Rn. 36 ff.). Das trifft dann zu, wenn das Nichtvorliegen des Angebots auf Gründen beruht, die dem **innerdienstlichen Bereich des Auftraggebers zuzurechnen** sind, wie z.B. nicht rechtzeitige Leerung des Briefkastens, nicht pünktliche oder unsorgfältige Behandlung des eingegangenen Angebots in der Posteingangsstelle, Fehlleitung des Angebots im innerdienstlichen Bereich.

Grundlegende Voraussetzung für ein Nichtvertretenmüssen des Bieters ist aber auch hier, dass sein **Angebot so rechtzeitig dem Auftraggeber zugegangen ist, dass dieser unter normalen Umständen innerdienstlich in der Lage ist, das Angebot noch rechtzeitig dem Verhandlungsleiter zuzuleiten** (auch *Zielemann* a.a.O.). Ein Bieter, der sein Angebot erst ganz kurz vor Beginn des Eröffnungstermins dem Auftraggeber zuleitet, kann von diesem nicht verlangen, dass er zusätzliche Kräfte für die Weiterleitung bereithält, sozusagen in dessen Interesse »Feuerwehr« spielt. Im Übrigen trägt der **Bieter die Darlegungs- und Beweislast** für den rechtzeitigen Eingang des Angebots im Bereich des Auftraggebers. Er muss zumindest genau im Einzelnen und hinreichend klar und vollständig Tatsachen vortragen, durch die keine berechtigten Zweifel an dem rechtzeitigen Zugang des Angebots erlaubt sind.

Dazu sagt Nr. 1.6 VHB 2002 zu § 22 VOB/A zutreffend: **43**

1.6 In den Fällen des § 22 Nr. 6 VOB/A ist das Angebot unmittelbar dem Verhandlungsleiter und seinem Schriftführer vorzulegen. Diese haben festzustellen, dass der Umschlag des Angebots unversehrt ist. Die Umstände der nicht fristgerechten Vorlage sind im EFB – Verd 4 aktenkundig zu machen.

2. Schriftliche Mitteilung

Abs. 2 S. 1 schreibt vor, dass den Bietern (allen!) der Sachverhalt des rechtzeitigen Zugangs und des **44** dennoch gegebenen Nichtvorliegens des Angebots beim Verhandlungsleiter **unverzüglich schriftlich mitzuteilen** ist. Diese Bestimmung geht davon aus, dass ein solcher Sachverhalt sich erst **nach Beendigung des Eröffnungstermins** herausstellt, was für den Regelfall auch zutreffen dürfte. Wird der Sachverhalt mit der nötigen Eindeutigkeit noch **während** des Eröffnungstermins festgestellt, so ist dies, falls möglich, **in die Niederschrift nach Nr. 5** aufzunehmen (vgl. oben Rn. 32). Einer besonderen schriftlichen Mitteilung an die Bieter, die beim Eröffnungstermin anwesend oder durch ihre Bevollmächtigten vertreten sind, bedarf es dann jedenfalls nicht, wenn sie die Niederschrift nach Nr. 4 Abs. 2 mit unterschreiben (vgl. oben Rn. 26). Andernfalls muss **gesondert die schriftliche Mitteilung** erfolgen, vor allem an Bieter, die bei der Angebotseröffnung nicht zugegen oder vertreten waren. Diese Mitteilung muss den **gesamten, vollständigen Sachverhalt** enthalten, wie er für die **Begründung des Vorliegens der Voraussetzungen des Abs. 1 erforderlich** ist. Des Weiteren muss die schriftliche Mitteilung **unverzüglich (§ 121 BGB)** erfolgen, gerechnet ab dem Zeitpunkt, in dem der genannte Sachverhalt festgestellt worden ist.

3. Unversehrtheit des Angebots

Nach **Abs. 2 S. 2** ist in die schriftliche Mitteilung die eindeutige Erklärung der Auftraggeberseite mit **45** aufzunehmen, dass der **Verschluss des Angebots unversehrt** war (vgl. dazu oben Rn. 15 ff.). Dabei ist auf den Zeitpunkt abzustellen, in dem das betreffende Angebot dem Verhandlungsleiter oder dessen bestelltem Vertreter vorgelegt worden ist. Auch hier geht es darum, etwaige Manipulationen des Bieters oder zugunsten der Bieterseite auszuschließen.

4. Notwendige Angaben

Außerdem ist in **Abs. 2 S. 2** ausdrücklich bestimmt, dass in die Mitteilung die **Angaben nach Nr. 3** **46** **Abs. 2 aufzunehmen** sind (vgl. oben Rn. 18 ff.).

5. Aufnahme in Niederschrift

Nach **Abs. 3 S. 1** ist das von der Regelung in Abs. 1 erfasste Angebot mit allen dazu dienenden An- **47** gaben **in die Niederschrift über den Eröffnungstermin** (vgl. oben Rn. 24) oder in einen **Nachtrag** aufzunehmen. Letzteres ist dann erforderlich, wenn das nachträglich als rechtzeitig eingegangen festgestellte Angebot zu einem Zeitpunkt vorgelegt und eröffnet wird, zu dem die bisherige Nieder-

6. Aufnahme der Gründe

48 Des Weiteren bestimmt Abs. 3 S. 2 die **Geltung von Nr. 5 S. 2 und 3** auch hier. Danach müssen die Eingangszeit des (nachträglich vorgelegten) Angebots und die Gründe, weswegen es bei Öffnung des ersten Angebots nicht vorgelegen hat, vermerkt werden. Schließlich müssen der Umschlag und andere – für den Auftraggeber etwa erforderliche werdende – Beweismittel aufbewahrt werden (vgl. dazu oben Rn. 32 f.).

VII. Einsicht in Niederschrift; Mitteilung an Bieter; Veröffentlichungsverbot

1. Einsichtsrecht der Bieter

49 **Den Bietern und ihren Bevollmächtigten ist die Einsicht in die Niederschrift** des Eröffnungstermins **und ihre Nachträge** (Nr. 5 und 6 sowie § 23 Nr. 4 VOB/A) **zu gestatten** (Nr. 7 S. 1 Hs. 1); im Hinblick auf § 23 Nr. 4 VOB/A gilt dies **auch** in Bezug auf das **Ergebnis der rechnerischen Angebotsprüfung** und damit auf die etwaige konkretisierte Aussicht auf Erhalt des Auftrages. Dabei ist besonders darauf zu achten, dass kein Unbefugter Einsicht nehmen kann und nimmt. Ein berechtigtes Interesse zur Einsichtnahme besteht bei den Bietern oder ihren Bevollmächtigten deshalb, weil es ihnen vielfach, vor allem bei einer größeren Anzahl von vorliegenden Angeboten, nicht möglich ist, die Einzelheiten zu behalten und einer Würdigung zu unterziehen. Davon abgesehen soll den Bietern oder ihren Bevollmächtigten sogleich die Möglichkeit gegeben werden, das Protokoll auf seine sachliche Richtigkeit durch eigenen Augenschein zu überprüfen. Insoweit ist der Auftraggeber nach dem Willen der VOB einer gewissen Kontrolle durch die Bieter unterworfen, die aber berechtigt erscheint, weil sie ihm keine Nachteile erbringen kann. Sie hält ihn dazu an, das Vergabeverfahren nach den Erfordernissen eines wirklichen und allgemein anerkannten Wettbewerbs durchzuführen (zur Frage der Einsicht im Hinblick auf Änderungsvorschläge oder Nebenangebote vgl. Rn. 21). Ein Rechtsanspruch auf **Übersendung** der vorgenannten Unterlagen besteht für die Bieter **nicht**.

2. Mitteilung an Bieter

50 Es entspricht dem Sinn dieser Regelung, und es steht auch dem Grundgedanken des Veröffentlichungsverbots nach Nr. 7 S. 2 (vgl. Rn. 43 f.) sowie der Geheimhaltungspflicht des Auftraggebers gemäß Nr. 8 (vgl. Rn. 45 f.) nicht entgegen, wenn es die VOB dem Auftraggeber ermöglicht, **den Bietern die Namen der – übrigen – Bieter und die verlesenen und die nachgerechneten Endbeträge der Angebote sowie die Zahl ihrer Änderungsvorschläge und Nebenangebote nach der rechnerischen Prüfung mitzuteilen** (Nr. 7 S. 1 Hs. 2). **Mit der Fassung 2000 wird dem Bieter in dem neuen Nr. 7 S. 2 ein ausdrückliches Antragsrecht für diese Mitteilung gegeben und festgelegt, dass die Mitteilung auf den Antrag des Bieters hin unverzüglich zu erfolgen hat**. Diese Mitteilung kann nur an Bieter gehen, die ein Angebot abgegeben haben, das bei Öffnung des ersten Angebots vorgelegen hat oder deren Angebot verspätet vorgelegt worden, aber dennoch zu berücksichtigen ist (vgl. Nr. 6; oben Rn. 34 ff.), somit an Bieter, die für die Vergabe in Betracht kommen können. Dabei ist der Inhalt der Mitteilung auf die Punkte beschränkt, an denen die Bieter ein berechtigtes Interesse haben können, also die Namen der Bieter, die Endsummen ihrer Angebote sowie die Zahl ihrer Änderungsvorschläge und Nebenangebote. Die bis zur 13. Auflage strittige Frage, ob die Endsummen der Angebote vor oder nach rechnerischer Prüfung mitzuteilen sind, wurde **durch die Fassung 2000 ausdrücklich geregelt**. Danach sind dem Bieter auf Antrag **sowohl die verlesenen als auch die nachgerechneten Endbeträge der Angebote** mitzuteilen. Es ist folgerichtig, dass damit auch in dem durch die Fassung 2000 ergänzten § 22 Nr. 7 S. 2 VOB/A der **Zeitpunkt der Mitteilung (»nach**

der rechnerischen Prüfung«) festgelegt wird. In welcher Weise die Mitteilung erfolgt (schriftlich, mündlich, fernschriftlich usw.), bleibt dem Auftraggeber überlassen. Allerdings muss er einen Weg wählen, durch den alle Bieter nachweislich zuverlässig und auch sonst ordnungsgemäß orientiert werden, um die ungerechtfertigte Bevorzugung einzelner Bieter zu vermeiden. Deshalb sollte der Auftraggeber hier möglichst die Schriftform wählen, um im Streitfall das erforderliche Beweismittel in der Hand zu haben. Deswegen bestimmt Nr. 3.2. VHB zu § 22 VOB/A mit Recht, dass die Mitteilung an die Bieter nicht fernmündlich erfolgen soll. Dies umso mehr, als hierdurch nicht hinreichend gewährleistet sein kann, dass Unbefugte von der Mitteilung Kenntnis erlangen. Auch sonst können Gebote der Geheimhaltung eine Einschränkung des Inhaltes der Mitteilung erfordern (vgl. Rn. 22). Zum Gesagten enthält daher Nr. 3 VHB 2002 zu § 22 VOB/A folgende Regelung:

3. Mitteilungen an Bieter und Dritte
3.1. Andere als die in § 22 Nr. 7 VOB/A genannten Angaben dürfen den Bietern nicht mitgeteilt werden. Dies gilt insbesondere für Auskünfte über
– den Inhalt der Angebote sowie etwaiger Nebenangebote und Änderungsvorschläge,
– den Stand des Vergabeverfahrens,
– die in die engere Wahl gezogenen Angebote und die hierfür maßgebenden Gründe.
3.2. Die Mitteilung an die Bieter nach § 22 Nr. 7 S. 1 VOB/A soll nicht fernmündlich erfolgen.
3.3. Mitteilungen an Dritte sind nicht zulässig.

3. Keine Veröffentlichung der Niederschrift

Gemäß Nr. 7 S. 2 ist es untersagt, die Niederschrift zu veröffentlichen. Nur die unmittelbar am 51
Vergabeverfahren beteiligten Bieter dürfen etwas über die Angebotsinhalte erfahren, die in der Niederschrift enthalten sind. Dem Wettbewerb entspricht es auch, alle diejenigen, die sich nicht an ihm beteiligen, von einer Kenntnis seines Verlaufs auszuschließen. Es ist zu bedenken, dass in einem Ausschreibungsverfahren auf gewerblicher Basis, wie das im Rahmen der VOB der Fall ist, zwangsläufig geschäftliche Vorgänge im Bereich der an der Vergabe beteiligten Gewerbetreibenden (z.B. Anhaltspunkte zur Zuverlässigkeit, Leistungsfähigkeit, Fachkunde, Solvenz) bekanntwerden können, deren Kenntnis nicht für Unbefugte bestimmt ist. So ist es z.B. unzulässig, der Presse Stundenlohnverrechnungssätze unter Nennung von Namen der Bieter bekanntzugeben.

Wenn auch der jeweilige Vergabewettbewerb mit dem Zuschlag sein Ende gefunden hat, wirkt das 52
Veröffentlichungsverbot grundsätzlich noch über den Zuschlag hinaus, soweit hierdurch geschäftliche Vorgänge und Interessen auf Seiten der Bieter, die durch die Niederschrift erkennbar sind, berührt werden. Andererseits kann die Regelung der VOB durch für die Zeit **nach** der Vergabe maßgebende Vorschriften aus dem Gebiet des öffentlichen Rechts überlagert werden, wie z.B. zur Bekanntmachung der wesentlichen Inhalte der Ratsbeschlüsse. Hierzu bedarf es allerdings nicht der Bekanntmachung der Niederschrift, sondern nur der Angabe der für die Beschlussfassung letztlich tragenden Gesichtspunkte, womit zugleich auch eine gebotene Zurückhaltung in Bezug auf die berechtigten Bieterinteressen erforderlich ist.

D. Aufbewahrung und Geheimhaltung der Angebote

I. Allgemeines

Nach Nr. 8 sind die Angebote und ihre Anlagen sorgfältig aufzubewahren und geheimzuhalten. Die 53
Verpflichtung zur **Geheimhaltung** beruht auf den gleichen Gründen wie das in Nr. 7 enthaltene Verbot der Veröffentlichung von Niederschriften (vgl. Rn. 43 f.). Hier geht es vor allem darum, spätere unzulässige Manipulationen von Bietern an ihren Angeboten zu vermeiden (vgl. dazu *Busse* Bauverwaltung 1989, 437). Die Geheimhaltung gilt allen gegenüber, die nicht Bieter im konkreten Fall sind.

Der Auftraggeber und der Verhandlungsleiter sind darüber hinaus auch nicht befugt, den einzelnen Bietern die Angebote der anderen Bieter zur Einsichtnahme vorzulegen oder sonst zu unterbreiten, anderenfalls muss der Auftraggeberseite bei schuldhafter Missachtung ein zum Schadensersatz verpflichtendes Verschulden bei Vertragsverhandlungen (**culpa in contrahendo**) vorgeworfen werden (vgl. dazu OLG Düsseldorf BauR 1989, 195). Die Belange der Bieter werden hinreichend durch die Berechtigung zur Einsichtnahme in die Niederschrift sowie die Mitteilung des für sie wesentlichen Angebotsinhalts (vgl. Rn. 41 f.) gewahrt. Dieselben Grundsätze gelten auch für mündliche Informationen des Auftraggebers oder des Verhandlungsleiters über Aufbau und Inhalt anderer Angebote. **Anders** verhält es sich für den **internen Bereich des Auftraggebers,** sofern Unterrichtungen für die Vergabe unumgänglich sind, wie z.B. die Information des Gemeinderates oder eines Ausschusses, der verantwortlich die Vergabeentscheidung zu tragen bzw. mitzutragen hat. Insofern ist die Unterrichtung über alle **vergaberelevanten** Gesichtspunkte zwingend. Darüber hinaus darf aber die Information nicht gehen, sie darf vor allem nicht in Bereiche des Auftraggebers gegeben werden, die im Rahmen der konkreten Bauvergabe keine Tätigkeit zu entfalten haben, weil sonst die Geheimhaltungspflicht verletzt wäre (zutreffend *Schelle/Erkelenz* S. 219 f.).

54 Das Gebot der Geheimhaltung verlangt es auch, dass die **Vergabeentscheidung in nichtöffentlicher Sitzung** getroffen wird; dagegen kann die getroffene Entscheidung der Öffentlichkeit mitgeteilt werden, zumal dies nach den einschlägigen Gemeindeordnungen durchweg so verlangt wird (*Schelle/Erkelenz* S. 220 f.). Das hier Gesagte gilt z.B. im Hinblick auf Art. 52 Abs. 2 der Gemeindeordnung Bayern bzw. § 35 Abs. 1 S. 2 der Gemeindeordnung Baden-Württemberg, wonach Sitzungen nicht öffentlich sein dürfen, wenn berechtigte Ansprüche Einzelner entgegenstehen. Im Hinblick auf die VOB/A haben die Bieter ein berechtigtes Interesse, dass Einzelheiten ihres Angebots, vornehmlich im Hinblick auf die Angaben zu den Einzelheiten der Preisgestaltung, die bei der Beurteilung der Angemessenheit der Preise eine Rolle spielen können, Dritten nicht bekannt werden dürfen. Gleiches gilt in Bezug auf Fragen der Leistungsfähigkeit, Zuverlässigkeit und Fachkunde einzelner Bieter. Dieselbe Folgerung ist z.B. auch im Hinblick auf § 32 Abs. 2 der Gemeindeordnung Nordrhein-Westfalen zu ziehen. Ebenso trifft dies auf § 35 der Gemeindeordnung Rheinland-Pfalz zu, wonach eine öffentliche Beratung nicht stattfindet, wenn schutzwürdige Belange der Bürger oder sonstiger Personen entgegenstehen. **Sachgerecht** ist es in solchen Fällen, den Rat durch einen **Vorlagebericht** zu informieren, in dem sämtliche Bieter mit dem Submissionsergebnis und der technisch und rechnerisch geprüften Angebotssumme genannt, ferner ausgeschlossene Bieter und die Gründe dafür aufgeführt sind und letztlich dann durch die Verwaltung eine Vergabeempfehlung ausgesprochen wird.

55 Die Pflicht zur **sorgfältigen Aufbewahrung** der Angebote und ihrer Anlagen bezweckt auch die Sicherung von Beweismitteln für die Zukunft. Hinzu kommt, dass mit dem Eröffnungstermin noch nicht über die Vergabe entschieden ist. Der Auftraggeber benötigt noch die Angebote, um sich über den Zuschlag schlüssig zu werden. Um diesen in ordentlicher Weise herbeiführen zu können, müssen die Angebote weiterhin vollständig und sorgfältig beim Auftraggeber aufbewahrt werden. Der Auftraggeber hat allen Anlass, dies zu beachten, da er sich unter Umständen bei einem Verlust oder einer Beschädigung des Angebots oder seiner Anlagen wegen Verschuldens bei der Anbahnung und Durchführung von Vertragsverhandlungen (**culpa in contrahendo**) schadensersatzpflichtig machen könnte (vgl. hierzu Einleitung Vor § 1).

56 Im Übrigen sagt das VHB 2002 in Nr. 4 zu § 22 VOB/A zur Frage der Geheimhaltung und Verwahrung der Angebote mit Recht:

> 4. *Verwahrung geöffneter Angebote*
> *Die Angebote dürfen nur den unmittelbar mit der Bearbeitung beauftragten Personen zugänglich gemacht werden. Dies gilt auch, wenn freiberuflich Tätige an der Prüfung und Wertung beteiligt werden.*

Im Übrigen sind die Angebote mit allen Anlagen bis zur Zuschlagserteilung unter Verschluss zu halten.

II. Beim Zuschlag nicht berücksichtigte Angebote

Die Angebote sind grundsätzlich **auch dann noch aufzubewahren, wenn** feststeht, dass sie **beim Zuschlag nicht berücksichtigt** werden (vgl. zunächst § 27 VOB/A Rn. 8 ff.). Außerdem besteht eine **Verwahrungspflicht** auch noch, wenn sich der Bieter mit der Angebotsrücknahme in Annahmeverzug befindet. Der Auftraggeber haftet in einem solchen Fall allerdings nur noch für Vorsatz und grobe Fahrlässigkeit. Auch ist zu beachten, dass die Verwahrungspflicht sich nur auf Gegenstände bezieht, an denen der Bieter Eigentum behalten hat. Ergibt sich aus den Umständen, dass der Bieter hierauf keinen Wert mehr legt, kann der Auftraggeber die Unterlagen vernichten. Es entspricht vernünftigem Denken, dass diese Möglichkeit auch gegeben ist, wenn dem Bewerber mitgeteilt wird, was schon im Anschreiben gemäß § 10 Nr. 5 VOB/A geschehen kann, dass eine Vernichtung der Angebote erfolgt, wenn nicht eine Rückforderung binnen einer gewissen Frist erfolgt.

57

III. Angebot, das den Zuschlag erhält

Das Angebot, das den Zuschlag erhalten hat, ist mit den zu ihm gehörenden Unterlagen so lange aufzubewahren, bis die endgültige Abnahme und Abrechnung **sowie Bezahlung der Bauleistung erfolgt ist und sämtliche Gewährleistungsfristen abgelaufen sind,** somit der Vertrag gänzlich abgewickelt ist. Ob der Auftraggeber die Angebotsunterlagen zu etwaigen Beweiszwecken noch länger aufbewahrt, liegt in seiner Entscheidung. Inwieweit Behörden als Auftraggeber wegen der Entlastung durch die zuständige Rechnungsprüfungsbehörde oder aus Gründen des Aktenvernichtungsplanes eine weitergehende Aufbewahrungspflicht haben, regelt sich nach den für diese maßgebenden Vorschriften bzw. Dienstanweisungen.

58

IV. Anwendung auf die Freihändige Vergabe

Entgegen der allgemein für § 22 VOB/A maßgebenden Regel (vgl. Rn. 1) **gilt Nr. 8 auch für die Freihändige Vergabe.** Sie setzt ihrer Natur nach nicht zwangsläufig ein Ausschreibungsverfahren voraus. Vielmehr gelten auch bei Freihändiger Vergabe die in Rn. 45 ff. erläuterten Gesichtspunkte.

59

§ 23
Prüfung der Angebote

1. Angebote, die im Eröffnungstermin dem Verhandlungsleiter bei Öffnung des ersten Angebots nicht vorgelegen haben, und Angebote, die den Bestimmungen des § 21 Nr. 1 Abs. 1 und 2 nicht entsprechen, brauchen nicht geprüft zu werden.

2. Die übrigen Angebote sind rechnerisch, technisch und wirtschaftlich zu prüfen, gegebenenfalls mit Hilfe von Sachverständigen (§ 7).

3. (1) Entspricht der Gesamtbetrag einer Ordnungszahl (Position) nicht dem Ergebnis der Multiplikation von Mengenansatz und Einheitspreis, so ist der Einheitspreis maßgebend. Ist der Einheitspreis in Ziffern und in Worten angegeben und stimmen diese Angaben nicht überein, so gilt der dem Gesamtbetrag der Ordnungszahl entsprechende Einheitspreis. Entspricht weder der in Worten noch der in Ziffern angegebene Einheitspreis dem Gesamtbetrag der Ordnungszahl, so gilt der in Worten angegebene Einheitspreis.

(2) Bei Vergabe für eine Pauschalsumme gilt diese ohne Rücksicht auf etwa angegebene Einzelpreise.
(3) Absätze 1 und 2 gelten auch bei Freihändiger Vergabe.

4. Die aufgrund der Prüfung festgestellten Angebotsendsummen sind in der Niederschrift über den Eröffnungstermin zu vermerken.

Inhaltsübersicht Rn.

A. Allgemeine Grundlagen..	1
B. Formelle Angebotsprüfung..	5
I. Rechtzeitiger Eingang..	5
II. Ausschlussgründe..	6
III. Erschöpfende Aufzählung der Ausschlussgründe	7
C. Sachliche Angebotsprüfung..	8
I. Rechnerische Prüfung..	9
1. Umgang mit Rechenfehlern...	10
a) Einheitspreisangebote...	13
b) Pauschalangebote..	19
2. Aufnahme in Niederschrift..	20
3. Ausschluss bei Rechenfehlern..	21
II. Technische Prüfung...	22
III. Wirtschaftliche Prüfung...	25

A. Allgemeine Grundlagen

1 § 23 VOB/A, der die Prüfung der Angebote nach ihrer Öffnung bzw. Eröffnung behandelt und eine Vorstufe der Angebotswertung bildet, spricht zwei Bereiche an. Einmal handelt es sich in Nr. 1 um die Voraussetzungen für die Angebotsprüfung überhaupt. Sind diese gegeben, wird in Nr. 2 die inhaltliche Prüfung geregelt. Nr. 3 gibt Auslegungsgrundsätze für die rechnerische Prüfung, wobei gemäß Abs. 3 auch die Freihändige Vergabe mit einbezogen ist. Schließlich regelt Nr. 4 die Art und Weise der Dokumentation der Feststellung der Angebotsendsummen nach erfolgter Prüfung. Die Fassungen 2000, 2002 und 2006 ließen § 23 VOB/A unverändert.

2 Diese Bestimmung umfasst einen Teil der Handlungen, die nach der Angebotseröffnung und vor Erteilung des Zuschlages notwendig sind. Als weitere Handlungen kommen die Wertung der Angebote nach § 25 VOB/A und vor der Wertung gegebenenfalls Verhandlungen mit den Bietern nach § 24 VOB/A in Betracht. Stellt man die Prüfung der Angebote nach § 23 VOB/A und die Wertung der Angebote nach § 25 VOB/A einander gegenüber, so ergibt sich folgender Unterschied:

3 Die **Prüfung der Angebote** behandelt die **Durchsicht und** die **inhaltliche Beurteilung jedes einzelnen Angebots für sich.** Die **anderen vorliegenden** und der Prüfung zugänglichen (vgl. Rn. 5 f.). Angebote werden hierbei **nicht beachtet;** sie werden in die Prüfung des einzelnen Angebots nicht mit hineingenommen oder zu Vergleichszwecken gebraucht. Es geht bei der Prüfung um die Feststellung, ob die Angebote **in sich** den Verdingungs- und den Vergabeunterlagen entsprechen, insbesondere ob die Anforderungen nach § 21 Nr. 1 Abs. 1 und 2 VOB/A eingehalten worden sind.

4 Demgegenüber beschränkt sich die **Wertung der Angebote** gemäß § 25 VOB/A nicht auf das einzelne **vorher** nach § 23 VOB/A geprüfte Angebot, sondern es werden **sämtliche Angebote** ihrem Inhalt und ihrem Ergebnis nach **gegeneinander abgewogen.** Der Auftraggeber will hierbei das Angebot herausfinden, das dem mit der jeweils vorgesehenen Vergabe verfolgten Zweck am besten dient, damit er dem betreffenden Bieter den Zuschlag erteilen kann. Daraus ergibt sich, dass erst die Prü-

fung der Einzelangebote für sich nach § 23 VOB/A und nach deren Abschluss die Wertung durch Gegenüberstellung der einzelnen Angebote zu erfolgen hat. Eine Wertung kann ordnungsgemäß nur geschehen, wenn vorher die Angebote im Rahmen der Einzelprüfung herausgefunden worden sind, die sich überhaupt **zu Vergleichszwecken eignen.**

B. Formelle Angebotsprüfung

I. Rechtzeitiger Eingang

Die Prüfung erstreckt sich zunächst auf **für die Vergabe allgemeingültige Voraussetzungen.** Es ist daher vorweg festzustellen, ob die **Angebote** gemäß §§ 10 Nr. 5 Abs. 2k, 18 Nr. 2, 22 Nr. 2 VOB/A **rechtzeitig** eingegangen sind (vgl. dazu vor allem § 22 VOB/A Rn. 12). Ist das nicht der Fall, was auch auf **nach** Angebotseröffnung eingegangene »berichtigte Angebote« zutrifft, wie sich aus dem klaren Wortlaut der Nr. 1 ergibt (unklar dazu OLG Köln NJW 1985, 1475; vgl. auch § 25 VOB/A Rn. 6 f.), bedarf es keiner weiteren Prüfung mehr, es sei denn, der Auftraggeber entschließt sich trotzdem hierzu, was ihm nach der Formulierung der Nr. 1 unbenommen ist (»brauchen nicht«). Es kann ausnahmsweise ein Interesse des Auftraggebers zur Prüfung der verspäteten Angebote gegeben sein. Dieses ist der Fall, wenn ihr Inhalt gewisse Aufschlüsse über **andere** Angebote gibt, die für die Vergabe in Betracht kommen. Auch können die verspäteten und daher für die Vergabe auszuschließenden Angebote Vorschläge, insbesondere Änderungsvorschläge oder Nebenangebote, enthalten, die für die Bauausführung so wesentlich sind, dass sie für den Auftraggeber **ausnahmsweise (von ihm nachzuweisen!)** einen berechtigten Grund zur Aufhebung dieser Ausschreibung nach § 26 Nr. 1c VOB/A bilden.

5

II. Ausschlussgründe

Sind die **verspäteten Angebote ausgeschieden** (nach dem OLG Naumburg v. 1.11.2000 – Verg 7/00 – muss das Nichtvorliegen eines Angebots im Submissionstermin zum Wertungsausschluss führen, richtigerweise ergibt sich dies zwingend aber nur aus § 25 Nr. 1 Abs. 1 lit. a VOB/A) worden, so sind die übrigen dahin zu überprüfen, ob sie den Voraussetzungen von § 21 Nr. 1 Abs. 1 und 2 VOB/A entsprechen. Die durch die Fassung der VOB von 1979 erfolgte Einbeziehung auch des Abs. 2 ist eine Klarstellung, die angesichts der für die Wertung maßgebenden Ausschlussregelung in § 25 Nr. 1 Abs. 1b VOB/A erforderlich war. Sicher sind Angebote von Bietern, die **eigenmächtig Veränderungen** an den Verdingungsunterlagen vorgenommen haben, für die Vergabe untauglich, so dass es angebracht ist, sie nicht erst bei der Wertung, sondern schon bei der Prüfung der Angebote auszuscheiden. Hinsichtlich § 21 Nr. 1 Abs. 1 S. 3 VOB/A ist zu beachten, dass es sich hier um eine Soll-Vorschrift handelt, die eine so strenge Handhabung, wie sie § 25 Nr. 1 Abs. 1b VOB/A gebietet, nicht in jedem Fall rechtfertigt. Wenn der Bieter in seinem Angebot mehr als die Preise einsetzt und/ oder mehr als die in den Vergabeunterlagen geforderten Erklärungen niedergelegt hat, so muss der Auftraggeber prüfen, ob der Bieter einen sachlich **berechtigten Grund im Rahmen der allgemeinen Gebote des ordnungsgemäßen Wettbewerbs gehabt hat,** dieses »Mehr« in seinem Angebot aufzuführen. Ist das zu bejahen, so dient das der Sache und kann nicht von der Ausschlussregelung in § 25 Nr. 1 Abs. 1b VOB/A erfasst sein. Hat der Bieter das aber zusätzlich in sein Angebot aufgenommen, um einen der Sache nach nicht ohne weiteres gerechtfertigten Vorrang im Wettbewerb zu erhalten, und nicht, um allein der Sache zu dienen, so wird man vom Auftraggeber verlangen müssen, dass er dieses Angebot als nicht zulässig betrachtet. Andererseits folgt aus der hier erörterten Regelung in § 21 Nr. 1 Abs. 1 S. 3 VOB/A, dass die Angebote die erforderlichen **Preise und die geforderten Erklärungen enthalten müssen;** fehlt dieses oder jenes oder gar beides, müssen die entsprechenden Angebote ausgeschieden werden.

6

III. Erschöpfende Aufzählung der Ausschlussgründe

7 Die in § 23 Nr. 1 VOB/A enthaltenen Ausschlussgründe sind abschließend, so dass sie keine Handhabe bieten, das Angebot eines Bieters auch aus anderen Gründen nicht nach Maßgabe der Nr. 2 zu prüfen. So kann z.B. ein Bieter, der bei einer Öffentlichen Ausschreibung die Verdingungsunterlagen nicht selbst abgeholt oder sie nicht erkennbar durch einen Dritten für sich hat abholen lassen, sondern sie sich von einem anderen Abholer beschafft hat, nicht nach § 23 Nr. 1 VOB/A ausgeschlossen werden. Setzt der Bieter in sein Angebot nur die unumgänglich nötigen Einzelpreise ein und legt er insbesondere entgegen der Aufforderung zur Abgabe seines Angebots nicht eine Aufgliederung der Angebotspreise vor, so stellt das grundsätzlich noch **keinen zwingenden** Ausschlussgrund dar (vgl. dazu § 21 VOB/A Rn. 2 f.). Gleiches gilt **hier** im Grundsatz, wenn bei einer Beschränkten Ausschreibung ein Bieter ein Angebot abgegeben hat, ohne dazu aufgefordert worden zu sein. Nach der insoweit zutreffenden Rechtsprechung (OLG Thüringen NZBau 2000, 349) **entspricht es dem Rechtsgedanken des § 23 Nr. 1 VOB/A, dass die Vergabestelle auch ein im Eröffnungstermin nicht verlesenes Nebenangebot werten muss.**

C. Sachliche Angebotsprüfung

8 Sind die Angebote dahin geprüft, ob sie rechtzeitig eingegangen sind und § 21 Nr. 1 Abs. 1 und 2 VOB/A entsprechen, und sind diejenigen Angebote ausgesondert, die diese Voraussetzungen nicht erfüllen, so folgt die eigentliche **sachliche Prüfung nach Nr. 2 und 3,** was für alle Vergabearten gilt. Diese den Inhalt der Angebote betreffende Prüfung bezieht sich auf die **rechnerische, technische und wirtschaftliche Seite.** Wenn es auch in technischer und wirtschaftlicher Hinsicht enge Verbindungen oder sogar Verflechtungen geben mag, so hindert dies nicht eine Prüfung, wie sie unten (Rn. 21 ff.) aufgezeigt ist.

I. Rechnerische Prüfung

9 Bei der **rechnerischen Prüfung** geht es darum, nachzuvollziehen, ob die einzelnen vom Bieter in das Angebot eingetragenen Zahlen **rechnerisch richtig** sind. Es sollen Fehler aufgedeckt werden, die dem Bieter absichtlich oder unabsichtlich unterlaufen sein können, wozu auch die so genannte Dokumentenechtheit (z.B. Eintragung in Tinte oder Bleistift, Radieren usw.) gehört, soweit es sich um vertragsrechtlich relevante Preisangaben handelt. Diese Prüfung bezieht sich dagegen nicht auf die Frage, ob die eingesetzten Preise angemessen sind. Das ist erst bei der Wertung der Angebote festzustellen. Die erst später durchzuführende Wertung hat den Vorteil, dass dem Prüfenden dann alle nach § 23 VOB/A vorgeprüften Angebote vorliegen. Er kann sich bei der dann erfolgenden Gegenüberstellung derselben ein besseres Bild über die Angemessenheit machen (zur rechnerischen Prüfung mit DV vgl. VHB Nr. 2 zu § 23 VOB/A: Verweisung auf die Richtlinien zur Anwendung der Datenverarbeitung im Bauvertragswesen [RiDV Teil V]).

1. Umgang mit Rechenfehlern

10 Tauchen **rechnerische** Fehler bei der Überprüfung auf, so geht die VOB grundsätzlich **nicht** davon aus, solche Angebote von der weiteren Vergabe **auszuschließen.** Insoweit fehlt in § 25 Nr. 1 VOB/A eine entsprechende Ausschlussbestimmung (was *Ringe* BauR 1994, 321, 322 übersieht, wenn er die Bestimmung der Nr. 3 in ihrem Wortlaut und nach der Interessenlage als Auslegungsregel leugnet). Vielmehr bleiben derartige Angebote mit im Vergabewettbewerb. Das hat aber zur **Voraussetzung,** dass auf der **Grundlage des § 133 BGB eine einheitliche und allgemein anerkannte Basis gefunden wird,** der auch der Bieter folgt, die also dessen Willen entspricht, und die einmal die Beseitigung des Fehlers ermöglicht und zum anderen Klarheit über den wirklich verlangten Preis bringt. Man muss demgemäß für solche Unstimmigkeiten eine **Einsatzzahl festlegen,** die als Ausgangspunkt für die rechnerische Berichtigung dient. Das ist entsprechend der sich aus § 133 BGB ergebenden allgemeinen Erfahrung mit der Regelung in **Nr. 3** geschehen, wobei sich deren Abs. 1 mit der Vergabe nach **Einheitspreisen** (§ 5 Nr. 1a VOB/A) und deren Abs. 2 mit der Vergabe nach **Pauschalpreisen** (§ 5 Nr. 1b VOB/A) befasst. Diese **Auslegungsregel gilt als für das Angebotsverfahren** zwischen den Partnern **vereinbart,** wenn die Vergabe nach der VOB erfolgen soll. Insoweit besteht eine Bindung des Auftraggebers und der Bieter, die allerdings nur im Rahmen des Angebotsverfahrens, also i.S.d. § 145 BGB, vorliegt. Erst **durch den Zuschlag** werden die entsprechenden und dann, auch unter Berücksichtigung des § 242 BGB, noch maßgebenden Preise zur **vertraglich vereinbarten Vergütung** (vgl. § 2 Nr. 1 VOB/B). Dabei ist klargestellt, dass die hier angeführten Regelungen (Abs. 1 und 2) **auch** für die **Freihändige Vergabe** gelten (Abs. 3).

Die Regelung der **Nr. 3 ist nicht abschließend;** vielmehr schließt sie nicht aus, dass **vergleichbare Fälle jedenfalls sinngemäß nach § 133 BGB in dem von dieser Vorschrift abgedeckten Bereich ausgelegt** werden, und zwar in dem vorrangigen Bestreben, den Vergabewettbewerb **soweit als vertretbar aufrechtzuerhalten** (was *Ringe* BauR 1994, 321, 323 f. nicht beachtet, indem er sozusagen »am Buchstaben der Nr. 3« haftet). Hat z.B. der Bieter weder einen Einheitspreis noch einen Positionspreis in das Angebot eingetragen, ergibt jedoch die Summe der übrigen Positionspreise eine Differenz zum höheren Angebotsendpreis, so ist im Zweifel davon auszugehen, dass diese Differenz den Positionspreis der »vergessenen« Position ausmacht, wodurch sich der Einheitspreis dann durch Subtraktion mit den Vordersätzen feststellen lässt, ohne dass dadurch eine Beeinträchtigung des Wettbewerbs erfolgen kann. Gleiches gilt, wenn der **Einheitspreis offensichtlich zu niedrig oder zu hoch** angegeben ist, sich aus der Subtraktion des Positionspreises und der Vordersätze klar ersichtlich ein angemessener Preis ergibt; dann ist der **Einheitspreis zu berichtigen;** das trifft erst recht zu, wenn sich die eindeutige Unrichtigkeit des angegebenen Einheitspreises auch aus anderen Positionen, evtl. auch Alternativpositionen, ergibt; ist dagegen auf diese Weise eine zweifelsfreie Auslegung nicht möglich, so muss es bei dem eingesetzten Einheitspreis bleiben (ähnlich *Heiermann/Riedl/Rusam* § 23 VOB/A Rn. 17, wenn auch das dort aufgeführte Beispiel ersichtlich der ersten Fallgruppe zuzuordnen sein wird). Ebenso ist es zu handhaben, wenn der Bieter bei der Angabe des Einheitspreises die dafür maßgebende Maß- oder Gewichtseinheit ersichtlich falsch angegeben hat, wie z.B. »t« statt »kg« oder umgekehrt.

Enthält das Angebot im Wege der Auslegung korrigierbare Rechen- oder Übertragungsfehler, so müssen sie bei der rechnerischen Prüfung beseitigt werden. Geschieht das nicht, so begründet ein vom Auftraggeber nicht erkannter Rechenfehler **nicht** schon einen **Anspruch des Auftraggebers** gegen den Bieter **aus Verschulden beim Vertragsabschluss,** und zwar auch dann nicht, wenn deswegen diesem Bieter als dem vermeintlich preisgünstigsten der Zuschlag erteilt wird (so mit Recht BGHZ 60, 362 = BauR 1973, 186 = NJW 1973, 752 = Betrieb 1973, 765 = BB 1973, 1048 = SFH Z 2.13 Bl. 42 = BlGBW 1973, 155 = MDR 1973, 489 = WM 1973, 518 = LM VOB/A Nr. 2 m. Anm. *Rietschel*). Grundlage für einen solchen Schadensersatzanspruch ist **enttäuschtes Vertrauen.** Davon kann **nicht** gesprochen werden, wenn es der Auftraggeber – wie hier bei der Vergabe nach der VOB – übernommen hat, die Angebote rechnerisch zu prüfen (a.a.O.). Andererseits kann aber auch der Bieter bzw. Auftragnehmer aus der Nichtbeachtung eines Rechenfehlers bei der rechnerischen Prüfung durch den Auftraggeber allein nicht schon Rechte für sich herleiten (vgl. OLG Düsseldorf BauR 1980, 474; vgl. dazu auch Einleitung Vor § 1).

a) Einheitspreisangebote

Beim **Einheitspreisangebot** ist bei **Unstimmigkeiten** zwischen dem **Gesamtbetrag einer Ordnungszahl** (Position) und dem **Ergebnis der Multiplikation von Mengenansatz und Einheitspreis der** Letztere maßgebend (Nr. 3 Abs. 1 S. 1). Diese Regel folgt dem Gedanken, dass der Einheitspreis Ausgangspunkt und Einsatzzahl ist, dabei letztlich auch **Vertragspreis** wird, und dass sich hieraus lediglich rechnerisch der Gesamtpreis der Position ergibt. Diese Grundregel gilt auch, wenn die Unstimmigkeit darauf beruht, dass der angeführte Einheitspreis etwaigen Angaben über die Preisanteile nicht entspricht, die auf Löhne, Stoffe, Gemeinkosten usw. entfallen; auch dann ist der Einheitspreis maßgebend. Hat der Bieter irrtümlich und klar erkennbar die Einheitspreise in die Positionspreise eingetragen und die für die Einheitspreise bestimmte Spalte nicht ausgefüllt, so sind grundsätzlich auch hier die Einheitspreise maßgebend; die Positionspreise können dann durch Multiplikation der Vordersätze mit den Einheitspreisen unschwer ermittelt werden. Da die Einheitspreise ohnehin für die Vereinbarung der Vergütung maßgebend sind, bedarf es in einem solchen Falle keiner Irrtumsanfechtung durch den Bieter. Allerdings ist der Bieter ohne besondere vertragliche Vereinbarung nicht ohne weiteres an diese Auslegungsregel in Nr. 3 Abs. 1 S. 1 gebunden (vgl. *Lampe-Helbig/Wörmann* Rn. 248).

14 Hat der Bieter lediglich die Positionspreise angegeben, nicht aber die Einheitspreise, so können unter Zugrundelegung des § 133 BGB die jeweiligen Einheitspreise durch Teilung durch die in den Vordersätzen angegebenen Mengen festgestellt werden, es sei denn, es bestehen hinreichende Anhaltspunkte dafür, dass der Bieter die betreffende(n) Position(en) zum Pauschalpreis anbieten will, was der Fall sein kann, wenn der Bieter z.B. die Einheitspreisspalte mit einem Strich (»–«) oder einer Null (»0«) versieht. Im Zweifel kann Letzteres im Rahmen der Unterrichtung gemäß § 24 Nr. 1 Abs. 1 VOB/A zuvor ermittelt werden. Das Gesagte gilt erst recht, wenn die etwaigen Einzelangaben zur Preisermittlung, wie Lohn und Material, eindeutig den Einheitspreis ergeben, der sich aus der Division des Positionspreises durch die Vordersätze ermittelt.

Zum Wesen des Einheitspreisvertrages siehe die Kommentierung zu § 5 Nr. 1a VOB/A.

15 Wenn der **Einheitspreis in sich unklar ist,** kann er den vorgenannten Ausgangspunkt nicht bilden. Das ist möglich, wenn der Einheitspreis mehrfach, und zwar einmal in Ziffern und zum anderen in Worten, angegeben ist. In diesem Fall ist das **sich in dem Gesamtpreis der Ordnungszahl ausdrückende Ergebnis** der Anhaltspunkt für den Preis, wie aus **S. 2** folgt. Ergibt eine rechnerische Überprüfung im Wege der Division, dass nur der in Zahlen ausgedrückte Einheitspreis zu dem angegebenen Positionspreis führen kann, so folgt mit hinreichender Eindeutigkeit, dass der Einheitspreis in Zahlen tatsächlich gewollt ist. Zu dem gleichen Ergebnis kommt man zugunsten des in Worten ausgedrückten Einheitspreises, wenn dieser im Gesamtbetrag der Position rechnerisch aufgeht. S. 2 ist entsprechend anzuwenden auf gleichartige Fälle, z.B., wenn der Einheitspreis nicht in Ziffern und in Worten, sondern zweimal in Ziffern oder zweimal in Worten angegeben ist, oder wenn der Einheitspreis in Worten nicht leserlich ist.

16 Wenn weder der in Worten noch der in Ziffern angegebene Einheitspreis übereinstimmt und dieser sich auch nicht nach der vorgenannten Berechnung ermitteln lässt, gilt die in **S. 3** aufgestellte Regel. Das bedeutet, dass dann der in Worten angegebene Einheitspreis Geltung hat. Dies gilt aber nur grundsätzlich, und zwar insoweit, wie es sich nach § 133 BGB rechtfertigen lässt. Der Bieter kann sich in Ausnahmefällen **offensichtlich** verschreiben (statt zehntausend nur tausend). Dann wäre es unbillig, wollte man bei der Regel des Satzes 3 bleiben. S. 3 setzt nämlich voraus, dass der in Worten angegebene Einheitspreis in **keinem offensichtlichen Missverhältnis** zu der verlangten Leistung steht. Zumindest würde der Auftraggeber gehalten sein, mit dem Bieter nach § 24 Nr. 1 Abs. 1 VOB/A den wirklich gewollten Einheitspreis zu klären, um ihn auf diese Weise zu ermitteln. Dabei ist allerdings nicht nur § 133 BGB, sondern zugleich **§ 157 BGB zu beachten,** wobei auch **ausreichende objektive Anhaltspunkte** für die hinreichende Feststellung des wirklichen Bieterwillens gegeben sein müssen. Vor allem muss eine entsprechende Bietererklärung auch wegen Unklarheit **auslegungsbedürftig** und zugleich wegen nicht schon gegebener Bestimmtheit auch **auslegungsfähig** sein. Sind diese Voraussetzungen nicht gegeben oder lässt sich trotzdem eine eindeutige Feststellung des vom Bieter bei Angebotsabgabe gewollten Preises nicht erreichen, hat das Angebot **auszuscheiden.**

Prüfung der Angebote **§ 23 VOB/A**

Das ergibt sich sinngemäß aus § 21 Nr. 1 Abs. 1 S. 3 VOB/A i.V.m. § 25 Nr. 1 Abs. 1b VOB/A; was nämlich für Änderungen an den Eintragungen gilt, muss erst recht für die Eintragungen selbst zutreffen (*Schelle* Bauwirtschaft 1986, 879). Auslegungsmöglichkeiten können sich bei widersprüchlichen Preisangaben, bei teilweise fehlenden Preisangaben, bei teilweise unterschiedlichen Preisangaben und bei offensichtlich falschen Preisangaben ergeben, sofern nach dem Gesagten **hinreichende objektive Anhaltspunkte für eine eindeutige Auslegung des wirklichen Bieterwillens** gegeben sind (vgl. die von *Schelle* a.a.O. zutreffend aufgeführten Beispiele), wobei eine **restriktive Bewertung unbedingt geboten** ist. Besteht aber – was oft genug festzustellen ist – der **begründete Verdacht,** dass der Bieter nicht versehentlich, sondern **bewusst (»spekulativ«) gehandelt hat,** bleibt nichts anderes übrig, als ihn an seinem Angebot festzuhalten und daraus die entsprechenden sachgerechten Schlüsse für die Vergabe zu ziehen. **17**

Keinesfalls dürfen etwaige Verhandlungen mit dem Bieter dazu führen, überhaupt erst einen Einheitspreis festzusetzen. Vor allem dient § 23 Nr. 3 VOB/A nicht dazu, **Kalkulationsirrtümer** des Bieters (vgl. dazu § 19 VOB/A Rn. 21 ff.) zu beseitigen. Daher kommen auch Verhandlungen zwischen Auftraggeber und Bieter nach § 24 VOB/A hierüber nicht in Betracht. Hier bleibt dem Bieter nur die **Anfechtung** seines Angebots nach § 119 BGB **wegen Erklärungsirrtums,** was aber rechtzeitig gemäß § 121 BGB erfolgen muss. Das kommt in Betracht, wenn der Bieter sich im Angebot in Bezug auf den Einheitspreis verschrieben oder sich sonst inhaltlich vertan hat, also eine andere Erklärung abgegeben hat, als sie gewollt war (vgl. dazu § 19 VOB/A Rn. 21 ff.). Ist das Angebot eines Bieters nach Auslegung aber aus der Sicht des objektiven Erklärungsempfängers in bestimmter Weise zu verstehen, so darf der Auftrag mit diesem Inhalt erteilt werden (OLG Bamberg BauR 1998, 1252). **18**

b) Pauschalangebote
Bei **Pauschalangeboten** gilt die angegebene **Pauschalsumme** ohne Rücksicht auf etwa im Angebot enthaltene Einzelpreise (Nr. 3 Abs. 2). Das rührt daher, weil sich für den Auftraggeber im Wege der Auslegung grundsätzlich nicht ermitteln lässt, wie der Bieter den Pauschalpreis festgelegt, insbesondere inwieweit er dabei einzelne Einheitspreise zugrunde gelegt hat. Gibt der Bieter irrtümlich eine nicht gewollte Pauschalzahl an, so bleibt er hieran gebunden. Der Bieter hat alsdann nur die Möglichkeit der Anfechtung seines Angebots, sofern hierfür die Voraussetzungen der §§ 119 ff. BGB gegeben sind. **19**

2. Aufnahme in Niederschrift

Ist die rechnerische Prüfung durch den Auftraggeber erfolgt, so hat er die aufgrund der Prüfung festgestellten **Angebotsendsummen in der Niederschrift über den Eröffnungstermin** zu vermerken (Nr. 4). Es handelt sich um eine **nachträgliche** ergänzende bzw. berichtigende Eintragung in ein an sich abgeschlossenes Protokoll. Das bedingt, dass diese Eintragung **getrennt von den übrigen Eintragungen** zu erfolgen hat, damit eine Verwechslung, insbesondere mit den Endbeträgen der noch nicht geprüften Angebote, ausgeschlossen ist. Wenn hier von Angebotsendsummen die Rede ist, so bedeutet das bei Einheitspreisangeboten die Summe, die sich aus der (richtigen) Addition aller Gesamtbeträge der Ordnungszahlen der jeweiligen Angebote ergibt. Es handelt sich also nur um **eine** Zahl, was bei Pauschalangeboten ohnehin der Fall ist. Sind Maßnahmen nach Nr. 3 Abs. 1 erforderlich gewesen, so ist die Eintragung der Angebotsendsumme zugleich eine Klarstellung der Endsumme, wie sie der Bieter in seinem Angebot angegeben hat. Es erscheint in der Niederschrift aber auch dann eine andere Endsumme, wenn zwar die Einheitspreise und die hiernach errechneten Positionspreise richtig sind, wenn aber der Bieter die Positionspreise (Gesamtbeträge der Ordnungszahlen) falsch zusammengerechnet hat. Maßgeblich ist der nach der ordnungsgemäßen Prüfung durch den Auftraggeber festgestellte Endpreis (wegen der Änderungsvorschläge oder Nebenangebote vgl. § 22 VOB/A Rn. 21). Gerade auch in die hier erörterte Niederschrift haben die Bie- **20** ter ein **Einsichtsrecht** (vgl. § 22 VOB/A Rn. 41). Deshalb wird man dem Auftraggeber die Pflicht auferlegen müssen, den Bietern die **Beendigung der rechnerischen Prüfung mitzuteilen.**

3. Ausschluss bei Rechenfehlern

21 Grundsätzlich sollen alle Angebote am weiteren Wettbewerb teilnehmen, sofern die rechnerische Prüfung ein nach dem Vorhergesagten hinreichendes Ergebnis gehabt hat. Wenn aber ein Angebot eine Menge von rechnerischen Fehlern aufweist oder wenn sich in mehreren Angeboten desselben Bieters immer wieder rechnerische Fehler wiederholen, kann man davon ausgehen, dass dieser Bieter die nach § 2 Nr. 1 S. 1 VOB/A erforderliche Sachkunde oder Zuverlässigkeit nicht besitzt. Man kann es einem Auftraggeber nicht zumuten, mit einem solchen Bieter einen Bauvertrag abzuschließen. Bei allen genannten Auslegungsregeln muss sich der Auftraggeber aber stets der Gefahr von möglicherweise manipulativ eingefügten Rechenfehlern in den Angeboten besonders bewusst sein. Angebote, die z.B. Abweichungen zwischen Gesamtbetrag und Einheitspreisen enthalten, um das Wettbewerbsergebnis zu verfälschen, sind unbedingt auszuschließen. Um Unregelmäßigkeiten und Manipulationen möglichst einzuschränken, sieht das VHB 2002 zu Recht Folgendes in Nr. 1 zu A § 23 VOB/A vor:

1. *Durchsicht und rechnerische Prüfung*
1.1 *Die Durchsicht und die rechnerische Prüfung hat allein das Bauamt durchzuführen.*
    Diese sind von Bediensteten durchzuführen, die nicht mit der Vergabeentscheidung und der Durchführung der Maßnahme befasst sind. Mit der Nachrechnung sollen möglichst mehrere Bedienstete betraut werden.
1.2 *Die Angebote sind daraufhin durchzusehen, ob Auffälligkeiten den Schluss zulassen, dass das Wettbewerbsergebnis verfälscht werden soll, bzw. eine Manipulationsabsicht besteht. Es sollte auch nicht auf die Prüfung von Einzelheiten verzichtet werden, wenn der Angebotspreis insgesamt als angemessen anzusehen ist.*
    Auffälligkeiten sind z.B. fehlende, überschriebene, überlackte oder mit Bleistift eingetragene Preise oder Erklärungen und Doppelblätter.

II. Technische Prüfung

22 Die nach Nr. 2 erforderliche **technische Prüfung** der Angebote bezieht sich auf die **Klärung** der Frage, **ob** jedes einzelne **Angebot den technischen Anforderungen entspricht.** Dabei sind alle Teile des Angebotsinhaltes gemeint, die technischer Natur sind und sich auf die der Ausschreibung entsprechenden Anforderungen bei dem konkreten Bauvorhaben beziehen. Es dürfen nicht übermäßige und über den eigentlichen Zweck des Vorhabens hinausgehende Anforderungen gestellt werden. In diesem Rahmen hat die **Prüfung nach den Grundsätzen der allgemein anerkannten Regeln der Technik zu erfolgen. Gegebenenfalls ist die Hinzuziehung von Sachverständigen geboten** (über Sachverständige vgl. die Anm. zu § 7 VOB/A).

23 Bei der technischen Prüfung (und auch bei der wirtschaftlichen Prüfung, vgl. nachfolgend Rn. 24) hat der öffentliche Auftraggeber die Nr. 2.1. und 2.2. VHB 2002 zu § 23 VOB/A zu beachten, die wie folgt lauten:

2.1. *Die Grundsätze und Maßstäbe, nach denen die technische und wirtschaftliche Prüfung durchgeführt wird, müssen innerhalb einer Ausschreibung einheitlich sein.*
2.2. *Die Prüfung hat sich zunächst darauf zu richten, ob die Angebote – einschließlich vorgesehener Textergänzungen und Bieterangaben – vollständig sind.*
    Außerdem ist zu prüfen, ob die angebotene mit der geforderten Leistung übereinstimmt. Änderungsvorschläge oder Nebenangebote der Bieter sind daraufhin zu untersuchen, ob sie den Vertragszweck erfüllen.

Aufklärung des Angebotsinhalts §24 VOB/A

Soweit erforderlich, ist zu prüfen, ob
- *das vorgesehene Arbeitsverfahren technisch möglich und für eine vertragsgemäße Ausführung geeignet ist,*
- *die vorgesehenen Maschinen und Geräte dem Arbeitsverfahren entsprechen,*
- *der vorgesehene Maschinen- und Geräteeinsatz für die Ausführung der Leistung in der vorgeschriebenen Bauzeit ausreicht.*

Angebote über Leistungen mit von der Leistungsbeschreibung abweichenden Spezifikationen sind daraufhin zu prüfen, ob sie mit dem geforderten Schutzniveau in Bezug auf Sicherheit, Gesundheit und Gebrauchstauglichkeit gleichwertig sind und die Gleichwertigkeit nachgewiesen ist.

Entspricht ein Angebot bei objektiver Beurteilung nicht den gestellten technischen Anforderungen, so kann der Auftraggeber es von der weiteren Behandlung im Angebotsverfahren, vor allem von der Wertung nach § 25 VOB/A, ausscheiden (dazu vgl. OLG Düsseldorf BauR 1990, 349 im Falle eines Angebots über nicht gleichwertige Fußbodenbeläge und Teppichböden). **24**

III. Wirtschaftliche Prüfung

Das Gleiche hat auch für Angebote zu gelten, die der **wirtschaftlichen Überprüfung** (Nr. 2) nicht standhalten. Auch diese können bei der Vergabe nicht ernsthaft in Betracht kommen. Die wirtschaftliche Überprüfung bezieht sich auf die Frage der angegebenen Arbeitsdauer, des Einsatzes von Arbeitskräften und Geräten usw., der sonstigen wirtschaftlichen Leistungsfähigkeit des Unternehmers, auf die Bezugsquellen von Stoffen und Bauteilen, auf etwaige ersichtlich spekulativ angesetzte Preise, Preise von Alternativpositionen und ihre Auswirkungen auf den eigentlichen Angebotspreis, die Preise von Eventualpositionen, etwaige Preisnachlässe und Skonti, Auswirkungen einer etwaigen Material- und/oder Lohnpreisgleitklausel, Wirkungen auf eine etwaige Indexklausel, sonstige Auswirkungen von Änderungsvorschlägen oder Nebenangeboten usw., insgesamt also auf die zunächst überschlägig zu beurteilende Angemessenheit des Angebots selbst, vor allem der Angebotsendsummen. Die wirtschaftlichen Fragen sind auf das beabsichtigte Bauvorhaben zu beschränken und nicht zu verallgemeinern. Bei Zweifelsfragen besteht hier neben der Hinzuziehung von Sachverständigen die Möglichkeit der auf die gebotene Information beschränkten Verhandlung mit den betreffenden Bietern, wie sich aus § 24 VOB/A ergibt. Denkt man an den Einsatz von Sachverständigen, ist im Einzelnen festzulegen, welche bestimmte Überprüfungsaufgabe der Sachverständige erhalten soll. Es kann durchaus sein, dass ein für die technische Prüfung geeigneter Sachverständiger nicht für die wirtschaftliche Prüfung der Angebote in Betracht kommt und umgekehrt. **25**

Bereits bei der wirtschaftlichen Prüfung muss der Auftraggeber darauf achten, ob der jeweilige Bieter die **Gebote des lauteren Wettbewerbs eingehalten** hat. Deshalb bestimmt Nr. 3 VHB 2002 zu § 23 VOB/A mit Recht: **26**

3. Liegen Feststellungen oder Anhaltspunkte für ein wettbewerbsbeschränkendes Verhalten, z.B. für eine Preisabrede vor, so ist der technischen Aufsichtsbehörde in der Mittelinstanz unverzüglich zu berichten und in Zweifelsfällen deren Entscheidung darüber einzuholen, ob das Angebot ausgeschieden, die Ausschreibung aufgehoben und ob die Kartellbehörde unterrichtet werden soll.

§ 24
Aufklärung des Angebotsinhalts

1. (1) Bei Ausschreibungen darf der Auftraggeber nach Öffnung der Angebote bis zur Zuschlagserteilung mit einem Bieter nur verhandeln, um sich über seine Eignung, insbesondere seine technische und wirtschaftliche Leistungsfähigkeit, das Angebot selbst, etwaige Nebenangebote, die geplante Art der Durchführung, etwaige Ursprungsorte oder Bezugsquellen

von Stoffen oder Bauteilen und über die Angemessenheit der Preise, wenn nötig durch Einsicht in die vorzulegenden Preisermittlungen (Kalkulationen), zu unterrichten.
(2) Die Ergebnisse solcher Verhandlungen sind geheim zu halten. Sie sollen schriftlich niedergelegt werden.

2. Verweigert ein Bieter die geforderten Aufklärungen und Angaben, so kann sein Angebot unberücksichtigt bleiben.

3. Andere Verhandlungen, besonders über Änderung der Angebote oder Preise, sind unstatthaft, außer wenn sie bei Nebenangeboten oder Angeboten aufgrund eines Leistungsprogramms nötig sind, um unumgängliche technische Änderungen geringen Umfangs und daraus sich ergebende Änderungen der Preise zu vereinbaren.

Inhaltsübersicht   Rn.

A. Allgemeine Grundlagen... 1
B. Der Katalog des § 24 Nr. 1 Abs. 1 VOB/A... 3
   I. Abschließende Aufzählung der Verhandlungsgründe............................. 4
   II. Mögliche Verhandlungen nach Nr. 1 Abs. 1..................................... 5
      1. Eignung des Bieters... 5
      2. Zweifelsfragen des Angebots.. 7
      3. Änderungsvorschläge und Nebenangebote................................ 8
      4. Art der Durchführung... 9
      5. Herkunft von Stoffen und Bauteilen...................................... 10
      6. Angemessenheit der Preise.. 11
C. Geheimhaltung und schriftliche Niederlegung (Nr. 1 Abs. 2)..................... 17
D. Unterrichtungsverweigerung durch den Bieter (Nr. 2).............................. 18
E. Grundsätzliches Verbot anderer Verhandlungen (Nr. 3)............................. 20
   I. Keine Verhandlungen über Preisänderungen.................................... 20
   II. Ausnahmen... 22
F. Schriftliche Niederlegung des Verhandlungsergebnisses (Nr. 1 Abs. 2 S. 2)....... 29
G. Vermerk zu § 24 VOB/A im VHB 2002.. 30

Aufsatz: *Ax* Zur Frage des Nachverhandlungsspielraumes des Auftraggebers beim Offenen und Nicht-Offenen Verfahren im Rahmen des § 24 VOB/A BauR 1999, 1238.

A. Allgemeine Grundlagen

1 § 24 VOB/A befasst sich mit der Frage der Zulässigkeit von Verhandlungen mit einem Bieter oder einzelnen Bietern im Stadium zwischen Eröffnung von Angeboten – also dem Eröffnungstermin – gemäß § 22 VOB/A und der Erteilung des Zuschlages nach § 28 VOB/A. Die hier getroffenen Bestimmungen sind vom Auftraggeber ganz besonders zu beachten, weil durch die Angebotseröffnung der jeweilige Vergabewettbewerb zum Ruhen gekommen ist, daher nicht durch einseitige Verhandlungen mit einem Bieter oder einzelnen Bietern, durch die die übrigen Bieter im Allgemeinen benachteiligt werden können, verfälscht werden darf. Deshalb ist für den Auftraggeber die strikte Einhaltung der Regelungen der hier erörterten Bestimmungen unbedingt geboten. Die Vorschrift hat bieterschützenden Charakter, durch Nachprüfungsbehörden festgestellte Verstöße gegen § 24 VOB/A führen regelmäßig zu einer Beanstandung des Vergabeverfahrens.

Durch die Fassung 1990 hat § 24 VOB/A eine neue Überschrift erhalten, durch die sein Inhalt besser umschrieben wurde. Außerdem ist Nr. 1 Abs. 1 im Wortlaut dahin eingeschränkt worden, dass die hier zu besprechende Verbotsnorm nur für Vergaben durch Ausschreibung gelten soll. Die Fassungen 2000, 2002 und 2006 ließen § 24 VOB/A unverändert.

| Aufklärung des Angebotsinhalts | § 24 VOB/A |

Während die in § 23 VOB/A geregelte Prüfung der Angebote und die gemäß § 25 VOB/A vorgesehene **2** Wertung der Angebote unumgänglich notwendiger Bestandteil eines ordnungsgemäßen Angebotsverfahrens nach der VOB sind, **ist das hinsichtlich der Erörterungen mit den einzelnen Bietern nach § 24 VOB/A nicht der Fall.** Vielmehr sind solche **Besprechungen (Nachverhandlungen)**, die zwangsläufig zwischen der Prüfung und der Zuschlagserteilung liegen, nicht die Regel, sondern sie **bilden eine Ausnahme** (so auch *Daub/Piel/Soergel* ErlZ A 24.4). Grundsätzlich kommt also im Gegenteil vor dem Zuschlag ein Verhandeln mit einzelnen oder mehreren Bietern weder schriftlich noch mündlich in Betracht. Das ergibt sich aus dem der VOB zugrunde liegenden **Wettbewerbsgedanken. Der Sinn und Zweck des Nachverhandlungsgebots liegt also insbesondere darin, einen ordnungsgemäßen Wettbewerb sicherzustellen** (OLG Schleswig NZBau 2000, 100; ZVgR 1999, 249). In der **Kontaktaufnahme des Auftraggebers mit einzelnen oder mehreren Bietern in diesem Stadium des Vergabeverfahrens** kann nämlich die **Gefahr einer Bevorzugung einzelner Bieter** liegen. Es soll verhindert werden, dass ein Bieter durch die eine unzulässige Nachverhandlung seine Auftragschance – z.B. durch eine nachträgliche ursprünglich nicht gewollte Interpretation seines Angebots – verbessern kann (OLG Bremen v. 20.3.2003 Verg 7/2003). Wenn auch die allgemeinen Vorschriften des BGB (§§ 145 ff. BGB) es dem Auftraggeber nicht verwehren, über das Angebot mit dem Unternehmer zu verhandeln, so hat die VOB jedoch eindeutig festgelegt, dass in ihrem Bereich solche **Verhandlungen nur in Ausnahmefällen** stattfinden dürfen. Gemäß dem dieser Regelung zugrunde liegenden Gedanken des lauteren Wettbewerbs kommt **§ 24 VOB/A** – insbesondere dessen Nr. 3 – auch in jenen Fällen **entsprechend in Betracht, in denen ein Bieter nachträglich von sich aus sein Angebot – insbesondere die darin enthaltenen Preise – zu ändern versucht.**

Dadurch, dass seit der Fassung 1990 in § 24 Nr. 1 Abs. 1 VOB/A gesagt ist, dass die für den Auftraggeber dort fixierte eingeschränkte Verhandlungsmöglichkeit bei Ausschreibungen gilt, ist deutlich, dass nicht nur die dortige Regelung, sondern auch die sonst in § 24 VOB/A enthaltenen Bestimmungen nur für die Fälle von Vergabeverfahren durch Ausschreibung Anwendung finden sollen, also **nicht für die Freihändige Vergabe.** Somit können dort auch andere Verhandlungen, die an sich durch die Regelung in Nr. 3 untersagt sind, geführt werden. Wenn danach § 24 VOB/A grundsätzlich für die Freihändige Vergabe nicht gilt, **muss jedoch auch hier ein Mindesterfordernis lauteren Wettbewerbs eingehalten werden.** So ist es nicht zulässig, wenn ein Auftraggeber mit einem oder gar nacheinander mit mehreren Bietern ausschließlich verhandelt, um die Preise zu drücken. Anders ist es, wenn überhöhte Preise angeboten werden und die Anbieter mit entsprechenden Preisverhandlungen rechnen oder nach Sachlage rechnen müssen. Dann sind Preisverhandlungen u.U. angesichts § 25 Nr. 3 Abs. 1 VOB/A sogar geboten. Das Gesagte trifft nicht zuletzt auch zu, wenn eine Ausschreibung aus Gründen, die nicht im Bereich der Bieter liegen, aufgehoben wurde und jetzt eine Freihändige Vergabe erfolgen soll (insoweit richtig *Heiermann/Riedl/Rusam* § 24 VOB/A Rn. 38). Ist es ein Erfordernis, auch bei der Freihändigen Vergabe die Mindestgrundsätze des lauteren Vergabewettbewerbs einzuhalten, so dürfte **§ 24 Nr. 1 Abs. 2 VOB/A entsprechend heranzuziehen** sein.

B. Der Katalog des § 24 Nr. 1 Abs. 1 VOB/A

§ 24 Nr. 1 Abs. 1 VOB/A zeigt auf, wann begründete Ausnahmen gegeben sind und wann man von **3** wichtigen Gründen zur Erörterung mit Bietern sprechen kann.

I. Abschließende Aufzählung der Verhandlungsgründe

Nach Nr. 1 Abs. 1 darf der Auftraggeber nach Öffnung der Angebote und vor Erteilung des Zuschlages mit Bietern nur aus den dort im Einzelnen angegebenen Gründen verhandeln. Diese **Aufzählung ist abschließender Natur** (ebenso OLG Düsseldorf BauR 2000, 1623; Vergaberechts-Report 8/2000), **4** wie sich einmal aus der zwingenden Formulierung in Nr. 1 und weiterhin aus dem grundsätzlichen Verbot von Erweiterungen in Nr. 3 ergibt (ebenso *Daub/Piel/Soergel* ErlZ A 24.9). Es kann sich also bei einer solchen Verhandlung **nur um eine Aufklärungsmaßnahme im engen Sinne** handeln und **nicht** darum, **den Bieter zu einer inhaltlichen Änderung seines bisher im Angebot zum Ausdruck gebrachten Willens zu bewegen.** Nur im eingeschränkten Rahmen eines bereits feststehenden Sachverhalts können die Verhandlungen mit den Bietern liegen, sie dürfen aber **nicht** den Zweck haben, den **feststehenden Sachverhalt zu ändern.** Grundsätzlich überschneiden sich die Kriterien für einen Ausschluss des Angebots wegen fehlender Angaben oder Erklärungen des Bieters mit denjenigen des § 24 VOB/A (vgl. BayObLG NZBau 2000, 211; IBR 2000, 103). **Es fehlt nämlich ein zwingender Grund für den Ausschluss des Angebotes, wenn der Auftraggeber über eine Frage, zu der eine Bietererklärung fehlt, nach A § 24 Nr. 1 Abs. 1 VOB/A mit dem Bieter verhandeln darf.**

II. Mögliche Verhandlungen nach Nr. 1 Abs. 1

1. Eignung des Bieters

5 **Es kommt eine Unterrichtung über die Eignung, insbesondere die technische und die wirtschaftliche Leistungsfähigkeit des Bieters, in Betracht,** die sich darauf zu beschränken hat, was der Bieter im Hinblick auf die gestellte Bauaufgabe technisch und wirtschaftlich zu leisten vermag. Dabei geht es um die Klärung der in § 2 Nr. 1 S. 1 VOB/A aufgestellten Forderung nach Fachkunde, Leistungsfähigkeit und Zuverlässigkeit des Bieters und des von ihm geleiteten Baubetriebes. Unterlagen hierfür ergeben sich jedenfalls bei Öffentlicher Ausschreibung vielfach nicht aus dem Angebot selbst, so dass insoweit eine ergänzende Feststellung im Wege von **auf das Informatorische beschränkten** Verhandlungen, vor allem bei bisher unbekannten Bietern oder solchen, bei denen sich die bisher bekannten Verhältnisse möglicherweise geändert haben, nicht nur gerechtfertigt, sondern auch im berechtigten Interesse des Auftraggebers sowie eines geordneten Baugewerbes geboten ist, wenn sie nicht schon vorher gemäß § 8 Nr. 3 VOB/A getroffen worden ist. Die Aufklärungen können durch die Anforderung von Nachweisen oder die Einholung von Auskünften, auch von dritter Seite, hier allerdings unter vorheriger Unterrichtung des Bieters (so auch *Lampe-Helbig/Wörmann* Rn. 178) erfolgen. Wird ein nach den Ausschreibungsunterlagen verlangter Eignungsnachweis fristgerecht eingereicht, **stellt eine Ergänzung dieses Eignungsnachweises kein unzulässiges Nachverhandeln dar,** sondern es handelt sich hierbei um eine nach § 24 VOB/A zulässige Aufklärung (vgl. auch OLG Saarland v. 12.5.2004 IBR 2005, 49; ZfBR 2004, 714). Dagegen handelt es sich bei der Frage, wer diese Leistungen erbringt (der Bieter selbst oder ein Nachunternehmer), um eine unzulässige Nachverhandlung. **Fehlende oder unklare Angaben zum Nachunternehmereinsatz dürfen nicht durch Nachverhandlungen nach § 24 Nr. 1 VOB/A bereinigt werden** (OLG Saarland v. 21.4.2004 VergabeR 6/2004, 731; NZBau 2004, 690). Ebenso stellt **eine erst nach Ablauf der Angebotsfrist angeforderte Gewerkeliste, die an sich mit dem Angebot vorzulegen war**, eine Ergänzung des bis dahin unzulässigen Angebots dar und damit **eine unzulässige Nachverhandlung** i.S.v. § 24 Nr. 1 Abs. 1 VOB/A (OLG Düsseldorf v. 30.7.2003 VergabeR 6/2003, 687). Werden zulässige Verhandlungen ihrem Sinn und Zweck entsprechend geführt und hierauf beschränkt, so wird es nicht zu einer Gefährdung der berechtigten Interessen der anderen Bieter kommen, da deren Bereich nicht berührt wird. Ist ein Architekt vom Auftraggeber mit der Mitwirkung bei der Vergabe (vgl. § 15 Abs. 2 Nr. 7 HOAI) befasst, hat er für den Auftraggeber die genannten Aufgaben vollständig und ordnungsgemäß wahrzunehmen.

Wenn auch in dem hier erörterten Bereich der Wortlaut **nicht eingeschränkt** ist, so gilt das Gesagte **in der gebotenen Breite grundsätzlich nur bei Öffentlicher Ausschreibung,** während bei Beschränkter Ausschreibung die Eignung der Bewerber in der angegebenen Hinsicht an sich nach § 8 Nr. 4 VOB/A schon vor der Aufforderung zur Abgabe von Angeboten zu prüfen ist. Daher erklärt sich auch § 25 Nr. 2 Abs. 2 VOB/A, wonach bei der Wertung im Falle der Beschränkten Ausschreibung nur Umstände zu berücksichtigen sind, die nach der Angebotsabgabe Zweifel an der Eignung des betreffenden Bieters begründen. Ein insoweit bisher ordnungsgemäß handelnder Auftraggeber hat somit keinen oder nur begrenzten Anlass, sich im Falle der Beschränkten Ausschreibung nach § 24 VOB/A noch über die technische und wirtschaftliche Leistungsfähigkeit mit Bietern zu informieren. Letzteres gilt vor allem, wenn bisher nicht bekannte Gesichtspunkte erst jetzt einer Klärung bedürfen.

Im Rahmen solcher Verhandlungen hat der Bieter spätestens **von sich aus** Auskunft zu erteilen, wenn der Auftraggeber über bestimmte, für die Vergabe wesentliche Gesichtspunkte aufzuklären ist. Das gilt vor allem, wenn der **Bieter – auch plötzlich und unvorhergesehen – in wirtschaftlicher Bedrängnis** ist, wodurch die Erreichung des Vertragszieles vereitelt oder wesentlich erschwert würde, umso mehr, wenn dem Auftraggeber ein Recht zur Anfechtung des Vertrages nach § 123 BGB gegeben wäre (vgl. BGH Betrieb 1976, 332). 6

2. Zweifelsfragen des Angebots

Weiter können berechtigte Gründe zur Verhandlung über das Angebot selbst vorliegen. Die Verhandlungen dürfen sich aber grundsätzlich **nur** auf **Zweifelsfragen** in Bezug auf den an sich feststehenden Angebotsinhalt beschränken. Das OLG Düsseldorf (OLG Düsseldorf VergabeR 2001, 228) gestattet Nachverhandlungen zu Recht nur dann, wenn diese sich auf die Aufklärung zweifelhafter Punkte beschränken, **wobei der Zweck eines Bietergesprächs nur in der Klärung eines feststehenden Sachverhalts und der Erforschung des wirklichen Angebotswillens liegen darf.** In Betracht kommen kann die **Aufklärung bestimmter,** auch technischer **Ausdrucksweisen und/oder Vorschläge** (z.B. im Hinblick auf das angebotene Material oder die beabsichtigte Verfahrenstechnik) oder die **Erforschung des wirklichen Angebotswillens** bei unvollständiger oder möglicherweise missverständlicher Äußerung des Bieters. Nach dem OLG Frankfurt (OLG Frankfurt NZBau 2001, 101) muss beispielsweise ein Angebot nicht von der Wertung ausgeschlossen werden, wenn ein Bieter sich im Anschreiben auf die VOL bezieht, während er seinem Angebot die VOB zugrundegelegt hat; diese Unklarheiten können nach § 24 VOB/A nachträglich aufgeklärt werden. Etwas anderes gilt dann, wenn es sich um **überhaupt fehlende, zwingende Angaben im Angebot** handelt, wie geforderte Erklärungen über das zu verwendende Material, Preisangaben usw., weil dies zwangsläufig auf eine Angebotsänderung hinausliefe. Soweit hiernach zulässig, darf sich die folgende Erläuterung des wirklichen Angebotswillens des Bieters nur auf notwendig aufklärungsbedürftige Teile des Angebots beziehen und nicht auf mehr, vor allem nicht auf eine etwaige Änderung des Angebots (auch *Heiermann/Riedl/Rusam* § 24 VOB/A Rn. 6). Verhandlungen über das Angebot können vor allem auch bei einer Vergabe nach Leistungsprogramm erforderlich sein, insbesondere im Hinblick auf die nach § 9 Nr. 12 VOB/A aufgestellten und eingereichten Angebote der Bieter. 7

3. Änderungsvorschläge und Nebenangebote

Die Notwendigkeit für den Auftraggeber, sich über Änderungsvorschläge oder Nebenangebote zu unterrichten, ergibt sich aus § 25 Nr. 4 VOB/A, da diese Angebote u.U. zum Zuschlag führen können. Dabei geht es entscheidend um die Frage, ob derartige Änderungsvorschläge oder Nebenangebote, und zwar so, wie sie vorliegen, mit hinreichender Sicherheit geeignet sind, dem Bestellerwillen des Auftraggebers in allen technischen und wirtschaftlichen Einzelheiten mit der gebotenen Sicherheit gerecht zu werden. Hinzu kommt noch, dass Änderungsvorschläge und Nebenangebote oft nur skizzenhaft im Rahmen des eigentlichen Angebots aufgeführt werden. Dann ist es, wenn sich der Auftraggeber für solche Änderungsvorschläge und Nebenangebote interessiert, vielfach notwendig, den wahren Willen des Bieters zu erforschen, insbesondere von ihm genaue Einzelheiten zu erfahren. Das trifft vor allem im Hinblick auf die im Verhältnis zur bisher geforderten Leistung notwendige Gleichwertigkeit von Änderungsvorschlägen oder Nebenangeboten zu, wenn der entsprechende Nachweis nicht schon im Angebot zu führen ist. 8

4. Art der Durchführung

9 **Die Unterrichtung über die geplante Art der Durchführung** kann zweckmäßig sein, wenn sich diese nicht eindeutig aus dem Angebot ergibt, wenn sie insbesondere nicht schon aus den vom Auftraggeber angefertigten Verdingungsunterlagen, die Gegenstand des Angebotes geworden sind, deutlich ersichtlich ist. Die **Frage der Art der Durchführung** ist dabei nicht zu eng zu verstehen. Sie umfasst sowohl die rein technischen Vorgänge bei der Durchführung und deren Ergebnis wie auch die kaufmännische und wirtschaftliche Seite, weshalb hier auch Fragen hinsichtlich des Personal- und Geräteeinsatzes, der Zulieferung von Stoffen und Bauteilen, der möglichen Auswirkungen des Baustellenbetriebes, der Einhaltung der vorgesehenen Bauzeit usw. eine Rolle spielen können. Denn auch hier kann ein durchaus anzuerkennendes Interesse des Auftraggebers bestehen, zu erfahren, wie sich der Bieter die Einzelheiten der Vorgänge denkt, die zu der im Angebot niedergelegten Leistung führen sollen. Diese Unterrichtung kann sich auch aus der Pflicht des Auftraggebers, eine sorgfältige und sachgerechte Vergabeentscheidung nach § 25 Nr. 2 VOB/A zu treffen, ergeben.

5. Herkunft von Stoffen und Bauteilen

10 **Auch die Unterrichtung über etwaige Ursprungsorte oder Bezugsquellen von Stoffen oder Bauteilen** ist dem Auftraggeber zuzugestehen. Das Interesse ist vor allem dann gegeben, wenn durch eine Aufklärung über Ursprungsorte und Bezugsquellen etwas über die Qualität der Stoffe oder Bauteile oder über die Zuverlässigkeit des in Betracht kommenden Herstellers und/oder Lieferanten festgestellt werden kann. Vor allem gilt dies, wenn es sich um die Gleichwertigkeit von – zulässigerweise – angebotenen anderen Produkten handelt. Vergisst beispielsweise ein Bieter die genaue Gesteinsart anzugeben, so kann der öffentliche Auftraggeber nachfragen, welche Gesteinsart konkret angeboten wird. Dabei handelt es sich **nicht um eine Ergänzung eines Angebotes, sondern um eine zulässige Nachfrage, auf welcher sachlichen Grundlage der Preis errechnet worden war** (OLG Koblenz ZVgR 1999, 205). Besonders ist das Interesse des Auftraggebers an einer Aufklärung auch gegeben, wenn die Verwendung von Baustoffen und Bauteilen unbekannter oder unklarer Ursprungs oder Bezugs – vor allem bei neuartigen Stoffen oder Bauteilen – in der Absicht des Bieters liegt oder jedenfalls die Möglichkeit dazu besteht. Auch kann ein berechtigtes Interesse des Auftraggebers, allerdings nur in Ausnahmefällen, vorliegen, bestimmte Bezugsquellen und Ursprungsorte bei seinem ausgeschriebenen Bauwerk auszuschließen. Das kann z.B. der Fall sein, wenn der Auftraggeber bei früheren Bauten schlechte Erfahrungen gemacht hat, er insbesondere in unzulänglicher Weise bedient worden ist. Insoweit kann ihm eine Aufklärung durchaus wünschenswert sein, zumal sich Angaben und Unterlagen dazu selten aus dem Angebotsinhalt mit der gebotenen Genauigkeit ergeben, es sei denn, dass dies aufgrund einer Festlegung in den Verdingungsunterlagen nach § 9 Nr. 5 Abs. 1 VOB/A der Fall ist.

Etwaige Änderungen von Ursprungsorten oder Bezugsquellen, dabei insbesondere bisher angebotener Fabrikate, sind nur begrenzt zulässig, nämlich in dem durch Rn. 19 ff. gekennzeichneten Rahmen. Vor allem müssen derartige Änderungen unbedingt gleichwertige Fabrikate erfassen und auch preislich im bisher vorgesehenen Rahmen liegen, damit eine ordnungsgemäße Wertung nach § 25 Nr. 3 VOB/A erfolgen kann, insbesondere andere Bieter im Wettbewerb nicht benachteiligt werden.

6. Angemessenheit der Preise

11 **Schließlich kommt noch eine Unterrichtung über die Angemessenheit der geforderten Preise in Betracht,** wenn nötig durch Einsicht in die dann vorzulegenden Preisermittlungen (Kalkulationen; gemeint sind die Vorkalkulationen).

12 **Diese Bestimmung ist nicht unter baupreisrechtlichen, sondern zumindest vorwiegend unter vergaberechtlichen Gesichtspunkten zu verstehen** (vgl. dazu auch Rn. 20). In ihr sind die Grund-

lagen gemeint, von denen der Bieter ausgegangen ist, um die von ihm in das Angebot eingesetzten Preise festzulegen bzw. zu ermitteln, also den Ansatz der Löhne, des Materials, der Kosten der Baustelle und der allgemeinen Geschäftskosten. Der Auftraggeber muss aber berücksichtigen, dass es nicht seine Aufgabe ist, sich ein allgemeines Bild über die geschäftsinternen Vorgänge beim Bieter zu verschaffen. Vielmehr geht es auch hier um eine **rein sachliche Aufklärung, die auf Kalkulationen des betreffenden Bieters im konkreten Fall beschränkt ist.** Es handelt sich um ein Nachrechnen wie bei der sonstigen Angebotsprüfung, wobei die Feststellung der eigentlichen Kalkulationsgrundlagen mit einbegriffen ist. Dazu gehört nicht nur das bloße Nachrechnen als solches, sondern auch die Unterrichtung über das, was dahintersteht, wie z.B. der in dem Rechenwerk zum Ausdruck gekommene beabsichtigte Einsatz von Material und Personal und die damit verbundene Frage, ob dies notwendig ist, ob z.B. ein Meister eine bestimmte Leistung ausführen soll, obwohl ein Facharbeiter mit entsprechend niedrigerem Lohn das auch könnte, u.U., ob Kosten der Baustelleneinrichtung, der Vorhaltung usw. im geforderten Preis enthalten sind, ob vom Bieter eingesetzte Vordersätze zutreffen usw. Hier geht es nur um die Prüfung der preislichen Zulässigkeit, nicht aber um die **Prüfung der Angemessenheit** der Preise (ebenso *Daub/Piel/Soergel* ErlZ A 24.38); letztere ist Sache der Angebotswertung im Rahmen von § 25 VOB/A (vgl. auch § 23 VOB/A Rn. 12 f. und 16 f.).

Beschränkt sich der Auftraggeber auf die vorbezeichnete, lediglich der Aufklärung dienende sachliche Prüfung, sei es durch mündliche oder schriftliche Unterrichtung über die Angemessenheit der Preise, sei es notfalls durch Einblick in die Kalkulationsgrundlagen, und lässt er die ihm hiermit zugleich gegebene Aufgabenumgrenzung nicht aus dem Auge, wird man diese Bestimmung der VOB als gerechtfertigt ansehen müssen. Insbesondere ist zu berücksichtigen, dass im Vergabeverfahren der VOB nach dem übergeordneten Grundsatz in § 2 Nr. 1 S. 1 VOB/A die Bauleistungen zu **angemessenen Preisen zu vergeben** sind. Daran muss sich der – insbesondere öffentliche – Auftraggeber halten. Es geht hier darum, dem Auftraggeber die Möglichkeit der konsequenten Durchführung der ihm insoweit obliegenden Aufgabe zu verschaffen. Dabei ergibt sich aus dem Grundsatz der Vergabe zu angemessenen Preisen, dessen Einhaltung durch § 24 Nr. 1 Abs. 1 VOB/A gewährleistet werden soll, auch, dass die Unterrichtungsbefugnis des Auftraggebers nicht nur dazu da ist, seine eigenen wirtschaftlichen und finanziellen Interessen zu vertreten. Vielmehr ist bei der **Prüfung der Preise nach ihrer Angemessenheit** in gleicher Weise **auch das berechtigte Interesse der Bieter zu beachten.** Die Unterrichtungsbefugnis nach § 24 VOB/A ist auch gegeben, wenn ein Bieter ein Angebot abgegeben hat, das ganz oder teilweise in seiner **Preisforderung** dem Auftraggeber derart **niedrig** erscheinen muss, dass der Bieter im Falle des Zuschlags und der Durchführung der geforderten Leistung offenkundig insgesamt keinen angemessenen Preis erhalten würde. Hinzuweisen ist in diesem Zusammenhang auch auf § 25 Nr. 3 Abs. 2 VOB/A, wobei die Aufklärung nach § 24 Abs. 1 VOB/A als Vorbereitung dienen kann.

Im Übrigen sollte es bei einer bloßen Unterrichtung bleiben, wenn hierdurch die notwendige Aufklärung gegeben werden kann. **Nur in Ausnahmefällen** ist vom Bieter die **Vorlage der Kalkulationen** zu verlangen; insbesondere kann dies im Falle der Vergabe nach Leistungsprogramm in Bezug auf die nach § 9 Nr. 12 VOB/A nötig sein. Der Auftraggeber hat sich jedoch immer auf das Notwendigste zu beschränken und nur das zu erforschen, was im konkreten Fall zur Unterrichtung über die Angemessenheit der geforderten Preise erforderlich ist. Das gilt vor allem, weil der **Auftraggeber nur eine Unterrichtungsbefugnis hat.** Zwecks Wahrung des der Vergabe nach der VOB eigenen **Wettbewerbs** ist er **nicht befugt, den Bieter zu Handlungen zu bewegen, die eine Änderung des Inhaltes seines Angebotes, insbesondere in seiner Preisgestaltung, bedeuten würden.** Dies ergibt sich aus § 24 Nr. 3 VOB/A (vgl. Rn. 19 ff.). Deshalb geht es auch nicht an, im Wege von Verhandlungen gemeinschaftlich **Kalkulationsirrtümer oder sonstige »Fehlkalkulationen« des Bieters zu beseitigen** (so ausdrücklich OLG Düsseldorf v. 30.4.2002 Verg 03/02).

Besteht beim Auftraggeber der Verdacht, dass **Preisabreden** einzelner Bieter untereinander oder mit Dritten bestehen oder sonstige Manipulationen vorgekommen sind (vgl. dazu *Busse* Bauverwaltung

1989, 437), so geht es nicht nur um die Unterrichtungsbefugnis des Auftraggebers über die Angemessenheit der Preise, sondern um die **Wahrung des insoweit vor allem durch das GWB gesetzlich abgesicherten Wettbewerbsgrundsatzes.** Hier liegt ein besonderes Interesse des Auftraggebers an einer genauen Aufklärung vor (zu den zivilrechtlichen Folgen eines durch Submissionsbetrug erlangten Auftrags vgl. *Busz* NZBau 2003, 65 ff.; OLG München NZBau 2002, 509). Denn die Möglichkeit von Preisabreden würde den für die Vergabe nach Teil A der VOB geltenden Grundsatz des Wettbewerbs ganz besonders in Gefahr bringen. Nicht nur im eigenen, sondern auch im berechtigten Interesse der übrigen ordnungsgemäß handelnden Bieter ist der Auftraggeber gehalten, hier nähere Aufklärung zu schaffen. Andererseits darf er auch in diesen Fällen seine Nachprüfungsbefugnis nicht missbrauchen. **Er darf nur dann eingreifen, wenn bei objektiver Betrachtung ein wirklicher Verdacht von Preisabreden besteht.** Das ist in der Regel nur der Fall, wenn der Auftraggeber dies nicht aus seiner subjektiven Einstellung, sondern aus der objektiven Sicht eines unbeteiligten Dritten zu gutem Recht annehmen kann. Hierbei genügt nicht die bloße Annahme als solche, sondern es müssen **konkrete Anhaltspunkte** für die Missachtung des Wettbewerbsgrundsatzes vorliegen. Der Verdacht muss sich bei richtiger und vernünftiger Betrachtung aus dem Angebot selbst, unter Vergleich mit anderen Angeboten etwa, oder aus vorliegenden anderen Beweismitteln in schlüssiger Weise folgern lassen (siehe auch *Schelle* Bauverwaltung 1984, 110; nicht mit der gebotenen Schärfe in der Unterscheidung *Daub/Piel/Soergel* ErlZ A 24.70). Insoweit ist eine **besonders sorgfältige Vorprüfung** am Platze, bevor der Bieter wegen des Verdachtes angegangen wird und bevor von ihm Aufklärungen verlangt werden (zur Kartellbildung in der Bauwirtschaft vgl. *Crome* BB 1959, 832 und 1961, 118; *Crome* zu Erfahrungen mit Methoden und Systemen bei Preisabsprachen in der Bauwirtschaft, Bauwirtschaft 1965, 87; vgl. ferner *Schmid* zu Schadensersatzansprüchen des Bauherrn bei Submissionsabsprachen ZIP 1983, 652; Insbesondere *Schaupensteiner* bei *Claussen* S. 83 ff.; vgl. auch § 2 VOB/A Rn. 26).

16 Es ist darauf hinzuweisen, dass sich die Unterrichtung über die Angemessenheit der Preise nach Abs. 1 und die Prüfung über Fragen verbotener Preisabreden **auch auf die Preisermittlungen von Nachunternehmern erstreckt,** falls eine Vergabe an Nachunternehmer beabsichtigt ist (vgl. hierzu *Hereth/Naschold* Teil A § 24 Ez. 24.8), naturgemäß unter Beachtung der vorangehend dargelegten Grenzen.

C. Geheimhaltung und schriftliche Niederlegung (Nr. 1 Abs. 2)

17 Die **Unterrichtung** des Auftraggebers durch Verhandlungen mit den Bietern auf schriftlichem (vgl. dazu § 25 Nr. 3 Abs. 2 VOB/A sowie § 30 Nr. 1 VOB/A) oder mündlichem Wege hat, wenn von ihr Gebrauch gemacht wird, im Bereich des Auftraggebers zu bleiben. **Das gilt in erster Linie für das Verhandlungsergebnis, das geheimzuhalten (Nr. 1 Abs. 2 S. 1) ist.** Hier kommt nicht nur der Gedanke des Wettbewerbs zum Ausdruck, wonach verhindert werden soll, dass sich eine unbefugte dritte Seite auf diese oder jene Weise das Verhandlungsergebnis zunutze macht, sondern es werden durch die Geheimhaltungspflicht auch die **berechtigten Interessen der Bieter,** mit denen verhandelt worden ist, berücksichtigt. Es ist nämlich nicht auszuschließen, dass insbesondere bei Verhandlungen über die Preisgestaltung in den Bereich der Bieter eingegriffen wird. Dadurch werden Unterlagen bekannt, die durch das Angebot und durch dessen Eröffnung den anderen Bietern im Allgemeinen nicht zur Kenntnis kommen. Insbesondere kann es sich dabei auch um Geschäfts- oder Kalkulationsgeheimnisse handeln. D**ie Pflicht zur Geheimhaltung ist daher das notwendige Gegenstück zu dem Unterrichtungsrecht des Auftraggebers.** Macht der Auftraggeber von seiner Befugnis Gebrauch, so schuldet er dem Bieter in Wahrung dessen berechtigter Interessen Geheimhaltung. Ein **Bruch der Geheimhaltungspflicht** durch den Auftraggeber kann als Verletzung des durch die Aufnahme von Vertragsverhandlungen begründeten Vertrauensverhältnisses gelten und unter Umständen zu einer **Schadensersatzverpflichtung** des Auftraggebers aus dem Gesichtspunkt der culpa in contrahendo führen. Allerdings ist hinsichtlich der Geheimhaltungspflicht eine **Ausnahme zu machen:** Stellt sich durch die Aufklärung nach Abs. 1 heraus, dass der Bieter bei der Abfassung und der damit verbundenen Abgabe seines Angebotes **gegen zwingende gesetzliche Vorschriften verstoßen** hat, etwa durch verbotene Preisabreden, so kann dieser Bieter nicht die Geheimhaltung durch den Auftraggeber erwarten, vor allem nicht, dass dieser von der Veranlassung behördlicher oder gerichtlicher Maßnahmen absieht.

Ebenso kann das in § 24 Nr. 1 Abs. 2 S. 1 VOB/A niedergelegte **Geheimhaltungsgebot im Nachprüfungsverfahren nur in den Grenzen des Akteneinsichtsrechts des § 111 GWB Geltung beanspruchen.** Hier gelten nur die in § 111 Abs. 2 GWB genannten Maßstäbe, wonach die Einsicht in die Unterlagen aus wichtigen Gründen, insbesondere des Geheimschutzes oder zur Wahrung von Fabrikations-, Betriebs- oder Geschäftsgeheimnissen zu versagen ist.

D. Unterrichtungsverweigerung durch den Bieter (Nr. 2)

Nach Nr. 2 kann dem Bieter, der die nach Nr. 1 Abs. 1 geforderten Unterrichtungen verweigert, der Zuschlag dadurch versagt werden, dass sein Angebot unberücksichtigt bleibt. Voraussetzung ist hierfür zunächst, dass das Aufklärungsverlangen des Auftraggebers sich im Rahmen von Nr. 1 Abs. 1 hält und durch die dort vorhandene Umgrenzung im Einzelfall berechtigt ist (vgl. hierzu Rn. 4 ff.). Gleiches gilt für die Einhaltung der Geheimhaltungspflicht. **18**

Man kann es einem Auftraggeber nicht verübeln, wenn er den Bieter, der ihm die berechtigten Aufklärungen nach Nr. 1 Abs. 1 verweigert, von dem Zuschlag ausschließt. Es ist ihm nicht zuzumuten, einen Bauvertrag auf der Grundlage eines Angebotes abzuschließen, das nach seinem Inhalt entweder unklar ist oder das eine für den Auftraggeber nicht annehmbare Folge bei der späteren Baudurchführung zulässt. Der Auftraggeber muss über alle Einzelheiten des späteren Vertrages und dessen mögliche Auswirkungen unterrichtet sein.

Die Nichtberücksichtigung eines solchen Angebotes ist nicht immer und unbedingt erforderlich. Wenn auch der Auftraggeber einen Bieter, der die sich im Rahmen der Nr. 1 Abs. 1 haltende Aufklärung verweigert, schon aus einer grundsätzlichen Einstellung heraus auszuschließen geneigt sein wird, da hierdurch das Vertrauensverhältnis zwischen Auftraggeber und Bieter von vornherein beeinträchtigt werden kann, so sollte sich der objektiv eingestellte Auftraggeber grundsätzlich zu einer Nichtberücksichtigung des betreffenden Angebotes doch nur entschließen, wenn das aus Gründen, die sich auf das Angebot beziehen, nach seiner als berechtigt anzusehenden Interessenlage **sachlich unumgänglich** ist. Wenn der Auftraggeber auch ohne die verweigerte Aufklärung den Inhalt des Angebots auf andere Weise ermitteln kann, so sollte er überlegen, ob er das Angebot nicht doch noch in den Wettbewerb einbezieht. Das Gesagte gilt im Übrigen erst recht, wenn der Bieter nach § 8 Nr. 5 Abs. 2 VOB/A verlangte Bescheinigungen oder Erklärungen verweigert. **19**

E. Grundsätzliches Verbot anderer Verhandlungen (Nr. 3)

I. Keine Verhandlungen über Preisänderungen

Nr. 3 stellt klar heraus, dass andere Verhandlungen, insbesondere über eine Änderung der Angebote oder der Preise, unstatthaft sind (so ständige Rechtsprechung, vgl. OLG Düsseldorf BauR 1989, 195; OLG Schleswig NZBau 2000, 100; BayObLG NZBau 2000, 211; BayObLG BauR 2001, 92; OLG Bremen Vergaberechts-Report 8/2000, 2; OLG Naumburg IBR 2000, 104; OLG Koblenz ZVgR 1999, 205; OLG Frankfurt BauR 2000, 1595; VK Bund NZBau 2000, 110; OLG Frankfurt/Main v. 21.4.2005 VergabeR 4/2005, 487). Das gilt vor allem auch für erst **nach** Angebotseröffnung zur Spra- **20** che kommende Preisnachlässe (OLG Nürnberg BauR 1997, 825) und Skonti, ferner auch für Änderungen der angebotenen Vergütungsart, wie die Verhandlung mit mehreren Bietern zur »Umstellung« von Einheitspreisen auf eine Pauschale (anderer Ansicht *Heiermann/Riedl/Rusam* § 24 VOB/A Rn. 33, 36; vgl. hierzu OLG Celle BauR 1996, 860), außerdem für das nachträgliche Verschaffen fehlender Preisangaben, das nachträgliche Aufteilen in Lose, die »Berichtigung« von Preisen, der Angabe der Umsatzsteuer, die Änderung der Gewährleistungsfrist oder der Ausführungsfristen usw. Verhandlungen mit Bietern dürfen sich **lediglich** als **Aufklärungsmaßnahmen** ohne Änderung des maßgebenden Angebotsinhaltes darstellen. Das wird in Nr. 3 in Form eines ausdrücklichen Verbots von Änderungen hervorgehoben. Sinn dieses Verbots ist, den Wettbewerb unter **gleichen Bedingungen für alle Bieter** aufrechtzuerhalten. Das wäre nicht mehr der Fall, wenn durch Verhandlungen über die Änderung bestimmter Angebote eine für einzelne oder andere Bieter bessere oder schlechtere Lage in Bezug auf die Zuschlagserteilung herbeigeführt werden würde. Der Auftraggeber, der nach der VOB vergibt, muss daher bemüht bleiben, den von ihm ausgelösten Wettbewerb nicht selbst zu beeinträchtigen. Der Verstoß gegen das hier ausgesprochene Verbot kann dem betroffenen anderen Bieter einen **Schadensersatzanspruch wegen Verschuldens bei Vertragsabschluss** (culpa in contrahendo; vgl. dazu Einleitung vor § 1) seitens des Auftraggebers gewähren (vgl. OLG Köln SFH Z 2.13 Bl. 53; AG Böblingen SFH Z 2.13 Bl. 46; im Grundsatz auch OLG Karlsruhe § 24 VOB/A Nr. 1 im Übrigen zutreffender krit. Anm. *v. Hochstein*; insbesondere OLG Düsseldorf BauR 1989, 195; auch *Daub/Piel/Soergel* ErlZ A 24.63) **Nr. 3 kommt entsprechend zur Anwendung, wenn ein Bieter von sich aus nachträglich die Preise seines Angebotes zu ändern versucht** (vgl. Rn. 1).

Im Anwendungsbereich des GWB, also bei Bauvergaben oberhalb der EU-Schwellenwerte (von regelmäßig 5 Mio. €), kann ein Bieter – nach erfolgter Rüge gegenüber dem Auftraggeber – **ein Nachprüfungsverfahren nach den §§ 102 ff. GWB einleiten, wenn unzulässige Verhandlungen zwischen Auftraggeber und einem oder mehreren Bietern stattgefunden haben. Ein Verstoß gegen die Vorschrift des § 24 Nr. 3 VOB/A verletzt einen Bieter in seinen Rechten nach § 97 Abs. 7 GWB auf Einhaltung der Bestimmungen über das Vergabeverfahren** (erstmals zu Recht: Bundeskartellamt [2. Vergabekammer des Bundes] Beschl. v. 9.9.1999 VK 2 – 24/99 NZBau 2000, 110; vgl. im Übrigen die Nachweise oben zu A § 25 E I.).

21 Das vorgenannte grundsätzliche Verbot der Verhandlungen mit Bietern erfasst nicht nur die Änderung angebotener Preise, sondern auch Änderungen von für die Vergabe maßgeblichen Bedingungen, wie z.B. der Leistungsbeschreibung, der Qualitätsanforderungen, der Ausführungsbedingungen, der festgelegten Termine, der Gleitklauseln, der Wettbewerbsbedingungen, wie Erklärungen und Bescheinigungen (zum Ausschluss wegen fehlender Tariftreue und Nachunternehmererklärung vgl. BayObLG VergabeR 2002, 252). Zulassung ausgeschlossener Nebenangebote. Eine nachträgliche Anpassung eines von der Ausschreibung abweichenden Angebots fällt unter das Nachverhandlungsverbot und führt zum Ausschluss (OLG Düsseldorf VergabeR 2001, 38).

II. Ausnahmen

22 Allerdings gestattet die VOB eine **Ausnahme von dem Verbot von Verhandlungen,** vornehmlich über die Änderung der Angebote und ihrer Preise, wie sich aus der weiteren Regelung in Nr. 3 ergibt. Derartige Verhandlungen sind **erlaubt, wenn sie bei Nebenangeboten, Änderungsvorschlägen oder Angeboten aufgrund eines Leistungsprogramms nötig sind, um unumgängliche technische Änderungen geringen Umfangs und daraus sich ergebende Änderungen der Preise zu vereinbaren.** Es ist zu begrüßen, dass die VOB seit 1973 diese **eng umgrenzte** Fassung gewählt hat, weil der frühere Wortlaut der Nr. 3 einen zu weiten Spielraum für Verhandlungen geboten und daher eine missbräuchliche Handhabung nicht ausgeschlossen hat. Die VOB lässt über die in Nr. 1 geregelten Verhandlungen mit Bietern hinaus nach Angebotseröffnung und vor Erteilung des Zuschlages nur solche zu, wenn es sich um – eng umgrenzte – aus der Praxis ergebende Notwendigkeiten handelt, insbesondere mit dem Ziel, sonst **unnötigerweise erforderliche Aufhebungen** von Ausschreibungen zu vermeiden.

Grundvoraussetzung ist, dass es sich um im Verhandlungswege zu klärende **Zweifelsfragen bei Nebenangeboten, Änderungsvorschlägen sowie bei Angeboten aufgrund eines Leistungsprogramms** handelt. Hier kann sich die Notwendigkeit von Verhandlungen wegen der zunehmenden Bedeutung des **technischen Wettbewerbs** ergeben. Aber auch das ist restriktiv auszulegen, und es sind **enge Grenzen gesetzt:** **23**

Einmal muss es sich um im betreffenden Fall **unumgänglich notwendige technische Änderungen** handeln. Das ist somit **beschränkt auf technische Änderungen,** ohne die im betreffenden Einzelfall die sachgerechte Ausführung **nicht möglich** wäre. Anders kann das Wort »unumgänglich« nicht verstanden werden. So kann nach dem KG Berlin (NZBau 2000, 209) die Vergabestelle dem Bieter zur Vermeidung einer Aufhebung die **Möglichkeit zur technischen Änderung seines Nebenangebots nach § 24 Nr. 3 VOB/A geben, wenn die Vergabestelle im laufenden Verfahren erkannt hat, dass ein sachgerechte Ausführung höhere als in den Verdingungsunterlagen genannte Kriterien verlangt.** **24**

Des Weiteren darf es sich nur um technische Änderungen **geringen Umfanges** handeln. Das ist allerdings unscharf, lässt sich aber für die Praxis kaum klarer fassen, weil es immer auf die Gegebenheiten des Einzelfalles ankommt. Man wird sagen müssen, dass die technische Änderung, gemessen an der – bisher – vorgesehenen Ausführungsart und dem vorgesehenen Ausführungsumfang, für den Bereich der Auftragsvergabe nur eine unwesentliche, nicht ins Gewicht fallende Bedeutung haben darf. **Das gilt gerade auch mit Blickrichtung auf die wertmäßige Ausgestaltung des Projektes, dabei nicht zuletzt auf die Preisgestaltung.** Solches trifft z.B. nicht mehr auf den Fall der Reduzierung der Kellersohlenstärke (VÜA Bund ZVgR 1997, 12) zu, wenn dadurch eine andere, kostenmäßig nicht ganz unerheblich ins Gewicht fallende Ausführungsart »erkauft« wird. Andererseits stellt **ein klärendes Gespräch über Kosteneinsparpotenziale noch kein verbotenes Nachverhandeln dar** (OLG Düsseldorf v. 4.7.2001 Verg 20/01). **Die Ergänzung eines Nebenangebotes um sicherheitstechnische Zusatzmaßnahmen kann sich dagegen nicht mehr als unumgängliche technische Änderung geringfügigen Umfangs darstellen** (OLG Naumburg ZVgR 2000, 68). **Die Überarbeitung eines wesentlichen Teils des Angebotes, der ein Volumen von einem Drittel des Gesamtauftrags ausmacht,** kann mit der Vergabekammer des Bundes (VK Bund BauR 2000, 301) **nicht mehr als unumgängliche technische Änderung geringfügigen Umfangs** angesehen werden. **25**

In dem vorgezeichneten Rahmen muss ferner beachtet werden, dass ein **eindeutiger Zusammenhang zwischen technischer Änderung und Preisänderung besteht,** die auch nur geringfügig im vorangehend dargelegten Sinn sein darf. Anderenfalls setzen sich die Beteiligten der Gefahr der unzulässigen Preismanipulation aus. **26**

Als selbstverständlich gilt es, dass nur Verhandlungen im angegebenen Rahmen stattfinden dürfen, sofern Nebenangebote und Änderungsvorschläge nach § 25 Nr. 4 VOB/A bei der Vergabe überhaupt berücksichtigt werden dürfen. Angebote aufgrund des Leistungsprogramms müssen auf jeden Fall gefordert worden sein (§ 9 Nr. 15–17 VOB/A). **27**

Nr. 3 regelt eine **ausgesprochene Ausnahmesituation.** Der Auftraggeber muss darauf besonders achten. Für die Einhaltung der hier gesetzten Grenzen ist er im Streitfall beweispflichtig, was zur besonderen Vorsicht gemahnt. Anders als Heiermann/Riedl/Rusam meinen (§ 24 VOB/A Rn. 28), sind die in Nr. 3 geregelten Ausnahmen **keiner ausdehnenden Auslegung im Hinblick auf den Angebotsinhalt** zugänglich. Das gilt auch für den Fall, in dem ein Bieter das annehmbarste Angebot abgegeben hat, deshalb den Auftrag erhalten soll und vor der Vergabe eine Vereinbarung über eine unerhebliche Änderung des Angebotes getroffen werden soll. Dies ist nicht »lebensfremd«, weil dann den berechtigten Belangen beider Partner durch die Regelungen in § 1 Nr. 3, 4 VOB/B sowie § 2 Nr. 5, 6 VOB/B nach Vertragsabschluss hinreichend Genüge getan ist. Zulässig und von § 24 **28**

VOB/A nicht berührt sind dagegen Verhandlungen, die **in keinerlei Hinsicht in den hier maßgebenden Wettbewerbsgrundsatz eingreifen oder ihn auch nur berühren und jeweils insgesamt zwischen Auftraggeber und allen Bietern Einigkeit** herrscht, was z.B. für die einvernehmliche Verlängerung der Binde- und Zuschlagsfrist gilt, evtl. auch die Vereinbarung mit allen Bietern der Bindung an das Angebot nach Aufhebung der Ausschreibung, nicht dagegen für die nachträgliche Bildung einer Arbeitsgemeinschaft (auch insoweit zu weitgehend *Heiermann/Riedl/Rusam* Rn. 33, 37 sowie auch *Schelle* Praktikerkommentar § 24 Rn. 14 f.).

Dem **Ausnahmecharakter des § 24 VOB/A** entspricht es, dass der öffentliche Auftraggeber grundsätzlich **nur berechtigt, aber keinesfalls verpflichtet** ist, technische Aufklärungsgespräche zu führen (OLG Naumburg IBR 2000, 1104). Ein **Anspruch des Bieters auf Durchführung eines Aufklärungsgesprächs lässt sich nicht aus dem Gleichbehandlungsgebot alleine herleiten** (VK Bund BauR 2000, 301). Soweit der Auftraggeber nach Maßgabe von § 24 VOB/A zulässige Nachverhandlungen führen darf, besteht vorbehaltlich der Grenzen von Treu und Glauben **kein entsprechender Anspruch des Bieters** (OLG Dresden v. 10.7.2003 IBR 11/2003, 622; NZBau 2003, 573). Weichen allerdings die Angebote mehrerer Bieter von den Vorgaben des Leistungsverzeichnisses ab und schließt die Vergabestelle nur das Angebot eines bestimmten Bieters aus, während sie mit anderen Bietern Nachverhandlungen über technische Spezifikationen des Angebots führt, kann dies ein **Verstoß gegen das Nachverhandlungsverbot des § 24 Nr. 3 VOB/A und das Gleichbehandlungsgebot** sein (OLG Frankfurt v. 6.2.2003 VergabeR 3/2003, 349; NZBau 2004, 174). **Üblicherweise werden Aufklärungsgespräche dabei nur mit den Bietern geführt, deren Angebote in die engere Wahl** (OLG Naumburg ZVgR 2000, 68) gekommen sind.

F. Schriftliche Niederlegung des Verhandlungsergebnisses (Nr. 1 Abs. 2 S. 2)

29 **Das Ergebnis der Verhandlungen mit den Bietern soll schriftlich niedergelegt werden** (Nr. 1 Abs. 2 S. 2). Diese Empfehlung gilt nicht nur für Verhandlungen nach Nr. 1 Abs. 1, sondern auch für Verhandlungen nach Nr. 3. Die schriftliche Niederlegung wird der Regelfall sein, da das Verhandlungsergebnis durchweg eine Ergänzung oder eine Erläuterung des bereits abgegebenen Angebots und des evtl. daraufhin abgeschlossenen Vertrages darstellt, außerdem Beweiszwecken (z.B. in Nachprüfungsverfahren vor den Vergabekammern oder Vergabesenaten) dient (vgl. dazu auch § 30 VOB/A).

Der öffentliche Auftraggeber soll regelmäßig **ein Protokoll über ein durchgeführtes Aufklärungsgespräch führen und zweckmäßigerweise im Vergabevermerk aufnehmen.** Anbieten kann es sich – ohne dass hierauf ein Anspruch des Bieters bestünde –, das Protokoll vom Bieter gegenzeichnen zu lassen. Immer dann, wenn die Ergebnisse der Nachverhandlungen Relevanz für die Angebotswertung nach § 25 VOB/A besitzen, ist es eine sich letztlich aus dem Transparenzgebot des § 97 Abs. 1 GWB ableitende Verpflichtung des Auftraggebers, diese Ergebnisse als maßgebende Feststellungen i.S.d. § 30 Nr. 1 VOB/A in den Vergabevermerk aufzunehmen.

G. Vermerk zu § 24 VOB/A im VHB 2002

30 *Verhandlungen mit Bietern sind nur zulässig, wenn Zweifel an der Fachkunde, Leistungsfähigkeit und Zuverlässigkeit des Bieters, an Einzelheiten des Angebotes oder der Angemessenheit der Preise ausgeräumt werden sollen. Diese Verhandlungen dürfen nur der Aufklärung dienen; Änderungen des Angebotes oder der Preise sind – abgesehen von den in § 24 Nr. 3 VOB/A vorgesehenen Ausnahmen – nicht zulässig.*

Wertung der Angebote | § 25 VOB/A

Der Aufklärung dienen auch Erörterungen mit den Bietern über die Angaben in den EFB – Preis – 311/312. Bei Zweifeln an deren Schlüssigkeit oder Richtigkeit soll das Bauamt Klärung herbeiführen und nötigenfalls die Berichtigung in den Formblättern verlangen. Diese Berichtigung muss sich im Rahmen der Kalkulation des Bieters halten, sie darf nicht zur Korrektur einer nicht ordnungsgemäßen Preisermittlung führen.

Werden Formblätter nicht abgegeben, sind diese nachzufordern.

Wird durch die Nichtabgabe der Formblätter oder die Weigerung des Bieters, die in den Formblättern geforderten Einzelangaben zu machen, eine ordnungsgemäße und zutreffende Wertung behindert oder vereitelt, ist das Angebot nach § 24 Nr. 2 VOB/A unberücksichtigt zu lassen.

§ 25
Wertung der Angebote

1. (1) Ausgeschlossen werden:
   a) Angebote, die im Eröffnungstermin dem Verhandlungsleiter bei Öffnung des ersten Angebots nicht vorgelegen haben, ausgenommen Angebote nach § 22 Nr. 6,
   b) Angebote, die dem § 21 Nr. 1 Abs. 1 bis 3 nicht entsprechen,
   c) Angebote von Bietern, die in Bezug auf die Ausschreibung eine Abrede getroffen haben, die eine unzulässige Wettbewerbsbeschränkung darstellt,
   d) Nebenangebote, wenn der Auftraggeber in der Bekanntmachung oder in den Vergabeunterlagen erklärt hat, dass er diese nicht zulässt.
   (2) Außerdem können Angebote von Bietern nach § 8 Nr. 5 sowie Angebote, die dem § 21 Nr. 3 S. 2 nicht entsprechen, ausgeschlossen werden.

2. (1) Bei Öffentlicher Ausschreibung ist zunächst die Eignung der Bieter zu prüfen. Dabei sind anhand der vorgelegten Nachweise die Angebote der Bieter auszuwählen, deren Eignung die für die Erfüllung der vertraglichen Verpflichtungen notwendigen Sicherheiten bietet; dies bedeutet, dass sie die erforderliche Fachkunde, Leistungsfähigkeit und Zuverlässigkeit besitzen und über ausreichende technische und wirtschaftliche Mittel verfügen.
   (2) Bei Beschränkter Ausschreibung und Freihändiger Vergabe sind nur Umstände zu berücksichtigen, die nach Aufforderung zur Angebotsabgabe Zweifel an der Eignung des Bieters begründen (vgl. § 8 Nr. 4).

3. (1) Auf ein Angebot mit einem unangemessen hohen oder niedrigen Preis darf der Zuschlag nicht erteilt werden.
   (2) Erscheint ein Angebotspreis unangemessen niedrig und ist anhand vorliegender Unterlagen über die Preisermittlung die Angemessenheit nicht zu beurteilen, ist in Textform vom Bieter Aufklärung über die Ermittlung der Preise für die Gesamtleistung oder für Teilleistungen zu verlangen, gegebenenfalls unter Festlegung einer zumutbaren Antwortfrist. Bei der Beurteilung der Angemessenheit sind die Wirtschaftlichkeit des Bauverfahrens, die gewählten technischen Lösungen oder sonstige günstige Ausführungsbedingungen zu berücksichtigen.
   (3) In die engere Wahl kommen nur solche Angebote, die unter Berücksichtigung rationellen Baubetriebs und sparsamer Wirtschaftsführung eine einwandfreie Ausführung einschließlich Haftung für Mängelansprüche erwarten lassen. Unter diesen Angeboten soll der Zuschlag auf das Angebot erteilt werden, das unter Berücksichtigung aller Gesichtspunkte, wie z.B. Qualität, Preis, technischer Wert, Ästhetik, Zweckmäßigkeit, Umwelteigenschaften, Betriebs- und Folgekosten, Rentabilität, Kundendienst und technische Hilfe oder Ausfüh-

rungsfrist als das wirtschaftlichste erscheint. Der niedrigste Angebotspreis allein ist nicht entscheidend.

4. Ein Angebot nach § 21 Nr. 2 ist wie ein Hauptangebot zu werten.

5. Nebenangebote sind zu werten, es sei denn, der Auftraggeber hat sie in der Bekanntmachung oder in den Vergabeunterlagen nicht zugelassen. Preisnachlässe ohne Bedingung sind nicht zu werten, wenn sie nicht an der vom Auftraggeber nach § 21 Nr. 4 bezeichneten Stelle aufgeführt sind.

6. Bietergemeinschaften sind Einzelbietern gleichzusetzen, wenn sie die Arbeiten im eigenen Betrieb oder in den Betrieben der Mitglieder ausführen.

7. Die Bestimmungen der Nummern 2 und 3 gelten auch bei Freihändiger Vergabe. Die Nummern 1, 4, 5 und 6 sind entsprechend auch bei Freihändiger Vergabe anzuwenden.

Inhaltsübersicht Rn.

A. Allgemeine Grundlagen	1
I. Zweck der Regelung	2
II. Aufbau	3
III. Umfang der Wertung	4
IV. Kernstück der VOB/A	5
V. Von der Wertung ausgeschlossene Personen	6
B. Der Ausschluss von Angeboten nach Nr. 1	7
I. Zu spät eingereichte Angebote	8
II. Angebote, die gegen § 21 Nr. 1 Abs. 1 und 2 verstoßen	10
1. Unbedingt auszuschließende Angebote	11
2. Ausschluss eines Angebotes nach Einzelfallprüfung	12
3. Änderungsvorschläge und Nebenangebote	18
4. Muster und Proben	19
5. Verbindliche Kurzfassung	20
III. Angebote auf Grund wettbewerbsbeschränkender Abrede	21
1. Wettbewerbsgrundsatz	23
2. Strafbarkeit der Preisabrede	24
3. Einzelfälle	25
IV. Betrugshandlungen bei Abgabe des Angebots	32
V. Sonstige Eingriffe in die Regeln des lauteren Wettbewerbs	33
1. Verbot von Schmiergeldern	34
2. Unwahre Behauptungen über Mitbieter	35
3. Abwerbung von Mitarbeitern	36
VI. Ausgeschlossene Änderungsvorschläge und Nebenangebote	37
VII. Nach § 8 Nr. 5 VOB/A ausgeschlossene Angebote	39
VIII. Spekulationsangebote	40
C. Prüfung der Eignung der Bieter (Nr. 2)	41
I. Die persönliche und sachliche Eignung der Bieter bei Öffentlicher Ausschreibung (Nr. 2 Abs. 1)	42
1. Voraussetzungen der Eignung	42
2. Vergleich der Bieter	45
3. Eignungsprüfung	46
a) Leistungsfähigkeit	47
b) Zuverlässigkeit und Fachkunde	50
c) Öffentlich-rechtliche Eignungsanforderungen	51
d) Private Eigenschaften	53
e) Einhaltung steuerlicher Verpflichtungen	54

	Rn.
II. Die persönliche und sachliche Eignung der Bieter bei Beschränkter Ausschreibung (Nr. 2 Abs. 2)	55
D. Die Wertung der Angebotspreise (Nr. 3)	56
I. Angebote mit einem unangemessen hohen oder niedrigen Preis (Abs. 1)	58
1. Grundsatz	58
2. Konkrete Prüfung des Preis-/Leistungsverhältnisses	59
3. Vergabehandbuch	60
4. Auswertung der EFB-Preisblätter	61
5. Schutz des Auftraggebers	62
II. Aufklärung bei unangemessen niedrigem Angebotspreis (Abs. 2)	63
1. Pflicht zur Aufklärung	63
2. Aufklärung in Textform	64
3. Einzelaspekte	65
III. Die engere Wahl (Nr. 3 Abs. 3 S. 1)	66
IV. Das für den Zuschlag in Betracht kommende Angebot (Nr. 3 Abs. 3 S. 2 und 3)	68
1. Grundsatz der Wirtschaftlichkeit	68
2. Einzelne Wertungskriterien	71
a) Qualität	72
b) Preis	73
c) Technischer Wert	74
d) Ästhetik	75
e) Zweckmäßigkeit	76
f) Umwelteigenschaften	77
g) Betriebs- und Folgekosten	78
h) Rentabilität	79
i) Kundendienst und technische Hilfe	80
j) Ausführungsfrist	81
E. Wertung von Angeboten nach § 21 Nr. 2 (Nr. 4)	82
F. Wertung von Nebenangeboten (Nr. 5)	83
I. Abgrenzung	84
1. Nicht zugelassene Nebenangebote	84
2. Wertungspflicht	85
3. Gleichbehandlungsgrundsatz	86
II. Zugelassene Nebenangebote	87
1. Verantwortung des Bieters	88
2. Gleichwertigkeit	89
3. Erläuterungs- und Beschreibungspflicht für Nebenangebote	90
4. Formale Anforderungen	91
III. Nebenangebote ohne Hauptangebot	93
G. Angebote von Bietergemeinschaften (Nr. 6)	94
H. Wertung von Angeboten bei Freihändiger Vergabe (Nr. 7)	95
I. Unmittelbare Anwendung	96
II. Entsprechende Anwendung	97
I. Öffentliche Auftraggeber – Regelungen des VHB zur Wertung	102

Aufsätze: *Baumann* Endlich strafrechtliche Bekämpfung des Submissionsbetruges NJW 1992, 1661; *Diehl* Zur Strafbarkeit von Baupreisabsprachen im Vergabeverfahren BauR 1993, 1; *Hefendehl* Fallen die Submissionsabsprachen doch unter den Betrugstatbestand? ZfBR 1993, 164; *Schaupensteiner* Submissionsabsprachen und Korruption im öffentlichen Bauwesen ZRP 1993, 250; *Diehl* Schadensersatzansprüche und deren Nachweis bei Submissionsabsprachen ZfBR 1994, 105; *Mitsch* Rechtsprechung zum Wirtschaftsstrafrecht nach dem 2. WiKG JZ 1994, 887; *Rutkowsky* Der Nachweis eines Vermögensschadens bei Submissionsabsprachen ZfBR 1994, 257; *Grünberger* Gesetz zur Änderung des Gesetzes zur Bekämpfung der Schwarzarbeit und zur Änderung anderer Gesetze NJW 1995, 14; *Rutkowsky* Der Schadensnachweis bei unzulässigen Submissionsabsprachen NJW 1995, 705; *Lischka* Übereinstimmung von VOB und Tariftreuverpflichtung BauR 2000, 1672; *Opitz* Ermessen, Beurteilungsspielraum und Vertragsfreiheit bei der Zuschlagserteilung nach § 97 Abs. 5 GWB BauR 2000, 1564; *Schumacher* Vergabefremde Umweltkriterien im Abfallrecht und Gemeinschaftsrecht DVBl. 2000, 467; *Thormann* Die Wertung von Spekulationsangeboten nach § 25 VOB/A BauR 2000, 953; *Köhler* Rechtsfolgen fehlender Preisangaben nach VOL/A und VOB/A VergabeR 2002, 35; *Stolz* Die Behandlung von Niedrigpreisangeboten unter Berücksichtigung von gemeinschaftsrechtlicher Vorgaben VergabeR 2002, 219; *Busz* Der Vergütungsanspruch aus einem durch Submisionsbetrug erlangten Auftrag NZBau 2003, 65; *Gröning* Spielräume für die Auftraggeber bei der Wertung bei der Wertung von Angeboten NZBau 2003, 86.

A. Allgemeine Grundlagen

1 § 25 VOB/A ist die in ihrer wirtschaftlichen, vor allem aber auch rechtlichen Auswirkung wichtigste Bestimmung für den Bereich der Bauvergabe der öffentlichen Auftraggeber. Das Ziel dieser Regelung ist es, dem Vergebenden eine nach allgemeiner Erfahrung anzuerkennende Richtlinie für die Auswahl desjenigen Anbieters an die Hand zu geben, der am ehesten die Gewähr dafür bietet, dass die jeweils gewünschte Bauleistung ordnungsgemäß und pünktlich zu einer der Sache nach vertretbaren Vergütung erbracht wird. Dies herauszufinden ist Sache der Angebotswertung. Nr. 1 legt zunächst fest, welche Angebote ausgeschieden werden müssen bzw. können, bevor überhaupt in die sachliche Prüfung der dann noch verbleibenden Angebote eingetreten wird. Nr. 2 betrifft die dann folgende Überprüfung der Angebote in personeller Hinsicht, nämlich im Hinblick auf die zur ordnungsgemäßen Ausführung jeweils erforderliche Eignung der Bieter. Die Hauptaufgabe liegt im Bereich der Nr. 3, nämlich die stufenweise und immer konkreter werdende Bewertung der bis jetzt noch zu beachtenden Angebote in Bezug auf das Preis-Leistungs-Verhältnis (Wirtschaftlichkeitsbetrachtung) sowie letztlich das Herausfinden des Angebotes, das nach all diesen Prüfungsstationen aus der bei objektiver Betrachtung berechtigten Sicht des Auftraggebers den Vertrag, also den so genannten Zuschlag, verdient. Die Nummern. 4 bis 7 enthalten schließlich besondere Regelungen im Hinblick auf bestimmte Angebote, Bieter sowie letztlich die Vergabe im Wege der Freihändigen Vergabe. § 25 wurde in der Fassung der VOB von 1990 teilweise neu gegliedert und umformuliert, in der Fassung 1992 in gebotenem Umfang ergänzt und in der Fassung 2000 in den Nummern. 1, 3 und 5 – nicht zuletzt im Hinblick auf den neuen § 97 Abs. 5 GWB – geändert. Die Fassung 2002 brachte eine redaktionelle Anpassung in Nr. 3. Mit der Fassung 2006 wurden die Wertungskriterien in Nr. 3 Abs. 3 an den Wortlaut des Textes der EG-Vergabekoordinierungsrichtlinie 2004/18/EG angepasst und redaktionelle Änderungen in Nr. 1 Abs. 1b sowie Nr. 3 Abs. 2 vorgenommen.

I. Zweck der Regelung

2 Während die Angebotsprüfung nach § 23 VOB/A die Überprüfung des jeweiligen einzelnen Angebotsinhalts und dessen Festlegung im Wesentlichen durch etwa notwendige Klarstellung für sich betrifft, ohne dass Vergleiche zu anderen Angeboten gezogen werden, **befasst sich die Wertung nach § 25 VOB/A mit der vergleichenden und damit wertenden Gegenüberstellung der verschiedenen Angebote.** Erst die Wertung ermöglicht es dem Auftraggeber, sich das im Einzelfall wirtschaftlichste Angebot auszusuchen. Neben der notwendigen Prüfung nach § 23 VOB/A kann auch die eventuelle Durchführung von Verhandlungen mit den Bietern nach § 24 VOB/A, sei es vor Beginn der Wertung, sei es während der Wertung, dazu führen, die notwendigen Vorarbeiten für eine nach § 25 VOB/A richtige Entscheidung zu leisten.

II. Aufbau

3 Der Aufbau des § 25 VOB/A lässt **vier wesentliche Gruppen der Wertung** erkennen. Die Erste ist in Nr. 1 enthalten, die den **Ausschluss bestimmter Angebote** wegen sofort erkennbarer grober Fehler vorsieht, ohne dass es dann noch notwendig wäre, eine eigentliche inhaltliche Wertung dieser Angebote vorzunehmen. Die zweite Gruppe (Nr. 2) umfasst die Überprüfung der **Eignung** der jeweiligen Bieter einmal nach einer Öffentlichen Ausschreibung (Abs. 1), zum anderen nach einer Beschränkten Ausschreibung (Abs. 2). Die dritte Gruppe (Nr. 3) ist aufgeteilt in die Aufgabe, in der jeweils zu beurteilenden Sache **unangemessen hohe oder niedrige Preise** in den noch vorliegenden Angeboten herauszufinden (Abs. 1 und 2) und die dann noch verbliebenen Angebote sachgerecht in Bezug auf das konkret zu fordernde **Preis-Leistungs-Verhältnis zu überprüfen,** um dadurch die für den Zuschlag ernsthaft in Betracht kommenden Angebote (engere Wahl) festzustellen (Abs. 3 S. 1). Schließlich betrifft die vierte Stufe die **Entscheidung** des Auftraggebers über **den an den Bieter zu erteilenden Auftrag, der das insgesamt wirtschaftlichste Angebot abgegeben hat.**

In ähnlicher Weise ist dies auch in Nr. 1.1. VHB 2002 zu § 25 VOB/A festgehalten, wo es heißt:

1.1 Ablauf der Wertung
  Bei der Wertung ist nacheinander zu untersuchen,
  – *ob Angebote ausgeschlossen werden müssen (Nr. 1.2),*
  – *ob die Bieter geeignet sind (Nr. 1.3),*
  – *welche in der Wertung verbleibenden Angebote in die engere Wahl kommen (Nr. 1.5 und 1.6),*
  – *welches das wirtschaftlichste Angebot ist (Nr. 1.7).*

Im Übrigen:

Nr. 4 betrifft die Einbeziehung von Angeboten in die Wertung, die in Abweichung von technischen Spezifikationen abgegeben wurden und deren Gleichwertigkeit nachgewiesen wurde. Nr. 5 befasst sich mit der Wertung von Änderungsvorschlägen und Nebenangeboten bzw. Formvorschriften zur Wertung von Preisnachlässen ohne Bedingung. Nr. 6 regelt die Behandlung von Bietergemeinschaften im Bereich der Wertung. Schließlich wird in der Nr. 7 die Frage beantwortet, wie Angebote im Bereich der Freihändigen Vergabe zu werten sind.

III. Umfang der Wertung

Die Wertung darf nur insoweit vorgenommen werden, wie das jeweilige Vergabeverfahren reicht, dessentwegen die Angebote abgegeben, eröffnet und geprüft worden sind. Unzulässig ist es daher, nach Angebotseröffnung von den Bietern Angebote über weitere Leistungen zu verlangen und dann auch diese in eine »einheitliche Wertung« einzubeziehen.

IV. Kernstück der VOB/A

Die Regelung in **§ 25 ist ein Kernstück der VOB/A.** Sie hat in besonderem Maße den Sinn, der dem Auftraggeber im Rahmen seines Vergabeentschlusses zur Feststellung des für den konkreten Fall leistungsfähigsten, fachkundigsten und zuverlässigsten Bieters sowie des der Sache nach am ehesten angemessenen Preises zu verhelfen. Insofern kann man durchaus zutreffend von einem Instrument der Selbstbeschränkung des Auftraggebers als Nachfrager sprechen. Der Regelungsgehalt des § 25 hat mit dem Inkrafttreten von § 97 Abs. 5 GWB, wonach der Zuschlag auf das wirtschaftlichste Angebot erteilt wird, eine Bestätigung durch den Bundesgesetzgeber erhalten. Auch wenn die GWB-Regelung direkt nur auf Bauvergaben oberhalb der EG-Schwellenwerte direkte Anwendung findet, so wird damit doch **das im deutschen Vergaberecht traditionell geltende günstigste Preis-Leistungs-Verhältnis – also die Wirtschaftlichkeit – als grundsätzliches Zuschlagskriterium festgelegt** (vgl. die Regierungsbegründung BT-Drucks. 13/9340 3.12.1997 S. 14).

V. Von der Wertung ausgeschlossene Personen

6 Im Interesse eines ordnungsgemäßen Vergabeverfahrens werden an die natürlichen Personen, die für den Auftraggeber die Wertung durchführen, bestimmte Mindestanforderungen gestellt. Insbesondere dürfen solche Personen **gemäß § 16 VgV nicht an einem Vergabeverfahren mitwirken, die als voreingenommen gelten** (zu den Einzelheiten vgl. die Kommentierung zu § 16 VgV). **Dieser Rechtsgedanke ist ohne Einschränkung auch auf Vergabeverfahren unterhalb der sog. EU-Schwellenwerte anzuwenden** (so auch die Regelung des VHB [§ 2 A Nr. 2.1 VHB]). Dabei muss eine Beeinflussung des Vergabeverfahrens auch ursächlich für die Entscheidung des Auftraggebers gewesen sein (so OLG Stuttgart NZBau 2000, 301; a.A. OLG Brandenburg NZBau 2000, 39, wonach bereits der böse Schein einer möglichen Beeinflussung unzulässig ist).

B. Der Ausschluss von Angeboten nach Nr. 1

7 Bei den in Nr. 1 genannten Gründen handelt es sich um **Ausschließungstatbestände,** die dazu führen, das Angebot vom Zuschlag fern zu halten, ohne dass es auf den eigentlichen Angebotsinhalt, insbesondere auf die Preise, ankommt. Es ist daher erforderlich, zunächst die Frage des Ausschlusses nach diesen Gesichtspunkten zu prüfen, bevor mit der Wertung nach Nr. 2 begonnen wird. Dabei ist für den Bereich der Nr. 1 insbesondere zu beachten: Hier handelt es sich grundsätzlich um eine **abschließende Aufzählung** von Ausschlussgründen, die einer **Erweiterung oder über ihre Tragweite hinausgehenden Auslegung – von bestimmten Ausnahmen abgesehen – nicht zugänglich** sind. Des Weiteren ist zu beachten, dass die in **Abs. 1** im Einzelnen genannten Ausschlussgründe **zwingend** sind (»Ausgeschlossen werden ...«), somit grundsätzlich zu einem **Ausschluss** von der Wertung **führen müssen,** wenn entsprechende Sachverhalte vorliegen und nachgewiesen werden (zu einer Ausnahme vgl. unten Rn. 8 ff.). **Anders** liegt es insofern mit den in **Abs. 2** festgelegten, sich auf **§ 8 Nr. 5** VOB/A **sowie § 21 Nr. 3 S. 2 VOB/A** beziehenden Ausschlussmöglichkeiten. Hiervon **kann** im Einzelfall Gebrauch gemacht werden, ohne dass dies unbedingt auch **geschehen muss** (»... können ...«). Dabei (vgl. § 8 VOB/A) sind dem **pflichtgemäßen Ermessen** des öffentlichen Auftraggebers aber Grenzen gesetzt, deren Einhaltung ggf. der Überprüfung in einem Nachprüfungsverfahren zugänglich sind.

I. Zu spät eingereichte Angebote

8 **Ausgeschlossen werden nach Nr. 1 Abs. 1a diejenigen Angebote, die im Eröffnungstermin dem Verhandlungsleiter bei Öffnung des ersten Angebotes nicht vorgelegen haben,** was auch für später noch ergänzte oder einseitig vom Bieter (etwa wegen Schreibfehlers oder durch Nachholung einer fehlerhaften Unterschrift) »berichtigte« und dann so vorgelegte Angebote gilt, insbesondere auch bei Änderungsvorschlägen und Nebenangeboten. Dieser Ausschluss ist zwingend und vorbehaltlos, ist also abweichender »Vereinbarung« grundsätzlich nicht zugänglich. Nach der jetzigen Fassung von § 22 VOB/A musste von dieser Regel allerdings **eine Ausnahme** gemacht werden, nämlich in den Fällen, in denen die 1992 neu geschaffene Bestimmung von **§ 22 Nr. 6 VOB/A eingreift** (siehe dazu näher § 22 VOB/A Rn. 34 ff.). Die dort genannten Angebote müssen in die Wertung mit einbezogen werden.

Davon abgesehen: Nr. 1 Abs. 1a ist nur eine konsequente Weiterführung der Grundbestimmung über die Eröffnung der Angebote bei Ausschreibungen nach § 22 Nr. 2 VOB/A (vgl. § 22 VOB/A Rn. 12). Was schon zur Eröffnung nicht in Betracht kommt, kann auch bei der Vergabe keine Rolle spielen. Solche Angebote brauchen schon nicht bei der Prüfung nach § 23 VOB/A herangezogen zu werden, wie sich aus dessen Nr. 1 ergibt (vgl. § 23 VOB/A Rn. 4). Dagegen sind Angebote, die zwar rechtzeitig zum Eröffnungstermin vorgelegen haben, tatsächlich aber nicht verlesen wurden, in die

Wertung mit einzubeziehen. **Es kommt ausschließlich darauf an, ob das Angebot im Eröffnungstermin vorgelegen hat, nicht ob es auch verlesen wurde** (OLG Jena BauR 2000, 396). **Zur hier erörterten Ausschlussvorschrift zählen auch Angebote, die nachträglich von Bietern abgegeben werden, nachdem sie unzulässigerweise vom Auftraggeber durch Verstoß gegen die Bestimmungen in § 24 Nr. 1 und 3 VOB/A zur Abgabe »preisgünstigerer« Angebote als bisher veranlasst worden sind.** Die Bieter, die rechtzeitig ihr Angebot beim Auftraggeber eingereicht haben, sind gut beraten, wenn sie sich einen entsprechenden Nachweis für den rechtzeitigen Eingang sichern, wie etwa durch postalischen Nachweis (z.B. Einschreiben mit Rückschein) oder durch Empfangsquittung der befugten Eingangsstelle beim betreffenden Auftraggeber. Auch kann der Auftraggeber keine berechtigten Einwendungen dagegen erheben, wenn die Bieter vor Öffnung des ersten Angebotes die Auskunft verlangen, ob ihr Angebot zur Öffnung vorliegt.

Soweit im Anwendungsbereich des GWB – also für Bauvergaben oberhalb der EG-Schwellenwerte – der Auftraggeber beabsichtigt, entgegen der Nr. 1 Abs. 1a den Zuschlag auf ein Angebot zu erteilen, das im Eröffnungstermin nicht vorgelegen hat, können die anderen Bieter einen **Nachprüfungsantrag nach § 107 GWB bei der zuständigen Vergabekammer stellen, um diesen rechtswidrigen Zuschlag untersagen zu lassen.** 9

Wird dennoch einem Bieter, dessen Angebot im Eröffnungstermin nicht vorgelegen hat, der Zuschlag erteilt, so kann ein anderer Bieter, dessen Angebot im Rahmen der Wertung nach Nr. 2 und 3 ernsthaft für den Zuschlag in Betracht gekommen wäre, neben dem ggf. eröffneten Primärrechtsschutz nach dem GWB, **gegen den Auftraggeber Schadensersatz aus Verschulden bei Vertragsabschluss** geltend machen, und zwar jedenfalls in Höhe der Aufwendungen, die er durch die Teilnahme an der Ausschreibung gehabt hat. Allerdings ist der Bieter, der über das vorangehend gekennzeichnete negative Interesse hinaus den Schadensersatzanspruch auf das positive Interesse erstrecken will, verpflichtet, zusätzlich darzulegen und zu beweisen, dass er sonst den **Auftrag erhalten hätte bzw. hätte erhalten müssen, wenn der Auftraggeber ordnungsgemäß nach den Vergaberegeln der VOB verfahren wäre.** Dazu genügt nicht die Angabe, er sei der preismäßig niedrigste Bieter gewesen; vielmehr muss er darlegen und beweisen, dass bei ihm alle Voraussetzungen für eine Vergabe nach § 25 Nr. 2 und 3 VOB/A vorgelegen haben und dass er im Verhältnis zu anderen Bietern der für den Auftraggeber günstigste war, zumindest in die engere Wahl gekommen wäre. Dabei kann es auch darauf ankommen, ob und inwieweit der betreffende Bieter erforderliche Koordinationsaufgaben für den Auftraggeber nach den ihm gemachten Angaben in der den Gegebenheiten nach erforderlichen Weise wird erfüllen können, wie z.B. in Bezug auf einen als Subunternehmer vorgesehenen Statiker (vgl. dazu BGH BauR 1985, 75 = NJW 1985, 1466 = MDR 1985, 663 = SFH § 29 VOB/A Nr. 2 = LM VOB/A Nr. 7 = ZfBR 1985, 74).

Als **Beweismittel** dafür, ob sich der Auftraggeber **ordnungsgemäß** verhalten hat, dient die über den Eröffnungstermin zu fertigende **Niederschrift** (§ 22 Nr. 4 VOB/A), in der oder in einem Nachtrag dazu die Angebote, die bei Eröffnung des ersten Angebotes nicht vorgelegen haben, besonders aufzuführen sind, wobei die Eingangszeiten und etwa bekannte Gründe für die nicht rechtzeitige Vorlage aufzuführen, ferner der Umschlag und andere Beweismittel aufzubewahren sind. **Eine fehlerhafte Protokollierung stellt eine Verletzung einer vertraglichen Nebenpflicht des Auftraggebers dar**; er kann sich dann nicht auf die Unvollständigkeit des Protokolls berufen. **Bis zum Beweis des Gegenteils muss sich der Auftraggeber so behandeln lassen, als sei das Protokoll vollständig und richtig** (BGH BauR 2000, 254 = IBR 2000, 52). **Ferner sind beim Auftraggeber rechtzeitig eingegangene Angebote,** die jedoch dem Verhandlungsleiter bei Öffnung des ersten Angebotes nicht vorgelegen haben, in die Niederschrift oder einen Nachtrag aufzunehmen, wobei die Regelungen des § 22 Nr. 5 S. 2 und 3 VOB/A auch hier gelten. Die **Beweislast** dafür, dass er den betreffenden Bieter mit Recht ausgeschlossen hat, trägt der Auftraggeber.

II. Angebote, die gegen § 21 Nr. 1 Abs. 1 und 2 verstoßen

10 Nach Nr. 1 Abs. 1b sind ferner diejenigen Angebote auszuschließen, die § 21 Nr. 1 Abs. 1 bis 3 VOB/A nicht entsprechen. Diese Vorschrift ist aber **nicht zwingend** in der Weise, dass **unbedingt alle** Verstöße gegen § 21 Nr. 1 Abs. 1 VOB/A zu einem Ausschluss führen. Es ist nämlich zu berücksichtigen, dass auch § 21 Nr. 1 Abs. 1 VOB/A – anders als dort Abs. 2 – **nicht dem ganzen Inhalt nach unbedingt zwingend** ist (vgl. hierzu Rn. 5 f. zu § 23 VOB/A). Daher würde es zu einem von der VOB nicht gewollten Widerspruch führen, wollte man an den Ausschluss eines Angebots wegen eines formellen Mangels strengere Anforderungen stellen, als sie bei der Prüfung der Form selbst gestellt werden. Diese Überlegung führt zu folgendem Ergebnis:

1. Unbedingt auszuschließende Angebote

11 Unbedingt auszuschließen sind alle Angebote,

– die **nicht schriftlich eingereicht und unterzeichnet bzw., soweit vom Auftraggeber zugelassen, nicht mit einer Signatur mit i.S.v. § 2 Nr. 2 oder 3 des Signaturgesetzes versehen** sind:
Erforderlich ist eine Unterzeichnung des Angebotes, **nicht ausreichend ist die Vorlage einer Kopie** (VÜA Bayern IBR 1999, 267).
Zu den auszuschließenden Angeboten gehören auch solche, bei denen die Angebotssumme **rechtzeitig nur telefonisch** dem Auftraggeber durchgegeben wurde und **später ein schriftliches und unterzeichnetes** Angebot nachgereicht wird.
Per **Fernschreiben oder Telefax** eingegangene Angebote (vgl. dazu § 21 VOB/A) müssen **zwangsläufig ausgeschlossen** werden, weil sie **nicht im verschlossenen Umschlag beim Auftraggeber eingehen,** infolgedessen auch dem Verhandlungsleiter nicht ungeöffnet vorlagen (Ebenso u.a. *Reuss* BauR 1993, 388).
Auch nach der Fassung 2000 muss der Bieter weiter darauf achten, dass sein Angebot rechtswirksam unterzeichnet ist. Nach § 21 Nr. 1 Abs. 1 S. 1 VOB/A müssen Angebote »schriftlich eingereicht und unterzeichnet« sein; S. 1 wurde im Hinblick auf die restriktive Spruchpraxis einzelner Vergabeüberwachungsausschüsse geändert (vgl. hierzu *Heiermann/Riedl/Rusam* § 21 VOB/A Rn. 9; und VÜA Sachsen-Anhalt Beschl. v. 11.9.1996 1 VÜ 4/96). Durch **Verzicht auf das Erfordernis der »Rechtsverbindlichkeit« der Unterschrift** wird jetzt richtigerweise besser klargestellt, dass **für die Angebotsabgabe keine über die Formvorschriften des BGB hinausgehenden Anforderungen** gelten sollen.
Der Auftraggeber kann sich grundsätzlich darauf verlassen, dass die **Unterschrift unter dem Angebot rechtsgültig** ist, es sei denn, er hat hinreichende Anhaltspunkte dafür, dass dies nicht zutrifft. Das gilt vor allem auch im Hinblick auf die §§ 50, 54 Abs. 3 HGB. Im Übrigen bliebe dem betreffenden Bieter grundsätzlich nur die Anfechtung wegen Erklärungsirrtums nach § 119 BGB (vgl. dazu auch § 19 VOB/A Rn. 21 ff.). Sollten bei einem betreffenden Bieter wiederholt Angebote mit nicht rechtsgültiger Unterschrift abgegeben worden sein, um sich später von seinen Angeboten zu lösen, ist das Anlass, diesen Bieter wegen Unzuverlässigkeit auszuschließen (vgl. Rn. 51 ff.; zu diesen Fragen zutreffend: *Schelle/Erkelenz* S. 252 f.). Ist das Angebot zwar unterzeichnet, befindet die Unterschrift sich aber **nicht an der üblichen oder geforderten Stelle im Angebot,** so kommt es darauf an, ob sie zweifelsfrei den gesamten Angebotsinhalt abdeckt. Bestehen dazu Zweifel oder ist dies nicht der Fall, so muss das betreffende Angebot ausgeschieden werden.

– die **Änderungen** durch den Bieter an seinen Eintragungen **erhalten** haben, **die nicht zweifelsfrei**, d.h. ihrem Inhalt nach entweder nicht oder jedenfalls nicht klar erkennbar sind:
Danach ist **ein in sich widersprüchliches Angebot zwingend auszuschließen** (OLG Naumburg ZVgR 2001, 66). Zweifelsfragen an der Bedeutung der geänderten Eintragungen dürfen auch nicht durch eine Aufklärungsverhandlung nach § 24 VOB/A gelöst werden. Ist eine Änderung des Bie-

Wertung der Angebote | § 25 VOB/A

ters dagegen von der Aussage her eindeutig, z.B. eine Zahl wird durchgestrichen und durch eine andere ersetzt oder werden Korrekturen mit einem Klebeband vorgenommen, welches sich selbst bei intensiver mechanischer Behandlung nicht ablösen lässt, ohne das darunter befindliche Papier zu lösen (OLG Schleswig vom 11.8.2006 1 Verg 1/06), so ist ein solches Angebot zu werten (VK Sachsen-Anhalt [RP Halle] IBR 2000, 210).

– Angebote, bei denen vom Bieter **Änderungen an den Verdingungsunterlagen** vorgenommen wurden:
Das Angebot eines Bieters, das unzulässige Änderungen der Verdingungsunterlagen aufweist ist nach der neueren Rechtsprechung zu § 25 Nr. 1 Abs. 1 lit. b VOB/A i.V.m. § 21 Nr. 1 Abs. 2 VOB/A stets von der Angebotswertung auszuschließen (OLG Düsseldorf VergabeR 2001, 38; ebenso OLG Naumburg ZVgR 2001, 66). **Dies trifft z.B. zu, wenn der Bieter ausschließlich ein anderes Fabrikat als im Leistungsverzeichnis des Auftraggebers angibt,** zumal dann, wenn es dem Bieter offen steht, Änderungsvorschläge oder Nebenangebote abzugeben. Ebenfalls ist dies der Fall, wenn ein Bieter nur einen Teil der ausgeschriebenen Leistungen anbietet und dem Auftraggeber anheim stellt, den Auftrag wegen des Restes an andere Bieter bzw. Unternehmer zu erteilen. Eine **Änderung in den Verdingungsunterlagen** ist es auch, wenn der Bieter **eigene Vertragsbedingungen** mit in sein Angebot aufnimmt, **insbesondere seine AGB** (VÜA Bayern IBR 1999, 400). **Dann kann man hier höchstens von einem Nebenangebot** sprechen. Ist dieses im konkreten Fall nicht ausgeschlossen (vgl. § 10 Nr. 5 Abs. 4 VOB/A), so kommt es möglicherweise darauf an, ob diese Bieterbedingungen den Auftraggeber günstiger als nach seinen Verdingungsunterlagen stellen, wovon dann der Einbezug in die Wertung abhängen kann. Wegen der dahinter stehenden Manipulationsgefahr nicht verallgemeinerungsfähig dürfte ein Urteil des OLG Jena (OLG Jena NZBau 2000, 349) sein, wonach **eine Veränderung der täglichen Arbeitszeiten auf 6 bis 20 Uhr (statt 7 bis 20 Uhr laut Verdingungsunterlagen) keine unzulässige Änderung an den Verdingungsunterlagen** sein soll, wenn es sich als **redaktionelles Versehen des Bieters** herausstellt und dies vom Auftraggeber akzeptiert wird.

Die unter den vorangehenden Spiegelstrichen genannten Angebote kommen in gleicher Weise zum Ausschluss wie Angebote, die im Eröffnungstermin dem Verhandlungsleiter bei Eröffnung des ersten Angebotes nicht vorgelegen haben.

2. Ausschluss eines Angebotes nach Einzelfallprüfung

Demgegenüber ist ein Angebot nicht automatisch in allen Fällen vo**n der weiteren Wertung auszuschließen**, weil es **mehr oder weniger enthält als die vom Bieter einzusetzenden Preise sowie die von ihm nach der ausdrücklichen Forderung des Auftraggebers erwarteten Erklärungen** (§ 21 Nr. 1 Abs. 2 S. 5 VOB/A). Dabei ist aber nicht zu verkennen, dass der **Auftraggeber** Zahl und Inhalt der vorzulegenden Erklärungen selbst bestimmt und sich dabei nur **auf den zur Wertung notwendigen Umfang beschränken sollte**. Grundsätzlich bestimmt er damit die »**Spielregeln**« **des Wettbewerbs, an denen sich alle Beteiligten (Auftraggeber und Bieter) fest halten lassen müssen**. Dieser Grundsatz ist von der Spruchpraxis in den seit 1.1.1999 durchgeführten Nachprüfungsverfahren zu Recht betont worden und hat **zu einer förmlicheren und strengeren Betrachtung der Frage eines notwendigen Bieterausschlusses geführt:**

Unabhängig davon, welche Maßstäbe hierfür im Einzelnen angelegt werden, entscheidend bleibt, dass durch Zulassung von Angeboten, die mehr oder weniger enthalten, die Wettbewerbsstellung des Bieters nicht veränderbar sein darf (OLG Düsseldorf BauR 1996, 298). **Dies gilt vor allem auch für Nachweise, wie sie von § 8 Nr. 3 VOB/A erfasst sind,** (vgl. dazu § 8 VOB/A). Es bedarf dann einer genauen Prüfung des Auftraggebers, ob die **Preisangaben oder fehlende Erklärungen** das Angebot derart belasten, dass ein fairer, alle Bieter gleich behandelnder Wettbewerb und, vor allem, ob es sich das Angebot **nicht mehr zu einer sachgerechten Wertung eignet**, z.B.

12

wegen des fehlenden Nachweises über die fristgerechte Lieferbarkeit eines bestimmten Produktes oder im Falle der Angabe im Angebot, das Material bzw. das Fabrikat werde im Einvernehmen mit dem Auftraggeber festgelegt, wenn sich daraus nicht eine eindeutige Kostenbegrenzung ergibt.

13 In der Frage, welche Angebote in diesem Zusammenhang auszuschließen oder welche noch tragbar sind, muss der Sinn der hier ausschlaggebenden Bestimmungen der VOB beachtet werden. Dabei ist zu berücksichtigen, dass die absoluten Ausschließungsgründe aus folgender Besorgnis herrühren: Entweder ist die Aufrechterhaltung eines ordnungsgemäßen Wettbewerbs gefährdet, oder es rechtfertigt sich die Annahme, dass derartige Angebote in sich unklar sind oder dass sie den Ausschreibungsbedingungen oder dem Bestellerwillen des Auftraggebers nicht entsprechen. Dies sind alles schwer wiegende Gründe, die zu einem Ausschluss des Angebots führen müssen.

14 Geht man von dieser Grundlage aus und nimmt man den **Wortlaut** der hier erörterten Bestimmungen mit **zum grundlegenden Merkmal des Gewollten,** so ergibt sich zunächst durch eine Auslegung im Umkehrschluss, dass auch hier eine Grenze vorliegt, bei deren **Überschreitung ein Ausschluss zwingend** ist. Die hier erörterte Soll-Vorschrift beginnt nämlich erst, wenn das **Angebot überhaupt Preisangaben** enthält, was sich aus der Wendung »nur« in § 21 Nr. 1 S. 5 VOB/A deutlich ergibt. **Fehlen** im Angebot **Preisangaben,** wie z.B. in einzelnen Positionen als Einheitspreis oder als Pauschale, so ist ein solches Angebot **zwangsläufig auszuschließen** (VÜA Bayern IBR 1999, 349). **Theoretisch könnte man ein derartiges Angebot zwar als Nebenangebot auffassen, falls es im Einzelfall nach § 10 Nr. 5 Abs. 4 VOB/A zugelassen ist. Dies wird aber in der Praxis kaum etwas nützen. Denn es ist davon auszugehen, dass fehlende Preisangaben es dem Auftraggeber so gut wie nie ermöglichen, in eine ordnungsgemäße Wertung einzutreten, so wie sie hier nach § 25 Nr. 3 VOB/A und insbesondere Abs. 3 zwingend erforderlich ist. Man wird daher die Wertung eines Angebotes trotz fehlender Preisangaben nur dort** für **zulässig** halten dürfen, wo die **Auswirkungen** vor allem im Hinblick auf den nötigen kalkulatorischen Nachvollzug **so gering und so nebensächlich** sind, dass sie bei einer ganz ins Einzelne gehenden Wertung **ohne jede Bedeutung** sind, wie z.B. fehlende Preise für geringwertige, nur vereinzelt erforderliche Materialien oder sonstige Nebenkosten. So ist nach dem OLG Dresden (OLG Dresden VergabeR 2002, 174) ein **Angebotsausschluss wegen fehlender Preisangaben in atypischen Fällen ungerechtfertigt,** wenn dem Auftraggeber **eine ordnungsgemäße Wertung möglich** ist und **eine Wettbewerbsbeeinflussung ausgeschlossen** ist; eine fehlende Einzelpreisangabe konnte in diesem Fall durch Rückrechnung aus dem Gesamtpreis ermittelt werden.

15 Die **Anforderungen an ordnungsgemäße Preisangaben** sind durch die Rechtsprechung zur Frage, inwieweit Preisverlagerungen zwischen einzelnen Positionen zulässig sind (»Mischkalkulationen«) näher konkretisiert worden:

– Damit ein Angebot gewertet werden kann, ist **jeder in der Leistungsbeschreibung vorgesehene Preis so wie gefordert vollständig und mit dem Betrag anzugeben, der für die betreffende Leistung beansprucht wird.** Ein Angebot, dass die erforderlichen Erklärungen nicht enthält, ist regelmäßig von der Wertung auszuschließen (BGH 24.5.2005 BauR 2005, 1620 = NZBau 2005, 594 = VergabeR 2005, 754).

– Ein Angebot ist nach §§ 21 Nr. 1 Abs. 2 S. 5, 25 Nr. 1 Abs. 1b VOB/A **zwingend auszuschließen, wenn es auch nur zu einer Position eine unzutreffende Preisangabe enthält.** Die unzulässige »Mischkalkulation« ist lediglich eine besondere, aber nicht die einzige Form einer unzutreffenden Preisangabe, so dass die Anwendung der Ausschlussnorm nicht die Feststellung einer Auf- oder Abpreisung voraussetzt. Eine unzutreffende Preisangabe liegt bereits dann vor, wenn der Bieter in den Preis für eine nach Umfang und Ausführungsart genau bestimmte Leistungsposition – beispielsweise für die Baustelleneinrichtung – Kosten für Leistungen einbezieht, die nach den Vorgaben der Vergabestelle nicht oder nur an anderer Stelle angesetzt werden dürfen (OLG Koblenz 2.1.2006 VergabeR 2006, 233 = NZBau 2006, 266). **Ein Bieter, der in seinem Angebot die von ihm tatsächlich für einzelne Leistungspositionen geforderten Einheitspreise auf verschiedene**

Einheitspreise anderer Leistungspositionen verteilt, benennt nicht die von ihm geforderten **Preise** im Sinn von § 21 Nr. 1 Abs. 2 S. 5 VOB/A, sondern »versteckt« die von ihm geforderten Angaben zu den Preisen in der Gesamtheit seines Angebotes. Ein Angebot enthält eine Mischkalkulation, wenn eine niedrigere Bepreisung für anfallende Arbeiten durch entsprechende Erhöhungen bei anderen Positionen abgedeckt wird. Ein solches Angebot ist zwingend auszuschließen (OLG Rostock 10.6.2005 IBR 2005, 566).

– Diese vorgenannten Grundsätze stehen als zutreffende Auslegung der VOB/A fest. Nicht völlig geklärt ist in der Praxis dagegen, **wie solche Fälle im Einzelfall festgestellt werden und wer die Nachweislast trägt.** Für diese Frage ist bei Betrachtung der jeweiligen Umstände des Einzelfalls von zwei Grundsätzen auszugehen: Der **Nachweispflicht des Auftraggebers für das Vorliegen von Gründen für einen Ausschluss** und der **Pflicht des Bieters von ihm geforderte Aufklärungen und Angaben nach § 24 Nr. 2 VOB/A nicht verweigern zu dürfen.** So ist der **Nachweis der Unvollständigkeit eines Angebots auch hinsichtlich des Vorliegens von Preisangaben mit Preisverlagerung von der Vergabestelle zu führen**, die sich auf das Vorliegen eines zwingenden Ausschlussgrundes nach § 25 Nr. 1 Abs. 1 VOB/A beruft (OLG Naumburg 22.9.2005 VergabeR 2005, 779; ähnlich OLG Thüringen 23.1.2006 VergabeR 2006, 358 = NZBau 2006, 263). Eine Beweislast dahingehend, dass der Bieter »beweisen« muss, dass er eine Mischkalkulation nicht vorgenommen, vielmehr jeden einzelnen Preis auskömmlich kalkuliert hat, ist § 25 Nr. 1 Abs. 1 VOB/A nicht zu entnehmen (OLG Rostock 6.7.2005 IBR 2005, 703). Wegen der offensichtlichen Missbrauchsmöglichkeiten ist aber abzulehnen, wenn, wie im Urteil des OLG Rostock angenommen, bereits ein »nachvollziehbarer Kalkulationsirrtum« den Anschein einer Mischkalkulation zu entkräften vermag. Verlangt die Vergabestelle zur Ermittlung einer Mischkalkulation eine Aufklärung über von ihr benannten Einheitspreise im Sinne der Offenlegung der entsprechenden Preisermittlungsgrundlagen, **so kommt der Bieter im Hinblick auf die von ihm vorgesehenen Nachunternehmerleistungen dieser Forderung durch den Nachweis der in sein Angebot übernommenen Nachunternehmerpreise nach** (OLG Frankfurt 16.8.2005 IBR 2006, 1154). Soweit ein Bieter in einzelnen Positionen des Leistungsverzeichnisses besonders niedrige oder für vergleichbare Leistungen höchst unterschiedliche Einheitspreise fordert, kann dadurch **nicht ohne weiteres** auf eine unzulässige und damit zum Angebotsausschluss führende Mischkalkulation geschlossen werden (OLG Brandenburg 13.9.2005 VergabeR 2005, 770 = IBR 2005, 620).

– Ein Ausschluss eines Angebots wegen Mischkalkulation setzt also voraus, dass entweder von vorneherein auf Grundlage des Angebotes oder auf aufgrund einer von der Vergabestelle wegen bestehender Zweifel durchgeführten Aufklärung nach §24 Nr. 1 VOB/A feststeht, dass das Angebot auf einer Mischkalkulation beruht. **Bloße Zweifel genügen nicht für den Ausschluss, sondern berechtigen die Vergabestelle zur Aufklärung** (OLG Frankfurt 17.10.2005 VergabeR 2006, 126). Hinzuweisen ist aber darauf, dass die vorgenannten Maßstäbe für die Prüfung der Vollständigkeit eines Angebotes **auf der ersten Wertungsstufe** gelten; Widersprüchlichkeiten und fehlender Nachweis einer ordnungsgemäßen Kalkulation, die **konkrete Vertragsrisiken wie nicht einwandfreie Ausführung oder ein erhöhtes Nachtrags-, bzw. Betriebs- und Folgekostenrisiko** eines Angebotes zum Inhalt haben, sind auch **stets im Rahmen der 3. und 4. Wertungsstufe zu prüfen** (OLG Naumburg 22.9.2005 VergabeR 2005, 779).

Das vorangehend für die Preisangaben Aufgeführte gilt **in gleicher Weise auch** für den Ausschluss von Angeboten von der Wertung, bei denen **mehr oder weniger Erklärungen als gefordert im Angebot** enthalten sind. **Grundsätzlich** sind alle verlangten Erklärungen auch **abzugeben,** wobei die Grenze dort zu ziehen ist, wo bei rein sachlicher, objektiver Betrachtung die geforderten Erklärungen **nötig** sind, um eine **ordnungsgemäße Wertung sowohl nach Nr. 2 als auch nach Nr. 3 in der nötigen vollständigen Art und Weise vornehmen zu können.** Ist dies wegen fehlender Erklärungen oder sonst ausreichender Information ohne Änderung des vorliegenden Angebots nicht möglich, muss dieses Angebot zwingend aus der Wertung ausgeschieden werden. Ist das nicht der Fall, so kann das betreffende Angebot der Wertung zugeführt werden. Dies wird oft zutreffen, wenn der Bieter **mehr** als die geforderten Erklärungen abgibt. Dabei ist jedoch entscheidend, ob das »**mehr**« für eine Wertung im vorangehend dargelegten Sinne **unterstützend, jedenfalls hilfreich** ist oder ob es sich um einen Versuch handelt, nur im eigenen Bieterinteresse und damit **unsachlich** auf die betreffenden Wertungsvorgänge **einzuwirken**. In einem solchen Fall ist das Angebot wiederum von der Wertung auszuschließen. **Dasselbe** gilt, wenn die Erklärungen zwar abgegeben, aber **unvollständig** sind **oder Vorbehalte** haben oder sich Unklarheiten oder Widersprüche nicht klären lassen.

Ein Angebot, dass die geforderten Erklärungen nicht enthält, ist es nach der Rechtsprechung des Bundesgerichtshofs regelmäßig von der Wertung auszuschließen (ständige Rechtsprechung seit BGH 24.5.2005 BauR 2005, 1620 = NZBau 2005, 594 = VergabeR 2005, 754 = IBR 2005, 562). Nach dem oben gesagten, erscheint es aber der Systematik der VOB/A sachgerechter, immer eine Einzelfallprüfung durchzuführen und **zumindest in Ausnahmefällen auch im Fall bei der Angebotsabgabe fehlender Nachweise ein Angebot in der Wertung zu belassen**. Maßstäbe für diese Entscheidung sind, ob die fehlenden Nachweise in vollständiger Art und Weise, vor allem vom Inhalt her **nötig** sind, **um sachgerecht und ordnungsgemäß werten** zu können. **Unerheblich ist daher, wenn Erklärungen fehlen, die ohne Einfluss auf die Preise und damit auf das Wettbewerbsergebnis sind, sodass ihre nachträgliche Ergänzung die Wettbewerbsstellung des Bieters nicht verändert** (BayObLG NZBau 2000, 211 = IBR 2000, 103).

17 **Einzelfälle:** Sind Verstöße gegen § 21 Nr. 1 Abs. 1 S. 3 VOB/A so gering, dass **weder der Wettbewerb noch die Eindeutigkeit des Angebotsinhalts, noch das vom Auftraggeber nach den Ausschreibungsunterlagen Gewollte in Gefahr gerät**, können diese Angebote in der Wertung verbleiben. Dann ist der Grundsatz der Aufrechterhaltung eines möglichst weit reichenden Wettbewerbs im Allgemeinen gewahrt, so dass solche **geringfügig fehlerhaften Angebote keine Gefahr für eine ordnungsgemäße Durchführung der Vergabe** bedeuten. Gegebenenfalls kann eine Abstimmung auf den richtigen Angebotsinhalt durch die in § 24 VOB/A gegebenen Möglichkeiten erfolgen. Ähnlich das OLG Schleswig-Holstein, **wonach die »scharfe« Sanktion eines zwingenden Angebotsausschlusses nur bei Fehlen solcher Erklärungen oder Erklärungsteile greift, die kalkulationserheblich sind** und sich im Wettbewerb auswirken (OLG Schleswig 10.3.2006 IBR 2006, 288; möglich danach das Nachreichen eines Prüfzeugnisses, weil damit gemäß § 24 VOB/A nur aufgeklärt wird, ob das Produkt die Anforderungen einer DIN EN erfüllt, ohne dass damit der Bieterwettbewerb nachträglich nachhaltig verändert würde). **Geringfügige unvollständige Angebote sind daher in die Wertung aufzunehmen**, wenn die Unvollständigkeit des Angebots die Beurteilung seiner Funktionalität durch die Vergabestelle nicht beeinträchtigt, seine sachlichen oder preislichen Lücken lediglich verhältnismäßig geringfügige Details betreffen und wenn die Zulassung darüber hinaus keinen Manipulationen Vorschub leistet (OLG Saarbrücken 23.11.2005 IBR 2006, 160). Der Auftraggeber ist nach allem gehalten, eine zusätzliche Prüfung zu veranstalten, bevor er ein Angebot von dem Wettbewerb ausschließt. Die Vergabestelle hat dabei auch zu beachten, dass, soweit der Anwendungsbereich des Nachprüfungsverfahrens nach dem GWB eröffnet ist, die **Entscheidung über einen möglichen Ausschluss auch auf den Nachprüfungsantrag eines Mitbieters hin von der Vergabekammer zu überprüfen** ist. Insoweit greift der Anspruch der Unternehmen auf die Einhaltung der Bestimmungen des Vergaberechts nach § 97 Abs. 7 GWB. Inhaltlich dürften aber auch für die Entscheidung der Nachprüfungsstellen die genannten Maßstäbe zu § 25 VOB/A unveränderte Geltung besitzen. Diese Grundsätze haben aktuelle **Bedeutung u.a. für die oftmals abgeforderten Erklärungen, die der Beurteilung der Zuverlässigkeit des Bieters dienen**, wie beispielsweise **Tariftreueerklärungen, Auszüge aus dem Gewerbezentralregister oder Führungszeugnisse**. Unabhängig von der Frage ihrer inhaltlichen Sinnhaftigkeit ist das Abfordern solcher Erklärungen vergaberechtlich grundsätzlich möglich.

– **Kein nebensächlicher Verstoß ist es**, wenn der Bieter entgegen dem Verlangen des Auftraggebers in der Ausschreibung keinen Bauzeitenplan und keinen Baustelleneinrichtungsplan mit dem Angebot vorgelegt hat (OLG Düsseldorf BauR 1983, 377). Ebenso trifft das z.B. zu, wenn ein Bieter die Kosten für die Grundwasserabsenkung nicht in die dafür vorgesehene Position, sondern in die Kosten der Baustelleneinrichtung mit einbezieht und sich dadurch eine eigene Wertung hinsichtlich der Kosten der Grundwasserabsenkung nicht ermöglichen lässt.

– Werden in Ausschreibungsunterlagen **Erklärungen nach den Formblättern EFB-Preis** gefordert, dann sind diese Erklärungen als Umstände ausgewiesen, die für die Vergabeentscheidung relevant sein sollen, **so dass die Nichtabgabe dieser Erklärungen mit dem Angebot zwingend zum Ausschluss nach §25 Nr. 1 Abs. 1b VOB/A führt** (BGH 7.6.2005 BauR 2005, 1618 = VergabeR 2005, 617 = NZBau 2005, 709; ebenso OLG Frankfurt 23.12.2005 VergabeR 2006, 212). Eine der **VOB/A gemäße Möglichkeit ist es, diese Erklärungen nicht pauschal immer mit der Angebotsabgabe, sondern erst von den Bietern der engeren Wahl abzufordern.** Fordert ein Auftraggeber die Erklärungen nach EFB Preis 1a, 1b, 2 innerhalb der Angebotsfrist, so ist ein Angebot **zwingend auszuschließen**, welches die unausgefüllten Formulare mit dem Aufdruck »Wird bei Auftragserteilung nachgereicht« enthält (OLG Naumburg 26.10.2005 VergabeR 2006, 209).

– **Fehlende Tariftreueerklärungen** können regelmäßig gemäß § 25 Nr. 1 Abs. 1 lit. b VOB/A i.V.m. § 21 Nr. 1 Abs. 2 VOB/A zum Ausschluss des Angebots führen (BayObLG VergabeR 2002, 252). **Dies gilt aber nur, wenn das Fehlen geforderter Erklärungen eine ordnungsgemäße Wertung verhindert,** nach dem OLG Bremen (OLG Bremen BauR 2001, 94) ist eine Verpflichtung der Vergabestelle zur restriktiven Handhabung von Ausschlusstatbeständen anzunehmen.

– Auch eine **fehlende oder unvollständige Nachunternehmererklärung** macht das Angebot unvollständig und führt zum zwingenden Ausschluss. Dazu führen zwar nicht automatisch fehlende oder ungenaue Zuordnungen zu den Ordnungsziffern des Leistungsverzeichnisses. **Eine zu formalistische Prüfung erscheint bei der Frage der Vollständigkeit des Angebotes nach § 21 Nr. 1 Abs. 2 S. 5 VOB/A nicht angebracht.** Zu einem **Wertungsausschluss** führt eine unvollständige Nachunternehmererklärung jedenfalls immer dann, wenn **auch eine Gesamtschau der Bietererklärungen nicht zweifelsfrei darüber Auskunft gibt, wofür der Nachunternehmer in der Bauausführung verwendet werden soll** (OLG Dresden 11.4.2006 WVerg 0006/06) Zu weit gehend ist es daher, wenn mit der Begründung, die Nachunternehmererklärung beziehe sich nur auf »untergeordnete Leistungen«, ein Ausschluss abgelehnt wird (OLG Celle VergabeR 2002, 176). Der Funktion der Ordnungsvorschrift von § 21 VOB/A für einen transparenten geordneten Wettbewerb zu sorgen, muss unbedingt Rechnung getragen werden. **Richtigerweise sind Angebote mit fehlenden Angaben über den Umfang des beabsichtigten Nachunternehmereinsatz generell von der Wertung auszuschließen** (OLG Thüringen VergabeR 2002, 256).

3. Änderungsvorschläge und Nebenangebote

Handelt es sich in Wirklichkeit um **Nebenangebote**, so sind die zwingenden Voraussetzungen in § 21 Nr. 3 Sätze 1 und 2 VOB/A (vgl. § 21 VOB/A Rn. 27) **vorweg zu beachten. Fehlt hier die dadurch vorgeschriebene besondere Anlage und die deutliche Kennzeichnung, so können diese nach der Fassung 2000 nach § 25 Nr. 1 Abs. 2 VOB/A ausgeschlossen werden.** 18

4. Muster und Proben

Dasselbe gilt dann, wenn **Muster oder Proben,** die ein Bieter mit seinem Angebot einreicht, **nicht hinreichend gekennzeichnet** sind (vgl. § 21 Nr. 1 Abs. 5 VOB/A). 19

5. Verbindliche Kurzfassung

Fehlt im Falle der **im Einzelfall zugelassenen selbst gefertigten Abschrift oder Kurzfassung des Leistungsverzeichnisses** das **schriftliche Anerkenntnis der alleinigen Verbindlichkeit des Originals der Leistungsbeschreibung,** (vgl. § 21 Nr. 1 Abs. 3 VOB/A) ist auch das noch nicht ein **zwingender Grund,** das Angebot **auszuschließen,** weil auch dieser Fall in § 25 Nr. 1 VOB/A **nicht** aufgeführt ist. Hier ist es deshalb grundsätzlich erlaubt, die fehlende Erklärung noch nachzuholen 20 bzw. einzuholen. Ist es aber so, dass in der Abschrift oder Kurzfassung Änderungen oder Abweichungen von dem Original des Leistungsverzeichnisses vorliegen, und wird die genannte Verbindlicherklärung **nicht** abgegeben, so liegt eine **Änderung der Verdingungsunterlagen** vor, die zum Ausschluss von der Wertung führen muss (vgl. oben Rn. 9). Ebenfalls kein zwingender Ausschlussgrund ist es, wenn die Abschrift oder die Kurzfassung mit der Urschrift des Leistungsverzeichnisses nicht übereinstimmt, der Bieter jedoch die Verbindlicherklärung abgegeben hat, da dann Letzteres allein maßgebend ist. Sind entgegen § 21 Nr. 1 Abs. 3 Hs. 2 VOB/A die Ordnungszahlen (Positionen) nicht vollzählig oder nicht in der gleichen Reihenfolge oder nicht unter den gleichen Nummern wie in der Urschrift wiedergegeben, so ist auch das **kein** in Nr. 1 genannter zwingender Ausschlussgrund. Sicher kann es nahe liegen, dass dadurch eine **ordnungsgemäße Wertung erschwert** wird, was dann **zu Lasten des Bieters** gehen kann, ohne dass dieser sich im Grundsatz darüber beschweren kann.

III. Angebote auf Grund wettbewerbsbeschränkender Abrede

21 Nach § 25 Nr. 1 Abs. 1c VOB/A sind diejenigen Angebote ohne nähere Wertung ihres Inhaltes von der Vergabe auszuschließen, die von Bietern stammen, die aus Anlass der Ausschreibung eine Abrede getroffen haben, die eine unzulässige Wettbewerbsbeschränkung darstellt. Hier ist auch auf § 8 Nr. 4 VOB/B hinzuweisen, wonach dem Auftraggeber noch nach Vertragsabschluss die Befugnis zugesprochen ist, bei gleichem Sachverhalt unter Einhaltung einer Frist dem Auftragnehmer den Auftrag zu entziehen. Hieraus folgt, dass die VOB eine unzulässige Wettbewerbsbeschränkung als einen **derart schweren Verstoß** ansieht, dass sie dem Auftraggeber sogar die Aufkündigung des Bauvertrages gestattet, wenn sich der Verstoß erst nach Vertragsabschluss herausstellt. Vgl. dazu auch § 8 Nr. 5 Abs. 1c VOB/A.

22 Hier sind sämtliche Abreden erfasst, die sich als **unzulässige Wettbewerbsbeschränkung** darstellen. In Betracht kommen alle Handlungen oder Unterlassungen, die ein **Verstoß gegen das Gesetz gegen Wettbewerbsbeschränkungen (GWB)** in der jeweils gültigen Fassung und den dazu erlassenen Ausführungsbestimmungen und Bekanntmachungen und – für den EG-Bereich – **gegen die Art. 82 Abs. 1 EG-Vertrag** sind. Insoweit wird auf die einschlägige Fachliteratur und Rechtsprechung, die im Rahmen dieses Kommentars nur angedeutet werden kann, verwiesen. Für den Bereich des Bauvertrages und – hier – der Bauvertragsverhandlungen sind in erster Linie diejenigen Grenzen zu beachten, die **hinsichtlich verbotener Preisempfehlungen und Preisabsprachen (z.B. für die zu fordernden Preise, Bindungen sonstiger Entgelte, Gewinnaufschläge, Verarbeitungsspannen und sonstige Preisbestandteile) gesetzt sind. Gleiches gilt für Verabredungen mit anderen Bietern über die Abgabe oder Nichtabgabe von Angeboten, über Zahlungs-, Lieferungs- oder andere Vertragsbedingungen, soweit sie unmittelbar oder mittelbar den Preis beeinflussen, über die Entrichtung von Ausfallentschädigungen oder Abstandszahlungen, über Gewinnbeteiligungen oder andere Abgaben usw** (vgl. dazu auch *Häring* Das Wettbewerbs- und Kartellrecht in der Bauwirtschaft 1973; ferner *Barnickel* Aktuelle kartellrechtliche Probleme der Bauwirtschaft RWS-Seminarskript Nr. 30; weiter *Schelle* Bauverwaltung 1984, 110 sowie *Busse* Bauverwaltung 1989, 437; insbesondere auch *Schaupensteiner* in Claussen a.a.O. S. 83 ff.).

1. Wettbewerbsgrundsatz

23 Nach § 2 Nr. 1 S. 2 hat bei der Vergabe nach der VOB der **Wettbewerbsgrundsatz** zu gelten (vgl. § 2 VOB/A Rn. 24 ff.). Der Wettbewerb muss durch **voneinander unabhängige Beteiligung** mehrerer Unternehmer gesichert sein, denen **gleiche Bedingungen** zu gewähren sind und die ihrerseits diese Bedingungen zu beachten haben. Findet der Auftraggeber bei der Prüfung der Angebote heraus, dass **Preisabreden** mehrerer oder gar aller Bieter untereinander vorliegen, bedeutet das **grundsätzlich** einen **schweren Verstoß gegen die Wettbewerbsregeln** durch diese Bieter. Die Preisabreden sind

dazu angetan, die Aussichten anderer Bieter zu schmälern. Schon dadurch ist der Wettbewerbsgrundsatz verletzt (zur Kartellbildung in der Bauwirtschaft: *Crome* BB 1959, 832 und 1961, 118). Es ist ohne Bedeutung, ob durch die Preisabrede die Interessen des Auftraggebers verletzt werden. Selbst wenn dieser dadurch keinen Nachteil haben würde, hat er auf Preisabreden aufgebaute Angebote nicht zu berücksichtigen. Eine Preisabrede lässt den Wettbewerb nicht voll zur Entfaltung kommen und verstößt daher auch gegen einen fundamentalen Grundsatz bei der Vergabe nach der VOB.

2. Strafbarkeit der Preisabrede

Es kommt für die Beurteilung darauf an, ob die Preisabreden gesetzlich verboten sind, was seit der Einführung des § 298 StGB (»**Wettbewerbsbeschränkende Absprachen bei Ausschreibungen**«) grundsätzlich der Fall ist. § 298 StGB lautet: 24

»*(1) Wer bei einer Ausschreibung über Waren oder gewerbliche Leistungen ein Angebot abgibt, das auf einer rechtswidrigen Absprache beruht, die darauf abzielt, den Veranstalter zur Annahme eines bestimmten Angebots zu veranlassen, wird mit Freiheitsstrafe bis zu fünf Jahren oder mit Geldstrafe bestraft.*

(2) Der Ausschreibung i.S.d. Absatzes 1 steht die freihändige Vergabe eines Auftrages nach vorausgegangenem Teilnahmewettbewerb gleich.«

Hierauf beruhende Angebote haben als verbotswidrig auszuscheiden. Durch sie ist die allgemein anerkannte Regel des ordentlichen Wettbewerbs im Baubereich durchbrochen. Vgl. dazu auch Nr. 3. VHB zu § 23 VOB/A (vgl. § 23 VOB/A Rn. 24 f.). Zu berücksichtigen ist aber, dass hier – unzulässige – Preisabreden getroffen worden sein müssen, wozu allerdings ein **aufeinander abgestimmtes Verhalten genügt,** weshalb aber bloße Verhandlungen mit dem Ziel einer Submissionsansprache, die nicht zum Ziel führen (also weder zu einer Abrede noch zu einem abgestimmten Verhalten), noch nicht als unzulässiges, kartellwidriges Verhalten anzusehen sind (vgl. dazu OLG Frankfurt ZIP 1991, 1171).

3. Einzelfälle

Nicht unzulässig ist eine Abrede dann, wenn sich Bieter zur Abgabe eines gemeinsamen Angebots in Form einer Bietergemeinschaft verabreden. Die auch hierin zu sehende grundsätzliche Einengung des Wettbewerbs ist in der Phase bis zur Angebotsabgabe zulässig. Andere Absprachen zwischen Bietern nach Angebotsabgabe und bis zur Zuschlagserteilung bleiben aber stets unzulässig. 25

Der Wert jeder Ausschreibung wird hinfällig, wenn eine Gruppe von Bauunternehmern vorweg die von ihnen abzugebenden Angebote aufeinander abstimmt, den niedrigsten Bieter ihrerseits festlegt und dadurch praktisch schon die Entscheidung trifft, wer den Auftrag durch den Auftraggeber erhält. Die von den übrigen Bietern lt. Absprache abgegebenen »Schutzangebote« werden in solchen Fällen so hoch angesetzt, dass der Auftraggeber im Regelfall dem niedrigsten Angebot den Zuschlag geben wird. Damit wird durch die Bauwirtschaft ein Zustand heraufbeschworen, den sie sonst bekämpft, nämlich die angebliche stete Berücksichtigung des billigsten Angebots. Gewiss hat sie auf die oben geschilderte Weise einen Einfluss auf die Höhe des niedrigsten Angebots. Das kann aber nicht darüber hinwegtäuschen, dass dieser Weg nach dem GWB unzulässig ist. 26

Mit Recht hat der BGH ausgesprochen, dass die §§ 1, 38 Abs. 1 Nr. 1 (jetzt § 81 Abs. 1 Nr. 1) GWB den Schutz derjenigen Wettbewerber (der übrigen Bieter) der Kartellpartner (der preisabsprechenden Unternehmer) bewirken, die infolge der Beschränkung des Wettbewerbs schon am Zutritt zu dem durch den Vertrag (die verbotene Preisabsprache) beeinflussten Markt behindert werden; insoweit kommt § 1 GWB als **Schutzgesetz (§ 823 Abs. 2 BGB)** in Betracht (BGHZ 64, 232 = BB 1975, 804 = NJW 1975, 1223 = VersR 1975, 635 = MDR 1975, 735 = JZ 1976, 28). Diese Entscheidung dürfte gerade für öffentliche Bauvergaben und dabei vorgenommene verbotene Preisabsprachen von Bietern von Bedeutung sein. 27

Unzulässig ist aber eine entsprechende Schadensersatzklausel, nach der sich alle Bieter verpflichten müssen, bei Nachweis einer Beteiligung an einer wettbewerbsbeschränkenden Absprache eine Strafe in einer bestimmten Höhe bezahlen zu müssen. Eine derartige Klausel würde dem Auftraggeber – unabhängig von der Höhe eines tatsächlichen Schadens – das Recht geben, von den Bietern die Zahlung einer bestimmten Summe zu verlangen (BGH BauR 1998, 588).

Nach BGH (NJW 1959, 2213) liegt selbst dann ein Verstoß gegen das GWB vor, wenn ein Auftragnehmer sich nicht an das abgesprochene Schutzangebot der Höhe nach hält, sondern ein niedrigeres Angebot abgibt.

Das OLG Hamburg hat (WRP 1962, 269) ausgesprochen: Täuschen mehrere Unternehmer einer ausschreibenden Behörde durch Abgabe ihrer Angebote das Bestehen von Wettbewerb vor, während sie sich in Wahrheit darüber verständigt haben, wer als billigster Bieter den Auftrag erhalten soll, so liegt darin ein Verstoß gegen § 1 GWB, auch wenn zwischen den Unternehmern kein fester gesellschaftsähnlicher Zusammenschluss besteht. Schon eine einzelne derartige Submissionsabsprache ist geeignet, die Marktverhältnisse für den Verkehr mit gewerblichen Leistungen zu beeinflussen.

28 Ein Verstoß gegen § 1 GWB liegt nicht nur vor, wenn die Bieter »aufeinander abgestimmte« Angebote einreichen (vgl. dazu OLG Celle BauR 1985, 598), sondern **auch, wenn bei einer Ausschreibung ein Bewerber sich gegenüber einem anderen Bewerber vertraglich verpflichtet, diesem eine Abfindung zu zahlen, sofern er sich überhaupt nicht an der Ausschreibung beteiligt** und der andere Unternehmer den Zuschlag erhält (vgl. BGH Beschl. v. 26.11.1964 KRB 2/64). Eine derartige – unzulässige – Absprache ist ein Vertrag zu einem gemeinsamen Zweck i.S.v. § 1 GWB. Das von beiden »Vertragspartnern« verfolgte Ziel liegt in der Beschränkung des Wettbewerbs, die geeignet ist, die Marktverhältnisse für gewerbliche Bauleistungen zu beeinflussen. Letzteres ist auch der Fall, wenn sich an der Ausschreibung eine Anzahl anderer Bieter beteiligt (in dem vom BGH – a.a.O. – entschiedenen Fall waren es etwa 18) sofern der »vertraglich ausgeschlossene« Bewerber zu den aussichtsreichen Bietern zu zählen wäre.

29 Um einen Verstoß gegen das GWB anzunehmen, wird **nicht unbedingt der Abschluss eines wirksamen Kartellvertrages** i.S.d. § 1 GWB verlangt, sondern es **genügt die Abstimmung auf ein gleichförmiges Verhalten am Markt.**

30 Ferner befasste sich der Bundesgerichtshof (BB 1961, 1255) mit dem Leiter eines Büros für Baubetriebsberatung, der auf dem Baumarkt planmäßig wettbewerbsbeschränkende Preisabsprachen der Bieter lenkte.

Das OLG Celle (SFH Z 8.2 Bl. 5 ff.) hat das wettbewerbsfeindliche Merkmal einer unsittlichen Kartellabsprache auch in der nach Einreichung der Angebote nachträglich erfolgten Abrede erblickt, mit der ein Mindestbietender durch Zurückziehung seines Angebots und Teilung des Gewinns einen anderen Bewerber zum Zuge kommen lässt.

31 Eine **verbotene Preisabsprache von Bietern verstößt** gemäß **§ 14 GWB, § 134 BGB gegen ein gesetzliches Verbot; sie ist nichtig.** Wird vom Auftraggeber dennoch mit dem Bieter, der mit anderen Unternehmern eine Preisabsprache getroffen hat, ein **Bauvertrag** abgeschlossen, etwa weil er von der Preisabsprache keine Kenntnis erlangt, so ist dieser Vertrag grundsätzlich **nicht gleichfalls von vornherein nichtig.** Vielmehr ist er, wenn er nicht nach § 8 Nr. 4 VOB/B gekündigt werden soll, von Seiten des Auftraggebers nach § 123 BGB **anfechtbar.** Der Auftraggeber kann auch Schadensersatz wegen Verschuldens bei Vertragsabschluss (**culpa in contrahendo**) verlangen.

IV. Betrugshandlungen bei Abgabe des Angebots

32 Ein **Betrug** (§ 263 StGB; § 823 Abs. 2 BGB) ist im Allgemeinen – vor allem im Hinblick auf einen Vermögensschaden – unter drei Gesichtspunkten zu bejahen: erstens, wenn das unter mehreren Bie-

tern abgesprochene Billigstangebot überhöht, daher nicht mehr angemessen, somit nicht mehr marktgerecht ist; zweitens, wenn feststeht, dass derjenige, der das manipulierte Billigstangebot abgegeben hat, sonst schärfer, vor allem mit kleinerer Gewinnspanne, kalkuliert hätte; drittens, wenn festgestellt werden kann, dass zwar ein hart kalkuliertes Billigstangebot abgegeben wurde, aber einer der übrigen, nicht ernsthaft Bietenden ein niedrigeres Gebot abgegeben hätte. Hinsichtlich des Schadens, der durch eine solche Betrugshandlung entstanden ist, kommt es zunächst auf den Wert der jeweils ausgeschriebenen Bauleistung an; dieser bestimmt sich nach dem Preis, der bei Beachtung der für das betreffende Ausschreibungsverfahren geltenden Vorschriften im Wettbewerb erzielbar ist. Weiter: Verhindern Anbieter durch Preisabsprachen und Vorspiegelung von Wettbewerb die Bildung des Wettbewerbspreises, so erleidet der Auftraggeber einen Schaden, wenn der mit einem Anbieter vereinbarte Preis höher als der erzielbare Wettbewerbspreis ist. Das Gesagte gilt im Übrigen auch im Hinblick auf den Planungsbeauftragten des Auftraggebers, der mit der Vergabe von Bauleistungen betraut ist und dabei Kartellabsprachen der Auftragnehmer fördert oder die Auftragsvergabe zu Gunsten eines Unternehmers steuert, von dem er eine Vergütung erhält; dann können **Treuebruch (§ 266 StGB) sowie Betrug (§ 263 StGB)** in Betracht kommen.

Auch im Bereich des § 263 StGB liegt der vom BGH (NJW 1962, 973) entschiedene Fall, in dem ein Bieter im Zusammenwirken mit unredlichen Angestellten der Vergabestelle sein bereits abgegebenes Angebot später auf das niedrigste Angebot abgefälscht hatte. Hier hat der BGH mit Recht einen Betrug zum Nachteil des sonst aussichtsreichsten Mitbewerbers (dessen, der eigentlich das günstigste Angebot abgegeben hatte) erblickt.

V. Sonstige Eingriffe in die Regeln des lauteren Wettbewerbs

Aus dem Sinn der Regelung § 25 Nr. 1 Abs. 1c VOB/A, die auf dem Wettbewerbsgedanken beruht (vgl. Rn. 20), ist zu entnehmen, dass über den Wortlaut der VOB hinaus auch solche Angebote von der eigentlichen Wertung auszuschließen sind, bei denen **außerhalb verbotener Preisabsprachen** von Bieterseite **in die Regeln des lauteren Wettbewerbs eingegriffen** worden ist. Dazu ist vor allem auch § 2 Nr. 1 S. 2 VOB/A bedeutsam. Das gilt, wenn auch nicht allein, sofern dabei zugleich gegen ein **gesetzliches Verbot** verstoßen worden ist. Deshalb stellt ein Verstoß gegen die §§ 1, 2 HandwO, hinsichtlich dessen die Ordnungsbehörden noch nicht eingegriffen haben, nicht schon ohne weiteres ein wettbewerbswidriges Verhalten nach § 1 UWG dar (OLG Hamm GRUR 1978, 438). Im Übrigen, was bereits hier und nicht erst im Rahmen der Nr. 1 Abs. 2 (vgl. Rn. 45) berücksichtigt werden kann (a.A.: *Daub/Piel/Soergel* ErlZ A 25.43).

33

1. Verbot von Schmiergeldern

Zunächst ist auf das Verbot, **Schmiergelder** zu gewähren, hinzuweisen. Zuwendungen an Organe, sonstige gesetzliche Vertreter oder Angestellte des Auftraggebers, um eine Bevorzugung beim Abschluss des Bauvertrages, insbesondere bei der Vergabe, zu erzielen, verstoßen gegen die einfachsten Grundsätze des geschäftlichen Anstandes und kaufmännischer guter Sitte. Die Zahlung von Schmiergeldern ist ein **Verstoß gegen § 138 BGB,** woraus sich Schadensersatzansprüche des Auftraggebers (insoweit durchaus in Höhe des gezahlten Schmiergeldes) oder der betroffenen anderen Bieter nach § 826 BGB ergeben können. Werden jemandem im Rahmen einer Geschäftsbesorgung Schmiergelder gewährt – etwa einem Architekten des Auftraggebers von an der Bauvergabe interessierten Unternehmern –, ist der Empfänger (Architekt) dem Geschäftsherrn (Auftraggeber) zur Herausgabe verpflichtet (§§ 675, 667 BGB); auch kann der Auftraggeber den Architektenvertrag aus wichtigem Grund kündigen.

34

2. Unwahre Behauptungen über Mitbieter

35 Ebenfalls aus Gründen des lauteren Wettbewerbs ist das Angebot eines Bieters von der Wertung **auszuschließen,** der **unwahre, geschäftsschädigende Tatsachen** über einen anderen Bieter behauptet hat (vgl. § 2 VOB/A Rn. 26 ff., insbesondere die dort angeführte Entscheidung des BGH NJW 1962, 731).

3. Abwerbung von Mitarbeitern

36 Weiterhin sind zur Aufrechterhaltung eines anständigen Wettbewerbs auch Angebote von solchen Bietern von der näheren Wertung auszuschließen, die **Mitarbeiter von Mitbietern abwerben,** um dadurch bei der Vergabe im Hinblick auf die spätere Durchführung der Leistung unter dem Gesichtspunkt der besseren Leistungsfähigkeit (vgl. § 2 Nr. 1 S. 1 VOB/A) gegenüber dem oder den Betroffenen Vorteile zu erlangen. Auch insoweit ist das Verhalten des Abwerbenden unter den §§ 138, 826 BGB zu betrachten.

VI. Ausgeschlossene Änderungsvorschläge und Nebenangebote

37 Auch sind vor der eigentlichen Angebotswertung **unter bestimmten Voraussetzungen Änderungsvorschläge und Nebenangebote auszuschließen** (§ 25 Nr. 1 Abs. 1d VOB/A). An sich sind diese durchaus zu begrüßen, da sie einer ordnungsgemäßen Bauvergabe aus technischer Sicht förderlich sein und dabei dem Auftraggeber das Wissen und die Erfahrung des Unternehmers hinsichtlich der gestellten Bauaufgabe dienlich sein können. Es kann aber sein, dass der **Auftraggeber** bei ordnungsgemäßer Betrachtung – bei Behörden pflichtgemäßer Überlegung – **ein berechtigtes Interesse** daran hat, **Änderungsvorschläge oder Nebenangebote auszuschließen.** Das ist z.B. denkbar, wenn das betreffende Bauvorhaben in technischer Hinsicht eine bestimmte Ausführung gebietet oder es angebracht ist, die Bauausführung so und nicht anders zu bewerkstelligen. Dann wäre es nur eine Behinderung sachgerechter Bauvergabe, wenn sich der Auftraggeber noch mit für die Vergabe ohnehin nicht in Betracht kommenden Änderungsvorschlägen oder Nebenangeboten auseinander setzen müsste. **Allerdings muss dem Bieter vor Angebotsabgabe** – also rechtzeitig – **bekannt gegeben werden, wenn Änderungsvorschläge und Nebenangebote nicht erwünscht sind.** Dies muss sich aus der Bekanntmachung oder in den Vergabeunterlagen ergeben (vgl. § 17 Nr. 1 Abs. 2u VOB/A sowie Nr. 2 Abs. 2q und § 10 Nr. 5 Abs. 2l VOB/A sowie Abs. 4). Darauf weist die VOB in § 25 Nr. 1 Abs. 1d VOB/A ausdrücklich hin. Daraus folgt, dass diese Bestimmung **nicht** schon eingreift, wenn der Auftraggeber entweder in der Bekanntmachung oder in den Vergabeunterlagen Änderungsvorschläge oder Nebenangebote nicht ausgeschlossen hat. Hat er es ordnungsgemäß vorher getan, sind die Änderungsvorschläge und Nebenangebote auszusondern, und sie bleiben bei der Vergabe **unbeachtet.** Das gilt aber **nur für diese,** nicht auch für gleichzeitig oder daneben eingereichte Hauptangebote, sofern sie den Verdingungsunterlagen entsprechend unverändert geblieben sind. Sind allerdings von Bietern nur Änderungsvorschläge oder Nebenangebote vorgelegt worden, so sind diese Bieter ganz von der Vergabe auszuschließen. Zu achten hat der Auftraggeber insbesondere darauf, ob es sich wirklich um Änderungsvorschläge oder Nebenangebote handelt; möglich sind nämlich im Einzelfall noch rechtzeitig vor dem Eröffnungstermin eingereichte **Berichtigungen oder Ergänzungen schon bisher vorgelegter Angebote.** Diese sind von dem hier erörterten **Ausschluss nicht erfasst,** sondern müssen in die Wertung mit einbezogen werden. Wird dies vom Auftraggeber missachtet, kommt eine **Haftung aus culpa in contrahendo** in Betracht (vgl. dazu LG Darmstadt BauR 1990, 601).

38 Die **Fassung 2000** ergänzte § 25 Nr. 1 Abs. 2 VOB/A damit, dass auch Angebote, die dem § 21 Nr. 3 S. 2 VOB/A nicht entsprechen, **ausgeschlossen werden können.** Nach dieser zwingenden Formvorschrift müssen **Änderungsvorschläge und Nebenangebote auf besonderer Anlage gemacht und als solche deutlich gekennzeichnet** werden. Damit wird eine Sanktionsmöglichkeit bei Verstößen gegen diese Formvorschrift bezweckt, um möglichen Manipulationen entgegenzuwirken und die Bieter zu besonderer Sorgfalt anzuhalten. **Über einen möglichen Ausschluss hat der Auftraggeber nach pflichtgemäßem Ermessen zu entscheiden.** Nicht hinreichend gekennzeichnete oder nicht auf besonderer Anlage gemachte Änderungsvorschläge oder Nebenangebote sind zwar nicht grundsätzlich ausgeschlossen (was im Vergleich zu der Regelung über den Ausschluss von Preisnachlässen ohne Bedingungen nach § 25 Nr. 5 S. 2 VOB/A nicht konsequent erscheint), da sie nicht in der Aufzählung nach § 25 Nr. 1 Abs. 1 VOB/A enthalten sind. Der Auftraggeber hat aber bei seiner Ermessensentscheidung zu berücksichtigen, ob eine Wertung der nicht hinreichend gekennzeichneten Änderungsvorschläge oder Nebenangebote ohne Schwierigkeiten nach den Nrn. 2 und 3 möglich ist. Nur wenn dies zweifelsfrei der Fall ist und **insbesondere keinerlei Hinweise auf mögliche Manipulationsabsichten** in Zusammenhang mit dem Formverstoß erkennbar sind, dürfte eine Wertung der Angebote in Betracht kommen.

VII. Nach § 8 Nr. 5 VOB/A ausgeschlossene Angebote

Weiterhin können nach § 25 Nr. 1 Abs. 2 VOB/A **solche Angebote von Bietern ausgeschlossen werden, die von § 8 Nr. 5 VOB/A erfasst werden.** Dies entspricht, wie auch die Fassung von § 8 Nr. 5 VOB/A, einem Erfordernis der EG-Richtlinie zur Koordinierung der Bauvergabeverfahren. Hier handelt es sich um im Einzelnen in § 8 Nr. 5 VOB/A festgelegte Umstände und Vorkommnisse, die im Allgemeinen hinreichende Angaben darüber vermitteln, dass es dem betreffenden Bieter an der **erforderlichen Sachkunde, Leistungsfähigkeit und Zuverlässigkeit fehlt.** Auf die dortigen Erläuterungen ist zur Vermeidung von Wiederholungen zu verweisen. Aus der Fassung (»können ... ausgeschlossen werden«) folgt, dass nicht von vornherein alle Bieter, auf die eines oder mehrere Merkmale aus § 8 Nr. 5 VOB/A zutreffen, von der Wertung der Angebote auszuschließen sind. Vielmehr bedarf es hier einer vorherigen ordnungsgemäßen Prüfung von Auftraggeberseite – bei Behörden pflichtgemäßen Überprüfung –, ob die Dinge so liegen, dass **berechtigte Zweifel** an der notwendigen Sachkunde, Zuverlässigkeit und Leistungsfähigkeit gegeben sind. Das ist jedoch durchweg anzunehmen, wenn es sich um **gesetzliche** Bestimmungen handelt, die schwer wiegende Verfehlungen nach dem in § 8 Nr. 5 VOB/A Rn. 65 ff. Ausgeführten ergeben. Ändert beispielsweise ein Bieter sein Angebot nach Angebotseröffnung dahin, dass **er für bestimmte Leistungsteile nunmehr Nachunternehmer einsetzen möchte**, ist ein Angebotsausschluss nach § 25 Nr. 1 Abs. 2 VOB/A i.V.m. § 8 Nr. 5 Abs. 1 lit. e VOB/A wegen fehlender Leistungsfähigkeit erforderlich (ebenso BayObLG 13.3.2001 Verg 1/01). **Ebenso ist die Zuverlässigkeit eines Bieters in Frage zu stellen, wenn der Geschäftsführer eines Bieters aufgrund strafrechtlicher Verurteilung zu einer Freiheitsstrafe wegen Taten im Rahmen der beruflichen Tätigkeit unter Bewährung steht** (OLG München 21.4.2006 IBR 2006, 417). Der Ausschluss ist stets im Vergabevermerk (vgl. § 30 Nr. 1 VOB/A) zu begründen. Der Auftraggeber hat für das Vorliegen eines Ausschlussgrundes für die konkret in Betracht gezogene Vergabe die Beweislast.

Neben dem Ausschluss aus dem konkreten Vergabeverfahren kann ein öffentlicher Auftraggeber einen Bieter, der nachweisbar als unzuverlässig anzusehen ist, **auch für weitere zukünftige Vergabeverfahren bis zur Wiederherstellung der Zuverlässigkeit des Bieters ausschließen.** Unter Anwendung des Grundsatzes der Verhältnismäßigkeit kommt der Ausschluss für eine gewisse Zeit in Betracht, in der es dem öffentlichen Auftraggeber nicht zuzumuten ist, mit einem solchen Bieter einen Bauwerksvertrag abzuschließen. Die Rechtsgrundlagen sind neben §§ 8 Nr. 5, 25 Nr. 1 Abs. 2 VOB/A entsprechende Landesvergabegesetze bzw. Verwaltungsvorschriften; im Einzelnen wird auf die Erläuterungen zu § 8 Nr. 5 VOB/A verwiesen.

VIII. Spekulationsangebote

40 Ein so genanntes **Spekulationsangebot** ist begrifflich dahin zu umschreiben, dass der **Bieter die Preise nicht an den voraussichtlichen Kosten einer unveränderten Leistungsbeschreibung orientiert, sondern an der Erwartung, dass aus von ihm angenommenen künftigen Änderungen der Leistungsbeschreibung sich für ihn ein finanzieller Vorteil ergibt,** er den Gesamtauftrag jedenfalls ohne Verlust wird ausführen können (ausführlich zur Wertung von Spekulationsangeboten: *Thormann* BauR 2000, 953 ff.). Solche Angebote sind **nicht von vornherein aus der Wertung auszuschließen,** vor allem dann, wenn die Preisannahmen des Bieters darauf beruhen, dass der Auftraggeber bzw. sein bevollmächtigter Vertreter das zur Grundlage des Angebots genommene Leistungsverzeichnis nicht mit der nach § 9 VOB/A gebotenen Genauigkeit und Sorgfalt aufgestellt hat. Ein solcher Fall kann dem Bieter nicht ohne weiteres besseres Wissen dadurch zur Last gelegt werden, dass er von der Vergabe ausgeschlossen wird. Dann hat der Auftraggeber gerade auch hier die Unterrichtungsbefugnis nach § 24 VOB/A sowie ggf. eine Aufklärungspflicht nach § 25 Nr. 3 Abs. 2 VOB/A. Anders aber, wenn der Auftraggeber bzw. sein bevollmächtigter Vertreter das Leistungsverzeichnis mit der gebotenen Sorgfalt unter ordnungsgemäßer Verwertung der sich im Rahmen zu fordernder Planung ergebenden Erkenntnisse aufgestellt und in das Vergabeverfahren gebracht hat. Hier wird es bei so genannten Spekulationspositionen häufig um die Frage von Mengenänderungen gehen, was für den Auftraggeber zumindest im Rahmen der Wertung nach § 25 Nr. 3 Abs. 2 VOB/A besonderer Anlass zur kritischen Prüfung, vor allem durch Vergleich mit den Preisangaben anderer Bieter zu der oder den gleichen Positionen, sein muss. Das kann sich z.B. auch im Hinblick auf einen angebotenen Pauschalpreis, vor allem bei bestimmten Positionen, bei denen vom Bieter ohne realen Hintergrund mit erheblichen Mengenminderungen gerechnet wird, ergeben. Weiter können für Vergleiche zu bestimmten Preisangaben auch etwa vorhandene Preisspiegel oder Formblätter EFB-Preis von erheblichem Nutzen sein. Spekulationen können vor allem bei Bodenpositionen eine maßgebende Rolle spielen; gerade hier ist es für den Auftraggeber geboten, vor Aufstellung des Leistungsverzeichnisses die entsprechenden, besonders sorgfältigen Ermittlungen anzustellen, um dann die jeweiligen Preisangaben und die entsprechenden Erwartungen der Bieter einer besonders kritischen Wertung unterziehen zu können. Überhöhte Kosten für die Baustelleneinrichtung sind vom Auftraggeber im Allgemeinen schon im Rahmen der Wertung nach § 25 Nr. 3 Abs. 1 oder 2 VOB/A nicht zu akzeptieren, da oftmals davon auszugehen ist, dass der betroffene Bieter seine Liquidität durch eine frühzeitige Forderung auf eine Abschlagszahlung nach § 16 Nr. 1 Abs. 1 VOB/B zu verbessern trachtet, was Zweifel an seiner Leistungsfähigkeit begründen kann. Etwaige zu niedrige oder zu hohe Stundensätze für so genannte angehängte Stundenlohnarbeiten können vom Auftraggeber auch noch nach Auftragserteilung dadurch im Griff behalten werden, dass er diese Positionen als so genannte Abrufpositionen offen hält, er es also in der Hand behält, ob er sie ausführen lässt oder nicht (zu diesen Fragen siehe auch *Schelle* Bauwirtschaft 1986, 1058, sowie *Schelle/Erkelenz* S. 253 ff.).

C. Prüfung der Eignung der Bieter (Nr. 2).

41 Bei der eigentlichen Wertung hat der Auftraggeber zuerst die **sachliche und persönliche** Eignung der Bieter zu untersuchen (Nr. 2). Auch **§ 97 Abs. 4 GWB** bestimmt, dass Aufträge nur an **fachkundige, leistungsfähige und zuverlässige** Unternehmen vergeben werden. Je nach Vergabeart sind **Art und Umfang** der Prüfung **unterschiedlich** festgelegt. Es liegt auf der Hand, dass sie bei **Öffentlicher Ausschreibung am stärksten** sein muss, weil der Auftraggeber regelmäßig erst bei der Wertung die Gelegenheit hat, diese Eignungsprüfung vorzunehmen, da ihm die Bieter frühestens durch die Öffnung der Angebote bekannt geworden sind. Für diesen Fall schreibt Nr. 2 Abs. 1 eine recht eingehende Eignungsprüfung vor. **Anders** verhält es sich für den Bereich der **Beschränkten Ausschreibung.** Dies ergibt sich daraus, dass der Auftraggeber die hier auftretenden Bieter **selbst ausgewählt** und zur Angebotsabgabe aufgefordert hat (vgl. § 8 Nr. 4 VOB/A), weshalb dann hier nur noch **nach-**

träglich aufgetretene oder bekannt gewordene Umstände für eine im Rahmen der Wertung anzustellende Prüfung der Eignung in Betracht kommen können, wie sich auch aus Nr. 2 Abs. 2 ergibt. Darauf hinzuweisen ist, dass die Regelung der Nr. 2 **auch bei Freihändiger Vergabe** gilt (vgl. Nr. 7 S. 1).

I. Die persönliche und sachliche Eignung der Bieter bei Öffentlicher Ausschreibung (Nr. 2 Abs. 1)

1. Voraussetzungen der Eignung

Hier ist nach S. 1 im Bereich der Wertung vorweg die Eignung der Bieter zu prüfen. Dabei kommt es auf die Beachtung der von den jeweiligen Bietern **vorgelegten Nachweise** im Rahmen der Prüfung der von diesen und anderen Bietern vorgelegten Angebote an. **Ziel** der Eignungsprüfung ist es, die Angebote solcher Bieter auszuwählen, deren **Eignung die für die Erfüllung der vertraglichen Verpflichtungen notwendigen Sicherheiten** bietet. Daraus folgt als letztlich entscheidendes Merkmal, dass diese Eignungsprüfung nur solche Angebote bestehen, die von Bietern abgegeben wurden, die die **erforderliche Fachkunde, Leistungsfähigkeit und Zuverlässigkeit** besitzen **und** die über **ausreichende technische und wirtschaftliche Mittel** verfügen. **Selbstverständlich** kommt es dabei für die jeweils ins einzelne gehende Prüfung **auf den Bieter an, der sich um den Auftrag bewirbt, also Auftragnehmer werden will.** Nicht zulässig ist es daher, den Zuschlag einfach an den niedrigsten (»billigsten«) Bieter zu erteilen, der die genannten Anforderungen nicht erfüllt, und zwar mit der Auflage, sich einen oder mehrere Nachunternehmer zu suchen und/oder zu verpflichten, die fachkundig, leistungsfähig, zuverlässig sind. Abgesehen davon, dass § 4 Nr. 8 VOB/B grundsätzlich von der Eigenausführung durch den Auftragnehmer ausgeht, sieht erst Teil B der VOB einen Nachunternehmereinsatz und die Zustimmung des Auftraggebers dazu vor, weswegen die hier maßgebliche Wertung im Bereich von § 25 VOB/A es zwingend verlangt, auf die insoweit maßgebenden Eigenschaften desjenigen, der als Bieter auftritt, entscheidend abzustellen.

42

Nach § 2 Nr. 1 S. 1 VOB/A sind Bauleistungen an fachkundige, leistungsfähige und zuverlässige Bewerber zu vergeben. Auch **§ 97 Abs. 4 GWB** bestimmt, dass Aufträge nur an **fachkundige, leistungsfähige und zuverlässige** Unternehmen vergeben werden. Diese Voraussetzungen hat der Auftraggeber während der gesamten Dauer des Vergabeverfahrens im Auge zu behalten. Stellt er Unzulänglichkeiten fest, so hat er den betreffenden Bewerber entweder erst gar nicht zur Abgabe eines Angebotes aufzufordern, oder er hat einen solchen Bieter später, nach Kenntnisnahme von der Unzuverlässigkeit, auszuschließen. **Ein Auftraggeber ist dabei an die von ihm gewählten Mindestanforderungen zum Nachweis der Eignung gebunden.** Er muss also Bieter regelmäßig ausschließen, die diesen Anforderungen nicht entsprechen. Da die Nichteinhaltung von solchen Mindestanforderungen für den Bieter zum Verlust aller Chancen im Vergabeverfahren führt, **müssen die Anforderungen möglichst klar und für alle Bieter verständlich formuliert sein** (OLG Brandenburg 5.1.2006 IBR 2006, 162). Welche Anforderungen an den Bewerber bzw. Bieter gestellt werden, ergibt sich aus § 2 Nr. 1 VOB/A. **Es ist durchaus zulässig, hohe Anforderungen an die Fachkunde und Leistungsfähigkeit eines Bieters i.V.m. dem jeweiligen Ausschreibungsgegenstand zu stellen.** Es ist aber notwendig, **anzugeben, welche konkreten Eignungsmerkmale (Fachkunde, Erfahrung und Zuverlässigkeit) einer strengeren Prüfung unterliegen sollen** (OLG Düsseldorf 5.10.2005 IBR 2006, 1146). Voraussetzung für die Entscheidung des Auftraggebers ist eine sorgfältige Überlegung nach vorausgegangener Prüfung. Der Auftraggeber darf sich hierbei nicht auf Mutmaßungen verlassen. Hat er keine eindeutige Klarheit, so muss er zunächst die nötigen Nachweise nach § 8 Nr. 3 VOB/A fordern und kann sich erst nach näherer Überprüfung dann entschließen, ob der Bieter die nötige Fachkunde, Zuverlässigkeit und Leistungsfähigkeit besitzt. Dabei muss sich die Prüfung auf den einzelnen Bieter beziehen, wobei spätestens dessen Angebot über Fachkunde, Zuverlässigkeit und Leistungsfähigkeit Aufschluss geben muss. Es geht also um den jeweiligen Bieter selbst, ohne dass zunächst die übrigen Angebote hinsichtlich der Fachkunde, Leistungsfähigkeit und Zuverlässigkeit der anderen Bieter herangezogen werden. Vergabenachprüfungsinstanzen haben das dem öffentlichen Auftraggeber bei der Festlegung und Gewichtung der für maßgebend erachteten Eignungsmerkmale zustehende Ermessen lediglich in beschränkten Umfang zu kontrollieren. Es hat nur eine Prüfung auf Ermessensfehler stattzufinden. Das bloße Vorliegen so genannter **Bietungsbürgschaften,** die ohnehin nur ausnahmsweise bei einem ordnungsgemäßen Bauvergabeverfahren in Betracht kommen (insoweit zutreffend: *Heiermann* BB 1977, 1575, 1578; dazu *Korbion* FS Heiermann S. 217 ff.), entbindet den Auftraggeber nicht schon von der hier gebotenen Prüfung, wenn sie ihm dadurch auch im Einzelfall erleichtert werden mag. Insbesondere hat aber der Auftraggeber auch **eigene Erklärungen des Bieters zwischen der Angebotsabgabe und der Auftragserteilung zu beachten,** wenn sich aus diesen eindeutig ergibt, dass ihm nunmehr die Zuverlässigkeit, Fachkunde oder Leistungsfähigkeit **fehlt,** wie z.B. die Mitteilung, dass der Betriebsleiter ausgeschieden und kein hinreichend fachkundiges Personal mehr vorhanden sei. Wird dies vom Auftraggeber nicht hinreichend beachtet, so muss er sich eine schuldhafte Verletzung von Pflichten im Bereich **der culpa in contrahendo** vorwerfen lassen, wodurch er jedenfalls gehindert ist, Schadensersatzansprüche gegen den Unternehmer geltend zu machen, wenn er diesem trotzdem den Auftrag erteilt (vgl. dazu OLG Hamm BauR 1992, 70; anders dasselbe [BauR 1996, 243] für den Fall, dass zwar der einzig qualifizierte Mitarbeiter ausgefallen ist, jedoch der maßgebende Termin für die Leistung nicht unerheblich später liegt und auch noch verlängert werden kann). Allerdings ist dem Auftraggeber hier ein angemessener Spielraum bei der Beurteilung der Bietereignung einzuräumen, vor allem, wenn es sich um größere und schwierigere Bauarbeiten handelt; sicher kann er dabei auch eine in einer Referenzliste zum Ausdruck kommende besondere technische Qualifikation eines Bieters beachten (zur spezifischen Erfahrung für auszuführende Arbeiten vgl. EuGH 20.9.1988 Rs. 31/37 SLG 1988, 4635). Auch hat der Bieter aus dem genannten Rechtsgrund keinen Anspruch auf Schadensersatz, wenn der Auftraggeber unberechtigt die Ausschreibung aufhebt, der Bieter zwar das niedrigste Angebot abgegeben, dem Auftraggeber jedoch trotz wiederholter Aufforderung die mit Recht geforderten Informationen zu seiner Leistungsfähigkeit, Fachkunde und Zuverlässigkeit nach § 8 Nr. 3 VOB/A nicht erteilt hat (insoweit zutreffend: OLG Düsseldorf BauR 1993, 597 = NJW-RR 1993, 1046).

43 Zu dem Erörterten bestimmt Nr. 1.3 der Richtlinien zum VHB 2002 zu § 25 VOB/A (zugleich auch für die Bereiche der Beschränkten Ausschreibung und der Freihändigen Vergabe):

1.3 Eignung der Bieter
1.3.1 Fachkunde, Leistungsfähigkeit und Zuverlässigkeit der Bieter sind bei
 – *Öffentlicher Ausschreibung im Rahmen der Wertung der Angebote,*
 – *Beschränkter Ausschreibung und Freihändiger Vergabe bereits vor Aufforderung zur Angebotsabgabe zu prüfen.*
Wenn bei Beschränkter Ausschreibung und Freihändiger Vergabe nach der Aufforderung zur Angebotsabgabe Umstände bekannt geworden sind, die Zweifel an der Fachkunde, Leistungsfähigkeit und Zuverlässigkeit des Bieters begründen, sind sie bei der Wertung zu berücksichtigen; siehe auch Richtlinie zu § 2 VOB/A.
Die Eignung ist bezogen auf die jeweils geforderte Leistung unabhängig von der Höhe des Angebotspreises zu beurteilen.
Für die Beurteilung sind die nach § 8 Nr. 3 geforderten Nachweise heranzuziehen.
1.3.2 Fachkundig ist der Bieter, der über die für die Vorbereitung und Ausführung der jeweiligen Leistung notwendigen technischen Kenntnisse verfügt. Bei schwierigen Leistungen wird in der Regel zu fordern sein, dass der Bieter bereits nach Art und Umfang vergleichbare Leistungen ausgeführt hat. Leistungsfähig ist der Bieter, der über das für die fach- und fristgerechte Ausführung notwendige Personal und Gerät verfügt und die Erfüllung seiner Verbindlichkeiten erwarten lässt. Wegen des Nachweises der Leistungsfähigkeit bei Nachunternehmern vgl. Nr. 1.3.3.

Wertung der Angebote § 25 VOB/A

Zuverlässig ist ein Bieter, der seinen gesetzlichen Verpflichtungen – auch zur Entrichtung von Steuern und sonstigen Abgaben – nachgekommen ist und der auf Grund der Erfüllung früherer Verträge eine einwandfreie Ausführung einschließlich Gewährleistung erwarten lässt.
Zuverlässigkeit ist nicht gegeben bei Bietern, bei denen einer der in § 8 Nr. 5 Abs. 1 genannten Gründe vorliegt.

1.3.3 *Die Eignung des Bieters hängt auch davon ab, in welchem Umfang er Leistungen an Nachunternehmer übertragen will.*
Nach § 4 Nr. 8 VOB/B hat der Auftragnehmer die Leistungen, auf die sein Betrieb eingerichtet ist, grundsätzlich selbst auszuführen.
Der Bieter ist nach Nr. 7 der Bewerbungsbedingungen – EVM (B) BwB/E – verpflichtet, Art und Umfang der Leistungen anzugeben, die er an Nachunternehmer zu vergeben beabsichtigt. Ergibt sich aus den Erklärungen in Nr. 6 des Angebotsschreibens – EVM (B) Ang –, dass der Bieter Leistungen, auf die sein Betrieb eingerichtet ist, an Nachunternehmer übertragen will, ist zu prüfen, ob
– *dadurch die für die Ausführung erforderliche Fachkunde, Leistungsfähigkeit und Zuverlässigkeit des Unternehmers beeinträchtigt wird und*
– *er wirtschaftlich, technisch und organisatorisch die Gewähr für ordnungsgemäße Vertragserfüllung, insbesondere für einwandfreie Koordinierung und Aufsicht bietet.*

Gerade für die Eignungsprüfung kann auch die **Preisgestaltung** der jeweiligen Angebote von **maßgeblicher Bedeutung** sein, weshalb es durchaus gerechtfertigt ist, von den Bietern eine **Aufgliederung der Angebotspreise** zu fordern, wofür die im Rahmen des VHB liegenden **Formblätter EFB-Preis 1a bis d und EFB-Preis 2**, die nicht Vertragsbestandteil werden, **besonders geeignet** sind. Wird dies von einem Bieter bei der Angebotsabgabe nicht befolgt, so kann dies ein Ausschlussgrund nach § 25 Nr. 1b VOB/A sein, im Übrigen liegt es auf der Hand, dass der betreffende Bieter u.U. bei der weiteren Wertung nicht berücksichtigt werden kann, falls der Auftraggeber keine sonstigen näheren Anhaltspunkte, die für die Eignung des Bieters sprechen können, hat. 44

2. Vergleich der Bieter

Hält der Auftraggeber einen Bieter nach dem Gesagten an sich schon für geeignet, wird dessen Angebot in den Kreis der weiter zu wertenden Angebote aufgenommen. Es wird dann zur Leistungsfähigkeit, Zuverlässigkeit und Fachkunde noch ein **Vergleich zwischen den einzelnen** sich an der Ausschreibung beteiligenden Bietern angestellt. Dabei kann der eine oder andere für den Zuschlag nicht in Betracht kommen, obwohl er bis zu diesem Vergleich noch zu dem Kreis gezählt werden konnte, der von § 2 Nr. 1 S. 1 VOB/A erfasst ist. Es kann nämlich sein, dass im Hinblick auf den speziellen Auftrag eine Reihe von Bietern vorhanden ist, die eine weit bessere Zuverlässigkeit, Leistungsfähigkeit und Fachkunde aufweisen. Dann kann es dem Auftraggeber nicht vorgeworfen werden, wenn er im Rahmen der Eignungsprüfung den weniger leistungsfähigen, zuverlässigen und fachkundigen Bieter aus dem Kreis der Bewerber ausschließt. Eine Berücksichtigung dieses »**Mehr an Eignung**« in einem späteren Stadium des Wertungsprozesses ist dem Auftraggeber jedoch verwehrt. Ist ein Unternehmen im Rahmen der zweiten Wertungsstufe als prinzipiell geeignet befunden worden, so können die Eignungskriterien im Rahmen der Auswahl des wirtschaftlichsten Angebots nicht erneut herangezogen werden. **Einem Unternehmen darf daher nach der Rechtsprechung des BGH nicht deshalb der Zuschlag erteilt werden, weil es im Vergleich zu anderen Unternehmen über ein »Mehr an Eignung«, etwa in Form einer spezifischen Erfahrung auf dem jeweiligen Gebiet, verfügt** (BGH NJW 1998, 3644). 45

3. Eignungsprüfung

Bei der **Eignungsprüfung** ist im Einzelnen Folgendes zu beachten: 46

a) Leistungsfähigkeit

47 Im Bereich der **Leistungsfähigkeit** müssen die Bieter über die **personellen, technischen und wirtschaftlichen Mittel verfügen, wodurch die ordnungsgemäße Ausführung des konkreten Bauvorhabens gesichert ist,** vor allem im Hinblick auf die technisch einwandfreie und die zeitgerechte Ausführung. **Daran kann es fehlen, wenn ein Bieter zahlreiche Subunternehmer einsetzen will, ohne dass er selbst die Gewähr für eine ordnungsgemäße Koordination zumindest durch einen bewährten Bauleiter bietet.** Ein Unternehmer, der mit einem guten und modernen Maschinenpark versehen ist, der ihn unter normalen Verhältnissen in die Lage versetzt, anfallende durchschnittliche Bauvorhaben auszuführen, kann trotzdem in technischer Hinsicht für eine bestimmte Bauleistung nicht ausreichend genug ausgerüstet sein. Sind die erforderlichen, **für den Einzelfall nötigen** Gerätschaften nicht im Besitz des Bieters und sind sie für ihn nur durch außergewöhnliche Umstände oder Aufwendungen zu erlangen, so ist der Bieter zwar an sich leistungsfähig, aber die Leistungsfähigkeit reicht im Verhältnis zu den anderen Bietern, die über die betreffenden Geräte bereits verfügen, im speziellen Einzelfall nicht aus. Allerdings sind die jeweiligen Anforderungen auf die eigentliche Bauausführung und deren jeweilige Erfordernisse abzustellen, zugleich auch darauf zu beschränken. So ist es unzulässig, andere Gesichtspunkte hier mit einzubeziehen, die nicht mit der Bauausführung zusammenhängen, mögen sie auch aus der allgemeinen Interessenlage berechtigt sein, wie z.B. im Hinblick auf Fragen des Transportes. So dürfte es unzulässig sein, nur solche Bieter mit in die engere Wertung zu nehmen, die den Transport von Kies auf der Schiene und nicht auf der Straße vornehmen, zumal gerade hier für die jeweiligen Bieter u.a. auch im Hinblick auf die Lage der Baustelle Kostengesichtspunkte eine Rolle spielen. Anders nur dann, wenn ausnahmsweise die kostenmäßigen Belastungen für die Bieter in etwa gleich sind.

Der Bieter, sei es als Haupt-, Generalunternehmer – oder soweit im EU-Bereich wegen des mit der Ausgabe 2006 eingefügten §8a Nr. 10 VOB/A als Generalübernehmer – **hat in vollem Umfang auch die Leistungsfähigkeit der von ihm angebotenen Subunternehmen nachzuweisen.** Ein Bewerber oder Bieter, der nicht selbst über die erforderlichen Mittel verfügt, muss von sich aus darlegen und den Nachweis dafür antreten, **welcher ihm unmittelbar oder mittelbar verbundenen Unternehmen, die solche Mittel besitzen, er sich bei der Ausführung es Auftrags in der Weise bedienen will**, dass diese Mittel als ihm tatsächlich zu Gebote stehend anzusehen sind (OLG Düsseldorf 26.1.2005 VergabeR 2005, 374 = NZBau 2005, 354).

Ähnlich ist das Gesagte im Hinblick auf das zur Verfügung stehende **Personal** und die **wirtschaftlichen Mittel** zu verstehen. Ist ein Bieter an sich wirtschaftlich gesund und für den Normalfall hinreichend kreditfähig, werden aber im konkreten Fall infolge besonderer Umstände erhebliche Vorleistungen oder sonstige Aufwendungen verlangt, die über die wirtschaftliche Kraft des sonst leistungsfähigen Bieters hinausgehen, so bietet er nicht die Sicherheit für die im Einzelfall notwendigen wirtschaftlichen Mittel. Es kann also vorkommen, dass ein Bieter trotz an sich allgemein gegebener Leistungsfähigkeit beim Zuschlag nicht berücksichtigt wird, weil er ausnahmsweise die übernormalen Anforderungen der Leistungsfähigkeit nicht zu erfüllen vermag.

48 Sicher ist es durchaus sachgerecht und daher zulässig, wenn der Auftraggeber in seine Wertung **Erfahrungen mit einbezieht,** die er mit einem bestimmten Bieter **in der Vergangenheit** gemacht hat (vgl. OLG Düsseldorf BauR 1990, 596 = NJW-RR 1990, 1046 = SFH § 25 VOB/A Nr. 5 im Falle der Kündigung früherer Verträge und anhängiger Prozesse mit diesem Bieter; vgl. auch Rn. 56).

49 Hat der Bieter bei der Angebotsabgabe erklärt oder ergibt sich aus seinem Angebot, dass er die Leistung allein auszuführen gedenkt, so kann er Zweifel an seiner Eignung **nicht nachträglich** nach Angebotseröffnung dadurch ausräumen, dass er einen aus seiner Sicht oder wirklich leistungsfähigen **Subunternehmer** benennt, der mit ihm oder allein den Auftrag ausführen möchte. Andererseits gibt gerade auch der **von vornherein vorgesehene** Nachunternehmereinsatz seiner Art und seinem Umfang nach für den Auftraggeber möglicherweise Aufschlüsse zur Frage der Leistungsfähigkeit des betreffenden Bieters (vgl. dazu VHB zu § 25 VOB/A Nr. 1.3.3, oben Rn. 49). **Ein Angebot, dass dem**

Selbstausführungsgebot des § 4 Nr. 8 VOB/B oder dem Gebot des gewerbsmäßigen Handelns nach § 8 Nr. 2 Abs. 1 S. 2 VOB/A widerspricht, ist nach § 25 Nr. 2 Abs. 1 S. 2 VOB/A von der Wertung auszuschließen (OLG Düsseldorf BauR 2000, 1623).

b) Zuverlässigkeit und Fachkunde

Das Gesagte gilt auch für die weiteren Eigenschaften, nämlich **Zuverlässigkeit und Fachkunde**. Es **50** kann vorkommen, dass für ein bestimmtes Objekt besondere Zuverlässigkeit, Erfahrungen oder Sachkenntnisse notwendig sind, die nicht jeder an sich sonst erfahrene und sachlich hinreichend mit Kenntnissen ausgestattete Bieter besitzt, z.B. hinsichtlich der Bodenverhältnisse, der im Einzelfall erforderlichen Gründungen, der Wasserhaltung, beim Spezialbau usw. Ist das nicht der Fall, so muss der betreffende Bieter hinter den anderen zurückstehen. **Auf Unzuverlässigkeit kann geschlossen werden, wenn sich der Bieter unerlaubter oder auch unsachlicher Mittel bedient, um den Auftrag zu erhalten.** Dies trifft z.B. bei einem Bieter zu, der bei einer Ausschreibung nach VOB/A seine Angebotspreise in zwei Losen durch bewusste Additionsfehler vorsätzlich erhöht, weshalb dann sein Angebot nicht berücksichtigt zu werden braucht. Ein Bieter, der erkennt, dass **einzelne Positionen mit weit überhöhten Mengenansätzen ausgeschrieben** sind und entgegen den Bewerbungsbedingungen auf diese Unrichtigkeit der Leistungsbeschreibung nicht hinweist, sondern versucht, durch aus dem Rahmen fallende niedrige Einheitspreise in diesen Positionen eine günstige Stellung im Ausschreibungsverfahren zu erlangen, ist nicht hinreichend zuverlässig i.S.v. § 25 Nr. 2 Abs. 1 VOB/A und hat keinen Schadensersatzanspruch wegen enttäuschten Vertrauens in die Ordnungsgemäßheit der Ausschreibung; das gilt auch, wenn der Bieter zwar das niedrigste Angebot gemacht hat, dieses aber unter Berücksichtigung der tatsächlich auszuführenden Mengen nicht mehr zutrifft und dann sein Angebot nicht mehr das annehmbarste ist. Gleiches gilt, wenn es der Angebotspreis als unmöglich erscheinen lässt, dass der Bieter, vor allem auch gegenüber Dritten, seine Verpflichtungen erfüllt, wie sie in § 4 Nr. 2 VOB/B festgelegt sind, insbesondere erkennbar nicht alle zur sachgerechten Ausführung erforderlichen Maßnahmen erfassen kann; es genügt keinesfalls, sich insoweit auf das Erfüllungs- bzw. Gewährleistungsrisiko des späteren Auftragnehmers zu verlassen. **Auf Unzuverlässigkeit kann auch geschlossen werden, wenn sich ein Bieter wiederholt bei früheren Angeboten verrechnet oder wenn er mehrfach die ursprünglichen Eintragungen im Angebot geändert hat.** Vorsätzlich eingebaute Rechenfehler können zur Nichtberücksichtigung des Angebotes nach § 25 Nr. 2 Abs. 1 VOB/A führen. Andererseits reicht es für die Annahme der Unzuverlässigkeit kaum aus, wenn einem Bieter ein einzelner, für den Auftraggeber ohne weiteres erkennbarer **Rechenfehler** unterlaufen ist (OLG Düsseldorf BauR 1996, 298 = IBR 96, 142). Ein **einzelner** anhängiger Rechtsstreit des Auftraggebers mit dem Bieter ist als solcher allerdings noch kein Anlass, den Bieter für ungeeignet zu halten. Anders kann es sein, wenn dieser Rechtsstreit um erhebliche Mängel geführt wird, hinsichtlich deren der Auftraggeber berechtigten Anlass hat, an der Zuverlässigkeit des Bieters gerade für den zu vergebenden Auftrag zu zweifeln, was aber vom Auftraggeber – wie überhaupt – gegebenenfalls näher darzulegen ist.

c) Öffentlich-rechtliche Eignungsanforderungen

Soweit **es gesetzliche oder sonst bindende Bestimmungen über die Eigenschaften von Unternehmern** für die Ausführung gewisser Bauleistungen gibt, gehören diese schon zu den grundlegenden **51** Erfordernissen im Rahmen von § 2 Nr. 1 S. 1 VOB/A. Sofern **öffentlich-rechtliche Bestimmungen** in Rede stehen, wie z.B. die der Gewerbeordnung und der Handwerksordnung, kommen sie als Hinderungsgründe für den Zuschlag nicht bereits **von sich aus** in Betracht. Vielmehr müssen sozusagen als Obersatz die in der VOB aufgeführten persönlichen und sachlichen Eigenschaften der Bieter nicht gegeben sein. Das ist allerdings bei Bietern der Fall, deren Betrieb nicht nach der Gewerbeordnung eingerichtet, geführt und zugelassen ist oder wenn die Inhaber in die Handwerksrolle nicht eingetragen sind. Dabei kann es ausreichen, wenn die Eintragung in die Handwerksrolle erst nach Angebotseröffnung erfolgt ist. Andererseits kann es nicht unbedingt und in jedem Fall Aufgabe des Auftraggebers sein, dass er sich um die Einhaltung öffentlich-rechtlicher Bestimmungen kümmert. Das ist grundsätzlich Sache der hierfür eigens kraft öffentlichen Rechts eingesetzten behördlichen Überwachungsorgane bzw. auch der betreffenden Berufsverbände (so auch *Daub/Piel/Soergel* ErlZ A 25.93) es sei denn, der Auftraggeber hat im Einzelfall entsprechende Kenntnis von Verstößen oder handfeste dahin gehende Anhaltspunkte, wie z.B. hinsichtlich des **Gesetzes zur Bekämpfung von Schwarzarbeit** (in der durch das Gesetz zur Erleichterung der Bekämpfung von illegaler Beschäftigung und Schwarzarbeit v. 23.7.2002 geänderten Fassung BGBl. I 2002 S. 2787).

52 In Betracht kommen auch **Verstöße gegen das Arbeitnehmer-Entsendegesetz** (Gesetz über zwingende Arbeitsbedingungen bei grenzüberschreitenden Dienstleistungen – AEntG – zuletzt geändert durch das Gesetz zu Korrekturen in der Sozialversicherung und zur Sicherung von Arbeitnehmerrechten v. 19.12.1998 [BGBl. I S. 3893]). Nach diesem Gesetz sind Bauunternehmen u.a. verpflichtet, ihren Arbeitnehmern die durch Rechtsverordnung der Bundesregierung für allgemeinverbindlich erklärten **Mindestlöhne** zu zahlen. **Der Auftraggeber dürfte berechtigt sein, im Zusammenhang mit konkreten Bauvergaben sich die Einhaltung dieser öffentlich-rechtlichen Verpflichtung im Rahmen der Zuverlässigkeitsprüfung nachweisen zu lassen** (ähnlich *Marx* in Die Vergabe öffentlicher Aufträge im Lichte des europäischen Wirtschaftsrechts, Band 235 der Schriftenreihe Europäisches Recht, Politik und Wirtschaft S. 77 ff.; vgl. auch den Erlass des Bundesministeriums für Verkehr, Bau- und Wohnungswesen v. 22.6.2000 [BS 11–0 1095–524] über die Fortgeltung der Vereinbarung zur Einhaltung der tarifvertraglichen und öffentlich-rechtlichen Bestimmungen, der vom Bundesministerium als Präzisierung des Vergabekriteriums »Zuverlässigkeit« gesehen wird). Rechtlich **umstritten** ist dagegen, ob die Vergabe öffentlicher Bauaufträge generell an die Einhaltung von tarifrechtlichen Bestimmungen gekoppelt werden und insbesondere stets die **Zahlung des ortsüblichen Tariflohns** von den Unternehmen verlangt werden kann. Grundsätzlich dürften **unter dem Gesichtspunkt der Zuverlässigkeit nur diejenigen Anforderungen an Unternehmen heranziehbar sein, deren Einhaltung zwingend durch öffentliches Recht im Zusammenhang mit der Erbringung von Bauleistungen vorgeschrieben sind**. Um die Unzuverlässigkeit eines Bieters zu begründen, muss der jeweilige Rechtsverstoß daher einen konkreten Bezug zu dem in Aussicht genommenen öffentlichen Bauauftrag haben (vgl. *Boesen* Vergaberecht 1. Aufl. Rn. 85 zu § 97 GWB). **Ob der Gesetzgeber berechtigt ist, die Vergabe öffentlicher Bauaufträge an die Zahlung ortsüblicher Tariflöhne zu koppeln, ist sowohl unter dem Gesichtspunkt des nationalen wie auch des EG-Rechts umstritten** (vgl. zur Unzulässigkeit der Tariftreueerklärung des Landes Berlin die Entscheidungen des Kammergerichts [NJWE-WettbR 1998, 284 = ZIP 1998, 1600] und des BGH [Vorlagebeschl. v. 18.1.2000 KVR 23/98 = NZBau 2000, 189], der die Sache dem Bundesverfassungsgericht vorgelegt hat; eine Entscheidung steht insoweit noch aus; zum EG-Recht vgl. insbesondere das »Gebroeder Beentjes-Urteil« EuGH Urt. v. 20.9.1988 Rs. 31/87 = Slg. 1988, 4035, 4060). Die Rechtsprechung der Vergabesenate hat das sich aus verschiedenen Landesgesetzen ergebende Erfordernis, Tariftreueerklärungen vorlegen zu müssen, bisher nicht beanstandet (BayObLG VergabeR 2002, 252).

Von der Frage der Zuverlässigkeitsprüfung ist die Diskussion zu unterscheiden, die unter dem Stichwort der **Zulässigkeit** »vergabefremder Kriterien bei der Auftragserteilung« geführt wird. Insoweit ist auf die Kommentierung zu § 97 Abs. 4 GWB zu verweisen, nach dem »andere oder weiter gehende Anforderungen an die Auftragnehmer« auf Grund eines Bundes- oder Landesgesetzes zugelassen werden. Die Unzuverlässigkeit eines Bieters können nur Rechtsverstöße gegen solche Vorschriften begründen, die ihrerseits in Einklang mit dem GWB und insbesondere dem deutschen Verfassungsrecht und dem europäischen Recht (insbesondere des EG-Vertrags und der EG-Vergaberichtlinien) stehen. Zulässig ist das **Kriterium der Bekämpfung der Arbeitslosigkeit** nach der Rechtsprechung des EuGH (EuGH NZBau 2000, 584) dann, wenn eine solche Bedingung die wesentlichen Grundsätze des Gemeinschaftsrechts (vor allem das Diskriminierungsverbot) beachtet und die Unternehmen in der Lage sind, vom Bestehen einer solchen Bedingung Kenntnis zu erlangen. Gleiches gilt für die **Bedingung der Beschäftigung von Langzeitarbeitslosen**, wenn sie nicht mittelbar oder unmittelbar zu einer Diskriminierung der Bewerber aus anderen Mitgliedsstaaten der EG führt (EuGH NJW 1990, 1414).

d) Private Eigenschaften

Rein private Eigenschaften des Bieters können an sich **keine Rolle** bei der Auswahl spielen. Das Privatleben kann nur da von Bedeutung sein, wo es einen schädigenden Einfluss auf die Leistungsfähigkeit und Zuverlässigkeit ausübt. Ein weiteres Kontrollrecht steht dem Auftraggeber nicht zu. **53**

e) Einhaltung steuerlicher Verpflichtungen

Nicht ohne Problematik ist in diesem Zusammenhang die Frage nach der Erfüllung **steuerlicher Verpflichtungen** durch den Bieter, wobei auch sonstige **öffentliche Lasten** jeder Art einzubeziehen sind. Grundsätzlich ist es **nicht Sache des Auftraggebers,** auch nicht des fiskalisch auftretenden öffentlichen Auftraggebers, **die Erfüllung öffentlicher Lasten** durch den Bieter **sozusagen als Kontrollorgan nachzuprüfen. Nur dann kann ein berechtigtes Interesse des Auftraggebers vorliegen, wenn es um die wirtschaftliche Sicherung der vollständigen und reibungslosen Erfüllung der in Aussicht genommenen, bauvertraglichen Verpflichtungen geht.** Nicht anders ist auch **§ 8 Nr. 5 Abs. 1d VOB/A** aufzufassen. Dann ist es aber letztlich eine Frage der Leistungsfähigkeit und Zuverlässigkeit, die ohnehin grundlegende Voraussetzungen nach § 2 Nr. 1 S. 1 VOB/A sind. Steht zu befürchten, dass der Bieter vor oder während der Bauausführung oder unmittelbar danach wegen steuerlicher Rückstände oder sonstiger von § 8 Nr. 5 Abs. 1d VOB/A erfasster Verpflichtungen belangt wird, so werden damit zugleich seine Leistungsfähigkeit und Zuverlässigkeit in Bezug auf seine bauvertraglichen Verpflichtungen geschmälert. Dann besteht ein berechtigtes Interesse des Auftraggebers, diesen insoweit unzuverlässigen Bieter aus dem Kreis der Bewerber für den Bauauftrag auszuschalten. **Deshalb kann es dem Auftraggeber nicht versagt sein, im Angebot nach § 21 Nr. 1 Abs. 1 S. 1 VOB/A bzw. schon vorher nach § 8 Nr. 5 Abs. 2 und 3 VOB/A Erklärungen über eventuelle erhebliche und die Leistungsfähigkeit sowie Zuverlässigkeit der Bieter beeinflussende Steuerrückstände oder Rückstände an sonstigen öffentlichen Lasten zu verlangen** oder sich mit dem Angebot entsprechende Bescheinigungen der zuständigen Behörden vorlegen zu lassen. Natürlich geht diese Aufklärungs- und Darlegungsbefugnis des Auftraggebers nur so weit, wie es sich um die Leistungsfähigkeit und Zuverlässigkeit des Bieters für die Erfüllung der Aufgaben **aus diesem konkreten Bauauftrag** handelt. **54**

Davon zu unterscheiden ist das Verlangen nach **Vorlage einer Freistellungsbescheinigung zur Vermeidung der Bauabzugsteuer.** Mit dem Gesetz zur Eindämmung illegaler Betätigung im Baugewerbe vom 30.8.2001 (BGBl. I S. 2267) wurde zur Sicherung von Steueransprüchen bei Bauleistungen ein Steuerabzug eingeführt. Diese Pflicht zum Abzug gilt nicht nur für Unternehmer i.S.d. § 2 UStG, sondern auch für alle juristischen Personen des öffentlichen Rechts (Leistungsempfänger), für die jemand im Inland Bauleistungen i.S.v. § 48 EStG erbringt – also insbesondere auch für öffentliche Bauauftraggeber. Diese haben danach bei der Durchführung von öffentlichen Bauaufgaben im Inland einen Steuerabzug in Höhe von 15% des Rechnungsbetrages (Gegenleistung) für Rechnung des die Bauleistung erbringenden Unternehmers (Leistenden) vorzunehmen, wenn nicht eine vom zuständigen Finanzamt ausgestellte Freistellungsbescheinigung vorliegt.

Hierbei handelt es sich um allgemein geltende steuerrechtliche Vorschriften, die unabhängig vom Bauvergaberecht anzuwenden sind. Allein aus der Nichtvorlage dieser Freistellungserklärung kann vergaberechtlich nicht auf die Unzuverlässigkeit eines Unternehmens geschlossen werden. Art und Umfang des Steuerabzuges nach § 48 EStG, insb. die Voraussetzungen für die Haftung des Leistungsempfängers für einen nicht oder fehlerhaft durchgeführten Steuerabzug, sind dem Merkblatt des Bundesministeriums der Finanzen zum Steuerabzugsverfahren nach § 48 EStG und dem BMF-

Schreiben vom 1.11.2001 (IV A 5-S 1900–292/01; beide Schreiben können im Internet unter www.bundesfinanzministerium.de eingesehen werden) zu entnehmen.

II. Die persönliche und sachliche Eignung der Bieter bei Beschränkter Ausschreibung (Nr. 2 Abs. 2)

55 Wie schon oben hervorgehoben, ist davon auszugehen, dass der Auftraggeber Im Falle der **Beschränkten Ausschreibung hat der Auftraggeber bereits vor Aufforderung bestimmter Unternehmer von Angeboten deren Eignung für den konkreten Vergabefall zu prüfen,** wie dies auch in § 8 Nr. 4 VOB/A zwingend vorgeschrieben ist. Hier sind die vorangehend für den Fall der Öffentlichen Ausschreibung im Einzelnen aufgeführten Gesichtspunkte somit schon geklärt, bevor es zu der hier erörterten Angebotswertung kommt. Daher schreibt Nr. 2 Abs. 2 folgerichtig vor, dass nunmehr im Hinblick auf die Eignung des Bieters, also des Unternehmers, der nach Aufforderung ein Angebot abgegeben hat, **nur noch solche Umstände zu berücksichtigen** sind, die **nach der Aufforderung zur Angebotsabgabe Zweifel an der Eignung des betreffenden Bieters begründen.** Es müssen also **nach** der Aufforderung zur Angebotsabgabe dem Auftraggeber Umstände **bekannt geworden** sein, aus denen sich Zweifel an der Richtigkeit der bisher zur Fachkunde, Leistungsfähigkeit und Zuverlässigkeit sowie hinsichtlich der technischen oder wirtschaftlichen Mittel des Bieters getroffenen Feststellungen ergeben. Ist dies der Fall, so muss der Auftraggeber erneut eine Prüfung vornehmen, und zwar in dem Umfang, wie er sich aus den jetzt hervorgetretenen Zweifeln ergibt. Dabei können diese Zweifel auf Tatsachen beruhen, die schon vor der Aufforderung zur Angebotsabgabe vorlagen, aber dem Auftraggeber nicht bekannt waren, oder auch solchen, die erst nach der Aufforderung zur Angebotsabgabe aufgetreten sind. Für den Fall, dass jetzt Zweifel im genannten Sinne vorliegen, richtet sich die Prüfung der Eignung nach den im Einzelfall für die Öffentliche Ausschreibung maßgebenden Einzelheiten (so auch VK Bund NZBau 2000, 398 = ZVgR 1999, 258).

D. Die Wertung der Angebotspreise (Nr. 3)

56 Nr. 3 ist letztlich der entscheidende Kern der Angebotswertung. Dort geht es maßgeblich um die Feststellung der Angemessenheit der von den einzelnen Bietern angebotenen Preise, naturgemäß im Verhältnis zu der im Einzelfall verlangten Leistung. Diese sehr eingehend vorzunehmende Wertung führt dann letztlich zur Entscheidung darüber, welcher Bieter den Auftrag (Zuschlag) erhalten soll.

57 Die Regelung der Nr. 3 dient vor allem dem **Schutz des Auftraggebers,** insbesondere soll diese Regelung in erster Linie dazu beitragen, späteren **Schaden beim Auftraggeber zu vermeiden** (OLG Düsseldorf VergabeR 2001, 128; BayObLG ZfBR 2001, 45; BGH BauR 1980, 63 = NJW 1980, 180 = SFH § 25 VOB/A Nr. 1 = MDR 1980, 223 = ZfBR 1980, 31 = LM VOB/A Nr. 4; vor allem auch in strafrechtlicher Hinsicht: BGH BauR 1992, 383 = ZfBR 1992, 126 = Betrieb 1992, 834 = NJW 1992, 921 = MDR 1992, 604 = *Niederleithinger* EWiR § 263 StGB 1/92, 295 = ZIP 1992, 266 = BB 1992, 234; OLG Hamm BauR 1992, 70). Nur in bestimmten Ausnahmefällen dienen nach einem Teil der Rechtsprechung (OLG Jena BauR 2000, 396 = NZBau 2000, 349) diese Bestimmungen **auch dem Schutz des Bieters**, der ein zu niedriges Angebot abgibt. Die Wertung des Angebotsinhalts hinsichtlich der angebotenen Bauleistung selbst ist in drei Gruppen geteilt, nämlich gemäß den Bestimmungen in Abs. 1 und 2, dann in Abs. 3 S. 1 sowie schließlich in Abs. 3 S. 2.

Wertung der Angebote § 25 VOB/A

I. Angebote mit einem unangemessen hohen oder niedrigen Preis (Abs. 1)

1. Grundsatz

Zunächst ist nach allgemeinen Erfahrungssätzen zu prüfen, ob der vom Bieter für die Bauleistung geforderte **Preis in einem unangemessenen Verhältnis zu der Leistung** steht. Ist das der Fall, werden die betreffenden Angebote ohne weitere Prüfung bei der Vergabe ausgeschlossen. **Diese Bestimmung ist zwingend.** Ein unangemessen hoher oder niedriger Preis liegt vor, wenn Leistung und Gegenleistung voneinander **erheblich abweichen.** Dies kann nicht nur darin liegen, dass der geforderte Preis **erheblich übersetzt** ist; es liegt **auch** bei einem **auffallenden Unterbieten** vor. Wer also ersichtlich nicht mit dem von ihm für die Leistung geforderten Preis auskommen kann, ist ebenso untauglich als Auftragnehmer, als wenn er erheblich zu viel an Entgelt verlangen würde. 58

2. Konkrete Prüfung des Preis-/Leistungsverhältnisses

Maßstab für die hier anzustellende Prüfung ist § 2 Nr. 1 VOB/A, wonach Bauleistungen zu angemessenen Preisen zu vergeben sind. Die hier zu erörternde Regelung schließt daran an und bezweckt, dass **im konkreten Preis-Leistungs-Verhältnis außerhalb des nach anerkannten fachlichen Maßstäben liegende entweder zu hohe oder zu niedrige Preisforderungen von der weiteren Wertung ausgeschlossen** werden. Dabei geht es hier nicht um die gegenüberstellende Wertung einzelner Positionen des Leistungsverzeichnisses, sondern um das Endergebnis des jeweiligen Angebotes für sich. Die Vergabestelle muss also **bei der Beurteilung der Angebotspreise nach § 25 Nr. 3 VOB/A immer auf das Gesamtangebot und nicht auf die Einzelpreise abstelle**n (BayObLG ZVgR 2001, 45). 59

Deshalb muss es noch kein Missverhältnis sein, wenn ein Bieter für eine bestimmte Teilleistung keinen Preis eingesetzt hat, da er diese im Gesamtzusammenhang der geforderten Gesamtleistung eventuell ohne besondere Kosten erbringen kann, indem bei ihm oder wegen der von ihm erkannten Verhältnisse der Baustelle entsprechende Voraussetzungen gegeben sind. Ähnliches gilt, wenn der Bieter eine Reihe von Positionen unterkalkuliert hat, in anderen Positionen aber recht hohe Preise anbietet, wie z.B. bei der Baustelleneinrichtung und den Verkehrssicherungsmaßnahmen. Diese Fälle sollten dem Auftraggeber aber regelmäßig Anlass zu weiteren Aufklärungen (§ 24 VOB/A) über die Kalkulation des Bieters geben.

Handelt es sich aber um bestimmte und in sich abgeschlossene Teile des Angebots, in denen die Preise in unangemessenem Verhältnis zu der betreffenden Teilleistung stehen, so gilt ebenso etwas anderes, wie wenn eine Reihe von gewichtigen Positionen augenfällig unterkalkuliert ist, ohne dass aus anderen ein »Ausgleich« erkennbar ist. Dem Auftraggeber muss nämlich ein Interesse an der Feststellung der Unangemessenheit des geforderten Preises zu der verlangten Leistung auch insoweit zugestanden werden, als es sich um in sich leistungs- und preismäßig abgeschlossene Teile des Angebotes handelt. Das Letztere gilt allerdings nur für Einheitspreisverträge, u.U. hinsichtlich der Kostenansätze von Stundenlohnverträgen, nicht aber bei Pauschalverträgen. Bei diesen kommt für solche Überlegungen nur der insgesamt angebotene Pauschalpreis in Frage, es sei denn, dass im Angebot mehrere Angebotsteile in sich geschlossen zu Pauschalpreisen zusammengefasst und angeboten werden.

3. Vergabehandbuch

Die hier anzustellende Prüfung hat nicht nur bei Öffentlicher Ausschreibung, sondern vor allem auch bei Beschränkter Ausschreibung und Freihändiger Vergabe (vgl. Nr. 7 S. 1) zu erfolgen. **Sie muss jedenfalls einsetzen, und zwar unabhängig von dem dann gefundenen Ergebnis, wenn der betreffende Bieter mit seinem Angebotsendpreis etwa 10 bis 15% unter oder über dem Angebotsendpreis des nächsten Bieters liegt.** Dementsprechend hat das Vergabehandbuch des Bun- 60 des mit der Ausgabe 2002 in der Richtlinie zu § 25 VOB/A (Nr. 1.5.4) folgende Regelung aufgenommen: Zweifel an der Angemessenheit ergeben sich insbesondere, wenn die Angebotssummen

- eines oder einiger weniger Bieter erheblich geringer sind als die der übrigen oder
- erheblich von der aktuell zutreffenden Preisermittlung des Auftraggebers abweichen.
- Solche Zweifel sind grundsätzlich bei einer Abweichung von 10 v.H. oder mehr anzunehmen.

4. Auswertung der EFB-Preisblätter

61 Da der Auftraggeber für das Vorliegen eines unangemessenen Verhältnisses darlegungs- und beweispflichtig ist, ist ihm anzuempfehlen, **zeitnahe** nachweisbare Erfahrungswerte, vor allem anhand vergleichbarer Ausschreibungen, der Marktentwicklung, insbesondere von **Preisspiegeln** usw., festzustellen. Auch kann er von den Bietern in der Ausschreibung nähere Angaben, wie z.B. die Aufgliederung der Angebotspreise, fordern, um gerade für den konkreten Fall die erforderliche Beurteilungshilfe zu haben, wobei in erster Linie die im Rahmen des VHB veröffentlichten **Formblätter EFB-Preis 1a bis 1d und EFB-Preis 2 die erforderliche Aussagekraft** besitzen dürften. Befolgt der Bieter dieses mit seinem Angebot nicht, so riskiert er, bei der Vergabe nicht berücksichtigt zu werden, wenn sich für den Auftraggeber die Unverhältnismäßigkeit von Preis und Leistung nicht bereits aus anderen Unterlagen bzw. Anhaltspunkten ergibt, ohne dass allerdings schon eine Ausschließung von der Vergabe nach § 25 Nr. 1b VOB/A in Betracht kommen muss. Eine **Nachprüfung der Ursachen** für die Unverhältnismäßigkeit, ob etwa ein Kalkulationsirrtum des Bieters vorliegt, obliegt dem Auftragnehmer in dem **hier erörterten Rahmen nicht**.

5. Schutz des Auftraggebers

62 Wird davon ausgegangen, dass es **Sinn der Nr. 3 Abs. 1 ist, den Auftraggeber vor Nachteilen zu schützen** (OLG Düsseldorf VergabeR 2001, 128; BayObLG ZfBR 2001, 45), so dient dies vor allem nach S. 1 a.a.O. auch dazu, ein Angebot auszuschalten, dessen Preis unangemessen niedrig ist, weil damit häufig die Gefahr verbunden ist, dass der spätere Auftragnehmer in wirtschaftliche Schwierigkeiten gerät und den Auftrag entweder nicht oder nicht ordnungsgemäß ausführt oder mit oftmals ungerechtfertigten Nachforderungen kommt. Beachtet der Auftraggeber dies im Rahmen des Vergabeverfahrens nicht hinreichend, erteilt er auf ein ersichtlich unterkalkuliertes Angebot den Zuschlag, so kann es sein, dass ihm spätere Ansprüche gegen den Auftragnehmer jedenfalls auf der Grundlage des § 242 BGB zu versagen sind, weil er grob fahrlässig vergeben hat. Andererseits ist es **nicht Sinn und Zweck gerade der Regelung in Abs. 1, den Bieter vor seinem eigenen, zu niedrigen Angebot und damit vor sich selbst zu schützen**. Er kann sich daher später nicht darauf berufen, dass sein Angebot nicht zum Zuschlag hätte führen dürfen (BGH BauR 1980, 63; OLG Hamm BauR 1992, 70). Jedoch darf der Auftraggeber den Bieter nicht an ein Angebot binden, wenn er von diesem rechtzeitig vor Zuschlagserteilung auf eine tatsächlich vorliegende und nachgewiesene Fehlberechnung im Angebot hingewiesen wird; andernfalls macht er sich schadensersatzpflichtig aus dem durch das Vergabeverfahren begründeten vertragsähnlichen Vertrauensverhältnis (**culpa in contrahendo**); allerdings besteht die Schadensersatzpflicht nicht darin, dass der Auftraggeber das später eingereichte, berichtigte Angebot bei der Vergabe hätte berücksichtigen müssen, weil dieses berichtigte Angebot bei Eröffnung des ersten Angebotes noch nicht vorgelegen hat, daher bei der Wertung von vornherein auszuschließen war (vgl. § 25 Nr. 1 Abs. 1a VOB/A, so auch *Feber* S. 40). Jedoch hat der Bieter einen Freistellungsanspruch, so dass eine Kündigung des Auftrages nach § 8 Nr. 3 VOB/B nicht in Betracht kommt. Auch dient Abs. 1 nicht dem Schutz anderer ordnungsgemäß kalkulierender Bieter. Ursachen für die Kalkulation bzw. Angabe von zu niedrigen Preisen können verschieden sein. Nach aller Erfahrung können sie in zu niedriger Berechnung der erforderlichen Ausführungszeiten, wegen zu geringer Erfahrung bzw. Unterschätzens des Aufwandes, in Kalkulationsfehlern, in einem Vergessen oder Außerachtlassen (u.U. bewusst) von Einzelkosten der Baustelle, in der Nichtbeachtung von Risiken, darüber hinaus aber auch in bewusster Spekulation liegen.

§ 25 Nr. 3 Abs. 1 VOB/A ist nach dem Gesagten **grundsätzlich keine drittschützende Regelung**; ein Mitbewerber kann sich in einem Nachprüfungsverfahren nicht erfolgreich auf eine Verletzung dieser Vorschrift berufen (OLG Düsseldorf VergabeR 2001, 128; BayObLG ZfBR 2001, 45). Nach dem OLG Düsseldorf (OLG Düsseldorf VergabeR 2001, 128; vgl. auch OLG Jena BauR 2000, 396, zur bieterschützenden Wirkung von § 25 Nr. 3 Abs. 2 VOB/A) kann die Vorschrift **ausnahmsweise bieterschützend** sein, wenn das Unterangebot von der Vergabestelle als ungesunde Begleiterscheinung des Wettbewerbs i.S.v. § 2 Nr. 1 S. 3 VOB/A unterbunden werden muss.

II. Aufklärung bei unangemessen niedrigem Angebotspreis (Abs. 2)

1. Pflicht zur Aufklärung

Die Regelung in Abs. 2 geht davon aus, dass es im Rahmen der Beurteilung, ob ein **unangemessen niedriger Preis** vorliegt, für den Auftraggeber Schwierigkeiten bei der Feststellung, ob dies tatsächlich zutrifft, geben kann. Diese Schwierigkeiten können nicht durch die Heranziehung von (scheinbar) objektiven, mathematisch begründeten Verfahren überwunden werden. Alle Versuche **mit Hilfe der Arithmetik unangemessen hohe oder tiefe Angebote auszuschließen,** beruhen auf letztlich nicht objektivierbaren Kriterien, haben eine wettbewerbsbeschränkende Wirkung und dürften mit dem EG-Recht nicht zu vereinbaren sein (für das unzulässige Kriterium des Durchschnittspreises: EuGH Urt. v. 28.3.1985 Rs. 274/83 = Slg. 1985, 1077, 1091). Deshalb ist in S. 1 zum Ausdruck gebracht, dass dann, wenn dem Auftraggeber ein Angebotspreis unangemessen niedrig erscheint und anhand vorliegender Unterlagen über die Preisermittlung die Angemessenheit **nicht zu beurteilen** ist, **vom Bieter in Textform die Aufklärung über die Ermittlung der Preise für die Gesamtleistung oder für Teilleistungen zu verlangen ist, gegebenenfalls unter Festlegung einer zumutbaren Antwortfrist.** Zunächst ist dazu festzustellen, dass diese Bestimmung nur für den Fall gilt, dass der angebotene Preis unangemessen niedrig erscheint, also **nicht** der Fall einbezogen ist, in dem der Preis **unangemessen hoch** erscheint. In letzterer Hinsicht kommt eine solche Rückfrage beim betreffenden Bieter nicht in Betracht, so dass dem Auftraggeber insofern nur der Weg bleibt, bei Unklarheiten sich Aufklärung über § 24 Nr. 1 VOB/A in dem dort zulässigen Maß zu verschaffen. Im Übrigen ist die hier erörterte Bestimmung **zwingend,** also **muss der Auftraggeber sich** bei bloß vermutetem, unangemessen niedrigem Preis die **gebotene Aufklärung** verschaffen. Das OLG Jena (OLG Jena BauR 2000, 396, zur bieterschützenden Wirkung von § 25 Nr. 3 Abs. 2 VOB/A) geht davon aus, dass es sich **bei der Einhaltung der Prüfungsvorschriften in diesem Zusammenhang um eine bieterschützende Vorschrift handelt, deren Einhaltung in einem Nachprüfungsverfahren überprüft werden kann.**

2. Aufklärung in Textform

Abs. 2 S. 1 hat zum Ausgangspunkt, dass der Angebotspreis insgesamt oder in Teilen als **unangemessen niedrig erscheint,** dass dies aber nach den **beim Auftraggeber vorliegenden Unterlagen,** wie dem Angebot oder den einzelnen Preisangaben oder den vom Bieter abgegebenen Erklärungen oder sonst dem Auftraggeber in Bezug auf das hier konkret zu erörternde Angebot vorliegenden Unterlagen, **noch nicht mit hinreichender Sicherheit festzustellen** ist. Die hier bestehende Ungewissheit kann durchaus darauf beruhen, dass der Bieter nicht bewusst (spekulativ) oder unbewusst (leichtfertig) zu niedrige Preise angegeben hat, sondern auf der Grundlage seiner besonderen technischen Kenntnisse oder sonst bei ihm vorhandener günstiger Ausführungsbedingungen, etwa aus Gründen der Rationalisierung usw., diese Preisangaben gemacht hat. Wenn dies nicht schon aus dem zu klären ist, was dem Auftraggeber bereits vorliegt, ist er **verpflichtet,** hierzu den **Bieter in Textform um Aufklärung zu bitten.** Während bis zur Ausgabe 2006 das Aufklärungsverlangen schriftlich zu erfolgen hatte, ist es seit dem ausreichend, die Textform nach § 126b BGB zu verwenden – **möglich ist es also auch z.B. eine e-mail mit bloßer Angabe des Namens des Verfassers des Textes zu verwenden.**

Daher ist es erforderlich, dem betreffenden Bieter **konkrete** Fragen zu stellen, nicht also bloß nur allgemeingehaltene, also z.B. zur vom betreffenden Bieter vorgesehenen Verfahrenstechnik, deren Kosten im Einzelnen usw. Möglich (»gegebenenfalls«) ist es, dem insoweit angesprochenen Bieter **eine Frist zur Beantwortung** der gestellten Fragen zu setzen. Diese muss **zumutbar** sein. Einmal muss dem Bieter hinreichend Zeit gegeben werden, die erforderlichen Überlegungen anzustellen oder Informationen einzuholen und sie dann ordnungsgemäß dem Auftraggeber übermitteln zu können. Des Weiteren muss der Auftraggeber aber in gleicher Weise beachten, dass er die **gebotene Rücksicht auf die anderen Bieter** zu nehmen, insbesondere die **laufende Zuschlagsfrist einzuhalten** hat. Eine Verlängerung kann grundsätzlich nur unter Zustimmung der Bieter in Betracht kommen, jedenfalls derjenigen, deren Angebot bisher noch am Wettbewerb teilnimmt.

3. Einzelaspekte

65 In S. 2 sind dann **Richtpunkte** festgelegt, die hier bei der **Wertung** des zunächst als unangemessen niedrig erschienenen Angebotes **ausschlaggebend** sind, **nachdem die vorgenannte Auskunft eingeholt** worden ist. Zu den normalen Gesichtspunkten der Angemessenheit müssen hier dann die **Wirtschaftlichkeit des vorgeschlagenen Bauverfahrens,** dazu die gewählten **technischen Lösungen** oder sonst bei dem betreffenden Bieter gegebene **günstige Ausführungsbedingungen** beachtet werden. Für die VK Bund (VK Bund NZBau 2000, 165, zu einem VOL/A Verfahren; diese Entscheidung dürfte mit den Vorgaben der VOB/A nach angemessenen Preisen nicht vereinbar sein) liegt bereits stets dann kein entsprechendes Unterangebot vor, wenn es sich bei dem **Niedrigpreis um einen Wettbewerbspreis** handelt; auf die Gesichtspunkte der Auskömmlichkeit und Angemessenheit käme es dagegen prinzipiell nicht an. Dabei kommt es im Wesentlichen auf den **Einbezug** des nunmehr dem Auftraggeber übermittelten, dem Bieter eigenen **Kenntnisstandes und dessen Umsetzung in die konkrete Bauabsicht** des Auftraggebers im Hinblick auf die Möglichkeit der Verwirklichung unter Beachtung der berechtigten Auftraggeberbelange an. Im Übrigen sind Aufklärungsmaßnahmen des Auftraggebers nach Abs. 2 und deren Ergebnisse mit in den Vergabevermerk nach § 30 aufzunehmen. Gerade auch hier gilt die in § 22 Nr. 8 VOB/A festgelegte Geheimhaltungspflicht.

III. Die engere Wahl (Nr. 3 Abs. 3 S. 1)

66 Die noch übrig gebliebenen Angebote werden innerhalb einer vierten Stufe der Wertung dann auf ihren eigentlichen Inhalt geprüft, indem **sie einander gegenübergestellt werden.** Hierbei ist **entscheidend, ob die im Angebot verlangten Preise unter Berücksichtigung rationellen Baubetriebes und sparsamer Wirtschaftsführung eine einwandfreie Ausführung einschließlich Gewährleistung erwarten lassen.** Insoweit bedarf es sicher einer – gegenüberstellenden – vertieften Nachprüfung der Angebote. Dabei sind ersichtlich wichtige Punkte der Kalkulation, wie z.B. die Lohnkosten und die Stoffkosten, im Hinblick auf am Ort der Bauausführung übliche Ansätze, die Baustellengemeinkosten hinsichtlich ihrer technischen und betriebswirtschaftlichen Notwendigkeit besonders zu beachten. Sind die in den Angeboten enthaltenen Preise unter diesen Gesichtspunkten nicht als angemessen zu bezeichnen, so sind die Angebote auszuscheiden. Es bleiben dann nur noch die Angebote übrig, deren Preise die dargelegten Voraussetzungen erfüllen. Diese kommen in die **engere Wahl.** Wegen der Angemessenheit der Preise im hier gemeinten Sinne wird zur Vermeidung von Wiederholungen auf **die einzelnen Erläuterungen zu § 2 VOB/A (dort insbesondere Rn. 10 ff.) verwiesen. Die Wertung erfolgt aus der auf sachlichen Erwägungen abgestellten Sicht des Auftraggebers, da er den Preis für angemessen halten muss. Dies hat sich nach dem marktüblichen Preis zu richten, den der Auftraggeber auf Grund ihm bekannter Vergleichspreise gleicher oder ähnlicher Objekte ermittelt, wozu gerade auch hier ein Preisspiegel** besonders geeignet sein dürfte. Der Auftraggeber kann ihn auch notfalls durch Einsicht in die Kalkulationsunterlagen (§ 24 VOB/A) feststellen. Dazu gehört auf der Grundlage der berechtigten Sicht des Auftraggebers

Wertung der Angebote § 25 VOB/A

auch die Erfüllung von Sonderanforderungen, wie z.B. die Übernahme der Gesamtkoordination in Bezug auf die Statikerleistungen.

Die **Berücksichtigung von Skonti** richtet sich vor allem nach den vom Auftraggeber vorgegebenen **67** zusätzlichen Vertragsbedingungen, da die VOB/A zur Wertung keine Vorschriften enthält. Bei denjenigen öffentlichen Bauauftraggebern, die zur Anwendung des Vergabehandbuchs verpflichtet sind, wird die **Wertung von Skonti regelmäßig ausgeschlossen**, um eine Verzerrung des Wettbewerbs zu vermeiden. Bei der Ermittlung der Bieterreihenfolge ist dann die Angebotssumme ohne ein dennoch angebotenes Skonto maßgebend. Das VHB 2002 regelt hierzu:

*3.3.2 Preisnachlässe **mit** Bedingungen, die vom Bieter bei Einhaltung von Zahlungsfristen angeboten werden (Skonti), sind bei der Wertung nicht zu berücksichtigen.*
3.3.3 Nicht zu wertende Preisnachlässe (ohne Bedingungen oder mit Bedingungen für Zahlungsfristen) bleiben aber rechtsverbindlicher Inhalt des Angebotes und werden im Fall der Auftragserteilung Vertragsinhalt (siehe auch § 16 B Nr. 5 VHB).

Diese Regelungen sind grundsätzlich als sachgerecht zu empfehlen. Für die übrigen Auftraggeber gilt, dass Skonti grundsätzlich nach der VOB zulässig sind. Sie sind zu werten, **wenn für den Auftraggeber absehbar ist, dass die im Angebot enthaltenen Fristen eingehalten werden können und sofern diese inhaltlich hinreichend klar sind** (vgl. dazu § 16 VOB/B Rn. 267 ff. sowie *Weyand* BauR 1988, 58; ferner *Inhuber* S. 134). Dazu gehört die Angabe, ob diese Nachlässe auf die Angebots- oder die Abrechnungssumme gewährt werden. Dies gilt bei Skonti auch hinsichtlich der Angabe von Arten der Zahlungen und insbesondere der Zahlungsfristen. Dagegen muss von einer Unzuverlässigkeit eines Bieters gesprochen werden, wenn er nach Aufhebung der ursprünglichen Ausschreibung und nachdem er über die Angebote anderer Bieter unzulässig informiert worden ist, in einer ersichtlich nicht vertretbaren Weise sein früheres Angebot reduziert (vgl. dazu OLG Düsseldorf BauR 1989, 195).

IV. Das für den Zuschlag in Betracht kommende Angebot (Nr. 3 Abs. 3 S. 2 und 3)

1. Grundsatz der Wirtschaftlichkeit

Von den Angeboten, die nach Feststellung der Angemessenheit ihrer Preise in die engere Wahl gekommen sind, **soll** demjenigen der **Zuschlag** erteilt werden, das **unter Berücksichtigung aller Gesichtspunkte, wie z.B. Preis, Ausführungsfrist, Betriebs- und Folgekosten, Gestaltung, Rentabilität oder technischer Wert als das wirtschaftlichste** erscheint. Ohne dass damit eine wesentliche inhaltliche Änderung dieser zentralen Vorschrift erfolgt ist, hat **die Ausgabe 2000 sich bei der Formulierung der Wertungskriterien für die engere Auswahl der Angebote stärker an die Vorgaben der EG-Baukoordinierungsrichtlinie nach Art. 30 Abs. 1 BKR angelehnt.** Nach den EG-Vergaberichtlinien ist das für die Auftragsvergabe maßgebende Kriterium entweder der niedrigste Preis oder das wirtschaftlich günstigste Angebot unter Beachtung mehrerer bei der konkreten Auftragsvergabe in der Bekanntmachung oder in den Verdingungsunterlagen vom Auftraggeber festzulegender Kriterien. Das alleinige Kriterium des niedrigsten Preises ist für die Vergabe von Bauleistungen ungeeignet, wie dies die VOB in § 25 Nr. 3 S. 3 VOB/A betont. Mit dem Inkrafttreten des Vergaberechtsänderungsgesetzes zum 1.1.1999 hat der Bundesgesetzgeber für Bauaufträge, die die EG-Schwellenwerte erreichen, das **Zuschlagskriterium der Wirtschaftlichkeit in § 97 Abs. 5 GWB festgeschrieben**. Damit wurde **in der Sache** an das in den Verdingungsordnungen traditionell geltende Zuschlagskriterium auf das insgesamt annehmbarste Angebot angeknüpft. **Wirtschaftlichkeit bedeutet**, »dass der Zuschlag unter den zur Wertung zuzulassenden Angeboten auf das Angebot zu erteilen ist, das unter Berücksichtigung aller im konkreten Fall wesentlichen und den zuvor angegebenen Aspekten **das beste Preis-Leistungs-Verhältnis** biete.« (vgl. die Regierungsbegründung, BT-Drucks. **68**

13/9340 3.12.1997 S. 14). Den Begriff der **Wirtschaftlichkeit in diesem umfassenden Sinne verstanden, sind die Neuregelung der Ausgabe 2000 und die bisherige Regelung inhaltsgleich.**

69 Die Wertung des Auftraggebers beschränkt sich mit den Worten des OLG Naumburg (OLG Naumburg IBR 2000, 104) darauf, **dasjenige Angebot auszuwählen, dass sich zur Zeit der Vergabeentscheidung als das wirtschaftlichste darstellt.** Es kommt daher nicht darauf an, ob die Vergabestelle eine »objektiv« richtige Entscheidung getroffen hat, sondern welches Angebot im Rahmen des ihr eröffneten Beurteilungsspielraums als das annehmbarste erscheint (OLG Naumburg 29.10.2001 Verg 11/01). Diese Regelung setzt also als Soll-Vorschrift einen **angemessenen Beurteilungsspielraum für den Auftraggeber** voraus (vgl. dazu auch BGH BauR 1985, 75 = NJW 1985, 1466 = Betrieb 1985, 648 = MDR 1985, 663 = SFH § 24 VOB/A Nr. 2 = LM VOB/A Nr. 7 = ZfBR 1985, 74; OLG Frankfurt BauR 1990, 91 = ZIP 1989, 1220 = WRP 1988, 745). Dieser wird überschritten,

– wenn ein vorgeschriebenes Verfahren nicht eingehalten wird,
– wenn nicht von einem zutreffenden und vollständigen Sachverhalt ausgegangen wird,
– wenn sachwidrige Erwägungen in die Wertung einbezogen werden oder
– wenn der sich im Rahmen der Beurteilungsermächtigung haltende Beurteilungsmaßstab nicht zutreffend angewandt wird (vgl. VÜA Bayern Beschl. v. 17.2.1995 VÜA 1/95 = WuW 1996, 153; VÜA Bayern IBR 1998, 96).

70 Die Wertungsvorschrift ist **sowohl objektiven als auch subjektiven Gehalts** (ebenso OLG Düsseldorf BauR 1990, 596 = NJW-RR 1990, 1046 = SFH § 25 VOB/A Nr. 5, sowie BauR 1996, 98). Die objektive Seite erfordert, dass ein dritter fachkundiger und an der Vergabe selbst nicht interessierter Bauherr das ausgesuchte Angebot als das geeignetste für das zur Vergabe anstehende Objekt ansehen würde. Subjektiv ist zu berücksichtigen, was der spezielle Auftraggeber in seiner Lage als für seine Ziele und Bestrebungen richtig betrachtet. Sowohl die objektive als auch die subjektive Seite müssen zusammenkommen, um von dem wirtschaftlichsten Angebot sprechen zu können. Dabei **sollen alle Gesichtspunkte** berücksichtigt werden. Die Fassung 2000 beschränkt sich ausdrücklich auf die **beispielhafte** Nennung von verschiedenen Kriterien. Die **Aufzählung ist also weder abschließend**, noch müssen alle in der Vorschrift genannten Kriterien beim einzelnen Bauauftrag eine Rolle spielen. **Ebenso wenig gibt die Neuregelung eine Rangfolge der Kriterien** für die Auswahl des wirtschaftlichsten Angebots an. Eine solche Festlegung relevanter Kriterien und ihre Gewichtung kann der Auftraggeber – bei den EG-Bauaufträgen, die dem § 1a VOB/A unterfallen ist er hierzu verpflichtet – im Rahmen der Bekanntmachung und der Vergabeunterlagen vornehmen (in diesem Fall ist der Auftraggeber an die festgelegten Kriterien gebunden; eine Berücksichtigung erst nachträglich gebildeter Kriterien, die aus der Ausschreibung selbst nicht hervorgehen, würden die Überprüfung einer Vergabeentscheidung nach objektiven Kriterien nicht gewährleisten, vgl. BGH BauR 1999, 736, 739). Die in Nr. 3 S. 2 genannten Kriterien dürften aber typischerweise bei den meisten öffentlichen Bauaufträgen eine Rolle spielen. Die Abgrenzung liegt darin, dass die Überlegungen sich auf die **Umstände des Einzelfalls,** d.h. auf die jeweils zu vergebende Bauleistung, zu beschränken haben (OLG Düsseldorf a.a.O.). Allgemeingehaltene Erwägungen sind nicht am Platze; auch genügt der pauschale Hinweis der Vergabestelle auf die Wertungskriterien nach § 25 Nr. 3 Abs. 3 S. 2 VOB/A nach dem BayObLG (BayObLG ZfBR 2001, 45) nicht, um andere Kriterien als den niedrigsten Preis anwendbar zu machen.

In diesem Stadium des Wertungsprozesses sind **Eignungs- und Zuschlagskriterien strikt zu trennen.** Ist ein Unternehmen im Rahmen der zweiten Wertungsstufe als prinzipiell geeignet befunden worden, so können die **Eignungskriterien im Rahmen der Auswahl des wirtschaftlichsten Angebots nicht erneut herangezogen werden** (so OLG Schleswig NZBau 2000, 207). Hat ein Auftraggeber auf einer früheren Wertungsstufe das Angebot eines Bieters auf Grund einer Ermessensentscheidung nicht ausgeschlossen, so darf er diese einmal getroffene Ermessensentscheidung nicht auf der vierten Wertungsstufe wieder rückgängig machen (OLG Jena BauR 2000, 148 = ZVgR 2000, 38). Einem Unternehmen darf daher nach der Rechtsprechung des BGH nicht deshalb der Zuschlag er-

Wertung der Angebote   § 25 VOB/A

teilt werden, weil es im Vergleich zu anderen Unternehmen über ein »Mehr an Eignung«, etwa in Form einer spezifischen Erfahrung auf dem jeweiligen Gebiet, verfügt (BGH NJW 1998, 3644).

2. Einzelne Wertungskriterien

Die in S. 2 genannten Gesichtspunkte sind, wie betont, beispielhaft und **müssen auf den jeweiligen Auftrag bezogen werden**. Berücksichtigung können danach finden **allgemeine Gesichtspunkte** wie Qualität, **monetäre Gesichtspunkte** wie Preis und Betriebs- und Folgekosten, Kundendienst und technische Hilfe, **technische Gesichtspunkte** (technischer Wert), **betriebswirtschaftliche Gesichtspunkte** wie Rentabilität, **architektonische Gesichtspunkte** (Ästhetik), **Umwelteigenschaften** sowie die **Ausführungsfrist als wichtige allgemeine Rahmenbedingung** für den Bauauftrag. Mit der Ausgabe 2006 wurden die **Begrifflichkeiten aus Art. 53 Abs. 1a der EG-Vergabekoordinierungsrichtlinie wörtlich in das deutsche Vergaberecht übernommen**. Eine wesentlicher neuer Regelungsgehalt der ohnehin nur beispielhaften Aufzählung ist damit nicht verbunden, da bei richtiger Auslegung auch zur Vorfassung die genannten Gesichtspunkte berücksichtigt werden konnten. **71**

a) Qualität

Das Kriterium der **Qualität** gibt dem Auftraggeber die Möglichkeit, Anforderungen der Güte oder Beschaffenheit einer Bauleistung bei der Wertung als Maßstab zugrunde zu legen. Der Gesichtspunkt verdeutlicht, dass der Auftraggeber nach seiner Festlegung in den Verdingungsunterlagen durchaus auch hohe Beschaffenheitsanforderungen, die weit über den Durchschnittsprodukten liegen, als Wertungskriterien zugrunde legen kann. **72**

b) Preis

Der **monetäre Gesichtspunkt des Preises** ist ein sehr wichtiges, aber nicht alleine ausschlaggebendes Kriterium. Für eine Vergabe nach der VOL/A hat das OLG Dresden (OLG Dresden NZBau 2001, 459; diese Größenordnung dürfte auch für Bauvergaben ein brauchbarer Orientierungswert sein) entschieden, dass eine Gewichtung der Angebotskriterien, in deren Rahmen der Angebotspreis keine Rolle spielt, mit dem Wirtschaftlichkeitsgebot der § 97 Abs. 5 GWB, § 25 Nr. 3 VOL/A unvereinbar ist; der Wertungsanteil des Angebotspreises dürfe eine Größenordnung von 30% nicht unterschreiten. Auch nach dem BGH (BGH NZBau 2000, 35 = IBR 2000, 52) ist der **Auftraggeber nicht verpflichtet, dem Angebot mit dem niedrigsten Preis in jedem Fall den Vorzug zu geben**. Deshalb hat auch der **niedrigstliegende Bieter allein deswegen keinen Anspruch** gegen den öffentlichen Auftraggeber **auf Erhalt des Zuschlages** (vgl. dazu BGB BauR 1985, 76; OLG Düsseldorf BauR 1990, 596 = NJW-RR 1990, 1046 = SFH § 25 VOB/A Nr. 5; vgl. dazu auch OLG Hamm NJW-RR 1993, 541, für den Bereich einer Vergabe nach VOL/A). **Nur bei nach den sonstigen Wertungskriterien inhaltlich gleichen Angeboten** ist unter den in die engere Wahl gekommenen das wirtschaftlichste **dasjenige mit dem niedrigsten Preis**. Zu den monetären Gesichtspunkten gehören auch die zu berücksichtigenden **Betriebs- und Folgekosten**. Die monetären Gesichtspunkte sind im weiten Sinne aufzufassen. Dabei sind Fragen hinsichtlich der nach dem Angebot zu bewertenden Lebensdauer, der verlangten Zahlungsweisen, der während der Bauzeit anfallenden Kosten, der Fälligkeit von etwaigen Vorauszahlungen und Abschlagszahlungen, von eventuellen Teilschlusszahlungen nach vorausgegangenen Teilabnahmen, von eingeräumten Nachlässen, Skonti und deren Voraussetzungen, des Zinssatzes für die Wirtschaftlichkeitsrechnung (vgl. dazu auch *Schelle* Die Bauverwaltung 1994 S. 190) usw. von Bedeutung. Hinzu kommt eine Abwägung der Selbstkosten, die von den Bietern in die Angebotspreise nachvollziehbar mit eingerechnet worden sind. Auch die **Frage des Gewinns**, den sich der einzelne Bieter aus der Sicht des Auftraggebers ausgerechnet hat, wird eine Rolle spielen. Die genannten Gesichtspunkte dürfen nur im Hinblick auf die berechtigten Belange sowohl der Auftraggeber- als auch der Bieterseite eine Rolle spielen, nicht aber in Bezug auf einseitige, außerhalb der konkreten Bauherstellung liegende wirtschaftliche Interessen einer Seite, wie z.B. das Interesse zur Vergabe an einen ortsansässigen Bieter aus gewerbesteuerlichen Gründen. **73**

c) Technischer Wert

74 Zu dem in S. 2 beispielhaft genannten Gesichtspunkt des **technischen Wertes** gehört alles, was in technischer Hinsicht mit dem zu erstellenden Bauobjekt zu tun hat. Es ist auszugehen von der im Angebot vorgeschlagenen Ausführungsweise in allen ihren Einzelheiten bis zu dem technischen Vermögen des Bieters in Bezug auf seine Betriebseinrichtung und seine sonstige betriebliche Handhabung auf technischem Gebiet. Dazu kann die technische Erfahrung im Hinblick auf bestimmte Bauvorhaben ausschlaggebend sein (vgl. dazu OLG München NJW-RR 1995, 1235, im Falle eines Klinikbaues). Dabei wird es nicht unbedeutend sein, welche technischen Hilfskräfte (Techniker, Facharbeiter) der betreffende Bieter im Verhältnis zu anderen Bietern zur Verfügung hat, insbesondere wer hinsichtlich der speziellen Bauaufgabe mehr Erfahrung und mehr Fachwissen besitzt. Hinzu kommen Fragen der Materialbeschaffung und Materialgestellung, der maschinellen Einrichtungen sowie der Qualität der technischen Hilfsmittel (so auch OLG Düsseldorf a.a.O.). Sollen die ausgeschriebenen Leistungen in einem wesentlichen Bereich oder gar überwiegend nach dem Angebot des Bieters durch Nachunternehmer ausgeführt werden, kommt der Frage der Koordination der verschiedenen Gewerke durch den Bieter eine besondere Bedeutung zu; dann können berechtigte Zweifel daran, dass der Bieter diese Aufgabe ordnungsgemäß erfüllen wird, die Versagung des Zuschlages rechtfertigen (vgl. dazu OLG Celle BauR 1994, 627, für den Fall des vorgesehenen Einsatzes von 5 Nachunternehmern bei ersichtlich zu geringem Ansatz von Kosten der Überwachung und Koordination im Angebot).

d) Ästhetik

75 Der in S. 2 genannte Gesichtspunkt der **Ästhetik** wird zusammen mit funktionsbedingten Gesichtspunkten vor allem bei Bauvergaben zur Berücksichtigung kommen, in denen nach den Angeboten von den Bietern auch gestalterische, künstlerische und funktionsbedingte Vorschläge zu machen sind. Das gilt vornehmlich bei **Leistungsbeschreibungen mit Leistungsprogramm** gemäß § 9 Nr. 15 ff. VOB/A (vgl. dazu § 9 VOB/A Rn. 127 ff.). Hier ist – unter Berücksichtigung der berechtigten Interessen des Auftraggebers – auch noch die gestalterisch beste sowie funktionsgerechteste Lösung der Bauaufgabe zu ermitteln. Dabei handelt es sich einmal um die Baugestaltung selbst in allen ihren Einzelheiten, wobei dem Geschmack des Auftraggebers naturgemäß der Vorrang zukommt, vorausgesetzt, es handelt sich um einen Bauvorschlag, der mit den allgemein anerkannten technischen Regeln zu vereinbaren ist, wie sich schon aus dem vorangehenden S. 1 ergibt. Des Weiteren bedarf es der Überlegung nach der besten funktionsgerechten Lösung, also aus der Sicht des Zieles und Zweckes des Bauvorhabens für den Auftraggeber. Hier kommt es entscheidend darauf an, ob und inwieweit der Bieter in der Lage war, die von ihm geforderten Einzelheiten an Beschreibung, Erläuterung und sonstiger Darstellung im Angebot in für den Auftraggeber hinreichend verständlicher Weise darzulegen.

e) Zweckmäßigkeit

76 Der Gesichtspunkt der **Zweckmäßigkeit** bringt wohl zum Ausdruck, dass der Auftraggeber auch subjektive, von den objektiven Beschaffenheitskriterien der Bauleistung losgelöste Wertungskriterien setzen kann, die sich z.B. auf die von ihm erwartete Nutzungsweise eines Bauvorhabens beziehen können.

f) Umwelteigenschaften

77 Neu aufgenommen wurde der Gesichtspunkt der **Umwelteigenschaften** einer Bauleistung. Zwar konnten auch bisher Umwelteigenschaften von Baumaterialen mit in das Leistungsverzeichnis aufgenommen werden. Die Neufassung hebt diesen wichtigen Gesichtspunkt aber jetzt besonders hervor und beendet damit auch teilweise bestehende Meinungsunterschiede über die Zulässigkeit von Umwelteigenschaften bei der Beschaffung öffentlicher Bauleistungen. Entscheidend dürfte auch in Zukunft sein, dass die geforderten Umwelteigenschaften konkret mit der ausgeschriebenen Bauleistungen verbunden werden und hinreichend objektiv und allgemein verständlich beschrieben werden können.

g) Betriebs- und Folgekosten

Der Gesichtspunkt der **Betriebs- und Folgekosten** war auch bisher, zumeist als Unterfall des technischen Wertes einer Bauleistung bei der Wertung zu berücksichtigen. Er umfasst insbesondere die Wartungskosten von baulichen Anlagen und Teilen der Anlage, wie der Heizung und anderen Teilen der technischen Gebäudeausrüstung. Die Aufnahme der Begriffe lenkt den Blick auf eine angebrachte Lebenslaufzeitbetrachtung von Gebäuden, der über die reinen Herstellungskosten hinausgeht. 78

h) Rentabilität

Nach dem betriebswirtschaftlichen **Gesichtspunkt der Rentabilität** können die Auswirkungen der Beschaffung der Baumaßnahme auf die Ertragslage des Unternehmens bzw. auf die Haushaltslage des Auftraggebers berücksichtigt werden. Im Einzelnen erscheint die Bedeutung des Gesichtspunkts vergaberechtlich noch unscharf und bedarf der weiteren Klärung. Bei betriebswirtschaftlicher Betrachtung bestimmt sich die Rentabilität nach verschiedenen Kennzahlen, beispielsweise aus dem Verhältnis zwischen dem erzielten Jahresüberschuss und dem Eigenkapital. Der eigenständige Wert des aus der EG-Baukoordinierungsrichtlinie entnommenen Begriffs, dürfte neben den anderen genannten Gesichtspunkten der Wirtschaftlichkeit bei klassischen öffentlichen Auftraggebern mit fiskalischer Haushaltsführung gering sein, könnte aber mit zunehmender Tendenz, z.B. Kosten-/Leistungsrechnung in den Bauverwaltungen einzuführen, an Bedeutung gewinnen. 79

i) Kundendienst und technische Hilfe

Die Begriffe des **Kundendienstes und der technischen Hilfe** beziehen sich vor allem auf die Beschaffung von Dienst- und Lieferleistungen. Im Baubereich sind diese Gesichtspunkte bereits bei den Wertungskriterien der Betriebs- und Folgekosten im wesentlichen mit umfasst. 80

j) Ausführungsfrist

Der Gesichtspunkt der **Ausführungsfrist** ist in Zusammenhang mit den vom Auftraggeber in den Verdingungsunterlagen zu treffenden Angaben zu sehen. Nach § 10 Nr. 5 Abs. 2 lit. b VOB/A sind etwaige Bestimmungen über die Ausführungszeiten, insbesondere über Ausführungsfristen i.S.v. § 11 VOB/A zu treffen (vgl. dazu § 10 VOB/A Rn. 55 und § 11 VOB/A). Nur soweit solche Angaben vom Auftraggeber nicht festgelegt worden sind bzw. im Rahmen von Änderungsvorschlägen und Nebenangeboten dürfte dieser Wertungsgesichtspunkt Bedeutung erlangen. 81

E. Wertung von Angeboten nach § 21 Nr. 2 (Nr. 4)

Die jetzige Nr. 4 bezieht sich auf Angebote, die nach § 21 Nr. 2 VOB/A abgegeben worden sind, und bestimmt, dass diese Angebote **wie ein Hauptangebot zu werten** sind. Hierbei handelt es sich um Angebote, die von den vorgesehenen technischen Spezifikationen abweichen. Insofern darf eine Leistung aber nur angeboten werden, wenn sie mit dem geforderten Schutzniveau in Bezug auf Sicherheit, Gesundheit und Gebrauchstauglichkeit gleichwertig ist. Erforderlich ist dabei, dass die Abweichung im Angebot deutlich bezeichnet sein muss. Außerdem ist die Gleichwertigkeit mit dem Angebot nachzuweisen (hinsichtlich der hier maßgebenden Voraussetzungen vgl. § 21 VOB/A Rn. 21 bis 26, worauf zur Vermeidung von Wiederholungen vollauf verwiesen wird). Sind die in § 21 Nr. 2 VOB/A im Einzelnen genannten Erfordernisse erfüllt, wird hier in Nr. 4 die **Gleichbehandlung** mit den übrigen Angeboten im Bereich der Wertung gemäß der Nr. 3 angeordnet. Selbst- 82 verständlich darf das hier zu erörternde Angebot nicht schon nach Nr. 1 oder 2 auszuschließen sein, weil diese Bestimmungen naturgemäß auch hier gelten.

Im Übrigen ergibt sich aus der hier erörterten Regelung, dass es sich bei einem Angebot mit abweichenden technischen Spezifikationen **nicht um einen Änderungsvorschlag oder ein Nebenangebot** handelt. Dies wird vor allem auch dadurch bewiesen, dass die Wertung von Änderungsvorschlägen und Nebenangeboten hier in der nachfolgenden Nr. 5 (Rn. 80 ff.) behandelt wird. Daher kann ein Angebot mit abweichenden technischen Spezifikationen nicht von vornherein aus der Vergabe ausgeschlossen werden, wenn die Voraussetzungen in § 21 Nr. 2 VOB/A erfüllt sind.

F. Wertung von Nebenangeboten (Nr. 5)

83 Nach dieser Bestimmung sind Nebenangebote zu werten, es sei denn, der Auftraggeber hat sie in der Bekanntmachung oder in den Vergabeunterlagen nicht zugelassen. Zum Begriff und dem Wegfall des inhaltsgleichen Begriffs der Änderungsvorschläge vgl. die Kommentierung zu § 10 Nr. 5 Abs. 2n und Abs. 4 VOB/A.

I. Abgrenzung

1. Nicht zugelassene Nebenangebote

84 Nach dem eindeutigen Wortlaut der Nr. 5 sind von vornherein solche Nebenangebote nicht der Wertung zugänglich, die der Auftraggeber entweder in der **Bekanntmachung** (§ 17 Nr. 1u VOB/A bei Öffentlicher Ausschreibung bzw. § 17 Nr. 2q VOB/A bei Beschränkter Ausschreibung) **oder in den Vergabeunterlagen** (vgl. § 10 Nr. 5 Abs. 2l VOB/A bzw. § 10 Nr. 5 Abs. 4 VOB/A im Anschreiben) **ausdrücklich nicht zugelassen** hat. Das gilt auch im Hinblick auf eine nicht zugelassene Ausführungsart. Solche Angebote kommen genau genommen überhaupt nicht in den eigentlichen Wertungsvorgang, weil sie schon nach § 25 Nr. 1d VOB/A ausgeschlossen werden müssen. Insofern bleibt es bei der Erklärung des Auftraggebers, dass er Änderungsvorschläge und Nebenangebote nicht zulässt. Deshalb kann dies im Allgemeinen auch nicht ein Grund zur Aufhebung der Ausschreibung nach § 26 VOB/A sein (Ausnahme: vgl. § 26 VOB/A).

2. Wertungspflicht

85 Also müssen Nebenangebote, die **nicht eindeutig ausgeschlossen** worden sind, grundsätzlich mit gewertet werden. Diese Bestimmung ist **zwingend.** Dabei kommen allerdings grundsätzlich **nur solche** Nebenangebote in Betracht, die **bei Öffnung des ersten Angebotes nach § 22 VOB/A vorgelegen** haben. Sind sie erst später eingereicht worden, dürfen sie nicht gewertet werden.

3. Gleichbehandlungsgrundsatz

86 Hält sich der Auftraggeber selbst nicht an den Ausschluss, so sind die Nebenangebote an der Vergabe zu beteiligen, und zwar so, als ob sie ausdrücklich zugelassen worden wären, **wenn mehrere Bieter** sie einreichen.

II. Zugelassene Nebenangebote

87 Möglich ist es, dass der Auftraggeber **ausdrücklich** Nebenangebote **wünscht** (vgl. § 10 Nr. 5 Abs. 4 VOB/A). **Dadurch kommt zum Ausdruck, dass er Wert darauf legt,** auch Nebenangebote zu erhalten. Gibt in einem solchen Fall ein Bieter nur ein Hauptangebot ab, kann er allein deswegen bei der Wertung **nicht schon** ausgeschlossen werden oder unberücksichtigt bleiben. Denn auch hier steht es

dem Bieter **frei,** Nebenangebote zu machen. Möglich ist weiter, dass der Auftraggeber Nebenangebote **ausdrücklich** – lediglich – **zulässt.** Dann steht es den Bietern erst recht frei, ob sie neben dem Hauptangebot davon Gebrauch machen. Schließlich ist es denkbar, dass sich der Auftraggeber über Nebenangebote **ausschweigt.** Auch dann steht es für die Bieter **offen,** Änderungsvorschläge und/oder Nebenangebote zu machen. **In allen drei Fällen ist der Auftraggeber gemäß Nr. 5 verpflichtet, diese weiteren Angebote unter Beachtung der auch hier maßgebenden Bestimmungen der Nr. 1 und 2 in die Wertung nach Nr. 3 mit einzubeziehen.** Dabei ist die Wertung ebenso vorzunehmen, und es sind die Gesichtspunkte zu beachten, wie sie oben in Rn. 61 bis 78 näher dargelegt sind. Insofern gibt es grundsätzlich das dort Ausgeführte. Jedoch sind folgende **Besonderheiten** nicht aus dem Auge zu lassen:

1. Verantwortung des Bieters

Aus dem Gesagten ergibt sich, dass es zunächst der **sachgerechten Überlegung des Bieters** unterliegen sollte, **ob er Nebenangebote im konkreten Fall abgeben soll.** Insofern muss er sich darüber im Klaren sein, dass er in diesem Bereich die **volle Verantwortung** hinsichtlich der ordnungsgemäßen, nämlich mängelfreien und auch pünktlichen Ausführung übernimmt. Der Bieter muss sich also hinreichend sicher sein, um ein solches Risiko übernehmen zu können. Dazu gehören die erforderliche Information über die Vorstellungen der Auftraggeberseite, nicht zuletzt aber auch die Verhältnisse an der Baustelle und die damit verbundenen Unwägbarkeiten, wie im Hinblick auf die Boden- und Wasserverhältnisse. Vor allem muss er angesichts der mit Nebenangeboten verbundenen besonderen Risiken zu einer ordnungsgemäßen Kalkulation und zu voller Einschätzung der technischen und wirtschaftlichen Risiken in der Lage sein. **88**

2. Gleichwertigkeit

Das **Risiko des Auftraggebers** liegt bei Nebenangeboten zunächst in der Frage, ob das, was ihm sozusagen hilfsweise angeboten wird, mit der bisher verlangten Leistung **zumindest gleichwertig** ist. Insofern liegt es auf der Hand, dass es dem Bieter letztlich darum geht, den Auftrag zu erhalten, weshalb die hier verlangten Preise nicht selten **unter** denen im Hauptangebot liegen; hier ist daher oft besondere Vorsicht für den Auftraggeber geboten. Das ist anders, und zwar auch dann, wenn die verlangten Preise über denen im Hauptangebot liegen, weil der Auftraggeber Leistungen ausgeschrieben hat, die entweder nicht die Qualität besitzen wie die nunmehr vom Bieter vorgeschlagenen oder die weniger dauerhaft sind oder sogar im konkreten Fall eher zu Mängeln führen. Sicher ist es erforderlich, dass die in Nebenangeboten vorgeschlagenen Leistungen **hinreichend erprobt** sind, daher den **anerkannten Regeln der Technik entsprechen.** Auch darüber muss sich der Auftraggeber im Klaren sein. In Fällen, in denen auf der Auftraggeberseite die hinreichende Qualifikation und Sachkenntnis für eine ordnungsgemäße Wertung fehlt, ist es nicht nur ratsam, sondern auch geboten, einen Sachverständigen (vgl. § 7 VOB/A) einzusetzen. **89**

Dem Auftraggeber ist **bei der Prüfung der Gleichwertigkeit und der Zuschlagserteilung grundsätzlich ein Ermessen eingeräumt** und er hat bei den Nebenangeboten eine besondere eingehende und alle Vergabekriterien gewichtende und zueinander ins Verhältnis setzende, **vergleichende abwägende Wertung** durchzuführen, insbesondere wenn erhebliche Abweichungen von der ausgeschriebenen Bauleistung vorliegen. Einem Bieter ist es aber nicht möglich, durch ein entsprechend kostengünstigeres Nebenangebot, auch wenn es funktional gleichwertig sein mag, den Auftraggeber dazu zu zwingen, von seiner in vertretbarer Weise getroffenen grundsätzlichen Entscheidung über die Durchführung der Art der Bauleistung abzuweichen (OLG Hamm 25.10.2005 24 U 39/05).

Zur Beachtung der Erforderlichkeit von Mindestbedingungen bei Nebenangeboten und der **insoweit oberhalb der EU-Schwellenwerte abweichenden Rechtslage** vgl. die Kommentierung zu § 25a Nr. 3 VOB/A.

3. Erläuterungs- und Beschreibungspflicht für Nebenangebote

90 Gerade aus den vorgenannten Gründen ist es dringend erforderlich, dass der Bieter Änderungsvorschläge und Nebenangebote **so gestaltet,** dass der Auftraggeber auch **ohne besondere Schwierigkeiten in der Lage ist, die erforderliche Wertung vorzunehmen,** vor allem durch Vergleiche mit den entsprechenden Hauptpositionen. Dazu ist eine **klare und in sich geschlossene, übersichtliche und erschöpfende Beschreibung zwingend erforderlich.** Insofern müssen die Leistungsangaben des Bieters den Anforderungen entsprechen, wie sie für das umgekehrte Verhältnis in § 9 VOB/A festgelegt sind. Selbstverständlich muss aus den Nebenangeboten **ganz zweifelsfrei** hervorgehen, **an Stelle welcher Hauptpositionen sie treten sollen und inwieweit.** Ein Nebenangebot ist wegen fehlender Gleichwertigkeit **nicht zu werten, wenn die nach den Ausschreibungsunterlagen verlangten Erläuterungen der Bauausführung nicht beigefügt sind** und so eine Vergleichsmöglichkeit mit dem vorgelegten Entwurf der Vergabestelle nicht möglich ist (OLG Naumburg ZVgR 2000, 68). Ein Auftraggeber muss also die im Nebenangebot beschriebene Leistung zweifelsfrei verstehen können. **Nachträgliche Interpretationsmöglichkeiten des Bieters über Inhalt und Umfang der Leistung dürfen nicht vorliegen.** Ggf. sind die Möglichkeiten eines Aufklärungsgesprächs zu nutzen. Vor allem ist genau zu prüfen, ob und inwieweit bisherige für die Hauptangebote maßgebende **Vertragsbedingungen,** wie z.B. hinsichtlich der Bauzeit, der Gewährleistung, der Berechnung der Vergütung (z.B. im Hinblick auf Lohn- und Stoffpreisgleitklauseln), sich nach dem betreffenden Nebenangebot **verändern können oder sollen.** Zu beachten ist des Weiteren, ob die betreffenden Nebenangebote wegen des Preises von der im Hauptangebot vorgesehenen oder verlangten **Vergütungsart abweichen,** ob z.B. insoweit statt eines Einheitspreises eine Pauschale oder ob statt des bisher vorgesehenen Leistungsvertrages (Einheitspreise oder Pauschale) auf eine Stundenlohnvergütung ausgewichen werden soll, was in letzterer Hinsicht für den Auftraggeber im Allgemeinen nicht unerhebliche Ungewissheit wegen der letztlich zu entrichtenden Vergütung der Höhe nach mit sich bringt. Zu beachten ist auch, ob und inwieweit die **Mengenangaben** im Bereich von Einheitspreisverträgen im Verhältnis der bisherigen für das Hauptangebot maßgebenden Leistungsbeschreibung zu den Nebenangeboten übereinstimmen oder ob sie voneinander abweichen und dann vor **allem aus welchen Gründen.** Bloß **bedingte** Nebenangebote, also solche, die vom Eintritt einer **bestimmten Bedingung abhängig** sind, sind **unzulässig, wenn sie von einem späteren Verhalten des Bieters abhängig sind,** etwa der Voraussetzung, dass ihm bestimmtes Material oder bestimmte Geräte zur Verfügung stehen oder ihm der Einsatz eines Nachunternehmers gestattet wird. Sie sind aber **auch unzulässig,** wenn dadurch **in den ordnungsgemäßen Wettbewerb eingegriffen und das Vertrauen der übrigen Bieter, dass dieser gerade auch für sie unverändert bleibt, unzulässig geschmälert wird,** wie z.B. durch das Abhängigmachen eines preislich günstigeren Nebenangebots von der Erteilung eines anderen Auftrags, etwa hinsichtlich einer vorher oder gleichzeitig ausgeschriebenen oder in Kürze auszuschreibenden oder sonst vorzunehmenden Losvergabe oder der Erteilung von bestimmten, nur für den Bereich des Vorschlages relevanten öffentlich-rechtlichen Genehmigungen usw.

Als Nebenangebot kann es **auch** gelten, wenn der Bieter **ohne Änderung des Leistungsinhaltes eine andere Vergütungsart als in der Ausschreibung ausschließlich verlangt anbietet,** wie z.B. eine Pauschale an Stelle eines Einheitspreisvertrages.

4. Formale Anforderungen

91 Im Übrigen müssen gemäß **§ 21 Nr. 3 VOB/A** etwaige Nebenangebote auf besonderer Anlage gemacht, als solche deutlich gekennzeichnet und ihre Anzahl an einer vom Auftraggeber bezeichneten Stelle in den Verdingungsunterlagen bezeichneten Stelle angegeben werden. Nach **§ 22 Nr. 3 Abs. 2 VOB/A** muss beim Eröffnungstermin vom Verhandlungsleiter bekannt gegeben werden, ob und von wem Nebenangebote eingereicht worden sind. Wird dies versehentlich unterlassen, so wird dadurch die Wertung nicht gehindert, weil dies von der Ausschließungsregelung in § 25 Nr. 1 VOB/A nicht

Wertung der Angebote § 25 VOB/A

erfasst ist. Ein Anspruch des Bieters, der gewünschte oder ausdrücklich zugelassene Nebenangebote bearbeitet und eingereicht hat, auf Entschädigung besteht auf der Grundlage von § 20 Nr. 2 Abs. 1 S. 2 VOB/A nicht, weil Nebenangebote hier nicht verlangt, sondern nur gewünscht werden, wodurch der Entschädigungsanspruch noch nicht ausgelöst wird.

Die Fassung 2000 hat in einem neuen S. 2 die Nr. 5 um eine **Spezialregelung zur Wertung von Preis-** **92** **nachlässen ohne Bedingung** ergänzt. Solche Preisnachlässe bleiben grundsätzlich zulässig. Es wird aber nach der mit der Fassung 2000 eingefügten Nr. 4 in § 21 VOB/A eine **bestimmte Form für diese Preisnachlässe vorgeschrieben**: Damit dieser an sich zulässige Nachlass ohne Bedingung aber auch gewertet werden darf, ist er – vergleichbar der Regelung zur Angabe von Nebenangeboten nach Nr. 3 – an einer bestimmten Stelle der Verdingungsunterlagen (in der Praxis im Angebotsschreiben vgl. Nr. 6 in VHB, EVM [B] Ang/1999) aufzuführen.

Auch diese neue Formvorschrift dient der Transparenz der Angebotsunterlagen und der Eindämmung von Manipulationsmöglichkeiten. Aus der Praxis werden Fälle mitgeteilt, in denen auf Grund von in den Angebotsunterlagen oftmals an versteckter Stelle enthaltenen Preisnachlässen, die im Eröffnungstermin nicht ohne weiteres ersichtlich waren, letztlich die Bieterreihenfolge für das wirtschaftlichste Angebot verändert wurde. Um von vornherein den Anreiz für den manipulativen Einsatz, z.B. durch nachträgliche Ergänzung der Angebotsunterlagen von **Preisnachlässen** einzudämmen, trifft die Fassung 2000 jetzt eine eindeutige Sanktionsfolge: **Preisnachlässe, die diesen Anforderungen nicht entsprechen, sind nach dem neuen § 25 Nr. 5 VOB/A nicht mehr zu werten.**

III. Nebenangebote ohne Hauptangebot

Es kann vorkommen, dass **Bieter** in dem umrissenen zulässigen Rahmen (vgl. dazu insbesondere **93** auch § 10 Nr. 5 Abs. 4 S. 1 VOB/A) **nur Nebenangebote einreichen,** nicht aber ein in der Ausschreibung vorgesehenes Hauptangebot (vgl. auch LG Offenburg SFH Z 2.13 Bl. 48 sowie OLG Karlsruhe SFH § 24 VOB/A Nr. 1). Mit Hereth/Naschold (vgl. § 25 VOB/A Ez. 25.107) ist vor allem angesichts der vorgenannten VOB-Regelung richtig, dass eine derartige Handlungsweise des Bieters grundsätzlich als zulässig zu erachten ist (so auch *Hofmann* ZfBR 1984, 259). Insoweit ist insbesondere auch auf die zutreffenden Ausführungen von Hereth (BB 1966, 297 ff.) hinzuweisen. Vor allem kann der Bieter nur zu einem Nebenangebot veranlasst werden, weil er aus seiner praktischen Erfahrung heraus die in der Ausschreibung geforderte Leistung entweder für nicht möglich oder jedenfalls für unzweckmäßig hält. Es kann auch sein, dass der Bieter technisch zur Ausführung des Nebenangebotes in der Lage ist, während diese Voraussetzung für die im Hauptangebot geforderte Leistung fehlt. Solche Nebenangebote ohne Hauptangebote sind in gleicher Weise zu behandeln wie die übrigen **eingereichten Nebenangebote.** Hat der Auftraggeber es nicht ausdrücklich ausgeschlossen, dass nur Nebenangebote eingereicht werden, **muss er diese gemäß Nr. 5 werten.**

G. Angebote von Bietergemeinschaften (Nr. 6)

Außer in Nr. 6 enthält die VOB nur wenige Festlegungen zu den mit der Bildung von Bietergemein- **94** schaften zusammenhängenden Fragen. So ist nicht eindeutig, zu welchem Zeitpunkt Bietergemeinschaften noch gebildet werden können (vgl. auch die Erläuterungen zu Vor § 21 VOB/A). Der EuGH (EuGH VergabeR 2003, 155) hat entschieden, dass die Vorschriften der Baukoordinierungsrichtlinie einer nationalen Regelung nicht entgegenstehen, die es untersagt, die Zusammensetzung einer Bietergemeinschaft nach Abgabe der Angebote zu ändern. Im Wesentlichen sind Bietergemeinschaften wie Einzelbieter zu behandeln, wenn sie eine Reihe von Bedingungen erfüllen, die auf Rechtsklarheit und garantierter Leistungsfähigkeit aller Teilnehmer ausgerichtet sind (VÜA Bund BauR 1998, 326). **Nach Nr. 6 sind Bietergemeinschaften den Einzelbietern gleichzusetzen, wenn sie Arbeiten im** eigenen Betrieb oder in den Betrieben der Mitglieder ausführen (zu der begrifflichen Einordnung von Bietergemeinschaften, vor allem zu Fragen der Zulässigkeit von Angeboten gemeinschaftlicher Bieter vgl. oben Vor § 21 VOB/A Rn. 4 bis 8 sowie § 21 VOB/A Rn. 28 bis 35). Unter der Voraussetzung, dass derartige Unternehmervereinigungen die Arbeiten des konkreten Bauauftrags entweder selbst im eigenen Betrieb durchführen (wie Gesellschaften oder Genossenschaften) oder sie in den Betrieben ihrer Mitglieder durchführen lassen (wie bei Arbeitsgemeinschaften oder sonstigen Zusammenschlüssen), sind bei der Angebotswertung an diese Vereinigungen **die gleichen Anforderungen zu stellen wie an Einzelunternehmer.** Diese Hervorhebung in § 25 VOB/A hat ihre besondere Bedeutung. Bei der Wertung der Angebote ist nämlich darauf zu achten, dass die **Unternehmervereinigungen genauso zu behandeln sind wie die Einzelunternehmer.** Soweit es um Fragen der sachlichen und persönlichen Eignung von Unternehmervereinigungen als Bieter im Hinblick auf § 2 Nr. 1 S. 1 VOB/A und § 25 Nr. 2 VOB/A geht, kommt als zu überprüfende Person der Leiter der betreffenden Vereinigung in Betracht. Bei größeren Unternehmungen oder Zusammenschlüssen kommt es auf die Personen an, die im jeweiligen wirtschaftlichen oder technischen Sektor eigenverantwortliche und anweisende sowie überwachende Tätigkeit ausüben, wie z.B. die Geschäftsführer, kaufmännischen und technischen Leiter, Techniker, Ingenieure, Bauleiter usw. Es genügt also nicht, dass es sich um reine Erfüllungsgehilfen handelt, sondern diese Personen müssen Geschäftsführungs- oder Vertretungsmacht besitzen. Allerdings sind bei den betreffenden Unternehmungen und Vereinigungen auch das Können, die Zuverlässigkeit sowie die Erfahrung des Stammes der Belegschaft von Bedeutung. Es ist ein wesentlicher Gesichtspunkt, ob und inwieweit sich die einzelnen Betriebsangehörigen mit ihrem Wissen und Können ergänzen.

H. Wertung von Angeboten bei Freihändiger Vergabe (Nr. 7)

95 § 25 VOB/A ist grundsätzlich nicht **auf einzelne Vergabearten beschränkt,** also nicht nur auf die Öffentliche oder die Beschränkte Ausschreibung. Deshalb ist in Nr. 7 festgehalten, dass die **Bestimmungen der Nr. 2 und 3 auch bei Freihändiger Vergabe gelten, dagegen Nr. 1, 4, 5 und 6 auch bei Freihändiger Vergabe (nur) entsprechend anzuwenden sind.** Im ersten Fall sind die genannten Regelungen **unmittelbar gültig,** im zweiten Fall unter der Voraussetzung, **dass und soweit sich diese mit Inhalt und Tragweite der Freihändigen Vergabe in Einklang bringen lassen.**

I. Unmittelbare Anwendung

96 Die **unmittelbare Anwendung** bezieht sich nach der ausdrücklichen Benennung in Nr. 7 auf die Regelungen der **Nr. 2 und 3.** Dies betrifft zunächst die Prüfung der **Eignung** des jeweils Anbietenden. Dabei ergibt sich aus Nr. 2, dass die **Eignungsprüfung nur nach Maßgabe des dortigen Abs. 2** vorzunehmen ist, wie dessen Wortlaut deutlich ausweist. Auch hier ist davon auszugehen, dass der Auftraggeber im Falle der Freihändigen Vergabe sich vor Aufforderung der betreffenden Unternehmer oder des betreffenden Unternehmers zur Angebotsabgabe vergewissert hat, ob diese bzw. dieser zur Ausführung des betreffenden Auftrages geeignet sind bzw. ist. Deshalb sind auch hier **nur die in Nr. 2 Abs. 2 umschriebenen nachträglich aufgetretenen Gesichtspunkte von Bedeutung. Anders** liegt es dagegen bei der **Angebotswertung.** Da hier keine abweichenden Gründe für den Bereich der Freihändigen Vergabe ersichtlich sind, kommen die Regelungen der **Nr. 3 auch hier voll zur Anwendung.**

Wertung der Angebote § 25 VOB/A

II. Entsprechende Anwendung

Aus der Natur der Sache heraus kommt hinsichtlich der **Nr. 1, 4, 5 und 6 nur die entsprechende Anwendung** bei der Freihändigen Vergabe in Betracht. Insofern: 97

1. **Nr. 1** 98
a) **Abs. 1a** gelangt grundsätzlich nicht zum Zuge, weil es bei der Freihändigen Vergabe keinen Eröffnungstermin gibt. Entsprechend kann diese Regelung aber gelten, wenn ein Bieter die im Einzelfall festgelegte Angebotsfrist überschreitet.
b) Angebote, die **§ 21 Nr. 1 Abs. 1 VOB/A nicht entsprechen, müssen nicht ausgeschlossen werden, wenn** fehlende Preise, Erklärungen oder die Unterschrift noch eingeholt oder Zweifel an den Eintragungen des Bieters noch geklärt werden können. Im Falle des **§ 21 Nr. 1 Abs. 2 VOB/A** können Änderungen vorgenommen werden, wenn **nur ein Bieter zur Angebotsabgabe aufgefordert** wurde, **anderenfalls ist Nr. 1 Abs. 1b anzuwenden**.
c) Dagegen sind Angebote, die auf einer **wettbewerbsbeschränkten Abrede** beruhen (Nr. 1 Abs. 1c), **auch bei der Freihändigen Vergabe auszuschließen**.
d) Sind **Änderungsvorschläge und/oder Nebenangebote ausdrücklich ausgeschlossen** worden, muss dies grundsätzlich **auch für die Freihändige Vergabe** gelten (Nr. 1 Abs. 1d). **Anders** liegt der Fall u.U. dann, wenn **nur ein Unternehmer zur Angebotsabgabe aufgefordert wurde, aber nur, wenn er nachweist, dass er dieses veränderte Angebot nur gemacht hat, weil er wegen der auszuführenden Leistung ein besseres Know-how besitzt, was sich in technischer Hinsicht zu Gunsten des erkennbaren Bestellerwillens des Auftraggebers auswirke**.
e) **Nr. 1 Abs. 2** ist ebenso **wie bei Ausschreibungen** zu beachten, vor allem im Hinblick auf den Gleichbehandlungsgrundsatz in § 8 Nr. 1 S. 1 VOB/A. Daher ist auf oben Rn. 45 sowie die dortigen Verweisungen Bezug zu nehmen.

2. **Nr. 4:** Diese Regelung ist **auf die Freihändige Vergabe anzuwenden, wenn** bei den Angeboten die **entsprechenden Voraussetzungen vorliegen**. 99

3. **Nr. 5:** Bei **nicht ausgeschlossenen Änderungsvorschlägen und/oder Nebenangeboten ist Nr. 5 entsprechend** anzuwenden. Dies gilt in der Regel, wenn **mehrere Angebote** angefordert und eingereicht werden. Ist nämlich **nur ein Angebot** eingeholt oder abgegeben worden, hat der Auftraggeber **ohnehin Verhandlungsspielraum**. 100

4. **Nr. 6:** Auch diese Bestimmung hat **nur Sinn, wenn mehrere Angebote eingeholt** worden sind. Dann gilt das oben in Rn. 90 Gesagte. 101

J. Öffentliche Auftraggeber – Regelungen des VHB zur Wertung

Soweit es sich um **öffentliche Auftraggeber** handelt, sind für die Angebotswertung nach Nr. 3 bis 7 die Richtlinien in 1.4 bis 1.7 **VHB zu § 25 VOB/A i.d.F. der Ausgabe 2002** wesentlich, die auch der private Auftraggeber beachten sollte, vor allem auch in Bezug auf § 263 StGB bei unzulässigen Preisabsprachen von Bietern. Diese lauten wie folgt: 102

1.4 Wertung der Angebote

Alle in der Wertung verbliebenen Angebote (siehe Nr. 1.1) sind gründlich zu prüfen.

1.5.1 Die Prüfung hat sich darauf zu richten, ob der Preis angemessen ist, also eine einwandfreie Ausführung einschließlich Haftung für Mängelansprüche gemäß § 25 Nr. 3 Abs. 3 S. 1 erwarten lässt und eine wirtschaftliche und sparsame Verwendung der Mittel sicherstellt. Vergabefremde, nicht leistungsbezogene Umstände dürfen nicht berücksichtigt werden.

1.5.2 *Auf ein Angebot mit einem unangemessen hohen Preis, der eine wirtschaftliche und sparsame Verwendung der Mittel vereiteln würde, darf der Zuschlag nicht erteilt werden (§ 25 Nr. 3 Abs. 1 VOB/A).*

Wenn Ausschreibungen nur Angebote mit unangemessen hohen Preisen erbringen, ist die Kostenermittlung auf ihre vertretbare Richtigkeit zu überprüfen. Wird sie im Wesentlichen bestätigt, sind diese Ausschreibungen nach § 26 Nr. 1a) aufzuheben; wegen der Aufhebung siehe § 26 A VHB.

1.5.3 *Liegen im Vergleich zur Kostenschätzung nur Angebote mit unerwartet hohen, aber nicht unangemessen hohen Preisen vor, ist die Kostenschätzung ebenfalls auf ihre vertretbare Richtigkeit zu überprüfen.*

Wird sie im Wesentlichen bestätigt, sind diese Ausschreibungen nach § 26 Nr. 1c) aufzuheben; wegen der Aufhebung siehe § 26 A VHB. Die Begründung der »sonstigen schwer wiegenden Gründe« liegt dann ausnahmsweise in den nicht in der Höhe der Angebotsendpreise vorhandenen Haushaltsmittel, so dass das Vorhaben im Ergebnis wegen erheblicher Finanzierungslücken ganz aufgegeben werden muss.

1.5.4 *Auf ein Angebot mit einem unangemessen niedrigen Preis darf der Zuschlag nicht erteilt werden (§ 25 Nr. 3 Abs. 1 VOB/A). Zweifel an der Angemessenheit ergeben sich insbesondere, wenn die Angebotssummen*

- *eines oder einiger weniger Bieter erheblich geringer sind als die der übrigen oder*
- *erheblich von der aktuell zutreffenden Preisermittlung des Auftraggebers abweichen.*

Solche Zweifel sind grundsätzlich bei einer Abweichung von 10 v.H. oder mehr anzunehmen.

Zur Aufklärung der Frage, ob es sich um ein Angebot mit einem unangemessen niedrigen Preis handelt, sind zumindest die EFB-Preis 311/312 zu fordern. Ein Angebot mit einem unangemessen niedrigen Preis darf nur dann ausgeschieden werden, wenn zuvor vom Bieter schriftlich Aufklärung über die Ermittlung der Preise für die Gesamtleistung oder für Teilleistungen verlangt worden ist.

Wenn Ausschreibungen nur Angebote mit unangemessen niedrigen Preisen erbringen, gilt 1.5.2 entsprechend; es ist dann über eine Aufhebung nach § 26 Nr. 1a) oder nach § 26 Nr. 1c) zu befinden.

1.6 *Wertungsmaßstäbe*

1.6.1 *Bei der Wertung ist zu untersuchen, ob das Angebot*

- *in sich schlüssig ist, also im Kostenaufbau und im Verhältnis der Einheitspreise zueinander eine ordnungsgemäße Kalkulation erkennen lässt; dabei ist zu berücksichtigen, dass Einzel- und Gemeinkosten nicht bei allen Betrieben gleich abgegrenzt werden,*
- *wesentlich von den anderen in die engere Wahl gekommenen Angeboten abweicht, dabei sind etwaige Kostenunterschiede infolge der von den Bietern gewählten unterschiedlichen Arbeitsverfahren und Ausführungsarten sowie die sich daraus ergebenden Verschiebungen zwischen den einzelnen Kostengruppen (arbeits- und geräteintensive Ausführung, Verwendung vorgefertigter Bauteile oder reine Baustellenfertigung usw.) zu berücksichtigen.*

1.6.2 *Die Angemessenheit der Preise für Teilleistungen (Einheitspreise) ist grundsätzlich nicht für sich, sondern im Rahmen der Angebotssumme zu beurteilen. Sind jedoch die Preise für einzelne Teilleistungen erkennbar unangemessen, so kann dies Zweifel an einer sachgerechten Preisermittlung begründen. Dies macht eine Aufklärung nach § 24 und eine Prüfung auch der Einzelansätze notwendig (siehe 1.6.4).*

Wertung der Angebote § 25 VOB/A

1.6.3 *Bedarfspositionen sind unter der Voraussetzung von § 9 A Nr. 4.1 VHB im Hinblick auf ihre Auswirkungen auf die Angebotssumme grundsätzlich zu werten.*

1.6.4 *Bei Zweifeln an der Angemessenheit von Angebotspreisen sind die vorliegenden EFB-Preis 311/312 gesondert auszuwerten, dabei sind die Einzelansätze zu vergleichen und unter folgenden Gesichtspunkten objekt- und betriebsbezogen zu untersuchen,*

die Lohnkosten darauf, ob

- *der Zeitansatz pro Leistungseinheit bzw. die Gesamtstundenzahl den bautechnisch erforderlichen Ansätzen entsprechen;*
- *der Mittellohn sowie die Zuschläge für lohngebundene und lohnabhängige Kosten sich im Rahmen der tarifvertraglichen Vereinbarungen und der gesetzlichen Verpflichtungen halten,*

die Stoffkosten darauf, ob sie den üblichen Ansätzen entsprechen,

die Baustellengemeinkosten darauf, ob ausreichende Ansätze für alle gesetzlich (z.B. Umwelt-, Arbeits- und Unfallschutz), technisch und betriebswirtschaftlich notwendigen Aufwendungen enthalten sind.

Ein Angebot, das diese Anforderungen nicht erfüllt, begründet die Vermutung, dass der Bieter nicht in der Lage sein wird, seine Leistung vertragsgerecht zu erbringen. Die Vermutung kann nur dadurch widerlegt werden, dass der Bieter nachweist, dass er aus objektbezogenen, sachlich gerechtfertigten Gründen die Ansätze knapper als die übrigen Bieter kalkulieren konnte, beispielsweise deswegen, weil er rationellere Fertigungsverfahren anwendet oder über günstigere Baustoffbezugsquellen oder über Produktionsvorrichtungen verfügt, die andere Bieter nicht haben oder erst beschaffen müssen, oder weil sich sein Gerät bereits auf oder in der Nähe der Baustelle befindet.

1.6.5 *Die Prüfung der Einzelansätze hat sich ferner darauf zu erstrecken, inwieweit sich die Ansätze für die Gerätevorhaltekosten, für allgemeine Geschäfts- und Sonderkosten (einschließlich Einzelwagnisse) im wirtschaftlich vertretbaren Rahmen halten.*

Niedrige Ansätze begründen aber hier nicht ohne weiteres die Vermutung eines zu geringen Preises i.S.v. § 25 Nr. 3 Abs. 3 VOB/A, weil der Bieter Anlass haben kann, auf die Ansätze teilweise zu verzichten. In diesen Fällen ist daher lediglich zu prüfen, ob dem sachgerechte Erwägungen zu Grunde liegen.

Bei Fehlen eines Ansatzes für Wagnis und Gewinn ist keine weitere Aufklärung erforderlich.

1.7 *Auswahl des wirtschaftlichsten Angebots und Vergabeentscheidung*

Unterscheiden sich Angebote z.B. hinsichtlich Preis, Ausführungsfrist, Betriebs- und Folgekosten, Gestaltung, Rentabilität oder technischem Wert, sind diese Unterschiede bei Beurteilung des Angebotes zu berücksichtigen. Der Zuschlag ist auf das Angebot mit dem annehmbarsten Verhältnis zwischen Preis und Leistung zu erteilen.

Sind die angebotenen Leistungen nach Art und Umfang gleich und deren Preise angemessen, ist der Zuschlag auf das Angebot mit dem niedrigsten Preis zu erteilen.

Der Auftraggeber hat die Vergabevorschläge zu prüfen und die Entscheidung über das wirtschaftlichste Angebot zu treffen; dies ist im Vergabevermerk zu dokumentieren.

1.8 *Hilfsmittel für die Wertung*

1.8.1 *Für die Beurteilung sind heranzuziehen*

- *Erfahrungswerte aus anderen Vergaben,*
- *die Auswertung des Preisspiegels,*

- *die Auswertung der EFB-Preis 311/312*

sowie

- *im Bedarfsfalle die Preisermittlung oder andere Auskünfte des Bieters im Rahmen des § 24 VOB/A.*

1.8.2 Die Angebote sind in den Preisspiegel in der Reihenfolge aufzunehmen, die sich aus der Höhe der nachgerechneten Angebotssummen ergibt. Dabei genügt es in der Regel, die voraussichtlich in die engere Wahl kommenden Angebote sowie einige unmittelbar darüber und darunter liegende Angebote darzustellen.

1.8.3 Die EFB-Preis 311/312 sind wesentliche Grundlage für die Beurteilung des Angebots (EFB-Preis 1–311), wichtiger Einheitspreise (EFB-Preis 2–312) und der Angemessenheit des Preises. Außerdem können sie Aufschluss über die Preisermittlungsgrundlagen bei Preisvereinbarungen nach § 2 Nr. 3, 5 und 6 VOB/B bieten.

Das Bauamt hat daher zu prüfen, ob sich die Angaben in den EFB-Preis 311/312 mit dem Angebot decken. Die Formblätter werden nicht Vertragsbestandteil, weil im Vertrag nur die Preise, nicht aber die Art ihres Zustandekommens und insbesondere nicht die einzelnen Preisbestandteile vereinbart werden.

Die Kostenansätze z.B. für Eigenleistung und Nachunternehmerleistungen, Verrechnungslohn, Gesamtstundenzahl und Zuschläge sind bei den Angeboten der engeren Wahl einander gegenüberzustellen.

2 *Nebenangebote und Änderungsvorschläge*

Bei der wirtschaftlichen Beurteilung zugelassener Nebenangebote und Änderungsvorschläge (siehe § 21 A Nr. 4 VHB) sind neben der Prüfung der Angemessenheit der Preise auch die Vorteile zu berücksichtigen, welche die vom Bieter vorgeschlagene andere Ausführung oder andere Ausführungsfristen und die sich daraus ergebende mögliche frühere oder spätere Benutzbarkeit von Teilen der Bauleistung usw. bieten können.

3 *Sonderregelungen*

3.1 *Angebot »Lohngleitklausel« (siehe § 15 A Nr. 2 VHB)*

3.1.1 Wird eine Lohngleitklausel nach EFB-LGl 316 angeboten, sind die wirtschaftlichen Vorteile gegenüber den Hauptangeboten mit festen Preisen zu berücksichtigen.

Um beurteilen zu können, wie sich der Änderungssatz auswirkt, ist unter Berücksichtigung der voraussichtlich während der Laufzeit des Vertrages zu erwartenden Lohnerhöhungen die Summe der Lohnmehrkosten zu ermitteln und der Angebotssumme zuzuschlagen.

Die so ermittelte Wertungssumme bei Vereinbarung einer Lohngleitklausel ist der Angebotssumme bei Vereinbarung fester Preise gegenüberzustellen.

3.1.2 Auf ein Angebot mit einem zu hohen Änderungssatz darf der Zuschlag nicht erteilt werden.

Dies ist dann der Fall, wenn der angebotene Änderungssatz von den Erfahrungswerten der Bauverwaltung erheblich abweicht und eine Prüfung ergibt, dass in dem Änderungssatz auch andere als lohn- und gehaltsbezogene Preisanteile enthalten sind.

Unter diesen Umständen ist immer einem Angebot mit festen Preisen ohne Lohngleitklausel der Vorzug zu geben.

Der im Angebot Lohngleitklausel (EFB-LGl 316) angebotene Änderungssatz ist nur dann wirksam vereinbart, wenn dieser ausschließlich die durch Lohnerhöhungen entstehenden Mehrkosten zum Inhalt hat.

3.2 Nicht zu berücksichtigende Angaben der Bieter

Angaben der Bieter über die Verminderung des Angebotspreises bei Verzicht auf Sicherheiten und Angaben, ob der Bieter zum Datenträgeraustausch bereit und in der Lage ist, dürfen bei der Wertung nicht berücksichtigt werden.

3.3 Preisnachlässe

3.3.1 *Preisnachlässe ohne Bedingungen sind bei der Prüfung und Wertung rechnerisch nur zu berücksichtigen, wenn sie im Angebotsschreiben an der dort bezeichneten Stelle aufgeführt sind.*

3.3.2 *Preisnachlässe mit Bedingungen, die vom Bieter bei Einhaltung von Zahlungsfristen angeboten werden (Skonti), sind bei der Wertung nicht zu berücksichtigen.*

3.3.3 *Nicht zu wertende Preisnachlässe (ohne Bedingungen oder mit Bedingungen für Zahlungsfristen) bleiben aber rechtsverbindlicher Inhalt des Angebotes und werden im Fall der Auftragserteilung Vertragsinhalt (siehe auch § 16 B Nr. 5 VHB).*

3.4 Bevorzugte Bewerber

Sofern das Angebot eines bevorzugten Bewerbers ebenso annehmbar ist wie das eines anderen Bieters oder höchstens um die in den Richtlinien Teil IV – 404 angegebenen Sätze über dem annehmbarsten Angebot liegt, soll dem bevorzugten Bewerber der Zuschlag erteilt werden. Wird der bevorzugte Bewerber nicht berücksichtigt, so sind die Gründe aktenkundig zu machen. Bei Baumaßnahmen der ausländischen Streitkräfte siehe § 8 A Nr. 4 VHB.

3.5 Wartungs- oder instandhaltungsbedürftige Anlagen der technischen Gebäudeausrüstung

3.5.1 *Wenn gemäß § 10 A Nr. 12 VHB mit dem Angebot für die Herstellung einer wartungs- oder instandhaltungsbedürftigen Anlage auch ein Angebot für die Wartung/Instandhaltung eingeholt worden ist, sind die Preise beider Leistungen in die Wertung einzubeziehen.*

3.5.2 *Bei der Wertung der Angebote unter Einbeziehung von Wartungs-/Instandhaltungsverträgen, die die für den Anlagenbetrieb zuständige Stelle bis 5 Jahre abschließen will (siehe § 10 A Nr. 12 VHB), sind die Wartungs-/Instandhaltungskosten für diese Dauer – ohne Anwendung der Preisgleitklausel – zu Grunde zu legen.*

3.5.3 *Sollen Verträge für eine Laufzeit von mehr als 5 Jahren geschlossen werden, sind die Wartungs-/Instandhaltungskosten für die Vertragsdauer, längstens für die voraussichtliche Nutzungsdauer der Anlage, jedoch unter Berücksichtigung des Rentenbarwertfaktors entsprechend der Vervielfältiger-Tabelle – Anlage zu § 16 Abs. 3 der Verordnung über die Grundsätze für die Ermittlung der Verkehrswerte von Grundstücken (Wertermittlungsverordnung – WertV) vom 6.12.1988 (BGBl I S. 2209 ff., geändert 18.8.1997, BGBl S. 2110) – anzusetzen.*

3.5.4 *Nach Erteilung des Auftrages für die Erstellung der Anlage übersendet das Bauamt der für den Anlagenbetrieb zuständigen Stelle das in Betracht kommende Angebot zum Abschluss des Wartungs-/Instandhaltungsvertrages.*

3.5.5 *Sind die Preise für die Wartung/Instandhaltung unangemessen hoch, ist es aber aus technischen Gründen unzweckmäßig oder nicht möglich, die Leistung einem anderen Unternehmer zu übertragen, ist nach Nr. 1.5.2 zu verfahren.*

Ist eine Trennung von Herstellung und Wartung/Instandhaltung möglich, ist nur das Angebot zur Herstellung der Anlage zu werten. Dem Bieter und der für den Anlagenbetrieb zuständigen Stelle ist dann mitzuteilen, dass das Angebot für die Wartung/Instandhaltung nicht annehmbar ist.

3.6 *Umsatzsteuer*

Der am Schluss des Angebotes eingetragene Steuersatz für die Umsatzsteuer (Mehrwertsteuer) ist ggf. auf den bei Ablauf der Angebotsfrist geltenden Steuersatz zu ändern (siehe Nr. 3.4 [EVM [B] BwB/E – 212]) und der sich daraus ergebende Umsatzsteuerbetrag entsprechend zu berechnen.

4 *Preisrecht, preisrechtliche Zulässigkeit*

4.1 *Der Geltungsbereich der einschlägigen Preisvorschrift (VO PR Nr. 30/53 vom 21.11.1953 in der jeweils gültigen Fassung) deckt sich nicht in allen Fällen mit den Anwendungsbereichen der VOL bzw. VOB. So unterliegen Montagearbeiten (einschließlich der Installationsarbeiten) der Elektroindustrie und des Maschinenbaues der VO PR 30/53; dies gilt auch dann, wenn bei der Vergabe dieser Arbeiten nach der VOB verfahren wird.*

4.2 *Wird die Lieferung von Baustoffen und Bauteilen entgegen § 4 Nr. 1 selbstständig vergeben, so gilt die VO PR Nr. 30/53.*

4.3 *Preise von Leistungen des Maschinenbaues und der Elektroindustrie, auch die, die unter Wettbewerbsbedingungen vergeben werden, unterliegen der VO PR Nr. 30/53.*

Ergeben sich Anhaltspunkte, dass die angebotenen Preise den nach § 6 der VO PR Nr. 30/53 zulässigen Preis überschreiten, ist die Preisüberwachungsstelle rechtzeitig vor Zuschlagserteilung zu beteiligen.

4.4 *Zu einem von der zuständigen Preisprüfungsbehörde als preisrechtlich unzulässig festgestellten Preis darf nicht vergeben werden.*

4.5 *Wegen Preisabreden siehe § 23 A Nr. 3 VHB.*

5 *Irrtum*

5.1 *Die Erklärung eines Bieters, er habe sich in seinem Angebot geirrt, ist als Anfechtung des Angebots wegen Irrtum zu werten. Ob eine solche Anfechtung wirksam ist, richtet sich nach § 119 BGB. In diesen Fällen ist die technische Aufsichtsbehörde in der Mittelinstanz unverzüglich zu unterrichten.*

5.2 *Entscheidet die technische Aufsichtsbehörde in der Mittelinstanz, dass eine Anfechtung wegen Irrtums wirksam ist, muss das Angebot ausgeschieden werden. Eine Änderung des angeblich irrig ermittelten Preises ist nicht zulässig.*

6 *Begründung*

Die Vergabeentscheidung ist zu begründen, siehe § 30 VOB/A.

7 *Zuständigkeit*

Wegen der Unterrichtung der technischen Aufsichtsbehörde in der Mittelinstanz vgl. Zuständigkeiten Nr. 4.3.

§ 25a
Wertung der Angebote

1. Bei der Wertung der Angebote dürfen nur Kriterien berücksichtigt werden, die in der Bekanntmachung oder in den Vergabeunterlagen genannt sind.

2. Angebote, die auf Grund einer staatlichen Beihilfe ungewöhnlich niedrig sind, können allein aus diesem Grund nur dann zurückgewiesen werden, wenn der Bieter nach Aufforderung innerhalb einer vom Auftraggeber festzulegenden ausreichenden Frist nicht nachweisen kann, dass die betreffende Beihilfe rechtmäßig gewährt wurde. Auftraggeber, die unter diesen Umständen ein Angebot zurückweisen, müssen die Kommission der Europäischen Gemeinschaften darüber unterrichten.

3. Der Auftraggeber berücksichtigt nur Nebenangebote, die die von ihm verlangten Mindestanforderungen erfüllen.

Inhaltsübersicht Rn.

A. Wertungskriterien (Nr. 1) 2
B. Angebote auf Grund staatlicher Beihilfe (Nr. 2) 3
C. Mindestanforderungen an Nebenangebote (Nr. 3) 4
D. Bestimmungen des Vergabehandbuchs 5

§ 25a VOB/A enthält zu § 25 VOB/A Sondervorschriften für Bauverträge, die die EU-Schwellenwerte überschreiten, die also **§ 1a VOB/A unterfallen.** Nr. 1 befasst sich mit der Frage der zulässigen Wertungskriterien. Nr. 2 betrifft ungewöhnlich niedrige Angebote auf Grund einer staatlichen Beihilfe. Nr. 3 befasst sich mit Änderungsvorschlägen oder Nebenangeboten in dem hier erörterten Bereich. Die Fassung 2006 fügte in Umsetzung der EG-Vergabekoordinierungsrichtlinie 2004/18/EG die Nummern 2 und 3 in § 25a ein. **1**

A. Wertungskriterien (Nr. 1)

Die Bestimmung in § 25a Nr. 1 VOB/A, dass bei der Wertung der Angebote **nur Kriterien** berücksichtigt werden dürfen, die **in der Bekanntmachung oder in den Vergabeunterlagen genannt** sind, ist inhaltlich deckungsgleich mit § 25b VOB/A. Ausgangspunkte sind für die erforderliche Nennung der Wertungskriterien hier einmal die Bekanntmachung nach § 17a Nr. 3 Abs. 1 VOB/A oder zum anderen und jedenfalls die Vergabeunterlagen nach Maßgabe von § 10a Buchst. a VOB/A. Daher liegt ein **Verstoß gegen EG-Recht** vor, wenn der Auftraggeber eines oder mehrere Angebote unter einem Gesichtspunkt wertet, der nicht ausdrücklich genannt worden ist. Die **Vorschrift bezweckt also auch, die Auftragsvergabe auf Grund nachträglich gebildeter, aus der Ausschreibung nicht hervorgehender Kriterien zu verhindern.** Die Anbieter sollen insoweit nicht der Willkür der Vergabestelle ausgeliefert sein (BGH BauR 1999, 376). Der Auftraggeber ist verpflichtet, **bereits den Bewerbern die für ihn maßgebenden Wertungskriterien zu nennen**, dabei auch solche, die bei der späteren Wertung nur möglicherweise eine Rolle spielen können, damit er sie auch später im Rahmen der Angebotswertung berücksichtigen kann. Das gilt vor allem auch dann, wenn die Leistungsbeschreibung zwar eindeutig und umfassend von der Auftraggeberseite aufgestellt ist, jedoch mit Änderungsvorschlägen und/oder Nebenangeboten gerechnet werden muss, die im konkreten Fall vom Auftraggeber nicht ausgeschlossen sind (vgl. § 10 Nr. 5 Abs. 4 VOB/A). Der EuGH hat zur Baukoordinierungsrichtlinie ausdrücklich entschieden, dass ein öffentlicher Auftraggeber, der im Rahmen eines nicht offenen Verfahrens im Voraus Regeln für die Gewichtung der **Kriterien für die Auswahl der Bewerber, die zur Abgabe eines Angebotes aufgefordert werden**, aufgestellt hat, verpflichtet **2** ist, diese Regeln **in der Auftragsbekanntmachung oder in den Verdingungsunterlagen anzugeben** (EuGH VergabeR 2003, 141).

B. Angebote auf Grund staatlicher Beihilfe (Nr. 2)

3   Ausgangspunkt ist hier, dass ein oder mehrere Angebote dem Auftraggeber vorgelegt wurden, die **ungewöhnlich niedrig** hinsichtlich des geforderten Preises sind. Dies **deckt sich zunächst im Wesentlichen** mit der Regelung in der Basisbestimmung in **§ 25 Nr. 3 Abs. 1 VOB/A,** wonach auf ein Angebot mit einem unangemessen hohen oder niedrigen Preis der Zuschlag nicht erteilt werden darf (vgl. dazu § 25 VOB/A Rn. 63 ff., insbesondere Rn. 67). Jedenfalls wird man sagen müssen, dass die Begriffe »unangemessen niedrig« und »ungewöhnlich niedrig« sich zumindest ähneln, ohne dass insofern für die Praxis ein bedeutsamer Unterschied vorliegen dürfte. Daher kann auf die Ausführungen zu § 25 VOB/A Rn. 64 ff. Bezug genommen werden. Um die hier erörterte Regelung anwenden zu können, muss aber **weiter** der im Angebot aufgeführte ungewöhnlich niedrige Preis **seine – alleinige – Ursache in einer staatlichen Beihilfe** haben. Hierunter sind alle dem betreffenden Anbieter gewährten geldwerten Vergünstigungen zu verstehen, die diesem aus den unterschiedlichsten Gründen von Staats wegen, also letztlich zu Lasten von öffentlichen Einnahmen, zur Verfügung stehen. Dazu rechnen u.a. die Förderung strukturschwacher Regionen und Vorteilsausgleiche. Ferner zählen hierzu nationale Beihilfen, wie Subventionen, Vergünstigungen aus der Bevorzugten-Richtlinie. Einzubeziehen sind auch Hilfen aus dem Strukturfonds der EG. Liegen solche Fälle vor, worüber der betreffende Bieter u.U. die **Auskunftspflicht auf schriftliche Rückfrage des Auftraggebers nach § 25 Nr. 3 Abs. 2 VOB/A hat** (vgl. § 25 VOB/A Rn. 68 ff.) also ihm für das Vorliegen der staatlichen Beihilfe die Darlegungs- und Beweislast obliegt, darf das Angebot **nur unter** den **weiteren Voraussetzungen der Nr. 2** zurückgewiesen werden. Hierzu ist zunächst erforderlich, dass der Auftraggeber den betreffenden Bieter **auf das ungewöhnlich niedrige Angebot** – wohl auch hier schriftlich – **hingewiesen hat** und dieser dann **nicht den Nachweis liefern konnte, dass die betreffende Beihilfe der EG Kommission gemeldet oder von ihr genehmigt wurde,** wobei beides alternativ nebeneinander steht. Auch insofern hat der betreffende Bieter die Darlegungs- und Beweislast. Dabei dürfte es erforderlich sein, ihm eine Frist zu setzen und vor allem auch die nötigen Nachweise in Schriftform zu verlangen. Sofern es sich um den Nachweis der Meldung bei der EG-Kommission handelt, kann es nur um eine solche von staatlicher Stelle gehen; vor allem kommt es hier sicherlich auch auf den Nachweis des Zugangs der Meldung bei der Kommission an. Sind die genannten Voraussetzungen von Bieterseite **nicht nachgewiesen,** kann der Auftraggeber das betreffende **Angebot zurückweisen.** Darüber hinaus wird man sagen müssen, dass er es nach § 25 Nr. 3 Abs. 1 VOB/A sogar **zurückweisen** bzw. bei der Vergabe **unberücksichtigt lassen muss.** Sind dagegen von Bieterseite die entsprechenden Nachweise erbracht worden, kann dies trotz des niedrigen Preises für seine Leistungsfähigkeit sprechen. Falls das Angebot aus den genannten Gründen zurückgewiesen wurde, ist der Auftraggeber nach Nr. 2 S. 2 verpflichtet, hiervon der EG-Kommission Mitteilung zu machen.

C. Mindestanforderungen an Nebenangebote (Nr. 3)

4   Voraussetzung ist zunächst, dass der Auftraggeber Nebenangebote und die dazu gehörenden Mindestbedingungen zugelassen hat (vgl. u.a. § 10 Nr. 5 Abs. 4 VOB/A). Trifft dies zu, so sind auch hier abgegebene Nebenangebote zu werten (vgl. dazu im Einzelnen § 25 VOB/A Rn. 80 ff.). In diesen Fällen hat der Auftraggeber (entweder in der Bekanntmachung oder in den Vergabeunterlagen) **Mindestanforderungen an die Beschaffenheit der Nebenangebote zu stellen.** Diese werden im Allgemeinen in technischer oder sonst funktioneller Hinsicht gestellt werden, insbesondere im Hinblick auf die Art und Weise der vorgesehenen Nutzung, bestimmte Leitungsdurchschnitte, Kapazi-

täten, Haltbarkeiten, Benutzungsvoraussetzungen usw. Diese Mindestanforderungen müssen selbstverständlich zunächst einmal **allen Bewerbern bzw. Bietern mitgeteilt werden.** Insbesondere müssen dann aber alle diese Mindestanforderungen **in die Wertung mit einbezogen** werden. Dabei darf der **Zuschlag nur auf solche Angebote** erteilt werden, die den **Mindestanforderungen** entsprechen. Hat der Auftraggeber keine Angaben zu Mindestanforderungen gemacht, kann ein Nebenangebot selbst dann nicht berücksichtigt werden, wenn Nebenangebote in den Verdingungsunterlagen nicht für unzulässig erklärt wurden (EuGH v. 16.10.2003 C-421/01 VergabeR 2004, 50 = NZBau 2004, 279). Alle Bieter sollen das berechtigte Vertrauen haben, dass der Auftraggeber selbst das befolgt, was er von den anbietenden Unternehmern verlangt hat. Kommt er dem nicht nach, kann er mit Schadensersatzansprüchen der betroffenen Bieter aus **culpa in contrahendo** rechnen, wobei er diesen jedenfalls den Vertrauensschaden zu ersetzen hat. **Welche Inhalte an die Beschreibung von Mindestanforderungen an Nebenangebote zu stellen ist in der Spruchpraxis der Nachprüfungsstellen noch nicht hinreichend geklärt:** Nicht ausreichend sollen die Anforderungen des Leistungsverzeichnisses sein (BayOLG v. 22.6.2004 NZBau 2004, 626 = IBR 2004, 535; ebenfalls strenge Anforderungen stellen OLG Rostock v. 24.11.2004 IBR 2005, 107 und OLG Koblenz v. 31.5.2006 – 1 Verg 3/06). Richtigerweise sollte aber eine **Angabe der Mindestanforderungen durch Verweis auf Richtlinien i.V.m. konkreten Anforderungen als ausreichend angesehen** werden (OLG Düsseldorf v. 7.1. und 27.4.2005 VergabeR 2005, 483). Recht weitgehend wurde es sogar **als ausreichend angesehen, wenn die Anforderungen bereits durch technische Normen und die allgemeine bauaufsichtliche Zulassung festgelegt sind**, auch dann wenn keine seperate Festlegung im Leistungsverzeichnis erfolgt ist (OLG Schleswig VergabeR 2005, 357). Den Auftraggebern ist anzuraten, den **Bedarf für die Zulassung von Nebenangeboten sorgfältig zu prüfen**, um unnötige rechtliche Risiken zu vermeiden. Bei Zulassung sollten **Nebenangebote** nicht generell, sondern **nur für geeignete Teile des Leistungsverzeichnisses zugelassen werden und in funktionaler Form entsprechende Mindestanforderungen dem Leistungsverzeichnis zugefügt werden**.

D. Bestimmungen des Vergabehandbuchs

Nach dem Vergabehandbuch des Bundes (VHB-Ausgabe 2002) sind zu § 25a folgende Richtlinien zu beachten: **5**

– Wertung der Angebote
– Nebenangebote; auszuschließen sind Nebenangebote, wenn sie
  – nicht zugelassen sind (siehe dazu § 9a A VHB)
  – die im EVM (B) A EG – 211 EG bzw. im EVM Erg EG Neb 247 genannten Mindestanforderungen nicht erfüllen.
– Ungewöhnlich niedrige Angebote aufgrund staatlicher Beihilfen

Ist ein Angebot aufgrund staatlicher Beihilfen ungewöhnlich niedrig, ist der Bieter nach § 25 Nr. 3 Abs. 2 VOB/A schriftlich aufzufordern, innerhalb einer ausreichend bemessenen Frist den Nachweis zu erbringen, dass die Beihilfe rechtmäßig gewährt wurde.

Kann der Bieter den Nachweis innerhalb der festgesetzten Frist nicht erbringen, ist sein Angebot nach § 25 Nr. 3 VOB/A auszuscheiden und die Kommission der Europäischen Gemeinschaften über die Zurückweisung dieses Angebotes zu unterrichten.

§ 25b
Wertung der Angebote

1. Bei der Wertung der Angebote dürfen nur Kriterien berücksichtigt werden, die in der Bekanntmachung oder in den Vergabeunterlagen genannt sind.

2. Angebote, die auf Grund einer staatlichen Beihilfe ungewöhnlich niedrig sind, dürfen von den Auftraggebern nur zurückgewiesen werden, wenn diese den Bieter darauf hingewiesen haben und dieser innerhalb einer vom Auftraggeber festzulegenden Frist nicht den Nachweis liefern konnte, dass die Beihilfe der Kommission der Europäischen Gemeinschaften gemeldet oder von ihr genehmigt wurde. Auftraggeber, die unter diesen Umständen ein Angebot zurückweisen, müssen die Kommission der Europäischen Gemeinschaften darüber unterrichten.

3. Der Auftraggeber berücksichtigt nur Nebenangebote, die die von ihm verlangten Mindestanforderungen erfüllen.

Inhaltsübersicht   Rn.

A. Wertungskriterien (Nr. 1) 2
B. Angebote auf Grund staatlicher Beihilfe (Nr. 2) 3
C. Mindestanforderungen an Nebenangebote (Nr. 3) 4

1 § 25b VOB/A enthält zu § 25 VOB/A Sondervorschriften für Bauverträge, die nach der EG-Sektorenrichtlinie vergeben werden müssen, die also **§ 1b VOB/A unterfallen.** Nr. 1 befasst sich mit der Frage der zulässigen Wertungskriterien. Nr. 2 betrifft ungewöhnlich niedrige Angebote auf Grund einer staatlichen Beihilfe. Nr. 3 befasst sich mit Änderungsvorschlägen oder Nebenangeboten in dem hier erörterten Bereich. Die Fassung 2006 vereinheitlichte den Wortlaut von Nr. 3 redaktionell mit den gleich lautenden Bestimmungen des ersten und zweiten Abschnittes und ließ § 25b VOB/A inhaltlich unverändert.

A. Wertungskriterien (Nr. 1)

2 Die Bestimmung in § 25b Nr. 1 VOB/A, dass bei der Wertung der Angebote **nur Kriterien** berücksichtigt werden dürfen, die **in der Bekanntmachung oder in den Vergabeunterlagen genannt** sind, ist inhaltlich deckungsgleich mit § 25a VOB/A. Ausgangspunkte sind für die erforderliche Nennung der Wertungskriterien hier einmal die Bekanntmachung nach § 17b Nr. 1 Abs. 1a VOB/A oder zum anderen und jedenfalls die Vergabeunterlagen nach Maßgabe von § 10b Nr. 1a VOB/A. Im Übrigen deckt sich der Wortlaut mit § 10a Spiegelstrich 1 VOB/A. Daher kann hier auf das zu § 25a VOB/A Gesagte verwiesen werden.

B. Angebote auf Grund staatlicher Beihilfe (Nr. 2)

3 Ausgangspunkt ist hier, dass ein oder mehrere Angebote dem Auftraggeber vorgelegt wurden, die **ungewöhnlich niedrig** hinsichtlich des geforderten Preises sind. Dies **deckt sich zunächst im Wesentlichen** mit der Regelung in der Basisbestimmung in **§ 25 Nr. 3 Abs. 1 VOB/A,** wonach auf ein Angebot mit einem unangemessen hohen oder niedrigen Preis der Zuschlag nicht erteilt werden darf (vgl. dazu § 25 VOB/A Rn. 63 ff., insbesondere Rn. 67). Jedenfalls wird man sagen müssen, dass die Begriffe »unangemessen niedrig« und »ungewöhnlich niedrig« sich zumindest ähneln, ohne dass insofern für die Praxis ein bedeutsamer Unterschied vorliegen dürfte. Daher kann auf die Ausführun-

gen zu § 25 VOB/A Rn. 64 ff. Bezug genommen werden. Um die hier erörterte Regelung anwenden zu können, muss aber **weiter** der im Angebot aufgeführte ungewöhnlich niedrige Preis **seine – alleinige – Ursache in einer staatlichen Beihilfe** haben. Hierunter sind alle dem betreffenden Anbieter gewährten geldwerten Vergünstigungen zu verstehen, die diesem aus den unterschiedlichsten Gründen von Staats wegen, also letztlich zu Lasten von öffentlichen Einnahmen, zur Verfügung stehen. Dazu rechnen u.a. die Förderung strukturschwacher Regionen und Vorteilsausgleiche. Ferner zählen hierzu nationale Beihilfen, wie Subventionen, Vergünstigungen aus der Bevorzugten-Richtlinie. Einzubeziehen sind auch Hilfen aus dem Strukturfonds der EG. Liegen solche Fälle vor, worüber der betreffende Bieter u.U. die **Auskunftspflicht auf schriftliche Rückfrage des Auftraggebers nach § 25 Nr. 3 Abs. 2 VOB/A hat (vgl. § 25 VOB/A Rn. 68 ff.)** also ihm für das Vorliegen der staatlichen Beihilfe die Darlegungs- und Beweislast obliegt, darf das Angebot **nur unter** den **weiteren Voraussetzungen der Nr. 2** zurückgewiesen werden. Hierzu ist zunächst erforderlich, dass der Auftraggeber den betreffenden Bieter **auf das ungewöhnlich niedrige Angebot** – wohl auch hier schriftlich – **hingewiesen hat** und dieser dann **nicht den Nachweis liefern konnte, dass die betreffende Beihilfe der EGKommission gemeldet oder von ihr genehmigt wurde,** wobei beides alternativ nebeneinander steht. Auch insofern hat der betreffende Bieter die Darlegungs- und Beweislast. Dabei dürfte es erforderlich sein, ihm eine Frist zu setzen und vor allem auch die nötigen Nachweise in Schriftform zu verlangen. Sofern es sich um den Nachweis der Meldung bei der EG-Kommission handelt, kann es nur um eine solche von staatlicher Stelle gehen; vor allem kommt es hier sicherlich auch auf den Nachweis des Zugangs der Meldung bei der Kommission an. Sind die genannten Voraussetzungen von Bieterseite **nicht nachgewiesen,** kann der Auftraggeber das betreffende **Angebot zurückweisen.** Darüber hinaus wird man sagen müssen, dass er es nach § 25 Nr. 3 Abs. 1 VOB/A sogar **zurückweisen** bzw. bei der Vergabe **unberücksichtigt lassen muss.** Sind dagegen von Bieterseite die entsprechenden Nachweise erbracht worden, kann dies trotz des niedrigen Preises für seine Leistungsfähigkeit sprechen. Falls das Angebot aus den genannten Gründen zurückgewiesen wurde, ist der Auftraggeber nach Nr. 2 S. 2 verpflichtet, hiervon der EG-Kommission Mitteilung zu machen.

C. Mindestanforderungen an Nebenangebote (Nr. 3)

Voraussetzung ist zunächst, dass der Auftraggeber Nebenangebote und die dazu gehörenden Mindestbedingungen zugelassen hat (vgl. u.a. § 10 Nr. 5 Abs. 4 VOB/A). **Trifft dies zu, so sind auch hier abgegebene Nebenangebote zu werten** (vgl. dazu im Einzelnen § 25 VOB/A Rn. 80 ff.). In diesen Fällen hat der Auftraggeber (entweder in der Bekanntmachung oder in den Vergabeunterlagen) **Mindestanforderungen an die Beschaffenheit der Nebenangebote zu stellen.** Diese werden im Allgemeinen in technischer oder sonst funktioneller Hinsicht gestellt werden, insbesondere im Hinblick auf die Art und Weise der vorgesehenen Nutzung, bestimmte Leitungsdurchschnitte, Kapazitäten, Haltbarkeiten, Benutzungsvoraussetzungen usw. Diese Mindestanforderungen müssen selbstverständlich zunächst einmal **allen Bewerbern bzw. Bietern mitgeteilt werden.** Insbesondere müssen dann aber alle diese Mindestanforderungen **in die Wertung mit einbezogen** werden. Dabei darf der **Zuschlag nur auf solche Angebote** erteilt werden, die den **Mindestanforderungen** entsprechen. Insofern können alle Bieter das berechtigte Vertrauen haben, dass der Auftraggeber selbst das befolgt, was er von den anbietenden Unternehmern verlangt hat. Kommt er dem nicht nach, kann er mit Schadensersatzansprüchen der betroffenen Bieter aus **culpa in contrahendo** rechnen, wobei er diesen jedenfalls den Vertrauensschaden zu ersetzen hat. Im Übrigen ist auf die Kommentierung zu § 25a Rn. 4 zu verweisen.

4

§ 26
Aufhebung der Ausschreibung

1. Die Ausschreibung kann aufgehoben werden:
   a) wenn kein Angebot eingegangen ist, das den Ausschreibungsbedingungen entspricht,
   b) wenn die Verdingungsunterlagen grundlegend geändert werden müssen,
   c) wenn andere schwerwiegende Gründe bestehen.
2. Die Bewerber und Bieter sind von der Aufhebung der Ausschreibung unter Angabe der Gründe, gegebenenfalls über die Absicht, ein neues Vergabeverfahren einzuleiten, unverzüglich zu unterrichten. Die Unterrichtung erfolgt auf Antrag der Bewerber oder Bieter schriftlich.

Inhaltsübersicht Rn.

A. Allgemeine Grundlagen	1
B. Voraussetzungen für die Aufhebung der Ausschreibung (§ 26 Nr. 1 VOB/A)	4
I. Allgemeines	4
1. Grundsätzlich keine Pflicht zur Auftragserteilung	4
2. Aufhebungsgründe abschließend	10
3. Anwendungsbereich	12
4. Teilaufhebung möglich	16
5. Grundsätzlich keine Verpflichtung zur Aufhebung der Ausschreibung	17
6. Anspruch auf Aufhebung wegen Gleichbehandlung der Bieter?	21
II. Die einzelnen Gründe für die Aufhebung der Ausschreibung (§ 26 Nr. 1 VOB/A)	31
1. Kein ordnungsgemäßes Angebot eingegangen (§ 26 Nr. 1a VOB/A)	31
2. Notwendigkeit grundlegender Änderungen der Verdingungsunterlagen (§ 26 Nr. 1b VOB/A)	33
3. Andere schwerwiegende Gründe (§ 26 Nr. 1c VOB/A)	37
C. Unterrichtungspflicht gegenüber Bewerbern und Bietern (§ 26 Nr. 2 VOB/A)	44
I. Anpassung an die Baukoordinierungsrichtlinie	44
II. Unterrichtung von der Aufhebung der Ausschreibung	45
1. Unverzüglichkeit	45
2. Schriftlichkeit	47
3. Wirksamkeit mit Zugang der Aufhebungsentscheidung	48
III. Angabe der Gründe	49
1. Unterrichtung bei rechtmäßiger und rechtswidriger Aufhebung	49
2. Konkrete Angabe der Gründe	51
IV. Unterrichtung über neues Vergabeverfahren	54
V. Weiteres Vorgehen nach der Aufhebung	56
D. Rechtsschutz	58
I. Primärrechtsschutz	58
1. § 26 VOB/A als bieterschützende Vorschrift	58
2. Nachprüfungsumfang bei einer Aufhebung der Ausschreibung	62
a) Problemstellung	62
b) Die Entscheidungen des EuGH und des BGH	65
c) Informationspflicht	76
II. Schadensersatzansprüche	77
1. Kein Ersatzanspruch bei rechtmäßiger Aufhebung	77
2. Ansprüche bei rechtswidriger Aufhebung	79
3. Voraussetzungen für einen Ersatzanspruch	82
a) Vorliegen eines ordnungsgemäßen Angebots	82
b) Rechtswidrig verursachte Aufhebung der Ausschreibung	83
4. Schadensersatzberechtigter und Schadensumfang	86
a) Schadensersatzberechtigter	86
b) Ersatz des negativen Interesses	89

		Rn.
c) Anspruch aus § 126 GWB		91
d) Ersatz des positiven Interesses		93
5. Einwand des rechtmäßigen Alternativverhaltens		98

Aufsätze: *Schelle* Schadensersatz wegen rechtswidriger Aufhebung einer Ausschreibung BauR 1999, 1233 ff.; *Schnorbus* Der Schadensersatzanspruch des Bieters bei der fehlerhaften Vergabe öffentlicher Aufträge BauR 1999, 77 ff.; *Byok* Rechtsschutz gegen die Aufhebung einer Ausschreibung WuW 2000, 718 ff.; *Gnittke/Michels* Aufhebung der Aufhebung einer Ausschreibung durch die Vergabekammer? *Jaeger* Die Rechtsprechung der OLG-Vergabesenate im Jahre 2000 NZBau 2001, 289 ff.; VergabeR 2002, 571 ff.; *Hermann/Thoma* Anmerkung zum Beschluss des BayObLG VergabeR 2002, 540 ff.; *Hübner* Die Aufhebung der Ausschreibung – Gegenstand des Nachprüfungsverfahrens VergabeR 2002, 429 ff.; *Portz* Aufhebung von Ausschreibungen im Nachprüfungsverfahren angreifbar ZfBR 2002, 551 ff.; *Prieß* EuGH locuta, causa finita: Die Aufhebung ist aufhebbar NZBau 2002, 433 f.; *Reidt/Brosius-Gersdorf* Die Nachprüfung der Aufhebung der Ausschreibung im Vergaberecht VergabeR 2002, 580 ff.; *Jasper/Pooth* Rechtsschutz gegen die Aufhebung einer Ausschreibung NZBau 2003, 261 ff.; *Kaelble* Anspruch auf Zuschlag und Kontrahierungszwang im Vergabeverfahren ZfBR 2003, 657 ff.; *Kus* Primärrechtsschutz nach Aufhebung eines Vergabeverfahrens NVwZ 2003, 1083 ff.; *Mantler* Die Nachprüfung der Aufhebung VergabeR 2003, 119 ff.; *Meier* Primärrechtsschutz bei der Aufhebung einer Ausschreibung? NZBau 2003, 137 ff.; *Müller-Wrede* Anmerkung zum BGH-Beschluss vom 18.2.2003 VergabeR 2003, 318 ff.; *Scharen* Aufhebung der Ausschreibung und Vergaberechtsschutz NZBau 2003, 585 ff.; *Dähne* Schadensersatz wegen unberechtigter Aufhebung einer Ausschreibung nach § 26 Nr. 1 VOB/A VergabeR 2004, 32 ff.; *Horn/Graef* Vergaberechtliche Sekundäransprüche NZBau 2005, 505 ff.; *Müller-Wrede/Schade* Anspruch ausgeschlossener Bieter auf Aufhebung VergabeR 2005, 460 ff.; *Wagner* Haftung der Bieter für Culpa in contrahendo in Vergabeverfahren NZBau 2005, 436 ff.

A. Allgemeine Grundlagen

§ 26 VOB/A ist durch die Neufassung der **VOB/A 2006 unverändert** geblieben. Die Vorschrift regelt die Voraussetzungen für die Aufhebung der Ausschreibung vor Auftragserteilung. Damit betrifft § 26 VOB/A den **Ausnahmefall**, wonach das Vergabeverfahren nicht wie vorgesehen durch **Erteilung des Auftrags** beendet wird, sondern durch **Aufhebung**. Anders als der grundsätzlich nicht mehr aufhebbare Zuschlag (vgl. § 114 Abs. 2 S. 1 GWB) beendet die Aufhebung der Ausschreibung das durch den Auftraggeber eingeleitete Vergabeverfahren **nicht zwingend endgültig**. Vielmehr kann die Aufhebung der Ausschreibung »rückgängig gemacht« werden, indem der Auftraggeber das Verfahren wieder aufnimmt und fortführt (BGH VergabeR 2003, 313, 315, m. Anm. v. *Müller-Wrede* VergabeR 2003, 318 ff.; NZBau 2003, 293 f.; *Jasper/Pooth* Rechtsschutz gegen die Aufhebung einer Ausschreibung NZBau 2003, 261 ff.). Hält der Auftraggeber jedoch auch nach der Aufhebung an der beabsichtigten Vergabe fest, verliert er durch die Aufhebung aber regelmäßig Zeit und wird durch ein neues Vergabeverfahren mit Mehrarbeit belastet. Da Bieter nach einer Aufhebung der Ausschreibung zudem nicht mehr an ihre Angebote gebunden sind, besteht zusätzlich die Gefahr höherer Preise. Die Aufhebung der Ausschreibung hat daher ausgesprochenen Ausnahmecharakter und ist nach § 26 Nr. 1 VOB/A an eng begrenzte Voraussetzungen geknüpft. **1**

Diese Voraussetzungen zur Aufhebung sind zunächst nur nationalrechtlich bedingt, so dass es sich bei § 26 Nr. 1 VOB/A **nicht um transformiertes EU-Gemeinschaftsrecht** handelt. Oberhalb der EU-Schwellenwerte ist daher vorrangiger Prüfungsmaßstab für die Frage einer Aufhebung (**Widerruf**) einer Ausschreibung primär das EU-Gemeinschaftsrecht (EuGH VergabeR 2002, 361; OLG Dresden VergabeR 2003, 45 ff.), insbesondere mit seinen Grundsätzen nach Gleichbehandlung, Nichtdiskriminierung und Transparenz (EuGH VergabeR 2002, 361; OLG Dresden VergabeR 2003, 45 ff.). Dennoch müssen die Nachprüfungsinstanzen auch bei Vergaben oberhalb der EU-Schwellen- **2** werte über den dann über § 6 VgV anzuwendenden 2. Abschnitt der VOB/A die »nationale« Regel des § 26 VOB/A zum Gegenstand ihrer Nachprüfung machen.

3   Während § 26 Nr. 1 VOB/A die **Voraussetzungen** für die Aufhebung der Ausschreibung regelt, betrifft Nr. 2 die **Benachrichtigungspflicht des Auftraggebers** gegenüber den Bewerbern und Bietern von der Aufhebung der Ausschreibung. § 26 Nr. 2 VOB/A wurde erst durch die **Fassung der VOB 2000** geändert. Neben der Ausdehnung der Benachrichtigungspflicht auf die **Bewerber** ist seinerzeit durch S. 2 des § 26 Nr. 2 VOB/A ausdrücklich geregelt worden, dass die Unterrichtung über die Aufhebung der Ausschreibung auf **Antrag** der Bewerber oder Bieter **schriftlich** erfolgt. Grund für die Änderung von § 26 Nr. 2 VOB/A war die Anpassung an die damalige Vorschrift des Art. 8 Abs. 2 der EG-Baukoordinierungsrichtlinie (BKR).

B. Voraussetzungen für die Aufhebung der Ausschreibung (§ 26 Nr. 1 VOB/A)

I. Allgemeines

1. Grundsätzlich keine Pflicht zur Auftragserteilung

4   Das Vergabeverfahren wird im Normalfall mit der **Erteilung des Zuschlags** beendet (§ 28 VOB/A). **Ausnahmsweise** hat der Auftraggeber aber unter den in § 26 Nr. 1 VOB/A geregelten Voraussetzungen die Möglichkeit, das bereits begonnene **Ausschreibungsverfahren rechtmäßig aufzuheben**. Allerdings ist der Auftraggeber umgekehrt grundsätzlich nicht verpflichtet, das Vergabeverfahren durch Zuschlag und damit durch Vertragsschluss zu beenden, auch wenn die Voraussetzungen des § 26 Nr. 1 VOB/A nicht gegeben sind. Denn es besteht für den Auftraggeber nach § 145 ff. BGB **keine Pflicht**, trotz Nichtvorliegens der Voraussetzungen für eine Aufhebung der Ausschreibung, **den Zuschlag** zu erteilen und damit den **Vertrag – zwangsweise –** zustande zu bringen. Dass der Auftraggeber das einmal eingeleitete Vergabeverfahren grundsätzlich nur aus den in § 26 Nr. 1 VOB/A genannten Gründen – rechtmäßig – aufheben darf, bedeutet zunächst nur, dass er bei einer Aufhebung aus anderen und nicht gerechtfertigten Gründen (rechtswidrige Aufhebung) zum **Schadensersatz** aus culpa in contrahendo (vgl. § 311 Abs. 2 i.V.m. §§ 241 Abs. 2, 280 ff. BGB) verpflichtet sein kann. Aus der Regelung kann hingegen nicht im Umkehrschluss abgeleitet werden, dass der Ausschreibende bei Fehlen eines rechtmäßigen Aufhebungsgrundes im Sinne eines **Kontrahierungszwangs** zur Erteilung des Auftrags verpflichtet wäre (BGH Beschl. v. 18.2.2003 VergabeR 2003, 313 ff. = NZBau 2003, 293 ff.; BGH VergabeR 2003, 163 ff. m. zust. Anm. v. *Jasper/Pooth* = NZBau 2003, 168 f.; BGH VergabeR 2004, 480 ff.; OLG Dresden VergabeR 2004, 92, 94; vgl. auch das instruktive Urteil des BGH v. 8.9.1998 BauR 1998, 1232 ff. = NJW 1998, 3636, 3639 f., 3643; OLG Düsseldorf NZBau 2000, 306 ff.; KG NZBau 2003, 172 f. = VergabeR 2003, 180 ff. m. zust. Anm. v. *Otting* VergabeR 2003, 185 f.; siehe aber den Ausnahmefall: Verpflichtung zur Erteilung des Zuschlags BayObLG VergabeR 2003, 186 ff. m. abl. Anm. v. *Schabel* VergabeR 2003, 194 f.; instruktiv weiter: OLG Celle VergabeR 2003, 455 ff. m. Anm. *Stolz*; OLG Brandenburg VergabeR 2003, 168 ff. m. Anm. v. *Zirbes* VergabeR 2003, 174 f.; OLG Dresden VergabeR 2003, 64, 69; *Scharen* NZBau 2003, 585, 588; ausführlich hierzu *Mantler* VergabeR 2003, 119, 122 ff., und *Kaelble* ZfBR 2003, 657 ff.).

5   Eine Regelung, die eine solche – die Privatautonomie des Auftraggebers einengende – Verpflichtung (Anspruch auf Zuschlag) anordnet, findet sich weder im Bürgerlichen Gesetzbuch (BGB) noch im Vergaberecht und kann ihr auch nicht im Wege der Auslegung entnommen werden. Sie wäre auch, etwa bei einer von **vornherein ordnungswidrigen Einleitung des Vergabeverfahrens** durch den Auftraggeber, z.B. wegen fehlender Finanzierung, gegen zwingendes Haushaltsrecht gerichtet und mit dem Grundsatz der Sparsamkeit und Wirtschaftlichkeit nicht vereinbar. Dass es dem Auftraggeber unbenommen ist, von der Erteilung des in Aussicht genommenen Auftrags abzusehen, hat der Europäische Gerichtshof selbst für den Fall bestätigt, dass der Auftraggeber nur einen Bieter

im Rahmen der Ausschreibung für geeignet gehalten hatte (EuGH NZBau 2000, 153 f. [Ziff. 24]; siehe auch EuGH VergabeR 2002, 361 ff. [Ziff. 41]; zur Entscheidung des EuGH VergabeR 2002, 361 ff., grundlegend *Hübner* Die Aufhebung der Ausschreibung – Gegenstand des Nachprüfungsverfahrens VergabeR 2002, 429 ff.).

Ein nach § 97 Abs. 7 GWB den Unternehmen zustehender Anspruch auf Einhaltung der Bestimmungen über das Vergabeverfahren konkretisiert sich aber dann **ausnahmsweise** auf der Grundlage des Vergaberechtsänderungsgesetzes (§§ 97 ff. GWB) **zu einem Rechtsanspruch auf Zuschlagserteilung**, wenn unter Beachtung aller Beurteilungsspielräume die Erteilung des Zuschlags durch die Vergabestelle an einen Bieter die **einzige rechtmäßige Entscheidung** ist und daher insoweit eine **Ermessensreduzierung auf Null** vorliegt (OLG Düsseldorf NZBau 2000, 540, 542; *Boesen* Vergaberecht § 114 Rn. 23; *Byok* WuW 2000, 718, 721 f.; weitergehend *Erdl* Der neue Vergaberechtsschutz Rn. 492, die aus der Vorgabe zur Einhaltung des § 26 VOB/A grundsätzlich einen Anspruch auf Zuschlagserteilung herleitet). Hiervon ging ein vom Bayerischen Obersten Landesgericht entschiedener Fall aus, bei dem Auftraggeber eine juristische Person des Privatrechts war (BayObLG VergabeR 2003, 186 ff. m. abl. Anm. v. *Schabel* VergabeR 2003, 194 f.). In dem der Entscheidung zu Grunde liegenden Verhandlungsverfahren hatte die Antragstellerin das wirtschaftlichste Angebot abgegeben. Noch vor Zuschlagserteilung trat der Auftraggeber aber erneut in Vertragsverhandlungen ein und änderte in der Folge seine Zuschlagsentscheidung, wogegen die Antragstellerin ein Nachprüfungsverfahren einleitete. **6**

Das Bayerische Oberste Landesgericht sah in der Verurteilung zur Zuschlagserteilung eine geeignete Maßnahme, um die Rechtsverletzung zu beseitigen und auf die **Rechtmäßigkeit des Vergabeverfahrens** hinzuwirken. Auch wenn es grundsätzlich aus dem Zivilrecht keinen Rechtsanspruch des günstigsten Bieters gegenüber dem Auftraggeber auf Abschluss des Vertrags gebe, enthalte der Vergaberechtsschutz in § 97 Abs. 5 GWB einen **Normbefehl**. Nach dieser Vorschrift »**wird**« der Zuschlag auf das wirtschaftlichste Angebot **erteilt**, was im Sinne von »**ist zu erteilen**« auszulegen sei. In Verbindung mit dem Rechtsanspruch des Bieters auf Einhaltung der Vergabebestimmungen durch den Auftraggeber (§ 97 Abs. 7 GWB) spreche dies für ein gesetzgeberisches Konzept, dem zumindest die herkömmliche Auffassung des generellen Fehlens eines durchsetzbaren Rechtsanspruchs auf Zuschlagserteilung nach Auffassung des Bayerischen Obersten Landesgerichts noch schwerlich gerecht werden dürfte. **7**

Es ist jedoch zweifelhaft, ob diese generelle Auffassung des Bayerischen Obersten Landesgerichts haltbar ist, da der Normbefehl des § 97 Abs. 5 GWB (»wird erteilt«) nur aussagt, dass dann wenn sich der Auftrageber zum Zuschlag entscheidet, dieser auf das wirtschaftlichste Angebot erteil wird. Nicht aber kann hieraus die Verpflichtung zur Zuschlagserteilung selbst hergeleitet werden (so auch: KG VergabeR 2003, 180, 183). In dem zu Grunde liegenden bayerischen Fall bestand aber die Besonderheit darin, dass der Auftraggeber **nach eigenem Bekunden weiter an dem Projekt festhielt, keine Wiederholung des Vergabeverfahrens wollte** und entschlossen war, den **Auftrag zu vergeben**. Zumindest bei dieser Ausnahmesituation eines ausdrücklich fortbestehenden Vergabewillens geht das Bayerische Oberste Landesgericht (BayObLG VergabeR 2003, 186 ff. m. abl. Anm. v. *Schabel* VergabeR 2003, 194 f.) aber im Sinne einer **Selbstbindung** des Auftraggebers zu Recht davon aus, den Auftraggeber zur Zuschlagserteilung an die Antragstellerin **zu verpflichten**, ohne dass auf der Grundlage dieser **Einzelfallentscheidung** von einer Verallgemeinerung ausgegangen werden kann. **8**

Neben der Zuschlagserteilung und der rechtmäßigen und damit **nicht zum Schadensersatz** führenden Aufhebung der Ausschreibung kommt auch eine **rechtswidrige** und nicht von den Voraussetzungen des § 26 Nr. 1 VOB/A gedeckte – **schadensersatzpflichtige** – **Aufhebung der Ausschreibung** als Grund für die Beendigung des Vergabeverfahrens in Betracht (BGH BauR 1998, 1238 ff.; OLG Dresden BauR 2000, 1640). Die Vorschrift des § 26 Nr. 1 VOB/A behandelt grundsätzlich den Fall, dass eine Ausschreibung zwar nicht durch Zuschlagserteilung, aber durch eine **rechtmä-** **9** ßige **Aufhebung** der Ausschreibung beendet wird. Da eine Ausschreibung entweder durch Zuschlagserteilung oder aber durch eine rechtmäßige bzw. rechtswidrige Aufhebung beendet werden kann, von der die Bewerber und Bieter aber zu unterrichten sind (vgl. §§ 26 Nr. 2 und 26a VOB/A), gibt es ein »**stilles Auslaufen**« einer Ausschreibung ohne für die Bewerber oder Bieter erkennbare und abschließende Handlung des Auftraggebers nicht. Vielmehr verletzt der Auftraggeber, der gegenüber den im Rahmen der Ausschreibung eingegangenen Bewerbungen oder Angeboten untätig bleibt, seine Pflichten gegenüber den Bewerbern und Bietern. Zwar folgt auch aus einer derartigen Pflichtverletzung kein Anspruch auf Zuschlagserteilung. Die Folge können jedoch Schadensersatzansprüche wegen Verschuldens bei Vertragsverhandlungen aufgrund einer **Pflichtverletzung** des Auftraggebers (vgl. § 311 Abs. 2 i.V.m. §§ 241 Abs. 2, 280 ff. BGB), aber auch Primärrechtsansprüche nach §§ 107 ff. GWB, sein (BGH VergabeR 2003, 163 ff.; *Leinemann* Die Vergabe öffentlicher Aufträge Rn. 482; vgl. auch *Mantler* VergabeR 2003, 119, 122, der in dem Auslaufenlassen zu Recht eine faktische Aufhebung sieht, die gegen das Transparenzgebot [vgl. § 97 Abs. 1 GWB und § 26 Nr. 2 sowie § 26a VOB/A] verstößt und daher bei EU-Verfahren im Primärrechtsschutz angreifbar ist).

2. Aufhebungsgründe abschließend

10 Als **Aufhebungsgründe** kommen nach der Basisvorschrift des § 26 VOB/A ausschließlich die in Nr. 1 VOB/A genannten Tatbestände in Betracht. Für weitere Gründe nach dem freien Willen des Auftraggebers ist somit kein Raum (*Völlink/Kehrberg* VOB/A Vor § 26 Rn. 10). Damit eine Ausschreibung **rechtmäßig** aufgehoben werden kann, muss der **Aufhebungsgrund** nach § 26 Nr. 1 VOB/A grundsätzlich **nach Beginn der Ausschreibung ohne vorherige Kenntnis des Auftraggebers** aufgetreten sein. Kannte der Auftraggeber den Aufhebungsgrund **vor** Beginn der Ausschreibung, wie z.B. die mangelnde Finanzierung des Vorhabens, und hat er ihn selbst zu vertreten, macht er sich gegenüber den Unternehmen, die durch ihre Beteiligung am Angebotsverfahren z.T. erhebliche Aufwendungen hatten, ggf. schadensersatzpflichtig.

11 Der Auftraggeber trägt für das Vorliegen der Voraussetzungen einer – rechtmäßigen und daher nicht zum Schadensersatz führenden – Aufhebung der Ausschreibung die **Darlegungs- und Beweislast.** Dies ergibt sich nicht nur aus dem **Ausnahmecharakter** der Aufhebung der Ausschreibung. Vielmehr folgt dies auch daraus, dass der Auftraggeber als Verursacher einer Aufhebung gegenüber den Bietern und Bewerbern mit ihren vergeblichen Aufwendungen nachweisen muss, dass diese Aufwendungen von einem rechtmäßigen Verhalten (Aufhebung der Ausschreibung), also einem Aufhebungsgrund, der dem Auftraggeber **nicht** bei Einleitung des Vergabeverfahrens schon **bekannt** war, gedeckt sind (BGH BauR 1998, 1232, 1235, 1238, 1241, sowie BauR 1993, 214 ff.; *Noch* Vergaberecht kompakt S. 211; a.A. OLG Hamburg VergabeR 2003, 40, 43, 44, das anders als auch der BGH die – rechtmäßige – Aufhebungsentscheidung auch dann auf § 26 VOB/A stützt, wenn dem Auftraggeber die Aufhebungsgründe bereits im Zeitpunkt der Ausschreibung bekannt waren).

3. Anwendungsbereich

12 Eine **Aufhebung der** »**Ausschreibung**« kann sich grundsätzlich nur auf die förmlichen Vergabearten der **Öffentlichen und der Beschränkten Ausschreibung (Offenes und Nichtoffenes Verfahren)** beziehen. Allerdings ist zu berücksichtigen, dass beim Verhandlungsverfahren **mit Vergabebekanntmachung** sich ebenfalls eine Vielzahl von Unternehmen in einem formellen Verfahren um Aufträge bewerben, so dass auch insoweit eine formelle Aufhebung der Ausschreibung angebracht ist (siehe VK Brandenburg Beschl. v. 30.8.2002 VK 38/02). Dementsprechend beinhaltet § 26a S. 1 VOB/A eine **Unterrichtungspflicht** des Auftraggebers an die Bewerber und Bieter über seine Entscheidung, auf die Vergabe eines im Amtsblatt der Europäischen Gemeinschaften bekannt gemachten Auftrags unter Angabe der Gründe zu verzichten, auch für das Verhandlungsverfahren mit vorheriger Vergabebekanntmachung. Zwar wird die rein **Freihändige Vergabe** vom Wortlaut des § 26 VOB/A (»Aus-

schreibung«) nicht erfasst, weil sie einer Vertragsverhandlung nach dem BGB sehr nahe kommt und daher das Schutzinteresse des Bieters nicht so groß ist wie bei einer – formellen – Ausschreibung. Daher hat der Auftraggeber hier grundsätzlich freie Hand.

Da es sich aber auch bei der Freihändigen Vergabe um ein Wettbewerbsverfahren handelt, bei dem unter den Bewerbern möglichst gewechselt werden soll, empfiehlt sich auch hier eine entsprechende Beachtung des § 26 VOB/A zumindest in den Fällen, in denen der Auftraggeber mit **mehreren Unternehmen** Verhandlungen über die Auftragsvergabe geführt hat und diese bereits Aufwendungen gehabt haben. In diesem Fall muss davon ausgegangen werden, dass sich durch besondere Konkretisierungen im Rahmen der Vertragsverhandlungen, etwa durch in Aussicht stellen eines Vertragsschlusses, ein **vertragsähnliches Vertrauensverhältnis** zwischen den Parteien gebildet hat. Dieses geschaffene Vertrauensverhältnis sollte grundsätzlich nur bei Vorliegen von Gründen und durch entsprechende **Informationen** an die Bewerber oder die Bieter über die Aufhebung des bereits begonnenen Vergabeverfahrens zu Ende gebracht werden (so auch Beck'scher VOB-Komm./*Jasper* § 26 VOB/A Rn. 9). Eine Information an die »Bewerber oder Bieter« über eine Aufhebung der Ausschreibung erübrigt sich jedoch naturgemäß aber dann, wenn **überhaupt keine Angebote** eingegangen sind. 13

Der **Zeitraum** einer möglichen formellen Aufhebung der Ausschreibung durch den Auftraggeber beginnt mit dem erstmalig **nach außen** kund getanen Beginn des Vergabeverfahrens. Die Öffentliche Ausschreibung und das Offene Verfahren sowie das Nichtoffene Verfahren und die Beschränkte Ausschreibung nach Öffentlichem Teilnahmewettbewerb beginnen insoweit ebenso wie das Verhandlungsverfahren nach Öffentlicher Vergabebekanntmachung grundsätzlich jeweils mit der **Bekanntmachung** nach den §§ 17, 17a VOB/A; die Beschränkte Ausschreibung wird eingeleitet, wenn der Auftraggeber Unternehmen zur Angebotsabgabe auffordert. In der Praxis fällt aber die wesentliche Entscheidung über die Erteilung des Auftrags **nach dem Eröffnungstermin** innerhalb der **Zuschlagsfrist** (**Bindefrist**) (*Heiermann/Riedl/Rusam* § 26 VOB/A Rn. 2). Erst auf dieser Grundlage lässt sich z.B. feststellen, ob gem. § 26 Nr. 1a VOB/A kein Angebot eingegangen ist, das den Ausschreibungsbedingungen entspricht. 14

Die Ausschreibung kann aber auch **vor** Beginn der Zuschlagsfrist bereits aufgehoben werden, etwa wenn sich schon unmittelbar nach der Bekanntmachung herausstellt, dass die ursprünglich eingesetzten Finanzmittel wegen einer plötzlichen Haushaltssperre nicht zur Verfügung stehen. Auch **nach Ablauf** der Zuschlags- und Bindefrist kann die Ausschreibung aufgehoben werden, wenn innerhalb dieser Frist keine Auftragserteilung zu Stande gekommen ist. Denn auch in diesem Fall gilt, dass der Auftraggeber die Ausschreibung nicht einfach **auslaufen lassen darf**, obwohl nach Ablauf der Zuschlagsfrist die entstandenen Bindungen speziell auf Seiten der Bieter entfallen sind. Regelmäßig ist der Auftraggeber verpflichtet, die Ausschreibung **so schnell wie möglich** nach Bekanntwerden der Gründe aufzuheben und dies den Bewerbern und Bietern **unverzüglich** mitzuteilen (vgl. § 26 Nr. 2 VOB/A). Nur so können die Bieter in die Lage versetzt werden, über ihre eingesetzten Sachmittel und über ihr Personal schnell wieder zu disponieren. Insofern kommt der Auftraggeber mit einer schnellen Aufhebung der Ausschreibung insbesondere den Interessen der Bewerber- und Bieterseite entgegen. 15

4. Teilaufhebung möglich

Nach der Vorgabe des § 97 Abs. 3 GWB, aber auch des § 4 VOB/A sowie des § 5 VOL/A, sollen Leistungen möglichst durch Teilung der Aufträge in **Losen** vergeben werden. Kann bei einer derartig **vorbehaltenen** losweisen Vergabe nur auf ein Los oder nur auf einzelne Lose – etwa wegen inhaltlicher – Mängel oder unangemessener Preise – der Zuschlag nicht erteilt werden, liegen aber im Übrigen ordnungsgemäße Angebote von Unternehmen vor, muss auch ausschließlich für die nicht vergebbaren Lose – auch wenn der Wortlaut des § 26 VOB/A dies anders als § 26 Nr. 2 VOL/A nicht ausdrücklich 16 vorsieht – eine **Teilaufhebung** der Ausschreibung möglich sein (vgl. zu den Voraussetzungen OLG Dresden VergabeR 2004, 225, 230; *Heiermann/Riedl/Rusam* § 26 VOB/A Rn. 15). Dies entspricht Treu und Glauben und dem Grundsatz, die Unternehmen nur soweit wie nötig in ihrem Vertrauen auf die getätigten Aufwendungen zu enttäuschen. Für eine Teilaufhebung bei einer vorbehaltenen Losvergabe müssen die Gründe des § 26 Nr. 1 VOB/A ebenso vorliegen wie bei einer Vollaufhebung. Ist eine losweise Vergabe **nicht vorbehalten** (siehe § 10 Nr. 5 Abs. 2o VOB/A), so kann eine Teilaufhebung nicht zum Tragen kommen, da ansonsten Bieter in ihrer Kalkulation auf eine Gesamtvergabe beeinträchtigt würden (*Franke/Kemper/Zanner/Grünhagen* § 26 VOB/A Rn. 80).

5. Grundsätzlich keine Verpflichtung zur Aufhebung der Ausschreibung

17 Der Auftraggeber ist **nicht** bereits immer dann **zur Aufhebung verpflichtet**, wenn einer der in § 26 Nr. 1 VOB/A festgelegten und **abschließend** geregelten Tatbestände vorliegt (OLG Düsseldorf VergabeR 2005, 374 ff. m. Anm. v. *Leinemann*). Insoweit handelt es sich bei § 26 Nr. 1 VOB/A um eine **Kann-Bestimmung**, die im Entschließungsermessen der Vergabestelle steht. Die Vergabestelle kann daher grundsätzlich die Ausschreibung auch dann noch aufrechterhalten, wenn aus § 26 Nr. 1 VOB/A Gründe gegen deren Fortdauer bestehen (OLG Koblenz VergabeR 2004, 244 ff.; BayObLG VergabeR 2005, 349, 354, m. Anm. v. *Otting*). Der Auftraggeber hat wegen der Kann-Vorschrift des § 26 Nr. 1 VOB/A ein **Ermessen** zur Aufhebung der Ausschreibung. Wegen der **ultima ratio** der Aufhebung und der mit ihr insbesondere für die Bieter verbundenen negativen Folgen, muss grundsätzlich alles unternommen werden, um die Ausschreibung aufrechtzuerhalten. So darf z.B. eine Ausschreibung dann nicht aus Mangel an Bietern abgebrochen werden, wenn die geringe Anzahl von Bietern dadurch verursacht ist, dass der Auftraggeber besonders strenge Auswahlkriterien vorgegeben hat (OLG Naumburg Beschl. v. 17.5.2006 1 Verg 3/06). Der Auftraggeber hat aber im Rahmen seines Ermessens nicht nur sein eigenes Interesse zu beachten, sondern auch die Interessen der Bieter sowie die Anforderungen an einen transparenten Wettbewerb. Ein Anspruch eines Bewerbs oder Bieters auf Aufhebung der Ausschreibung durch den Auftraggeber kann sich daher ausnahmsweise dann ergeben, wenn dessen **Ermessen** mit dem Ergebnis **auf Null reduziert** wäre, dass nur eine Aufhebung ermessensfehlerfrei wäre (BGH NJW 1993, 520, 522; OLG Bremen 17.3.2003 Verg 2/2003; OLG Dresden VergabeR 2003, 64, 69; OLG Naumburg VergabeR 2001, 134, 137; OLG Thüringen VergabeR 2005, 492, 496 f.; OLG Naumburg VergabeR 2004, 634 ff. m. Anm. v. *Krist* = NZBau 2004, 403 ff.; zu den Anforderungen an die Schwere der Aufhebungsgründe und der zu berücksichtigenden Bieterinteressen: BayObLG VergabeR 2002, 534, 536, 538).

18 Haben die Bieter z.B. wegen des fortgeschrittenen Stadiums des Vergabeverfahrens bereits **erhebliche Aufwendungen** getätigt, kann die Entscheidung über eine Aufhebung der Ausschreibung anders ausfallen, als wenn – bei gleichem Grund – die Entscheidung unmittelbar nach Bekanntmachung der Ausschreibung zu fällen ist. Andererseits muss der Auftraggeber immer prüfen, ob bei einer Aufrechterhaltung des Vergabeverfahrens noch eine ordnungsgemäße Durchführung gewährleistet ist. Die Ausschreibung dürfte danach immer dann rechtmäßig und ohne Eingreifen von Schadensersatzansprüchen aufzuheben sein, wenn auf der Grundlage der Tatbestände in Nr. 1 derartige Verhältnisse geschaffen worden sind, dass die Voraussetzungen für ein wettbewerbsgerechtes und transparentes Vergabeverfahren nicht mehr vorliegen. Hiervon ist immer dann auszugehen, wenn die **Grundsätze des Vergabeverfahrens** im Rahmen der Ausschreibung und Wertung der Angebote (vgl. § 97 GWB; §§ 2, 25 VOB/A) bei einer Nichtaufhebung der Ausschreibung **missachtet** würden und daher die Rechtswidrigkeit nur dadurch beseitigt werden kann, dass eine Aufhebung der Ausschreibung erfolgt (VÜA Bund 1 VÜ 2196 »Kanalbrücken« WuW 1997, 265/271; VÜA Bayern VÜ 9/97 »Holzbauarbeiten«).

19 Derartige Fälle einer **Ermessensreduzierung** und damit einer Pflicht zur Aufhebung liegen immer dann vor, wenn ohne eine Aufhebung der Ausschreibung der Grundsatz eines gesunden und transparenten **Wettbewerbs** (siehe § 97 Abs. 1 GWB) nicht mehr eingehalten werden kann, gegen das

Gleichbehandlungsgebot oder das **Diskriminierungsverbot** (siehe § 97 Abs. 2 GWB) verstoßen würde (VK Hamburg Beschl. v. 25.7.2002 VgK FB 1/02), eine sachgerechte **Wertung** der Angebote nicht möglich ist und/oder daher eine Vergabe des Auftrags objektiv **unterbleiben** muss. Erfasste Fälle einer »Pflicht« zur Aufhebung sind z.B. die zurückgenommene Finanzierung für das ausgeschriebene Projekt oder aber auch die Tatsache, dass alle eingegangenen Angebote entgegen der ordnungsgemäßen Kalkulation des Auftraggebers so überhöht sind, dass auf keines der Zuschlag erteilt werden kann. Auch wenn der Auftraggeber während des Verfahrens das Diskriminierungsverbot dadurch verletzt, dass er einem Bieter einen wettbewerbsverzerrenden Informationsvorsprung einräumt und ihn dadurch in die Lage versetzt, ein überlegenes Angebot abzugeben, ist aus Gleichbehandlungsgründen eine Aufhebung der Ausschreibung und eine Neuausschreibung geboten (VÜA Bund »Kanalbrücken« WuW 1997, 265, 271).

Eine Aufhebung der Ausschreibung ist mangels anderer Alternativen weiterhin dann erforderlich, **20** wenn kein Angebot eingegangen ist, das den Ausschreibungsbedingungen entspricht (§ 26 Nr. 1a VOB/A). Das Gleiche gilt, wenn eine Ausschreibung deswegen mangelhaft ist, weil es ihr an einer konkreten, eindeutigen und erschöpfenden Beschreibung der nachgefragten Leistung fehlt (OLG Naumburg Beschl. v. 16.9.2002 1 Verg 02/02; OLG Dresden Beschl. v. 10.1.2000 WVerg 0001/99; VK Bund VergabeR 2002, 72 ff.). In dem vom VK Bund bestandskräftig entschiedenen Fall kam hinzu, dass die inhaltlich unzureichende Leistungsbeschreibung deswegen gegen das Gleichbehandlungsgebot (vgl. § 97 Abs. 2 GWB) verstieß, weil von allen interessierten Bietern nur die bisherige Auftragnehmerin eine exakte Kenntnis davon haben konnte, welche Art von Arbeiten konkret zu erbringen waren. Allerdings muss der Auftraggeber stets weniger einschneidende Alternativen zur **ultima ratio** einer Aufhebung der Ausschreibung prüfen. Kann daher das mit einer Aufhebung angestrebte Ziel – z.B. die Änderung einer fehlerhaften Leistungsbeschreibung – durch eine gleichermaßen an alle Bieter erfolgende Information korrigiert werden, so dass diese alle neue Preisangebote rechtzeitig einreichen können, ist eine solche Alternative einer einschneidenden Aufhebung vorzuziehen (OLG Düsseldorf VergabeR 2004, 248 ff.).

6. Anspruch auf Aufhebung wegen Gleichbehandlung der Bieter?

Einen besonderen Problembereich betrifft die Frage, ob ein Bieter, der mit seinem Angebot im Rahmen **21** der Wertung auszuschließen ist, dann einen im Nachprüfungsverfahren durchsetzbaren **Anspruch auf Aufhebung** der Ausschreibung insgesamt geltend machen kann, wenn auch die anderen Angebote an demselben (gleichartigen) Mangel leiden und ebenfalls hätten im Rahmen der Wertung ausgeschlossen werden müssen. In einer grundlegenden Entscheidung vom 18.2.2003 (BGH VergabeR 2003, 313, 318) hat der Bundesgerichtshof für den Bereich der Aufträge oberhalb der EU-Schwellenwerte ausgeführt, dass ein Antragsteller mit seinem Angebot zwingend im Rahmen der Wertung auszuschließen ist, wenn sein Angebot nach Form und Inhalt den entsprechenden Vorgaben des § 21 Nr. 1 Abs. 1 VOB/A nicht entspricht. In diesem Fall könne der Nachprüfungsantrag nach Auffassung des BGH unabhängig davon, ob auch die Angebote der anderen verbliebenen Bieter § 21 Nr. 1 Abs. 1 VOB/A nicht genügen, keinen Erfolg haben. Denn wenn das Angebot der Antragstellerin im Rahmen der Wertung nach § 25 Nr. 1 Abs. 1 VOB/A auszuschließen sei, könne die Aufhebung der Ausschreibung die Interessen der Antragstellerin nicht mehr berühren.

In Anerkenntnis dieser vom BGH aufgestellten Grundsätze nimmt jedoch das OLG Düsseldorf, das **22** die BGH-Ausführungen als für die Entscheidung nicht tragendes »obiter dictum« wertet (OLG Düsseldorf VergabeR 2005, 195, 198 f., m. Anm. v. *Hardraht*; VergabeR 2005, 483, 485 f., m. Anm. v. *Stolz*), eine Ausnahme von diesen Vorgaben in dem Fall an, in dem der Auftraggeber unter Verletzung des **Gleichbehandlungsgrundsatzes** nicht nur das – nicht ordnungsgemäße – Angebot des Antragstellers, sondern gleichermaßen auch die weiteren in der Wertung verbliebenen Angebote der anderen Bieter hätte **ausschließen** müssen. Das Gebot, die Bieter gleich zu behandeln (§ 97 Abs. 2 GWB) verpflichte den öffentlichen Auftraggeber, solche Angebote, die vergaberechtlich an **demsel-**

ben (**gleichartigen**) **Mangel** leiden, vergaberechtlich auch gleich zu behandeln, d.h. aus dem übereinstimmend vorliegenden Mangel jener Angebote vergaberechtlich die selben Konsequenzen zu ziehen (OLG Düsseldorf VergabeR 2005, 483, 485 f., m. Anm. v. *Stolz*). An dem bei Beachtung des Gleichbehandlungsgrundsatzes erforderlich werdenden neuen Vergabeverfahren könne – so das OLG Düsseldorf – der Antragsteller sich aber beteiligen und ein neues Angebot abgeben, das seine Chance auf einen Zuschlag wahre. Diese Chance werde dem Antragsteller durch eine inkonsequente Vorgehensweise des Auftraggebers im Falle eines Ausschlusses nur seines Angebots mit der Folge genommen, dass eine Verletzung des Gleichbehandlungsgebots gegeben sei und der Antragsteller unter Berufung auf diesen Grundsatz daher den Ausschluss der anderen Bieter aus dem Vergabeverfahren und auch die **Aufhebung** beantragen könne.

23 Das OLG Frankfurt/Main ist der Rechtsprechung des OLG Düsseldorf sowohl in einem Beschluss vom 21.4.2005 (OLG Frankfurt VergabeR 2005, 487 ff. m. Anm. v. *Erdl*) als auch in weiteren Beschlüssen vom 23.12.2005 (VergabeR 2006, 212, 218 ff. m. Anm. v. *Hardraht*) und vom 6.3.2006 (11 Verg 11/05) gefolgt. Dabei hat das OLG Frankfurt allerdings eine Verletzung des Gleichbehandlungsgebots nicht nur dann angenommen, wenn Angebote in einem vergleichbaren Punkt zum Ausschluss führende Mängel aufweisen, sondern auch dann, wenn sie aufgrund **unterschiedlicher Mängel** ausgeschlossen werden müssen. Denn auch in diesem Fall sei eine unterschiedliche Behandlung derartiger Angebote nicht gerechtfertigt, so dass einem ausgeschlossenen Bieter unter dem Gesichtspunkt des **Gleichbehandlungsgebots ein** Anspruch auf Aufhebung der Ausschreibung sowie auf Durchführung eines neuen Vergabeverfahrens zustehe, bei dem dieser Bieter über die Abgabe eines neuen Angebots seine Chance auf einen Zuschlag wahren könne.

24 Anders als das OLG Düsseldorf und das OLG Frankfurt haben das OLG Thüringen (VergabeR 2005, 492, 496 ff.) sowie das OLG Naumburg (VergabeR 2006, 209, 211 f.) betont, dass allein der Umstand, dass sämtliche Angebote mangelbehaftet sind, für einen Auftraggeber keine Pflicht zur **Aufhebung der Ausschreibung** im Sinne einer »Ermessensreduzierung auf Null« begründet. Daher könne ein Nachprüfungsantrag eines mit seinem Angebot auszuschließenden Bieters in keinem Fall Erfolg haben, so dass es nicht darauf ankomme, dass auch alle anderen Bieter mit ihren Angeboten auszuschließen seien. Wegen der Divergenz der Entscheidung des OLG Frankfurt vom 6.3.2006 (und auch der Entscheidungen des OLG Düsseldorf) zu der Entscheidung des OLG Naumburg (und auch der Entscheidung des OLG Thüringen) hat das OLG Frankfurt die Frage, ob ein Bieter einen Anspruch auf Aufhebung daraus herleiten könne, dass nicht nur sein Angebot, sondern auch alle anderen Angebote von der Wertung auszuschließen seien, im Wege der Divergenzvorlage (§ 124 Abs. 2 GWB) dem Bundesgerichtshof zur Entscheidung vorgelegt.

25 Im Ergebnis der divergierenden Vergabesenatsentscheidungen kommt der Auffassung des OLG Düsseldorf (VergabeR 2005, 195 ff.), wonach der rechtmäßige Ausschluss des Angebots eines Bieters diesem **nicht** den Anspruch auf die Durchführung ordnungsgemäßer Vergabeverfahren und auf **Gleichbehandlung** nach § 97 Abs. 2 GWB nimmt, der Vorzug zu. Insoweit hat der BGH in einer aktuellen Entscheidung, die auf der Divergenzvorlage des OLG Frankfurt beruht (BGH 26.9.2006 X ZB 14/06; a.A. *Müller-Wrede/Schade* VergabeR 2005, 460 ff.), ausgeführt, dass der öffentliche Auftraggeber das **Gleichbehandlungsgebot** i.S. einer Selbstbindung grundsätzlich einschränkungslos beachten muss. Folge ist, dass ein vom Auftraggeber ausgeschlossener Bieter auch noch die Frage der Rechtmäßigkeit des Ausschlusses der **anderen Angebote** in einem vergaberechtlichen Nachprüfungsverfahren überprüfen können muss.

26 Die **Antragsbefugnis** eines zu recht ausgeschlossenen Bieters lässt sich mit der Auffassung des BGH und des OLG Düsseldorf daraus herleiten, dass wegen der mangelhaften Angebote auch der anderen Bieter und einer dennoch erfolgenden Zuschlagserteilung an einen von diesen die Aussichten des Antragstellers auf die Erteilung des Auftrags verschlechtert würden (BGH a.a.O.). Zwar gibt es einen Zwang für den Auftraggeber zur erneuten Ausschreibung nach Aufhebung eines Vergabeverfahrens nicht (*Müller-Wrede/Schade* a.a.O. S. 462). Vielmehr ist der Auftraggeber jederzeit frei, mit oder

ohne vorliegende Gründe von einer erneuten Ausschreibung abzusehen. Jedoch hätte der Antragsteller trotz Ausschluss seines Angebots jedenfalls im Falle eines ordnungsgemäßen **neuen Vergabeverfahrens** bessere Chancen auf den Zuschlag. Dies reicht für einen drohenden Schaden aus.

Nach dem Bundesgerichtshof weist § 97 Abs. 2 GWB das Recht auf Gleichbehandlung und den Anspruch auf Einhaltung der Bestimmungen über das Vergabeverfahren jedem durch deren Missachtung betroffenen Teilnehmer an einem solchen Verfahren zu. Eine **Einschränkung** danach, wie das eigene Angebot beschaffen ist, oder danach, ob der betroffene Bieter seinerseits Bestimmungen über das Vergabeverfahren eingehalten hat, sieht das Gesetz hingegen nicht vor. 27

Unabhängig davon, ob man wie der Bundesgerichtshof und das OLG Düsseldorf den Anspruch aus dem Gleichbehandlungsgebot nur auf gleichartige Mängel beim Ausschluss begrenzt oder – wie zurecht das OLG Frankfurt – auch auf unterschiedliche Mängel ausdehnt, da insoweit der jeweilige Bieterausschluss und nicht die »Gleichartigkeit« dieses Bieterausschlusses entscheidend ist, kann der Gleichbehandlungsgrundsatz jedenfalls einen Anspruch auch für einen mit seinem Angebot ausgeschlossenen Bieter begründen. Denn der Individualanspruch des Einzelnen aus dem Gleichbehandlungsgrundsatz ist nach **einheitlichem Maßstab** zu treffen (BGH a.a.O.). 28

Zwar hat auch der Bundesgerichtshof in seiner Entscheidung vom 18.2.2003 (BGH VergabeR 2003, 313, 318) festgestellt, dass der Nachprüfungsantrag eines wegen eines mangelhaften Angebots ausgeschlossenen Bieters »unabhängig davon keinen Erfolg haben könne, ob auch die Angebote der anderen verbliebenen Bieter dem § 21 Nr. 1 Abs. 1 VOB/A nicht genügen«. Der BGH führt in dieser Entscheidung weiter aus, dass dann, wenn das Angebot der Antragstellerin nach § 25 Abs. 1 VOB/A auszuschließen ist, die Aufhebung der Ausschreibung Interessen der Antragstellerin nicht mehr berühren kann. Insoweit könne die Antragstellerin auch nicht durch eine etwaige Nichtbeachtung der für die Aufhebung der Ausschreibung geltenden Vergaberegeln in ihren Rechten nach § 97 Abs. 7 GWB verletzt sein. 29

Allerdings ist zu beachten, dass dieser vom BGH entschiedene frühere Fall von dem der BGH-Entscheidung vom 26.9.2006 zugrunde liegenden Sachverhalt abweicht. Der zeitlich früheren BGH-Entscheidung lag der Sachverhalt zugrunde, dass der Antragsteller die **Aufhebung der Ausschreibung** durch die Vergabestelle mit der Begründung angegriffen hat, jedenfalls er selbst habe ein wertbares Angebot abgegeben. Demgegenüber betrifft der **aktuelle BGH-Fall** den Antrag eines Antragstellers, wonach dieser sich gegen die **Zuschlagserteilung** an einen anderen Bieter wendet, obwohl dieser ebenfalls nach seiner Auffassung von der Angebotswertung hätte ausgeschlossen werden müssen. Diesem Antrag auf Nichterteilung des Zuschlags an diesen Bieter hat der BGH aber zurecht entsprochen. 30

II. Die einzelnen Gründe für die Aufhebung der Ausschreibung (§ 26 Nr. 1 VOB/A)

1. Kein ordnungsgemäßes Angebot eingegangen (§ 26 Nr. 1a VOB/A)

Eine Aufhebung der Ausschreibung ist nach § 26 Nr. 1a VOB/A zulässig, wenn **kein Angebot eingegangen ist**, das den Ausschreibungsbedingungen entspricht und diese Angebote daher auf einer der Wertungsstufen des § 25 Nr. 1, 2 und 3 VOB/A – formaler Ausschluss, Ausschluss wegen Nichteignung bzw. unangemessener Preise – (siehe zur Eignungsprüfung OLG Frankfurt VergabeR 2004, 642, 647 f. m. Anm. v. *Haug*) ausgeschlossen werden müssen. Wenn daher nur ein Teil der Angebote bedingungswidrig ist oder nur ein ordnungsgemäßes Angebot vorliegt, genügt dieser Umstand für sich **alleine nicht** zur Aufhebung der Ausschreibung. Doch kann dann ggf. die Ausschreibung auch hinsichtlich der bedingungsgemäßen Angebote aus **einem der anderen Gründe** des § 26 Nr. 1 VOB/A aufgehoben werden. Umgekehrt ist der Auftraggeber nicht in jedem Fall zur Erteilung eines Auftrags verpflichtet, wenn nur ein einziges Unternehmen die erforderliche Eignung besitzt und diese Tatsache einem echten Wettbewerb unter verschiedenen Bietern entgegenstehen würde. In die- 31 sem Fall wäre der Auftraggeber jedenfalls nicht ohne weiteres in der Lage, die Preise oder die übrigen Merkmale verschiedener Angebote miteinander zu vergleichen, um einen sachgerechten Zuschlag zu erteilen (EuGH NZBau 2000, 153 f. [Ziff. 32]).

32 Das **Ermessen** des Auftraggebers auf Aufhebung der Ausschreibung reduziert sich bei Vorliegen der Voraussetzungen des § 26 Nr. 1a VOB/A **auf Null**. Denn wenn kein Angebot eingegangen ist, das den Ausschreibungsbedingungen entspricht, bleibt dem Auftraggeber keine andere Wahl als die Ausschreibung aufzuheben. Die Voraussetzungen des § 26 Nr. 1a VOB/A liegen immer dann vor, wenn die Unternehmen anders angeboten haben, als dies nach den §§ 9 bis 15 VOB/A vorausgesetzt ist, wenn sie die Anforderungen, die der Auftraggeber in der Bekanntmachung nach den §§ 17, 17a VOB/A aufgestellt hat, nicht beachtet haben, wenn sie einzuhaltende Fristen, insbesondere die Angebotsfrist (§§ 18, 18a VOB/A) nicht eingehalten haben und insbesondere im Rahmen ihrer Angebotsabgabe die **Voraussetzungen nach § 21 VOB/A** an die Form und den Inhalt der Angebote nicht berücksichtigt haben. Danach liegen insbesondere in folgenden Fällen **keine ordnungsgemäßen Angebote** vor:

– Die Angebote sind entgegen den vom Auftraggeber festgelegten Vorgaben gem. § 21 Nr. 1 Abs. 1 VOB/A **nicht schriftlich eingereicht bzw. unterzeichnet** oder entsprechen **nicht** den Vorgaben für **digitale Angebote** gem. § 21 Nr. 1 Abs. 1 S. 4 und Nr. 1 Abs. 2 S. 3 und 4 VOB/A.
– Die Angebote entsprechen **nicht** den vom Auftraggeber **vorgegebenen Ausschreibungsbedingungen,** etwa weil sie entgegen § 21 Nr. 1 Abs. 2 S. 5 VOB/A nicht die geforderten Erklärungen oder die Preise enthalten oder ansonsten unvollständig sind bzw. wesentliche Mängel aufweisen.
– Die Angebote enthalten entgegen § 21 Nr. 1 Abs. 2 S. 6 VOB/A Änderungen an den Eintragungen der Bieter, die **nicht zweifelsfrei** sind.
– Der Bieter hat entgegen § 21 Nr. 1 Abs 3 VOB/A **unzulässige Änderungen** an den Verdingungsunterlagen vorgenommen.
– Die Angebote haben die vom Auftraggeber in der öffentlichen Bekanntmachung nach §§ 17, 17a VOB/A enthaltenen Anforderungen **unberücksichtigt gelassen.**
– Die Angebote sind **nicht** innerhalb der vorgegebenen **Angebotsfrist** (§§ 18, 18a VOB/A) eingegangen bzw. liegen dem Verhandlungsleiter bei Öffnung des ersten Angebots aus vom Bieter zu vertretenden Gründen **nicht vor** und sind daher **verspätet** (§ 25 Nr. 1 Abs. 1a VOB/A).
– Die Angebote haben in Bezug auf die Ausschreibung eine Abrede getroffen, die eine **unzulässige Wettbewerbsbeschränkung** darstellt (§ 25 Nr. 1 Abs. 1c VOB/A).
– Es werden **Nebenangebote abgegeben,** obwohl der Auftraggeber diese in der Bekanntmachung oder in den Verdingungsunterlagen ausdrücklich **nicht zugelassen hat** (§ 25 Nr. 1 Abs. 1d VOB/A).
– Weisen die Angebote **unangemessen hohe oder unangemessen niedrige Preise auf** und müssen sie daher nach § 25 VOB/A ausgeschlossen werden bzw. können sie wegen fehlender Finanzmittel nicht in die Wertung einfließen ist folgendes zu beachten: Bei Angeboten mit **unangemessen hohen Preisen** ist jeweils Voraussetzung für eine rechtmäßige Aufhebung der Ausschreibung nach § 26 Nr. 1a VOB/A, dass der Auftraggeber im Rahmen seiner Kalkulation die erwarteten Angebotspreise vorab sachgerecht berechnet hat und nicht etwa schuldhaft einen zu niedrigen Preisansatz und damit eine zu niedrige Finanzierung zugrunde gelegt hat und nur aus diesem Grunde **kein Angebot eingeht,** das den Ausschreibungsbedingungen entspricht (BGH BauR 1998, 1232, 1235, 1238, 1241 = ZVgR 1998, 565, 567; ZVgR 1998, 578, 580 f.; VÜA Bund »Metall- und Verglasungsarbeiten« WuW 1998, 110 f.; vgl. auch VK Bund Beschl. v. 26.8.1999 VKZ-20/99: Aufhebung nach § 26 Nr. 1a VOB/A bei nicht den Ausschreibungsbedingungen entsprechenden Angeboten und der nachträglichen »Angebotsüberarbeitung«). Im Falle einer derartigen Kenntnis **fehlender Haushaltsmittel** hätte der Auftraggeber nach § 16 Nr. 1 VOB/A gar nicht erst ausschreiben dürfen. Eine dann dennoch vorgenommene Aufhebung der Ausschreibung nach § 26 VOB/A gibt daher den Bietern gegenüber der Vergabestelle Schadensersatzansprüche. Diese ergeben sich daraus, dass die Teilnehmer an einer Ausschreibung erwarten dürfen, dass der Auftraggeber vor der Aus-

schreibung mit der gebotenen und ihm möglichen **Sorgfalt** prüft, ob die Finanzierung – auch unter Berücksichtigung erkennbarer Eventualitäten – für das in Aussicht genommene Vorhaben ausreicht (BGH BauR 1998, 1232, 1235, 1238, 1241 = ZVgR 1998, 565, 567; ZVgR 1998, 578, 580; BGH BB 1993, 27 f.; VÜA Bayern 7/97 ZVgR 1998, 343, 345).

2. Notwendigkeit grundlegender Änderungen der Verdingungsunterlagen (§ 26 Nr. 1b VOB/A)

Nach § 26 Nr. 1b VOB/A kann die Ausschreibung weiter aufgehoben werden, wenn **die Verdingungsunterlagen grundlegend geändert werden müssen** (siehe hierzu: BayObLG VergabeR 2004, 743, 745 f., m. Anm. v. *Waldner* sowie OLG Düsseldorf VergabeR 2005, 374, 381, m. Anm. v. *Leinemann*). Mit der Möglichkeit (Ermessen des Auftraggebers) zur Aufhebung in diesen Fällen sollen Vergaben durch den Auftraggeber verhindert werden, in denen auf Grund **nicht vorhersehbarer Entwicklungen** die vorgegebenen Leistungsanforderungen durch den Auftraggeber von den Unternehmen **nicht mehr einhaltbar** sind. Mit dem Abstellen auf die nach außen tretenden **Verdingungsunterlagen** wird klargestellt, dass rein interne Beweggründe, die der Auftraggeber für die Ausschreibung gehabt hat, die aber dem Unternehmen nicht bekannt sind, nicht zur Aufhebung der Ausschreibung ausreichen. **Nachträgliche** Änderungen an den Verdingungsunterlagen können nur dann Platz greifen, wenn der Auftraggeber die Bestimmung des § 16 Nr. 1 VOB/A beachtet hat, also insbesondere grundsätzlich vor der Ausschreibung alle Verdingungsunterlagen fertig gestellt waren. **33**

Von **grundlegenden Änderungen** der Verdingungsunterlagen muss immer dann ausgegangen werden, wenn die Durchführung des Auftrags wegen im Nachhinein aufgetretener **rechtlicher, technischer, zeitlicher oder wirtschaftlicher Schwierigkeit** nicht mehr möglich oder für Auftraggeber und/oder Unternehmen mit **unzumutbaren Bedingungen** verbunden wäre. Im Rahmen des noch Zumutbaren liegende Änderungen einzelner Positionen oder – geringfügige – zusätzliche Leistungen oder auch die Verlängerung der Vertragszeit sowie die Aufteilung der zu vergebenden Maßnahmen in Lose (siehe hierzu OLG Düsseldorf VergabeR 2005, 374, 381) reichen hierfür nicht aus. Jedoch ist eine grundlegende Änderung dann gegeben, wenn eine nicht voraussehbare und **ganz entscheidende Abänderung** der bisherigen Absicht zur Leistungserbringung notwendig sein würde (VÜA Brandenburg WuW 1997, 355; VK Bremen Beschl. v. 23.1.2002 VK11/01). Hier können das Rechtsinstitut der **Störung der Geschäftsgrundlage** (siehe § 313 BGB) und die hierfür notwendigen Voraussetzungen zumindest als Hilfe dienen. **34**

Entscheidend für die grundlegende Änderung der Verdingungsunterlagen ist, dass eine Anpassung etwa der – zunächst fehlerhaften – Leistungsbeschreibung durch Information und damit Korrektur an alle Bieter und damit verbunden eine Anpassung der Angebote gerade nicht mehr in Betracht kommt bzw. eine Vergabe wegen der Änderungen objektiv nicht gerechtfertigt oder subjektiv für die beiden Parteien unzumutbar wäre (BayObLG VergabeR 2002, 534, 538; OLG Koblenz VergabeR 2004, 244 ff.). Zu berücksichtigen ist bei der Anwendung des § 26 Nr. 1b VOB/A insbesondere, in welchem **Stadium** sich das Vergabeverfahren befindet. Je weiter es fortgeschritten ist, desto eher verdient das Vertrauen des Bieters in dessen Abschluss durch Zuschlagserteilung und damit seine Amortisationschance den Vorrang (BayObLG VergabeR 2002, 534, 538; vgl. auch BGH NJW 1998, 3636, 3637). Darüber hinaus ist für eine ordnungsgemäße Aufhebung nach § 26 Nr. 1b VOB/A stets wesentlich, dass die grundlegende Änderung auf einem Umstand beruht, der dem Auftraggeber erst **nach Beginn der Ausschreibung** bekannt geworden ist (BGH BauR 1998, 1232, 1234 = ZVgR 1998, 578, 580; OLG Koblenz BauR 1998, 1691; VÜA Bayern 7/97 ZVgR 1998, 343, 345). **35**

Als **Fallbeispiele** für eine **grundlegende Änderung der Verdingungsunterlagen** und damit für eine Aufhebung der Ausschreibung kommen in **rechtlicher, technischer, zeitlicher oder wirtschaftlicher Sicht folgende Gründe** in Betracht: **36**

- In **rechtlicher Hinsicht** sind nicht vorhersehbare Verbote, Nutzungsbeschränkungen, das Nichtzustandekommen des bisher mit hinreichender Sicherheit zu erwartenden Eigentumserwerbs sowie die Verweigerung baurechtlicher sowie umweltrechtlicher, z.B. immissionsschutzrechtlicher oder wasserrechtlicher Genehmigungen, zu nennen. Damit der Auftraggeber nach § 26 Nr. 1b VOB/A **rechtmäßig** die Ausschreibung aufheben kann, muss es sich um für ihn unerwartete und nach Beginn der Ausschreibung eingetretene rechtliche Hindernisse handeln.
- In **technischer Hinsicht** können im Nachhinein eingetretene gravierende Abweichungen der Boden- oder Grundwasserverhältnisse von den bisherigen Berechnungen zu einer Aufhebung der Ausschreibung führen (VÜA Sachsen-Anhalt ZVgR 1997, 233, 235; Beck'scher VOB-Komm./ *Jasper* § 26 VOB/A Rn. 28). Allerdings ist Voraussetzung, dass diese Veränderungen **grundlegend** sind. Sich im Rahmen haltende zusätzliche Leistungen, die auf Grund der veränderten Situation erforderlich sind, bilden demgegenüber keinen Grund für die Aufhebung der Ausschreibung. Dies ergibt sich auch unter Berücksichtigung der Wertung in §§ 1 Nr. 1, § 2 Nr. 5 und 6 VOB/B, wonach es dem Auftraggeber ausdrücklich überlassen bleibt, Änderungen des Bauentwurfs und damit verbundene Leistungsänderungen anzuordnen.
- Auch in **zeitlicher Hinsicht** können Gründe für eine Aufhebung der Ausschreibung liegen. Dies ist etwa dann der Fall, wenn die zeitliche Verschiebung eines Bauvorhabens durch die Vergabestelle, insbesondere für die Bieter, als derart schwerwiegend angesehen werden muss, dass eine auf Grund der Verschiebung notwendig gewordene Anpassung der Angebote nicht in Betracht kommt (BayObLG VergabeR 2002, 534, 538). Wegen der engen Auslegung der Voraussetzungen des § 26 Nr. 1b VOB/A ist die Möglichkeit zur Aufhebung einer Ausschreibung bei einer zeitlichen Verschiebung des Baubeginns aber im Regelfall auf die Fälle zu beschränken, dass hierdurch eine als Fixgeschäft vereinbarte Leistung nicht mehr sinnvoll erbracht werden kann (BayObLG VergabeR 2002, 540, 542, m. Anm. v. *Hermann/Thoma*). Eine Aufhebung der Ausschreibung aus zeitlichen Gründen kann dabei sowohl bei einer im Nachhinein erforderlichen Verschiebung des Bauvorhabens als auch bei einer Abkürzung der Baufristen gegeben sein.
- In **wirtschaftlicher Hinsicht** führen insbesondere nicht voraussehbare, aber entscheidende Veränderungen der Finanzierungsgrundlagen zur Aufhebung der Ausschreibung (vgl. BGH 5.11.2002 XZR 232/00; BGH BauR 1998, 1232, 1234 = ZVgR 1998, 578, 580, für den Fall einer rechtswidrigen Aufhebung der Ausschreibung wegen von vornherein erkennbar fehlender Finanzierung; a.A.: *Franke/Kemper/Zanner/Grünhagen* § 26 VOB/A Rn. 36). Wird die Finanzierung endgültig und im Nachhinein, etwa durch eine Haushaltssperre für den gesamten oder einen Teil des ausgeschriebenen Vertrags nicht gesichert, muss der Auftraggeber insoweit eine (Teil-)Aufhebung der Ausschreibung prüfen. Auch kommt ein Aufhebungsgrund bei zwischenzeitlich eingetretenen **Änderungen der Preisgrundlagen**, wie z.B. bei gravierenden Änderungen der Materialpreise, in Betracht.

3. Andere schwerwiegende Gründe (§ 26 Nr. 1c VOB/A)

37 Nach dem **Auffangtatbestand** des § 26 Nr. 1c VOB/A können auch **andere schwerwiegende Gründe** die Aufhebung der Ausschreibung rechtfertigen. Allerdings betrifft die Beschränkung der Aufhebung auf »schwerwiegende Gründe« nur Vergaben unterhalb der EU-Schwellenwerte, während es nach den europarechtlichen Regeln eine derartige Einengung nicht gibt (OLG Dresden VergabeR 2003, 45 ff.). Zu dem **Ausnahmecharakter** dieser Vorschrift bestimmt das Vergabehandbuch des Bundes zu § 26 VOB/A mit Recht:

»*Bei der Prüfung, ob eine Ausschreibung aus einem schwerwiegenden Grund aufgehoben werden darf, sind strenge Anforderungen zu stellen.*«

Das Erfordernis **strenger Anforderungen** (OLG Naumburg VergabeR 2003, 588, 592; BayObLG VergabeR 2005, 349, 354; OLG Düsseldorf VergabeR 2005, 374, 381; OLG München VergabeR 2006, 537, 545 m. Anm. *Haug*) folgt insbesondere daraus, weil sich Bieter im Vertrauen auf die Ausschreibung eingelassen haben, dass auch tatsächlich eine Vergabe erfolgt, sie also in ihren Aufwendungen für die Erstellung ihrer Angebote nicht enttäuscht werden.

Der Bundesgerichtshof (VergabeR 2001, 293, 298; zum Ausnahmecharakter der Aufhebung der Ausschreibung: BGH VergabeR 2003, 313 ff.; BGH NJW 2001, 3698; anders als im nationalen Recht ist nach dem Gemeinschaftsrecht der Verzicht auf die Vergabe eines Auftrags durch den Auftraggeber weder auf schwerwiegende Gründe noch auf Ausnahmefälle beschränkt: EuGH VergabeR 2002, 361, 365 f. Rn. 40) hat insoweit für einen die VOL/A betreffenden Fall ausgeführt, dass es für das Vorliegen eines schwerwiegenden Grundes stets einer Interessenabwägung der maßgeblichen Verhältnisse im Einzelfall bedarf. Hiernach könne ein rechtlicher Fehler des Vergabeverfahrens zu einem schwerwiegenden Mangel und damit zu einer Aufhebung der Ausschreibung dann führen, wenn er einerseits von **so großem Gewicht** ist, dass eine Bindung des öffentlichen Auftraggebers mit Gesetz und Recht nicht zu vereinbaren wäre und andererseits von dem an dem Ausschreibungsverfahren teilnehmenden Unternehmen erwartet werden kann, dass sie auf diese rechtlichen und tatsächlichen Bindungen des Ausschreibenden Rücksicht nehmen (s. auch OLG München VergabeR 2006, 537, 545 bei einer Nichtwertung von Wahlpositionen wegen einer nicht erstellten Bewertungsmatrix). Hierbei genüge es jedoch zur Annahme eines schwerwiegenden Grundes i.S.d. § 26 Nr. 1c VOB/A nicht, dass der Ausschreibende im Verlauf des Vergabeverfahrens rechtlich oder tatsächlich fehlerhaft gehandelt habe. Dies könne schon deswegen nicht ausreichen, weil die Vergabestelle es andernfalls in der Hand hätte, nach ihrer freien Entscheidung durch Verstöße gegen das Vergaberecht den bei der Vergabe öffentlicher Aufträge bestehenden Bindungen zu entgehen (BGH NJW 2001, 3698). Daher müssen nach gefestigter Rechtsprechung des Bundesgerichtshofs die Aufhebungsgründe **eng** ausgelegt werden (BGH BauR 1998, 1238 ff.). 38

Die »**anderen schwerwiegenden Gründe**« müssen mithin von ihren Auswirkungen auf die Ausschreibung her den Tatbeständen des § 26 Nr. 1a und 1b VOB/A entsprechen. Dem noch gelegentlich zu beobachtenden Missbrauch, einen schwerwiegenden Grund nur »vorzuschieben«, um sich von der Ausschreibung **lossagen** zu können oder um den Zuschlag nicht auf das wirtschaftlichste Angebot zu erteilen, sondern den Auftrag an einen anderen »genehmeren Bieter« zu vergeben, muss jedenfalls entschieden begegnet werden. 39

Dementsprechend ist die Aufhebung einer Ausschreibung aus einem schwerwiegenden Grund nicht schon dann gerechtfertigt, wenn die eingegangenen Angebote wirtschaftlich den Vorstellungen des Auftraggebers nicht entsprechen. Voraussetzung für eine Aufhebung ist vielmehr, dass nach der Prüfung der Angebote oder nach deren Wertung **überhaupt kein angemessenes oder annehmbares Angebot** vorliegt (VÜA Bund 1 VÜ 6/95 ZfBR 1996, 271 m. Anm. v. *Heiermann* BauR 1996, 443 ff.). Maßgeblich für das Vorliegen eines **schwerwiegenden Grundes** ist daher, dass die bisherige Vergabeabsicht des Auftraggebers **entscheidend beeinflusst** wird. Allein die während der Ausschreibung gewonnene Erkenntnis des Auftraggebers, dass eine Pauschalausschreibung zu wirtschaftlicheren Ergebnissen geführt hätte, rechtfertigt daher keine Aufhebung der Ausschreibung wegen Vorliegens eines schwerwiegenden Grundes (vgl. OLG Celle BauR 1996, 860). 40

Ein schwerwiegender Grund kann aber dann gegeben sein, wenn eine **Reihe von Einzelgesichtspunkten** vorliegt, welcher jeder für sich noch nicht schwerwiegend wäre, sich dies aber aus einer **Summierung der Einzelgründe** im Rahmen einer Gesamtbetrachtung ergibt. Dies ist nach einer Entscheidung des OLG Düsseldorf dann der Fall, wenn im Rahmen einer Beschränkten Ausschreibung neun Bewerber zur Angebotsabgabe aufgefordert wurden, aber nur zwei Angebote eingegangen sind, davon eines unvollständig, und wenn die beiden Angebote bei einzelnen Positionen Preisdifferenzen von über 100% und sogar einmal von über 200% aufweisen (OLG Düsseldorf BauR 1982, 53 f.; VÜA Bayern ZVgR 1998, 343, 345; Beck'scher VOB-Komm./*Jasper* § 26 VOB/A Rn. 35). 41

Bei dem Begriff »**schwerwiegende Gründe**« handelt es sich um einen rein **objektiven Begriff**, der für Verschuldensgesichtspunkte keinen Raum lässt. Die Frage, ob die Voraussetzungen der »schwer- 42 wiegenden Gründe« vorliegen oder nicht, muss daher streng von der Frage einer verschuldensabhängigen Haftung getrennt werden. Sowohl bei einer unverschuldeten als auch bei einer verschuldeten Aufhebung der Ausschreibung kann daher objektiv ein schwerwiegender Grund vorliegen. Der Unterschied zwischen beiden Fällen besteht regelmäßig darin, dass bei einer verschuldeten Aufhebung der Ausschreibung der Auftraggeber mit Schadensersatzpflichten der Bieterseite rechnen muss (so zu Recht: BGH BauR 1998, 1232 ff.; OLG Schleswig Urt. v. 11.12.1995 »Budgetüberschreitung« ZVgR 1997, 170, 172).

43 **Fallbeispiele** für im Nachhinein eingetretene »schwerwiegende Gründe« (vgl. hierzu auch BGH VergabeR 2001, 293, 298; NJW 1993, 520; Beck'scher VOB-Komm./*Jasper* § 26 VOB/A Rn. 36 ff.) zur Aufhebung der Ausschreibung sind insbesondere:

- Schwerwiegende Änderungen in den **persönlichen Verhältnissen** auf der Auftraggeberseite, wie z.B. Tod, Krankheit, Sitzverlegung, grundlegende Änderungen der Strukturverhältnisse, Berufsveränderung etc., soweit diese Änderungen einen schwerwiegenden Einfluss auf das bisherige Vorhaben des Auftraggebers ausüben.
- Objektive und nicht vorhersehbare grundlegende Änderungen der noch im Zeitpunkt der Ausschreibung gegebenen **politischen und/oder militärischen Verhältnisse**. Dies war z.B. durch die Wiedervereinigung Deutschlands im Jahre 1990 sowie der damit verbundenen allgemeinen politischen Änderung im Verhältnis West/Ost mit der Folge der Fall, dass ein geplantes Nato-Bauvorhaben wegen der völlig neuen Situation aufgegeben werden musste (OLG Zweibrücken BauR 1995, 95 = IBR 1995, 150).
- Unzumutbarkeit der Auftragsvergabe auf der Grundlage der bisherigen Verdingungsunterlagen (OLG Brandenburg VergabeR 2004, 69, 73).
- Wesentliche Änderungen in den **allgemeinen Markt-, Währungs- und Baupreisverhältnissen**, soweit diese auf das konkrete Vorhaben erheblich einwirken können. Hierzu zählt auch die unvorhergesehene wesentliche Erhöhung von Kreditzinsen.
- Entscheidende nachträgliche Änderungen in den **Vermögensverhältnissen** des Auftraggebers, wie z.B. Konkurs oder Eintritt des Insolvenzverfahrens, aber auch die unvorhersehbar und nach Beginn der Ausschreibung erfolgende nachträgliche Haushaltssperre.
- Unterbleiben einer europaweiten Ausschreibung wegen **Übersehens der Schwellenwertregelung** (OLG Koblenz VergabeR 2003, 448 ff. m. Anm. *Erdl*).
- Wahl der **unrichtigen Vergabeart** (*Jaeger* NZBau 2001, 289, 300).
- Vermengung von Eignungskriterien mit dem Zuschlagskriterium des unwirtschaftlichsten Angebots (OLG Karlsruhe Beschl. v. 8.3.2006 6 W 114/05).
- Nichterfüllung der vom Auftraggeber vorgegebenen Zuschlagskriterien durch die Bieter bzw. Rechtswidrigkeit oder Nichtigkeit eines vom Auftraggeber festgelegten Zuschlagskriterium (EuGH »Wienstrom« VergabeR 2004, 36 ff.).
- Schwerwiegende **rechtliche Fehler** des Auftraggebers im Vergabeverfahren, etwa durch eine **mangelhafte Leistungsbeschreibung**, eine unzulässige Produktvergabe, oder eine **Nichtbenennung** von **Zuschlagskriterien**, die im Ergebnis einen gravierenden **Wettbewerbsverstoß** oder einen Verstoß gegen das **Diskriminierungsverbot** oder das **Gleichbehandlungsgebot** bedeuten, vgl. § 97 Abs. 1 und 2 GWB, § 2 Nr. 1 und 2 VOB/A (BGH VergabeR 2001, 293, 298, m. Anm. *Wagner*; OLG Naumburg Beschl. v. 16.9.2002 1 Verg 02/02 und VK Bund VergabeR 2002, 72 ff., für den Fall einer fehlerhaften Leistungsbeschreibung sowie OLG Thüringen Beschl. v. 26.6.2006 9 Verg 2/06 für eine Verletzung des Gebots verfahrensneutraler Ausschreibung.
- Ein Verstoß gegen den **Wettbewerbsgrundsatz** sowie das **Gleichbehandlungsgebot** kann z.B. bei der Einschaltung eines **Projektanten**, der bereits für den Auftraggeber Verdingungsunterlagen ausgearbeitet hat und sich später auch am Vergabewettbewerb beteiligt, gegeben sein. Zumindest dann, wenn der Projektant aufgrund seiner früheren Beteiligung an Vorarbeiten zu dem Vergabeverfahren tatsächlich über **wettbewerbsverzerrende** und gegenüber den anderen Teilnehmern am Vergabeverfahren nicht mehr – etwa durch entsprechende Informationsweitergabe – aus-

gleichbare Informationsvorsprünge verfügt (siehe jetzt die Regel in § 8a Nr. 9 VOB/A), kann eine Aufhebung des Vergabeverfahrens aus schwerwiegenden Gründen in Betracht kommen (VÜA Bund Beschl. v. 24.5.1996 1 VÜ 2/96).

— Bei einem Verstoß gegen den Wettbewerbsgrundsatz sowie das Diskriminierungsverbot und das Gleichbehandlungsgebot besteht in der Regel eine **Pflicht** des Auftraggebers zur Aufhebung der Ausschreibung (VÜA Bund 2/96 »Kanalbrücken« WuW 1997, 265, 271; VÜA Thüringen ZVgR 1998, 488, 490) mit der Folge, dass Schadensersatzansprüche gegen ihn geltend gemacht werden können. Voraussetzung für eine Aufhebung auf Grund eines **Verfahrensfehlers** ist, dass eine Berichtigung nicht mehr möglich ist, weil sie z.B. gegen das Gleichbehandlungsgebot verstoßen würde (VÜA Brandenburg WuW 1997, 355, 358). Selbstverständlich können die rechtlichen Gründe für eine Aufhebung der Ausschreibung auch im **Verhalten der Bieter** liegen, etwa wenn sich ein Bieter ein bestimmtes Material, das zur Auftragserfüllung erforderlich ist, allein verschafft und damit einen ordnungsgemäßen Wettbewerb ausschließt (VÜA Bund »Tengener Muschelkalk« WuW 1998, 421, 423).

— Ein **schwerwiegender Grund** zur Aufhebung der Ausschreibung liegt auch dann vor, wenn der Auftraggeber zwar vorab eine **vertretbare Kostenschätzung** vorgenommen und auch nur insoweit Finanzmittel bereitgestellt hat, die auf Grund der Ausschreibung abgegebenen Gebote aber deutlich über den geschätzten Kosten liegen und das Vorhaben im Ergebnis wegen der erheblichen Finanzierungslücke **ganz aufgegeben werden muss** (BGH 5.11.2002 XZR 232/00; BGH Urt. v. 8.9.1998 BauR 1998, 1232 ff. = ZVgR 1998, 578 ff.). Hat die Vergabestelle die fehlende Finanzierung von vornherein erkannt oder hätte sie sie erkennen müssen, kommt trotz der auch hier bestehenden alleinigen Möglichkeit zur Aufhebung der Ausschreibung eine Schadensersatzpflicht des Auftraggebers in Betracht (BGH Urt. v. 8.9.1998 BauR 1998, 1232 ff. = ZVgR 1998, 578 ff.).

— Ein schwerwiegender Grund kann sich auch aus allgemeinen **Wirtschaftlichkeitserwägungen** ergeben. Hier müssen jedoch die mit einer Aufhebung der Ausschreibung und durch eine anschließende Neuausschreibung verbundenen Aufwendungen mit der möglichen Einsparung, die durch die Zuschlagserteilung auf ein wirtschaftlicheres Angebot hätte erzielt werden können, verglichen werden. Das Bayerische Oberste Landesgericht (BayObLG VergabeR 2002, 534, 539) hat es insoweit zu Recht abgelehnt, aus einem nicht zugeschlagenen Bieterangebot, das nur um 4.000 € unter dem Angebot des erfolgreichen Bieters lag, eine Verpflichtung zur Aufhebung der Ausschreibung gem. § 26 Nr. 1c VOB/A zu folgern. Dieser Betrag war im entschiedenen Fall im Verhältnis zum Gesamtauftragsumfang von knapp 10 Mio. € verschwindend gering und erfüllte daher auch angesichts der mit einer Neuausschreibung verbundenen Kosten nicht die Voraussetzungen eines schwerwiegenden Grundes (BayObLG VergabeR 2002, 534, 539).

— Gibt ein Bieter ein nicht zugelassenes Nebenangebot ab, auf Grund dessen der Auftraggeber erkennen kann, dass die ausgeschriebene Leistung in einer grundlegend anderen und insbesondere auch **kostengünstigeren Form** erbracht werden kann, kann ebenfalls ein schwerwiegender Grund zur Aufhebung der Ausschreibung gegeben sein. In diesen Fällen wird der Auftraggeber quasi durch das Nebenangebot darauf »gestoßen«, dass seine ursprüngliche Ausschreibung als solche nicht von den richtigen Grundlagen ausgegangen ist. Hier ist er zumindest bei gravierender Abweichung seiner Leistungsbeschreibung von dem auf Grund des Nebenangebots erkennbaren Alternativdurchführung der Leistung schon aus **Gleichbehandlungsgründen** gehalten, die Ausschreibung aufzuheben, um anschließend in einem erneuten Vergabeverfahren allen Bietern die Möglichkeit zu geben, auf der Grundlage der kostengünstigeren Ausführungsweise anbieten zu können. In einem solchen Fall entspricht die Aufhebung letztlich dem Gebot der **Wirtschaftlichkeit und Sparsamkeit der Haushaltsmittel** (BGH »Wasserbauschüttsteine« NJW 1993, 520; OLG Nürnberg NJW 1986, 437; *Leinemann* Rn. 487). In dem vom BGH entschieden Fall hatte der Auftraggeber aus einem **nicht zugelassenen**, gleichwohl aber abgegebenen Nebenangebot die Erkenntnis gewonnen, das Wasserbauschüttsteine aus einem anderen als dem ausgeschriebenen, jedoch qualitativ gleichwertigen Material erheblich kostengünstiger zu beschaffen waren. In diesem

Fall muss es dem Auftraggeber wegen des ihm bekannt gewordenen schwerwiegenden Grundes erlaubt sein, die Ausschreibung aufzuheben und auf der neuen Grundlage die Leistung zu vergeben.
– Erlöschen sämtlicher Angebote wegen Ablaufens der Bindefrist, insbesondere auch infolge eines Nachprüfungsverfahrens (OLG Frankfurt VergabeR 2003, 725 ff. m. Anm. v. *Noelle*).

C. Unterrichtungspflicht gegenüber Bewerbern und Bietern (§ 26 Nr. 2 VOB/A)

I. Anpassung an die Baukoordinierungsrichtlinie

44 § 26 Nr. 2 VOB/A hat bereits durch die VOB 2000 eine **Änderung** erfahren. Grund war die Anpassung dieser Vorschrift an den damaligen Art. 8 Abs. 2 BKR (EG-Baukoordinierungsrichtlinie). Nach Art. 8 Abs. 2 S. 1 BKR teilt der öffentliche Auftraggeber den Bewerbern oder Bietern, die dies beantragen, die Gründe mit, aus denen beschlossen wurde, auf die Vergabe eines dem Wettbewerb unterstellten Auftrags zu verzichten oder das Verfahren von neuem einzuleiten. Mit der Umsetzung dieser Bestimmung in § 26 Nr. 2 VOB/A wurden die **Bewerber** mit den Bietern **gleichgestellt**. Für beide gilt seitdem eine Unterrichtungspflicht durch den Auftraggeber. Eine weitere Änderung ergab sich daraus, dass die Unterrichtung durch den Auftraggeber seit der VOB 2000 nach § 26 Nr. 2 S. 2 VOB/A im Vergleich zur Vorgängerfassung nicht mehr formfrei, sondern **auf Antrag** der Bewerber oder Bieter **schriftlich** erfolgen muss. Durch die Neuregelung wurde dem **Beweiserfordernis** und der Erleichterung der **Darlegungslast** Genüge getan.

II. Unterrichtung von der Aufhebung der Ausschreibung

1. Unverzüglichkeit

45 Nach § 26 Nr. 2 S. 1 VOB/A sind die Bewerber und Bieter von der Aufhebung der Ausschreibung durch den Auftraggeber **ohne entsprechende Antragstellung** unter Angabe der Gründe, ggf. über die Absicht, ein neues Vergabeverfahren einzuleiten, **unverzüglich** zu **unterrichten**. Nach allgemeinen **zivilrechtlichen Bestimmungen** (§§ 145 ff. BGB) besteht hinsichtlich der Absicht, Vertragsverhandlungen nicht zu Ende zu führen, grundsätzlich an sich keine Mitteilungspflicht. Die VOB missbilligt aber ein Schweigen des Auftraggebers. Grund hierfür ist, dass es sich bei den Bietern um **gewerblich tätige Unternehmen** handelt, die in ihrem Betrieb vielfältige **Dispositionen** zu treffen haben. Jeder Unternehmer, der ein Angebot auf Abschluss eines Vertrags abgibt, rechnet damit, dass er Vertragspartner werden kann und damit zur Vertragsdurchführung verpflichtet wird. Er muss daher in dem Augenblick, in dem er ein Vertragsangebot abgibt, die zeitliche sowie sachliche und personelle Inanspruchnahme von Kapazitäten für die Leistungserbringung in seinen Betriebsplan aufnehmen. Dies gilt sowohl für die **Bieter**, die durch die Abgabe ihres Angebots bereits bestimmte Dispositionen treffen, als auch z.B. für die **Bewerber**, die sich im Rahmen einer Beschränkten Ausschreibung nach Öffentlichem Teilnahmewettbewerb beteiligt haben (vgl. § 3 Nr. 1 Abs. 2 VOB/A). Auch gegenüber diesen besteht eine Unterrichtungspflicht, wenn die Aufhebung der Ausschreibung in diesem frühen Stadium des Vergabeverfahrens erfolgt. Denn auch die Bewerber haben bereits möglicherweise Dispositionen getroffen. Sie können daher verlangen, ebenfalls von der Aufhebung eines Bewerbungsverfahrens zu erfahren.

46 Kommt das Vorhaben nicht zur Auftragsvergabe, haben sowohl Bieter als auch Bewerber ein großes Interesse daran, von diesem Entschluss zur Ermöglichung weiterer Planungen und Dispositionen **baldmöglichst** Kenntnis zu erhalten. Dem stehen berechtigte Interessen des Auftraggebers, den Bietern und Bewerbern den Entschluss zur Aufhebung der Ausschreibung bzw. des Öffentlichen Teilnahmewettbewerbs zu verschweigen, nicht entgegen. Daher verlangt § 26 Nr. 2 S. 1 VOB/A im Sinne einer Pflicht des Auftraggebers (»sind«), dass die Unterrichtung **unverzüglich** – also **ohne schuld-**

haftes Zögern durch den Auftraggeber – zu erfolgen hat (OLG Frankfurt VergabeR 2003, 725 ff.). Hierfür sind dieselben Grundsätze maßgebend, wie sie im Rahmen des § 121 Abs. 1 BGB gelten, so dass jedes schuldhafte Zögern dem Auftraggeber entgegen gehalten werden kann. Der Auftraggeber muss daher unmittelbar nach seinem Entschluss, die Ausschreibung aufzuheben, sowohl die **Bieter** als auch die **Bewerber** unterrichten. Hierfür darf eine Frist von maximal **zwei bis drei Tagen** nicht überschritten werden. Dies ergibt sich auch daraus, weil gerade die Bieter während der Zuschlags- und Bindefrist nach § 19 Nr. 3 VOB/A an ihr Angebot **gebunden sind** und daher möglichst schnell von dieser Bindung befreit werden wollen.

2. Schriftlichkeit

Die Unterrichtung erfolgt nach § 26 Nr. 2 S. 2 VOB/A auf **Antrag** der Bewerber oder Bieter **schriftlich**. Die Schriftform schließt mündliche oder fernmündliche Benachrichtigungen aus. Sie dient dem Sicherheitsbedürfnis an eine ordnungsgemäße Unterrichtung über die Aufhebung der Ausschreibung. Für die Voraussetzungen des Schriftformerfordernisses kann auf § 126 BGB verwiesen werden. Danach sollte die Unterrichtungserklärung zumindest vom Auftraggeber als Aussteller eigenhändig durch Namensunterschrift unterzeichnet werden. Allerdings kann die schriftliche Form gem. § 126 Abs. 3 i.V.m. § 126a BGB grundsätzlich durch die **elektronische Form** (e-mail), die dann aber mit einer elektronischen Signatur nach dem Signaturgesetz versehen sein muss, ersetzt werden. Da der Auftraggeber für die Mitteilung über die Aufhebung der Ausschreibung die **Darlegungs- und Beweispflicht** hat, ist die Schriftform bzw. die elektronische Form der Unterrichtung nur sachgerecht.   47

3. Wirksamkeit mit Zugang der Aufhebungsentscheidung

Die **Unterrichtung** der Bewerber und Bieter von der Aufhebung der Ausschreibung durch den Auftraggeber ist als **empfangsbedürftige Willenserklärung** einzustufen (§ 130 BGB). Die **Wirksamkeit** der Aufhebungsentscheidung des Auftraggebers ist damit erst in dem Zeitpunkt gegeben, in dem die Unterrichtung über die Aufhebung gegenüber dem betreffenden Bieter bzw. Bewerber erfolgt (OLG Düsseldorf VergabeR 2002, 378, 379). Entscheidend ist, dass das zwischen dem Auftraggeber und den Bewerbern oder Bietern entstandene (vorvertragliche) Rechtsverhältnis nicht durch eine bloß **behördeninterne Willensbildung** der Vergabestelle beendet werden kann. Vielmehr wird die Entscheidung zur Aufhebung des Vergabeverfahrens erst durch den **Zugang** der Bekanntmachung gegenüber den Bewerbern oder Bietern **außenwirksam** (OLG Düsseldorf VergabeR 2002, 378, 379).   48

III. Angabe der Gründe

1. Unterrichtung bei rechtmäßiger und rechtswidriger Aufhebung

Der Auftraggeber hat die Bewerber und Bieter von der Aufhebung der Ausschreibung unter **Angabe der Gründe** zu unterrichten. Da die VOB an die Zulässigkeit der Aufhebung der Ausschreibung nach § 26 Nr. 1 VOB/A bestimmte Anforderungen stellt, muss den Bewerbern und Bietern die Möglichkeit gegeben werden, nicht nur zu wissen, sondern auch nachvollziehen zu können, ob im konkreten Fall **berechtigte Gründe** zur Aufhebung der Ausschreibung vorgelegen haben. Insoweit haben Bewerber und Bieter einen **Anspruch auf Information** aus dem vorvertraglichen Vertrauensverhältnis mit dem Auftraggeber. Dieser Anspruch ergibt sich daraus, dass Bewerber und Bieter mit ihrer Bewerbung bzw. mit der Abgabe der Angebote Dispositionen treffen und Personal- sowie Sach- und Finanzmittel vorhalten. Sind diese vorgehaltenen Leistungen daher nicht mehr erforderlich, hat der Bewerber und Bieter ein Recht, unter Angabe der Gründe von der Aufhebung der Ausschreibung zu erfahren.   49

50 Die Unterrichtung von der Aufhebung der Ausschreibung unter Angabe der Gründe besteht jedoch nicht nur in den Fällen, in denen der Auftraggeber die Ausschreibung unter Einhaltung der Voraussetzungen der § 26 Nr. 1 VOB/A **rechtmäßig aufhebt**. Diese Pflicht besteht auch bei einer nicht von den – rechtmäßigen – Gründen des § 26 Nr. 1 VOB/A gedeckten **Aufhebung** der Ausschreibung durch den Auftraggeber, also etwa in dem Fall, in dem der Auftraggeber ein Vergabeverfahren eingeleitet hat, obwohl die Finanzierung ersichtlich und von vornherein nicht gesichert werden konnte (BGH BauR 1998, 1238, 1241 = ZVgR 1998, 565, 567; ZVgR 1998, 578, 580; OLG Schleswig ZVgR 1997, 170, 172; Beck'scher VOB-Komm./*Jasper* § 26 VOB/A Rn. 52). Bei diesem Sachverhalt einer – rechtswidrigen – **Aufhebung der Ausschreibung** muss den Bewerbern und Bietern **erst recht** ein Anspruch zugebilligt werden, über die Angabe der Gründe unterrichtet zu werden. Anders als beim Vorliegen eines der Aufhebungsgründe nach § 26 Nr. 1 VOB/A, in denen die Aufhebung grundsätzlich keine Ersatzansprüche für die am Verfahren teilnehmenden Bieter und Bewerber auslöst, sind in diesen Fällen einer rechtswidrigen Aufhebung nämlich regelmäßig nicht nur **Schadensersatzansprüche** der Unternehmen zu prüfen. Die Unternehmen können sich auch gegen rechtswidrige Aufhebungen der Ausschreibung im Rahmen von vergaberechtlichen Nachprüfungsverfahren nach §§ 102 ff. GWB dann im **Primärrechtsschutz** zur Wehr setzen, wenn die Auftragssummen die EU-Schwellenwerte übersteigen (siehe D. I. 2) Um dieser Prüfungsmöglichkeit nachzukommen, muss der Auftraggeber daher auch bei Nichtvorliegen der Gründe der § 26 Nr. 1 VOB/A, aber dennoch vorgenommener Aufhebung der Ausschreibung, die Bewerber und Bieter gem. § 26 Nr. 2 VOB/A unterrichten.

2. Konkrete Angabe der Gründe

51 Die Angabe der Gründe, die der Aufhebung der Ausschreibung zu Grunde liegen, dient den Bewerbern und Bietern insbesondere auch dazu, deren **Berechtigung** zu prüfen. Hierfür reicht es in Wahrung der berechtigten Interessen der Bewerber bzw. Bieter aus, wenn die für die Aufhebung maßgebenden Gründe so mitgeteilt werden, dass die Bieter und Bewerber ihren Inhalt und ihre Berechtigung im Hinblick auf die Voraussetzungen des § 26 Nr. 1 VOB/A prüfen können. Eine Pflicht der Vergabestelle zur vollständigen und erschöpfenden Mitteilung aller Aufhebungsgründe sowie eine ins Einzelne gehende Begründung ist hierzu nicht erforderlich (vgl. OLG Koblenz VergabeR 2003, 448 ff. m. Anm. *Erdl*; OLG Zweibrücken BauR 1995, 95 m.w.N.; VK Nordbayern Beschl. v. 2.7.1999 320 VK-3194–11/99; Beck'scher VOB-Komm./*Jasper* § 26 VOB/A Rn. 53). Daher sind an die Benachrichtigung der Bieter und Bewerber keine höheren Anforderungen zu stellen als an die Vorabinformationspflicht des Auftraggebers nach § 13 VgV. Jedoch ist die Rechtmäßigkeit zur Überprüfung der Aufhebung nicht auf die Gründe beschränkt, die die Vergabestelle mitgeteilt hat (OLG Koblenz VergabeR 2003, 448 ff. m. Anm. *Erdl*).

52 Bei einer Aufhebung nach **§ 26 Nr. 1a VOB/A** ergibt sich der Aufhebungsgrund schon aus dem **Text der Bestimmung** (es ist kein Angebot eingegangen, das den Ausschreibungsbedingungen entspricht). Es genügt daher grundsätzlich, hierauf zu verweisen, ohne dass es zwingend zusätzlicher Angaben bedarf. Jedoch dürfte es gegenüber Bietern und Bewerbern im Hinblick auf das zum Auftraggeber bestehende Vertrauensverhältnis sachgerechter und zielführender sein, wenn der Auftraggeber auch bei der Fallgruppe des § 26 Nr. 1a VOB/A kurz die konkreten Gründe für das Nichtvorliegen eines Angebots angibt.

53 Eine **konkrete Angabe** der Gründe muss für den Tatbestand des **§ 26 Nr. 1b VOB/A** angenommen werden. Mit anderen Worten hat der Auftraggeber anzugeben, aus welchen Gründen die Verdingungsunterlagen grundlegend geändert werden müssen. Dabei genügt es, dass er formelartig den entsprechenden Sachverhalt als Grund mitteilt (z.B. Rücknahme der Baugenehmigung, nachträgliche Sperrung von Haushaltsmitteln, unerwartete und nicht voraussehbare Änderung bei den Baugrundverhältnissen). Bei einer Aufhebung nach **§ 26 Nr. 1c VOB/A** reicht ebenfalls eine kurze, in allgemeiner Form gehaltene Angabe zur Beschreibung der schwerwiegenden Gründe aus. Dies kann z.B. durch die Formulierungen »Die Ausschreibung hatte kein wirtschaftliches Ergebnis. Alle Angebote lagen über der Kostenkalkulation von (...)« erfolgen (vgl. auch *Heiermann/Riedl/Rusam* § 26 VOB/A Rn. 17; *Lampe-Helbig/Wörmann* Rn. 294).

IV. Unterrichtung über neues Vergabeverfahren

Darüber hinaus muss die Unterrichtung von der Aufhebung auch die Angabe enthalten, ob der Auftraggeber die Absicht hat, das bereits abgeschlossene Verfahren **wieder aufzugreifen** oder ein **neues Vergabeverfahren einzuleiten**. Sowohl das Wiederaufgreifen eines bereits abgeschlossenen Verfahrens als auch der Beginn eines neuen Verfahrens sind den Bewerbern und Bietern in unmissverständlicher Art und Weise bekannt zu geben (OLG Naumburg Beschl. v. 18.7.2006 1 Verg 4/06). Zur Neueinleitung eines Verfahrens gehört auch die Unterrichtung über die beabsichtigte Einleitung eines erneuten **Öffentlichen Teilnahmewettbewerbs**. Auch diese Unterrichtung hat den Sinn, den Bewerbern und Bietern die frühe Möglichkeit zu verschaffen, ihre betriebliche Planung evtl. auf ein neues Vergabeverfahren einzustellen. Eine derartige Möglichkeit, sich auf eine neue Vergabe einzustellen, gilt grundsätzlich auch für die **Freihändige Vergabe** sowie für ein **Verhandlungsverfahren ohne Vergabebekanntmachung**. Auch die Freihändige Vergabe ist ebenso wie das Verhandlungsverfahren ohne Öffentliche Vergabebekanntmachung (§ 3a Nr. 6 VOB/A) eine in der VOB/A ausdrücklich erwähnte Vergabeart (vgl. § 3 Nr. 4 VOB/A), bei der nach § 8 Nr. 2 Abs. 3 VOB/A unter den Bewerbern möglichst gewechselt werden soll und daher ein Wettbewerb stattzufinden hat. Bewerber und Bieter haben auch hier regelmäßig ein Interesse, zu erfahren, ob sie sich für eine Freihändige Vergabe bereithalten sollen und ob deren Gründe nach § 3 Nr. 4e VOB/A (eine erneute Ausschreibung verspricht kein annehmbares Ergebnis) gegeben sind. Die Unterrichtungspflicht besteht daher grundsätzlich auch bei einer Freihändigen Vergabe, da auch hier der Auftraggeber die Vergabe im Anschluss an die Aufhebung der Ausschreibung fortführt (so auch *Heiermann/Riedl/Rusam* § 26 VOB/A Rn. 16).

Die Unterrichtung über die Aufhebung hat auch dann zu erfolgen, wenn nur ein **Teil** der ausgeschriebenen Leistung vom Auftraggeber nicht vergeben werden soll bzw. kann. Dies ist z.B. bei einer vorgesehenen Vergabe **nach Losen** der Fall (zutreffend: *Heiermann/Riedl/Rusam* § 26 VOB/A Rn. 15). Dies bedeutet, dass der Auftraggeber bei der Nichtvergabe eines oder mehrere Lose ebenfalls nicht untätig bleiben darf. Vielmehr muss er die Bieter darüber unterrichten, dass die Ausschreibung hinsichtlich dieses Loses bzw. dieser Lose aufgehoben wird. Auch insoweit besteht daher ein **Informationsrecht** der Bewerber und Bieter, dem die **Unterrichtungspflicht** durch den Auftraggeber entspricht.

V. Weiteres Vorgehen nach der Aufhebung

Der Auftraggeber ist nach der Aufhebung der Ausschreibung in der Wahl eines neuen Vergabeverfahrens **nicht frei**, sondern muss nach Maßgabe der Verfahrenshierarchie des § 3 und des § 3a sowie des § 3b VOB/A, insbesondere § 3 Nr. 3 Abs. 1b und Nr. 4e VOB/A prüfen, ob in einem erneuten Verfahren eine Öffentliche, eine Beschränkte oder eine Freihändige Vergabe bzw. ein entsprechendes EU-Vergabeverfahren stattfinden darf (siehe insoweit die Kommentierung zu § 3 sowie zu den §§ 3a und 3b VOB/A). Voraussetzung für eine neue und vom Auftraggeber gewollte Ausschreibung ist stets, dass der Auftraggeber eine denselben Gegenstand betreffende frühere Ausschreibung aufgehoben hat (OLG Düsseldorf VergabeR 2001, 234 ff.). Maßgeblich für die Wahl der neuen Vergabeart ist sodann der jeweilige **Aufhebungsgrund**. Zwar hat ein Bieter und Bewerber bei einer neuen Ausschreibung **keinen Anspruch** darauf, dass er z.B. bei einer Beschränkten oder Freihändigen Vergabe zur Angebotsabgabe aufgefordert wird; das **Auswahlermessen** des Auftraggebers kann sich jedoch in bestimmten Fällen **auf Null** reduzieren. Dies kann etwa dann der Fall sein, wenn der Aufhebungsgrund vom Auftraggeber verschuldet wurde. Hier kann er die berechtigten Belange der Bieter und Bewerber im vorangegangenen Verfahren nur dadurch berücksichtigen, dass er insbesondere diejenigen Unternehmen erneut auffordert, die bei einem vorangegangenen ordnungsgemäßen Vergabeverfahren eine echte Chance gehabt hätten, den Auftrag zu erhalten. Hierzu gehört regelmäßig derjenige Bieter, der ohne Aufhebung der Ausschreibung den Zuschlag erhalten hätte.

57 Liegen umgekehrt z.B. bei einer aufgehobenen Ausschreibung die ersten Bieterangebote zwar preislich eng zusammen, war Aufhebungsgrund aber eine zwischenzeitliche **Änderung technischer Normen**, die die **Grundlagen** der Verdingungsunterlagen berührte (§ 26 Nr. 1b VOB/A), wäre eine Freihändige Vergabe an den Erstbieter auf Grund der völlig neuen technischen Grundlagen nicht sachgerecht. Der Auftraggeber hat daher in diesem Fall entweder mehrere Bieter beschränkt zur Angebotsabgabe aufzufordern oder muss sogar – wegen grundlegender Änderung der technischen Normen – eine erneute öffentliche Ausschreibung vornehmen. Wäre aber bei einer nur **geringfügigen technischen Normänderung** bei der Erstausschreibung z.B. zwischen den ersten vier Bietern und den restlichen Bietern bei gleicher Eignung ein erheblicher preislicher Angebotsabstand, wäre es in diesem Fall durchaus **ermessensfehlerfrei**, wenn der Auftraggeber bei einer erneuten Ausschreibung nur die ersten vier Bieter zur Angebotsabgabe auffordert. Weiterhin kann eine Freihändige Vergabe an den Erstbieter einer aufgehobenen Ausschreibung gerechtfertigt sein, wenn dessen Angebot mit Abstand vor den anderen Bietern lag, der Aufhebungsgrund aber darin bestand, dass selbst sein niedrigstes Angebot höher lag als die zur Verfügung stehenden Mittel. Kann in diesem Fall durch eine Reduzierung des ausgeschriebenen Vorhabens eine Anpassung an die vorhandenen Mittel erreicht werden, muss die Wettbewerbsreihenfolge des ersten – aufgehobenen – Verfahrens bei der erneuten Vergabe berücksichtigt werden und eine Freihändige Auftragsvergabe an den Erstbieter erfolgen (vgl. auch *Heiermann/Riedl/Rusam* § 26 VOB/A Rn. 24 ff.).

D. Rechtsschutz

I. Primärrechtsschutz

1. § 26 VOB/A als bieterschützende Vorschrift

58 Voraussetzung für die Geltendmachung eines **Primärrechtsanspruchs** durch sich in Folge der Aufhebung der Ausschreibung benachteiligt fühlende Bieter ist, dass es sich bei § 26 VOB/A um eine **bieterschützende Vorschrift** handelt. § 26 VOB/A muss also für Bieter eine subjektive Rechtsposition, die bei Auftragsvergaben oberhalb der EU-Schwellenwerte im Nachprüfungsverfahren vor den Vergabekammern und Oberlandesgerichten geltend gemacht werden kann, enthalten. Einen subjektiven Rechtsschutz vermittelt bei allen Auftragsvergaben oberhalb der EU-Schwellenwerte § 97 Abs. 7 GWB. Hiernach haben die Unternehmen einen **Anspruch** darauf, dass der Auftraggeber die Bestimmungen über das Vergabeverfahren einhält.

59 Voraussetzung für einen hieraus sich ergebenden **subjektiven Rechtsanspruch des Bieters** ist, dass § 26 VOB/A individualschützenden Charakter hat, also dem Schutz der Interessen der Bieter dient (Schutznormtheorie) (*Byok/Jäger* § 126 GWB Rn. 885 ff.; *Kulartz/Kus/Portz* § 97 Abs. 7 GWB). Die einzelnen Tatbestände des § 26 Nr. 1a bis c VOB/A enthalten nicht nur reine Ordnungsvorschriften. Vielmehr sind die dort normierten Voraussetzungen an die Aufhebung der Ausschreibung Ausfluss des zu den Grundprinzipien des Vergaberechts gehörenden **Wettbewerbs- und Transparenzgebots** sowie des **Diskriminierungsverbots** (vgl. § 97 Abs. 1 und 2 GWB). Bieter haben regelmäßig mit der Beteiligung an Ausschreibungen nicht unerhebliche Kosten und Aufwendungen. Diesen Aufwendungen steht die Chance auf Zuschlagserteilung entgegen.

60 Vergibt die Vergabestelle ausnahmsweise den Zuschlag nicht und macht sie von der Aufhebung der Ausschreibung Gebrauch, muss sie hierbei nicht nur die Wirtschaftlichkeit von Beschaffungsvorgängen insgesamt im Auge haben, sondern darüber hinaus auch die **individuellen Interessen** der Bieter schützen. Dem entspricht es umgekehrt, dass Bieter zur Vermeidung von Verstößen gegen den Wettbewerbs-, den Transparenz- und den Gleichbehandlungsgrundsatz (Diskriminierungsabwehr) die Möglichkeit haben müssen, die **Rechtmäßigkeit der Aufhebungsgründe** nach § 26 Nr. 1 VOB/A zu überprüfen. § 26 VOB/A vermittelt den Bietern daher eine subjektive Rechtsposition, die grundsätzlich im Nachprüfungsverfahren geltend gemacht werden kann (BGH VergabeR 2003, 313 ff. m. Anm. v. *Müller-Wrede* NZBau 2003, 293 ff.; OLG Koblenz VergabeR 2003, 448 ff. m. Anm. *Erdl*; KG VergabeR 2003, 180 ff.; OLG Bremen VergabeR 2003, 175 ff. m. Anm. v. *Hartung* VergabeR 2003, 179 f.; OLG Thüringen 24.10.20026 Verg 5/02; *Leinemann* Rn. 19; *Reidt/Brosius-Gersdorf* VergabeR 2002, 583 f.; *Portz* in: *Daub/Eberstein* VOL/A § 26 Rn. 12).

Gegen den subjektivrechtlichen Gehalt des § 26 VOB/A spricht nicht, dass die Vergabestelle auch dann nicht verpflichtet ist, den Auftrag zu vergeben, wenn keiner der in § 26 VOB/A vorgesehenen Gründe für die Aufhebung vorliegt (EuGH VergabeR 2002, 361 ff. Rn. 41 = NZBau 2002, 458 ff.; BGH BauR 1998, 1232, 1236; OLG Düsseldorf NZBau 2000, 306 ff.; *Gnittke/Michels* VergabeR 2002, 571, 577). Denn Inhalt des Anspruchs nach § 97 Abs. 7 GWB ist nicht das **Recht auf Erteilung des Zuschlags**, sondern der Anspruch auf eine **rechtsfehlerfreie Entscheidung zur Aufhebung** im Rahmen des Vergabeverfahrens (BGH VergabeR 2003, 313 ff. = NZBau 2003, 293 ff.; vgl. auch *Byok/Jäger* § 126 GWB Rn. 885 ff.; *Jasper/Pooth* NZBau 2003, 261 ff.; *Leinemann* Rn. 19; BGH Beschl. v. 18.2.2003 VergabeR 2003, 318 ff. m. Anm. *Müller-Wrede*; *Portz* ZfBR 2002, 551, 553; *Reidt/Brosius-Gersdorf* VergabeR 2002, 583 f.). Insofern muss § 26 VOB/A ebenso wie die Vorschriften über die Form und Inhalte sowie über die Wertung der Angebote, also insbesondere die §§ 21 und 25 VOB/A, als **bieterschützend** anerkannt werden (so auch *Hermann/Thoma* VergabeR 2002, 540 f. zur Frage des Schutznormcharakters der Verdingungsordnungen für Aufträge unterhalb der Schwellenwerte; *Pietzcker* Die Zweiteilung des Vergaberechts, Subjektive Rechte – Rechtsschutz – Reform 2001 S. 5 ff.).

61

2. Nachprüfungsumfang bei einer Aufhebung der Ausschreibung

a) Problemstellung

Im System des vergaberechtlichen Bieterschutzes in Deutschland war lange Zeit umstritten, ob auch die rechtswidrige Aufhebung der Ausschreibung das Vergabeverfahren mit der Rechtsfolge beendet, dass diese – rechtswidrige – Beendigung nicht mehr im Primärrechtsschutz durch ein Nachprüfungsverfahren angegriffen werden kann. Hintergrund war, dass die amtliche Begründung zum Vergaberechtsänderungsgesetz (BT-Drucks. 13/9340 S. 17, 19, 50) davon ausgeht, dass Gegenstand eines Nachprüfungsverfahrens das **noch nicht abgeschlossene Vergabeverfahren** ist. Auch der Bundesgerichtshof hat noch in einem Vorlagebeschluss nach § 124 Abs. 2 GWB (BGH VergabeR 2001, 71, 73) herausgestellt, dass eine Vergabekammer nicht mehr in zulässiger Weise angerufen werden kann, sobald das Vergabeverfahren durch wirksame Erteilung des Auftrags an einen Bieter abgeschlossen ist. Entsprechend sollte auch die neben der Zuschlagserteilung mögliche zweite Form der Beendigung des Vergabeverfahrens – die Aufhebung der Ausschreibung – mit der Folge verfahrensbeendigend wirken, dass nach der stattgefundenen Aufhebung kein Nachprüfungsverfahren mehr zulässig ist.

62

Bewegung in dieser Rechtsauffassung brachte eine Entscheidung der Vergabekammer des Bundes (NZBau 2000, 310 ff.), worin diese feststellte, dass eine **rechtswidrige Aufhebung** des Vergabeverfahrens – anders als eine rechtmäßige Aufhebung – **keine verfahrensbeendigende Wirkung** habe. Dieser Auffassung schlossen sich in der Folge der Vergabesenat des Bayerischen Obersten Landesgerichts (NZBau 2000, 211, 212, 213) sowie im Ergebnis auch das OLG Naumburg (Beschl. v. 3.3.2000 1 Verg 2/99) für den Fall rechtswidriger Aufhebungen an.

63

Erst eine gegenteilige Entscheidungen des Oberlandesgerichts Düsseldorf (NZBau 2000, 306, 308), der sich im Ergebnis die Vergabesenate des Oberlandesgerichts Dresden und des Oberlandesgerichts Rostock angeschlossen haben (OLG Dresden WVerg-003–00; OLG Rostock NZBau 2000, 597) führ-

64

ten zunächst zu einer anderen Beurteilung dieser Rechtslage. Insbesondere das OLG Düsseldorf führte aus, dass auch eine rechtswidrige und sogar eine »willkürliche« Aufhebung der Ausschreibung durch den Auftraggeber zur Beendigung des Vergabeverfahrens führe. Begründet wurde diese Auffassung zum einen damit, dass es nach dem Vergaberecht weder eine Pflicht zum Vertragsschluss mit einem geeigneten Bieter gebe, noch »die Mitgliedstaaten auf Grund der EG-Vergaberichtlinien in ihrem nationalen Recht Aufhebungsentscheidungen im Nachprüfungsverfahren vorsehen« müssten. Betroffene Bieter seien daher für den Fall der rechtswidrigen Aufhebung auf die Geltendmachung von Schadensersatzansprüchen verwiesen. Eine eng begrenzte Ausnahme gelte nur bei bewusst vom Auftraggeber herbeigeführten Missbrauchsfällen, etwa um vorsätzlich einem dem Auftraggeber genehmen Bieter den Auftrag zu geben (OLG Düsseldorf NZBau 2000, 306 ff.).

b) Die Entscheidungen des EuGH und des BGH

65 Der vom OLG Düsseldorf und den ihm folgenden Vergabesenaten vertretenen Auffassung wurde jedoch durch ein grundlegendes Urteil des **Europäischen Gerichtshofs** (EuGH VergabeR 2002, 361 ff. = NZBau 2002, 458 ff.; vgl. hierzu *Meier* NZBau 2003, 137 ff.) widersprochen (vgl. zu dem Urteil *Prieß* NZBau 2002, 433 f., sowie insgesamt auch *Kus* NVwZ 2003, 1083 ff.). Der EuGH kam in dem der Entscheidung zu Grunde liegenden österreichischen Vergaberechtsfall zu der Auffassung, dass es Art. 1 Abs. 1 der EG-Rechtsmittelrichtlinie gebiete, die Entscheidung eines öffentlichen Auftraggebers über die Aufhebung eines Vergabeverfahrens – unabhängig vom Bestehen möglicher Schadensersatzansprüche – einem Nachprüfungsverfahren zugänglich zu machen. Nach Auffassung des EuGH unterfällt die Entscheidung, eine Ausschreibung für einen Dienstleistungsauftrag zu widerrufen, jedenfalls den »materiellen Regeln« des Gemeinschaftsrechts sowie den »Grundregeln des Vertrags im Allgemeinen und dem Verbot der Diskriminierung aus Gründen der Staatsangehörigkeit im Besonderen« (EuGH VergabeR 2002, 361 ff. = NZBau 2002, 458 ff.).

66 Der Europäische Gerichtshof hat in seiner Entscheidung weiter ausgeführt, dass die EG-Rechtsmittelrichtlinie die Nachprüfungsmöglichkeiten der Bieter verstärkt habe. Daher sei eine nationale Regelung, die die Kontrolle der Rechtmäßigkeit des Widerrufs (Aufhebung) einer Ausschreibung auf die Prüfung beschränke, ob diese Entscheidung »**willkürlich**« erfolgt sei, unzulässig. Die Auffassung des Europäischen Gerichtshofs kann nur unterstützt werden. Eine andere Entscheidung, die etwa den Rechtsschutz von Bietern bei Aufhebungen der Ausschreibungen nur auf willkürliche Akte des Auftraggebers beschränken würde, würde sowohl der EG-Rechtsmittelrichtlinie als auch dem in § 97 Abs. 7 GWB verankerten **subjektiven Anspruch des Bieters** auf Einhaltung der Vergabevorschriften entgegenstehen und im Ergebnis den Rechtsschutz von Bietern über Gebühr einschränken. Im Übrigen wären mit einer Abgrenzung zwischen einer »nur« rechtswidrigen und einer willkürlichen Aufhebung der Ausschreibung in der Praxis kaum lösbare Abgrenzungsfragen verbunden (*Portz* ZfBR 2002, 551, 553).

67 Mit der Entscheidung des Europäischen Gerichtshofs ist sowohl aus gemeinschaftsrechtlichen Gründen als auch aus Gründen des nationalen Rechts die **Überprüfbarkeit** von – rechtswidrigen – Aufhebungsentscheidungen ermöglicht worden. Einer rechtswidrigen »Flucht in die Aufhebung« ist damit der Boden entzogen. Eine rechtswidrige Aufhebung der Ausschreibung stellt daher **kein erledigendes Ereignis**, das zum Ausschluss eines Nachprüfungsverfahrens führen würde, dar. Der Nachprüfung unterliegen dabei grundsätzlich nur die Gründe, die die Vergabestelle ausweislich des **Vergabevermerks** zur Aufhebung bewogen haben (OLG Koblenz VergabeR 2004, 244, 246).

68 Auch wenn der EuGH seine Forderung nach Überprüfung der Aufhebungsentscheidung nur auf gemeinschaftsrechtliche Vorschriften (Einhaltung des Diskriminierungsverbots und des Transparenzgrundsatzes) gestützt hat und die EU-Vergaberichtlinien keine der nationalen Vorschrift des § 26 VOB/A entsprechende Vorgabe über die Aufhebung der Ausschreibung enthalten, müssen die Vergabekammern und -senate bei allen Vergaben oberhalb der EU-Schwellenwerte über den dann zur Anwendung kommenden 2. Abschnitt der VOB/A auch die »nationale« Regelung des § 26 VOB/A zum

Gegenstand ihrer Nachprüfung machen. Denn es bestehen aus gemeinschaftsrechtlicher Sicht keine Bedenken, wenn der Prüfungsumfang des nationalen Rechts, soweit dieser wie bei § 26 VOB/A eine hinreichend genau bestimmte Regelung enthält, über die gemeinschaftsrechtlichen Anforderungen hinausgeht bzw. die EU-primärrechtlichen Grundsätze des Wettbewerbs, der Transparenz und der Nichtdiskriminierung (siehe auch § 97 Abs. 1 und 2 GWB) durch § 26 VOB/A konkretisiert werden (so auch BGH VergabeR 2003, 313, 315, der auf den Diskriminierungsgrundsatz abstellt). Nur wenn insofern die nationalen Regelungen hinter dem EG-Recht zurückbleiben würden, bestünde ein Umsetzungsdefizit des nationalen Rechts, das auszugleichen wäre (*Erdl* Rn. 492; *Reidt/Brosius-Gersdorf* VergabeR 2002, 580, 585; *Mantler* VergabeR 2003, 119, 121; a.A. *Gnittke/Michels* VergabeR 2002, 571, 574).

69 Diese Auffassung ist zwar in zwei zeitlich nach der EuGH-Entscheidung ergangenen und zur Vorlage an den Bundesgerichtshof nach § 124 Abs. 2 GWB (Divergenzvorlage wegen abweichender Entscheidungen zweier Oberlandesgerichte) geführten Beschlüssen des OLG Dresden (VergabeR 2003, 45 ff. = NZBau 2003, 169 ff.; so wie OLG Dresden i.E. auch OLG Brandenburg VergabeR 2003, 168 ff., mit zu Recht kritischer Anmerkung von *Zirbes* VergabeR 2003, 174 f.) einerseits und des OLG Hamburg (VergabeR 2003, 40 ff.; so wie OLG Hamburg auch OLG Bremen VergabeR 2003, 175 ff. m. Anm. v. *Hartung*; vgl. auch *Meier* NZBau 2003, 137 ff.) andererseits unterschiedlich beurteilt worden. Während das OLG Hamburg die Zulässigkeit eines bereits **vor** der Aufhebung der Ausschreibung bei der Vergabekammer eingeleiteten Nachprüfungsverfahrens im Lichte der EuGH-Entscheidung als unproblematisch bejaht hatte, hatte das OLG Dresden für einen erst **nach** der Aufhebungsentscheidung gestellten Nachprüfungsauftrag ausgeführt, bei der rein nationalen Vorschrift des § 26 VOB/A handele es sich nicht um ausschließlich vom EuGH zugrunde gelegtes Gemeinschaftsrecht. Da § 26 VOB/A aber keinen Zuschlagszwang kenne, sei eine nationale Aufhebung der Ausschreibung nicht im Nachprüfungsverfahren angreifbar.

70 Dieser Auffassung des Oberlandesgerichts Dresden hat sich der **Bundesgerichtshof** (Entscheidung vom 18.2.2003) auf der Grundlage der Divergenzvorlage aber nicht angeschlossen (BGH VergabeR 2003, 313 ff. m. Anm. v. *Müller-Wrede* = NZBau 2003, 293 ff.). Zwar hat der BGH die Vorlage des OLG Dresden als unzulässig zurückgewiesen, weil wegen der unterschiedlichen Zeitpunkte der Nachprüfungsanträge keine zur Vorlage berechtigende Divergenz zwischen den beiden OLG-Ansichten bestehe. Gleichwohl hielt der BGH unter Berücksichtigung des Urteils des Europäischen Gerichtshofs vom 18.6.2002 zur Nachprüfbarkeit des Widerrufs einer Ausschreibung den ausdrücklichen Hinweis für angezeigt, dass ein Bewerber im Vergabeverfahren auch dann noch in **zulässiger Weise die Vergabekammer anrufen** kann, wenn ein öffentlicher Auftraggeber die Ausschreibung für einen öffentlichen Bauauftrag bereits aufgehoben hat. Der BGH führt aus, das Verfahren vor der Vergabekammer sei nach § 107 Abs. 2 GWB eröffnet, wenn die Nichteinhaltung von Vergabevorschriften Unternehmen in ihren Rechten nach § 97 Abs. 7 GWB verletzen könnte (ausführlich zum BGH-Beschluss: *Scharen* NZBau 2003, 585, 589). Damit, so der BGH, könne auch die **Aufhebung einer** im Offenen Verfahren erfolgten **Ausschreibung** eines öffentlichen Bauauftrags **nicht außerhalb der Nachprüfung im Verfahren nach §§ 107 ff. GWB stehen**. Diese Maßnahme könne nämlich der Regelung in § 26 Nr. 1 VOB/A widersprechen, bei der es sich um eine Bestimmung über das Vergabeverfahren handelt, auf deren Einhaltung Unternehmen nach **§ 97 Abs. 7 GWB Anspruch hätten**. Insoweit bestehe Einigkeit, dass jedenfalls solche Bestimmungen § 97 Abs. 7 GWB unterfallen, die (auch) zum Schutz wohlberechtigter Interessen von am Vergabeverfahren teilnehmenden oder daran interessierten Unternehmen aufgestellt worden sind. Um solch eine Bestimmung handele es sich auch bei der Regelung in § 26 Nr. 1 VOB/A.

71 Durch die **Verbindlichkeit**, die die vorbenannten Paragraphen der **VOB/A (Abschnitt 2) in Folge von § 6 VgV für Verfahren zur Vergabe öffentlicher Bauaufträge** im Anwendungsbereich des **§ 100 GWB** erlangt hätten, beinhalte diese Regelung in diesem Bereich ein vergaberechtliches Gebot, ein Vergabeverfahren nur aus den dort genannten Gründen aufzuheben. Dies bedeutet zugleich, dass ein entsprechender Antrag (auch) noch in zulässiger Weise angebracht werden könne, **nachdem** der Ausschreibende eine nach außen wirksame Entscheidung bereits getroffen habe, die Ausschreibung aufzuheben. Es sei zu berücksichtigen, dass nach den vorgenannten Vorschriften der VOB/A die Bieter und ggf. die Bewerber erst **nach der Aufhebung** einer Ausschreibung von dieser Maßnahme unterrichtet werden müssen. Ein Unternehmen, das seine Rechte durch die Aufhebung der Ausschreibung als verletzt erachte, könne mithin in aller Regel die Vergabekammer erst nachträglich anrufen (siehe auch OLG Naumburg Beschl. v. 13.5.2003 1 Verg 2/03; OLG Brandenburg VergabeR 2003, 168 ff. = NZBau 2003, 229 ff.). Der Rechtschutz, der nach Sinn und Zweck des 4. Abschnitts des GWB eröffnet sein soll, wäre deshalb nicht gewährleistet, wenn die Anrufung der Vergabekammer nach Aufhebung der Ausschreibung bereits deshalb unzulässig wäre, weil der nach § 107 Abs. 1 GWB nötige Antrag erst zu dieser Zeit angebracht werde.

72 Allerdings gilt auch bei fehlerhaften Aufhebungsentscheidungen grundsätzlich, dass der sich benachteiligt fühlende Unternehmer diese gem. § 107 Abs. 3 GWB gegenüber der Vergabestelle unverzüglich **rügen** muss, will er nicht seinen Primärrechtsschutz verlieren (OLG Bremen VergabeR 2003, 175 ff.). Jedoch ist der Antragsteller zum Zwecke der Verhinderung vollendeter Tatsachen durch den Auftraggeber nicht grundsätzlich verpflichtet, auch die nach einer Aufhebung erfolgende Neuausschreibung des Auftraggebers durch eine **weitere Rüge** zu beanstanden (so aber OLG Koblenz VergabeR 2003, 448 ff.). Entscheidend ist allein, dass der Antragsteller die Aufhebungsentscheidung selbst rechtzeitig gerügt hat und im Rahmen seiner Antragsbefugnis sein Interesse an der Fortführung des Verfahrens dargelegt hat (OLG Naumburg Beschl. v. 17.5.2006 1 Verg 3/06). Lässt aber die Vergabestelle im Rahmen des Nachprüfungsverfahrens deutlich erkennen, dass sie von dem ausgeschriebenen Beschaffungsvorhaben **endgültig Abstand** nimmt, wird dann das Nachprüfungsverfahren mit dem Ziel einer ordnungsgemäßen Wertungs- und Zuschlagsentscheidung **mangels** eines Rechtschutzbedürfnisses unzulässig (OLG Dresden VergabeR 2004, 492 ff.). In diesem Fall einer endgültig weggefallenen Vergabeabsicht sind die Nachprüfungsinstanzen nicht befugt, einen Zwang zur ordnungsgemäßen Wertungsentscheidung auszuüben. Folge ist, dass für diese Sachverhalte nur die ggf. auszusprechende **Feststellung der Rechtswidrigkeit** der Aufhebung der Ausschreibung bleibt (vgl. § 114 Abs. 2 S. 2 GWB).

73 Anders ist die Rechtslage aber dann, wenn trotz einer Aufhebung der Ausschreibung die **Vergabeabsicht** des Auftraggebers **fortbesteht** und er den Zuschlag erteilen will. In diesem Fall ist ein Nachprüfungsantrag bei Vergaben oberhalb der EU-Schwellenwerte gem. §§ 97 Abs. 7, 107 Abs. 2 GWB mit dem Ziel, die Bestimmungen über das Vergabeverfahren einzuhalten, zulässig, wenn keiner der in § 26 Nr. 1 VOB/A genannten Gründe vorliegt. Dann verletzt die Aufhebung den Anspruch der Bieter aus § 97 Abs. 7 GWB auf Einhaltung der Vergabebestimmungen, so dass ein Nachprüfungsverfahren eines zu Unrecht benachteiligten Bieters hierauf gestützt werden kann (so auch OLG Bremen VergabeR 2003, 175, 177, m. Anm. v. *Hartung*). Dieses Ergebnis bei bestehender Vergabeabsicht des Auftraggebers ist sachgerecht, obwohl auch hieraus keinesfalls eine generelle Pflicht zum Zuschlag – etwa bei nicht mehr bestehendem Vergabewillen des Auftraggebers – hergeleitet werden kann (siehe Rn. 3 ff.).

74 Der EuGH – und ihm folgend der BGH – haben in ihren Urteilen unter Verweis auf ihre bisherige Rechtsprechung zu Recht (s. Rn. 4 ff.) ausgeführt, dass der Auftraggeber selbst nach Beanstandung einer rechtswidrigen Aufhebung grundsätzlich nicht verpflichtet ist, das Vergabeverfahren durch eine Zuschlagserteilung und damit durch einen Vertragsschluss zu Ende zu führen, so dass **kein Kontrahierungszwang** des Auftraggebers besteht (EuGH VergabeR 2002, 361 ff. = NZBau 2002, 458 ff. Rn. 41; BGH VergaabeR 2003, 313 ff.). Dennoch ist die Entscheidung über die Rechtmäßigkeit der Aufhebung auch für die nachfolgende **Geltendmachung von Schadensersatzansprüchen** durch benachteiligte Bieter wesentlich (EuGH VergabeR 2002, 361 ff. = NZBau 2002, 458 ff. Rn. 51). Insofern hat nämlich eine Entscheidung der Vergabekammer oder des Vergabesenats, mit der die Aufhebung

Aufhebung der Ausschreibung § 26 VOB/A

der Ausschreibung aufgehoben wird, für einen etwaigen späteren Schadensersatzprozess **Bindungswirkung** (§ 124 Abs. 1 GWB).

Auch ist erst auf Grund der EuGH-Entscheidung gewährleistet, dass eine **rechtswidrige Aufhebung** 75 **kein erledigendes Ereignis ist**, dass ein Nachprüfungsverfahren ausschließt. Dementsprechend kann ein benachteiligter Bieter neben der Aufhebung der Aufhebung auch ggf. die Beseitigung weiterer Verstöße gegen bieterschützende Vorschriften i.S.d. § 97 Abs. 7 GWB geltend machen (*Reidt/ Brosius-Gersdorf* VergabeR 2002, 580, 593). Die Auffassung, wonach trotz der Entscheidung des EuGH eine Aufhebung durch die Nachprüfungsinstanzen nur dann rückgängig gemacht werden kann, wenn der Auftrag weiterhin an einen Dritten unter Missachtung von Anforderungen des Vergaberechts vergeben werden soll (OLG Dresden VergabeR 2004, 492 ff.; *Gnittke/Michels* VergabeR 2002, 571, 580), greift ebenfalls zu kurz. Sie berücksichtigt insbesondere nicht, dass in **Ausnahmefällen** einer **Ermessensreduzierung auf Null** die Erteilung des Zuschlags an einen benachteiligten Bieter dann erfolgen muss, wenn dies die einzige rechtmäßige Vergabeentscheidung ist (OLG Düsseldorf NZBau 2000, 540, 542; BayObLG VergabeR 2003, 186, 192, 193, m. abl. Anm. v. *Schabel*).

c) Informationspflicht

Eine **Informationspflicht** des Auftraggebers, die Bewerber und Bieter **vor der Aufhebung** der Aus- 76 schreibung zu informieren, besteht nicht. § 26 Nr. 2 S. 1 VOB/A gibt eine Unterrichtung unter Angabe der Gründe nur »von der Aufhebung«, also grundsätzlich der bereits stattgefundenen Aufhebung, vor. Auch § 13 VgV sieht für Auftragsvergaben oberhalb der EU-Schwellenwerte nur für den beabsichtigten Vertragsabschluss (Zuschlagserteilung), nicht aber für die Aufhebung, eine Information vor. Auch wenn für die Aufhebung der Ausschreibung eine in § 114 Abs. 2 S. 1 GWB vergleichbare Regelung nicht existiert und die Aufhebung im Falle ihrer Rechtswidrigkeit wieder rückgängig gemacht werden kann (*Reidt/Brosius-Gersdorf* VergabeR 2002, 580, 592), könnte eine Ausweitung des § 13 VgV (Informationspflicht) auch auf eine geplante Aufhebung der Ausschreibung durch eine Anpassung des Wortlauts durchaus sachgerecht sein. Denn nur durch eine entsprechende Vorabinformation wird der Auftraggeber gehindert, zunächst durch eine Aufhebung **Fakten** schaffen zu können, deren Beseitigung in einem erst nachfolgenden Nachprüfungsverfahren mit erheblich größeren Schwierigkeiten verbunden ist als dies im Vorfeld einer beabsichtigten Aufhebung der Fall wäre (*Portz* ZfBR 2002, 551, 554).

II. Schadensersatzansprüche

1. Kein Ersatzanspruch bei rechtmäßiger Aufhebung

Hat der Auftraggeber die Ausschreibung **rechtmäßig aufgehoben** und hat er den Aufhebungsgrund 77 nicht selbst zu vertreten oder kannte er ihn vor Einleitung des Vergabeverfahrens nicht, können die Bieter und Bewerber grundsätzlich keine Ersatzansprüche geltend machen. Selbstverständlich stehen bei einer rechtmäßigen Aufhebung der Ausschreibung auch den Bietern, die ansonsten eine echte Chance auf Zuschlagserteilung gehabt hätten, keine Ersatzansprüche zu. Das Vertrauen der Bieter und Bewerber findet mithin dann **keinen Schutz**, wenn die Vorschriften des Vergaberechts, zu denen auch die Regelung über die Aufhebung der Ausschreibung gehören, rechtmäßig eingehalten worden sind. Jeder Bieter muss daher von vornherein mit der **Möglichkeit** rechnen, dass sich die in den vergaberechtlichen Bestimmungen zugelassenen Möglichkeiten verwirklichen, aus denen die Vergabe des Auftrags schlechthin oder an ihn unterbleibt (BGH VergabeR 2003, 163, 165). Insoweit kommt daher ein Vertrauensschutz nicht in Betracht und es scheiden Ersatzansprüche jeglicher Art aus. Dies ist immer dann der Fall, wenn die Ausschreibung aus einem der in § 26 Nr. 1 VOB/A aufgeführten Gründe zu Recht aufgehoben wird (vgl. auch BGH BauR 1998, 1238, 1240 = ZVgR 1998, 565, 566; Beck'scher VOB-Komm./*Jasper* § 26 VOB/A Rn. 55).

78 Allerdings kann **ausnahmsweise** auch bei einer rechtmäßigen Aufhebung der Ausschreibung ein Schadensersatzanspruch der Bieter und Bewerber gegeben sein. Ein derartiger Fall kann etwa dann vorliegen, wenn der Auftraggeber die Bewerber und Bieter nicht – wie es § 26 Nr. 2 VOB/A voraussetzt – **unverzüglich und unter Angabe der Gründe** von der – rechtmäßigen – Aufhebung der Ausschreibung unterrichtet und dem Unternehmen hierdurch kausal ein **Schaden** entsteht. In diesem Fall gründet sich der Ersatzanspruch der Bieter und Bewerber aber auf eine **Verletzung der Unterrichtungspflicht** nach § 26 Nr. 2 VOB/A und nicht darauf, dass eine rechtmäßige Aufhebung vorgelegen hat.

2. Ansprüche bei rechtswidriger Aufhebung

79 Eine Ersatzpflicht im Falle der **rechtswidrigen** und durch den Auftraggeber verursachten Aufhebung einer Ausschreibung bzw. infolge einer Anweisung zur Aufhebung oder zur Einstellung durch Vergabekammern und Vergabesenate (vgl. §§ 114 Abs. 1, 123 GWB) kann sich gegenüber Bietern und Bewerbern aus den Grundsätzen der **culpa in contrahendo (c.i.c.)** wegen einer **Pflichtverletzung** des Auftraggebers (vgl. § 311 Abs. 2 i.V.m. § 241 Abs. 2 und §§ 280 ff. BGB) ergeben (BGH VergabeR 2002, 323 ff.; VergabeR 2001, 293, 294; BGH BauR 1998, 1232, 1234 = ZVgR 1998, 578, 580; OLG Düsseldorf VergabeR 2001, 345, 346; OLG Schleswig VergabeR 2002, 316, 317; OLG Düsseldorf ZVgR 1999, 197, 198; vgl. auch *Schelle* BauR 1999, 1233 ff., sowie *Dähne* VergabeR 2004, 32 ff., und *Wagner* NZBau 2005, 436 ff.). Diese Ersatzpflicht findet ihren Grund in der Verletzung des Vertrauens der Bieter und Bewerber darauf, dass das Vergabeverfahren nach den einschlägigen Vorschriften des Vergaberechts, insbesondere unter Beachtung der VOB/A, abgewickelt wird und dementsprechend regelmäßig mit der Erteilung des Zuschlags an einen Teilnehmer an dem Verfahren endet. Die Teilnehmer an der Ausschreibung dürfen darauf vertrauen, dass der mit der Erstellung des Angebots und der Teilnahme an dem Verfahren verbundene Aufwand **nicht von vornherein** nutzlos ist. Ohne einen wirksamen Schutz dieses berechtigten Vertrauens in eine regelgerechte Abwicklung des Verfahrens ist eine Teilnahme am Ausschreibungsverfahren und die darauf aufbauende Vergabe öffentlicher Aufträge mit einer nach allen Seiten ausgewogenen Risikoverteilung nicht durchzuführen (BGH VergabeR 2002, 323 ff.; VergabeR 2001, 293, 294; BGH BauR 1998, 1238, 1240 = ZVgR 1998, 565, 566; OLG Düsseldorf VergabeR 2001, 345, 346).

80 Bei Auftragsvergaben oberhalb der EU-Schwellenwerte kommen darüber hinaus Ersatzansprüche von benachteiligten Unternehmen auf der Grundlage von **§ 126 GWB** (Anspruch auf Ersatz des Vertrauensschadens) sowie Ansprüche aus **unerlaubter Handlung gem. § 823 Abs. 2 BGB** wegen schuldhafter Verletzung eines Schutzgesetzes in Betracht. Insoweit hat das Kammergericht Berlin mit Recht entschieden (KG VergabeR 2004, 490 ff.), dass die bei der Vergabe öffentlicher Aufträge einzuhaltenden Bestimmungen des § 97 GWB Schutzgesetze i.S.v. § 823 Abs. 2 BGB sind. Allerdings muss auch hier der Anspruchsteller zur Geltendmachung seines Anspruchs darlegen, dass er bei Nichtaufhebung der Ausschreibung und Durchführung des Vergabeverfahrens eine echte Chance gehabt hätte, den Zuschlag zu erhalten (vgl. § 126 GWB). Dies wird ihm in der Praxis kaum gelingen dürfen.

81 Der häufig in den Bewerbungsbedingungen der Auftraggeber vorfindliche Hinweis, wonach die VOB/A nicht Vertragsbestandteil wird und ein **Rechtsanspruch** des Bieters auf die Anwendung **nicht besteht**, führt nicht dazu, dass Schadensersatzansprüche aus Verstößen gegen die VOB/A ausgeschlossen sind. Dass die VOB/A nicht Vertragsbestandteil wird, ist selbstverständlich, da diese nur das **Vergabeverfahren** regelt. Der Umstand, dass die Einhaltung der Vergabevorschriften unterhalb der EU-Schwellenwerte nicht einklagbar ist, schließt daher Schadensersatzansprüche wegen eines Verstoßes gegen diese Vorschriften nicht aus (vgl. auch OLG Düsseldorf BauR 1990, 349; OLG Schleswig ZVgR 1997, 170, 172).

3. Voraussetzungen für einen Ersatzanspruch

a) Vorliegen eines ordnungsgemäßen Angebots

Bei einer **rechtswidrigen Aufhebung** der Ausschreibung steht den Bietern und Bewerbern zwar grundsätzlich ein Schadensersatzanspruch zu. Voraussetzung ist aber, dass der Bieter ein der **Ausschreibung entsprechendes Angebot** eingereicht hat. Ein Angebot, das wegen inhaltlicher (z.B. fehlende Preise) oder wegen formeller Mängel (z.B. keine Unterschrift) ausgeschlossen werden muss (vgl. § 25 Nr. 1 VOB/A) oder ein Angebot, das mangels nachgewiesener Eignung des Bieters den Zuschlag nicht erhalten darf (OLG Düsseldorf BauR 1983, 377; BauR 1993, 597), schließt daher die erfolgreiche Geltendmachung eines Schadensersatzanspruches aus. Dies gilt auch für den Fall, dass ein Bieterangebot wegen eines unangemessen hohen oder niedrigen Preises auszuscheiden war (§ 25 Nr. 3 Abs. 1 VOB/A). **82**

b) Rechtswidrig verursachte Aufhebung der Ausschreibung

Eine **rechtwidrig und durch den Auftraggeber verursachte Aufhebung** der Ausschreibung liegt immer dann vor, wenn **kein Aufhebungsgrund** des § 26 Nr. 1 VOB/A vorliegt, der Auftraggeber in Kenntnis dieser Tatsche aber dennoch die Ausschreibung aufhebt. Dies ist z.B. der Fall, wenn eine Ausschreibung ein an sich annehmbares Angebot erbracht hat, der Auftraggeber jedoch die Ausschreibung aufhebt, um auf ein preiswerteres Angebot, das aber wegen formeller Mängel aus vom Bieter zu vertretenden Gründen nicht gewertet werden darf, anschließend im Wege der freihändigen Vergabe den Zuschlag zu erteilen. **83**

Eine **rechtswidrig vom Auftraggeber verursachte Aufhebung** der Ausschreibung liegt auch dann vor, wenn zwar einerseits objektiv ein Aufhebungsgrund i.S.d. § 26 Nr. 1 VOB/A gegeben ist, dieser aber dem Auftraggeber **zurechenbar** ist. Hierzu gehört etwa der Fall, dass eine nicht gegebene Finanzierung eines Vorhabens auf **Fehler** des Auftraggebers bei der **Ermittlung des Finanzierungsbedarfs** wegen mangelhafter Kostenschätzung und damit auf einen Verstoß gegen § 16 Nr. 1 VOB/A (Sicherstellung der Finanzierung eines Bauvorhabens) zurückzuführen ist (BGH BauR 1998, 1238 ff. = ZVgR 1998, 565 ff.; OLG Schleswig ZVgR 1997, 170; vgl. auch VÜA Schleswig-Holstein Beschl. v. 26.11.1998 [VÜZ/97]). Wenn der BGH (BauR 1998, 1238, 1240 = ZVgR 1998, 565, 567) allerdings insoweit ausführt, dass »eine Aufhebung der Ausschreibung dann ausscheidet, wenn die fehlende Finanzierung auf Fehler des Auftraggebers bei der Ermittlung des Finanzierungsbedarfs und der daran anschließenden Einwerbung der benötigten Mittel zurückzuführen ist«, darf dies nicht zu dem Missverständnis führen, dass dem Auftraggeber bei einem rechtswidrigen Vergabeverfahren die Aufhebung verwehrt ist. Vielmehr kommt in diesem Fall **erst recht** wegen Verstoßes gegen § 16 Nr. 1 VOB/A nur eine – allerdings rechtswidrige und daher schadensersatzpflichtige – Aufhebung der Ausschreibung in Betracht. Ein stilles Auslaufenlassen des Verfahrens wäre jedenfalls nicht sachgerecht. Ein Fall rechtswidrig verursachter Aufhebung der Ausschreibung durch den Auftraggeber liegt auch dann vor, wenn den Bewerbern und Bietern inhaltlich unterschiedliche Verdingungsunterlagen zugeleitet wurden und daher die Ausschreibung wegen **nicht vergleichbarer Angebote** aufgehoben werden muss (OLG Nürnberg NJW 1986, 437) oder eine Ausschreibung von vornherein mangels konkreter Leitungsbeschreibung **fehlerhaft** war (VK Bund VergabeR 2002, 72 ff.). **84**

Ein Auftraggeber kann sich im Zusammenhang mit einem Ausschreibungsverfahren auch dann ersatzpflichtig machen, wenn er trotz Vorliegens der Aufhebungsgründe des § 26 Nr. 1 VOB/A eine **zwingend gebotene Aufhebung (Ermessensreduzierung auf Null) nicht vornimmt**. Wenn etwa die Verdingungsunterlagen auf Grund einer nicht vorhersehbaren, aber wesentlichen rechtlichen Neuerung (z.B. Bauverbot) im Nachhinein **grundlegend geändert** werden müssen (§ 26 Nr. 1b VOB/A), der Auftraggeber aber dennoch die Ausschreibung nicht aufhebt, sondern auf der alten Ausschreibungsgrundlage an den Erstplatzierten vergibt, liegt ein Vergabefehler vor, der zur Schadensersatzpflicht führen kann. **85**

4. Schadensersatzberechtigter und Schadensumfang

a) Schadensersatzberechtigter

86 Eine **Schadensersatzberechtigung** in Zusammenhang mit der Aufhebung der Ausschreibung kann immer dann entstehen, wenn eine Ausschreibung ungerechtfertigt aufgehoben wird. Dies ist immer dann der Fall, wenn eine Aufhebung erfolgt, obwohl entweder kein Aufhebungsgrund vorliegt oder aber der Auftraggeber den Aufhebungsgrund vor Beginn der Ausschreibung kannte bzw. kennen musste oder er die Aufhebung selbst **zu vertreten** hat.

87 **Ersatzberechtigt** sind nur die Unternehmen, die ein inhaltlich und formell ordnungsgemäßes Angebot abgegeben haben, ihre Fachkunde, Leistungsfähigkeit und Zuverlässigkeit (Eignung) nachgewiesen haben und bei denen kein Ausschlussgrund nach § 25 VOB/A vorliegt (OLG Düsseldorf BauR 1983, 377). Wenn daher ein Unternehmen bereits wegen **eigener Fehler** auszuschließen war, stehen ihm keine Schadensersatzsprüche zu.

88 Zur Geltendmachung seines Schadensersatzanspruchs muss der Bewerber oder Bieter das Zustandekommen vorvertraglicher Beziehungen zum Auftraggeber sowie den Vergabeverstoß nachweisen. Ferner muss er **darlegen und beweisen**, dass er bei ordnungsgemäßem Vergabeverlauf eine reelle Chance gehabt hätte, den Zuschlag zu erhalten (BGH BauR 1984, 631, 632). Wenn allerdings der Auftraggeber von **vornherein** selbst die **Grundlagen für die Aufhebung der Ausschreibung fehlerhaft gesetzt hat**, können auch diejenigen Unternehmen bei einer dann unberechtigten Aufhebung der Ausschreibung Schadensersatzansprüche geltend machen, die den Zuschlag nicht erhalten hätten, weil sie im Rahmen der Bieterreihenfolge mit ihren Angeboten nicht an vorderer Stelle lagen. Derartige Fälle eines von vornherein gegebenen Verstoßes gegen die Grundvoraussetzungen der Ausschreibung, der alle Teilnehmer bei einer dann erfolgenden Aufhebung zum Schadensersatz (negatives Interesse) berechtigt, sind insbesondere dann gegeben, wenn der Auftraggeber **keine Vergabeabsicht** hatte und nur zum Zwecke der Ertragsberechnung oder Markterkundung ausschreibt (Verstoß gegen § 16 Nr. 2 VOB/A). Das Gleiche gilt, wenn von vornherein und für den Auftraggeber erkennbar die Finanzierung und damit die Grundlage für die Ausschreibung (§ 16 Nr. 1 VOB/A) fehlte (Beck'scher VOB-Komm./*Jasper* § 26 VOB/A Rn. 60).

b) Ersatz des negativen Interesses

89 In diesen Fällen einer **von vornherein** durch den Auftraggeber verschuldeten und grob fehlerhaft herbeigeführten Aufhebung der Ausschreibung wegen Missachtung der Einhaltung der Grundvoraussetzungen des Ausschreibungsverfahrens (z.B. Verstoß gegen § 16 VOB/A durch Durchführung von Markterkundungen in Form von Ausschreibungen) sind die Bieter und Bewerber so zu stellen, als hätten sie das Vertragsverhältnis nicht angebahnt (vgl. § 249 BGB). Dann hätten die Bieter und Bewerber keine Kosten für die Beteiligung an der Ausschreibung gehabt. Daher steht **ausnahmsweise** in diesem Fall **allen Teilnehmern** des Vergabeverfahrens als Ersatz das **negative Interesse zu**. Dieses umfasst insbesondere die Personal- und Sachaufwendungen für die Beschaffung der Verdingungsunterlagen, für die Bearbeitung des Angebots (Angebotskalkulation), für eine etwaige Besichtigung des Leistungsorts, für die Einreichung des Angebots (Versandkosten) sowie ggf. die Kosten für die Teilnahme am Eröffnungstermin.

90 Abgesehen von diesem Ausnahmefall können ansonsten bei einer im laufenden Vergabeverfahren vom Auftraggeber vorgenommenen rechtswidrigen und verschuldeten Aufhebung der Ausschreibung nur die Bieter einen Schadensersatzanspruch aus c.i.c. geltend machen, die durch die **schuldhafte Pflichtverletzung** des Auftraggebers, also durch die Aufhebung der Ausschreibung, **kausal** einen Schaden erlitten haben. Dies wird man regelmäßig nur für die Bieter bejahen können, die ohne die rechtswidrige und verschuldete Aufhebung der Ausschreibung durch den Auftraggeber die reelle und echte Chance gehabt hätten, den Zuschlag zu erhalten (BGH BauR 1984, 631). Kann der Bieter dies nachweisen, muss er so gestellt werden, wie wenn das schädigende Ereignis

nicht eingetreten wäre, d.h. ihm ist der **Vertrauensschaden**, der ihm durch die enttäuschte Teilnahme am Vergabeverfahren entstanden ist, zu ersetzen. Zum Schadensnachweis auf das negative Interesse ist daher nicht der zwingende Beweis durch das Unternehmen erforderlich, dass es bei ordnungsgemäßer Vergabe den Zuschlag erhalten hätte. Vielmehr reicht es aus, wenn das Unternehmen nachweist, dass es **eine echte Chance** gehabt hätte, den Zuschlag zu erhalten.

c) Anspruch aus § 126 GWB

Für Schadensersatzansprüche bei Auftragsvergaben **oberhalb der EU-Schwellenwerte** enthält § 126 GWB eine Spezialregelung. Danach kann ein Unternehmen Schadensersatz für die Kosten der Vorbereitung des Angebots oder der Teilnahme an einem Vergabeverfahren verlangen, wenn der Auftraggeber gegen eine den Schutz von Unternehmen bezweckende Vorschrift verstoßen hat. Weiter ist Voraussetzung, dass das Unternehmen ohne diesen Verstoß bei der Wertung der Angebote eine **echte Chance** gehabt hätte, den Zuschlag zu erhalten, die aber durch den Rechtsverstoß beeinträchtigt wurde. Der Ersatzanspruch nach § 126 GWB setzt also eine **Kausalität** zwischen vergaberechtswidriger Handlung und Schadenseintritt voraus (OLG Düsseldorf BauR 1983, 377). Anders als beim Anspruch der Unternehmen aus c.i.c. ist bei dem Anspruch der Bieter aus § 126 GWB ein Verschulden des Auftraggebers für die Geltendmachung von Schadensersatzansprüchen nicht erforderlich. 91

Der Kreis der Anspruchsberechtigten ist aber der Gleiche wie bei Unternehmen, die einen Anspruch aus c.i.c. geltend machen. Wegen der gleichen Interessenlage ist daher auch bei § 126 GWB Voraussetzung, dass die Unternehmen ohne den Verstoß bei der Wertung der Angebote eine **echte Chance** gehabt hätten, den Zuschlag zu erhalten (siehe OLG Düsseldorf zu den Voraussetzungen von Schadensersatzansprüchen gem. § 126 GWB VergabeR 2003, 704 ff. m. Anm. v. *Gulich* sowie *Horn/Graef* NZBau 2005, 505 ff.; Beck'scher VOB-Komm./*Jasper* § 26 VOB/A Rn. 66). Der von § 126 GWB erfasste Schadensersatz beinhaltet mit dem **negativen Interesse** – genauso wie der Schadensersatzanspruch aus c.i.c. – die Kosten der **Vorbereitung des Angebots** und der **Teilnahme an dem Vergabeverfahren**. Von einer nach § 126 GWB vorausgesetzten echten Chance eines Unternehmens, den Auftrag zu erhalten, wird man zumindest dann ausgehen können, wenn ein Angebot bei formeller und inhaltlicher Ordnungsgemäßheit im Rahmen der Wertung (§ 25 VOB/A) bei gegebener Eignung des Unternehmens in die **engere Wahl** (vgl. § 25 Nr. 3 Abs. 3 VOB/A) gekommen ist, weil es zu den **wirtschaftlichsten Angeboten** gehört (siehe auch: *Franke/Kemper/Zanner/Grünhagen* § 26 VOB/A Rn. 117). 92

d) Ersatz des positiven Interesses

Ausnahmsweise kann ein Unternehmen gegenüber dem Auftraggeber Anspruch auf das **Erfüllungsinteresse (positives Interesse)** einschließlich des entgangenen Gewinns sowie entgangener Deckungsbeiträge (OLG Schleswig VergabeR 2006, 568 ff.) geltend machen. Der Bundesgerichtshof (BGH Urt. v. 21.2.2006 X ZR 39/03) hat diesen Ersatzanspruch auch gegenüber einem **rein privaten Auftraggeber** zu Recht dann zugelassen, wenn dieser Private i.S. eines **Vertrauenstatbestandes** ohne Einschränkung erklärt, dass er eine Ausschreibung nach den VOB/A-Regeln durchführt. Voraussetzung für einen Ersatz des positiven Interesses ist stets, dass das anspruchstellende Unternehmen bei ordnungsgemäßer Durchführung des Vergabeverfahrens mit hinreichender Wahrscheinlichkeit den Zuschlag hätte erhalten müssen. Dies setzt voraus, dass dieser Bieter das **wirtschaftlichste** Angebot, das im Rahmen der Wertung den Zuschlag hätte erhalten müssen, abgegeben hat (BGH VergabeR 2003, 163 ff.). Bei der Höhe des entgangenen Gewinns sind entsprechend § 649 S. 2 Hs. 2 BGB ersparte Aufwendungen und andere Erwerbsmöglichkeiten des Auftraggebers abzuziehen, die er bei Durchführung des Auftrags gehabt hätte und die er wegen der Nichtdurchführung nicht hatte. Dazu gehören z.B. die ersparten Kosten für Personal, Material, Betriebsstoffe etc. sowie auch kalkulatorische Kosten wegen nicht entstandener auftragsbezogener Wagnisse (OLG Schleswig VergabeR 2002, 316, 321 sowie VergabeR 2006, 568 ff.). Ist festgestellt, dass die Vergabestelle gegen Vergabevor- 93 schriften verstoßen hat, trägt sie die **Darlegungs- und Beweislast** dafür, dass der Bieter den Zuschlag ohne den Verstoß nicht erhalten hätte (OLG Schleswig VergabeR 2002, 316, 321; siehe auch OLG Düsseldorf VergabeR 2001, 345 ff.; BauR 1999, 741; 1996, 107, 109; 1990, 257). Allerdings hat der Bundesgerichtshof in seinen zwei grundlegenden Urteilen (von insgesamt vier Entscheidungen) vom 8.9.1998 (BGH NJW 1998, 3636, 3637; BGH NJW 1998, 3640 ff. = BauR 1998, 1232 ff.; BGHZ 129, 226 ff.) einen Schadensersatzanspruch eines Unternehmens auf das positive Interesse grundsätzlich davon abhängig gemacht, dass es auch **tatsächlich zur Zuschlagserteilung** – wenn auch an das »falsche« Unternehmen – kommt (so auch: BGH VergabeR 2004, 480 ff. m. Anm. v. *Horn* = NZBau 2004, 283 ff.). Ansonsten bleibt einem Bieter nach dieser Rechtsprechung nur ein Anspruch auf das negative Interesse.

94 In beiden vom BGH entschiedenen Fällen ging es darum, dass der Auftraggeber den Aufhebungsgrund wegen von vornherein nicht gesicherter Finanzierung bzw. unzutreffender Kostenschätzung **zu vertreten** hatte, also **kein rechtmäßiger Aufhebungsgrund** nach § 26 Nr. 1 VOB/A gegeben war. Aus diesen Sachverhalten zog der BGH den Schluss, dass der Auftraggeber **nicht verpflichtet sei** den Zuschlag zu erteilen, weil den Regeln der VOB und insbesondere auch des § 26 VOB/A **kein Anspruch auf Erteilung des Zuschlags entnommen werden könne**. Eine derartige Verpflichtung würde gegen das Haushaltsrecht verstoßen, so dass im Ergebnis auch dem Bieter mit dem besten Angebot nur ein Anspruch auf Ersatz des Vertrauensschadens (**negatives Interesse**) zustehe. Ein Ersatz des **positiven Interesses** komme nur in Frage, wenn der Auftraggeber nach der Aufhebung der Ausschreibung doch noch – wenn auch nicht an den Bieter mit dem wirtschaftlichsten Angebot – den Auftrag vergebe. Nur in diesem Fall stehe dem übergangenen Bestbieter das positive Interesse und damit der entgangene Gewinn zu (BGH VergabeR 2003, 163, 165, m. zust. Anm. v. *Jasper/Pooth* VergabeR 2003, 166 f.; BGH NJW 1998, 3636, 3639 f., 3640, 3643 ff. = BauR 1998, 1232 ff.).

95 Der BGH hat darin recht, dass § 26 VOB/A grundsätzlich kein Anspruch auf Erteilung des Zuschlags (s. Rn. 4 ff.) entnommen werden kann (siehe auch EuGH VergabeR 2002, 361 ff.; NZBau 2000, 153, 154 [Ziff. 24]; BGH VergabeR 2003, 313 ff. = NZBau 2003, 293 ff.; OLG Düsseldorf NZBau 2000, 306 ff.); die BGH-Rechtsprechung, wonach Voraussetzung für die Geltendmachung des entgangenen Gewinns durch einen Bestbieter **die tatsächliche Zuschlagserteilung** an einen anderen Bieter ist, bedarf aber zumindest für besondere Ausnahmen der Differenzierung. Anderenfalls würde sie dazu führen, dass die Voraussetzungen für die Geltendmachung des positiven Interesses durch einen Bieter, wonach er bei ordnungsgemäßem Vergabeverlauf mit hinreichender Wahrscheinlichkeit den Zuschlag erhalten hätte, allein deswegen zunichte gemacht werden, weil der Auftraggeber vorsätzlich und missbräuchlich den Auftrag überhaupt nicht erteilt.

96 Eine sachgerechte Lösung der Problematik kann nur darin bestehen, dass der Bestbieter auch bei im Ergebnis überhaupt nicht erfolgter Zuschlagserteilung des Auftraggebers dann trotzdem ausnahmsweise das **positive Interesse** ersetzt erhält, wenn er darlegen und beweisen kann, dass er bei **ordnungsgemäßem Vergabeverlauf** – etwa wegen der Abgabe des mit Abstand wirtschaftlichsten Angebots – den **Auftrag hätte erhalten müssen**, ihn aber nur wegen eines missbräuchlichen Verhaltens des Auftraggebers nicht erhält. Dies ist z.B. dann der Fall, wenn der Auftraggeber einen Auftrag trotz gegebener **Finanzierung und des Nichtvorliegens** von Aufhebungsgründen nur deswegen – **missbräuchlich** – aufhebt, um dem Bestbieter aus fadenscheinigen Gründen den Auftrag nicht zu erteilen. In diesem Fall einer **Scheinaufhebung** kann es für die Zuerkennung des positiven Interesses an den Bestbieter nicht darauf ankommen, ob der Auftraggeber den Auftrag anschließend tatsächlich vergeben hat oder nicht, weil eine Vergabe **tatsächlich hätte erfolgen können**. In diesem Ausnahmefall des bewussten Missbrauchs, bei dem auch der Tatbestand des § 826 BGB (Sittenwidrige vorsätzliche Schädigung) verwirklicht sein dürfte, muss dem Bestbieter auch das **positive Interesse** gewährt werden, soll er nicht von einem missbräuchlichen Verhalten des Auftraggebers abhängig gemacht werden (siehe auch BayObLG VergabeR 2003, 186 ff.; OLG Düsseldorf NZBau 2000, 540 ff.; so wie hier Beck'scher VOB-Komm./*Jasper* § 26 VOB/A Rn. 71 ff.).

Wenn das Unternehmen diesen »Willkürbeweis« nicht führen kann, steht ihm nach der zutreffenden **97** BGH-Rechtsprechung bei einer nicht erfolgten Zuschlagserteilung nur das negative Interesse zu. Dies ist z.B. in dem vom BGH entschiedenen Sachverhalt einer vom Auftraggeber erfolgten **unzutreffenden Kostenschätzung** der Fall, wenn davon ausgegangen werden muss, dass der Auftraggeber bei einer **ordnungsgemäßen Kostenschätzung** wegen nicht ausreichender Finanzmittel von vornherein gar kein Vergabeverfahren eingeleitet hätte und daher auch **überhaupt kein Zuschlag erteilt worden wäre**. Dann kann auch ein Unternehmen als Bestbieter mangels Vorliegens der Grundvoraussetzungen für ein Vergabeverfahren (vgl. § 16 Nr. 1 VOB/A) nicht nachweisen, dass ihm bei ordnungsgemäßem Vergabeverlauf der Zuschlag mit hinreichender Wahrscheinlichkeit hätte erteilt werden müssen. Folge ist, dass es hinsichtlich seines Schadensersatzanspruchs auf das **negative Interesse** begrenzt ist.

5. Einwand des rechtmäßigen Alternativverhaltens

Ein Auftraggeber kann grundsätzlich gegenüber einem Schadensersatzanspruch eines Unternehmens wegen fehlerhafter Auftragsvergabe den **Einwand des rechtmäßigen Alternativverhaltens** **98** einwenden (siehe hierzu auch *Dähne* in *Kapellmann/Messerschmidt* § 26 VOB/A Rn. 29). Mit diesem Einwand macht ein Auftraggeber regelmäßig geltend, er hätte bei Kenntnis von dem Vergaberechtsfehler – also etwa einer rechtswidrigen Aufhebung – die Ausschreibung auch aufgrund eines **rechtmäßigen Aufhebungsgrundes** aufheben können (OLG Düsseldorf VergabeR 2001, 345, 349, m. Anm. *Schwenker*). Ein solches Gegenrecht des Auftraggebers kann aber nur beachtlich sein, wenn der Auftraggeber bei pflichtgemäßem Verhalten denselben Erfolg wirklich herbeigeführt hätte; das er diesen nur hätte herbeiführen können, reicht regelmäßig nicht aus (vgl. BGH NJW 1993, 520, 522 m.w.N.).

Macht etwa daher ein Unternehmen auf Grund einer rechtswidrigen Aufhebung der Ausschreibung **99** durch den Auftraggeber einen Schadensersatzanspruch auf das positive Interesse (entgangener Gewinn) geltend, weil er darlegt, dass er bei ordnungsgemäßem Vergabeverlauf den Auftrag erhalten hätte, kann der Auftraggeber diesem Anspruch ein rechtmäßiges Alternativverhalten (rechtmäßige Aufhebung) nur dann mit Erfolg entgegenhalten, wenn nach einer rechtmäßigen Aufhebung der Auftrag nicht diesem Bieter, sondern einem anderen Unternehmen hätte erteilt werden müssen (vgl. BGH NJW 2000, 661, 663). Für diese Voraussetzungen des Gegenrechts ist der Auftraggeber aber regelmäßig **darlegungs- und beweispflichtig** (vgl. BGH NJW 2000, 661, 664).

Hat der Auftraggeber aber eine von ihm verursachte, rechtswidrige Aufhebung vorgenommen, ist **100** ihm dieser Beweis regelmäßig nicht nur für einen Anspruch auf den entgangenen Gewinn, sondern auch für einen Anspruch auf das negative Interesse abgeschnitten. Ansonsten hätte es die Vergabestelle in der Hand, ihren bei der Vergabe öffentlicher Aufträge bestehenden Bindungen durch Vergaberechtsverstöße zu entgehen und anschließend darauf zu vertrauen, dass auch ein »rechtmäßiger Aufhebungsgrund« eintritt (vgl. BGH VergabeR 2001, 293 ff. m. Anm. *Wagner* ZfBR 1997, 244 f., wonach allerdings ein nur fahrlässiges Verhalten des Auftraggebers das Gegenrecht eines rechtmäßigen Alternativverhaltens nicht ausschließt; *Schnorbus* BauR 1999, 77, 101).

§ 26a
Mitteilung über den Verzicht auf die Vergabe

Den Bewerbern oder Bietern teilt der Auftraggeber unverzüglich die Gründe für seine Entscheidung mit, auf die Vergabe eines im Amtsblatt der Europäischen Gemeinschaften bekannt gemachten Auftrages zu verzichten oder das Verfahren erneut einzuleiten. Auf Antrag teilt er ihnen dies auch in Textform mit. Der Auftraggeber kann bestimmte Informationen nach S. 1 zurückhalten, wenn die Weitergabe den Gesetzesvollzug vereiteln würde oder sonst nicht im öffentlichen Interesse läge, oder die berechtigten Geschäftsinteressen von Unternehmen oder den fairen Wettbewerb beeinträchtigen würde.

Inhaltsübersicht

	Rn.
A. Neufassung durch die VOB/A 2006	1
B. Mitteilung über den Verzicht auf die Vergabe (§ 26a S. 1 und 2 VOB/A)	4
C. Zurückhaltung bestimmter Informationen (§ 26a S. 3 VOB/A)	12
D. Ansprüche bei rechtswidrigem Verzicht	18

Aufsätze: *Gnittke/Michels* Aufhebung der Aufhebung einer Ausschreibung durch die Vergabekammer? VergabeR 2002, 571 ff.; *Hübner* Die Aufhebung der Ausschreibung – Gegenstand des Nachprüfungsverfahrens? VergabeR 2002, 429 ff.; *Portz* Aufhebung von Ausschreibungen im Nachprüfungsverfahren angreifbar ZfBR 2002, 551 ff.; *Prieß* EuGH locuta, causa finita NZBau 2002, 433 f.; *Reidt/Brosius-Gersdorf* Die Nachprüfung der Aufhebung der Ausschreibung im Vergaberecht VergabeR 2002, 580 ff., 585.

A. Neufassung durch die VOB/A 2006

1 Die für Auftragsvergaben oberhalb der EU-Schwellenwerte geltende Vorschrift des § 26a VOB/A ist durch die VOB/A 2006 vollkommen **neu** gefasst worden. Die Neufassung bezieht sich dabei sowohl auf **formale** wie auch auf **inhaltliche** Änderungen. Während die Altfassung des § 26a VOB/A in drei Nummern aufgegliedert war, besteht die Neufassung des § 26a VOB/A 2006 aus drei Sätzen.

2 **Inhaltlich** gibt § 26a VOB/A bereits in der Überschrift zu erkennen, dass der Begriff der »Aufhebung der Ausschreibung« nach dem alten Vergabeverfahrensrecht jedenfalls für die **europaweiten Verfahren aufgegeben** worden ist und durch die Neuformulierung »Mitteilung über den **Verzicht auf die Vergabe**« ersetzt wurde. Diese Formulierung geht auf das Urteil des Europäischen Gerichtshofs vom 18.6.2002 (EuGH »Hospital Ingenieure« VergabeR 2002, 361 ff. = NZBau 2002, 458 ff.) zurück. Im Übrigen findet sich die in der Altfassung des § 26a Nr. 1 und 2 VOB/A 2002 geregelte Mitteilungspflicht nunmehr in **§ 26a S. 1 VOB/A 2006** wieder. Im Unterschied zur Altfassung ist jedoch die gegenüber den Bewerbern und Bietern bestehende Pflicht zur **unverzüglichen Mitteilung der Gründe** nicht mehr nur auf die Fälle der Aufhebung und der speziellen Beendigung des Vergabeverfahrens nach § 122 GWB beschränkt, sondern betrifft **jeglichen Verzicht** des Auftraggebers auf die Vergabe eines im Amtsblatt der Europäischen Gemeinschaften bekannt gemachten Auftrages. Die Mitteilungspflicht für den Fall der **erneuten Einleitung** des Vergabeverfahrens blieb in der Neufassung (siehe S. 1) unverändert. Insoweit stellt speziell § 26a S. 1 VOB/A eine Umsetzung des **Art. 41 Abs. 1** der Richtlinie 2004/18/EG des Europäischen Parlaments und des Rates vom 31.3.2004 über die Koordinierung der Verfahren zur Vergabe öffentlicher Bauaufträge, Lieferaufträge und Dienstleistungsaufträge (EU-VKR) dar.

3 Allerdings sind in der Neufassung des § 26a S. 2 VOB/A – anders als noch in der Altfassung – die den Bewerbern oder Bietern mitzuteilenden Gründe für den Verzicht auf die Vergabe auf Antrag auch in **Textform** (Altfassung: Schriftlich) mitzuteilen. Gänzlich neu ist S. 3 des § 26a VOB/A 2006. Danach gilt die Mitteilungspflicht nicht mehr uneingeschränkt. Vielmehr kann der Auftraggeber bestimmte Informationen nach S. 1 **zurückhalten**, wenn die Weitergabe den Gesetzesvollzug vereiteln würde oder das öffentliche Interesse, die Geschäftsinteressen öffentlicher oder privater Unternehmen oder der faire Wettbewerb andernfalls beeinträchtigt würden. Die in § 26a Nr. 3 VOB/A der Altfassung noch geregelte – automatische – Mitteilungspflicht über die Beendigung bzw. Aufhebung/Einstellung eines Vergabeverfahrens gegenüber dem Amt für amtliche Veröffentlichungen der Europäischen Gemeinschaften ist gänzlich entfallen. Allerdings ist darauf hinzuweisen, dass § 33a Nr. 1 VOB/A der Neufassung den Auftraggeber verpflichtet, auf Verlangen der Kommission der Europäi-

Mitteilung über den Verzicht auf die Vergabe   § 26a VOB/A

schen Gemeinschaften den **Vergabevermerk** zu übermitteln. Hieraus können aber ggf. die Einzelheiten und die Gründe für eine Beendigung bzw. Aufhebung/Einstellung eines Vergabeverfahrens entnommen werden.

B. Mitteilung über den Verzicht auf die Vergabe (§ 26a S. 1 und 2 VOB/A)

Nach § 26a S. 1 VOB/A teilt der Auftraggeber den Bewerbern oder Bietern **unverzüglich**, also ohne schuldhaftes Zögern (§ 121 BGB), die Gründe für seine Entscheidung mit, auf die Vergabe eines im Amtsblatt der Europäischen Gemeinschaften bekannt gemachten Auftrages **zu verzichten** oder das Verfahren **erneut einzuleiten**. Die Mitteilung über den **Verzicht** auf die Vergabe eines bereits bekannt gemachten Auftrages betrifft aufgrund ihres weiten Wortlauts alle Möglichkeiten der vorzeitigen Beendigung des Vergabeverfahrens **ohne Zuschlagserteilung**. Der Verzicht beinhaltet damit insbesondere die Aufhebung der Ausschreibung (vgl. die Kommentierung zu § 26 VOB/A) sowie auch die Beendigung des Vergabeverfahrens nach einer Entscheidung des Beschwerdegerichts (vgl. § 122 GWB). Für die Mitteilungspflicht hinzukommen muss, dass der Auftrag bereits im Amtsblatt der Europäischen Gemeinschaften **bekannt gemacht** worden war. Hieraus folgt, dass beim Verzicht auf ein bereits eingeleitetes **Verhandlungsverfahren ohne Öffentliche Vergabebekanntmachung** keine Mitteilungspflicht des Auftraggebers besteht.   **4**

Der Hauptfall eines Verzichts des Auftraggebers auf die Vergabe eines bereits bekannt gemachten Auftrages trifft die **Aufhebung der Ausschreibung** gem. § 26 VOB/A. Macht der Auftraggeber von der ihm nach § 26 Nr. 1 VOB/A zustehenden Möglichkeit Gebrauch, die Ausschreibung aufzuheben, muss er den Bewerbern oder Bietern unverzüglich die Gründe für diese Verzichtsentscheidung mitteilen. Diese Mitteilungspflicht betrifft sowohl die **rechtmäßige als auch die rechtswidrige Aufhebung** der Ausschreibung. Insoweit ist jedoch zu beachten, dass der **Verzicht** auf die Vergabe nach § 26a S. 1 VOB/A inhaltlich, etwa mit der Regelung des § 122 GWB als Beendigungsgrund, über die in § 26 Nr. 1 VOB/A der Basisvorschrift genannten Gründe hinausgeht (EuGH Urt. v. 16.9.1999 C-27/98; EuGH VergabeR 2002, 361 ff. = NZBau 2002, 458 ff. [Ziff. 40]). Jedoch haben die Vergabekammern und Vergabesenate wegen der Übernahme der Basisvorschrift des § 26 Nr. 1 VOB/A in den 2. Abschnitt der VOB/A (vgl. § 6 VgV) jedenfalls stets zu prüfen, ob die Anforderungen an § 26 Nr. 1 VOB/A erfüllt sind. Nur wenn umgekehrt die Anforderungen des § 26 Nr. 1 VOB/A der Basisvorschrift hinter den gemeinschaftsrechtlichen Vorgaben wie sie der EuGH entwickelt hat zurückbleiben, würde ein **Umsetzungsdefizit** des nationalen Rechts bestehen (*Hübner* VergabeR 2002, 429, 431; *Reidt/Brosios/Gerstorf* VergabeR 2002, 580, 585; *Knittke/Michels* VergabeR 2002, 571, 584).   **5**

In der Mitteilung des Auftraggebers an die Bewerber oder Bieter über den Verzicht auf die Vergabe muss der Auftraggeber diesen gegenüber unverzüglich, also ohne schuldhaftes Zögern (maximal zwei bis drei Tage), auch die **Gründe** für diesen Verzicht angeben. Bei der Angabe der Gründe reicht eine **stichwortartige Beschreibung** aus (OLG Koblenz VergabeR 2003, 448 ff. m. Anm. v. *Erdl*). Nicht erforderlich ist daher eine detaillierte und umfassende Begründung unter Angabe von Beweismitteln (*Heiermann/Riedl/Rusam* Handkommentar zur VOB § 26 VOB/A Rn. 17). Wegen der Einzelheiten kann auf die Kommentierung zu § 26 Nr. 2 S. 1 VOB/A verwiesen werden.   **6**

Der Verzicht auf die Vergabe betrifft auch den **Spezialfall des § 122 GWB** über das Ende des Vergabeverfahrens nach einer Entscheidung des Beschwerdegerichts, also im Rahmen eines Nachprüfungsverfahrens. Geregelt ist hier im Sinne einer gesetzlichen **Beendigungsfiktion** der Sachverhalt, bei dem in einem Rechtsschutzverfahren wegen Verletzung von Vergabevorschriften die Vergabekammer bereits in erster Instanz im Hauptsacheverfahren entschieden hat, dass der Auftraggeber gegen Vergabevorschriften verstoßen und damit Rechte eines Unternehmens verletzt hat. Wenn hiernach auch das Oberlandesgericht als zweite Instanz in einem Eilverfahren, aber doch nach sorgfäl-   **7**

VOB/A § 26a   Mitteilung über den Verzicht auf die Vergabe

tiger Prüfung, den Antrag des Auftraggebers auf Vorabentscheidung über den Zuschlag **abgelehnt hat**, soll dem Auftraggeber die Fortsetzung des Vergabeverfahrens in der Hauptsache verwehrt werden. Insoweit bestimmt § 122 GWB, dass im Falle des Unterliegens des Auftraggebers vor dem Beschwerdegericht das Vergabeverfahren **nach Ablauf von zehn Tagen** nach Zustellung der Entscheidung durch das OLG als beendet gilt, wenn der Auftraggeber nicht die Maßnahmen zur Herstellung der Rechtmäßigkeit des Verfahrens ergreift, die sich aus der Entscheidung ergeben.

8   Mit § 122 GWB soll daher die Fortsetzung eines Gerichtsverfahrens ohne realistische Erfolgsaussicht vermieden werden. Wenn daher der Auftraggeber in einer angemessenen Frist von **zehn Tagen** nicht reagiert, wird das Vergabeverfahren **per gesetzlicher Anordnung** beendet. Die Zehn-Tagesfrist ist nicht verlängerbar. Der Auftraggeber kann daher der gesetzlichen Beendigungsfiktion nur dadurch entgehen, dass er innerhalb dieser Frist sämtliche vom Vergabesenat anerkannten und festgestellten Fehler im Rahmen des Vergabeverfahrens beseitigt und damit auf dessen Rechtmäßigkeit hinwirkt (vgl. zu § 122 GWB im Einzelnen: *Kulartz/Kus/Portz* Kommentar zum GWB-Vergaberecht).

9   Beseitigt der Auftraggeber die festgestellten Fehler nicht, **gilt** das Vergabeverfahren zehn Tage nach Zustellung der OLG-Entscheidung als **beendet**. In diesem Fall haben die Bewerber und Bieter, die im Rahmen der Ausschreibung regelmäßig nicht unerhebliche Aufwendungen gehabt haben, ein unmittelbares Interesse daran, von der Beendigung des Vergabeverfahrens **unverzüglich** unterrichtet zu werden. Erst durch die Unterrichtung sind die Bewerber und Bieter wieder in der Lage, hinsichtlich ihrer Betriebsmittel und ihres Personaleinsatzes sicher planen und disponieren zu können.

10   Die Mitteilung über den Verzicht auf die Vergabe muss zusätzlich auch die Angabe enthalten, ob der Auftraggeber ein **neues Vergabeverfahren** einleiten will. Mit dieser Unterrichtung haben Bewerber und Bieter die frühzeitige Möglichkeit, ihre unternehmerische Planung ggf. auf ein neues Vergabeverfahren einzurichten. Eine derartige Möglichkeit, sich auf eine neue Vergabe einzustellen, gilt grundsätzlich auch für das Verhandlungsverfahren ohne vorherige Öffentliche Vergabebekanntmachung sowie für die Freihändige Vergabe. Auch bei diesen Verfahrensarten haben Bewerber und Bieter regelmäßig ein Interesse daran, zu erfahren, ob sie sich hierfür bereithalten sollen und ob die Gründe für die Anwendung dieser Vergabearten nach den Vergaberegeln überhaupt gegeben sind. Daher muss die Mitteilung nach § 26a S. 1 VOB/A gegenüber den Bewerbern oder Bietern auch diese Information enthalten.

11   Nach § 26a S. 2 VOB/A teilt der Auftraggeber den Bewerbern oder Bietern **auf Antrag** seinen Verzicht auf die Vergabe sowie die Gründe hierfür auch in **Textform** mit. Insoweit bestimmt § 126b BGB, dass dann, wenn durch Gesetz Textform vorgeschrieben ist, die Erklärung in einer Urkunde oder auf andere zur dauerhaften Wiedergabe in Schriftzeichen geeignete Weise abgegeben werden muss. Dabei ist die Person des Erklärenden zu nennen und der Abschluss der Erklärung durch Nachbildung der Namensunterschrift oder anders erkennbar zu machen. Die Textform der Mitteilung kann auch über Telefax sowie gem. § 126 Abs. 3 i.V.m. § 126a Abs. 1 BGB auch in elektronischer Form (e-mail) gewährleistet werden.

C. Zurückhaltung bestimmter Informationen (§ 26a S. 3 VOB/A)

12   Nach § 26a S. 3 VOB/A kann der Auftraggeber bestimmte Informationen nach S. 1 **zurückhalten**, wenn die Weitergabe den Gesetzesvollzug vereiteln würde oder sonst nicht im öffentlichen Interesse läge, oder die berechtigten Geschäftsinteressen von Unternehmen oder den fairen Wettbewerb beeinträchtigen würde. Insoweit liegt es in der Verantwortung der Auftraggeber, im Wege sorgfältigen Abwägens **vor** der Weitergabe der Informationen genau zu prüfen, ob **bestimmte Informationen** aus allgemeinen bzw. übergeordneten Gründen zurückzuhalten sind. Jedoch bedeutet die Zurückhaltung bestimmter Informationen keinen generellen Verzicht auf die Mitteilung, sondern grundsätzlich stets nur eine »Teilzurückhaltung«. Wenn der Auftraggeber bestimmte Informationen zu-

rückhält, muss er dies im **Vergabevermerk** nachvollziehbar begründen (OLG Brandenburg NZBau 2000, 39, 44, 45).

Bei den Angaben, die den **Gesetzesvollzug vereiteln würden**, kann es sich grundsätzlich nur um solche Gesetze handeln, die eine Weitergabe der Informationen verbieten, etwa aus Gründen eines ansonsten gegebenen unlauteren Wettbewerbs (z.B. § 17 UWG) oder aus Gründen der Sicherheit und des Schutzes der Allgemeinheit. Daher kann es bei militärischen oder sonstigen der allgemeinen Geheimhaltung unterliegenden Bauten erforderlich sein, bestimmte, den Gesetzesvollzug vereitelnde Informationen in der Mitteilung an die Bewerber oder Bieter zurückzuhalten. 13

In einem noch weiteren Sinne als der Vereitelung des Gesetzesvollzugs kann die Weitergabe von Informationen **nicht im öffentlichen Interesse** liegen. Dabei beinhaltet das »öffentliche Interesse« als allgemeiner und potenzieller Verstoß gegen **Gemeinwohlinteressen** ein breiteres Spektrum an Möglichkeiten zur Zurückhaltung von Informationen für den Auftraggeber als die erste Fallgruppe (Vereitelung des Gesetzesvollzugs). 14

Häufiger noch dürften die Fälle sein, in denen die Weitergabe bestimmter Informationen die **berechtigten Geschäftsinteressen** von Unternehmen beeinträchtigen und schaden. Hier kann es aus Gründen der Wahrung des ordnungsgemäßen Wettbewerbs sowie der Wahrung von Betriebs- oder Geschäftsgeheimnissen für den Auftraggeber angezeigt sein, bestimmte Informationen, etwa die detaillierten Gründe für das Vorliegen nicht ordnungsgemäßer anderer Angebote und damit genaue Angaben aus den anderen Angeboten, die zur Aufhebung der Ausschreibung geführt haben, zurückzuhalten. Dies betrifft insbesondere Angaben, die Schlüsse auf die Kalkulation, die Produktions- und Verfahrensabläufe sowie die Marktstrategien des jeweiligen Bewerbers oder Bieters zulassen und daher in der Folge zu einer Beeinträchtigung sowie Schädigung des Wettbewerbs führen können. 15

Der vierte in § 26a S. 3 VOB/A genannte (Auffang-)Tatbestand trifft die **Beeinträchtigung des fairen Wettbewerbs**. Dabei ergibt sich aus der gewählten Formulierung (»Fairer Wettbewerb beeinträchtigt«), dass es genügt, wenn durch die Weitergabe bestimmter Informationen durch den Auftraggeber überhaupt die Wettbewerbsituation berührt und beeinträchtigt wird. Nicht erforderlich ist ein hieraus resultierender Verstoß gegen gesetzliche Vorschriften, wie z.B. das GWB oder das UWG. In der Folge muss daher auf der Grundlage dieser weiten Tatbestandsformulierung alles aus den Informationen des Auftraggebers herausgenommen werden, was die jeweilige Wettbewerbslage auf dem jeweiligen Markt oder dessen hiervon berührten Gebiet zu beeinflussen geeignet ist. Zu diesen »zurückzuhaltenden Informationen« können insbesondere Angaben über Preise anderer Angebote, aber auch spezielle Geschäfts- und Betriebsgeheimnisse sowie Verfahrenstechniken gehören. 16

Im Einzelfall kann es angebracht sein, den Bewerbern oder Bietern kurz die **Gründe** für die Zurückhaltung bestimmter Informationen nach § 26a S. 3 VOB/A mitzuteilen, um auch insoweit dem Erfordernis der Transparenz Genüge zu tun. 17

D. Ansprüche bei rechtswidrigem Verzicht

Verzichtet der Auftraggeber, z.B. nach einer rechtswidrigen Aufhebung der Ausschreibung, bei einem Vergabeverfahren oberhalb des EU-Schwellenwerts auf eine weitere Durchführung, kommen für Bewerber und Bieter zunächst die in der Kommentierung zu der Basisvorschrift des § 26 VOB/A behandelten Schadensersatzansprüche aus culpa in contrahendo (c.i.c., vgl. § 311 Abs. 2 i.V.m. §§ 241 Abs. 2, 280 ff. BGB) in Betracht. Diese Ersatzansprüche sind grundsätzlich wegen der nicht erfolgten Zuschlagserteilung durch den Auftraggeber auf das negative Interesse gerichtet. Bei einem rechtswidrigen Verzicht eines oberhalb der EU-Schwellenwerte stattfindenden Vergabeverfahrens kann darüber hinaus ein Anspruch eines Unternehmens auch auf **§ 823 Abs. 2 BGB** i.V.m. §§ 26a, 18

26 VOB/A als **vergaberechtliche Schutznormen** gestützt werden. Insoweit bestimmt die nur bei Vergabeverfahren oberhalb der EU-Auftragswerte (vgl. § 100 Abs. 1 GWB) eingreifende Bestimmung des § 97 Abs. 7 GWB, dass die Unternehmen einen **subjektiven Anspruch** auf Einhaltung der Vergabebestimmungen haben. Damit werden die vergaberechtlichen Vorschriften, wozu auch die Vorschriften über den Verzicht auf die Vergabe gehören, zu Schutzgesetzen i.S.d. § 823 Abs. 2 BGB (Beck'scher VOB-Komm./*Jasper* § 26a VOB/A Rn. 23).

19 Weiter kommt bei einem rechtswidrigen Verzicht, der Auftragsvergaben oberhalb der EU-Schwellenwerte betrifft, die Einleitung eines **Nachprüfungsverfahrens** gem. §§ 102 ff. GWB vor den Vergabekammern und den Oberlandesgerichten in Betracht. Im Rahmen eines derartigen Nachprüfungsverfahrens können die Nachprüfungsstellen auf der Grundlage des Urteils des Europäischen Gerichtshofs vom 18.6.2002 (EuGH VergabeR 2002, 361 ff. = NZBau 2002, 458 ff.) und des Beschlusses des BGH vom 18.2.2003 (BGH VergabeR 2003, 313 ff. = NZBau 2003, 293 ff.) auch eine **vor** Einleitung des Nachprüfungsverfahrens bereits erfolgte **rechtswidrige Aufhebung** (Verzicht) eines Vergabeverfahrens nachprüfen lassen (vgl. zu dem Urteil *Gnittke/Michels* VergabeR 2002, 571 ff.; *Hübner* VergabeR 2002, 429 ff.; *Portz* ZfBR 2002, 551 ff.; *Prieß* NZBau 2002, 433 f.; *Reidt/Brosius-Gersdorf* VergabeR 2002, 580 ff.; zu dem gesamten mit der Entscheidung des Europäischen Gerichtshofs zusammenhängenden Themenkomplex wird im Übrigen auf die Kommentierung zu § 26 VOB/A verwiesen).

20 Wird im Rahmen eines Nachprüfungsverfahrens festgestellt, dass ein Auftraggeber die Ausschreibung **rechtswidrig** aufgehoben bzw. hierauf verzichtet hat, kann ein Bieter hieraus auch gem. § 126 GWB den **Ersatz des Vertrauensschadens** verlangen. Zu diesem Ersatzanspruch gehören nach dem Wortlaut der Bestimmung die Kosten der Vorbereitung des Angebots oder der Teilnahme an einem Vergabeverfahren. Voraussetzung ist, dass das den Anspruch geltend machende Unternehmen ohne den Rechtsverstoß bei der Wertung der Angebote eine **echte Chance** gehabt hätte, den Zuschlag zu erhalten. Weiterreichende Schadensersatzansprüche bleiben nach der Vorschrift ausdrücklich unberührt.

§ 27
Nicht berücksichtigte Bewerbungen und Angebote

1. Bieter, deren Angebote ausgeschlossen worden sind (§ 25 Nr. 1), und solche, deren Angebote nicht in die engere Wahl kommen, sollen so bald wie möglich verständigt werden. Die übrigen Bieter sind zu verständigen, sobald der Zuschlag erteilt worden ist.

2. Auf Verlangen sind den nicht berücksichtigten Bewerbern oder Bietern innerhalb einer Frist von 15 Kalendertagen nach Eingang ihres schriftlichen Antrags die Gründe für die Nichtberücksichtigung ihrer Bewerbung oder ihres Angebots schriftlich mitzuteilen, den Bietern auch der Name des Auftragnehmers.

3. Nicht berücksichtigte Angebote und Ausarbeitungen der Bieter dürfen nicht für eine neue Vergabe oder für andere Zwecke benutzt werden.

4. Entwürfe, Ausarbeitungen, Muster und Proben zu nicht berücksichtigten Angeboten sind zurückzugeben, wenn dies im Angebot oder innerhalb von 30 Kalendertagen nach Ablehnung des Angebots verlangt wird.

Inhaltsübersicht Rn.

A. Regelungsumfang	1
B. Benachrichtigung nicht berücksichtigter Bieter (§ 27 Nr. 1 VOB/A)	4

Nicht berücksichtigte Bewerbungen und Angebote § 27 VOB/A

Rn.
I. Ermöglichung der Dispositionsfreiheit 4
II. Nach § 27 Nr. 1 VOB/A zu verständigende Bieter 6
   1. Nach § 25 Nr. 1 VOB/A ausgeschlossene Angebote 6
   2. Nicht in die engere Wahl gekommene Angebote 8
   3. Angebote in engerer Wahl 9
   4. Inhalt und Frist der Mitteilung 10
   5. Verletzung der Benachrichtigungspflicht 11
C. Mitteilung von Gründen der Nichtberücksichtigung (§ 27 Nr. 2 VOB/A) ... 12
   I. Umfang der Informationspflicht 12
   II. Grenzen der Informationspflicht 14
      1. Vertraulichkeitsgrundsatz 14
      2. Benachrichtigung von Bewerbern 15
      3. Benachrichtigung von Bietern 17
      4. Frist zur Mitteilung 19
      5. Form der Mitteilung 20
D. Keine Benutzung nicht berücksichtigter Angebote (§ 27 Nr. 3 VOB/A) 21
   I. Verletzung begründet Bieteransprüche 21
   II. Reichweite des Benutzungsverbots 22
E. Rückgabe nicht berücksichtigter Angebotsunterlagen (§ 27 Nr. 4 VOB/A) .. 23
   I. Grundsätzlich Verlangen der Bieter erforderlich 23
   II. Bieter bleibt Eigentümer 24
   III. Kostentragung 25
   IV. Pflichten des Auftraggebers 26
F. Rechtsschutz 27
   I. Primärrechtsschutz 27
   II. Sekundärrechtsschutz 28

Aufsatz: *Zirkel* Schadenserstz auf Grund der Übernahme einer »guten Idee« 2 VergabeR 2006, 321 ff.

A. Regelungsumfang

§ 27 VOB/A ist durch die Neufassung der VOB/A 2006 **unverändert** geblieben. Die Vorschrift gilt **1** primär für Vergaben unterhalb der EU-Schwellenwerte, betrifft aber über den Verweis in § 6 VgV auf den 2. Abschnitt der VOB/A auch EU-weite Auftragsvergaben. Sie regelt anders als die **nur oberhalb der EU-Schwellenwerte** anwendbare Regelung des § 13 VgV (siehe auch VG Neustadt VergabeR 2006, 78 f., das ausdrücklich auch eine analoge Anwendung des § 13 VgV auf Unterschwellenvergaben ablehnt; a.A. *Krist* VergabeR 2005, 83), die der Durchsetzung des bieterrechtlichen **Primärrechtsanspruchs** dient (siehe hierzu Kommentierung zu § 27a VOB/A Rn. 3 ff.), insbesondere auch die so genannte **Ex-post-Transparenz**, also auch die Mitteilung **nach Erteilung** des Zuschlags (siehe § 27 Nr. 1 S. 2 VOB/A). § 27 VOB/A befasst sich mit der **Behandlung** von bei der Vergabe nicht berücksichtigten Bewerbern oder Bietern. Die Vorschrift betrifft in Nr. 1 die **Verständigung** nicht berücksichtigter Bieter durch den Auftraggeber. Obwohl es sich bei § 27 VOB/A um eine »nationale« Vorschrift handelt, die bei Vergaben unterhalb der EU-Schwellenwerte zur Anwendung kommt, ist speziell die Nr. 2 mit der dort dem Auftraggeber auferlegten Pflicht, auf Verlangen den nicht berücksichtigten Bewerbern oder Bietern innerhalb einer bestimmten Frist bestimmte Informationen zu erteilen, auch EU-vergaberechtlich geprägt. So ist die Nr. 2 bereits durch die VOB 2000 an den damaligen Art. 8 Abs. 1 der EU-Baukoordinierungsrichtlinie (BKR), der in Art. 41 Abs. 2 der Richtlinie 2004/18/EG des Europäischen Parlaments und des Rates v. 31.3.2004 über die Koordinierung der Verfahren zur Vergabe öffentlicher Bauaufträge, Lieferaufträge und Dienstleistungsaufträge (EU-VKR) aufgegangen ist, angepasst worden.

2 In **Art. 41 Abs. 2 der EU-VKR** heißt es:

»Auf Verlangen der betroffenen Partei unterrichtet der öffentliche Auftraggeber unverzüglich
- *jeden nicht erfolgreichen Bewerber über die Gründe für die Ablehnung seiner Bewerbung,*
- *jeden nicht berücksichtigten Bieter über die Gründe für die Ablehnung seines Angebots (...),*
- *jeden Bieter, der ein ordnungsgemäßes Angebot eingereicht hat, über die Merkmale und Vorteile des ausgewählten Angebots sowie über den Namen des Zuschlagsempfängers oder der Parteien der Rahmenvereinbarung.*

Der Beantwortungszeitraum darf eine Frist von 15 Tagen ab Eingang der schriftlichen Anfrage auf keinen Fall überschreiten.«

3 Nr. 3 des § 27 VOB/A dient dem **Bieterschutz** sowie dem die VOB kennzeichnenden **Grundsatz der Vertraulichkeit**. Schließlich befasst sich Nr. 4 mit der **Rückgabe** von Unterlagen usw., die nicht berücksichtigte Bieter zu ihren Angeboten eingereicht haben. Die Regelung des § 27 VOB/A gilt – insbesondere hinsichtlich der Nr. 3 und Nr. 4 – auch bei **Freihändiger Vergabe**.

B. Benachrichtigung nicht berücksichtigter Bieter (§ 27 Nr. 1 VOB/A)

I. Ermöglichung der Dispositionsfreiheit

4 § 27 Nr. 1 VOB/A befasst sich mit der **Verständigung von Bietern, die den Zuschlag nicht erhalten haben**. Dies entspricht den berechtigten Interessen dieser Bieter, schnellstmöglich über das Schicksal ihres Angebots Bescheid zu wissen, vor allem, um die weitere unternehmerische Planung darauf einrichten zu können. Es ist zu bedenken, dass der Bieter während der Zuschlagsfrist an sein Angebot gebunden ist (§ 19 Nr. 3 VOB/A). Die Bindung des Bieters dauert bis zum Erlöschen seines Angebots (§ 146 BGB). Dieses Erlöschen erfolgt entweder mit dem Ablauf der Zuschlagsfrist, mit der Erteilung des Auftrags an ein anderes Unternehmen, durch eine Aufhebung der Ausschreibung oder durch die ausdrückliche Ablehnung des Angebots durch den Auftraggeber.

5 Aus diesen Gründen ist es nicht nur empfehlenswert, sondern auch unbedingt notwendig, dass der Auftraggeber den **Bieter**, der mit seinem Angebot nicht zum Zuge gekommen ist, **so bald wie möglich benachrichtigt**. Bei **mehreren Angeboten** eines Bieters (z.B. einem Hauptangebot und zwei Nebenangeboten) muss die Benachrichtigung deutlich zu erkennen geben, auf welche **konkreten Angebote** sich die Nichtberücksichtigung bezieht. Die Verständigung der Bieter durch den Auftraggeber nach § 27 Nr. 1 S. 1 VOB/A (»sollen [...] verständigt werden«) gilt grundsätzlich als Verpflichtung. Ausnahmen sind daher nur in zu begründenden Einzelfällen zulässig, also etwa dann, wenn infolge einer zügig stattfindenden Wertung und zur Vermeidung eines unnötigen Verwaltungsaufwands alle nicht berücksichtigten Bieter **gleichzeitig erst nach der Zuschlagserteilung** von der Ablehnung ihrer Angebote unterrichtet werden (*Heiermann/Riedl/Rusam* Handkommentar zur VOB § 27 VOB/A Rn. 4). Da die Benachrichtigung daher nicht selten erst nach der Zuschlagserteilung an einen Mitbieter erfolgt, dient § 27 VOB/A anders als § 13 VgV **nicht** der Gewährleistung eines effektiven **Primärrechtsschutzes** (Beck'scher VOB-Komm./*Jasper* § 27 VOB/A Rn. 3). Vielmehr sollen die Unternehmen durch die Benachrichtigung wieder schnell in die Lage versetzt werden, über ihre vorgehaltenen Sach- und Personalmittel frei disponieren zu können (BayObLG NZBau 2002, 294 [LS]). Die Pflicht zur Benachrichtigung besteht grundsätzlich abgestuft, je nach dem Zeitpunkt, in dem über das Angebot entschieden worden ist. Zugrunde gelegt wird der insoweit maßgebende Wertungsgang nach § 25 VOB/A. Dies wird von § 27 Nr. 1 VOB/A, der in S. 1 eine Soll- und in S. 2 eine Muss-Verpflichtung auferlegt, berücksichtigt.

II. Nach § 27 Nr. 1 VOB/A zu verständigende Bieter

1. Nach § 25 Nr. 1 VOB/A ausgeschlossene Angebote

Die Benachrichtigungspflicht des § 27 Nr. 1 VOB/A erfasst nur **Bieter**. Hierunter fallen nur Unternehmen, die tatsächlich im Vergabeverfahren ein Angebot abgegeben haben. Nicht erfasst sind somit die nicht bis in die Wertungsphase gekommenen **Bewerber** eines vorgeschalteten Öffentlichen Teilnahmewettbewerbs (*Franke/Kemper/Zanner/Grünhagen* VOB-Kommentar § 27 VOB/A Rn. 4). Der jeweilige Benachrichtigungszeitpunkt ist an den **Zeitpunkt des jeweiligen Ausschlusses** des Bieters mit seinem Angebot **gekoppelt**, so dass die Mitteilung über die Nichtberücksichtigung jeweils sobald wie möglich nach dem Ausschluss des Angebots aus der Wertung bzw. nach der Zuschlagserteilung erfolgt.

6

Bieter, deren Angebote von der Wertung **ausgeschlossen** worden sind, sind bereits dann zu benachrichtigen, wenn die im Rahmen einer Ausschreibung nach § 25 Nr. 1 VOB/A zu erfolgende Angebotswertung für die betreffenden Bieter ein negatives Ergebnis gebracht hat. Dies ist immer dann der Fall, wenn für die auszuschließenden Bieter einer der **zwingenden Ausschließungsgründe** des § 25 Nr. 1 Abs. 1a bis 1d VOB/A vorliegt oder aber der Auftraggeber von dem **fakultativen Ausschlussgrund** des § 25 Nr. 1 Abs. 2 VOB/A Gebrauch macht. Mithin sind von der Benachrichtigungspflicht des § 27 Nr. 1 Alt. 1 i.V.m. § 25 Nr. 1 VOB/A insbesondere all die Bieter erfasst, die bereits in der **ersten von vier Wertungsstufen** ausgeschlossen werden.

7

2. Nicht in die engere Wahl gekommene Angebote

Von den gem. § 25 Nr. 1 VOB/A nicht ausgeschlossenen Angeboten scheiden im weiteren Gang der Angebotswertung diejenigen aus, die die Wertungsstufen zwei und drei des § 25 VOB/A (§ 25 Nr. 2 und 3 Abs. 1 sowie Abs. 2 VOB/A) nicht überstehen, die also nach sachgerechter Abwägung **nicht in die engere Wahl** kommen. Nicht in die engere Wahl kommen Bieter mit ihren Angeboten, die die **vierte Wertungsstufe** des § 25 Nr. 3 Abs. 3 VOB/A nicht erreichen. Dabei handelt es sich zum einen um die Bieter, deren Angebote zwar nicht nach § 25 Nr. 1 VOB/A zwingend bzw. fakultativ ausgeschlossen wurden, die aber bei Öffentlichen Ausschreibungen im Rahmen der Wertung wegen **fehlender Eignung (§ 25 Nr. 2 VOB/A)** – bei Beschränkten Ausschreibungen und Freihändigen Vergaben erfolgt die Eignungsprüfung gem. § 8 Nr. 4 VOB/A **vor der Aufforderung zur Angebotsabgabe** – ausgeschlossen wurden. Zum anderen handelt es sich, unabhängig von der Vergabeart, um Bieter, die wegen eines **unangemessenen Preises (§ 25 Nr. 3 Abs. 1 und Abs. 2 VOB/A)** ausgeschlossen werden bzw. die **keine einwandfreie Ausführung** der Bauleistung einschließlich Gewährleistung erwarten lassen (§ 25 Nr. 3 Abs. 3 VOB/A). Die wegen fehlender Eignung auszuschließenden Bieter sollen sobald wie möglich nach Beendigung dieses Wertungsvorgangs benachrichtigt werden, damit sie weiter bzw. neu disponieren können. Etwas länger wird regelmäßig der Prüfungsvorgang zur Feststellung eines unangemessen, insbesondere eines unangemessen niedrigen Angebots dauern, weil hier oftmals zunächst nach entsprechender Aufforderung durch den Auftraggeber eine **Aufklärung durch den Bieter** notwendig ist (vgl. § 25 Nr. 3 Abs. 2 S. 1 VOB/A). Ergibt sich dann, dass der betreffende Bieter wegen eines unangemessen niedrigen Angebots nicht in die engere Wahl kommen kann, so ist auch er unverzüglich nach entsprechender Feststellung durch den Auftraggeber zu benachrichtigen.

8

3. Angebote in engerer Wahl

Am längsten bleiben diejenigen Bieter an ihre Angebote gebunden, die in die **engere** Wahl (**vierte Wertungsstufe**) für die Vergabe gekommen sind (§ 25 Nr. 3 Abs. 3 VOB/A). Hier fällt die Entscheidung zwangsläufig mit dem Zeitpunkt zusammen, in dem sich der Auftraggeber für den Zuschlag an einen bestimmten Bieter entschließt. Daher bestimmt § 27 Nr. 1 S. 2 VOB/A, dass die übrigen Bieter – also diejenigen, die in die engere Wahl gekommen sind – zu benachrichtigen sind, **sobald der Zu-**

9

schlag erteilt worden ist. Gerade diese Bieter haben ein besonders berechtigtes Interesse an dem schnellen Erhalt der Benachrichtigung. Dies wird vor allem auch dadurch zum Ausdruck gebracht, dass die VOB hier die Wendung »**sind zu verständigen**« gebraucht, also die unverzügliche Benachrichtigung nach erfolgtem Zuschlag ausdrücklich in die Form einer **Verpflichtung** kleidet.

4. Inhalt und Frist der Mitteilung

10 Zur Verständigung der Bieter, die schon aus **Nachweisgründen** in **Schriftform** erfolgen sollte (*Heiermann/Riedl/Rusam* § 27 VOB/A Rn. 1), kann auf ein Formblatt **zu § 27 VOB/A** zurückgegriffen werden (vgl. Beck'sches Formularbuch Vergaberecht A. I 32 zu § 27 Nr. 1).

Die Mitteilung der Bieter nach § 27 Nr. 1 VOB/A sieht zwar – anders als § 27 Nr. 2 VOB/A – eine **Angabe von Gründen** für deren Nichtberücksichtigung **nicht vor**, sachgerecht und im Interesse der Bieter anzuraten ist aber auch hier gemäß dem schriftlichen Formblatt eine kurze Wiedergabe der Ausschlussgründe nach § 25 Nr. 1, 2 und 3 VOB/A. Die Benachrichtigung hat jeweils sobald wie möglich nach Ausschluss des jeweiligen Bieters, also ohne schuldhaftes Zögern (§ 121 BGB), zu erfolgen. Im Falle des § 27 Nr. 1 S. 2 VOB/A erfolgt die Benachrichtigung, sobald der **Zuschlag erteilt worden ist**.

5. Verletzung der Benachrichtigungspflicht

11 Kommt der Auftraggeber seinen Pflichten nach § 27 Nr. 1 VOB/A nicht nach, kann er u.U. dem betreffenden Bieter aus **culpa in contrahendo schadensersatzpflichtig** werden (vgl. § 311 Abs. 2 i.V.m. § 241 Abs. 2, §§ 280 ff. BGB). Das gilt jedenfalls dann, wenn der Auftraggeber bei dem betreffenden Bieter nach wie vor und nachhaltig den Eindruck vermittelt, er sei noch **aussichtsreich an der Vergabe beteiligt**. Wenn der Bieter daher beweist, dass ihm wegen dieses Verhaltens des Auftraggebers andere Aufträge entgangen sind, die er nach der Struktur und der Kapazität seines Betriebes hätte ausführen können, falls er sich nicht an sein Angebot gebunden gefühlt hätte, kann er vom Auftraggeber Schadensersatz wegen einer **Pflichtverletzung** des Auftraggebers verlangen.

C. Mitteilung von Gründen der Nichtberücksichtigung (§ 27 Nr. 2 VOB/A)

I. Umfang der Informationspflicht

12 Nr. 2 des § 27 VOB/A regelt eine gegenüber Nr. 1 weiter gehende und grundsätzlich erst **nach der Zuschlagserteilung** zum Tragen kommende **Informationspflicht** des Auftraggebers (VG Neustadt VergabeR 2006, 78, 80). Diese Verpflichtung besteht **nicht automatisch**, sondern hängt von einem ausdrücklichen **Verlangen** in Form eines schriftlichen **Antrags** durch den betreffenden Bewerber oder Bieter ab. Dieser Antrag muss eindeutig darauf gerichtet sein, Auskunft über die Gründe der Nichtberücksichtigung zu erhalten. Fraglich ist, welche **inhaltlichen Anforderungen** an die Mitteilung der Gründe für die Nichtberücksichtigung der Bewerbung oder des Angebots durch den Auftraggeber zu stellen sind. Hier hat es zwar das Europäische Gericht erster Instanz (EuGH Urt. v. 8.5.1996 T-19/19–95 Slg. 1996 II, 321 ff.) bei einer **Ausschreibung der EG-Kommission** und einer von dieser gegenüber der Bieterin gegebenen Begründung für die Ablehnung ihres Angebots für ausreichend gehalten, dass sich die mitgeteilten Gründe in einem sehr allgemein gehaltenen Schreiben im Wesentlichen auf die Übermittlung der Vergabekriterien beschränkten. Der Vergabeüberwachungsausschuss des Bundes hat aber für § 27 Nr. 2 VOB/A konkretisierend in einem Beschluss vom 24.5.1996 (VÜA Bund 1 VÜ 2/96 »Mittellandkanal«) festgestellt, dass § 27 Nr. 2 VOB/A **keine reine Formvorschrift** ist, sondern auch zur Entscheidungsfindung über die Beantragung eines Nachprüfungsverfahrens diene. Dies setzt aber voraus, dass konkret die Gründe für die Nichtberücksichtigung des Angebots durch den Auftraggeber mitgeteilt werden.

Auch wenn § 27 Nr. 2 VOB/A betreffend die Information über die Nichtberücksichtigung in Pluralform auf »**die Gründe**« abstellt und nicht wie § 13 S. 1 VgV nur »**den Grund**« ausreichen lässt, dürfen an die Detailliertheit der Gründe nach § 27 Nr. 2 VOB/A keine höheren Anforderungen als nach § 13 VgV gestellt werden. Dies gilt schon deshalb, weil § 13 VgV zur Gewährleistung eines **effektiven Primärrechtsschutzes** die Abgabe der Information spätestens 14 Kalendertage **vor** dem Vertragsabschluss vorsieht, während nach § 27 Nr. 2 VOB/A auch eine Information erst **nach** der Zuschlagserteilung möglich ist. Für § 13 S. 1 VgV haben aber das OLG Düsseldorf (VergabeR 2001, 429 ff. m. Anm. *Abel*) und ihm folgend das Bayerische Oberste Landesgericht (VergabeR 2002, 383, 384) sowie das OLG Koblenz (VergabeR 2002, 384 f.) zu Recht festgestellt, dass die dem Auftraggeber aufgegebene Informationspflicht keine zu hohen Anforderungen enthält und daher zurückhaltend auszulegen ist. Es reicht daher erst recht für § 27 Nr. 2 VOB/A, der nicht dem Primärrechtsschutz dient, aus, wenn der Auftraggeber verständlich und präzise sowie **kurz und knapp** die Gründe benennt, weshalb Bewerber oder Bieter bezogen auf das konkrete Vergabeverfahren mit ihren Bewerbungen bzw. Angeboten, insbesondere im Rahmen der Wertung, nicht berücksichtigt werden konnten.

13

II. Grenzen der Informationspflicht

1. Vertraulichkeitsgrundsatz

Der vom Auftraggeber **schriftlich** zu erteilenden Auskunft sind aber Grenzen gesetzt, die sich aus § 22 Nr. 8 VOB/A ergeben. Dort ist dem Auftraggeber eine Pflicht zur **Geheimhaltung** der Angebote und ihrer Anlagen auferlegt. Außerdem muss berücksichtigt werden, dass die Mitbewerber Anspruch auf **Schutz des Vertrauens**, nicht zuletzt auch aus Gründen des Datenschutzes, haben müssen. Dies bedeutet, dass die vom Auftraggeber den nicht berücksichtigten Bewerbern oder Bietern angegebenen Gründe sich jeweils nur auf den betreffenden Teilnahmeantrag oder das Angebot selbst beziehen dürfen. Es ist dem Auftraggeber daher nicht gestattet, die Nichtberücksichtigung von Bewerbern und Bietern mit Angaben aus dem Teilnahmeantrag bzw. dem Angebot eines **anderen Unternehmens** zu begründen (*Heiermann/Riedl/Rusam* § 27 VOB/A Rn. 6b).

14

2. Benachrichtigung von Bewerbern

Als **Auskunftsberechtigte** sind im Gegensatz zu Nr. 1 nicht nur **Bieter**, sondern auch **Bewerber** genannt. In letzterer Hinsicht kann es sich nur um solche handeln, die trotz einer Bewerbung nicht zur Angebotsabgabe aufgefordert worden sind. Insofern kommt ein der Beschränkten Ausschreibung vorangehender Öffentlicher Teilnahmewettbewerb nach § 3 Nr. 1 Abs. 2 sowie Nr. 3 Abs. 2 VOB/A in Betracht, an dem sich ein Unternehmen beteiligt hat und dann trotzdem, insbesondere wegen mangelnder Eignung, nicht zur Angebotsabgabe aufgefordert wurde. Zusätzlich ist zu berücksichtigen, dass ein Bewerber nach erfolgtem Teilnahmewettbewerb schon wegen der Begrenzung der Teilnehmerzahl bei Beschränkten Ausschreibungen (vgl. § 8 Nr. 2 Abs. 2 VOB/A) **keinen Rechtsanspruch** auf Beteiligung am nachfolgenden Vergabeverfahren hat. Der Auftraggeber hat daher bei der Auswahl der Bewerber für das Vergabeverfahren einen **Beurteilungsspielraum**, den er allerdings auf Grund sachgerechter Kriterien ausüben muss und der sich ggf. – etwa bei eklatanter Ungeeignetheit eines Bieters – auf Null reduzieren kann (vgl. auch VÜA Bayern 33/98).

15

Soweit es sich um **beantragende Bewerber** handelt, muss sich die Auskunft über die Gründe für die Nichtberücksichtigung auf Gesichtspunkte begrenzen, die sich aus den übergeordneten Grundsätzen der **Fachkunde, Leistungsfähigkeit sowie Zuverlässigkeit** gem. § 2 Nr. 1 S. 1 VOB/A ergeben (Beck'scher VOB-Komm./*Jasper* § 27 VOB/A Rn. 21). Falls es sich bei dem Anfragenden um einen an sich geeigneten Bewerber handelt, sind ihm die Gründe darzulegen, warum er dennoch nicht zum Kreis der zur Angebotsabgabe aufgeforderten Bewerber gehört. Dabei ist zwar Grundlage der Begründung die Regelung in § 8 Nr. 3 VOB/A, andererseits ist aber auch hier der sachgerecht auszufüllende **Beurteilungsspielraum** des Auftraggebers bei der Auswahl der Bewerber zu berück-

16

sichtigen. Daher müssen als sachgerechte Gründe zur Begrenzung der Teilnehmerzahl am Vergabeverfahren insbesondere Angaben über die – im Vergleich zu den anderen Bewerbern weniger qualifizierte – **Eignung** gemacht werden. Auf keinen Fall ist dem anfragenden Bewerber auch der Name des – späteren – Auftragnehmers mitzuteilen, wie sich deutlich aus dem letzten Halbsatz des § 27 Nr. 2 VOB/A ergibt, der auf die Mitteilung an beantragende Bieter begrenzt ist.

3. Benachrichtigung von Bietern

17 Bei **beantragenden Bietern** handelt es sich um deren berechtigtes Interesse, zu erfahren, warum ihr abgegebenes Angebot nicht zum Zuge gekommen ist. Dabei geht es allein um die Mitteilung der **Gründe**, wie sie auch für die Zeitpunkte der Mitteilung der Nichtberücksichtigung gemäß der Regelung in Nr. 1 maßgebend sind. Insofern sind auf Verlangen als Gründe anzugeben ein etwaiger **zwingender Ausschluss** der Angebote (erste Stufe der Wertung) nach § 25 Nr. 1 Abs. 1a bis 1d VOB/A oder ein **fakultativer Ausschluss** der Bieter wegen mangelnder genereller Eignung (vgl. § 8 Nr. 5 VOB/A) oder wegen Nichterfüllens der Vorgaben für Nebenangebote aus § 21 Nr. 3 S. 2 VOB/A (vgl. § 25 Nr. 1 Abs. 2 VOB/A). Ferner kommt eine Nichtberücksichtigung von Bietern wegen fehlender Voraussetzungen nach § 25 Nr. 2 VOB/A, also wegen **fehlender Fachkunde, Leistungsfähigkeit oder Zuverlässigkeit**, in Betracht. Des Weiteren können Ausschlussgründe **unangemessen** hohe oder niedrige **Preise** nach § 25 Nr. 3 Abs. 1 VOB/A sowie eine unzulängliche Auskunft des Bieters auf der Grundlage von § 25 Nr. 3 Abs. 2 VOB/A sein (dritte Wertungsstufe). Sofern es sich um Angebote handelt, die zwar in die **engere Wahl** gem. § 25 Nr. 3 Abs. 3 VOB/A, aber nicht zum Zuschlag gekommen sind (vierte Wertungsstufe), ist dem anfragenden Bieter mitzuteilen, warum sein Angebot **nicht als das wirtschaftlichste** ausgewählt wurde. Dabei können neben dem Preis insbesondere die Qualität, der technische Wert, aber auch Ästhetik, Zweckmäßigkeit, Umwelteigenschaften oder Betriebs- und Folgekosten sowie die Ausführungsfrist für eine Nichtwirtschaftlichkeit maßgebend sein (§ 25 Nr. 3 Abs. 3 S. 2 VOB/A).

18 Nach der ausdrücklichen Regelung in § 27 Nr. 2 VOB/A ist dem dies beantragenden Bieter auch der **Name des Auftragnehmers** mitzuteilen, also desjenigen, der den Auftrag erhalten hat. Wenn dies zur Zeit des Antrags auf Grund der nach Nr. 1 erfolgten Mitteilung über die Nichtberücksichtigung noch nicht möglich ist, kann aus der hier gewählten Formulierung der VOB nur gefolgert werden, dass die Mitteilung des Auftragnehmers gegenüber dem Bieter nachzuholen ist, sobald dieser feststeht. Im Übrigen dürfen **keine anderen Punkte** mitgeteilt werden, vor allem keine Preise oder sonstigen Angaben, die in Angeboten anderer Bieter enthalten sind (*Lampe-Helbig/Wörmann* Handbuch der Bauvergabe Rn. 300). Die Kosten der Mitteilung trägt grundsätzlich der Auftraggeber.

4. Frist zur Mitteilung

19 Nach Nr. 2 ist der Auftraggeber **zwingend** (»**sind**«) **verpflichtet**, die Auskunft **schriftlich** binnen **15 Kalendertagen nach Eingang des Antrags** bei ihm zu geben. Die Frist beginnt am Tage nach Eingang der schriftlichen Anfrage (§ 187 Abs. 1 BGB). Dabei ergibt sich aus der Wendung »mitzuteilen«, dass es für die Fristberechnung nicht auf den Zugang beim Unternehmen ankommt, sondern dass die **Absendung** innerhalb der angegebenen Frist genügt (so auch *Franke/Kemper/Zanner/Grünhagen* § 27 VOB/A Rn. 13 unter Verweis auf den Charakter der VOB als Verhaltensanweisung; a.A. Beck'scher VOB-Komm./*Jasper* § 27 VOB/A Rn. 23). Leider haben die Verfasser der VOB es versäumt, eine **Ausschlussfrist** für das Auskunftsverlangen der betreffenden Bewerber oder Bieter festzulegen, so dass der Auftraggeber noch längere Zeit nach erfolgter Zuschlagserteilung sowie erfolgter Mitteilung nach § 27 Nr. 1 S. 2 VOB/A mit dem Auskunftsverlangen nach § 27 Nr. 2 VOB/A rechnen muss. Deshalb ist der Auftraggeber auch gezwungen, die betreffenden Vergabeunterlagen aufzubewahren. Man wird davon ausgehen müssen, dass der interessierte Bewerber oder Bieter ein rechtlich schutzwürdiges Interesse an der hier maßgebenden Information haben muss, das nur noch einige Zeit über die erfolgte Vergabe hinaus gegeben sein kann (zustimmend: Beck'scher VOB-Komm./

Jasper § 27 VOB/A Rn. 24). Anderes kann nur dann gelten, wenn ein Unternehmen belastende Gründe, die er für ungerechtfertigt hält, erst später erfährt. Daher wird man im Allgemeinen nach **Treu und Glauben** davon ausgehen können, dass der Auftraggeber spätestens nach **einem halben Jahr** nach erfolgter Mitteilung an die Bieter über die Nichtberücksichtigung bzw. über die Erteilung des Zuschlags nach § 27 Nr. 1 VOB/A nicht mehr mit dem Verlangen anderer Bewerber oder Bieter zur **Mitteilung der Gründe** der Nichtberücksichtigung gem. § 27 Nr. 2 VOB/A zu rechnen braucht. Insgesamt gesehen dürfte hierbei der Gesichtspunkt der **Verwirkung (§ 242 BGB)** eine maßgebende Rolle spielen, zumal es sich bei der VOB-Vergabe um zivilrechtlich einzuordnende Vertragsverhandlungen handelt.

5. Form der Mitteilung

Die Mitteilung des Auftraggebers an die nicht berücksichtigten Bewerber oder Bieter über die Gründe ihrer Nichtberücksichtigung hat gem. § 27 Nr. 2 VOB/A **schriftlich** zu erfolgen. Grund für die Schriftform ist die **Beweisbarkeit**. Auftraggeber, die regelmäßig Bauaufträge vergeben, verwenden daher für die Mitteilung die entsprechenden **Formblätter**. In diesen sind auch formularmäßig vorgegebene Gründe aufgelistet, die im Einzelfall zu konkretisieren sind. Eine schriftliche Mitteilung ist auch bei einer Benachrichtigung per Telefax sowie gem. § 126 Abs. 3 i.V.m. § 126a BGB bei einer Benachrichtigung in elektronischer Form gegeben. Der Auftraggeber ist stets für die rechtzeitige Benachrichtigung **darlegungs- und beweispflichtig** (Beck'scher VOB-Komm./*Jasper* § 27 VOB/A Rn. 23). Formblätter auf der Grundlage des § 27 Nr. 2 VOB/A existieren sowohl für die Mitteilung an nicht berücksichtigte Bieter (siehe Beck'sches Formularbuch A.I. 33) als auch für die Mitteilung an nicht berücksichtigte Bewerber (siehe Beck'sches Formularbuch A.I. 34).

20

D. Keine Benutzung nicht berücksichtigter Angebote (§ 27 Nr. 3 VOB/A)

I. Verletzung begründet Bieteransprüche

Nach § 27 Nr. 3 VOB/A dürfen **nicht berücksichtigte Angebote und Ausarbeitungen** der Bieter **nicht** für eine neue Vergabe oder für andere Zwecke **benutzt werden**. Ziel der Bestimmung ist, dass der Auftraggeber nicht über die eigentliche Zweckbestimmung des Angebots, mit der keine allgemeine Übereignung an den Auftraggeber verbunden ist, hinausgehen darf. Es wird ihm **untersagt**, das trotz der Angebotsabgabe nach wie vor beim Bieter verbleibende **Eigentum** an seinen Unterlagen oder sein **Urheberrecht** zu verletzen oder auf eine andere Weise darauf verbotswidrig einzuwirken. Verletzt der Auftraggeber diese Verpflichtung, so ist er nicht nur zur Herausgabe der betreffenden Unterlagen nach den §§ 812 ff. BGB verpflichtet. Er kann auch schadensersatzpflichtig nach den §§ 823, 826 BGB oder aus culpa in contrahendo wegen schuldhafter Verletzung von Rechtspflichten (Eigentum etc.) werden, vor allem wenn er diese Unterlagen noch für ein Bauvorhaben oder andere Zwecke benutzt. Für die Berechnung des Schadensersatzes kommt in erster Linie die Ermittlung nach § 249 BGB in Betracht. Zu fragen ist daher, welche Ersparnisse der Auftraggeber durch die missbräuchliche Benutzung der Unterlagen hat, einschließlich des vom Auftraggeber durch die missbräuchliche Benutzung erzielten Gewinns. Kommen **Urheberrechte** des geschädigten Bieters zum Zuge, kann ein Ersatzanspruch auch auf § 97 Abs. 2 und 3 UrhG gestützt werden. Urheberrechtlichen Schutz genießen Angebote und Ausarbeitungen von Bietern aber nur, wenn mit ihnen eine persönliche geistige Schöpfung i.S.v. § 2 Abs. 2 UrhG verbunden ist. Dies ist bei – normalen – »technischen« Angeboten, die sich an den Vorgaben der Vergabestelle orientieren, regelmäßig nicht der Fall (OLG München VergabeR 2006, 423 f.; *Zirkel* VergabeR 2006, 321, 323). Möglich ist auch der Ersatz von durch die missbräuchliche Benutzung entgangenen Lizenzgebühren. Schließlich kann die rechtswidrige Verwendung der Angebote und Unterlagen gegen § 17 Abs. 2 Nr. 2 UWG (Verlet-

21

zung von Geschäftsgeheimnissen) verstoßen und ggf. auch strafrechtlich geahndet werden (BGH BB 1995, 2546; Beck'scher VOB-Komm./*Jasper* § 27 VOB/A Rn. 29).

II. Reichweite des Benutzungsverbots

22 § 27 Nr. 3 VOB/A schließt sich sachlich an § 20 Nr. 3 VOB/A an und ergänzt diese Regelung über das Angebotsverfahren hinaus. Danach dürfen nicht berücksichtigte Angebote und Ausarbeitungen der Bieter ohne Rücksicht auf die letztlich bestehenden Eigentumsverhältnisse nicht über den Angebotszweck hinaus, insbesondere nicht für eine neue Vergabe, verwendet werden. Unter dem Begriff neue Vergabe fallen nicht nur Öffentliche und Beschränkte Ausschreibungen, sondern auch **Freihändige Vergaben**. Dem Auftraggeber ist also eine andere Verwendung des Angebots und der Ausarbeitungen, die über die in §§ 23 bis 25 VOB/A gegebenen Begrenzungen und Tätigkeitsmerkmale der Prüfung und Wertung der Angebote hinausgeht, **verboten**. Insoweit geht § 27 Nr. 3 VOB/A über den Schutz des Urheberrechts (§ 97 Abs. 1 UrhG), das nur eine »persönliche geistige Schöpfung« erfasst, hinaus. Eine Grenze auch für § 27 Nr. 3 VOB/A ist jedoch bei vom Bieter etwa im Rahmen seines Angebots mitgeteilten (technischen) Allgemeinwissen zu ziehen. Hier besteht daher kein Schutz (*Zirkel* VergabeR 2006, 321 ff.). Das Benutzungsverbot des § 27 Nr. 3 VOB/A gilt auch für **Nebenangebote** nicht berücksichtigter Bieter (vgl. OLG Düsseldorf BauR 1986, 107). Eine über die Prüfung und Wertung der Angebote hinausgehende Verwendung ist dem Auftraggeber nach § 20 Nr. 3 S. 2 VOB/A nur nach **vorheriger schriftlicher Vereinbarung** mit dem jeweiligen Bieter erlaubt. Jedoch liegt eine derartige Vereinbarung gerade nicht vor, wenn der Auftraggeber sich die »Zustimmung« durch eine entsprechende Klausel in den Vergabeunterlagen ausbedungen hat. Dies würde ein Unterlaufen des in § 27 Nr. 3 VOB/A ausgesprochenen Benutzungsverbots bedeuten (*Heiermann/ Riedl/Rusam* § 27 VOB/A Rn. 9). Auch eine Verwendung der Unterlagen unter der Bedingung einer nachträglichen Genehmigung ist grundsätzlich nicht zulässig. Im Übrigen enthält die Bestimmung des § 27 Nr. 3 VOB/A in ihrer generellen Form auch keine Grundlage für die Auffassung der VOB-Stelle Niedersachsen (IBR 1997, 92), wonach das Verbot der Weiterverwendung nicht gilt, wenn das Angebot eine »gängige Bauweise« enthält.

E. Rückgabe nicht berücksichtigter Angebotsunterlagen (§ 27 Nr. 4 VOB/A)

I. Grundsätzlich Verlangen der Bieter erforderlich

23 Nach § 27 Nr. 4 VOB/A muss der Auftraggeber **Entwürfe, Ausarbeitungen, Muster und Proben** zu nicht berücksichtigten Angeboten zurückgeben, wenn dies im Angebot oder innerhalb von 30 Kalendertagen nach Ablehnung des Angebots verlangt wird. Das **Verlangen** ist **Anspruchsvoraussetzung**. Es kommt also für den Rückgabeanspruch des Bieters darauf an, ob er das Rückgabeverlangen entweder im Angebot, konkludent durch Rücknahme des Angebots nach § 18 Nr. 3 VOB/A (*Franke/Kemper/Zanner/Grünhagen* § 27 VOB/A Rn. 16), oder aber binnen 30 Kalendertagen nach Eingang der Benachrichtigung von der Nichtberücksichtigung seines Angebots gem. Nr. 1 dem Auftraggeber gegenüber geltend gemacht hat. In letzterer Hinsicht rechnet die Frist ab dem Tag nach dem **Eingang** der Benachrichtigung beim Auftragnehmer (§ 187 Abs. 1 BGB). Es handelt sich bei der Herausgabefrist zwar vergaberechtlich nach § 27 Nr. 4 VOB/A um eine **Ausschlussfrist**. Das bedeutet für den Bieter zwar einerseits, dass eine Verpflichtung zur Rücksendung der genannten Unterlagen nur innerhalb von 30 Kalendertagen verlangt werden kann (Beck'scher VOB-Komm./*Jasper* § 27 VOB/A Rn. 30). Dies heißt jedoch andererseits nicht, dass der Auftraggeber nach Ablauf dieser Frist mit den ihm überlassenen Unterlagen nach Belieben verfahren kann. Insoweit bleibt der Bieter auch weiterhin **Eigentümer** seiner dem Auftraggeber überlassenen Unterlagen, so dass ein Herausgabeanspruch nach § 985 BGB den – verwirkten – Anspruch nach § 27 Nr. 4 VOB/A überlagert. Ein nach Ablauf der Frist eingegangenes Rückgabeverlangen eines Bieters kann der Auftraggeber daher

wegen der fortdauernden Eigentumsstellung des Bieters nicht unberücksichtigt lassen. Allenfalls sind seine Sorgfaltspflichten aus dem Eigentümer-Besitzer-Verhältnis (§§ 987 ff. BGB) bzw. aus dem Verwahrungsverhältnis (§§ 688 ff. BGB) abgemildert (siehe Rn. 26). Der Auftraggeber sollte daher erforderlichenfalls die nicht berücksichtigten Bieter unter **Fristsetzung** auffordern, die Angebotsunterlagen zurückzunehmen (*Heiermann/Riedl/Rusam* § 27 VOB/A Rn. 13) oder ausdrücklich einer weiteren Verwendung durch den Auftraggeber zuzustimmen bzw. ausdrücklich auf ihr Eigentum zu verzichten. Nur wenn eine derartige ausdrückliche Zustimmung bzw. ein ausdrücklicher Verzicht des Bieters erfolgt sind, muss davon ausgegangen werden, dass der Auftraggeber in der Verwendung der bei ihm verbliebenen Angebotsunterlagen des Bieters frei ist.

II. Bieter bleibt Eigentümer

Macht der Bieter demgegenüber von seinem Rückgabeverlangen Gebrauch, folgt hieraus eine Rückgabepflicht des Auftraggebers. Diese rührt daraus, dass der Bieter das **Sacheigentum** an den genannten Sachen trotz der Übergabe im Rahmen des Angebotsverfahrens an den Auftraggeber behalten hat. Dann ist er nach wie vor Eigentümer und kann vom Auftraggeber Herausgabe nach § 985 BGB verlangen. Möglich ist auch – wie z.B. bei Mustern und Proben –, dass die im Rahmen des Angebotsverfahrens übergebenen Gegenstände im Eigentum eines Dritten stehen und ihrerseits dem Bieter leihweise überlassen worden waren. Besonders dann sind sie dem Bieter auf Verlangen zurückzugeben, damit er seine Rückgabepflicht gegenüber dem Dritten erfüllen kann.

24

III. Kostentragung

In § 27 Nr. 4 VOB/A heißt es nur, dass die Angebotsunterlagen zurückzugeben sind. Die VOB lässt es offen, auf **wessen Kosten** die Rückgabe zu erfolgen hat. Diese Frage kann aber z.B. bei dem Abtransport sperriger Muster oder Proben von Bedeutung sein. Die VOB überlässt es in erster Linie den Beteiligten, die Kostenfrage vorher zu regeln, wozu sich insbesondere in den Vergabeunterlagen das Anschreiben nach § 10 Nr. 5 VOB/A anbietet. Unterbleibt eine Regelung über die Kostenfrage, die auch noch später bis zur Rückgabe der Sachen getroffen werden kann, so kommen die gesetzlichen Vorschriften des BGB zum Zuge. In der Regel beinhaltet die Übergabe der Angebotsunterlagen vom Bieter an den Auftraggeber einen **Verwahrungsvertrag** oder jedenfalls ein verwahrungsähnliches Verhältnis (§§ 688 ff. BGB). Insoweit ergibt § 697 BGB, dass die Rückgabe der Sache an dem Ort zu erfolgen hat, an dem sie aufzubewahren war, also beim Auftraggeber. Dies bedeutet, dass der Abtransport vom Sitz des Auftraggebers **auf Kosten des betreffenden Bieters** geschieht. Auch erfolgt der Rücktransport auf Gefahr des Bieters.

25

IV. Pflichten des Auftraggebers

Fordert der Bieter die Sachen nicht entsprechend § 27 Nr. 4 VOB/A, also innerhalb der Frist von 30 Kalendertagen nach Ablehnung des Angebots **zurück**, so ist zwar vergaberechtlich zu folgern, dass er auf die Rückgabe verzichtet hat. Aber auch dann, wenn der Bieter nicht die Übersendung der eingereichten Unterlagen verlangt hat, bleibt der Bieter weiter Eigentümer, so dass der Auftraggeber die Unterlagen **nicht für andere Zwecke** nutzen darf. Dem stehen schon die Vorschriften der § 20 Nr. 3 und § 27 Nr. 3 VOB/A entgegen. In diesem Fall sind aber die Verwahrungspflichten des Auftraggebers gem. §§ 688 ff. BGB abgemildert (siehe insbesondere § 690 BGB: »Sorgfalt in eigenen Angelegenheiten«). Dies folgt aus § 27 Nr. 4 VOB/A, der davon ausgeht, dass grundsätzlich keine Rückgabepflicht besteht, wenn nicht der Bieter die Rücknahme im Angebot oder innerhalb von 30 Kalendertagen nach Ablehnung des Angebots verlangt, es insoweit also auf die Initiative des Bieters ankommt (a.A. wohl *Heiermann/Riedl/Rusam* § 27 VOB/A Rn. 13). Zweckmäßigerweise ver-

26

wahrt der Auftraggeber jedoch die nicht berücksichtigten Unterlagen grundsätzlich bis zur Abwicklung des betreffenden Bauauftrags auf.

F. Rechtsschutz

I. Primärrechtsschutz

27 Bei Auftragsvergaben **unterhalb** der EU-Schwellenwerte hat die Vorschrift des § 27 VOB/A rein informatorischen Charakter. Dies ergibt sich insbesondere daraus, dass der Bieter bei Auftragsvergaben unterhalb der EU-Schwellenwerte nicht durch eine Information des Auftraggebers veranlasst werden kann, ein nur oberhalb der EU-Schwellenwerte zum Tragen kommendes Nachprüfungsverfahren mit dem Ziel der Erlangung von Primärrechtschutz anzustrengen (Beck'scher VOB-Komm./ *Jasper* § 27 VOB/A Rn. 17; *Franke/Kemper/Zanner/Grünhagen* § 27 VOB/A Rn. 18). Oberhalb der EU-Schwellenwerte muss der auch hier im Vergabeverfahren anwendbaren Vorschrift des § 27 VOB/A allerdings eine **bieterschützende Funktion** i.S.d. § 97 Abs. 7 GWB zuerkannt werden. Nach dieser Bestimmung haben die Unternehmen Anspruch darauf, dass der Auftraggeber die Vorschriften über das Vergabeverfahren einhält. Insoweit hatte der Vergabeüberwachungsausschuss des Bundes (VÜA Bund 1 VÜ 2/96 »Mittellandkanal«) bereits in einem Beschluss vom 24.5.1996 zu Recht festgestellt, dass § 27 VOB/A **keine reine Formvorschrift** ist, sondern auch zur Entscheidungsfindung über die Beantragung eines Nachprüfungsverfahrens dient. Dies muss unabhängig davon gelten, dass § 13 VgV für alle Vergabeverfahren oberhalb der EU-Schwellenwerte eine automatische Benachrichtigungspflicht des Auftraggebers gegenüber den nicht berücksichtigten Bietern vorsieht, deren Verletzung zur Nichtigkeit des Zuschlags führen kann. Die Vorschrift des § 27 VOB/A über die Benachrichtigung nicht berücksichtigter Bewerbungen und Angebote mit dem dort geregelten Informationsanspruch der Bieter und Bewerber ist daher insoweit als bieterschützend anzusehen, als dass sie die Möglichkeit eines **Primärrechtschutzes** begründet. Dies ist in allen Fällen gegeben, in denen der Auftraggeber bei europaweiten Vergaben **vor Erteilung des Zuschlags** (siehe etwa § 27 Nr. 1 S. 1 und Nr. 2 VOB/A) verpflichtet werden kann, die Unternehmen über ihre Nichtberücksichtigung zu informieren, so dass diese ausreichend Gelegenheit zur Einleitung eines Nachprüfungsverfahrens gem. §§ 102 ff. GWB haben (vgl. auch VK Bund »Euro-Münzplättchen II« NZBau 2000, 53; *Boesen* § 97 Rn. 210). Demgegenüber gibt etwa § 27 Nr. 1 S. 2 VOB/A dem Bieter nur einen nachträglichen Informationsanspruch über den Ausgang des mit dem Zuschlag abgeschlossenen Vergabeverfahrens. Insoweit scheidet daher ein Primärrechtsanspruch des unterlegenen Bieters wegen des bereits erfolgten Zuschlags aus (VG Neustadt/Wst. VergabeR 2006, 78, 80). Zulässigkeitsvoraussetzung zur Geltendmachung eines Nachprüfungsantrags durch einen Bieter zur Erlangung eines vergaberechtlichen Primärrechtschutzes ist in jedem Fall, dass der Bieter den Verstoß gegenüber dem Auftraggeber gem. § 107 Abs. 3 S. 1 GWB unverzüglich nach dem Erkennen **gerügt hat**.

II. Sekundärrechtsschutz

28 Verletzt der Auftraggeber seine **Mitteilungs- und Informationspflicht** nach § 27 VOB/A, so ist er gegenüber den Bewerbern und Bietern verschiedenen Ansprüchen ausgesetzt. Neben der Herausgabe der betreffenden Unterlagen nach den §§ 812 ff. sowie § 985 BGB kommen für die Bewerber und Bieter Schadensersatzansprüche wegen einer **schuldhaften Verletzung von Rechtspflichten** nach den §§ 823, 826 BGB bzw. aus culpa in contrahendo (vgl. § 311 Abs. 2 i.V.m. §§ 241 Abs. 2, 280 ff. BGB) in Betracht. Voraussetzung ist jedoch, dass der betreffende Bieter darlegen und beweisen kann, dass ihm durch die verspätete Mitteilung andere Aufträge, die er von seinen fachlichen und personellen Kapazitäten hätte erbringen können, entgangen sind, hätte er sich nicht mehr an sein – erfolgloses – Angebot gebunden gefühlt. Der Nachweis eines Schadens wird jedoch in der

Praxis mit erheblichen Schwierigkeiten verbunden sein (*Franke/Kemper/Zanner/Grünhagen* § 27 VOB/A Rn. 19). Daneben können Ersatzansprüche aus einer Eigentumsverletzung sowie einer Verletzung des Urheberrechtsgesetzes und des Gesetzes gegen unlauteren Wettbewerb erwachsen. Der Schadensumfang berechnet sich nach § 249 BGB. Insoweit ist die Vermögenseinbuße, die z.B. ein Bieter durch einen Verstoß des Auftraggebers gegen § 27 Nr. 3 VOB/A erlitten hat, entscheidend. Nicht relevant für den Schadensumfang ist hingegen, welche Vorteile der Auftraggeber etwa durch eine rechtswidrige Nutzung von Angeboten oder Ausarbeitungen seinerseits erzielt hat (so ausdrücklich: OLG München VergabeR 2006, 423 f.; zur Schadensberechnung auch: *Zirkel* VergabeR 2006, 321, 326 f.).

§ 27a
Nicht berücksichtigte Bewerbungen

1. Auf Verlangen sind den nicht berücksichtigten Bewerbern oder Bietern unverzüglich, spätestens jedoch innerhalb einer Frist von 15 Kalendertagen nach Eingang ihres schriftlichen Antrags die Entscheidung über den Vertragsabschluss sowie die Gründe für die Nichtberücksichtigung ihrer Bewerbung oder ihres Angebots mitzuteilen. Den Bietern, die ein ordnungsgemäßes Angebot eingereicht haben, sind auch die Merkmale und Vorteile des Angebots des erfolgreichen Bieters sowie dessen Name schriftlich mitzuteilen. § 26a S. 3 gilt entsprechend.

2. Bei einem Verhandlungsverfahren mit Vergabebekanntmachung und beim Wettbewerblichen Dialog ist § 27 Nr. 2 entsprechend anzuwenden.

Inhaltsübersicht

	Rn.
A. Neuregelungen in § 27a VOB/A	1
B. Die Parallelvorschrift des § 13 VgV	3
I. Ziel: Effektiver Primärrechtsschutz	3
II. Adressat der Informationspflicht nach § 13 VgV	7
III. Umfang der Informationspflicht nach § 13 VgV	8
IV. Form und Frist für die Informationserteilung nach § 13 VgV	11
V. Keine Information gem. § 13 VgV über beabsichtigte Aufhebung der Ausschreibung	13
VI. Nichtigkeitsfolge bei Missachtung der Informationspflicht gem. § 13 VgV	16
1. Normierung eines gesetzlichen Verbots	16
2. Unzureichende Information	17
VII. De-facto-Vergaben ohne wettbewerbliches Verfahren: Keine Nichtigkeitsfolge gem. § 13 VgV	18
VIII. De-facto-Vergabe nach Wettbewerb: Entsprechende Anwendung des § 13 VgV	25
IX. Ausblick zur Neuregelung von De-facto-Vergaben auf europäischer Ebene	30
1. Die Rechtsprechung des EuGH vom 11.1.2005 (»Stadt Halle«)	30
2. Richtlinienvorschlag der EU-Kommission zur Verbesserung der Nachprüfungsverfahren	34
C. Benachrichtigung nicht berücksichtigter Bewerber oder Bieter (§ 27a Nr. 1 VOB/A)	38
I. Mitteilung der Gründe für die Nichtberücksichtigung (§ 27a Nr. 1 Abs. 1 VOB/A)	38
II. Zurückhaltung von Informationen (§ 27a Nr. 1 S. 3 VOB/A)	44
D. Mitteilungspflicht bei Verhandlungsverfahren und beim Wettbewerblichen Dialog (§ 27a Nr. 2 VOB/A)	46
E. Rechtsschutz	49
I. Primärrechtsschutz	49
II. Sekundärrechtsschutz	50

Aufsätze: *Erdl* Neues Vergaberecht: Effektiver Rechtsschutz und Vorab-Informationspflicht des Auftraggebers BauR 1999, 1341 ff.; *Adam* Zuschlag, Vertragsschluss und europäisches Vergaberecht WuW 2000, 260; *Brinker* Vorabinformation der Bieter über den Zuschlag oder Zwei-Stufen-Theorie im Vergaberecht? NZBau 2000, 174 ff.; *Höfler* Die Novelle erobert die Praxis – Erste Entscheidung zum neuen Vergaberecht NJW 2000, 120 ff.; *Reidt* Das Verhältnis von Zuschlag und Auftrag im Vergaberecht – Gemeinschafts- oder verfassungsrechtlich bedenklich? BauR 2000, 22 ff.; *Bär* § 13 Satz 4 VgV und rechtswidrig unterlassene Vergabeverfahren ZfBR 2001, 375 ff.; *Braun* Vorläufiger Rechtsschutz gegenüber de-facto-Vergaben NZBau 2001, 675 ff.; *Byok* Die Entwicklung des Vergaberechts seit 1999 NJW 2001, 2295 ff.; *Dieckmann* Nichtigkeit des Vertrags gem. § 13 VgV bei unterlassener Ausschreibung? NZBau 2001, 481 ff.; *Dreher* Rechtsschutz nach Zuschlag NZBau 2001, 241 ff.; *Erdl* Rechtliche und praktische Fragen zur Informationspflicht des § 13 Vergabeverordnung VergabeR 2001, 10 ff.; *Gröning* Die neue Vergabeverordnung WRP 2001, 1 ff.; *Hertwig* Ist der Zuschlag ohne Vergabeverfahren nichtig? NZBau 2001, 241 f.; *Heuvels/Kaiser* Die Nichtigkeit des Zuschlags ohne Vergabeverfahren NZBau 2001, 479 ff.; *Kratzenberg* Die Neufassung der Vergabeverordnung NZBau 2001, 119 ff.; *Wegmann* Die Vorabinformation über den Zuschlag bei der öffentlichen Auftragsvergabe NZBau 2001, 475 ff.; *Hailbronner* Rechtsfolgen fehlender Information oder unterlassener Ausschreibung bei Vergabe öffentlicher Aufträge (§ 13 VgV) NZBau 2002, 474 ff.; *Höß* Die Informationspflicht des Auftraggebers nach § 13 VgV VergabeR 2002, 443 ff.; *Müller-Wrede* De-facto-Vergabe in: Festschrift Jagenburg zum 65. Geburtstag, 2002, S. 653 ff.; *Müller-Wrede/Kaelble* Primärrechtsschutz, Vorabinformation und die Rechtsfolgen einer De-facto-Vergabe VergabeR 2002, 1 ff.; *Otting* Privatisierung und Vergaberecht VergabeR 2002, 11 ff.; *Portz* Aufhebung von Ausschreibungen im Nachprüfungsverfahren angreifbar ZfBR 2002, 551 ff.; *Portz* Die Informationspflicht des § 13 VgV unter besonderer Berücksichtigung von VOF-Verfahren VergabeR 2002, 211 ff.; *Prieß* EuGH locuta, causa finita, Die Aufhebung ist aufhebbar NZBau 2002, 433 f.; *Reidt/Brosius-Gersdorf* Die Nachprüfung der Aufhebung der Ausschreibung im Vergaberecht VergabeR 2002, 580 ff.; *Schröder* Die Informationspflicht nach § 13 VgV im Spiegel der aktuellen Rechtsprechung NVwZ 2002, 1140 ff.; *Burgi* Rechtsschutz ohne Vergabeverfahren? NZBau 2003, 16 ff.; *Dietlein/Spießhofer* Zur Anwendbarkeit des § 13 VgV bei der De-facto-Vergabe VergabeR 2003, 509 ff.; *Kau* Die Nichtigkeit öffentlicher Aufträge nach § 13 S. 6 VgV – ein Fehlgriff? NZBau 2003, 310 ff.; *Lindenthal* Begründet § 13 S. 6 VgV die Nichtigkeit von De-facto-Vergaben? VergabeR 2003, 610 ff.; *Stockmann* § 13 VgV in der Rechtspraxis NZBau 2003, 591 ff.; *Wagner/Wiegand* Auftraggebereigenschaft gemischtwirtschaftlicher Gesellschaften und Nichtigkeit von De-facto-Vergaben NZBau 2003, 369 ff.; *Rojahn* Die Regelung des § 13 VgV im Spiegel der höchstrichterlichen Rechtsprechung NZBau 2004, 382 ff.; *Dieckmann* Effektiver Primärrechtsschutz durch Zuschlagsverbote im deutschen Vergaberecht VergabeR 2005, 10 ff.; *Kaiser* Die Nichtigkeit so genannter De-facto-Verträge NZBau 2005, 311 ff.; *Heuvels* EG-Kommission will Lücken im europaweiten Primärrechtsschutz für Bieter schließen NZBau 2006, 416 ff.

A. Neuregelungen in § 27a VOB/A

1 § 27a VOB/A hat durch die Neufassung der VOB/A 2006 einige Änderungen erfahren. So hat nach § 27a Nr. 1 VOB/A nunmehr die von den nicht berücksichtigten Bewerbern oder Bietern gegenüber dem Auftraggeber verlangte Mitteilung »**unverzüglich, spätestens jedoch**« innerhalb einer Frist von 15 Kalendertagen und nicht mehr – wie bisher – grundsätzlich erst innerhalb von 15 Kalendertagen zu erfolgen. Der Gegenstand der Informationspflicht ist insoweit erweitert worden, als er nunmehr auch die »**Entscheidung über den Vertragsabschluss**« erfasst. Durch den in § 27a Nr. 1 S. 3 VOB/A neu aufgenommenen Verweis, dass »**§ 26a S. 3 VOB/A entsprechend gilt**«, konnte die noch in der alten Fassung vorhandene und separate Regelung des § 27a Nr. 1 Abs. 2 VOB/A, die sich sinngemäß im jetzigen § 26a S. 3 VOB/A wieder findet, entfallen.

2 Auch § 27a Nr. 2 VOB/A ist in seiner Neufassung 2006 **inhaltlich ausgedehnt worden**. Danach ist die Vorschrift des § 27 Nr. 2 VOB/A (Mitteilung von Informationen an nicht berücksichtigte Bewerber oder Bieter auf deren Verlangen) nicht nur auf das Verhandlungsverfahren mit Vergabebekanntmachung entsprechend anzuwenden. Vielmehr ist in der Neufassung des § 27a Nr. 2 VOB/A 2006

eine entsprechende Anwendung des § 27 Nr. 2 VOB/A auch auf das neue Verfahrensinstrument des **Wettbewerblichen Dialogs** erfolgt.

B. Die Parallelvorschrift des § 13 VgV

I. Ziel: Effektiver Primärrechtsschutz

Die **Informationspflicht** aus § 27a VOB/A, die ausschließlich bei Vergaben **oberhalb der EU-Schwellenwerte** zur Anwendung kommt, hat zwar durchaus eine eigenständige, aber dennoch vergleichsweise geringe praktische Bedeutung. Grund ist, dass bei EU-Vergaben die für Bieter sehr viel weitergehende Vorschrift des **§ 13 Vergabeverordnung (VgV)** zum Tragen kommt. Jedenfalls enthält die Vergabeverordnung in ihrer zentralen Vorschrift des § 13 eine z.T. parallele, aber im Hinblick auf die Rechtsfolgen einer Verletzung (**Nichtigkeit**) sehr viel strengere **Informationspflicht** für Auftragsvergaben oberhalb der EG-Schwellenwerte. Die aktuelle Vorschrift des § 13 VgV lautet: 3

»**§ 13 Informationspflicht**
Der Auftraggeber informiert die Bieter, deren Angebote nicht berücksichtigt werden sollen, über den Namen des Bieters, dessen Angebot angenommen werden soll und über den Grund der vorgesehenen Nichtberücksichtigung ihres Angebotes. Er sendet diese Information in Textform spätestens 14 Kalendertage vor dem Vertragsabschluss an die Bieter ab. Die Frist beginnt am Tag nach der Absendung der Information durch den Auftraggeber. Auf den Tag des Zugangs der Information beim Bieter kommt es nicht an. Ein Vertrag darf vor Ablauf der Frist oder ohne dass die Information erteilt worden und die Frist abgelaufen ist, nicht geschlossen werden. Ein dennoch abgeschlossener Vertrag ist nichtig.«

Den nicht berücksichtigten Bietern steht daher nach § 13 VgV bei allen Auftragsvergaben oberhalb der EG-Schwellenwerte, ohne dass es hierzu eines ausdrücklichen Antrags bzw. Verlangens ihrerseits bedarf, ein – **automatischer** – **Anspruch auf Vorabinformation** gegen den Auftraggeber zu (siehe hierzu grundlegend: *Stockmann* NZBau 2003, 591 ff.; *Rojahn* NZBau 2004, 382 ff.; *Dieckmann* VergabeR 2005, 10 ff.). Der mit der am 1.2.2001 erstmalig in Kraft getretenen Vergabeverordnung normierten und in der Neufassung der Bekanntmachung der VgV vom 11.2.2003 (BGBl. I. S. 169) neu gefassten **Informationspflicht** der Auftraggeber (§ 13 VgV) war eine Entscheidung der 1. Vergabekammer des Bundes (»**Euro-Münzplättchen II**«) (VK Bund BauR 1999, 1284 = NZBau 2000, 53) vorausgegangen. In dieser, auf der Grundlage eines VOL/A Sachverhalts ergangenen Entscheidung, hatte die Vergabekammer dem Auftraggeber die Pflicht auferlegt, alle Bieter **10 Tage** vor dem Zuschlag über die Absicht des Zuschlags sowie über den erfolgreichen Bieter zu informieren. Die Vergabekammer stützte diese aus § 27a VOL/A hergeleitete Vorabinformationspflicht, die der Gewährleistung eines **effektiven Primärrechtsschutzes** dienen sollte, insbesondere auf die Rechtsschutzgarantie des Art. 19 Abs. 4 GG. Allerdings war mit der Auffassung der VK Bund weder eine Vorabinformationspflicht für Auftragsvergaben unterhalb der EG-Schwellenwerte verbunden noch führte ein Verstoß gegen die Vorinformationspflicht zur Nichtigkeit eines dennoch abgeschlossenen Vertrags. 4

Bei Auftragsvergaben **oberhalb der EG-Schwellenwerte** schloss daher erst die Vorschrift des § 13 VgV mit der hier geregelten **Informationspflicht** für Auftraggeber die bestehende Lücke zur Gewährleistung eines **effektiven Primärrechtsschutzes** der Bieter vor Zuschlagserteilung. § 13 VgV war letztlich die Folge eines EuGH-Urteils (**Alcatel-Entscheidung**) vom 28.10.1999 (EuGH NZBau 2000, 33 ff.). In diesem Urteil hatte der EuGH im Hinblick auf eine vergleichbare Rechtslage in Österreich verlangt, »(...) die dem Vertragsschluss **vorangehende Entscheidung des Auftraggebers** darüber, mit welchem Bieter eines Vergabeverfahrens er den Vertrag schließt, in jedem Fall einem Nachprüfungsverfahren zugänglich zu machen, in dem der Antragsteller unab- 5 hängig von der Möglichkeit, nach dem Vertragsschluss Schadensersatz zu verlangen, die Aufhebung der Entscheidung erwirken kann, wenn die Voraussetzungen hierfür erfüllt sind«. Zwar wird auch durch § 13 VgV in Deutschland an dem bestehenden System des **Zusammenfallens von Zuschlag und Vertragsschluss** festgehalten. Allerdings zieht § 13 VgV erstmalig eine deutliche **Trennlinie** zwischen die **Entscheidung** über den Zuschlag einerseits und die **Erteilung** des Zuschlags andererseits.

6 Während die Nichtinformation eines Bieters nach § 13 S. 6 VgV grundsätzlich zur **Nichtigkeit** eines dennoch abgeschlossenen Vertrages gem. § 134 BGB führt (siehe BR-Drucks. 455/00 S. 18 f.), hat eine nach § 27a VOB/A unterlassene Information **nicht** die Rechtsfolge der **Nichtigkeit** eines dennoch abgeschlossenen Vertrages zur Folge. Anders als § 13 VgV, über dessen Informationsverpflichtung benachteiligte Bieter gerade in die Lage versetzt werden, bei Auftragsvergaben oberhalb der EU-Schwellenwerte ein **Nachprüfungsverfahren gem. §§ 102 ff. GWB** vor Vergabekammern einzuleiten, beschränkt sich daher die Rechtsfolge des § 27a VOB/A bei Verletzung von Informationspflichten primär auf **Schadensersatzansprüche** wegen schuldhafter Verletzung von Rechtspflichten aus §§ 311 Abs. 2, 241 Abs. 2, 280 ff. BGB.

II. Adressat der Informationspflicht nach § 13 VgV

7 Nach § 13 S. 1 VgV informiert der Auftraggeber **die Bieter**, deren Angebote nicht berücksichtigt werden sollen. Der Adressat der – ordnungsgemäßen – Information muss entsprechend der Regelung des § 130 BGB (Wirksamwerden der Willenserklärung gegenüber Abwesenden) stets **empfangsbevollmächtigt** sein (OLG Naumburg VergabeR 2004, 634, 638 f.). Mit dem Abstellen auf »die Bieter« wird ersichtlich, dass die Informationspflicht des Auftraggebers grundsätzlich die **Durchführung eines Vergabeverfahrens** voraussetzt. Nur die unterliegenden Bieter, also die Unternehmer, die ein **Angebot abgegeben haben**, aber im Ergebnis nicht den Zuschlag erhalten sollen, sollen der sie schützenden Vorschrift des § 13 VgV unterfallen. Die Vorschrift bezweckt daher nicht den Schutz Dritter außerhalb des Vergabeverfahrens und auch nicht den Schutz anderer Bieter (OLG Düsseldorf VergabeR 2003, 594 ff.; Thüringer OLG VergabeR 2003, 600 ff.; vgl. *Wegmann* NZBau 2001, 475, 478; *Heuvels/Kaiser* NZBau 2001, 479 f.; *Dieckmann* NZBau 2001, 481 f.; *Burgi* NZBau 2003, 16, 20 f.). Dass die Vergabestelle daher die Benachrichtigung anderer Bieter unterlassen hat, vermag allenfalls deren Rechte zu verletzen. Der benachteiligte Bieter kann sich aber nicht auf eine daraus resultierende Nichtigkeitsfolge gem. § 13 S. 6 VgV berufen. Die Begrenzung auf den Schutz von Bietern in § 13 S. 1 VgV verhindert aber nicht, dass diese Norm auch auf das **Verhandlungsverfahren** nach § 3a Nr. 1d VOB/A anwendbar ist. Da auch im Verhandlungsverfahren die Grundregeln des Vergaberechts, insbesondere das Wettbewerbs-, Transparenz- und Gleichbehandlungsprinzip (vgl. § 97 Abs. 1 und 2 GWB) zu beachten sind, muss auch die Durchführung von **Verhandlungsverfahren einem effektiven Rechtsschutz** unterliegen. Auch hier ist daher dem vom Auftraggeber ausgewählten Unternehmen eine Information gem. § 13 VgV zu erteilen. Dies gilt unabhängig davon, ob dem Verhandlungsverfahren eine Öffentliche Vergabebekanntmachung vorausgegangen ist oder nicht (OLG Düsseldorf NZBau 2003, 401, 404 ff., sowie VergabeR 2005, 508 ff.; OLG Dresden VergabeR 2002, 142, 144 m. Anm. *Otting*; *Erdl* VergabeR 2001, 10 f.).

III. Umfang der Informationspflicht nach § 13 VgV

8 Der Auftraggeber informiert die nicht berücksichtigten Bieter nach § 13 S. 1 VgV i.d.R. auf der Grundlage eines Formblatts zum einen über den **Namen des Bieters**, dessen Angebot angenommen werden soll und zum anderen über den **Grund der vorgesehenen Nichtberücksichtigung ihres Angebotes**. Zwar besteht nach dieser Bestimmung keine Pflicht, auch den **erfolgreichen Bieter** über seine bevorstehende Auftragserteilung zu informieren; um aber auch dem erfolgreichen Bieter frühzeitig Klarheit über die beabsichtigte Auftragserteilung an ihn zu verschaffen und insbesondere um Unsicherheiten über den Grund der unterbliebenen Information zu vermeiden, empfiehlt sich auch eine positive Benachrichtigung an diesen. Eine Ausnahme von der Informationspflicht nach § 13 VgV besteht dann, wenn ein Bieter über die Vergabeabsicht des Auftraggebers bereits **anderweitig informiert** wurde. In diesem Ausnahmefall muss der Auftraggeber die Kenntnis des (bereits informierten) Bieters nicht noch zusätzlich in Textform gem. § 13 VgV herstellen (Schleswig-Holsteinisches OLG VergabeR 2006, 258 ff.).

Während die Information an die nicht berücksichtigten Bieter über den Namen des Bieters, dessen Angebot angenommen werden soll, regelmäßig keine Schwierigkeit bereitet, stellt sich die Frage, wie detailliert die **Angabe des Grundes der vorgesehenen Nichtberücksichtigung** der einzelnen Angebote sein muss. Insoweit hat das Oberlandesgericht Düsseldorf in einem grundlegenden Beschluss vom 6.8.2001 (OLG Düsseldorf VergabeR 2001, 429 ff. m. Anm. *Abel* VergabeR 2001, 431 ff.) festgestellt, dass § 13 S. 1 VgV **keine hohen Anforderungen** an die Informationspflicht enthält und deshalb zurückhaltend auszulegen ist (so auch OLG Kolbenz VergabeR 2003, 448, 451). Es reiche aus, wenn der Auftraggeber **verständlich und präzise den Grund** benennt, weshalb das Angebot unberücksichtigt geblieben ist. Dabei sei es ihm durchaus erlaubt, sich kurz zu fassen. Das OLG Düsseldorf leitet die zurückhaltende Auslegung des § 13 S. 1 VgV insbesondere daraus ab, dass diese Vorschrift den Auftraggeber nur verpflichte, »**den Grund**«, nicht aber »**die Gründe**« für die Nichtberücksichtigung der Angebote mitzuteilen. Damit könne sich der Auftraggeber kurz fassen und brauche insbesondere keine Begründung abzugeben, die der eines schriftlichen Verwaltungsakts entspreche (OLG Düsseldorf VergabeR 2001, 429 f.; BayObLG VergabeR 2002, 637 f.; siehe auch KG VergabeR 2002, 235, 238). Weiterhin begründet das Gericht die zurückhaltende Auslegung des § 13 S. 1 VgV an die Informationspflicht des Auftraggebers zu Recht damit, dass die Vorschrift auch bei einer großen Anzahl zu informierender Bieter noch **praktikabel** bleiben muss und sie im Ergebnis **nicht ihrerseits zu einer Investitionsbremse** führen darf.

Die Bieter müssen daher durch die Information in die Lage versetzt werden zu beurteilen, ob ihre Ablehnung tragfähig ist oder nicht, um auf dieser Basis über die mögliche Einleitung eines Nachprüfungsverfahrens entscheiden zu können. Der nach § 13 S. 1 VgV informierte Bieter muss daher aufgrund der Mitteilung zumindest in Ansätzen nachvollziehen können, welche **konkreten Erwägungen** für die Vergabestelle bei der Nichtberücksichtigung seines Angebots ausschlaggebend waren. Die bloße zusammenfassende Mitteilung des Ergebnisses des Wertungsvorgangs, das Angebot sei nicht das wirtschaftlichste gewesen, reicht dafür nicht aus (KG Berlin VergabeR 2002, 235, 238; BayObLG VergabeR 2001, 438, 441 m. Anm. *Horn*). Bei VOB-Verfahren ist es daher zur Erfüllung der **Informationspflicht** durch den Auftraggeber notwendig, aber auch ausreichend, wenn der Auftraggeber den Bietern, die den Auftrag nicht erhalten sollen, auf der Grundlage der Eignungsprüfung sowie der von ihm bekannt gegebenen Auftragskriterien (vgl. § 25a VOB/A) mitteilt, welche konkreten Erwägungen und Gründe dazu geführt haben, dass ihre Angebote im Rahmen der **Wertung** (siehe insbesondere § 25 Nr. 1 bis 3 VOB/A) nicht berücksichtigt wurden. Die erforderliche Mitteilung durch den Auftraggeber kann auch durch ein **Formblatt** erfolgen. Dabei wird auf der Grundlage eines derartigen Formblatts durch den Auftraggeber der jeweilige Ausschluss- bzw. Nichtberücksichtigungsgrund des einzelnen Angebotes (Ankreuzen) durch eine **stichwortartige Erläuterung** (Begründung) ergänzt (vgl. das Formblatt zu § 13 VgV bei VOB-Vergaben [Informations- und Absageschreiben] NZBau 2001, 128).

IV. Form und Frist für die Informationserteilung nach § 13 VgV

Nach der am 15.2.2003 in Kraft getretenen Neufassung (siehe BGBl. I. 14.2.2003 S. 168) des § 13 S. 2 VgV sendet der Auftraggeber »diese Information **in Textform** spätestens **14 Kalendertage vor dem Vertragsabschluss an die Bieter ab**«. Die erfolgte Ersetzung des Wortes »schriftlich« in der Altfassung durch »in Textform« gibt den Vergabestellen die Möglichkeit, Vorinformationen auch per **E-Mail** (siehe § 126a BGB) oder **nicht eigenständig unterschriebenem Fax** rechtswirksam zu erteilen. Denn gem. § 126b BGB genügt für eine Erklärung »in Textform« deren Abgabe in einer Urkunde oder auf andere, zur dauerhaften Wiedergabe in Schriftzeichen geeigneten Weise unter Nennung des Namens des Erklärenden und des Abschlusses der Erklärung durch Nachbildung der Namensunterschrift. Ist ein Bieter über die Vergabeabsicht des Auftraggebers bereits **anderweitig infomiert**, bedarf es mangels Schutzbedürfnisses des Bieters einer Information nach § 13 VgV in Textform ausnahmsweise nicht mehr (OLG Schleswig-Holstein VergabeR 2006, 258 f.). Für die Frage der **ordnungsgemäßen Absendung** der Vorinformation an den richtigen Adressaten ist die Vorschrift des § 130 Abs. 1 BGB heranzuziehen. Danach genügt z.B. das Absenden einer Vorabinformation an eine Zweigstelle eines Bieters dann nicht, wenn diese nicht als Empfangsstelle für Informationen an den tatsächlichen Bieter bzw. als dessen **Empfangsbevollmächtigter** zu betrachten ist (OLG Naumburg VergabeR 2004, 634 ff.).

12 Der Streit, ob für den Zeitpunkt der Informationsweitergabe auf die Absendung beim Auftraggeber oder auf den Zugang bei den Bietern abzustellen ist, hat sich durch die am 15.2.2003 in Kraft getretene und **geänderte Fassung des § 13 VgV** (siehe BGBl. I. 14.2.2003 S. 168) endgültig erledigt. Nach S. 3 des § 13 VgV beginnt die Frist für die Einhaltung der 14 Kalendertage »**am Tag nach der Absendung der Information** durch den Auftraggeber«. § 13 S. 4 VgV besagt sodann in eindeutiger Klarstellung: »Auf den Tag des **Zugangs** der Information beim Bieter **kommt es nicht an**.« Damit wurde der älteren Rechtsprechung der Vergabesenate, die z.T. auf den Zugang der Information bei den nicht berücksichtigten Bietern abstellte, der Boden entzogen. Um dem Grundsatz der Transparenz und der Gleichbehandlung der Bieter zu entsprechen (vgl. § 97 Abs. 1 und 2 GWB), ist der Auftraggeber gut beraten, die Information nach § 13 S. 1 VgV schnellstmöglich und gleichzeitig an die nicht berücksichtigten Bieter zu senden.

V. Keine Information gem. § 13 VgV über beabsichtigte Aufhebung der Ausschreibung

13 Nach § 13 S. 2 VgV sendet der Auftraggeber die notwendige Information über den Grund der vorgesehenen Nichtberücksichtigung der Bieter in Textform spätestens 14 Kalendertage **vor dem Vertragsabschluss** an die Bieter ab. Damit bezieht sich die Norm ausdrücklich auf den unmittelbar bevorstehenden **Abschluss eines Vertrages** mit dem ausgewählten Bieter. Die Vorschrift soll gewährleisten, dass die in einem VOB-Vergabeverfahren beteiligten Bieter **vor** dem Vertragsschluss die Möglichkeit haben, eine rechtswidrige Entscheidung durch Einleitung eines Nachprüfungsverfahrens vor der Vergabekammer zu verhindern. Dies kommt auch darin zum Ausdruck, dass nach S. 1 über den Namen des Bieters, dessen Angebot angenommen werden soll, informiert werden muss.

14 Teilweise wird in der Literatur unter Effektivitätsaspekten gefordert, § 13 VgV auch auf eine Pflicht zur Vorabinformation über eine **bevorstehende Aufhebung der Ausschreibung** anzuwenden (*Erdl* VergabeR 2001, 10, 13 ff.). Eine derartige Interpretation des Wortlautes des § 13 VgV überschreitet aber die Grenzen zulässiger Auslegung. Die Grenze der Auslegung ist der Wortlaut einer Norm. Hieran kann auch eine verfassungs- oder europarechtskonforme Interpretation nichts ändern. Eine Pflicht zur Vorabinformation über die Aufhebung der Ausschreibung ist daher vom Wortlaut des § 13 VgV, der in S. 2 eindeutig auf den **Vertragsabschluss** abstellt, nicht gedeckt. Eine Analogie scheidet ebenfalls mangels Fehlens einer planwidrigen Regelungslücke aus. Insoweit ist zu berücksichtigen, dass die Vergabeverordnung mit Entwurfsstand vom 8.6.2000 vorsah, dass ein Auftraggeber, der beabsichtigt, ein Vergabeverfahren durch **Aufhebung** zu beenden, alle Bieter spätestens 10 Werktage vor der Aufhebung zu informieren hatte. Diese Vorschrift ist jedoch bewusst wieder gestrichen worden, weil sie in der Tendenz dazu geführt hätte, dass ein Auftrag zustande kommt, an dem der Auftraggeber kein Interesse mehr hat. Raum für eine analoge Anwendung des § 13 VgV, die eine Informationspflicht auch für den Fall der beabsichtigten Aufhebung der Ausschreibung vorsieht, besteht daher gerade nicht.

Der Europäische Gerichtshof hat aber in einem Urteil vom 18.6.2002 (Rechtssache C-92/00; EuGH »Hospital Ingenieure« VergabeR 2002, 361 ff. = NZBau 2002, 458 ff.; *Portz* ZfBR 2002, 551; *Prieß* NZBau 2002, 433; *Reidt/Brosius-Gersdorf* VergabeR 2002, 580 ff.) – auch zu der Frage, ob § 13 VgV auf die Vorabinformation über die Aufhebung der Ausschreibung angewandt werden muss – entschieden, dass die Aufhebung einer Ausschreibung durch einen Auftraggeber nach der EG-Rechtsmittelrichtlinie einem Nachprüfungsverfahren unterliegen müsse. Damit hat der Europäische Gerichtshof zu einer auch im deutschen Vergaberecht bisher sehr umstrittenen Frage Stellung bezogen. Zwar hat nach dieser Entscheidung des Europäischen Gerichtshofs der Druck, eine Vorinformation des Auftraggebers auch bei beabsichtigten Aufhebungen der Ausschreibung auf rechtlicher Grundlage einzuführen, um den Bietern die Möglichkeit zu geben, sich **frühzeitig** gegen rechtswidrige Aufhebungen wehren zu können, zugenommen; eine Informationspflicht über die **beabsichtigte Aufhebung** der Ausschreibung gem. § 13 VgV folgt jedoch auch aus diesem Urteil nicht. 15

VI. Nichtigkeitsfolge bei Missachtung der Informationspflicht gem. § 13 VgV

1. Normierung eines gesetzlichen Verbots

In § 13 S. 5 VgV ist bestimmt, dass »ein **Vertrag** vor Ablauf der Frist oder ohne dass die Information erteilt worden und die Frist abgelaufen ist, **nicht geschlossen werden darf**«. Über die Ermächtigungsgrundlage des § 97 Abs. 6 GWB erlangt die Vergabeverordnung Gesetzescharakter. Dies bedeutet, dass § 13 S. 5 VgV als bieterschützende Vorschrift die Normierung eines **gesetzlichen Verbots** für den hier geregelten Sachverhalt enthält (KG Berlin VergabeR 2002, 235, 237). Ein **vor Ablauf** der Frist oder **ohne** Informationsweitergabe und abgelaufener Frist abgeschlossener Vertrag ist gem. § 13 S. 6 VgV **nichtig**. Erst die Nichtigkeitsfolge des § 13 S. 6 VgV soll einen **durchsetzbaren, effektiven Rechtsschutz begründen**. Dabei spielt es keine Rolle, ob der Bieter, mit dem der Vertrag abgeschlossen wurde, subjektiv von dem Verstoß des Auftraggebers gegen die Informationspflicht Kenntnis hatte oder nicht. Die Nichtigkeitsfolge des Vertrages für und gegen jedermann auch bei »knappem« Verstoß gegen die bloße Informationspflicht und **ohne zeitliche Begrenzung** ist sowohl **rechtlich** als auch **wirtschaftlich** bedenklich (hierauf weisen *Hailbronner* NZBau 2002, 474 ff., und *Kau* NZBau 2003, 310 ff. hin). Nicht zuletzt deshalb sollte nach der in der letzten Legislaturperiode geplanten Neuregelung des § 13 VgV die Geltendmachung der Unwirksamkeit – auch bei Defacto-Vergaben – vom Antragsteller innerhalb einer Frist von 30 Kalendertagen ab Kenntnis, spätestens aber ein halbes Jahr nach dem Verstoß als Voraussetzung für die Zulässigkeit zur Einleitung eines Nachprüfungsverfahrens vorgenommen werden müssen. Der Entwurf ist jedoch wegen der vorgezogenen Bundestagswahl nicht in neues Recht umgesetzt worden. Mit einer grundlegenden Entscheidung vom 9.2.2004 hat der Bundesgerichtshof (BGH VergabeR 2004, 201 ff.) jedoch festgestellt, dass die Nichtigkeitsfolge eines Vertrages, der vor Ablauf der 14-Tagesfrist gem. § 13 VgV geschlossen worden ist, durch die **Ermächtigung** in § 97 Abs. 6 GWB gedeckt ist (a.A. noch *Kau* NZBau 2003, 310 f.). 16

2. Unzureichende Information

Ist ein zur Verhandlung aufgeforderter, aber nicht zum Zuge gekommener Bieter zwar innerhalb der 14-Kalendertages-Frist vom Auftraggeber über seine Nichtberücksichtigung informiert worden, ist diese Information aber im Hinblick auf die Angabe des genauen Grundes **lückenhaft und unzureichend**, löst eine derartige unzureichende Information **nicht die Nichtigkeitsfolge** des § 13 S. 6 VgV aus. Denn in diesem Fall einer tatsächlich an die Bieter erfolgten Vorabinformation mit Begründung ist die Forderung des § 13 S. 1 VgV jedenfalls formal erfüllt. Daher kommt eine Nichtigkeit nach § 13 S. 6 VgV nicht in Betracht. Der – unzureichend – informierte Bieter hat ja gerade nach Erhalt einer rechtzeitig erteilten Information die Möglichkeit, sein subjektives Recht auf eine umfassende Information und auf eine ausreichende Begründung gem. § 13 S. 1 VgV im Wege eines **Nachprüfungs-** 17 verfahrens durchzusetzen. Es ist daher unter Rechtsschutzgesichtspunkten nicht erforderlich, diesen Fall durch die strenge Nichtigkeitsfolge des § 13 S. 6 VgV abzusichern (OLG Thüringen VergabeR 2005, 521, 523 f., m. Anm. *Noelle*; BayObLG VergabeR 2002, 637 f. m. Anm. *Wagner*; OLG Koblenz VergabeR 2002, 384, 386 f. m. Anm. *Glahs/Külpmann*; Thüringer OLG VergabeR 2005, 521 ff.; *Abel* VergabeR 2001, 431 f.; *Erdl* VergabeR 2001, 10, 21, 23; a.A. OLG Düsseldorf VergabeR 2001, 429 ff.; KG VergabeR 2002, 235).

VII. De-facto-Vergaben ohne wettbewerbliches Verfahren: Keine Nichtigkeitsfolge gem. § 13 VgV

18 Zum Teil wurde im Schrifttum angenommen, dass die **Nichtigkeitsfolge** des § 13 S. 6 VgV auch bei Aufträgen eingreift, die **ohne Durchführung eines jeglichen Vergabeverfahrens** bzw. ohne Auswahl zwischen verschiedenen Interessenten, also direkt und rechtswidrig, vergeben worden sind. Habe der Auftraggeber daher überhaupt kein förmliches Vergabeverfahren bzw. keine sachgerechte Auswahl bei der Beauftragung eines Bieters oder eines Interessenten durchgeführt (**De-facto-Vergabe**), so müsse zur Erreichung effektiven Rechtsschutzes und mit dem argumentum a maiore ad minus **erst recht** die Nichtigkeitsfolge eintreten (*Hertwig* NZBau 2001, 241 f.; *Dreher* NZBau 2001, 244 f.; *Byok* NJW 2001, 2295, 2301; *Prieß* EuZW 2001, 367). Wenn daher schon der Verstoß gegen eine nicht rechtzeitige Informationspflicht zur Nichtigkeit des Zuschlages führe, müsse dies erst recht dann gelten, wenn der Auftraggeber den Auftrag gänzlich ohne Durchführung eines Vergabeverfahrens vergeben habe. Auch wird darauf verwiesen, dass die Verpflichtung zur Gewährleistung **effektiven Rechtsschutzes** nach den EG-Vergaberichtlinien eine **entsprechende Auslegung** des § 13 VgV erfordere (*Dreher* NZBau 2001, 241, 245; *Otting* VergabeR 2002, 11, 18; siehe auch *Bär* ZfBR 2001, 375 ff.).

19 Auch wenn der »Erst-Recht-Schluss« zunächst einleuchtend klingt, ist er im Ergebnis zumindest bei bereits erfolgtem Vertragsschluss **ohne jegliches vorangegangene** wettbewerbliche Verfahren und ohne Vorliegen von »Angeboten« nicht haltbar (*Braun* NZBau 2001, 657 ff.; *Wagner/Wiegand* NZBau 2003, 369, 372). Nach seinem Wortlaut setzt § 13 S. 1 VgV »Bieter« voraus, deren Angebote nicht berücksichtigt werden. Bieter und ihre Angebote können dem Auftraggeber aber nur im Rahmen eines Wettbewerbs- oder Vergabeverfahrens bekannt geworden sein, nicht aber ohne jegliches vorangegangene wettbewerbsartige Verfahren. Aufgrund seiner systematischen Stellung im Rahmen der Vergabeverordnung trifft § 13 VgV eine »nähere Bestimmung« i.S.d. § 1 VgV über das bei der Vergabe öffentlicher Aufträge einzuhaltende Verfahren. Damit wird schon aufgrund der Systematik grundsätzlich ein **Vergabeverfahren** vorausgesetzt. Die Pflicht zur Durchführung eines Vergabeverfahrens ist eben keine bloße Formalie, sondern nach dem Willen des Verordnungsgebers grundsätzlich Kern des Systems der Vorabinformation. Erst ein vorangegangenes wettbewerbliches Verfahren schafft die Voraussetzungen eines **subjektiven Rechts**, also eine individuelle Rechtsposition. Wenn man demgegenüber eine Ausdehnung der Informationspflicht des § 13 VgV im Sinne einer **allgemeinen Informationspflicht** (*Hertwig* NZBau 2001, 241 f.) vornehmen würde, wäre der eindeutige Wille des Normgebers ebenso gebrochen wie der Wortlaut und die Systematik des § 13 VgV (so im Ergebnis auch OLG Düsseldorf NZBau 2003, 400 ff. = VergabeR 2003, 435 ff., sowie OLG Düsseldorf VergabeR 2004, 216, 219 ff., die zur Voraussetzung der Anwendung des § 13 VgV ein Verfahren mit mehreren Bietern machen; KG VergabeR 2005, 236, 243; *Müller-Wrede/Kaelble* VergabeR 2002, 1, 6). Im Ergebnis scheidet daher sowohl eine direkte Anwendung der Nichtigkeitsregelung des § 13 S. 6 VgV auf so genannte reine »De-facto-Vergaben« ebenso aus wie eine analoge Anwendung (so wie hier: *Dietlein/Spießhofer* VergabeR 2003, 509 ff.; *Lindenthal* VergabeR 2003, 630 ff.).

20 Fraglich ist allenfalls, ob bei einer bereits vollzogenen »De-facto-Vergabe« ohne Durchführung eines vorherigen Wettbewerbsverfahrens eine direkte Anwendung des **§ 134 BGB** mit der dort beschriebenen **Nichtigkeitsfolge** wegen eines Verstoßes gegen ein Verbotsgesetz zur Anwendung kommt.

Hiervon wird in der Literatur z.T. unter Verweis auf einen Verstoß gegen die zwingend vorgegebene Ausschreibungspflicht und gegen das Wettbewerbsgebot gem. § 97 Abs. 1 i.V.m. § 101 Abs. 1 GWB ausgegangen (*Kaiser* NZBau 2005, 311 ff.; *Müller-Wrede/Kaelble* VergabeR 2002, 7 ff.). Diese Auslegung vermag jedoch ebenfalls im Ergebnis nicht zu überzeugen.

Wäre die Nichtigkeit des Vertrages bei jedem gänzlich nicht durchgeführten Vergabeverfahren und **21** der hierbei unterbliebenen Information nach § 13 S. 1 VgV die Folge, wird übersehen, dass § 114 Abs. 2 S. 1 GWB im Grundsatz trotz Vergabefehlern an der **Wirksamkeit von Verträgen festhält**. Damit ist einer Nichtigkeitsfolge aus einem Verstoß gegen ein Verbotsgesetz (§ 134 BGB), die schon aus einer bloßen Verletzung des § 97 Abs. 1 GWB herzuleiten wäre, der Boden entzogen. Bei Erlass des Vergaberechts-Änderungsgesetzes verzichtete der Gesetzgeber mit gutem Grund darauf, eine generelle Nichtigkeit für alle Aufträge zu statuieren, die – rechtswidrig – ohne vorherige Ausschreibung vergeben wurden. Die Nichtigkeitsfolge wurde vielmehr – abgesehen von dem Spezialfall einer **sittenwidrigen Kollusion** (§ 138 BGB) – auf die Fälle beschränkt, in denen der Zuschlag gegen **das gesetzliche Verbot** des § 115 Abs. 1 GWB erteilt worden ist. Würde man die Nichtigkeitsfolge des § 13 S. 6 VgV auch auf all die Fälle ausweiten, in denen überhaupt kein Vergabeverfahren stattgefunden hat, würden im Ergebnis die besonderen Voraussetzungen des § 115 Abs. 1 GWB, der ausdrücklich eine Nichtigkeitsregel enthält, übergangen. Daher kann § 13 S. 6 VgV bei gänzlich unterlassener Ausschreibung bzw. unterlassenem wettbewerblichen Verfahren grundsätzlich nicht gelten (in diesem Sinne auch *Wegmann* NZBau 2001, 475, 478, sowie *Heuvels/Kaiser* NZBau 2001, 479 f. und *Dieckmann* NZBau 2001, 481 ff.; ebenfalls für »vollzogene De-facto-Vergaben« sowie insgesamt grundlegend zur Problematik: *Müller-Wrede* FS Jagenburg S. 657 ff.).

Insoweit muss auch darauf hingewiesen werden, dass eine andere Rechtsauffassung nicht abschätz- **22** bare Konsequenzen für die Rechtssicherheit hätte. Dies betrifft insbesondere die Fallgestaltungen, in denen der Auftraggeber die Durchführung eines jeglichen Wettbewerbs- oder Vergabeverfahrens zwar mit **guten Gründen** verneint hat, die Voraussetzungen für das Vorliegen eines Vergabeverfahrens jedoch **nicht mit letzter Sicherheit ausgeschlossen werden können**. Hierunter fallen insbesondere die Sachverhalte (vgl. *Dieckmann* NZBau 2001, 481 ff.), dass

– die **Auftraggebereigenschaft** nach § 98 Nr. 2 GWB nicht mit Sicherheit beurteilt werden kann,
– eine Ausschreibungsverpflichtung nach dem Gegenstand des Vertrages, insbesondere im Zusammenhang mit der sog. **In-House-Thematik**, zweifelhaft ist,
– der Auftraggeber nach sachgerechter Prüfung aufgrund der Tatbestände des § 3a Nr. 1c und Nr. 5 VOB/A das Verhandlungsverfahren ohne **vorherige Vergabebekanntmachung** anwendet.

In all diesen Fällen mögen trotz gegebener Zweifel gute Gründe für die Nichtdurchführung eines Vergabeverfahrens bestehen. Würde aber in diesen Fällen **eines überhaupt nicht durchgeführten Wettbewerbsverfahrens** der geschlossene Vertrag mit der Rechtsfolge der Nichtigkeit bedroht sein, wäre dies nicht sachgerecht. Es würde aber insbesondere dem Wortlaut des § 13 VgV und seiner Begründung widersprechen, wenn die Nichtigkeitsfolge über die Nichtinformation bei eingeleiteten Vergabeverfahren (»Bieter«) hinaus auch diese Form der bereits vollzogenen »De-facto-Vergaben« betreffen würde. Will man eine Nichtigkeitsfolge auch bei derartigen »De-facto-Vergaben« bedarf es daher einer zurzeit nicht gegebenen klaren Regelung in § 13 VgV.

Umgekehrt kann der häufig für die Rechtfertigung der Nichtigkeitsfolge und eines »Erst-Recht- **23** Schlusses« zugrunde gelegte Sachverhalt eines **kollusiven**, schuldhaften und rechtswidrigen Zusammenwirkens zwischen dem Auftraggeber und dem Vertragspartner zur gemeinsamen Herbeiführung einer De-facto-Vergabe unter bewusstem Ausschluss potenzieller Mitbewerber über die Rechtsfigur des § 138 BGB (**Sittenwidriges Rechtsgeschäft**) mit der Folge gelöst werden, dass ein derartiger unter Verstoß gegen die Ausschreibungspflicht zustande gekommener Vertrag **nichtig** ist (zu den Voraussetzungen, unter denen eine De-facto-Vergabe im Einzelfall gegen § 138 BGB verstößt, siehe KG VergabeR 2005, 236, 244 f.). Dies erklärt auch, warum ein Analogiebedürfnis und eine Rechtslücke nicht bestehen und warum der Verordnungsgeber weder im Rechtstext des § 13 VgV noch in den Materialien den Sachverhalt einer Nichtigkeitsfolge für die ohne ein Wettbewerbs- oder Vergabeverfahren durchgeführten Auftragserteilungen erwähnt hat (*Heuvels/Kaiser* NZBau 2001, 479 ff.).

24 Auch die Pflicht zur Durchführung eines transparenten Vergabeverfahrens gem. § 97 Abs. 1 GWB vermag bei gänzlicher Nichtdurchführung eines Wettbewerbs- oder Vergabeverfahrens nach der VOB **keine unmittelbare Nichtigkeitsfolge** zu begründen. § 97 Abs. 1 GWB enthält zunächst nur ein **Gebot** zu einem bestimmten Tun, nämlich bestimmte Verfahrensregeln bei der Vertragsanbahnung im Vergabeverfahren einzuhalten. Selbst wenn man im Umkehrschluss daraus das Verbot ableiten würde, einen Vertrag ohne Vergabeverfahren abzuschließen, richtet sich dieses Verbot noch nicht gegen den Vertrag als solchen, sondern regelt nur ein besonderes Verfahren für die Vergabe öffentlicher Aufträge. Deshalb ist die VOB/A als solche auch kein gesetzliches Verbot i.S.d. § 134 BGB. Ein Verstoß gegen die Durchführung eines Vergabeverfahrens führt daher nicht automatisch zur Nichtigkeit.

VIII. De-facto-Vergabe nach Wettbewerb: Entsprechende Anwendung des § 13 VgV

25 Bei einer »De-facto-Vergabe« wird die Anwendung des § 13 VgV aber ausgelöst, wenn der Auftraggeber ein **bereits von ihm eingeleitetes Vergabeverfahren** aufhebt und sodann nach der Aufhebung ohne die Durchführung eines weiteren Verfahrens einen Vertrag mit einem der früheren Mitbewerber abschließt, obwohl auch ein anderer Bewerber nach der Aufhebung des ersten Vergabeverfahrens dem Auftraggeber ein weiteres Angebot hat zukommen lassen, aber **nicht** von diesem nach § 13 VgV über den beabsichtigten Vertragsschluss mit dem Mitbewerber informiert worden ist (für den Zeitpunkt der Einleitung eines Vergabeverfahrens stellt das OLG Düsseldorf NZBau 2001, 696 ff., zurecht auf ein materielles Verständnis – Beginn organisatorischer Schritte mit dem Endziel eines Vertragsschlusses – und nicht auf die Vergabebekanntmachung ab). So lag ein vom OLG Dresden entschiedener Fall (VergabeR 2002, 142 ff. m. Anm. *Otting* VergabeR 2002, 146 f., der aber den dem OLG Dresden zugrunde liegenden besonderen Sachverhalt zu Unrecht auch auf alle die Fälle übertragen will, in denen Auftraggeber von vornherein von der Durchführung einer Ausschreibung bzw. eines Wettbewerbs abgesehen haben). Bei diesem besonderen (VOL-)Sachverhalt hatte der Auftraggeber ein »freihändiges« Verhandlungsverfahren erst nach Aufhebung des vorangegangenen förmlichen Vergabeverfahrens ohne erneute Beteiligung der Bieter aus dem Erstverfahren durchgeführt. In einem derartigen Sachverhalt ist das Oberlandesgericht Dresden zu Recht davon ausgegangen, dass der Auftraggeber **zwingend mit sämtlichen geeigneten Bietern** – also auch den weiter interessierten Bietern aus dem ersten Verfahren – auch in dem zweiten Verfahren hätte verhandeln müssen. Tut er dies nicht und gibt ein Bieter des aufgehobenen Vergabeverfahrens unaufgefordert ein Angebot ab, muss dieser auch als **Bieter behandelt werden**. Folge ist, dass diesem Bieter gegenüber gem. § 13 S. 1 und 2 VgV eine **Informationspflicht** 14 Kalendertage vor dem Vertragsschluss besteht.

26 Die vom OLG Dresden vorgenommene Anwendung des § 13 VgV auf stattgefundene De-facto-Vergaben **nach einem durchgeführten vorherigen Wettbewerb** ist vom OLG Düsseldorf in einer grundlegenden Entscheidung vom 30.4.2003 (»g.e.b.b.-Beschluss«; OLG Düsseldorf NZBau 2003, 400 ff. = VergabeR 2003, 435 ff. m. Anm. *Prieß*, sowie weiter klarstellend: OLG Düsseldorf VergabeR 2005, 503, 505 f.) fortgeführt worden. In dem zugrunde liegenden Fall ging es um die Beschaffung von über 80.000 Paar Kampfschuhen für die Bundeswehr. Hierfür hatte der Auftraggeber zwar in der Vorstufe zur Auftragserteilung ein **»wettbewerbliches Verfahren«** durchgeführt, auf dessen Grundlage Angebote einholt wurden. Jedoch hatte die sich auf eine Verletzung des § 13 VgV berufende antragstellende Bieterin kein Angebot über die Lieferung von Kampfschuhen abgegeben. Dies lag aber insbesondere daran, dass sie zunächst nur aufgefordert wurde, ein Angebot für eine bloße Schuhkonfektionierungsleistung abzugeben, woran sie kein Interesse hatte. Die von der Auftraggeberin in der Folge vorgenommene Änderung ihrer Beschaffungskonzeption (statt der Vergabe eines bloßen Konfektionierungsauftrags nunmehr Vergabe des Auftrags zur Lieferung des kompletten Kampfschuhs) wurde der Antragstellerin aber nicht mitgeteilt.

Für diesen Fall eines **vorangegangenen wettbewerblichen Verfahrens**, das der Sache nach ein Verhandlungsverfahren ohne vorherige Vergabebekanntmachung war, hat das Oberlandesgericht Düsseldorf die Anwendung des § 13 VgV zu Recht bejaht. Insoweit hänge die Anwendbarkeit des § 13 VgV **nicht** von der vorherigen Durchführung eines **förmlichen Vergabeverfahrens** ab. Nach dem Wortlaut des § 13 VgV müsse es sich nur »um ein Verfahren handeln, in dem es **Bieter und Angebote gibt**, und zwar mehr Bieter, als bei der konkreten Auftragsvergabe berücksichtigt werden können«. Sei aber der öffentliche Auftraggeber aufgrund der vorliegenden Umstände des Einzelfalls verpflichtet, einem Unternehmen – wie hier dem Antragsteller – den Bieterstatus einzuräumen, ist dieses Unternehmen schon aufgrund dieser Verpflichtung in den Schutzbereich des § 13 VgV einbezogen. Dies bedeutet, dass ein mit einem anderen Bieter geschlossener Vertrag, dem keine Information an das andere und auch geschützte Unternehmen vorausgegangen war, gem. § 13 S. 6 VgV **nichtig ist**. Dabei kann es nach dem OLG Düsseldorf auch keine Rolle spielen, wenn der Auftraggeber **rechtsirrig** glaubt, er sei wegen des Fehlens seiner Auftraggebereigenschaft nicht an das Vergaberecht und demnach auch nicht an § 13 VgV gebunden. Eine derartige – rechtsirrige – Auffassung greife schon deswegen nicht, weil dies mit einer ungerechtfertigten Prämierung des Auftraggebers verbunden wäre (OLG Düsseldorf NZBau 2003, 400, 404 ff. = VergabeR 2003, 435 ff.). **27**

Es muss aber ausdrücklich darauf hingewiesen werden, dass der Fall des OLG Düsseldorf – wie auch der des OLG Dresden – entscheidende Besonderheiten aufweist (so zu Recht: *Wagner/Wiegand* NZBau 2003, 369, 372). Diese Besonderheiten liegen insbesondere darin, dass der Freihändigen Direktvergabe ein Verfahren mit Bieterwettbewerb vorausgegangen war, bei dem der jeweilige Antragsteller sich entweder mit einem Angebot oder aber zumindest als Interessent beteiligt hatte. Nur unter diesen Umständen nahm das OLG Düsseldorf (klarstellend nochmals: OLG Düsseldorf VergabeR 2005, 503, 505, sowie VergabeR 2005, 508 ff.) wie zuvor schon das OLG Dresden an, dass die Antragstellerin auch weiterhin als Bieterin hätte behandelt werden müssen und der Informationspflicht nach § 13 VgV unterlegen habe. Daraus lässt sich im Umkehrschluss ableiten, dass § 13 VgV dann nicht anzuwenden ist, wenn sich Auftraggeber ohne jedes Verfahren auf einen Vertragsschluss einigen und keine anderen Bieter bzw. Interessenten vorhanden sind. Wegen der besonderen Konstellation dieses Falles ist daher eine Übertragung der Entscheidung des OLG Düsseldorf auf sonstige Fälle von De-facto-Vergaben ohne vorherigen Wettbewerb nicht möglich. **28**

Der **Bundesgerichtshof** ist der Auffassung des OLG Dresden und des OLG Düsseldorf im Ergebnis in einer grundlegenden Entscheidung vom 1.2.2005 (BGH »Altpapierverwertung II« VergabeR 2005, 328, 334 f.) gefolgt. Nach dieser Entscheidung ist § 13 VgV **entsprechend** anzuwenden, wenn es im Anwendungsbereich der §§ 97 ff. GWB bei der Beschaffung von Leistungen zur **Beteiligung mehrerer Unternehmen** gekommen ist, die Angebote abgegeben haben, und der öffentliche Auftraggeber eine Auswahl unter diesen Unternehmen trifft (so im Ergebnis auch: OLG Thürigen VergabeR 2004, 113, 117, m. Anm. v. *Kus*; OLG München VergabeR 2005, 620, 625 f., m. Anm. v. *Hermann*; OLG Celle VergabeR 2005, 809 f. m. Anm. v. *Schulz*). Für diesen Sachverhalt des Vorhandenseins mehrerer Unternehmen geht der Bundesgerichtshof zu Recht davon aus, dass hier der Auftraggeber verpflichtet gewesen wäre, die nicht berücksichtigten Bieter in sachgerechter Form über ihre Nichtberücksichtigung zu informieren. Dabei betont der Bundesgerichtshof nochmals ausdrücklich, dass eine möglicherweise falsche rechtliche Einordnung der Ausschreibungspflicht durch den Auftraggeber nichts an seiner Informationspflicht ändern könne. Insoweit gehöre die »richtige rechtliche Einordnung eines geplanten Vorgehens zum allgemeinen Risiko, das jeder zu tragen hat, der am Rechtsleben teilnehmen will« (so auch OLG Düsseldorf NZBau 2003, 400, 405). **29**

IX. Ausblick zur Neuregelung von De-facto-Vergaben auf europäischer Ebene

1. Die Rechtsprechung des EuGH vom 11.1.2005 (»Stadt Halle«)

30 In einer grundlegenden Entscheidung des **EuGH vom 11.1.2005** (»**Stadt Halle**«) hat dieser auch wesentliche Ausführungen zum Rechtsschutz bei **De-facto-Vergaben** gemacht (EuGH VergabeR 2005, 44 ff. = NZBau 2005, 111 ff.). Bei dem der Entscheidung zugrunde liegenden Sachverhalt hatte die Stadt Halle ohne vorherige förmliche Einleitung eines Vergabeverfahrens einen Auftrag im Abfallentsorgungsbereich an eine von ihr mehrheitlich beherrschte gemischtwirtschaftliche Gesellschaft erteilt. Hiergegen hatte sich ein an dem Auftrag interessiertes privates Entsorgungsunternehmen mit dem Ziel gewandt, die Stadt Halle zur Durchführung einer öffentlichen Ausschreibung zu verpflichten.

31 Der EuGH hat für seine Entscheidung auf den Wortlaut von Art. 1 Abs. 1 der EG-Rechtsmittelrichtlinie 89/665/EWG vom 21.12.1989 zurückgegriffen. Danach »ergreifen die Mitgliedstaaten die erforderlichen Maßnahmen, um sicherzustellen, dass hinsichtlich der in den Anwendungsbereich der EU-Vergaberichtlinien fallenden Verfahren zur Vergabe öffentlicher Aufträge die **Entscheidungen** der Vergabebehörden wirksam und vor allem möglichst rasch auf Verstöße gegen das Gemeinschaftsrecht im Bereich des öffentlichen Auftragswesens nachgeprüft werden können«. Der hiermit intendierte wirksame und rasche gerichtliche Rechtsschutz gegen **jede Entscheidung** einer Vergabebehörde bezieht sich nach Auffassung des EuGH daher auch auf die im **Vorfeld der Ausschreibung** getroffene Entscheidung, gerade kein Vergabeverfahren durchzuführen (so auch schon EuGH »Alcatel Austria« NZBau 2000, 33 ff. Rn. 43). Nicht nachprüfbar sind nach dem EuGH nur Handlungen des Auftraggebers, die eine bloße **Vorstudie des Marktes** darstellen oder die rein vorbereitend sind und sich im Rahmen der **internen Überlegungen** des öffentlichen Auftraggebers im Hinblick auf die Vergabe eines öffentlichen Auftrags abspielen (EuGH VergabeR 2005, 44 ff. Nr. 35).

32 Nach Auffassung des EuGH war aber im vorliegenden Fall, bei dem die Direktvergabe beabsichtigt, aber noch nicht endgültig vollzogen worden war, festzustellen, dass diese Willensäußerung des öffentlichen Auftraggebers spätestens dann nachprüfbar ist, wenn sie über das Stadium der internen Überlegungen hinausgeht und Rechtswirkungen entfalten kann. Zur Begründung dieser »Außenwirkung« zählt der EuGH jedenfalls die Aufnahme **konkreter Vertragsverhandlungen** mit einem Interessenten, weil diese eine entsprechende Willensäußerung des Auftraggebers darstellen. Daher ist im Ergebnis die Entscheidung eines öffentlichen Auftraggebers, kein Vergabeverfahren einzuleiten, weil der Auftrag seiner Auffassung nach nicht in den Anwendungsbereich des Vergaberechts fällt, ebenso wie die Entscheidung, ein Vergabeverfahren zu beenden, eine Entscheidung, die nach dem EuGH **gerichtlich überprüfbar** sein muss. Eine andere Auslegung hätte nach dem EuGH zur Folge, dass die Anwendung des Vergaberechts trotz ihrer zwingenden Vorgaben je nach Belieben des öffentlichen Auftraggebers fakultativ wäre.

33 Weiter stellt der EuGH in seinem Urteil vom 11.1.2005 klar, dass die Nachprüfungsmöglichkeit entsprechend Art. 1 Abs. 3 der EU-Rechtsmittelrichtlinie 89/665/EWG jedem zur Verfügung stehen müsse, der ein **Interesse** an dem fraglichen Auftrag hat oder hatte und dem durch einen behaupteten Rechtsverstoß ein Schaden entstanden ist bzw. zu entstehen droht. Die formale Bieter- oder Bewerbereigenschaft ist hierfür **nicht erforderlich** (EuGH VergabeR 2005, 44 ff. Nr. 40). Im Zusammenhang mit den rechtlichen Schlussfolgerungen aus einer De-facto-Vergabe ist auch eine Entscheidung des Bundesgerichtshofs (BGH 7.2.2006 KVR 5/05 »DB Regio/üstra«) von Interesse. In dieser Entscheidung, bei der es um die ohne Ausschreibung stattgefundene Vergabe von Verkehrsleistungen im Bereich des Schienenpersonennahverkehrs und des Straßenpersonennahverkehrs ging, hat der Bundesgerichtshof ausgeführt, »dass gewisse Mindestanforderungen an die Vergabe rechtlich schon durch das Gemeinschaftsrecht vorgegeben sind. Denn da Art. 43 und 49 EG und das Verbot der Diskriminierung aus Gründen der Staatsangehörigkeit als besondere Ausprägungen des gemeinschaftsrechtlichen Gleichbehandlungsgrundsatzes eine Verpflichtung zur Transparenz einschließen, steht

das völlige Fehlen einer Ausschreibung unabhängig von entsprechenden Vorschriften des Sekundärrechts weder mit den Anforderungen der Art. 43 und 49 EG noch mit den Grundsätzen der Gleichbehandlung, der Nichtdiskriminierung und der Transparenz im Einklang«.

2. Richtlinienvorschlag der EU-Kommission zur Verbesserung der Nachprüfungsverfahren

In der Erkenntnis, dass die bestehenden EU-Nachprüfungsrichtlinien insbesondere im Hinblick auf den nicht ausreichend geregelten Sachverhalt der **De-facto-Vergaben** verbessert werden müssen, hat die EU-Kommission am 4.5.2006 einen **Vorschlag** für eine neue EU-Richtlinie des europäischen Parlaments und des Rats zur Änderung der bestehenden EU-Rechtsmittelrichtlinien 89/665/EWG und 92/13/EWG vorgelegt (KOM [2006] 195 endgültig). Der Vorschlag ist abgedruckt in NZBau 2006 S. X ff. (siehe hierzu eingehend: *Heuvels* NZBau 2006, 416 ff.). Dabei geht die EU-Kommission davon aus, dass insbesondere für das Problem der rechtswidrigen freihändigen Vergabe von Aufträgen die meisten Mitgliedsstaaten noch keine wirksame Lösung gefunden haben und es hier noch eine **Reihe von Schwachstellen** gibt. Um diesen Schwachstellen abzuhelfen, hat die Kommission insbesondere Verbesserungen im Rechtsschutz bei Freihändigen Vergaben vorgeschlagen. 34

Ist demnach ein Auftraggeber der Meinung, dass ein Auftrag über dem Schwellenwert der Vergaberichtlinien **freihändig** vergeben werden darf, soll er – außer insbesondere bei zwingenden dringlichen Gründen, die im Zusammenhang mit Ereignissen stehen, die der Auftraggeber nicht voraussehen konnte, – mit dem Abschluss des Vertrages grundsätzlich **mindestens zehn Kalendertage** warten, nachdem er die Zuschlagsentscheidung im Wege einer vereinfachten Bekanntmachung angemessen veröffentlicht hat. Schließt ein Auftraggeber einen Vertrag dennoch rechtswidrig während dieser **Stillhaltefrist**, die im Ergebnis der im deutschen Recht (§ 13 VgV) enthaltenen Vorabinformationspflicht des Auftraggebers gegenüber Bietern entspricht, so soll dieser Vertragsschluss nach dem neuen Richtlinienvorschlag der EU-Kommission als **unwirksam** betrachtet werden. Die Folgen der Rechtswidrigkeit für die Wirkungen des Vertrages soll die zuständige Nachprüfungsinstanz feststellen. Diese Instanz muss jedoch nach dem Richtlinienvorschlag binnen eines Verjährungszeitraums von **sechs Monaten** von einem Wirtschaftsteilnehmer angerufen werden. 35

Nach dem Richtlinienvorschlag muss der Auftraggeber daher vor dem Vertragsschluss bei Freihändigen Vergaben zum einen beachten, dass die **Zuschlagsentscheidung** selbst keine vertragliche Wirkung entfalten darf und als solche nachprüfbar sein muss; zum anderen muss der öffentliche Auftraggeber seine Zuschlagsentscheidung grundsätzlich zehn Kalendertage vor dem eigentlichen Vertragsschluss im Wege einer vereinfachten Bekanntmachung angemessen veröffentlichen. Die Mindestinformationen dieser Bekanntmachungsveröffentlichung sind im Anhang II des vorgesehenen EU-Vorschlags wiedergegeben. Danach hat der Auftraggeber insbesondere neben der **Bezeichnung und Beschreibung** des Auftrags das **Datum** der Zuschlagsentscheidung sowie eine **Begründung** der Entscheidung anzugeben, warum er bei einem oberhalb des EU-Schwellenwerts liegenden Auftrags kein förmliches Vergabeverfahren durchführt. Weiter muss er neben der genauen Angabe der für das Nachprüfungsverfahren zuständigen Instanz und der Fristen für die Beantragung eines Nachprüfungsverfahrens den **Namen und die Anschrift** des Wirtschaftsteilnehmers angeben, an den der Auftrag vergeben wurde. 36

Sollte der Richtlinienvorschlag der EU-Kommission zur Verbesserung der Wirksamkeit der Nachprüfungsverfahren im Bereich des öffentlichen Auftragswesens mit der vorgeschlagenen Stillhaltefrist und der vereinfachten Bekanntmachung geltendes Recht werden, ist in der Folge von noch intensiveren Rechtsschutzmöglichkeiten nicht aufgeforderter Unternehmen bei Freihändigen Vergaben oberhalb des EU-Schwellenwerts auszugehen. Allerdings ist zu fragen, ob nicht gerade die Stillhaltepflicht von zehn Kalendertagen sowie die in einem Zeitraum von sechs Monaten mögliche Anrufung der Nachprüfungsinstanzen durch Wirtschaftsteilnehmer, mit der die Rechtswidrigkeit für die Wirkungen des Vertrages festgestellt werden sollen, nicht dazu führt, dass im Ergebnis **recht-** 37

VOB/A § 27a   Nicht berücksichtigte Bewerbungen

mäßige Freihändige Vergaben ihres eigenständigen Wertes beraubt werden. Weiter ist zu berücksichtigen, dass gerade eine Ausnahme für die vorgesehene neue Regelung dann gegeben sein soll, wenn **zwingende dringliche Gründe** eine Freihändige Vergabe erfordern. Gerade dieser Fall dürfte aber einer der **Hauptgründe** für eine Freihändige Vergabe sein.

C. Benachrichtigung nicht berücksichtigter Bewerber oder Bieter (§ 27a Nr. 1 VOB/A)

I. Mitteilung der Gründe für die Nichtberücksichtigung (§ 27a Nr. 1 Abs. 1 VOB/A)

38 Nach § 27a Nr. 1 Abs. 1 S. 1 VOB/A sind den **nicht berücksichtigten Bewerbern oder Bietern** unverzüglich, spätestens jedoch innerhalb einer Frist von **15 Kalendertagen** nach Eingang ihres schriftlichen Antrags die **Entscheidung über den Vertragsabschluss** sowie **die Gründe** für die Nichtberücksichtigung ihrer Bewerbung oder ihres Angebots mitzuteilen. Diese im Interesse der Bewerber oder Bieter stets nur auf deren **schriftlichen** Antrag hin – also nicht telefonisch oder sonst mündlich, durchaus aber in elektronischer Form (vgl. § 126 Abs. 3 i.V.m. § 126a BGB) – bestehende **Mitteilungspflicht** bei Auftragsvergaben oberhalb der EU-Schwellenwerte hat ihre Entsprechung für Auftragsvergaben unterhalb der EU-Schwellenwerte in der Basisvorschrift des § 27 Nr. 2 VOB/A. Die **Basisvorschrift** des § 27 Nr. 2 VOB/A entspricht vom Wortlaut her und auch **inhaltlich** der EG-Vorschrift des § 27a Nr. 1 Abs. 1 S. 1 VOB/A. Deswegen kann, insbesondere was Inhalt und Umfang der im Einzelnen anzugebenden Gründe sowie die Fristberechnung angeht, auf die Kommentierung zu § 27 Nr. 2 VOB/A verwiesen werden.

39 Allerdings sind durch die Neufassung des § 27a Nr. 1 S. 1 VOB/A auch einige Unterschiede zu § 27 Nr. 2 VOB/A aufgetreten. So sind den Bewerben oder Bietern nach § 27a auf der Basis ihres Verlangens – anders als nach § 27 Nr. 2 VOB/A – **unverzüglich**, also ohne schuldhaftes Zögern (§ 121 BGB), **spätestens** jedoch innerhalb einer Frist von 15 Kalendertagen nach Eingang ihres schriftlichen Antrags nicht nur die Gründe für die Nichtberücksichtigung ihrer Bewerbung oder ihres Angebots mitzuteilen, sondern auch die **Entscheidung über den Vertragsabschluss**. Damit ist der Auftraggeber nach § 27a Nr. 1 S. 1 VOB/A bereits **zeitlich unmittelbar** nach Eingang des schriftlichen Antrags der Bewerber oder Bieter zur Mitteilung an diese verpflichtet, kann also grundsätzlich nicht – anders als nach § 27 Nr. 2 VOB/A – die Frist von 15 Kalendertagen ausschöpfen. Die Inanspruchnahme der Frist ist daher nach § 27a Nr. 1 S. 1 VOB/A die zu begründende **Ausnahme**, während sie nach § 27 Nr. 2 VOB/A **regelmäßig** vom Auftraggeber voll in Anspruch genommen werden darf. Das Abstellen auf die »**unverzügliche**« Benachrichtigung durch den Auftraggeber in § 27a Nr. 1 S. 1 VOB/A beruht auf der Vorschrift des Art. 41 Abs. 1 der EU-VKR vom 31.3.2004. Hier ist bestimmt, dass der öffentliche Auftraggeber den Bewerbern und Bietern **schnellstmöglich** die entsprechende Mitteilung macht.

40 Materiell enthält § 27a Nr. 1 S. 1 VOB/A in der Neufassung eine Ausdehnung dadurch, dass die Mitteilung nunmehr auch die **Entscheidung über den Vertragsabschluss** erfasst. Auch hierfür ist Grundlage Art. 41 Abs. 1 der EU-VKR. Dort ist u.a. bestimmt, dass der öffentliche Auftraggeber den Bewerbern und Bietern schnellstmöglich seine Entscheidungen über die **Zuschlagserteilung** mitteilt. Indem der Auftraggeber demnach den nicht berücksichtigten Bewerbern oder Bietern auf deren Verlangen nicht nur die Gründe für die Nichtberücksichtigung ihrer Bewerbung oder ihres Angebots, sondern auch die Entscheidung über den Vertragsabschluss mitzuteilen hat, muss er jeweils neben einer ggf. erforderlichen negativen Ablehnungs- bzw. Ausschlussbegründung gegenüber nicht berücksichtigten Bewerbern oder Bietern auch eine **positive Begründung** abgeben, mit der er die Entscheidung über den Vertragsabschluss erläutert. In der Regel wird sich jedoch diese Wiedergabe der Entscheidung des Auftraggebers über den Vertragsabschluss darauf konzentrieren, dass der Auftraggeber gegenüber den nicht berücksichtigten Bewerbern oder Bietern die positiven Gründe

gem. § 25 Nr. 3 Abs. 3 VOB/A, die gemäß seinem **Zuschlagskriterium** (siehe auch Rn. 43) zum Zuschlag auf das wirtschaftlichste Angebot geführt haben, angibt.

Ein weiterer Unterschied zwischen § 27a Nr. 1 S. 1 VOB/A und § 27 Nr. 2 VOB/A besteht darin, dass der Auftraggeber nach der Basisvorschrift den **Bewerbern oder Bietern die Gründe** für die Nichtberücksichtigung ihrer Bewerbung oder ihres Angebotes **schriftlich** mitzuteilen hat, während nach § 27a Nr. 1 Abs. 1 S. 1 VOB/A auf die Schriftlichkeit verzichtet wird. Da inhaltliche Gründe für einen Unterschied zwischen der Basisvorschrift und der EG-Vorschrift an dieser Stelle nicht nachvollziehbar sind – auch § 27a Nr. 1 Abs. 1 S. 2 VOB/A verlangt die Schriftlichkeit –, muss davon ausgegangen werden, dass die Nichtaufnahme des Wortes »schriftlich« in § 27a Nr. 1 Abs. 1 S. 1 VOB/A auf einem Redaktionsversehen beruht (zustimmend: *Franke/Kemper/Zanner/Grünhagen* VOB-Kommentar § 27a VOB/A Rn. 3). Jedenfalls ist dem Auftraggeber schon aus **Beweis- und Sicherheitsgründen** anzuraten, den nicht berücksichtigten Bewerbern oder Bietern auch bei Auftragsvergaben oberhalb der EG-Schwellenwerte die Entscheidung über den Vertragsabschluss sowie die Gründe für ihre Nichtberücksichtigung **schriftlich** mitzuteilen. Bei einem entsprechenden Antrag der Bewerber und Bieter sieht dies zumindest auch Art. 41 Abs. 1 EU-VKR vor. **41**

Nach § 27a Nr. 1 Abs. 1 S. 2 VOB/A sind den Bietern, die ein ordnungsgemäßes Angebot eingereicht haben – **anders als den nicht berücksichtigten Bewerbern**, die ausschließlich die Entscheidung über den Vertragsabschluss sowie die Gründe für Ihre Nichtberücksichtigung mitgeteilt bekommen (vgl. VK Nordbayern Vergaberechts-Report 2/2001, 3) –, auch die **Merkmale und Vorteile** des Angebotes des erfolgreichen Bieters sowie dessen Name schriftlich mitzuteilen. Die Einreichung eines **ordnungsgemäßen Angebots** setzt dessen **inhaltliche und formelle Fehlerfreiheit** voraus. Dies bedeutet insbesondere, dass die Angebote der Vorschrift des § 21 VOB/A entsprechen müssen. Nach § 25 Nr. 1 Abs. 1a bis 1d VOB/A auszuschließende Angebote sind jedenfalls **nicht ordnungsgemäß** und erfüllen daher nicht die Voraussetzungen an eine Benachrichtigungspflicht. Darüber hinaus können auch Angebote von Bietern, die **nicht** die Voraussetzungen des **§ 8 Nr. 5 VOB/A** erfüllen oder die dem § 21 Nr. 3 S. 2 VOB/A nicht entsprechen, weil Änderungsvorschläge nicht auf besonderer Anlage gemacht und als solche deutlich gekennzeichnet wurden, nach § 25 Nr. 1 Abs. 2 VOB/A ausgeschlossen werden. Dann sind auch diese Angebote nicht als ordnungsgemäße Angebote anzusehen. **42**

Allen übrigen Bietern, die ein ordnungsgemäßes Angebot eingereicht haben, hat der Auftraggeber über die Entscheidung über den Vertragsschluss sowie die Mitteilung der Gründe für die Nichtberücksichtigung ihres Angebots nach S. 1 hinaus auch die **Merkmale und Vorteile** des Angebotes des erfolgreichen Bieters sowie dessen Namen **schriftlich** mitzuteilen. Die schriftliche Mitteilung umfasst gem. § 126 Abs. 3 i.V.m. § 126a BGB auch die elektronische Form (e-mail). Die Informationen müssen zwar präzise und verständlich sein. Sie können aber zurückhaltend und in der gebotenen Kürze weitergegeben werden, wozu ein Formularschreiben ausreicht (vgl. OLG Düsseldorf VergabeR 2001, 429 ff.; BayObLG VergabeR 2002, 383 f.; OLG Koblenz VergabeR 2002, 384, 386, für § 13 VgV, der allerdings – anders als § 27a VOB/A – auf »den Grund« und nicht »die Gründe« abstellt, ohne das im Ergebnis ein Unterschied bestehen dürfte). Hinsichtlich der Merkmale und Vorteile des Angebots des erfolgreichen Bieters ist anders als bei S. 1 (Gründe für die **Nichtberücksichtigung** der Bewerbung oder des Angebots) auf die **positiven Eigenschaften und Merkmale** des Angebots des erfolgreichen Bieters abzustellen. Neben preislichen Kriterien kommt hier insbesondere die Ausfüllung des Kriteriums des **wirtschaftlichsten Angebots** gem. § 25 Nr. 3 Abs. 3 VOB/A zum Tragen. Nach § 25 Nr. 3 Abs. 3 S. 2 VOB/A soll unter den Angeboten, die unter Berücksichtigung rationellen Baubetriebs und sparsamer Wirtschaftsführung eine einwandfreie Ausführung einschließlich Gewährleistung erwarten lassen, nach Maßgabe aller Gesichtspunkte der Zuschlag erteilt werden. Beispielhaft werden als maßgebliche Kriterien neben dem **Preis** insbesondere die **Qualität, der technisch Wert und die technische Hilfe, Ästhetik, Zweckmäßigkeit, Umwelteigenschaften, Ausführungsfrist, die Betriebs- und Folgekosten, die Rentabilität oder der Kundendienst** genannt. **43**

Insgesamt geht es daher bei den vom Auftraggeber mitzuteilenden Merkmalen und Vorteilen des Angebots des erfolgreichen Bieters neben dem Preis als Grundlage insbesondere um die **konkrete Darlegung** seiner besseren Wirtschaftlichkeit auf der Grundlage der vom Auftraggeber vorgegebenen Zuschlagskriterien. Neben diesen Merkmalen und Vorteilen muss (»sind«) der Auftraggeber auch den **Namen des Bieters**, der den Zuschlag erhalten hat, **schriftlich mitteilen**.

II. Zurückhaltung von Informationen (§ 27a Nr. 1 S. 3 VOB/A)

44 Nach § 27a Nr. 1 S. 3 VOB/A **gilt § 26a S. 3 VOB/A entsprechend**. Danach kann der Auftraggeber bestimmte Informationen gegenüber den Bietern oder Bewerbern **zurückhalten**, wenn die Weitergabe den Gesetzesvollzug vereiteln würde oder sonst nicht im öffentlichen Interesse läge, oder die berechtigten Geschäftsinteressen von Unternehmen oder den fairen Wettbewerb beeinträchtigen würde. Mit dieser Bestimmung wird in § 27a Nr. 1 VOB/A über die entsprechende Anwendung des § 26a S. 3 VOB/A Art. 41 Abs. 3 EU-VKR umgesetzt. Nach **Art. 41 Abs. 3 EU-VKR** können die öffentlichen Auftraggeber beschließen, bei der Unterrichtung der Bewerber und Bieter bestimmte Angaben nicht mitzuteilen, »wenn die Offenlegung dieser Angaben den Gesetzesvollzug behindern, dem öffentlichen Interesse zuwiderlaufen, die berechtigten geschäftlichen Interessen öffentlicher oder privater Wirtschaftsteilnehmer schädigen oder den lauteren Wettbewerb zwischen ihnen beeinträchtigen würde«. Dieser EU-Regelung entspricht die Vorschrift des § 26a S. 3 VOB/A, wenngleich sie einen geringfügig anderen Wortlaut aufweist.

45 Ziel der Möglichkeit für den Auftraggeber, bestimmte Informationen gegenüber den nicht berücksichtigten Bewerbern oder Bietern zurückzuhalten ist es, die grundsätzlich geforderte Markttransparenz und Informationspflicht durch den Auftraggeber dann nicht greifen zu lassen, wenn **überwiegende andere Interessen** entgegenstehen. Hinsichtlich der Auslegung der vier Tatbestände des § 26a S. 3 VOB/A wird auf die Kommentierung zu dieser Vorschrift verwiesen. Jedenfalls muss der Auftraggeber das Informationsinteresse der nicht berücksichtigten Bewerber oder Bieter gegen andere schutzwürdige (Geheimhaltungs-)Interessen sorgfältig **abwägen**. Die Entscheidung, bestimmte Informationen zurückzuhalten, muss er im Vergabevermerk **dokumentieren** (OLG Brandenburg NZBau 2000, 39, 44). Auch wenn der Verweis auf § 26a S. 3 VOB/A mit den dort geregelten Tatbeständen keinen Begründungszwang für die Zurückhaltung bestimmter Informationen enthält, ergibt sich jedoch bereits aus den Vorschriften der §§ 30, 30a VOB/A über den **Vergabevermerk**, dass die Zurückhaltung von Informationen als Einzelentscheidung kurz zu **begründen** ist. Im Übrigen ist zu berücksichtigen, dass § 26a S. 3 VOB/A davon ausgeht, dass immer nur »**bestimmte Informationen**« durch den Auftraggeber zurückgehalten werden können, wenn entsprechende Gründe hierfür vorliegen. Hieraus folgt, dass ein gänzliches Unterlassen der Mitteilungspflicht gem. § 27a Nr. 1 S. 1 und S. 2 VOB/A durch den Auftraggeber gegenüber den nicht berücksichtigten Bewerbern oder Bietern nicht in Frage kommt. Entscheidend ist insbesondere, inwieweit durch die Weitergabe von **Einzelinformationen** der konkreten Entscheidung über den Vertragsabschluss sowie der Gründe für die Nichtberücksichtigung der jeweiligen Bewerbung oder des Angebots berechtigte Geschäftsinteressen von Unternehmen bzw. der faire Wettbewerb beeinträchtigt würde. Demgegenüber dürfte der Auftraggeber schon auf der Grundlage der Vorabinformationspflicht nach § 13 VgV sowie von § 27a Nr. 1 S. 2 VOB/A in jedem Fall verpflichtet sein, den **Namen des Bieters** mitzuteilen, der den Zuschlag erhalten soll bzw. erhalten hat (so auch *Franke/Kemper/Zanner/Grünhagen* § 27a Rn. 5).

D. Mitteilungspflicht bei Verhandlungsverfahren und beim Wettbewerblichen Dialog (§ 27a Nr. 2 VOB/A)

§ 27a Nr. 2 VOB/A ergänzt die Basisvorschrift des § 27 VOB/A für den Fall der im nationalen Bereich nicht möglichen Anwendung des sog. **Verhandlungsverfahrens mit vorausgegangener Vergabebekanntmachung** (§ 3a Nr. 5 VOB/A) sowie auch für den Fall der Anwendung des **Wettbewerblichen Dialogs** (§ 3a Nr. 4 VOB/A). Die Bestimmung bringt zum Ausdruck, dass auch auf ein Verhandlungsverfahren, dem eine Vergabebekanntmachung vorausgegangen ist sowie auf den Wettbewerblichen Dialog, die in § 27 Nr. 2 VOB/A geregelte Mitteilungspflicht für den Auftraggeber **entsprechende Anwendung findet**. Dies bedeutet, dass auch bei diesen beiden Verfahren den hier **nicht berücksichtigten Bewerbern oder Bietern** innerhalb einer Frist von 15 Kalendertagen nach Eingang ihres schriftlichen Antrags die Gründe für die Nichtberücksichtigung ihrer Bewerbung oder ihres Angebots schriftlich mitzuteilen sind. Beim Wettbewerblichen Dialog besteht die Besonderheit, dass der Auftraggeber mit den von ihm ausgewählten Unternehmen ggf. in verschiedenen aufeinander folgenden Phasen einen **Dialog** führt, um die für das nachfolgende Angebotsverfahren seinen Bedürfnissen am besten entsprechende **Lösung** zu finden. § 3a Nr. 4 Abs. 4 S. 1 VOB/A bestimmt insoweit, dass der Auftraggeber hierbei die Zahl der in der Dialogphase mit den Unternehmen zu erörternden Lösungen anhand seiner Zuschlagskriterien verringern kann. Nach S. 2 dieser Bestimmung hat der Auftraggeber die Unternehmen, deren Lösungen sodann nicht für die **nächstfolgende Dialogphase** vorgesehen sind, hierüber zu informieren. Während diese Information grundsätzlich nicht die Angabe der Gründe für die weitere Nichtberücksichtigung voraussetzt, muss der Auftraggeber gem. § 27a Nr. 2 i.V.m. § 27 Nr. 2 VOB/A auf Verlangen den nicht weiter berücksichtigten Bewerbern beim Wettbewerblichen Dialog innerhalb der 15 Kalendertagefrist nach Eingang ihres schriftlichen Antrags die **Gründe für ihre weitere Nichtberücksichtigung** mitteilen. Auf der Grundlage dieser vom Auftraggeber mitgeteilten Gründe (vgl. hinsichtlich des Inhalts und des Umfangs der im Einzelnen anzugebenden Gründe die Kommentierung zu § 27 Nr. 2 VOB/A) kann das im Wettbewerblichen Dialog zunächst beteiligte Unternehmen dann entscheiden, ob es diese für stichhaltig hält oder nicht. Führt sich das Unternehmen auf der Grundlage eines Vergaberechtsverstoßes zu Unrecht aus der Fortsetzung des Wettbewerblichen Dialogs ausgeschlossen, kann es ggf. gegenüber dem Auftraggeber ein vergaberechtliches **Nachprüfungsverfahren** gem. §§ 107 ff. GWB einleiten.

46

Weitergehend als den Bewerbern ist den **Bietern** innerhalb einer Frist von 15 Kalendertagen nach Eingang ihres schriftlichen Antrags neben den Gründen für die Nichtberücksichtigung ihres Angebots sowohl beim Verhandlungsverfahren mit Vergabebekanntmachung als auch beim Wettbewerblichen Dialog zusätzlich auch der Name des Auftragnehmers mitzuteilen. Beim Verhandlungsverfahren mit Vergabebekanntmachung werden die Bewerber in dem Zeitpunkt zu Bietern, in dem sie auf der Grundlage der Aufforderung des Auftraggebers konkrete Angebote abgeben. Beim Wettbewerblichen Dialog werden die Bewerber nach **Abschluss der Dialogphase** durch den Auftraggeber dann zu Bietern, wenn diese auf der Grundlage der in der Dialogphase näher ausgeführten Lösungen ihr endgültiges Angebot abgeben (vgl. § 3a Nr. 4 Abs. 5 VOB/A). In der Regel wird es sich hierbei aber selten um mehr als zwei noch nach der Dialogphase verbliebene Bieter handeln.

47

Indem § 27a Nr. 2 VOB/A über die entsprechende Anwendung des § 27 Nr. 2 VOB/A die Mitteilungspflicht des Auftraggebers auch auf Verhandlungsverfahren mit Vergabebekanntmachung und auf den Wettbewerblichen Dialog erstreckt, ist der Auftraggeber nur bei einem **Verhandlungsverfahren ohne Vergabebekanntmachung**, das im nationalen Bereich der Freihändigen Vergabe entspricht, nicht gehalten, eine entsprechende Mitteilung zu machen. Im Übrigen kann hinsichtlich der Einzelheiten der nach § 27 Nr. 2 VOB/A mitzuteilenden Inhalte auf die Kommentierung zu § 27 Nr. 2 VOB/A verwiesen werden.

48

E. Rechtsschutz

I. Primärrechtsschutz

49 Die Vorschrift des § 27a VOB/A begründet für Bieter und Bewerber einen **Informationsanspruch**. Soweit dieser Informationsanspruch gegenüber den Bewerbern und Bietern wegen der Einhaltung der Unverzüglichkeit bzw. der Frist von 15 Kalendertagen vom Auftraggeber **vor der Zuschlagserteilung** erfüllt werden muss, ergeben sich hieraus für Bieter und Bewerber subjektive Rechte i.S.d. § 97 Abs. 7 GWB, die auch noch im Primärrechtsschutz geltend gemacht werden können (*Boesen* Vergaberecht § 97 GWB Rn. 210). Allerdings werden in der Praxis diese subjektiven Rechte von der ebenfalls bei EG-Verfahren mit einem **weiteren Regelungsumfang** (automatische Mitteilung 14 Kalendertage vor dem Vertragsschluss, Nichtigkeit des Vertrages bei Verletzung) zur Anwendung kommenden Vorschrift des **§ 13 VgV** überlagert. Einem auf § 27a VOB/A gestützten Primärrechtsanspruch dürfte daher in der Praxis schon aus diesem Grunde keine größere Bedeutung zukommen.

II. Sekundärrechtsschutz

50 Bei Verletzung des § 27a VOB/A durch den Auftraggeber können die Bewerber und Bieter **Ersatzansprüche** geltend machen. Ein Ersatzanspruch kann sich zum einen aus § 823 Abs. 2 BGB wegen Verletzung eines Schutzgesetzes aus der EG-Vorschrift des § 27a VOB/A ergeben (Beck'scher VOB-Komm./*Brinker* § 27a VOB/A Rn. 21). Zum anderen lässt sich ein Schadensersatzanspruch wegen Verletzung einer Informationspflicht auch aus culpa in contrahendo (vgl. § 311 Abs. 2 i.V.m. §§ 241 Abs. 2, 282 ff. BGB) herleiten. Jedoch muss trotz des regelmäßigen Vorliegens eines vorvertraglichen Vertrauensverhältnisses auch ein kausaler Schaden durch die Verletzung der Mitteilungspflicht begründet worden sein. Dieser Ursachenzusammenhang dürfte im Einzelfall nicht leicht festzustellen sein.

§ 27b
Mitteilungspflichten

1. Sektorenauftraggeber teilen den teilnehmenden Unternehmen unverzüglich, spätestens jedoch innerhalb einer Frist von 15 Kalendertagen und auf Antrag in Textform ihre Entscheidungen über die Auftragsvergabe mit.

2. (1) Auftraggeber gemäß Abs. 1 teilen innerhalb kürzester Frist nach Eingang eines entsprechenden schriftlichen Antrags folgendes mit:
   – den ausgeschlossenen Bewerbern oder Bietern die Gründe für die Ablehnung ihrer Bewerbung oder ihres Angebots,
   – die Entscheidung einschließlich der Gründe, auf die Vergabe eines Auftrags zu verzichten oder das Verfahren erneut einzuleiten,
   – den Bietern, die ein ordnungsgemäßes Angebot eingereicht haben, die Merkmale und relativen Vorteile des erfolgreichen Angebots und den Namen des erfolgreichen Bieters.

   (2) **Der Auftraggeber kann jedoch beschließen, bestimmte Auskünfte über den Zuschlag nicht zu erteilen**, wenn eine derartige Bekanntgabe den Gesetzesvollzug behindern, dem öffentlichen Interesse zuwiderlaufen oder die legitimen Geschäftsinteressen von öffentlichen oder privaten Unternehmen einschließlich derjenigen des Unternehmens, das den Zuschlag erhalten hat, beeinträchtigen würde oder den lauteren Wettbewerb beeinträchtigen könnte.

Mitteilungspflichten § 27b VOB/A

Inhaltsübersicht Rn.

A. Neufassung des § 27b VOB/A 1
B. Erfasste Auftraggeber und Mitteilungspflichten (§ 27b Nr. 1 VOB/A) 2
   I. Sektorenauftraggeber und Tätigkeitsbereiche 2
      1. Sektorenauftraggeber 2
      2. Tätigkeitsbereiche (Art. 3 bis 7 sowie Anhänge I bis X der EU-SKR) 4
   II. Mitteilungspflichten 6
C. Konkretisierung der Mitteilungspflicht (§ 27b Nr. 2 VOB/A) 8
   I. Mitteilung näherer Einzelheiten (§ 27b Nr. 2 Abs. 1 VOB/A) 8
   II. Nichterteilung bestimmter Auskünfte (§ 27b Nr. 2 Abs. 2 VOB/A) 13
D. Rechtsschutz 14

A. Neufassung des § 27b VOB/A

§ 27b VOB/A ist in der **Neufassung** der VOB/A 2006 in einigen Punkten verändert worden. So vermeidet § 27b Nr. 1 VOB/A in der Neufassung die detaillierte Aufzählung aller Auftraggeber in den Sektorenbereichen und spricht nur noch einheitlich von »**Sektorenauftraggebern**«. Im Hinblick auf die Entscheidungen des Auftraggebers über die Auftragsvergabe gegenüber den teilnehmenden Unternehmen enthält die Neufassung des § 27b Nr. 1 VOB/A eine Fristverschärfung. Danach teilen die Sektorenauftraggeber den teilnehmenden Unternehmen »**unverzüglich, spätestens jedoch innerhalb einer Frist von 15 Kalendertagen**«, und auf Antrag »**in Textform**« ihre Entscheidungen über die Auftragsvergabe mit. Die Neufassung mit der Verpflichtung zur unverzüglichen Mitteilung beruht auf der Umsetzung des Art. 49 der EU-Sektorenrichtlinie (EU-SKR) vom 31.3.2004. Auch die **Neuaufnahme** des § 27b Nr. 2 Abs. 1 Spiegelstrich 2 VOB/A, wonach die Sektorenauftraggeber den nicht berücksichtigten Bewerbern oder Bietern auch die »Entscheidung einschließlich der Gründe, auf die Vergabe eines Auftrages **zu verzichten** oder das Verfahren **erneut einzuleiten**«, mitteilen, beruht auf Art. 49 Abs. 1 EU-SKR vom 31.3.2004. § 27b VOB/A regelt sowohl die vor Zuschlagserteilung erfolgende Informationspflicht des Sektorenauftraggebers, insbesondere aber auch die nach erfolgter Zuschlagserteilung zu erfolgende Mitteilung an die teilnehmenden Unternehmen (**ex-post-Transparenz**). Daneben ist der Sektorenauftraggeber bei Auftragsvergaben oberhalb der EU-Schwellenwerte in jedem Fall zur – automatischen – **Vorabinformation** an die nicht berücksichtigten Bieter gem. § 13 VgV verpflichtet. Nur durch § 13 VgV wird den Unternehmen bei Auftragsvergabe oberhalb der EU-Schwellenwerte die Möglichkeit des **effektiven Primärrechtsschutzes** gegenüber den Sektorenauftraggebern gegeben.

B. Erfasste Auftraggeber und Mitteilungspflichten (§ 27b Nr. 1 VOB/A)

I. Sektorenauftraggeber und Tätigkeitsbereiche

1. Sektorenauftraggeber

Nach § 27b VOB/A werden **bestimmte, im Sektorenbereich tätige Auftraggeber** gegenüber den am Vergabeverfahren teilnehmenden Unternehmen einer Mitteilungspflicht betreffend ihre Entscheidungen über die Auftragsvergabe unterworfen. Zur näheren Konkretisierung der von den **Mitteilungspflichten** erfassten Sektorenauftraggeber nach dem bisherigen Dritten Abschnitt der VOB/A (§ 27b VOB/A) kann auf die Begriffsbestimmungen in § 98 Nr. 1 bis 3 GWB i.V.m. § 7 Abs. 1 Nr. 2 und Abs. 2 Nr. 2 und § 8 VgV sowie auf die Anhänge I bis X der EU-SKR vom 31.3.2004 zurückgegriffen werden. Erfasste Sektorenauftraggeber können gem. der Begriffsbestimmung des § 98

Nr. 1 und 3 GWB i.V.m. Art. 2 Abs. 1 EU-SKR sowie Art. 3 bis 7 EU-SKR zum einen der Staat und die Gebietskörperschaften sowie Einrichtungen des **öffentlichen Rechts** und die Verbände, die aus einer oder mehrerer dieser Körperschaften oder Einrichtungen des öffentlichen Rechts bestehen, sein (vgl. § 98 Nr. 1 und 2 GWB), wenn sie in den aufgeführten Bereichen (Art. 3 bis 7 EU-SKR) tätig werden.

3 Zum anderen erfasst sind die Sektorenauftraggeber als **juristische Personen des privaten Rechts** nach § 98 Nr. 2 GWB, wenn die Voraussetzungen einer Tätigkeit im Sektorenbereich nach §§ 7 ff. VgV erfüllt werden. Nach § 98 Nr. 2 GWB zählen zu den **juristischen Personen des privaten Rechts** solche Einrichtungen, die

– zu dem besonderen Zweck gegründet wurden, **im Allgemeininteresse liegende Aufgaben nicht gewerblicher Art** zu erfüllen, die also einen anderen Charakter als den eines Handels- bzw. Industrieunternehmens besitzen und
– als Einrichtung mit **eigener Rechtspersönlichkeit überwiegend** vom Staat, den Gebietskörperschaften oder anderen Einrichtungen des öffentlichen Rechts **finanziert** werden oder deren Leitung einer **Kontrolle** durch letztere unterliegt oder deren Verwaltungs-, Leitungs- oder Aufsichtsorgane **mehrheitlich aus Mitgliedern bestehen**, die vom Staat, den Gebietskörperschaften oder anderen Einrichtungen des öffentlichen Rechts ernannt wurden (vgl. zu der Begriffsbestimmung des § 98 Nr. 2 GWB im Einzelnen: *Kulartz/Kus/Portz* Kommentar zum GWB-Vergaberecht § 98 GWB).

2. Tätigkeitsbereiche (Art. 3 bis 7 sowie Anhänge I bis X der EU-SKR)

4 Um die von § 27b Nr. 1 VOB/A erfassten **Tätigkeitsbereiche** zu bestimmen, muss auf Art. 2 Abs. 2 der EU-SKR zurückgegriffen werden. Danach gilt diese Richtlinie und mithin auch § 27b VOB/A für Auftraggeber, die

a) öffentliche Auftraggeber oder öffentliche Unternehmen sind und eine Tätigkeit i.S.d. Art. 3 bis 7 EU-SKR ausüben oder,

b) wenn sie keine öffentlichen Auftraggeber oder keine öffentlichen Unternehmen sind, eine Tätigkeit i.S.d. Art. 3 bis 7 oder mehrere dieser Tätigkeiten auf der Grundlage von besonderen oder ausschließlichen Rechten ausüben, die von einer zuständigen Behörde eines Mitgliedsstaats gewährt wurden.

5 Vor diesem Hintergrund lassen sich in den einzelnen Tätigkeitsbereichen die **Sektorenauftraggeber** gem. Art. 3 bis 7 i.V.m. den Anhängen I bis X der EU-SKR vom 31.3.2004 wie folgt bestimmen:

– **Anhang I – Auftraggeber in den Sektoren Fortleitung oder Abgabe von Gas und Wärme:**
Gebietskörperschaften, Einrichtungen des öffentlichen Rechts oder deren Verbände oder staatlich beherrschte Unternehmen, die andere mit Gas oder Wärme versorgen oder ein Netz für die allgemeine Versorgung betreiben, gem. § 2 Abs. 3 des Gesetzes über die Elektrizitäts- und Gasversorgung (Energiewirtschaftsgesetz) vom 24.4.1998, zuletzt geändert am 10.11.2001.

– **Anhang II – Auftraggeber in den Sektoren Erzeugung, Fortleitung oder Abgabe von Elektrizität:**
Gebietskörperschaften, Einrichtungen des öffentlichen Rechts oder deren Verbände oder staatlich beherrschte Unternehmen, die andere mit Elektrizität versorgen oder ein Netz für die allgemeine Versorgung betreiben, gem. § 2 Abs. 3 des Gesetzes über die Elektrizitäts- und Gasversorgung (Energiewirtschaftsgesetz) vom 24.4.1998, zuletzt geändert am 10.11.2001.

– **Anhang III – Auftraggeber in den Sektoren Gewinnung, Fortleitung und Abgabe von Trinkwasser:**

- Stellen, die gemäß den Eigenbetriebsverordnungen oder Gesetzen der Länder Wasser gewinnen oder verteilen (Kommunale Eigenbetriebe);
- Stellen, die gemäß den Gesetzen über die Kommunale Gemeinschaftsarbeit oder Zusammenarbeit der Länder Wasser gewinnen oder verteilen;
- Stellen, die gemäß dem Gesetz über Wasser- und Bodenverbände vom 12.2.1991, zuletzt geändert am 15.5.2002, Wasser gewinnen;
- Regiebetriebe, die aufgrund der Kommunalgesetze, insbesondere der Gemeindeverordnungen der Länder Wasser gewinnen oder verteilen;
- Unternehmen nach dem Aktiengesetz vom 6.9.1965, zuletzt geändert am 19.7.2002, oder dem GmbH-Gesetz vom 20.4.1892, zuletzt geändert am 19.7.2002, oder mit der Rechtsstellung einer Kommanditgesellschaft, die aufgrund eines besonderen Vertrages mit regionalen oder lokalen Behörden Wasser gewinnen oder verteilen.

– **Anhang IV – Auftraggeber im Bereich der Eisenbahndienste:**
  - Deutsche Bahn AG;
  - andere Unternehmen, die Schienenverkehrsleistungen für die Öffentlichkeit gem. § 2 Abs. 1 des Allgemeinen Eisenbahngesetzes vom 27.12.1993, zuletzt geändert am 21.6.2002, ausführen.

– **Anhang V – Auftraggeber im Bereich der Städtischen Eisenbahn-, Straßenbahn-, Oberleitungsbus- oder Busdienste:**
Unternehmen, die genehmigungspflichtige Verkehrsleistungen im öffentlichen Personennahverkehr i.S.d. Personenbeförderungsgesetzes vom 21.3.1961, zuletzt geändert am 21.8.2002, erbringen.

– **Anhang VI – Auftraggeber im Sektor der Postdienste:**
In diesem Bereich gibt es in Deutschland nach der Privatisierung der Post keine Sektorenauftraggeber.

– **Anhang VII – Auftraggeber in den Sektoren Aufsuchung und Gewinnung von Öl oder Gas:**
Unternehmen gem. Bundesberggesetz vom 13.8.1980.

– **Anhang VIII – Auftraggeber in den Sektoren Aufsuchung und Gewinnung von Kohle und anderen festen Brennstoffen:**
Unternehmen zur Aufsuchung oder Gewinnung von Kohle oder anderen Festbrennstoffen gem. Bundesberggesetz vom 13.8.1980.

– **Anhang IX – Auftraggeber im Bereich der Seehafen- oder Binnenhafen- oder sonstigen Terminal-Einrichtungen:**
  - Häfen, die ganz oder teilweise den territorialen Behörden (Länder, Kreise, Gemeinden) unterstehen;
  - Binnenhäfen, die der Hafenordnung gem. den Wassergesetzen der Länder unterliegen.

– **Anhang X – Auftraggeber im Bereich der Flughafenanlagen:**
Flughäfen i.S.d. § 38 Abs. 2 Nr. 1 der Luftverkehrszulassungsordnung vom 19.6.1964, zuletzt geändert am 21.8.2002.

II. Mitteilungspflichten

6 Die Auftraggeber in den aufgeführten Tätigkeitsbereichen sind gem. § 27b Nr. 1 VOB/A verpflichtet, den am Vergabeverfahren teilnehmenden Unternehmen **unverzüglich**, d.h. ohne schuldhaftes Zögern (§ 121 BGB), also grundsätzlich innerhalb von zwei bis drei Tagen, **spätestens** jedoch innerhalb einer Frist von **15 Kalendertagen** nach der erfolgten Auftragsvergabe, und auf **Antrag** in **Textform**, ihre Entscheidungen über diese erfolgte Auftragsvergabe **mitzuteilen**. Ist eine Textform vorgeschrieben, muss die Erklärung gem. § 126b BGB in einer Urkunde oder auf andere zur dauerhaften Wiedergabe in Schriftzeichen geeignete Weise abgegeben werden, die Person des Erklärenden genannt und der Abschluss der Erklärung durch Nachbildung der Namensunterschrift oder anders erkennbar gemacht werden. Die Textform der Mitteilung kann auch über Telefax sowie gem. § 126 Abs. 3 i.V.m. § 126a Abs. 1 BGB auch in elektronischer Form (E-Mail) erreicht werden. Zwar verlangt § 27b Nr. 1 VOB/A **ohne einen Antrag** der teilnehmenden Unternehmen **keine Schriftlichkeit** (Textform) der Entscheidung über die Auftragsvergabe; zum Nachweis der rechtzeitigen Benachrichtigung (»innerhalb kürzester Frist«) ist aber auch hier die Schriftform sehr zu empfehlen. Von der Mitteilungspflicht nach § 27b Nr. 1 VOB/A erfasst sind **alle teilnehmenden Unternehmen**, also sowohl die Bewerber wie auch die Bieter des Vergabeverfahrens. Die Fristbestimmung(»**unverzüglich**«) enthält anders als § 27 Nr. 2 VOB/A (»innerhalb von 15 Kalendertagen«) **eine eindeutige Vorgabe**. Anders als bei der Basisnorm des § 27 Nr. 2 VOB/A ist daher bei § 27b Nr. 1 VOB/A davon auszugehen, dass der Auftraggeber seine Mitteilung gem. § 121 BGB ohne schuldhaftes Zögern durchführen muss und die Ausschöpfung der Frist von 15 Kalendertagen als im Vergabevermerk zu begründende **Ausnahme** die **absolute Höchstgrenze** ist.

7 Die den teilnehmenden Unternehmen gegenüber abzugebende Mitteilung umfasst die **Entscheidungen über die Auftragsvergabe**. Diese Entscheidung enthält die Information an das teilnehmende Unternehmen, dass es den Auftrag erhalten hat bzw., etwa wegen mangelnder Eignungsnachweise, im Vergabeverfahren nicht zum Zug gekommen ist. Da eine derartige isolierte Information regelmäßig die erfolglos teilnehmenden Unternehmen nicht befriedigen dürfte, ist der Auftraggeber bereits im Rahmen der Mitteilungspflicht nach § 27b Nr. 1 VOB/A gut beraten, **kurz die Gründe** für die Nichtberücksichtigung anzugeben.

C. Konkretisierung der Mitteilungspflicht (§ 27b Nr. 2 VOB/A)

I. Mitteilung näherer Einzelheiten (§ 27b Nr. 2 Abs. 1 VOB/A)

8 Nach § 27b Nr. 2 Abs. 1 Spiegelstrich 1 VOB/A teilen Sektorenauftraggeber nach Eingang eines **entsprechenden schriftlichen Antrags** den am Vergabeverfahren teilnehmenden Unternehmen innerhalb **kürzester Frist** (maximal: 15 Kalendertage) neben der bloßen Entscheidung über die Auftragsvergabe nach § 27b Nr. 1 VOB/A hinaus weitere **Einzelheiten** mit. Diese betreffen bei ausgeschlossenen Bewerbern oder Bietern auch die **Gründe für die Ablehnung** ihrer Bewerbung oder ihres Angebots. Was die näheren Inhalte der Darlegung der Gründe für die Ablehnung der **Bewerbung** oder ihres **Angebots** betrifft, kann insoweit auf die Kommentierung zu der gleich lautenden Basisvorschrift des § 27 Nr. 2 VOB/A verwiesen werden.

9 Gänzlich neu aufgenommen wurde in der VOB/A 2006 auf der Grundlage des Art. 49 Abs. 1 EU-SKR die Regelung des § 27b Nr. 2 Abs. 1 Spiegelstrich 2. Danach teilt der Sektorenauftraggeber den teilnehmenden Unternehmen auch die Entscheidung einschließlich der Gründe, auf die Vergabe eines Auftrages **zu verzichten** oder das Verfahren **erneut einzuleiten**, mit. Grund dieser neu aufgenommenen Bestimmung ist, dass der Auftraggeber auch durch die Einleitung eines Vergabeverfahrens nicht gezwungen werden darf, den Zuschlag zu erteilen und damit einen Vertragsschluss herbeizuführen. Denn es kann aus dem Umstand der erfolgten Ausschreibung nicht abgeleitet werden, dass eine Vergabestelle, die nach den maßgeblichen Vergabevorschriften **keinen Grund zur Aufhebung** des Ausschreibungsverfahrens hat, gezwungen werden kann, einen der Ausschreibung entsprechenden Auftrag an einen geeigneten Bieter zu erteilen (BGH NZBau 2003, 168 f.; siehe ausführlich Kommentierung zu § 26 VOB/A Rn. 3 ff.). Insoweit ist der Auftraggeber auch nicht durch das Vergaberecht in seiner Privatautonomie gebunden und kann grundsätzlich jederzeit auf die Vergabe eines Auftrages verzichten.

Dies bedeutet jedoch nicht, dass die hiermit grundsätzlich verbundene Aufhebung der zunächst ein- **10** geleiteten Ausschreibung rechtmäßig ist. Vielmehr können gerade der Verzicht und die damit verbundene Aufhebung der Ausschreibung verschuldet und/oder rechtswidrig sein. Folge eines derartigen rechtswidrigen und verschuldeten Verzichts auf die Auftragserteilung ist, dass der Auftraggeber ggf. gegenüber den Bewerbern oder Bietern schadensersatzpflichtig wird. Insofern ist es von Bedeutung, dass der Auftraggeber den am Vergabeverfahren teilnehmenden Unternehmen die **Entscheidung einschließlich der Gründe** mitteilt, warum er auf die Vergabe eines Auftrages verzichtet. Denn speziell bei rechtswidrigen Aufhebungen haben die teilnehmenden Unternehmen sogar ein **besonderes Informationsbedürfnis** (Beck'scher VOB-Komm./*Jasper* § 26a Rn. 20).

Bei der Angabe der **Gründe** für den Vergabeverzicht reicht eine stichwortartige Beschreibung aus **11** (vgl. OLG Düsseldorf VergabeR 2001, 429 ff.). Der Auftraggeber teilt auch mit, wenn er das Verfahren trotz des Verzichts auf den Auftrag **erneut einleiten** will. Auch insoweit haben die am ersten Vergabeverfahren teilnehmenden Unternehmen ein hohes Interesse daran, auf der Grundlage dieser Auftraggeberentscheidung **frühestmöglich** und eigenständig darüber zu befinden, ob sie ihre Kapazitäten weiterhin für das kommende Vergabeverfahren freihalten oder aber gänzlich neu disponieren. Um diesem Interesse ausreichend Genüge zu tun, ist der Auftraggeber gehalten, auch die **Vergabeart** (Offenes Verfahren, Nichtoffenes Verfahren, Verhandlungsverfahren mit oder ohne Vergabebekanntmachung) den teilnehmenden Unternehmen mitzuteilen. Denn von der Vergabeart hängen neben den einzuhaltenden und unterschiedlichen Fristen (Angebotsfrist etc) auch die konkreten Chancen der weiter interessierten Unternehmen ab.

Den Bietern, die ein ordnungsgemäßes Angebot eingereicht haben, sind gem. § 27b Nr. 2 Abs. 1 **12** Spiegelstrich 3 VOB/A darüber hinaus die **Merkmale und relativen Vorteile** des erfolgreichen Angebots und auch **der Name** des erfolgreichen Bieters zu nennen. Da die Angabe dieser Einzelheiten durch den Auftraggeber auch nach der Vorschrift des § 27a Nr. 1 Abs. 1 S. 2 VOB/A verpflichtend vorgegeben ist, kann insoweit auf die diesbezügliche Kommentierung verwiesen werden (vgl. die entsprechenden Kommentierungen zu § 27a Nr. 1 Abs. 1 S. 2 VOB/A).

II. Nichterteilung bestimmter Auskünfte (§ 27b Nr. 2 Abs. 2 VOB/A)

Nach § 27b Nr. 2 Abs. 2 VOB/A kann der Auftraggeber beschließen, **bestimmte Auskünfte** über den **13** Zuschlag **nicht zu erteilen**. Voraussetzung ist, dass bei einer Informationsweitergabe **gewichtige andere Interessen gefährdet bzw. beeinträchtigt würden**. Die in § 27b Nr. 2 Abs. 2 VOB/A genannten vier Tatbestände, die den Auftraggeber zu einem Verzicht auf die Bekanntgabe der Auskünfte veranlassen, sind mit den in § 26a S. 2 VOB/A genannten Tatbeständen trotz z.T. marginal unterschiedlichen Wortlauts **inhaltlich** identisch. Hinsichtlich der näheren Einzelheiten kann daher auf die dortigen Ausführungen verwiesen werden.

D. Rechtsschutz

Sowohl hinsichtlich des **Primärrechtsschutzes** als auch hinsichtlich des **Sekundärrechtsschutzes** **14** weist die EG-Vorschrift des § 27b VOB/A im Vergleich zu § 27a VOB/A keine Besonderheiten auf. Insoweit wird daher wegen der Einzelheiten zum bestehenden Rechtsschutz auf die dortigen Ausführungen verwiesen (vgl. die Kommentierung zu § 27a VOB/A).

§ 28
Zuschlag

1. Der Zuschlag ist möglichst bald, mindestens aber so rechtzeitig zu erteilen, dass dem Bieter die Erklärung noch vor Ablauf der Zuschlagsfrist (§ 19) zugeht.

2. (1) Wird auf ein Angebot rechtzeitig und ohne Abänderungen der Zuschlag erteilt, so ist damit nach allgemeinen Rechtsgrundsätzen der Vertrag abgeschlossen, auch wenn spätere urkundliche Festlegung vorgesehen ist.

(2) Werden dagegen Erweiterungen, Einschränkungen oder Änderungen vorgenommen oder wird der Zuschlag verspätet erteilt, so ist der Bieter bei Erteilung des Zuschlags aufzufordern, sich unverzüglich über die Annahme zu erklären.

Inhaltsübersicht Rn.

A. Allgemeine Grundlagen	1
B. Zusammenfallen von Zuschlag und Vertragsschluss	2
I. Erteilter Zuschlag grundsätzlich nicht aufhebbar	2
II. Die Vorinformationspflicht des Auftraggebers gem. § 13 VgV	3
III. Kein Anspruch auf Zuschlagserteilung	6
C. Anwendungsbereich des § 28 VOB/A	8
D. Baldmöglicher Zuschlag (§ 28 Nr. 1 VOB/A)	9
E. Wirksamer Vertragsschluss (§ 28 Nr. 2 VOB/A)	12
I. Annahme des Angebots ohne Änderungen (§ 28 Nr. 2 Abs. 1 VOB/A)	12
II. Verspäteter Zuschlag und Änderungen des Angebots (§ 28 Nr. 2 Abs. 2 VOB/A)	13
1. Rechtsfolgen verspäteter und abgeänderter Zuschlagserklärung	13
2. Änderung von Angeboten: Klarheit und Eindeutigkeit	18
F. Voraussetzung und Wirkung des Zuschlags	21
I. Mitteilung vom Zuschlag	21
II. Form des Zuschlags	22
III. Stellvertretung	27
IV. Wirksamkeit des Bauvertrags	28
G. Vergaberichtlinien	30
I. Annahme des Angebots	31
II. Wahl- und Bedarfspositionen	32
III. Form der Zuschlagserteilung	33
H. Rechtsschutz	34
I. Primärrechtsschutz	34
II. Sekundärrechtsschutz	36

A. Allgemeine Grundlagen

1 § 28 VOB/A ist in der VOB/A 2006 **unverändert** geblieben. Die Vorschrift befasst sich mit der Frage des **Zustandekommens** eines zu vergebenden Bauvertrags durch **Annahme** des erfolgreichen Bieterangebots durch den Auftraggeber. Dieser Vorgang wird im Vergaberecht als **Zuschlag** bezeichnet. Hierfür bilden die gesetzlichen Bestimmungen des BGB den Hintergrund. Der Begriff des Zuschlages ist bei Vertragsabschlüssen im Zivilrecht an sich unbekannt. Er findet sich lediglich in § 156 BGB (Vertragsschluss bei Versteigerung) sowie in Nebengesetzen, wie z.B. im Zwangsversteigerungsgesetz, wo ein Vertragspartner im eigentlichen Sinne fehlt. In der VOB bedeutet Zuschlag **die Annahme eines Vertragsangebots**, so wie es das Gesetz in den **§§ 145 ff. BGB** geregelt hat. Mit der Zuschlagserteilung wird das Vergabeverfahren nach der VOB/A grundsätzlich abgeschlossen (Thürin-

ger OLG NZBau 2001, 133 ff.). Anders als in Deutschland (zivilrechtliche Regelung) ist der Zuschlag in romanischen Ländern, also z.B. in Frankreich, als Verwaltungsakt geregelt, dem ein gesonderter Vertragsschluss nachfolgt (**Zweistufensystem**) (vgl. ausführlich: *Brinker* Vorabinformation der Bieter über den Zuschlag oder Zwei-Stufen-Theorie im Vergaberecht? NZBau 2000, 174 ff.).

B. Zusammenfallen von Zuschlag und Vertragsschluss

I. Erteilter Zuschlag grundsätzlich nicht aufhebbar

Die Besonderheit im deutschen Vergaberecht besteht darin, dass im Rahmen eines Vergabeverfahrens nach § 28 Nr. 2 Abs. 1 VOB/A die **Zuschlagserteilung und der Vertragsschluss zusammenfallen**. Dies hat zur Folge, dass **nach dem Zustandekommen der Zuschlagserteilung** an einen Auftragnehmer diese von einem mitkonkurrierenden Unternehmen grundsätzlich nicht mehr durch Geltendmachung von Vergaberechtsverletzungen angefochten werden kann. Zwar haben die Unternehmen nach § 97 Abs. 7 GWB bei Auftragsvergaben oberhalb der EG-Schwellenwerte einen subjektiven **Anspruch darauf**, dass der Auftraggeber die Bestimmungen über das Vergabeverfahren einhält. Mit dem **Zuschlag**, über dessen Entscheidungsgrundlagen die Bieter nur bei Vergabeverfahren **oberhalb der EU-Schwellenwerte** aufgrund der Informationspflicht des Auftraggebers gem. § 13 VgV **zwingend im Vorfeld der eigentlichen Zuschlagserteilung** nähere Informationen erhalten, ist das Vergabeverfahren aber **beendet**. Der damit geschlossene Vertrag kann daher grundsätzlich nicht mehr aufgelöst werden. Dies besagt auch § 114 Abs. 2 S. 1 und 2 GWB, wonach ein bereits **erteilter Zuschlag nicht mehr aufgehoben** und damit zumindest im Rahmen des Primärrechtsschutzes nicht mehr angefochten werden kann. Das sich in seinen Rechten verletzt fühlende Unternehmen kann daher nur noch **Schadensersatz** vor den ordentlichen Gerichten erlangen (vgl. BGH VergabeR 2001, 71 ff.; VK Bund VergabeR 2001, 433 ff.). Hieraus folgt, dass ein effektiver Vergaberechtschutz praktisch nur in dem Zeitraum **bis zur Zuschlagserteilung** erlangt werden kann. Da in diesem Zeitraum in der Vergangenheit die Bieter aber häufig keine Kenntnis von ihren Chancen im Vergabeverfahren hatten, lief der Vergaberechtschutz meistens leer.

II. Die Vorinformationspflicht des Auftraggebers gem. § 13 VgV

Diese für mitkonkurrierende und sich durch eine rechtswidrige Zuschlagserteilung an einen anderen Bieter in ihren Vergaberechten verletzt fühlende Unternehmen nachteilige Situation ist zu Gunsten der Bieterseite auf der Basis eines **Urteils des EuGH vom 28.10.1999** (C-81/98 »Alcatel« NZBau 2000, 33 ff.) **für Auftragsvergaben oberhalb der EU-Schwellenwerte verbessert worden**. Der EuGH hat auf der Grundlage eines österreichischen Sachverhalts – auch in Österreich fallen Zuschlagserteilung und Vertragsschluss zusammen – entschieden, dass ein nationales Verfahren zur Vergabe öffentlicher Aufträge ein Nachprüfungsverfahren vorsehen muss, in dessen Rahmen die Zuschlagsentscheidung **angefochten und aufgehoben werden kann** (vgl. zu den Folgen: *Kus* Auswirkungen der EuGH-Entscheidung »Alcatel Austria AG« auf das deutsche Vergaberecht NJW 2000, 544 ff.; *Rust* Vergaberechtlicher Primärrechtsschutz gegen die Zuschlagsentscheidung NZBau 2000, 66 ff.). Sei diese Möglichkeit nicht gegeben, sieht der EuGH einen Verstoß gegen Art. 1 und 2 der EU-Rechtsmittel-Richtlinien als gegeben an. Wenn aber die eigentliche Zuschlagsentscheidung nach dem EuGH-Urteil noch **vor dem Vertragsschluss** einem Nachprüfungsverfahren zugänglich gemacht werden muss, kann dies nur dadurch erfolgen, dass diese Zuschlagsentscheidung den Bietern noch **vor dem Vertragsschluss**, also im Sinne einer **Verfahrensstufung** (erste Stufe: Auswahlentscheidung; zweite Stufe: Zuschlag und Vertragsschluss) mitgeteilt wird (so bereits VK Bund »Münzplätten II« BB 1999, 1076).

4 Der deutsche Rechtsgeber ist durch die **Informationspflicht** des Auftraggebers in § 13 VgV diesen Vorgaben für alle Auftragsvergaben oberhalb der EU-Schwellenwerte nachgekommen. Nach § 13 S. 1 VgV werden die Auftraggeber verpflichtet, die Bieter, deren Angebote nicht berücksichtigt werden sollen, über den Namen des Bieters, dessen Angebot angenommen werden soll und über den Grund der vorgesehenen Nichtberücksichtigung ihres Angebots **zu informieren**. Der Auftraggeber muss die Information **spätestens 14 Kalendertage vor dem Vertragsabschluss** an die Bieter absenden. Ein Vertrag darf nach § 13 S. 5 VgV vor Ablauf der Frist oder ohne dass die Information erteilt worden und die Frist abgelaufen ist, nicht geschlossen werden. Ein dennoch abgeschlossener Vertrag ist nach § 13 S. 6 VgV nichtig.

5 Mit dieser Regelung hält der deutsche Rechtsgeber an dem **bestehenden System des Zusammenfallens von Zuschlag und Vertragsschluss fest**. Von einem Zweistufensystem, wonach der Zuschlag auf der ersten Stufe und dann erst auf der zweiten Stufe der Vertragsschluss erfolgt, wird danach ausdrücklich abgesehen. Allerdings gewährleistet § 13 VgV im Vergleich zum Rechtszustand zuvor einen sehr viel **effektiveren Primärrechtsschutz**. Da der Bieter über die Vorabinformation von seiner Nichtberücksichtigung zwingend Kenntnis erlangt, kann er bei Auftragsvergaben oberhalb der Schwellenwerte durch rechtzeitige Einleitung eines Nachprüfungsverfahrens **vor der Vergabekammer** die Zuschlagserteilung an den Auftraggeber verhindern (vgl. §§ 102 ff. GWB). Insbesondere ist zu berücksichtigen, dass gem. § 115 Abs. 1 GWB **nach Zustellung eines Antrags auf Nachprüfung an den Auftraggeber** dieser **vor** einer Entscheidung der Vergabekammer und dem Ablauf der Beschwerdefrist **den Zuschlag nicht erteilen darf**. Erteilt der Auftraggeber dennoch den Zuschlag, ist dieser und damit der Vertrag wegen **Verstoßes** gegen ein **gesetzliches Verbot** (§ 115 Abs. 1 GWB i.V.m. § 134 BGB) **nichtig**.

III. Kein Anspruch auf Zuschlagserteilung

6 Der Normalfall der Beendigung des Vergabeverfahrens ist die **Zuschlagserteilung** (§ 28 VOB/A). **Ausnahmsweise** kann der Auftraggeber unter den in § 26 Nr. 1 VOB/A geregelten Voraussetzungen die Ausschreibung **aufheben**. Ein bloßes Auslaufenlassen einer Ausschreibung ohne erkennbare abschließende Handlung des Auftraggebers gibt es demgegenüber nicht. Allerdings ist der Auftraggeber umgekehrt nicht verpflichtet, das Vergabeverfahren durch Zuschlagserteilung zu beenden, obwohl kein Aufhebungsgrund besteht. Denn es besteht für den Auftraggeber nach den §§ 145 ff. BGB auch bei Nichtvorliegen der Aufhebungsgründe des § 26 Nr. 1 VOB/A **keine Pflicht zur Zuschlagserteilung** (EuGH NZBau 2000, 153 ff.; BGH VergabeR 2003, 313 ff. = NZBau 2003, 293 ff.; BGH VergabeR 2003, 163 ff.). Eine derartige Pflicht kann auch nicht aus § 97 Abs. 5 GWB, wonach der Zuschlag auf das wirtschaftlichste Angebot erteilt »**wird**« hergeleitet werden. Diese Vorschrift hat nur Bedeutung für den Fall, dass der Auftraggeber – wie im Normalfall – tatsächlich den Zuschlag erteilt und dabei das wirtschaftlichste Angebot berücksichtigen muss. Eine Verpflichtung zur Vergabe von Aufträgen durch den Auftraggeber kann dieser Vorgabe demgegenüber nicht entnommen werden. Dem steht im Ergebnis auch nicht das Urteil des Bayerischen Obersten Landesgerichts (BayObLG VergabeR 2003, 186, 192 f.) entgegen. Hier hatte der Vergabesenat zwar auf der Grundlage des § 97 Abs. 5 GWB (»wird«) die »herkömmliche Auffassung vom Fehlen eines durchsetzbaren Rechtsanspruchs auf Zuschlagserteilung« in Frage gestellt. Der entschiedene Fall betraf aber insoweit einen Spezialsachverhalt, als dass die Auftraggeberin das von ihr eingeleitete Verhandlungsverfahren zwar im Hinblick auf die zunächst getroffene Zuschlagsentscheidung abändern wollte; die Auftraggeberin hielt jedoch ausdrücklich nach eigenem Bekunden an dem Projekt fest und war entschlossen, den Auftrag durch Zuschlagserteilung zu vergeben. Nur für diesen Spezialfall sah sich der Vergabesenat gehalten, die Auftraggeberin zur rechtmäßigen Zuschlagserteilung zu verpflichten.

Dass der Auftraggeber das einmal eingeleitete Vergabeverfahren grundsätzlich nur aus den in § 26 Nr. 1 VOB/A genannten Gründen aufheben darf, bedeutet nur, dass er bei einer nicht gerechtfertigten Aufhebung zum **Schadensersatz** verpflichtet sein kann. Aus der Regelung kann aber nicht geschlossen werden, dass bei Fehlen eines Aufhebungsgrundes der Auftraggeber stets zur Erteilung des Auftrages verpflichtet wäre (EuGH NZBau 2000, 153 f. [Ziff. 24]; VergabeR 2002, 361 ff. [Ziff. 41]; BGH VergabeR 2003, 163 ff.; BGH BauR 1998, 1232 ff. = NJW 1998, 3636, 3639; OLG Düsseldorf NZBau 2000, 306 ff.). Eine derartige Regelung findet sich im Vergaberecht nicht und kann ihr auch nicht im Wege der Auslegungen entnommen werden. Sie wäre auch, etwa bei einer Auftragspflicht für nicht mehr benötigte Vorhaben, gegen zwingendes Haushaltsrecht gerichtet und mit dem auch die Interessen der bürgerschützenden Grundsatz der Sparsamkeit und Wirtschaftlichkeit nicht vereinbar (BGH BauR 1998, 1232 ff. = NJW 1998, 3636, 3639). Ein **Anspruch** auf Zuschlagserteilung durch die Bieter besteht daher im Vergaberecht nicht (siehe hierzu auch die Kommentierung zu § 26 VOB/A Rn. 3 ff.).

C. Anwendungsbereich des § 28 VOB/A

§ 28 VOB/A gilt für **alle Vergabearten**, also nicht nur für die formstrengen Ausschreibungsverfahren, sondern auch für die **Freihändige Vergabe**, soweit die Vorschrift mit der Natur der Auftragserteilung bei Freihändiger Vergabe in Einklang zu bringen ist. Hiervon ist deswegen auszugehen, weil in § 19 Nr. 4 VOB/A für die Freihändige Vergabe eine entsprechende Anwendung der Bestimmungen über die Zuschlags- und Bindefrist festgelegt ist. Bei der Bestimmung einer solchen Frist ist daher die Rechtswirkung einer Zuschlagserteilung für Freihändige Vergaben die gleiche wie bei Angeboten, die auf der Grundlage einer Ausschreibung abgegeben worden sind. Da die Festlegung einer Zuschlags- und Bindefrist bei Freihändiger Vergabe aber nicht zwingend ist, kommt für Vergaben ohne Fristfestlegung nur der erste Halbsatz der Nr. 1 zur Anwendung. Nr. 2 ist aber insgesamt auf die Freihändige Vergabe anwendbar.

D. Baldmöglicher Zuschlag (§ 28 Nr. 1 VOB/A)

Der Zuschlag muss nach § 28 Nr. 1 VOB/A aus Gründen der **Beschleunigung** des Vergabeverfahrens (Beck'scher VOB-Komm./*Sterner* § 28 VOB/A Rn. 12) **möglichst bald**, mindestens aber noch so rechtzeitig erteilt werden, dass dem Bieter die Erklärung noch **vor Ablauf der Zuschlagsfrist** zugeht. Nach § 19 Nr. 2 VOB/A soll die Zuschlagsfrist **so kurz wie möglich** und nicht länger bemessen werden, als der Auftraggeber für eine zügige Prüfung und Wertung der Angebote (§§ 23 bis 25 VOB/A) benötigt. Sie soll grundsätzlich – abgesehen von zu begründenden Ausnahmefällen – nicht mehr als **30 Kalendertage** betragen. Das Ende der Zuschlagsfrist ergibt sich regelmäßig aus den Verdingungsunterlagen. Es ist durch Angabe des **Kalendertages** zu bezeichnen (§ 19 Nr. 2 S. 3 VOB/A). Dabei ist gem. § 19 Nr. 3 VOB/A vorzusehen, dass der Bieter bis zum Ablauf der Zuschlagsfrist an sein Angebot gebunden ist (**Bindefrist**). Die Bindefrist endet also gleichzeitig mit der Zuschlagsfrist. Nur innerhalb dieses Zeitrahmens ist der Bieter grundsätzlich an sein Angebot gebunden. Wenn daher ein Bieter innerhalb der Zuschlags- und Bindefrist von seinem Angebot zurücktreten will, so ist dies grundsätzlich ebenso rechtlich wirkungslos, als wenn er sich weigern würde, den Auftrag »anzunehmen«.

§ 28 Nr. 1 VOB/A enthält einen **Mindestzeitrahmen** (möglichst bald und vor Ablauf der Zuschlagsfrist) für die Zuschlagserteilung. Die hierfür maßgebende empfangsbedürftige Willenserklärung (Thüringer OLG NZBau 2001, 163) ist dem Bieter gem. § 130 BGB **zugegangen**, wenn sie so in seinen Machtbereich gelangt ist, dass er unter gewöhnlichen Verhältnissen von ihr Kenntnis nehmen konnte (BayObLG VergabeR 2005, 126 f.; OLG Rostock BauR 1998, 336, 338). Dies ist regelmäßig beim Einwurf des Zuschlagsschreibens in den Briefkasten bzw. das Postfach des Empfängers gegeben. Bei einer Übermittlung per **Telefax** ist die Zuschlagserklärung zugegangen, sobald sie auf der Empfangsanlage des Bieters vollständig ausgedruckt ist (OLG Rostock BauR 1998, 336, 338). Der Zuschlag an eine auch geschäftlich genutzte E-Mail-Adresse geht mit dem Eingang im elektronischen Empfängerbriefkasten zu, beim Eingang »zur Unzeit« am folgenden Tag (Beck'scher VOB-Komm./*Sterner* § 28 VOB/A Rn. 10). Die **Beweislast** für die Rechtzeitigkeit des Zugangs der Zuschlagserklärung trifft den Auftraggeber (BGHZ 101, 49, 55). Daher ist es sinnvoll, dass sich der Auftraggeber den Empfang der Zuschlagserklärung auf der Grundlage des Formblatts »Auftragsschreiben« in den entsprechenden Vergabehandbüchern durch den Bieter bestätigen lässt. Beim Fax wird der Zugang **nicht** durch das Sendeprotokoll des Absenders bewiesen. Die im Wirtschafts- und Rechtsverkehr allgemein übliche Nutzung von Faxgeräten und die hohe Zuverlässigkeit bei der Übermittlung von Telefaxnachrichten rechtfertigt allerdings ein **widerlegbares Indiz** für den Zugang (OLG Thüringen VergabeR 2002, 631 ff.; für Fax als Beweis des ersten Anscheins: OLG München MDR 1999, 286). Um daher rechtssicher den Empfang der per Fax übermittelten Zuschlagserklärung sicherzustellen, sollte daher der Bieter gebeten werden, das eingegangene Faxschreiben mit seiner Unterschrift als **Empfangsbestätigung** zu versehen und an den Auftraggeber zurückzufaxen.

11 Der Zugang des Zuschlags innerhalb der **Zuschlagsfrist** muss nach Maßgabe des § 28 Nr. 1 i.V.m. § 19 Nr. 2 VOB/A innerhalb der dort regelmäßig vorgegebenen 30 Kalendertage »möglichst bald« erfolgen. Diese Empfehlung dient sowohl dem Auftraggeber als auch den beteiligten Bietern. Der Auftraggeber wird angehalten, nach Durchführung des Eröffnungstermins sowie der Prüfung und der Wertung der Angebote möglichst zügig das Vergabeverfahren zu Ende zu führen; die Bieter haben ein Interesse daran, möglichst früh wieder frei disponieren zu können bzw. Kenntnis von der Zuschlagserteilung zu bekommen. Dies bedeutet, dass der Auftraggeber grundsätzlich mit der Erteilung des Zuschlags nicht bis kurz vor Ablauf der Zuschlagsfrist warten sollte. Denn insoweit besteht die Gefahr, dass der Zugang des Zuschlagsschreibens an den Bieter erst nach Ablauf der Zuschlags- und Bindefrist erfolgt und der Bieter daher wegen des verspäteten Zugangs nicht mehr an sein Angebot gebunden ist. Insoweit enthält nur § 149 BGB bei einer verspätet zugegangenen Annahmeerklärung eine Ausnahme. Hiernach ist ein nach Fristablauf zugegangener Zuschlag dann **nicht als verspätet** anzusehen, wenn er dergestalt abgesandt worden ist, dass er bei regelmäßiger Beförderung rechtzeitig zugegangen sein würde und der Bieter dies hätte erkennen müssen. In diesem Fall ist der Bieter verpflichtet, unverzüglich die Verspätung anzuzeigen. Anderenfalls gilt der Zuschlag als rechtzeitig erteilt (siehe auch Rn. 15).

E. Wirksamer Vertragsschluss (§ 28 Nr. 2 VOB/A)

I. Annahme des Angebots ohne Änderungen (§ 28 Nr. 2 Abs. 1 VOB/A)

12 Ein **wirksamer Zuschlag** und damit ein **Vertrag** kommt nur dann zu Stande, wenn der Auftraggeber die Annahme des Angebots **ohne** Änderungen, Einschränkungen oder Erweiterungen **rechtzeitig** erklärt (§ 28 Nr. 2 Abs. 1 VOB/A) (VK Baden-Württemberg 8.11.1999 IBR 2000, 3 ff.). Dies gilt in Abweichung zu § 154 Abs. 2 BGB gem. § 28 Nr. 2 Abs. 1 VOB/A auch dann, wenn noch eine spätere urkundliche Festlegung vorgesehen ist (Thüringer OLG VergabeR 2004, 113, 116). Jedenfalls **erübrigt** sich bei wirksamer Zuschlagserteilung durch den Auftraggeber eine weitere Erklärung des Bieters über die **Annahme des Auftrags**. Die VOB/A sieht zwar vor, dass der Zuschlag **innerhalb der Zuschlagsfrist** zu erteilen ist (§ 28 Nr. 1 VOB/A). Sie geht jedoch selbst davon aus, dass der Zuschlag auch **nach Fristablauf** erteilt werden kann (§ 28 Nr. 2 Abs. 2 VOB/A).

II. Verspäteter Zuschlag und Änderungen des Angebots (§ 28 Nr. 2 Abs. 2 VOB/A)

1. Rechtsfolgen verspäteter und abgeänderter Zuschlagserklärung

Der Hinweis, dass mit der Zuschlagsfrist gem. § 19 Nr. 3 VOB/A auch die Bindefrist verbunden ist, hat zur Folge, dass der **Bieter nicht mehr an sein Angebot gebunden** und darüber hinaus das Angebot erloschen ist, wenn der Zuschlag entweder mit **Erweiterungen, Einschränkungen oder Änderungen** vorgenommen oder **nicht innerhalb der Zuschlagsfrist** erteilt wird (vgl. § 28 Nr. 2 Abs. 2 VOB/A). Der verspätete Zugang der Zuschlagserklärung führt ebenso wenig wie Abänderungen zum Vertragsschluss. Beide Erklärungen gelten lediglich als **neues Angebot** auf Abschluss eines Bauvertrags, und zwar diesmal von Seiten des Auftraggebers, § 150 BGB. Dieses neue Angebot muss, um zu einem wirksamen Vertrag zu gelangen, vom betreffenden Bieter **angenommen** werden, und zwar innerhalb der sich dann aus § 147 BGB ergebenden Frist. Da es sich bei dem neuen Angebot gem. § 147 Abs. 2 BGB um einen »einem Abwesenden gemachten Antrag« handelt, muss der Bieter diesen Antrag regelmäßig sofort und ohne schuldhaftes Zögern annehmen, da auch der Auftraggeber den Eingang der Antwort unter regelmäßigen Umständen nach § 147 Abs. 2 BGB sofort erwarten darf. 13

Lehnt der Bieter den Zuschlag ab und kommt aufgrund der Abänderung der Zuschlagserklärung bzw. des verspäteten Zuschlags auch mit keinem anderen Bieter ein Vertrag zu Stande, ist das Vergabeverfahren durch Aufhebung aus schwerwiegendem Grund (§ 26 Nr. 1c VOB/A) zu beenden. Allein der Fristablauf genügt zur Beendigung nicht (BayObLG NZBau 2000, 49, 51; siehe hierzu *Gesterkamp* Rechtsfragen zur Zuschlags- und Bindefrist – Rechtsfolgen ihres Ablaufs VergabeR 2002, 454 ff.). Nach Auffassung des Bayerischen Obersten Landesgerichts verlangen die **Grundsätze des Wettbewerbs und der Gleichbehandlung**, dass für die Frage der Fristverlängerung nach Fristablauf **allen** für die Vergabe noch in Betracht kommenden Bietern die Möglichkeit gegeben wird, weiterhin am Vergabeverfahren teilzunehmen. Dies könne dadurch sichergestellt werden, dass diese Bieter aufgefordert werden, der sachlich gebotenen Fristverlängerung zuzustimmen. 14

Eine **Ausnahme** von der Fiktion eines neuen Angebots für den Fall der **verspätet zugegangenen Annahmeerklärung bildet § 149 BGB**. Danach gilt auch ein verspäteter Zugang des Zuschlags noch als rechtzeitig, wenn der **Bieter erkennt oder erkennen muss**, dass die Absendung rechtzeitig erfolgt und die Verspätung lediglich wegen nicht ordnungsgemäßer Beförderung eingetreten ist. Allerdings hat der Bieter in diesem Fall das **Recht, den verspäteten Zuschlag abzulehnen**; er muss dieses aber nach § 149 S. 1 BGB ausdrücklich und unverzüglich (§ 121 BGB) nach Erhalt der Zuschlagsmitteilung dem Auftraggeber gegenüber tun und diesem hierbei die Verspätung anzeigen. Es besteht daher für den Auftraggeber aller Anlass, die Zuschlagserteilung **schnellstmöglich** vorzunehmen und dem Bieter die entsprechende Erklärung jedenfalls so rechtzeitig zuzusenden, dass sie diesem noch vor Ablauf der Zuschlagsfrist zugeht. Gilt eine Annahmeerklärung wegen Verspätung gem. § 150 Abs. 1 BGB als neuer Antrag, so wird damit grundsätzlich der gesamte Inhalt des bisherigen Angebots akzeptiert, und er ist als mit diesem gleich lautender Neuantrag zu werten, sofern nicht ein davon abweichender Wille zum Ausdruck kommt. 15

Kann der Zuschlag **nicht** innerhalb der **vorgegebenen Zuschlagsfrist** erteilt werden, etwa wegen Vorliegens zahlreicher Nebenangebote und der hier erforderlichen umfangreicheren Prüfung, würde grundsätzlich mit Ablauf der Frist die Bindung der Bieter an ihre Angebote erlöschen. Um dies zu vermeiden, wird der Auftraggeber regelmäßig **im Einvernehmen** mit den in die Wertung einzubeziehenden Bietern eine **Verlängerung der Zuschlagsfrist** anstreben. Sind die Bieter hiermit einverstanden, sind sie bis zum Ablauf der neuen Frist an ihre Angebote gebunden (Beck'scher VOB-Komm./*Sterner* § 28 VOB/A Rn. 15). Einen besonderen Fall betrifft der Sachverhalt, dass die Zuschlags- und Bindefrist während der Dauer eines **Nachprüfungsverfahrens** abläuft. Insoweit bestimmt § 115 Abs. 1 GWB, dass dann, wenn dem Auftraggeber durch die zuständige Vergabekammer ein Nachprüfungsantrag zugestellt worden ist, dieser **vor einer Entscheidung** der Vergabekam- 16 mer (grundsätzliche Frist von fünf Wochen: § 113 Abs. 1 S. 1 GWB) und dem Ablauf der zweiwöchigen Beschwerdefrist nach § 117 Abs. 1 GWB den Zuschlag **nicht erteilen darf**. Mithin wird das Vergabeverfahren unterbrochen, bis eine Klärung über das von dem Bieter eingeleiteten Nachprüfungsverfahren herbeigeführt worden ist. In diesem »Nachprüfungszeitraum« kann aber die Zuschlagsfrist mit der Folge ablaufen, dass die Bieter nicht mehr an ihre Angebote gebunden sind. Zur Vermeidung dieser Rechtsfolge ist dem Auftraggeber anzuraten, mit den in der engeren Wertung verbliebenen Bietern auf der Grundlage der in Betracht kommenden Vergabehandbücher (VHB) eine Einigung über die **Verlängerung der Zuschlags- und Bindefrist** zu erreichen. Wenn dann einzelne Bieter ihre Zustimmung zu dieser Verlängerung verweigern, darf dennoch nach **Ablauf des Suspensiveffekts** (§ 115 Abs. 1 GWB) mit den verbleibenden Bietern das Vergabeverfahren fortgeführt und der **Zuschlag erteilt** werden. Es ist daher nicht erforderlich, dass alle Bieter der Fristverlängerung zustimmen (BayObLG ZVgR 1999, 111, 114; Thüringer OLG ZVgR 2000, 38; Beck'scher VOB-Komm./*Sterner* § 28 VOB/A Rn. 16). Insofern fordern der **Wettbewerbs- und Gleichbehandlungsgrundsatz** (§ 97 Abs. 1 und 2 GWB) nur, dass auch nach Fristablauf allen in die Wertung einzubeziehenden Bietern die **Möglichkeit** gegeben wird, weiterhin am Vergabeverfahren teilzunehmen. Demgegenüber ist es nicht erforderlich, dass ein zunächst nicht fristgerechter Zuschlag ganz unterbleibt und das Vergabeverfahren daher aufzuheben ist (so aber *Erdl* Der neue Vergaberechtsschutz S. 269 ff., 279).

17 Hat der Auftraggeber im Einzelfall versäumt, eine Einigung mit dem Bieter über die Verlängerung der Zuschlags- und Bindefrist – insbesondere bei unvorhergesehenen Nachprüfungsverfahren – herbeizuführen, kann trotz dieses Sachverhalts grundsätzlich von einer Bindung der Bieter an ihr ursprüngliches Angebot mit der Folge ausgegangen werden, dass der »verspätete« Zuschlag des Auftraggebers auf das Bieterangebot den Vertrag rechtswirksam zustande bringt. Das Bayerische Oberste Landesgericht (BayObLG NZBau 2002, 689 ff.) geht insoweit davon aus, dass eine im Nachhinein entstandene zeitliche Verzögerung der Zuschlagserteilung **nicht zu einer grundlegenden Änderung** der Ausschreibungsverhältnisse führe. Folge sei, dass die Auftragsvergabe und damit ein Festhalten am Angebot für den Bieter zumutbar seien. Diese Auffassung kann jedoch nur für kurzfristige Verschiebungen des Vertragsbeginns richtig sein. Für längerfristige Zeitverschiebungen, z.B. in die ungünstige Winterjahreszeit hinein, muss hingegen regelmäßig von einer grundlegenden Änderung der Ausschreibungsverhältnisse ausgegangen werden. Denn einem Bieter kann es regelmäßig schon im Hinblick auf seine Kalkulation nicht gleichgültig sein, zu welcher Zeit er seine Leistungen ausführt. Für eine sachgerechte Lösung derartiger Fälle muss daher rechtsdogmatisch das Institut der »**ergänzenden Vertragsauslegung**«, bei dem unter angemessener Abwägung der beiderseitigen Interessen nach **Treu und Glauben** der hypothetische Parteiwille herangezogen wird, zugrunde gelegt werden (*Kapellmann* NZBau 2003, 1 ff.). Danach muss die Angebotserklärung des Bieters zumindest für nicht ganz außergewöhnliche Zeitverschiebungen dahin **ausgelegt werden**, dass er hiermit konkludent eine Leistung anbietet, die grundsätzlich auch an eine **Verschiebung** des Zuschlags durch den Auftraggeber angepasst wird (vgl. OLG Jena NZBau 2001, 163 ff.). Im Wege ergänzender Vertragsauslegung und unter entsprechender Anwendung des § 2 Nr. 5 VOB/B ist dem Bieter aber in diesem Fall zumindest bei einer längeren Verschiebung seines Leistungsbeginns der **Mehraufwand** zu ersetzen, der sich aus dieser Verschiebung ergibt (*Kapellmann* NZBau 2003, 1 ff.).

2. Änderung von Angeboten: Klarheit und Eindeutigkeit

18 Will der Auftraggeber von dem Vertragsangebot des Bieters **abweichen** (vgl. § 28 Nr. 2 Abs. 2 VOB/A), muss er dies in seiner Annahmeerklärung klar und unzweideutig zum Ausdruck bringen (BGH BauR 1983, 252). Eine Modifizierung liegt immer dann vor, wenn einzelne Teile des Angebots, z.B. die Ausführungsfristen, einzelne Leistungen, Zahlungsbedingungen oder andere Vertragsbedingungen inhaltlich geändert werden (OLG Düsseldorf BauR 1975, 340 [Ausführungsfristen]; OLG Hamm BauR 1992, 779 [Skontogewährung]; VÜA Bayern ZVgR 1999, 272 [Vertragsbedingungen]).

Die Modifizierung des Angebotsinhalts durch den Auftraggeber bewirkt, dass er ein **Neuangebot** vorlegt, welches zum Zustandekommen eines Bauvertrags der **Annahme** durch den Bieter bedarf.

Dies ist immer dann der Fall, wenn der Auftraggeber eine **wesentliche Leistungsposition** aus dem Leistungsverzeichnis herausnimmt (LG Darmstadt BauR 1990, 601) oder wenn der Auftraggeber erstmals im Auftragsschreiben die endgültige Ausführung davon abhängig macht, dass der Bieter bis zu einem bestimmten Zeitpunkt zum Nachweis seiner Eignung ein **Zertifikat** vorlegt, erstmalig die Bestimmung einer **Ausführungsfrist** vorgibt (OLG München IBR 1995, 369 [*Schelle*]) oder um die Gewährung von **Skonto** bittet (OLG Hamm BauR 1992, 779). Eine wesentliche Modifizierung des Angebots ist regelmäßig eine unzulässige Nachverhandlung (§ 24 VOB/A) und kann zu Schadensersatzansprüchen führen (*Külpmann* in *Kapellmann/Messerschmidt* VOB Teile A und B § 28 VOB/A Rn. 34). Ist die Herausnahme einer **wesentlichen Position** allerdings **unumgänglich**, muss die Ausschreibung nach § 26 Nr. 1 VOB/A aufgehoben und die verbleibende Leistung ggf. erneut ausgeschrieben werden. **Keine inhaltliche Änderung des Angebots** liegt regelmäßig dann vor, wenn das Angebot zulässigerweise (§ 9 Nr. 1 S. 2 VOB/A) **Bedarfspositionen (Eventualpositionen)** enthält und der Auftraggeber sich in seinem Zuschlagsschreiben für diese oder jene Bedarfsposition entscheidet. In diesem Fall braucht sich der Auftraggeber nicht bereits bei Zuschlagserteilung zu entscheiden; es reicht aus, wenn er **klar** seine Entscheidung unmittelbar vor Beginn der Ausführung trifft (*Schelle* BauR 1989, 48 ff.). Es handelt sich auch dann um **keine Zuschlagserteilung unter Einschränkungen**, wenn sich der Auftraggeber eine losweise Vergabe an verschiedene Bieter vorbehalten hat und dann im Rahmen der Zuschlagsentscheidung mehrere Lose an einen Bieter vergibt (*Heiermann/Riedl/Rusam* Handkommentar zur VOB § 28 VOB/A Rn. 16). Auch wenn sich der Auftraggeber Änderungen in den Verdingungsunterlagen, z.B. die datumsmäßige Festlegung von Ausführungsfristen, ausdrücklich **vorbehalten** hat, stellt dies **keine Änderung** des Angebots dar.

Liegt aber eine Modifizierung des Angebots durch den Auftraggeber vor, muss der Bieter sich nach § 28 Nr. 2 Abs. 2 VOB/A **unverzüglich** über die Annahme erklären. Hierzu sollte dem Bieter eine nach Umfang der Änderungen zu bemessende **Erklärungsfrist** zugebilligt werden. Erklärt sich der Bieter nicht innerhalb dieser Frist, ist sein Angebot gem. § 146 BGB erloschen. Sein Schweigen kann grundsätzlich nicht als Annahme bzw. Zustimmung aufgefasst werden. Um jedoch eine Annahme der modifizierten Zuschlagserklärung durch den Bieter zu gewährleisten, sollte der Auftraggeber vor Ablauf der Zuschlagsfrist mit dem Bestbieter in Verhandlungen abklären, ob der Bieter mit diesen Änderungen einverstanden ist. Ist dies der Fall, kann die Abänderung ohne weitere Verzögerung mit der Annahme durch den Bieter zum Bestandteil des Angebots werden. Wird keine Einigung erzielt, hat der Auftraggeber immer noch die Möglichkeit, den Zuschlag auf das **unveränderte Angebot** zu erteilen (*Lampe-Helbig/Wörmann* Handbuch der Bauvergabe Rn. 287).

F. Voraussetzung und Wirkung des Zuschlags

I. Mitteilung vom Zuschlag

Der **Bauvertrag** kommt – wie aufgezeigt – nicht durch die intern vom Auftraggeber getroffene Zuschlagsentscheidung als solche zustande, sondern gem. § 130 BGB als empfangsbedürftige Willenserklärung erst durch den rechtzeitigen **Zugang der Mitteilung** bei dem Bieter (BayObLG VergabeR 2005, 126 f.; OLG Dresden IBR 2001, 385). Für das **Wirksamwerden** einer empfangsbedürftigen Willenserklärung ist – außer dem Zugehen an den Erklärungsgegner – erforderlich, dass sie mit Willen des Erklärenden in den Verkehr gelangt ist und der Erklärende damit rechnen konnte und gerechnet hat, dass sie den richtigen Empfänger erreichen werde (BGH NJW 1978, 2032). Ein Vertrag kommt auch dann zu Stande, wenn das Angebot offensichtlich von der Ausschreibung abweicht und der fachkundige Auftraggeber das Angebot dennoch nicht ausschließt sondern annimmt;

dann kann sich der Auftraggeber nicht darauf berufen, der Bieter habe ihn über die Abweichung von der Ausschreibung unterrichten müssen (vgl. OLG Köln BauR 1995, 435 [L]).

II. Form des Zuschlags

22 Die Zuschlagserteilung nach § 28 VOB/A braucht grundsätzlich nicht schriftlich, sie kann auch mündlich, also z.B. telefonisch erfolgen, (OLG Schleswig NZBau 2000, 96 f.; BayObLG VergabeR 2001, 55, 58) soweit **nicht nach zwingenden gesetzlichen Vorschriften, wie z.B. nach der einschlägigen Gemeindeordnung**, etwa für eine rechtsgültige **Vertretungsmacht**, Schriftform vorgeschrieben ist (vgl. §§ 63, 64 GO NW). Jedoch ist trotz Nichteinhaltung der nach der Gemeinde- oder Landkreisordnung notwendigen Schriftform ein Vertrag und damit der Zuschlag nach Treu und Glauben (§ 242 BGB) wirksam, wenn der mit der Formvorschrift bezweckte Schutz der Vertreter der Kommune deshalb bedeutungslos geworden ist, weil das rechtlich zuständige Organ der Kommune den **Zuschlag bereits beschlossen** hat (BGH IBR 1994, 183). Solange die vorausgesetzte Schriftlichkeit noch nicht vorliegt, ist der Vertrag **schwebend unwirksam** mit der Folge, dass eine nachträgliche schriftliche Genehmigung die Unwirksamkeit heilt (OLG Schleswig NZBau 2000, 96 f.). Gleiches gilt, wenn bei der mündlichen Mitteilung der Vorbehalt gemacht wird, die Wirksamkeit des Auftrages sei von der noch folgenden schriftlichen Mitteilung abhängig. Ein **Schriftformerfordernis** kann auch durch eine Vereinbarung zwischen Auftraggeber und Bietern auf der Grundlage der **Verdingungsunterlagen** bestehen. Erfolgt aber trotz dieser Vorgabe in den Verdingungsunterlagen nach Schriftform der Zuschlagserteilung der Zuschlag nur mündlich, ist dennoch im Zweifel **nicht** von der Nichtigkeit des Rechtsgeschäfts (§ 125 S. 2 BGB) auszugehen. Insofern dürfte die Schriftform keine Wirksamkeitsvoraussetzung für den Vertrag sein, sondern lediglich als **gewillkürte Schriftform** Klarstellungs- und Beweiszwecken dienen (*Völlink/Kehrberg* Vergabe- und Vertragsordnung für Bauleistungen § 28 VOB/A Rn. 5). Ein Verstoß gegen die »gewillkürte Schriftform« kann nur dann ausnahmsweise die **Nichtigkeit** des Bauvertrages zur Folge haben, wenn die vereinbarte Schriftform **Wirksamkeitsvoraussetzung** für den Vertrag sein sollte (*Külpmann* in *Kapellmann/Messerschmidt* § 28 VOB/A Rn. 24). Ist die schriftliche Form jedoch durch **Gesetz** vorgeschrieben, muss die Urkunde grundsätzlich vom Aussteller eigenhändig durch Namensunterschrift oder mittels notariell beglaubigten Handzeichens unterzeichnet werden (§ 126 Abs. 1 BGB). Allerdings kann die schriftliche Form nach § 126 Abs. 3 BGB durch die elektronische Form unter Beifügung einer qualifizierten elektronischen Signatur nach dem Signaturgesetz (§ 126a Abs. 1 BGB) ersetzt werden. Nicht ausreichend sein dürfte in diesem Fall – anders als bei der gewillkürten Schriftform – die Übermittlung durch Telefax, da es hier an der eigenhändigen Unterzeichnung der Urkunde fehlt (BGH NJW 1997, 3169).

23 Wurde gegen ein gesetzlich vorgeschriebenes Schriftformerfordernis verstoßen, ist der Vertrag gem. § 125 BGB nichtig. Aber auch wenn keine Schriftform vorgesehen ist, ist es allein zum **Beweis** über den Abschluss des Bauvertrags für Auftraggeber und Auftragnehmer immer geboten, die Mitteilung über den Zuschlag in die Schriftform zu kleiden. Nach dem Vergabehandbuch des Bundes zu § 28 VOB/A ist der Zuschlag schriftlich mit dem Einheitlichen Verdingungsmuster Auftragsschreiben zu erteilen. Für den Fall, dass das Auftragsschreiben nicht mehr rechtzeitig vor Ablauf der Zuschlagsfrist beim Bieter eingehen kann, sieht das VHB die Möglichkeit der zunächst mündlichen oder fernmündlichen Zuschlagserteilung vor. Der Zuschlag ist sodann unverzüglich schriftlich zu **bestätigen**. Insoweit unterscheidet sich § 28 VOB/A, wie insbesondere Nr. 2 Abs. 1 belegt, von § 154 Abs. 2 BGB, wo erst mit der urkundlichen Festlegung der Vertrag zu Stande kommt. Bei § 28 VOB/A hat die Beurkundung nach der Zuschlagserteilung für den Abschluss des Vertrags demgegenüber keine Bedeutung mehr (*Heiermann/Riedl/Rusam* § 28 VOB/A Rn. 8 und 13).

24 Eine Schriftform ist immer erforderlich, wenn ein mit einem Grundstückserwerb im Zusammenhang stehender Bauvertrag zu seiner Wirksamkeit auch der **notariellen Beurkundung gem. § 311b**

BGB bedarf. Das ist nur der Fall, wenn der Bauvertrag mit dem Grundstückskaufvertrag eine **rechtliche Einheit** bildet. Regelmäßig ist das anzunehmen, wenn zwischen den vertragsschließenden Parteien im Bauvertrag auch eine **unmittelbare Verpflichtung zum Grundstückserwerb** vereinbart wird und beides untrennbar miteinander verbunden ist. Das ist auch der Fall, wenn der Auftragnehmer des Bauvertrags zugleich den Nachweis für den Erwerb des Grundstückes zu erbringen hat.

Soll der Auftraggeber das Grundstück von einem **Dritten** und nicht von dem Auftragnehmer erwerben, so kommt es für die Formbedürftigkeit darauf an, ob dem Auftragnehmer nach dem Vertrag ein **einklagbarer Anspruch** gegen den Auftraggeber zum Erwerb des Grundstücks von dem Dritten zustehen soll, also ein mittelbarer Zwang zum Grundstückserwerb besteht. Dazu genügt nicht schon jeder Druck, der sich aus dem Zwang ergibt, einen Vertrag einzuhalten. Vielmehr muss insofern ein Verpflichtungszusammenhang **aus dem Vertrag** klar ersichtlich sein, der auch für den Bauvertrag den Schutzzweck des § 311b BGB rechtfertigt. Auch hier ist letztlich ausschlaggebend, ob Bauvertrag und Grundstückserwerb nach dem Willen der Vertragspartner so eng miteinander verknüpft sind, dass das eine mit dem anderen »steht und fällt«. 25

Ein **schriftliches Bestätigungsschreiben** des Auftragnehmers über den **Erhalt des Zuschlages** hat keine rechtliche Wirkung, sondern dient lediglich **Beweiszwecken**. Enthält dieses Bestätigungsschreiben des Auftragnehmers **Abänderungen** des Vertragsinhalts, so hat das auf den durch den Zugang der Mitteilung vom Zuschlag abgeschlossenen Vertrag grundsätzlich keinen Einfluss. Die in dem Bestätigungsschreiben des Auftragnehmers enthaltenen Abänderungen sind jedoch ein **Neuangebot auf Vertragsänderung**. Ist der Auftraggeber damit nicht einverstanden, so kann der Auftragnehmer aus einem Schweigen des Auftraggebers zwar grundsätzlich keine Zustimmung herleiten (*Heiermann/Riedl/Rusam* § 28 VOB/A Rn. 10). Insoweit ist das Bestätigungsschreiben des Auftragnehmers auch nicht als **kaufmännisches Bestätigungsschreiben** anzusehen, bei dem das Schweigen des Empfängers (Auftraggebers) grundsätzlich als Zustimmung gilt. Denn beim kaufmännischen Bestätigungsschreiben geht es – anders als bei der schriftlichen Bestätigung des Zuschlags durch den Auftragnehmer – darum, das **Ergebnis** von Vertragsgesprächen und den sich hieraus ergebenden Vertragsinhalt festzulegen. Dennoch ist dem Auftraggeber auch bei einem schriftlichen und abändernden Bestätigungsschreiben des Auftragnehmers auf jeden Fall zu raten, dem Auftragnehmer **zu widersprechen** und ihn auf den abgeschlossenen Vertrag zu verweisen. Andernfalls könnte bei widerspruchsloser Hinnahme der Leistung des Auftragnehmers durch den Auftraggeber der Bauvertrag nach den vom Auftragnehmer nunmehr vorgeschlagenen geänderten Bedingungen zu beurteilen sein. Grundsätzlich ist ein Widerspruch des Auftraggebers gegen den vertragsändernden Inhalt eines Bestätigungsschreibens des Auftragnehmers nur dann entbehrlich, wenn der Inhalt seines Schreibens, abgesehen von Nebenpunkten, den vertraglichen Abmachungen entspricht (RGZ 129, 347), wenn er im Bestätigungsschreiben bewusst unrichtige Angaben gemacht hat (BGH BB 1961, 954) oder wenn sich das Bestätigungsschreiben inhaltlich so weit von dem bisherigen Vertrag entfernt, dass der Auftragnehmer **nach Treu und Glauben** nicht mit einem Einverständnis des Auftraggebers rechnen kann (BGH BauR 1983, 165). 26

III. Stellvertretung

Die **Erklärung** über den Zuschlag braucht nicht unbedingt vom Auftraggeber selbst abgegeben zu werden. Es kann auch ein **vollberechtigter Vertreter** für den Auftraggeber die Rechtswirkungen des Vertrags herbeiführen (§§ 164 ff. BGB). Hauptfälle von berechtigten Vertretern des Auftraggebers sind einmal die für ihn gesetzlich oder satzungsgemäß handelnden Personen, außerdem die bevollmächtigten Personen sowie von ihm beauftragte Architekten, sofern ihre Aufgaben im Innenverhältnis befugtermaßen über die bloße Planung hinausgehen. Dabei ist aber zu berücksichtigen, dass **Architekten** grundsätzlich nicht berechtigt sind, als Bevollmächtigte des Auftraggebers in dessen Namen Bauverträge abzuschließen bzw. besondere Pflichten zu begründen (BGH NJW 1960, 859). Das 27

Gleiche gilt für **Sachverständige**, da diese nach § 7 VOB/A zwar Hilfs-, aber **keine Entscheidungsfunktion** an Stelle des Auftraggebers haben. Sollen daher die genannten Personen oder Berufsgruppen im **Einzelfall** tatsächlich mit gegenüber dem Auftraggeber wirksamen Erklärungen beauftragt werden, bedarf es hierzu der **ausdrücklichen Vollmacht**. In Zweifelsfällen sollte sich der Bieter die Vollmacht **nachweisen** lassen, falls das nicht schon vor Auftragserteilung geschehen ist. Handelt jemand für den Auftraggeber als Vertreter ohne Vertretungsmacht und schließt im Namen des Auftraggebers einen Vertrag, so ist dieser gem. § 177 Abs. 1 BGB **schwebend** unwirksam. Die Wirksamkeit des Vertrages für und gegen den Auftraggeber hängt daher von dessen Genehmigung ab.

IV. Wirksamkeit des Bauvertrags

28 Bei der Frage, ob ein **wirksamer Bauvertrag** zwischen den Beteiligten zu Stande gekommen ist, sind grundsätzlich alle **bürgerlich-rechtlichen Unwirksamkeitsgründe** zu berücksichtigen. Diese Gründe sind auch im Nachprüfungsverfahren nach § 102 ff. GWB, insbesondere bei entsprechender Rüge des Antragstellers, zu prüfen (vgl. Thüringer OLG Beschl. v. 8.6.2000 6 Verg 2/00; vgl. zur Wirksamkeit des Zuschlags auch BayObLG NZBau 2000, 261; KG NZBau 2000, 262). Insoweit ist zu berücksichtigen, dass es sich beim Zuschlag um eine **empfangsbedürftige Willenserklärung** handelt, die nach den §§ 133, 157 BGB **nach Treu und Glauben** und unter Berücksichtigung der Verkehrssitte auszulegen ist. Dabei ist von der Rechtssprechung anerkannt, dass ein festgestellter **übereinstimmender Wille** der Parteien auch dann allein maßgebend sein kann, wenn er in dem Inhalt vertraglicher Erklärungen keinen oder nur einen unvollkommenen Ausdruck gefunden hat (vgl. BGHZ 86, 46; BGH NJW 1998, 746 f.). So ist das Zustandekommen selbst eines fixierten Bauvertrags fraglich, wenn die Parteien einvernehmlich von einer Komplettverschiebung der Baumaßnahme ausgegangen sind (Thüringer OLG Beschl. v. 8.6.2000 6 Verg 2/00 S. 4 f.).

29 **Fehlt es an einem wirksamen Bauvertrag** mit dem Auftraggeber und wird die Leistung dennoch ohne Widerspruch des Auftraggebers bzw. dessen Vertreters erbracht, so kann das Unternehmen gegen den Auftraggeber einen **Anspruch aus ungerechtfertigter Bereicherung** gem. §§ 812 ff. BGB geltend machen, z.B., wenn der Auftraggeber nicht handlungsberechtigt war und er nicht die Genehmigung für die Auftragsvergabe erhält. Die Bereicherung bemisst sich nach der am Ort der Bauausführung maßgebenden angemessenen Vergütung, die der Auftraggeber an einen ihm wirksam vertraglich verbundenen Auftragnehmer für die betreffende Leistung hätte zahlen müssen.

G. Vergaberichtlinien

30 Das Vergabehandbuch des Bundes (VHB) trägt in den Richtlinien zu § 28 VOB/A den vorangehenden Ausführungen im Wesentlichen wie folgt Rechnung:

I. Annahme des Angebots

31 – Durch die Zuschlagserteilung kommt ein Vertrag nur zu Stande, wenn das Angebot des Bieters in allen Teilen unverändert innerhalb der vorgesehenen Zuschlagsfrist angenommen wird.
– Eine verspätete Zuschlagserteilung oder eine Zuschlagserteilung mit Änderung auch nur einzelner Teile des Angebots (z.B. der Ausführungsfristen oder einzelner Leistungen) gilt nach § 150 Abs. 2 BGB als Ablehnung des Angebots des Bieters und zugleich als neues Angebot des Auftraggebers. Ein Vertrag kommt in diesem Falle nur dann zu Stande, wenn der Bieter dieses Angebot des Auftraggebers annimmt. Dies kann auch stillschweigend, beispielsweise durch Aufnahme der Arbeiten, geschehen.
– Um die sich aus einer verspäteten Zuschlagserteilung oder einer Zuschlagserteilung mit Änderung ergebenden nachteiligen Folgen – Ende der Bindung des Bieters an sein ursprüngliches An-

gebot – für den Auftraggeber abzuwenden, ist es erforderlich, dass über unumgänglich notwendige Änderungen vor Zuschlagserteilung mit dem Bieter Einigung erzielt und sichergestellt wird, dass die Vereinbarung über die Änderung zum Bestandteil des Angebots gemacht wird.
– Keine Änderungen des Angebots sind: die in den Besonderen Vertragsbedingungen vorbehaltene datumsmäßige Festlegung von Ausführungsfristen oder die Bestimmung des Leistungsumfanges durch Angabe bereits im Leistungsverzeichnis vorgesehener Wahl- oder Bedarfspositionen im Auftragsschreiben.
– Ist vorauszusehen, dass der Auftrag nicht innerhalb der vorgesehenen Zuschlagsfrist erteilt werden kann, so ist mit den für die Auftragserteilung in Betracht kommenden Bietern über eine angemessene Verlängerung der Zuschlagsfrist zu verhandeln. Die Vereinbarung über die Verlängerung ist schriftlich festzulegen.
– Wird wegen der Verlängerung der Zuschlagsfrist eine Änderung der Ausführungsfrist erforderlich, ist die Vereinbarung rechtzeitig vor Auftragserteilung zu treffen.

II. Wahl- und Bedarfspositionen

Die Entscheidung über die Ausführung von in **Wahlpositionen** beschriebenen Leistungen ist i.d.R. bei der Auftragserteilung zu treffen, die Entscheidung über die Ausführung von in **Bedarfspositionen** beschriebenen Leistungen nach der Auftragserteilung. In die Auftragssumme sind Gesamtbeträge von Wahl- oder Bedarfspositionen nur einzurechnen, soweit über die Ausführung bereits mit der Auftragserteilung entschieden wird; diese Positionen sind im Auftragsschreiben zu bezeichnen. Kann die Entscheidung erst nach Auftragserteilung getroffen werden, ist dem Auftragnehmer so früh wie möglich schriftlich mitzuteilen, welche Leistungen ausgeführt werden sollen. Der für die Haushaltsüberwachungsliste Verantwortliche ist schriftlich zu unterrichten. **32**

III. Form der Zuschlagserteilung

Der Zuschlag ist schriftlich mit dem Einheitlichen Verdingungsmuster Auftragsschreiben zu erteilen. **33**

Wenn das Auftragsschreiben nicht mehr rechtzeitig vor Ablauf der – ggf. zu verlängernden – Zuschlagsfrist beim Bieter eingeht und das Angebot in allen Teilen unverändert angenommen wird, kann der Zuschlag zunächst mündlich oder fernmündlich erteilt werden; er ist unverzüglich schriftlich zu bestätigen.

H. Rechtsschutz

I. Primärrechtsschutz

Die wirksame **Zuschlagserteilung** beendet das Vergabeverfahren. Mit dieser Beendigung ist grundsätzlich die **Grenze des Primärrechtsschutzes** erreicht. Dies hat der Bundesgerichtshof in einer grundlegenden Entscheidung vom 19.12.2000 (BGH NZBau 2001, 151 ff.) durch folgenden Leitsatz bestätigt: »Sobald das Vergabeverfahren durch wirksame Erteilung des Auftrags an einen Bieter abgeschlossen ist, kann die Vergabekammer in zulässiger Weise nicht mehr angerufen werden«. Dass ein bereits erteilter Zuschlag nicht aufgehoben werden kann, bestätigt auch § 114 Abs. 2 S. 1 GWB. Für Vergaben unterhalb der EG-Schwellenwerte ist ebenfalls nach Erteilung des Zuschlags ein Primärrechtsschutz, etwa in Form einer einstweiligen Verfügung, ausgeschlossen (LG Saarbrücken IBR 1996, 289). Nach der wirksamen Zuschlagserteilung ist damit die Einleitung eines **Nachprüfungsverfahrens** gem. §§ 102 ff. GWB unzulässig (OLG Düsseldorf NZBau 2000, 391 ff.). Eine Zuschlagserteilung und damit der Vertrag können ausnahmsweise nur dann nichtig sein, wenn dies ausdrücklich bestimmt ist. Eine derartige Bestimmung ist in § 13 VgV und der dort geregelten **Informations-** **34**

pflicht des Auftraggebers an die nicht berücksichtigten Bieter vorgesehen. Kommt der Auftraggeber dieser Informationspflicht nicht nach, ist ein »dennoch abgeschlossener Vertrag« nach § 13 S. 6 VgV **nichtig**. Eine Nichtigkeit nach § 134 BGB wegen Verletzung eines gesetzlichen Verbots ist auch dann gegeben, wenn der Auftraggeber den Zuschlag trotz der **Sperrwirkung** des § 115 Abs. 1 GWB nach Zustellung des Nachprüfungsantrags erteilt. Auch bei einem **kollusiven Zusammenwirken** zwischen Auftraggeber und Bieter kann sich ausnahmsweise die Nichtigkeit des Vertrages aus § 138 Abs. 1 BGB ergeben (OLG Düsseldorf NZBau 2000, 391, 394; OLG Rostock VergabeR 2001, 315, 317).

35 Nach einer wirksamen Zuschlagserteilung ist auch ein **Antrag auf Feststellung einer Rechtsverletzung** des Bieters gem. § 114 Abs. 2 S. 2 GWB unzulässig (KG KG-Report 200, 359). Dies wäre nur dann anders, wenn sich das Vergabeverfahren erst **nach Einleitung** des Nachprüfungsverfahrens und Zustellung des Antrags auf Nachprüfung an den Auftraggeber (vgl. § 115 Abs. 1 GWB) erledigt hat (BayObLG NZBau 2000, 92; *Franke/Kemper/Zanner/Grünhagen* § 28 VOB/A Rn. 40).

II. Sekundärrechtsschutz

36 Eine rechtswidrige Zuschlagserteilung kann für die Bieter **Schadensersatzansprüche** wegen Verletzung eines vorvertraglichen Vertrauensverhältnisses (c.i.c.) begründen (§§ 241 Abs. 2, 311 Abs. 2 und 3, 280 ff. BGB). Bei Auftragsvergaben oberhalb der EU-Schwellenwerte kommen für die geschädigten Unternehmen ergänzend Ansprüche auf Ersatz des Vertrauensschadens nach § 126 GWB in Betracht (siehe hierzu die Kommentierung zu § 126 GWB in *Kulartz/Kus/Portz* Kommentar zum GWB-Vergaberecht).

§ 28a
Bekanntmachung der Auftragserteilung

1. (1) In den Fällen, in denen eine Bekanntmachung nach § 17a Nr. 2 veröffentlicht wurde, ist die Erteilung des Auftrags bekannt zu machen.

    (2) Die Bekanntmachung ist nach dem in Anhang III der Verordnung (EG) Nr. 1564/2005 enthaltenen Muster zu erstellen.

    (3) Angaben, deren Veröffentlichung
    – den Gesetzesvollzug behindern,
    – dem öffentlichen Interesse zuwiderlaufen,
    – die berechtigten geschäftlichen Interessen öffentlicher oder privater Unternehmer berühren oder
    – den fairen Wettbewerb zwischen Unternehmern beeinträchtigen würden,
    sind nicht in die Bekanntmachung aufzunehmen.

2. Die Bekanntmachung ist dem Amt für amtliche Veröffentlichungen der Europäischen Gemeinschaften in kürzester Frist – spätestens 48 Kalendertage nach Auftragserteilung – zu übermitteln.

Inhaltsübersicht   Rn.

A. Allgemeine Grundlagen	1
B. Bekanntmachung der Auftragserteilung (§ 28a Nr. 1 Abs. 1 VOB/A)	3
C. Inhalt der Bekanntmachung (§ 28a Nr. 1 Abs. 2 VOB/A)	5
I. Die einzelnen Angaben	5
II. Bekanntmachung der Auftragserteilung	7

	Rn.
D. Nicht in die Bekanntmachung aufzunehmende Angaben (§ 28a Nr. 1 Abs. 3 VOB/A)	8
I. Nichtbekanntgabe bestimmter Informationen	8
II. Die vier Ausnahmetatbestände	9
III. Angabe einer Begründung anzuraten	13
E. Übermittlung der Bekanntmachung (§ 28a Nr. 2 VOB/A)	14
F. Rechtsschutz	15
I. Primärrechtsschutz	15
II. Sekundärrechtsschutz	16

A. Allgemeine Grundlagen

§ 28a VOB/A ist in der Neufassung der VOB/A 2006 **inhaltlich nicht** geändert worden. Lediglich in Nr. 1 Abs. 2 wurde hinsichtlich des zu verwendenden Musters auf die **neue EG-Verordnung Nr. 1564/2005** verwiesen. § 28a VOBA ist eine **ergänzende Vorschrift** zu § 17a Nr. 2 VOB/A, zu §§ 27, 27a VOB/A und den dort geregelten Mitteilungspflichten gegenüber erfolglosen Bewerbern und Bietern, zu § 28 VOB/A (Zuschlag) und zu der Vorschrift über die Melde- und Berichtspflichten in § 33a VOB/A. Die Norm kommt dann zur Anwendung, wenn es sich um eine oberhalb der Schwellenwerte liegende europaweite Vergabe handelt. In diesem Fall hat durch den Auftraggeber eine zusätzliche Bekanntmachung der **Auftragserteilung** zu erfolgen. § 28a VOB/A dient damit gemeinsam mit den anderen erwähnten Vorschriften der **Transparenz des Vergabeverfahrens**. Zu diesem Zweck soll sich die EG-Kommission ein Bild über den Ablauf und das Ergebnis jedes einzelnen im Amtsblatt der EG bekannt gemachten Vergabeverfahrens verschaffen. Der **Umfang** der nach § 28a VOB/A bei europaweiten Vergabeverfahren zu veröffentlichenden Daten geht über die Angaben in der Niederschrift über den Eröffnungstermin weit hinaus (*Lampe-Helbig/Wörmann* Handbuch der Bauvergabe Rn. 302).

1

Ob tatsächlich der Zweck der Vorschrift, die Transparenz des Vergabeverfahrens zu sichern und das tatsächliche Funktionieren der öffentlichen Auftragsmärkte zu überprüfen, erreicht werden kann, erscheint nach wie vor fraglich. Insgesamt lässt sich der Eindruck nicht vermeiden, dass durch § 28a VOB/A und durch die dort geregelte **Ex-Post-Transparenz** der weiteren Bürokratisierung Vorschub geleistet wird.

2

B. Bekanntmachung der Auftragserteilung (§ 28a Nr. 1 Abs. 1 VOB/A)

Voraussetzung für das Eingreifen des § 28a VOB/A ist nach Nr. 1 Abs. 1, dass ein Bauauftrag im Wege eines **Offenen Verfahrens, eines Nichtoffenen Verfahrens oder eines Wettbewerblichen Dialogs oder eines Verhandlungsverfahrens** mit Vergabebekanntmachung nach § 17a Nr. 2 VOB/A veröffentlicht und anschließend durch Auftragserteilung vergeben wurde. Grundsätzlich ist auch der Abschluss einer **Rahmenvereinbarung** (siehe Art. 32 i.V.m. Art. 35 Abs. 4 S. 1 EU-VKR) bekannt zu machen. Denn eine Rahmenvereinbarung, die grundsätzlich auch im Wege des freien Parteiwillens zwischen Auftraggeber und Unternehmen nach dem zweiten Abschnitt der VOB/A zulässig ist, kann, wenn sie im Offenen sowie im Nichtoffenen Verfahren oder im Verhandlungsverfahren mit Vergabebekanntmachung abgeschlossen wurde, als Auftrag i.S.d. § 28a VOB/A angesehen werden. Die Erteilung eines Einzelauftrags aufgrund einer Rahmenvereinbarung, der bereits ein Aufruf zum Wettbewerb vorausgegangen ist, bedarf aber keiner gesonderten Bekanntmachung (siehe Art. 32 Abs. 4 i.V.m. Art. 35 Abs. 4 S. 2 EU-VKR). Wurde die Rahmenvereinbarung hingegen ohne vorherigen Aufruf zum Wettbewerb vergeben, muss die Vergabe des Einzelauftrags bekannt gemacht werden (so auch Beck'scher VOB-Komm./*Sterner* § 28a VOB/A Rn. 4). Die Bekanntmachungspflicht des öf-

3

fentlichen Auftraggebers betrifft grundsätzlich auch die Vergabe von Einzelaufträgen, die im Rahmen eines **dynamischen Beschaffungssystems** vergeben werden (siehe Art. 33 i.V.m. Art. 35 Abs. 4 S. 3 EU-VKR).

4   Das Vergabeverfahren muss vor seinem Beginn im Amtsblatt der Europäischen Gemeinschaften, in Tageszeitungen, amtlichen Veröffentlichungsblättern oder Fachzeitschriften bekannt gemacht worden sein, und zwar als Aufforderung an Unternehmer, sich am Wettbewerb zu beteiligen. War dies der Fall, so ist – auch – die erfolgte **Auftragserteilung** nach Anhang III der Verordnung (EG) Nr. 1564/2005 bekannt zu machen. Wurde das Vergabeverfahren **aufgehoben** oder **eingestellt**, bedarf es daher einer Bekanntmachung nach dieser Verordnung nicht.

C. Inhalt der Bekanntmachung (§ 28a Nr. 1 Abs. 2 VOB/A)

I. Die einzelnen Angaben

5   Die von den Auftraggebern zu erstellende Bekanntmachung über die Erteilung des Auftrags kann entweder auf **elektronischem Wege** oder auf **anderem Wege** übermittelt werden (Art. 36 Abs. 2 EU-VKR). Das Muster und die Modalitäten für die elektronische Übermittlung der Bekanntmachungen sind unter der Internet-Adresse http://simap.eu.int abrufbar. Der **Inhalt** der Bekanntmachung, die nicht auf elektronischem Wege erstellt und abgesendet werden ist auf ca. 650 Worte beschränkt (Art. 36 Abs. 6 EU-VKR). Nach § 28a Nr. 1 Abs. 2 VOB/A »ist« die Bekanntmachung nach dem in Anhang III der Verordnung (EG) Nr. 1564/2005 enthaltenen **Muster** zu erstellen. Nach dieser Vorgabe (»ist«) sind die Angaben in dem Muster (Bekanntmachung über vergebene Aufträge) **Mindestanforderungen** und damit als zwingend anzusehen (vgl. EuGH C-359/93 »Kommission ./. Niederlande« Slg. 1995 I-157, 175). Das erwähnte Muster im Anhang III der Verordnung (EG) Nr. 1564/2005 schreibt entsprechend seiner Vorgaben in den **Abschnitten I–VI** Angaben über den öffentlichen Auftraggeber (Abschnitt I), über den Auftragsgegenstand (Abschnitt II), das Verfahren (Abschnitt IV), die Auftragsvergabe (Abschnitt V) sowie zusätzliche Informationen (Abschnitt VI) vor.

6   Besonders wichtig zur Ausfüllung des Musters sind die **kurze und prägnante Angabe** der für die **Auftragserteilung wesentlichen Gesichtspunkte** bei der Auswahl des **wirtschaftlichsten Angebots** anhand der **Zuschlagskriterien** (Abschnitt IV.2), die Angabe der **Anzahl** der eingegangenen Angebote (Abschnitt V.2) und die Angabe von **Name und Anschrift** des Wirtschaftsteilnehmers, an den der Auftrag vergeben wurde (Abschnitt V.3).

II. Bekanntmachung der Auftragserteilung

7   Für die Bekanntmachung der Auftragserteilung kann auch das Einheitliche Formblatt EFB-BekE aus dem **Vergabehandbuch** (VHB) des Bundes oder ein anderes Formblatt verwandt werden. Es tritt sodann an die Stelle des EG-Musters.

D. Nicht in die Bekanntmachung aufzunehmende Angaben (§ 28a Nr. 1 Abs. 3 VOB/A)

I. Nichtbekanntgabe bestimmter Informationen

8   Die Auswirkung der Veröffentlichung und Bekanntmachung der wesentlichsten Gesichtspunkte bei europaweiten Auftragsvergaben durch den Auftraggeber ist noch keineswegs zu übersehen. Deshalb werden in § 28a Nr. 1 Abs. 3 VOB/A zum **Schutze der Unternehmen** Vorgaben gemacht, bei deren Eingreifen ausnahmsweise von der Aufnahme in die einschlägige Bekanntmachung abzusehen ist.

Dabei sind die hinter dem jeweiligen Spiegelstrich angegebenen und **abschließenden** Merkmale z.T. kaum abgrenzbar, was beweist, dass es sich um in die VOB/A eingebrachte Überlegungen handelt, bei denen **handfeste praktische Erfahrungen noch nicht Pate gestanden** haben. Insoweit ist es jedenfalls Aufgabe der Auftraggeberseite, im Wege sorgfältigen Abwägens **vor** der Bekanntmachung der Information zu prüfen, ob bestimmte Angaben nach § 28a Nr. 1 Abs. 3 VOB/A aus der Veröffentlichung herauszunehmen sind. Bei vorhandenen Zweifeln sollte der Auftraggeber Rücksprache mit betroffenen Unternehmern suchen oder fachkundigen Rat einholen. Jedoch bedeutet der Verzicht auf **bestimmte Einzelangaben keinen Verzicht auf die Bekanntmachung** der Auftragserteilung **als solche**. Hält der Auftraggeber bestimmte Informationen zurück, muss er im **Vergabevermerk** (vgl. § 30 VOB/A) die Gründe für diese Zurückhaltung angeben, um die Entscheidung nachvollziehbar zu dokumentieren (OLG Brandenburg NZBau 2000, 39, 44 f.).

II. Die vier Ausnahmetatbestände

Bei den Angaben, die den **Gesetzesvollzug behindern** (§ 28a Nr. 1 Abs. 3 Spiegelstrich 1 VOB/A), **9** kann es sich grundsätzlich nur um solche Gesetze handeln, die eine Weitergabe der Informationen verbieten, etwa aus Gründen eines ansonsten gegebenen unlauteren Wettbewerbs (z.B. § 17 UWG) oder aus Gründen der Sicherheit und des Schutzes der Allgemeinheit. Insofern kann es bei militärischen oder sonstigen der allgemeinen Geheimhaltung unterliegenden Bauten erforderlich sein, zum Namen des Auftragnehmers (Anhang V.3) sowie zum Auftragsgegenstand (Abschnitt II) keine Angaben zu machen. Ähnliches dürfte für Bauten der Polizei, des Bundesgrenzschutzes oder für sonstige öffentliche Bauten zutreffen, weil durch etwaigen Geheimnisverrat, Anschläge o.Ä. der jeweilige Gesetzesvollzug behindert werden könnte.

In noch weiterem Sinne können nicht nur Angaben den Gesetzesvollzug behindern, sondern auch **10** Angaben in der Bekanntmachung dem **öffentlichen Interesse zuwiderlaufen**. Dabei ist das »Zuwiderlaufen gegen öffentliche Interessen« gem. § 28a Nr. 1 Abs. 3 Spiegelstrich 2 VOB/A weiter gefasst und beinhaltet mit dem Verstoß gegen **Allgemeinwohlinteressen** ein breiteres Spektrum als die Fallgruppe des Spiegelstrichs 1) mit dem reinen Abstellen auf den Gesetzesvollzug.

Noch häufiger können die Fälle sein, in denen Angaben in der Bekanntmachung **die berechtigten** **11** **geschäftlichen Interessen öffentlicher oder privater Unternehmer berühren** (§ 28a Nr. 1 Abs. 3 Spiegelstrich 3 VOB/A). Hier kann es aus Gründen des Wettbewerbs und der Wahrung von Betriebs- oder Geschäftsgeheimnissen angezeigt sein, **weder** den genauen **Auftragsgegenstand** (Abschnitt II) noch genaue Angaben über den Zuschlag, insbesondere über den gezahlten Preis bzw. über das höchste und niedrigste Angebot zu machen (Abschnitt V). Insoweit ist zu berücksichtigen, dass die Unternehmen zu anderen Unternehmen in einem Konkurrenzverhältnis stehen. Die Nennung des gezahlten Preises und der anderen Angaben könnten daher Schlüsse auf die **Kalkulation**, die **Produktions- und Verfahrensabläufe** sowie die **Marktstrategien** des Auftragnehmers zulassen und in der Folge zu **Wettbewerbsbeeinträchtigungen** führen. Dabei kann das – allerdings sachlich zu rechtfertigende – Interesse sowohl auf der **Auftraggeber- als auch der Auftragnehmerseite** bestehen. **Stimmt ein betroffener** Unternehmer allerdings der Veröffentlichung »seiner Daten« **zu**, kann eine Bekanntmachung erfolgen. Dies gilt nicht für solche Angaben, deren Veröffentlichung gesetzlich verboten ist (*Franke/Kemper/Zanner/Grünhagen* VOB-Kommentar § 28a VOB/A Rn. 5).

Der **wichtigste Fall** einer Nichtaufnahme in der Bekanntmachung dürfte für die Praxis derjenige **12** sein, in dem durch Angaben in der Bekanntmachung der **faire Wettbewerb unter den Unternehmern beeinträchtigt wird** (§ 28a Nr. 1 Abs. 3 Spiegelstrich 4 VOB/A). Dabei ergibt sich aus der hier gewählten Formulierung (»fairer Wettbewerb«, »beeinträchtigt«), dass es genügt, wenn durch Angaben in der Bekanntmachung überhaupt die Wettbewerbssituation berührt wird, ohne dass dadurch bereits Verstöße gegen gesetzliche Vorschriften, wie z.B. das GWB oder das UWG, vorliegen müssten. Diese Regelung ist also weiter gefasst, als es eine rein auf eine Gesetzesverletzung abgestellte

Formulierung erfordern würde. Man kann also sagen, dass alles aus der Bekanntmachung herauszunehmen ist, was die jeweilige Wettbewerbslage auf dem Baumarkt oder dessen hier berührtem Gebiet zu beeinflussen geeignet ist. Daher ist es, wenn überhaupt, jedenfalls besser, bei der Bekanntmachung des erfolgten Auftrags die **Preisspanne** zu veröffentlichen und nicht den gezahlten Preis, weil ansonsten eher Manipulationen im Bereich der Preise möglich sind. Sind etwa Preisabsprachen auch für die Zukunft bei bestimmten Bauvergaben nahe liegend, so kann es angezeigt sein, weder die Anzahl der eingegangenen Angebote (Abschnitt V.2) noch den gezahlten Preis oder die Preisspanne (Abschnitt V.4) bekannt zu machen. Auch kann es berechtigt sein, von der **Nennung des Auftragnehmers Abstand** zu nehmen (Abschnitt V.3), wenn dessen Know-how sowohl im Hinblick auf die Leistung als auch/oder die Vergütung durch die Bekanntmachung berührt ist, also dessen berechtigtes geschäftliches Interesse ergriffen ist. Dies kann speziell bei besonderer Verfahrenstechnik oder sonstiger besonderer betrieblicher Gestaltung des Unternehmens der Fall sein. Nicht veröffentlicht werden darf im Übrigen die Niederschrift über den Eröffnungstermin (vgl. § 22 Nr. 7 S. 3 VOB/A).

III. Angabe einer Begründung anzuraten

13 Sofern aus den in Nr. 1 Abs. 3 genannten Gründen bei der Bekanntmachung der Auftragserteilung durch den Auftraggeber Angaben, die an sich der Anhang III der EG-Verordnung fordert, weggelassen werden, wird nach dem Wortlaut der hier erörterten VOB-Regelung **keine Begründung** verlangt, warum dies geschehen ist. Immerhin kann es aber Rückfragen geben, insbesondere durch das Amt für amtliche Veröffentlichungen der Europäischen Gemeinschaften, weil evtl. vermutet werden könnte, dass das Weglassen auf einer bloßen Nachlässigkeit des Mitteilenden, also des Auftraggebers, beruht. Deshalb ist dem Auftraggeber zu **empfehlen**, ggf. kurz, aber deutlich die Gründe für das Weglassen in einem Begleitschreiben zur Bekanntmachung zu nennen.

E. Übermittlung der Bekanntmachung (§ 28a Nr. 2 VOB/A)

14 Nach § 28a Nr. 2 VOB/A besteht die **Pflicht** (»**ist**«) für die Auftraggeber, die Bekanntmachung dem **Amt für amtliche Veröffentlichungen** der Europäischen Gemeinschaften in kürzester Frist – spätestens 48 Kalendertage nach Auftragserteilung – **mitzuteilen**. Das Amt für amtliche Veröffentlichungen der EG (Amt für amtliche Veröffentlichungen der Europäischen Gemeinschaften, 2 rue Mercier, L-2985 Luxemburg 1; e-mail: mp-ojs@opoce.cec.eu.int; Fax: 00352.292942670; Infos und Online-Formulare: http://simap.eu.int) veröffentlicht die nicht auf elektronischem Wege erstellten und übermittelten Bekanntmachungen grundsätzlich binnen 12 Tagen nach Absendung in vollem Umfang im Supplement und in der Datenbank TED. Grundsätzlich hat die Mitteilung des Auftraggebers an das Amt für amtliche Veröffentlichungen der EG in **kürzester Frist** zu geschehen, wobei der erste Tag nach Auftragserteilung als Fristbeginn rechnet. Daher muss die Bekanntmachung so schnell als möglich an das genannte Amt abgesandt werden. Obwohl das Wort »übermittelt« rechtlich nicht ganz klar ist, wird man bei der Berechnung der Frist von »**Versendefrist**« sprechen müssen, also einer Frist, bis zu deren **Ablauf** spätestens die Bekanntmachung **abgesandt sein muss**, damit das Verhalten des Auftraggebers im Hinblick auf die ordnungsgemäße Abfassung und Absendung der Bekanntmachung hinreichend kontrolliert werden kann. Der späteste Termin zur Absendung der Bekanntmachung ist mit **48 Kalendertagen** festgelegt (also nicht nur Werktage oder Arbeitstage!). Der Tag der Absendung der Bekanntmachung und damit die rechtzeitige Übermittlung der Bekanntmachung ist vom Auftraggeber ggf. zu beweisen (Art. 36 Abs. 7 EU-VKR). Der Nachweis kann bei postalischer Versendung durch den Poststempel auf dem Einlieferungsschein bzw. gem. Art. 36 Abs. 8 EU-VKR durch eine Bestätigung der Veröffentlichung der übermittelten Informationen einschließlich der Datumsangabe seitens der EU-Kommission erfolgen.

F. Rechtsschutz

I. Primärrechtsschutz

Zwar kann ein Verstoß gegen § 28a VOB/A, insbesondere eine Verletzung des § 28a Nr. 1 Abs. 3 VOB/A, etwa bei nicht zulässiger Veröffentlichung bestimmter Unternehmensdaten, die Bieter des stattgefundenen Vergabeverfahrens beeinträchtigen und in ihren Rechten verletzen sowie auch zu einem Schaden führen (vgl. § 107 Abs. 2 GWB). Da die Vorschrift des § 28a VOB/A aber regelmäßig erst **nach der Zuschlagserteilung** eingreift, kann grundsätzlich kein vergaberechtliches Nachprüfungsverfahren zur Überprüfung der Bestimmungen über das Vergabeverfahren mehr eingeleitet werden (vgl. § 114 Abs. 2 S. 1 GWB). Ein **Primärrechtsschutz** scheidet daher aus. 15

II. Sekundärrechtsschutz

Ein Verstoß gegen § 28a VOB/A, insbesondere gegen dessen Nr. 1 Abs. 3, kann die berechtigten Interessen der Unternehmen beeinträchtigen. Der Auftraggeber kann sich daher wegen einer schuldhaften **Pflichtverletzung schadensersatzpflichtig** machen, sofern den betroffenen Unternehmen durch die Pflichtverletzung des Auftraggebers tatsächlich ein nachweisbarer Schaden entstanden ist (vgl. §§ 241 Abs. 2, 311, 280 ff. BGB). 16

§ 28b
Bekanntmachung der Auftragserteilung

1. Der Kommission der Europäischen Gemeinschaften sind für jeden vergebenen Auftrag binnen zwei Monaten nach der Vergabe dieses Auftrags die Ergebnisse des Vergabeverfahrens durch eine nach Anhang VI der Verordnung (EG) Nr. 1564/2005 abgefasste Bekanntmachung mitzuteilen. Dies gilt nicht für jeden Einzelauftrag innerhalb einer Rahmenvereinbarung.

2. Die Angaben in Anhang VI der Verordnung (EG) Nr. 1564/2005 werden im Amtsblatt der Europäischen Gemeinschaften veröffentlicht. Dabei trägt die Kommission der Europäischen Gemeinschaften der Tatsache Rechnung, dass es sich bei den Angaben im Falle von Anhang VI der Verordnung (EG) Nr. 1564/2005 Nr. V.1.3, V.1.5, V.2.1, V.2.4, V.2.6 um in geschäftlicher Hinsicht empfindliche Angaben handelt, wenn der Auftraggeber dies bei der Übermittlung der Angaben über die Anzahl der eingegangenen Angebote, die Identität der Unternehmen und die Preise geltend macht.

3. Die Angaben in Anhang VI der Verordnung (EG) Nr. 1564/2005 Nr. V.2, die als nicht für die Veröffentlichung bestimmt gekennzeichnet sind, werden nicht oder nur in vereinfachter Form zu statistischen Zwecken veröffentlicht.

Inhaltsübersicht Rn.

A. Allgemeine Grundlagen	1
B. Mitteilung des vergebenen Auftrags an die EG-Kommission (§ 28b Nr. 1 VOB/A)	3
I. Voraussetzungen	3
II. Inhalt der Bekanntmachung	5
C. Veröffentlichung (§ 28b Nr. 2 VOB/A)	6
D. Begrenzte Veröffentlichung (§ 28b Nr. 3 VOB/A)	7
E. Veröffentlichung im Amtsblatt der EG	8
F. Rechtsschutz	9
I. Primärrechtsschutz	9
II. Sekundärrechtsschutz	10

VOB/A § 28b

A. Allgemeine Grundlagen

1 § 28b VOB/A enthält in der **Neufassung 2006** einige Änderungen, die maßgeblich durch den Verweis auf den neuen **Anhang VI der Verordnung (EG) Nr. 1564/2005** bedingt sind. Dies hat auch deswegen in § 28b VOB/A der Neufassung zu einer Reihe von Anpassungen geführt, weil in der Textfassung der VOB/A 2006 keine Formulare (Anhänge) mehr angefügt wurden. Weiterhin neu ist eine **Ausnahmeregelung** für Einzelaufträge, die aufgrund eines **Rahmenvertrags** vergeben wurden (§ 28b Nr. 1 S. 2 VOB/A).

2 § 28b VOB/A befasst sich mit der **Bekanntmachung der Auftragserteilung** durch Sektorenauftraggeber. Nr. 1 regelt die Mitteilung der Auftragserteilung an die **EG-Kommission**. Nr. 2 betrifft die Veröffentlichung im Amtsblatt der Europäischen Gemeinschaften, ebenso gilt dies für Nr. 3 im Hinblick auf die inhaltliche Beschränkung der Veröffentlichung. Die Vorschrift des § 28b VOB/A regelt mithin die Pflichten des Auftraggebers **nach** erfolgter Auftragserteilung (**Ex-Post-Transparenz**). In diesem Sinne ergänzt § 28b VOB/A die den Auftraggeber treffenden **Mitteilungspflichten der §§ 27 und 27b VOB/A**. Maßgebliche Unterschiede bestehen aber insoweit, als dass der Auftraggeber nach den §§ 27, 27b VOB/A die **nicht berücksichtigten Bewerber und Bieter** benachrichtigen muss, nach § 28b VOB/A aber Adressat der Mitteilung durch den Auftraggeber die **EG-Kommission** ist. Auch die in § 33b VOB/A geregelten **Aufbewahrungs- und Berichtspflichten** dienen der Ex-Post-Transparenz des Vergabeverfahrens. Insgesamt muss daher befürchtet werden, dass der **Aufwand**, der mit der Mitteilung jedes europaweit vergebenen Auftrags an die EG-Kommission verbunden ist, nicht in entsprechender Relation zu der Zielsetzung einer Überprüfung und Verbesserung der europäischen Beschaffungsmärkte steht. Es ist daher die Gefahr nicht von der Hand zu weisen, dass auch die Vorschrift des § 28b VOB/A der weiteren **Bürokratisierung** im Bereich des öffentlichen Auftragswesens Vorschub leistet.

B. Mitteilung des vergebenen Auftrags an die EG-Kommission (§ 28b Nr. 1 VOB/A)

I. Voraussetzungen

3 § 28b Nr. 1 VOB/A bestimmt, dass der EG-Kommission für **jeden vergebenen Auftrag** binnen zwei Monaten nach der Vergabe dieses Auftrags die **Ergebnisse des Vergabeverfahrens** durch eine nach Anhang VI der Verordnung (EG) Nr. 1564/2005 **abgefasste Bekanntmachung** mitzuteilen sind. Dies ist eine uneingeschränkte **Verpflichtung** (»sind mitzuteilen«), die der Auftraggeber gegenüber der EG-Kommission zu erfüllen hat. Da von der Verpflichtung grundsätzlich **jeder** vergebene Auftrag erfasst ist, spielt die stattgefundene Vergabeart keine Rolle. Neben dem Offenen und dem Nichtoffenen Verfahren sowie dem Verhandlungsverfahren mit Vergabebekanntmachung wird daher auch ein Verfahren **ohne** vorherigen Aufruf zum Wettbewerb (vgl. § 3b Nr. 2 VOB/A) erfasst. Nicht erfasst ist der für Sektorenauftraggeber nicht zur Anwendung kommende **wettbewerbliche Dialog** (vgl. § 3b VOB/A, der den Wettbewerbliche Dialog nicht beinhaltet). Eine Mitteilung muss aber grundsätzlich auch erfolgen, wenn Auftraggeber und Unternehmen eine **Rahmenvereinbarung** gem. § 5b VOB/A abgeschlossen haben (Beck'scher VOB-Komm./*Sterner* § 28b VOB/A Rn. 3). Allerdings bestimmt § 28b Nr. 1 S. 2 VOB/A in der Neufassung, dass die Bekanntmachungspflicht gegenüber der EG-Kommission **nicht für jeden Einzelauftrag** innerhalb einer Rahmenvereinbarung gilt. Diese Neuregelung basiert auf Art. 43 Abs. 1 S. 2 der EU-Sektorenrichtlinie 2004/17/EG vom 31.3.2004 (EU-SKR). Danach brauchen bei Aufträgen, die innerhalb einer Rahmenvereinbarung gem. Art. 14 Abs. 2 EU-SKR vergeben werden, die Auftraggeber **nicht für jeden Einzelauftrag**, der aufgrund der Rahmenvereinbarung vergeben wird, eine Bekanntmachung mit den Ergebnissen des Vergabeverfahrens abzusenden. Art. 14 Abs. 2 der EU-SKR hat jeweils die Rahmenvereinbarungen zum Inhalt, die gem. dieser Richtlinie in einem vorangegangenen EU-Vergabewettbewerb abgeschlossen wur-

den. War dies der Fall, sind wegen des bereits stattgefundenen Wettbewerbs zum Abschluss der Rahmenvereinbarung nachfolgende Einzelaufträge privilegiert. Diese Einzelaufträge brauchen daher nicht mehr – anders als die zugrunde liegende Rahmenvereinbarung selbst – gegenüber der EG-Kommission bekannt gemacht zu werden.

Voraussetzung für die Mitteilungspflicht ist stets, dass ein Auftrag tatsächlich vergeben wurde. Bei einer Aufhebung einer Ausschreibung sowie der Einstellung eines Vergabeverfahrens bedarf es daher keiner besonderen Mitteilung an die EG-Kommission. Der Auftraggeber muss die Bekanntmachung an die EG-Kommission fristgerecht, also **binnen zwei Monaten** nach Auftragserteilung, machen. Dabei kommt es für den Zeitpunkt der Auftragserteilung gem. § 28 Nr. 1 VOB/A auf den **Zugang** des Zuschlags beim betreffenden Auftragnehmer an. Da es sich um eine Frist nach Monaten handelt, ist § **188 Abs. 2 BGB** maßgebend, wonach die Frist an dem Tage endet, der zwei Monate nach Zugang der Mitteilung vom Zuschlag und damit der Auftragsvergabe liegt. Für die Einhaltung der Frist ist der Auftraggeber beweispflichtig. Die Pflicht zur Mitteilung stellt auf das pflichtgemäße Handeln des Auftraggebers ab. Der Zeitrahmen ist daher eingehalten, wenn der Auftraggeber die Mitteilung am letzten Tag der Frist absendet.

II. Inhalt der Bekanntmachung

Weiter ist es zur Erfüllung der Bekanntmachungspflicht unbedingt erforderlich, dass sie den **Inhalt** hat, der in **Anhang VI der Verordnung (EG) Nr. 1564/2005** (Bekanntmachung über vergebene Aufträge-Sektoren) vorgeschrieben ist. Nach dem Inhalt des Anhangs VI muss der Auftraggeber nach erfolgter Auftragsvergabe Angaben gegenüber der EG-Kommission über den Auftraggeber selbst (Abschnitt I), über den Auftragsgegenstand (Abschnitt II), über das angewandte Verfahren (Abschnitt IV), über die Auftragsvergabe (Abschnitt V) sowie Angaben zusätzliche Informationen betreffend (Abschnitt VI) machen.

C. Veröffentlichung (§ 28b Nr. 2 VOB/A)

Nach § 28b Nr. 2 S. 1 VOB/A werden die Angaben, so wie sie nach dem Anhang VI der EG-Verordnung zu machen sind, im **Amtsblatt der Europäischen Gemeinschaften** veröffentlicht. Dabei ist jedoch zu beachten, dass nicht alle Einzelpunkte immer und in jedem Fall für die Öffentlichkeit bestimmt sind. Daher ist in § 28b Nr. 2 S. 2 VOB/A festgehalten, dass die EG-Kommission der Tatsache Rechnung trägt, dass es sich bei den Angaben im Falle von Anhang VI der Verordnung (EG) Nr. 1564/2005 Nr. V.1.3 (Name und Anschrift des Wirtschaftsteilnehmers, an den der Auftrag vergeben wurde), Nr. V.1.5 (Angabe über Unteraufträge/Subaufträge), Nr. V.2.1 (Zahl der eingegangen Angebote), Nr. V.2.4 (Endgültiger Gesamtwert des Auftrags ohne Mehrwertsteuer), Nr. V.2.6 (Zuschlagskriterien), um in geschäftlicher Hinsicht empfindliche Angaben handelt, wenn der Auftraggeber dies bei der Übermittlung der Angaben über die Anzahl der eingegangenen Angebote, die Identität der Unternehmen und die Preise geltend macht. In geschäftlicher Hinsicht empfindliche Daten sind daher insbesondere solche, die Aufschluss über die Kalkulation des Auftragnehmers geben, Produktions- und Verfahrensabläufe offenbaren oder in sonstiger Hinsicht berechtigte Auftragnehmerinteressen, berühren und daher den Wettbewerb beeinträchtigen können (VÜA Bayern 22.9.1995 ZVgR 1998, 411, 413; *Franke/Kemper/Zanner/Grünhagen* VOB-Kommentar § 28b VOB/A Rn. 3). Dies betrifft einmal die Mitteilung über Name und Anschrift des Auftragnehmers, Angaben über die Nachunternehmerleistungen, über den Auftragswert, die Zuschlagskriterien und über die Zahl der eingegangenen Angebote. Durch die Wendung »in geschäftlicher Hinsicht empfindliche Angaben« wird deutlich, dass es sich hier um solche Angaben handelt, die im Allgemeinen im **Bereich der berechtigten Interessen der Auftragnehmerseite** anzusiedeln sind. Falls Auftragnehmer gegenüber dem Auftraggeber Bedenken gegen die Veröffentlichung in der genannten Hinsicht geltend machen, ist der Auftraggeber verpflichtet, dies der EG-Kommission mitzuteilen. Ebenso kann es sein, dass der Auftraggeber von sich aus Bedenken gegen die Veröffentlichung hat. Auch dann ist er bei der Übermittlung der Angaben an die Kommission zum Hinweis auf die »empfindlichen Angaben« gehalten. In beiden Fällen wird die Kommission verpflichtet sein, von der Veröffentlichung **Abstand zu nehmen**.

D. Begrenzte Veröffentlichung (§ 28b Nr. 3 VOB/A)

7 Gemäß der Bestimmung in § 28b Nr. 3 VOB/A werden die Angaben im Anhang VI der Verordnung (EG) Nr. 1564/2005 Nr. V.2 entweder **überhaupt nicht** oder nur in vereinfachter Form **zu statistischen Zwecken** veröffentlicht. Bei den in Nr. V.2 des Anhangs VI aufgeführten Angaben handelt es sich um solche über die Zahl der eingegangenen Angebote, die Zahl der vergebenen Aufträge, den Namen und die Anschrift des Wirtschaftsteilnehmers, an den der Auftrag vergeben wurde, die Angabe über den endgültigen Gesamtwert des Auftrags ohne Mehrwertsteuer, die Angabe über das Ursprungsland der Ware oder der Dienstleistung, die Angabe der Zuschlagskriterien sowie die Angaben, ob der Auftrag an einen Bieter vergeben wurde, der ein Alternativangebot abgegeben hat oder ob Angebote nicht gewählt wurden, weil sie ungewöhnlich niedrig waren. Bei all diesen Angaben handelt es sich um Angaben, die grundsätzlich nicht für die Öffentlichkeit bestimmt sind, sondern vielmehr Gesichtspunkte aus dem konkreten Entscheidungsvorgang des Auftraggebers betreffen. Insofern hat die EG-Kommission pflichtgemäß zu entscheiden, ob sie die betreffenden Angaben überhaupt nicht oder nur in vereinfachter Form, und dies auch nur zu statistischen Zwecken, veröffentlicht. In der Regel wird Ersteres in Betracht kommen, weil die Erfüllung etwaiger **statistischer Zwecke** jedenfalls für den Bereich der EG-Kommission auch auf andere Weise als durch eine Veröffentlichung gewährleistet sein dürfte. Dies kann etwa dann anders sein, wenn Mitgliedstaaten ein berechtigtes Interesse an der Veröffentlichung haben und äußern.

E. Veröffentlichung im Amtsblatt der EG

8 Unabhängig von einer »reduzierten« Veröffentlichungsmöglichkeit im Amtsblatt der EG nach § 28b Nr. 2 und 3 VOB/A wird grundsätzlich die Mitteilung des Auftraggebers in der **Originalsprache** im Amtsblatt der EG ungekürzt veröffentlicht und in die TED-Datenbank aufgenommen. Eine Zusammenfassung der wichtigsten Bestandteile einer jeden Bekanntmachung wird in den anderen Amtssprachen der Gemeinschaft veröffentlicht. Verbindlich ist jedoch nur der Wortlaut der Originalsprache (Art. 44 Abs. 4 EU-SKR). Die Bekanntmachung selbst muss **spätestens 12 Tage** nach der Absendung im Supplement zum Amtsblatt der EG veröffentlicht werden. Nur ausnahmsweise, etwa bei einer elektronischen Mitteilung durch den Auftraggeber, erfolgt eine Veröffentlichung auf Verlangen des Auftraggebers innerhalb von fünf Tagen nach der Absendung (Art. 44 Abs. 3 EU-SKR). Die **Kosten** der Veröffentlichung der Bekanntmachung im Amtsblatt der Europäischen Gemeinschaften werden nach Art. 44 Abs. 4 S. 3 EU-SKR von der EU-Gemeinschaft getragen.

F. Rechtsschutz

I. Primärrechtsschutz

9 Ein Anspruch eines Unternehmens auf Einleitung eines Nachprüfungsverfahrens nach §§ 102 ff. GWB (**Primärrechtsschutz**) bei einer Verletzung des § 28b VOB/A durch den Auftraggeber scheidet regelmäßig schon deswegen aus, weil § 28b VOB/A einen **erteilten Auftrag** voraussetzt. Für diesen

Fall eines bereits erteilten Zuschlags ist aber nach § 114 Abs. 2 S. 1 GWB ein Nachprüfungsverfahren, mit dem ein Primärrechtsschutz erreicht werden soll, ausdrücklich ausgeschlossen (a.A. Beck'scher VOB-Komm./*Sterner* § 28b VOB/A Rn. 16).

II. Sekundärrechtsschutz

Gerade wegen der vom Auftraggeber zu berücksichtigenden berechtigten geschäftlichen Interessen des Auftragnehmers (vgl. § 28b Nr. 2 S. 2 und Nr. 3 VOB/A) kann eine insoweit erfolgte **Pflichtverletzung** des Auftraggebers zu **Schadensersatzansprüchen** des betroffenen Unternehmens führen. Voraussetzung ist aber, dass das Unternehmen durch die Pflichtverletzung des Auftraggebers einen kausalen Schaden erlitten hat. Dieser wäre dann vom Auftraggeber gem. §§ 241 Abs. 2, 311, 280 ff. BGB zu ersetzen. Daneben ist es ggf. auch möglich, dass ein Verstoß gegen § 28b VOB/A von der **EG-Kommission aufgegriffen wird** und zu einem **Vertragsverletzungsverfahren** gegen den betreffenden Mitgliedsstaat führt. Insoweit hat die Kommission bereits unter Hinweis auf die Bedeutung der Publizitätsregeln für die Entwicklung eines gemeinschaftsweiten Vergabewettbewerb angekündigt, dass sie alle erforderlichen Möglichkeiten nutzen wird, um die Einhaltung der Verpflichtung zur Veröffentlichung der Bekanntmachung über vergebene Aufträge durchzusetzen (Europäische Kommission, Das öffentliche Auftragswesen in der EU, Mitteilung v. 11.3.1998 S. 16; Beck'scher VOB-Komm./*Sterner* § 28b VOB/A Rn. 16). 10

§ 29
Vertragsurkunde

1. Eine besondere Urkunde braucht über den Vertrag nur dann gefertigt zu werden, wenn der Vertragsinhalt nicht schon durch das Angebot mit den zugehörigen Unterlagen, das Zuschlagsschreiben und andere Schriftstücke eindeutig und erschöpfend festgelegt ist.

2. Die Urkunde ist doppelt auszufertigen und von den beiden Vertragsparteien zu unterzeichnen. Die Beglaubigung einer Unterschrift kann in besonderen Fällen verlangt werden.

Inhaltsübersicht

	Rn.
A. Allgemeine Grundlagen	1
B. Vertragsurkunde nur ausnahmsweise zweckmäßig (§ 29 Nr. 1 VOB/A)	2
C. Ausfertigung, Unterzeichnung und Beglaubigung der Urkunde (§ 29 Nr. 2 VOB/A)	6

A. Allgemeine Grundlagen

§ 29 VOB/A ist in der Neufassung **unverändert** geblieben. Die Vorschrift befasst sich mit der Frage der Abfassung einer **besonderen Vertragsurkunde** über den Bauvertrag. Die Fertigung einer Vertragsurkunde hat aber grundsätzlich nur **deklaratorische Bedeutung** und auf die **Wirksamkeit** des Bauvertrags keinen Einfluss (BayObLG VergabeR 2001, 55 ff.). Dieser ist vielmehr nach § 28 Nr. 2 Abs. 1 VOB/A schon vorher durch den Zugang der grundsätzlich an keine Form gebundenen Zuschlagserklärung des Auftraggebers an den Bieter (Zusammenfallen von Zuschlag und Vertragsschluss) zu Stande gekommen (EuGH »Alcatel« NZBau 2000, 150 ff.; Thüringer OLG NZBau 2001, 163 ff.; vgl. im Übrigen die Kommentierung zu § 28 VOB/A). Wenn § 29 VOB/A gleichwohl von der Fertigung einer besonderen Urkunde spricht, ist damit grundsätzlich die nachträgliche Beurkundung des bereits **abgeschlossenen Vertrags** im Sinne einer schriftlichen Zusammenfassung des Vertragsinhalts zu **Beweiszwecken** gemeint (Beck'scher VOB-Komm./*Sterner* § 29 VOB/A Rn. 1). 1

Ausnahmsweise kommt der Vertrag allerdings erst dann mit der Fertigung der Vertragsurkunde zustande, wenn dies zuvor in der Ausschreibung ausdrücklich bestimmt worden ist (VK Baden-Württemberg IBR 2000, 2). Machen die Parteien von der **Möglichkeit** der Fertigung einer besonderen Urkunde Gebrauch, besteht eine – auch zur Vermeidung von Streitigkeiten geeignete – tatsächliche **Vermutung** für die Richtigkeit und Vollständigkeit der Urkunde (BGH NJW 1980, 1680 f.).

B. Vertragsurkunde nur ausnahmsweise zweckmäßig (§ 29 Nr. 1 VOB/A)

2 Die VOB überlässt es den Beteiligten, ob sie eine besondere Urkunde über den Vertrag fertigen wollen. Diese Urkunde braucht keinesfalls notariell oder gerichtlich beurkundet zu werden (*Heiermann/Riedl/Rusam* § 29 VOB/A Rn. 3). Auch eine zwingende Pflicht zur **privatschriftlichen Fixierung** einer Vertragsurkunde gibt es nicht. Regelmäßig wird der **Vertragsinhalt** durch das Angebot des erfolgreichen Bieters und das Zuschlagsschreiben des Auftraggebers eindeutig und erschöpfend festgelegt sein, so dass für eine zusätzliche und nachträgliche Beurkundung kein Bedürfnis mehr besteht. Ergänzend zu diesem Normalfall enthält die Vorschrift des § 29 VOB/A eine **Ausnahme**, die an besondere Voraussetzungen geknüpft ist. § 29 VOB/A gibt in Nr. 1 eine Empfehlung, wann die Aufstellung einer besonderen Vertragsurkunde für zweckmäßig erachtet wird. Das ist der Fall, wenn der **Vertragsinhalt nicht** schon durch das Angebot mit den zugehörigen Unterlagen, das Zuschlagsschreiben und andere Schriftstücke **eindeutig und erschöpfend festgelegt** ist (OLG Jena NZBau 2001, 39 ff. für einen VOL-Sachverhalt). Zutreffen kann das vor allem dann, wenn der Auftraggeber das Angebot gem. § 28 Nr. 2 Abs. 2 VOB/A unter Erweiterungen, Einschränkungen oder Änderungen angenommen hat oder den Zuschlag verspätet erteilt hat. In diesem Fall würde das ursprüngliche Angebot abgeändert und erst der Neuantrag des Auftraggebers würde durch Annahme des Bieters zum Vertragsabschluss führen. Bei einem derartigen Sachverhalt ist es empfehlenswert, den **endgültigen** Vertragsinhalt in einer besonderen Urkunde zu fixieren. Weiter ist eine besondere Urkunde zu empfehlen, wenn die vorliegenden Unterlagen **sehr umfangreich oder nicht erschöpfend, klar und eindeutig sind** oder wenn **zusätzliche Vereinbarungen** getroffen werden, die nicht notwendigerweise in die Verdingungsunterlagen und in das Angebot, also in den eigentlichen Vertrag, gehören.

3 Hierzu kann z.B. auch die Abrede zählen, dass Änderungen und Ergänzungen des Bauvertrags, also solche, die in den bisherigen Vertragsunterlagen noch nicht enthalten sind, der **Schriftform** bedürfen. Solche Klauseln sind auch als Allgemeine Geschäftsbedingungen grundsätzlich wirksam, auch im Hinblick auf §§ 305 ff. BGB. Jedoch kann eine in Allgemeinen Geschäftsbedingungen – insbesondere Zusätzlichen Vertragsbedingungen – enthaltene so genannte »absolute Schriftformklausel«, die die **Wirksamkeit** auch nachträglicher vertraglicher Abmachungen an die Schriftform bindet, gegen die §§ 305 ff. BGB verstoßen (BGH NJW 1986, 1809; OLG Karlsruhe BauR 1994, 145 [L]). Das gilt z.B. für eine Bestimmung, nach der »mündliche Nebenabreden nur nach schriftlicher Bestätigung des Auftragnehmers Gültigkeit haben« sollen, wenn das Unternehmen als so genannter Einmannbetrieb geführt wird (vgl. BGH BauR 1983, 363). Dagegen ist eine Klausel, dass nachträgliche Vereinbarungen der Schriftform bedürfen und der Verzicht auf dieses Formerfordernis nur schriftlich erklärt werden kann, als **Individualvereinbarung** gültig.

4 Die **Schriftform** kann auch aufgrund **gesetzlicher Regeln** vorgeschrieben sein. Ein derartiger gesetzlicher Schriftformzwang gilt nach den Gemeindeordnungen der Bundesländer für die Abgabe von Erklärungen, durch welche die Gemeinde **verpflichtet** werden soll (z.B. § 64 Abs. 1 GO NRW). Diese die Gemeinden verpflichtenden Erklärungen sind dann, wenn es sich hierbei nicht um Geschäfte der laufenden Verwaltung handelt, grundsätzlich vom Bürgermeister oder seinem Stellvertreter oder einem vertretungsberechtigten Beamten oder Angestellten zu unterzeichnen.

Vertragsurkunde | § 29 VOB/A

Vielfach besteht im Bauwesen die Übung, so genannte **Formularverträge** zu verwenden. Das hat für die meist rechtsunkundigen Vertragspartner den Vorteil, dass sie durch den Text der Formulare an wesentliche rechtliche Gesichtspunkte für den Bauvertrag erinnert sowie darüber aufgeklärt und dazu angehalten werden, »**das Gedruckte**« als Vertragsinhalt zu übernehmen. Auf jeden Fall ist es aber unumgänglich notwendig, das i.d.R. nur allgemein gefasste Vertragsmuster zur Vermeidung späterer Rechtsnachteile und Beweisschwierigkeiten vorher genau durchzusehen und im Einzelfall notwendige Beanstandungen oder Ergänzungen vorzunehmen, die Gegenstand der Abmachungen des **konkreten Bauvertrags** sind. Im Zweifel sind Formularvereinbarungen **gegen** die Vertragspartei auszulegen, die das Formular gewählt hat und sich hätte klarer ausdrücken können. Hier spielen besonders die Vorschriften über die Allgemeinen Geschäftsbedingungen nach §§ 305 ff. BGB eine Rolle. **Öffentliche Auftraggeber** verwenden häufig Vertragsmuster; insoweit ist vor allem auf die im Allgemeinen inhaltlich **unbedenklichen Einheitlichen Verdingungsmuster der Vergabehandbücher** etwa des Bundes, von Bundesländern, aber auch der kommunalen Spitzenverbände (Bsp.: Nordrhein-Westfalen) hinzuweisen. 5

C. Ausfertigung, Unterzeichnung und Beglaubigung der Urkunde (§ 29 Nr. 2 VOB/A)

Nach § 29 Nr. 2 S. 1 VOB/A ist die Urkunde **doppelt auszufertigen** und von **beiden Vertragspartnern** zu unterzeichnen. Beide Partner müssen ihre Unterschrift auf jede der beiden Urkunden setzen. Es genügt aber auch, wenn jeder Vertragspartner seine Urkunde mit der Unterschrift des anderen Vertragsteils erhält, § 126 Abs. 2 S. 2 BGB. Die Unterzeichnung muss stets den Text der Urkunde räumlich abschließen, so dass nur das vor der Unterschrift Ausgeführte von dieser abgedeckt wird. Ein Nachtrag muss daher erneut unterzeichnet werden (Beck'scher VOB-Komm./*Sterner* § 29 VOB/A Rn. 4). Voraussetzung einer zulässigerweise ausgeübten Vertretung bei der Unterschrift ist, dass der Vertreter Vertretungsmacht besitzt (vgl. §§ 164 ff. BGB) und die Vertretung mit einem seine Vertretung kennzeichnenden Zusatz deutlich macht (RGZ 74, 69, 72). 6

Die **Beglaubigung** einer Unterschrift kann nach § 29 Nr. 2 S. 2 VOB/A in **besonderen Fällen** verlangt werden. Die Beglaubigung dient dazu, die **Echtheit** einer Unterschrift und des Vertragsschlusses zu beweisen und ist häufig erforderlich, wenn die Urkunde öffentlichen Dienststellen oder Kreditinstituten vorgelegt wird (Beck'scher VOB-Komm./*Sterner* § 29 VOB/A Rn. 5). Die Beglaubigung kann grundsätzlich gerichtlich oder notariell erfolgen. Bei einer notariellen (öffentlichen) Beglaubigung bestätigt der Notar nach § 129 Abs. 1 BGB auf der Urkunde, dass der die Unterschrift Leistende mit dem identisch ist, der im Beglaubigungsvermerk als Aussteller bezeichnet ist (§ 40 Abs. 3 BeurkG). Voraussetzung ist aber stets, dass ein **besonderer Fall** zur Beglaubigung vorliegt. Neben der erwähnten Fallgruppe einer erforderlichen Vorlage der Urkunde bei öffentlichen Dienststellen und Kreditinstituten besteht eine gesetzliche Vorgabe für notarielle Beurkundungen bei Verträgen über Grundstücke nach § 311b BGB. Der Auftraggeber muss im **Vergabevermerk** (§ 30 VOB/A) darlegen, warum er zusätzlich eine Vertragsurkunde angefertigt hat, insbesondere welche Abweichungen von den Verdingungsunterlagen (§ 10 Nr. 1 Abs. 1b VOB/A) in der Vertragsurkunde enthalten sind (*Franke/Kemper/Zanner/Grünhagen* VOB-Kommentar § 29 VOB/A Rn. 4). 7

Die **Kosten** der Urkunde sind im Zweifel von den **Vertragsparteien anteilig** zu tragen; die Kosten der Beglaubigung sind im Allgemeinen von demjenigen Vertragspartner zu übernehmen, der die **Beglaubigung verlangt**. In den Ausschreibungsunterlagen können abweichende Vereinbarungen getroffen werden. 8

§ 30
Vergabevermerk

1. **Über die Vergabe ist ein Vermerk zu fertigen, der die einzelnen Stufen des Verfahrens, die maßgebenden Feststellungen sowie die Begründung der einzelnen Entscheidungen enthält.**

2. **Wird auf die Vorlage zusätzlich zum Angebot verlangter Unterlagen und Nachweise verzichtet, ist dies im Vergabevermerk zu begründen.**

Inhaltsübersicht
Rn.

A. Allgemeine Grundlagen	1
B. Bedeutung des Vergabevermerks	2
I. Voraussetzung für ordnungsgemäße Vergabeverfahren	2
II. Subjektives Bieterrecht auf ausreichende Dokumentation	4
1. Eigenständige Bedeutung des Vergabevermerks bei EU-Vergaben	4
2. Zeitnahe Fertigung des Vergabevermerks	5
C. Inhalt und Reichweite des Vergabevermerks (§ 30 Nr. 1 VOB/A)	9
I. Regelmäßige Angaben und Erfordernisse an den Vergabevermerk	9
1. Klarheit und Eindeutigkeit des Vergabevermerks	9
2. Eigenverantwortliche Erstellung durch den Auftraggeber	12
3. Die Inhalte des Vergabevermerks im Einzelnen	13
4. Beweiskraft des Vergabevermerks	15
II. Rechtsfolgen eines mangelhaften oder fehlenden Vergabevermerks	16
1. Keine nachträgliche Heilung möglich	16
2. Nicht ordnungsgemäßer Vergabevermerk und Nachprüfungsverfahren	17
III. Akteneinsicht	21
D. Verzicht auf zusätzliche Unterlagen (§ 30 Nr. 2 VOB/A)	22
E. Rechtsschutz	23

A. Allgemeine Grundlagen

1 § 30 VOB/A ist in der **Neufassung der VOB/A 2006 unverändert** geblieben. Die Vorschrift befasst sich mit dem vom Auftraggeber zeitlich bereits nach wesentlichen Zwischenentscheidungen (OLG Brandenburg NZBau 2000, 39, 44; BayObLG VergabeR 2001, 65, 68, m. Anm. v. *Asam* VergabeR 2001, 70 f.) abzufassenden **Vergabevermerk**. Nr. 1 regelt, welche Anforderungen im Normalfall an den Inhalt des Vermerkes zu stellen sind. Nr. 2 betrifft die zusätzliche Begründung im Vergabevermerk, die unter bestimmten Voraussetzungen erforderlich ist. Neben der »**Außenkontrolle**« zur Einhaltung eines ordnungsgemäßen Vergabeverfahrens, insbesondere bei Nachprüfungsverfahren vor den Nachprüfungsinstanzen, dient der Vergabevermerk mit seinem Dokumentationszweck auch der **Eigenkontrolle** des Auftraggebers. Der Vergabevermerk stellt bei Auftragsvergaben oberhalb der EU-Schwellenwerte eine besondere Ausformung des **Transparenzgebotes** und des **Wettbewerbsprinzips** sowie des **Gleichbehandlungsgebotes** der Bieter auf der Grundlage von § 97 Abs. 1 und 2 GWB dar (OLG Düsseldorf VergabeR 2004, 232, 234; OLG Bremen VergabeR 2005, 538, 541; *Franke/Kemper/Zanner/Grünhagen* § 30 VOB/A Rn. 1). Für Auftragsvergaben oberhalb der EU-Schwellenwerte beinhaltet die neu geschaffene Vorschrift des § 30a VOB/A eine Umsetzung von **Art. 43** (Inhalt der Vergabevermerke) der EU-Vergabekoordinierungsrichtlinie 2004/18/EG vom 31.3.2004 (EU-VKR). Ein Bieter hat daher bei Auftragsvergaben oberhalb der EU-Schwellenwerte ein **subjektives Recht** auf die Erstellung eines ordnungsgemäßen Vergabevermerks (§ 97 Abs. 7 GWB), das er ggf. erfolgreich in einem Nachprüfungsverfahren geltend machen kann (siehe hierzu B. II. der Kommentierung). Aber auch bei Auftragsvergaben unterhalb der EU-Schwellenwerte ist der Auftraggeber nach § 30 VOB/A verpflichtet, einen Vergabevermerk anzufertigen. Eine Arbeitshilfe zum **Erstellen von Vergabevermerken** hat das Bundesministerium für Verkehr, Bau und Stadtentwicklung im Januar 2006 herausgegeben (www.bmvbs.de/Bauwesen/Bauauftragsvergabe/Vergabehandbuch).

B. Bedeutung des Vergabevermerks

I. Voraussetzung für ordnungsgemäße Vergabeverfahren

Die in § 30 VOB/A geregelte und ausdrücklich als **zwingende Bestimmung** (»**ist** ein Vermerk zu fertigen«) formulierte Anordnung zur Erstellung eines **Vergabevermerks** durch den Auftraggeber beinhaltet für den Bereich des öffentlichen Auftragwesens einen ganz wesentlichen und unbedingt erst zu nehmenden Vorgang. Die Erstellung eines Vergabevermerks gehört grundsätzlich zum **ordnungsgemäßen** Vergabeverfahren eines Auftraggebers, wonach wesentliche Feststellungen und Entscheidungen des konkreten Ablaufs jedenfalls **aktenmäßig festzuhalten** sind. Dies wird durch die Bestimmungen in § 30 VOB/A für den Vergabebereich näher präzisiert. Sinn dieser Bestimmung ist es, auch für die Bewerber und Bieter die **Überprüfbarkeit** der im Rahmen des Vergabeverfahrens getroffenen Feststellungen und Entscheidungen herbeizuführen. Bedeutsam ist der Vergabevermerk insbesondere bei Auftragsvergaben oberhalb der EU-Schwellenwerte (vgl. § 30a VOB/A) für die **Nachprüfungsstellen und Nachprüfungsbehörden** (vgl. §§ 31, 31a und 31b VOB/A), also insbesondere für Vergabekammern und Oberlandesgerichte im Rahmen von Nachprüfungsverfahren nach den §§ 102 ff. GWB. Auch für **Vergabeprüfstellen, Dienstaufsichts- und Rechnungsprüfungsbehörden** sowie für **Zuwendungsgeber** ist der Vergabevermerk bei allen Auftragsvergaben von Bedeutung. Daneben ist der **EG-Kommission** nach § 33a Nr. 1 VOB/A auf Verlangen der Vergabevermerk bei EU-relevanten Aufträgen zu übermitteln. Wegen der vielfältigen Funktion des Vergabevermerks ist er mit **besonderer Sorgfalt** zu erstellen. 2

Dies gilt nicht zuletzt deshalb, weil ein ordnungsgemäßer Vergabevermerk auch ein wesentlicher Eckpfeiler zur **Korruptionsprävention** ist und Manipulationsspielräume einengen hilft. Auch steht dem Auftraggeber mit dem Vergabevermerk ein gut geeignetes und daher von ihm zu nutzendes **Steuerungsinstrument** zur Verfügung, mit dem er eine vom Vergaberecht bezweckte sparsame und wirtschaftliche Mittelverwendung gewährleisten kann (Bemerkungen des Landesrechnungshofes Schleswig-Holstein 2004 Nr. 13). Schließlich kann der Vergabevermerk auch bei **Schadensersatzprozessen** vor den ordentlichen Gerichten als Grundlage dienen und auch bei sonstigen Überprüfungen der Rechtmäßigkeit des Vergabeverfahrens, z.B. durch Untersuchungsausschüsse oder im Strafverfahren, herangezogen werden (*Franke/Kemper/Zahner/Grünhagen* § 30 VOB/A Rn. 3). 3

II. Subjektives Bieterrecht auf ausreichende Dokumentation

1. Eigenständige Bedeutung des Vergabevermerks bei EU-Vergaben

Durch die **Neuregelung des Vergaberechtsänderungsgesetzes** zum 1.1.1999 (Gesetz gegen Wettbewerbsbeschränkungen vom 26.8.1998 BGBl. I S. 2512) hat der Vergabevermerk bei Auftragsvergaben oberhalb der EU-Schwellenwerte eine zusätzliche Bedeutung gewonnen. Denn der 4. Teil des GWB (§§ 97 ff. GWB) dient dem primären Ziel, den **Rechtsschutz des Bieters** zu verstärken. Dies kommt insbesondere in § 97 Abs. 7 GWB zum Ausdruck, wonach **die Unternehmen einen Anspruch** darauf haben, dass der Auftraggeber die Bestimmungen über das Vergabeverfahren einhält. Insoweit hat bereits das Oberlandesgericht Brandenburg in seiner Flughafenentscheidung (»Flughafen Schönefeld« NZBau 2000, 39, 44 f. = BauR 1999, 1175, 1181, 1182 = ZVgR 1999, 207, 217; BayObLG VergabeR 2001, 65, 68, m. Anm. v. *Asam* VergabeR 2001, 70 f.) ausgeführt, dass ein Unternehmer im Vergabeverfahren ein **subjektives Recht auf ausreichende Dokumentation** des Vergabever- 4 fahrens und insbesondere der wesentlichen Entscheidungen im Vergabeverfahren hat. Die Pflicht, die einzelnen Stufen des Vergabeverfahrens einschließlich der Begründung der einzelnen Entscheidungen in den Vergabeakten zu dokumentieren, diene dem **Transparenzgebot** und damit der im **Primärrechtsschutz** möglichen **Überprüfbarkeit** durch die Bieter. Diese sollen in nachvollziehbarer Weise nicht nur erfahren, warum sie ggf. nicht mehr am weiteren Vergabeverfahren teilnehmen, sondern sich auch davon überzeugen können, dass die weiteren und noch am Vergabeverfahren teilnehmenden Bieter aufgrund sachgerechter, nachvollziehbarer und ermessensfehlerfreier Entscheidungen bestimmt worden sind (OLG Brandenburg NZBau 2000, 39, 44 f. = BauR 1999, 1175, 1181, 1182 = ZVgR 1999, 207, 217; OLG Jena NZBau 2000, 353; OLG Naumburg NZBau 2003, 628, 633; OLG Bremen VergabeR 2005, 537, 541, 542).

2. Zeitnahe Fertigung des Vergabevermerks

5 Der Vergabevermerk ist grundsätzlich an den konkreten Verfahrensschritten ausgerichtet und daher **zeitnah** zu erstellen. Vom Wortlaut her (»zeitnah«) ist es jedoch nur bei der **EU-Vorschrift** des § 30a S. 1 VOB/A erforderlich, dass der Auftraggeber zur Sicherstellung einer jederzeitigen Überprüfung des Vergabeverfahrens laufend **alle wesentlichen Zwischenentscheidungen** bereits **vor der Zuschlagserteilung** nachvollziehbar und daher »zeitnah« dokumentiert. Dies ergibt sich auch daraus, dass insbesondere bei Auftragsvergaben oberhalb der EU-Schwellenwerte zeitlich **nach** der Erteilung des Zuschlags die sich benachteiligt fühlenden Unternehmen nicht mehr durch ein Nachprüfungsverfahren vor Vergabekammern und Oberlandesgerichten ihr Hauptziel, den Zuschlag zu erhalten, erreichen können (vgl. § 114 Abs. 2 S. 1 GWB). Für die EU-Vorschrift des § 30a VOB/A bedeutet dies, dass das Vergabeverfahren und alle wesentlichen Entscheidungen (Zwischenentscheidungen) **laufend und in nachvollziehbarer Weise** zu dokumentieren sind. Die laufende und **zeitnahe** Dokumentation bedeutet zwar nicht unverzüglich, also ohne schuldhaftes Zögern i.S.d. § 121 BGB. Eine zeitnahe Dokumentation ist aber nach Ablauf von **zwei Monaten** nach der Entscheidung jedenfalls **nicht** mehr gegeben (VK Bund Beschl. v. 9.6.2005 VK 3–49/05; OLG Brandenburg NZBau 2000, 39, 44 f. = BauR 1999, 1175, 1181, 1182 = ZVgR 1999, 207, 217; BayObLG VergabeR 2001, 65, 68, m. Anm. v. *Asam* VergabeR 2001, 70 f.; OLG Düsseldorf VergabeR 2004, 511, 513; OLG Bremen VergabeR 2005, 537, 541). Ein Mangel einer zeitnahen Dokumentation kann auch nicht dadurch behoben werden, dass der öffentliche Auftraggeber die entsprechenden Angaben schriftsätzlich oder durch mündlichen Sachvortrag erst im **Vergabenachprüfungsverfahren** nachholt (OLG Düsseldorf VergabeR 2004, 513 ff.).

6 Zwar erfordert die Basisvorschrift des § 30 VOB/A vom Wortlaut her keine »zeitnahe« Fertigung des Vergabevermerks. Auch haben die Bieter bei Vergaben unterhalb der EU-Schwellenwerte kein subjektives Recht auf das Einhalten der Vergabebestimmungen durch den Auftraggeber und daher auch keinen vor den Vergabekammern und Oberlandesgerichten durchsetzbaren subjektiven Anspruch auf eine ordnungsgemäße Dokumentation des Vergabeverfahrens; dies führt dazu, dass bei Vergaben unterhalb der EU-Schwellenwerte der Vergabevermerk häufig erst zum **Abschluss** des Vergabeverfahrens oder sogar erst **nach Zuschlagserteilung** angefertigt wird.

7 Insoweit hat aber der Bundesrechnungshof angeregt, den Vergabestellen die bei EU-weiten Vergaben erforderliche sowie laufende und zeitnahe Fortschreibung des Vergabevermerks auch für Vergaben unterhalb der EU-Schwellenwerte vorzuschreiben (Bemerkungen des Bundesrechnungshofes 2003 BZ-Drucks. 15/2020 Nr. 17). Begründet hat der Bundesrechnungshof dies damit, dass die unterhalb der EU-Schwellenwerte übliche Praxis, den Vergabevermerk erst zum Abschluss des Vergabeverfahrens anzufertigen, zu einem Vergabevermerk »**zweiter Klasse**« führt. Grund sei, dass bei Vergaben unterhalb der EU-Schwellenwerte den für die Vergabestellen zuständigen Einrichtungen der Rechts- und Fachaufsicht sowie den Rechnungshöfen die Möglichkeit verwehrt sei, bei der Nachprüfung laufender Vergaben auf schriftliche Begründungen für die in diesem Verfahren konkret bereits getroffenen **Zwischenentscheidungen** zugreifen zu können. Auch sei die Korruptionsprävention

bei einem erst am Ende des Vergabeverfahrens gefertigten Vergabevermerk geschwächt. Der Bundesrechnungsprüfungsausschuss des Haushaltsausschusses des Deutschen Bundestages drückt daher in einem Beschluss die Erwartung aus, dass das zuständige Bundesministerium in seinem Konzept für ein vereinfachtes Vergaberecht die Regelung für das Abfassen von Vergabebegründungen entsprechend den Empfehlungen des Bundesrechnungshofes umsetzt.

Unabhängig von diesen Differenzierungen bei der **zeitlichen** Abfassung des Vergabevermerks für Auftragsvergaben oberhalb und unterhalb der EU-Schwellenwerte hängen im Übrigen die **inhaltlichen Anforderungen** an den Vergabevermerk nicht davon ab, ob die EU-Schwellenwerte überschritten sind oder nicht. Dies ergibt sich schon daraus, dass das zur Begründung der Dokumentationspflichten herangezogene **Transparenzgebot** sowie der **Gleichbehandlungsgrundsatz** aus dem auch unterhalb der EU-Schwellenwerte zu berücksichtigenden **EU-Primärrecht** abgeleitet werden. Die nachfolgenden Ausführungen betreffen daher gleichermaßen die Anforderungen an die Fertigung des Vergabevermerks für Auftragsvergaben **unterhalb** (§ 30 VOB/A) **wie auch oberhalb der EU-Schwellenwerte** (§ 30a VOB/A). 8

C. Inhalt und Reichweite des Vergabevermerks (§ 30 Nr. 1 VOB/A)

I. Regelmäßige Angaben und Erfordernisse an den Vergabevermerk

1. Klarheit und Eindeutigkeit des Vergabevermerks

Nach § 30 Nr. 1 VOB/A hat der Vergabevermerk die **einzelnen Stufen** des Verfahrens, die **maßgebenden Feststellungen** sowie die **Begründung der im Einzelnen getroffenen Entscheidungen** zu enthalten. Daraus ergibt sich deutlich, dass es nicht allein genügt, die Vergabeentscheidung, die zum Zuschlag geführt hat, detailliert darzulegen und zu begründen. Vielmehr müssen alle **wesentlichen Gesichtspunkte**, die für das Vergabeverfahren während des Verlaufs bis zum Abschluss von Bedeutung waren, Punkt für Punkt sowie **chronologisch** am Verfahrensablauf orientiert niedergelegt und, soweit nicht aus der Natur der Sache entbehrlich, begründet werden. Zur Beweiskraft des Vergabevermerks bedarf es stets der **Unterschrift** durch den jeweils hierfür Berechtigten der Vergabestelle. Nur die Unterschrift des Verfassers lässt erkennen, wer den Vergabevermerk erstellt hat. Hierzu reicht es z.B. nicht aus, dass der Vergabevermerk in gedruckter Form nur einen Firmenstempel mit der Angabe einer Gesellschaft als Urheber ausweist. Denn hinter einer Gesellschaft können sich viele Personen verbergen, die als Urheber des Vermerks in Betracht kommen. Daher lässt sich der **verantwortliche Entscheidungsträger** gerade so nicht ermitteln. Erforderlich ist vielmehr neben dem **Datum** auch die **Unterschrift** des Ausstellers. Ohne diese Angaben entbehrt der Vergabevermerk seiner **Verbindlichkeit als Urkunde**, die Beweisfunktion haben soll (OLG Bremen VergabeR 2005, 537, 541; OLG München Beschl. v. 15.7.2005 Verg 14/05; VK Brandenburg Entscheidung v. 19.9.2001 VK 85/01). 9

Der Vergabevermerk muss die einzelnen Entscheidungen des Auftraggebers in inhaltlich **konkreter Form und nachvollziehbar** dokumentieren. Dies bedeutet insbesondere, dass der Vergabevermerk auch für Dritte als **klare und eindeutige Dokumentation** für das Vergabeverfahren erkennbar wird. Ein Prüfkriterienkatalog oder ein Schriftwechsel des Auftraggebers mit einem von ihm eingeschalteten Büro genügt diesen Vorgaben ebenso wenig wie ein bloßer Hinweis, ein bestimmter Bewerber sei nach eingehender Diskussion und Bewertung als geeignetster Teilnehmer ermittelt worden. In diesen Fällen fehlt jegliche Klarheit der Begründung sowie **Nachvollziehbarkeit**. Um diese aber zu gewährleisten, muss der Vergabevermerk daher einen erheblichen **Detaillierungsgrad** aufweisen und alles vermeiden, was rein formelhafte Angaben beinhaltet (VK Rheinland-Pfalz Beschl. v. 4.5.2005 VK 20/05). 10

11 Je wesentlicher deshalb eine Entscheidung im laufenden Vergabeverfahren ist, umso konkreter, stichhaltiger und nachvollziehbarer ist die Begründung darzulegen. Dies gilt insbesondere für die Entscheidung über die berücksichtigten bzw. nicht berücksichtigten Bewerber oder Bieter und deren **Eignungsprüfung** sowie auch für die **konkrete Wertungsentscheidung,** zumal wenn diese zu treffenden Entscheidungen **Beurteilungs- oder Ermessensspielräume** ausfüllen. Die jeweils getroffenen Entscheidungen müssen daher zumindest für einen mit der Sachlage des jeweiligen Vergabeverfahrens vertrauten Leser nachvollziehbar sein (OLG Düsseldorf VergabeR 2004, 513 ff.; OLG Bremen VergabeR 2005, 537, 541). Zum Teil wird auch gefordert, dass zumindest die Entscheidungsgründe im Vermerk so dezidiert festzuhalten sind, dass auch einem **Außenstehenden** bei Kenntnis der Angebotsinhalte deutlich wird, warum gerade auf das betreffende Angebot der Zuschlag erteilt werden soll (VK Lüneburg Beschl. v. 5.7.2005 VgK-26/2005; VK Niedersachsen Beschl. v. 15.11.2005 VgK 48/05). Auch wenn die Dokumentation des Auftraggebers nicht zwingend aus einem **einzigen Vermerk** bestehen muss, ist es aus Gründen der Transparenz und der Nachvollziehbarkeit jedenfalls erforderlich, dass eine **durchgängige und einheitliche Dokumentation**, die die Entscheidungen im gesamten Vergabeverfahren widerspiegelt, gegeben ist.

2. Eigenverantwortliche Erstellung durch den Auftraggeber

12 Das Vergaberecht verlangt, dass die maßgeblichen Entscheidungen im Vergabeverfahren vom Auftraggeber, also der Vergabestelle, getroffen werden. Dies gilt auch für den Vergabevermerk. Dieser muss daher belegen, dass die **Entscheidungen eigenverantwortlich** von der Vergabestelle gefällt wurden und nicht auf Büros oder Berater delegiert wurden (VK Sachsen Beschl. v. 1.3.2004 1/SVK/005–04; VK Baden-Württemberg Beschl. v. 21.5.2001 1 VK 7/01). Zwar darf sich danach die Vergabestelle z.B. die von sachverständigen Dritten aufgestellten Auswahl- und Zuschlagskriterien zu Eigen machen; die Entscheidung über die beste Gewährleistung der Kriterien (z.B. Zuschlagskriterien) selbst muss sie jedoch **eigenverantwortlich** fällen. Externe Dritte dürfen also die Grenze der bloßen **Unterstützung** nicht überschreiten (Arbeitshilfe zum Erstellen von Vergabevermerken des BMVBS). Der eigenverantwortlichen Entscheidung des Auftraggebers zur Erstellung des Vergabevermerks genügt ebenfalls nicht der Beschluss eines Gemeinderats und auch nicht der Beschluss einer Verbandsversammlung, wonach bestimmte Bewerber in die Vertragsverhandlungen einzubeziehen sind (VK Nordbayern Beschl. v. 10.10.2002 320 VK-31/94–28/02). Eine eigenverantwortliche, objektive und transparente Entscheidung der Vergabestelle setzt bei Einschaltung von Dritten stets voraus, dass der Auftraggeber von seinen Beratern etc. zutreffend und nachvollziehbar über die Entscheidungsgrundlagen aufgeklärt wurde (OLG Naumburg VergabeR 2004, 387 ff.). Macht sich die Vergabestelle den Vergabevorschlag eines Dritten zu Eigen, muss sich aus einem schriftlichen Zustimmungsvermerk die Zustimmung und Eigenverantwortlichkeit der Vergabestelle **deutlich** ergeben (VK Schleswig-Holstein Beschl. v. 13.12.2004 VK-SH 33/04). Eine vergaberechtswidrige Delegation sämtlicher Entscheidungsbefugnisse auf einen privaten Dritten und der aus der Vergabeakte und dem Vergabevermerk entstehende Eindruck, dass sich der Auftraggeber im gesamten Vergabeverfahren wie ein Unbeteiligter verhält, kann entweder die **Aufhebung** der Ausschreibung nach sich ziehen (VK Lüneburg Beschl. v. 31.5.2002 203 VGK-09/2002) oder aber die Verpflichtung des Auftraggebers zum erneuten Eintritt in die **Angebotswertung** zur Folge haben (VK Lüneburg Beschl. v. 11.1.2005 203 VgK 55/2004).

3. Die Inhalte des Vergabevermerks im Einzelnen

13 Eine detaillierte Darstellung der einzelnen Stufen des Vergabeverfahrens und der auf den einzelnen Stufen erforderlichen Angaben und Begründungen im **Vergabevermerk** enthält das »**Handbuch für die Vergabe und Ausführung von Bauleistungen im Straßen- und Brückenbau**« (HVA B-StB). In diesem Handbuch sind **Aufbau und Inhalt** des Vergabevermerks wiedergegeben. Die Darstellung, die sich auch unter **Nr. VII in der Arbeitshilfe zum Erstellen von Vergabevermerken** vom Januar

2006 des Bundesministerium für Verkehr, Bau und Stadtentwicklung (www.bmvbs.de/bauwesen/ bauauftragsvergabe/vergabehandbuch) wieder findet, ist nicht nur für die Vergabe und Ausführung von Straßen- und Brückenbauarbeiten, sondern auch für die Vergabe von **Hochbauleistungen** anwendbar. Insoweit kann wegen der näheren Einzelheiten auf den unter Nr. VII enthaltenen Anhang zum Aufbau und Inhalt des Vergabevermerks in der Arbeitshilfe des BMVBS zum Erstellen von Vergabevermerken (Ausgabe 2006) verwiesen werden. Die **Mindestangaben,** die ein Vergabevermerk enthalten muss, ergeben sich für Auftragsvergaben oberhalb der EU-Schwellenwerte aus der Vorschrift des § 30a VOB/A. Unter Einschluss dieser Mindestangaben sollte ein Vergabevermerk insgesamt aber auf jeden Fall folgende **Angaben** enthalten:

– Name und Anschrift des Auftraggebers
– Art und Umfang der vom Vertrag erfassten Leistung
– Wert des Auftrags/Berechnung des Schwellenwertes
– Festhalten der einzelnen Stufen des Vergabeverfahrens mit entsprechenden Zeitangaben bzw. Daten
– beim Nichtoffenen Verfahren, Verhandlungsverfahren oder Wettbewerblichen Dialog die Gründe für die Wahl des jeweiligen Verfahrens
– Begründung für ein Abweichen von der Losvergabe zu Gunsten einer Generalunternehmervergabe/Generalübernehmervergabe und Dokumentation der Bemessung der Teil- und Fachlose (§ 97 Abs. 3 GWB, § 4 Nr. 3 VOB/A)
– Begründung für eine ausnahmsweise mögliche Aufnahme von Bedarfspositionen (Eventualpositionen) in die Leistungsbeschreibung (§ 9 Nr. 1 S. 2 VOB/A)
– Begründung für die Vorgabe einer bestimmten Produktion, Herkunft, eines besonderen Verfahrens oder Ursprungs sowie Vorgabe von Marken, Patenten oder Typen in technischen Spezifikationen (§ 9 Nr. 10 VOB/A)
– Begründung für eine Leistungsbeschreibung mit Leistungsprogramm – funktionale Leistungsbeschreibung (§ 9 Nr. 15 bis 17 VOB/A)
– Zeitpunkt sowie Angabe der Gewichtung der Zuschlagskriterien (Bewertungsmatrix); siehe § 10a lit. a VOB/A
– Zahl der jeweiligen Bewerber und/oder Bieter
– Namen und Anschriften der bei der Vergabe berücksichtigen Bewerber oder Bieter und die Gründe für ihre Auswahl (Eignungsprüfung)
– Namen und Anschriften der bei der Vergabe nicht berücksichtigen Bewerber oder Bieter und die Gründe für die Ablehnung (Eignungsprüfung)
– Zahl der Nebenangebote
– Ergebnis der Prüfung der Angebote mit Begründung (§ 23 VOB/A)
– Dokumentation von Aufklärungsgesprächen über den Angebotsinhalt (§ 24 Nr. 1 Abs. 2 S. 2 VOB/A) und deren Ergebnis
– Dokumentation der Angebotswertung einschließlich der Dokumentation und Begründung der vier Wertungsstufen (§ 25 VOB/A)
– Dokumentation der Gleichwertigkeit/Mindestanforderungen bei Nebenangeboten
– Dokumentation des Verhandlungsverfahrens und des Wettbewerblichen Dialogs und die Gründe für die getroffenen Entscheidungen
– Name und Sitz des Auftragnehmers und die Gründe für die Erteilung des Zuschlags auf sein Angebot
– Anteil der beabsichtigten Unteraufträge an Dritte, soweit bekannt
– Aufhebung der Ausschreibung nach § 26 VOB/A sowie Angabe der Gründe dafür
– ggf. die Gründe, aus denen der öffentliche Auftraggeber auf die Vergabe eines Auftrags verzichtet hat

Im Hinblick auf die Dokumentation der einzelnen Stufen des Verfahrens, der maßgebenden Feststellungen sowie der Begründung der einzelnen Entscheidungen kann auf die jeweiligen Erläuterungen

14

in diesem Kommentar zu den einzelnen Normen und Verfahrensschritten verwiesen werden (z.B. für das zulässige Abweichen vom Offenen Verfahren und die Zulassung des Nichtoffenen Verfahrens vgl. die Kommentierung zu § 3a Nr. 3 i.V.m. § 3 Nr. 3 VOB/A). Im Übrigen enthält auch hier die **Arbeitshilfe zum Erstellen von Vergabevermerken** des BMVBS, Ausgabe 2006 (www.bmvbs.de/bauwesen/bauauftragsvergabe/vergabehandbuch) auf den S. 8 bis 23 (Nr. 3 bis 13) unter Angabe der Rechtsprechung detaillierte Begründungen für die jeweilige Dokumentation zu den einzelnen Verfahrensschritten. Weiter ist darauf hinzuweisen, dass es im Einzelfall noch andere Gründe geben kann, die für die einzelnen Stufen des Vergabeverfahrens, die maßgebenden Feststellungen sowie die Begründung der einzelnen Entscheidungen von Bedeutung sind. Je mehr von den Grundsätzen des Vergabeverfahrens (z.B. Verhandlungsverfahren statt vorrangigem Offenen Verfahren) abgewichen wird und von Ausnahmen des Wettbewerbsprinzips Gebrauch gemacht wird (z.B. Produktvorgabe), desto eher ist eine **explizite und stichhaltige Begründung** erforderlich. Um sicherzustellen, dass der Vergabevermerk alle nach § 30 VOB/A sowie § 30a VOB/A erforderlichen Angaben enthält, werden daher in den **Vergabehandbüchern** des Bundes, der Länder sowie der Kommunen Einheitliche Formblätter zur Anwendung empfohlen.

4. Beweiskraft des Vergabevermerks

15 Die Beweiskraft des Vergabevermerks setzt voraus, dass die einzelnen Verfahrens- sowie Entscheidungsschritte jeweils in **Schriftform** dokumentiert werden. Nur so kann die dem Vergabevermerk innewohnende **Beweisfunktion** sichergestellt werden. Der Vergabevermerk ist nach seiner Anfertigung regelmäßig zu den **Akten** zu nehmen und mit diesen aufzubewahren (VÜA Bund 1 VÜ 9/97 »Lesesaal II« WuW/E Verg 63 ff. »Regale II«; Beck'scher VOB-Komm./*Schäfer* § 30 VOB/A Rn. 2). Die Vergabestelle trägt alleine die ausschließliche und unteilbare **Verantwortung** dafür, dass die Grundsätze der Vergabe, vor allem des Wettbewerbs und der Transparenz, durch eine **lückenlose Dokumentation des Vergabeverfahrens** gewahrt werden (VK Baden-Württemberg 29.10.2002 1 VK 50/02).

II. Rechtsfolgen eines mangelhaften oder fehlenden Vergabevermerks

1. Keine nachträgliche Heilung möglich

16 Hat ein Auftraggeber keinen ordnungsgemäßen Vergabevermerk erstellt, ist eine **Heilung** der fehlenden bzw. unrichtigen Dokumentationen in einem vergaberechtlichen Nachprüfungsverfahren nach §§ 102 ff. GWB nicht mehr möglich. Würde man eine Heilung zulassen, würden nicht nur Bedeutung und Funktion des zeitnah zu erstellenden Vergabevermerks entwertet; es bestünde auch die Gefahr nachträglicher und ergebnisorientierter Manipulationen der tatsächlich getroffenen Vergabeentscheidungen durch den Auftraggeber. Daher muss dem öffentlichen Auftraggeber eine nachträgliche Heilung von Dokumentationsmängeln versagt bleiben (OLG Düsseldorf VergabeR 2004, 513, 514). Hieraus folgt, dass die Vergabestelle im Nachprüfungsverfahren an die Inhalte ihres Vergabevermerks gebunden ist. Ihr ist daher der Einwand abgeschnitten, dass andere als die im Vergabevermerk niedergelegten Erwägungen für die Vergabeentscheidungen des Auftraggebers maßgeblich gewesen sind (OLG Düsseldorf Beschl. v. 14.8.2003 Verg 46/03). Dies bedeutet im Ergebnis, dass der Vergabestelle bei einem nicht ordnungsgemäßen Vergabevermerk ein Rückgriff auf nicht dokumentierte Erwägungen – und mögen sie sogar zutreffend sein – **verwehrt ist**. Nur dann, wenn erst **im Laufe des Nachprüfungsverfahrens** Umstände zu Tage treten, die beweisen, dass eine frühzeitigere Dokumentation gar nicht möglich war, kann der Auftraggeber ausnahmsweise diese Umstände in einem ergänzenden Vergabevermerk niederlegen (OLG Düsseldorf Beschl. v. 14.8.2003 Verg 46/03).

2. Nicht ordnungsgemäßer Vergabevermerk und Nachprüfungsverfahren

Hat ein Auftraggeber seine aus dem Vergabevermerk resultierenden Dokumentationspflichten nicht erfüllt, stellt dies bei Auftragsvergaben oberhalb der EU-Schwellenwerte einen Verstoß gegen das **Transparenzgebot** gem. § 97 Abs. 1 GWB dar (OLG Jena NZBau 2000, 349, 353; BayObLG VergabeR 2002, 63 ff.; OLG Düsseldorf VergabeR 2004, 232, 234; OLG Bremen VergabeR 2005, 537, 541). Denn ein mangelhafter, interpretationsfähiger oder gar fehlender Vergabevermerk lässt eine sachgerechte Prüfung der für das Vergabeverfahren bedeutsamen Schritte nicht mehr zu. Weist aber der Vergabevermerk in den entscheidenden Fragen erhebliche Lücken auf, besteht zu Lasten des Auftraggebers eine **Vermutung des Nichtvorliegens** der dokumentationspflichtigen Tatsachen (BGH BauR 1998, 1238, 1246). 17

Folge ist, dass die nicht ordnungsgemäße Dokumentation durch den Auftraggeber bei Vergaben oberhalb der EU-Schwellenwerte ein Vergabenachprüfungsverfahren eines Bieters nach sich ziehen kann. Denn das in § 97 Abs. 7 GWB normierte Recht eines jeden Bieters auf Einhaltung der Vergabebestimmungen umfasst auch den Anspruch auf eine **ordnungsgemäße Dokumentation**. Dokumentationsmängel führen daher im Ergebnis dazu, dass das Vergabeverfahren ab dem Zeitpunkt, in dem die Dokumentation unzureichend ist, **fehlerbehaftet** ist und es in diesem Umfang zu **wiederholen** ist. Ein Bieter kann seinen Nachprüfungsantrag allerdings nur dann auf eine fehlende oder unzureichende Dokumentation stützen, wenn sich die diesbezüglichen Mängel gerade auch auf seine **Rechtstellung im Vergabeverfahren** nachteilig ausgewirkt haben können (BayObLG VergabeR 2002, 63, 69). Wendet sich der Antragsteller mit seinem Nachprüfungsbegehren beispielsweise gegen die Angebotswertung, kann er sich in diesem Zusammenhang auf eine fehlerhafte Dokumentation nur insoweit **berufen,** wie diese gerade auch in Bezug auf die Wertung der Angebote **unzureichend** ist, d.h. die Angebotswertung anhand des Vergabevermerks nicht oder nicht hinreichend nachvollzogen werden kann (OLG Düsseldorf VergabeR 2004, 513, 514). 18

Ist umgekehrt ein Bieter **zu Recht vom Vergabeverfahren ausgeschlossen** worden, kann sein Nachprüfungsantrag nicht allein deswegen Erfolg haben, weil unerhebliche Dokumentationsmängel des Auftraggebers festzustellen sind (VK Sachsen Beschl. v. 29.2.2004 1/SVK 157–03). Auch wenn eine Ausschreibung **zu Recht aufgehoben wurde**, führt eine mangelhafte Dokumentation der Angebotswertung alleine nicht zu einer Verletzung von Bieterrechten (VK Niedersachsen Beschl. v. 24.1.2005 203 VgK 57/2004). Hat umgekehrt der Auftraggeber nicht begründet, dass die von ihm gewählten **Loszuschnitte** nach Art und Umfang des Auftrags derart sachgerecht sind, dass sich auch kleinere und mittlere Unternehmen bewerben können, führt allein das Fehlen dieser Begründung und damit die **Verletzung der Dokumentationspflicht** in einem Vergabevermerk zur vollständigen Aufhebung der Ausschreibung der betreffenden Lose (OLG Düsseldorf VergabeR 2004, 513 ff.). Ist wiederum der Ausschluss eines Angebots wegen eines vorgeblich unangemessenen Preises unzureichend dokumentiert, ist die **Wiederholung** der Angebotswertung eine geeignete Maßnahmen, diesen Verstoß zu beseitigen (OLG Koblenz Beschl. v. 10.5.2005 1 Verg 3/05). 19

Wurde bei einem Öffentlichen Teilnahmewettbewerb im Vergabevermerk nicht dokumentiert, dass die Vergabestelle ihre Bewertungsmatrix **vor** dem Eingang der Bewerbungen (Teilnahmeanträge) erstellt hat, ist es allerdings entgegen der Entscheidung des OLG Bremen (OLG Bremen VergabeR 2005, 537 ff.) nicht sachgerecht, von der Vergabestelle im Nachhinein eine neue Bewertungsmatrix auf der Grundlage der Vergabebekanntmachung zu erstellen. Würde man im Nachhinein eine derartige Beurteilungsmatrix in Kenntnis der bereits erfolgten Teilnahmeanträge zulassen, wären Manipulationsmöglichkeiten Tür und Tor geöffnet (so wie hier auch die Arbeitshilfe zum Erstellen von Vergabevermerken des BMVBS). 20

III. Akteneinsicht

21 Bei Auftragsvergaben oberhalb der EU-Schwellenwerte ist im Rahmen eines förmlichen **Nachprüfungsverfahrens** gem. §§ 102 ff. GWB vor der Vergabekammer bzw. dem Beschwerdegericht eine Einsichtnahme in den Vergabevermerk auf der Grundlage des § 111 GWB erlaubt. Nach dieser Vorschrift wird grundsätzlich von einer **Akteneinsichtsmöglichkeit** der Beteiligten ausgegangen, ohne dass zwischen Vergabe- und Vergabenachprüfungsakten unterschieden wird (Beck'scher VOB-Komm./*Schäfer* § 30 VOB/A Rn. 6). Dieses Akteneinsichtsrecht besteht selbstverständlich nicht für alle Bieter in einem Vergabeverfahren, sondern zur Gewährung eines effektiven Rechtsschutzes nur für diejenigen, die zulässigerweise ein Nachprüfungsverfahren angestrengt haben. Die Vergabekammer und die Beschwerdegerichte dürfen den Unternehmen, die ein Nachprüfungsverfahren eingeleitet haben, die Einsicht in die Unterlagen und den Vergabevermerk nach § 111 Abs. 2 GWB nur dann versagen, soweit dies **aus wichtigen Gründen**, insbesondere des Geheimschutzes oder zur Wahrung von Fabrikations-, Betriebs- oder Geschäftsgeheimnissen, geboten ist (vgl. die Kommentierung *Kulartz/Kus/Portz* § 111 GWB Rn. 20 ff.). Von einer Geheimhaltungsverpflichtung dürfte immer dann ausgegangen werden, wenn die Angaben im Vergabevermerk Kalkulationen oder besonderes technisches Know-how von Unternehmen beinhalten und diese Tatsachen nach dem ausdrücklichen Willen der Unternehmen geheim gehalten werden sollen (*Kulartz/Kus/Portz* § 111 GWB Rn. 21 ff.).

D. Verzicht auf zusätzliche Unterlagen (§ 30 Nr. 2 VOB/A)

22 Falls der Auftraggeber auf die Vorlage von **zusätzlich zum Angebot verlangten Unterlagen und Nachweisen verzichtet**, muss er es im Vergabevermerk begründen. In erster Linie betrifft dies verlangte Nachweise und Unterlagen nach § 8 Nr. 3 Abs. 1 bis 4 VOB/A, die sich auf die **Eignung** des betreffenden Bewerbers oder Bieters beziehen. So kann es im Einzelfall ausnahmsweise zulässig sein, dass ein Bieter darauf hinweist, dass zum Angebot verlangte Unterlagen über die Materialgüte oder die einzuschlagende Verfahrenstechnik oder Zeichnungen aus Anlass eines beim gleichen Auftraggeber zeitlich parallel stattfindenden Vergabeverfahrens schon vorliegen und sich an deren Aussagekraft nichts geändert hat. Beim Verzicht auf zusätzliche Unterlagen kann es sich aber nur um **begründete Ausnahmen** von der Norm des § 30 bzw. des § 30a VOB/A handeln, die näher im Vergabevermerk zu rechtfertigen sind. Vor allem muss **der Grundsatz der Gleichbehandlung** aller Bewerber bzw. Bieter unbedingt aufrechterhalten sowie das grundlegende Gebot des ordnungsgemäßen Vergabewettbewerbs und der Transparenz in jedem Falle gewährleistet bleiben.

E. Rechtsschutz

23 Auf die **Fertigung eines ordnungsgemäßen Vergabevermerks** haben die Unternehmen bei allen Auftragsvergaben oberhalb der EU-Schwellenwerte (vgl. § 30a VOB/A) gem. § 97 Abs. 7 GWB einen **Rechtsanspruch**. Bei § 30a VOB/A handelt es sich um eine **bieterschützende Norm** (OLG Brandenburg NZBau 2000, 39, 44; BayObLG VergabeR 2001, 65, 68). Eine Verletzung des § 30a VOB/A begründet daher für Bieter und Bewerber einen **Primärrechtsschutz** (siehe Rn. 4 ff.). Das hiermit umfasste Recht beinhaltet die ausreichende Dokumentation des Vergabeverfahrens und insbesondere die Feststellung und Begründung der wesentlichen Entscheidungen in diesem Verfahren. Darüber hinaus kann ein mangelhafter oder fehlerhafter Vergabevermerk zu **Schadensersatzansprüchen** der hierdurch geschädigten Unternehmen wegen einer **Pflichtverletzung** des Auftraggebers führen. Diese können im Rahme der culpa in contrahendo bzw. bei Auftragsvergaben oberhalb der EU-Schwellenwerte auf der Grundlage von § 126 GWB geltend gemacht werden. Regelmäßig wird ein derartiger Schadensersatzanspruch eines Unternehmens auf den Ersatz des sog. **Vertrauenscha-**

dens gerichtet sein. Voraussetzung für den Erfolg eines Bieters sowohl in einem **Nachprüfungsverfahren** gem. §§ 102 ff. GWB als auch bei einem **Schadensersatzverlangen** ist aber – wie oben aufgezeigt – stets, dass der Fehler des Vergabevermerks sich **konkret ursächlich** auf die Rechtsstellung des Bieters ausgewirkt hat (BayObLG VergabeR 2002, 63, 64 und 69). Dies ist z.B. bei der fehlenden Angabe der Zahl der Bewerber regelmäßig nicht der Fall, so dass ein Bieter aus einem derartigen und nicht ursächlichen Mangel des Vergabevermerks grundsätzlich keine Ansprüche herleiten kann.

§ 30a
Vergabevermerk

Über die Vergabe ist zeitnah ein Vermerk zu fertigen, der die einzelnen Stufen des Verfahrens, die maßgebenden Feststellungen sowie die Begründung der einzelnen Entscheidungen enthält. Dieser muss mindestens enthalten:

a) Name und Anschrift des Auftraggebers,
b) Art und Umfang der Leistung,
c) Wert des Auftrags,
d) Namen der berücksichtigten Bewerber oder Bieter und die Gründe für ihre Auswahl,
e) Namen der nicht berücksichtigten Bewerber oder Bieter und die Gründe für die Ablehnung,
f) Gründe für die Ablehnung von ungewöhnlich niedrigen Angeboten,
g) Name des Auftragnehmers und die Gründe für die Erteilung des Zuschlags auf sein Angebot,
h) Anteil der beabsichtigten Unteraufträge an Dritte, soweit bekannt,
i) beim Nichtoffenen Verfahren, Verhandlungsverfahren oder Wettbewerblichen Dialog die Gründe für die Wahl des jeweiligen Verfahrens,
j) gegebenenfalls die Gründe, aus denen der öffentliche Auftraggeber auf die Vergabe eines Auftrags verzichtet hat.

Der Auftraggeber trifft geeignete Maßnahmen, um den Ablauf der mit elektronischen Mitteln durchgeführten Vergabeverfahren zu dokumentieren.

Die Vorschrift des § 30a VOB/A über den **Vergabevermerk** ist durch die Fassung der VOB/A 2006 völlig neu in die VOB/A eingefügt worden. Die Vorschrift regelt die **Dokumentationspflicht** des Auftraggebers für Bauvergabeverfahren oberhalb der EU-Schwellenwerte. Die **Mindestangaben**, die jeder Vergabevermerk bei derartigen Auftragsvergaben nach Abschnitt 2 der VOB/A enthalten muss, ergeben sich aus dem in § 30a S. 2 VOB/A enthaltenen **Katalog**. Um die **Transparenz** und die spätere **Nachprüfbarkeit** durch den Bieter, der gem. § 97 Abs. 7 GWB einen Anspruch auf die Durchführung ordnungsgemäßer Vergabeverfahren durch den Auftraggeber hat, zu ermöglichen, bestimmt § 30a S. 1 VOB/A, dass der Vergabevermerk **zeitnah** zu fertigen ist und die **einzelnen Stufen** des Verfahrens, die maßgebenden **Feststellungen** sowie die **Begründung** der einzelnen Entscheidungen enthalten muss. **1**

Was den Regelungsumfang und den Inhalt des Vergabevermerks betrifft, ergeben sich keine Unterschiede zwischen der EU-Vorschrift des § 30a VOB/A und der Grundnorm über den Vergabevermerk nach § 30 VOB/A. Daher ist in der Basisnorm des § 30 VOB/A über den Vergabevermerk die **Gesamtkommentierung** auch für die Erstellung des Vergabevermerkes bei Auftragsvergaben oberhalb der EU-Schwellenwerte vorgenommen worden. Insoweit kann insgesamt für die Auslegung des § 30a VOB/A auf die **Kommentierung zu § 30 VOB/A** verwiesen werden. **2**

Unterschiede zur Basisnorm des § 30 VOB/A enthält die EU-Vorschrift des § 30a VOB/A neben der Erwähnung der »Zeitnähe« in S. 1 sowie der ausdrücklichen Erwähnung der Mindestangaben eines Vergabevermerks in S. 2 insbesondere in ihrem S. 3. Danach trifft der Auftraggeber geeignete Maß- **3** nahmen, um den Ablauf der mit **elektronischen Mitteln** durchgeführten Vergabeverfahren zu dokumentieren (elektronische Dateien etc.). Auch dies ist jedoch keine Besonderheit und gilt – wenn der Vergabevermerk Auftragsvergaben unterhalb der EU-Schwellenwerte betrifft – auch für diesen Bereich.

§ 31
Nachprüfungsstellen

In der Bekanntmachung und den Vergabeunterlagen sind die Nachprüfungsstellen mit Anschrift anzugeben, an die sich der Bewerber oder Bieter zur Nachprüfung behaupteter Verstöße gegen die Vergabebestimmungen wenden kann.

Inhaltsübersicht
                                                                                                    Rn.
A. Allgemeine Grundlagen	1
B. Nachprüfungsstellen	2
I. Fach- und Rechtsaufsichtsbehörden	2
II. Bekanntmachung der Nachprüfungsstellen	3
C. Befugnisse der Nachprüfungsstellen	4
D. Rechtsschutz	8

Aufsätze: *Faber* Drittschutz bei der Vergabe öffentlicher Aufträge DÖV 1995, 403 ff.; *Stockmann* Die Vergabeüberwachung des Bundes WuW 1995, 572 ff.; *Hermann* Rechtsschutz im Vergabeverfahren ZVgR 1997, 320 ff.; *Dreher* Vergaberechtsschutz unterhalb der Schwellenwerte NZBau 2002, 419 ff.

A. Allgemeine Grundlagen

1 § 31 VOB/A ist in der Neufassung der **VOB/A 2006 unverändert** geblieben. Die Vorschrift dient dazu, die auf der Bewerber- bzw. Bieterseite beteiligten Unternehmen darüber zu informieren, an wen sie sich wenden können, wenn aus ihrer Sicht auf der Auftraggeberseite während des Vergabeverfahrens Handlungen oder Unterlassungen festzustellen sind, die eine **Missachtung der Vergabebestimmungen** bedeuten. Dies betrifft in erster Linie die Zeit während eines laufenden Vergabeverfahrens, damit noch rechtzeitig Abhilfe geschaffen werden kann. § 31 VOB/A ist auf Vergaben **unterhalb der EU-Schwellenwerte beschränkt**. Für europaweite Vergaben gilt die erst mit der VOB/A-Fassung 2000 neu eingefügte Vorschrift des **§ 31a VOB/A (Nachprüfungsbehörden)**.

B. Nachprüfungsstellen

I. Fach- und Rechtsaufsichtsbehörden

2 Für Vergaben nach den Basisparagraphen (Abschnitt 1 der VOB/A), bei denen die **Schwellenwerte nach § 2 VgV nicht erreicht sind**, ist die Nachprüfungsstelle grundsätzlich **die Fach- bzw. Rechtsaufsichtsbehörde** des Auftraggebers (*Faber* DÖV 1995, 403, 407). Sind Vergabestellen des **Bundes oder der Länder** betroffen, sind daher die vorgesetzten Dienststellen die **Rechts- und Fachaufsichtsbehörden**. Bei **Kommunen** als Auftraggeber sind die **Kommunalaufsichtbehörden** die entsprechenden Nachprüfungsstellen. Dies sind bei **kreisfreien Städten und Kreisen** grundsätzlich die Bezirksregierungen, falls solche in den einzelnen Bundesländern existieren, ansonsten (Bsp.: Saarland) die Landesregierung. Bei **kreisangehörigen Städten und Gemeinden** einschließlich der **kommunalen Eigenbetriebe** ist Nachprüfungsstelle der Kreis (Landrat). Bei Körperschaften, An-

stalten und Stiftungen, also juristischen Personen des öffentlichen Rechts, ist die vorgesetzte Stelle **Nachprüfungsstelle**. Bei Finanzbauämtern ist Nachprüfungsstelle die zuständige Oberfinanzdirektion. Insgesamt bestimmt sich die jeweilige Nachprüfungsstelle nach dem einschlägigen **Bundes- bzw. Landesorganisationsrecht**, dem der öffentliche Auftraggeber unterliegt. Voraussetzung für eine ordnungsgemäße Einrichtung und ein ordnungsgemäßes Tätigwerden der Nachprüfungsstelle ist jeweils, dass diese bzw. ihr Personal **in keiner Weise an der Vergabe beteiligt ist**. Hinzukommen muss, dass die Nachprüfungsstelle gegenüber der vergebenden Stelle **Weisungsbefugnis** besitzt. Die Weisungsbefugnis der Nachprüfungsstellen besteht bei Auftragsvergaben unterhalb der EU-Schwellenwerte grundsätzlich nur gegenüber den klassischen öffentlichen Auftraggebern (Bund, Ländern, Gemeinden bzw. deren Eigenbetrieben), nicht jedoch gegenüber privatisierten öffentlichen Unternehmen (GmbH, AG). Jedoch haben einige Bundesländer den Anwendungsbereich des Abschnitt 1 der VOB/A z.B. auch auf in privater Rechtsform betriebene und von den Kommunen beherrschte Unternehmen ausgedehnt (z.B. § 22 des Gesetzes zur Mittelstandsförderung Baden-Württemberg, Gesetzblatt Baden-Württemberg vom 28.12.2000 S. 745 ff.). Auch für diese in Privatrechtsform organisierten Unternehmen gilt daher ausnahmsweise die Zuständigkeit der Nachprüfungsstellen nach § 31 VOB/A.

II. Bekanntmachung der Nachprüfungsstellen

Gem. § 31 VOB/A sind die Nachprüfungsstellen, an die sich der Bewerber oder Bieter zur Nachprüfung behaupteter Verstöße gegen die Vergabebestimmungen wenden kann, bereits in der **Bekanntmachung und den Vergabeunterlagen** mit Anschrift anzugeben. Hiernach ist der Auftraggeber verpflichtet, die Nachprüfungsstelle mit genauer Bezeichnung und genauer Anschrift aus Gründen der **Transparenz** und eines effektiven **Vergaberechtsschutzes** sogleich mit dem **Beginn** des Vergabeverfahrens zu benennen (Beck'scher VOB-Komm./*Sterner* § 31 VOB/A Rn. 2; *Franke/Kemper/Zanner/ Grünhagen* VOB-Kommentar § 31 VOB/A Rn. 3). Ziel ist es, dem Bewerber oder Bieter bereits mit dem Beginn des Vergabeverfahrens die Möglichkeit einzuräumen, etwaige **Verstöße** gegen Vergabebestimmungen vorzubringen. Daher muss bereits in der Bekanntmachung gem. § 17 Nr. 1 Abs. 2v VOB/A bzw. § 17 Nr. 2 Abs. 2r VOB/A mit dem Ausschreibungs- und Vergabebeginn ein Hinweis erfolgen. Weiterhin muss dies dann – ggf. nochmals – im Anschreiben gem. § 10 Nr. 5 Abs. 2s VOB/A geschehen. Diese Vorgaben sind **zwingend**. Unterlässt der Auftraggeber entsprechende Angaben und entstehen den Bewerbern oder Bietern hieraus Schäden, macht er sich ggf. aus culpa in contrahendo (§§ 241 Abs. 2, 311 Abs. 2 i.V.m. §§ 280 ff. BGB) schadensersatzpflichtig. Die nach § 31 VOB/A anzugebenden und regelmäßig nur für Auftragsvergaben unterhalb der EU-Schwellenwerte zum Tragen kommenden Nachprüfungsstellen dürfen nicht mit den **Vergabeprüfstellen** gem. § 103 GWB verwechselt werden. Die Aufgaben dieser Vergabeprüfstellen, die gem. § 103 Abs. 1 S. 1 GWB vom Bund und den Ländern eingerichtet werden **können**, beziehen sich primär auf die Überprüfung von Vergaben oberhalb der EU-Schwellenwerte. Allerdings bestimmt § 103 Abs. 1 S. 2 GWB, dass die in das Nachprüfungsverfahren nach dem GWB als »erste Vorläuferinstanz« noch vor den Vergabekammern bei einigen Bundesstellen und in einigen Bundesländern eingerichteten Vergabeprüfstellen (vgl. zu den eingerichteten Stellen im Einzelnen *Portz* in *Kulartz/Kus/Portz* Kommentar zum GWB-Vergaberecht § 103 GWB Rn. 20 ff.) auch bei den **Fach- und Rechtsaufsichtsbehörden** angesiedelt werden können. Dies bedeutet, dass die unterhalb der EU-Schwellenwerte zuständigen Fach- und Rechtsaufsichtsbehörden dort, wo auf Bundesebene und in den Bundesländern Vergabeprüfstellen gem. § 103 GWB eingerichtet worden sind, auch bei Auftragsvergaben oberhalb der EU-Schwellenwerte als Nachprüfungsbehörden tätig werden können.

3

C. Befugnisse der Nachprüfungsstellen

4   Die Nachprüfungsstellen sind verpflichtet, bei von Bewerbern oder Bietern behaupteten Rechtsverstößen gegen Vergabebestimmungen den **Sachverhalt aufzuklären** und den **Behauptungen nachzugehen**. Ein Antrag eines Bewerbers oder Bieters ist für ein Tätigwerden der Nachprüfungsstellen aber nicht unbedingt erforderlich. Vielmehr sind die Nachprüfungsstellen auch verpflichtet, bei entsprechender Kenntniserlangung von anderer Seite **von Amts wegen** den Sachverhalt **zu untersuchen**. Zur Aufklärung ist der Auftraggeber verpflichtet, alle notwendigen Unterlagen herauszugeben und die erforderlichen Auskünfte zu erteilen.

5   Wenn die zuständige Nachprüfungsstelle im Ergebnis **einen Vergaberechtsverstoß festgestellt hat**, kann sie im Rahmen der Kontrolle alle geeigneten Maßnahmen treffen. Hierzu kann sie insbesondere Beanstandungen gegenüber der Vergabestelle aussprechen und Auskunft sowie eine Begründung für bestimmte Entscheidungen verlangen, Vergabeverfahren aussetzen, einzelne Vergabeentscheidungen aufheben oder auch durch Errsatzvornahme an Stelle des Auftraggebers tätig werden (*Heiermann/Ax* Rechtsschutz bei der Vergabe öffentlicher Aufträge 1997 S. 12; *Heiermann/Riedl/Rusam* Handkommentar zur VOB § 31 VOB/A Rn. 5). Erfordert die Überprüfung der Rechtmäßigkeit, etwa wegen komplexer Sachverhaltsaufklärung, einen längeren Zeitraum, hat die Rechts- und Fachaufsichtsbehörde die Vergabestelle anzuhalten, den **Zuschlag nicht zu erteilen und das Vergabeverfahren auszusetzen**. Wenn aber der Auftraggeber dieser Weisung nicht nachkommt und den Zuschlag dennoch erteilt, ist der Vertrag trotz der bindenden Weisung der Nachprüfungsstelle mit dem zwar »falschen« Bieter – anders als bei Auftragsvergaben oberhalb der EU-Schwellenwerte (vgl. § 115 Abs. 1 GWB) – aber dennoch **rechtsgültig** zu Stande gekommen. Die Anrufung der Nachprüfungsstelle hat daher **keinen gesetzlichen Suspensiveffekt**. Auch beinhaltet der trotz der Vorgabe der Nachprüfungsstelle – dennoch vom Auftraggeber erteilte Zuschlag – anders als bei Vergaben oberhalb der EU-Schwellenwerte (siehe § 115 Abs. 1 GWB i.V.m. § 134 BGB) **keinen Verstoß** gegen ein **gesetzliches** Verbot. Der Bieter ist daher in einem solchen Fall eines rechtswidrigen Auftraggeberverhaltens auf **Schadensersatzansprüche** angewiesen. Daneben besteht in derartigen Fällen auch noch die Möglichkeit für die benachteiligten Unternehmen, eine **Dienstaufsichtsbeschwerde** bei der Aufsichtsbehörde zur Aufrechterhaltung der inneren Ordnung der Vergabestelle selbst jederzeit und formlos einzulegen (*Franke/Kemper/Zanner/Grünhagen* § 31 VOB/A Rn. 5). Diese Dienstaufsichtsbeschwerde ist gegen ein Verhalten des Auftraggebers gerichtet, das ausdrücklich in Widerspruch zur aufsichtsbehördlichen Weisung steht.

6   Ist im Rahmen einer **rechtsaufsichtlichen Anweisung** der Nachprüfungsstelle z.B. gegenüber einer Kommune diese mit der gegen sie festgesetzten Maßnahme **nicht einverstanden,** kann sie hiergegen ggf. den **Verwaltungsrechtsweg** beschreiten und eine **Verletzung in ihren eigenen Rechten gem. § 42 Abs. 2 VwGO** geltend machen. Grund ist, dass die Rechtsaufsichtsbehörde mit ihrer Weisung gegenüber der Kommune als Selbstverwaltungskörperschaft (siehe Art. 28 Abs. 2 GG) einen **Verwaltungsakt mit Außenwirkung** erlässt, gegen den sich eine Kommune durch Geltendmachung einer eigenen Rechtsverletzung zur Wehr setzen kann (VÜA Bayern VÜA 3/96 »Dacharbeiten einschließlich Dachbegrünung« WUW/E Verg AL 110; *Sterner* Rechtsschutz und Rechtsbindungen bei der Vergabe öffentlicher Aufträge S. 122). Demgegenüber sind Anweisungen der Fachaufsichtsbehörden an eine sonstige Vergabestelle für diese als nachgeordnete Behörde grundsätzlich bindend und nicht angreifbar.

7   Ist ein **Zuschlag** bereits erteilt und will ein Bewerber oder Bieter die Nachprüfungsstelle anrufen, kann hierdurch der einmal erteilte Zuschlag nicht **wieder aufgehoben werden**. Insoweit beschränkt sich die Anrufung der Nachprüfungsstelle auf Vergabeverstöße, die von den Bewerbern oder Bietern **bis zur Zuschlagserteilung rechtzeitig** geltend gemacht werden. Nach erfolgter Zuschlagserteilung können Bewerber oder Bieter daher grundsätzlich nur noch **Schadensersatzansprüche** geltend machen. Für eine derartige Geltendmachung ist das ordentliche Gericht zuständig.

D. Rechtsschutz

Verstößt der Auftraggeber gegen § 31 VOB/A, in dem er in der Bekanntmachung oder in den Vergabeunterlagen die Angabe der zuständigen Nachprüfungsstelle entweder unterlässt oder diese fehlerhaft benennt (Nichtbeachtung der Vorgaben aus §§ 10 und 17 VOB/A), kann dieser Verstoß gegenüber der zuständigen Nachprüfungsstelle **gerügt** werden. Ein **Primärrechtsschutz**, also eine Eingriffsmöglichkeit des Bieters über das GWB in das laufende Vergabeverfahren mit der Möglichkeit eines Bieteranspruchs auf ein aufsichtsbehördliches Einschreiben bzw. zur Verhinderung der Zuschlagserteilung (vgl. § 115 Abs. 1 GWB) existiert jedoch für Vergaben **unterhalb der EU-Schwellenwerte** – anders als bei europaweite Vergabeverfahren – nicht. Diese Differenzierung wird von der Rechtsprechung in Deutschland (OLG Stuttgart IBR 2002, 266; OLG Saarbrücken VergabeR 2003, 429 ff.; a.A. *Dreher* NZBau 2002, 419 ff.) – anders als in Österreich (ÖVerfGH 30.11.2000 VergabeR 2001, 31) – bisher akzeptiert. Weder kann in der Differenzierung ein Verstoß gegen den Gleichbehandlungsgrundsatz des Art. 3 Abs. 1 GG gesehen werden, da insbesondere verfahrensökonomische Gründe den »geteilten Rechtsschutz« rechtfertigen, noch liegt ein Verstoß gegen das Rechtsstaatsprinzip des Art. 19 Abs. 4 GG vor (OLG Saarbrücken VergabeR 2003, 429 ff.). Jedoch kann der Verstoß gegen § 31 VOB/A einen Schadensersatzanspruch der hierdurch benachteiligten Bewerber oder Bieter nach den Grundsätzen der **culpa in contrahendo** auslösen. Voraussetzung ist jedoch, dass dem den Schadensersatzanspruch geltend machenden Unternehmen durch die Nicht- bzw. Falschangabe der Nachprüfungsbehörde ursächlich ein Schaden entstanden ist.

Es muss jedoch darauf hingewiesen werden, dass die Frage der **Vereinbarkeit** der bestehenden Zweiteilung des Rechtsschutzes mit dem Grundgesetz insbesondere im Hinblick auf den Gleichbehandlungsgrundsatz (Art. 3 Abs. 1 GG) und auf die Rechtsweggarantie (Art. 19 Abs. 4 GG) derzeit Gegenstand einer **Verfassungsbeschwerde (1 BvR 1160/03)** vor dem Bundesverfassungsgericht ist. Diese wurde erhoben, nachdem das OLG Saarbrücken (OLG Saarbrücken VergabeR 2003, 429 ff.) die Begrenzung des vergaberechtlichen Primärrechtsschutzes auf Vergaben oberhalb der EU-Schwellenwerte für verfassungsgemäß gehalten hatte. Zunehmend wird in jüngerer Zeit ein **Primärrechtsschutz bei Vergaben unterhalb der EG-Schwellenwerte** unter Abstellen auf die so genannte **Zweistufentheorie** über den **Verwaltungsrechtsweg** hergeleitet (OVG Rheinland-Pfalz VergabeR 2005, 478 ff.; OVG Nordrhein-Westfalen VergabeR 2006, 86 f.). Danach soll die verbindliche Anwendungsverpflichtung zur Einhaltung der Vergaberegeln öffentlich-rechtlich begründet sein, während der Vertragsschluss selbst dem Zivilrecht unterliegt. Unter Berufung auf die Rechtshistorie des Vergaberechts wird dem aber zu Recht entgegengehalten, dass der Gesetzgeber bei der Änderung des GWB im Jahre 1998 den Vergaberechtsschutz bewusst auf die von den EG-Vergaberichtlinien erfassten Aufträge beschränken wollte. Insbesondere ist das Vergabeverfahren **einheitlich als zivilrechtliches Verfahren** ausgestaltet, das sich nicht künstlich in einen öffentlich-rechtlichen und einen privatrechtlichen Teil aufspalten lässt. Die Zweistufentheorie ist daher insoweit abzulehnen (so auch OVG Brandenburg VergabeR 2006, 85 f.). Auch ist ein Bieter bei Verneinung eines Verwaltungsrechtsschutzes unterhalb der EG-Schwellenwerte nicht rechtlos, sondern kann ggf. im Wege **einstweiligen Rechtsschutzes vor den Zivilgerichten** die Erteilung des Zuschlags verhindern (*Pietzcker* NJW 2005, 2881 ff.). Allerdings ist auch die Rechtsprechung der Zivilgerichte in dieser Frage uneinheitlich (pro Gewährung einheitlichen Rechtsschutzes z.B.: LG Heilbronn Urt. v. 19.11.2001; LG Meiningen Beschl. v. 7.7.2000; contra einstweiligen Rechtsschutzes: OLG Stuttgart NZBau 2002, 395).

§ 31a
Nachprüfungsbehörden

In der Vergabebekanntmachung und den Vergabeunterlagen sind die Nachprüfungsbehörden mit Anschrift anzugeben, an die sich der Bewerber oder Bieter zur Nachprüfung behaupteter Verstöße gegen die Vergabebestimmungen wenden kann.

Inhaltsübersicht   Rn.

A. Allgemeine Grundlagen 1
B. Erweiterter Rechtsschutz oberhalb der EG-Schwellenwerte 2
   I.   Europarechtliche Vorgaben 2
   II. Umsetzung in nationales Recht 3
C. Nachprüfungsbehörden 4
   I.   Befugnisse der Vergabekammern 4
   II. Angabe der Vergabekammern 5
   III. Angabe der Vergabeprüfstellen 7
D. Nachprüfungsverfahren vor den Vergabekammern 8
E. Rechtsschutz 9
   I.   Primärrechtsschutz 9
   II. Sekundärrechtsschutz 10

Aufsätze: *Faber* Drittschutz bei der Vergabe öffentlicher Aufträge DÖV 1995, 403 ff.; *Stockmann* Die Vergabeüberwachung des Bundes WuW 1995, 572 ff.; *Hermann* Rechtsschutz im Vergabeverfahren ZVgR 1997, 320 ff.; *Dreher* Vergaberechtsschutz unterhalb der Schwellenwerte NZBau 2002, 419 ff.

A. Allgemeine Grundlagen

1   Die Vorschrift des § 31a VOB/A ist durch die Neufassung der VOB/A 2006 **nicht verändert** worden. Diese Regelung über die genaue Angabe der **Nachprüfungsbehörden** betrifft ausschließlich **Auftragsvergaben oberhalb der EU-Schwellenwerte** nach § 1a VOB/A. Die in § 31a VOB/A erwähnten Nachprüfungsbehörden sind die **Vergabeprüfstellen** (§ 103 GWB) und die **Vergabekammern** (§ 104 GWB).

B. Erweiterter Rechtsschutz oberhalb der EG-Schwellenwerte

I. Europarechtliche Vorgaben

2   Für Auftragsvergaben **oberhalb der EU-Schwellenwerte** hat der Europäische Gerichtshof immer wieder betont, dass die materiellen Vergaberichtlinien neben der Verwirklichung eines europaweiten Wettbewerbs das Ziel verfolgen, den Teilnehmern des Vergabeverfahrens **individuelle, einklagbare Rechte einzuräumen**. Insoweit hat der EuGH festgestellt, dass die Vergaberichtlinien »**den Bieter vor der Willkür des öffentlichen Auftraggebers schützen sollen**« (EuGH 31/87 »Beentjes« Slg. 1988, 4635, 4662, sowie EuGH EuZW 1995, 635 f.). Um diese Vorgaben des allgemeinen Europarechts sowie insbesondere die beiden Rechtsmittellinien 89/665/EWG und 92/13/EWG durchzusetzen, sind den Bietern auf der Grundlage dieser EG-Richtlinien **subjektive Rechte** auf Einhaltung des Vergabeverfahrens eingeräumt worden (vgl. § 97 Abs. 7 GWB). Mit der Einräumung subjektiver Rechte verbunden ist insbesondere die Möglichkeit für Bieter und Bewerber, das Vergabeverfahren bei Vergabeverstößen durch Nachprüfungsverfahren überprüfen zu lassen. Hierzu müssen diese Instanzen insbesondere

- vorläufige Maßnahmen zur **Verhinderung des Zuschlags** ergreifen können, um den behaupteten Rechtsverstoß zu beseitigen oder weitere Schädigungen der betroffenen Interessen zu verhindern sowie
- **rechtswidrige Entscheidungen** aufheben können.

II. Umsetzung in nationales Recht

Die Vorgaben des EG-Rechts bzw. der Rechtsprechung des Europäischen Gerichtshofs sind in das nationale Recht – nach einem »Zwischenschritt« durch die sog. **haushaltsrechtliche Lösung** – durch den am 1.1.1999 in Kraft getretenen **4. Teil des Gesetzes gegen Wettbewerbsbeschränkungen (GWB)** sowie durch die im Jahre 2003 in § 13 VgV neu gefasste **Informationspflicht** des Auftraggebers gegenüber den nicht berücksichtigten Bietern **umgesetzt worden**. Mit diesem 4. Teil des GWB sind im Vergleich zu den Rechtsschutzmöglichkeiten unterhalb der EU-Schwellenwerte bei Auftragsvergaben **oberhalb der EU-Schwellenwerte vier wesentliche Änderungen** verbunden. Diese lassen sich darin zusammenfassen, dass Bieter

- erstmalig **individuelle und auf gesetzlicher Grundlage (§ 97 Abs. 7 GWB) einklagbare Rechtsansprüche** eingeräumt bekommen haben; aufgrund dieser Regelung können sie im Sinne eines **Primärrechtsanspruchs** die Einhaltung der Bestimmungen über das Vergabeverfahren durch den Auftraggeber in erster Instanz bei den **Vergabekammern (§§ 104 ff. GWB)** und in zweiter Instanz vor den **Vergabesenaten der Oberlandesgerichte (§§ 116 ff. GWB)** nachprüfen lassen;
- mit Einleitung eines Nachprüfungsverfahrens vor der **Vergabekammer** (vgl. §§ 107 ff. GWB) und nach Zustellung des Nachprüfungsantrags an den Auftraggeber, diesen im Sinne eines **automatischen Suspensiveffekts** daran **hindern** können, **vor einer Entscheidung** der Vergabekammer über diesen Antrag den Zuschlag zu erteilen (vgl. § 115 Abs. 1 GWB); ein dennoch erteilter Zuschlag ist nach der Begründung zu § 115 Abs. 1 GWB als **Verstoß gegen ein gesetzliches Verbot (§ 134 BGB)** anzusehen und daher **nichtig**;
- über die in § 13 VgV geregelte **Informationspflicht** des Auftraggebers einen effektiven Primärrechtsschutz vor der Zuschlagserteilung erreichen können; nach § 13 VgV informiert der Auftraggeber bei allen Auftragsvergaben oberhalb der EU-Schwellenwerte die Bieter, deren Angebote **nicht berücksichtigt werden sollen**, in Textform spätestens 14 Kalendertage vor dem Vertragsabschluss über den Namen des Bieters, dessen Angebot angenommen werden soll und über den Grund der vorgesehenen Nichtberücksichtigung ihres Angebots; ein Vertrag, der geschlossen wird, bevor die Frist abgelaufen ist oder ohne dass die Information erteilt worden ist, ist nach § 13 S. 6 VgV **nichtig**;
- unmittelbar auf **gesetzlicher Grundlage (§ 126 GWB)** einen **Schadensersatzanspruch** zuerkannt bekommen, wenn der Auftraggeber im Vergabeverfahren gegen eine den Schutz von Unternehmen bezweckende Vorschrift verstoßen hat und das Unternehmen ohne diesen Verstoß bei der Wertung der Angebote eine **echte Chance** gehabt hätte, den Zuschlag zu erhalten; weiter können Bieter bei Auftragsvergaben oberhalb der EU-Schwellenwerte **Schadensersatzansprüche** wegen Verstoßes des Auftraggebers gegen ein **Schutzgesetz (§ 823 Abs. 2 BGB i.V.m. § 97 Abs. 6 und 7 GWB)** geltend machen.

C. Nachprüfungsbehörden

I. Befugnisse der Vergabekammern

Mit In-Kraft-Treten des Vergaberechtsänderungsgesetzes zum 1.1.1999 (4. Teil des GWB) haben die **Vergabekammern** als gerichtähnliche Instanzen die vorherigen Vergabeüberwachungsausschüsse (vgl. § 57c HGrG) abgelöst und mit sehr viel weitergehender Kompetenz ersetzt. Diese erweiterte

Kompetenz liegt insbesondere darin begründet, dass die Vergabekammer nach Geltendmachung eines subjektiven Anspruchs eines Bewerbers oder Bieters auf **Einhaltung des Vergabeverfahrens** (§ 97 Abs. 7 GWB) durch die Zustellung des Nachprüfungsantrags an den Auftraggeber den **Zuschlag und damit den Vertragsschluss** an einen anderen Bieter durch automatischen Eintritt des hiermit verbundenen **Suspensiveffekts** verhindern kann (vgl. § 115 Abs. 1 GWB). Weiter kommt die Bedeutung der Vergabekammern in ihrer **persönlichen und sachlichen Unabhängigkeit und Weisungsfreiheit** (vgl. § 105 GWB) zum Ausdruck (vgl. zur Befugnis der Vergabekammern sowie zum Nachprüfungsverfahren nach dem GWB im Einzelnen *Noch* Vergaberecht kompakt 2. Aufl. S. 57 ff.; *Kulartz/Kus/Portz*, Kommentar zum GWB-Vergaberecht §§ 104 ff.).

II. Angabe der Vergabekammern

5   Bereits **zu Beginn des Vergabeverfahrens** sind in der **Vergabebekanntmachung und den Vergabeunterlagen** die **Vergabekammern** als Nachprüfungsbehörden mit genauer Anschrift bekannt zu geben, damit sich Bewerber oder Bieter zur Nachprüfung behaupteter Verstöße gegen Vergabebestimmungen an diese wenden können (vgl. § 17a Nr. 3 Abs. 1 i.V.m. § 17 Nr. 1 Abs. 2v VOB/A sowie § 17 Nr. 2 Abs. 2r und § 10a i.V.m. § 10 Nr. 5 Abs. 2s VOB/A).

6   Die nachfolgende **Übersicht** zeigt den aktuellen **Stand** der Einrichtung von Vergabekammern beim **Bund und in den einzelnen Bundesländern**. Dabei wird jedoch **darauf hingewiesen**, dass die folgende Angabe der genauen Anschriften der Vergabekammern insbesondere wegen immer wieder vorkommenden Änderungen bei den Anschriften keine absolute Gewähr auf vollständige Richtigkeit enthält:

- **Bund**
  Drei Vergabekammern
  eingerichtet beim Bundeskartellamt in Bonn
  Kaiser-Friedrich-Straße 16, 53113 Bonn
  Tel.: 0228/9499–561, Fax: 0228/9499–163
  Internet: www.bundeskartellamt.de
  e-mail: info@bundeskartellamt.bund.de

- **Baden-Württemberg**
  Vergabekammer Baden-Württemberg beim Regierungspräsidium Karlsruhe
  Karl-Friedrich-Straße 17, 76133 Karlsruhe
  Tel.: 0721/926–4049, Fax: 0721/936–3985

  Geschäftsstelle Stuttgart
  Willi-Bleicher-Straße 19, 70174 Stuttgart
  Tel.: 0711/123–2738, Fax: 0711/123–2613
  Internet: www.wm.baden-wuerttemberg.de
  e-mail: bruno.ebnet@rpk.bwl.de

- **Bayern**
  Vergabekammer Südbayern
  bei der Regierung Oberbayern
  Maximilianstraße 39, 80538 München
  Tel.: 089/2176–2411, Fax: 089/2176–2847
  Internet: www.regierung.oberbayern.bayern.de
  e-mail: vergabekammer.suedbayern@reg-ob.bayern.de

  Vergabekammer Nordbayern
  bei der Regierung von Mittelfranken
  Promenade 27, 91522 Ansbach

Tel.: 0981/531–277, Fax: 0981/531–837
Internet: www.regierung.mittelfranken.bayern.de
e-mail: vergabekammer.nordbayern@reg-mfr.bayern.de

- **Berlin**
  Vergabekammer des Landes Berlin
  Martin-Luther-Straße 105, 10825 Berlin
  Tel.: 030/9013–8316, Fax: 030/9013–7613
  Internet: www.berlin.de
  e-mail: matthias.bogenschneider@senwaf.verwalt-berlin.de

- **Brandenburg**
  Vergabekammer des Landes Brandenburg beim Ministerium für Wirtschaft
  Heinrich-Mann-Allee 107, 14473 Potsdam
  Tel.: 0331/866–1719, Fax: 0331/866–1652
  Internet: www.wirtschaft.brandenburg.de
  e-mail: jana.dombrowski@mw.brandenburg.de

- **Bremen**
  **Vergabekammer der Freien Hansestadt Bremen
  beim Senator für Bau, Umwelt und Verkehr**
  Ansgaritorstraße 2, 28195 Bremen
  Tel.: 0421/361–6704, Fax: 0421/361–2050
  Internet: www.bremen.de
  e-mail: Joachim.bleckwehl@bau.bremen.de

- **Hamburg**
  Vergabekammer bei der Behörde für Stadtentwicklung und Umwelt
  Neuer Wall 88, 20354 Hamburg
  Tel.: 040/42840–2503 oder –3010, Fax: 040/42840–2496
  e-mail: ruediger.junge@bsu.hamburg.de

  Vergabekammer bei der Behörde für Wirtschaft und Arbeit
  Alter Steinweg 4, 20459 Hamburg
  Tel.: 040/42841–1377, Fax: 040/42841–2841 oder –2825
  Internet: www.fhh.hamburg.de
  e-mail: hartmut.schauder@bwa.hamburg.de

  Vergabekammer bei der Finanzbehörde
  Rödingsmarkt 2, 20459 Hamburg
  Tel.: 040/42823–1816 oder –1448, Fax: 040/42823–2020
  Internet: www.fhh.hamburg.de
  e-mail: dieter.carmesin@fb-hamburg.de

  Vergabekammer LBK Hamburg
  c/o AK Wandsbek Haus A
  Alphonsstraße 14, 22043 Hamburg
  Tel.: 040/181883–4421, Fax: 040/181883–4442

  Vergabekammer Hamburger Stadtentwässerung
  Bankstraße 4–6, 20097 Hamburg
  Tel.: 040/3498503–10, Fax: 040/3498503–99
  e-mail: info@hhse.de

Vergabekammer Stadtreinigung Hamburg
Bullerdeich 19, 20537 Hamburg
Tel.: 040/2576–1008, Fax: 040/2576–1000
e-mail: b.wendt@srhh.de

Vergabekammer Hamburger Wasserwerke GmbH
Billhorner Deich 2, 20539 Hamburg
Tel.: 040/7888–2206, Fax: 040/7888–2418
Internet: www.hww-hamburg.de
e-mail: rziesing@hww-hamburg.de

Vergabekammer bei der Hamburger Hochbahn
Steinstraße 20, 20095 Hamburg
Tel.: 040/3288–2775, Fax: 040/3288–4556
Internet: www.hochbahn.de
e-mail: klaus.schirrmacher@hochbahn.de

- **Hessen**
Vergabekammer des Landes Hessen bei dem Regierungspräsidium Darmstadt
Wilhelminenstraße 1–3, 64283 Darmstadt
Tel.: 06151/12–6348, Fax: 06151/12–6834
Internet: www.rpda.de
e-mail: a.jung@rpda.hessen.de

- **Mecklenburg-Vorpommern**
Vergabekammer bei dem Wirtschaftsministerium Mecklenburg-Vorpommern
Johannes-Stelling-Straße 14, 19053 Schwerin
Tel.: 0385/588–5814, Fax: 0385/588–5847
Internet: www.wm.mv-regierung.de
e-mail: poststelle@wm.mv-regierung.de

- **Niedersachsen**
Vergabekammer bei der Oberfinanzdirektion Hannover
Waterloostraße 4, 30169 Hannover
Tel.: 0511/101–2503, Fax: 0511/101–2499
Internet: www.ofd.niedersachsen.de
e-mail: poststelle@ofd-sth.niedersachsen.de

Vergabekammer bei der Bezirksregierung Lüneburg
**Vergabekammer beim Niedersächsischen Ministerium
für Wirtschaft, Arbeit und Verkehr
Regierungsvertretung Lüneburg**
Auf der Hude 2, 21339 Lüneburg
Tel.: 04131/15–2340, Fax: 04131/15–2943
Internet: www.mi.niedersachsen.de
e-mail: christa.schlieper@rv-lg.niedersachsen.de

- **Nordrhein-Westfalen**
Vergabekammer bei der Bezirksregierung Arnsberg
Seibertzstraße 1, 59821 Arnsberg
Tel.: 02931/82–2197, Fax: 02931/82–40067
Internet: www.bezreg-arnsberg.nrw.de
e-mail: vergabekammer@bra.nrw.de

Vergabekammer bei der Bezirksregierung Detmold
Leopoldstraße 13–15, 32756 Detmold
Tel.: 05231/71–1710, Fax: 05231 71–1715
Internet: www.bezreg-detmold.nrw.de
e-mail: wilfried.schroeder@brdt.nrw.de

Vergabekammer bei der Bezirksregierung Düsseldorf
Fischerstraße 2, 40474 Düsseldorf
Tel.: 0211/475–3131, Fax: 0211/475–3989
Internet: www.bezreg-duesseldorf.nrw.de
e-mail: vergabekammer@brd.nrw.de

Vergabekammer bei der Bezirksregierung Köln
Zeughausstraße 2–10, 50670 Köln
Tel.: 0221/147–2747, Fax: 0221/147–2889
Internet: www.bezreg-koeln.nrw.de
e-mail: roland.gloeckner@bezreg-koeln.nrw.de

Vergabekammer bei der Bezirksregierung Münster
Albrecht-Thaer-Straße 9, 48147 Münster
Tel.: 0251/411–1691, Fax: 0251/411–2165
Internet: www.bezreg-muenster.nrw.de
e-mail: ingeborg.diemon-wies@bezreg-muenster.nrw.de

- **Rheinland-Pfalz**
  Vergabekammer Rheinland-Pfalz
  beim Ministerium für Wirtschaft, Verkehr, Landwirtschaft und Weinbau
  Stiftstraße 9, 55116 Mainz
  Tel.: 06131/16–2234, Fax: 06131/16–2113
  Internet: www.mwvlw.rlp.de
  e-mail: vergabekammer.rlp@mwvlw.rlp.de

- **Saarland**
  Vergabekammer des Saarlandes
  beim Ministerium für Wirtschaft und Arbeit
  Am Stadtgraben 6–8, 66111 Saarbrücken
  Tel.: 0681/501–4994, Fax: 0681/501–4299
  Internet: www.wirtschaft.saarland.de
  e-mail: vergabekammern@wirtschaft.saarland.de

- **Sachsen**
  Vergabekammer des Freistaates Sachsen beim Regierungspräsidium Leipzig
  Braustraße 2, 04107 Leipzig
  Tel.: 0341/977–1404, Fax: 0341/977–1049
  Internet: www.rpl.sachsen.de
  e-mail: Annegret.Ohnsorge@rpl.sachsen.de
  Internet: www.vergabe-abc.de/index_noindex_r3.htm

- **Sachsen-Anhalt**
  1. bzw. 2. Vergabekammer beim Landesverwaltungsamt Sachsen-Anhalt
  Willi-Lohmann-Straße 7, 06114 Halle (Saale)
  Tel.: 0345/514–1429 (1. VK), 514–1536 (2. VK), Fax: 0345/514–1115
  Internet: www.sachsen-anhalt.de

- **Schleswig-Holstein**
  Vergabekammer Schleswig-Holstein
  beim Ministerium für Wissenschaft, Wirtschaft und Verkehr
  Reventloualle 2–4, 24105 Kiel
  Tel.: 0431/988–4640, Fax: 0431/988–4702
  Internet: www.vergabekammer.schleswig-holstein.de
  e-mail: vergabekammer@wimi.landsh.de

- **Thüringen**
  Vergabekammer Thüringen beim Thüringer Landesverwaltungsamt
  Weimarplatz 4, 99423 Weimar
  Tel.: 0361/3773–7276, Fax: 0361/3473–9354
  e-mail: poststelle@tlvwa.thueringen.de
  Internet: www.thueringen.de

III. Angabe der Vergabeprüfstellen

7 Der Bund sowie einige Länder (Bremen, Rheinland-Pfalz sowie Schleswig-Holstein) haben von der nach § 103 Abs. 1 GWB **fakultativ** eingeräumten **Ermächtigungsmöglichkeit** Gebrauch gemacht und als Vorläuferinstanz zu den Vergabekammern noch **Vergabeprüfstellen** eingerichtet. Die Vergabeprüfstelle prüft oberhalb der EU-Schwellenwerte **von Amts wegen** oder auf Antrag die Einhaltung der von den Auftraggebern anzuwendenden Vergabevorschriften (§ 103 Abs. 2 GWB). Sie kann nach S. 2 der Vorschrift die das Vergabeverfahren durchführende Stelle verpflichten, **rechtswidrige Maßnahmen aufzuheben und rechtmäßige Maßnahmen zu treffen** sowie die Auftraggeber und die Unternehmen bei der Anwendung der Vergabevorschriften **beraten und streitschlichtend tätig werden**. Gegen eine Entscheidung der Vergabeprüfstelle kann zur Wahrung von Rechten aus § 97 Abs. 7 GWB nur die **Vergabekammer** angerufen werden. Die Prüfung durch die Vergabeprüfstelle ist allerdings **nicht Voraussetzung** für die Anrufung der Vergabekammer (vgl. § 103 Abs. 3 GWB). Während das Land Bremen eine zentrale Vergabeprüfstelle beim Senator für Bau und Umwelt eingerichtet hat, bestehen in Rheinland-Pfalz und in Schleswig-Holstein eine Vielzahl von Vergabeprüfstellen. Die Vergabeprüfstellen sind gem. § 31a – ebenso wie die verbindlich einzurichtenden Vergabekammern (vgl. § 104 GWB) – in der **Vergabebekanntmachung** und den **Vergabeunterlagen** mit genauer Anschrift bekannt zu geben (vgl. § 17a Nr. 3 Abs. 1 i.V.m. § 17 Nr. 1 Abs. 2v VOB/A sowie § 17 Nr. 2 Abs. 2r und § 10a i.V.m. § 10 Nr. 5 Abs. 2s VOB/A).

D. Nachprüfungsverfahren vor den Vergabekammern

8 Das in den §§ 107 bis 115 GWB geregelte **Nachprüfungsverfahren vor der Vergabekammer** lässt sich schwerpunktmäßig wie folgt zusammenfassen (vgl. zum Nachprüfungsverfahren vor der Vergabekammer im Einzelnen: *Franke/Kemper/Zanner/Grünhagen* VOB-Kommentar § 31a VOB/A Rn. 10 ff.; *Lampe-Helbig/Wörmann* Handbuch der Bauvergabe Rn. 411 ff.; *Kulartz/Kus/Portz* §§ 104 ff.):

– Gem. § 107 Abs. 1 GWB leitet die Vergabekammer ein Nachprüfungsverfahren nur auf **Antrag des Bieters** – und nicht von Amts wegen – ein. Die Antragsbefugnis muss der Bieter aus einer Verletzung subjektiver Rechte nach § 97 Abs. 7 GWB herleiten (§ 107 Abs. 2 S. 1 GWB). Antragsbefugt sind nur die Unternehmen, die an dem Auftrag ein Interesse haben und darlegen können, dass ihnen durch die Verletzung der Vergabevorschriften ein Schaden entstanden ist oder zu entstehen droht (§ 107 Abs. 2 S. 2 GWB).

- Antragsteller sind verpflichtet, **Fehler im Vergabeverfahren sofort zu rügen**, wenn sie diese erkannt haben bzw. diese Fehler aufgrund der Bekanntmachung erkennbar sind. Erfolgt diese unverzügliche Rüge (vgl. § 121 BGB) nicht, ist der Antrag nach § 107 Abs. 3 S. 1 GWB **unzulässig**.
- Der Antrag ist **schriftlich bei der Vergabekammer einzureichen und unverzüglich zu begründen**. Die Begründung muss insbesondere eine Beschreibung der **behaupteten Rechtsverletzung** mit Sachverhaltsdarstellung und die Bezeichnung der **verfügbaren Beweismittel** enthalten sowie darlegen, dass die **Rüge** gegenüber dem Auftraggeber erfolgt ist (§ 108 GWB).
- **Verfahrensbeteiligte** sind gem. § 109 GWB der **Antragsteller, der Auftraggeber und die Unternehmen**, deren Interessen durch die Entscheidung schwerwiegend berührt werden und die deswegen von der Vergabekammer beigeladen worden sind.
- Die Tätigkeit der Vergabekammern unterliegt dem **Untersuchungsgrundsatz**. Dies beinhaltet, dass die Vergabekammern verpflichtet sind, die für die Entscheidungen notwendigen Informationen zu beschaffen und den Sachverhalt von Amts wegen zu erforschen (§ 110 Abs. 1 GWB); zur schnellstmöglichen **Verfügbarkeit der Vergabeakten** wird der Nachprüfungsantrag des Bieters dem öffentlichen Auftraggeber, verbunden mit der Aufforderung, die Vergabeakten herauszugeben, zugestellt (§ 110 Abs. 2 S. 1 GWB). Der Auftraggeber muss die Vergabeakten der Vergabekammer sodann »sofort«, also **schnellstmöglich**, zur Verfügung stellen (§ 110 Abs. 2 S. 3 GWB).
- Nach § 111 Abs. 1 GWB können die **Beteiligten** die Akten bei der Vergabekammer **einsehen** und sich durch die Geschäftsstelle auf ihre Kosten Ausfertigungen, Auszüge oder Abschriften erteilen lassen. Hiervon kann nur aus wichtigen Gründen abgesehen werden (§ 111 Abs. 1 und 2 GWB).
- Grundsätzlich entscheidet die Vergabekammer nach vorheriger **mündlichen Verhandlung**, die sich nach § 112 Abs. 1 S. 1 GWB auf einen Termin beschränken soll. Alle Verfahrensbeteiligten haben dabei das Recht zur Stellungnahme (§ 112 Abs. 1 S. 2 GWB). Im Einzelfall kann auch **nach Lage der Akten** entschieden werden (§ 112 Abs. 1 S. 3 GWB).
- Zur **Beschleunigung des Nachprüfungsverfahrens** sieht § 113 Abs. 1 GWB vor, dass die Vergabekammer ihre Entscheidung **innerhalb von 5 Wochen** zu treffen und schriftlich zu begründen hat. Beginn des Fristablaufs ist der Zeitpunkt des Antragseingangs. Nur bei besonderen Schwierigkeiten kann die Zeitspanne um »den erforderlichen Zeitraum« verlängert werden (§ 113 Abs. 1 S. 2 GWB).
- Nach § 114 Abs. 1 GWB **entscheidet die Vergabekammer** – ohne an die Anträge gebunden zu sein – darüber, ob der Antragsteller **in seinen Rechten** verletzt ist und trifft sodann die **geeigneten Maßnahmen**, um eine Rechtsverletzung zu beseitigen und eine Schädigung der betroffenen Interessen zu verhindern.
- Ein Eingreifen der Kammer in das **laufende Vergabeverfahren** ist gem. § 114 Abs. 2 S. 1 GWB **nur bis zur Zuschlagserteilung** möglich; nach erfolgter Zuschlagserteilung ist daher grundsätzlich ein Nachprüfungsverfahren vor der Vergabekammer – mit Ausnahme der Feststellung einer Rechtsverletzung (§ 114 Abs. 2 S. 2 GWB) – **unzulässig**.
- In § 115 Abs. 1 GWB ist das **Kernstück** des Nachprüfungsverfahrens, der **Suspensiveffekt** geregelt. Danach darf der Auftraggeber **nach Zustellung** eines Nachprüfungsantrags durch die Vergabekammer an ihn und **vor einer Entscheidung der Kammer** und dem **Ablauf der zweiwöchigen Beschwerdefrist vor dem Oberlandesgericht** (vgl. § 117 Abs. 1 GWB) **den Zuschlag nicht erteilen** (§ 115 Abs. 1 GWB). Ein dennoch erteilter Zuschlag ist nach der Begründung zu § 115 Abs. 1 GWB wegen Verstoßes gegen ein gesetzliches Verbot **nichtig**.
- Die Entscheidung der Vergabekammer kann in zweiter Instanz vor dem **zuständigen Oberlandesgericht** im Wege der sofortigen Beschwerde (§ 116 GWB) und innerhalb einer Notfrist von **zwei Wochen** (§ 117 Abs. 1 GWB) angegriffen werden. Die sofortige Beschwerde hat grundsätzlich innerhalb eines Zeitraums von zwei Wochen nach Ablauf der Beschwerdefrist **aufschiebende Wirkung** gegenüber der Entscheidung der Vergabekammer (§ 118 Abs. 1 S. 1 und 2 GWB). In einem gesonderten Verfahren kann das Oberlandesgericht auf Antrag des Auftraggebers **über den Zuschlag vorab entscheiden** (§ 121 GWB). Hält das Oberlandesgericht die Beschwerde für **begründet**, hebt es die Entscheidung der Vergabekammer nach § 123 S. 1 GWB auf.

Hierbei kann

- das Gericht entweder **selbst entscheiden** (§ 123 S. 2 Alt. 1 GWB) oder
- **die Verpflichtung der Vergabekammer** aussprechen, in der Sache erneut zu entscheiden (§ 123 S. 2 Alt. 2 GWB).

E. Rechtsschutz

I. Primärrechtsschutz

9 Verstößt der Auftraggeber durch eine unterlassene oder fehlerhafte Angabe der Nachprüfungsbehörden gegen § 31a VOB/A, ist eine wesentliche Verletzung von **Publizitätsvorschriften** bei einem EG-weiten Vergabeverfahren gegeben. Weil die Nachprüfungsinstanzen in ständiger Spruchpraxis die Publizitätsvorschriften nicht als reine Formvorschriften, sondern als **Ordnungsbestimmungen** ansehen, die die Transparenz des grenzüberschreitenden Wettbewerbs fördern sollen, kann ihre Verletzung das Vergabeverfahren insgesamt rechtsfehlerhaft machen (VÜA Bund 1 VÜ 2/96 »Kanalbrücken« WuW/E Verg AB 79/83; VÜA Brandenburg VÜA 1/95 »Leitstellen« WuW/E Verg AL 29, 35; Beck'scher VOB-Komm./*Sterner* § 31a VOB/A Rn. 9). Da die Bekanntmachungsvorschriften des Vergaberechts unter Einschluss des § 31a VOB/A zu den **bieterschützenden Verfahrensvorschriften** gehören, haben Unternehmen nach § 97 Abs. 7 GWB einen **subjektiven Anspruch** darauf, dass der Auftraggeber diese Bestimmung über das Vergabeverfahren einhält. Ein Verstoß der Vergabestelle gegen § 31a VOB/A kann daher von einem Unternehmen zum Anlass genommen werden, ein vergaberechtliches Nachprüfungsverfahren auf Durchsetzung des Primärrechtsanspruchs (vgl. § 97 Abs. 7 GWB) gem. §§ 102 ff. GWB einzuleiten. Die Zulässigkeit eines derartigen Nachprüfungsverfahrens setzt jedoch voraus, dass das sich um den Auftrag bewerbende Unternehmen den bereits aufgrund der Bekanntmachung erkennbaren Verfahrensverstoß innerhalb der in der Bekanntmachung genannten Angebots- bzw. Bewerbungsfrist gegenüber dem Auftraggeber **gerügt** hat (§ 107 Abs. 3 S. 2 GWB) und ihm weiterhin durch die fehlende oder fehlerhafte Angabe ein **Schaden** entstanden ist oder zu entstehen droht. Bleibt daher der Verstoß ohne Folgen, weil z.B. eine in der Bekanntmachung fehlerhaft angegebene oder unzuständige Nachprüfungsbehörde einen bei ihr eingegangenen Antrag an die zuständige Vergabeprüfstelle bzw. Vergabekammer weitergeleitet hat, ist ein Nachprüfungsantrag unzulässig (vgl. VÜA Bund 1 VÜ 2/96 »Kanalbrücken« WuW/E Verg AB 79/83; VÜA Bund 1 VÜ 12/98 ZVgR 1999, 76, 79).

II. Sekundärrechtsschutz

10 Ein Verstoß gegen § 31a VOB/A kann für die Unternehmen auch **Schadensersatzansprüche** nach den Grundsätzen der culpa in contrahendo (§§ 241 Abs. 2, 311, 280 ff. BGB) sowie nach den in § 126 GWB genannten Voraussetzungen begründen. Diese Ersatzansprüche betreffen regelmäßig das negative Interesse, also die Kosten der Angebotsvorbereitung und der Verfahrensteilnahme. Voraussetzung ist jedoch auch hier stets, dass der Verstoß gegen § 31a VOB/A zu einem kausalen und nachweisbaren Schaden bei einem Unternehmen geführt hat. Dies wird grundsätzlich nicht der Fall sein (so auch Beck'scher VOB-Komm./*Sterner* § 31a Rn. 1).

§ 31b
Nachprüfungsbehörden

In der Vergabebekanntmachung und den Vergabeunterlagen sind die Nachprüfungsbehörden mit Anschrift anzugeben, an die sich der Bewerber oder Bieter zur Nachprüfung behaupteter Verstöße gegen die Vergabebestimmungen wenden kann.

Da der Text des in der Neufassung der VOB/A 2006 **unverändert** gebliebenen § 31b **voll inhaltlich** mit dem Wortlaut des § 31a über die Nachprüfungsbehörden **identisch ist** und nur die Ausweitung der Bekanntmachungspflicht für **Sektorenauftraggeber betrifft,** wird auf die Kommentierung zu § 31a verwiesen.

§ 32
Baukonzessionen

1. Baukonzessionen sind Bauaufträge zwischen einem Auftraggeber und einem Unternehmer (Baukonzessionär), bei denen die Gegenleistung für die Bauarbeiten statt in einer Vergütung in dem Recht auf Nutzung der baulichen Anlage, gegebenenfalls zuzüglich der Zahlung eines Preises, besteht.
2. Für die Vergabe von Baukonzessionen sind die §§ 1 bis 31 sinngemäß anzuwenden.

Inhaltsübersicht   Rn.

A. Allgemeine Grundlagen 1
   I. Definition der Baukonzession 1
   II. Private Finanzierung öffentlicher Bauvorhaben 2
   III. Vor- und Nachteile privater Finanzierungsmodelle 4
   IV. Wirtschaftlichkeitsvergleich erforderlich 6
   V. ÖPP-Beschleunigungsgesetz 10
   VI. Anwendungsfelder einer Baukonzession 13
B. Inhalt der Baukonzession (§ 32 Nr. 1 VOB/A) 16
   I. Nutzungsrecht und Nutzungsrisiko 16
   II. Unterscheidung zur Dienstleistungskonzession 22
   III. Stellung des Konzessionärs 27
   IV. Anwendung der VOB/B 31
   V. Vergabe von Unterkonzessionen 32
C. Für die Vergabe von Baukonzessionen maßgebende Vorschriften (§ 32 Nr. 2 VOB/A) 33
D. Rechtsschutz 37
   I. Primärrechtsschutz 37
   II. Schadensersatz 38

Aufsätze: *Reidt* Rechtsfragen im Zusammenhang mit der Vergabe von Baukonzessionen Nord ÖR 1999, 435 f.; *Höfler* Vergaberechtliche Anforderungen an die Ausschreibung von Baukonzessionen WuW 2000, 136 ff.; *Deutscher Städte- und Gemeindebund* DStGB-Dokumentation Nr. 28: Public-Private-Partnership – Neue Wege in Städten und Gemeinden, November 2002; *Gröning* Der Begriff der Dienstleistungskonzession, Rechtsschutz und Rechtsweg VergabeR 2002, 24 ff.; *Burgi* Die Vergabe von Dienstleistungskonzessionen: Verfahren, Vergabekriterien, Rechtsschutz NZBau 2005, 610 ff.; *Difu-Endbericht* Public Private Partnership Projekte – Eine aktuelle Bestandsaufnahme, Berlin 2005; *Jennert* Der Begriff der Dienstleistungskonzession im Gemeinschaftsrecht NZBau 2005, 131 ff.; *Uechtritz/Otting* Das »ÖPP-Beschleunigungsgesetz«: Neuer Name, neuer Schwung für »öffentlich-private Partnerschaften«? NVwZ 2005, 1105 ff.; *Bloeck* Private Public Partnerships und kommunale Zusammenarbeit KommunalPraxis-spezial 2006, 57 ff.; *Deutscher Städte- und Gemeindebund* DStGB-Dokumentation Nr. 61: Vergaberecht 2006 –

Aktuelle Neuerungen und kommunale Forderungen, Mai 2006; *Roth* Die Risikoverteilung bei Öffentlich Privaten Partnerschaften (ÖPP) aus vergaberechtlicher Sicht NZBau 2006, 84 ff.

A. Allgemeine Grundlagen

I. Definition der Baukonzession

1 Gemäß § 32 Nr. 1 VOB/A liegt eine Baukonzession immer dann vor, wenn als Gegenleistung für die Erstellung eines Bauwerks nicht eine Vergütung, sondern das Recht zur Nutzung der baulichen Anlage ggf. zuzüglich der Zahlung eines Preises gewährt wird. Vergleichbare Definitionen finden sich in § 98 Nr. 6 GWB sowie § 6 S. 2 VgV. Darüber hinaus findet sich auch in Art. 1 Abs. 3 der Vergabekoordinierungsrichtlinie (VKR = Richtlinie 2004/18/EG des Europäischen Parlaments und des Rates v. 31.3.2004 über die Koordinierung der Verfahren zur Vergabe öffentlicher Bauaufträge, Lieferaufträge und Dienstleistungsaufträge, ABl. Nr. L 134 30.4.2004 S. 114) eine entsprechende Definition. Hieraus ergibt sich, dass das wichtigste Erkennungsmerkmal einer Konzession darin liegt, dass als Gegenleistung für die Arbeiten ein **Nutzungsrecht** übertragen wird und dem Konzessionär – anders als beim typischen öffentlichen Auftrag – die **Risiken der Nutzung** zu einem bedeutenden Teil obliegen. »**Nutzung**« bedeutet, dass der Unternehmer, der die Arbeiten ausführt, nicht direkt vom Auftraggeber bezahlt wird, sondern sein Entgelt aus den **Gebühren u.Ä.**, die von den Benutzern des Bauwerks nach dessen Fertigstellung erhoben werden, erhält.

II. Private Finanzierung öffentlicher Bauvorhaben

2 Die Regelung des § 32 VOB/A über die **Baukonzessionen** ist erstmalig mit der Fassung 1990 in die VOB aufgenommen worden. Damit wird der Tatsache Rechnung getragen, dass die **private Finanzierung öffentlicher Bauvorhaben** (vgl. zu den unterschiedlichen Modellen der Privatfinanzierung: *Heiermann/Riedl/Rusam* § 32 VOB/A Rn. 3), zu denen auch die Baukonzession gehört, immer mehr zugenommen hat. Grund für diese Entwicklung ist die Erkenntnis, dass die Infrastruktur der öffentlichen Hand mit öffentlichen Mitteln **allein nicht mehr finanzierbar ist**. Hiermit einher geht die Notwendigkeit, verstärkter auf **private Finanzierungsformen** zurückzugreifen, um insbes. Infrastruktureinrichtungen von besonderer Bedeutung (Brücken, Tunnel, Autobahnen, aber auch Klär- und Müllbeseitigungsanlagen etc.) schaffen zu können. Damit verbunden ist wiederum die Erwartung, dass die Einbindung des Privatsektors in öffentliche Vorhaben in Form von Public-Private-Partnership-Modellen (PPP), insbes. nach Auffassung der privaten Wirtschaft, mit Kostenvorteilen beim Bau und beim Betrieb der Infrastruktureinrichtungen verbunden sein kann. Eine im Jahr 2005 vom Deutschen Institut für Urbanistik (Difu) vorgelegte Bestandsaufnahme zu PPP-Projekten in Bund, Ländern und Kommunen hat unterstrichen, dass Infrastrukturprojekte in öffentlich-privater Partnerschaft insbes. in Städten, Gemeinden und Kreisen immer häufiger als Alternative zur rein kommunalen Eigenerstellung gesehen werden (*Difu-Endbericht* Public Private Partnership Projekte – Eine aktuelle Bestandsaufnahme, Berlin, 2005).

3 Grundsätzlich versteht man unter **Public Private Partnership** die langfristige, vertraglich geregelte Zusammenarbeit zwischen öffentlicher Hand und Privatwirtschaft zur wirtschaftlichen Erfüllung öffentlicher Aufgaben. Dabei werden die erforderlichen Ressourcen (z.B. Know-how, Betriebsmittel, Kapital, Personal) von den Partnern in einen gemeinsamen Organisationszusammenhang eingestellt und vorhandene **Projektrisiken** entsprechend der Risikomanagementkompetenz der Projektpartner angemessen verteilt (Gutachten »PPP im öffentlichen Hochbau« im Auftrag des Lenkungsausschusses unter Federführung des BMVBW 2003 II S. 1). Ziel von Public Private Partnerships ist mithin, den Einsatz der öffentlichen und privaten Ressourcen so zu optimieren, dass bei gleich bleibendem oder gar höherem Qualitätsstandard die Kosten auf längere Sicht gesenkt werden, bzw. bei gleichen Kosten ein höherer Qualitätsstandard erzielt werden kann. Die Anwendbarkeit von PPP ist

allerdings immer im konkreten Einzelfall unter Berücksichtigung der rechtlichen Rahmenbedingungen und unter Abwägung der ökonomischen Vorteile im Vergleich zu anderen Beschaffungsansätzen, insbes. zur **konventionellen Eigenrealisierung**, zu überprüfen (hierzu ausführlich *Weber/Schäfer/Hausmann* Praxishandbuch Public Private Partnership S. 6 ff.).

III. Vor- und Nachteile privater Finanzierungsmodelle

Als **Vorteile** (*Heiermann/Riedl/Rusam* § 32 VOB/A Rn. 2) der PPP-Modelle sowie privater Finanzierungsmodelle und damit auch von Baukonzessionen werden insbes. genannt: **4**

– das besondere Know-how Privater in bestimmten Bereichen der öffentlichen Infrastruktur (Abfallwirtschaft, Personenbeförderung, Wasserversorgung etc.)
– Loslösung vom öffentlichen Dienstrecht
– frühzeitige Einbindung des Privaten in die Projektvorbereitung und eine damit verbundene Kostenoptimierung
– Verbesserung von Produkt, Service, Preis
– einheitliche Planung, Bau und Betrieb (Entfallen des Koordinierungsaufwands und Anbieten eines Gesamtpakets)
– Vorhandensein eines geschulten und qualifizierten Personals sowie flexible Unternehmensführung durch Nichtgebundenheit an das öffentliche Dienstrecht
– Kosteneinsparungen infolge schnellerer Entscheidungen und kürzerer Bauzeiten sowie der Möglichkeit, bei der Weitergabe von Bauleistungen unter bestimmten Voraussetzungen nicht an die VOB/A gebunden zu sein und daher z.B. auch über den Preis nachverhandeln zu können

Demgegenüber werden auch **Nachteile** einer Privatfinanzierung öffentlicher Bauvorhaben und damit auch einer Baukonzession geltend gemacht (vgl. etwa *Völlink/Kehrberg* Vor § 32 VOB/A Rn. 3). Hier lassen sich nennen: **5**

– einseitige Abhängigkeitsgefahr von einem privaten Investor, insbes. bei langfristigen Verträgen, die z.B. dem Konzessionär eine starke Position bei Verhandlungen über Vertragsänderungen verschaffen kann
– Verlust öffentlicher Einflussmöglichkeiten
– Gefahr der Monopolbildung in der Bauwirtschaft und Benachteiligung mittelständischer Unternehmen (Beeinträchtigung des Wettbewerbs), da die privaten Finanzierungsmodelle (Planung, Bau und Betrieb) nur von den »Großen« der Branche angeboten werden können
– weiterbestehende (Rest-)Verantwortung der öffentlichen Hand für den Fall des Schadens- und Haftungseintritts
– Qualitätsminderung/Gebührensteigerung
– Verschiebung der finanziellen Belastungen auf zukünftige Haushalte

IV. Wirtschaftlichkeitsvergleich erforderlich

Die Vor- und Nachteile von PPP-Modellen oder einer privaten Finanzierung öffentlicher Bauvorhaben machen eines klar: Es gibt keinen **Königsweg**, so dass in jedem Fall bei einer Prüfung zwischen konventioneller Bauvergabe und PPP-Modellen sowie privater Finanzierung eine **Einzelfallprüfung** notwendig ist. Hinzukommen muss ein **vorausschauendes Handeln** des öffentlichen Auftraggebers. Dieses Handeln muss dazu führen, dass eine private Finanzierung öffentlicher Infrastruktureinrichtungen **rechtzeitig** für kommende Bauvorhaben geprüft wird und der Auftraggeber nicht erst dann diese Frage stellt, wenn er bemerkt, dass eine konventionelle Bauvergabe nicht finanzierbar ist. Notwendig ist, dass **vor der Entscheidung** zwischen einem privaten Finanzierungsmodell und einem konventionellen Modell eine **vergleichende Wirtschaftlichkeitsberechnung** durchgeführt wird (vgl. VGH Rheinland-Pfalz ZVgR 1997, 117). Insoweit ist es häufig unabdingbar, sich nicht zu- **6** letzt angesichts der **Vielzahl von Modellen** (Betreibermodell, Leasingmodell, Kooperationsmodell, Konzessionsmodell etc.) auch durch Einholung von **externem Sachverstand** einen genauen Überblick zu verschaffen (zu unterschiedlichen PPP-Modellen *Kulartz/Kus/Portz* § 99 GWB Rn. 276 ff.).

7 Der Wirtschaftlichkeitsvergleich stellt ein zentrales Entscheidungsinstrument im Rahmen eines PPP-Beschaffungsprozesses da. Denn ein PPP-Projekt kann immer nur dann sowohl rechtlich gegenüber der Aufsichtsbehörde als auch insgesamt wirtschaftlich umgesetzt werden, wenn ein **Effizienzvorteil gegenüber der konventionellen Eigenrealisierung** nachgewiesen werden kann. Die Untersuchung der Wirtschaftlichkeit ist daher nicht nur sinnvoll, sondern zwingend notwendig, da die Haushaltsvorschriften für Bund, Länder und Gemeinden den öffentlichen Auftraggeber grundsätzlich zur Wirtschaftlichkeit und Sparsamkeit verpflichten (vgl. etwa § 7 Bundeshaushaltsordnung – BHO). Wird im Rahmen eines Wirtschaftlichkeitsvergleichs festgestellt, dass im Fall der Durchführung eines PPP-Modells über den gesamten Zeitablauf ein geringerer Barwert der Gesamtkosten entsteht als im Fall der Eigenrealisierung durch die öffentliche Hand, so ist regelmäßig der entscheidende **Nachweis der Wirtschaftlichkeit** eines PPP-Projekts erbracht. Im Rahmen eines Wirtschaftlichkeitsvergleichs ist aber zu berücksichtigen, dass privatwirtschaftliche Kredite häufig deutlich teurer sind als z.B. die **Kreditaufnahme der öffentlichen Hand**, also z.B. der Kommunen zu Kommunalkreditkonditionen. Dagegen können private Unternehmen ggf. durch (Preis-)Nachverhandlungen bei einzelnen Leistungen Kostenreduzierungen erreichen, die der öffentlichen Hand wegen der Bindung an das Vergaberecht nicht möglich sind. Darüber hinaus können unter Wirtschaftlichkeitsgesichtspunkten eine zeitnahe Realisierung von Investitionsvorhaben, eine finanziell effiziente Aufgabenerfüllung und die organisatorische und administrative Entlastung der öffentlichen Hand Vorteile für eine Aufgabendurchführung durch Private sein.

8 Im Rahmen eines Wirtschaftlichkeitsvergleichs sollten – auch was die Baukonzession im Vergleich zur rein öffentlichen Finanzierung betrifft – insbes. folgende Punkte einer **Prüfung** unterzogen werden:

– Das private Betreiben muss auf Dauer in gleicher Qualität und zu einem sozial und wirtschaftlich vertretbaren Preis wie die von der öffentlichen Hand allein erbrachte Leistung gesichert sein.
– Die rechtlich (Kartell-, Arbeits-, Gemeindewirtschafts-, Steuer- und Vergaberecht) möglichen und betriebswirtschaftlich sinnvollen Varianten der privaten Beteiligungen müssen herausgefunden werden.
– Um der Gefahr der Insolvenz des privaten Leistungserbringers zu begegnen, muss dessen Seriosität und finanzieller Hintergrund vorab genau geprüft und durchleuchtet werden.
– Die private Leistung ist so zu gestalten, dass sie von den Bürgern angenommen wird und den Belangen der bisher öffentlich Beschäftigten Rechnung trägt. In der Vergangenheit hat es insbes. in Städten und Gemeinden bereits viele erfolgreiche Bürgerbegehren und Bürgerentscheidungen gegen Privatisierungen gegeben.

9 Wichtig ist, dass durch einen Wirtschaftlichkeitsvergleich sämtliche Kosten offen gelegt werden, die eine Investition über die gesamte Projektdauer für die öffentliche Hand mit sich bringt (hierzu näher *Littwin/Schöne* Public Private Partnership im öffentlichen Hochbau – 2006 Rn. 251 ff.). Daher müssen sämtliche relevanten Kosten wie z.B. Anfangsinvestitionen, Betriebs- und Wartungskosten, Instandhaltungs- und Ersatzinvestitionen, Erweiterungsinvestitionen und Finanzierungskosten in die Berechnung einbezogen werden, so dass die Finanzierungsvarianten hinsichtlich der gesamten **Lebenszykluskosten** gegenübergestellt werden können. Hierbei spielen auch steuerrechtliche, haushaltswirtschaftliche, finanzpolitische, verfassungs-, kommunal- und vergaberechtliche Fragen eine wichtige Rolle (*Deutscher Städte- und Gemeindebund* DStGB-Dokumentation Nr. 28: Public-Private-Partnership – Neue Wege in Städten und Gemeinden, November 2002, 5 ff.).

V. ÖPP-Beschleunigungsgesetz

Um die vertraglich geregelte Zusammenarbeit zwischen der öffentlichen Hand und der Privatwirtschaft zur Erfüllung öffentlicher Aufgaben und damit letztlich auch das Modell der Baukonzession weiter zu befördern, hat der Deutsche Bundestag im Jahr 2005 das »Gesetz zur Beschleunigung von Öffentlich Privaten Partnerschaften und zur Verbesserung gesetzlicher Rahmenbedingungen für Öffentlich Private Partnerschaften« (**ÖPP-Beschleunigungsgesetz**) beschlossen. Mit dem am 8.9.2005 in Kraft getretenen Gesetz (BGBl. I 2005 Teil I Nr. 56 S. 2676) ist nicht nur der Anglizismus »PPP« durch den neuen Begriff »**Öffentlich Private Partnerschaften**« ersetzt worden, sondern es wurden auch zahlreiche Rechtsvorschriften geändert bzw. neu gefasst. Die Änderungen im Rahmen des ÖPP-Beschleunigungsgesetzes betreffen Regelungen im Bereich des Vergabe-, Fernstraßenbauprivatfinanzierungs-, Haushalts-, Steuer- und Investmentgesetzes.

Aus vergaberechtlicher Sicht hat der Gesetzgeber sowohl im Gesetz gegen Wettbewerbsbeschränkungen (GWB) als auch in der Vergabeverordnung (VgV) Klarstellungen eingefügt, die Rechtsunsicherheiten der Praxis beseitigen sollen. In Umsetzung des EU-Legislativpakets wurde insbes. die neue Verfahrensart des »**Wettbewerblichen Dialogs**« als ein Verfahren zur Vergabe besonders komplexer Aufträge in § 101 Abs. 1 und 5 GWB sowie in § 6a VgV eingeführt (*Deutscher Städte- und Gemeindebund*, DStGB-Dokumentation Nr. 61: Vergaberecht 2006 – Aktuelle Neuerungen und kommunale Forderungen, 2006, 10 ff.) Angesichts der sehr detaillierten und strukturierten Voraussetzungen des wettbewerblichen Dialogs bleibt abzuwarten, inwieweit sich diese neue Verfahrensart, die aufgrund ihrer Ausgestaltung einem **strukturierten Verhandlungsverfahren** entspricht, tatsächlich in der vergaberechtlichen Praxis durchsetzen wird. **Weitere vergaberechtliche Neuregelungen** durch das ÖPP-Beschleunigungsgesetz betreffen unter anderem die sog. Projektantenproblematik (§ 4 Abs. 4 VgV), die Lockerung des Selbstausführungsgrundsatzes (§ 4 Abs. 4 und § 6 Abs. 2 Nr. 2 VgV), typengemischte Aufträge (§ 99 Abs. 6 GWB) sowie die Rechtsform von Bietergemeinschaften (§ 6 Abs. 2 Nr. 1 VgV, im Einzelnen hierzu *Uechtritz/Otting* NVwZ 2005, 1105 ff.; *Bloeck*, KommunalPraxis spezial 2006, 57 ff.). Ob und inwieweit die mit dem ÖPP-Beschleunigungsgesetz verfolgte Zielsetzung, öffentlich-private Partnerschaften noch stärker als bislang zu befördern, tatsächlich erreicht werden, kann zum jetzigen Zeitpunkt noch nicht abschließend beurteilt werden.

Das Thema öffentlich-private Partnerschaften und damit auch das Thema Baukonzessionen hat zwischenzeitlich auch eine **europäische Dimension** erlangt. So hat die Europäische Kommission mit einem **Grünbuch zu Öffentlich-Privaten Partnerschaften** (EG-Kommission, Grünbuch ÖPP, KOM [2004] 327 endg.) eine Diskussion darüber angestoßen, ob ein spezieller Rechtsrahmen für ÖPP erforderlich ist. Die Bundesrepublik Deutschland hat in einer Stellungnahme zu vorstehendem Grünbuch darauf hingewiesen, dass ÖPP-Projekte mit den geltenden vergaberechtlichen Vorschriften gut verwirklicht werden können (Stellungnahme der Bundesregierung v. 16.8.2004 – Veröffentlicht auf der Website des Bundesministeriums für Wirtschaft und Technologie unter www.bmwi.de). Inwieweit dennoch eine **legislative Regelung der EU-Kommission** auf den Weg gebracht wird, bleibt abzuwarten. Einen Hinweis gibt die im November 2005 veröffentlichte Mitteilung der EU-Kommission zu öffentlich-privaten Partnerschaften und Konzessionen. Danach soll insbes. für den Bereich der Konzessionsvergabe eine legislative Regelung auf EU-Ebene geprüft werden, und zwar nicht nur für Dienstleistungs-, sondern auch für Baukonzessionen, da in diesem Bereich in der Praxis Rechtsunsicherheit herrsche (Mitteilung der Kommission an das Europäische Parlament, den Rat, den Europäischen Wirtschafts- und Sozialausschuss und den Ausschuss der Regionen zu öffentlich-privaten Partnerschaften und den gemeinschaftlichen Rechtsvorschriften für das öffentliche Beschaffungswesen und Konzessionen v. 15.11.2005, KOM [2005] 569 endg.).

VI. Anwendungsfelder einer Baukonzession

13 Im Bereich der Baukonzessionen spielen die Sektoren **Straßenverkehrsinfrastruktur** und **öffentlicher Hochbau** eine besondere Rolle. Aus der Praxis bekannt sind kommunale Baukonzessionen etwa zur Erstellung von Verwaltungsgebäuden, Parkhäusern, Hallenbädern oder auch kommunalen Kläranlagen. Einen Hauptschwerpunkt haben Baukonzessionen indes im Bereich des Straßen- und Verkehrswesens. Die Grundlage für Konzessionsmodelle in der Straßenverkehrsinfrastruktur wurde im Jahr 1994 mit der Verabschiedung des **Fernstraßenbauprivatfinanzierungsgesetzes** (**FstrPrivFinG**) gelegt. Die hierauf basierenden sog. F-Modelle ermöglichen es privaten Dritten, Planung, Bau, Finanzierung und Betrieb von bestimmten, im Gesetz definierten Einzelmaßnahmen mit der Erhebung einer Maut zu refinanzieren. Dies bedeutete für Deutschland mit der etwas später eingeführten Lkw-Maut auf Bundesautobahnen einen ersten **Einstieg in die Nutzerfinanzierung** in diesem Bereich. Sowohl für die F-Modelle als auch für die später speziell für Autobahnausbauprojekte entwickelten sog. A-Modelle wurden vom Bundesministerium für Verkehr, Bau- und Stadtentwicklung mit Beteiligung der Privatwirtschaft Musterunterlagen für die Vorbereitung, Ausschreibung und Vergabe erarbeitet. Die sog. A-Modelle sehen vor, dass etwa der Ausbau zusätzlicher Fahrstreifen, die Erhaltung und der Betrieb entsprechender Autobahnabschnitte sowie die Finanzierung privaten Betreibern übertragen wird (*Völlink/Kehrberg* Vor § 32 VOB/A Rn. 7). Bislang wurden allerdings von den für die beiden Modelle als geeignet identifizierten Maßnahmen mit der Warnow- sowie der Trave-Querung lediglich zwei F-Modelle vollständig umgesetzt. Im Fall der Unterquerung der Warnow in Rostock handelt es sich um ein Tunnelbauprojekt mit einem Investitionsvolumen von ca. 210 Mio. €. Die im Rahmen einer **Konzessionsvergabe** zur Errichtung und Betreibung vergebene Leistung durch die Hansestadt Rostock umfasste Planung, Bau, Erhaltung und Betrieb über 30 Jahre. Weiter ist die Übergabe an die Stadt Rostock nach diesem Zeitraum sowie die Finanzierung sämtlicher Leistungen, Refinanzierung und Mauterhebung Vertragsinhalt.

14 Ein weiteres **Beispiel einer Baukonzession** (weitere PPP-Projektbeispiele finden sich in *Proll/Drey* Die 20 Besten: PPP-Beispiele aus Deutschland, 2006) ist zudem der Bau und die Betreibung des **Kanaltunnels zwischen England und Frankreich** auf der Grundlage eines **Konzessionsvertrages** mit einem privaten britisch-französischen Konsortium. Die gegründete Gesellschaft »Eurotunnel« erhielt die Genehmigung zum Bau, Besitz, Betrieb und späteren Übereignung und wird die Anlage noch über 50 Jahre der Gesamtlaufzeit von 65 Jahren besitzen und betreiben (vgl. auch *Heiermann/Riedl/Rusam* § 32 VOB/A Rn. 1). Auch die Ersetzung der Herrenbrücke in der Hansestadt Lübeck durch eine neue feste Querung der Trave durch einen Tunnel (»**Herrentunnel**«) erfolgte im Jahre 1999 durch die Vergabe einer **Baukonzession.** Das Investitionsvolumen beläuft sich hier auf ca. 190 Mio. € bei einer Konzessionsdauer von 30 Jahren (*Reidt* Nord ÖR 1999, 435).

15 Gerade die Tatsache der Mauterhebung, mit der sich der private Betreiber für seine aufgebrachten Leistungen refinanziert, macht aber deutlich, dass die private Finanzierung über Benutzerentgelte (Maut) nicht auf eine Vielzahl von Fällen übertragbar ist. Dem steht schon entgegen, dass eine Erhebung von Mautgebühren nur dann Sinn macht und sich dauerhaft wirtschaftlich rechnet, wenn – wie im Fall der Warnow-Querung in Rostock – der Autofahrer auf die Benutzung des Tunnels »angewiesen ist« und nicht auf in naher Entfernung liegende Verkehrswege ausweichen kann. Zudem muss berücksichtigt werden, dass sowohl im Fall der Warnow-Querung in Rostock als auch im Fall des Herrentunnel-Projekts in Lübeck die Realisierung nicht allein aufgrund privater Investitionen erfolgte. Der Bund beteiligt sich z.B. beim Herrentunnel in Lübeck mit rund 88 Mio. € an der Realisierung. Bei dem Projekt Warnow-Querung wurden zudem Kredite durch die Kreditanstalt für Wiederaufbau und die europäische Investitionsbank gewährt (*Kapellmann/Messerschmidt* § 32 VOB/A Rn. 5).

B. Inhalt der Baukonzession (§ 32 Nr. 1 VOB/A)

I. Nutzungsrecht und Nutzungsrisiko

Die Vorschrift des § 32 Nr. 1 VOB/A enthält eine **Definition der Baukonzessionen**. Danach sind Baukonzessionen **Bauaufträge zwischen einem Auftragnehmer und einem Unternehmer (Baukonzessionär)**, bei denen die Gegenleistung für die Bauarbeiten statt in einer Vergütung in dem **Recht auf Nutzung der baulichen Anlage**, ggf. zuzüglich der **Zahlung eines Preises**, besteht (siehe auch die ähnlichen Definitionen in § 98 Nr. 6 GWB und § 6 S. 2 VgV). 16

Aus dem Recht auf Nutzung der baulichen Anlage ist abzuleiten, dass der Konzessionär zusätzlich zum **Baurisiko** auch einen bedeutenden Teil der Risiken trägt, die mit der Verwaltung und der Inanspruchnahme einer Einrichtung üblicherweise verbunden sind (**Nutzungsrisiko**). Ist hingegen die Erstattung der Finanzierung durch den Auftraggeber gegenüber dem privaten Partner (Investor etc.) gewährleistet, ohne dass ein mit der Verwaltung des Werkes verbundenes Risiko besteht, fehlt das Risikoelement und der Vertrag wäre daher als Bauauftrag und nicht als Konzession einzuordnen. Ob der Konzessionär im Fall der Vergabe einer Baukonzession tatsächlich die sich aus der Natur der Nutzung ergebenden Risiken trägt, ist in jedem Einzelfall zu überprüfen. Hierbei können Aspekte wie der Vertragsgegenstand, die Vertragsdauer, das voraussichtliche Nutzerverhalten oder auch die wirtschaftliche Leistungsfähigkeit des Konzessionärs eine Rolle spielen. 17

Entscheidendes Abgrenzungskriterium zwischen dem öffentlichen Bauauftrag und der öffentlichen Baukonzession ist daher das nur bei der Konzession vorliegende **Nutzungsrecht** des Konzessionärs sowie die **Risikotragung** des Konzessionärs für die Nutzung zumindest zu einem bedeutenden Teil (vgl. für Dienstleistungskonzessionen: EuGH NZBau 2001, 148 ff. – »Telaustria«; EuGH NZBau 2005, 644 ff.– »Parking Brixen«; OLG Düsseldorf NZBau 2005, 652; *Reidt/Stickler/Glahs* § 99 GWB Rn. 27; *Jennert* NZBau 2005, 624). Wenn daher Auftraggeber zwar zu komplexen Vertragsklauseln greifen, handelt es sich aber trotzdem um **öffentliche Bauaufträge** und nicht um **Baukonzessionen**, soweit der Auftraggeber die Kosten des Bauvorhabens in vollem Umfange trägt und somit der Auftragnehmer **kein Risiko** hinsichtlich der Nutzung zu Tragen hat. Hieran ändert die Tatsache nichts, dass die Gegenleistung zum Nutzungsrecht des Konzessionärs nach § 32 Nr. 1 VOB/A **zuzüglich in der Zahlung eines Preises** bestehen kann, sofern hierdurch das Konzessionärs-Risiko nicht zu einem bedeutenden Teil **ausgeschaltet wird**. 18

Vielmehr interveniert der Auftraggeber als **Konzessionsgeber** in der Praxis in bestimmten Fällen deshalb, um zumindest einen Teil des wirtschaftlichen Risikos für das privat finanzierte sowie betriebene Projekt zu übernehmen, das ansonsten vom Konzessionär allein getragen wird. Gerade bei Verkehrsprojekten trägt der Staat zuweilen einen Teil der Nutzungskosten der Konzession, um den **Preis der Leistungen für den Benutzer zu senken**. Diese Intervention kann in verschiedenen Formen erfolgen (garantierter Pauschalbetrag, Festbetrag, der entsprechend der Zahl der Benutzer überwiesen wird etc.). Sie ändert aber nicht unbedingt die **Natur des Vertrags** (Mitteilung der Kommission, ABl. 2000/C 121/02, Ziff. 2.1.1; NZBau 2000, 413 ff. und 458 ff.). 19

Deckt nämlich der ausgezahlte Betrag die Kosten des Bauwerks nur zu einem **geringen Teil**, trägt der Konzessionär immer noch einen **bedeutenden Teil** der Risiken, die mit der Nutzung verbunden sind. Darf der Konzessionär im Hinblick auf das allgemeine Interesse nur »soziale Preise« von den Benutzern des Bauwerks verlangen und erhält er aus diesem Grund von der öffentlichen Hand eine Kompensation in Form einer **einmaligen Zahlung oder von Teilzahlungen**, entbindet diese Beteiligung an den Betriebskosten den Konzessionär nicht, einen **bedeutenden Teil des mit der Nutzung verbundenen Risikos zu Tragen**. Die Situation stellt sich nur dann anders dar, wenn der Auftraggeber das mit der Nutzung verbundene Risiko **voll übernimmt**. In einem solchen Fall liegt ein **öffentlicher Bauauftrag** vor (ähnlich OLG Celle Beschl. v. 5.2.2004 – 13 Verg 26/03 für 20 eine Dienstleistungskonzession, wenn der Konzessionär »ausschließlich« ein vorher festgelegtes Entgelt vom Auftraggeber erhält).

21 Streitig ist die **zulässige Quote**, die ein vom Auftraggeber gezahlter Preis im Verhältnis zum Gesamtauftragswert einnehmen darf, damit es sich noch um eine Baukonzession handelt (*Höfler* WuW 2000, 139 ff.). Im Bau- oder Vergaberecht gibt es hierfür keine Regelung. Das OLG Schleswig (OLG Schleswig ZVgR 1999, 249) sieht auch bei einer Überschreitung der öffentlichen Zuzahlung von mehr als 20% der Baukosten diese Quote **nicht als Vergütung**, sondern als **Zuzahlung** an, sofern der Konzessionär dennoch einen **bedeutenden Teil der Risiken** trägt, die mit der Nutzung verbunden sind. Dies soll jedenfalls dann gelten, wenn der Konzessionär im Hinblick auf das allgemeine Interesse nur soziale Preise verlangen kann und aus diesem Grund vom Auftraggeber eine Kompensation erhält. Voraussetzung ist jedoch stets, dass der Konzessionär die eigentlichen Risiken, die sich aus dem erstellten Bauvorhaben ergeben, trägt. Mithin verbietet sich eine starre Gegenüberstellung der Höhe einer Zuzahlung zum Gesamtvolumen einer (Bau-)Maßnahmen. Es ist grundsätzlich eine individuelle Prüfung und Bewertung des Einzelfalls vorzunehmen, welche insbs. die vom Konzessionär übernommenen Risiken oder auch den vereinbarten Vertragszeitraum berücksichtigt. (*Kapellmann/Messerschmidt* § 32 VOB/A Rn. 18). In seinem Beschluss zum »Berliner Olympiastadion« hat die Vergabekammer des Landes Berlin herausgestellt, dass zumindest dann, wenn der Konzessionsgeber Baukostenrisiken in einer Größenordnung von 50% oder sogar 75% übernimmt, keine Baukonzession mehr vorliegt (VK Berlin Beschl. v. 31.5.2000 VK-B2–15/00; zur Risikoverteilung bei ÖPP: *Roth* NZBau 2006, 84 ff.).

II. Unterscheidung zur Dienstleistungskonzession

22 Neben einer Baukonzession ist auch die Vergabe einer **Dienstleistungskonzession** durch den Auftraggeber an einen Konzessionär möglich. Gemäß Art. 1 Abs. 4 der Vergabekoordinierungsrichtlinie (VKR) (Richtlinie 2004/18/EG des Europäischen Parlaments und des Rates v. 31.3.2004 über die Koordinierung der Verfahren zur Vergabe öffentlicher Bauaufträge, Lieferaufträge und Dienstleistungsaufträge, ABl. Nr. L 134 30.4.2004 S. 114) sind Dienstleistungskonzessionen Verträge, die von öffentlichen Dienstleistungsaufträgen nur insoweit abweichen, als die Gegenleistung für die Erbringung der Dienstleistungen ausschließlich in dem Recht zur Nutzung der Dienstleistung oder in diesem Recht zuzüglich der Zuzahlung eines Preises besteht. Damit ist – ebenso wie bei der Baukonzession – für die Dienstleistungskonzession in Abgrenzung zu einem Dienstleistungsauftrag kennzeichnend, dass nicht der Auftraggeber den Dienstleistungserbringer bezahlt, sondern dieser sich maßgeblich über Entgelte Dritter refinanziert und insoweit im Gegenzug für die **Einräumung einer Nutzungsbefugnis** das entsprechende Betriebsrisiko trägt.

23 Gemäß Art. 17 VKR werden Dienstleistungskonzessionen weiterhin vom Anwendungsbereich des europäischen Vergaberechts ausgenommen. Wie der **Europäische Gerichtshof** bereits in seinem »Telaustria«-Urteil dargelegt hat, liegt der Grund für die Herausnahme der Dienstleistungskonzession aus dem Anwendungsbereich der Vergaberichtlinien weniger in einer sachlich gerechtfertigten Ungleichbehandlung zum Dienstleistungsauftrag als vielmehr in der unterschiedlichen rechtlichen Ausgestaltung der Dienstleistungskonzessionen in den einzelnen Mitgliedsstaaten (EuGH NZBau 2001, 148 ff. – »Telaustria«). Der Europäische Gerichtshof hat zwischenzeitlich jedoch mehrfach klargestellt, dass auch im Fall der Vergabe von Dienstleistungskonzessionen durch öffentliche Auftraggeber die **Grundregeln des EG-Vertrags** im Allgemeinen sowie das **Verbot der Diskriminierung** im Besonderen zu beachten sind. Der **Gleichbehandlungsgrundsatz** und das Verbot der Diskriminierung aus Gründen der Staatsangehörigkeit schließen dem EuGH zu Folge insbs. eine **Verpflichtung zur Transparenz** ein. Somit besteht im Fall der Vergabe einer Dienstleistungskonzession die der öffentlichen Hand obliegende Transparenzpflicht darin, »dass zugunsten der potenziellen Bieter ein angemessener Grad von Öffentlichkeit sicherzustellen ist, der die Dienstleistungskonzes-

sion dem Wettbewerb öffnet und die Nachprüfung ermöglicht, ob die Vergabeverfahren unparteiisch durchgeführt worden sind.« (EuGH VergabeR 2006, 488 ff. – »ANAV« – mit Anm. Steinberg, 491 ff.; EuGH VergabeR 2005, 609 ff.– »Coname« – mit Anm. *Hausmann*, 612 ff.; EuGH VergabeR 2005, 737 ff. – »Parking Brixen«).

In welcher konkreten Form eine Veröffentlichung zu erfolgen hat, ist seitens der Europäischen Kommission noch nicht abschließend beschrieben worden. Die Kommission hat angekündigt, **Ende 2006 eine interpretierende Mitteilung** zu der vorgenannten Fragestellung zu veröffentlichen. Grundsätzlich gilt, dass es an einer Dienstleistungskonzession interessierten Unternehmen ermöglicht werden muss, angemessene Informationen zur jeweiligen Vergabe zu erhalten. (*Burgi* NZBau 2005, 610 ff.; *Jennert* NZBau 2005, 131 ff.) Daher empfiehlt sich für öffentliche Auftraggeber einerseits, bei der Vergabe europaweit relevanter Dienstleistungskonzessionen eine **Bekanntmachung der Vergabeabsicht** im Amtsblatt der EG vorzunehmen. Darüber hinaus besteht die Möglichkeit der Veröffentlichung in anderen Veröffentlichungsmedien wie etwa nationalen Amtsblättern, Tageszeitungen oder im Internet. Rein lokale Medien erscheinen zur Veröffentlichung ungeeignet, da hierdurch eine europaweite Öffnung des Wettbewerbs regelmäßig nicht gewährleistet werden kann. Nach der vorbezeichneten Rechtsprechung des Europäischen Gerichtshofs bestehen in der Vergabepraxis mithin umfangreiche Transparenzpflichten, die im Fall der Vergabe von Dienstleistungskonzessionen durch die öffentliche Hand zu beachten sind. Auch wenn es keine konkreten Verfahrensanforderungen gibt, sind jedenfalls über die **Prinzipien der Transparenz und der Gleichbehandlung** die auch im Vergaberecht zum Tragen kommenden Verfahrensschritte einer öffentlichen Bekanntmachung sowie einer ordnungsgemäßen Wertung der »Angebote« zu beachten. 24

Die Dienstleistungskonzession kann insbes. bei **gemischten Konzessionsverträgen** schwirig von der Baukonzession abgrenzbar sein. Denkbare Problemfelder betreffen insbes. Maßnahmen an einem bereits bestehenden Bauwerk, bei dem sowohl Dienst- wie auch Bauleistungselemente vorliegen. In derartigen Fällen muss sorgfältig geprüft werden, wo der **Schwerpunkt der Konzession** liegt. Ist ein Vertrag seinem Schwerpunkt nach als ein auf die Errichtung einer baulichen Anlage ausgerichteter Vertrag zu beurteilen, kommt eine Dienstleistungskonzession nicht in Frage. In einem derartigen Fall könnte allenfalls eine Einordnung als Baukonzession in Betracht kommen, wobei die diesbezüglichen Voraussetzungen im Einzelfall zu prüfen sind. Eine Dienstleistungskonzession kommt immer dann in Frage, wenn die Vertragsinhalte, welche die Errichtung eines Bauwerks regeln, nachrangig gegenüber denjenigen Vertragsinhalten sind, welche auf die Erbringung einer Dienstleistung gerichtet sind (*Franke/Kemper/Zanner/Grünhagen* § 32 VOB/A Rn. 23). 25

Wann von einer untergeordneten Bedeutung der Bauleistungen und damit auch der Baukonzession auszugehen ist, hängt vom Einzelfall ab. Auch wenn die Angabe einer exakten Prozentzahl nicht möglich ist, dürfte eine Baukonzession immer dann gegenüber einer Dienstleistungskonzession **nicht** von untergeordneter Bedeutung sein, wenn die Bauleistung zumindest 40% des Auftragsvolumens oder mehr beträgt (für die Abgrenzung zwischen Bauauftrag und Dienstleistungsauftrag: Beck'scher VOB-Komm./*Reidt/Stickler* § 32 VOB/A Rn. 8; *Reidt/Stickler/Glahs* § 99 GWB Rn. 39). Wenn allerdings die Vertragsgegenstände voneinander getrennt werden können, sind auf jeden dieser Verträge die entsprechenden Regelungen der Bau- und Dienstleistungskonzessionen **getrennt** anzuwenden (Mitteilung der Kommission zu Konzessionen NZBau 2000, 413 ff. und 458 ff.). 26

III. Stellung des Konzessionärs

Von diesen Grundlagen ausgehend ist die Baukonzession in § 32 Nr. 1 VOB/A zu definieren. Sie betrifft einen auf die **Bauerrichtung gerichteten Vertrag**, der dem **Konzessionär eine Herstellungsverpflichtung** auferlegt. Dabei ist ein Umfang bzw. Vertragsinhalt möglich, wie er aus § 1 VOB/A zu entnehmen ist. Es geht also auch hier ganz deutlich um ein **werkvertragliches Verhältnis** zwischen Auftraggeber und Konzessionär, und zwar so, als ob es sich bei dem Konzessionär um einen Auftrag- 27 nehmer im überkommenen Sinne mit allen Rechten und Pflichten handeln würde. Der Konzessionär ist daher im Allgemeinen wie ein gewöhnlicher **Bewerber und Bieter** sowie späterer Auftragnehmer zu behandeln. Dies bedingt, dass dem Konzessionsvertrag **grundsätzlich die VOB/B zu Grunde zu legen ist**, allerdings naturgemäß nur so weit, wie Teil B der VOB reicht, also bis zur Abwicklung eines die – bloße – Bauerrichtung betreffenden Vertrags. Dies betrifft aber nur diejenigen Regelungen, die auf die **ordnungsgemäße** und **zeitgerechte** Erfüllung der Leistungspflicht bezogen sind. Dagegen folgt aus der **Definition** der Baukonzession, dass grundsätzlich der bauvertragliche **Vergütungsbereich ausgeklammert** ist, und zwar insoweit, als es sich um die Kosten der Bauherstellung selbst handelt.

28 Die Gegenleistung des Auftraggebers für die vom Konzessionär eigenverantwortlich übernommene Errichtung der Bauleistung bzw. des Bauwerkes besteht vielmehr in dem dem **Konzessionär eingeräumten Nutzungsrecht für die bauliche Anlage**. Folge ist, dass der Konzessionär Einnahmen (Gebühren und sonstige Entgelte), die er durch die Nutzung, also den Betrieb, erhält, für sich behalten darf. Insofern kann man von einem **Betreibermodell** sprechen. Obwohl dies in § 32 Nr. 1 VOB/A nicht ausdrücklich zum Ausdruck gekommen ist, ist es im Allgemeinen üblich, dem Konzessionär **die Kosten des Erhaltes, der Erneuerung bzw. der Modernisierung der von ihm genutzten baulichen Anlage aufzuerlegen**. Da dies aber aus der vorgenannten Definition nicht ohne weiteres zu ersehen ist, dürfte es für den Auftraggeber zwingend erforderlich sein, diese Fragen **im Konzessionsvertrag zu regeln**.

29 § 32 Nr. 1 VOB/A besagt weiter, dass die Vergütung außerdem (zuzüglich) noch in der **Zahlung eines Preises** bestehen kann. Damit ist eine so genannte »**Draufzahlung**« gemeint, die der Auftraggeber zu erbringen hat. Diese kann in einem einmaligen Betrag bestehen oder auch darin, dass in bestimmten Zeitabschnitten Teilbeträge zu entrichten sind, ähnlich etwa einer Miete oder Pacht. Dabei sind diese zusätzlichen Zahlungen grundsätzlich nach dem Nutzungswert der betreffenden baulichen Anlage unter Berücksichtigung der **Belastungen und des Erhaltungsaufwands** sowie im Hinblick auf die **Erzielung** »**sozialgerechter Gebühren**« durch den privaten Nutzer zu bemessen. Häufig wird wegen der zusätzlichen Zahlung und des Umfangs ein Sachverständiger heranzuziehen sein, der sich betriebswirtschaftlich in dem betreffenden **Nutzungswert** bzw. dem daraus zu erwartenden Überschuss auskennt.

30 Weil der Konzessionär die Kosten der Errichtung der baulichen Anlage üblicherweise alleine trägt, wird i.d.R. ein Baukonzessionsvertrag mit einem bestimmten Konzessionär auf **längere Zeit angelegt sein**. Dies kann für den öffentlichen Auftraggeber, aber evtl. in gleicher Weise für den Konzessionär, ein Risiko sein. Daher dürfte es erforderlich sein, im Hinblick auf die Gegenleistung (außerhalb der Kosten der eigentlichen Bauherstellung) **Gleitklauseln zu vereinbaren**, die sich nach allgemeinen oder mit der Nutzung der baulichen Anlage zusammenhängenden Richtlinien (Indizes) richten. Auch ist es geboten, neben den Zahlungsvereinbarungen **spezielle Regelungen für die vorzeitige Kündigung des Konzessionsvertrags**, die evtl. miet- oder pachtvertraglich angenähert sein können, zu treffen. Dies gilt schon deshalb, weil gerade bei einem Langzeitvertrag die speziell für die Bauerrichtung konzipierten Kündigungsregelungen nicht ausreichen dürften.

IV. Anwendung der VOB/B

31 Problematisch ist, ob und inwieweit bei einem Konzessionsvertrag, der z.T. besondere Regelungen erfordert, noch von einer **Vereinbarung der VOB/B als Ganzes** gesprochen werden kann. Diesbezüglich ist die **Rechtsprechung des Bundesgerichtshofs zur Inhaltskontrolle** Allgemeiner Geschäftsbedingungen zu berücksichtigen. Der BGH hat mit Urteil vom 22.1.2004 (BGH NZBau 2004, 267 f.) festgestellt, dass jede vertragliche **Abweichung von der VOB/B** dazu führt, dass diese nicht als Ganzes vereinbart ist. Hierbei soll es dem BGH zu Folge nicht darauf ankommen, welches Gewicht ein Eingriff hat. Folge ist, dass einzelne Regelungen der VOB/B lediglich dann nicht der Inhaltskontrolle unterliegen, wenn der Verwender die VOB/B als Ganzes ohne jegliche Abänderung vereinbart hat. Dies bedeutet im Umkehrschluss, dass die **Inhaltskontrolle** selbst dann eröffnet ist, wenn nur geringfügige, inhaltliche Abweichungen von der VOB/B vorliegen und auch unabhängig davon, ob eventuell benachteiligende Regelungen im vorrangigen Vertragswerk möglicherweise durch andere Regelungen »ausgeglichen« werden. Angesichts der nur teilweisen Anwendbarkeit der VOB/B im Fall der Vergabe einer Baukonzession sowie einzelvertraglicher Sonderregelungen gilt die VOB/B damit regelmäßig nicht mehr »als Ganzes« vereinbart. Soweit Konzessionsbestimmungen individuelle Regelungen enthalten, gehen diese als Individualvereinbarungen vor und sind wirksam. Darüber hinaus wird **im Einzelfall eine Kontrolle der Bestimmungen der VOB/B nach §§ 305 ff. BGB** auf ihre Wirksamkeit erfolgen müssen.

V. Vergabe von Unterkonzessionen

Fraglich ist, ob die **Vergabe einer Unterkonzession** vom Anwendungsbereich des § 32 VOB/A erfasst wird. Eine ausdrückliche Regelung findet sich in § 32 VOB/A nicht. Die Einstufung der Baukonzession als öffentlicher Bauauftrag i.S.v. § 99 Abs. 3 GWB (vgl. OLG Brandenburg ZfBR 1999, 660 ff. – »Flughafen Berlin Brandenburg«) wird indes dazu führen müssen, dass auch die Vergabe einer Baukonzession an einen Unterkonzessionär als Konzessionsvergabe i.S.d. § 32 Nr. 2 VOB/A zu bewerten ist. Anderenfalls entstünde eine vom Gesetzgeber nicht beabsichtigte **Umgehungsmöglichkeit** hinsichtlich der Vorschrift des § 32 VOB/A (*Heiermann/Riedl/Rusam* § 32 VOB/A Rn. 16). In weiteren Fällen besteht keine Gefahr der Umgehung. Möglich ist etwa, dass der Konzessionär einen rechtlich nicht mit ihm verbundenen Bauunternehmer mit der Bauerrichtung beauftragen will, wie dies in § 32a Nr. 2 VOB/A ausdrücklich ins Auge gefasst ist. Dann ist dieser Unternehmer für den Bereich des Konzessionsvertrags **Nachunternehmer des Konzessionärs**, wofür dann § 4 Nr. 8 VOB/B gilt. Voraussetzung für einen solchen Nachunternehmereinsatz ist allerdings die **Genehmigung des Auftraggebers**. Somit kann sich der Auftraggeber alle wesentlichen Einflussmöglichkeiten – auch auf das nachgeordnete Vertragsverhältnis – sichern. Denkbar ist im Übrigen auch, dass der für den Konzessionsvertrag als Nachunternehmer geltende Unternehmer im Bereich der ihm übertragenen Bauerrichtung als **Generalunternehmer** auftritt, der seinerseits im eigentlichen Bauherstellungsbereich Nachunternehmer beschäftigt. In allen Fällen beurteilt sich die Rechtslage nach normalen bauvertraglichen Voraussetzungen und Folgen, was nicht zuletzt auch für die Vergütungsfragen gilt.

C. Für die Vergabe von Baukonzessionen maßgebende Vorschriften (§ 32 Nr. 2 VOB/A)

In § 32 Abs. 2 VOB/A ist zum Ausdruck gebracht, dass die §§ 1 bis 31 VOB/A für den Bereich der Vergabe des Konzessionsvertrags **sinngemäß anzuwenden sind**. Wie sich aber schon aus den bisherigen Ausführungen ergibt, passen die regulären Bestimmungen des Teils A (aber auch des Teils B) der VOB dort nicht, wo es sich um Regelungen handelt, die den normalen bauvertraglichen Vergütungsbereich betreffen. Diejenigen Basisparagraphen, die sich auf die Art, die Festsetzung und die Bewertung des Entgelts des Auftragnehmers beziehen, können folglich – soweit dem Konzessionär nicht eine Zuzahlung gewährt wird – für die Baukonzession **keine Geltung** beanspruchen. Hierzu gehören z.B. die §§ 5, 6, 15 und 23 Nr. 3 und Nr. 4 VOB/A (*Völlink/Kehrberg* § 32 VOB/A Rn. 10). Dasselbe gilt für **Planungsleistungen**, die ein Konzessionär evtl. schneller und daher kostengünstiger zu erbringen vermag als der öffentliche Auftraggeber. Ebenfalls nicht auf eine Baukonzessionsvergabe übertragbar ist die Vorschrift des § 9 Nr. 2 VOB/A, wonach dem Auftragnehmer kein ungewöhnliches Wagnis für Umstände aufgebürdet werden darf, auf die er keinen Einfluss hat. Grund ist, dass dem Konzessionär mit dem Nutzungsrecht regelmäßig alle sich aus der Natur der jeweiligen

Nutzung ergebenden Risiken sowie die Verantwortung für alle technischen und finanziellen Aspekte der Errichtung eines Bauwerks übertragen werden. Gerade die Risikoübertragung ist Kernelement der Baukonzession und macht dieses Institut für öffentliche Auftraggeber interessant. Mithin kommt eine Anwendung des § 9 Nr. 2 VOB/A auf die Fälle einer Konzessionsvergabe nicht in Betracht.

34 Andererseits ist aber zu berücksichtigen, dass auch Baukonzessionsverträge dem **Wettbewerb zu unterstellen sind**, also nur **leistungsfähige, fachkundige und zuverlässige** Bewerber bzw. Bieter (vgl. § 2 Nr. 1 VOB/A) bei der Vergabe zu berücksichtigen sind. Dabei betrifft dies nicht nur die bloße Bauerrichtung, sondern vor allem auch die spätere **Nutzung** bzw. den **Betrieb** der baulichen Anlage, ganz besonders aber den **finanziellen Bereich**. Daher müssen Leistungsfähigkeit, Fachkunde und Zuverlässigkeit in die vorgenannten Bereiche mit einbezogen werden, was eine ausdehnende Auslegung bzw. Anwendung der damit verbundenen Einzelregelungen der VOB/A erfordert.

35 Für die Wahl der **richtigen Vergabeart** ist der Maßstab des § 3 VOB/A zugrunde zu legen. Wegen der hohen Anforderungen, die an die **Leistungsfähigkeit der Bieter bzw. Bewerber** bei der Vergabe einer Baukonzession zu stellen sind, empfiehlt es sich in jedem Fall, die Bieter und Bewerber einer Vorüberprüfung zu unterziehen. Aus diesem Grunde dürfte die öffentliche Ausschreibung i.S.d. § 3 Nr. 1 Abs. 1 VOB/A häufig ausscheiden und entweder die **Beschränkte Ausschreibung nach öffentlichem Teilnahmewettbewerb** (§ 3 Nr. 1 Abs. 2 VOB/A) oder aber im **Ausnahmefall** die **Freihändige Vergabe** (§ 3 Nr. 4a oder b VOB/A) die richtige Vergabeart sein (so auch: *Franke/Kemper/Zanner/Grünhagen* § 32 VOB/A Rn. 31; *Heiermann/Riedl/Rusam* § 32 VOB/A Rn. 21).

36 Neben der richtigen Wahl der Vergabeart (vgl. § 3 VOB/A) und der **Gleichbehandlung und Nichtdiskriminierung** der anbietenden Unternehmen (vgl. §§ 2 Abs. 2, 8 Abs. 1 VOB/A) sind insbes. die Vorschriften über eine ordnungsgemäße **Leistungsbeschreibung** (§ 9 VOB/A), über das Vorliegen der **Grundsätze der Vergabe** (§ 16 VOB/A), eine **ordnungsgemäße Bekanntmachung** (§ 17 VOB/A) sowie über eine ordnungsgemäße **Prüfung** und **Wertung** (§ 23 und § 25 VOB/A) der Angebote auch bei Baukonzessionen sinngemäß anzuwenden. Diese Vorgaben gewährleisten die Einhaltung des **Wettbewerbs-, Gleichbehandlungs- und Transparenzgebots** und sind daher auch bei der Vergabe von Baukonzessionen zu beachten.

D. Rechtsschutz

I. Primärrechtsschutz

37 Die Vergabe einer Baukonzession unterhalb der EU-Schwellenwerte kann nicht im Wege des Primärrechtsschutzes überprüft werden. Jedoch ist die Vorschrift des § 32 VOB/A insbes. über die Nr. 2 bei Auftragsvergaben oberhalb der EU-Schwellenwerte mit der dort angesprochenen Vorgabe zur sinngemäßen Anwendung der vergaberechtlichen Vorschriften (§§ 1 bis 31 VOB/A) **bieterschützend**. Die Anwendung der Basisvorschrift des § 32 VOB/A ist daher nicht durch die EG-Vorschrift des § 32a VOB/A ausgeschlossen. Bieter haben mithin bei Auftragsvergaben oberhalb der EU-Schwellenwerte einen **Anspruch** darauf, dass der Auftraggeber auch die Vorschrift des § 32 VOB/A über die Baukonzessionen ordnungsgemäß anwendet.

II. Schadensersatz

38 Verletzt der Auftraggeber die ihm aus § 32 VOB/A obliegenden Pflichten, kann er sich schadensersatzpflichtig machen. Als Anspruchsgrundlage kommt insbes. eine Verletzung vorvertraglicher Pflichten nach § 311 Abs. 2 i.V.m. §§ 241 Abs. 2 und 280 ff. BGB in Betracht.

§ 32a
Baukonzessionen

1. (1) Für die Vergabe von Baukonzessionen mit mindestens einem geschätzten Gesamtauftragswert nach § 2 Nr. 4 VgV ohne Umsatzsteuer sind die a-Paragraphen nicht anzuwenden, ausgenommen die Regelungen nach den Absätzen 2 bis 4.

(2) Die Absicht eines öffentlichen Auftraggebers, eine Baukonzession zu vergeben, ist bekannt zu machen. Die Bekanntmachung hat nach Anhang X der Verordnung (EG) Nr. 1564/2005 zu erfolgen. Sie ist im Amtsblatt für amtliche Veröffentlichungen der Europäischen Gemeinschaften unverzüglich zu veröffentlichen.

(3) § 17a Nr. 2 gilt entsprechend.

(4) Die Frist für den Eingang von Bewerbungen für die Konzession beträgt mindestens 52 Kalendertage, gerechnet vom Tag nach Absendung der Bekanntmachung.

2. (1) Die Absicht eines Baukonzessionärs, Bauaufträge an Dritte zu vergeben, ist bekannt zu machen. Die Bekanntmachung hat nach Anhang XI der Verordnung (EG) Nr. 1564/2005 zu erfolgen. Sie ist im Amtsblatt der Europäischen Gemeinschaften unverzüglich zu veröffentlichen.

(2) § 17a Nr. 2 gilt entsprechend.

(3) Die Frist für den Eingang der Anträge auf Teilnahme beträgt mindestens 37 Kalendertage, gerechnet vom Tag nach Absendung der Bekanntmachung. Die Frist für den Eingang der Angebote beträgt mindestens 40 Kalendertage, gerechnet vom Tag der Absendung der Aufforderung zur Angebotsabgabe.

3. Baukonzessionäre, die öffentliche Auftraggeber sind, müssen bei der Vergabe von Bauaufträgen an Dritte mit mindestens einem geschätzten Gesamtauftragswert nach § 2 Nr. 4 VgV ohne Umsatzsteuer die Basisparagraphen mit a-Paragraphen anwenden.

Inhaltsübersicht Rn.

A. Allgemeine Grundlagen	1
B. Vergabe von Baukonzessionen durch öffentliche Auftraggeber (§ 32a Nr. 1 VOB/A)	2
I. Baukonzessionsvertrag als Bauauftrag nach § 99 Abs. 3 GWB	2
II. Anzuwendende Regelungen und Schwellenwertberechnung (§ 32a Nr. 1 Abs. 1 VOB/A)	5
III. Bekanntmachung (§ 32a Nr. 1 Abs. 2 VOB/A)	7
IV. Entsprechende Anwendung des § 17a Nr. 2 VOB/A (§ 32a Nr. 1 Abs. 3 VOB/A)	9
V. Frist für die Einreichung der Bewerbungen (§ 32a Nr. 1 Abs. 4 VOB/A)	10
C. Bekanntmachung der zu vergebenden Bauaufträge und Fristbestimmung (§ 32a Nr. 2 VOB/A)	12
I. Grundlage	12
II. Bekanntmachung (§ 32a Nr. 2 Abs. 1 VOB/A)	13
III. Entsprechende Anwendung des § 17a Nr. 2 VOB/A (§ 32a Nr. 2 Abs. 2 VOB/A)	19
IV. Frist für die Bewerbungen und Angebote (§ 32a Nr. 2 Abs. 3 VOB/A)	20
D. Öffentlicher Auftraggeber als Baukonzessionär (§ 32a Nr. 3 VOB/A)	21
E. Rechtsschutz	23

Aufsätze: *Gröning* Public Private Partnerships bei Dienstleistungskonzessionen NZBau 2001, 123 ff.; *Jennert* Das Urteil »Parking Brixen«: Übernahme des Betriebsrisikos als rechtssicheres Abgrenzungsmerkmal für die Dienstleistungskonzession? NZBau 2005, 623 ff.; *Deutscher Städte- und Gemeindebund* DStGB-Dokumentation Nr. 61: Vergaberecht 2006 – Aktuelle Neuerungen und kommunale Forderungen, Mai 2006; *Gommlich/Wittig/Schimanek* Zuschussverträge im Bereich des Bus- und Eisenbahnverkehrs – Direktvergabe oder europaweite Ausschreibung? NZBau 2006, 473 ff.

A. Allgemeine Grundlagen

1 Die Struktur des § 32a VOB/A ist **dreiteilig** i.S. einer Stufenfolge aufgebaut. § 32a Nr. 1 VOB/A bezieht sich auf die eigentliche **Konzessionsvergabe** durch den öffentlichen Auftraggeber an den Konzessionär. Trotz der vorausgesetzten Überschreitung des Schwellenwertes von 5 Mio. € (der voraussichtlich im Oktober 2006 in Kraft tretende Entwurf der Bundesregierung für eine Dritte Verordnung zur Änderung der Vergabeverordnung v. 28.6.2006 sieht eine Anpassung der Schwellenwerte in § 2 VgV vor. Danach soll der zukünftige Schwellenwert für Liefer- und Dienstleistungsaufträge im Sektorenbereich 422.000 € betragen, für Liefer- und Dienstleistungsaufträge der obersten oder oberen Bundesbehörden 137.000 €, für sonstige Liefer- und Dienstleistungsaufträge 211.000 € sowie für Bauaufträge 5.278.000 €) finden nach der Bestimmung die a-Paragraphen auf diesen Vorgang mit Ausnahme der in § 32a Nr. 1 Abs. 2 bis 4 VOB/A genannten Vorschriften (Bekanntmachung und Beachtung der Bewerbungsfristen) keine Anwendung. § 32a Nr. 2 und Nr. 3 VOB/A befassen sich demgegenüber mit der **Vergabe von Bauaufträgen durch die Konzessionäre selbst**. Dabei betrifft § 32a Nr. 2 VOB/A Regelungen für die Vergabe von Bauaufträgen durch **private Konzessionäre** an Dritte. Für diesen Fall sieht § 32a Nr. 2 VOB/A spezielle Bekanntmachungspflichten sowie Bewerbungs- und Angebotsfristen vor. § 32a Nr. 3 VOB/A regelt schließlich den Sonderfall, dass der Konzessionär selbst **öffentlicher Auftraggeber** ist. Hieraus ergibt sich für ihn die Pflicht zur Anwendung der a-Paragraphen für alle Auftragsvergaben oberhalb des EG-Schwellenwerts.

B. Vergabe von Baukonzessionen durch öffentliche Auftraggeber (§ 32a Nr. 1 VOB/A)

I. Baukonzessionsvertrag als Bauauftrag nach § 99 Abs. 3 GWB

2 Nach der **Definition der Baukonzessionen** in der Basisvorschrift des § 32 VOB/A fallen hierunter Bauaufträge zwischen einem Auftraggeber und einem Unternehmer (Baukonzessionär), bei denen die Gegenleistung für die Bauarbeiten statt in einer Vergütung **in dem Recht auf Nutzung der baulichen Anlage**, ggf. zuzüglich der Zahlung eines Preises, besteht. Der Konzessionär ist somit grundsätzlich zur Erbringung einer Bauleistung verpflichtet. Wesentliche Voraussetzung ist daher immer, dass auch tatsächlich eine Bauerrichtung Gegenstand des jeweiligen Konzessionsvertrages ist. (BayObLG NZBau 2002, 108 ff.) Wie in der Basisvorschrift (vgl. die Kommentierung zu § 32 VOB/A Rn. 1) finden sich zwar dem § 32 VOB/A entsprechende Definitionen der Baukonzession auch in den nur oberhalb der EG-Schwellenwerte zur Anwendung kommenden Vorschriften des § 98 Nr. 6 GWB sowie des § 6 S. 2 VgV. Jedoch enthält die für EG-Auftragsvergaben maßgebliche Begriffsdefinition der **öffentlichen Aufträge** in § 99 Abs. 3 GWB **keine ausdrückliche Erwähnung** des Baukonzessionsvertrages. Gleichwohl zählt nach einhelliger Auffassung die Baukonzession zu den Bauaufträgen i.S.d. § 99 Abs. 3 GWB (vgl. etwa *Kulartz/Kus/Portz* § 99 GWB Rn. 166).

3 Der **Begriff der Baukonzession** ist zudem in Art. 1 Abs. 3 der Vergabekoordinierungsrichtlinie (VKR) (Richtlinie 2004/18/EG des Europäischen Parlaments und des Rates v. 31.3.2004 über die Koordinierung der Verfahren zur Vergabe öffentlicher Bauaufträge, Lieferaufträge und Dienstleistungsaufträge, ABl. Nr. L 134 30.4.2004 S. 114) definiert. Danach sind Baukonzessionen nur eine besondere Art von Bauaufträgen, die von diesen insoweit abweichen, als die Gegenleistung für die Arbeiten ausschließlich in dem Recht zur Nutzung des Bauwerks oder in diesem Recht zuzüglich der Zahlung eines Preises besteht. In **Art. 56 ff. VKR** sind sodann aus der Natur des Baukonzessionsvertrags erforderlich werdende **Sonderregelungen** getroffen, damit auch bei der Weitergabe von Aufträgen die grundlegenden Vergabegrundsätze des EG-Vergaberechts Beachtung finden.

4 Neben der Beschreibung des Anwendungsbereichs (Art. 56 und 57 VKR) beinhaltet die Richtlinie Vorgaben zur Veröffentlichung der Bekanntmachung (Art. 58 VKR), zu den zu beachtenden Fristen (Art. 59 VKR), zu Unteraufträgen (Art. 61 VKR) sowie zur Vergabe von Aufträgen für zusätzliche

Arbeiten an den Konzessionär (Art. 61 VKR). Ist der Konzessionär selbst öffentlicher Auftraggeber, muss er nach Art. 62 VKR bei der Vergabe von Bauleistungen an Dritte die Vorschriften der Vergabekoordinierungsrichtlinie (über Bauaufträge) beachten. Art. 63–65 VKR regeln schließlich die Vergabe von Aufträgen, die von Konzessionären vergeben werden, die nicht öffentliche Auftraggeber sind. Auch hier stehen die Regelungen zur Bekanntmachung einer beabsichtigten Auftragvergabe durch den Konzessionär im Mittelpunkt. Im Übrigen kann auf die **Mitteilung der Kommission** zu Auslegungsfragen im Bereich Konzessionen und gemeinschaftsrechtliche Bestimmungen zum öffentlichen Auftragswesen verwiesen werden, welche eine ins Einzelne gehende Begriffsdefinition der »Baukonzession« und auch eine Abgrenzung des Bauauftrags zu den – nicht von den Vergaberichtlinien erfassten – Dienstleistungskonzessionen vorgenommen hat. Die Europäische Kommission hat darüber hinaus zum Jahresende 2006 eine weitere Mitteilung zu Konzessionen angekündigt. Ob seitens der Kommission tatsächlich eine entsprechende Mitteilung oder gar ein legislativer Vorschlag zur ausführlichen Regelung der Konzessionsvergabe vorgelegt wird, kann derzeit noch nicht abgeschätzt werden (Mitteilung der Kommission zu Auslegungsfragen im Bereich Konzessionen und gemeinschaftsrechtliche Bestimmungen zum öffentlichen Auftragswesen v. 12.4.2000 [ABl. 2000/C 121/02] = NZBau 2000, 413 ff.; vgl. zum Begriff der Dienstleistungskonzession auch: *Gommlich/Wittig/Schimanek* NZBau 2006, 478 f.; *Jennert* NZBau 2005, 623 ff.; *Gröning* NZBau 2001, 123 ff.).

II. Anzuwendende Regelungen und Schwellenwertberechnung (§ 32a Nr. 1 Abs. 1 VOB/A)

In § 32a Nr. 1 Abs. 1 VOB/A ist zunächst klargestellt, dass für die Vergabe von Baukonzessionen mit 5
mindestens einem geschätzten Gesamtauftragswert nach § 2 Nr. 4 VgV (ohne Umsatzsteuer) mit Ausnahme der in den Absätzen 2 bis 4 getroffenen Regelungen **die a-Paragraphen nicht anzuwenden sind**. Insofern gelten aber auch hier sinngemäß die Basisparagraphen der §§ 1 bis 31 VOB/A, wie sich aus der Bestimmung in § 32 Nr. 2 VOB/A ergibt. Das deutsche Recht geht mit der entsprechenden Anwendung der §§ 1 bis 31 VOB/A für die Vergabe von Baukonzessionen oberhalb der EG-Schwellenwerte daher über die gemeinschaftsrechtlichen Vorgaben hinaus. Diese geben in Art. 56 ff. VKR im Wesentlichen nur die Anwendung der in § 32a Nr. 1 Abs. 2 bis 4 VOB/A genannten Vorschriften vor. Demgegenüber sind gem. § 6 S. 1 VgV i.V.m. § 1a Nr. 1 Abs. 1 S. 1 VOB/A bei Auftragsvergaben oberhalb der EG-Schwellenwerte von den Auftraggebern neben den a-Paragraphen zusätzlich die **Basisparagraphen** und daher § 32 VOB/A anzuwenden (so auch Beck'scher VOB-Komm./ *Reidt/Stickler* § 32a VOB/A Rn. 3; a.A.: *Lampe-Helbig/Wörmann* Handbuch der Bauvergabe Rn. 315).

§ 32a Nr. 1 Abs. 1 VOB/A kommt nur zur Anwendung, wenn der **geschätzte Gesamtauftragswert** 6
nach § 2 Nr. 4 VgV ohne Umsatzsteuer bei der Vergabe der Baukonzession erreicht wird. Für die Bestimmung dieses Schwellenwerts ist § 3 VgV i.V.m. § 1a Nr. 1 Abs. 1 VOB/A anzuwenden. Da allerdings der Baukonzessionär vom Auftraggeber keine oder nur eine – geringe – Teilvergütung erhält, kann für die Ermittlung des EG-Schwellenwertes ein Gesamtauftragswert, der der Summe der ansonsten bei einer Bauvergabe an die beteiligten Bauunternehmen zu zahlenden Vergütungen entspricht, nicht ohne weiteres ermittelt werden. Jedoch müssen die Vertragsparteien auch bei der Vergabe einer Baukonzession schon zur Ermittlung des dem Baukonzessionär auferlegten Nutzungsrisikos sowie auch einer eventuellen Berechnung einer (Teil-)Vergütung durch den Auftraggeber Kalkulationen und Berechnungen über die **Höhe der zukünftigen Baukosten** anstellen. Für die Schwellenwertberechnung muss daher **hypothetisch** davon ausgegangen werden, dass die Vergabe nicht über eine Baukonzession, sondern als **reiner Bauauftrag** erfolgen würde. Die so ermittelten Baukosten sind dann für die Schwellenwertberechnung maßgeblich (*Franke/Kemper/Zanner/Grünhagen* § 32a VOB/A Rn. 4; *Völlink/Kehrberg* § 32a VOB/A Rn. 1). Diesen Wert hat der öffentliche Auftraggeber bei der Einleitung des ersten Vergabeverfahrens (vgl. § 1a Nr. 3 VOB/A) bzw. dem

Tag der Absendung der Bekanntmachung (vgl. § 3 Abs. 10 VgV) zu schätzen. Entscheidend sind dabei die reinen Baukosten, die regelmäßig alle mit dem Auftrag verbundenen Leistungen, also auch die zur Verfügung gestellten Materialien etc., umfassen, wenn diese Gegenstand des Vertrages sind. Auf den Gesamtwert einer baulichen Anlage kann allerdings nur dann abgestellt werden, wenn auch die gesamte Anlage neu errichtet wird. Ist im Einzelfall auch unter zur Hilfenahme einer vergleichbaren baulichen Anlage dem Auftraggeber eine Schätzung des Gesamtauftragswerts nur schwer möglich, kann er sich durch einen **Sachverständigen** beraten lassen (vgl. § 7 VOB/A).

III. Bekanntmachung (§ 32a Nr. 1 Abs. 2 VOB/A)

7 § 32a Nr. 1 Abs. 2 VOB/A befasst sich mit der erforderlichen **Bekanntmachung** der Absicht des öffentlichen Auftraggebers, eine Baukonzession zu vergeben. Nach S. 3 dieser Norm ist es zwingend erforderlich, die Bekanntmachung **unverzüglich im Amtsblatt der EG** zu veröffentlichen. Wegen des notwendigen **Inhalts** ist angeordnet, dass die Bekanntmachung nach Anhang X der Verordnung (EG) Nr. 1564/2005 (Verordnung [EG] Nr. 1564/2005 der Kommission zur Einführung von Standardformularen für die Veröffentlichung von Vergabebekanntmachungen im Rahmen von Verfahren zur Vergabe öffentlicher Aufträge gemäß der Richtlinie 2004/17/EG und der Richtlinie 2004/18/EG des Europäischen Parlaments und des Rates v. 7.9.2005 – Abl. EU Nr. L 257 1.10.2005 S. 1) zu erfolgen hat. Dieser sieht zusammengefasst wie folgt aus:

Anhang X Öffentliche Baukonzession

Abschnitt I: Öffentlicher Auftraggeber
Abschnitt II: Auftragsgegenstand
Abschnitt III: Rechtliche, Wirtschaftliche, Finanzielle und Technische Informationen
Abschnitt IV: Zusätzliche Informationen

Anhang A: Sonstige Adressen und Kontaktstellen

8 Nicht mehr angegeben ist die für die Vergabe einer Baukonzession maßgebliche **Wahl des Vergabeverfahrens**. Wegen der Komplexität, die mit der Vergabe einer Baukonzession verbunden ist, wenden Auftraggeber häufig das **Verhandlungsverfahren** nach vorheriger Öffentlicher Vergabebekanntmachung an (vgl. auch Mitteilung der Kommission zu Auslegungsfragen im Bereich Konzessionen und gemeinschaftsrechtliche Bestimmungen zum Öffentlichen Auftragswesen v. 12.4.2000 [ABl. 2000/C 121/02, Ziff. 3.2.1.2] = NZBau 2000, 458). Sachgerecht dürfte im Einzelfall aber auch die neue Verfahrensart des Wettbewerblichen Dialogs sein. Auch wenn sich der **Wettbewerbliche Dialog** mit dem Verhandlungsverfahren nach vorheriger Vergabebekanntmachung zum Teil überschneidet, insbes. was den Fall der nicht eindeutig und erschöpfend beschreibbaren Leistung angeht (vgl. § 3a Nr. 5c VOB/A), stellt der Wettbewerbliche Dialog im Vergleich zum Verhandlungsverfahren wegen seiner konkreten Strukturierung und **dreistufigen Ausgestaltung** (Bekanntmachung, Dialogphase, Angebotsphase) ein Mehr an Wettbewerb dar. Folge ist, dass der Wettbewerbliche Dialog gegenüber dem Verhandlungsverfahren mit Vergabebekanntmachung grundsätzlich vorrangig anzuwenden ist (*Deutscher Städte- und Gemeindebund* DStGB-Dokumentation Nr. 61: Vergaberecht 2006 – Aktuelle Neuerungen und kommunale Forderungen, 2006, 10 ff.). Ob die Anwendungsvoraussetzungen des Wettbewerblichen Dialogs, insbes. die **Komplexität** eines Auftrags, tatsächlich vorliegen, muss in jedem Einzelfall ermittelt werden. Neben den vorgenannten Verfahrensarten steht dem Öffentlichen Auftraggeber auch das **Nichtoffene Verfahren** (nach öffentlichem Teilnahmewettbewerb) sowie das **Offene Verfahren** zur Verfügung. Ungeachtet der konkreten Verfahrensart gilt, dass der Auftraggeber bei der Auswahl eines Konzessionärs immer die sich aus dem EG-Vertrag ergebenden allgemeinen Grundsätze des Vergaberechts zu beachten hat. Dies bedeutet, dass er insbes. die **Grundsätze der Gleichbehandlung, Transparenz sowie der Verhältnismäßigkeit** zu wahren hat (EG-Kommission, Grünbuch ÖPP, KOM [2004] 327 endg., S. 8).

Baukonzessionen § 32a VOB/A

IV. Entsprechende Anwendung des § 17a Nr. 2 VOB/A (§ 32a Nr. 1 Abs. 3 VOB/A)

Nach § 32a Nr. 1 Abs. 2 VOB/A gilt **§ 17a Nr. 2 VOB/A entsprechend**: Dies betrifft die Art und Weise 9
der Veröffentlichung. Insoweit ist auf die Kommentierung zu § 17a VOB/A hinzuweisen.

V. Frist für die Einreichung der Bewerbungen (§ 32a Nr. 1 Abs. 4 VOB/A)

Nach § 32a Nr. 1 Abs. 4 VOB/A beträgt bei der Vergabe von Baukonzessionen die **Frist** für den Eingang der Bewerbungen in Umsetzung von Art. 59 VKR mindestens 52 Kalendertage, gerechnet vom 10
Tag nach Absendung der Bekanntmachung durch den öffentlichen Auftraggeber. Der Tag der Absendung der Bekanntmachung an das Amt für amtliche Veröffentlichungen der EG ist unter Ziffer VI.4
des Bekanntmachungsmusters (Anhang X) aufgeführt. Damit kann die Bewerbungsfrist eindeutig
festgestellt werden. Sollte eine Veröffentlichung oder Kenntniserlangung ausnahmsweise aus Gründen, die in der Verantwortung des Auftraggebers liegen, nicht rechtmäßig erfolgen, ist die Frist angemessen zu **verlängern**. Dies folgt aus dem Grundsatz von Treu und Glauben sowie aus der Tatsache, dass es sich bei der Frist des § 32a Nr. 1 Abs. 4 VOB/A nur um eine **Mindestfrist** handelt.

Problematisch ist, wenn die Vergabeunterlagen nicht entsprechend § 17a Nr. 5 VOB/A rechtzeitig 11
den Bewerbern innerhalb von 6 Kalendertagen nach Eingang eines Antrags zugesandt sowie rechtzeitig beantragte Auskünfte nicht innerhalb der in der in § 17a Nr. 6 VOB/A genannten Frist erteilt
werden können. Dieser Sachverhalt ist dadurch einer Lösung zuzuführen, dass auch hier über die
Regelung von **Treu und Glauben** (§ 242 BGB) der auch ansonsten in der VOB (vgl. § 18a Nr. 1
Abs. 3 und Nr. 4 VOB/A) geltende allgemeine Rechtsgedanke zum Tragen kommt, wonach die **Bewerbungsfrist** je nach den Verhältnissen des Einzelfalles zu **verlängern** ist. Auffällig ist im Übrigen,
dass § 32a Nr. 1 Abs. 4 VOB/A – anders als § 32a Nr. 2 Abs. 3 VOB/A – keine Fristenregelung für das
Einreichen von Angeboten enthält, sondern sich auf die **Bewerbungsfrist** beschränkt. Auch hier
sollte man wegen der Besonderheiten und Komplexität im Rahmen der Angebotsbearbeitung zumindest die Mindestfrist von ebenfalls 52 Kalendertagen gewähren. Jedenfalls darf der öffentliche
Auftraggeber die Bestimmung der Angebotsfristen nicht zu Ungunsten der Bewerber unangemessen
verkürzen. Insoweit bestimmt der entsprechend zur Anwendung kommende § 18 Nr. 1 S. 1 VOB/A,
dass für die Bearbeitung und Einreichung der Angebote eine **ausreichende Angebotsfrist** vorzusehen ist.

C. Bekanntmachung der zu vergebenden Bauaufträge und Fristbestimmung (§ 32a Nr. 2 VOB/A)

I. Grundlage

Die Regelung des § 32a Nr. 2 VOB/A beruht darauf, dass in sehr vielen Fällen oder sogar regelmäßig 12
der **Baukonzessionär** die von ihm gegenüber dem Auftraggeber zu erstellende bauliche Anlage nicht
selbst erstellt, sondern sie von einem **Dritten** (Bauunternehmer) kraft eigenen Vertrags mit diesem
errichten lässt.

II. Bekanntmachung (§ 32a Nr. 2 Abs. 1 VOB/A)

Auch für diesen Sachverhalt ist in Abs. 1 zwingend vorgeschrieben, dass die Absicht des Baukonzessionärs, **Bauaufträge an Dritte zu vergeben**, **bekannt zu machen** ist. Dies gilt auch dann, wenn der 13
Baukonzessionär – was regelmäßig der Fall ist – nicht öffentlicher, sondern privater Auftraggeber ist.
Auch dann unterliegt er nach § 98 Nr. 6 GWB i.V.m. § 6 VgV dem Vergaberecht. Grund ist, dass der
Baukonzessionär letztlich als verlängerter Arm des den Bindungen des GWB und des Vergaberechts
unterfallenden Konzessionsgebers angesehen wird (Beck'scher VOB-Komm./*Reidt/Stickler* § 32a

VOB/A Rn. 12). Möglich ist dabei die schlüsselfertige Vergabe durch den Baukonzessionär an einen Generalunternehmer; in Betracht kommt aber auch die beabsichtigte Vergabe an mehrere Unternehmer, etwa nach Fachlosen oder – je nach Lage der Dinge – nach Teillosen. Eine Beachtung der Bekanntmachungsanforderungen besteht aber grundsätzlich nur im Fall des Überschreitens der Schwellenwerte. § 32a Nr. 2 Abs. 1 VOB/A ist mithin nur unter den Voraussetzungen des § 1a Nr. 1 Abs. 1 VOB/A anzuwenden.

14 Fraglich ist der Fall, in dem Konzessionäre Aufträge zur Bauausführung an **mit ihnen verbundene Unternehmen** (vgl. zur Begriffsbestimmung: Art. 63 Abs. 2 VKR [Richtlinie 2004/18/EG des Europäischen Parlaments und des Rates v. 31.3.2004 über die Koordinierung der Verfahren zur Vergabe öffentlicher Bauaufträge, Lieferaufträge und Dienstleistungsaufträge, ABl. Nr. L 134 30.4.2004 S. 114]) vergeben wollen. Dieser Sachverhalt liegt vor, wenn es sich um Unternehmen handelt, auf die Konzessionäre unmittelbar oder mittelbar einen **beherrschenden Einfluss ausüben** bzw. ausüben können oder die **ihrerseits einen beherrschenden Einfluss** auf den Konzessionär haben bzw. haben können. Auch taucht diese Problematik im Hinblick auf Unternehmen auf, die ebenso wie die Konzessionäre dem beherrschenden Einfluss dritter Unternehmen unterliegen, z.B. durch Eigentum, finanzielle Beteiligung, Satzung oder sonstige Bestimmungen, die die Tätigkeit der Unternehmen regeln. Nach Art. 63 Abs. 2 der VKR wird ein **beherrschender Einfluss vermutet**, wenn ein Unternehmen unmittelbar oder mittelbar

- a) die Mehrheit des gezeichneten Kapitals eines anderen Unternehmens besitzt oder
- b) über die Mehrheit der mit den Anteilen eines anderen Unternehmens verbundenen Stimmrechte verfügt oder
- c) mehr als die Hälfte der Mitglieder des Verwaltungs-, Leitungs- oder Aufsichtsorgans eines anderen Unternehmens bestellen kann.

15 Für alle diese »beherrschenden Unternehmen« muss davon ausgegangen werden, dass sie nicht als »**Dritte**« i.S.v. Art. 63 Abs. 2 VKR anzusehen sind. Grund ist, dass ebenso wie bei **rechtlichen Zusammenschlüssen** von Unternehmen auch bei derartigen rein **wirtschaftlichen Verknüpfungen** letztlich von **einem einheitlich verbundenen Unternehmen** ausgegangen werden muss. Bei den rechtlich verbundenen bzw. wirtschaftlich beherrschten Unternehmen handelt es sich daher im funktionalen Sinne nicht um die Auftragsvergabe an einen externen Dritten. In diesen Fällen macht es auf Grund des Charakters als »**In-sich-Geschäft**« keinen Sinn, die rein den externen Vergaben dienenden Bekanntmachungsvorschriften anzuwenden.

16 In § 32a Nr. 2 Abs. 1 S. 2 VOB/A ist vorgeschrieben, dass die **Bekanntmachung** nach Anhang XI der Verordnung (EG) Nr. 1564/2005 (Verordnung [EG] Nr. 1564/2005 der Kommission zur Einführung von Standardformularen für die Veröffentlichung von Vergabebekanntmachungen im Rahmen von Verfahren zur Vergabe öffentlicher Aufträge gemäß der Richtlinie 2004/17/EG und der Richtlinie 2004/18/EG des Europäischen Parlaments und des Rates v. 7.9.2005, Abl. EU Nr. L 257 1.10.2005 S. 1) zu erfolgen hat. Diese enthält schwerpunktmäßig folgende Angaben:

Anhang XI Bekanntmachung
(Aufträge, die von einem Baukonzessionär vergeben werden, der kein öffentlicher Auftraggeber ist)

Abschnitt I: Baukonzessionär
Abschnitt II: Auftragsgegenstand
Abschnitt III: Rechtliche, Wirtschaftliche, Finanzielle und Technische Informationen
Abschnitt IV: Verfahren
Abschnitt VI: Zusätzliche Informationen

Anhang A: Sonstige Adressen und Kontakte

17 Anhang XI enthält keine Vorgabe über die Wahl der anzuwendenden **Verfahrensart**. Daher kann die Bekanntmachung durch den regelmäßig privaten Baukonzessionär sowohl im **Offenen Verfahren**,

im **Nichtoffenen Verfahren oder im Verhandlungsverfahren** erfolgen. (*Franke/Kemper/Zanner/ Grünhagen* § 32a VOB/A Rn. 45). Der private Baukonzessionär kann daher zwischen den genannten Verfahrensarten grundsätzlich **frei wählen**. Jedoch steht es dem öffentlichen Auftraggeber offen, den Baukonzessionär im Konzessionsvertrag, also einzelvertraglich, zur Anwendung der VOB/A im Fall von Unterverbaben zu verpflichten (*Heiermann/Riedl/Rusam* Vor VOB/A Rn. 42).

Darüber hinaus ist nach § 32a Nr. 1 Abs. 1 S. 3 VOB/A die Anordnung getroffen, dass die Bekanntmachung **unverzüglich im Amtsblatt der EG** zu veröffentlichen ist, also ohne schuldhaftes Zögern (vgl. § 121 BGB) unmittelbar dann, wenn der Konzessionär den Entschluss zur Vergabe von Bauaufträgen an Dritte gefasst hat. **18**

III. Entsprechende Anwendung des § 17a Nr. 2 VOB/A (§ 32a Nr. 2 Abs. 2 VOB/A)

In **§ 32a Nr. 2 Abs. 2 VOB/A** ist weiterhin die entsprechende Anwendung des § 17a Nr. 2 VOB/A festgelegt. **19**

IV. Frist für die Bewerbungen und Angebote (§ 32a Nr. 2 Abs. 3 VOB/A)

§ 32a Nr. 2 Abs. 3 VOB/A enthält die **Fristenregelung für den Eingang der Anträge auf Teilnahme** (S. 1), darüber hinaus auch eine solche für den **Eingang der Angebote** der an der eigentlichen Bauvergabe interessierten Unternehmer (S. 2). In beiden Fällen handelt es sich um **Mindestfristen**, die nicht unterschritten werden dürfen. Nach S. 1 beträgt die **Bewerbungsfrist** mindestens 37 Kalendertage. Diese ist zwar identisch mit der Frist in § 18a Nr. 2 Abs. 1 S. 1 VOB/A. Die Ausnahmeregelungen in § 18a Nr. 2 Abs. 1 S. 2 VOB/A kommen aber wegen des insoweit nicht von § 32a VOB/A vorgenommenen Bezugs nicht zur Anwendung. Gleiches gilt für die in § 18a Nr. 2 Abs. 2 VOB/A vorgesehene Möglichkeit der Fristverkürzung (um sieben Kalendertage) im Fall einer elektronischen Bekanntmachung. Die in § 32a Abs. 3 S. 2 VOB/A festgelegte Mindestangebotsfrist von 40 Kalendertagen ähnelt zwar der **Angebotsfrist** von mindestens 40 Kalendertagen in § 18a Nr. 2 Abs. 3 VOB/A. Nach § 32a Nr. 2 Abs. 3 VOB/A gelten die ausnahmsweise möglichen Verkürzungen, wie sie in § 18a Nr. 2 Abs. 3 VOB/A in den S. 2 und 3 festgelegt sind, aber ebenfalls nicht. In der Tat bestehen hinsichtlich der geregelten Mindestfristen für den Eingang der Bewerbungen bzw. den Eingang von Angeboten im Fall der beabsichtigten Einschaltung von Dritten durch den Konzessionär keinerlei anerkennenswerte Gründe, um diese Mindestfristen abzukürzen. **20**

D. Öffentlicher Auftraggeber als Baukonzessionär (§ 32a Nr. 3 VOB/A)

Denkbar ist, dass der **Baukonzessionär ebenfalls öffentlicher Auftraggeber** ist, also neben dem Auftraggeber als Baukonzessionär fungiert. Hier bestimmt § 32a Nr. 3 VOB/A, dass Baukonzessionäre, die öffentliche Auftraggeber sind, bei der Vergabe von Bauaufträgen an Dritte mit mindestens einem geschätzten Gesamtauftragswert nach § 2 Nr. 4 VgV ohne Umsatzsteuer die **Basisparagraphen mit a-Paragraphen anwenden** müssen. An sich ist dies in erster Linie eine Klarstellung, da die von § 32a Nr. 3 VOB/A erfassten Baukonzessionäre bereits nach § 98 Nr. 1 bis 6 GWB als Auftraggeber zur Anwendung des Vergaberechts verpflichtet sind. Wesentlich ist für die Vergabe von Bauaufträgen an Bieter bzw. Auftragnehmer, dass die vorgenannten Bestimmungen nicht nur sinngemäß, sondern **unmittelbar anzuwenden** sind. Die Vorschrift ist nahezu wörtlich Art. 62 der Vergabekoordinierungsrichtlinie entnommen. Zu beachten ist in diesem Zusammenhang, dass die öffentliche Auftraggebereigenschaft eines Konzessionärs nicht durch die Wahl einer privatrechtlichen Gesellschaftsform ausgeschlossen werden kann. Auch juristische Personen des Privatrechts können gemäß § 98 Abs. 2 GWB dem Anwendungsbereich des Vergaberechts unterfallen. Selbst im Fall einer öffentlich-privaten Partnerschaft, welche durch eine öffentlich-rechtliche Minderheits- **21**

VOB/A § 32b

beteiligung gekennzeichnet ist, ist die Auftraggebereigenschaft und damit eine Verpflichtung zur Anwendung des Vergaberechts denkbar (*Franke/Kemper/Zanner/Grünhagen* § 32a VOB/A Rn. 50; vgl. auch OLG Düsseldorf BauR 2003, 1450 f.).

22 Daher müssen öffentliche Auftraggeber als Konzessionäre – anders als rein private Konzessionäre – grundsätzlich das **Offene Verfahren wählen**, wie sich aus § 3a Nr. 2 VOB/A i.V.m. § 3 Nr. 2 VOB/A ergibt. Dies bedingt nicht nur einen größeren Aufwand bei der Prüfung und Wertung der Angebote, sondern im Allgemeinen auch eine nicht unwesentlich längere Angebotsfrist als die Mindestfrist des § 18a Nr. 1 Abs. 1 VOB/A vorgibt. Außerdem müssen die betreffenden öffentlichen Auftraggeber **bei Nichtoffenen Verfahren** mindestens fünf geeignete Bewerber zur Angebotsabgabe auffordern, **beim Verhandlungsverfahren mit Vergabebekanntmachung** mindestens drei. Darüber hinaus besteht die Verpflichtung zur Angabe und Gewichtung der maßgebenden Wertungskriterien i.S.v. § 25 Nr. 3 VOB/A entweder in der Vergabebekanntmachung oder in der Aufforderung zur Angebotsabgabe (vgl. § 10a lit. a VOB/A bzw. § 17a Nr. 3 Abs. 1 VOB/A). Erforderlich ist auch eine Vorinformation; weiter muss die Auftragserteilung bekannt gemacht werden. Schließlich bestehen u.a. auch die in § 27a VOB/A sowie § 13 VgV normierten Informationspflichten, die in § 30a VOB/A festgelegten Pflichten zur Fertigung eines **Vergabevermerks** sowie die in § 33a VOB/A festgelegten **Melde- und Berichtspflichten**.

E. Rechtsschutz

23 § 32a VOB/A vermittelt über die in Bezug genommenen Vorschriften der Basisparagraphen und der a-Paragraphen Bieterschutz, soweit diese Vorschriften auch Bieterschutz gewähren. Es wird daher auf die Kommentierung zu den einzelnen in Bezug genommenen Vorschriften verwiesen. Darüber hinaus vermittelt § 32a VOB/A, soweit er selbstständige Regelungen beinhaltet, subjektiven Bieterschutz. Bietern steht daher gegen eine vergaberechtswidrig erfolgte Konzessionsvergabe Primärrechtsschutz zur Verfügung (vgl. BGH NZBau 2003, 293; *Völlink/Kehrberg* § 32a VOB/A Rn. 9). Darüber hinaus kann sich der öffentliche Auftraggeber schadensersatzpflichtig machen, soweit er die ihm aus § 32a VOB/A obliegenden Pflichten verletzt. Als Anspruchsgrundlage kommt insbes. eine Verletzung vorvertraglicher Pflichten nach § 311 Abs. 2 i.V.m. §§ 241 Abs. 2 sowie 280 ff. BGB in Betracht.

§ 32b
Baukonzessionen

§ 32 gilt nicht für Baukonzessionen, die von Sektorenauftraggebern vergeben werden.

1 In § 32b VOB/A ist zum Ausdruck gebracht, dass die §§ 1 bis 31 VOB/A für den Bereich der Vergabe von Baukonzessionen durch einen Sektorenauftraggeber **nicht sinngemäß anzuwenden** sind. Anknüpfungspunkt der Regelung sind die Vorgaben der EU-Vergaberichtlinien. Ausweislich der Regelungen in Art. 57 Ziffer b der Vergabekoordinierungsrichtlinie (Richtlinie 2004/18/EG des Europäischen Parlaments und des Rates v. 31.3.2004 über die Koordinierung der Verfahren zur Vergabe öffentlicher Bauaufträge, Lieferaufträge und Dienstleistungsaufträge, ABl. L 134 v. 30.4.2004, 114) sowie in Art. 18 der Sektorenkoordinierungsrichtlinie (Richtlinie 2004/17/EG des Europäischen Parlaments und des Rates v. 31.3.2004 zur Koordinierung der Zuschlagserteilung durch Auftraggeber im Bereich der Wasser-, Energie- und Verkehrsversorgung sowie der Postdienste, ABl. L 134 v. 30.4.2004, 134) finden die Richtlinien keine Anwendung auf öffentliche Baukonzessionen, die von öffentlichen Auftraggebern, die eine oder mehrere Tätigkeiten gemäß den Art. 3 bis 7 der Sektorenkoordinierungsrichtlinie zum Zwecke der Durchführung dieser Tätigkeiten vergeben werden.

§ 33a
Melde- und Berichtspflichten

1. Auf Verlangen der Kommission der Europäischen Gemeinschaften ist der Vergabevermerk zu übermitteln.
2. Für die jährlich fällige EG-Statistik ist der zuständigen Stelle eine Meldung vorzulegen, die mindestens folgende Angaben enthält:
  a) bei den Ministerien des Bundes[1]
   1. für jeden einzelnen öffentlichen Auftraggeber den geschätzten Gesamtwert der Aufträge unterhalb der Schwellenwerte;
   2. für jeden einzelnen öffentlichen Auftraggeber Anzahl und Wert der Aufträge über den Schwellenwerten, so weit wie möglich aufgeschlüsselt nach Verfahren, Kategorien von Bauarbeiten entsprechend der geltenden EG-Nomenklatur und Nationalität des Unternehmens, das den Zuschlag erhalten hat, bei Verhandlungsverfahren aufgeschlüsselt nach § 3a Nr. 4 und 5, mit Angaben über Anzahl und Wert der Aufträge, die in die einzelnen Mitgliedstaaten und in Drittländer vergeben wurden;
  b) bei den anderen öffentlichen Auftraggebern im Sinne des § 98 des Gesetzes gegen Wettbewerbsbeschränkungen Angaben für jede Kategorie von Auftraggebern über Anzahl und Wert der Aufträge über den Schwellenwerten, so weit wie möglich aufgeschlüsselt nach Verfahren, Kategorien von Bauarbeiten entsprechend der geltenden EG-Nomenklatur und Nationalität des Unternehmens, das den Zuschlag erhalten hat, bei Verhandlungsverfahren aufgeschlüsselt nach § 3a Nr. 4 und 5 mit Angaben über Anzahl und Wert der Aufträge, die in die einzelnen Mitgliedstaaten und in Drittländer vergeben wurden;
  c) bei den vorstehend unter Buchstabe a aufgeführten öffentlichen Auftraggebern Angaben für jeden Auftraggeber über Anzahl und Gesamtwert der Aufträge, die aufgrund von Ausnahmeregelungen zum Beschaffungsübereinkommen vergeben wurden; bei den anderen öffentlichen Auftraggebern im Sinne des § 98 des Gesetzes gegen Wettbewerbsbeschränkungen Angaben für jede Kategorie von Auftraggebern über den Gesamtwert der Aufträge, die aufgrund von Ausnahmeregelungen zum Beschaffungsübereinkommen vergeben wurden.

Inhaltsübersicht Rn.

A. Allgemeine Grundlagen	1
B. Übermittlung von Angaben aus dem Vergabevermerk (§ 33a Nr. 1 VOB/A)	2
C. Meldung für die EG-Statistik (§ 33a Nr. 2 VOB/A)	4
I. Meldung an die zuständige Stelle	4
II. Mindestangaben	5
1. Ministerien des Bundes	6
a) § 33a Nr. 2a Ziff. 1 VOB/A	7
b) § 33a Nr. 2a Ziff. 2 VOB/A	8
2. Andere Auftraggeber im Sinne des § 98 GWB	9
3. Beschaffungsübereinkommen	10
D. Keine subjektiven Rechte der Bieter	12

---

[1] AA, BMAS, BMBF, BMELV, BMF, BMFSFJ, BMG, BMI, BMJ, BMU, BMVg, BMVBS, BMWi, BMZ.

A. Allgemeine Grundlagen

1 Die Vorschrift des § 33a VOB/A über die **Melde- und Berichtspflichten** hat in der **Neufassung** der VOB/A 2006 nur in Nr. 1 eine Änderung erfahren. § 33a VOB/A 2002 sah noch vor, dass der Auftraggeber der Kommission der Europäischen Gemeinschaften auf deren Verlangen in § 33a Nr. 1 VOB/A im Einzelnen aufgeführte Angaben zu übermitteln hatte. Allerdings deckten sich diese Angaben weitgehend mit denjenigen, die in der Neufassung des § 30a VOB/A im **Vergabevermerk** enthalten sein müssen. Daher ist in der Neufassung des § 33a Nr. 1 VOB/A auf die Aufzählung der einzelnen Angaben verzichtet worden und stattdessen die Pflicht zur **Übermittlung des Vergabevermerks selbst** aufgenommen worden. § 33a VOB/A baut in Nr. 1 auf die Vorschrift des § 30a VOB/A über den **Vergabevermerk** auf. Beide Vorschriften haben wiederum ihre Grundlage in der europarechtlichen Vorschrift des Art. 43 EU-VKR v. 31.3.2004 (Inhalt der Vergabevermerke). In § 33a Nr. 1 VOB/A wird speziell der letzte Satz des Art. 43 EU-VKR umgesetzt. Hier ist bestimmt, dass »der Vermerk bzw. sein wesentlicher Inhalt der Kommission auf deren Ersuchen mitgeteilt wird«. Die Vorschrift des § 33a Nr. 2 VOB/A über die Meldung bestimmter Angaben für die jährlich fällige EG-Statistik an die zuständige Stelle basiert auf den EU-Vergaberechtsvorschriften des Art. 75 EU-VKR (**statistische Pflichten**) und des Art. 76 EU-VKR (**Inhalt der statistischen Aufstellung**). Jedenfalls dürfte auch § 33a Nr. 2 VOB/A mit den hier geregelten umfangreichen Statistikpflichten ein weiterer Beleg für eine **Überbürokratisierung** des Vergaberechts sein, der mit dem Ziel einer Deregulierung und Verschlankung nur schwer vereinbar ist.

B. Übermittlung von Angaben aus dem Vergabevermerk (§ 33a Nr. 1 VOB/A)

2 Die in § 33a Nr. 1 VOB/A für Auftragsvergaben oberhalb der EU-Schwellenwerte festgelegte Pflicht zur Übermittlung des Vergabevermerks an die EG-Kommission besteht nicht von sich aus. Vielmehr ist sie von einem **Verlangen der EG-Kommission**, naturgemäß vom zuständigen Ressort, abhängig. Eine **Angabe von Gründen ist hierfür nicht erforderlich**. Auch in zeitlicher Hinsicht ist das Verlangen der Kommission nicht begrenzt (*Franke/Kemper/Zanner/Grünhagen* VOB-Kommentar § 33a Rn. 5). Daher kann die Kommission sowohl während eines laufenden Vergabeverfahrens als auch nach dessen Abschluss die Übermittlung der Angaben verlangen (Beck'scher VOB-Komm./*Schäfer* § 33a VOB/A Rn. 3). Über die **Form** der Mitteilung enthält § 33a Nr. 1 VOB/A keine Aussage. Schon aus Gründen der Beweisbarkeit der ordnungsgemäßen Übermittlung empfiehlt sich aber stets die **Schriftform** (*Franke/Kemper/Zanner/Grünhagen* § 33a VOB/A Rn. 6). Erst nach dem ausdrücklichen Verlangen der EG-Kommission ist vom Auftraggeber der Vergabevermerk zu übermitteln. Im Hinblick auf den Inhalt des Vergabevermerks kann daher auf die Kommentierung zu § 30 und zu § 30a VOB/A verwiesen werden.

3 Außer der Melde- und Berichtspflicht nach § 33a VOB/A besteht für die EG-Kommission nach Art. 3 der EU-Rechtsmittelrichtlinie und auf der Grundlage des § 21 VgV ein **besonderes Informationsrecht**. Kommt die **Kommission vor Abschluss eines Bauvertrags** zur Ansicht, dass in einem Vergabeverfahren ein klarer und eindeutiger Verstoß gegen die Vorschriften der Gemeinschaft für das öffentliche Auftragswesen vorliegt, teilt sie das dem Mitgliedstaat und der Vergabebehörde mit und fordert dessen Beseitigung. Hier muss jedoch die Anforderung **unter Begründung des behaupteten Verstoßes erfolgen**. Im Übrigen ist der Mitgliedstaat verpflichtet, die Kommission innerhalb von 21 Tagen von dem Sachstand und dem weiteren Vorgehen zu unterrichten.

C. Meldung für die EG-Statistik (§ 33a Nr. 2 VOB/A)

I. Meldung an die zuständige Stelle

Nach § 33a Nr. 2 S. 1 VOB/A ist für die **jährlich fällige EG-Statistik** der **zuständigen Stelle im Sinne einer ex-post-Transparenz** eine Meldung mit bestimmten Angaben vorzulegen. Die Vorlage durch den Auftraggeber hat nicht etwa an die EG-Kommission unmittelbar zu erfolgen, sondern an die für die Vorlage zuständige innerstaatliche Stelle. Im Baubereich dürfte es sich hierbei i.d.R. um die in den einzelnen Bundesländern zuständigen **Bau- oder Wirtschaftsministerien** handeln, die ihrerseits die gesammelten Angaben an das zuständige Bundesministerium weitergeben, damit dieses zentral die insgesamt eingegangenen Vorlagen sammelt und auswertet sowie als nationale Statistik an die letztendlich zuständige EG-Kommission weiterleitet. Die Abstände, in denen die vorgenannten Auftragsmeldungen vorzulegen sind, richten sich nach den dienstinternen Weisungen. Jedenfalls müssen sie so rechtzeitig erfolgen, dass sie pünktlich für die **jährliche** EG-Statistik vorliegen.

II. Mindestangaben

Nach § 33a Nr. 2 S. 1 VOB/A enthält die vorzulegende Meldung bestimmte **Mindestangaben**, die je nach Art des Auftraggebers unterschiedlich ausfallen. Hintergrund der Statistikpflicht ist das in Art. 75 EU-VKR festgelegte Ziel, wonach der Kommission eine **Einschätzung** der Ergebnisse der Anwendung der EU-VKR zu ermöglichen ist. Dies trifft auch für die nach § 33a Nr. 2a Ziff. 2 und Nr. 2b VOB/A anzugebenden Aufträge zu, die in **Drittländer** vergeben wurden. Die Kenntnisse hierüber können u.a. auch bei Neuverhandlungen über multilaterale Beziehungen (WTO-Abkommen) als Grundlage dienen. Nach Art. 75 EU-VKR übermitteln die Mitgliedsstaaten der Kommission ihre Angaben **jährlich bis zum 31. Oktober** jeden Jahres gem. Art. 76 EU-VKR in Form einer statistischen Aufstellung über **die im Vorjahr von den öffentlichen Auftraggebern vergebenen Bauaufträge**. Da sich demgegenüber keine zeitlichen Vorgaben für entsprechende statistische Auftragsmeldungen durch den Auftraggeber selbst ergeben, ist es schon aus Gründen eines gleichmäßigen Verwaltungshandelns innerhalb der in Deutschland erfassten Auftraggeber sinnvoll, den Zeitraum und insbesondere den Endzeitpunkt zur Abgabe der statistischen Meldungen in dienstinternen Weisungen bzw. Erlassen allgemein vorzugeben.

1. Ministerien des Bundes

Nach § 33a Nr. 2a VOB/A enthalten die Mindestangaben bei den in der Fußnote zu § 33a VOB/A aktualisierten und im Einzelnen aufgeführten **14 Ministerien des Bundes**:

a) § 33a Nr. 2a Ziff. 1 VOB/A

Für jeden einzelnen öffentlichen Auftraggeber den **geschätzten Gesamtwert der Aufträge unterhalb der Schwellenwerte**. Eine Aufschlüsselung nach der **Art** der Aufträge unterhalb der Schwellenwerte findet daher nicht statt. Ebenso spielt das zur Anwendung gebrachte Vergabeverfahren keine Rolle. Vielmehr hat jeder einzelne öffentliche Auftraggeber bei den Ministerien des Bundes durch eine Addition der jährlich vergebenen Aufträge unterhalb der EU-Schwellenwerte den **geschätzten Gesamtwert aller Aufträge** unterhalb der Schwellenwerte zu ermitteln.

b) § 33a Nr. 2a Ziff. 2 VOB/A

Weiterhin enthalten die Mindestangaben nach § 33a Nr. 2a Ziff. 2 VOB/A bei den **Ministerien des Bundes** für jeden einzelnen öffentlichen Auftraggeber Angaben über **die Anzahl und den Wert** der Aufträge **über den Schwellenwerten**. Diese sollen »soweit wie möglich« aufgeschlüsselt werden nach **Verfahren** (Offenes Verfahren, Nichtoffenes Verfahren, Verhandlungsverfahren mit Vergabebekanntmachung, Verhandlungsverfahren ohne Vergabebekanntmachung, Wettbewerblicher Dialog) sowie **Kategorien von Bauarbeiten** entsprechend der EG-Nomenklatur, also entsprechend des Anhangs I zur EU-VKR (siehe Art. 76 Abs. 1 S. 2 EU-VKR). Im Anhang I ist das **Verzeichnis** der Berufstätigkeiten im Baugewerbe entsprechend dem allgemeinen Verzeichnis der wirtschaftlichen Tätigkeiten in der Europäischen Gemeinschaften (NACE, ABl. Nr. L 199 v. 9.8.1993, 54 ff.) wiedergegeben. Dabei ist das Baugewerbe in verschiedene Gruppen, Klassen und Beschreibungen mit jeweiligen eigenen CPV Referenznummern (z.B. Hoch- und Tiefbau, Dachdeckerei, Elektroinstallation, Maler- und Glasergewerbe etc.) unterteilt. Weiter anzugeben sind die **Nationalität** des Unternehmens, das den Zuschlag erhalten hat, wobei bei **Verhandlungsverfahren** eine Aufschlüsselung zwischen dem Verhandlungsverfahren **nach Öffentlicher Vergabebekanntmachung** und dem Verhandlungsverfahren **ohne Öffentliche Vergabebekanntmachung** zu erfolgen hat. Schließlich müssen die **Anzahl und der Wert** der Aufträge, die in die einzelnen EU-Mitgliedsstaaten und in Drittländer vergeben wurden (vgl. auch Art. 76 Abs. 1 letzter Satz EU-VKR) angegeben werden.

2. Andere Auftraggeber im Sinne des § 98 GWB

9   Nach § 33a Nr. 2b VOB/A sind bei allen anderen öffentlichen Auftraggebern i.S.d. § 98 GWB, also außerhalb der Ministerien des Bundes (vgl. hierzu im Einzelnen: *Kulartz/Kus/Portz* Kommentar zum GWB-Vergaberecht § 98 Rn. 1 ff.), d.h. insbesondere bei Ländern und Kommunen sowie bei von diesen überwiegend finanzierten bzw. beherrschten juristischen Personen des öffentlichen und privaten Rechts, die zu dem besonderen Zweck gegründet wurden, im Allgemeininteresse liegende Aufgaben nicht gewerblicher Art zu erfüllen (vgl. § 98 Nr. 2 GWB) sowie bei Sektorenauftraggebern nach § 98 Nr. 4 GWB Angaben über **die Anzahl und über den Wert der Aufträge über den Schwellenwerten** zu machen. Dabei müssen auch diese Angaben so weit wie möglich aufgeschlüsselt werden nach **Verfahren, Kategorien von Bauarbeiten** entsprechend der geltenden EG-Nomenklatur (vgl. Anhang I zur EU-VKR) und **Nationalität** des Unternehmens, das den Zuschlag erhalten hat. Bei **Verhandlungsverfahren** findet ebenso eine Aufschlüsselung in Verhandlungsverfahren **nach Öffentlicher Vergabebekanntmachung** und in Verhandlungsverfahren **ohne Öffentliche Vergabebekanntmachung** statt. Ebenso sind Angaben über die **Anzahl und den Wert** der Aufträge zu machen, die in die einzelnen Mitgliedsstaaten und in Drittländer vergeben wurden.

3. Beschaffungsübereinkommen

10   Nach § 33a Nr. 2c VOB/A machen die **Bundesministerien** für jeden ihrer Auftraggeber Angaben über die **Anzahl und den Gesamtwert** der Aufträge, die auf Grund von **Ausnahmeregelungen zum Beschaffungsübereinkommen** vergeben wurden. Beim Beschaffungsübereinkommen (Beschaffungsabkommen) handelt es sich um den Beschluss 94/800/EG des Rates vom 22.12.1994 über den Abschluss der Übereinkünfte der multilateralen Verhandlungen der Uruguay-Runde 1986 bis 1994 im Namen der Europäischen Gemeinschaft in Bezug auf die in ihre Zuständigkeiten fallenden Bereiche (Beschaffungsübereinkommen, ABl. L 336 v. 23.12.1994, 1). Neben den **Mindestangaben** können auch im Einzelfall die übrigen in Nr. 1 aufgeführten **zusätzlichen Angaben** für eine Übermittlung in Betracht kommen.

11   Bei den anderen öffentlichen Auftraggebern i.S.d. § 98 GWB machen diese jeweils für ihren Bereich Mindestangaben über den **Gesamtwert** der Aufträge, die auf Grund von **Ausnahmeregelungen** zum Beschaffungsübereinkommen vergeben wurden (vgl. die Regelungen des Beschaffungsübereinkommens, dort Fn. 2).

D. Keine subjektiven Rechte der Bieter

12   Adressat der Regelung des § 33a VOB/A ist die **EG-Kommission**. Benachteiligte Bieter könne daher aus einer Verletzung des § 33a VOB/A **keine subjektiven Rechte** auf der Grundlage von § 97 Abs. 7 GWB für sich in Anspruch nehmen und daher kein Nachprüfungsverfahren gem. §§ 102 ff. GWB vor der Vergabekammer einleiten.

§ 33b
Aufbewahrungs- und Berichtspflichten

1. (1) Sachdienliche Unterlagen über jede Auftragsvergabe sind aufzubewahren, die es zu einem späteren Zeitpunkt ermöglichen, die Entscheidungen zu begründen über
   a) die Prüfung und Auswahl der Unternehmer und die Auftragsvergabe,
   b) den Rückgriff auf Verfahren ohne vorherigen Aufruf zum Wettbewerb gemäß § 3b Nr. 2,
   c) die Inanspruchnahme vorgesehener Abweichungsmöglichkeiten von der Anwendungsverpflichtung.
   d) Der Auftraggeber trifft geeignete Maßnahmen, um den Ablauf der mit elektronischen Mitteln durchgeführten Vergabeverfahren zu dokumentieren.

   (2) Die Unterlagen müssen mindestens vier Jahre lang ab der Auftragsvergabe aufbewahrt werden, damit der Auftraggeber der Kommission der Europäischen Gemeinschaften in dieser Zeit auf Anfrage die erforderlichen Auskünfte erteilen kann.

2. Die Sektorenauftraggeber übermitteln der Bundesregierung entsprechend deren Vorgaben jährlich eine statistische Aufstellung über den Gesamtwert der vergebenen Aufträge, die unterhalb der Schwellenwerte liegen und die jedoch ohne eine Schwellenwertbegrenzung diesen Regelungen unterliegen würden.

3. Die Auftraggeber in den Bereichen der Trinkwasser- und Elektrizitätsversorgung, des Stadtbahn-, Straßenbahn-, O-Bus- oder Omnibusverkehrs, der Flughafeneinrichtungen und des See- oder Binnenhafenverkehrs oder anderer Verkehrsendpunkte teilen der Bundesregierung entsprechend deren Vorgaben jährlich den Gesamtwert der Aufträge mit, die im Vorjahr vergeben worden sind. Diese Meldepflicht gilt nicht, wenn der Auftraggeber im Berichtszeitraum keinen Auftrag über dem in § 1b Nr. 1 genannten Schwellenwert zu vergeben hatte.

4. Die Auftraggeber übermitteln die Angaben nach den Nummern 2 und 3 spätestens bis zum 31. August jeden Jahres für das Vorjahr an das Bundesministerium für Wirtschaft und Technologie.

Inhaltsübersicht

	Rn.
A. Allgemeine Grundlagen	1
B. Aufbewahrungspflicht (§ 33b Nr. 1 VOB/A)	2
I. Grundlagen	3
1. Prüfung und Auswahl der Unternehmer, Auftragsvergabe	3
2. Verfahren ohne Aufruf zum Wettbewerb	4
3. Inanspruchnahme vorgesehener Abweichungsmöglichkeiten	5
4. Dokumentation bei elektronischen Vergaben	6
II. Aufbewahrungsfrist	7
C. Meldepflicht unterhalb der EU-Schwellenwerte (§ 33b Nr. 2 VOB/A)	8
D. Mitteilung des Gesamtwerts der Aufträge (§ 33b Nr. 3 VOB/A)	9
E. Zeitrahmen und Adressat für die Übermittlung (§ 33b Nr. 4 VOB/A)	10
F. Keine subjektiven Rechte der Bieter	11

A. Allgemeine Grundlagen

Die Vorschrift des § 33b VOB/A über die **Aufbewahrungs- und Berichtspflichten** ist in der **Neufassung** der VOB/A 2006 verändert worden. So trägt nunmehr § 33b Nr. 1 Abs. 1, letzter Satz der VOB/A mit der dort geregelten Aufbewahrungs- und Berichtspflicht auch für **elektronische Verga-** 1 ben der Tatsache Rechnung, dass es hier im klassischen Sinne keine »Unterlagen« mehr gibt. Daher wird der Auftraggeber verpflichtet, geeignete Maßnahmen zur Dokumentation des Ablaufs der elektronischen Vergabe zu treffen. In der Neufassung des § 33b Nr. 2 VOB/A wurde im Grundsatz die in der Altfassung des § 33b Nr. 3 VOB/A bereits bestehende Pflicht der Sektorenauftraggeber gegenüber der Bundesregierung, auch den Gesamtwert der vergebenen Aufträge, die **unterhalb der Schwellenwerte** liegen, mitzuteilen, übernommen. Die Neufassung des § 33b Nr. 3 VOB/A entspricht weitestgehend der Altfassung in § 33b Nr. 2 VOB/A. In der **Neufassung** des § 33b Nr. 4 VOB/A wurden die Berichtspflichten der Sektorenauftraggeber an das Bundesministerium für Wirtschaft und Technologie dadurch präziser gefasst, dass die Auftraggeber ausdrücklich angehalten werden, die entsprechenden Angaben **spätestens bis zum 31. August jeden Jahres** für das Vorjahr zu übermitteln. § 33b VOB/A regelt insgesamt den **Inhalt und den Umfang** der Aufbewahrungs- und Berichtspflichten. Anders als bei der Vorschrift des § 33a VOB/A über die Melde- und Berichtspflichten (siehe dort Nr. 1) enthält die Vorschrift des § 33b VOB/A allerdings keine Verpflichtung des Auftraggebers gegenüber der EG-Kommission, bei entsprechendem Verlangen durch diese den Vergabevermerk zu übermitteln. Insoweit ist § 33b VOB/A mit seinem Nichtabstellen auf den Vergabevermerk für die von dieser Vorschrift erfassten Sektorenauftraggeber weniger weit gehend als die Vorschrift des § 33a VOB/A.

B. Aufbewahrungspflicht (§ 33b Nr. 1 VOB/A)

2 Nach § 33b Nr. 1 Abs. 1 VOB/A sind **sachdienliche Unterlagen** über **jede Auftragsvergabe** aufzubewahren, die es zu einem späteren Zeitpunkt ermöglichen, die **Entscheidungen** über bestimmte Punkte des betreffenden Vergabeverfahrens **zu begründen**. Mit den aufzubewahrenden Unterlagen soll nicht bloß einer statistischen Erhebungspflicht nachgekommen werden; vielmehr hat die Aufbewahrung der Unterlagen den Zweck, die Angemessenheit und Rechtmäßigkeit der jeweiligen Vergabeentscheidung zu rechtfertigen (vgl. VÜA Bund v. 3.11.1997 »Bundeswehrkrankenhaus« ZVgR 1998, 360; IBR 1998, 277). Um welche aufzubewahrenden Unterlagen es sich im Einzelnen handelt, wird in § 33b VOB/A nicht näher erläutert. Dies bleibt dem Auftraggeber überlassen. Jedoch muss er sich im Hinblick auf die aufzubewahrenden Unterlagen an die in § 33b Nr. 1 Abs. 1a bis 1c VOB/A aufgeführten Tatbestände, die im Einzelnen zu begründen sind, orientieren. Diese Tatbestände sind in § 33b Nr. 1 Abs. 1 VOB/A **abschließend** aufgeführt. Bei den sachdienlichen Unterlagen muss es sich daher von ihrem Inhalt her um **aussage- bzw. beweiskräftige Unterlagen** handeln, was einer sorgsamen Prüfung und Durchsicht bedarf.

I. Grundlagen

1. Prüfung und Auswahl der Unternehmer, Auftragsvergabe

3 Nach der Regelung unter Nr. 1 Abs. 1a kommt es auf sachdienliche Unterlagen über die **Prüfung und Auswahl der Unternehmer und die Auftragsvergabe** an. Es sind mithin Entscheidungen in drei Bereichen genannt: Einmal muss es sich um die **Prüfung von Unternehmern** im Zusammenhang mit dem konkreten Vergabeverfahren handeln. Dies betrifft vornehmlich Prüfungen, die im Rahmen von §§ 8, 8b VOB/A, also des Nachweises der Eignung der Bewerber und Bieter, gelegen haben. Ähnliches gilt für den Gesichtspunkt der **Auswahl von Unternehmern**. Sachdienliche Unterlagen über die **Auftragsvergabe** sind solche, die die Inhalte der Bieterangebote (§ 21 VOB/A), die Prüfung der Angebote (§ 23 VOB/A) einschließlich der ggf. erfolgten Aufklärung (§ 24 VOB/A) sowie insbesondere die Angebotswertung nach §§ 25, 25b VOB/A und die hierauf basierende Zuschlagsentscheidung betreffen. Alle sachdienlichen Unterlagen über diese Vergabestufen können im Einzelfall wesentlich sein, um getroffene Entscheidungen über die Auftragsvergabe zu begründen.

2. Verfahren ohne Aufruf zum Wettbewerb

Ferner sind nach § 33b Nr. 1 Abs. 1b VOB/A sachdienliche Unterlagen zur Begründung eines Rückgriffs auf Verfahren **ohne vorherigen Aufruf zum Wettbewerb** gem. § 3b Nr. 2 VOB/A aufzubewahren. Hier handelt es sich im Wesentlichen darum, dass der Auftraggeber auch später noch die von ihm ggf. **zu beweisenden Ausnahmetatbestände** für die Durchführung einer solchen Vergabe ohne vorherigen Aufruf zum Wettbewerb im Einzelnen darlegen und gegebenenfalls gegenüber der EG-Kommission beweisen kann.

4

3. Inanspruchnahme vorgesehener Abweichungsmöglichkeiten

Schließlich müssen nach § 33b Nr. 1 Abs. 1c VOB/A gegenüber der EG-Kommission auch sachdienliche Unterlagen aufbewahrt werden, die die **Inanspruchnahme vorgesehener Abweichungsmöglichkeiten** von der Anwendungsverpflichtung zu begründen geeignet sind. Damit sind Unterlagen gemeint, die es ausnahmsweise rechtfertigen, dass der betreffende Auftraggeber weder zur Anwendung der Basisparagraphen noch insbesondere der b-Paragraphen bei der in Betracht kommenden Vergabe verpflichtet gewesen war, etwa weil er nicht als öffentlicher Auftraggeber i.S.d. § 98 GWB gilt. Vom neuen § 33b Nr. 1 Abs. 1c VOB/A erfasst ist auch der in der **Altfassung** des § 33b Nr. 1 Abs. 1b VOB/A noch gesondert geregelte Fall, wonach der Auftraggeber auch die Inanspruchnahme der Abweichungsmöglichkeiten beim Gebrauch der gemeinschaftsrechtlichen Spezifikationen (jetzt § 9 Nr. 5 bis 10 und § 9b VOB/A) durch die Aufbewahrung sachdienlicher Unterlagen zu begründen hat. Auch hier trägt der Auftraggeber ggf. die Beweislast für die Begründung der von ihm in Anspruch genommenen Abweichungsmöglichkeit.

5

4. Dokumentation bei elektronischen Vergaben

Um der fortschreitenden Auftragsvergabe auf **elektronischem Wege** auch bei den Aufbewahrungs- und Berichtspflichten Rechnung zu tragen, sieht § 33b Nr. 1 Abs. 1 S. 2 VOB/A vor, dass der Auftraggeber auch hier die **geeigneten Maßnahmen** trifft, um den Ablauf der mit elektronischen Mitteln durchgeführten Vergabeverfahren zu **dokumentieren**. Zur geeigneten Dokumentation durch den Auftraggeber kommt insbesondere eine **Speicherung** auf einem entsprechend gesicherten Datenträger in Frage.

6

II. Aufbewahrungsfrist

In § 33b Nr. 1 Abs. 2 VOB/A ist die **Dauer** der Aufbewahrungspflicht für den Sektorenauftraggeber, die dem Ziel dient, der EG-Kommission ggf. **auf Anfrage** die erforderlichen Auskünfte zu erteilen, festgelegt. Sie beträgt sowohl für die **schriftlich** dokumentierte Begründung als auch für die **elektronische Dokumentation** mindestens **vier Jahre ab der betreffenden Auftragsvergabe**. Dies ist eine **Mindestfrist**, die ab dem Tag der Mitteilung des Zuschlages oder der sonstigen Auftragserteilung beginnt. Die Frist sollte im Allgemeinen ausreichend sein, weil wohl nach dieser Zeit in der Regel nicht mehr mit etwaigen Anfragen der EG-Kommission zu rechnen sein dürfte. Ob und inwieweit eine längere Aufbewahrungszeit festzulegen ist, bestimmt sich nach dem **Einzelfall**. Entscheidend ist, ob und wie lange noch mit Anfragen der EG-Kommission zu rechnen ist, so dass auch bei späteren Anfragen die erforderlichen Auskünfte erschöpfend gegeben werden können. Dies wird im Allgemeinen besonders umfangreiche sowie langwierige und hinsichtlich ihrer Vergabe besonders schwierige und komplexe Bauvorhaben betreffen. Der Auftraggeber muss der Kommission auf deren Verlangen hin die gewünschten Auskünfte anhand der zusammengestellten Unterlagen **erschöpfend** erteilen. Die Kommission ist dabei nicht verpflichtet, ihr Auskunftsverlangen zu begründen. Ein unmittelbares Eingriffsrecht bei Verweigerung der Auskunft durch die EG-Kommission besteht nicht (Beck'scher VOB-Komm./*Schäfer* § 33b VOB/A Rn. 9). Die **Form** der zu erteilenden Auskünfte ist dem Auftraggeber nicht vorgegeben. Die Aufbewahrung der Unterlagen hat jedoch **in**

7

nachweisbarer Form zu erfolgen. Die mündliche Auskunft durch die am Vergabeverfahren Beteiligten reicht daher nicht aus (*Franke/Kemper/Zanner/Grünhagen* § 33b VOB/A Rn. 7). Im Übrigen ist dem Zweck der Aufbewahrung jedoch durchaus genügt, wenn der Auftraggeber nicht die Originale, sondern mikroverfilmte Unterlagen verwahrt, damit er und sein Personal nicht über Gebühr – vor allem auch in räumlicher Hinsicht – belastet werden.

C. Meldepflicht unterhalb der EU-Schwellenwerte (§ 33b Nr. 2 VOB/A)

8 Nach § 33b Nr. 2 VOB/A übermitteln die Sektorenauftraggeber der Bundesregierung entsprechend deren Vorgaben **jährlich eine statistische Aufstellung** über den Gesamtwert der vergebenen Aufträge, die unterhalb der Schwellenwerte liegen und die jedoch ohne eine Schwellenwertbegrenzung diesen Regelungen unterliegen würden. Diese bisher im Grundsatz in § 33b Nr. 3 VOB/A der **Altfassung** enthaltene Pflicht, auch den Gesamtwert der vergebenen Aufträge **unterhalb der EU-Schwellenwerte** an die Bundesregierung zu übermitteln, verfolgt nicht nur statistische Zwecke. Vielmehr soll mit dieser Übermittlung auch eine **Kontrolle** erreicht werden, ob der betreffende Auftraggeber etwa der Versuchung unterlegen ist, die zwingenden Bestimmungen in dem von § 1b VOB/A vorgegebenen Rahmen zu umgehen. Daneben wird mit dieser Mitteilung der Sektorenauftraggeber auch der Gesamtwert der insgesamt durch diese vergebenen Aufträge unterhalb der EU-Schwellenwerte erfasst. Bei dem gegenüber der Bundesregierung mitzuteilenden **Gesamtwert der Bauaufträge** ist auf die tatsächlichen **Abrechnungssummen** und nicht auf den Ausschreibungsauftragswert abzustellen. (*Heiermann/Müller/Franke* § 12 SKR Rn. 18). Nur das Abstellen auf die tatsächliche Abrechnungssumme gibt ausreichend Rechtssicherheit und verhindert Manipulationsmöglichkeiten.

D. Mitteilung des Gesamtwerts der Aufträge (§ 33b Nr. 3 VOB/A)

9 Nach § 33b Nr. 3 VOB/A übermitteln die hier konkret genannten Sektorenauftraggeber der Bundesregierung entsprechend deren Vorgaben **jährlich den Gesamtwert der Aufträge**, die **im Vorjahr** vergeben worden sind. Während sich also § 33b Nr. 2 VOB/A auf die Mitteilung des im jeweiligen Jahr vergebenen Gesamtwerts der Aufträge unterhalb der EU-Schwellenwerte bezieht, betrifft § 33b Nr. 3 VOB/A zeitlich das Vorjahr und umfasst im Übrigen grundsätzlich den **Gesamtwert aller** in diesem Zeitraum vergebenen **Aufträge**, unabhängig davon, ob diese oberhalb oder unterhalb der EU-Schwellenwerte liegen. Allerdings gilt die Meldepflicht nach § 33b Nr. 3 S. 2 VOB/A ausdrücklich **nicht**, wenn der Auftraggeber im Berichtszeitraum **keinen Auftrag** über dem für die Sektorenauftraggeber maßgebenden Schwellenwert gem. § 1b VOB/A zu vergeben hatte.

E. Zeitrahmen und Adressat für die Übermittlung (§ 33b Nr. 4 VOB/A)

10 Nach § 33b Nr. 4 VOB/A übermitteln die Auftraggeber die Angaben nach Ziff. (Nr.) 2 und 3 spätestens bis zum **31. August jeden Jahres** für das Vorjahr. Adressat der Mitteilung innerhalb der Bundesregierung ist das **Bundeswirtschaftsministerium**.

F. Keine subjektiven Rechte der Bieter

11 Die Regelung des § 33b VOB/A hat als letztendlichen Adressaten die **EG-Kommission**. Hieraus ergibt sich, dass benachteiligte Bieter **keine subjektiven Rechte** auf Einleitung eines Nachprüfungsverfahren vor der Vergabekammer gem. §§ 102 ff. GWB aus einem Verstoß gegen § 33b VOB/A herleiten können.

VOB/A
Abschnitt 4

Vergabebestimmungen nach der Richtlinie 2004/17 EG
(VOB/A-SKR)

Richtlinie 2004/17/EG des Europäischen Parlaments und des Rates v. 31.3.2004 zur Koordinierung der Zuschlagserteilung durch Auftraggeber im Bereich der Wasser-, Energie- und Verkehrsversorgung sowie der Postdienste (Abl. Nr. L 134 v. 30.4.2004. Durch die Richtlinie 2004/17/EG wurde die Richtlinie des Rates v. 17.9.1990 betreffend die Auftragsvergabe durch Auftraggeber im Bereich Wasser-, Energie- und Verkehrsversorgung sowie im Telekommunikationssektor – 90/531/EWG, neu gefasst durch die Richtlinie 93/38/EWG v. 14.6.1993 ABl. Nr. L 199 v. 9.8.1993 S. 84, geändert durch die Richtlinie 98/4/EG v. 16.2.1998 ABl. Nr. L 101 v. 1.4.1998 sowie zuletzt geändert durch die Richtlinie 2001/78/EG der Kommission v. 13.9.2001 Abl. Nr. L 285 v. 29.10.2001, Abl. Nr. L 214/1 v. 9.8.2002 über die Verwendung von Standardformularen, ersetzt bzw. neu gefasst.)

Vorbemerkung

VOB/A Abschnitt 4 befasst sich ausschließlich mit der Vergabe von Aufträgen durch natürliche oder juristische Personen des Privatrechts, die in den so genannten Sektoren, der Trinkwasser- oder Energieversorgung, des Verkehrs oder der Telekommunikation **tätig sind** (vgl. §§ 98 Nr. 4, 127 Nr. 2 GWB i.V.m. § 8 VgV und § 1 Nr. 2 Abs. 1 SKR). Im Gegensatz zur Richtlinie 93/38/EWG bzw. 98/4/EG (in der zuletzt geltenden Fassung) ist die Beschaffungstätigkeit im Bereich der Telekommunikation nicht mehr vom Anwendungsbereich der Richtlinie 2004/17/EG erfasst. Dagegen sind mit der Richtlinie 2004/17/EG erstmals Postdienstleistungen dem Sektorenvergaberecht unterstellt worden (vgl. Art. 6 der Richtlinie 2004/17/EG). Die Frist zur Umsetzung der Richtlinie in das nationale Recht ist, was die Postdienstleistungen betrifft, abweichend von der im Übrigen geltenden Frist bis zum 31.1.2006 allerdings bis zum 1.1.2009 hinausgeschoben (vgl. Art. 71 Abs. 1 Unterabs. 2 der Richtlinie 2004/17/EG). Wie in Art. 8 der Richtlinie 93/38/EWG bzw. 98/4/EG – dort allerdings beschränkt auf Telekommunikationsdienste – sind nach Art. 30 Abs. 1 der Richtlinie 2004/17/EG **Beschaffungsvorgänge** in Bereichen, die grundsätzlich als Sektorentätigkeiten gelten, **vom Sektorenvergaberecht ausgenommen**, wenn in dem Mitgliedstaat, in dem sie ausgeübt wird, diese **Tätigkeit auf Märkten mit freiem Zugang unmittelbar dem Wettbewerb ausgesetzt ist**. 1

Für das Verständnis des Sektorenvergaberechts ist von maßgeblicher Bedeutung, dass die Umsetzung der EG-Sektorenrichtlinie(n) für den Bereich der Bauleistungen **eigenständig und getrennt** vom traditionellen deutschen Vergaberecht der VOB/A erfolgte. Während bei Auftragsvergaben nach Abschnitt 2 und 3 die a- bzw. b-Paragraphen **immer zusätzlich** zu den **Basisparagraphen des Abschnitts 1** anzuwenden sind, ist dies bei Vergaben nach Abschnitt 4 gerade nicht der Fall; **die Basisparagraphen des Abschnitts 1 sind nicht Bestandteil des Abschnitts 4** (siehe unten Rn. 7). Bei der Rechtsanwendung in der Praxis ist daher zu beachten, dass zur Beurteilung der Rechtmäßigkeit eines Vergabeverfahrens nicht immer dann, wenn im Abschnitt 4 ein Sachverhalt nicht geregelt ist, auf die Basisbestimmungen zurückgegriffen werden kann. **Mit der Sektorenrichtlinie wurden erstmals auch rein private Auftraggeber vom Vergaberecht erfasst.** Solche Auftraggeber also, die bei Beschaffungen bis dahin im Rahmen der allgemeinen gesetzlichen Ordnung in ihrer Entscheidung, mit wem und auf welche Weise sie in Vertragsverhandlungen eintreten und mit wem und mit welchem Inhalt sie ihre Verträge schließen, **frei** waren. Vor diesem Hintergrund ist diese Richtlinie daher insbesondere darauf bedacht, die Sektorenauftraggeber nur soweit in ihrer 2 wirtschaftlichen Betätigung einzuengen, **wie es zur Erreichung eines europaweiten Wettbewerbs unbedingt nötig ist** (vgl. dazu auch *Prieß* in *Jestaedt/Kemper/Marx* Das Recht der Auftragsvergabe S. 124; *Boesen* Vergaberecht, Einleitung Rn. 44).

3 Die Sektorenrichtlinie verfolgt demzufolge in erster Linie das Ziel, (1) dass ein zu vergebender Auftrag (vorausgesetzt der Gesamtauftragswert erreicht den Schwellenwert gemäß § 1 Nr. 2 SKR bzw. § 2 Nr. 4 VgV) europaweit bekannt gemacht wird, also die Publizitätsvorschriften beachtet und eingehalten werden, (2) dass jedem interessierten Unternehmer die Möglichkeit gegeben wird, sich am Wettbewerb zu beteiligen, und schließlich (3) **dass – unter Beachtung und Wahrung des Gleichbehandlungsgrundsatzes während des gesamten Vergabeverfahrens** – derjenige den Auftrag erhält, der das wirtschaftlichste Angebot abgegeben hat.

4 Besonderer Ausdruck dieser dem Sektorenauftraggeber im Unterschied zu den anderen öffentlichen Auftraggebern zukommenden unternehmerischen Freiheit ist, dass er nach Abschnitt 4 die ihm am zweckmäßigsten erscheinende **Vergabeart frei wählen kann**. Eine Rangfolge der Vergabearten, insbesondere den **Vorrang** der Öffentlichen Ausschreibung bzw. des Offenen Verfahrens wie in den übrigen Abschnitten **kennt Abschnitt 4 nicht** (vgl. § 3 Nr. 1 SKR). Fraglich ist, ob der Vorrang des Offenen Verfahrens auch bei Vergaben nach Abschnitt 3 gilt, denn aus dem Wortlaut der einschlägigen Bestimmung des § 3b VOB/A lässt sich dazu nichts entnehmen. Gegen ein Hierarchieverhältnis zwischen den Vergabearten wie in Abschnitt 1 und Abschnitt 2 spricht immerhin, dass § 3b VOB/A – im auffälligen Gegensatz zu § 3a VOB/A – eine Rangfolge der Vergabearten gerade nicht regelt. Auf der anderen Seite bestimmt die Vorschrift des § 101 Abs. 5 S. 2 GWB, dass (allein) Auftraggeber, die nur unter § 98 Nr. 4 GWB fallen, also die reinen Sektorenauftraggeber, die freie Wahl unter den Vergabearten haben. Dem könnte wiederum entgegengehalten werden, dass in § 101 Abs. 5 S. 1 GWB Ausnahmen von der vorrangigen Anwendung des Offenen Verfahrens zugelassen sind, wenn etwas anderes nach dem GWB gestattet ist, was sich über § 97 Abs. 6 GWB i.V.m. § 7 Abs. 1 Nr. 2 VgV eben aus § 3b VOB/A ergeben könnte.

Die Vergabeverordnung räumt diese Möglichkeit jedenfalls weitergehend auch denjenigen Auftraggebern nach § 98 Nr. 1 bis 3 GWB ein, die auf dem Gebiet der Elektrizitäts-, Gas- und Wärmeversorgung und dem Betrieb von Flughäfen tätig sind, da diese nach § 7 Abs. 2 Nr. 2 i.V.m. § 8 Nr. 2, 3 und 4 lit. a VgV ihre Auftragsvergaben nach Abschnitt 4 durchführen können.

Bei Auftragsvergaben nach Abschnitt 4 der VOB/A (VOB/A-SKR) besteht folglich besteht jederzeit die Möglichkeit, die Vergabe im Verhandlungsverfahren durchzuführen und in Abweichung von der Basisbestimmung des **§ 24 VOB/A** sowohl **über den Inhalt wie auch über die Preise der Angebote frei zu verhandeln**. Der mit der **VOB 2006 als vierte Vergabeart eingeführte Wettbewerbliche Dialog** (vgl. dazu § 3a Nr. 4 VOB/A) ist dagegen nicht in die Abschnitte 3 und 4 übernommen worden, was den Grund darin hat, dass der **Wettbewerbliche Dialog** in der Richtlinie 2004/18/EG (Art. 29), nicht aber in der Richtlinie 2004/17/EG enthalten ist. Aufgrund der weitreichenden Freiheiten, die der Abschnitt 4 den Sektorenauftraggebern bei der Gestaltung des Verhandlungsverfahrens einräumt, bestehen aber keine grundsätzlichen Bedenken, wenn der Sektorenauftraggeber bei vergleichbaren Sachverhaltslagen ein solches Verfahren im Rahmen eines Verhandlungsverfahrens durchführt.

5 Auch wenn der Sektorenauftraggeber bei der Beschaffung nicht den Einschränkungen unterliegt, wie dies bei den klassischen öffentlichen Auftraggebern der Fall ist, so hat er als öffentlicher Auftraggeber i.S.d. Kartellvergaberechts des 4. Teils des GWB dennoch die grundlegenden Prinzipien des Vergaberechts, wie sie insbesondere in § 97 GWB niedergelegt sind, zu beachten. Er muss sein Verhalten insbesondere immer am Maßstab des **Gleichbehandlungsgrundsatzes** (§ 97 Abs. 2 GWB) messen lassen. Sofern der öffentliche Auftraggeber im Interesse eines praktikablen und zügigen Ablaufs der Vertragsverhandlungen etwa **grundsätzliche Vorgaben** macht, kann er sich **nicht einfach darüber hinwegsetzen**, wenn ihm dies aus wirtschaftlichen Überlegungen opportun erscheint. Setzt

Vorbemerkung

er im Verhandlungsverfahren z.B. allen verbliebenen Bietern eine letzte Frist (Ausschlussfrist) zur Abgabe eines optimierten Angebots, so dürfen solche Angebote selbst dann, wenn sie nur wenige Minuten nach Ablauf dieser Frist eingehen, nicht mehr berücksichtigt werden (OLG Düsseldorf Beschl. v. 7.1.2002 Verg 36/01 = VergabeR 2002, 169 = BauR 2002, 682 [Ls.]. Des Gleichen wäre unzulässig, wenn der öffentliche Auftraggeber bei Angeboten, welche die nach den Verdingungsunterlagen geforderten Mindestbedingungen nicht erfüllen, weil sie entweder unvollständig oder mit Vorbehalten versehen sind, erst im Wege der Verhandlungen deren Bedingungsgemäßheit herstellen wollte. Solche Angebote sind, auch wenn der Abschnitt 4 eine dem § 25 Nr. 1 Abs. 1 i.V.m. § 21 Nr. 1 Abs. 2 S. 5 VOB/A vergleichbare Regelung nicht enthält, zwingend auszuschließen (vgl. BKartA Beschl. v. 10.12.2002 VK 1 – 93/02). Im Übrigen müssen Angebote, auch wenn sie im Rahmen eines Verhandlungsverfahrens abgegeben werden, so beschaffen sein, dass auch ohne weitere Verhandlungen darauf der Zuschlag erteilt werden kann. Ansonsten könnte sich ein Bieter unverbindlich und ohne Risiko am Verfahren beteiligen, denn er ist nicht verpflichtet, sich an vom Auftraggeber gewünschten Vertragsverhandlungen zu beteiligen.

6 Grundsätzlich ermöglicht Abschnitt 4 dem Auftraggeber nicht nur eine freie Wahl unter den Vergabearten, sondern auch eine freie Vertragsgestaltung. Dies kommt u.a. auch darin zum Ausdruck, dass Abschnitt 4 im Gegensatz zu den Basisbestimmungen – von der Verwendung technischer Spezifikationen gemäß § 6 SKR abgesehen – bewusst keine Vorgaben über die im Vergabeverfahren etwa einzusetzende **Ausschreibungstechnik**, die zu verwendende **Vertragsart** oder allgemein über die **inhaltliche Gestaltung** des abzuschließenden Vertrages macht. Eine Regelung wie in § 10 Nr. 1 Abs. 2 VOB/A, wonach bei Vergaben nach den übrigen Abschnitten grundsätzlich die Bestimmungen der VOB Teil B und Teil C zugrunde zu legen sind, findet sich im Abschnitt 4 nicht. Sofern und soweit der Sektorenauftraggeber einen chancengleichen Wettbewerb gewährleisten kann und er die Verfahrensvorschriften nach Abschnitt 4 im Übrigen beachtet, bestehen dem Grundsatz nach keine Bedenken, ihn in seiner Stellung einem rein privaten Auftraggeber gleichzusetzen. Belegt wird dies im Grunde auch dadurch, dass dem damaligen Deutschen Verdingungsausschuss für Bauleistungen bzw. letztlich dem deutschen Gesetzgeber die unternehmerischen Freiheiten, die die Sektorenrichtlinie eröffnete bzw. ermöglichte, zu weit gingen und er deshalb mit dem eigens dafür geschaffenen Abschnitt 3 bestimmte Auftraggeber im Sektorenbereich, die sich durch eine ausgeprägte Staatsnähe auszeichnen, zusätzlich den strengen Vergaberegeln des Abschnitts 1 unterstellte.

7 Aus dieser Zielrichtung der Sektorenrichtlinie folgt zugleich, dass bei einer Auftragsvergabe nach Abschnitt 4 **die Basisbestimmungen des Teils A nur insoweit zu beachten sind, als sie ein Mindestmaß dessen darstellen, was einen fairen und diskriminierungsfreien Wettbewerb ausmacht** (ähnlich, aber unter engerer Anlehnung an die Basisparagraphen *Heiermann/Riedl/Rusam* Vor Abschnitt 4 [SKR] Rn. 1 ff.). Dies wird z.B. für das Gebot einer eindeutigen und erschöpfenden Leistungsbeschreibung nach **§ 9 Nr. 1 VOB/A** jedenfalls soweit gelten, als dies erforderlich ist, um vergleichbare Angebote zu erhalten. Dagegen sind die Anforderungen an die Leistungsbeschreibung nicht so weitgehend zu erfüllen, wie es § 9 Nr. 1 VOB/A im Weiteren fordert, dass nämlich Bewerber die Preise sicher und ohne Vorarbeiten berechnen können. Dem in § 9 Nr. 2 VOB/A niedergelegten Verbot, auf den Auftragnehmer besondere Risiken (»**ungewöhnliches Wagnis**«) zu verlagern, kommt nach Abschnitt 4 keine verpflichtende Wirkung zu. Die Unzulässigkeit kann sich in diesen Fällen jedoch aus anderen Vorschriften, insbesondere aus denen über das Recht der Allgemeinen Geschäftsbedingungen der §§ 305, 307 ff. BGB oder – bei marktbeherrschenden Unternehmen i.S.d. § 19 GWB – aus § 20 GWB ergeben (vgl. BauR 1997, 126 = BGH NJW 1997, 36 = ZfBR 1997, 29). Ferner unterliegt der Auftraggeber nach Abschnitt 4 nicht den Beschränkungen des Teils A § 5 und § 9 Nr. 11 ff. hinsichtlich der Art des Vertrags oder der Art der Leistungsbeschreibung, wonach in der Regel der Einheitspreisvertrag mit einem detaillierten Leistungsverzeichnis zur Anwendung kommen soll. Der Auftraggeber kann sich vielmehr frei dazu entschließen, z.B. einen sog. Globalpauschalvertrag auf Basis einer funktionalen Leistungsbeschreibung für die beabsichtige Bauleistung zugrunde zu legen. Ob dies dabei nach Abwägung aller Umstände unbedingt zweckmäßig ist, wie dies § 9 Nr. 15 VOB/A für die Leistungsbeschreibung mit Leistungsprogramm als Anwendungsfall der funktionalen Leistungsbeschreibung fordert, ist nicht entscheidend. Keine grundsätzlichen Bedenken bestehen deshalb auch gegen den Einsatz von Vertragsmodellen, die durch eine enge Kooperation zwischen Auftraggeber und Auftragnehmer gekennzeichnet sind (vgl. etwa zum so genannten GMP-Vertrag *Grünhoff* NZBau 2000, 313 ff.).

8 **Keine Vorschriften** enthält Abschnitt 4 über die **Aufhebung eines Offenen oder Nichtoffenen Verfahrens oder über die Einstellung eines Verhandlungsverfahrens**. Sicherlich wird eine Beendigung des Verfahrens jederzeit möglich sein, wenn die in **§ 26 VOB/A** aufgeführten Gründe vorliegen (zu möglichen Schadensersatzpflichten des Auftraggebers bei rechtswidriger Aufhebung einer Ausschreibung nach § 26 VOB/A eingehend BGH, Urt. v. 8.9.1998 – XZR 48/97, BGHZ 139, 259 = BauR 1998, 1232 = NJW 1998, 3636 = ZfBR 1999, 20). Darüber hinaus werden solche Umstände in Betracht kommen, die auch bei rein privaten Auftraggebern einen Abbruch von Vertragsverhandlungen zulassen, ohne dass dadurch schuldhaft das zwischen den Verhandlungsparteien bestehende vorvertragliche Vertrauensverhältnis verletzt wird. So dürfte es durchaus zulässig sein, ein Verfahren wegen fehlender Finanzmittel zu beenden, sofern die Bewerber auf diese Möglichkeit **zuvor** in der Bekanntmachung und den Verdingungsunterlagen hingewiesen wurden.

9 Auch zu der Frage, ob und ggf. unter welchen Voraussetzungen eine **Vergabe nach Fach- oder Teillosen** zu erfolgen hat (§ 4 Nr. 2 VOB/A), findet sich in Abschnitt 4 **keine Bestimmung**. Demnach wäre z.B. eine Vergabe an einen Generalunternehmer oder einen Generalübernehmer ohne Einschränkung zulässig, da jedenfalls im Abschnitt 4 das Selbstausführungsgebot nicht gilt (vgl. hierzu auch § 8 VOB/A Rn. 18 ff. und § 4 VOB/A Rn. 21). Hier ist jedoch die Bestimmung des § 99 Abs. 3 GWB als allgemeiner Grundsatz des Vergaberechts zu beachten (vgl. dazu die Kommentierung zu § 97 Abs. 3 GWB).

10 **Mit der VOB 2006 ist Abschnitt 4 – wie im Übrigen auch Abschnitt 3 – den Bestimmungen der Richtlinie 2004/17/EG weitgehend angepasst worden**, so dass sich erhebliche Änderungen bzw. Neuregelungen ergeben haben. Zu nennen sind insbesondere der zwingende Ausschluss vom Wettbewerb bei Vorliegen einer Verurteilung wegen bestimmter Straftaten (§ 5 Nr. 2 SKR), die Anforderungen an die Eignungsnachweise bei Einsatz von Dritten (§ 5 Nr. 7 SKR), die Modalitäten bei Nachweisen zu Umweltmanagement- und Qualitätssicherungsverfahren (§ 5 Nr. 8 SKR), die Leistungsbeschreibung bzw. die technischen Spezifikationen (§ 9 SKR), die Zulassung elektronischer Verfahren (§ 8 SKR) mit den Möglichkeiten zur Abkürzung von Fristen zur Beschleunigung der Verfahren (§ 10 SKR) und schließlich die Mitteilungs- und Berichtspflichten (§§ 12 ff. SKR).

11 Für die nachfolgende Kommentierung ist darauf hinzuweisen, dass die Bestimmungen nach VOB/A Abschnitt 4 weitgehend in den Basisparagraphen und insbesondere in den b-Paragraphen des Abschnitts 3 ihren Niederschlag gefunden haben. Bei den jeweiligen Erläuterungen zu den nachfolgend abgedruckten Einzelbestimmungen der in das deutsche Vergaberecht übernommenen Regelungen der EG-Sektorenrichtlinie genügt es daher, zur Vermeidung von Wiederholungen im Wege der Gegenüberstellung Hinweise zu geben, wo sich die gleichen Bestimmungen schon in den Basisparagraphen oder den b-Paragraphen befinden und wo sie im Einzelnen kommentiert sind. Erläuterungen sind daher nur dort erforderlich, wo ergänzende oder abweichende Regelungen getroffen wurden und somit keine Deckungsgleichheit mit den Basisparagraphen und/oder den b-Paragraphen besteht.

§ 1 SKR
Bauleistungen, Geltungsbereich

1. Bauleistungen sind Arbeiten jeder Art, durch die eine bauliche Anlage hergestellt, instand gehalten, geändert oder beseitigt wird.

2. (1) Die Bestimmungen sind von Sektorenauftraggebern für Bauaufträge anzuwenden, bei denen der geschätzte Gesamtauftragswert der Baumaßnahme bzw. des Bauwerks (alle Bauaufträge für eine bauliche Anlage) mindestens dem in § 2 Nr. 4 Vergabeverordnung (VgV) genannten Schwellenwert ohne Umsatzsteuer entspricht. Der Gesamtauftragswert umfasst auch den geschätzten Wert der vom Auftraggeber beigestellten Stoffe, Bauteile und Leistungen.
   (2) Werden die Bauaufträge i.S.v. Abs. 1 für eine bauliche Anlage in Losen vergeben, sind die Bestimmungen anzuwenden
   – bei jedem Los mit einem geschätzten Auftragswert von 1 Million € und mehr,
   – unabhängig davon für alle Bauaufträge, bis mindestens 80 v.H. des geschätzten Gesamtauftragswertes aller Bauaufträge für die bauliche Anlage erreicht sind.

3. Eine bauliche Anlage darf für die Schwellenwertermittlung nicht in der Absicht aufgeteilt werden, sie der Anwendung der Bestimmungen zu entziehen.

4. Lieferungen, die nicht zur Ausführung der baulichen Anlage erforderlich sind, dürfen dann nicht mit einem Bauauftrag vergeben werden, wenn dadurch für sie die Anwendung der für Lieferleistungen geltenden EG-Vergabebestimmungen umgangen wird.

5. Der Wert einer Rahmenvereinbarung (§ 4 SKR) wird auf der Grundlage des geschätzten Höchstwertes aller für den Zeitraum ihrer Geltung geplanten Aufträge berechnet.

6. Maßgebender Zeitpunkt für die Schätzung des Gesamtauftragswertes ist die Einleitung des ersten Vergabeverfahrens für die bauliche Anlage.

Nr. 1 deckt sich mit § 1 VOB/A, so dass auf die Kommentierung dort vollinhaltlich zu verweisen ist. **1**

Nr. 2 ist inhaltlich mit § 1b Nr. 1 VOB/A übereinstimmend. In Abs. 1 S. 1 fehlt nur der in § 1b Nr. 1 Abs. 1 S. 1 VOB/A gebrauchte Hinweis »zusätzlich zu den Basisparagraphen«, weil bei Vergaben **nach Abschnitt 4 im Gegensatz zu Abschnitt 3** die Basisbestimmungen grundsätzlich nicht zur Anwendung kommen. Für Sektorenauftraggeber ist daher von entscheidender Bedeutung, ob sie als öffentlicher Auftraggeber i.S.d. § 98 Nr. 4 GWB oder i.S.d. § 98 Nr. 1 bis 3 GWB einzustufen sind, da Erstere den Abschnitt 4 und Letztere – in Abhängigkeit von der Art der Tätigkeit – entweder den Abschnitt 3 oder den Abschnitt 4 anzuwenden haben. Dies ergibt sich aus der Regelung des § 7 VgV, der für die Auftragsvergabe im Sektorenbereich die anzuwendenden Vergabebestimmungen bzw. den anzuwendenden Abschnitt 3 oder Abschnitt 4 der VOB/A regelt (vgl. die Kommentierung zu § 7 VgV in der Vorauflage). Die **Zuordnung** bereitet in der praktischen Rechtsanwendung erhebliche Schwierigkeiten, weil in der Regel nicht eindeutig ist, ob ein privatrechtlich verfasster Auftraggeber, bei dem zwar grundsätzlich die Tatbestandsmerkmale des § 98 Nr. 4 GWB vorliegen, nicht auch zusätzlich die in **§ 98 Nr. 2 GWB** erwähnten Voraussetzungen erfüllt, also »**zu dem besonderen Zweck gegründet wurde, im Allgemeininteresse liegende Aufgaben nichtgewerblicher Art zu erfüllen**« (zu dieser Abgrenzung eingehend und überzeugend *Thode* Zum vergaberechtlichen Status von juristischen Personen des Privatrechts ZIP 2000, 1 ff.). **2**

Die **Nr. 3 bis 6** stimmen mit § 1b Nr. 2 bis 5 VOB/A überein, so dass auf die Erläuterungen in § 1b VOB/A sowie ihre Verweisungen Bezug zu nehmen ist. **3**

§ 2 SKR
Diskriminierungsverbot, Schutz der Vertraulichkeit

1. Bei der Vergabe von Bauleistungen darf kein Unternehmer diskriminiert werden.

2. Die Übermittlung technischer Spezifikationen für interessierte Unternehmer, die Prüfung und die Auswahl von Unternehmern und die Auftragsvergabe können die Auftraggeber mit Auflagen zum Schutz der Vertraulichkeit verbinden.

3. Das Recht der Unternehmer, von einem Auftraggeber in Übereinstimmung mit innerstaatlichen Rechtsvorschriften die Vertraulichkeit der von ihnen zur Verfügung gestellten Informationen zu verlangen, wird nicht eingeschränkt.

1 Nr. 1 findet sich in der Basisbestimmung von § 2 Nr. 2 VOB/A.

2 Die **Nr. 2 und 3** sind gleichlautend in § 2b Nr. 1 und 2 VOB/A geregelt (vgl. dort § 2b VOB/A).

§ 3 SKR
Arten der Vergabe

1. Die Auftraggeber können jedes der in Nummer 2 bezeichneten Verfahren wählen, vorausgesetzt, dass – vorbehaltlich der Nummer 3 – ein Aufruf zum Wettbewerb gemäß § 9 SKR Nr. 1 durchgeführt wird.

2. Bauaufträge i.S.v. § 1 SKR werden in folgenden Verfahren vergeben:
    a) Offenes Verfahren
    Im Offenen Verfahren werden Bauleistungen vergeben im vorgeschriebenen Verfahren nach öffentlicher Aufforderung einer unbeschränkten Zahl von Unternehmern zur Einreichung von Angeboten.
    b) Nichtoffenes Verfahren
    Im Nichtoffenen Verfahren werden Bauleistungen vergeben im vorgeschriebenen Verfahren nach öffentlicher Aufforderung einer beschränkten Zahl von Unternehmern zur Einreichung von Angeboten, gegebenenfalls nach Aufruf zum Wettbewerb.
    c) Verhandlungsverfahren
    Beim Verhandlungsverfahren wendet sich der Auftraggeber an ausgewählte Unternehmer und verhandelt mit einem oder mehreren dieser Unternehmer über den Auftragsinhalt, gegebenenfalls nach Aufruf zum Wettbewerb.

3. Ein Verfahren ohne vorherigen Aufruf zum Wettbewerb kann durchgeführt werden,
    a) wenn im Rahmen eines Verfahrens mit vorherigem Aufruf zum Wettbewerb keine oder keine geeigneten Angebote oder keine Bewerbungen abgegeben worden sind, sofern die ursprünglichen Bedingungen des Auftrags nicht grundlegend geändert werden,
    b) wenn ein Auftrag nur zum Zweck von Forschungen, Versuchen, Untersuchungen oder Entwicklungen und nicht mit dem Ziel der Gewinnerzielung oder der Deckung der Forschungs- und Entwicklungskosten vergeben wird und sofern die Vergabe eines derartigen Auftrages einer Wettbewerblichen Vergabe von Folgeaufträgen, die insbesondere diese Ziele verfolgen, nicht vorgreift,
    c) wenn der Auftrag wegen seiner technischen oder künstlerischen Besonderheiten oder aufgrund des Schutzes von Ausschließlichkeitsrechten nur von einem bestimmten Unternehmer durchgeführt werden kann,
    d) wenn dringliche Gründe im Zusammenhang mit Ereignissen, die der Auftraggeber nicht

vorausehen konnte, es nicht zulassen, die in den Offenen Verfahren, Nichtoffenen Verfahren oder Verhandlungsverfahren vorgesehenen Fristen einzuhalten,

e) bei zusätzlichen Bauarbeiten, die weder in dem der Vergabe zugrunde liegenden Entwurf noch im zuerst vergebenen Auftrag vorgesehen sind, die aber wegen eines unvorhergesehenen Ereignisses zur Ausführung dieses Auftrags erforderlich sind, sofern der Auftrag an den Unternehmer vergeben wird, der den ersten Auftrag ausführt,
  – wenn sich diese zusätzlichen Arbeiten in technischer oder wirtschaftlicher Hinsicht nicht ohne wesentlichen Nachteil für den Auftraggeber vom Hauptauftrag trennen lassen oder
  – wenn diese zusätzlichen Arbeiten zwar von der Ausführung des ersten Auftrags getrennt werden können, aber für dessen weitere Ausführungsstufen unbedingt erforderlich sind,

f) bei neuen Bauarbeiten, die in der Wiederholung gleichartiger Arbeiten bestehen, die vom selben Auftraggeber an den Unternehmer vergeben werden, der den ersten Auftrag erhalten hat, sofern sie einem Grundentwurf entsprechen und dieser Entwurf Gegenstand eines ersten Auftrags war, der nach einem Aufruf zum Wettbewerb vergeben wurde. Die Möglichkeit der Anwendung dieses Verfahrens muss bereits bei der Bekanntmachung für den ersten Bauauftrag des ersten Bauabschnitts angegeben werden; der für die Fortsetzung der Bauarbeiten in Aussicht genommene Gesamtauftragswert wird vom Auftraggeber für die Anwendung von § 1 SKR berücksichtigt,

g) bei Aufträgen, die aufgrund einer Rahmenvereinbarung vergeben werden sollen, sofern die in § 4 SKR Nr. 2 genannte Bedingung erfüllt ist.

Nr. 1 ist hier **eigens eingeführt** worden, um deutlich zum Ausdruck zu bringen, dass **im Bereich der** 1 **SKR der Auftraggeber grundsätzlich die Wahl zwischen den einzelnen Vergabearten hat**, er **insoweit** also **keinen Bindungen unterliegt** (vgl. dazu § 3b VOB/A). In gleicher Weise, allerdings mehr das Regel-Ausnahme-Verhältnis betonend, bestimmt **§ 101 Abs. 5 S. 2 GWB**, dass Auftraggebern, **die (nur) unter § 98 Nr. 4 GWB fallen,** die drei Vergabearten nach ihrer Wahl zur freien Verfügung stehen.

Im Regelfall muss aber auch hier ein Aufruf zum Wettbewerb nach § 9 Nr. 1 SKR, der mit § 17b Nr. 1 VOB/A (vgl. dazu § 17b VOB/A) übereinstimmt, vorausgegangen sein. Ausnahmen von diesem Grundsatz sind die in Nr. 3 im Einzelnen aufgeführten Fallgruppen, die ihrerseits wiederum mit § 3b Nr. 2 VOB/A deckungsgleich sind.

Nr. 2 lit. a ist identisch mit der Regelung in § 3 Nr. 1 Abs. 1 VOB/A (vgl. § 3 VOB/A). 2

Nr. 2 lit. b deckt sich grundsätzlich mit § 3 Nr. 1 Abs. 2 VOB/A, soweit dort der Öffentliche Teilnah- 3 mewettbewerb geregelt ist (vgl. dazu § 3 VOB/A). Des Weiteren ist vor allem § 3b Nr. 1 lit. b VOB/A zu beachten, der im Hinblick auf den »anderen Aufruf zum Wettbewerb« auf § 17b Nr. 1 Abs. 1 lit. b und c VOB/A verweist, wonach als Aufruf zum Wettbewerb entweder eine regelmäßige Bekanntmachung oder eine Veröffentlichung durch Bekanntmachung über das Bestehen eines Prüfsystems nach § 8b Nr. 9 VOB/A in Betracht kommt (vgl. dazu § 3 VOB/A; § 3b VOB/A; § 17b VOB/A).

Nr. 2 lit. c ist inhaltsgleich mit § 3b Nr. 1 lit. c S. 2 VOB/A (vgl. § 3b VOB/A). 4

Nr. 3 stimmt in seiner Gesamtregelung wörtlich und inhaltlich mit § 3b Nr. 2 VOB/A überein (vgl. 5 § 3b VOB/A).

§ 4 SKR
Rahmenvereinbarung

1. Eine Rahmenvereinbarung ist eine Vereinbarung mit einem oder mehreren Unternehmern, in der die Bedingungen für Einzelaufträge festgelegt werden, die im Laufe eines bestimmten Zeitraums vergeben werden sollen, insbesondere über den in Aussicht genommenen Preis und gegebenenfalls die in Aussicht genommene Menge.

2. (1) Rahmenvereinbarungen können als Auftrag im Sinne dieser Vergabebestimmungen angesehen werden und aufgrund eines Verfahrens nach § 3 SKR Nr. 2 abgeschlossen werden.
   (2) Ist eine Rahmenvereinbarung in einem Verfahren nach § 3 SKR Nr. 2 abgeschlossen worden, so kann ein Einzelauftrag aufgrund dieser Rahmenvereinbarung nach § 3 SKR Nr. 3 Buchstabe g ohne vorherigen Aufruf zum Wettbewerb vergeben werden.
   (3) Ist eine Rahmenvereinbarung nicht in einem Verfahren nach § 3 SKR Nr. 2 abgeschlossen worden, so muss der Vergabe des Einzelauftrags ein Aufruf zum Wettbewerb vorausgehen.

3. Rahmenvereinbarungen dürfen nicht dazu missbraucht werden, den Wettbewerb zu verhindern, einzuschränken oder zu verfälschen.

1 Nr. 1 deckt sich mit § 5b Nr. 1 VOB/A.
2 Nr. 2 Abs. 1 ist mit § 5b Nr. 2 Abs. 1 VOB/A identisch.
3 Nr. 2 Abs. 2 stimmt mit § 5b Nr. 2 Abs. 2 VOB/A überein.
4 Nr. 2 Abs. 3 ist mit § 5b Nr. 2 Abs. 3 VOB/A identisch.
5 Nr. 3 ist mit § 5b Nr. 3 VOB/A deckungsgleich.

§ 5 SKR
Teilnehmer am Wettbewerb

1. (1) Auftraggeber, die Bewerber oder Bieter auswählen, richten sich dabei nach objektiven, nicht diskriminierenden Regeln und Kriterien. Diese Regeln und Kriterien legen sie in Textform fest und stellen sie interessierten Unternehmern zur Verfügung.
   (2) Kriterien i.S.v. Absatz 1 sind insbesondere Fachkunde, Leistungsfähigkeit und Zuverlässigkeit. Zu deren Nachweis können Angaben verlangt werden, z.B. über:
   a) den Umsatz des Unternehmers in den letzten drei abgeschlossenen Geschäftsjahren, soweit er Bauleistungen und andere Leistungen betrifft, die mit der zu vergebenden Leistung vergleichbar sind, unter Einschluss des Anteils bei gemeinsam mit anderen Unternehmern ausgeführten Aufträgen,
   b) die Ausführung von Leistungen in den letzten drei abgeschlossenen Geschäftsjahren, die mit der zu vergebenden Leistung vergleichbar sind,
   c) die Zahl der in den letzten drei abgeschlossenen Geschäftsjahren jahresdurchschnittlich beschäftigten Arbeitskräfte, gegliedert nach Berufsgruppen,
   d) die dem Unternehmer für die Ausführung der zu vergebenden Leistung zur Verfügung stehende technische Ausrüstung,
   e) das für die Leitung und Aufsicht vorgesehene technische Personal,
   f) die Eintragung in das Berufsregister des Sitzes oder Wohnsitzes des Unternehmers,
   g) andere, insbesondere für die Prüfung der Fachkunde geeignete Nachweise.

2. (1) Ein Unternehmen ist von der Teilnahme an einem Vergabeverfahren wegen Unzuverlässigkeit auszuschließen, wenn der Auftraggeber Kenntnis davon hat, dass eine Person, deren

Verhalten dem Unternehmen zuzurechnen ist, rechtskräftig wegen Verstoßes gegen eine der folgenden Vorschriften verurteilt worden ist:
   a) § 129 des Strafgesetzbuches (Bildung krimineller Vereinigungen), § 129a des Strafgesetzbuches (Bildung terroristischer Vereinigungen), § 129b des Strafgesetzbuches (kriminelle und terroristische Vereinigungen im Ausland),
   b) § 261 des Strafgesetzbuches (Geldwäsche, Verschleierung unrechtmäßig erlangter Vermögenswerte),
   c) § 263 des Strafgesetzbuches (Betrug), soweit sich die Straftat gegen den Haushalt der EG oder gegen Haushalte richtet, die von der EG oder in ihrem Auftrag verwaltet werden,
   d) § 264 des Strafgesetzbuches (Subventionsbetrug), soweit sich die Straftat gegen den Haushalt der EG oder gegen Haushalte richtet, die von der EG oder in ihrem Auftrag verwaltet werden,
   e) § 334 des Strafgesetzbuches (Bestechung), auch i.V.m. Artikel 2 des EU-Bestechungsgesetzes, Artikel 2 § 1 des Gesetzes zur Bekämpfung internationaler Bestechung, Artikel 7 Abs. 2 Nr. 10 des Vierten Strafrechtsänderungsgesetzes und § 2 des Gesetzes über das Ruhen der Verfolgungsverjährung und die Gleichstellung der Richter und Bediensteten des Internationalen Strafgerichtshofes,
   f) Artikel 2 § 2 des Gesetzes zur Bekämpfung internationaler Bestechung (Bestechung ausländischer Abgeordneter im Zusammenhang mit internationalem Geschäftsverkehr),
   g) § 370 der Abgabenordnung, auch i.V.m. § 12 des Gesetzes zur Durchführung der gemeinsamen Marktorganisationen und der Direktzahlungen (MOG), soweit sich die Straftat gegen den Haushalt der EG oder gegen Haushalte richtet, die von der EG oder in ihrem Auftrag verwaltet werden.

Einem Verstoß gegen diese Vorschriften gleichgesetzt sind Verstöße gegen entsprechende Strafnormen anderer Staaten. Ein Verhalten ist einem Unternehmen zuzurechnen, wenn eine für dieses Unternehmen für die Führung der Geschäfte verantwortlich handelnde Person selbst gehandelt hat oder ein Aufsichts- oder Organisationsverschulden gemäß § 130 des Gesetzes über Ordnungswidrigkeiten (OWiG) dieser Person im Hinblick auf das Verhalten einer anderen für den Bewerber handelnden Person vorliegt.

(2) Als Nachweis, dass die Kenntnis nach Absatz 1 unrichtig ist, akzeptiert der Auftraggeber eine Urkunde einer zuständigen Gerichts- oder Verwaltungsbehörde des Herkunftslands. Wenn eine Urkunde oder Bescheinigung vom Herkunftsland nicht ausgestellt ist oder nicht vollständig alle vorgesehenen Fälle erwähnt, kann dies durch eine eidesstattliche Erklärung oder eine förmliche Erklärung vor einer zuständigen Gerichts- oder Verwaltungsbehörde, einem Notar oder einer dafür qualifizierten Berufsorganisation des Herkunftslands ersetzt werden.

(3) Von einem Ausschluss nach Absatz 1 kann nur abgesehen werden, wenn zwingende Gründe des Allgemeininteresses vorliegen und andere die Leistung nicht angemessen erbringen können oder wenn aufgrund besonderer Umstände des Einzelfalls der Verstoß die Zuverlässigkeit des Bewerbers nicht in Frage stellt.

3. Kriterien nach Nummer 1 können auch folgende Ausschließungsgründe sein:
   a) Eröffnung oder beantragte Eröffnung des Insolvenzverfahrens oder eines vergleichbaren gesetzlich geregelten Verfahrens über das Vermögen des Unternehmers oder Ablehnung dieses Antrages mangels Masse,
   b) eingeleitete Liquidation des Unternehmens,
   c) nachweislich begangene schwere Verfehlung des Unternehmers, die seine Zuverlässigkeit als Bewerber in Frage stellt,
   d) nicht ordnungsgemäße Erfüllung der Verpflichtung zur Zahlung von Steuern und Abgaben sowie der Beiträge zur gesetzlichen Sozialversicherung,

    e) vorsätzliche Abgabe von unzutreffenden Erklärungen in Bezug auf Fachkunde, Leistungsfähigkeit und Zuverlässigkeit im Vergabeverfahren,
    f) fehlende Anmeldung bei der Berufsgenossenschaft oder zuständigen Organisation.

4. Ein Kriterium kann auch die objektive Notwendigkeit sein, die Zahl der Bewerber so weit zu verringern, dass ein angemessenes Verhältnis zwischen den besonderen Merkmalen des Vergabeverfahrens und dem zur Durchführung notwendigen Aufwand sichergestellt ist. Es sind jedoch so viele Bewerber zu berücksichtigen, dass ein Wettbewerb gewährleistet ist.

5. Bietergemeinschaften sind Einzelbietern gleichzusetzen, wenn sie die Arbeiten im eigenen Betrieb oder in den Betrieben der Mitglieder ausführen. Von solchen Gemeinschaften kann nicht verlangt werden, dass sie zwecks Einreichung eines Angebots oder für das Verhandlungsverfahren eine bestimmte Rechtsform annehmen; von der den Zuschlag erhaltenden Gemeinschaft kann dies jedoch verlangt werden, sofern es für die ordnungsgemäße Durchführung des Auftrags notwendig ist.

6. Bei der Auswahl der Teilnehmer an einem Nichtoffenen Verfahren oder Verhandlungsverfahren sowie bei der Entscheidung über die Qualifikation sowie bei der Überarbeitung der Prüfungskriterien und -regeln dürfen die Auftraggeber nicht
   - bestimmten Unternehmern administrative, technische oder finanzielle Verpflichtungen auferlegen, die sie anderen Unternehmern nicht auferlegt hätten,
   - Prüfungen und Nachweise verlangen, die sich mit bereits vorliegenden objektiven Nachweisen überschneiden.

7. Ein Bieter kann sich, gegebenenfalls auch als Mitglied einer Bietergemeinschaft, bei der Erfüllung eines Auftrags der Fähigkeiten anderer Unternehmen bedienen, ungeachtet des rechtlichen Charakters der zwischen ihm und diesem Unternehmen bestehenden Verbindung. Er muss in diesem Fall dem Auftraggeber gegenüber nachweisen, dass ihm die erforderlichen Mittel zur Verfügung stehen, indem er beispielsweise eine entsprechende Verpflichtungserklärung dieser Unternehmen vorlegt.

8. (1) Auftraggeber können zusätzlich Angaben über Umweltmanagementverfahren verlangen, die der Bewerber oder Bieter bei der Ausführung des Auftrags gegebenenfalls anwenden will. In diesen Fällen kann der Auftraggeber zum Nachweis dafür, dass der Bewerber oder Bieter bestimmte Normen für das Umweltmanagement erfüllt, die Vorlage von Bescheinigungen unabhängiger Stellen verlangen. In diesen Fällen nehmen sie auf das Gemeinschaftssystem für das Umweltmanagement und die Umweltbetriebsprüfung (EMAS) oder auf Normen für das Umweltmanagement Bezug, die auf den einschlägigen europäischen oder internationalen Normen beruhen und von entsprechenden Stellen zertifiziert sind, die dem Gemeinschaftsrecht oder einschlägigen europäischen oder internationalen Zertifizierungsnormen entsprechen. Gleichwertige Bescheinigungen von Stellen in anderen Mitgliedstaaten sind anzuerkennen. Die Auftraggeber erkennen auch andere Nachweise für gleichwertige Umweltmanagement-Maßnahmen an, die von Bewerbern oder Bietern vorgelegt werden.

   (2) Auftraggeber können zum Nachweis dafür, dass der Bewerber oder Bieter bestimmte Qualitätssicherungsnormen erfüllt, die Vorlage von Bescheinigungen unabhängiger Stellen verlangen. In diesen Fällen nehmen sie auf Qualitätssicherungsverfahren Bezug, die den einschlägigen europäischen Normen genügen und von entsprechenden Stellen zertifiziert sind, die den europäischen Zertifizierungsnormen entsprechen. Gleichwertige Bescheinigungen von Stellen aus anderen Mitgliedstaaten sind anzuerkennen. Die Auftraggeber erkennen auch andere gleichwertige Nachweise für Qualitätssicherungsmaßnahmen an.

9. (1) Auftraggeber können ein System zur Prüfung von Unternehmern (Präqualifikationsverfahren) einrichten und anwenden. Sie sorgen dann dafür, dass sich Unternehmen jederzeit einer Prüfung unterziehen können.
(2) Das System kann mehrere Qualifikationsstufen umfassen. Es wird auf der Grundlage der vom Auftraggeber aufgestellten objektiven Regeln und Kriterien gehandhabt. Der Auftraggeber nimmt dabei auf geeignete europäische Normen über die Qualifizierung von Unternehmern Bezug. Diese Kriterien und Regeln können erforderlichenfalls auf den neuesten Stand gebracht werden.
(3) Auf Verlangen werden diese Qualifizierungsregeln und -kriterien sowie deren Fortschreibung interessierten Unternehmern übermittelt. Bezieht sich der Auftraggeber auf das Qualifizierungssystem einer anderen Einrichtung, so teilt er deren Namen mit.
(4) Enthalten die Qualifizierungsregeln Anforderungen an die wirtschaftlichen und finanziellen sowie technischen und/oder beruflichen Fähigkeiten des Unternehmens, kann sich dieses gegebenenfalls auf die Fähigkeit anderer Unternehmen stützen, unabhängig von dem Rechtsverhältnis, indem es zu diesen Unternehmen steht. In diesem Fall muss es dem Auftraggeber nachweisen, dass es während der gesamten Gültigkeit des Prüfsystems über diese Ressourcen verfügt, beispielsweise durch eine entsprechende Verpflichtungserklärung dieser Unternehmen.

10. Die Auftraggeber unterrichten die Antragsteller innerhalb von 6 Monaten über die Entscheidung zu deren Qualifikation. Kann diese Entscheidung nicht innerhalb von 4 Monaten nach Eingang des Prüfungsantrags getroffen werden, hat der Auftraggeber dem Antragsteller spätestens zwei Monate nach Eingang des Antrags die Gründe für eine längere Bearbeitungszeit mitzuteilen und anzugeben, wann über die Annahme oder die Ablehnung seines Antrags entschieden wird.

11. Negative Entscheidungen über die Qualifikation werden unverzüglich, spätestens jedoch innerhalb von 15 Kalendertagen nach der Entscheidung den Antragstellern unter Angabe der Gründe mitgeteilt. Die Gründe müssen sich auf die in Nummer 9 erwähnten Prüfungskriterien beziehen.

12. Die als qualifiziert anerkannten Unternehmer sind in ein Verzeichnis aufzunehmen. Dabei ist eine Untergliederung nach Fachgebieten möglich.

13. Die Auftraggeber können einem Unternehmer die Qualifikation nur aus Gründen aberkennen, die auf den in Nummer 9 erwähnten Kriterien beruhen. Die beabsichtigte Aberkennung muss dem betroffenen Unternehmer mindestens 15 Kalendertage vor dem für die Aberkennung vorgesehenen Termin schriftlich unter Angabe der Gründe mitgeteilt werden.

Bemerkungen

Nr. 1 Abs. 1 stimmt mit § 8b Nr. 2 Abs. 1 VOB/A im Wesentlichen überein (vgl. § 8b VOB/A Rn. 5 ff.). Mit der VOB 2006 sind allerdings – im Gegensatz zu § 8b Nr. 2 Abs. 1 VOB/A – zwei Änderungen erfolgt. Zum einen wurden die zu beachtenden Vorgaben auch auf die Auswahl von Bietern, was insbesondere bei einem Verhandlungsverfahren zum Tragen kommen kann, erstreckt und zum anderen wurde **anstatt der schriftlichen Festlegung der Regeln und Kriterien die Textform gem. § 126b BGB zugelassen**. **1**

Nr. 1 Abs. 2 S. 1 deckt sich mit § 8b Nr. 2 Abs. 2 S. 1 VOB/A. Die in S. 2 beispielhaft unter lit. a bis g genannten Merkmale finden sich in gleicher Weise in § 8 Nr. 3 Abs. 1 lit. a bis g VOB/A, stimmen also mit diesen Basisregelungen überein (vgl. § 8 VOB/A Rn. 64 ff.). **2**

3 **Nr. 2** stimmt mit § 8b Nr. 1 VOB/A überein (vgl. § 8b Nr. 1 VOB/A Rn. 4 bzw. § 8a Nr. 1 VOB/A Rn. 3 ff.).

4 **Nr. 3** ist mit § 8 Nr. 5 Abs. 1 VOB/A identisch (vgl. § 8 VOB/A Rn. 91 ff.). Lediglich in Nr. 2 lit. f ist hinsichtlich der fehlenden Anmeldung neben derjenigen bei einer Berufsgenossenschaft die Anmeldung bei der »zuständigen Organisation« hinzugesetzt. Dies erklärt sich allein damit, dass im Bereich des Abschnitts 4 für bestimmte Unternehmer nicht die Berufsgenossenschaft für die Anmeldung zuständig ist, sondern eine dieser gleich zu achtende Organisation, was vor allem für andere EU-Mitgliedsstaaten gelten wird.

5 **Nr. 4** stimmt mit § 8b Nr. 4 VOB/A überein (vgl. § 8b VOB/A Rn. 12 ff.).

6 **Nr. 5** ist in **S. 1** mit der Basisregelung in § 25 Nr. 6 VOB/A deckungsgleich (vgl. dazu § 25 VOB/A). **S. 2** ist wiederum identisch mit § 8b Nr. 5 VOB/A (vgl. dazu § 8b VOB/A Rn. 16 bzw. § 8a VOB/A Rn. 20 ff.).

7 **Nr. 6** deckt sich mit § 8b Nr. 6 VOB/A (vgl. § 8b VOB/A Rn. 17 ff.).

8 **Nr. 7** stimmt mit § 8b Nr. 7 VOB/A überein (vgl. § 8b VOB/A Rn. 20).

9 **Nr. 8** ist mit § 8b Nr. 8 VOB/A inhaltsgleich (vgl. § 8b VOB/A Rn. 21).

10 **Nr. 8** deckt sich mit § 8b Nr. 8 VOB/A (vgl. § 8b VOB/A Rn. 22).

11 **Nr. 9** hat § 8b Nr. 9 VOB/A zum Gegenstück (vgl. § 8b VOB/A Rn. 23 ff.).

12 **Nr. 10** ist identisch mit § 8b Nr. 10 VOB/A (vgl. § 8b VOB/A Rn. 28).

13 **Nr. 11** hat den gleichen Inhalt wie § 8b Nr. 11 VOB/A (vgl. § 8b VOB/A Rn. 29).

14 **Nr. 12** entspricht der Regelung in § 8b Nr. 12 VOB/A (vgl. § 8b VOB/A Rn. 30).

15 Die **Nr. 13** stimmt schließlich mit § 8b Nr. 13 VOB/A überein (vgl. § 8b VOB/A Rn. 31).

§ 6 SKR
Beschreibung der Leistung

1. Die technischen Anforderungen (Spezifikationen – siehe Anhang TS Nr. 1) an den Auftragsgegenstand müssen allen Bietern gleichermaßen zugänglich sein und dürfen den Wettbewerb nicht in unzulässiger Weise behindern.
2. Die technischen Spezifikationen sind in den Verdingungsunterlagen zu formulieren:
   (1) entweder unter Bezugnahme auf die in Anhang TS definierten technischen Spezifikationen in der Rangfolge
   a) nationale Normen, mit denen europäische Normen umgesetzt werden,
   b) europäische technische Zulassungen,
   c) gemeinsame technische Spezifikationen,
   d) internationale Normen und andere technische Bezugsysteme, die von den europäischen Normungsgremien erarbeitet wurden oder,
   e) falls solche Normen und Spezifikationen fehlen, nationale Normen, nationale technische Zulassungen oder nationale technische Spezifikationen für die Planung, Berechnung und Ausführung von Bauwerken und den Einsatz von Produkten.
   Jede Bezugnahme ist mit dem Zusatz »oder gleichwertig« zu versehen;
   (2) oder in Form von Leistungs- oder Funktionsanforderungen, die so genau zu fassen sind, dass sie den Unternehmen ein klares Bild vom Auftragsgegenstand vermitteln und dem Auftraggeber die Erteilung des Zuschlags ermöglichen;

(3) oder in Kombination von Absatz 1 und Absatz 2, d.h.
a) in Form von Leistungs- oder Funktionsanforderungen unter Bezugnahme auf die Spezifikationen gemäß Absatz 1 als Mittel zur Vermutung der Konformität mit diesen Leistungs- oder Funktionsanforderungen;
b) oder mit Bezugnahme auf die Spezifikationen gemäß Absatz 1 hinsichtlich bestimmter Merkmale und mit Bezugnahme auf die Leistungs- oder Funktionsanforderungen gemäß Absatz 2 hinsichtlich anderer Merkmale.

3. Verweist der Auftraggeber in der Leistungsbeschreibung auf die in Nummer 2 Absatz 1 Buchstabe a genannten Spezifikationen, so darf er ein Angebot nicht mit der Begründung ablehnen, die angebotene Leistung entspräche nicht den herangezogenen Spezifikationen, sofern der Bieter in seinem Angebot dem Auftraggeber nachweist, dass die von ihm vorgeschlagenen Lösungen den Anforderungen der technischen Spezifikation, auf die Bezug genommen wurde, gleichermaßen entsprechen. Als geeignetes Mittel kann eine technische Beschreibung des Herstellers oder ein Prüfbericht einer anerkannten Stelle gelten.

4. Legt der Auftraggeber die technischen Spezifikationen in Form von Leistungs- oder Funktionsanforderungen fest, so darf ein Angebot, das einer nationalen Norm entspricht, mit der eine europäische Norm umgesetzt wird, oder einer europäischen technischen Zulassung, einer gemeinsamen technischen Spezifikation, einer internationalen Norm oder einem technischen Bezugssystem, das von den europäischen Normungsgremien erarbeitet wurde, entspricht nicht zurückweisen, wenn diese Spezifikationen die geforderten Leistungs- oder Funktionsanforderungen betreffen. Der Bieter muss in seinem Angebot mit geeigneten Mitteln dem Auftraggeber nachweisen, dass die der Norm entsprechende jeweilige Leistung den Leistungs- oder Funktionsanforderungen des Auftraggebers entspricht. Als geeignetes Mittel kann eine technische Beschreibung des Herstellers oder ein Prüfbericht einer anerkannten Stelle gelten.

5. Schreibt der Auftraggeber Umwelteigenschaften, in Form von Leistungs- oder Funktionsanforderungen vor, so kann er die Spezifikationen verwenden, die in europäischen, multinationalen oder anderen Umweltgütezeichen definiert sind, wenn
a) sie sich zur Definition der Merkmale des Auftragsgegenstands eignen,
b) die Anforderungen des Umweltgütezeichens auf Grundlage von wissenschaftlich abgesicherten Informationen ausgearbeitet werden;
c) die Umweltgütezeichen im Rahmen eines Verfahrens erlassen werden, an dem interessierte Kreise – wie z.B. staatliche Stellen, Verbraucher, Hersteller, Händler und Umweltorganisationen – teilnehmen können und
d) wenn das Umweltgütezeichen für alle Betroffenen zugänglich und verfügbar ist.
Der Auftraggeber kann in den Vergabeunterlagen angeben, dass bei Leistungen, die mit einem Umweltgütezeichen ausgestattet sind, vermutet wird, dass sie den in der Leistungsbeschreibung festgelegten technischen Spezifikationen genügen. Der Auftraggeber muss jedoch auch jedes andere geeignete Beweismittel, wie technische Unterlagen des Herstellers oder Prüfberichte anerkannter Stellen, akzeptieren. Anerkannte Stellen sind die Prüf- und Eichlaboratorien sowie die Inspektions- und Zertifizierungsstellen, die mit den anwendbaren europäischen Normen übereinstimmen. Der Auftraggeber erkennt Bescheinigungen von in anderen Mitgliedstaaten ansässigen anerkannten Stellen an.

6. (1) Der Auftraggeber teilt dem an einem Auftrag interessierten Unternehmer auf Anfrage die technischen Spezifikationen mit, die regelmäßig in seinen Bauaufträgen genannt werden oder die er bei Beschaffungen im Zusammenhang mit regelmäßigen nichtverbindlichen Bekanntmachungen gemäß § 9 SKR Nr. 2 benutzt.

(2) Soweit sich solche technischen Spezifikationen aus Unterlagen ergeben, die interessierten Unternehmern zur Verfügung stehen, genügt eine Bezugnahme auf diese Unterlagen.

7. Soweit es nicht durch den Auftragsgegenstand gerechtfertigt ist, darf in technischen Spezifikationen nicht auf eine bestimmte Produktion oder Herkunft oder ein besonderes Verfahren oder auf Marken, Patente, Typen eines bestimmten Ursprungs oder einer bestimmten Produktion verwiesen werden, wenn dadurch bestimmte Unternehmen oder bestimmte Produkte begünstigt oder ausgeschlossen werden. Solche Verweise sind jedoch ausnahmsweise zulässig, wenn der Auftragsgegenstand nicht hinreichend genau und allgemein verständlich beschrieben werden kann; solche Verweise sind mit dem Zusatz »oder gleichwertig« zu versehen.

Bemerkungen (vgl. § 9 und § 9b VOB/A)

1 Nr. 1 stimmt mit § 9 Nr. 5 VOB/A überein.
2 Nr. 2 deckt sich mit § 9 Nr. 6 VOB/A.
3 Nr. 3 ist mit § 9 Nr. 7 VOB/A identisch.
4 Nr. 4 stimmt mit § 9 Nr. 8 VOB/A überein.
5 Nr. 5 deckt sich mit § 9 Nr. 9 VOB/A.
6 Die Regelung der **Nr. 6** findet sich in § 9b VOB/A.
7 Nr. 7 stimmt mit § 9 Nr. 10 VOB/A überein.

§ 7 SKR
Vergabeunterlagen

1. Die Vergabeunterlagen bestehen aus dem Anschreiben (Aufforderung zur Angebotsabgabe) und den Verdingungsunterlagen.

2. (1) Für die Versendung der Verdingungsunterlagen (§ 9 SKR Nr. 6 bis 8) ist ein Anschreiben (Aufforderung zur Angebotsabgabe) zu verfassen, das alle Angaben enthält, die außer den Verdingungsunterlagen für den Entschluss zur Abgabe eines Angebots notwendig sind.
   (2) In dem Anschreiben sind insbesondere anzugeben:
   a) Anschrift der Stelle, bei der zusätzliche Unterlagen angefordert werden können,
   b) Tag, bis zu dem zusätzliche Unterlagen angefordert werden können,
   c) gegebenenfalls Betrag und Zahlungsbedingungen für zusätzliche Unterlagen,
   d) Anschrift der Stelle, bei der die Angebote einzureichen sind,
   e) Angabe, dass die Angebote in deutscher Sprache abzufassen sind,
   f) Tag, bis zu dem die Angebote eingehen müssen,
   g) Hinweis auf die Veröffentlichung der Bekanntmachung,
   h) Angabe der Unterlagen, die gegebenenfalls dem Angebot beizufügen sind,
   i) sofern nicht in der Bekanntmachung, der Aufforderung zur Interessenbekundung, der Aufforderung zur Verhandlung oder den Verdingungsunterlagen angegeben (§ 9 SKR Nr. 1), die maßgebenden Wertungskriterien i.S.v. § 11 SKR Nr. 1. Dabei ist die Gewichtung der einzelnen Kriterien anzugeben. Kann die Gewichtung aus nachvollziehbaren Gründen nicht angegeben werden, sind die Kriterien in der absteigenden Reihenfolge ihrer Bedeutung zu nennen.

| Vergabeunterlagen | § 7 SKR |

(3) Wenn der Auftraggeber Nebenangebote nicht oder nur i.V.m. einem Hauptangebot zulassen will, so ist dies anzugeben. Ebenso sind gegebenenfalls die Mindestanforderungen an Nebenangebote anzugeben und auf welche Weise sie einzureichen sind.

3. Angebote werden schriftlich auf direktem Wege oder mit der Post übermittelt. Der Auftraggeber kann zulassen, dass die Angebote auf andere Weise übermittelt werden, sofern gewährleistet ist, dass
   – jedes Angebot alle für seine Bewertung erforderlichen Angaben enthält,
   – die Vertraulichkeit der Angebote bis zu ihrer Bewertung gewahrt bleibt,
   – die Angebote umgehend schriftlich oder durch Übermittlung einer beglaubigten Abschrift bestätigt werden, soweit dies aus Gründen des rechtlichen Nachweises erforderlich ist und
   – die Öffnung der Angebote nach Ablauf der für ihre Einreichung festgelegten Frist erfolgt.
   Wenn der Auftraggeber es zulässt, Angebote in anderer Weise zu übermitteln, hat er dies im Aufruf zum Wettbewerb und in den Verdingungsunterlagen anzugeben.

4. Der Auftraggeber kann die Bieter auffordern, in ihrem Angebot die Leistungen anzugeben, die sie an Nachunternehmer zu vergeben beabsichtigen

Nr. 1 ist mit § 10 Nr. 1 VOB/A zu vergleichen. Die in § 10 Nr. 1 VOB/A genannten und dem Anschreiben gegebenenfalls beizufügenden Bewerbungsbedingungen nach § 10 Nr. 5 VOB/A finden sich im Abschnitt 4 unter § 7 Nr. 2 SKR. Dagegen fehlt in § 7 SKR und überhaupt im Abschnitt 4 eine der Vorgabe des § 10 Nr. 1 Abs. 2 VOB/A entsprechende Regelung, dass in den Verdingungsunterlagen vorzuschreiben ist, dass die VOB Teil B und Teil C Bestandteile des Vertrags werden. Auch darin kommt deutlich zum Ausdruck, dass bei Vergaben nach Abschnitt 4 der Auftraggeber **frei in der Gestaltung seiner Bauverträge** ist und insoweit nicht dem Reglement der VOB unterworfen ist (vgl. oben Vorbemerkung SKR Rn. 2 ff.). 1

Nr. 2 Abs. 1 deckt sich mit § 10 Nr. 5 Abs. 1 VOB/A (vgl. dazu § 10 VOB/A). 2

In **Nr. 2 Abs. 2** sind dabei nicht erschöpfend (»insbesondere«) Einzelpunkte genannt, die im Anschreiben grundsätzlich anzugeben sind. Die aufgeführten Angaben stellen insoweit **Mindestanforderungen** dar und sind nicht in der Weise umfassend und detailliert dargestellt wie nach § 10 Nr. 5 Abs. 2 VOB/A, ergänzt durch § 10b Nr. 1 VOB/A. Im Gegensatz zu § 10 Nr. 5 Abs. 2 lit. a und b VOB/A ist z.B. nicht vorgesehen, dass Art und Umfang der Bauleistung sowie Ausführungsort oder Ausführungszeit anzugeben sind. Im eigenen Interesse wird der Sektorenauftraggeber dazu aber freiwillig Angaben machen, damit sich die für die Durchführung der beabsichtigten Baumaßnahme in Betracht kommenden Unternehmer einen Überblick verschaffen können, ob sie überhaupt ein Angebot für diese Baumaßnahme abgeben möchten. 3

Unter **lit. a** bis **h** sind Einzelheiten aufgeführt, die aus sich heraus verständlich sind und daher keiner weiteren Erläuterung bedürfen. Bei den unter **lit. a** bis **c** genannten, evtl. anzufordernden **zusätzlichen** Unterlagen handelt es sich um solche, die weder mit dem Anschreiben noch mit den Verdingungsunterlagen übersandt werden. Sie müssen also aus Sicht der jeweiligen Bewerber zur ordnungsgemäßen Angebotsabgabe erforderlich sein. Allerdings wird man den Auftraggeber für verpflichtet halten müssen, vorweg im Anschreiben mitzuteilen, ob und welche zusätzlichen Unterlagen zur Verfügung stehen und angefordert werden können, damit die Bewerber nicht vergeblich um Unterlagen nachsuchen, die der Auftraggeber gar nicht zur Verfügung hat. Die nach **lit. f** geforderte Angabe des Tages, bis zu dem die Angebote eingehen müssen, meint den **Zugang** der Angebote i.S.d. **§ 130 BGB**. Wegen der Fristberechnung bzw. des Fristendes ist § 188 Abs. 1 BGB maßgebend. Dabei ist u. U. § 193 BGB zu beachten, wenn das Fristende auf einen Sonntag, einen staatlich anerkannten Feiertag oder einen Samstag fällt, wonach die Frist erst am nächsten Werktag abläuft. Insoweit kommt es wegen des staatlich anerkannten Feiertags auf den Sitz des Auftraggebers an. Mit 4

SKR § 8 Informationsübermittlung, Vertraulichkeit der Teilnahmeanträge und Angebote

dem nach **lit. g** geforderten Hinweis im Anschreiben auf die Veröffentlichung der Bekanntmachung ist diejenige gemeint, die jeweils nach § 9 SKR erforderlich ist.

5   Die unter **lit. i** aufgeführten Angaben im Anschreiben decken sich mit den in § 10b Nr. 1a VOB/A geforderten (vgl. dazu § 10b VOB/A). Eine für die Praxis **wichtige Änderung** hat sich mit der **VOB 2006** ergeben, als der **Auftraggeber jetzt verpflichtet ist, die Gewichtung der Zuschlagskriterien anzugeben**. Selbst wenn er aus nachvollziehbaren Gründen dazu nicht in der Lage ist, muss er wenigstens die Kriterien in der absteigenden Reihenfolge ihrer Bedeutung nennen.

6   **Nr. 2 Abs. 3** stimmt zwar nicht wörtlich aber dem Inhalt nach mit § 10b Nr. 2 VOB/A überein (vgl. dazu § 10b VOB/A). Grundsätzlich sind Nebenangebote zugelassen, sofern der Auftraggeber nicht etwas anderes angibt oder erklärt, dass Nebenangebote nur bei gleichzeitiger Abgabe eines Hauptangebotes möglich sind (vgl. auch § 11 Nr. 4 Abs. 1 SKR). Die Mindestanforderungen an Nebenangebote und die bei der Abgabe zu beachtenden Modalitäten sind gleichfalls vom Auftraggeber anzugeben (vgl. auch § 11 Nr. 4 Abs. 2 SKR).

7   **Nr. 3 S. 1** bestimmt, dass die Angebote schriftlich direkt oder per Post zu übermitteln sind (vgl. insoweit auch § 21 Nr. 1 Abs. 1 S. 5 VOB/A und § 22 Nr. 1 S. 2 VOB/A). **Während Abschnitt 4 in der vorherigen Fassung keine Regelung enthielt, dass Angebote unterzeichnet sein müssen, wie dies § 21 Nr. 1 Abs. 1 S. 3 VOB/A bestimmt, ist mit der Neufassung 2006 eine solche Vorgabe in § 8 Nr. 4 Abs. 1 S. 2 SKR aufgenommen worden.**

8   **Nr. 3 S. 2** erlaubt dem Auftraggeber, dass die Angebote auf einem anderen Weg als nach S. 1 beschrieben übermittelt werden. Insbesondere ist dabei an die Abgabe sog. digitaler Angebote gedacht. Um bei diesen alternativen Formen der Angebotsabgabe den gleichen Sicherheitsstandard, insbesondere hinsichtlich Authentizität der Angebote und Wahrung der Vertraulichkeit, wie bei der herkömmlichen Übermittlung zu gewährleisten, sind in vier Spiegelstrichen die dazu notwendigen (Mindest-)Voraussetzungen vorgegeben.

Dazu gehört nach S. 2 auch, dass die Möglichkeit der Übermittlung auf anderem Weg **bereits im Aufruf zum Wettbewerb und in den Verdingungsunterlagen angegeben wird** (siehe auch § 10 Nr. 5 Abs. 2 lit. h VOB/A).

9   **Nr. 4** ist mit § 10 Nr. 5 Abs. 3 VOB/A deckungsgleich (vgl. § 10 VOB/A).

§ 8 SKR
Informationsübermittlung, Vertraulichkeit der Teilnahmeanträge und Angebote

1. Die Auftraggeber geben in der Bekanntmachung oder den Verdingungsunterlagen an, ob Informationen per Post, Telefax, direkt elektronisch oder durch eine Kombination dieser Kommunikationsmittel übermittelt werden.

2. Das für die elektronische Übermittlung gewählte Netz muss allgemein verfügbar sein und darf den Zugang der Bewerber und Bieter zu den Vergabeverfahren nicht beschränken. Die dafür zu verwendenden Programme und ihre technischen Merkmale müssen nichtdiskriminierend, allgemein zugänglich und kompatibel mit allgemein verbreiteten Erzeugnissen der Informations- und Kommunikationstechnologie sein.

3. Die Auftraggeber haben die Integrität der Daten und die Vertraulichkeit der übermittelten Anträge auf Teilnahme am Vergabeverfahren und der Angebote auf geeignete Weise zu gewährleisten. Per Post oder direkt übermittelte Anträge auf Teilnahme am Vergabeverfahren und Angebote sind in einem verschlossenen Umschlag einzureichen, als solche zu kennzeichnen und bis zum Ablauf der für ihre Einreichung vorgesehenen Frist unter Verschluss zu hal-

ten. Bei elektronisch übermittelten Angeboten ist dies durch entsprechende organisatorische und technische Lösungen nach den Anforderungen des Auftraggebers und durch Verschlüsselung sicherzustellen. Die Verschlüsselung muss bis zum Ablauf der für ihre Einreichung vorgesehenen Frist aufrechterhalten bleiben.

4. (1) Der Auftraggeber legt fest, in welcher Form die Angebote einzureichen sind. Schriftlich eingereichte Angebote müssen unterzeichnet sein. Elektronisch übermittelte Angebote sind nach Wahl des Auftraggebers mit einer fortgeschrittenen elektronischen Signatur nach dem Signaturgesetz und den Anforderungen des Auftraggebers oder einer qualifizierten elektronischen Signatur nach dem Signaturgesetz zu versehen.
(2) Anträge auf Teilnahme am Vergabeverfahren können auch per Telefax oder telefonisch gestellt werden. Werden Anträge auf Teilnahme telefonisch oder per Telefax gestellt, sind diese vom Bewerber bis zum Ablauf der Frist für die Abgabe der Teilnahmeanträge durch Übermittlung per Post, direkt oder elektronisch zu bestätigen.

5. Die Auftraggeber haben dafür Sorge zu tragen, dass den interessierten Unternehmen die Informationen über die Spezifikationen der Geräte, die für die elektronische Übermittlung der Anträge auf Teilnahme und der Angebote erforderlich sind, einschließlich Verschlüsselung zugänglich sind. Außerdem muss gewährleistet sein, dass die in Anhang I genannten Anforderungen erfüllt sind.

Nr. 1 ist deckungsgleich mit § 16 Nr. 3 Abs. 1 VOB/A.   1

Nr. 2 ist identisch mit § 16 Nr. 3 Abs. 2 VOB/A.   2

Nr. 3 stimmt mit § 16b Nr. 1 VOB/A überein.   3

Nr. 4 Abs. 1 entspricht weitgehend § 21 Nr. 1 Abs. 1 VOB/A. Wichtig ist aber, dass im Gegensatz zu § 21 Nr. 1 Abs. 1 S. 3 VOB/A der Auftraggeber bei der Bestimmung der Form der Angebote keinen Einschränkungen unterliegt und insbesondere **nicht verpflichtet ist, schriftliche Angebote zuzulassen.**   4

Nr. 4 Abs. 2 ist mit § 16b Nr. 2 VOB/A identisch.   5

Nr. 5 deckt sich mit § 16 Nr. 3 Abs. 3 VOB/A.   6

§ 9 SKR
Aufruf zum Wettbewerb

1. (1) Ein Aufruf zum Wettbewerb kann erfolgen
    a) durch Veröffentlichung einer Bekanntmachung nach Anhang V der Verordnung (EG) Nr. 1564/2005,
    b) durch Veröffentlichung einer regelmäßigen nichtverbindlichen Bekanntmachung nach Nummer 2,
    c) durch Veröffentlichung einer Bekanntmachung über das Bestehen eines Prüfsystems nach § 5 SKR Nr. 9.
    (2) Die Kosten der Veröffentlichung der Bekanntmachungen im Amtsblatt der Europäischen Gemeinschaften werden von den Gemeinschaften getragen.

2. (1) Die wesentlichen Merkmale für eine beabsichtigte bauliche Anlage mit einem geschätzten Gesamtauftragswert nach § 1 SKR Nr. 2 sind als regelmäßige nichtverbindliche Bekanntmachung mindestens einmal jährlich nach Anhang IV der Verordnung (EG) Nr. 1564/2005 bekannt zu machen, wenn sie nicht als Aufruf zum Wettbewerb verwendet wird.

(2) Die Bekanntmachung ist nur dann zwingend vorgeschrieben, wenn die Auftraggeber die Möglichkeit wahrnehmen, die Frist für den Eingang der Angebote gem. § 10 SKR Nr. 1 Abs. 2 zu verkürzen.

(3) Die Bekanntmachungen als Aufruf zum Wettbewerb sind unverzüglich nach der Entscheidung mit der die beabsichtigte bauliche Anlage oder die ihr zugrunde liegende Planung genehmigt wird nach dem in Anhang V der Verordnung (EG) Nr. 1564/2005 enthaltenen Muster zu erstellen und dem Amt für amtliche Veröffentlichungen der Europäischen Gemeinschaften zu übermitteln*.

(4) Der Auftraggeber kann im Internet ein Beschafferprofil einrichten, in dem neben allgemeinen Informationen wie Kontaktstelle, Telefon- und Telefaxnummer, Postanschrift und E-Mail-Adresse auch die regelmäßigen nichtverbindlichen Bekanntmachungen sowie Angaben über Ausschreibungen, geplante und vergebene Aufträge oder aufgehobene Verfahren veröffentlicht werden können.

(5) Erfolgt der Aufruf zum Wettbewerb durch Veröffentlichung einer regelmäßigen nichtverbindlichen Bekanntmachung, so

a) müssen in der Bekanntmachung Bauarbeiten, die Gegenstand des zu vergebenden Auftrags sein werden, nach Art und Umfang genannt sein und die in Anhang V der Verordnung (EG) Nr. 1564/2005 geforderten Angaben enthalten,

b) muss die Bekanntmachung den Hinweis, dass dieser Auftrag im Nichtoffenen Verfahren oder Verhandlungsverfahren ohne spätere Veröffentlichung eines Aufrufs zur Angebotsabgabe vergeben wird, sowie die Aufforderung an die interessierten Unternehmer enthalten, ihr Interesse schriftlich mitzuteilen.

c) müssen die Auftraggeber später alle Bewerber mindestens auf der Grundlage der nachfolgend aufgelisteten Angaben über den Auftrag auffordern, ihr Interesse zu bestätigen, bevor mit der Auswahl der Bieter oder der Teilnehmer an einer Verhandlung begonnen wird:

I   Art und Menge, einschließlich etwaiger Optionen auf zusätzliche Aufträge, und möglichenfalls veranschlagte Frist für die Inanspruchnahme dieser Optionen; bei wiederkehrenden Aufträgen Art und Menge und möglichenfalls veranschlagte Frist für die Veröffentlichung der Bekanntmachungen späterer Ausschreibungen für die Bauarbeiten, Lieferungen oder Dienstleistungen, die Gegenstand des Auftrags sein sollen;

II Art des Verfahrens; Nichtoffenes Verfahren oder Verhandlungsverfahren;

III gegebenenfalls Zeitpunkt, zu dem die Leistungen beginnen bzw. abgeschlossen werden;

IV Anschrift und letzter Tag für die Vorlage des Antrags auf Aufforderung zur Angebotsabgabe sowie die Sprache oder Sprachen, in denen die Angebote abzugeben sind;

V   Anschrift der Stelle, die den Zuschlag erteilt und die Auskünfte gibt, die für den Erhalt der Spezifikationen und anderer Dokumente notwendig sind;

VI alle wirtschaftlichen und technischen Anforderungen, finanziellen Garantien und Angaben, die von Auftragnehmern verlangt werden;

VII Höhe der für die Vergabeunterlagen zu entrichtenden Beträge und Zahlungsbedingungen;

VIII Art des Auftrags, der Gegenstand des Vergabeverfahrens ist;

IX die Zuschlagskriterien sowie deren Gewichtung oder gegebenenfalls die nach ihrer Bedeutung eingestufte Reihenfolge der Kriterien, wenn diese Angaben nicht in der Bekanntmachung, der Aufforderung zur Interessenbestätigung, der Aufforderung

---

* Amt für amtliche Veröffentlichungen der Europäischen Gemeinschaften, 2, rue mercier, L-2985 Luxemburg 1.

zur Verhandlung oder den Verdingungsunterlagen enthalten sind.
d) dürfen zwischen deren Veröffentlichung und dem Zeitpunkt der Zusendung der Aufforderung an die Bewerber gemäß Nummer 2 Abs. 3 Buchstabe c höchstens 12 Monate vergangen sein. Im Übrigen gilt § 10 SKR Nr. 2.

3. Entscheidet sich der Auftraggeber für die Einführung eines Prüfsystems, so ist dies Gegenstand einer Bekanntmachung nach Anhang VII der Verordnung (EG) Nr. 1564/2005, die über den Zweck des Prüfsystems und darüber informiert, wie die Qualifizierungsregeln angefordert werden können. Beträgt die Laufzeit des Systems mehr als drei Jahre so ist die Bekanntmachung jährlich zu veröffentlichen. Bei kürzerer Laufzeit genügt eine Bekanntmachung zu Beginn des Verfahrens.

4. Erfolgt ein Aufruf zum Wettbewerb durch Veröffentlichung einer Bekanntmachung über das Bestehen eines Prüfsystems, so werden die Bieter in einem Nichtoffenen Verfahren oder die Teilnehmer an einem Verhandlungsverfahren unter den Bewerbern ausgewählt, die sich im Rahmen eines solchen Systems qualifiziert haben.

5. (1) Der Tag der Absendung der Bekanntmachung muss nachgewiesen werden können. Vor dem Tag der Absendung darf die Bekanntmachung nicht veröffentlicht werden.
(2) Alle Veröffentlichungen dürfen nur die dem Amt für amtliche Veröffentlichungen der Europäischen Gemeinschaften übermittelten Angaben enthalten.
(3) Die Bekanntmachung wird unentgeltlich, spätestens 12 Kalendertage nach der Absendung im Supplement zum Amtsblatt der Europäischen Gemeinschaften in der Originalsprache veröffentlicht. Eine Zusammenfassung der wichtigsten Angaben wird in den übrigen Amtssprachen der Gemeinschaften veröffentlicht; der Wortlaut in der Originalsprache ist verbindlich. Bekanntmachungen, die über das Internetportal des Amtes für amtliche Veröffentlichungen der Europäischen Gemeinschaften* auf elektronischem Wege erstellt und übermittelt wurden (elektronische Bekanntmachung), werden abweichend von S. 1 spätestens 5 Kalendertage nach ihrer Absendung veröffentlicht.

6. Rechtzeitig beantragte Auskünfte über die Vergabeunterlagen sind spätestens sechs Kalendertage vor Ablauf der Angebotsfrist zu erteilen.

7. Sind bei offenen Verfahren die Verdingungsunterlagen und alle zusätzlichen Unterlagen nicht auf elektronischem Weg frei, direkt und vollständig verfügbar, werden die Verdingungsunterlagen und zusätzlichen Unterlagen den Bewerbern binnen 6 Kalendertagen nach Eingang des Antrags zugesandt, sofern dieser Antrag rechtzeitig vor dem Schlusstermin für den Eingang der Angebote eingegangen ist.

8. Die Vergabeunterlagen sind den Bewerbern in kürzest möglicher Frist und in geeigneter Weise zu übermitteln.

9. Die Vergabeunterlagen sind beim Nichtoffenen Verfahren und beim Verhandlungsverfahren mit vorherigem Aufruf zum Wettbewerb an alle ausgewählten Bewerber am selben Tag abzusenden.

Nr. 1 stimmt mit § 17b Nr. 1 VOB/A überein. 1

Die Regelungen in **Nr. 2 Abs. 1 bis 3** sind identisch mit § 17b Nr. 2 Abs. 1 bis 3 VOB/A. **Nr. 2 Abs. 4** 2 enthält die gleichen Regelungen wie § 16 Nr. 4 VOB/A und bestimmt ergänzend, dass auch die regelmäßigen nichtverbindlichen Bekanntmachungen im Beschafferprofil veröffentlicht werden können (vgl. auch § 17b Nr. 2 Abs. 4 VOB/A). **Nr. 2 Abs. 5** entspricht dem Inhalt nach § 17b Nr. 2 Abs. 5 VOB/A.

---
* http://simap.eu.int.

3 Die **Nr. 3 bis 5** stimmen mit § 17b Nr. 3 bis 5 VOB/A überein.

4 **Nr. 6** ist mit § 17b Nr. 7 VOB/A deckungsgleich.

5 **Nr. 7** ist mit § 17b Nr. 6 VOB/A identisch.

6 Die Regelung der **Nr. 8** entspricht § 17 Nr. 4 Abs. 1 VOB/A.

7 **Nr. 9** deckt sich mit § 17b Nr. 8 VOB/A.

§ 10 SKR
Angebotsfrist, Bewerbungsfrist

1. (1) Beim Offenen Verfahren beträgt die Frist für den Eingang der Angebote (Angebotsfrist) mindestens 52 Kalendertage, gerechnet vom Tag nach Absendung der Bekanntmachung.
(2) Hat der Auftraggeber eine regelmäßige nichtverbindliche Bekanntmachung gemäß § 9 SKR Nr. 2 nach dem vorgeschriebenen Muster (Anhang IV der Verordnung (EG) Nr. 1564/2005) mindestens 52 Kalendertage, höchstens aber 12 Monate vor dem Zeitpunkt der Absendung der Bekanntmachung des Auftrags nach § 9 SKR Nr. 1 Abs. 1 Buchstabe a an das Amtsblatt der Europäischen Gemeinschaften abgesandt, so beträgt die Frist für den Eingang der Angebote im Offenen Verfahren grundsätzlich mindestens 36 Kalendertage, keinesfalls jedoch weniger als 22 Kalendertage, gerechnet ab dem Tag der Absendung der regelmäßigen nicht-verbindlichen Bekanntmachung nach § 9 SKR Nr. 2.
(3) Bei Bekanntmachungen, die über das Internetportal des Amtes für amtliche Veröffentlichungen der Europäischen Gemeinschaften* auf elektronischem Wege erstellt und übermittelt wurden (elektronische Bekanntmachung) können die in Abs. 1 und 2 genannten Angebotsfristen um 7 Kalendertage verkürzt werden.
(4) Die Angebotsfrist kann um weitere 5 Kalendertage verkürzt werden, wenn ab der Veröffentlichung der Bekanntmachung die Verdingungsunterlagen und alle zusätzlichen Unterlagen auf elektronischem Wege frei, direkt und vollständig verfügbar gemacht werden; in der Bekanntmachung ist die Internetadresse anzugeben, unter der diese Unterlagen abrufbar sind.
(5) Im Offenen Verfahren darf die Kumulierung der Verkürzungen keinesfalls zu einer Angebotsfrist führen, die kürzer ist als 15 Kalendertage, gerechnet vom Tag nach Absendung der Bekanntmachung.

2. Bei Nichtoffenen Verfahren und Verhandlungsverfahren mit vorherigem Aufruf zum Wettbewerb gilt:
   a) Die Frist für den Eingang von Teilnahmeanträgen (Bewerbungsfrist) aufgrund der Bekanntmachung nach § 9 SKR Nr. 1 Abs. 1 Buchstabe a oder der Aufforderung nach § 9 SKR Nr. 2 Abs. 3 Buchstabe c beträgt mindestens 37 Kalendertage, gerechnet vom Tag nach Absendung der Bekanntmachung oder der Aufforderung an. Sie darf auf keinen Fall kürzer sein als 22 Kalendertage, bei elektronischer Übermittlung der Bekanntmachung nicht kürzer als 15 Kalendertage.
   b) Die Bewerbungsfrist kann bei elektronischer Bekanntmachung gemäß Nummer 1 Abs. 3 um 7 Kalendertage verkürzt werden.
   c) Die Angebotsfrist kann zwischen dem Auftraggeber und den ausgewählten Bewerbern ein-vernehmlich festgelegt werden, vorausgesetzt, dass allen Bewerbern dieselbe Frist für die Erstellung und Einreichung von Angeboten eingeräumt wird.
   d) Falls eine einvernehmliche Festlegung der Angebotsfrist nicht möglich ist, setzt der Auf-

---
* http://simap.eu.int

traggeber im Regelfall eine Frist von mindestens 24 Kalendertagen fest. Sie darf jedoch keinesfalls kürzer als 10 Kalendertage, gerechnet vom Tag nach Absendung der Aufforderung zur Angebotsabgabe, sein. Bei der Festlegung der Frist werden nur die in Nummer 3 genannten Faktoren berücksichtigt.

3. Können die Angebote nur nach Prüfung von umfangreichen Unterlagen, z.B. ausführlichen technischen Spezifikationen, oder nur nach einer Ortsbesichtigung oder Einsichtnahme in ergänzende Unterlagen zu den Vergabeunterlagen erstellt werden und können die Fristen der Nummern 1 und 2 deswegen nicht eingehalten werden, so sind sie angemessen zu verlängern.

Nr. 1 Abs. 1 bis 5 decken sich mit § 18b Nr. 1 Abs. 1 bis 5 VOB/A. 1

Nr. 2 stimmt mit § 18b Nr. 2 VOB/A überein. 2

Schließlich ist **Nr. 3** mit § 18b Nr. 3 VOB/A identisch. 3

Auffallend ist, dass die Regelung des § 10 SKR **keine Möglichkeit zur Zurückziehung eines Angebots** vorsieht, wie dies nach § 18 Nr. 3 VOB/A ausdrücklich der Fall ist. Die Erklärung dafür ist, dass es im Bereich der Vergaben nach Abschnitt 4 keine Regelung über die **Zuschlags- und Bindefristen entsprechend § 19 VOB/A gibt.** Insofern ist auf die allgemeinen zivilrechtlichen Vorschriften der §§ 145 ff. BGB zurückzugreifen. Dabei ist nach § 145 BGB von der Bindung des Bieters an sein Angebot auszugehen, es sei denn, der Bieter hat die Gebundenheit an sein Angebot ausdrücklich ausgeschlossen. Im Übrigen kann nach § 147 Abs. 2 BGB das Angebot eines Bieters nur bis zu dem Zeitpunkt angenommen werden, in welchem der Bieter den Eingang einer Antwort unter regelmäßigen Umständen erwarten darf. Da dieser Zeitpunkt wegen der notwendigen Angebotsprüfung mehrerer Angebote kaum zu bestimmen ist, wird der Auftraggeber eine Zuschlags- und Bindefrist festlegen müssen, dies insbesondere dann, wenn er – was in dem hier erörterten Bereich grundsätzlich nicht ausgeschlossen ist – auch einen Eröffnungstermin abhalten möchte. Nicht zu vermeiden ist dadurch allerdings, dass ein Bieter sein Angebot als unverbindlich bezeichnet. Ein solches Angebot entspricht dann allerdings nicht den vom Auftraggeber gestellten Bedingungen und ist zwingend von der Wertung auszunehmen (vgl. dazu auch BKartA Beschl. v. 10.12.2002 VK 1 93/02). 4

§ 11 SKR
Wertung der Angebote

1. (1) Der Auftrag ist auf das annehmbarste, wirtschaftlich günstigste Angebot unter Berücksichtigung der auftragsbezogenen Kriterien, wie etwa: Lieferfrist, Ausführungsdauer, Betriebskosten, Rentabilität, Qualität, Ästhetik und Zweckmäßigkeit, technischer Wert, Kundendienst und technische Hilfe, Verpflichtungen hinsichtlich der Ersatzteile, Versorgungssicherheit, Preis, zu erteilen.
   (2) Bei der Wertung der Angebote dürfen nur Kriterien berücksichtigt werden, die in der Bekanntmachung oder in den Vergabeunterlagen genannt sind.

2. (1) Erscheinen im Falle eines bestimmten Auftrags Angebote im Verhältnis zur Leistung als ungewöhnlich niedrig, so muss der Auftraggeber vor deren Ablehnung schriftlich Aufklärung über die Einzelposten der Angebote verlangen, wo er dies für angezeigt hält; die anschließende Prüfung erfolgt unter Berücksichtigung der eingegangenen Begründungen. Er kann eine zumutbare Frist für die Antwort festlegen.
   (2) Der Auftraggeber kann Begründungen berücksichtigen, die objektiv gerechtfertigt sind durch die Wirtschaftlichkeit des Bauverfahrens oder der Herstellungsmethode, die gewählten technischen Lösungen, außergewöhnlich günstige Bedingungen für den Bieter bei der

Durchführung des Auftrags oder die Originalität der vom Bieter vorgeschlagenen Erzeugnisse oder Bauleistungen.

(3) Angebote, die aufgrund einer staatlichen Beihilfe ungewöhnlich niedrig sind, dürfen von den Auftraggebern nur zurückgewiesen werden, wenn diese den Bieter darauf hingewiesen haben und dieser nicht den Nachweis liefern konnte, dass die Beihilfe der Kommission der Europäischen Gemeinschaften gemeldet oder von ihr genehmigt wurde. Auftraggeber, die unter diesen Umständen ein Angebot zurückweisen, müssen die Kommission der Europäischen Gemeinschaften darüber unterrichten.

3. Ein Angebot nach § 6 SKR Nr. 3 und 4 ist wie ein Hauptangebot zu werten.

4. (1) Nebenangebote sind zu werten, es sei denn, der Auftraggeber hat sie in der Bekanntmachung oder in den Vergabeunterlagen nicht zugelassen.

(2) Der Auftraggeber berücksichtigt nur Nebenangebote, die die von ihm verlangten Mindestanforderungen erfüllen.

1 Nr. 1 Abs. 1 ist eine **Sondervorschrift** für die Wertung von Angeboten, die von Bietern im Rahmen eines Vergabeverfahrens nach Abschnitt 4 abgegeben wurden. Im Unterschied zu der vergleichbaren Regelung in **§ 25 Nr. 3 Abs. 3 VOB/A** sind dem Wortlaut nach einerseits »Umwelteigenschaften« in Nr. 1 Abs. 1 nicht und andererseits mit »Lieferfrist«, »Verpflichtungen hinsichtlich der Ersatzteile« und »Versorgungssicherheit« drei zusätzliche beispielhafte Gesichtspunkte genannt, die bei der Ermittlung des wirtschaftlichsten Angebots zu berücksichtigen sind. Mit den etwas umfangreicher angegebenen Kriterien soll den Besonderheiten bei der Vergabe von Bauaufträgen insbesondere im Bereich der Wasser-, Energie- und Verkehrsversorgung Rechnung getragen werden. Im Allgemeinen werden hier ganz bestimmte Wertungskriterien für den Entschluss zur Vergabe an einen bestimmten Unternehmer vorrangig bzw. maßgebend sein. So gesehen steht der hier erörterte Abs. 1 genau genommen anstelle der Regelung in § 25 Nr. 3 Abs. 3 S. 2 VOB/A, allerdings als **zwingende Bestimmung** formuliert. Auch hier kommt es auf das **annehmbarste** und **wirtschaftlich günstigste Angebot** an, d.h. auf das Angebot, das dem Auftraggeber, gerade auch aus wirtschaftlichen Gründen, am sachgerechtesten erscheint. Dies muss nicht unbedingt das Angebot mit dem **niedrigsten Preis** sein. Entscheidend sind die **auftragsbezogenen Kriterien,** also Merkmale, die für den jetzt konkret zu erteilenden Auftrag von besonderem Gewicht sind. Die in § 11 Nr. 1 Abs. 1 SKR genannten Kriterien sind dabei nicht abschließend, so dass der Auftraggeber jederzeit auch andere für ihn maßgebliche Kriterien vorgeben kann. Zu achten ist allerdings darauf, dass es sich immer um auftragsbezogene und nicht um **sog. vergabefremde Aspekte** (vgl. dazu die Kommentierung in § 97 Abs. 4 GWB) handelt.

2 Zu den in § 11 Nr. 1 Abs. 1 SKR gegenüber § 25 Nr. 3 Abs. 3 S. 2 genannten Kriterien ist Folgendes anzumerken: Bei der **Lieferfrist** wird es im Allgemeinen auf die Dauer der Lieferung von Material, Bauteilen und sonstigem, vor allem technischem Gerät und die dazu bei dem betreffenden Bieter gegebenen Möglichkeiten ankommen. Falls die Einhaltung bestimmter Fristen im Rahmen der Ausführung besonders wichtig ist, gewinnt die von dem betreffenden Bieter benötigte Zeit für die Ausführung (»**Ausführungsdauer**«) der zu vergebenden Bauleistung erhebliche Bedeutung. Bei technischen, insbesondere maschinellen Einrichtungen kann den während der Benutzung der Leistung anfallenden **Betriebskosten** ebenso wie der **Rentabilität** der Leistung insgesamt ein besonderes Gewicht zukommen. Die **Qualität** der betreffenden Leistung hängt naturgemäß von ihrer Haltbarkeit, Mängelfreiheit sowie uneingeschränkten Gebrauchstauglichkeit ab. **Ästhetik** ist die sicher im Einzelfall bedeutsame Beurteilung nach der äußeren Gestaltung der angebotenen Leistung, abgestellt auf den Betrachter, wobei es nicht zuletzt auch auf die nach allgemeinem Empfinden maßgebende Einordnung in die Umgebung ankommt. Sicher ist die **Zweckmäßigkeit** der jeweils angebotenen Leistung als wesentliches Kriterium in die wertende Beurteilung mit einzubeziehen. Der Begriff »**technischer Wert**« dürfte eine ganz besondere Überlegung erforderlich machen, insbesondere in Bezug auf Benutzungsziel und -dauer. Die Frage des **Kundendienstes und der technischen Hilfe** sind dann von herausgehobener Wichtigkeit, wenn es in besonderem Maße auf die Zuverlässigkeit und Schnelligkeit im Rahmen von Wartungen und nicht zuletzt von Reparaturen ankommt. Gerade bei den in den betreffenden Sektoren zu erbringenden Leistungen, die oftmals einen dauerhaften, möglichst ununterbrochenen Betrieb gewährleisten müssen, wird dies regelmäßig der Fall sein. In diesem Zusammenhang spielen durchweg auch Fragen zu **Verpflichtungen hinsichtlich der Ersatzteile** bzw. deren Beschaffung und naturgemäß der **Sicherheit der Versorgung** eine ganz wichtige Rolle. Alle diese genannten Kriterien sind dann letztlich zu den geforderten Preisen in Bezug zu setzen, und danach ist auszurichten, welches Angebot für den Auftraggeber als das Wirtschaftlichste zu bezeichnen ist. Auch wenn in § 11 Nr. 1 Abs. 1 SKR die in § 25 Nr. 3 Abs. 3 S. 2 VOB/A erwähnten **Umwelteigenschaften** nicht ausdrücklich benannt worden sind, bedeutet dies nicht, dass bei Auftragsvergaben nach Abschnitt 4 nicht solche Gesichtspunkte bei der Wertung berücksichtigt werden könnten.

Zu beachten ist in diesem Zusammenhang, dass nach Abschnitt 4 beim **Offenen oder Nichtoffenen** **3** **Verfahren** vor allem auch **das** so genannte **Nachverhandlungsverbot** hinsichtlich der Preise sowie anderer für den Wettbewerb wesentlicher Vertragsbestandteile gilt. Insofern sind hier die in § 24 VOB/A festgelegten Grenzen entsprechend heranzuziehen. Dies bezieht sich allerdings **nicht auf das Verhandlungsverfahren** (vgl. dazu auch oben § 3 SKR Rn. 1).

Nr. 1 Abs. 2 stimmt mit § 25b Nr. 1 VOB/A überein (vgl. § 25b VOB/A). **4**

Nr. 2 Abs. 1 ähnelt der Regelung in § 25 Nr. 3 Abs. 2 VOB/A (vgl. dazu § 25 VOB/A). Allerdings ist **5** hier der Auftraggeber verpflichtet, vor der Ablehnung des Angebots vom betreffenden Bieter eine **schriftliche Aufklärung** zu verlangen (anstatt der Schriftform wird auch die Textform i.S.d. § 126b BGB genügen). Dabei betrifft die Aufklärung die **Erläuterung von Einzelposten** (in der Regel Positionen) durch den Bieter, d.h. die Klärung der Frage, ob und inwieweit der Bieter im Einzelnen kalkuliert und alle für ihn voraussehbaren Unwägbarkeiten oder Unsicherheiten mit in seine Kalkulation einbezogen hat. Diese Klärung ist allerdings nur insoweit nötig, als es der Auftraggeber für **erforderlich hält**, wobei hier eine **objektive und sachgerechte Abwägung** maßgebend ist. Es kann auch sein, wie z.B. bei Pauschalangeboten, dass es der Auftraggeber für zweckmäßig halten darf, nur eine Aufklärung über das Zustandekommen des Gesamtpreises zu fordern. Es ist eigentlich selbstverständlich, dass die dann anzustellende – abschließende – Prüfung **erst** stattfinden darf, **wenn die vom Bieter geforderte Begründung eingegangen** ist. Diese muss dann **mit einbezogen** werden, um eine sachgerechte Beurteilung, nicht zuletzt auch im berechtigten Bieterinteresse, herbeizuführen. Dabei ist der Auftraggeber befugt, dem Bieter eine – für beide Seiten – **zumutbare Frist** für die geforderte klärende Antwort zu setzen. Einmal muss der Bieter genug Zeit haben, um seine Unterlagen durchzusehen und/ oder seine Kalkulation zu überdenken und zu antworten, was im Allgemeinen wohl kurzfristig erfolgen kann, zum anderen muss der Auftraggeber darauf bedacht sein, die laufende Zuschlagsfrist im Falle von Ausschreibungen einzuhalten. Antwortet der betreffende Bieter innerhalb der ihm gesetzten zumutbaren Frist nicht, dürfte dies im Regelfall für den Auftraggeber Anlass sein, das betreffende Angebot aus der weiteren Wertung auszuscheiden und bei der Vergabe nicht zu berücksichtigen.

Nr. 2 Abs. 2 bezieht sich auf vorangehend **Nr. 2 Abs. 1** und regelt den **Rahmen, innerhalb dessen** **6** zunächst als **ungewöhnlich niedrig erscheinende Angebote** nach etwaiger Aufklärung durch den betreffenden Bieter (vgl. vorangehend Rn. 5) nicht abgelehnt, sondern **bei der weiteren Wertung mit beachtet werden können**. Dabei ist besonderes Gewicht zunächst auf die Wirtschaftlichkeit des Bauverfahrens oder der Herstellungsmethode, das bzw. die der betreffende Bieter einzusetzen beabsichtigt, zu legen. Es kann sein, dass er hier aufgrund spezieller Kenntnisse, Erfahrungen oder seines sonstigen Know-how besonders preisgünstig zu leisten vermag. Dabei ist natürlich für den Auftraggeber die Überlegung ausschlaggebend, ob damit – zumindest aller Voraussicht nach – das Leistungsziel, insbesondere in Bezug auf pünktliche Herstellung, Mängelfreiheit, vorgesehene Art und Dauer der Benutzung usw., erreicht wird. Dasselbe gilt im Hinblick auf die vom Bieter gewählte technische Lösung, wobei vor allem auch die Frage ausschlaggebend ist, ob dieser nicht technische Unsicherheiten oder gar anderweitige Erfahrungen entgegenstehen. Des Weiteren ist es möglich, dass der ungewöhnlich niedrige Preis auf außergewöhnlich günstigen Bedingungen für den Bieter beruht. Das kann z.B. bei besonders günstigen Einkaufsbedingungen oder sonstigen Beschaffungsmethoden der Fall sein, wobei in letzterer Hinsicht auch die Möglichkeit mit einzubeziehen ist, dass der Bieter etwa in eigener Produktion Material oder ähnliches herzustellen vermag oder sonst besonders rationell zu leisten in der Lage ist. Schließlich ist nach dem Wortlaut der hier erörterten Bestimmung auch die »Originalität« der vom Bieter vorgeschlagenen Erzeugnisse oder Bauleistungen zu berücksichtigen. Möglich ist z.B., dass sich das Angebot durch einen besonderen Einfallsreichtum auszeichnet, also eine besonders bemerkenswerte technische Lösung darstellt. Dabei dürfte es auch hier für die Beurteilung letztlich ausschlaggebend sein, ob das vorgesehene Leistungsziel uneingeschränkt erreicht wird, und zwar sowohl in technischer als auch in geschmacklicher Hinsicht. Sind die hier zu prüfenden Gesichtspunkte zugunsten des betreffenden Bieters positiv zu bewerten, muss sein Angebot, obwohl ungewöhnlich niedrig, mit in der Wertung verbleiben, wodurch dieser Bieter in aller Regel auch gute Aussichten haben wird, den Auftrag zu erhalten.

7 Nr. 2 Abs. 3 betrifft nicht den vorangehend **in den Absätzen 1 und 2** behandelten Fall des ungewöhnlich niedrigen Angebots **aus sich heraus** (vgl. vorangehend Rn. 5 und 6), sondern nur denjenigen, in dem ein Angebot **ebenfalls ungewöhnlich niedrig** ist, die **Ursache** dafür aber darin liegt, dass der betreffende Bieter dieses Angebot machen konnte, weil er eine **staatliche Beihilfe** erhält. Diese Regelung deckt sich mit der in § 25b Nr. 2 VOB/A. Die mit der **VOB 2006 in § 25b Nr. 2 VOB/A eingefügte Vorgabe**, dass der Auftraggeber eine **angemessene Frist für den zu erbringenden Nachweis**, dass die Beihilfe von der Kommission der Europäischen Gemeinschaften gemeldet oder von ihr genehmigt worden ist, **festzulegen hat**, wird auch hier gelten (vgl. dazu § 25b VOB/A).

8 Nr. 3 betrifft die Fälle des § 6 Nr. 3 und 4 SKR, also diejenigen, in denen eine angebotene Leistung von den vorgegebenen technischen Spezifikationen zulässigerweise abweicht. Falls die dortigen Voraussetzungen erfüllt sind, muss das betreffende Angebot **wie ein Hauptangebot** behandelt werden.

9 Nr. 4 Abs. 1 deckt sich mit der Regelung in § 25 Nr. 5 S. 1 VOB/A (vgl. dazu § 25 VOB/A).

10 Nr. 4 Abs. 2 stimmt mit § 25b Nr. 3 VOB/A überein (vgl. § 25b VOB/A).

§ 12 SKR
Mitteilungspflichten

1. Sektorenauftraggeber teilen den teilnehmenden Unternehmen unverzüglich, spätestens jedoch innerhalb einer Frist von 15 Kalendertagen, und auf Antrag in Textform, ihre Entscheidungen über die Auftragsvergabe mit.

2. Auftraggeber gemäß Absatz 1 teilen innerhalb kürzester Frist nach Eingang eines entsprechenden schriftlichen Antrags
   – den ausgeschlossenen Bewerbern oder Bietern die Gründe für die Ablehnung ihrer Bewerbung oder ihres Angebots,
   – die Entscheidung einschließlich der Gründe, auf die Vergabe eines Auftrages zu verzichten oder das Verfahren erneut einzuleiten,
   – den Bietern, die ein ordnungsgemäßes Angebot eingereicht haben, die Merkmale und relativen Vorteile des erfolgreichen Angebots und den Namen des erfolgreichen Bieters mit.
   Der Auftraggeber kann jedoch beschließen, bestimmte Auskünfte über den Zuschlag nicht zu erteilen, wenn eine derartige Bekanntgabe den Gesetzesvollzug behindern, dem öffentlichen Interesse zuwiderlaufen oder die legitimen Geschäftsinteressen von öffentlichen

oder privaten Unternehmen einschließlich derjenigen des Unternehmens, das den Zuschlag erhalten hat, beeinträchtigen würde oder den lauteren Wettbewerb beeinträchtigen könnte.

Die Bestimmung ist insgesamt identisch mit § 27b VOB/A.   **1**

§ 13 SKR
Bekanntmachung der Auftragserteilung

1. Der Kommission der Europäischen Gemeinschaften sind für jeden vergebenen Auftrag binnen zwei Monaten nach der Vergabe dieses Auftrags die Ergebnisse des Vergabeverfahrens durch eine gemäß Anhang VI der Verordnung (EG) Nr. 1564/2005 abgefasste Bekanntmachung mitzuteilen. Dies gilt nicht für jeden Einzelauftrag innerhalb einer Rahmenvereinbarung.
2. Die Angaben in Anhang VI der Verordnung (EG) Nr. 1564/2005 werden im Amtsblatt der Europäischen Gemeinschaften veröffentlicht. Dabei trägt die Kommission der Europäischen Gemeinschaften der Tatsache Rechnung, dass es sich bei den Angaben im Falle von Anhang VI der Verordnung (EG) Nr. 1564/2005 Nr.V.1.3, V.1.5, V.2.1, V.2.4, V.2.6, um in geschäftlicher Hinsicht empfindliche Angaben handelt, wenn der Auftraggeber dies bei der Übermittlung der Angaben über die Anzahl der eingegangenen Angebote, die Identität der Unternehmen und die Preise geltend macht.
3. Die Angaben in Anhang VI der Verordnung (EG) Nr. 1564/2005 Nr.V.2 werden nicht oder nur in vereinfachter Form zu statistischen Zwecken veröffentlicht.

Nr. 1 stimmt mit § 28b Nr. 1 VOB/A überein.   **1**

Nr. 2 ist mit § 28b Nr. 2 VOB/A identisch.   **2**

Nr. 3 deckt sich mit § 28b Nr. 3 VOB/A.   **3**

§ 14 SKR
Aufbewahrungs- und Berichtspflichten

1. (1) Sachdienliche Unterlagen über jede Auftragsvergabe sind aufzubewahren, die es zu einem späteren Zeitpunkt ermöglichen, die Entscheidungen zu begründen über:
   a) die Prüfung und Auswahl der Unternehmer und die Auftragsvergabe,
   b) den Rückgriff auf Verfahren ohne vorherigen Aufruf zum Wettbewerb gemäß § 3 SKR Nr. 3,
   c) die Inanspruchnahme vorgesehener Abweichungsmöglichkeiten von der Anwendungsverpflichtung.
   Der Auftraggeber trifft geeignete Maßnahmen, um den Ablauf der mit elektronischen Mitteln durchgeführten Vergabeverfahren zu dokumentieren.
   (2) Die Unterlagen müssen mindestens vier Jahre lang ab der Auftragsvergabe aufbewahrt werden, damit der Auftraggeber der Kommission der Europäischen Gemeinschaften in dieser Zeit auf Anfrage die erforderlichen Auskünfte erteilen kann.
2. Die Sektorenauftraggeber übermitteln der Bundesregierung entsprechend deren Vorgaben jährlich eine statistische Aufstellung über den Gesamtwert der vergebenen Aufträge, die unterhalb der Schwellenwerte liegen und die jedoch ohne eine Schwellenwertbegrenzung diesen Regelungen unterliegen würden.

3. Die Auftraggeber in den Bereichen der Trinkwasser- und Elektrizitätsversorgung, des Stadtbahn-, Straßenbahn-, O-Bus- oder Omnibusverkehrs, der Flughafeneinrichtungen und des See- oder Binnenhafenverkehrs oder anderer Verkehrsendpunkte teilen der Bundesregierung entsprechend deren Vorgaben jährlich den Gesamtwert der Aufträge mit, die im Vorjahr vergeben worden sind. Diese Meldepflicht gilt nicht, wenn der Auftraggeber im Berichtszeitraum keinen Auftrag über dem in § 1 SKR Nr. 2 genannten Schwellenwert zu vergeben hatte.

4. Die Auftraggeber übermitteln die Angaben nach Nummer 2 und 3 spätestens bis zum 31. August jeden Jahres für das Vorjahr an das Bundesministerium für Wirtschaft und Technologie.

1 Die Bestimmung entspricht insgesamt § 33b VOB/A.

§ 15 SKR
Vergabekammer

In der Vergabebekanntmachung und den Vergabeunterlagen ist die Vergabekammer mit Anschrift anzugeben, an die sich der Bewerber oder Bieter zur Nachprüfung behaupteter Verstöße gegen die Vergabebestimmungen wenden kann.

1 Der Auftraggeber hat **nur die für seine Vergaben zuständige** Vergabekammer anzugeben, weil andere Nachprüfungsbehörden – wie dies etwa für den Abschnitt 3 in § 31b VOB/A vorgesehen ist – nicht vorhanden sind. Eine Zusammenstellung der bundesdeutschen Vergabekammern des Bundes und der Länder unter Angabe der gegenwärtigen Anschriften findet sich unter § 31a VOB/A. Für die Nachprüfung von Vergabeverstößen bei Auftragsvergaben nach Abschnitt 4 sind **ausschließlich die Vergabekammern i.S.d. § 104 GWB** zuständig. Die Einrichtung von **Vergabeprüfstellen** nach § 103 Abs. 1 GWB ist nur für Auftraggeber i.S.d. § 98 Nr. 1 bis 3 GWB, nicht aber für Auftraggeber i.S.d. § 98 Nr. 4 GWB, deren Auftragsvergaben sich allein nach Abschnitt 4 richten, möglich und zulässig (vgl. § 103 Abs. 1 GWB).

VOB Teil B
Allgemeine Vertragsbedingungen für die Ausführung von Bauleistungen Ausgabe 2006

Vorbemerkungen vor Teil B

Inhaltsübersicht Rn.

A. Begriffsbestimmungen zum Leistungsgegenstand nach dem VOB-Vertrag 1
    I. Gesetzliche Grundlage; Ziel der VOB/B 1
    II. Grundlegende Begriffsbestimmungen in Teil B.......................... 2
B. Ergänzungs- und Zusatzaufträge.. 10
C. Ergänzende gesetzliche Vorschriften 11

A. Begriffsbestimmungen zum Leistungsgegenstand nach dem VOB-Vertrag

I. Gesetzliche Grundlage; Ziel der VOB/B

Gesetzliche Ausgangsbasis für die Regelungen des Teils B sind die **Bestimmungen über den Werk-** **1** **vertrag in den §§ 631 ff. BGB.** Das Vertragswerk des Teils B ist in seiner Gesamtheit dazu bestimmt, im Bereich dispositiven Rechts den **Besonderheiten des Bauvertragswesens für das Verhältnis zwischen Auftraggeber und bauausführendem Unternehmer** auf Grund durchweg allgemein anerkannten **Erfahrungsschatzes gerecht zu werden,** vor allem unter Berücksichtigung **hinreichend gesicherter Erkenntnisse der Bautechnik und der Baubetriebslehre.** Ist die VOB/B wirksam vertraglich vereinbart, so gehen deren Bestimmungen den §§ 631 ff. BGB oder anderen einschlägigen gesetzlichen Regelungen des BGB vor, zumal diese grundsätzlich dispositivem Recht unterliegen. Der Rahmen des möglichen Regelungsgegenstandes wird auch für Teil B durch die grundlegende Bestimmung über die mögliche Art und den möglichen Umfang der Bauleistung in **§ 1 VOB/B** abgesteckt. Letzteres ist besonders **auch für den Bereich der §§ 305 ff. BGB zu beachten.**

II. Grundlegende Begriffsbestimmungen in Teil B

Aus den heute noch maßgebenden Erwägungsgründen zur Fassung der VOB von 1973 ergibt sich, **2** dass deren Verfasser bemüht waren, den von den einzelnen Bestimmungen erfassten **Leistungsgegenstand begrifflich klarer zu umreißen.** Es ist deshalb notwendig, sich zunächst diese Begriffe zu vergegenwärtigen. Auszugehen ist davon, dass die VOB die Begriffe »Leistung« und »Leistungen« mit bestimmten Artikeln oder ohne bestimmte Artikel verwendet. Dabei entsprechen allein die Worte »die Leistung« dem Leistungsbegriff des BGB im Allgemeinen Teil, § 241 BGB, und im Besonderen Teil des Werkvertragsrechts, § 631 BGB. Hieraus folgt für die VOB Teil B:

Die Leistung: Mit »Leistung« ist der **Gesamtgegenstand des im Einzelfall abgeschlossenen Bau-** **3** **vertrages,** also die vom Auftragnehmer danach insgesamt zu erbringende Leistung bezeichnet. Ihre Art und ihr Umfang sind **durch § 1 VOB/B bestimmt,** und zwar nach **Größe, Güte und Herstellungsart,** in letzterer Hinsicht auch bezogen auf die vorgesehene Verfahrenstechnik (vgl. dazu auch *Putzier* BauR 1993, 399), wobei die im Einzelfall verobjektivierte Sicht der Vertragspartner maßgebend ist. Vereinzelt ist dafür auch die Bezeichnung »die vertragliche Leistung« gewählt worden.

vor VOB/B

4 **Eine Leistung oder Leistungen:** Diese Begriffe werden verwendet, um **Teile der vertraglichen Gesamtleistung sowie zusätzlich vereinbarte Leistungen** zu kennzeichnen. Die hierher auch gehörenden weiteren Bezeichnungen »Teil der Leistung« oder »Teile der Leistung« sind nur ausnahmsweise gewählt worden, wo es nach Ansicht der Verfasser der VOB aus sprachlichen Gründen geboten schien (z.B. in § 2 Nr. 7 Abs. 2 VOB/B).

5 **Teilleistung:** Hier handelt es sich um einen solchen Teil der Leistung, der unter **einer Ordnungszahl (Position) des Leistungsverzeichnisses** beschrieben worden ist.

6 **Bauleistung:** Dieser Begriff ist in § 1 VOB/A umrissen. Er ist in § 4 Nr. 8 Abs. 2 VOB/B verwendet worden, weil im Rahmen der Vergabe an Nachunternehmer die VOB/B nur insoweit zur Anwendung gelangen kann, als es sich um Bauleistungen handelt. Dagegen wurde in § 7 Nr. 1 VOB/B die Bezeichnung »Bauleistung« durch »Leistung« ersetzt. Im Übrigen ist der Begriff »Bauleistung« in § 1 VOB/A **begriffsidentisch** mit dem der »Leistung« in Teil B.

7 **Bauarbeiten:** Dieser in § 3 Nr. 4 VOB/B Fassung 1952 verwendete Begriff ist in Angleichung an die unveränderte Fassung in § 6 Nr. 3 und 4 VOB/B sowie in § 8 Nr. 3 Abs. 3 VOB/B durch den allgemeinen Begriff »**Arbeiten**« ersetzt worden, da der Auftragnehmer zur Erfüllung des Vertrages u.U. auch andere als »reine« Bauarbeiten ausführen muss. Mit »Arbeiten« ist also die zur Erbringung der Leistung notwendige gegenständliche körperliche und geistige Tätigkeit des Auftragnehmers gemeint. Dieser Begriff findet sich seit der Fassung 1990 auch in § 1 VOB/A.

8 **Bauliche Anlagen:** Nach § 2 Abs. 1 der Musterbauordnung (die die Grundlage für die grundsätzlich dem öffentlichen Recht zugehörenden Bauordnungen der Länder bildet) werden als bauliche Anlagen bezeichnet: »mit dem Erdboden verbundene, aus Bauteilen hergestellte Anlagen. Eine Verbindung mit dem Boden besteht auch dann, wenn die Anlage durch eigene Schwere auf dem Boden ruht oder auf ortsfesten Bahnen begrenzt beweglich ist oder wenn die Anlage nach ihrem Verwendungszweck dazu bestimmt ist, überwiegend ortsfest benutzt zu werden.« In diesem Begriff der baulichen Anlage liegt als Voraussetzung, dass sie auf Dauer angelegt sein muss; diese kann auch dadurch erfüllt werden, dass die Anlage jeweils nur für kurze Zeit besteht, sich dieser Zustand aber ständig wiederholt.

9 In der Fassung 1952 **meinte die VOB mit** der Bezeichnung »**Bauwerk**« **bauliche Anlagen in diesem umfassenden Sinne.** Dies ist **beibehalten** worden, **jedoch** wurde, in Übereinstimmung mit der Musterbauordnung, die Bezeichnung »**Bauwerk**« **durch** »**bauliche Anlage**« **ersetzt** (§§ 3 Nr. 2 und 4, 12 Nr. 5 Abs. 2, 13 Nr. 7 Abs. 3 VOB/B). Vom Begriff »bauliche Anlage« ist seit der Fassung 1990 **auch in Teil A** die Rede. Ausnahme in § 13 Nr. 4 VOB/B, da dort die Übereinstimmung mit den begrifflichen Abgrenzungen in § 638 BGB beibehalten werden musste, vor allem wegen der Rechtsprechung zu den Begriffen »Bauwerk« und »Arbeiten an einem Grundstück«. Von dem in § 1 VOB/A umrissenen Rahmen sind auch bauliche Anlagen im vorgenannten Sinne erfasst. So weit dieser Begriff im Einzelfall im verwaltungsrechtlichen (planungsrechtlichen) Sinne über § 1 VOB/A hinausgeht, wie z.B. bei Anlagen der Außenwerbung, Holzlagerplätzen, beim Aufstellen von Warenautomaten, kann dies auf das zivile Vertragsrecht nicht entsprechend angewendet werden, so dass insoweit auch nicht die Vereinbarung der VOB in Betracht kommt.

B. Ergänzungs- und Zusatzaufträge

10 Die Anwendung des Teils B der VOB setzt zunächst einen **wirksamen Bauvertrag zwischen den Vertragsparteien** voraus. Wird ein Vertrag **nur** unter einer aufschiebenden Bedingung, z.B. unter dem Vorbehalt der Finanzierung, geschlossen, wird der Vertrag erst mit Eintritt der Bindung wirksam, was von demjenigen darzulegen und zu beweisen ist, der sich darauf beruft. **Teil B** kommt ferner bei Bauverträgen **nur** zur Anwendung, **wenn** er zwischen den Vertragsparteien **vereinbart** ist,

und zwar als Ganzes. Eine derartige Vereinbarung gilt im Zweifel für den gesamten Vertrag, insbesondere auch für **Ergänzungs- und Zusatzaufträge**, also für so genannte **Nachtragsaufträge**, die im **unmittelbaren zeitlichen und sachlichen Zusammenhang** mit derselben in Auftrag gegebenen Bauleistung stehen. Das folgt aus § 1 Nr. 3 und 4 sowie § 2 Nr. 5 und insbesondere Nr. 6 VOB/B, womit die Parteien durch diese im Hauptauftrag mit vereinbarten Bestimmungen der VOB/B im Zweifel zu erkennen gegeben haben, dass sich solche Ergänzungs- und Zusatzaufträge auch nach diesem sachlichen Vertragswerk richten sollen. Wegen des hier geforderten unmittelbaren engen zeitlichen und sachlichen Zusammenhanges kann einer wirksamen Vereinbarung der VOB auch für diese Ergänzungs- oder Zusatzaufträge nicht § 305 Abs. 2 BGB entgegenstehen, da die Vertragsparteien durch den zuvor ordnungsgemäßen Abschluss des Hauptauftrages über Inhalt und Tragweite der VOB orientiert sind, daher der Schutzzweck des § 305 Abs. 2 BGB auch für die Ergänzungs- und Zusatzaufträge erfüllt ist. Wird allerdings Teil B der VOB erst im Rahmen eines Ergänzungs- oder Zusatzauftrages vereinbart und weichen die ursprünglichen vertraglichen Abmachungen – z.B. hinsichtlich der Gewährleistungspflicht – erheblich von der VOB ab, so kann im Zweifel nicht umgekehrt angenommen werden, dass sich auch der ursprüngliche »Hauptauftrag« nach der VOB richten soll. Das Gegenteil lässt sich auch nicht aus einem Schweigen des Auftragnehmers auf eine schriftliche Bestätigung des Nachtrags- oder Ergänzungsauftrages entnehmen.

C. Ergänzende gesetzliche Vorschriften

Soweit auf einen VOB-Bauvertrag **gesetzliche Vorschriften** überhaupt oder ergänzend anzuwenden sind, gelten grundsätzlich **die Bestimmungen des BGB,** insbesondere die der §§ 631 ff. zum Werkvertrag. Das gilt nicht nur dort, wo die VOB/B auf gesetzliche Bestimmungen verweist, sondern insbesondere, wo die VOB/B keine Regelungen getroffen hat, sich jedoch für bestimmte Fallgestaltungen gesetzliche Bestimmungen finden, wie z.B. in den §§ 632 sowie 648, 648a BGB. Die Spezialbestimmungen des HGB kommen nur zum Tragen, wenn die dafür maßgebliche **Kaufmannseigenschaft** bei Auftraggeber oder Auftragnehmer oder – soweit erforderlich – beiden gegeben ist **und wenn sie durch vertragliche Regelungen nicht** ausgeschlossen sind. Daraus folgt: **Soweit Teil B der VOB Regelungen enthält, schließen sie die Anwendung von Vorschriften des HGB aus, es sei denn, deren Beachtung ist auch durch die Bestimmungen der VOB/B eindeutig eröffnet.** Daher kommen z.B. die Regelungen der §§ 381 Abs. 2, 377, 378 HGB nicht zum Tragen, weil die VOB zur Erfüllungs- und Gewährleistungsverpflichtung ausdrückliche, abschließende Bestimmungen enthält. 11

§ 1
Art und Umfang der Leistung

1. Die auszuführende Leistung wird nach Art und Umfang durch den Vertrag bestimmt. Als Bestandteil des Vertrags gelten auch die Allgemeinen Technischen Vertragsbedingungen für Bauleistungen.

2. Bei Widersprüchen im Vertrag gelten nacheinander:
   a) die Leistungsbeschreibung,
   b) die Besonderen Vertragsbedingungen,
   c) etwaige Zusätzliche Vertragsbedingungen,
   d) etwaige Zusätzliche Technische Vertragsbedingungen,
   e) die Allgemeinen Technischen Vertragsbedingungen für Bauleistungen,
   f) die Allgemeinen Vertragsbedingungen für die Ausführung von Bauleistungen.

3. Änderungen des Bauentwurfs anzuordnen, bleibt dem Auftraggeber vorbehalten.

4. Nicht vereinbarte Leistungen, die zur Ausführung der vertraglichen Leistung erforderlich werden, hat der Auftragnehmer auf Verlangen des Auftraggebers mit auszuführen, außer wenn sein Betrieb auf derartige Leistungen nicht eingerichtet ist. Andere Leistungen können dem Auftragnehmer nur mit seiner Zustimmung übertragen werden.

Aufsätze: *Piel* Zur Abgrenzung zwischen Leistungsänderung (§§ 1 Nr. 3, 2 Nr. 5 VOB/B) und Behinderung (§ 6 VOB/B) FS Korbion 1986 S. 349; *Weyer* Bauzeitverlängerungen auf Grund von Änderungen des Bauentwurfs durch den Auftraggeber BauR 1990, 138; *Schulze-Hagen* Zur Anwendung der §§ 1 Nr. 3, 2 Nr. 5 VOB/B einerseits und §§ 1 Nr. 4, 2 Nr. 6 VOB/B andererseits FS Soergel 1993 S. 255 ff.; *Breyer* Die Vergütung von anderen Leistungen nach § 1 Nr. 4 S. 2 VOB/B BauR 1999, 459; *Genschow* Anordnungen zur Bauzeit – Vergütungs- oder Schadensersatzansprüche ZfBR 2004, 642; *Zanner/Keller* Das einseitige Anordnungsrecht des Auftraggebers zu Bauzeit und Bauablauf und seine Vergütungsforderungen NZBau 2004, 353; *Quack* Theorien zur Rechtsnatur von § 1 Nr. 3 und 4 VOB/B und ihre Auswirkungen auf die Nachtragsproblematik ZfBR 2004, 107; *Thode* Nachträge wegen gestörten Bauablaufs im VOB-Vertrag ZfBR 2004, 214; *Anker/Klingenfuß* Kann das praktisch Erforderliche stets wirksam vereinbart werden? – Unkonventionelles zu § 1 Nr. 3 und Nr. 4 VOB/B BauR 2005, 1377; *Bruns* Schluss mit einseitigen Änderungen des Bauentwurfs nach § 1 Nr. 3 VOB/B ZfBR 2005, 525; *von Minckwitz* Zur AGB-Widrigkeit der §§ 1 Nr. 3 und 4 VOB/B im Lichte der Rechtsprechung zu § 315 BGB BrBp 2005, 170; *Wirth/Würfele* Anordnungen zur Bauzeit unterliegen dem Anordnungsrecht nach § 1 Nr. 3 VOB/B BrBp 2005, 214.

1 § 1 VOB/B umschreibt allgemein die tragenden Gesichtspunkte der Leistungspflicht des Auftragnehmers. Dazu dient zunächst die Grundregel in Nr. 1. Da wegen der regelmäßig verschiedenen Bestandteile des Bauvertrages sich einzelne Regelungen überschneiden und zugleich widersprechen können, versucht die Nr. 2 hierzu im Hinblick auf Vorrang und Nachrang Klarheit zu schaffen. Dass es gerade beim Bauvertrag entscheidend darauf ankommt, dass der Auftraggeber von seinem Vertragspartner die letztlich gewünschte Leistung erhält, legen die Nrn. 3 und 4 mögliche Rechte des Auftraggebers fest, einseitig veränderte oder zusätzliche Leistungen zu verlangen, zugleich aber auch die Grenzen.

§ 1 Nr. 1 VOB/B beinhaltet eine **Generalklausel.** Sie bezieht sich allerdings nicht auf den Gesamtinhalt des Bauvertrages, sondern nur auf die **Leistungspflicht des Auftragnehmers.** Von den Pflichten des Auftraggebers spricht sie nicht. Wie beim **Werkvertrag** des BGB (§§ 631 ff.) kommt es auf die durch den einzelnen Vertrag festgelegte und damit geschuldete Herstellung des Werkes an. Von der Tätigkeit als solcher allein, losgelöst vom Leistungserfolg, ist in § 1 VOB/B nicht die Rede. Die Nr. 2 stellt in vertragsrechtlicher Hinsicht den **Vertragsinhalt klar,** falls darüber im Einzelfall Zweifel oder Unklarheiten bestehen. In Nr. 3 **und 4** sind ergänzende bzw. **erweiterte Leistungspflichten** des Auftragnehmers in Bezug auf **veränderte oder zusätzliche Leistungen** festgelegt.

2 **Empfänger der Leistung** des Auftragnehmers ist grundsätzlich der beim Vertragsschluss hinreichend als solcher gekennzeichnete **Auftraggeber.** Ein späterer **Wechsel** des Auftraggebers kann **regelmäßig** – falls nicht gesetzliche Vorschriften vorrangig sind (wie z.B. aus dem Erbrecht) – **nur einverständlich** durch Absprache zwischen Auftraggeber und Auftragnehmer erfolgen.

§ 1 Nr. 1
[Bestandteile des Vertrags]

Die auszuführende Leistung wird nach Art und Umfang durch den Vertrag bestimmt. Als Bestandteil des Vertrags gelten auch die Allgemeinen Technischen Vertragsbedingungen für Bauleistungen

Bestandteile des Vertrags § 1 Nr. 1 VOB/B

Inhaltsübersicht

	Rn.
A. Gesamtheit der Vertragsunterlagen ausschlaggebend	2
B. Abgrenzung	3
C. Vertragsunterlagen im Einzelnen	4
D. Allgemeine Technische Vertragsbedingungen Vertragsbestandteil	7
E. Einheitliche Vergabemuster	10

Aufsätze: (siehe oben, Auswahl)

Nach Nr. 1 S. 1 wird die vom Auftragnehmer auszuführende **Leistung nach Art und Umfang** durch **1** den **Vertrag** bestimmt. Dies bezieht sich nicht nur auf diejenigen Bauverträge, die auf Grund einer ordnungsgemäßen Vergabe nach Teil A zu Stande gekommen sind, sondern auf **alle Verträge, die kraft wirksamer Vereinbarung den Teil B der VOB zur Vertragsgrundlage haben.** Dabei kann der Begriff der Leistung nur in dem Sinn und in dem Umfang verstanden werden, wie es nach § 1 VOB/A (**Bauleistung**) gerechtfertigt ist. Solange Art und Umfang der zu erbringenden Leistung unbestimmt sind, kann im Allgemeinen von einem wirksamen Vertragsschluss noch nicht gesprochen werden (vgl. OLG Hamm 5.2.1990 26 U 56/85 = MDR 1990, 626). Allerdings ist zu bedenken, dass es sich **auch bei einem Bauvertrag nach Maßgabe des Teils B der VOB um einen Werkvertrag i.S.d. §§ 631 ff. BGB** handelt, nach dessen Rechtsnatur der Auftragnehmer im Bereich des ihm erteilten Auftrages auf **jeden Fall das Leistungsziel, den Erfolg, zu erreichen** hat. Eine **andere Frage** ist dabei, ob der Auftragnehmer für etwa nötige Mehrleistungen oder veränderte Leistungen eine zusätzliche Vergütung erhält. Hierauf beziehen sich im Wesentlichen die Bestimmungen in § 2 VOB/B.

A. Gesamtheit der Vertragsunterlagen ausschlaggebend

Die Leistungsverpflichtung des Auftragnehmers gemäß Bauvertrag kann aus vielen Leistungseinzel- **2** heiten bestehen. Man denke an die Positionen eines Leistungsverzeichnisses, die bei der gebotenen sorgfältigen, fachkundigen Ausarbeitung regelmäßig zahlreich und vielgestaltig sind. Die **Gesamtheit der Einzelpositionen ist das** geschuldete und herzustellende **Werk,** allerdings **begrenzt durch den Umfang des jeweiligen Vertrages.** Ebenso maßgebend für die Leistungspflicht sind aber **auch alle anderen Vertragsbestimmungen** im Einzelfall, wie z.B. Allgemeine, Besondere, Zusätzliche oder Technische Vertragsbedingungen.

B. Abgrenzung

Die Gesamtleistungsverpflichtung beruht daher **allein** auf dem **Vertrag** (vgl. Beck'scher VOB- **3** Komm./*Jagenburg* § 1 Nr. 1 VOB/B Rn. 3). Das führt zwangsläufig zu dem Umkehrschluss, dass alles, was nicht Inhalt des Bauvertrages ist, auch nicht vom Auftragnehmer geschuldet wird. Im **Zweifelsfall** bedarf es allerdings häufig der **Auslegung,** was zum Vertragsinhalt zählt. Anhaltspunkte bieten dabei die Allgemeinen Vertragsbedingungen, die Allgemeinen Technischen Vertragsbedingungen oder auch die sonstigen Vertragsbedingungen, gegebenenfalls unter Zuhilfenahme gesetzlicher Vorschriften, da dort beschrieben ist, was allgemein als richtig und üblich anerkannt ist, demgemäß auch zur Leistungspflicht des Auftragnehmers gehört. Unklare Vertragsbedingungen, vor allem im Rahmen Besonderer, Zusätzlicher oder Technischer Vertragsbedingungen, gehen zu Lasten desjenigen, der sie aufgestellt hat. Er muss dann eine Beurteilung nach Allgemeinen Vertragsbedingungen oder Technischen Vertragsbedingungen, notfalls auch nach den Bestimmungen des BGB oder den von der Rechtsprechung für den betreffenden Fall aufgestellten Grundsätzen hinnehmen.

C. Vertragsunterlagen im Einzelnen

4 Ist der Bauvertrag nach den Vergaberegelungen des Teils A zu Stande gekommen, so bestimmt sich sein Inhalt nach der Leistungsbeschreibung (§ 9 VOB/A), den dazugehörigen Unterlagen, ferner nach den rechtlichen und den Technischen Vertragsbedingungen.

5 Ist der Bauvertrag nicht auf der Basis des Vergabeverfahrens nach Teil A abgeschlossen worden, so richtet sich der Vertragsinhalt lediglich nach dem durch das Angebot und dessen Annahme zu Stande gekommenen Bauvertrag selbst, der seinerseits allerdings **regelmäßig auch die vorgenannten Einzelunterlagen zum Gegenstand** hat, indem er zumindest darauf verweist, wobei durch den Inhalt der Verweisung auch die Grenzen vertraglicher Absprache festgelegt sind. Wurde Teil B der VOB zur Vertragsgrundlage gemacht, so gelten nach § 1 Nr. 1 S. 2 VOB/B neben den vertraglichen Bestimmungen die **im Einzelfall maßgebenden Allgemeinen Technischen Vertragsbedingungen.** Regelmäßig ist auch ein Leistungsverzeichnis vorhanden, das zumindest den wesentlichen Leistungsinhalt festhält. Ist das nicht der Fall, so stößt man bei der Auslegung des Vertragsinhalts im Hinblick auf die Tragweite und den Umfang der Leistungsschuld des Auftragnehmers auf die Schwierigkeit, diese nach den allgemein gültigen Regeln des BGB und damit nach der gewerblichen Verkehrssitte bestimmen zu müssen, falls hierzu die Allgemeinen Technischen Vertragsbedingungen keine erschöpfende Auskunft geben.

6 Sofern in der Leistungsbeschreibung **Eventual- oder Alternativpositionen** enthalten sind, deren Ausführung im Zeitpunkt des Vertragsschlusses noch nicht geklärt ist, gehören sie so lange nicht zur vom Auftragnehmer geschuldeten Leistung, wie nicht der Auftraggeber – **spätestens bis zum Beginn der Ausführung der betreffenden Teilleistung** – mitgeteilt hat, was und auf welche Weise es ausgeführt werden soll. Solange nicht geklärt ist, ob bzw. inwieweit derartige Positionen ausgeführt werden sollen, besteht hinsichtlich des noch nicht zum Vertragsinhalt gewordenen Teils keine Vergütungspflicht des Auftraggebers (vgl. OLG Hamm 24.2.1989 12 U 170/88 = BauR 1990, 744). Im angesprochenen Bereich besteht eine **Mitwirkungspflicht des Auftraggebers,** die aus § 3 Nr. 1 VOB/B zu entnehmen ist. Der Auftraggeber muss hier seinen Entschluss so früh wie möglich mitteilen, damit etwaige Unzuträglichkeiten bei der späteren Ausführung vermieden werden (vgl. dazu VHB Nr. 2 zu § 1 VOB/B bzw. Nr. 2 zu § 28 VOB/A; ferner *Schelle* BauR 1989, 48; zur Ausübung eines Leistungsbestimmungsrechts nach § 315 BGB, wenn der Bestimmende von dem vertraglich im Einzelnen festgelegten Vorgehen für die Übernahme der Leistung durch den Auftragnehmer abweicht; vgl. BGH 28.9.1989 VII ZR 152/88 BauR 1990, 99 = NJW-RR 1990, 28, insoweit für den Fall der Überwachung und Abnahme von Wasseranschlussarbeiten).

D. Allgemeine Technische Vertragsbedingungen Vertragsbestandteil

7 Soweit nach Nr. 1 S. 2 VOB/B **die Allgemeinen Technischen Vertragsbedingungen** als Vertragsbestandteil gelten, hat das im Allgemeinen besondere Bedeutung, wenn ein Bauvertrag nicht nach den Regeln über die Vergabe gemäß Teil A der VOB zu Stande gekommen ist. Denn sonst ist es selbstverständlich, dass die Allgemeinen Technischen Vertragsbedingungen zum Angebotsinhalt gehören und damit Vertragsbestandteil werden. Dies ergibt sich aus § 10 Nr. 1 Abs. 2 VOB/A. § 1 Nr. 1 S. 2 VOB/B hat daher eine weit über § 10 VOB/A hinausgehende Tragweite. Sie besagt, dass es nicht einmal der ausdrücklichen Hervorhebung im Vertrag bedarf, dass die Allgemeinen Technischen Vertragsbedingungen Vertragsbestandteil werden. Vielmehr **reicht** es, wenn **Teil B der VOB vertraglich vereinbart** ist. **Dann ist zugleich Teil C,** soweit sein Normenwerk vom vertraglichen Leistungsziel erfasst ist, **Vertragsgegenstand.** Dabei kommt es, falls der Vertrag keine abweichende Regelung enthält, auf die im Zeitpunkt des Vertragsschlusses maßgebenden Normen an. Wollen die Vertragspartner von diesen allgemein gefassten Technischen Vertragsbedingungen, insbesondere bezüglich des geschuldeten Leistungsinhalts, abweichen, muss dies im Vertrag ausdrücklich vereinbart werden (vgl. *Vygen* Bauvertragsrecht Rn. 121). Dies hat der BGH in seiner »Brückenkappenentscheidung« (28.2.2002 VII ZR 376/00 BauR 2002, 535 m. Anm. v. *Keldungs*, *Quack* und *Asam* BauR 2002, 1247 ff.) in der er entschieden hat, dass es für die Abgrenzung zwischen unmittelbar geschuldeten und zusätzlichen Leistungen nicht auf die Unterscheidung in den DIN-Vorschriften zwischen Nebenleistungen und Besonderen Leistungen ankommt, verkannt.

Die Allgemeinen Technischen Vertragsbedingungen sind für sich keine Rechtsnormen. Über den Wortlaut der Nr. 1 S. 2 hinaus schuldet der Auftragnehmer jedoch eine Leistung, die den **allgemein anerkannten Regeln der Technik** entspricht, wie sich aus § 4 Nr. 2 Abs. 1 VOB/B ergibt. Dabei ist für die rechtliche Beurteilung **der Zeitpunkt der Abnahme maßgebend**. 8

Allgemeine Technische Vertragsbedingungen treten allerdings zurück, wenn bei einer objektiv gegebenen Notwendigkeit **im Einzelfall** von den Allgemeinen Technischen Vertragsbedingungen abweichende technische Bestimmungen bzw. Vereinbarungen getroffen werden (vgl. § 10 Nr. 3 S. 3 VOB/A). Das gilt nicht bei Zusätzlichen Technischen Vertragsbedingungen, weil diese lediglich die Allgemeinen Technischen Vertragsbedingungen ergänzen, also grundsätzlich neben diesen stehen (vgl. § 10 Nr. 3 S. 2 VOB/A). 9

E. Einheitliche Vergabemuster

Zu erwähnen sind in diesem Zusammenhang für den Auftraggeber der öffentlichen Hand die Vertragsmuster, vgl. VHB Teil II, die als verbindlich gelten für alle mit Bundesmitteln finanzierten Baumaßnahmen (EVM). Soweit diese Muster Vertragsbedingungen wiedergeben, werden sie im Allgemeinen bei öffentlichen Bauvorhaben im Rahmen der Vertragsgestaltung herangezogen und dann, vor allem im Hinblick auf die Leistungspflichten des Auftragnehmers, mit dem jeweils zur Verwendung gelangten Inhalt Vertragsgegenstand. 10

§ 1 Nr. 2
[Auslegung von Widersprüchen]

Bei Widersprüchen im Vertrag gelten nacheinander:
a) die Leistungsbeschreibung,
b) die Besonderen Vertragsbedingungen,
c) etwaige Zusätzliche Vertragsbedingungen,
d) etwaige Zusätzliche Technische Vertragsbedingungen,
e) die Allgemeinen Technischen Vertragsbedingungen für Bauleistungen,
f) die Allgemeinen Vertragsbedingungen für die Ausführung von Bauleistungen.

Inhaltsübersicht Rn.

A. Allgemeine Grundlagen.. 1
B. Vorrang spezieller Bestimmungen vor den allgemeinen Regelungen 4
C. Tragweite der Nr. 2 9
D. Nr. 2 enthält keine Rangfolge der Vertragsbestandteile 12
E. Identität der Begriffe in Nr. 2 mit den in §§ 9 und 10 VOB/A enthaltenen 13

Aufsätze: (siehe oben, Auswahl)

A. Allgemeine Grundlagen

1 Nach Nr. 2 **gilt** bei Auftreten von Unklarheiten über die vertraglich festgelegte Leistungspflicht des Auftragnehmers eine ganz **bestimmte Reihenfolge** der Vertragsunterlagen als zwischen den Parteien **vereinbart,** sofern solche im Bauvertrag Verwendung gefunden haben. Indem die Vertragspartner Nr. 2 und damit die dort bestimmte, in ihren Einzelpunkten von a bis f sich ergebende Reihenfolge (jeweils der vorangehende Buchstabe hat im Allgemeinen Vorrang vor dem folgenden) zum Gegenstand ihrer vertraglichen Abmachung gemacht haben, bleibt ein **anderer Weg der Auslegung** im Rahmen der §§ 133, 157 BGB **nicht übrig.** Die VOB hat damit viel zur Klarheit des Vertrages beigetragen, zumal die Vertragsauslegung lediglich nach §§ 133, 157 BGB ohnehin problematisch ist, vor allem weil hier auch die §§ 305b und 305c Abs. 2 BGB eine Rolle spielen können. Allerdings bleiben die Auslegungsregeln der §§ 133, 157 BGB dort erhalten, soweit die Nr. 2 – noch – nicht eingreift, wie z.B. bei der Frage, ob ein an sich vorrangiger Vertragsbestandteil wirklich etwas anderes regelt als ein an sich nachrangiger (vgl. dazu BGH 21.3.1991 VII ZR 110/90 BauR 1991, 458 = NJW-RR 1991, 980 = SFH § 13 Nr. 4 VOB/B Nr. 19 zur Frage, ob in einem an sich vorrangigen Generalunternehmervertrag wirklich eine andere Verjährungsfrist für den Bereich der Gewährleistung geregelt ist als in nachrangigen Vertragsbedingungen).

2 Die Regelung in Nr. 2 entspricht nichts anderem als **der allgemeinen Auffassung für den Bereich des Vertragsrechtes,** dass die für den betreffenden Vertrag individuell getroffenen Absprachen jeweils Vorrang vor den generell vereinbarten haben, also das Spezielle dem mehr Generellen vorgeht, falls nicht der Vertrag **hinreichend klar eine andere Reihenfolge bestimmt.** Wenn auch die Nr. 2 lediglich die Leistungspflichten des Auftragnehmers anspricht, so ergibt der dort berücksichtigte, vorgenannte allgemeine Grundsatz aber doch, dass die **hier festgelegten Auslegungsgrundsätze auch für andere Bereiche außerhalb der eigentlichen Leistungspflicht des Auftragnehmers entsprechend gelten,** wie z.B. im Rahmen des Schuldner- oder des Annahmeverzuges, von Vertragsstrafenregelungen, von Kündigungsbestimmungen usw. Für den Vergütungsbereich lässt sich eine gleichartige Regelung überdies aus § 2 Nr. 1 VOB/B entnehmen.

3 Die Auslegungsregel der Nr. 2 **gilt nur, wenn die Vertragspartner – evtl. auch in AGB – keine andere vertragliche Absprache getroffen haben.** So ist es z.B. möglich zu vereinbaren, dass im Falle von Widersprüchen in den Vertragsunterlagen die VOB Vorrang vor den Zusätzlichen Technischen Vertragsbedingungen habe, wie der ZTV-Stra. Allerdings kann es vorkommen, dass solche Bestimmungen dann wiederum Vorrang vor den Regelungen der VOB/B haben, nämlich dort, wo sich aus der VOB/B ergibt, dass bestimmte ihrer Regelungen nur Geltung haben, wenn nichts anderes vereinbart ist. So gilt in dem erwähnten Fall die in der ZTV-Stra enthaltene Verjährungsfrist von 5 Jahren vor der in § 13 Nr. 4 VOB/B festgelegten 4-jährigen Verjährung, weil eben etwas anderes vereinbart worden ist (vgl. BGH 26.3.1987 VII ZR 196/86 BauR 1987, 445 = NJW-RR 1987, 851). Eine solche in der ZTV-Stra enthaltene Klausel ist dann für ein im Tiefbau tätiges Fachunternehmen nicht überraschend, daher nicht nach § 305c Abs. 1 BGB unwirksam, erst recht nicht, wenn es schon vielfach für öffentliche Auftraggeber gearbeitet hat (BGH a.a.O.).

B. Vorrang spezieller Bestimmungen vor den allgemeinen Regelungen

4 Eine Betrachtung der Reihenfolge, wie sie in Nr. 2 vorgeschrieben ist, zeigt, dass die **besonderen Vereinbarungen** der Parteien **Vorrang** vor den allgemeinen Bestimmungen der VOB haben. Hieraus folgt, dass die Verfasser der VOB, wie es den Grundsätzen des Vertragsrechts entspricht, die freie Willensbestimmung der Partner bei der Festlegung der Einzelbedingungen des betreffenden Bauvertrages als das Wesentliche angesehen haben. Erst wenn eine entsprechende vertragliche Einzelregelung fehlt oder wenn diese im Verhältnis zu einer anderen mit im Wege der Auslegung nicht hinreichend

| Auslegung von Widersprüchen | § 1 Nr. 2 VOB/B |

zu klärenden Widersprüchen behaftet ist, kommt es auf die nachrangigen Vertragsbedingungen und schließlich die Allgemeinen Vertragsbedingungen der VOB an.

Hieraus erklärt sich zugleich **die Reihenfolge** in Nr. 2. Sie beginnt unter a mit der **Leistungsbeschreibung,** die die Einzelheiten der im Bauvertrag verlangten Ausführung möglichst genau aufzählen soll. Zu dem Begriff der Leistungsbeschreibung gehören hier auch die auf die verlangte Leistung bezogenen Bauzeichnungen (insbesondere die Detailplanung) und die maßgebenden Muster oder Probestücke, wie sich aus § 9 Nr. 7 VOB/A ergibt. Überhaupt zählen sämtliche Vertragsunterlagen hierzu, die im Einzelfall von dem in § 9 VOB/A und in den Hinweisen für das Aufstellen der Leistungsbeschreibung in Abschnitt 0 der DIN 18 299 berührten Bereich erfasst sind. Der hier an erster Stelle verwendete Begriff der **Leistungsbeschreibung beinhaltet also alles, was dazu bestimmt ist, die für den betreffenden Vertrag ausschlaggebende Leistungsanforderung insgesamt und in ihren Einzelheiten zu verdeutlichen.** Selbstverständlich rechnen hierher auch bestimmte Leistungsanforderungen, die nicht in den einzelnen Positionen des Leistungsverzeichnisses aufgeführt sind, sondern in Vorbemerkungen oder sonstigen Regelungen, sofern sie sich hinreichend klar auf die in den Positionen angeführten Teilleistungen beziehen (vgl. dazu z.B. OLG Bamberg 26.7.1988 5 U 241/87 BauR 1989, 744 im Hinblick auf Fliegengitter, die für die in einzelnen Positionen beschriebenen Fenster verlangt werden). **5**

Bei der nach §§ 133, 157 BGB gebotenen Auslegung von Leistungsbeschreibungen kann den Ausführungen eines technischen Sachverständigen nur eine begrenzte Funktion zukommen. Diese beschränkt sich im Wesentlichen darauf, das für die Beurteilung bedeutsame Fachwissen zu vermitteln, etwa Fachsprache und Üblichkeiten, vor allem, wenn sie sich zu einer Verkehrssitte i.S.v. § 157 BGB verdichtet haben. Dabei kann sich die Frage, ob eine Beschreibung der Leistung korrekt oder vorzugswürdig ist, nur insoweit auf die Auslegung des Vertrages auswirken, als eine ingenieurtechnisch unkorrekte Leistungsbeschreibung das für die Auslegung maßgebliche Verständnis aus der objektiven Empfängersicht beeinflusst (BGH 9.2.1995 VII ZR 143/93 BauR 1995, 538 = NJW-RR 1995, 914).

Alsdann folgen die unter b genannten **Besonderen Vertragsbedingungen,** die in jedem Einzelfall ausdrücklich festgelegt werden müssen, daher im Allgemeinen **Individualvereinbarungen** sind (vgl. Beck'scher VOB-Komm./*Jagenburg* § 1 Nr. 1 VOB/B Rn. 21). Ist der Auftrag auf Grund eines besonderen, für den Einzelfall aufgestellten **Auftragsschreibens** erteilt worden oder wurde dafür eine **besondere Vertragsurkunde** (vgl. § 29 VOB/A) ausgestellt, so handelt es sich dabei im Allgemeinen um Besondere Vertragsbedingungen. Zu den Besonderen Vertragsbedingungen gemäß Nr. 2b zählen auch besondere, im Einzelfall getroffene, von den DIN-Normen abweichende Vereinbarungen zwischen den Vertragspartnern. Diese müssen als »Besondere Technische Vereinbarungen« i.S.v. § 10 Nr. 3 S. 3 VOB/A angesehen werden, die den Zusätzlichen Technischen und insbesondere den Allgemeinen Technischen Vertragsbedingungen vorgehen. **6**

Als nächste Stufe kommt es dann nach Nr. 2c und 2d auf die **Zusätzlichen Vertragsbedingungen und die Zusätzlichen Technischen Vertragsbedingungen** an. Hier handelt es sich schon um Bestimmungen, die nicht für einen konkreten Bauvertragsfall geschaffen worden sind, sondern auf eine größere Anzahl von Bauverträgen eines bestimmten Auftraggebers zutreffen, deshalb **grundsätzlich als AGB gelten** müssen. Sind dem Auftrag formularmäßige, über den Einzelfall hinausgehende Bedingungen beigefügt, so handelt es sich durchweg um Zusätzliche Vertragsbedingungen. Dann geht bei Widersprüchen, wie sich aus Nr. 2 ergibt, das Auftragsschreiben als Besondere Vertragsbedingung vor. **7**

Bei Nr. 2e und 2f fehlen grundsätzlich ausdrückliche Einzelregelungen im konkreten Vertrag; diese sind vielmehr in den **Allgemeinen Vertragsbedingungen** des Teils B und den Allgemeinen Technischen Vertragsbedingungen des Teils C festgehalten. Es genügt die Vereinbarung des Teils B der VOB als Vertragsbestandteil. Man erkennt in einem solchen Fall zugleich das als Vertragsinhalt an, was **8** sich im **Bauvertragswesen auf Grund allgemein gültiger Erfahrungssätze als zweckmäßig und richtig durchgesetzt hat.** Wichtig ist aber auch hier, dass die Allgemeinen Technischen Vertragsbedingungen des Teils C den Allgemeinen Vertragsbedingungen des Teils B vorgehen, falls sich Widersprüche finden, was z.B. bei der Aufmaßbestimmung in Abschnitt 5.2.1 der DIN 18 350 im Verhältnis zu § 2 Nr. 2 VOB/B der Fall ist, da bei Putz Aussparungen bis zu einer gewissen Größe nicht abgezogen werden, obwohl dort gar keine Putzarbeit ausgeführt worden ist. Im Übrigen ist hinsichtlich der Allgemeinen Technischen Vertragsbedingungen des Teiles C, vor allem auch der unter 4.2 aufgeführten Besonderen Leistungen, **zu unterscheiden:** Soweit dort aufgeführte Teilleistungen genannt sind, gehören sie jeweils **je nach den technischen Erfordernissen des konkreten Vertrages mit zur Leistungspflicht** des Auftragnehmers. **Dagegen** richtet es sich nach den Regelungen in **§ 2 VOB/B, ob und inwieweit sie auch vergütet** werden.

C. Tragweite der Nr. 2

9   Aus der Aufzählung in Nr. 2 ergibt sich, dass unter **Widerspruch** im Vertrag alles zu verstehen ist, was bei den angeführten Vertragsbestandteilen **untereinander** inhaltlich nicht übereinstimmt. Wird z.B. in einem bestimmten einzelnen Vertrag die Dauer der Gewährleistung anders geregelt als in § 13 Nr. 4 VOB/B, so handelt es sich um eine Besondere Vertragsbedingung, die den Allgemeinen Vertragsbedingungen, also § 13 Nr. 4 VOB/B, vorgeht. Hat der Auftraggeber Zusätzliche Technische Vertragsbedingungen aufgestellt, die nicht mit den Allgemeinen Technischen Vertragsbedingungen übereinstimmen, sind erstere ausschlaggebend und gelten in dem streitigen oder unklaren Punkt als Vertragsinhalt, sofern nicht Besondere Vertragsbedingungen oder gar die Leistungsbeschreibung wiederum etwas anderes sagen (vgl. dazu BGH BauR 1991, 458 = NJW-RR 1991, 980 = SFH § 13 Nr. 4 VOB/B Nr. 19). Unter Nr. 2 fallen aber **nur wirkliche Widersprüche.** Es müssen unterschiedliche, einander **sachlich nicht deckende** Angaben vorliegen, die denselben Gegenstand betreffen und nicht inhaltlich übereinstimmen in den verschiedenen, in sich selbstständigen Vertragsbestandteilen eine Regelung gefunden haben. Nur **scheinbare Widersprüche** fallen **nicht** unter Nr. 2, diese machen eine Auslegung nicht erforderlich. So stellen z.B. die Allgemeinen Vertragsbedingungen des Teils B an verschiedenen Stellen die von ihnen vorgesehenen Regelungen bereits von sich aus in den Hintergrund und erklären sie nur für anwendbar, wenn abweichende Bestimmungen im Bauvertrag nicht getroffen worden sind. Diese **Regelungen unter Vorbehalt** erkennt man im Teil B an ihrer äußeren Formulierung, wie z.B. »wenn nichts anderes vereinbart ist« (vgl. z.B. § 13 Nr. 4 VOB/B). Dann füllen die von Teil B erwarteten ausdrücklichen vertraglichen Regelungen lediglich eine von den Allgemeinen Vertragsbedingungen vorgesehene **Lücke** aus, oder sie wirken als **Ergänzung des Teils B** und nicht anders. Um Widersprüche im Vertrag handelt es sich auch nicht, wenn die einzelnen Vertragsbestandteile nicht oder nicht ganz nach den Verfahrensregeln des Teils A ausgehandelt worden sind. Hier kommt es allein auf das Nichtübereinstimmen zwischen einzelnen **Vertragsbestandteilen selbst** an. Wie und auf welche Weise sie es geworden sind, ist Vorgeschichte des Vertragsschlusses, die in diesem Zusammenhang keine Rolle spielt, es sei denn, es lassen sich hieraus gemäß den §§ 133, 157 BGB bestimmte Schlüsse ziehen, was aber nur selten möglich sein dürfte.

10 Auch sind nach dem Wortlaut der Nr. 2 solche Widersprüche nicht erfasst, die die einzelnen Vertragsbestandteile **in sich** enthalten. Wenn z.B. in den besonderen Vertragsbestimmungen an einer Stelle von einer Verjährungsfrist von vier Jahren die Rede ist, an anderer Stelle aber von fünf Jahren, **versagt die Auslegungsregel nach Nr. 2.** Dann müsste nach den allgemeinen Grundsätzen der §§ 133, 157 BGB der wirkliche Parteiwille erforscht werden. Das geht entgegen früher vertretener Ansicht jedoch nicht, indem man auf die Reihenfolge in § 1 Nr. 2 VOB/B zurückgreift (widersprüchlich Beck'scher VOB-Komm./*Jagenburg* § 1 Nr. 2 VOB/B Rn. 9 und 10, der zunächst zutreffend davon ausgeht, dass bei Widersprüchen in den Vertragsunterlagen § 1 Nr. 2 VOB/B nicht anwendbar ist, bei der Auslegung des Parteiwillens dann aber doch die Reihenfolge des § 1 Nr. 2 VOB/B zu

Grunde legt). Vielmehr kann der wirkliche Wille nicht erforscht werden, da die Partei sich widersprüchlich geäußert hat und demnach nicht zu erkennen ist, was sie eigentlich will. In derartigen Fällen verbleibt eine Unklarheit, die gemäß § 305c Abs. 2 BGB zu Lasten des Verwenders der unklaren Vertragsbestimmungen geht.

Sind etwaige Zusätzliche Technische Vertragsbedingungen in sich **unklar,** sind bei der Auslegung in erster Linie die Allgemeinen Technischen Vertragsbedingungen heranzuziehen. Wenn man auf diese Art keine Klarheit gewinnt, kommt es auf die **allgemein anerkannten Regeln der Bautechnik** an. Schwierigkeiten kann es geben, wenn die Leistungsbeschreibung in sich widersprüchlich ist. Dann muss auf die **allgemein anerkannten Regeln der Bautechnik zurückgegriffen werden.** Denn es muss als selbstverständlich gelten, dass der Auftraggeber eine technisch einwandfreie Leistung wünscht, also alle Arbeiten, die zur Herstellung des vom Vertragsumfang erfassten Werkes objektiv erforderlich sind. Bei Widersprüchen in Zeichnungen wird man im Allgemeinen den in größeren Maßstäben angelegten Detailzeichnungen den Vorzug geben müssen. Gleiches gilt bei Widersprüchen zwischen der wörtlichen Beschreibung des Leistungsverzeichnisses und dazu gehörenden zeichnerischen Darstellungen (vgl. auch Rn. 14; siehe auch Beck'scher VOB-Komm./*Jagenburg* § 1 Nr. 2 VOB/B Rn. 13; a.A. *von Rintelen* in *Kapellmann/Messerschmidt* § 1 VOB/B Rn. 44 und *Franke/Kemper/Zanner/Grünhagen* § 1 VOB/B Rn. 52). Ebenso haben Proben und Muster wegen der Unmittelbarkeit ihrer Aussage Vorrang vor zeichnerischen Darstellungen. 11

D. Nr. 2 enthält keine Rangfolge der Vertragsbestandteile

Der **Katalog in Nr. 2** stellt nur eine Stütze für eine unter Umständen notwendige Auslegung dar. **Keineswegs** enthält er eine **Rangfolge** einzelner Vertragsbestandteile im Hinblick auf eine größere oder geringere Wichtigkeit. Sämtliche den Vertrag in seiner Gesamtheit ausmachenden Bestandteile mit allen Einzelregelungen gehören zum Vertrag. Sie haben als Vertragsvereinbarung alle die gleiche Bedeutung. Die Aufzählung in Nr. 2 schließt nicht das Recht der Parteien aus, eine **andere Regelung zur Bereinigung** von Widersprüchen **zu wählen,** was dann häufig in Besonderen oder Zusätzlichen Vertragsbedingungen oder in einer Vertragsurkunde (vgl. § 29 VOB/A) geschieht. Es ist auch nach allgemeinen Grundsätzen der Vertragsfreiheit nicht ausgeschlossen, dass Parteien nach Vertragsschluss einverständlich diese oder jene getroffene Regelung abändern, die bisherige also durch eine neue ersetzen. Das gilt nur dann nicht, wenn zwingende gesetzliche Bestimmungen entgegenstehen (z.B. §§ 134, 138, 639 BGB). 12

E. Identität der Begriffe in Nr. 2 mit den in §§ 9 und 10 VOB/A enthaltenen

Die Begriffe in Nr. 2a bis 2f sind bereits in §§ 9 und 10 VOB/A enthalten. Tragweite und Abgrenzung sind hier und dort die gleichen. Insoweit ist auf die entsprechenden Anmerkungen in §§ 9 und 10 VOB/A zu verweisen. 13

Die zeichnerische Darstellung der Leistung gehört unter den Begriff der Leistungsbeschreibung. Die Zeichnung besitzt daher vertraglich die gleiche Bedeutung wie das geschriebene Wort oder die geschriebene Zahl in der Leistungsbeschreibung (vgl. auch *Heiermann/Riedl/Rusam* § 1 VOB/B Rn. 28; ferner *Werner/Pastor* Rn. 1032; auch *Nicklisch/Weick* § 1 VOB/B Rn. 20). Insbesondere sind in vielen Fällen Zeichnungen weit eher geeignet, Art und Umfang der gewollten Leistung zu verdeutlichen als es das geschriebene Wort und die geschriebene Zahl vermögen. Bei Widersprüchen zwischen der wörtlichen und der zeichnerischen Darstellung kommt es darauf an, welcher Darstellung bei objektiver Auslegung des wirklichen oder des mutmaßlichen Parteiwillens im Einzelfall der Vorzug zu geben ist (vgl. auch oben Rn. 10). 14

15 Bei der vielfach notwendigen Auslegung der in Nr. 2a bis 2f verwendeten Begriffe ist zu beachten, dass die manchmal der Leistungsbeschreibung vorangehenden »**Vorbemerkungen**« rechtlich als Besondere oder als Zusätzliche Vertragsbedingungen zu gelten haben, und zwar je nachdem, ob sie nur für die betreffende Bauvergabe oder zugleich für mehrere des jeweiligen Auftraggebers gelten sollen. Es gibt keinen grundsätzlichen Vorrang des Leistungsverzeichnisses vor den Vorbemerkungen (BGH 11.3.1999 VII ZR 179/98 BauR 1999, 897). Die Vorbemerkungen enthalten in aller Regel wesentliche Angaben, die zum Verständnis der Bauaufgabe und zur Preisermittlung erforderlich sind, andererseits sind die Angaben in den Leistungspositionen mitunter genauer. Deshalb sind die Unterlagen als sinnvolles Ganzes auszulegen.

§ 1 Nr. 3
[Änderungen des Bauentwurfs]

Änderungen des Bauentwurfs anzuordnen, bleibt dem Auftraggeber vorbehalten.

Inhaltsübersicht

	Rn.
A. Allgemeine Grundlagen	1
B. Begriff des Bauentwurfs	3
C. Grenzen der Änderung: Neuanfertigung, Unzumutbarkeit	11
D. Inhaltskontrolle nach §§ 305 ff. BGB	12
E. Bei über § 1 Nr. 3 VOB/B hinausgehenden Änderungen Vereinbarungen notwendig	18
F. Mögliche Folgen bei Überschreiten der Befugnisse des Auftraggebers	19
G. Form, Adressat der Anordnung	21

Aufsätze: *Piel* Zur Abgrenzung zwischen Leistungsänderung (§§ 1 Nr. 3, 2 Nr. 5 VOB/B) und Behinderung FS Korbion 1986 S. 349; *Weyer* Bauzeitverlängerungen auf Grund von Änderungen des Bauentwurfs durch den Auftraggeber BauR 1990, 138; *Schulze-Hagen* Zur Anwendung der §§ 1 Nr. 3, 2 Nr. 5 VOB/B einerseits und §§ 1 Nr. 4, 2 Nr. 6 VOB/B andererseits FS Soergel 1993 S. 259 ff.

A. Allgemeine Grundlagen

1 Gemäß § 1 Nr. 3 VOB/B **hat der Auftraggeber das Recht, einseitig den Bauentwurf zu ändern oder zu erweitern**. Es handelt sich dabei um ein **vertraglich vereinbartes Leistungsbestimmungsrecht** (BGH 25.1.1996 VII ZR 233/94 = BauR 1996, 378, 380; 27.11.2003 VII ZR 346/01 = BauR 2004, 495; *Thode* ZfBR 2004, 214, 215; *Quack* ZfBR 2004, 107, 108; a.A. *von Rintelen* in *Kapellmann/Messerschmidt* § 1 Rn. 49). Damit weicht § 1 Nr. 3 von allgemeinen vertragsrechtlichen Grundsätzen, wonach eine Änderung eines einmal geschlossenen Vertrages nur durch übereinstimmende Willenserklärungen der Vertragspartner erfolgen kann, ab. Der Auftraggeber kann den Leistungsinhalt durch **einseitige empfangsbedürftige Willenserklärung** ändern. Der Auftragnehmer erklärt dadurch, dass er mit dem Auftraggeber die Geltung der VOB als Vertragsgegenstand vereinbart, sein Einverständnis mit dieser Regelung. Voraussetzung für die Wirksamkeit der Änderungsanordnung ist deren Zugang beim Auftragnehmer. Von Dritten (z.B. Architekt, Bauleiter) kann eine solche Willenserklärung wirksam nur im Rahmen einer **gesetzlichen oder rechtsgeschäftlichen Vertretungsmacht** abgegeben werden. Die Erklärung eines nicht bevollmächtigten Dritten bindet den Auftraggeber allerdings, wenn die Tatbestände der **Duldungs- oder Anscheinsvollmacht** erfüllt sind (BGH 14.7.1994 VII ZR 186/93 = BauR 1994, 760, 761).

2 Der **Vergütungsanspruch des Auftragnehmers** bei einer Bauentwurfsänderung nach § 1 Nr. 3 ergibt sich aus § 2 Nr. 5 und Nr. 7 Abs. 2 VOB/B.

B. Begriff des Bauentwurfs

Umstritten ist in der Literatur, was unter den Begriff »**Bauentwurf**« zu subsumieren ist. Einigkeit besteht darin, dass mit dem Begriff »Bauentwurf« nicht nur der enge planerische Bereich gemeint ist, sondern alles, was durch die gesamte Leistungsbeschreibung in technischer Hinsicht Vertragsinhalt geworden ist und jetzt geändert werden soll (vgl. *Franke/Kemper/Zanner/Grünhagen* § 1 Rn. 60; *von Rintelen* in *Kapellmann/Messerschmidt* § 1 Rn. 49; *Heiermann/Riedl/Rusam* § 1 Rn. 31; Beck'scher VOB-Kommentar/*Jagenburg* § 1 Nr. 3 Rn. 14). Fraglich ist aber, ob sich der Begriff »Bauentwurf« auch auf die **Bauumstände (also die baulichen Rahmenbedingungen, zu denen auch die Bauzeit gehört)**, bezieht. 3

Thode (ZfBR 2004, 214, 225) vertritt die Auffassung, dass Anordnungen zu den Umständen der Leistungserbringung und zur Bauzeit nicht von § 1 Nr. 3 VOB/B erfasst werden (ebenso *von Rintelen* in *Kapellmann/Messerschmidt* § 1 Rn. 53). Zanner/Keller (NZBau 2004, 353) und Wirth/Würfele (BrBp 2005, 214) vertreten dagegen die Auffassung, dass der Begriff »Bauentwurf« im § 1 Nr. 3 sich auch auf die Bauumstände und die Bauzeit bezieht (so auch *Franke/Kemper/Zanner/Grünhagen* § 1 Rn. 60). Auch Kniffka (in IBR-Online-Kommentar Rn. 237 zum VOB-Vertrag) vertritt die Auffassung, dass der Begriff »Bauentwurf« nicht nur die technischen, sondern auch die sonstigen Umstände des Bauens einschließlich der Bauzeit umfasst. 4

In § 2 Nr. 5 ist neben durch Änderungen des Bauentwurfs bedingten Änderungen der Preisgrundlagen von »**anderen Anordnungen**« des Auftraggebers, die zu Änderungen der Preisgrundlagen führen, die Rede. Dies könnte dafür sprechen, dass der Deutsche Vergabe- und Vertragsausschuss nicht von der vorgeschilderten weiten Auslegung des Begriffs »Bauentwurf« ausgeht, sondern den Begriff »Bauentwurf« nur auf den technischen Leistungsinhalt beschränken wollte. Ist aber in der Vergütungsregelung des § 2 Nr. 5 VOB/B vorausgesetzt, dass andere Anordnungen des Auftraggebers erfolgt sind, so müsste es auch ein diesbezügliches einseitiges Leistungsbestimmungsrecht geben. Das ist jedoch nicht der Fall. In § 1 Nr. 3 sind weitere Anordnungsbefugnisse des Auftraggebers nicht enthalten. Das hat einige Autoren veranlasst, das Anordnungsrecht direkt aus § 2 Nr. 5 VOB/B herzuleiten (*Vygen/Schubert/Lang* Rn. 179 ff.; *Kapellmann* in *Kapellmann/Messerschmidt* § 6 Rn. 57; *Schulze-Hagen* FS Soergel S. 259, 263 f.), was nicht zulässig ist, da es sich bei § 2 Nr. 5 VOB/B um eine Rechtsfolgenregelung handelt (so auch *Thode* a.a.O. S. 223–225). 5

Ist der Bauentwurfsbegriff wegen der nach § 305c BGB erforderlichen Klarheit eng auszulegen und eine andere Anordnungsbefugnis bezogen auf die Bauumstände und die Bauzeit in der VOB/B nicht gegeben, so wären Anordnungen bezogen auf die Bauumstände und damit auch die Bauzeit nur zulässig, wenn sich der Auftraggeber vertraglich ein solches einseitiges Leistungsbestimmungsrecht zusichern lassen würde (so der Verfasser in der Vorauflage § 2 Nr. 5 Rn. 18; *Thode* a.a.O. S. 225; OLG Hamm 14.4.2005 21 U 133/04 = BauR 2005, 1480 = NZBau 2006, 180). Das wiederum hätte aber zur Folge, dass der Auftraggeber dann, wenn er es versäumt hat, sich dieses einseitige Leistungsbestimmungsrecht vertraglich zusichern zu lassen, auch Auflagen von Behörden (etwa Bauaufsichtsbehörde, Straßenverkehrsbehörde), die häufig die baulichen Rahmenbedingungen betreffen, nicht umsetzen könnte, denn die Umsetzung behördlicher Auflagen erfolgt i.d.R. im Wege der Anordnung. Im Übrigen zeigt die breite Diskussion zu diesem Thema, dass es in Vertragsverhandlungen häufig nicht gelingt, einseitige Leistungsbestimmungsrechte in dem erforderlichen Umfang zu vereinbaren. 6

Legt man den Bauentwurfsbegriff nicht weit aus, führen notwendigerweise selbst kleinere Änderungen der baulichen Rahmenbedingungen und geringfügige Bauzeitverschiebungen zu Vertragsverhandlungen mit unsicherem Ausgang. Das widerspricht dem Sinn und Zweck der VOB, einen möglichst störungsfreien Ablauf des jeweiligen Bauvorhabens zu gewährleisten und verschafft dem Auftragnehmer- wie Kniffka es zutreffend formuliert hat (IBR-Online-Kommentar Rn. 235 zum VOB-Vertrag) – ein sachlich nicht gerechtfertigtes Druckpotenzial. Der Verfasser gibt deshalb trotz 7 gewisser dogmatischer Bedenken seine bisherige Rechtsauffassung auf und vertritt die Auffassung, dass sich **Bauentwurfsänderungen auch auf die Bauumstände und die Bauzeit beziehen**.

8 Der Deutsche Vergabe- und Vertragsausschuss hat bei der Änderung der VOB 2006 die Chance verpasst, hier Klarheit herbeizuführen und ein Anordnungsrecht des Auftraggebers zu den Bauumständen und zur Bauzeit in § 1 Nr. 3 aufzunehmen. Obwohl der Hauptausschuss Allgemeines des DVA mit Beschluss vom 17.5.2006 eine entsprechende Änderung vorgeschlagen hatte, ist die vorgeschlagene Regelung in der DVA-Sitzung vom 27.6.2006 nicht übernommen worden.

9 Eine Änderung der Vertragsbestimmungen wie z.B. Fragen der Gewährleistung, der Abnahme oder der Sicherheitsleistung wird von dem Begriff »Bauentwurf« nicht umfasst.

10 Der Auftragnehmer ist nicht verpflichtet, den Auftraggeber vor, während oder nach der Erteilung der Änderungsanordnung darüber zu belehren, welche **kostenmäßigen Konsequenzen** die Anwendung hat. Für den Fall, dass der Auftragnehmer erkennt, dass sich der Auftraggeber über die Konsequenzen seiner Anordnung nicht hinreichend im Klaren ist, etwa in Bezug auf die Folgen einer verlängerten Bauzeit, wird man eine Hinweispflicht des Auftragnehmers bejahen müssen.

C. Grenzen der Änderung: Neuanfertigung, Unzumutbarkeit

11 Es muss sich um **Änderungen handeln, nicht** um eine **Neuanfertigung** des Bauentwurfs. An sich ist es zutreffend (vgl. *Hereth/Ludwig/Naschold* Teil B § 1 Ez. 1.19; *Kleine-Möller/Merz/Oelmaier* § 9 Rn. 89; *Schulze-Hagen* FS Soergel S. 279, 264; *Franke/Kemper/Zanner/Grünhagen* § 1 Rn. 61), dass der Begriff der Änderungen von der geringfügigen Abänderung des im Bauentwurf enthaltenen Leistungsinhalts (z.B. Versetzen von Eingängen, kleineren Wänden, Fenstern und dgl.) bis zur weit gehenden Umgestaltung des Projektes (Veränderung des Grundrisses, andere Raumeinteilung usw.) reicht. Die Grenzen zu bestimmen, wo im Einzelfall noch eine Änderung vorliegt, ist schwierig. Hier ist das **objektiv berechtigte Interesse des Auftragnehmers** als des Leistungsschuldners **maßgebend,** wozu vor allem die Sicherung seines nach § 2 Nr. 5 VOB/B veränderten Vergütungsanspruches gehört. Es muss also so sein, dass sich eine anderweitige Absprache über die Vergütung ohne besondere Verzögerung und nicht zuletzt auch ohne übermäßigen, für den Auftragnehmer unzumutbaren Aufwand ermöglichen lässt. Weiterhin ist zu bedenken, dass sich der Auftragnehmer um eine bestimmte Bauleistung beworben und auf dieser Grundlage den Vertrag mit dem Auftraggeber geschlossen hat (ebenso *Weyer* BauR 1990, 138, 142). Art und Umfang der bisher vorgesehenen Leistung können für ihn von entscheidender Bedeutung gewesen sein. Verlangt der Auftraggeber nach Vertragsschluss eine neuartige, umgestaltete und die bisherige Vertragsgrundlage im Leistungsinhalt **entscheidend verändernde** Arbeit, so hat das nach **Treu und Glauben nicht mehr als zulässige einseitige Vertragsänderung** durch den Auftraggeber zu gelten und fällt nicht mehr unter § 1 Nr. 3 VOB/B (vgl. dazu OLG Köln SFH § 8 VOB/B Nr. 4 für den Fall der Anordnung einer gänzlich anderen Isolierung; a.A. Beck'scher VOB-Komm./*Jagenburg* § 1 Nr. 3 VOB/B Rn. 18).

Der Auftraggeber muss das Leistungsbestimmungsrecht nach billigem Ermessen anerkennen. Die Grenzziehung erfolgt dabei auf der Grundlage des § 315 BGB, auch wenn es nicht darum geht, eine Leistung zu bestimmen, sondern um deren nachträgliche Anordnung. § 315 Abs. 1 BGB ist Ausdruck des Grundsatzes von Treu und Glauben und insoweit auch auf den VOB-Vertrag anwendbar (ebenso *Kniffka* IBR-Online-Kommentar Rn. 239 zum VOB-Vertrag; Beck'scher VOB-Komm./*Jagenburg* § 1 Nr. 3 VOB/B Rn. 22; *Cuypers* BauR 1994, 426, 428; *von Rintelen* in *Kapellmann/Messerschmidt* § 1 Rn. 82; a.A. *Franke/Kemper/Zanner/Grünhagen* § 1 Rn. 61).

D. Inhaltskontrolle nach §§ 305 ff. BGB

Was die Frage der **Zumutbarkeit** anbelangt, wird man nach Treu und Glauben davon ausgehen müssen, dass der Auftragnehmer der Anordnung nicht nachkommen muss, wenn sein **Betrieb auf die Durchführung der angeordneten Änderung nicht eingerichtet ist**. Was in § 1 Nr. 4 VOB/B als Einschränkung ausdrücklich geregelt ist, muss auch für § 1 Nr. 3 gelten (so richtig *Weyer* BauR 1990, 138, 142 m.w.N.). Das hat auch der Hauptausschuss Allgemeines des DVA erkannt, der in seinem Beschluss vom 17.5.2006 diese – nicht umgesetzte – Einschränkung auch in § 1 Nr. 3 vornehmen wollte. 12

Problematisch ist auch die Frage, wo die **Grenzen für Anordnungen des Auftraggebers bezüglich der Bauzeit** liegen. Sicherlich wird man auch dann, wenn man das Anordnungsrecht des Auftraggebers zur Bauzeit bejaht, davon ausgehen müssen, dass er nicht willkürlich Anordnungen zur Bauzeit treffen kann, da der Auftragnehmer sich mit seinen betrieblichen Planungen auf die vertraglich vereinbarte Bauzeit eingerichtet hat und insoweit schutzbedürftig ist. Zulässig ist jedoch die **Anordnung von Beschleunigungsmaßnahmen**, um die Einhaltung der vertraglich vereinbarten Bauzeit zu gewährleisten (vgl. *Franke/Kemper/Zanner/Grünhagen* § 1 Rn. 60; a.A. *von Rintelen* in *Kapellmann/Messerschmidt* § 1 Nr. 3 Rn. 57; *Leinemann* § 6 Rn. 41), da es i.d.R. auch im Interesse des Auftragnehmers liegt, dass eine »aus den Fugen geratene« Bauzeit wieder in den vertraglich vereinbarten Zustand versetzt wird. Das setzt allerdings voraus, dass der Auftragnehmer in seinem Betrieb darauf eingerichtet ist, für die Durchführung von Beschleunigungsmaßnahmen ausreichend Personal und Gerätschaften zur Verfügung zu stellen (ist der Auftragnehmer betrieblich auf einen Übergang der Arbeiten vom Zwei-Schicht-System auf das Drei-Schicht-System nicht eingerichtet, kann er eine entsprechende Beschleunigungsmaßnahme nicht durchführen). Das Anordnungsrecht findet auch dort seine Grenze, wo die Anordnung von Beschleunigungsmaßnahmen chaotische Auswirkungen auf den weiteren Bauablauf hat (»Arbeiter stehen sich auf den Füßen«). 13

Zulässig ist es auch, nach Vertragsschluss den Baubeginn um einen oder zwei Monate zu verschieben, wenn die Vorbereitungen der Baumaßnahme durch Einflüsse Dritter (etwa Probleme bei der Materialbeschaffung oder nicht rechtzeitig fertig gestellter Abriss) behindert worden sind. Dagegen ist es für den Auftragnehmer unzumutbar, eine Anordnung zur Bauzeit zu befolgen, wenn sich der Baubeginn um ein halbes Jahr oder noch länger verzögert, weil der Auftraggeber durch eigenes Verschulden in einen finanziellen Engpass geraten ist (z.B. nicht rechtzeitig abgerufene Zuschüsse für ein Bauvorhaben). Es wird eingeräumt, dass es in Einzelfällen schwierig sein kann zu beurteilen, was für den Auftragnehmer zumutbar ist und was nicht. Die **Zumutbarkeit** wird man aber stets dann bejahen müssen, wenn der Auftragnehmer Anordnungen des Auftraggebers zur Bauzeit problemlos nachkommen kann. 14

Vygen (vgl. Sonderausgabe der Zeitschrift Baurecht zur VOB/B 2002 S. 23) befürchtet, dass das einseitige Änderungsrecht des Auftraggebers einer **isolierten Inhaltskontrolle** nicht standhält, da es gegen die §§ 308 Nr. 4, 307 Abs. 2 Nr. 1 BGB verstoße. Nach § 308 Nr. 4 BGB ist eine Bestimmung in Allgemeinen Geschäftsbedingungen unwirksam, wonach der Verwender sich das Recht vorbehält, die versprochene Leistung zu ändern oder von ihr abzuweichen, wenn die Vereinbarung der Änderung oder Abweichung unter Berücksichtigung der Interessen des Verwenders für den anderen Vertragsteil nicht zumutbar ist. Eine solche Zumutbarkeitseinschränkung ist im Text des § 1 Nr. 3 VOB/B nicht enthalten. Auch Kaufmann (Jahrbuch Baurecht 2006 S. 35, 55), Bruns (ZfBR 2005, 525) und von Minckwitz (BrBp 2005, 170) halten aus diesem Grund die Regelung des § 1 Nr. 3 nicht für AGB-konform. Auch wenn die Zumutbarkeitseinschränkung nicht ausdrücklich in § 1 Nr. 3 geregelt ist, so besteht doch allgemein Übereinstimmung darin, dass das Anordnungsrecht des Auftraggebers dort seine Grenze findet, wo die Anordnung für den Auftragnehmer unzumutbar ist (vgl. OLG Hamm 15.5.2001 21 U 4/00 = BauR 2001, 1594 und die Ausführungen zu Rn. 12–14). 15

16 Vygen (a.a.O.) vertritt darüber hinaus die Auffassung, § 1 Nr. 3 VOB/B halte einer isolierten Inhaltskontrolle deshalb nicht stand, weil der Auftragnehmer jedenfalls immer dann unangemessen benachteiligt werde, wenn er sein Hauptangebot unauskömmlich oder jedenfalls ohne Gewinn kalkuliert hatte und daran auch bei der Kalkulation seiner Nachtragsforderung gebunden sei. Dabei muss aber gefragt werden, ob bei dieser Argumentation die Begriffe »erheblich« und »unangemessen« nicht vermischt werden. Sicherlich stellt es eine erhebliche Benachteiligung des Auftragnehmers dar, wenn er auf der Grundlage eines unauskömmlich kalkulierten Preises die Nachtragsforderung kalkulieren muss. Eine erhebliche Benachteiligung ist jedoch nicht zwangsläufig unangemessen. Bei der Würdigung einer AGB-Klausel sind die Interessen beider Parteien zu berücksichtigen. Dem Auftraggeber soll durch das Recht, Änderungen des Bauentwurfs anordnen zu dürfen, die erforderliche planerische und gestalterische Freiheit für die Durchführung des Bauvorhabens erhalten bleiben (vgl. OLG Düsseldorf BauR 1988, 485 = NJW-RR 1988, 278). Dem liegt zu Grunde, dass es vielfach nicht möglich ist, ein Bauvorhaben in allen Einzelheiten verbindlich zu planen. Diesem Recht des Auftraggebers steht das Recht des Auftragnehmers auf Vergütungsanpassung nach § 2 Nr. 5 VOB/B gegenüber, wobei die Urkalkulation die Berechnungsgrundlage für die Nachtragsforderung ist. Dieser Interessenausgleich wird nicht dadurch unangemessen, dass der Auftragnehmer die Vergütungsanpassung auf einer Berechnungsgrundlage kalkulieren muss, die er selbst gesetzt hat. Die Ursache für die fortbestehende Benachteiligung in Form eines unauskömmlichen Preises hat der Auftragnehmer doch selbst zu verantworten. Die Befürchtungen von Vygen um den Bestand des § 1 Nr. 3 VOB/B bei einer isolierten Inhaltskontrolle erscheinen deshalb unbegründet (i.E. ebenso *von Rintelen* in *Kapellmann/Messerschmidt* § 1 VOB/B Rn. 101).

17 Es erscheint gerechtfertigt, als Richtlinie für den BGB-Bauvertrag eine in den Allgemeinen Geschäftsbedingungen enthaltene einseitige Anordnungsbefugnis innerhalb der Grenzen zuzulassen, wie sie in den Rn. 12–14 dargestellt worden sind.

E. Bei über § 1 Nr. 3 VOB/B hinausgehenden Änderungen Vereinbarungen notwendig

18 Wenn die Voraussetzungen der Nr. 3 für eine einseitige Vertragsänderung nicht gegeben sind, kann eine verbindliche Änderung des bisher vereinbarten Leistungsinhaltes nur nach den Regeln der §§ 145 ff. BGB erfolgen. Die Änderung setzt dann eine **beiderseitige Vereinbarung** voraus (vgl. Beck'scher VOB-Komm./*Jagenburg* § 1 Nr. 3 VOB/B Rn. 65; *von Rintelen* in *Kapellmann/Messerschmidt* § 1 Nr. 13). Diese kann dazu führen, dass der bisherige Vertrag einverständlich aufgehoben wird und an seine Stelle eine andere, neugestaltete vertragliche Absprache tritt, es kann aber auch sein, dass nur ein Teil des Vertrages aufgehoben wird, die anderen Teile bestehen bleiben und nur die aufgehobenen Teile durch neue ersetzt werden. Die hier gegebene Notwendigkeit einverständlicher Absprache ergibt sich aus § 311 Abs. 1 BGB, wonach u.a. zur Änderung des Inhalts eines Schuldverhältnisses wiederum ein Vertrag erforderlich ist.

Inhalt und Umfang einer Vertragsänderung hat grundsätzlich **derjenige zu beweisen, der aus ihr Rechte herleiten will,** was auch dann gilt, wenn die Parteien unstreitig einen Teil ihrer Vereinbarung durch Neuregelung ersetzt haben und nur Streit darüber besteht, ob eine darüber hinausgehende Änderung vereinbart wurde (BGH 11.10.1994 X ZR 30/93 = BauR 1995, 92 = NJW 1995, 49 = MDR 1995, 348).

F. Mögliche Folgen bei Überschreiten der Befugnisse des Auftraggebers

19 Soweit es zu einer einverständlichen **Regelung** über die Vertragsänderung **nicht** kommt, der Auftraggeber seine Befugnisse nach § 1 Nr. 3 VOB/B **überschreitet** und der Auftragnehmer sich **weigert,** dem an ihn gestellten Änderungsverlangen Folge zu leisten, besteht nach allgemeinen zivil-

Änderungen des Bauentwurfs § 1 Nr. 3 VOB/B

rechtlichen Grundsätzen ein **Recht des Auftragnehmers,** insoweit die **Leistung zu verweigern** (vgl. Beck'scher VOB-Komm./*Jagenburg* § 1 Nr. 3 VOB/B Rn. 66). Der Auftragnehmer kann dann hinsichtlich der unberechtigt geforderten Leistung nicht in Verzug geraten. Die **Beweislast** für eine unberechtigt geleistete Leistung trägt der Auftragnehmer.

Eine Klausel in AGB – vor allem in Zusätzlichen Vertragsbedingungen – des Auftraggebers, wonach ein Leistungsverweigerungsrecht (bzw. »Zurückbehaltungsrecht«) des Auftragnehmers für den hier angesprochenen Fall ausgeschlossen sein soll, verstößt gegen § 309 Nr. 2a BGB oder auch gegen § 307 BGB.

Es kommt in vielen Fällen einer **Kündigung oder zumindest einer Teilkündigung des Auftraggebers** i.S.v. § 8 Nr. 1 VOB/B gleich, wenn er durch sein Änderungsverlangen die vereinbarte Leistung sowohl ihrer Art als auch ihrem Umfang nach in einer Weise verändert, dass die Ausführung für den Auftragnehmer **unzumutbar** ist. Die genannten Rechtsfolgen gelten nicht nur, wenn der Auftraggeber unberechtigterweise eine Vertragsänderung nach Nr. 3 verlangt, sondern überhaupt, wenn der Auftraggeber einseitig an den Auftragnehmer ein Verlangen stellt, das sich bei objektiver Auslegung nach §§ 133, 157 BGB nicht mehr mit dem Vertragsinhalt und damit nicht mit der darin festgelegten Leistungspflicht des Auftragnehmers deckt, es sei denn, dass die weitere Ausnahmeregelung in § 1 Nr. 4 VOB/B vorliegt. **20**

G. Form, Adressat der Anordnung

Sofern die Anordnung des Auftraggebers nach Nr. 3 **zulässig** ist, bedarf sie zu ihrer Wirksamkeit **keiner Form;** sie kann also mündlich durch den Auftraggeber oder seinen Vertreter, soweit dieser hierzu bevollmächtigt ist, erteilt werden. Selbstverständlich muss insbesondere dem Auftraggeber aus Beweisgründen geraten werden, seine Anordnungen schriftlich zu treffen. Jedenfalls sollte der Auftragnehmer die Anordnung schriftlich bestätigen. Ist in Besonderen oder Zusätzlichen Vertragsbedingungen die Schriftform vorgeschrieben, so muss diese eingehalten werden (vgl. § 125 S. 2 BGB), es sei denn, die Parteien haben die Maßgeblichkeit der mündlichen Vereinbarung gewollt. **21**

Zu erteilen ist die **Anordnung entweder dem Auftragnehmer selbst** bzw. der für ihn handelnden Person **oder** dem vom Auftragnehmer für die **Baustelle bestellten Verantwortlichen** (vgl. § 4 Nr. 1 Abs. 3 S. 2 VOB/B). Die gegenteilige Ansicht von Weyer, (BauR 1990, 138, 140) der im Anschluss an Heiermann/Riedl/Rusam (§ 1 VOB/B Rn. 32) eine ausdrückliche Vollmacht des Vertreters des Auftragnehmers auf der Baustelle verlangt, weil die VOB/B in der genannten Bestimmung nur von dem Vertreter spreche, der für die Leitung der Ausführung bestellt sei, übersieht, dass es sich hier um Anordnungen handelt, die von S. 1 a.a.O. erfasst sind, nämlich solchen, die zur vertragsgemäßen Ausführung der Leistung notwendig sind. Dass hierzu auch Änderungsanordnungen rechnen, ergibt sich eben aus § 1 Nr. 3 VOB/B, der insofern ausdrücklich dem Auftraggeber entgegenkommt. **22**

Das Aufzeigen der Möglichkeit einer Problemlösung durch den Auftraggeber stellt noch keine vergütungsrelevante Anordnung dar (OLG Celle 13.1.2005 14 U 75/04 IBR 2006, 79-*Schwenker*). Das Einverständnis des Architekten mit einer vom Auftragnehmer durchgeführten Leistungsänderung ersetzt nicht die Anordnung des Auftraggebers (OLG Karlsruhe 11.5.2005 17 U 294/03 IBR 2006, 81-*Kimmel*). **23**

§ 1 Nr. 4
[Ausführung nicht vereinbarter Leistungen]

Nicht vereinbarte Leistungen, die zur Ausführung der vertraglichen Leistung erforderlich werden, hat der Auftragnehmer auf Verlangen des Auftraggebers mit auszuführen, außer wenn sein Betrieb auf derartige Leistungen nicht eingerichtet ist. Andere Leistungen können dem Auftragnehmer nur mit seiner Zustimmung übertragen werden.

Inhaltsübersicht Rn.

A. Allgemeine Grundlagen.. 1
   I. Nur zur Ausführung der Vertragsleistung erforderliche Zusatzleistungen 3
   II. Ordnungsgemäße Aufforderung erforderlich 4
   III. Keine Verpflichtung, wenn Betrieb des Auftragnehmers nicht auf Zusatzleistung eingerichtet ist... 5
   IV. Vergütung zusätzlicher Leistungen 6
   V. Bei anderen Zusatzleistungen Vereinbarung erforderlich 7
B. Einschränkung der Befugnis zu Anordnungen nach Nr. 3 und/oder Nr. 4 8

Aufsätze: *Schulze-Hagen* Zur Anwendung der §§ 1 Nr. 3, 2 Nr. 5 VOB/B einerseits und §§ 1 Nr. 4, 2 Nr. 6 VOB/B andererseits FS Soergel 1993 S. 259 ff.; *Breyer* Die Vergütung von anderen Leistungen nach § 1 Nr. 4 S. 2 VOB/B BauR 1999, 459.

A. Allgemeine Grundlagen

1 Nach Nr. 4 gehört es zu den Allgemeinen Vertragsbedingungen und damit zu den vertraglich **vereinbarten Pflichten** des Auftragnehmers, **nicht vereinbarte Leistungen,** die zur Ausführung der vertraglichen Leistung **erforderlich** werden, **mitauszuführen,** wenn der Auftraggeber dies verlangt, es sei denn, dass der Betrieb des Auftragnehmers auf derartige zusätzliche Leistungen nicht eingerichtet ist. Dagegen können dem Auftragnehmer **andere zusätzliche Leistungen nur mit dessen Zustimmung** übertragen werden. Hier handelt es sich um eine Regelung, die dem Grundsatz von Treu und Glauben entspringt; sie ist daher auch beim BGB-Bauvertrag entsprechend anwendbar (BGH 25.1.1996 VII ZR 233/94 BauR 1996, 378 = NJW 1996, 1346 = SFH § 9 AGB-Gesetz Nr. 68).

2 Die Regelung in Nr. 4 stellt sich rechtlich als ein einseitiges Leistungsbestimmungsrecht ähnlich § 315 BGB dar (BGH a.a.O.; 27.11.2003 VII ZR 346/01 BauR 2004, 495), wobei der Inhalt der Zusatzleistung einer an den Erfordernissen des Einzelfalls ausgerichteten Absprache vorbehalten bleibt.

I. Nur zur Ausführung der Vertragsleistung erforderliche Zusatzleistungen

3 Nr. 4 ist zunächst dadurch eingeschränkt, dass **nur Leistungen zusätzlicher Art** in Betracht kommen können. Es kann sich nicht um eine Änderung der bereits vereinbarten vertraglichen Leistungspflicht des Auftragnehmers handeln, sondern nur um etwas **Zusätzliches,** so dass die bisher verabredete Leistung in der gleichen Art, Form und im selben Umfang bestehen bleibt. Begrifflich ist unter zusätzlicher Leistung nur eine solche zu verstehen, die bisher noch nicht zum Vertragsinhalt gehörte, die insbesondere nach dem Leistungsverzeichnis und darüber hinaus nach den einschlägigen DIN-Normen **nicht schon ohnehin zu erbringen** ist. Das wird von manchem Auftragnehmer übersehen, wenn er sich auf eine – angebliche – Zusatzleistung beruft und hierfür eine über die bisherige hinausgehende Vergütung beansprucht. Nicht selten wird es sich bei der hier erörterten Zusatzleistung um eine solche handeln, die als Besondere Leistung nach DIN 18299 Abschnitt 4.2 einzuordnen ist.

Als zusätzliche Leistung kommt für den Bereich der Nr. 4 **außerdem nur eine solche** in Betracht, die erst die **bisher vertraglich verabredete Leistung vollständig und mängelfrei ermöglicht,** die also eine **Abhängigkeitsvoraussetzung** hierfür bildet, wobei die bautechnische Sicht ausschlaggebend ist. Das ergibt sich daraus, dass die zusätzlichen Leistungen **zur einwandfreien Erreichung des vertraglichen Leistungszieles erforderlich** sein müssen, wie z.B. besondere, bisher nicht vereinbarte Abdichtungsmaßnahmen, ohne die die notwendige Wasserdichtigkeit eines Daches nicht zu erreichen ist. Dabei wird man häufig davon ausgehen können, dass die zusätzliche Leistung geringfügiger Art ist, wenn das auch keineswegs immer zutrifft. Typisches Beispiel ist die Notwendigkeit zusätzlicher Maßnahmen, die zum dauerhaften Bestand einer Leistung notwendig sind, wie z.B. eine Isolierung (vgl. *Jagenburg* a.a.O. Rn. 12). Auch hier kann es hinsichtlich des Umfanges Ausnahmen geben, insbesondere wenn die Bauplanung einschließlich der Aufstellung der Leistungsbeschreibung infolge Nachlässigkeit des Auftraggebers bzw. seines Architekten oder Ingenieurs nicht vollständig ist, oder auch, wenn sich die bei der Planung vorausgesetzten Verhältnisse (z.B. hinsichtlich der Bodenbeschaffenheit) als unzutreffend herausstellen und eine weitere Baumaßnahme notwendig machen, um die Durchführung des Gesamtprojektes überhaupt zu ermöglichen. Auch diese Fälle gehören zu Nr. 4, weil die zusätzlichen Arbeiten für die Durchführung der vertraglich festgelegten Leistung erforderlich sind. Gleiches gilt für die Fälle, in denen es sich um Eingriffe Dritter handelt, denen der Auftraggeber zu folgen verpflichtet ist, wie z.B. Auflagen der Baubehörden oder sonstigen hoheitlichen Maßnahmen.

II. Ordnungsgemäße Aufforderung erforderlich

Der Auftragnehmer ist aber nur dann zu der zusätzlichen Leistung verpflichtet, wenn er vom Auftraggeber hierzu **aufgefordert** wird. Dazu bedarf es einer eindeutigen, zweifelsfreien, empfangsbedürftigen Willenserklärung durch den Auftraggeber oder seinen dazu befugten Vertreter gemäß §§ 130 ff. BGB. Zur Vermeidung von Missverständnissen sollte hier zwischen den Vertragspartnern eine besondere, möglichst schriftliche Nachtragsvereinbarung getroffen werden (vgl. dazu Nr. 3.2 VHB zu § 1 VOB/B). **4**

Eine Erklärung gemäß § 1 Nr. 4 VOB/B kann von einem Dritten für den Auftraggeber wirksam nur im Rahmen einer gesetzlichen oder rechtsgeschäftlichen Vertretungsmacht abgegeben werden (BGH 27.11.2003 VII ZR 346/01 BauR 2004, 495). Unter den Voraussetzungen der Duldungs- und Anscheinsvollmacht hindert den Auftraggeber allerdings auch die Erklärung eines nicht bevollmächtigten Dritten.

III. Keine Verpflichtung, wenn Betrieb des Auftragnehmers nicht auf Zusatzleistung eingerichtet ist

Befreit von der Übernahme solcher zusätzlichen Leistungen, die bisher nicht Vertragsgegenstand sind, ist der Auftragnehmer, der die zusätzliche Leistung nicht **im Rahmen seines Betriebes** erbringen kann. Dabei kommt es auf die **tatsächlichen Verhältnisse des jeweiligen Auftragnehmers** an (vgl Beck'scher VOB-Komm./*Jagenburg* § 1 Nr. 4 VOB/B Rn. 14). Wenn z.B. vergessen worden ist, für die Installation in einer Betondecke Öffnungen zu lassen, so kann der Betrieb des Installateurs möglicherweise nicht auf eine solche zusätzliche Leistung eingerichtet sein. Maßstab ist das betriebliche Leistungsvermögen des Auftragnehmers von der Einrichtung her. Der Begriff der Einrichtung ist nicht lediglich auf die Sachmittel abgestellt, wie z.B. auf Werkzeuge, Maschinen, sondern er umfasst insbesondere auch den Personalbestand des Auftragnehmers, vornehmlich das fachliche Können der Betriebsangehörigen einschließlich der Person des Auftragnehmers selbst. Für die Beurteilung kommt es auf die betrieblichen Verhältnisse des Auftragnehmers **selbst** an; er ist also **nicht verpflichtet,** die Zusatzleistung durch den Einsatz eines **bisher nicht vorgesehenen Nachunternehmers** zu bewerkstelligen. Anders ist es zu beurteilen, wenn der Auftragnehmer mit Genehmigung **5**

des Auftraggebers (vgl. § 4 Nr. 8 VOB/B) **ohnehin** schon einen Nachunternehmer beschäftigt und dieser die Zusatzleistung in seinem Betrieb ausführen kann.

IV. Vergütung zusätzlicher Leistungen

6 Soweit es sich um ein zulässiges Verlangen des Auftraggebers nach Nr. 4 S. 1 handelt, ist die vom Auftragnehmer auf Grund dieses Verlangens zu erbringende und bisher vom Vertrag nicht umfasste **Leistung vergütungspflichtig,** wenn sich das aus § 2 VOB/B rechtfertigen lässt, insbesondere die jetzt verlangte Zusatzleistung nicht schon von der bisher vereinbarten Vergütung miterfasst ist (vgl. § 2 Nr. 1 VOB/B). Dabei kommt es maßgeblich auf die **Voraussetzungen von § 2 Nr. 6 bzw. Nr. 7 Abs. 2 VOB/B,** in Ausnahmefällen auch auf **§ 2 Nr. 8 Abs. 2 S. 2 VOB/B** an.

V. Bei anderen Zusatzleistungen Vereinbarung erforderlich

7 Andere Leistungen, d.h. solche, die nicht von Nr. 4 S. 1 gedeckt werden, können nach Nr. **4 S. 2** nur dann einseitig vom Auftraggeber nachträglich verlangt werden, wenn sich der Auftragnehmer hierzu im Wege besonderer vertraglicher **Vereinbarung** – §§ 145 ff. BGB – **einverstanden** erklärt. Dabei ist es zweckmäßig, die Vergütungsfrage sofort in diese Regelung mit einzubeziehen. Entgegen früher vertretener Ansicht findet § 2 Nr. 6 VOB/B auf derartige Fälle keine Anwendung, da es sich nicht um die Vergabe zusätzlicher Leistungen, sondern um einen Anschlussauftrag handelt (vgl. *Vygen* Bauvertragsrecht Rn. 816; *Breyer* BauR 1999, 459 ff.; OLG Düsseldorf 22.9.1992 23 U 224/91 BauR 1993, 378; a.A. Beck'scher VOB-Komm./*Jagenburg* § 1 Nr. 4 VOB/B Rn. 32 und *Kapellmann* FS v. Craushaar S. 227). Kommt es nicht zu einer Einigung über die zusätzliche Leistung und besteht der Auftraggeber auf deren Ausführung, so ist der Auftragnehmer berechtigt, die Leistung zu verweigern.

Da es sich hier um so genannte Anschlussaufträge handelt, können diese im Bereich öffentlicher Bauaufträge **freihändig** nur unter den in § 3 Nr. 5 VOB/A geregelten Voraussetzungen vergeben werden.

Eine AGB (Zusätzliche Vertragsbedingung), wonach der Auftragnehmer **schlechthin** auf bloßes Verlangen des Auftraggebers verpflichtet ist, im gleichen Vertrag Zusatzleistungen zu erbringen, ist wegen **Verstoßes gegen §§ 308 Nr. 4, 307 BGB unwirksam.** Das gilt vor allem, wenn der Auftraggeber durch eine solche Klausel verpflichtet sein soll, auch dann Zusatzleistungen zu erbringen, wenn sein Betrieb darauf nicht eingerichtet ist. Selbstverständlich ist dadurch auch die Vereinbarung der VOB/B »als Ganzes« nicht mehr gegeben.

B. Einschränkung der Befugnis zu Anordnungen nach Nr. 3 und/oder Nr. 4

8 § 1 Nr. 4 hält einer isolierten Inhaltskontrolle nach §§ 305 ff. BGB stand (BGH 25.1.1996 VII ZR 233/94 = BauR 1996, 378).

Eine Bestimmung in AGB des Auftraggebers, dass der Bauleiter nicht befugt ist, für den Auftraggeber Änderungen, Erweiterungen und Ergänzungen des Auftrages gemäß § 1 Nr. 3 und 4 VOB/B anzuordnen, ist **kein Verstoß gegen die §§ 305 ff. BGB;** auch gilt dies für eine Bestimmung, dass derartige Anordnungen **nur von der Geschäftsleitung** (z.B. eines Bauträgers) getroffen werden dürfen, da eine solche **nur die gesetzliche Regelung des Vertretungsrechtes wiedergibt** (BGH 14.7.1994 VII ZR 186/93 BauR 1994, 760 = NJW-RR 1999, 80 = MDR 1995, 147 = SFH § 15 VOB/B Nr. 1). Sofern ein in AGB enthaltener Hinweis auf die fehlende Vollmacht des Bauleiters geeignet ist, das Entstehen von Vertrauenstatbeständen zu verhindern oder zu erschweren, ist dies keine unbillige Benachteiligung des Vertragsgegners i.S.v. § 307 BGB (BGH a.a.O.).

§ 2
Vergütung

1. Durch die vereinbarten Preise werden alle Leistungen abgegolten, die nach der Leistungsbeschreibung, den Besonderen Vertragsbedingungen, den Zusätzlichen Vertragsbedingungen, den Zusätzlichen Technischen Vertragsbedingungen, den Allgemeinen Technischen Vertragsbedingungen für Bauleistungen und der gewerblichen Verkehrssitte zur vertraglichen Leistung gehören.

2. Die Vergütung wird nach den vertraglichen Einheitspreisen und den tatsächlich ausgeführten Leistungen berechnet, wenn keine andere Berechnungsart (z.B. durch Pauschalsumme, nach Stundenlohnsätzen, nach Selbstkosten) vereinbart ist.

3. (1) Weicht die ausgeführte Menge der unter einem Einheitspreis erfassten Leistung oder Teilleistung um nicht mehr als 10 v.H. von dem im Vertrag vorgesehenen Umfang ab, so gilt der vertragliche Einheitspreis.
(2) Für die über 10 v.H. hinausgehende Überschreitung des Mengenansatzes ist auf Verlangen ein neuer Preis unter Berücksichtigung der Mehr- oder Minderkosten zu vereinbaren.
(3) Bei einer über 10 v.H. hinausgehenden Unterschreitung des Mengenansatzes ist auf Verlangen der Einheitspreis für die tatsächlich ausgeführte Menge der Leistung oder Teilleistung zu erhöhen, soweit der Auftragnehmer nicht durch Erhöhung der Mengen bei anderen Ordnungszahlen (Positionen) oder in anderer Weise einen Ausgleich erhält. Die Erhöhung des Einheitspreises soll im Wesentlichen dem Mehrbetrag entsprechen, der sich durch Verteilung der Baustelleneinrichtungs- und Baustellengemeinkosten und der Allgemeinen Geschäftskosten auf die verringerte Menge ergibt. Die Umsatzsteuer wird entsprechend dem neuen Preis vergütet.
(4) Sind von der unter einem Einheitspreis erfassten Leistung oder Teilleistung andere Leistungen abhängig, für die eine Pauschalsumme vereinbart ist, so kann mit der Änderung des Einheitspreises auch eine angemessene Änderung der Pauschalsumme gefordert werden.

4. Werden im Vertrag ausbedungene Leistungen des Auftragnehmers vom Auftraggeber selbst übernommen (z.B. Lieferung von Bau-, Bauhilfs- und Betriebsstoffen), so gilt, wenn nichts anderes vereinbart wird, § 8 Nr. 1 Abs. 2 entsprechend.

5. Werden durch Änderung des Bauentwurfs oder andere Anordnungen des Auftraggebers die Grundlagen des Preises für eine im Vertrag vorgesehene Leistung geändert, so ist ein neuer Preis unter Berücksichtigung der Mehr- oder Minderkosten zu vereinbaren. Die Vereinbarung soll vor der Ausführung getroffen werden.

6. (1) Wird eine im Vertrag nicht vorgesehene Leistung gefordert, so hat der Auftragnehmer Anspruch auf besondere Vergütung. Er muss jedoch den Anspruch dem Auftraggeber ankündigen, bevor er mit der Ausführung der Leistung beginnt.
(2) Die Vergütung bestimmt sich nach den Grundlagen der Preisermittlung für die vertragliche Leistung und den besonderen Kosten der geforderten Leistung. Sie ist möglichst vor Beginn der Ausführung zu vereinbaren.

7. (1) Ist als Vergütung der Leistung eine Pauschalsumme vereinbart, so bleibt die Vergütung unverändert. Weicht jedoch die ausgeführte Leistung von der vertraglich vorgesehenen Leistung so erheblich ab, dass ein Festhalten an der Pauschalsumme nicht zumutbar ist (§ 313 BGB), so ist auf Verlangen ein Ausgleich unter Berücksichtigung der Mehr- oder Minderkosten zu gewähren. Für die Bemessung des Ausgleichs ist von den Grundlagen der Preisermittlung auszugehen.
(2) Die Regelungen der Nr. 4, 5 und 6 gelten auch bei Vereinbarung einer Pauschalsumme.

(3) Wenn nichts anderes vereinbart ist, gelten die Absätze 1 und 2 auch für Pauschalsummen, die für Teile der Leistung vereinbart sind; Nummer 3 Abs. 4 bleibt unberührt.

8. (1) Leistungen, die der Auftragnehmer ohne Auftrag oder unter eigenmächtiger Abweichung vom Auftrag ausführt, werden nicht vergütet. Der Auftragnehmer hat sie auf Verlangen innerhalb einer angemessenen Frist zu beseitigen; sonst kann es auf seine Kosten geschehen. Er haftet außerdem für andere Schäden, die dem Auftraggeber hieraus entstehen.
(2) Eine Vergütung steht dem Auftragnehmer jedoch zu, wenn der Auftraggeber solche Leistungen nachträglich anerkennt. Eine Vergütung steht ihm auch zu, wenn die Leistungen für die Erfüllung des Vertrags notwendig waren, dem mutmaßlichen Willen des Auftraggebers entsprachen und ihm unverzüglich angezeigt wurden. Soweit dem Auftragnehmer eine Vergütung zusteht, gelten die Berechnungsgrundlagen für geänderte oder zusätzliche Leistungen der Nummer 5 oder 6 entsprechend.
(3) Die Vorschriften des BGB über die Geschäftsführung ohne Auftrag (§§ 677 ff. BGB) bleiben unberührt.

9. (1) Verlangt der Auftraggeber Zeichnungen, Berechnungen oder andere Unterlagen, die der Auftragnehmer nach dem Vertrag, besonders den Technischen Vertragsbedingungen oder der gewerblichen Verkehrssitte, nicht zu beschaffen hat, so hat er sie zu vergüten.
(2) Lässt er vom Auftragnehmer nicht aufgestellte technische Berechnungen durch den Auftragnehmer nachprüfen, so hat er die Kosten zu tragen.

10. Stundenlohnarbeiten werden nur vergütet, wenn sie als solche vor ihrem Beginn ausdrücklich vereinbart worden sind (§ 15).

Inhaltsübersicht

	Rn.
A. Allgemeine Grundlagen	1
B. Einzelne Problemfelder	3
I. Grundsätzlich Vereinbarung der Vergütung	3
1. Auffälliges Missverhältnis; Provisionsabsprachen des Auftragnehmers	4
2. AGB-Klauseln	5
3. Fehlende Vergütungsregelung (§ 632 BGB) – Grundzüge	6
4. Auftragnehmer hat grundsätzlich Beweislast	12
5. Grundsätze des § 632 Abs. 2 BGB	16
6. Berechnung der Vergütung	22
7. Vergütung grundsätzlich von Auftraggeber an Auftragnehmer zu zahlen	23
8. Bindung an fehlerhafte Rechnung	26
II. Vollmacht, Anscheinsvollmacht, Duldungsvollmacht	27
1. Grenzen der Vollmacht	27
2. Anscheinsvollmacht	36
3. Duldungsvollmacht	39
4. Folgen vollmachtlosen Handelns des Vertreters	40
5. Haftung des Auftraggebers bzw. Grundstückseigentümers	44
III. Verjährung des Vergütungsanspruches	47
1. Grundsätzlich dreijährige Verjährungsfrist (§ 195 BGB)	48
2. Lauf der Verjährungsfrist	49
a) Beginn der Verjährungsfrist	49
b) Verjährung nur wegen endgültiger Vergütungsansprüche	51
c) Hemmung oder Unterbrechung der Verjährung	56
3. Übergangsvorschriften	58
4. Verzicht auf Verjährungseinrede	59
5. Verwirkung der Verjährungseinrede	63
IV. Einhaltung zwingender gesetzlicher Preisvorschriften	67
1. Geltung des Wirtschaftsstrafgesetzes	67

	Rn.
2. Gesetz gegen Wettbewerbsbeschränkungen	68
V. Abtretung des Vergütungsanspruches	69
1. Vereinbarung mit Treu und Glauben	69
2. Abtretungsverbot	72
3. Zustimmungsbedürftigkeit bei Abtretung	73
4. Ausschluss der Abtretung wegen Änderung des Forderungsinhaltes	75

Aufsätze: *Groß* Das Verlangen auf Vereinbarung eines neuen Preises (§ 2 Nr. 3, 5, 6, 7 VOB/B) FS Soergel 1993 S. 99 ff.; *Jagenburg* Abschied von der Schenkungsvermutung für Mehrleistungen nach § 2 Nr. 5 und 6 VOB/B FS Soergel 1993 S. 89 ff.; *Putzier* Die VOB/C, Abschnitt 4, im Vergütungsgefüge der VOB BauR 1993, 399; *Zielemann* Detaillierte Leistungsbeschreibung, Risikoübernahmen und deren Grenzen beim Pauschalvertrag FS Soergel 1993 S. 301 ff., *Marbach* Nachtragsforderung bei mangelnder Leistungsbeschreibung der Baugrundverhältnisse und bei Verwirklichung des Baugrundrisikos BauR 1994, 168; *Putzier* Nachtragsforderungen infolge unzureichender Beschreibung der Grundwasserverhältnisse – Welche ist die zutreffende Anspruchsgrundlage? BauR 1994, 596; *Vygen* Nachtragsangebote: Anforderungen an ihre Erstellung, Bearbeitung und Beauftragung FS Heiermann 1995 S. 317 ff.; *v.u.z. Frankenstein* Pauschalpreis, Leistungsverzeichnis, c.i.c. und deren Ungereimtheiten am Beispiel von Mengenänderungen am Bau BauR 1997 556 ff.; *Kapellmann* Schriftformklauseln für Anordnungen des Auftraggebers zu geänderten oder zusätzlichen Leistungen beim VOB/B-Vertrag FS v. Craushaar 1997 S. 227 ff.; *Knacke* Der Ausschluss des Anspruchs des Auftragnehmers aus § 2 Nr. 3 VOB/B durch Allgemeine Geschäftsbedingungen des Auftraggebers FS v. Craushaar 1997 S. 243 ff.; *A. Vogel/T. Vogel* Wird § 2 Nr. 7 Abs. 1 S. 2 bis 3 VOB/B dogmatisch richtig verstanden? BauR 1997, 556 ff.; *Pauly* Die Vergütung zusätzlicher Leistungen nach § 2 Nr. 6 VOB/B MDR 1998, 505; *Friedrich* Betrachtungen zu § 2 Nr. 3 VOB/B aus der Sicht kleiner und mittelständischer Bauunternehmen BauR 1999, 817; *Kapellmann* Baugrundrisiko und Systemrisiko – Baugrundsystematik, Bausoll, Beschaffenheitssoll, Bauverfahrenssoll Jahrbuch Baurecht 1999 S. 1 ff.; *Keldungs* Die Vollmacht des Architekten zur Vergabe von Zusatzaufträgen FS Vygen 1999 S. 208 ff.; *Vygen* Nachträge bei verändertem Baugrund – Rechtliche Grundlagen – Anforderungen Jahrbuch Baurecht 1999 S. 46; *Kapellmann* Die Geltung von Nachlässen auf die Vertragssumme für die Vergütung von Nachträgen NZBau 2000, 57; *Kemper/Schaarschmidt* Die Vergütung nicht bestellter Leistungen bei § 2 Nr. 8 VOB/B BauR 2000, 1651; *Diehr* Die Ansprüche des Werkunternehmers gegen den öffentlichen Auftraggeber wegen verzögerten Zuschlages infolge eines vom Konkurrenten eingeleiteten Vergabe-Nachprüfungsverfahrens ZfBR 2002, 316; *Grauvogl* Systemrisiko und Pauschalvertrag bei Tiefbauleistungen NZBau 2002, 591; *Motzke* Parameter für Zusatzvergütung bei zusätzlichen Leistungen NZBau 2002, 641; *Putzier* Anpassung des Pauschalpreises bei Leistungsänderungen BauR 2002, 546; *Schulze-Hagen* Mindermengenabrechnung gemäß § 2 Nr. 3 VOB/B und Vergabegewinn FS Jagenburg 2002 S. 815 ff.; *Gessner/Jaeger* Abschied von der Besonderen Leistung? FS Kraus 2003 S. 41; *Marbach* Der Anspruch des Auftragnehmers auf Vergütung der Kosten der Bearbeitung von Nachtragsforderungen im VOB-Bauvertrag BauR 2003, 1794; *Oppler* Zur Bindungswirkung von Nachtragsvereinbarungen FS Kraus 2003 S. 169; *Roquette/Paul* Sonderprobleme bei Nachträgen BauR 2003, 1097; *Stassen/Grams* Zur Kooperationspflicht des Auftragnehmers gemäß § 2 Nr. 5 VOB/B bei Mehrkosten BauR 2003, 943; *Genschow* Anordnungen zur Bauzeit – Vergütungs- oder Schadenersatzansprüche des Auftragnehmers? ZfBR 2004, 642; *Gross/Biermann* Abwehr und Durchsetzung von Nachträgen BauRB 2004, 239; *Kuffer* Leistungsverweigerungsrecht bei verweigerten Nachtragsverhandlungen ZfBR 2004, 110; *Markus* Ansprüche des Auftragnehmers nach wirksamer Zuschlagserteilung bei unklarer Leistungsbeschreibung des Auftraggebers BauR 2004, 180; *Moufang/Klein* Die Bedeutung der VOB/C für die Leistungspflichten der Bauvertragspartner Jahrbuch Baurecht 2004 S. 71; *Quack* Interimsvereinbarungen zu streitigen Nachträgen ZfBR 2004, 211; *Roquette/Paul* Pauschal ist Pauschal! – Kein Anspruch auf zusätzliche Vergütung bei bewusster Übernahme von Vollständigkeitsrisiken BauR 2004, 736; *Silbe* Berücksichtigung der Nachlässe des Hauptauftrages bei den Grundlagen der Preisermittlung ZfBR 2004, 440; *Thode* Nachträge wegen gestörten Bauablaufs im VOB/B-Vertrag ZfBR 2004, 214; *Usselmann* Nachträge in der Ausgleichsberechnung richtig berücksichtigen BauR 2004, 1217; *Virneburg* Wann kann der Auftragnehmer die Arbeit wegen verweigerter Nachträge einstellen? ZfBR 2004, 419; *Drittler* Berechnung neuer Einheitspreise nach § 2 Nr. 3 VOB/B und Vorschläge für eine Revision des § 2 Nr. 3 VOB/B BauR 2005, 307; *Heddäus* Probleme und Lösungen um den Pauschalvertrag ZfBR 2005, 114; *Quack* Teilpauschalverträge ZfBR 2005, 107; *Leineweber* Kündigung bei Pauschalverträgen ZfBR 2005, 110; *Leupertz* Der Anspruch des Unternehmers auf Bezahlung unbestellter Bauleistungen beim BGB-Bauvertrag BauR 2005, 775; *Luz* Bereinigende Preisfortschreibung bei Nachträgen und Ausgleichsberechnung gemäß § 2 Nr. 3 VOB/B BauR 2005, 1391; *Meyer-Abich* Der gestörte Bauablauf BrBp 2005, 282; *Oberhauser* Ansprüche des Auftragnehmers auf Bezahlung nicht bestellter Leistungen beim Bauvertrag auf der Basis der VOB/B BauR 2005, 919; *Diehr* Zahlungsansprüche des Auftragnehmers bei Bauablaufstörungen im VOB-Vertrag ZfBR 2006, 312; *Englert/Fuchs* Die Fundamentalnorm für die Errichtung von Bauwerken: DIN 4020 BauR 2006, 1047; *Kaufmann* Die Unwirksamkeit der Nachtragsklauseln der VOB/B nach §§ 305 ff. BGB Jahrbuch Baurecht 2006 S. 35; *Kuffer* Baugrundrisiko und Systemrisiko NZBau 2006, 1; *Putzier* Notwendige Nachtragsleistungen wie Bedarfspositionen von vornherein im Bauvertrag enthalten? FS Motzke 2006 S. 353 ff.; *Stemmer* Nochmals: Bereinigende Preisfortschreibung bei Nachträgen und Ausgleichsberechnungen gemäß § 2 Nr. 3 VOB/B BauR 2006, 304; *Vygen* In memoriam zum 80. Geburtstag von Hermann Korbion: Vergabegewinn und Vergabeverlust bei Nachtragsforderungen BauR 2006, 894; *Wanninger/Stolze/Kratzenberg* Auswirkungen von Vergabeachprüfungsverfahren auf die Kosten öffentlicher Baumaßnahmen NZBau 2006, 481; *Wirth/Würfele* Bauzeitverzögerung: Mehrvergütung gemäß § 2 Nr. 5 VOB/B oder Schadensersatz gemäß § 6 Nr. 6 VOB/B? Jahrbuch Baurecht 2006 S. 119.

A. Allgemeine Grundlagen

1 In § 2 VOB/B sind grundlegende Fragen zum Vergütungsanspruch des Auftragnehmers geregelt. Aus den einzelnen Bestimmungen kommt der innere Zusammenhang zwischen den rechtlichen Grundsätzen und Grenzen sowie den Erkenntnissen der Baubetriebslehre deutlich zum Ausdruck. § 2 Nr. 1 VOB/B regelt, welche vertraglichen Leistungen durch eine vereinbarte Vergütung abgegolten sind. § 2 Nr. 2 VOB/B stellt für die Berechnung der Vergütung auf die jeweils dem Vertrag zu Grunde gelegte Vergütungsart ab. § 2 Nr. 3 VOB/B betrifft die mögliche Veränderung der Vergütung bei im Rahmen der Ausführung erforderlich gewordener Änderung der Vordersätze (Mengen), was grundsätzlich nur bei Einheitspreisverträgen von Bedeutung sein kann. § 2 Nr. 4 VOB/B hat eigentlich nur eine klarstellende Funktion für den Fall der späteren Herausnahme von Leistungen aus dem Vertrag, ohne dass dem Auftraggeber hierfür ein wichtiger Grund zur Seite steht, wofür, gerade auch wegen der Vergütung, § 8 Nr. 1 VOB/B die tragende Regelung enthält. § 2 Nr. 5 VOB/B befasst sich mit den Voraussetzungen und Folgen einer späteren Änderung der in Auftrag gegebenen Leistung. § 2 Nr. 6 VOB/B betrifft dagegen die Vergütung für eine so genannte Zusatzleistung, also einen vom Auftraggeber dem Auftragnehmer nachträglich in Auftrag gegebenen Leistungsteil, der vom ursprünglichen Vertrag noch nicht erfasst ist. § 2 Nr. 7 VOB/B bringt einige grundlegende Gesichtspunkte für den Fall der Vereinbarung eines Pauschalpreises zum Ausdruck. § 2 Nr. 8 VOB/B befasst sich mit der Vergütung für Leistungen, die der Auftragnehmer im Einzelfall ohne Auftrag oder in eigenmächtiger Abweichung vom Vertrag ausführt. § 2 Nr. 9 VOB/B spricht den in der Praxis nicht seltenen Fall an, in dem der Auftragnehmer vom Auftraggeber auch die Verpflichtung auferlegt bekommt, neben den eigentlichen Aufgaben der Bauausführung noch planerische Arbeiten zu erbringen. Schließlich setzt § 2 Nr. 10 VOB/B die Grundlage für die Vergütung zu Stundenlöhnen fest.

§ 2 VOB/B befasst sich mit der **Vergütung des Auftragnehmers für erbrachte Bauleistungen.** Diese Bestimmung ist das Gegenstück zu § 1 VOB/B, der sich auf die Leistungsverpflichtung des Auftragnehmers aus dem Vertrag bezieht. Ihre **Grundlage** hat sie in **§ 631 Abs. 1 BGB,** wonach der **Besteller** eines Werkes (der Auftraggeber) **zur Entrichtung der vereinbarten Vergütung** an den Hersteller (Auftragnehmer) verpflichtet ist. Hierdurch wird klargestellt, dass der Bauvertrag ein Unterfall des Werkvertrages ist, bei dem sich Leistung und Gegenleistung gegenüberstehen, somit **die Erstellung der Werkleistung grundsätzlich nur gegen Vergütung** erfolgt. Die ordnungsgemäße und pünktliche Erbringung der vertraglich vereinbarten Bauleistung ist die Hauptverpflichtung des Auftragnehmers, die **Zahlung der Vergütung ist** – abgesehen von der Pflicht zur Abnahme – **die Hauptverpflichtung des Auftraggebers.** Der **Vergütungsanspruch** des Auftragnehmers **entsteht mit Vertragsschluss, jedoch ist seine Fälligkeit hinausgeschoben. Handelt es sich auf der Auftraggeseite hinsichtlich desselben Objekts um mehrere Auftraggeber, die gemeinsam den Auftrag erteilt haben, hängt es von den Gegebenheiten des Einzelfalles ab, ob sie dem Auftragnehmer entsprechend **§ 427 BGB als Gesamtschuldner** für die Vergütung haftbar sind oder nicht. Eine gesamtschuldnerische Haftung ist zu bejahen, wenn der Auftraggeber erkennbar **die gesamte in Auftrag gegebene Leistung** des Auftragnehmers **für sich gemeinsam erlangen** will und für eine getrennte Vergütungspflicht keine Anhaltspunkte vorliegen.

Die nachfolgend erörterten **Vergütungsregelungen**, die auf Gesetz bzw. – bei der VOB – auf Vertrag beruhen, also auf einem **bestimmten Rechtsgrund,** sind insofern **abschließend,** als **daneben grundsätzlich kein Anspruch** des Auftragnehmers gegen den Auftraggeber **aus ungerechtfertigter Bereicherung** besteht. Das gilt auch dann, wenn Auftraggeber und Eigentümer des Grundstückes, auf dem die Bauleistung erbracht wird, auseinander fallen; auch dann hat der Auftragnehmer keinen Bereicherungsanspruch gegen den Grundstückseigentümer, wenn er von dem mit ihm nicht identischen Auftraggeber als seinem Vertragspartner keine Bezahlung erlangen kann. Denn da – im Verhältnis zum Auftraggeber – eine Leistung vorliegt, kommen nur Leistungskonditionsansprüche des Auftragnehmers gegen den Leistungsempfänger (Auftraggeber) in Betracht; sie schließen jedoch anerkanntermaßen Ansprüche aus Eingriffskondition (gegen den Grundstückseigentümer) aus.

Beseitigt der Auftragnehmer im Auftrag des aufsichtsführenden Architekten einen Mangel, für den er und der Architekt dem Auftraggeber haften, dann besteht kein Vergütungsanspruch gegenüber dem Architekten, wenn im Verhältnis zwischen Architekt und Auftragnehmer letzterer allein wegen eines Ausführungsfehlers haftet, da dem Architekten dann gegenüber dem Vergütungsanspruch des Auftragnehmers ein Bereicherungsanspruch nach §§ 242, 812 Abs. 2 BGB zusteht.

B. Einzelne Problemfelder

I. Grundsätzlich Vereinbarung der Vergütung

Grundsätzlich wird im Werkvertragsrecht die für die Herstellung des Werkes geschuldete **Vergütung** zwischen den Vertragspartnern **vereinbart und daher im Einzelnen bei Vertragsschluss, spätestens vor Beginn der betreffenden Arbeiten, festgelegt.**

Kommt wegen Dissenses über die Höhe der Vergütung ein wirksamer Werkvertrag mit dem günstigsten Bieter einer Ausschreibung nicht zu Stande, so steht dem Bieter wegen der von diesem trotzdem ausgeführten Leistungen zwar ein Anspruch aus ungerechtfertigter Bereicherung des Bauherrn zu (§§ 812, 818 Abs. 2 BGB), jedoch kann er nicht ohne weiteres den Differenzpreis zwischen seinem angebotenen Preis und dem des nächsthöheren Bieters beanspruchen, da sich bereicherungsmindernd auswirkt, dass zwischen ihm und dem Bauherrn kein wirksamer Vertrag abgeschlossen ist und daher der Bauherr keine vertragsrechtlichen Gewährleistungsansprüche erworben hat (OLG Koblenz 6.1.1994 5 U 1240/92 BauR 1995, 252 = NJW-RR 1995, 156).

1. Auffälliges Missverhältnis; Provisionsabsprachen des Auftragnehmers

Ob ein Vertrag wegen **auffälligen Missverhältnisses** zwischen Leistung und Gegenleistung gegen § 138 Abs. 2 BGB (**Wucher**) verstößt, kann nur daran gemessen werden, was die Vertragspartner im Zeitpunkt des Vertragsschlusses vereinbart haben; dabei kommt es auf eine Überprüfung der preislichen Einzelansätze nach Einheits- oder Pauschalpreisen unter Berücksichtigung der Mengen (Vordersätze) im Verhältnis zum wirklichen Wert der vorgesehenen Leistung im mangelfreien Zustand an (KG 27.9.1994 21 U 707/94 KGR 1994, 218 im Falle, dass ein Vertrag von im Übrigen unübersichtlichen Einzelansätzen geprägt ist und diese im auffälligen Missverhältnis zur Leistung stehen; ebenso KG 28.3.1995 7 U 6252/94 NJW-RR 1995, 1422 im Falle, dass der Auftragnehmer das

Vierfache der üblichen Vergütung verlangt, wobei das Angebot so abgefasst ist, dass der Eindruck eines erheblich niedrigeren Preises entsteht).

Darüber hinaus: Im Rahmen vorvertraglicher Verhandlungen hat der Auftragnehmer den Auftraggeber **darüber aufzuklären,** dass er mit dem zukünftigen Baubetreuer des Auftraggebers eine **Provisionsabsprache** getroffen hat bzw. trifft; unterlässt er dies, macht er sich gegenüber dem Auftraggeber schadensersatzpflichtig; dabei kann der Auftraggeber als Schaden den Betrag fordern, um den er die Bauleistung zu teuer erworben hat (BGH 14.3.1991 VII ZR 342/89 BauR 1991, 418 = NJW 1991, 1819 = MDR 1991, 764), insofern also jedenfalls den Provisionsbetrag verlangen.

2. AGB-Klauseln

5 **Andererseits:** Da die **Vergütung** des Auftragnehmers für den Bereich des Bauvertrages **grundlegendes Element** ist, ist es dem Auftraggeber verwehrt, insoweit **für den Auftragnehmer unzumutbare Klauseln** in den Vertrag aufzunehmen, jedenfalls soweit es sich um **AGB** (insbesondere Zusätzliche Vertragsbedingungen) des Auftraggebers handelt. Solche Klauseln können gegen **§ 307 BGB verstoßen** und daher unwirksam sein. Das gilt z.B. für Vertragsbedingungen, nach denen ein Nachunternehmer nur Zahlungen erhalten soll, sofern und soweit der Generalunternehmer seinerseits Zahlungen vom Bauherrn erhält, was dann auch gelten soll, wenn eine solche Klausel Zahlungsschwierigkeiten beim Bauherrn erfasst. Gleiches trifft auf eine Klausel zu, nach der sich der Auftraggeber einseitig die verbindliche Bestimmung über die Höhe der Vergütung des Auftragnehmers nach freiem Belieben vorbehält. Ebenso liegt ein Verstoß gegen § 307 BGB vor, wenn der Auftraggeber in AGB festlegt, dass der Auftragnehmer für die Beseitigung von mangelhaften Vorleistungen anderer Unternehmer keine gesonderte Vergütung erhält. Eine Abtretung von Ansprüchen des Auftraggebers gegen einen anderen Unternehmer an den Auftragnehmer schafft für sich allein noch nicht das nach § 307 BGB vorauszusetzende Gleichgewicht, zumal es für den Auftragnehmer unzumutbar ist, dem Auftraggeber das Risiko der Verfolgung von Ansprüchen gegen die vorleistenden Unternehmer abzunehmen. Ferner ist es ein Verstoß gegen § 307 BGB, wenn ein Bauträger in seinen Formularbedingungen – Zusätzlichen Vertragsbedingungen – festlegt, dass »der Einwand eines Preis- oder Kalkulationsirrtums auf Seiten des Auftragnehmers ausgeschlossen« sei. Auch ist es ein Verstoß gegen §§ 308 Nr. 1, 307 BGB, wenn der Auftraggeber dem Auftragnehmer in AGB die Verpflichtung auferlegt, den Bauschutt anderer Auftragnehmer ohne besondere Vergütung herauszuschaffen, aufzuladen und abzufahren, da es sich hierbei nicht um eine nichtvergütungspflichtige Nebenleistung handelt (vgl. dazu OLG München 15.1.1987 29 U 4348/86 = NJW-RR 1987, 661). Ebenso gilt dies für die Bestimmung, der Auftragnehmer habe ohne besondere Vergütung über die eigene Nutzungsdauer hinaus Gerüste zu stellen und umzubauen, und zwar auch für andere Gewerke, gleich welcher Höhe und welchen Umfanges; ebenso gelte dies für Abdeckungen und Umwehrungen (a.a.O.). Auch trifft dies auf die Klausel zu, der Auftragnehmer habe Vorhaltungs- und Umsetzungs- sowie Stilllegungskosten der Baustelleneinrichtung und des Maschinenparks gleich welchen Grundes zu tragen. Hier wird das Stilllegungsrisiko einseitig auf den Auftragnehmer ohne Rücksicht darauf übertragen, wer für die Verursachung dieser Kosten verantwortlich zeichnet; das verstößt gegen §§ 309 Nr. 7, 307 BGB (a.a.O.). Das gilt auch bei einer Klausel, der Auftragnehmer habe bis zum Einbau der Treppen entsprechende Bautreppen zu errichten und vorzuhalten (a.a.O.), da dies angesichts des Umfanges und der Zeit nicht kalkulierbar ist. In gleicher Weise unzulässig ist ferner die Klausel, der Auftragnehmer habe ohne besondere Vergütung alle Aussparungen und Schlitze in Fundamenten, Wänden und Decken usw. nach Plan und Angaben des Bauleiters, einschließlich aller erforderlichen Stemm- und Brecharbeiten, auszuführen. Hier wird die entsprechende Leistungsanforderung für die Zeit nach Vertragsschluss insbesondere in das Belieben des Bauleiters des Auftraggebers gelegt, ohne dass hinreichende Vorhersehbarkeit für den Auftragnehmer gegeben ist (a.a.O.). Soweit das OLG Hamm (23.3.1993 21 U 237/91 NJW-RR 1994, 531 = BauR 1994, 374) eine Klausel dahin für zulässig hält, in die Einheitspreise seien einzurechnen das Einmessen, das Anlegen, Herstellen – und soweit

in den Zeichnungen oder von der Bauleitung gefordert – auch das sachgerechte Schließen von Öffnungen, Aussparungen, Schlitzen und Durchbrüchen, ist dem nicht zu folgen, soweit es sich um den letzten Teil dieser Klausel handelt. Auch hier wird vom späteren Auftragnehmer verlangt, Leistungsteile mit einzukalkulieren, die bei Angebotsabgabe noch ungewiss waren, weil sie sich erst später durch Zeichnungen oder die einseitige Forderung der Bauleitung ergeben können. Derselben Beurteilung unterliegt die Bestimmung, der Rohbauunternehmer habe ohne besondere Vergütung das Haus vor Schlüsselübergabe und vor Werbemaßnahmen (Besichtigung des Hauses) besenrein zu verlassen; nach Abschluss der Arbeiten seien die Gehsteige, die Straßenflächen und das Grundstück wieder in einen ordnungsgemäßen Zustand zu versetzen. Solche damit verbundenen Kosten, die dem vorleistenden Rohbauunternehmer auferlegt werden sollen, sind für diesen nicht vorhersehbar, vor allem im Hinblick auf die Verursachung durch nachfolgende Handwerker; hier wird der Abnahmezeitpunkt unzulässig hinausgeschoben (a.a.O.). Dasselbe trifft wegen des Vergütungsrisikos im Hinblick auf § 307 BGB bei der Klausel zu, der Auftragnehmer trage alle von Baubeginn bis Übergabe des Hauses an den »Kunden« entstehenden Energie-, Wasser- und Kanalbenutzungskosten (a.a.O.), zumal der vom Auftragnehmer nicht beeinflussbare Übergabezeitpunkt allein zu dessen Lasten gehen soll. Das Gesagte gilt auch für die Klausel, der Auftragnehmer habe notwendiges Bodenaustauschmaterial ohne besondere Vergütung zu beschaffen und einzubauen. Unzulässig ist auch eine Bedingung, wonach der Auftragnehmer auf Verlangen kostenlos Musterstücke anzufertigen habe. Die genannten Bestimmungen dürften durchweg auch gegen die Unklarheitenregel des § 305c Abs. 2 BGB verstoßen.

Unzulässig ist auch eine Klausel, durch die dem Auftragnehmer für anteilige Baureinigungen 0,5% von der Schlussrechnungssumme in Abzug gebracht werden (BGH 6.7.2000 VII ZR 73/00 BauR 2000, 1756). Dies gilt auch für eine Klausel, wonach sich der Nachunternehmer in einem Nachunternehmervertrag verpflichtet hat, sich in Höhe von 1,5% der Abrechnungssumme an den Kosten für Baustrom, Bauwasser und sanitäre Einrichtungen zu beteiligen (OLG Hamm 19.11.1999 12 U 18/99 BauR 2000, 728; siehe hierzu auch OLG Frankfurt 27.6.2005 16 U 196/04 BauR 2005, 1939 = NJW-RR 2005, 1476).

3. Fehlende Vergütungsregelung (§ 632 BGB) – Grundzüge

Falls es bei Vertragsschluss oder vor Ausführungsbeginn **unterlassen** wurde, die **Vergütung festzusetzen,** insbesondere in Besonderen oder Zusätzlichen Vertragsbedingungen (vgl. dazu auch BGH 14.7.1994 VII ZR 53/92 BauR 1999, 88 = ZfBR 1995, 16 = SFH § 632 BGB Nr. 19), **gilt sie kraft gesetzlicher Fiktion als stillschweigend vereinbart,** wenn die Herstellung des Werkes den Umständen nach nur gegen eine Vergütung zu erwarten ist (§ 632 Abs. 1 BGB). Voraussetzung dafür ist, dass nicht nur keine ausdrückliche, sondern auch keine stillschweigende Vergütungsvereinbarung i.S.d. § 631 Abs. 1 BGB getroffen worden ist. Ebenso ist § 632 BGB nur anwendbar, wenn es zu einem **wirksamen Vertragsschluss** zwischen den Parteien gekommen ist. Für die Umstände, nach denen die Herstellung des Werkes nur gegen eine Vergütung zu erwarten ist und daher nach § 632 Abs. 1 BGB eine Vergütung als stillschweigend vereinbart gilt, trägt der Auftragnehmer die Darlegungs- und Beweislast. Handelt es sich um gegenseitige Nachbarschaftshilfe am Bau, so spricht die Lebenserfahrung dafür, dass nur Arbeitsleistungen regelmäßig unentgeltlich erbracht werden; anderes gilt jedoch im Hinblick auf Materialien, wenn sie einen gewissen Wert darstellen und vom helfenden Unternehmer nur gegen Bezahlung erworben werden können (vgl. OLG Köln 25.3.1994 19 U 212/93 NJW-RR 1994, 1239).

§ 632 Abs. 2 BGB kommt nicht in Betracht, wenn beide Parteien zu einem bestimmten Preis abschließen wollen. Ist das nicht geschehen, so ist der Vertrag mangels Einigung über den Preis nicht zu Stande gekommen. Streiten sich die Vertragspartner nach einer Mängelrüge des Auftraggebers, ob dieser Mangel dem Auftragnehmer anzulasten ist, macht der Auftragnehmer dem Auftraggeber dabei ein im Einzelnen aufgegliedertes, mit Preisen versehenes Angebot über entsprechende Reparaturarbeiten und bittet er den Auftraggeber um Auftragserteilung, fordert der Auftraggeber darauf den Auftragnehmer zur schnellstmöglichen Schadensbeseitigung auf, so handelt es sich um einen entgeltpflichtigen Auftrag und nicht um eine vergütungsfreie Nachbesserung (vgl. OLG Düsseldorf 20.7.1994 22 U 249/93 BauR 1995, 254 = NJW-RR 1995, 402; siehe hierzu auch OLG Karlsruhe 13.5.2003 17 U 193/02 BauR 2003, 1241).

Das Gesagte **gilt** grundsätzlich **ebenso beim Bauvertrag auf der Grundlage des Teils B der VOB.** Bauleistungen werden von **gewerblich tätigen Unternehmern** erbracht, von denen normalerweise keine Leistung ohne Gegenleistung zu erwarten ist. Bloße Freundschaft zwischen den Vertragspartnern rechtfertigt nicht schon die Annahme des Gegenteils.

7 Hat man die Vereinbarung einer an sich nach § 632 Abs. 1 BGB geschuldeten Vergütung unterlassen oder sich über die Vergütung als solche zwar geeinigt, über die Höhe aber nichts abgesprochen, ist die **übliche Vergütung** als vereinbart anzusehen (§ 632 Abs. 2 BGB). Dabei kommt es auf die **objektiv anerkennenswerte Bewertung der gleichen Leistung nach baukaufmännischen Gesichtspunkten grundsätzlich für den Zeitpunkt des Vertragsschlusses** an; deshalb können hier für andere Berufszweige geltende Sätze keinen hinreichenden Bewertungsmaßstab abgeben.

Kann dagegen eine – ausdrückliche oder stillschweigende – Vereinbarung der Vertragsparteien über die Vergütung nicht festgestellt werden, so muss geprüft werden, ob die Herstellung des Werks nur gegen Vergütung zu erwarten war (BGH 8.6.2004 X ZR 211/02 NZBau 2004, 498 = MDR 2004, 1105 = NJW-RR 2005, 19).

Handelt es sich um die Festlegung der üblichen Vergütung für **veränderte oder zusätzliche Leistungen,** so sind im Rahmen des § 632 BGB **auch für den nach den §§ 631 ff. BGB abgeschlossenen Vertrag die Richtpunkte maßgebend, die sich aus § 2 Nr. 5 und 6 VOB/B ergeben,** weil es sich hier um vor allem von der Baubetriebslehre anerkannte Grundsätze üblicher bzw. angemessener Vergütung handelt. Das gilt **für den Einzelfall** nach § 2 Nr. 7 Abs. 1 und 2 VOB/B **auch für Pauschalverträge** (was das OLG München MDR 1987, 407 = NJW-RR 1987, 598 = SFH § 16 Nr. 3 VOB/B Nr. 4 übersieht, indem es für die veränderte oder zusätzliche Vergütung eine Risikobegrenzung zum Ausgangspunkt nimmt, die es bei 20% der bisher vereinbarten Vergütung ansiedelt und erst dann dem Auftragnehmer eine veränderte oder zusätzliche Vergütung zubilligt). Hier erfolgt jedoch die Bewertung der Eigenaufwendungen des Auftragnehmers (Lohn-, Materialkosten, Kosten der Baustelle, Allgemeine Geschäftskosten) für die veränderte bzw. zusätzliche Leistung nicht nach dem Zeitpunkt der ursprünglichen Auftragserteilung, sondern **nach dem Zeitpunkt des Änderungs- oder Zusatzverlangens,** weil der Auftraggeber die veränderte oder zusätzliche Leistung veranlasst hat, daher dem Auftragnehmer etwaige Mehrkosten nicht anzulasten sind. Umgekehrt gilt dies folgerichtig aber auch für etwaige Minderkosten.

8 Als üblich gelten solche Vergütungen, die zur Zeit des Vertragsschlusses nach allgemeiner Auffassung der beteiligten Kreise am Ort der Werkleistung gewährt zu werden pflegen (vgl. BGH 26.10.2000 VII ZR 239/98 = BauR 2001, 249 = NJW 2001, 151; OLG Frankfurt 15.2.1985 2 U 230/8).

9 Im Einzelfall kann es vorkommen, dass eine übliche Vergütung nicht zu ermitteln ist. Dann steht **ausnahmsweise** dem **Unternehmer** nach § 316 BGB ein **Recht zur Bestimmung der Höhe der Vergütung** zu (OLG Frankfurt BauR 1986, 352 = SFH § 2 Nr. 5 VOB/B Nr. 3 = NJW-RR 1986, 1149 = ZfBR 1986, 138, für den Fall der Abrechnung von verloren gegangenen Bohrrohren nach DIN 18 301 Ziff. 5.2.3). Dabei kommt es darauf an, dass die **berechtigte Interessenlage beider Vertragsteile gegeneinander abgewogen** wird. Insofern ist es entscheidend, welche Bedeutung die Arbeit hatte, deren angemessener Gegenwert ermittelt werden soll; wichtig ist also auch hier das **angemessene Verhältnis** zwischen Leistung und Gegenleistung. So würde es z.B. nicht angehen, bei Stundenlohnarbeiten Vergütungen für Meister einzusetzen, obwohl im betreffenden Fall ein Facharbeiter die Arbeit ausführen könnte und auch eine besondere Aufsicht durch einen Meister nicht erforderlich ist (vgl. § 15 Nr. 1 Abs. 2 und Nr. 2 VOB/B).

Einer **Bestimmung** nach § 316 BGB bedarf es jedoch nur **ausnahmsweise**, weil **durchweg die Festlegung einer üblichen Vergütung möglich** ist. Dafür, dass die getroffene Bestimmung der **Billigkeit entspricht** (§ 315 Abs. 3 S. 1 BGB), **trägt der Auftragnehmer die Beweislast. Ein Ausschluss der Überprüfung der Billigkeit** der getroffenen Bestimmung in AGB ist **nach § 307 BGB unwirksam.** Der hier angesprochenen AGB-Kontrolle steht nicht § 307 Abs. 3 S. 1 BGB entgegen, weil der wesentliche Grundgedanke des § 632 Abs. 2 BGB nicht der Festsetzung bestimmter Preise dient, vielmehr kommt ihm nur die Funktion einer subsidiären Auslegungshilfe zu, wenn eine Vergütungsvereinbarung nicht vorliegt (vgl. BGH 19.11.1991 X ZR 63/90 BGHZ 116, 117, 119 NJW 1992, 688, 689). **10**

Soweit einem Bauträger, der namens der Erwerber Bauverträge mit Auftragnehmern abschließt, nach **§ 317 BGB** das Recht zur Bestimmung der Vergütung des Auftragnehmers eingeräumt ist, verstößt eine solche in AGB – insbesondere Zusätzlichen Vertragsbedingungen – enthaltene Klausel **ebenfalls gegen § 307 BGB,** was auch sonst für vertragliche Auftraggeber-/Auftragnehmerverhältnisse gilt. Solche Leistungsbestimmungsrechte und Schiedsgutachtervereinbarungen in AGB sind vor allem unwirksam, wenn der Dritte dem Verwender der AGB besonders nahe steht, etwa mit ihm zusammenarbeitet oder gar ein Abhängigkeitsverhältnis zwischen ihnen besteht. Erst recht trifft dies zu, wenn der Verwender der AGB mit dem Dritten identisch ist. **11**

4. Auftragnehmer hat grundsätzlich Beweislast

Für die Vereinbarung einer bestimmten Vergütung (§ 631 Abs. 1 BGB; § 2 Nr. 1, 2, 3, 5, 6, 7 Abs. 3 VOB/B) **hat der Auftragnehmer die Darlegungs- und Beweislast,** und zwar auch noch nach Abnahme der Leistung (dazu auch BGH 13.10.1994 VII ZR 139/93 = BauR 1995, 91 = SFH § 640 Nr. 23 = ZfBR 1995, 33). Das Gesagte gilt auch dann, wenn der Auftraggeber behauptet, es sei eine andere Absprache getroffen, wie z.B. ein Preisnachlass vereinbart worden. Insofern dürfen aber **keine übertriebenen Anforderungen** gestellt werden. Im Allgemeinen genügt der Vortrag, für welche Leistungen Zahlung verlangt wird und welche Abmachungen dieser Forderung zu Grunde liegen sollen. Weitere Einzelheiten sind nicht erforderlich, soweit sie für die Rechtsfolgen nicht von Bedeutung sind, allerdings unter **Berücksichtigung des Gegenvortrages im Einzelfall;** nur wenn dieser dazu führt, dass der Tatsachenvortrag des Auftragnehmers **unklar wird und nicht mehr den Schluss auf die Entstehung des geltend gemachten Rechtes zulässt,** muss der Auftragnehmer seinen Vortrag in Bezug auf die dann wesentlichen Einzelheiten, etwa zu **Ort, Zeit, Beteiligten und sonstiger Gelegenheit, der behaupteten Vergütungsvereinbarung darlegen und beweisen** (vgl. dazu BGH 12.7.1984 VII ZR 123/83 BauR 1984, 667 = MDR 1985, 315 = NJW 1984, 2888, m. zur Begründung richtiger Anm. *v. Stürner* = SFH § 284 ZPO Nr. 1; dazu kritisch und zutreffend *Lange* DRiZ 1985, 247; vgl. auch BGH BauR 1988, 121 = SFH § 282 ZPO Nr. 2 = ZfBR 1988, 85). Andererseits: Vereinbaren die Parteien eines Bauvertrages, dass der Auftraggeber zur Beschleunigung der Arbeiten dem Auftragnehmer Arbeitskräfte zur Verfügung stellt, dann trägt regelmäßig der Auftraggeber für den Umfang der sich daraus ergebenden Gegenansprüche (z.B. Verrechnungssätze) die Darlegungs- und Beweislast (BGH 24.3.1988 VII ZR 46/87 = BauR 1988, 501 = NJW-RR 1988, 983 = ZfBR 1988, 184 = SFH § 282 740 Nr. 3). **12**

Die genannte Darlegungs- und Beweislast für die Vereinbarung einer bestimmten Vergütungshöhe wirkt sich vor allem **für den Bereich des § 632 BGB aus,** also in jenen Fällen, in denen der Auftragnehmer behauptet, es sei keine bestimmte Vergütung vereinbart worden, der Auftraggeber dies bestreitet und die Vereinbarung einer anderen Vergütungshöhe behauptet (vgl. BGH 9.4.1981 VII ZR 262/980 BGHZ 80, 257 = BauR 1981, 388 = NJW 1981, 1442 = SFH § 2 Nr. 2 VOB/B Nr. 1 m. zutreffender Anm. v. *Hochstein* = MDR 1981, 663; BGH BauR 1983, 366 = NJW 1983, 1782 = MDR 1983, 745 = SFH § 632 BGB Nr. 13 = ZfBR 1983, 186); dies gilt vor allem, wenn der Auftraggeber die Absprache eines bestimmten Pauschalpreises an Stelle einer vom Auftragnehmer dargelegten Einheitspreisvereinbarung behauptet. **13**

14 Dazu gilt aber: Der Unternehmer, der für eine Werkleistung nach § 632 Abs. 2 BGB die übliche Vergütung beansprucht, braucht den Beweis dafür, **dass ein fester Werklohn nicht vereinbart ist, nur zu führen, wenn der Besteller eine – andere – feste Preisvereinbarung behauptet** (BGH 14.4.1983 VII ZR 158/82 BauR 1983, 366 = NJW 1983, 1782 = MDR 1983, 745 = ZfBR 1983, 186; BGH 26.3.1992 VII ZR 180, 91 BauR 1992, 505 = NJW-RR 1992, 848 = MDR 1992, 1029 m. Anm. v. *Baumgärtel* = SFH § 632 BGB Nr. 18; OLG Hamm 26.3.1993 12 U 203/92 NJW-RR 1993, 1450).

Das gilt auch, wenn der Besteller behauptet, es sei eine bestimmte Obergrenze für die Vergütung vereinbart worden (OLG Frankfurt 18.10.1988 14 U 80/87 NJW-RR 1989, 209 = BauR 1989, 246 [L]).

Dabei muss eine solche Behauptung des Bestellers durch Vortrag konkreter Einzelumstände hinreichend substantiiert vorgetragen werden, weil an den hier vom Auftragnehmer zu führenden negativen Beweis keine unerfüllbaren Anforderungen gestellt werden dürfen. Daher reicht es nicht schon, wenn der Auftraggeber lediglich die Vereinbarung eines »Festpreises« behauptet, ohne Einzelheiten dieser Vereinbarung darzulegen (OLG Frankfurt a.a.O.; OLG Hamm 26.3.1993 12 U 203/92 = NJW-RR 1993, 1490; OLG Düsseldorf 21.6.2000 5 U 177/99). Also genügt auch nicht die Angabe bloßer Beträge ohne nähere Mitteilung der Einzelheiten zu der behaupteten Vereinbarung nach Ort und Zeit. Allerdings ist nicht erforderlich, dass der Auftraggeber das Aushandeln eines ganz bestimmten Werklohnes behauptet; vielmehr genügt die Behauptung eines ausreichenden Merkmals, nach dem sich nachvollziehbar die übliche Vergütung errechnet, wenn also der Vertrag Maßstäbe angibt, nach denen sich die Vergütung einwandfrei berechnen lässt. Andererseits ist es für die Erheblichkeit des Vorbringens des Auftraggebers zwingend, dass er schlüssig, folgerichtig und insbesondere widerspruchsfrei die Einzelheiten der von ihm behaupteten Vereinbarung über die Vergütung vorträgt.

15 Von der sich aus **§ 632 Abs. 2 BGB** ergebenden Beweislastregel ist **nicht** der Fall erfasst, in dem es sich nicht um die übliche (angemessene) Vergütung des Auftragnehmers bei Fehlen einer Preisvereinbarung überhaupt handelt, sondern darum, dass ursprünglich **vereinbarte Preise später vereinbarungsgemäß geändert** worden sein sollen; in einem solchen Fall trägt **derjenige die Beweislast, der die angeblich abgesprochene Preisänderung behauptet,** was dann folgerichtig auch den Auftraggeber betrifft. Zu beachten ist daher: **Kann der Auftragnehmer eine bestimmte Vergütungsabsprache beweisen oder kann er beweisen, dass ursprünglich eine Vergütungsvereinbarung nicht getroffen worden** ist, und behauptet der Auftraggeber eine **nachträgliche Vereinbarung oder Herabsetzung der Vergütung,** so trägt **der Auftraggeber** nach allgemeinen Regeln die Beweislast (BGH 14.4.1983 VII ZR 198/82 = BauR 1983, 366 = NJW 1983, 1782 = MDR 1983, 745 = SFH § 632 BGB Nr. 13). **Das gilt erst recht,** wenn zunächst keine bestimmte Preisvereinbarung getroffen worden ist, bereits vergütungspflichtige Teile der Leistung im Zeitpunkt der vom Auftraggeber behaupteten späteren Preisvereinbarung aber schon ausgeführt worden sind, da es sich **dann** um die **Behauptung einer Preisänderung** handelt.

5. Grundsätze des § 632 Abs. 2 BGB

16 Die zum allgemeinen Werkvertragsrecht angeführten Grundsätze sind auch zu beachten, wenn der **Bauvertrag nach der VOB/B** zu beurteilen ist. Es handelt sich um grundlegende rechtliche Erkenntnisse allgemeiner Art, die auch das Bauvertragsrecht auf der Grundlage von Teil B der VOB betreffen.

17 Für den Bereich der VOB ist aber zu berücksichtigen:

Ist **§ 2 VOB/B Vertragsbestandteil,** was erforderlich ist, um die VOB/B wirksam als Ganzes zu vereinbaren, **so bedeutet dies, dass die im Rahmen des Bauvertrages erbrachte Bauwerksleistung zu vergüten** ist, und zwar **kraft ausdrücklicher vertraglicher Absprache.** Deshalb ist für die Anwendung des **§ 632 Abs. 1 BGB** kein Raum, da § 2 VOB/B feststellt, dass eine Vergütung zu zahlen ist oder auch nicht. Im letzteren Fall ist eine Vergütung durch ausdrückliche vertragliche Absprache ausgeschlossen.

Dagegen kommt **§ 632 Abs. 2 BGB** zur Anwendung, wenn beim VOB-Vertrag bei Vertragsschluss ausnahmsweise vergessen worden ist, **die Höhe** der Vergütung **festzulegen. Gleiches** gilt, wenn es bei später teilweise weggefallener, veränderter oder zusätzlicher Leistung **nicht versucht wurde oder gelungen** ist, die **Vergütung** dem geänderten Inhalt der Leistung **anzupassen**. **18**

Ist eine gesonderte **Vergütungsvereinbarung überhaupt nicht getroffen** worden, so ist die **Höhe grundsätzlich nach Einheitspreisen zu berechnen.** Gerade hier ist zu beachten, dass der Einheitspreisvertrag nach allgemein anerkannter baubetriebswirtschaftlicher Regel die Normalberechnungsart für die Vergütung des Auftragnehmers ist, deren davon abweichende Vereinbarung von demjenigen zu beweisen ist, der sie behauptet, gegebenenfalls also vom Auftraggeber. Der hierzu vom BGH (BGHZ 80, 257 = BauR 1981, 388 = NJW 1981, 1442) vertretenen gegenteiligen Ansicht kann **nicht gefolgt** werden: Zunächst beachtet der BGH nicht hinreichend, dass die Festlegung der Einheitspreisberechnung in § 5 Nr. 1a VOB/A und insbesondere in § 2 Nr. 2 VOB/B eine **zulässige vertragliche,** somit nicht zuletzt **vom Auftraggeber anerkannte,** abweichende Regelung der sich aus § 632 Abs. 2 BGB sonst ergebenden Beweislast enthält. Anderenfalls würde § 2 Nr. 2 VOB/B lediglich als ein von der VOB sicherlich so nicht gewollter überflüssiger »Programmsatz« anzusehen sein. Überdies überzeugen die vom BGH gegen die hier vertretene Auffassung aus wohl überwiegend praktischen Erwägungen erhobenen Bedenken auch nicht: Vergütungsart und deren Höhe sind, was sowohl auf Auftraggeber- als auch auf Auftragnehmerseite jeder betriebswirtschaftlich Eingeweihte bestätigen wird, durchaus zwei verschiedene, voneinander gerade bei der lebensnahen Handhabung zu trennende Faktoren; dass beides zusammengehören müsse, ist nicht ersichtlich. Auch dürfte bei der hier vertretenen Ansicht weit eher die von der VOB aus anerkannten Gerechtigkeitsgründen als grundlegend angeführte Regel der angemessenen Vergütung gewahrt sein, weil die Berechnung nach **Einheitspreisen eindeutig am ehesten das Gleichgewicht von Leistung und Gegenleistung** zum Ausdruck bringt, zumal wenn die jeweiligen Einheitspreise bei Vertragsschluss der Höhe nach entsprechend der Ortsüblichkeit festgesetzt werden. Die Auffassung des BGH kann zu in der Praxis durchaus bekannten **Missbräuchen** führen, indem der Auftraggeber später ins Blaue hinein schlüssig die Vereinbarung eines Pauschalpreises behauptet, obwohl keiner der Vertragspartner bei Vertragsschluss auch nur entfernt daran gedacht hat (vgl. hier insbes. auch die zutreffende Anm. v. *Hochstein* SFH § 2 Nr. 2 VOB/B Nr. 1; wie hier auch *Werner/Pastor* Rn. 1163 sowie vor allem Rn. 1114 ff.; insbes. auch *Baumgärtel* § 2 VOB/B Rn. 5, sowie ZfBR 1989, 231, 233; *Vygen* Rn. 750; a.A. *Zielemann* Rn. 155). **19**

Das Gesagte gilt auch im Hinblick auf **spätere Vertragsergänzungen, -änderungen oder -erweiterungen**, soweit es sich um die **Art und Weise der Leistungsausführung** handelt. Auch dann ist die Vergütung grundsätzlich nach **Einheitspreisen** zu bemessen, wie sich aus § 2 Nr. 2 VOB/B ergibt. Ferner sind für weggefallene, geänderte oder zusätzliche Preise die Regeln des § 2 Nr. 3 ff. VOB/B sowie des § 8 Nr. 1 VOB/B zu beachten. **§ 2 VOB/B** kommt im Übrigen auch **nicht** zu einer **taxmäßigen oder üblichen Vergütung.** Vielmehr gilt **bei der VOB allgemein** der Maßstab der **angemessenen Vergütung,** wie sich aus der Grundregel in § 2 Nr. 1 S. 1 VOB/A ergibt (a.A. *Kaiser* ZfBR 1987, 171, 173, der nicht beachtet, dass es hier nicht auf den möglicherweise vom Subjektiven beeinflussten »Wettbewerbspreis«, sondern auf den objektiv zu bemessenden, nach allgemeiner baubetriebswirtschaftlicher Erkenntnis anerkannten »gerechten Preis« ankommt). **20**

Die §§ 315, 316 BGB kommen dagegen erst zum Zuge, wenn eine übliche bzw. angemessene Vergütung nicht zu ermitteln ist, was in der Praxis aber kaum der Fall ist. **21**

6. Berechnung der Vergütung

22 **Die Berechnung der Vergütung** ist beim VOB-Vertrag nicht immer gleich, sondern **hängt** im Wesentlichen **von der Art der in § 5 VOB/A geregelten Vertragstypen** ab. Die Vereinbarung eines »ca.-Preises«, ergibt i.d.R. die Absprache eines Einheitspreisvertrages und nicht einer Pauschale, weil bei dieser grundsätzlich von der Festlegung eines endgültigen festen Preises auszugehen ist (OLG Hamm 26.3.1993 12 U 203/92 NJW-RR 1993, 1490). Ebenso trifft dies zu, wenn in den Vordersätzen nur ca.-Mengen aufgeführt sind (vgl. OLG Hamm 23.6.1995 12 U 25/95 BauR 1996, 123 = NJW-RR 1996, 86). I.d.R. wird die Vergütung in **Geld** gezahlt; es ist aber **auch** zulässig, die Bauleistung in **Sachwerten** zu entgelten (ebenso *Grimme* S. 25 m.w.N.). Diese Ausnahme von der Regel muss beweisen, wer sich darauf beruft. Ist im Inland in ausländischer Währung zu zahlen, gilt § 244 BGB. Kursverluste zwischen Angebotsabgabe bzw. Vertragsschluss und Fälligkeit der Vergütung bleiben grundsätzlich außer Betracht, es sei denn, es sind im Einzelfall **zulässige Wertsicherungsklauseln** vereinbart oder der Gesichtspunkt der Störung der Geschäftsgrundlage greift durch.

7. Vergütung grundsätzlich von Auftraggeber an Auftragnehmer zu zahlen

23 Die **Vergütungspflicht** des Auftraggebers besteht **gegenüber** dem **anderen Vertragsteil,** also dem Auftragnehmer. Dabei ist es unerheblich, ob der Auftraggeber zugleich auch Eigentümer des Grundstücks ist, auf dem die Bauleistung zu erbringen ist. **Wesentlich ist allein,** dass er den **Bauvertrag mit dem Auftragnehmer** geschlossen und sich dadurch zur Zahlung der Vergütung verpflichtet hat.

Ausnahmsweise kann einem Bauhandwerker, der dem Bauherrn nur auf der Grundlage **vermeintlicher** Vertragsbeziehungen Leistungen erbringt, ein Anspruch aus Geschäftsführung ohne Auftrag zustehen, z.B. dann, wenn sich der Bauherr darauf beruft, aus seiner Sicht seien die Bauleistungen von einem Dritten (Bauträger) erbracht, der Bauherr diesen dafür aber nicht bezahlt hat (vgl. OLG Hamm 28.5.1991 26 U 162/90 = NJW-RR 1991, 1303).

24 Der Auftragnehmer ist Insolvenzgläubiger, wenn er den Bauvertrag zur Zeit der vom Auftraggeber erwirkten Eröffnung des Insolvenzverfahrens noch nicht vollständig erfüllt hat.

25 Der Geschäftsführer einer GmbH kann für Vergütungsansprüche eines Unternehmers persönlich haftbar sein, wenn er diesem die schlechte Vermögenslage der GmbH nicht offenbart, außerdem wegen einer Geschäftsorganisation und Preiskalkulation, die das damit verbundene Risiko einseitig auf die Gesellschaftsgläubiger verlagert. Andererseits: Der Geschäftsführer einer Bauträger-GmbH haftet nicht deswegen persönlich für eine Werklohnforderung der Gesellschaft, weil er Forderungen, die dieser aus demselben Bauvorhaben gegen den Bauherrn zustehen, an sich selbst zur Sicherung des Honoraranspruches abgetreten hat, den er aus Architektenleistungen für das Bauvorhaben gegen die GmbH hat (vgl. dazu BGH 27.3.1995 II ZR 136/94 BauR 1995, 565 = WM 1995, 896).

Denkbar ist auch ein **selbstständiges Schuldversprechen** nach § 780 BGB gegenüber dem Gläubiger – hier Auftragnehmer im Hinblick auf die Zahlung seiner Vergütung. Insofern ist Schriftform grundsätzlich Wirksamkeitsvoraussetzung. Anders liegt es dann, wenn das selbstständige Schuldversprechen von einem Vollkaufmann abgegeben worden ist (§ 350 HGB). Bei einem in diesem Bereich abgegebenen mündlichen Versprechen kommt es im Einzelnen darauf an, ob wirklich ein Schuldversprechen gewollt ist, vor allem dann, wenn die Erklärung telefonisch abgegeben wurde. Da ein solcher Vorgang für ein selbstständiges Schuldversprechen ungewöhnlich wäre, müssen alle dafür maßgebenden Tatbestandsmerkmale umfassend geprüft werden, wobei insbesondere geklärt werden muss, ob sich die entsprechenden Parteien über die selbstständige Natur des Schuldversprechens einig geworden sind. Dazu gehören etwa vorangegangene Verhandlungen, Anlass und Zweck der Erklärungen und im Zweifel die Interessenlage der Partner (vgl. BGH 18.5.1995 VII ZR 11/94 BauR 1995, 726 = SFH § 780 BGB Nr. 1 = NJW-RR 1995, 1391 = ZfBR 1995, 263).

Auch kann ein **Garantievertrag** dergestalt vorliegen, dass der Auftragnehmer dem Nachunternehmer, nachdem dieser wegen Zahlungsverzuges des Generalunternehmers die Arbeit eingestellt hat, die Zahlung der Vergütung verspricht, um ihn dadurch zur Weiterarbeit zu veranlassen (OLG Rostock 21.6.1995 2 U 74/94 OLGR 1995, 217).

8. Bindung an fehlerhafte Rechnung

Ob und inwieweit eine Bindung an eine fehlerhafte Rechnung besteht, richtet sich nach der **für die 26 jeweilige Vergütungsberechnung maßgeblichen Grundlage.** Liegt eine **vereinbarte Vergütung** nach § 631 Abs. 1 BGB bzw. – bei Vereinbarung der VOB – nach § 2 Nr. 1 ff. VOB/B vor, so wirkt die Rechnung grundsätzlich **nur als schriftliche Fixierung der vereinbarten Schuld,** so dass bei zu geringer Berechnung **grundsätzlich** ein **Nachforderungsrecht** durch den Auftragnehmer, bei **Zivilforderung ein Rückforderungsanspruch** des Auftraggebers besteht. Hat der Auftragnehmer im Einzelfall ausnahmsweise das Recht **zur Bestimmung seiner Forderung nach den §§ 315 f. BGB,** so kann er sich davon **nur durch Anfechtung** nach § 119 Abs. 1 BGB lösen, falls dessen Voraussetzungen gegeben und von ihm nachgewiesen sind, da die getroffene Bestimmung eine **Willenserklärung** ist. Liegen die **Voraussetzungen des § 632 Abs. 2 BGB** vor, so handelt es sich bei der Rechnungslegung um eine **geschäftsähnliche Handlung des Auftragnehmers,** da sie eine mitteilungsbedürftige Schuld betrifft, wobei im Falle von Fehlern die **Vorschriften über Rechtsgeschäfte entsprechend anzuwenden** sind: Ein Irrtum über den Umfang der erbrachten Leistungen (z.B. Personal-, Material-, Geräteeinsatz, Allgemeine Geschäftskosten) berechtigt zur Anfechtung nach § 119 Abs. 1 BGB, ein Irrtum über die Bewertung (Üblichkeit, Angemessenheit) ist unbeachtlich (§ 119 Abs. 2 BGB), bei einem Irrtum über einen in der Rechnung selbst enthaltenen Rechenfehler kommt eine Auslegung in Richtung auf das zutreffende Rechnungsergebnis in Betracht; dabei kann bei einem Fehler zu Lasten des Rechnungsempfängers ein Rückzahlungsanspruch nur ausnahmsweise verwirkt sein, wobei an die Vertrauensinvestition des Rechnungsausstellers ein strenger Maßstab anzulegen ist.

II. Vollmacht, Anscheinsvollmacht, Duldungsvollmacht

1. Grenzen der Vollmacht

Vornehmlich im Zusammenhang mit Vergütungsfragen spielen im Hinblick auf die Person des Auf- 27 traggebers und damit des Schuldners der Vergütung Fragen der **Vollmacht,** der **Anscheinvollmacht** oder der **Duldungsvollmacht** eine erhebliche Rolle, wenn die **Vertragsverhandlungen und der Vertragsschluss – auch über Änderungs-, Ergänzungs- oder Zusatzaufträge – für den Auftraggeber durch einen Dritten** geführt worden sind.

Zunächst kommt es dafür, ob jemand als Vertreter oder im eigenen Namen handelt, auf den **objek- 28 tiven Erklärungswert,** also darauf an, wie sich die Erklärung bei gebotener Berücksichtigung aller Umstände nach Treu und Glauben für den Empfänger darstellt. Dabei ist ein etwa **abweichender, bloß innerer Wille des Erklärenden unbeachtlich.** Insofern ist im Zweifel die Auslegungsregel des § 164 Abs. 1 S. 2 BGB maßgebend, die nicht nur die Frage behandelt, ob der Vertreter im Namen eines anderen gehandelt hat; sie ist auch maßgebend, wenn ungewiss ist, in welchem Namen der Vertreter einen Vertrag abgeschlossen hat (vgl. BGH 17.12.1987 VII ZR 299/86 = BauR 1988, 215 = WM 1988, 466 = NJW-RR 1988, 575 = SFH § 164 BGB Nr. 11). Bei einem Bauvertrag kann **regelmäßig nicht von einem Geschäft, für den, den es angeht,** gesprochen werden, weil es einem Bauunternehmer im Allgemeinen nicht gleichgültig ist, wer sein Vertragspartner sein soll (a.a.O.). Beauftragt der bauplanende und bauaufsichtsführende Architekt wegen vermeintlicher Planungsfehler den Auftragnehmer mit der Mängelbeseitigung, so handelt er im Zweifel im eigenen Namen; stellt sich nachher heraus, dass in Wirklichkeit ein Ausführungsfehler des Auftragnehmers vorlag, so kann der Architekt der Werklohnklage des Auftragnehmers den Bereicherungseinwand entgegensetzen, da der

Auftragnehmer rechtsgrundlos von einer Verbindlichkeit gegenüber dem Auftraggeber befreit worden ist (OLG Hamm 18.3.1986 21 U 130/85 = BauR 1987, 468).

Vergibt eine Person, die berechtigt ist, eine Bauträgergesellschaft und eine die Hausverwaltung führende Immobiliengesellschaft zu vertreten (so genannte Doppelvertretung), einen Reparaturauftrag, so wird im Zweifel die Immobiliengesellschaft verpflichtet, wenn die Vertreterin den Auftrag »namens der Hausverwaltung« erteilt (vgl. OLG Hamm 25.4.1989 26 U 15/89 MDR 1989, 910). Das gilt vor allem auch, wenn ein Hausverwalter einem Bauunternehmer unter dem Briefkopf »Hausverwaltung« Aufträge erteilt, die über kleinere Reparaturen und Instandsetzungen hinausgehen, auch wenn dies bei Vertragsschluss nicht ausdrücklich erwähnt wird und der Unternehmer den Namen des Hauseigentümers nicht kennt (KG 12.12.1995 7 U 5280/95 MDR 1996, 582; OLG Düsseldorf 25.2.2000 5 U 121/99 = BauR 2000, 1210). Der Außendienstmitarbeiter eines Herstellers von Baustoffen oder Bauteilen hat im Allgemeinen nicht die Vollmacht, einen auf Herstellung von Bauleistungen gerichteten Vertrag abzuschließen. Wenn jemand von einer GmbH als »Besprechungsvertreter« häufig auf die Baustelle geschickt wird, an für die Abwicklung des Bauvertrages wesentlichen Besprechungen teilnimmt sowie darüber verhandelt und durch dieses wiederholte Handeln des Betreffenden gegenüber den Auftragnehmern der Eindruck vermittelt wird, er habe Vollmacht der GmbH, haftet die GmbH. Gleiches gilt bei einem so genannten unternehmensbezogenen Geschäft, vor allem dann, wenn die zu erbringende Bauleistung für ein Geschäftsgebäude einer Handelsgesellschaft, z.B. einer GmbH, zu erbringen ist (vgl. OLG Hamm 28.3.1995 26 U 9/95 OLGR 1995, 175).

29 Zur Vermeidung von Missverständnissen oder gar Rechtsverlusten ist den Vertragspartnern – insbesondere dem Auftraggeber – dringend zu raten, die **Erteilung von Vollmachten nach außen ganz deutlich zu machen, vor allem deren Umfang klar abzugrenzen.** Eine Bestimmung in AGB des Auftraggebers, dass der Bauleiter nicht befugt ist, für den Auftraggeber Änderungen, Erweiterungen und Ergänzungen des Auftrages gemäß § 1 Nr. 3 und 4 VOB/B anzuordnen, stellt keinen Verstoß gegen die §§ 305 ff. BGB dar; dies gilt auch für eine Bestimmung, dass derartige Anordnungen nur von der Geschäftsleitung (z.B. eines Bauträgers) getroffen werden dürfen, da eine solche nur die gesetzliche Regelung des Vertretungsrechts wiedergibt (BGH 14.7.1994 VII ZR 186/93 BauR 1994, 760 = NJW-RR 1995, 80 = MDR 1995, 147 = SFH § 15 VOB/B Nr. 1; *Kapellmann* FS v. Craushaar S. 227, 228). Sofern ein in AGB enthaltener Hinweis auf die fehlende Vollmacht des Bauleiters geeignet ist, das Entstehen von Vertrauenstatbeständen zu verhindern oder zu erschweren, ist dies keine unbillige Benachteiligung des Vertragsgegners i.S.v. § 307 BGB (BGH a.a.O.).

Eine allgemein gefasste Vollmacht des Bauherrn, seine Interessen bezüglich des Baus in jeder Hinsicht zu vertreten, besagt noch nicht hinreichend, dass der Bevollmächtigte auch berechtigt ist, Aufträge an bauausführende Unternehmer zu erteilen (vgl. dazu OLG Hamm 27.9.1991 26 U 31/91 = NJW-RR 1992, 153). Vor allem ist – insbesondere für den Auftragnehmer – zu beachten, dass sich **Grenzen einer Vollmacht auch aus zwingenden gesetzlichen Vorschriften** ergeben können, die in den betreffenden Fachkreisen als bekannt vorausgesetzt werden müssen. So unterliegen bei öffentlichen Aufträgen **Verpflichtungserklärungen von Landkreisen und Gemeinden strengen gesetzlichen Formvorschriften,** was sich regelmäßig aus den einschlägigen Gemeinde- oder Landkreisordnungen ergibt, wonach für die Wirksamkeit von Verpflichtungserklärungen grundsätzlich außerdem **Schriftform** vorgeschrieben ist; weshalb sonst – vor allem mündlich – handelnde Behördenvertreter nicht die erforderliche Vollmacht besitzen (vgl. dazu BGH 11.6.1992 VII ZR 110/91 BauR 1992, 761 = NJW-RR 1992, 1435 = SFH § 242 BGB Nr. 53 = MDR 1993, 145; 27.11.2003 VII ZR 346/01 BauR 2004, 495). Hat eine **katholische Kirchengemeinde** durch einen bevollmächtigten Vertreter, z.B. einen Architekten, einen Bauvertrag abgeschlossen, so ist dieser Vertrag auch ohne Beachtung des § 14 Vermögensverwaltungsgesetz wirksam (OLG Köln 21.4.1993 13 U 240/92 BauR 1994, 112 = SFH § 164 BGB Nr. 15 = ZfBR 1994, 18 = NJW-RR 1994, 211).

Die **Vollmacht des Architekten** zum Abschluss von Bauverträgen für den Auftraggeber ergibt sich nicht schon ohne weiteres aus der bloßen Wendung im **Architektenvertrag,** der Architekt sei zur

Wahrnehmung der Rechte des Auftraggebers befugt. Auch bedeutet die vertragliche Verpflichtung eines Architekten, für den Auftraggeber ein Einfamilienhaus zu einem Festpreis zu errichten, noch keine Vollmacht des Auftraggebers an den Architekten, namens des Auftraggebers Bauaufträge an ausführende Handwerker zu erteilen; das gilt auch dann nicht, wenn es dem Auftraggeber nach außen erkennbar oder erklärtermaßen um die Erzielung steuerlicher Abschreibungsmöglichkeiten geht. Wichtig ist vor allem, dass im Innenverhältnis zwischen Vollmachtgeber und Vollmachtnehmer festgelegte Einschränkungen der Vollmacht auch für den Umfang der Vertretungsmacht nach außen von Bedeutung sind.

Grundsätzlich ist der Umfang der Architektenvollmacht im Interesse des Bauherrn eng auszulegen, um diesen vor ungewollten rechtsgeschäftlichen Verpflichtungen zu schützen. Umstritten und bis heute durch die Rechtsprechung nicht zufrieden stellend gelöst, ist die Frage der Vollmacht des Architekten zur Vergabe von Zusatzaufträgen während der Bauausführung. Dabei wird das Augenmerk zu sehr auf die finanziellen Interessen des Bauherrn und zu wenig darauf gerichtet, dass es im Rahmen der Leistungsphase 8 des § 15 HOAI Aufgabe des bauleitenden Architekten ist, dafür Sorge zu tragen, dass der Bauherr ein mangelfreies Bauwerk erhält (vgl. *Keldungs* FS Vygen S. 212; OLG Düsseldorf 6.11.1997 5 U 89/96 BauR 1998, 1023 ff.).

30

Unumstritten ist in Rechtsprechung und Literatur, dass der Architekt keine Vollmacht hat, Arbeiten anzuordnen, die zur Beseitigung auf mangelhafter Planung oder mangelhafter Bauaufsicht beruhender Fehler erforderlich sind (vgl. *Keldungs* a.a.O. m.w.N.). Ebenso ist unumstritten, dass der Architekt keine Vollmacht für nachträgliche Zusatzarbeiten hat, die zu einer Verdopplung der Auftragssumme führen (vgl. *Keldungs* a.a.O.).

Auch herrscht kein Streit darüber, dass der Architekt bevollmächtigt ist, zur Abwendung einer dem Bau drohenden dringenden Gefahr erforderliche Arbeiten in Auftrag zu geben (Beck'scher VOB-Komm./*Jagenburg* Vor § 2 VOB/B Rn. 46). Zu dem weiten verbliebenen Bereich gesteht der Bundesgerichtshof dem Architekten lediglich eine Vollmacht zur Vergabe geringfügiger Zusatzarbeiten zu (BGH 20.4.1978 VII ZR 67/77 BauR 1978, 314 = WM 1978, 823). v. Craushaar vertritt dagegen die Ansicht (BauR 1982, 421; ebenso *Keldungs* a.a.O.), dass eine Vollmacht des Architekten da angenommen werden müsse, wo die Zusatzarbeiten für die mangelfreie Erstellung des Bauwerks zwingend erforderlich sind, eine Vollmacht dagegen zu verneinen ist, wenn lediglich zweckmäßige oder wünschenswerte, zur Realisierung des Bauplans aber nicht zwingend notwendige Arbeiten in Auftrag gegeben werden. Das ist eine näher liegende Abgrenzung der Architektenvollmacht als das Abstellen auf den Kostenumfang.

Da in der Praxis nur schwer feststellbar ist, wo die Kostengrenze anzusetzen ist, ist den Unternehmern dringend zu raten, vor Ausführung der Arbeiten sich durch Rückfrage beim Bauherrn über den Umfang der Architektenvollmacht zu vergewissern.

Die bloße Benennung des Architekten als Bevollmächtigten des Bauherrn in einem Bauvertrag mit einem Bauunternehmer besagt nur etwas über die Bevollmächtigung, nichts dagegen über deren Umfang. Aus den im Vertrag angeführten Befugnissen des Architekten (Hausrecht, Anfragen, Angebote, Schriftstücke, Rechnungen, Unterrichtungsrecht über Verhandlungen zwischen Auftraggeber und Auftragnehmer) ergibt sich, dass dem Architekten keine Befugnisse zum Handeln als Vertreter des Auftraggebers eingeräumt sind, die wesentliche Rechte und Pflichten aus dem Bauvertrag betreffen, wie z.B. Auftragserteilung an Unternehmer einschließlich veränderter oder nachträglicher Aufträge, wesentliche Abreden über den Preis oder dessen Änderung, Verlängerung der Bauzeit, einschränkende Absprachen über Gewährleistungsansprüche usw. Vertragsänderungen, die dem Auftraggeber wesentliche Pflichten auferlegen, werden durch eine solche Klausel nicht gedeckt (dazu zutreffend BGH 10.11.1977 VII ZR 252/75 BauR 1978, 139 = SFH § 164 BGB Nr. 1 = NJW 1978, 995 = MDR 1978, 655). Auch fehlt es dem Architekten ohne Vorliegen besonderer Umstände an der Vollmacht, wenn eine Bauherrengemeinschaft durch einen Verwalter vertreten ist und der Auftragnehmer davon Kenntnis hat oder haben muss (OLG Köln 9.8.1995 19 U 246/94 = BauR 1996, 254 = NJW-RR 1996, 212).

Die Tatsache, dass der Auftraggeber den Architekten beauftragt hat, Angebote einzuholen, rechtfertigt nicht die Annahme, der Architekt sei auch zur Erteilung des Auftrags bevollmächtigt (OLG Köln 3.4.1992 19 U 191/91 = BauR 1993, 243 = NJW-RR 1992, 915 = SFH § 164 BGB Nr. 14).

Andererseits gibt es auch Fälle, in denen aus dem Verhalten des Auftraggebers eine Bevollmächtigung des Architekten in vollem Umfang oder in Teilbereichen des Bauvertrages anzunehmen ist. Droht z.B. der Nachunternehmer dem Bauherrn wegen ausbleibender Zahlungen **seines** Auftraggebers, des Hauptunternehmers, die Einstellung der Arbeiten an und kommt es dann zu einer Besprechung über die Weiterarbeit des Nachunternehmers, an der der Architekt des Bauherrn teilnimmt, so liegt in der Entsendung des Architekten zu dieser Besprechung eine umfassende Vollmacht, die den Architekten aus der Sicht des Nachunternehmers zu einem Schuldbeitritt für die zukünftigen Leistungen des Nachunternehmers berechtigt (OLG Düsseldorf 18.10.1994 21 U 92/94 = BauR 1995, 257 = NJW-RR 1995, 592).

31 Allgemeine Geschäftsbedingungen eines sog. Festpreisvertrages mit einem **Bauträger** sind nach § 307 Abs. 2 Nr. 2 BGB unwirksam, wenn der Bauträger bevollmächtigt wird, namens des Bauherrn unbeschränkt Verträge mit Handwerkern zu schließen.

32 Die Bevollmächtigung und deren Umfang ist von **demjenigen darzulegen und zu beweisen, der daraus für sich Rechte herleitet.** Leitet der Handelnde seine Vollmacht von einem Dritten ab, so kann seine Vollmacht nicht weiter gehen als die des Dritten (BGH 31.1.1991 VII ZR 291, 88 = BGHZ 113, 315 = BauR 1991, 331 = NJW 1991, 1812 = SFH § 2 Nr. 8 VOB/B Nr. 1 = MDR 1991, 653).

33 Ob der Vertreter nicht im eigenen Namen handeln wollte, ist für die Frage der Bevollmächtigung ohne Belang. Auch ist es für das Zustandekommen des Vertrages unerheblich, ob der Vertretene mit Namen benannt worden ist. **Jedoch:** Ein Architekt, der namens des Bauherrn Bauhandwerker mit der Vornahme von Bauarbeiten beauftragt, ist nicht nur verpflichtet, das **Handeln in fremdem Namen als solches erkennbar zu machen,** sondern er muss **darüber hinaus den Handwerkern auch offenbaren, für wen er handelt und muss deshalb den Namen des oder der von ihm Vertretenen nennen, wenn er danach gefragt wird;** weigert er sich, dieses zu tun, so haftet er **nach § 179 BGB selbst** auf Erfüllung oder Schadensersatz.

34 Eine Vollmacht kann vom Vollmachtgeber **jederzeit widerrufen** werden. Ein Verzicht auf das Widerrufsrecht ist nicht möglich, wenn der dem Bevollmächtigten erteilte Auftrag nur den Interessen des Auftraggebers dient, was grundsätzlich auf das Vollmachtsverhältnis des Auftraggebers zu seinem Architekten zutrifft.

35 Von einem Bevollmächtigten ist der Erfüllungsgehilfe (§ 278 BGB) zu unterscheiden. Ein Bauführer, den der Architekt bestellt hat, ist nicht dessen Erfüllungsgehilfe i.S.d. § 278 BGB, wenn er unter Überschreitung seiner Befugnisse mit einem Handwerker einen vergütungspflichtigen, nicht unbedeutenden Bauvertrag schließt, durch den Mängel an der Leistung dieses Handwerkers beseitigt werden sollen.

2. Anscheinsvollmacht

36 Anscheinsvollmacht kommt in Betracht, wenn jemand als Vertreter für einen anderen gehandelt hat, ohne hierzu wirklich bevollmächtigt zu sein. Dann **kann** es nach den Umständen des Falles **geboten sein, den Vertretenen wegen eines von ihm gesetzten Rechtsscheins so zu behandeln, als habe er den ihn Vertretenden tatsächlich bevollmächtigt;** dabei geht es um die Feststellung eines individuellen Willensentschlusses, der gemeinhin nicht aus typischen Geschehensabläufen, sondern regelmäßig nur aus den besonderen Umständen des Einzelfalles gefolgert werden kann (BGH 4.10.1979 VII ZR 319/78 BauR 1980, 84 = NJW 1980, 122). Der Schutz des auf den Rechtsschein vertrauenden Vertragspartners (hier Auftragnehmers) beruht auf dem Erfordernis, dass im Rechtsverkehr **Treu und Glauben** maßgebend sein müssen. Dazu gehört nach der Rechtsprechung **zweierlei: Einmal** ist erforderlich, **dass der Vertretene** bei Anwendung pflichtgemäßer Sorgfalt das **wiederholte und sich über einen gewissen Zeitraum erstreckende** (BGH 9.11.1989 VII ZR 200/88 BauR 1990, 214 = MDR 1990, 534 = NJW-RR 1990, 404 = SFH § 167 BGB Nr. 1). **Handeln des vollmachtlosen Vertreters hätte erkennen müssen und verhindern können. Zum anderen muss der Geschäftsgegner** auf Grund des Verhaltens des Vertretenen **mit Recht darauf vertraut haben, dass dieser das Verhalten des Vertreters kenne und damit einverstanden sei. Eine Haftung** kraft Anscheinsvollmacht kann **nur unter der weiteren Voraussetzung** in Betracht kommen, dass der Rechtsschein der Vollmacht für die Entschließung des Geschäftsgegners zum Abschluss des Geschäftes – hier des Auftragnehmers oder des Auftraggebers für den Abschluss des Bauvertrages – **ursächlich** gewesen ist.

Eine Vollmacht, insbesondere auch Anscheinsvollmacht, des Architekten ist nicht gegeben, wenn eine solche im Bauvertrag ausgeschlossen ist, indem es dort heißt, dass Nachtragsaufträge sowie Auftragserweiterungen nur wirksam sind, wenn sie vom Auftraggeber selbst schriftlich erteilt worden sind. Ein etwaiger späterer Verzicht darauf muss eindeutig hierauf bezogen als empfangsbedürftige Willenserklärung gegenüber dem Auftragnehmer zum Ausdruck kommen.

In keinem Fall gilt der Anschein der Vollmacht zur **Weitervergabe** von Arbeiten, soweit es die vom Architekten **selbst** zu erbringenden Leistungen betrifft (BGH 10.11.1977 VII ZR 252/75 BauR 1978, 139 = NJW 1978, 995 = MDR 1978, 1028 = WM 1978, 218), es sei denn, es handelt sich um für den Rahmen der Planung **technisch unumgänglich notwendige Sonderleistungen,** wie Statiker- und sonstige Ingenieurleistungen, die der **Architekt selbst nicht zu erbringen vermag und dies dem Auftraggeber bekannt oder jedenfalls zweifelsfrei erkennbar ist.** **37**

Da sich im Falle des Vorliegens einer Anscheinsvollmacht der Vertretene so behandeln lassen muss, als habe er den Vertreter rechtswirksam bevollmächtigt, **scheidet ein Anspruch des Auftragnehmers gegen den Vertreter gemäß § 179 BGB aus.** **38**

3. Duldungsvollmacht

Neben der Anscheinsvollmacht kommt die so genannte **Duldungsvollmacht** in Betracht. Kraft Duldungsvollmacht haftet, wer das **Handeln eines anderen, nicht zu seiner Vertretung Befugten kennt und es trotz zumutbarer Sorgfalt duldet,** falls der Geschäftsgegner – der Auftragnehmer – **diese Duldung dahin wertet und nach Treu und Glauben auch dahin werten darf, dass der Handelnde Vollmacht habe** (*Palandt/Heinrichs* § 173 BGB Rn. 10 ff.; vgl. auch PWW *Frensch* § 167 Rn. 36). **Die Duldungsvollmacht setzt die positive Kenntnis des Vertretenen** voraus, dass der vollmachtlose Vertreter beim Vertragsschluss wie sein Vertreter auftrat und ferner der Vertretene ein solches Auftreten geduldet hat (BGH 9.11.1989 VII ZR 200/88 BauR 1990, 214 = SFH § 167 BGB Nr. 1 = ZfBR 1990, 67 = NJW-RR 1990, 404 = MDR 1990, 534). Eine Duldungsvollmacht kann z.B. darin liegen, dass der Auftraggeber eine Reihe von auf seinen Namen ausgestellten Abschlagsrechnungen bezahlt. Dagegen ist eine Duldungsvollmacht nicht schon darin zu sehen, dass das **Bauschild** den Architekten als mit »Planung und Bauleitung« beauftragt ausweist, auch dann nicht, wenn dieser Architekt in Wirklichkeit als Generalunternehmer tätig ist. **39**

4. Folgen vollmachtlosen Handelns des Vertreters

Bei **vollmachtlosem Handeln des Vertreters gilt** zu dessen Lasten § 179 BGB. **40**

Bei der Haftung des vollmachtlosen Vertreters handelt es sich um eine gesetzliche Garantenhaftung, die dem Vertreter das verschuldensunabhängige Risiko auferlegt, seine Erklärung, er besitze Vertretungsmacht, sei richtig. Deshalb ist der Geschäftsgegner grundsätzlich nicht von sich aus zu Nachforschungen und Erkundigungen verpflichtet, sondern darf den Angaben des Vertreters, mit denen ausdrücklich oder schlüssig eine Vertretungsmacht behauptet wird, i.d.R. glauben (OLG Düsseldorf 24.8.1994 18 U 22/94 = NJW-RR 1999, 113).

41 Eine Haftung des vollmachtlosen Vertreters (Architekten) nach § 179 BGB entfällt aber bereits dann, **wenn er nachweisen kann,** dass der Auftragnehmer den Auftraggeber mit Erfolg auf Grund der Regeln der Duldungs- oder Anscheinsvollmacht in Anspruch nehmen könnte (BGH 20.1.1983 VII ZR 32/82 BGHZ 86, 273 = BauR 1983, 253 = NJW 1983, 1308 = SFH § 179 BGB Nr. 2 = MDR 1983, 479). Andererseits kommt neben oder an Stelle eines Anspruches gegen den vollmachtlosen Vertreter aus § 179 BGB **nicht** auch ein solcher aus **§ 812 BGB** in Betracht, weil § 179 BGB **insoweit** Spezialvorschrift ist.

42 Nach § 179 Abs. 1 BGB **haftet** der ohne Vollmacht Handelnde auf Erfüllung oder auf Ersatz des Erfüllungsinteresses, wenn er den Mangel der Vollmacht kannte. Gemäß § 179 Abs. 2 BGB haftet er auf Ersatz des Vertrauensinteresses, wenn er den Mangel der Vollmacht nicht kannte. Nach § 179 Abs. 3 BGB entfällt ein Anspruch des Auftragnehmers, wenn er den Mangel der Vollmacht einerseits kannte oder kennen musste sowie unter den Voraussetzungen des Satzes 2. An das Kennen müssen des Auftragnehmers sind dabei geringe Anforderungen zu stellen (vgl. *v. Craushaar* BauR 1982, 421). Ein solches liegt jedenfalls dann vor, wenn der Hauptauftrag vom Bauherrn selbst erteilt und in den Vertragsbedingungen ausdrücklich festgelegt worden ist, dass Nachtrags- und Zusatzleistungen nur schriftlich durch den Bauherrn selbst erteilt werden können (OLG Düsseldorf 8.5.1984 23 U 150/83 BauR 1985, 339 = SFH § 16 Nr. 3 VOB/B Nr. 32); Gleiches gilt, wenn in Besonderen Vertragsbedingungen lediglich die Befugnis des Architekten festgelegt ist, Anordnungen zur vertragsgemäßen Durchführung der Leistung zu treffen, der Architekt dagegen eigenmächtig mit dem Auftragnehmer nachträglich einen anderen Abrechnungsmodus als vertraglich vorgesehen vereinbart (LG Bochum 21.6.1989 6 O 100/89 BauR 1990, 636 = NJW-RR 1989, 1365).

Jedoch: Wer als Vertreter ohne Vertretungsmacht einen Vertrag schließt, haftet dem Vertragspartner weder auf Erfüllung noch auf Schadensersatz, wenn dieser von dem Vertretenen wegen Vermögenslosigkeit nichts erlangen kann; auch eine Haftung des Vertreters wegen fehlender Aufklärung über die mangelnde Vertretungsmacht scheidet dann aus (OLG Hamm 3.11.1992 26 W 15/92 = MDR 1993, 515).

43 Wird ein vollmachtloser Vertreter zu Recht auf Erfüllung in Anspruch genommen, so **stehen ihm alle Rechte aus dem Vertrag** zu. **Ansprüche aus § 179 BGB** gegen den vollmachtlosen Vertreter **verjähren in der Frist, die für den Erfüllungsanspruch aus dem Vertrag gegolten hätte,** der mangels Vollmacht des Vertreters und Genehmigung durch den Vertretenen nicht wirksam geworden ist; also sind hier die für den Vergütungsanspruch des Auftragnehmers geltenden Fristen des § 195 BGB n.F. maßgebend; die **Verjährungsfrist beginnt mit der Weigerung des Vertretenen, den Vertrag zu genehmigen.** Auch kann der vollmachtlose Vertreter ein sich aus dem Vertrag oder dem Gesetz ergebendes Leistungsverweigerungsrecht, z.B. wegen vorhandener Mängel, geltend machen.

5. Haftung des Auftraggebers bzw. Grundstückseigentümers

44 Eine solche kann vorliegen, wenn der Auftraggeber dem Auftragnehmer für die **schuldhafte Vollmachtsüberschreitung** des Architekten oder des sonst vollmachtlos Handelnden wegen einer Pflichtverletzung aus § 280 BGB verantwortlich ist. Das kann z.B. der Fall sein bei der Anordnung oder der Vergabe von Zusatzaufträgen, die im Bereich wahrscheinlicher Vollmacht liegen und deshalb keine Vergewisserung des Auftragnehmers über eine – tatsächlich – bestehende Vollmacht erwartet werden kann. Anders verhält es sich, wenn den Auftragnehmer deshalb ein Mitverschulden trifft, weil er den Mangel der Vollmacht kennt oder fahrlässig nicht kennt, in letzterer Hinsicht vor allem, wenn er eine eindeutige Beschränkung der Vollmacht des Architekten in Besonderen Vertragsbedingungen leichtfertig nicht zur Kenntnis genommen hat.

Eine Haftung des Auftraggebers wegen Pflichtverletzung (nach altem Recht aus culpa in contrahendo) kommt schon deswegen nicht in Betracht, weil er den Architekten im Rahmen des § 15 Abs. 2 Nr. 6 und 7 HOAI mit der Einholung eines Unternehmerangebotes beauftragt hat und dieser Architekt ohne sein Wissen dem betreffenden Unternehmer nach Vorlage des Angebotes den Auftrag namens des Auftraggebers erteilt (OLG Köln 3.4.1992 19 U 191/91 = BauR 1993, 243 = SFH § 164 BGB Nr. 14 = NJW-RR 1992, 915). Ist nach einem Bauvertrag mit der öffentlichen Hand und einem Bauunternehmer die Schriftform für Preisvereinbarungen zu Nachtragsangeboten erforderlich, so steht dem Bauunternehmer ein Schadensersatzanspruch aus Pflichtverletzung nicht zu, wenn er auf die Wirksamkeit mündlich angenommener Nachtragsangebote vertraut, da im Bereich der Bauunternehmer allgemein bekannt ist, dass Nachtragsvereinbarungen bei Verträgen mit der öffentlichen Hand der Schriftform bedürfen, dies im Übrigen auch regelmäßig aus Zusätzlichen oder Besonderen Vertragsbedingungen hervorgeht (BGH 11.6.1992 VII ZR 110/91 = BauR 1992, 761 = SFH § 242 BGB Nr. 25 = NJW-RR 1992, 1435).

Ausnahmsweise kann ein nach § 179 BGB haftender Architekt dem Auftraggeber gegenüber einen Erstattungsanspruch gemäß den §§ 677, 683 BGB aus **Geschäftsführung ohne Auftrag** haben, wenn er namens des Auftraggebers gehandelt hat, weil dieser für ihn unerreichbar und die betreffende Maßnahme unumgänglich notwendig war, um den vom Auftraggeber verlangten zügigen Baufortschritt nicht aufzuhalten oder um sonst im Einzelfall einem Abwarten gegenüber vorrangigen Interessen des Auftraggebers zu dienen (BGH a.a.O.; OLG Düsseldorf 6.11.1997 5 U 89/96 BauR 1998, 1023). **45**

Die **Haftung des vollmachtlosen Vertreters schließt** einen **Bereicherungsanspruch** des Auftragnehmers **gegen** den **Grundstückseigentümer nicht aus,** der durch die erbrachte Bauleistung einen Vermögenszuwachs erfahren hat, sofern dieser **nicht** mit dem angeblichen Auftraggeber identisch ist, da sonst bei gegebener Identität dem Anspruch des Auftragnehmers möglicherweise § 2 Nr. 8 VOB/B entgegensteht, wobei sich eine etwa dennoch gegebene Vergütungspflicht auch hier nach den außerhalb des Bereicherungsrechts liegenden Voraussetzungen und Grundlagen gemäß Abs. 2 richtet. Im Falle der angeführten Nichtidentität kommen aber die Grundsätze der sog. **aufgedrängten Bereicherung** in Betracht: Weist der Eigentümer die Leistung zurück und stellt er sie dem Auftragnehmer zur Verfügung, so entfällt dieser Bereicherungsanspruch. Wird dagegen die Leistung nicht zurückgewiesen, so besteht der Bereicherungsausgleich in dem Betrag, der der insoweit angemessenen Vergütung entspricht. Da der Auftragnehmer bei der hier erörterten Fallgestaltung einerseits einen Anspruch aus § 179 BGB gegen den Architekten, andererseits einen solchen gegen den Grundstückseigentümer aus §§ 812, 951 BGB hat, stellt sich die Frage, ob dann der Architekt und der Auftraggeber Gesamtschuldner gegenüber dem Auftragnehmer sind. Dies ist mit Beigel (BauR 1987, 626) wegen der unterschiedlichen Rechtsnatur dieser Ansprüche und ihres Umfanges zu verneinen. Jedoch verringert sich die Schuld des Architekten oder des Auftraggebers gegenüber dem Auftragnehmer um den jeweils von dem anderen gezahlten Betrag. Dabei steht dem Auftraggeber u.U. gegenüber dem Architekten ein Anspruch aus Pflichtverletzung wegen Überschreitung seiner Vollmacht zu, falls der Verkehrswert der Leistung unter der dem Auftragnehmer vom Auftraggeber gezahlten Vergütung liegt. Umgekehrt kann der Architekt, falls dieser an den Auftragnehmer gezahlt hat, gegen den Bauherrn einen Ausgleichsanspruch aus Geschäftsführung ohne Auftrag oder aus ungerechtfertigter Bereicherung haben. **46**

III. Verjährung des Vergütungsanspruches

47 Der Anspruch auf Vergütung unterliegt nach §§ 194 ff. BGB der Verjährung, da die VOB hierüber keine besondere Regelung trifft. Zu beachten ist die Verjährung nur, **wenn sich der Berechtigte hinreichend klar auf den Eintritt der Verjährung beruft (Einrede),** was im Prozess spätestens bis zur letzten mündlichen Verhandlung in der Tatsacheninstanz, gegebenenfalls also vor dem Oberlandesgericht, geschehen muss (BGH 31.1.1996 VII ZR 243/94 BauR 1996, 424 = SFH § 304 ZPO Nr. 1 m.w.N.).

1. Grundsätzlich dreijährige Verjährungsfrist (§ 195 BGB)

48 Bis zum 31.12.2001 verjährte der Vergütungsanspruch des Bauunternehmers gemäß § 196 Abs. 1 Nr. 1 BGB a.F. in zwei Jahren. Gemäß § 196 Abs. 2 BGB a.F. verjährte er in vier Jahren, wenn die Bauleistung für den Gewerbebetrieb des Auftraggebers erbracht worden war. Mit dem In-Kraft-Treten des Schuldrechtsmodernisierungsgesetzes findet auf den Vergütungsanspruch des Bauunternehmers die regelmäßige Verjährungsfrist (§ 195 BGB n.F.) von drei Jahren Anwendung.

2. Lauf der Verjährungsfrist

a) Beginn der Verjährungsfrist

49 Die Verjährung des Anspruches auf Schlusszahlung beginnt mit dem Ende des Jahres (§ 199 Abs. 1 BGB n.F.), **in dem diese fällig wird, also am Ende des Jahres, in dem die Fälligkeit der Schlusszahlung** eintritt. Das gilt auch für solche Forderungen, die in der Schlussrechnung nicht enthalten sind, sofern sie aus demselben Vertrag herrühren und in der Schlussrechnung bereits enthalten sein können, wie z.B. Forderungen aus veränderten oder zusätzlichen Leistungen oder auf Grund von Lohn- oder Materialpreisgleitklauseln. Auch trifft dies auf Forderungen zu, hinsichtlich deren der Auftraggeber schon vor Einreichung der Schlussrechnung erklärt hat, er werde diese nicht bezahlen.

Das Gesagte gilt **entsprechend für Teilschlussrechnungen.**

50 Sofern der Auftraggeber gemäß dem Vertrag berechtigt ist, von dem geprüften Rechnungsbetrag des Auftragnehmers eine **Sicherheitsleistung** (als Beispiel 5%) **einzubehalten,** beginnt die Verjährung **dieses Teils** des Vergütungsanspruches erst mit der Fälligkeit der Sicherheitssumme. Denn dieser Teil kann vom Auftragnehmer vorher nicht verlangt werden, weil er zur Sicherheit etwaiger Ansprüche des Auftraggebers gegenüber dem Auftragnehmer dient. Insoweit handelt es sich um eine echte Fälligkeit als Voraussetzung des Verjährungsbeginns.

b) Verjährung nur wegen endgültiger Vergütungsansprüche

51 Eine **Verjährung** tritt **nur hinsichtlich abschließender, in sich geschlossener, für sich endgültig bewertbarer Vergütungsansprüche des Auftragnehmers ein, somit nur wegen des Anspruches auf Schlusszahlung (§ 16 Nr. 3 VOB/B) oder auf Teilschlusszahlung (§ 16 Nr. 4 VOB/B), nicht aber wegen des Anspruches auf Abschlagszahlung (§ 16 Nr. 1 VOB/B) oder auf Vorauszahlung (§ 16 Nr. 2 VOB/B).** Letztere unterliegen als solche nicht der Verjährung (ebenso *Siegburg* Die Verjährung von Vergütungsansprüchen Rn. 42 ff. m.w.N.).

52 Durch das Schuldrechtsmodernisierungsgesetz wurden die Unterbrechungstatbestände vermindert und die Hemmungstatbestände ausgeweitet. Das Bürgerliche Gesetzbuch enthält als Unterbrechungstatbestände nur noch das Anerkenntnis (§ 212 Abs. 1 Nr. 1 BGB n.F.) und die Vollstreckungshandlung (§ 212 Abs. 1 Nr. 2 BGB n.F.). Im Übrigen hemmen die bisherigen Unterbrechungsgründe, insbesondere gerichtliche Maßnahmen wie die Klageerhebung oder die Zustellung des Mahnbescheides nur noch.

Vergütung　　　　　　　　　　　　　　　　　　　　　　　　　　　　　　　　§ 2 VOB/B

53 Geht ein Mahnbescheidsantrag, der an das zuständige Gericht gerichtet war, bei einem unzuständigen Gericht ein, das ihn weiterleitet, ist er zur Verjährungshemmung geeignet (BGH 1.2.1990 IX ZR 188/89 = NJW 1990, 1368 = BB 1990, 733). Durch die Zustellung eines **Mahnbescheids** wird die Verjährung auch dann gehemmt, wenn der damit geltend gemachte Anspruch die Zahlung einer Geldschuld in ausländischer Währung zum Gegenstand hat und lediglich für das Mahnverfahren in inländische Währung umgerechnet worden ist (BGH 5.5.1988 VII ZR 119/87 = BGHZ 104, 268 = BauR 1988, 469 = SFH § 209 BGB Nr. 10 = NJW 1988, 1964 = WM 1988, 1032). Das Gleiche gilt, wenn der damit geltend gemachte Anspruch die Zahlung einer Geldschuld in ausländischer Währung zum Gegenstand hat, etwa die Vergütung im Vertrag so festgelegt wurde, und nur in inländische Währung umgerechnet worden ist (BGH 26.10.1989 VII ZR 153/88 = BauR 1950, 88 = NJW-RR 1990, 183 = SFH § 209 BGB Nr. 12).

Für den Fall der **Hemmung der Verjährung durch Klageerhebung** ist hinsichtlich der Frage, wer Berechtigter i.S.d. § 204 Abs. 1 BGB n.F. ist, zu beachten, dass dies trotz erfolgter Abtretung des Vergütungsanspruches der Auftragnehmer ist, falls er inzwischen die Forderung des Abtretungsempfängers erfüllt hat, da insoweit eine stillschweigende Rückabtretung anzunehmen ist (BGH 21.11.1985 VII ZR 305/84 BauR 1986, 222 = NJW 1986, 977). Auch eine Pfändung und Überweisung des Vergütungsanspruches durch einen Dritten hindert die Hemmung nicht, wenn der Auftragnehmer Klage auf Zahlung an sich erhebt; falls der Auftragnehmer nur Leistung an den Pfändungsgläubiger verlangen kann, ist dem durch entsprechende Umstellung des Klageantrages Rechnung zu tragen (BGH a.a.O.; BGH 27.6.1985 I ZR 136/83 = NJW 1986, 423 = MDR 1986, 203 = WM 1985, 1500). Ein persönlich haftender Gesellschafter, der für eine Gesellschaftsschuld in Anspruch genommen wird, kann nicht einwenden, die Forderung gegen die Gesellschaft sei verjährt, wenn der Gläubiger die Verjährungsfrist gegenüber dem Gesellschafter rechtzeitig gehemmt hat (BGH 22.3.1988 X ZR 64/87 = Betrieb 1988, 1538).

Eine **Teilklage** hemmt nur bis zur Höhe des eingeklagten Teils die Verjährung; liegt zunächst ein nicht aufgegliederter Antrag wegen verschiedener Teilansprüche vor, so wird die Verjährung für jeden Teilanspruch gehemmt, nicht aber hinsichtlich des Weiteren die Gesamtsumme übersteigenden Teils der Einzelansprüche.

54 In der Aufforderung des Auftraggebers an den Auftragnehmer, die Schlussrechnung aufzustellen und einzureichen, liegt nicht schon ein **Anerkenntnis nach § 212 Abs. 1 Nr. 1 BGB n.F.,** zumal das Anerkenntnis ein Verhalten des Schuldners (Auftraggebers) voraussetzt, aus dem sich sein Bewusstsein vom Bestehen des Anspruches unzweideutig ergibt. Ebenso wenig liegt ein Anerkenntnis i.S.d. **§ 212 Abs. 1 Nr. 1 BGB n.F.** in dem Versprechen des Auftraggebers, die Vergütung zahlen zu wollen, sobald der Auftragnehmer die Mängel beseitigt habe; ein verjährungsunterbrechendes Anerkenntnis liegt nämlich nicht vor, wenn in einer Erklärung des Schuldners der Bestand der Forderung von der Erfüllung von Gegenansprüchen abhängig gemacht wird. Auch ein bloßes Vergleichsangebot beinhaltet noch nicht ein Anerkenntnis des angebotenen Betrages (BGH 26.3.1981 VII ZR 160/80 = BGHZ 80, 222 = BauR 1981, 385 = MDR 1981, 662 = NJW 1981, 1953). **Andererseits** wird ein Anerkenntnis nicht ohne weiteres durch den Vermerk ausgeschlossen, es werde ohne Anerkennung einer Rechtspflicht gezahlt, da dies allein noch nicht auf ein mangelndes Bewusstsein vom Bestehen eines Anspruches schließen lässt. Auch kann eine Forderung dadurch anerkannt werden, dass der Schuldner seinerseits »Gegenleistungen« erbringt, ohne dafür Bezahlung zu verlangen, allerdings unter der Voraussetzung, dass sich der Schuldner mit einer Verrechnung erkennbar einverstanden erklärt. Ein Anerkenntnis liegt im Allgemeinen in der anstandslosen Unterzeichnung der geprüften Schlussrechnung durch den Auftraggeber. In der Aufrechnung mit einer bestrittenen (in Wahrheit nicht bestehenden) Forderung gegen eine unbestrittene Forderung kann ein die Verjährung unterbrechendes Anerkenntnis der letzteren i.S.d. **§ 212 Abs. 1 Nr. 1 BGB n.F.** liegen; ob dies der Fall ist, hängt von den Umständen des jeweiligen Einzelfalles ab. Das trifft z.B. zu, wenn Unterlagen vorhanden sind, aus denen das Bewusstsein des Schuldners vom Bestehen dieser Schuld hinreichend hervorgeht. **Zum Anerkenntnis genügt ein tatsächliches Verhalten, das zur Kenntnisnahme des Berechtigten bestimmt und geeignet ist.**

55 Ein **Anerkenntnis** der Forderung **dem Grunde nach unterbricht die Verjährung hinsichtlich des ganzen Betrages**, sogar dann, wenn sich der Verpflichtete gegen die Anerkennung der Höhe des Betrages verwahrt; **Voraussetzung** ist allerdings, dass sich der **Schuldner des Bestehens des** gegen ihn erhobenen **Anspruchs bewusst ist und die Zahlung nicht nur aus Kulanz oder zur gütlichen Beilegung eines Streites anbietet.** Wird der Anspruch nur in einem bestimmt bezeichneten Umfang anerkannt, reicht das **Anerkenntnis nur so weit. Ob in einer Abschlagszahlung** auf die Schlussrechnung oder Teilschlussrechnung die Anerkennung des in Rechnung gestellten gesamten Betrages liegt, wird im Allgemeinen zu bejahen sein, ist aber Frage des Einzelfalles. Ob in der Erklärung der Aufrechnung mit einer bestrittenen Forderung gegen eine unbestrittene Forderung ein Anerkenntnis enthalten ist, hängt von den Umständen des Einzelfalles ab. Dabei muss geprüft werden, ob der Schuldner das Bewusstsein hatte, dass die Forderung an sich zu Recht besteht.

Zwar ist die **Drittschuldnererklärung** nach § 840 ZPO grundsätzlich nur eine Wissenserklärung; jedoch kann eine solche auch ein **Anerkenntnis nach § 212 Abs. 1 Nr. 1 BGB n.F.** sein, da auch hier maßgebend ist, dass in dem Verhalten des (Dritt-)Schuldners sich eindeutig das Bewusstsein vom Bestehen der Schuld ergibt; dabei ist der Pfändungsgläubiger als der für den Empfang der Anerkennungserklärung Berechtigte anzusehen, weil dieser es in der Hand hat, die Forderung gegen den Drittschuldner durchzusetzen. Da ein **Anerkenntnis** nach **§ 212 Abs. 1 Nr. 1 BGB n.F. auch** in einer **Stundung** liegen kann, kommt nach eingetretener Unterbrechung der Verjährung durch Stundung, die auch zwischen Drittschuldner und Pfändungsgläubiger vereinbart werden kann, zwischen diesen beiden eine **Hemmung der Verjährung** gemäß den §§ 203, 209 BGB n.F. in Betracht.

c) Hemmung oder Unterbrechung der Verjährung

56 Die Klage gegen den Bürgen hemmt nicht die Verjährung der Hauptschuld.

57 Die Verjährung der Vergütungsforderung des Gläubigers (hier des Auftragnehmers) wird durch die Eröffnung des **Insolvenzverfahrens** über sein Vermögen nicht gehemmt. Das gilt auch, wenn ein über die Forderung anhängiger Prozess vor Eröffnung des Insolvenzverfahrens nach § 204 Abs. 2 S. 2 BGB n.F. zum Stillstand gekommen war.

3. Übergangsvorschriften

58 Für die Zeit bis zum 31.12.2001 gilt gemäß Art. 229 § 6 Abs. 1 S. 2 EGBGB altes Recht, für die Zeit nach dem 1.1.2002 neues Recht. Eine vor dem Stichtag eingetretene Unterbrechung führt zu einem Neubeginn der Verjährung nach altem Recht, allerdings mit der Einschränkung, dass dann, wenn nach neuem Recht die Verjährung abgekürzt wird, Art. 229 § 6 Abs. 4 S. 1 EGBGB gilt.

Für Verfahren, die nach den Vorschriften des Bürgerlichen Gesetzbuches in der seit dem 1.1.2002 geltenden Fassung an Stelle der Unterbrechung der Verjährung deren Hemmung vorsehen (Klageerhebung, Ausstellung des Mahnbescheids mit Mahnverfahren, Einleitung des selbstständigen Beweisverfahrens) enthält Art. 229 § 6 Abs. 2 EGBGB eine Sondervorschrift: Die eingetretene Unterbrechung endet am 31.12.2001 und die neue Verjährung ist mit Beginn des 1.1.2002 gehemmt.

4. Verzicht auf Verjährungseinrede

59 Es ist möglich, dass der Schuldner – **hier Auftraggeber** – auf die Geltendmachung einer **bereits eingetretenen Verjährung** der Vergütungsforderung verzichtet. Das bezieht sich nicht nur auf einen stillschweigend, sondern erst recht auf einen ausdrücklich ausgesprochenen Verzicht. **Voraussetzung** ist, dass der Verzichtende von dem **Eintritt der Verjährung Kenntnis hatte** oder dass ihm jedenfalls bewusst war, die Forderung werde möglicherweise schon verjährt sein. Das scheidet aus,

wenn der Schuldner irrtümlich von einer nach seiner Auffassung noch nicht eingetretenen Verjährung ausgeht, er z.B. fälschlich die Verlängerung einer noch nicht abgelaufenen Verjährungsfrist annimmt. Auch liegt ein – stillschweigender – Verzicht nicht schon darin, dass der Beklagte einer Klageerweiterung nicht widerspricht (BGH 25.5.1988 IV a ZR 14/87 = NJW-RR 1988, 1195).

Bei dem hier erörterten Verzicht handelt es sich um einen so genannten **Prozessvertrag**. Daher muss eine **Verzichtserklärung** gegenüber dem Vertragsgegner vorliegen, die **auch aus hinreichend klaren Umständen im Rahmen des Verhaltens des Erklärenden** hervorgehen kann. **60**

Dagegen kann grundsätzlich **nicht von vornherein** wirksam auf die Einrede der **noch nicht eingetretenen** Verjährung verzichtet werden (BGH 18.12.1981 V ZR 220/80 = VersR 1982, 365 m.w.N.). Ein Verzicht auf die Verjährungseinrede bei noch nicht abgelaufener Verjährungsfrist ist allerdings zulässig, wenn die Frist abzulaufen droht und der – befristete – Verzicht zwecks Vermeidung einer gerichtlichen Auseinandersetzung erfolgt. **61**

Durch Erklärung eines befristeten Verzichts auf die Einrede der Verjährung tritt im Allgemeinen eine Hemmung der Verjährung bis zum Fristablauf ein. Möglich ist auch ein teilweiser Verzicht auf die Verjährungseinrede, indem die Bauvertragspartner eine neue – längere – Verjährungsfrist vereinbaren. Der Verzicht dauert, wenn er nicht ausdrücklich begrenzt ist, so lange, wie der Gläubiger nach Treu und Glauben erwarten kann, dass der Schuldner gemäß den Umständen des Einzelfalles die Einrede der Verjährung nicht erheben wird. Hier ist ihm eine kurze Überlegungsfrist einzuräumen, deren Dauer sich nach dem Umständen des Einzelfalles richtet; im Durchschnitt ist ein Monat ausreichend (BGH 6.12.1990 VII ZR 126/90 = BauR 1991, 215 = NJW 1991, 974 = SFH § 242 BGB Nr. 47). **62**

Nach Fristablauf kann die Verjährungseinrede erhoben werden, ohne dass der Einwand unzulässiger Rechtsausübung entgegengehalten werden kann. Das gilt auch, wenn der Auftragnehmer zwar innerhalb der Frist einen Mahnbescheid beantragt, auf den Widerspruch des Auftraggebers das Verfahren aber erst nach mehr als 10 Monaten weiterbetreibt (BGH 20.2.1986 VII ZR 142/85 = BauR 1986, 351 = NJW 1986, 1861 = SFH § 225 BGB Nr. 1). Ist die Verjährungsfrist zwischenzeitlich abgelaufen, kann der Gläubiger (Auftragnehmer) auf die Fortwirkung eines vom Schuldner (Auftraggeber) erklärten Verzichts auf die Verjährungseinrede nur solange vertrauen, wie er seiner Pflicht genügt, den Streit über die an sich verjährte Forderung einer möglichst raschen Entscheidung herbeizuführen; der Gläubiger muss sich stets vor Augen halten, dass er, wenn er die Forderung verjähren lässt, die wirksame Erhebung der Verjährungseinrede durch den Schuldner nur bei zügiger Verfahrensführung verhindern kann; verursacht der Gläubiger nach Ablauf der erklärten Frist eine Verfahrensverzögerung von mehr als 2 Monaten, darf er nicht mehr damit rechnen, dass der Schuldner auf die Verjährungseinrede verzichtet (OLG Köln 19.2.1990 7 U 119/89 = BauR 1991, 618 = SFH § 225 BGB Nr. 2 = VersR 1991, 197).

5. Verwirkung der Verjährungseinrede

Denkbar ist auch die – selten in Betracht kommende (BGH 6.12.1988 XI ZR 19/88 = MDR 1989, 448) – **Verwirkung der Verjährungseinrede**, insbesondere im Wege des aus Treu und Glauben herzuleitenden **Arglisteinwandes** (BGH 17.12.1968 VI ZR 211/67 = VersR 1969, 328; 20.10.1988 VII ZR 302/87 = BauR 1989, 87 = NJW 1989, 836 = SFH § 16 Nr. 47). **Das kommt z.B. in Betracht, wenn im Zeitpunkt des Ablaufs der Verjährungsfrist zwischen den Parteien bereits Vergleichsverhandlungen** hinsichtlich des verjährenden Anspruchs schweben, die später scheitern. Gleiches gilt, wenn zwischen den Parteien abgesprochen worden war, das **Ergebnis eines Vorprozesses** über einen Teilanspruch **abzuwarten** und den Auftragnehmer von den Nachteilen dieses Abwartens freizuhalten; ebenso gilt das bei **Vereinbarung** der Einholung eines Sachverständigengutachtens in einem selbstständigen Beweisverfahren für die Zeit bis zum Eingang des Gutachtens (OLG Hamm 17.2.1981 24 U 85/80 = BauR 1982, 591). Eine Verwirkung kann außerdem vorliegen, wenn der Auftraggeber **63** beim Auftragnehmer den zweifelsfrei festzustellenden Eindruck vermittelt, er werde die Forderung des Auftragnehmers nur mit sachlichen Einwendungen bekämpfen (BGH 18.12.1981 V ZR 220/80 = VersR 1982, 365; 25.2.1982 III ZR 26/81 = VersR 1982, 444).

64 In Betracht kommen Fälle, in denen der Auftraggeber durch ein früheres Verhalten – auch unabsichtlich – dem Auftragnehmer Anlass gegeben hat, von der Hemmung der Verjährung durch Klageerhebung abzusehen, weil aus seinem Verhalten bei objektiver Betrachtung zu entnehmen war, dass die Befriedigung auch ohne Anrufung des Gerichts zu erwarten und mit ihrem Aufschub die Erhebung der Verjährungseinrede nicht zu besorgen war. Das gilt nicht, wenn der Auftraggeber von vornherein die Forderung des Auftragnehmers bestritten hat (BGH 7.5.1991 XII ZR 146/90 = NJW 1991, 1033).

65 Das Gesagte kann vor allem im Rahmen von § 18 Nr. 2 oder Nr. 3 VOB/B von Bedeutung sein, wenn das jeweilige »Prüfungsverfahren« über den Zeitpunkt des Ablaufs der Verjährungsfrist dauert und sich der Auftraggeber erkennbar darauf eingelassen hat. Andererseits muss der Auftragnehmer hier besonders § 18 Nr. 2 S. 3 sowie die in Nr. 3 S. 1 Hs. 2 VOB/B festgelegte Verbindlichkeit des Prüfungsergebnisses beachten.

66 Zu verlangen ist in allen diesen Fällen jedoch, dass der Gläubiger (hier: Auftragnehmer), **nachdem er den wahren Sachverhalt erkannt hat,** nach einer **kurzen Überlegungsfrist** seinen Anspruch **gerichtlich geltend macht.**

IV. Einhaltung zwingender gesetzlicher Preisvorschriften

1. Geltung des Wirtschaftsstrafgesetzes

67 Ohne Beschränkung auf öffentliche oder mit öffentlichen Mitteln geförderte Aufträge, **also auch bei privaten Bauaufträgen,** gilt das **Wirtschaftsstrafgesetz** vom 9.7.1954 (BGBl. I S. 175 ff.) hier wesentlich i.d.F. vom 3.6.1975 (BGBl. I S. 1313) sowie die Gesetze vom 20.12.1982 (BGBl. I S. 1912), vom 3.12.1984 (BGBl. I S. 1429) und vom 15.5.1986 (BGBl. I S. 721). Bedeutung können hier die §§ 3 und 4 haben, die wie folgt lauten:

§ 3 Verstöße gegen die Preisregelung
(1) Ordnungswidrig handelt, wer in anderen als den in den §§ 1, 2 bezeichneten Fällen vorsätzlich oder fahrlässig einer Rechtsvorschrift über
1. Preise, Preisspannen, Zuschläge oder Abschläge,
2. Preisangaben,
3. Zahlungs- oder Lieferungsbedingungen oder
4. andere der Preisbildung oder dem Preisschutz dienende Maßnahmen
oder einer auf Grund einer solchen Rechtsvorschrift ergangenen vollziehbaren Verfügung zuwiderhandelt, soweit die Rechtsvorschrift für einen bestimmten Tatbestand auf diese Vorschrift verweist. Die Verweisung ist nicht erforderlich, soweit § 16 dies bestimmt.
(2) Die Ordnungswidrigkeit kann mit einer Geldbuße bis zu fünfundzwanzigtausend Euro geahndet werden.

§ 4 Preisüberhöhung in einem Beruf oder Gewerbe
(1) Ordnungswidrig handelt, wer vorsätzlich oder leichtfertig in befugter oder unbefugter Betätigung in einem Beruf oder Gewerbe für Gegenstände oder Leistungen des lebenswichtigen Bedarfs Entgelte fordert, verspricht, vereinbart, annimmt oder gewährt, die infolge einer Beschränkung des Wettbewerbs oder infolge der Ausnutzung einer wirtschaftlichen Machtstellung oder einer Mangellage unangemessen hoch sind.
(2) Die Ordnungswidrigkeit kann mit einer Geldbuße bis zu fünfundzwanzigtausend Euro geahndet werden.

Wegen weiterer Einzelheiten wird auf die einschlägigen Kommentierungen zu diesem Gesetz verwiesen.

2. Gesetz gegen Wettbewerbsbeschränkungen

Weiterhin ist das **Gesetz gegen Wettbewerbsbeschränkungen** v. 27.7.1957 (BGBl. I S. 1081) i.d.F. **68** der Bekanntmachung v. 20.2.1990 (BGBl. I S. 235) unter Berücksichtigung späterer Änderungen zu beachten. Es muss bei diesem Hinweis verbleiben, weil dieses Gesetz keine speziellen Regelungen für das Bauvertragsrecht enthält und im Übrigen der Gesetzgeber seine Anwendung und Auslegung im Einzelfall der Rechtsprechung überlassen hat.

V. Abtretung des Vergütungsanspruches

1. Vereinbarung mit Treu und Glauben

Es ist **grundsätzlich möglich, dass der Auftragnehmer seinen Vergütungsanspruch an einen Dritten abtritt**. Dies **muss jedoch** im Einzelfall **mit Treu und Glauben vereinbar** sein. So muss z.B. eine Teilabtretung als unzumutbar und daher als unwirksam angesehen werden, wenn zwischen dem Zedenten und dem Schuldner bereits ein Rechtsstreit über die Forderung anhängig ist und der Schuldner genötigt sein würde, diesen Streit wegen der Teilabtretung in einem weiteren Prozess auszufechten (OLG Düsseldorf 17.3.1981 21 U 162/80 = MDR 1981, 669). Andererseits ist die Abtretung einer Werklohnforderung eines Auftragnehmers an seine Ehefrau aus »prozesstaktischen Erwägungen« grundsätzlich weder als Scheingeschäft noch wegen etwaiger Sittenwidrigkeit nichtig; derartige Erwägungen sprechen i.d.R. nicht für eine bloße Einziehungsermächtigung, sondern für eine fiduziarische Übertragung des Vollrechtes (OLG München 3.11.1983 24 U 185/83 = BauR 1985, 209). **69**

Bestehen objektiv berechtigte und nicht ausräumbare Zweifel an der Wirksamkeit einer Abtretung, vor allem dann, wenn die Rechtswirksamkeit der Abtretung bestritten wird, kann der zahlungsbereite Schuldner zu seinem Schutz den betreffenden Betrag gemäß § 372 BGB hinterlegen. **70**

Es ist im Übrigen keine angemessene Vertragsklausel und widerspricht Treu und Glauben, wenn ein Baubetreuer als Auftraggeber mit zahlreichen besonderen oder zusätzlichen von der VOB abweichenden Vertragsklauseln dem Auftragnehmer für den Fall, dass der Bauherr (Grundstückseigentümer) seinen Zahlungsverpflichtungen gegenüber dem Auftraggeber (Baubetreuer) nicht nachkommt, seine Ansprüche gegen den Bauherrn »an Zahlungs statt« abtritt und der Auftragnehmer auf seinen direkten Anspruch gegen den Auftraggeber (Baubetreuer) verzichtet; eine solche Regelung ist unwirksam, und dem Auftragnehmer ist es weiterhin gestattet, seinen Vergütungsanspruch gegen den Auftraggeber (Baubetreuer) durchzusetzen. Das gilt besonders im Hinblick auf § 307 BGB. **71**

2. Abtretungsverbot

Es ist möglich, im Bauvertrag ein **Abtretungsverbot** zu vereinbaren, etwa dahin gehend, dass der Auftraggeber dem Auftragnehmer **untersagt**, seinen Vergütungsanspruch für die Bauleistung ganz oder teilweise **an** einen **Dritten abzutreten** (vgl. § 399 BGB). Dann besitzt die Vergütungsforderung des Auftragnehmers an sich keine Abtretungsfähigkeit, und sie kann **nur durch Zahlung an ihn befriedigt** werden. Derartige Abtretungsverbote haben oft ihren guten Sinn, indem sie dazu bestimmt sind, den Auftraggeber davor zu schützen, dass er sich statt nur mit einem Vertragspartner möglicherweise mit mehreren Abtretungsempfängern auseinander setzen muss. Ein Abtretungsverbot verstößt nur unter besonderen Umständen gegen Treu und Glauben oder gegen die guten Sitten. Dazu genügt es für den Bauvertrag noch nicht, dass dem Auftragnehmer die Möglichkeit genommen wird, die Werklohnforderung als Sicherungsmittel einzusetzen; dem können durchaus berechtigte Interessen des Auftraggebers gleichwertig gegenüberstehen, wie z.B. die Erhaltung des Nachbesse- **72** rungsanspruches unter Zurückbehaltung der Vergütung gerade gegenüber dem Auftragnehmer, der außerdem dem Auftraggeber besser bekannt ist als dritte Abtretungsempfänger. Verwendet ein Auftragnehmer, der wegen seiner Werklohnforderung mit dem Auftraggeber ein Abtretungsverbot vereinbart hat, Baustoffe, die er unter verlängertem Eigentumsvorbehalt bezogen hat, dann haftet der Auftraggeber, wenn er lediglich den Einbau des Materials duldet, dem Baustofflieferanten unter keinem rechtlichen Gesichtspunkt. Allerdings kann eine trotz Verbots vorgenommene Abtretung durch spätere Genehmigung des Schuldners (hier Auftraggebers) wirksam werden. Eine solche Genehmigung ist aber lediglich als **Einverständnis mit der Aufhebung des vertraglichen Abtretungsverbotes** anzusehen; sie wirkt daher nicht auf den Zeitpunkt der Abtretung zurück, vielmehr erst ab der Aufhebung des Abtretungsverbotes, weswegen z.B. zwischen der Abtretung und deren Genehmigung ausgebrachte Forderungspfändungen von Gläubigern des Forderungsberechtigten (Auftragnehmers) wirksam bleiben. **Vertraglich vereinbarte Abtretungsverbote erfassen grundsätzlich nicht Vorgänge, die sich auf den Auftragnehmerbereich selbst beschränken und nicht darüber hinausgehen.** So ergreift ein mit einer Gesellschaft bürgerlichen Rechts als Auftragnehmerin vereinbartes Abtretungsverbot nicht die Einbringung dieser Forderung in eine neugegründete GmbH (KG 23.11.1987 24 U 6857/86 = NJW-RR 1988, 852).

Wenn die Gesellschafter einer BGB-Gesellschaft eine zum Gesellschaftsvermögen gehörende Werklohnforderung durch Beschluss aller auf einen Gesellschafter übertragen, ist dieser zumindest auf Grund einer Einziehungsermächtigung (vgl. BGH 16.3.1987 II ZR 179/86 = NJW 1987, 3121) befugt, die Werklohnforderung im Wege der gewillkürten Prozessstandschaft geltend zu machen; zwar können die Grundsätze über die gewillkürte Prozessstandschaft dann nicht zur Anwendung kommen, wenn ein wirksames Abtretungsverbot vereinbart ist; ein im Bauvertrag mit dem Auftraggeber vereinbartes Abtretungsverbot schließt eine **interne** gesellschaftsrechtliche Umgestaltung durch Einräumung einer gewillkürten Prozessstandschaft für einen Mitgesellschafter jedoch nicht aus (OLG Köln 20.12.1988 15 U 118/88 = SFH § 399 BGB Nr. 3).

Allerdings: Nach Art. 2 Nr. 11 des Gesetzes zur Änderung des DM-Bilanzgesetzes und anderer handelsrechtlicher Bestimmungen (§ 354a HGB) v. 25.7.1994 (BGBl. I S. 1682 ff.) greift ein durch Rechtsgeschäft vereinbartes Abtretungsverbot nicht mehr durch, wenn das Rechtsgeschäft, das die Forderung begründet, für beide Teile ein Handelsgeschäft oder der Schuldner (Auftraggeber) eine juristische Person des öffentlichen Rechts oder ein öffentlich-rechtliches Sondervermögen ist. Dann ist eine dennoch vorgenommene Abtretung gleichwohl wirksam. Jedoch kann der Schuldner mit befreiender Wirkung an den bisherigen Gläubiger (Auftragnehmer) leisten; abweichende Vereinbarungen sind unwirksam. Insoweit ist diese Regelung auf den beiderseitigen kaufmännischen Verkehr sowie auf Bauverträge mit der öffentlichen Hand begrenzt. In einem solchen Fall ist der Auftragnehmer im Falle der Abtretung nicht mehr Inhaber der Werklohnforderung. Der neue Gläubiger kann verlangen, dass der Auftragnehmer dann die Einziehung der Forderung an sich selbst veranlasst. In der Zwangsvollstreckung kann er gegenüber dem Auftragnehmer nach § 771 ZPO widersprechen.

3. Zustimmungsbedürftigkeit bei Abtretung

73 Auch ist zwischen den Bauvertragspartnern die Vereinbarung möglich, dass die Abtretung der Vergütung der **Zustimmung des Auftraggebers** bedarf. Eine solche Vereinbarung, wie sie z.B. in Nr. 10 der Besonderen Vertragsbedingungen der früheren Deutschen Bundespost enthalten war, bestimmt den Inhalt der Forderung als solcher und begründet die Anwendbarkeit des § 399 Hs. 2 BGB. Wird vom Auftragnehmer eine solche Abtretung dennoch ohne Zustimmung des Auftraggebers vorgenommen, so ist sie nicht nur diesem, sondern **auch Dritten gegenüber** unwirksam.

74 Die Abrede in einem Bauvertrag, durch die die Abtretung des Vergütungsanspruches des Auftragnehmers **beschränkt,** insbesondere von der Zustimmung des Auftraggebers abhängig gemacht wor-

4. Ausschluss der Abtretung wegen Änderung des Forderungsinhaltes

Möglich ist auch, dass nach § 399 BGB die **Abtretung** eines die Vergütung betreffenden Anspruches **75** **ausgeschlossen** ist, weil sonst die Leistung an einen anderen als den ursprünglichen Gläubiger **nicht ohne Veränderung ihres Inhaltes erfolgen kann** und demgemäss auch Unpfändbarkeit dieser Forderung nach § 851 Abs. 1 ZPO vorliegt. Das kann sich vornehmlich aus der **Zweckbindung** dieser Forderung ergeben, wobei u.a. insbesondere an eine treuhänderische Zweckgebundenheit zu denken ist. Für den VOB-Vertrag ist dazu vornehmlich an eine vereinbarte **Vorauszahlung,** insbesondere nach § 16 Nr. 2 VOB/B, zu denken, weil diese gerade die Ausführung des Leistungsteils, auf den die Vorauszahlung bezogen ist, sicherstellen soll. Auf eine dadurch gegebene Unpfändbarkeit kann sich auch ein Drittschuldner, wie der Auftraggeber, berufen, jedenfalls für den Bereich des § 399 BGB, also auf eine **materiell-rechtlich begründete Unpfändbarkeit;** vor allem kann er eine entsprechende Einrede erheben, wenn er von einem Pfändungsgläubiger auf Zahlung verklagt wird.

§ 2 Nr. 1
[Generalklausel für die Vergütung]

Durch die vereinbarten Preise werden alle Leistungen abgegolten, die nach der Leistungsbeschreibung, den Besonderen Vertragsbedingungen, den Zusätzlichen Vertragsbedingungen, den Zusätzlichen Technischen Vertragsbedingungen, den Allgemeinen Technischen Vertragsbedingungen für Bauleistungen und der gewerblichen Verkehrssitte zur vertraglichen Leistung gehören.

Inhaltsübersicht

	Rn.
A. Das Bausoll	1
B. In der Leistungsbeschreibung enthaltene Leistungselemente	3
C. Leistungen gemäß den Vertragsbedingungen und Technischen Vertragsbedingungen	7
I. Auch allgemeine Vertragsbedingungen erfasst	8
II. Einbeziehung von Nachbesserungskosten	9
III. Einbeziehung des »Risikobereiches« – Grenzen	10
D. Gewerbliche Verkehrssitte – Mehrwertsteuer	16
I. Gewerbliche Verkehrssitte	16
II. Mehrwertsteuer	18
E. § 2 Nr. 1 VOB/B gilt für sämtliche bauvertraglichen Vergütungsarten	24
F. § 2 Nr. 1 VOB/B gilt auch für gemischte Verträge	25
G. Nebenleistungen	26
H. Zulagepositionen/Alternativpositionen/Eventual- oder Bedarfspositionen	30
I. Bedarfspositionen	31
II. Zulagepositionen	34
III. Alternativpositionen	35
J. Ausnahmen von der Bindung an die Generalklausel in § 2 Nr. 1 VOB/B	36
I. Nichtigkeit oder Unwirksamkeit	37
II. Anfechtung	38
1. Arglist, Drohung	38a
2. Berechnungsirrtum	39
3. Rechen- oder Schreibfehler	41
4. Grundsätzlich keine anderen Anfechtungsmöglichkeiten	42

		Rn.
	5. Ausnahme: Treu und Glauben	43
	6. Anfechtungsfrist	45
	7. Schadensersatz durch Anfechtenden	46
	8. Nichtigkeit als Anfechtungsfolge	47
	9. Abrechnung bei teilweise erbrachter Leistung	48
III.	Störung der Geschäftsgrundlage	49
	1. Gesetzliche Regelung	49
	2. Keine andere rechtliche Möglichkeit	51
	3. Grundlagen	53
	4. Festpreisvereinbarung	54
	5. Rechtsfolge: Anpassung des Vertrages	56
IV.	Abgrenzung: Wirtschaftliches Wagnis	58
V.	Preisvorbehalte	59
VI.	Dagegen: Ausschlussklauseln	63

A. Das Bausoll

1 Für die dem Auftragnehmer **beim VOB-Vertrag** geschuldete Vergütung ist in **§ 2 Nr. 1 VOB/B eine Generalklausel** enthalten. Hiernach werden durch die vereinbarten Preise alle Leistungen abgegolten, die nach der Leistungsbeschreibung, den Besonderen Vertragsbedingungen, den Zusätzlichen Vertragsbedingungen, den Zusätzlichen Technischen Vertragsbedingungen, den Allgemeinen Technischen Vertragsbedingungen und der gewerblichen Verkehrssitte zu der vertraglichen Leistung, worunter die **nach dem Vertrag geschuldete Gesamtleistung** zu verstehen ist, gehören (*Heiermann/Riedl/Rusam* § 2 VOB/B Rn. 56; Beck'scher VOB-Komm./*Jagenburg* § 2 Nr. 1 VOB/B Rn. 1). Hierbei handelt es sich um eine **abschließende Aufzählung** mit bestimmten, auf den jeweiligen Vertrag bezogenen Kriterien. Dabei fällt auf, dass die **hier gewählte Aufzählung für den Bereich der Vergütung in gleicher Reihenfolge gebracht ist, wie sie für den Leistungsbereich bereits in § 1 Nr. 2 VOB/B enthalten** ist. Dies bedeutet, dass es sich nicht um eine wahllose Aufreihung von möglichen Vertragsbestandteilen handelt, sondern dass sie **bei Widersprüchen** den Vorrang des jeweils vorangehend genannten vor dem nächsten zum Ausdruck bringt. Somit gelten im Falle von **Widersprüchen** auch für den Bereich des Vergütungsanspruches die **gleichen Grundsätze** wie für den in § 1 Nr. 2 VOB/B angesprochenen Leistungsbereich. Wird z.B. in einem bestimmten Vertrag die Vergütung für den Auftragnehmer auf andere Weise individueller geregelt, als sie sich aus § 2 Nr. 2 ff. VOB/B ergibt, so handelt es sich um eine Besondere Vertragsbedingung, die Vorrang vor den genannten Regelungen beansprucht. Die außerdem hier genannte **gewerbliche Verkehrssitte** (wie hier im Grundsatz u.a. auch *Nicklisch/Weick* § 2 VOB/B Rn. 17) ist dabei immer letztrangig zu betrachten und kommt nur dann zur Anwendung, wenn die anderen Vertragsbestandteile keine Aussage zur betreffenden, konkret auftauchenden Frage enthalten.

2 § 2 Nr. 1 VOB/B beschreibt die vertragliche Leistung und bestimmt damit das Bausoll, also das, was nach dem Bauinhalt und den Bauumständen als vom Auftragnehmer zu erbringende Leistung zu verstehen ist (vgl. *Kapellmann/Schiffers* Bd. 1 Rn. 100). Dieser Begriff ist nicht zwingend deckungsgleich mit dem Begriff »Erfolgssoll«. Ziel eines Bauvorhabens ist die Errichtung des vom Auftraggeber gewünschten Bauwerks (Erfolgssoll). Zu dessen Verwirklichung erstellt der Architekt Planungsleistungen, die aus seiner Sicht zur Umsetzung des Erfolges notwendig sind. Das Ergebnis der Planung ist der Leistungsbeschrieb samt Vertragsbestandteilen nach § 2 Nr. 1 VOB/B, also das Bausoll (zutreffend *Motzke* NZBau 2002, 641, 642). Enthält der Leistungsbeschrieb Mängel oder ist er unvollständig, sind Änderungen oder Zusatzleistungen erforderlich. Dann wird das Bausoll geändert oder erweitert, um das Erfolgssoll zu erreichen. Werkvertraglich schuldet der Auftragnehmer den

Erfolg, vertragsrechtlich aber die Erfüllung des Bausolls. Da der Auftragnehmer seine Vergütung nach den Vertragsparametern ermittelt und der Preis nach diesen Vertragsparametern bestimmt wird, ist das Bausoll maßgeblich für die Vergütung des Auftragnehmers. Wird das Bausoll geändert oder erweitert, hat der Auftragnehmer demnach Anspruch auf eine zusätzliche Vergütung. Es ist deshalb durch Auslegung das Bausoll zu ermitteln.

B. In der Leistungsbeschreibung enthaltene Leistungselemente

Zunächst ist **durch** den **vertraglich vereinbarten Preis** die **Leistung abgegolten,** die in der **Leistungsbeschreibung aufgeführt** ist. Erforderlicher Inhalt und Umfang der Leistungsbeschreibung ergeben sich aus § 9 VOB/A, wobei es sich entweder um eine Beschreibung mit Leistungsverzeichnis (§ 9 Nr. 6 bis 9 VOB/A) oder um eine Beschreibung mit Leistungsprogramm (§ 9 Nr. 10 bis 12 VOB/A) handelt. Das gilt hier vornehmlich im Hinblick auf die Preise, die jedenfalls beim Leistungsvertrag in der Leistungsbeschreibung im Angebotsverfahren nach ordnungsgemäßer Kalkulation zu benennen sind, vgl. § 6 Nr. 1 VOB/A. In vielen Fällen sind etwa vorhandene **Zeichnungen sowie Berechnungen** (z.B. Statik) oder sonstige planerische Unterlagen hinzuzuziehen, weil sie die Art und den Umfang der gewollten und zu erbringenden Leistung verdeutlichen. Maßgebend für die Beurteilung ist, ob im Leistungsverzeichnis selbständige Positionen aufgeführt sind, für die im Angebot und dementsprechend im Vertrag besondere Vergütungsansätze gemacht sind; dies geht dann etwa anderen Regelungen in den Technischen Vertragsbedingungen vor, wie sich schon aus der Auslegungsregel in § 2 Nr. 1 VOB/B ergibt (vgl. in diesem Zusammenhang wegen der Abrechnung von Leibungsputzarbeiten OLG München 8.5.1987 14 U 569/86 = NJW-RR 1987, 1500). Dabei kommt es letztlich auf den **im Leistungsverzeichnis klar zum Ausdruck gebrachten Willen** über den **Inhalt und den Umfang der jeweils von der Vergütung erfassten Leistung bzw. Teilleistung** an. Ist z.B. für die ordnungsgemäße Erstellung einer Schlitzwand eine chemische Bodenverfestigung erforderlich, und sind sich die Vertragspartner hierüber einig, so ist die chemische Bodenverfestigung von der vereinbarten Vergütung erfasst, wenn in der Leistungsbeschreibung in der betreffenden Position ausgeführt ist, die Schlitzwände seien nach Angaben des Bieters (Auftragnehmers) auszuführen; dies gilt dann umso mehr, wenn außerdem in der Baubeschreibung ausgeführt ist, dass die Schlitzwände (Baugrubensicherung) den vorhandenen Erd- und Wasserdruck übernehmen sollen und die gesamte statische und konstruktive Bearbeitung der Baugrubensicherung Sache des Bieters (Auftragnehmers) ist (vgl. OLG Braunschweig 24.10.1989 4 U 79/88 = 1990, 742). Ohne einen gesonderten Hinweis in einem Leistungsverzeichnis ist die gesamte Bewehrung für die Decken, auch die für eine Fertigteildecke, in der dafür vorgesehenen Position des Leistungsverzeichnisses abzurechnen (OLG Braunschweig 14.10.1993 1 U 11/93 = NJW-RR 1995, 81).

Soweit dem Auftragnehmer **bei unvollständiger oder unrichtiger Leistungsbeschreibung** ein Schadensersatzanspruch zuzuerkennen ist, besteht dieser im Allgemeinen aus einer an ihn zu entrichtenden angemessenen, oftmals zusätzlichen Vergütung. Besondere rechtliche Probleme kann die Ausschreibung, Vergabe und Abrechnung von **Alternativ- oder Eventualleistungen** aufwerfen.

Ergibt sich aus der dem Bauvertrag zu Grunde liegenden Leistungsbeschreibung ein **Wahlschuldverhältnis** i.S.d. §§ 262 ff. BGB (»Farbton nach Wahl der Bauleitung«), so ist die nach Wahl auszuführende Leistung durch den vertraglich vereinbarten Preis abgegolten. Das gilt nicht, wenn die Ausübung des Wahlrechts gegen Treu und Glauben verstößt. Dabei ist das Urteil des BGH vom 27.6.1957 zu beachten, wonach dem Auftragnehmer unter Berücksichtigung von Treu und Glauben eine Erhöhung der vereinbarten Vergütung nur zugestanden werden kann, wenn die bei Ausführung der Arbeiten entstandenen Schwierigkeiten jedes bei Vertragsschluss vorausehbare Maß übersteigen und der Auftragnehmer bei Einhaltung seiner vertraglichen Verpflichtungen zu Aufwendungen gezwungen wäre, die zu der ihm eingeräumten Vergütung in keinem vertretbaren Verhältnis stehen, oder wenn die mit der Durchführung der übernommenen Arbeiten verbundenen Kosten in Anbetracht seiner wirtschaftlichen Verhältnisse und des Umfanges seines Unternehmens im Verhältnis zu dem ihm vertraglich zugestandenen Werklohn so hoch sind, dass ihm ein Festhalten am Vertrag schlechterdings nicht zuzumuten ist. Eine Verdoppelung der Kosten ist für sich allein noch nicht ausschlaggebend. Maßgebend ist vielmehr, wie der Auftragnehmer zur Zeit des Vertragsschlusses bei objektiver Betrachtung seine vertragliche Verpflichtung hat verstehen können und müssen (VII ZR 293/56; vgl. auch Beck'scher VOB-Komm./*Jagenburg* § 2 Nr. 1 VOB/B Rn. 12, der der Problematik ausweicht, indem er diese Situation für praktisch kaum denkbar hält).

6 Wird der Vertrag auf der Grundlage einer **bestimmten Ausführungsart** abgeschlossen, erweist sich diese als **unmöglich** und wird die Leistung dann **ohne entsprechende Anordnung oder entsprechendes Einverständnis des Auftraggebers** nach einer anderen Art ausgeführt, so hat der Auftragnehmer hierfür **grundsätzlich keinen zusätzlichen Vergütungsanspruch,** weil dieser Fall von den Ausnahmeregeln in § 2 Nr. 3 bis 6, 8 VOB/B im Allgemeinen nicht ohne weiteres erfasst ist.

C. Leistungen gemäß den Vertragsbedingungen und Technischen Vertragsbedingungen

7 Durch den vereinbarten Preis gilt ferner die Leistung als abgegolten, die sich aus den **Vertragsbedingungen und den Technischen Vertragsbedingungen** (besondere oder/und Zusätzliche Vertragsbedingungen, Zusätzliche oder/und Allgemeine Technische Vertragsbedingungen) ergibt. In Betracht kommen danach vor allem Leistungen, die nicht in der Leistungsbeschreibung aufgeführt sind, die sich aber aus den vorgenannten, in § 2 Nr. 1 VOB/B angeführten anderen Bedingungen ergeben.

I. Auch allgemeine Vertragsbedingungen erfasst

8 Dabei fällt auf, dass hier für den **Bereich der Vertragsbedingungen** nur die Besonderen oder Zusätzlichen Vertragsbedingungen erwähnt sind, **nicht aber die Allgemeinen Vertragsbedingungen des Teils B.** Damit sind diese, soweit darin über die Regelungen von § 2 VOB/B hinaus in anderen Bestimmungen Pflichten des Auftragnehmers aufgeführt sind, **keinesfalls von der hier erörterten Regelung des § 2 Nr. 1 VOB/B ausgenommen; sie sind vielmehr auch davon erfasst, so dass sich die vereinbarte Vergütung auch darauf bezieht.** Das ergibt sich allein daraus, dass § 2 Nr. 1 VOB/B die Vereinbarung der Allgemeinen Vertragsbedingungen voraussetzt (so auch *Nicklisch/Weick* § 2 VOB/B Rn. 16). Daher ist u.a. **auch die grundlegende Regelung in § 4 Nr. 2 Abs. 1 VOB/B mit einzubeziehen,** wonach die vertragsgerechte Ausführung die **Beachtung der anerkannten Regeln der Technik und der gesetzlichen und behördlichen Bestimmungen voraussetzt.** Auch die damit verbundenen Aufwendungen werden von der vereinbarten Vergütung erfasst, abgesehen davon, dass dies **mit zu der ausdrücklich zusätzlich erwähnten gewerblichen Verkehrssitte** gehören würde. Hiernach sind in die vereinbarte Vergütung einzubeziehen: die Besonderen Vertragsbedingungen, die Zusätzlichen Vertragsbedingungen, **die Allgemeinen Vertragsbedingungen,** die Zusätzlichen Technischen Vertragsbedingungen, die Allgemeinen Technischen Vertragsbedingungen (auch unter Berücksichtigung jeweils nicht gesondert vergüteter Nebenleistungen) sowie die gewerbliche Verkehrssitte. **Unberührt bleiben davon natürlich Sonderregelungen, die von § 2 Nr. 3 bis 9 VOB/B erfasst sind.**

Über alle diese Vertragsbedingungen muss der Auftragnehmer gut unterrichtet sein, wenn er einen Bauvertrag, insbesondere einen VOB-Vertrag, abschließt und es dann an die Ausführung der Leistung geht.

II. Einbeziehung von Nachbesserungskosten

Es gehören hierher **auch die Kosten einer Nachbesserung der Leistung, weil der Auftragnehmer vertraglich ein mängelfreies Werk schuldet.** Anders ist es nur, wenn die Parteien insoweit eine hinreichend klare besondere Vergütungsvereinbarung getroffen haben. Erkennt der Auftragnehmer, dass er nicht zur Beseitigung verpflichtet ist, weil kein Mangel seiner Leistung vorliegt, so ist er berechtigt, aber auch verpflichtet, dies dem Auftraggeber anzuzeigen, dessen Entschließung abzuwarten und gegebenenfalls bis zur Erklärung des Auftraggebers, die Leistung zu bezahlen, die Arbeit einzustellen. Gleiches gilt, wenn der Auftragnehmer von Anfang an – zu Recht – seine Verantwortlichkeit in Abrede stellt, auch dann muss der Auftragnehmer dem Auftraggeber hinreichend deutlich entgegenhalten, dass er keine kostenlose Mängelbeseitigung erwarten kann, sondern eine angemessene Vergütung zu entrichten hat. **Ist der Auftraggeber** für die Entstehung des Mangels **mitverantwortlich**, so ist er nach entsprechendem Verlangen des Auftragnehmers zur Zahlung eines **Kostenbeitrages** verpflichtet (OLG Nürnberg 9.10.1998 6 U 1414/ 97 = BauR 2000, 273 = NJW-RR 2000, 99). In dem hier erörterten Bereich kann auch die Frage eines sog. **Vorteilsausgleichs** durch den Auftraggeber eine Rolle spielen. Die Mängelursache muss im Streitfall vor der Abnahme der Auftragnehmer, nach der Abnahme der Auftraggeber beweisen.

9

III. Einbeziehung des »Risikobereiches« – Grenzen

Vertragsbedingungen sind des Weiteren nicht nur solche, die sich ausdrücklich aus den Vertragsunterlagen ergeben. Vielmehr ist bei der Beurteilung, ob eine Leistung gesondert vergütungspflichtig ist, auch der sog. Risikobereich mit einzubeziehen. In diesem Zusammenhang ist vielfach vom Baugrundrisiko und Systemrisiko die Rede.

10

Nach der wohl griffigsten Definition in der Literatur ist unter **Baugrundrisiko** die Gefahr zu verstehen, dass bei jeder auch noch so geringfügigen Inanspruchnahme von Baugrund trotz vorhergehender, den Regeln der Technik entsprechender bestmöglicher Untersuchung und Beschreibung der Boden- und Wasserverhältnisse unvorhergesehene Erschwernisse trotz einer Leistungserbringung nach den anerkannten Regeln der Technik auftreten können (vgl. *Englert/Grauvogl/Maurer* Rn. 910). Fraglich ist allerdings, wer die Folgen zu tragen hat, wenn sich das Baugrundrisiko verwirklicht. Nach der sog. Sphärentheorie (zum Begriff vgl. *Palandt/Sprau* § 645 BGB Rn. 9) soll der Auftraggeber das Baugrundrisiko tragen, da er neben den Vorteilen aus der Baugrundnutzung auch deren Nachteile zu tragen habe. Da kein Zweifel daran bestehen kann, dass der Baugrund als Stoff i.S.d. §§ 644, 645 BGB zu behandeln ist, spricht auch dies dafür, das Baugrundrisiko dem Auftraggeber aufzuerlegen. Dabei wird aber außer acht gelassen, dass man auch vertraglich regeln kann, wer das Baugrundrisiko zu tragen hat. Der Bundesgerichtshof hat im Kammerschleusenfall (27.6.1996 VII ZR 59/95 = BauR 1997, 126 = NJW 1997, 61 = ZfBR 1997, 29) entschieden, dass es keinen Rechtsgrundsatz gibt, nach dem riskante Leistungen nicht übernommen werden können. Kniffka (CBTR Jahresband 2002, 21) weist deshalb zu Recht daraufhin, dass zunächst eine Vertragsauslegung vorzunehmen ist. Erst dann, wenn man weder durch Vertragsauslegung noch durch Berücksichtigung technischer Regeln und der werkvertraglichen Vorschriften feststellen kann, wer im betreffenden Einzelfall das Baugrundrisiko zu tragen hat, wird man auf der Grundlage des § 645 BGB zu dem Ergebnis kommen müssen, dass der Auftraggeber das Baugrundrisiko mit den sich daraus ergebenden vergütungsrechtlichen Konsequenzen zu tragen hat (so auch *Kuffer* NZBau 2006, 1, 6).

11

An diesem Ergebnis ändert sich auch nichts dadurch, dass die Parteien einen Globalpauschalvertrag geschlossen haben, also einen Vertrag, in dem nicht nur die Vergütung, sondern auch die Leistung pauschaliert wird. Auch bei einem solchen Vertrag kann das Baugrundrisiko nicht auf den Auftragnehmer übertragen werden, da wie vorstehend dargestellt der Baugrund ein vom Auftraggeber bereitgestellter Stoff i.S.d. § 645 BGB ist, für den er die Verantwortung trägt (vgl. *Grauvogl* NZBau 2002, 591, 595 m.w. Literaturnachweisen).

12

13 Mit dem Begriff »**Systemrisiko**« wird die Gefahr beschrieben, dass bei der Herstellung von (Tief-)Bauwerken niemals sämtliche naturwissenschaftlichen Reaktionen des zur Anwendung gelangenden Bausystems – wie etwa die Bohrpfahl- oder Schlitzwandherstellung, Bodenvereisung, Hochdruckinjektion, Baugrubensicherung etc. – mit absoluter Sicherheit vorhergesagt oder vorausberechnet werden und deshalb trotz bestmöglicher Vorgaben und optimaler Ausführung Mängel und Schäden auftreten können (vgl. *Englert/Grauvogl/Maurer* Rn. 994). Auch hier ist zunächst zu prüfen, was die Parteien bezüglich dieses Risikos vertraglich vereinbart haben. Liegt, was in den meisten Fällen gegeben sein wird, eine vertragliche Vereinbarung nicht vor, ist zu prüfen, wer das Systemrisiko trägt.

Kapellmann (Jahrbuch Baurecht 1999 S. 1, 39) ordnet das Systemrisiko unter dem Begriff »**Bauverfahrenssoll**« dem Auftragnehmer zu, da dieser entscheiden könne, nach welchem Bauverfahren er den von ihm geschuldeten Erfolg herbeiführt. Lediglich dann, wenn der Auftraggeber dem Auftragnehmer ein besonderes Verfahren zur Bewältigung der auftretenden Probleme vorschreibe, soll er das Systemrisiko tragen. Nicht selten gibt es aber Situationen, in denen der Auftragnehmer aufgrund der besonderen Situation an der Baustelle nicht über genügend Kenntnisse der an dem Bauvorhaben auftretenden Gefahren verfügt, um das Bauverfahren hinreichend sicher bestimmen zu können, andererseits der Auftraggeber kein bestimmtes Verfahren vorschreibt. Ganten (Tagungsband der Freiburger Baurechtstage 1999) unterteilt die Systemrisiken in relative und absolute Systemrisiken. Nach seiner Definition ist beim relativen Systemrisiko den Parteien zwar bekannt, dass eine Technik nicht unfehlbar ist, sie gehen aber gleichwohl davon aus, dass das System funktioniert. In einem derartigen Fall trage der Auftragnehmer das Systemrisiko. Beim absoluten Systemrisiko ist die Gefahrneigung den Parteien überhaupt nicht bekannt und kann deshalb von ihnen auch nicht beurteilt werden. Bei einem derartigen Systemrisiko soll der Auftragnehmer zur Nachbearbeitungen nur gegen Vergütung verpflichtet sein.

14 Das OLG München hat entschieden (IBR 2004, 7-*Schulze-Hagen*), dass in Fällen, in denen der Werkerfolg von unbeherrschbaren Faktoren des vom Auftraggeber gestellten Stoffes (hier: Setzungsvorgänge innerhalb einer Mülldeponie) abhängt, der Auftraggeber das Systemrisiko trägt (kritisch hierzu *Kuffer* NZBau 2006, 1). Rechtsprechung des Bundesgerichtshofs zu diesem Problem gibt es nicht, da das OLG München die Revision gegen seine Entscheidung nicht zugelassen hat.

15 Im Übrigen kann eine **einseitige Risikoabwälzung** auf den Auftragnehmer in Allgemeinen Geschäftsbedingungen des Auftraggebers **gegen § 307 BGB verstoßen,** etwa eine Bestimmung, dass die vereinbarte Vergütung alle Arbeiten erfasst, die zur ordnungsgemäßen Erbringung der Leistung nötig sind, gleichgültig ob vorhersehbar oder nicht. Darin kann **auch ein Verstoß gegen § 305c BGB** liegen. Gleiches gilt für die Verpflichtung des Auftragnehmers, über seinen Auftrag hinaus weiter gehende Leistungen zu erbringen, ohne dafür eine gesonderte Vergütung zu erhalten, wie z.B. die Bestimmung, der Rohbauunternehmer habe die Baustelleneinrichtung einschließlich der Versorgungsleitungen bis zur Fertigstellung des Bauvorhabens kostenlos vorzuhalten. Ebenso trifft dies auf AGB des Auftraggebers zu, wonach der Auftragnehmer die Gerüste auf seine Kosten zu erstellen und so lange vorzuhalten hat, dass sie durch andere Unternehmer mitbenutzt werden können (vgl. OLG München 30.1.1986 29 U 3832/85 = BauR 1986, 579 = MDR 1986, 408 = NJW-RR 1986, 382 = SFH § 9 AGBG Nr. 30).

D. Gewerbliche Verkehrssitte – Mehrwertsteuer

I. Gewerbliche Verkehrssitte

16 Schließlich ist noch die **gewerbliche Verkehrssitte** angeführt. Das bedeutet, dass auch diejenigen Leistungen durch den Preis mit abgegolten sind, die nach der **Auffassung der betreffenden Fach-**

Generalklausel für die Vergütung § 2 Nr. 1 VOB/B

kreise am Ort der Leistung als **mit zur Bauleistung gehörig zu betrachten sind**. Dazu **zählen auch** die für die betreffende Leistung einschlägigen **anerkannten allgemeinen Regeln der Technik**. Auch ohne Vereinbarung der VOB ist die gewerbliche Verkehrssitte nach § 157 BGB heranzuziehen. Wenn sie in § 2 Nr. 1 VOB/B besonders hervorgehoben ist, so deshalb, weil es nicht nur um die Frage geht, was mit der vereinbarten Vergütung alles abgegolten ist, sondern auch darum, was der **Auftragnehmer** für diese Vergütung dem Auftraggeber **alles an Leistung schuldig ist** (ebenso *Kapellmann* in *Messerschmidt/Kapellmann* § 2 Rn. 89; a.A. Beck'scher VOB-Komm./*Jagenburg* § 1 VOB/B Rn. 58). Darüber geben aber regelmäßig schon die in erster Linie zu beachtenden konkreten Vertragsbestandteile Auskunft, so dass es in diesen Fällen nicht mehr der Heranziehung der gewerblichen Verkehrssitte bedarf. **Hier kann es sich also nur um die Schließung von Lücken** handeln, was **in der Praxis im Regelfall nur geringfügige, nicht besonders preisrelevante Leistungselemente** erfassen wird. Jedenfalls zählen die für den Einheitspreisvertrag in § 2 Nr. 3 bis 6 VOB/B oder für den Pauschalvertrag in § 2 Nr. 4 bis 6 und 7 VOB/B erfassten Bereiche nicht bloß zur gewerblichen Verkehrssitte. Das wird durch die in der VOB selbst enthaltenen ausdrücklichen Preisänderungsmöglichkeiten ausgeschlossen. Im Streitfalle hat der **Auftragnehmer** die **Beweislast** zu der Frage, **ob der erbrachte Leistungsumfang die vereinbarte oder angemessene** (§ 632 Abs. 2 BGB) **Vergütung rechtfertigt** (vgl. BGH 21.11.1989 X ZR 21/89 = ZfBR 1990, 129).

Es ist zu untersuchen, **was nach richtigem fachlichem Verständnis zur vereinbarten Leistung gehört** und demnach durch die Vergütung abgegolten ist oder was nicht dazu gehört und daher einer besonderen Vergütung bedarf. Der Begriff »Erschließungskosten« in einem Bauvertrag mit einem gemeinnützigen Wohnungsunternehmen erfasst grundsätzlich alle Kosten, die in der Anlage 1 zur II. Berechnungsverordnung (BGBl. I 1970 S. 1682; 1972 S. 857) als Erschließungskosten aufgeführt sind. Dabei können im Rahmen eines Bauträgervertrages – je nach vertraglicher Gestaltung im Einzelfall – nicht nur öffentliche Erschließungskosten i.S.d. § 127 BBauG, sondern auch solche für private Zugänge gemeint sein (vgl. dazu OLG Düsseldorf 20.7.1994 22 U 19/94 = BauR 1995, 559, im Falle der Verpflichtung des Bauträgers zur schlüsselfertigen Erstellung einschließlich der Erschließungskosten für die vollständige erstmalige Erschließung). Auch lärmmindernde Maßnahmen für den Bereich des Betriebs auf der Baustelle, wie sie sich aus gesetzlichen Bestimmungen (z.B. § 22 BImSchG) oder auf Lärmschutz bezogenen Verwaltungsvorschriften ergeben sowie bei technischen Geräten zum Zwecke von Lärmminderung üblich sind, gehören mit zur gewerblichen Verkehrssitte und sind durch die vereinbarte Vergütung abgegolten. Voraussetzung ist aber, dass es sich um einen Geräteeinsatz handelt, der vom Auftragnehmer bei Vertragsschluss gefordert wird oder für ihn vorhersehbar ist; anders dann, wenn sich durch spätere Anordnungen des Auftraggebers oder hierzu befugte Dritte erst das Erfordernis lärmmindernder Maßnahmen ergibt; dies fällt unter den Bereich von § 2 Nr. 5 VOB/B (vgl. Beck'scher VOB-Komm./*Jagenburg* § 2 VOB/B Rn. 69).

II. Mehrwertsteuer

Die **Mehrwertsteuer** kann **nicht** ohne weiteres – auch nicht aus Gründen der gewerblichen Verkehrssitte – dem vereinbarten Preis **hinzugerechnet** werden, **wenn nicht** die Vertragspartner bei Vertragsschluss oder später solches **vereinbart** haben. Grundsätzlich schließt die Absprache eines bestimmten Preises die Mehrwertsteuer mit ein, sie kann ohne besondere Vereinbarung (etwa durch besonderen Ansatz in dem zum Vertragsgegenstand gewordenen Angebot) nicht schon dem Vertragspreis hinzugerechnet werden (a.A. vgl. Beck'scher VOB-Komm./*Jagenburg* 2 Nr. 1 VOB/B Rn. 74). Dies gilt auch für den Bereich des Werkvertrages und findet auf den VOB-Vertrag ebenfalls Anwendung. Das betrifft nicht nur den Einheitspreisvertrag, sondern auch die anderen Vergütungsarten (Pauschal-, Stundenlohn- und Selbstkostenerstattungsvertrag). Für eine besondere Vereinbarung des Mehrwertsteuersatzes reicht allerdings auch eine Vertragsbestimmung dahin gehend »die Preise verstehen sich netto plus Mehrwertsteuer von z.Z. 16%«; dann ist die Mehrwertsteuer vom

Auftraggeber gesondert zu bezahlen; nicht ausreichend, weil mehrdeutig, ist dagegen die bloße Formulierung »Preise sind Nettopreise MwSt«.

19 **Ausnahmen** von dem Gesagten können nur dann zugelassen werden, wenn es sich bei den Bauvertragspartnern um **beiderseits im Handelsregister eingetragene, vorsteuerabzugsberechtigte Unternehmer handelt; insoweit** hat sich ein so genanntes **Nettodenken** als **Handelsbrauch** durchgesetzt. Dagegen dürfte im **nichtkaufmännischen Bereich** eine Klausel in AGB (insbes. Zusätzlichen Vertragsbedingungen), wonach sich die »angegebenen Preise immer zuzüglich Mehrwertsteuer verstehen«, **gegen § 307 BGB verstoßen,** da ein regelmäßig beim Bauvertrag individualvertraglich vereinbarter Preis nicht dadurch im Wege von AGB einseitig mit der Wirkung einer Preiserhöhung geändert werden kann, dass dem Vertragspartner des Verwenders (hier dem Auftraggeber) zusätzlich – generell – die Steuer auferlegt wird.

20 Die nach Art. 5 des Gesetzes zur Finanzierung eines zusätzlichen Bundeszuschusses zur gesetzlichen Rentenversicherung vom 19.12.1997 (BGBl. I S. 3121) zum 1.4.1998 wirksam gewordene Erhöhung des allgemeinen Umsatzsteuersatzes gilt für Bauleistungen, die **nach dem 1.4.1998 bewirkt** werden. Dies trifft in erster Linie auf nach dem 1.4.1998 geschlossene und demgemäß auch ausgeführte Bauverträge zu. Für vor diesem Zeitpunkt geschlossene, aber noch nicht erfüllte Bauverträge ist § 27 Abs. 1 UStG zu beachten. Hiernach gilt der ab 1.4.1998 erhöhte Steuersatz für nach diesem Zeitpunkt bewirkte Leistungen auch insoweit, als Abschlags- oder Vorauszahlungen vor diesem Zeitpunkt geleistet worden sind. Der Auftraggeber muss also die Differenz erstatten, wenn der Auftragnehmer aus vor dem 31.3.1998 geschlossenen, bis dahin aber noch nicht erfüllten Verträgen diese nachfordert. Maßgebend dafür, ob ein Vertrag bis zum 31.3.1998 erfüllt wurde, ist die Feststellung, **ob bis dahin die Abnahme stattgefunden hat.** Ist das nicht der Fall, ist der erhöhte Umsatzsteuersatz für die gesamte Vergütung zu entrichten, wenn der Auftragnehmer die Umsatzsteuer fordert. Leistungen aus einem Vertrag können umsatzsteuerlich – nur – geteilt werden, wenn es sich um wirtschaftlich abgrenzbare, in sich abgeschlossene Teile der vertraglichen Gesamtleistung handelt, bei denen die **Voraussetzungen für eine Teilabnahme nach § 12 Nr. 2 VOB/B am 31.3.1998 vorgelegen haben und auch eine Teilabnahme stattgefunden hat.**

21 Allerdings muss hier für den Bereich Zusätzlicher Vertragsbedingungen **§ 309 Nr. 1 BGB beachtet** werden, wonach eine in AGB **gegenüber Nichtkaufleuten** vorgesehene **Erhöhung des Entgelts** für Leistungen, die **innerhalb von 4 Monaten nach Vertragsschluss** erbracht werden sollen, untersagt ist. So ist eine vorformulierte Klausel »Änderungen des Umsatzsteuersatzes berechtigen beide Teile zur entsprechenden Preisanpassung« unwirksam, sofern nicht zum Ausdruck gebracht wird, dass diese Klausel nur für die Zeit nach Ablauf von 4 Monaten nach Vertragsschluss gilt (so insbes. BGH 23.4.1980 VIII ZR 80/79 = BGHZ 77, 79 = NJW 1980, 2133 = WM 1980, 739 = MDR 1980, 841).

22 Ist die Umsatzsteuerpflicht des Leistenden (Auftragnehmer) fraglich, so ist es ihm **bei jeder** zweifelhaften Steuerrechtslage regelmäßig nicht zuzumuten, eine Rechnung nach § 14 Abs. 1 UStG auszustellen, die u.U. nach der Beurteilung des zuständigen Finanzamtes unberechtigt ist und ihn der Steuer nur auf Grund der Sanktion des § 14 Abs. 3 UStG unterwirft (BGH 10.11.1988 VII ZR 137/87 = BauR 1989, 83 = SFH § 242 BGB Nr. 39 = NJW 1989, 302 = WM 1989, 19).

Ist für die Berechnung der Mehrwertsteuer aus tatsächlichen oder rechtlichen Gründen der anzuwendende Steuersatz ernstlich zweifelhaft, so erfüllt der Unternehmer (Auftragnehmer) seine privatrechtliche Verpflichtung, eine Rechnung mit gesondert ausgewiesener Steuer auszustellen, bereits dann, wenn der in der Rechnung zu Grunde gelegte Steuersatz vertretbar und dem Unternehmer der Ausweis eines höheren Steuerbetrages mit Rücksicht auf die Zweifel, die an dessen Berechtigung bestehen, und auf die Steuerschuld bei überhöht ausgewiesenem Betrag nicht zumutbar ist; in diesem Falle hat das ordentliche Gericht nicht zu prüfen, ob der ausgewiesene Steuerbetrag »objektiv richtig ist« (BGH 14.1.1980 II ZR 76/79 = BauR 1980, 471 = NJW 1980, 2710).

Generalklausel für die Vergütung § 2 Nr. 1 VOB/B

Stellt ein Auftragnehmer, der sich zur Durchführung bestimmter Baumaßnahmen unter Verwendung selbstbeschaffter Hauptstoffe verpflichtet hat, die Arbeiten vorzeitig und endgültig ein, kann das bis dahin errichtete halb fertige Werk Gegenstand einer anderweitigen, hinter der ursprünglichen Vereinbarung zurückbleibenden Leistung sein (BFH 28.2.1980 V R 90/75 = BB 1980, 1412 = ZIP 1580, 800 zu §§ 1, 3 Abs. 1 UStG).

Wird der **Auftraggeber** vor der Fertigstellung der vertraglichen Leistung insolvent und lehnt der Insolvenzverwalter die weitere Erfüllung des Bauvertrages ab (§ 103 InsO), so beschränkt sich der Leistungsaustausch zwischen Auftragnehmer und Auftraggeber auf den vom Auftragnehmer geleisteten Teil der vertraglichen Bauleistung, der gemäß § 105 InsO nicht mehr zurückgefordert werden kann. Die Gegenleistung ist grundsätzlich nach den Vertragspreisen des ursprünglichen Werkvertrages zu bestimmen (BFH 24.4.1980 V S 14/79 = Betrieb 1980, 1875 = ZIP 1980, 796). 23

E. § 2 Nr. 1 VOB/B gilt für sämtliche bauvertragliche Vergütungsarten

Von der **Generalklausel** in § 2 Nr. 1 VOB/B werden **sämtliche Vergütungsarten bei Bauverträgen** erfasst, die nach den Regeln der VOB möglich sind. Dies gilt für den Haupttyp des **Einheitspreisvertrages,** ferner für den **Pauschalvertrag.** Ferner trifft das auf **Stundenlohnverträge** zu, und zwar hier bezüglich der vereinbarten Verrechnungssätze oder hinsichtlich des üblichen Stundenlohns sowie der vereinbarten oder üblichen Zuschläge hierzu. Auch die **Selbstkostenerstattungsverträge** sind von § 2 Nr. 1 VOB/B erfasst. Hier ist als vereinbarter Preis die dort gewählte Berechnungsgrundlage anzusehen. Bei Stundenlohn- und Selbstkostenerstattungsverträgen ist **bei deren Abschluss eine betragsmäßige Festlegung des wirklichen Preises nach dem Wert der Leistung** wie bei Leistungsverträgen, also bei Einheitspreis- und Pauschalverträgen, im Allgemeinen nicht möglich. Man muss daher praktisch einen Schritt zurückgehen und die im Vertrag enthaltene bloße **Berechnungsbasis** als das ansehen, was man nach § 2 Nr. 1 VOB/B unter dem vereinbarten Preis versteht. 24

F. § 2 Nr. 1 VOB/B gilt auch für gemischte Verträge

Unter § 2 Nr. 1 VOB/B fallen auch nach den vorgenannten Vergütungsarten **gemischte Verträge.** In diesen Verträgen soll ein bestimmter Teil durch Einheitspreise, ein anderer Teil durch einen Pauschalpreis oder durch Stundenlohnsätze (angehängte Stundenlohnarbeiten) oder nach dem Prinzip der Selbstkostenerstattung abgegolten werden. Was für bestimmte Vergütungsarten gilt, hat jeweils auch Gültigkeit, wenn mehrere davon in einem Bauvertrag vereinigt sind. 25

G. Nebenleistungen

Die Allgemeinen Technischen Vertragsbedingungen haben für alle VOB-Bauverträge Geltung, weil sie gemäß § 1 Nr. 1 S. 2 VOB/B Vertragsgegenstand sind. Damit finden die Allgemeinen Regelungen für Bauarbeiten jeder Art – DIN 18299 – Anwendung. Die DIN 18299 unterscheidet in Abschnitt 4 zwischen Nebenleistungen, die ohne besondere Vergütung zu erbringen sind, und Besonderen Leistungen. In Abschnitt 4.1 heißt es: »*Nebenleistungen sind Leistungen, die auch ohne Erwähnung im Vertrag zur vertraglichen Leistung gehören (§ 2 Nr. 1 VOB/B)*«. Dies bedeutet, dass die in Abschnitt 4.1 aufgeführten als Nebenleistung gekennzeichneten Leistungen zum vertraglichen Leistungsumfang gehören, wenn sie anfallen. Im Übrigen ist jeweils in den einzelnen DIN-Vorschriften unter der jeweiligen Ordnungszahl 4.1 geregelt, was eine vertragliche Nebenleistung ist und was eine Besondere Leistung darstellt. Das hindert die Vertragsparteien jedoch nicht, abweichend von den 26

DIN-Vorschriften einzelvertraglich zu regeln, dass eine in den DIN-Vorschriften aufgeführte Nebenleistung zu vergüten ist oder eine in den DIN-Vorschriften enthaltene Besondere Leistung vom Vertragspreis mit umfasst ist.

Nach der Generalklausel in § 2 Nr. 1 VOB/B ist hierfür allerdings Voraussetzung, dass diese Leistungen weder nach den Zusätzlichen Technischen Vertragsbedingungen noch nach der Verkehrssitte noch insbesondere der Leistungsbeschreibung als zur vertraglichen Leistung gehörig und damit durch die vereinbarten Preise **ohnehin als abgegolten** betrachtet werden müssen. Dies ergibt sich durchweg schon aus **Nr. 4.2** (Besondere Leistungen) der betreffenden ATV (ebenso **4.2** der DIN 18 299), wobei Ausgangspunkt § 9 Nr. 8 VOB/A ist und ein bestimmter, dem jeweiligen Gewerk typischer Leistungskatalog angeführt wird (vgl. dazu wegen der Erdarbeiten nach DIN 18 300 *Putzier* BauR 1989, 132; wegen der Grundwasserverhältnisse ders., BauR 1994, 596). Ist im Vertrag vereinbart, dass die vom Auftragnehmer angebotenen Preise die »fix und fertige Arbeit« erfassen, so kommen im Falle unveränderter Leistungsanforderung etwaige Zulagen nach der einschlägigen DIN-Norm nicht als zusätzliche Vergütung in Betracht (vgl. OLG Köln 4.4.1990 17 U 34/89 = BauR 1991, 615 = SFH § 2 Nr. 1 VOB/B Nr. 1).

27 Soweit sich beispielsweise aus dem Leistungsverzeichnis eine bestimmte Verbau-Ausführung als Mindestanforderung (Rammen) ergibt, kann auch bei statisch zulässiger günstigerer Herstellung der durch geänderte Bodenverhältnisse notwendig werdende Mehraufwand nicht abweichend von den Abrechnungsregeln des Leistungsverzeichnisses geltend gemacht werden. Daran ändern auch die Abrechnungsvorgaben der DIN 18304 nichts (OLG Koblenz 23.4.2004 10 U 561/01 = BauR 2005, 717 = IBR 2005, 70-*Englert*).

28 Ergibt sich weder aus dem Leistungsverzeichnis noch aus der DIN 18299, noch aus den Abrechnungsregelungen der einschlägigen DIN, dass eine Leistung als Nebenleistung ohne besondere Vergütung zu erbringen ist, so spricht einiges dafür, dass es sich um eine Besondere Leistung handelt.

Das OLG Stuttgart hat entschieden (30.1.2003 2 U 49/00 = IBR 2003, 660-*Schulze-Hagen*), dass der Bauherr das Kalkulationsrisiko trägt und dies aus Abschnitt 3.3 i.V.m. Abschnitt 4.2.1 der DIN 18299 hergeleitet. Zwar wird man dem Ergebnis zustimmen können (vgl. hier die Ausführung zum Baugrundrisiko, Rn. 11–12), das kann jedoch nicht aus den Abschnitten 3.3 i.V.m. Abschnitt 4.2.1 der DIN 18299 hergeleitet werden. Da ist lediglich geregelt, dass die beim Auftreten von Schadstoffen durchzuführenden Sicherungsmaßnahmen eine besondere Leistung sind.

29 Wie dargelegt hat das im Bauvertrag ausdrücklich Geregelte gegenüber den DIN-Vorschriften Vorrang. Allerdings gilt dies nur für eine Individualvereinbarung. Abweichungen von AGB-Regelungen gegenüber den Abrechnungsvorschriften der DIN-Vorschriften dürften in vielen Fällen zu einem Verstoß gegen § 307 BGB führen. Das trifft z.B. auf eine Klausel in AGB des Auftragnehmers zu, wonach Nebenleistungen gesondert berechnet werden. Außerdem verstößt im nicht-kaufmännischen Bereich eine in AGB des Auftragnehmers enthaltene Klausel, dass Nebenleistungen, die nicht in den Bestimmungen der VOB/C enthalten sind, und so genannte Besondere Leistungen nach § 9 VOB/A zusätzlich zu handwerksüblichen Stundensätzen und eventuellem Materialaufwand in Rechnung gestellt werden, gegen das Verständlichkeitsgebot in § 305 Abs. 2 Nr. 2 BGB (OLG Stuttgart 25.3.1988 2 U 155/87 = NJW-RR 1988, 786). Vor allem wird hier dem Auftraggeber einseitig eine Vergütung nach Stundenlöhnen auferlegt, obwohl dem Auftragnehmer gerade auch in diesem Bereich jedenfalls teilweise die Kalkulation nach Einheitspreisen möglich ist, was von § 307 BGB erfasst wäre.

Andererseits: Auch der Auftraggeber darf in seinen AGB **nicht einseitig Leistungen des Auftragnehmers als nicht bezahlte Nebenleistungen festlegen, die nach den einschlägigen Normen nicht als Nebenleistungen gelten,** weil dies **gegen den Grundsatz des § 632 Abs. 1 BGB** verstößt, somit eine Verletzung des § 307 BGB bedeutet, eine solche Klausel daher unwirksam ist (vgl. dazu OLG Celle OLGR 1995, 21, im Falle einer Zusätzlichen Vertragsbedingung, nach der der Dachdecker

Generalklausel für die Vergütung § 2 Nr. 1 VOB/B

ein Gerüst in jeder erforderlichen Höhe als Nebenleistung ohne besondere Vergütung zu stellen hat – im konkreten Fall handelte es sich um 8 m = da nach DIN 18 338, 18 339 Abschnitt 4 ein Auftragnehmer nur verpflichtet ist, Gerüste mit einer Arbeitshöhe bis zu 2 m als Nebenleistung zu erbringen).

H. Zulagepositionen/Alternativpositionen/Eventual- oder Bedarfspositionen

Der vertraglich vereinbarte Preis wird in Leistungsbeschreibungen vielfach variabel gestaltet, indem Leistungspositionen in Abhängigkeit zu später zu treffenden Entscheidungen gestellt werden. Hierbei handelt es sich um Zulagepositionen (auch Zuschlagspositionen genannt), Alternativpositionen und Eventual- oder Bedarfspositionen. 30

I. Bedarfspositionen

Die Ausführung einer **Bedarfs- oder Eventualposition** ist zur Zeit der Ausschreibung und zum Zeitpunkt des Vertragsschlusses noch nicht gesichert. Ihre Beauftragung ist vielmehr abhängig vom Auftreten bestimmter technischer Umstände. Sie werden in Leistungsbeschreibungen aufgenommen, wenn damit gerechnet wird, dass sie notwendig werden könnten, um die beauftragte Leistung mangelfrei ausführen zu können, dies zum Zeitpunkt der Ausschreibung trotz aller örtlichen und technischen Kenntnisse aber noch nicht festgestellt werden kann (vgl. Beck'scher VOB-Komm./*Motzke* § 5 VOB/A Rn. 77). In den Richtlinien Nr. 4.3 zu § 9 VOB/A des Vergabehandbuches wird der Umfang der Bedarfspositionen auf 10% des geschätzten Auftragswertes limitiert. 31

Umstritten ist, ob in den Leistungsverzeichnissen bei den Bedarfspositionen die Mengenansätze anzugeben sind. Franke/Kemper/Zanner/Grünhagen (§ 2 Rn. 23) verneinen dies, weil bei der Ausschreibung gerade noch nicht feststehe, wie die Bedarfsposition zur Ausführung gelange. Vygen/Schubert/Lang (Rn. 207) fordern dagegen eine sorgfältige Schätzung der Mengenansätze, um dem Bieter eine möglichst realistische Kalkulation zu ermöglichen und die Angebotspreise für Bedarfspositionen in die Wertung einzubeziehen. Die Auffassung von Franke/Zanner/Kemper/Grünhagen hat zur Konsequenz, dass § 2 Nr. 3 VOB/B wegen fehlender Mengenangaben keine Anwendung findet (siehe dort Rn. 23), während die Auffassung von Vygen/Schubert/Lang zur Anwendung des § 2 Nr. 3 VOB/B führt (vgl. *Kapellmann/Schiffers* Bd. 1 Rn. 594). Im Interesse eines transparenten Vergabeverfahrens ist der Auffassung von Vygen/Schubert/Lang der Vorzug zu geben (siehe hierzu Nr. 1.6.3 zu § 25 VOB/A des Vergabehandbuches). 32

Die **Bedarfsposition ist mit Vertragsschluss aufschiebend bedingt beauftragt** (so auch *Vygen/Schubert/Lang* Rn. 209; *Franke/Kemper/Zanner/Grünhagen* §32 Rn. 22; a.A. *Kapellmann/Schiffers* Bd. 1 Rn. 581). Der Auftraggeber kann die Ausführung der Bedarfsposition deshalb nicht einem Dritten in Auftrag geben (vgl. OLG Hamburg 7.11.2003 1 U 108/02 = BauR 2004, 687 = IBR 2004, 182-*Putzier*). 33

II. Zulagepositionen

Unter einer **Zulageposition (oder Zuschlagsposition)** versteht man eine zusätzliche Vergütung, die der Auftragnehmer erhält, wenn sich in der Ausschreibung bereits vermutete Erschwernisse während der Baumaßnahme realisieren. Im Falle einer Zulageposition wird der Auftrag zur Hauptposition erteilt mit dem Vorbehalt der Zahlung einer zusätzlichen Vergütung, wenn der Auftragnehmer nachweist, dass und in welchem Umfang die von der Zulage erfassten Erschwernisse aufgetreten sind. 34

III. Alternativpositionen

35 **Alternativpositionen** (auch als **Wahlpositionen bezeichnet**) sind solche Positionen im Leistungsverzeichnis, die der Auftraggeber anstelle von Grundpositionen angeboten haben will. Zu einem derartigen Verlangen kommt es in den Fällen, in denen zum Zeitpunkt der Ausschreibung noch unklar ist, welche zweier möglicher Ausführungsvarianten der Auftraggeber zur Ausführung kommen lassen will. Die Entscheidung, welche Alternativposition zur Ausführung gelangen soll, wird in der Regel bei Vertragsschluss getroffen. Damit entfällt die Angebotsbindung hinsichtlich der nicht beauftragten Position (vgl. KG 21.11.2002 4 U 7233/00 = BauR 2004, 1779 = IBR 2004, 182-*Schulze-Hagen*). Wird die Entscheidung nicht bei Vertragsschluss getroffen, so gilt die Beauftragung der Alternativpositionen als aufschiebend bedingt, bis der Auftraggeber sich für eine der Alternativen entscheidet (vgl. *Franke/Kemper/Zanner/Grünhagen* § 2 VOB/B Rn. 19).

J. Ausnahmen von der Bindung an die Generalklausel in § 2 Nr. 1 VOB/B

36 Von der nach der Generalklausel in § 2 Nr. 1 VOB/B eingetretenen Bindung an den Preis gibt es **Ausnahmen** in folgenden Punkten:

I. Nichtigkeit oder Unwirksamkeit

37 Der **vereinbarte Preis gilt nicht,** wenn entweder der ganze Bauvertrag oder jedenfalls die Preisabrede keine Rechtswirkungen erlangt hat, weil **Nichtigkeit oder Unwirksamkeit** vorliegt. Das kann z.B. sein, wenn der Vertrag oder zumindest die **Preisvereinbarung** gegen ein **gesetzliches Verbot** (§ 134 BGB) verstoßen hat. Das Gleiche gilt, wenn der Vertrag oder die Preisvereinbarung nach § **138 BGB sittenwidrig** ist oder wenn die Nichtigkeit oder schwebende Unwirksamkeit aus anderen Gründen angenommen werden muss, z.B. wegen Geschäftsunfähigkeit eines Vertragspartners, wegen fehlender Genehmigung des gesetzlichen Vertreters usw.

Liegt Nichtigkeit des Bauvertrages vor, so kann dem Auftragnehmer ein **Vergütungsanspruch auf der Grundlage der Geschäftsführung** ohne Auftrag **nach den §§ 683, 670 BGB** zustehen, wenn deren Voraussetzungen gegeben sind, insbesondere die Leistung ordnungsgemäß ausgeführt worden ist und vor allem dem wirklichen oder mutmaßlichen Willen des Auftraggebers entspricht. Zur **Höhe** des Anspruches gilt beim VOB-Vertrag der Gesichtspunkt der **Angemessenheit.** Dagegen ist in einem solchen Fall **kein Raum für eine bereicherungsrechtliche Rückabwicklung** (BGH 30.9.1993 VII ZR 178/91 = BauR 1994, 110 = NJW 1993, 3196 = SFH § 812 BGB Nr. 23).

II. Anfechtung

38 Die Preisabrede kann auch durch Anfechtung entfallen.

1. Arglist, Drohung

38a Die Voraussetzungen hierfür sind nach § 123 BGB gegeben, wenn ein Vertragspartner durch **Arglist oder Drohung** zu seiner Willenserklärung bewogen worden ist. Wegen der hier maßgebenden Anfechtungsfrist vgl. § 124 BGB.

2. Berechnungsirrtum

39 Ein weiterer Fall ist die **Irrtumsanfechtung** nach § 119 BGB. Dabei kommt für das Bauvertragswesen im Allgemeinen nur der **Geschäftsirrtum,** d.h. der **Irrtum über den Erklärungsinhalt,** in Betracht. Entscheidend sind grundsätzlich nur die nach außen gegenüber dem Vertragspartner zum

Ausdruck gelangten Erklärungen, die den Vertrag durch Angebot und Annahme herbeigeführt haben. Zu diesen Erklärungen gehört **grundsätzlich nur das Angebot des Preises, nicht aber die dem Preis zugrundeliegenden Preisermittlungen. Diese Vorgänge, die beim Auftragnehmer in seinem Bereich zur Ermittlung der von ihm in das Angebot eingesetzten Preise geführt haben, sind nicht Bestandteil des Angebotes. Ein auf den Preisermittlungsgrundlagen beruhender interner Irrtum ist deshalb ein nach § 119 Abs. 2 BGB unbeachtlicher Kalkulationsirrtum.**

Entgegen früherer Rechtsprechung des Reichsgerichts und der Rechtsprechung des Bundesgerichtshofs (7.7.1998 X ZR 17/97 = BauR 1998, 1889) berechtigt ein Kalkulationsirrtum selbst dann nicht zur Anfechtung, wenn der Erklärungsempfänger diesen erkennt oder die Kenntnisnahme treuwidrig vereitelt hat. Allerdings kann es eine Pflichtverletzung darstellen oder treuwidrig sein, wenn der Erklärungsempfänger den Erklärenden nicht auf seinen Kalkulationsfehler hinweist (so auch *Locher* Das private Baurecht Rn. 307).

Bei einer u.U. möglichen Anfechtung wegen Irrtums auf der Grundlage des § 119 BGB ist es unbedingt erforderlich, dass der **Anfechtende gegenüber dem Anfechtungsgegner unzweideutig zum Ausdruck bringt, er wolle das Geschäft (die Willenserklärung, den Vertrag) gerade wegen des Willensmangels nicht bestehen lassen, sondern rückwirkend beseitigen.**

In aller Regel kann eine Irrtumsanfechtung nicht mit der Begründung erfolgen, einer der Vertragspartner habe sich über die **Angemessenheit** der vereinbarten **Preise** geirrt, oder der **wirtschaftliche Erfolg** der Durchführung **des Vertrages** entspreche nicht den Vorstellungen eines der Vertragspartner. Ähnliches gilt auch für den einseitigen Irrtum eines Vertragspartners über die Art und Weise der vertraglich vorgesehenen Abrechnung der Leistung. **40**

3. Rechen- oder Schreibfehler

Bei einem **ungewollten Rechenfehler oder Schreibfehler** im Angebot, insbesondere im Leistungsverzeichnis, ist hingegen die **Anfechtung wegen Irrtums allgemein möglich** (vgl. *Locher* Das private Baurecht, Rn. 308; OLG Frankfurt 7.12.1979 10 U 75/79 = BauR 1980, 578). **Der Anfechtende muss den Nachweis erbringen, dass er bei richtiger Berechnung oder Schreibweise im Angebot diese Zahlenangaben nicht gemacht haben würde. Voraussetzung** ist allerdings, dass die **Falschberechnung oder der Schreibfehler im Angebot selbst,** z.B. durch falsches Zusammenzählen oder durch falsche Multiplikation oder durch Vertippen, **entstanden** ist (so auch *Locher* Das private Baurecht Rn. 308; *Kapellmann/Schiffers* Bd. 2 Rn. 303). Sie müssen auch **wesentlich** sein, wobei es auf den Umfang der geforderten Leistung und den hierfür einzusetzenden objektiven Gegenwert ankommt. Eine falsche Addition der einzelnen Positionspreise bei Einheitspreisverträgen und damit ein falsches Ergebnis der Endsumme ist unschädlich, da lediglich die Einheitspreise und nicht die falsch berechnete Angebotsendsumme maßgebend sind. Bei Pauschalverträgen dagegen ist im Regelfall die Angebotsendsumme Gegenstand der vertraglichen Absprache, so dass hier eine Anfechtung notwendig bzw. möglich ist, wenn sich der Fehler darauf bezieht. Dabei kommt es entgegen Heiermann/Riedl/Rusam (§2 VOB/B Rn. 22) nicht auf das vom Auftragnehmer durch die Pauschalierung übernommene Risiko an, da es sich hier nicht um das inhaltlich übernommene Risiko handelt, sondern um das Risiko in der Erklärungshandlung (richtig insoweit *Kapellmann/Schiffers* Bd. 2 Rn. 299). **41**

4. Grundsätzlich keine anderen Anfechtungsmöglichkeiten

Andere Möglichkeiten, die Preisvereinbarung im Bauvertrag **anzufechten,** sind grundsätzlich **nicht gegeben.** Eine Anfechtung wegen Irrtums steht zudem nur in Frage, wenn ein Erklärungsirrtum **eines** der beiden Vertragspartner zu bejahen ist, der als **beachtlich** zu gelten hat. Dagegen bietet § 119 BGB keine Handhabe für die **Fälle beiderseitigen Irrtums,** bei denen beide Vertragspartner irrigerweise von einem falschen Sachverhalt ausgegangen sind. Enthält z.B. die Massenberechnung **42**

einen Rechenfehler und nehmen beide Seiten die Richtigkeit der Berechnung an, ist eine **Anfechtungsmöglichkeit grundsätzlich nicht** gegeben. Vielmehr käme für die Vertragspartner hier nur ein Berufen auf eine **Störung der Geschäftsgrundlage in Betracht**. Ist z.B. ein Pauschalpreis vereinbart worden, kann dem Auftragnehmer allenfalls aus dem Gesichtspunkt von Treu und Glauben ein zusätzlicher Vergütungsanspruch zustehen, wenn infolge dieses zum beiderseitigen Irrtum gewordenen Rechenfehlers eine die Vertragsgrundlage erschütternde Mehrleistung des Auftragnehmers erforderlich geworden ist.

5. Ausnahme: Treu und Glauben

43 Der Grundsatz von **Treu und Glauben umfasst allerdings auch alle Fälle,** in denen sich ein Vertragspartner bei Vertragsschluss hinsichtlich des Umfanges der von ihm zu erbringenden Leistung oder der von ihm zu fordernden Gegenleistung geirrt hat, **ohne dass ihm eine Anfechtung wegen Irrtums möglich ist.** Mit Rücksicht auf die Rechtssicherheit kann aber von dieser **Ausnahmeregelung nur in begründeten, ganz besonderen Ausnahmefällen, die zu einer für den Betroffenen absolut unzumutbaren Härte führen würden,** Gebrauch gemacht werden. Immer muss ein von dem betreffenden Vertragspartner **absolut unverschuldeter Irrtum** vorliegen. Man darf § 242 BGB nicht als Ausweg benutzen, um von einem vertraglich festgelegten Preis loszukommen.

44 Mit Hereth/Ludwig/Naschold (Teil B § 2 Ez. 2.42) ist festzustellen, dass dann, wenn eine Vertragspartei trotz eines Irrtums an die vertragliche Verpflichtung gebunden bleibt, der andere Teil diesen Irrtum **nicht vorsätzlich** zu seinem Vorteil **ausnutzen darf.** Das würde gegen die guten Sitten verstoßen und zu einer Schadensersatzpflicht führen (§ 826 BGB). Allerdings muss eine **wirkliche Ausnutzung** vorliegen und der Unterschied zwischen dem auf Irrtum beruhenden Vertragspreis und dem wirklichen Wert der erbrachten Leistung erheblich und daher im konkreten Fall für den Auftragnehmer eine nicht hinnehmbare Härte sein (vgl. dazu auch OLG Düsseldorf 21.5.1979 5 U 2/79 = BauR 1980, 474).

6. Anfechtungsfrist

45 Nach § 121 BGB muss die **Anfechtung wegen Irrtums** dem anderen Vertragsteil gegenüber **unverzüglich** nach **Kenntnisnahme der Anfechtungsgründe erklärt** werden. Für § 121 Abs. 1 S. 2 BGB ist es erforderlich, dass die Anfechtungserklärung zum Zweck und mit der Bestimmung der unverzüglichen Übermittlung an den Anfechtungsgegner abgegeben wird, wie z.B. durch Einwerfen eines an diesen adressierten Briefes; dagegen genügt nicht die Anfechtung in einer zunächst beim Gericht einzureichenden Klageschrift.

Wird eine Anfechtung wegen Irrtums (§ 119 BGB) mit einer bestimmten Begründung erklärt, so können andere Anfechtungsgründe nicht nachgeschoben werden, wenn eine selbstständige Anfechtung mit diesen Gründen nach § 121 Abs. 1 BGB verspätet wäre.

7. Schadensersatz durch Anfechtenden

46 Der **Anfechtende hat den entstehenden Schaden** zu ersetzen, falls nicht der Anfechtungsgegner die Anfechtbarkeit gekannt hat oder kennen musste, § 122 BGB. Soweit eine Schadensersatzpflicht des Anfechtenden besteht, geht sie auf das negative Interesse. Es ist der Schaden zu ersetzen, den der Vertragspartner dadurch erlitten hat, dass er auf die **Gültigkeit der angefochtenen Erklärung** vertraut hat.

8. Nichtigkeit als Anfechtungsfolge

47 Die **Anfechtung bewirkt** die **Nichtigkeit** der angefochtenen Erklärung, § 142 BGB. Ob der gesamte Bauvertrag nichtig wird, kann nur im Einzelfall entschieden werden, wobei der mutmaßliche Partei-

wille den Ausschlag gibt (§ 139 BGB). Wird z.B. vom Auftragnehmer zu Recht die Preisvereinbarung angefochten, besteht der Auftraggeber aber dennoch auf der vertraglich vereinbarten Bauleistung, wird nur eine teilweise Nichtigkeit des Bauvertrages anzunehmen sein; als Vertragspreis gilt dann der Betrag, der nach den vereinbarten Preisgrundlagen als **angemessen** anzuerkennen ist. Das Gleiche trifft zu, wenn nur ein Teil der Preisvereinbarung angefochten wird, der Auftraggeber aber auf der Ausführung des anderen, nicht angefochtenen Teils des Bauvertrages besteht. Häufig wird allerdings die Nichtigkeit des ganzen Bauvertrages anzunehmen sein. Eine entgegengesetzte Annahme kommt nur in Betracht, wenn dafür ausreichende, eindeutige Anhaltspunkte vorhanden sind.

9. Abrechnung bei teilweise erbrachter Leistung

Wird ein **Bauvertrag** auf Grund einer **Anfechtung** wegen Irrtums ganz oder teilweise **nichtig** und hat der Auftragnehmer zu diesem Zeitpunkt bereits einen Teil der Leistungen erbracht, kommt eine **Vergütung nach § 8 Nr. 1 Abs. 2 VOB/B nicht** in Betracht, weil diese Bestimmung **nicht** die Fälle der **Anfechtung erfasst.** Vielmehr ist dann unter Berücksichtigung des Wertes etwa bereits erbrachter Teilleistungen **nach § 122 BGB abzurechnen. Außerdem** käme auch eine Verpflichtung des Anfechtungsgegners aus **ungerechtfertigter Bereicherung, §§ 812 ff. BGB,** in Betracht. In der Praxis wird die Berechnung dieser Ansprüche mitunter schwierig sein. Es ist daher zu raten, eine gütliche Regelung anzustreben. **48**

Letzteres ist auch zu empfehlen, wenn der Vertrag bzw. die Preisvereinbarung nach § 123 BGB angefochten worden ist.

III. Störung der Geschäftsgrundlage

1. Gesetzliche Regelung

Haben sich Umstände, die zur Grundlage des Vertrages geworden sind, nach Vertragsschluss schwerwiegend verändert und hätten die Parteien den Vertrag nicht oder mit anderem Inhalt geschlossen, wenn sie diese Veränderung vorausgesehen hätten, **kann** gemäß § 313 Abs. 1 BGB eine **Anpassung des Vertrages verlangt werden**, soweit einem Teil unter Berücksichtigung aller Umstände des Einzelfalls, insbesondere der vertraglichen oder gesetzlichen Risikoverteilung, das Festhalten am unveränderten Vertrag nicht zugemutet werden kann. § 313 BGB stammt aus dem Schuldrechtsmodernisierungsgesetz und stellt eine Kodifizierung der aus der Literatur entwickelten und von der Rechtsprechung übernommenen Lehre vom Wegfall der Geschäftsgrundlage dar. Medicus (PWW/*Medicus* § 313 BGB Rn. 3) weist zu Recht darauf hin, dass der Begriff »Geschäftsgrundlage« ungenau ist. Das Gesetz spricht deshalb richtigerweise von der »Vertragsgrundlage«. **49**

Nach § 313 Abs. 2 BGB steht es einer Veränderung der Umstände gleich, wenn wesentliche Vorstellungen, die zur Grundlage des Vertrages geworden sind, sich als falsch herausstellen. **50**

2. Keine andere rechtliche Möglichkeit

Eine Anwendung des § 313 BGB kommt nur in Betracht, wenn dem Betroffenen keine anderen Rechtsbehelfe, vor allem keine anderen Vertragsbestimmungen, zur Verfügung stehen. Ist eine Vertragsanpassung über die Bestimmungen in § 2 Nr. 3–8 VOB/B möglich, besteht kein schutzwürdiges Interesse an einer Anwendung von § 313 BGB. Dies gilt auch wenn eine Vertragskündigung oder das Bestehen eines Schadensersatzanspruches zum gleichen Ergebnis führen. Gleiches gilt für den Fall, in dem im betreffenden Bauvertrag Preisvorbehalte enthalten sind und durch diese Abhilfe geschaffen werden kann. **51**

Grundsätzlich ist eine Anwendung des § 313 BGB bei allen in Betracht kommenden Vergütungsarten möglich, also auch beim Stundenlohnvertrag und beim Selbstkostenerstattungsvertrag. **52**

3. Grundlagen

53 Voraussetzung für eine Anwendbarkeit von § 313 BGB ist, dass sich die **Umstände nach Abschluss des Vertrages verändert** haben. Die Veränderung muss zudem **schwerwiegend** sein. Die Begriffe »schwerwiegend« und »wesentlich« sind Synonyme. Die Grenzziehung hängt von der Art des Vertrages, der aufgetretenen Störung und den Umständen des Einzelfalls ab (vgl. *Palandt/Grüneberg* § 313 BGB Rn. 18). Eine Störung wird im Allgemeinen als schwerwiegend angesehen, wenn nicht bezweifelt werden kann, dass eine der Parteien oder beide den Vertrag bei Kenntnis der Änderung nicht oder nur mit anderem Inhalt abgeschlossen hätte. Die Rechtserheblichkeit der Störung wird nach der Zumutbarkeit ihrer Folgen beurteilt (vgl. PWW/*Medicus* § 313 BGB Rn. 12). Für die Zumutbarkeit ist die Vorhersehbarkeit der Störung von entscheidender Bedeutung. Je eher die Vorhersehbarkeit zu bejahen ist, umso weniger kann von einer Unzumutbarkeit ausgegangen werden. § 313 BGB ist nicht anwendbar, wenn sich durch die Störung ein Risiko verwirklicht, das eine Partei zu tragen hat (vgl. *Palandt/Grüneberg* § 313 Rn. 19 mit Rechtsprechungsnachweisen). Erhebliche Kostensteigerungen führen grundsätzlich nicht zur Anwendbarkeit des § 313 BGB (vgl. *Palandt/Grüneberg* a.a.O.). Eine Preisanpassung wegen der Stahlpreiserhöhung auf dem Weltmarkt kann deshalb nicht auf § 313 BGB gestützt werden (vgl. OLG Hamburg 28.12.2005 14 U 124/05 = BauR 2006, 680; ähnlich hatte die Rechtsprechung bereits zu den Ölpreissteigerungen entschieden, siehe u.a. OLG München 22.9.1983 24 U 893/82 = BauR 1985, 330).

4. Festpreisvereinbarung

54 Grundsätzlich muss sich der **Auftragnehmer an der bisherigen Preisabsprache festhalten** lassen, wenn er sich **ohne jeden Vorbehalt** auf die Vereinbarung von so genannten **Festpreisen,** vor allem ohne Kostenanpassungsklausel, eingelassen hat. Dann muss allgemein davon ausgegangen werden, dass sich der Auftragnehmer **bewusst war, während der bei Vertragsschluss vorgesehenen Bauzeit bei gleich bleibender Leistung** ein nicht unerhebliches zusätzliches Risiko im Hinblick auf künftige Lohn- und Stoffpreiserhöhungen usw. einzugehen und dass er dieses **einseitig übernommen** hat. Wer ein solches Risiko durch Vereinbarung von Festpreisen in Kauf nimmt, kann gemäß § 312 BGB nur **ganz ausnahmsweise** von den Festpreisen loskommen. Das kann ihm keineswegs schon ermöglicht werden, weil die Durchführung des Vertrages zu den vereinbarten Preisen statt des erhofften Gewinns einen Verlust bringt. Vor allem dürfen die Umstände, die nachträglich eine Veränderung der Preisbestandteile ergeben haben, in **keiner Weise in den Risikobereich des Auftragnehmers fallen** (vgl. auch BGH 23.9.1982 VII 183/80 = BGHZ 85, 39 = BauR 1983, 66 = NJW 1983, 105 = SFH § 134 BGB Nr. 4 = MDR 1983, 222). Daher ist es ihm zuzurechnen, wenn er trotz Kenntnis steigender Materialpreise eine Festpreiszusage für die gesamte Bauzeit abgibt, um den Auftrag zu erhalten (OLG München 22.9.1983 24 U 893/82 = BauR 1985, 330).

55 Zu beachten ist: **Keine Frage** der hier erörterten Störung der **Geschäftsgrundlage** ist es, wenn für den Fall des Eintrittes bestimmter Voraussetzungen **vertraglich Preisänderungen vereinbart** sind, die **nicht schon durch den bloßen Gebrauch des Wortes »Festpreis« ausgeschlossen** sind, wie z.B. Fälle aus den Bereichen von **§ 2 Nr. 3 bis 6, 8 und § 6 Nr. 6 VOB/B,** im letzteren Falle bei schuldhafter Verletzung von Mitwirkungspflichten durch den Auftraggeber, da der **Begriff »Festpreis« keine eigene Vergütungsart** darstellt.

5. Rechtsfolge: Anpassung des Vertrages

56 Die eintretende Rechtsfolge einer schwerwiegenden Veränderung der Umstände ist eine Anpassung des Vertrages. Vorraussetzung ist ein entsprechendes Verlangen der benachteiligten Partei. Bevor eine Anpassung durchgeführt wird, ist eine umfassende beiderseitige Interessenabwägung erforderlich. Richtschnur ist der hypothetische Parteiwille. Als Vertragsinhalt gilt dann das, was die Parteien in Kenntnis der Wirklichkeit vereinbart hätten, und zeigt, dass es vielfältige Möglichkeiten der Preisanpassung gibt.

Ist eine Anpassung des Vertrages nicht möglich oder einem Teil nicht zumutbar, so kann der benachteiligte Teil gemäß § 313 Abs. 3 S. 1 BGB vom Vertrag zurücktreten. An die Stelle des Rücktrittsrechts tritt für Dauerschuldverhältnisse das Recht zur Kündigung (§ 313 Abs. 3 S. 2 BGB).

Die Kündigung richtet sich hier – je nach Lage des Falles – **entsprechend nach § 8 Nr. 2 oder § 9** **57** **VOB/B.** Für die Frage der Abrechnung der erbrachten Leistungen gelten dann § 8 Nr. 2 Abs. 2 S. 1 und § 9 Nr. 3 S. 1 VOB/B. Auch wird man im Falle der **schuldhaften** Weigerung des Vertragspartners zur Anpassung des Vertrages an die veränderte Lage § 8 Nr. 2 Abs. 2 S. 2 und § 9 Nr. 3 S. 2 VOB/B entsprechend anwenden können.

IV. Abgrenzung: Wirtschaftliches Wagnis

Nicht erfasst von der **Geschäftsgrundlage** ist grundsätzlich das **nach allgemeiner Erfahrung vo- 58 raussehbare oder auch bis zu einem bestimmten zumutbaren Grad nicht vorhersehbare wirtschaftliche Wagnis.** Davon sind im **Rahmen des normalen Unternehmerrisikos liegende** Änderungen von Preisermittlungsgrundlagen in der Zeit zwischen Vertragsschluss und Arbeitsausführung bzw. abnahmereifer Erstellung der Leistung ergriffen, wie Materialkosten, Löhne, Gehälter, Frachten, öffentliche Lasten, Sozialleistungen, Steuern, Krankenversicherungsbeiträge; auch voraussehbare Erschwerungen in der Ausführung rechnen hierher (OLG München 22.9.1983 24 U 893/22 = BauR 1985, 330). Hier liegt das **Risiko grundsätzlich beim Auftragnehmer.** Der Auftragnehmer hat die Möglichkeit, bei seiner Kalkulation einen **Wagniszuschlag** zu berücksichtigen. Sinn des Wagniszuschlags ist es, gerade den Nachteilen vorzubeugen, die durch mögliche Lohn-, Preis- oder Lastensteigerungen während der vorgesehenen Bauzeit dem Auftragnehmer drohen. Im Allgemeinen wird man auch übersehen können, ob sich die Preisermittlungsgrundlagen wesentlich ändern werden. Notfalls muss man sich mit einem Preisvorbehalt helfen. Ist allerdings die Änderung der Preisermittlungsgrundlagen ausnahmsweise von einem solchen Ausmaß, dass von einer **einschneidenden** und damit **grundlegenden** Veränderung der Verhältnisse seit Vertragsschluss gesprochen werden muss, kann eine Störung der Geschäftsgrundlage gegeben sein, können also deren Voraussetzungen vorliegen. Dasselbe wird nach **Treu und Glauben** auch gelten, wenn die Preisermittlungsgrundlagen sich in beachtlichem Maße bereits **vor** Vertragsschluss und **nach** Angebotsabgabe erheblich geändert haben und dieses zum Nachteil des Auftragnehmers allein auf ein nach der VOB an sich nicht vertretbares Verhalten des Auftraggebers zurückzuführen ist, wie etwa **im Einzelfall** durch individuelle Festsetzung einer in Abweichung von § 19 Nr. 2 VOB/A außergewöhnlich langen Zuschlagsfrist (z.B. halbes Jahr und mehr), oder dadurch, dass zwischen Angebotsabgabe und dem tatsächlich erfolgten Zuchlag ein ungewöhnlich langer Zeitraum liegt. **Diese Folgerung rechtfertigt sich vor allem aus § 308 Nr. 1 BGB.**

V. Preisvorbehalte

Zulässig sind **Preisvorbehalte im Angebot und späteren Bauvertrag.** Dabei ist jedoch § 309 Nr. 1 **59** BGB zu beachten, wonach für dessen Bereich grundsätzlich **Preiserhöhungsklauseln für die Zeit von vier Monaten nach Vertragsschluss untersagt** sind. Dabei ist unter Entgelt i.S.d. § 309 Nr. 1 BGB der Preis einschließlich Umsatzsteuer zu verstehen. Für die Beurteilung von Preisanpassungsklauseln im kaufmännischen Verkehr kommt dagegen – nur – § 307 BGB in Betracht.

Die Preisvorbehalte dienen dazu, **größere Schwankungen auf dem Preissektor abzufangen.** Je län- **60** ger die Laufzeit und je größer der Umfang eines Bauvertrages sind, umso größer ist das Risiko der Preisschwankungen. Dann reichen Wagniszuschläge bei der Kalkulation häufig nicht aus. **Preisvorbehalte bedürfen zu ihrer Wirksamkeit der Vereinbarung zwischen den Bauvertragspartnern.**

VOB/B § 2 Nr. 1   Generalklausel für die Vergütung

Die Vereinbarung setzt die erforderliche **Klarheit und Bestimmtheit** voraus, insbesondere die **genaue Festlegung der tatsächlichen Gegebenheiten,** unter denen die auslösende Bedingung für den Wegfall des bisherigen Preises eintreten und was dann Vertragsinhalt werden soll (so auch OLG Köln 18.2.1994 19 U 216/93 = BauR 1995, 112 = SFH § 2 Nr. 1 VOB/B Nr. 2 = NJW-RR 1994, 1109). Insoweit kann **neben dem bereits genannten § 309 Nr. 1 BGB** auch **§ 307 BGB** eine Rolle spielen. So verstößt eine Klausel »die Preise sind freibleibend. Bei einer Steigerung von Rohstoffpreisen, Löhnen und Gehältern, Herstellungs- und Transportkosten ist der Lieferer berechtigt, die vom Tage der Lieferung gültigen Preise zu berechnen« sowohl gegen § 309 Nr. 1 BGB als auch gegen § 307 BGB, weil einmal die gesetzlich vorgeschriebene Frist von 4 Monaten nicht eingehalten ist, die auch dann zu beachten ist, wenn sich der Vorbehalt auf Kosten und Lohnerhöhungen im Bereich des Auftragnehmers bezieht, und weil zum anderen die durch diese Klausel zum Ausdruck gekommene einseitige Möglichkeit der Preisanhebung den Auftraggeber entgegen den Geboten von Treu und Glauben unangemessen benachteiligt (BGH 6.12.1984 VII ZR 227/83 = BauR 1985, 192 = NJW 1985, 855 = SFH § 9 AGBG Nr. 20). Die in Angeboten häufig vorkommende Wendung »unser Angebot ist auf der derzeitigen Lohn- und Materialpreisbasis kalkuliert«, beinhaltet dagegen noch keinen Vorbehalt der Inrechnungstellung späterer Preiserhöhungen. Damit wird nur eine Selbstverständlichkeit zum Ausdruck gebracht, ohne dass dadurch eine vereinbarte Änderung des Preises in Erwägung gezogen werden kann. Anders liegt es, wenn in dem zum Vertrag gewordenen Angebot festgelegt worden ist, dass die Preise – nur – unter der Voraussetzung ungehinderter Ausführung und – insbesondere – bei gleich bleibenden Lohn- und Materialkosten gelten sollen. Jedoch: Eine Klausel in Allgemeinen Geschäftsbedingungen, wonach der Auftragnehmer bei Erhöhung der der Kalkulation zu Grunde liegenden Kosten zwischen Vertragsschluss und Abnahme berechtigt sein soll, die in der Auftragsbestätigung genannten Preise entsprechend zu berichtigen, kann nur dann zu einer Preiserhöhung führen, wenn die Parteien sich später über die **Preiserhöhung einigen oder der Unternehmer seine ursprüngliche Kalkulation offen legt und nachweist, welche Kosten** (Lohn, Material, Baustellenkosten, allgemeine Geschäftskosten) **sich um welchen Betrag in welchem Zeitraum erhöht haben** (OLG Düsseldorf 24.11.1981 23 U 109/81 = BauR 1983, 470). Auch verstößt es gegen § 307 BGB, wenn in einem Formularvertrag über die Errichtung eines Bauwerkes ein Festpreis vereinbart ist, der nur gelten soll, wenn bis zu einem bestimmten Zeitpunkt mit der Bauleistung begonnen werden kann und sich bei Überschreiten des Festpreistermins der Gesamtpreis um den Prozentsatz erhöht, zu dem der Auftragnehmer entsprechende Bauleistungen im Zeitpunkt nach der dann gültigen Preisliste anbietet; dann ist das berechtigte Interesse des Auftraggebers am Festhalten des Preises höher zu bewerten als das Interesse des Auftragnehmers an einer Preisanpassung, zumal eine solche Klausel keine Begrenzung auf die eigenen Mehraufwendungen des Auftragnehmers enthält und der Auftragnehmer durch seine einseitige Preisbestimmung möglicherweise eine Erhöhung des Gewinns erzielen kann (BGH 20.5.1985 VII ZR 198/84 = BGHZ 94, 335 = BauR 1985, 2270 = SFH § 9 AGBG Nr. 24). Gleiches gilt, wenn es durch eine Preisgleitklausel dem Auftragnehmer ermöglicht wird, über die Abwälzung der konkreten Kostensteigerungen hinaus die vereinbarte Festpreisvergütung ohne jede Begrenzung einseitig anzuheben, evtl. um einen zusätzlichen Gewinn zu erzielen.

61 **Preisvorbehalte** kommen in der Praxis hauptsächlich **als Lohn- und Stoffpreisgleitklauseln** vor. Das hat sich ergeben, weil die Änderungen der Preisermittlungsgrundlagen i.d.R. bei den Löhnen und Gehältern sowie beim Materialpreis eintreten.

62 **Die Allgemeinen Vertragsbedingungen des Teils B enthalten keine Bestimmung über den Preisvorbehalt.** Sollte sich – bei größeren Bauaufträgen – die Bauausführung über die Laufzeit eines Tarifvertrages ausdehnen bzw. ist dies zu erwarten, so empfiehlt es sich, um der notwendigen Klarheit und Bestimmtheit willen eine Klausel in den Bauvertrag aufzunehmen, dass eine etwaige Lohnerhöhung auf Grund eines neuen Tarifvertrages den Auftragnehmer berechtigt, eine entsprechende Erhöhung der Vergütung zu verlangen. Fehlt der Vorbehalt, so kann keiner der Vertragspartner vom anderen die Berücksichtigung einer etwaigen veränderten Preissituation verlangen, es sei denn, die Voraussetzungen der Änderung oder des Wegfalls der Geschäftsgrundlage sind gegeben. **Ähnlich**

einer solchen **Lohnpreisgleitklausel** ist es zu handhaben, wenn zwar eine solche **vertraglich ausgeschlossen,** jedoch eine Unveränderlichkeit der **Preise nur bis zu einem bestimmten Zeitpunkt festgelegt** ist. Kommt es danach während der Bauzeit zu einer Lohnerhöhung, so ist dies für die Zeit **nach** dem festgeschriebenen Datum bei der Berechnung der Vergütung zu beachten, wobei jedoch für die Berechnung § 642 Abs. 2 BGB entsprechend heranzuziehen ist (so OLG Düsseldorf BauR 1993, 473; zum weitgehend daher OLG Koblenz 7.4.1993 7 U 1324/91 = BauR 1993, 607, das hier von »allgemeinen Kostensteigerungen« ausgehen will).

VI. Dagegen: Ausschlussklauseln

Im Gegensatz zu den Vorbehaltsklauseln sind in Bezug auf den Preis auch **Ausschlussklauseln** möglich, in denen es z.B. heißt, dass **Änderungen der Preisverhältnisse keine Berücksichtigung finden** und der vertraglich vereinbarte Preis dauernde Gültigkeit besitzen soll. Diese Ausschlussklauseln finden sich vielfach in der Gestaltung als **Festpreisvertrag.** Sie haben nicht nur die Bedeutung einer bloßen Bestätigung, dass Preisvorbehalte nicht vorliegen. Eine solche ist nämlich **nicht notwendig,** da die § 2 Nr. 1 VOB/B ohnehin von festen Preisabsprachen ausgeht. Vielmehr kommt diesen Ausschlussklauseln im Allgemeinen die Wirkung zu, dass Änderungen der Preisermittlungsgrundlagen bei Löhnen und Materialpreisen bei gleich bleibender Leistung **in Zukunft keine Berücksichtigung** finden sollen. Andererseits kann eine solche Ausschlussklausel nur so weit reichen, wie das Recht auf Vertragsfreiheit überhaupt geht. Der **Klausel** kann deshalb **Sittenwidrigkeit** nach § 138 BGB entgegenstehen. Das kann auch bei völlig undurchsichtigen wirtschaftlichen Verhältnissen des Auftraggebers der Fall sein, wenn unter den gegebenen Umständen von einer unzulässigen Knebelung des Auftragnehmers gesprochen werden müsste. Außerdem kann in solchen Fällen dem Ausschluss von Lohn- und Materialpreiserhöhungen eine vertragliche Befugnis des Auftragnehmers entgegenstehen, wie z.B. das Recht zur Arbeitseinstellung nach § 16 Nr. 5 Abs. 5 VOB/B; macht er davon Gebrauch und kommt es deswegen zu einer Bauverzögerung und dadurch zu einer Preiserhöhung bei den Löhnen und dem Material, kann sich der Auftraggeber auf einen vertraglich vereinbarten Ausschluss nicht berufen.

63

Eine **individuell vereinbarte** Ausschlussklausel in einem VOB-Vertrag **kann** auch bewirken, dass kraft Preisvereinbarung bestimmte Regeln aus den Allgemeinen Vertragsbestimmungen, die die Preisberechnungen betreffen, als **vertraglich ausgeschlossen** gelten, wobei es allerdings auf ihren **jeweiligen Inhalt bei gebotener restriktiver Auslegung ankommt.** Das betrifft vor allem § 2 Nr. 3 bis 8 VOB/B. Diese Regelungen können ausnahmsweise auch von der Ausschlussklausel erfasst sein, wenn nicht im Einzelfall wegen einer auf den Auftraggeber zurückzuführenden Maßnahme das **Gleichgewicht zwischen Leistung und Gegenleistung derart gestört ist, dass es dem Auftraggeber nach Treu und Glauben verwehrt ist, sich auf die Klausel zu berufen.** Allerdings kann die bloße Verwendung des Wortes »Festpreis« im Vertrag für sich allein noch nicht genügen, um die genannten Preisänderungsmöglichkeiten aus den Allgemeinen Vertragsbedingungen auszuschließen. Vielmehr ist es allgemein wegen der einschneidenden Wirkungen dieses Ausschlusses notwendig, dies **näher und inhaltlich im Einzelnen klar umrissen festzulegen,** falls es tatsächlich gewollt ist. Das gilt vor allem, weil der Begriff »Festpreis« in vielen Bauverträgen nur die Bedeutung der Vereinbarung eines **Pauschalpreises** hat, wie die Auslegung nach den §§ 133, 157 BGB im Einzelfall ergibt. Eine wirkliche Festpreisvereinbarung liegt im Übrigen **nicht** vor, wenn die Parteien vertraglich nur vereinbaren, dass ein als Festpreis genannter Preis »nach Möglichkeit« eingehalten werden soll. Das ist dann nichts anderes als die Festlegung eines **Richtpreises,** um dessen Einhaltung sich beide Parteien – lediglich – bemühen wollen.

64

Sind Einheitspreise **individuell** als Festpreise vereinbart, stellt eine außerdem in **formularmäßigen** Bedingungen enthaltene Lohngleitklausel nicht eine Ergänzung, sondern einen Widerspruch dazu dar. Dann hat die Festpreisvereinbarung als Besondere, für den Einzelfall vereinbarte Vertragsbedin-

65

gung **Vorrang** vor der nur als Zusätzliche Vertragsbedingung geltenden formularmäßigen, über den Einzelfall hinausgehenden Bedingung. Das ergibt sich aus der Reihenfolge in § 1 Nr. 2 VOB/B.

§ 2 Nr. 2
[Die Berechnung der Vergütung]

Die Vergütung wird nach den vertraglichen Einheitspreisen und den tatsächlich ausgeführten Leistungen berechnet, wenn keine andere Berechnungsart (z.B. durch Pauschalsumme, nach Stundenlohnsätzen, nach Selbstkosten) vereinbart ist.

Inhaltsübersicht   Rn.

A. Grundsätzlich Berechnung nach Einheitspreisen 1
    I.   Allgemeines 1
    II. Beweislast 3
    III. Tatsächlich ausgeführte Leistung ist maßgeblich 4
    IV. Endgültige Berechnung nach Fertigstellung 5
    V.   Einheitspreisberechnung 6
    VI. Stundenlohn- oder Selbstkostenerstattungsverträge 7
B. Ausnahme: Berechnung nach Pauschalpreisen, Stundenlöhnen oder Selbstkostenerstattung. 8
    I.   Pauschalvertrag 8
    II. Stundenlohnvertrag 12
    III. Selbstkostenerstattungsvertrag 14

A. Grundsätzlich Berechnung nach Einheitspreisen

I. Allgemeines

1 Gemäß § 2 Nr. 2 VOB/B wird die Vergütung nach den **vertraglichen Einheitspreisen** und den **tatsächlich ausgeführten Leistungen** berechnet, **es sei denn, dass** eine **andere Berechnungsart,** wie nach Pauschalsumme, Stundenlohnsätzen oder nach Selbstkosten, **vereinbart** ist. Somit kommt klar zum Ausdruck, dass der **Einheitspreisvertrag der Normaltyp eines Bauvertrages nach der VOB** ist. Aus § 2 Nr. 2 VOB/B folgt ferner, dass eine **Berechnung** der Vergütung **nach Einheitspreisen als Grundregel** auch in Betracht kommt, **wenn sich dies nicht aus der Leistungsbeschreibung oder aus anderen Vertragsunterlagen,** wie Besonderen oder Zusätzlichen Vertragsbedingungen, **ergibt.** Das gilt auch, wenn zwar Anhaltspunkte vorhanden sind, dass eine andere Berechnungsart gewollt sein könnte, dies aber **nicht eindeutig** im Wege der Auslegung (§§ 133, 157 BGB) zu ermitteln ist. Von **vertraglichen Einheitspreisen** kann allerdings nur gesprochen werden, wenn die in die einzelnen Positionen des Angebotes (der Ausschreibung bzw. der Leistungsbeschreibung) eingesetzten Einheitspreise Gegenstand der Vertragsverhandlungen und auch des Vertragsschlusses waren, also dem Vertragspartner – i.d.R. dem Auftraggeber – bekannt gegeben worden sind (BGH 28.9.1982 VI ZR 221/80 = BauR 1983, 385). Bei Einheitspreisverträgen ist grundsätzlich davon auszugehen, dass der vertraglich vereinbarte Preis sowohl für Lohn als auch für einzusetzendes Material, die anteiligen Kosten der Baustelle und die Allgemeinen Geschäftskosten gilt, was zur Vermeidung von Missverständnissen im Angebot bzw. den sonstigen Vertragsunterlagen zum Ausdruck kommen sollte. Fehlt es an einer hinreichenden Festlegung der Einheitspreise, so sind diese gegebenenfalls nach § 632 Abs. 2 BGB zu ermitteln.

2 Die vorangehend dargelegten Grundsätze gelten **für den Bauvertrag allgemein, also auch dort, wo die VOB/B nicht Vertragsgrundlage ist.** Eine Pauschalvereinbarung muss gesondert getroffen werden. Andernfalls muss die Vergütung grundsätzlich nach Einheitspreisen bemessen werden, was gerade für den Bereich des § 632 Abs. 2 BGB zu beachten ist. Die Ansicht von Grimme (MDR 1989, 20), der dem Pauschalvertrag die Wirkung des »Prototyps« für den BGB-Bauvertrag beimessen will, verkennt, dass hinsichtlich der Grundlagen des Vergütungsanspruchs des Auftragnehmers in erster Linie eine **baubetriebs-wissenschaftliche Betrachtungsweise geboten** ist, nach der sich die rechtliche Bewertung richtet.

II. Beweislast

Für die Vereinbarung eines **bestimmten** Einheitspreises, Pauschalpreises, Stundenlohnsatzes oder Selbstkostenerstattungsbetrages ist der **Auftragnehmer beweispflichtig** (vgl. BGH 23.1.1996 X ZR 63/94 = NJW-RR 1996, 952). **Er hat auch dann die Beweislast, wenn er davon ausgeht, die Vereinbarung eines bestimmten Preises im Rahmen einer der vorgenannten Vergütungsarten sei nicht getroffen worden, während der Auftraggeber die Vereinbarung eines bestimmten Preises behauptet** (BGH a.a.O.). Ist ein bestimmter Einheitspreis, Pauschalpreis usw. unstreitig nicht vereinbart worden oder wird dies vom Auftragnehmer bewiesen, so steht ihm – entsprechend § 632 Abs. 2 BGB – auch beim VOB-Vertrag das Recht auf Bestimmung eines angemessenen Preises zu. Um den aufgezeigten Schwierigkeiten im Rahmen der Beweislast zu entgehen, ist es den Vertragspartnern – vor allem dem Auftragnehmer – **dringend anzuraten,** keinen Bauvertrag ohne die Vereinbarung **bestimmter** Einheitspreise, Pauschalpreise usw. abzuschließen und sie auch **während der Vertragsabwicklung laufend durch eindeutige Vereinbarungen anzupassen,** wenn dafür die Voraussetzungen gemäß § 2 Nr. 3 bis 8 VOB/B vorliegen.

3

III. Tatsächlich ausgeführte Leistung ist maßgeblich

Erfolgt die **Berechnung der Vergütung nach Einheitspreisen,** so ist für die Ermittlung des **Endpreises** allein nicht schon entscheidend, welche Vordersätze in der jeweiligen Position des Leistungsverzeichnisses bzw. **im Vertrag angenommen** sind, vielmehr muss **nach Fertigstellung** der Bauleistung festgestellt werden, was an **jeweiligen Mengen wirklich erbracht** ist. Dies kommt in § 2 Nr. 2 VOB/B dadurch zum Ausdruck, dass die Berechnung auf der Grundlage der Einheitspreise nach den **tatsächlich ausgeführten Leistungen** erfolgt. Um die tatsächliche Leistung auf der Basis des Einheitspreisvertrages feststellen zu können, bedarf es zunächst des **Aufmaßes oder der** sonstigen **rechnerischen Ermittlung** gemäß § 14 VOB/B. Hier sind die **Aufmaßbestimmungen aus den Allgemeinen Technischen Vertragsbedingungen** wesentlich und allgemein anzuwenden, wenn nicht ausdrücklich im jeweiligen Vertrag andere Regelungen getroffen worden sind. Hat der Auftragnehmer bei dem Aushub von Rohrgräben nicht die nach DIN 4124 zur Wahrung der Standsicherheit erforderliche Abböschung ausgeführt, so ist er nicht berechtigt, für die Mengenermittlung die in der DIN 18 300, insbesondere Nr. 5.2.3, genannten Näherungswerte für die Böschungswinkel zu Grunde zu legen, sondern er kann nur Vergütung der tatsächlich ausgehobenen Mengen verlangen (OLG Düsseldorf 17.1.1992 22 U 135/91 = BauR 1992, 521 = NJW-RR 1992, 528).

4

Da das Aufmaß dazu dient, die tatsächlich ausgeführten Leistungen in ihren Mengen zu ermitteln, scheidet die Ermittlung nach bloß fiktiven Annahmen aus, was insbesondere in AGB des Auftragnehmers – aber auch des Auftraggebers – Beachtung finden muss. So verstößt eine vorformulierte Klausel dahin, dass im Hinblick auf die Anfertigung von Holzdecken statt der tatsächlich verbrauchten Balkenlängen von einem abstrakten Aufmaß für die Berechnung der Vergütung auszugehen ist, gegen § 307 BGB (OLG Karlsruhe 28.10.1988 10 U 71/88 = NJW-RR 1989, 52).

IV. Endgültige Berechnung nach Fertigstellung

5 Erst wenn die **tatsächlich erbrachte** Leistung im Wege etwa gebotener Korrektur der Vordersätze feststeht, kommt beim Einheitspreisvertrag eine **endgültige** Berechnung der Vergütung durch Multiplikation der im Wege des Aufmaßes festgestellten Vordersätze mit den jeweilgen Einheitspreisen der betreffenden Position in Betracht. Werden beim **Aufmaß mehr oder weniger Mengen** festgestellt, als sie in den Vordersätzen des Leistungsverzeichnisses festgehalten sind, handelt es sich nach dem System des Einheitspreisvertrages **nicht** um außerhalb der **bisherigen** vertraglichen Preisabsprache liegende Leistungsmengen.

V. Einheitspreisberechnung

6 Die grundsätzliche Berechnung der **Vergütung nach Einheitspreisen** gilt **auch für die gesondert zu vergütenden geänderten oder zusätzlichen Leistungen,** deren Notwendigkeit sich erst nach **Vertragsschluss** ergeben hat. Dabei ist insbesondere auch an Änderungen des Bauentwurfs nach § 1 Nr. 3 VOB/B und damit verbundene Leistungsänderungen durch Leistungserweiterungen oder Leistungsverringerungen sowie an zusätzlich geforderte Leistungen nach § 1 Nr. 4 VOB/B zu denken. Dies ergibt sich aus § 2 Nr. 5, 6 und 8 Abs. 2 VOB/B und kann **nicht nur Fälle** betreffen, in denen die **Hauptleistung von vornherein nach Einheitspreisen abzurechnen** ist, sondern auch solche, in denen für die **ursprüngliche Leistung andere Berechnungsarten** ausdrücklich abgesprochen waren und aus dem Vertrag nicht hinreichend klar ersichtlich ist, dass Änderungen, Erweiterungen oder Zusätze zur bisher vorgesehenen Leistung ebenfalls nach der vereinbarten anderen Berechnungsart vergütet werden sollen. Jedenfalls gilt dies **als Ausgangspunkt für die Neuberechnung** bei Vereinbarung eines **Pauschalpreises.** Denn bei ursprünglicher Vereinbarung einer Pauschale, **die auf den damals vorgesehenen Leistungsinhalt abgestellt** ist, kann man die veränderten oder zusätzlichen Arbeiten nicht ohne Schwierigkeiten sogleich pauschal abrechnen, es sei denn, die Vertragspartner **einigten** sich später auch wegen dieser anderweitigen oder zusätzlichen Leistungsanforderungen auf einen neuen Pauschalpreis.

VI. Stundenlohn- oder Selbstkostenerstattungsverträge

7 Dies trifft nicht unbedingt auf die als besondere Ausnahmen geltenden **Stundenlohnverträge oder Selbstkostenerstattungsverträge** zu. Diese Berechnungsarten können auch auf geänderte oder zusätzliche Leistungen Anwendung finden, **sofern** für den betreffenden Einzelfall die Berechnungsgrundlagen nach § 15 Nr. 1 Abs. 2 und Nr. 2 VOB/B bzw. nach § 5 Nr. 3 Abs. 2 VOB/A **hinreichend klar** sind. Trifft das zu, so ist die veränderte oder zusätzliche Leistung grundsätzlich **nach den bisher vereinbarten Berechnungsgrundlagen** abzurechnen, es sei denn, die Parteien haben für einen solchen Fall etwas anderes vereinbart. Ist dagegen das für die ursprünglich geplante Leistung vorgesehene Berechnungssystem ausnahmsweise nicht geeignet, die abgeänderten oder zusätzlichen Leistungen zufrieden stellend zu erfassen, muss auch dann nach Einheitspreisen abgerechnet werden. Ein Beispiel: Die Hauptleistung verursacht überwiegend Lohnkosten, bei der zusätzlichen Leistung ist das nicht der Fall oder umgekehrt.

B. Ausnahme: Berechnung nach Pauschalpreisen, Stundenlöhnen oder Selbstkostenerstattung

I. Pauschalvertrag

8 Der **Pauschalvertrag** unterscheidet sich vom Einheitspreisvertrag, wie sich aus einer Gegenüberstellung von § 5 Nr. 1a und 1b VOB/A ergibt. Die in § 5 Nr. 1b VOB/A geregelte Art des Pauschalvertra-

Die Berechnung der Vergütung § 2 Nr. 2 VOB/B

ges betrifft den sog. **Detail-Pauschalvertrag**, weil dort wie beim Einheitspreisvertrag die **geforderten Leistungen im Einzelnen aufgeschlüsselt** sind (*Kapellmann/Schiffers* Bd. 2 Rn. 2 ff.). Durch den Abschluss des Pauschalvertrages wird keineswegs nur der in der Leistungsbeschreibung enthaltene Leistungsinhalt und der in den Vordersätzen der Beschreibung ausgewiesene Leistungsumfang, sondern darüber hinaus **zumindest gleichrangig auch der dafür zu entrichtende Preis »pauschaliert«. Das ergibt sich zwangsläufig aus der Grundstruktur des Pauschalpreises, nämlich der prinzipiellen Loslösung gerade der Vergütung von den Einzelheiten der bei Vertragsschluss festgelegten zu erbringenden Leistung** (a.A., jedoch wohl missverstanden *Kapellmann* FS Soergel S. 99, 102 ff., sowie *Kapellmann/Schiffers* Rn. 35 f.; wie hier *Werner/Pastor* Rn. 1186), wobei die Vergütung natürlich nicht den **ausdrücklich vertraglich festgelegten Leistungsinhalt in seiner Gesamtheit** erweitert oder sonst verändert. Insofern besteht eine Art **»Gesamtkonnexität«** zwischen Leistungen und Preis.

Anders kann es beim **sog. Global-Pauschalvertrag** liegen, was häufig beim Schlüsselfertigbau vorkommt, bei dem die **Leistungselemente nur überschlägig angegeben** sind, es aber **Sache des Auftragnehmers ist, die erforderliche Funktionsgerechtheit zu erreichen** (vgl. dazu u.a. *Kapellmann* FS Soergel S. 99, 104 f.; wohl auch *Kapellmann/Schiffers* Bd. 2 Rn. 400). Beide Typen können in einem Vertrag jeweils teilweise vorkommen. Gerade hier sind in Einzelfällen die Regelungen in § 2 Nr. 7 Abs. 1 S. 2 und Abs. 2 VOB/B von besonderer Bedeutung.

9 Von einem Pauschalvertrag kann man allerdings nicht sprechen, wenn das Angebot und der Bauvertrag eindeutig nach Einheitspreisen ausgerichtet sind und bei der Auftragserteilung lediglich der Einfachheit halber der Angebotsendpreis nach oben oder unten **geringfügig** abgeändert worden ist (auf volle Euro, auf volle 10 € oder bei großen Aufträgen auf volle 100 €). Dann handelt es sich in Wirklichkeit noch um einen Einheitspreisvertrag (so auch *Vygen* ZfBR 1979, 133, 135; *Werner/Pastor* Rn. 1361; a.A. *Grimme* MDR 1989, 20, und Beck'scher VOB-Komm./*Jagenburg* § 2 Nr. 2 VOB/B Rn. 35). Das gilt umso mehr, wenn in den Vertragsbedingungen festgelegt ist, dass die Leistung **aufzumessen** ist (zutreffend *Vygen* a.a.O.). Anders kann das sein, wenn aus dem Vertrag der eindeutige Wille der Vertragspartner hervorgeht, **auch in diesem Falle** zu einem Pauschalpreis abzuschließen. Insbesondere kann dies zutreffen, wenn festzustellen ist, dass die Vertragspartner auf die genannte Weise einen Nachlass vereinbaren wollen. Ferner kann es für eine Pauschalvereinbarung auch ausreichen, wenn die Vertragspartner zunächst lediglich einen »vorläufigen Pauschalpreis« festlegen, sich jedoch über sämtliche Berechnungsmerkmale des endgültigen Preises vollauf einig sind.

10 Die Abrechnung nach unveränderten Pauschalpreisen ist im Verhältnis zur Abrechnung bei Einheitspreisverträgen dadurch vereinfacht, dass der Auftraggeber grundsätzlich nur die für die vertragliche Leistung vereinbarte **Pauschale als Endpreis zu entrichten** hat. Daher bedarf es in diesen Fällen im Allgemeinen **keines Aufmaßes,** auch **nicht einer spezifizierten Abrechnung,** um zur Feststellung der endgültigen Vergütung zu kommen. Jedoch ist es auch hier **erforderlich, die Schlussrechnung** dem Auftraggeber gemäß § 14 Nr. 3 VOB/B **vorzulegen, da dies für die Fälligkeit** der Schlusszahlung nach § 16 Nr. 3 Abs. 1 VOB/B **notwendig** ist (ebenso BGH 20.10.1988 VII ZR 302/87 = BauR 1989, 87 = NJW 1989, 346 = MDR 1989, 246 = SFH § 16 Nr. 3 VOB/B Nr. 47).

11 Allerdings ist eine **Veränderbarkeit des Pauschalpreises nicht für jeden Fall auszuschließen.** Vielmehr ergeben sich hier **Veränderungsmöglichkeiten,** wie sie in § 2 Nr. 7 VOB/B geregelt sind. In solchen Fällen bedarf es zumindest einer spezifizierten Abrechnung, um die Prüfbarkeit der Rechnung nach § 14 Nr. 1 VOB/B herbeizuführen, falls sich die Vertragspartner nicht auf eine neue, veränderte Pauschale einigen.

II. Stundenlohnvertrag

12 Eine weitere Form der Berechnung der Vergütung bildet der **Stundenlohnvertrag** (in der Praxis oftmals auch als »Regiearbeiten« oder als »Arbeiten in Regie bzw. auf Regiebasis« bezeichnet), dessen Voraussetzungen in § 5 Nr. 2 VOB/A festgelegt sind. Danach dürfen (im Falle eines Auftrags durch einen öffentlichen Auftraggeber) **Bauleistungen geringeren Umfanges, die überwiegend Lohnkosten** verursachen, im Stundenlohn vergeben werden. Bei Änderung des ursprünglich vereinbarten Leistungsinhaltes treten im Allgemeinen nicht die Probleme auf wie beim Pauschalvertrag, da es sich **nicht** um einen **Leistungsvertrag** handelt. Abgesehen von den nach § 15 Nr. 1 Abs. 1 und Nr. 2 VOB/B vereinbarten bzw. Nr. 1 Abs. 2 VOB/B üblichen Berechnungsgrundlagen, liegt die Endsumme der Vergütung **nicht von vornherein fest,** sondern sie ergibt sich **erst bei der Stundenlohnabrechnung nach erbrachter Bauleistung.**

13 Das gilt unter zwei Einschränkungen: Einmal müssen nicht nur die bisher abgesprochenen Leistungen **als Stundenlohnarbeiten vereinbart** sein, sondern auch diejenigen, die als **Mehrleistungen oder etwa veränderte Leistungen** nach Vertragsschluss gefordert oder absprachegemäß ausgeführt werden. Dies folgt aus § 2 Nr. 10 VOB/B. Andernfalls wird man die **Mehrleistungen oder etwa veränderten Leistungen** nach **Einheitspreisen** abzurechnen haben. Zum anderen müssen die Mehrleistungen oder veränderten Leistungen grundsätzlich geeignet sein, nach Stundenlohn abgerechnet zu werden, d.h., sie müssen den Voraussetzungen von § 5 Nr. 2 VOB/A entsprechen, es sei denn, dass die Vertragspartner sich hierüber hinwegsetzen und auch so Stundenlohnabrechnung vereinbaren. Es ist grundsätzlich ohne ausdrückliche anderweitige Regelung nicht zulässig, zunächst den Bauvertrag über eine Leistung geringeren Umfanges nach Stundenlöhnen abzuschließen und dann von Seiten des Auftragnehmers zu verlangen, dass eine größere zusätzliche Leistung auch nach Stundenlöhnen abgerechnet wird. Dann kommt nur Abrechnung nach Einheitspreisen in Betracht. Es besteht ein berechtigtes Interesse des Auftraggebers daran, die Stundenlohnverträge auf die in § 5 Nr. 2 VOB/A angeführten Tatbestände zu beschränken.

III. Selbstkostenerstattungsvertrag

14 Selbstkostenerstattungsverträge werden nach den Richtlinien in § 5 Nr. 3 Abs. 2 VOB/A abgerechnet, solange nicht eine Berechnung nach Einheitspreisen oder Pauschalpreisen möglich ist. Die im Vertrag niedergelegten Einzelheiten für die Berechnung der Vergütung sind maßgebend. Abgerechnet wird nach der tatsächlich erbrachten Leistung. Für die Abrechnung von Leistungen, die nach Vertragsschluss zusätzlich gefordert worden sind, gilt das Gleiche wie bei Stundenlohnverträgen.

§ 2 Nr. 3
[Änderungen der Vergütung/Mengenabweichungen beim Einheitspreisvertrag]

(1) Weicht die ausgeführte Menge der unter einem Einheitspreis erfassten Leistung oder Teilleistung um nicht mehr als 10 v.H. von dem im Vertrag vorgesehenen Umfang ab, so gilt der vertragliche Einheitspreis.

(2) Für die über 10 v.H. hinausgehende Überschreitung des Mengenansatzes ist auf Verlangen ein neuer Preis unter Berücksichtigung der Mehr- oder Minderkosten zu vereinbaren.

(3) Bei einer über 10 v.H. hinausgehenden Unterschreitung des Mengenansatzes ist auf Verlangen der Einheitspreis für die tatsächlich ausgeführte Menge der Leistung oder Teilleistung zu erhöhen, soweit der Auftragnehmer nicht durch Erhöhung der Mengen bei anderen Ordnungszahlen (Positionen) oder in anderer Weise einen Ausgleich erhält. Die Erhöhung des Einheitspreises soll im Wesentlichen dem Mehrbetrag entsprechen, der sich durch Verteilung der Bau-

stelleneinrichtungs- und Baustellengemeinkosten und der Allgemeinen Geschäftskosten auf die verringerte Menge ergibt. Die Umsatzsteuer wird entsprechend dem neuen Preis vergütet.

(4) Sind von der unter einem Einheitspreis erfassten Leistung oder Teilleistung andere Leistungen abhängig, für die eine Pauschalsumme vereinbart ist, so kann mit der Änderung des Einheitspreises auch eine angemessene Änderung der Pauschalsumme gefordert werden.

Inhaltsübersicht   Rn.

A. Änderung der Vergütung nach Nr. 3–8 – Allgemeines 1
B. Mengenabweichungen beim Einheitspreisvertrag nach Nr. 3 6
    I. § 2 Nr. 3 VOB/B gilt nur bei Einheitspreisvertrag 6
    II. Preisänderung bei Mengenänderung 7
    III. Grenzen bei vertraglichem Ausschluss des § 2 Nr. 3 VOB/B 9
C. Die Grundregel in § 2 Nr. 3 Abs. 1 VOB/B 11
    I. Abschließende Grenzziehung 11
    II. Einheitspreis der betreffenden Position ausschlaggebend 14
D. Überschreitungen (§ 2 Nr. 3 Abs. 2 VOB/B) 16
    I. Keine Preisänderung bei Leistungsmenge bis 110 % 17
    II. Berücksichtigung der bisherigen Preisgrundlagen 18
    III. Ermittlung des neuen Preises im Einzelnen – Bewertung bei so genannter Unterkalkulation 20
    IV. Häufig Verringerung des Einheitspreises 30
    V. Vereinbarung des neuen Preises auf Verlangen 31
E. Unterschreitungen (§ 2 Nr. 3 Abs. 3 VOB/B) 33
    I. Fälle ohne Eingreifen des Auftraggebers 34
    II. Grundsätzlich Erhöhung des Einheitspreises; sonstiger Ausgleich 36
    III. Berechnungsfaktoren 41
F. Abhängigkeit von Pauschalpreisleistungen (§ 2 Nr. 3 Abs. 4 VOB/B) 46

Aufsätze: *Groß* Das Verlangen auf Vereinbarung eines neuen Preises (§ 2 Nr. 3, 5, 6, 7 VOB/B) FS Soergel 1993 S. 99 ff.; *Knacke* Der Ausschluss des Anspruchs des Auftragnehmers aus § 2 Nr. 3 VOB/B durch Allgemeine Geschäftsbedingungen des Auftraggebers FS v. Craushaar 1997 S. 243 ff.; *Friedrich* Betrachtungen zu § 2 Nr. 3 VOB/B aus der Sicht kleiner und mittelständischer Bauunternehmen BauR 1999, 817; *Schulze-Hagen* Mindermengenabrechnung gemäß § 2 Nr. 3 VOB/B und Vergabegewinn FS Jagenburg 2002 S. 815 ff.; *Usselmann* Nachträge in der Ausgleichsberechnung richtig berücksichtigen BauR 2004, 1217; *Drittler* Berechnung neuer Einheitspreise nach § 2 Nr. 3 VOB/B und Vorschläge für eine Revision des § 2 Nr. 3 VOB/B BauR 2005, 307; *Luz* Bereinigende Preisfortschreibung bei Nachträgen und Ausgleichsberechnung gemäß § 2 Nr. 3 VOB/B BauR 2005, 1391; *Stemmer* Nochmals: Bereinigende Preisfortschreibung bei Nachträgen und Ausgleichsberechnungen gemäß § 2 Nr. 3 VOB/B BauR 2006, 304.

A. Änderung der Vergütung nach Nr. 3–8 – Allgemeines

Die in § 2 VOB/B folgenden Vertragsbestimmungen betreffen Fallgruppen, bei denen es gerechtfertigt und bei einem VOB-Vertrag vereinbart ist, die ursprünglich im Vertrag vereinbarte **Vergütung zu ändern.** Es handelt sich grundsätzlich um **abschließende Regelungen, die einer Erweiterung nicht zugänglich sind.** Soweit es sich um **Vergütungsänderungen nach § 2 Nr. 3, 5, 6 und 7 VOB/B** handelt, kommen sie im Einzelfall nur in Betracht, wenn **ein Vertragsteil sich darauf beruft.** Insofern handelt es sich um vorvertragliche Regelungen und nicht um einen bedingten Hauptvertrag, da es hier um die Verpflichtung der Vertragspartner geht, unter den im Einzelnen geregelten Voraussetzungen den Hauptvertrag im Vergütungsbereich zu ändern (ähnlich *Groß* FS Soergel S. 49, 60). Das Verlangen auf Anpassung der Vergütung kann gestellt werden, sobald die jeweils maßgebenden Voraussetzungen vorliegen. Dieses kann notfalls auch im Rahmen einer Klage geschehen, wobei das

1

jetzige Vergütungsverlangen im Einzelnen zu begründen und auch zu beziffern ist (vgl. *Groß* a.a.O. S. 61 f.). Sinnvollerweise macht der berechtigte Vertragspartner zunächst außergerichtlich seinen Anspruch geltend, um eine gütliche Einigung mit dem anderen Vertragspartner zu erreichen. Geht man von den hier erörterten Regelungen der VOB/B aus, so ist ein **bestimmter Zeitpunkt**, in dem das Änderungsverlangen zu stellen ist, **nicht** festgelegt. Dies gilt auch trotz der Ankündigungspflicht in § 2 Nr. 6 Abs. 1 S. 2 VOB/B, da diese **nicht schon die Geltendmachung** eines zusätzlichen Vergütungsanspruches voraussetzt. Auch ist in den genannten Regelungen der VOB/B **kein Endzeitpunkt** für das Verlangen auf Änderung der Vergütung festgelegt. In der Praxis wird der Anspruchsteller (insoweit regelmäßig der Auftragnehmer) aber darauf achten, dass er den Anspruch noch vor Ablauf der Verjährungsfrist für seinen Vergütungsanspruch geltend macht und auch die Einrede der vorbehaltlosen Annahme der Schlusszahlung des Auftraggebers nach § 16 Nr. 3 Abs. 2 bis 5 VOB/B nicht riskiert. Ein etwaiger **Verzicht** des berechtigten Vertragspartners auf Änderung der Vergütung kommt nur durch hinreichende ausdrückliche oder stillschweigende Erklärung in Betracht, wobei im letzteren Fall ganz zweifelsfreie Anhaltspunkte vorliegen müssen, um zu einem solchen Ergebnis zu kommen, da ein stillschweigender Verzicht i.d.R. nicht anzunehmen ist.

2 **Soweit nach § 2 Nr. 3 bis 8 VOB/B veränderte Vergütungsansprüche bestehen, verjähren diese innerhalb derselben Frist wie der Frist für die bisher maßgebenden Ansprüche,** vor allem ohne Änderung des bisher ausschlaggebenden Beginns und Ablaufs der Verjährungsfrist für die Schlussvergütung.

3 Im Übrigen **regelt § 2 Nr. 3 bis 8 VOB/B nur die Frage der Veränderung der Vergütung als solche bei bestimmten, dem Bauvertragswesen typischen Geschehensabläufen. Daneben können auch darüber hinausgehende Ansprüche bestehen,** wenn durch diese Geschehensabläufe **weitere nachteilige Folgen eingetreten sind,** die der betreffende Vertragspartner, hier vornehmlich der Auftraggeber, **zu vertreten** hat. Das gilt z.B. für **Ansprüche des Auftragnehmers nach § 6 VOB/B,** dort insbesondere Nr. 6, wenn eine Leistungsveränderung, die vom Auftraggeber bzw. dem bauplanenden Architekten als seines Erfüllungsgehilfen veranlasst worden ist, zugleich eine **Verzögerung der vorgesehenen Bauzeit** mit sich gebracht hat, die nicht schon durch eine Veränderung der bisherigen Vergütung ausgeglichen ist.

4 Die in § 2 Nr. 4 bis 6 (also nicht Nr. 3) VOB/B geregelten Preisänderungsmöglichkeiten gelten **entsprechend auch für BGB-Bauverträge,** da sie ihre Grundlage ohnehin im BGB haben, nämlich Nr. 4 in § 649 BGB und Nr. 5 und 6 in §§ 631, 632 BGB. Allerdings entfällt beim BGB-Bauvertrag für Zusatzleistungen die in Nr. 6 Abs. 1 festgelegte Pflicht zur vorherigen Ankündigung des zusätzlichen Vergütungsanspruches. **AGB des Auftraggebers,** die die vorgenannten Ansprüche **ausschließen oder erheblich einschränken,** verstoßen im Allgemeinen gegen § 307 BGB.

5 Werden Ansprüche auf der Grundlage von § 2 Nr. 3 bis 8 VOB/B geltend gemacht, hat derjenige die Darlegungs- und Beweislast, der sich darauf beruft (OLG Schleswig 24.8.1995 11 U 110/92 = BauR 1996, 265).

Zu den Einzelregelungen:

B. Mengenabweichungen beim Einheitspreisvertrag nach Nr. 3

I. § 2 Nr. 3 VOB/B gilt nur bei Einheitspreisvertrag

6 § 2 Nr. 3 VOB/B betrifft nur **Mengenänderungen der bei Vertragsschluss festgelegten** insoweit inhaltlich unverändert gebliebenen **Leistung, also allein die Vordersätze,** nicht auf im Vertrag (Leistungsverzeichnis) **nicht vorgesehene Leistungsänderungen oder Änderungen der Leistungsart oder Zusatzleistungen** (vgl. zutreffend OLG Celle 22.7.1980 14 U 44/80 = BauR 1982, 381 = SFH

§ 2 Nr. 6 Nr. 1). **Er bezieht sich nur auf den Einheitspreisvertrag,** wie er in Inhalt und Tragweite § 5 Nr. 1a VOB/A entspricht (OLG Köln 16.8.1994 9 U 104/93 = MDR 1995, 40 = SFH § 2 Nr. 7 VOB/B Nr. 3 = NJW-RR 1995, 274). Also kommt **§ 2 Nr. 3 VOB/B** bei Pauschalverträgen nicht zur Anwendung.

Im Bereich des § 2 Nr. 3 VOB/B ist die **Eigenart des Einheitspreisvertrages zu beachten.** Die Bauleistung stellt dort auch für den Bereich der Vergütung nicht eine einzige und gleiche Leistung dar, sondern sie ist nach der Leistungsbeschreibung gemäß § 9 VOB/A in Einzelleistungen (Positionen) aufgeteilt. Diese sind jeweils nach Art, Umfang und Menge festgelegt, wobei es für den Rahmen des § 2 Nr. 3 VOB/B **allein auf das letzte Merkmal** (die Vordersätze) **ankommt. Die Mengen können sich** im Verlauf der Bauausführung **ändern, ohne** dass es zu einem **den vorgesehenen Leistungsinhalt ändernden, nachträglichen Eingriff des Auftraggebers** kommt. Insoweit kann es zu einer **Überschreitung oder Unterschreitung des bisher im Leistungsbeschrieb enthaltenen Mengenansatzes** (der Vordersätze) kommen, so z.B., wenn die nach dem Leistungsverzeichnis vorgesehene Ausschachtung von 5 m Tiefe an Stelle der im Vordersatz angegebenen Menge von 1.000 cbm in Wirklichkeit 1.500 cbm erfordert, um das bisher vorgesehene Leistungsziel zu erreichen.

II. Preisänderung bei Mengenänderung

Da sich Leistung und Gegenleistung angemessen gegenüberstehen sollen, muss sich u.U. die **Vergütung,** mithin der **Einheitspreis, ändern, wenn eine bestimmte Über- oder Unterschreitung** der im Leistungsverzeichnis in den jeweiligen Positionen vorgesehenen **Leistungsmengen,** die ihrerseits **nach Maß, Zahl oder Gewicht** ausgerichtet sind, während der Ausführung eintritt. Aufgabe des § 2 Nr. 3 VOB/B ist es, diesen Rahmen zu erkennen und daraus die erforderlichen Konsequenzen zu ziehen, nämlich die erforderliche Äquivalenz zwischen Leistung und Gegenleistung wiederherzustellen (vgl. dazu tiefgründig und eingehend *Heiermann* FS Korbion S. 137 ff.). Es war dazu zunächst die Grundregel festzulegen, bis zu welcher Grenze sich der Einheitspreis **im Rahmen des für den Auftragnehmer erfahrungsgemäß Zumutbaren nicht** ändert. Alsdann war zu klären, **welche Änderungen** bei einer mengenmäßigen Mehr- oder Minderleistung zu erfolgen haben, **wenn gewisse Grenzen überschritten** sind. Schließlich war zu prüfen, **ob und wie sich die Änderung** des Leistungsinhalts auf einen Pauschalpreis **auswirkt,** der für eine Leistung vereinbart ist, die ihrerseits von einer unter einem Einheitspreis zusammengefassten Leistung oder Teilleistung abhängig ist. **7**

Hervorzuheben ist besonders: **§ 2 Nr. 3 VOB/B besagt nicht, dass Abweichungen** bis zu einem bestimmten Umfang der **tatsächlich ausgeführten Mengen** von den im **Leistungsverzeichnis bzw. im Vertrag vorgesehenen** bei der Berechnung der Vergütung **überhaupt unberücksichtigt** bleiben und damit nicht zu bezahlen wären. Diese Bestimmung regelt vielmehr **nur den Einheitspreis, nicht den Umfang der auf Grund des erfolgten Aufmaßes zu berechnenden Leistung.** Der Leistungsumfang vermag im Rahmen der hier erörterten Regelung **nur bei der Neuberechnung des Einheitspreises** nach § 2 Nr. 3 Abs. 2 oder Abs. 3 oder des Pauschalpreises bei Nr. 3 Abs. 4 VOB/B eine Rolle zu spielen. **8**

III. Grenzen bei vertraglichem Ausschluss des § 2 Nr. 3 VOB/B

Sofern in einem Bauvertrag die in § 2 Nr. 3 VOB/B geregelte Preisänderungsmöglichkeit **ausgeschlossen** ist, bleibt der **Auftraggeber** dem Auftragnehmer **jedenfalls aus § 280 BGB schadensersatzpflichtig, wenn** die Mehr- oder Minderleistung darauf zurückzuführen ist, dass die **Mengenangaben im Leistungsverzeichnis unrichtig sind** und dies auf einem **schuldhaften Handeln oder Unterlassen des Auftraggebers oder seines Erfüllungsgehilfen (Architekten) beruht.** Der daraus resultierende Schadensersatzanspruch richtet sich nach den Maßstäben, wie sie aus § 2 Nr. 3 VOB/B ersichtlich sind. **9**

10 Sofern die §§ 305 ff. BGB Anwendung finden, was vornehmlich bei Zusätzlichen Vertragsbedingungen nahe liegt, dürfte die Generalklausel des § 307 BGB zu beachten sein. Ist das **nicht oder noch nicht** der Fall, wie etwa durch die Klausel »Die Einheitspreise sind Festpreise für die Dauer der Bauzeit und behalten auch dann ihre Gültigkeit, wenn Massenänderungen i.S.d. § 2 Nr. 3 VOB/B eintreten«, dann liegt eine **Unwirksamkeit nach § 307 BGB nicht** vor (ähnlich BGH 8.7.1993 VII ZR 79/92 = BauR 1993, 723 = NJW 1993, 2738 = SFH § 9 AGBG Nr. 59; andere Auffassung mit beachtlichen Argumenten *Knacke* FS v. Craushaar S. 249 ff.). Ein Verstoß gegen § 307 BGB ist es dagegen, wenn der Auftraggeber für den Bereich von § 2 Nr. 3 VOB/B lediglich Erhöhungen, nicht aber zugleich Herabsetzungen der Einheitspreise ausschließt, da hierdurch grundlegende Anforderungen an das Erfordernis der »Waffengleichheit« missachtet werden. **Davon abgesehen dürfte durch den Ausschluss oder die beachtliche Einengung von § 2 Nr. 3 (etwa die Erhöhung der Grenze von 10% auf 20%) die VOB/B als Ganzes nicht mehr gegeben sein (vgl. BGH 22.1.2004 VII ZR 419/02 = BauR 2004, 668).** Andererseits dürfte das bloße Verlangen auf schriftliche Ankündigung, falls der Auftragnehmer die Überschreitung oder Unterschreitung von 10% der Mengen feststellt, für sich allein noch kein Verstoß gegen § 307 BGB sein, da dieses nur der berechtigten Orientierung des Auftraggebers dient. Verstößt der Auftragnehmer gegen eine solche ihm auferlegte Verpflichtung, so kann er sich aus § 280 BGB schadensersatzpflichtig machen. Dies muss wiederum ausscheiden, wenn die Leistungsbeschreibung vom Auftraggeber, vor allem dem von ihm beauftragten Planer stammt und dabei nicht mit der gebotenen Sorgfalt, nur durch Schätzung, vorgegangen wurde. In einem solchen Falle trifft den Auftraggeber gemäß § 254 BGB ein alleiniges oder überwiegendes Verschulden. Haftet der Auftragnehmer in dem hier angesprochenen Bereich im Ausgangspunkt ganz oder teilweise, bleibt immer noch die Frage, ob dem Auftraggeber ein ihm nicht zumutbarer Vermögensmehraufwand tatsächlich entstanden ist.

C. Die Grundregel in § 2 Nr. 3 Abs. 1 VOB/B

I. Abschließende Grenzziehung

11 Weichen die **Mengen (Vordersätze) einer unter einem Einheitspreis erfassten Leistung** oder Teilleistung um **nicht mehr als 10%** von den im Vertrag vorgesehenen **ab, verbleibt es bei dem vertraglichen Einheitspreis.** Erst bei **höheren Abweichungen** ergibt sich die Frage der Anpassung des vereinbarten Einheitspreises an den in Bezug auf die veränderten Mengen neuen Leistungsinhalt. Dabei ist zu beachten, dass Mengenabweichungen **bis einschließlich 10%** den bisher vereinbarten Preis **unberührt** lassen. Insoweit ist davon auszugehen, dass diese 10% nach allgemeiner Erfahrung im Bauwesen dem tolerierbaren Vertragsrisiko zugerechnet werden (zutreffend *Heiermann* FS Korbion S. 137, 142).

12 Die in **§ 2 Nr. 3 VOB/B** getroffene Regelung **ist abschließend für die Fälle der Mengenänderungen** über 10% hinaus. Hier kann auch **nicht** auf § 313 BGB zurückgegriffen werden; die Frage der **Preisgestaltung bei Mengenänderungen** ist nämlich **vertraglich geregelt.** Diese Regelung ist deshalb die **Geschäftsgrundlage.**

13 Die hier aufgestellten Grundsätze gelten **allgemein** für den Rahmen des § 2 Nr. 3 VOB/B, also im Falle von Mengenabweichungen bei **Einheitspreisverträgen,** aber auch **nur dort.**

II. Einheitspreis der betreffenden Position ausschlaggebend

14 Aus § 5 VOB/A folgt, dass unter einer Leistung, die unter einem Einheitspreis zusammengefasst ist, der Leistungsteil zu verstehen ist, der **unter einer Einzelposition zusammengestellt** ist. Das wird in der VOB auch dadurch klargestellt, dass zusätzlich das Wort »**Teilleistung**« eingefügt worden ist. Deshalb ist bei der Prüfung, ob der bisher vereinbarte Einheitspreis sich ändert, immer nur **von**

dem **Mengenansatz der einzelnen Position auszugehen.** Hält sich dieser Mengenansatz **innerhalb des 10%-Rahmens, bleibt es bei dem bisher vereinbarten Einheitspreis der Position der Leistungsbeschreibung.** Die Feststellung der Angemessenheit der Einheitspreise nach Bauausführung bei einer Abweichung der Leistungsmenge muss daher unter **Prüfung jeder Einzelposition** geschehen. Wenn z.B. von zehn Positionen sich fünf im Rahmen des 10%-Rahmens halten und die anderen fünf nicht, so **bleibt** es wegen der ersteren **bei den vertraglich festgesetzten Einheitspreisen,** während wegen der letzteren jeweils eine Preisänderung in Betracht kommt. Der **jeweilige Positionspreis oder der Gesamtpreis** des Vertrages **spielt bei Leistungsabweichungen** im Rahmen des § 2 Nr. 3 VOB/B **keine Rolle,** zumal nicht diese, sondern der Einheitspreis vertraglich vereinbart sind bzw. ist.

Es muss sich aber immer um Mengenabweichungen im Bereich der Vordersätze **allein auf der Grundlage des bisherigen, unveränderten Inhaltes der betreffenden Leistungsposition** handeln, also um bloße Mehr- oder Minderleistungen nach Maß, Gewicht oder Stückzahl in den dazugehörigen Vordersätzen. **Sonstige Leistungsänderungen,** wie z.B. die spätere Änderung der Abfuhrstrecke für den Abtransport von Erdmassen, **gehören nicht hierher.** Diese unterfallen im Allgemeinen § 2 Nr. 5 VOB/B. **Überhaupt scheidet die Anwendung der Nr. 3 in allen Fällen aus, in denen die eigentliche Grundlage der Veränderung adäquat-kausal auf Eingriffe des Auftraggebers in den vorgesehenen Leistungsbestand zurückgeht.** 15

D. Überschreitungen (§ 2 Nr. 3 Abs. 2 VOB/B)

Hier werden Mengenüberschreitungen von **mehr als 10%** als ursprünglich in dem mit zum Vertragsinhalt gewordenen Leistungsverzeichnis vorgesehen in einer Position oder in jeweils mehreren einzelnen Positionen vorausgesetzt. 16

I. Keine Preisänderung bei Leistungsmenge bis 110%

Bei der **Berechnung des neuen Einheitspreises** wird der **bisherige Einheitspreis der betreffenden Position nicht gegenstandslos.** Es wird **nicht ein neuer Einheitspreis für die gesamte Position** festgesetzt. Vielmehr bleibt, da nur die Leistungsüberschreitung in Bezug auf den Preis eine Rolle spielt, der **bisherige Einheitspreis für die vertraglich festgelegte Menge** bestehen. Diesem Mengenansatz ist dann zunächst der in Abs. 1 festgelegte Spielraum von 10% hinzuzurechnen, für den **auch noch der bisherige Einheitspreis gilt.** Erst für die **darüber hinausgehende Menge** (ab 110%) ist ein **neuer Preis** zu vereinbaren. Hiernach werden im Ergebnis bei **einer Position zwei verschiedene Einheitspreise,** je nach der tatsächlich erbrachten Leistungsmenge im Verhältnis zur vorgesehenen (einmal bis 110%, zum anderen darüber hinaus), festgelegt und so auch abgerechnet. Also ist, falls z.B. die Position 1 des Leistungsverzeichnisses 150% der bei Vertragsschluss vorgesehenen Mengen bei der späteren Ausführung ergibt, diese Position bei der Abrechnung dahin gehend aufzuspalten, dass in einer Position 1a 110% zum bisher vereinbarten Einheitspreis und in einer Position 1b 40% zu dem neu festzusetzenden Einheitspreis abzurechnen sind. 17

II. Berücksichtigung der bisherigen Preisgrundlagen

Für die Ermittlung des neuen Preises gilt: **Ausgangspunkt für die Berechnung** des neuen Preises sind die Preisermittlungsgrundlagen des bisherigen Einheitspreises (OLG Schleswig 11.5.1995 7 U 214/91 = BauR 1996, 127, 128; *Heiermann/Riedl/Rusam* § 2 VOB/B Rn. 85; Beck'scher VOB-Komm./*Jagenburg* § 2 Nr. 3 VOB/B Rn. 24; *Franke/Kemper/Zanner/Grünhagen* § 2 VOB/B Rn. 68; *Heiermann* FS Korbion S. 137, 142). Es ist somit nicht zulässig, die bisherigen Preisermittlungsgrundlagen des alten Preises völlig außer Acht zu lassen und nur neue Preisermittlungen anzustellen. 18

Es ist nämlich zu bedenken, dass mitbestimmendes Motiv für das Vertragsangebot und dessen Annahme nicht nur die bloßen Zahlen des Angebots gewesen sind, sondern auch deren Ermittlung, also die Berechnungsgrundlagen. Grundsätzlich gilt dies ohne Rücksicht darauf, ob der Auftragnehmer dabei einen »schwachen« oder ob er einen »satten« Preis kalkuliert hat, der Gegenstand der vertraglichen Preisabsprache geworden ist (OLG Schleswig 24.8.1995 11 U 110/92 = BauR 1996, 265). Dabei sind auch vom Auftragnehmer gewährte Nachlässe mit einzubeziehen. Die Forderung, dass sich die Parteien bei der Festlegung des neuen Einheitspreises an die Preisermittlungsgrundlagen für die bisherige Leistung halten sollen, ist daher ein **Ausfluss der vertraglichen Vereinbarung.** Es handelt sich um eine vertraglich geregelte **Preisanpassung,** soweit über 10% hinausgehende Mehrmengen in Rede stehen.

19 Verlangt der Auftragnehmer bei Mengenüberschreitung die Erhöhung des Einheitspreises für die über 10% hinausgehenden Mengen, muss er grundsätzlich die Kalkulation des bisherigen Einheitspreises offen legen. Geschieht dies nicht und ist auch eine Schätzung dieser Kalkulation nach § 287 ZPO nicht möglich, so kommt eine Erhöhung des Einheitspreises nicht in Betracht (OLG München 14.7.1993 27 U 191/92 = BauR 1993, 726). Verlangt der Auftraggeber die Herabsetzung des Einheitspreises für die über 10% hinausgehenden Mengen, so hat ihn der Auftragnehmer als vertragliche Pflicht dahin zu unterstützen, dass er spätestens jetzt seine bisherige Kalkulation dem Auftraggeber zur Verfügung stellt. Verweigert er dies, so macht sich der Auftragnehmer aus § 280 BGB schadensersatzpflichtig, wobei auch etwaige Gutachterkosten zu Lasten des Auftragnehmers gehen. Sicherheitshalber sollte der Auftraggeber vor oder bei Abschluss des Vertrages die Hinterlegung der Urkalkulation (am besten in einem verschlossenen Umschlag) verlangen.

III. Ermittlung des neuen Preises im Einzelnen – Bewertung bei so genannter Unterkalkulation

20 Für die Ermittlung des neuen Preises sind vorkalkulatorisch die Mehr- oder Minderkosten zu erfassen, also so, als wäre zur Zeit der Angebotsabgabe und dem darauf beruhenden Vertragsschluss die erhöhte Ausführungsmenge bekannt gewesen und die Preise wären auf dieser Grundlage gebildet worden (ähnlich *Olshausen* VDI-Berichte Nr. 458, S. 49, 51 f.). Insofern können nach wie vor die Maßstäbe als Richtpunkt gelten, die in Nr. 69 der früheren Vorläufigen VOB-Richtlinien des Bundesfinanzministers (vgl. *Daub* VOB-Richtlinien, 7. Aufl., S. 60 f.) wie folgt festgelegt sind:

»Bei Bemessung der Preise bei Massenveränderungen nach § 2 Nr. 3 VOB/B ist regelmäßig auf die Preisermittlung zurückzugreifen. Es ist sorgfältig zu prüfen, ob und inwieweit die Kosten durch eine Massenänderung beeinflusst werden; im Allgemeinen werden sich die Massenänderungen unmittelbar nur auf die Einzelkosten (Einzellohnkosten, Einzelstoffkosten sowie ggf. Sonderkosten) der betreffenden Teilleistungen auswirken, doch muss auch darauf geachtet werden, ob sich nicht infolge der Massenänderungen Gemeinkosten (Baustellengemeinkosten, wie z.B. Baustelleneinrichtungskosten, Allgemeine Geschäftskosten) insgesamt oder in ihrer anteiligen Umlage auf die Teilleistungen ändern. Die Änderung der Gemeinkosten muss auch in den Fällen berücksichtigt werden, in denen diese Kosten nach besonderen Ordnungsziffern des Leistungsverzeichnisses mit Pauschpreisen abgegolten werden.« (Siehe hierzu *Kapellmann/Schiffers* Bd. 1 Rn. 600 ff.)

21 Die **Einzelkosten der Teilleistung (EKT)** – Lohn- und Materialkosten – steigen proportional mit der ausgeführten Menge. Auch können sich Zusatzkosten durch den Einsatz zusätzlicher Geräte ergeben. Zwar weist Kapellmann (vgl. *Kapellmann* in *Kapellmann/Messerschmidt* § 2 VOB/B Rn. 146) zu Recht darauf hin, dass sich durch größere Mengen niedrigere Einkaufspreise ergeben können. Das spielt im Rahmen des § 2 Nr. 3 VOB/B jedoch keine Rolle, da sich günstigere Preise beim Einkauf des gesamten Materials ergeben können, dagegen nicht, wenn wegen zusätzlich erforderlicher Mengen Material nachgekauft werden muss.

Baustellengemeinkosten (BGK) entstehen durch den Betrieb der Baustelle, werden aber nicht den einzelnen Teilleistungen direkt zugeordnet (vgl. *Reister* S. 97). Zu den Baustellengemeinkosten zählen teilweise auch die Gerätekosten. Die Baustelleneinrichtungskosten zählen nur dann zu den Baustellengemeinkosten, wenn hierfür keine Position zur Verfügung steht, die eine Verrechnung der Baustelleneinrichtung unter die Einzelkosten der Teilleistung zulässt (vgl. *Reister* a.a.O.). Die wesentliche Grundlage für die Ermittlung der Gerätekosten (Abschreibung, Verzinsung, Unterhaltung) bildet die Baugeräteliste, die vom Hauptverband der Bauindustrie herausgegeben wird. Die Baustellengemeinkosten verändern sich durch Mengenmehrungen nur, wenn mit den Mengenmehrungen auch eine Verlängerung der Bauzeit verbunden ist. Dann sind diese Kosten bei der Berechnung des neuen Einheitspreises zu berücksichtigen. **22**

Allgemeine Geschäftskosten (AGK) entstehen dem Unternehmer durch den Betrieb seines Gewerbes. Hierbei handelt es sich um alle betrieblichen Kosten, die nicht auf der Baustelle anfallen oder auf diese zu verrechnen sind, z.B. Kosten des Bauhofes, Fuhrparks, Bürokosten, Reisekosten, betriebliche Sozialleistungen. Sie werden i.d.R. als Erfahrungssatz unter Gegenüberstellung von jährlich durchschnittlich entstehenden Kosten in Relation zum Umsatz berechnet und ermittelt. In der absoluten Höhe sind sie aber abhängig vom – vor allem auch personellen – Umfang des Betriebes und der Sparte oder den Sparten, in denen das Unternehmen tätig ist. Von Einfluss sind aber auch die kostenmäßigen Größen der einzelnen Aufträge. Die Allgemeinen Geschäftskosten sind also umsatzabhängig (vgl. OLG Schleswig 11.5.1995 7 U 214/91 = BauR 1996, 127). Bei Mehrmengen findet eine Fortschreibung des AGK-Ansatzes statt (vgl. OLG Nürnberg 18.12.2002 4 U 2049/02 = IBR 2003, 55-*Reister*). **23**

Wagnis ist kein selbstständiger kalkulatorischer Ansatz, da es betriebswirtschaftlich zum Gewinn zählt. Der kalkulatorische Ansatz für Gewinn ist in die Berechnung mit einzubeziehen, denn der Gewinn dient in seiner Gesamtheit der Absicherung eines Unternehmens gegen das allgemeine unternehmerische Wagnis. Er ist die Belohnung für das unternehmerische Wagnis (vgl. *Drittler* BauR 2005, 307, 309). **24**

Alternativpositionen (Wahlpositionen) werden in die Ausgleichsberechnung einbezogen, wenn die Grundposition entfallen ist, der Auftraggeber sich also für die Alternative entschieden hat (vgl. *Kapellmann/Schiffers* Bd. 1 Rn. 577; *Biermann* S. 104). **25**

Eventualpositionen (Bedarfspositionen) werden ausgeschrieben, wenn noch nicht endgültig geklärt ist, ob die Leistung tatsächlich benötigt wird. Eventualpositionen dürfen deshalb bei der Kalkulation über die Angebotsendsumme nicht herangezogen werden. Würden sie nämlich herangezogen und später nicht beauftragt, käme es zu einer Unterdeckung der Gemeinkosten. Andererseits würde der Unternehmer Verluste erleiden, wenn er Eventualpositionen nicht in die Umlagekosten einrechnet, sie aber später beauftragt werden. Deshalb muss die Umlage zunächst ohne Eventualposition kalkuliert werden und anschließend die Umlage auf die Einzelkosten der Teilleistung der Eventualposition gerechnet werden. Zusammenfassend kann festgestellt werden, dass der Auftragnehmer Eventualpositionen so kalkulieren muss, dass er keine Verluste erleidet, wenn sie nicht ausgeführt werden, und alle Kosten abgedeckt sind, wenn sie ausgeführt werden. Dies bedeutet für eine Ausgleichsberechnung nach § 2 Nr. 3 VOB/B, dass die Eventualposition in die Ausgleichsberechnung einzubeziehen ist, wenn sie zur Ausführung gekommen ist, allerdings nur die prozentualen Anteile für Baustellengemeinkosten, allgemeine Geschäftskosten, Wagnis und Gewinn (vgl. *Biermann* S. 106; *Kapellmann/Schiffers* Bd. 1 Rn. 599). **26**

Die **Umsatzsteuer** ist Bestandteil der ermittelten Mehr- oder Minderkosten (vgl. Beck'scher VOB-Komm./*Jagenburg* § 2 Nr. 3 VOB/B Rn. 28). **27**

Problematisch kann das Zurückgreifen auf den bisherigen Preis bzw. auf die ursprünglichen Preisermittlungsgrundlagen sein, **wenn der bisherige Preis** »**unter Wert**« durch den Auftragnehmer **bewusst** – etwa um den Auftrag zu erhalten – oder **unbewusst** – etwa infolge einer »Fehlkalkulation« – **28**

oder aus sonstigen, jedoch nicht beim Auftragnehmer liegenden Gründen zu Stande gekommen ist. Ist der Preis **bewusst** zu niedrig kalkuliert worden, etwa um den Auftrag zu erhalten, so muss sich der Auftragnehmer grundsätzlich für die über 110% hinausgehenden Mehrmengen an den von ihm kalkulierten Ansätzen des Eigenaufwandes auch für den Bereich der Neuberechnung des Preises festhalten lassen. Das gilt umso mehr, als der Auftragnehmer bei Vertragsschluss im Allgemeinen in dem Auftraggeber das Vertrauen erweckt hat, dass die von ihm kalkulierten Preise in dem Sinne realistisch sind, dass sie der bei ihm – dem Auftragnehmer – gegebenen Sachlage entsprechen (so zutreffend *Heiermann* FS Korbion S. 137, 142 f.). Also kann **nur** die Frage sein, ob der Auftragnehmer bei einer **unbewussten oder ihm jedenfalls nach Sachlage im Einzelfall nicht zurechenbaren Fehlkalkulation** wegen der über 110% hinausgehenden Mengen einen von seinen bisher angenommenen Berechnungsgrundlagen abweichenden »realistischen« Preis auf der **Grundlage des § 242 BGB** verlangen kann. Das ist generell weder zu bejahen noch zu verneinen. Vielmehr ist diese Frage **im Einzelfall** letztlich danach zu entscheiden, **wer die Ursache für die ursprüngliche Fehlberechnung, und zugleich, wer die Ursache für die Notwendigkeit der Mehrmengen zwecks Erreichung einer vertragsgemäßen Leistung gesetzt hat und wem dies nach Treu und Glauben rechtlich zuzurechnen ist.** Insoweit wird man **in drei Fällen** den Auftragnehmer für berechtigt halten können, bei der Berechnung des neuen Preises für die über 10% hinausgehenden Mehrmengen eine angemessene, der Wirklichkeit entsprechende Preisgrundlage statt der ursprünglich gewählten in Ansatz zu bringen: Einmal in dem seltenen Fall, in dem der Auftragnehmer einen Kalkulationsirrtum begangen hat und der Auftraggeber, obwohl er diesen Kalkulationsirrtum erkannt hat, den Auftragnehmer nicht darauf hingewiesen hat. Dann ist dem Auftragnehmer ein Festhalten an der ursprünglichen Preisermittlungsgrundlage nicht zuzumuten (vgl. BGH 7.7.1998 X ZR 17/97 = BauR 1998, 1089 = ZfBR 1998, 302). **Zweitens** in den häufigeren Fällen, in denen sich die **Massenänderungen auf ein vorwerfbares Unterlassen des Auftraggebers oder seiner Erfüllungsgehilfen** (etwa des Architekten) **zurückführen** lassen, insbesondere eine unvollständige oder sonst unsorgfältige Planung, beispielsweise ein unklares oder nicht hinreichend fundiertes und daher der Wirklichkeit nicht entsprechendes Leistungsverzeichnis oder schuldhaft fehlerhafte Baugrundermittlung (so auch *Kapellmann/Schiffers* Bd. 1 Rn. 604; *Kuss* § 2 VOB/B Rn. 18). **Drittens** ist der Fall hierher zu rechnen, in dem die Ausführung der Mehrmengen in eine Zeit gekommen ist, in der bei der Kalkulation nicht vorhersehbare Preissteigerungen eingetreten sind (ebenso *Heiermann* FS Korbion S. 137, 144; ferner *Olshausen* VDI-Berichte Nr. 458, S. 49, 52; *Kapellmann/Schiffers* Bd. 1 Rn. 603). **Für das Vorliegen der vorgenannten Ausnahmen hat der Auftragnehmer die Darlegungs- und Beweislast.**

29 Denkbar sind aber auch Fälle, in denen **an sich** eine der vorgenannten Ausnahmevoraussetzungen gegeben ist, aber **dem Auftragnehmer vorgeworfen werden muss, dass er in der betreffenden Position seine Preise nicht sorgfältig ermittelt hat.** Das kann z.B. zutreffen, wenn der Auftragnehmer den Einheitspreis – etwa um den Auftrag zu erhalten – im bloßen Vertrauen auf die Richtigkeit der Vordersätze bewusst niedrig bemessen hat, die in der Leistungsbeschreibung enthaltenen Vordersätze aber auf zu erkennenden, vorwerfbar unsorgfältigen Ermittlungen des Architekten des Auftraggebers beruhen. Hinzutreten können auch Fälle, in denen **eine andere Art der Ausführung als beiderseits bei Vertragsschluss vorhergesehen plötzlich notwendig wird** (z.B. eine geschlossene Wasserhaltung anstatt einer offenen). Hier wird die Frage, ob und inwieweit der Auftragnehmer sich dann an den bisherigen Preisermittlungsgrundlagen festhalten lassen muss, im Einzelfall nach den **Grundsätzen des § 254 BGB** zu entscheiden sein.

IV. Häufig Verringerung des Einheitspreises

30 Bei der Ermittlung des Preises für die über 10% hinausgehenden Mengen wird nach der baubetriebswissenschaftlichen Grundanschauung, die hier auch für die rechtliche Bewertung maßgebend ist, häufig festzustellen sein, dass die Massenmehrung eine **Verringerung** der Einzelkosten oder/und der Gemeinkosten im Rahmen der Einzelkosten der betreffenden Teilleistung zur Folge hatte und

dass daher der für die Mehrmengen zu bildende neue Einheitspreis entsprechend **niedriger** ausfallen muss als der für die bisher vorgesehenen Mengen vereinbarte. Möglich ist aber nach aller Erfahrung der Praxis durchaus **nicht selten** auch die **Erhöhung** des Einheitspreises, wenn durch die Mengenmehrungen für den Auftragnehmer ein **bisher nicht gegebener Kostenaufwand** entsteht, z.B. dadurch, dass die erforderlich gewordenen Mehrmengen an Kies nur aus einer weiter entfernten Kiesgrube gewonnen und angefahren werden können. Gleiches gilt, wenn z.B. für den Aushub und Abtransport der mengenmäßig erhöhten Leistung schwerere Geräte und mehr Personal eingesetzt werden müssen oder sich auch sonst das Produktionsverfahren infolge der Mehrmengen ändern muss (vgl. auch *Olshausen* VDI-Bericht Nr. 458, S. 49, 51 f.; *Vygen* BauR 1983, 414). Denkbar ist eine Erhöhung auch, wenn auf der Grundlage der bisher vorgesehenen Vordersätze einzelne Kostenbestandteile vernachlässigt werden konnten, wie Gerüstkosten, die aber wegen erheblicher Mengenmehrung von weit über 110% hinaus nicht mehr vertretbar sind. Möglich ist eine Erhöhung des Einheitspreises auch dann, wenn die Zusatzmengen nur durch Überstunden erbracht werden konnten, um die gesetzten Baufristen einzuhalten, ebenso kann eine erforderliche gesonderte, mit mehr Kostenaufwand als bisher verbundene Materialbeschaffung dazu führen. Eine Erhöhung des Einheitspreises kann nicht zuletzt auch in Betracht kommen, wenn ein Fall vorliegt, der § 2 Nr. 3 Abs. 4 VOB/B unterzuordnen ist, wenn also von der unter einem Einheitspreis erfassten Leistung oder Teilleistung andere Leistungen abhängig sind, für die eine Pauschalsumme vereinbart ist; hier kann es sein, dass eine Änderung der Baustelleneinrichtung, eine verlängerte Wasserhaltung oder Veränderungen von Pauschalen für Überstunden/Mehrarbeit, nicht vorhergesehene Lohn- und Materialpreiserhöhungen zu einer Erhöhung der Pauschalansätze führen. Letztlich kann sich dies ergeben, wenn die später bei der Ausführung anfallenden Mehrmengen dem Auftragnehmer einen beachtlichen Mehraufwand an Löhnen, Material-, Baustellen- und Allgemeinen Geschäftskosten abfordern.

V. Vereinbarung des neuen Preises auf Verlangen

Es ist zu beachten, dass nach § 2 Nr. 3 Abs. 2 VOB/B im Falle von Überschreitungen des Mengenansatzes ein **neuer Preis nur zu vereinbaren** ist, **wenn** dies **verlangt** wird, wobei die Einhaltung der Schriftform empfohlen wird. Das **Verlangen** kann **sowohl vom Auftraggeber als auch vom Auftragnehmer** gestellt werden, wobei es sich in der Praxis im Einzelfall danach richten wird, wer das größere Interesse – Preisminderung oder Preiserhöhung – hat. Zwar gibt es für das Preisanpassungsverlangen keine zeitliche Grenze (BGH 14.4.2005 VII ZR 14/04 = BauR 2005, 1152 = NJW-RR 2005, 1041 = NZBau 2005, 455), das Preisanpassungsverlangen sollte aber spätestens bei der Abrechnung vorgebracht werden. Hinsichtlich der Verjährung eines Preisänderungsanspruches gelten die für die Verjährung des bisherigen Anspruches maßgebenden allgemeinen Vorschriften.

Der neue Einheitspreis setzt grundsätzlich eine **Vereinbarung** der Parteien voraus. Einigen sie sich nicht, erfolgt die Festsetzung durch einen Dritten, wenn dies im Vertrag vorgesehen ist, notfalls durch das Gericht, §§ 315 ff. BGB (ebenso OLG Celle 22.7.1980 14 U 44/80 = BauR 1982, 381 = SFH § 2 Nr. 6 VOB/B Nr. 1; OLG München 14.7.1993 27 U 191/92 = BauR 1993, 726; OLG Schleswig 24.8.1995 11 U 110/92 = BauR 1996, 265), worunter bei Vorliegen einer entsprechenden Schiedsvereinbarung auch ein Schiedsgericht zu verstehen ist. Für Behördenaufträge ist auf die in § 18 Nr. 2 VOB/B aufgezeigte Möglichkeit hinzuweisen. **Möglich** ist hier auch eine **stillschweigende Vereinbarung** dadurch, dass der Auftragnehmer **vor Ausführung** der Mehrmengen ein Nachtragsangebot einreicht und der Auftraggeber dagegen keine Einwendungen erhebt, was allerdings grundsätzlich nur bei privaten Auftraggebern in Betracht kommt, weil öffentliche Auftraggeber auch hier im Allgemeinen an die Einhaltung bestimmter Verwaltungsvorschriften, vor allem an die Schriftform, gebunden sind (vgl. BGH 11.6.1992 VII ZR 110/91 = BauR 1992, 761; insoweit zutreffend *Vygen/Schubert/Lang* Rn. 244).

E. Unterschreitungen (§ 2 Nr. 3 Abs. 3 VOB/B)

33 Bei einer über 10% hinausgehenden **Unterschreitung des Mengenansatzes** ist auf Verlangen der Einheitspreis für die **gesamte tatsächlich ausgeführte** Menge der Leistung oder Teilleistung **zu erhöhen, soweit** der Auftragnehmer **nicht** durch Erhöhung der Mengen bei anderen Ordnungszahlen (Positionen) oder in anderer Weise einen **Ausgleich erhält.** Die Erhöhung des Einheitspreises soll im Wesentlichen dem **Mehrbetrag entsprechen,** der sich durch **Verteilung** der Baustelleneinrichtungs- und Baustellengemeinkosten und der allgemeinen Geschäftskosten auf die **verringerte Menge** ergibt. Die **Umsatzsteuer** wird **entsprechend** dem neuen Preis **vergütet.**

I. Fälle ohne Eingreifen des Auftraggebers

34 Bei einer **Unterschreitung bis zu 10%** bleibt es bei dem **bisherigen Einheitspreis,** wie es auch bei der Überschreitung der Fall ist. Insoweit kommt eine Preisänderung für die geleistete Mindermenge nicht in Betracht. Nur wenn über 10% der vorgesehenen Leistungsmenge weniger erbracht werden, **also weniger als 90%,** greift § 2 Nr. 3 Abs. 3 VOB/B ein.

35 Dabei ist gerade hier zu beachten, dass die **Unterschreitung nicht durch ein Eingreifen des Auftraggebers** im Wege der **einseitigen** Änderung der bisher vereinbarten Leistungsmengen und/ oder des vertraglich vorgesehenen Leistungsinhaltes herbeigeführt worden sein darf. Es sind vielmehr Grenzen gezogen, die sich aus den Allgemeinen Vertragsbedingungen ergeben. Sie sind einmal in § 2 Nr. 5 VOB/B zu finden, wenn durch Änderungen des Bauentwurfs (vgl. § 1 Nr. 3 VOB/B) oder durch andere Anordnungen des Auftraggebers die Preisgrundlagen für die bisher vorgesehene Leistung überhaupt geändert werden oder ganz in Wegfall kommen oder vom Auftraggeber ein Verlangen auf eine zusätzliche Leistung (vgl. § 1 Nr. 4 VOB/B) gestellt wird. Zum anderen ergeben sich die Grenzen auch aus § 8 Nr. 1 VOB/B i.V.m. § 2 Nr. 4 VOB/B, nämlich in den Fällen, in denen bei objektiver Würdigung des Sachverhalts von einer Kündigung oder einer Teilkündigung des Bauauftrages durch den Auftraggeber gesprochen werden muss (ebenso OLG Celle 22.6.1994 6 U 212/93 = BauR 1995, 558 = OLGR 1994, 242; SFH § 8 VOB/B Nr. 13). Nur wenn sich **in** der einzelnen Position oder jeweils in mehreren Positionen eine **Verringerung** der Leistung oder Teilleistung **ohne eine Einwirkung des Auftraggebers wegen der an Ort und Stelle vorgefundenen Verhältnisse** ergibt, kommt § 2 Nr. 3 Abs. 3 VOB/B zur Anwendung. Andernfalls hat die rechtliche Würdigung je nach Sachlage gemäß den genannten anderen Vorschriften zu erfolgen. Das leuchtet ohne weiteres ein, wobei außerdem bei **Wegfall ganzer Positionen** die Regel des § 2 Nr. 3 Abs. 3 VOB/B überhaupt versagt, der Auftragnehmer nämlich sonst keine Vergütung erhalten würde, wenn ihm nicht auf der **Grundlage des § 2 Nr. 4 oder des § 8 Nr. 1 VOB/B** geholfen werden könnte, zumal auch eine Erhöhung des Einheitspreises bei anderen Positionen dann nicht in Betracht kommt (*Kleine-Möller/ Merl/Oelmaier* § 10 Rn. 392; *Nicklisch/Weick* § 2 VOB/B Rn. 50).

II. Grundsätzlich Erhöhung des Einheitspreises; sonstiger Ausgleich

36 Es ist bei einer Mengenunterschreitung von mehr als 10% **grundsätzlich** eine **einheitliche Erhöhung der gesamten in Betracht kommenden Einheitspreise** für die tatsächlich ausgeführte, also **noch verbliebene Leistung oder Teilleistung** vorzunehmen, weil gewisse Kostenanteile (wie z.B. Gemeinkosten der Baustelle, allgemeine Geschäftskosten des Auftragnehmers), die als Umlage in die betreffende Position miteinkalkuliert worden sind, nunmehr **auf die verringerte Leistung umgelegt** werden müssen. Das gilt auch im Bereich der Materialkosten, wenn der Auftragnehmer für die tatsächlich ausgeführte Menge verhältnismäßig höhere Kosten bei der einzelnen Einheit hat. Insoweit wird im Wege vertraglicher Vereinbarung davon ausgegangen, dass die **ursprüngliche Kalkulationsbasis nicht mehr vorhanden** ist.

Änderungen der Vergütung / Mengenabweichungen § 2 Nr. 3 VOB/B

Für die Erhöhung besteht jedoch **kein Bedürfnis**, wenn der **Ausgleich auf andere Weise** erzielt wird. **37**
Das kann dadurch geschehen, dass die **Vergütung im Bereich anderer Ordnungszahlen bzw. Positionen erhöht wird,** sofern deren Mengenansatz sich um mehr als 10% **erhöht,** wie z.B. durch einen erhöhten Einsatz eines vorgesehenen Kranes oder eines sonstigen Baugerätes. Dabei kommen aber, wie sich aus der notwendigen Verbindung zu Abs. 2 ergibt, für die Erhöhung **nur solche Mengen in Betracht, die über 110% des bisherigen Mengenansatzes** liegen und für die nicht bereits nach Abs. 2 andere Preise vereinbart sind (BGH 18.12.1986 VII ZR 39/86 = BauR 1987, 217 = SFH § 2 Nr. 3 VOB/B Nr. 2 = NJW 1987, 1820). Außerdem müssen für den Ausgleich, wie sich zwangsläufig aus Abs. 3 ergibt, auch solche Positionen außer Betracht bleiben, bei denen sich die Vordersätze nur zwischen 100 bis 90% verringert haben.

Der **Ausgleich** kann je nach Sachlage auch ohne Erhöhung der sonstigen Einheitspreise zu Stande **38**
kommen. Zu denken ist an eine allgemeine Verringerung der bisher vorausgesetzten festen Kostenanteile. Er kann auch dadurch geschehen, dass der Auftraggeber die nach der neuen Berechnung nicht mehr gedeckten Anteile der feststehenden Kosten übernimmt. Denkbar ist ein Ausgleich auch dadurch, dass der Auftraggeber dem Auftragnehmer im Rahmen desselben Vertrages zusätzliche Leistungen in Auftrag gibt, wofür § 2 Nr. 6 VOB/B die Grundlage bildet (vgl. *Olshausen* VDI-Berichte Nr. 458 [1982], S. 49, 51; *Kapellmann/Schiffers* Bd. 1 Rn. 548). In seltenen Ausnahmen kann dies auch bei geänderten Leistungen (§ 2 Nr. 5 VOB/B) in Betracht kommen (vgl. *Kapellmann/Schiffers* Bd. 1 Rn. 549 ff.; a.A. *Usselmann* BauR 2004, 1225). Ein Ausgleich kommt aber nicht dadurch in Betracht, dass der Auftraggeber dem Auftragnehmer im Rahmen eines unmittelbaren örtlichen und zeitlichen Zusammenhangs einen anderen Auftrag erteilt. In der Tat können die Bemessungsgrundlagen für die Frage, ob ein Ausgleich vorliegt, nur aus der maßgebenden kalkulatorischen Situation des hier zur Erörterung stehenden Auftrages entnommen werden (zutreffend *Nicklisch/Weick* § 2 VOB/B Rn. 48; *Heiermann/Riedl/Rusam* § 2 VOB/B Rn. 91; *Kapellmann/Schiffers* Bd. 1 Rn. 545; *Drittler* BauR 1992, 700, 705; Beck'scher VOB-Komm./*Jagenburg* § 2 Nr. 3 VOB/B Rn. 48). Dagegen kommt ein Ausgleich evtl. auch dadurch in Betracht, dass der Auftraggeber vom Auftragnehmer ohne Auftrag ausgeführte Leistungen nach § 2 Nr. 8 Abs. 2 S. 1 VOB/B nachträglich anerkennt (*Heiermann/Riedl/Rusam* a.a.O.).

Grundlegende Voraussetzung ist **ferner,** dass die Umstände, die die Annahme des Ausgleichs auf **39**
andere Weise rechtfertigen, **erst nachträglich während der Bauausführung,** also der tatsächlichen Verwirklichung der Bauaufgabe, **eingetreten sind.**

Der Kostenausgleich ist nur vorzunehmen, wenn einer der Auftragnehmer es verlangt. Es kann nur **40**
der Auftragnehmer gegebenenfalls eine Heraufsetzung des Einheitspreises verlangen, der Auftraggeber hat dagegen keinen Anspruch auf Herabsetzung (vgl. *Kapellmann* in *Kapellmann/Messerschmidt* § 2 VOB/B Rn. 151).

III. Berechnungsfaktoren

Abs. 3 S. 2 und 3 enthält eine **Erläuterungsregel** darüber, **wie weit die Erhöhung** des Einheitspreises **41**
zu gehen hat, und **welche Kostenanteile,** die nach den bisher vorausgesetzten Leistungsmengen als feststehend anzusehen sind, bei der Berechnung der angesichts der erzielten Mindermengen vorzunehmenden Erhöhung eine Rolle spielen können. Dabei ist grundsätzlich darauf zu achten, dass dem Auftragnehmer der vorauskalkulierte Gewinnsatz erhalten bleibt.

Die Erwähnung der **Baustelleneinrichtungs- und Baustellengemeinkosten sowie der allgemeinen** **42**
Geschäftskosten ist nur beispielhaft, **keineswegs aber abschließend.** Mit Hereth/Ludwig/Naschold (Teil B § 2 Ez. 2.74) ist darauf hinzuweisen, dass hierher auch die **bereits aufgewendeten Kosten** für die Arbeitsvorbereitungen für den **nicht erbrachten Teil** der Leistung oder Teilleistung sowie Kostenanteile anderer Leistungen, die im **Zusammenhang mit der weggefallenen Menge ste-**

hen, gehören. Es dürfte auch zulässig sein, den Gewinnanteil für die nicht mehr auszuführende Leistung mit in Ansatz zu bringen (ebenso *Soergel* Bauverwaltung 1980, 482, 483). **Anders** liegt es im Allgemeinen in Bezug auf das **Wagnis,** da dieses sich **durch die verringerte Menge nicht erhöht** (vgl. auch *Olshausen* VDI-Berichte Nr. 458, S. 45, 51), **wobei auch hier im Einzelfall – vom Auftragnehmer nachzuweisende – Ausnahmen vorliegen können** (vgl. dazu auch *Kapellmann/Schiffers* Bd. 1 Rn. 550).

43 Schulze-Hagen (FS Jagenburg S. 815) vertritt die Auffassung, dass bei der Mindermengenabrechnung gemäß § 2 Nr. 3 Abs. 3 VOB/B nicht nur auf Basis der Urkalkulation, sondern auch der tatsächlichen Nachunternehmerkosten abzurechnen ist. Dafür spricht, dass sowohl bei der Mehrkostenabrechnung nach § 2 Nr. 3 Abs. 2 VOB/B als auch bei Leistungsänderungen nach § 2 Nr. 5 VOB/B dem Unternehmer der Vergabegewinn verbleibt und nicht einzusehen ist, warum dies bei der Mindermengenabrechnung nicht gelten soll. Andererseits wird durchgehend auf die Preisermittlungsgrundlagen im Rahmen des § 2 VOB/B abgestellt, und zwar auf die eigene Kalkulation des Auftragnehmers. Das Verhältnis zum Nachunternehmer bleibt vollkommen außer Betracht. Dies ist auch richtig. Ansonsten müsste man die Frage stellen, ob der Auftragnehmer Anspruch auf einen neuen Preis bei Mengen- oder Leistungsänderungen hat, obwohl der Nachunternehmer seinerseits keinen neuen Preis verlangt hat und somit die Kalkulation des Auftragnehmers unberührt geblieben ist. Bleibt aber im Verhältnis Auftragnehmer/Auftraggeber das Verhältnis Hauptunternehmer/Nachunternehmer grundsätzlich unberücksichtigt, kann es auch bei der Mindermengenabrechnung nach § 2 Nr. 3 Abs. 3 VOB/B nicht berücksichtigt werden.

44 Die Erhöhung des Einheitspreises soll im Wesentlichen dem **Mehrbetrag** entsprechen, der sich durch **Verteilung der genannten Kosten auf die verringerte Leistungsmenge** ergibt. Dabei zeigt der Begriff »Mehrbetrag«, dass der auf der veränderten Leistung beruhende Unterschiedsbetrag zwischen den bisher kalkulierten Kostenbestandteilen und dem nunmehrigen tatsächlichen Aufwand einzusetzen ist. Bei den hier in Rede stehenden Kosten lässt sich der Mehrbetrag aber im Allgemeinen sachgerecht nur dadurch ermitteln, dass die jetzigen Kosten durch eine Neuberechnung festgestellt und den bisher ermittelten Kosten gegenübergestellt werden, **also die fehlenden Kostenbeträge bis zu 100% angesetzt werden** (ebenso OLG Schleswig 24.8.1995 11 U 110/92 = BauR 1996, 265; OLG Hamm 17.11.1983 24 U 118/83 = BauR 1984, 297; Beck'scher VOB-Komm./*Jagenburg* § 2 Nr. 3 VOB/B Rn. 49). Dem steht der in Abs. 3 S. 1 gewählte Wortlaut der VOB »für die **tatsächlich ausgeführte Menge** der Leistung ... zu erhöhen« nicht entgegen; vielmehr spricht er **für** eine solche Auslegung.

45 § 2 Nr. 3 Abs. 3 S. 3 VOB/B bestimmt, dass die **Umsatzsteuer entsprechend dem neuen Preis vergütet** wird. Dies ergibt sich einmal daraus, dass die Umsatzsteuer **zu den preisbestimmenden Faktoren des Baupreises** gehört. Zum anderen entspricht sie den nach Inkrafttreten des Umsatzsteuergesetzes 1967 üblichen Verrechnungstechniken, wie in den Erwägungsgründen zu § 2 Nr. 3 Abs. 3 der Fassung 1973 der VOB mit Recht hervorgehoben worden ist. Zur Vermeidung von Missverständnissen sollte allerdings im Bauvertrag besonders hervorgehoben werden, dass eine während der Bauzeit etwa eintretende Erhöhung des Mehrwertsteuersatzes in den Baupreis zusätzlich mit eingerechnet wird.

F. Abhängigkeit von Pauschalpreisleistungen (§ 2 Nr. 3 Abs. 4 VOB/B)

46 Es kann sein, dass ein **Abhängigkeitsverhältnis zwischen** einer unter einem **Einheitspreis** zusammengefassten Leistung oder Teilleistung und anderen Leistungen, für die ein **Pauschalpreis,** wie z.B. für die Einrichtung und die Räumung der Baustelle, die Vorhaltekosten usw., vereinbart worden ist, besteht. **Voraussetzung** für das Bestehen eines Abhängigkeitsverhältnisses ist ein **unmittelbar sachlicher Zusammenhang.** Hier ist – nur – der Fall angesprochen, in dem in einem **einheitlichen Ver-**

trag, der im eigentlichen nach Einheitspreisen ausgerichtet ist, für bestimmte Leistungen oder Teilleistungen eine Pauschalsumme vereinbart ist. Insofern handelt es sich hinsichtlich der vereinbarten Vergütungsart um einen **kombinierten (gemischten) Vertrag.** Daher scheiden als selbstverständlich von vornherein schon solche Verträge aus, in denen nur ein Pauschalpreis vereinbart worden ist oder nur Pauschalpreise abgesprochen worden sind.

Wird infolge einer über 10% hinausgehenden **Überschreitung oder Unterschreitung** des Mengenansatzes eine **Änderung des Einheitspreises** notwendig, besteht nach Abs. 4 zugleich die Möglichkeit, auch eine **angemessene Änderung der Pauschalsumme** zu fordern. Ein typisches Beispiel für ein solches **Abhängigkeitsverhältnis** ist die Aufführung einer gesonderten Position für die vorgenannten Kosten oder Sonderkosten im Leistungsverzeichnis, die sich auf sämtliche übrigen Leistungspositionen oder jedenfalls einen Teil derselben bezieht. Wenn für diese gesonderte Position ein Pauschalpreis vereinbart ist und die übrigen nach Einheitspreisen ausgerichteten Leistungspositionen ganz oder teilweise geändert werden, **trifft auch der Pauschalpreis nicht mehr zu.** Die Änderung erfolgt entweder durch eine dem neuen Einheitspreis angepasste Veränderung der Pauschale (Abs. 2) oder durch eine entsprechende Neufestlegung der bisherigen Pauschale (Abs. 3). Die Neuberechnung der Pauschale geschieht ebenso, wie nach Abs. 2 und 3 die Neuberechnung der Einheitspreise vorzunehmen ist. 47

Die Änderung einer Pauschale ist nur erforderlich, wenn dies von einem der Vertragspartner **ausdrücklich verlangt** wird. Das Änderungsverlangen nach § 2 Nr. 3 Abs. 2 oder 3 VOB/B enthält nicht ohne weiteres zugleich auch das Begehren auf Änderung der Pauschale gemäß Abs. 4. Vielmehr muss es deutlich mit einbezogen werden. 48

§ 2 Nr. 4
[Spätere Übernahme von Leistungsteilen durch den Auftraggeber]

Werden im Vertrag ausbedungene Leistungen des Auftragnehmers vom Auftraggeber selbst übernommen (z.B. Lieferung von Bau-, Bauhilfs- und Betriebsstoffen), so gilt, wenn nichts anderes vereinbart wird, § 8 Nr. 1 Abs. 2 entsprechend.

Inhaltsübersicht

	Rn.
A. Befugnis des Auftraggebers zur Teilkündigung	2
I. Ausgangspunkt	2
II. Teilkündigung	3
B. Entziehung eines Teils der vertraglichen Leistung	4
C. Beispiele für Teilkündigung	5
D. Selbstübernahme als Voraussetzung für Teilkündigung	6
E. Grundsätzlich Erhalt des Vergütungsanspruches des Auftragnehmers	10
F. Von § 2 Nr. 4 VOB/B abweichende vertragliche Regelungen	12
G. Wegfall von Vertragspflichten des Auftragnehmers	15

Wenn **im Vertrag bereits ausbedungene** Leistungen des Auftragnehmers **vom Auftraggeber selbst übernommen** werden (wie die Lieferung von Bau-, Bauhilfs- und Betriebsstoffen), so gilt, wenn eine gegenteilige Vereinbarung nicht getroffen ist, **§ 8 Nr. 1 Abs. 2 VOB/B entspricht.** Auch § 2 Nr. 4 VOB/B ist eine **Schutzbestimmung zu Gunsten des Auftragnehmers.** Sie bezweckt, ihm den **vertraglich festgelegten Vergütungsanspruch,** soweit vertretbar, **zu erhalten.** Daher gilt beim BGB-Bauvertrag auch für den hier erörterten Bereich die Regelung des § 649 BGB. 1

A. Befugnis des Auftraggebers zur Teilkündigung

I. Ausgangspunkt

2 Dem Auftraggeber steht kraft vertraglicher Vereinbarung **nach § 8 Nr. 1 Abs. 1 VOB/B das Recht** zu, nach Abschluss des Vertrages diesen, soweit noch nicht ausgeführt, ganz oder teilweise **jederzeit bis zur Vollendung der Leistung zu kündigen.** Er braucht hierzu keinen besonderen Anlass zu haben oder Grund anzugeben. Mit dieser Kündigung wird der Vertrag für die Zukunft aufgehoben, so dass aus ihm keine Rechte und Pflichten mehr bestehen, **bis auf die Abwicklung** der bereits erfolgten Erfüllung sowie eines etwa darüber hinausgehenden Vergütungsanspruches des Auftragnehmers. Dieses dem Auftraggeber weitgehend eingeräumte Recht, den Vertrag **einseitig durch Kündigung aufzuheben,** erfordert einen **gerechten Ausgleich** zu Gunsten des Auftragnehmers. Dieser wird dem Auftragnehmer durch § 8 Nr. 1 Abs. 2 VOB/B gewährt.

II. Teilkündigung

3 Ebenso wie § 8 Nr. 1 VOB/B die Kündigung des gesamten Bauvertrages durch den Auftraggeber gestattet, ist es dem **Auftraggeber nicht verwehrt,** den Bauvertrag **nur zu einem Teil** zu kündigen. Eine solche **Teilkündigung** liegt im rechtlichen Ausgangspunkt **auch bei § 2 Nr. 4 VOB/B** vor. Dem Auftragnehmer werden hierdurch bestimmte ihm vertraglich übertragene Teilleistungen oder Teile von Teilleistungen entzogen. Es ist daher folgerichtig, wenn zur Wahrung seiner berechtigten Belange wegen des finanziellen Ausgleichs auf § 8 Nr. 1 Abs. 2 VOB/B verwiesen wird. Die Ansicht von Weick in Nicklisch/Weick (§ 2 VOB/B Rn. 54) hier handele es sich nicht um eine Teilkündigung, sondern um einen »Sonderfall der Änderung des Vertragsinhaltes« (ähnlich *Heiermann/Riedl/Rusam* § 2 VOB/B Rn. 78 und Beck'scher VOB-Komm./*Jagenburg* § 2 Nr. 4 VOB/B Rn. 5), ist unrichtig, weil § 2 Nr. 4 VOB/B zunächst voraussetzt, dass der Auftraggeber einseitig in den bisherigen Vertragsbestand durch Teilwegnahme eingreift, was bei dem hier vorausgesetzten ersatzlosen Streichen von Teilleistungen oder Teilen von Teilleistungen aus dem Vertrag mit dem Auftragnehmer nach allgemeinem Rechtsverständnis nichts anderes als eine Teilkündigung sein kann. Davon weicht auch die VOB/B nicht ab, da sie den Begriff der Änderung dahin gehend gebraucht, dass an die Stelle einer bisher vorgesehenen Teilleistung eine andere gesetzt wird, wie sich aus § 1 Nr. 3 und § 2 Nr. 5 VOB/B deutlich ergibt. Die Ansicht von Weick trägt im Übrigen für die Vertragspartner die Gefahr des Missverständnisses in sich, weil dadurch u.U. die Grenzen zwischen Nr. 4 und Nr. 5 in der Praxis nicht klar genug verstanden werden (wie hier *Vygen* Rn. 768; *Kapellmann/Schiffers* Bd. 1 Rn. 1190).

B. Entziehung eines Teils der vertraglichen Leistung

4 Erste **Voraussetzung** ist, dass eine **Leistung** oder ein Leistungsteil betroffen ist, die **ursprünglich zur vertraglichen Verpflichtung des Auftragnehmers** gehört haben. Die Feststellung, ob diese Voraussetzung erfüllt ist, kann nach dem Leistungsverzeichnis oder der sonst im betreffenden Fall vorliegenden Leistungsbeschreibung erfolgen.

C. Beispiele für Teilkündigung

5 § 2 Nr. 4 VOB/B zählt **beispielhaft** auf, was **nach dieser Bestimmung** aus dem Vertrag herausgenommen werden kann. Wie sich aus diesen Beispielen ergibt, gilt das allgemein für alle Teilleistungen oder Teile von Teilleistungen, also auch für bestimmte Einzelleistungen aus Positionen, bei denen eine **Teilkündigung als statthaft** angesehen werden kann. Demnach muss es sich um **Leistungs-**

elemente handeln, **die in sich abgeschlossen** in dem Sinne sind, dass sie **im Bereich der Vergütung für sich berechenbar** sind. Leistungselemente, die sich in dieser Hinsicht nicht voneinander trennen lassen, fallen nicht darunter. § 2 Nr. 4 VOB/B käme also nicht in Betracht, wenn der Auftraggeber beim Einheitspreis- oder Pauschalvertrag nunmehr zusammen mit dem Auftragnehmer mauern wollte und der ausscheidende Anteil im Bereich der Vergütung nicht festgestellt werden könnte. Gleiches gilt für bloße Einzelbestandteile im Rahmen der Bauherstellung (Zement im Mörtel, Öl in der Farbe), sofern diese im Rahmen der vom Auftragnehmer zu erbringenden Teilleistungen nicht selbstständig rechnerisch einwandfrei ermittelt werden können. Dann **scheidet eine Teilkündigung aus**, und der Auftraggeber muss die **vereinbarte bzw. angemessene Vergütung voll entrichten.**

D. Selbstübernahme als Voraussetzung für Teilkündigung

Von einer **Selbstübernahme** als solcher kann zunächst **nur** gesprochen werden, **wenn der Auftraggeber gegenüber dem Auftragnehmer eindeutig,** vor allem inhaltlich zweifelsfrei, **Art und Umfang der Übernahme** erklärt, selbstverständlich **vor Ausführung** des betreffenden Leistungsteils. Insofern handelt es sich um eine empfangsbedürftige Willenserklärung, die allerdings für den Bereich des § 2 Nr. 4 VOB/B **nicht der in § 8 Nr. 5 VOB/B vorgeschriebenen Schriftform** bedarf, da die hier erörterte Kündigungsregelung **selbstständig** ist und **lediglich** auf § 8 Nr. 1 Abs. 2 VOB/B als Rechtsfolge verweist, sich hier aber kein Hinweis auf § 8 Nr. 5 VOB/B findet. Gibt der Auftraggeber nicht die erforderlichen eindeutigen Erklärungen ab, vor allem nicht rechtzeitig, macht er sich dem Auftragnehmer gegenüber einer Pflichtverletzung schuldig. **6**

§ 2 Nr. 4 VOB/B setzt für die Übernahme vertraglicher Leistungen durch den Auftraggeber **nicht voraus, dass** dieser **persönlich die herausgenommene Teilleistung** zur Herstellung **übernommen hat.** Vielmehr genügt es, dass die Herstellung derselben in seinem Betrieb oder jedenfalls seinem Bereich erfolgt. **Selbstübernahme erfordert aber Übernahme in eigener Regie ohne Eingehung einer neuen bauvertraglichen oder bauvertragsähnlichen Bindung zu einem Dritten.** Das gilt auch hinsichtlich der Herausnahme von Teilleistungen, für die der Auftragnehmer zulässigerweise (§ 4 Nr. 8 VOB/B) Nachunternehmer eingesetzt hat, da insofern kein rechtlich zu begründender Unterschied besteht (so auch *Nicklisch/Weick* § 2 VOB/B Rn. 57; *Heiermann/Riedl/Rusam* § 2 VOB/B Rn. 95). Die Fälle, in denen nach Teilkündigung eine solche **neue vertragliche Bindung,** vor allem durch Beauftragung eines neuen Unternehmers, eingegangen wird, sind eine **Teilkündigung nach § 8 Nr. 1 VOB/B;** sie regeln sich hinsichtlich der Vergütung des aufgekündigten Auftragnehmers **nach § 8 Nr. 1 Abs. 2 VOB/B unmittelbar,** nicht aber über § 2 Nr. 4 VOB/B. An sich ist hier kein besonderer Unterschied in den Folgen zu erkennen. **Jedoch:** Ist die dann so zu beurteilende Teilkündigung unwirksam, weil der Auftraggeber **nicht** die nach § 8 Nr. 5 VOB/B notwendige **Schriftform gewahrt** hat oder sich eine **einverständliche Teilaufhebung** nicht feststellen lässt, stehen dem Auftragnehmer, falls ein anderer den »gekündigten« Teil ausgeführt hat, **Schadensersatzansprüche** gegen den Auftraggeber wegen **verschuldeter Unmöglichkeit** zu, da der Vertrag mit dem Auftragnehmer noch fortbesteht. **7**

Andererseits gibt es **Mischformen, bei denen sich eine Teilkündigung nach § 2 Nr. 4 VOB/B richtet.** So fällt z.B. die **bloße Beschaffung bzw. Beistellung** von Baustoffen, die der Auftraggeber bei einer dritten Firma durch Eingehung eigener vertraglicher Bindung einkauft, um diese Leistung nach der Übernahme **selbst** zu erbringen, unter § 2 Nr. 4 VOB/B, sofern auch der Auftragnehmer die Stoffe hätte beschaffen müssen. Ein Fall des § 2 Nr. 4 VOB/B ist es auch, wenn sich der Auftraggeber bereits im zunächst ohne Einschränkung abgeschlossenen Vertrag die Lieferung (Beistellung) von Stoffen oder Bauteilen vorbehält. **8**

Des Weiteren kann eine **Mischform auch darin** liegen, dass der Auftragnehmer nach dem bisherigen Vertrag z.B. drei Stahlträger mit einem bestimmten Gewicht zu liefern und einzubauen hat, später **9** durch Planungsänderungen bzw. auf Veranlassung des Statikers stattdessen sechs Stahlträger mit einem größeren Gesamtgewicht eingebaut werden, die nunmehr vom Auftraggeber bauseits geliefert werden. Dann liegt wegen der entfallenen, zunächst vereinbarten Stahlmengen eine Teilkündigung nach § 2 Nr. 4 VOB/B mit der Folge gemäß § 8 Nr. 1 VOB/B vor. Wegen der über den bisherigen Vertrag hinausgehenden bloßen Verlegung der nunmehr beigestellten Träger ist außerdem eine Zusatzleistung nach § 2 Nr. 6 VOB/B gegeben (vgl. dazu OLG Düsseldorf 30.5.1995 21 U 120/94 = BauR 1995, 712 = NJW-RR 1995, 1170).

Hat der Auftragnehmer zunächst in dem nach § 2 Nr. 4 VOB/B zulässigen Rahmen eine Selbstübernahme vorgenommen, vergibt er die entsprechende Teilleistung dann **später** doch an einen anderen Unternehmer, so wird die Selbstübernahme als solche nicht rückgängig gemacht. Es bleibt bei dem Rahmen des § 2 Nr. 4 VOB/B (ähnlich *Nicklisch/Weick* § 2 VOB/B Rn. 57).

E. Grundsätzlich Erhalt des Vergütungsanspruches des Auftragnehmers

10 Soweit eine Teilkündigung durch den Auftraggeber erfolgt ist, **behält** der **Auftragnehmer** grundsätzlich den **Anspruch auf die bisher vereinbarte Vergütung** auch für den durch die Teilkündigung entzogenen Teil der Leistung entsprechend § 8 Nr. 1 Abs. 2 VOB/B. Am einfachsten ist die Berechnung bei einem vereinbarten Pauschalpreis, der dann einzusetzen ist. Beim Einheitspreisvertrag ist von dem aus den Angebotspositionspreisen zusammengerechneten Endpreis des zum Vertrag gewordenen Angebots auszugehen. Beim Stundenlohnvertrag ist ein angemessener Aufwand zu berücksichtigen, nach dem die Vergütung gemäß § 15 Nr. 1 und/oder 2 VOB/B zu berechnen ist. Beim Selbstkostenerstattungsvertrag ist der jeweils angemessene Leistungsaufwand für den weggefallenen Teil auf der Grundlage von § 5 Nr. 3 Abs. 2 VOB/A festzustellen.

11 Der Auftragnehmer muss sich allerdings auf die so festgestellte Vergütung jeweils das **anrechnen lassen**, was er **infolge der teilweisen Aufhebung des Bauvertrages an Kosten erspart** oder **durch anderweitige Verwendung seiner Arbeitskraft und seines Betriebes erwirbt oder zu erwerben böswillig unterlässt**.

F. Von § 2 Nr. 4 VOB/B abweichende vertragliche Regelungen

12 Die in **§ 2 Nr. 4 VOB/B** vorgesehene Regelung kommt im Allgemeinen **nicht** in Betracht, **wenn** die Parteien zur Frage der Vergütung für den durch die Teilkündigung entzogenen Leistungsteil **individualvertraglich** eine **anderweitige Absprache** getroffen haben. Diese kann vielgestaltig sein. Möglich ist es, einen Ausgleich dadurch zu schaffen, dass der Auftrag auf der anderen Seite erweitert wird. Es kann auch sein, dass der Auftragnehmer auf einen Ausgleich aus freien Stücken verzichtet. Denkbar ist auch eine in den einzelnen Vertrag aufgenommene, **also individualvertragliche und außerhalb der Kontrolle der §§ 305 ff. BGB** liegende Regelung, dass dem Auftragnehmer bei Wegfall einzelner Positionen kein Vergütungsanspruch zustehen soll, dass sich z.B. die vereinbarte Pauschale entsprechend mindert. Dann kommt eine Vergütungsminderung nicht schon beim Wegfall von Teilen einzelner Positionen in Betracht. Ist aber vertraglich festgehalten, dass Abzüge von der Vergütung auch gemacht werden sollen, wenn Teile von Positionen entfallen, so muss der Auftragnehmer einen entsprechenden Abzug hinnehmen, der dem vollen – vereinbarten – Vergütungswert des entsprechenden Leistungsteils entspricht. Selbstverständlich kommt dies nur bei wirklichem Wegfall von einzelnen Leistungsteilen in Betracht, nicht dagegen schon bei bloßer Änderung in den Vordersätzen ohne gleichzeitige Änderung des Leistungsinhaltes und ohne darauf beruhenden Eingriff des Auftraggebers.

Spätere Übernahme von Leistungsteilen durch den Auftraggeber   § 2 Nr. 4 VOB/B

Sofern zu Gunsten des Auftragnehmers die §§ 305 ff. BGB eingreifen, kann ein vertraglicher Ausschluss der Rechte aus § 2 Nr. 4 VOB/B **gegen § 308 Nr. 3 bzw. 4 oder auch § 307 BGB verstoßen.** Zu bejahen ist dies in jenen Fällen, in denen dem Auftraggeber **schlechthin** in AGB (zusätzlichen Vertragsbedingungen) das Recht zugestanden werden soll, **jederzeit und ohne Angabe von Gründen** zur Teilkündigung ohne Vergütungsausgleich berechtigt zu sein (OLG Nürnberg 29.1.1980 3 U 84/79, SFH § 10 Nr. 3 AGBG Nr. 2; siehe ferner OLG Stuttgart 14.3.1980 2 U 188/79 = NJW 1980, 1583; des Weiteren OLG Düsseldorf 16.7.1991 23 U 25/91 = BauR 1992, 77 = NJW-RR 1992, 216, im Falle einer Klausel, wonach der Auftraggeber berechtigt ist, »einzelne Positionen des Angebotes [nach Vertragsschluss] zurückzuziehen, zu streichen, in den Massenansätzen zu vermindern oder zu vermehren, ohne dass der Auftragnehmer durch Minderleistungen Ersatz verlangen kann«). Gleiches gilt, wenn in einem solchen Fall nicht absolut, sondern nur unter bestimmten Voraussetzungen der Verlust des Vergütungsanspruches des Auftragnehmers in AGB festgelegt wird, wie z.B. durch die generell geltende Bestimmung, dem Auftragnehmer stehe keine Vergütung zu, wenn die vom Auftraggeber aus dem Vertrag herausgenommenen Leistungen nicht mehr als 10% des Gesamtleistungsumfanges ausmachten, da die Auswirkungen nach dem jeweiligen Vertrag für den Auftragnehmer nicht überschaubar sind, er dadurch nach § 307 BGB unzumutbar belastet ist. Das Gegenteil wird auch nicht durch die sog. 10%-Klausel in § 2 Nr. 3 VOB/B gerechtfertigt, weil diese Regelung nur für den Bereich der Einheitspreisverträge und dort auch nur im Hinblick auf die jeweiligen Vordersätze, nicht aber für den eigentlichen, von der angeführten Klausel in erster Linie erfassten Leistungsinhalt gilt (zutreffend OLG Frankfurt 7.6.1985 6 U 148/84 = NJW-RR 1986, 245). **13**

Es gibt allerdings auch Einzelfälle, in denen es jedenfalls nach Treu und Glauben nicht gerechtfertigt wäre, dem Auftragnehmer einen Ersatz zu gewähren. Zu denken ist daran, dass er durch bestimmte Ereignisse außer Stande gesetzt wird, seiner Verpflichtung nachzukommen, z.B. Materialien zu beschaffen. Es kann dann eine Überschreitung der Ausführungsfristen drohen. Auch können unerwartet Arbeitskräfte des Auftragnehmers entweder erkranken oder ausscheiden. Wenn in solchen Fällen der Auftraggeber einspringt, ohne von ihm möglicherweise gegenüber dem Auftragnehmer zustehenden Rechten (z.B. Schadensersatzansprüchen oder Kündigungsrechten) Gebrauch zu machen, erscheint es aus Billigkeitsgründen nicht geboten, dem Auftragnehmer eine Vergütung oder einen Ersatz für den ausgefallenen Leistungsteil zu gewähren. Das gilt auch für Behinderungen, die der Auftragnehmer nicht zu vertreten hat, die aber – wie die erwähnten Beispiele zeigen – an sich seinem Risikobereich zuzurechnen sind. Für solche Ausnahmetatbestände ist der **Auftraggeber beweispflichtig.** **14**

G. Wegfall von Vertragspflichten des Auftragnehmers

Übernimmt der Auftraggeber einen Teil der ursprünglich dem Auftragnehmer auferlegten Arbeiten, gehen diese Leistungen mit all ihren Folgen **aus dem Bereich des Auftragnehmers heraus.** Diese Verpflichtungen treffen dann nicht mehr den Auftragnehmer, sondern den übernehmenden Auftraggeber. **Anders** liegt es allerdings in den nicht gerade seltenen Fällen, in denen die vom Auftraggeber **herausgenommenen Teile später vor allem in technischer und funktionaler Hinsicht untrennbarer Bestandteil der dem Auftragnehmer verbliebenen Leistung** sind (wie z.B. der jetzt vom Auftraggeber beigestellte Zement in dem vom Auftragnehmer hergestellten und verwendeten Beton). Dann **bleibt die Leistungs- und Gewährleistungspflicht des Auftragnehmers** grundsätzlich nach wie vor **bestehen,** und er kann sich wegen Mängeln hinsichtlich des vom Auftraggeber übernommenen Leistungsteils nur über § 4 Nr. 3 VOB/B entlasten. Ähnlich liegt es nach diesen besonderen vertraglichen Regelungen, wenn die vom Auftraggeber übernommenen Teilleistungen als Vorleistungen für die vom Auftragnehmer nach wie vor zu erbringenden nachfolgenden Leistungen zu gelten haben. **15**

16 Allgemein hat der **Auftraggeber durch die sog. Selbstübernahme** von Teilen der Leistung **dafür zu sorgen, dass der Auftragnehmer den ihm verbliebenen Leistungsteil ordnungsgemäß und vor allem pünktlich ausführen kann,** was insbesondere gilt, wenn die dem Auftragnehmer verbliebene Leistung erst erstellt werden kann, sobald der Auftraggeber den von ihm durch die Teilkündigung herausgenommenen Teil der Leistung erbracht hat oder hat erbringen lassen. Insoweit **übernimmt der Auftraggeber** zugleich eine **Bereitstellungspflicht als Schuldverpflichtung,** bei deren Verletzung dem Auftragnehmer bei Aufrechterhaltung seines Restvertrages ein Schadensersatzanspruch nach § 6 Nr. 6 VOB/B oder ein Kündigungsrecht nach § 9 Nr. 1b VOB/B gegeben sein kann.

§ 2 Nr. 5
[Änderung der Preisgrundlagen durch Eingriffe des Auftraggebers]

Werden durch Änderung des Bauentwurfs oder andere Anordnungen des Auftraggebers die Grundlagen des Preises für eine im Vertrag vorgesehene Leistung geändert, so ist ein neuer Preis unter Berücksichtigung der Mehr- oder Minderkosten zu vereinbaren. Die Vereinbarung soll vor der Ausführung getroffen werden.

Inhaltsübersicht

	Rn.
A. Grundsätzliche Voraussetzung: Änderung der Preisgrundlagen für eine im Vertrag vorgesehene Leistung	3
I. Im Vertrag vorgesehene Leistung	3
II. Änderung der Preisgrundlagen	5
III. Unterscheidung zu § 2 Nr. 6 und zu § 2 Nr. 3 VOB/B	7
B. Einwirkung des Auftraggebers als Voraussetzung	11
I. Änderung des Bauentwurfs	12
II. Andere Anordnungen des Auftraggebers	20
III. Begriff der Anordnungen	26
IV. Nicht zur Anordnung gehörende Maßnahmen des Auftraggebers	28
C. Neuberechnung der Vergütung	29
I. Ergänzende Vereinbarung auf Verlangen – notfalls Klage – maßgebender Zeitpunkt	29
II. Gegenüberstellung von Mehr- und Minderleistungen	33
III. Möglichkeiten bei Minderleistungen	46
D. Möglichst Preisvereinbarung vor Ausführung (§ 2 Nr. 5 S. 2 VOB/B)	47
E. Kosten der Durchführung eines Vergabenachprüfungsverfahrens	55

Aufsätze: *Groß* Das Verlangen auf Vereinbarung eines neuen Preises (§ 2 Nr. 3, 5, 6, 7 VOB/B) FS Soergel 1993 S. 99 ff.; *Jagenburg* Abschied von der Schenkungsvermutung für Mehrleistungen nach § 2 Nr. 5 und 6 VOB/B, FS Soergel 1993 S. 89 ff.; *Marbach* Nachtragsforderung bei mangelnder Leistungsbeschreibung der Baugrundverhältnisse und bei Verwirklichung des Baugrundrisikos BauR 1994, 168; *Putzier* Nachtragsforderungen infolge unzureichender Beschreibung der Grundwasserverhältnisse – Welche ist die zutreffende Anspruchsgrundlage? BauR 1994, 596; *Vygen* Nachtragsangebote: Anforderungen an ihre Erstellung, Bearbeitung und Beauftragung FS Heiermarm 1995 S. 317 ff.; *Kapellmann* Schriftformklauseln für Anordnungen des Auftraggebers zu geänderten oder zusätzlichen Leistungen beim VOB/B-Vertrag FS v. Craushaar 1997 S. 227 ff.; *Kapellmann* Baugrundrisiko und Systemrisiko – Baugrundsystematik, Bausoll, Beschaffenheitssoll, Bauverfahrenssoll Jahrbuch Baurecht 1999 S. 1 ff.; *Keldungs* Die Vollmacht des Architekten zur Vergabe von Zusatzaufträgen FS Vygen 1999 S. 208 ff.; *Vygen* Nachträge bei verändertem Baugrund – Rechtliche Grundlagen – Anforderungen Jahrbuch Baurecht 1999 S. 46; *Kapellmann* Die Geltung von Nachlässen auf die Vertragssumme bei der Vergütung von Nachträgen NZBau 2000, 57; *Diehr* Die Ansprüche des Werkunternehmers gegen den öffentlichen Auftraggeber wegen verzögerten Zuschlages infolge eines von einem Konkurrenten eingeleiteten Vergabe-Nachprüfungsverfahrens ZfBR 2002, 316; *Marbach* Der Anspruch des Auftragnehmers auf Vergütung der Kosten der Bearbeitung von Nachtragsforderungen im VOB-Bauvertrag BauR 2003, 1794; *Oppler* Zur Bindungswirkung von Nachtragsvereinbarungen FS Kraus 2003 S. 169; *Roquette/Paul* Sonderprobleme bei Nachträgen BauR 2003, 1097; *Stassen/Grams* Zur Kooperationspflicht des Auftragnehmers gemäß § 2 Nr. 5 VOB/B bei Mehrkosten BauR 2003, 943; *Genschow* Anordnungen zur Bauzeit – Vergütungs- oder Schadensersatzansprüche des Auftragnehmers? ZfBR 2004, 642; *Gross/Biermann* Abwehr und Durchsetzung von Nachträgen BauRB 2004, 239; *Kuffer* Leistungsverweigerungsrecht bei verweigerten Nachtragsverhandlungen ZfBR 2004, 110; *Markus* Ansprüche des Auftragnehmers nach wirksamer Zuschlagserteilung bei unklarer Leistungsbeschreibung des Auftraggebers, BauR 2004, 180; *Quack* Interimsvereinbarungen zu streitigen Nachträgen ZfBR 2004, 211; *Silbe* Berücksichtigung der Nachlässe des Hauptauftrages bei den Grundlagen der Preisermittlung ZfBR 2004, 440; *Thode* Nachträge wegen gestörten Bauablaufs im VOB/B-Vertrag ZfBR 2004, 214; *Virneburg* Wann kann der Auftragnehmer die Arbeit wegen verweigerter Nachträge einstellen? ZfBR 2004, 419; *Diehr* Zahlungsansprüche des Auftragnehmers bei Bauablaufstörungen im VOB-Vertrag ZfBR 2006, 312; *Englert/Fuchs* Die Fundamentalnorm für die Errichtung von Bauwerken: DIN 4020 BauR 2006, 1047; *Vygen* In memoriam zum 80. Geburtstag von Hermann Korbion: Vergabegewinn und Vergabeverlust bei Nachtragsforderungen BauR 2006, 894; *Wanninger/Stolze/Kratzenberg* Auswirkungen von Vergabenachprüfungsverfahren auf die Kosten öffentlicher Baumaßnahmen NZBau 2006, 481; *Wirth/Würfele* Bauzeitverzögerung: Mehrvergütung gemäß § 2 Nr. 5 VOB/B oder Schadensersatz gemäß § 6 Nr. 6 VOB/B? Jahrbuch Baurecht 2006 S. 119.

Werden durch **Änderung des Bauentwurfs oder andere Anordnungen des Auftraggebers** die Grundlagen des Preises für eine **im Vertrag vorgesehene Leistung** geändert, ist ein neuer Preis **unter Berücksichtigung der Mehr- oder Minderkosten** zu vereinbaren. Insoweit besteht – je nach Interessenlage – ein auf vertraglicher Vereinbarung beruhendes **klagbares Recht des Auftragnehmers oder des Auftraggebers,** falls eine Einigung nicht zu Stande kommt. Die **Vereinbarung soll vor Ausführung der geänderten Leistung getroffen** werden. Die Regelung in § 2 Nr. 5 VOB/B ist gegenüber dem gesetzlichen Werkvertragsrecht eine **Sondervorschrift;** eine **völlig** neue Preisbildung auf der Grundlage des Begriffs der Üblichkeit i.S.d. § 632 Abs. 2 BGB ist für den Bereich des VOB-Vertrages ausgeschlossen. 1

Sofern im Wege Besonderer oder Zusätzlicher Vertragsbedingungen zum Nachteil des jeweils betroffenen Vertragspartners des Verwenders – vor allem des Auftragnehmers – **ein Anspruch auf Anpassung der Vergütung gemäß § 2 Nr. 5 VOB/B fühlbar eingeengt oder gar ausgeschlossen** werden soll, ist es **möglich, dass eine solche Regelung gegen § 308 Nr. 3, 4 oder § 307 BGB verstößt,** und zwar vor allem im Zusammenhang mit § 1 Nr. 3 VOB/B. Hiernach dürfte in jenen Fällen, in denen die §§ 305 ff. BGB zu Gunsten des genannten Vertragspartners in Betracht kommen, besondere Vorsicht im Hinblick auf § 2 Nr. 5 VOB/B **unzumutbar** einschränkende oder gar ausschließende Vertragsregelungen geboten sein (ähnlich *Heiermann/Linke* S. 114 f.; vgl. auch *Glatzel/Hofmann/Frikell* Kap. 2.2.5; *Koeble* Auseinandersetzungen im privaten Baurecht, S. 68). Das gilt z.B. für eine uneingeschränkte Klausel in AGB des Auftraggebers, dass eine Leistungsänderung bis zu 10% dem Auftragnehmer keinen Anspruch auf Änderung des Vergütungsanspruches gibt (OLG Frankfurt 7.6.1985 6 U 148/84 = NJW-RR 1986, 245). Durch eine solche Klausel ist die VOB/B nicht mehr »als Ganzes« vereinbart. Ebenso trifft das auf eine Klausel zu, nach der jegliche Nachforderungen ausgeschlossen sind, wenn sie nicht auf schriftlichen Zusatz- und Nachtragsaufträgen beruhen. Im Übrigen benachteiligt eine solche Klausel den Auftragnehmer unangemessen und ist deshalb gemäß § 307 BGB unwirksam (vgl. BGH 27.11.2003 VII ZR 53/03 = BauR 2004, 488; 14.10.2004 VII ZR 190/03 = BauR 2005, 94; so bereits OLG Düsseldorf 15.12.1988 5 U 103/88 = BauR 1989, 335). 2

Im Übrigen hält § 2 Nr. 5 S. 1 VOB/B einer isolierten Inhaltskontrolle nach § 307 BGB stand, kann also im Bauvertrag auch für sich vereinbart werden (vgl. BGH 25.1.1996 VII ZR 233/94 = BauR 1996, 378 = SFH § 9 AGB-Gesetz Nr. 68 = NJW 1996, 1346).

A. Grundsätzliche Voraussetzung: Änderung der Preisgrundlagen für eine im Vertrag vorgesehene Leistung

I. Im Vertrag vorgesehene Leistung

3 Eine Preisgrundlagenänderung für eine im Vertrag vorgesehene Leistung setzt im Allgemeinen voraus, dass bereits eine entsprechende Vereinbarung über Art und Umfang der Leistung und die darauf bezogenen Preise getroffen worden ist. Ist das bisher nicht der Fall, so ist statt dessen der Preis einzusetzen, der bei Vertragsschluss als für die vorgesehene Leistung üblich bzw. angemessen zu gelten hat (§ 632 Abs. 2 BGB).

4 Dabei ist jedoch zu berücksichtigen, dass die Wendung »eine im Vertrag vorgesehene Leistung« **nicht so streng aufzufassen ist**, dass sie im Vertrag immer **ausdrücklich** aufgeführt sein muss. Auch nicht ausdrücklich im Vertrag genannte, bei der Ausführung der vertraglichen Leistung jedoch nach den anerkannten Regeln der Technik **selbstverständliche** Arbeiten gehören dazu. Insoweit werden nicht selten nicht alle für eine bestimmte Leistung notwendigen Arbeiten im Bauvertrag (insbesondere im Leistungsverzeichnis) genannt. Das gilt vor allem **für Pauschalverträge.** Aus dem hier erörterten Rahmen scheiden allerdings von vornherein die in den DIN-Normen des Teils C – regelmäßig unter der Ordnungs-Nr. 4 aufgeführten – **als »Nebenleistungen« bezeichneten** Leistungsteile aus, weil sie in den vereinbarten Preisen ohnehin enthalten sind, also für die Grundlagen der vereinbarten Preise hier keine beachtliche Rolle spielen. Anders nur dann, wenn in der zum Vertrag gewordenen Leistungsbeschreibung kostenmäßig ein eigener – vergütungspflichtiger – Ansatz gemacht ist (OLG Celle 18.11.1998 14a [6] U 139/97 = BauR 1999, 496).

Zu beachten ist: Bei einer Ausschreibung nach der VOB/A ist für die **Auslegung der Leistungsbeschreibung die Sicht der möglichen Bieter als Empfängerkreis maßgebend;** das mögliche Verständnis nur Einzelner kann nicht berücksichtigt werden. Für die **Auslegung** einer nach der VOB/A ausgeschriebenen Leistung kommt dem **Wortlaut der Leistungsbeschreibung besondere Bedeutung** zu. Nicht im Wortlaut enthaltene Einschränkungen können **nur** zum Tragen kommen, **wenn sie von allen gedachten Empfängern so – in gleicher Weise – verstanden werden mussten.** Daneben können Umstände des ausgeschriebenen Vorhabens, wie technischer und qualitativer Zuschnitt, architektonischer Anspruch und Zweckbestimmung des Gebäudes, für die Auslegung bedeutsam sein. Das für **die Auslegung maßgebliche Verständnis der Leistungsbeschreibung wird mit dem Zuschlag Inhalt des Vertrages** (BGH 22.4.1993 VII ZR 118/92 = BauR 1993, 595 = SFH § 9 VOB/A Nr. 2 = NJW-RR 1993, 1109; ferner BGH 11.11.1993 VII ZR 47/93 = BauR 1994, 236 = NJW 1994, 850 = SFH § 9 VOB/A Nr. 3 = LM VOB/A Nr. 15 = ZfBR 1994, 115). Eine **Änderung der Preisgrundlage** kommt hiernach **nur** in Betracht, wenn sich **durch einen späteren Eingriff des Auftraggebers der bisher zum Vertrag gewordene Leistungsinhalt geändert hat.**

II. Änderung der Preisgrundlagen

5 Voraussetzung für einen Anspruch aus § 2 Nr. 5 VOB/B ist eine Leistungsänderung, die dazu führt, dass die der Preisberechnung zu Grunde gelegten Umstände verändert werden. Maßstab ist dabei § 2 Nr. 1 VOB/B (zutreffend *Motzke* NZBau 2002, 646). Diese Umstände können sowohl Art und Umfang als auch die Art und Weise der Vertragsleistung betreffen. Voraussetzung dafür ist allerdings wiederum, dass beide Vertragspartner ihrer Preisvereinbarung erkennbar eine andere Vertragsleistung zu Grunde gelegt haben als sie später ausgeführt worden ist. Diese Leistungsänderung kann sich auf den Material-, Geräte- und Personaleinsatz auswirken. Sie kann aber auch Auswirkungen auf die Bauzeit haben, wenn Leistungsänderungen eine zeitliche Verschiebung der ursprünglich vorgesehenen Bauzeit hervorrufen. Ferner kann sie Auswirkungen auf die Art und Weise der Ausführung, etwa die Änderung der Verfahrenstechnik haben (vgl. OLG Koblenz 26.4.2001 VII ZR 59/99 = BauR 2001, 1442 = NJW-RR 2001, 1671: Unterquerung einer Bahnstrecke im Vortriebsverfahren

statt im Vorpressverfahren). Ein Fall des § 2 Nr. 5 VOB/B kann auch vorliegen, wenn sich nach Vertragsschluss herausstellt, dass sich die kalkulierten Deponiekosten spürbar und unvorhersehbar erhöhen, weil der Aushub auf Sondermülldeponien gebracht werden muss.

Unter den »Grundlagen des Preises« versteht man die Preisermittlungsgrundlagen (vgl. *Piel* FS Korbion S. 355; Beck'scher VOB-Komm./*Jagenburg* § 2 Nr. 5 VOB/B Rn. 80). Hierzu gehören die Lohn- und Materialkosten, die Baustellengemeinkosten und die Allgemeinen Geschäftskosten (vgl. *Marbach* ZfBR 1989, 2, 3; ähnlich *Heiermann/Riedl/Rusam* § 2 VOB/B Rn. 105; so wohl auch *Nicklisch/Weick* § 2 VOB/B Rn. 62). Beim Einheitspreisvertrag **genügt** die Änderung der genannten Umstände im Rahmen eines Leistungsteils, der nach dem **Vertrag zu einer Position zusammengefasst** ist, um § 2 Nr. 5 VOB/B zur Anwendung zu bringen; insofern ist der Langtext der Leistungsbeschreibung maßgebend. Dabei kommt es wesentlich auf die Einzelheiten der Leistungsbeschreibung an. Das betrifft z.B. nicht nur die Bodenklasse, sondern auch sonstige Leistungseinzelheiten, wie etwa die Zerkleinerung des Hangschuttes, die in kleineren Einzelpartien vorgesehen, dann aber in großen Schichtpaketen vorzunehmen ist. Es ist aber zu beachten: Preisgrundlagenänderungen bei einer der vorgesehenen Leistungen geben im Allgemeinen **nur für diese Leistung** Anlass, einen **neuen Preis** zu vereinbaren. **§ 2 Nr. 5 VOB/B wirkt** sich – wie § 2 Nr. 3 VOB/B – **grundsätzlich nur auf die jeweilige Position aus,** bei der Änderungen vorgenommen worden sind, nur ausnahmsweise auf andere, auf deren Preise die Leistungsänderung **ursächlich** Einfluss nimmt, die also mittelbar betroffen sind, wie z.B. die Kosten der Baustelle, Transportkosten usw. (so auch *Piel* a.a.O., S. 351; *Weyer* BauR 1990, 138, 147); das gilt auch bei einer sog. Verbundkalkulation (OLG Koblenz 13.4.2005 1 U 530/04 = BauR 2006, 853).

III. Unterscheidung zu § 2 Nr. 6 und zu § 2 Nr. 3 VOB/B

Nicht von **§ 2 Nr. 5 VOB/B, sondern von § 2 Nr. 6 VOB/B** wird der Fall erfasst, dass eine **neue, vom bisherigen Vertragsinhalt überhaupt noch nicht erfasste zusätzliche Leistung** vom Auftragnehmer gefordert wird, also eine **Erweiterung des Leistungsinhaltes** im Rahmen des gleichen Vertrages vorgenommen wird, **ohne dass der bisherige im Sinne einer Änderung davon ergriffen wird** (BGHZ 90, 344 = BauR 1984, 395 = NJW 1984, 1676 = Betrieb 1984, 1720 = ZIP 1984, 713 = MDR 1984, 748 = SFH § 13 Nr. 5 VOB/B Nr. 5).

Ein Fall des **§ 2 Nr. 5 VOB/B** und **nicht des § 2 Nr. 6 VOB/B** ist es hingegen, wenn der Auftragnehmer nicht eine **für sich allein zu betrachtende zusätzliche,** zum Vertrag bisher nicht gehörende Leistung erbracht hat, sondern auf Anordnung des Auftraggebers eine nach dem ursprünglichen Vertrag **als solche fortbestehende, vertraglich geschuldete Leistung anders** ausgeführt hat, wenn also die Anordnung die **Art und Weise der Durchführung** der Leistung betrifft, wie z.B. die wesentliche Änderung der im Leistungsverzeichnis bisher festgelegten Bewehrungsdichte oder das Entfallen der bisher vorgesehenen Sickerschicht und stattdessen erfolgter Anlage eines Feinplanums sowie eines Quergefälles; ebenso trifft dies beim Straßenbau im Falle der Änderung der bisher vertraglich vorgesehenen Verkehrsführung zu (vgl. OLG Düsseldorf 24.10.1995 21 U 8/95 = BauR 1996, 267; siehe hierzu auch OLG Zweibrücken 15.2.2002 2 U 30/01 = BauR 2002, 972). Ergeben sich hier nach Art und Umfang Mehrleistungen, so bleibt auch dieses ein Fall des § 2 Nr. 5 VOB/B. **Möglich** ist es dabei natürlich auch, dass sich – vergütungsmäßig gesehen – **Minderleistungen** ergeben. Auch die **Anordnung der Änderung der Ausführungsfrist kann ein Fall des § 2 Nr. 5 VOB/B sein** (*Piel* FS Korbion S. 349, 351 f.). **So betrachtet ist jede »Leistung-anstatt«, also jede Leistung, die an Stelle einer bisher vorgesehenen Leistung tritt, ein Fall des § 2 Nr. 5 VOB/B,** was sich insbesondere aus § 1 Nr. 3 VOB/B ergibt. Eine Änderung der Preisgrundlage liegt bei jeder »Leistung-anstatt« vor.

Der **Unterschied zwischen § 2 Nr. 5 und § 2 Nr. 3 VOB/B** liegt in Folgendem: **Bei § 2 Nr. 5 VOB/B** wird auf Veranlassung des Auftraggebers im Wege einer **echten Änderung** der vereinbarten Leistung **selbst oder der Art und Weise ihrer Ausführung** in das bisher vertraglich zu Grunde gelegte Verhältnis zwischen Leistung und Preisgestaltung **eingegriffen**. Dies wird sich häufig auch auf die Vordersätze auswirken; dennoch bleibt dies ein nach § 2 Nr. 5 VOB/B zu beurteilender Fall, weil es entscheidend auf die **Grundursache der Veränderung ankommt, die hier im Bereich der geforderten Leistung liegt,** also im Rahmen des dem Auftraggeber zuzurechnenden Risikos. § 2 Nr. 3 VOB/B dagegen umfasst **nur** die Fälle, in denen an sich eine wirkliche Leistungsänderung, insbesondere durch Verhalten des Auftraggebers, **nicht** eintritt, in denen aber durch Mengenänderungen – also die bloße Veränderung der Vordersätze – **innerhalb der vorgesehenen Leistung** ein preislicher Ausgleich notwendig wird. Dies kann auch bei bloßen Mengenverschiebungen in verschiedenen ausgeschriebenen Bodenklassen der Fall sein; weichen dagegen die tatsächlich vorgefundenen Bodenklassen von den ausgeschriebenen und zum Gegenstand des Vertrages gewordenen ab, so ist dies ein Fall des § 2 Nr. 5 VOB/B (vgl. *v. Craushaar* BauR 1984, 311, 320 ff.; *Vygen* BauR 1983, 414, 416 f.; *Vygen* Jahrbuch Baurecht 1999 S. 59). Dem § 2 Nr. 5 und nicht dem § 2 Nr. 3 VOB/B zuzurechnen ist es z.B. auch, wenn der Auftragnehmer bei Straßenbauarbeiten mit einer vertraglich festgelegten Aushubtiefe von 50 cm nicht auf tragfähigen Boden gekommen ist, deshalb auf Anordnung des Auftraggebers den Aushub bis 1,60 m vornehmen muss; das gilt auch für die dadurch ebenfalls betroffene, in besonderer Position ausgeschriebene Verfüllung mit Frostschutzkies, die jetzt eine größere Menge und die Einbringung lagenweiser Verfüllung erfordert (OLG Düsseldorf 13.3.1990 23 U 138/89 = BauR 1991, 219 = SFH § 2 Nr. 5 VOB/B Nr. 5; siehe hierzu auch *Vygen* Jahrbuch Baurecht 1999 S. 58; siehe auch OLG Karlsruhe 22.12.1998 17 U 220/96 zum Erfordernis einer anderen Betongüte als im Leistungsverzeichnis vorgesehen, IBR 2000, 361-*Kraus*). **Insgesamt: Überschneidungen von Fällen, die nach § 2 Nr. 3 VOB/B zu beurteilen sind, und solchen nach § 2 Nr. 5 VOB/B sind rechtlich nicht möglich.**

10 Nicht unter § 2 Nr. 5 VOB/B, sondern allein in den Rahmen von § 6 Nr. 6 VOB/B ist es einzuordnen, wenn der **Auftraggeber ohne Eingriff in die geforderte Art und Weise der Leistung** »nur« seine **Mitwirkungspflichten verletzt,** z.B. dem Auftragnehmer Ausführungsunterlagen (Pläne, Ausführungszeichnungen, Statik, Bewehrungspläne usw.) entgegen § 3 Nr. 1 VOB/B verspätet zur Verfügung stellt. Gleiches gilt für den Bereich, der sich für den Auftraggeber als besondere Pflicht aus § 4 Nr. 1 Abs. 1 oder § 5 Nr. 2 VOB/B ergibt. Hier liegt ein **bloßes Unterlassen, nicht aber eine Anordnung des Auftraggebers** vor. Liegen allerdings die Voraussetzungen des § 2 Nr. 5 VOB/B – vor allem durch Anordnung des Auftraggebers – vor, **scheidet § 6 Nr. 6 VOB/B aus, sofern** der dort in Betracht kommende Schaden mit der veränderten Vergütung nach § 2 Nr. 5 VOB/B **identisch** ist. Wird durch die Anordnung des Auftraggebers ein **darüber hinausgehender Schaden** begründet, wie z.B. durch Anordnung einer veränderten Bauzeit, so kann **neben** dem Anspruch auf Vergütungsänderung nach § 2 Nr. 5 VOB/B auch noch ein Schadensersatzanspruch nach § 6 VOB/B geltend gemacht werden.

B. Einwirkung des Auftraggebers als Voraussetzung

11 § 2 Nr. 5 VOB/B betrifft **nur solche Preisgrundlagenänderungen,** die **durch ein dem Auftraggeber zurechenbares Verhalten herbeigeführt werden.** Bloße Erschwernisse, die bei der bisher schon vorgesehenen Leistung ohne Einwirkung des Auftraggebers eintreten, sind kein Fall des § 2 Nr. 5 VOB/B (OLG Düsseldorf 4.6.1991 23 U 173/90 = BauR 1991, 774). Das betrifft allerdings nur Erschwernisse bei Ausführung der **ausgeschriebenen Leistung.** Ist dagegen vom Auftraggeber oder seinem Erfüllungsgehilfen (z.B. dem Architekten) eine bestimmte Bodenklasse ausgeschrieben, die ganz oder teilweise nicht vorgefunden wird, und lässt der Auftraggeber nach entsprechendem Hinweis die Leistung auf der Grundlage der tatsächlichen Verhältnisse ausführen, so kann es sich **durchaus um einen Fall des § 2 Nr. 5 VOB/B** handeln, zumal dadurch i.d.R. die vertraglich vorgesehenen Preisgrundlagen ergriffen werden (OLG Düsseldorf a.a.O.; OLG Koblenz BauR 2001, 1442

= NJW-RR 2001, 1671; insoweit zutreffend *Vygen/Schubert/Lang* Rn. 163 ff.; *Vygen* Jahrbuch Baurecht 1999 S. 52; ebenso *Kapellmann/Schiffers* Bd. 1 Rn. 758, und Beck'scher VOB-Komm./*Jagenburg* § 2 Nr. 5 VOB/B Rn. 62). Treffen Erschwernisse mit Anordnungen des Auftraggebers zusammen, die dieser zur Überwindung der Erschwernisse erteilt, so können Ansprüche gemäß § 2 Nr. 5 VOB/B je nach Sachlage ausgelöst werden. Insoweit kommt es letztlich darauf an, ob der Auftragnehmer z.B. eine spezielle Art der Ausführung auch schon ohne besondere Anordnung des Auftraggebers nach den ihm bereits obliegenden Vertragspflichten wählen musste, so dass die (zusätzliche) Anordnung lediglich den Charakter eines Hinweises auf bereits bestehende vertragliche Pflichten trägt, oder ob der Auftragnehmer erst auf Grund der Anordnung zu einer besonderen Art der Durchführung, die aus eingetretenen Erschwernissen resultiert, verpflichtet wurde.

Nicht von § 2 Nr. 5 VOB/B erfasst sind die Fälle, in denen die geänderte Leistung bereits vom bisher bestehenden vertraglichen Leistungsumfang erfasst ist, wozu insbesondere der Fall gehört, dass der **vertraglich geschuldete Erfolg nicht ohne die Leistungsänderung zu erreichen** ist (BGH 9.4.1992 VII ZR 129/91 = BauR 1992, 759 = NJW-RR 1992, 1046 = SFH § 2 Nr. 5 VOB/B Nr. 6, für den Fall, dass im Vertrag eine bestimmte Art der Wasserhaltung nicht vorgesehen war, wobei sich die Kosten erhöht haben, weil anstatt einer vom Auftragnehmer beabsichtigten offenen Wasserhaltung eine aufwändigere geschlossene außerhalb des Spundwandkastens erforderlich wurde).

Gleiches trifft zu, wenn sich der Auftragnehmer vor Abgabe seines Angebotes nicht nach den Einzelheiten der geplanten Ausführung erkundigt hat, die er weder dem Leistungsverzeichnis noch den damals überlassenen Planungsunterlagen hinreichend entnehmen konnte, die er aber für eine zuverlässige Kalkulation hätte **kennen sollen;** insoweit darf der Auftragnehmer bzw. Bieter ein erkennbar lückenhaftes Leistungsverzeichnis **nicht einfach hinnehmen,** sondern muss sich daraus ergebende Zweifelsfragen **vor Angebotsabgabe klären;** ebenso gilt dies, wenn sich für ihn aus dem Leistungsverzeichnis und aus den verfügbaren weiteren Unterlagen die bestimmte Art der Ausführung nicht mit hinreichender Klarheit ergibt, er darauf aber bei der Kalkulation maßgebend abstellen will; dabei hängt es von den Einzelumständen ab, was vom Auftragnehmer bzw. Bieter im konkreten Fall als zumutbar zu erwarten ist (BGH 25.6.1987 VII ZR 107/86 = BauR 1987, 683 = NJW-RR 1987, 1306 = SFH § 2 Nr. 5 VOB/B Nr. 4, für den Fall des möglichen Einsatzes einer Großflächenschalung; ferner BGH 25.2.1988 VII ZR 310/86 = BauR 1988, 338 = SFH § 9 VOB/A Nr. 1 = NJW-RR 1988, 785; dazu auch LG Aachen 22.5.1985 4 O 510/83 = BauR 1986, 698: Vorhersehbarkeit von Handarbeit an Stelle von Maschineneinsatz bei an sich gleich bleibendem Leistungsinhalt).

I. Änderung des Bauentwurfs

Zum Bauentwurf gehört das gesamte dem Auftragnehmer vertraglich übertragene Leistungssoll, also Pläne, Zeichnungen, der textliche Teil der Leistungsbeschreibung und alle sonstigen Vertragsunterlagen (vgl. *Franke/Kemper/Zanner/Grünhagen* § 2 VOB/B Rn. 95). Soll die Leistung infolge einer vom Auftraggeber angeordneten Änderung des Bauentwurfs anders ausgeführt werden, so verändert der Auftraggeber das vertraglich vereinbarte Leistungssoll. In der Praxis spielt dabei eine für den Auftragnehmer bisher nicht erkennbare und von ihm nicht erkannte Änderung einer unvollständigen oder falschen Leistungsbeschreibung eine wichtige Rolle. Wie sich aus dem Wortlaut in § 2 Nr. 5 S. 1 VOB/B ergibt, ist **nicht unbedingt Voraussetzung,** dass die Änderung des Bauentwurfs auf die **Eigeninitiative des Auftraggebers** zurückgehen muss. § 2 Nr. 5 VOB/B greift auch ein, **wenn die Änderung von dritter Seite veranlasst** wird, sie jedoch den **Bereitstellungspflichten (Mitwirkungspflichten) des Auftraggebers zuzurechnen ist,** wie z.B. die von der Baugenehmigungsbehörde geforderte Veränderung des Bauentwurfs, weil die Einholung der Baugenehmigung gemäß § 4 Nr. 1 Abs. 1 S. 2 VOB/B Sache des Auftraggebers ist (vgl. dazu OLG München 14.2.1978 9 U 2388/77 = BauR 1980, 274 und OLG Frankfurt 28.1.1998 23 U 140/97 = BauR 1999, 43), oder die von der Straßenverkehrsbehörde später verlangte Änderung der bisher vorgesehenen Verkehrsfüh-

12

rung (vgl. OLG Düsseldorf BauR 1996, 267; OLG Zweibrücken BauR 2002, 972). Hier liegt der anordnende Eingriff des Auftraggebers darin, **dass er in Kenntnis der von dritter Seite gestellten Forderung den Auftragnehmer die veränderte Ausführung herstellen lässt** (so auch *Kapellmann/Schiffers* Bd. 1 Rn. 833). **Dabei ist zu beachten, dass eine Anordnung** nicht ausdrücklich erfolgen muss, sie vielmehr nach den Umständen des Einzelfalles **auch konkludent oder stillschweigend** erklärt werden kann (*Piel* FS Korbion S. 349, 357; *Vygen/Schubert/Lang* Rn. 184; u.a. auch *Kapellmann/Schiffers* Bd. 1 Rn. 834 ff.; Beck'scher VOB-Komm./*Jagenburg* § 2 Nr. 5 VOB/B Rn. 62; OLG Köln 14.1.2003 22 U 128/02 = IBR 2004, 301-*Schliemann*). Darauf ist im Allgemeinen zu schließen, wenn der Auftraggeber trotz Einflussnahme von dritter Seite bauen oder weiterbauen lässt, ihm aber keine andere Wahl bleibt, als dem Verlangen des Dritten Folge zu leisten (ähnlich *Piel* a.a.O.). Als stillschweigende Weisung wird auch zu gelten haben, wenn sich für beide Vertragspartner – insbesondere den Auftragnehmer – unvorhergesehen schwierigere, von den bisherigen Vergütungsvereinbarungen nicht erfasste Bedingungen für die Ausführung oder weitere Ausführung ergeben und der Auftraggeber **in Kenntnis dessen den Auftragnehmer – weiter – die Leistung ausführen** lässt. Ebenso kommt dies in Betracht, wenn sich, etwa weil ein vorleistender Unternehmer nicht rechtzeitig fertig wird, die Vertragspartner auf die neue Situation zwangsläufig einstellen und bei einer Baustellenbesprechung den jetzigen Beginn der Arbeiten festlegen oder einen neuen Terminplan aufstellen (vgl. *Vygen* BauR 1989, 387). Ebenso wie bei der ausdrücklichen ist auch für die stillschweigende Anordnung erforderlich, dass diese bei Ausführung der in Betracht kommenden Leistung vorliegt, also dem Auftragnehmer zugegangen ist (OLG Düsseldorf 13.12.1991 22 U 116/91 = NJW-RR 1992, 529 = BauR 1992, 540 [L]).

Hat der Auftragnehmer ordnungsgemäß seiner Prüfungs- und Hinweispflicht nach § 4 Nr. 3 VOB/B genügt und trägt der Auftraggeber den ihm vorgetragenen Bedenken Rechnung, indem er eine Bauentwurfsänderung vornimmt, so löst er dadurch einen Anspruch des Auftragnehmers aus § 2 Nr. 5 VOB/B aus.

13 Sowohl hier als auch im nachfolgend erörterten weiteren Fall etwaiger anderer Anordnungen ist jedoch **Voraussetzung** für ein Eingreifen der Preisänderungsklausel des § 2 Nr. 5 VOB/B, dass eine **teilweise Änderung der bisher vereinbarten Leistung** vorliegt, dass also insoweit **eine andere an ihre Stelle** tritt, was auch durch hinreichend klares Verlangen auf Veränderung der Vordersätze der Fall sein kann. Vor allem kommt hier auch eine **Änderung des zur Verwendung ursprünglich vorgesehenen Materials** in Betracht. Fälle, in denen Leistungsteile lediglich wegfallen, regeln sich **nicht nach § 2 Nr. 5 VOB/B, sondern nach § 2 Nr. 4 VOB/B bzw. nach § 8 Nr. 1 VOB/B** (OLG Oldenburg 24.6.1999 8 U 97/97 = BauR 2000, 897). Bloßer sich **von selbst,** also ohne Eingriff des Auftraggebers, ergebender Wegfall im Rahmen der Vordersätze ist dagegen in § 2 Nr. 3 Abs. 1 und 3 VOB/B einzuordnen.

14 Der wohl bedeutendste Bereich der Leistungsänderungen gemäß § 2 Nr. 5 VOB/B betrifft den **Baugrund**. Es stellt sich bei der Durchführung eines Bauvorhabens nicht selten heraus, dass der vorgefundene Baugrund nicht dem in der Leistungsbeschreibung beschriebenen entspricht. Um prüfen zu können, ob eine Änderung der Baugrundverhältnisse vorliegt, muss zunächst geklärt werden, wie die durchzuführende Leistung beschrieben war und wenn eine Abweichung gegenüber der ausgeschriebenen Leistung vorliegt, ob die Verantwortung beim Auftraggeber liegt.

15 Die Verantwortung für eine Leistungsänderung infolge geänderter **Bodenverhältnisse** ist dem Auftraggeber zuzuweisen, wenn sie ihre Ursache in einer fehlenden oder unzureichenden geotechnischen Untersuchung hat oder in ungeeigneten Anschlusstechniken (z.B. Fehler bei Sondierungsbohrungen oder ungeeigneten Laboruntersuchungen). Liegt die Ursache in einer fehlerhaften Umsetzung zutreffender geotechnischer Daten, ist zu prüfen, welcher Sonderfachmann für diese fehlerhafte Umsetzung verantwortlich ist und für wen dieser Sonderfachmann als Erfüllungsgehilfe tätig geworden ist. Liegt die Ursache in einer fehlerhaften Umsetzung der geotechnischen Daten in der Leistungsbeschreibung, so liegt die Verantwortung beim Ausschreibenden, was bedeutet, dass

Änderung der Preisgrundlagen § 2 Nr. 5 VOB/B

die Verantwortung beim Auftraggeber liegt, wenn er die Leistungsbeschreibung erstellt hat. Nur dann kommt ein Anspruch des Auftragnehmers aus § 2 Nr. 5 VOB/B in Betracht. Liegt die Ursache in Fehlern bei der Angebotsbearbeitung durch den Auftragnehmer, so scheidet ein Anspruch aus § 2 Nr. 5 VOB/B aus (vgl. hierzu vor allem *Vygen* Jahrbuch Baurecht 1999 S. 53).

Erst dann, wenn die Verantwortung für die Änderung der Baugrundverhältnisse weder dem Auftragnehmer noch dem Auftraggeber zugeordnet werden kann und der Auftragnehmer seiner Prüfungs- und Hinweispflicht in ausreichendem Maße nachgekommen ist, stellt sich die Frage des **Baugrundrisikos** als unvermeidbarem Restrisiko. Ist z.B. die Art des Verbaus im Leistungsverzeichnis nicht vorgeschrieben, so können bei der Bauausführung aufgetretene Erschwernisse infolge der Beschaffenheit des Baugrundes einen Vergütungsanspruch des Auftragnehmers wegen der Verwirklichung des Baugrundrisikos nach § 2 Nr. 5 VOB/B nur auslösen, wenn die Erschwernisse für den Auftragnehmer unvorhersehbar waren (vgl. OLG Jena 19.12.2001 7 U 614/98 = BauR 2003, 714 = IBR 2003, 122-*Schwenker*). Weichen die tatsächlich vorgefundenen Bodenverhältnisse von dem der Baubeschreibung beigefügten Bodengutachten ab und konnte der Auftragnehmer dies nicht erkennen, so hat er Anspruch auf eine Vergütung nach § 2 Nr. 5 VOB/B (vgl. KG 13.12.2004 24 U 354/02 = BauR 2006, 111). Weist ein Bodengutachten auf konkrete Risiken hin, kann der Bieter nicht davon ausgehen, dass sie nicht auftreten werden. Erstellt er aufgrund dieses Bodengutachtens die Leistungsbeschreibung ohne Beachtung der aufgezeigten Risiken, so hat er keinen Mehrvergütungsanspruch, wenn sich bei der Bauausführung diese Risiken verwirklichen (vgl. OLG *Koblenz* 17.4.2002 – 1 U 829/99 = IBR 2003, 181-*Schulze-Hagen*). 16

Ein häufig auftretender Fall von Leistungsänderungen ist das Auftreten anderer Bodenklassen als in der Leistungsbeschreibung vorgesehen. Ist nach der Leistungsbeschreibung der Aushub leichten Felsens der Bodenklasse 6 vorgesehen und fällt ausschließlich oder überwiegend schwerer Fels (Bodenklasse 7) an, so führt dies zu einem Mehrvergütungsanspruch des Auftragnehmers nach § 2 Nr. 5 VOB/B, wenn die richtigen Bodenverhältnisse für den Auftragnehmer nicht erkennbar waren (vgl. OLG Koblenz 27.1.1999 1 U 420/96 = BauR 2001, 1442 = NJW-RR 2001, 1671 = NZBau 2001, 633). 17

Durfte der Auftragnehmer nach der Leistungsbeschreibung davon ausgehen, Boden der Bodenklasse 3 nach dem Aushub als Kies oder Füllkies verkaufen zu können und ist dies aufgrund der vorgefundenen Bodenverhältnisse nicht möglich, so stellt dies eine Leistungsänderung dar (vgl. OLG Düsseldorf 9.5.1990 19 U 16/89 = BauR 1991, 337).

Wenn ein Tiefbauunternehmer Zulagen verlangt, weil der Bodenaushub höheren Bodenklassen zuzuordnen sei, muss er, falls der Auftraggeber die Richtigkeit dieser Wertung in Frage stellt, im Einzelnen die Tatsachen vortragen, aus denen sich ergibt, dass der Aushub seiner Beschaffenheit nach der Beschreibung der jeweiligen Bodenklasse in Abschnitt 2.3 der DIN 18300 entspricht (OLG Düsseldorf 23.2.2001 22 U 132/00 = BauR 2001, 947 = IBR 2001, 301-*Dähne*).

Kommt es beim Verfüllen von sog. Bodennägeln zur mehrfachen Menge an Verfüllmaterial als ausgeschrieben, weil dieses in unerwartet große Klüfte abfließt, so liegt keine Leistungsänderung vor, sondern eine Mengenmehrung nach § 2 Nr. 3 VOB/B (vgl. OLG Stuttgart 16.2.2000 4 U 126/99 = IBR 2002, 3-*Schulze-Hagen*). 18

Eine in AGB (regelmäßig Zusätzlichen Vertragsbedingungen) des Auftraggebers enthaltene Klausel, dass Änderungen des Leistungsumfanges oder -inhaltes durch Auflagen im Rahmen öffentlich-rechtlicher Genehmigungen den Auftragnehmer nicht berechtigen, eine veränderte Vergütung zu verlangen, **verstoßen** eindeutig **gegen § 307 BGB**. Anders liegt es nur dann, wenn der Auftragnehmer aus eigener Initiative, z.B. im Rahmen der Bedingungen eines Nebenangebotes oder Änderungsvorschlags, durch eindeutige und ausdrückliche Erklärung das Risiko für durch behördlichen Eingriff erforderliche Leistungsänderungen übernommen hat. 19

II. Andere Anordnungen des Auftraggebers

20 Durch den Abschluss eines Bauvertrages wird vom Auftragnehmer nicht nur die Herstellung einer bestimmten Bauleistung, sondern auch die Herstellung der Bauleistung innerhalb einer vertraglich festgelegten Zeit geschuldet. Diese vertraglich festgelegte Zeit ist Grundlage der Bauablaufplanung und Kalkulation des Auftragnehmers. Verschiebt sich die Bauzeit, verändern sich die der Kalkulation zu Grunde liegenden zeitabhängigen Kosten (*Olshausen* FS Korbion S. 331). Bauzeitverlängerungen oder Bauzeitverschiebungen haben deshalb ebenso wie Bauentwurfsänderungen Einfluss auf die Kalkulation des Auftragnehmers. Haben die Bauzeitverlängerungen oder Bauzeitverschiebungen ihre Grundlage in einer Anordnung des Auftraggebers, so lösen sie einen Vergütungsanspruch nach § 2 Nr. 5 VOB/B aus (vgl. OLG Düsseldorf 25.4.1995 21 U 192/94 = BauR 1995, 706 = NJW 1995, 3323 = SFH § 9 VOB/B Nr. 7; siehe dazu auch Anm. *Knacke* BauR 1996, 119, und vor allem *Vygen* FS Locher S. 263, 273 ff.).

21 Besteht die Gefahr, dass durch Störungen des Bauablaufes eine Verlängerung der Bauzeit hervorgerufen wird, die der Bauherr aus finanziellen Gründen oder aus Gründen der Bauplanung nicht hinnehmen will, so ist er auch berechtigt, Beschleunigungsmaßnahmen anzuordnen. Dieses Recht findet jedoch dort seine Grenze, wo die Befolgung der Beschleunigungsanordnung für den Auftragnehmer unzumutbar ist, etwa wenn der Betrieb des Auftragnehmers einen verstärkten Personal- und Geräteeinsatz nicht zulässt oder wenn die Beschleunigungsanordnung wiederum Störungen des Bauablaufs zur Folge haben würde, weil sich die Bauarbeiter »auf den Füßen stehen«. Auch die Störung des sozialen Friedens im Betrieb des Auftragnehmers kann die Befolgung der Beschleunigungsanordnung unzumutbar erscheinen lassen, etwa wenn die Beschleunigungsanordnung zur Folge hat, dass der Betrieb an hohen Festtagen »rund um die Uhr« arbeiten muss. Anders wird dieses Problem jedoch wieder zu beurteilen sein, wenn das Leistungsinteresse des Auftraggebers an die Rechtzeitigkeit der Leistung gebunden ist (z.B. Anordnung von Beschleunigungsmaßnahmen zur rechtzeitigen Fertigstellung eines Olympiastadions).

22 Befolgt der Auftragnehmer die Beschleunigungsanordnung und führt er die angeordneten Maßnahmen durch, hat er Anspruch auf Mehrvergütung nach § 2 Nr. 5 VOB/B.

23 § 2 Nr. 5 VOB/B erfasst kraft ausdrücklicher Regelung **auch andere Anordnungen des Auftraggebers,** die eine Änderung der bisherigen Preisgrundlage herbeiführen.

24 Unter einer »anderen Anordnung des Auftraggebers« versteht man z.B. eine Änderung der nach dem bisherigen Vertrag vorgesehenen bautechnischen und baubetrieblichen Produktionsbedingungen, etwa die Änderung der bisher vorgesehenen Vollsperrung einer Straße in eine Teilsperrung. In den hier erörterten Bereich fallen auch lärmmindernde Maßnahmen, die für den Auftragnehmer nicht erkennbar waren, weil sie erst durch eine spätere Anordnung des Auftraggebers, z.B. vermehrten Geräteeinsatz, erforderlich wurden. Gleiches gilt für durch spätere Anordnung eingetretene erschwerte Transportbedingungen oder das Verlangen der Änderung der Zwischenlagerung von Baugrund.

25 Als andere Anordnung des Auftraggebers gelten auch Änderungen, die von dritter Seite gefordert werden (vgl. Beck'scher VOB-Komm./*Jagenburg* § 2 Nr. 5 VOB/B Rn. 72; *Leinemann* § 2 Rn. 88). Dazu gehören Auflagen der Baugenehmigungsbehörde, der Straßenverkehrsbehörde, des Statikers oder Prüfstatikers. Werden nach Vertragsschluss Gesetze geändert, etwa die Brandschutzvorschriften, und deren Umsetzung behördlich angeordnet, so gilt dies als Anordnung des Auftraggebers und löst einen Anspruch des Auftragnehmers aus § 2 Nr. 5 VOB/B aus.

III. Begriff der Anordnungen

Der **Begriff der Anordnungen** setzt im Ausgangspunkt **einseitige Maßnahmen des Auftraggebers** 26 oder seines dazu berechtigten Vertreters voraus. Darauf bezogene Befugnisse des Auftraggebers finden sich in § 4 Nr. 1 Abs. 3 und 4 sowie § 4 Nr. 3 VOB/B. Allerdings beziehen sich diese anders als in § 2 Nr. 5 VOB/B auf die Konkretisierung einer bereits bestehenden Leistungspflicht des Auftragnehmers oder die Gewährleistung einer vertragsgerechten Ausführung, während die **hier erörterten Anordnungen die vertragliche Leistungspflicht verändern und damit eine neue Verbindlichkeit des Auftragnehmers begründen sollen** (BGH 9.4.1992 VII ZR 129/91 = BauR 1992, 759 = MDR 1992, 1153 = SFH § 2 Nr. 5 VOB/B Nr. 6 = NJW-RR 1992, 1046; auch OLG Köln 15.11.1995 2 U 56/95 = BauR 1996, 555 = SFH § 2 Nr. 5 VOB/B Nr. 8, für den Fall der späteren Konkretisierung des Inhaltes der vom Auftragnehmer zu erbringenden Leistung). **Selbst unter Berücksichtigung dieser Unterscheidungen ist der Begriff der Anordnungen jedenfalls im Ausgangspunkt einheitlich zu definieren. Unter »Anordnung« ist dabei eine die eindeutige Befolgung durch den Auftragnehmer heischende Aufforderung des Auftraggebers,** eine Baumaßnahme in bestimmter Weise auszuführen, zu verstehen (OLG Düsseldorf 27.6.1995 21 U 219/94 = BauR 1996, 115, 116 = NJW-RR 1996, 730). Dem Auftragnehmer gegenüber muss eindeutig zum Ausdruck kommen, dass es sich hier um **eine verpflichtende Vertragserklärung** handelt (BGH 9.4.1992 VII ZR 129/91 = BauR 1992, 759 = MDR 1992, 1153 = SFH § 2 Nr. 5 VOB/B Nr. 6 = NJW-RR 1992, 1046). Es muss sich mithin um klar und **deutlich verständliche – u.U. auch stillschweigende – Weisungen** handeln und nicht nur um **Wünsche** des Auftraggebers, deren Befolgung durch den Auftragnehmer **nicht zwingend erwartet** wird oder die diesen lediglich zu einer Überprüfung seiner Verfahrensweise veranlassen sollen (so auch BGH a.a.O.). Auch die Befugnis zur **Bestimmung des Beginns und des Zeitpunktes der Fertigstellung der Leistung sowie deren Fortgang** im Einzelnen gehören dazu (BGH 27.6.1985 VII ZR 23/84 = BauR 1985, 561 = BGHZ 95, 128 = NJW 1985, 2475 = SFH § 6 Nr. 6 VOB/B Nr. 3); Gleiches gilt für auf die **Art und Weise der Ausführung** bezogene Anordnungen. § 2 Nr. 5 VOB/B kommt – ebenso wie § 2 Nr. 6 VOB/B unter den dafür maßgebenden Voraussetzungen – auch in Betracht, wenn der Auftragnehmer **hinsichtlich des ursprünglich vereinbarten Vertragsinhalts** eine sog. **Massengarantie** übernommen hat.

Entgegen der Ansicht des BGH (a.a.O.; vgl. zuletzt auch *Weyer* BauR 1990, 138, 144 f., m.w.N.) ist es 27 für eine **Anordnung** des Auftraggebers **nicht erforderlich,** dass diese dem Verantwortungsbereich des Auftraggebers zuzurechnen ist, weil dazu weder aus dem Wortlaut von § 2 Nr. 5 VOB/B noch aus dem von § 1 Nr. 3 VOB/B Anhaltspunkte zu entnehmen sind. (insofern zutreffend *Kraus* BauR 1986, 17, 22; a.A. *Vygen/Schubert/Lang* Rn. 186). Dies ist vor allem **bedeutsam für jene Fälle, in denen es sich um eine Bauverzögerung wegen mangelhafter oder sonst verspäteter Arbeit eines vorleistenden Unternehmers handelt. Selbst wenn** man einen **anderen Standpunkt** einnimmt, so wäre dies aber auf der Grundlage von § 4 Nr. 1 Abs. 1 VOB/B dem Verantwortungsbereich des Auftraggebers zuzurechnen, wobei es hier allein auf seinen Risikobereich ankommt (so jetzt *Nicklisch/Weick* § 2 VOB/B Rn. 61; im Ausgangspunkt ebenso *Vygen* BauR 1989, 387, 390 ff.), zumal es Grundvoraussetzung für die Erfüllung der Leistungspflicht des Unternehmers ist, dass der Auftraggeber dem Auftragnehmer das Grundstück in der für dessen unbehinderte Leistung nötigen Art und Weise zur Verfügung zu stellen hat (OLG Düsseldorf 29.6.1999 21 U 127/98 = BauR 1999, 1309, 1311 = MDR 2000, 153, 154; siehe auch *Döring* FS v. Craushaar S. 193, 196; *v. Craushaar* Jahrbuch Baurecht 1999 S. 115, 130 und FS Vygen S. 154, 156; *Vygen/Schubert/Lang* Rn. 146).

IV. Nicht zur Anordnung gehörende Maßnahmen des Auftraggebers

Nicht zur Anordnung des Auftraggebers i.S.v. § 2 Nr. 5 VOB/B gehört dagegen die Ausübung eines 28 von vornherein **vertraglich eingeräumten Wahlrechts** bei einem Wahlschuldverhältnis nach §§ 262 ff. BGB. Auch kann eine Anordnung **nicht allein darin** gesehen werden, dass der Auftraggeber **lediglich** seine sich aus § 3 Nr. 1 bis 4, § 4 Nr. 1 Abs. 1 VOB/B ergebenden oder seine sonstigen vertraglichen Mitwirkungspflichten nicht rechtzeitig erfüllt (*Vygen/Schubert/Lang* Rn. 153; OLG Düsseldorf 27.6.1995 21 U 219/94 = BauR 1996, 115 = NJW-RR 1996, 730). Zu **unterscheiden** ist von § 2 Nr. 5 VOB/B auch der Fall, in dem der Auftragnehmer auf die **Unzweckmäßigkeit einer vom Auftraggeber erteilten Anordnung hinweist** (vgl. § 4 Nr. 1 Abs.4 S. 1 VOB/B); **stellt sich dann die Unzweckmäßigkeit dieser Anordnung heraus, so hat der Auftraggeber nach S. 2 a.a.O. die daraus sich ergebenden Mehrkosten zu tragen,** was sich als eine **eigene Anspruchsgrundlage** darstellt (zutreffend *Marbach* ZfBR 1989, 2, 6). Zu § 2 Nr. 5 VOB/B zählen auch nicht jene Fälle, in denen der Auftraggeber eine – die bisherigen Preisermittlungsgrundlagen ändernde – Anordnung hätte **treffen müssen, diese jedoch unterlassen hat** und es dadurch zu einer **Behinderung oder Unterbrechung** der Bauausführung gekommen ist (ebenso *Heiermann/Riedl/Rusam* § 2 VOB/B Rn. 79a; *Piel* FS Korbion S. 349, 357 f., zugleich zur Abgrenzung; *Vygen/Schubert/Lang* Rn. 175; *Vygen* FS Locher S. 263, 275 f.) wie z.B. im Falle der fehlenden Mitwirkung des Auftraggebers zur zügigen Erteilung der erforderlichen Genehmigungen (vgl. OLG Celle 6.10.1994 22 U 234/92 = BauR 1995, 552, 554). Das regelt sich **allein** nach § 6 VOB/B, dort insbesondere Nr. 2 und Nr. 6. Es ist insofern nicht einzusehen, warum der Auftragnehmer bei der Zuerkennung eines Schadensersatzanspruches nach § 6 Nr. 6 VOB/B im Verhältnis zu § 2 Nr. 5 VOB/B schlechter stehen soll. Denn der Schaden des Auftragnehmers stellt sich in dem hier erörterten Fall regelmäßig in den durch das Verhalten des Auftraggebers entstandenen Mehraufwendungen dar, so dass es nicht um den nach § 6 Nr. 6 VOB/B ausgeschlossenen entgangenen Gewinn geht. Der vorausberechnete Gewinn bleibt dem Auftragnehmer auch im Falle eines Anspruches nach § 6 Nr. 6 VOB/B erhalten, wenn ihm nur der Mehraufwand, der ihm sonst den vorausberechneten Gewinn ganz oder teilweise nehmen würde, ersetzt wird.

C. Neuberechnung der Vergütung

I. Ergänzende Vereinbarung auf Verlangen – notfalls Klage – maßgebender Zeitpunkt

29 Liegen die in § 2 Nr. 5 S. 1 Hs. 1 VOB/B angeführten Voraussetzungen vor, so haben sich die Partner eines VOB-Vertrages verpflichtet, unter **Berücksichtigung der Mehr- oder Minderkosten** einen **neuen Preis** zu **vereinbaren** (ebenso OLG Zweibrücken 20.9.1994 8 U 214/93 = BauR 1995, 251, 252). **Das gilt auch,** wenn sich die Änderungsanordnung des Auftraggebers **lediglich auf die Bauzeit auswirkt,** weil § 2 Nr. 5 VOB/B nicht nur die leistungsbezogenen, sondern auch die zeitabhängigen Kosten erfasst (zutreffend *Vygen/Schubert/Lang* Rn. 182 ff.). Es ist also eine ergänzende vertragliche Regelung zu treffen. **Voraussetzung** ist dazu jedoch, **dass** einer der Vertragspartner die Bildung des neuen Preises dem anderen gegenüber **verlangt,** selbstverständlich auch, wenn beide das Verlangen stellen. Sinn des § 2 Nr. 5 VOB/B ist nicht, die Parteien zu zwingen, von der bisherigen Preisabsprache abzugehen. Wird eine Anpassung des Preises nicht verlangt, bleibt es beim bisher vereinbarten.

30 Der Anwendung von § 2 Nr. 5 VOB/B steht nicht entgegen, dass die Ausführung der ursprünglich vereinbarten Leistung zur Zeit des Änderungsverlangens bereits begonnen hatte (vgl. OLG Nürnberg 13.10.1999 4 U 1683/99 = NZBau 2000, 518).

31 Kommt es trotz hinreichend deutlichen Verlangens **nicht** zu einer Einigung zwischen den Vertragspartnern, dann ist der **alte Preis nicht mehr wirksam,** weil sich jedenfalls eine der Parteien **mit Recht auf den Wegfall seiner vertraglich ausdrücklich vereinbarten Grundlage berufen** hat und die Anpassung des Preises an die wirklichen Gegebenheiten verlangt. Es kommt daher **nicht eine einseitige Bestimmung** durch einen der Vertragsschließenden in Betracht. Vielmehr ist, falls im Vertrag vorgesehen, der neue Preis **durch einen Dritten zu bestimmen,** vgl. § 317 BGB, **oder** es ist eine **gerichtliche Entscheidung herbeizuführen** (vgl. OLG Celle 22.7.1980 14 U 44/80 =

Änderung der Preisgrundlagen § 2 Nr. 5 VOB/B

BauR 1982, 381 = SFH § 2 Nr. 6 VOB/B Nr. 1), **wobei gerade hier § 287 Abs. 2 ZPO von Bedeutung sein kann.**

Für die Neuberechnung des Preises kommt es im Allgemeinen auf den **Zeitpunkt des Beginns der Ausführung der veränderten Leistung an,** also die dann maßgebenden Preisverhältnisse im Bereich des Eigenaufwandes des Auftragnehmers (Löhne, Materialkosten, Kosten der Baustelle, Allgemeine Geschäftskosten). Dies ist gerechtfertigt, weil die Leistungsänderung, auf der die Vergütungsänderung beruht, dem Bereich entstammt, der dem Auftraggeber zuzurechnen ist, so dass er auch das Risiko im Hinblick auf die Vergütung zu tragen hat, insbesondere die etwaigen Mehrkosten beim Eigenaufwand des Auftragnehmers hinnehmen muss. Daher kann es nicht schon auf den Zeitpunkt der Änderungsanordnung ankommen (ebenso *Weyer* BauR 1990, 138, 149; *Marbach* ZfBR 1989, 2, 8; Beck'scher VOB-Komm./*Jagenburg* § 2 Nr. 5 VOB/B Rn. 106). 32

II. Gegenüberstellung von Mehr- und Minderleistungen

Bei der Neufestlegung des Preises sind die **Mehr- oder Minderkosten zu berücksichtigen,** die **durch** die Leistungs- und damit Preisgrundlagenänderung entstehen, also **adäquat-kausal darauf zurückgehen.** Dazu ist eine **Vergleichsrechnung** auf der Grundlage der für den Hauptauftrag maßgebenden, allgemein anerkannten Kalkulationsmethoden anzustellen (dazu auch *Vygen* FS Heiermann S. 317 ff.; *Jagenburg* a.a.O. § 2 Nr. 5 Rn. 103). Also genügt es **nicht, wenn der Auftragnehmer eine bloß pauschale Preiserhöhung begehrt** (OLG Koblenz 9.1.1992 5 U 127/91 = NJW-RR 1993, 210, 211). Daher ist es unumgängliches Erfordernis, dass der bisherigen Vergütungsvereinbarung eine ordnungsgemäße Kalkulation des Auftragnehmers zu Grunde liegt. Grundsätzlich bleibt das **bisherige Preisgefüge bestehen, soweit es durch die Leistungsänderung nicht berührt wird.** Grundlage dieser Regelung ist es, jedenfalls im Ergebnis dem Auftragnehmer den bei seiner – ursprünglichen und zur Vertragsgrundlage gewordenen – Preiskalkulation eingeplanten **Gewinn** bei der Festsetzung des neuen, der Leistungsänderung angepassten Preises **nicht zu schmälern.** 33

Maßgebend für die **Mehr- und Minderkostenermittlung** ist, wie der Kalkulator die Preise kalkuliert hätte, wenn ihm die Leistungsänderung von Anfang an bekannt gewesen wäre. Der kalkulatorische Ansatz für alle Mehr- und Minderkosten ist deshalb fortzuschreiben (vgl. *Reister* S. 288). Bei Einheitspreisverträgen hat die Neufestsetzung des Preises für jede einzelne durch die angeordnete Änderung betroffene Position zu erfolgen. Um ein Nachtragsangebot erstellen zu können, wird es unvermeidlich sein, die gesamte **Angebotskalkulation** offenzulegen, weil alle Kostenarten betroffen sein können (vgl. *Biermann* S. 225). Gibt es keine verwertbaren Angaben in der Kalkulation, z.B. bei völlig neuen Leistungselementen, kann auf eine plausible Kostenermittlung auf dem Niveau der Vertragspreise zurückgegriffen werden (vgl. *Reister* S. 287). 34

Wird durch die Leistungsänderung auch die Bauzeit verändert, wirkt sich dies nicht nur auf die Leistungsposition aus, sondern in nicht seltenen Fällen auf den gesamten Bauablauf. Dann können auch die **Baustellengemeinkosten** und die **Allgemeinen Geschäftskosten** betroffen sein. Der Unternehmer kann dann die Mehraufwendungen geltend machen, die durch den längeren und eventuell höheren Personaleinsatz oder den Einsatz anderer Geräte entstehen. Es ist allerdings darauf zu achten, dass keine Doppelvergütungen entstehen. Deshalb sind die Deckungsbeiträge für die Baustellengemeinkosten über die Gesamtbauleistung zu prüfen und ins Verhältnis zur benötigten Zeit zu setzen (vgl. *Biermann* S. 228). 35

Es kann zu einer Unterdeckung der Allgemeinen Geschäftskosten kommen, wenn sich der Leistungsumfang verringert. Das soll dem Unternehmer aber erspart bleiben. Deshalb steht ihm bei Minderkosten die volle Deckung der Allgemeinen Geschäftskosten zu (vgl. *Reister* S. 288; *Biermann* S. 223; *Noosten* S. 91). Bei Mehrkosten findet eine Fortschreibung des AGK-Ansatzes statt. 36

37 Da die **Bauzinsen** proportional zu den Kosten erhoben werden, sind sie bei geänderten Leistungen **proportional fortzuschreiben**. Werden zusätzliche Planungsleistungen i.S.v. § 2 Nr. 9 VOB/B erforderlich, sind diese Kosten bei der Neuberechnung zu berücksichtigen.

38 Werden Nachunternehmer eingesetzt, obwohl mit eigenem Personal kalkuliert worden ist, kann die Minderleistung aus der Kalkulation des Hauptunternehmers berechnet werden. In der Regel erzielt der Hauptunternehmer durch den Nachunternehmereinsatz einen Gewinn, der ihm erhalten bleiben soll (vgl. *Biermann* S. 225).

39 Ein bisher vereinbarter **Nachlass** auf die Angebots-, Auftrags- oder Abrechnungssumme ist bei der Neuberechnung der Vergütung nach § 2 Nr. 5 nur dann zu beachten, wenn er Kalkulationsgrundlage war. Ist er dagegen als akquisitorisches Instrument (zum Begriff siehe *Kapellmann* NZBau 2000, 59), um den Auftrag zu bekommen, eingesetzt worden, bleibt er bei der Neuberechnung außer Betracht, da er mit den Preisermittlungsgrundlagen, die Gegenstand der Neuberechnung sind, nichts zu tun hat (vgl. *Kapellmann* a.a.O. und *Kapellmann* in *Kapellmann/Messerschmidt* § 2 VOB/B Rn. 217; Beck'scher VOB-Komm./*Jagenburg* § 2 Nr. 5 VOB/B Rn. 107; OLG Köln 8.10.2002 24 U 67/02 = IBR 2003, 119-*Keldungs*; a.A. *Franke/Kemper/Zanner/Grünhagen* § 2 VOB/B Rn. 154; *Leinemann* § 2 VOB/B Rn. 126, und *Roquette/Paul* BauR 2003, 1101, die nicht hinreichend berücksichtigen, dass es sich bei einem Preisnachlass um eine Preisnebenabrede handelt).

40 Da der **Generalunternehmerzuschlag** und die **Vergabegewinne** bei der Berechnung von Nachtragsforderungen erhalten bleiben müssen, gilt dies auch für die Fortschreibung eines entstandenen **Vergabeverlustes**. Die durch eine angeordnete Leistungsänderung beim Nachunternehmer entstandenen und von diesem geltend gemachten Mehrkosten werden betragsmäßig also in der absoluten Höhe, in die neue Preisberechnung übernommen (vgl. *Vygen* BauR 2006, 894, 897; a.A. *Kapellmann* in *Kapellmann/Messerschmidt* § 2 VOB/B Rn. 227). Der kalkulierte Generalunternehmerzuschlag wird dagegen prozentual fortgeschrieben.

41 Bei der Frage, ob **Kosten für die Nachtragsbearbeitung** vom Auftraggeber zu erstatten sind, ist zu unterscheiden, ob es sich um Kosten für die Aufstellung der Leistungsbeschreibung für den Nachtrag oder um Kosten für die Nachtragskalkulation handelt. Trägt der Auftraggeber die Planungsverantwortung, hat er auch die Leistungsbeschreibung für den Nachtrag zu erstellen. Bittet er den Auftragnehmer, diese Leistung für ihn zu erbringen, hat der Auftragnehmer einen Vergütungsanspruch für diese zusätzliche Leistung aus § 2 Nr. 9 VOB/B. Hat der Auftragnehmer dagegen die ursprüngliche Leistungsbeschreibung selbst erstellt, dann hat er diese Kosten in sein Angebot einkalkuliert. Wird die beauftragte Leistung dann geändert und muss der Auftragnehmer zur Umsetzung dieser Leistungsänderung eine neue Leistungsbeschreibung erstellen, so entstehen ihm zusätzliche Kosten, die er ursprünglich nicht kalkuliert hat, was zu einem Vergütungsanspruch aus § 2 Nr. 5 VOB/B führt (a.A. OLG Köln 12.7.1994 22 U 266/93 = IBR 1996, 358-*Schulze-Hagen*). Allerdings muss er nachweisen, dass die Erstellung der neuen Leistungsbeschreibung erforderlich war.

Geht es um Kosten der Nachtragskalkulation, muss zwischen externen und internen Kosten unterschieden werden. Ist es z.B. unumgänglich, ein baubetriebliches Gutachten einzuholen, um das Nachtragsangebot berechnen zu können, sind dies nachtragsbedingte Mehrkosten, die nach § 2 Nr. 5 VOB/B zu vergüten sind. Geht es dagegen um Kosten eigener Mitarbeiter, die dadurch entstehen, dass etwa der Bauleiter oder der Kalkulator Überstunden ableisten müssen oder ein weiterer Kalkulator eingesetzt werden muss, so fallen diese Kosten unter die Allgemeinen Geschäftskosten (vgl. *Reister* S. 460; siehe zu dieser Problematik auch *Marbach* BauR 2003, 1794).

42 Hat der Auftragnehmer eine auf der genannten Basis beruhende neue, im Einzelnen nachvollziehbare Preiskalkulation vorgelegt, ist es Sache des Auftraggebers, sich mit den einzelnen Kalkulationsfaktoren auseinander zu setzen. Es genügt nicht, die Neuberechnung einfach zu bestreiten oder lediglich auf ein etwaiges günstigeres Angebot eines anderen Unternehmers hinzuweisen.

Grundlage für den neuen Preis ist bei allen Preistypen des Bauvertrages die ursprüngliche Preisvereinbarung mit dem Auftragnehmer (so auch BGH 25.1.1996 VII ZR 233/94 = BauR 1996, 378 = SFH § 9 AGB-Gesetz Nr. 68 = NJW 1996, 1346), auf die dann die **vorauskalkulierten bzw. vorauskalkulierbaren Mehr- und Minderkosten in angemessener Weise hinzuzurechnen** sind, abgestellt hier auf den Zeitpunkt der Änderungsanordnung (ebenso Beck'scher VOB-Komm./*Jagenburg* § 2 Nr. 5 VOB/B Rn. 111; OLG Naumburg 16.9.1999 14 U 12/99 = NZBau 2001, 144 = IBR 2002, 61-*Weyer*). Hat der Auftragnehmer bei der ursprünglichen Kalkulation einen Kalkulationsfehler begangen, so bleibt er dennoch an die bisherigen Preisermittlungsgrundlagen gebunden. Einen Preis »unter Wert« kann er bei der Preisplanung für die geänderte Leistung nicht korrigieren (ebenso Beck'scher VOB-Komm./*Jagenburg* § 2 Nr. 5 VOB/B Rn. 111). Der Preis für die geänderte Leistung ist dann nach einer angemessenen Preisermittlungsgrundlage zu berechnen. **43**

Wegen der Korrigierbarkeit eines Kalkulationsfalles wird auf die Ausführungen zu § 2 Nr. 1 VOB/B Rn. 39–40 verwiesen. **44**

Kattenbusch (vgl. S. 134) vertritt die Auffassung, dass der Auftragnehmer nicht an die alte Basis seiner Preisberechnung gebunden sein könne, da er die tatsächlich zu erbringenden Leistungen bei Erstellung der Urkalkulation nicht gekannt hat. Dem habe auch der Bundesgerichtshof dadurch Rechnung getragen, dass er in einem zu § 8 VOB/B entschiedenen Fall (vgl. IBR 1999, 454-*Schulze-Hagen*) festgestellt hat, dass der Auftragnehmer seine ersparten Aufwendungen nicht auf der Basis der Auftragskalkulation zu ermitteln habe. Dabei nimmt Kattenbusch jedoch nicht hinreichend zur Kenntnis, dass in § 2 Nr. 5 VOB/B anders als in § 8 Nr. 1 Abs. 2 S. 2 VOB/B ausdrücklich die Grundlagen des Preises, also die ursprünglichen Preisermittlungsgrundlagen als Kalkulationsgrundlage für den neuen Preis genannt sind, während bei § 8 Nr. 1 Abs. 2 S. 2 VOB/B die tatsächlich ersparten Aufwendungen auf der Grundlage der Arbeitskalkulation, die der tatsächlichen Kostenentwicklung Rechnung trägt, zugrunde zu legen sind. **45**

III. Möglichkeiten bei Minderleistungen

Wenn es auch nicht ausdrücklich vorgesehen ist, so ist es im Falle von **Minderleistungen** doch nicht ausgeschlossen, einen Preisausgleich **auch** auf die Weise zu schaffen, wie es nach § 2 Nr. 3 Abs. 3 VOB/B möglich ist, nämlich durch Mengenerhöhungen in einzelnen Positionen oder durch Mengenverminderung bei anderen Positionen. Es geht **auch hier** darum, dem Auftragnehmer grundsätzlich den auf der bisherigen Vertragsgrundlage beruhenden **angemessenen Vergütungswert** zu erhalten. Dieser Weg ist allerdings **nur im Einverständnis beider Vertragspartner möglich**. **46**

D. Möglichst Preisvereinbarung vor Ausführung (§ 2 Nr. 5 S. 2 VOB/B)

Nach § 2 Nr. 5 S. 2 VOB/B soll die **Preisvereinbarung vor der Ausführung** der geänderten Leistung bzw. Teilleistung getroffen werden. Dies ist nicht zwingend; auch muss das Verlangen auf Änderung der Vergütung nicht schon zu dem genannten Zeitpunkt gestellt werden. **§ 2 Nr. 5 S. 2 VOB/B hindert** also die **Entstehung des Anspruchs** auf den neuen Preis **nicht. Es handelt sich vielmehr um eine nach aller Erfahrung berechtigte dringende Empfehlung** zur Vermeidung späterer Streitigkeiten. Die Vertragspartner sollten auch darauf bedacht sein, **vor** der Ausführung der geänderten Leistung bzw. Teilleistung die ergänzenden vertraglichen Vereinbarungen **genau festzulegen,** um klare Verhältnisse über Inhalt und Umfang der nunmehr geltenden Abmachungen zu haben. Aus Beweisgründen ist es dringend geboten, die geänderten Preisabreden **schriftlich** festzuhalten. Ist nach der Änderungsanordnung eine Vereinbarung über den neuen Preis getroffen, so ist diese bindend und schließt weitere Nachforderungen des Unternehmers aus (OLG Düsseldorf 24.10.1995 21 U 8/95 = BauR 1996, 267). Gleiches gilt umgekehrt für ein Kündigungsrecht des Auftraggebers in entspre- **47** chender Anwendung von §§ 5 Nr. 4, 8 Nr. 3 VOB/B. Entstehen Meinungsverschiedenheiten zwischen den Vertragspartnern über die Berechtigung einer Nachtragsforderung oder die Höhe des Preises, sind die Parteien grundsätzlich verpflichtet, durch Verhandlungen eine einvernehmliche Beilegung der Meinungsverschiedenheiten zu versuchen (vgl. BGH BauR 2000, 409 = NJW 2000, 807 = WM 2000, 730). Verweigert der Auftraggeber endgültig die Vergütung einer nach § 1 Nr. 4 VOB/B angeordneten Leistung, ist der Auftragnehmer berechtigt, die Leistung zu verweigern (vgl. BGH BauR 2004, 1613). Macht dagegen der Auftragnehmer den Baubeginn oder die Fortsetzung der Arbeiten davon abhängig, dass der Auftraggeber einen unberechtigten Nachtrag bzw. Mehrpreis anerkennt, liegt darin eine ernsthafte und endgültige Erfüllungsverweigerung, die den Auftraggeber zur Kündigung des Vertrages berechtigt (vgl. OLG Brandenburg 9.2.2005 4 U 128/04 = IBR 2005, 302-*Biebelheimer*).

48 Nicht selten kommt es zu Meinungsverschiedenheiten über eine Nachtragsforderung, selten ist die Konstellation aber so eindeutig wie in den vorbeschriebenen Fällen. Vielmehr entsteht häufig Streit darüber, ob ein behaupteter Nachtrag bereits im ursprünglichen Auftrag enthalten war oder es entsteht Streit über die Nachtragshöhe. In einer solchen Situation kann von einer Einstellung der Arbeiten durch den Auftragnehmer nur abgeraten werden. Ist der Nachtragsgrund unstreitig und entstehen Meinungsverschiedenheiten nur über die Berechnung des Nachtragsangebotes, ist anzunehmen, dass der Auftraggeber einen richtig berechneten Nachtrag vergüten wird. Es kann dann gegebenenfalls später, etwa bei der Schlussabrechnung, die Problematik noch einmal erörtert werden. Kann auch dann keine Einigung erzielt werden, muss der Auftragnehmer den Differenzbetrag gerichtlich geltend machen. Streiten sich die Parteien darüber, ob eine Leistung eine Zusatzleistung ist oder ob die geforderte Leistung im Ursprungsauftrag enthalten ist, ergibt sich in der Regel in einem Gespräch, wo die Ursache für die Meinungsverschiedenheiten liegt. Kann nicht geklärt werden, welche Partei Recht hat, sollte die Leistung ausgeführt und später geklärt werden, ob sie zusätzlich zu vergüten ist. Stellt der Auftragnehmer die Arbeiten unberechtigt ein, ist der Auftraggeber zur Kündigung des Vertrages berechtigt und kann vom Auftragnehmer die durch eine Ersatzvornahme entstehenden Mehrkosten und Schadensersatz verlangen (§ 8 Nr. 3 Abs. 2 VOB/B).

49 Wird eine Leistung aufgrund des geschlossenen Vertrages geschuldet und vergütet, kann der Auftragnehmer dieselbe Leistung aufgrund einer Nachtragsvereinbarung in der Regel nicht ein zweites Mal bezahlt verlangen. Etwas anderes gilt, wenn der Auftraggeber in der Nachtragsvereinbarung eine gesonderte Vergütungspflicht selbstständig anerkannt hat oder die Vertragsparteien sich gerade in Ansehung dieser Frage verglichen haben (vgl. BGH BauR 2005, 1317 = NZBau 2005, 453 = NJW-RR 2005, 1179 = ZfBR 2005, 542; a.A. KG, 4.11.2004 10 U 300/03 = IBR 2005, 71-*Gentner*).

50 Ist in Besonderen oder Zusätzlichen Vertragsbedingungen geregelt, dass der Auftragnehmer im Falle von Änderungsanordnungen eine veränderte Vergütung nur erhält, wenn er vor Ausführung des veränderten Teils ein Ergänzungs- oder Nachtragsangebot einreicht, so ist er grundsätzlich daran gebunden. Eine solche Bestimmung, die allerdings **klar umrissen** sein muss, **verstößt nicht gegen § 307 BGB,** da eine über den Wortlaut des § 2 Nr. 5 S. 2 VOB/B hinausgehende, den Auftragnehmer bindende Regelung nicht nur im wohl berechtigten Interesse des Auftraggebers, sondern auch in dem des Auftragnehmers liegt, nämlich rechtzeitig über die veränderten Preisverhältnisse Klarheit zu bekommen. Allerdings ist durch eine solche besondere, an den Auftragnehmer gestellte Vertragsbedingung **nicht nur ein Recht, sondern auch eine Pflicht des Auftraggebers begründet.** Diese geht dahin, baldmöglichst zu dem Ergänzungs- oder Nachtragsangebot Stellung zu nehmen, und zwar grundsätzlich vor Beginn der von ihm verlangten veränderten Leistung. Andernfalls macht er sich einer **Pflichtverletzung** schuldig, die zumindest dahin geht, dass dem Auftragnehmer eine jedenfalls angemessene Vergütung für die jetzt verlangte Leistung zusteht, was sich im Übrigen auch aus § 632 BGB ergibt. Diese berechnet sich ebenfalls auf der Grundlage des § 2 Nr. 5 VOB/B (zustimmend zu dem vorangehend Gesagten auch *Heiermann/Riedl/Rusam* § 2 VOB/B Rn. 119,

Änderung der Preisgrundlagen § 2 Nr. 5 VOB/B

sowie *Nelle* S. 322, und im Ergebnis auch Beck'scher VOB-Komm./*Jagenburg* § 2 Nr. 5 VOB/B Rn. 141).

Lässt der Auftraggeber oder sein dazu befugter Vertreter **trotz einer über den Rahmen des § 2 Nr. 5 S. 2 VOB/B hinausgehenden, den Auftragnehmer bindenden Verpflichtung die veränderte Leistung ausführen,** ohne auf der nach der betreffenden Vertragsklausel vorgesehenen Information durch den Auftragnehmer oder sogar einer etwa festgelegten **Nachtragsvereinbarung** vor Ausführung des veränderten Teils **zu bestehen,** kann er sich später **grundsätzlich aus Treu und Glauben nicht auf deren Fehlen berufen.** Dann muss nämlich angenommen werden, dass er in Kenntnis der abweichenden Vertragsbedingungen bewusst auf deren Einhaltung keinen Wert gelegt oder sogar darauf verzichtet hat (auch *Heiermann/Riedl/Rusam* a.a.O. und *Jagenburg* a.a.O.; ebenso *Kapellmann* FS v. Craushaar S. 230). Hat dagegen ein Dritter (z.B. Architekt), ohne hierzu vom Bauherrn bevollmächtigt zu sein, die Anordnung mündlich erteilt, ist sie formwirksam, da der Dritte die Schriftformklausel nicht abändern kann.   51

Selbst ohne andere vertragliche Regelung als der in § 2 Nr. 5 S. 2 VOB/B ist es denkbar, dass der Auftragnehmer eine **Pflichtverletzung** begeht, wenn er nicht schon vorher den Auftraggeber jedenfalls überschlägig über die voraussichtlich veränderten Kosten informiert, und zwar dann, wenn es sich für ihn im Zusammenhang mit der Änderungsanordnung oder etwaigen Verhandlungen darüber **klar erkennbar ergibt, dass der Auftraggeber auf den Kostengesichtspunkt deutlich Wert legt und seine Anordnung ersichtlich davon abhängig macht.** Dann müsste dem Auftragnehmer eine **Pflichtverletzung** vorgeworfen werden, die ihn gegebenenfalls zum Schadensersatz verpflichtet (so auch *Weyer* BauR 1990, 138, 148; ebenso *Jagenburg* FS Soergel S. 89, 90). Das **scheidet allerdings aus,** wenn der Auftraggeber einen mit den Leistungsphasen 6 bis 8 des § 15 HOAI betrauten Architekten eingeschaltet hat, weil dieser im Rahmen seiner Leistungspflichten eine Kostenkontrolle durchzuführen hat. In einem solchen Falle kann der Auftragnehmer regelmäßig davon ausgehen, dass der Auftraggeber von seinem Architekten hinreichend auch hinsichtlich der etwaigen Kostenveränderung beraten wird, bevor er Änderungsanordnungen erteilt.   52

Ein Verstoß gegen § 307 BGB liegt vor, wenn der Auftraggeber sich **einseitig in Formularbedingungen** vorbehält, die dem Auftragnehmer zukommende veränderte Vergütung zu bestimmen, da dies mit der Generalklausel des § 632 Abs. 2 BGB nicht zu vereinbaren ist.   53

Um erfolgreich einen Anspruch aus § 2 Nr. 5 VOB/B durchsetzen zu können, empfiehlt es sich, bei Vertragsschluss eine detaillierte Kalkulation an den Auftraggeber zu übergeben.

Die **Darlegungs- und Beweislast** trägt derjenige, der sich auf die Änderungsanordnung und die Änderung der Preisgrundlage beruft.   54

E. Kosten der Durchführung eines Vergabenachprüfungsverfahrens

Seit Jahren wird die Frage diskutiert, ob der erfolgreiche Bieter einen zusätzlichen Vergütungsanspruch gegen den Auftraggeber hat, wenn sich die Bauzeit durch ein **Vergabenachprüfungsverfahren** verschiebt und ihm dadurch höhere Kosten entstehen als für die bisher vereinbarte Bauzeit.   55

Ein Vergabeverfahren beginnt in der Regel mit der Bekanntgabe der Ausschreibung und endet mit der Zuschlagserteilung. Stellt ein nicht zum Zuge gekommener Bieter einen Antrag auf Nachprüfung des Vergabeverfahrens, so wird die Zuschlagserteilung so lange aufgeschoben, bis über den Antrag entschieden worden ist (Suspensiveffekt). Durch dieses Nachprüfungsverfahren entstehen in der Regel Mehrkosten, etwa eine Produktivitätsminderung infolge der Verschiebung in eine ungünstigere Jahreszeit (insbesondere relevant bei Erdarbeiten), Lohn- und Materialkostensteigerungen, längere Vorhaltung von Geräten. Mit der Einleitung des Vergabenachprüfungsverfahrens ist absehbar, dass der ursprünglich festgelegte Termin der Zuschlagserteilung von der Bauverwaltung nicht   56 eingehalten werden kann. Die am Vergabeverfahren beteiligten Bieter werden deshalb aufgefordert, ihr abgegebenes Angebot über die vereinbarte Bindefrist hinaus aufrecht zu erhalten. Die Bauverwaltungen vertreten die Auffassung, dass die Bieter mit einer Zustimmung zur Verlängerung der Bindefrist jeden Anspruch auf Mehrkosten verwirkt haben (vgl. *Wanninger/Stolze/Kratzenberg* NZBau 2006, 481, 484 unter Bezugnahme auf eine Erhebung des Instituts für Bauwirtschaft und Baubetrieb [IBB] der Technischen Universität Braunschweig). In einer Bereitschaft zur Verlängerung der Bindefrist gleichzeitig einen Verlust eines Vergütungsanspruches für die gestiegenen Kosten zu sehen, erscheint jedoch zu weitgehend. Es kann vielmehr in der Erklärung des Bieters zur **Bindefristverlängerung** nur die Bereitschaft gesehen werden, an sein Angebot gebunden zu bleiben, wenn er eine Bauzeitverlängerung erhält und nicht mit zusätzlichen Kosten belastet wird.

57 Ein Anspruch aus § 2 Nr. 5 VOB/B kommt nicht in Betracht, weil es an einer Anordnung des Auftraggebers zur Bauzeit nach Vertragsschluss fehlt. Vielmehr wird die neue Bauzeit entweder mit dem Zuschlag Vertragsgegenstand (vgl. BGH BauR 2005, 857, 860 = NJW 2005, 1653, 1655 = ZfBR 2005, 450, 453) oder nach einer neuen Verhandlung zwischen den Parteien nach Abschluss des Vergabenachprüfungsverfahrens. Das OLG Jena (vgl. BauR 2005, 341 = NZBau 2005, 341 = IBR 2005, 462-*Maas*) hat einen Anspruch des Auftragnehmers auf Vereinbarung neuer Preise aus einer analogen Anwendung des § 2 Nr. 5 VOB/B hergeleitet, was sich jedoch verbietet, da eine analoge Anwendung Allgemeiner Geschäftsbedingungen nicht möglich ist. Auch die Lösung von Diehr (ZfBR 2002, 316), der in dem Suspensiveffekt eine öffentlich-rechtliche Anordnung i.S.d. 2. Alternative des § 2 Nr. 5 VOB/B sieht, überzeugt nicht, da es sich – wenn überhaupt – nicht um eine nach Vertragsschluss erfolgte Anordnung handelt.

58 Eine Lösung dieses Problems dürfte eher in dem vom Bundesgerichtshof in der Entscheidung vom 24.2.2005 (BGHZ 162, 259 = BauR 2005, 857 = NZBau 2005, 387 = MDR 2005, 922) vorgegebenen Weg zu sehen sein. Der Bundesgerichtshof hat in dieser Entscheidung in der Forderung nach einem neuen Beginn der Bauzeit die Ablehnung des Angebotes des Auftragnehmers verbunden mit einem neuen Antrag auf Abschluss des Vertrages mit einer neuen Bauzeit gemäß § 150 Abs. 2 BGB gesehen. Dieser Weg könnte auch für das weitere Vorgehen nach Abschluss eines Vergabenachprüfungsverfahrens gegangen werden. Durch das Ende des Vergabenachprüfungsverfahrens erfolgt der Zuschlag nicht mehr mit der vereinbarten Bauzeit, sondern mit einer neuen Bauzeit. Darin könnte gemäß § 150 Abs. 2 BGB eine Ablehnung des Angebotes des Auftragnehmers verbunden mit dem Angebot auf Abschluss des Vertrages mit einer neuen Bauzeit zu ansonsten unveränderten Bedingungen zu sehen sein. Die Parteien sind dann in der Lage, in Verhandlungen über die neue Bauzeit und die durch die neue Bauzeit entstandenen Mehrkosten und deren Erstattung einzutreten.

59 Wie in den Ausführungen zu § 1 Nr. 3 VOB/B dargelegt, ist der Auftraggeber in zumutbarem Ausmaß berechtigt, **Beschleunigungsmaßnahmen** anzuordnen. Der Auftragnehmer erhält als Gegenleistung einen Vergütungsanspruch aus § 2 Nr. 5 VOB/B. Der Auftragnehmer erhält die Beschleunigungsvergütung auch dann, wenn ein Beschleunigungserfolg nicht eintritt, da Gegenstand der Vergütung nicht der Beschleunigungserfolg ist, sondern der zusätzlich betriebene Aufwand, um die vertraglich vereinbarte Bauzeit wiederherzustellen – etwa durch Sonn- und Feiertagsarbeit. Allerdings muss der Auftragnehmer beweisen, dass er Beschleunigungsmaßnahmen durchgeführt hat (vgl. OLG Köln 18.8.2005 7 U 129/04 = IBR 2005, 583-*Eschenbruch*).

§ 2 Nr. 6
[Vergütung für zusätzliche Leistungen]

(1) **Wird eine im Vertrag nicht vorgesehene Leistung gefordert, so hat der Auftragnehmer Anspruch auf besondere Vergütung. Er muss jedoch den Anspruch dem Auftraggeber ankündigen, bevor er mit der Ausführung der Leistung beginnt.**

Vergütung für zusätzliche Leistungen § 2 Nr. 6 VOB/B

(2) **Die Vergütung bestimmt sich nach den Grundlagen der Preisermittlung für die vertragliche Leistung und den besonderen Kosten der geforderten Leistung. Sie ist möglichst vor Beginn der Ausführung zu vereinbaren.**

Inhaltsübersicht   Rn.

A. Verlangen von im Vertrag nicht vorgesehenen Leistungen 3
    I. Im Vertrag nicht vorgesehene Leistungen 3
    II. Verlangen durch Auftraggeber 5
    III. Vollmacht des Architekten 6
    IV. Grund für zusätzliche Leistung 7
    V. Abhängigkeit zur bisherigen Vertragsleistung 8
    VI. Wirkliche Zusatzleistung zur bisherigen Vertragsleistung 10
    VII. Ordnungsgemäße Abrechnung von Zusatzleistungen 12
B. Vorherige Ankündigung des zusätzlichen Vergütungsanspruchs notwendig 13
    I. Anspruchsvoraussetzung 13
    II. Ausnahmen von der Ankündigungspflicht 16
    III. Kein Anspruch aus ungerechtfertigter Bereicherung oder wegen Störung der Geschäftsgrundlage 18
    IV. Ankündigung des Anspruchs genügt 19
    V. Ankündigung vor Beginn der Ausführung der Zusatzleistung 21
C. Berechnung der zusätzlichen Vergütung 22
    I. Grundsätzliches 24
    II. Bisherige Preisermittlungsgrundlagen – Zusatzkosten 25
       1. Bisherige Grundlagen 26
       2. Zusätzliche Kostenelemente 27
       3. Zusammenfassung 28
    III. Zeitpunkt der Preisvereinbarung 29
    IV. Abweichende Vereinbarungen 31

Aufsätze: *Jagenburg* Abschied von der Schenkungsvermutung für Mehrleistungen nach § 2 Nr. 5 und 6 VOB/B FS Soergel 1993 S. 89 ff.; *Kapellmann* Schriftformklauseln für Anordnungen des Auftraggebers zu geänderten oder zusätzlichen Leistungen beim VOB/B-Vertrag FS v. Craushaar 1997 S. 227 ff.; *Pauly* Die Vergütung zusätzlicher Leistungen nach § 2 Nr. 6 VOB/B MDR 1998, 505 ff.; *Motzke* Parameter für Zusatzvergütung bei zusätzlichen Leistungen NZBau 2002, 641.

§ 2 Nr. 6 VOB/B befasst sich mit den Fällen, in denen im Gegensatz zu § 2 Nr. 5 VOB/B nicht eine **1** ursprünglich vereinbarte Leistung geändert, sondern vom Auftraggeber eine Leistung gefordert wird, die bisher **im Vertrag überhaupt noch nicht vorgesehen** ist. Dass dem Auftragnehmer **für** diese **zusätzliche, nach Vertragsschluss geforderte Leistung** auch eine **zusätzliche Vergütung** zusteht, entspricht den allgemeinen Regeln des gegenseitigen Vertrages im Schuldrecht, hier besonders der für den Vergütungsbereich maßgebenden werkvertraglichen Grundbestimmung des **§ 632 Abs. 1 BGB**.

Dies ist bereits **bei Individualverträgen** auf der Grundlage des **§ 242 BGB** zu beachten, wenn durch **2** Zusätzliche oder Besondere Vertragsbedingungen Vergütungsansprüche eingeschränkt oder gar ausgeschlossen werden sollen, die dem Auftragnehmer an sich nach § 2 Nr. 6 VOB/B zustehen würden (so auch OLG Oldenburg BauR 1993, 228, wobei es zweifelhaft sein mag, ob die Auslegung der dieser Entscheidung zu Grunde liegenden Vertragsklausel zur Entsorgung von Asbestplatten zutrifft). Das gilt umso mehr, wenn im betreffenden Fall die **Regelungen der §§ 305 ff. BGB** eingreifen. **Das in diesem Zusammenhang** zu § 2 Nr. 5 VOB/B im Hinblick auf § 308 Nr. 3 und 4 BGB (im letzteren Fall i.V.m. § 1 Nr. 4 VOB/B) **Gesagte gilt hier zumindest in gleichem, wenn nicht in noch stärkerem Maße als für den Bereich des § 2 Nr. 5 VOB/B.** Insoweit dürfte die **Generalklausel in § 307 BGB** für § 2 Nr. 6 VOB/B einengende oder gar ausschließende Zusätzliche oder Besondere Vertragsbedingungen **wesentlich** sein (ebenso *Locher* Das private Baurecht, Rn. 317; vgl. dazu im Einzelnen zutreffend *Locher* FS Korbion S. 283, 286 ff.) vor allem ist durch derartige den § 2 Nr. 6 VOB/B einengende oder ausschließende Klauseln die **VOB/B »als Ganzes« nicht mehr** gegeben. Wegen etwaiger Klauseln in Zusätzlichen oder Besonderen Vertragsbedingungen, die als Voraussetzung für die Vergütungspflicht bei vom Auftraggeber beanspruchten Zusatzleistungen schriftliche Angebote des Auftragnehmers verlangen, gilt das oben zu § 2 Nr. 5 VOB/B Gesagte entsprechend.

Andererseits: Wird die VOB/B durch sonstige, **außerhalb** von § 2 Nr. 6 VOB/B liegende Klauseln in einer Weise abgeändert, dass nicht mehr von ihrer Vereinbarung »als Ganzes« gesprochen werden kann, kann sich der **Auftraggeber nicht mehr auf die fehlende Ankündigung des zusätzlichen Vergütungsanspruches berufen,** weil nach den Regeln des **§ 632 BGB** als nach Treu und Glauben (§ 242 BGB) ausgerichteter Bestimmung der **zusätzliche Vergütungsanspruch nicht von einer vorherigen Ankündigung abhängt.**

A. Verlangen von im Vertrag nicht vorgesehenen Leistungen

I. Im Vertrag nicht vorgesehene Leistungen

3 Es muss sich nach Abs. 1 S. 1 um Leistungen handeln, die nach dem **bisher im Vertrag festgelegten Leistungsinhalt nicht vorgesehen** sind. Ein vertraglich vereinbartes **Wahlschuldverhältnis** unterliegt grundsätzlich **nicht § 2 Nr. 6 VOB/B.** Ob eine Leistung zum bisher vereinbarten Vertragsinhalt gehört oder nicht, richtet sich nach dem insoweit maßgebenden Vertragsinhalt, vor allem der Leistungsbeschreibung, den Technischen Vertragsbedingungen, den Besonderen und/oder Zusätzlichen Vertragsbedingungen sowie der gewerblichen Verkehrssitte, also nach dem, was in § 2 Nr. 1 VOB/B umschrieben ist.

4 Der Bundesgerichtshof hat in seiner Entscheidung vom 28.2.2002 (VII ZR 376/00 = BauR 2002, 935 = NZBau 2002, 324 mit Anmerkungen von *Keldungs, Quack* und *Asam* BauR 2002, 1247; auch als Konsoltraggerüst-Entscheidung und Brückenkappen-Entscheidung bezeichnet) entschieden, dass es für die Abgrenzung zwischen unmittelbar vertraglich geschuldeten und zusätzlichen Leistungen auf den Inhalt der Leistungsbeschreibung und nicht auf die Unterscheidung in den DIN-Vorschriften zwischen Nebenleistungen und besonderen Leistungen ankommt. Zur Klärung der Frage, welche Leistung durch die Leistungsbeschreibung erfasst ist, sei die Vereinbarung der Parteien nach §§ 133, 157 BGB auszulegen. Beruhe der Vertragsabschluss auf einem Vergabeverfahren der VOB/A, sei die Ausschreibung mit dem Inhalt der Auslegung zugrunde zu legen, wie ihn der Empfängerkreis verstehen muss. Neben dem Wortlaut der Ausschreibung seien die Umstände des Einzelfalles, unter anderem die konkreten Verhältnisse des Bauwerks, zu berücksichtigen.

Dabei verkennt der BGH dass die Allgemeinen Technischen Vertragsbedingungen für Bauleistungen, also der Teil C, gemäß § 1 Nr. 1 S. 2 VOB/B Vertragsbestandteil sind und selbstverständlich bei der Vertragsauslegung heranzuziehen sind. Außerdem ziehen die Bieter bei der Auslegung einer Ausschreibung selbstverständlich die DIN-Vorschriften heran. Dies zeigt gerade auch der vom BGH entschiedene Fall, in dem der eingeschaltete Sachverständige die Frage einer zusätzlichen Vergütung mit Hilfe der einschlägigen DIN-Vorschriften zu lösen versuchte. Ähnlich verhalten sich auch die Kalkulatoren der Bauunternehmen. Ist wie in dem vom BGH entschiedenen Fall ein zur Durchführung der vertraglich vereinbarten Leistung erforderliches Leistungselement im Leistungsverzeichnis nicht enthalten, so ist – entgegen BGH – bei der Vertragsauslegung die DIN 18299 (allgemeine Regelungen für Bauarbeiten jeder Art) und zusätzlich die einschlägige DIN für die konkrete Werkleistung heranzuziehen. Nach DIN 18299 Abschn. 4.2 gehören besondere Leistungen nur dann zum Vertragsinhalt, wenn sie in der Leistungsbeschreibung besonders erwähnt werden. Es ist demnach in der einschlägigen DIN zu prüfen, ob eine Leistung Nebenleistung oder besondere Leistung ist. Ist die geforderte

Leistung in der DIN als besondere Leistung gekennzeichnet und ist sie im Leistungsverzeichnis nicht erwähnt, so gehört sie nicht zum Vertragsinhalt. Das Auslegungsproblem ist damit – wie Motzke (NZBau 2002, 641) zutreffend feststellt – gelöst.

Eine Zusatzleistung kommt aber auch in Betracht, wenn sie zur ordnungsgemäßen Erstellung der Leistung an sich nötig ist, jedoch **ausdrücklich** aus dem bisher vereinbarten Leistungsinhalt ausgeklammert ist, wie z.B. eine Isolierung gegen drückendes Wasser. Anders verhält es sich, wenn die bestimmte Art der Ausführung den zur Zeit der Ausführung anerkannten Regeln der Technik entspricht **und** aus dem bisher vereinbarten Inhalt der Leistung nicht ausgeschlossen ist. Eine Zusatzleistung liegt ferner vor, wenn entgegen dem bisherigen Vertrag eine zusätzliche verfahrenstechnische Leistung des Auftragnehmers erforderlich wird, die bisher insbesondere für ihn im Rahmen der Zumutbarkeit nicht vorhersehbar war (vgl. LG Köln 16.11.1982 5 O 218/81 = SFH § 6 Nr. 6 VOB/B Nr. 2, wegen der Notwendigkeit von Zwischenbühnen bei einer nicht vorhersehbaren Sandlinse) und sie zumindest als vergütungspflichtige Leistung, z.B. als Besondere Leistung nach dem jeweiligen Abschnitt 4.2 der einschlägigen Allgemeinen Technischen Vertragsbedingungen, zu gelten hat. Ebenfalls ist von einer zusätzlichen Leistung zu sprechen, wenn die Leistungsbeschreibung für die Betonummantelung an einer Stahlkonstruktion nur die Ummantelung von Trägern vor der Montage vorsieht und sich aus den erst nach Vertragsschluss übergebenen Plänen ergibt, dass nicht nur Träger zu ummanteln sind, sondern auch schon zu Bindern verschweißte und montierte Träger. Das Gleiche gilt im Hinblick auf bisher im Vertrag nicht klar festgelegtes besonderes Material. Wird Erdaushub mit Laden und Fördern ausgeschrieben, werden Kosten der Deponie nicht erfasst; sie sind vielmehr Nebenleistungen. Dagegen ist von einer Zusatzleistung zu sprechen, wenn der bisher vorgesehene Leistungsumfang im Vertrag bzw. im Leistungsverzeichnis klar umgrenzt ist (wie z.B. Wiederherstellung einer Straßendecke in Rohrgrabenbreite) und dieser dann erweitert wird (z.B. Erneuerung der Straßendecke in ganzer Breite). Es ist also sogar möglich, dass eine Zusatzleistung dadurch vorliegt, dass eine **inhaltlich an sich gleiche Leistung im Umfang erweitert** wird. Werden dagegen Rohrgräben mit flacherer Böschungsneigung, als nach den Regeln der Technik erforderlich, ausgehoben, liegt keine zusätzliche Leistung bei dem dann anfallenden Mehraushub vor (OLG Düsseldorf BauR 2001, 806). Eine zusätzliche Leistung ist es auch, wenn der Auftraggeber in der Leistungsbeschreibung entgegen DIN 18 299 Ziff. 0.1.14 sowie § 9 Nr. 3 VOB/A für Erdarbeiten keine Erschwernisse wegen der Lage von Versorgungsleitungen angibt und der Auftragnehmer bei seiner Kalkulation und dem Vertragsschluss vom Vorhandensein dieser Versorgungsleitungen nichts weiß oder den Umständen nach nicht davon ausgehen konnte, dann aber Erschwernisse auftreten. Eine zusätzliche Leistung ist es ferner, wenn der Auftraggeber die Errichtung eines Gerüstes über 2 m anordnet, da nach DIN 18 299 und der einschlägigen DIN 18 338 nur Gerüste bis zu 2 m Arbeitshöhe als Nebenleistung gelten (OLG Düsseldorf BauR 1997, 1051 = NJW-RR 1997, 1378).

Die **Darlegungs- und Beweislast** für das Vorliegen eines vergütungspflichtigen Zusatzauftrages hat der **Auftragnehmer.** Dabei kommt es wesentlich darauf an, ob die bisherige Leistungsbeschreibung die betreffende Leistung schon enthält oder nicht (vgl. dazu BGH BauR 1984, 395, 396; 1995, 237, 238 = SFH § 2 Nr. 7 VOB/B Nr. 4 = NJW-RR 1995, 722).

II. Verlangen durch Auftraggeber

Grundlegende Voraussetzung für die Anwendbarkeit **des § 2 Nr. 6 VOB/B** ist, dass an den Auftragnehmer durch den Auftraggeber oder dessen bevollmächtigten Vertreter (u.a. Architekten) das **Verlangen auf Ausführung der bisher im Bauvertrag nicht vorgesehenen Leistung** gestellt wird.

III. Vollmacht des Architekten

6 Ein ständiger Streitpunkt in der gerichtlichen Praxis ist die Frage, ob ein Architekt bevollmächtigt ist, Zusatzarbeiten in Auftrag zu geben. Hierzu ist zunächst festzustellen, dass ein Architekt nicht schon wegen seiner Aufgabenstellung als solcher uneingeschränkt bevollmächtigt ist, den Auftraggeber beim Abschluss von Verträgen zu vertreten (vgl. OLG Düsseldorf BauR 1997, 647, sowie BauR 2000, 891; *Korbion/Hochstein/Keldungs* Rn. 119). Soweit teilweise dem Architekten eine »originäre« Vollmacht, resultierend aus seiner Bestellung, zugesprochen wird, ist dies lediglich im Sinne einer Mindestvollmacht zu verstehen, die hinsichtlich ihrer Reichweite eng auszulegen ist und ohne besondere Umstände nicht auch die Berechtigung umfasst, rechtsgeschäftliche Erklärungen abzugeben, die dem Bauherrn erhebliche Verpflichtungen auferlegen (vgl. OLG Stuttgart BauR 1994, 789; OLG Düsseldorf BauR 2000, 891, 892). Allerdings ist der Architekt bevollmächtigt, geringfügige Zusatzarbeiten in Auftrag zu geben (BGH BauR 1978, 314; bei dieser Entscheidung ging es um die Vergabe von Zusatzarbeiten im Wert von 272,12 DM bei einer Auftragssumme von 19.277,18 DM), wozu auch Notmaßnahmen gehören, wenn sie mit vergleichbar geringen Kosten verbunden sind, z.B. Anbringung einer Notbeleuchtung. Nicht gefolgt werden kann der Ansicht des OLG Hamburg (25.4.2001 13 U 38/00 = OLGR 2001, 281 = IBR 2001, 491-*Keldungs*), wonach der Architekt bevollmächtigt sein soll, Zusatzaufträge im Gesamtvolumen von bis zu 10% der ursprünglichen Auftragssumme zu vergeben, da dies bei Großbauvorhaben Millionensummen sein können. Im Hinblick auf die gebotene enge Auslegung der Architektenvollmacht ist es angezeigt, im Hinblick auf die Befugnisse des Architekten so genaue Regelungen zu treffen, dass für den Auftragnehmer die Befugnisse des Architekten klar erkennbar sind. Macht der Bevollmächtigte des Auftraggebers erkennbar missbräuchlich von seiner Vertretungsmacht Gebrauch, so löst dies für den Auftragnehmer keinen zusätzlichen Vergütungsanspruch nach § 2 Nr. 6 Abs. 1 VOB/B aus, da dann ein entsprechendes Verlangen unwirksam ist (BGHZ 113, 315 = BauR 1991, 331 = SFH § 2 Nr. 8 VOB/B Nr. 1 = MDR 1991, 653 = NJW 1991, 1812). Im Übrigen setzt das Verlangen auf Ausführung einer zusätzlichen Leistung eine **Aufforderung an den Auftragnehmer voraus,** die inhaltlich eindeutig ist und die Forderung nach Erbringung einer weiteren Leistung enthalten muss. Unverbindliche Anregungen, Vorschläge oder Wünsche gehören nicht hierher. Außerdem liegt es im System der Regelung in § 2 Nr. 6 VOB/B, dass **das Verlangen** auf Erbringung der Zusatzleistung **nach Vertragsschluss gestellt wird.** Andernfalls wäre diese Bestimmung nicht notwendig, weil davon auszugehen ist, dass bereits bei Vertragsschluss feststehende Leistungen auch von der dabei abgesprochenen Vergütung erfasst werden.

IV. Grund für zusätzliche Leistung

7 Es spielt keine Rolle, aus welchen Gründen die zusätzliche Leistung vom Auftraggeber verlangt wird. Es kann sein, dass dies unter der Voraussetzung von § 1 Nr. 4 VOB/B geschieht; es kann **auch aus einem sonstigen Grund** sein, der nicht der bisherigen vertraglichen Vereinbarung entspricht, allerdings dann nur unter der Voraussetzung, dass sich der Auftragnehmer mit der Erbringung der zusätzlichen Leistung **einverstanden** erklärt hat, was i.d.R. durch die tatsächlich erfolgende Ausführung dokumentiert wird. § 2 Nr. 6 VOB/B erfasst also **schlechthin alle** vom Auftragnehmer erbrachten **zusätzlichen Leistungen,** die zu dem bisherigen, vertraglich festgelegten Inhalt **hinzukommen.** Das wird besonders durch die Fassung in § 2 Nr. 6 Abs. 1 S. 1 VOB/B deutlich. Daher fällt z.B. auch die nochmalige Ausführung einer nach oder unter gleichzeitigem Gefahrübergang gemäß § 7 Nr. 1 VOB/B zerstörten oder beschädigten Leistung durch den Auftragnehmer hierunter.

V. Abhängigkeit zur bisherigen Vertragsleistung

8 Erforderlich ist allerdings, dass es sich um eine **typische Zusatzleistung** handelt. Es muss eine **in technischer Hinsicht und/oder von der bisher beabsichtigten Nutzung her gegebene unmittelbare Abhängigkeit** zur bisher vereinbarten Leistung bestehen. Das trifft z.B. auf den Fall zu, in dem sich später herausstellt, dass für ein Tor eine sog. Sonderaufhängung nötig ist und zusätzlich Betonstützen und Betonstürze erforderlich werden (vgl. dazu OLG Zweibrücken BauR 1989, 746, von diesem bei einem Pauschalvertrag fälschlich unter § 2 Nr. 7 Abs. 1 S. 2 VOB/B eingeordnet). Gleiches gilt für einen bisher in der Leistungsbeschreibung nicht vorgesehenen Durchlass bei einem Straßenbau. Nachträglich verlangte **selbstständige** Leistungen, die mit der so umrissenen **Fertigstellung der vertraglich vereinbarten Leistung nichts zu tun** haben, etwa zusätzliche Aufträge, fallen **nicht** unter § 2 Nr. 6 VOB/B. **Diese** sind **ohnehin vergütungspflichtig.** Ist der Auftragnehmer nach dem Vertrag nur verpflichtet, ein Wohnhaus zu errichten, und verlangt der Auftraggeber nach Vertragsschluss noch zusätzlich die Errichtung einer daneben liegenden Werkstatt oder einer besonderen Garage, so handelt es sich bei der letzteren Leistung nicht um eine zusätzliche, sondern um eine **völlig neue** (ebenso *Nicklisch/Weick* § 2 VOB/B Rn. 70; *Heiermann/Riedl/Rusam* § 2 VOB/B Rn. 16; *Kleine-Möller/Merl/Oelmaier* § 10 Rn. 417; Beck'scher VOB-Komm./*Jagenburg* § 2 Nr. 6 VOB/B Rn. 28). **Bei selbstständigen** neuen Leistungseinheiten, die **ohnehin vergütungspflichtig** sind, ist es **nicht erforderlich, dass der Auftragnehmer** vor ihrer Ausführung dem Auftraggeber seinen Vergütungsanspruch **ankündigt**. Eine sog. selbstständige Leistung und keine Zusatzleistung ist es auch, wenn der Auftragnehmer nach Beendigung der ihm in Auftrag gegebenen vertraglichen Leistung (z.B. Mauer- und Betonarbeiten) im Interesse des Auftraggebers den Bauzaun, den Toiletten- und Bürocontainer mit Telefonanschluss sowie den Strom- und Wasseranschluss auf der Baustelle belässt, des Weiteren die Schutt- und Sondermüllentsorgung vornimmt, ohne dass dies seine eigene in Auftrag gegebene Leistung betrifft. Insofern gründet sich der Vergütungsanspruch des Auftragnehmers u.U. auf die §§ 677, 683, 670 BGB (vgl. dazu OLG Düsseldorf BauR 1996, 270 = NJW-RR 1996, 592). Ebenso gilt dies, wenn im Rahmen von Renovierungsarbeiten stückweise Arbeiten im Einvernehmen mit dem Restaurator vergeben werden (vgl. OLG Hamburg BauR 1996, 256, 257). Aus dem Gesagten folgt für die Praxis **eine nicht unerhebliche Einschränkung des Geltungsbereiches des § 2 Nr. 6 VOB/B.**

Eine zusätzliche Vergütung kann aber nach Sachlage im Einzelfall **vertraglich ausgeschlossen sein.** 9 Dies kommt z.B. in Betracht, wenn der **Auftragnehmer dem Auftraggeber eine »fix und fertige Arbeit«** angeboten hat und dies zum Vertragsinhalt geworden ist; ändert sich die Leistung später **nicht durch Zusatzwünsche** des Auftraggebers und sind zur ordnungsgemäßen Erbringung der bisher bestellten Leistung nach den einschlägigen Normen des Teils C an sich gesondert zu vergütende Besondere Leistungen **erforderlich,** so steht dem Auftragnehmer in diesem besonderen Fall kein zusätzlicher Vergütungsanspruch zu (dazu OLG Köln Urt. v. 4.4.1990 17 U 34/89; *Jagenburg* NJW 1990, 2972, 2974 f.; siehe auch OLG Düsseldorf 19.6.1998 22 U 218/97 = NJW-RR 1999, 1466). Das kann vor allem bei einem sog. **Global-Pauschalvertrag** vorkommen.

VI. Wirkliche Zusatzleistung zur bisherigen Vertragsleistung

Der **zusätzliche Vergütungsanspruch** des Auftragnehmers nach § 2 Nr. 6 VOB/B entsteht **nur,** 10 wenn es sich tatsächlich um eine **zusätzliche, außerhalb des bisherigen Vertrags liegende Leistungsanforderung** des Auftraggebers handelt. Daher fallen **im Leistungsverzeichnis bereits enthaltene Leistungen nicht unter § 2 Nr. 6 VOB/B.** Sofern sich **lediglich** Mengen (Vordersätze) des Leistungsverzeichnisses ändern, ist dies ein Fall des § 2 Nr. 3 VOB/B und daher von der hier erörterten Regelung nicht erfasst. **In Betracht kommen somit nur solche Leistungen, die im Leistungsverzeichnis überhaupt nicht enthalten sind,** wobei für die **Eindeutigkeit der Leistungsbeschreibung die Auslegung auf der Grundlage der §§ 133, 157 BGB maßgebend** und insofern von den in den **betreffenden Fachkreisen eindeutigen Ausdrücken** auszugehen ist. Daher kommt § 2 Nr. 6 VOB/B auch nicht schon bei bloßen Erschwerungen von in der Leistungsbeschreibung bereits vorgesehenen Leistungen in Betracht. Deshalb ist eine Erschwernis dadurch, dass lediglich eine andere Bodenklasse vorgefunden wird, als sie ausgeschrieben worden ist, nicht ein Fall des § 2 Nr. 6 VOB/B, sondern, falls insoweit nicht eine Anordnung nach § 2 Nr. 5 VOB/B vorliegt, § 2 Nr. 8 Abs. 2 S. 2 VOB/B unterzuordnen. Erst recht gilt dies für Erschwerungen, die sich während der Ausführung im Bereich einer Bodenklasse ergeben, wie z.B. nach DIN 18 300 Nr. 3.5.3, und die keine Nebenleistung, sondern eine besonders zu vergütende Besondere Leistung sind (vgl. a.a.O. Nr. 4.2.1). Die gegenteilige Ansicht von Putzier (BauR 1989, 132, 138) übersieht, dass hier die Leistung Bodenaushub in einer bestimmten Art und Weise (Bodenklasse, vorgesehener Abtrag) bereits in Auftrag gegeben war; sie wurde nicht im Sinne eines Zusatzes erweitert, sondern in ihrem – schon bisher vorgesehenen – Inhalt verändert. Entgegen Putzier (BauR 1993, 399, 401) lassen sich hier auch Mehrkosten durch ordnungsgemäße Gegenüberstellung der bisherigen Kalkulation zu den tatsächlichen Eigenkosten des Auftragnehmers ermitteln, allerdings müssen sie dem Auftragnehmer auch entstanden sein. Anders liegt dies wiederum, wenn innerhalb einer Position des Leistungsbeschriebes als **Angabe über die Leistung selbst** nicht nur eine bestimmte Bodenklasse, sondern auch eine bestimmte Ausschachtungstiefe angegeben ist, letztere sich also nicht nur aus den Vordersätzen errechnen lässt. Dann handelt es sich bei einem darüber hinausgehenden, bei der Leistungserstellung erforderlichen Mehraushub um einen Fall des § 2 Nr. 6 VOB/B, falls sich ein entsprechendes Verlangen des Auftraggebers, diese zusätzliche Arbeit zu erbringen, feststellen lässt (vgl. dazu OLG Düsseldorf BauR 1989, 483, für den Fall der zusätzlichen Notwendigkeit von Rohrgräben ohne Verbau bis zu 2 m Aushubtiefe, die an keiner Stelle des Leistungsverzeichnisses vorgesehen sind), andernfalls wiederum um einen Fall nach § 2 Nr. 8 Abs. 2 S. 2 VOB/B.

11 Es ist vor allem zu unterscheiden zwischen solchen Leistungen, die unter Berücksichtigung der am Ort der Bauausführung **maßgeblichen Gewerbesitte** noch zu den bisher vertraglich abgesprochenen Leistungen gehören, und solchen, die **wirkliche Leistungszusätze** bedeuten. Die ersteren sind mit der ursprünglich vereinbarten Vergütung abgegolten.

VII. Ordnungsgemäße Abrechnung von Zusatzleistungen

12 Sowohl bei Zusatzleistungen nach § 2 Nr. 6 VOB/B als auch bei außerhalb dieses Rahmens liegenden zusätzlichen Arbeiten ist **bei** der späteren **Abrechnung** Voraussetzung, dass die **Mehrleistungen in genauer und verständlicher Darstellung aufgeführt** werden. Es genügt nicht die bloße Behauptung, es seien Mehrleistungen erbracht worden, und das Berufen auf ein Sachverständigengutachten dazu. Auch kommt es nicht auf die sich angeblich aus der Zeichnung oder aus Baustellen- oder Tagelohnberichten ergebende Mehrleistung, sondern auf den **tatsächlichen Leistungsumfang am Objekt** an, den der Auftragnehmer grundsätzlich im Einzelnen angeben muss.

B. Vorherige Ankündigung des zusätzlichen Vergütungsanspruchs notwendig

I. Anspruchsvoraussetzung

13 § 2 Nr. 6 VOB/B stellt in **Abs. 1 S. 2 für seinen Bereich** noch eine **weitere Voraussetzung** auf, um den zusätzlichen Vergütungsanspruch erfolgreich durchzusetzen: Der **Auftragnehmer muss** den **Anspruch** dem Auftraggeber **ankündigen, bevor** er mit der Ausführung der zusätzlichen Leistung **beginnt;** insofern genügt es, wenn der Auftragnehmer seinen Anspruch sofort ankündigt, sobald er die Notwendigkeit der Zusatzleistung festgestellt hat (BGH BauR 1991, 210, 212; BGH SFH § 2 Nr. 6 VOB/B Nr. 5 = BauR 1996, 542; OLG Stuttgart BauR 1994, 789; *Heiermann/Riedl/Rusam* § 2 VOB/B Rn. 130; *Locher* Das private Baurecht Rn. 316, und FS Korbion S. 283, 284; *Schmidt* Die Vergütung für Bauleistungen, S. 32; *Werner/Pastor* Rn. 1157; *Vygen* Bauvertragsrecht Rn. 812; 315 f.; *Kapellmann/Schiffers* Bd. 1 Rn. 910 ff.). Das Wort »**jedoch**« bedeutet, dass es sich hierbei um eine **Anspruchsvoraussetzung** handelt (vgl. BGH BauR 1996, 542; OLG Düsseldorf BauR 1989, 483, 485; *Kapellmann/Schiffers* Bd. 1 Rn. 910; *Vygen* Bauvertragsrecht Rn. 812; *Heiermann/Riedl/Rusam* Rn. 130; *Werner/Pastor* Rn. 1157; *Pauly* MDR 1998, 506; a.A. Beck'scher VOB-Komm./*Jagenburg*

§ 2 Nr. 6 VOB/B Rn. 68, der weder quantitativ noch qualitativ insoweit einen Unterschied zu § 2 Nr. 5 VOB/B sieht und darauf verweist, dass es in § 2 Nr. 5 eine solche Ankündigungspflicht nicht gibt; dabei übersieht er jedoch, dass der Bauherr vielfach nicht erkennen kann, was eine zusätzliche Leistung ist oder was zum geschuldeten Leistungsumfang gehört; davor soll ihn die Verpflichtung des Auftragnehmers, den Anspruch anzukündigen, schützen; ändert der Auftraggeber den Bauentwurf oder trifft er andere die Bauleistung beeinträchtigende Anordnungen, so ist ihm i.d.R. klar, dass er Vergütungsänderungen herbeiführt; insoweit ist die Situation in § 2 Nr. 5 VOB/B entgegen der Auffassung Jagenburgs mit der Situation in § 2 Nr. 6 VOB/B nicht vergleichbar. Sinn dieser Regelung ist es, den Auftraggeber davor zu schützen, mit Ansprüchen des Auftragnehmers überrascht zu werden, mit denen er nicht gerechnet hat [vgl. BGH SFH § 2 Nr. 6 VOB/B Nr. 5 = BauR 1996, 542; a.A. *Nicklisch/Weick* § 2 VOB/B Rn. 71; *Hundertmark* Betrieb 1987, 32, 33 f.; *Jagenburg* FS Soergel S. 89, 90 ff., sowie NJW 1994, 2864, 3868; *Schulze-Hagen* FS Soergel S. 259, 275]). Grundsätzlich soll vermieden werden, dass der Auftraggeber über eine etwaige zusätzliche Vergütungspflicht im Unklaren gelassen wird. Wird er nämlich auf das Entstehen einer zusätzlichen Vergütungspflicht für den Fall des Verlangens der Zusatzleistung rechtzeitig hingewiesen, besteht für ihn die Möglichkeit, das Verlangen auf Erbringung der zusätzlichen Leistung zurückzunehmen oder zu ändern, sich rechtzeitig um eine weitere Finanzierung oder preiswertere Alternativen zu kümmern.

Versäumt der Nachunternehmer die Ankündigung seines Vergütungsanspruches aus § 2 Nr. 6 VOB/B gegenüber dem Hauptunternehmer, kann dies für ihn den Verlust des zusätzlichen Vergütungsanspruches bedeuten, wenn der Hauptunternehmer infolge dieses Versäumnisses seinen inhaltsgleichen Anspruch aus § 2 Nr. 6 VOB/B wegen fehlender Ankündigung nicht durchsetzen kann (vgl. OLG Nürnberg 24.10.2002 2 U 2369/99 = IBR 2003, 120-*Knychalla*). **14**

§ 2 Nr. 6 Abs. 1 S. 2 VOB/B kommt nicht mit § 308 Nr. 5 BGB in Berührung, weil es sich hier um die Folgen eines bloßen Unterlassens und **nicht** um eine von § 308 Nr. 5 BGB erfasste **Erklärungsfiktion** handelt. Auch sonst verstößt die Regelung von **§ 2 Nr. 6 VOB/B bei Vereinbarung der VOB »als Ganzes« als Wirksamkeitsvoraussetzung nicht gegen** die Vorschriften der **§§ 305 ff. BGB.** Das gilt, weil die VOB insgesamt ausgewogen ist und das Gleichgewicht auf der Grundlage der beiderseits berechtigten Interessen wahrt. Nach Ansicht des BGH (SFH § 2 Nr. 6 VOB/B Nr. 5 = BauR 1996, 542 = ZIP 1996, 1220; ebenso OLG Hamm BauR 1997, 472) soll dies auch zutreffen, wenn die Vertragspartner nicht die VOB/B »als Ganzes« vereinbart haben. Angesichts des Schutzzwecks des § 2 Nr. 6 Abs. 1 S. 2 VOB/B (vgl. auch *Jagenburg* FS Soergel S. 89, 95 f.) ist dem zuzustimmen. **15**

II. Ausnahmen von der Ankündigungspflicht

Der bereits in der VOB selbst festgelegte Ausschluss eines zusätzlichen Vergütungsanspruchs für den Fall der Nichtankündigung erfährt Ausnahmen, wobei dem Grundsatz Rechnung getragen wird, dass derjenige der zur Erbringung gewerblicher Leistungen in Anspruch genommen wird, hierfür eine Vergütung verlangen kann: **16**

Ist für den Auftraggeber nach den Umständen des Einzelfalles – aus objektiver Sicht – hinreichend klar erkennbar, dass die Zusatzleistung nur gegen Vergütung erbracht werden wird, so ist die Ankündigung entbehrlich (vgl. BGH BauR 1996, 542 = SFH § 2 Nr. 6 VOB/B Nr. 5; OLG Düsseldorf 23.8.2002 22 U 25/02 = IBR 2005, 2-*Stern*). Dies gilt auch, wenn dem Auftraggeber nach Lage der Dinge keine Alternative zur sofortigen Ausführung der Zusatzleistung bleibt (vgl. BGH a.a.O.). Schließlich hat der Auftragnehmer trotz unterlassener Ankündigung einen Vergütungsanspruch, wenn er die Ankündigung schuldlos versäumt hat (vgl. BGH a.a.O.). **Entscheidend sind dabei einmal der durch die zusätzliche Leistungsanforderung hervorgerufene Mehraufwand, vor allem im Hinblick auf Material- und Lohnkosten, zum anderen die Bedeutung der Zusatzarbeit in ihrem Verhältnis zu der von der bisher vertraglich vereinbarten Vergütung erfassten Leistung, insoweit also die Frage der Verhältnismäßigkeit. Im letzteren Fall genügt die Erfüllung einer Voraussetzung, um den zusätzlichen Vergütungsanspruch auch ohne vorherige Ankündigung als gegeben anzusehen. **Immer kommt es** dabei aber **auf das Verhalten des Auftragnehmers an,** aus dem hervorgehen muss, dass er eine zusätzliche Vergütung fordert. Insbesondere gilt dies für erhebliche Zusatzarbeiten, bei denen es bei objektiver Betrachtung **jedem vernünftig Denkenden ohne weiteres einleuchtet, dass der Auftragnehmer nicht umsonst arbeiten wird,** es aus vernünftigen wirtschaftlichen Gründen auch nicht kann.

Die hier erörterte Problematik trifft aber nur auf diejenigen Fälle zu, **die als wirkliche Zusatzleistungen gelten,** also von § 2 Nr. 6 VOB/B erfasst werden.

17 Allerdings ist der **Auftragnehmer darlegungs- und beweispflichtig** für die Entbehrlichkeit der Anspruchsankündigung (so auch BGH SFH § 2 Nr. 6 VOB/B Nr. 5 = BauR 1996, 542 = ZIP 1996, 1220). Insoweit sind strenge Anforderungen zu stellen, soweit es die Darlegung und den Nachweis der hier maßgeblichen Einzelumstände anbelangt. Es geht deshalb nicht an, wie dies in der täglichen Praxis bei Baustreitigkeiten oft genug geschieht, lediglich von Zusatzarbeiten zu sprechen und trotz unterlassener Ankündigung einfach die zusätzliche Vergütung zu beanspruchen, vor allem in dem häufigen Fall, in dem umstritten ist, ob es sich um eine Nachbesserungs- oder eine Zusatzarbeit handelt. Ebenso gilt dies bei Pauschalverträgen, in denen vom Auftragnehmer eine gebrauchsfertige Leistung geschuldet wird (vgl. OLG Stuttgart BauR 1994, 789). **Vielmehr müssen schon die maßgebenden Einzelumstände überprüfbar dargelegt** werden. Selbstverständlich ist nicht zu verkennen, dass es eine **Reihe von Fällen** gibt, in denen es **ganz offenkundig** ist, dass die zusätzliche Leistung zu vergüten ist. Darüber hinaus ergibt die Praxis eine große Zahl von Situationen, in denen eindeutig der **Beweis des ersten Anscheins für die Vergütungspflicht spricht,** vor allem unter Berücksichtigung des bei dem betreffenden Auftraggeber bzw. seinem befugten Vertreter **vorauszusetzenden** Kenntnisstandes. Zu berücksichtigen ist auch, dass der Auftraggeber darlegen muss, dass ihm bei rechtzeitiger Ankündigung preiswertere Alternativen zur Verfügung gestanden hätten (vgl. BGH BauR 2002, 312 = IBR 2002, 59-*Knychalla*) oder er die Zusatzleistungen dann nicht verlangt hätte.

III. Kein Anspruch aus ungerechtfertigter Bereicherung oder wegen Störung der Geschäftsgrundlage

18 Sofern der Auftragnehmer nach der in dem betreffenden Einzelfall gegebenen Sachlage die Verpflichtung gehabt hätte, seinen zusätzlichen Vergütungsanspruch anzukündigen, er dies aber nicht getan hat, kann er auch **nicht** aus einem anderen rechtlichen Gesichtspunkt, wie etwa aus **ungerechtfertigter Bereicherung,** eine zusätzliche Vergütung fordern. Denn der Auftraggeber ist nicht rechtsgrundlos bereichert, sondern er beruft sich mit Recht auf eine eindeutige vertragliche Regelung. Auch kann sich der Auftragnehmer dann **nicht** auf § 313 BGB berufen, da er es sich grundsätzlich zurechnen lassen muss, dass er die vertraglich vereinbarte Ankündigung des zusätzlichen Vergütungsanspruches unterlassen hat.

IV. Ankündigung des Anspruchs genügt

19 Es wird **als Anspruchsvoraussetzung für den Vergütungsanspruch dagegen nicht schon von vornherein verlangt,** dass der Auftragnehmer seinen zusätzlichen Vergütungsanspruch auch tatsächlich **geltend macht.** Der Unterschied zwischen Ankündigung und Geltendmachung liegt darin, dass es fürs Erstere genügt, dem Auftraggeber gegenüber **zweifelsfrei darzulegen,** dass die bisher von der bauvertraglichen Verpflichtung nicht erfasste Leistung **nicht unentgeltlich erbracht wird,** während für die Geltendmachung Voraussetzung ist, dass der Auftragnehmer im Rahmen einer prüfbaren Rechnung die **Zahlung selbst verlangt.** Für die **Ankündigung** wird nach § 2 Nr. 6 Abs. 1 S. 2 VOB/B **nicht vorausgesetzt, dass die zusätzliche Forderung in ihrer Höhe** angegeben wird. Es genügt deshalb die inhaltlich zweifelsfreie Erklärung, die zusätzlich verlangte Leistung **nicht unentgeltlich** ausführen zu wollen. Aber auch dies setzt zunächst eine sachgerechte Überlegung des Auftragnehmers voraus, ob er eine zusätzliche Vergütung verlangen soll. Möglich ist allerdings, in Besonderen oder Zusätzlichen Vertragsbedingungen festzulegen, dass der Ankündigung auch Preisangaben für die Zusatzleistung beizufügen sind, etwa durch ein Nachtragsangebot. Überdies dürfte die rechtzeitige Vorlage eines Nachtragsangebotes auch ohne entsprechende Besondere oder Zusätzliche Vertragsbedingungen in jedem Falle zweckmäßig und für den Auftragnehmer sicherer sein.

Grundsätzlich muss die **Ankündigung,** da sie den Vergütungsbereich erfasst, **gegenüber dem Auftraggeber** oder dessen Vertreter **abgegeben werden.** Andererseits **genügt die Ankündigung gegenüber dem bauleitenden Architekten oder einem vom Bauherrn beauftragten Ingenieur,** weil dieser, wenn er nicht schon eine entsprechende Vollmacht des Auftraggebers besitzt, jedenfalls **als Empfangsbote** des Auftraggebers kraft seiner Stellung als **Bauaufsichtsführender** zu gelten hat. Dies gilt jedoch nicht für einen vom bauleitenden Architekten als Nachunternehmer eingesetzten Bauleiter, da dieser nicht Empfangsbote des Bauherrn ist (wie hier OLG Düsseldorf 29.2.2000 5 U 10/99 = OLGR 2000, 156; *Vygen* Bauvertragsrecht Rn. 812; a.A. *Werner/Pastor* Rn. 1077; *Heiermann/Riedl/ Rusam* Rn. 1306; *Pauly* MDR 1998, 507).

Eine **besondere Form** ist für die Ankündigung **nicht vorgeschrieben.** Dem Auftragnehmer ist allerdings dringend zu raten, sich der **Schriftform** zu bedienen. Andererseits verstößt eine AGB-Klausel, die den Vergütungsanspruch für zusätzliche Leistungen nach § 2 Nr. 6 VOB/B von einer **schriftlichen Vergütungsvereinbarung abhängig** macht, gegen § 307 BGB, weil der Auftragnehmer eine solche Vereinbarung nicht erzwingen kann, obwohl er nach § 1 Nr. 4 VOB/B zur Ausführung zusätzlicher Leistungen verpflichtet ist; außerdem wird durch eine solche Klausel unzumutbar in das durch § 632 Abs. 1 BGB vermittelte Leitbild eingegriffen (BGH BauR 2004, 488). **20**

V. Ankündigung vor Beginn der Ausführung der Zusatzleistung

Die Ankündigung hat vor dem Beginn der Ausführung der zusätzlichen Leistung zu erfolgen. Arbeiten, die lediglich zur Vorbereitung der eigentlichen Werkherstellung dienen, wie z.B. die Bestellung und Anfuhr von Material, Planungsarbeiten usw., fallen noch nicht unter den Begriff des Beginns der Ausführung der verlangten zusätzlichen Leistung. **21**

C. Berechnung der zusätzlichen Vergütung

Die Art und Weise der Berechnung der zusätzlichen Vergütung ist aus § 2 Nr. 6 Abs. 2 S. 1 VOB/B zu entnehmen. **22**

§ 2 Nr. 6 Abs. 2 S. 1 VOB/B scheidet allerdings aus, wenn die Parteien für den Fall zusätzlicher Leistungen eine andere Berechnung vereinbart haben. Kommt dagegen § 2 Nr. 6 Abs. 2 S. 1 VOB/B zum Zuge, kann jede Partei im Falle der Nichteinigung eine gerichtliche Bestimmung nach den §§ 315 ff. BGB herbeiführen, wobei Abs. 2 S. 1 den Rahmen gibt (OLG Celle BauR 1982, 381 = SFH § 2 Nr. 6 VOB/B Nr. 1). **23**

I. Grundsätzliches

Zunächst bleiben die **für die vertraglich vorgesehene Leistung vereinbarten Preise unberührt,** vor allem werden diese weder geändert noch sonst angegriffen. **Lediglich der** im Wege der **vergleichenden** Kalkulation nach derselben allgemein anerkannten Methode (vgl. dazu auch *Vygen* FS Heiermann S. 317 ff.) ermittelte **Preis für den verlangten Leistungszusatz,** der von der bisherigen Leistungsverpflichtung und der bisherigen Vergütung im Vertrag **nicht erfasst wird,** ist nach § 2 Nr. 6 **24**

Abs. 2 S. 1 VOB/B zu bestimmen. Allerdings muss sich der **neue Preis nach den Preisermittlungsgrundlagen der bisherigen vertraglichen Leistung orientieren.** Die Formulierung »Die Vergütung bestimmt sich nach den Grundlagen der Preisermittlung für die vertraglichen Leistungen« **bedeutet aber nicht,** dass bei Nachtragsangeboten **sämtliche Preisbestandteile des Hauptauftrages Gegenstand des Nachtragsauftrages werden,** sondern nur, dass der für die Nachtragsleistung geforderte Preis auf der Basis des Hauptangebotes kalkuliert werden muss, **soweit** das **überhaupt möglich** ist. Aus dem Hauptangebot sich sonst ergebende vertragliche Sondervereinbarungen, wie **Erschwerniszuschläge** und dgl., werden davon ohne besondere Vereinbarung **nicht umfasst.**

Das OLG Düsseldorf (BauR 1993, 479; ebenso OLG Hamm BauR 1995, 564 = NJW-RR 1995, 593 = BB 1995, 539 = MDR 1995, 356) hat entschieden, dass ein im Vertrag vereinbarter Nachlass auch auf erforderliche Zusatzleistungen zu gewähren ist, weil die Zusatzleistungen zur Ausführung der vertraglichen Leistung erforderlich waren und deshalb vereinbarte Nachlässe zur Preisermittlungsgrundlage gehören. Das ist zum einen deshalb unzutreffend, als etwas, das sich erst später als zur Ausführung der Leistung erforderlich herausstellt, nicht Gegenstand der Preisermittlungsgrundlagen sein kann, zum anderen wird, worauf Kapellmann (*Kapellmann* NZ Bau 2000, 57) zutreffend hinweist, verkannt, dass ein Nachlass mit der Kalkulation von Kosten nichts zu tun hat, sondern als aquisitorisches Instrument eingesetzt wird, um den Auftrag zu erhalten. Hat der Unternehmer den Auftragsumfang kalkuliert, kann er ermessen, in welchem Umfang er finanziell noch Luft für die Gewährung eines Nachlasses hat. Das unternehmerische Risiko würde für ihn jedoch unabschätzbar, wenn er Nachlässe auch auf geänderte oder zusätzliche Leistungen in beliebiger Größenordnung gewähren müsste. Eine Ausnahme hat allerdings dann zu gelten, wenn die Gesamtabrechnungssumme durch geänderte oder zusätzliche Leistungen nicht verändert wird. In einem derartigen Fall gibt es keinen Grund, auf die unverändert gebliebene Gesamtabrechnungssumme einen Nachlass nicht zu übertragen (*Kapellmann* a.a.O.; i.E. wie hier Beck'scher VOB-Komm./*Jagenburg* § 2 Nr. 6 VOB/B Rn. 95).

II. Bisherige Preisermittlungsgrundlagen – Zusatzkosten

25 Für die Bestimmung der zusätzlichen Vergütung sind **Anhaltspunkte in zweierlei Richtung** festgelegt. Einmal sind die Preisermittlungsgrundlagen für die vertragliche Leistung und zum anderen die besonderen Kosten der geforderten Zusatzleistung maßgebend.

1. Bisherige Grundlagen

26 Der Hinweis auf die **Preisermittlungsgrundlagen für die vertragliche Leistung** nimmt Bezug auf die Merkmale, die bei der Preisfestsetzung für die im Vertrag genannte Leistung wesentlich gewesen sind. Es ist deswegen auf die Grundlagen der früheren Preisermittlung zurückzugreifen, weil die neu zu bewertende zusätzliche Leistung i.d.R. **sachlich, zeitlich und auch räumlich mit der bisherigen Vertragsleistung in Verbindung** steht. Jedenfalls trifft das auf Preise zu, die mit bestimmten, wegen des genannten Zusammenhanges im Wesentlichen gleich bleibenden Leistungsfaktoren, wie z.B. den Baustelleneinrichtungskosten, der Gerätevorhaltung, den Material- und Lohnkosten usw. im Zusammenhang stehen. Man wird **insofern** von einer entsprechenden Anwendung der Preisermittlungsgrundlagen für die Vertragsleistung sprechen müssen. Liegt der Fall so, dass von dem Auftragnehmer eine Zusatzleistung verlangt wird, zu der er nach § 1 Nr. 4 S. 1 VOB/B **nicht verpflichtet** ist, die ihm somit nach S. 2 nur mit seiner Zustimmung übertragen werden kann, ist er berechtigt, eine **Anpassung** an den »reellen Preis« **zu verlangen,** da es sich insoweit um eine **einverständliche Vertragserweiterung** handelt, wegen der die **angemessene Vergütung** zu entrichten ist.

2. Zusätzliche Kostenelemente

Darüber hinaus finden aber auch die Besonderheiten, die bei der Frage der Angemessenheit der Vergütung für die zusätzliche, bisher vom Vertrag noch nicht erfasste Leistung auftreten, Berücksichtigung. **Zusätzlich** zu den Preisermittlungsgrundlagen für die bisherige vertragliche Leistung sind nämlich die wegen der Zusatzleistung auftretenden **weiteren Kostenelemente** zu beachten und bei der Preisbildung mit einzurechnen, **die in den bisherigen Preisermittlungsgrundlagen** der vertraglichen Leistung noch **nicht enthalten** sind. Wird z.B. eine vertragliche Leistung gefordert, die nur aus der Vermauerung von Ziegelsteinen besteht, verlangt die zusätzliche Leistung aber darüber hinaus auch Betonarbeiten, so sind die mit den Letzteren zusammenhängenden Kostenelemente als besondere Kosten der geforderten zusätzlichen Leistung zu bewerten, da sie in den Preisermittlungsgrundlagen für die vertragliche Leistung keine Stütze haben. Gleiches gilt, wenn sich die bisherigen Verhältnisse auf der Baustelle, vor allem auch die Annahmen zu den bisher festgelegten Ausführungsterminen, ändern. **27**

3. Zusammenfassung

Hiernach kommen aus den Preisermittlungsgrundlagen der bisherigen vertraglichen Leistung nur solche Preisbestandteile für die angemessene Bewertung der zusätzlichen Vergütung in Betracht, die **in kalkulatorischer Beziehung zu dieser Leistung** stehen. Wenn z.B. zusätzlich Mauerarbeiten verlangt werden, sind aus dem Vertrag nur die Preisermittlungsgrundlagen für die vertragliche Mauerleistung heranzuziehen, nicht aber die damit im Zusammenhang stehenden Preisermittlungsgrundlagen für die vertraglichen Betonierarbeiten. **28**

Im Übrigen wird auf die Ausführungen zu § 2 Nr. 5 VOB/B Bezug genommen.

III. Zeitpunkt der Preisvereinbarung

Nach **§ 2 Nr. 6 Abs. 2 S. 2 VOB/B** ist die **Preisvereinbarung** möglichst **vor Beginn der Ausführung** der zusätzlich verlangten Leistung zu treffen. Hier handelt es sich nicht um eine bloße Sollvorschrift wie in § 2 Nr. 5 S. 2 VOB/B, sondern um eine an sich zwingende **Istbestimmung,** die lediglich durch den Begriff »möglichst« eine Einschränkung erfahren hat. Sie ist daher schon im Ausgangspunkt **nicht nur als Empfehlung aufzufassen,** sondern als eine **vertragliche Verpflichtung** (*Nicklisch/ Weick* § 2 VOB/B Rn. 73; *Heiermann/Riedl/Rusam* § 2 VOB/B Rn. 139; unzutreffend daher *Werner/ Pastor* Rn. 1159). **29**

Durch das Wort »möglichst« wird aber festgelegt, dass der **Auftragnehmer im Allgemeinen kein Leistungsverweigerungsrecht** bis zur Vereinbarung des zusätzlichen Entgelts hat (a.A. *Nicklisch/ Weick* § 2 VOB/B Rn. 73; ebenso *Heiermann/Riedl/Rusam* § 2 VOB/B Rn. 139; auch *Kleine-Möller/ Merl/Oelmaier* § 10 Rn. 423; wie hier *Vygen* Bauvertragsrecht Rn. 813; *Zielemann* Rn. 272; Beck'scher VOB-Komm./*Jagenburg* § 2 Nr. 6 VOB/B Rn. 109) und dem **Auftraggeber kein durchsetzbarer Anspruch auf Festlegung der Vergütung** vor der Ausführung der Zusatzleistung zusteht, wenn im jeweiligen Vertrag im Wege Besonderer oder Zusätzlicher Vertragsbedingungen nichts anderes bestimmt ist. Dabei wird durch diese Einschränkung den Gegebenheiten des Einzelfalles Rechnung getragen; es kann nämlich sein, dass eine ordnungsgemäße Preisfestlegung – ausnahmsweise – erst **nach Ausführung** der zusätzlichen Leistung erfolgen kann; vor allem ist zu bedenken, dass beim Anfall von Zusatzleistungen der Bauablauf nicht aufgehalten werden soll. Trifft aber einen der Vertragspartner für das Nichtzustandekommen der Vereinbarung ein **Verschulden,** indem er z.B. eine an sich mögliche Einigung vereitelt, hat der andere Vertragsteil das Recht, die zusätzliche Leistung zu verweigern oder zu verbieten. Auch gehen dadurch hervorgerufene Erschwernisse und Mehraufwendungen bei der späteren Preisermittlung, vor allem aus der Verzögerung, zu dessen Lasten. Kommt eine Vereinbarung vor der Ausführung aber aus anderen Gründen nicht zu Stande, tritt ein Verlust **30** des Anspruchs nicht ein, sofern die Voraussetzungen des Abs. 1 vorliegen (ebenso OLG Celle BauR 1982, 381 = SFH § 2 Nr. 6 VOB/B Nr. 1). Liegt **kein Verschulden des Auftraggebers** an dem bisherigen Nichtzustandekommen der Vereinbarung der zusätzlichen Vergütung vor, so kann der Auftragnehmer vom Auftraggeber jedoch eine entsprechende Sicherheitsleistung verlangen (*Nicklisch/Weick* § 2 VOB/B Rn. 73; *Kleine-Möller* FS Heiermann S. 193, 198). Handelt es sich um vom Auftraggeber verlangte Zusatzleistungen und hat der Auftragnehmer diese oder einen Teil davon ausgeführt, so hat der Auftragnehmer **auch dann** die Möglichkeit, unter den Voraussetzungen von § 16 Nr. 1 VOB/B **Abschlagszahlungen zu verlangen, wenn eine Vereinbarung über eine zusätzliche Vergütung noch nicht getroffen worden ist** (zutreffend *Kleine-Möller/Merl/Oelmaier* § 10 Rn. 434).

IV. Abweichende Vereinbarungen

31 Der Auftraggeber kann sich im Bauvertrag gegenüber weiteren Forderungen des Auftragnehmers individualvertraglich auch durch eine über § 2 Nr. 6 VOB/B **hinausgehende Bestimmung sichern, sofern sie nicht gegen Treu und Glauben (§ 242 BGB) oder § 138 BGB verstößt.** Vor allem sind dann **besonders die Bestimmungen der §§ 305 ff. BGB – hier vornehmlich des § 307 BGB – zu beachten,** sofern dieses im betreffenden Fall Anwendung findet (vgl. dazu im Einzelnen und tiefgreifend *Locher* FS Korbion S. 283, 286 ff.). Eine gegenüber § 2 Nr. 6 VOB/B schärfere vertragliche Vereinbarung liegt z.B. in der Absprache »Etwaige von dem Auftraggeber außer Vertrag verlangte Arbeiten bedürfen der Genehmigung des Architekten und sind unter Angabe des Preises in das Bautagebuch einzutragen. Diese Arbeiten dürfen erst nach schriftlicher Genehmigung des Auftraggebers mit Gegenzeichnung des Architekten ausgeführt werden. Alle sonst bestellten und nicht schriftlich genehmigten Arbeiten werden nicht vergütet.« Eindeutig **gegen § 307 BGB** verstößt eine Klausel in Zusätzlichen Vertragsbedingungen, wonach der Auftraggeber im Vertrag nicht genannte Leistungen ohne besondere Vergütung verlangen darf, wenn sie zur Erfüllung der vertraglichen Leistung notwendig sind. Ebenso gilt dies für die Klausel, dass dann, wenn vom Auftragnehmer Leistungen gefordert werden, zu denen er vertraglich nicht verpflichtet sei, ein zusätzlicher Vergütungsanspruch entfalle, wenn dieser (einschließlich der Höhe) nicht vor der Ausführung schriftlich vereinbart worden sei (BGH BauR 2004, 488). Das trifft auch auf die formularmäßige Bestimmung des Auftraggebers zu, dass in der als Festpreis vereinbarten Pauschale alle zur ordnungsgemäßen Leistungserstellung erforderlichen Arbeiten inbegriffen sind, auch wenn dies aus der Konstruktionsbeschreibung, den Auflagen der Genehmigungsbehörden, den Plänen und Zeichnungen nicht hervorgehen sollte, da hierdurch unzulässig in den Bereich der §§ 632, 242 BGB eingegriffen wird. Gleiches gilt für die Regelung, dass sich der Auftraggeber einseitig die Bestimmung der Höhe der zusätzlichen Vergütung vorbehalte. Ein Verstoß gegen § 307 BGB ist es ferner, wenn der Auftraggeber in seinen AGB verlangt, dass der spätere Auftragnehmer Bedenken gegen überreichte Unterlagen (Leistungsverzeichnis, Pläne) noch vor Vertragsschluss geltend machen muss; nach Vertragsschluss mitgeteilte Bedenken, die ihre Ursache in den überreichten Unterlagen haben, berechtigen den Auftragnehmer nicht, andere Preise oder zusätzliche Leistungen für die bedenkenfreie Ausführung in Rechnung zu stellen (vgl. OLG München BauR 1986, 579 = NJW-RR 1986, 382 = SFH § 9 AGBG Nr. 30).

§ 2 Nr. 7
[Änderung der Vergütung beim Pauschalvertrag]

(1) Ist als Vergütung der Leistung eine Pauschalsumme vereinbart, so bleibt die Vergütung unverändert. Weicht jedoch die ausgeführte Leistung von der vertraglich vorgesehenen Leistung so erheblich ab, dass ein Festhalten an der Pauschalsumme nicht zumutbar ist (§ 313 BGB), so ist auf Verlangen ein Ausgleich unter Berücksichtigung der Mehr- oder Minderkosten zu gewähren. Für die Bemessung des Ausgleichs ist von den Grundlagen der Preisermittlung auszugehen.

Änderung der Vergütung beim Pauschalvertrag § 2 Nr. 7 VOB/B

(2) Die Regelungen der Nr. 4, 5 und 6 gelten auch bei Vereinbarung einer Pauschalsumme.

(3) Wenn nichts anderes vereinbart ist, gelten die Absätze 1 und 2 auch für Pauschalsummen, die für Teile der Leistung vereinbart sind; Nummer 3 Abs. 4 bleibt unberührt.

Inhaltsübersicht

	Rn.
A. Erscheinungsformen des Pauschalvertrages	2
B. Komplettheits- oder Vollständigkeitsklauseln	6
C. Grundsätzlich Unveränderbarkeit des Pauschalpreises (Abs. 1 S. 1)	10
I. Auftragnehmer trägt grundsätzlich Risiko der Pauschalpreisvereinbarung	13
II. Einverständliche anderweitige Absprache als Ausnahme	16
III. Pauschale steht Auftragnehmer bei Erreichung des Leistungszieles zu	17
D. Möglichkeiten der Änderung der Pauschalpreisabrede (Abs. 2)	18
I. Anwendbarkeit des § 2 Nr. 4 bis 6 VOB/B auch auf den Pauschalpreis	19
1. Im Falle von § 2 Nr. 4 VOB/B	20
2. Im Falle von § 2 Nr. 5 VOB/B	21
3. Im Falle von § 2 Nr. 6 VOB/B	25
4. Für die Bildung des neuen Preises beachtliche Gesichtspunkte	27
II. Preisänderungen auch auf Grundlage von § 2 Nr. 8 Abs. 2 sowie § 6 Nr. 6 und § 7 VOB/B	29
III. Störung der Geschäftsgrundlage	30
1. Voraussetzungen	32
2. Folgen	35
3. Umfang der Preisanpassung	36
IV. Sonderregelungen möglich – §§ 305 ff. BGB	39
E. Änderung von Pauschalpreisen für Teile der Leistung (Abs. 3)	41

Aufsätze: *Moser* Leistungsänderungen beim Pauschalvertrag BauR 1990, 319; *Vygen* Leistungsänderungen und Zusatzleistungen beim Pauschalvertrag FS Locher 1990 S. 263 ff.; *Motzke* Nachforderungsmöglichkeiten bei Einheits- und Pauschalverträgen BauR 1992, 146; *Groß* Das Verlangen auf Vereinbarung eines neuen Preises (§ 2 Nr. 3, 5, 6, 7 VOB/B) FS Soergel 1993 S. 99 ff.; *Zielemann* Detaillierte Leistungsbeschreibung, Risikoübernahmen und Grenzen beim Pauschalvertrag FS Soergel 1993 S. 301 ff.; *Marbach* Nachtragsforderung bei mangelnder Leistungsbeschreibung der Baugrundverhältnisse und bei Verwirklichung des Baugrundrisikos BauR 1994, 168; *v.u.z. Frankenstein* Pauschalpreis, Leistungsverzeichnis, c.i.c. und deren Ungereimtheiten am Beispiel von Mengenänderungen am Bau BauR 1997, 556 ff.; *A. Vogel/T. Vogel* Wird § 2 Nr. 7 Abs. 1 S. 2 bis 3 VOB/B dogmatisch richtig verstanden? BauR 1997, 556 ff.; *Kapellmann* Baugrundrisiko und Systemrisiko – Baugrundsystematik, Bausoll, Beschaffenheitssoll, Bauverfahrensoll Jahrbuch Baurecht 1999 S. 1 ff.; *Pauly* Preisänderung beim baurechtlichen Pauschalvertrag MDR 1999, 104; *Roquette* Vollständigkeitsklauseln: Abwälzung des Risikos unvollständiger oder unzureichender Leistungsbeschreibungen auf den Auftragnehmer NZBau 2001, 57; *Grauvogl* Systemrisiko und Pauschalvertrag bei Tiefbauleistungen NZBau 2002, 591; *Putzier* Anpassung des Pauschalpreises bei Leistungsänderungen BauR 2002, 546; *Gross/Biermann* Abwehr und Durchsetzung von Nachträgen BauRB 2004, 239; *Kuffer* Leistungsverweigerungsrecht bei verweigerten Nachtragsverhandlungen ZfBR 2004, 110; *Roquette/Paul* Pauschal ist Pauschal! – Kein Anspruch auf zusätzliche Vergütung bei bewusster Übernahme von Vollständigkeitsrisiken BauR 2004, 736; *Virneburg* Wann kann der Auftragnehmer die Arbeit wegen verweigerter Nachträge einstellen? ZfBR 2004, 419; *Heddäus* Probleme und Lösungen um den Pauschalvertrag ZfBR 2005, 114; *Leineweber* Kündigung bei Pauschalverträgen ZfBR 2005, 110; *Quack* Teilpauschalverträge ZfBR 2005, 107.

§ 2 Nr. 7 VOB/B sagt in Abs. 1 S. 1 zunächst, dass bei einem **Pauschalvertrag die vereinbarte Vergütung – grundsätzlich – unverändert** bleibt. Abs. 1 S. 2 legt dann fest, dass **auch hier** die sich aus § 313 BGB ergebenden Folgen – nämlich Störung der Geschäftsgrundlage – Anwendung finden, wobei dort und im nachfolgenden S. 3 **Richtlinien für die Bemessung der geänderten Vergütung** enthalten sind. Ferner ist – und das ist für die Praxis von größerer Bedeutung – in **Abs. 2 festgehalten, dass die Preisänderungsvorschriften in § 2 Nr. 4, 5 und 6 VOB/B** unberührt bleiben, also **auch auf** 1 den **Pauschalvertrag Anwendung** finden. Schließlich ist aus § 2 Nr. 7 Abs. 3 VOB/B zu entnehmen, dass bei Fehlen anderweitiger Vereinbarung im Vertrag die Regeln des **Abs. 1 auch für Pauschalen** gelten, die – nur – **für Teile der vertraglichen Leistung** vereinbart sind. Dabei musste allerdings hervorgehoben werden, dass § 2 Nr. 3 Abs. 4 VOB/B unberührt bleibt, weil dieser bereits eine Regelung für die sog. abhängigen Pauschalleistungen enthält.

A. Erscheinungsformen des Pauschalvertrages

2 Von Kapellmann/Schiffers stammt die Unterscheidung zwischen einem Detail-Pauschalvertrag und einem Global-Pauschalvertrag. Dem **Detail-Pauschalvertrag** liegt eine differenzierte Leistungsbeschreibung zugrunde. Gegenstand des Pauschalpreises sind nur die in der Leistungsbeschreibung enthaltenen Teilleistungen. Pauschaliert wird nur die Vergütung (vgl. *Kapellmann/Schiffers* Bd. 2 Rn. 2).

3 Beim **Global-Pauschalvertrag** steht das Leistungsziel im Vordergrund. Die Leistungsbeschreibung wird auf generelle Aussagen reduziert, die Leistung somit globalisiert. Für die vereinbarte Pauschalvergütung sind alle zur Verwirklichung des Bausolls notwendigen Leistungen zu erbringen. Der Auftragnehmer muss den Leistungsinhalt zwangsläufig ergänzen (vgl. *Kapellmann/Schiffers* Bd. 2 Rn. 13). In der Regel erscheint der Global-Pauschalvertrag als **funktionale Leistungsbeschreibung**.

4 Der Bundesgerichtshof hat sich in mehreren Entscheidungen mit funktionalen Leistungsbeschreibungen befasst. In der »Wasserhaltung I-Entscheidung« (vgl. BauR 1992, 759) war die Wasserhaltung funktional ausgeschrieben. Während der Bauausführung zeigte sich, dass die vom Auftragnehmer kalkulierte offene Wasserhaltung aufgrund der örtlichen Gegebenheiten nicht realisierbar war. Der Auftragnehmer musste eine wesentlich kostenintensivere geschlossene Wasserhaltung durchführen. Der Bundesgerichtshof versagte dem Auftragnehmer eine zusätzliche Vergütung, weil aufgrund der funktionalen Leistungsbeschreibung »eine nach Sachlage mögliche Wasserhaltung« geschuldet gewesen sei. Allerdings hat der Bundesgerichtshof in der »Wasserhaltung II-Entscheidung« (vgl. BauR 1994, 236) entschieden, dass Formen der Wasserhaltung, die nach der konkreten Sachlage völlig ungewöhnlich und von keiner Seite zu erwarten waren, nicht im Bausoll enthalten sind. Im »Kammerschleusen-Fall« (vgl. BauR 1997, 126 = NJW 1997, 61) hat der Bundesgerichtshof festgestellt, dass die Ausschreibungstechnik der funktionalen Leistungsbeschreibung verbreitet und in Fachkreisen allgemein bekannt ist. Ein sachkundiger Auftragnehmer könne sich deshalb nicht darauf berufen, die damit verbundene Risikoverlagerung habe er nicht erkennen können oder zu erkennen brauchen. Entscheidend ist, ob der Auftragnehmer aufgrund der Vertragsformulierung die besondere Risikoübernahme erkennen konnte (sog. offene Risikozuweisung) Kann er die besondere Risikoübernahme nicht erkennen, ist er nicht verpflichtet, zusätzliche Leistungen ohne Vergütung zu erbringen.

5 Neben diesen Haupttypen des Pauschalvertrages gibt es eine Vielzahl von Mischformen, in denen detaillierte und globale Leistungsbeschreibungen kombiniert werden. Bei derartigen Verträgen gehen regelmäßig die detaillierten Regelungen einer globalen Regelung vor (vgl. *Heddäus* ZfBR 2005, 114, 116).

B. Komplettheits- oder Vollständigkeitsklauseln

6 **Komplettheits- oder Vollständigkeitsklauseln** bestimmen, dass zum geschuldeten Leistungsumfang des Auftragnehmers alles gehört, was notwendig ist, um die Leistung entsprechend der Baukunst fertig zu stellen. In der Literatur wird bei diesen Vollständigkeitsklauseln zwischen **Schlüsselfertigkeitsklauseln** (»was notwendig ist«), **Bestätigungsklauseln** (»der Auftragnehmer bestätigt, dass ihm ausreichende Unterlagen vorlagen und er die Örtlichkeiten besichtigen konnte«) und **Widerspruchsklauseln** (»bei Widersprüchen in der Leistungsbeschreibung ist die weitergehende Leistung zu erbringen«) unterschieden (vgl. *Roquette* NZBau 2001, 57). Auch zu diesen Vollständigkeitsklauseln gibt es eine Vielzahl von Entscheidungen.

In der Ausschreibung von Sanierungsarbeiten für das Olympiastadion in Berlin hatte der öffentliche Auftraggeber ausdrücklich vereinbart, dass zusätzliche Leistungen nicht gesondert vergütet werden, die bei Vertragsschluss noch nicht bekannt und/oder absehbar waren, aber für die Vertragserfüllung erforderlich sind. Als auf den Tribünen PCB- und EOX-Kontaminationen auftraten, verlangte der Auftragnehmer eine zusätzliche Vergütung für die Entsorgung der bei Vertragsschluss nicht erkennbaren Kontaminationen und Ersatz der durch einen vom Auftraggeber angeordneten Baustopp entstandenen Mehrkosten. Ebenso wie das Landgericht (vgl. BauR 2003, 1905 mit Anmerkung *Wirth*) hat das Kammergericht (vgl. BauR 2006, 836 = IBR 2006, 189-*Barth*) dem Auftragnehmer eine zusätzliche Vergütung für das Entsorgen der kontaminierten Tribünen versagt, wobei es entscheidend darauf abgestellt hat, dass in der vorbezeichneten Klausel eine eindeutige **Risikozuweisung** an den Auftragnehmer liege. Diese Entscheidung macht deutlich, welche Konsequenzen es für den Auftragnehmer hat, wenn das Baugrundrisiko – insoweit ist die Situation vergleichbar – auf ihn verlagert wird.

7

In einer anderen Entscheidung hat das Kammergericht festgestellt (vgl. BauR 2003, 1903 = NZBau 2004, 101), dass im Angebot nicht enthaltene Zusatzleistungen (hier: zusätzliche Kühlung) auch durch Komplettheitsklauseln nicht Vertragsgegenstand werden. Ist die Konkretisierung einer Leistung bei Abschluss eines auf einer funktionalen Leistungsbeschreibung abgeschlossenen Vertrages noch offen und wird die Leistung erst nach Vertragsschluss konkretisiert, so trägt der Auftragnehmer das Risiko durch die Konkretisierung der Leistung entstandener Mehrkosten (vgl. OLG Düsseldorf BauR 2003, 1572 = NJW-RR 2003, 1324).

Der Bundesgerichtshof hatte sich mit folgender Regelung zu befassen (vgl. BauR 2004, 994):

8

»Die Angebots- und Vertragspreise gelten für die fertige Leistung bzw. Lieferung frei Bau einschließlich Abladen und Verpackung. Für die angebotenen Leistungen übernimmt der Auftragnehmer die Verpflichtung der Vollständigkeit, d.h. Leistungen und Nebenleistungen, die sich aus den Positionen zwangsläufig ergeben, sind einzukalkulieren, auch wenn sie im Leistungsverzeichnis nicht ausdrücklich erwähnt sind. Der Bieter wird ausdrücklich angehalten, sich vor Kalkulation des Angebots von der Situation an Ort und Stelle zu informieren. Nachforderungen auf Grund unberücksichtigter Schwierigkeiten werden grundsätzlich nicht anerkannt.«

Er hat diese Klausel nicht so ausgelegt, dass damit das bei Einheitspreisverträgen bestehende Risiko von Massenänderungen auf den Auftragnehmer übertragen wird. Diese Klausel sei lediglich als wirksame Verpflichtung des Auftragnehmers zu verstehen, die zur Ausführung der Leistungen einer ausgeschriebenen Position notwendigen Teilarbeiten bei der Kalkulation vollständig zu berücksichtigen.

Handelt es sich um einen **Detail-Pauschalvertrag**, bei dem das Leistungsverzeichnis vom Auftragnehmer erstellt wurde, kann mit einer vereinbarten **Komplettheitsklausel** dem Auftragnehmer das Risiko für in seinem Leistungsverzeichnis nicht berücksichtigte Mehrmengen auferlegt werden. Bei der Vertragsauslegung ist die Reichweite der Komplettheitsklausel danach zu bestimmen, was der Auftragnehmer nach seinem Empfängerhorizont als Komplettheitsanforderung erkennen konnte. Hätte der Auftragnehmer bei sorgfältiger Prüfung erkennen können, dass seine Mengenberechnungen mit Unwägbarkeiten verbunden sind, steht ihm kein Ausgleichsanspruch nach § 313 BGB zu (vgl. OLG Düsseldorf BauR 2004, 506 = IBR 2004, 61-*Bolz*).

9

C. Grundsätzlich Unveränderbarkeit des Pauschalpreises (Abs. 1 S. 1)

10 Der Grundsatz in § 2 Nr. 7 Abs. 1 S. 1 VOB/B, dass im Falle der Pauschalpreisvereinbarung die abgesprochene Vergütung unverändert bleibt, **entspricht** nichts anderem als der **Rechtsnatur des Pauschalpreises.** Wird für die **vertraglich festgelegte** Bauleistung ein Pauschalpreis vereinbart, so haben die Parteien die Vergütung **von vornherein endgültig bestimmt,** also eine **feststehende Preisvereinbarung** getroffen, an die sie **gebunden** sind. Damit wird zugleich zum Ausdruck gebracht, dass die **vertraglich nach der Leistungsbeschreibung und den Vordersätzen im Einzelnen vorgesehene, vor allem auch durch § 2 Nr. 1 VOB/B** umrissene Leistung zu dem abgesprochenen Endpreis zu erbringen ist, gleichgültig, welchen tatsächlichen Aufwand in den Mengenansätzen (**Vordersätzen**) sie für den Auftragnehmer erforderlich macht (*Kapellmann* FS Soergel S. 99, 110; *Zielemann* a.a.O. S. 301). Daraus ergibt sich, dass eine Regelung, wie sie in **§ 2 Nr. 3 VOB/B** getroffen worden ist, nämlich eine mögliche Preisänderung für den Fall der Änderung **ursprünglich im Vertrag (vor allem im Leistungsverzeichnis) vorgesehener Leistungsmengen (der Vordersätze), auf den Pauschalvertrag nicht passt** und daher nicht anwendbar ist (*Kapellmann* FS Soergel S. 99, 112).

11 **Voraussetzung ist jedoch immer, dass der vom Pauschalpreis erfasste Leistungsinhalt hinreichend bestimmt ist,** was neben den **ohnehin an eine ordnungsgemäße und vollständige Leistungsbeschreibung** zu stellenden Anforderungen vor allem auch **Allgemeine Geschäftsbedingungen** betrifft. Wird z.B. in einem Formularvertrag über den Erwerb eines noch zu errichtenden Hauses für das gesamte Objekt ein Pauschalpreis vereinbart und werden in einem Katalog zusätzlich anfallender »Aufschließungskosten«, die mit der eigentlichen Errichtung des Hauses nichts zu tun haben, vertragliche Bauleistungen (z.B. Aushub und Verfüllung der Baugrube) einbezogen, so benachteiligt eine derartige Regelung wegen der unredlich versteckten, der Höhe nach nicht abzuschätzenden Erhöhung des vereinbarten Pauschalpreises den Erwerber entgegen den Geboten von Treu und Glauben unangemessen (§ 307 BGB; vgl. BGH BauR 1984, 61 = NJW 1984, 171 = SFH § 3 AGBG Nr. 2). Hinreichend klar ist es hingegen, wenn die Leistungsbeschreibung zweifelsfrei deutlich umrissen ist, wenn z.B. die Bodenklassen, die beim Aushub in Betracht kommen können, klar genannt sind; hinreichend klar ist auch die Nennung einer Heizungsanlage als Komplettleistung.

12 Die Frage, wer die **Beweislast** für den Inhalt und Umfang der Pauschalpreisvereinbarung trägt, ist umstritten. Während einerseits die Auffassung vertreten wird, dass der Bauunternehmer die Darlegungs- und Beweislast für seine Behauptung trägt, die streitige Leistung sei nicht vom Pauschalpreis umfasst, sondern eine gesondert zu vergütende Leistung (OLG Düsseldorf BauR 1996, 396 = NJW-RR 1996, 532; OLG Köln BauR 1987, 575; *Werner/Pastor* Rn. 1197; Beck'scher VOB-Komm./ *Jagenburg* § 2 Nr. 7 VOB/B Rn. 117), wird andererseits angenommen, dass es Sache des Bauherrn ist, im Einzelfall nachzuweisen, dass der vom Bauunternehmer tatsächlich erbrachte Leistungsumfang mit dem vereinbarten Pauschalpreis abgegolten sein sollte (hier bis zur 13. Aufl. vertretene Ansicht; OLG Düsseldorf BauR 1991, 774), was damit begründet wird, dass im Zweifel anzunehmen ist, dass nicht eindeutig festgelegte Leistungen nicht vom Pauschalpreis abgedeckt sind. In einem Urteil vom 24.3.1988 (BauR 1988, 501) hat der Bundesgerichtshof entschieden, dass der Bauunternehmer bei einem unklaren Pauschalvertrag die Beweislast dafür trägt, dass die streitige Leistung nicht vom Pauschalpreis erfasst ist.

Dabei wird jedoch nicht hinreichend berücksichtigt, dass geänderte oder zusätzliche Leistungen deshalb erforderlich werden, weil die Leistungsbeschreibung lückenhaft oder unklar ist. Es ist aber nicht einzusehen, warum der Unternehmer das Risiko eines auf Grund einer unklaren oder unvollständigen Leistungsbeschreibung vereinbarten Pauschalpreises tragen soll, wenn er die Leistungsbeschreibung nicht erstellt hat. Bei dieser Risikoverteilung wird dann derjenige bevorteilt, der durch einen eigenen Pflichtverstoß – gemäß § 9 VOB/A ist der Auftraggeber zur vollständigen und eindeutigen

Änderung der Vergütung beim Pauschalvertrag § 2 Nr. 7 VOB/B

Leistungsbeschreibung verpflichtet – die Unklarheit verursacht hat. Vygen (Bauvertragsrecht Rn. 846) bürdet deshalb demjenigen die Beweislast auf, der das Leistungsverzeichnis erstellt hat. Das ist ein sach- und interessengerechtes Abgrenzungskriterium, da es demjenigen das Beweislastrisiko aufbürdet, der die Unklarheit verursacht hat. Hat der Auftraggeber die Leistungsbeschreibung erstellt oder durch einen Architekten oder Ingenieur erstellen lassen, so muss er darlegen und beweisen, dass eine im Leistungsverzeichnis nicht enthaltene Leistung vom Pauschalpreis erfasst ist. Ist dagegen der Unternehmer mit der Ausführung einer Werkleistung zu einem Pauschalpreis beauftragt worden und hat er selbst das erforderliche Leistungsverzeichnis erstellt, so muss er beweisen, dass eine streitige Leistung nicht vom Pauschalpreis umfasst ist (i.E. auch *Kapellmann/Schiffers* Bd. 2 Rn. 602 ff.).

I. Auftragnehmer trägt grundsätzlich Risiko der Pauschalpreisvereinbarung

Beim vereinbarten Pauschalpreis bleibt es vor allem, wenn sich der Auftragnehmer bei der Festlegung oder der Berechnung des Pauschalpreises **vertan** hat. Würde z.B. ein nachträgliches Aufmaß **bei unverändertem Leistungsinhalt größere Leistungsmengen** ergeben, **ändert** das grundsätzlich **nichts an der vereinbarten Pauschale,** sofern dies für den Auftragnehmer bei sachgerechter Prüfung hinreichend erkennbar gewesen wäre. Wenn der Auftragnehmer die ihm überlassenen oder sonst zugänglichen Unterlagen vor Vertragsschluss nicht genau nachrechnet und nur aus einer »überschlägigen« Kalkulation heraus den Pauschalpreis im Angebot angibt, so ist er daran gebunden. Gleiches gilt bei Kenntnis oder Erkennbarkeit der Lückenhaftigkeit der Leistungsbeschreibung durch den Auftragnehmer, erst recht bei ersichtlich spekulativ unterkalkulierten Angeboten. **Der Auftragnehmer muss also besonders vorsichtig sein, bevor er sich auf eine Pauschalpreisabrede einlässt.** Das trifft vor allem zu, wenn es ganz oder überwiegend seine Sache ist, die erforderlichen Berechnungen (wie die Feststellung der Vordersätze) für die Ermittlung des Angebotsendpreises vorzunehmen. Kann der Preis nur mit Hilfe einer statischen Berechnung ermittelt werden und unterlässt der Auftragnehmer diese oder verlangt er eine solche vorher nicht vom Auftraggeber, kann er sich grundsätzlich nicht nachträglich von einer dennoch getroffenen Pauschalpreisabrede mit der Begründung lossagen, die von ihm tatsächlich benötigte Menge sei weit größer, als von ihm bei Angebotsabgabe und Vertragsschluss angenommen.

13

Das alles rechtfertigt sich vor allem, weil allgemein davon auszugehen ist, dass der Auftragnehmer durch die Vereinbarung des Pauschalpreises die damit verbundenen Risiken, also auch etwaige Fehlberechnungen im Leistungsverzeichnis, vor allem in den Vordersätzen, bewusst in Kauf nimmt (insbes. *Vygen* FS Locher S. 263, 264 f.; *Kapellmann* FS Soergel S. 99, 110; *Zielemann* Rn. 132).

14

Da die vom Auftragnehmer hier nicht selten lediglich »überschlägig« angestellte Kalkulation i.d.R. nicht Vertragsinhalt wird, kommt im Allgemeinen eine **Irrtumsanfechtung nach § 119 BGB nicht in Betracht.** Auch kann in einem solchen Fall die **Störung der Geschäftsgrundlage nicht zum Zuge** kommen, weil dafür Grundvoraussetzung wäre, **dass für beide Parteien unvorhersehbar von falschen Voraussetzungen – etwa einer falschen Materialmenge – ausgegangen wurde.** Haben sich beide Parteien jedoch geirrt, so muss dies in einem **ganz erheblichen, die Ausgewogenheit zwischen Leistung und Vergütung gänzlich beseitigenden Maße** geschehen sein, um die Störung der Geschäftsgrundlage in Erwägung ziehen zu können (siehe hierzu auch *Vogel/Vogel* BauR 1997, 556, die die Auffassung vertreten, dass die Preisanpassung nach § 2 Nr. 7 Abs. 1 S. 2 VOB/B wesentlich früher greift als die Lehre von der Störung der Geschäftsgrundlage, wie sich deutlich aus Abs. 1 S. 2 ergibt. Eine solche Pauschalpreisanpassung kann verlangt werden, wenn in dem zugrunde liegenden Leistungsverzeichnis in einer Position der Positionspreis irrtümlich aufgrund eines Rechenfehlers um das ca. 35fache überhöht ist und die Differenz unter 9% des Pauschalpreises ausmacht (vgl. OLG Schleswig 19.12.2003 14 U 63/03 = IBR 2004, 672-*Schulze-Hagen*).

15

Das Gesagte gilt aber nur unter der Voraussetzung, dass der Auftragnehmer entweder eine **vollständige oder eine hinreichend erkennbar unvollständige oder unrichtige Leistungsbeschreibung seiner Kalkulation zu Grunde gelegt hat.** Nur insoweit kann die Verantwortung für die Bindung an die vereinbarte Pauschale dem Auftragnehmer auferlegt werden. Haben die Bauvertragspartner einen Pauschalvertrag auf der Grundlage eines vom Auftragnehmer erstellten Leistungsverzeichnisses und eines bei Vertragsschluss vorliegenden geologischen Untersuchungsberichts über die Bodenverhältnisse geschlossen, so scheitern Nachtragsforderungen jedenfalls dann, wenn die vorgefundenen Bodenverhältnisse aus dem Untersuchungsbericht erkennbar oder jedenfalls vorhersehbar waren und deshalb keine Abweichung vom vertraglich zugrunde liegenden Beschaffenheitssoll des Baugrundes als vom Auftraggeber bereitgestellten Baustoffes vorliegt (vgl. OLG Düsseldorf BauR 2002, 1853). Ist dagegen eine **vom Auftraggeber kommende Leistungsbeschreibung für den Auftragnehmer bei Ausarbeitung seines Angebots nicht erkennbar lückenhaft oder unrichtig, kann der Auftragnehmer auch nicht an die vereinbarte Pauschale gebunden sein.** Dann hat der Auftragnehmer im Falle des **Verschuldens** des Auftraggebers (§ 276 BGB) oder seines Erfüllungsgehilfen (§ 278 BGB), vor allem des Architekten, der die Leistungsbeschreibung gemäß § 15 Abs. 2 Nr. 6 HOAI ausgearbeitet hat, einen **Schadensersatzanspruch aus Pflichtverletzung,** der dahin geht, dass **dem Auftragnehmer das ersetzt wird, was er auf der Grundlage seiner bisherigen Kalkulation anders, insbesondere mehr, berechnet hätte, wenn ihm die bei Vertragsschluss zu Grunde gelegte Leistung in ihren wirklichen Erfordernissen bekannt gewesen wäre** (ebenso OLG Stuttgart BauR 1992, 639; vgl. dazu näher § 9 VOB/A Rn. 11 ff.; siehe auch v.u.z. *Frankenstein* BauR 1997, 551).

II. Einverständliche anderweitige Absprache als Ausnahme

16 Allerdings bleibt es den Parteien unbenommen, sich in Fällen, in denen dem Auftragnehmer zurechenbar die Verantwortung für die vereinbarte Pauschale auferlegt ist, auf einen neuen, der wirklichen Sachlage entsprechenden Pauschalpreis zu einigen. Ist eine vom Auftragnehmer nicht vorgesehene Mehrmenge abzugelten und bleibt der übrige festgelegte bzw. angenommene Leistungsinhalt unberührt, so wird es zweckmäßig sein, die bisherige Pauschale bestehen zu lassen und für die Mehrleistung gesondert eine Pauschale zu vereinbaren oder auch eine Abrechnung nach Einheitspreisen. Man kann auch eine neue Gesamtpauschale vereinbaren. Dabei ist zu beachten: Eine Mehrleistung liegt nur vor, **wenn für sie eine Vergütung überhaupt verlangt werden kann;** es darf sich also insbesondere **nicht** um eine **Nebenleistung** handeln, die durch die Hauptvergütung, in erster Linie unter Berücksichtigung der Allgemeinen Technischen Vertragsbedingungen (vgl. die dort jeweils unter der Ordnungszahl 4 als Nebenleistungen bezeichneten Arbeiten), bereits abgegolten ist.

Soweit es zu einer einverständlichen Regelung zwischen den Parteien im Wege einer veränderten oder neuen Preisabsprache kommt, ist die **Schriftform** zu Beweiszwecken **zu empfehlen.** Unbedingte Voraussetzung ist das aber nicht, es sei denn, dass sich für die Notwendigkeit der Schriftform im Vertrag Anhaltspunkte ergeben.

Sinnvoll ist es in jedem Fall, **schon im Bauvertrag eine besondere Klausel** aufzunehmen, aus der zweifelsfrei ersichtlich ist, ob und unter welchen Voraussetzungen sich der Pauschalpreis ändert und auf welche Weise der neue Preis berechnet wird. Das erspart oftmals spätere Streitigkeiten.

III. Pauschale steht Auftragnehmer bei Erreichung des Leistungszieles zu

17 Grundsätzlich hat der Auftragnehmer den vereinbarten Pauschalpreis **verdient, wenn** er die **vertraglich vorgesehene Leistung erbracht hat.** Ob er dabei **mehr oder weniger leistungsmäßigen Aufwand** betreiben musste, **als** ursprünglich **veranschlagt** war, spielt keine Rolle, wenn nicht im Einzelfall eine andere vertragliche Vereinbarung getroffen worden ist. Anderes gilt nur, wenn das Beharren

auf dem Pauschalpreis sich im Einzelfall als unzulässige Rechtsausübung darstellt. Das dürfte aber kaum in Betracht kommen, da beim Pauschalvertrag grundsätzlich davon auszugehen ist, dass sowohl ein Mehraufwand für den Auftragnehmer als auch ein Minderaufwand für den Auftraggeber voraussehbar ist. Haben die Vertragsparteien den nach dem Vertrag geschuldeten Leistungsumfang in einem Leistungsverzeichnis näher festgehalten und nicht einfach pauschaliert, dann sind nachträglich wegfallende Leistungen eher durch einen entsprechenden Abzug zu berücksichtigen, was aber nicht gilt, wenn die ersparten Aufwendungen im Verhältnis zur vereinbarten Pauschale nur Bagatellbeträge sind (OLG Hamm NJW-RR 1992, 1203 = BauR 1993, 88, verneint für den Fall der Abweichung von 0,5% und 1,7%; OLG Stuttgart BauR 1992, 639, ebenfalls verneint für eine Abweichung von 1,18%). **Voraussetzung für den Anspruch auf die volle Pauschale ist allerdings, dass der Auftragnehmer die vertraglich festgelegte Leistung innerhalb des im Vertrag vorgesehenen Leistungszieles voll erfüllt hat,** vor allem in Bezug auf die uneingeschränkte vorgesehene Nutzung. Ist das nur teilweise der Fall, steht ihm grundsätzlich auch nur ein an dem erbrachten Teil zu bemessender Anteil der abgesprochenen Pauschale zu, abgesehen von etwaigen Gewährleistungspflichten.

D. Möglichkeiten der Änderung der Pauschalpreisabrede (Abs. 2)

Die in der VOB getroffenen Regelungen sind **abschließend** und daher **einer ausdehnenden Auslegung nicht zugänglich,** wenn nicht eine andere vertragliche Vereinbarung im Einzelfall getroffen wird. Eine andere Folgerung ließe sich mit dem Charakter der Pauschalpreisvereinbarung als der von vornherein gegebenen Abrede eines **Endpreises für die vertraglich geforderte Leistung** nicht vereinbaren. Hiernach gibt es **zwei Gruppen,** in denen es insbesondere für den Auftragnehmer möglich ist, die **Änderung des** vertraglich vereinbarten **Pauschalpreises zu verlangen. Einmal** handelt es sich um Fälle, in denen die Gesichtspunkte der **Störung der Geschäftsgrundlage** durchgreifen, zum anderen um Fälle, die § 2 Nr. 4 bis 6 VOB/B unterliegen (Abs. 2). Dabei spielen die Letzteren für die Praxis eine größere Rolle, weil sie wesentlich häufiger vorkommen als die zuerst genannten. Sie sind aber vor allem deswegen aus systematischen Gründen zuerst zu erörtern, weil die Geschehensabläufe, die darunter zu bringen sind, nicht auch noch für den Rahmen der Störung der Geschäftsgrundlage in Betracht kommen können, da insoweit eine **besondere vertragliche Regelung** getroffen worden ist. Hinzu kommt, dass ihre **Voraussetzungen allgemein leichter gegeben** sind als im Falle des § 313 BGB.

I. Anwendbarkeit des § 2 Nr. 4 bis 6 VOB/B auch auf den Pauschalpreis

Abs. 2 geht von dem Grundgedanken aus, dass eine Bindung des Auftragnehmers an den Pauschalpreis auf der Erwägung eines **von vornherein feststehenden Leistungsinhaltes** beruht, wie dies in § 5 Nr. 1b VOB/A festgelegt ist. Insbesondere darf das bei Vertragsschluss vorausgesetzte angemessene Verhältnis zwischen Leistung und Pauschalpreis nicht dadurch beeinträchtigt werden, dass **von Seiten des Auftraggebers einseitig Eingriffe** in den vertraglich festgelegten Leistungsinhalt und -umfang vorgenommen oder verursacht werden. Da dies erfahrungsgemäß dennoch in jenen Fällen vorkommen kann, wie sie in **§ 2 Nr. 4 bis 6 VOB/B** geregelt sind, bestimmt die VOB die **Anwendbarkeit** dieser Bestimmungen **auch auf den Pauschalvertrag.** Daher kommt eine Änderung des Pauschalpreises in Betracht:

1. Im Falle von § 2 Nr. 4 VOB/B

Einmal bei sog. **Teilkündigung durch den Auftraggeber** nach § 2 Nr. 4 VOB/B i.V.m. § 8 Nr. 1 VOB/B, dort insbesondere Abs. 2. Hier muss – gegebenenfalls nach Sachverständigengutachten – eine Aufspaltung des Pauschalpreises dahingehend erfolgen, dass die erbrachten Leistungen nach den sie betreffenden Preisermittlungsgrundlagen voll abgerechnet werden, die nicht erbrachten Arbeiten dagegen nach § 8 Nr. 1 Abs. 2 VOB/B. Zwar muss es sich hier, da der Auftragnehmer eine Pauschalvergütung vereinbart hat, um den Wegfall von Teilleistungen handeln, der nach den dem Vertrag zu Grunde liegenden Berechnungsgrundlagen merklich in Erscheinung tritt, was sich jedoch nur nach dem Einzelfall unter Zugrundelegung der Kalkulation des Auftragnehmers, die dieser im Zweifelsfall vorzulegen hat, beurteilt. Im Allgemeinen sind die Voraussetzungen aber die gleichen wie in § 2 Nr. 4 VOB/B (wesentlich zu weitgehend deshalb OLG Frankfurt NJW-RR 1986, 572 = MDR 1986, 407 = ZfBR 1987, 154, m. abl. Anm. v. *Bühl* das von dem Erfordernis einer Abweichung von 20% [!] ausgeht, wobei es sich fälschlich auf Rechtsprechung und Literatur bezieht, die allein die Änderung der Vordersätze und insofern § 2 Nr. 7 S. 2 VOB/B betrifft; ebenso unvertretbar OLG Saarbrücken NJW-RR 1999, 668, das eine zusätzliche Vergütung nur annehmen will, wenn die ausgeführte die vertraglich vorgesehene Leistung um mehr als 10% übersteigt; i.E. wie OLG Saarbrücken: *Pauly* MDR 1999, 1107).

Möglich ist allerdings der Fall, in dem die Vertragspartner **im Gegensatz zu § 2 Nr. 4 und § 8 Nr. 1 VOB/B einverständlich den Vertragsinhalt dahin ändern, dass sie die bisher vorgesehene Leistung in ihrem Inhalt herabsetzen.** Dann kommt entgegen OLG Frankfurt (a.a.O.) nicht eine entsprechende Anwendung von § 2 Nr. 4 VOB/B i.V.m. § 8 Nr. 1 VOB/B in Betracht, weil dann dem Auftragnehmer auch für die nicht ausgeführte Teilleistung der Vergütungsanspruch abzüglich ersparter Aufwendungen erhalten bliebe, **obwohl er selbst mit der Herabsetzung des Leistungsinhaltes einverstanden war.** Einigen sich die Vertragspartner in einem solchen Fall nicht auf eine neue Pauschale, muss der bisherige Pauschalpreis dahin angepasst werden, dass die tatsächlich ausgeführte Leistung zu der in Auftrag gegebenen Gesamtleistung ins Verhältnis gesetzt und anteilsmäßig die Vergütung unter Abzug von der bisher vereinbarten Pauschale neu festgelegt wird (vgl. dazu *Grimme* MDR 1989, 20).

2. Im Falle von § 2 Nr. 5 VOB/B

21 Des Weiteren kommt eine Anpassung der Pauschale bei einer Änderung des ursprünglich vereinbarten Leistungsinhaltes durch den Auftraggeber in Betracht. Dabei handelt es sich um die in § 2 Nr. 5 VOB/B geregelten Fälle.D.h. wird durch eine Änderung des Bauentwurfs oder andere Anordnungen des Auftraggebers die Grundlage des Pauschalpreises für die im Vertrag vorgesehene Leistung geändert, ändert sich also das geschuldete und mit dem Pauschalpreis abgegoltene Bau-Soll durch Einwirkung des Auftraggebers, so hat der Auftragnehmer Anspruch auf Vergütungsanpassung.

22 Am 8.1.2002 hat der X. Zivilsenat des Bundesgerichtshofs entschieden (BauR 2002, 787, 790), dass der Auftragnehmer Anspruch auf einen erhöhten Vergütungsanspruch durch Preisanpassung hat, wenn der Besteller erhebliche, zunächst nicht vorgesehene Leistungsänderungen veranlasst hat. Dabei hat er sich auf BGH-Rechtsprechung aus dem Jahre 1974 bezogen, einen Zeitpunkt, zu dem es die Regelung des § 2 Nr. 7 Abs. 1 S. 4 VOB/B (jetzt Abs. 2) zwar gab – sie wurde durch die Neufassung der VOB 1973 eingeführt –, auf den vom Bundesgerichtshof entschiedenen Fall aber noch nicht anzuwenden war. Der VII. Zivilsenat hat dagegen am 12.9.2002 entschieden (BauR 2002, 1847), dass ein erhöhter Vergütungsanspruch bestehe, wenn die geänderte ausgeführte Leistung zu keiner wesentlichen Abweichung vom vereinbarten Preis führt. Damit knüpfte er an eine Entscheidung vom 29.6.2000 an (BauR 2000, 1754).

23 Da die Entscheidung des X. Zivilsenats befürchten lässt, dass nicht hinreichend zur Kenntnis genommen wurde, dass § 2 Nr. 7 VOB/B inzwischen eine Änderung erfahren hat, ist der Rechtsprechung des VII. Zivilsenats zu folgen, obwohl die Begründung der oben zitierten Entscheidung nicht erkennen lässt, ob die Problematik in allen Einzelheiten erkannt wurde. Nach dieser Entscheidung würde im Ergebnis eine Vergütungsanpassung zur Anwendung kommen, selbst wenn die Bauentwurfsänderung die vereinbarte Leistung nur in ganz geringem Umfang verändert. Dabei wird aber nicht hinreichend berücksichtigt, dass die Nachtragsforderungen in § 2 Nr. 5 und 6 VOB/B einen Ausgleich dafür darstellen, dass durch Eingriffe des Auftraggebers der Kalkulation des Auftragnehmers die Grundlage entzogen wird. Ist der Eingriff aber so geringfügig, dass er keinen Einfluss auf die Kalkulation hat, so gibt es auch keine Veranlassung, den Preis zu ändern. Während es beim Einheitspreisvertrag auf die Beurteilung nach den Preisermittlungsgrundlagen der von der Änderung betroffenen einzelnen Positionen ankommt, muss beim Pauschalvertrag auf die Gesamtleistung abgestellt werden. Bei dem hier vor allem interessierenden Detail-Pauschalvertrag wird die Vergütung pauschaliert, was i.d.R. dadurch geschieht, dass gegenüber dem angebotenen Einheitspreis ein Abschlag vorgenommen wird. Dabei gibt es eine Bandbreite zwischen Abrundungen und nicht unerheblichen prozentualen Abschlägen. Bevor eine Änderung der vereinbarten Pauschale vorgenommen wird, muss deshalb zunächst gefragt werden, ob der Pauschalpreis in der vorgenommenen Weise vereinbart worden wäre, wenn die Parteien bei Vertragsschluss gewusst hätten, dass die Leistung nach Vertragsschluss anders ausgeführt werden würde, als bei Vertragsschluss angenommen. Haben die Parteien beispielsweise bei Vertragsschluss bei Vereinbarung des Pauschalpreises gegenüber dem angebotenen Einheitspreis einen Abschlag von 5% vorgenommen und hat die angeordnete Leistungsänderung nur einen Gegenwert von 0,3%, so kann angenommen werden, dass auch die geänderte Leistung zu dem vertraglich vereinbarten Pauschalpreis ausgeführt worden wäre. Eine Leistungsänderung, die bei einem Einfamilienhaus wertmäßig erheblich ins Gewicht fällt, kann bei einem Großbauvorhaben für die Kalkulation ohne Bedeutung sein (Beck'scher VOB-Komm./*Jagenburg* § 2 Nr. 7 VOB/B Rn. 101, nimmt eine solche Unterscheidung nicht vor, sondern lässt allenfalls Bagatelländerungen ohne Einfluss auf die Preisgestaltung sein; noch weiter geht *Wellensiek* Praxishinweis zur Entscheidung des BGH vom 12.9.2002 IBR 2002, 655, der auch bei Bagatelländerungen eine Vergütungsanpassung fordert). Insofern kann Putzier (BauR 2002, 546, 548) nicht zugestimmt werden, der annimmt, dass durch Eingriffe in den Leistungsinhalt Leistung und Gegenleistung gleichermaßen beeinflusst werden und der deshalb keinen Unterschied zwischen dem Einheitspreisvertrag und dem Pauschalvertrag sieht.

Die vorstehenden Ausführungen zeigen, dass zwar berücksichtigt werden muss, ob Leistungsänderungen Einfluss auf die Preisgestaltung gehabt hätten, wenn sie bei Vertragsschluss bekannt gewesen wären, andererseits beeinträchtigen nicht nur wesentliche Leistungsänderungen die Preisgestaltung. Insofern ist es falsch, die Frage der Vergütungsänderung davon abhängig zu machen, in welchem prozentualen Umfang die Leistungsänderung den Preis verändert (unzutreffend OLG Saarbrücken NJW-RR 1999, 668, das eine zusätzliche Vergütung nur annehmen will, wenn die ausgeführte Leistung die vertraglich vorgesehene um mehr als 10% übersteigt; i.E. wie OLG Saarbrücken: *Pauly* MDR 1999, 1107). **24**

3. Im Falle von § 2 Nr. 6 VOB/B

Schließlich kommt noch eine Änderung des vereinbarten Pauschalpreises zum Zuge, wenn der Auftragnehmer **im Einvernehmen mit dem Auftraggeber oder auf dessen Verlangen über die bisher vertraglich vorgesehene Leistung hinaus eine oder mehrere zusätzliche Leistungen erbringt,** die bei Vertragsschluss noch nicht Gegenstand der Pauschalpreisabrede waren. Denn diese umfasst nur den bisher **vereinbarten** konkreten Leistungsinhalt, ungeachtet der Vordersätze (insoweit zutreffend OLG Stuttgart BauR 1992, 639; siehe auch *Kapellmann* FS Soergel S. 99, 110; zu Begriff und Umfang von Zusatzleistungen vgl. *Vygen* a.a.O.; auch *Maser* BauR 1990, 319 f.). Ob Zusatzleistungen vorliegen, richtet sich nach den im jeweiligen Bauvertrag getroffenen Vereinbarungen, dabei vor allem nach dem Leistungsverzeichnis (vgl. dazu BGH BauR 1995, 237, 238 = SFH § 2 Nr. 7 VOB/B Nr. 4 = NJW-RR 1995, 722), den etwaigen Besonderen oder Zusätzlichen Vertragsbedingungen und Technischen Vertragsbedingungen sowie letztlich der für den betreffenden Fall maßgebenden gewerblichen Verkehrssitte, nicht zuletzt nach dem im Einzelfall vereinbarten Leistungsziel. Dabei wird das Vorhandensein von Zusatzleistungen nicht schon dadurch ausgeschlossen, dass im Vertrag **25** die Leistungen »fix und fertig« bestellt worden sind (BGH a.a.O.); Gleiches gilt, wenn eine schlüsselfertige Errichtung in Auftrag gegeben worden ist (insoweit *Zielemann* FS Soergel S. 301, 305 f.), es sei denn, der umstrittene Leistungsteil ist schon aus sich heraus nach den allgemein anerkannten Regeln der Technik und von der Zweckbestimmung der bestellten Leistung her selbstverständlich. So gehört z.B. zur schlüsselfertigen Herstellung einer Lagerhalle der Fußbodenaufbau mit Nutzschicht, also mehr als nur ein Zustand, der einem Rohbau entspricht. Davon abgesehen können auch dann einzelne Leistungen über den jeweils maßgebenden ursprünglichen vertraglichen Leistungsinhalt hinausgehen. Zusatzleistungen können auch im Falle einer erforderlichen und vom Auftragnehmer durchgeführten Nachbesserung entstehen, wie z.B. bei nachträglichem Einbau einer Abdichtung gegen drückendes Wasser (vgl. BGH BauR 1984, 395 = NJW 1984, 1676 = MDR 1984, 748; SFH § 13 Nr. 5 VOB/B Nr. 5; insofern auch zu Zusatzleistungen beim schlüsselfertigen Bauen). Das gilt auch, wenn die bisher begrenzt in Auftrag gegebenen Arbeiten im Bereich eines Daches unzureichend sind und das Ziel der Dachsanierung nur durch Neuherstellung erreicht werden kann (vgl. OLG Hamm BauR 1991, 756). Insofern kann einem zusätzlichen Vergütungsanspruch des Auftragnehmers wegen Mehrkosten aber ein Schadensersatzanspruch des Auftraggebers wegen schuldhafter Verletzung der Beratungspflicht des Auftragnehmers entgegenstehen (*Zielemann* FS Soergel S. 301, 308 f.). Zur »schlüsselfertigen Gesamtherstellung des Hauskörpers« gehört alles, was Voraussetzung für die ordnungsgemäße und vollständige Nutzung dieses »Hauskörpers« ist; dazu gehört auch die Erstellung des Entwässerungskanals, einer Ringdränage sowie der Gas- und Wasserversorgung einschließlich der jeweiligen Hausanschlüsse. Ebenso trifft dies auf eine Vertragsklausel zu, nach der sich ein Generalunternehmer zur Errichtung einer Lagerhalle und zur Ausführung »aller Arbeiten, Leistungen und Lieferungen, die zur vollständigen schlüsselfertigen Herstellung des Objektes erforderlich sind« verpflichtet, da er dann auf der Fußbodenplatte eine Nutzschicht aus Estrich oder Kunstharz aufzubringen hat (vgl. OLG Düsseldorf BauR 1996, 396 = NJW-RR 1996, 532). Solche Leistungen gehören zur vertraglichen Vergütung (Einheitspreis, Pauschale, sog. Festpreis). Werden sie in AGB eines Bauträgers oder Generalunternehmers als gesondert zu vergütende »Bauherrenleistungen« bezeichnet, so ist eine solche Bestimmung nicht nur nach § 305c Abs. 1 BGB überraschend, sondern sie verstößt auch gegen § 305c Abs. 2 sowie § 307 BGB. Das gilt einmal im Hinblick auf den Erwerber, zum anderen auch in Richtung auf den ausführenden Unternehmer als Vertragspartner des Verwenders von AGB.

26 Ein Unternehmer, der sich verpflichtet hat, eine vollständige, funktionstüchtige und den Regeln der Technik entsprechende Anlage zu einem Pauschalpreis zu liefern, muss zur schlüssigen Darlegung eines Anspruchs auf Zusatzvergütung im Einzelnen vortragen, dass die von der vertraglichen Leistungsbeschreibung abweichenden Leistungen, deren zusätzliche Vergütung er verlangt, auf einer durch nachträgliche Änderungswünsche des Auftraggebers verursachten Änderung des Leistungsumfanges und nicht auf einer zur Herstellung der geschuldeten funktionsfähigen Anlage notwendigen Optimierung oder Fehlerbehebung beruhen (OLG Düsseldorf 19.6.1998 22 U 218/97 = NJW-RR 1999, 1466). Der Auftragnehmer trägt auch die Beweislast für das Vorliegen der Voraussetzungen eines zusätzlichen Vergütungsanspruchs. Bei einem Detail-Pauschalvertrag spricht zu Gunsten des darlegungs- und beweispflichtigen Auftragnehmers die Vermutung, dass alle im Leistungsverzeichnis nicht festgelegten Leistungen im Zweifelsfall nicht mit dem Pauschalpreis abgegolten sind (OLG Brandenburg 9.7.2002 11 U 187/01 = IBR 2003, 57-*Weyer*).

4. Für die Bildung des neuen Preises beachtliche Gesichtspunkte

27 Handelt es sich um **Mehrleistungen** (nicht nur um bloße Änderung der Vordersätze), **ist die bisher vorgesehene Leistung** – soweit sie tatsächlich zur Ausführung gelangt – bei fehlender Einigung der Vertragspartner nach der vereinbarten Pauschale zu vergüten, während die **Mehrleistungen selbst nach Einheitspreisen** abgerechnet werden müssen. Für eine zusätzliche oder insgesamt neue Pauschale ist bei einer **fehlenden Einigung** der Vertragspartner **selbst dann kein Raum, wenn** hierfür gewisse objektive Maßstäbe auf Grund der bisherigen Leistungsbeschreibung gegeben sind. Eine Pauschale ist vom durch den ursprünglich vorgesehenen Leistungsinhalt getragenen subjektiven Willen beider Vertragsteile, insbesondere des Auftragnehmers, abhängig. Wenn die Mehrleistung nicht lediglich zur bisherigen Leistung hinzukommt, sondern teilweise die bisherige Leistung ersetzt (ändert) und **zugleich den Gesamtinhalt** der Leistung **vermehrt,** wird man unter Nichtbeachtung der bisherigen Pauschale den **gesamten Leistungsinhalt** nach **Einheitspreisen** abrechnen müssen. Soweit in allen diesen Fällen Einheitspreise festzulegen sind, erfolgt dies nach den vorangehend erwähnten Vorschriften, die Grundlage für die Preisänderung wegen der **allein auf den Auftraggeber zurückzuführenden Maßnahmen** sind. Eine Ausnahme bilden die unter § 2 Nr. 4 VOB/B einzuordnenden Maßnahmen des Auftraggebers, in denen eine entsprechende Anwendung des § 8 Nr. 1 Abs. 2 VOB/B in Betracht kommt. Hier wird nur nach diesen Vorschriften abgerechnet, ebenso wie in allen anderen Fällen, in denen das Verhalten des Auftraggebers als Teilkündigung zu werten ist und die ohnehin dem § 8 Nr. 1 VOB/B unterfallen.

Kommen durch die genannten Maßnahmen des Auftraggebers nicht Mehr-, sondern **im eigentlichen Inhalt** (also nicht bloß bei den Vordersätzen) **Minderleistungen** zu Stande, wird man in vielen Fällen dazu kommen müssen, den übrig gebliebenen Teil nach **Einheitspreisen als Ansatzwerte, allerdings im Verhältnis zur bisher vereinbarten Pauschale als Grenze,** abzurechnen. Das gilt, wenn das Leistungsverzeichnis mit seinen Preisangaben keine hinreichenden Anhaltspunkte enthält, insbesondere keine Einzelpreise, sondern lediglich global die Endpauschale selbst, und man sich kein objektives Bild darüber machen kann, wie diese eingesetzt oder errechnet worden ist. Das wird aber nicht die Regel sein. Vielmehr wird der Auftragnehmer – bevor es zur Pauschalpreisvereinbarung gekommen ist – bestimmte Preisangaben zu einzelnen Positionen oder zumindest Positionsgruppen des Leistungsverzeichnisses gemacht haben. Dann ist es, selbst wenn die Hinzuziehung eines Sachverständigen notwendig sein sollte, in entsprechender Anwendung der §§ 315 ff. BGB durchaus möglich, eine **neue Pauschale** auf Grund der tatsächlich erbrachten verminderten Leistung festzulegen (ebenso *Knacke* Auseinandersetzungen im privaten Baurecht, S. 74, siehe hierzu § 7 VOB/A). 28

II. Preisänderungen auch auf Grundlage von § 2 Nr. 8 Abs. 2 sowie § 6 Nr. 6 und § 7 VOB/B

Möglich ist auch eine ausnahmsweise sich aus **§ 2 Nr. 8 Abs. 2 VOB/B** ergebende Preisänderung, da die dort geregelten Voraussetzungen nicht davon abhängig sind, welche Preisvereinbarung vom Preistyp her im Vertrag getroffen worden ist. **Unberührt** sind **auch** hier etwaige – weitere – Ansprüche **nach § 6 Nr. 6 oder § 7 VOB/B.** 29

III. Störung der Geschäftsgrundlage

§ 2 Nr. 7 Abs. 1 S. 2 VOB/B bringt zum Ausdruck, dass die **Grundsätze des § 313 BGB auch auf einen Pauschalvertrag Anwendung** finden (vgl. BGH BauR 1995, 842 = SFH § 157 BGB Nr. 17 = NJW-RR 1995, 1360). Das **gilt** jedoch **nur, soweit nicht durch andere vertragliche Regelungen bereits** die **gebotene Abhilfe geschaffen** wird. Greifen derartige andere vertragliche Regelungen ein, so **fehlt es an einem rechtlich schutzwürdigen Interesse,** sich daneben auch noch eine Störung der Geschäftsgrundlage zu berufen. 30

Wie sich aus Abs. 1 S. 2 ergibt, kommt die Frage der Geschäftsgrundlage **nur in Erwägung, wenn sich einer der Vertragspartner** – hier vornehmlich der Auftragnehmer – **darauf beruft** und eine Änderung des Pauschalpreises **verlangt.** 31

VOB/B § 2 Nr. 7   Änderung der Vergütung beim Pauschalvertrag

1. Voraussetzungen

32 Dazu ist es **nicht erforderlich, dass sich** – wie in den Fällen des § 2 Nr. 4 bis 6 VOB/B – **der vertraglich vereinbarte Leistungsinhalt ändert,** vielmehr kann eine Störung der Geschäftsgrundlage **auch bei unveränderter Leistung** eintreten. **Hauptfall** im unmittelbaren Bereich der hier erörterten VOB-Regelung dürften für die Praxis **Mengenmehrungen oder -minderungen sein,** zumal § 2 **Nr. 3 VOB/B auf Pauschalverträge keine Anwendung** findet (was das OLG Saarbrücken NJW-RR 1999, 668, zu verkennen scheint). Allerdings ist es in allen hier in Betracht kommenden Fällen **im Allgemeinen schwieriger,** die Störung der Geschäftsgrundlage **bei einem Pauschalvertrag** zu bejahen **als bei einem Einheitspreisvertrag.** Denn anders als beim Einheitspreisvertrag ist die Frage der Geschäftsgrundlage beim Pauschalvertrag nicht bereits für den Rahmen bestimmter Leistungspositionen der **Beurteilung** zugänglich, sondern **nur hinsichtlich des Gesamtvertrages,** also der für die vertragliche Gesamtleistung vereinbarten Pauschale, **wobei zwangsläufig auf den jeweiligen Einzelfall abzustellen ist.** Bei der dabei erforderlichen **Gesamtbetrachtung** dieses einzelnen Falles kann es wesentlich eher vorkommen, dass der Auftragnehmer noch eine für ihn zumutbare Vergütung erhält, er also eine Änderung der Vergütung nicht beanspruchen kann. Jedenfalls gilt dies in jenen Fällen, in denen sog. **Gesamtpauschalen** vereinbart sind, also global für die ganze vertragliche Leistung eine Pauschale abgesprochen worden ist.

33 An eine solche Änderung des Pauschalpreises sind strenge Anforderungen zu stellen. Es muss ein objektiv feststellbares Missverhältnis zwischen Leistung und Gegenleistung bestehen, das für einen Vertragspartner unerträglich ist und es durfte für ihn nicht vorhersehbar sein. Die Entscheidung hängt von den jeweiligen Umständen des Einzelfalls ab. Allgemein gültige Prozentsätze für das Vorliegen einer Störung der Geschäftsgrundlage lassen sich nicht festlegen. Ein Teil der Rechtsprechung nimmt an, dass eine Überschreitung der Gesamtauftragssumme von 20% die Grenze darstellt, bei der man von einer Störung der Geschäftsgrundlage sprechen muss (vgl. OLG Düsseldorf BauR 1995, 286; OLG München NJW-RR 1987, 598 = BauR 1987, 479; OLG Stuttgart 7.8.2000 6 U 64/00 = IBR 2000, 593-*Schulze-Hagen*). Der Bundesgerichtshof (vgl. BGH 2.11.1995 VII ZR 29/95 = SFH § 2 Nr. 7 Nr. 5) hat eine Kostensteigerung von 20% oder eine Mengensteigerung dieser Größenordnung bezogen auf den Gesamtpauschalpreis aber als noch im Bereich des Tolerablen liegend angesehen. Es zeigt sich also, dass man eine starre Grenze für eine Störung der Geschäftsgrundlage nicht festlegen kann (ebenso Beck'scher VOB-Komm./*Jagenburg* § 2 Nr. 7 VOB/B Rn. 67).

34 Ist der Pauschalpreis als »**Festpreis**« vereinbart, wird sich der Auftragnehmer kaum auf eine Störung der Geschäftsgrundlage berufen können, es sei denn, die entsprechende Preisvereinbarung ist vom Auftraggeber ersichtlich zur Voraussetzung für die Auftragserteilung gemacht worden oder der Auftraggeber hat sich von der Verantwortlichkeit für die Richtigkeit seiner Angaben in der Leistungsbeschreibung freigezeichnet.

2. Folgen

35 Sind die **Voraussetzungen** einer Störung der Geschäftsgrundlage **gegeben,** so schreibt **Abs. 1 S. 2 zwingend** vor, dass zwischen den Vertragspartnern ein **Ausgleich in preislicher Hinsicht zu vereinbaren** ist. Dadurch ist zum Ausdruck gebracht, dass demjenigen, der sich mit Recht auf eine Störung der Geschäftsgrundlage beruft, ein notfalls **im Klageweg durchsetzbarer Anspruch** auf den Ausgleich zusteht, ihm gegebenenfalls darüber hinaus ein **Bestimmungsrecht nach § 316 BGB** zukommt. Selbstverständlich empfiehlt es sich hier besonders, einen Sachverständigen entsprechend § 7 Nr. 1b VOB/A einzusetzen, um möglichst auf außergerichtlichem Wege zurechtzukommen. Verweigert der Vertragsgegner eine berechtigte Anpassung, so ist der Betroffene auch zur **Vertragskündigung** berechtigt (vgl. OLG Düsseldorf BauR 1995, 706 = SFH § 9 VOB/B Nr. 7 = NJW 1995, 3323 = *Knacke* BauR 1996).

3. Umfang der Preisanpassung

Die Ermittlung des **Ausgleichs** kommt nur **insoweit** in Betracht, **wie im Einzelfall die Störung der Geschäftsgrundlage reicht.** Bleiben davon bestimmte Leistungsteile unberührt, so gilt das auch für den darauf entfallenden Anteil der abgesprochenen Pauschale. Dies kommt durch die VOB dadurch zum Ausdruck, dass nach Abs. 1 S. 2 der Ausgleich unter **Berücksichtigung der Mehr- oder Minderkosten** zu gewähren und außerdem nach Abs. 1 S. 3 von den **Grundlagen der** – bisherigen – **Preisermittlung auszugehen** ist.

Darüber hinaus gebietet die Berücksichtigung der Mehr- oder Minderkosten auch, dass das **Gesamtergebnis der nunmehr aus der preisrelevanten Äquivalenzstörung entstehenden bzw. entstandenen Kosten dem der veranschlagten und zum bisherigen Vertragsinhalt gewordenen gegenüberzustellen ist und die Differenz den Ausgleich ausmacht.** Dabei ist für den Einsatz der jetzigen Kosten nicht ein freies Bestimmungsrecht desjenigen, der den Ausgleich geltend macht, gegeben. Vielmehr muss er sich nach Abs. 1 S. 3 **im Ausgangspunkt an die bisherigen Preisermittlungsgrundlagen halten,** wobei die **zusätzlichen,** auf der Veränderung der Geschäftsgrundlage **beruhenden Mehrkosten im Eigenaufwand des Auftragnehmers einzusetzen** sind. Alle Geschehnisse, die **nicht adäquat-kausal** auf die Umstände zurückzuführen sind, die die Störung der Geschäftsgrundlage herbeigeführt haben, wie bei der ursprünglichen Preisermittlung unterlaufene, rechtlich unbeachtliche Kalkulationsfehler und -irrtümer, **bleiben** somit für die Berechnung des Ausgleichs **außer Betracht.**

Grundsätzlich ist der **Ausgleich als Pauschale** festzulegen. Dabei wird es allgemein nötig sein, eine entsprechende **Berechnung nach angemessenen Einheitspreisen** anzustellen und von dem aus den Positionspreisen zusammenzurechnenden Endpreis einen prozentualen Abschlag zu machen, der dem Pauschalnachlass im Verhältnis zu dem ursprünglichen, nach Einheitspreisen ermittelten oder zu ermittelnden Angebotsendpreis entspricht.

IV. Sonderregelungen möglich – §§ 305 ff. BGB

Abgesehen von den in § 2 Nr. 7 Abs. 1 VOB/B geregelten Möglichkeiten einer Vergütungsänderung beim Pauschalvertrag, können selbstverständlich durch Besondere oder Zusätzliche Vertragsbedingungen auch noch für andere Fälle Möglichkeiten zur Änderung des Pauschalpreises festgelegt werden. So kann geregelt sein, dass dann, wenn Teile der Leistung sich ändern, dies auch preisändernd zu berücksichtigen ist (vgl. dazu OLG Zweibrücken BauR 1994, 509 = NJW-RR 1994, 1363). Im Zweifel gilt dies jedoch nur bei Wegfall oder Hinzukommen ganzer Positionen, nicht bereits für Teile derselben, falls nicht eine Vereinbarung getroffen worden ist, die eine eindeutige Auslegung im letztgenannten Sinne erlaubt. Auch eine Lohn- und/oder Materialpreisgleitklausel lässt beim Pauschalvertrag unter den jeweils festgelegten Voraussetzungen Preisänderungen zu (vgl. dazu BGH BauR 1974, 347). Des Weiteren können die Voraussetzungen für die Störung der Geschäftsgrundlage **durch vertragliche Regelung von geringeren Voraussetzungen** abhängig gemacht werden. So kann eine Vereinbarung getroffen werden, dass bei einer nicht durch Planänderungen bedingten Mengenabweichung in den einzelnen Positionen, die über 5% hinausgeht, auf Verlangen ein neuer Preis nach Maßgabe des § 2 Nr. 7 Abs. 1 S. 2 und 3 VOB/B gebildet werden muss (vgl. BGH 11.9.2003 VII ZR 116/02 = BauR 2004, 78 = ZfBR 2004, 44 = NZBau 2004, 150).

Andererseits verstößt eine Klausel in **AGB** – insbesondere Zusätzlichen Vertragsbedingungen – des Auftraggebers dahin gehend, dass der Auftragnehmer auf jeden Fall auf eine Erhöhung des vereinbarten Pauschalpreises verzichtet, gegen den Grundgedanken des § 307 BGB, da ein Ausschluss der Ausnahmeregelungen das erforderliche Gleichgewicht von Leistung und Gegenleistung empfindlich und in einem für den Auftragnehmer unzumutbaren Maße zu zerstören geeignet ist, zumal dann, wenn Änderungen im Leistungsbereich in keiner Weise auf das Verhalten des Auftragnehmers zurückzuführen sind (ähnlich *Glatzel/Hofmann/Frikell* Kap. 2.2.7; vgl. auch OLG Zweibrücken BauR 1994, 509 = NJW-RR 1994, 1363 = BB 1995, 13). In gleicher Weise unwirksam ist auch eine Vertragsklausel, der Auftragnehmer erkenne an, in dem vereinbarten Pauschalpreis seien auch alle diejenigen Arbeiten enthalten, die nicht ausdrücklich in der Leistungsbeschreibung aufgeführt, jedoch nach den Regeln der Technik notwendig seien und sich während der Bauzeit als erforderlich erweisen, damit die Leistung vollständig nach den anerkannten Regeln der Technik fertig gestellt werden könne. Ähnliches gilt, wenn in AGB des Auftraggebers Änderungen des Pauschalpreises **generell** an einengende Voraussetzungen geknüpft sind, wie z.B. daran, dass es sich um Änderungen des Leistungsinhaltes um mehr als 10% der Gesamtleistung handeln muss (OLG Frankfurt NJW-RR 1986, 247; vgl. auch *Zielemann* Rn. 332).

E. Änderung von Pauschalpreisen für Teile der Leistung (Abs. 3)

41 § 2 Nr. 7 Abs. 1 VOB/B erfasst insgesamt diejenigen Fälle, in denen für die vertraglich festgelegte **Gesamtleistung nur eine** Pauschale vereinbart worden ist. **§ 2 Nr. 7 Abs. 3 VOB/B** bestimmt dazu ergänzend, dass bei Fehlen anderweitiger vertraglicher Vereinbarung die **Regelungen des Abs. 1 auch für Pauschalvereinbarungen gelten, die nicht die gesamte vertragliche Leistung erfassen, sondern nur Teile derselben,** z.B. die Einrichtung der Baustelle.

Dabei ist allerdings **auszuklammern,** was unter die besondere Bestimmung in § 2 Nr. 3 Abs. 4 VOB/B fällt. Insoweit bedurfte es keiner besonderen Regelung in § 2 Nr. 7 VOB/B mehr, wie dort auch in Abs. 3 im letzten Halbsatz klargestellt ist.

42 Für die Beurteilung der Frage, ob es sich um Teile der Leistung handelt, ist eine **in sich abgeschlossene, selbstständige Betrachtungsweise** geboten, die durch den Rahmen **begrenzt ist, für den die jeweilige Pauschalpreisabrede getroffen** worden ist. Möglich ist es, dass für verschiedene Teile der Leistung jeweils mehrere Teil-Pauschalsummen vereinbart worden sind, z.B. für gleichzeitig in Auftrag gegebene Erdarbeiten, Betonarbeiten und Mauerarbeiten. Auch ist es denkbar, dass bei einzelnen Teilen der Leistung eine Preisaufgliederung dergestalt erfolgt ist, dass ein Teil davon nach Einheitspreisen und ein anderer nach Pauschalpreisen abzurechnen ist, z.B. für die Mauerarbeiten am Wohnhaus Einheitspreise und für die gleichzeitig zu errichtende Garage ein Pauschalpreis. Alle diese Fälle werden von Abs. 2 erfasst. Er gilt somit überall dort, wo bei ordnungsgemäßer Kalkulation von für sich preislich errechenbaren Teilen der vertraglichen Gesamtleistung die Rede ist.

§ 2 Nr. 8
[Nicht bestellte Leistungen]

(1) Leistungen, die der Auftragnehmer ohne Auftrag oder unter eigenmächtiger Abweichung vom Auftrag ausführt, werden nicht vergütet. Der Auftragnehmer hat sie auf Verlangen innerhalb einer angemessenen Frist zu beseitigen; sonst kann es auf seine Kosten geschehen. Er haftet außerdem für andere Schäden, die dem Auftraggeber hieraus entstehen.

(2) Eine Vergütung steht dem Auftragnehmer jedoch zu, wenn der Auftraggeber solche Leistungen nachträglich anerkennt. Eine Vergütung steht ihm auch zu, wenn die Leistungen für die Erfüllung des Vertrags notwendig waren, dem mutmaßlichen Willen des Auftraggebers entsprachen und ihm unverzüglich angezeigt wurden. Soweit dem Auftragnehmer eine Vergütung zusteht, gelten die Berechnungsgrundlagen für geänderte oder zusätzliche Leistungen der Nummer 5 oder 6 entsprechend.

Nicht bestellte Leistungen § 2 Nr. 8 VOB/B

(3) Die Vorschriften des BGB über die Geschäftsführung ohne Auftrag (§§ 677 ff. BGB) bleiben unberührt.

Inhaltsübersicht Rn.

A. Aufgedrängte Leistungen (Abs. 1 S. 1) 3
   I. Zwei Fälle der Vertragsabweichung 4
   II. Keine Vergütung 5
B. Pflicht zur Beseitigung (Abs. 1 S. 2) 7
   I. Entscheidung des Auftraggebers 8
   II. Aufforderung – Fristsetzung 9
   III. Ersatzvornahme durch Auftraggeber 10
   IV. Klagerecht des Auftraggebers 11
C. Haftung für andere Schäden (Abs. 1 S. 3) 12
D. Ausnahme: Geschäftsführung ohne Auftrag (Abs. 3) 15
   I. Grundsätzlich nicht bei eigenmächtiger Abweichung vom Vertrag 16
   II. Gesetzliche Bestimmungen maßgebend 18
   III. Berechnung des Aufwendungsersatzes 19
E. Ausnahmsweise gegebener Vergütungsanspruch (Abs. 2) 20
   I. Nachträgliches Anerkenntnis des Auftraggebers 21
      1. Eindeutiges Verhalten des Auftraggebers 22
      2. Angemessene Vergütung für Auftragnehmer 27
      3. Wegfall der Rechte des Auftraggebers nach S. 1 28
      4. Genehmigung vollmachtlosen Vertreterhandelns 29
   II. Notwendigkeit der anderen Leistung 30
      1. Notwendigkeit für Vertragserfüllung 31
      2. Mutmaßlicher Wille des Auftraggebers 32
      3. Unverzügliche Anzeige des Auftragnehmers 33
      4. Vergütungsanspruch des Auftragnehmers 41
      5. Inhaltskontrolle nach §§ 305 ff. BGB 42

Aufsätze: *Kemper/Schaarschmidt* Die Vergütung nicht bestellter Leistungen nach § 2 Nr. 8 VOB/B BauR 2000, 1651; *Leupertz* Der Anspruch des Unternehmers auf Bezahlung unbestellter Bauleistungen beim BGB-Bauvertrag BauR 2005, 775; *Oberhauser* Ansprüche des Auftragnehmers auf Bezahlung nicht bestellter Leistungen beim Bauvertrag auf der Basis der VOB/B BauR 2005, 919.

§ 2 Nr. 8 VOB/B befasst sich mit Leistungen des Auftragnehmers, die weder von seiner im Vertrag niedergelegten Leistungsverpflichtung erfasst werden noch außerhalb der bisherigen Leistungsverpflichtung **vom Auftraggeber oder seinem dazu berechtigten Vertreter** verlangt oder die später nach Vertragsschluss vereinbart worden sind. § 2 Nr. 8 VOB/B betrifft somit Leistungen, die der Auftragnehmer – rechtlich gesehen – aus eigenem Antrieb erbracht hat. Hiervon sind **auch noch nicht in Auftrag gegebene Eventualpositionen** erfasst. 1

Nach § 2 Nr. 8 Abs. 1 S. 1 VOB/B ist für **Leistungen, die der Auftragnehmer ohne Auftrag oder unter eigenmächtiger Abweichung vom Vertrag** ausführt, **kein Vergütungsanspruch** gegeben. Nach S. 2 hat der Auftragnehmer vielmehr auf Verlangen **diese Leistungen** innerhalb einer angemessenen Frist **zu beseitigen,** andernfalls es auf seine Kosten geschehen kann. Darüber hinaus **haftet der Auftragnehmer nach S. 3 für andere Schäden,** die dem Auftraggeber hieraus entstehen. **Wichtig ist aber, dass der zweite Halbsatz des S. 3 in der Fassung der VOB/B 1996 gestrichen und durch den neuen Abs. 3 ersetzt wurde.** Danach entfällt die Haftung des Satzes 3 und dem Auftragnehmer steht darüber hinaus ein Zahlungsanspruch zu, wenn die dort genannten Voraussetzungen gegeben sind. Hiernach ist gesagt, dass die Vorschriften des BGB über die Geschäftsführung ohne Auftrag (§§ 677 ff. BGB) unberührt bleiben, also auch hier gelten. **Auch** steht dem Auftragnehmer für die ohne Auftrag eigenmächtig erbrachten Leistungen nach **Abs. 2 S. 1 eine Vergütung** zu, wenn 2

Keldungs 1041

der Auftraggeber solche Leistungen **nachträglich anerkennt.** Das gilt nach **Abs. 2 S. 2** auch, wenn die Leistungen für die Durchführung des Vertrages **notwendig waren, dem mutmaßlichen Willen des Auftraggebers entsprachen und ihm unverzüglich angezeigt wurden.**

A. Aufgedrängte Leistungen (Abs. 1 S. 1)

3 Abs. 1 S. 1 beruht auf dem allgemein anerkannten Rechtsgrundsatz, dass niemand einem anderen eine Leistung aufdrängen darf, die dieser nicht gewollt hat.

I. Zwei Fälle der Vertragsabweichung

4 Es handelt sich um **zwei Fälle,** in denen der Auftragnehmer vom Vertrag abweichen kann: einmal die **Leistung ohne Auftrag** (sog. quantitative Abweichung) und ferner die Ausführung **unter eigenmächtiger Abweichung vom Vertrag** (sog. qualitative Abweichung). Im **ersten Fall** ist eine Leistung ohne Auftrag gegeben, wenn sie überhaupt nicht (wozu auch eine nicht in Auftrag gegebene Eventualposition gehört) oder gegenüber dem Auftragnehmer von jemandem verlangt worden ist, der **nicht befugt** war, als rechtlich anzuerkennender Vertreter des Auftraggebers diesen gegenüber dem Auftragnehmer zu berechtigen und zu verpflichten. Dazu gehört **insbesondere** auch der **vollmachtlos handelnde Architekt oder** i.d.R. der **vom bauleitenden Architekten eingesetzte Bauführer.** Im **zweiten Fall** müssen vom Auftragnehmer gewollte **wirkliche Abweichungen von der vertraglich vereinbarten Leistung** und **nicht nur Geringfügigkeiten** vorliegen. Dies ist z.B. der Fall, wenn der Auftragnehmer ein Dach statt mit bestelltem Schiefer mit gewöhnlichen Ziegeln eindeckt oder wenn er die nach dem Vertrag vorgesehenen Raumgrößen von sich aus in beachtlicher Weise verändert oder wenn er für Fußböden statt Parkett nicht vorgesehene Dielen verwendet. Ebenfalls trifft das zu, wenn der Auftragnehmer entgegen seiner eindeutigen vertraglichen Verpflichtung geringer- oder höherwertiges Material verwendet. Das beschränkt sich demnach **nicht nur** auf die **Leistungsart,** sondern bezieht sich **auch auf den Leistungsumfang.** Wo die Grenzen zwischen **beachtlicher** und **unbeachtlicher** eigenmächtiger Abweichung vom Vertrag liegen, lässt sich nicht allgemein sagen. Entscheidend sind einerseits die Zweckbestimmung und die Art des Bauwerkes unter besonderer Berücksichtigung der erkennbaren Interessenlage des Auftraggebers und zum anderen der Gesamtwert des Bauwerks im Verhältnis zum Leistungswert der Abweichung sowie die technische Tauglichkeit der Abweichung. Dabei ist nach dem Grundsatz der Vertragstreue der zulässige Rahmen abweichenden Vorgehens des Auftragnehmers **sehr eng zu ziehen.** Er ist besonders eng festzulegen, wenn die Abweichung die vereinbarte Beschaffenheit betrifft. Die von § 2 Nr. 8 Abs. 1 S. 1 VOB/B erfassten eigenmächtigen Abweichungen sind nicht nur nicht vergütungspflichtig und zu beseitigen, sondern sie stellen sich regelmäßig als eine **mangelhafte Leistung i.S.v. § 13 VOB/B dar, für die in der Zeit vor der Abnahme § 4 Nr. 7 VOB/B gilt. Die dort festgelegten Ansprüche des Auftraggebers gehen** § 2 Nr. 8 Abs. 1 S. 1 VOB/B **als Sonderregelungen vor;** insofern stellt die hier erörterte VOB-Bestimmung nur eine **Klarstellung dahingehend** dar, dass der **Auftragnehmer kostenlose Mängelbeseitigung schuldet** (*Heiermann/Riedl/Rusam* § 2 VOB/B Rn. 160; *Nicklisch/Weick* § 2 VOB/B Rn. 94, 95; *Stein* ZfBR 1987, 181), auch wenn es sich um einen nicht wesentlichen Mangel handelt. Wird in einem solchen Fall **nicht nur die Beseitigung,** sondern die **Herstellung vertragsgerechter Leistung,** also Nacherfüllung, verlangt, so beurteilt sich dies **allein nach §§ 4 Nr. 7, 13 Nr. 5 VOB/B.**

II. Keine Vergütung

5 Leistungen, die der Auftragnehmer **ohne Auftrag oder unter eigenmächtiger Abweichung vom Vertrag ausführt, werden** ihm **nicht vergütet.** Im ersten Fall wird der ohne Auftrag erbrachte Leistungsteil überhaupt nicht vergütet, im zweiten ist die Folge, dass jedenfalls die vom Vertrag abweichende Leistung nicht bezahlt wird. Die Vorschriften des BGB über die Geschäftsführung ohne Auftrag (§§ 677 ff. BGB) gelten seit der Fassung der VOB/B von 1996 auch hier.

Kommt es **im zweiten Fall** zu einer entsprechenden **Kürzung der Vergütung,** dürfte das kaum Schwierigkeiten beim Einheitspreisvertrag bereiten, da dieses praktisch dem Wegfall einer Position oder eines entsprechenden Teils einer Position gleichkommt. Schwieriger ist die Lage beim **Pauschalvertrag.** Hier kommt nur eine entsprechende **Kürzung der Pauschale** in Betracht, die nach dem Wert der Leistung der vertraglich vereinbarten Pauschale abzüglich des Wertes der eigenmächtig erbrachten Leistung zu ermitteln ist. **6**

B. Pflicht zur Beseitigung (Abs. 1 S. 2)

Die in **Abs. 1 S. 2** enthaltene **Beseitigungspflicht** ist eine **weitere Folge** des vertragsuntreuen Verhaltens des Auftragnehmers. Er erhält nicht nur keine Vergütung, sondern er wird darüber hinaus noch dadurch **zusätzlich belastet,** dass er den **Aufwand der Beseitigung** des ohne Auftrag oder unter eigenmächtigem Verhalten erbrachten Leistungsteils **übernehmen muss.** Hier spielt es keine Rolle, ob der betreffende Leistungsteil, gemessen an den vertraglichen Vereinbarungen, auch als mangelhaft zu kennzeichnen ist. **7**

I. Entscheidung des Auftraggebers

Die **Beseitigung** kommt nicht ohne weiteres in Betracht. Es ist dem **Auftraggeber** nach dem Vertrag **überlassen,** selbst **darüber zu entscheiden,** ob er von dem Beseitigungsanspruch Gebrauch machen will oder nicht. Dass hier die etwaigen **Interessen des Auftragnehmers unbeachtlich** sind, entspricht der Billigkeit. Wer sich vertragswidrig verhält, kann im Allgemeinen für sich nicht beanspruchen, ein Bestimmungs- oder ein Mitbestimmungsrecht zu besitzen. Demgegenüber können es die Belange des Auftraggebers im Einzelfall zweckmäßig erscheinen lassen, das vertragswidrige Werk oder den vertragswidrigen Teil des Werks **bestehen** zu lassen, ohne dass sich **aus dem bloßen Behalten schon eine Vergütungspflicht** ergibt. Eine solche ist von den in Abs. 2 und 3 genannten Voraussetzungen abhängig. **8**

II. Aufforderung – Fristsetzung

Wird Beseitigung verlangt, was schon während der Ausführung des nicht gewünschten Leistungsteils erfolgen kann, muss dies durch eine **eindeutige Willenserklärung** des Auftraggebers gegenüber dem Auftragnehmer geschehen. Eine Schriftform ist hierzu zwar nicht vorgesehen, aus Beweisgründen aber dringend anzuraten. Will der Auftraggeber im Wege der Ersatzvernahme vorgehen, wenn der Auftragnehmer seiner Aufforderung zur Beseitigung nicht nachkommt, muss er dem Auftragnehmer eine angemessene Frist zur Beseitigung setzen. Dabei gelten für die Fristbestimmung die allgemeinen Regeln der §§ 186 ff. BGB. **Angemessen** ist eine Frist, wenn der Auftragnehmer bei aller ihm billigerweise zuzumutenden Beschleunigung unter **allgemein anzuerkennenden und voraussehbaren Umständen in der Lage** ist, das vertragswidrige Werk innerhalb der bestimmten Zeit zu beseitigen. Dabei sind keineswegs nur die Belange des Auftragnehmers zu berücksichtigen, sondern es müssen **vorrangig die berechtigten Interessen des Auftraggebers Beachtung** finden. Ist z.B. die Weiterführung des Gesamtbauwerkes von der Beseitigung des vertragswidrig errichteten Teils abhängig und drohen dem Auftraggeber Schwierigkeiten, sei es hinsichtlich der termingemäßen Fertigstellung des ganzen Bauwerkes oder eines Teils desselben, wird man es als notwendig erachten müssen, wenn der Auftraggeber die **Beseitigungsfrist kurz bemisst.** Die **Interessen des Auftraggebers** an einer schnellen Beseitigung sind den Interessen des Auftragnehmers **überzuordnen.** Das er- **9** klärt sich nach Treu und Glauben allein daraus, dass der Auftragnehmer die Beseitigungspflicht auf Grund eines von ihm zu vertretenden und nicht zu billigenden Verhaltens hat.

III. Ersatzvornahme durch Auftraggeber

10 Hält der Auftragnehmer die ihm gesetzte **angemessene Frist nicht ein,** hat der Auftraggeber das **Recht, im Wege der Ersatzvornahme die Beseitigung** für den Auftragnehmer auf dessen Kosten selbst vorzunehmen oder vornehmen zu lassen. Dabei ist **nicht Voraussetzung, dass dem Auftragnehmer** mit der Fristsetzung für den Fall des fruchtlosen Ablaufs der Frist zugleich **angedroht** wird, dass die Beseitigung dann durch den Auftraggeber oder auf dessen Veranlassung durch einen Dritten auf Kosten des Auftragnehmers erfolgt.

IV. Klagerecht des Auftraggebers

11 Im Falle der Nichtbeseitigung innerhalb der gesetzten angemessenen Frist ist der Auftraggeber nicht allein auf die Ersatzvornahme angewiesen. Er kann auch den Auftragnehmer **auf Beseitigung** oder auf **Freistellung von den Kosten** der Beseitigung **verklagen.** Das kann zweckmäßig sein, wenn die Erstattung der Kosten, die dem Auftraggeber zunächst selbst bei der Ersatzvornahme entstehen, wegen des Widerstandes des Auftragnehmers oder aus anderen in dessen Bereich liegenden Gründen ohnehin nur im Wege der Klage erreicht werden könnte. Darüber hinaus wird man hier entsprechend § 669 BGB oder jedenfalls gemäß § 242 BGB den Auftraggeber für berechtigt halten dürfen, vom Auftragnehmer einen **Vorschuss auf die Beseitigungskosten** zu verlangen, also ähnlich dem Vorschuss auf die Mängelbeseitigungskosten (so auch *Heiermann/Riedl/Rusam* § 2 VOB/B Rn. 163; Beck'scher VOB-Komm./*Jagenburg* § 2 Nr. 8 VOB/B Rn. 42).

C. Haftung für andere Schäden (Abs. 1 S. 3)

12 Nach **Abs. 1 S. 3** ist neben dem Wegfall des Vergütungsanspruches sowie der Beseitigungspflicht noch eine **weitere Folge zu Lasten des Auftragnehmers** vorgesehen. Hierbei handelt es sich um die **Haftung für andere Schäden,** die dem Auftraggeber **wegen** des vertragswidrigen Verhaltens des Auftragnehmers entstehen können.

13 Wenn von Schäden gesprochen wird, die dem Auftraggeber »hieraus« entstehen, darf das nicht so aufgefasst werden, als ob nur die Beseitigung nach S. 2 oder deren unmittelbare oder mittelbare Folgen gemeint sind. **Erfasst werden** vielmehr **alle Nachteile,** die sich für den Auftraggeber aus dem **vertragswidrigen Handeln** des Auftragnehmers ergeben und die über die Beseitigungsverpflichtung **als solche** hinausgehen.

14 Die **Grundlage** für diese weiter gehende Haftung des Auftragnehmers ist in **zweierlei Richtung** zu finden. Soweit es sich bei seinem vertragswidrigen Verhalten um ein Vorgehen **ohne Auftrag** handelt, ergibt sich die **Ersatzverpflichtung aus § 678 BGB.** Handelt der Auftragnehmer hingegen unter **eigenmächtiger Abweichung** vom Vertrag, besteht die Schadensersatzverpflichtung regelmäßig auf der Grundlage von **§ 4 Nr. 7 S. 2 VOB/B** oder – nach Abnahme – von **§ 13 Nr. 7 VOB/B** in der nicht ordnungsgemäßen Erfüllung (hier gilt nicht § 6 Nr. 6 VOB/B, sondern es gelten die §§ 249 ff. BGB).

D. Ausnahme: Geschäftsführung ohne Auftrag (Abs. 3)

15 Die Bestimmungen des Abs. 1 S. 1 bis 3 finden nach der in die Fassung der VOB/B von 1996 aufgenommenen Regelung des **Abs. 3 keine Anwendung,** wenn die gesetzlichen Bestimmungen über

die Geschäftsführung ohne Auftrag im Einzelfall eingreifen (§§ 677 ff. BGB). Dass dies schon für den Abs. 1 des § 2 Nr. 8 VOB/B maßgebend ist, folgt vor allem daraus, dass der bisherige zweite Halbsatz des S. 3 gestrichen wurde. **Grund für diese Änderung ist die Rechtsprechung des BGH** (BGHZ 113, 315 = BauR 1991, 331 = SFH § 2 Nr. 8 VOB/B Nr. 1 = NJW 1991, 1812; auch OLG Hamm OLGR 1992, 5), **wonach dann, wenn die VOB/B im betreffenden Vertrag nicht als Ganzes vereinbart ist, die Regelung des § 2 Nr. 8 Abs. 1 S. 1 VOB/B gegen § 307 BGB** verstößt und daher unwirksam ist. Die Verfasser der VOB wollten dieser Gefahr durch Aufnahme des jetzigen Abs. 3 begegnen, wie sich deutlich aus der Sitzungsniederschrift der 32. Sitzung des Hauptausschusses-Allgemeines vom 7./8.9.1994 ergibt. Dabei ging es **hauptsächlich um die Einschränkung des § 683 BGB durch die Regelungen in § 2 Nr. 8 VOB/B**. Entscheidend ist aber zunächst für die Zuerkennung des in § 683 BGB zugesprochenen Aufwendungsersatzes, dass die Übernahme der Geschäftsführung dem Interesse und dem wirklichen oder mutmaßlichen Willen des Auftraggebers als Geschäftsherren entspricht. Insofern ergibt sich:

I. Grundsätzlich nicht bei eigenmächtiger Abweichung vom Vertrag

Hat der Auftragnehmer so gehandelt, dass eine **Verletzung der vertraglich festgelegten Leistungspflicht** gegeben ist, ist er also unter **eigenmächtiger Abweichung vom Vertrag** vorgegangen, so kommt diese Ausnahmeregelung **grundsätzlich** nicht zum Zuge. **Eine Vertragsverletzung kann nicht dem Interesse und dem wirklichen oder mutmaßlichen Willen des Auftraggebers entsprechen und daher durch die Regeln über die Geschäftsführung ohne Auftrag wieder ausgeglichen werden.** Die Haftung des Auftragnehmers bleibt bestehen und die Ausnahme nach den Regeln über die Geschäftsführung ohne Auftrag mit der Folge des Wegfalls einer weiter gehenden Schadensersatzverpflichtung kommt nur zum Zuge, wenn der Auftragnehmer auch **wirklich im Wege der Geschäftsführung ohne Auftrag gehandelt hat.** 16

Es muss allerdings beachtet werden, dass es von dieser Trennung zwischen Vertragsverletzung und Geschäftsführung ohne Auftrag **Ausnahmen** gibt. Das kann der Fall sein, wenn ein Handeln des Auftragnehmers vorliegt, das zwar als Vertragsverletzung anzusehen ist, jedoch in seiner Art und Weise unter besonderer Berücksichtigung der Zielsetzung auch als Geschäftsführung ohne Auftrag gewertet werden kann. Dies kommt z.B. in Betracht, wenn der Auftragnehmer einen ihm nicht in Auftrag gegebenen Abriss eines Gebäudes vornimmt, das nach dem Willen des Auftraggebers stehen bleiben sollte, der Abriss aber erfolgt, um der Einsturzgefahr zu begegnen, zugleich aber auch, um die in Auftrag gegebenen Arbeiten reibungslos ausführen zu können (vgl. dazu *Stein* ZfBR 1988, 252). Ist eine solche Mischform gegeben, entspricht es dem Sinne des S. 3, **auch dann** von der Ausnahmebestimmung, d.h. dem Wegfall einer weiter gehenden Haftung, Gebrauch zu machen. 17

II. Gesetzliche Bestimmungen maßgebend

Wann die Schadensersatzverpflichtung gemäß den §§ 677 ff. BGB entfällt und der Aufwendungsersatzanspruch entsteht, ist im Übrigen aus diesen Gesetzesvorschriften zu ersehen. Kurz: Eine Leistung des Auftragnehmers außervertraglicher Art ist eine **Geschäftsführung ohne Auftrag, wenn sie im Einzelfall durch das Interesse des Auftraggebers unter Berücksichtigung seines wirklichen oder mutmaßlichen Willens gedeckt** wird (§§ 687, 683 BGB). Unter dem Begriff »mutmaßlicher Wille« ist der Wille zu verstehen, der bei **objektiver Würdigung** durch den Auftraggeber geäußert worden wäre, wenn es zu einer solchen Äußerung gekommen wäre (*Palandt/Thomas* § 683 BGB Rn. 7; PWW/*Fehrenbacher* § 683 Rn. 6). Davon gibt es in § 679 BGB eine Ausnahme insofern, als ein der Geschäftsführung entgegenstehender Wille des Auftraggebers unbeachtlich ist, demnach also die Handlungsweise des Auftragnehmers ohne Rücksicht auf den wirklichen oder mutmaßlichen Willen des Auftraggebers gebilligt wird, **wenn** damit eine Pflicht des Auftraggebers erledigt wird, deren Erfüllung im **öffentlichen Interesse** liegt und die sonst nicht rechtzeitig erfüllt worden 18 wäre. Hauptbeispiel sind erforderlich werdende Bausicherungsmaßnahmen, die sich als außervertragliche Bauleistung darstellen. Zu beachten ist auch § 680 BGB, wonach der Auftragnehmer im Verhältnis zum Auftraggeber bei Arbeiten, die der **Abwendung einer dem Auftraggeber drohenden dringenden Gefahr dienen, nur Vorsatz und grobe Fahrlässigkeit zu vertreten** hat. Dies kommt z.B. bei Vornahme eines Abrisses zur Vermeidung eines Einsturzes in Betracht (vgl. dazu *Stein* ZfBR 1988, 252). Dabei findet § 680 BGB auch auf die Ersatzansprüche des Geschäftsführers wegen der ihm aus der Geschäftsbesorgung entstandenen Schäden Anwendung. **Wichtig ist § 681 BGB,** wonach der Auftragnehmer verpflichtet ist, sobald es tunlich ist, dem Auftraggeber die Übernahme der Geschäftsführung **anzuzeigen und dessen Entschließung abzuwarten,** es sei denn, dass mit dem hierdurch entstehenden Aufschub Gefahr verbunden ist. Übernahme der Geschäftsführung bedeutet, dass der Auftragnehmer die Anzeige an den Auftraggeber nicht erst nach Erledigung der außervertraglichen Leistung zu erstatten hat, sondern dass der Zeitpunkt maßgebend ist, in dem der Auftragnehmer mit der außervertraglichen Leistung **beginnt.** Dabei gibt es Ausnahmen dann, wenn die Leistung in verhältnismäßig kurzer Zeit erledigt wird, so dass man von einem Zusammenfallen von Beginn und Beendigung der Ausführung sprechen kann. **Gerade in Bauvertragssachen wird diese Anzeigepflicht des Auftragnehmers häufig nicht beachtet, so dass er sich oftmals dem Auftraggeber gegenüber schadensersatzpflichtig macht,** indem der Auftraggeber so zu stellen ist, als habe ihn der Auftragnehmer rechtzeitig informiert, es sei denn, eine spätere Genehmigung des Auftraggebers erstreckt sich auch auf die Ausführung (*Palandt/Thomas* § 681 BGB Rn. 4).

III. Berechnung des Aufwendungsersatzes

19 Sofern **dem Auftragnehmer unter den vorgenannten Voraussetzungen ein Aufwendungsersatzanspruch zusteht,** bemisst sich dieser zunächst entsprechend § 670 BGB, also nach dem, was er den Umständen entsprechend für erforderlich halten durfte. Dabei wird eine **sachkundige Überprüfung des Auftragnehmers aus erforderlicher technischer und baubetriebswirtschaftlicher Hinsicht unter besonderer Beachtung des ihm aufgegebenen Leistungszieles verlangt.** Insofern ist der Auftragnehmer hinsichtlich Art, Weise und Umfang der erbrachten, aber nicht bestellten Leistung **voll darlegungs- und beweispflichtig,** vor allem wegen der Umstände, die ihn bewogen haben, die nicht bestellte Leistung dennoch zu erbringen.

Nach der Rechtsprechung des Bundesgerichtshofes (24.11.1995 V ZR 88/95 = BGHZ 131, 220) hat der Geschäftsführer Anspruch auf eine Vergütung für alle Tätigkeiten, die typischerweise nur gegen Entgelt erbracht werden. Beim Bauvertrag ist das gemäß § 632 Abs. 2 BGB die **übliche Vergütung** (vgl. BGH BauR 1992, 761; a.A. *Leupertz* BauR 2005, 775, 781). In der zuletzt genannten Entscheidung hat der Bundesgerichtshof – allerdings ohne Begründung – dargelegt, dass die **übliche Vergütung** jedoch nicht höher sein darf als der Vertragspreis. Dem ist zu entnehmen, dass der BGH wohl auf die Preisermittlungsgrundlagen zurückgreifen wollte, also die Höhe des Aufwendungsersatzes nicht abweichend von den Preisermittlungsgrundlagen des konkreten Vertrages ermitteln will. Das rechtfertigt es, auch im Falle des Abs. 3 wie bei Abs. 2 auf die Preisermittlungsgrundlagen zurückzugreifen (wie hier: *Kapellmann* in *Kapellmann/Messerschmidt* § 2 VOB/B Rn. 312; a.A. *Franke/Kemper/Zanner/Grünhagen,* § 2 VOB/B Rn. 214).

E. Ausnahmsweise gegebener Vergütungsanspruch (Abs. 2)

20 **Abs. 1,** also das Entfallen von Vergütung, die Pflicht zur Beseitigung sowie zur Leistung von Schadensersatz, bleibt **außer Betracht,** wenn die **Voraussetzungen des Abs. 2** vorliegen. Dabei sind zwei Tatbestände festgehalten. Einmal kann der **Auftraggeber nachträglich** solche Leistungen **anerkennen.** Zum anderen ist es möglich, dass sie für die Erfüllung des Vertrages **notwendig** waren, dem

mutmaßlichen Willen des Auftraggebers entsprachen und diesem unverzüglich angezeigt wurden. Diese Ausnahmeregelungen **gelten auch für Pauschalverträge**.

I. Nachträgliches Anerkenntnis des Auftraggebers

Zunächst kommt das **nachträgliche Anerkenntnis** des Auftraggebers in Betracht. Dabei ist der Begriff »nachträglich« nicht so auszulegen, dass ein Anerkenntnis des Auftraggebers erst dann möglich wäre, wenn die außervertragliche Leistung bereits vollständig erbracht ist. Jegliches **Anerkenntnis nach Beginn der Ausführung reicht aus**. 21

1. Eindeutiges Verhalten des Auftraggebers

Das Verhalten des Auftraggebers muss eindeutig sein und ergeben, dass er mit der zusätzlich erbrachten Leistung **letztlich doch einverstanden** ist und sie als Bauleistung zu seinen Gunsten und für die von ihm verfolgten Zwecke **billigt** (ähnlich OLG Stuttgart BauR 1993, 743). **Die Art und Form des Anerkenntnisses nach § 781 BGB ist nicht vorgeschrieben.** Es kann daher auch **mündlich oder durch schlüssige Handlungen** erfolgen. Letzteres kann z.B. gegeben sein, wenn der Auftraggeber klar und deutlich die Notwendigkeit ausgeführter veränderter oder zusätzlicher Erdbaumaßnahmen erkennt und gerade deswegen weiterbauen lässt (vgl. auch *Putzier* BauR 1989, 132, 40). 22

Ein Anerkenntnis durch schlüssiges Handeln liegt aber nicht schon darin, dass der nicht besonders zur Abgabe von Anerkenntnissen bevollmächtigte **Architekt** auf die eingereichte Rechnung einen **Prüfvermerk** gesetzt hat (vgl. BGH BauR 2002, 467). Indem der Architekt die Baurechnungen prüft, erfüllt er eine Aufgabe, die ihm **nur gegenüber dem Bauherrn** obliegt. Die dabei getroffenen Feststellungen wirken nicht zu Gunsten des Auftragnehmers. Anders liegt es, wenn der Architekt die Befugnis zur Anerkennung der Rechnungen des Auftragnehmers hat. Anderes gilt natürlich auch, wenn der Auftraggeber die vom Architekten geprüfte und festgestellte, die nicht bestellte Leistung betreffende Rechnung bezahlt (vgl. OLG Köln 4.2.1994 19 U 138/93 = SFH § 13 Nr. 5 VOB/B Nr. 34). 23

Unter Umständen kann das **Schweigen des Auftraggebers** auf mit dem Auftragnehmer geführte Verhandlungen und auf ein daraufhin ihm übersandtes Bestätigungsschreiben des Auftragnehmers als nachträgliches Anerkenntnis der außerhalb der vertraglichen Absprache liegenden Bauleistung zu werten sein. Es kommt darauf an, wie der Auftragnehmer nach § 346 HGB oder dem Grundsatz von Treu und Glauben (§ 242 BGB) bei Würdigung der Gesamtumstände das Schweigen des Auftraggebers auffassen musste. Allerdings genügt eine bloße Abschlagszahlung im Allgemeinen nicht. Das Gesagte gilt auch, wenn es sich um einen öffentlichen Auftraggeber handelt. Hier sind auch die **Grundsätze des kaufmännischen Bestätigungsschreibens** zu beachten (§ 362 HGB), falls die Voraussetzungen im Einzelfall vorliegen. Dazu reicht es allgemein nicht, wenn der Bestätigende der Gegenseite erklärt, die von dieser übernommenen Verpflichtungen genügten ihm nicht, und er deshalb von dem Vertragspartner zusätzliche Leistungen verlangt. 24

Im Allgemeinen ist ein **gemeinsames Aufmaß noch kein Anerkenntnis** i.S.v. § 2 Nr. 8 Abs. 2 S. 1 VOB/B; dieses dient nur dazu, den Umfang der tatsächlich ausgeführten Arbeiten festzustellen. Um hier ausnahmsweise eine Anerkenntniswirkung annehmen zu können, müssen im Einzelfall **darauf gerichtete Umstände in Richtung auf ein billigendes Verhalten eindeutig festzustellen** sein. 25

Es ist grundsätzlich Voraussetzung, dass das Anerkenntnis vorbehaltlos und ohne Einschränkung gegeben wird. Ist die bisher nicht bestellte Leistung teilbar und steht sie weder technisch noch rechtlich in einem untrennbaren Zusammenhang, so wird man auch ein **Teilanerkenntnis** des Auftraggebers zulassen müssen dergestalt, dass er einen Teil der außervertraglichen Leistungen unter den angegebenen Voraussetzungen gelten lässt, einen anderen Teil aber nicht. Das Teilanerkenntnis rechtfertigt sich aus dem Gedanken, dass der Auftragnehmer unbefugt und vertragsuntreu 26 gehandelt hat; es muss daher der **Entscheidung des Auftraggebers** überlassen bleiben, ob und inwieweit er die Leistung gegen sich gelten lassen will.

2. Angemessene Vergütung für Auftragnehmer

27 Liegt ein **Anerkenntnis** vor, steht dem Auftragnehmer eine **angemessene Vergütung** zu. Auch hierbei muss nach der Fassung der VOB/B 2000 mangels entgegenstehender Anhaltspunkte auf die Berechungsgrundlagen des § 2 Nr. 5 und 6 VOB/B zurückgegriffen werden.

3. Wegfall der Rechte des Auftraggebers nach S. 1

28 Soweit das Anerkenntnis nach Abs. 2 S. 1 reicht und der Auftraggeber dementsprechend verpflichtet ist, dem Auftragnehmer eine angemessene Vergütung für die außervertragliche Leistung zu zahlen, **entfällt** damit nicht nur **Abs. 1 S. 1,** sondern es entfallen **auch** die in **Abs. 1 S. 2 und 3** niedergelegten Pflichten des Auftragnehmers zur Beseitigung und zur Leistung anderweitigen Schadensersatzes.

4. Genehmigung vollmachtlosen Vertreterhandelns

29 Hat ein **vollmachtlos handelnder Vertreter des Auftraggebers,** etwa der Architekt, die Leistung des Auftragnehmers ohne Auftrag oder unter eigenmächtiger Abweichung vom Vertrag veranlasst, ist es denkbar, dass der Auftraggeber dieses nachträglich **gemäß § 177 BGB genehmigt.** Dann liegt kein Anerkenntnis i.S.v. § 2 Nr. 8 Abs. 2 S. 1 VOB/B, sondern eine nachträgliche vertragliche Vereinbarung dahin gehend vor, dass die so erbrachte Leistung noch zum Vertrag gehört (*Nicklisch/Weick* § 2 VOB/B Rn. 102; *Heiermann/Riedl/Rusam* § 2 VOB/B Rn. 165; *Beck'scher VOBKomm./Jagenburg* § 2 Nr. 8 VOB/B Rn. 61). In solchem Fall erfolgt die Abrechnung **unmittelbar** nach § 2 Nr. 5 oder 6 VOB/B.

II. Notwendigkeit der anderen Leistung

30 Nach **Abs. 2 S. 2** entsteht ein Vergütungsanspruch des Auftragnehmers auch, wenn die **außervertragliche Leistung** zur Erfüllung des Vertrages **notwendig** war, **dem mutmaßlichen Willen des Auftraggebers** entsprach **und** ihm **unverzüglich angezeigt** wurde.

Unter den Voraussetzungen des Abs. 2 S. 2 kann der Auftragnehmer eine Vergütung für erbrachte Bauleistungen auch beanspruchen, wenn eine Gemeinde Auftraggeber ist und es an einem Auftrag für die notwendig gewordenen weiteren Bauleistungen deshalb fehlt, weil bei deren Vergabe die Gemeinde nicht wirksam vertreten war.

1. Notwendigkeit für Vertragserfüllung

31 Ob die **Leistungen** für die Erfüllung des Vertrages **notwendig** waren, richtet sich nach der **Erforderlichkeit im Hinblick auf die vertragsgerechte Erfüllung des speziellen Vertrages,** vor allem in technischer Hinsicht. Es geht um die Feststellung, ob die mit der Bauerrichtung verfolgte **Ziel- und Zwecksetzung des Auftraggebers nur auf die Weise erreicht werden kann,** in der der Auftragnehmer im Wege seiner außervertraglichen Leistungen vorgegangen ist, **jedenfalls keineswegs so, wie im Vertrag vorgesehen.** Das bedingt zugleich, dass der vom Auftraggeber **gemäß seinem klar erkennbaren Bestellerwillen** verfolgte Zweck nach den allgemein anerkannten technischen Regeln unter Beachtung der Gewerbesitte mit der bisher vertraglich vorgesehenen Bauleistung nicht sachgemäß erreicht werden kann. Diese **enge Auslegung** ist wegen des Begriffs der **Notwendigkeit der vom Vertrag abweichenden Leistungen geboten.** Die Voraussetzungen der Notwendigkeit sind z.B. erfüllt, wenn wegen unvorhergesehener Bodenverhältnisse (feinster und sonst nicht bekannter Fließsand) eine größere Aushubtiefe und -breite erforderlich sind, um die Bauleistung den Regeln der Bautechnik entsprechend überhaupt und fristgerecht erstellen zu können, oder der Aushub nach

einer anderen als der ausgeschriebenen Bodenklasse erfolgen muss, also im Einzelfall der Auftragnehmer nach Treu und Glauben mit Recht davon ausgehen konnte, dass **im wohlverstandenen Interesse des Auftraggebers die von ihm gewählte und technisch erforderliche Ausführung geboten und erforderlich war, also nicht nur zweckmäßig und/oder nützlich** (OLG Stuttgart BauR 1993, 743). Ähnliches gilt z.B. für den Wärmebedarf bei einer Heizungsanlage oder hinsichtlich des Zementspritzbewurfes als Voraussetzung für einen ordnungsgemäßen Verputz von Außenwänden. Demgegenüber genügt es nicht, wenn die Ziel- und Zwecksetzung **sowohl nach dem Vertragsinhalt als auch durch die hiervon abweichende Leistung erreicht werden kann.** Dann ist für die Notwendigkeit des anderweitigen Vorgehens des Auftragnehmers kein Raum.

2. Mutmaßlicher Wille des Auftraggebers

Unter dem weiteren Erfordernis, dass die Leistungen dem **mutmaßlichen Willen des Auftraggebers** entsprechen müssen, ist **der Wille** zu verstehen, der **bei objektiver Würdigung** durch den Auftraggeber **geäußert worden wäre,** wenn es zu einer solchen Äußerung gekommen wäre, er also die Notwendigkeit der abweichenden Leistung gekannt hätte. Natürlich ist die hier im VOB-Vertrag erwähnte Voraussetzung erst recht gegeben, wenn nicht nur der mutmaßliche, sondern der wirkliche Wille des Auftraggebers vorliegt. Allerdings findet hier auch § 679 BGB Anwendung. 32

3. Unverzügliche Anzeige des Auftragnehmers

Schließlich ist die **unverzügliche Anzeige** des Auftragnehmers gegenüber dem Auftraggeber **Voraussetzung.** Sie ist also **Anspruchsvoraussetzung** (vgl. BGHZ 113, 315 = BauR 1991, 331 = SFH § 2 Nr. 8 VOB/B Nr. 1 = MDR 1991, 653 = NJW 1991, 1812; *Kapellmann/Schiffers* Bd. 1 Rn. 1111; *Heiermann/Riedl/Rusam* § 2 VOB/B Rn. 168; a.A. Beck'scher VOB-Komm./*Jagenburg* § 2 Nr. 8 VOB/B Rn. 83, der in der Unterlassung der Anzeige lediglich die Nichterfüllung einer vertraglichen Pflicht sieht, die keinen Anspruchsverlust zur Folge hat, sondern wegen Pflichtverletzung einen Schadensersatzanspruch des Auftraggebers auslöse). 33

Eine Anzeige liegt auch in der Einreichung eines Nachtragsangebotes; dieses muss allerdings grundsätzlich dem Auftraggeber zugehen. Wegen der Unverzüglichkeit, mit der dem Bauherrn die Ausführung angezeigt werden muss, kommt anders als bei § 2 Nr. 6 VOB/B eine Anzeige gegenüber dem Architekten als Empfangsboten nicht in Betracht, da sonst die Gefahr besteht, dass die Leistung ausgeführt worden ist, bevor der Bauherr von der Ausführung Kenntnis erlangt (vgl. OLG Düsseldorf BauR 2000, 1878). Die Anzeigepflicht schützt jedoch einerseits die Dispositionsfreiheit, andererseits die Erwartung des Bauherrn, alle für die Vertragserfüllung notwendigen Arbeiten in Auftrag gegeben zu haben, deshalb nur die vereinbarte Vergütung zu schulden und nicht nach Abschluss des Bauvorhabens mit weiteren Forderungen überrascht zu werden (vgl. BGH BauR 1991, 331, 334). Dies kann er nur erreichen, wenn er rechtzeitig von der beabsichtigten Maßnahme Kenntnis erlangt. Anders ist der Fall allerdings zu beurteilen, wenn er den Architekten ausdrücklich bevollmächtigt hat, entsprechende Anzeigen entgegenzunehmen, da der Architekt dann der bevollmächtigte Vertreter des Bauherrn und nicht nur sein Empfangsbote ist (vgl. BGH BauR 1975, 358 = MDR 1975, 834; a.A. *Nicklisch/Weick* § 2 VOB/B Rn. 106, unter Hinweis auf OLG Stuttgart BauR 1977, 291, 292, sowie OLG Hamm BauR 1978, 146; wie hier auch *Kleine-Möller/Merl/Oelmaier* § 10 Rn. 500). Eine wirksame Anzeige liegt nicht vor, wenn der Vertreter seine Ermächtigung bei der Entgegennahme der Anzeige missbraucht und der Auftragnehmer den Missbrauch kennt oder er sich ihm nach den Umständen aufdrängt (vgl. BGHZ 113, 315 = BauR 1991, 331 = SFH § 2 Nr. 8 VOB/B Nr. 1 = MDR 1991, 653 = NJW 1991, 1812). 34

Beruht die im Vertrag nicht enthaltene, technisch aber unumgänglich notwendige Leistung, für die eine besondere Vergütung beansprucht wird, auf einem Planungsverschulden des Architekten, sollte sich der Auftragnehmer auch im Falle einer ihm angezeigten Vollmacht des Architekten zur Entge- 35 gennahme der Anzeige direkt an den Bauherrn wenden, da ansonsten die Gefahr besteht, dass der Bauherr nicht in dem erforderlichen Umfang informiert wird (wie hier *Zielemann* Rn. 302).

36 Zu erstatten ist die Anzeige nach den Allgemeinen Vertragsbedingungen unverzüglich, das heißt **ohne schuldhaftes Zögern** (§ 121 BGB). Zutreffend hat der BGH hierzu zum Ausdruck gebracht, dass in der **Frage der Unverzüglichkeit eine enge Auslegung** geboten ist. Hiernach hat der Auftragnehmer die **Anzeige ohne schuldhaftes Zögern** zu erstatten, was bedeutet, dass dies **nach der für die Prüfung und Begründung der außervertraglichen Leistungen etwa erforderlichen Zeit so bald, als es dem Auftragnehmer möglich ist, zu erfolgen hat** (BGH BauR 1994, 625 = NJW-RR 1994, 1108 = SFH § 2 Nr. 8 VOB/B Nr. 2 = MDR 1994, 1119).

37 Eine Anzeige ist allerdings **entbehrlich,** wenn der Auftraggeber bereits von der Durchführung oder der unmittelbar bevorstehenden Verwirklichung der außervertraglichen Arbeiten **Kenntnis hat,** da dann die mit der Anzeige zu Gunsten des Auftraggebers bezweckte Schutzfunktion entfällt. Dabei kommt es jedoch auf die Kenntnis des Auftraggebers selbst oder seines bevollmächtigten Vertreters an (*Kapellmann/Schiffers* Bd. 1 Rn. 1112; Beck'scher VOB-Komm./*Jagenburg* § 2 Nr. 8 VOB/B Rn. 82).

38 Der Auftragnehmer hat zunächst die Arbeiten zu unterbrechen und die Entschließung des Auftraggebers abzuwarten, es sei denn die Ausführung der in Betracht kommenden Leistung ist kurzfristig beendet, weil es sich um eine kleinere Maßnahme handelt oder mit dem Aufschub ist eine Gefahr für die Baumaßnahme verbunden. Von dem Erfordernis des Abwartens wird man auch dann eine Ausnahme machen können, wenn der Auftragnehmer dem insoweit befugten Bauleiter des Auftraggebers die Anzeige erstattet hat und ihm nach der Sachlage im Hinblick auf seine Pflicht zur fristgerechten Vertragserfüllung ein Abwarten nicht zugemutet werden kann. Hier muss es sich aber um wirkliche, einschränkend zu bewertende Ausnahmen handeln.

39 **Gerade die Erfüllung der Anzeigepflicht wird vom Auftragnehmer häufig nicht beachtet** mit der schwer wiegenden Folge, dass sein an sich nach Abs. 2 S. 2 davon abhängiger Vergütungsanspruch **entfällt** (vgl. dazu auch BGH BauR 1978, 314, 316). Jedoch schließt die Unterlassung der Anzeige im Rahmen der Geschäftsführung ohne Auftrag den Anspruch des Geschäftsführers auf Aufwendungsersatz nach dem jetzigen Abs. 3 i.V.m. § 683 BGB nicht schlechthin aus, wobei allerdings diesem Anspruch ein Schadensersatzanspruch des Geschäftsherrn gegen den Geschäftsführer deswegen gegenüberstehen kann, weil er nicht oder nicht rechtzeitig von der Übernahme der Geschäftsführung erfahren hat (vgl. BGH NJW 1976, 619). Es kommt eine Anwendung des § 683 BGB unter den Voraussetzungen der §§ 677 ff. BGB in Betracht. Denn die jetzigen vertraglichen Regelungen der VOB/B schließen die Anwendbarkeit des § 683 BGB nicht mehr aus, sondern beziehen diese mit ein.

40 Rechnet ein Hauptunternehmer von seinem Nachunternehmer ohne Auftrag erbrachte Leistungen seinerseits gegenüber dem Bauherrn ab, so kann darin zum Ausdruck kommen, dass die Leistungen notwendig i.S.d. § 2 Nr. 8 Abs. 2 VOB/B waren und dem mutmaßlichen Willen des Hauptunternehmers entsprachen. Die Anzeige nach § 2 Nr. 8 Abs. 2 VOB/B ist entbehrlich, wenn der Hauptunternehmer über den Umfang der auftragslos erbrachten Leistungen informiert ist. Dabei muss er sich die Kenntnis des von ihm mit der Beaufsichtigung und Prüfung ausdrücklich beauftragten Bauleiters zurechnen lassen (vgl. OLG Dresden 15.1.2003 11 U 283/02 = IBR 2003, 661-*Oppler*; zum nachträglichen Anerkenntnis S. OLG Dresden 13.2.2002 11 U 608/01 = IBR 2003, 237-*Büchner*).

4. Vergütungsanspruch des Auftragnehmers

41 Liegen alle drei Tatbestandselemente des Abs. 2 S. 2 vor, **wofür der Auftragnehmer die Beweislast trägt,** steht ihm auch eine **Vergütung für die außervertragliche Leistung** zu. Dann **gilt** diese Leistung **als mit zum Vertrag gehörig.** Die Berechnung der Vergütung ergibt sich seit der Neufassung

Vergütung besonderer planerischer Leistungen   § 2 Nr. 9 VOB/B

der VOB/B 2000 aus § 2 Nr. 8 Abs. 2 S. 3, wonach die Berechnungsgrundlagen des § 2 Nr. 5 oder 6 VOB/B entsprechend Anwendung finden.

5. Inhaltskontrolle nach §§ 305 ff. BGB

§ 2 Nr. 8 Abs. 3 VOB/B ist mit der Neufassung der VOB 1996 in die VOB aufgenommen worden, **42** nachdem der Bundesgerichtshof entschieden hat (vgl. BGH BauR 1991, 331, 334), dass § 2 Nr. 8 Abs. 1 VOB/B den Auftragnehmer unangemessen benachteiligt und deshalb gemäß § 9 AGB-Gesetz a.F. (jetzt § 307 BGB) unwirksam sei. Ohne dass dies gerechtfertigt ist (vgl. BGH a.a.O.), erklärt § 2 Nr. 8 Abs. 3 VOB/B nur die Vorschriften über die Geschäftsführung ohne Auftrag gemäß §§ 677 ff. BGB für anwendbar, nicht aber die über die ungerechtfertigte Bereicherung gemäß §§ 812 ff. BGB.

§ 2 Nr. 9
[Besondere planerische Leistungen des Auftragnehmers auf Verlangen des Auftraggebers]

(1) Verlangt der Auftraggeber Zeichnungen, Berechnungen oder andere Unterlagen, die der Auftragnehmer nach dem Vertrag, besonders den Technischen Vertragsbedingungen oder der gewerblichen Verkehrssitte, nicht zu beschaffen hat, so hat er sie zu vergüten.

(2) Lässt er vom Auftragnehmer nicht aufgestellte technische Berechnungen durch den Auftragnehmer nachprüfen, so hat er die Kosten zu tragen.

Inhaltsübersicht   Rn.

A. Verlangen von Zeichnungen, Berechnungen oder anderen Unterlagen (Abs. 1)   2
   I.   Verlangen des Auftraggebers   3
   II. Vom bisherigen Vertrag nicht erfasste Unterlagen.   4
   III. Grundsätzliche Vergütungspflicht   5
   IV. Grenzen der Pflichten des Auftragnehmers.   6
B. Nachprüfung technischer Berechnungen (Abs. 2)   7
C. Höhe der Vergütung 10
D. Entsprechende Anwendung von § 3 Nr. 6 VOB/B 11

Wenn der **Auftraggeber Zeichnungen, Berechnungen oder andere Unterlagen verlangt,** die der **1** Auftragnehmer nach dem Vertrag, besonders den Technischen Vertragsbedingungen oder der gewerblichen Verkehrssitte, **nicht** zu beschaffen hat, hat er sie **zu vergüten.** Lässt er weiterhin vom Auftragnehmer nicht aufgestellte technische Berechnungen durch diesen nachprüfen, so hat er die Kosten zu tragen (§ 2 Nr. 9 VOB/B) (zur AGB-rechtlichen Zulässigkeit der Übertragung selbstständiger Planungsleistungen auf den Auftragnehmer auf dessen Veranlassung vgl. *Korbion* FS Locher S. 127 ff. Rn. 27 ff.). **Die Regelung der Nr. 9 gilt für alle in Nr. 2 erwähnten, im betreffenden Fall in Betracht kommenden Vergütungsarten.** Sofern in dem von § 2 Nr. 9 VOB/B erfassten Bereich dem Auftragnehmer im betreffenden Bauvertrag Aufgaben übertragen werden, sind AGB des Auftraggebers – insbesondere Zusätzliche oder Besondere Vertragsbedingungen –, wonach der Auftragnehmer die entsprechenden Leistungen **kostenlos** zu erbringen habe, wegen Verstoßes gegen **§ 307 BGB unwirksam.** Dann handelt es sich nämlich um eine **grobe Verletzung der auf Treu und Glauben beruhenden gesetzlichen Regelung des § 632 Abs. 1 BGB.** Das gilt z.B. für AGB des Auftraggebers, wonach im Bereich der Errichtung von Gerüsten und sonstiger Baubehelfe die Vergütung für den **Prüfingenieur** oder einen sonstigen Sachverständigen vom Auftragnehmer zu tragen sei bzw. für die Prüfung von Konstruktionszeichnungen oder sonstigen Ausführungsunterlagen ein Prüfingenieur einzusetzen und dabei das Anfertigen und Prüfen der Ausführungsunterlagen nicht gesondert zu vergüten sei. Abgesehen davon, dass die Herbeiführung baubehördlicher oder sonstiger öffentlich-rechtlicher Genehmigungen Sache des Auftraggebers ist, gehören nach der DIN 18 451 (Gerüstarbeiten) Ziff. 4.2.3 das Herbeiführen der erforderlichen öffentlich-rechtlichen Genehmigungen und Erlaubnisse, z.B. nach dem Baurecht, dem Gewerberecht, dem Straßenverkehrsrecht, dem Wasserrecht sowie nach Ziff. 4.2.5 das Aufstellen statischer Berechnungen und das Anfertigen der dazugehörigen Zeichnungen, ausgenommen das Liefern von – bloßen – Typengenehmigungen oder allgemeinen bauaufsichtsrechtlichen Zulassungen, dem Bereich der Besonderen Leistungen an, die **vom Auftraggeber gesondert zu vergüten** sind. Daher sind entsprechende AGB-Klauseln des Auftraggebers aus dem genannten Grunde **unwirksam** (i.E. ebenso *Heiermann* BauR 1989, 543).

A. Verlangen von Zeichnungen, Berechnungen oder anderen Unterlagen (Abs. 1)

2 Bei der Benennung von **Zeichnungen, Berechnungen oder anderen Unterlagen** in Abs. 1 handelt es sich lediglich um eine **beispielhafte Aufzählung.** § 2 Nr. 9 VOB/B bildet in gewisser Weise ein **Gegenstück zu § 20 Nr. 2 Abs. 1 S. 2 VOB/A** und der dortigen Vergütungsregelung. Beides **überschneidet sich aber nicht** und ist auch nicht voneinander abhängig. Während es sich in § 20 Nr. 2 Abs. 1 S. 2 VOB/A um Unterlagen handelt, die im Bereich eines **Ausschreibungsverfahrens** oder bei sonstigen Bauvertragsverhandlungen im Rahmen des Angebotes von den Bietern verlangt werden, also **vor** Bauvertragsschluss, handelt es sich hier um Unterlagen, die der Auftragnehmer **nach** erfolgtem Abschluss des Bauvertrages aufzustellen hat. Insoweit ist vor allem auf § 3 Nr. 5 sowie Nr. 6 VOB/B hinzuweisen.

I. Verlangen des Auftraggebers

3 Erste Voraussetzung ist das **Verlangen des Auftraggebers** nach einer Beschaffung oder Anfertigung von Ausführungsunterlagen. Es muss ein darauf bezogener besonderer **Auftrag des Auftraggebers** vorliegen. Von einem Verlangen im Sinne einer Auftragserteilung kann nur gesprochen werden, wenn dieses von Seiten des Auftraggebers oder seines dazu im Einzelfall befugten Vertreters hinreichend klar und bestimmt gestellt wird.

II. Vom bisherigen Vertrag nicht erfasste Unterlagen

4 Es muss sich um die Anforderung von **Ausführungsunterlagen** handeln, **die der Auftragnehmer** nach dem Vertrag, besonders den Technischen Vertragsbedingungen oder der gewerblichen Verkehrssitte, **nicht zu beschaffen hat** (Abs. 1). Es **scheiden** also alle Verpflichtungen des Auftragnehmers zur Beschaffung oder zur Erstellung von Ausführungsunterlagen aus der hier geregelten besonderen Vergütungspflicht **aus,** die er **mit dem Abschluss des Bauvertrags** durch besondere Vereinbarung **ohnehin übernommen** hat. Das gilt vor allem für Einzelbestimmungen des Teils C (vgl. § 1 Nr. 1 S. 2 VOB/B). Dazu rechnen z.B. DIN 18330 Nr. 4.2.3 und DIN 18 331 Nr. 4.2.5, DIN 18 335 Nr. 3.2.2 und 4.2.5, DIN 18 360 Nr. 4.2.6 (siehe dazu im Einzelnen vor allem *Korbion* FS Locher S. 127 ff.). Aber auch sonst können sich aus dem Vertrag, vor allem aus etwaigen Zusätzlichen Technischen Vertragsbedingungen, derartige Verpflichtungen des Auftragnehmers ergeben. Dabei sind Ausführungspläne, die eine bei einem Umbau erforderliche Stahlkonstruktion zur zeitweiligen statischen Unterstützung des Bauwerks betreffen, keine Nebenleistungen, so dass sie gesondert zu vergüten sind (OLG Köln BauR 1992, 637 = NJW-RR 1992, 1437).

III. Grundsätzliche Vergütungspflicht

Grundsätzlich sind alle außerhalb des bisherigen Vertrages liegenden Anforderungen des Auftraggebers zur Beschaffung von Ausführungsunterlagen **vergütungspflichtig.** Das gilt auch im Hinblick auf die Ausarbeitung von Plänen, Zeichnungen usw. für Nachtragsangebote, es sei denn, die nachfolgend erörterten Ausnahmen liegen vor. **Dabei ist allerdings** eine Einschränkung zu beachten, die durch den Begriff der **gewerblichen Verkehrssitte** abgesteckt wird. Handelt es sich nämlich um Ausführungsunterlagen, die weder eine angemessene Arbeitsleistung noch sonst einen nennenswerten Eigenaufwand **des Auftragnehmers** erfordern, so ist deren Beschaffung oder Anfertigung der **ursprünglichen vertraglichen Leistungspflicht zuzurechnen.** Der gewerblichen Verkehrssitte kommt eine besondere Bedeutung zu, wenn es sich um Leistungsanforderungen des Auftraggebers nach Abschluss des Bauvertrages und während der Bauzeit handelt. Werden für den Zusammenbau von vorgefertigten Elementen ohnehin Pläne mitgeliefert, kann der Auftragnehmer nach der gewerblichen Verkehrssitte nicht verlangen, dass ihm für diese Pläne eine gesonderte Vergütung gezahlt wird. Das trifft jedenfalls zu, wenn diese Pläne dem Verständnis des Zusammenbaus oder sonst der Konstruktion zu dienen bestimmt sind, nicht jedoch für das konkrete Bauvorhaben besonders angefertigt werden mussten. Ähnliches gilt, wenn die Bauvergabe nach einer **Leistungsbeschreibung mit Leistungsprogramm** gemäß § 9 Nr. 10 bis 12 VOB/A erfolgt ist, da dort die **Entschädigung des Auftragnehmers bereits nach § 20 Nr. 2 Abs. 1 S. 2 VOB/A erfolgt.** Auch in allen anderen Fällen, in denen auf Grund dieser Bestimmung schon eine Entschädigung an den Auftragnehmer gezahlt worden ist, kann er eine solche nicht noch gesondert nach § 2 Nr. 9 VOB/B beanspruchen.

IV. Grenzen der Pflichten des Auftragnehmers

Die **Verpflichtung des Auftragnehmers,** der Aufforderung des Auftraggebers zur Beschaffung der verlangten Ausführungsunterlagen nachzukommen, **ergibt sich aus § 1 Nr. 4 VOB/B, gegebenenfalls auch aus § 1 Nr. 3 VOB/B,** allgemein aber auch wegen des **notwendigen Zusammenhanges mit der auszuführenden vertraglichen Bauleistung** aus dem Gesichtspunkt von **Treu und Glauben.** Deshalb kommen hier solche **Unterlagen nicht** in Betracht, **die mit** dem speziell auszuführenden **Bauobjekt nicht im Zusammenhang** stehen und dafür nicht benötigt werden. Werden von einem Auftragnehmer Ausführungsunterlagen gefordert, die nicht für seine, sondern für die vertragliche Leistung eines anderen Auftragnehmers am selben Objekt notwendig sind, kommt eine Beschaffungs- oder Herstellungspflicht des Auftragnehmers nur in Betracht, wenn er sich hiermit ausdrücklich oder stillschweigend einverstanden erklärt. Insofern ergeben sich Anhaltspunkte aus den einschlägigen, zum Vertragsinhalt gehörenden DIN-Normen. Nicht geschuldet werden z.B. vom Rohbauunternehmer die Bewehrungspläne, die als grundsätzlich vom Auftraggeber bereitzustellende Ausführungsplanung zu kennzeichnen sind. Wird in einem solchen Fall eine Vergütungsvereinbarung nicht ausdrücklich getroffen, so ist § 2 Nr. 9 VOB/B **entsprechend anwendbar.** Abgesehen davon ergibt sich in einem solchen Fall die besondere Vergütungspflicht des Auftraggebers auch aus **§ 632 BGB.**

B. Nachprüfung technischer Berechnungen (Abs. 2)

Nach § 2 Nr. 9 Abs. 2 VOB/B erstreckt sich die **Vergütungspflicht** des Auftraggebers **auch auf die Nachprüfung von technischen Berechnungen,** die vom Auftragnehmer nicht aufgestellt und an sich vertraglich nicht ohnehin geschuldet sind. Unter den Begriff der technischen Berechnungen fallen Mengenberechnungen, statische Berechnungen usw.

Eine Verpflichtung des Auftragnehmers aus § 1 Nr. 4 VOB/B oder aus Treu und Glauben ist für diesen Fall im Allgemeinen **nicht anzunehmen.** Dies ergibt sich aus der unterschiedlichen Formulierung in den Abs. 1 und 2. Während dort das einseitige Verlangen des Auftraggebers genügt, um eine Leistungsverpflichtung des Auftragnehmers zum Entstehen zu bringen, kommt es hier auf das **Einverständnis des Auftragnehmers** an. Die Anwendung des Abs. 2 setzt also eine **Vereinbarung beider Vertragspartner** voraus (vgl. *Heiermann/Riedl/Rusam* § 2 VOB/B Rn. 180; a.A. Beck'scher VOB-Komm./*Jagenburg* § 2 Nr. 9 VOB/B Rn. 19). **Abzugrenzen ist dies allerdings von den Verpflichtungen, die sich für den Auftragnehmer ohnehin aus § 3 Nr. 3 S. 2 VOB/B sowie insbesondere aus § 4 Nr. 3 VOB/B ergeben.**

9   Zur Nachprüfung können nur solche technischen Berechnungen gelangen, die **nicht vom Auftragnehmer selbst aufgestellt** worden sind. Dies ergibt sich daraus, dass es ohnehin zu den vertraglichen Pflichten des Auftragnehmers gehört, von ihm selbst aufgestellte technische Berechnungen auch während der Abwicklung des Bauvertrages nachzuprüfen, falls ein Anlass dazu besteht. Eine solche Arbeit ist mit der vertraglichen Vergütung abgegolten. Es scheiden auch die Berechnungen aus, die von Erfüllungsgehilfen des Auftragnehmers (§ 278 BGB) stammen.

C. Höhe der Vergütung

10   **§ 2 Nr. 9 VOB/B sagt nichts** darüber, **wie hoch** die vom Auftraggeber dem Auftragnehmer geschuldete **Vergütung** zu sein hat oder wie sie im Einzelnen zu berechnen ist. Vielmehr heißt es in Abs. 1 nur, dass dem Auftragnehmer die Beschaffung von Ausführungsunterlagen zu vergüten ist, während ihm nach Abs. 2 die Kosten zu bezahlen sind. Die VOB geht ersichtlich davon aus, dass die Vertragspartner für den Einzelfall eine Vergütung **vereinbart** haben, die dann ausschlaggebend ist. **Fehlt es daran,** so richtet sich die **Höhe** der geschuldeten **Gegenleistung** nicht ohne weiteres nach bestimmten Gebührenordnungen, wie z.B. der HOAI, wenn diese auch gewisse **Anhaltspunkte** für die Berechnung bieten mögen. Nach § 2 Abs. 1 S. 1 VOB/A i.V.m. § 632 Abs. 2 BGB gilt für unternehmerische Leistungen im Rahmen der VOB, wozu auch die Arbeiten nach § 2 Nr. 9 VOB/B gehören, grundsätzlich eine **angemessene Vergütung** als vereinbart, wobei die Bewertung der Vergütung nach der Leistung eines entsprechend qualifizierten Fachmannes auszurichten ist. Dabei kommt je nach Sachlage die **entsprechende Anwendung von § 2 Nr. 5 VOB/B oder insbesondere § 2 Nr. 6 VOB/B** in Frage. Es können bei einer solchen Berechnung Schwierigkeiten entstehen, die oftmals nur von einem Sachverständigen geklärt werden können, falls der Auftraggeber mit einer auf § 316 BGB beruhenden **Bestimmung des Auftragnehmers** nicht einverstanden ist. Deshalb ist dringend zu empfehlen, vorher eine Vergütung oder, falls das nicht möglich ist, jedenfalls die **Berechnungsgrundlage** hierfür festzulegen, möglichst gemäß den jeweils in Betracht kommenden Leistungseinzelheiten. Als Bewertungsmaßstab kommt dabei auch die **Vereinbarung einer Gebührenordnung, vor allem der HOAI,** in Betracht. Dabei brauchen in der Person des Auftragnehmers nicht die personellen und fachlichen Voraussetzungen vorzuliegen, die an sich einen Anspruch auf Vergütung nach dieser Gebührenordnung rechtfertigen würden.

D. Entsprechende Anwendung von § 3 Nr. 6 VOB/B

11   Im Falle der Anfertigung von Unterlagen nach Maßgabe des Abs. 1 ist im Allgemeinen anzunehmen, dass das Sacheigentum daran auf den Auftraggeber übergeht. Jedoch darf der Auftraggeber diese nicht ohne Zustimmung des Urhebers für weitere Vorhaben verwenden. Hier gilt § 3 Nr. 6 VOB/B entsprechend, insbesondere im Hinblick auf die Vervielfältigung und die Nutzung von DV-Programmen.

§ 2 Nr. 10
[Vergütung von Stundenlohnarbeiten]

Stundenlohnarbeiten werden nur vergütet, wenn sie als solche vor ihrem Beginn ausdrücklich vereinbart worden sind (§ 15).

Inhaltsübersicht   Rn.

A. Allgemeine Grundlagen..   1
    I. Anspruch auf Stundenlohnvergütung als solche........................   2
    II. Abschluss eines Stundenlohnvertrages   3
    III. Ausdrückliche Vereinbarung erforderlich   4
    IV. Stundenlohnvereinbarung spätestens vor Beginn der betreffenden Arbeiten.........   8
    V. Abrechnung bei Fehlen von Stundenlohnvereinbarung   10
B. Regelungen des VHB 2002 zu § 2 VOB/B..   12

Aufsätze: *Dähne* Angehängte Stundenlohnarbeiten – juristisch betrachtet FS Jagenburg 2002 S. 97.

A. Allgemeine Grundlagen

§ 2 Nr. 10 VOB/B befasst sich mit der **Vergütung von Stundenlohnarbeiten.** Diese werden **nur bezahlt, wenn sie als solche vor ihrem Beginn ausdrücklich vereinbart worden sind.** Die VOB/B **schließt** damit deutlich die **Möglichkeit aus,** im Falle der Nichtvereinbarung einer Vergütung diese gemäß **§ 632 Abs. 2 BGB** als angemessen bzw. üblich auf Stundenlohnbasis festzulegen. Der Grund dafür ist, dass sich der Umfang von Stundenlohnarbeiten i.d.R. nachträglich schwer nachprüfen lässt. **§ 2 Nr. 10 VOB/B** befasst sich keineswegs nur mit Stundenlohnarbeiten, die i.V.m. einer anderen im Vertrag festgelegten Vergütungsart anfallen (so genannte angehängte Stundenlohnarbeiten). Vielmehr **gilt** diese Regelung **bei VOB-Verträgen schlechthin für alle Fälle, in denen der Auftragnehmer eine Stundenlohnvergütung beanspruchen will.** Dies ergibt der klare Wortlaut des § 2 Nr. 10 VOB/B. Auch gilt § 2 Nr. 10 VOB/B gleichermaßen für den Fall, in dem Stundenlohnarbeiten schon bei Vertragsschluss vereinbart werden, wie in dem Fall, in dem dies nachträglich geschieht, insbesondere im Rahmen der Änderung der bisher vorgesehenen Leistung oder von Zusatzleistungen. **1**

I. Anspruch auf Stundenlohnvergütung als solche

Der in § 2 Nr. 10 VOB/B im Klammerzusatz gebrachte Hinweis auf § 15 VOB/B ergibt zugleich eine Unterscheidung hinsichtlich Bedeutung und Tragweite des § 2 Nr. 10 VOB/B im Verhältnis zu § 15 VOB/B. § 2 Nr. 10 VOB/B befasst sich mit dem **Vergütungsanspruch** des Auftragnehmers bei Stundenlohnarbeiten **als solchen, d.h. dem Grunde nach.** Demgegenüber behandelt § 15 VOB/B die Frage, **welche** Vergütung dem Auftragnehmer im Einzelfall für **vereinbarte** Stundenlohnarbeiten **der Höhe nach** geschuldet wird, d.h. **unter welchen weiteren Voraussetzungen und wie sie zu berechnen ist.** Ist nach § 2 Nr. 10 VOB/B der Vergütungsanspruch des Auftragnehmers nach Stundenlöhnen **zu verneinen,** kann es zu einer Anwendung von § 15 VOB/B **nicht** kommen (vgl. Beck'scher VOB-Komm./*Jagenburg* § 2 Nr. 10 VOB/B Rn. 4). **2**

II. Abschluss eines Stundenlohnvertrages

3 Rechtlich haben die Vertragspartner beim Vorliegen der Voraussetzungen des § 2 Nr. 10 VOB/B ganz oder teilweise einen **Stundenlohnvertrag geschlossen.** Er ist seinem Typ nach in § 5 Nr. 2 VOB/A geregelt.

III. Ausdrückliche Vereinbarung erforderlich

4 Die **Bezahlung als Stundenlohnvergütung** muss **ausdrücklich vereinbart** sein. Es ist erforderlich, dass die Parteien **unmissverständlich** und zweifelsfrei ihren Willen zum Ausdruck gebracht haben, auf der Grundlage der Stundenlöhne entweder alle vom jeweiligen Vertragsinhalt umrissenen Leistungen oder einen bestimmten Teil derselben abrechnen zu wollen. Es ist ohne weiteres möglich und kommt auch oft vor, dass ein Teil der in einem Vertrag zusammengefassten Leistungen nach den Grundsätzen des Leistungsvertrages (Einheitspreis- oder Pauschalvertrag) und ein weiterer Teil nach Stundenlöhnen (**sog. angehängte Stundenlohnarbeiten**) vergütet werden soll. Dann ist die in § 2 Nr. 10 VOB/B gestellte Forderung auf diesen letzten Teil begrenzt. Im letzteren Fall sind die Leistungsteile **genau und eindeutig zu bezeichnen** oder abzugrenzen. Eine Vereinbarung der Vergütung nach Stundenlöhnen fehlt daher, wenn in einer besonderen Position der Leistungsbeschreibung nur aufgeführt ist, so genannte Regiestunden würden zu einem bestimmten Betrag verrechnet, ohne dass dadurch eine bestimmte Leistung bezeichnet ist. Eine wirksame Stundenlohnvereinbarung setzt zwingend voraus, dass von den Vertragspartnern festgelegt wird, welche Leistungen bzw. Teilleistungen nach Stundenlöhnen zu vergüten sind. Das gilt nicht zuletzt für die Bedarfspositionen (vgl. zu diesen *Vygen* BauR 1992, 135, 145).

5 Die Regelung des § 2 Nr. 10 VOB/B gilt **grundsätzlich nur für VOB-Verträge,** nicht aber solche, die nach den §§ 631 ff. BGB abgeschlossen werden. Bei sog. BGB-Bauverträgen kommt nämlich eine Stundenlohnbezahlung nach § 632 Abs. 2 BGB auch ohne besondere Vereinbarung in Betracht, wenn die Art der Leistung sachgerecht ist sowie Treu und Glauben dies erfordern, weil eine Kalkulation auf der Grundlage der für Leistungsverträge maßgebenden Richtpunkte nicht ordnungsgemäß erfolgen kann (vgl. *Korbion* FS Soergel S. 131, 135 f.).

Es ist beim VOB-Vertrag für die Annahme eines Stundenlohnvertrages im Grundsatz auch nicht möglich, schon eine bloß stillschweigende Absprache oder den Gesichtspunkt der Üblichkeit im Rahmen des § 2 Nr. 10 VOB/B gelten zu lassen. **Reines Dulden der Arbeiten als solcher reicht normalerweise nicht aus.** Das gilt vor allem deshalb, weil nicht selten Meinungsverschiedenheiten darüber entstehen können, ob es sich überhaupt um vergütungspflichtige Arbeiten oder um nicht besonders zu vergütende Nebenleistungen handelt (vgl. dazu die in den jeweiligen DIN-Normen unter 4 getroffenen Unterscheidungen). Für eine Vereinbarung der Vergütung nach Stundenlöhnen reicht es nach dem Gesagten daher im Allgemeinen nicht aus, wenn der Auftragnehmer ohne vor Ausführung der betreffenden Arbeiten getroffene Vereinbarung dem Auftraggeber später nur die Stundenlohnzettel vorlegt und der Auftraggeber diese unterzeichnet. Damit bekundet der Auftraggeber nur die Tatsache der Ausführung, dadurch wird aber eine Vereinbarung zur Vergütung nach Stundenlöhnen nicht bestätigt (OLG München 1.2.2000 13 U 3864/99 = IBR 2002, 240-*Andresen*; a.A. OLG Hamburg BauR 2000, 1491, das in der Abzeichnung von Stundenzetteln durch den Auftraggeber persönlich ein Anerkenntnis nicht nur zum Umfang der erbrachten Stundenleistungen, sondern auch zur grundlegenden Abrede nach Arbeitsstunden sieht).

6 Ist eine Stundenlohnvereinbarung getroffen worden, so erstreckt sich diese grundsätzlich auch auf später anfallende Zusatzleistungen, sofern diese gleichen Inhalts und gleicher Art wie diejenigen sind, auf die sich die Stundenlohnvereinbarung bezieht. Allerdings gilt das nicht ohne weiteres für den bisher vereinbarten Stundensatz, wenn die Stundenlohnarbeiten zunächst nach Stundenzahl begrenzt waren, weil der Auftragnehmer nur insoweit mit dem Anfall von Stundenlohnarbeiten zu rechnen brauchte (a.A. Beck'scher VOB-Komm./*Cuypers* § 15 Rn. 3). Für die später anfallenden Arbeiten gelten dann insoweit die für § 2 Nr. 6 VOB/B maßgebenden Grundsätze entsprechend.

Fehlt eine wirksame Vereinbarung der Vergütung nach Stundenlöhnen, so ist § 2 Nr. 8 Abs. 2 VOB/B entsprechend zu beachten.

Nach den Allgemeinen Vertragsbedingungen der VOB ist für § 2 Nr. 10 VOB/B die **Einhaltung einer bestimmten Form** – wie der Schriftform – **nicht erforderlich.** Es ist aber dringend zu empfehlen, eine solche einzuhalten. Das gilt besonders für den **Auftragnehmer,** der die **Beweislast** für die von ihm behauptete Absprache einer Stundenlohnvergütung trägt. Aus diesen Gründen verstößt eine Regelung in AGB, dass die Stundenlohnvereinbarung oder die Anordnung zur Ausführung von Stundenlohnarbeiten nur schriftlich getroffen werden kann, nicht gegen § 307 BGB. Auch wird dadurch die Vereinbarung der VOB/B als Ganzes nicht beeinträchtigt (dazu auch OLG Zweibrücken BauR 1994, 509 = NJW-RR 1994, 1363). 7

IV. Stundenlohnvereinbarung spätestens vor Beginn der betreffenden Arbeiten

Die erforderliche, ausdrückliche Stundenlohnabsprache ist **im Allgemeinen beim Vertragsschluss** vorzunehmen. Sie kann an hinreichend klar gekennzeichneter Stelle durch eine entsprechende **Klausel im Bauvertrag** auch noch später geschehen. Nach § 2 Nr. 10 VOB/B **reicht** es **aus,** wenn die Stundenlohnvereinbarung **vor Beginn der sie betreffenden Arbeiten** getroffen ist. Hierbei handelt es sich um eine reine Zweckmäßigkeitsregel, die dem auf allgemeiner Erfahrung aufgebauten Geschehensablauf im Bauwesen Rechnung trägt. Es zeigt sich oft erst während der Bauausführung, dass noch weitere Arbeiten als im Bauvertrag vorgesehen erforderlich sind. Dabei kann sich die Notwendigkeit oder die Zweckmäßigkeit ergeben, diese zusätzlichen Arbeiten, die häufig wert- und umfangmäßig geringfügig, jedoch lohnintensiv sind, nach Stundenlohnsätzen und verbrauchtem Material abzurechnen. Mit Beginn der Arbeiten ist somit nicht der Beginn der vertraglich geschuldeten Bauleistung als solcher gemeint, sondern der **Beginn der nach Stundensätzen usw. zu vergütenden Stundenlohnarbeiten.** Daher kann eine stillschweigende Vereinbarung zur Bezahlung nach Stundenlöhnen i.d.R. nicht allein aus der Unterzeichnung von Stundenlohnnachweisen hergeleitet werden, zumindest dann nicht, wenn der Unterzeichnende keine entsprechende Vertretungsmacht besitzt (vgl. BGH BauR 1994, 760 = NJW-RR 1995, 80 = MDR 1995, 147 = SFH § 15 VOB/B Nr. 1). Aus einer solchen müsste sich zumindest unzweifelhaft die Befugnis zur **Änderung des Vertrages** auf Vergütung nach Stundenlöhnen ergeben. 8

Es ist nach § 2 Nr. 10 VOB/B auch möglich, eine im Bauvertrag nach Einheitspreisen oder nach einem Pauschalpreis festgelegte Leistung durch spätere Vereinbarung **vor ihrer Ausführung** auf eine Stundenlohnvereinbarung umzustellen. Das kann vorkommen, wenn sich später herausstellt, dass die Leistung anders als vorgesehen ausgeführt werden muss, dabei ein erheblicher Lohn- und Materialaufwand entsteht und sich ein angemessener Preis nach § 2 Nr. 5 oder 6 VOB/B nicht ermitteln lässt. Vor allem kann dies in Betracht kommen, wenn die Vertragspartner einen Einheitspreis- oder Pauschalvertrag abgeschlossen haben und für später veränderte oder zusätzliche Leistungen eine Stundenlohnvereinbarung treffen, jedoch für die unveränderte oder bisherige Leistung bei der früheren Vergütungsvereinbarung bleiben (vgl. dazu BGH BauR 1995, 237, 239 = SFH § 2 Nr. 7 VOB/B Nr. 4 = NJW-RR 1995, 722). § 2 Nr. 10 VOB/B erfasst also nicht nur Leistungen, die nach Vertragsschluss erst notwendig werden, sondern auch solche, die im Bauvertrag bereits festgelegt sind. 9

V. Abrechnung bei Fehlen von Stundenlohnvereinbarung

Kommt es zu einer vom Auftragnehmer angestrebten **Stundenlohnvereinbarung** zu dem in § 2 Nr. 10 VOB/B angegebenen Zeitpunkt **nicht** oder erklärt sich der Auftraggeber hierzu auch später 10

VOB/B § 2 Nr. 10   Vergütung von Stundenlohnarbeiten

im Wege einer abändernden Vertragsvereinbarung nicht bereit, kann der Auftragnehmer für seine Arbeit **keine Vergütung auf der Basis der Stundenlohnberechnung fordern.** Andererseits entfällt für ihn dadurch aber nicht ein Vergütungsanspruch überhaupt. Vielmehr ist diese Leistung dann nach § 2 Nr. 2 VOB/B auf der Grundlage der **Einheitspreise** oder im Rahmen einer im Einzelfall getroffenen Pauschalpreisvereinbarung abzurechnen. **Das gilt aber nur, sofern überhaupt die Voraussetzungen gegeben sind, um eine Vergütung fordern zu können,** wie etwa nach § 2 Nr. 1, 5 oder 6 VOB/B. Andernfalls steht dem – **eigenmächtig handelnden** – **Auftragnehmer keine Vergütung zu,** auch nicht nach den § 812 ff. BGB, es sei denn, die Ausnahmeregelung in § 2 Nr. 8 Abs. 2 VOB/B greift ein.

11   Nach einer Entscheidung des OLG Schleswig (2.6.2005 11 U 90/04 = IBR 2005, 414-*Groß*) hält § 2 Nr. 10 VOB/B einer AGB-Kontrolle nicht stand, da diese Regelung von § 632 BGB abweicht.

B. Regelungen des VHB 2002 zu § 2 VOB/B

12   Zu § 2 VOB/B ist für öffentliche Auftraggeber im VHB 2002 Folgendes festgehalten:

Vergütung
1. *Über- oder Unterschreitung der Mengenansätze (§ 2 Nr. 3 VOB/B)*
1.1 *§ 2 Nr. 3 VOB/B ist anzuwenden, wenn sich nur die Menge einer im Einheitspreisvertrag vorgesehenen Teilleistung ändert, die Teilleistung jedoch sonst dieselbe bleibt.*
1.2 *Bei der Vereinbarung eines neuen Preises nach § 2 Nr. 3 VOB/B ist von den Grundlagen der Ermittlung des bisherigen Einheitspreises für die Teilleistung auszugehen.*
1.3 *Bei Überschreitung der Mengenansätze einer Teilleistung sind nur die Mehr- oder Minderkosten zu berücksichtigen, die durch diese Mengenänderung verursacht worden sind.*
Sobald erkennbar wird, dass der Mengenansatz der unter einem Einheitspreis erfassten Teilleistung um mehr als 10 v.H. überschritten wird, ist unverzüglich zu prüfen, ob die Vereinbarung eines niedrigeren Preises verlangt werden muss. Dabei ist zu berücksichtigen, dass sich die Mengenänderung sowohl auf die Einzelkosten als auch auf die Gemeinkosten auswirken kann. Das Ergebnis der Prüfung ist schriftlich festzuhalten.
Ein vereinbarter neuer Preis gilt nur für die über 10 v.H. hinausgehende Überschreitung des Mengenansatzes.
2. *Änderung des Bauentwurfs oder andere Anordnungen des Auftraggebers (§ 2 Nr. 5 VOB/B)* 2.1 *Wegen des Nachweises der Mehr- oder Minderkosten vgl. Nr. 1.3 dieser Richtlinie.*
2.2 *Anordnungen, die der Auftraggeber zum Zwecke der vertragsgemäßen Ausführung nach § 4 VOB/B trifft, sind keine »anderen Anordnungen« i.S.d. § 2 Nr. 5 VOB/B.*
3. *Verfahren bei Preisänderungen nach § 2 Nr. 3, 5, 6 VOB/B*
3.1 *Bei Änderungen der vorgesehenen Leistung oder bei zusätzlichen Leistungen ist rechtzeitig – in Fällen der Nr. 5 und 6 vor der Ausführung – ein schriftliches Nachtragsangebot einzuholen. Das Bauamt hat den Auftragnehmer bei der Einholung der Nachtragsangebote darauf hinzuweisen, dass alle Bedingungen des Hauptauftrages einschließlich der Nachlässe gelten. Das Bauamt hat zu prüfen, ob diese Bedingungen erfüllt sind. Es hat vom Auftragnehmer die zur Ermittlung des neuen Preises erforderlichen Unterlagen nach Nr. 3 der EVM(B)ZVB/E-215 und ggf. die erforderlichen Auskünfte zu verlangen.*
3.2 *Das Bauamt hat Art und Umfang von Leistungsänderungen bzw. die Notwendigkeit zusätzlicher Leistungen sowie die Ermittlung des neuen Preises schriftlich zu begründen. Der Vermerk ist den Abrechnungsunterlagen beizufügen.*
3.3 *Für die Vereinbarung ist das Formblatt EFB-Nach-321 zu verwenden. Darin sind auch die Auswirkungen von Leistungsänderungen bzw. von zusätzlichen Leistungen auf die Bemessung der Ausführungsfristen festzulegen. Bei Mengenänderungen, die keinen Einfluss auf die vereinbarten Preise*

haben, bedarf es keiner Nachtragsvereinbarung; der für die Haushaltsüberwachungsliste Verantwortliche – Abschnitt B 2.4.3 RBBau – ist jedoch schriftlich zu unterrichten.

3.4 Für die Berechnung der Vergütung bei Nachtragsvereinbarungen nach § 2 VOB/B ist der Leitfaden (Teil VI-601) zu beachten.

3.5 Die Preise des Maschinenbaues und der Elektroindustrie unterliegen der VO PR Nr. 30/53 (vgl. auch § 25 A Nr. 4.1 VHB)
Bei der Beurteilung von Nachtragspreisen kann deshalb nicht von den im Bauhaupt- und -nebengewerbe üblichen Kalkulationsmethoden ausgegangen werden.

4. Leistungen des Auftragnehmers ohne Auftrag (§ 2 Nr. 8 VOB/B)
Hat der Auftragnehmer Leistungen ohne Auftrag oder unter eigenmächtiger Abweichung vom Vertrage ausgeführt, ist unverzüglich zu prüfen, ob diese Leistungen anerkannt werden sollen oder die Voraussetzungen des § 2 Nr. 8 Abs. 2 S. 2 VOB/B vorliegen. Dem Auftragnehmer ist schriftlich mitzuteilen,
– ob die Leistung abgelehnt,
– deren Beseitigung gefordert oder – ob sie anerkannt wird.
Soweit dem Auftragnehmer eine Vergütung nach § 2 Nr. 8 Abs. 2 VOB/B zusteht, ist der Preis entsprechend der Regelung nach § 2 Nr. 5 oder Nr. 6 VOB/B zu ermitteln.

5. Stundenlohnarbeiten (§ 2 Nr. 10 VOB/B)
Bei der Vereinbarung der Vergütung für Stundenlohnarbeiten sind § 5 A Nr. 2 VHB, Nr. 5 und Nr. 18 EVM(B) ZVB/E-215 bzw. Nr. 12 EVM(L) ZVB-235 zu beachten.

§ 3
Ausführungsunterlagen

1. Die für die Ausführung nötigen Unterlagen sind dem Auftragnehmer unentgeltlich und rechtzeitig zu übergeben.

2. Das Abstecken der Hauptachsen der baulichen Anlagen, ebenso der Grenzen des Geländes, das dem Auftragnehmer zur Verfügung gestellt wird, und das Schaffen der notwendigen Höhenfestpunkte in unmittelbarer Nähe der baulichen Anlagen sind Sache des Auftraggebers.

3. Die vom Auftraggeber zur Verfügung gestellten Geländeaufnahmen und Absteckungen und die übrigen für die Ausführung übergebenen Unterlagen sind für den Auftragnehmer maßgebend. Jedoch hat er sie, soweit es zur ordnungsgemäßen Vertragserfüllung gehört, auf etwaige Unstimmigkeiten zu überprüfen und den Auftraggeber auf entdeckte oder vermutete Mängel hinzuweisen.

4. Vor Beginn der Arbeiten ist, soweit notwendig, der Zustand der Straßen und Geländeoberfläche, der Vorfluter und Vorflutleitungen, ferner der baulichen Anlagen im Baubereich in einer Niederschrift festzuhalten, die vom Auftraggeber und Auftragnehmer anzuerkennen ist.

5. Zeichnungen, Berechnungen, Nachprüfungen von Berechnungen oder andere Unterlagen, die der Auftragnehmer nach dem Vertrag, besonders den Technischen Vertragsbedingungen, oder der gewerblichen Verkehrssitte oder auf besonderes Verlangen des Auftraggebers (§ 2 Nr. 9) zu beschaffen hat, sind dem Auftraggeber nach Aufforderung rechtzeitig vorzulegen.

6. (1) Die in Nummer 5 genannten Unterlagen dürfen ohne Genehmigung ihres Urhebers nicht veröffentlicht, vervielfältigt, geändert oder für einen anderen als den vereinbarten Zweck benutzt werden.
(2) An DV-Programmen hat der Auftraggeber das Recht zur Nutzung mit den vereinbarten Leistungsmerkmalen in unveränderter Form auf den festgelegten Geräten. Der Auftraggeber

darf zum Zwecke der Datensicherung zwei Kopien herstellen. Diese müssen alle Identifikationsmerkmale enthalten. Der Verbleib der Kopien ist auf Verlangen nachzuweisen.
(3) Der Auftragnehmer bleibt unbeschadet des Nutzungsrechts des Auftraggebers zur Nutzung der Unterlagen und der DV-Programme berechtigt.

Inhaltsübersicht Rn.

A. Allgemeine Grundlagen	1
I. Grundlage der Nrn. 1–4	2
II. Planer als Erfüllungsgehilfe	5
III. Unterstützungspflichten des Auftragnehmers	8
B. Geänderte Rechtslage durch BGB 2002	9

Aufsätze: *Schmalzel* Zur Feststellungspflicht nach § 3 Ziff. 4 VOB/B BauR 1970, 203; *Nicklisch* Mitwirkungspflichten des Bestellers beim Werkvertrag, insbesondere beim Bau- und Industrieanlagenvertrag BB 1979, 533; *Hochstein* Zur Systematik der Prüfungs- und Hinweispflichten des Auftragnehmers bei VOB-Bauvertrag FS Korbion 1986 S. 165 ff.; *Schelle* Wahlrecht (§§ 262 ff. BGB) und VOB BauR 1989, 48; *Korbion* Vereinbarung der VOB/B für planerische Leistungen FS Locher 1990 S. 127 ff.; *Vygen* Rechtliche Probleme bei Ausschreibung, Vergabe und Abrechnung von Alternativ- und Eventualpositionen BauR 1992, 135; *Nestler* Der Schutz nicht urheberrechtsfähiger Bauzeichnungen BauR 1994, 589; *Maxem* Rechtsfolgen bei Verletzung von Mitwirkungspflichten durch den Besteller beim (Bau-)Werkvertrag BauR 2003, 952.

A. Allgemeine Grundlagen

1 § 3 VOB/B regelt Rechte und Pflichten im Zusammenhang mit den Ausführungsunterlagen, die der Auftragnehmer benötigt, um die von ihm geschuldete Leistung ordnungsgemäß erbringen zu können. Nach Nr. 1 und 2 handelt es sich hier grundsätzlich um Pflichten, die dem Auftraggeber auferlegt sind und für deren Erfüllung er im Ausgangspunkt die Verantwortung trägt. Dies folgt etwa aus der in Nr. 3 S. 1 angesprochenen Bindung des Auftragnehmers an die Angaben und Unterlagen, die ihm von Auftraggeberseite zur Verfügung gestellt wurden, jedoch verbunden mit einer gewissen Prüfungspflicht, Nr. 3 S. 2. Nr. 4 regelt bestimmte, von Auftraggeber und Auftragnehmer gemeinsam wahrzunehmende Feststellungspflichten und Nr. 5 behandelt den Fall, dass dem Auftragnehmer die Beschaffung bzw. Erstellung planerischer Unterlagen in Auftrag gegeben worden ist. Nr. 6 regelt für den zuletzt genannten Fall (Nr. 5) die Frage von Urheberrechten des Auftragnehmers und der Nutzungsrechte des Auftraggebers. Nr. 1–5 sind seit längerem im Wesentlichen unverändert geblieben. Die jetzige Fassung der Nr. 6 wurde in die VOB 1992 aufgenommen.

I. Grundlage der Nrn. 1–4

2 § 3 Nr. 1–4 VOB/B ist eine nähere Erläuterung des auch dem Bauvertrag nach dem Werkvertragsrecht des BGB (§ 642) zugrunde liegenden Gedankens, dass der Auftraggeber dem Auftragnehmer brauchbare und zuverlässige Pläne zur Verfügung zu stellen sowie die Entscheidungen zu treffen hat, die für die reibungslose Ausführung des Baus unentbehrlich sind (BGH Urt. v. 22.3.1984 VII ZR 50/82 = BauR 1984, 395; BGH Urt. v. 27.6.1985 VII ZR 23/84 = BauR 1985, 561; OLG Köln BauR 1992, 637). Das gilt für sämtliche im weitesten Sinne aufzufassende planerische Unterlagen, die der Auftragnehmer braucht, um die ihm in Auftrag gegebene Leistung gemäß dem »Bestellerwillen« des Auftraggebers ordnungsgemäß ausführen zu können, wozu auch mündliche Anweisungen zu rechnen sind. Nr. 5 und Nr. 6 betreffen dagegen die Ausnahme, nach der im Einzelfall die Ausführungsunterlagen nicht vom Auftraggeber, sondern vom Auftragnehmer zu beschaffen oder zu überprüfen sind.

Bei den in Nr. 1–4 festgelegten Aufgaben des Auftraggebers handelt es sich im Ausgangspunkt um **3** Mitwirkungspflichten, die als **echte Nebenpflichten** zu qualifizieren sind, deren **Verletzung zu Schadensersatzansprüchen** des Auftragnehmers aus § 280 Abs. 1 BGB führen kann, nachdem im BGB 2002 allein auf eine Pflichtverletzung abgestellt wird (zutreffend *Locher* Das private Baurecht Rn. 109; *Weick* in *Nicklisch/Weick* § 3 VOB/B Rn. 14; *Franke/Kemper/Zanner/Grünhagen* § 3 VOB/B Rn. 17 ff.; differenzierend *Müller-Foell* insbesondere S. 87 ff., der für so genannte »Massenwerkverträge« lediglich Obliegenheiten des Auftraggebers annimmt; unklar hier *Kleine-Möller/Merl/Oelmaier* § 10 Rn. 517 ff.; Beck'scher VOB-Komm./*Hofmann* Vor § 3 VOB/B Rn. 33, 62; *Leinemann/Schoofs* § 3 VOB/B Rn. 4); diese Nebenpflichten wirken sich häufig im Bereich von § 6 Nr. 6 VOB/B aus. Außerdem kann der Auftragnehmer u.U. unter den Voraussetzungen von **§ 9 VOB/B den Bauvertrag kündigen.** Grundsätzlich handelt es sich bei den hier erörterten Mitwirkungspflichten um Gläubigerpflichten, die neben der bereits angeführten Schadensersatzpflicht aus positiver Vertragsverletzung im Allgemeinen zum **Annahmeverzug** des Auftraggebers führen. Der BGH hat in seiner Entscheidung vom 24.2.2005 (Urt. v. 24.2.2005 VII ZR 225/03 = BauR 2005, 861 = IBR 2005, 243-*Schmitz*) offengelassen, ob der Auftraggeber wegen vertragswidriger Verweigerung seiner Mitwirkungspflicht bei der Werkerstellung aus § 324 BGB a.F. oder positiver Vertragsverletzung haftet und gewährt dem Auftragnehmer die Vergütung ohne Gegenleistung mit Anrechnung der ersparten Aufwendungen.

Die genannten Pflichten können im Einzelfall **ausnahmsweise** die Annahme rechtfertigen, dass es **4** sich nicht nur um bloße Mitwirkungspflichten des Auftraggebers als Gläubiger, sondern sogar um dessen **Schuldnerpflicht gegenüber dem Auftragnehmer** handelt. Das ist der Fall, wenn die Leistung nur erstellt werden kann, wenn eine enge, erheblich über das normale Maß hinausgehende, voneinander abhängige, dem Planungsbereich zuzurechnende Kooperation zwischen den Vertragspartnern erforderlich ist, wie bei langfristigen, sehr speziellen Bauvorhaben wie z.B. Industriebauten usw., bei denen das Know-how des Auftraggebers oder eines mit ihm besonders vertraglich Verbundenen eine entscheidende Rolle für die sachgerechte und pünktliche Ausführung spielt (vgl. dazu *Nicklisch* BB 1979, 533; Beck'scher VOB-Komm./*Hofmann* Vor § 3 VOB/B Rn. 43; ebenso *Leinemann/Schoofs* § 3 VOB/B Rn. 5. Für den § 642 BGB konkretisierende Obliegenheitspflichten hingegen *Kapellmann/Messerschmidt/Havers* § 3 VOB/B Rn. 9 ff., weil mangels ausdrücklicher vertraglicher Vereinbarung diesen nicht der Rechtscharakter einer Nebenleistungspflicht zukommen könne und zudem deren Durchsetzbarkeit dem freien Kündigungsrecht des Auftraggebers aus § 8 Nr. 1 VOB/B widerspreche. Das Argument überzeugt nicht, da das bloße Nichterfüllen oder die nicht zumutbare Erfüllung einer notwendigen Mitwirkungshandlung [vgl. § 3 Nr. 1 VOB/B Rn. 9] nicht mit der Abgabe einer freien Kündigungswillenserklärung gleichzusetzen ist).

II. Planer als Erfüllungsgehilfe

Bedient sich der Auftraggeber hier – wie häufig – zwecks Erfüllung seiner ihm obliegenden, dem Planungsbereich zuzuordnenden Aufgaben eines bauplanenden Architekten oder Ingenieurs, so ist dieser sein Erfüllungsgehilfe mit der Folge, dass es sich der Auftraggeber im Verhältnis zum Auftragnehmer gemäß den §§ 254 Abs. 2 S. 2, 278 BGB anrechnen lassen muss, wenn der Architekt oder Ingenieur die vertraglichen Mitwirkungspflichten des Auftraggebers nicht oder nur unzureichend wahrnimmt (BGH Urt. v. 11.10.1965 VII ZR 124/63 = SFH Z 2.414 Bl. 146 = BB 1965, 1373). Das trifft vor allem auf die vorangehend hervorgehobene Verpflichtung zu, dem Auftragnehmer **brauchbare Pläne und Ausführungsunterlagen** zur Verfügung zu stellen, insbesondere aber auch eine **ordnungsgemäße, vollständige Leistungsbeschreibung** (vgl. BGH Urt. v. 22.3.1984 VII ZR 50/82 = BauR 1984, 395 = LM § 273 BGB Abs. 38 Anm. *Recken* = SFH § 13 Abs. 5 VOB/B Abs. 5 für den Fall unzureichender Grundwasserisolierung) und zwar in der letztlich für die Ausführung maßgebenden Fassung. Dass der Architekt oder Ingenieur seinerseits dem Auftraggeber für eine solche schuldhafte Vertragsverletzung haftet, schließt die Anwendung der genannten Vorschriften nicht schon aus. Der hier erörterte Aufgabenbereich ist ein Teil der so genannten **Koordinierungspflicht** des Auftraggebers gegenüber dem Auftragnehmer, die der Architekt oder Ingenieur für ihn als Erfüllungsgehilfe wahrzunehmen hat (vgl. die vorgenannten BGH-Entscheidungen sowie BGH Urt. v. 15.12.1969 VII ZR 8/68 = BauR 1970, 57 = SFH Z 2.222 Bl. 18; OLG Köln BauR 1995, 243; 1992, 804). Dieses ist Ausfluss des allgemeinen Gedankens, dass die so genannte **Ablaufplanung und Ablaufsteuerung** zu den **originären Auftraggeberaufgaben** gehört. Unberührt davon bleibt allerdings eine etwaige Prüfungs- und Hinweispflicht des Auftragnehmers nach hier § 3 Nr. 3 S. 2 VOB/B sowie insbesondere gemäß § 4 Nr. 3 VOB/B, woraus sich wiederum nachteilige Rechtsfolgen für den Auftragnehmer bis hin zur Alleinverantwortlichkeit ergeben können, wenn er die auf der Fehlplanung beruhenden Mängel sicher vorausgesehen und sich dennoch an die fehlerhaften Planvorgaben gehalten hat (vgl. BGH Urt. v. 22.3.1984 VII ZR 50/82 = BauR 1984, 395 = LM § 273 BGB Abs. 38 Anm. *Recken* = SFH § 13 Abs. 5 VOB/B Abs. 5). Eine Mitverantwortlichkeit des Auftragnehmers ergibt sich allerdings nicht schon aus der bloßen Vertragsklausel, der Auftragnehmer habe die Planung, insbesondere die Leistungsbeschreibung, auf Vollständigkeit zu prüfen, weil dadurch kein über die genannten Bestimmungen hinausgehender Verpflichtungsumfang zu Lasten des Auftragnehmers geschaffen wird (BGH a.a.O.; vgl. dazu auch § 13 Nr. 3 VOB/B).

6 Erfüllungsgehilfe des Auftraggebers ist auch der von ihm mit der Einmessung und Absteckung des Standortes des auf dem Baugrundstück zu errichtenden Hauses beauftragte Vermessungsingenieur. Gleiches gilt für den bauplanenden Architekten, dessen Aufgabe es auch ist, um die Entwässerung des Gebäudes zu sichern, dessen Lage der Höhe nach einzumessen (vgl. BGH Urt. v. 14.6.1973 VII ZR 202/72 = BauR 1973, 332 = SFH Z 3.01 Bl. 512).

7 Ebenso ist der Statiker für das Bauvertragsverhältnis zum Auftragnehmer Erfüllungsgehilfe des Auftraggebers, wenn es sich um eine Bauleistung handelt, die eine spezifische Statikerleistung erfordert (vgl. BGH VersR 1967, 260; OLG Oldenburg BauR 1981, 399 = VersR 1981, 541 sowie OLG Düsseldorf NJW 1974, 704 = BauR 1974, 357 für den Bereich des Architektenvertrages). Gleiches gilt für den Ingenieur, der kraft eigenen Vertrages mit dem Bauherrn Planungsleistungen auszuführen hat, die Grundlage der dem Auftragnehmer in Auftrag gegebenen Leistungen sind, wie z.B. die Projektierung von Sanitär-, Heizungs-, Klima- und Elektroarbeiten.

III. Unterstützungspflichten des Auftragnehmers

8 Soweit eine Koordinationspflicht des Auftraggebers besteht, kann es wiederum sein, dass der Auftragnehmer je nach Sachlage seinerseits **Unterstützungspflichten** hat, damit der Auftraggeber seine vertraglichen Nebenpflichten ordnungsgemäß erfüllen kann. Das gilt vor allem, wenn mehrere Leistungen verschiedener, bei demselben Bauvorhaben tätiger Unternehmer aufeinander abzustimmen sind. Erforderlich kann sein, dass ein oder mehrere Unternehmer an **gemeinsamen Besprechungen oder Baustellenbegehungen** mit dem Auftraggeber bzw. dessen Vertreter – wie z.B. dem bauplanenden oder bauleitenden Architekten – **teilnehmen** müssen, damit der Auftraggeber in die Lage versetzt wird, die von ihm vorzunehmende Koordination ordnungsgemäß durchzuführen. Sofern ein Auftragnehmer diese im Einzelfall von ihm zu fordernde Unterstützung grundlos verweigert oder verzögert, kann er sich, falls es dadurch zu Unzuträglichkeiten im späteren Bauablauf kommt, zumindest mitschuldig an dem möglicherweise entstehenden Schaden (§ 254 BGB) und damit gegenüber dem Auftraggeber schadensersatzpflichtig machen, insoweit ebenfalls unter dem Gesichtspunkt der Pflichtverletzung, §§ 241 Abs. 2, 280 Abs. 1 BGB.

B. Geänderte Rechtslage durch BGB 2002

Bei der Überarbeitung des gesetzlichen Gewährleistungsrechts des Werkvertrages hätte sich die Gelegenheit geboten, auch bauvertragsspezifische Regelungen in das Werkvertragsrecht mit aufzunehmen und z.B. die Bestimmung des § 642 BGB näher zu konkretisieren. Dies ist nicht geschehen. Das Gesetz zur Modernisierung des Schuldrechts hat deshalb eine textliche Überarbeitung des § 3 VOB/B nicht erfordert (vgl. Beschlüsse des Vorstandes des Deutschen Vergabe- und Vertragsausschusses [DVA] vom 2.5.2002 – ohne entsprechende Begründung). § 3 VOB/B behandelt die Rechte und Pflichten der Parteien, die im Zusammenhang mit den Ausführungsunterlagen stehen. Bei den in Nr. 1 bis 4 beschriebenen Mitwirkungspflichten des Auftraggebers handelt es sich um echte Nebenpflichten. Die Verletzung dieser Nebenpflichten kann zu dem den Auftragnehmer begünstigenden Gläubigerverzug, Schadensersatzansprüchen bis hin zur Kündigung des Bauvertrages führen. Ebenso gilt für die dem Auftragnehmer obliegenden Hinweis- und Prüfungspflichten, dass bei deren Verletzung dem Auftraggeber für die Pflichtverletzung gehaftet wird. **9**

Die Verletzung der in § 3 VOB/B geregelten Pflichten wurde in der Vergangenheit als positive Vertragsverletzung sanktioniert. Seit der Neufassung des Rechts der Leistungsstörungen werden diesen Pflichten einheitlich von § 280 Abs. 1 BGB erfasst. § 280 Abs. 1 BGB unterscheidet nicht zwischen Haupt- und Nebenpflichten, sondern stellt ausschließlich auf eine Pflichtverletzung ab (*Palandt/Heinrichs* § 280 BGB Rn. 2f, 12 ff.). § 280 Abs. 1 BGB erfasst nun jede Pflichtverletzung des Auftraggebers oder Auftragnehmers, wobei insoweit allein maßgeblich ist, ob die in § 3 VOB/B beschriebenen Mitwirkungspflichten missachtet werden. Die Diskussion, ob sich die Mitwirkungspflichten nach § 3 VOB/B über bloße Mitwirkungspflichten hinaus auch zu Schuldnerpflichten ausweiten können, kann in Anbetracht des neuen § 280 Abs. 1 BGB vernachlässigt werden; sie hat aber für die Anwendung einen Anspruch auf Verzugsschadensersatz gem. § 280 Abs. 2 i.V.m. § 286 BGB oder Schadensersatz statt Leistung gem. § 280 Abs. 3 i.V.m. §§ 281 ff. BGB gleichwohl ihre alte Bedeutung (ebenso *Havers* in *Kapellmann/Messerschmidt* § 3 VOB/B Rn. 10; a.A. *Maxem* BauR 2003, 952, der die Differenzierung des Rechtscharakters der Mitwirkungspflichten für irrelevant erachtet). **10**

§ 3 Nr. 1
[Ausführungsunterlagen]

Die für die Ausführung nötigen Unterlagen sind dem Auftragnehmer unentgeltlich und rechtzeitig zu übergeben.

Inhaltsübersicht

	Rn.
A. Allgemeine Grundlagen	1
I. Begriff der Ausführungsunterlagen	2
II. Abweichende Vereinbarung	4
B. Mitwirkung des Auftraggebers	5
I. Inhalt der Mitwirkungspflicht	6
1. Unentgeltliche Überlassung	6
2. Alle erforderlichen Unterlagen	7
3. Rechtzeitige Übergabe	8
II. Rechte des Auftragnehmers	9
III. Rechtsfolgen bei Unterlassen der Mitwirkung	10
1. Dauernde Verweigerung der Überlassung von Unterlagen durch Auftraggeber	11
2. Vorübergehende Verweigerung der Überlassung von Unterlagen durch Auftraggeber	14

Aufsätze: *Schelle* Wahlrecht (§§ 262 ff. BGB) und VOB BauR 1989, 48; *Vygen* Rechtliche Probleme bei Ausschreibung, Vergabe und Abrechnung von Alternativ- und Eventualpositionen BauR 1992, 135; *Schuhmann* Kooperationspflichten des Anlagenvertrages: Rechtliche Substanz und praktische Konsequenzen BauR 2003, 162; *Schwarze* Auswirkungen der bauvertraglichen Kooperationsverpflichtung BauR 2004, 895.

A. Allgemeine Grundlagen

1 Unter Ausführungsunterlagen werden die dem Planungsbereich zuzurechnenden (vgl. § 3 VOB/B Rn. 2) Hilfsmittel verstanden, die der Auftragnehmer zur Vorbereitung und mängelfreien sowie pünktlichen Durchführung der Bauleistung benötigt. § 3 enthält in Nr. 1 als auf das Bauvertragswesen und dessen besondere Anforderungen zugeschnittene Ausprägung des § 642 BGB den Grundsatz, dass der Auftraggeber diese Unterlagen dem Auftragnehmer zur Verfügung zu stellen hat.

I. Begriff der Ausführungsunterlagen

2 Bei den **Ausführungsunterlagen** handelt es sich um **Schriftstücke, Zeichnungen, Berechnungen, Anleitungen usw.**, die im Einzelfall **erforderlich** sind, um dem Auftragnehmer im Einzelnen **genau** den Weg für die technisch und damit vertraglich **ordnungsgemäße Baudurchführung** zu zeigen (BGH Urt. v. 30.1.1975 VII ZR 72/73 = NJW 1975, 737). Hierzu gehören alle Teile des den Willen des Auftraggebers zum Ausdruck bringenden Bauentwurfs selbst, also jede Art von Plänen, Einzel-, Detail- und Gesamtzeichnungen mit den darin enthaltenen Maßen und schriftlichen Anleitungen. Vornehmlich sind dazu die nach § 15 Abs. 1 Nr. 5 HOAI gefertigten Ausführungspläne des bauplanenden Architekten zu rechnen, worunter z.B. auch Angaben über die Anfertigung von Fertigteilen, von Schalplänen, über Einzelheiten einer geplanten Aufzugsanlage, der Installation usw. fallen (Genehmigungspläne im Maßstab von 1:100 reichen insoweit nicht; der Maßstab für Ausführungspläne ist regelmäßig 1:50, vgl. *Heiermann/Riedl/Rusam* § 3 VOB/B Rn. 2; *Havers* in *Kapellmann/Messerschmidt* § 3 VOB/B Rn. 17). Auch kommen fachliche Anleitungen, Einzeldarstellungen, Bedienungsanweisungen, statische und sonstige Berechnungen in Betracht. Dazuzuzählen sind ferner Gutachten, Proben, Modelle sowie die Unterlagen, die nach den Allgemeinen oder Zusätzlichen Technischen Vertragsbedingungen oder sonst im Einzelfall notwendig sind. Auch ist an Abschriften behördlicher Genehmigungen – insbesondere der Baugenehmigung – und Auflagen zu denken. Der **Begriff** der **Ausführungsunterlagen** ist sehr **weit gesteckt.** In der Regel sind die wesentlichen Ausführungsunterlagen Bestandteil der Verdingungsunterlagen und bereits deshalb Vertragsbestandteil. Insoweit ist auf § 9 Nrn. 3 und 7 VOB/A sowie § 10 Nr. 5 VOB/A hinzuweisen. Zu beachten ist aber, dass im Falle der Änderung dieser Unterlagen zwischen Angebotsabgabe und Erteilung des Zuschlages § 28 Nr. 2 Abs. 2 VOB/A gilt, wonach der Auftragnehmer beim Zuschlag aufzufordern ist, sich unverzüglich über die Annahme zu erklären. Kommt es darauf zu einer Einigung, so dient die in diesem Falle regelmäßig auszustellende Vertragsurkunde (§ 29 VOB/A) zur Klarstellung der im Vertrag wirklich vereinbarten Leistungsanforderungen.

3 Sofern im Angebot **Eventual- oder Alternativpositionen** enthalten sind, ist es nunmehr – kurz vor Beginn der Ausführung – höchste Zeit, dem Auftragnehmer den endgültigen Entschluss zuverlässig mitzuteilen (vgl. auch Abs. 2 VHB zu § 1 VOB/B; *Schelle* BauR 1989, 48). **Gleiches** gilt für die etwaige Änderung des Bauentwurfs (§ 1 Nr. 3 VOB/B) oder die Bestimmung von Zusatzleistungen (a.a.O. Nr. 4), die Auswahl von Stoffen, die Leistung nach Mustern oder Proben usw., also die letzte und endgültige Fassung der Leistungsbeschreibung. Sofern dem Auftraggeber im Hinblick auf Eventual- oder Alternativpositionen die Auswahl von Stoffen oder Bauteilen sowie die Leistung nach Mustern oder Proben Wahlrechte eingeräumt sind, kann der Auftragnehmer die Entscheidung des Auftraggebers anmahnen und damit eine Fristsetzung verbinden (§§ 295, 264 Abs. 2 BGB), wo-

bei nach fruchtlosem Ablauf der – angemessenen – Frist das betreffende **Wahlrecht auf den Auftragnehmer übergeht;** die Fristsetzung ist entbehrlich, wenn der Auftraggeber die Ausübung des Wahlrechts endgültig und ernsthaft verweigert; unterlässt der Auftragnehmer bei seiner Anmahnung die Fristsetzung, so ist diese jedenfalls als Behinderungsanzeige nach § 6 Nr. 1 VOB/B anzusehen (zutreffend *Schelle* a.a.O.); ist eine Leistungsvariante von Anfang an nicht möglich, ohne dass der Auftragnehmer dies zu vertreten hat, so wird der Auftragnehmer von dieser Leistungsvariante nach § 275 Abs. 1 BGB frei; der Vertrag beschränkt sich auf die möglichen Varianten. Zum eventuellen Schadensersatz ist der Auftragnehmer nur unter den Voraussetzungen der §§ 311a, 283 BGB verpflichtet (*Schelle* a.a.O.; siehe dazu insbesondere *Vygen* BauR 1992, 135, jeweils zum BGB a.F.).

II. Abweichende Vereinbarung

Grundsätzlich ist der Auftraggeber verpflichtet, die in Nr. 1 angesprochenen Unterlagen dem Auftragnehmer zur Verfügung zu stellen. Es ist den Vertragspartnern aber freigestellt, für gewisse Unterlagen eine **Beibringungspflicht des Auftragnehmers** zu vereinbaren, woraus sich dann die Grenze für die betreffende Mitwirkungspflicht des Auftraggebers ergibt (vgl. KG BauR 2003, 1902, jedoch mit Risikozuweisung zulasten des Auftraggebers bei unklarer Leistungsbeschreibung). Das folgt aus § 2 Nr. 9 VOB/B sowie § 3 Nr. 5 VOB/B. Eine solche Beibringungspflicht kann sich auch ohne das Erfordernis besonderer Vereinbarung aus den **Allgemeinen Technischen Vertragsbedingungen** ergeben (vgl. z.B. DIN 18 330 Abs. 4.1.1; DIN 18 331 Abs. 4.1.5) ohne dass es noch einer gesonderten, in Besonderen oder Zusätzlichen Vertragsbedingungen niedergelegten vertraglichen Vereinbarung bedarf (vgl. § 1 Nr. 1 S. 2 VOB/B). Es besteht also für den Auftragnehmer die Notwendigkeit, in den für seine Leistung maßgeblichen Vorschriften nachzusehen (Teil C), und zwar häufig bei den »**Nebenleistungen**«, ob er die betreffenden Unterlagen nicht selbst zu beschaffen hat. Eine solche Folge kann sich auch sonst aus der Natur der Sache selbst ergeben, wie z.B. bei bloßen Anleitungen zur sachgerechten Ausführung; so ist die Beschaffung von Elementplänen und dazugehörigen Verlegeplänen eines Herstellerwerkes für bestimmte Deckensysteme Sache des Auftragnehmers (so auch bei GU-Verträgen im Schlüsselfertigbau: *Leinemann/Schoofs* § 3 Rn. 8; *Havers* in *Kapellmann/Messerschmidt* § 3 VOB/B Rn. 2). In den hier angesprochenen Fällen handelt es sich um eine Nebenleistungspflicht des Auftragnehmers als Schuldner der Leistung, bei deren Verletzung der Auftraggeber Schadensersatzansprüche, insbesondere nach § 6 Nr. 6 VOB/B oder aus § 4 Nr. 7 S. 1 und 2 VOB/B, geltend machen kann. Unter Umständen kann er berechtigt sein, den Vertrag nach § 8 Nr. 3 VOB/B zu kündigen, sofern die Voraussetzungen dafür gegeben sind (vgl. §§ 5 Nr. 4, 4 Nr. 7 S. 3 VOB/B).

B. Mitwirkung des Auftraggebers

Nach Nr. 1 ist der Auftraggeber vertraglich verpflichtet, die für die Ausführung der vereinbarten Bauleistung nötigen Ausführungsunterlagen dem Auftragnehmer unentgeltlich und rechtzeitig zu übergeben.

I. Inhalt der Mitwirkungspflicht

1. Unentgeltliche Überlassung

Die dem Auftragnehmer vom Auftraggeber auszuhändigenden Ausführungsunterlagen sind ihm in der erforderlichen Stückzahl **unentgeltlich** zu überlassen; der Auftraggeber kann vom Auftragnehmer weder für die Überlassung noch für deren Anfertigung eine Entschädigung verlangen, also auch nicht den bloßen Ersatz seiner Auslagen.

2. Alle erforderlichen Unterlagen

7 Es muss sich um Ausführungsunterlagen handeln, die für die **Durchführung** der jeweils in Auftrag gegebenen Bauleistung **nötig** sind, wobei der Begriff »nötig« **objektiv auszulegen** ist. Dazu gehören alle Unterlagen, die nach den einschlägigen öffentlich-rechtlichen Vorschriften, den Vertragsbestimmungen, insbesondere den Technischen Vertragsbedingungen und der allgemein anerkannten Gewerbesitte **für eine sachgemäße und pünktliche Ausführung** erforderlich sind. Weitergehende Ansprüche hat der Auftragnehmer nicht. Außerdem hat der Auftraggeber mit den einzelnen Unterlagen die **notwendige Stückzahl** zu übergeben. Dabei spielen die Art und die Größe der Bauleistung und der dazu erforderliche ausführende und überwachende Personaleinsatz auf der Auftragnehmerseite eine Rolle. Zur Vermeidung von Unzuträglichkeiten sollten die hier maßgebenden Einzelheiten im Vertrag festgelegt werden.

3. Rechtzeitige Übergabe

8 Die Unterlagen sind **rechtzeitig** zu übergeben. Der in Frage kommende Zeitpunkt kann im Einzelfall verschieden sein. Er ist abhängig von vertraglich festgelegten Fristen, wie insbesondere der Ausführungsfrist oder Ausführungsfristen (vgl. § 5 Nr. 1, 2 VOB/B) unabhängig davon aber auch und sogar in erster Linie von dem allgemeinen Erfordernis der Ermöglichung zügiger, ungehinderter Arbeit des Auftragnehmers. Der Auftragnehmer muss die Ausführungsunterlagen **vor Beginn des betreffenden Leistungsteils** in Händen haben, wobei es auf den Bedarf im Einzelfall ankommt; darüber hinaus muss er aber auch eine **angemessene Zeit** für die gebotene und sachgerechte **Vorbereitung und die Durchführung** der Leistung haben. Gelingt es nicht, dem Auftragnehmer die Ausführungsunterlagen so rechtzeitig auszuhändigen, dass ihm eine angemessene Zeit zur Vorbereitung, Durchführung und Beendigung der Bauleistung verbleibt, ist es ratsam und auch dem Sinn der Nr. 1 entsprechend, die Ausführungsfristen nach § 5 VOB/B neu festzulegen. Anderenfalls wird sich der Auftragnehmer auf ein entsprechendes Recht hierzu nach § 6 Nr. 1 und Nr. 2a VOB/B, im Falle des Verschuldens des Auftraggebers bzw. seines Erfüllungsgehilfen (vgl. § 3 VOB/B Rn. 5 ff.) möglicherweise auch auf einen Schadensersatzanspruch nach § 6 Nr. 6 VOB/B berufen können. Um derartige nachteilige Rechtsfolgen zu vermeiden, ist es dem Auftraggeber zu empfehlen, in Besonderen oder Zusätzlichen Vertragsbedingungen den Auftragnehmer zu verpflichten, im Bedarfsfall die von ihm benötigten Ausführungsunterlagen mit gewissen Vorlauffristen anzufordern (ebenso *Franke/Kemper/Zanner/Grünhagen* § 3 VOB/B Rn. 11; *Havers* in *Kapellmann/Messerschmidt* § 3 VOB/B Rn. 22; demgegenüber hält *Leinemann/Schoofs* § 3 VOB/B Rn. 14 die kalendermäßige Festlegung von Ablieferterminen für praktischer, da andernfalls der Auftraggeber durch den Abruf »überrascht« werden könne; vgl. auch OLG Celle BauR 1994, 629). Dadurch wird weder der VOB/B im Hinblick auf die Privilegierung nach §§ 308 Nr. 5, 309 Nr. 8b ff. BGB die Ausgewogenheit genommen, noch stellt eine derartige Bestimmung einen Verstoß gegen § 307 BGB dar, da in erster Linie der Auftragnehmer wissen muss, wann er die jeweiligen Ausführungsunterlagen im Bereich seiner ordnungsgemäßen Betriebsplanung benötigt.

II. Rechte des Auftragnehmers

9 Der Auftragnehmer hat einen **notfalls einklagbaren Anspruch** auf Übergabe der Ausführungsunterlagen (vgl. § 3 VOB/B Rn. 2 f.; a.A. *Havers* in *Kapellmann/Messerschmidt* § 3 VOB/B Rn. 22). Er muss in die Lage versetzt werden, in seinem eigenen betrieblichen Bereich und/oder auf der Baustelle jederzeit die Unterlagen einsehen oder zu Hilfe nehmen zu können. Nicht angängig ist es deshalb, die Ausführungsunterlagen dem Auftragnehmer nur zu bestimmten Zeiten zugänglich zu machen oder ihm zuzumuten, sie an einer Stelle einzusehen, die einen nicht unerheblichen Zeit- oder Kostenaufwand erfordert oder wodurch eine unzumutbare Erschwernis hinsichtlich der fachgerechten Ausführung eintritt, z.B. entfernt von der Baustelle.

III. Rechtsfolgen bei Unterlassen der Mitwirkung

Die Pflichten des Auftraggebers nach § 3 Nr. 1 VOB/B sind **Mitwirkungspflichten** (vgl. im Einzelnen § 3 VOB/B Rn. 2 f.) die beim Werkvertrag jedenfalls im Ausgangspunkt den **§§ 642 f. BGB entnommen sind.** Bei der Neufassung der VOB 2006 wurde diesem Umstand unter Berücksichtigung der Rechtsprechung des BGH (Urt. v. 21.10.1999 VII ZR 185/98 = BauR 2000, 722; Urt. v. 13.5.2004 VII ZR 263/02 = BauR 2004, 1285) Rechnung getragen und § 6 Nr. 6 um einen zweiten S. ergänzt, wonach Ansprüche aus § 642 BGB bei Einhaltung der Voraussetzungen des § 6 Nr. 1 unberührt bleiben. Durch die Aufnahme eines Verweises auf § 642 BGB ist die alte Diskussion zur grundsätzlichen Anwendbarkeit hinfällig geworden. Für die hier maßgeblichen vertraglichen Vereinbarungen, die nach den besonderen Erfordernissen bauvertraglicher Zielsetzung nicht nur Obliegenheiten, sondern **Pflichten des Auftraggebers als Gläubiger** sind, gilt: 10

1. Dauernde Verweigerung der Überlassung von Unterlagen durch Auftraggeber

Verweigert der Auftraggeber die Übergabe der Unterlagen gänzlich, oder stellt er sie – gerechnet für die vorgesehene oder als normal geltende Bauzeit – auf Dauer nicht zur Verfügung, so liegt nicht § 6 Nr. 1 VOB/B vor, der sich nur auf die vorübergehenden Behinderungen in der Bauausführung bezieht, sondern i.d.R. § 9 Nr. 1a VOB/B. Generell ist anzunehmen, dass der Auftragnehmer durch eine solche Weigerung des Auftraggebers außerstande gesetzt wird, die Leistung nach dem Vertrag auszuführen. Dabei sind § 9 Nr. 2 und 3 VOB/B zu beachten, die im Wesentlichen mit § 643 und auch § 642 BGB übereinstimmen. Im Gegensatz zu § 643 BGB ist allerdings in § 9 Nr. 2 VOB/B die ausdrückliche Kündigungserklärung unter Wahrung der Schriftform für die wirksame Kündigung vorgeschrieben, so dass zunächst eine Nachfrist mit Kündigungsandrohung zu setzen und erst nach fruchtlosem Ablauf dieser Frist die **Möglichkeit der Kündigung** gegeben ist. Dies entspricht im Übrigen der Systematik der VOB (vgl. §§ 4 Nr. 7, 5 Nr. 4 VOB/B), weicht aber von § 643 S. 2 BGB ab, der die Wirkung des Kündigungseintritts bereits an die – fruchtlose – Nachfristsetzung mit Kündigungsandrohung knüpft. An dem Erfordernis einer Nachfristsetzung mit Kündigungsandrohung hat der DVA trotz Entfall der Leistungsablehnungsandrohung nach § 326 BGB a.F. im Zuge der Schuldrechtsmodernisierung festgehalten, weil die Androhung der Auftragsentziehung Ausdruck des im Bauvertragsrecht zwischen den Parteien bestehenden Kooperationsverhältnisses (vgl. BGH Urt. v. 25.11.1999 VII ZR 468/98 = BauR 2000, 571 = NZBau 2000, 130; OLG Düsseldorf NZBau 2000, 427; *Vygen* in *Ingenstau/Korbion* § 8 Nr. 3 VOB/B Rn. 20 ff.; vgl. auch *Schwarze* BauR 2004, 895; *Schuhmann* BauR 2003, 162) sowie die Umsetzung des auch hier geltenden Grundsatzes von Treu und Glauben ist. Nach § 9 Nr. 2 VOB/B ist also eine gesonderte – schriftliche – Kündigungserklärung nach vergeblicher Nachfristsetzung mit Kündigungsandrohung Wirksamkeitsvoraussetzung. 11

Zusätzlich zum Kündigungsrecht hat der Auftragnehmer nach § 9 Nr. 3 VOB/B die Rechte aus § 642 BGB sowie den Anspruch auf Zahlung der Teilvergütung für etwa schon geleistete Arbeit sowie Ersatz etwaiger weiterer Unkosten. Das entspricht § 645 Abs. 1 S. 1 BGB. Aus § 645 Abs. 2 i.V.m. § 9 Nr. 3, Hs. 2 VOB/B, ergibt sich außerdem, dass der Auftraggeber, insoweit unter dem Gesichtspunkt **Pflichtverletzung nach §§ 241 Abs. 2, 280 Abs. 1 BGB,** im Falle seines oder seines Erfüllungsgehilfen (§ 278 BGB) Verschuldens (§ 276 BGB), dem Auftragnehmer sogar **vollen Schadensersatz** gemäß §§ 249 ff. BGB zu leisten hat. 12

Auch für den Bereich der Mitwirkungspflicht und der Folgen bei deren Verletzung gelten die Grundsätze des § 254 BGB (vgl. LG Hannover MDR 1980, 227). 13

2. Vorübergehende Verweigerung der Überlassung von Unterlagen durch Auftraggeber

Tritt durch bloß **zeitweise Weigerung oder zeitweises Unvermögen** des Auftraggebers, die Ausführungsunterlagen zu übergeben, nur eine vorübergehende Unterbrechung oder Verzögerung der Bau- 14 ausführung ein, kommt für die Rechte des Auftragnehmers zunächst § 6 Nr. 1 VOB/B in Betracht. Danach ist es erforderlich, dass der Auftragnehmer dem Auftraggeber die **Behinderung unverzüglich schriftlich** anzeigt. Nicht selten kann allerdings davon ausgegangen werden, dass dem Auftraggeber bei einem solchen Sachverhalt die gegebenen Tatsachen offenkundig und deren hindernde Wirkung bekannt sind. Es ist jedoch ratsam, die schriftliche Anzeige dem Auftraggeber stets zu erstatten und ihm darzulegen, aus welchen Gründen die hindernde Wirkung eingetreten ist bzw. eintreten wird. Erste Folge der Anzeige sind Verlängerungen der Ausführungsfrist nach § 6 Nr. 2, 3 und 4 VOB/B. Weitere mögliche Folgen ergeben sich aus den Nrn. 5, 6 und 7 a.a.O. Ist die Unterbrechung von längerer Dauer oder wird sie voraussichtlich von längerer Dauer sein, muss nach Nr. 5 a.a.O. abgerechnet werden, und zwar auch dann, wenn der Auftraggeber die Behinderung oder Unterbrechung nicht zu vertreten hat. Das Gleiche gilt für das Recht zur Kündigung nach Nr. 7 a.a.O. unter der Voraussetzung, dass die Unterbrechung länger als drei Monate gedauert hat bzw. dauern wird. Dabei sind dem Auftragnehmer in einem solchen Fall die **Kosten der Baustellenräumung grundsätzlich** zu ersetzen. Auch kommen **Schadensersatzansprüche** des Auftragnehmers nach Nr. 6 a.a.O. in Betracht, sofern die eingetretene Unterbrechung oder Verzögerung auf eine vom Auftraggeber schuldhafte (§§ 276, 278 BGB) Nichtzurverfügungstellung der Unterlagen zurückgeht sowie bei Vorliegen der Voraussetzungen des § 6 Nr. 1 Entschädigungsansprüche nach § 642 BGB (vgl. oben Rn. 10). Wegen der Einzelheiten vgl. die Anmerkungen zu den vorgenannten Bestimmungen in § 6 VOB/B.

§ 3 Nr. 2
[Abstecken der Hauptachsen]

Das Abstecken der Hauptachsen der baulichen Anlagen, ebenso der Grenzen des Geländes, das dem Auftragnehmer zur Verfügung gestellt wird, und das Schaffen der notwendigen Höhenfestpunkte in unmittelbarer Nähe der baulichen Anlagen sind Sache des Auftraggebers.

Inhaltsübersicht   Rn.

A. Allgemeine Grundlagen 1
B. Spezialvorschrift 2
    I. Vorbereitungsarbeiten als Mitwirkungshandlung 4
    II. Vornahme der Handlungen nach Nr. 2 durch Auftragnehmer 9
    III. Haftung des Auftraggebers bei Pflichtverletzung 11

A. Allgemeine Grundlagen

1   In der hier erörterten Bestimmung sind Arbeitselemente verzeichnet, die nicht unmittelbar als zur Ausführung der Bauleistung gehörend anzusehen sind. Sie beziehen sich vielmehr auf **Vorbereitungsarbeiten**, um eine sachgemäße, vertraglich richtige Bauausführung überhaupt erst zu ermöglichen. Hierbei handelt es sich um Arbeiten, die originär nur aus dem Bereich des Auftraggebers kommen können, weil es grundlegende Bereitstellungsaufgabe des Auftraggebers ist, das Grundstück bebauungsreif zur Verfügung zu stellen.

B. Spezialvorschrift

2   Nr. 2 enthält eine **Spezialvorschrift,** die sich auf das **Abstecken der Hauptachsen** der baulichen Anlagen **sowie der Grenzen** des Geländes, das dem Auftragnehmer zur Verfügung gestellt wird, und

das **Schaffen der notwendigen Höhenfestpunkte** in unmittelbarer Nähe der baulichen Anlagen bezieht. Das Abstecken sowie das Schaffen der notwendigen Höhenfestpunkte in unmittelbarer Nähe der baulichen Anlagen sind **Sache des Auftraggebers** als Mitwirkungspflicht. Diese Regel ist (vgl. *Hereth/Ludwig/Naschold* Teil B § 3 Ez. 3.13) auf Vorschlag des Hauptausschusses Tiefbau des Deutschen Verdingungsausschusses in die VOB, Fassung 1952, mit aufgenommen und seitdem beibehalten worden.

Sie ist für den bauleitenden Architekten, hier als – im Verhältnis zum Auftragnehmer – Erfüllungsgehilfe des Auftraggeber von besonderer Bedeutung, da auch diese Maßnahmen dem Planungsbereich zuzuordnen sind. Er muss für das ordnungsgemäße Abstecken usw. Sorge tragen. Unterlässt er es und entstehen daraus Fehlleistungen des Auftragnehmers, muss sich der Auftraggeber vom Auftragnehmer zunächst den Vorwurf des – i.d.R. überwiegenden – Mitverschuldens (§ 254 BGB) oder gar alleinigen Verschuldens (§§ 276, 278 BGB) gefallen lassen, außerdem haftet hierfür der Architekt aus seinem Vertrag gegenüber dem Auftraggeber (vgl. dazu BGH Urt. v. 16.1.1961 VII ZR 146/59 = SFH Z 3.01 Bl. 153 ff.; ferner BGH Urt. v. 5.12.1985 VII ZR 156/85 = BauR 1986, 203 = SFH § 3 VOB/B Abs. 3 = ZfBR 1986, 70). Gleiches gilt für den Vermessungsingenieur, der vom Auftraggeber gesondert mit der Einmessung und Absteckung des Standortes des auf dem Baugrundstück zu errichtenden Hauses beauftragt wird und daher in einem selbstständigen werkvertraglichen Verhältnis zum Auftraggeber steht (vgl. § 3 VOB/B Rn. 5 ff.; auch OLG Hamm BauR 1992, 78; OLG Düsseldorf BauR 1992, 665). 3

I. Vorbereitungsarbeiten als Mitwirkungshandlung

Die notwendige Mitwirkungshandlung erfasst insbesondere das **Abstecken der Hauptachsen**. Dies ist verständlich, da der Auftraggeber festlegt, wo er die baulichen Anlagen errichtet haben will. 4

Dieser Gesichtspunkt ist auch für das Schaffen der erforderlichen Höhenfestpunkte in der Nähe der baulichen Anlagen maßgebend (ebenso BGH Urt. v. 5.12.1985 VII ZR 156/85 = BauR 1986, 203 = SFH § 3 VOB/B Nr. 3 = ZfBR 1986, 70). Zu beachten ist aber, dass nur die **notwendigen Höhenfestpunkte** zu schaffen sind. Das ist entbehrlich, wenn die Höhenfestpunkte ohne weiteres feststehen, wie etwa die bereits festliegende Höhe einer Kanalsohle. Anders ist dies, wenn z.B. die Hauptkanalisation vor dem Baugrundstück noch nicht verlegt ist und es um die Lage des Hauskanalisationsanschlusses geht. Dann muss sich der Auftraggeber bzw. sein Architekt oder Ingenieur vorher zumindest erkundigen, ob und welche Höhenfestpunkte für die Hauptkanalisation beabsichtigt sind. Da es hier um Gefälle geht und Wasser ungehindert voll abfließen soll (vgl. DIN 1986 Teil I Nr. 6.1.1), kommt es für den Hausanschluss an den städtischen Kanal auf die Höhenlage der Rohrsohle und nicht die des Kanaldeckels an. Falls Höhenfestpunkte bereits von dritter Seite festgelegt sind, kann sich der Auftraggeber bzw. der in seinem Auftrag handelnde Architekt oder Ingenieur nicht ohne weiteres auf deren Richtigkeit verlassen, vielmehr bedarf es grundsätzlich einer eigenen Prüfung, um die hier festgelegte vertragliche Nebenpflicht gegenüber dem Auftragnehmer zu erfüllen. Ist der Höhenfestpunkt in unmittelbarer Nähe der baulichen Anlagen von der zuständigen Behörde bestimmt worden, so wird der Auftraggeber allerdings grundsätzlich von der Richtigkeit ausgehen dürfen. 5

Die Forderung, dass das Schaffen der notwendigen Höhenfestpunkte in **unmittelbarer Nähe** der baulichen Anlagen zu erfolgen hat, setzt voraus, dass der Auftragnehmer ohne Schwierigkeiten und ohne besonderen, das für ihn vorhersehbare Maß überschreitenden Aufwand in der Lage ist, die Höhenfestpunkte anzumessen. Hiernach richtet es sich, ob der Auftraggeber seiner vertraglichen Pflicht genügt hat. Insofern kann es ausreichen, wenn der Höhenfestpunkt in geringer Entfernung (z.B. 90–100 m) von der eigentlichen Baustelle liegt oder (vor allem bei gleichzeitiger Errichtung mehrerer Bauwerke auf einem Gelände), wenn der Auftragnehmer in die Lage versetzt wird, mit Hilfe eines Nivelliergerätes einen für mehrere Bauwerke zugleich bestimmten Höhenfestpunkt an- 6 zumessen. Voraussetzung dafür ist allerdings gerade hier, dass dies ohne besonderen Aufwand durch den Auftragnehmer und außerdem den Anforderungen entsprechend ordnungsgemäß erfolgen kann. Nicht erforderlich ist es nach der hier erörterten Regelung der VOB, die Höhenfestpunkte auch in der Bauzeichnung anzugeben. Sie werden im Gelände festgesetzt, nicht aber auf den für die Bauwerkserrichtung maßgebenden zeichnerischen Unterlagen.

7 Bei der Planung eines Bauwerkes muss sich der bauleitende Architekt über die Grundwasserstände auf dem Baugrundstück und die maximalen Schwankungen des Grundwassers ausreichende Gewissheit verschaffen. Als Sicherheit reichen Schürfungen und Rückfragen bei den Nachbarn, besonders bei unterschiedlichen Höhenlagen, im Allgemeinen nicht aus. Der Architekt muss sich vielmehr der vorliegenden amtlichen Messergebnisse bedienen und weiter bei der Hanglage eines zu errichtenden Gebäudes und der Unmöglichkeit, den genauen Wert des Grundwasserhöchststandes zu ermitteln, einen Sicherheitszuschlag vorsehen (OLG Celle SFH Z 3.01 Bl. 191 ff.; OLG Celle BauR 1992, 801). In Zweifelsfällen hat er den Bauherrn auf die Notwendigkeit der Einholung eines geologischen Baugrundgutachtens in aller Deutlichkeit hinzuweisen (OLG Düsseldorf BauR 1985, 341; *Löffelmann/Fleischmann* Rn. 166).

8 Der Umstand, dass das Abstecken der Hauptachsen sowie der Grenzen des Geländes und das Festlegen der Höhenfestpunkte Sache des Auftraggebers ist, gibt ihm vertraglich auch die Verantwortung für die ordnungsgemäße Ausführung dieser Arbeiten. Insoweit kommt also eine **Haftung des Auftragnehmers grundsätzlich nicht** in Betracht, wenn er sich bei der Erbringung der Bauleistung an die Absteckungen und Bestimmungen der notwendigen Höhenfestpunkte hält. Er wird sich jedoch eine **Mitverantwortlichkeit** entgegenhalten lassen müssen (§ 254 BGB), wenn die Maßnahmen des Auftraggebers für ihn aufgrund einer ihm zumutbaren, im normalen Rahmen liegenden Überprüfung klar erkennbar unrichtig waren und er es unterlassen hat, den Auftraggeber darauf hinzuweisen (Nr. 3 S. 2 sowie § 4 Nr. 3 VOB/B; ebenso OLG Düsseldorf BauR 1998, 340).

II. Vornahme der Handlungen nach Nr. 2 durch Auftragnehmer

9 Eine **Ausnahme von Nr. 2** liegt vor, wenn der Auftraggeber entweder im Vertrag oder nach Vertragsabschluss das Abstecken oder Festlegen der Höhenfestpunkte vom Auftragnehmer verlangt. Im letzteren Fall handelt es sich um ein Begehren nach § 1 Nr. 4 VOB/B, das eine Verpflichtung des Auftragnehmers aufgrund einseitigen Verlangens des Auftraggebers begründet, sofern der Betrieb des Auftragnehmers – was allerdings im Einzelfall möglicherweise nicht zutreffen kann – auf solche Arbeiten eingerichtet ist. Sie gehören mit zu den Leistungen, die für die Ausführung der vertraglich vereinbarten Leistungen erforderlich sind. In einem solchen Fall **steht dem Auftragnehmer aber eine Vergütung nach § 2 Nr. 9 Abs. 1 VOB/B zu.** *Steffani* in *Daub/Piel/Soergel* Teil B § 3 ErlZ 3.15.), die dem Auftraggeber hier nicht die Befugnis nach § 1 Nr. 4 VOB/B zugestehen wollen, übersehen besonders die Tragweite des von § 2 Nr. 9 Abs. 1 VOB/B zum Ausgangspunkt genommenen Verlangens des Auftraggebers nach Vertragsabschluss, das nur auf § 1 Nr. 4 VOB/B beruhen kann (wie hier auch *Heiermann/Riedl/Rusam* § 3 VOB/B Rn. 5; ebenso Beck'scher VOB-Komm./*Hofmann* § 3 Nr. 2 VOB/B Rn. 14; *Havers* in *Kapellmann/Messerschmidt* § 3 VOB/B Rn. 30; für Prüfung im Einzelfall: *Leinemann/Schoofs* § 3 VOB/B Rn. 19). Die Haftung für die ordnungsgemäße Durchführung der ihm zusätzlich aufgetragenen Arbeiten liegt alsdann beim Auftragnehmer, während die Verantwortlichkeit für die Richtigkeit der die Zusatzleistung des Auftragnehmers vorbereitenden Angaben über Lageverhältnisse, Grenzen usw. beim Auftraggeber verbleibt.

10 Eine vertragliche Vereinbarung auf Übernahme des Festlegens der Höhenfestpunkte durch den Auftragnehmer liegt nicht schon in der Angabe in der Leistungsbeschreibung, die richtige Situierung des Gebäudes auf dem Grundstück nach dem genehmigten Eingabeplan und die Einhaltung der Abstandsflächen liege im alleinigen Aufgabenbereich des Auftragnehmers, da hierdurch die Vorbereitungspflicht des Auftraggebers nicht geändert wird, sondern nur zum Ausdruck kommt, dass er sich an die ihm vom Auftraggeber bzw. seinem Erfüllungsgehilfen gemachten Angaben unter eigener Verantwortung zu halten hat (vgl. BGH Urt. v. 5.12.1985 VII ZR 156/85 = BauR 1986, 203 = SFH § 3 VOB/B Abs. 3 = ZfBR 1986, 70).

III. Haftung des Auftraggebers bei Pflichtverletzung

Kommt der Auftraggeber seiner Verpflichtung zur Absteckung sowie zur Schaffung der Höhenfestpunkte nicht oder nicht ordnungsgemäß nach, tritt die gleiche Rechtsfolge wie bei Missachtung der in Nr. 1 festgelegten Pflichten ein (vgl. § 3 VOB/B Rn. 2 f. sowie § 3 Nr. 1 VOB/B Rn. 9 ff.). 11

§ 3 Nr. 3
[Die Verbindlichkeit der Ausführungsunterlagen]

Die vom Auftraggeber zur Verfügung gestellten Geländeaufnahmen und Absteckungen und die übrigen für die Ausführung übergebenen Unterlagen sind für den Auftragnehmer maßgebend. Jedoch hat er sie, soweit es zur ordnungsgemäßen Vertragserfüllung gehört, auf etwaige Unstimmigkeiten zu überprüfen und den Auftraggeber auf entdeckte oder vermutete Mängel hinzuweisen.

Inhaltsübersicht

	Rn.
A. Allgemeine Grundlagen	1
B. Pflichten des Auftragnehmers	2
I. Maßgeblich: Geländeaufnahmen, Absteckungen und Ausführungsunterlagen	3
II. Prüfungs- und Hinweispflicht des Auftragnehmers	4
1. Begrenzte Prüfungspflicht	4
2. Hinweispflicht	9
3. Verhalten nach Hinweis auf vermutete Fehler	12
4. Verhalten nach Hinweis auf offensichtliche Fehler oder Mängel	13
5. Abgrenzung zu § 4 Nr. 3 VOB/B	14

A. Allgemeine Grundlagen

Nach Nr. 3 gilt als vertraglich vereinbart, dass die vom Auftraggeber zur Verfügung gestellten Geländeaufnahmen und Absteckungen und die übrigen für die Ausführung übergebenen Unterlagen **für den Auftragnehmer maßgebend** sind (vgl. dazu BGH Urt. v. 1.4.1982 VII ZR 287/80 = BauR 1982, 374 = NJW 1982, 1702 = SFH § 3 VOB/B Abs. 1). Andererseits hat dieser jedoch die **Pflicht,** alle diese Unterlagen, soweit es zur ordnungsgemäßen Vertragserfüllung gehört, auf etwaige Unstimmigkeiten **zu überprüfen** und den Auftraggeber auf entdeckte oder vermutete Mängel hinzuweisen. 1

B. Pflichten des Auftragnehmers

In Nr. 3 S. 1 sind neben den nur beispielhaft hervorgehobenen Geländeaufnahmen und Absteckungen **alle Ausführungsunterlagen** angesprochen, die nach Nr. 1 im Einzelfall vom Auftraggeber dem Auftragnehmer zu übergeben sind. Um Rechtsfolgen auszulösen, müssen die Ausführungsunterlagen dem Auftragnehmer auch tatsächlich überlassen worden sein. 2

I. Maßgeblich: Geländeaufnahmen, Absteckungen und Ausführungsunterlagen

3 Der Auftragnehmer hat die geschuldete Bauleistung nach den durch die Unterlagen gegebenen Richtlinien auszuführen. Weicht er davon eigenmächtig ab, so gilt seine Leistung, je nach dem Umfang und der Art der Abweichung, als nicht oder als mangelhaft erbracht. Eine **Abweichung** kann **nur einverständlich** zwischen den Parteien im beiderseitigen Bewusstsein einer Planänderung erfolgen. Der Auftragnehmer kann daher eine Planänderung nicht schon dadurch herbeiführen, dass er abweichende Ausführungsunterlagen anfertigt und vom Architekten des Auftraggebers – nur – gegenzeichnen lässt. Etwas anderes ergibt sich auch nicht z.B. aus DIN 18 335 Nr. 3.2.5 (früher 3.26), da sich diese Regelung nicht mit einer Änderung von Plänen des Auftraggebers durch den Auftragnehmer befasst; vielmehr hat der Auftragnehmer hiernach nur insoweit einen eigenen Gestaltungsspielraum, als es die Planvorgaben des Auftraggebers zulassen. Gleiches gilt für Besondere oder Zusätzliche Vertragsbedingungen, die die vorgenannte DIN-Vorschrift nur näher erläutern oder ergänzen (BGH Urt. v. 1.4.1982 VII ZR 287/80 = BauR 1982, 374 = NJW 1982, 1702 = SFH § 3 VOB/B Abs. 1).

II. Prüfungs- und Hinweispflicht des Auftragnehmers

1. Begrenzte Prüfungspflicht

4 Die in Nr. 3 S. 2 festgelegte **Prüfungspflicht** des Auftragnehmers (zur Systematik der Prüfungs- und Hinweispflichten des Auftragnehmers im VOB-Bauvertrag vgl. die tiefgründige und zutreffende Untersuchung von *Hochstein* FS Korbion S. 165 ff.) ist **nicht umfassend.** Andernfalls würde die Grenze der Zumutbarkeit überschritten, da ja die Anfertigung sowie das Überlassen der Ausführungsunterlagen zum vertraglichen Pflichtenkreis des Auftraggebers gehören. Dessen Verantwortlichkeit muss daher in erster Linie bestehen bleiben. Aus diesem Grund ist die Überprüfungspflicht des Auftragnehmers **begrenzt** durch die Wendung »**soweit es zur ordnungsgemäßen Vertragserfüllung gehört**«, wobei die regelmäßig vertragsgegenständlichen ATV DIN 18 299 ff. die Prüfungs- und Hinweispflichten nicht abschließend umschreiben (BGH Urt. v. 7.6.2001 VII ZR 491/99 = BauR 2001, 1414 = IBR 2001, 415). Einerseits bedeutet dies, dass der Auftragnehmer unter Zugrundelegung seines fachlichen Könnens und seiner Erfahrung in seinem Beruf sich nicht ohne weiteres auf das verlassen darf, was ihm vom Auftraggeber angegeben worden ist. Dies entspricht Treu und Glauben und der Auffassung von einem verantwortungsbewussten Handeln des Auftragnehmers im Rahmen seiner beruflichen Betätigung überhaupt. Andererseits bedeutet das aber nicht, dass der Auftragnehmer dem Auftraggeber die Verantwortung abnehmen soll. Entscheidendes Abgrenzungsmerkmal ist die Hauptverpflichtung des Auftragnehmers, die von Auftraggeberseite vertraglich festgelegte Bauleistung ordnungsgemäß zu erbringen. Dabei dienen ihm die Ausführungsunterlagen als Wegweiser. Entdeckt oder vermutet er vor ihrer Benutzung bei der Bauausführung, dass sie nicht zur ordnungsgemäßen Erstellung der Bauleistung beitragen, so hat er die Hinweispflicht (vgl. auch OLG Dresden BauR 2000, 1341 für ein lückenhaftes Leistungsverzeichnis; OLG Celle BauR 2000, 580 für zum Zeitpunkt der Ausschreibung nicht mehr gültige DIN-Vorschriften; BGH Urt. v. 12.12.2001 X ZR 192/00 = BauR 2002, 945 für den Einsatz neuer Baustoffe). Das bedingt zwangsläufig zunächst eine inhaltliche, z.B. rechnerische, Nachprüfung der Ausführungsunterlagen sowie ggf. auch ihren Vergleich mit den tatsächlichen örtlichen Gegebenheiten. Für die Prüfungs- und Hinweispflicht nach § 4 Nr. 3 VOB/B geht das OLG Celle bei Einschaltung von Sonderfachleuten von einer reduzierten Prüfungspflicht aus; auf offenkundige Fehler hin muss der Auftragnehmer jedoch überprüfen (OLG Celle BauR 2002, 812), wobei ein Nachvollziehen der Planung eines Sonderfachmannes nicht verlangt wird (OLG Celle NZBau 2001, 98). Nach OLG Düsseldorf (BauR 2001, 638) führt allein die sachkundige Vertretung des Bauherrn durch einen Bauleiter nicht zum Entfallen der **Prüfungspflicht**. Bei schwerwiegendem Verstoß gegen anerkannte Regeln der Baukunst durch den Architekten kann eine Haftung des Auftragnehmers auch ohne Bedenkenhinweis entfallen (OLG Celle BauR 2006, 137).

Hinsichtlich des Ausmaßes der Prüfung darf sich der Auftragnehmer nicht allein von dem bloßen Umstand leiten lassen, ob auf seiten des Auftraggebers ein sachkundiger Berater steht (z.B. Architekt, Ingenieur, sonstiger Bauleiter). In vielen Fällen reicht dies als Entschuldigungsgrund bei Haftungs- oder Mithaftungsfragen nicht aus. Das trifft um so mehr zu, wenn die Ausführungsunterlagen für den fachkundigen Auftragnehmer ersichtlich unvollständig oder in sich unklar sind. Gerade hier ist es für den Auftragnehmer dringend geboten, im eigenen Interesse immer – wenn auch nur vorsorglich – Rückfrage zu halten und sich um Klarstellung zu bemühen. **5**

Dennoch ist auch hier zu berücksichtigen, dass der **Auftraggeber** grundsätzlich **für Planungsfehler seines** Architekten oder des sonst von ihm auf dem Planungsgebiet beschäftigten **Fachmannes** (z.B. des Statikers) **einzustehen hat** (§ 278 BGB). Der Architekt und auch der Sonderfachmann sind jedenfalls dann, wenn es sich um die Aufgabe des Auftraggebers handelt, dem Auftragnehmer brauchbare Pläne und Unterlagen zur Verfügung zu stellen, **Erfüllungsgehilfen** des Auftraggebers (vgl. § 3 VOB/B Rn. 5 ff.). **6**

Der Einsatz von Architekt und/oder Sonderfachleuten ergibt daher schon eine Abgrenzung der hier erörterten Prüfungspflicht des Auftragnehmers. So erfasst sie nur solche planerischen Gesichtspunkte, die einen **unmittelbaren technischen Zusammenhang zu der von ihm geschuldeten Leistung** haben, nicht hingegen diejenigen, die allgemein den Bereich des Architekten und/oder Sonderfachmannes betreffen. Sofern unter Berücksichtigung dessen der Auftragnehmer die ihm hier obliegende Prüfungspflicht schuldhaft missachtet, haftet er regelmäßig wegen Verletzung einer Nebenpflicht unter dem Gesichtspunkt der Pflichtverletzung nach §§ 241 Abs. 2, 280 Abs. 1 BGB nur nach den Grundsätzen des § 254 BGB. Dass der Architekt seinerseits dem Auftraggeber für eine schuldhafte Vertragsverletzung haftet, schließt die Anwendung der §§ 254 Abs. 2 S. 2, 278 BGB nicht aus. Für das Verschulden des Auftragnehmers aus positiver Vertragsverletzung genügt hier grundsätzlich leichte Fahrlässigkeit. **7**

Gerade auch für den hier angesprochenen Bereich sind etwaige von der VOB abweichende Zusätzliche Vertragsbedingungen an den Bestimmungen des AGB-Rechts zu messen. So dürfte eine Klausel dahin, »die dem Auftragnehmer übergebenen Unterlagen gelten als vollständig, wenn dieser nicht binnen 3 Tagen Widerspruch erhebt«, gegen § 308 Nr. 5 BGB verstoßen, vor allem im Hinblick auf die überaus kurz bemessene Frist (zutreffend *Kromik/Schwager* Aktuelles Bauvertragsrecht [VOB] unter den neuen Bestimmungen des AGB-Gesetzes Abs. 3.1.9). Besonders im Rahmen von § 3 VOB/B kann eine Haftungsfreizeichnung des Auftraggebers auch gegen § 309 Nr. 7, Nr. 8 BGB verstoßen (vgl. *Glatzel/Frikell/Hofmann* S. 240 ff., Ziff. 2.10.1.1; vgl. auch *Markus/Kaiser/Kapellmann* § 4 Nr. 3 VOB/B Rn. 366 ff.). Eine gänzliche Freizeichnung des Auftraggebers von seiner Verantwortlichkeit wird im Allgemeinen dem § 307 BGB zuwiderlaufen (zutreffend *Glatzel/Frikell/Hofmann* a.a.O. m.w.N.); vor allem gilt dies für Klauseln, die dem Auftragnehmer die in § 3 Nr. 3 S. 2 VOB/B liegende Haftungsbefreiungsmöglichkeit versagen. Von § 307 BGB werden auch solche Klauseln erfasst, die Risiken, die sich während der Bauzeit infolge unvorhergesehener Umstände ergeben, sowie die daraus entstehenden Kosten einseitig auf den Auftragnehmer abwälzen. Nicht selten in derartigen Klauseln außerdem dem Auftragnehmer einseitig und umfassend aufgebürdete Beweislastregeln sind ferner an § 309 Nr. 12 BGB zu messen. Erst recht unzulässig sind Vertragsbedingungen, die dem Auftragnehmer die planerische Verantwortung über dessen vertraglichen Leistungsbereich hinaus aufzuerlegen versuchen, wie z.B. eine Klausel, wonach der Auftragnehmer »zunächst die vom AG zur Verfügung gestellten Unterlagen eingehend zu prüfen (hat) und ... dann ausschließlich alle weiterführenden Ausführungsunterlagen selbst erstellen« muss (BGH Nichtannahmebeschluss v. 5.6.1997 VII ZR 54/96 = SFH § 3 AGB-Gesetz Nr. 11 = BauR 1997, 1036). Gleiches gilt für Klauseln, die dem Auftragnehmer auferlegen, fehlende oder mangelhafte Zeichnungen selbst zu erstellen, ohne dass er hieraus Ansprüche herleiten könnte (BGH a.a.O.). **8**

2. Hinweispflicht

9 Die Überprüfung durch den Auftragnehmer kann ergeben, dass ein **sofort erkennbarer offensichtlicher Fehler** in den Ausführungsunterlagen vorliegt oder dass jedenfalls Unklarheiten oder Widersprüche gegeben sind. Das trifft vor allem zu, wenn sich in den dem Auftragnehmer ausgehändigten planerischen Unterlagen vonseiten des Architekten sowie des Statikers unterschiedliche Angaben finden (vgl. dazu OLG Stuttgart BauR 1995, 850 im Falle von Widersprüchen hinsichtlich der Außendämmung). Es kann aber auch sein, dass die Ausführungsunterlagen nicht mit Sicherheit, jedoch mit einiger Wahrscheinlichkeit nicht zu der vom Auftraggeber gewünschten ordnungsgemäßen Bauleistung führen. Dann steht für den Auftragnehmer ein Fehler oder ein Mangel **noch nicht eindeutig** fest, weshalb es zur Klarstellung des Sachverhaltes noch einer **Nachfrage** beim Auftraggeber bedarf. Verbleibt es danach bei der Vorgabe in den Ausführungsunterlagen, haftet der Auftragnehmer gleichwohl, wenn die Ausführung fachlich nicht zu vertreten ist (OLG Celle BauR 2002, 93 für §§ 4 Nr. 3, 13 Nr. 3 VOB/B sowie OLG Düsseldorf BauR 2001, 638, wonach sich der Generalunternehmer die Bedenken seines Subunternehmers zu eigen machen muss, um seiner Hinweispflicht zu genügen). Bedenkenhinweise führen aber dann nicht zur Enthaftung des Auftragnehmers, wenn der Architekt bei der Ausführung die vertraglich vereinbarte und fehlerfreie Planung durch Anordnungen vor Ort ändert (BGH Urt. v. 19.12.2002 VII ZR 103/00 = BauR 2003, 689).

10 In beiden Fällen, also bei der Feststellung eines offensichtlichen oder auch nur eines vermuteten Fehlers, hat der Auftragnehmer eine **Hinweispflicht gegenüber dem Auftraggeber.** Beide Ausgangsfälle werden von der dem Auftragnehmer obliegenden vertraglichen Nebenpflicht erfasst (vgl. Rn. 4 ff.; vgl. auch OLG Düsseldorf BauR 1998, 340; OLG München IBR 1999, 522-*Kamphausen*; OLG Nürnberg IBR 1998, 438-*Englert*).

11 Dieser Hinweis unterliegt **nicht** der **Schriftform,** wie sie für die in § 4 Nr. 3 VOB/B erfassten Fälle vorgesehen ist, da es sich hier im Bereich des § 3 Nr. 3 S. 2 VOB/B um eine eigenständige Prüfungspflicht handelt (zutreffend und eingehend dazu *Hochstein* FS Korbion S. 165, 168 ff.; zur Abgrenzung von § 4 Nr. 3 VOB/B). Allerdings ist zu empfehlen, sich auch hier der Schriftform zu bedienen, insbesondere wegen des Nachweises bei späteren Streitigkeiten. Der **Hinweis** auf Mängel hat seitens des Auftragnehmers **sofort nach der Entdeckung oder dem Eintritt der Vermutung**, und zwar unabhängig vom Beginn der Leistung oder des entsprechenden Leistungsteils, zu geschehen. Dies entspricht seiner Verpflichtung zur pünktlichen Erbringung der geschuldeten Bauleistung, insbesondere der Vermeidung von Verzögerungen. Zumindest die Grundsätze des § 121 BGB sind hier entsprechend heranzuziehen.

3. Verhalten nach Hinweis auf vermutete Fehler

12 Liegen nur vermutete Fehler oder Mängel vor, wird sich der Auftragnehmer nach erfolgtem Hinweis vorerst an die Ausführungsunterlagen bei der Vertragsausführung halten müssen, jedenfalls solange nicht eine gegenteilige Erklärung des Auftraggebers vorliegt. Ist – was nicht selten vorkommen wird – der vermutete Mangel oder Fehler aber derart einschneidend, dass die vertragsgemäße, insbesondere **mängelfreie Bauausführung** aus objektiver fachmännischer Sicht **gefährdet oder gar unmöglich** sein kann, wird man dem Auftragnehmer nicht nur nach Treu und Glauben, sondern auch als Ausfluss seiner ihm nach S. 2 obliegenden Nachprüfungspflicht das Recht zugestehen, u.U. sogar die Pflicht auferlegen müssen, mit der Bauausführung oder weiteren Ausführung **so lange zu warten, bis die Klarstellung seitens des Auftraggebers erfolgt** ist. Dies zwingt nicht nur den Auftragnehmer zur schnellen Mitteilung des vermuteten Mangels oder Fehlers, sondern **ebens**o den Auftraggeber, nicht zuletzt wegen der ihn treffenden Mitverantwortung und damit gegebenen Schadensminderungspflicht, die Mitteilung des Auftragnehmers **umgehend** nachzuprüfen und den **Auftragnehmer zu bescheiden.** In diesem Falle ist es aber die Pflicht des Auftragnehmers, dem Auftraggeber gleichzeitig mit dem Fehler oder Mangel davon Mitteilung zu machen, dass die Bauausführung bis zu seiner Rückäußerung ruht oder jedenfalls behindert ist (vgl. § 6 Nr. 1 VOB/B). Hinsichtlich der Verbindlichkeit der vom Auftraggeber dann zu treffenden Entschließung gilt § 4 Nr. 1 Abs. 4 VOB/B entsprechend.

4. Verhalten nach Hinweis auf offensichtliche Fehler oder Mängel

Liegt ein **offensichtlicher Fehler oder Mangel** vor, so entspricht es gleichfalls dem Ausfluss der befolgten Prüfungs- und Hinweispflicht sowie dem Grundsatz von Treu und Glauben, dass der Auftragnehmer so lange von der **Pflicht zur mit der fehlerhaften Planung im ursächlichen Zusammenhang stehenden Leistungserbringung befreit** wird, bis seitens des Auftraggebers eine Berichtigung oder eine klare Anweisung erfolgt, was zu geschehen hat. Das gilt nicht nur bei klaren Verstößen gegen technische Vertragsbedingungen, sondern auch bei Missachtung rechtlicher Bestimmungen, wie z.B. bauordnungsbehördlicher Anordnungen. Besteht der Auftraggeber dennoch auf der Bauausführung nach den fehlerhaften oder mangelhaften Ausführungsunterlagen, ist der Auftragnehmer berechtigt, entsprechend § 9 VOB/B vorzugehen.

5. Abgrenzung zu § 4 Nr. 3 VOB/B

An sich ist die in **Nr. 3 S. 2 VOB/B** festgelegte Verpflichtung des Auftragnehmers auch in der auf § 242 BGB beruhenden Prüfungs- und Mitteilungspflicht des Auftragnehmers gemäß **§ 4 Nr. 3 VOB/B** enthalten, da letztere auch Bedenken gegen die vorgesehene Art der Ausführung betrifft. **Beide Bestimmungen bestehen jedoch nebeneinander** (dazu eingehend und zutreffend *Hochstein* FS Korbion S. 165, 168 ff.). Das ergibt sich schon aus ihrer am normalen Bauablauf gemessenen zeitlichen Einordnung. Während die in Nr. 3 S. 2 festgelegten Pflichten sogleich nach Aushändigung bzw. Bekanntgabe der hiervon erfassten Planungsunterlagen einsetzen, ist die sich aus § 4 Nr. 3 VOB/B ergebende Verpflichtung zeitlich insofern später liegend, als sie jedenfalls noch bis zum Beginn der Ausführung der hiervon erfassten Leistung wahrgenommen werden kann. Das macht es auch verständlich, wenn der Rahmen der Nr. 3 S. 2 teilweise weiter gefasst ist, also auch die Klärung von Unstimmigkeiten und nicht nur von Mängeln der vorgesehenen Art der Ausführung erfasst, andererseits § 4 Nr. 3 VOB/B aber solche Mängel ergreift, die der Auftragnehmer bemerkt hat oder unter Einsatz des von ihm abzuverlangenden sachkundigen Verstandes hätte erkennen müssen. Nr. 3 S. 2 kommt deshalb die Funktion einer als **vertragliche Nebenpflicht** aufzufassenden **Vorklärung** zu, während § 4 Nr. 3 VOB/B eine **vertragliche Hauptpflicht** bedeutet, wie sich vor allem auch aus § 13 Nr. 3 VOB/B ergibt. Daraus folgt zugleich, dass § 4 Nr. 3 VOB/B i.V.m. § 13 Nr. 3 VOB/B für den seine Pflichten erfüllenden Auftragnehmer eine weitergehende Wirkung i.S.d. Möglichkeit einer Haftungsbefreiung hat, während dies durch die Wahrnehmung der in Nr. 3 S. 2 festgelegten Pflichten allein noch nicht bewirkt wird. Daher muss der Auftragnehmer, will er sich letztlich von seiner Verantwortlichkeit befreien, auf jeden Fall seine Verpflichtungen nach §§ 4 Nr. 3, 13 Nr. 3 VOB/B erfüllen (zur Abstufung der Prüfungs- und Hinweispflicht – OLG Hamm BauR 2003, 1052). Das betrifft vor allem diejenigen Fälle, in denen der Auftraggeber auch nach der vom Auftragnehmer nach Nr. 3 S. 2 gemachten Mitteilung die bisher aufgetretenen Unzulänglichkeiten seiner Planung bis zum Beginn der Ausführung des betreffenden Leistungsteils noch nicht beseitigt hat. Der Auftragnehmer kann im Einzelfall durchaus zusammen seine Pflichten nach Nr. 3 S. 2 sowie § 4 Nr. 3 VOB/B, allerdings unter Einhaltung der dort vorgeschriebenen Schriftform, erfüllen, vor allem dann, wenn er die von § 3 Nr. 1–3 VOB/B erfassten Unterlagen erst kurz vor der Ausführung erhält. Ist das aber nicht der Fall, sind sie ihm also schon einige Zeit vor der Ausführung überlassen worden, muss er grundsätzlich seine in Nr. 3 S. 2 festgelegten Pflichten zunächst erfüllen, damit der Auftraggeber rechtzeitig vor Ausführung entsprechende Maßnahmen treffen kann, um durch die bisherige mangelhafte Planung drohende Schäden, wie z.B. in Bezug auf die Dauer bzw. Zeit der Bauausführung, zu vermeiden. Anderenfalls haftet der Auftragnehmer hier wegen des dem Auftraggeber entstandenen Schadens grundsätzlich aus **Pflichtverletzung**. Zudem ist zu beachten, dass die vertragliche Hauptpflicht des Auftragnehmers nach § 4 Nr. 3 VOB/B noch weitere Bereiche erfasst als die vorgelagerte Nebenpflicht nach Nr. 3 S. 2; so hat der Auftragnehmer im zumutbaren Maße auch noch Vorleistungen anderer Auftragnehmer sowie vom Auftraggeber gelieferte Stoffe oder Bauteile vor Beginn der Ausführung der Leistung oder des betreffenden Leistungsteiles zu prüfen, woraus zu ersehen ist, dass § 4 Nr. 3 VOB/B mehr auf die Ausführung der Leistung des Auftragnehmers selbst konzentriert ist.

15 Zu berücksichtigen ist, und damit kommt die **Eigenständigkeit der Nr. 3 S. 2** ebenfalls zum Ausdruck, dass der Auftragnehmer, der die ihm auferlegten Pflichten erfüllt, bis zur eindeutigen Klärung der entdeckten oder vermuteten Mängel durch den Auftraggeber u.U., vor allem bei gleichzeitiger Behinderungsanzeige nach § 6 Nr. 1 VOB/B, eine **Verlängerung der Bauzeit** nach § 6 Nr. 2a VOB/B oder sogar **Schadensersatz** nach § 6 Nr. 6 VOB/B verlangen kann (zutreffend *Hochstein* a.a.O.). Nach der neuen VOB 2006 ist im Einklang mit der Rechtsprechung des BGH (Urt. v. 21.10.1999 VII ZR 185/99 = BauR 2000, 722) zudem der verschuldensunabhängige Entschädigungsanspruch des § 642 BGB gegeben.

§ 3 Nr. 4
[Feststellung des Zustandes von Straßen usw.]

Vor Beginn der Arbeiten ist, soweit notwendig, der Zustand der Straßen und Geländeoberfläche, der Vorfluter und Vorflutleitungen, ferner der baulichen Anlagen im Baubereich in einer Niederschrift festzuhalten, die vom Auftraggeber und Auftragnehmer anzuerkennen ist.

Inhaltsübersicht Rn.

A. Allgemeine Grundlagen	1
B. Regelungsinhalt	2
I. Festhalten des Zustandes in Niederschrift	2
II. Nur soweit notwendig	4
III. Einschalten von Sachverständigen; gerichtliche Beweissicherung	5
IV. Rechtsfolgen bei Verweigerung der Mitwirkung	6
V. Kosten der Feststellungen	7

Aufsatz: *Schmalzel* Zur Feststellungspflicht nach § 3 Ziff. 4 VOB/B BauR 1970, 203.

A. Allgemeine Grundlagen

1 Der Sinn dieser Regelung lässt sich aus dem sachlichen Umfang der zu treffenden Feststellungen erkennen. Es handelt sich nämlich um **örtliche Gegebenheiten,** die von **wesentlichem Einfluss auf die ordnungsgemäße Baudurchführung** sein können und gegebenenfalls bewirken, dass die Erbringung der Bauleistung auf eine bestimmte – möglicherweise andere als die bisher vorgesehene – Art notwendig wird. Sie können aber auch Elemente enthalten, die trotz an sich fachgerechter Bauausführung eine Ursache für Beschädigungen, Zerstörungen, vorzeitiges Abnutzen usw. bilden. Hält ein Vertragspartner eine oder mehrere der hier erörterten Feststellungen für nötig, ist der andere nach Aufforderung zur Mitwirkung verpflichtet, anderenfalls muss er nachher die Richtigkeit der dann von dem Vertragspartner einseitig getroffenen Feststellungen widerlegen.

B. Regelungsinhalt

I. Festhalten des Zustandes in Niederschrift

Nach Nr. 4 ist vor Beginn der Arbeiten, soweit notwendig, der **Zustand der Straßen und Geländeoberfläche,** der **Vorfluter** und **Vorflutleitungen,** ferner der **baulichen Anlagen im Baubereich** in einer **Niederschrift** festzuhalten, die vom Auftraggeber und Auftragnehmer **anzuerkennen** ist.

Um späteren Beweisschwierigkeiten in diesen Punkten zu begegnen, ist diese Bestimmung der VOB geschaffen worden. Hierbei handelt es sich um eine **vertraglich vereinbarte Beweissicherung** (nicht zu verwechseln mit dem selbstständigen Beweisverfahren nach den §§ 485 ff. ZPO), ohne dass diese bereits zur Ausführung der Leistung gehört (*Schmalzl* BauR 1970, 203). Es ließe sich auf andere Weise schwer der Zustand feststellen, der bei Beginn der Bauausführung vorhanden war. Die **Niederschrift** ist daher ein **Beweismittel;** sie muss, damit ihr Zweck erreicht wird, von den Vertragspartnern bzw. ihren dazu befugten Vertretern grundsätzlich unterschrieben (»anzuerkennen«) werden (*Schmalzl* a.a.O.). Auf ihre richtige, klare und vollständige Abfassung ist besondere Aufmerksamkeit zu richten. Ist einer der Vertragspartner mit dem Inhalt der Niederschrift oder eines Teils derselben nicht einverstanden, hat er nicht nur das Recht, sondern die Pflicht, seine abweichende Auffassung unter Darlegung der fraglichen Einzelpunkte in die Niederschrift mit aufzunehmen. Der andere Vertragspartner ist verpflichtet, dieses zu dulden. Im Übrigen hat jede Partei das Recht auf Erhalt einer Ausfertigung dieser Niederschrift. Ist eine Vertragspartei verhindert, gemeinsam mit der anderen die hier erforderlichen Feststellungen an Ort und Stelle zu treffen, ist es möglich, dass die andere dies im Einverständnis der verhinderten tut, eine Niederschrift erstellt, diese dem anderen Vertragspartner zuleitet und von ihm die Unterschrift verlangen kann.

Falls es notwendig ist, den Zustand von Anlagen oder baulichen Anlagen festzustellen, für die ein **Dritter unterhaltungspflichtig** ist, so ist es sinnvoll, den Dritten an der Feststellung und der Niederschrift zu beteiligen und ihn zu veranlassen, die Niederschrift mit zu unterzeichnen. Wird dies verweigert oder gelingt dies aus anderen Gründen nicht, so dürfte besonderer Anlass gegeben sein, einen Sachverständigen beizuziehen (vgl. nachfolgend Rn. 5).

II. Nur soweit notwendig

Die Wendung in Nr. 4, dass die Niederschrift »**soweit notwendig**« anzufertigen ist, bedeutet, dass diese Maßnahme nur zu treffen ist, wenn hinreichende Anhaltspunkte vorliegen, die eine Prüfung i.S.d. Festhaltens des vorhandenen Zustandes ratsam erscheinen lassen. Es kommt immer auf die objektiv gegebenen und zu beurteilenden Verhältnisse des Einzelfalles an.

III. Einschalten von Sachverständigen; gerichtliche Beweissicherung

In bestimmten Fällen kann es zweckentsprechender und richtiger sein, über die Regelung der Nr. 4 hinaus die notwendigen Feststellungen durch einen **unparteiischen und fachmännischen Dritten** (Sachverständigen, vgl. § 7 VOB/A) treffen zu lassen. Voraussetzung ist allerdings, dass diese Feststellungen des Dritten auch von den Vertragspartnern anerkannt werden, wenn sie vollen Beweiswert haben sollen. Möglich ist auch die **besondere individualvertragliche Vereinbarung eines Schiedsgutachtens** durch die Vertragspartner (§§ 317 ff. BGB). Nr. 4 schließt es auch nicht aus, erforderlichenfalls – vor allem bei schon aufgetretenen Meinungsverschiedenheiten – ein **selbstständiges gerichtliches Beweisverfahren** (§§ 485 ff. ZPO) in die Wege zu leiten und durchzuführen (vgl. § 18 VOB/B sowie *Werner/Pastor* Rn. 1 ff.; auch *Weise* Rn. 39). Dies alles macht dann häufig eine gesonderte Maßnahme nach Nr. 4 überflüssig.

IV. Rechtsfolgen bei Verweigerung der Mitwirkung

6 Besteht Streit zwischen den Partnern, ob eine Notwendigkeit zu den Feststellungen nach Nr. 4 besteht, reicht es aus, wenn einer der Vertragspartner darauf besteht. Der andere ist alsdann **i.S. vertraglicher Nebenpflicht** zur **Mitwirkung verpflichtet** (so auch *Hereth/Ludwig/Naschold* Teil B § 3 Ez. 3.25). Verweigert der Auftraggeber die nach Nr. 4 im Einzelfall notwendigen Feststellungen, sind dem Auftragnehmer die Rechte aus § 9 VOB/B zuzugestehen (vgl. § 3 Nr. 1 VOB/B Rn. 10 ff.); verzögert er sie, kommen für den Auftragnehmer Rechte aus § 6 (vgl. § 3 Nr. 1 VOB/B Rn. 14) VOB/B in Betracht. Im umgekehrten Fall wird man dem Auftraggeber die gleichen Befugnisse unter entsprechender Anwendung von § 8 Nr. 3 VOB/B, im Falle der Aufrechterhaltung des Vertrages nach § 6 Nr. 6 VOB/B, und zwar jeweils über § 5 Nr. 4 VOB/B, zuerkennen müssen (so auch Beck'scher VOB-Komm./*Hofmann* § 3 Nr. 4 VOB/B Rn. 13; sowie, jedoch ohne Kündigungsbefugnis *Nicklisch/Weick* § 3 VOB/B Rn. 18.; *Schmalzl* BauR 1970, 203, 204; *Heiermann/Riedl/Rusam* § 3 VOB/B Rn. 19; *Havers* in *Kapellmann/Messerschmidt* § 3 VOB/B Rn. 48; *Leinemann/Schoofs* § 3 VOB/B Rn. 39; *Franke/Kemper/Zanner/Grünhagen* § 3 VOB/B Rn. 51 f.). Die Kündigungsbefugnis soll nicht bestehen, da die verweigerte Zustandsfeststellung den Auftragnehmer nicht außerstande setze, seine Leistung zu erbringen und sie nur einen minder schweren Tatbestand darstelle. Hierbei wird allerdings die Wichtigkeit der Regelung in Nr. 4, die eine entsprechende rechtliche Beurteilung (Gleichstellung mit dem Außerstandesetzen zur Ausführung der Leistung, § 242 BGB) erfordert, verkannt, da erfahrungsgemäß im Falle ihrer Nichtbeachtung besonders gravierende Auswirkungen bei der späteren Bauausführung auftreten können. Angesichts der hier klar und deutlich getroffenen vertraglichen Vereinbarung kann der betreffende Vertragspartner auch nicht ohne weiteres auf andere Möglichkeiten der Feststellung verwiesen werden. Der Zweck der Regelung, eine schnelle und umfassende vertragliche Beweissicherung zu erhalten, würde vereitelt (ebenso Beck'scher VOB-Komm./*Hofmann* a.a.O.).

V. Kosten der Feststellungen

7 Etwaige **Kosten** der hier erforderlichen Feststellungen **müsste** an sich der **Auftraggeber** tragen, wie aus dem in Nr. 1 enthaltenen Grundgedanken zu entnehmen ist. Die Haftpflichtversicherung des Auftraggebers ist zur Übernahme dieser Kosten nicht verpflichtet, obwohl sie der Minderung eines etwaigen Schadens dienen. Allerdings gibt es hier hinsichtlich der Kostentragungspflicht weitgehend besondere Vertragsbestimmungen, durch die nicht der Auftraggeber, sondern der **Auftragnehmer zur Kostentragung verpflichtet** ist. Dies folgt aus bestimmten, nach § 1 Nr. 1 S. 2 VOB/B zum Vertrag gehörigen DIN-Normen des Teils C, nämlich

DIN 18 300 – Erdarbeiten
DIN 18 301 – Bohrarbeiten
DIN 18 303 – Verbauarbeiten
DIN 18 304 – Ramm-, Rüttel- und Pressarbeiten
DIN 18 305 – Wasserhaltungsarbeiten
DIN 18 306 – Entwässerungskanalarbeiten
DIN 18 307 – Druckrohrleitungsarbeiten im Erdreich
DIN 18 308 – Dränarbeiten
DIN 18 309 – Einpressarbeiten
DIN 18 310 – Sicherungsarbeiten an Gewässern, Deichen und Küstendünen
DIN 18 311 – Nassbaggerarbeiten
DIN 18 312 – Untertagebauarbeiten
DIN 18 313 – Schlitzwandarbeiten mit stützenden Flüssigkeiten
DIN 18 314 – Spritzbetonarbeiten
DIN 18 315 – Verkehrswegebauarbeiten; Oberbauschichten ohne Bindemittel

DIN 18 316 – Verkehrswegebauarbeiten; Oberbauschichten mit hydraulischen Bindemitteln
DIN 18 317 – Verkehrswegebauarbeiten; Oberbauschichten aus Asphalt
DIN 18 318 – Verkehrswegebauarbeiten; Pflasterdecken, Plattenbeläge, Einfassungen
DIN 18 319 – Rohrvortriebsarbeiten
DIN 18 320 – Landschaftsbauarbeiten
DIN 18 325 – Gleisbauarbeiten
DIN 18 335 – Stahlbauarbeiten
DIN 18 349 – Betonerhaltungsarbeiten

Dort ist jeweils unter 4.1.1 (bei DIN 18 301 Nr. 4.1.3) ausgeführt, dass das Feststellen des Zustandes 8 der Straßen- und Geländeoberfläche usw. eine **Nebenleistung** des Auftragnehmers ist. Nebenleistungen gehören auch ohne ausdrückliche Erwähnung in der Leistungsbeschreibung zur vertraglichen Leistung und sind daher vom Auftragnehmer – ohne besonderen Vergütungsansatz – zu erbringen. Im Allgemeinen (Ausnahme: DIN 18 335 Stahlbauarbeiten) ergibt sich daher, dass die Feststellungen nach Nr. 4 im Bereich von **Tiefbauarbeiten** vom Auftragnehmer als **nicht besonders vergütete Nebenleistungen zu erbringen** sind, während dies bei **Hochbauarbeiten nicht zutrifft**; für diesen Bereich sind etwa entstehende Kosten vom Auftraggeber zu tragen. Zu den Kosten zählen nicht nur die der Feststellung selbst, sondern alle Aufwendungen, die damit in ursächlichem Zusammenhang stehen, wie z.B. die der Vorbereitung und der späteren Auswertung (ähnlich *Schmalzl* BauR 1970, 203, 204 f.).

§ 3 Nr. 5
[Vom Auftragnehmer zu beschaffende Unterlagen]

Zeichnungen, Berechnungen, Nachprüfungen von Berechnungen oder andere Unterlagen, die der Auftragnehmer nach dem Vertrag, besonders den Technischen Vertragsbedingungen, oder der gewerblichen Verkehrssitte oder auf besonderes Verlangen des Auftraggebers (§ 2 Nr. 9) zu beschaffen hat, sind dem Auftraggeber nach Aufforderung rechtzeitig vorzulegen.

Inhaltsübersicht   Rn.

A. Allgemeine Grundlagen.. 1
B. Ausnahmeregelung.. 2
  I. Pflicht des Auftragnehmers nach Vertrag oder Verkehrssitte................................... 3
  II. Pflicht des Auftragnehmers auf besonderes Verlangen des Auftraggebers............ 6
  III. Vorlagepflichten des Auftragnehmers.. 7

A. Allgemeine Grundlagen

Zeichnungen, Berechnungen, Nachprüfungen von Berechnungen oder andere Unterlagen, die der 1 Auftragnehmer nach dem Vertrag, besonders den Technischen Vertragsbedingungen oder der gewerblichen Verkehrssitte oder auf besonderes Verlangen des Auftraggebers (§ 2 Nr. 9 VOB/B) zu beschaffen hat (vgl. auch § 3 Nr. 1 VOB/B Rn. 4) sind dem Auftraggeber nach Aufforderung gemäß Nr. 5 **rechtzeitig vorzulegen** (zur AGB-rechtlichen Zulässigkeit der Übertragung selbstständiger Planungsleistungen auf den Auftragnehmer auf dessen Veranlassung vgl. Anhang 1). Es ist daher immer erst zu prüfen, ob der Vertrag, die Technischen Vertragsbedingungen oder die gewerbliche Verkehrssitte eine solche Pflicht des Auftragnehmers begründen oder ob ein Verlangen des Auftraggebers nach § 2 Nr. 9 VOB/B vorliegt und gerechtfertigt ist. Erst dann kommt Nr. 5 zum Zuge.

B. Ausnahmeregelung

2 Diese Vertragsbestimmung hebt die grundsätzliche Verpflichtung des Auftraggebers nach Nr. 1, die Ausführungsunterlagen zur Verfügung zu stellen, nicht auf. Nr. 5 bildet lediglich hiervon eine **Ausnahme für den Fall, dass** aus den im Einzelnen aufgeführten Gründen eine **Beschaffungs- und Vorlagepflicht des Auftragnehmers** besteht. Hier sind beispielhaft diejenigen Unterlagen aufgezählt, die in der Praxis im Rahmen einer Beschaffungspflicht des Auftragnehmers am ehesten in Betracht kommen. Es kann sich im Einzelfall auch noch um andere Unterlagen als die in Nr. 5 ausdrücklich genannten handeln, da dort die **Aufzählung nicht abschließend** ist. Hierzu können Abrechnungszeichnungen nach § 14 Nr. 1 S. 3 VOB/B oder mitzuliefernde Unterlagen (z.B. nach DIN 18 379 Nr. 3.6, nach DIN 18 382 Nr. 3.1.2) zählen (vgl. im Übrigen auch § 3 Nr. 3 VOB/B Rn. 3) ebenso Unterlagen, die zur Beschaffung öffentlich-rechtlicher Genehmigungen oder Erlaubnisse nötig sind.

I. Pflicht des Auftragnehmers nach Vertrag oder Verkehrssitte

3 Der Auftragnehmer kann **nach dem Vertrag oder der dazu zu rechnenden Verkehrssitte** verpflichtet sein, Ausführungsunterlagen (Zeichnungen, Berechnungen, andere Unterlagen) zu beschaffen oder Nachprüfungen von Berechnungen vorzunehmen. Verlangt werden kann eine eigene Anfertigung oder die Besorgung dieser Unterlagen bei einem Dritten. Soweit es die Nachprüfung von Berechnungen betrifft, ist auch der Fall mit einzubeziehen, dass die Berechnungen vom Auftraggeber oder von einem von diesem damit beauftragten anderen (Architekten, Statiker) stammen, wobei die Nachprüfung aber entweder im eigenen Bereich des Auftragnehmers oder auf dessen Veranlassung und in seiner Verantwortung durch einen Dritten zu geschehen hat (zur Frage der Haftung, wenn der Auftragnehmer Fehler in den Berechnungen des Auftraggebers oder seiner Gehilfen trotz sorgfältiger Prüfung nicht bemerkt, Beck'scher VOB-Komm./*Hofmann* § 3 Nr. 5 VOB/B Rn. 13).

4 Unter Vertrag sind die gesamten Vereinbarungen und sich daraus ergebende Verpflichtungen der Partner im jeweiligen Bauvertrag zu verstehen, vor allem im Rahmen Besonderer oder Zusätzlicher Vertragsbedingungen, wobei § 10 Nr. 4a VOB/A den hier erörterten Fall im Auge hat. Voraussetzung ist aber eine inhaltlich klare, zweifelsfreie Vereinbarung. Die besondere Hervorhebung der Technischen (Allgemeinen und Zusätzlichen) Vertragsbedingungen sowie außerdem der gewerblichen Verkehrssitte sind ein beispielhafter Hinweis auf Vertragsbestandteile, aus denen sich nach aller Erfahrung häufig eine Beschaffungspflicht des Auftragnehmers ergeben kann. Soweit sich die Beschaffungspflicht aus den Allgemeinen Technischen Vertragsbedingungen ergeben soll, muss sie dort ausdrücklich angeordnet sein. Dabei bedarf es im Allgemeinen besonderer Hinweise in den jeweiligen Ausschreibungs- bzw. Vertragsunterlagen dahin gehend, ob und inwieweit der Auftraggeber entsprechende Unterlagen wünscht (Ausnahmen z.B. Rn. 2). Hierzu fordert die jeweilige Allgemeine Technische Vertragsbedingung den Auftraggeber häufig in Abschnitt 0 auf (z.B. DIN 18 332 Abs. 0.2.4; DIN 18 333 Abs. 0.2.16; DIN 18 335 Abs. 0.3.2 Abschnitt 3.2.1; DIN 18 360 Abs. 0.2.11; DIN 18 379 Nrn. 0.2.17 und 0.2.18; DIN 18 380 Abs. 0.2.22). Aus der gewerblichen Verkehrssitte ergeben sich die Beschaffungs- und Überprüfungspflichten je nach Lage des Einzelfalles dann, wenn sie innerhalb des Gewerbes am Leistungsort als allgemein übliche Pflicht des Auftragnehmers anerkannt sind, wie z.B. die Überprüfung von Herstelleranweisungen. Eine solche aus der Verkehrssitte resultierende Pflicht des Auftragnehmers braucht sich nicht wörtlich aus dem Vertragsinhalt zu ergeben, da sie ohnehin feststeht. (Vgl. auch BGH Urt. v. 10.5.2001 VII ZR 248/00 = BauR 2001, 1254 für den Schlüsselfertigbau.)

5 Im Allgemeinen sind die vorerwähnten, vertraglich festgelegten bzw. feststehenden besonderen Beschaffungen oder Überprüfungen dem Auftragnehmer **zu vergüten**, da er eine an sich dem Auftraggeber obliegende Aufgabe übernimmt, **es sei denn**, es handelt sich um eine nach den Allgemeinen Technischen Vertragsbedingungen (vgl. dort die jeweilige Ordnungsnummer 4) i.V.m. § 2 Nr. 1

VOB/B nicht zu bezahlende **Nebenleistung.** Zur Vergütungshöhe bedarf es einer entsprechenden Vereinbarung. Fehlt eine solche, so gilt das in § 2 Nr. 9 VOB/B Ausgeführte entsprechend.

II. Pflicht des Auftragnehmers auf besonderes Verlangen des Auftraggebers

Abgesehen von dem bereits feststehenden Vertragsinhalt einschließlich der jeweils maßgebenden Verkehrssitte, kann die Beschaffungs- oder Prüfungspflicht des Auftragnehmers auch bestehen, wenn eine **besondere Anforderung** des Auftraggebers vorliegt (§ 2 Nr. 9 VOB/B). 6

III. Vorlagepflichten des Auftragnehmers

Nach Nr. 5 hat der Auftragnehmer die von ihm zu beschaffenden bzw. nachzuprüfenden Unterlagen dem Auftraggeber nach Aufforderung **rechtzeitig** vorzulegen. Diese Aufforderung kann bereits im Vertrag enthalten sein, sie kann aber auch nachträglich von seiten des Auftraggebers erfolgen. Das Erfordernis rechtzeitiger Vorlage schließt im Allgemeinen mit ein, auch eine gewisse Zeit zu berücksichtigen, um dem Auftraggeber bzw. dessen Vertreter (z.B. Architekt, Statiker) die Überprüfung und Stellungnahme vor der eigentlichen Ausführung des Leistungsteils, auf die sich die betreffende Unterlage bezieht, zu ermöglichen. Befolgt der Auftragnehmer seine Pflicht zur rechtzeitigen Vorlage nicht, stehen dem Auftraggeber die in § 3 Nr. 4 VOB/B Rn. 6 erwähnten Befugnisse zu. Erfüllt der Auftragnehmer seine ihm hier übertragenen zusätzlichen Pflichten **fehlerhaft**, entspricht seine Arbeit insbesondere nicht den anerkannten Regeln der Technik, stehen dem Auftraggeber Ansprüche nach § 4 Nr. 7 VOB/B oder § 13 VOB/B zu (vgl. Hereth/Ludwig/Naschold Teil B § 3 Ez 3.31). Das gilt um so mehr, wenn die fehlerhafte Anfertigung oder Überprüfung von Unterlagen später zu einem Baumangel führt (vgl. dazu auch Abs. 2 VHB zu § 3 VOB/B). 7

§ 3 Nr. 6
[Verwendung der in Nr. 5 genannten Unterlagen]

(1) Die in Nummer 5 genannten Unterlagen dürfen ohne Genehmigung ihres Urhebers nicht veröffentlicht, vervielfältigt, geändert oder für einen anderen als den vereinbarten Zweck benutzt werden.

(2) An DV-Programmen hat der Auftraggeber das Recht zur Nutzung mit den vereinbarten Leistungsmerkmalen in unveränderter Form auf den festgelegten Geräten. Der Auftraggeber darf zum Zwecke der Datensicherung zwei Kopien herstellen. Diese müssen alle Identifikationsmerkmale enthalten. Der Verbleib der Kopien ist auf Verlangen nachzuweisen.

(3) Der Auftragnehmer bleibt unbeschadet des Nutzungsrechts des Auftraggebers zur Nutzung der Unterlagen und der DV-Programme berechtigt.

Inhaltsübersicht   Rn.

A. Allgemeine Grundlagen... 1
B. Regelungsinhalt.. 2
   I. Sacheigentum... 2
   II. Verbot der Verwendung der in Abs. 5 genannten Unterlagen.................. 6
      1. Tragweite des Schutzes.. 6
      2. Umfang des Schutzes.. 7
      3. Genehmigung des Urhebers... 8
      4. Rechtsfolgen bei Pflichtverletzung...................................... 9
      5. Anspruchsberechtigter.. 10

		Rn.
6. Abweichende Regelungen		11
III. Nutzungsrechte des Auftraggebers		12
1. Sonderregelung für DV-Programme		13
2. Befugnis zur Herstellung von Kopien		14
3. Mittel zur Feststellung der Identität		15
4. Darlegungs- und Beweislast		16
IV. Bleibendes Nutzungsrecht des Auftragnehmers		17

Aufsatz: *Nestler* Der Schutz nicht urheberrechtsfähiger Bauzeichnungen BauR 1994, 589.

A. Allgemeine Grundlagen

1 Nr. 6 regelt Fragen der Veröffentlichung, Vervielfältigung sowie Verwendung von Ausführungsunterlagen, die der Auftragnehmer nach Nr. 5 zu beschaffen und dem Auftraggeber zur Verfügung zu stellen hat. Der Regelungsbereich ist somit auf die von Nr. 5 erfassten Unterlagen abgestellt (vgl. oben § 3 Nr. 5 VOB/B Rn. 1 ff.). Die jetzige Fassung mit ihrer Einteilung in drei Absätze ist durch die VOB 1992 eingeführt worden.

B. Regelungsinhalt

I. Sacheigentum

2 Von Bedeutung ist zunächst das Sacheigentum an den Unterlagen: Grundsätzlich verliert weder der Auftraggeber, der nach Nr. 1, noch der Auftragnehmer, der nach Nr. 5 Unterlagen dem anderen Vertragspartner übergibt, das Sacheigentum daran. Dies ergibt sich aus Nr. 6 Abs. 3. Das unbeschadet des in Abs. 2 umrissenen Nutzungsrechts des Auftraggebers **fortbestehende Nutzungsrecht des Auftragnehmers** an den von ihm zur Verfügung gestellten Unterlagen und DV-Programmen lässt keinen anderen Schluss zu als den, dass der **Übergang des Sacheigentums auf den Auftraggeber für den Regelfall ausgeschlossen** ist. Ein solcher kommt nur in Betracht, wenn er ausdrücklich vereinbart ist.

3 Voraussetzung für die Rückgabe ist allerdings grundsätzlich, dass der Eigentümer die Rückgabe verlangt. Das schließt jedoch nicht aus, dass der Besitzer auch ohne diese Aufforderung die Sachen zurückgeben darf, sobald er sie für seine Zwecke nicht mehr benötigt. Daraus, dass der Eigentümer zur Rückgabe nicht auffordert, kann nicht ohne weiteres geschlossen werden, dass er sein Sacheigentum aufgeben will, jedenfalls nicht vor Ablauf einer angemessenen Frist nach endgültiger Abwicklung des Bauvertrages. Es bleibt demnach eine **Aufbewahrungspflicht des Besitzers** bestehen (hierzu vgl. § 22 VOB/A).

4 Im Allgemeinen darf der Auftraggeber die vom Auftragnehmer gelieferten Unterlagen so lange behalten, wie er sie zur Rechnungsprüfung braucht.

5 Die **Verpflichtung zur Herausgabe** nach erfolgter Rückforderung durch den Eigentümer ist eine **vertragliche Nebenpflicht** des betreffenden Besitzers. Im Falle der Nichtbefolgung kann der Eigentümer auf Herausgabe klagen; falls ihm durch die Nichtrückgabe oder die nicht rechtzeitige Rückgabe ein Schaden entsteht und dem Besitzer Verschulden zur Last zu legen ist, besteht für den Eigentümer ein Schadensersatzanspruch aus positiver Vertragsverletzung.

II. Verbot der Verwendung der in Abs. 5 genannten Unterlagen

1. Tragweite des Schutzes

Die Regelung des Abs. 1 beschränkt sich nicht auf solche Unterlagen, die urheberrechtliche Schutzfähigkeit i.S.d. Urhebergesetzes vom 9.9.1965 (BGBl. I S. 1273), zuletzt i.d.F. vom 10.9.2003 (BGBl. I S. 1774), genießen (vgl. dazu § 20 VOB/A). Vielmehr bezieht sich diese Bestimmung auch auf solche Unterlagen, die nicht dem Urhebergesetz unterliegen. Das Wort »Urheber« ist nicht nur rechtstechnisch nach Maßgabe des Urheberrechtsgesetzes zu verstehen, da sich § 3 Nr. 5 VOB/B und demgemäß auch Nr. 6 außer auf Zeichnungen auch auf bloße Berechnungen, Nachprüfungen von Berechnungen und andere Unterlagen beziehen, bei denen regelmäßig eine Urheberrechtsschutzfähigkeit ausscheidet (so mit Recht BGH Urt. v. 2.5.1985 VII ZR 47/83 = BauR 1985, 571 = SFH § 3 VOB/B Nr. 2 = NJW 1986, 2701). **Urheber** in dem vorgenannten weiten Sinne **ist derjenige, der** durch seine – regelmäßig geistige – Tätigkeit **die Unterlage gemäß dem Regelungsbereich der Nr. 5 geschaffen hat.** Nr. 6 spricht insoweit – ebenfalls der Nr. 5 folgend – den Auftragnehmer oder denjenigen als Berechtigten an, der für ihn die betreffende Unterlage angefertigt hat.

6

2. Umfang des Schutzes

Nr. 6 Abs. 1 enthält die **vertragliche Vereinbarung**, dass die vom Auftragnehmer beschafften, also selbst oder von dritter Seite angefertigten und dem Auftraggeber zur Verfügung gestellten Unterlagen **ohne Genehmigung weder veröffentlicht** noch **vervielfältigt** noch **geändert** noch für einen **anderen als den vereinbarten Zweck** benutzt werden dürfen. Sie dürfen also nicht ohne Genehmigung des Urhebers der Öffentlichkeit (auch nicht der Fachöffentlichkeit) zugänglich gemacht werden; ferner darf sie der Auftraggeber nicht vervielfältigen, weshalb von ihm nicht ohne weiteres mehr Exemplare hergestellt werden dürfen, als ihm übergeben wurden. Auch ist es dem Auftraggeber untersagt, die ihm überlassenen Unterlagen zu ändern; er muss sie also im ursprünglichen Zustand, so wie dieser bei Übergabe war, belassen. Das Verbot der Benutzung für einen anderen als den vereinbarten Zweck bedeutet, dass die Unterlagen nur für den betreffenden Bauvertrag und dessen Abwicklung oder gemäß sonstiger Absprache verwendet werden dürfen. So darf der Auftraggeber ohne Genehmigung des Urhebers die betreffenden Unterlagen weder ganz noch teilweise für ein künftiges Bauvorhaben, auch nicht als so genannte Kalkulationshilfe, benutzen (vgl. dazu BGH a.a.O.). Auch die Gestattung der Einsichtnahme durch außerhalb des betreffenden Bauvertrages stehende Dritte zwecks Belehrung oder gar die Verwendung durch diese fällt unter den Begriff der anderweitigen Benutzung. Es ist somit streng darauf zu achten, dass nur der vereinbarte Zweck, der sich regelmäßig aus der eindeutigen Zweckbestimmung der Unterlage im Rahmen des betreffenden Bauvorhabens oder der sonstigen Absprache ergibt, gewahrt und in keiner Weise überschritten wird.

7

Im Übrigen bezieht sich Nr. 6 Abs. 1 nicht auf den umgekehrten Fall, in dem der Auftraggeber dem Auftragnehmer nach § 3 Nr. 1 VOB/B Unterlagen überlassen hat. Sofern diese Unterlagen keinen urheberrechtlichen Schutz genießen, bedarf das Verbot weitergehender Verwendung durch den Auftragnehmer einer besonderen vertraglichen Regelung, andernfalls Ansprüche für den Auftraggeber grundsätzlich nicht bestehen. Wegen des Schutzes **Dritter** gilt das für den Auftraggeber vorangehend Gesagte entsprechend auch für die Nutzung von Unterlagen des Dritten durch den Auftragnehmer (vgl. dazu *Nestler* BauR 1994, 589; siehe auch Beck'scher VOB-Komm./*Hofmann* § 3 Nr. 6 VOB/B Rn. 35).

3. Genehmigung des Urhebers

Genehmigung bedeutet an sich nach der Begriffsdefinition in § 187 Abs. 1 BGB nachträgliche Zustimmung. Insofern drückt sich die VOB in Nr. 6 Abs. 1 zumindest unscharf aus. Nach dem **Sinngehalt** dieser Regelung dürfte **grundsätzlich auf die vorherige Zustimmung des Urhebers** abzustellen sein, also die Einwilligung i.S.d. § 183 Abs. 1 BGB. Somit muss der Auftraggeber das Einverständ-

8

nis des Urhebers einholen, bevor er veröffentlicht, vervielfältigt, ändert oder die Unterlage für einen anderen als den vereinbarten Zweck verwendet. Sicher kann er auch noch die nachträgliche Genehmigung des Urhebers einholen, jedoch läuft er dann Gefahr, dass ihm diese versagt wird und er Ansprüchen des Urhebers ausgesetzt ist (wie hier: *Franke/Kemper/Zanner/Grünhagen* § 3 VOB/B Rn. 61; *Havers* in *Kapellmann/Messerschmidt* § 3 VOB/B Rn. 57).

4. Rechtsfolgen bei Pflichtverletzung

9 Abs. 1 bedeutet eine **vertragliche Pflicht zur Unterlassung.** Eine Zuwiderhandlung kann eine Unterlassungsklage zur Folge haben, wobei ein dem Urheber entstandener Schaden zusätzlich oder auch ohne Unterlassungsklage ersetzt verlangt werden kann. Dies folgt daraus, dass der Auftraggeber gegenüber dem Auftragnehmer eine positive Vertragsverletzung begeht. Der Schaden des Urhebers bemisst sich nach dem vertragswidrig erlangten Vorteil des Auftraggebers oder des Dritten, dem er die Unterlagen zugänglich gemacht hat, jedenfalls nach dem Nachteil des Urhebers. Insoweit sind im Allgemeinen die einschlägigen Gebührensätze nach Maßgabe der HOAI anzusetzen, was auch für den Bereich des § 97 UrhG gilt (vgl. dazu auch § 20 VOB/A).

5. Anspruchsberechtigter

10 Ist der Auftragnehmer selbst Urheber, so kann er seinen Schaden aus positiver Vertragsverletzung unmittelbar von dem Auftraggeber ersetzt verlangen. Ist ein **Dritter Urheber,** so kann er dessen Schaden nur geltend machen, wenn ihm die Ansprüche vom Dritten abgetreten worden sind. Der **Dritte hat dann einen unmittelbaren Anspruch** gegen den Auftraggeber, wenn die Voraussetzungen der §§ 985 ff., 823 ff., 678 BGB gegeben oder im Falle der Urheberrechtsschutzfähigkeit die §§ 7 ff., 11 ff. UrhG verletzt sind, und zwar hier mit der Folge eines Schadensersatzanspruches nach § 97 UrhG. Ferner kommen für ihn Ansprüche aus den §§ 18, 19 UWG in Betracht (dazu *Nestler* BauR 1994, 589). Möglich sind auch Ansprüche des Dritten aus Drittschadensliquidation auf der Grundlage der hier erörterten VOB-Regelung, falls für den Auftraggeber die Einbeziehung des Dritten in den Schutzbereich des betreffenden Bauvertrages zwischen Auftragnehmer und Auftraggeber zweifelsfrei erkennbar ist, was hier bereits durch die eindeutige Regelung in Nr. 6 Abs. 1 zum Ausdruck kommt. Erst recht gilt dies, wenn der Dritte als Urheber dies dem Auftraggeber dadurch verdeutlicht, dass er die Überschreitung des Rahmens der Nr. 6 Abs. 1 von seiner Genehmigung abhängig macht, wie etwa durch einen entsprechenden Vermerk auf den von ihm gefertigten Plänen usw. (in letzterer Hinsicht vgl. BGH a.a.O.).

6. Abweichende Regelungen

11 Es ist zulässig, **individualvertraglich** eine von Abs. 1 abweichende Regelung mit dem Urheber zu treffen, und zwar dergestalt, dass Abs. 1 ausgeschlossen wird; man kann auch vereinbaren, dass zwar die Rechte nach Abs. 1 grundsätzlich bestehenbleiben, jedoch Ausnahmen von dem Verbot in einem genau bestimmten Rahmen zugunsten des Benutzers gemacht werden. In der Vereinbarung eines Entgelts für die weitere Verwendung von Planungsunterlagen liegt keine wettbewerbswidrige Verwendungsbeschränkung i.S.d. §§ 18 Abs. 1 Nr. 1, 20, 21 GWB (vgl. dazu OLG Karlsruhe NJW-RR 1995, 1450).

III. Nutzungsrechte des Auftraggebers

12 Die Verbotsregelung des Abs. 1 (vgl. vorangehend Rn. 6 ff.) erfasst **nicht den Bereich der Nutzung** der nach Maßgabe der Nr. 5 dem Auftraggeber überlassenen Unterlagen. Dabei ist zu beachten, dass diese Unterlagen nach ihrem Sinn und Zweck zur planerischen Vorbereitung der dem Auftragnehmer auferlegten Leistung dienen. Im Allgemeinen sollen sie dem Auftraggeber auch als vertragsergänzende Hilfsmittel helfen, die Durchführung der Leistung sowie die Abwicklung des Vertrages

Verwendung der in Nr. 5 genannten Unterlagen § 3 Nr. 6 VOB/B

zu verfolgen, zu ermöglichen oder zu erleichtern. Deshalb geht es auch darum, bei Wahrung der Urheberinteressen zugleich im Einzelnen die Nutzungsrechte des Auftraggebers zu regeln. Hierzu dient Abs. 2.

1. Sonderregelung für DV-Programme

Hier sind unter Berücksichtigung moderner Verfahren der Herstellung und Verwendung planerischer Mittel **auch DV-Programme,** die im Rahmen der Nr. 5 angefertigt und dem Auftraggeber übergeben worden sind, mit einbezogen worden. Gerade in dieser Hinsicht ist es zwangsläufig Voraussetzung, auch die Gesichtspunkte des Schutzes zugunsten des Urhebers mit zu berücksichtigen. In Abs. 2 S. 1 ist deswegen festgelegt, dass der Auftraggeber an DV-Programmen das Recht zur Nutzung mit den vereinbarten Leistungsmerkmalen in unveränderter Form auf den festgelegten Geräten hat. Hiernach ist das Nutzungsrecht des Auftraggebers an **drei Voraussetzungen** gebunden. Einmal ist es erforderlich, dass zwischen den Vertragspartnern hinsichtlich der DV-Programme die einzelnen Leistungsmerkmale vereinbart worden sind. Dies muss hinreichend klar und deutlich, vor allem vom Inhalt her gänzlich zweifelsfrei sein. Des Weiteren besteht das Nutzungsrecht des Auftraggebers an DV-Programmen nur soweit, als sie unverändert bleiben. Schließlich müssen auch die Geräte festgelegt werden, mit deren Hilfe die Nutzung der DV-Programme erfolgen darf. Diese drei hier **zwingend festgelegten Merkmale müssen sämtlich voll erfüllt sein, um dem Auftraggeber das Nutzungsrecht zugestehen zu können.** Anderenfalls hat der Auftraggeber nicht das Recht der Nutzung von DV-Programmen, die er vom Auftragnehmer im Rahmen der Nr. 5 zur Verfügung gestellt bekommen hat. 13

2. Befugnis zur Herstellung von Kopien

Nach S. 2 ist es dem Auftraggeber erlaubt, von den ihm überlassenen DV-Programmen **zur Datensicherung zwei Kopien** herzustellen. Dies ist eine **Begrenzung nach oben;** mehr Kopien darf der Auftraggeber nicht herstellen. Hieran muss er sich auf jeden Fall halten, um seine in Abs. 1 festgelegten Pflichten zu erfüllen. Hält sich der Auftraggeber hieran nicht, ist er dem Auftragnehmer wegen positiver Vertragsverletzung zum Schadensersatz verpflichtet. 14

3. Mittel zur Feststellung der Identität

Die vorangehend erörterten zwei Kopien sind nach S. 3 nur dann zur Nutzung durch den Auftraggeber freigegeben, wenn sie alle Identifikationsmerkmale enthalten. Sie müssen also alle zu ihrer Identifikation erforderlichen und üblichen Merkmale enthalten, um als erlaubt hergestellte Kopien zu gelten. Entscheidend ist die Ermöglichung zweifelsfreier Feststellung der Identität mit dem Originalprogramm, das der Auftraggeber im Rahmen der Nr. 5 zur Verfügung gestellt bekommen hat. 15

4. Darlegungs- und Beweislast

Darlegungs- und beweispflichtig dafür, dass er sich im Rahmen des Erlaubten bei der Herstellung der Kopien gehalten hat, **ist der Auftraggeber.** Dazu muss er die **erforderlichen Kontrollen ermöglichen.** Daher bestimmt S. 4, dass auf Verlangen, hier des Urhebers, der Verbleib der Kopien, naturgemäß vom Auftraggeber, nachzuweisen ist. Auch das ist eine vertragliche Nebenpflicht, bei deren Verletzung eine Haftung des Auftraggebers wegen positiver Vertragsverletzung in Betracht kommen kann. 16

IV. Bleibendes Nutzungsrecht des Auftragnehmers

Nr. 6 Abs. 3 legt fest, dass trotz des – ohnehin eingeschränkten – Nutzungsrechtes des Auftraggebers (Nr. 1 und 2) der **Auftragnehmer** das Recht zur Nutzung der Unterlagen und DV-Programme be- 17 hält. Diese Bestimmung befasst sich wiederum mit allen Arten von Unterlagen, die der Auftragnehmer dem Auftraggeber nach Maßgabe der Nr. 5 beschafft hat. Trotz des Nutzungsrechts des Auftraggebers behält der Auftragnehmer das **uneingeschränkte Recht zur Nutzung.** Jedenfalls trifft dies auf das bauvertragliche Verhältnis zwischen Auftraggeber und Auftragnehmer zu. Ob und inwieweit er dieses Nutzungsrecht gegenüber Dritten hat, ob und inwieweit er dieses behält, spielt hier keine Rolle. Das uneingeschränkte Nutzungsrecht des Auftragnehmers gegenüber dem Auftraggeber bedeutet vor allem, dass er die Nutzung nicht nur bei dem Bauvorhaben, das Gegenstand des hier maßgebenden Bauvertrages ist, vornehmen kann, sondern auch außerhalb desselben, also im Bereich anderer Bauvorhaben oder Verträge mit anderen Partnern. Eine solche weitergehende Nutzung ist dem Auftragnehmer also nicht untersagt. Jede Abweichung bedarf der jeweiligen **individualvertraglichen Vereinbarung** der Vertragspartner. Ein einseitig festgelegtes Nutzungsverbot des Auftraggebers im Rahmen von zur Mehrfachverwendung bestimmten Besonderen Vertragsbedingungen oder von Zusätzlichen Vertragsbedingungen dürfte wegen Verstoßes gegen § 307 BGB unwirksam sein.

§ 4
Ausführung

1. (1) Der Auftraggeber hat für die Aufrechterhaltung der allgemeinen Ordnung auf der Baustelle zu sorgen und das Zusammenwirken der verschiedenen Unternehmer zu regeln. Er hat die erforderlichen öffentlich-rechtlichen Genehmigungen und Erlaubnisse – z.B. nach dem Baurecht, dem Straßenverkehrsrecht, dem Wasserrecht, dem Gewerberecht – herbeizuführen.
   (2) Der Auftraggeber hat das Recht, die vertragsgemäße Ausführung der Leistung zu überwachen. Hierzu hat er Zutritt zu den Arbeitsplätzen, Werkstätten und Lagerräumen, wo die vertragliche Leistung oder Teile von ihr hergestellt oder die hierfür bestimmten Stoffe und Bauteile gelagert werden. Auf Verlangen sind ihm die Werkzeichnungen oder andere Ausführungsunterlagen sowie die Ergebnisse von Güteprüfungen zur Einsicht vorzulegen und die erforderlichen Auskünfte zu erteilen, wenn hierdurch keine Geschäftsgeheimnisse preisgegeben werden. Als Geschäftsgeheimnis bezeichnete Auskünfte und Unterlagen hat er vertraulich zu behandeln.
   (3) Der Auftraggeber ist befugt, unter Wahrung der dem Auftragnehmer zustehenden Leitung (Nummer 2) Anordnungen zu treffen, die zur vertragsgemäßen Ausführung der Leistung notwendig sind. Die Anordnungen sind grundsätzlich nur dem Auftragnehmer oder seinem für die Leitung der Ausführung bestellten Vertreter zu erteilen, außer wenn Gefahr im Verzug ist. Dem Auftraggeber ist mitzuteilen, wer jeweils als Vertreter des Auftragnehmers für die Leitung der Ausführung bestellt ist.
   (4) Hält der Auftragnehmer die Anordnungen des Auftraggebers für unberechtigt oder unzweckmäßig, so hat er seine Bedenken geltend zu machen, die Anordnungen jedoch auf Verlangen auszuführen, wenn nicht gesetzliche oder behördliche Bestimmungen entgegenstehen. Wenn dadurch eine ungerechtfertigte Erschwerung verursacht wird, hat der Auftraggeber die Mehrkosten zu tragen.

2. (1) Der Auftragnehmer hat die Leistung unter eigener Verantwortung nach dem Vertrag auszuführen. Dabei hat er die anerkannten Regeln der Technik und die gesetzlichen und behördlichen Bestimmungen zu beachten. Es ist seine Sache, die Ausführung seiner vertraglichen Leistung zu leiten und für Ordnung auf seiner Arbeitsstelle zu sorgen.
   (2) Er ist für die Erfüllung der gesetzlichen, behördlichen und berufsgenossenschaftlichen Verpflichtungen gegenüber seinen Arbeitnehmern allein verantwortlich. Es ist ausschließlich seine Aufgabe, die Vereinbarungen und Maßnahmen zu treffen, die sein Verhältnis zu den Arbeitnehmern regeln.

3. Hat der Auftragnehmer Bedenken gegen die vorgesehene Art der Ausführung (auch wegen der Sicherung gegen Unfallgefahren), gegen die Güte der vom Auftraggeber gelieferten Stoffe oder Bauteile oder gegen die Leistungen anderer Unternehmer, so hat er sie dem Auftraggeber unverzüglich – möglichst schon vor Beginn der Arbeiten – schriftlich mitzuteilen; der Auftraggeber bleibt jedoch für seine Angaben, Anordnungen oder Lieferungen verantwortlich.

4. Der Auftraggeber hat, wenn nichts anderes vereinbart ist, dem Auftragnehmer unentgeltlich zur Benutzung oder Mitbenutzung zu überlassen:
   a) die notwendigen Lager- und Arbeitsplätze auf der Baustelle,
   b) vorhandene Zufahrtswege und Anschlussgleise,
   c) vorhandene Anschlüsse für Wasser und Energie. Die Kosten für den Verbrauch und den Messer oder Zähler trägt der Auftragnehmer, mehrere Auftragnehmer tragen sie anteilig.

5. Der Auftragnehmer hat die von ihm ausgeführten Leistungen und die ihm für die Ausführung übergebenen Gegenstände bis zur Abnahme vor Beschädigung und Diebstahl zu schützen. Auf Verlangen des Auftraggebers hat er sie vor Winterschäden und Grundwasser zu schützen, ferner Schnee und Eis zu beseitigen. Obliegt ihm die Verpflichtung nach S. 2 nicht schon nach dem Vertrag, so regelt sich die Vergütung nach § 2 Nr. 6.

6. Stoffe oder Bauteile, die dem Vertrag oder den Proben nicht entsprechen, sind auf Anordnung des Auftraggebers innerhalb einer von ihm bestimmten Frist von der Baustelle zu entfernen. Geschieht es nicht, so können sie auf Kosten des Auftragnehmers entfernt oder für seine Rechnung veräußert werden.

7. Leistungen, die schon während der Ausführung als mangelhaft oder vertragswidrig erkannt werden, hat der Auftragnehmer auf eigene Kosten durch mangelfreie zu ersetzen. Hat der Auftragnehmer den Mangel oder die Vertragswidrigkeit zu vertreten, so hat er auch den daraus entstehenden Schaden zu ersetzen. Kommt der Auftragnehmer der Pflicht zur Beseitigung des Mangels nicht nach, so kann ihm der Auftraggeber eine angemessene Frist zur Beseitigung des Mangels setzen und erklären, dass er ihm nach fruchtlosem Ablauf der Frist den Auftrag entziehe (§ 8 Nr. 3).

8. (1) Der Auftragnehmer hat die Leistung im eigenen Betrieb auszuführen. Mit schriftlicher Zustimmung des Auftraggebers darf er sie an Nachunternehmer übertragen. Die Zustimmung ist nicht notwendig bei Leistungen, auf die der Betrieb des Auftragnehmers nicht eingerichtet ist. Erbringt der Auftragnehmer ohne schriftliche Zustimmung des Auftraggebers Leistungen nicht im eigenen Betrieb, obwohl sein Betrieb darauf eingerichtet ist, kann der Auftraggeber ihm eine angemessene Frist zur Aufnahme der Leistung im eigenen Betrieb setzen und erklären, dass er ihm nach fruchtlosem Ablauf der Frist den Auftrag entziehe (§ 8 Nr. 3).
   (2) Der Auftragnehmer hat bei der Weitervergabe von Bauleistungen an Nachunternehmer die Vergabe- und Vertragsordnung für Bauleistungen Teile B und C zugrunde zu legen.
   (3) Der Auftragnehmer hat die Nachunternehmer dem Auftraggeber auf Verlangen bekannt zu geben.

9. Werden bei Ausführung der Leistung auf einem Grundstück Gegenstände von Altertums-, Kunst- oder wissenschaftlichem Wert entdeckt, so hat der Auftragnehmer vor jedem weiteren Aufdecken oder Ändern dem Auftraggeber den Fund anzuzeigen und ihm die Gegenstände nach näherer Weisung abzuliefern. Die Vergütung etwaiger Mehrkosten regelt sich nach § 2 Nr. 6. Die Rechte des Entdeckers (§ 984 BGB) hat der Auftraggeber.

10. Der Zustand von Teilen der Leistung ist auf Verlangen gemeinsam von Auftraggeber und Auftragnehmer festzustellen, wenn diese Teile der Leistung durch die weitere Ausführung der Prüfung und Feststellung entzogen werden. Das Ergebnis ist schriftlich niederzulegen.

Aufsätze: *v. Craushaar* Die Rechtsprechung zum Problem des Baugrundes FS Locher 1990 S. 9; *Festge* Die anerkannten Regeln der Technik – ihre Bedeutung für den vertraglichen Leistungsumfang, die vertragliche Vergütung und die Gewährleistung BauR 1990, 322; *Köhler* Schwarzarbeitsverträge: Wirksamkeit, Vergütung, Schadensersatz JZ 1990, 466; *Siegburg* VOB/B und AGB-Gesetz FS Locher 1990 S. 349; *Tiedtke* Die gegenseitigen Ansprüche des Schwarzarbeiters und seines Auftraggebers Betrieb 1990, 2307; *Kaiser* Der Schadensersatzanspruch nach § 4 Nr. 7 S. 2 VOB/B – Grundsätzliche Rechtsfragen BauR 1991, 391; *Früh* Die Kostenbeteiligungspflicht des Bauherrn bei der Mängelbeseitigung unter besonderer Berücksichtigung der sogenannten echten Vorteilsausgleichung (Abzug neu für alt) BauR 1992, 160; *Ertel* Gewährleistet die DIN 4109 stets einen ordnungsgemäßen Schallschutz? FS Soergel 1993 S. 315 ff.; *Kohler* Werkmangel und Bestellerverantwortung NJW 1993, 417; *Piel* Mitteilung von Bedenken (§ 4 Nr. 3 VOB/B) und Beratung FS Soergel 1993 S. 237 ff.; *Büttner* Schwarzarbeit, Leistungsmissbrauch und kein Ende GewA 1994, 7; *Langen/Kus* Zivilrechtliche Auswirkungen der 3. Wärmeschutzverordnung vom 16. August 1994 BauR 1994, 161; *Fischer* Probleme der Entbehrlichkeit der Fristsetzung mit Ablehnungsandrohung bei Verweigerung der Nachbesserung (§ 634 Abs. 2 BGB) BauR 1995, 452; *Grünberger* Gesetz zur Änderung des Gesetzes zur Bekämpfung von Schwarzarbeit und anderer Gesetze NJW 1995, 15; *Franke* Qualitätssicherung und Bauvertrag FS Heiermann 1995 S. 63 ff.; *Soergel* Die quotenmäßige Mangelverantwortung der Bauvertragsparteien FS Heiermann 1995 S. 309 ff.; *Kilian* Haftung für Bauwerksmängel und -schäden bedingt durch verwässerten Transportbeton BauR 1995, 646; *Weidemann* Die neue Wärmeschutzverordnung (WSVO) und die Anzeigepflicht des Werkunternehmers nach § 4 Nr. 3 VOB/B BauR 1995, 770; *Hechtl/Nawrath* Sind die allgemein anerkannten Regeln der Technik ein zeitgemäßer bautechnischer Qualitätsstandard? ZfBR 1996, 179; *Mantscheff* Probleme der Entbehrlichkeit der Fristsetzung mit Ablehnungsandrohung bei Verweigerung der Nachbesserung BauR 1996, 338; *Eichler* Die Gewährleistung nach § 13 Nr. 3 VOB/B bei Anordnungen des Auftraggebers und der Verstoß dieser Klauseln gegen AGBG – neue Rechtsprechung BauR 1997, 903; *Hofmann* Die rechtliche Einordnung der Mitwirkungspflichten des Auftraggebers beim Bauvertrag FS v. Craushaar 1997, S. 219 ff.; *Lenzen* Ansprüche gegen den Besteller, dem Mitwirkungspflichten unmöglich werden BauR 1997, 210; *Jagenburg/Pohl* DIN 18195 und anerkannte Regeln der Technik am Beispiel der Bauwerksabdichtung mit Bitumendickbeschichtungen BauR 1998, 1075; *Oswald* Die Beurteilung von optischen Mängeln Jahrbuch Baurecht 1998 S. 357; *Parmentier* Die anerkannten Regeln der Technik im privaten Baurecht BauR 1998, 207; *Stammbach* Einhaltung der anerkannten Regeln der Technik als Ersatz-Leistungsmaßstab BauR 1998, 482; *v. Craushaar* Konkurrierende Gewährleistung von Vor- und Nachfolgunternehmer? Jahrbuch Baurecht 1999, S. 115; *Dresenkamp* Die anerkannten Regeln der Technik am Beispiel des Schallschutzes BauR 1999, 1079; *Grauvogl* Die Erstattung von Kosten der Ersatzvornahme vor der Abnahme beim VOB-Bauvertrag FS Vygen 1999 S. 291 ff.; *Kaiser* Der Anspruch auf Ersatz der Fremdnachbesserungskosten nach §§ 4 Nr. 7; 8 Nr. 3 VOB/B ZfBR 1999, 64; *Kapellmann* Baugrundrisiko und Systemrisiko – Baugrundsystematik, Bausoll, Beschaffenheitssoll, Bauverfahrenssoll Jahrbuch Baurecht 1999 S. 1; *Kraft/Maxem* Die Gewährleistung des Unternehmers für die Tauglichkeit von ihm verwendeter Baustoffe oder Produkte bei Anordnung des Bestellers nach § 13 Nr. 3 VOB/B BauR 1999, 1074; *J. Jagenburg* Die Entwicklung des privaten Bauvertragsrechts seit 1998: VOB/B NJW 2000, 2629; *W. Jagenburg* Anerkannte Regeln der Technik auf dem Prüfstand des Gewährleistungsrechts Jahrbuch Baurecht 2000, S. 200; *Joussen/Schranner* VOB 2000: Die beschlossenen Änderungen der VOB/B BauR 2000, 334; *Kamphausen* Zur Unverzichtbarkeit anerkannter Regeln der Technik – Testfall: Bitumendickbeschichtungen Jahrbuch Baurecht 2000 S. 218; *Nicklisch* Vertragsgestaltung und Risikoverteilung bei neuen Technologien – am Beispiel des modernen Tunnelbaus – FS Lukes 2000 S. 143 ff.; *Stuttmann* Die Pflicht zum Schutz eigener Leistungen und die Gefahrverteilung im Bauvertrag BauR 2001, 1487; *Kern* Die Weitervergabe von Bauleistungen nach § 4 Abs. 2 VOB/B FS Schiffers 2001 S. 127; *Kniffka* Die Kooperationspflicht der Bauvertragspartner im Bauvertrag Jahrbuch Baurecht 2001 S. 1; *Grauvogl* Systemrisiko und Pauschalvertrag bei Tiefbauleistungen NZBau 2002, 591; *Langen/Schiffers* Leistungs-, Prüfungs- und Hinweispflichten des Auftragnehmers bei konventioneller und zieldefinierter Baudurchführung FS Jagenburg 2002 S. 435; *Mantscheff* Sind die DIN 18 201/202 anerkannte Regeln der Technik? FS Jagenburg 2002 S. 529; *Oppler* Zur Pflicht des Auftragnehmers, seine Leistungen vor Beschädigung und Winterschäden zu schützen FS Jagenburg 2002 S. 713; *Siegburg* Der Baumangel nach der geplanten VOB/B 2002 FS Jagenburg 2002 S. 839; *Sturmberg* DIN-EN-Normen – Erweiterte Planungsverantwortung und Haftung des Architekten? FS Jagenburg 2002 S. 869; *Vygen* Rechtliche Probleme der baubegleitenden Qualitätsüberwachung mit und ohne Fertigstellungsbescheinigung FS Jagenburg 2002 S. 933; *Acker/Garcia-Scholz* Die Ansprüche des Auftragnehmers bei Beschädigung der Werkleistung vor Abnahme BauR 2003, 1457; *Acker/Roskosny* Die Abnahme beim gekündigten Bauvertrag und deren Auswirkung auf die Verjährung BauR 2003, 1279 ff.; *Grauvogel* Bauvertrag – Risikoverlagerung vom Auftraggeber zum Auftragnehmer Jahrbuch Baurecht 2003, S. 29; *Grauvogl* § 4 Nr. 10 VOB/B – Zustandsfeststellung und Umkehr der Beweislast bei unsichtbaren Tiefbauleistungen Baurecht 2003, 1481; *J. Jagenburg* Die Entwicklung des privaten Bauvertragsrechts seit 2000: VOB/B NJW 2003, 102; *Langen* Die Gestaltung von Bauverträgen – Überlegungen und erste Erfahrungen zum neuen Recht Jahrbuch Baurecht 2003, S. 159; *Oberhauser* Pflichten- und Risikoverteilung zwischen den Bauvertragsparteien FS Kraus 2003 S. 151 ff.; *Schuhmann* Kooperationspflichten des Anlagenvertrages: Rechtliche Substanz und praktische Konsequenzen Baurecht 2003, 162; *Schulze-Hagen* Rechtsfragen zur baubegleitenden Qualitätsüberwachung FS Kraus 2003 S. 219 ff.; *Vorwerk* Mängelhaftung des Werkunternehmers und Rechte des Bestellers nach neuem Recht BauR 1/2003, 1; *Ziegler* Zu den Pflichten des Bauherrn und seinem Mitverschulden bei der Planung des Bauvorhabens und der Überwachung der bauausführenden Unternehmer ZfBR 6/2003, 523; *Dauner-Lieb/Dötsch* § 326 II 2 BGB (analog) bei der Selbstvornahme? NZBau 5/2004, 233; *Harms* Die doppelte Fristsetzung zur Mängelbeseitigung – Wirksames Instrument oder rechtliches nullum? BauR 5/2004, 745; *Loy* Zulässigkeit von Webcams auf Baustellen ZfIR 5/2004, 181; *Micklitz* Die Richtlinie 93/13/EWG des Rates der Europäischen Gemeinschaft vom 5.4.1993 über missbräuchliche Klauseln in Verbraucherverträgen und ihre Auswirkung auf die VOB Teil B, Gutachten im Auftrag des Verbraucherzentrale Bundesverbandes e.V. 2004; *Moufang/Klein* Die Bedeutung der VOB Teil C für die Leistungspflichten der Bauvertragspartner Jahrbuch BauR 2004 S. 71; *Muffler* Das Mängelbeseitigungsrecht des Werkunternehmers und die Doppelsinnigkeit der Nacherfüllung Baurecht 2004, 1356; *Neyheusel* Rechtsfragen bei der Baubegleitenden Qualitätsüberwachung Baurecht 2004, 401; *Schoch* Allgemein anerkannte Regel der Technik im baulichen Schallschutz BrBp 12/2004, 506; *Schwarze* Auswirkungen der bauvertraglichen Kooperationsverpflichtung BauR 2004, 895; *Seibel* Stand der Technik, allgemein anerkannte Regeln der Technik und Stand von Wissenschaft und Technik Baurecht 2004, 266; *Christiansen-Geiss* Verantwortung des Auftraggebers für Fehler des Sonderfachmanns im Verhältnis zum Architekten FS Werner 2005 S. 209 ff.; *Eschenbruch* Die Haftung des Projektleiters FS Werner 2005 S. 247; *Glöckner* Ausgewählte Probleme der gesamtschuldnerischen Haftung Baubeteiligter wegen Leistungsstörungen bei der Erstellung des Bauwerks BauR 2005, 251; *Heil* Die strafrechtliche Verantwortung der Sicherheits- und Gesundheitsschutzkoordinatoren oder: Die üblichen Verdächtigen NZBau 10/2005, 545; *Jansen* Das Recht des Auftragnehmers zur Mangelbeseitigung/Nacherfüllung Baurecht 2005, 1089; *Kapellmann* In sich abgeschlossene Teile der Leistung gemäß VOB/B FS Thode 2005 S. 29; *Kniffka* Gesamtschuldnerausgleich im Baurecht BauR 2005, 274; *Locher-Weiss* Schallschutz im Hochbau – Geplante Änderungen der DIN 4109 durch den Entwurf DIN 4109–10 (Juni 2000) und die Auswirkungen auf das Werkvertragsrecht Baurecht 2005, 17; *Löffelmann* Gesamtschuld zwischen bauleitendem und planendem Architekt FS Werner 2005 S. 219; *Mundt* Zur angemessenen Nachbesserungsfrist bei witterungsabhängigen Nachbesserungsarbeiten Baurecht 2005, 1397; *Sangenstedt* Bauherr, Planer, Ausführer FS Werner 2005 S. 231; *Seibel* Der europäische Rechtsbegriff beste verfügbare Techniken (best available techniques) Baurecht 2005, 1109; *Seibel* Recht und Technik Baurecht 2005, 490; *Schneeweiss* Das Baustellenverbot und seine rechtlichen Auswirkungen BrBp 2005, 9; *Soergel* Die möglichen Gesamtschuldverhältnisse von Baubeteiligten BauR 2005, 239; *Weyer* Werkvertragliche Mängelhaftung nach neuem Recht: Weitere Probleme beim Schadenersatz Jahrbuch Baurecht 2005 S. 3; *Englert/Fuchs* Die Fundamentalnorm für die Errichtung von Bauwerken: DIN 4020 BauR 2006, 1047; *Klein/Moufang* Die Haftung des Architekten in der Gesamtschuld Jahrbuch Baurecht 2006 S. 165; *Lang* Die Teilkündigung, Tischvorlage ARGE Baurecht 17./18.3.2006; *Löffelmann* Zum Umfang der Planprüfungspflicht des nur objektüberwachenden Architekten FS Motzke 2006 S. 229; *Meyer* Obergerichtliche Rechtsprechung zur Baustellenverordnung BauR 4/2006, 597; *Preussner* Die Leistungspflichten des Architekten, wenn eine konkrete Leistungsbeschreibung fehlt BauR 2006, 898; *Tomic* Verjährung des Kostenerstattungsanspruchs (§§ 4 Nr. 7, 8 Nr. 3 VOB/B) BauR 2006, 441.

In § 4 VOB/B, der mit »Ausführung« überschrieben ist, geht es um die **vertraglichen Rechte und Pflichten beider Vertragspartner, vornehmlich des Auftragnehmers, im Bereich der Leistung** durch den **Auftragnehmer. Geregelt ist hier das Ausführungsstadium bis zur Abnahme.** Hier han- 1 delt es sich zunächst in Nr. 1 Abs. 1 um Bereitstellungspflichten der Auftraggeberseite, während seine grundlegenden Rechte im Ausführungsstadium in Nr. 1 Abs. 2 und 3 festgelegt sind. Sofern der Auftragnehmer gegen das Bedenken hat bzw. haben muss, was ihm von der Seite des Auftraggebers an Leistung abverlangt wird, ist sein Pflichtenkreis in Nr. 1 Abs. 4, vor allem aber in Nr. 3, festgehalten. Nr. 2 regelt sozusagen generalklauselartig den Umfang des Verantwortungsbereichs des Auftragnehmers während der Ausführung. Nr. 5 befasst sich mit Sicherungspflichten des Auftragnehmers. Nr. 6 und Nr. 7 sind spezielle Bestimmungen zur Frage der Vermeidung oder Beseitigung mangelhafter oder vertragswidriger Leistungen des Auftragnehmers mit dort im Einzelnen festgelegten Rechten des Auftraggebers. Nr. 8 bestimmt die grundsätzliche Eigenleistungsverpflichtung des Auftragnehmers und regelt etwaige Ausnahmen. Schließlich befasst sich Nr. 9 mit dem Sonderfall des Auffindens wertvoller Gegenstände auf dem Baugrundstück während der Ausführung der in Auftrag gegebenen Bauleistung.

2 Weder das Schuldrechtsmodernisierungsgesetz noch die VOB 2002 haben zu unmittelbaren Änderungen von § 4 VOB/B geführt. Gewisse Einflüsse sind vorhanden; so wirkt sich etwa die Änderung des Mangelbegriffs in § 13 Nr. 1 VOB/B zwangsläufig auch auf die Nr. 7 aus. Derartiges ist jeweils im Zusammenhang unter Verweis auf die jeweiligen Fundstellen besprochen.

§ 4 Nr. 1
[Die Bereitstellungs- sowie Überwachungsrechte und -pflichten des Auftraggebers]

(1) Der Auftraggeber hat für die Aufrechterhaltung der allgemeinen Ordnung auf der Baustelle zu sorgen und das Zusammenwirken der verschiedenen Unternehmer zu regeln. Er hat die erforderlichen öffentlich-rechtlichen Genehmigungen und Erlaubnisse – z.B. nach dem Baurecht, dem Straßenverkehrsrecht, dem Wasserrecht, dem Gewerberecht – herbeizuführen.

(2) Der Auftraggeber hat das Recht, die vertragsgemäße Ausführung der Leistung zu überwachen. Hierzu hat er Zutritt zu den Arbeitsplätzen, Werkstätten und Lagerräumen, wo die vertragliche Leistung oder Teile von ihr hergestellt oder die hierfür bestimmten Stoffe und Bauteile gelagert werden. Auf Verlangen sind ihm die Werkzeichnungen oder andere Ausführungsunterlagen sowie die Ergebnisse von Güteprüfungen zur Einsicht vorzulegen und die erforderlichen Auskünfte zu erteilen, wenn hierdurch keine Geschäftsgeheimnisse preisgegeben werden. Als Geschäftsgeheimnis bezeichnete Auskünfte und Unterlagen hat er vertraulich zu behandeln.

(3) Der Auftraggeber ist befugt, unter Wahrung der dem Auftragnehmer zustehenden Leitung (Nummer 2) Anordnungen zu treffen, die zur vertragsgemäßen Ausführung der Leistung notwendig sind. Die Anordnungen sind grundsätzlich nur dem Auftragnehmer oder seinem für die Leitung der Ausführung bestellten Vertreter zu erteilen, außer wenn Gefahr im Verzug ist. Dem Auftraggeber ist mitzuteilen, wer jeweils als Vertreter des Auftragnehmers für die Leitung der Ausführung bestellt ist.

(4) Hält der Auftragnehmer die Anordnungen des Auftraggebers für unberechtigt oder unzweckmäßig, so hat er seine Bedenken geltend zu machen, die Anordnungen jedoch auf Verlangen auszuführen, wenn nicht gesetzliche oder behördliche Bestimmungen entgegenstehen. Wenn dadurch eine ungerechtfertigte Erschwerung verursacht wird, hat der Auftraggeber die Mehrkosten zu tragen.

Inhaltsübersicht

	Rn.
A. Pflichten des Auftraggebers nach Abs. 1	1
I. Teil der Koordinationspflicht des Auftraggebers	1

		Rn.
II.	Allgemeine Ordnung auf der Baustelle und Zusammenwirken der verschiedenen Unternehmer	6
	1. Allgemeine Ordnung auf der Baustelle	7
	2. Zusammenwirken der verschiedenen Unternehmer	9
	3. Pflichtgemäßes Ermessen des Auftraggebers durch die verschiedenen möglichen Maßnahmen	10
	a) Festlegung des Arbeitsraumes	11
	b) Baustellenordnungsplan	12
	c) Bauzeitenpläne	13
	d) Baustellenverordnung	14
	e) Abhilfepflicht des Auftraggebers	15
	f) Übertragung von Koordinationspflichten auf einen Auftragnehmer	16
III.	Herbeiführung öffentlich-rechtlicher Genehmigungen	17
	1. Verpflichtung des Auftraggebers	21
	2. Genehmigung im Einzelnen – Prüfingenieur	23
	3. Erwirkung der Genehmigung durch Dritte	28
	4. Einholung von Genehmigungen durch den Auftragnehmer	29
	5. Entbehrlichkeit von Genehmigungen	30
IV.	Rechtsfolgen bei Missachtung der Pflichten des Auftraggebers	31
V.	Exkurs: Schwarzarbeit	37
B.	Das Überwachungsrecht des Auftraggebers (Nr. 1 Abs. 2)	52
I.	Besonderheit beim VOB-Vertrag	53
	1. Kein Zusammenhang mit der Abnahme	54
	2. Besonderheit des Bauvertrags als Grund	55
	3. Nebenpflichten des Auftragnehmers	56
II.	Keine unbegrenzte Befugnis	57
	1. Nicht schlechthin Recht zur Anweisung	57
	2. Lediglich beobachtende, überprüfende und vergleichende Tätigkeit	58
III.	Keine Überwachungspflicht	59
IV.	Der Umfang des Überwachungsrechts	61
	1. Zutrittsrecht	61
	2. Einsicht in Unterlagen	63
	3. Gegebenenfalls Auskunftsrecht	66
	4. Begrenzung durch Geschäftsgeheimnis des Auftragnehmers	67
	5. Vertragliche Behandlung von Geschäftsgeheimnissen	70
C.	Das Anordnungsrecht des Auftraggebers (Nr. 1 Abs. 3 und 4)	73
I.	Ebenfalls Sonderregelung der VOB	75
II.	Vorsichtige und angemessene Handhabung geboten	76
III.	Begrenzung: Notwendigkeit zur vertragsgemäßen Ausführung der Leistung	77
	1. Vertragliche Leistungspflicht maßgebend	78
	2. Objektive Notwendigkeit erforderlich	80
	3. Wahrung der Rechte des Auftragnehmers nach Nr. 2	81
IV.	Grundsätzlich Anordnung nur an Auftragnehmer oder dessen Vertreter	82
	1. Ausnahme: Gefahr im Verzug	82
	2. Mitteilung des Vertreters	85
	3. Weitere Ausnahmen	86
V.	Mitteilung von Bedenken und Folgen (Nr. 1 Abs. 4)	87
	1. Unberechtigte oder unzweckmäßige Anordnungen	88
	2. Begründete Auffassung des Auftragnehmers maßgeblich	89
	3. Prüfungspflicht des Auftraggebers	90
	4. Ausnahmen von der Pflicht des Auftragnehmers zur Befolgung der Anordnungen	91
	a) Verstoß gegen gesetzliche oder behördliche Bestimmungen	92
	b) Verstoß gegen Treu und Glauben	93
	c) Nachweis durch Auftragnehmer	97

	Rn.
d) Rechte des Auftragnehmers.	98
5. Ausgleich der Mehrkosten.	99
6. Haftungsverhältnisse.	105

Aufsätze: *v. Craushaar* Die Rechtsprechung zum Problem des Baugrundes FS Locher 1990 S. 9; *Köhler* Schwarzarbeitsverträge: Wirksamkeit, Vergütung, Schadensersatz JZ 1990, 466; *Siegburg* VOB/B und AGB-Gesetz FS Locher 1990 S. 349; *Tiedtke* Die gegenseitigen Ansprüche des Schwarzarbeiters und seines Auftraggebers Betrieb 1990, 2307; *Kohler* Werkmangel und Bestellerverantwortung NJW 1993, 417; *Büttner* Schwarzarbeit, Leistungsmissbrauch und kein Ende GewA 1994, 7; *Grünberger* Gesetz zur Änderung des Gesetzes zur Bekämpfung von Schwarzarbeit und anderer Gesetze NJW 1995, 15; *Hofman* Die rechtliche Einordnung der Mitwirkungspflichten des Auftraggebers beim Bauvertrag FS v. Craushaar 1997 S. 219 ff.; *Lenzen* Ansprüche gegen den Besteller, dem Mitwirkungspflichten unmöglich werden BauR 1997, 210; *Kapellmann* Baugrundrisiko und Systemrisiko – Baugrundsystematik, Bausoll, Beschaffenheitssoll, Bauverfahrenssoll Jahrbuch Baurecht 1999 S. 1; *Kniffka* Die Kooperationspflicht der Bauvertragspartner im Bauvertrag Jahrbuch Baurecht 2001 S. 1; *Grauvogel* Systemrisiko und Pauschalvertrag bei Tiefbauleistungen NZBau 2002, 591; *Vygen* Rechtliche Probleme der baubegleitenden Qualitätsüberwachung mit und ohne Fertigstellungsbescheinigung FS Jagenburg 2002 S. 933; *Grauvogel* Bauvertrag – Risikoverlagerung vom Auftraggeber zum Auftragnehmer Jahrbuch Baurecht 2003 S. 29; *Langen* Die Gestaltung von Bauverträgen – Überlegungen und erste Erfahrungen zum neuen Recht Jahrbuch Baurecht 2003 S. 159; *Schuhmann* Kooperationspflichten des Anlagenvertrages: Rechtliche Substanz und praktische Konsequenzen Baurecht 2003, 162; *Schulze-Hagen* Rechtsfragen zur baubegleitenden Qualitätsüberwachung FS Kraus 2003 S. 219 ff.; *Loy* Zulässigkeit von Webcams auf Baustellen ZfIR 5/2004, 181; *Schwarze* Auswirkungen der bauvertraglichen Kooperationsverpflichtung BauR 6/2004, 895; *Neyheusel* Rechtsfragen bei der Baubegleitenden Qualitätsüberwachung Baurecht 2004, 401.

A. Pflichten des Auftraggebers nach Abs. 1

I. Teil der Koordinationspflicht des Auftraggebers

1 Der Auftraggeber hat gemäß Abs. 1 für die **Aufrechterhaltung der allgemeinen Ordnung auf der Baustelle** zu sorgen und das **Zusammenwirken der verschiedenen Unternehmer** zu regeln. Er ist weiterhin verpflichtet, die **erforderlichen öffentlich-rechtlichen Genehmigungen und Erlaubnisse** – z.B. nach dem Baurecht, dem Straßenverkehrsrecht, dem Wasserrecht, dem Gewerberecht – **herbeizuführen.** Er muss also dafür sorgen, dass der Auftragnehmer nicht nur in die Lage versetzt wird, die geschuldete Bauleistung überhaupt zu erbringen, sondern sie ordnungsgemäß und ohne rechtliche und tatsächliche Behinderung sachgerecht und ohne Verzögerung auszuführen. Hierzu gehört, dass die Baustelle frei von irgendwelchen Hindernissen oder Behinderungen ist, die der Verwirklichung des im Bauvertrag im Einzelnen umschriebenen Ausführungswillens des Auftragnehmers entgegenstehen können.

2 Die hier vertraglich besonders festgelegten **Verpflichtungen des Auftraggebers** sind Ausdruck der grundlegenden **Mitwirkungspflicht** des Auftraggebers, dem Auftragnehmer das Grundstück in einer für seine Leistung aufnahmebereiten Art und Weise – also rechtlich und tatsächlich bebauungsfähig – zur Verfügung zu stellen (BGH 21.10.1999 VII ZR 185/98 = BauR 2000, 722, 725). Diese Verpflichtung ergibt sich daraus, dass der Auftragnehmer im Regelfall insoweit keine von vornherein gegebene Verfügungsbefugnis besitzt. Im vorauszusetzenden Normalfall können nämlich die allgemeine Ordnung auf der Baustelle, das Zusammenwirken der verschiedenen Unternehmer sowie die Erteilung der erforderlichen öffentlich-rechtlichen Erlaubnisse und Genehmigungen nur vom Auftraggeber, der die Verfügungsbefugnis über das Grundstück hat, bewirkt werden. Das ist auch der Grundgedanke, der zu § 3 Nr. 2 VOB/B geführt hat. In dieser Bestimmung ist ebenfalls ein Teil

der Bereitstellungspflicht des Auftraggebers enthalten. Gleiches trifft auf die Sonderregelung in § 4 Nr. 4 VOB/B zu.

Die in Nr. 1 Abs. 1 **festgelegten Pflichten des Auftraggebers** sind Teile einer so genannten **Koordinationspflicht,** die in der rechtlichen Ausgangslage im Allgemeinen zum **dem Auftraggeber zuzurechnenden Planungsbereich** gehört und zu deren Erfüllung sich der Auftraggeber regelmäßig des **Architekten oder Ingenieurs als Erfüllungsgehilfen** bedient; er hat also gegenüber dem Auftragnehmer **für dessen Tun oder Unterlassen nach den §§ 276, 278 BGB einzustehen** (vgl. dazu u.a. BGH BauR 1970, 57; 1971, 263; 1972, 112 = NJW 1972, 447; auch OLG Köln BauR 1995, 243). Mit Nr. 1 übernimmt der Auftraggeber **Ablaufplanung und Ablaufsteuerung** als Ausfluss seiner allgemeinen Pflicht, durch eigene Mitwirkung die reibungslose Ausführung des unternehmerischen Werks zu ermöglichen. So muss sich der Auftraggeber bzw. sein bauleitender Architekt rechtzeitig vergewissern, ob die Aufnahme der Arbeiten durch den Auftragnehmer möglich ist, er sachgerecht und zügig arbeiten kann und ihm keine unnötigen Kosten entstehen (vgl. dazu OLG Köln BauR 1995, 243 im Falle des Auftrages zur Erstellung einer Sprinkleranlage in einer Baugrube, obwohl dort noch Grundwasser vorhanden war).

Soweit eine solche Koordinationspflicht des Auftraggebers besteht, kann es **im Einzelfall wiederum** erforderlich sein, dass der **Auftragnehmer** je nach Sachlage seinerseits **Mitwirkungspflichten** hat, damit der Auftraggeber seine Aufgaben **ordnungsgemäß erfüllen** kann. Das gilt vor allem, wenn **mehrere Leistungen verschiedener, beim selben Bauvorhaben tätiger Unternehmer miteinander abzustimmen** sind. So kann es sein, dass ein oder mehrere Unternehmer an gemeinsamen Besprechungen oder Baustellenbegehungen mit dem Auftraggeber bzw. dessen Vertreter – wie z.B. dem bauplanenden oder bauleitenden Architekten – **teilnehmen müssen,** damit der Auftraggeber in die Lage versetzt wird, die von ihm vorzunehmende Koordination durchzuführen. Sofern ein Auftragnehmer hier die von ihm im Einzelfall zu fordernde **Mitwirkung grundlos verweigert,** kann er sich, falls es dadurch zu Unzuträglichkeiten im späteren Bauablauf kommt, zumindest **mitverantwortlich an** dem möglicherweise entstehenden **Schaden** (§ 254 BGB) und damit gegenüber dem Auftraggeber **schadensersatzpflichtig** machen, insoweit aus dem Gesichtspunkt der **Verletzung einer vertraglichen Nebenpflicht, also einer positiven Vertragsverletzung** (vgl. dazu auch OLG Köln BauR 1995, 243).

Im Übrigen dürfen die **Anforderungen** an die **grundsätzlich nur den Gesamtrahmen der beabsichtigten Bauausführung umfassende** Koordinationspflicht des Auftraggebers **nicht überspannt** werden. Sie enden dort, wo das vorauszusetzende Fachwissen des Auftraggebers bzw. seines hier als Erfüllungsgehilfe tätigen Architekten oder Ingenieurs nicht mehr reicht, sondern die zu lösende Frage dem **Kenntnisbereich des Spezialisten** zuzuordnen ist, wie z.B. des Heizungsfachmannes. Insoweit gehen Fehlleistungen letztlich nicht zu Lasten des Auftraggebers, sondern zu Lasten des im speziellen Bereich eingesetzten Fachunternehmers (ähnlich BGH 11.12.1975 VII ZR 7/74 = BauR 1976, 138; zu einer bei bestimmten Bauten über die bloße Mitwirkungspflicht hinausgehenden Schuldverpflichtung des Auftraggebers wegen im Einzelfall erforderlicher besonderer Kooperation zwischen Auftraggeber und Auftragnehmer vgl. insbesondere *Nicklisch* BB 1979, 533).

II. Allgemeine Ordnung auf der Baustelle und Zusammenwirken der verschiedenen Unternehmer

S. 1 befasst sich mit der Schaffung von geordneten Verhältnissen durch den Auftraggeber am **Objekt der Bauleistung.** Erfahrungsgemäß ist der Auftragnehmer zur ordnungsgemäßen – insbesondere zügigen und den sonstigen Leistungsanforderungen entsprechenden – Bauleistung nur in der Lage, wenn sowohl die **allgemeine Ordnung** als auch die **ungehinderte Zusammenarbeit** der verschiedenen bei demselben Bauvorhaben tätigen Unternehmer auf der Baustelle **gewährleistet** sind.

1. Allgemeine Ordnung auf der Baustelle

7 Die hier verlangte **allgemeine Ordnung** hat **auf der Baustelle** zu herrschen. Es gehören dazu das Gelände des Bauvorhabens selbst sowie ein weiterer Grundstücksteil, der als Nebengelände für die Arbeiten, insbesondere auch für die Arbeitsvorbereitung an Ort und Stelle, erforderlich ist und zur Verfügung steht. Normalerweise müssen nämlich bei Baustellen **zusätzliche Plätze** zur Verfügung gestellt werden für die Lagerung von Baustelleneinrichtung, Material, Bauteilen, Maschinen, für Unterkunfts- sowie Bürobaracken, Sanitäreinrichtungen usw. **Auch Zufahrtswege** gehören dazu. Die Pflicht zur Schaffung der allgemeinen Ordnung bedeutet, dass **die Baustelle in** ihrer **Gesamtheit** sowohl mit ihrer Einrichtung als auch im Hinblick auf den zu erwartenden Bauablauf so beschaffen ist, dass es **während der Bauausführung nicht zu Unzuträglichkeiten** für die dort tätigen Auftragnehmer und deren Personal kommt. Daher muss der Auftraggeber z.B. grundsätzlich auch für die Beseitigung von Verkehrsbehinderungen, die den Bauablauf stören würden, sorgen.

Alle diese Gesichtspunkte sind auch **wesentlich für die Kalkulation des Auftragnehmers, also dessen Vergütungsanspruch.** Sofern der Auftraggeber die hier an ihn gestellten Koordinationsanforderungen **nicht erfüllen kann,** muss er den **Auftragnehmer** vor Angebotsabgabe oder jedenfalls vor Vertragsabschluss darauf im Einzelnen **hinweisen,** es sei denn, diese besonderen Umstände sind für den Auftragnehmer an Ort und Stelle ohne weiteres erkennbar. Hinzu kommt **auch der Schutz Dritter,** wie z.B. Nachbarn, Passanten. Im Übrigen findet sich eine **ergänzende Regelung der hier erörterten Bereitstellungspflicht des Auftraggebers in Nr. 4.**

8 Der Auftraggeber hat die allgemeine **Ordnung** auf der Baustelle **nicht nur zu schaffen, sondern vor allem auch aufrechtzuerhalten.** Deshalb genügt es nicht, dass der Auftraggeber den einzelnen Auftragnehmern ihre unmittelbaren Arbeitsplätze und die weiteren Plätze für Lagerungs- und Unterkunftsmöglichkeiten lediglich zuweist. Es ist auch seine Verpflichtung, die Sorge für die allgemeine Ordnung auf der Baustelle so lange **fortzusetzen,** bis das Bauvorhaben bzw. die Leistung aus dem betreffenden Bauvertrag **fertiggestellt** oder jedenfalls so weit fortgeschritten ist, dass eine solche Ordnung auf der Baustelle **ausnahmsweise nicht mehr notwendig** ist.

2. Zusammenwirken der verschiedenen Unternehmer

9 Die Verpflichtung zur Regelung des **Zusammenwirkens der verschiedenen Unternehmer** hat den Zweck, dem einzelnen Unternehmer die **bestmögliche Gewähr** dafür zu bieten, dass er seine Bauleistung **vertragsgemäß durchführen** kann. Er soll vor **Behinderungen oder Störungen durch andere Auftragnehmer oder sonstige Dritte geschützt** werden. Dabei spielt **nicht nur der räumliche, sondern auch der zeitliche und technisch sachgerecht einzuordnende Einsatz der verschiedenen Auftragnehmer** hinsichtlich des Beginns und der Dauer ihrer Leistung eine maßgebliche Rolle. Es kann notwendig sein, dass verschiedene Unternehmer zu gleicher Zeit am Bau arbeiten. Andererseits kann es erforderlich sein, dass der eine Auftragnehmer seine Leistung erst vollständig erbringen muss, weil sie die Voraussetzung für den Beginn der Leistung eines anderen Auftragnehmers ist. Daher gehört hierher auch die Verpflichtung des Auftraggebers (Architekten, Ingenieurs), darauf zu achten, dass ein Auftragnehmer nicht früher mit seiner Leistung anfängt, bevor nicht ein anderer seine Vertragsleistung vollständig erfüllt hat, wenn in der Frage der ordnungsgemäßen und zeitgerechten Arbeit eine **Abhängigkeit** zwischen beiden Leistungen besteht (vgl. OLG Köln SFH § 635 BGB Nr. 9).

3. Pflichtgemäßes Ermessen des Auftraggebers durch die verschiedenen möglichen Maßnahmen

10 In welcher Weise der Auftraggeber die vorgenannten Pflichten erfüllt, bestimmt sich nach den **Erfordernissen des Einzelfalles.** Eine allgemeinverbindliche Regelung stellt die VOB hierfür nicht auf; das kann sie auch nicht, weil die Anforderungen von Fall zu Fall verschieden sind. Hinsichtlich der im Allgemeinen gezogenen Grenzen vgl. Rn. 5. Es bleibt den jeweiligen Erfordernissen entsprechend dem **pflichtgemäßen Ermessen des Auftraggebers** überlassen, seiner Verpflichtung nachzukommen. Soweit er **sachgerechte**, im Rahmen des Absatzes 1 liegende Anordnungen trifft, haben sich die **Auftragnehmer aufgrund ihrer vertraglichen Verpflichtung zu beugen, wie sich insbesondere auch aus Nr. 1 Abs. 3 ergibt.** In der Praxis haben sich zur Erfüllung solcher Sorge- und Regelungspflichten folgende Maßnahmen bewährt:

a) Festlegung des Arbeitsraumes
Die Festlegung des **Arbeitsraumes** für jeden Unternehmer ergibt sich vielfach schon aus den Maßnahmen nach § 3 Nr. 2 VOB/B. Der Platz der eigentlichen Bauleistung ist häufig auch schon aus den Vertragsunterlagen ersichtlich. Wo dieses nicht genügt, ist es erforderlich, jedem einzelnen Auftragnehmer seinen Arbeitsplatz anzuweisen, und zwar jeweils hinreichend genau.

11

b) Baustellenordnungsplan
Zwecks Zuweisung der Plätze wird oft ein **Baustellenordnungsplan** aufgestellt. In ihm ist die Regelung der Lagerplätze, der Anfuhrwege, der technischen und kaufmännischen Büros, der Unterstellplätze für Kraftfahrzeuge und Maschinen, der Licht- und Fernsprechanschlüsse usw. enthalten. Ein solcher Plan kann schriftlich oder zeichnerisch dargestellt werden und ist allen Auftragnehmern zuzuleiten oder jedenfalls an deutlich sichtbarer, zentraler Stelle auf der Baustelle zur Verfügung zu halten, z.B. auszuhängen.

12

c) Bauzeitenpläne
Wegen des **richtigen Zusammenwirkens** der verschiedenen Unternehmer können **Bauzeitenpläne** (Balkenpläne, Linienpläne, Netzpläne) aufgestellt werden. Darin werden der **zeitliche Ablauf** der verschiedenen Bauleistungen, der Beginn, der Fortschritt und das Ende der Arbeiten der einzelnen Auftragnehmer geregelt, wie es den jeweiligen vertraglichen Vereinbarungen entspricht und zur sachgemäßen Durchführung des **Gesamtbauvorhabens notwendig** ist. Auch regelmäßige Besprechungen auf der Baustelle können hier geboten oder jedenfalls von Nutzen sein. Es ist eine vertragliche **Nebenpflicht des Auftragnehmers, daran teilzunehmen,** anderenfalls könnte er sich möglicherweise wegen einer Pflichtverletzung nach §§ 280, 241 Abs. 2 BGB **schadensersatzpflichtig** machen.

13

d) Baustellenverordnung
Dem Zusammenwirkungen der Unternehmer unter sicherheitstechnischen Aspekten trägt insbesondere die zum 1.7.1998 in Kraft getretene **Baustellenverordnung** (BaustellV) Rechnung. Sie dient der wesentlichen Verbesserung von Sicherheit und Gesundheitsschutz der Beschäftigten auf Baustellen. Eine wesentliche Maßnahme hierzu ist der Sicherheits- und Gesundheitsschutzplan, zu dessen Erstellung in der Planungsphase und Fortschreibung in der Ausführungsphase der Bauherr oder ein von ihm beauftragter Dritter bei der überwiegenden Anzahl aller Bauvorhaben verpflichtet ist. Im Sicherheits- und Gesundheitsschutzplan ist während der Planung der Ausführung des Bauvorhabens zu ermitteln, zu berücksichtigen und zu dokumentieren, welche Gefährdungen bei den einzelnen Arbeitsabläufen (gegliedert nach Gewerken) auftreten und ob dabei insbesondere Gefährdungen durch die Beschäftigung mehrerer Arbeitgeber gleichzeitig oder nacheinander oder anderweitige betriebliche Tätigkeit auf dem Gelände (z.B. bei Bauarbeiten im bestehenden Betrieb) entstehen können und durch welche Maßnahmen die Gefährdungen vermieden oder verringert werden können.

14

e) Abhilfepflicht des Auftraggebers
Kommt es zu **Störungen** der allgemeinen Ordnung auf der Baustelle oder beim Zusammenwirken der verschiedenen Unternehmen, ist der **Auftraggeber zur Abhilfe verpflichtet.** Dabei schuldet der

15

Auftraggeber nicht nur die ordnungsgemäße Regelung, sondern **auch die Befolgung seiner Anordnungen** durch die übrigen Unternehmer gegenüber dem jeweiligen Auftragnehmer. Diese sind in denjenigen Bereichen, in denen es um die Erfüllung vertraglicher Haupt- oder Nebenpflichten des Auftraggebers geht (etwa die Bereitstellung vertraglich vereinbarter Gerüste oder Behelfsbrücken), **Erfüllungsgehilfen des Auftraggebers.**

f) Übertragung von Koordinationspflichten auf einen Auftragnehmer

16 Es ist durchaus möglich, die in Abs. 1 S. 1 genannten Koordinationspflichten auf einen bestimmten Auftragnehmer zu übertragen. Sofern diese jedoch – was häufig der Fall sein wird – in den Bereich von § 2 Nr. 9 VOB/B einzuordnen sind, müssen solche Leistungen dem betreffenden Auftragnehmer **gesondert vergütet werden.**

III. Herbeiführung öffentlich-rechtlicher Genehmigungen

17 Die nach Abs. 1 S. 2 dem Auftraggeber aus dem Bauvertrag mit dem Auftragnehmer auferlegte Verpflichtung zur Herbeiführung der **öffentlich-rechtlichen Genehmigungen** hängt damit zusammen, dass im Bauwesen in verschiedener Hinsicht aus **öffentlich-rechtlichen Gründen** eine Mitwirkung oder Aufsicht von Behörden vorgeschrieben ist. **Dieses zu beachten liegt im Allgemeinen im Bereich des Auftraggebers.** Die hier geregelte Verpflichtung des Auftraggebers geht dahin, die erforderlichen Anträge rechtzeitig und ordnungsgemäß zu stellen und sie gegebenenfalls unter Ausschöpfung von Rechtsmitteln bzw. Rechtsbehelfen weiter zu verfolgen. Das generelle Risiko für den Erfolg seiner Anträge trägt der Auftraggeber jedoch im Verhältnis zum Auftragnehmer nicht (vgl. *Nicklisch/Weick* § 4 VOB/B Rn. 18; *Stein* ZfBR 1986, 210). Anders dann, wenn der Auftraggeber auch dieses erkennbar übernommen hat oder wenn er von vornherein damit rechnen musste, dass angesichts bestehender zwingender öffentlich-rechtlicher Vorschriften sein Antrag derart risikobeladen ist, dass er mit einer Genehmigung nicht rechnen kann. Entgegen OLG München (BauR 1980, 274) kann aber nicht gesagt werden, dass der Auftraggeber das Risiko für die Genehmigung immer dann übernehme, wenn er den Vertrag mit dem Auftragnehmer vor Erteilung der Genehmigung abschließe. Vielmehr kommt es auch auf die Umstände des Einzelfalles an. Die vorangehend dargelegten Verpflichtungen des Auftraggebers können – je nach Vertragsgestaltung – auch einem Generalübernehmer obliegen.

Daher:

18 Grundsätzlich ist es **Aufgabe des Architekten** im Rahmen seiner Verpflichtung gegenüber dem Auftraggeber zur mangelfreien Erbringung des Architektenwerks, den Auftraggeber auf Vorschriften des öffentlichen Baurechts **hinzuweisen,** die für den jeweiligen Bau beachtet werden müssen (vgl. BGH 23.11.1973 VII ZR 197/71 = BGHZ 60, 1 = BauR 1973, 120; BGH 26.2.1980 VI ZR 53/79 = VersR 1980, 675; siehe dazu auch *Bindhardt* im Hinblick auf den Nachbarn des Auftraggebers = BauR 1983, 422). Daher muss der Architekt **darüber orientiert sein, ob und wann öffentlich-rechtliche Genehmigungen notwendig sind oder wann es zweifelhaft und evtl. durch Rückfrage bei der betreffenden Behörde zu klären ist.** Dazu hat er eine entsprechende **Aufklärungspflicht gegenüber dem Bauherrn.** Gleiches trifft auf den **Sonderfachmann zu,** sofern es sich um **besondere Genehmigungen aus seinem Bereich** handelt, den zu überschauen der Architekt kraft der bei ihm vorauszusetzenden Kenntnisse nicht ohne weiteres in der Lage ist. Andererseits dürfen die an den Architekten oder den Sonderfachmann zu stellenden Anforderungen bezüglich seiner Kenntnisse auf den Gebieten des Bauplanungs- und Bauordnungsrechts nicht überspannt werden, da er nicht der Rechtsberater des Bauherrn ist. So ist es Aufgabe der Bauordnungsbehörde, im Blick auf § 34 BauGB sich ergebende Rechtsfragen von sich aus zu prüfen (BGH 25.10.1984 III ZR 80/83 = NJW 1985, 1692 = VersR 1985, 566).

Es kann aber **auch der Auftragnehmer eine Aufklärungspflicht** – mit – haben, sofern er eine **Spezialbaumaßnahme** zu erbringen hat, und zwar unter den gleichen Voraussetzungen, unter denen ein Sonderfachmann aufklärungspflichtig wäre, was vor allem für zum Vertragsinhalt gewordene **Änderungsvorschläge oder Nebenangebote des Auftragnehmers** gilt. Den **Auftragnehmer** trifft darüber hinaus hinsichtlich der Genehmigungsbedürftigkeit der von ihm durchzuführenden Baumaßnahme dann eine umfassende **Aufklärungspflicht** gegenüber dem Auftraggeber, wenn dieser **keinen Architekten oder Sonderfachmann** mit der Planung der betreffenden Baumaßnahme betraut hat und **auch sonst nicht fachkundig beraten ist.** Verletzt der Auftragnehmer seine hier u.U. gegebene Verpflichtung, so macht er sich wegen einer Pflichtverletzung nach §§ 280, 241 Abs. 2 ggf. auch 311 Abs. 2 BGB **schadensersatzpflichtig** (vgl. OLG Stuttgart BauR 1980, 67; OLG Frankfurt BauR 1990, 90). 19

Die hier erörterte VOB-Regelung spricht nur von öffentlich-rechtlichen Genehmigungen, dagegen nicht von **privatrechtlichen,** wie z.B. des Nachbarn oder des dinglich Berechtigten, im Zusammenhang mit dem Bauvorhaben. Die **Verpflichtung des Auftraggebers,** auch solche Genehmigungen einzuholen, ist so **selbstverständlich,** dass dies keiner besonderen Erwähnung in der VOB bedurfte. 20

1. Verpflichtung des Auftraggebers

Da **öffentlich-rechtliche** Genehmigungen eine **grundlegende Voraussetzung für die Verwirklichung der Bauabsicht** sind und deshalb **grundsätzlich allein im Interessenkreis des Auftraggebers** liegen, ist es auch seine Sache, die **Genehmigungen einzuholen.** Das gilt einmal für die Durchführung der Bauleistung als solche, das gilt zum anderen aber auch im Hinblick auf die Rechtzeitigkeit des Baubeginns, der Baudurchführung sowie der Beendigung der vertraglich geschuldeten Leistung. Daher ist es **nicht nur** Pflicht des Auftraggebers, die im Einzelfall erforderlichen Genehmigungen **überhaupt** zu erwirken, sondern er muss das auch so **rechtzeitig** tun, dass der Auftragnehmer in der Lage ist, seine Verpflichtung **vertragsgetreu** zu erfüllen. Der Auftraggeber ist hierzu auch weit eher in der Lage, weil er die erforderliche Aktivlegitimation als Grundeigentümer, als Bauherr, als Nutzungsberechtigter usw. besitzt. 21

Der Veräußerer eines Hauses, der dort genehmigungsbedürftige Arbeiten ohne baubehördliche Genehmigung durchgeführt hat, ist dem Erwerber gegenüber zur Aufklärung verpflichtet, da hiervon regelmäßig die beabsichtigte dauerhafte Benutzung beeinflusst sein kann, damit zugleich der Kaufentschluss (BGH 2.3.1979 V ZR 157/77 = BauR 1979, 447; 10.6.1988 V ZR 125/87 = NJW-RR 1988, 1290).

Es gibt allerdings Fälle, bei denen **Genehmigungen oder Anzeigen** schon ihrer Natur nach oder aufgrund ausdrücklicher gesetzlicher Vorschrift nicht vom Auftraggeber, sondern **nur vom Auftragnehmer** erwirkt bzw. vorgenommen werden können. Diese fallen **nicht unter Nr. 1 Abs. 1, bleiben also Pflicht des Auftragnehmers.** Dazu rechnen beispielsweise die baubehördliche Anzeige bei Verwendung von Beton, gewerbeaufsichtsrechtliche Genehmigungen für genehmigungspflichtige Anlagen und Maschinen, verkehrsrechtliche Ausnahmegenehmigungen (vgl. § 45 Abs. 6 StVO), Genehmigungen im Rahmen von Lärmschutzvorschriften, für die Tätigkeit ausländischer Arbeitnehmer usw. 22

2. Genehmigung im Einzelnen – Prüfingenieur

Zu den vom Auftraggeber einzuholenden **öffentlich-rechtlichen Genehmigungen** gehören solche **allgemeiner und solche spezieller Art.** Zu den Ersteren sind solche zu rechnen, die in jedem Fall bei einer Bauleistung notwendig sind. Ein typisches Beispiel hierfür ist die **allgemeine bauordnungsrechtliche Genehmigung** nach dem Baugesetzbuch und vor allem nach den Landesbauordnungen. Hinzuzuzählen sind auch die Genehmigungen, die zwar nur für einen bestimmten Kreis von Bauwerken, insoweit aber generell notwendig sind, wie z.B. nach den §§ 4 ff. Bundes-Immissionsschutz- 23 gesetz (BImSchG). Zu Letzteren gehört auch die Einholung der Genehmigung für eine Ölheizung vor deren Einbau. **Im Verhältnis zum Auftraggeber ist dieses Aufgabe seines Architekten** im Rahmen der ihm übertragenen technischen Oberleitung (BGH 3.10.1974 VII ZR 93/72 = BauR 1975, 67 m.w.N.) bzw. der ihm nach **§ 15 Abs. 2 Nr. 4 HOAI obliegenden Genehmigungsplanung;** insoweit ist er **Erfüllungsgehilfe des Auftraggebers gegenüber dem Auftragnehmer.** Auch muss der Auftraggeber die Erlaubnis für **von ihm verlangte** genehmigungspflichtige Stoffe oder Bauteile einholen.

24   Zu den Genehmigungen spezieller Art rechnen die **Sonderfälle,** in denen **Ausnahmegenehmigungen** (Dispense) nach den jeweiligen **Bauordnungen** notwendig sind. Hinzu kommen beispielhaft Genehmigungen **nach dem Straßenverkehrsrecht** (z.B. §§ 45, 46 StVO), **dem Wasserrecht** und dem **Gewerberecht,** die landesrechtlich erforderlichen Genehmigungen zur Zweckentfremdung bzw. zum Abbruch von Wohnraum (vgl. dazu BGH 7.10.1977 V ZR 131/75 = MDR 1978, 301), die nur gewisse Spezialtatbestände erfassen und nicht allgemein gelten. Welche Genehmigungspflichten im Einzelnen bestehen, hängt von den einschlägigen öffentlich-rechtlichen Gesetzen, Verordnungen und Anordnungen, auf die zu verweisen ist, ab. Hierher rechnen auch Genehmigungen zur Aufstellung von Turmdrehkränen und Bauzäunen auf öffentlichen Verkehrswegen.

Unter die hier erörterte Regelung der VOB fallen danach **sämtliche öffentlich-rechtlichen Bestimmungen, die für die Ausführung des vorgesehenen Bauvorhabens eine Genehmigung notwendig machen.**

25   Soweit die Verwendung bestimmter Stoffe oder Bauteile oder Bauverfahren genehmigungspflichtig ist, kann es sein, dass der zuständigen Behörde im Verlauf der Ausführung des Bauvorhabens neue Erkenntnisse zuteil werden, die dazu führen, die bisher erteilte Genehmigung zu ändern oder zu widerrufen. Sofern dies noch vor Abnahme der betreffenden Bauleistung geschieht, ist der **Auftraggeber verpflichtet,** die Verwendung anderer, zugelassener Baustoffe oder Bauteile oder Bauverfahren anzuordnen (vgl. § 1 Nr. 3 VOB/B) und hierfür eine veränderte oder zusätzliche Vergütung zu zahlen, sofern die Voraussetzungen nach § 2 Nr. 5 oder Nr. 6 VOB/B gegeben sind. Falls der Auftraggeber die Verwendung anderer – zugelassener – Baustoffe, Bauteile oder Bauverfahren nunmehr dem Auftragnehmer überlässt, kann auch hierin eine Änderungsanordnung des Auftraggebers gemäß § 1 Nr. 3 VOB/B i.V.m. der Einräumung eines Wahlrechts zugunsten des Auftragnehmers liegen. Der Auftragnehmer muss dieses Wahlrecht nach § 315 BGB nach billigem Ermessen ausüben; hier kann eine Preisanpassung nach § 2 Nr. 5 oder 2 Nr. 6 VOB/B in Betracht kommen. Trifft der Auftraggeber überhaupt keine Anordnung, kommt immer noch ein Anspruch des Auftragnehmers nach § 2 Nr. 8 Abs. 2 S. 2 VOB/B oder den Grundsätzen der Geschäftsführung ohne Auftrag in Betracht.

In diesem Zusammenhang:

26   Die Haftung für Fehler eines auf den Bezug von Gebühren angewiesenen, im Übrigen freiberuflich tätigen **Prüfingenieurs für Baustatik,** den die Baugenehmigungsbehörde mit der Prüfung der statischen Berechnung eines Baugesuchs beauftragt hat, trifft im Verhältnis zu dem geschädigten Dritten den **Träger der Baugenehmigungsbehörde.** Dem Prüfingenieur werden also **hoheitliche Aufgaben,** die der Baugenehmigungsbehörde obliegen und die man allgemein als das öffentliche Interesse an der Gefahrenabwehr bezeichnen kann, übertragen; insoweit übt er ein öffentliches Amt aus, wobei Haftungsgrundlage Art. 34 GG und § 839 BGB sind und im Übrigen nur eine Geldentschädigung in Betracht kommt (vgl. BGHZ 4, 303 = NJW 1952, 583; BGHZ 4, 77 = NJW 1952, 303; OLG Stuttgart MDR 1975, 316 m. Anm. *Schmalzl*). Unter Beachtung dieser rechtlichen Grundlage kann daher der Prüfingenieur **nicht als Erfüllungsgehilfe des Auftraggebers** im Verhältnis zum Auftragnehmer angesehen werden, zumal er in **keinem Vertragsverhältnis zum Auftraggeber** steht (ebenso *Nicklisch/Weick* § 4 VOB/b Rn. 19; wohl auch *Heiermann/Riedl/Rusam* § 4 VOB/B Rn. 9). Nach Ansicht des Bundesverwaltungsgerichts stehen die Prüfingenieure in einem öffentlich-recht-

lichen Auftragsverhältnis gegenüber der Verwaltung; es handelt sich bei ihnen um mit hoheitlicher Tätigkeit beliehene Unternehmer (BVerwG 25.11.1971 I C 7; ebenso LG Mainz BauR 1982, 89). Die Pflicht der Baugenehmigungsbehörde, die statische Berechnung eines Bauvorhabens ordnungsgemäß zu prüfen, ist entsprechend ihrem Schutzzweck (den Gefahren vorzubeugen, die der Allgemeinheit oder ihren Gliedern durch den Einsturz standunsicherer Bauwerke drohen) grundsätzlich eine einem Dritten gegenüber obliegende und gegebenenfalls Schadensersatzansprüche dieses Dritten begründende **Amtspflicht.** Das zielt aber nicht darauf ab, den Bauherrn davor zu bewahren, durch einen statisch falsch berechneten Bau nutzlose finanzielle Aufwendungen zu machen.

Unmittelbare vertragsrechtliche Ansprüche des Auftraggebers gegen den Prüfingenieur können nur in Betracht kommen, wenn **übereinstimmende Erklärungen beider** dahin vorliegen, dass der Prüfingenieur **zusätzlich auch für den Auftraggeber in Wahrnehmung von dessen Aufgaben tätig werden soll** (BGH VersR 1964, 1303; OLG Stuttgart MDR 1975, 316 m. Anm. *Schmalzl*). Dann ist je nach Fallgestaltung der Prüfingenieur u.U. auch als Erfüllungsgehilfe des Auftraggebers anzusehen (so auch *Heiermann* BauR 1989, 543, 548 für den Fall, in dem im Bereich des Bauvertrages mit dem Auftragnehmer gewisse Prüfungs- und Anordnungsbefugnisse des Prüfingenieurs unmittelbar gegenüber dem Auftragnehmer festgelegt werden). **27**

3. Erwirkung der Genehmigung durch Dritte

Es kann vorkommen, dass im Einzelfall der Auftraggeber selbst nicht legitimiert ist, die erforderliche Genehmigung zu erwirken, sondern dass die **Berechtigung** hierzu **eine andere Person hat, die nicht im Vertragsverhältnis zum Auftragnehmer steht.** Beispielsweise ist es möglich, dass der Auftraggeber selbst nicht Grundstückseigentümer ist und der Genehmigungsantrag nach den einschlägigen Vorschriften nur vom Grundstückseigentümer gestellt werden kann. Auch können gewisse Rechte, die eine Genehmigung oder Ausnahmegenehmigung notwendig machen, in der Hand eines anderen sein. In solchen Fällen hat der **Auftraggeber** im Verhältnis zum Auftragnehmer die **Pflicht,** den eigentlich berechtigten **Dritten zu veranlassen,** die Genehmigung für ihn einzuholen. Der Auftraggeber sollte gerade hier unbedingt **vor Bauvertragsabschluss die erforderlichen Genehmigungen** bereits erwirken oder jedenfalls die Dinge so weit vorbereiten, dass die Genehmigung in aller Kürze erteilt wird und Schwierigkeiten in dieser Hinsicht nicht mehr auftreten. Anderenfalls können zu seinen Lasten nachteilige Rechtsfolgen im Verhältnis zum Auftragnehmer entstehen. In den Fällen, in denen die Genehmigung zweifelhaft oder unsicher ist, ist es immer geboten, vorerst vom Bauvertragsabschluss Abstand zu nehmen oder jedenfalls den Auftragnehmer vor Vertragsabschluss auf die bestehende Unsicherheit hinzuweisen. Auch ist es rechtlich nicht ausgeschlossen, die Wirksamkeit des Bauvertrages insgesamt oder zu einem Teil ausdrücklich von dem Erhalt der Genehmigung abhängig zu machen, ihn also insoweit unter einer aufschiebenden oder auflösenden Bedingung abzuschließen. **28**

4. Einholung von Genehmigungen durch den Auftragnehmer

Die Bauvertragspartner können **im Vertrag** auch eine **Vereinbarung** dahin gehend aufnehmen, dass einzelne oder alle Genehmigungen nicht vom Auftraggeber, sondern vom **Auftragnehmer** beschafft werden sollen. Eine solche Vereinbarung hat aber **hinsichtlich ihrer Wirksamkeit bzw. Verbindlichkeit Grenzen,** zumal derartige Pflichten im Bauvertrag oder sonstigen Verdingungsunterlagen vielfach in Form vorgefertigter Textbausteine oder durch sonstwie vorformulierte Vertragselemente pauschal auf den Auftragnehmer übertragen werden und damit den AGB-rechtlichen Bestimmungen im Sinne der §§ 305 ff. BGB unterfallen. Inwieweit derartige Klauseln der Inhaltskontrolle nach § 307 Abs. 3 S. 1 BGB entzogen sind, ist Frage des Einzelfalls. Die Abwälzung von Pflichten zur Einholung von Genehmigungen auf den Auftragnehmer ist vor Allem in Bereichen bedenklich, wo dieser hierzu überhaupt keine Befugnis besitzt. Auf jeden Fall bedarf es, falls dies nach den öffentlich-rechtlichen Bestimmungen überhaupt zulässig ist, einer entsprechenden Vollmacht durch den Auf- **29** traggeber. Im Übrigen sind vertragliche Vereinbarungen, die den Auftragnehmer zur Einholung von Genehmigungen verpflichten – wie andere Vertragsbestimmungen auch – hinsichtlich ihres Umfangs und ihrer Tragweite auszulegen. Hat der Auftragnehmer gemäß Leistungsverzeichnis die Pflicht zur Sicherung des Baustellenbereichs durch Aufstellen und Umsetzen der dafür erforderlichen Verkehrszeichen mit entsprechenden Sicherungsmaßnahmen und die Einholung der polizeilichen Genehmigung für die Durchführung dieser Baustellenabsicherung übernommen, so erfasst dies nicht automatisch auch die Regelung des öffentlichen Verkehrs durch den Einsatz von Handwinkern (OLG Zweibrücken BauR 2002, 972). Ist nur ein Dritter befugt, die Genehmigung oder die Ausnahmegenehmigung bei der zuständigen Behörde zu erwirken, haben Vereinbarungen zwischen dem Auftraggeber und dem Auftragnehmer nur einen Sinn, wenn der Auftragnehmer auch in die Lage versetzt wird, einen rechtlichen Zwang auf den Dritten auszuüben, falls dieser sich dem Auftragnehmer gegenüber nicht freiwillig zum Handeln bereit erklärt. Hier reicht eine bloße Vollmachterteilung des Auftraggebers an den Auftragnehmer allgemein nicht aus. Vielmehr kann es notwendig sein, die dem Dritten gegenüber bestehenden Rechte durch den Auftraggeber an den Auftragnehmer **abzutreten,** damit dieser dann aus dem ihm zustehenden Recht vorgehen kann. Voraussetzung ist aber auch hier, dass das öffentliche Recht, das die Genehmigungspflicht regelt, einen solchen Rechtsübergang überhaupt zulässt.

5. Entbehrlichkeit von Genehmigungen

30 Der Auftraggeber braucht nicht tätig zu werden, wenn nach den einschlägigen gesetzlichen Bestimmungen eine **behördliche Genehmigung nicht erforderlich** ist. Das ist nach den Bauordnungen, insbesondere den in den Ländern ergangenen Landesbauordnungen vielfach der Fall, wenn nur **unbeachtliche Baumaßnahmen** vorgesehen sind. Zu beachten sind in diesem Zusammenhang auch gewisse öffentlich-rechtliche Vorschriften, die die Einholung von Genehmigungen bestimmter Art durch den Auftraggeber entbehrlich machen.

IV. Rechtsfolgen bei Missachtung der Pflichten des Auftraggebers

31 Nimmt der Auftraggeber seine in Rn. 6–30 gekennzeichneten Pflichten nicht oder nicht rechtzeitig wahr, so gilt zusammengefasst unter Einschluss des schon Gesagten:

Zunächst kann der **Auftragnehmer nicht verpflichtet** werden, vor ordnungsgemäßer Erledigung der Koordinationsverpflichtung des Auftraggebers oder vor Erteilung der für seine Leistung maßgebenden Genehmigungen **mit der Ausführung zu beginnen,** so dass er hier grundsätzlich **nicht in Verzug kommen kann** (in letzterer Hinsicht: BGH 21.7.1974 VII ZR 139/71 = NJW 1974, 1080).

Beginnt der Auftragnehmer in Kenntnis des Fehlens der Baugenehmigung mit der Leistung, so muss er sich jedenfalls bei seinen Ansprüchen, die über den reinen Vergütungsanspruch für geleistete Arbeiten hinausgehen, ein **Mitverschulden** entgegenhalten lassen, da er sich sehenden Auges in eine Gefahrenlage begeben hat (BGH a.a.O.). Allerdings scheidet ein Mitverschulden dann aus, wenn die – öffentlich-rechtliche – Rechtslage unklar ist und der Auftragnehmer annehmen kann, dass die der Baugenehmigung entgegenstehenden Hindernisse beseitigt würden (vgl. dazu OLG Karlsruhe BauR 1974, 342; auch BGH 25.10.1984 III ZR 80/83 = NJW 1985, 1692). Das Fehlen einer Baugenehmigung kann im Rahmen des **Mitverschuldens** (§ 254 BGB) auch von Bedeutung sein, wenn die Bauleistung nach fehlerhaften und nicht genehmigten Plänen, die von der Auftraggeberseite bereitgestellt worden sind, mangelhaft erbracht worden ist (vgl. BGH 1.4.1965 VII ZR 230/63 = SFH Z 2.414 Bl. 143 ff.). Gleiches gilt, wenn der Auftragnehmer nach Beendigung der genehmigten Arbeiten dem Auftraggeber einen Arbeiter überlässt, weil er dann gegen seine Aufsichtspflicht verstößt, wenn er sich nicht vergewissert, ob für die weiteren Arbeiten die erforderliche Baugenehmigung vorliegt (BayObLG BlGBW 1973, 120).

Außerdem kann der Auftragnehmer im Falle der Nichterledigung oder Verzögerung der Koordinationspflichten und/oder der Einholung der Genehmigungen **Rechte aus § 6 VOB/B** geltend machen, dabei – insoweit im Falle des hier sehr oft vorliegenden Verschuldens des Auftraggebers – **auch** vor allem **Schadensersatzansprüche nach § 6 Nr. 6 VOB/B,** da die Erfüllung der Koordinationspflichten und die Herbeiführung der Genehmigungen als **echte vertragliche Nebenpflichten** anzusehen sind. Allerdings setzt der Schadensersatzanspruch nach § 6 Nr. 6 VOB/B Verschulden des Auftraggebers voraus; hieran fehlt es nach ständiger Rechtsprechung des BGH (27.6.1985 VII ZR 23/84 BauR 1985, 561 = BGHZ 95, 128; zuletzt 21.10.1999 VII ZR 185/98 BauR 2000, 722) bei Verzögerungen, die auf fehlerhafte Werkleistungen von Vorunternehmern zurückzuführen sind, weil der Vorunternehmer insoweit nicht Erfüllungsgehilfe des Auftraggebers ist. Der Auftraggeber selbst will sich regelmäßig den einzelnen Nachunternehmern gegenüber nicht verpflichten, notwendige Vorarbeiten zu erbringen (BGH a.a.O.). Etwas anderes kann sich aus – ggf. im Wege der Auslegung zu ermittelnden – vertraglichen Vereinbarungen ergeben, sei es, dass die Vertragspartner die Erfüllungsgehilfeneigenschaft eines Vorunternehmers vertraglich vereinbart haben, oder dass der Auftraggeber die Verpflichtung übernommen hat, das Bauwerk zu einem bestimmten Termin als für die Nachfolgeunternehmerleistung geeignet zur Verfügung zu stellen. Allerdings reicht die Vereinbarung von Vertragsfristen hierfür allein nicht aus (BGH 21.10.1999 VII ZR 185/98 = BauR 2000, 722). Darüber hinaus muss bei Ansprüchen des Auftragnehmers nach § 6 VOB/B in der Grundlage immer **Ursächlichkeit oder Mitursächlichkeit des Unterlassens des Auftraggebers für die eingetretene Behinderung oder Unterbrechung** vorliegen. So kann der Auftragnehmer beispielsweise seinen Schadensersatzanspruch nur dann auf die verspätete Beschaffung der Baugenehmigung durch den Auftraggeber stützen, wenn dies für die Verzögerung seiner Arbeiten von Bedeutung war; also scheidet ein Anspruch aus, wenn der Auftragnehmer auch bei rechtzeitiger Vorlage der Baugenehmigung nicht anders – früher, mehr oder schneller – gearbeitet hätte, als er es tatsächlich getan hat (BGH 15.1.1976 VII ZR 52/74 BauR 1976, 128). Gleiches gilt für den Bereich der Koordinationspflichten des Auftraggebers. 32

Ungeachtet der Schadensersatzanspruchsvoraussetzungen nach § 6 VOB/B (insbesondere Verschulden des Auftraggebers) kommt bei Verletzung von Mitwirkungspflichten und daraus resultierendem Gläubigerverzug des Auftraggebers über den Ersatz für Mehraufwendungen nach § 304 BGB hinaus ein Anspruch auf angemessene Entschädigung nach § 642 BGB in Betracht; § 6 Nr. 6 VOB/B verdrängt auch bei aufrechterhaltenem Vertrag nicht § 642 BGB, weil er keine abschließende Regelung von Leistungsstörungen ist, die zu Verzögerungen führen (BGH BauR 2000, 722; MüKo/*Soergel* § 642 BGB Rn. 27; *Nicklisch/Weick* § 6 VOB/B Rn. 4), dies gilt auch dann, wenn der Auftraggeber dem Unternehmer das Baugrundstück als für seine Leistung aufnahmebereit nicht rechtzeitig zur Verfügung stellt. 33

Unter Umständen kann der Auftragnehmer **auch** den Bauvertrag **nach § 9 Nr. 1a VOB/B kündigen, falls** die dafür maßgebenden **weiteren Voraussetzungen** – vor allem nach § 9 Nr. 2 VOB/B – **gegeben sind.** Das kommt z.B. in Betracht bei endgültiger Versagung der Baugenehmigung gemäß den Plänen des Architekten ohne Bereitschaft des Auftraggebers, auf die Bereitwilligkeit des Auftragnehmers, anders zu bauen, einzugehen; insoweit kann sich der Auftraggeber auch nicht auf Änderung oder Wegfall der Geschäftsgrundlage berufen, weil die Erlangung der Baugenehmigung grundsätzlich in seinen Risikobereich fällt (OLG München BauR 1980, 274). 34

Dagegen ist der Bauvertrag **nicht** schon von vornherein wegen Verstoßes gegen die einschlägigen bauordnungsrechtlichen Vorschriften nach § 134 BGB **nichtig.** Durch das Fehlen der öffentlich-rechtlichen Genehmigungen ist **nicht der Bauvertrag, sondern das Bauen verboten** (BGH 15.1.1976 VII ZR 52/74 = BauR 1976, 128; ferner OLG Köln NJW 1961, 1023; OLG München BauR 1980, 274). 35

Die bauaufsichtliche Genehmigung bringt ohne Beeinflussung der zivilrechtlichen Verhältnisse – also der Wirksamkeit des abgeschlossenen Bauvertrages – lediglich zum Ausdruck, dass dem Bau- 36 vorhaben Hindernisse aus dem öffentlichen Recht nicht entgegenstehen (BGH NJW 1959, 2013, 2014). Wird allerdings die beantragte Baugenehmigung rechtskräftig versagt, ist eine **nachträgliche Unmöglichkeit** der Leistung eingetreten, mit den Rechtsfolgen der §§ 275 Abs. 1, 326 BGB.

V. Exkurs: Schwarzarbeit

37 **Nichtigkeit des Bauvertrages liegt dagegen im allgemeinen von Anfang an vor, wenn** – was häufig mit einer fehlenden Baugenehmigung einhergeht – der **Bauvertrag zwischen** Auftraggeber und Auftragnehmer **unter Umgehung des Gesetzes zur Bekämpfung der Schwarzarbeit und der illegalen Beschäftigung (SchwarzArbG)** in der jetzigen Fassung vom 23.7.2004 (BGBl. I 2004 S. 1842, zuletzt geändert am 24.6.2005, BGBl. I 2005 S. 1841) **abgeschlossen** worden ist, und zwar auch dann, wenn es zur Ausführung des Bauvertrages ganz oder teilweise gekommen ist (zur Problematik der Schwarzarbeit vgl. u.a. *Steck* DB 2002, 426; *Wegner* DB 2004, 758). Das gilt auch, wenn der bauvertraglich Verpflichtete (Auftragnehmer) seinerseits seine Leistung durch Schwarzarbeiter erfüllen lässt (BGH 23.9.1982 VII ZR 183/80 = BauR 1983, 66 = NJW 1983, 109). Voraussetzung ist, dass gegen das Verbot des genannten Gesetzes verstoßen wird, und zwar in dem durch § 1 a.a.O. gekennzeichneten Rahmen.

38 Nach dem bisherigen Recht war der Begriff der Schwarzarbeit gesetzlich nicht festgelegt. § 1 Abs. 2 Nr. 1–5 SchwarzArbG enthält erstmalig eine **Legaldefinition des Begriffs Schwarzarbeit**. Danach leistet derjenige Schwarzarbeit, der **Dienst- oder Werkleistungen erbringt oder ausführen lässt** und dabei

1. als **Arbeitgeber, Unternehmer oder versicherungspflichtiger Selbstständiger** seine sich **auf Grund** der **Dienst- oder Werkleistungen** ergebenden **sozialversicherungsrechtlichen Melde-, Beitrags-** oder **Aufzeichnungspflichten nicht erfüllt**,
2. als **Steuerpflichtiger** seine sich **auf Grund** der **Dienst- oder Werkleistungen** ergebenden **steuerlichen Pflichten nicht erfüllt**,
3. als Empfänger von Sozialleistungen seine sich auf Grund der Dienst- oder Werkleistungen ergebenden Mitteilungspflichten gegenüber dem Sozialleistungsträger nicht erfüllt,
4. als **Erbringer von Dienst- oder Werkleistungen** seiner sich daraus ergebenden **Verpflichtung zur Anzeige** vom **Beginn des selbstständigen Betriebes eines stehenden Gewerbes** (§ 14 der Gewerbeordnung) nicht nachgekommen ist oder die erforderliche Reisegewerbekarte (§ 55 der Gewerbeordnung) nicht erworben hat,
5. als Erbringer von Dienst- oder Werkleistungen ein **zulassungspflichtiges Handwerk als stehendes Gewerbe selbstständig betreibt**, **ohne** in der **Handwerksrolle eingetragen** zu sein (§ 1 der Handwerksordnung).

Die sozialrechtlichen Melde-, Beitrags- und Aufzeichnungspflichten sind in den einzelnen Sozialgesetzbüchern festgelegt. Hier sind besonders die in den §§ 28a ff. SGB IV (Viertes Buch Sozialgesetzbuch v. 23.1.2006 BGBl. I S. 86, zuletzt geändert am 20.7.2006 BGBl. I S. 1706) aufgeführten Melde-, Aufzeichnungs- und sonstige Pflichten für die ordnungsgemäße Abführung der Sozialversicherungsbeiträge zu nennen. Die steuerrechtlichen Pflichten sind in der Abgabenordnung und in den einzelnen Steuergesetzen geregelt. Hier sind besonders hervorzuheben die Pflicht zur Anmeldung und Zahlung von Lohnsteuer, § 41a EStG, der Einbehalt und die Abführung der Bauabzugssteuer, §§ 48 ff. EStG und die Pflicht zur Abgabe von Umsatzsteuervoranmeldungen, § 18 UStG. Die so genannte Bauabzugssteuer, §§ 48 ff. EStG, wurde mit Gesetz vom 30.8.2001 (Gesetz zur Eindämmung illegaler Betätigung im Baugewerbe v. 30.8.2001 BGBl. I S. 2267, in Kraft getreten zum 1.1.2002) eingeführt, nach der in bestimmten Fällen der Empfänger von Bauleistungen 15% des vereinbarten Bruttorechnungsbetrages nicht an den Unternehmer sondern für dessen Rechnung direkt an das für diesen zuständige Finanzamt abzuführen muss (vgl. hierzu veröffentlichtes Schreiben des BMF v. 1.11.2001 zur Durchführung des Gesetzes ZfIR 2001, 946; *Fischer* ZfIR 2001, 942; *Heidland*

NZBau 2002, 413; *Kesselring* BauR 2002, 2273). Bei Bauverträgen ist umsatzsteuerrechtlich zu beachten, dass die Steuerpflicht vom leistenden Auftragnehmer auf den Auftraggeber übergeht, wenn beide Bauunternehmer sind, § 13b Abs. 1 S. 1 Nr. 4, Abs. 2 S. 2 UStG (vgl. Schreiben des BMF v. 31.3.2004 BStBl. I S. 453 und v. 2.12.2004 BStBl. I S. 1129). Darüber hinaus wurden die Anforderungen an die Rechnungserstellung durch den Auftragnehmer (§§ 14, 14a UStG) und an die Aufbewahrungspflicht des Auftragsgebers (§ 14b UStG) verschärft. Bei Zuwiderhandlungen gegen diese Pflichten droht nach § 26a UStG ein Bußgeld bis zu 5.000 €. Entgegen seiner ursprünglichen Absicht hat der Gesetzgeber die Verletzungen der gewerberechtlichen Meldepflichten und der handwerksrechtlichen Eintragungspflichten im Gesetz beibehalten.

Nach § 8 Abs. 1 SchwarzArbG reicht es, wenn der Betroffene eine oder mehrere Personen beauftragt, **39** Dienst- oder Werkleistungen unter Verstoß gegen § 1 Abs. 1 zu erbringen. Es soll weiterhin auch der illegalen Beschäftigung von (EU-)Ausländern – meist zu erheblich niedrigeren Löhnen – Einhalt geboten werden. Unter Schwarzarbeit fällt deshalb nach § 404 SGB III (Drittes Buch Sozialgesetzbuch v. 24.3.1997 BGBl. I S. 594, zuletzt geändert am 20.7.2006 BGBl. I S. 1706) auch derjenige, der Dienst- oder Werkverträge in erheblichem Umfang ausführen lässt, indem er als Unternehmer einen anderen Unternehmer beauftragt, von dem er weiß oder fahrlässig nicht weiß, dass dieser zur Erfüllung dieses Auftrages a) entgegen § 4 Abs. 3 S. 1 AufenthG oder § 284 Abs. 1 S. 1 SGB III Ausländer ohne erforderliche Genehmigung beschäftigt (§ 404 Abs. 1 Nr. 1 SGB III) oder b) einen Nachunternehmer einsetzt oder zulässt, dass ein Nachunternehmer tätig wird, der entgegen § 4 Abs. 3 S. 1 AufenthG oder § 284 Abs. 1 S. 1 SGB III Ausländer ohne erforderliche Genehmigung beschäftigt (§ 404 Abs. 1 Nr. 2 SGB III).

Nach § 4 Abs. 3 des Gesetzes über den Aufenthalt, die Erwerbstätigkeit und die Integration von Ausländern im Bundesgebiet (AufenthG, BGBl. I 2004 S. 1950, zuletzt geändert durch Gesetz v. 21.6.2005 BGBl. I S. 1818) dürfen Ausländer nur dann eine Beschäftigung im Inland ausüben, wenn sie durch den Aufenthaltstitel dazu berechtigt sind. Die Erteilung eines solchen Aufenthaltstitels durch die Ausländerbehörde bedarf der vorherigen Zustimmung der Bundesagentur für Arbeit, §§ 39 ff. AufenthG. Auf Staatsangehörige der Europäischen Union (Unionsbürger) findet das Ausländergesetz mit Ausnahme bestimmter Vorschriften keine Anwendung, § 1 Abs. 2 Nr. 1 AufenthG i.V.m. § 11 des Gesetzes über die allgemeine Freizügigkeit von Unionsbürger vom 30.7.2004 (FreizügG/EU, BGBl. I S. 1950, 1986). Für Unionsbürger gilt grundsätzlich der Freizügigkeitsgrundsatz des Art. 39 Abs. 1 EGV. Im Zuge der Osterweiterung der Europäischen Union (vgl. Vertrag v. 16.4.2003 über den Beitritt der Tschechischen Republik, der Republik Estland, der Republik Zypern, der Republik Lettland, der Republik Litauen, der Republik Ungarn, der Republik Malta, der Republik Polen, der Republik Slowenien und der Slowakischen Republik zur Europäischen Union, BGBl. II 2003 S. 1408) hat die Bundesrepublik Deutschland zur Vermeidung erwarteter Störungen des Arbeitsmarktes für bestimmte Branchen eine vorübergehende Beschränkung der Freizügigkeitsrechte der neuen Unionsbürger verlangt. Im Anhang zum Beitrittsvertrag wurde der Bundesrepublik insbesondere für das Baugewerbe das Recht eingeräumt, innerhalb einer Übergangsfrist bis zu maximal 7 Jahren den Marktzugang von Arbeitskräften aus den neuen Mitgliedstaaten (mit Ausnahme von Zypern und Malta) nur mit entsprechenden Genehmigungen zuzulassen. Demgemäß schreibt der neu gefasste § 284 Abs. 1 SGB III vor, dass Arbeitnehmer aus diesen Ländern im Inland nur beschäftigt werden dürfen, wenn eine Genehmigung der Bundesanstalt für Arbeit vorliegt. Diese Genehmigung wird befristet als Arbeitserlaubnis-EU oder unbefristet als Arbeitsberechtigung-EU erteilt.

In diesem Zusammenhang sind die so genannten Werkvertragsabkommen zu erwähnen, die die **40** Bundesrepublik Deutschland zur Zeit der Öffnung des eisernen Vorhangs 1989/1990 mit verschiedenen EU-Beitrittsländern und Drittländern abgeschlossen hat (vgl. z.B. Werkvertragsabkommen Polen v. 31.1.1990, BGBl. II 1990 S. 602, zuletzt geändert am 1.3./30.4.1993, BGBl. II 1993 S. 1125; Werkvertragsabkommen Ungarn v. 3.1.1989, BGBl. II 1989 S. 244, zuletzt geändert am 25.2./

30.3.1992, BGBl. II 1992 S. 1151; Werkvertragsabkommen Rumänien v. 31.7.1990, BGBl. II 1991 S. 666, zuletzt geändert am 4.7.1996, BGBl. II 1996 S. 1303). Diese Werkvertragsabkommen erlauben, dass aus dem jeweiligen Land jährlich eine bestimmte Quote von ausländischen Arbeitnehmern im Inland vorübergehend tätig werden darf. Voraussetzung ist, dass der einzelne ausländische Arbeitgeber mit einem inländischen Unternehmen einen Werkvertrag geschlossen hat, der ausländische Arbeitgeber also als Subunternehmer des inländischen Unternehmens tätig wird. Ob es sich bei dem Vertrag um einen echten Werkvertrag handelt oder ob hier tatsächlich eine gewollte unzulässige Arbeitnehmerüberlassung vorliegt, wird innerhalb eines vorgeschalteten Zulassungsverfahrens von der Bundesagentur für Arbeit geprüft. Außerdem muss sich der ausländische Arbeitgeber gegenüber der Bundesagentur für Arbeit verpflichten, dass er die Beschäftigungsmindeststandards des § 1 AEntG (Gesetz über zwingende Arbeitsbedingungen bei grenzüberschreitenden Dienstleistungen vom 26.2.1996, BGBl. I S. 227, zuletzt geändert am 24.4.2006, BGBl. I S. 926) einhält. Mit der Ausführung des Werkvertrags darf erst begonnen werden, wenn die Bundesagentur für Arbeit hierzu ihre Zustimmung erteilt hat. Bei Zuwiderhandlungen droht der Widerruf der Zustimmung; außerdem sind bestimmte Zuwiderhandlungen mit Bußgeld bis zur Höhe von 500.000 € bedroht, § 5 AEntG. Zugleich droht ein dauerhafter Ausschluss von der Teilnahme an Vergabeverfahren öffentlicher Auftraggeber, § 6 AEntG. Für nicht gezahlten Mindestlohn haftet der Auftraggeber zudem nach § 1a AEntG wie ein selbstschuldnerischer Bürge.

41 Der Vorschrift des § 404 Abs. 1 Nr. 1 u. 2 SGB III liegt zugrunde, dass bei vielen Razzien und Prüfungen, insbesondere auf Baustellen, zahlreiche ausländische Arbeitnehmer ohne die erforderliche Arbeitserlaubnis aufgegriffen wurden. Sie werden regelmäßig schlechter bezahlt als vergleichbare deutsche Arbeitnehmer. Meist werden ausländische Unternehmen als Subunternehmer beauftragt, die dann die ausländischen Arbeitnehmer aus dem Ausland in die Bundesrepublik entsenden. Diese ausländischen Firmen bzw. deren vertretungsberechtigte Personen sind nur schwer oder gar nicht zu fassen. Bereits bei fahrlässiger Begehung wird der Tatbestand des § 404 Abs. 1 Nr. 2 SGB III verwirklicht. Hier droht ein Bußgeld bis zu 500.000 €, § 404 Abs. 3 SGB III.

42 Von dem Verbot erfasste Verträge sind **nichtig, wenn** entweder **beide Parteien objektiv und subjektiv** gegen das SchwarzarbG verstoßen oder wenn nur eine Partei dem Gesetz zuwiderhandelt, die andere aber den Verstoß kennt, wie zB. bei einer vonseiten des Auftragnehmers im konkreten Fall nicht möglich »Nachbarschaftshilfe«, und doch durch Abschluss des Vertrages bewusst mitwirkt, dabei den Verstoß bewusst zum eigenen Vorteil ausnutzt (BGH 20.12.1984 VII ZR 388/83 = NJW 1985, 2403; 25.1.2001 VII ZR 296/00 = NJW-RR 2002, 557). Nach BGH vom 21.12.2000 (BGH 21.12.2000 VII ZR 192/98) führt allein der Umstand, dass ein Architekt oder Handwerk ohne Rechnungsstellung bezahlt werden soll, nicht zur Nichtigkeit des Vertrages. Ein Vertrag, mit dessen Abwicklung eine Steuerhinterziehung verbunden ist, ist nur nichtig, wenn die Steuerhinterziehung Hauptzweck des Vertrages ist. Hauptzweck eines Architekten- oder Bauvertrages ist in der Regel nicht die Hinterziehung von Steuern, sondern die Errichtung des versprochenen Bauwerks (BGH a.a.O.). Im Falle der Steuerhinterziehung verbieten die §§ 370 ff. AO und § 1 SchwararbG nicht die Erbringung der Leistung als solche, sondern sanktionieren allein die daran anknüpfende Verletzung steuerrechtlicher Pflichten (vgl. entsprechend zur Zahlung von Lohn ohne Abführung von Steuern und Sozialabgaben BAG 26.2.2003 5 AZR 690/01 BB 2004, 447).

43 Haben **nicht beide Parteien** gegen das SchwarzarbG verstoßen, sondern nur der so genannte Schwarzarbeiter, ist nach der Rechtsprechung des BGH jedoch die **Wirksamkeit** des Bauvertrages anzunehmen (BGH 31.5.1990 VII ZR 336/89 BauR 1990, 721, m.w.N.; BGH 22.9.1983 VII ZR 43/83 = BGHZ 88, 240 = BauR 1984, 58; insbesondere BGH 19.1.1984 VII ZR 121/83 = BGHZ 89, 369 = BauR 1984, 290; BGH 20.12.1984 VII ZR 388/83 = BauR 1985, 197 = NJW 1985, 2403 mit Anm. *Canaris* BGH 25.1.2001 VII ZR 296/00 0 BauR 2001, 632; OLG Düsseldorf NJW-RR 1998, 1710; OLG Nürnberg BauR 2000, 1494). Sachgerechter und dem **Gesetzeszweck** (Vermeidung von Arbeitslosigkeit, Verhinderung von Lohn- bzw. Preisunterbietung zum Nachteil gewerblicher Betriebe,

unsachgemäße Arbeit, Verminderung des Steueraufkommens aufgrund nicht angemeldeter oder eingetragener Betriebe) **eher entsprechend** wäre allerdings, **auch in diesen Fällen von einer Teilnichtigkeit des Vertrages zu Lasten desjenigen auszugehen, dem der Verstoß anzulasten ist;** dies hätte für den Auftragnehmer die Wirkung, dass ihm im Vergütungsbereich lediglich ein Bereicherungsanspruch zusteht, dessen Verlust er auf der Grundlage des § 817 S. 2 BGB anders als beim beiderseitigen Verstoß befürchten muss (so zutreffend *Canaris* NJW 1985, 2404; LG Bamberg NJW-RR 1991, 180). Vor allem bleiben aber dem Auftraggeber auch Gewährleistungsrechte erhalten, weil sonst Sinn und Zweck des Gesetzes in ihr Gegenteil verkehrt würden, zumal der Auftraggeber nicht gegen das Gesetz verstoßen hat (vgl. dazu *Grimme* S. 233 ff., mit weiterer rechtstheoretischer Untermauerung dieses Standpunktes).

Für den Fall des **beidseitigen Verstoßes** gegen das SchwarzarbG taucht die Frage auf, wie der nichtige Vertrag abzuwickeln ist. Grundsätzlich hat dies nach den Grundsätzen der Geschäftsführung ohne Auftrag (§§ 677 ff. BGB) zu erfolgen (BGH 31.5.1990 VII ZR 336/89 BauR 1990, 721 = NJW 1990, 2542).

Hinsichtlich der **Vergütung** entfällt ein Anspruch des Schwarzarbeiters aber nach Maßgabe der §§ 683, 670 BGB, da er eine gesetzlich verbotene Tätigkeit entfaltet hat, die er den Umständen nach nicht für erforderlich halten durfte. Anderseits kann dem Schwarzarbeiter aber ein Anspruch aus ungerechtfertigter Bereicherung (§ 812 Abs. 1 S. 1 Alt. 1 BGB) zustehen, der dann – ausnahmsweise – nicht an § 817 S. 2 BGB scheitert (ähnlich *Köhler* JZ 1990, 466). Dies ergibt sich für einen solchen Fall aus dem Grundsatz von Treu und Glauben (§ 242 BGB), dem auch das Bereicherungsrecht unterliegt. Andernfalls könnte der »Auftraggeber« des Schwarzarbeiters dessen Leistung behalten, und zwar ohne Erstattungspflicht unentgeltlich, was Tiedtke (a.a.O.; sowie Betrieb 1990, 2370) in seiner Kritik an dieser Entscheidung unterbewertet, da der »Auftraggeber«, **anders als beim einseitigen Verstoß** durch den Schwarzarbeiter, von dessen verbotswidrigem Handeln weiß, es daher nicht gerechtfertigt wäre, wenn der »Auftraggeber« die Leistung ohne Vergütung behalten dürfte. Dies ist auch durch Sinn und Zweck des Gesetzes zur Bekämpfung von Schwarzarbeit gerechtfertigt, der in erster Linie nicht den Schutz der Vertragspartner, sondern die Wahrung öffentlicher Belange dient (Gefahr erhöhter Arbeitslosigkeit, Schädigung der Sozialversicherungsträger, Gefährdung selbstständiger Betriebsinhaber, die nicht so billig arbeiten können wie der Schwarzarbeiter, Steuerausfälle). Dagegen ist den Belangen der Vertragspartner durch den **Ausschluss** – voller – **vertraglicher Ansprüche** hinreichend **Genüge getan.** Nicht geboten ist aber die Unentgeltlichkeit der Leistung des Schwarzarbeiters. Vielmehr muss ihm auf der Grundlage des § 242 BGB ein Bereicherungsanspruch zuerkannt werden (im Ergebnis gleich OLG Nürnberg BauR 2000, 1494: »Werklohn aufgrund Treu und Glauben gemäß § 242 BGB«) der sich nach dem Ersatz des bloßen Wertes des ohne Rechtsgrund Erlangten zu richten hat (so zutreffend BGH a.a.O.).

Sicher kann dabei der Schwarzarbeiter keinesfalls mehr verlangen, als er mit seinem »Auftraggeber« vereinbart hat (BGH a.a.O.; OLG Nürnberg NJW-RR 1998, 1713). Davon abzuziehen sind die mit der Schwarzarbeit verbundenen, tatsächlich vorhandenen und nicht nur möglichen Risiken (insoweit zutreffend *Tiedtke* Betrieb 1990, 2370, 2311) und zwar ganz erheblich; erst recht sind aufgetretene Mängel der Leistung wertmindernd zu beachten (BGH a.a.O.).

Hat der Schwarzarbeiter einen Vorschuss erhalten und nur zum Teil der vereinbarten Vergütung geleistet, so muss er den Vorschuss anteilig zurückzahlen, wobei sich der Wert der erbrachten Leistung nach dem Verhältnis der Gesamtleistung und des dafür vereinbarten Preises bemisst (OLG Oldenburg IBR 1995, 204). In diesem Zusammenhang: Für die Praxis bedeutsam ist aber auch die Frage, ob bei **nichtigen** Schwarzarbeitsverträgen dem Auftraggeber nicht dennoch wegen **mangelhafter Arbeit sonstige Ansprüche** gegen seinen »Vertragspartner« zustehen. Dies ist entgegen LG Karlsruhe, OLG Karlsruhe (a.a.O.) sowie OLG Düsseldorf, 5. Zivilsenat (BauR 1987, 562) sowie 22. Zivilsenat (BauR 1993, 487) zu bejahen. Der Zweck des angesprochenen Gesetzes geht zwar auch dahin, den Auftraggeber vor unqualifizierten Auftragnehmern zu schützen. Es wäre jedoch und gerade deshalb eine durch nichts gerechtfertigte Besserstellung des Schwarzarbeiters, wenn er Pfuscharbeit leisten dürfte, ohne deswegen vom Auftraggeber in Anspruch genommen werden zu können. Dabei mag es im Ausgangspunkt zunächst dahinstehen, ob solche Ansprüche aus einer vertraglichen Pflichtverletzung nach § 280 BGB ggf. i.V.m. § 241 Abs. 2 BGB (OLG Celle VersR 1973, 1122) oder aus der Verletzung von Schutzgütern, aus Geschäftsführung ohne Auftrag oder aus § 823 Abs. 1 BGB (so *Benöhr* NJW 1975, 1970) oder Treu und Glauben (§ 242 BGB; vgl. dazu BGH 23.9.1982 VII ZR 183/80 = BGHZ 85, 39 = NJW 1983, 109) herzuleiten sind. Jedenfalls erscheint es gerechtfertigt, hier den **Schwarzarbeiter nicht besser zu stellen** als seinen »Kontrahenten«, wenn diesem auch gegebenenfalls bzw. recht häufig ein Mitverschulden anzurechnen ist. Sicher mag diesem Problem weitgehend dadurch Rechnung getragen werden, wenn Mängel bei der Berechnung des dem Schwarzarbeiter zustehenden Bereicherungsanspruch berücksichtigt werden (so BGH 31.5.1990 VII ZR 336/89 = BauR 1990, 721 = NJW 1990, 2542; ebenso OLG Düsseldorf BauR 1993, 487, das ohne handfesten Hintergrund hier »mindestens« von dem Bereicherungsanspruch absehen will). Offen bleibt aber nach wie vor die Frage, wie es sich mit Mängeln verhält, die erst später während einer – fiktiv anzunehmenden – Gewährleistungsfrist auftreten, hinsichtlich deren der »Auftraggeber« gegen die Schwarzarbeiter bei wirksamen Vertrag durchsetzbare Gewährleistungsansprüche hätte. Insofern bleibt unter Berücksichtigung des § 242 BGB kaum eine andere Lösung übrig, als dem »Auftraggeber« gegen den Schwarzarbeiter nachträglich bisher noch nicht abgedeckte durchsetzbare Gewährleistungsansprüche zuzugestehen, die sich dem Inhalt und Umfang nach so berechnen, **als habe** der »Auftraggeber« Schadenersatzansprüche gemäß § 634 Nr. 4 BGB oder § 13 Nr. 7 VOB/B (falls die Partner des Schwarzarbeitervertrages die VOB/B abgesprochen haben). Da hierdurch auch »an sich« gegebene verschuldensabhängige Nachbesserungsansprüche zu beachten sind, ist es wohl die zweckmäßigste Lösung, dem »Auftraggeber« solche späteren Ansprüche – ebenfalls wie bei der Vergütung des Schwarzarbeiters – aus ungerechtfertigter Bereicherung zuzugestehen (zu etwaigen weiteren Ansprüchen des Auftraggebers wegen Schäden aus der Schwarzarbeit vgl. *Köhler* JZ 1990, 466). Dies hätte auch den Vorteil, im Einzelfall den »Wert« der später aufgetretenen Mängel realistisch bewerten zu können.

47 Der Grundsatz von Treu und Glauben spielt auch eine Rolle, wenn der Auftragnehmer eine **Festpreisgarantie** abgegeben und eine darüber hinausgehende Vergütung erhalten hat oder der Auftraggeber Dritten mehr bezahlt hat. Dann muss der Auftragnehmer den zu viel erhaltenen Betrag oder im Wege des Schadenersatzes die an Dritte bezahlten Beträge aus Treu und Glauben (§ 242) dem Auftraggeber zurückerstatten (BGH 23.9.1982 VII ZR 183/80 = BGHZ 85, 39 = BauR 1983, 66). Die gegenteilige Ansicht von Tiedtke (NJW 1983, 713) ist nicht zu billigen, weil sie nicht ausreichend berücksichtigt, dass der Auftragnehmer durch die Festpreisgarantie in dem Auftraggeber ein Vertrauen erweckt hat, die diesem über die Nichtigkeit des Vertrages hinaus einen entsprechenden Vertrauensschutz gewähren muss.

48 Handelt es sich bei dem **Auftragnehmer** um einen Betrieb, der – **ohne Wissen des Auftraggebers** – entgegen den Vorschriften der Handwerksordnung und **ohne gleichzeitigen Verstoß gegen die Bestimmungen des Gesetzes gegen Schwarzarbeit** »nur« **nicht in die Handwerksrolle** (vgl. Handwerksordnung v. 28.12.1965 zuletzt geändert am 6.9.2005 [BGBl. I S. 2725]) eingetragen ist, ist dagegen der **Bauvertrag als wirksam anzusehen**, weil es sich insofern lediglich um einen Verstoß gegen eine allein dem öffentlichen Recht zugehörigen Ordnungsvorschrift handelt (vgl. BGH 22.9.1983 VII ZR 43/83 = BGHZ 88, 240, 242 = BauR 1984, 58; BGH 25.1.2001 VII ZR 296/00 BauR 2001, 632; OLG Hamm NJW-RR 1990, 523 sowie MDR 1990, 243; OLG Düsseldorf NJW-RR 1993, 884 und BauR 1996, 121). Allgemein gilt dies auch für den Fall, in dem der Auftragnehmer generell Arbeiten ausführt, die er ohne Eintragung in die Handwerksrolle nicht ausführen darf. Jedoch kann der Auftraggeber u.U. je nach Sachlage unter den Voraussetzungen des § 119 BGB oder des § 123 BGB den Vertrag anfechten (vgl. dazu OLG Nürnberg BauR 1985, 322; a.A. und im Hinblick auf den entschiedenen Fall zu § 119 BGB unrichtig LG Görlitz NJW-RR 1994, 117). Eine Anfechtung nach § 123 BGB kommt z.B. in Betracht, wenn der nicht in die Handwerksrolle eingetragene Betrieb nach außen als Meisterbetrieb dargestellt wird und es dem Auftraggeber darauf ankommt, einen solchen zu beschäftigen (vgl. OLG Hamm a.a.O.), was er allerdings darzulegen und gegebenenfalls zu beweisen hat. Eine Anfechtung wegen Irrtums nach § 119 BGB muss gemäß § 121 BGB unverzüglich nach Kenntniserlangung von der Nichteintragung in die Handwerksrolle erfolgen, wobei eine Anfechtung nach mehr als zwei Wochen sicherlich zu spät ist (OLG Hamm a.a.O.). Im Übrigen kommt es auf die Eintragung in die maßgebende Handwerksrolle zur Zeit der Ausführung der betreffenden Leistung an.

Auch kommt eine **Kündigung des Bauvertrages aus wichtigem Grund** in Frage, wenn sich der nicht eingetragene Auftragnehmer als Fachbetrieb (Meisterbetrieb) bezeichnet, den Eindruck der Mitgliedschaft in einer Handwerksinnung vermittelt, in Wirklichkeit aber die Arbeiten von Subunternehmern ausführen lässt (vgl. dazu OLG Hamm BauR 1988, 727). 49

Für in Deutschland tätige EU-Unternehmer ist die Eintragung in die Handwerksrolle nicht in gleicher Weise Tätigkeitsvoraussetzung. Nach Auffassung des EuGH (NVwZ 2001, 182, 184) stellt es eine unzulässige Beschränkung der Dienstleistungsfreiheit im Sinne des Art. 59 EGV (jetzt Art. 49 EGV) dar, wenn ein Mitgliedsstaat die Ausübung der handwerklichen Tätigkeit eines EU-Unternehmers in seinem Hoheitsgebiet von der Eintragung in die Handwerksrolle abhängig macht, wenn dieser in einem anderen Mitgliedstaat ansässig und nach dortiger Rechtslage zur entsprechenden Tätigkeitsausübung befugt ist. Eine derartige Beschränkung kommt nach Auffassung des EuGH lediglich dann in Betracht, wenn sie auf zwingenden Gründen des Allgemeininteresses beruht, für alle im Hoheitsgebiet des Aufnahmelandes tätigen Personen und Unternehmen gleichermaßen gilt und das Allgemeininteresse nicht bereits durch diejenigen Vorschriften geschützt wird, denen der Dienstleistende in seinem Heimatstaat unterliegt. 50

In steuerlicher Hinsicht ist auf ein Urteil des BFH vom 24.6.1997 (DB 1998, 352) hinzuweisen zur Frage der Betriebsausgaben bei Beschäftigung von Schwarzarbeitern: Ist sowohl streitig, ob der Höhe nach Betriebsausgaben vorliegen, als auch, ob die fehlende Benennung der Zahlungsempfänger dem Abzug entgegensteht, ist zunächst die Höhe der Betriebsausgaben zu ermitteln oder ggf. zu schätzen (§ 162 AO 1977). Sodann ist zu prüfen, ob und inwieweit die fehlende Benennung der Zahlungsempfänger gemäß § 160 AO 1977 dem Abzug der nachgewiesenen oder geschätzten Ausgaben entgegensteht. Die bei der Anwendung des § 160 AO 1977 zu treffenden Ermessensentscheidungen können eine unterlassene Schätzung nicht ersetzen. 51

B. Das Überwachungsrecht des Auftraggebers (Nr. 1 Abs. 2)

Nach Nr. 1 Abs. 2 steht dem **Auftraggeber** das **Recht** zu, die vertragsgemäße **Durchführung der Leistung zu überwachen.** Hierzu hat er Zutritt zu den Arbeitsplätzen, Werkstätten und Lagerräumen, wo die vertragliche Leistung oder Teile von ihr hergestellt oder die hierfür bestimmten Stoffe und Bauteile gelagert werden. Das gilt auch für die Fertigung der Teile beim Fertigteilbau. Auf Verlangen sind ihm die Werkzeichnungen oder andere Ausführungsunterlagen sowie die Ergebnisse von Güteprüfungen zur Einsicht vorzulegen und die erforderlichen Auskünfte zu erteilen, wenn hierdurch keine Geschäftsgeheimnisse preisgegeben werden. Als Geschäftsgeheimnis bezeichnete Auskünfte und Unterlagen hat er vertraulich zu behandeln. 52

I. Besonderheit beim VOB-Vertrag

Das **Überwachungsrecht des Auftraggebers** ist eine **Besonderheit,** die ausdrücklich **nur in den Allgemeinen Vertragsbedingungen der VOB** festgelegt ist. Es hat **kein Gegenstück im Wortlaut der gesetzlichen Bestimmungen des Werkvertrages** oder anderer vergleichbarer schuldrechtlicher Verträge **im BGB.** Im Werkvertragsrecht des BGB ist nur die Verpflichtung zur Herstellung des vom Un- 53 ternehmer dem Besteller versprochenen Werkes ausdrücklich geregelt, § 631 BGB. Dabei hat der Unternehmer nach § 633 BGB die Gewähr für die ordnungsgemäße Herstellung des geschuldeten Werkes zu übernehmen, **ohne dass er sich bei Fehlschlagen der Leistung darauf berufen kann, der Auftraggeber habe ihn besser überwachen können** (BGH 18.1.1973 VII ZR 88/70 BauR 1973, 190 = NJW 1973, 518; OLG Stuttgart VersR 1970, 531 m. Anm. *Ganten* VersR 1970, 823). Insoweit hat er **Handlungsfreiheit in eigener Verantwortung.** Ähnliches gilt auch im Hinblick auf die zeitgerechte Ausführung. Abgesehen von Fragen zu Mitwirkungspflichten bei der Herstellung des Werkes, § 642 BGB, die **nichts mit einem Recht zur Überwachung** der Herstellung zu tun haben, kommt der Auftraggeber nach dem Wortlaut der gesetzlichen Regelungen im Rahmen eines Prüfungs- oder Billigungsrechtes, **insoweit** dann **zugleich einer Pflicht,** mit dem Werk erst wieder in Berührung, wenn es um die Abnahme geht, § 640 BGB. In diesem Zeitpunkt aber ist eine auf den vorherigen Herstellungsvorgang bezogene Überwachung der Arbeiten nicht mehr möglich.

1. Kein Zusammenhang mit der Abnahme

54 Demgegenüber ist nach Abs. 2 S. 1 dem **Auftraggeber** nach den Allgemeinen Vertragsbedingungen der **VOB das Recht** – nicht zugleich aber auch die Pflicht – eingeräumt, die **vertragsgemäße Durchführung der Leistung zu überwachen.** Daraus folgt bereits, dass die Überwachung nach § 4 Nr. 1 Abs. 2 VOB/B **nicht** die ohnehin erst spätere **Abnahme** des fertigen Werkes **ersetzt,** sondern dass diese Befugnis des Auftraggebers in der Zeit **vom Beginn** bis – im Allgemeinen – **zur Fertigstellung** der geschuldeten Leistung dauert und ein **ausdrücklich festgelegtes Sonderrecht kraft vertraglicher Vereinbarung** ist.

2. Besonderheit des Bauvertrags als Grund

55 Diese Sonderbefugnis hat ihre **Rechtfertigung in der Natur der Bauleistung, weswegen** gesagt werden kann, dass sie als **allgemeiner, ungeschriebener Rechtsgrundsatz auch für Bauverträge außerhalb der VOB** gilt (so auch *Ganten* Pflichtverletzung und Schadensrisiko im privaten Baurecht S. 211) was zumindest aus **Treu und Glauben (§ 242 BGB)** herzuleiten ist. Es ist eine **Erfahrungstatsache,** dass gerade bei fertiggestellten Bauwerken Mängel, Fehler oder sonstige Unzulänglichkeiten entweder nur schwer oder erst nach längerer Zeit festzustellen sind. Ähnliches gilt auch für den Nachvollzug in der Frage der ordnungsgemäßen Einhaltung vertraglich festgelegter oder sonst normaler Bauzeit. Daher reicht eine **Bauabnahme,** wie sie das gesetzliche Werkvertragsrecht enthält und wie sie auch in § 12 VOB/B vorgeschrieben ist, für sich allein vielfach nicht aus, um mit hinreichender Genauigkeit die ordnungsgemäße Bauausführung feststellen zu können. Dem kann am ehesten dadurch begegnet werden, dass dem **Auftraggeber** die **Möglichkeit** gegeben wird, **bei** der Bauwerkserrichtung eine **eigene Tätigkeit zu entfalten.** Ein sachgerechtes Urteil über die richtige Bauausführung kann im Allgemeinen nur ermöglicht werden, wenn auch der Auftraggeber bzw. sein Vertreter auf der Baustelle (aufsichtsführender Architekt bzw. Ingenieur) diese vom Beginn bis zum Ende verfolgen kann. **Das Überwachungsrecht dient zudem keineswegs der einseitigen Interessenwahrnehmung durch den Auftraggeber.** Vielmehr stimmt es auch weitgehend mit den **berechtigten Interessen des Auftragnehmers** überein. Für diesen ist es sowohl aus beruflichen als auch aus fachlichen Gründen von Bedeutung, ob **seine Auffassung** und die von ihm gewählte praktische Handhabung bei der Bauausführung **dem Bestellerwillen des Auftraggebers entspricht.** Vor allem können dadurch etwaige Verzögerungen oder Mängel **rechtzeitig erkannt und beseitigt** werden.

3. Nebenpflichten des Auftragnehmers

56 Aus dem dargelegten Sinn und Zweck des Überwachungsrechtes ergibt sich, soweit dieses im Einzelnen reicht und vom Auftraggeber ausgeübt wird, dass es sich **hinsichtlich seiner Duldung** um eine **vertragliche Nebenpflicht des Auftragnehmers handelt,** deren Missachtung ihn wegen Pflichtverletzung nach §§ 280, 241 Abs. 2 BGB haftbar machen kann, wobei im Allgemeinen wegen der Gewichtigkeit dem Auftraggeber auch ein **klagbares Recht** zur Duldung zuzugestehen ist, und zwar wegen der nach deutschem Vertragsrecht allgemeingültigen Verteilung von Rechten und Pflichten.

II. Keine unbegrenzte Befugnis

1. Nicht schlechthin Recht zur Anweisung

Das **Recht des Auftraggebers** zur Überwachung ist aber **nicht ohne Grenzen.** Man darf es nämlich **nicht** schlechthin mit einem **Recht zur Anweisung** verwechseln. Das Überwachungsrecht greift grundsätzlich weder in die Tätigkeit der an Ort und Stelle eigentlich Leistungsverpflichteten ein, noch beengt es den freien Wirkungskreis des Auftragnehmers und dessen Entschließungsfreiheit im Rahmen der ihm obliegenden selbstständigen Leistungsverpflichtung. Dies folgt aus § 4 Nr. 2 S. 1 VOB/B, wonach der Auftragnehmer seine Leistung unter eigener Verantwortung auszuführen hat. Das **Überwachen** ist daher **kein Abnehmen der Verantwortung des Auftragnehmers** durch den Auftraggeber. Deshalb **muss dem Auftragnehmer auch die Möglichkeit erhalten bleiben, seine Verantwortung zu tragen,** d.h. nach seinem pflichtgemäßen Ermessen zu handeln, um die Bauleistung nach dem Vertrag erbringen zu können. **57**

2. Lediglich beobachtende, überprüfende und vergleichende Tätigkeit

Wie weit der Auftraggeber gehen kann, ergibt sich aus der klaren Formulierung in S. 1, wonach er die Befugnis zur Überwachung der **vertragsgemäßen Durchführung** der Leistung hat. Die **Überwachung** ist eine **lediglich beobachtende, überprüfende und vergleichende Tätigkeit.** Sie erstreckt sich darauf, anhand der Vertragsunterlagen, nämlich der jeweils maßgebenden Vertragsbedingungen, der Leistungsbeschreibung, der sonst vorhandenen Ausführungsunterlagen nach § 3 VOB/B sowie der Technischen Vertragsbedingungen, **Vergleiche anzustellen mit dem, was** seitens des Auftragnehmers bei der Durchführung der Leistung tatsächlich geschieht. Soweit Übereinstimmung zwischen beidem festzustellen ist, hat sich die Überwachungsbefugnis des Auftraggebers bereits erschöpft. Wenn aufgrund von **sorgfältigen Überlegungen des Auftraggebers** Differenzen zwischen beidem bestehen, hat er die Befugnis, den Auftragnehmer auf die vorhandene Unstimmigkeit zwischen den Vertrags- und Ausführungsunterlagen und der tatsächlichen Handhabung durch den Auftragnehmer **hinzuweisen.** Dem Auftragnehmer ist dann **Gelegenheit zur Stellungnahme zu geben. Nur Abs. 3** (vgl. Rn. 74 ff.) **enthält eine darüber hinausgehende Befugnis des Auftraggebers,** nämlich das Recht, unter gewissen Voraussetzungen Anordnungen treffen zu können. **58**

III. Keine Überwachungspflicht

In S. 1 ist lediglich eine **Befugnis** des Auftraggebers zur Überwachung und **nicht** zugleich auch eine **Verpflichtung** festgelegt. Es steht daher im **freien Willen des Auftraggebers,** ob er von diesem Recht Gebrauch machen will oder nicht. Unterlässt er es, kann der Auftragnehmer, der **ohnehin gemäß § 4 Nr. 2 VOB/B die Verantwortung** für die vertragsgemäße Leistung hat, hieraus grundsätzlich keine Rechte herleiten (BGH 18.1.1973 VII ZR 88/70 = BauR 1973, 190 = NJW 1973, 518). Hier gilt z.B.: Der Auftraggeber ist dem Auftragnehmer im Allgemeinen nicht verpflichtet, ihn darauf zu überwachen oder überwachen zu lassen, dass er z.B. den Beton für das Bauwerk in der vereinbarten Güte herstellt, insbesondere Zement und Zuschläge in der erforderlichen Menge und Zusammensetzung verwendet. Diese Überwachung obliegt ihm grundsätzlich **auch nicht** aus dem rechtlichen Gesichtspunkt (§ 254 Abs. 2 BGB), wonach ein ordentlicher und verständiger Mensch sich selbst vor Schaden bewahrt, wenn er dies auch sinnvollerweise aufgrund der hier erörterten VOB-Regelung jedenfalls versucht. Wenn sich der Auftraggeber bei einem nach den Vorschriften des BGB zu beurteilenden Bauvertrag grundsätzlich darauf verlassen kann, dass der Auftragnehmer die versprochene **59**

Leistung erbringt, gilt das angesichts der generellen Verpflichtung des Auftragnehmers gemäß § 4 Nr. 2 VOB/B für den Regelfall erst recht beim Bauvertrag nach der VOB. Eine **Ausnahme** hiervon kann nur dann Platz greifen, wenn der **Auftraggeber** oder sein auf der Baustelle tätiger bevollmächtigter Vertreter (z.B. Architekt oder Ingenieur) einen **Schaden** oder die **unmittelbar bevorstehende konkrete Gefahr eines Schadens erkannt hat,** was dann aber vom Auftragnehmer im Streitfall zu beweisen ist; hier mögen Grundsätze der Verhinderung eigenen Schadens oder der Schadensminderung im Einzelfall zu einer **Mitverantwortlichkeit** des Auftraggebers führen.

60 Zu beachten ist jedoch:

Nicht selten findet sich über die hier erörterte VOB-Regelung hinausgehend in Bauvertragsbedingungen die – regelmäßig vom Auftraggeber aufgestellte – Bedingung, dass der **Auftragnehmer verpflichtet ist, Bautagebücher zu führen oder Bautagesberichte aufzustellen und sie dem Auftraggeber bzw. dessen bauaufsichtsführendem Vertreter (z.B. Architekten)** täglich oder jedenfalls in bestimmten Zeitabständen **vorzulegen.** Gegen solches Verlangen bestehen **AGB-rechtlich keine Bedenken,** vor allem **nicht** im Hinblick auf **§ 307 BGB.** Sie dienen nämlich dem Nachweis von Art und Umfang der Leistung, der Erfüllung sowohl in leistungsmäßiger als auch in zeitlicher Hinsicht, dabei nicht zuletzt auch der Fixierung der vereinbarten oder der angemessenen Vergütung, Letzteres vor allem für den Bereich des § 632 BGB, insbesondere für etwaige Mehrvergütung oder geringere Vergütung des Auftragnehmers (§ 2 Nr. 3–8 VOB/B). Insofern kommen Eintragungen über die Witterung, die Temperatur, Beginn und Ende der Arbeitszeit, die Zahl der beschäftigten Arbeitskräfte nach ihrer Qualifikation, Einsatz und etwaiger Ausfall von Gerät, Lieferung von Stoffen oder Bauteilen nach Zeit, Menge und Lieferanten, Angaben über die Beschaffenheit der Baustelle (u.U. des Baugrundes), Fortschritt der Leistungen, Behinderungen oder Unterbrechungen, Unfälle und sonstige ungewöhnliche Ereignisse, Gründe von Abweichungen oder für die Änderung von bisher vorgesehenen Leistungen oder Zusätze dazu, etwaige Aufmaßvorgänge, Anwesenheiten oder Abwesenheiten von Aufsichtspersonal (einschließlich Architekten und Ingenieure) sowie deren Weisungen usw. in Betracht. Daher dient der Nachweis keineswegs nur dem Auftraggeber, sondern in gleicher Weise auch dem Auftragnehmer. Für Letzteren kann ein solcher Nachweis im Streitfall als Beweismittel dienen, vor allem, wenn die entsprechende AGB dazu führt, dass sich der Auftraggeber zugleich verpflichtet, die ihm vorgelegten Berichte selbst oder durch seinen Vertreter auf der Baustelle gegenzuzeichnen. Befolgt er dies dann nicht, so kann trotzdem für den Auftragnehmer eine nicht unerhebliche Beweiserleichterung im Streitfall gegeben sein, sofern die Berichte eindeutig und überschaubar, also hinreichend nachprüfbar sind. Überdies begeht der **Auftraggeber,** der **selbst** durch AGB das Verlangen auf Vorlage der Berichte gestellt hat, dann eine Pflichtverletzung nach §§ 280, 241 Abs. 2 BGB mit der Folge etwaiger Schadensersatzpflicht. Aus dem Gesagten ergibt sich zugleich, dass der Auftragnehmer für das Führen der Bautagebücher usw. **keine besondere Vergütung** beanspruchen kann, da eine solche Regelung genauso seinem Schutz wie dem des Auftraggebers dient.

IV. Der Umfang des Überwachungsrechts

1. Zutrittsrecht

61 Der Auftraggeber hat nach Abs. 2 S. 2 das **Zutrittsrecht zu den Arbeitsplätzen, Werkstätten und Lagerräumen,** wo die vertragliche Leistung oder Teile von ihr hergestellt oder die hierfür bestimmten Stoffe oder Bauteile gelagert werden. Bei den hier angesprochenen Arbeitsplätzen, Werkstätten (insbesondere auch zur Anfertigung von Fertigteilen) und Lagerräumen handelt es sich um einen Bereich, der grundsätzlich der **Verfügungsgewalt des Auftragnehmers** und nicht der des Auftraggebers unterliegt. Dazu zählen auch die Räumlichkeiten, die der Auftraggeber dem Auftragnehmer zur ausschließlichen Nutzung überlassen hat. Darunter ist auf der Grundlage von § 4 Nr. 1 Abs. 1 S. 1 VOB/B z.B. ein abgesperrter Platz des Baugeländes zu verstehen, der zur Errichtung einer Baracke oder eines Lagerraumes für Stoffe, Bauteile usw. oder zum Abstellen von Geräten überlassen worden ist. Andererseits ist zu beachten, dass solche Räumlichkeiten nicht ohne weiteres in Betracht kommen können, über die der Auftragnehmer kein eigenes Bestimmungsrecht hat, sondern die in der **Verfügungsgewalt eines Dritten** (wie z.B. des Baustofflieferanten oder eines Subunternehmers) stehen. Will man auch eine solche Möglichkeit für den Zutritt vorsehen, muss der Auftragnehmer entsprechende Vereinbarungen mit dem Dritten, etwa im Bereich von § 4 Nr. 8 VOB/B, zugunsten des Auftraggebers treffen, was der Auftraggeber vom Auftragnehmer im Rahmen des Bauvertrages verlangen sollte. Ohne weiteres ergibt sich eine solche Befugnis des Auftraggebers gegenüber Dritten, mit denen er keinen Vertrag hat, nicht (wie hier auch *Nicklisch/Weick* § 4 VOB/B Rn. 23).

Das **Zutrittsrecht** des Auftraggebers ist eindeutig **zweckbestimmt. Es bezieht sich lediglich und ausschließlich auf die Überprüfung der vertragsgemäßen Durchführung der Bauleistung.** Eine weitere Einschränkung ergibt sich dadurch, dass der Zutritt nur zu den Arbeitsplätzen, Werkstätten und Lagerräumen erlaubt ist, wo die **Vertragsleistung** oder Teile von ihr **hergestellt** werden. Hinzu kommen noch die Stellen, an denen für die Vertragsleistung bestimmte **Stoffe oder Bauteile gelagert** werden. **62**

2. Einsicht in Unterlagen

Im Rahmen der Überwachungsmöglichkeit hat der Auftraggeber gemäß Abs. 2 S. 3 auch das **Recht auf Einsicht in die Ausführungsunterlagen,** vor allem in die **Werkzeichnungen.** Gleiches gilt auch hinsichtlich der **Ergebnisse von Güteprüfungen,** was von Bedeutung ist wegen der Vielfalt neuer Baustoffe und Bauteile, dabei z.B. auch der Erfordernisse bzw. Besonderheiten beim Fertigteilbau. **63**

Diese Befugnis ist **notwendig,** zumal sich die Ausführungsunterlagen gemäß der Verpflichtung des Auftraggebers nach § 3 Nr. 1 VOB/B während der Ausführungszeit in den Händen des Auftragnehmers befinden. Sie erstreckt sich aber besonders auch auf die Unterlagen, die der Auftragnehmer nach Vertragsabschluss zwecks sachgerechter Ausführung der Leistung nach Maßgabe von §§ 3 Nr. 5, 2 Nr. 9 VOB/B **selbst angefertigt** hat, wie z.B. die Werkzeichnungen, oder die er von **dritter Seite erhalten hat oder erhalten kann,** wie Verlegepläne, Anweisungen der Hersteller von Bauteilen oder Ergebnisse von Güteprüfungen. **64**

Auch die **vorübergehende Überlassung** von ihm selbst bzw. seinem **Architekten oder Sonderfachmann** angefertigten Unterlagen kann der Auftraggeber verlangen, um sie im Rahmen seiner Befugnisse nach § 1 Nr. 3 oder Nr. 4 VOB/B zu prüfen und anschließend zu ändern, zu ergänzen oder zu erweitern. **65**

3. Gegebenenfalls Auskunftsrecht

Kann die Überwachung aufgrund der vorgeschilderten Möglichkeiten allein nicht ausreichend durchgeführt werden, hat der Auftraggeber ein Recht darauf, dass ihm der **Auftragnehmer Auskunft erteilt.** Es besteht aber **keine generelle** Verpflichtung zur Auskunft, sondern **nur eine spezielle, soweit** sie nämlich im Rahmen der Überwachung **erforderlich** ist. Daher ist diese Auskunftspflicht des Auftragnehmers nicht zu verwechseln mit anderen Auskunfts- und Darlegungspflichten des Auftragnehmers gegenüber dem Auftraggeber. Die Auskunftsbefugnis des Auftraggebers erstreckt sich auch **nur** auf die **vertraglich geschuldete Leistung** nach dem jeweiligen Bauvertrag, gegebenenfalls hier auch über die Abnahme hinaus, wenn es sich um Fragen der Vergütung oder von Mängeln im Zusammenhang mit der Vertragsleistung handelt; Gleiches gilt im Hinblick auf das Bestehen von Versicherungen. Weitergehende Auskünfte zu erteilen, ist der Auftragnehmer nicht verpflichtet. Ohne besondere Vereinbarung kann der Auftraggeber daher **keine Auskunft über außerhalb der eigenen Vertragspflichten des Auftragnehmers liegende Arbeiten anderer Auftragnehmer** begehren. Vielfach kann sich der Auftraggeber die zulässigerweise benötigte Auskunft auch **66** durch Besprechungen sowie durch Einsicht in Bautagebücher oder Bautagesberichte oder sonstige Unterlagen verschaffen.

4. Begrenzung durch Geschäftsgeheimnis des Auftragnehmers

67 Eine **Begrenzung des Überwachungsrechts** ergibt sich nach S. 3 letzter Halbsatz durch die **Verpflichtung des Auftraggebers zur Wahrung von Geschäftsgeheimnissen des Auftragnehmers.** Diese ist aber nicht für alle Befugnisse des Auftraggebers im Rahmen seines Überwachungsrechts gegeben. **Ausgenommen** ist hiervon das **Zutrittsrecht,** wie sich aus der Formulierung in Abs. 2 ergibt. Demnach kann der Auftragnehmer dem Auftraggeber grundsätzlich **nicht** den **Zutritt** zu Arbeitsplätzen, Werkstätten und Lagerräumen **verweigern.** Dagegen ist weder das Recht zur Einsicht in Werkzeichnungen oder andere Ausführungsunterlagen sowie in die Ergebnisse von Güteprüfungen noch das Recht auf Auskunftserteilung für den Auftraggeber gegeben, wenn es um die Wahrung von Geschäftsgeheimnissen des Auftragnehmers geht. Allerdings kann in diesem Fall das Recht zum Zutritt auch erfasst sein, wenn dadurch **sofort und unmittelbar** die Preisgabe des sich aus Werkzeichnungen usw. ergebenden Geschäftsgeheimnisses verbunden wäre (auch *Nicklisch/Weick* § 4 VOB/B Rn. 26).

68 Der Begriff des Geschäftsgeheimnisses ist nicht begrenzt durch gesetzlich im Einzelnen geregelte Schutzbestimmungen zugunsten des Auftragnehmers, etwa im Rahmen des Urheberrechts oder des Know-how, speziell auch im Hinblick auf § 17 UWG. Sicher fallen die darauf bezogenen Schutzgegenstände regelmäßig unter das Geschäftsgeheimnis. **Darüber hinaus** wird davon alles erfasst, was die **Besonderheit des gewerblichen Betriebes** gerade dieses Unternehmers ausmacht, insbesondere soweit es dessen Ausstattung, Arbeitsweise usw. betrifft. Als Beispiele seien genannt besonders kostensparende, im Betrieb des Auftragnehmers entwickelte Arbeitsgänge, Verfahrenstechniken, Spezialanfertigungen von Maschinen und Vorrichtungen, besondere und sonst nicht gebräuchliche Materialien, spezielle Mischungsverhältnisse, Fertigungsmethoden usw. Voraussetzung ist aber immer, dass es sich um etwas im Zusammenhang mit dem Gewerbebetrieb des Auftragnehmers Stehendes handelt, das nur bestimmten Personen im Bereich des Auftragnehmers oder ihm allein bekannt ist und in seinem **objektiv anzuerkennenden wirtschaftlichen Interesse** nach seiner bei objektiver Betrachtung berechtigten Bestimmung nicht offenbart werden soll.

69 Der Ausschluss des Überwachungsrechts des Auftraggebers ist aber im Falle des Vorliegens von Geschäftsgeheimnissen **nur gegeben,** wenn sich der **Auftragnehmer hierauf beruft.** Der Auftragnehmer ist also nicht gehindert, trotz des Geschäftsgeheimnisses die Einsicht zu gewähren oder die gewünschte Auskunft zu erteilen. Das bleibt insoweit seiner **freien Bestimmung überlassen** (ebenso *Baumgärtel* FS Heiermann S. 1, 6).

5. Vertragliche Behandlung von Geschäftsgeheimnissen

70 Wenn der Auftragnehmer **trotz** des von ihm berechtigterweise so bezeichneten **Geschäftsgeheimnisses** die **Einsicht gewährt oder die Auskunft erteilt,** bedarf es für ihn eines **besonderen Schutzes,** dass das **Geschäftsgeheimnis** auch wirklich **gewahrt** bleibt. Der Schutz geht dahin, dass der Auftraggeber **als Geschäftsgeheimnis bezeichnete Auskünfte und Unterlagen vertraulich zu behandeln** hat (S. 4). Dieser **Schutz** gilt **auch** für den **Bereich des Zutrittsrechts** des Auftraggebers zu den Arbeitsplätzen, Werkstätten und Lagerräumen nach S. 2. Zwar ist es richtig, dass nur von Auskünften und Unterlagen die Rede ist, dass also das Zutrittsrecht nicht besonders erwähnt ist. Der Schutzzweck kann aber seinem Sinn und seiner Tragweite nach nur erreicht werden, wenn die Verpflichtung zur Geheimhaltung **auch auf die Fälle ausgedehnt ist,** in denen der Auftraggeber durch den ihm gewährten Zutritt die Möglichkeit hat, **Geschäftsgeheimnisse zu erfahren.** Insoweit kann es nur folgerichtig sein, wenn die Verpflichtung nach S. 4 trotz des gegenteiligen Wortlauts **auch auf die Preisgabe von Geschäftsgeheimnissen** aufgrund einer Maßnahme des Auftraggebers nach S. 2 **ausgedehnt** wird und insoweit jedenfalls eine **entsprechende Anwendung** dieser Verpflichtung zum Zuge kommt.

Die Verpflichtung, Geschäftsgeheimnisse des Auftragnehmers **vertraulich** zu behandeln, besteht **71** **nur, wenn der Auftragnehmer ausdrücklich darauf hinweist, dass es sich um solche handelt** (vgl. Rn. 69). Geschieht das nicht, kann der Auftragnehmer wegen eines etwaigen Bruchs des Geheimnisses keine vertraglichen Rechte gegenüber dem Auftraggeber geltend machen. Inwieweit dann **noch gesetzliche Ansprüche** gegeben sind, ist nur nach den einschlägigen gesetzlichen Bestimmungen zu beantworten. Macht der Auftragnehmer hingegen den Auftraggeber auf das Vorhandensein eines Geschäftsgeheimnisses aufmerksam, hat der Auftraggeber eine **Pflicht zum Schweigen jedermann gegenüber.** Die **Verletzung dieser Schweigepflicht bedeutet die positive Verletzung einer vertraglichen Nebenpflicht,** so dass der Auftragnehmer vom Auftraggeber den durch den Bruch der Schweigepflicht entstandenen **Schaden ersetzt** verlangen kann, den er jedoch im Einzelfall nachweisen muss. Im Übrigen kann die Haftung auch **aus § 823 BGB** begründet sein, insbesondere wenn durch das Handeln des Auftraggebers schuldhaft ein Schutzgesetz verletzt wird (z.B. § 1 UWG). Ebenfalls kommt eine Schadensersatzhaftung auf der Grundlage des **§ 826 BGB** in Betracht, wenn die Preisgabe des Geschäftsgeheimnisses vorsätzlich geschehen ist mit dem Ziel, dem Auftragnehmer einen Schaden zuzufügen. Da Geschäftsgeheimnisse dem Unternehmer oft eine Rechtsposition verschaffen, die sich dem Immaterialgüterrecht in besonders starkem Maße nähert, ist hier die **objektive Schadensberechnung nach der entgangenen Lizenz** grundsätzlich zulässig (BGH Betrieb 1977, 766).

Die vorangehend erörterte vertragliche **Verpflichtung** des Auftraggebers findet **nicht mit der Erfüllung** des Bauvertrages **ihr Ende.** Vielmehr kann sie noch längere Zeit fortdauern, insbesondere während der Gewährleistungsfrist. Andererseits kann sie aber unter Umständen auch schon vor Abnahme des fertiggestellten Bauwerks ihre Erledigung gefunden haben. Das alles hängt unter Zugrundelegung des **schutzwürdigen Interesses des Auftragnehmers** davon ab, wie lange man von einem Geschäftsgeheimnis sprechen kann (zur Wahrung von Geschäftsgeheimnissen im Zivilprozess *Gottwald* BB 1979, 1780). **72**

C. Das Anordnungsrecht des Auftraggebers (Nr. 1 Abs. 3 und 4)

Zu dem in Rn. 52 ff. erläuterten Überwachungsrecht tritt das in Abs. 3 und 4 festgelegte **Anordnungsrecht des Auftraggebers,** das einen **wesentlich weiteren Eingriff** in die Handlungsweise des Auftragnehmers **gestattet.** Der hier gewählte Begriff der **Anordnung ist von der bloßen Äußerung von Wünschen durch den Auftraggeber zu unterscheiden.** Letztere fällt nicht schon unter die Regelung der VOB, da es verständlicherweise jedem Bauherrn offen stehen muss, Wünsche zu äußern. Daraus allein ergibt sich aber **noch keine Verpflichtung** des Auftragnehmers. Gleiches gilt für einen **bloßen Vorschlag** des Auftraggebers (BGH 17.5.1984 VII ZR 169/82, BGHZ 91, 206 = BauR 1984, 510). Vielmehr liegt eine Anordnung erst vor, wenn der Auftraggeber **innerhalb der nachstehend erläuterten Grenzen tatsächlich eine Anordnung trifft,** d.h. seinen Willen im Sinne einer **für den Auftragnehmer unübersehbaren Bestimmtheit und mit dem erforderlichen Nachdruck** zum Ausdruck bringt (vgl. OLG Bremen NJW 1963, 495) und zwar durch eine **keine Wahl lassende eindeutige, Befolgung heischende Aufforderung,** eine Baumaßnahme in bestimmter Weise auszuführen (vgl. BGH 9.6.1969 VII ZR 67/67 = SFH Z 2.414 Bl. 219 = ZfBR 2000 [Ls.]; BGH BauR 1973, 188 = NJW 1973, 754; vgl. auch OLG Karlsruhe IBR 2006, 81). Es handelt sich um eine **einseitige empfangsbedürftige Willensbekundung** des Auftraggebers gegenüber dem Auftragnehmer (§§ 130 ff. BGB). Für eine solche Anordnung reicht noch nicht das bloße Einverständnis des Auftraggebers mit einem bestimmten Baustoff, z.B. nach Bestellnummer, Farbe oder Bezugsquelle (BGH 22.5.1975 VII ZR 204/74 = BauR 1975, 421). **73**

74 Als Auftraggeber, dem das Anordnungsrecht zusteht, kann auch der einzelne Wohnungseigentümer als Vertragspartner des Auftragnehmers in Betracht kommen, wenn ein Haus errichtet wird, dessen Wohnungen unter Wohnungseigentum stehen. Das gilt insoweit, als es sich um Teile der Bauleistung handelt, die zu den in § 5 WEG festgelegten Gegenständen des Sacheigentums gehören (wie z.B. ein innerhalb der Wohnung gelegener Asphaltestrich, der temperatur- und schalldämpfenden Zwecken dient). Das gilt grundsätzlich auch, wenn mit der Eigentümergemeinschaft ein Gesamtbauvertrag abgeschlossen worden ist, nach dem eine Leistung gleichzeitig und in gleicher Weise in mehreren Wohnungen zu erbringen ist. Auch dass so genannten Baubetreuern von der Eigentümergemeinschaft Vollmacht hinsichtlich der Durchführung des Bauwerks auf der Auftraggeberseite erteilt worden ist, beeinträchtigt nicht das Recht des einzelnen Eigentümers hinsichtlich der Leistungen im Rahmen seines Sondereigentums. Anders nur, wenn es sich um Leistungsteile handelt, die außerhalb des Sondereigentums liegen, das dem einzelnen Wohnungseigentümer allein zusteht, wie z.B. bei Gemeinschaftsanlagen. Dort entscheidet, auch im Rahmen des Anweisungsrechts, die Eigentümergemeinschaft bzw. der von ihr gemeinsam bestellte Bevollmächtigte (vgl. dazu OLG Düsseldorf SFH Z 3.01 Bl. 213 ff.).

I. Ebenfalls Sonderregelung der VOB

75 Auch hier handelt es sich um eine Befugnis, die im Werkvertragsrecht des BGB **keinen ausdrücklich** geregelten Niederschlag gefunden hat, sondern die ausdrücklich nur in den Allgemeinen Vertragsbedingungen von Teil B der VOB enthalten ist. Über die Berechtigung und die Zweckmäßigkeit dieser Regelung gilt **das Gleiche wie hinsichtlich des Überwachungsrechts** (Rn. 54). Sie dürfte allerdings auf den nach den §§ 631 ff. BGB ausgerichteten Bauvertrag im **Einzelfall gemäß § 242 BGB entsprechend anwendbar** sein, wenn es sich darum handelt, dem Auftraggeber nach seinem **erkennbar gemachten bzw. nach den Umständen zweifelsfrei festzustellenden Willen eine ziel- und sachgerechte Leistung zu gewähren,** vgl. Rn. 55.

II. Vorsichtige und angemessene Handhabung geboten

76 Das **Anordnungsrecht** ist seiner Natur nach **etwas anderes als das sich auf bloße Beobachtung bzw. Information beschränkende Recht zur Überwachung.** Bei diesem wesentlich stärker ausgeprägten Recht ist eine weit größere Gefahr unzuträglicher, weil unberechtigter Einmischung des Auftraggebers gegeben. Deshalb ist von vornherein eine **vorsichtige** und **angemessene** Handhabung des Rechts durch den Auftraggeber geboten, was von ihm unbedingt zu beachten ist, will er sich nicht **selbst Rechtsnachteile,** vor allem und zumindest über **§ 254 BGB,** einhandeln.

III. Begrenzung: Notwendigkeit zur vertragsgemäßen Ausführung der Leistung

77 Nach Abs. 3 S. 1 ist der Auftraggeber befugt, unter **Wahrung der dem Auftragnehmer** für seinen Bereich der Ausführung **zustehenden Leitung (Nr. 2) Anordnungen** zu treffen, die **zur vertragsgemäßen Ausführung der Leistung** notwendig sind. Hierin liegt der Grundsatz, der zugleich **Inhalt und Umfang des Rechtes des Auftraggebers deutlich abgrenzt.**

1. Vertragliche Leistungspflicht maßgebend

78 Entscheidender Gesichtspunkt ist, dass das Anordnungsrecht **zweckbedingt allein** auf die **Durchführung** der vom jeweiligen Auftragnehmer vertraglich geschuldeten Leistung abgestellt ist. Dabei bezieht sich dieses Anordnungsrecht nur auf die **bereits vertraglich vorgesehene Leistung;** es erfasst also **nicht Änderungen oder Zusätze nach Maßgabe von § 1 Nr. 3 oder 4 VOB/B.** Hier handelt es sich um die Anordnung von »Modalitäten« in der Art und Weise der Ausführung der **schon in Auftrag gegebenen Leistung** (dazu näher und zutreffend *Hochstein* FS Korbion 1986 S. 165, 173 ff.;

vgl. auch OLG Karlsruhe IBR 2006, 81). Demnach kommen dem Auftraggeber nur schon auf diese Weise **begrenzte Anweisungsrechte** zu. Was nicht **unmittelbar** mit der Durchführung der so umgrenzten Leistung zu tun hat, liegt **außerhalb** dieses Rahmens und wird von den Allgemeinen Vertragsbedingungen nicht gedeckt. Dann ist ein Recht des Auftraggebers zur Mitsprache jedenfalls auf der hier erörterten Basis **ausgeschaltet.** Die Leistungsdurchführung des Auftragnehmers kann durch Anordnungen des Auftraggebers **nur insofern** beeinflusst werden, als es sich um die **jeweils individuell vertraglich festgelegte Leistungsschuld** handelt. Ein klassisches Beispiel für das Anordnungsrecht des Auftraggebers nach § 4 Nr. 1 Abs. 3 zeigt die BGH-Entscheidung »Wasserhaltung I« (BGH 9.4.1992 VII ZR 129/91 BauR 1992, 759 = NJW-RR 1992, 1046). Dort hatte der Auftraggeber die zur Erfüllung der vertraglichen Schuld einzig noch mögliche Wasserhaltungsvariante angeordnet.

Allerdings liegt eine Anweisung in dem hier erörterten Sinn nicht bereits darin, dass der Auftraggeber lediglich ein Nachtragsangebot des Auftragnehmers ablehnt, das nur eine Leistung enthält, die der Auftragnehmer nach allgemein anerkannten technischen Vorschriften **ohnehin auszuführen** hat, um die bereits **vorher** vereinbarte vertragliche Leistung überhaupt sachgerecht ausführen zu können (vgl. BGH 9.12.1974 VII ZR 158/72 = SFH Z 2.310 Bl. 38 = WM 1975, 233). **79**

2. Objektive Notwendigkeit erforderlich

Eine weitere Begrenzung des Anordnungsrechts ist durch den Begriff der **Notwendigkeit** gegeben. Der Auftraggeber kann nur eine Anordnung vornehmen, wenn hierzu eine **Notwendigkeit** besteht. Vorrangig wird diese allerdings durch die bisher vereinbarte vertragliche Leistung bestimmt, auch wenn sie in diesem Inhalt und Umfang nicht nötig ist, um das Leistungsziel ordnungsgemäß zu erreichen (vgl. dazu OLG Frankfurt OLGR 1995, 146 in einem Fall, in dem ein doppelter Anstrich vereinbart worden war, obwohl ein einfacher genügt hätte) ohne dass sich die bisher vereinbarte Vergütung ändert. **80**

Dabei ist es aber nicht angängig, dem Auftraggeber erst dann ein Recht zum Eingreifen zu verleihen, wenn schon eine unrichtige oder nicht gewollte Leistung begonnen worden ist. Es ist nämlich zu bedenken, dass das Anordnungsrecht des Auftraggebers der **Verhütung** von falschen oder jedenfalls nach dem Vertrag nicht gewollten Leistungen dient, es also ein **Vorbeugemittel** ist. Es ist aber **unbedingt** zu beachten, dass der Begriff »notwendig« **objektiv** aufzufassen und **nicht die jeweilige subjektive Anschauung des Auftraggebers** maßgebend ist, weshalb insofern auf die jeweils **anerkannte Verkehrsgeltung in den betreffenden Fachkreisen** abzustellen ist.

3. Wahrung der Rechte des Auftragnehmers nach Nr. 2

Schließlich darf das Anordnungsrecht **ein gewisses Maß nicht überschreiten.** Das ergibt sich aus dem **Vorbehalt,** dass die Weisung unter **Aufrechterhaltung der Rechte und Pflichten** zu geschehen hat, die dem **Auftragnehmer** nach Nr. 2 gegeben sind. Der Auftraggeber darf vor allem **nicht die Leitung der Leistungsdurchführung** übernehmen wollen, insbesondere darf er nicht den Arbeitnehmern oder auch Subunternehmern des Auftragnehmers unmittelbar Anordnungen erteilen. Es ist dem Auftraggeber verboten, die grundsätzlich gegebene **Entschließungsfreiheit des Auftragnehmers** zu beeinträchtigen. Davon sind besonders auch die eigentlichen fachlichen Entscheidungen und Weisungen zur Arbeitsdurchführung, die Arbeitseinteilung, der Zeitpunkt der vorzunehmenden Arbeiten, die Bestellung und Anfuhr von Materialien usw. berührt, wenn nicht im Einzelfall vertraglich etwas anderes, vor allem hinsichtlich des Bauablaufes, verbindlich festgelegt ist. Deshalb kann der Auftraggeber im Rahmen seiner Anordnungsbefugnis in aller Regel auch nur die Anordnung als solche erteilen, **darüber hinaus steht ihm nicht das Recht zu, Einzelheiten zu bestimmen.** **81**

Daher dürfte es gegen die Generalklausel des § 307 Abs. 1 BGB verstoßen, wenn der Auftraggeber generell in Zusätzlichen Vertragsbedingungen verlangt, dass nur mit seiner schriftlichen Zustimmung Geräte abgezogen und/oder Personal ausgewechselt werden dürfen.

IV. Grundsätzlich Anordnung nur an Auftragnehmer oder dessen Vertreter

1. Ausnahme: Gefahr im Verzug

82 Die Anordnung des Auftraggebers darf **nur dem Auftragnehmer selbst oder seinem für die Leitung der Ausführung bestellten Vertreter** erteilt werden (Abs. 3 S. 2). Damit soll gewährleistet werden, dass die Leistung nach wie vor der verantwortlichen Leitung des Auftragnehmers unterliegt.

83 Hiervon gibt es nur dann eine **Ausnahme,** die aus dem Zweck des Anordnungsrechts berechtigt ist, nämlich wenn **Gefahr im Verzuge** ist. Es muss also ein Schaden **gerade eintreten oder unmittelbar bevorstehen,** d.h. drohen. Soweit es die rechtzeitige Durchführung der vertragsgemäßen Bauleistung anbetrifft, wird dieser Fall selten sein. Es wird nämlich regelmäßig ein gewisser zeitlicher Spielraum bis zum etwaigen Schadenseintritt gegeben sein, so dass der Auftraggeber den Auftragnehmer selbst oder dessen mit der Leitung der Leistungsdurchführung bestellten Vertreter noch erreichen kann. Anders kann es bei gerade eingetretenen oder unmittelbar drohenden Mängeln sein, wenn dadurch der **Bestand des Bauwerks** oder die **sofort anstehende Weiterführung der Bauarbeiten** erheblich bedroht sind. Wesentlich häufiger wird jedoch der Fall der **sofort notwendigen Sicherung des Bauwerks** vor Gefahren oder zur Verhinderung von ihm ausgehender drohender Schäden sein. Hier ist auch immer Voraussetzung, dass der Auftraggeber **weder den Auftragnehmer selbst noch seinen Vertreter so rechtzeitig erreichen kann,** damit sie noch selbst für Abhilfe sorgen können. Im Übrigen handelt der Auftraggeber bei der Ausübung seines Anordnungsrechts bei vorliegender Gefahr im Verzuge nicht für den Auftragnehmer, sondern **im eigenen Namen.** Man kann also nicht von einer Geschäftsführung ohne Auftrag des Auftraggebers für den Auftragnehmer sprechen. Jedoch ist der Auftraggeber aus dem Gesichtspunkt von Treu und Glauben verpflichtet, den Auftragnehmer von den getroffenen Maßnahmen **unverzüglich in Kenntnis** zu setzen.

84 Das Recht zum Eingriff im Falle der Gefahr im Verzug dauert **nur so lange** an, **wie die Gefahrenlage besteht.** Nach Abwendung der Gefahr geht die Leitungsbefugnis wieder auf den Auftragnehmer unter seiner alleinigen Verantwortung über.

2. Mitteilung des Vertreters

85 Damit der Auftraggeber sich in dem von der VOB angenommenen Normalfall an die richtige Person wendet, ist es erforderlich, dass der Auftragnehmer ihm **mitteilt, wen er als seinen Vertreter für die Leitung der Ausführung** bestellt hat (Abs. 3 S. 3). Es liegt in der Natur der Sache, dass dies **vor Beginn der Ausführung** geschehen muss. **Auch ein Wechsel dieser Person während der Bauausführung ist bekanntzugeben.** Wen der Auftragnehmer mit seiner Vertretung beauftragt, liegt bei ihm. Bestimmte Voraussetzungen, z.B., dass es sich um einen Bauingenieur, einen Polier oder Meister handeln müsse, sind nicht gegeben. Der Auftragnehmer wird angesichts seiner Haftungsverpflichtung aus § 278 BGB aber darauf bedacht sein müssen, nicht nur eine **vertrauenswürdige,** sondern auch **fachlich** hinreichend **geschulte** und die notwendigen Voraussetzungen im Einzelfall erfüllende Person mit dem Amt seines Vertreters bei der Leitung der Bauausführung zu bestellen.

3. Weitere Ausnahmen

86 Wenn **weder der Auftragnehmer noch sein Vertreter erreichbar** sind, und zwar auf einen nach der Dringlichkeit im Einzelfall zu beurteilenden unverhältnismäßig langen Zeitraum, oder wenn der nicht erreichbare Auftragnehmer keinen Vertreter bestellt bzw. dem Auftraggeber nicht mitgeteilt hat, kann es nach Treu und Glauben zulässig sein, dass der Auftraggeber **auch ohne Gefahr im Ver-

zuge seine Anordnungen einem für deren Erfüllung in Betracht kommenden anderen gegenüber mit bindender Wirkung für den Auftragnehmer erteilt. Das gilt allerdings nur, wenn eine solche Anordnung der Vermeidung von Mängeln oder einer Bauverzögerung dient, was der Auftraggeber im Streitfall darzulegen und zu beweisen hat.

V. Mitteilung von Bedenken und Folgen (Nr. 1 Abs. 4)

Hält der Auftragnehmer die **Anordnungen** des Auftraggebers für **unberechtigt oder unzweckmäßig**, so hat er seine Bedenken geltend zu machen, die Anordnungen jedoch auf Verlangen auszuführen, wenn nicht gesetzliche oder behördliche Bestimmungen entgegenstehen. Wenn dadurch eine ungerechtfertigte Erschwerung verursacht wird, hat der Auftraggeber die Mehrkosten zu tragen. 87

1. Unberechtigte oder unzweckmäßige Anordnungen

Diese Bedenken können verschiedenen Ursprungs sein. Unter dem Begriff »**unberechtigt**« ist alles einzubeziehen, was nach der Auffassung des Auftragnehmers **den vertraglichen Vereinbarungen oder den sich aus dem Vertrag zwangsläufig ergebenden Notwendigkeiten nicht entspricht** und auch mit der grundsätzlichen Anordnungsbefugnis des Auftraggebers nach Abs. 3 S. 1 nicht im Einklang steht, weil die betreffende Anordnung für die vertragsgerechte Ausführung nicht nötig ist oder diese sogar vereitelt. Demgegenüber beinhaltet die Wendung »**unzweckmäßig**« Anordnungen des Auftraggebers, die so nach Ansicht des Auftragnehmers nicht oder fachlich nicht einwandfrei oder nur unter unzumutbaren Erschwerungen zur Erreichung des vertraglich vereinbarten Leistungsziels führen. 88

2. Begründete Auffassung des Auftragnehmers maßgeblich

Die Bedenken des Auftragnehmers gegen die Anordnungen des Auftraggebers sind nicht im Hinblick auf ihre objektive Berechtigung angesprochen, sondern die **subjektive Auffassung des Auftragnehmers** ist nach dem Wortlaut in Abs. 4 **ausreichend** (so auch *Nicklisch/Weick* § 4 VOB/B Rn. 36; *Hochstein* FS Korbion 1986 S. 165, 175; vgl. auch OLG Karlsruhe BauR 1988, 598). Dies ergibt sich aus der hier gewählten Formulierung (»hält«). Selbstverständlich wird dafür eine sachliche und fachliche Überlegung des Auftragnehmers vorausgesetzt; die Bedenken müssen sich also fundiert fachlich begründen lassen. Davon abgesehen besteht **ohnehin die nach objektiven Kriterien ausgerichtete Prüfungs- und Hinweispflicht des Auftragnehmers nach § 4 Nr. 3 VOB/B**. 89

3. Prüfungspflicht des Auftraggebers

Hat der Auftragnehmer Bedenken geltend gemacht, **was vor Ausführung der Anordnungen zu geschehen hat und auch mündlich erfolgen kann**, besteht für ihn eine **Verpflichtung zur Befolgung der Anordnungen des Auftraggebers nur, wenn dieser trotzdem auf deren Ausführung besteht.** Eines muss der **Auftraggeber** dabei in jedem Fall beachten: **Er muss die Bedenken des Auftragnehmers nachprüfen, bevor er auf der Ausführung** bzw. der Beachtung seiner Anordnung besteht. Dieses muss **bestimmt und mit Nachdruck** geschehen. Es ist nicht angängig und daher **nicht vertragsgerecht**, wenn der Auftraggeber ohne Überlegen und vor allem ohne hinreichende Kenntnisnahme von der Einwendung des Auftragnehmers einfach das Verlangen auf Befolgung der Anordnungen stellt. Das gilt besonders für den vom Auftraggeber bestellten Architekten oder Fachingenieur. Der Grundsatz von **Treu und Glauben** erfordert es, dass eine Verpflichtung eines Vertragsteils aufgrund einer einseitigen Erklärung des anderen Teils nur gegeben sein kann, wenn sich der andere Teil **mit den Gegenvorstellungen auseinandersetzt**. Diese **Überprüfungspflicht** aufgrund der Einwendungen des Auftragnehmers gegen die getroffene Anordnung **beschränkt sich allerdings auf den eigenen Bereich des Auftraggebers**. Ebenso wie die Einwendungen des Auftragnehmers gegen die getroffene Anordnung subjektiven Gehalt haben, genügt es, wenn die Ent- 90 schließung auf diese Einwendungen zwar auf **sachlicher und überlegter Basis** beruht, sie aber aus der subjektiven Sicht des Auftraggebers getroffen worden ist. Zu bedenken ist auch, dass durch eine von dritter Seite kommende Überprüfung der Einwendungen des Auftragnehmers Sinn und Zweck von Abs. 4 vereitelt werden kann, nämlich die Gefahr der Verzögerung bei der Baudurchführung zu vermeiden. Natürlich ist es dem Auftraggeber nicht verwehrt, von sich aus zur Überprüfung der Bedenken des Auftragnehmers einen Dritten einzuschalten, wie etwa einen Sachverständigen nach § 7 Nr. 1c VOB/A, was er tun sollte, wenn er oder z.B. sein Architekt nicht die nötige Fachkunde besitzt (siehe auch *Ganten* Pflichtverletzung und Schadensrisiko im privaten Baurecht S. 133).

4. Ausnahmen von der Pflicht des Auftragnehmers zur Befolgung der Anordnungen

91 Von der **Verpflichtung des Auftragnehmers** zur Durchführung der Anordnung des Auftraggebers gibt es **Ausnahmen,** bei denen **trotz des fortbestehenden Verlangens** des Auftraggebers ein **Leistungsverweigerungsrecht** des Auftragnehmers besteht.

a) Verstoß gegen gesetzliche oder behördliche Bestimmungen

92 Eine solche Ausnahme ist in Abs. 4 S. 1 ausdrücklich genannt. Der Auftragnehmer braucht der Anordnung **nicht** nachzukommen, **wenn** sie **gegen gesetzliche oder behördliche Bestimmungen verstößt.** Darunter sind einmal alle Gesetze, Verordnungen, Erlasse usw. **öffentlich-rechtlicher** Art zu verstehen, die Einfluss auf die Durchführung des Bauvorhabens haben. An der Spitze befinden sich die Vorschriften, die unmittelbar mit dem Bauwesen im Zusammenhang stehen. Sie können allgemein bauordnungsrechtliche oder aber auch wasserrechtliche, verkehrsrechtliche und gesundheitsrechtliche Grundlagen haben. Letztere erfahren durch die **Baustellenverordnung**, die Ausdruck eines zentralen Interesses an der Verbesserung von Sicherheit und Gesundheitsschutz der auf Baustellen Beschäftigten ist, besondere Bedeutung. Dem Auftragnehmer steht ein Leistungsverweigerungsrecht gegen Anordnungen des Auftraggebers zu, die mit Baustellensicherheitsgedanken kollidieren, insbesondere mit der BaustellV, mit dem ArbeitsschutzG (insbesondere den Grundgedanken aus § 4), aber auch mit den Unfallverhütungsvorschriften der Berufsgenossenschaften und vergleichbaren Schutzbestimmungen, auch den Festlegungen des SIGE-Plans. Darüber hinaus bestehen auch zivilrechtliche Grenzen des auftraggeberseitigen Anordnungsrechts, da die Regelung der VOB (gesetzliche Bestimmungen) nicht auf das öffentliche Recht beschränkt ist. Das gilt besonders für die gesetzlichen Verbote, durch die dem sonst freien Vertragswillen Grenzen gesetzt sind (§§ 134, 138, 242 BGB). Auch kann sich der Auftragnehmer auf zivilrechtliche Vorschriften berufen, wenn **er selbst** bei Befolgung der Anordnung Ansprüchen von dritter Seite, z.B. aus dem Gesichtspunkt unerlaubter Handlung oder wegen Verletzung nachbarrechtlicher Vorschriften, ausgesetzt wäre.

b) Verstoß gegen Treu und Glauben

93 Weiterhin ist der **Auftragnehmer** von der Verpflichtung zur Durchführung der getroffenen Anordnung **freizustellen, wenn dies aus Treu und Glauben erforderlich** ist (BGH 4.10.1984 VII ZR 65/83 BGHZ 92, 244 = BauR 1985, 77). Aus Abs. 4 S. 1 ergibt sich zwar durch Umkehrschluss, dass der Auftragnehmer auch solche Anordnungen des Auftraggebers durchzuführen hat, die er für unberechtigt oder unzweckmäßig hält, es sei denn, dass gesetzliche oder behördliche Bestimmungen entgegenstehen. Dies bedeutet indessen nicht, dass **jede unberechtigte und unzweckmäßige Anordnung, die nicht gegen derartige Bestimmungen verstößt, nun auch vom Auftragnehmer zwingend zu befolgen wäre**. Sie muss sich vielmehr entsprechend dem in Abs. 3 S. 1 festgelegten Grundsatz **im Rahmen des zur vertragsgemäßen Ausführung der Leistung Notwendigen** halten; zumindest muss der Auftraggeber, wenn er vom Auftragnehmer auf entsprechende Bedenken hingewiesen wird, seine abweichende Auffassung nach Treu und Glauben für gerechtfertigt halten dürfen. Das ist nicht mehr der Fall, wenn der Auftraggeber im Wege der Anordnung ein Verlangen stellt, das **offensichtlich** über den Rahmen seiner Anordnungsbefugnis nach Abs. 3 S. 1 hinausgeht und auch sonst nicht durch die weiteren Bedingungen des Bauvertrages gedeckt ist, vor allem dann,

wenn bei Befolgung der Anordnung mit hinreichender Wahrscheinlichkeit ein Schaden droht (ebenso *Locher* Das private Baurecht Rn. 190). Nach OLG Hamm (BauR 2001, 1594 unter Verweis auf BGH 4.10.1984 VII ZR 65/83 = NJW 1985, 631 = BauR 1985, 77) braucht der Auftragnehmer einer Anordnung nicht Folge zu leisten, wenn seine Werkleistungen einer gegen den Bauvertrag und insbesondere gegen die Regeln der Technik verstoßenden Weise erbracht werden soll und die für diesen Fall erbetene Freistellung von der Gewährleistung abgelehnt wird. Der Auftragnehmer ist nicht verpflichtet, sich einen seiner begründeten Meinung nach ernstlich drohenden Gewährleistungsfall nicht absehbaren Ausmaßes geradezu aufzwingen zu lassen.

Wenn sich der Auftraggeber z.B. anders besinnt und ein grundlegend andersgeartetes Bauwerk verlangt, kann er ein solches Ansinnen, das **nicht mehr durch die in § 1 Nr. 3 und 4 VOB/B eröffneten Befugnisse gedeckt ist, auch nicht über den Weg einer Anordnung nach § 4 Nr. 1 Abs. 3 und 4 VOB/B durchsetzen,** da diese Vorschriften ihm kein weitergehendes Recht einräumen. Darüber hinaus ergibt sich, was das **Verhältnis von § 1 Nr. 3 und 4 VOB/B zu § 4 Nr. 1 Abs. 3 und 4 VOB/B betrifft,** folgende **klare Abstufung:** **94**

§ 1 Nr. 3 VOB/B betrifft Änderungen des Bauentwurfs, also Änderungen bezüglich der vom Auftragnehmer bereits vertraglich geschuldeten Leistung als solcher, soweit sie vom Bauentwurf bestimmt wird, wobei die insoweit bestehenden Schranken zu beachten sind; **§ 1 Nr. 4 VOB/B** bezieht sich auf bisher nicht vereinbarte Leistungen, die zur Ausführung der vertraglichen Leistung erforderlich werden, deren zusätzliche Erbringung die vertragliche Leistung also erst ermöglicht, somit zu ihr in einem Abhängigkeitsverhältnis steht. **Anordnungen nach § 4 Nr. 1 Abs. 3 und 4 VOB/B dürfen dagegen den Leistungsinhalt weder in der Weise berühren, wie dies bei Änderungen des Bauentwurfs der Fall ist** (dann würde bereits § 1 Nr. 3 VOB/B mit der Vergütungsregelung nach § 2 Nr. 5 VOB/B eingreifen), **noch dürfen sie sich auf zusätzliche Leistungen zur Ermöglichung der Vertragsleistung beziehen** (insoweit würde § 1 Nr. 4 VOB/B i.V.m. § 2 Nr. 6 VOB/B maßgebend sein). **Nach § 4 Nr. 1 Abs. 3 und 4 VOB/B kann der Auftraggeber vielmehr nur Bestimmungen treffen, die – ohne einer Entwurfsänderung gleichzustehen und ohne bisher nicht geschuldete Zusatzleistungen zu betreffen – sich auf die Art und Weise der bisher vorgesehenen Leistungsdurchführung beziehen,** also auf deren »Modalitäten« (zutreffend *Hochstein* FS Korbion 1986 S. 165, 173 ff.). Der durch den bisherigen Bauentwurf und die bisherige vertragliche Leistungsumschreibung abgesteckte Rahmen darf hier also nicht überschritten werden. Nur soweit sich **innerhalb dieses Bereichs** Zweifelsfragen oder verschiedene Möglichkeiten zur Durchführung der Vertragsleistung ergeben, kann der Auftraggeber mit bindenden Weisungen eingreifen, denen der Auftragnehmer – auch wenn sie im Einzelfall unzweckmäßig oder unberechtigt sind – Folge leisten muss, wenn sie nicht gegen gesetzliche oder behördliche Bestimmungen verstoßen und der Auftraggeber auf ihrer Befolgung besteht, obwohl er auf Bedenken hingewiesen worden ist.

Die **entsprechend dem Grundsatz von Treu und Glauben errichtete Grenze** dieser Befolgungspflicht ist überdies regelmäßig in denjenigen Fällen überschritten, in denen das Anordnungsrecht vom Auftraggeber **missbraucht** wird. Davon ist z.B. auszugehen, wenn der Auftraggeber auf seiner Anordnung besteht, obwohl er die **Berechtigung** der vom Auftragnehmer erhobenen **Bedenken erkennt** bzw. wenn die Anordnung in einem Maße unzweckmäßig ist, dass dem Auftragnehmer als fachkundigem Unternehmer **nicht mehr zugemutet werden** kann, in der laienhaft angeordneten unzweckmäßigen Weise zu verfahren. Dabei ist auch und insbesondere an diejenigen Fälle zu denken, in denen der Auftragnehmer bei Befolgung der Anordnung **klar gegen die Technischen Vorschriften** des Bauvertrages und **gleichzeitig** gegen die anerkannten **Regeln der Bautechnik verstoßen und ein ernsthaft drohender Gewährleistungsfall nicht vorhersehbaren oder jedenfalls ganz erheblichen Ausmaßes** eintreten würde. Bei solcher Sachlage würde die **Zumutbarkeitsgrenze** erkennbar überschritten und der **Grundsatz von Treu und Glauben verletzt,** weil es sich bei derartigen Anordnungen des Auftraggebers um den einseitigen Versuch von Änderungen eindeutig und klar getroffener vertraglicher Absprachen handeln würde (ebenso BGH 4.10.1984 VII ZR 65/83 = **95**

BGHZ 92, 244 = BauR 1985, 77). Auch wenn der Auftragnehmer hier unter den Voraussetzungen von § 4 Nr. 3, § 13 Nr. 3 VOB/B von seiner Gewährleistungsverpflichtung frei würde, kann von ihm kein Verhalten verlangt werden, das ggf. **seinen Ruf** als fachkundiger Unternehmer **schädigen** müsste. Die einer derart berechtigten Weigerung des Auftragnehmers zugrundeliegende Kündigung des Auftraggebers beurteilt sich nach § 8 Nr. 1 VOB/B (vgl. BGH a.a.O.).

96 Abgesehen von diesen Fällen, bleibt freilich **grundsätzlich** die **Verpflichtung** des Auftragnehmers bestehen, auch solche **Anordnungen zu befolgen,** die objektiv unberechtigt und unzweckmäßig sind, aber nicht gegen gesetzliche oder behördliche Bestimmungen verstoßen.

c) Nachweis durch Auftragnehmer

97 Man wird es andererseits im Zweifelsfall dem Auftraggeber nicht verwehren können, vom **Auftragnehmer** den **Nachweis** des Vorliegens **von den getroffenen Anordnungen entgegenstehenden gesetzlichen oder behördlichen Vorschriften oder des Verstoßes gegen Treu und Glauben zu** verlangen. Für einen solchen Ausnahmetatbestand hat der **Auftragnehmer** die **Beweislast.**

In allen Fällen, in denen es keine Verpflichtung des Auftragnehmers zur Befolgung der Anordnung des Auftraggebers geben kann, bleibt im Übrigen die Möglichkeit, etwaige Änderungswünsche des Auftraggebers im Wege zulässiger und sachgerechter vertragsändernder Vereinbarung verbindlich zu gestalten.

d) Rechte des Auftragnehmers

98 **Überschreitet oder missbraucht der Auftraggeber sein Anordnungsrecht,** beharrt er insbesondere auf Anordnungen, die der Auftraggeber nicht befolgen muss, etwa weil gesetzliche oder behördliche Bestimmungen entgegenstehen, kommt eine Pflichtverletzung nach §§ 280, 241 Abs. 2 BGB (früher positive Vertragsverletzung) in Betracht. Etwaige **hieraus entstehende Schäden**, z.B. aus Behinderungen nach § 6 Nr. 6 VOB/B, sind dem Auftragnehmer zu erstatten. Darüber hinaus kommt bei massiven Pflichtverstößen des Auftraggebers (oder seines Architekten, insbesondere bei zielgerichteten Schikanen) auch ein Recht des Auftragnehmers zur außerordentlichen Kündigung des Bauvertrags in Betracht.

5. Ausgleich der Mehrkosten

99 Liegt demgegenüber keine Überschreitung des auftraggeberseitigen Anordnungsrechts nach Abs. 3 S. 1 vor, ist der Auftragnehmer trotz der von ihm angemeldeten Bedenken verpflichtet, die getroffenen Anordnungen auszuführen, auch wenn sie unberechtigt, unzweckmäßig oder überflüssig sind. In diesem Fall steht ihm nach Abs. 4 S. 2 das Recht zu, einen **Ersatz für entstehende Mehrkosten** zu verlangen. **Anspruchsvoraussetzung ist hier, dass der Auftragnehmer auch tatsächlich seine Bedenken angemeldet hat.** Die Mehrkosten müssen **durch** die Ausführung der Anordnung des Auftraggebers entstanden sein, **also adäquat-kausal darauf zurückgehen.** War der Auftragnehmer nach den vertraglich festgelegten Pflichten **auch bereits ohne** eine solche **Anordnung gehalten,** in der später »angeordneten« Art und Weise zu verfahren, trug eine diesbezügliche »Anordnung« des Auftraggebers also **nur klarstellenden und hinweisenden Charakter, so fehlt** es an dieser **Ursächlichkeitsvoraussetzung** mit der Folge, dass auch ein **Anspruch auf Ersatz von Mehrkosten entfällt.**

100 Im Übrigen kommt eine Erstattung von Mehrkosten nur in Betracht, wenn durch die Befolgung der Anordnung eine **ungerechtfertigte Erschwerung** verursacht wird. Das ist der Fall, wenn die **Anordnungen** des Auftraggebers **objektiv nicht erforderlich oder unzweckmäßig** waren, d.h. wenn sie den zu ihrer Durchführung notwendigen Aufwand des Auftragnehmers in technischer und/oder wirtschaftlicher Hinsicht **nicht rechtfertigen.** Dem Auftragnehmer soll also ein **Ausgleich** dafür gewährt werden, dass er **Anordnungen ausführen** und dabei seine schon bisher feststehende Leistung unter erschwerten Bedingungen mit entsprechendem zusätzlichem Aufwand erbringen muss, **ob-**

wohl dies zur Erreichung des Vertragszieles an sich **nicht erforderlich** gewesen wäre (auch *Nicklisch/ Weick* § 4 VOB/B Rn. 39).

Der **Umfang** der zu ersetzenden **Mehrkosten** berechnet sich aus der Differenz zwischen den Kosten der gemäß Anordnung durchgeführten Leistung und denjenigen Kosten, die ohne die unberechtigte bzw. unzweckmäßige Anordnung entstanden wären. Diese beziehen sich regelmäßig auf erhöhten Eigenaufwand des Auftragnehmers an Löhnen, Materialkosten, Kosten der Baustelle, Allgemeinen Geschäftskosten. Dabei kommt es **nicht zusätzlich darauf an, ob die entstandenen Kosten für den Auftragnehmer zumutbar sind oder nicht.** Vielmehr wird die Zumutbarkeitsgrenze bereits überschritten, wenn unberechtigte bzw. unzweckmäßige Anordnungen, die zu befolgen sind, erteilt werden. Jede dem Auftragnehmer dadurch erwachsende zusätzliche finanzielle Belastung beruht auf einer ungerechtfertigten Erschwerung und ist demnach vom Auftraggeber nach Abs. 4 S. 2 auszugleichen, ohne dass nochmals Abstriche vorzunehmen wären (wie hier *Heiermann/Riedl/Rusam* § 4 VOB/B Rn. 30). **101**

Die **Voraussetzungen für den hier erörterten besonderen Vergütungsanspruch** sowie die zu ersetzenden **Mehrkosten muss** der **Auftragnehmer** allerdings im Einzelnen **darlegen und nachweisen.** Es ist zweckmäßig, wenn der Auftragnehmer bereits bei der Äußerung seiner Bedenken dem Auftraggeber die ungefähren Mehrkosten angibt. Stellt dieser nämlich dann gleichwohl das Verlangen auf Ausführung seiner Anordnung, so wird anzunehmen sein, dass er jedenfalls im Grundsatz mit der Übernahme der durch die Erfüllung der Anordnung entstehenden Mehrkosten sowohl dem Grunde als auch der Höhe nach einverstanden ist. **102**

Abs. 4 S. 2 stellt eine **selbstständige Kostenregelung dar.** Eine Anwendung von § 2 Nr. 5 oder 6 VOB/B kommt **weder direkt noch entsprechend** in Betracht (auch *Nicklisch/Weick* § 4 VOB/B Rn. 38; *v. Craushaar* BauR 1984, 311, 312). Das ergibt sich im Übrigen bereits aus der diesen anderen Bestimmungen zugrundeliegenden Systematik. **§ 2 Nr. 6 VOB/B** betrifft die Frage der zusätzlichen Vergütung für im Vertrag bisher nicht enthaltene Leistungen, die entweder auf einem Verlangen des Auftragnehmers nach § 1 Nr. 4 VOB/B beruhen oder mit denen sich der Auftragnehmer, wenn sie aus einem sonstigen Grund vom Auftraggeber außerhalb der bisherigen vertraglichen Vereinbarungen verlangt werden, einverstanden erklärt hat. Diese Fallgestaltungen werden vom Anordnungsrecht **nach § 4 Nr. 1 Abs. 3 und 4 nicht erfasst,** vgl. Rn. 94 ff. § 2 Nr. 5 **VOB/B** bleibt jedenfalls unberührt, wenn es sich um **Änderungen der Preisgrundlagen infolge einer Änderung des Bauentwurfs** handelt; dann erfolgt die entsprechende »Anordnung«, d.h. Entwurfsänderung, nach § 1 Nr. 3 VOB/B, so dass ebenfalls **kein Fall** einer Anordnung **nach § 4 Nr. 1 Abs. 3 und 4 VOB/B** vorliegt. § 2 Nr. 5 VOB/B könnte daher als »andere Anordnungen des Auftraggebers« nur für solche Anordnungen gemäß § 4 Nr. 1 Abs. 3 VOB/B in Betracht kommen, durch die die Grundlagen des Preises für eine im Vertrag **schon vorgesehene** Leistung geändert werden. Insoweit **erfasst § 2 Nr. 5 VOB/B** indessen **nur** diejenigen **Anordnungen,** die objektiv berechtigt und/oder zweckmäßig sind. **Für eine weitergehende Erstreckung** dieser Bestimmung besteht **kein Bedürfnis, da** für solche Anordnungen, die weder berechtigt noch zweckmäßig sind, in § 4 Nr. 1 Abs. 4 S. 2 VOB/B eine **besondere Vergütungsregelung** zur Verfügung steht. Sind ihre Voraussetzungen erfüllt, bedarf es eines Rückgriffs auf andere Bestimmungen nicht, zumal **sonst** die hier getroffene Regelung **ihren Sinn verlieren würde.** **103**

Da es sich mithin bei § 4 Nr. 1 Abs. 4 S. 2 VOB/B um eine **selbstständige Regelung** handelt, **kommt** auch ein **Rückgriff** auf sonstige Voraussetzungen aus § 2 Nr. 5 und 6 VOB/B **nicht in Betracht.** Der Anspruch auf Ersatz der Mehrkosten ist daher **weder** zwingend vorher **anzukündigen,** noch muss hierüber **vorab** eine **Vereinbarung** getroffen werden. Ferner ergibt sich, dass die **Mehrkosten selbstständig und ohne Abhängigkeit** von oder **Bezugnahme** auf die bisherige Preisvereinbarung festzulegen sind. Der Wert der aufgrund der Anordnung durchgeführten Arbeiten muss also **für sich allein** so berechnet werden, als ob diese Leistungsteile selbstständig und unabhängig von den vertraglich vereinbarten Leistungselementen erbracht worden wären. Genaugenommen werden daher dem **104**

Auftragnehmer in einem solchen Fall zwei verschiedene und in sich selbstständige Vergütungen geschuldet, die nur durch die Klammer des »Mehr« verbunden sind (so auch *Heiermann/Riedl/Rusam* § 4VOB/B Rn. 30). Fehlt es an einer abweichenden Vereinbarung, so sind die Mehrkosten auf der Basis der Einheitspreise abzurechnen. § 2 Nr. 2 VOB/B gilt entsprechend.

6. Haftungsverhältnisse

105 **Soweit** aufgrund der Anordnung des Auftraggebers eine **Verpflichtung des Auftragnehmers** begründet wird, ist auch die Frage der **Haftungsverhältnisse** von Bedeutung. Dabei ist zu **unterscheiden zwischen den Anordnungen des Auftraggebers**, die sich streng an den Rahmen halten, wie er in Abs. 3 S. 1 festgelegt ist und gegen die der Auftragnehmer keine Bedenken geltend gemacht hat, und solchen Anordnungen, die entweder im Rahmen von Abs. 3 S. 1 geblieben sind oder die darüber hinausgehen, gegen die der Auftragnehmer aber Bedenken vorgebracht hat.

106 Im ersteren Fall dürfte kein Zweifel bestehen, dass die vertragliche Haftung den Auftragnehmer auch für die Fälle trifft, in denen die Leistung in der nunmehr verlangten Form erbracht wird. Einmal hat diese Anordnung ihre Grundlage in einer ausdrücklichen vertraglichen Vereinbarung zwischen den Parteien (Abs. 3 S. 1), und zum anderen hat der Auftraggeber seine vertragliche Befugnis weder missbraucht noch überschritten, sondern sich an den ihm gegebenen Rahmen gehalten, außerdem ist der Auftragnehmer dieser Anordnung ohne geäußerte Bedenken gefolgt.

107 **Hat der Auftragnehmer gegen die Anordnungen des Auftraggebers Bedenken erhoben und hat der Auftraggeber trotzdem die Ausführung verlangt,** kann den **Auftragnehmer nicht ohne Weiteres die Haftung treffen.** Bei der Klärung dieser Haftungsfrage ist die VOB einen besonderen Weg gegangen, indem sie sie **nicht davon abhängig** gemacht hat, **ob sich der Auftraggeber im Rahmen seiner Befugnisse nach Abs. 3 gehalten** oder ob er diese überschritten hat. Vielmehr ist in diesem Fall **entscheidend,** ob der **Auftragnehmer Bedenken** gegen die Anordnungen **geltend gemacht** und der Auftraggeber **trotzdem** auf der Ausführung der Anordnung bestanden hat, wobei allerdings der entstandene **Schaden im ursächlichen Zusammenhang mit dieser Anordnung** stehen muss. Dies ist ausreichend, um zu einer **Haftungsbefreiung** des Auftragnehmers zu kommen, wie sich aus der **auch hier anwendbaren Regelung in § 4 Nr. 3 und § 13 Nr. 3 VOB/B** ergibt. Insoweit handelt es sich **auch um eine von § 4 Nr. 3 VOB/B vorgesehene Art der Ausführung.** Jedoch kann der Auftragnehmer eine Haftungsbefreiung grundsätzlich nur dann erreichen, wenn er die dort sonst noch vorgeschriebenen Voraussetzungen bei der Mitteilung seiner Bedenken eingehalten hat (vgl. *Hochstein* FS Korbion 1986 S. 165, 177). Allerdings betrifft das im Allgemeinen nur Schäden, die mit der Gewährleistung, also der Verpflichtung des Auftragnehmers zur vertragsgerechten sowie den anerkannten Regeln der Technik entsprechenden Ausführung des Bauauftrags im Zusammenhang stehen.

108 Nicht davon betroffen werden hingegen Haftungen, die dadurch entstanden sind, dass die **Anordnung des Auftraggebers gegen gesetzliche,** vor allem auch strafrechtliche oder behördliche **Bestimmungen verstößt.** Hier reicht es nicht, dass der Auftragnehmer Bedenken i.S.v. Abs. 4 geltend macht. Der Auftragnehmer ist in diesem Fall nämlich berechtigt, gegebenenfalls sogar verpflichtet, die gegen ein Gesetz oder gegen ein behördliches Verbot verstoßende Anordnung **nicht auszuführen.** Tut er es dennoch, kann er sich nicht auf eine Haftungsbefreiung berufen. Vielmehr bleibt seine Haftung dann nach wie vor bestehen, wie sich vor allem auch aus Nr. 2 Abs. 1 S. 2 ergibt.

109 **Neben ihm haftet der Auftraggeber** aufgrund seiner Anordnung. Dies trifft jedenfalls bei allen strafrechtlichen und sonstigen öffentlich-rechtlichen Verboten zu, weil die Haftung für Schäden aufgrund der Übertretung dieser Verbote **nicht vertraglich abgewälzt** werden kann. Für den Bereich zivilrechtlicher Haftung gilt das in § 10 VOB/B Ausgeführte. Für das **Innenverhältnis** der Vertragspartner gibt es jedoch **Ausnahmen,** wie aus § 10 Nr. 2 ff. VOB/B ersichtlich ist. Dabei ist vor allem auch zu berücksichtigen, dass sich der Auftragnehmer grundsätzlich nicht damit entschuldigen kann, er habe die gesetzlichen bzw. öffentlich-rechtlichen Bestimmungen nicht gekannt.

§ 4 Nr. 2
[Die grundsätzliche Verantwortlichkeit des Auftragnehmers für die ordnungsgemäße Ausführung der geschuldeten Bauleistung]

(1) Der Auftragnehmer hat die Leistung unter eigener Verantwortung nach dem Vertrag auszuführen. Dabei hat er die anerkannten Regeln der Technik und die gesetzlichen und behördlichen Bestimmungen zu beachten. Es ist seine Sache, die Ausführung seiner vertraglichen Leistung zu leiten und für Ordnung auf seiner Arbeitsstelle zu sorgen.

(2) Er ist für die Erfüllung der gesetzlichen, behördlichen und berufsgenossenschaftlichen Verpflichtungen gegenüber seinen Arbeitnehmern allein verantwortlich. Es ist ausschließlich seine Aufgabe, die Vereinbarungen und Maßnahmen zu treffen, die sein Verhältnis zu den Arbeitnehmern regeln.

Inhaltsübersicht

	Rn.
A. Generalklausel (Nr. 2 Abs. 1 S. 1)	1
I. Vertragsinhalt maßgebend	2
II. Grundlagen der Generalklausel	3
1. Rechtfertigung wegen der Besonderheit der Bauleistung	4
2. Einwirkung öffentlich-rechtlicher Bestimmungen	5
III. Umfang der Verantwortlichkeit des Auftragnehmers	6
1. Mögliche Haftungsbeschränkung – Einschaltung eines aufsichtsführenden Architekten	8
2. Haftungsbeschränkung grundsätzlich Ausnahme	13
3. Ausnahmen von der Haftung vor allem bei typischen Planungsaufgaben des Architekten	15
4. Haftungsverhältnis zu Architekt – Statiker – sonstigem Sonderfachmann	19
5. Möglich: Gesamtschuldnerische Haftung von Auftragnehmer – Architekt – Statiker – sonstigem Sonderfachmann	31
B. Einhaltung der anerkannten Regeln der Technik, der gesetzlichen und behördlichen Bestimmungen (Nr. 2 Abs. 1 S. 2)	36
I. Die anerkannten Regeln der Technik	39
1. Allgemeines; insbesondere: den Allgemeinen Technischen Vertragsbedingungen übergeordnet	39
2. Definition der anerkannten Regeln der Technik	47
3. Voraussetzungen hiernach	49
4. Allgemeine anzuerkennende Regelwerke	50
a) Technische Bestimmungen (überbetriebliche technische Normen)	51
b) Öffentlich-rechtliche Regelwerke	56
c) Unfallverhütungsvorschriften	57
5. Besonders bei neuartigen Bauweisen zu beachten	58
6. Bewertungs- und Beweisfragen	59
II. Gesetzliche und behördliche Bestimmungen	61
C. Leitung der Ausführung durch Auftragnehmer (Nr. 2 Abs. 1 S. 3)	64
I. Recht und Pflicht	65
1. Einsatz eines Bauleiters möglich	66
2. Dienstverhältnis zwischen Auftragnehmer und Bauleiter	67
3. Einsatz mehrerer Bauleiter	68
II. Ordnung auf der Arbeitsstelle	70

	Rn.
1. Begriff der Ordnung	71
2. Verpflichtung des Auftragnehmers nur im eigenen Arbeitsbereich	72
3. Risiko für zufällige Verschlechterung oder Untergang grundsätzlich bei Auftragnehmer	73
D. Erfüllung von Pflichten gegenüber Arbeitnehmern (Nr. 2 Abs. 2 S. 1)	74
E. Regelung seines Verhältnisses zu Arbeitnehmern allein Sache des Auftragnehmers	76

Aufsätze: *Festge* Die anerkannten Regeln der Technik – ihre Bedeutung für den vertraglichen Leistungsumfang, die vertragliche Vergütung und die Gewährleistung BauR 1990, 322; *Locher* Zur Umgestaltung des deutschen Bauvertragsrechts durch EG-Initiativen BauR 1992, 293; *Ertel* Gewährleistet die DIN 4109 stets einen ordnungsgemäßen Schallschutz? FS Soergel 1993 S. 315 ff.; *Portz* Die Einflüsse des Europarechtlichen Binnenmarkts auf das private Baurecht NJW 1993, 2145; *Langen/Kus* Zivilrechtliche Auswirkungen der 3. Wärmeschutzverordnung vom 16.8.1994 BauR 1994, 161; *Franke* Qualitätssicherung und Bauvertrag FS Heiermann 1995 S. 63 ff.; *Kilian* Haftung für Bauwerksmängel und -schäden bedingt durch verwässerten Transportbeton BauR 1995, 646; *Soergel* Die quotenmäßige Mangelverantwortung der Bauvertragsparteien FS Heiermann 1995 S. 309 ff.; *Weidemann* Die neue Wärmeschutzverordnung (WSVO) und die Anzeigepflicht des Werkunternehmers nach § 4 Nr. 3 VOB/B BauR 1995, 770; *Hechtl/Nawrath* Sind die allgemein anerkannten Regeln der Technik ein zeitgemäßer bautechnischer Qualitätsstandard? ZfBR 1996, 179; *Jagenburg/Pohl* DIN 18195 und anerkannte Regeln der Technik am Beispiel der Bauwerksabdichtung mit Bitumendickbeschichtungen BauR 1998, 1075; *Oswald* Die Beurteilung von optischen Mängeln Jahrbuch Baurecht 1998 S. 357; *Parmentier* Die anerkannten Regeln der Technik im privaten Baurecht BauR 1998, 207; *Stammbach* Einhaltung der anerkannten Regeln der Technik als Ersatz-Leistungsmaßstab BauR 1998, 482; *Dresenkamp* Die anerkannten Regeln der Technik am Beispiel des Schallschutzes BauR 1999, 1079; *W. Jagenburg* Anerkannte Regeln der Technik auf dem Prüfstand des Gewährleistungsrechts Jahrbuch Baurecht 2000 S. 200; *Kapellmann* Baugrundrisiko und Systemrisiko – Baugrundsystematik, Bausoll, Beschaffenheitssoll, Bauverfahrenssoll Jahrbuch Baurecht 1999 S. 1; *Kraft/Maxem* Die Gewährleistung des Unternehmers für die Tauglichkeit von ihm verwendeter Baustoffe oder Produkte bei Anordnung des Bestellers nach § 13 Nr. 3 VOB/B BauR 1999, 1074; *Kamphausen* Zur Unverzichtbarkeit anerkannter Regeln der Technik – Testfall: Bitumendickbeschichtungen Jahrbuch Baurecht 2000 S. 218; *Nicklisch* Vertragsgestaltung und Risikoverteilung bei neuen Technologien – am Beispiel des modernen Tunnelbaus FS Lukes 2000 S. 143 ff.; *Mantscheff* Sind die DIN 18 201/202 anerkannte Regeln der Technik? FS Jagenburg 2002 S. 529; *Sturmberg* DIN-EN-Normen – Erweiterte Planungsverantwortung und Haftung des Architekten? FS Jagenburg 2002 S. 869; *Oberhauser* Pflichten- und Risikoverteilung zwischen den Bauvertragsparteien FS Kraus 2003 S. 151 ff.; *Ziegler* Zu den Pflichten des Bauherrn und seinem Mitverschulden bei der Planung des Bauvorhabens und der Überwachung der bauausführenden Unternehmer ZfBR 6/2003, 523; *Moufang/Klein* Die Bedeutung der VOB Teil C für die Leistungspflichten der Bauvertragspartner Jahrbuch Baurecht 2004, 71; *Seibel* Stand der Technik allgemein anerkannte Regeln der Technik und Stand von Wissenschaft und Technik Baurecht 2004, 266; *Schoch* Allgemein anerkannte Regel der Technik im baulichen Schallschutz BrBp 12/2004, 506; *Christiansen-Geiss* Verantwortung des Auftraggebers für Fehler des Sonderfachmanns im Verhältnis zum Architekten FS Werner 2005 S. 209 ff.; *Eschenbruch* Die Haftung des Projektleiters FS Werner 2005 S. 247; *Glöckner* Ausgewählte Probleme der gesamtschuldnerischen Haftung Baubeteiligter wegen Leistungsstörungen bei der Erstellung des Bauwerks BauR 2005, 251; *Heil* Die strafrechtliche Verantwortung der Sicherheits- und Gesundheitsschutzkoordinatoren oder: Die üblichen Verdächtigen NZBau 10/2005, 545; *Kniffka* Gesamtschuldnerausgleich im Baurecht BauR 2005, 274; *Locher-Weiss* Schallschutz im Hochbau – Geplante Änderungen der DIN 4109 durch den Entwurf DIN 4109–10 (Juni 2000) und die Auswirkungen auf das Werkvertragsrecht.Baurecht 2005, 17; *Löffelmann* Gesamtschuld zwischen bauleitendem und planendem Architekt FS Werner 2005 S. 219; *Sangenstedt* Bauherr, Planer, Ausführer FS Werner 2005, 231; *Schneeweiss* Das Baustellenverbot und seine rechtlichen Auswirkungen BrBp 2005, 9; *Soergel* Die möglichen Gesamtschuldverhältnisse von Baubeteiligten BauR 2005, 239; *Seibel* Der europäische Rechtsbegriff beste verfügbare Techniken (best available techniques) Baurecht 2005, 1109; *Seibel* Recht und Technik Baurecht 2005, 490; *Englert/Fuchs* Die Fundamentalnorm für die Errichtung von Bauwerken: DIN 4020 BauR 2006, 1047; *Klein/Moufang* Die Haftung des Architekten in der Gesamtschuld Jahrbuch Baurecht 2006 S. 165; *Löffelmann* Zum Umfang der Planprüfungspflicht des nur objektüberwachenden Architekten FS Motzke

2006 S. 229; *Preussner* Die Leistungspflichten des Architekten, wenn eine konkrete Leistungsbeschreibung fehlt BauR 2006, 898.

A. Generalklausel (Nr. 2 Abs. 1 S. 1)

Nr. 2 Abs. 1 S. 1 enthält eine wesentliche **Generalklausel der Allgemeinen Vertragsbedingungen.** 1 Dort ist festgelegt, dass der Auftragnehmer die Leistung unter **eigener Verantwortung nach dem Vertrag** auszuführen hat. Das entspricht dem allgemeinen Grundsatz, dass derjenige, der ein Gewerbe ausübt, dafür einzustehen hat, dass er die entsprechende Kenntnis und Kunstfertigkeit besitzt (RG JW 1939, 105). Grundsätzlich muss jeder Unternehmer, der vertraglich bereit ist, eine ihm in Auftrag gegebene Leistung zu erbringen, die dafür erforderlichen fachlichen und wirtschaftlichen Voraussetzungen in vollem Umfang erfüllen (vgl. dazu BGH 12.1.1993 X ZR 87/91 = NJW 1993, 1191). Im weiteren Rahmen kommt hier noch die in **§ 4 Nr. 8 VOB/B festgelegte grundsätzliche Pflicht** des Auftragnehmers **zur Selbstausführung** der Leistung hinzu. Im Allgemeinen besteht die Verantwortlichkeit des Auftragnehmers, **soweit vertragliche Haftung** in Betracht kommt, **nur im Verhältnis zu seinem Vertragspartner, dem Auftraggeber.**
Wird das Ziel der ordnungsgemäßen Herstellung einer in Auftrag gegebenen Bauleistung nicht erreicht, kommt nur in ganz seltenen Fällen eine Mitverantwortlichkeit (§ 254 BGB) des Auftraggebers in Betracht, nämlich nur dann, wenn der Auftraggeber bei der Auftragserteilung **konkreten Anlass zu Zweifeln an der Leistungsfähigkeit, Fachkunde und Zuverlässigkeit des Auftragnehmers haben musste** (vgl. dazu für den Bereich des allgemeinen Werkvertragsrechts BGH 12.1.1993 X ZR 87/91 = NJW 1993, 1191).

I. Vertragsinhalt maßgebend

Da der Auftragnehmer die Leistung »**nach dem Vertrag**« auszuführen hat, richtet sich die Leistungs- 2 pflicht nach allem, was als Vertragsinhalt anzusehen ist. Außer dem Vertrag als solchem, den Allgemeinen Vertragsbedingungen usw (vgl. dazu § 1 Nr. 1 und 2 VOB/B), sind die Leistungen hinzuzuzählen, die auch nach der gewerblichen Verkehrssitte mit zur Leistungspflicht des Auftragnehmers gehören. Zu den vertraglichen Leistungen rechnen vor allem auch Nebenleistungen nach den jeweiligen Abschnitten 4 der nach dem betreffenden Vertrag maßgebenden DIN-Normen der VOB/C.

II. Grundlagen der Generalklausel

Die Generalklausel setzt an sich kein neues Recht. Im **Werkvertragsrecht des BGB** kommt bereits 3 die **Verantwortlichkeit des Auftragnehmers** für die ordnungsgemäße Herstellung des Werkes zum Ausdruck, **ohne** dass es **in der Ausgangslage** zunächst auf das **Verschulden** des Unternehmers **ankommt** (mit Recht *Dähne* BauR 1973, 268). Zu erwähnen sind in diesem Zusammenhang insbesondere die Bestimmungen über die Erfüllungs- bzw. Gewährleistungspflichten des Unternehmers (§§ 633 ff. BGB) sowie über die Gefahrtragung (§§ 644 f. BGB). Über das gesetzliche Werkvertragsrecht hinaus finden dann weiter auch die allgemeinen Vorschriften des BGB Anwendung, wie z.B. die Regeln die Pflicht zur rechtzeitigen Erfüllung oder die Regel über die Sorgfaltspflicht des Auftragnehmers nach § 276 BGB oder die Haftung für die am Bau eingesetzten Erfüllungsgehilfen nach § 278 BGB. Auch kommen im Werkvertragsrecht des BGB die allgemeinen Grundlagen der Haftung aus Pflichtverletzung nach §§ 280, 241 BGB zur Anwendung. Hinzu kommt, dass auch außervertragliche Bestimmungen, die im BGB geregelt sind, wie z.B. die Haftung aus unerlaubter Handlung (§§ 823 ff. BGB), im Rahmen der Bauausführung von Bedeutung sein können. Trotzdem hat sich die VOB hinsichtlich der Verantwortlichkeit des Auftragnehmers nicht mit einem bloßen Hinweis auf die einschlägigen gesetzlichen Vorschriften des BGB begnügt. **Das hätte dem besonderen Charakter des Bauvertrages nicht hinreichend entsprochen.**

1. Rechtfertigung wegen der Besonderheit der Bauleistung

4 Zunächst ist zu bedenken, dass die Bauleistung im Gegensatz zu anderen und von den Regeln des Werkvertrages sonst auch erfassten Werkleistungen grundsätzlich **nicht im eigenen Bereich des Auftragnehmers** ausgeführt wird. **Ort und Stelle des Bauvorhabens** liegen meist nicht im Eigentums- oder Besitzbereich oder sonstigen alleinigen Verfügungsbereich des Auftragnehmers, sondern **auf dem Grund und Boden des Auftraggebers oder eines Dritten.** Durch die damit verbundenen Rechte des Auftraggebers oder des Dritten könnten in Einzelfällen Zweifel über die Art und den Umfang der Verantwortlichkeit des Auftragnehmers auftreten. Hinzu kommt, dass der **Auftragnehmer auch rechtlich nicht unerheblich gebunden ist, wenn er die geschuldete Bauleistung ausführt.** Zu denken ist hierbei besonders an die **Eingriffsrechte des Auftraggebers** nach den Allgemeinen Vertragsbedingungen, wie z.B. nach § 1 Nr. 3 und 4 VOB/B sowie hier in § 4 VOB/B die Überwachungsbefugnis des Auftraggebers nach Nr. 1 Abs. 2 sowie das Anordnungsrecht des Auftraggebers nach Nr. 1 Abs. 3.

2. Einwirkung öffentlich-rechtlicher Bestimmungen

5 Eine Bauleistung setzt darüber hinaus die **Beachtung einer Reihe von Vorschriften, Bedingungen und Auflagen** voraus, die gar nicht auf den zivilrechtlichen Vertragsbedingungen beruhen, weil sie das **öffentliche Interesse** zum Gegenstand haben. Man denke an die **bauordnungsrechtlichen Vorschriften** und die sonstigen öffentlich-rechtlichen Bestimmungen, wie z.B. die Brandschutzbestimmungen (dazu BGH 23.9.1975 VI ZR 62/73 = BauR 1976, 142) oder die Energieeinsparverordnung, die mit einem Bauvorhaben im Zusammenhang stehen und auf dieses einwirken können. Das gilt insbesondere, weil die in Betracht kommenden öffentlich-rechtlichen Vorschriften teilweise die Verpflichtungen nicht dem Auftragnehmer, sondern dem Auftraggeber als Bauherrn auferlegen. In diesen Fällen kann zwar durch die vertragliche Regelung der Verantwortlichkeit nicht das öffentliche Recht geändert werden. Vielmehr bleibt **nach außen hin der gesetzlich Verpflichtete haftbar** und wird gegebenenfalls auch in Anspruch genommen. Durch die vertragliche Auferlegung der Verantwortlichkeit auf den Auftragnehmer wird aber bereits hier jedenfalls im grundsätzlichen Ausgangspunkt ein **interner Ausgleich** zugunsten des Auftraggebers festgelegt, falls dieser nach dem öffentlichen Recht in Anspruch genommen wird.

III. Umfang der Verantwortlichkeit des Auftragnehmers

6 Die **Verantwortlichkeit** des Auftragnehmers nach Nr. 2 ist **eine vertragliche.** Sie **gilt** also grundsätzlich lediglich **im Verhältnis der Bauvertragspartner unter sich.** Sie erfasst im Allgemeinen nicht das gesetzliche oder vertragliche Verhältnis beider Vertragspartner oder eines von ihnen zu einem Dritten. Dazu gilt die gesetzliche oder eine für dieses Verhältnis maßgebende besondere vertragliche Regelung. Soweit es um die Frage des Ersatzes eines anlässlich der Baudurchführung einem Dritten zugefügten Schadens geht, ist für das **Innenverhältnis** zwischen den Parteien § 10 Nr. 2–6 VOB/B Abgrenzungsregelung maßgebend. Eine weitere Begrenzung der Verantwortlichkeit des Auftragnehmers liegt darin, dass sie durch die **tatsächlichen Vorgänge der Leistungsdurchführung** und die damit im **ursächlichen Zusammenhang** stehenden Geschehnisse **festgelegt** wird. Außerdem geht die Verantwortlichkeit des Auftragnehmers im Rahmen seiner vertraglich übernommenen Leistungspflichten nicht über das hinaus, was im Einzelfall von einem **vernünftigen, fachkundigen und erfahrenen Auftragnehmer** seines Handwerkszweiges zu verlangen ist. So genügt ein bei Umbauarbeiten eines Wohnhauses beschäftigter Heizungsinstallateur der an ihn zu stellenden Sorgfaltspflicht, wenn er das schwer zugängliche Absperrventil ordnungsgemäß schließt; besondere Vorkehrungen gegen vorsätzlichen oder grob fahrlässigen Missbrauch braucht er grundsätzlich nicht zu treffen (LG Schweinfurt VersR 1969, 167). Andererseits: Hat sich ein Unternehmer zur Errichtung einer Doppelhaushälfte einschließlich der äußeren Entwässerung verpflichtet, der Auftraggeber es aber übernommen, die Entwässerung im Hausinneren selbst installieren zu lassen, ist es Aufgabe des Unternehmers, für einen ordnungsgemäßen Anschluss zwischen Innen- und Außenentwässerung zu sorgen. Deshalb haftet der Unternehmer für Schäden infolge einer fehlerhaften Rohrverbindung zwischen Innen- und Außenentwässerung und einer undichten Kelleraußenmauerwerksdurchführung des Abwasserkanals (OLG Düsseldorf BauR 1995, 854).

Die Wirksamkeit der Überbürdung von Verantwortungs- und Haftungserweiterungen auf den Auftragnehmer durch Allgemeine Geschäftsbedingungen misst sich an den AGB-rechtlichen Bestimmungen der §§ 305 ff. BGB. Generell dürfen dem **Auftragnehmer in diesem Bereich keine Pflichten auferlegt werden, die ihn über das von ihm nach Treu und Glauben Abzufordernde belasten.** Allerdings ist zu beachten, dass vertragliche Formularbestimmungen, die nicht vom dispositiven Recht abweichen oder dieses ergänzen, insbesondere also die die unternehmerische Hauptleistungspflicht festlegende Leistungsbeschreibung und ihre Bestandteile, nach § 307 Abs. 3 S. 1 BGB nicht der AGB-rechtlichen Inhaltskontrolle unterliegen. Als AGB-rechtliche Kontrollmaßstäbe kommen hier nur die Einbeziehungs- und die Transparenzkontrolle in Betracht, hier insbesondere auch das Überraschungsverbot nach § 305c Abs. 1 BGB. Demgegenüber ist die Inhaltskontrolle auf solche Klauseln anzuwenden, die das Hauptleistungsversprechen einschränken, verändern oder aushöhlen, gegebenenfalls auch nur ausgestalten oder modifizieren (BGH 12.3.1987 VII ZR 37/86 = NJW 1987, 1931). So ist es ein Verstoß gegen § 307 BGB, wenn dem Auftragnehmer, obwohl dem Auftraggeber vertraglich die Lieferung der Objekt- und Tragwerksplanung obliegt, durch Zusätzliche Vertragsbedingungen die Gewährleistungspflicht für die Standsicherheit sämtlicher Bauteile einschließlich der Gründungskörper allein auferlegt wird. Hier soll er auch noch Planungsverantwortung, die der Auftraggeber für seine Erfüllungsgehilfen im Verhältnis zum Auftragnehmer zu tragen hat (§ 278 BGB), übernehmen, was unzulässig ist. **7**

1. Mögliche Haftungsbeschränkung – Einschaltung eines aufsichtsführenden Architekten

Vor allem können auch gewisse Umstände im Einzelfall die **Verantwortlichkeit** des Auftragnehmers **beschränken,** wobei rechtsdogmatisch der Gedanke der **materiellen Zurechenbarkeit** ausschlaggebend ist (vgl. zu letzterem *Ganten* Pflichtverletzung und Schadensrisiko im privaten Baurecht S. 229). Zwar kommt eine solche Beschränkung nicht schon ohne weiteres in Betracht, wenn irgendwelche Unzuträglichkeiten aufgrund der Ausübung der Überwachungs- und Anordnungsbefugnisse des Auftraggebers nach Nr. 1 Abs. 2 und 3 entstanden sind. Allerdings sind insoweit unter gewissen Voraussetzungen Ausnahmen in der Frage der Haftung gegeben (vgl. § 4 Nr. 1 VOB/B Rn. 87 ff.). **8**

Die **Verantwortlichkeit kann** im Allgemeinen auch **nur in Ausnahmefällen dadurch entfallen oder gemindert** (§ 254 BGB) sein, dass der Auftraggeber für sich eine **hinreichend fachkundige Person mit echter Weisungsbefugnis** zur sachgerechten Wahrnehmung seiner Interessen am Bau bestellt hat, der sich der Auftragnehmer nach den gegebenen Umständen **unterordnen** muss. Den **Auftraggeber trifft nämlich im Allgemeinen nicht die vertragliche Pflicht, den Auftragnehmer während der Ausführung im Hinblick darauf zu überwachen** (vgl. BGH 18.1.1973 VII ZR 88/70 = BauR 1973, 190 = NJW 1973, 518; OLG Stuttgart VersR 1970, 531 mit Anm. *Ganten* VersR 1970, 823). Zu denken ist dabei als Ausnahme von dieser Grundregel – und auch das nur **mit erheblichen Einschränkungen** – an die **Bestellung eines objektüberwachenden Architekten oder Ingenieurs.** Zu dessen Stellung vgl. insbesondere BGH 22.10.1981 VII ZR 310/79 = BGHZ 82, 100 = BauR 1982, 79, wonach auch der aufsichtsführende Architekt mit dem Auftraggeber werkvertraglich verbunden ist, ferner Neuenfeld (BauR 1974, 17 und 1981, 436), Ganten (BauR 1974, 78) sowie Hartmann (BauR 1974, 168). Grundsätzlich kann sich der Auftragnehmer nämlich gegenüber **9** dem Auftraggeber nicht darauf berufen, er sei vom aufsichtsführenden Architekten unzulänglich überwacht worden (BGH vor allem in der zuerst genannten Entscheidung).

10 Auf die Bestellung eines bauaufsichtsführenden Architekten kann sich der Auftragnehmer **erst recht nicht verlassen,** demnach auch nicht berufen, **wenn es sich um gängige und einfache Arbeiten seines Handwerkszweiges handelt,** wie z.B. das Aufbringen von Dachpappe durch den Dachdecker. Dies braucht der Architekt nicht im Einzelnen zu überwachen (vgl. BGH VersR 1969, 473). Vor allem und darüber hinaus sind beim Architekten auch **nicht Kenntnisse eines Fachhandwerkers,** insbesondere nicht eines geprüften Meisters in dem betreffenden speziellen Handwerkszweig, vorauszusetzen.

11 In diesem Zusammenhang:

Der BGH (Urt. v. 9.4.1959 VII ZR 99/58 = SFH Z 2.410 Bl. 18 ff.) hat erkannt, dass § 4 Nr. 2 VOB/B hinsichtlich der Ausführung einer Leistung unter eigener Verantwortung durch den Bauunternehmer entsprochen ist, wenn dieser den Kunstharzanstrich einer eisernen Lagerhalle gemäß ausdrücklicher Weisung des Architekten ausführt. Allerdings darf sich der Auftragnehmer nicht ohne jede Nachprüfung auf die Weisungen des Architekten verlassen, um von seiner Verantwortlichkeit befreit zu werden. Vielmehr kann er sich nach BGH (Urt. v. 28.2.1956 VI ZR 354/54 = NJW 1956, 787) dem Bauherrn gegenüber auf die Anordnungen des bauleitenden Architekten nicht berufen, soweit es seine handwerklichen, vom Architekten nicht zu erwartenden **Spezialkenntnisse** betrifft. Es ist also zu unterscheiden, ob es sich um eine Bauleistung handelt, die der **fachmännischen Beurteilung** durch den bauleitenden Architekten aufgrund seiner Ausbildung **zugänglich** ist, oder ob es sich um eine Frage handelt, die besser durch den Auftragnehmer nach seiner Erfahrung sowie der bei ihm nach § 2 VOB/A vorauszusetzenden persönlichen Eigenschaften beantwortet wird, z.B., wo technische Sonderkenntnisse erforderlich sind, wie etwa bei der spezifischen Facharbeit des Heizungsmonteurs (OLG Celle VersR 1969, 162), bei Klima-, Be- und Entlüftungsarbeiten (vgl. OLG Karlsruhe MDR 1969, 667 [L]), bei der Errichtung einer Schwimmhalle (OLG Düsseldorf SFH Z 2.410 Bl. 43 ff.), auch hinsichtlich der richtigen Untergrundbehandlung beim Anstrich oder bei der Beschichtung eines Schwimmbeckens, oder bei der Auswahl eines Fußbodenbelages danach, ob er aggressive Chloridionen aussendet (OLG Karlsruhe BauR 1972, 383). In solchen Fällen wird man trotz einer entgegenstehenden Weisung des Bauherrn bzw. seines Architekten eine Befreiung des Auftragnehmers von seiner vertraglichen Alleinverantwortlichkeit **nicht** annehmen können. Man muss aber dem Auftragnehmer dann die Befugnis zugestehen, die Ausführung von sachlich und fachlich nicht gerechtfertigten Anordnungen des bauleitenden Architekten **verweigern** zu können. Im Zweifel, ob der Architekt nach der bei ihm vorauszusetzenden Fachkunde sachliche Weisungen zu geben vermag, wird man den Auftragnehmer nur von seiner vertraglichen Verantwortlichkeit befreien können, wenn er sich vor Ausführung der Anordnung vergewissert hat, ob dieser eine anzuerkennende Überprüfung vorausgegangen ist (vgl. dazu BGH 10.5.1961 V ZR 236/60 = NJW 1961, 1523). So hat der BGH (9.4.1959 VII ZR 99/58 = SFH Z 2.410 Bl. 18 ff.) den Auftragnehmer von seiner Verantwortlichkeit nur befreit, weil der Architekt vorher Versuche angestellt hatte, die zu positivem Ergebnis geführt hatten. Der BGH führt aus: »Aufgrund der angestellten Versuche braucht er (der Auftragnehmer) auch keine Bedenken gegen die ihm aufgegebene Art der Ausführung seiner Arbeit, den Lack auf den Werkanstrich aufzutragen, zu haben.« Es ist vorauszusetzen, dass ein Architekt, wenn er statt gewellter glatte Abdeckplatten bestellt, weiß, dass diese geringeren Winddruck aushalten als Erstere (vgl. BGH 12.7.1965 VII ZR 219/63). Auch kann sich der Zimmermann darauf verlassen, dass die Anweisungen des Architekten den Anforderungen an den Wärmeschutz im konkreten Fall genügen, vor allem dann, wenn ihm der geprüfte Wärmeschutznachweis nicht vorgelegt wird und nach dem bei ihm vorauszusetzenden Fachwissen keine Anhaltspunkte für die Unrichtigkeit der Angaben des Architekten bestehen (vgl. OLG Karlsruhe BauR 1989, 743). Hat der Auftragnehmer selbst planerische Leistungen erbracht, wie Ausführungszeichnungen, weil er selbst spezielle Baustoffe oder Bauverfahren anwendet, so hat er grundsätzlich dafür allein einzustehen, es sei denn, es handelt sich um für den Auftraggeber bzw. seinen Architekten ohne weiteres erkennbare Mängel (vgl. dazu OLG Stuttgart BauR 1974, 352 zur Frage der Haltbarkeit einer Kupole-Decke).

Auch muss den Auftragnehmer eine gewisse Verantwortlichkeit – unter Berücksichtigung des **§ 254 BGB zu Lasten des Auftraggebers** – treffen, wenn es sich um eine Maßnahme handelt, die zwar in der Grundverantwortung dem Auftraggeber zufällt, bei der aber der Auftragnehmer **während der Bauausführung zwangsläufig die Unzulänglichkeit erkennen muss.** Als Beispiel: Die Frage der Tiefe von Fundamenten ist zwar ein Teil der Planung und diese muss dem Auftragnehmer vom Auftraggeber bzw. von dessen Architekten angegeben werden (OLG Hamm MDR 1957, 419). Hängt die Tiefe der Fundamente davon ab, wo unter aufgeschüttetem gewachsener Boden anzutreffen ist und hat der Auftraggeber dies durch Stichproben (ggf. durch einen Sachverständigen) ermitteln lassen, so kann der Auftragnehmer zunächst von den Angaben des Auftraggebers bzw. dessen Architekten über die Tiefe der Fundamentierung ausgehen. Hat er aber entsprechend den ihm gemachten Angaben ausgeschachtet und noch keinen gewachsenen Boden angetroffen, so liegt es im Rahmen der ihn treffenden bauvertraglichen Verpflichtungen, den Auftraggeber oder dessen Architekten darauf aufmerksam zu machen und auf die Zustimmung zu einer tieferen Ausschachtung hinzuwirken, notfalls die Weiterarbeit zu verweigern. Der Auftragnehmer hat in diesem Fall durch die Gesamtvornahme der Ausschachtungsarbeiten wesentlich bessere Erkenntnisquellen, als sie vorher dem Auftraggeber durch die bloßen Stichproben zur Verfügung gestanden haben (vgl. dazu BGH 9.1.1964 VII ZR 171/62 = SFH Z 2.400 Bl. 33). Ähnlich liegt der Fall, in dem der Auftragnehmer die Unregelmäßigkeit der Anordnung der Fenster durch die Planung des Architekten während der Ausführung erkennt (vgl. LG Mönchengladbach VersR 1971, 187). Zu den Planungsaufgaben des Architekten und damit des Auftraggebers gegenüber dem Auftragnehmer im Rahmen einer Hofbefestigung gehört nur die Anordnung des Gefälles, nicht aber dessen Ausführung im Einzelnen (KG BauR 1972, 121).

2. Haftungsbeschränkung grundsätzlich Ausnahme

Es ist **daher grundsätzlich zunächst festzustellen,** dass der **Wegfall oder die Minderung der Verantwortlichkeit des Auftragnehmers** für seine Leistung nur eine **Ausnahme** bildet. **Er hat in erster Linie gegenüber dem Auftraggeber eine mangelfreie Bauleistung zu erstellen und abzuliefern.** Wird dieses Ziel irgendwie gefährdet, hat der Auftragnehmer im Rahmen des Zumutbaren für die Beseitigung etwaiger Fehlerquellen zu sorgen. Er hat **Anordnungen nicht blind auszuführen,** sondern auf ihre Zweckmäßigkeit zu prüfen und den Auftraggeber auf Bedenken hinzuweisen. Das gilt besonders, **wenn der** Auftragnehmer über Sonderkenntnisse verfügt bzw. verfügen muss, die der Auftraggeber und sein Architekt nicht haben bzw. haben können (vgl. BGH 23.6.1960 VII ZR 71/59 = NJW 1960, 1813). Auch ist es dem Auftragnehmer zuzumuten, den **Auftraggeber unmittelbar zu benachrichtigen,** wenn sich der Architekt den Einwendungen verschließt (BGH 19.12.1996 VII ZR 309/95 = BauR 1997, 301). Hat der Auftragnehmer im Bereich der von ihm geschuldeten Leistung die erforderliche Sachkenntnis selbst nicht – etwa bei einer Spezialfrage –, hat er trotzdem die Verantwortlichkeit. Dann muss er von sich aus bei einem Sachkundigen Rat einholen (vgl. BGH 21.11.1966 VII ZR 149/65 = SFH Z 2.414 Bl. 185 f.).

Für die **Verwendung neuartiger Stoffe, Bauteile** oder **Baukonstruktionen** ist grundsätzlich der dafür eingesetzte **Auftragnehmer,** vor allem als Spezialunternehmer, **verantwortlich,** und zwar **allgemein vor dem Architekten,** wenn die bei diesem gegebenen oder vorauszusetzenden Kenntnisse nicht das spezielle Wissen des Auftragnehmers erreichen, auch nicht zu erreichen brauchen (vgl. BGH 30.10.1975 VII ZR 309/74 = BauR 1976, 66; ähnlich BGH 11.12.1975 VII ZR 7/74 = BauR 1976, 138 für die Abstimmung im Rahmen der Heizungsplanung; vgl. auch OLG Hamm IBR-*Groß* 2001, 31 [Revision nicht angenommen] zu bauaufsichtlich zugelassenen Dachdeckungs- und Wandverkleidungselementen). Dabei gelten die vom BGH im Hinblick auf den Architekten ausgesprochenen Grundsätze gerade **auch für den Auftragnehmer:** Bei Verwendung neuartiger Stoffe oder Bauteile haftet der Auftragnehmer im Rahmen der Gewährleistung – nur – dann nicht, wenn das betreffende Material oder die betreffende Konstruktion im Zeitpunkt der Verwendung bzw. Anwendung in einschlägigen Fachkreisen als den anerkannten Regeln der Technik (vgl. Rn. 36 ff.) entsprechend und für die vorgesehene Maßnahme geeignet angesehen wird und der Auftragnehmer – evtl. nach gebotener Erkundigung – im konkreten Fall keinen Zweifel hat und zu haben braucht, dass dieses zutrifft. Bietet der Auftragnehmer eine neuartige, noch nicht erprobte Anlage an, müssen bei ihm die **nötigen fachlichen Kenntnisse und Fertigkeiten vorausgesetzt** werden; verfügt der Auftraggeber oder sein im Planungsbereich tätiger Vertreter (z.B. Architekt, Ingenieur) über dieses Wissen nicht, muss der Auftragnehmer den Auftraggeber über die Gestaltung und Verwendbarkeit der ins Auge gefassten Leistung beraten, damit sie wirklich den **Bedürfnissen und Zwecken des Auftraggebers** entspricht; **erst recht** gilt dies, wenn der Auftragnehmer **selbst Lieferant** einer solchen Anlage ist oder als solcher auftritt; davon ist **auch die Beratung über die Wirtschaftlichkeit der Anlage erfasst** (vgl. BGH 9.7.1987 VII ZR 206/86 = BauR 1987, 681 = NJW-RR 1987, 1305; BGH 24.9.1992 VII ZR 213/ 91 = BauR 1993, 79 = NJW-RR 1993, 26 zur Planung und Ausführung einer »alternativen« Wärmegewinnung für ein Einfamilienhaus). Im Übrigen begründet das bloße Einverständnis des Auftraggebers mit einem bestimmten Baustoff keine Verlagerung des Qualitätsrisikos vom Auftragnehmer auf den Auftraggeber (OLG Karlsruhe IBR 2002, 306-*Rosse*, Revision nicht angenommen).

3. Ausnahmen von der Haftung vor allem bei typischen Planungsaufgaben des Architekten

15 **Andererseits** liegt jedenfalls die Verantwortung **auch** beim **Architekten, sie geht somit grundsätzlich zu Lasten der Auftraggeberseite,** wenn es sich um Maßnahmen handelt, die gerade dem **typischen** und **allein ausschlaggebenden Aufgabenbereich des Architekten zuzuordnen sind.** Dies betrifft fast ausnahmslos die Erfüllung von **Planungsaufgaben,** wie sie durch § 15 Abs. 1 Nr. 1–5 HOAI umrissen sind. So kann der Architekt die ihn treffende **Verantwortung für einen Planungsfehler nicht abwälzen,** indem er für den Auftraggeber dem Auftragnehmer zusätzlich die Nachprüfung des Leistungsverzeichnisses (vgl. BGH 22.3.1984 VII ZR 50/82 = BGHZ 90, 344 = BauR 1984, 395) oder der Angaben seiner Ausführungszeichnung überträgt (BGH 29.10.1970 VII ZR 14/69 = VersR 1971, 157; zur Erkennbarkeit der Notwendigkeit, z.B. von Abstützungsmaßnahmen und sonstigen Sicherungsmaßnahmen durch den bauplanenden Architekten vgl. BGH 19.11.1971 V ZR 100/69 = BGHZ 57, 245 = BauR 1972, 189). Im Übrigen kann ein Architekt seine ihm für den Auftraggeber obliegenden Planungspflichten im Bereich der Detailplanung u.U. auch mündlich erfüllen. So ist es nicht schon ein dem Architekten vorzuwerfender Planungsfehler, wenn er für den Aufbau einer Dachterrasse keine schriftlichen Detailpläne erstellt hat, weil beabsichtigt war, den Handwerkern die notwendigen planerischen Anweisungen an Ort und Stelle mündlich zu erteilen. Allerdings muss der Architekt sicherstellen, dass er von den Handwerkern richtig verstanden wird und seine planerischen Anweisungen für die Ausführenden mit der für das jeweilige Bauteil gebotenen Nachhaltigkeit erkennbar sind; dabei muss er den sicheren Weg gehen. Aus der für mündliche Ausführungsanweisungen typischen Flüchtigkeit können sich für den Architekten durchaus Haftungen ergeben, wenn diese als (Mit-)Ursache von Missverständnissen und Handwerkerfehlern in Betracht kommt. Beauftragt der Auftraggeber dann Handwerker ohne Einschaltung des Architekten, so ist der Architekt nicht schadensersatzpflichtig, wenn die Terrasse daraufhin u.a. wegen fehlender Detailpläne fehlerhaft erstellt wird (OLG Köln SFH § 635 BGB Nr. 84 = VersR 1993, 1229). Übernimmt der Auftragnehmer demgegenüber selbst über die Ausführung einer ihm übertragenen Werkleistung hinaus auch die Planung, die sonst von einem Architekten zu leisten wäre, so ist es seine Aufgabe, alle Ermittlungen vorzunehmen, die aus fachlicher Sicht erforderlich sind, um eine mängelfreie Werkleistung sicherzustellen (OLG Düsseldorf BauR1997, 475).

16 Soweit es sich um die **Einhaltung Allgemeiner Technischer Vertragsbedingungen** (vgl. Rn. 36 ff.) im Rahmen der Planung handelt, **muss auch der planende Architekt sie kennen** und beachten, selbstverständlich **genauso der Auftragnehmer,** in dessen Bereich die betreffende DIN-Norm fällt. Bei Missachtung wird dem Auftraggeber im Allgemeinen ein **Mitverschulden** seines Architekten (§§ 276, 278, 254 BGB) zur Last gelegt werden, vgl. Rn. 31 ff. So muss sich z.B. der Architekt **auch** um die Anlegung einer ausreichenden Dampfsperre oder -bremse bei einem Flachdachbau bemühen, selbst wenn ein Spezialunternehmer mit der Ausführung eines Daches beauftragt wird. Denn dieses gehört zu den wesentlichen Bauteilen eines Wohngebäudes mit Flachdach (OLG Düsseldorf 19.12.1972 20 U 146/71; ebenso OLG Celle NJW-RR 1991, 1175). Ferner muss der Architekt bei Planung eines sog. Nulldaches darauf achten, dass auch dieses sich unter Eigenlast, Wind- und Niederschlagswasser zwangsläufig bewegt und diese Bewegungen auf Dämm- und Dichtungsschichten überträgt (BGH 26.9.1985 VII ZR 50/84 = BauR 1986, 112 = ZfBR 1986, 17). Abdichtungsmaßnahmen für ein Bauwerk gemäß DIN 18 195 i.V.m. DIN 4095 müssen vom Architekten genau geplant werden; ein bloßer Hinweis auf diese Regelwerke reicht nicht aus. Im Übrigen muss der Architekt zur Abwehr von Gefahren für den Bestand des Bauwerks den sichersten Weg gehen (OLG Celle BauR 1992, 801 m. Anm. *Reim*). So kann es ein dem Auftraggeber jedenfalls über § 254 BGB vorzuwerfender Planungsfehler sein, wenn der Planer hinsichtlich des erforderlichen Brandschutzes die maßgebenden Bauordnungsvorschriften sowie die DIN 4102 nicht eingehalten hat (BGH 27.1.1994 VII ZR 178/92 = BauR 1994, 367 = ZfBR 1994, 125).

Das Gesagte gilt auch, wenn der Architekt die **Bodenverhältnisse** besonders zu beachten hat, wie z.B. **17** die Anforderungen bei der Planung einer Bodenwanne im Kellerbereich (vgl. OLG Oldenburg BauR 1991, 465). Allerdings muss auch der Auftragnehmer (hier Rohbauunternehmer, der eine Bodenplatte für ein Doppelhaus errichtet) den Baugrund auf optische und mechanische »Bodenalarmsignale« prüfen und bei unübersehbaren Warnzeichen seine Bedenken hinsichtlich der Tragfähigkeit dem Auftraggeber mitteilen (OLG München IBR 1999, 522-*Englert*). Überhaupt: Die Berücksichtigung der **Grundwasserverhältnisse** gehört bei der Gebäudeplanung in Gebieten mit relativ hohem Wasserstand zu den **zentralen Aufgaben des planenden Architekten;** der nicht näher begründete Hinweis auf die Möglichkeit, einen Bodengutachter einzuschalten, reicht nicht aus (OLG Düsseldorf BauR 2002, 652). Ist ihm die Grundlagenermittlung (§ 15 Abs. 2, Leistungsphase 1) nicht übertragen worden, hat er die vom Bauherrn beizubringenden Unterlagen über die Grundwasserverhältnisse unter Prüfung ihrer Vollständigkeit und grundsätzlichen Brauchbarkeit in seine Entwurfsplanung einzubeziehen; ein ordnungsgemäß planender Architekt hat auf den höchsten bekannten Grundwasserstand abzustellen, mag dieser auch seit Jahren nicht mehr erreicht worden sein (OLG Schleswig IBR 2002, 84-*Kamphausen*). Für die in der Nichtberücksichtigung des bekannten Grundwasserstandes liegende objektive Fehlplanung haftet der Architekt nur dann nicht, wenn er den Bauherrn über das Risiko der Grundwassergefährdung und die in Betracht kommenden Schäden umfassend **aufgeklärt** hat (OLG Düsseldorf BauR 1992, 536; vgl. auch OLG Köln BauR 1993, 756); zu den Aufklärungspflichten des Architekten allgemein vgl. BGH 9.5.1996 VII ZR 181/93 = BauR 1996, 732.

Das vorangehend Gesagte gilt auch für die Lastannahmen nach DIN 1055, und zwar im Hinblick auf die dem Architekten bekannte vorgesehene Nutzung der Leistung (OLG Köln SFH § 635 BGB Nr. 23). Ebenso trifft dies auf den Einbau einer Druckwasserisolierung zu, wenn die Bodenverhältnisse, vor allem aufgrund eines Bodengutachtens, dies erforderlich machen (vgl. BGHZ 90, 344 = BauR 1984, 395). Das Gesagte gilt ferner für die Planung und Verlegung einer Dichtungsbahn als Sicherung gegen Eindringen von Feuchtigkeit aus einer Wurstküche in den darunter liegenden Kellerraum. (OLG Hamm BauR 1990, 731).

Vor allem darf der Architekt in seiner Planung **nur eine Konstruktion vorsehen,** von der er **völlig** **18** **sicher ist, dass sie den an sie zu stellenden Anforderungen** genügt; falls er Zweifel hegen muss und sich dennoch nicht vergewissert, ob der von ihm verfolgte Zweck auch zu erreichen ist, handelt er schuldhaft (BGH 30.10.1975 VII ZR 309/74 = BauR 1976, 66, 67). Das gilt **nicht nur** für die **ursprüngliche Planung.** Werden **während der Ausführung Umstände erkennbar,** die der Architekt nicht von vornherein zu berücksichtigen brauchte, etwa spätere Wünsche des Auftraggebers, **so muss er dann prüfen, ob und inwieweit diese Umstände mit der bisherigen Planung vereinbar sind und ob sie deren Ergänzung oder Änderung erforderlich machen;** das gilt auch für Auswirkungen auf die Planung von Sonderfachleuten (OLG Stuttgart IBR 2003, 145-*Löffelmann*, Revision nicht angenommen). Gegebenenfalls muss er den Auftraggeber auf etwaige Bedenken hinweisen (OLG München NJW-RR 1988, 336). Ausnahmsweise kann trotz unterlassener Hinweispflicht seine Haftung im Ergebnis wegen ganz überwiegenden Planungsverschuldens ausgeschlossen sein (OLG Celle IBR 2004, 12 -*Weyer* Revision nicht angenommen). Eines zusätzlichen Auftrages durch den Auftraggeber bedarf er hierzu nicht; entscheidend ist stets, ob das Bauwerk bei seiner Fertigstellung Mängel aufweist, die der Architekt noch hätte vermeiden können (vgl. BGH 29.6.1981 VII ZR 284/80 0 BauR1981, 479 = NJW 1981, 2243). Allerdings wird dann auch hier nicht selten im Verhältnis zwischen Auftraggeber und Auftragnehmer **nur ein Mitverschulden** des Auftraggebers über seinem Architekten in Betracht kommen, **weil auch der Auftragnehmer fehlerhaft arbeitet, zumindest aber seine Prüfungs- und Mitteilungspflicht nach § 4 Nr. 3 VOB/B verletzt.** So hat das OLG Karlsruhe (NZBau 2003, 102) einem Rohbauunternehmer, der aus dem Wasseranfall in der Baugrube hätte erkennen müssen, dass die Architektenplanung von falschen Grundwasservoraussetzungen ausging und die für den Keller vorgesehene Feuchtigkeitsabdichtung ungeeignet war, einen Mitverschuldenanteil von drei Viertel zugewiesen. Der Verstoß gegen die Hinweispflicht muss sich vor allem dann zu Lasten des Auftragnehmers auswirken, wenn der Architekt ohne das Einverständnis des Auftraggebers von der vereinbarten Art der Ausführung abweicht und der Auftragnehmer seine Pflicht vernachlässigt, den Auftraggeber über die Vertragswidrigkeit der Planung aufzuklären (BGH 24.2.2005 VII ZR 328/03 = BauR 2005, 1016) oder diesbezüglich keine Bedenken anmeldet (*Ziegler* ZfBR 2003, 523, 524).

Erstellen vom Auftraggeber beauftragte Sonderfachleute zu den Grundwasserständen ein unrichtiges Gutachten, so haftet der planende Architekt nicht als Gesamtschuldner für dadurch verursachte Schäden, wenn ihm die Unrichtigkeit nicht erkennbar war (BGH 14.2.2001 VII ZR 176/99 = ZfBR 2001, 317 = IBR 2001, 319-*Fischer*) und er zwar von der ursprünglichen Gründungstiefe abweicht, sich aber im Rahmen der durch die Bodengutachter vorgegebenen Werte hält; dabei stellt es keine Verletzung der dem Architekten obliegenden Koordinierungspflichten dar, wenn er die Bodengutachter von der geänderten Planung nicht in Kenntnis setzt (OLG Köln BauR 1992, 804). Allerdings ist der Architekt gehalten, nach Herstellung der Baugrube vor Ort zu überprüfen, ob seine Planung von zutreffenden Annahmen ausging; ggf. ist die Planung zu ändern und den tatsächlichen Verhältnissen anzupassen (OLG Düsseldorf IBR 2001, 213-*Jagenburg* Revision nicht angenommen).

4. Haftungsverhältnis zu Architekt – Statiker – sonstigem Sonderfachmann

19 **Architekt** und **Statiker haften** wegen Planungsverschuldens **allein** (als Gesamtschuldner: OLG Karlsruhe MDR 1969, 49 und MDR 1971, 45) auf Schadensersatz, wenn sich infolge fehlerhaften Bauentwurfs an dem außerdem statisch falsch berechneten, **sonst aber vom Auftragnehmer ordnungsgemäß errichteten** Gebäude Mauerrisse bilden, die auch noch nach der Beseitigung den Verkehrswert des Gebäudes mindern (vgl. OLG Hamburg VersR 1963, 762; OLG München MDR 1969, 48 [L]). Ebenso trifft dies zu, wenn der Auftragnehmer eine Beton-Kellerwanne mangelfrei errichtet hat, diese jedoch vom Architekten infolge nicht hinreichender Beachtung des möglichen Grundwasserstandes zu niedrig geplant wurde und der Auftragnehmer dies in ihm zumutbarer Weise nicht erkennen konnte (vgl. BGH 26.3.1992 VII ZR 195/91 = BauR 1992, 627 = NJW-RR 1992, 1104). Gleiches gilt, wenn dem Statiker sonstige Fehler in der Tragwerksplanung und außerdem dem Architekten von diesem zu verantwortende Planungsmängel vorzuwerfen sind (vgl. OLG Nürnberg SFH § 635 BGB Nr. 56) **und der Auftragnehmer dies in zumutbarer Weise nicht erkennen konnte.** Ferner ist die **Konstruktion von Flachdächern** im Allgemeinen Sache des Architekten oder Bauingenieurs; dabei sind nämlich viele Faktoren zu beachten, die ein Handwerker in der Regel nicht

kennt (BGH 25.3.1962 VII ZR 211/61, ferner BGH 13.12.1973 VII ZR 89/71 = BauR 1974, 125 = SFH Z 2.414.3 Bl. 8). **Umgekehrt** kann aber z.B. eine bei der Ausführung verwendete geringere Betongüte als die vertraglich vereinbarte einen die Gewährleistungspflicht des Auftragnehmers begründenden Mangel der Bauleistung **auch dann** darstellen, wenn die vom Statiker erstrebte Tragfähigkeit der Decken zwar noch gegeben ist, bei Verwendung von Beton der vereinbarten Güte aber eine noch größere Tragfähigkeit erreicht worden wäre (BGH 21.4.1960 VII ZR 213/58 = MDR 1960, 838; ferner BGH 8.12.1966 VII ZR 144/64 = BGHZ 46, 242 = NJW 1967, 388; zur Abgrenzung der Planungspflichten von Architekt und Statiker bei Wärmedämmmaßnahmen vgl. OLG Frankfurt BauR 1991, 785).

Auch kann es Fälle geben, in denen **weder der Auftragnehmer noch der Architekt** die Verantwortung trägt oder mitträgt, sondern der **Statiker allein.** Das gilt, wenn es sich um einen Mangel an der Bauleistung handelt, der **ausschließlich dem besonderen Kenntnis-** und damit **Verantwortungsbereich des Statikers zuzurechnen** ist; dies betrifft vornehmlich die **konstruktiven Belange der Bauleistung** (OLG Karlsruhe MDR 1971, 45; OLG Köln BauR 1988, 241), und zwar so, wie es im Leistungsbild des § 64 HOAI festgehalten ist; nicht aber hat er die von konstruktiven Fragen nicht berührte Planung des Architekten im Hinblick auf ihre allgemeine Gebrauchstauglichkeit zu prüfen, was allein Sache des Architekten ist, es sei denn, dem Statiker drängen sich Mängel der Planung des Architekten auf oder sie sind ihm sogar bekannt; nur im letzteren Fall ist er zu einem entsprechenden Hinweis an den Auftraggeber verpflichtet (vgl. OLG Köln BauR 1986, 717 für den Fall einer nicht ausreichenden Breite von Parkplätzen in einer Tiefgarage). Im Allgemeinen hat der Statiker allerdings eine **doppelte Verantwortung:** Einmal hat er im Rahmen der Architektenpläne die **Konstruktionsart** und die **Konstruktionsstärken aller tragenden Teile** so festzulegen (z.B. in den Bewehrungsplänen, vgl. OLG München VersR 1977, 380), dass das Bauwerk unter der im Vertrag vorgesehenen Beanspruchung **standsicher** ist; zum anderen hat der Statiker die Standsicherheit der baulichen Anlage und sämtlicher Einzelteile **rechnerisch nachzuweisen** (dazu näher OLG Stuttgart BauR 1973, 64). Dabei hat er in seine Berechnungen die Möglichkeit von Baufehlern dann einzubeziehen, wenn es sich um solche handelt, die in der Praxis der Bauausführung erfahrungsgemäß nicht selten vorkommen und deren Vermeidung demgemäß auf Schwierigkeiten stößt (BGH 9.4.1970 VII ZR 84/68 = SFH Z 2.220 Bl. 6). Ferner OLG Karlsruhe: Die statische Berechnung von Stützen einschließlich Bewehrung, Unterzügen und deren Auflager sowie die Materialbestimmung ist **allein** Aufgabe des Statikers, die er aufgrund seiner Spezialkenntnisse **eigenverantwortlich ausführt** (VersR 1969, 335; vgl. dazu auch OLG Stuttgart BauR 1975, 431 für den Fall der fehlerhaften Auflagerung von Trägern; zur Haftung des Statikers für die Einhaltung des von ihm angegebenen Stahlbedarfs siehe BGH WM 1972, 424). Beteiligt sich der mit der Tragwerksplanung betraute Statiker an dem Entwurf der konstruktiven Verbindung nichttragender mit tragenden Teilen, z.B. bei mit Kragplatten starr verbundenen Fassadenteilen, muss er dabei die Auswirkungen der Statik beachten; dabei handelt der Statiker grob fahrlässig, wenn er das unbeachtet lässt, was jeder Fachmann voraussehen kann, wie z.B. die Durchbiegung von Kragplatten und deren Auswirkung auf an ihnen fest montierte Fassadenteile (OLG Düsseldorf BauR 1994, 395). Demgegenüber gehört es grundsätzlich nicht zum Verantwortungsbereich des für die Standsicherheit des Gebäudes verantwortlichen Statikers auch dafür zu sorgen, dass in dem Gebäude aufgestellte Maschinen eines metallverarbeitenden Unternehmens beim Betrieb nicht in Schwingungen geraten, die ihre Produktionssicherheit und -genauigkeit gefährden (OLG Stuttgart IBR 2001, 30-*Jagenburg*, Revision nicht angenommen). **20**

Falls der Mangel dem **vorstehend umrissenen Verantwortungsbereich des Statikers zuzurechnen** ist, ist sonst eine **Verantwortlichkeit bzw. Mitverantwortlichkeit des Architekten oder gar des Auftragnehmers,** vor allem im Rahmen etwaiger gesamtschuldnerischer Haftung, ausnahmsweise **nur** gegeben, **wenn sie nach Sachlage begründete Zweifel** hätten haben müssen, ob der Statiker der ihm gestellten Aufgabe gewachsen sein würde oder wenn sie selbst aufgrund eigener besserer Kenntnis oder Erfahrung mit nachteiligen Folgen gerechnet hätten oder hätten rechnen müssen (vgl. BGH VersR 1964, 830 für den Fall einer neuartigen, weitgespannten Deckenkonstruktion; ferner BGH **21**

8.12.1966 VII ZR 144/64 = BGHZ 46, 242 = NJW 1967, 388; BGH VersR 1967, 1150; BGH 17.11.1969 VII ZR 167/67 = BauR 1970, 62; vgl. auch OLG Hamm BauR1994, 632 bei fehlerhafter Statik im Hinblick auf die Herstellung und Lieferung von Fertigbauteilen). In ähnlicher Weise hat sich der BGH (VersR 1964, 1045) auch für den Fall ausgesprochen, dass der Statiker die Fundamente eines Bauwerkes zu groß berechnet hat. Es ist auch als Verschulden des Statikers zu werten, wenn er in Kenntnis der Tatsache, dass dem Architekten die Sachkunde auf dem Gebiet der Stahlbetonarbeiten fehlt, es unterlassen hat, den Auftraggeber selbst darauf hinzuweisen, dass ein Fachmann zur Überwachung der Arbeiten des Auftragnehmers herangezogen werden müsse (BGH 6.5.1965 VII ZR 211/63 = SFH Z 3.01 Bl. 318).

22 Danach ist auch der mit der **Objektüberwachung beauftragte Architekt** im Allgemeinen von der Verantwortlichkeit für die **statische Berechnung freigestellt,** insbesondere ist der **Architekt** grundsätzlich **nicht** zu einer **Überprüfung der Statik verpflichtet** (BGH 17.11.1969 VII ZR 167/67 = BauR 1970, 62; BGH 4.3.1971 VII ZR 204/69 = BauR 1971, 265; OLG Stuttgart a.a.O.; OLG Karlsruhe a.a.O.; OLG München VersR 1977, 380; OLG Köln BauR 1988, 241). Er hat den Statiker auch nicht zu beaufsichtigen (OLG Hamm VersR 2001, 779 = IBR 2001, 554-*Sienz*); der Architekt muss aber die statische Berechnung einsehen und sich vergewissern, ob der Statiker von den erkennbaren Gegebenheiten – z.B. der Bodenbeschaffenheit – ausgegangen ist (BGH a.a.O.; OLG Frankfurt NJW-RR 1990, 1496), was insbesondere auch im Falle späterer Planungsänderung zutrifft (vgl. LG Aachen BauR1986, 603). **Gleiches** gilt für den **Auftragnehmer,** wenn die statische Berechnung nicht von ihm gefertigt wurde. Auch muss der Architekt darüber wachen, dass der Statiker bei seiner Tätigkeit von den in seinen – des Architekten – Bereich fallenden Plänen ausgeht und diese einhält; bei Abweichungen in den Plänen des Architekten und denjenigen des Statikers hat **auch der Auftragnehmer eine Hinweispflicht,** falls ihm im Einzelfall die Kenntnisse zur Entdeckung der Unstimmigkeiten **zuzumuten** sind. **Merkt der Architekt – oder der Auftragnehmer – oder muss er aufgrund seiner Sachkunde erkennen,** dass der Statiker z.B. die Fundamente des Bauwerkes zu groß berechnet hat und dem Auftraggeber dadurch vermeidbare Kosten entstehen, ist er aus dem Architekten- bzw. Bauvertrag heraus verpflichtet, für eine Nachprüfung der statischen Berechnung zu sorgen. Ähnliches gilt, wenn der Statiker an einem langen Balkon die Notwendigkeit von Dehnungsfugen unberücksichtigt gelassen hat (OLG Düsseldorf BauR 1973, 252) oder die in der vom Architekten aufgestellten Leistungsbeschreibung angeführten Dehnungsfugen unbeachtet gelassen hat, es sei denn, diese waren nicht unbedingt notwendig (für letzteren Fall OLG Nürnberg BauR 1990, 492, wobei dort auch der Prüfingenieur das Fehlen der Dehnungsfugen nicht beanstandet hatte). Andererseits obliegen zwar dem Statiker grundsätzlich auch hinsichtlich der vorgesehenen Gebrauchsfähigkeit Hinweispflichten, wenn sie mit den konkreten konstruktiven Belangen zusammenhängen; er ist jedoch nicht verpflichtet, darauf hinzuweisen, dass rissgefährdete Wände zu vermeiden sind, was dann u.U. zu den Planungspflichten des Architekten gehört (OLG Hamm NJW-RR 1992, 1302).

23 Handelt es sich wiederum um **Vorgänge, die allein dem Spezialwissen des Statikers zuzuordnen** sind, muss dieser den Architekten auf im Zusammenhang mit dessen Planung stehende statische Bedenken hinweisen (OLG Frankfurt IBR 2001, 434-*Sienz*, Revision nicht angenommen). Der Architekt kann sich sonst grundsätzlich auf die planerische Richtigkeit als Ausgangspunkt für die Tätigkeit des Statikers verlassen. Ein hier bedeutsames Unterlassen fällt dem Statiker zur Last (vgl. BGH VersR 1965, 800; BGH 17.5.1965 VII ZR 108/63 = SFH Z 3.00 Bl. 90 ff.; BGH 30.9.1966 VII ZR 235/64; ferner BGH VersR 1967, 260).

Wenn ein Dach, dessen Konstruktion auf einer unrichtigen statischen Berechnung beruht, durch Sturm abgedeckt wird, spricht der **Beweis des ersten Anscheins** für die Mitursächlichkeit des Fehlers des Statikers (BGH VersR 1965, 812). Der Statiker muss beweisen, dass das Dach auch bei ordnungsgemäßer statischer Berechnung dem Sturm nicht standgehalten hätte. Ein Leistungsmangel des Statikers ist es, wenn er den wirtschaftlichen Gegebenheiten des Bauvorhabens nicht Rechnung trägt (z.B. beim sozialen Wohnungsbau) und seine Berechnungen zu einer untragbaren Verteuerung des Baus führen (BGH 28.2.1966 VII ZR 287/63 = SFH Z 3.01 Bl. 348). Ein Statiker, der sich dem Auftraggeber zur Anfertigung einer sparsamen Statik verpflichtet, ist aber nicht gehalten, zur Niedrighaltung der Baukosten unübersehbare Risiken einzugehen (BGH 20.12.1965 VII ZR 271/63 = SFH Z 3.01 Bl. 336).

Beruht ein Schaden neben mangelhafter Statik auch darauf, dass der Auftraggeber den Eingang der Prüfstatik nicht abgewartet hat, so liegt darin nicht schon ein dem Auftraggeber zuzurechnendes Mitverschulden, zumal die für die Prüfstatik maßgeblichen öffentlich-rechtlichen Bestimmungen anderen Zwecken als denen des § 633 Abs. 1 BGB dienen und außerdem der Auftraggeber die vertragsrechtliche Verantwortung allein dem Statiker übertragen hat (OLG Köln BauR1992, 59).

Die **richtige Ausführung der Pläne des Statikers obliegt** naturgemäß dem **Auftragnehmer;** nicht nur der Statiker, sondern auch der Architekt hat dies zu überwachen (OLG Karlsruhe MDR 1971, 45). **24**

Wenn nicht ein selbstständig tätiger Statiker, sondern der **Auftragnehmer die Statik angefertigt** hat, **haftet er** für Fehler und den daraus entstehenden Schaden selbst, und zwar, wie es bei einem selbstständigen Statiker der Fall wäre. Ggf. kann auch eine Mitverantwortlichkeit des bauleitenden Architekten neben dem Auftragnehmer gegeben sein (vgl. BGH VersR 1965, 875). **25**

So liegt es, wenn die mangelhafte Leistung (z.B. der fehlerhafte Einbau von Fertigteilen) auf einem Fehler des Auftragnehmers bei **seinen** statischen Berechnungen, den er zu verantworten hat, beruht, da dann der Auftragnehmer dem Auftraggeber voll haftet. Eine Mitverantwortlichkeit (§ 254 BGB) des Auftraggebers wegen unterlassener Nachtragsbaugenehmigung nebst Prüfstatik kommt keineswegs in Betracht, wenn dies dem Auftragnehmer bekannt war (vgl. OLG Hamm BauR 1994, 632).

Geht die Statik von **unzutreffenden tatsächlichen Verhältnissen** aus, deren **Feststellung in den Aufgabenbereich des Architekten** und nicht des Statikers fällt, dann ist in der Regel der Architekt dafür verantwortlich. So ist die für die Erstellung der Statik entscheidende Untersuchung der **Baugrundverhältnisse** in erster Linie Sache des Architekten, nicht des Statikers (vgl. BGH VersR 1967, 260; ebenso OLG München MDR 1969, 48 I; OLG Oldenburg BauR 1981, 399; vgl. auch OLG Celle BauR 1983, 483; OLG Jena IBR 2002, 320-*Vüllink* Revision nicht angenommen). Überhaupt ist dies **Aufgabe der Planung** (vgl. OLG Schleswig BauR 1989, 730 im Hinblick auf die Bekanntgabe der Bodenkennwerte an den Auftragnehmer); insbesondere gilt dies auch für den Fall notwendiger Umplanung des Architekten in Bezug auf die Bodengrundannahmen in einer vorhandenen Statik (vgl. LG Aachen BauR 1986, 603). Notfalls muss der Architekt hier den Auftraggeber auf den **notwendigen Einsatz eines Sonderfachmannes aufmerksam machen und darauf drängen, dass dies geschieht;** dazu, ob ein Geologe oder ein Grundbauingenieur in Betracht kommt (vgl. OLG Köln SFH § 635 BGB Nr. 55; ferner *Jebe* BauR 1982, 336). **26**

Allerdings kommt eine **Hinweispflicht des Statikers** in Betracht, wenn dieser von bloß angenommenen Bodenverhältnissen bei Erstellung der Statik ausgegangen ist, es also der **späteren Nachprüfung der wirklichen Bodenverhältnisse** bedarf; eine solche Hinweispflicht besteht jedoch nur, wenn der Architekt nicht ohnehin weiß oder wissen muss, dass die Prüfung der wirklichen Bodenverhältnisse erforderlich ist (BGH 4.3.1971 VII ZR 204/69 = BauR 1971, 265, 268; OLG Stuttgart BauR 1973, 124). Auch bei erkennbar zweifelhaften Bodenverhältnissen hat der Statiker, der allgemein für die Wahl der Gründungsart verantwortlich ist, eine eigene Prüfungspflicht, wenn für ihn die bisherigen Feststellungen des Architekten nicht ausreichen oder nicht ausreichen können; insofern besteht jedenfalls eine **Mitverantwortlichkeit** des Statikers (OLG Nürnberg MDR 1975, 930; OLG Oldenburg BauR 1981, 399). Das gilt auch im Hinblick auf die Klärung sonstiger für die ordnungsgemäße Statik wesentlicher Verhältnisse, die der Statiker in zumutbarer Weise, insbesondere an Ort und Stelle, z.B. bei offener Baugrube, vornehmen oder für die er gebotene Hinweise machen kann, wie z.B. in Bezug auf einschlägige DIN-Normen (zu diesen Fragen vgl. *Bindhardt* BauR 1974, 376; insbesondere *Englert/Bauer* Rn. 138 ff., 282). Ggf. muss er sich die für eine ordnungsgemäße Planung erforderlichen Unterlagen beschaffen oder beim Bauherrn anfordern (OLG Düsseldorf BauR 2002, 506).

27 Das Gesagte gilt auch für die Erkundigung nach dem **Grundwasserstand** in einem unbekannten Gelände (vgl. BGH 30.10.1975 VII ZR 239/73 = SFH Z 2.414.0 Bl. 8; OLG Celle SFH Z 3.01 Bl. 191; OLG Braunschweig SFH Z 3.01 Bl. 268; OLG Düsseldorf SFH Z 2.410 Bl. 47; BGH 1.7.1970 IV ZR 1043/68 = VersR 1970, 825) **wie es überhaupt Sache des Architekten ist, die Grundwasserverhältnisse zu ermitteln** (vgl. OLG Düsseldorf BauR 1992, 536).

28 Die Einplanung von **Dehnungsfugen** gehört im Verhältnis zum Statiker grundsätzlich zur Aufgabe des Architekten (OLG Karlsruhe VersR 1969, 335; vgl. auch BGH 11.5.1978 VII ZR 313/75 = BauR 1978, 405 = NJW 1978, 2393; a.A. LG Leipzig IBR 2002, 496-*Küsberg*), ebenso die ordnungsgemäße Planung der erforderlichen **Wärmedämm-Maßnahmen** (OLG Köln SFH § 278 Nr. 7). Auch muss der Architekt dem Statiker mitteilen, ob die Belastungen (Lastannahmen) nach der ihm bekannten vorgesehenen Nutzung der Leistung vorauszusetzen sind.

29 Obliegen **Planungsaufgaben,** die sonst einem Architekten zuzuordnen sind, im Einzelfall wiederum dem **Auftragnehmer,** so ist es **seine Sache, die etwa notwendigen Ermittlungen** zu den **Baugrundverhältnissen,** den **Grundwasserverhältnissen** usw. anzustellen, ferner die **Einplanung von Dehnungsfugen** sowie die **ordnungsgemäße Flachdachkonstruktion** o.Ä. vorzunehmen. Dies gilt allerdings – anders als bei den zumeist umfassenden Planungsaufgaben des Architekten – **nur so weit, als die jeweilige Vertragspflicht des betreffenden Auftragnehmers reicht.** So braucht sich z.B. ein Fertighaushersteller, der sich zur Errichtung eines Fertighauses oberhalb der Kellergeschossdecke verpflichtet, grundsätzlich nicht um die Ermittlung der Baugrundverhältnisse zu bemühen. Anders ist dies, wenn er auch die Planung des Kellergeschosses mit übernimmt, wie sich im Übrigen auch aus § 4 Nr. 3 VOB/B ergibt; dann muss er in zumutbarem Rahmen ermitteln, wie die Baugrundverhältnisse auf den vorgesehenen Baukörper einwirken (a.A., jedoch unzutreffend, BGH 23.9.1976 III ZR 119/74 = BauR 1977, 131).

30 Das für das Verhältnis Architekt – Statiker – Auftragnehmer Gesagte **gilt auch für die etwaige Verantwortlichkeit eines anderen mit Planungsaufgaben betrauten Sonderfachmannes (Ingenieurs).** Widersprüche und Unklarheiten in einem vom Auftraggeber beauftragten Fachingenieurbüro für lüftungstechnische Anlagen (z.B. mit asbesthaltigen Dichtungsschnüren versehene Brandschutzklappen eines bestimmten Fabrikates mit Hersteller- und Typenbezeichnung einerseits und mehrfachen Hinweisen in Vertragsbedingungen und der Leistungsbeschreibung auf Asbestfreiheit aller Materialien andererseits) erstellten Leistungsbeschreibung gehen zu Lasten des Auftraggebers, wenn es sich beim Auftragnehmer nicht um einen auf dem betreffenden Fachgebiet besonders versierten Unternehmer handelt (vgl. dazu OLG Düsseldorf BauR 1994, 764). Gleiches trifft zu, wenn der Auftraggeber einen Sonderfachmann zur Ermittlung bauakustischer Fragen einschaltet; dann kann sich der Estrichleger grundsätzlich auf dessen Angaben wegen des Trittschallschutzes verlassen, es sei denn, die ihm von dem Sonderfachmann übermittelten Angaben sind für ihn offenkundig unrichtig (OLG Düsseldorf OLGR 1994, 267).

5. Möglich: Gesamtschuldnerische Haftung von Auftragnehmer – Architekt – Statiker – sonstigem Sonderfachmann

31 Es kann nach dem Gesagten, und zwar nicht selten, Fälle geben, in denen für eine »verunglückte« Baumaßnahme **sowohl einerseits der Auftragnehmer als auch andererseits der Architekt oder Statiker oder planende Ingenieur (oder alle diese zusammen) als Beauftragter des Auftraggebers und dessen Erfüllungsgehilfe gesamtschuldnerisch verantwortlich zu machen ist.** Ob und inwieweit hiervon Gebrauch gemacht wird, unterliegt der Entschließung des Auftraggebers. Dann muss sich der **Auftraggeber das Verschulden** des Architekten usw. **nach §§ 276, 278, 254 BGB,** sofern es in einem **Planungsfehler** liegt, **anrechnen lassen,** wenn er aus dem Bauvertragsverhältnis zum Auf-

tragnehmer gegen diesen vorgeht (vgl. BGH 24.2.2005 VII ZR 328/03 BauR 2005, 1016). Das gilt vor allem auch bei Verletzung der sich aus § 3 Nr. 1–4 VOB/B ergebenden Pflichten des Auftraggebers. Hingegen ist der Statiker bzw. Sonderfachmann im Vertragsverhältnis zum Architekten regelmäßig nicht Erfüllungsgehilfe des Auftraggebers, sofern diese durch selbstständige Verträge beauftragt sind (BGH 4.7.2002 VII ZR 66/01 = BauR 2002, 1719; BGH 10.7.2003 VII ZR 329/02 = BauR 2003, 1918, a.A. *Soergel* BauR 2005 239, 247). Gleiches gilt für den bauplanenden Architekten im Verhältnis zum bauleitenden Architekten, da den Auftraggeber keine Pflicht trifft letzterem mangelfreie Pläne zur Verfügung zu stellen (OLG Karlsruhe BauR 2003, 1921). Zu den Planungsaufgaben des Auftraggebers bzw. dessen Architekten zählen insbesondere auch die nach § 15 Abs. 2 Nr. 5 HOAI anzufertigenden **Ausführungszeichnungen.** Ebenso gehört dazu auch die **Überprüfung eines von einem Auftragnehmer aufgestellten Leistungsverzeichnisses** durch den Architekten auf seine Richtigkeit und Vollständigkeit im Hinblick auf technisch unumgänglich notwendige Leistungsansätze (vgl. BGH 11.5.1978 VII ZR 313/75 = BauR 1978, 405 = NJW 1978, 2393 für den Fall des Fehlens von Kapp- oder Überhangstreifen bzw. eines Formstückes im Angebot eines Kupferblech-Wandanschlusses). Das Gesagte gilt **auch im Verhältnis des Hauptunternehmers zum Nachunternehmer;** insofern muss sich der Hauptunternehmer das Planungsverschulden des Architekten des Auftraggebers zurechnen lassen; das gilt auch dann, wenn der Hauptunternehmer auf dem betreffenden technischen Gebiet nicht fachkundig ist (vgl. BGH 23.10.1986 VII ZR 267/85 = BauR 1987, 86 = NJW 1987, 644; zur Lösung des Problems der Schadensquote beachtlich *Aurnhammer* VersR 1974, 1060).

Davon **zu unterscheiden** ist gerade auch in diesem Zusammenhang wiederum der **Fall,** in dem der entstandene Schaden oder Mangel **bei ordnungsgemäßer Planung** dem **Aufgabenbereich des Auftragnehmers,** nämlich der diesem **eigenverantwortlich** obliegenden Ausführung, zuzurechnen ist, er aber **nicht nur durch die unsorgfältige Bauarbeit des Auftragnehmers herbeigeführt worden ist, sondern zugleich auch darauf zurückzuführen ist, dass der bauleitende Architekt die ihm übertragene Aufsichtspflicht verletzt hat** (vgl. dazu Rn. 8 ff.; u.a. auch *Neuenfeld* BauR 1981, 436). Die Aufsichtspflichten des Architekten **im Rahmen seines Vertrages mit dem Auftraggeber** sind nämlich **umso größer, je gewichtiger die gerade in der Ausführung begriffene Baumaßnahme** ist; das gilt u.a. für Betonarbeiten, die für die Haltbarkeit und die Güte des Bauwerks von wesentlicher Bedeutung sind (vgl. dazu BGH 2.5.1963 VII ZR 171/61 = BGHZ 39, 261, 262 = NJW 1963, 1401; BGH VersR 1963, 933; BGH 1965, 800, 875; BGH VersR 1971, 818; BGH 11.3.1971 VII ZR 132/69 = WM 1971, 678, 1056). Nach BGH Urt. v. 26.4.1973 VII ZR 85/71 = BauR 1973, 255, gehört dazu auch die Überwachung der Einhaltung der Betonzusammensetzung, wie z.B. – damals – B 300; das richtige Mischungsverhältnis ist vom Architekten nach dieser Entscheidung durch Stichproben zu prüfen (BGH a.a.O., ferner WM 1971, 1056), wobei sich der Architekt zu vergewissern hat, ob der Auftragnehmer die nach DIN 1045 und 1048 erforderlichen Prüfungen des Betons vor und während der Verarbeitung vornimmt. Ob der Architekt nach den heute aktuellen Betonnormen, die zweifellos die anerkannten Regeln der Technik prägen, in allen Fällen selbst stichprobenartige Prüfungen vornehmen muss, ist zweifelhaft; auf jeden Fall bei Beton der Überwachungsklassen 2 und 3 dürfte er dazu schon in Ermangelung der technischen Ausrüstung überhaupt nicht in der Lage sein. Die hier genannte BGH-Entscheidung verdeutlicht aber eindringlich, welcher Maßstab an die Sorgfaltspflichten des Architekten anzulegen ist. Er wird auf jeden Fall eigenverantwortlich sicherstellen müssen, dass der Herstellung des Betons die jeweils richtigen Expositions- und Druckfestigkeitsklassen zu Grunde gelegt werden, dass hierbei von den richtigen Angriffsarten ausgegangen wird (die bei verschiedenen Bauteilen unterschiedlich sein können), gleiches gilt für die Umgebungsbedingungen, und dass der Betoneinbau sachgerecht nach den Vorgaben der DIN 1045 – 3 überwacht wird. Hierzu gehört bei Beton der Überwachungsklassen 2 und 3 auch die Existenz einer ständigen Betonprüfstelle, die von einem mit den erforderlichen Bescheinigungen ausgestatteten Fachmann geleitet wird. All dies hat der Architekt durch eigene – laufende – Kontrollen sicherzustellen, ebenso, dass die erforderlichen Aufzeichnungen angefertigt werden. Die Nachbehandlung von Betonarbeiten muss der Architekt sorgfältig überwachen (OLG München SFH § 635 BGB Nr. 57). Auch bei Isolierungs-

sowie Balkonbelagsarbeiten muss der Architekt zumindest durch häufige Kontrollen sich vergewissern, ob seinen Anweisungen entsprechend gearbeitet wird, ob z.B. ein als Feuchtigkeitssperre gedachter Bleiwinkel richtig im Verblendmauerwerk angebracht ist und ob der Balkonbelag die richtige Höhenlage hat (vgl. dazu BGH 15.6.1978 VII ZR 15/78 = BauR 1978, 498 = NJW 1978, 1853), siehe dazu im Einzelnen auch (*Korbion/Mantscheff/Vygen* § 15 HOAI Rn. 166 ff., 189 ff.).

Andererseits: Bei einfachen, lediglich handwerklich auszuführenden Bauarbeiten (z.B. Auftragen des Innenputzes) kann sich der bauleitende Architekt in der Regel darauf verlassen, dass der Auftragnehmer sie ohne seine ständige Überwachung ordnungsgemäß ausführt; nur dann ist hier eine erhöhte Aufsicht geboten, wenn sich bereits während der Putzarbeiten Mängel der Ausführung herausstellen, damit weitere Schäden vermieden werden (LG Köln VersR 1981, 1191). Handwerkliche Selbstverständlichkeiten sind vom Architekten bei der Bauüberwachung jedoch dann zu kontrollieren, wenn sie durch den weiteren Baufortschritt verdeckt werden (OLG Schleswig BauR 2001, 1286 Revision nicht angenommen). Die Prüfungspflicht des Architekten, abgestuft nach dem Gewicht der jeweiligen Baumaßnahme, gilt nicht nur für die Errichtung von Häusern selbst, sondern ist für alle Baumaßnahmen von Wichtigkeit im Hinblick auf das Leistungsziel, wie z.B. die Verfüllung einer Grube, in die ein Öltank eingebracht worden ist (vgl. OLG Stuttgart BauR 1973, 253).

33 Anlass zu einer besonderen Sorgfalt bei der Aufsicht hat der Architekt vor allem auch dann, wenn seine bisher erstellte Planung nicht ausreicht, wozu z.B. auch die nicht sorgfältige Überprüfung eines von dem Auftragnehmer aufgestellten unzulänglichen Leistungsverzeichnisses gehört, damit noch rechtzeitig Schäden vermieden werden können (BGH 11.5.1978 VII ZR 313/75 = BauR 1978, 405 = NJW 1978, 2393). Die Aufsichtspflicht des Architekten kann auch dann in erhöhtem Maße bestehen, wenn ein **Auftragnehmer eingesetzt ist, der sich nicht unbedingt als zuverlässig erwiesen hat;** das gilt auch, wenn der Architekt gegenüber dem Auftraggeber dem Einsatz des betreffenden Auftragnehmers widersprochen hat, weil er diesen für fachlich nicht hinreichend geeignet hält; auch dann hat der Architekt besonderen Anlass zur Überwachung, zumal er die Entscheidung des Auftraggebers zum Unternehmereinsatz grundsätzlich hinnehmen muss (BGH 10.11.1977 VII ZR 321/75 = BGHZ 70, 12 = BauR 1978, 60 m.w.N.). Allerdings gilt Letzteres nur im Bereich des dem Architekten Zumutbaren (§ 242 BGB). Überdies wird sich hier der Auftraggeber im Verhältnis zum Architekten ein regelmäßig **erhebliches Mitverschulden** zurechnen lassen müssen, wenn er den berechtigten Warnungen des Architekten nicht gefolgt ist (BGH 11.3.1999 VII ZR 465/97 = BauR 1999, 680 = NJW-RR 1999, 893).

34 In solchen Fällen der auch gegebenen Aufsichtspflichtverletzung des Architekten **steht es dem Auftraggeber grundsätzlich** ebenfalls **frei,** ob er wegen des dadurch verursachten Schadens oder Mangels den Auftragnehmer oder den Architekten, der seine Aufsichtspflicht schuldhaft verletzt hat, in Anspruch nehmen will. Architekt und Auftragnehmer haften dem Auftraggeber gerade auch hier als **Gesamtschuldner** mit der Folge, dass der Auftraggeber die Wahl hat, welchen von beiden – oder beide – er in Anspruch nehmen will. Nach Auffassung des BGH kann der Auftraggeber in einem derartigen Fall den Architekten sogar dann auf vollen Schadensersatz in Anspruch nehmen, wenn die Beseitigung des Mangels durch die Nachbesserung des Bauhandwerkers möglich und dieser zur Nachbesserung bereit ist (BGH 21.12.2000 VII ZR 192/98 = BauR 2001, 630 = NJW-RR 2001, 380; *Motzke* BrBp 2005, 468, 473; a.A. *Knoche* BrBp 2005, 85 ff.; vgl. dazu auch *Kniffka* BauR 2005, 274, 283). Ebenso wenig kann der Architekt einwenden, der Auftraggeber habe es versäumt eine Haftung des Auftragnehmers herbeizuführen (vgl. BGH 23.10.2003 VII ZR 448/01 = BauR 2004, 111, keine Frist mit Androhung der Auftragsentziehung). **Auch kann hier der Auftragnehmer anders als bei Planungsfehlern dem Auftraggeber grundsätzlich nicht deswegen Mitverschulden vorwerfen, weil er durch den Architekten nachlässig beaufsichtigt worden ist.** Im Rahmen der **Bauaufsicht** ist der **Architekt nicht Erfüllungsgehilfe** des Auftraggebers (BGH 18.4.2002 VII ZR 70/01 = NJW-RR 2002, 1175 = IBR 2002, 368-*Groß*). Dennoch kann eine alleinige Haftung des Unternehmers im Innenverhältnis nicht damit begründet werden, der Auftraggeber schulde dem Auftragnehmer keine Aufsicht (*Kniffka* BauR 2005, 274, 277). **Anders** liegt es im Falle der Verletzung von **Koordinationspflichten** durch den Architekten, da diese grundsätzlich **zum Bereich der Planung** und nicht der – bloßen – Bauaufsicht gehören, sich insoweit also der Auftraggeber ein Mitverschulden seines Architekten (§ 254 BGB) als seines Erfüllungsgehilfen entgegenhalten lassen muss (vgl. OLG Köln SFH § 635 BGB Nr. 9 mit zutreffender Anm. *Hochstein* zur Abgrenzung von Koordination und Bauaufsicht für diesen Bereich).

Dagegen kann der Auftraggeber, wenn die Bauleistung durch Verschulden des Auftragnehmers und/oder des Architekten mangelhaft erbracht worden ist, diese wegen des durch die Mängel der vertraglichen Leistung selbst entstandenen Vermögensschadens **im Allgemeinen nicht aus unerlaubter Handlung** nach § 823 Abs. 1 BGB oder § 823 Abs. 2 BGB i.V.m. § 330 StGB in Anspruch nehmen. Vielmehr ist der Auftraggeber gegen diese Schäden grundsätzlich durch die speziellen Vorschriften über den Werkvertrag (demnach auch die Bestimmungen der VOB) hinreichend geschützt. 35

B. Einhaltung der anerkannten Regeln der Technik, der gesetzlichen und behördlichen Bestimmungen (Nr. 2 Abs. 1 S. 2)

Nr. 2 Abs. 1 S. 2 gibt eine **ergänzende Erläuterung** der im S. 1 niedergelegten **Generalklausel** über die vertragliche Verantwortlichkeit des Auftragnehmers. Drei Merkmale sind es: die **Verpflichtung zur Beachtung der anerkannten Regeln der Technik, der gesetzlichen und der behördlichen Bestimmungen.** Es sind Pflichten, die durch ihre Aufzählung in Teil B der VOB **ausdrücklich zum Vertragsinhalt** und damit zur Leistungspflicht des Auftragnehmers **erklärt** werden. Beachtet der Auftragnehmer sie nicht oder nicht hinreichend, hat er die vertragliche Leistung nicht erbracht, was nachteilige Rechtsfolgen nach sich ziehen kann (Mängelrügen, sonstige Ansprüche wegen nicht ordnungsgemäßer Erfüllung, Ansprüche aus Vertragsverletzung, ggf. Schadensersatzpflichten aus unerlaubter Handlung usw.). Die hier erörterte Regelung **gilt insgesamt auch für nach den §§ 631 ff. BGB ausgerichtete Bauverträge,** da sie zwangsläufig den Besonderheiten und damit der Rechtsnatur des Bauvertrages entspricht. 36

Bei dem Hinweis auf die Notwendigkeit der Einhaltung der anerkannten Regeln der Technik, die der Auftragnehmer zu beachten hat, handelt es sich ebenso wie bei der Bestimmung in S. 1 um eine **generalklauselartige Verweisung** auf die für die jeweils vertraglich geschuldete Leistung maßgebenden anerkannten technischen Regeln, die in **gesetzlichen Vorschriften zulässig** ist, vgl. *Ernst* Rechtsgutachten zur Gestaltung des Verhältnisses der überbetrieblichen technischen Norm zur Rechtsordnung S. 32 ff. Daher können auch gegen die **Zulässigkeit** einer solchen generalklauselartigen Verweisung **in einem Vertragswerk,** wie hier die VOB, **keine Bedenken** bestehen. 37

Welche Regeln der Technik zu beachten sind, richtet sich grundsätzlich nach ihrer Gültigkeit bzw. Anerkennung im **Zeitpunkt der Abnahme,** wie sich aus dem insoweit **klaren Wortlaut** in § 13 Nr. 1 VOB/B ergibt. Nicht kommt es dagegen auf den Zeitpunkt des Vertragsabschlusses an (a.A. *Jagenburg* FS Korbion 1986 S. 179, 186). **Gleiches gilt hinsichtlich des Zeitpunktes** für die vom Auftragnehmer zu beachtenden **gesetzlichen und behördlichen Bestimmungen.** 38

I. Die anerkannten Regeln der Technik

1. Allgemeines; insbesondere: den Allgemeinen Technischen Vertragsbedingungen übergeordnet

Die Pflicht des Auftragnehmers zur Beachtung der **anerkannten Regeln der Technik** entstammt dem Grundsatz von Treu und Glauben. Sie **gilt** daher **für einen Bauvertrag schlechthin,** somit auch dann, wenn nicht Teil B der VOB, sondern die gesetzlichen Regelungen der §§ 633 ff. BGB Ver- 39 tragsgegenstand sind. Hierbei handelt es sich nämlich um **Mindestanforderungen,** die an eine ordnungsgemäße Leistung zu stellen sind. Zu dem Begriff der anerkannten Regeln der Technik siehe allgemein Marburger, Die Regeln der Technik im Recht, insbesondere S. 499 ff. Dazu sowie zur Unterscheidung zwischen anerkannten Regeln der Technik und den weiteren Begriffen »Stand der Technik« sowie »Stand von Wissenschaft und Technik« (vgl. *Budde* DIN-Mitt. 59, 1980 Nr. 12 S. 738. In letzterer Hinsicht tiefgreifend und voll zu billigen *Nicklisch* BB 1981, 505 ff.; vgl. auch *Heinrich* BauR 1982, 224; ferner *Weber* ZfBR 1983, 151, 153 ff.; *Winckler* Betrieb 1983, 2125; *Börner* Betrieb 1984, 812; *Siegburg* BauR 1985, 367; *Eberstein* BB 1985, 1760, 1761 f.; *Pieper* BB 1987, 273; *Berthold* Systematische Untersuchung über die Einbeziehung von technischen Normen und anderen technischen Regelwerken in Bauverträgen; *Jagenburg* Heidelberger Kolloquium Technologie und Recht 1983, Bau- und Anlagenverträge S. 137, 140 f.; zum Verhältnis der Standards »Stand der Technik«, »allgemein anerkannte Regeln der Technik« und »Stand von Wissenschaft und Technik« zueinander siehe weiter *Seibel* BauR 2004, 266; zum europäische Rechtsbegriff »beste verfügbare Techniken« [»best available techniques«] siehe *Seibel* BauR 2005, 1109).

Für den Bauvertrag, vornehmlich den nach der VOB/B ausgerichteten, kommt es für die **Beurteilung der Mangelfreiheit einer Leistung allein auf die anerkannten Regeln der Technik** an, wie sich aus dem Wortlaut der VOB eindeutig ergibt (ebenso OLG Koblenz BauR 1995, 554). Anders Siegburg (BauR 1985, 367), der für den Bereich des § 633 Abs. 1 BGB auf den »Stand der Technik« abstellen will, um der Einführung neuer Stoffe oder Bauteile sowie Verfahrenstechniken nicht entgegenzustehen; sicher will man dem nichts in den Weg legen; jedoch kommt es hier entscheidend auf das wohlberechtigte Interesse des Auftraggebers an, eine nach allgemeiner Anschauung technisch abgesicherte Leistung zu erhalten.

40 Der Begriff »anerkannte Regeln der Technik« ist im Rahmen der VOB dahin gehend zu verstehen, dass die **anerkannten Regeln der Bautechnik gemeint** sind. Die anerkannten Regeln der Technik (Bautechnik) sind im Rahmen der VOB **nicht ohne weiteres identisch mit den Allgemeinen Technischen Vertragsbedingungen des Teils C,** die nach § 1 Nr. 1 S. 2 VOB/B **auch Inhalt** des Bauvertrages sind (zur vertragsrechtlichen Bedeutung des Teils C der VOB *Mantscheff* FS Korbion 1986 S. 295 ff.; ferner *Moufang/Klein* Jahrbuch Baurecht 2004 S. 71). Vielmehr handelt es sich bei ihnen um **übergeordnete Merkmale einer ordnungsgemäßen, den allgemeinen Anforderungen der Bautechnik entsprechenden Handlungsweise,** die von jedem am Bau Tätigen zu erwarten ist. **Deshalb geht der Begriff der anerkannten Regeln der Bautechnik über den der Allgemeinen Technischen Vertragsbedingungen (DIN-Normen) hinaus, indem Letztere den Ersteren unterzuordnen sind.** Das ist aber nur insofern und insoweit möglich, wenn sie die **Anforderungen** der anerkannten Regeln der Bautechnik erfüllen (vgl. dazu Rn. 51 ff.). Deshalb ist das in § 4 Nr. 2 Abs. 1 S. 2 VOB/B Festgelegte eine **vordringlich (§ 1 Nr. 1 S. 2 VOB/B vorgehende) zu beachtende vertragliche Verpflichtung des Auftragnehmers.**

Die Allgemeinen Technischen Vertragsbedingungen des Teils C sind daher auch nicht schon dadurch anerkannte Regeln der Bautechnik, dass sie schriftlich abgefasst sind, zumal die anerkannten Regeln der Bautechnik nicht von ihrer schriftlichen Fixierung abhängen. Vielmehr können gerade sie sich auch aus ungeschriebenen Grundsätzen ergeben (vgl. dazu auch *Kaiser* BauR 1983, 203).

41 Vor allem und ganz besonders sind die anerkannten **Regeln der Bautechnik nicht feststehend, sondern nach Entwicklung und Stand der jeweiligen anerkennenswerten Handhabung wandelbar.** Deshalb kann es, da **auch die geschriebenen Regeln** immer nach dem **neuesten Stand** der technischen Entwicklung beurteilt werden müssen, vorkommen, dass die Allgemeinen Technischen Vertragsbedingungen **als allgemein anerkannte Regeln der Bautechnik keine Gültigkeit mehr haben,** weil die schriftliche Formulierung mit der technischen Entwicklung **nicht Schritt gehalten hat und überholt ist,** vor allem, wenn es sich um die Anwendung neuer, als technisch einwandfrei anerkannter Bauweisen und Baustoffe handelt (vgl. dazu BGH 22.3.1984 VII ZR 286/82 = BGHZ 90, 354 = BauR 1984, 401; *Nicklisch* BB 1982, 812; ferner *Nicklisch* BB 1983, 261 sowie NJW 1983, 841; *Eber-

stein BB 1985, 1760; Motzke ZfBR 1987, 2). Das ist heute insbesondere in voller Breite auch aus dem Gesichtspunkt des **Umweltschutzes** und der **Qualitätssicherung** (hierzu *Hechtl/Nawrath* ZfBR 1996, 179) zu betrachten.

Da die Allgemeinen Technischen Vertragsbedingungen des Teils C und sonstige technische Normen **42** usw. den anerkannten Regeln der Technik untergeordnet sind, gehen ihnen die Letzteren vor allem dann vor, **wenn jene ihnen widersprechen, insbesondere nicht auf dem neuesten Stand der technischen Erkenntnisse oder unvollständig oder sonst lückenhaft sind.** DIN-Normen sind keine Rechtsnormen, sondern private technische Regelungen mit Empfehlungscharakter. Sie können die anerkannten Regeln der Technik wiedergeben oder hinter diesen zurückbleiben (BGH 14.5.1998 VII ZR 184/97 = BGHZ 139, 16 = BauR 1998, 872). So entsprachen z.B. die **Mindestanforderungen für Schallschutz** nach DIN 4109 (Fassung 1962) jedenfalls im Jahre 1974 und folgerichtig auch später selbst bei durchschnittlichem Wohnkomfort zumindest im Bereich des Trittschalls, aber wohl auch beim Luftschall nicht mehr den anerkannten Regeln der Bautechnik (LG Tübingen SFH § 634 BGB Nr. 6; dazu eingehend und zutreffend insbesondere *Locher-Weiß* Rechtliche Probleme des Schallschutzes = BauRechtliche Schriften, Band 3; sowie *Döbereiner* BauR 1980, 296; vgl. auch OLG Hamm BauR 1989, 735; vgl. dazu auch BGH 19.1.1995 VII ZR 131/93 = BauR 1995, 230 zur Frage eines Schallschutzmangels bei einer Wohnungstreppe, obwohl die DIN 4109 [1962] noch keine Schallschutzmaßnahme bei Wohnungstrennwänden enthielt). Insoweit wird man eher den Entwurf für die DIN 4109 von Februar 1979 im Allgemeinen der Beurteilung für die Zeit bis zur Fassung 1989 zugrunde legen müssen (vgl. dazu auch BGH 20.3.1986 VII ZR 81/85 = BauR 1986, 447 = NJW-RR 1986, 755; ferner OLG Hamm BauR 1987, 569 sowie 1989, 735; *Bötsch/Jovicic* BauR 1984, 564; zum Schallschutz bei Reihenhäusern OLG Hamm BauR 1988, 340). Für die Annahme einer Vereinbarung erhöhten Schallschutzes müssen, falls dies nicht ausdrücklich zum Ausdruck kommt, hinreichend klare Anhaltspunkte im Einzelfall gegeben sein, wie z.B. erheblich über das Normalmaß hinausgehende Bauqualität, auch gemessen am Preis; dazu reicht es nicht schon aus, wenn schwimmender Estrich verlegt wird, zumal dessen Verwendung heute normalen anerkannten Regeln der Technik entspricht (vgl. dazu OLG München BauR 1992, 517). Das Maß des vom Architekten zu planenden Schallschutzes ist nicht schon deswegen geringer anzusetzen, weil »Einfamilienhäuser in Sparbauweise« Gegenstand der Planung sind (OLG Düsseldorf BauR 1991, 752; OLG München BauR 1999, 399). Nach OLG Düsseldorf a.a.O. entsprach es 1983 den anerkannten Regeln der Technik, Haustrennwände zwischen Einfamilienhäusern zweischalig mit einer durch Dämmmaterial ausgefüllten Schalenfuge zu erstellen und Dachstühle oberhalb der Haustrennwände schalltechnisch zu entkoppeln (vgl. LG Berlin SFH § 633 BGB Nr. 101).

Die **seit November 1989 geltende** (nunmehr zur erneuten Änderung anstehende – vgl. hierzu *Locher-Weiss* BauR 2005, 17) **DIN 4109** verlangt wegen der Schalldämmung z.B. folgende Richtwerte: für Wohnungstrennwände 53 dB, für Wohnungstrenndecken 54 dB, für Gebäudetrennwände 57 dB. Für die Beurteilung des notwendigen Schallschutzes kommt es nach OLG München (BauR 1999, 399) nicht auf die Rechtsform des Objektes (Realteilung oder Wohnungseigentum) an. Maßgeblich sind allein die bautechnischen Gegebenheiten, so dass Haustrennwände zwischen Einfamilienreihenhäusern ein Luftschalldämmmaß von 57 dB aufweisen müssen (a.A. OLG Düsseldorf BauR 1997, 1046, das bei der Aufteilung eines Neubaus von 2 Zweifamilienhäusern in Eigentumswohnungen das Schalldämmmaß von 53 dB für Wohnungstrennwände für ausreichend hält). Dabei darf der Auftraggeber **allein** wegen der Kenntnis des Auftraggebers von der Errichtung einer einschaligen Trennwand gemäß der Baubeschreibung nicht von den allgemein anerkannten Regeln der Baukunst abweichen (OLG München IBR 2006, 269-*Seibel*). Auch die Trittschalldämmung und die Luftschalldämmung von Türen sind jetzt durch die DIN 4109 normiert. Neu eingeführt wurde ein Vorhaltemaß von 2 dB für Wände, Decken und Fenster sowie von 5 dB für Türen; dies soll die Einhaltung der Werte sicherstellen (vgl. dazu u.a. *Buss* Schallschutzkonstruktionen am Bau, kritisch *Ertel* FS Soergel S. 315 ff. sowie *Ringel* Das Bauzentrum 1990, 12; Zum technischen und rechtlichen Risiko der Warmwasser-Fußbodenheizung *Postelt* BauR 1985, 265). Der mit der Ausführung von Fliesenarbeiten beauftragte Auftragnehmer muss bei den Verlegearbeiten darauf achten, dass die durch schwimmenden Estrich bewirkte Trittschalldämmung erhalten bleibt und keine Schallbrücken entstehen; ebenso muss der mit der Installation von Sanitäreinrichtungen beauftragte Auftragnehmer darauf achten, dass infolge der Installation keine Schallbrücken entstehen, durch die unzulässig hohe Schalldruckpegel bewirkt werden. Dies folgt in der Grundlage aus den Anforderungen der DIN 4109 (vgl. dazu näher OLG Köln NJW-RR 1994, 471). Wenn der Auftragnehmer, der den Ausbau des Dachgeschosses eines Fertighauses übernommen hat, »Lieferung und Verlegung einer Fußbodenkonstruktion, Aufbaustärke 40 mm, wärme- und schalldämmender elementierter Trockenestrich (Fermacell) endbehandelt« schuldet und Fermacell auf Polystyrol- Hartschaum verlegt, wobei nach Herstellerangabe keine Verbesserung der Trittschalldämmung bei Leichtdecken erzielt wird, während bei Verlegung von Fermacell auf hoch verdichteter Mineralwolle eine Verbesserung der Trittschalldämmung um 8 dB auch bei Leicht-/Fertighausdecken erreicht werden kann, ist seine Leistung mangelhaft (OLG Düsseldorf NJW-RR 1994, 341). Soweit die DIN 4109, Fassung 1989, für Gebäude mit nicht mehr als zwei Wohnungen gilt, ist sie auch auf Einfamilienhäuser mit Einliegerwohnung anwendbar (OLG Düsseldorf a.a.O.). Wegen des Trittschalls bei **Holzdecken** meint das OLG Hamm (BauR 1994, 249, Anm. *Weiß* BauR 1994, 513), dass dann, wenn die Vertragspartner über die Errichtung eines Einfamilienhauses keine besonderen Vereinbarungen über den Schallschutz getroffen haben, der Auftragnehmer im Wohn- und Arbeitsbereich eine Trittschalldämmung von 0 dB schulde; insofern könne nicht mit der erforderlichen Sicherheit festgestellt werden, dass das in der DIN 4109 (1989) Beiblatt 2 Tabelle 3 empfohlene und auch im Entwurf der VDI-Richtlinie 4100–89 »Schallschutz von Wohnungen« in der Tabelle 4 angegebene Trittschallschutzmaß von 7 dB für Wohnungen der Schallschutzklasse SSK I auch bei Holzdecken den allgemein anerkannten Regeln der Technik entspreche. Dies erscheint als überspannt; vielmehr dürften auch hier 7 dB ausreichend und daher den anerkannten Regeln der Technik entsprechend sein (vgl. auch *Schoch* BrBp 2004, 506, der die DIN 4109 [1989] Beiblatt 2 als allgemein anerkannte Regel der Technik ablehnt). Soll der Auftragnehmer verpflichtet sein, die erhöhten Anforderungen der VDI-Richtlinie einzuhalten, muss dies ausdrücklich im Vertrag vereinbart sein.

43 Länger wurde heftig die Frage diskutiert, ob und inwieweit die Abdichtung erdberührter Bauteile (Keller oder Untergeschosse) mit Bitumendickbeschichtung den anerkannten Regeln der Technik entspricht. Zum Meinungsstand vergleiche insbesondere OLG Bamberg (IBR 1997, 417-*Kamphausen*; BauR 1999, 652 mit Anmerkung *Kamphausen* = IBR 1999, 131-*Kamphausen*), OLG Schleswig (BauR 1998, 1100 = IBR 1998, 149-*Ulbrich* = IBR 2000, 161-*Ulbrich*), OLG Hamm (IBR 1998, 337-*Kamphausen*), Jagenburg/Pohl (BauR 1998, 1075) sowie Kamphausen (Jahrbuch Baurecht 2000 S. 218). Mittlerweile hat die Bitumendickbeschichtung Eingang in die Teile 4–6 der DIN 18195 gefunden. Falsch wäre es, hierauf die Annahme zu gründen, durch die Aufnahme in die DIN 18195 sei die Bitumendickbeschichtung nun anerkannte Regel der Technik. Zur anerkannten Regel der Technik wird ein Baustoff oder eine Verfahrensweise, wenn sie überwältigende technische Anerkennung genießt und sich in der Praxis hinreichend bewährt hat und nicht durch Aufnahme in ein technisches Regelwerk. In BauR 1998, 872 (Urt. v. 14.5.1998 VII ZR 184/97) stellt der BGH ausdrücklich klar, dass es sich bei DIN-Normen nicht um Rechtsnormen sondern um private technische Regelungen mit Empfehlungscharakter handelt. Sie können die anerkannten Regeln der Technik wiedergeben oder hinter diesen zurückbleiben (BGH a.a.O.). Gegen die Bitumendickbeschichtung als anerkannte Regel der Technik bestehen schon allein in Anbetracht des unter Fachleuten zum Teil heftig geführten Meinungsstreits anlässlich ihrer Aufnahme in die DIN 18195 gewisse Vorbehalte. Die fachliche Anerkennung scheint in breiten Fachkreisen offensichtlich nicht für alle Anwendungsbereiche in einem Maß vorhanden zu sein, wie das für Anerkennung als anerkannte Regel der Technik geboten wäre. Es fragt sich auch, ob die praktische Bewährung bereits hinreichend nachgewiesen ist, wenn die Brauchbarkeitsanforderungen – gemessen an Bahnenabdichtungen – wohl jenseits der 50-Jahres-Marke liegen dürften. Ob und inwieweit darüber hinaus die von Kamphausen (Jahrbuch Baurecht 2000 S. 218) beschriebene Ausführungsfehlerhäufigkeit unter praktischen Bedingungen tatsächlich auftritt, ist nicht abschließend geklärt und unterliegt vermutlich auch der Entwicklung. Jedoch muss jedem, der eine Bitumendickbeschichtung etwa als Bauträger oder Generalunternehmer ausführen lässt oder eine solche als Architekt oder Ingenieur im Rahmen der Objektüberwachung zu beaufsichtigen hat, klar sein: An die Organisation und Überwachung der Dickbeschichtungsherstellung sind wegen ihrer Schadensgeneigtheit gerade im Ausführungsbereich allerhöchste Anforderungen zu stellen, wenn Haftungen aus Organisationsverschulden oder mangelhafter Überwachung vermieden werden sollen. Hierzu wird, abgesehen von einer – selbstverständlich intensiven – Aufsicht auch gehören, dass man die in der DIN 18195 genannten Prüfberichte zeitnah anfordert und auch – zumindest stichprobenartig – kontrolliert, ob diese Prüfberichte die tatsächliche Herstellung der Bitumendickbeschichtung wiedergeben.

Für den Fall eines **Widerspruches** zwischen Allgemeinen Technischen Vertragsbedingungen und den anerkannten Regeln der Bautechnik ist zu folgern, dass der den anerkannten Regeln der Bautechnik nicht entsprechende Teil der Allgemeinen Technischen Vertragsbedingungen des Teils C auch **nicht** gemäß § 1 Nr. 1 S. 2 VOB/B **Vertragsinhalt** geworden ist. Gleiches gilt dann auch für den Fall, dass die jeweils **einschlägige DIN-Norm Regelungslücken** enthält, wie z.B. die frühere Fassung der DIN 4108 in Bezug auf Wärmeschutz bei Gebäudeaußenecken (vgl. dazu OLG Hamm BauR 1983, 173 mit beachtlicher Anm. von *Kamphausen* insoweit auch hinsichtlich der DIN 4108 in der überarbeiteten Fassung, Ausgabe August 1981; ferner *Knüttel* BauR 1985, 54; *Kamphausen/Reim* BauR 1985, 397; *Glitzka* BauR 1987, 388; *Lühr* BauR 1987, 390; zur ab 1.1.1982 gültigen DIN 4124 [Baugruben und Gräben – Böschungen, Arbeitsraumbreiten, Verbau] vgl. *Kurtz* Tiefbau – BG 1981, 892; *Weißenbach* Bauwirtschaft 1982, 14; *Fuchs* Bauwirtschaft 1982, 102; wiederum *Weißenbach* Bauwirtschaft 1982, 331; über zweischaliges Mauerwerk für Außenwände nach früherer Fassung der DIN 1053 Teil 1 Abschnitt 5.2.1 mit »Kerndämmung« *Groß/Riensberg* BauR 1986, 533; dazu *Glitzka* BauR 1987, 388 und *Lühr* BauR 1987, 390; *Reim/Kamphausen* BauR 1987, 629; wiederum *Groß/Riensberg* BauR 1987, 633; siehe dazu jetzt Teil 1 Nr. 8.4.3.4 der Fassung von Februar 1990). Nach Ansicht des OLG Hamm (BauR 1991, 247) entsprach eine **Kerndämmung ohne Luftschicht** schon vor der Neufassung der DIN 1053 den anerkannten Regeln der Technik, was für die Zeit ab 1.7.1983 (Änderung des Zulassungsbescheides) jedenfalls nicht mehr bei der Verwendung von glasierten Klinkern gelten soll. Ob die Anlegung von Kerndämmung ohne Luftschicht anerkannten Regeln der Technik entspricht, ist auch noch nach der Neufassung der DIN 1053 umstritten (vgl. dazu *Gross* BauR 1992, 262; vgl. auch Rn. 58). Zum Teil kritisch beurteilt werden in Bezug auf die Betonherstellung die DIN 1045 vom Juli 1988 sowie die für den EG-Binnenmarkt aufgestellte DIN V ENV 206 vom Oktober 1990 (vgl. dazu *Kilian* BauR 1993, 664 sowie 1995, 646). 44

Andererseits können die Allgemeinen Technischen Vertragsbedingungen sicher zur **Auslegung der jeweils maßgebenden Regel der Technik** geeignet und deshalb heranzuziehen sein (vgl. auch *Eberstein* BB 1985, 916). So ergab sich die Art und Weise der Ausführung des Schallschutzes aus der DIN 4109 (Ausgabe April 1963) Nr. 2.4.1.3.4 (schwimmende Estriche), wonach an den Wänden ein besonderer Dämmstreifen angeordnet werden musste, um einen Übergang des als Körperschall weitergeleiteten Trittschalls in die angrenzenden Bauteile zu verhindern; das galt als Regel der Technik nicht nur für die Herstellung schwimmender Estriche, sondern auch für die Verlegung eines Fußbodenbelages auf dem schwimmenden Estrich; insoweit war die DIN 4109 auch für die Plattenleger als anerkannte Regel der Technik maßgebend, zumal sich entsprechende Anforderungen auch aus den Richtlinien des Deutschen Natursteinverbandes von 1972 ergaben (BGH 9.2.1978 VII ZR 122/77 = BauR 1978, 222). Insoweit daher unzutreffend OLG Hamm (BB 1981, 1975), das Mindestanforderungen für Schallschutz bei freistehenden Einfamilienhäusern verneint, weil die Fassung der DIN 4109 von 1977 solche nicht berühre. Insoweit war es bereits für 1977 als allgemein anerkannte Regel der Technik anzusehen, auch bei freistehenden Einfamilienhäusern die nach DIN 4109 geforderten Werte für Schallschutz im Hochbau zumindest entsprechend anzuwenden (ablehnend zu OLG Hamm auch *Jagenburg* NJW 1982, 2412, 2415). 45

46 Zu beachten ist aber: Möglicherweise gehen die Anforderungen, die an die Leistung gestellt werden, **kraft ausdrücklicher vertraglicher Regelung über die Mindestanforderungen oder überhaupt über die Anforderungen der DIN-Normen bzw. der allgemein anerkannten Regeln der Technik hinaus.** Dann sind die jeweiligen Vertragsbedingungen maßgebend und müssen vom Auftragnehmer eingehalten werden (vgl. dazu BGH 9.4.1981 VII ZR 263/79 = BauR 1981, 395 = ZfBR 1981, 173; BGH 14.5.1998 VII ZR 184/97 = BGHZ 139, 16 = BauR 1998, 872; vgl. auch *Koeble* S. 34 f.). Liegt eine derartige Vereinbarung nicht vor, ist die Werkleistung im Allgemeinen mangelhaft, wenn sie nicht den zur Zeit der Abnahme anerkannten Regeln der Technik als vertraglichem Mindeststandard entspricht.

2. Definition der anerkannten Regeln der Technik

47 Der Begriff der **anerkannten Regeln der Technik (nach früherer gesetzlicher Terminologie: Baukunst)** ist umfassend und lässt sich bereits vom Standpunkt der Ästhetik nicht in genau umrissene Grenzen einzwängen. Er muss als **unbestimmter Rechtsbegriff** angesehen werden. Gibt es schon vom rein Künstlerischen her die verschiedensten Anschauungen über Baukunst und ihre Regeln, so sieht man weiter, dass rechtlich der **Begriff der allgemein anerkannten Regeln der Technik bzw. Baukunst in den Gesetzen und in der VOB** auch **nicht näher definiert war und ist.** Die VOB hat ihn offenbar aus § 330 (jetzt § 319) StGB übernommen und als bekannt vorausgesetzt, wobei hier, da es sich um die **Bauausführung selbst** handelt, eindeutig die technischen Gesichtspunkte vor etwaigen künstlerischen den Vorrang haben. Das Reichsgericht (RGSt 44, 76) hat zu (damals) § 330 StGB (heute § 319 StGB) den bis dahin wohl recht unklaren Begriff »Regeln der Baukunst« durch ausdrückliche Hinzufügung genauer Kennzeichen wie folgt näher erläutert und ausgefüllt:

»Der Begriff der allgemein anerkannten Regeln der Baukunst ist nicht schon dadurch erfüllt, dass eine Regel bei völliger wissenschaftlicher Erkenntnis sich als richtig und unanfechtbar darstellt, sondern sie muss auch allgemein anerkannt, d.h. durchweg in den Kreisen der betreffenden Techniker bekannt und als richtig anerkannt sein ... Wie betont, genügt es nicht, dass die Notwendigkeit gewisser Maßnahmen in der Wissenschaft (Theorie) erkannt und gelehrt wird, sei es auf Hochschulen, sei es in Büchern. Die Überzeugung von der Notwendigkeit muss vielmehr auch in die ausübende Baukunst und das Baugewerbe (in die Praxis) eingedrungen sein und sich dort gefestigt haben, ehe im Sinne des Gesetzes von allgemeiner Anerkennung der betreffenden Regel gesprochen werden darf. Wenn auch Erreichung größtmöglicher Sicherheit für das Publikum bei Bauten Zweck der Gesetzesbestimmung ist, so trifft diese doch den Baubeflissenen noch nicht, wenn er versäumt, was von den auf der Höhe der Wissenschaft Stehenden, vielleicht nach neuerer Erkenntnis, als Forderung hingestellt wird, sondern erst unter der Voraussetzung, dass diese Erkenntnis Gemeingut auch der ausübenden Kunst oder des Gewerbes geworden ist. Es ist ohne weiteres klar, dass mit Rücksicht auf die große Verschiedenheit in der Vorbildung von Personen, denen nach dem bestehenden Rechtszustande Leitung und Ausführung von Baulichkeiten anvertraut sein können, strafbare Vernachlässigung von Regeln der Baukunst nur da angenommen werden soll, wo sie Grundsätze verletzt, über deren Bestehen im Gewerbe kein Zweifel herrscht. Selbstverständlich muss auch hier das Anerkenntnis der großen Menge entscheiden. Die Tatsache, dass Vereinzelte, ›eine verschwindende Minderheit‹, sei es aus Unkenntnis, sei es aus technischen oder sonstigen Gründen, sie nicht anerkennen, vermag die Feststellbarkeit allgemeiner Anerkennung nicht auszuschließen. Der Kreis, auf dessen Anerkennung es demnach ankommt, wird durch die Gesamtheit der ›betreffenden‹ Techniker gebildet, d.h. derjenigen Baubeflissenen, die in dem jeweilig gegebenen Zweige der Baukunst tätig sind und die dafür erforderliche Vorbildung besitzen. Irrig ist es also ... die Kenntnis derjenigen als ausschlaggebend zu betrachten, die sich mit der Frage, ob x notwendig ist, beschäftigt haben. Damit wird der Kreis der maßgebenden Personen in unzulässiger Weise beschränkt. Irrig ist weiter die Annahme, nur dann wären die von maßgebenden Personen anerkannten Regeln nicht als allgemein anerkannte zu erachten, wenn andere maßgebende Vertreter der Technik die Überflüssigkeit oder Fehlerhaftigkeit von x behaupteten oder lehrten. Damit wird ... das Sachverhältnis nicht in einer alle Möglichkeiten erschöp-

fenden Weise beurteilt. Unzutreffend ist endlich die Meinung, es komme hier nur auf die Anschauung der mit Hochschulbildung versehenen Baubeflissenen an. Denn nach den Feststellungen... liegt die Sache keineswegs so, dass sich mit x etwa nur so vorgebildete Techniker befassen dürften, dass solche Bauarbeiten etwa im Hinblick auf deren Schwierigkeit über den Gesichtskreis anderer weniger gut vorgebildeter Techniker hinausgehen und dass daher ausgesprochen würde, die unzureichende Vorbildung dieser Klasse von Technikern raube ihnen den Anspruch auf die Berücksichtigung ihrer Anschauungen bei der zu treffenden Feststellung. Vielmehr können die Feststellungen nur in dem gegenteiligen Sinne dahin verstanden werden, dass die Befähigung der Techniker mit mittlerer Vorbildung zu Baulichkeiten der vorliegenden Art nicht bestritten werde... Trifft dies aber zu, so kann aus dem Kreise der ›betreffenden Techniker‹ nicht ohne weiteres eine ganze, wie anerkannt wird, zahlreiche Personenklasse ausgeschieden und die Frage nach dem Anerkenntnis der Bauregel innerhalb ihrer als unerheblich und gleichgültig behandelt werden. Richtig wäre dies freilich, wenn in ihrem Kreise tatsächlich ein eingerissener Missbrauch ... obwaltete. Indessen von solchem Missbrauch oder einer geübten ›nachlässigen Praxis‹ könnte doch nur dann die Rede sein, wenn die Unkenntnis von der Regel oder ihre Nichtanerkennung wirklich auf einem Verschulden beruhte...«

Auf der Grundlage dieser Entscheidung des Reichsgerichts lässt sich der Begriff der anerkannten Regeln der (Bau-)Technik, allerdings mit einer gerade für das Bauvertragswesen erforderlichen Ergänzung im Hinblick auf in der Praxis gemachte und anerkannte Erfahrungen (vgl. auch *Marburger* Die Regeln der Technik im Recht S. 157) für die heute geltenden Anforderungen kurz dahin definieren, dass es sich um **technische Regeln für den Entwurf und die Ausführung baulicher Anlagen handelt, die in der technischen Wissenschaft als theoretisch richtig erkannt sind und feststehen sowie insbesondere in dem Kreise der für die Anwendung der betreffenden Regeln maßgeblichen, nach dem neuesten Erkenntnisstand vorgebildeten Techniker durchweg bekannt und aufgrund fortdauernder praktischer Erfahrung als technisch geeignet, angemessen und notwendig anerkannt sind.** 48

Bloß einzelne in Wissenschaft und Praxis vertretene Auffassungen bleiben hiernach unberücksichtigt (vgl. auch OLG Celle BauR 1984, 522 mit Anm. *Reim*; zu dem in § 319 StGB [früher 323] nach wie vor verwendeten Begriff der anerkannten Regeln der Technik in strafrechtlicher Hinsicht [»Blankettstrafgesetz«] kritisch *Schünemann* ZfBR 1980, 159). Die insoweit für die strafrechtliche Beurteilung maßgebenden Gesichtspunkte sind zivilrechtlich jedoch nicht relevant, da hier eine Definition bzw. Auslegung des genannten Begriffes unbedenklich ist, wie es z.B. auch hinsichtlich des weiteren Begriffes von Treu und Glauben der Fall ist.

3. Voraussetzungen hiernach

Erforderlich ist nach der zuletzt angeführten Kurzfassung des Begriffes der anerkannten Regeln der Technik also die **Anerkennung in der Theorie und Praxis,** und zwar abgestellt auf den jeweils in Betracht kommenden **Einzelfall** (vgl. *Ringel* BlGBW 1971, 41; insbesondere aber *Nicklisch* NJW 1982, 2633; auch *Eberstein* BB 1985, 1760, 1761). **Nicht ausreichend** ist, dass zur Anerkennung die **bloße Durchschnittsmeinung** maßgebend ist, die sich in den Kreisen der Praktiker gebildet hat. Die Regel muss **durchweg bekannt und anerkannt** sein. Nicht der Durchschnitt entscheidet, sondern »**die große Menge**« der entsprechend vorgebildeten Techniker des maßgeblichen Zweiges (ähnlich *Nicklisch* NJW 1982, 2633, 2634 ff. sowie NJW 1983, 841; *Weber* ZfBR 1983, 151, 153; *Kaiser* BauR 1983, 203, a.A. *Marburger* a.a.O. S. 105) zu denen nicht die Hilfsarbeiter, die Facharbeiter und Vorarbeiter gehören, wie das Reichsgericht herausgestellt hat. 49

4. Allgemeine anzuerkennende Regelwerke

Ob eine Regel der **Bautechnik** allgemein anerkannt ist, bestimmt sich allein nach den oben wiedergegebenen Grundsätzen. Insoweit unterliegen auch so genannte **antizipierte Sachverständigengut-** 50 achten der Überprüfung und Bewertung, ohne dass die Gerichte hieran gebunden sind (vgl. dazu *Vieweg* NJW 1982, 2473; zutreffend *Kaiser* Mängelhaftungsrecht Rn. 68h gegen *Nicklisch* NJW 1983, 841, 850; *Siegburg* BauR 1985, 367, 387; *Werner/Pastor* Rn. 1469). Ob die Regel schriftlich niedergelegt ist oder nicht, spielt, wie bereits hervorgehoben (Rn. 39 ff.), keine Rolle. Gleiches gilt auch für technische Vorschriften, die als Gesetz oder Verwaltungsanweisung öffentlich-rechtlich verbindlich sind, da dies für die zivilrechtliche Beurteilung allein nicht ausschlaggebend ist (vgl. BGH NJW 1980, 1219; BVerfGE 49, 89 = NJW 1979, 359). Unter der **Voraussetzung der wissenschaftlichen Erkenntnis und der Anerkennung in der Praxis im angeführten Sinne,** also nicht aufgrund ihres bloßen Bestehens (so auch *Weber* ZfBR 1983, 151, 154; vgl. dazu auch *Berthold* Systematische Untersuchung über die Einbeziehung von technischen Normen und anderen technischen Regelwerken in Bauverträge 1985) gehören zu den **möglichen** allgemein anerkannten Regeln der Bautechnik (vgl. dazu und zum Folgenden *Siegburg* BauR 1985, 367; *Simon/Busse* BayBO Band 1 2003, Art. 3 Rn. 185 f., 194 ff.).

a) Technische Bestimmungen (überbetriebliche technische Normen)

51 Das sind in erster Linie die **DIN-Normen** des Deutschen Instituts für Normung e.V. Zuständig ist der Fachnormenausschuss Bauwesen im Deutschen Normenausschuss, zu dem die Arbeitsgruppe **Ausschuss für einheitliche technische Baubestimmungen** gehört. Die DIN-Normen haben eine häufig wiederkehrende Bauaufgabe zum Gegenstand. Durch die Normung soll unter Auswertung der wissenschaftlichen Erkenntnisse und praktischen Erfahrungen eine möglichst gute, vollkommene, einfache und billige Lösung gefunden werden (*Simon/Busse* a.a.O. Rn. 202). Es handelt sich um das **andauernde Bemühen kompetenter und verantwortungsbewusster Fachleute, die in der Gegenwart anstehenden Probleme aus den Erfahrungen der Vergangenheit im Hinblick auf die Zukunft zu lösen;** die Normung ist sozusagen das Gewissen der Technik und soll die Technik vor Einseitigkeit, aber auch vor Maßlosigkeit bewahren (*Lindemann* DAB 1978, 947, zugleich über das Zustandekommen des Normenwerkes. – als Beispiel: Zum Begriff »ballwurfsicher« im Hinblick auf Turnhallendecken in DIN 18 032 Nr. 7.3 vgl. OLG Stuttgart BauR 1980, 82). **Waagerechte Abdichtungen von Wänden aus Sperrmörtel** gegen aufsteigende Feuchtigkeit entsprechen nicht der DIN 18 337 sowie der DIN 18 195 Teil 4 und sind keine anerkannten Regeln der Technik (vgl. OLG Celle BauR 1984, 522 mit Anm. *Reim*). Die Abdichtung erdberührter Kellerdecken muss nach DIN 4095 Abschnitt III sowohl nach DIN 18 195 Teil V (Drainagemaßnahmen sowie Abdichtung gegen nichtdrückendes Wasser) erfolgen, wenn sich das Gebäude in einer Hanglage befindet oder mit bindigem Boden angeschüttet wird.

Dass in dem Verfahren, in dem DIN-Normen zustande kommen, jedermann Einwendungen gegen den Normentwurf erheben kann und dass gegebenenfalls darüber in dem Ausschuss verhandelt wird oder dass keine Einwendungen erhoben werden, besagt noch nichts für eine allgemeine Anerkennung (vgl. Rn. 45). Die Mehrheit der Baupraxis kann die Norm gleichwohl für falsch erachten. Darüber hinaus können die Normblätter nur den Stand der Technik zur Zeit ihrer Herausgabe erfassen und werden etwa nicht selten nur alle 10 bis 20 Jahre überarbeitet, so dass sich in diesem Zeitraum weitere Regeln ergeben oder im Normblatt enthaltene Regeln sich als falsch und abänderungswürdig erweisen können (vgl. Rn. 40 ff.). *Bub* (Die Bauwirtschaft 1962 Heft 7; Die Baunormung Nr. 10 Abs. 2) führt deshalb mit Recht aus: »Wichtiger als die Beziehung der Baunormen zu den einzelnen Rechtsgebieten ist dabei m.E. die Tatsache, dass die Normen weitgehend von der Fachwelt anerkannt werden und sich in der Praxis einbürgern; sie erhalten auf diese Weise die Bedeutung ›allgemein anerkannter Regeln der Baukunst‹.«

52 Hervorzuheben sind unter den DIN-Normen besonders die **Einheitlichen Technischen Baubestimmungen (ETB).** Das sind Normen, die im Zusammenwirken mit dem Ausschuss NABau ausgearbeitet und von den obersten Bauaufsichtsbehörden als Richtlinien oder Hinweise für die Baugenehmigungsbehörden, also für den Bereich des Bauordnungsrechts, eingeführt werden

Verantwortlichkeit des Auftragnehmers § 4 Nr. 2 VOB/B

Wichtig sind ferner Bestimmungen (Normen) des **Deutschen Ausschusses für Stahlbeton**; 53

die Bestimmungen des **Verbandes Deutscher Elektrotechniker** (VDE-Vorschriften); auch die 54
Richtlinien des Vereins Deutscher Ingenieure (VDI) dürften hierher zu rechnen sein; (vgl. *Herschel* NJW 1968, 618; OLG Hamm BauR 1990, 104);

die Bestimmungen der **Deutschen Vereinigung des Gas- und Wasserfachs** (DVGW) sowie die Technischen Vorschriften und Richtlinien für die Errichtung und Unterhaltung von Niederdruckgasanlagen in Gebäuden und auf Grundstücken (TVR-Gas).

Jedoch werden die nationalen technischen Maßstäbe in zunehmender Maße durch internationale, 55
insbesondere europarechtliche Bauregelungen beeinflusst (kritisch zur europarechtlichen Einflussnahme und sehr lesenswert: *Portz* NJW 1993, 2145, »Die Einflüsse des Europarechtlichen Binnenmarkts auf das private Baurecht«; sowie *Locher* BauR 1992, 293, »Zur Umgestaltung des deutschen Bauvertragsrechts durch EG-Initiativen«).

Auf der über den europäischen Bereich hinausgehenden internationalen Ebene werden die für den Baubereich relevanten technischen Normierungen durch die Internationale Organisation für Normung (ISO) vorgenommen. In der ISO arbeiten nationale Normungsinstitute aus ca. 120 Ländern zusammen. Dabei wird zwischen »member bodies, correspondent und subsciber members« unterschieden. Der unterschiedliche Mitgliedsstatus beschreibt die jeweilige Mitwirkungsmöglichkeit. Die von der ISO erlassenen internationalen Normen können, müssen aber nicht, in nationale Bestimmungen umgesetzt werden.

Im Rahmen der Europäischen Union werden Normen u.a. durch das Europäische Komitee für Normung (CEN) und das Europäische Komitee für Elektronische Normung (CENELEC) als Europäische Normen (EN) oder als Harmonisierungsdokumente (HD) entwickelt. Zum einen orientiert man sich dabei an den von der ISO erarbeiteten Ergebnissen, zum anderen werden auch eigenständige Normierungen festgelegt.

Die bislang wichtigste europarechtliche Beeinflussung ist das Bauproduktengesetz (BauPG), das 1992 im Rahmen der Umsetzung der Richtlinie 89/106/EWG über Bauprodukte in Kraft getreten ist (ausführlich zur Bauprodukte-Richtlinie und zum Bauproduktengesetz: *Runkel* ZfBR 1992, 199). Durch das Bauproduktengesetz wurde durch den Bund aufgrund seiner Gesetzgebungskompetenz gemäß Art. 74 Nr. 1 GG nur der Bereich des Inverkehrbringens und des freien Warenverkehrs geregelt. Die Kompetenz bzgl. der Verwendung und des Einbaus liegt jedoch bei den Ländern. Durch diese wurden die Maßgaben der Bauprodukte-Richtlinie in die jeweiligen Bauordnungen der Länder eingearbeitet. Durch das BauPG soll das Inverkehrbringen und der freie Warenverkehr von Bauprodukten geregelt werden, § 1 BauPG.

Die harmonisierten Normen, die in § 2 Abs. 2 BauPG näher beschrieben werden, sind europäische Normen, die in nationale Normen umgesetzt werden (EN-Normen werden DIN-EN-Normen). Die in § 2 Abs. 3 BauPG beschriebenen »anerkannten Normen« sind in den Mitgliedsstaaten geltende nationale Normen, wie z.B. DIN-Normen. Hier gibt es also sowohl umgesetzte europäische Normen, wie die von den Normenorganisationen CEN und CENELEC entwickelten EN-Normen, als auch nationale Normen, wie die DIN-Normen, soweit sie mit den wesentlichen Anforderungen des § 5 BauPG übereinstimmen.

Entspricht ein Bauprodukt diesen Normen, so ist ihm nach Durchführung des Konformitätsnachweisverfahrens, § 8 BauPG, die in § 12 BauPG bezeichnete CE-Kennung zu verleihen (zu Gewährleistungs- und [Produkt-]Haftungsfragen bei fehlender CE-Kennung vgl. *Niebling* DB 1996, 80).

Gemäß § 5 Abs. 3 BauPG kann auch an Bauprodukten, die nicht nur unwesentlich von den genannten Normen abweichen, das CE-Kennzeichen vergeben werden, wenn die Brauchbarkeit durch eine europäische technische Zulassung (dafür müssen entsprechende Leitlinien bestehen) nach § 6

BauPG nachgewiesen und ein Konformitätsnachweisverfahren durchgeführt wurde, §§ 6 Abs. 5, 8 BauPG. Die Leitlinien für die europäische technische Zulassung sowie die europäisch technische Zulassung selbst werden in § 2 Abs. 4 und 5 BauPG begrifflich näher ausgeführt.

Ein mit der CE-Kennzeichnung versehenes Bauprodukt trägt gemäß § 12 Abs. 2 BauPG die widerlegliche Vermutung, dass es brauchbar i.S.d. § 5 BauPG ist und die Konformität nach § 8 BauPG nachgewiesen wurde.

b) Öffentlich-rechtliche Regelwerke

56 Auch **bestimmte öffentlich-rechtliche Regelwerke** können zur Beurteilung in der Frage anerkannter Regeln der Technik herangezogen werden, wie z.B. die Festlegungen bestimmter Ausschüsse, wie des Deutschen Dampfkesselausschusses (DDA), des Deutschen Aufzugsausschusses (DAA) sowie des Kerntechnischen Ausschusses (KTA). Dazu rechnen auch die nach § 48 BImSchG erlassenen Verwaltungsvorschriften, wie z.B. die Technische Anleitung zur Reinhaltung der Luft (TA Luft) (vgl. dazu *Siegburg* BauR 1985, 367, 371).

c) Unfallverhütungsvorschriften

57 Zu den möglichen anerkannten Regeln der Bautechnik zählen ferner die **Vorschriften der Berufsgenossenschaften,** insbesondere die **Unfallverhütungsvorschriften der Bauberufsgenossenschaften,** sofern sie sich auf die Bauausführung selbst beziehen (vgl. auch Rn. 63 ff.).

5. Besonders bei neuartigen Bauweisen zu beachten

58 Die anerkannten Regeln der Bautechnik müssen **besonders scharf beachtet** werden, wenn **neuartige Bauweisen** zur Ausführung kommen oder erprobt werden. In diesem Falle muss der Auftragnehmer mit verstärkter Aufmerksamkeit darauf achten, dass die genannten Regeln eingehalten werden (ebenso BGH 22.3.1984 VII ZR 286/82 = BGHZ 90, 354 = BauR 1984, 401 hinsichtlich der anerkannten Regeln der Kerndämmungstechnik). Haben sich **noch keine gebildet, ist die Leistung nach den im Zeitpunkt der Ausführung gewonnenen – objektiv bewertbaren – Erkenntnissen auszuführen, wobei der Auftragnehmer grundsätzlich schlechthin für die Ordnungsgemäßheit seiner Leistung einzustehen hat** (vgl. auch OLG München BauR 1984, 637). Dabei reicht es aus, dass Ungewissheit über die Risiken des Gebrauchs besteht. Notfalls muss er Erkundigungen bei Forschungsinstituten, Wissenschaftlern, erfahrenen Praktikern, ggf. auch bei mit der Zulassung befassten Behörden usw. einholen, falls ihm der notwendige Erfahrungsschatz fehlt. Dabei muss er **mit dem Bauherrn Fühlung halten und ihn nach Überprüfung auf etwaige Unsicherheiten oder Bedenken im Rahmen des § 4 Nr. 3 VOB/B hinweisen.** Der Auftragnehmer darf sich hiernach nicht mit der bloßen Feststellung des Standes der Technik begnügen (a.A. *Siegburg* BauR 1985, 367, 381 ff.). Jedenfalls darf sich der Auftragnehmer **nicht ohne weiteres auf Wünsche oder gar Anweisungen des Auftraggebers oder auch seines Architekten verlassen,** da die geforderte Leistung grundsätzlich in sein Fachgebiet fällt, über das er Bescheid zu wissen hat. Wird z.B. ein sattgetönter Anstrich, evtl. in Grün oder Anthrazit, gefordert, muss der Auftragnehmer wissen und gegebenenfalls den Auftraggeber darauf **hinweisen,** dass hierdurch wegen der stärkeren Erwärmung durch Sonnenbestrahlung höhere Anforderungen an den Anstrichträger und die Konstruktion gestellt werden, außerdem ein höherer Aufwand an Wartung und Unterhalt erforderlich ist. Ist der Auftragnehmer beauftragt, eine Wand mit einem Anstrich zu versehen, muss er vor Aufbringung des Anstriches prüfen, ob zunächst der Untergrund vorbehandelt werden muss, was jedenfalls dann gilt, wenn der vertraglich vorgesehene Anstrich (z.B. Sumpfkalk) nicht mehr den anerkannten Regeln der Technik für Fassadenanstriche entspricht (OLG Köln NJW-RR 1994, 533).

6. Bewertungs- und Beweisfragen

Nochmals ist zu betonen: **Die angeführten Normen, Vorschriften, Bestimmungen, Richtlinien sind kraft ihres materiellen Inhaltes allgemein anerkannte Regeln der Bautechnik nur, wenn sie die Voraussetzungen des Begriffes** (vgl. Rn. 47 f.) erfüllen, sie sind es nicht aus sich heraus. Dies ist auch nicht ohne weiteres für die bauordnungsrechtlich verbindlichen ETB der Fall, da diese zivilrechtlich keine andere und den weiteren vorgenannten Normenwerken vorgehende Bewertung erfahren können (so auch *Werner/Pastor* Rn. 1462; vgl. auch *Jansen* BauR 1990, 555). Bei ihnen allen besteht allerdings eine tatsächliche, jedoch jederzeit widerlegbare Vermutung, dass sie die Voraussetzungen erfüllen (vgl. dazu u.a. auch OLG Köln SFH § 635 BGB Nr. 62; OLG Hamm BauR 1994, 767 wegen der Auftrittsbreiten von Treppen gemäß DIN 18065 sowie *Nicklisch* BB 1983, 261; *Baumgärtel* ZfBR 1989, 231, 235; zu weitgehend *Pieper* BB 1987, 273, 279, der von einer gesetzlichen Vermutung ausgeht). Hat der Auftragnehmer erwiesenermaßen nach ihnen gebaut, kann **dem ersten Anschein nach vermutet** werden, dass er die allgemein anerkannten Regeln der Bautechnik **eingehalten** hat. Es obliegt dann dem Gegner, zu behaupten und zu **beweisen,** dass dies trotzdem nicht der Fall war (ebenso OLG Stuttgart BauR 1977, 129; *Werner/Pastor* Rn. 1461; *Nicklisch/Weick* § 4 VOB/B Rn. 44; vgl. dazu auch *Pieper* BB 1987, 273; ferner *Berthold* Systematische Untersuchung über die Einbeziehung von technischen Normen und anderen technischen Regelwerken; *Siegburg* BauR 1985, 367, 370). Hat der Auftragnehmer nach jenen dem betreffenden Bauvertrag zugrundeliegenden Vorschriften nicht gebaut, spricht dagegen der Beweis des ersten Anscheins für eine schuldhafte mangelhafte Leistung (OLG Jena IBR 2006, 388-*Weyer*). Dem Auftragnehmer obliegt dann der »volle« **Beweis,** dass er die allgemein anerkannten Regeln der Bautechnik trotzdem beachtet hat.

Ob die anerkannten Regeln der Technik eingehalten worden sind, unterliegt der Nachprüfung des Tatsachenrichters, da sie keine Rechtsnormen sind (BVerwG NJW 1962, 506). Technische Regeln oder Erfahrungssätze, die ein Revisionsgericht seiner rechtlichen Beurteilung zugrunde gelegt hat, binden weder den Tatrichter noch die Parteien; begründete Zweifel an ihrer Richtigkeit zwingen zur Aufklärung des technischen Sachverhaltes und dürfen nicht unter Hinweis auf eine anderslautende höchstrichterliche Rechtsprechung unterdrückt werden (BGH 27.10.1981 VI ZR 66/80 = NJW 1982, 1049). Andererseits ist die richtige Anwendung der DIN-Vorschriften als solche in der Revisionsinstanz nachprüfbar (BGH 28.2.1974 VII ZR 127/71).

II. Gesetzliche und behördliche Bestimmungen

Die **Beachtung der gesetzlichen und behördlichen Bestimmungen** umfasst alle Regelungen gesetzlicher oder sonstiger Art (Verordnungen, Satzungen, Genehmigungen usw.) des **privaten wie auch des öffentlichen Rechts** (Strafrecht, Verwaltungsrecht, Bauordnungsrecht, Gesundheitsrecht, Immissionsschutzrecht, Verkehrsrecht, Straßen- und Wasserordnungsrecht, Gewerberecht usw.). Dabei ist es gleichgültig, ob es sich um Normen bzw. Regelungen des Bundes, des Landes oder der Gemeinden oder sonstiger befugter Körperschaften handelt. Hierher gehören besonders auch Vorschriften der **Landesbauordnungen** und darauf beruhende Verbote oder Genehmigungen, soweit darin auf das vertragliche Verhältnis des Auftraggebers zum Auftragnehmer wirkende Pflichten enthalten sind, wie z.B. durch die erteilten Baugenehmigungen und die darin etwa enthaltenen Auflagen. Dazu rechnen nicht zuletzt auch die **Schallschutzbestimmungen** (vgl. dazu *Wiethaup* BlGBW 1975, 165) sowie die Energieeinsparverordnung, die u.a. vornehmlich das Ziel deutlicher Verringerung der Kohlendioxid-Emissionen hat. Insbesondere auch die reinen **Sicherheitsvorschriften** sind hierher zu rechnen, wie die der **Gerüstordnung** DIN 4420 (vgl. BGH 16.2.1971 VI ZR 125/69, NJW 1971, 752) sowie des Feuerschutzes. Hierher zählen auch das **Bundesimmissionsschutzgesetz** (vgl. dazu i.w. zutreffend *Clemm* BauR 1989, 125), die **Gefahrstoff-VO** sowie das **Wasserhaushaltsgesetz.** Einzubeziehen ist auch die **Betriebssicherheitsverordnung (BetrSichV)** vom 27.9.2002 und die 14. Verordnung zum Gerätesicherheitsgesetz vom 17.6.1998. Insoweit bedürfen Abweichungen von

VOB/B § 4 Nr. 2   Verantwortlichkeit des Auftragnehmers

nach § 4 Abs. 1 ff. BetrSichV festgelegten Regeln des Inverkehrbringens nach § 4 Abs. 4 der VO der behördlichen Genehmigung. Gleiches gilt insbesondere auch hinsichtlich der allgemein aus dem Gesetz, etwa den §§ 823 ff. BGB im Rahmen der **Verkehrssicherungspflicht, der BaustellV, dem Arbeitsschutzgesetz, den Unfallverhütungsvorschriften der Berufsgenossenschaften** sich ergebenden Pflichten des Auftragnehmers. Ebenso trifft dies auf die Kenntnis einer einschlägigen **Ortssatzung** durch den Auftragnehmer zu. Zu den behördlichen Bestimmungen zählt auch die dem Auftraggeber erteilte Baugenehmigung und die darin etwa enthaltenen Auflagen (BGH 15.2.1998 VII ZR 170/96 = BauR 1998, 397 = NJW-RR 1998, 738).

Zur Beachtung gesetzlicher oder behördlicher Bestimmungen ist der Auftragnehmer grundsätzlich nur verpflichtet, wenn und soweit seine **eigene Leistung** davon ergriffen ist. Möglich ist es, dass die genannten Bestimmungen zwar das ganze Bauvorhaben erfassen, dass aber das dem Auftragnehmer übertragene Gewerk nur zum Teil davon betroffen ist, wie sich z.B. aus den Bestimmungen der Energieeinsparverordnung ergeben kann. Dies ist z.B. möglich, wenn es sich um ein so genanntes Bilanzierungsverfahren handelt. Sofern der Auftraggeber einen Sonderfachmann bestellt hat, kann sich der Auftragnehmer dann grundsätzlich darauf verlassen, dass dieser die insoweit maßgebenden Werte beachtet, so dass die planerische Verantwortung über § 278 BGB hier beim Auftraggeber liegt. Hat der Auftraggeber keinen Sonderfachmann betraut, so muss der Auftragnehmer ihn auf die **Notwendigkeit** einer solchen Bestellung **hinweisen**.

62 Es ist **kraft ausdrücklicher vertraglicher Verpflichtung Sache des Auftragnehmers, sich zuverlässige Kenntnis** von den einschlägigen Vorschriften und sonstigen hier maßgebenden Bestimmungen **zu verschaffen** und sie zu beachten. Er hat dafür einzustehen, dass er die anerkannten Regeln seines Fachs beherrscht, er muss sich insoweit informieren, über Empfehlungen in der Fachpresse Bescheid wissen und diese berücksichtigen (OLG Köln BauR 1997, 831). So ist es z.B. ein Erfordernis, dass ein Auftragnehmer, der sich berufsmäßig mit dem Einbau offener Kamine befasst, die Notwendigkeit einer nach § 60 Abs. 2 Nr. 2 BauO NW erforderlichen Nutzungsgenehmigung kennt (Umkehrschluss aus BGH 15.1.1993 V ZR 202/91 BauR = 1993, 345). Entstehen durch Nichtbeachtung Mängel oder sonstige Schäden, so **haftet der Auftragnehmer dem Auftraggeber.** Soweit der Auftraggeber nach außen einzustehen hat, hat er grundsätzlich einen Rückgriffsanspruch gegen den Auftragnehmer.

63 Nicht erfasst von der hier erörterten Vertragsbestimmung in Nr. 2 Abs. 1 S. 2 sind dagegen **bloße an den Auftraggeber ergangene behördliche Anordnungen in einer besonderen Einzelfrage** (z.B. behördliche Anweisungen über die Lagerung von Bauschutt). Handelt es sich darum, so hat der **Auftragnehmer nicht ohne weiteres die Verpflichtung gegenüber dem Auftraggeber, diese auszuführen.** Vielmehr obliegt es zunächst der Entschließung des Auftraggebers, ob er den Auftragnehmer mit der Durchführung solcher Anordnungen beauftragen will (vgl. BGH 23.9.1965 VII ZR 72/6). Insoweit lässt sich die zunächst gegebene Verantwortlichkeit des Auftraggebers aus sinngemäßer Anwendung der Nr. 1 Abs. 1 S. 2 entnehmen.

C. Leitung der Ausführung durch Auftragnehmer (Nr. 2 Abs. 1 S. 3)

64 Eine weitere Erläuterung des Grundsatzes der Eigenverantwortlichkeit des Auftragnehmers findet sich in Nr. 2 Abs. 1 S. 3, wonach es **Sache des Auftragnehmers ist, die Ausführung** seiner vertraglichen Leistung **zu leiten und für Ordnung auf seiner Arbeitsstelle zu sorgen**.

I. Recht und Pflicht

65 Diese Bestimmung enthält ein **Recht und eine Pflicht** des Auftragnehmers. Das **Recht** besteht darin, die **Leitung der eigentlichen Bauausführung in dem von seinem Vertrag erfassten Umfang allein**

auszuüben und jeglichen darauf bezogenen **Eingriff** von anderer Seite, also auch vonseiten des Auftraggebers oder seines Vertreters (z.B. Architekten), **abwehren zu können.** Das gilt vor allem, wenn es sich um Überschreitungen von Befugnissen des Auftraggebers **außerhalb** des Rahmens der ihm nach Nr. 1 Abs. 2 und 3 gegebenen Überwachungs- und Weisungsrechte handelt. Andererseits besteht die **Pflicht** darin, mit **großer Sorgfalt in alleiniger Verantwortung** dafür einzustehen, dass die Bauleistung in der festgelegten oder gebotenen Zeit und vor allem vertragsgerecht ohne Mängel erstellt wird. Dazu gehören u.a. die Einteilung der einzusetzenden Arbeitskräfte und Geräte, die Materialzufuhr, die Bestimmung der Arbeitszeiten, des Arbeitsganges in seinen Einzelheiten, der technischen Durchführung der im Vertrag festgelegten Bauleistung.

1. Einsatz eines Bauleiters möglich

Der Auftragnehmer ist nach den Allgemeinen Vertragsbedingungen jedoch **nicht verpflichtet, selbst** an Ort und Stelle die Bauleitung auszuüben. Vielmehr ist es ihm gestattet, für die Leitung der Bauausführung einen **Vertreter zu bestellen,** was sich besonders aus Nr. 1 Abs. 3 S. 2 ergibt. Ein solcher vom Auftragnehmer vertraglich bestellter Bauleiter ist **Erfüllungsgehilfe** des Auftragnehmers, hilft ihm also rechtlich bei der Erfüllung seiner vertraglichen Aufgaben gegenüber dem Auftraggeber. Deshalb ist ein solcher Bauleiter **nicht zu verwechseln mit dem verantwortlichen Bauleiter des öffentlichen Baurechts** (zu Letzterem vgl. *Schmalzl* NJW 1970, 2265). Für vertragswidriges schuldhaftes Verhalten des Bauleiters hat nach **§ 278 BGB** der Auftragnehmer **wie für eigenes Verschulden einzustehen.** Bei unerlaubten Handlungen des Bauleiters (insoweit Verrichtungsgehilfe), die eine Schadensersatzverpflichtung gegenüber dritten Personen begründen können, gilt neben der Eigenverantwortlichkeit des Bauleiters nach § 823 BGB für die Frage der Haftung des Auftragnehmers § 831 BGB. Wegen der dafür maßgebenden Einzelheiten wird auf die einschlägigen Kommentierungen zu den genannten Vorschriften des BGB verwiesen.

66

2. Dienstverhältnis zwischen Auftragnehmer und Bauleiter

Im **Innenverhältnis zwischen dem Auftragnehmer und seinem Bauleiter** besteht ein **Dienstvertrag** nach §§ 611 ff. BGB. Ob dieses Vertragsverhältnis über die Fertigstellung des einzelnen Bauvorhabens hinausreicht oder nicht, ist unerheblich. Einzelheiten über dieses Innenverhältnis bleiben hier unerörtert, da sie nicht Regelungsgegenstand der VOB sind.

67

3. Einsatz mehrerer Bauleiter

Der Auftragnehmer braucht nicht unbedingt einen einzigen Bauleiter als seinen Vertreter für die Erfüllung der vertraglichen Leistungspflicht zu bestellen, er kann **auch mehrere Personen beauftragen,** die nur gemeinsam oder jeder für einzelne Abschnitte zuständig sind (Poliere, Meister, Bauführer). Auch diese haben, soweit ihr Aufgabenbereich reicht, die Stellung eines **Erfüllungsgehilfen** im Verhältnis zum Auftraggeber sowie eines **Verrichtungsgehilfen** im Verhältnis zu dritten außerhalb des Bauvertrages stehenden Personen.

68

Im Übrigen beschränkt sich die Haftung des Auftragnehmers im Verhältnis zum Auftraggeber nach § 278 BGB bzw. § 831 BGB nicht nur auf die Personen der Bauleiter und der Poliere usw. Vielmehr sind Erfüllungsgehilfen bzw. Verrichtungsgehilfen alle diejenigen Personen, die vom Auftragnehmer im Rahmen seiner Leistungsbefugnis und zugleich Leistungspflicht zum Zwecke der **Durchführung der im konkreten Fall vertraglich geschuldeten Bauleistung eingesetzt** werden.

69

II. Ordnung auf der Arbeitsstelle

Zu den Rechten und Pflichten des Auftragnehmers gehört es auch, die **Arbeitsstelle in Ordnung zu halten.** Würde die VOB diese Regelung nicht enthalten, könnte man möglicherweise zu dem Schluss

70

kommen, für diese Ordnung sei der Auftraggeber verantwortlich, jedenfalls soweit es sich um die Verhältnisse auf dem in seinem Eigentum oder Besitz befindlichen Grund und Boden handelt. Abgesehen davon, dass das eine unzumutbare Belastung des Auftraggebers sein würde, entspricht diese Regelung der hier stärkeren Rechtsstellung des Auftragnehmers. Für Ordnung **auf der Arbeitsstelle** kann nur richtig Sorge tragen, wer auch die **Möglichkeit hat, sich unmittelbar durchzusetzen** und die entsprechenden Vorkehrungen zu treffen. Zum Begriff der Ordnung auf der Arbeitsstelle ist zweierlei zu bemerken:

1. Begriff der Ordnung

71 Die Forderung nach Ordnung umfasst alle Handlungen, die **notwendig** sind, um einen **ordentlichen und unverzögerlichen Ablauf des Bauleistungsvorganges** im Rahmen des dem Auftragnehmer erteilten Auftrages **zu gewährleisten.** Außerdem ist dafür Sorge zu tragen, dass alle an der Bauwerkserrichtung des Auftragnehmers beteiligten Bauhandwerker, wie auch dritte Personen, die sich befugt auf dem Baugelände aufhalten, vor Schaden jeder Art bewahrt bleiben. Es geht also nicht nur darum, die notwendigen Hilfsmittel zur Bauerrichtung an Ort und Stelle richtig zu lagern, sie vor Schäden zu schützen sowie die Arbeitnehmer anzuhalten, sich ordnungsgemäß zu verhalten, sondern auch darum, alle Vorkehrungen bei der Materiallagerung, der Gerätevorhaltung, den einzelnen Arbeitsvorgängen, für die Zeit der Arbeitsruhe usw. dahin gehend zu treffen, dass niemand sowohl persönlich als auch in seinem Vermögen zu Schaden kommen kann.

2. Verpflichtung des Auftragnehmers nur im eigenen Arbeitsbereich

72 **Nur an den Stellen,** an denen der Auftragnehmer zur **Erfüllung** seiner vertraglich geschuldeten Bauleistung **Platz** für Arbeitskräfte, Geräte- und Materiallagerungen sowie Arbeitsvorgänge **in Anspruch nimmt oder nehmen muss,** hat er für die entsprechende Ordnung zu sorgen. **Nicht** erstreckt sich dieser Pflichtenkreis auf **Bereiche, die von anderen Unternehmern** zur Erledigung **ihrer** vertraglichen Aufgaben **in Anspruch genommen werden.** Hier haben die anderen Auftragnehmer entsprechende Pflichten gegenüber dem Auftraggeber. Im Verhältnis zu unserem Auftragnehmer fällt dies in den ihm gegenüber bestehenden Pflichtenkreis des Auftraggebers. Ähnliches gilt für von mehreren Auftragnehmern gleichzeitig benutzte Arbeitsstellen, weil es Sache des Auftraggebers ist, hier **zunächst innerhalb dieser Auftragnehmer die Verantwortlichkeit örtlich und/oder zeitlich aufzuteilen.** Ist das erfolgt, gilt die hier erörterte VOB-Regelung.

3. Risiko für zufällige Verschlechterung oder Untergang grundsätzlich bei Auftragnehmer

73 Soweit der Auftragnehmer nach dem Gesagten für Ordnung zu sorgen hat, trägt er auch die damit – z.B. bei der Lagerung von Stoffen oder Bauteilen – verbundenen **Risiken.** Das gilt **auch für unverschuldete Verschlechterung oder Untergang,** zumal hier im Allgemeinen die Ausnahmeregelung in § 7 VOB/B nicht eingreift. Ist dem Auftraggeber oder seinem Erfüllungsgehilfen allerdings ein Verschulden zuzurechnen, so hat er dem Auftragnehmer wegen Pflichtverletzung nach §§ 280, 241 Abs. 2 BGB (früher **positive Vertragsverletzung**) Schadensersatz zu leisten. Ist der Sachverhalt, der zur Beschädigung oder Zerstörung von z.B. Baumaterial oder Werkzeug geführt hat, **unaufgeklärt,** so trägt der Auftragnehmer – anders als nach der auf die gesetzlichen Vorschriften allein bezogenen und im Übrigen von Dhonau (NJW 1973, 1502) mit Recht abgelehnten Entscheidung des LG Mönchengladbach (NJW 1973, 191) – **kraft vertraglicher Vereinbarung** beim VOB-Vertrag **das Risiko** und damit den Schaden.

D. Erfüllung von Pflichten gegenüber Arbeitnehmern (Nr. 2 Abs. 2 S. 1)

Nach Nr. 2 Abs. 2 S. 1 ist es **Sache des Auftragnehmers,** für die **Erfüllung** seiner **gesetzlichen, behördlichen und berufsgenossenschaftlichen Verpflichtungen** gegenüber seinen Arbeitnehmern aufzukommen. Soweit es sich um die individuellen Arbeitsvertragsverhältnisse zu seinen Arbeitnehmern handelt, ist das eine Selbstverständlichkeit. Darüber hinaus ist es im Verhältnis zu seinen Arbeitnehmern allein Sache des Auftragnehmers, darauf zu achten, dass die für die Tätigkeit von Arbeitnehmern generell maßgebenden Regelungen, dabei vor allem die tarifvertraglichen Bestimmungen sowie die einschlägigen **Arbeitsschutz- bzw. Unfallverhütungsvorschriften,** eingehalten werden. Das gilt vor allem auch für den Bereich der **Verkehrssicherungspflicht gegenüber Arbeitnehmern.** In den hier erörterten Bereich fällt z.B. das **Arbeitsschutzgesetz** (BGBl. I 1996 S. 1246 zuletzt geändert am 30.7.2006 BGBl. I S. 1950) sowie auch die **Verordnung über Arbeitsstätten** vom 25.8.2004 (BGBl. I 2179, vgl. zur Umsetzung der Europäischen Arbeitsstättenrichtlinie 89/654/EWG v. 30.11.1989 im deutschen Recht *Wlotzke* NJW 1997, 1469). Eine besondere Vergütung für die dem Auftragnehmer hier obliegenden Pflichten steht ihm gegenüber dem Auftraggeber nicht zu. Die **BaustellV** (BGBl. I 1998, S. 1283, zuletzt geändert am 23.12.2004 BGBl. I S. 3758), die dem Bauherrn bzw. dem von ihm nach § 4 BaustellV eigenverantwortlich beauftragten Dritten Pflichten zur Verbesserung von Sicherheit und Gesundheitsschutz für die auf Baustellen Beschäftigten zuweist, lässt Nr. 2 Abs. 2 S. 1 unberührt und entlastet den Auftraggeber nicht. Dieser bleibt nach wie vor für die Erfüllung sämtlicher Arbeitsschutz-, Unfallverhütungs- und Verkehrssicherungspflichten primär verantwortlich, wie schon vor Inkrafttreten der BaustellV. Die BaustellV schafft lediglich zusätzliche Pflichten insbesondere in Hinblick auf die Koordination von Sicherheit und Gesundheitsschutz für die Beschäftigten mehrerer auf der Baustelle tätiger Auftragnehmer für den Bauherrn. Zur Erfüllung der gesetzlichen Bestimmungen gegenüber den Arbeitnehmern im Sinne der Nr. 2 Abs. 1 S. 1 gehört jedoch auch, dass der Auftragnehmer die Regelungen der BaustellV und die auf ihrer Basis getroffenen Anordnungen berücksichtigt. Diese Pflicht erschöpft sich nicht in der Beachtung der Grundsätze des Arbeitsschutzgesetzes, insbesondere dessen § 4; hierzu ist der Auftragnehmer ohnehin verpflichtet. Der Auftragnehmer hat insbesondere die Pflichten des § 5 BaustellV zu erfüllen und dabei vor allem die Hinweise des Koordinators und den Sicherheits- und Gesundheitsschutzplan kraft gesetzlicher Regelung zu berücksichtigen, vgl. § 5 Abs. 1 BaustellV. Andererseits geht die Verpflichtung aus Abs. 2 Nr. 2 S. 1 nicht so weit, dass der Auftragnehmer nunmehr kraft vertraglicher Vereinbarung sämtliche Pflichten des Auftraggebers, sofern dieser Bauherr ist, aus der BaustellV übernommen hätte und somit zu dem in eigener Verantwortung beauftragten Dritten im Sinne des § 4 BaustellV würde. Die Bauherrenpflichten nach der BaustellV gehen über den Regelungsgehalt von Nr. 2 Abs. 2 S. 1, der sich nur auf die eigenen Arbeitskräfte des Auftragnehmers bezieht, weit hinaus und bezwecken insbesondere die gewerkeübergreifende Sicherheitskoordination. Der Auftragnehmer kann aber zur Mitwirkung an den Maßnahmen nach der BaustellV verpflichtet sein. Unberührt von diesen Grundsätzen bleiben die Verkehrssicherungspflichten des Auftragnehmers für die durch seine Tätigkeit unmittelbar geschaffenen und beherrschbaren Gefahrenquellen gegenüber den Arbeitskräften anderer Auftragnehmer oder sonstiger Dritter.

Die alleinige Verantwortlichkeit des Auftraggebers nach Nr. 2 Abs. 2 S. 1 kann sowohl durch Gesetz als auch durch Vertrag durchbrochen und (Mit-)Verantwortlichkeiten dem Auftraggeber zugewiesen werden. So sieht gerade die BaustellV für den Auftraggeber als Bauherrn einen gesetzlichen Katalog von Maßnahmen vor, die auch und gerade Sicherheit und Gesundheitsschutz der bei dem Auftragnehmer beschäftigten Arbeitskräfte dienen. Diese Maßnahmen muss der Auftragnehmer kraft Gesetzes (§ 5 Abs. 1 BaustellV) befolgen, er kann insoweit also überhaupt nicht mehr eigenverantwortlich handeln. Erweisen sich die vom Auftraggeber angeordneten Sicherheitsmaßnahmen als unzureichend und erleidet ein bei dem Auftragnehmer Beschäftigter deshalb einen Unfall, kann die alleinige Verantwortung im Innenverhältnis nicht dem Auftragnehmer zugewiesen werden; in Betracht kommt aber eine Haftungsbeteiligung bei unterlassener Bedenkenanmeldung nach § 4 Nr. 3.

VOB/B § 4 Nr. 3   Prüfungs- und Anzeigepflicht des Auftragnehmers und ihre Auswirkungen

Eine ausdrücklich oder stillschweigend vereinbarte vertragliche Überbürdung der Verantwortlichkeit auf den Auftraggeber kommt etwa in Betracht, wenn dieser zu inhaltlichen Anordnungen hinsichtlich der Art und Weise der Herstellung des vom Auftragnehmer geschuldeten Werks befugt ist, so dass der Auftragnehmer nicht mehr eigenverantwortlich entscheiden kann, oder wenn der Auftraggeber Geräte, Bauteile, Baustoffe selbst stellt oder Geräte, Baracken, Maschinen, Arbeitsplätze im eigenen gewerblichen Betrieb bereit hält. Dann trifft den Auftragnehmer insoweit keine vertragliche Leistungspflicht, also kann ihn auch nicht die vertragliche Verantwortlichkeit nach Nr. 2 Abs. 1 S. 1 treffen. Vielmehr liegt diese beim Auftraggeber, der für etwa im Zusammenhang hiermit entstehende Schäden allein ersatzpflichtig ist, ohne Ersatzansprüche an den Auftragnehmer stellen zu können (vgl. hierzu BGHZ 5, 62 = NJW 1952, 458).

75 Nr. 2 Abs. 2 S. 1 bezieht sich auch auf Fälle, in denen der Auftraggeber wegen einer Verletzung der Pflichten aus § 4 Nr. 2 Abs. 2 durch den Auftragnehmer, etwa in seiner Eigenschaft als Grundstückseigentümer, aus einer gesetzlichen, behördlichen oder berufsgenossenschaftlichen Vorschrift in Anspruch genommen werden kann. Dann kann zwar im Wege einer vertraglichen Regelung nicht etwa die **nach außen** wirkende gesetzliche Verantwortlichkeit des Auftraggebers auf den Auftragnehmer mit der Folge abgewälzt werden, dass sich der Arbeitnehmer, der Staat, die Gemeinde oder die Berufsgenossenschaft unmittelbar an den Auftragnehmer wenden müssten. Vielmehr bleibt die Verantwortlichkeit oder die Mitverantwortlichkeit des Auftraggebers allein oder neben dem Auftragnehmer unberührt. Der Auftraggeber kann aber im **Innenverhältnis** beim Auftragnehmer **Rückgriff** nehmen.

E. Regelung seines Verhältnisses zu Arbeitnehmern allein Sache des Auftragnehmers

76 Die schließlich in Nr. 2 Abs. 2 S. 2 aufgenommene Bestimmung, dass es ausschließlich Aufgabe des Auftragnehmers ist, die Vereinbarungen und Maßnahmen zu treffen, die sein Verhältnis zu den Arbeitnehmern regeln, ist der **Ausfluss der vertraglichen Beziehungen zwischen dem Auftragnehmer und seinen Arbeitnehmern**. Der Auftraggeber scheidet insoweit schon mangels vertraglicher Bindung aus. Also handelt es sich hier um eine rechtlich selbstverständliche Folge.

§ 4 Nr. 3
[Prüfungs- und Anzeigepflicht des Auftragnehmers und ihre Auswirkungen]

Hat der Auftragnehmer Bedenken gegen die vorgesehene Art der Ausführung (auch wegen der Sicherung gegen Unfallgefahren), gegen die Güte der vom Auftraggeber gelieferten Stoffe oder Bauteile oder gegen die Leistungen anderer Unternehmer, so hat er sie dem Auftraggeber unverzüglich – möglichst schon vor Beginn der Arbeiten – schriftlich mitzuteilen; der Auftraggeber bleibt jedoch für seine Angaben, Anordnungen oder Lieferungen verantwortlich.

Inhaltsübersicht   Rn.

A. Allgemeine Grundlagen 1
    I. Allgemeiner Treu- und Glaubensgrundsatz – auch für den BGB-Vertrag 2
    II. Vertragliche Hauptpflicht 4
    III. Allgemeine Geschäftsbedingungen 5
B. Die Prüfungspflicht des Auftragnehmers 6
    I. Allgemeines zur Prüfungspflicht 6
        1. Zwangsläufig vorherige Prüfung 6
        2. Pflichten nach Nr. 3 für die Dauer des Vertrags 8
    II. Umfang der Prüfungspflicht 9

Prüfungs- und Anzeigepflicht des Auftragnehmers und ihre Auswirkungen § 4 Nr. 3 VOB/B

	Rn.
1. Abhängigkeit vom Einzelfall	9
2. Fachkunde des Auftragnehmers	10
3. Umfang der Leistungsverpflichtung	11
a) Prüfpflichten durch Umfang der Leistungspflicht begrenzt	11
b) Unterschiedliche Intensität der Prüfpflichten	12
c) Prüfungspflicht immer, wenn die Allgemeinen Technischen Vertragsbedingungen dies anordnen	15
d) Prüfung des Baugrunds	16
4. Fachkunde des Auftraggebers	17
C. Beweislast	20
D. Zu den Einzeltatbeständen	21
I. Bedenken gegen die vorgesehene Art der Ausführung	21
1. Vorgesehene Art der Ausführung	21
2. Einzelheiten zur Prüfungspflicht	22
3. Fortdauernde Prüfungspflicht	26
4. Prüfungspflicht unabhängig von Verantwortlichkeit des Auftraggebers nach Nr. 3, letzter Halbsatz	27
5. Wegfall der Prüfungspflicht	28
6. Ausnahmsweise keine Prüfungspflicht bei Verzicht des Auftraggebers	32
7. Vereinbarung einer über Nr. 3 hinausgehenden Prüfungspflicht	33
II. Bedenken wegen der Sicherung gegen Unfallgefahren	34
1. Zunächst eigene Prüfungspflicht des Auftragnehmers nach Nr. 2 Abs. 1 S. 2	34
2. Prüfungspflicht hinsichtlich der dem Auftraggeber obliegenden Sicherungsmaßnahmen nach Nr. 3	36
III. Bedenken gegen die Güte der vom Auftraggeber gelieferten Stoffe oder Bauteile	39
1. Beschränkung auf vom Auftraggeber gelieferte oder vorgeschriebene Stoffe oder Bauteile	39
2. Grundsätzlich nur Prüfung im gewerblichen Rahmen	40
3. Zeitpunkt der Prüfung	44
4. Stoffe oder Bauteile untauglich, wenn sie allgemeinen Güteanforderungen bzw. anerkannten Regeln der Technik nicht entsprechen	45
5. Baustofflieferanten nicht Erfüllungsgehilfe des Auftraggebers	46
IV. Bedenken gegen die Leistungen anderer Unternehmer	48
1. Prüfungspflicht nach Nr. 3 umfasst grundsätzlich nur Vorleistungen anderer Unternehmer; allgemein keine Hinweispflicht an nachfolgende Unternehmer	48
2. Umgrenzung der Prüfungspflicht – Einzelfälle	50
3. Fortdauernde Prüfungspflicht	53
4. Prüfungspflicht durch Rahmen der Zumutbarkeit begrenzt	54
5. Grundsätzlich nur fertiggestellte Leistung anderer Unternehmer zu prüfen; vertragliche Ausnahmeregelungen	55
6. Haftungsverhältnis bei Missachtung der Prüfungspflicht	58
V. Mitteilungspflicht des Auftragnehmers	60
1. Anzeigepflicht bei Bedenken	60
2. Inhaltlich richtige und formgerechte Anzeige	61
a) Klare, verständliche Mitteilung	62
b) Grundsätzlich schriftliche Mitteilung durch den hierzu auf Auftragnehmerseite Befugten notwendig; Folgen	64
c) Unverzügliche Mitteilung	70
3. Mitteilung an richtigen Adressaten	72
4. Entlastungsbeweis des Auftragnehmers	74
VI. Die Verantwortung des Auftraggebers nach Nr. 3 letzter Halbsatz	75
1. Mögliches Verhalten des Auftraggebers nach Mitteilung von Bedenken	75
a) Untätigkeit	76
b) Billigung der Bedenken	77

VOB/B § 4 Nr. 3 Prüfungs- und Anzeigepflicht des Auftragnehmers und ihre Auswirkungen

Rn.
- c) Bestehen auf Bisherigem 78
- d) Ausnahme: Leistungsverweigerungsrecht des Auftragnehmers 79
- e) Verzögerung oder Unterlassen der Entscheidung des Auftraggebers 80
2. Haftungsbefreiung des Auftragnehmers bei Erfüllung der Pflichten nach Nr. 3 81
3. Haftung des Auftragnehmers bei Verletzung der Pflichten nach Nr. 3 82
4. Angaben des Auftraggebers.. 86

Aufsätze: *Kohler* Werkmangel und Bestellerverantwortung NJW 1993, 417; *Piel* Mitteilung von Bedenken (§ 4 Nr. 3 VOB/B) und Beratung FS Soergel 1993 S. 237 ff.; *Eichler* Die Gewährleistung nach § 13 Nr. 3 VOB/B bei Anordnungen des Auftraggebers und der Verstoß dieser Klauseln gegen AGBG – neue Rechtsprechung BauR 1997, 903; *Kraft/Maxem* Die Gewährleistung des Unternehmers für die Tauglichkeit von ihm verwendeter Baustoffe oder Produkte bei Anordnung des Bestellers nach § 13 Nr. 3 VOB/B BauR 1999, 1074; *Langen/Schiffers* Leistungs-, Prüfungs- und Hinweispflichten des Auftragnehmers bei konventioneller und zieldefinierter Baudurchführung FS Jagenburg 2002 S. 435.

A. Allgemeine Grundlagen

1 Nach § 4 Nr. 3 hat der **Auftragnehmer Bedenken** gegen die vorgesehene Art der Ausführung, auch wegen der Sicherung gegen Unfallgefahren, gegen die Güte der vom Auftraggeber gelieferten Stoffe oder Bauteile oder gegen die Leistungen anderer Unternehmer **dem Auftraggeber unverzüglich,** und zwar möglichst schon vor Beginn der Arbeiten, **schriftlich mitzuteilen.**

I. Allgemeiner Treu- und Glaubensgrundsatz – auch für den BGB-Vertrag

2 Bei Nr. 3 handelt es sich um eine Regelung, die nach der ständigen Rechtsprechung des BGH dem im zivilen Vertragsrecht **allgemeingültigen Grundsatz von Treu und Glauben speziell für den Bauvertrag entspringt.** Hier werden **Rechtspflichten** ausgesprochen, die dem **Auftragnehmer als Fachmann** auf dem bautechnischen Sektor obliegen und dazu bestimmt sind, den **Auftraggeber vor Schaden zu bewahren** (vgl. BGH Urt. v. 23.06.1960 VII ZR 71/59 = NJW 1960, 1813; BGH Urt. v. 23.10.1986 VII ZR 48/85 = BauR 1987, 79 = NJW 1987, 643; BGH Urt. v. 23.10.1987 VII ZR 267/85 = BauR 1987, 86 = NJW 1987, 644). Ganten (in Beck'scher VOB-Komm. § 4 Nr. 3 Rn. 6) spricht von der Konkretisierung von Rücksichtspflichten des Auftragnehmers auf das Leistungsinteresse des Auftraggebers. Darüber hinaus dient die Prüfungs- und Anzeigepflicht nach Nr. 3 auch dem eigenen Leistungsinteresse des Auftragnehmers, weil dieser eine vertragsgerechte und fehlerfreie Leistung schuldet, deren Erfolg auch von äußeren Einflüssen, eben beispielsweise Anordnungen des Auftraggebers, der Güte beigestellter Baustoffe oder den Vorleistungen anderer Unternehmer abhängig ist. Die wichtigste Bedeutung der Prüfungs- und Anzeigepflicht besteht in der Haftungsbefreiung des Auftragnehmers nach § 13 Nr. 3 VOB/B, wenn die Pflicht ordnungsgemäß erfüllt wird. In Hinblick auf seine werkvertraglich übernommenen Leistungsverpflichtungen obliegen dem Auftragnehmer einer Bauleistung die Pflichten nach Nr. 3 jedoch schlechthin. Mit Recht hat das OLG Düsseldorf (Urt. v. 31.7.1964,5 U 20/63 = SFH Z 2.0 Bl. 11 ff.) ganz überzeugend ausgeführt: »Ein verantwortungsbewusster Handwerker weiß, dass er seine Spezialkenntnisse nutzen und die ihm hiernach erkennbaren Fehlerquellen aufdecken muss, dass er sich also auf eine vollständige Berücksichtigung aller in Betracht kommenden Umstände durch den Bauherrn oder die Bauleitung nicht ohne weiteres verlassen darf. Würde sein Pflichtenkreis hierum eingeschränkt, so bliebe ihm die Stellung eines reinen Handlangers.«

3 Der von § 4 Nr. 3 VOB/B umschriebene Pflichtenkreis trifft daher nicht nur für Bauverträge nach der VOB zu, sondern **gilt auch** im Werkvertragsrecht des **BGB,** also auch dann, **wenn die VOB nicht Vertragsgegenstand** geworden ist (BGH und OLG Düsseldorf a.a.O.; OLG Düsseldorf NJW-RR

1993, 405 und BauR 1994, 762) dort allerdings ohne das in § 4 Nr. 3 VOB/B grundsätzlich festgelegte Schriftformerfordernis (vgl. auch BGH NJW 1960, 1813; *Heinrichs* BauR 1982, 224, der hier mit beachtlichen Gründen die Grundlage in einer unmittelbaren werkvertraglichen Pflicht des Auftragnehmers sieht).

II. Vertragliche Hauptpflicht

Bei den in § 4 Nr. 3 VOB/B geregelten Verpflichtungen des Auftragnehmers zur **Prüfung, Unterrichtung und Anzeige handelt es sich nicht bloß um vertragliche Nebenpflichten, sondern um vertragliche Hauptpflichten,** die im Rahmen seiner Leistungsverpflichtung zur Erstellung eines mängelfreien Bauwerks liegen und deren Verletzung **vor der Abnahme Erfüllungsansprüche nach § 4 Nr. 7 VOB/B,** darüber hinaus nach der Abnahme Gewährleistungsansprüche des Auftraggebers auslösen können. **§ 4 Nr. 3 VOB/B erweitert oder ergänzt die in § 4 Nr. 2 Abs. 1 VOB/B enthaltene grundlegende Vertragsverpflichtung des Auftragnehmers.** Dass § 4 Nr. 3 VOB/B (entgegen *Schmalzl* Die Haftung des Architekten und Bauunternehmers Rn. 169, sowie *Nicklisch/Weick* § 4 VOB/b Rn. 68; *Clemm* BauR 1987, 609; auch OLG Karlsruhe BauR 1972, 380; OLG Düsseldorf SFH Z 2.410 Bl. 43) **in den Bereich der Hauptpflichten** des Auftragnehmers zu rechnen ist, folgt deutlich nicht nur aus § 4 Nr. 7 VOB/B, sondern vor allem auch aus **§ 13 Nr. 3 VOB/B,** wo die VOB die Verletzung der betreffenden Pflichten des Auftragnehmers auch in den **Bereich der Gewährleistung** einordnet (vgl. auch BGH BauR 1975, 341; ferner *Kaiser* Mängelhaftungsrecht Rn. 48e; *Werner/Pastor* Rn. 1519; *Locher* Das private Baurecht Rn. 191; *Heiermann/Riedl/Rusam* § 4 VOB/B Rn. 46; *Vygen* Bauvertragsrecht Rn. 461; *Oelmaier* in *Kleine-Möller/Merl* § 12 VOB/B Rn. 100). Gerade § 13 Nr. 3 VOB/B zeigt, dass die Nr. 3 über die Zeit der Abnahme hinaus rechtlich fortbestehende Verpflichtungen in dem Sinne festlegt und dass ihre vor Abnahme begangene Verletzung im Rahmen der Gewährleistung zum Nachteil des Auftragnehmers fortwirkt, und zwar so, dass auch jetzt noch die Pflicht zur Erfüllung der Leistungsverpflichtung des Auftragnehmers – einer unbestreitbaren Hauptpflicht – besteht, weshalb man keineswegs von einer bloßen vertraglichen Nebenpflicht sprechen kann. Entgegen Nicklisch (a.a.O.) kann deshalb auch nicht eine Nebenpflicht mit dem bloßen Hinweis begründet werden, § 13 Nr. 3 VOB/B knüpfe an die Mangelhaftigkeit der Leistung an, nicht aber an die Verletzung der Pflichten nach § 4 Nr. 3 VOB/B. Allein hierdurch lässt sich nicht leugnen, dass die Mangelhaftigkeit der Leistung eben ihre eigentliche Ursache in der Verletzung der Pflichten nach § 4 Nr. 3 VOB/B hat, was entgegen Nicklisch (a.a.O.) eine **unmittelbar** bestehende Gewährleistungspflicht nach sich zieht, weil die Haftungsbefreiung nach § 13 Nr. 3 VOB/B eben nicht eintritt. Die Bedeutung der Regelung in § 4 Nr. 3 VOB/B als **vertragliche Hauptverpflichtung** kommt vor allem auch dadurch zum Ausdruck, dass sie in den verschiedenen **Allgemeinen Technischen Vertragsbedingungen des Teils C der VOB als Grundlage für speziellere Prüfungs- und Anzeigepflichten des Auftragnehmers dient;** z.B. DIN 18 331 Nr. 3.1.3. Aus den genannten Gründen ist auch der gegenteiligen Ansicht von Clemm (BauR 1987, 609) nicht zu folgen. Sicher wird man die hier wesentlichen Gesichtspunkte im Bereich der Leistungspflicht des Auftragnehmers, die die Grundlage der Regelung in § 4 Nr. 3 VOB/B ausmachen, unter Heranziehung allgemeiner rechtstheoretischer Grundsätze **jeweils für sich allein** als Nebenpflicht einordnen können. Dabei wird aber nicht hinreichend auf die hier in ihrer **Gesamtheit** zu betrachtenden **besonderen Leistungsanforderungen** geachtet, die dem **fachkundigen Unternehmer** auch dann als **Hauptverpflichtung auferlegt sind, wenn durch eigenes »Mitmischen« der Auftraggeberseite Veranlassung gegeben wird.**

III. Allgemeine Geschäftsbedingungen

Nachdem § 4 Nr. 3 VOB/B ein Ausfluss aus Treu und Glauben ist, sind die **Grenzen des für den Auftragnehmer Zumutbaren festgelegt. Das ist insbesondere für den Bereich des § 307 Abs. 1 BGB** zu beachten, so dass **Klauseln, die den Rahmen des § 4 Nr. 3 zu Lasten des Auftragnehmers überschreiten, grundsätzlich unwirksam** sind, sofern – vor allem bei Zusätzlichen Vertragsbedingungen – die §§ 305 ff. BGB Anwendung finden.

Daher ist z.B. eine Klausel in Zusätzlichen Vertragsbedingungen unwirksam, in der der Auftraggeber als Verwender zum Ausdruck bringt, mit Übersendung der Pläne und Leistungsverzeichnisse mache er den einzelnen Auftragnehmern nur unverbindliche Vorschläge und dass die Auftragnehmer die Verantwortung für die Verwendbarkeit und Fehlerfreiheit dieser Unterlagen zu übernehmen hätten (vgl. dazu *Hennig/Jarre* BB 1981, 1161). Erst recht trifft dies auf eine Klausel zu, wonach der etwaige Auftragnehmer Bedenken gegen die überreichten Unterlagen noch vor Vertragsabschluss mitzuteilen hat; nach Vertragsabschluss mitgeteilte Bedenken, die ihre Grundlage in den überreichten Unterlagen haben, berechtigen den Auftragnehmer nicht, andere Preise oder zusätzliche Leistungen für die bedenkenfreie Art der Ausführung in Rechnung zu stellen. Dies ist wegen Verstoßes gegen § 307 BGB unwirksam, zumal der Auftragnehmer auch im Falle der Nichterfüllung seiner Verpflichtung aus § 4 Nr. 3 VOB/B sich u.U. auf ein mitwirkendes Verschulden des Auftraggebers berufen kann, ihm außerdem ein etwaiges Anfechtungsrecht wegen Irrtums versagt wird (vgl. OLG München BauR 1986, 579; auch OLG Zweibrücken BauR 1994, 509 = NJW 1994, 1363).

In **Individualverträgen** ist aus der **bloßen Abbedingung des § 4 Nr. 3 VOB/B und/oder des § 13 Nr. 3 VOB/B nicht die Folgerung gerechtfertigt, dass damit der Auftragnehmer uneingeschränkt die Verantwortlichkeit trägt.** Dadurch wird der Auftraggeber noch nicht der Mithaftung für von ihm verschuldete Planvorgaben enthoben; vielmehr greifen die §§ 242, 254, 278 BGB gerade dann ein, wenn der Auftragnehmer trotz des § 4 Nr. 3 VOB/B für die Mängel der Leistung einstehen muss. Das umso mehr, als vertragliche Haftungsmilderungen selbst in Individualverträgen eng auszulegen sind (vgl. BGH Urt. v. 22.3.1984 VII ZR 50/82 = BGHZ 90, 344 = BauR 1984, 395).

B. Die Prüfungspflicht des Auftragnehmers

I. Allgemeines zur Prüfungspflicht

1. Zwangsläufig vorherige Prüfung

6 Der **Anzeige geht notgedrungen** eine **Prüfung des Auftragnehmers voraus.** Eine Pflicht dazu ist in der VOB/B **zwar nicht ausdrücklich** festgelegt, was aber keineswegs bedeutet, dass sie abzulehnen wäre. Vielmehr ist sie allein deswegen zu bejahen, weil sie **zwangsläufig Voraussetzung** für die in Nr. 3 genannte Anzeigepflicht ist (so auch BGH Urt. v. 15.12.1969 VII ZR 8/68 = BauR 1970, 57, 58; Urt. v. 10.7.1975 VII ZR 243/73 = BauR 1975, 420, 421; OLG Karlsruhe BauR 1988, 598; OLG Frankfurt/M. NJW-RR 1994, 1361; *Heiermann/Riedl/Rusam* § 4 VOB/B Rn. 46; *Merkens* in Kapellmann/Messerschmidt § 4 VOB/B Rn. 63; *Kaiser* NJW 1974, 445; *Nicklisch/Weick* § 4 VOB/B Rn. 51; a.A. *Siegburg* FS Korbion S. 411, 425). Diese **Prüfungspflicht ist ebenso eine vertragliche Pflicht wie die Anzeigepflicht,** und zwar mit der gleichen Rechtsfolge der Erfüllungs- bzw. Gewährleistungspflicht des Auftragnehmers, wenn in ihrem Unterlassen oder in ihrer nicht sachgerechten Ausübung die **Ursache oder Mitursache für einen Mangel** der Bauleistung liegt.

7 Der Auftragnehmer kann also im Rahmen der Nr. 3 eine **Verletzung** einer vertraglichen Verpflichtung in **zweierlei Hinsicht** begehen. Er kann die Prüfungspflicht missachten, oder er kann, wenn er zwar die Prüfung vorgenommen hat, der Anzeigepflicht, sofern sich deren Notwendigkeit aus dem Ergebnis der Prüfung ergibt, nicht nachkommen.

2. Pflichten nach Nr. 3 für die Dauer des Vertrags

Diese Pflichten des Auftragnehmers setzen, wie alle Bestimmungen in Teil B der VOB, einen zwischen Auftraggeber und Auftragnehmer **wirksam abgeschlossenen** Vertrag voraus. Für die Zeit **davor** kann **nur** ein Anspruch aus §§ 311 Abs. 2, 241 Abs. 1, 280 BGB eingreifen, ohne dass damit die hier erörterte VOB-Regelung unmittelbar oder im vollen Umfang entsprechend anwendbar wäre. Formularklauseln, die auf eine Pflicht des Auftragnehmer zur Bedenkenanmeldung vor Vertragsschluss abzielen sind AGB-rechtlich in aller Regel höchst bedenklich (vgl. OLG München BauR 1986, 579; vgl. hierzu auch OLG Koblenz IBR 2005, 133-*Thierau*). 8

Grundsätzlich besteht die Prüfungs- und Hinweispflicht des Auftragnehmers auch **nur für die Dauer des Vertrages bzw. bis zur Abnahme; sie endet** daher auch **mit dessen Kündigung oder Teilkündigung. Ausnahmsweise** besteht sie **nach Treu und Glauben fort,** wenn die **bisherigen Baumaßnahmen** für die noch nicht ausgeführten in dem Sinne gefahrenträchtig sind, dass die konkrete Möglichkeit des Auftretens von Mängeln besteht, wenn die vorgesehene Art der Ausführung weiterverfolgt wird, wenn Vorleistungen anderer Unternehmer einbezogen werden oder vom Auftraggeber beigestellte oder beizustellende Stoffe oder Bauteile berücksichtigt werden.

II. Umfang der Prüfungspflicht

1. Abhängigkeit vom Einzelfall

Wann die **Prüfungspflicht des Auftragnehmers** im Einzelfall gegeben ist und wie weit sie reicht, lässt sich **nicht** abschließend in einer **generellen Formel** festhalten. Es kommt auf die Verhältnisse und Umstände des **Einzelfalles** an (OLG Karlsruhe BauR 1988, 598; *Siegburg* Gewährleistung beim Bauvertrag, Rn. 1390 ff.). **Entscheidende Punkte sind das beim Auftragnehmer im Einzelfall vorauszusetzende Wissen, die Art und der Umfang der Leistungsverpflichtung und des Leistungsobjektes sowie die Person des Auftraggebers oder des zur Bauleitung bestellten Vertreters** (vgl. OLG Hamm BauR 2003, 1052; OLG Saarbrücken BauR 1970, 109, 110). Auf jeden Fall muss der Auftragnehmer die nach Sachlage gebotenen Prüfungen durchführen. So genügt beispielsweise ein Gartenbauunternehmer, der mit der Begrünung eines Tiefgaragendaches beauftragt ist nicht seiner Pflicht aus § 4 Nr. 3 VOB/B, wenn er den Auftraggeber allgemein darauf hinweist, dass die Dachhaut der Tiefgarage durch andere Handwerker möglicherweise beschädigt sein könne, es aber unterlässt, vor Ausführung seiner Werkleistung die Dachhaut – wie technisch geboten – tatsächlich auf Dichtigkeit zu untersuchen (OLG Hamm IBR 2002, 606-*Schulze-Hagen*, Revision nicht angenommen). 9

2. Fachkunde des Auftragnehmers

Hinsichtlich der Kenntnisse des Auftragnehmers ist der Umfang der Prüfungspflicht **nicht subjektiv** nach dem wirklichen Wissen und Können des konkreten Auftragnehmers zu beurteilen, **sondern objektiv** nach dem, was unter normalen Umständen bei einem auf dem betreffenden Fachgebiet tätigen Unternehmer **vorausgesetzt werden muss,** also nach der **Sorgfalt eines ordentlichen Unternehmers,** der über den jeweils anerkannten Stand der Regeln der Technik orientiert ist. Dabei muss er vor allem das den allgemein anerkannten Regeln der Technik zumindest nahekommende Normenwerk beherrschen. Er muss sich informieren, über Empfehlungen in der Fachpresse Bescheid wissen und diese berücksichtigen (OLG Köln BauR 1997, 831). Dabei stellt die Rechtsprechung oft beachtliche Anforderungen an das Fachwissen eines ordentlichen Unternehmers. So erwartet das OLG Hamm (BauR 2003, 101, beraten durch einen Sachverständigen) von einem mit der Errichtung einer Tennishalle auf vorhandenem Unterbau beauftragten Unternehmer Kenntnisse zur Abgrenzung von Recyclingmaterial zu Hausverbrennungsasche und über das Quellrisiko der Asche. Allerdings kann man – das ergibt sich bereit aus § 242 BGB – keine Prüfung verlangen, die über das 10 dem neuesten Stand der Bautechnik im Zeitpunkt der Ausführung der betreffenden Leistung entsprechende Wissen in der Branche des Auftragnehmers hinausgeht.

3. Umfang der Leistungsverpflichtung

a) Prüfpflichten durch Umfang der Leistungspflicht begrenzt

11 Der Umfang der Prüfungspflicht folgt dem vom Auftragnehmer übernommenen Leistungsumfang und wird hierdurch begrenzt. So reicht die **Prüfung nicht über die vertragliche Leistungspflicht, die im Allgemeinen durch den zweifelsfrei erkennbaren Rahmen der Leistungsbeschreibung umgrenzt** ist (vgl. auch Rn. 28 ff.), und deren Ordnungsgemäßheit hinaus (vgl. BGH Urt. v. 15.12.1969 VII ZR 8/68 = BauR 1970, 57; Urt. v. 14.2.1974 VII ZR 195/72 = BauR 1974, 202 = NJW 1974, 747). Somit kommt eine Prüfungspflicht des Auftragnehmers nicht in Betracht, wenn ihm nur Fliesenarbeiten in Auftrag gegeben werden und es sich um Fragen der Dichtigkeit des Bauwerkes im Übrigen handelt und kein Zusammenhang mit der Ordnungsgemäßheit der in Auftrag gegebenen Leistung besteht; insoweit beschränkt sich die Prüfungspflicht auf die Beschaffenheit des Bauwerkes, soweit es sich um die zu fordernde Aufbringung des Fliesenbelages handelt (vgl. OLG Oldenburg BauR 1985, 449). Gleiches gilt im Falle von (nicht zuordenbaren) Fehlanschlüssen, wenn nur das Verlegen von Schutzrohren, die Erneuerung der Ölleitungen und die Tankentlüftung vereinbart wurden, nicht jedoch eine Überprüfung der Funktionstüchtigkeit der bestehenden Anlage (BGH Urt. v. 3.5.2000 X ZR 49/98 = NZBau 2000, 328 = ZfBR 2000, 1859). Auch besteht eine Prüfungspflicht des Auftragnehmers nicht, wenn dieser nicht die Erstellung einer Wand aus Glasbausteinen vertraglich übernommen, sondern lediglich bei ihm beschäftigte Maurer dem Auftraggeber für diese Bauarbeit gegen Stundenlohnvergütung zur Verfügung gestellt hat und diese Maurer allein nach Weisungen eines vom Auftraggeber eigens eingestellten Bauführers zu arbeiten haben (vgl. BGH Urt. v. 20.2.1964 VII ZR 179/62 = SFH Z 3.01 Bl. 283 ff.). Ferner ist nicht ohne weiteres eine Prüfungs- und Hinweispflicht des Auftragnehmers gegeben, wenn er vom Auftraggeber nur mit der Verlegung eines Rohranschlusses vom öffentlichen Kanal bis zur Außenwand des Kellers beauftragt worden ist und der Auftraggeber den eigentlichen Hausanschluss selbst herstellt, dabei den Einbau eines Rückstauventils vergisst, (OLG Oldenburg OLGR 1995, 98). Auch ein Abbruchunternehmer ist nicht zu Prüfung und Hinweis auf Asbestvorkommen in den abzubrechenden Bauteilen verpflichtet, wenn die Leistungsbeschreibung eine Asbestanalyse nicht vorsieht (die den Einsatz eines Rasterelektronenmikroskops erfordern würde) und keine Anhaltspunkte für eine Asbestbelastung bestehen (OLG Hamm BauR 2003, 406). Überdies kann grundsätzlich eine Prüfungspflicht des Auftragnehmers nicht angenommen werden, wenn sich die Ordnungsgemäßheit seiner Leistung, die nach dem Inhalt des für ihn maßgebenden Leistungsbeschriebes durchaus erreicht werden kann, erst aus dem über den Umfang des konkreten Bauvertrages hinausgehenden Gesamtzusammenhang der vom Architekten angefertigten und dem Auftragnehmer nicht zugänglich gemachten Planung feststellen lässt (vgl. OLG Köln MDR 1980, 228 für den Fall der erst beim späteren Ausbau sich ergebenden endgültigen Decken- und Treppenhöhe in Bezug auf den Rohbauunternehmer). Allerdings hat der Auftragnehmer durchaus eine so genannte »Wahrnehmungspflicht«. Mängel in der Gesamtkonzeption, die sich auf seine Leistung auswirken und die ihm auch ohne nähere Prüfung des Gesamtzusammenhangs ins Auge springen müssen, hat er mitzuteilen (siehe u.a. OLG Bamberg IBR 2001, 111-*Luz* zur Prüfpflicht der Statik durch den Bauunternehmer).

Ordnet der Auftraggeber den Wegfall oder die Änderung einzelner Leistungspositionen an und kann mit dem dann verbliebenen Leistungsumfang das erstrebte Ziel der Bauleistung (z.B. die Abdichtung von Räumen) **nicht erreicht werden, trifft den Auftragnehmer die Prüfungs- und demgemäß Hinweispflicht nach § 4 Nr. 3 VOB/B;** anders ist dies nur, wenn zwischen den Vertragspartnern Einigkeit herrscht, dass das ursprünglich angestrebte Ziel der Bauleistung nunmehr vom Auftragnehmer nicht mehr erreicht werden muss (OLG Frankfurt BauR 1985, 448).

b) Unterschiedliche Intensität der Prüfpflichten

Die Prüfungspflicht des Auftragnehmers ist nicht in allen der von § 4 Nr. 3 VOB/B erfassten drei Fallgruppen gleich groß (vgl. auch OLG Brandenburg BauR 2002, 1709). **Maßgebend** ist vielmehr die **nach dem jeweiligen Leistungsinhalt des betreffenden Vertrages beim jeweiligen Auftragnehmer vorauszusetzende Kenntnis**. Im Allgemeinen – vorbehaltlich sicher häufiger Ausnahmen – wird die **Prüfungspflicht** des Auftragnehmers hinsichtlich der vom Auftraggeber beigestellten **Stoffe oder Bauteile am stärksten** sein, weil er gerade auf diesem Gebiet am ehesten die Sachkenntnis besitzt bzw. besitzen muss, da er normalerweise selbst Stoffe oder Bauteile beschaffen und für deren Ordnungsgemäßheit gegenüber dem Auftraggeber einstehen muss (ähnlich wohl *Nicklisch* FS Bosch S. 747 f.). **Geringer** ist der Umfang der Prüfungspflicht hinsichtlich der **Vorleistungen anderer Unternehmer** zu veranschlagen, da diese das eigentliche Fachgebiet des Auftragnehmers nur dort berühren, wo seine Leistung später **unmittelbar darauf aufbaut** (vgl. dazu auch OLG Celle BauR 1996, 259 hinsichtlich der Prüfungspflicht des Estrichlegers). Am geringsten ist die Prüfungspflicht hinsichtlich der **vorgesehenen Art der Ausführung** anzusetzen, weil diese grundsätzlich dem **Planungsbereich** angehört, in dem der Auftraggeber regelmäßig einen eigenen Fachmann, nämlich einen bauplanenden Architekten oder Ingenieur, beschäftigt (zustimmend *Dähne* BauR 1976, 225; vgl. auch OLG Hamm BauR 2003, 1052), es sei denn, es handelt sich um eine einem bautechnischen Spezialgebiet zuzuordnende Maßnahme, hinsichtlich derer das von dem Auftragnehmer zu verlangende Wissen höher zu veranschlagen ist als das des Architekten.

In die nach den vorgenannten Grundsätzen ausgerichtete, auf den Einzelfall abgestellte Prüfungspflicht sind **alle Umstände** eingeschlossen, **die bei der Leistungserstellung beachtet werden müssen**. So erklärt sich z.B. auch die Aufnahme der Leistungen anderer Unternehmer in die Nr. 3. Grundsätzlich muss der Auftragnehmer die vom Auftraggeber gelieferten oder durch Vorleistungen anderer Unternehmer zur Verfügung gestellten Stoffe oder Bauteile bzw. ausgeführte Arbeiten darauf prüfen, ob sie für den gedachten Zweck geeignet sind und keine Eigenschaften besitzen, die **Mängel der von ihm geschuldeten Leistung** begründen können. Grundlage ist auch hier § 242 BGB, vgl. Rn. 48 ff. Führt die Verletzung der dem Auftragnehmer im Einzelfall obliegenden Prüfpflicht zu einer Beeinträchtigung des Gesamtwerks, so ist seine Leistung mangelhaft (BGH Urt. v. 15.12.1969 VII ZR 8/68 = BauR 1970, 57; Urt. v. 8.7.1982 VII ZR 314/81 = BauR 1983, 70 = NJW 1983, 875; Urt. v. 23.10.1986 VII ZR 48/85 = BauR 1987, 79 = NJW 1987, 643). Eine besondere Prüfungspflicht des Auftragnehmers besteht nicht mehr, wenn sich beide Parteien des Risikos einer bestimmten Bauausführung bewusst sind und einen etwaigen Misserfolg in ihre vertraglichen Beziehungen zweifelsfrei mit eingeschlossen haben (BGH 20.1.1972 VII ZR 153/70 = VersR 1972, 457). Eine Prüfungs- und Hinweispflicht entfällt jedoch nicht bereits, wenn eine preiswerte Ausführungsart vereinbart wurde. Auch dann schuldet der Auftragnehmer eine normale und übliche Qualität bzw. Haltbarkeit seiner Arbeit (OLG Düsseldorf BauR 2002, 802).

Es ist zulässig, im Bauvertrag festzulegen, dass der Auftragnehmer in jedem Fall, in dem seine Fachkenntnisse zur Nachprüfung **nicht ausreichen, den Auftraggeber hierauf hinzuweisen hat**. Dies ist AGB-rechtlich unbedenklich, vor allem kein Verstoß gegen § 307 Abs. 1 BGB.

c) Prüfungspflicht immer, wenn die Allgemeinen Technischen Vertragsbedingungen dies anordnen

Unabhängig von der in Nr. 3 **allgemein** niedergelegten Prüfungs- und Mitteilungspflicht ist in den **Allgemeinen Technischen Vertragsbedingungen** für Bauleistungen eine Reihe von Bestimmungen enthalten, z.B. DIN 18 301 Abschnitte 3.3.3, 3.4.2 und 3.5 (vgl. zu dem früheren Abschnitt DIN 18 301, 3.6.2 OLG Frankfurt BauR 1986, 352), DIN 18 309 Abschnitte 3.1.3, 3.1.2; DIN 18 317 Abschnitte 3.2, DIN 18 332 Abschnitt 3.1.1, DIN 18 353 Abschnitt 3.1.1 usw., die selbst **ausdrücklich speziell** eine Prüfung und Mitteilung für einen dort näher umschriebenen Rahmen anordnen. Der Unterschied zwischen diesen Pflichten und den in Nr. 3 angeführten liegt einmal darin, dass **sie in jedem Fall in dem im Einzelnen gekennzeichneten Umfang gegeben** sind. Dies folgt daraus,

VOB/B § 4 Nr. 3 Prüfungs- und Anzeigepflicht des Auftragnehmers und ihre Auswirkungen

dass gerade auch die Allgemeinen Technischen Vertragsbedingungen **kraft ausdrücklicher Vereinbarung** gemäß § 1 Nr. 1 S. 2 VOB/B **Vertragsinhalt** sind. Treten in solchen Fällen Bedenken auf oder müssen sie kraft des beim Auftragnehmer vorauszusetzenden Fachwissens vorliegen, so sind damit auch die Voraussetzungen der Nr. 3 gegeben. Mit der Angabe bestimmter Prüfmaßnahmen in DIN-Normen ist jedoch nicht gleichzeitig eine Beschränkung der Prüfpflicht auf die dort angegebenen Maßnahmen verbunden; geboten ist die Prüfintensität, die ein sorgfältiger Handwerker im jeweiligen Einzelfall für eine qualitativ einwandfreie Leistung aufwenden würde, auch wenn sie über die DIN-Angaben hinausgeht (vgl. auch OLG Köln IBR 2006, 323-*Bolz*). Eine **verstärkte Prüfungs- und Hinweispflicht** des Auftragnehmers kann auch gegeben sein, wenn der Vertrag aufgrund eines **Nebenangebotes** des Auftragnehmers zustande gekommen ist und die vom Auftraggeber aufgestellte Leistungsbeschreibung deshalb in Teilbereichen nicht mehr ausreicht.

d) Prüfung des Baugrunds

16 Hinsichtlich des **Baugrundes** erstreckt sich die **Prüfungspflicht des Auftragnehmers** auf die unter normalen Umständen gewonnenen bzw. zu gewinnenden Erkenntnisse (so auch OLG Schleswig BauR 1989, 730; ebenso *v. Craushaar* FS Locher S. 9, 12 f.; *Marbach* BauR 1994, 168, 172). Es werden bzgl. seiner Prüf- und Hinweispflicht keine Fachkenntnisse verlangt, die ansonsten nur von Sonderfachleuten zu erwarten sind (OLG Bamberg IBR 2001, 110-*Luz*). So muss etwa der Rohbauunternehmer, der eine Bodenplatte für ein Doppelhaus errichtet, den Baugrund auf optische und mechanische »Boden-Alarmsignale« prüfen und bei unübersehbaren Warnzeichen sein Bedenken hinsichtlich der Tragfähigkeit dem Auftraggeber mitteilen (OLG München IBR 1999, 522-*Englert*). Selbst bei Hanglage des Baugrundstücks und unklaren Bodenverhältnissen darf sich der Auftragnehmer grundsätzlich auf die Vorgabe des planenden Architekten verlassen. Der Architekt ist bei unklaren Bodenverhältnissen verpflichtet, für die Einschaltung eines Sonderfachmans zu sorgen (OLG Bamberg IBR 2001, 110-*Luz*). Die Durchführung kostspieliger, z.B. chemischer oder mechanischer, Bodenuntersuchungen wird nicht verlangt, es sei denn, dass dies dem Auftragnehmer nach dem Bauvertrag ausdrücklich aufgegeben worden ist, wofür ihm unter den Voraussetzungen von § 2 Nr. 9 VOB/B grundsätzlich eine angemessene Vergütung zuzuerkennen ist. Dem Auftragnehmer obliegt eine Mitteilungspflicht an den Auftraggeber allgemein bereits dann, wenn sich seine Bedenken zwar nicht nur auf Vermutungen, aber auf gewisse konkrete und allgemein auch als zweifelhaft anzuerkennende Anhaltspunkte erstrecken (vgl. OLG Hamburg VersR 1965, 623 mit zutreffenden Ausführungen zur Frage der Haftungsabgrenzung zwischen Auftragnehmer und bauplanendem sowie bauaufsichtsführendem Architekten; ferner *Englert/Bauer* Rn. 135 f.). Gerade beim **Tunnelbau** kann es sein, dass den Auftragnehmer **während der gesamten Bauzeit** eine Prüfungs- und Hinweispflicht trifft, vor allem dann, wenn die Gebirgs- bzw. Bodenverhältnisse sich häufig ändern oder damit zu rechnen ist (vgl. dazu *Nicklisch* FS Lukes S. 143 ff.).

4. Fachkunde des Auftraggebers

17 Der **Umfang** der sich aus Nr. 3 ergebenden Pflichten des Auftragnehmers kann auch **durch die Person des Auftraggebers**, nämlich die bei diesem oder seinem Erfüllungsgehilfen (insbesondere Architekt oder Sonderfachmann) konkret vorliegenden oder ganz ersichtlich zu erwartenden **Fachkenntnisse, begrenzt sein;** schließlich richtet sich die Bedenkenanzeige gegen ein Tun oder Unterlassen, **das im Ursprung i.S.d. Veranlassung aus dem Bereich des Auftraggebers** kommt (vorgesehene Art der Ausführung, vom Auftraggeber gelieferte – beigestellte – Stoffe oder Bauteile, Leistungen anderer Unternehmer). Auch darf nicht außer Acht gelassen werden, dass Grundlage der Regelung in § 4 Nr. 3 VOB/B § 242 BGB ist.

18 Handelt es sich beim Auftraggeber um einen Laien auf bautechnischem Gebiet, ist die Prüfungs- und Unterrichtungspflicht des Auftragnehmers verhältnismäßig weitgehend. Ist der Auftraggeber hingegen **selbst Fachmann** oder hat er einen solchen, z.B. einen einschlägig fachkundigen Architek-

ten, Sonderfachmann oder Bauleiter, mit der bautechnischen Wahrung seiner Belange beauftragt, muss nach dem **jeweiligen Einzelfall eine Abstufung hinsichtlich der Art und des Umfanges der Prüfungs- und Unterrichtungspflicht angenommen** werden, ohne dass damit von vornherein die Prüfungspflicht **als solche bereits entfällt** (BGH Urt. v. 18.1.2001 VII ZR 457/98 = BauR 2001, 622 = NZBau 2001, 200). Nach OLG Düsseldorf (BauR 2003, 323) besteht eine Hinweispflicht etwa dann nicht, wenn davon auszugehen ist, dass einem Auftraggeber, der selbst ein Bauunternehmen betreibt, bewusst ist, dass mit einem Fugenglattstrich nicht das gleiche Ergebnis wie durch Verfugung mit Fugenmörtel erreicht werden kann. Bedenken bestehen allerdings gegen die Ansicht des Kammergerichts (BauR 1972, 239), dass eine Prüfungs- und Hinweispflicht des Auftragnehmers ohne weiteres bereits dann nicht bestehe, wenn ein durch keinen Architekten vertretener Auftraggeber so sachkundig sei, dass der Auftragnehmer davon ausgehen könne, dem Auftraggeber sei der betreffende Umstand – hier: mangelnder Untergrund für Asphaltierung – bekannt. Fraglich ist auch, ob die Prüfungspflicht des Auftragnehmers bereits allein dadurch entfällt, dass der Auftraggeber einen Bauleiter bestellt hat, der nicht nur die allgemein vorauszusetzenden Fachkenntnisse, sondern ganz spezielles Wissen auf dem in Betracht kommenden Gebiet hat (vgl. OLG Karlsruhe BauR 1972, 380 für die Bestellung eines Straßenbauingenieurs zum Bauleiter beim Ausbau eines Weges auf einem Privatgrundstück sowie KG SFH Z 2.410 Bl. 63 für den Fall, dass der Architekt wegen der Anwendung eines bestimmten Bausystems bereits bei einer anderen Baustelle schlechte Erfahrungen gemacht hatte). Dem wird man nur zustimmen können, wenn der Auftragnehmer die – von ihm zu beweisende – absolute Gewissheit hat, dass der Auftraggeber bzw. der von ihm eingesetzte Fachmann den maßgeblichen Umstand tatsächlich kennt (OLG Düsseldorf BauR 2004, 99: umfassende Information und lückenlose Kenntnis) und der Auftraggeber seine Ausführungsentscheidung auf der Basis dieser Erkenntnis getroffen hat (vgl. OLG Hamm BauR 2003, 1570 für das bewusste Ausschreiben eines unerprobten Materials). Schließlich können auch Fachleute Fehler und fahrlässige Versäumnisse begehen; ein maßgebliches Ziel der Prüfungs- und Hinweispflicht besteht auch darin, den Auftraggeber vor Fehlern zu bewahren, wobei es grundsätzlich keine Rolle spielen kann, ob diese von Laien oder von Fachkundigen begangen wurden. Nicht nur Wissens- sondern auch Erkenntnisvorsprung des Auftragnehmers begründet seine Aktivitätspflicht nach Nr. 3. Inwieweit diese Pflicht reduziert werden kann, hängt nicht ausschließlich von der Fachkunde des Auftragnehmer, sondern von allen Umständen des Einzelfalls ab. Im Zweifel ist dem Auftragnehmer zu raten, sich über den Kenntnisstand des auf Auftraggeberseite beteiligten Fachmanns zu vergewissern und generell von dem Entfall seiner eigenen Prüfungs- und Hinweispflicht mit großer Zurückhaltung auszugehen.

Weitere Beispiele aus der Rechtsprechung:

Plant ein Fachingenieur eine Heizungsanlage, ist der ausführende Handwerker verpflichtet, die Planungsunterlagen auf offenkundige Fehler zu überprüfen, nicht aber, die Planung der Maßnahme im Einzelnen nachzuvollziehen (OLG Celle NZBau 2001, 98). Wird ein Auftragnehmer angewiesen, Entwässerungsrohre zu verlegen, für die es keine allgemeine bauaufsichtliche Zulassung gibt und wofür die erforderliche statische Berechnung fehlt, besteht keine Hinweispflicht, sofern auf Seiten des Auftraggebers ein fachkundiger Ingenieur mitwirkt (OLG Köln IBR 2002, 658-*Leitzke*, Revision nicht angenommen). Nach einer Entscheidung des KG (IBR 2002, 247-*Bach*) wird der Auftragnehmer nicht von seiner Haftung befreit, wenn er zwar dem Auftraggeber Bedenken anzeigt und dieser daraufhin einen Sonderfachmann beauftragt. Erteilt der Sonderfachmann eine unrichtige Auskunft, die der Auftragnehmer als solche erkennt, hat er erneut Bedenken beim Auftraggeber anzumelden.

Es wäre sicher eine **Überspannung der an einen Auftragnehmer zu stellenden, grundsätzlich nur auf technischem Gebiet liegenden Anforderungen,** wollte man von ihm verlangen, darauf zu achten, dass durch die vorgesehene Baumaßnahme **Rechte Dritter,** wie z.B. der Grundpfandgläubiger des Auftraggebers bei Abbruch- oder Umbauarbeiten, nicht beeinträchtigt werden. Ob das in gleicher Weise für den Architekten, vor allem den planenden Architekten gilt, erscheint zweifelhaft, wird aber entgegen BGH (Urt. v. 28.10.1975 VI ZR 24/74 = BGHZ 65, 211 = BauR 1976, 215 = NJW 1976, 19

189 = LM § 823 [Ad] BGB Nr. 8 mit richtiger ablehnender Anm. von *Locher* BauR 1976, 218) im Allgemeinen auch zu verneinen sein. Auch hat ein nicht ortsansässiger Auftragnehmer nicht die Pflicht, den Auftraggeber auf denkmalpflegerische Gesichtspunkte hinzuweisen, wenn er solche nicht in zumutbarer Weise kennen muss und sich ihm diese nach Sachlage nicht aufdrängen müssen (OLG Köln BauR 1986, 581).

C. Beweislast

20 Die **Beweislast** für die **Erfüllung** der in Nr. 3 festgelegten **Pflichten** hat der **Auftragnehmer** (BGH Urt. v. 4.6.1973 VII ZR 112/71 = BGHZ 61, 42 = BauR 1973, 313; Urt. v. 29.11.1973 VII ZR 179/71 = NJW 1974, 188 = BauR 1974, 128). Das gilt auch für den in Rn. 77 erwähnten Fall notwendiger weiterer Prüfung. Insoweit bedarf es im Ausgangspunkt eines **hinreichend substantiierten Vorbringens, um zur Annahme pflichtgerechten Handelns des Auftragnehmers zu kommen** (vgl. BGH Urt. v. 19.6.1975 VII ZR 177/74 = SFH Z 8.3 Bl. 1; auch OLG Düsseldorf BauR 1996, 260). Andererseits: Dass der Auftragnehmer im betreffenden Einzelfall die nach § 4 Nr. 3 VOB/B ausgerichtete Prüfungs- und Hinweispflicht gehabt hat, also die Grundlage der Haftung überhaupt gegeben ist, hat jedoch der Auftraggeber darzulegen und zu beweisen, ebenso wie den erlittenen Schaden (vgl. aber auch Rn. 26).

D. Zu den Einzeltatbeständen

I. Bedenken gegen die vorgesehene Art der Ausführung

1. Vorgesehene Art der Ausführung

21 Unter vorgesehener Art der Ausführung versteht man umfassend den **Gesamtrahmen der von der Auftraggeberseite schriftlich angefertigten oder auch mündlich angeordneten Planung, soweit sich diese auf die vom Auftragnehmer geschuldete Leistung bezieht** (vgl. Rn. 11 ff.) vor allem auch im Hinblick auf die **Planung des Architekten** (BGH 18.1.1973 VII ZR 88/70 = BauR 1973, 190; 22.5.1975 VII ZR 204/74 = BauR 1975, 421; 10.7.1975 VII ZR 243/73 = BauR 1975, 420; 19.1.1989 VII ZR 87/88 = BauR 1989, 467) **und des Ingenieurs** (OLG Düsseldorf BauR 1998, 340 für den Vermessungsingenieur), dabei besonders die **Ausführungsplanung** sowie – soweit vom Auftraggeber bzw. seinem Architekten stammend – die Angaben im **Leistungsverzeichnis** (vgl. BGH 10.4.1975 VII ZR 183/74 = BauR 1975, 278; OLG Zweibrücken BauR 1994, 509) die Einhaltung der Technischen Regeln, vor allem auch der Anforderungen in den DIN-Normen (BGH 10.7.1975 VII ZR 243/73 = BauR 1975, 420; OLG Celle BauR 1984, 522), insbesondere auch der **Übereinstimmung der DIN-Normen mit den allgemein anerkannten Regeln der Technik** (vgl. dazu z.B. *Döbereiner* BauR 1980, 296 in Hinblick auf die Mindestanforderungen des Schallschutzes). Zur vorgesehenen Art der Ausführung zählt auch der von Auftraggeberseite **festgelegten Bauablauf**, die einzusetzenden **Materialien** (also auch die durch den Auftragnehmer von Lieferanten zu beziehenden Baustoffe) einschließlich der vom Auftraggeber vorgeschriebenen (vgl. BGH 1.3.1973 VII ZR 82/71 = BauR 1973, 188) sowie die sonstigen zur Verfügung stehenden und zum Einsatz kommenden persönlichen und technischen **Mittel**. Selbstverständlich erstreckt sich die Prüfungspflicht des Auftragnehmers auch auf die **Einhaltung bauordnungsrechtlicher Vorschriften,** wie z.B. hinsichtlich der Höhe von Fensterbrüstungen (vgl. BGH 25.2.1982 VII ZR 161/80 = BauR 1982, 277 = NJW 1982, 1524) was sich schon aus § 4 Nr. 2 VOB/B ergibt. Zur vorgesehenen Art der Ausführung gehört auch der Herstellungsvorgang des Bauwerks und die damit zusammenhängenden Begleitumstände. So ist eine Bedenkenanmeldung i.S.v. § 4 Nr. 3 VOB/B auch dann geboten, wenn sich eine besondere Gefährdung bereits hergestellter Leistungsteile vor Abnahme aus auftraggeberseitig angeordneter

vorzeitiger Inbenutzungnahme oder unzureichend geschützten gefährlichen Arbeiten anderer vom Auftraggeber eingesetzte Werkunternehmer ergibt (*Stuttmann* BauR 2001, 1487; *Oppler* FS Jagenburg S. 713). Besonders wichtig ist in dem hier erörterten Bereich die Frage der **Tauglichkeit und Zulassung von neuartigen Stoffen oder Bauteilen,** über die der Auftragnehmer nach dem bei ihm vorauszusetzenden Fachwissen die nötigen Kenntnisse haben und diese offenbaren muss, z.B. bei vorgesehener Verwendung von Lichtbetonelementen für Fassaden als Sichtbetonelemente, vor allem im Hinblick auf die Anfälligkeit gegen Risse und Verschmutzungen (vgl. dazu OLG Hamm NJW-RR 1990).

2. Einzelheiten zur Prüfungspflicht

Die Pflicht zur Prüfung geht generell dahin, **ob die von der Auftraggeberseite kommende Planung zur Verwirklichung des geschuldeten Leistungserfolges geeignet ist** (BGH 10.7.1975 VII ZR 243/73 = BauR 1975, 420; OLG Dresden BauR 2003, 262; für die Statik OLG Schleswig IBR 1999, 575-*Schröder* 1999, 575). Mit zu den grundsätzlichen Prüfungspflichten des Auftragnehmers im Bereich der vorgesehenen Art der Ausführung gehören **im Normalfall** auch Fragen der **Gründungsverhältnisse.** Allerdings ist deren Klärung – ebenso wie das Nachfolgende – in erster Linie Sache des planenden Architekten oder des vom Auftraggeber hinzugezogenen Grundbaufachmannes, in Einzelfällen auch des Statikers. Den Prüfungspflichten unterfallen auch Fragen der Ausschachtung, der **Grundwasserverhältnisse,** der **Genehmigungsfähigkeit** bestimmter **spezieller Baumaßnahmen** (z.B. der Anbringung eines Holzfußbodens in einem Tanzlokal, vgl. BGH 21.3.1968 VII ZR 4/66) der Art und Weise der **Durchführung im Rahmen der konstruktiven Planung,** wie Tragfähigkeit, Stärken, Standfestigkeit, vor allem im Hinblick auf die dem Auftragnehmer erkennbare vorgesehene Nutzung (vgl. BGH 19.1.1989 VII ZR 87/88 = BauR 1989, 467 in Bezug auf die Stärke einer Betonschutzplatte auf einem Parkdeck), der **Wasserdichtigkeit,** der **Erprobung neuer Bauweisen,** dabei insbesondere auch die Verwendung von Materialien einschließlich neuartiger Werkstoffe, gegebenenfalls durch Erkundigung bei einer fachkundigen Stelle (vgl. BGH 22.3.1984 VII ZR 286/82 = BGHZ 90, 354 = BauR 1984, 401) der **Gebrauch neuartiger Geräte** usw. Zum Letzteren hat der BGH (19.9.1958 VII ZR 164/57 = BB 1958, 1035 = Betrieb 1958, 1184) entschieden, dass zwar vom Auftragnehmer und seinem Gehilfen bei der Ingebrauchnahme neuartiger Geräte eine besondere Sorgfalt zu fordern sei, dass der Benutzer aber annehmen dürfe, der Lieferant habe ein so ausgiebig erprobtes Gerät auf den Markt gebracht, dass es genüge, sich mit der praktischen Handhabung gemäß der Gebrauchsanweisung vertraut zu machen (Analogie zu § 4 Nr. 3 VOB/B). Nach OLG Hamm (SFH Z 2.414 Bl. 37 ff.) hat der Auftragnehmer den Architekten des Auftraggebers auf die dem Bauwerk aus einer Fundierung auf drei verschiedenen Bodenarten (natürlich gelagerter Faulschiefer, aufgeschütteter Faulschiefer mit Lehm durchsetzt, Fels) drohenden Gefahren hinzuweisen. Wenn es im Auftragsschreiben heißt: »mech. Befestigung der Wärmedämmung im Randbereich«, so muss der Auftragnehmer auf Nr. 7.4 der Flachdachrichtlinien hinweisen, wonach eine mechanische Befestigung der Dacheindeckung die erste Dichtungsbahn einschließen muss (vgl. OLG Düsseldorf BauR 1994, 245). Bezieht sich der dem Auftragnehmer erteilte Auftrag auf die Verwendung thermisch nicht getrennter Trägerprofile für eine Atriumüberdachung zur Schaffung zusätzlichen Wohnraumes bzw. muss der Auftragnehmer mit Letzterem nach Sachlage rechnen, so muss er den Auftraggeber darauf hinweisen, dass dann bei niedrigen Außentemperaturen an den Profilen Schwitzwasser niederschlägt und abtropft (vgl. OLG Düsseldorf BauR 1994, 522). Auch unterliegt der Auftragnehmer der Hinweispflicht, wenn er Rohre zwar vertrags- und fachgerecht verlegt, mit Blick auf Lage und Anordnung der Rohre jedoch die einem Fachmann erkennbare Gefahr besteht, dass die Rohre einfrieren könnten (BGH Urt. v. 21.1.2003 X ZR 102/01 = IBR 2003, 188-*Weyer*; vgl. auch OLG Köln BauR 2003, 1730 für das Einfrieren einer nach Probebetrieb nicht entleerten Kaltwasserleitung). Auf notwendige Frostschutzmaßnahmen haben Architekt und die ausführende Rohrverlegungsfirma hinzuweisen (OLG Hamburg BauR 2001, 1627). Allerdings muss der Auftraggeber nach dieser Entscheidung seinerseits genügend häufig alle Gebäudeteile kontrollieren, wenn er die wasserführenden Anlagen nicht entleert. Heizungskontrollen im 2-Tages-Abstand sind bei Minus-Temperaturen ungenügend und rechtfertigen den Vorwurf der grob fahrlässigen Mitverursachung eines Wasserschadens. Dem Bauunternehmer kann im Einzelfall Planungsverantwortung zukommen, wenn er Vorschläge zur Bauausführung unterbreitet, die über die bloße Bedenkenanmeldung hinausgehen (OLG Celle BauR 2000, 1073 = IBR 2000, 68-*Schröder*).

23 Auch kann der Auftragnehmer in den vorangehend genannten Bereichen verpflichtet sein, **Angaben des Auftraggebers im Leistungsverzeichnis an Ort und Stelle** nachzuprüfen, vor allem wenn die Annahme gerechtfertigt ist, dass auf sie kein Verlass ist. Das trifft z.B. in Bezug auf Fundamenttiefen zu. Ebenso gilt dies, wenn für den Auftragnehmer als Fachmann erkennbar ist, dass im **Leistungsverzeichnis ein wesentliches Element fehlt,** wodurch u.U. sogar eine Gefahrenquelle für das Bauwerk geschaffen wird, wie z.B. bei Fehlen einer unbedingt notwendigen Position über das Isolieren alten Mauerwerks, auf dem aufgebaut werden soll (vgl. OLG Düsseldorf SFH Z 2.0 Bl. 11 ff.) oder bei Fehlen eines zum Trittschallschutz unbedingt erforderlichen Dämmstreifens zwischen Wand und Mörtelbett (BGH 9.2.1978 VII ZR 122/77 = BauR 1978, 222), oder bei unvollständiger Angabe der Boden- und Wasserverhältnisse (vgl. BGH 25.2.1988 VII ZR 310/86 = BauR 1988, 338 = NJW-RR 1988, 785). Gleiches gilt hinsichtlich des Hinweises, dass ein ordnungsgemäßer Außenanstrich an Fenstern nicht ohne Anstrich der Innenflächen und – falls nötig – Sanierung der Holzteile möglich ist, wenn der neue Außenanstrich nicht alsbald abblättern und reißen soll. Überhaupt trifft dies auf die Frage zu, ob nicht der Untergrund vor Aufbringung des Anstriches vorbehandelt werden muss. Ebenso muss der mit der Herstellung des Oberbelages auf Außenbalkonen beauftragte Auftragnehmer vor Beginn der Ausführung prüfen, ob der vorhandene Aufbau der Balkonfläche die nötige Abdichtung gegen Niederschläge gewährleistet und als Grundlage für den Oberbelag taugt.

Bei der Demontage von Abflussrohren in einem im Jahr 1990 bereits 20 Jahre alten Gebäude hat der Auftragnehmer grundsätzlich damit zu rechnen, dass es sich um Asbestzementrohre handelt, da sie als Fachunternehmerin grundsätzlich die Verpflichtung hat, Diskussionen in Fachkreisen betreffend ihren Arbeitsbereich zu verfolgen und sich auf dem laufenden Stand zu halten (OLG Celle Urt. v. 3.5.2001 13 U 186/00 = IBR 2002, 538-*Schulze-Hagen*; BGH Beschl. v. 13.6.2002 VII ZR 208/00, Revision nicht angenommen, sowie für ein 1904 errichtetes und 1975 mit Brandschutzwänden versehenes Gebäude: OLG Hamm Urt. v. 11.9.2002 25 U 66/01 = IBR 2002, 659-*Kieserling*). Die Prüfungs- und Fragepflicht entfällt nicht aufgrund Einschaltung eines Sonderfachmanns (OLG Celle a.a.O.).

Andererseits: Hat der Auftraggeber die betreffende Baumaßnahme ausgeschrieben und klar und eindeutig so verlangt, und entspricht dies dem anerkannten Stand der Technik, besteht für den Auftragnehmer keine Verpflichtung aus Nr. 3, da dies eine über den Rahmen des § 242 BGB hinausgehende Überspannung der an den Auftragnehmer zu stellenden Anforderungen wäre (entgegen OLG Frankfurt BauR 1983, 156; ablehnend zu OLG Frankfurt auch *Jagenburg* NJW 1982, 2412, 2415).

24 Zu der vorgesehenen Art der Ausführung gehört auch das **Vorschreiben von Stoffen oder Bauteilen vonseiten des Auftraggebers**. Eine Haftungseinschränkung nach § 13 Nr. 3 VOB/B kommt hier nur in Betracht, wenn die Stoffe oder Bauteile in einer Art und Weise vorgeschrieben werden, dass der Auftragnehmer **keinen Einfluss auf die Auswahl** mehr hat, wenn es also durch den Auftraggeber in einer eindeutigen, Befolgung heischenden Art und Weise geschieht (BGH 1.3.1973 VII ZR 82/71 = NJW 1973, 754 = BauR 1973, 188), was allerdings so häufig schon in der Leistungsbeschreibung erfolgt, dort insbesondere durch in »Befehlsform« ausgedrücktes Verlangen, wie z.B. »ist zu befestigen«, »sind vorgegeben«. In diesem Bereich ist die Erfüllung der Prüfungs- und Hinweispflicht des Auftragnehmers von Bedeutung. Das bloße Einverständnis des Auftraggebers mit einem bestimmten Baustoff, z.B. nach Bestellnummer, Farbe oder Bezugsquelle, genügt dafür noch nicht (BGH 22.5.1975 VII ZR 204/74 = BauR 1975, 421). Hierfür trägt der Auftragnehmer ohnehin die alleinige Verantwortung (BGH a.a.O.). Gleiches gilt, wenn sich der Auftragnehmer unverbindliche Anregungen oder Denkanstöße des Auftraggebers zueigen macht und in seine Ausführung übernimmt. Inwieweit eine Risikoverlagerung bei dem Vorschreiben von Materialen und Baustoffen auf den Auftraggeber in Betracht kommt, hängt darüber hinaus von der »**Anordnungstiefe**« ab (BGH 14.3.1996 VII ZR 34/95 = BauR 1996, 702 »Ausreißer«; OLG München IBR 2000, 16-*Schwenker*). Je spezieller die Anordnung ist, desto weiter reicht die Freistellung des Auftragnehmers von seiner Gewährleistungspflicht. Sucht der Auftraggeber von einem Baustoff, etwa Steinen, eine bestimmte einzelne Partie selbst aus, so wird er für Mängel dieser konkreten Steine ebenso zu haften haben, als hätte er den Stoff seinerseits geliefert. Bestimmt der Auftraggeber dagegen nur generell, welcher Stoff verwendet werden soll, dann muss er lediglich auf dieser allgemeineren Ebene das Risiko für Mängel übernehmen. Er hat nur dafür einzustehen, dass der Stoff generell für den vorgesehenen Zweck geeignet ist. Das darüber hinausgehende Risiko bleibt beim Auftragnehmer. Dieser muss für einen trotz genereller Eignung des Stoffes im Einzelfall auftretenden Fehler weiterhin einstehen (BGH a.a.O.). Soweit der Auftragnehmer also nach diesen Grundsätzen ohnehin einstandspflichtig ist, kann er sich durch einen Bedenkenhinweis gegenüber dem Auftraggeber von seiner Verantwortung nicht befreien.

Hat der **Auftragnehmer selbst das Leistungsverzeichnis aufgestellt** und führt er das aus, was er hiernach von sich aus angeboten hat, ist er für dessen Ordnungsgemäßheit **nach § 4 Nr. 2 VOB/B ohnehin verantwortlich; darauf ist nicht erst Nr. 3 anwendbar**, da sie nur den Fall im Auge hat, dass der Auftragnehmer das ausführt, was ihm **vom Auftraggeber vorgeschrieben** worden ist (vgl. BGH 13.1.1975 VII ZR 139/73 = BauR 1975, 276; 8.7.1982 VII ZR 314/81 = BauR 1983, 70 = NJW 1983, 875; OLG Düsseldorf BauR 1997, 475; nicht hinreichend beachtet von BGH 9.2.1995 VII ZR 143/93 = BauR 1995, 538 = NJW-RR 1995, 914, der auch hier von einer Prüfungs- und Hinweispflicht ausgeht). Gleiches gilt, wenn der Auftragnehmer im Rahmen **funktionaler Leistungsbeschreibung** Detailplanungsaufgaben übernimmt und selbst Entscheidungen über Art und Weise der Herbeiführung des funktional beschriebenen Leistungsziels trifft. Jedoch ist eine Hinweispflicht des Auftragnehmers wiederum geboten, wenn die **Ordnungsgemäßheit seiner Leistung von bestimmten bauseits zu erbringenden Vorleistungen abhängt** (vgl. OLG Düsseldorf BauR 1994, 762 für das Aufbringen einer Oberflächenbeschichtung, die es dem Auftraggeber ermöglichen soll, in dem betreffenden Bereich Farben und Lacke unter Einhaltung der Vorschriften über den Gewässerschutz zu lagern). **25**

3. Fortdauernde Prüfungspflicht

Die **Prüfungs- und Hinweispflicht** des Auftragnehmers hinsichtlich der vorgesehenen Art der Ausführung **erschöpft sich grundsätzlich nicht in einer ersten Prüfung und einem ersten Hinweis. Auch dann,** wenn der Auftraggeber einen nach der ersten Prüfung gegebenen **Hinweis befolgt,** ist der Auftragnehmer gehalten, **erneut** zu prüfen, ob die nunmehr auf seine Bedenken hin geänderte Art der Ausführung **geeignet ist, die ihm in Auftrag gegebene Bauleistung mangelfrei zu erstellen** (BGH 29.11.1973 VII ZR 179/71 = NJW 1974, 188 = BauR 1974, 128). Hat er wiederum Bedenken oder **muss er solche haben,** muss er den Auftraggeber darauf **hinweisen,** um sich von seiner jetzt wiederum neu gegebenen Verpflichtung nach § 4 Nr. 3 VOB/B zu entlasten. Voraussetzung ist dann allerdings auch hier, dass der Auftragnehmer den erneuten Planungsmangel nach den bei ihm vorauszusetzenden Fachkenntnissen erkennen konnte (siehe auch KG Urt. v. 23.1.2002 26 U 70/01 = IBR 2002, 247); dass dies nicht der Fall war, muss **er** gegebenenfalls **beweisen**. **26**

4. Prüfungspflicht unabhängig von Verantwortlichkeit des Auftraggebers nach Nr. 3, letzter Halbsatz

Der **Auftragnehmer muss** im Rahmen der bei ihm als Fachmann vorauszusetzenden Fachkenntnisse grundsätzlich die vorangehend Rn. 24 ff. umrissenen **Angaben und Anordnungen des Auftraggebers nachprüfen und** ihm entsprechende **Bedenken mitteilen.** Dieser Pflicht ist er nicht schon dadurch enthoben, dass er eine gewisse, nach den Umständen des Falles notwendige Maßnahme als unwirtschaftlich oder ortsüblich ansieht. Insofern muss der fachkundige Auftragneh- **27** mer auch auf eine kostengünstigere Sanierungsmaßnahme hinweisen, wenn dadurch mit Sicherheit das gleiche, dauerhafte Leistungsziel erreicht wird; geboten kann auch der Hinweis auf einen besonderen Pflegeaufwand für das vom Besteller ausgewählte Material sein, insbesondere wenn dieser beträchtlich höher ist als derjenige für ein technisch gleichwertiges Material, der Auftragnehmer im Gegensatz zum Auftraggeber über diese Kenntnis aufgrund seiner besonderen Fachkunde verfügt und sich ihm aufdrängen muss, dass die Pflegekosten für den vom Auftraggeber vertraglich vorausgesetzten Gebrauch der Werkleistung eine besondere Rolle spielen (vgl. OLG Hamm OLGR Hamm 1997, 66, wo die Hinweispflicht allerdings verneint wurde). Für einen etwa hier erhobenen Schadensersatzanspruch ist der Auftraggeber allerdings in vollem Umfang darlegungs- und beweispflichtig (OLG Hamm OLGR Hamm 1994, 256 hinsichtlich der Innen- statt Außenisolierung einer unterkellerten Garage gegen Feuchtigkeit).

Vor allem wird die Prüfungs- und Mitteilungspflicht **nicht schon durch den letzten Halbsatz in Nr. 3 ausgeräumt,** wonach der Auftraggeber für seine Angaben, Anordnungen oder Lieferungen (gegebenenfalls über § 278 BGB) verantwortlich bleibt. Die insoweit angesprochene **Verantwortlichkeit** ist nicht eine Frage der Prüfungs- und Mitteilungspflicht **als solcher,** sondern eine **Frage der Haftung.** Damit wird in Nr. 3, letzter Halbsatz, **lediglich** zum Ausdruck gebracht: Wird die Verpflichtung des Auftragnehmers verletzt, so kann dadurch eine **Minderung der Haftung des Auftraggebers** eintreten, wenn den Auftragnehmer wegen der Unterlassung ein **Mitverschulden** nach § 254 BGB trifft (vgl. dazu Rn. 75 ff.; weiter siehe: OLG Stuttgart BauR 1995, 850 für den Fall der nicht ordnungsgemäßen Planung von Außendämmmaßnahmen, die auch der Auftragnehmer hätte erkennen müssen; OLG Düsseldorf NZBau 2001, 398 bzgl. der Hinweispflicht des Gartenbauunternehmers auf fehlerhafte Architektenplanung; OLG Celle BauR 2002, 812 für die Bedenkenanmeldung des Zimmererunternehmers über Planungsfehler des Statikers; OLG Oldenburg IBR 2001, 418-*Hickl*, wonach eine geringfügige Mitverantwortung des Auftragnehmers selbst bei unterlassener Prüfung entfallen kann, wenn das Verschulden des Auftraggebers überwiegt).

5. Wegfall der Prüfungspflicht

28 Eine **Befreiung des Auftragnehmers** von seiner Verpflichtung zur **Nachprüfung kommt in erster Linie in Betracht,** wenn er bereits im Rahmen der Generalklausel in Nr. 2 Abs. 1 keine Verpflichtung hat, weil der Auftraggeber, i.d.R. nach § 278 BGB, über seinen Erfüllungsgehilfen (Architekt, Statiker) selbst einzustehen hat. Denn die **Prüfungs- und Mitteilungspflicht nach Nr. 3 geht nicht über den für die Leistungspflicht des Auftragnehmers nach Nr. 2 maßgebenden Rahmen hinaus.** Insoweit reicht für eine **Befreiung des Auftragnehmers** jedoch mit Sicherheit **noch nicht das bloße Fehlen erforderlicher Angaben in der Ausschreibung oder in den Ausführungszeichnungen,** wie z.B. das Fehlen von Dämmstreifen zwischen Wand und Mörtelbett/Bodenplatten zum Zwecke des Schallschutzes bei Fußbodenbelag auf schwimmendem Estrich (BGH 9.2.1978 VII ZR 122/77 = BauR 1978, 222). Für den Umfang der Prüfungspflicht des Auftragnehmers sind gerade hier vor allem die bei ihm **im konkreten Fall abzuverlangenden Kenntnisse maßgebend,** und zwar im Hinblick auf den bei ihm vorauszusetzenden allgemeinen sowie nach seiner besonderen Ausbildung anzusetzenden weiteren neueren Wissensstand. So muss ein Auftragnehmer, der graduierter Ingenieur, Architekt, Maurer- und Zimmermeister, Bauunternehmer und öffentlich bestellter und vereidigter Sachverständiger für den allgemeinen Hochbau ist, wissen, dass sich ein ungeschützter Leichtbeton-Gefälleestrich, der sich unter mit offenen Fugen verlegten Betonplatten befindet, mit Niederschlagswasser vollsaugt; er muss auch wissen, dass wasserdurchtränkte Gefälleestriche, die sich unterhalb der mit offenen Fugen verlegten Terrassenplatten befinden, Unzulänglichkeiten vieler Art mit sich bringen, dass somit der nach den Anordnungen des Architekten erstellte Terrassenaufbau zwangsläufig zu einer mangelhaften Werkleistung führen würde; das zu erkennen bedarf nicht der Spezialkenntnisse von Isolierungsfirmen (BGH 18.12.1980 VII ZR 43/80 = BGHZ 79, 180 = BauR 1981, 201). Darüber hinaus **muss der Auftragnehmer auch dann, wenn er kein Handwerksmeister,** son-

dern Kaufmann ist, die Kenntnisse haben, die erforderlich sind, um die von ihm vertraglich übernommene Leistung sachgerecht ausführen zu können. Das trifft z.B. auf einen Kaufmann zu, der sich mit der »Planung, Beratung, Herstellung« von »Wintergartenüberdachungen« befasst und unter dieser Bezeichnung im Geschäftsverkehr auftritt; dieser muss wissen, dass die Unterkonstruktion in Dachsparren aus gewöhnlichem Bauholz für Überdachungen durch in Leichtmetallprofilen einzufassende Glasscheiben nicht ohne nähere Prüfung geeignet ist (vgl. OLG Düsseldorf NJW-RR 1993, 405). Gleiches gilt im Hinblick auf nach dem jeweiligen Stand anerkannte und technisch gesicherte Konstruktionen (wie z.B. eines Flachdaches) oder ein nach dem technischen Stand beherrschtes Verfahren (wie z.B. der Brückenbau mittels Vorschubrüstung) oder ein generell geeignetes Material (vgl. OLG Frankfurt BauR 1983, 156). Andererseits kann man hier – allerdings ausgerichtet nach dem jeweiligen Einzelfall – **ausnahmsweise** von einer **stillschweigenden Risikoübernahme** durch den Auftraggeber bei noch nicht technisch voll ausgereifter Konstruktion oder Ausführungsweise oder bei vorgeschriebener Verwendung noch nicht ausreichend erprobten Materials sprechen (OLG Frankfurt a.a.O.). Jedoch ist auch dann dem Auftragnehmer jedenfalls ein Hinweis auf die bisher noch nicht ausreichende Erfahrung abzuverlangen, **falls er in zumutbarer Weise unsicher sein muss,** was in dem vom OLG Frankfurt entschiedenen Fall nach dem in den Entscheidungsgründen zugrunde gelegten Sachverhalt – unabhängig von der dort wirklich gegebenen Sachlage – kaum vorgelegen haben dürfte (vgl. dazu auch *Jagenburg* NJW 1982, 2412, 2415). Außerdem hat der Auftragnehmer auch dann keine Hinweispflicht, wenn er unter Zugrundelegung des ihm abzufordernden Fachwissens nicht in der Lage ist, die fehlerhafte Angabe des Auftraggebers zu erkennen, was nicht **zuletzt auch bei ihm vom Auftraggeber vorgeschriebenen Stoffen oder Bauteilen der Fall sein kann.** Vgl. hierzu OLG Düsseldorf (NJW-RR 1993, 1433) im Hinblick auf Vertikalrisse an Schalungssteinen im Bereich von Fensterbrüstungen, die auf einem Systemfehler beruhen, der Bauunternehmern nur wenig bekannt ist, zumal wenn der Auftragnehmer sich von einem Fachberater des Herstellers hat beraten lassen und dessen Hinweise beachtet hat.

Eine **Prüfungs- und Mitteilungspflicht entfällt weiter,** wenn sich der Auftragnehmer darauf verlassen kann, dass der **fachkundige Auftraggeber** selbst oder durch seinen **bauleitenden Vertreter (Architekt)** die erforderliche **Prüfung tatsächlich angestellt hat** und seine Angaben oder Anordnungen auf dem Ergebnis dieser Prüfung beruhen (OLG Frankfurt BauR 2003, 1727). Dann **kann die Anwendung von § 4 Nr. 3 VOB/B vertraglich ausgeschlossen** sein (vgl. BGH SFH Z 2.400 Bl. 54). **Voraussetzung** ist allerdings, **dass der Auftragnehmer von diesen Prüfungen und dem fachlich als zufriedenstellend ausgefallenen Ergebnis weiß oder den Umständen nach mit Sicherheit davon ausgehen kann.** **29**

Dem entspricht die Entscheidung des BGH v. 9.4.1959 (VII ZR 99/58 = SFH Z 2.410 Bl. 18 ff.) in der zum Ausdruck gebracht wird, dass der Auftragnehmer mit dem Aufbringen des Lackanstrichs auf den Werkanstrich des Stahls nicht gegen § 4 Nr. 3 VOB/B verstößt, wenn er die zufriedenstellenden Ergebnisse praktischer Versuche kennt, die der Architekt durch den Lieferanten des Kunstharzlackes hatte durchführen lassen.

Allerdings kann man grundsätzlich den **Auftragnehmer nur entlasten, wenn der Auftraggeber und/oder sein Bevollmächtigter** (z.B. der Architekt) **erkennbar hinreichend fachlich in der Lage** sind, die **Unzulänglichkeiten und Abweichungen** von der an sich notwendigen Art der Ausführung **zu erkennen** (ebenso BGH 30.6.1977 VII ZR 325/74 = BauR 1977, 420 = NJW 1977, 1966). **30**

Das wird z.B. häufig nicht der Fall sein, wenn es sich um eine Bauleistung handelt, die ihrer Natur nach von einer **ausgesprochenen Fachfirma** zu erbringen ist, wie z.B. der Einbau von besonderen Schaufensterkonstruktionen im Hinblick auf die spätere Wasserdichtigkeit der Fenster (vgl. dazu BGH 2.5.1963 VII ZR 221/61 = BGHZ 39, 189 = NJW 1963, 1451), Abdichtungsarbeiten einer Spezialfirma (OLG Düsseldorf SFH Z 2.414 Bl. 132 ff.) oder die Errichtung von Schwimmhallen (OLG Düsseldorf SFH Z 2.410 Bl. 43 ff.). Gleiches gilt bei Natursteinplattenverlegung im Hinblick auf die Beachtung erforderlicher Schallschutzmaßnahmen (Anbringung von Dämmstreifen zwischen

VOB/B § 4 Nr. 3 Prüfungs- und Anzeigepflicht des Auftragnehmers und ihre Auswirkungen

Wand und Mörtelbett/Bodenplatten), selbst bei fehlerhaften Anordnungen eines Sonderfachmannes für Schallschutz (BGH 9.2.1978 VII ZR 122/77 = BauR 1978, 222). Ebenso unterliegt der Treppenbauer einer Hinweispflicht und schließlich der (alleinigen) Haftung, wenn die fehlerhafte Architektenplanung offenkundig ist und er dennoch die Arbeiten nach Plan ausführt (OLG Bamberg IBR 2003, 13-*Luz*). Anders kann es dagegen liegen, wenn der Auftragnehmer z.B. Leichtmetallbleche in einer genau bezeichneten Legierung angeboten und ausdrücklich darauf hingewiesen hat, er setze voraus, dass eine Statik bauseits vorliege, der zweifelsfrei fachkundige Auftraggeber das Angebot widerspruchslos hinnimmt und darauf den Auftrag erteilt; dann kann der Auftragnehmer davon ausgehen, dass die Bleche, die auf einer vom Auftraggeber selbst hergestellten Unterkonstruktion anzubringen sind, vertragsgerecht sind (vgl. BGH 26.2.1981 VII ZR 287/79 = BauR 1981, 284 = ZfBR 1981, 139).

Erhält der Auftragnehmer einer Bauleistung nur die Genehmigungsplanung (1:100) sowie die Pläne des Statikers, nicht jedoch die Ausführungspläne, kann er davon ausgehen, dass er nach den Plänen des Statikers bauen soll (OLG Düsseldorf BauR 2000, 1339). Er unterliegt nicht einer Prüfungspflicht hinsichtlich der Pläne auf Übereinstimmung mit der Genehmigungsplanung.

Nach Auffassung des BGH (Urt. v. 19.12.2002 VII ZR 103/00 = BauR 2003, 689) kann ein Bedenkenhinweis gegenüber der Architektenplanung nur dann zur Haftungsfreistellung des Auftragnehmers führen, wenn die **vertragliche Planung** des Architekten fehlerhaft ist. Ordnet der Architekt gegenüber der vereinbarten Planung vertragswidrige Änderungen der Planung an, entlastet ein Bedenkenhinweis den Auftragnehmer regelmäßig nicht von der Haftung für eine Bauausführung, die von der vereinbarten Planung abweicht. Eine Haftung resultiert dann aber nicht aus einem Verstoß gegen § 4 Nr. 3 VOB/B, sondern weil von der vereinbarten Planung abgewichen und ein mangelhaftes Werk erstellt wurde (BGH a.a.O.).

31 Andererseits geht eine dem mit der Planung und Objektüberwachung beauftragten **Architekten** grundsätzlich **obliegende Erkundigungspflicht zu Lasten des Auftraggebers,** so dass bei einer Verletzung dieser Pflicht möglicherweise eine Entlastung des Auftragnehmers eintritt oder jedenfalls ein auf das Konto des Auftraggebers gehendes **erhebliches oder überwiegendes Mitverschulden** vorliegt. Ein Verschulden des Architekten und damit des Auftraggebers kann insofern vor allem gegeben sein, wenn es der Architekt unterlässt, sich über die Beschaffenheit eines bestimmten Baustoffes zu orientieren (zur Abgrenzung der Haftung von Bauunternehmer und Architekt vgl. OLG Braunschweig SFH Z 3.01 Bl. 268 ff. und OLG Düsseldorf NJW-RR 1993, 405, 406).

6. Ausnahmsweise keine Prüfungspflicht bei Verzicht des Auftraggebers

32 Auf die Prüfungs- und Anzeigepflicht kommt es nicht an, wenn der Auftraggeber auf seine Mängelrechte gegenüber dem Auftragnehmer für dessen Ausführung, die auf auftraggeberseitigen Planungsvorgaben oder sonstigen Anordnungen beruht, verzichtet hat. Im Falle des Auftretens von Mängeln kann der Auftraggeber dann nicht mehr verantwortlich gemacht werden, weil ein Haftungsausschluss zu seinen Gunsten eingetreten ist. Das ist aber nur der Fall, wenn sich der Auftraggeber **inhaltlich zweifelsfrei** mit einem **Haftungsverzicht einverstanden** erklärt hat. Liegt ein solches Einverständnis nicht vor, bleibt dem Auftragnehmer nur der auch für solche Fälle maßgebende Weg der Anzeige nach § 4 Nr. 3 VOB/B. Diese Gesichtspunkte sind im Urteil des OLG Düsseldorf vom 26.7.1957 (SFH Z 2.414 Bl. 31 ff.) enthalten, in dem ausgeführt ist, dass eine Haftungsbefreiung aus Feuchtigkeitsschäden am Holzwerk für den Auftragnehmer erst eintritt, wenn er für die trotz erkannter Gefahr ausgeführte Bauleistung einen Verzicht des Auftraggebers auf Ansprüche bei Eintritt des vorausgesagten Schadens erwirkt hat.

7. Vereinbarung einer über Nr. 3 hinausgehenden Prüfungspflicht

Eine **Vereinbarung** zwischen Auftragnehmer und Auftraggeber kann auch zum **umgekehrten Ergebnis** führen. Es ist möglich, dass sich der Auftragnehmer durch **individualvertragliche** Abrede im Bauvertrag oder nachträglich zu einer Prüfung verpflichtet, die **über** den **nach Nr. 3 gegebenen Rahmen hinausgeht**. Das gilt vor allem, wenn der Auftragnehmer selbst nicht Fachmann auf dem Prüfungsgebiet ist, man ihm also unter normalen Umständen eine solche Verpflichtung nach Nr. 3 nicht unterstellen würde. Hiermit befasst sich die Entscheidung des OLG Düsseldorf vom 15.11.1957 (SFH Z 2.410 Bl. 13 ff.), in der zum Ausdruck gekommen ist: Wenn es der Auftragnehmer vertraglich übernimmt, die im **Leistungsverzeichnis** aufgeführten Bauarbeiten und Stofflieferungen – hier: Isolierungen des aufstehenden Mauerwerks – auf ihre Notwendigkeit und Vollständigkeit zu überprüfen, haftet er bei Nichtbeachtung dem Auftraggeber gemäß § 4 Nr. 3 VOB/B für Mängel, die sich aus technisch unsachgemäßen Anordnungen des Auftraggebers, **selbst wenn dieser Dachdeckermeister** ist, ergeben. Es ist also dann unwesentlich, wenn der Auftraggeber selbst Baufachmann ist, weil die vertragliche Verpflichtung allein den Auftragnehmer trifft und er deswegen nicht entlastet werden kann (für den Bereich Allgemeiner Geschäftsbedingungen nach § 305 ff. BGB vgl. jedoch oben Rn. 1 ff., vor allem Rn. 4).

33

II. Bedenken wegen der Sicherung gegen Unfallgefahren

1. Zunächst eigene Prüfungspflicht des Auftragnehmers nach Nr. 2 Abs. 1 S. 2

Gemäß Nr. **2 Abs. 1 S. 2** ist der Auftragnehmer ohnehin für die **Einhaltung der gesetzlichen, behördlichen** sowie sonstigen einschlägigen **Bestimmungen verantwortlich**. Darunter fallen **insbesondere auch** die Vorschriften und Maßnahmen zur **Unfallverhütung**. Es handelt sich insofern allerdings nur um solche **Unfallverhütungsmaßnahmen**, die in **ursächlichem Zusammenhang mit der eigenen vertraglichen Bauleistung des Auftragnehmers** stehen, vor allem auch, wenn von ihm bzw. seinen Arbeitnehmern Geräte, Gerüste, Maschinen usw. nur mitbenutzt werden. Eine darüber hinausgehende Verpflichtung würde die vertragliche Hauptleistungspflicht des Auftragnehmers überschreiten.

34

Anders ist es, wenn eine über diese Verpflichtung **hinausgehende Prüfungspflicht ausdrücklich vertraglich vereinbart** worden ist, vgl. z.B. Sicherungsmaßnahmen zur Unfallverhütung für Leistungen anderer Unternehmer (vgl. dazu DIN 18 299, Abschnitte 0.2.4 und 4.2.2). Auch darf es nicht unbeachtet bleiben, dass **Überschneidungen** vorkommen können, die ihre **Auswirkungen zu Lasten des Auftragnehmers** haben. Das ist z.B. bei **gemeinschaftlich benutzten** Maschinen, Materialien, Gerüsten usw. der Fall. Dann hat jeder der beteiligten Auftragnehmer die **gesamte Prüfungspflicht,** weil sich die Erfüllung ihrer vertraglichen Hauptleistungspflicht nur auf dem Wege der gemeinschaftlichen Inanspruchnahme oder Benutzung erreichen lässt.

35

2. Prüfungspflicht hinsichtlich der dem Auftraggeber obliegenden Sicherungsmaßnahmen nach Nr. 3

Die in Nr. 3 geregelte **Prüfungspflicht** des Auftragnehmers **bezieht sich hiernach über Nr. 2 Abs. 1 S. 2 hinaus auf die Sicherungsmaßnahmen** gegen Unfallgefahren, die **vom Auftraggeber vorgenommen oder angeordnet** worden sind oder den Umständen nach angeordnet werden müssen. Für seine **eigenen Maßnahmen** ist der **Auftragnehmer ohnehin prüfungspflichtig und** von vornherein **haftbar,** wie aus Nr. 2 Abs. 1 S. 2 und – hinsichtlich seiner Arbeitnehmer – aus Nr. 2 Abs. 2 folgt. Deshalb kommt auch eine Anzeigepflicht des Auftragnehmers hinsichtlich ihm obliegender **eigener** derartiger Maßnahmen nach Nr. 3 **nicht** in Betracht, zumal insoweit zu seinen Gunsten weder ein Haftungsausschluss noch eine Haftungsbeschränkung möglich ist.

36

VOB/B § 4 Nr. 3 Prüfungs- und Anzeigepflicht des Auftragnehmers und ihre Auswirkungen

37 Bei der hier allein erörterten Prüfung der **Unfallverhütungsmaßnahmen aus dem Bereich des Auftraggebers** durch den Auftragnehmer ist zu denken an die Pflichten, die dem Auftraggeber als **Grundstückseigentümer** kraft Gesetzes dritten Personen gegenüber obliegen, wozu auch die Arbeitnehmer des Auftragnehmers zählen können. Zu erwähnen ist insbesondere die **Verkehrssicherungspflicht auf dem Grundstück** (vgl. hierzu *Korbion/Scherer* Gesetzliches Bauhaftungsrecht – Bauliches Nachbarrecht).

38 Zu den Pflichten, die den Auftraggeber kraft Gesetzes treffen, können weiter die **Pflichten nach der BaustellV** gehören. Die BaustellV dient der wesentlichen Verbesserung von Sicherheit und Gesundheitsschutz der Beschäftigten auf Baustellen, vgl. § 1 Abs. 1 BaustellV. Die Pflichten nach der BaustellV, also die Umsetzung der dort vorgesehenen Maßnahmen zur Verbesserung des Gesundheitsschutzes – z.B. Erstellung und ggf. Anpassung des SIGE-Plans oder Bestellung eines Koordinators –, hat nach § 4 BaustellV der Bauherr wahrzunehmen, es sei denn, er beauftragt einen Dritten, diese Maßnahmen in eigener Verantwortung zu treffen. Der Auftraggeber kommt also als Adressat des Pflichtenkreises nach der BaustellV in Betracht, wenn er entweder Bauherr oder beauftragter Dritter ist. Ein zentraler Gedanke der BaustellV ist die präventive Planung, die Installation und Koordination von gewerkeübergreifenden Sicherheitsmaßnahmen für Baustellen, auf denen gleichzeitig oder nacheinander die Beschäftigten mehrerer Arbeitgeber tätig sind, egal, ob diese als Haupt-, Neben- oder Subunternehmer auftreten. Gerade durch das Zusammenwirken unterschiedlicher Auftragnehmer zur Herstellung des Gesamtbauvorhabens und der damit zwangsläufig verbundenen Arbeitsnähe ergibt sich zusätzliches Gefahrenpotenzial für den ohnehin schon gefahrgeneigten Bereich der Baustelle. Hinzu kommt, dass Schutzmaßnahmen von den einzelnen Auftragnehmern untereinander nur schwer abgestimmt werden können, wodurch die Gefahr von Sicherheitsdefiziten wächst (vgl. *Kollmer* Baustellenverordnung § 1 Rn. 25 ff.). Es war deshalb geboten, den Sicherheits- und Gesundheitsschutz zentral zu organisieren. In diesem Bereich spielt die Prüfungs- und Hinweispflicht des Aufragnehmers wegen der Sicherung gegen Unfallgefahren eine besondere Rolle. Zwar hat der einzelne Auftragnehmer nicht das gesamte Sicherungskonzept zu überprüfen; § 4 Nr. 3 macht ihn nicht zum »Subkoordinator«. Seine Pflicht nach Nr. 3 setzt aber dort ein, wo durch zentrale, gewerkeübergeordnete Sicherungsmaßnahmen sein konkreter Leistungsbereich betroffen ist. Dies wird etwa zu gelten haben, wenn von dem Auftraggeber oder dem von diesem bestellten Koordinator Sicherungsmaßnahmen angeordnet werden, die sich für das spezielle Gewerk des Auftragnehmers als untauglich, unzureichend oder sogar gefährlich erweisen. Dies gilt weiter und insbesondere auch dann, wenn der Auftragnehmer aufgrund vertraglicher Vereinbarungen zentral oder von einem anderen Unternehmer beigestellte Hilfsmittel benutzt, die einer besonderen Sicherung bedürfen – z.B. Gerüste – ohne die hierfür vorgesehene Sicherung entweder allgemein oder für den Leistungsbereich des Auftragnehmers im Besonderen unzureichend gewährleistet. Verletzt der Auftragnehmer die ihm obliegende Prüf- und Hinweispflicht gegen die Sicherung von Unfallgefahren und entsteht dem Auftraggeber daraus ein Schaden, etwa weil er von einem Baustellenunfallopfer in Anspruch genommen wird, kommt eine Schadensersatzpflicht des Auftragnehmers in Betracht, wobei der Einwand des mitwirkenden Verschuldens (§ 254 BGB) nicht ausgeschlossen ist. Unberührt von seiner Pflicht nach Nr. 3 bleibt die auch schon vor Inkrafttreten der BaustellV bestehende Haftung des Auftragnehmers für alle von seinem Gewerk ausgehenden Gefahren und die Verletzung der diesbezüglichen Verkehrssicherungspflicht sowie die arbeitsvertraglichen Schutz- und Fürsorgepflichten gegenüber seinen eigenen Arbeitnehmern. Die BaustellV bezweckt eine wesentliche Verbesserung von Sicherheit und Gesundheitsschutz auf Baustellen. Sie ordnet deshalb durch ihre Maßnahmen etwas Zusätzliches insbesondere im Bereich der Sicherheitskoordination an und verlagert nicht nur die Verantwortungsbereiche.

III. Bedenken gegen die Güte der vom Auftraggeber gelieferten Stoffe oder Bauteile

1. Beschränkung auf vom Auftraggeber gelieferte oder vorgeschriebene Stoffe oder Bauteile

Über den im Bereich der VOB maßgebenden Begriff der Stoffe oder Bauteile vgl. § 1 VOB/A. Die hier im Rahmen von § 4 Nr. 3 VOB/B erfasste Prüfungspflicht bezieht sich **nur auf Fälle,** in denen **der Auftraggeber Stoffe oder Bauteile geliefert (beigestellt)** hat. Stellt dagegen der Auftragnehmer Stoffe oder Bauteile oder bezieht er sie von einem Lieferanten, wie es die Regel ist, muss er sie **ohnehin** auf ihre Tauglichkeit prüfen, weil er sonst Gefahr läuft, sich Gewährleistungsansprüchen des Auftraggebers ausgesetzt zu sehen, vgl. § 4 Nr. 6 und 7 VOB/B sowie § 13 Nr. 1 und 2 VOB/B. Dann entfällt eine besondere Mitteilungspflicht an den Auftraggeber, da der Auftragnehmer **ohnehin von sich aus Abhilfe zu schaffen hat.** Dies gilt selbst dann, wenn der Auftraggeber dem Auftragnehmer bestimmte Baustoffe vorschreibt, diese aber nur allgemein bezeichnet – etwa nach Fabrikat – und dieses Material generell für den vorgesehenen Zweck geeignet ist (BGH 14.3.1996 VII ZR 34/95 = BauR 1996, 702 »Ausreißer«; OLG München IBR 2000, 16-*Schwenker*). Auch in diesem Fall verbleibt das Risiko, dass das konkret verwendete Material trotz genereller Eignung Mängel aufweist, beim Auftragnehmer. Eine Risikoverlagerung auf den Auftraggeber tritt nur dann ein, wenn dieser eine ganz konkrete Materialanordnung trifft, wenn er von einem Baustoff, etwa Steinen, eine bestimmte einzelne Partie selbst aussucht und deren Verwendung anordnet. In diesem Fall haftet er für Mängel dieser konkreten Steine ebenso als hätte er den Stoff selbst geliefert. **39**

2. Grundsätzlich nur Prüfung im gewerblichen Rahmen

Der Auftragnehmer muss bei **Lieferung oder konkretem Vorschreiben** von Stoffen oder Bauteilen **durch** den **Auftraggeber** bedenken, dass er bei Unterlassen einer gebotenen Prüfung und Mitteilung ungeachtet einer etwaigen Haftung des Baustofflieferanten gegenüber dem Auftraggeber für die ordentliche Erfüllung der aus diesen Stoffen oder Bauteilen erstellten Leistung einzustehen und – nach der Abnahme – die Gewährleistung nach § 13 VOB/B zu übernehmen hat (vgl. BGH 23.6.1960 VII ZR 71/59 = NJW 1960, 1813). Die **Prüfung** nach Nr. 3, die auch der in § 13 Nr. 3 erwähnten Mitteilung zu Grunde liegt, hält sich im **gewerbüblichen Rahmen sowie auch im Rahmen der anerkannten Regeln der Technik,** wie z.B. durch äußere Prüfung der einzelnen angelieferten Bauplatten (OLG Stuttgart BauR 1975, 56), durch Nachmessen oder Abklopfen und sie geht im Allgemeinen nicht darüber hinaus (dazu auch BGH 19.9.1963 VII ZR 130/62 = SFH Z 2.410 Bl. 29). Zu weitergehenden »**besonderen Prüfungen**« besteht **im Allgemeinen** eine Verpflichtung des Auftragnehmers nur, wenn sie individualvertraglich zum Vertragsgegenstand gemacht worden sind. **40**

Dabei richtet sich der **Umfang** der Prüfungspflicht nach den Umständen des Einzelfalles. Handelt es sich beim Auftraggeber z.B. um ein Wohnungsbauunternehmen, das Dachziegel zur Verfügung stellt, und sind die gleichen Ziegel für diesen Auftraggeber bereits bei einer Mehrzahl von Bauten über eine längere Zeit verwendet worden, kann sich der Auftragnehmer im Allgemeinen auf die Ordnungsgemäßheit der Ziegel ohne intensivere Prüfung verlassen. Anders liegt es, wenn er von der Wasserdurchlässigkeit der Ziegel weiß (BGH VersR 1961, 405). Grundsätzlich braucht der Auftragnehmer aber nicht noch gesondert zu prüfen, wenn es sich um vorgeschriebene Stoffe oder Bauteile handelt, mit denen der Auftraggeber bereits Erfahrungen gemacht hat, die der Auftragnehmer nicht haben kann (BGH Betrieb 1961, 569). Das bloße Vorhandensein von **Prüf- oder Gütezeichen** macht die Prüfung durch den Auftragnehmer allerdings noch nicht entbehrlich, wenn sie hier auch grundsätzlich schwächer sein darf, weil im Allgemeinen davon auszugehen ist, dass die betreffenden Stoffe oder Bauteile einer besonderen Überwachung bei der Herstellung unterworfen waren. **41**

Der Auftragnehmer hat allerdings ausnahmsweise dann eine **besondere Prüfungspflicht,** wenn **neuartige Bauweisen oder die Verwendung neuartiger Baustoffe oder Bauteile** vom Auftraggeber gefordert werden. Dann muss er unbedingt über den neuesten Stand auf seinem Fachgebiet Bescheid **42**

VOB/B § 4 Nr. 3 Prüfungs- und Anzeigepflicht des Auftragnehmers und ihre Auswirkungen

wissen, notfalls muss er zur Information bei geeigneten Stellen Erkundigungen einziehen. Keinesfalls darf er sich auf das verlassen, was vom Auftraggeber oder dessen Architekten bereitgestellt oder verlangt wird. Eine **verstärkte Prüfungspflicht** hat der Auftragnehmer **auch dann**, wenn der Hersteller eines vorgeschriebenen Baustoffes als technisch nicht hinreichend zuverlässig gilt oder wenn sonst begründete Zweifel an der Eignung des Materials bestehen.

43 **Allgemein** ist die **Prüfungspflicht** des Auftragnehmers auf die Prüfung von Stoffen oder Bauteilen hinsichtlich deren **Brauchbarkeit für die zu erstellende Bauleistung beschränkt.** Er braucht dem Auftraggeber grundsätzlich auch keine »Gebrauchsanleitung« zur sachgerechten Verwendung oder Pflege der Leistung **nach** deren ordnungsgemäßer Erstellung zu geben, wenn nicht besondere Umstände des Einzelfalles eine andere Folgerung rechtfertigen (so mit Recht LG Düsseldorf Urt. v. 15.9.1972 14 S 155/72 hinsichtlich der Bestreuung von Betonwerkstein mit Viehsalz). Auch können sich derartige Aufklärungs-, Hinweis- oder Beratungspflichten ohne weiteres – ausgesprochen oder unausgesprochen – aus dem Vertrag ergeben, wozu auch die beim VOB-Vertrag auch die VOB/C zählt. So ist etwa nach DIN 18 356 – Parkettarbeiten – Abschnitt 3.4.4 dem Auftraggeber eine Pflegeanweisung auszuhändigen. Die Prüfungspflicht des Unternehmers entfällt nicht dadurch, dass er den Auftraggeber darauf hinweist, von welcher Beschaffenheit die zu liefernden Baustoffe zu sein haben. Nach BGH 14.9.1999 VII ZR 89/97 (BauR 2000, 262 = NJW 2000, 280) besteht eine Prüfungspflicht regelmäßig unabhängig davon, ob der Unternehmer dem Besteller einen Hinweis über die benötigte Beschaffenheit gegeben oder der Besteller es übernommen hat, sich um die nötige Beschaffenheit zu kümmern. Auch ein detaillierter Beschaffenheitshinweis ändert an der Prüfungspflicht des Auftragnehmers nichts, ob die zur Verfügung gestellten Stoffe die geforderten Beschaffenheitsmerkmale tatsächlich aufweisen (BGH a.a.O.). Umgekehrt treffen auch den Auftraggeber allgemeine vertragliche Treue- und Fürsorgepflichten gegenüber seinem Vertragspartner. Aus diesem Grund kann auch der Auftraggeber gehalten sein, den Auftragnehmer zu informieren, wenn er weiß oder sich ihm aufdrängen muss, dass das bereitgestellte Material nicht die geforderte Beschaffenheit aufweist. Der Auftraggeber hat, wenn er von Gefahren weiß, die Pflicht durch geeignete Handlungen den Eintritt der Gefahr zu vermeiden (BGH a.a.O.).

3. Zeitpunkt der Prüfung

44 Der **Zeitpunkt der Prüfung** wird im Wesentlichen durch die Art der vom Auftraggeber gelieferten Stoffe oder Bauteile sowie ihre **beabsichtigte Verwendung** bestimmt. In der Regel wird die Prüfung **nach Anlieferung vor der Verarbeitung** erforderlich sein, sie kann aber ausnahmsweise auch erst während oder nach der Verarbeitung notwendig werden, wenn es z.B. maßgebend auf Wirkung, Gestaltung sowie Haltbarkeit nach der Verarbeitung ankommt. Dabei ist das mit diesen Stoffen oder Bauteilen **vertraglich zu erreichende Leistungsziel entscheidend.** Dieses kann es auch bedingen, dass die Prüfung im gewerbüblichen Maß zweimal erfolgen muss, einmal vor und zum anderen nach der Verarbeitung, wie z.B. bei vertraglich genau vorgeschriebener Farb- oder Putzgestaltung.

4. Stoffe oder Bauteile untauglich, wenn sie allgemeinen Güteanforderungen bzw. anerkannten Regeln der Technik nicht entsprechen

45 Die vom Auftraggeber zu liefernden Stoffe oder Bauteile sind **nicht in Ordnung,** wenn sie unter Berücksichtigung des **in erster Linie maßgebenden vertraglichen Leistungszweckes und -zieles** den vorauszusetzenden **allgemeinen Güteanforderungen** nicht entsprechen (vgl. OLG Hamm = BauR 2003, 101 zur Verwendung von ungeeigneter Hausmüllverbrennungsasche statt Recyclingmaterials für den Unterbau des Bodenbelags einer Tennishalle). Maßgeblich sind hierbei insbesondere die anerkannten Regeln der Technik, siehe Nr. 2 Abs. 1 S. 2.

5. Baustofflieferanten nicht Erfüllungsgehilfe des Auftraggebers

Im Allgemeinen gilt der **Baustofflieferant nicht** als **Erfüllungsgehilfe** des Auftraggebers oder des Auftragnehmers, da i.d.R. der Erwerb der Baustoffe oder vorgefertigten Bauteile losgelöst von der werkvertraglichen Verpflichtung des einen oder anderen Teils im Rahmen eines **selbstständig zu beurteilenden Kaufvertrages** geschieht (dazu im Einzelnen *Wirth* Rn. 16 ff.; vgl. auch LG Stade VersR 1977, 656).

46

Hält der Auftraggeber dem Auftragnehmer die Vergütung wegen Mängeln, die auf fehlerhaftem Beton des Zulieferers beruhen, zurück, dann stellen die dadurch dem Betonverwender (Auftragnehmer) entstandenen Zinsverluste einen Mangelfolgeschaden aus dessen Kaufvertrag mit dem Zulieferer dar; hält der Auftraggeber nach der Mängelbehebung durch einen anderen Unternehmer den Werklohn des Auftragnehmers weiter zurück, weil der Verwender des fehlerhaften Betons (Auftragnehmer) die Werklohnforderung der Drittfirma nicht ausgleicht, so hat der Betonlieferant auch die weiteren Zinsverluste zu ersetzen, da er zum Ersatz der Sanierungskosten verpflichtet war (BGH 14.6.1989 VIII ZR 132/88= NJW-RR 1989, 1043). Insofern kommt kaufrechtlich auch ein Mangelfolgeschaden mit Haftung aus Pflichtverletzung nach §§ 280, 241 Abs. 2 BGB und daraus sich ergebender Schadensersatzpflicht des Lieferanten gegenüber dem Auftragnehmer in Betracht, wenn der Lieferant Trockenmörtel mit einem nicht hinreichend gereinigten Fahrzeug anliefert und deswegen der vom Auftragnehmer aufgebrachte Außenputz platzt (vgl. BGH 9.2.1994 VIII ZR 282/93 = NJW-RR 1994, 601, sowie hinsichtlich Erfüllungsgehilfeneigenschaft und Beweislast *Fuchs-Wissemann* VersR 1996, 686).

47

Zur möglichen **Einbeziehung des Herstellers in die Haftung des Ausführenden** beachtlich Gross in BauR 1986, 127. Durch die **Garantie des Baustoffherstellers** gegenüber dem Käufer kommt im Allgemeinen ein Garantievertrag zwischen beiden zustande, während daneben noch ein Kaufvertrag zwischen dem Verkäufer der Baustoffe und dem Käufer besteht, wenn Hersteller und Verkäufer auseinanderfallen (vgl. BGH 24.6.1981 VIII ZR 96/80 = BauR 1982, 175 = NJW 1981, 2248). Über eine etwaige Garantie des Baustoffherstellers zugunsten des Auftraggebers als echter Vertrag zugunsten Dritter (vgl. Kommentierung zu § 13 VOB/B; zu diesen Fragen auch *Wirth* Rn. 287 ff.).

Wurde in die Beratung über die Beseitigung von Fußbodenunebenheiten auf Anregung des Baustoffhändlers der Hersteller von Spachtelmasse mit einbezogen, unterlag die Haftung des Herstellers wegen Verletzung der – hier selbstständigen – **Beratungspflicht** der Verjährung des § 195 BGB a.F. (nunmehr §§ 295, 199 BGB), BGH 19.3.1992 III ZR 170/90 = NJW-RR 1992, 1011 = BauR 1992, 122. Der Schadensersatzanspruch aus Pflichtverletzung nach §§ 280, 241 Abs. 2 BGB eines **selbstständigen** – Beratungsvertrages, der zwischen dem Verwender eines Produktes (hier Bitumen-Deckanstrich) und dem nicht mit dem Verkäufer personengleichen Hersteller dieses Produktes zustande gekommen ist, unterliegt auch dann nicht der kurzen Verjährungsfrist des § 438 BGB, sondern der Regelverjährung der §§ 195, 199 BGB a.F., wenn sich die Beratung auf die Verwendungsfähigkeit der Sache für den vorgesehenen Zweck bezieht (BGH 30.5.1990 VII ZR 367/89 = BauR 1990, 624; 19.3.1992 III ZR 170/90 = VersR 1992, 966). Im Übrigen kann im Verhältnis zwischen Hersteller und dem Endabnehmer einer Ware die Herausgabe einer Gebrauchsanweisung ohne das Hinzukommen zusätzlicher Umstände nicht als Ausdruck des Willens des Herstellers gedeutet werden, mit dem ihm unbekannten Endabnehmer einen selbstständigen Beratungsvertrag abzuschließen (BGH 22.12.1988 VII ZR 266/87 = ZfBR 1989, 101). Vielmehr kommt der stillschweigende Abschluss eines Beratungsvertrages zwischen Hersteller und Endabnehmer nur in Betracht, wenn im Einzelfall zusätzlich der Wille des Herstellers festzustellen ist, dass er rechtliche Bindungen zu dem Endabnehmer herzustellen bereit ist; das gilt auch dann, wenn der Hersteller eigene Kontakte zum Endabnehmer aufgenommen hat und er dabei Informationen erteilt. Dies hat der BGH 19.3.1992 III ZR 170/90 = VersR 1992, 966 m.w.N. bejaht für den Fall, dass der örtliche Baustoffhan-

VOB/B § 4 Nr. 3   Prüfungs- und Anzeigepflicht des Auftragnehmers und ihre Auswirkungen

del den Hersteller um Auskunft über die bestimmte Verwendbarkeit eines Produktes an den Endabnehmer bat, um für dessen Kaufentschluss beratend tätig zu sein.

Ein Hersteller oder Händler, der Baustoffe anbietet oder vertreibt, die mangels Fremdüberwachung nicht DIN-gerecht sind, so dass der Verwender der Stoffe nicht ohne weiteres nachweisen kann, dass diese trotz der Abweichung von der DIN-Norm den allgemein anerkannten Regeln der Technik und damit den bauordnungsrechtlichen Anforderungen entsprechen, verstößt gegen **§ 3 UWG,** wenn er nicht ausdrücklich und deutlich darauf hinweist, dass die Fremdüberwachung nach der DIN-Norm nicht stattgefunden hat; auch verstößt es gegen **§ 1 UWG,** wenn ohne die baurechtlich vorgeschriebene Fremdüberwachung hergestellte Baustoffe angeboten oder vertrieben werden, ohne dass auf das Fehlen der baurechtlich vorgeschriebenen Fremdüberwachung hingewiesen wird (OLG Stuttgart NJW-RR 1990, 872). Ein wettbewerbswidriges und irreführendes Handeln i.S.d. §§ 1, 3 UWG liegt vor, wenn der Hersteller und Vertreiber Ziegelvorhangfassaden anbietet, obwohl er weiß oder wissen muss, dass diese nicht standfest sind (BGH 14.4.1994 I ZR 123/92 = BauR 1994, 530 = NJW-RR 1994, 1196).

IV. Bedenken gegen die Leistungen anderer Unternehmer

1. Prüfungspflicht nach Nr. 3 umfasst grundsätzlich nur Vorleistungen anderer Unternehmer; allgemein keine Hinweispflicht an nachfolgende Unternehmer

48   In diesem Bereich kommt eine **Prüfungspflicht nur in Frage, wenn die Leistungen anderer Unternehmer im ursächlichen, dabei vor allem im Einzelfall gegebenen technischen Zusammenhang mit der eigenen Leistungspflicht** des Auftragnehmers **stehen** (OLG Rostock OLGR 1997, 37; OLG Düsseldorf OLGR 1999, 45). Es kann sich daher nur um Leistungen Dritter handeln, die als **Vorarbeiten für die Leistung des Auftragnehmers** gelten, **auf denen er also seine eigene Leistung aufbaut und die auf die Ordnungsgemäßheit des von ihm geschuldeten Leistungserfolges unmittelbar von Einfluss sind.** Dies folgt aus § 13 Nr. 3 VOB/B, der die Gewährleistungspflicht des Auftragnehmers ausdrücklich auf die Beschaffenheit der **Vorleistung** eines anderen Unternehmers begrenzt (BGH 8.7.1982 VII ZR 314/81 = BauR 1983, 70 = NJW 1983, 875; 23.10.1986 VII ZR 48/85 = BauR 1987, 79 = NJW 1987, 643); § 4 Nr. 3 VOB/B geht nicht darüber hinaus. Dabei sind nach dem Sinn und Zweck dieser Regelung **auch vorangehende Eigenleistungen des Auftraggebers mit einzubeziehen,** weil der Auftraggeber hier wie ein Unternehmer Leistungen erbringt, vgl. auch OLG München NJW-RR 1987, 854.

49   Der Auftragnehmer hat **allerdings** auch seine Leistung im Rahmen seiner **allgemeinen Verpflichtung** (§ 4 Nr. 2 Abs. 1 VOB/B) so zu erbringen, dass sie eine geeignete Grundlage für die **darauf aufbauenden weiteren Leistungen anderer Auftragnehmer** bildet (BGH 20.3.1975 VII ZR 221/73 = BauR 1975, 341; 23.10.1986 VII ZR 48/85 = BauR 1983, 70 = NJW 1983, 875); insoweit handelt es sich in gewisser Weise um den umgekehrten Fall, als er in Nr. 3 geregelt ist. Fehlt es daran, so ist er **ohnehin gewährleistungspflichtig** (BGH a.a.O.). Der unterlassene Hinweis des Nachfolgeunternehmers auf die Mangelhaftigkeit seiner Leistung entlastet ihn nicht (OLG Karlsruhe BauR 2005, 1485). Hat er selbst ordnungsgemäß geleistet, so kann er sich grundsätzlich darauf verlassen, dass der ihm nachfolgende Unternehmer den Regeln der Bautechnik entsprechend arbeitet und seine Leistung nicht dadurch mangelhaft wird, dass der nachfolgende Unternehmer sich über diese Regeln hinwegsetzt (BGH a.a.O.). **Nur ausnahmsweise** können für den Auftragnehmer – selbstverständlich auch insoweit auf der Grundlage bestehender **vertraglicher Verpflichtungen gegenüber dem Auftraggeber,** also nicht solcher gegenüber dem mit dem Auftragnehmer vertraglich nicht verbundenen nachfolgenden Unternehmer – **bestimmte Hinweise an den Auftraggeber bzw. nachfolgenden Unternehmer** geboten sein, z.B., wenn die für ihn erkennbare Leistung des nachfolgenden Unternehmers nicht auf seine »aufgebaut« werden kann oder wenn dem Auftragnehmer bekannt ist oder für ihn greifbare Anhaltspunkte dahin bestehen, dass der auf seiner Leistung aufbauende Un-

ternehmer fehlerhaft arbeiten wird. Einen solchen Ausnahmefall muss der **Auftraggeber näher darlegen und beweisen.** Dazu genügt nicht schon die Behauptung, die Hinweispflicht an den nachfolgenden Unternehmer ergebe sich wegen der »besonderen Gestaltung der Putzoberfläche« (BGH 20.3.1975 VII ZR 221/73 = BauR 1975, 341; vgl. auch OLG Köln = BauR 1990, 729 bei einer nicht wasserdichten Estrichverlegung über korrosionsanfälligen Rohrleitungen, die der Erstunternehmer eingebracht hat). Ferner OLG Stuttgart (BauR 1976, 360) hinsichtlich der Verwendung von Volumenänderungen durch Wärme oder Kälte ausgesetzten großflächigen Leichtbauteilen, bei denen die Gefahr besteht, dass der später aufgebrachte Putz in den Fugen reißt, wenn der Putzunternehmer nach der bei ihm vorauszusetzenden Erfahrung die Gefahr nicht erkennen konnte. Das gilt umso mehr, wenn die Verwendung der Leichtbauteile auf Vorschlag des Auftragnehmers in Abweichung vom bisherigen Leistungsverzeichnis erfolgt und der Architekt oder der Bauherr vorher den Auftragnehmer darauf hingewiesen hat, dass die von ihm vorgeschlagene Bauweise neu sei und der Auftragnehmer die Verantwortung übernehmen müsse (OLG Stuttgart a.a.O.). Ein Hinweis ist erforderlich, wenn z.B. die Abdichtungen auf dem Rohbeton der Tragplatten aufgebracht werden sollen, ohne dass Niederschlagswasser über ein ausreichendes Gefälle des Untergrundes entweder nach außen über Wasserspeier oder über die Bodeneinläufe in den Balkonen abfließen kann (vgl. OLG Köln, NJW-RR 1994, 1045). Auch muss ein Auftragnehmer, der Betonplatten auf einer Terrasse verlegt, den Auftraggeber darauf hinweisen, wenn der Untergrund (z.B. der verfüllte Arbeitsraum neben der Außenwand des Hauses) unzureichend verdichtet ist und deswegen keine geeignete Grundlage für den Plattenbelag bietet, weil ein Absacken der Platten zu befürchten ist (OLG Köln BauR 1995, 243). Eine Hinweispflicht an den nachfolgenden Unternehmer ist auch sonst denkbar im Hinblick auf den Grad bzw. die Art einer entgegen normalen Umständen erreichten Verdichtung, die nicht zu erkennen ist, wenn der nachfolgende Unternehmer Platten zu verlegen hat, deren ordnungsgemäßer Halt von einem bestimmten Verdichtungsgrad abhängt. Dagegen ist eine **Hinweispflicht des Auftragnehmers, dem ein Teil des Auftrages entzogen worden ist** (z.B. nach § 8 Nr. 1 VOB/B), an den nachfolgenden Unternehmer **nicht schon ohne weiteres** wegen eines von ihm gemachten Fehlers in der von ihm selbst aufgestellten Leistungsbeschreibung, der den entzogenen Leistungsteil betrifft, gegeben. Vielmehr kommt es auch dann darauf an, ob für den Auftragnehmer Anhaltspunkte gegeben sind, dass der nachfolgende Unternehmer aufgrund der bei ihm vorauszusetzenden Fachkunde den Fehler nicht erkennen wird oder gar ein nicht hinreichend Fachkundiger den entzogenen Teil der Leistung ausführt, wie z.B. der Auftraggeber selbst (vgl. BGH 23.10.1986 VII ZR 48/85 = BauR 1983, 70 = NJW 1983, 875 für den Fall des Fehlens einer notwendigen Sickerschicht aus Sand im Leistungsverzeichnis).

In den **genannten Ausnahmefällen** bedeutet die schuldhafte Unterlassung der ausnahmsweise nötigen Aufklärung des nachfolgenden Unternehmers **nicht eine Verletzung der Leistungspflicht des Auftragnehmers gegenüber dem Auftraggeber** mit der Folge, dass dem Auftraggeber dann gegenüber dem Auftragnehmer Gewährleistungsansprüche nach § 13 VOB/B bzw. solche nach § 4 Nr. 7 VOB/B zustehen. Vielmehr kommt es hier zu einem Schaden nur, weil der nachfolgende Unternehmer infolge der Verletzung der Hinweispflicht des Auftragnehmers **nicht in der Lage ist, auf die an sich mangelfreie Vorarbeit des Auftragnehmers ordnungsgemäß aufzubauen.** Insoweit liegt die Verletzung einer **vertraglichen Nebenpflicht** vor, so dass der Auftragnehmer **hier dem Auftraggeber aus Pflichtverletzung nach §§ 280, 241 Abs. 2 BGB** haftet (so mit Recht *Weyer* BlGBW 1970, 206, 207); § 4 Nr. 3 VOB/B regelt somit nur den eingangs dieses Abschnittes (Rn. 48) genannten Fall. Dazu:

2. Umgrenzung der Prüfungspflicht – Einzelfälle

Es handelt sich – was gerade hier nochmals hervorzuheben ist – bei der erörterten Bestimmung um eine **allgemeine, auch für den Bauvertrag nach dem BGB gültige Prüfungspflicht,** die sich aus dem **Grundsatz von Treu und Glauben** im vertraglichen Rechtsverkehr ergibt. Das gilt vor allem,

VOB/B § 4 Nr. 3   Prüfungs- und Anzeigepflicht des Auftragnehmers und ihre Auswirkungen

wenn die Allgemeinen Technischen Vertragsbedingungen unter Hinweis auf § 4 Nr. 3 VOB/B bestimmte Prüfungspflichten festlegen, wie z.B. die DIN 18 352 Abschnitt 3.1.1 i.d.F. vom Dezember 2002, wonach der Auftragnehmer u.a. verpflichtet ist, bei Fliesen- und Plattenarbeiten den Untergrund für seine Leistung auf Eignung zum Ansetzen oder Verlegen, vor allem unter den dort im Einzelnen genannten Gesichtspunkten, zu prüfen und Bedenken dem Auftraggeber mitzuteilen (vgl. hierzu auch OLG Hamm BauR 1990, 731 und Rn. 21). Gleiches gilt für die Pflicht zur Prüfung des Putzuntergrundes nach DIN 18 350 Abschnitt 3.1.1 in der nunmehrigen Fassung vom Dezember 2002 (vgl. dazu OLG Hamm NJW-RR 1987, 147). Die Prüfungspflicht rechtfertigt sich insbesondere auch deshalb, weil sonst eine Verantwortlichkeit des Auftragnehmers für seine Leistung wegen der Vorleistung anderer Unternehmer nicht ohne weiteres gegeben wäre, da der vorleistende Unternehmer **nicht Erfüllungsgehilfe** des Auftragnehmers gegenüber dem Auftraggeber ist, vielmehr seinen eigenen Vertrag mit diesem hat.

51 Zu den Voraussetzungen der hier geregelten und u.U. **über die Allgemeinen Technischen Vertragsbedingungen hinausgehenden Prüfungspflicht** ist zunächst auf die in Rn. 2 ff. angeführten Entscheidungen hinzuweisen. Im dort zuerst genannten Urteil hat der BGH ausgeführt, dass, wenn der durch einen zweiten Bauunternehmer hergestellte Steinholzfußboden später Mängel aufweist (Risse und Beulen), die auf fehlerhaftem Zementestrich und Betonunterboden des ersten Auftragnehmers beruhen, der zweite Auftragnehmer gemäß § 633 BGB haftet, wenn er den Mangel der Vorarbeit erkennen konnte oder als Fachmann erkennen musste. Daraus ist abzuleiten: **Jeder Auftragnehmer, der seine Arbeit in engem Zusammenhang mit der Vorarbeit eines anderen Unternehmers oder mit den ihm vom Auftraggeber gelieferten Stoffen oder Bauteilen oder überhaupt nach dessen Planung auszuführen hat, muss prüfen, ob diese Vorarbeiten, Stoffe oder Bauteile oder Planungen die geeignete Grundlage bilden und keine Eigenschaften besitzen, die den Erfolg seiner Arbeit in Frage stellen könnten** (OLG Celle BB 1964, 738; vgl. auch OLG Düsseldorf, NJW-RR 1993, 405 hinsichtlich der Unterkonstruktion aus Bauholz vor der Montage von Leichtmetallprofilen für eine Wintergartenüberdachung sowie AG Nürnberg NJW-RR 1993, 406).

Über diesen Rahmen geht die Verpflichtung des Auftragnehmers aber **nicht hinaus**. So bezieht sie sich **nicht** auf Mängel des Bauwerks, die auf eine vorangegangene oder auch eine spätere Leistung eines anderen Unternehmers zurückgehen und/oder **die von ihm nach seinem Vertrag geschuldete Leistung überhaupt nicht berühren** (BGH 14.2.1974 VII ZR 195/72 = BauR 1974, 202 = NJW 1974, 747). So muss ein Verputzer bei Putzarbeiten an einem Fachwerkhaus zwar den Untergrund für seine Putzarbeiten überprüfen, nicht aber auch die angrenzenden Bauteile, z.B. den Feuchtigkeitsgehalt der Holzteile, an die er seinen Putz herangeführt hat. Kommt es anschließend zu einem Volumenschwund dieser Holzteile, weil der Zimmerer zu feuchtes Holz eingebaut hat, ist der Verputzer nicht gewährleistungspflichtig. (OLG Düsseldorf BauR 1997, 840 = NJW-RR 1998, 20).

Weitere Einzelfälle:

52 Der mit der Verlegung von Steinholz beauftragte Auftragnehmer ist verpflichtet, die von dem vorher tätig gewesenen Installateur verlegte und isolierte Gasleitung zu prüfen, ob die Rohre gegen Korrosion durch das im Steinholz befindliche Nigrulit ausreichend geschützt sind (BGH SFH Z 2.414 Bl. 157 ff.); vgl. auch BGH (SFH Z 2.410 Bl. 13 f.), der sich mit der mangelhaften Bitumenisolierung als Vorarbeit für Plattenlegerarbeiten befasst, vgl. weiter OLG München (NJW-RR 1988, 20) für den Fall der Fliesenverlegung auf fehlerhaftem Estrich, ferner BGH (4.11.1965 VII ZR 239/63 = SFH Z 2.410 Bl. 31) über Isolierungsarbeiten für den Belag einer Straßenbrücke. Bei Asphaltbelagarbeiten hat der Auftragnehmer gemäß DIN 18 354 – jetzt – Abschnitt 3.1.1 den Untergrund auf Eignung zum Auftragen seiner eigenen Leistung zu prüfen und bei Bedenken dem Auftraggeber diese unverzüglich schriftlich mitzuteilen. Treten in dem auf Bitumenpappe mit einer darunterliegenden Opanolfolie verlegten Gussasphalt später Blasenbildungen infolge der in die Bitumenpappe eingedrungenen Feuchtigkeit auf, ist die Leistung des Auftragnehmers fehlerhaft, wenn er als sachkundiger Asphaltverleger mit Feuchtigkeit in der früher verlegten Pappe rechnen und deren mögliche Auswirkungen auf seine eigene Leistung – die Verlegung von Gussasphalt – erkennen konnte. Im Rahmen von Fliesenlegerarbeiten sieht DIN 18352 Abschnitt 3.1.1. keine abschließende Aufzählung von Fällen einer Bedenkenanmeldung vor, wie durch das Wort »insbesondere« verdeutlicht wird (BGH NZBau 2001, 495 = ZfBR 2001, 457). Wenn für die einwandfreie Verlegung eines Industriefußbodens der Beton eine bestimmte »Rauhigkeit und Griffigkeit« aufweisen muss, gehört es zu den Beratungs- und Vertragspflichten des Fußbodenverlegers, den Auftraggeber darauf eindeutig und unmissverständlich hinzuweisen und die Vorarbeit des Rohbauunternehmers darauf nachzuprüfen, vgl. OLG Karlsruhe (SFH Z 2.303 Bl. 12 ff.). Ebenso hat ein Bodenbeschichter den zuvor von einem anderen Auftragnehmer aufgebrachten Estrich auf dessen Feuchtigkeitsgehalt zu prüfen (OLG Bamberg Urt. v. 29.7.2002 4 U 237/00 = BauRechts-Report 4/2003). Der mit Maurer- und Betonarbeiten beuftragte Unternehmer hat zu prüfen, ob der vom Vorunternehmer ausgeführte Bodenaustausch über eine ausreichende Dichtigkeit verfügt (OLG Bremen BauR 2001, 1599 = IBR 2001, 664-*Metzger*). Wer eine Entwässerungsanlage auszuführen hat, muss bereits verlegte Leitungen auf etwaige Verstopfungen nachprüfen, da sich dies auf die Funktion der Entwässerungsanlage auswirken muss (BGH VersR 1967, 806). Auch ist der Heizungsbauer, der in einem Altbau eine neue Heizungsanlage einzubauen hat, die an die vorhandene Ölzuleitung angeschlossen werden soll, verpflichtet, die vorhandenen Leitungen darauf zu prüfen, ob sie in Ordnung und für die neue Heizungsanlage geeignet sind. Ein Auftragnehmer, der mit der Verfüllung des Arbeitsraumes beauftragt ist, muss vorher prüfen, ob und inwieweit dort Bauschutt vorhanden ist (OLG Düsseldorf BauR 1995, 244 = NJW-RR 1995, 214). Gleiches gilt für den Plattenleger dahin, ob der Untergrund hinreichend verdichtet ist. Der Zentralheizungsinstallateur hat sich vor der Inbetriebnahme der von ihm gebauten Zentralheizungsanlage über die Benutzbarkeit des Schornsteins Gewissheit zu verschaffen (so LG Hamburg MDR 1967, 400; besser wäre zu sagen: vor Einbau der Anlage). Ein Kaufmann, der sich mit der »Planung, Beratung, Herstellung« von »Wintergärtenüberdachungen« befasst und unter dieser Bezeichnung im Geschäftsverkehr auftritt, hat wie ein Fachhandwerker zu prüfen, ob die Unterkonstruktion (hier: Dachsparren aus gewöhnlichem Bauholz) für die Aufnahme ihm in Auftrag gegebener Überdachungen (hier: in Leichtmetallprofile einzufassende Glasscheiben) geeignet ist (OLG Düsseldorf NJW-RR 1993, 405). Ein Dachdecker hat zu prüfen, ob Herstellerrichtlinien, nach denen der mit der Verlegung der Aufdachdämmung und deren Abdichtung beauftragte Vorunternehmer arbeitet und die einen trockenen und staubfreien Untergrund voraussetzen in Anbetracht der örtlichen latenten Feuchtigkeits- und Staubgegebenheiten überhaupt praktisch möglich ist (OLG Hamm BauR 1997, 309).

3. Fortdauernde Prüfungspflicht

Der Auftragnehmer hat seine Prüfungs- und Mitteilungspflicht hinsichtlich der Vorarbeiten anderer Unternehmer nicht schon dadurch erfüllt, dass er Mängel der Vorarbeiten erkannt, darauf hingewiesen und deshalb eine Nachbesserung stattgefunden hat. Vielmehr muss er **sich dann noch überzeugen, ob die Nachbesserung dazu geführt hat, dass diese für die von ihm zu erbringende Leistung nunmehr geeignet ist** (BGH 29.11.1973 VII ZR 179/71 = NJW 1974, 188 = BauR 1974, 128). 53

4. Prüfungspflicht durch Rahmen der Zumutbarkeit begrenzt

Die gekennzeichnete **Prüfungspflicht** des Auftragnehmers ist in ihrem **Umfang** auch hier **durch den Rahmen der Zumutbarkeit umgrenzt.** Sie hängt somit von den **Gegebenheiten des Einzelfalles ab, dabei vor allem von der Erkennbarkeit für den fachkundigen Auftragnehmer** (vgl. BGH 30.6.1977 VII ZR 325/74 = BauR 1977, 420 = NJW 1977, 1966). Allgemein kann vom Auftragnehmer **nicht mehr** verlangt werden **als Prüfung durch Besicht, Befühlen, Nachmessen, normale Belastungsproben, es sei denn,** dass im betreffenden Bereich nach der **Gewerbeüblichkeit mehr verlangt** wird (vgl. OLG Brandenburg = BauR 2001, 102 = NJW-RR 2000, 1620). Ein Unternehmer, der einen Terrassenbelag anbringen soll, ist grundsätzlich nicht verpflichtet, mit einer Sonde zu prü- 54 fen, ob das Erdreich unter der Terrasse ordnungsgemäß nach der Aufschüttung verdichtet worden ist; jedoch ist ihm auf jeden Fall eine Grobprüfung mit Hilfe einer Eisenstange oder eines so genannten Frosches zuzumuten (AG Nürnberg NJW-RR 1993, 406). Aufwendige Prüfungen sind grundsätzlich nicht erforderlich, ebenso nicht die Hinzuziehung eines Sonderfachmannes, es sei denn, es besteht der **begründete** – im Streitfall vom Auftraggeber nachzuweisende – Verdacht auf das Vorliegen eines die Leistung des Auftragnehmers beeinträchtigenden Mangels der Vorleistung. Grundsätzlich scheidet eine Prüfungspflicht bei Mängeln aus, die nur mit **Spezialkenntnissen** zu entdecken sind, die der Auftragnehmer im konkreten Fall nicht zu haben braucht oder die erst später, z.B. im Rahmen einer Mängelbeseitigung, hervortreten. Ebenso trifft dies zu, wenn im Estrich später Risse auftreten, die ihre Ursache in fehlerhafter Konstruktion, insbesondere völlig unzureichender Bewehrung haben und die der Estrichleger bei dem von ihm zu verlangenden Fachwissen nicht zu erkennen vermochte (vgl. OLG Celle = BauR 1996, 259). Ähnliches gilt, wenn es sich bei der Vorarbeit um eine ganz spezielle Fachleistung handelt, die sowohl der Planung als auch der Überwachung eines anderen, ausgesprochenen Spezialunternehmens unterliegt (BGH 10.10.1966 VII ZR 30/65 = NJW 1967, 34). Ähnliches kann zutreffen, wenn der vorleistende Unternehmer bereits einen Fachunternehmer mit der Beseitigung von durch ihn zu verantwortende Mängel beauftragt hat, was allerdings nur gelten kann, wenn sich für den nunmehr leistenden Auftragnehmer keine Anhaltspunkte für eine unzulängliche Mängelbeseitigung ergeben.

Gerade für den Bereich der **Gewerbeüblichkeit** ist jedoch zu Art und Umfang der Prüfungspflicht zu beachten, **welche Bedeutung die Vorleistung** des anderen Unternehmers **für die eigene Leistung** des Auftragnehmers hat. Ist sie dafür von **entscheidendem Gewicht,** muss folgerichtig von einer **verstärkten Prüfungspflicht** des Auftragnehmers gesprochen werden. So darf sich der Auftragnehmer, der ein Außenschwimmbad zu liefern und zu montieren hat, nicht ohne weiteres darauf verlassen, dass die von einem anderen Unternehmer zu errichtende Bodenplatte den Anforderungen an Gewicht, Druckverhältnissen und anderen für die Standfestigkeit des Schwimmbades maßgebenden Umständen entspricht, und diesem lediglich die Maße angeben, die für das daraufzusetzende Schwimmbad erforderlich sind, vor allem dann, wenn sonst keine Planungsunterlagen vorhanden sind. Vielmehr muss er sich vergewissern, ob der Baugrund hinreichend tragfähig ist, und dann dem vorausleistenden Unternehmer die erforderlichen Werte vermitteln; das umso mehr, wenn die Bodenplatte noch nicht errichtet und dem Auftragnehmer die Beschaffenheit des Baugrundes ohne weiteres erkennbar bzw. ohne Schwierigkeit nachprüfbar ist (vgl. BGH 23.10.1986 VII ZR 48/85 = BauR 1987, 79 = NJW 1987, 643).

Ist eine im betreffenden Fall gegebene Prüfungspflicht verletzt und durch den Mangel in der Vorleistung die **eigene Leistung** des Auftragnehmers nachteilig betroffen, so ist diese **selbst fehlerhaft.**

5. Grundsätzlich nur fertiggestellte Leistung anderer Unternehmer zu prüfen; vertragliche Ausnahmeregelungen

55 Die **Prüfungspflicht** des Auftragnehmers hinsichtlich der Vorarbeiten anderer Unternehmer bezieht sich **nur auf das von diesen fertiggestellte Werk, sofern seine Leistung damit in Berührung kommt.** Dem Auftragnehmer wird daher nicht die Pflicht auferlegt, die **Durchführung der Vorarbeiten** eines sonstigen Auftragnehmers **zu überwachen oder zu beaufsichtigen** (*Motzke* ZfBR 1988, 244, 247 f.). Deshalb hat der Auftragnehmer auch **keine Verpflichtung unmittelbar gegenüber einem anderen vorleistenden Auftragnehmer,** diesen auf eine etwaige Fehlerhaftigkeit seiner Arbeit hinzuweisen.

56 Das kann allerdings **im Einzelfall** (also nicht in AGB!) vertraglich besonders vereinbart sein, wie sich aus DIN 18 299 Nr. 4.2.2 ergibt. Bei einer solchen individuellen vertraglichen Vereinbarung kann eine Mithaftung des Auftragnehmers für eventuelle **Mängel der Arbeit des anderen Auftragnehmers** nach § 4 Nr. 7 VOB/B oder § 13 in Frage kommen, ohne dass damit schon eine gesamtschuldnerische Haftung neben dem anderen Unternehmer begründet wird, was allerdings so sein kann, wenn dem Auftragnehmer Planungsaufgaben hinsichtlich der Leistung des anderen Unternehmers übertragen waren, auf deren fehlerhafte Erfüllung die mangelhafte Leistung des anderen Unternehmers zurückgeht.

Auch ist es **möglich, individualvertraglich** die **Prüfungspflicht für die fertiggestellten Arbeiten anderer Auftragnehmer** durch eine ausdrückliche Vertragsbestimmung über den allgemeinen Rahmen in Nr. 3 hinaus **zu erweitern**. Dann besteht je nach der vertraglichen Vereinbarung u.U. **Alleinverantwortlichkeit** des verpflichteten Auftragnehmers, falls er seine Prüfungspflicht im vereinbarten Rahmen missachtet. Sofern derartige erweiterte Pflichten zu Lasten des Auftragnehmers **in AGB – insbesondere Zusätzlichen Vertragsbedingungen – festgelegt werden**, gilt im Grundsatz allerdings das oben Rn. 2 ff. **Gesagte gerade auch hier.**

Andererseits ist es auch möglich, die **Prüfungspflichten** des Auftragnehmers **vertraglich zu beschränken**. Allerdings darf die Beschränkung nicht so weit gehen, dass sie gegen ein gesetzliches Verbot verstößt, wobei besonders auf § 639 BGB hinzuweisen ist. Danach ist eine Vereinbarung über den Ausschluss der Haftung für einen Mangel nichtig, wenn es sich um einen solchen handelt, den der Auftragnehmer arglistig verschweigt. Ähnliches gilt für § 276 Abs. 3 BGB, wonach eine Haftung für Vorsatz nicht von vornherein erlassen werden kann. Im Falle der Anwendbarkeit der §§ 305 ff. BGB ist insofern vor allem § 309 Nr. 7b BGB von Bedeutung. **57**

6. Haftungsverhältnis bei Missachtung der Prüfungspflicht

Ist die **Vorleistung eines anderen Unternehmers mangelhaft** und hat der Auftragnehmer, dessen Leistung auf der Vorleistung aufbaut, seine Prüfungs- und demgemäß auch seine Mitteilungspflicht verletzt, sind **grundsätzlich beide Unternehmer** dem Auftraggeber **verantwortlich**. **58**

Dabei haften der Unternehmer der Vorleistung und der Auftragnehmer regelmäßig wegen **Schlechterfüllung (Gewährleistung). Sie sind im Verhältnis zum Auftraggeber grundsätzlich nicht Gesamtschuldner** (§ 421 BGB; vgl. BGH 16.5.1974 VII ZR 35/72 = BauR 1975, 130 = SFH Z 2.414.3 Bl. 11; OLG Hamm BauR 1995, 852; vgl. dazu auch *Diehl* FS Heiermann S. 37, 39 ff.). Die vertraglichen Pflichten des Vorunternehmers und des Auftragnehmers haben im Allgemeinen einen **verschiedenen Inhalt**. Beide haben aufgrund **selbstständiger Bauverträge verschiedene Leistungen** zu erbringen. Der Auftraggeber kann aber **ausnahmsweise** wahlweise den Vorunternehmer oder den Auftragnehmer wegen der ganzen verfehlten Leistung **in Anspruch nehmen** (so LG Berlin BauR 1976, 130, vgl. auch OLG Karlsruhe BauR 2005, 1485), falls sich die von ihnen geschuldeten Leistungsbereiche im Rahmen der vorzunehmenden Nachbesserung in technischer Hinsicht nicht voneinander trennen lassen, beide Unternehmer also eine Zweckgemeinschaft bilden (vgl. OLG Hamm = BauR 1995, 852). Der zuerst Inanspruchgenommene, der den Auftraggeber befriedigt hat, ist dann jedoch berechtigt, von dem Auftraggeber zu verlangen, dass er ihm den Anspruch gegen den anderen Unternehmer **in sinngemäßer Anwendung des § 255 BGB abtritt** (ebenso *Diehl* FS Heiermann S. 37, 47). Auch können ihm gegen diesen Ausgleichsansprüche aus Geschäftsführung ohne Auftrag (vgl. OLG Hamm NJW-RR 1991, 730) im Falle sich in der Fehlerhaftigkeit überschneidender Anstreicherarbeiten (vgl. weiter OLG Hamm BauR 1992, 519 und BauR 1994, 371) oder aus **ungerechtfertigter Bereicherung** zustehen, falls deren Voraussetzungen im Einzelfall gegeben sind (so auch *Locher* Das private Baurecht Rn. 194; a.A., ohne überzeugende Begründung, OLG München NJW-RR 1988, 20; *Brügmann* BauR 1976, 383; *Werner/Pastor* Rn. 1527). Im Allgemeinen wird der vorleistende Unternehmer, der die eigentliche Ursache für die verfehlte Bauausführung gesetzt hat, im Verhältnis zum nachfolgenden Unternehmer, der – nur – seine Prüfungs- und Mitteilungspflicht verletzt hat, im Innenverhältnis den vollen Schaden zu tragen haben, insoweit zutreffend Brügmann, a.a.O.

VOB/B § 4 Nr. 3 Prüfungs- und Anzeigepflicht des Auftragnehmers und ihre Auswirkungen

Anders liegt es jedoch dann, wenn die jeweiligen Leistungsbereiche für die Nachbesserung in technischer Hinsicht zweifelsfrei voneinander trennbar sind, was häufig der Fall sein dürfte, oder wenn es sich um andere Erfüllungs- bzw. Gewährleistungsansprüche des Auftraggebers handelt, die in einer Geldleistung ihren Ausdruck finden, wie Kostenvorschuss für Mängelbeseitigung, Minderung, Schadensersatz. Dann haftet jeder der beiden Auftragnehmer dem Auftraggeber nur anteilig (insofern im Ergebnis richtig OLG München NJW-RR 1988, 20; vgl. auch OLG Frankfurt SFH § 426 BGB Nr. 3).

59 Nimmt der Auftraggeber den Auftragnehmer in Anspruch, der seine Pflichten nach Nr. 3 verletzt hat, so kann dieser dem Auftraggeber u.U. **Mitverschulden** mit der Begründung zur Last legen, dieser oder sein Architekt hätte **den Vorunternehmer** bei dessen Arbeiten nicht hinreichend beaufsichtigt. Das kann er aber **nur für dieses Verhältnis (Auftraggeber/Vorunternehmer)** geltend machen. Er hat **nicht** die Möglichkeit, ein Mitverschulden des Auftraggebers bzw. dessen Architekten zu behaupten, **weil er selbst von diesen bezüglich der Wahrnehmung der Prüfungspflicht** nach Nr. 3 **nicht hinreichend beaufsichtigt** worden sei. Für die Wahrnehmung dieser Prüfungspflicht ist der Auftragnehmer allein verantwortlich, zumal der Architekt für den Bereich der Bauaufsicht nicht Erfüllungsgehilfe des Auftraggebers im Verhältnis zum Auftragnehmer ist.

V. Mitteilungspflicht des Auftragnehmers

1. Anzeigepflicht bei Bedenken

60 Eine **Anzeigepflicht** ist **nicht** allein immer und schon dann gegeben, **wenn eine Pflicht zur Prüfung** als solche vorliegt. Vielmehr führt die insofern vorauszusetzende Prüfung **nur dann zur Anzeigepflicht** gegenüber dem Auftraggeber, wenn **Bedenken** bei dem Auftragnehmer auftauchen. Bedenken sind **anzuerkennende Besorgnisse des fachkundigen und zuverlässigen Auftragnehmers** dahin gehend, dass die vorgesehene Art der Ausführung (auch wegen der Sicherung gegen Unfallgefahren), die Güte der vom Auftraggeber gelieferten Stoffe oder Bauteile sowie die Leistungen anderer Unternehmer sich nicht mit dem vereinbaren lassen, was zu einer **vertragsgerecht richtigen Bauausführung** gehört. Eine **Gewissheit** beim Auftragnehmer ist **nicht erforderlich.** Es genügt zur Auslösung von Bedenken, dass der fachkundige und zuverlässige Auftragnehmer dafür ausschlaggebende Umstände erkannt hat; eine aus seinem fachmännischen Wissen und Können kommende **Vermutung reicht aus.** Die Bedenken müssen sich auf einzelne oder mehrere der in Nr. 3 genannten Umstände beziehen, wenn sie nur mit dem vertraglich festgelegten **Leistungsziel in ursächlichem Zusammenhang** stehen. Dabei kommt es nicht darauf an, ob es sich um Vorgänge handelt, die den Arbeitsbeginn, die Arbeitsdurchführung oder den Endzustand der geschuldeten Leistung betreffen.

Hat der Auftragnehmer überhaupt **nicht geprüft,** obwohl er es **hätte tun müssen** und führt dies zu einem Mangel der Leistung, ist er schon deswegen verantwortlich, ohne dass es darauf ankommt, dass er auch noch die Mitteilung unterlassen hat. **Hat er geprüft, jedoch keine Bedenken gehabt, obwohl er sie hätte haben müssen, bleibt er gleichwohl wegen unterlassener Mitteilung verantwortlich.** Auch genügt nach Auffassung des OLG Düsseldorf (BauR 2001, 638) ein Generalunternehmer nicht seiner Pflicht, dem Auftraggeber Bedenken gegen die vorgesehene Art der Ausführung anzuzeigen, wenn er Bedenken seines Nachunternehmers lediglich weiterreicht, ohne sich mit diesen auseinanderzusetzen und sie sich zu Eigen zu machen. Ausnahmsweise besteht eine Mitteilungspflicht nicht, wenn sich beide Parteien des Risikos einer bestimmten Bauausführung bewusst sind und einen etwaigen Misserfolg in ihre vertraglichen Beziehungen mit eingeschlossen haben (BGH 20.1.1972 VII ZR 153/70 = VersR 1972, 457). Das muss aber **eindeutig feststehen.** Die Beweislast trägt der Auftragnehmer.

2. Inhaltlich richtige und formgerechte Anzeige

Um sich in hinreichender Weise entlasten zu können, ist es erforderlich, dass der **Auftragnehmer** **61** **seine Bedenken mit dem notwendigen Inhalt und in der rechten Form geltend macht.**

a) Klare, verständliche Mitteilung

Zunächst ist es erforderlich, dass die **Mitteilung** von Bedenken nicht nur der Auftraggeberseite **ver-** **62** **ständlich,** sondern auch **fachgerecht ausgedrückt wird.** Sie muss **inhaltlich richtig sowie erschöpfend** sein, damit der **Auftraggeber klar ersieht, worum es sich handelt und er demgemäß in eine ordnungsgemäße Prüfung eintreten bzw. diese veranlassen kann.** Hierzu gehört die Angabe der Tatsachen, worauf die Bedenken beruhen, damit sich der Auftraggeber oder sein bauleitender Vertreter ein hinreichendes Bild von der Sachlage machen kann, wobei es wesentlich auf die Person des Auftraggebers bzw. dessen für die Entgegennahme der Mitteilung befugten Vertreters ankommt, insbesondere wie dieser die Mitteilung mit dem betreffenden der Beurteilung zugrunde zu legenden Inhalt verstanden hat oder verstehen musste (*Dähne* BauR 1976, 225). Es ist deshalb geboten, dass der Auftragnehmer **alle Sorgfalt** auf seine Mitteilung verwendet. Die Belehrung muss so eindeutig sein, dass die **Tragweite ihrer Nichtbefolgung klar wird** (BGH 10.4.1975 VII ZR183/74 = BauR 1975, 278 = NJW 1975, 1217) wenn auch nicht wegen aller Folgen im Einzelnen, vgl. OLG Köln MDR 1983, 226. So muss der Auftragnehmer, der den Arbeitsraum zu verfüllen hat, den Auftraggeber darauf hinweisen, dass im Falle dessen Verbleibs die Gefahr der Beschädigung einer Außenisolierung besteht (vgl. OLG Düsseldorf = BauR 1995, 244). Nicht reicht dagegen die Erklärung, die Isolierung sei »nicht in Ordnung«. Insgesamt kann man hier eher von Aufklärung des Auftraggebers durch den Auftragnehmer sprechen (so zutreffend *Piel* FS Soergel S. 237, 238 f.).

Andererseits ist zu bedenken, dass es sich lediglich um die Verpflichtung zur **Kenntnisgabe** beste- **63** hender Umstände handelt, dass es aber grundsätzlich **nicht** Sache des Auftragnehmers ist, dem Auftraggeber **Vorschläge für eine anderweitige und richtige Handhabung** zu geben (*Dähne* a.a.O.; auch OLG Celle NJW 1960, 102), obwohl der Auftragnehmer dies oft genug von sich aus tun wird. Allerdings hat der Auftragnehmer **ausnahmsweise** auch die Pflicht zur Beratung des Auftraggebers, wenn er nach dem Vertrag auch die Verantwortung für die Bauplanung oder die Bauleitung trägt (siehe auch *Motzke* ZfBR 1988, 244, 250, wobei sich eine solche vertragliche Übernahme jedoch auch aus den jeweiligen Umständen des Einzelfalls ergeben kann) oder wenn dem Auftragnehmer ausnahmsweise ein wesentlich besseres Wissen als dem Auftraggeber und seinem Architekten oder Sonderfachmann im Einzelfall zweifelsfrei zukommt, wie z.B. hinsichtlich der Folgen der Verletzung von Unfallverhütungsvorschriften, der Vermeidung von Schäden durch Vorleistungen anderer Unternehmer oder der Gefahr von Verzögerungsschäden (ähnlich *Piel* a.a.O. S. 242 ff.). Abzugrenzen ist dies allerdings von einer dem Auftragnehmer etwa obliegenden, außerhalb des Bereiches der §§ 4 Nr. 3, 13 Nr. 3 liegenden besonderen Aufklärungs- und Beratungspflicht.

b) Grundsätzlich schriftliche Mitteilung durch den hierzu auf Auftragnehmerseite Befugten notwendig; Folgen

Für die Mitteilung ist an sich **Schriftform vorgeschrieben.** Dadurch soll gewährleistet werden, dass **64** dem Auftraggeber in **zuverlässiger Weise** die Bedenken des Auftragnehmers zur Kenntnis gebracht werden. Das schließt gerade wegen dieser Zielsetzung aber nicht aus, dass der Auftragnehmer auch bei einer **zuverlässigen, inhaltlich klaren und vollständigen mündlichen Erläuterung** (OLG Düsseldorf BauR 1996, 260 sowie BauR 1999, 498) seiner Bedenken sich jedenfalls weitgehend entlasten kann, obwohl er bei Nichtbeachtung der Schriftform grundsätzlich eine **Vertragsverletzung** begeht (BGH 10.4.1975 VII ZR 183/74 = BauR 1975, 278 = NJW 1975, 1217) und beweisen muss, dass der Auftraggeber auch einem schriftlichen Hinweis nicht Rechnung getragen hätte (BGH 19.12.1968 VII ZR 23/66 = NJW 1969, 653, 655). Die hier vorgeschriebene Schriftform zeigt jedenfalls den für am geeignetsten zu erachtenden Weg, auf dem der Auftragnehmer seine Mitteilungspflicht gegenüber

VOB/B § 4 Nr. 3   Prüfungs- und Anzeigepflicht des Auftragnehmers und ihre Auswirkungen

dem Auftraggeber in der gebotenen Zuverlässigkeit erfüllen kann. Entscheidend ist, dass der Auftragnehmer den Auftraggeber **in die Lage versetzt,** seinen **Bedenken Rechnung** zu tragen. **Besonders strenge Anforderungen** müssen an die **Zuverlässigkeit der Mitteilung** gestellt werden, wenn der Auftragnehmer nachträglich Bedenken gegen seine eigenen Angaben im Leistungsverzeichnis bekommt (BGH a.a.O.).

65 Dafür, dass der Auftraggeber den Bedenken Rechnung tragen kann, ist grundsätzlich auch Voraussetzung, dass der **Auftragnehmer selbst oder sein gesetzlicher Vertreter oder sein vertragsgemäß befugter Vertreter** die Bedenken geltend macht, wozu im Einzelfall auch der Subunternehmer des Auftragnehmers zählen kann, wenn er diesen für den Auftraggeber erkennbar als seinen Vertreter auf der Baustelle auftreten lässt (BGH a.a.O.). Bei der schwerwiegenden Bedeutung der Mitteilung reicht eine solche bloß durch den am Bau tätigen Polier oder gar diesem nachgeordnetes Personal nicht aus (vgl. BGH 10.4.1975 VII ZR 183/74 = BauR 1975, 278 = NJW 1975, 1217, wobei jedoch die Frage des **Mitverschuldens des Auftraggebers** zur Erörterung steht).

66 Dagegen kommt es darauf, ob die Bedenken schriftlich oder nur mündlich und durch einen befugten Vertreter sowie gegenüber dem richtigen Adressaten (vgl. Rn. 72 f.) geltend gemacht worden sind, **nicht an, wenn der Auftraggeber den Bedenken Rechnung** trägt (vgl. BGH 29.11.1973 VII ZR 179/71 = BauR 1974, 128 = NJW 1974, 188). **Entscheidend** ist dann, dass das **Ziel der Mitteilung** erreicht ist.

67 Befolgt der Auftraggeber **trotz ausreichender mündlicher Belehrung** die Hinweise nicht, kann sich der Auftragnehmer hinsichtlich der sich daraus ergebenden Mängel der Bauleistung auf dessen **mitwirkendes Verschulden** (§ 254 BGB) berufen (BGH 18.1.1973 VII ZR 88/70 = BauR 1973, 190; 10.4.1975 VII ZR 183/74 = BauR 1975, 278 = NJW 1975, 1217). Das kann je nach der Fallgestaltung dazu führen, dass der Auftraggeber, der trotz ausreichender mündlicher Belehrung bei seiner gegenteiligen Meinung bleibt, die sich daraus ergebenden Folgen **allein** zu tragen hat (vgl. BGH 22.3.1962 VII ZR 255/60 = MDR 1962, 472). Für die inhaltlich ausreichende Belehrung und die Uneinsichtigkeit des Auftraggebers ist der **Auftragnehmer** aber **voll beweispflichtig.**

Andererseits kann sich der Auftragnehmer dann **nicht auf das Mitverschulden des Auftraggebers** oder seines Erfüllungsgehilfen (§§ 276, 278 BGB) – z.B. des Architekten – **berufen, wenn dieses nicht sonderlich ins Gewicht fällt,** was zutreffen kann, wenn der Auftragnehmer oder dessen Subunternehmer eine zur Beobachtung der betreffenden Baumaßnahme, z.B. der Prüfung der Eignung des Rohbetons, besonders verpflichtete Fachfirma ist (BGH 4.6.1973 VII ZR 112/71 = BGHZ 61, 42 = BauR 1973, 313).

68 **Hiervon unberührt** bleibt, dass sich der Auftraggeber grundsätzlich eine **Herabsetzung seiner Mängelansprüche** wird gefallen lassen müssen, wenn er **ungeeignete Stoffe oder Bauteile zur Verfügung** gestellt hat. Dabei ist es gleichgültig, ob seine Ansprüche als Nachbesserungs-, Schadensersatz- oder sonstige Gewährleistungsansprüche zu werten sind. Im ersteren Falle wäre die Grundlage für die Herabsetzung in § 254 BGB zu suchen, in den anderen Fällen in § 242 BGB (vgl. BGH Betrieb 1961, 569). Diese Folge ergibt sich für die VOB aus § 13 Nr. 3 VOB/B. Dabei ist für die Haftungsabgrenzung die Beteiligung eines für den Schaden ursächlichen Umstandes i.S. einer »überholenden Kausalität« nach wirtschaftlichen Gesichtspunkten zu bewerten.

69 Zur Frage der **Schriftform der Mitteilung beim BGB-Bauvertrag** vgl. Rn. 3.

c) Unverzügliche Mitteilung

70 Auch muss die **(schriftliche) Mitteilung unverzüglich,** also ohne schuldhaftes Zögern ergehen (§ 121 BGB). Dabei ist dem Auftragnehmer eine gewisse, zur Bildung einer gefestigten fachmännischen Meinung erforderliche **Überlegungsfrist** zuzubilligen, die sich hinsichtlich ihrer Dauer nach den gegebenen Umständen bemisst, insbesondere nach der **Eilbedürftigkeit** der Unterrichtung des

Auftraggebers. Wenn gefordert wird, dass die Bedenken **möglichst schon vor dem Beginn der Arbeiten** mitzuteilen seien, so gilt das nur, soweit das **technisch möglich** ist. Es dürfte nicht angebracht sein, wegen eines geringfügigen Bedenkens den ganzen Bau stillzulegen. Die Entscheidung kann nur im Einzelfall getroffen werden. Grundsätzlich muss der Auftragnehmer den Auftraggeber **so zeitig** unterrichten, dass **tunlichst eine Verzögerung bei der Bauausführung vermieden und ein Vermögensverlust abgewendet werden kann.** Auch In denjenigen Fällen, in denen Bedenken u.U. erst nach der Bauausführung entstehen können, weil vorher die Tatsachen bei gebotener objektiver Bewertung nicht erkennbar waren, ist **noch** eine **Mitteilungspflicht** gegeben.

Erfolgt die **Mitteilung** zwar sonst ordnungsgemäß, aber **nicht unverzüglich,** so ist der **Auftragnehmer** jedenfalls insofern **nicht von seiner Verantwortlichkeit befreit, als der Auftraggeber durch seine Nachlässigkeit einen nicht mehr behebbaren Schaden erlitten hat.** Das gilt z.B., wenn es sich um einen Leistungsteil handelt, der bereits ausgeführt ist, obwohl dies bei rechtzeitigem Hinweis vermieden worden wäre, oder auch dann, wenn das nach Hinweis einzusetzende Material inzwischen teurer geworden ist, als es bei rechtzeitigem Hinweis gekostet hätte. Ähnliches trifft zu, wenn sich infolge des von dem Auftragnehmer unterlassenen rechtzeitigen Hinweises zwangsläufig die Bauzeit verlängert und/oder sich die Kosten der Herstellung verteuern. **71**

3. Mitteilung an richtigen Adressaten

Weitere Voraussetzung ist es, dass sich der Auftragnehmer mit seiner Mitteilung von Bedenken an den **richtigen Adressaten** wendet. Das ist in jedem Fall der **Auftraggeber selbst,** im Falle der Errichtung einer Anlage die Betriebsleitung des Auftraggebers. Auch der **bauplanende** und/oder **bauleitende Architekt** – sofern diesem die Objektüberwachung nach § 15 Abs. 1 Nr. 8 HOAI obliegt (vgl. auch *Kaiser* NJW 1975, 445) – kann grundsätzlich als befugt angesehen werden, derartige Mitteilungen des Auftragnehmers mit Wirkung für und gegen den Auftraggeber entgegenzunehmen. Er ist grundsätzlich in allen technischen Angelegenheiten der Bauausführung der Vertreter des Auftraggebers gegenüber dem Auftragnehmern. Allerdings: Angesichts der **schwerwiegenden Bedeutung** der Mitteilung reicht eine solche bloß an den **vom Architekten bestellten Bauleiter** nicht schon aus (vgl. BGH SFH Z 2.410 Bl. 54), sie muss also an den **Architekten selbst** gerichtet sein (ebenso *Kaiser* NJW 1974, 445). Gleiches gilt im Hinblick auf den sonstigen Bauleiter (vgl. dazu OLG Hamm BauR 1995, 852); nach OLG Celle (BauR 2002, 93) genügt der Auftragnehmer seiner Hinweispflicht, wenn er dem örtlichen Beauftragten (hier Baubetreuer) des Auftraggebers seine Bedenken mitteilt. Verbleibt der Baubetreuer dennoch bei der vorgesehenen Art der Ausführung unter Berufung auf bisherige Erfahrungen, kann der Auftragnehmer auf diese vermeintliche Sach- und Fachkunde vertrauen, da ansonsten die Hinweispflicht überfordert wäre. **72**

Eine wichtige **Ausnahme** ist aber unbedingt zu beachten: Sollte der Auftragnehmer gegen **Anordnungen des Architekten oder eines Sonderfachmannes,** insbesondere auch dessen Planungen (OLG Frankfurt NJW-RR 1999, 461 für in den Bauplänen nicht vorgesehene aber notwendige Drainage) Bedenken haben und der Architekt sich den Bedenken **verschließen,** wozu **auch das bloße Nichtstun** zählt, so kann der Auftragnehmer sich im Rahmen von § 4 Nr. 3 VOB/B **nur entlasten,** wenn er die Bedenken dem Bauherrn **unmittelbar** oder einem sonstigen – im Einzelfall befugten – Vertreter des Auftraggebers mitteilt (vgl. BGH 19.1.1989 VII ZR 87/88 = BauR 1989, 467; 19.12.1996 VII ZR 309/95 = BauR 1997, 301; OLG Düsseldorf BauR 1995, 244; OLG Oldenburg OLGR 1998, 124; OLG Celle BauR 2005, 397). Gleiches gilt, wenn der Architekt für den Auftragnehmer erkennbar von der Planung eines Sonderfachmannes – oder umgekehrt – eigenmächtig abweicht oder überhaupt keine Pläne vorlegt (OLG Stuttgart BauR 1997, 850). Ebenso trifft dies zu, wenn der Architekt trotz eingehender Bemühungen des Auftragnehmers gegenwärtig nicht erreichbar ist. Dies folgt aus dem Sinn dieser Regelung, die entscheidend auf eine **zuverlässige und sachgerechte Unterrichtung des Auftraggebers** abstellt (so auch BGH 19.12.1968 VII ZR 23/66 = BGHZ 51, 275; 18.1.1973 VII ZR 88/70 = BauR 1973; 10.4.1975 VII ZR 183/74 = BauR 1975, 278; *Werner/Pastor* Rn. 1525; *Heier-* **73** mann/Riedl/Rusam § 4 VOB/B Rn. 56 ff.; *Nicklisch/Weick* § 4 VOB/B Rn. 64 ff.). In Anbetracht der Vielzahl dieser unterschiedlichen Konstellationen, in denen die Bedenkenanmeldung gegenüber dem Architekten nicht ausreicht (was sich oft auch erst hinterher herausstellt), ist dem Auftragnehmer generell dringendst anzuraten, Bedenken ausnahmslos unmittelbar gegenüber dem Auftraggeber anzumelden. Im Sinne eines kooperativen Klimas auf der Baustelle ist es ihm unbenommen, zunächst ein klärendes Gespräch mit dem Architekten zu suchen. Wird dieser jedoch nicht umgehend aktiv, sollte auf eine inhalts- und formgerechte Anzeige an die Adresse des Auftraggebers nicht verzichtet werden.

4. Entlastungsbeweis des Auftragnehmers

74 Dafür, dass sich der Auftraggeber trotz zuverlässiger Mitteilung von Bedenken **nicht** zu anderen Anordnungen oder Maßnahmen oder zur Verwendung anderer Stoffe oder Bauteile **entschlossen hätte,** daher der Schaden auch bei gehöriger Beachtung der Prüfungs- und Mitteilungspflicht eingetreten wäre, trägt der **Auftragnehmer** die **Beweislast** (BGH 22.3.1962 VII ZR 255/60 = BB 1962, 428; vgl. auch BGH 5.7.1973 VII ZR 12/73 = BGHZ 61, 118 = BauR 1973, 379; 10.7.1975 VII ZR 243/73 = BauR 1975, 420; 23.9.1976 VII ZR 14/75 = BauR 1976, 430). Gleiches gilt für die Behauptung, dass dem Auftraggeber durch das Unterlassen der schriftlichen Mitteilung **keine Nachteile** entstanden seien.

VI. Die Verantwortung des Auftraggebers nach Nr. 3 letzter Halbsatz

1. Mögliches Verhalten des Auftraggebers nach Mitteilung von Bedenken

75 Nr. 3 enthält **keine Anweisung an den Auftraggeber,** wie er sich nach der ordnungsgemäßen Mitteilung von Bedenken seitens des Auftragnehmers zu verhalten hat. Die Folgen sind daher nach **allgemeinen rechtlichen Gesichtspunkten** zu werten, da er nunmehr die **Verpflichtung** hat, auf die ihm mitgeteilten Bedenken **zu reagieren** (vgl. OLG Düsseldorf BauR 1988, 478, 479 = NJW-RR 1988, 210).

a) Untätigkeit

76 Unternimmt der Auftraggeber auf die Bedenken des Auftragnehmers **nichts, trägt er das Risiko** für die daraus entstehenden Folgen grundsätzlich **allein.** Der Auftragnehmer ist seiner vertraglichen Pflicht nach Nr. 3 hinreichend nachgekommen und **dadurch entlastet.** Entsteht in diesem Zusammenhang ein Schaden, ist der Auftraggeber verantwortlich. Man kann dem **Auftragnehmer eine Nachlässigkeit des Auftraggebers nicht anlasten,** die dadurch entsteht, dass dieser sich um die **sachgerecht geäußerten Bedenken** des Auftragnehmers **nicht kümmert.** Um dem Auftraggeber diese Lage klar vor Augen zu halten, ist es dem Auftragnehmer zu empfehlen, sich nach angemessener Zeit, in der er die Antwort des Auftraggebers auf die geäußerten Bedenken erwarten konnte, nochmals an den Auftraggeber – schriftlich – zu wenden und i.S. einer »Freizeichnung« jede Verantwortung für etwa entstehende Schäden, auf denen die Bedenken beruhen, abzulehnen, vgl. aber Rn. 84.

b) Billigung der Bedenken

77 Teilt dagegen der **Auftraggeber** die **Bedenken** des Auftragnehmers und trifft er eine andere, nach seiner Auffassung sachgerechte Anordnung nach Nr. 1 Abs. 3, oder ordnet er die Änderung des Bauentwurfs an (§ 1 Nr. 3 VOB/B), oder verlangt er im Rahmen von § 1 Nr. 4 VOB/B liegende Zusatzleistungen, oder macht er seinerseits ein Angebot auf Abänderung des Bauvertrages, muss der **Auftragnehmer erneut prüfen, ob nicht neue Bedenken geltend gemacht werden müssen** (so auch BGH 29.11.1973 VII ZR 179/71 = NJW 1974, 188 = BauR 1974, 128). Gleiches gilt für die Nachprüfung der Mängelbeseitigung, die infolge eines vorherigen Hinweises des Auftragnehmers an der Vorleistung eines anderen Unternehmers erfolgt ist, ebenso trifft dies im Hinblick auf die Nachprüfung von Abhilfemaßnahmen in Bezug auf die übrigen in Nr. 3 festgelegten Prüfungspflichten zu. Hat der Auftragnehmer keine erneuten Bedenken und braucht er solche auch nicht zu haben, wird er der Anordnung des Auftraggebers Folge leisten und notfalls, falls nach dem bisherigen Vertragsinhalt erforderlich und zumutbar, einen abgeänderten Bauvertrag schließen müssen.

c) Bestehen auf Bisherigem

Es kann aber auch sein, dass der **Auftraggeber auf dem bisherigen Vertragsinhalt oder seinen bisherigen Anordnungen besteht,** weil er die mitgeteilten **Bedenken nicht teilt.** Dann ist Nr. 1 Abs. 4 entsprechend anzuwenden (vgl. *Nicklisch/Weick* § 4 VOB/B Rn. 67; *Heiermann/Riedl/Rusam* § 4 VOB/B Rn. 60; *Kapellmann/Messerschmidt* § 4 VOB/B Rn. 107; *Franke/Kemper/Zanner/Grünhagen* § 4 VOB/B Rn. 191). Es handelt sich um eine erneute Anordnung des Auftraggebers. Der Auftragnehmer ist dann grundsätzlich verpflichtet, die Leistung in der angeordneten Art und Weise auszuführen. **Von einer Haftung für spätere Schäden ist er allerdings befreit** (vgl. auch OLG Düsseldorf BauR 1996, 115, 117 = NJW-RR 1996, 730). Dabei ist dem Auftragnehmer auch hier (vgl. Rn. 76) zu empfehlen, nach Erhalt der Mitteilung des Auftraggebers diesem schriftlich anzuzeigen, dass er **jegliche Verantwortung** für eventuelle aus dem mitgeteilten Sachverhalt entstehende Schäden **ablehnt,** um auf jeden Fall und nachgewiesenermaßen auch eine mögliche Mithaftung auf der Grundlage des Mitverschuldens (§ 254 BGB) im Verhältnis der Vertragsparteien zueinander auszuschalten. **78**

d) Ausnahme: Leistungsverweigerungsrecht des Auftragnehmers

Ein **Leistungsverweigerungsrecht hat** der **Auftragnehmer** nach dem Text der VOB/B hingegen **nur, wenn der Durchführung gesetzliche oder behördliche Bestimmungen entgegenstehen** würden, Nr. 1 Abs. 4 S. 1 letzter Halbsatz (vgl. auch OLG Karlsruhe BauR 2005, 729). **Darüber hinaus** wird dem Auftragnehmer aber nach **Treu und Glauben auch dann ein Leistungsverweigerungsrecht** zuerkannt werden müssen, wenn er dem Auftraggeber nicht nur ordnungsgemäß die Bedenken mitgeteilt, sondern wenn seine Prüfung **mit einer an Sicherheit grenzenden Wahrscheinlichkeit** das Ergebnis gehabt hat, dass die vorgesehene Art der Ausführung, die Verwendung der vom Auftraggeber gelieferten Stoffe oder Bauteile oder die Leistungen anderer Unternehmer zusammen mit der eigenen **zum Eintritt eines erheblichen Leistungsmangels oder eines sonstigen, nicht nur geringfügigen Schadens** führen werden (so auch *Nicklisch/Weick* § 4 VOB/B Rn. 67; *Kapellmann/ Messerschmidt* § 4 VOB/B Rn. 108). Es wäre nämlich ein **Verstoß gegen Treu und Glauben,** wenn dann vom Auftragnehmer verlangt würde, durch eigenes Handeln einen so gut wie sicher vorausgesehenen Schaden herbeizuführen oder zu fördern. Das gilt insbesondere dann, wenn durch die mit Gewissheit mangelhafte Leistung eine unmittelbare Gefahr für Leib und Leben Dritter, z.B. Hausbewohner, droht (OLG Hamm IBR 1998, 201-*Metzger*; OLG Karlsruhe BauR 2005, 729). In diesem Fall entlastet den Auftragnehmer auch eine Bedenkenanzeige nicht. Folgerichtig wird man unter den angegebenen Voraussetzungen dem Auftragnehmer auch ein Kündigungsrecht nach § 9 Nr. 1a VOB/B zubilligen müssen (von OLG Düsseldorf BauR 1988, 478, 479 = NJW-RR 1988, 210 offengelassen). Allerdings ist **der Auftragnehmer für die Unzumutbarkeit im Einzelnen darlegungs- und beweispflichtig.** In den Fällen, in denen der Auftragnehmer ein Leistungsverweigerungsrecht hat und davon Gebrauch macht, kommt er mit der betreffenden Leistung nicht in Verzug. **79**

Sofern dem Auftragnehmer hier ein Leistungsverweigerungsrecht zuzuerkennen ist, verstößt eine Klausel in AGB – insbesondere Zusätzlichen Vertragsbedingungen – des Auftraggebers, wonach dem Auftragnehmer ein Leistungsverweigerungsrecht bzw. »Zurückbehaltungsrecht« verwehrt sein soll, gegen § 309 Nr. 2a bzw. § 307 Abs. 1 und 2 BGB (früher § 11 Nr. 2a bzw. § 9 AGB-Gesetz).

e) Verzögerung oder Unterlassen der Entscheidung des Auftraggebers

Für den Fall, dass der **Auftraggeber** die von ihm zweckmäßigerweise schriftlich zu treffende **Entscheidung** verzögert oder nicht trifft, sind dem Auftragnehmer Rechte, die sich für ihn aus §§ 304, **80**

VOB/B § 4 Nr. 3 Prüfungs- und Anzeigepflicht des Auftragnehmers und ihre Auswirkungen

642 BGB ergeben können, zuzugestehen, da es auch hier um eine **Mitwirkungshandlung des Auftraggebers** geht. Damit ist zugleich gesagt, dass der Auftragnehmer befugt ist, mit der Ausführung der Arbeiten, auf die sich seine **fundiert vorgebrachten** Bedenken beziehen, eine **angemessene** Zeit nach Zugang der Mitteilung beim Auftraggeber **zu warten,** bis er seinerseits **unter normalen Umständen den Zugang einer Entschließung** des Auftraggebers **erwarten kann,** was zugleich schon eine entsprechende Verlängerung einer etwa vereinbarten Ausführungsfrist mit sich bringt (vgl. § 6 Nr. 4 VOB/B). Vor allem kann der Auftragnehmer im Falle der **Verzögerung oder Nichterledigung der vom Auftraggeber zu treffenden Entscheidung Mehraufwendungsersatz- oder Entschädigungsansprüche aus §§ 304, 642 BGB** geltend machen (beim VOB-Vertrag unter den Voraussetzungen des § 6 Nr. 1); darüber hinaus – besonders bei Unterlassen der Entscheidung durch den Auftraggeber – ist dem Auftragnehmer das **Recht zur Kündigung des Vertrages** nach § 9 Nr. 1a VOB/B mit den sich daraus ergebenden Folgen einzuräumen, sofern die in Nr. 2 a.a.O. geregelten Voraussetzungen vorliegen (OLG Düsseldorf BauR 1988, 478).

2. Haftungsbefreiung des Auftragnehmers bei Erfüllung der Pflichten nach Nr. 3

81 Soweit der Auftragnehmer die erforderliche **Prüfung richtig angestellt** und daraus entstandene **Bedenken** dem Auftraggeber **den Erfordernissen** der Nr. 3 **gemäß mitgeteilt** hat, wird er grundsätzlich **bei Schadenseintritt von seiner Haftung befreit,** jedenfalls im Innenverhältnis zum Auftraggeber. Der Auftraggeber muss sich also **zumindest eine Herabsetzung seiner Ansprüche** gefallen lassen, i.d.R. sogar auf null. Dabei ist es unerheblich, ob seine Ansprüche rechtlich als Nachbesserungs-, Schadensersatz- oder als sonstige Gewährleistungsrechte zu werten sind. Ersterenfalls wäre die Grundlage für eine Herabsetzung in § 254 BGB zu suchen, im anderen Falle aus § 242 BGB herzuleiten. In Betracht kommen ferner die dem Auftragnehmer durch den § 645 BGB zugebilligten Ansprüche (BGH 28.2.1961 VII ZR 197/59 = BB 1961, 430).

Meldet der Auftragnehmer nach Besichtigung der vom Auftraggeber erbrachten Vorunternehmerleistungen (insoweit: Verhältnis zwischen Nachunternehmer und Hauptunternehmer) konkrete Bedenken gemäß § 4 Nr. 3 VOB/B bzw. § 242 BGB an und lehnt er für den Fall der Ausführung seiner Arbeiten ohne vorherige Nachbesserung der konkreten Beanstandungen jede Gewährleistung für darauf beruhende Mängel ab, so berechtigt dies nicht zur Kündigung des Vertrages durch den Auftraggeber aus wichtigem Grund, selbst wenn die Bedenken zu Unrecht, jedoch nach hinreichender fachlicher Überlegung erhoben wurden (OLG Düsseldorf BauR 1992, 381).

3. Haftung des Auftragnehmers bei Verletzung der Pflichten nach Nr. 3

82 Kommt hingegen der Auftragnehmer seinen sich aus Nr. 3 ergebenden **Pflichten nicht oder nicht hinreichend** (vor allem auch durch nicht hinreichende, ordnungsgemäße Mitteilung) **nach,** haftet er nach § 4 Nr. 7 VOB/B oder – nach Abnahme – gemäß § 13 Nr. 5–7 VOB/B, da er durch § 4 Nr. 3 VOB/B bzw. – später – durch § 13 Nr. 3 VOB/B a.a.O. **nicht entlastet** wird (vgl. auch BGH 21.4.1988 VII ZR 65/87 = BauR 1988, 474). Dann hat der Auftragnehmer eine Haftung zu übernehmen oder mitzuübernehmen, die ihn anderenfalls nicht treffen würde. Wichtig ist dabei, dass der Auftragnehmer grundsätzlich hier nur verpflichtet ist, entweder die erforderliche Nachbesserung selbst vorzunehmen oder die Kosten dafür zu tragen. Sind dagegen **weitere Maßnahmen erforderlich, die bisher im Vertrag nicht vorgesehen** sind, hat der Auftragnehmer einen **zusätzlichen Vergütungsanspruch** nach § 2 Nr. 6 VOB/B, da es sich hier um so genannte **Sowieso-Kosten** handelt (BGH BauR 1976, 413; 17.5.1984 VII ZR 169/82 = BGHZ 91, 206 = BauR 1984, 510; OLG Düsseldorf BauR 1991, 747 für den Fall, dass bei einem Umbau im Leistungsverzeichnis die Freilegung und Isolierung des Kelleraußenmauerwerks der Straßenfassade nicht vorgesehen war; OLG Hamm BauR 1991, 756 für die nur unzulängliche Beauftragung einer Dachsanierung, wohingegen zur Erreichung des Zieles aber eine völlige Dacherneuerung nötig gewesen wäre).

Sofern ein Nachunternehmer seine Prüfungs- und Mitwirkungspflichten verletzt hat, muss er nur **83** seine eigenen Leistungen nachbessern; insbesondere braucht er von ihm nicht erkannte fehlerhafte Vorleistungen anderer Nachunternehmer oder des Hauptunternehmers (Generalunternehmers) nicht nachzubessern (BGH WM 1972, 800, 801; OLG München BauR 1996, 547; OLG Düsseldorf BauR 2000, 421; *Kaiser* BauR 1981, 311, 317; *Werner/Pastor* Rn. 1528). Kosten der Nachbesserung braucht er insoweit nur zu tragen, wenn sie dadurch erhöht anfallen, dass er seine Prüfungs- und Mitteilungspflichten verletzt hat. Gleiches gilt im Hinblick auf einen etwaigen Schadensersatzanspruch (*Werner/Pastor* a.a.O.).

Auch ist der Auftragnehmer, der die ihm obliegende **Mitteilung unterlassen** hat, **dadurch allein** **84** **noch nicht gehindert,** sich gegenüber dem Schadensersatzanspruch des Auftraggebers wegen mangelhafter Bauleistung **auf dessen mitwirkendes Verschulden** zu berufen (BGH 23.6.1960 VII ZR 71/59 = NJW 1960, 1813; 18.12.1980 VII ZR 43/80 = BGHZ 79, 180 = BauR 1981, 201; vgl. auch *Früh* BauR 1992, 160, 161). Das ergibt sich aus **Treu und Glauben** und aus dem Grundgedanken des Mitverschuldens (§ 254 BGB), der darin liegt, den an sich ersatzpflichtigen Schädiger nicht den endgültigen wirtschaftlichen Nachteil der einem anderen zugefügten Schädigung voll tragen zu lassen, wenn der Geschädigte selbst zur Entstehung des Schadens beigetragen hat (vgl. dazu auch BGH MDR 1962, 473). Ein mitwirkendes Verschulden ist ein **Verschulden in eigener Angelegenheit,** nämlich ein Außerachtlassen derjenigen Aufmerksamkeit und Sorgfalt, die nach Lage der Sache zur Wahrnehmung eigener Angelegenheiten jeder verständige Mensch ausübt, um Schäden zu vermeiden (BGH 3.7.1961 III ZR 101/60 = SFH Z 3.00 Bl. 52 ff.). Auch wenn der Auftragnehmer fahrlässig jeglichen – also auch den mündlichen (vgl. dazu OLG Hamm BauR 1995, 852 = NJW-RR 1996, 273) – Hinweis gegenüber dem Auftraggeber unterlassen hat, kommt ein mitwirkendes Verschulden des Auftraggebers und seiner **Erfüllungsgehilfen (hier vor allem des Architekten)** in Betracht, wenn der **Mangel durch ihn mitverursacht** worden ist, wobei die Bewertung zumindest ähnlich erfolgt, wie es im eigentlichen Verschuldensbereich geschieht. Vgl. dazu beachtlich *Rother* (VersR 1983, 793), OLG Celle (BauR 1984, 522 mit Anm. *Reim*) für den Fall einer nicht den anerkannten Regeln der Technik entsprechenden Ausschreibung von waagerechten Abdichtungen von Wänden gegen aufsteigende Feuchtigkeit aus Sperrmörtel; OLG Hamm (OLGR 1993, 179) bei unzulänglicher Planung der Winddichtigkeit eines Daches durch den Architekten sowie unterlassener Prüfung der Ausführungsunterlagen durch den Auftragnehmer, weiter auch *Soergel* (FS Heiermann S. 309 ff.). Hier kommt es im Einzelfall auf die einerseits beim Auftraggeber sowie dessen Erfüllungsgehilfen, andererseits beim Auftragnehmer vorauszusetzenden Fachkenntnisse an, wobei der Maßstab des jeweils gerechtfertigten Vertrauensschutzes entscheidende Grundlage ist, vgl. dazu auch BGH (11.10.1990 VII ZR 228/89 = BauR 1991, 79 = NJW-RR 1991, 276), allerdings wiegt hier das Mitverschulden der Auftraggeberseite oft genug **weniger schwer,** als wenn wenigstens ein mündlicher Hinweis des Auftragnehmers erfolgt wäre (BGH 11.10.1965 II ZR 45/63 = NJW 1966, 39). **Höher** ist es dagegen in aller Regel zu bewerten, **wenn Grundlage des Mangels eine eindeutig vermeidbare Fehlplanung des Architekten ist, es sich also um die vorgesehene Art der Ausführung handelt** (vgl. dazu auch OLG Stuttgart BauR 1995, 850 im Falle der Fehlplanung von Außendämmmaßnahmen, die auch der Auftragnehmer hätte erkennen müssen). Das gilt vor allem auch für die Verwendung neuartiger Stoffe oder Bauteile (OLG Hamm NJW-RR 1990, 523 im Falle der Verwendung von Lichtbetonelementen als Sichtbetonelemente in Bezug auf die Rissanfälligkeit und die Gefahr der Verschmutzung; ebenso OLG Köln BauR 1990, 729 zur Frage der Tauglichkeit der Leistung eines nachfolgenden Unternehmers, siehe dazu oben Rn. 54).

Andererseits kann sich der Auftragnehmer bei unterlassenem Hinweis auf das mitwirkende Ver- **85** schulden des Auftraggebers und/oder seines Erfüllungsgehilfen (des Architekten) dann **nicht** berufen, wenn er den fehlerhaften Plan (vor allem des Architekten) ausführt, obwohl er **erkennt,** dass der Planungsfehler **mit Sicherheit zu einem Mangel** des Bauwerks führen muss. Auch dieses gebietet der hier in der Grundlage maßgebende **Gedanke von Treu und Glauben** (so mit Recht BGH 18.1.1973 VII ZR 88/70 = BauR 1973, 190 = NJW 1973, 518; 22.3.1984 VII ZR 50/82 = BGHZ 90,

344 = BauR 1984, 395; 11.10.1990 VII ZR 228/89 = BauR 1991, 79 = NJW-RR 1991, 276; 19.12.2002 VII ZR 103/00 = BauR 2003, 689; OLG München NJW-RR 1987, 854). Dies ist jedoch anders zu bewerten, **wenn der Auftraggeber oder sein Erfüllungsgehilfe eine ihm bekannte Information,** wie etwa ein Bodengutachten, in dem der Einbau einer Isolierung gegen drückendes Wasser empfohlen wird, **nicht sinnvoll verwertet und ihm dadurch ein so schwerwiegender Planungsfehler vorzuwerfen ist, dass der Auftragnehmer trotz unterbliebener oder unzureichender Belehrung nicht allein für den später aufgetretenen Mangel verantwortlich gemacht werden kann,** vor allem dann, wenn – etwa aus Kostengründen – eine notwendige, alternativ vorgesehene Baumaßnahme später von Auftraggeberseite gestrichen worden ist und der Auftragnehmer mit Recht annehmen kann, dass dem Auftraggeber bei seiner Entscheidung das verbleibende Risiko bewusst war (BGH 11.10.1990 VII ZR 228/89 = BauR 1991, 79 = NJW-RR 1991, 276). Bei unterlassenem Hinweis kann sich der Auftragnehmer dagegen wiederum nicht auf eine Mitverantwortlichkeit der Auftraggeberseite berufen, wenn das Mitverschulden des Auftraggebers oder seines Erfüllungsgehilfen – z.B. des Architekten – kaum ins Gewicht fällt, was in Betracht kommen kann, wenn es sich beim Auftragnehmer oder dessen Subunternehmer um eine Fachfirma handelt, die in besonderem Maße verpflichtet ist, die betreffende Baumaßnahme ordnungsgemäß zu erledigen, z.B. durch Prüfung der Eignung des Rohbetons (BGH 4.6.1973 VII ZR 112/71 = BGHZ 61, 42 = BauR 1973, 313), bei Feststellung des Vorhandenseins von Bauschutt im zu verfüllenden Arbeitsraum wegen der Gefahr der Beschädigung der Außenisolierung (OLG Düsseldorf BauR 1995, 244 = NJW-RR 1995, 214) oder bei fehlender Schlagregensicherheit als typischer Folge einer regelwidrigen Mauerwerkskonstruktion (24 cm starke Ziegelsteine in einer einzigen Lage, beiderseits nicht verputzt). Zur Berechnung der Schadensquote sind – jedenfalls für die tägliche Praxis – die Ausführungen von Aurnhammer in VersR 1974, 1060 hilfreich (kritisch hierzu *Ganten* FS Locher S. 23).

4. Angaben des Auftraggebers

86 Unter den vorangehend erörterten Gesichtspunkten ist es als maßgebend zu betrachten, wenn es im letzten Halbsatz der Nr. 3 heißt, dass der Auftraggeber »**jedoch**« für seine Angaben, Anordnungen oder Lieferungen verantwortlich bleibt.

Unter **Angaben des Auftraggebers** sind alle für den Leistungsinhalt **wesentlichen Mitteilungen** zu verstehen, die sich insbesondere aus den Verdingungsunterlagen ergeben und zum Vertragsinhalt geworden sind. Hinzu kommen alle nach Vertragsabschluss liegenden Mitteilungen des Auftraggebers, wenn sie sich auf die vom Auftragnehmer geschuldete Leistung beziehen. **Anordnungen** des Auftraggebers sind in erster Linie solche, wie sie von § 4 Nr. 1 Abs. 3 VOB/B erfasst werden. Weiter sind hierzu aber auch sonstige Anforderungen des Auftraggebers zu zählen, die entweder zum Vertragsinhalt gehören (§ 1 Nr. 3 oder Nr. 4 VOB/B) oder die sonst zum Vertragsinhalt geworden sind. Der hier verwendete Begriff der **Lieferungen** bezieht sich auf die in Nr. 3 angeführten Stoffe oder Bauteile.

§ 4 Nr. 4
[Die Bereitstellungspflicht des Auftraggebers]

Der Auftraggeber hat, wenn nichts anderes vereinbart ist, dem Auftragnehmer unentgeltlich zur Benutzung oder Mitbenutzung zu überlassen:

a) **die notwendigen Lager- und Arbeitsplätze auf der Baustelle,**
b) **vorhandene Zufahrtswege und Anschlussgleise,**
c) **vorhandene Anschlüsse für Wasser und Energie. Die Kosten für den Verbrauch und den Messer oder Zähler trägt der Auftragnehmer, mehrere Auftragnehmer tragen sie anteilig.**

Die Bereitstellungspflicht des Auftraggebers § 4 Nr. 4 VOB/B

Inhaltsübersicht Rn.

A. Nebenpflicht 2
B. Unentgeltliche Benutzung oder Mitbenutzung. 3
C. Teilweise Kostentragung durch Auftragnehmer bei Wasser- und Energieverbrauch 4
D. Rechtsfolgen bei Verletzung der Pflichten nach Nr. 4. 6

Aufsätze: *Hofmann* Die rechtliche Einordnung der Mitwirkungspflichten des Auftraggebers beim Bauvertrag FS v. Craushaar 1997 S. 219 ff.

Der **Auftraggeber** hat, wenn nichts anderes vereinbart ist, dem Auftragnehmer unentgeltlich **zur Benutzung oder Mitbenutzung zu überlassen:** a) die notwendigen **Lager- und Arbeitsplätze** auf der Baustelle, wozu auch die erforderlichen Flächen für im Einzelfall notwendige **Sozialeinrichtungen** (Tagesunterkünfte, Verpflegungs-, Sanitär- und Sanitätseinrichtungen) rechnen, da dies Mindestbedingungen für einen geordneten Arbeitsplatz sind; b) vorhandene **Zufahrtswege und Anschlussgleise;** c) vorhandene **Anschlüsse für Wasser und Energie.** Die Kosten für den Verbrauch und den Messer oder Zähler trägt der Auftragnehmer; mehrere Auftragnehmer tragen sie anteilig. 1

A. Nebenpflicht

Es handelt sich um eine **im Anschluss an § 4 Nr. 1 Abs. 1 S. 1 VOB/B näher ausgestaltete vertragliche Nebenpflicht des Auftraggebers.** Diese besteht aber **nur, wenn** die Vertragsparteien im Bauvertrag **keine** ausdrückliche **anderweitige Regelung** getroffen haben. 2

Von solchen anderweitigen Regelungen machen Auftraggeber vielfach Gebrauch. Dies geschieht in der Praxis zunächst häufig dadurch, dass die Pflicht zur Versorgung der Baustelle mit Wasser und Energie inkl. der Gestellung der hierzu erforderlichen Anschlüsse dem Auftragnehmer übertragen wird, oft auch inkl. der Versorgung anderer auf der Baustelle tätiger Unternehmer mit entsprechendem Vorhalt der Anschlüsse. In Betracht kommt auch, dass der Auftraggeber die Versorgung der Baustelle mit Wasser und Energie selbst übernimmt und die hierfür anfallenden Kosten pauschaliert und anteilig auf die Auftragnehmer umlegt. Die Anwendung der AGB-rechtlichen Inhaltskontrolle nach § 307 BGB auf derartige Leistungs-, Kosten- und Umlageklauseln ist für jeden einzelnen Anwendungsfall gesondert an § 307 Abs. 3 S. 1 BGB (früher § 8 AGBG, Schranken der Inhaltskontrolle) zu überprüfen. Besondere Beachtung verdient hierbei die jüngere Rechtsprechung des Bundesgerichtshofs. In BauR 1997, 123 hatte der BGH zunächst die AGB-rechtliche Inhaltskontrolle auf eine Klausel nicht angewendet, durch welche die Erschließungs- und Baunebenkosten inkl. eines dort beispielhaften näher beschriebenen Gebührenpakets auf den Auftragnehmer überwälzt wurde. Der BGH bestätigt hier den Grundsatz, dass die AGB-rechtliche Inhaltskontrolle sich nicht auf die Leistungsbeschreibung sondern nur auf hiervon abzugrenzende Nebenabreden erstreckt.

Mit Urteil vom 10.6.1999 (VII ZR 365/98 = BauR 1999, 1290 = BGHZ 142, 46) **entzieht** der BGH eine **Umlageklausel** für Bauwasser, wonach von der Schlussrechnung die Verbrauchskosten und etwaige Kosten für Messer und Zähler in Höhe von 1,2% des Endbetrages abgesetzt werden, nach § 307 Abs. 3 S. 1 BGB (damals § 8 AGBG) der **richterlichen Inhaltskontrolle.** Er beurteilt die hier in Streit stehende Klausel als eine von dem vereinbarten Werklohn unabhängige Entgeltabrede für eine selbstständige Leistung des Auftraggebers. Diese regele das selbstständige Angebot des Auftraggebers, den Auftragnehmer bei der Herstellung seines Werkes auf der Baustelle mit Bauwasser zu beliefern. Als Gegenleistung sei dafür ein der Höhe nach pauschaliertes Entgelt festgesetzt. Dem Auftragnehmer bliebe es unbenommen, ob er bei der Ausführung seiner Bauleistung das Angebot des Auftraggebers annehmen oder Bauwasser, sofern er es benötige, auf eigene Kosten selbst besorgen wolle. Der Auftraggeber könne nur dann das der Höhe nach pauschalierte Entgelt für Bauwasser fordern, wenn der Auftragnehmer nachweislich von dem Angebot, das zur Verfügung gestellte Bauwasser zu nutzen, Gebrauch gemacht habe (BGH a.a.O.). Diese Entscheidung bestätigt der BGH mit Urteil vom 6.7.2000 (VII ZR 73/00 = BauR 2000, 1756 = NJW 2000, 3348) im Bezug auf eine Klausel, durch welche der Auftraggeber berechtigt wird, die anteilige Prämie der Bauwesenversicherung in Höhe von 2,5 Promille von der Schlusssumme des Auftragnehmers in Abzug zu bringen. Auch hier wendet der BGH die AGB-rechtliche Inhaltskontrolle nicht an.

Demgegenüber lässt der Bundesgerichtshof in der identischen Entscheidung (BauR 2000, 1756 = NJW 2000, 3348) die Klausel: »Für anteilige Baureinigung werden dem Auftragnehmer 0,5% von der Schlusssumme in Abzug gebracht« an der AGB-rechtlichen Inhaltskontrolle wegen unangemessener Benachteiligung des Auftragnehmers scheitern. Der BGH führt hierzu aus, dass der Auftragnehmer, soweit er Abfall und damit die Mangelhaftigkeit seines Werks verursacht hat, grundsätzlich selbst berechtigt ist, den Mangel – hier den Abfall – im Wege der Nachbesserung zu beseitigen. Dieses Recht – Mangelfreiheit durch kostengünstige Eigenschuttbeseitigung herbeizuführen – werde ihm durch die Klausel abgeschnitten, die ihm mit einem pauschalen Abzug und der Verantwortlichkeit für den Abfall belastet, unabhängig davon, ob er den Abfall verursacht und nicht beseitigt hat. Auch hieraus wird deutlich, dass die Anwendbarkeit AGB-rechtlicher Inhaltskontrollvorschriften für jeden einzelnen Anwendungsfall anhand der konkreten Klausel zu überprüfen ist. So sollte es nicht ausgeschlossen sein, auch die Schuttbeseitigung vertraglich in einer Art und Weise zu organisieren, dass sie nicht mit den §§ 307 ff. BGB in Konflikt gerät, etwa dadurch, dass sie als vertragliche Hauptleistung dem Pflichtenkreis des Auftragnehmers von vornherein entzogen und vom Bauherrn übernommen und umgelegt wird. Gleiches wird im Leistungsbereich für Klauseln zu gelten haben, die den Auftragnehmer zum Vorhalt von Wasser- und Energieanschlüssen auch über den eigenen Leistungsbedarf hinaus verpflichten. Allerdings ist zu beachten, dass § 307 Abs. 3 S. 1 BGB nur die Anwendbarkeit der AGB-rechtlichen Inhaltskontrolle regelt nicht aber die Anwendbarkeit sonstiger AGB-rechtlicher Kontrollmechanismen, z.B. der Einbeziehungskontrolle oder des Transparenzgebots. Ganz im Gegenteil: Gerade das **Transparenzgebot** wurde im Zuge der Schuldrechtsmodernisierung in § 307 Abs. 1 S. 2 BGB ausdrücklich gestärkt, nachdem nunmehr dort festgehalten ist, dass sich eine unangemessene Benachteiligung auch daraus ergeben kann, dass eine Bestimmung nicht klar und verständlich ist. Darüber hinaus ist in Zusammenhang mit dem Transparenzgebot § 307 Abs. 3 S. 2 BGB zu beachten, der das Transparenzgebot auch auf solche Vorschriften ausdehnt, die der Inhaltskontrolle nach § 307 Abs. 3 S. 1 BGB nicht unterliegen, also auch und gerade auf die oben besprochenen vertraglichen Hauptleistungspflichten. Was das nunmehr gesetzlich verankerte Transparenzgebot in diesem Bereich leisten kann, ist in der Rechtsprechung noch nicht geklärt. Es darf nicht übersehen werden, dass das Transparenzgebot seinen Ursprung in der Richtlinie 93/13/EWG des Rates vom 5.4.1993 über missbräuchliche Klauseln in Verbraucherverträgen (Klauselrichtlinie, siehe dort Art. 5) hat und sich dort ausschließlich an Verbraucher richtet. Des Weiteren darf nicht übersehen werden, dass die gezielte Übernahme erkannter Risiken durch eine Vertragspartei nichts mit fehlender Transparenz des Leistungsbeschriebs zu tun hat. Etwaige Hoffnungen von Auftragnehmern über § 307 Abs. 3 S. 2 BGB nunmehr die vom BGH insbesondere in der Kammerschleusenentscheidung (ZfBR 1997, 29) aufgestellten Grundsätze zu Risikoübernahme und Kalkulierbarkeit von Leistungen kippen zu können, werden sich wohl nicht erfüllen.

B. Unentgeltliche Benutzung oder Mitbenutzung

3 Die Verpflichtung des Auftraggebers zur unentgeltlichen Zurverfügungstellung bedeutet, dass er vom Auftragnehmer für die **Benutzung oder Mitbenutzung** von Lagerplätzen, Arbeitsplätzen, Zufahrtsgleisen und/oder Anschlüssen für Wasser und Energie **keine Vergütung** verlangen kann. Sie regelt sich als grundsätzlich (siehe aber Rn. 4 f.) kostenmäßig zu Lasten des Auftraggebers gehende Nebenpflicht aus dem Bauvertrag nach den Allgemeinen Vertragsbedingungen. Dabei handelt es

Die Bereitstellungspflicht des Auftraggebers § 4 Nr. 4 VOB/B

sich um einen **Ausfluss einer Mitwirkungspflicht des Auftraggebers nach § 642 BGB.** Daraus ergibt sich, dass die **Dauer** der unentgeltlichen Überlassung sich **im Allgemeinen nach der Zeit der Erstellung der jeweiligen vertraglichen Bauleistung richtet.** Jedoch kann der Auftragnehmer einen Anspruch auf Überlassung über die Bauwerksfertigstellung hinaus haben, wenn er z.B. Wasser benötigt, um gerügte Mängel abzustellen. Etwa damit zusammenhängende, ins Gewicht fallende **Mehrkosten** können jedoch dem Auftragnehmer als **von ihm zu tragende Nachbesserungskosten** zu seinen Lasten in Ansatz gebracht werden, da die Verpflichtung des Auftraggebers zur kostenlosen Überlassung nur auf die eigentliche, zur normalen und ordnungsgemäßen Bauherstellung erforderliche Zeit beschränkt ist.

C. Teilweise Kostentragung durch Auftragnehmer bei Wasser- und Energieverbrauch

Die in Nr. 4 geregelte Unentgeltlichkeit ist **nicht umfassend.** Vielmehr ist das nur der Fall bei den unter den Buchstaben a und b genannten Einrichtungen. Bei den von Buchstabe c erfassten Einrichtungen, nämlich den **vorhandenen** Wasser-, Gas-, Heizungs- und Stromanschlüssen, bezieht sich die **Unentgeltlichkeit** nur auf die **Benutzung** dieser Einrichtungen **als solche.** Der damit verbundene **Verbrauch an Wasser, Gas, Elektrizität** und sonstiger Energie wird dagegen von der Unentgeltlichkeit nicht erfasst. Hierfür hat der **Auftragnehmer die Kosten sowie die Grundgebühren** für den Messer oder Zähler **zu tragen.** Diese Kostentragung hat aber lediglich den Charakter eines **Aufwendungsersatzes;** dem Auftraggeber soll nicht mehr ausgeglichen werden, als er selbst zu zahlen verpflichtet ist. Sind **mehrere Auftragnehmer** während der Bauausführung an eine betreffende Versorgungsleitung angeschlossen, gilt kraft ausdrücklicher Regelung **anteilige Kostentragung** als vereinbart. **4**

Für den Auftragnehmer besteht auch nur Anspruch auf **kostenlose Benutzung vorhandener** Versorgungsanschlüsse, nicht aber auf Neuanbringung oder auf Verlegung vorhandener Anschlüsse. Insofern ist er zur Kostenübernahme verpflichtet, falls zur Durchführung seiner Bauleistung (etwa zum Schleifen von neuverlegtem Parkettboden nach Nr. 3.2.7 der DIN 18 356) die Neuanbringung oder Verlegung eines Anschlusses erforderlich wird. Letzteres ergibt sich aus § 2 Nr. 1 VOB/B, wonach durch die vereinbarten Preise alle Leistungen abgegolten werden, die nach den dort genannten Vertragsbedingungen zur vertraglichen Leistung gehören, insbesondere auch die etwaigen Nebenleistungen. Der Auftragnehmer muss sich daher vor Abgabe seines Angebotes vergewissern, **wo die erforderlichen Anschlussstellen liegen,** um etwa für ihn notwendig werdende Aufwendungen durch Anbringen oder Verlegen von Anschlussstellen **mit einkalkulieren zu können.** Im Übrigen ist das Heranbringen von Wasser und Energie von den vom Auftraggeber auf der Baustelle zur Verfügung gestellten Anschlussstellen zu den Verwendungsstellen immer eine Nebenleistung, wie Nr. 4.1.6 der DIN 18 299 zeigt; die dafür anfallenden Kosten kann der Auftragnehmer also nicht ersetzt verlangen. **5**

D. Rechtsfolgen bei Verletzung der Pflichten nach Nr. 4

Kommt ein Auftraggeber seiner Bereitstellungspflicht nach Nr. 4 nicht oder nicht hinreichend nach, kommen die Rechtsfolgen nach § 6 VOB/B oder nach § 9 VOB/B in Betracht. **6**

§ 4 Nr. 5
[Schutzpflichten des Auftragnehmers]

Der Auftragnehmer hat die von ihm ausgeführten Leistungen und die ihm für die Ausführung übergebenen Gegenstände bis zur Abnahme vor Beschädigung und Diebstahl zu schützen. Auf Verlangen des Auftraggebers hat er sie vor Winterschäden und Grundwasser zu schützen, ferner Schnee und Eis zu beseitigen. Obliegt ihm die Verpflichtung nach S. 2 nicht schon nach dem Vertrag, so regelt sich die Vergütung nach § 2 Nr. 6.

Inhaltsübersicht

	Rn.
A. Allgemeine Grundlagen	1
B. Schutz vor Beschädigung und Diebstahl – Erhaltungspflicht (S. 1)	2
C. Beginn und Ende der Erhaltungspflicht	4
D. Eindeutig umrissene Erhaltungspflicht	6
I. Ausgeführte Leistungen	7
II. Für die Ausführung übergebene Gegenstände	8
III. Begrenzung der Erhaltungspflicht auch durch Zielsetzung	9
E. Versicherung grundsätzlich nicht Teil der Erhaltungspflicht	11
F. Haftung – Beweislast	12
G. Keine Vergütung für Maßnahmen nach Nr. 5 S. 1	16
H. Lieferung von Stoffen oder Bauteilen durch Auftragnehmer selbst	17
I. Schutz gegen Winterschäden und Grundwasser; Beseitigung von Schnee und Eis (S. 2)	18
II. Gesonderte vertragliche Vereinbarung möglich	19
III. Einseitiges Verlangen des Auftraggebers möglich	20
J. Vergütungspflicht bei Maßnahmen gemäß S. 2 (S. 3)	21
K. Schutzmaßnahmen nach S. 2 im Einzelnen	22
I. Winterschäden	22
II. Grundwasser	23
III. Beseitigung von Schnee und Eis	24

Aufsätze: *Marbach* Besonders abzunehmende Leistungsteile – Anforderungen der Praxis, insbesondere bei mehrstufigen Vertragsverhältnissen Jahrbuch Baurecht 1999 S. 92; *Stuttmann* Die Pflicht zum Schutz eigener Leistungen und die Gefahrverteilung im Bauvertrag BauR 2001, 1487; *Köhler* Graffiti-Schmierereien – höhere Gewalt oder unabwendbares Ereignis? BauR 2002, 27; *Oppler* Zur Pflicht des Auftragnehmers, seine Leistungen vor Beschädigung und Winterschäden zu schützen FS Jagenburg 2002 S. 713; *Acker/Garcia-Scholz* Die Ansprüche des Auftragnehmers bei Beschädigung der Werkleistung vor Abnahme BauR 2003, 1457.

A. Allgemeine Grundlagen

1 Nach Nr. 5 hat der Auftragnehmer die von ihm ausgeführten Leistungen und die ihm für die Ausführung übergebenen Gegenstände bis zur Abnahme vor Beschädigung und Diebstahl zu schützen (S. 1). Auf Verlangen des Auftraggebers hat er sie vor Winterschäden und Grundwasser zu schützen, ferner Schnee und Eis zu beseitigen (S. 2). Obliegt ihm die Verpflichtung nach S. 2 nicht schon nach dem Vertrag, regelt sich die Vergütung nach § 2 Nr. 6 (S. 3) VOB/B.

B. Schutz vor Beschädigung und Diebstahl – Erhaltungspflicht (S. 1)

2 Bei dem **Schutz vor Beschädigung und Diebstahl (S. 1)** handelt es sich um eine vertragliche **Nebenpflicht** des Auftragnehmers aus dem Bauvertrag. Diese hat zur Grundlage das **Erhaltungsinte-**

resse beider Partner am unbeeinträchtigten Bestand des ganz oder teilweise hergestellten Werkes. Die dem **Auftragnehmer** nach den Allgemeinen Vertragsbedingungen auferlegte **Erhaltungspflicht** ist nicht eine ungewöhnliche einseitige Belastung, sondern eine den tatsächlichen Verhältnissen gerecht werdende Lösung. Es ist zu bedenken, dass der mit der Herstellung befasste Auftragnehmer wesentlich eher zur Erhaltung bereits erstellter Leistungen in der Lage ist als der Auftraggeber.

Die **Dauer** der **Erhaltungspflicht** bis zur Abnahme folgt überdies **auch aus dem Gesetz,** wonach der **Auftragnehmer bis zur Abnahme** des fertig hergestellten Werkes die **Gefahr** hierfür **zu tragen** hat, §§ 641, 644 BGB. Für den Bauvertrag gilt nach den Allgemeinen Vertragsbedingungen grundsätzlich das Gleiche, wie sich aus § 12 Nr. 6 VOB/B entnehmen lässt, es sei denn, dass die Ausnahmeregel § 7 VOB/B im Einzelfall eingreift. Insoweit besteht also eine doppelte Grundlage für die in Nr. 5 S. 1 geregelte Verpflichtung des Auftragnehmers. Dabei ist zu beachten, dass die VOB es nicht bei den genannten bloßen **Gefahrtragungsregeln** mit daraus sich ergebender etwaiger Ersetzungsverpflichtung bewenden lassen wollte, sondern in Nr. **5 S. 1 eine Pflicht des Auftragnehmers zur Tätigkeit** festgelegt hat. Dies hebt Nr. 5 S. 1 über die allgemeinen Gefahrtragungsregeln hinaus und stellt ihn diesen als besondere vertragliche Vereinbarung voran.   3

C. Beginn und Ende der Erhaltungspflicht

Endet die Erhaltungspflicht kraft ausdrücklicher vertraglicher Regelung **mit der Abnahme,** kann nur der **Anfangszeitpunkt** fraglich sein, zumal hierüber in Nr. 5 S. 1 ausdrücklich nichts gesagt ist. Jedoch lässt sich aus der dort gewählten Formulierung entnehmen, dass es je nach Sachlage **auf den zu schützenden Gegenstand ankommt.** Handelt es sich um den Schutz ausgeführter Leistungen, ergibt sich daraus an sich, dass die Erhaltungspflicht mit dem Zeitpunkt der Ausführungsbeendigung beginnt. Das darf jedoch nicht dahin gehend missverstanden werden, dass die Schutzmaßnahmen erst zu treffen sind, wenn das Bauwerk bzw. die durch den Vertrag umrissene Leistung völlig fertiggestellt ist. Vielmehr ist der Begriff »ausgeführt« so zu verstehen, dass alles zu erhalten und zu schützen ist, was zum **Zwecke der Erfüllung der Gesamtleistungspflicht bereits als Teil der Leistungen hergestellt ist.** Daher fängt die **Erhaltungspflicht** praktisch bereits **mit dem Beginn der jeweiligen vertraglichen Leistung** an. Handelt es sich um **Gegenstände,** die dem Auftragnehmer zur Ausführung seiner Leistungen **übergeben worden sind,** beginnt die Erhaltungspflicht nicht erst mit der baulichen Verwertung dieser Gegenstände, sondern **bereits mit der Übergabe,** also in dem Zeitpunkt, in dem sie dem Auftragnehmer zur Verfügung stehen (so auch *Schmidt* VersR 1965, 935). Dies erklärt sich daraus, dass der Auftragnehmer nunmehr die **Verfügungsgewalt** über diese Gegenstände hat.   4

Das **Ende der Erhaltungspflicht** tritt **grundsätzlich auch bei Teilabnahmen** hinsichtlich der abgenommenen Teile ein. **Ausnahmsweise** ist dies allerdings **nicht** der Fall, wenn die von dem betreffenden Auftragnehmer auszuführende **weitere Bauleistung in enger** – insoweit untrennbarer – **räumlicher Beziehung zu dem abgenommenen Teil steht,** insbesondere darauf aufbaut (vgl. *Schmidt* VersR 1965, 935). Dann liegt regelmäßig aber auch keine Teilabnahme nach § 12 Nr. 2 VOB/B, sondern nur eine Zustandsfeststellung nach § 4 Nr. 10 VOB/B vor (so genannte technische Abnahme), durch die die Erhaltungspflicht des Auftragnehmers im Allgemeinen ohnehin noch nicht beendet ist.   5

D. Eindeutig umrissene Erhaltungspflicht

Die Erhaltungspflicht des Auftragnehmers nach Nr. 5 S. 1 **beschränkt** sich kraft ausdrücklicher vertraglicher Regelung **auf** die von ihm **ausgeführten Leistungen** und auf die ihm **für die Ausführung übergebenen Gegenstände** mit dem Ziel, sie **vor Beschädigung und Diebstahl zu bewahren.**   6

I. Ausgeführte Leistungen

7 Soweit es die **ausgeführten Leistungen** angeht, ist die Umgrenzung nicht schwierig. Es handelt sich um die **eigenen Leistungen des Auftragnehmers,** die er aufgrund seiner vertraglichen Leistungspflicht zu erbringen hat. Hierzu zählt alles, was zeitlich zwischen dem Beginn der Ausführung und der Fertigstellung der vom Vertrag umrissenen Leistungen des **betreffenden Auftragnehmers** liegt. Nicht ergreift die Erhaltungspflicht auch Leistungen oder Teile hiervon, die andere Auftragnehmer am gleichen Bauwerk aufgrund ihrer eigenen vertraglichen Bauleistung erbracht haben, es sei denn, es ist in Besonderen oder Zusätzlichen Vertragsbedingungen – unter Voraussetzung einer besonderen Vergütungspflicht des Auftraggebers – etwas anderes bestimmt. Dies gilt auch im Hinblick auf die vom Hauptunternehmer erbrachten Leistungen, hinsichtlich deren der Nachunternehmer grundsätzlich keine Schutzpflichten hat (vgl. dazu BGH 15.12.1994 VII ZR 140/93 = BauR 1995, 237 = NJW-RR 1995, 722).

Auch finden sich in einer Reihe von **DIN-Vorschriften des Teiles C Schutzpflichten des Auftragnehmers.** Soweit diese dort nicht als Nebenleistungen, sondern als Besondere Leistungen gekennzeichnet sind, hat der Auftragnehmer Anspruch auf besondere Vergütung. Diese Schutzpflichten **fallen nach § 1 Abs. 1 S. 2 VOB/B ohnehin an, ohne dass diese der hier erörterten Regelung noch besonders unterliegen.**

II. Für die Ausführung übergebene Gegenstände

8 Unter die dem **Auftragnehmer für die Ausführung übergebenen Gegenstände fallen** zunächst alle **Baustoffe oder Bauteile,** die der Auftragnehmer zur Erbringung seiner vertraglichen Leistungen erhalten hat. Dabei ist es nicht erforderlich, dass die Gegenstände dem Auftragnehmer vom Auftraggeber oder einem seiner Vertreter überlassen worden sind. Vielmehr **genügt auch die Überlassung durch einen Dritten,** wie z.B. einen Lieferanten, wenn es sich nur um Sachen im Hinblick auf die vom Auftragnehmer vertraglich geschuldeten Bauleistungen handelt, sofern ihm die Anlieferung an die Baustelle bekannt ist oder bei Wahrnehmung der erforderlichen Sorgfalt hätte bekannt sein müssen (vgl. *Schmidt* a.a.O.). Unter die hier erörterte Bestimmung fallen **auch alle sonstigen Sachen, die dem Auftragnehmer überlassen sind, damit er seine Bauleistung erbringen kann,** demgegenüber also nicht solche Stoffe oder Bauteile, die anderen Auftragnehmern zur Ausführung ihrer vertraglichen Leistung zur Verfügung stehen (so auch *Schmidt* a.a.O.). Dabei ist festzuhalten, dass nicht nur die zur Ausführung, sondern die **für** die Ausführung **übergebenen Gegenstände** gemeint sind. Dies ist weitergehend, weil nicht nur Sachen erfasst sind, die bei der Bauausführung durch den betreffenden Auftragnehmer tatsächlich verwertet oder verbraucht werden, sondern auch solche, die sich auf die dem Auftragnehmer **zugänglich gemachten Eigentumsteile des Auftraggebers** erstrecken (so auch OLG Karlsruhe SFH Z 2.413 Bl. 21). Deshalb fallen auch unter die hier erörterte Regelung keineswegs nur bei der Bauausführung nicht verbrauchtes Baumaterial, sondern auch z.B. **Maschinen, Werkzeuge** usw., weiterhin das im **Rahmen des Erforderlichen und Zumutbaren zugängliche Objekt der Leistung selbst,** wie das **Grundstück** (a.A. OLG Bremen SFH Z 2.401 Bl. 9; wie hier auch Teil B § 4 VOB/B Rn. 76) der Grundstücksteil, die betreffenden Räumlichkeiten, die dem Auftragnehmer überlassenen Schlüssel dazu (vgl. LG Köln SFH Z 2.10 Bl. 69) und auch die **Vorleistungen anderer Unternehmer, wenn** die Leistung des Auftragnehmers **hierauf aufbaut,** d.h., wenn die Vorleistung für die vertragsgerechte Leistung des Auftragnehmers gebraucht wird. Das OLG Karlsruhe (a.a.O.) befasst sich mit Erhaltungspflichten des Auftragnehmers anlässlich eines angenommenen Sabotageaktes an der ausgeführten Leistung. Der Entscheidung dieses **Einzelfalles,** insbesondere der ihr zugrunde gelegten Beweiswürdigung, ist zuzustimmen.

III. Begrenzung der Erhaltungspflicht auch durch Zielsetzung

Der **Umfang der Erhaltungspflicht ist weitgehend auch durch** das in Nr. 5 S. 1 genannte **zweckbedingte Ziel begrenzt**. Danach hat der Auftragnehmer die **Sachen vor Beschädigung und Diebstahl zu schützen**.

9

Schutzmaßnahmen gegen Diebstahl sind i.d.R. ordnungsgemäßer Verschluss sowie Beaufsichtigung und Überwachung. Wie weit die Schutzmaßnahmen im Einzelnen zu gehen haben und was zur Erreichung des Schutzzweckes erforderlich ist, bestimmt sich nach den jeweilig örtlich bedingten Gegebenheiten. Sofern an dem betreffenden Ort oder in dessen Nähe häufig Diebstähle von Baumaterialien usw. vorkommen, müssen u.U. auch außerhalb der normalen Arbeitszeit die jeweils angezeigten Sicherungsmaßnahmen getroffen werden; notfalls muss der Auftragnehmer zusätzliches Personal zur Bewachung einstellen, falls vertraglich nichts anderes vereinbart ist. Der Auftragnehmer ist auch gehalten, das Funktionieren der getroffenen Sicherungsmaßnahmen in eigener Regie zu **überwachen**.

Der Schutz vor **Beschädigung** beinhaltet die Verpflichtung, die ausgeführte Leistung oder die fertiggestellten Leistungsteile sowie die dem Auftragnehmer für die Ausführung übergebenen Gegenstände **vor schädigenden Einflüssen zu bewahren**. Schädigende Einflüsse sind alle Einwirkungen, die eine Beeinträchtigung im Hinblick auf das Leistungsziel herbeiführen oder darstellen können. Dabei kommt es nicht nur auf menschliche, tierische (z.B. Beschädigung oder Beschmutzung von noch offenen Lüftungskanälen durch Tauben) oder mechanisch nachteilige Einwirkungen, sondern **auch** auf solche durch **Witterungseinflüsse** usw. an. Inwieweit hier Schutzmaßnahmen zu treffen sind, regelt sich nach dem zu schützenden Gegenstand unter Berücksichtigung des Schutzzieles; von Bedeutung ist auch, inwieweit nach der **Gewerbesitte** oder den **tatsächlichen Einflussnahmemöglichkeiten** des Auftragnehmers Vorkehrungen im Einzelfall **zumutbar** sind (vgl. Stuttmann BauR 2001, 1487, vgl. hierzu auch OLG Bremen BauR 1997, 1045 und OLG Hamm IBR 2002, 412-Metzger, Letzteres zur körperlichen Entgegennahme des Werks durch den AG vor Abnahme). Wesentliche Anhaltspunkte, insbesondere für die Gewerbesitte, geben hier die Allgemeinen Technischen Vertragsbedingungen, in denen in großer Zahl Schutzpflichten aufgeführt sind. Soweit es für bestimmte Gegebenheiten keine Vorschriften gibt, sind die vorhandenen als Auslegungsregeln zu Vergleichszwecken geeignet. Entgegen der Ansicht des LG Köln (SFH Z 2.413 Bl. 43) kann daher **nicht allein** auf die Frage abgestellt werden, ob der Auftragnehmer für ihn wirtschaftlich erträgliche Mittel aufwenden müsste, wenn dies auch u.a. einen Gesichtspunkt abgeben kann. **Entscheidender Maßstab ist die konkret auf das einzelne Bauobjekt bezogene, allgemein auf dem betreffenden Bausektor anerkannte und zu verlangende Übung.** Die Abgrenzung kann nur nach dem Einzelfall bestimmt werden.

10

Je nach den Umständen des Einzelfalles kann dem Auftraggeber eine gewisse **Mitwirkungspflicht** auferlegt sein, damit der Auftragnehmer in der Lage ist, seine Erhaltungspflichten zu befolgen. So ist er gehalten, vorhandene Möglichkeiten der Lagerung und/oder auch des Verschlusses zur Verfügung zu stellen, damit der Auftragnehmer überhaupt oder hinreichend die Möglichkeit hat, seine hier erörterten Pflichten zu erfüllen. Anderenfalls **trifft den Auftraggeber im Schadensfall eine Mitverantwortlichkeit auf der Grundlage des § 254 BGB**. Dies betrifft Schutzvorkehrungen sowohl im Hinblick auf andere Unternehmer und deren Mitarbeiter als auch in Bezug auf sonstige Dritte. Insbesondere ist der Auftraggeber gehalten, selbst alles zu unterlassen, was den Auftragnehmer in der erfolgreichen Herstellung seiner Werkleistung beeinträchtigt. Das gilt insbesondere in denjenigen Fällen, in denen es zu Beschädigungen an bereits vom Auftragnehmer hergestellten Werkteilen vor Abnahme kommt, weil der Auftraggeber die vorzeitige Inbenutzungnahme der unternehmerischen Werkleistung entweder durch Gebäudenutzer oder durch Drittunternehmer veranlasst. Derartige Maßnahmen gehören – auch und gerade was die Koordinierungspflicht des Auftraggeber anbelangt – zur vorgesehenen Art der Ausführung i.S.v. § 4 Nr. 3 VOB/B, gegen die Bedenken (vgl. hierzu auch *Stuttmann* BauR 2001, 1487; *Oppler* FS Jagenburg S. 713). anzumelden sind, wenn die Rechtsfolge aus § 13 Nr. 3 VOB/B herbeigeführt werden soll. In Ausnahmefällen kann dem Auftragnehmer gegen den Auftraggeber bei Beschädigungen seines Werks vor Abnahme durch nachfolgende Handwerker ein Anspruch aus entsprechender Anwendung des § 645 Abs. 1 BGB zustehen, wenn diese Folge von risikoerhöhenden Handlungen des Auftraggebers selbst sind (vgl. *Acker/Garcia-Scholz* BauR 2003, 1457 ff., vgl. auch OLG Celle BauR 2000, 933).

E. Versicherung grundsätzlich nicht Teil der Erhaltungspflicht

11 Eine nach den Allgemeinen Vertragsbedingungen bestehende **Verpflichtung** des Auftragnehmers, die fertiggestellte Leistung oder deren Teile sowie die übergebenen Gegenstände **gegen Diebstahl oder Schaden versichern zu müssen, besteht nicht.** Dies ist weder verkehrs- noch gewerbeüblich. Eine Versicherung muss nur abgeschlossen werden, wenn dies **ausdrücklich vertraglich vereinbart** ist, was häufig auch geschieht. Falls dann keine besondere Regelung zwischen den Vertragspartnern getroffen ist, muss der Auftragnehmer als der im Grundsatz Erhaltungspflichtige die Versicherungsbeiträge leisten.

Es ist allgemein im eigenen Interesse des Auftragnehmers **angezeigt,** wenn er eine Versicherung, insbesondere gegen mutwillige Beschädigungen oder Zerstörungen, abschließt (so zutreffend *Schmidt* VersR 1965, 935). Nicht unproblematisch ist dabei allerdings die Frage der Versicherbarkeit des auf der Grundlage der Nr. 5 möglicherweise eintretenden Schadens, da ein Ausschluss nach § 4 I 6a und 6b AHB in Betracht kommen kann.

F. Haftung – Beweislast

12 Kommt der **Auftragnehmer seiner Erhaltungspflicht schuldhaft nicht** oder nicht hinreichend **nach** und entsteht dem Auftraggeber hieraus ein Schaden, **haftet** der Auftragnehmer **wegen Pflichtverletzung nach §§ 280, 241 Abs. 2 BGB auf Ersatz des entstandenen Schadens** (OLG Rostock BauR 2000, 105). Für seine Erfüllungsgehilfen hat der Auftragnehmer nach § 278 BGB **einzustehen.** Insoweit kommt kein besonderer Verwahrungsvertrag zwischen den Erfüllungsgehilfen und dem Auftraggeber zustande (vgl. LG Köln SFH Z 2.10 Bl. 69). Für den **Eintritt des Schadens und dessen Höhe** ist der **Auftraggeber darlegungs- und beweispflichtig.**

13 Ist der Auftragnehmer seiner Pflicht nachgekommen, wofür ihn bei eingetretenem Schaden wiederum die **Beweislast** trifft, oder hat er von ihm nachgewiesen kein Verschulden, weil z.B. höhere Gewalt vorliegt, fällt die Haftung auf den, **der die Gefahr trägt.** Das ist wiederum bis zur Abnahme (§ 12 Nr. 6 VOB/B) grundsätzlich der Auftragnehmer. Soweit es die für die Ausführung **übergebenen Gegenstände** anbelangt, trifft allerdings deren **Eigentümer die Gefahr für den zufälligen Untergang oder die zufällige Verschlechterung.** Das ergibt sich aus § 644 Abs. 1 S. 3 BGB, der auch im Rahmen eines VOB-Bauvertrages eingreift. Bei Beschädigung oder Zerstörung bereits fertiggestellter Teile **des Bauwerks** tritt in solchem Falle eine **Gefahrverteilung nach § 7 VOB/B** ein. Sofern die dortigen Voraussetzungen nicht gegeben sind, kann eine entsprechende Anwendung von § 645 Abs. 1 S. 1 BGB in Betracht kommen (BGH 21.8.1997 VII ZR 17/96 = BGHZ 136, 303 = BauR 1997, 1019 [Schürmannbau I]; 16.10.1997 VII ZR 64/96 = BGHZ 137, 35 = BauR 1997, 1021 [Schürmannbau II]; OLG Celle IBR 1999, 358-*Schwenker*). Im Übrigen geht die Gefahr erst mit der Abnahme nach § 12 VOB/B ganz auf den Auftraggeber über.

14 **Über den Rahmen von § 4 Nr. 5 VOB/B hinaus haftet der Auftragnehmer aus §§ 823, 831 BGB** auch dann, wenn er auf einem fremden Grundstück eine größere Anzahl von Arbeitern für längere Zeit beschäftigt und für ihn die **Gefahr planmäßiger Diebstähle** auf dem Grundstück des Auftrag-

gebers durch seine Arbeiter erkennbar ist, auch wenn diese nicht nur bauseitig angeliefertes Material entwenden, sondern z.B. auch das Zinkdach eines Gebäudes, auf das sich die Bauleistung nicht erstreckt, abnehmen und entfernen. Der Auftragnehmer ist verpflichtet, Maßnahmen zu ergreifen, die solche Diebstähle während der Arbeitszeit nach Möglichkeit verhindern (BGH 4.11.1953 VI ZR 64/52 = BGHZ 11, 151 = NJW 1954, 505; BGH VersR 1956, 322; LG Aachen SFH Z 4.01 Bl. 10; *Schmidt* VersR 1965, 935).

Unabhängig von Nr. 5 Abs. 1 und der daraus sich ergebenden Schadensersatzverpflichtung des Auftragnehmers ist das **Verhältnis** zwischen dem jeweils die Gefahr tragenden Auftraggeber oder Auftragnehmer einerseits und dem **Dieb oder dem schädigenden Dritten** andererseits zu beurteilen. Diese Ansprüche regeln sich nach allgemeinen zivilrechtlichen Vorschriften. Der Schadensersatzanspruch steht dem Geschädigten zu. Der Auftraggeber hat aber dem Auftragnehmer die Ersatzansprüche gegen den Schädiger abzutreten (§ 255 BGB), falls er vom Auftragnehmer wegen seiner Schadensersatzansprüche befriedigt wird (zu diesen Fragen siehe *Schmidt* VersR 1965, 514).   **15**

G. Keine Vergütung für Maßnahmen nach Nr. 5 S. 1

Eine **besondere Vergütung für die Durchführung der Erhaltungsmaßnahmen** nach Nr. 5 S. 1 kann der Auftragnehmer grundsätzlich **nicht** beanspruchen. Diese Nebenpflicht gehört im Allgemeinen mit zur vertraglich geschuldeten Leistung, und ihre Erfüllung ist durch die vereinbarte Vergütung gemäß § 2 Nr. 1 VOB/B abgegolten vgl. jedoch oben Rn. 7. Besonders vergütungspflichtig ist ein Auftrag an einen Auftragnehmer bzw. Nachunternehmer, nicht nur seine eigenen Leistungen zu schützen, sondern vor allem auch Gegenstände vor einem weiteren Diebstahl abzusichern, die ein anderer Auftragnehmer bzw. der Hauptunternehmer eingebaut hat (vgl. BGH 15.12.1994 VII ZR 140/93 = BauR 1995, 237 = NJW-RR 1995, 722).   **16**

H. Lieferung von Stoffen oder Bauteilen durch Auftragnehmer selbst

Nicht erfasst von der in der VOB **besonders** festgelegten Erhaltungspflicht (Nr. 5 S. 1) werden diejenigen Lieferungen von Stoffen oder Bauteilen, die der Auftragnehmer **selbst** zur Baustelle bringt oder bringen lässt. Diese Gegenstände stehen **ohnehin** kraft seiner vertraglichen Leistungsverpflichtung **unter seiner alleinigen Verantwortung,** so dass es insoweit der Festlegung einer besonderen vertraglichen Nebenverpflichtung des Auftragnehmers nicht bedurfte. Wenn jedoch vom Auftragnehmer beschaffte Stoffe oder Bauteile vor der Verarbeitung oder dem Einbau in das Eigentum des Auftraggebers übergehen, fallen sie mit diesem Zeitpunkt unter Nr. 5 S. 1. Sie gelten von da ab als dem Auftragnehmer vom Auftraggeber übergebene Sachen.   **17**

I. Schutz gegen Winterschäden und Grundwasser; Beseitigung von Schnee und Eis (S. 2)

Schutz gegen Winterschäden und Grundwasser, ferner die Beseitigung von **Schnee und Eis** (Nr. 5 S. 2) gehören **nicht ohne weiteres** zu den in Nr. 5 S. 1 geregelten **Erhaltungspflichten.** Es bedarf vielmehr eines **Verlangens** des Auftraggebers **oder einer entsprechenden besonderen vertraglichen Vereinbarung,** um dem Auftragnehmer diese Verpflichtungen aufzuerlegen. Ist das geschehen, handelt es sich **gleichfalls** um eine **Erhaltungspflicht,** wie sie dem S. 1 zugrunde liegt. S. 2 steht auch insofern mit der Grundregel in S. 1 in Zusammenhang, als die hier genannten Maßnahmen für die ausgeführten Leistungen und die dem Auftragnehmer übergebenen Gegenstände zu treffen sind, sie werden somit grundsätzlich auch dadurch abgegrenzt.   **18**

II. Gesonderte vertragliche Vereinbarung möglich

19 Eine Möglichkeit, die allgemeine Erhaltungspflicht nach S. 1 auf die in S. 2 genannten Maßnahmen auszudehnen, besteht darin, den Auftragnehmer hierzu im Wege Besonderer oder Zusätzlicher Vertragsbedingungen gesondert **vertraglich zu verpflichten.** Dabei ist es nicht in jedem Fall erforderlich, dass in den Vertrag eine ausdrückliche Regelung über eine Verpflichtung nach S. 2 aufgenommen wird, wenn dies auch der Klarheit wegen angezeigt ist. Sie kann sich auch aus den gesamten Umständen der **vertraglichen Vereinbarungen,** beispielsweise aus der Ausführungsfrist unter Beachtung der Jahreszeit, wie z.B. einem vereinbarten Winterbau, ergeben. Nicht zuletzt sind hier auch die **Allgemeinen Technischen Vertragsbedingungen zu beachten,** die in gewissem Umfang hier angesprochene vertragliche Erhaltungspflichten beinhalten (zu Winterbau-Schutzmaßnahmen bei verschiedenen Witterungsbedingungen vgl. *Musewald* ZSW 1981, 166), wie sich vor allem aus **§ 1 Nr. 1 S. 2 VOB/B** ergibt.

III. Einseitiges Verlangen des Auftraggebers möglich

20 Soweit eine vertraglich besonders festgelegte Verpflichtung des Auftragnehmers **nicht** besteht, hat er die in S. 2 aufgeführten Erhaltungsmaßnahmen aber auch zu treffen, wenn an ihn vom Auftraggeber ein entsprechendes einseitiges **Verlangen** gestellt wird. Diese Erklärung des Auftraggebers muss jedoch **inhaltlich zweifelsfrei** sein; sie muss eine genaue Beschreibung dessen enthalten, was vom Auftragnehmer als weitere Erhaltungsmaßnahmen im Rahmen der Nr. 5 S. 2 verlangt wird. Im Übrigen ist die Berechtigung des einseitigen Verlangens des Auftraggebers auch durch § 1 Nr. 4 S. 1 VOB/B ausgewiesen, da es sich um notwendige Leistungen handelt.

J. Vergütungspflicht bei Maßnahmen gemäß S. 2 (S. 3)

21 Soweit der Auftragnehmer weitere Schutzmaßnahmen nach S. 2 auf Verlangen des Auftraggebers vorzunehmen hat, sind diese **nicht** in der vertraglichen **Vergütung** enthalten, weil sie, von der Vergütungsseite her betrachtet, **keine echte Nebenverpflichtung** darstellen. Daher ist der Auftraggeber kraft ausdrücklicher Regelung in **S. 3** zur Zahlung einer **besonderen Vergütung** verpflichtet, die sich nach **§ 2 Nr. 6 VOB/B** regelt. Entsprechendes gilt grundsätzlich auch für den Fall besonderer vertraglicher Verpflichtung des Auftragnehmers zur Vornahme der in S. 2 genannten Maßnahmen. Abgesehen von den in der Kommentierung § 2 Nr. 6 Abs. 1 S. 2 VOB/B angeführten, in der Praxis nicht gerade selten vorkommenden Ausnahmen wird man hier auch grundsätzlich eine **vorherige Ankündigung des Vergütungsanspruches des Auftragnehmers** nach § 2 Nr. 6 Abs. 1 S. 2 VOB/B fordern müssen, da durchaus berechtigte Zweifel aufseiten des Auftraggebers auftreten können, ob derartige nicht zur eigentlichen Leistungserstellung gehörige Maßnahmen vergütungspflichtig sind.

K. Schutzmaßnahmen nach S. 2 im Einzelnen

I. Winterschäden

22 **Winterschäden** sind Witterungsschäden, hinsichtlich deren für Schutzmaßnahmen i.d.R., falls zu dieser Zeit schon deren Notwendigkeit erkannt wird, im Leistungsverzeichnis nach DIN 18 299 Nr. 4.2.4 besondere Ansätze vorzusehen sind. Aus den Technischen Vertragsbedingungen ist hier beispielhaft auf DIN 18 330 Nr. 3.1.2 zu verweisen.

II. Grundwasser

Für **Grundwasser** kommt für einen entsprechenden Ansatz im Leistungsbeschrieb ebenfalls DIN 18 299 Nr. 4.2.4 in Betracht. **23**

III. Beseitigung von Schnee und Eis

Für **Beseitigen von Schnee und Eis** gibt es weder in § 9 VOB/A noch in den Technischen Vertragsbedingungen ausdrückliche Hinweise. Inwieweit hier eine Verpflichtung bereits nach dem Vertrag besteht oder erst durch besondere vertragliche Vereinbarung oder durch ausdrückliches Verlangen des Auftraggebers entstehen kann, regelt sich nach dem Einzelfall. Entscheidend kann hierbei sein, ob es sich nach dem vorliegenden Vertragsinhalt um von Beginn an vorgesehene **Winterbauten** handelt oder nicht. Im ersten Fall wird im Allgemeinen davon auszugehen sein, dass entsprechende Maßnahmen bereits mit zum Vertrag und damit zur vereinbarten Vergütung gehören. **24**

§ 4 Nr. 6
[Die Pflicht zur Beseitigung vertragswidriger Stoffe oder Bauteile]

Stoffe oder Bauteile, die dem Vertrag oder den Proben nicht entsprechen, sind auf Anordnung des Auftraggebers innerhalb einer von ihm bestimmten Frist von der Baustelle zu entfernen. Geschieht es nicht, so können sie auf Kosten des Auftragnehmers entfernt oder für seine Rechnung veräußert werden.

Inhaltsübersicht   Rn.

A. Allgemeine Grundlagen... 1
B. Vorweggenommener Beseitigungsanspruch in Nr. 6............................. 2
C. Vertrags- oder probewidrige Stoffe oder Bauteile (S. 1 Hs. 1)................ 3
   I. Nur vom Auftragnehmer stammende Stoffe oder Bauteile................ 3
   II. Vertrags-/probewidrige Stoffe oder Bauteile.................................. 4
D. Beseitigungsanordnung des Auftraggebers unter Fristsetzung (S. 1 Hs. 2).. 7
   I. Eindeutige, berechtigte Aufforderung... 8
   II. Angemessene Frist zur Beseitigung... 12
E. Selbsthilferecht des Auftraggebers (S. 2).. 14
   I. Fürsorgepflichten des Auftraggebers.. 15
   II. Entfernung auf Kosten des Auftragnehmers.................................. 16
   III. Veräußerungsbefugnis des Auftraggebers..................................... 18
F. Mögliche weitere Ansprüche des Auftraggebers................................... 21
G. Beratungspflicht des Architekten.. 22

A. Allgemeine Grundlagen

Die VOB Teil B regelt neben den eigentlichen Mängelansprüchen für die Zeit nach Abnahme in § 13 Nr. 5, 6 und 7, in **§ 4 Nr. 6 und 7 Ansprüche,** die dem Auftraggeber **als Erfüllungsansprüche vor der Abnahme** bei einer **bevorstehenden oder bereits eingetretenen mangelhaften Leistung** des Unternehmers zustehen. Neben diesen VOB-Vorschriften kommt eine **unmittelbare oder entsprechende Anwendung der §§ 275, 276 Abs. 1 S. 1 (Beschaffungsrisiko), 280 ff., 326 BGB nicht** in Betracht. Daran hat sich auch durch die Schuldrechtsmodernisierung nichts geändert. Das ergibt sich allein daraus, dass § 13 Nr. 6 VOB/B ausdrücklich die Folgen behandelt, die eintreten, wenn **1** die Beseitigung des Mangels unmöglich ist (vgl. BGH 29.10.1964 VII ZR 52/63 = BGHZ 42, 232 = NJW 1965, 152). Das ist auch schon vor der Abnahme zu beachten. **Auch eine Anwendung der in 634 BGB genannten Mängelansprüche des BGB scheidet** angesichts der vorerwähnten Bestimmungen in den Allgemeinen Vertragsbedingungen **aus.**

Die Einhaltung eines vereinbarten Qualitätsmanagements als solches schließt Ansprüche nach § 4 Nr. 6 und 7 VOB/B nicht schon aus (richtig *Franke* FS Heiermann S. 63, 68 ff.).

B. Vorweggenommener Beseitigungsanspruch in Nr. 6

2 Nach der ausdrücklichen vertraglichen Regelung in Nr. 6 sind Stoffe oder Bauteile, die dem Vertrag oder den Proben nicht entsprechen, auf Anordnung des Auftraggebers innerhalb einer von ihm bestimmten Frist von der Baustelle zu entfernen. Geschieht dies nicht, können sie auf Kosten des Auftragnehmers entfernt oder für seine Rechnung veräußert werden.

Hier handelt es sich um einen dem Bauvertrag auf der Grundlage der VOB eigentümlichen vorweggenommenen, weil nämlich das Stadium der Vorbereitung der eigentlichen Leistungsausführung betreffenden, Mängelbeseitigungsanspruch, um durch den Einbau erst entstehende eigentliche Baumängel zu verhindern (ebenso *Werner/Pastor* Rn. 1610; *Vygen* Bauvertragsrecht Rn. 485). Unter Zugrundelegung der gesetzlichen Vorschriften im Werkvertragsrecht liegt dieser Anspruch **an sich auf der Ebene der §§ 633 ff. BGB,** obwohl er hiervon **nicht unmittelbar erfasst** wird. Denn der Erfüllungs- bzw. Mängelanspruch im Rahmen des Werkvertrages ist grundsätzlich auf das ganz oder teilweise **hergestellte** Werk und nicht auf die dafür bestimmten **Stoffe oder Bauteile vor ihrer Verwendung** bei der Bauherstellung bezogen. Bei der VOB wird dagegen in § 4 Nr. 6 VOB/B nicht erst Erfüllung bzw. Gewährleistung in dem vom Gesetz ausdrücklich angesprochenen Sinne, sondern ordnungsgemäße, **laufende Erfüllung bereits vor und im Verlauf der Leistungserstellung** verlangt. Der hier geregelte, besondere vertragliche **Erfüllungsanspruch** erklärt sich aus der Natur der Bauleistung (vgl. für den gleichgelagerten Anspruch nach Nr. 7: BGH 22.2.1971 VII ZR 243/69 = BauR 1971, 126 = NJW 1971, 838). Es ist nämlich eine **Erfahrungstatsache, dass Mängel an Stoffen oder Bauteilen nur schwer oder nicht mehr mit der notwendigen Klarheit festgestellt werden können, wenn diese bereits verarbeitet, eingebaut oder sonst verwertet worden sind.** Außerdem ist die Beseitigung oder Ausbesserung von Stoffen oder Bauteilen, die von Anfang an fehlerhaft sind, aus einer bereits hergestellten oder in der Herstellung begriffenen Bauleistung zumindest **erheblich kostenaufwendiger** als vor ihrer Verwendung. Aus diesen Erwägungen heraus bewirkt Nr. 6 somit, **bereits frühzeitig sicherzustellen, dass Mängel** bei der Bauleistung durch den Einbau mangelhafter Stoffe oder Bauteile **gar nicht erst auftreten können,** insbesondere um Schäden möglichst gering zu halten. Bei objektiver Betrachtung liegt dies durchaus gerade **auch im wohlberechtigten Interesse des Auftragnehmers.**

Aus diesen Erwägungen wird man den Grundgedanken aus § 4 Nr. 6 VOB/B auch beim BGB-Bauvertrag entsprechend heranziehen können (zutreffend *Heinrich* BauR 1982, 224), und zwar im Rahmen der §§ 633, 242 BGB.

C. Vertrags- oder probewidrige Stoffe oder Bauteile (S. 1 Hs. 1)

I. Nur vom Auftragnehmer stammende Stoffe oder Bauteile

3 Die Beseitigungspflicht nach S. 1 bezieht sich auf **Stoffe oder Bauteile, die vom Auftragnehmer beschafft oder vorbereitet** worden sind, damit sie im Rahmen seiner Leistungspflicht bei der endgültigen Leistungserstellung Verwendung finden. Dass es sich um Lieferungen oder bei Dritten be-

Die Pflicht zur Beseitigung vertragswidriger Stoffe oder Bauteile § 4 Nr. 6 VOB/B

wirkte Bestellungen des Auftragnehmers handeln muss, ergibt sich daraus, dass ein **Erfüllungsanspruch des Auftraggebers** die rechtliche Grundlage bildet, der sich schlecht gegen sich selbst richten kann. Vor allem aber ist zu beachten, dass die Pflichten des Auftragnehmers hinsichtlich der **vom Auftraggeber** zur Verfügung gestellten Stoffe oder Bauteile – **abschließend** – **in § 4 Nr. 3 VOB/B** und nicht hier geregelt sind.

II. Vertrags-/probewidrige Stoffe oder Bauteile

Voraussetzung ist, dass die **Stoffe oder Bauteile** entweder **dem Vertrag oder den Proben nicht entsprechen.** 4

Was dem Vertrag entspricht, ergibt sich aus den vertraglich getroffenen Vereinbarungen, insbesondere dem **Leistungsbeschrieb,** und ist ggf. im Wege der Auslegung zu ermitteln. In aller Regel wird sich hierbei ergeben, dass Stoffe und Bauteile – vorbehaltlich einer ausdrücklichen anderweitigen Gütevereinbarung – den **anerkannten Regeln der Technik** (§ 4 Nr. 2 Abs. 1 VOB/B) entsprechen müssen. Hierbei sind europäische und nationale Gütebestimmungen (etwa DIN-Vertragsbedingungen) – vor allem auch im Hinblick auf die amtliche Zulassung im Einzelfall – von wesentlicher Bedeutung, sofern sie den anerkannten Regeln der Technik entsprechen. Andernfalls muss es auf die anerkannte Übung auf dem entsprechenden Sektor des Bauwesens ankommen.

Den **Proben** entsprechen die Stoffe oder Bauteile nicht, wenn sie nicht nach Maß, Gewicht und Qualität mit den Eigenschaften übereinstimmen, die die zum Inhalt der vertraglichen Leistung gemachte Probe hat. Zu beachten ist hier vor allem auch § 13 Nr. 2 VOB/B. 5

Nr. 6 betrifft darüber hinaus nur solche Baustoffe und Bauteile, die an der Baustelle lagern, aber 6 noch nicht eingebaut sind. Sind sie bereits eingebaut oder teilweise eingebaut, so beurteilen sich die Ansprüche des Auftraggebers nach § 4 Nr. 7 VOB/B (*Vygen* Bauvertragsrecht Rn. 485).

D. Beseitigungsanordnung des Auftraggebers unter Fristsetzung (S. 1 Hs. 2)

Nr. 6 verlangt für die Beseitigung durch den Auftragnehmer eine **Anordnung des Auftraggebers.** 7 Der Auftraggeber muss zur Beseitigung eine **Frist** setzen (S. 1 Hs. 2).

I. Eindeutige, berechtigte Aufforderung

Die Anordnung muss **klar und inhaltlich genau bestimmt** sein, um Wirkungen zu entfalten; die 8 bloße Äußerung von Unzufriedenheit genügt hier nicht. Für die **Beseitigungsanordnung** ist eine schriftliche Form nicht vorgeschrieben. Es **genügt eine mündliche Aufforderung.** Dem Auftraggeber ist jedoch die Schriftform zu empfehlen, schon aus Gründen der Beweisführung bei späteren Auseinandersetzungen.

Der Auftragnehmer ist nicht schon wie bei der allgemeinen Anordnung nach Nr. 1 Abs. 3 verpflich- 9 tet, der Beseitigungsanordnung unter den Voraussetzungen von Nr. 1 Abs. 4 nachzukommen, also auch dann, wenn sie sachlich unberechtigt ist. Die Beseitigungsanordnung hat vielmehr eine objektive Voraussetzung. Es müssen **objektiv anzuerkennende Mängel** vorliegen (ebenso *Nicklisch/Weick* § 4 VOB/B Rn. 83 und 85; *Heiermann/Riedl/Rusam* § 4 VOB/B Rn. 75).

Sind die angegebenen objektiv anzuerkennenden Mängel vorhanden, besteht eine **unbedingte Be-** 10 **seitigungspflicht** nach Erhalt der Anordnung. Der Fall, dass über die Berechtigung der behaupteten Mängel **Meinungsverschiedenheiten auftreten, ist in Nr. 6 nicht ausdrücklich geregelt.** Zweckmäßig ist es, um der Klarheit willen darüber **im Bauvertrag individualvertraglich eine besondere Bestimmung** zu treffen, etwa dahin, dass die Vertragspartner dann ein Sachverständigengutachten einholen, dem sie sich unterwerfen. Fehlt es an einer besonderen Vertragsbestimmung, bleibt jedem der Vertragspartner nach den Allgemeinen Vertragsbedingungen der in § 18 Nr. 3 VOB/B aufgezeigte Weg. Hierbei handelt es sich in Wirklichkeit um die vereinbarte Einholung eines **Schiedsgutachtens.** Fraglich ist nur, ob für den Einzelfall Einrichtungen staatlicher oder staatlich anerkannter Stellen vorhanden sind, die das Vertrauen der Parteien genießen, um die aufgetretene Streitfrage hinreichend zu klären. Bis zur Klärung der Streitfrage kann eine Beseitigung nach Treu und Glauben nicht verlangt werden. Kommt es zu keiner Einigung oder findet sich kein Weg, die Streitfrage zu klären, sind die Vertragspartner auf den Rechtsweg zu verweisen.

Ansonsten ist in erster Linie die Einleitung eines **gerichtlichen selbstständigen Beweisverfahrens** zu empfehlen. Das gilt besonders für den Auftraggeber, da ihn nach den Rechtswirkungen der Bauabnahme **später** die **Beweislast** trifft. Für das genannte Verfahren gelten die §§ 485 ff. ZPO.

11 Ergibt die Feststellung von dritter Seite, dass die **Beanstandungen** des Auftraggebers **zu Unrecht** erfolgt sind, hat der Auftragnehmer die Befugnis, die betreffenden Stoffe oder Bauteile bei der Herstellung seiner vertragsgemäßen Leistung zu verwerten. Hindert ihn der Auftraggeber daran, stehen dem Auftragnehmer die Rechte aus § 6 VOB/B, gegebenenfalls auch aus § 9 VOB/B zu. Hat die zum Nachteil des Auftraggebers ausgegangene Überprüfung längere Zeit in Anspruch genommen, kann der Auftragnehmer u.U. nach § 6 Nr. 1 VOB/B, 2a und 4 eine entsprechende Verlängerung der Bauzeit beanspruchen, ggf. ist auch an einen Schadensersatzanspruch nach § 6 Nr. 6 VOB/B zu denken.

II. Angemessene Frist zur Beseitigung

12 Die vom Auftraggeber dem Auftragnehmer zur Beseitigung zu setzende **Frist** ist **erforderlich,** weil sie insbesondere für das **Selbsthilferecht nach S. 2** sowie etwaige weitergehende Ansprüche des **Auftraggebers** (vgl. dazu unten F.) von Bedeutung ist. Über die Bemessung der Frist ist in Nr. 6 nichts erwähnt, sie muss jedoch – wie VOB-Fristen allgemein – angemessen sein (*Kaiser* in BlGWB 1976, 101, 102; *Nicklisch/Weick* § 4 VOB/B Rn. 83).

13 Es ist dem Auftraggeber andererseits überlassen, ob er von der Fristsetzung im Rahmen seiner Anordnung Gebrauch machen will. Denn der Auftragnehmer ist im Zuge seiner vertraglichen Pflicht zur ordnungsgemäßen Herstellung ohnehin zur Verwendung dazu tauglicher und damit nicht notwendig auszuwechselnder Stoffe und/oder Bauteile verpflichtet. Er kann sich also nicht darauf berufen, er sei nicht zur Beseitigung verpflichtet gewesen, weil er keine eigentliche Beseitigungsanordnung vom Auftraggeber erhalten habe, da in ihr keine Frist zur Beseitigung gesetzt worden sei. Allerdings **scheidet** in einem solchen Falle das **Selbsthilferecht** des Auftraggebers nach S. 2 **aus, da** die **Fristsetzung zur Geltendmachung dieses Rechts** des Auftragnehmers **erforderlich** ist. Wesentlich ist aber jedenfalls die Beseitigungsanordnung als solche, damit dem Auftraggeber die vollen Erfüllungs- bzw. (später) Mängelansprüche erhalten bleiben (vgl. § 640 Abs. 2 BGB, der nach § 12 Nr. 4 Abs. 1 und Nr. 5 Abs. 3 VOB/B auch entsprechend für den VOB-Vertrag gilt).

E. Selbsthilferecht des Auftraggebers (S. 2)

14 Das Recht des Auftraggebers zur **Selbsthilfe** nach S. 2 war in Anlehnung an § 13 Nr. 5 Abs. 2 VOB/B geschaffen worden. Insoweit ist mit Kaiser und Vygen (BlGBW 1976, 101, 102; *Vygen* Bauvertragsrecht Rn. 488) sowie Nicklisch (*Nicklisch/Weick* § 4 VOB/B Rn. 85) davon auszugehen, dass Nr. 6 S. 2 anders als noch **§ 633 Abs. 3 BGB a.F.** entsprechend seinem Wortlaut **nicht den Verzug – und auch nicht Verschulden – des Auftragnehmers** verlangt (so auch *Heiermann/Riedl/Rusam* § 4 VOB/B Rn. 76). Nach §§ 634 Nr. 2, 637 BGB n.F. ist Verzug nunmehr auch im Rahmen eines reinen BGB-Werkvertrages nicht mehr notwendige Voraussetzung des Selbsthilferechts.

Grundlegende Voraussetzung für die Ausübung eines solchen Selbsthilferechts ist aber immer ein **berechtigtes und ordnungsgemäßes Beseitigungsbegehren**.

Die Selbsthilfe kann der Auftraggeber **in zweierlei Richtung** ausüben. Er kann a) die Stoffe oder Bauteile auf Kosten des Auftragnehmers von der Baustelle **entfernen** oder entfernen lassen oder b) die Stoffe oder Bauteile für Rechnung des Auftragnehmers **veräußern**.

I. Fürsorgepflichten des Auftraggebers

Das **Recht zur Entfernung** ist in seiner Art und seinem Umfang nicht in das Belieben des Auftraggebers gestellt, vielmehr findet sich hierfür eine Regelung in S. 2. Die **Interessen des Auftraggebers** können **nur so weit** gehen, wie es zur **Abwendung der Gefahr eines späteren Mangels** erforderlich ist. Deshalb **beschränkt sich die Entfernungsbefugnis auf die Baustelle**. Der Auftraggeber darf die Gegenstände auch nicht vernichten oder so lagern, dass sie dem Einfluss und der Übernahme durch den Auftragnehmer nicht ohne weiteres zugänglich sind. Vielmehr muss er dafür Sorge tragen, dass die Sachen an einen Ort gelangen, an dem sie der Auftragnehmer ohne Schwierigkeiten und ohne Schaden an sich nehmen und sachgerecht darüber weiterverfügen kann. Der Auftraggeber hat auch für eine **ordnungsgemäße Lagerung oder Aufbewahrung** zu sorgen, damit ein – gegebenenfalls weiterer – Vermögensverlust des Auftragnehmers vermieden wird. Insbesondere dürfen die Gegenstände durch die Lagerung nicht noch mehr verschlechtert oder zerstört oder dem Diebstahl ausgesetzt werden.

Verletzt der Auftraggeber diese Pflichten und entsteht dem Auftragnehmer dadurch ein Schaden, ist der Auftraggeber dem Auftragnehmer aufgrund einer **Pflichtverletzung nach §§ 280, 241 Abs. 2 BGB (früher positive Vertragsverletzung)** verantwortlich. Dabei haftet der Auftraggeber dem Auftragnehmer jedoch nur wegen Vorsatzes und grober Fahrlässigkeit, weil sich der Auftragnehmer im Annahmeverzug befindet, § 300 Abs. 1 BGB (a.A., jedoch mit ähnlichem Ergebnis, *Nicklisch/Weick* § 4 VOB/B Rn. 86, der die Grundlage in § 680 BGB sieht; wie hier wohl *Heiermann/Riedl/Rusam* § 4 VOB/B Rn. 77).

II. Entfernung auf Kosten des Auftragnehmers

Die **Entfernung** im Wege der Selbsthilfe geschieht **auf Kosten des Auftragnehmers**. Es handelt sich dabei um eine Geschäftsführung ohne Auftrag oder, wenn man von S. 2 als Vertragsinhalt ausgeht, um einen aufschiebend bedingten Auftrag. Deshalb wird seitens des Auftragnehmers dem Auftraggeber **in jedem Falle** entsprechend §§ 670 bzw. 683 BGB **Aufwendungsersatz** geschuldet. Die Ersatzpflicht besteht im Ausgleich der Vermögenseinbuße, die der Auftraggeber durch die Ausübung des Selbsthilferechts bei der Entfernung gehabt hat. Hierzu gehören insbesondere Löhne, Transportkosten, Kosten der Lagerung usw. Diese kann der Auftraggeber dem Auftragnehmer in Rechnung stellen.

Der Auftraggeber ist verpflichtet, den Auftragnehmer von der erfolgten Entfernung **zu benachrichtigen und ihm zugleich anzuzeigen, wohin er die Stoffe oder Bauteile gebracht hat**.

III. Veräußerungsbefugnis des Auftraggebers

Die zweite Möglichkeit der Selbsthilfe ist die **Befugnis zur Veräußerung der Gegenstände**. Dabei handelt es sich um ein **Wahlrecht** neben der Entfernung. Die Veräußerung ist also nicht an zusätzliche Voraussetzungen geknüpft, wie z.B. die Unmöglichkeit der Entfernung von der Baustelle.

Auch die Verkaufsberechtigung legt dem **Auftraggeber gewisse Fürsorgepflichten** auf, da er **für** den Auftragnehmer handelt und dessen berechtigte Interessen wahrzunehmen hat. Hierbei handelt es sich nicht nur um die ordnungsgemäße Lagerung der Sachen vor dem Verkauf, sondern der Auftraggeber muss im Rahmen zumutbarer Schadensminderung auch einen dem Wert der Sachen entsprechenden **tragbaren Kaufpreis** erzielen. Dem Käufer gegenüber muss er so handeln, dass diesem berechtigte Rügen oder gar Schadensersatzansprüche nicht entstehen, vor allem muss er **Mängel** an zu veräußernden Gegenständen dem Erwerber **offenbaren.** Allerdings gilt **im Verhältnis zum Auftragnehmer** auch hier die Haftungsbeschränkung zugunsten des Auftraggebers auf Vorsatz und grobe Fahrlässigkeit gemäß § 300 Abs. 1 BGB (vgl. dazu Rn. 15).

20 Da der Verkauf **für Rechnung** des Auftragnehmers erfolgt, besteht die Verpflichtung des Auftraggebers, nach Abzug der Eigenkosten dem Auftragnehmer den **Erlös auszuhändigen. Hier gilt nicht die vorbezeichnete Haftungsbeschränkung. Vielmehr haftet der Auftraggeber insoweit nach § 276 BGB,** weil es sich um einen Teil der vertraglich vereinbarten Selbsthilfebefugnis **selbst** handelt. Auf Verlangen des Auftragnehmers hat der Auftraggeber **Rechnung über die Durchführung des Verkaufsgeschäftes und insbesondere dessen Ergebnis zu legen,** § 259 BGB. Die Veräußerungsbefugnis umfasst **nur den Verkauf** im eigentlichen Sinne, also an einen Dritten als Käufer. Selbst kaufen darf der Auftraggeber die zu veräußernden Gegenstände nur, wenn es hierüber zu einer ausdrücklichen – gegebenenfalls auch nachträglichen – Vereinbarung zwischen Auftraggeber und Auftragnehmer kommt. Andernfalls würde § 181 BGB sowie – in entsprechender Anwendung – § 450 BGB n.F. (§§ 457, 456 a.F.) zuwidergehandelt.

F. Mögliche weitere Ansprüche des Auftraggebers

21 Die **Ansprüche des Auftraggebers bei bereits vor ihrem Einbau mangelhaften Stoffen oder Bauteilen erschöpfen sich nicht in der Befugnis nach S. 2.** Vielmehr können auch noch **weitere Anspruchsgrundlagen** vorliegen. Das kann sich insbesondere daraus ergeben, dass keine ordnungsgemäßen Stoffe oder Bauteile vorhanden sind, die anstelle der mangelhaften beschafft werden können, oder dass sich die Beschaffung verzögert. Der Auftraggeber kann dann nach § 5 Nr. 3 VOB/B und Nr. 4 vorgehen und bei Vorliegen der entsprechenden Voraussetzungen Schadensersatz nach § 6 Nr. 6 VOB/B verlangen bzw. den Vertrag nach § 8 Nr. 3 VOB/B kündigen. Diese weiteren Ansprüche stehen dann neben denjenigen, die nach dem Selbsthilferecht in S. 2 ohnehin zu Lasten des Auftragnehmers gegeben sind.

G. Beratungspflicht des Architekten

22 Über die **Beratungspflicht** des bauaufsichtsführenden **Architekten** gilt das unter § 4 Nr. 7 VOB/B Rn. 65 f. Gesagte entsprechend.

§ 4 Nr. 7
[Mängelansprüche des Auftraggebers während der Bauausführung vor Fertigstellung der vertraglichen Gesamtleistung]

Leistungen, die schon während der Ausführung als mangelhaft oder vertragswidrig erkannt werden, hat der Auftragnehmer auf eigene Kosten durch mangelfreie zu ersetzen. Hat der Auftragnehmer den Mangel oder die Vertragswidrigkeit zu vertreten, so hat er auch den daraus entstehenden Schaden zu ersetzen. Kommt der Auftragnehmer der Pflicht zur Beseitigung des Mangels nicht nach, so kann ihm der Auftraggeber eine angemessene Frist zur Beseitigung des Mangels setzen und erklären, dass er ihm nach fruchtlosem Ablauf der Frist den Auftrag entziehe (§ 8 Nr. 3).

Mängelansprüche des Auftraggebers vor Fertigstellung § 4 Nr. 7 VOB/B

Inhaltsübersicht

	Rn.
A. Allgemeine Grundlagen	1
B. Die Mangelbeseitigungspflicht des Auftragnehmers (S. 1)	2
I. Erfüllungsanspruch des Auftraggebers	2
II. Voraussetzung: Vor Abnahme erkannte Mängel	5
III. Voraussetzung: Mangelhafte oder vertragswidrige Leistungen	8
1. Mangel	9
2. Vertragswidrigkeit	10
3. Auch unerhebliche Abweichungen	11
4. Verursachung durch Auftragnehmer ausschlaggebend	13
5. Beseitigungspflicht mit Erkennen des Mangels	16
6. Beweislast	17
7. Ersetzungspflicht – ggf. Neuherstellung – auch ohne Verschulden	18
IV. Ausnahmsweise: Recht zur Verweigerung der Ersetzung	20
1. Unverhältnismäßig hoher Aufwand	20
2. Sonderfall: Einvernehmliche Vertragsaufhebung	24
V. Verjährung des Anspruchs nach S. 1	25
C. Schadensersatzpflicht des Auftragnehmers (S. 2)	26
I. Grundlagen	26
II. Umfang	29
1. Grundsätzlich kein voller Schadensersatz wegen Nichterfüllung	29
2. Ausnahmen	30
3. Umfang allgemein	33
4. Bemessbarer Vermögensschaden	34
5. Entgangene Gebrauchsvorteile	36
III. Schadensersatzanspruch nach Nr. 7 S. 2 grundsätzlich nur bis zur Abnahme – Verjährung	39
IV. Fälligkeit – Beweislast	40
D. Rechte des Auftraggebers bei Nichtbefolgen der Ersetzungspflicht durch Auftragnehmer (S. 3)	41
I. Grundlagen	41
II. Aufforderung zur Beseitigung	42
III. Setzen angemessener Frist	43
IV. Entbehrlichkeit der Fristsetzung und Beseitigungsaufforderung	48
V. Androhung des Auftragsentzuges	52
VI. Entziehung des Auftrages – Mängelansprüche	56
VII. Nichtbestehen des Kündigungsrechts – Beweislast	61
VIII. Beauftragung eines anderen Unternehmers mit der Mängelbeseitigung ohne Vertragskündigung	62
E. Pflichten des Architekten im Rahmen der Nr. 7	65

Aufsätze: *Kaiser* Der Schadensersatzanspruch nach § 4 Nr. 7 S. 2 VOB/B – Grundsätzliche Rechtsfragen BauR 1991, 391; *Früh* Die Kostenbeteiligungspflicht des Bauherrn bei der Mängelbeseitigung unter besonderer Berücksichtigung der so genannten echten Vorteilsausgleichung (Abzug neu für alt) BauR 1992, 160; *Mantscheff* Probleme der Entbehrlichkeit der Fristsetzung mit Ablehnungsandrohung bei Verweigerung der Nachbesserung BauR 1996, 338; *v. Craushaar* Konkurrierende Gewährleistung von Vor- und Nachfolgunternehmer? Jahrbuch Baurecht 1999 S. 115; *Grauvogl* Die Erstattung von Kosten der Ersatzvornahme vor der Abnahme beim VOB-Bauvertrag FS Vygen 1999 S. 291 ff.; *Kaiser* Der Anspruch auf Ersatz der Fremdnachbesserungskosten nach §§ 4 Nr. 7; 8 Nr. 3 VOB/B ZfBR 1999, 64; *Siegburg* Der Baumangel nach der geplanten VOB/B 2002 FS Jagenburg 2002 S. 839; *Acker/Roskosny* Die Abnahme beim gekündigten Bauvertrag und deren Auswirkung auf die Verjährung BauR 2003, 1279 ff.; *Dauner-Lieb/Dötsch* § 326 II 2 BGB (analog) bei der Selbstvornahme? NZBau 5/2004, 233; *Harms* Die doppelte Fristsetzung zur Mängelbeseitigung – Wirksames Instrument oder rechtliches nullum? BauR 5/2004, 745; *Micklitz* Die Richtlinie 93/13/EWG des Rates der Europäischen Gemeinschaft vom 5.4.1993 über missbräuchliche Klauseln in Verbraucherverträgen und ihre Auswirkung auf die VOB Teil B, Gutachten im Auftrag des Verbraucherzentrale Bundesverbandes e.V. 2004; *Jansen* Das Recht des Auftragnehmers zur Mangelbeseitigung/Nacherfüllung Baurecht 2005, 1089; *Kapellmann* In sich abgeschlossene Teile der Leistung gemäß VOB/B FS Thode 2005 S. 29; *Mundt* Zur angemessenen Nachbesserungsfrist bei wittrungsabhängigen Nachbesserungsarbeiten Baurecht 2005, 1397; *Weyer* Werkvertragliche Mängelhaftung nach neuem Recht: Weitere Probleme beim Schadenersatz Jahrbuch Baurecht 2005 S. 3; *Lang* Die Teilkündigung Tischvorlage ARGE Baurecht 17./18.3.2006; *Tomic* Verjährung des Kostenerstattungsanspruchs (§§ 4 Nr. 7, 8 Nr. 3 VOB/B) BauR 2006, 441.

A. Allgemeine Grundlagen

1   Gemäß Nr. 7 hat der Auftragnehmer Leistungen, die schon **während der Ausführung als mangelhaft oder vertragswidrig erkannt werden,** auf eigene Kosten durch **mangelfreie zu ersetzen.** Hat der Auftragnehmer den Mangel oder die Vertragswidrigkeit zu **vertreten,** hat er **auch** den **daraus entstehenden Schaden zu ersetzen.** Kommt der Auftragnehmer der Pflicht zur Beseitigung des Mangels **nicht** nach, kann ihm der Auftraggeber eine **angemessene** Frist zur Beseitigung des Mangels setzen und erklären, dass er ihm nach fruchtlosem Ablauf der Frist den **Auftrag entziehe** (§ 8 Nr. 3; vgl. im Übrigen § 4 Nr. 6 VOB/B Rn. 1).

B. Die Mangelbeseitigungspflicht des Auftragnehmers (S. 1)

I. Erfüllungsanspruch des Auftraggebers

2   Es handelt sich bei der **Regelung in S. 1** um ein vom zeitlichen Bauablauf her gesehen der Nr. 6 folgendes Recht des Auftraggebers. Dieses liegt naturgemäß **ebenfalls im Rahmen der Erfüllung** (so auch BGH 19.12.1968 VII ZR 23/66 = BGHZ 51, 275 = NJW 1969, 653; 22.2.1971 VII ZR 243/69 = BauR 1971, 126 = NJW 1971, 838; *Kaiser* BauR 1991, 391) und des damit verbundenen Anspruchs des Auftraggebers **auf Erstellung einer mangelfreien Bauleistung.** Anders als in den §§ 633 ff. BGB werden gerade hier die **Erfüllungspflichten** des Auftragnehmers und die sich daraus ergebenden Rechte des Auftraggebers **bereits für den gesamten Vorgang der Leistungsherstellung ausdrücklich festgelegt.** Dagegen gehen die in §§ 634 BGB genannten Mängelrechte des gesetzlichen Werkvertragsrechts, die im Wesentlichen auf dem Nacherfüllungsanspruch aufbauen, grundsätzlich von Mängeln am hergestellten Werk aus (*Sienz* BauR 2002, 181, 184 f.; *Palandt/Sprau* Vor § 633 Rn. 6 ff.). Die in §§ 634 Nr. 2–4 aufgezählten Rechte setzen einen fälligen Nacherfüllungsanspruch voraus und stellen infolge dessen Gewährleistungsansprüche dar, die vom Erfüllungsanspruch abzugrenzen sind (*Sienz* a.a.O.). Bis zur Abnahme hat der Besteller ein auf Herstellung des versprochenen, mangelfreien Werks gerichteten Erfüllungsanspruch. Seine Rechte richten sich insoweit im Grundsatz nach den allgemeinen Vorschriften, hinsichtlich Leistungsstörungen im Wesentlichen nach dem allgemeinen Leistungsstörungsrecht (*Palandt/Sprau* Vor § 633 Rn. 7). Kniffka (IBR-Online-Kommentar Bauvertragsrecht, Stand 10.4.2006, § 634 Rn. 9 ff.) sowie Vorwerk (BauR 2003, 1, 8 ff.) gehen mit beachtlichen Argumenten von einer Anwendbarkeit der §§ 634 ff. BGB auch vor der Abnahme aus. Auf jeden Fall sollten die §§ 634 ff. BGB vor Abnahme anwendbar sein, wenn der Unternehmer seine Leistung erbracht hat und sich der Erfüllungsanspruch auf ein konkretes Werk beschränkt, insbesondere die Gefahr ohne Abnahme auf den Besteller übergegangen ist, wie beim Annahmeverzug (*Palandt/Sprau* a.a.O.). Eine der Nr. 7 vergleichbare Vorschrift ist dem Bürgerlichen Gesetzbuch auch in der seit 1.1.2002 geltenden Fassung fremd.

3   Die Begründung, warum in § 4 Nr. 7 VOB/B dem Auftraggeber **generell durchsetzbare** Erfüllungsansprüche im gekennzeichneten Umfang ausdrücklich bereits während des Herstellungsvorganges gegeben werden, ist die gleiche wie hinsichtlich Nr. 6. Es sollen **spätere Unzuträglichkeiten vermieden** werden, die sich nach erfolgter völliger Bauwerksherstellung bzw. Beendigung der jeweiligen Vertragsleistung in ihrer Ursache manchmal nicht oder nur schwer feststellen lassen. Auch soll

vor allem verhindert werden, den Auftraggeber und letztlich dann den Auftragnehmer einen **größeren Schaden** erleiden zu lassen, als **unbedingt notwendig** ist. Dabei ist besonders an den Fall zu denken, in dem zu Anfang der Bauwerksherstellung ein Mangel entsteht und auf diesem Mangel weitere Leistungen aufgebaut werden. Die spätere Beseitigung des Mangels ist dann mit weit höheren Schwierigkeiten und Unkosten verbunden. So gesehen ist Nr. 7 **nicht eine zusätzliche Belastung des Auftragnehmers, vielmehr handelt es sich um eine dem besonderen Wesen der Bauherstellung gerecht werdende Regelung** mit dem Ziel, eine Schlechtausführung **so früh als nur möglich zu verhindern** und den Aufwand einer etwa notwendig werdenden Mängelbeseitigung **so gering wie möglich** zu halten.

Solange der Auftragnehmer seine in Nr. 7 S. 1 festgelegte Erfüllungspflicht nicht erledigt hat, kann der Auftraggeber grundsätzlich ein **Zurückbehaltungsrecht nach § 320 BGB,** vor allem im Hinblick auf Abschlagszahlungen – ganz oder teilweise – geltend machen (ebenso *Kaiser* BauR 1982, 205 m.w.N.; auch AG Nürnberg NJW-RR 1993, 406) wie sich auch aus § 16 Nr. 1 Abs. 2 VOB/B ergibt. **4**

Beginnt der Auftragnehmer mit einer vertragswidrigen Ausführung der Leistung und ist zu befürchten, dass er dieses trotz Abmahnung fortsetzt, kann ihm die Weiterarbeit durch **einstweilige Verfügung** untersagt werden, weil dann zu befürchten ist, dass der bestehende Zustand des Grundstückes dahin verändert wird, dass die Verwirklichung des Rechtes des Auftraggebers auf vertragsgerechte Herstellung der Bauleistung wesentlich erschwert wird (vgl. OLG München Betrieb 1986, 2595).

II. Voraussetzung: Vor Abnahme erkannte Mängel

Grundlegende Voraussetzung für die nach Nr. 7 gegebenen Ansprüche ist es, dass sie Leistungen betreffen, die schon **während der Ausführung als mangelhaft oder vertragswidrig erkannt** worden sind. Es muss sich um Leistungen im Rahmen des betreffenden Bauvertrages (§ 1 Nr. 1 VOB/B sowie § 4 Nr. 2 Abs. 1 VOB/B) handeln. **5**

Der Mangel muss **nach** dem **Beginn** der Ausführung der vom Auftragnehmer geschuldeten Arbeiten und **vor der Abnahme der vom jeweiligen Vertrag umrissenen Bauleistung** erkannt worden sein. Der hier verwendete Begriff »während der Ausführung« ist juristisch unscharf. Er stellt aber ersichtlich nicht auf den Zeitpunkt der bloßen Fertigstellung aus der Sicht eines Vertragspartners als **Endzeitpunkt** ab, sondern auf den Eintritt der Abnahmewirkungen. Diese treten – abgesehen von der Abnahme selbst – entweder dann ein, wenn der Auftraggeber die Abnahme rechtswidrig endgültig verweigert oder mit seiner Abnahmepflicht in Schuldnerverzug gerät. Dies kommt etwa durch rechtsgrundlose Nichtaufnahme auf ein berechtigtes Abnahmeverlangen des Auftragnehmers nach Ablauf der 12-Werktages-Frist aus § 12 Nr. 1 VOB/B in Betracht, Einzelheiten vgl. Kommentierung zu § 12 Nr. 1 (Folgen rechtsgrundloser Nichtabnahme) und zu § 12 Nr. 3 VOB/B. Auch die fiktiven Abnahme nach § 12 Nr. 5 VOB/B, §§ 640 Abs. 1 S. 3 und 641a BGB lösen die Abnahmewirkungen aus. Nach Eintritt der Abnahmewirkungen sind die Ansprüche nach § 13 Nr. 5–7 VOB/B gegeben, ohne dass eine Regelungslücke entstünde. Ist dagegen die Leistung noch **mit wesentlichen Mängeln behaftet,** kann der Auftraggeber mit **Recht die Abnahme nach § 12 Nr. 3 VOB/B verweigern.** Insoweit bestehen dann noch **die Ansprüche nach § 4 Nr. 7 VOB/B.** **6**

Nimmt der Auftraggeber die Leistung ab, so gelten – gleichgültig, ob sie wirklich abnahmereif ist – **anstelle von § 4 Nr. 7 VOB/B die Regeln in § 13 Nr. 5–7 VOB/B.** **7**

III. Voraussetzung: Mangelhafte oder vertragswidrige Leistungen

Es müssen Leistungen vorliegen, die **mangelhaft oder vertragswidrig** sind. Besteht Streit darüber, ob dies der Fall ist, muss der **Auftragnehmer darlegen und beweisen,** dass die Leistung **einwandfrei** **8** ist, da er in dem hier zur Erörterung stehenden Stadium der Bauherstellung vor Abnahme noch **uneingeschränkt Erfüllung** schuldet.

1. Mangel

9 Nach § 13 Nr. 1 VOB/B (Fassung 2002) liegt ein **Mangel** vor, wenn die – **hier: bisherige** – **Bauleistung** nicht die vereinbarte Beschaffenheit hat. Gleiches gilt, wenn die Leistung nicht den anerkannten Regeln der Technik entspricht. Es kommen Qualitätsmängel, aber auch Quantitätsmängel in Betracht. Dabei kann es sich um Mängel in der Beschaffenheit des bei der bisherigen Ausführung verwendeten Materials sowie um Mängel in der technischen Ausführung, in der Gestaltung, in den vorausgesetzten Maßen usw. handeln. Zu unterscheiden ist dabei zwischen Mangel und Schaden am Bauwerk. Der **Mangel** entsteht **durch** nicht vertragsgerechte Arbeit während der Leistungserstellung, der **Schaden** ist i.d.R. die **Folge des Mangels** und schließt sich daran an.

2. Vertragswidrigkeit

10 **Vertragswidrig** ist ein **Leistung,** wenn sie den vertraglichen Vereinbarungen, z.B. den Angaben in der Leistungsbeschreibung, etwaigen vertraglich vereinbarten Technischen oder Zusätzlichen Technischen Vertragsbedingungen, Zeichnungen, Proben, Mustern usw. nicht entspricht. Nach der Änderung des Mangelbegriffs in § 13 Nr. 1 VOB/B durch die VOB 2002 werden sich die Bereiche der mangelhaften und der vertragswidrigen Leistung weitgehend decken, zumindest solange – wie wohl meist – wenigstens im Wege der Auslegung eine Beschaffenheitsvereinbarung festgestellt werden kann. **Eine vertragswidrige Leistung i.S.d. Nr. 7 muss aber dem geschuldeten Werk selbst anhaften.** So ist die **bloß verspätete Fertigstellung** der Leistung **kein Fall der Nr. 7** (vgl. auch OLG Düsseldorf SFH Z 2.50 Bl. 19 ff.; ferner *Heiermann/Riedl/Rusam* § 4 VOB/B Rn. 82; *Nicklisch/Weick* § 4 VOB/B Rn. 95; *Werner/Pastor* Rn. 1615). Rechtsfolgen aus bloßem Verzug sind in § 5 Nr. 4 VOB/B geregelt, und zwar entweder im Hinblick auf eine Vertragskündigung nach § 8 Nr. 3 VOB/B mit den dort aufgeführten Folgen oder bei aufrechterhaltenem Vertrag nach § 6 Nr. 6 VOB/B. Sofern allerdings **durch mangelhafte Leistung** nach Nr. 7 S. 1 **zugleich eine Verzögerung der Leistung** herbeigeführt wird, unterfällt **dieser** Verzugsschaden dem **Schadensersatzanspruch in S. 2** (BGH 17.1.1974 VII ZR 146/72 = BGHZ 62, 90 = BauR 1974, 208; so auch zu verstehen BGH 22.10.1970 VII ZR 71/69 = BGHZ 54, 352 = BauR 1971, 51; 6.4.2000 VII ZR 199/97 = BauR 2000, 1189 = NJW-RR 2000, 1260). Ob eine Leistung fehlerhaft – oder vertragswidrig – ist, richtet sich an sich nach für den **Zeitpunkt der Abnahme bzw. Abnahmereife maßgebenden Beurteilungsmaßstäben, wie überhaupt in der Frage von Mängeln die von § 13 Nr. 1 VOB/B gesetzten Voraussetzungen und Grenzen auch hier ausschlaggebend sind.** Allerdings ist für den Bereich der hier erörterten Regelung in § 4 Nr. 7 VOB/B aus der Natur der Sache heraus zunächst von dem **Zeitpunkt des Erkennens während der Ausführung** auszugehen. Jedoch ist im Streitfalle darüber, ob die Leistung schon während der Ausführung mangelhaft oder vertragswidrig ist, letztlich doch auf die dafür maßgebenden Erkenntnisse im Zeitpunkt der Abnahme bzw. Abnahmereife abzustellen.

3. Auch unerhebliche Abweichungen

11 Ein Mangel oder eine Vertragswidrigkeit besteht **nicht nur,** wenn die **ausgeführte Leistung** von der vorgesehenen **beachtlich abweicht. Auch unerhebliche Mängel oder Vertragswidrigkeiten** werden von Nr. 7 erfasst (so auch *Merkens* in *Kapellmann/Messerschmidt* § 4 VOB/B Rn. 156; *Zanner* in *Franke/Kemper/Zanner/Grünhagen* § 4 VOB/B Rn. 247; *Nicklisch/Weick* § 4 VOB/B Rn. 95; AG Nürnberg NJW-RR 1993, 406). Das gilt, weil der Auftraggeber gerade während der Bauausführung ein schutzwürdiges Recht hat, den Auftragnehmer zur **uneingeschränkt ordnungsgemäßen** Bauleistung anzuhalten.

Es genügt ferner, dass durch den Mangel oder die Vertragswidrigkeit das **Gesamtziel** der vertraglichen Leistung gefährdet oder nicht erreicht wird. Die Frage des Mangels oder der Vertragswidrigkeit ist daher nicht nur von dem betreffenden Leistungsteil allein, sondern auch von der Gesamtleistung her zu beantworten.

4. Verursachung durch Auftragnehmer ausschlaggebend

Das Gesagte gilt aber grundsätzlich **nicht für Mängel** oder Vertragswidrigkeiten, die nicht vom Auftragnehmer, sondern vom **Auftraggeber verursacht** wurden, etwa durch falsche Angaben des Auftraggebers oder seines bauleitenden Vertreters. **Planungsfehler des Auftraggebers oder seines Erfüllungsgehilfen** gehen zu seinen Lasten und werden **von Nr. 7 nicht erfasst, es sei denn, dass den Auftragnehmer wegen Verletzung seiner Pflichten aus § 4 Nr. 3 VOB/B eine Verantwortlichkeit trifft.**

Ebenso hat der **Auftragnehmer grundsätzlich nicht für Fehlleistungen anderer Auftragnehmer einzustehen.** Das gilt vor allem für Mängel an den Arbeiten vorangehend leistender Unternehmer. Seine Verantwortlichkeit ist klar durch die ihm übertragene Leistung umgrenzt. Daher können ihm auch weitere, nicht eindeutig zu seinen Lasten gehende Risiken, insbesondere in AGB – Zusätzlichen Vertragsbedingungen –, nicht aufgebürdet werden.

So verstößt eine Klausel in Zusätzlichen Vertragsbedingungen, dass der Auftragnehmer zur Beseitigung von Mängeln oder zur Behebung sonstiger Vertragswidrigkeiten unabhängig von deren Verursachung verpflichtet sei, gegen § 307 BGB. Gleiches trifft auf eine Vertragsklausel zu, wonach alle am Bau befindlichen Unternehmer für Schäden an der Verglasung oder anderen Einbauten haften, falls der Verursacher nicht zu ermitteln ist. Ebenso gilt dies für eine Klausel, dass jede am Bauvorhaben beschäftigte Firma für die Beschädigung von Wegen und Straßen hafte, wenn der Verursacher nicht festzustellen sei (OLG Karlsruhe BB 1983, 725).

Hat aber neben dem Fehlverhalten des Auftraggebers bzw. dessen planendem Architekten oder eines anderen anlässlich der Bauausführung tätigen Unternehmers **auch** der **Auftragnehmer durch** eine **eigene Fehlleistung** den Mangel verursacht oder mitverursacht und hätte dies **für sich genügt, den Mangel herbeizuführen**, ist der **Auftragnehmer verantwortlich** (vgl. BGH SFH Z 3.01 Bl. 463; 17.5.1973 VII ZR 128/71 = SFH Z 3.12 Bl. 72). Wäre der Mangel nur teilweise herbeigeführt worden, haftet der Auftragnehmer insoweit.

5. Beseitigungspflicht mit Erkennen des Mangels

Die Beseitigungspflicht besteht, sobald der Mangel **erkannt** ist. **Auch der Auftragnehmer** muss, wenn er **selbst oder einer seiner Erfüllungsgehilfen (§ 278 BGB) den Mangel** oder die Vertragswidrigkeit **erkannt hat, zur Mängelbeseitigung aus eigener Verantwortung** beitragen bzw. sie **von sich aus bewirken.** Es bedarf deshalb nicht unbedingt der Aufforderung durch den Auftraggeber, weil der **Auftragnehmer ein mangelfreies und vertragsgerechtes Werk schuldet.** Soweit die Auftragnehmerseite daher selbst den Mangel oder die Vertragswidrigkeit **erkannt** hat, ist sie gehalten, **von sich aus** eine ordnungsgemäße Leistung zu erbringen. Hat der **Auftraggeber** den Mangel oder die Vertragswidrigkeit festgestellt, bedarf es an sich keiner diesbezüglichen förmlichen Aufforderung an den Auftragnehmer. Es genügt ein Hinweis, um ihn auf die Erfüllung seiner Pflicht hinzuweisen. **Erkennen** setzt **positives Wissen** voraus. Bloße Vermutungen reichen noch nicht. Besteht Unklarheit über das Vorhandensein eines Mangels oder einer Vertragswidrigkeit, sind eine Untersuchung und Feststellung von sachkundiger Seite angezeigt.

6. Beweislast

17 Hat der Auftraggeber Mängel oder Vertragswidrigkeiten **erkannt** und ein Mängelbeseitigungsbegehren an den Auftragnehmer gerichtet, braucht er dieses dem Auftragnehmer nicht nachzuweisen. Soweit nämlich der **Auftragnehmer** gegen die Behauptungen des Auftraggebers Einwendungen erhebt, hat er die **ordnungsgemäße Vertragserfüllung zu beweisen** (vgl. BGH 11.2.1957 VII ZR 256/56 = BGHZ 23, 288 = NJW 1957, 746). Ist ein Mangel oder eine Vertragswidrigkeit nicht erkannt (evtl. auch fahrlässig, vgl. *Locher* Das private Baurecht Rn. 206) worden, hindert das selbstverständlich **nicht** das Vorliegen von Gewährleistungsansprüchen für die Zeit nach Abnahme (§ 13 Nr. 5–7 VOB/B). Das Gleiche trifft zu, wenn der Auftraggeber trotz Erkennens von seinem Recht nach Nr. 7 S. 1 keinen Gebrauch gemacht hat.

7. Ersetzungspflicht – ggf. Neuherstellung – auch ohne Verschulden

18 Der Auftragnehmer hat, da es sich um einen Erfüllungsanspruch handelt, die Verpflichtung, **auf eigene Kosten** die mangelhafte oder vertragswidrige Leistung **durch eine mangelfreie zu ersetzen, ohne** dass es darauf ankommt, ob ihm wegen der bisherigen Mangelhaftigkeit oder Vertragswidrigkeit ein **Verschulden** vorzuwerfen ist. Die **Pflicht zur Ersetzung** der mangelhaften durch eine mangelfreie Leistung **kann** – da es sich um einen Erfüllungsanspruch vor der Abnahme handelt – es im Einzelfall dem Auftragnehmer **gebieten, die bisher erbrachte Leistung zu wiederholen,** also eine **Neuherstellung** vorzunehmen, wenn der Mangel erheblich ist und eine bloße, sachgerechte Ausbesserung keinen hinreichend sicheren Erfolg verspricht (vgl. OLG München OLGZ 1971, 8). Das gilt vor allem auch, wenn bisherige Nachbesserungsversuche vergeblich waren und dieserhalb berechtigte Zweifel bestehen, ob der Erfolg durch bloße Nachbesserung dennoch zu erreichen ist (ähnlich *Nicklisch/Weick* § 4 VOB/B Rn. 97). Auch kann der Auftragnehmer angesichts des ihm neben der Beseitigungspflicht gleichermaßen zustehenden **Beseitigungsrechts** eine Neuherstellung vornehmen, wenn er glaubt, hierdurch das Endziel der Leistung sachgerechter oder kostengünstiger zu erreichen, also selbst dann, wenn an sich eine Nachbesserung des mangelhaft oder vertragswidrig erbrachten Leistungsteils noch möglich wäre. Naturgemäß ist der Auftraggeber verpflichtet, dem Auftragnehmer das Objekt, in dem sich die mangelhafte Leistung befindet, zwecks Nachholung der von diesem geschuldeten mängelfreien Leistung **zur Verfügung zu stellen.** Falls dies trotz klar zum Ausdruck gebrachter Leistungsbereitschaft nicht geschieht, kommt – entsprechende Anzeige vorausgesetzt – eine Behinderung des Auftragnehmers i.S.v. § 6 VOB/B in Betracht.

19 Hinsichtlich des Umfanges der **vom Auftragnehmer** aus Anlass der Nachbesserung **zu übernehmenden Kosten gilt** § 635 Abs. 2 BGB entsprechend. Hiernach hat der Auftragnehmer nicht nur die eigentlichen Nachbesserungskosten, sondern auch die dazu erforderlichen Aufwendungen, wie z.B. Transport- und Wegekosten, zu tragen. Dazu rechnen auch Kosten für Sicherungsmaßnahmen, wie Absperrungen, für Umleitungen, sonstige notwendige Vorkehrungen, vor allem auch, wenn sie zur Schadensminderung getroffen werden. Ist die Mängelbeseitigung nur dadurch möglich, dass andere Bauteile entfernt oder beschädigt werden, um an den eigentlichen Mangel heranzukommen, hat der Auftragnehmer auch insoweit Entsprechendes auf eigene Kosten zu veranlassen.

IV. Ausnahmsweise: Recht zur Verweigerung der Ersetzung

1. Unverhältnismäßig hoher Aufwand

20 Der Auftragnehmer hat unter bestimmten Voraussetzungen die **Möglichkeit,** die Beseitigung der Mängel oder Vertragswidrigkeiten **zu verweigern.** Das folgt aus §§ 635 Abs. 3, 275 Abs. 2 BGB, wo festgelegt ist, dass der Unternehmer die Beseitigung des Mangels verweigern kann, wenn damit ein **unverhältnismäßig hoher Aufwand** verbunden ist. Die Anwendbarkeit dieser gesetzlichen Regel auf die VOB ergibt sich aus § 13 Nr. 6 VOB/B. Was für die eigentliche Gewährleistung nach § 13

VOB/B gilt, ist auch bei der damit im rechtlichen Zusammenhang stehenden Vorschrift in § 4 Nr. 7 VOB/B zu beachten.

Ob dem Auftraggeber in einem solchen Fall auch das Recht zur **Minderung der Vergütung** zuzugestehen ist, ist nach der seit dem 1.1.2002 bestehenden Gesetzeslage zweifelhaft (zur Abwägung der Argumente vgl. *Kniffka* IBR-Online-Kommentar Bauvertragsrecht, Stand 10.4.2006, § 634 Rn. 9 ff.). In den Vorauflagen war das Recht zur Minderung in § 4 Nr. 7 VOB/B – obwohl hier im Gegensatz zu § 13 Nr. 6 VOB/B nicht ausdrücklich erwähnt – in Ausfüllung dieser vertraglichen Regel durch das Gesetz, nämlich mit der früher auch vor Abnahme gesetzlich bestehenden Minderungsmöglichkeit begründet worden, vgl. § 633 Abs. 2 S. 3 i.V.m. §§ 634 Abs. 2, 634 Abs. 1 S. 2 BGB a.F. Selbst wenn man den Minderungsanspruch beim BGB-Vertrag nach der Schuldrechtsmodernisierung vor Abnahme ablehnt (vgl. etwa *Sienz* BauR 2002, 181, 184 f.; *Palandt/Sprau* Vor § 633 BGB Rn. 7; oben Rn. 2), erscheint es sachgerecht, dem Auftraggeber in Anbetracht der strukturellen Verwandtschaft zwischen § 4 Nr. 7 VOB/B und § 13 Nr. 5, 6 VOB/B und insbesondere der strukturellen Verwandtschaft von § 4 Nr. 7 VOB/B mit dem gesetzlichen Nacherfüllungsanspruch das Minderungsrecht aus § 13 Nr. 6 VOB/B auch hier zuzugestehen. In Anbetracht der besonderen Konstruktion von § 4 Nr. 7 VOB/B kann es insoweit keinen Unterschied machen, ob der Mangel, dessen Beseitigung mit unverhältnismäßigem Aufwand verbunden ist, während der Ausführung oder erst nach Abnahme entdeckt wurde.

21

Auch seiner etwaigen **Schadensersatzpflicht** nach Nr. 7 S. 2 entgeht der Auftragnehmer dann nicht, sofern er aufgetretene Mängel zu vertreten hat (vgl. BGH 6.5.1968 VII ZR 33/66 = BGHZ 50, 160 = NJW 1968, 1524).

22

Ein **unverhältnismäßig hoher Aufwand ist** mit der Beseitigung des Mangels oder der Vertragswidrigkeit verbunden, **wenn der durch die Nachbesserung erzielbare Mangelbeseitigungserfolg** bei Abwägung aller Umstände des Einzelfalls **in keinem vernünftigen Verhältnis zur Höhe des dafür erforderlichen Aufwandes** steht. Unverhältnismäßigkeit ist danach in aller Regel nur anzunehmen, wenn einem objektiv geringen Interesse des Bestellers an einer völlig ordnungsgemäßen vertraglichen Leistung ein ganz erheblicher und deshalb vergleichsweise unangemessener Aufwand gegenübersteht (vgl. BGH 4.7.1996 VII ZR 24/95 = BauR 1996, 858; 24.4.1997 VII ZR 110/96 = BauR 1997, 638; 27.3.2003 VII ZR 488/01 = BauR 2003, 1209; 10.11.2005 VII ZR 64/04 = BauR 2006, 377, ebenso im Einzelnen die Kommentierung zu § 13 Nr. 6 VOB/B). Im Rahmen dieser Bestimmungen genügt leichte Fahrlässigkeit (so auch Beck'scher VOB-Komm./*Kohler* § 4 Nr. 7 VOB/B Rn. 162). Gerade für den hier erörterten Bereich von § 4 Nr. 7 VOB/B S. 1 sind an die Unverhältnismäßigkeit aber **erhebliche Anforderungen** zu stellen (vgl. auch OLG Hamm NJW-RR 1989, 1180 für den Fall eines Gegengefälles in einem Küchenboden) wobei allerdings **nicht schon eine Gefährdung der Existenz des Auftragnehmers** gefordert werden kann.

23

Für das Vorliegen eines unverhältnismäßigen Aufwandes ist der **Auftragnehmer im Einzelnen darlegungs- und beweispflichtig.**

2. Sonderfall: Einvernehmliche Vertragsaufhebung

Will der Auftraggeber nach Erkennen des Mangels den Auftragnehmer nicht mehr beschäftigen und **einigt** er sich mit diesem, dass ein **anderer** Unternehmer die Arbeiten mängelfrei fertig stellt, ist der Auftragnehmer kraft Vereinbarung **nicht mehr zur Mängelbeseitigung** gemäß Nr. 7 **verpflichtet, da er aus dem Vertrag entlassen ist.** Klagt dann der Auftragnehmer den ihm zustehenden – nach dem von ihm fertiggestellten Teil bemessenen – Werklohn ein, kann der Auftraggeber von der Vergütung keine Abzüge wegen der Mangelhaftigkeit der Leistung des Auftragnehmers machen, da dieser auf die Beseitigung des Mangels keinen Einfluss mehr nehmen kann. Erst recht entfällt die Beseitigungspflicht des Auftragnehmers, wenn in der Vereinbarung zwischen Auftraggeber und Auftragnehmer die Verpflichtung des Letzteren enthalten ist, die Kosten des zu beauftragenden weiteren

24

Unternehmers zu tragen. Dann steht dem Auftragnehmer die ursprünglich vereinbarte Vergütung zu, abzüglich des dem anderen Unternehmer vom Auftraggeber gezahlten bzw. zu bezahlenden Werklohnes (vgl. dazu BGH 13.6.1966 VII ZR 55/64 = SFH Z 2.414 Bl. 175).

V. Verjährung des Anspruchs nach S. 1

25 Die in Nr. 7 S. 1 festgelegte **Mängelbeseitigungspflicht des Auftragnehmers** unterliegt, da eine entgegenstehende Regelung fehlt, der regelmäßigen Verjährungsfrist des § 195 BGB (BGH 11.7.1974 VII ZR 76/72 = NJW 1974, 1707 = BauR 1977, 412, kritisch hierzu *Acker/Roskosny* BauR 2003, 1279 ff.). Diese beträgt nicht mehr wie bis zum 31.12.2001 30 Jahre sondern nunmehr nur 3 Jahre, beginnt aber nach § 199 Abs. 1 BGB erst mit dem Schluss des Jahres zu laufen, in dem der Anspruch entstanden ist und der Gläubiger von den den Anspruch begründenden Umständen und der Person des Schuldners Kenntnis erlangt oder ohne grobe Fahrlässigkeit erlangen müsste. Sie ist nach § 199 Abs. 4 BGB auf eine Höchstfrist von 10 Jahren von der Anspruchsentstehung an beschränkt. Wird die Leistung allerdings ohne Beseitigung des Mangels fertiggestellt und abgenommen, so ist dann allein § 13 Nr. 4 VOB/B oder die dazu getroffene anderweitige Vereinbarung für die Gewährleistungsfrist maßgebend (BGH 22.10.1970 VII ZR 71/69 = BGHZ 54, 352 = BauR 1971, 51; 19.12.2002 VII ZR 103/00 = BauR 2003, 689 = NZBau 2003, 265; a.A. OLG Hamm BauR 1982, 280). Das Gesagte **gilt auch für den nachfolgend erörterten Schadensersatzanspruch** selbst dann, wenn die Mängel, die den Schaden verursacht haben, vor der Abnahme bereits behoben worden sind (BGH 13.1.1972 VII ZR 46/70 = BauR 1972, 172; 19.12.2002 VII ZR 103/00 = BauR 2003, 689 = NZBau 2003, 265). Also verwandelt sich der mit der Abnahme noch nicht erledigte Erfüllungsanspruch in einen Gewährleistungsanspruch nach § 13 VOB/B (so deutlich BGH 25.2.1982 VII ZR 161/80 = BauR 1982, 277 = NJW 1982, 1524). Die bloße Abnahmereife ist hierzu nicht ausreichend (BGH 19.12.2002 VII ZR 103/00 = BauR 2003, 689 = NZBau 2003, 265).

C. Schadensersatzpflicht des Auftragnehmers (S. 2)

I. Grundlagen

26 Nach S. 2 VOB/B ist der Auftragnehmer **neben seiner Pflicht zur Beseitigung und mangelfreien Erneuerung weiterhin** gehalten, dem Auftraggeber den **Schaden zu ersetzen,** der diesem **durch die vertragswidrige oder mangelhafte Leistung** entstanden ist. Der Schaden muss also adäquat auf den Mangel oder die Vertragswidrigkeit zurückgehen (*Dähne* BauR 1973, 268). Voraussetzung ist ferner, dass den Auftragnehmer an dem Mangel oder der Vertragswidrigkeit **ein Verschulden** trifft. Dabei ist sowohl eigenes Verschulden (§ 276 BGB) als auch das von ihm zu vertretende Verschulden seiner Erfüllungsgehilfen (§ 278 BGB) maßgebend.

27 Bei diesem Anspruch handelt es sich nicht um einen besonders geregelten und ausgestalteten Schadensersatzanspruch wegen Nichterfüllung, sondern – wenn auch atypisch – um einen **Sonderfall der Pflichtverletzung nach §§ 280, 241 Abs. 2 BGB** (so BGH 13.1.1972 VII ZR 46/70 = BauR 1972, 172; 20.4.1978 VII ZR 166/76 = BauR 1978, 306; *Heiermann/Riedl/Rusam* § 4 VOB/B Rn. 89; Beck'scher VOB-Komm. § 4 Nr. 7 Rn. 160; anders wohl BGH 12.6.1975 VII ZR 55/73 = BauR 1975, 344). Dies ergibt sich daraus, dass der Schadensersatzanspruch nach S. 2 neben **dem Erfüllungsanspruch gemäß S. 1** – nicht jedoch an seiner Stelle (zutreffend *Kaiser* BauR 1991, 391, 394) – **geltend gemacht werden kann,** während die bloße Nichterfüllung und deren mögliche weitere Folgen von dem nachfolgenden S. 3 erfasst sind. Ebenso wie beim Erfüllungsanspruch nach S. 1 ist für den Schadensersatzanspruch nach S. 2 aber Voraussetzung, dass gerade **auch der Auftraggeber seinerseits nach wie vor bereit und in der Lage ist, seine eigenen Vertragspflichten zu erfüllen.**

Der **Schadensersatzanspruch** nach Nr. 7 S. 2 ist eine **abschließende Regelung für den Fall des Vor- 28 liegens von Mängeln am unfertigen Werk und trotz deren Beseitigung noch vorhandenen Schäden;** darüber hinaus besteht kein weitergehender Anspruch aus demselben Rechtsgrund (BGH 6.5.1968 VII ZR 33/66 = BGHZ 50, 160 = NJW 1968, 1524). Gemessen am Bereich des § 280 BGB, erfasst er **Mangelschäden, Mangelfolgeschäden und entferntere Mangelfolgeschäden,** sofern sie durch eine Nachbesserung nach S. 1 noch nicht behoben sind, weshalb es ausnahmsweise **keiner vorangehenden Mängelbeseitigungsaufforderung bedarf,** wenn die Mängelbeseitigung **nicht** geeignet ist, die **Schäden zu beseitigen** (vgl. Nicklisch/Weick § 4 VOB/B Rn. 106; wohl auch *Kaiser* BauR 1991, 391, 394 f.).

II. Umfang

1. Grundsätzlich kein voller Schadensersatz wegen Nichterfüllung

Die **Schadensersatzpflicht** des Auftragnehmers ist **nach dem Wortlaut des S. 2** in ihrem Umfang an 29 sich **nicht beschränkt,** im Gegensatz zu § 13 Nr. 7 VOB/B oder anderen in der VOB ausdrücklich festgehaltenen Haftungseinschränkungen (BGH 8.6.1967 VII ZR 16/65 = BGHZ 48, 78 f. = NJW 1967, 2262; 6.5.1968 VII ZR 33/66 = BGHZ 50, 160 = NJW 1968, 1524). Das heißt aber **nicht** schon ohne weiteres, dass bei zu vertretenden Mängeln ein Anspruch auf **Schadensersatz wegen Nichterfüllung des ganzen Vertrages** besteht, wenn auch ein solcher Anspruch dem Auftraggeber nach § 13 Nr. 7 Abs. 2 VOB/B zustehen kann (vgl. BGH Betrieb 1963, 1213; VersR 1964, 516). Dass § 4 Nr. 7 S. 2 VOB/B grundsätzlich einen **solchen umfassenden Anspruch nicht** einräumt, geht daraus hervor, dass **nur bei berechtigter Entziehung** des Auftrages ein voller Schadensersatz wegen Nichterfüllung vorgesehen ist, und auch dann nur, wenn die weitere Ausführung aus den Gründen, die zur Entziehung geführt haben, für den Auftraggeber **kein Interesse** mehr hat (§ 4 Nr. 7 S. 3 VOB/B i.V.m. § 8 Nr. 3 Abs. 2 S. 2 VOB/B). Deshalb wäre es schwer erklärlich, **wenn voller Schadensersatz wegen Nichterfüllung schon von vornherein durch § 4 Nr. 7 S. 2 VOB/B erfasst wäre.** Hier ist vielmehr **zunächst** an den Ersatz des Schadens gedacht, der bei **weiterbestehendem Vertrag trotz der Mängelbeseitigung** oder der Beseitigung sonstiger Vertragswidrigkeit noch verbleibt (BGH 25.2.1980 VII ZR 161/80 = BauR 1982, 277 = NJW 1982, 15242; OLG Düsseldorf BauR 1980, 276; *Kaiser* Mängelhaftungsrecht Rn. 28a spricht zu Recht von einem Auffangtatbestand; *Locher* Das private Baurecht Rn. 114). Insofern steht dem Auftraggeber hinsichtlich seines Schadensersatzanspruches grundsätzlich, insbesondere wegen der Vergütung des Auftragnehmers (vornehmlich: Abschlagszahlungen), auch ein **Zurückbehaltungsrecht nach § 320 BGB zu** (zutreffend *Kaiser* BauR 1982, 205).

2. Ausnahmen

Allerdings erschöpft sich in dem bisher Gesagten die Bedeutung des S. 2 nicht. Die Vorschrift ge- 30 währt nämlich **auch** Schadensersatzansprüche, wenn der **Auftragnehmer unberechtigt die Mängelbeseitigung verweigert,** der Auftraggeber den **Vertrag aber nicht kündigt,** auch weiter **keine Mängelbeseitigung beansprucht,** deswegen kein Zurückbehaltungsrecht hinsichtlich der Vergütung des Auftragnehmers geltend macht und wegen der Mängel Schadensersatz verlangt (BGH 23.11.1978 VII ZR 29/78 = BauR 1979, 152 = NJW 1979, 549). **Gleiches gilt, wenn der Auftrag entzogen worden ist;** Ansprüche aufgrund des S. 2 bleiben dann bestehen, so § 8 Nr. 3 Abs. 2 S. 1. In einem solchen Fall erfasst der Schadensersatzanspruch auch die Kosten für die Beseitigung der Mängel an den bis zur Kündigung ausgeführten Leistungen des Auftragnehmers (BGH 6.5.1968 VII ZR 33/66 = BGHZ 50, 160, 165; 11.7.1974 VII ZR 76/72 = NJW 1974, 1707; *Vygen* Bauvertragsrecht Rn. 497).

Da S. 2 u.U. auch vollen Schadensersatz gewährt, kann hieraus im Einzelfall ein Anspruch erwach- 31 sen, der sich dem Umfang nach mit dem Anspruch auf Schadensersatz wegen Nichterfüllung des ganzen Vertrages **weitgehend deckt.** So ist etwa bei einem **völlig unbrauchbaren** Bauwerk (z.B. infolge untauglicher Betonmischung) der Schaden evtl. nur dadurch auszugleichen, dass das Bauwerk abgerissen und neu gebaut wird; der Auftraggeber hat für die wertlose Leistung keine Vergütung zu zahlen. Gleiche Rechte können dem Auftraggeber auch zustehen, wenn Mängel nur durch **Beseitigung des gesamten Bauwerks** behoben werden können. Der Grundsatz von Treu und Glauben gebietet es aber **ausnahmsweise,** einen Ausgleich des Schadens in dieser den Auftragnehmer schwer belastenden Weise nicht zuzubilligen, wenn dem **Auftraggeber zuzumuten** ist, das Bauwerk mit dem nicht zu beseitigenden Mangel zu behalten und sich insoweit mit einem Ausgleich in Geld zu begnügen. Andererseits wird sich der Auftraggeber auf eine bloße Mängelbeseitigung nicht einzulassen brauchen, wenn diese zwar an sich möglich, **wirtschaftlich** aber nicht vertretbar ist. Diesen vom BGH aufgestellten Grundsätzen (BGH 6.5.1968 VII ZR 33/66 = BGHZ 50, 160 = NJW 1968, 1524) ist zu folgen. Natürlich kommt es dabei immer auf die nach den Regeln des § 242 BGB ausgerichtete **Beurteilung im Einzelfall** an.

32 Aus dem Gesagten folgt weiter, dass der Schadensersatzanspruch nach S. 2 sowohl die Fälle erfasst, in denen dem Auftraggeber trotz Mängelbeseitigung noch ein Schaden verblieben ist, als auch diejenigen, in denen **der Auftragnehmer mit Recht die Mängelbeseitigung infolge unverhältnismäßigen Aufwandes verweigert.**

3. Umfang allgemein

33 Von der Schadensersatzpflicht des Auftragnehmers ist alles ergriffen, was **adäquat-kausal auf den Mangel oder die damit verbundene Vertragswidrigkeit** zurückzuführen ist (vgl. BGH 5.10.1967 VII ZR 64/65). **Maßgebend für den Umfang** der Verpflichtung zum Schadensersatz sind die **§§ 249 ff. BGB.**

4. Bemessbarer Vermögensschaden

34 Der Schadensersatzanspruch nach S. 2 umfasst **sämtliche Schäden, die adäquat-kausal** auf den Mangel oder die Vertragswidrigkeit **zurückzuführen** sind. In Betracht kommen **auch Schäden, die außerhalb der mangelhaften/vertragswidrigen Leistung liegen, jedoch auf diese zurückzuführen sind**, wie etwa die Kosten für die Wiederbeschaffung von Bauteilen (z.B. eines Heizkessels), die vom Auftraggeber oder dritter Seite geliefert und durch die mangelhafte Leistung beschädigt oder zerstört worden sind (BGH 20.4.1978 VII ZR 166/76 = BauR 1978, 306). Weiter erfasst der Schadensersatzanspruch nach S. 2 etwaige, durch die mangelhafte Leistung adäquat-kausal herbeigeführte Verzugsschäden einschließlich des entgangenen Gewinns, z.B. insgesamt oder an anderen Teilen des Gebäudes entstandene Miet- oder sonstige Nutzungsausfallschäden. § 6 Nr. 6 VOB/B steht der Erstattbarkeit von entgangenem Gewinn nicht entgegen, sofern die Bauverzögerung auf Baumängel vor Abnahme zurückzuführen ist (BGH 12.6.1975 VII ZR 55/73 = NJW 1975, 1701; 8.6.1978 VII ZR 161/77 = BGHZ 72, 31 = BauR 1978, 402 – Gewinnausfall durch Stilllegung einer Bowlingbahn; vgl. dazu auch BGH 28.9.1978 VII ZR 254/77 = BauR 1979, 159). Gleiches gilt für den Fall, dass die verspätete Fertigstellung des Bauwerks dadurch mitverursacht wird, dass der Auftragnehmer die Mängelbeseitigung über einen bestimmten Zeitraum vertragswidrig nicht ausführt. Auch für diese Fälle enthält § 4 Nr. 7 S. 2 eine Spezialregelung zu § 6 Nr. 6 VOB/B, so dass die in dieser Regelung vorgesehenen Beschränkungen des Schadensersatzanspruchs nicht anwendbar sind (BGH 6.4.2000 VII ZR 199/97 = BauR 2000, 1189 = NJW-RR 2000, 1260). Der Ersatz entgangenen Gewinns ist als Schadensersatzleistung nicht umsatzsteuerpflichtig (BGH 21.11.1991 VII ZR 4/90 = BauR 1992, 231 = NJW-RR 1992, 411). Allerdings muss sich der Auftraggeber **durch den Verzögerungsschaden etwa entstandene Vorteile entgegenhalten** lassen. So sind z.B. auf den Verzögerungsschaden wegen verspäteter Fertigstellung einer Eigentumswohnung die Vorteile anzurechnen, die der Auftraggeber (Erwerber) aus **ersparten Zinsaufwendungen** für die Erwerbspreisfinanzierung und aus einer **Steuerersparnis** durch die erst mit Bezugsfertigkeit eintretende Beschränkung des

Schuldzinsenabzuges (§ 21a EStG) erlangt (BGH 15.4.1983 V ZR 152/82 = BauR 1983, 465 = NJW 1983, 2137).

Zum Schaden im hier erörterten Sinne zählen **auch die außergerichtlichen Kosten,** die der Geschädigte selbst oder durch Inanspruchnahme eines Dritten hat aufwenden müssen, **um seinen Schaden dem Grunde und der Höhe nach feststellen zu können,** wie z.B. die Kosten eines Sachverständigen zur Feststellung der Mängel und deren Folgen. Das gilt auch für Unternehmen oder Behörden, selbst dann, wenn sie eigene Abteilungen zur Feststellung von Schäden im angegebenen Sinne und Umfang haben (a.A. BGH 28.2.1969 II ZR 154/67 = NJW 1969, 1109; 9.3.1976 VI ZR 98/75 = NJW 1976, 1256 = MDR 1976, 831 mit zutreffender ablehnender Anm. von *Schmidt* NJW 1976, 1932 sowie *Klimke* VersR 1977, 615. Zur Erstattung so genannter »Regiekosten« für den hier erörterten Bereich näher und zutreffend *Ganten* BauR 1987, 22). 35

5. Entgangene Gebrauchsvorteile

Anders als früher der V. Zivilsenat des BGH entschieden hatte, ist auch ein infolge zunächst mangelhafter Errichtung eines Bauwerkes entgangener bloßer eigener Gebrauchsvorteil dem Schaden zuzurechnen. Wie der Große Zivilsenat des BGH (9.7.1986 GSZ 1/86 = BGHZ 98, 212 = BauR 1987, 312) überzeugend zum Ausdruck gebracht hat, kann bei der Beurteilung der Frage, ob hier ein materieller Schaden vorliegt, nicht maßgeblich auf die Differenzhypothese abgestellt werden; ebenso nicht auf eine Eingrenzung des Schadensbegriffes durch die Regelung über den entgangenen Gewinn in § 252 BGB. Vielmehr ist eine **wertende Betrachtungsweise geboten,** wobei die Wertmaßstäbe allen in Betracht kommenden Vorschriften zu entnehmen sind. Ob ein vermögenswertes Gut beeinträchtigt ist, hängt wesentlich von der **Wertung nach wirtschaftlichen Gesichtspunkten** ab, wobei die **herrschende Verkehrsauffassung** den ausschlaggebenden Maßstab dafür bildet. Soweit ein Lebensgut »kommerzialisiert« ist, d.h. »erkauft« werden kann, ohne nach allgemeiner Ansicht bloße »Liebhaberei« zu sein, stellt seine teilweise oder gänzliche Einbuße einen **materiellen Schaden** dar, was entsprechend auch gilt, wenn dem Benachteiligten ein Vorteil entgeht (zutreffend insoweit schon, wenn auch in etwas anderem Zusammenhang, BGH 26.4.1979 VII ZR 188/78 = BGHZ 74, 231 = BauR 1979, 343; zur Problematik beachtlich auch *Brinkmann* BB 1987, 1828). Voraussetzung ist aber, dass der Geschädigte **selbst eine bestimmungsgemäße Nutzung vorgenommen hätte und das Bauwerk bzw. die Wohnung für seine Lebenshaltung von zentraler Bedeutung ist** (BGH 31.10.1986 V ZR 140/85 = BauR 1987, 318 = NJW 1987, 771; vgl. auch BGH 21.2.1992 V ZR 268/90 = NJW 1992, 1500). Ein solcher Fall liegt im Bereich des hier erörterten Schadensersatzanspruches aber vor: 36

Nach allgemeiner Verkehrsanschauung liegt nämlich in der **Gebrauchsmöglichkeit jedenfalls eines zu Wohnzwecken bestimmten Objektes** oder eines Teils desselben ein **selbstständiger Vermögenswert,** weil im Allgemeinen mit der **eigenen** Nutzung ein bestimmter Nutzungswert verbunden wird; dies folgt im Allgemeinen daraus, dass die eigenwirtschaftliche Nutzung durch den Auftraggeber auf die ständige Verfügbarkeit des Hauses bzw. einer Eigentumswohnung angewiesen ist (so Großer Zivilsenat des BGH [9.7.1986 GSZ 1/86] in BGHZ 98, 212 = BauR 1987, 312; vgl. dazu auch BGH 20.2.1987 V ZR 237/84 = VersR 1987, 765), was nicht nur für den vom Großen Zivilsenat entschiedenen Bereich der unerlaubten Handlung gelten kann. Diesem Standpunkt **neigt**e auch der VII. Zivilsenat des BGH zu, wie schon aus seiner Entscheidung vom 28.2.1980 (BGH 28.2.1980 VII ZR 183/79 = BGHZ 76, 179 = BauR 1980, 271) zu entnehmen ist und durch die weitere Entscheidung vom 10.10.1985 (VII ZR 292/84 = BGHZ 96, 124 = BauR 1986, 105) bestätigt wird, **soweit es sich um zu Wohnzwecken bestimmte Bauobjekte und zu deren Nutzung nach allgemeiner Ansicht notwendige Einrichtungen handelt.** Unter Beachtung des zuletzt genannten Gesichtspunktes zählt auch z.B. die verspätete Lieferung und Montage einer Einbauküche hierzu (zutreffend demnach LG Tübingen NJW 1990, 1613). Zu Recht hat der BGH allerdings zum Ausdruck gebracht, dass die vorgenannten Voraussetzungen nicht für private Schwimmbäder gegeben sind, weil insoweit die herr- 37 schende Verkehrsauffassung die Benutzbarkeit eines solchen Objektes nicht schon als einen weitgehend und unentbehrlich erscheinenden Bestandteil allgemeiner und alltäglicher Bedürfnisse ansieht (vgl. dazu auch *Doerry* ZfBR 1982, 189, 194; in diesem Zusammenhang zum »Luxusargument im Schadensersatzrecht« Medicus, NJW 1989, 1889). Gleiches dürfte für einen Hobbyraum gelten.

Andererseits kann der Bauherr bzw. Erwerber eines Hauses oder einer Eigentumswohnung mit Kraftfahrzeugabstellplatz in einer Tiefgarage, soweit und solange die Tiefgarage mängelbedingt unbenutzbar ist, unter den Voraussetzungen der §§ 634 Nr. 4, 636, 280 ff. BGB oder des § 13 Nr. 7 VOB/B – insoweit auch des § 4 Nr. 7 S. 2 – eine Entschädigung für den Nutzungsausfall verlangen. Hier ist das gesamte Objekt (Haus bzw. Eigentumswohnung mit dazuzurechnender Garage) fühlbar mit einem Nachteil behaftet; in einer solchen Garage sieht der Eigentümer bzw. Halter eines Kraftfahrzeuges in erster Linie eine vor Diebstahl und Beschädigung schützende Abstellmöglichkeit, die die Nutzung des Kraftfahrzeuges und damit deren wirtschaftlichen Wert erheblich erhöht. Dabei kommt es für die Schadensbemessung hier auf die Grundlage der werkvertraglichen Gewährleistung an; diese ist die Wertminderung, die die einzelnen Häuser bzw. Wohnungen erfahren haben, falls die Mängel nicht mehr beseitigt werden können, die Garage also endgültig unbenutzbar bleibt; dieser Schaden ist dann ins Verhältnis zu setzen zum Zeitraum, in dem der Wert der Häuser bzw. Wohnungen infolge der Nichtbenutzbarkeit der Garagen gemindert wurde bzw. voraussichtlich gemindert wird, und der Dauer, für die nach dem jeweiligen Vertrag mit der Benutzbarkeit der Garage gerechnet werden durfte; der Mietzins einer sonst verfügbaren Ersatzgarage ist nicht alleiniger Berechnungsmaßstab, allerdings kann er bei der Berechnung der Wertminderung als entscheidender Faktor berücksichtigt werden (BGH 10.10.1985 VII ZR 292/84, BGHZ 96, 124 = BauR 1986, 105). Entsprechend ist der Berechnungsmaßstab anzusetzen, wenn es um die Berechnung des Nutzungsausfalles für das Haus bzw. die Eigentumswohnung selbst geht. Dazu näher rechtlich wohl einwandfrei Kamphausen (BauR 1988, 48) der die Schadensbemessung entweder nach »bereinigten Mieten« oder nach »anteiligen Vorhaltekosten« vornehmen will. Er muss sich grundsätzlich um baldmögliche Behebung der Baumängel bemühen (BGH 27.4.1995 VII ZR 14/94 = BauR 1995, 692 = NJW-RR 1995, 1169; OLG Köln BauR 2001, 1271).

Billigt das Berufungsgericht dem Kläger, der auf Feststellung der Schadensersatzpflicht wegen eines mangelbedingten Nutzungsausfalles klagt, nur einen verhältnismäßig kurzen Zeitraum zur Mängelbehebung zu, muss es sich mit festgestellten Umständen, die gegen die knappe Zeitbemessung sprechen (z.B. Durchführung mehrerer selbstständiger Beweisverfahren, Hinzuziehung mehrerer gerichtlicher Sachverständiger im Verfahren), auseinandersetzen (vgl. BGH a.a.O.).

Zu eng insoweit jedoch OLG Braunschweig (VersR 1982, 1169) das auf der Grundlage der vorangehend abgelehnten früheren Rechtsprechung des BGH einen ersatzfähigen Schaden allein deshalb verneint, weil Teile der Wohnung benutzbar geblieben seien.

38 Allerdings kommt ein Schadensersatz wegen entgangener Nutzung nur in Betracht, wenn die **Beeinträchtigung einen erheblichen Umfang einnimmt und von einer die Grenzen der Zumutbarkeit überschreitenden Dauer** ist; bloß kurzzeitige, allgemein vorhersehbare Beeinträchtigungen, wie z.B. im Rahmen von Umbaumaßnahmen, die nicht besonders fühlbar sind, müssen daher außer Betracht bleiben (vgl. OLG Düsseldorf BauR 1981, 477). Überdies ist der Auftraggeber – schon gemäß § 254 BGB – gehalten, seinerseits alles zu tun, um die **Beeinträchtigung** i.S.d. Nutzungsverlustes in **möglichst geringem Rahmen** zu halten (OLG Düsseldorf, a.a.O.).

III. Schadensersatzanspruch nach Nr. 7 S. 2 grundsätzlich nur bis zur Abnahme – Verjährung

39 Der in § 4 Nr. 7 VOB/B S. 2 geregelte **Schadensersatzanspruch** kann ebenso wie der Ersetzungsanspruch nach S. 1 **grundsätzlich** – außer im Falle der Entziehung des Auftrages nach S. 3 – **nur bis**

Mängelansprüche des Auftraggebers vor Fertigstellung § 4 Nr. 7 VOB/B

zur Abnahmereife geltend gemacht werden, also während der Bauzeit (zustimmend OLG Düsseldorf SFH Z 2.50 Bl. 15 ff.). **Nach diesem Zeitpunkt richtet sich die Haftung des Auftragnehmers für Mängel nach § 13 VOB/B** (vgl. BGH 6.5.1968 VII ZR 33/66 = BGHZ 50, 160, 163; 22.10.1970 VII ZR 71/69 = BGHZ 54, 352, 355, 356 = BauR 1971, 51; 22.2.1971 VII ZR 243/69 = BGHZ 55, 354, 356 = BauR 1971, 126; 25.2.1982 VII ZR 161/80 = BauR 1982, 277 = NJW 1982, 1524) **also kommt dann nur § 13 Nr. 7 VOB/B grundsätzlich mit der kurzen Verjährungsfrist (§ 13 Nr. 4 oder 7 Abs. 3 VOB/B) in Betracht** (BGH 19.12.2002 VII ZR 103/00 = BauR 2003, 689 = NZBau 2003, 265). Die kurze Verjährungsfrist läuft auch dann ab Abnahme, wenn der Mangel, der den Schaden verursachte, bereits vor der Abnahme beseitigt worden, der damit verbundene Schaden jedoch noch nicht ausgeglichen ist (BGH 19.12.2002 VII ZR 103/00 = BauR 2003, 689 = NZBau 2003, 265).

IV. Fälligkeit – Beweislast

Die Beweislast für die Entstehung und die Höhe des Schadens trägt der **Auftraggeber;** dieser muss auch beweisen, dass der Schaden ursächlich auf den Mangel oder die Vertragswidrigkeit der Leistung zurückzuführen ist und dass die Voraussetzungen etwaigen Verzugs vorliegen. Demgegenüber muss der Auftraggeber, sofern die Schadensursache in seinem Verantwortungsbereich liegt, darlegen und beweisen, dass er den Mangel nicht verschuldet hat (BGH 25.10.1973 VII ZR 181/72 = BauR 1974, 63; SFH Z 2.414.3 Bl. 11). Den Auftragnehmer trifft auch die Beweislast dafür, dass seine Leistung vertragsgemäß ist bzw. dass er den Mangel fristgerecht und ordnungsgemäß beseitigt hat (zur Frage einer möglichen Exkulpation des Auftragnehmers, insbesondere seiner dabei bestehenden Beweislast, siehe BGH 11.2.1957 VII ZR 256/56 = BGHZ 23, 288 = NJW 1957, 746). 40

D. Rechte des Auftraggebers bei Nichtbefolgen der Ersetzungspflicht durch Auftragnehmer (S. 3)

I. Grundlagen

Nr. 7 S. 3 gibt dem **Auftraggeber weitergehende Rechte, falls der Auftragnehmer die ihm nach S. 1 obliegende Ersetzungspflicht nicht erfüllt.** Er ist nicht verpflichtet, sie sofort oder überhaupt auszunutzen. Er kann, wenn der Auftragnehmer nicht aus eigenem Entschluss seiner Verpflichtung nach S. 1 nachkommt, zunächst versuchen, eine Frist zur Beseitigung und Besserung (Ersetzung) im Rahmen einer förmlichen Aufforderung zu setzen, **ohne** zu erklären, dass er nach fruchtlosem Fristablauf dem Auftragnehmer nach § 8 Nr. 3 VOB/B den Auftrag entziehen werde. Doch hat er dann im Falle der Weigerung oder der Untätigkeit des Auftragnehmers grundsätzlich **nicht bereits das Recht zur Auftragsentziehung, sondern er muss dann eine erneute Frist, verbunden mit der Ankündigung des Auftragsentzugs,** setzen. Letzteres kann der Auftraggeber natürlich auch sofort tun, zumal auch die VOB davon ausgeht. 41

II. Aufforderung zur Beseitigung

Um seinen Anspruch aus Nr. 7 S. 3 geltend machen zu können, muss der Auftraggeber den Auftragnehmer zunächst **auffordern, den Mangel zu beseitigen.** Insoweit wird also **über** S. 1 hinausgehend eine **Initiative des Auftraggebers** verlangt, die für die in S. 3 ausdrücklich geregelte Fristsetzung mit Ablehnungsandrohung **zwangsläufig Voraussetzung** ist. Dazu ist es erforderlich, dass der Auftraggeber in der notwendigen **klaren und bestimmten** Weise den Mangel oder die Vertragswidrigkeit bezeichnet. Die Kennzeichnung des Mangels hat durch hinreichend genaue Beschreibung der »Mangelerscheinungen« (Symptome), also insbesondere dem Erscheinungsbild des Mangels und der Lage im Objekt zu geschehen, (vgl. BGH 3.7.1997 VII ZR 210/96 = BauR 1997, 1029 = NJW-RR 1997, 1376; 3.12.1998 VII ZR 405/97 = BauR 1999, 391 = NJW 1999, 1330; 14.1.1999 VII ZR 19/98 = 42

BauR 1999, 631 = NJW-RR 1999, 813; 14.1.1999 VII ZR 185/97 = BauR 1999, 899; eine Angabe der Mangelursache ist dagegen nicht erforderlich; BGH 28.10.1999 VII ZR115/97 = BauR 2000, 261 = NJW-RR 2000, 309). Hinzu kommt das **inhaltlich eindeutige Beseitigungsverlangen bzw. Ersetzungsbegehren.** Dabei ist es nicht notwendig, dem Auftragnehmer im Einzelnen mitzuteilen, was von ihm erwartet wird, insbesondere welche Abhilfemaßnahmen im Einzelnen erforderlich sind, da er dieses im Rahmen von § 1 Nr. 1 VOB/B und § 4 Nr. 2 Abs. 1 VOB/B selbst wissen muss.

III. Setzen angemessener Frist

43   Ferner hat der Auftraggeber dem Auftragnehmer eine **angemessene Frist** zur Beseitigung des Mangels bzw. zur Ersetzung zu setzen. Die **Angemessenheit** der Beseitigungsfrist richtet sich nach Art und Umfang des Mangels, der beseitigt werden muss. Wesentlich für den Begriff der Angemessenheit ist nicht die subjektive Sicht des Auftraggebers, sondern die bei **objektiver Betrachtung** im Einzelfall anzunehmende Zeit, die ein ordnungsgemäßer Auftragnehmer braucht, um diesen Mangel oder diese Vertragswidrigkeit, um die es im Einzelfall geht, zu beheben; dabei ist für die Bewertung davon auszugehen, dass es im **wohlberechtigten Interesse des Auftraggebers** liegt, dass der Auftragnehmer unverzüglich (§ 121 BGB) nach Erhalt der Beseitigungsaufforderung die erforderlichen Arbeiten in Angriff nimmt und zügig durchführt (vgl. auch *Kahlke* BauR 1981, 516). Im Allgemeinen kann die Angemessenheit der Nachfrist mit ca. 2 Wochen, höchstens 1 Monat angesetzt werden (vgl. *Thamm* BB 1982, 2018; OLG Düsseldorf *Thamm/Detger* EWiR § 634 BGB 1/92 S. 767, kritisch hierzu *Mundt* BauR 2005, 1397 ff., in Anbetracht der Vielgestalt von Mängeln und Mangelerscheinungen). Ausnahmen können sich bei objektiver Betrachtung abgesehen von aufwändigen Mangelbeseitigungsmaßnahmen insbesondere ergeben, wenn die ordnungsgemäße Mängelbeseitigung von bestimmten äußeren Voraussetzungen, wie z.B. trockener Witterung, Möglichkeit zur Bereitstellung des Objektes der Nachbesserung erst zu bestimmter Zeit usw., abhängig ist. Auch wird die Frist erst später beginnen können, wenn die Vertragspartner eine vorherige Klärung der Mängelbeseitigungsursachen und -maßnahmen durch Einholung eines Sachverständigengutachtens vereinbart haben; dann kann die Frist erst nach Eingang des klärenden Gutachtens beginnen (vgl. BGH 10.6.1974 VII ZR 4/73 = BauR 1975, 137). Die Setzung einer verhältnismäßig kurzen Frist kann angemessen sein, wenn im Einzelfall die ordnungsgemäße Mängelbeseitigung Voraussetzung für den Beginn oder die Fortsetzung der Arbeiten anderer Unternehmer ist und diese und/oder der Auftraggeber anderenfalls in zeitlicher oder sonstiger Hinsicht in Schwierigkeiten geraten. Erst recht trifft dies zu, wenn es sich um einen Gegenstand des täglichen Gebrauchs durch den Auftraggeber handelt, wie z.B. eine Küche (vgl. OLG Köln OLGR 1992, 193).

44   Mit Vorsicht ist der verschiedentlich anzutreffenden Praxis zu begegnen, dem Auftragnehmer eine (i.d.R. kurze) **Frist zur Erklärung seiner Mangelbeseitigungsbereitschaft** zu setzen und die Kündigungsandrohung an das fruchtlose Verstreichen dieser Erklärungsfrist zu knüpfen. Zwar hat der BGH (21.10.1982 VII ZR 51/82 = BauR 1983, 73 = NJW 1983, 989) in Zusammenhang mit § 5 Nr. 4 VOB/B in dem Fall, in dem die rechtzeitige Erfüllung des Bauauftrages durch den Unternehmer ernsthaft in Frage gestellt war, ausnahmsweise eine mit Kündigungsandrohung verbundene Fristsetzung zum Nachweis der fristgerechten Erfüllbarkeit des Bauvertrags zugelassen. Voraussetzung war hier aber, dass ernsthaft in Frage stand, ob der vereinbarte Bau überhaupt oder jedenfalls rechtzeitig ausführbar war; in diesem Sonderfall hat der BGH dem Auftraggeber das Recht zugebilligt, sich durch Fristsetzung mit Kündigungsandrohung möglichst bald Gewissheit über Leistungsfähigkeit und Leistungsbereitschaft des Auftragnehmers zu verschaffen. In den meisten Fällen des § 4 Nr. 7 VOB/B dürften diese Voraussetzungen jedoch nicht vorliegen. Demgegenüber hat der BGH in einer jüngeren Entscheidung (16.9.1999 VII ZR 456/98 = NJW 1999, 3710 = IBR 2000, 12-*Schulze-Hagen*; ebenso OLG Düsseldorf BauR 1999, 1030) für einen BGB-Vertrag die Aufforderung, der Unternehmer möge die Mängel beseitigen und innerhalb einer Frist erklären, ob und in welchem Umfang er zur Mängelbeseitigung bereit sei, als Voraussetzung für § 634 Abs. 1 S. 1

BGB a.F. nicht genügen lassen: Die Reaktion des Unternehmers auf ein derartiges Aufforderungsschreiben sei im Rahmen des § 634 Abs. 1 BGB a.F. unerheblich, sie sei lediglich von Bedeutung für die Frage, ob der Unternehmer die Nachbesserung i.S.d. § 634 Abs. 2 BGB a.F. nachhaltig verweigert hat. Diese Rechtsprechung dürfte auch für den VOB-Bauvertrag Bedeutung haben (IBR a.a.O.-*Schulze-Hagen*; vgl. im Einzelnen zur »doppelten Fristsetzung« *Harms* BauR 2004, 745 ff.). Als ausreichend hat es der BGH in einem Sonderfall angesehen (BGH 8.7.1982 VII ZR 301/80 = BauR 1982, 496), dass dem Auftragnehmer eine **Beginnfrist zur Mangelbeseitigung** gesetzt wurde. Allerdings konnte der Auftraggeber den für die Mangelbeseitigung erforderlichen Zeitraum nur schwer abschätzen; gleichzeitig hatte sich der Auftragnehmer durch die völlige Nichtbeachtung mehrfacher Mängelrügen und Aufforderungen, mit der Mangelbeseitigung zu beginnen, als so unzuverlässig erwiesen, dass der Auftraggeber berechtigten Anlass zur Sorge haben durfte, der Auftragnehmer werde sich seiner Pflicht zur Mangelbeseitigung entziehen. Unter diesen Umständen wollte ihm der BGH nicht zumuten, zusätzlich noch eine kaum abschätzbare Vornahmefrist zu setzen; zu verallgemeinern ist diese Entscheidung nicht (vgl. BGH 23.2.2006 VII ZR 84/05 = BauR 2006, 979 = NZBau 2006, 371, wo der BGH eine mit Ablehnungsandrohung verbundene Frist zur Aufnahme der Arbeiten und zum Nachweis der Beauftragung eines Drittunternehmens den Anforderungen an eine Fristsetzung mit Ablehnungsandrohung im Sinne des § 634 BGB nicht genügen ließ).

Von **besonderer Bedeutung** sind bei der hier erörterten Ersetzung **vor Abnahme und der damit verbundenen Fristsetzung** auch die **Ausführungsfristen** (§ 5 Nr. 1 VOB/B), vorausgesetzt, dass **eindeutig** Ausführungsfristen (Vertragsfristen) ursprünglich im Vertrag festgelegt worden sind, wobei es sich im Allgemeinen um die termingerechte Ausführung der vertraglichen Gesamtleistung handelt. Vereinbarungsgemäß hat der Auftragnehmer nämlich die ihm obliegende Gesamtleistung innerhalb der vertraglich festgelegten Ausführungsfrist fertigzustellen, und zwar gerade **auch dann,** wenn zwischenzeitlich eine Beseitigung von Mängeln oder Vertragswidrigkeiten vorgenommen werden muss. **45**

Wird dem Auftragnehmer eine **unangemessene Frist** gesetzt, so **hindert** dies **keineswegs den Fristbeginn.** Der Auftragnehmer kann dann lediglich eine **Verlängerung** der Frist **im Rahmen der Angemessenheit** begehren. Eine zu kurz bemessene Frist ist also **nicht wirkungslos,** vielmehr wird auf Verlangen des Auftragnehmers nach Treu und Glauben eine den Verhältnissen entsprechende angemessene Frist in Lauf gesetzt (BGH 8.10.1970 VII ZR 235/68; OLG Frankfurt IBR 2000, 10-*Lauer*; Revision nicht angenommen). **46**

Es liegt **unbedingt im Interesse des Auftraggebers,** dem Auftragnehmer eine **angemessene Frist** für die Beseitigung der Mängel **zu setzen,** um nicht durch eine zu kurz bemessene Zeitspanne die Entstehung weiterer oder weitergehender Mängel zu verursachen. Die Entscheidung darüber, ob und wieweit eine Frist angemessen ist, obliegt im Streitfall dem Tatrichter (BGH 18.1.1973 VII ZR 183/70 = NJW 1973, 456). **Andererseits** darf sich der Auftragnehmer **in Allgemeinen Geschäftsbedingungen nicht eine unangemessen lange Zeit oder eine nicht hinreichend bestimmte Frist vorbehalten,** wie § 308 Nr. 2 BGB (§ 10 Nr. 2 AGB a.F.), vor allem auch § 309 Nr. 8a BGB (§ 11 Nr. 8a AGBG a.F.) zeigen. Unangemessen ist insofern der generelle Vorbehalt, die Nachfrist zur Erbringung bzw. ordnungsgemäßen Erbringung der Leistung müsse 6 Wochen betragen (OLG Stuttgart NJW 1981, 1105). Erst recht gilt dies für die Bestimmung »Leistungsverzug ist ausgeschlossen und berechtigt nicht zum Rücktritt vom Vertrage.« **47**

IV. Entbehrlichkeit der Fristsetzung und Beseitigungsaufforderung

Nach der bis zum 31.12.2001 geltenden Rechtslage waren die allgemeinen, für den Rahmen des § 326 BGB a.F. anerkannten Grundsätze zur Entbehrlichkeit der Fristsetzung entsprechend auch im Rahmen von § 4 Nr. 7 VOB/B angewandt worden. Hiernach war eine Fristsetzung mit der Androhung des Auftragsentzugs insbesondere dann entbehrlich, wenn es sich bei dieser Maßnahme in Anbe- **48** tracht einer ernsthaften und endgültigen Weigerung des Auftragnehmers zur Mangelbeseitigung um eine reine Förmelei gehandelt hätte oder diese dem Auftraggeber aus anderen beachtlichen Gründen nicht zumutbar gewesen ist. Seit dem 1.1.2002 hat die Entbehrlichkeit der Fristsetzung aufgrund ernsthafter und endgültiger Leistungsvereigerung oder besonderer beiderseitiger Interessenlage Eingang in den Gesetzestext des Bürgerlichen Gesetzbuchs gefunden, vgl. §§ 323 Abs. 2, 281 Abs. 2 BGB. Im Bereich der in § 634 BGB genannten Mängelrechte, die sich im Wesentlichen auf den Zeitraum nach der Herstellung des Werks beziehen, ist die Fristsetzung darüber hinaus entbehrlich, wenn die Nacherfüllung fehlgeschlagen oder dem Besteller unzumutbar ist, vgl. §§ 636, 637 Abs. 2 BGB n.F. Die bisherigen im Bereich von § 4 Nr. 7 VOB/B entsprechend angewandten Grundsätze zur Entbehrlichkeit der Fristsetzung gelten also im Wesentlichen auch nach neuem Recht fort.

Eine ernsthafte und endgültige Leistungsverweigerung ist sicher noch nicht gegeben, wenn die Parteien zunächst die Einholung eines Sachverständigengutachtens zwecks Feststellung der Mängelursachen und der geeigneten Beseitigungsmaßnahmen vereinbaren (BGH 10.6.1974 VII ZR 4/73 = BauR 1975, 137). Eine derartige Weigerung kann auch noch nicht angenommen werden, wenn der Auftragnehmer erklärt, er wisse nicht, wann er das zur ordnungsgemäßen Leistung erforderliche Material bekomme (vgl. ähnlich für den Bereich des Kaufvertrages BGH 30.10.1991 VIII ZR 9/91 = NJW 1992, 235). Einer endgültigen Weigerung kommt es dagegen gleich, wenn der Auftragnehmer bestimmt und **abschließend** die Meinung vertritt, seine Leistung sei mängelfrei (BGH LM § 326 [Dc] Nr. 2; 8.10.1970 VII ZR 235/68) oder die Verantwortung auf einen anderen Unternehmer oder Hersteller abschiebt und sich dahin äußert, die Sache gehe ihn nichts an (vgl. BGH 24.2.1983 VII ZR 210/82 = BauR 1983, 258 = NJW 1983, 1731). Gleiches trifft zu, wenn der Auftragnehmer die Nachbesserungsarbeit ohne jegliche Einschränkung von der vorherigen Bezahlung noch offener Vergütung abhängig macht (BGH a.a.O.) oder insoweit sogar noch Klage androht (BGH 28.3.1995 X ZR 71/93 = NJW-RR 1995, 939). Erst recht gilt dies, wenn der Auftragnehmer die Mängelbeseitigung zugesagt hat und sich dann trotz darauf folgender Fristsetzung durch den Auftraggeber einfach nicht rührt (vgl. dazu KG BauR 1984, 527). Die Entbehrlichkeit der Fristsetzung kann sich auch aus dem Verhalten des Auftragnehmers in einem späteren Prozess (BGH 7.3.2002 III ZR 12/01 = NZBau 2002, 320; 5.12.2002 VII ZR 360/01 = NJW 2003, 580) oder in einem selbstständigen Beweisverfahren ergeben (OLG Saarbrücken 7 U 436/00–107; IBR 2003, 127-*Schill*), wenn nämlich der Auftragnehmer seine Einstandspflicht für die streitigen Mängel so nachhaltig bestreitet, dass jegliche Fristsetzung von vornherein als Förmelei erscheinen muss. Jedoch liegt nicht in jeglichem prozessualen Bestreiten von Mängeln stets eine endgültige Nachbesserungsverweigerung. Vielmehr müssen die Gesamtumstände die Annahme rechtfertigen, der Auftragnehmer würde endgültig seinen Verpflichtungen nicht nachkommen, so dass es ausgeschlossen erscheint, er werde sich von einer Fristsetzung umstimmen lassen (BGH 7.3.2002 III ZR 12/01 = NZBau 2002, 327). Das Nachbesserungsrecht des Auftragnehmers lebt nicht wieder auf, wenn die Nachbesserung entgegen der zunächst erklärten endgültigen Verweigerung später doch wieder angeboten wird (OLG Saarbrücken 7 U 436/00–107; IBR 2003, 127-*Schill*). Ein Verzug des Auftragnehmers tritt im Zeitpunkt der endgültigen Erfüllungsverweigerung ein (BGH 24.10.1984 IVb ZR 43/83 = NJW 1985, 486). Kommt der Auftragnehmer neben der Mangelbeseitigung mit der Erstattung der Kosten eines Privatgutachters, den der Auftraggeber mit Mangelfeststellungen beauftragt hatte, so handelt es sich hierbei um Mangelfolgeschäden. Für diesen Schadensersatzanspruch, der neben dem Nachbesserungsanspruch entsteht, ist Fristsetzung überhaupt keine Anspruchsvoraussetzung (BGH 27.2.2003 VII ZR 338/01 = BauR 2003, 693).

49 Darüber hinaus gilt auch der allgemein anerkannte Grundsatz, dass dem Auftraggeber ein **Festhalten am Vertrag nicht mehr** zuzumuten ist, wenn der Auftragnehmer **durch** seine **mangelhafte Arbeit** den **Vertragszweck gefährdet** und das Vertrauen in eine vertragsgerechte Arbeit grundlegend erschüttert hat, was vor allem zutrifft, wenn die Mängel der bisher erbrachten Teilleistung **so schwerwiegend sind,** dass dem Auftraggeber die Entgegennahme der Nachbesserung nach Sachlage einfach **nicht zumutbar ist** (BGH 6.5.1968 VII ZR 33/66 = BGHZ 50, 160 = NJW 1968, 1524; 6.2.1975 VII ZR 244/73 = NJW 1975, 825 = BauR 1975, 280; 26.2.1985 VI ZR 144/83 = BauR 1985, 450). Dies trifft z.B. zu, wenn der Auftragnehmer entgegen der Anweisung des Statikers auf nicht tragfähigem Grund betoniert. Dazu auch OLG Köln = BauR 1994, 112 für den Fall nicht ordnungsgemäßer Beseitigung asbesthaltigen Stoffes, nicht ordnungsgemäßen Nachweises der Fachkunde oder der Nichtanzeige der Sanierungsarbeiten beim Gewerbeaufsichtsamt. Nach altem Recht wurde davon ausgegangen, dass hierzu im Allgemeinen noch nicht das erste Fehlschlagen eines Nachbesserungsversuchs oder das Nichteinhalten des vereinbarten ersten Nachbesserungstermins ausreicht (vgl. 14. Aufl., § 4 Rn. 376 VOB/B; OLG Köln OLGR Köln 1992, 193). Seit dem 1.1.2002 normieren jedoch §§ 636 und 637 Abs. 2 BGB das Fehlschlagen der Nachbesserung ausdrücklich als Entbehrlichkeitsgrund für die Fristsetzung. Rücktritts- und Selbstvornahmerecht des Auftraggebers entstehen, wenn die Nachbesserung fehlschlägt, ohne Fristsetzung, selbstverständlich sofern die weiteren hierzu notwendigen Voraussetzungen vorliegen. Allerdings betreffen diese Rechte grundsätzlich nicht den für § 4 Nr. 7 VOB/B maßgeblichen Ausführungszeitraum, sondern die Zeit nach Herstellung der Werkleistung. Dennoch: Auch wenn im Bereich von § 4 Nr. 7 VOB/B das Lösen vom Vertrag nicht durch Rücktritt sondern durch Kündigung vorgesehen ist, besteht doch insgesamt und in teilweiser Abkehr vom allgemeinen Leistungsstörungsrecht eine besondere strukturelle Verwandtschaft zum Nacherfüllungsanspruch des BGB, der Voraussetzung für die Anwendbarkeit der §§ 636, 637 BGB ist (*Sienz* BauR 2002, 182, 184 f.). Man kann im Bereich der Nr. 7 von einem »vorgezogenen Nacherfüllungsanspruch« während der Ausführungszeit sprechen, der sich auf die Beseitigung bestimmter auftretender Mängel bzw. die Ersetzung einzelner mangelhafter Leistungsteile konkretisiert und somit die »Nacherfüllung« der bisher ausgeführten Leistung kraft vertraglicher Vereinbarung regelt. Daran ändert nichts, dass die Mangelbeseitigung ggf. durch völlige Neuherstellung zu geschehen hat, wenn ein ausreichender Erfolg anderweitig nicht zu erzielen ist. Insgesamt erscheint es geboten, die Entbehrlichkeit der Fristsetzung nach §§ 636, 637 Abs. 2 BGB auch im Rahmen des § 4 Nr. 7 VOB/B entsprechend anzuwenden.

In den genannten Ausnahmefällen – **für die der Auftraggeber beweispflichtig ist** – ist **auch die Mängelbeseitigungsaufforderung entbehrlich,** weil eine solche dann eine **leere Förmlichkeit** wäre, es sei denn, die den Ausnahmetatbestand rechtfertigenden Umstände haben sich erst **nach** der Mängelbeseitigungsaufforderung ergeben (vgl. BGH 10.6.1974 VII ZR 4/73 = BauR 1975, 137). Nicht entbehrlich ist demgegenüber regelmäßig die Mängelanzeige, schon allein deshalb weil dem Auftragnehmer die Chance gegeben werden muss, den Mangel vor Beseitigung »objektiv feststellen zu lassen« (a.A. OLG Stuttgart BauR 1996, 717). **50**

Auch eine Nachfristsetzung und eine Kündigungsandrohung sind nicht allein deshalb entbehrlich, weil sich der Auftraggeber in AGB die fristlose Kündigung für den Fall vorbehalten hat, dass der »Unternehmer grob gegen die anerkannten Regeln der Technik verstößt«; eine solche Regelung steht im Widerspruch zu §§ 309 Nr. 4, 307 BGB (§ 11 Nr. 4 bzw. § 9 AGBG a.F.), wenn es sich nicht um einen Individualvertrag handelt (vgl. OLG Köln SFH § 8 VOB/B Nr. 4). Gleiches gilt für eine vorformulierte Vertragsklausel »Bei Weigerung des Auftragnehmers, Beanstandungen und Mängel an seinen Arbeiten sofort zu beheben, hat der Auftraggeber das Recht, die Arbeit sofort zurückzuweisen und von anderen Firmen auf Kosten des Auftragnehmers herstellen zu lassen« (OLG Düsseldorf BauR 1985, 452). Andererseits liegt ein Verstoß gegen § 307 BGB vor, wenn im Rahmen von AGB des Auftragnehmers (insbesondere Zusätzlichen Vertragsbedingungen) generell festgelegt ist, dass der Auftraggeber Rechte aus Verzug immer nur nach erfolgloser Nachfristsetzung geltend machen kann. **51**

V. Androhung des Auftragsentzuges

Schließlich muss der Auftraggeber dem Auftragnehmer – abgesehen von den vorangehend genannten Ausnahmen – **erklären,** dass er ihm im **Falle des fruchtlosen Fristablaufs** den **Auftrag entziehe.** Die Androhung der Auftragsentziehung ist erforderlich, um dem Auftragnehmer die Entscheidung zu ermöglichen, die Folgen einer nicht ordnungsgemäßen Erfüllung auf sich zu nehmen oder sie **52** durch Tätigwerden innerhalb der gesetzten Frist abzuwenden; setzt der Auftraggeber dem Auftragnehmer die Frist, unterlässt er dagegen die Androhung der Auftragsentziehung und kündigt er dennoch, so handelt es sich dann grundsätzlich nur um eine Kündigung nach Maßgabe von § 8 Nr. 1 VOB/B mit den damit verbundenen, für den Auftraggeber nachteiligen Folgen (vgl. BGH 25.6.1987 VII ZR 251/86 = BauR 1987, 689 = NJW 1988, 140; 8.10.1987 VII ZR 45/87 = BauR 1988, 82 = NJW-RR 1988, 208; vgl. auch OLG Frankfurt NJW-RR 1987, 979). Die Erklärung hat **bestimmt und inhaltlich unzweifelhaft** zu sein. Für die Ablehnungsandrohung ist es aber nicht erforderlich, dass der Auftraggeber hier unbedingt den Wortlaut der VOB bei seiner Erklärung einhält; vielmehr genügt es, wenn sein **Wille**, die Nachbesserungsleistung bzw. Ersetzungsleistung des Auftragnehmers nach erfolglosem Ablauf der Frist nicht mehr anzunehmen, **eindeutig und zweifelsfrei zum Ausdruck** gebracht wird, wie z.B. durch **klare** Androhung der Beschäftigung eines anderen Unternehmers nach fruchtlosem Ablauf der insoweit klar erkennbar letztmals gesetzten Frist (vgl. BGH 24.2.1983 VII ZR 210/82 = BauR 1983, 258 = NJW 1983, 1731; OLG Düsseldorf BauR 1977, 134).

53 Fruchtlos ist der Fristablauf, wenn der Auftragnehmer seine ihm obliegenden Pflichten zur Beseitigung bzw. Ersetzung **nicht innerhalb der ihm gesetzten Frist erfüllt** hat. Eine Erfüllung liegt vor allem auch nicht vor, wenn der Auftragnehmer zwar Versuche zur Mängelbeseitigung angestellt hat, diese aber ohne Erfolg geblieben sind.

54 **Andererseits** kann es vorkommen, dass der Auftragnehmer die Beseitigung oder Ersetzung noch rechtzeitig und in **zumutbarer Zeit** während der gesetzten Frist **begonnen** hat, damit aber innerhalb des Fristenlaufs **trotz gebotener Anstrengung nicht ganz fertig** geworden ist. Handelt es sich dabei um **geringfügige oder sonst dem Auftragnehmer nicht in erheblicher Weise zur Last zu legende Fristüberschreitungen,** so wird man aus dem Grundsatz von Treu und Glauben annehmen können, dass dann das angedrohte Kündigungsrecht des Auftraggebers **weggefallen** ist. Allerdings trifft das nicht generell zu. Vielmehr kommt es auf die Gegebenheiten des **Einzelfalles** an, insbesondere auch auf die Einwirkung der an sich geringfügigen Fristüberschreitung auf die Einhaltung der vertraglich vereinbarten Ausführungsfristen nach § 5 VOB/B, dabei vor allem unter Beachtung des berechtigten Interesses des Auftraggebers.

55 Für die Erklärung nach Nr. 7 S. 3 ist **keine besondere Form** vorgeschrieben. Sie kann daher wirksam **auch mündlich abgegeben** werden. Dem Auftraggeber ist jedoch dringend anzuraten, die Schriftform zu wahren, damit er später die ordnungsgemäße Abgabe der Erklärung beweisen kann. Wird dann allerdings der Bauvertrag nach § 8 Nr. 3 VOB/B gekündigt, so **bedarf es für die Kündigung selbst** gemäß Nr. 5 a.a.O. der **Schriftform als Wirksamkeitsvoraussetzung.**

VI. Entziehung des Auftrages – Mängelansprüche

56 Sowohl bei der **Nichtbeachtung** als auch bei der **beachtlichen Überschreitung** der gesetzten Frist sowie auch im Falle des **untauglichen Versuches** zur vollständigen Beseitigung steht dem Auftraggeber das **Recht** zu, **den Auftrag zu entziehen** (vgl. OLG Düsseldorf SFH Z 2.510 Bl. 8 ff. und ferner LG Kleve Z 2.510 Bl. 1 ff.), womit der Rechtsbegriff der **Kündigung gemeint** ist. Diese ist beim VOB-Vertrag stets schriftlich zu erklären, § 8 Nr. 5 VOB/B.

57 **Erst mit** fruchtlosem **Ablauf der Frist** entsteht das **Kündigungsrecht** des Auftraggebers (BGH 4.6.1973 VII ZR 113/71 = BauR 1973, 319 = NJW 1973, 1463; OLG Celle BauR 1973, 49; *Jagenburg* VersR 1969, 1077; vgl. auch OLG Frankfurt MDR 1983, 755), abgesehen natürlich von denjenigen Fällen, in denen die Fristsetzung entbehrlich ist. Es ist also **kraft ausdrücklicher vertraglicher Regelung nicht so, dass bereits mit dem fruchtlosen Ablauf der Frist nach erfolgter Androhung der Bauvertrag als aufgelöst gilt. Vielmehr bedarf es noch der gesonderten Kündigung durch den Auftraggeber.** Dieser kann sich bis dahin immer noch überlegen, ob er den Auftrag entziehen oder am Bauvertrag festhalten will. Im letzteren Fall ist der Auftragnehmer nach wie vor zur weiteren

ordnungsgemäßen Erbringung der Bauleistung verpflichtet. Entschließt sich der Auftraggeber zur Kündigung und spricht er diese aus, ist er daran **gebunden**. Er kann später **nicht einseitig und ohne Einvernehmen** mit dem Auftragnehmer hiervon abgehen und Erfüllung verlangen.

Der ausdrückliche Ausspruch der Kündigung ist grundsätzlich auch in jenen Fällen erforderlich, in denen Aufforderung zur Mängelbeseitigung, Fristsetzung und Kündigungsandrohung entbehrlich sind. Etwas anderes gilt aber dann, wenn der Auftragnehmer in Anbetracht seines Verhaltens, etwa durch die endgültige Verweigerung der vertragsgemäßen Fertigstellung des Werks sein Recht verloren hat, die vertragsgemäße Herstellung selbst vorzunehmen. In diesem Fall bedarf es vor der Fertigstellung durch einen anderen Unternehmer auch keiner Kündigung (BGH 20.4.2000 VII ZR 164/99 = BauR 2000, 1479 = NJW 2000, 2997; 5.7.2001 VII ZR 201/99 = BauR 2001, 1577 = NZBau 2001, 623; 13.9.2001 VII ZR 113/00 = BauR 2001, 1897 = NJW-RR 2002, 160). 58

Über die Kündigung und deren Folgen verhält sich § 8 Nr. 3 VOB/B. Die Mehrkosten für die Einschaltung eines anderen Unternehmers können auf jeden Fall erst nach Vertragskündigung geltend gemacht werden (vgl. OLG Düsseldorf BauR 1994, 369). 59

Auch für die Zeit nach der Entziehung des Auftrages **bleiben** dem Auftraggeber Ansprüche nach § 4 Nr. 7 VOB/B S. 1 auf **Beseitigung von** während der Vertragszeit an bis zur Beendigung des Vertrages erbrachten Leistungsteilen entstandenen **Mängeln bestehen** (BGH 11.7.1974 VII ZR 76/72 = BauR 1974, 412 = NJW 1974, 1707). Gleiches gilt auch für Minderungsansprüche entsprechend § 13 Nr. 6 VOB/B. Allerdings gilt hierfür die kurze Verjährungsfrist des § 13 Nr. 4 VOB/B. Sofern keine Abnahme der Leistung des gekündigten Auftragnehmers stattfindet, wird für den Verjährungsbeginn die Abnahme maßgebend sein, die später hinsichtlich der von einem anderen Unternehmer fertiggestellten Leistung stattfindet (vgl. *Dähne* BauR 1973, 268; siehe dazu auch hier Rn. 39). 60

VII. Nichtbestehen des Kündigungsrechts – Beweislast

Die Mängelbeseitigungspflicht des Auftragnehmers und damit auch die Kündigungsbefugnis des Auftraggebers können auch bei einer ordnungsgemäßen Erklärung nach S. 3 **entfallen oder nicht bestehen**. Das ist der Fall, wenn der Beseitigungsanspruch **unzumutbar ist, weil die Beseitigung nur mit einem unverhältnismäßig großen Aufwand** ermöglicht werden kann oder wenn der **Auftragnehmer zu Recht die behaupteten Vertragswidrigkeiten oder Mängel bestreitet**. Den **Auftragnehmer** trifft hier die **Beweislast** für die Richtigkeit seiner Behauptung. Es ist nämlich vor der Abnahme seine Pflicht, die mängelfreie Herstellung des Werkes sowie das Nichtvorliegen ihm vorgeworfener Vertragswidrigkeiten darzutun und im Streitfall nachzuweisen. 61

Das Kündigungsrecht kann andererseits grundsätzlich nicht in Allgemeinen Geschäftsbedingungen des Auftragnehmers ausgeschlossen werden, wie § 309 Nr. 8 BGB zeigt.

VIII. Beauftragung eines anderen Unternehmers mit der Mängelbeseitigung ohne Vertragskündigung

Lange wurde die Frage diskutiert, ob der Auftraggeber verpflichtet ist, **bei Verzug des Auftragnehmers mit der Mängelbeseitigung gemäß § 4 Nr. 7 VOB/B den Auftrag zu entziehen, bevor er zur Ersatzvornahme schreitet**. In BauR 1986, 573 (BGH 15.5.1986 VII ZR 176/85 = BauR 1986, 573 = NJW-RR 1986, 1148; vgl. auch BGH 25.6.1987 VII ZR 251/86 = BauR 1987, 689 = NJW 1988, 140; vgl. auch BGH 20.4.1989 VII ZR 80/88 = BauR 1989, 462; ferner *Clemm* BauR 1986, 136; ebenso *Siegburg* Gewährleistung beim Bauvertrag Rn. 986) vertritt der BGH die Auffassung, dass der Auftraggeber Ersatz von Fremdnachbesserungskosten regelmäßig nicht verlangen könne, bevor er den Auftrag dem Auftragnehmer nach § 8 Nr. 3 VOB/B entzogen habe. Die Argumente zu diesem Problemkreis sind im Wesentlichen ausgetauscht (vgl. 13. Aufl. § 4 Nr. 7 VOB/B Rn. 402 sowie *Grauvo-* 62

VOB/B § 4 Nr. 7 — Mängelansprüche des Auftraggebers vor Fertigstellung

gel FS Vygen 1999 S. 291). Der Gegenmeinung ist es nicht gelungen, den BGH umzustimmen; mit Urt. v. 2.10.1997 (VII ZR 44/97 = BauR 1997, 1027 = NJW-RR 1998, 235) hat der BGH seine bisherige Auffassung ausdrücklich bestätigt, wobei er sich mit den wichtigsten Gegenargumenten auseinandergesetzt hat. Er hält an dem Standpunkt fest, dass §§ 4 Nr. 7 und 8 Nr. 3 VOB/B für den VOB-Vertrag abschließende Sonderregelungen enthalten, wonach der Auftraggeber, der Ersatz der Fremdnachbesserungskosten begehrt, den Vertrag vor Beginn der Fremdnachbesserung gemäß § 8 Nr. 3 Abs. 1 VOB/B kündigen muss. Bei Fehlen der Kündigung kann der Anspruch auf Ersatz der Fremdnachbesserungskosten auch nicht aus analoger Anwendung von § 633 BGB oder § 13 Nr. 5 Abs. 2 VOB/B hergeleitet werden, weil sich auf diese Weise Ausnahmefälle kaum eingrenzen ließen (so auch im Ergebnis *Kaiser* ZfBR 1999, 64). Nach Auffassung des BGH ist die Einhaltung des vollständigen formalen Weges nach § 4 Nr. 7 VOB/B und § 8 Nr. 3 VOB/B auch interessengerecht, um klare Verhältnisse zu schaffen. Denn wenn ein Zweitunternehmer innerhalb eines bestehenden Werkvertrags dem Erstunternehmer angelastete Mängel beseitigt, muss das, wie der BGH ausführt, in vielen Fällen geradezu zwangsläufig zu Streitigkeiten zwischen den nunmehr drei Beteiligten führen, die jeweils eine andere Sicht bzgl. Art, Umfang und Erforderlichkeit der Beseitigung der Mängel haben können und vielfach auch haben. Nicht selten griffen zudem Mängelbeseitigungs- und Fertigstellungsarbeiten ineinander oder seien zumindest schwierig abzugrenzen, so dass es zu weiteren Verwicklungen oder sogar gegenseitigen Behinderungen kommen könne. Dies alles wolle die VOB/B mit der hier in Rede stehenden Regelung gerade vermeiden. Es solle möglichst nichts ineinander gehen (BGH 15.5.1986 VII ZR 176/85 = BauR 1986, 573). Dem Interesse des Auftraggebers, in geeigneten Fällen den Vertrag mit dem Auftragnehmer fortzusetzen und gleichwohl aufgetretene Mängel durch einen Dritten auf Kosten des Auftragnehmers beseitigen lassen zu können, trage die VOB/B dadurch Rechnung, dass sie es ermögliche, die Entziehung des Auftrags nach § 8 Nr. 3 Abs. 1 S. 2 VOB/B auf einen in sich abgeschlossenen Teil der vertraglichen Leistung zu beschränken. In diesem Fall würden die bei gleichzeitiger Mangelbeseitigung durch Dritte und Fertigstellung durch den Auftragnehmer zu erwartenden Schwierigkeiten weitgehend vermieden. Diese Grundsätze hat der BGH in der Entscheidung vom 2.10.1997 (VII ZR 44/97 = BauR 1997, 1027 = NJW-RR 1998, 235) sogar auf einen Fall ausgedehnt, in dem der Auftragnehmer die noch nicht abgenommene Leistung an sich fertiggestellt hatte und es nur noch um die Beseitigung von Mängeln ging, die sich schon vor Vollendung und Abnahme gezeigt hatten. Dabei hat der BGH offengelassen – da nach seiner Meinung insoweit kein Entscheidungsbedarf bestand –, ob in Ausnahmefällen ein Recht auf Erstattung von Fremdnachbesserungskosten aus § 242 BGB ohne Kündigung hergeleitet werden kann. Fristsetzung mit Entziehungsandrohung **und Kündigung** des Bauvertrags sind vor der Fremdnachbesserung jedoch dann entbehrlich, wenn der Auftraggeber die vertragsgemäße Fertigstellung seines Werks endgültig verweigert (BGH 20.4.2000 VII ZR 164/99 = BauR 2000, 1479 = NJW 2000, 2997; 5.7.2001 VII ZR 201/99 = BauR 2001, 1577 = NZBau 2001, 623; 13.9.2001 – 113/00 = BauR 2001, 1897 = NJW-RR 2002, 160). Dadurch hat der Auftraggeber sein Recht, die vertragsgemäße Herstellung selbst vorzunehmen, verloren, so dass es unter den Beteiligten nicht mehr zu unklaren Verhältnissen bei der weiteren Bauabwicklung kommen kann. Der Auftraggeber kann entweder die vertragsgemäße Fertigstellung verlangen oder die Ersatzvornahme durchführen. Ein Nebeneinander von Auftragnehmer und Drittunternehmer, welches zu Streitigkeiten auf der Baustelle führen könnte, ist ausgeschlossen (BGH a.a.O.).

63 Die grundsätzliche Verpflichtung des Auftraggebers, den Bauvertrag zu kündigen, bevor er vor Abnahme festgestellte Mängel im Wege der Ersatzvornahme beseitigen lässt, wird von den Baubeteiligten jedoch ganz allgemein als unglücklich, wenn nicht gar als nicht praktikabel gewertet (vgl. Empfehlungen des Instituts für Baurecht Freiburg i.Br. e.V. an den DVA zur Überarbeitung der VOB = BauR 1999, 699, 704). In der Tat entspricht es den Bedürfnissen am Bau, den Auftraggeber bei mangelhafter Bauleistung des Auftragnehmers nicht zur Kündigung zu zwingen, weil dadurch meist erhebliche Verzögerungen und Mehrkosten des Gesamtbauvorhabens entstehen, die letztlich wieder den Auftragnehmer treffen (Institut für Baurecht Freiburg a.a.O.). Deshalb hat das Institut für Baurecht Freiburg i.Br. e.V. in den Empfehlungen an den DVA zur Überarbeitung der VOB/B (folgend einer Empfehlung von *Kraus* Die VOB/B – ein nachbesserungsbedürftiges Werk, Beilage zu BauR 1997, Heft 4) eine Änderung der VOB/B dahin gehend empfohlen, dass dem Auftraggeber wahlweise zur bisherigen Nr. 7 auch die Möglichkeit eingeräumt wird, den Weg der Ersatzvornahme ohne vorherige Vertragskündigung zu beschreiten. Die VOB ist diesem Vorschlag bis heute nicht gefolgt. Dies lässt jedoch die Möglichkeit unberührt, dieses Wahlrecht im konkreten Bauvertrag zu vereinbaren. AGB-rechtliche Bedenken drängen sich hiergegen in Anbetracht der Regelungen des gesetzlichen Werkvertrags nicht auf. Eine solche Regelung greift aber natürlich in die Ausgewogenheit der VOB/B ein.

Muss der Auftraggeber dem Auftragnehmer den Auftrag vor der Fremdnachbesserung entziehen, **64** kann die Entziehung des Auftrags nach § 8 Nr. 3 Abs. 1 S. 2 VOB/B auf **einen in sich abgeschlossenen Teil der vertraglichen Leistung** beschränkt werden. Der Begriff des »in sich abgeschlossenen Teils der Leistung« wird im Allgemeinen identisch mit demjenigen der Teilabnahme nach § 12 Nr. 2 VOB/B verstanden (vgl. BGH BauR 1996, 573; zur in sich abgeschlossenen Teilleistung vgl. Kommentierung zu § 12 Nr. 2 VOB/B). Die Teilabnahmefähigkeit setzt dabei insbesondere in der Literatur die selbstständige Funktionsfähigkeit eines in sich abgeschlossenen Leistungsteils voraus. Gegen den Begriff der der »eigenständigen Funktionalität« einer Teilleistung als alleiniges Kriterium ihrer Teilabnahmefähigkeit wendet sich insbesondere Kapellmann (»in sich abgeschlossene Teile der Leistung« gemäß VOB/B, FS Thode S. 29, 34 ff., kritisch hierzu ebenfalls *Thode* ZfBR 1999, 116, 118 sowie *Lang* Die Teilkündigung, Tischvorlage 27. Baurechtstagung ARGE Baurecht 17./18.3.2006). Kapellmann stellt unter Rückgriff auf die gewerbliche Verkehrssitte (§ 2 Nr. 1 VOB/B) zur Bestimmung der Abgeschlossenheit einer Teilleistung darauf ab, ob sie sich von der Gesamtleistung abtrennen lässt und nach der Abtrennung sowohl die verbleibende Leistung wie die abgetrennte Leistung eine sinnvolle Einheit darstellen. Das ist nach Kapellmann a.a.O. insbesondere dann der Fall, wenn die Leistungen nicht in einem zeitlichen oder örtlichen Zusammenhang erbracht werden sollen oder wenn sie in keinem technisch-produktionsbezogenen Zusammenhang stehen.

Es fragt sich, ob dies in Anbetracht von Sinn und Zweck der Regelung von §§ 4 Nr. 7 und 8 Nr. 3 VOB/B, nämlich der Schaffung klarer Verhältnisse für die weitere Bauabwicklung erforderlich und geboten ist. Die notwendige Klarheit lässt sich auch durch die Teilkündigung wesentlich kleinerer überschau- und deutlich abgrenzbarer Einheiten erzielen als dies § 12 Nr. 2 VOB/B zu Recht für die Teilabnahme vorsieht. Nach Kapellmann (a.a.O. S. 39 f.) verbietet es sich aber mit Rücksicht auf den Wortlaut des § 8 Nr. 3 Abs. 1 VOB/B, jeden beliebigen Mangel als »in sich abgeschlossen« zu sehen, damit der Auftraggeber die mangelhafte Teilleistung punktgenau herauskündigen kann. Die Teilleistung muss noch identifizierbar in sich abgeschlossen sein (*Kapellmann* a.a.O.).

E. Pflichten des Architekten im Rahmen der Nr. 7

Bezogen auf die Gesamtregelung in § 4 Nr. 7 VOB/B ist es nicht unwesentlich, dass es zu den **Pflich-** **65** **ten** des **mit der Bauleitung und Bauaufsicht betrauten Architekten** des Auftraggebers gehört, auf der Grundlage des § 15 Abs. 2 Nr. 8 HOAI den Auftragnehmer bei mangelhafter oder sonst vertragswidriger Leistung namens des Auftraggebers **zur Beseitigung innerhalb angemessener Frist aufzufordern** und nach fruchtlosem Ablauf der Frist und nach vorheriger ordnungsgemäßer Vertragskündigung, die ohne besondere Bevollmächtigung des Architekten der **Auftraggeber selbst** vornehmen muss, einen anderen Unternehmer jedenfalls **mit aussuchen** zu helfen, um so die Rechte des Auftraggebers gegenüber dem Auftragnehmer nach §§ 4 Nr. 7 und 13 Nr. 5 VOB/B **zu wahren**.

Wünscht der Auftraggeber, sich unmittelbar an den Auftragnehmer wegen der Beseitigung der Män- **66** gel oder Vertragswidrigkeiten zu wenden, so bleibt der Architekt verpflichtet, den Auftraggeber **sachkundig zu beraten,** insbesondere auch über die Bedeutung der Mängelrüge und der Fristsetzung.

Nur unter **besonderen Umständen** ist der Architekt von dieser Beratungspflicht **befreit,** nämlich wenn der Auftraggeber selbst die erforderliche Sachkunde besitzt oder wenn er gegenüber dem Architekten erklärt, einen sachkundigen Dritten mit der Wahrnehmung seiner Interessen betrauen zu wollen (BGH 24.5.1973 VII ZR 92/71 = BauR 1973, 321 mit Anm. *Locher* = NJW 1973, 1457; zur Beratungspflicht des Architekten siehe vor allem auch *Ganten* = BauR 1974, 78; sowie *Hartmann* = BauR 1974, 168).

§ 4 Nr. 8
[Die grundsätzliche Verpflichtung des Auftragnehmers zur Selbstausführung der nach dem Vertrag geschuldeten Bauleistung]

(1) Der Auftragnehmer hat die Leistung im eigenen Betrieb auszuführen. Mit schriftlicher Zustimmung des Auftraggebers darf er sie an Nachunternehmer übertragen. Die Zustimmung ist nicht notwendig bei Leistungen, auf die der Betrieb des Auftragnehmers nicht eingerichtet ist. Erbringt der Auftragnehmer ohne schriftliche Zustimmung des Auftraggebers Leistungen nicht im eigenen Betrieb, obwohl sein Betrieb darauf eingerichtet ist, kann der Auftraggeber ihm eine angemessene Frist zur Aufnahme der Leistung im eigenen Betrieb setzen und erklären, dass er ihm nach fruchtlosem Ablauf der Frist den Auftrag entziehe (§ 8 Nr. 3).

(2) Der Auftragnehmer hat bei der Weitervergabe von Bauleistungen an Nachunternehmer die Vergabe- und Vertragsordnung für Bauleistungen Teile B und C zugrunde zu legen.

(3) Der Auftragnehmer hat die Nachunternehmer dem Auftraggeber auf Verlangen bekannt zu geben.

Inhaltsübersicht

	Rn.
A. Allgemeine Grundlagen	1
B. Selbstausführung durch den Auftragnehmer (Abs. 1)	4
I. Eigenleistung bezieht sich auf den Betrieb des Auftragnehmers	4
II. Eigenmächtiger Nachunternehmereinsatz	6
III. Ausnahme von der Eigenleistungspflicht	7
1. Schriftliche Zustimmung zur Weitergabe an Nachunternehmer	8
2. Leistungen, auf die der Betrieb des Auftragnehmers nicht eingerichtet ist	15
IV. Kündigungsrecht des Auftraggebers	17
1. Unberechtigter Subunternehmereinsatz	18
2. Aufforderung zur Eigenleistung	19
3. Setzen einer angemessenen Frist	20
4. Ausnahmsweise: Entbehrlichkeit der Fristsetzung	21
5. Androhung der Auftragsentziehung	22
V. Kündigung	24
VI. Mängel an der Subunternehmerleistung	25
C. Zugrundelegung der VOB (Abs. 2)	26
D. Bekanntgabe der Nachunternehmer (Abs. 3)	30
E. Öffentliche Bauaufträge	32

Aufsätze: *Fischer* Probleme der Entbehrlichkeit der Fristsetzung mit Ablehnungsandrohung bei Verweigerung der Nachbesserung (§ 634 Abs. 2 BGB) BauR 1995, 452; *Joussen/Schranner* VOB 2000: Die beschlossenen Änderungen der VOB/B BauR 2000, 334; *Kern* Die Weitervergabe von Bauleistungen nach § 4 Nr. 8 Abs. 2 VOB/B FS Schiffers 2001 S. 127.

Verpflichtung zur Selbstausführung § 4 Nr. 8 VOB/B

A. Allgemeine Grundlagen

Das **Werkvertragsrecht des BGB** kennt an sich **keine persönliche** Leistungsverpflichtung des Werkunternehmers. Der Gesetzgeber hat es im Gegensatz zum Dienstvertrag (§ 613 BGB) beim Werkvertrag nicht für erforderlich gehalten, eine eigene Leistung des herstellenden Unternehmers als vertraglich geschuldet zu verlangen. Deshalb ist es nach den gesetzlichen Regeln über den Werkvertrag durchaus möglich, dass der Werkunternehmer von sich aus einen Dritten mit der Erledigung der ihm nach dem Vertrag obliegenden Leistung betraut, allerdings **unter Aufrechterhaltung seines mit dem Auftraggeber bestehenden Vertragsverhältnisses, und zwar mit allen sich daraus ergebenden Rechten und Pflichten** (über die Werbung mit verdeckten Leistungen durch Subunternehmer vgl. *Sanner* NJW 1987, 3112). 1

Somit ist eine Klausel in AGB dahin gehend, dass der Auftragnehmer berechtigt sei, den Vertrag mit allen Rechten und Pflichten auf einen anderen zu übertragen, als so genannte Überraschungsklausel schon deswegen unwirksam, weil sie dem **hinsichtlich des Vertragspartners** persönlichkeitsbezogenen Leitbild des Bauvertrages widerspricht (vgl. OLG Zweibrücken BB 1975, 1220 sowie jetzt §§ 305c, 309 Nr. 10 BGB).

Die VOB geht gegenüber dem Gesetz in ihren Allgemeinen Vertragsbedingungen einen anderen Weg. Es ist **kraft vertraglicher Vereinbarung auch die eigene Leistungspflicht** des Auftragnehmers ausgesprochen, wobei alle Personen eingeschlossen sind, die der Auftragnehmer in seinem Betrieb beschäftigt. **Die Leistung durch andere Unternehmer, die nicht Partner des Bauvertrages zwischen Auftraggeber und Auftragnehmer sind, ist grundsätzlich ausgeschlossen.** Eine solche vertragliche Bestimmung, wie hier, ist möglich, da die Vorschriften des BGB zum Werkvertrag insoweit nicht zwingend sind und vertraglich abbedungen werden können. 2

Die Regelung der VOB beruht auf der **Besonderheit des Bauvertrages.** Die Bauleistung, die im Allgemeinen für den Auftraggeber von sehr weittragender Bedeutung ist, verlangt nach aller Erfahrung ein **unbedingtes Vertrauensverhältnis** zwischen dem Auftraggeber und dem Auftragnehmer. Dieses kann am ehesten dadurch geschaffen und vor allem aufrechterhalten werden, dass eine **persönliche Bindung** zwischen Leistungsberechtigten und Leistungsverpflichteten herbeigeführt wird. 3

B. Selbstausführung durch den Auftragnehmer (Abs. 1)

I. Eigenleistung bezieht sich auf den Betrieb des Auftragnehmers

Nach Nr. 8 Abs. 1 hat der Auftragnehmer die **Leistung im eigenen Betrieb** durchzuführen. Mit **schriftlicher Zustimmung** des Auftraggebers darf er sie **an Nachunternehmer** übertragen (zu den so genannten Unternehmereinsatzformen vgl. Anhang 1 VOB/A). Die Zustimmung ist **nicht notwendig bei Leistungen,** auf die der Betrieb des Auftragnehmers **nicht eingerichtet** ist. Erbringt der Auftragnehmer ohne schriftliche Zustimmung des Auftraggebers Leistungen nicht im eigenen Betrieb, obwohl sein Betrieb darauf eingerichtet ist, kann ihm der Auftraggeber nach **vorheriger Fristsetzung mit Kündigungsandrohung** nach fruchtlosem Fristablauf **den Auftrag entziehen**. Eine Weitervergabe an Nachunternehmer durch den Hauptunternehmer kommt **rechtswirksam** erst in Betracht, nachdem Letzterer vom Auftraggeber den Auftrag erhalten hat, wie auch die Einordnung der hier erörterten Bestimmung in den Teil B der VOB zeigt. 4

Die Eigenleistungspflicht verwehrt es dem Auftragnehmer natürlich nicht, die **in seinem Betrieb beschäftigten Personen** zur Erledigung der vertraglich geschuldeten Bauleistung einzusetzen. Die **Eigenleistungsverpflichtung des Auftragnehmers** ist **nicht** als **höchstpersönliche Pflicht** zu verstehen. Sie ist nicht auf die Person des Auftragnehmers selbst, sondern **auf** seinen **Betrieb abgestellt**. Alles, was dem Auftragnehmer im Rahmen seines Betriebes an personellen Mitteln zur Verfügung steht, kann von ihm bei der Durchführung der Bauleistung eingesetzt werden. Die sachlichen Mittel (Maschinen, Geräte usw.) sind dagegen hinsichtlich ihres zulässigen Einsatzes auf den Betrieb des Auftragnehmers nicht beschränkt, so dass er befugt ist, sich diese von dritter Seite zu beschaffen.

Der Begriff »im Betrieb« bedeutet **nicht,** dass der Auftragnehmer die Bauleistung – soweit überhaupt erforderlich – **in seiner eigenen Betriebsstätte** (Werkstatt) ausführen muss. Der Grundgedanke ist der Gleiche wie in § 2 Nr. 1 S. 1 VOB/A und in § 25 Nr. 2 Abs. 1 VOB/A. Entscheidend ist die **fachliche Eignung** des Auftragnehmers und nicht der Ort, wo **von ihm** die Leistung tatsächlich ausgeführt wird.

5 Eigenleistung kommt nicht nur in Betracht, wenn ein Alleinunternehmer Auftragnehmer ist, sondern sie ist **auch bei** einer **Mehrheit von Unternehmern,** sei es in der speziellen Form der **Arbeitsgemeinschaft,** sei es in einer anderen Form der unternehmerischen Zusammenarbeit, vorgeschrieben. Das Gebot der Eigenleistung wird aber nicht verletzt, wenn der Auftragnehmer **namens und in Vollmacht** des Auftraggebers befugterweise als **Hauptunternehmer** Leistungsteile an **Nebenunternehmer** überträgt, weil die Nebenunternehmer in **unmittelbaren vertraglichen Beziehungen zum Auftraggeber** stehen und dieser dadurch zu der Weitergabe der Arbeiten sein Einverständnis erklärt.

II. Eigenmächtiger Nachunternehmereinsatz

6 Dagegen **verstößt** eine **eigenmächtige Vergabe von Teilleistungen an Nachunternehmer** durch den Auftragnehmer **gegen das Gebot der Selbstausführung.** Eigenmächtig ist eine solche Vergabe dann, wenn sie **ohne Billigung** durch den Auftraggeber geschieht. Diese Billigung kann sich aus den Besonderen oder Zusätzlichen Bedingungen des Bauvertrages ergeben, sie kann aber auch später im Wege der Vertragsänderung oder durch Genehmigung erteilt werden (ebenso *Heiermann/Riedl/Rusam* § 4 VOB/B Rn. 104; vgl. auch den vom BGH VersR 1965, 136 entschiedenen Fall sowie nachfolgend Rn. 8 ff.). Liegt die **Billigung nicht** vor, handelt der Auftragnehmer bei eigenmächtigem Einsatz von Nachunternehmern vertragsuntreu und begeht eine **Pflichtverletzung nach §§ 280, 241 Abs. 2 BGB der** ihm nach Abs. 1 S. 1 obliegenden **Eigenleistungsverpflichtung.** Diese Pflichtverletzung, die grundsätzlich nach §§ 195, 199 BGB in 3 Jahren ab Anspruchsentstehung und Anspruchskenntnis verjährt, hat auf die werkvertragliche Gewährleistungsfrist keinen Einfluss, wenn Baumängel darauf beruhen, dass der Auftragnehmer die Leistung verbotswidrig an einen Nachunternehmer übertragen und dieser mangelhaft geleistet hat. Für die Dauer der Regelgewährleistungsfrist nach § 13 Nr. 4 VOB/B oder der an ihrer Stelle vereinbarten Frist haftet der Auftragnehmer ohnehin aufgrund eigener Einstandspflicht, die auch die Nachunternehmerleistung umfasst gegenüber dem Auftraggeber, ohne dass es auf die Verjährung der oben genannten Pflichtverletzung ankäme. Eine spätere Mangelkenntnis verlängert die Verjährungsfrist für die Mängelansprüche des Auftraggebers auf dem Umweg über die Pflichtverletzungsverjährung nicht (BGH 12.10.1972 VII 21/72 = BGHZ 59, 323 = BauR 1973, 46). Für andere Fälle der Pflichtverletzung gilt dagegen grundsätzlich die Gewährleistungsfrist nach §§ 195, 199 BGB.

Die Bewehrung eines nicht genehmigten Subunternehmereinsatzes mit einer Vertragsstrafe kann nach zutreffender Auffassung in Allgemeinen Geschäftsbedingungen wegen Verstoßes gegen § 307 Abs. 1 und 2 BGB nicht verzugsunabhängig formuliert werden (KG BauR 2001, 1101 m. Anm. *Leinemann*). Das Kammergericht hat den zentralen Kern der vom Auftragnehmer mit § 4 Nr. 8 VOB/B vertraglich übernommenen Pflicht in der Pflicht zur Selbstausführung gesehen und nicht im Unterlassen ungenehmigten Subunternehmereinsatzes. Für diese Wertung spricht bereits der Wortlaut der Nr. 8 Abs. 1, wonach der Auftragnehmer die Leistung in eigenem Betrieb auszuführen hat, dem der Auftraggeber, wenn er dies ohne schriftliche Zustimmung nicht tut eine Frist mit Kündigungsandrohung zur Aufnahme der Leistung in eigenem Betrieb setzen kann. Von einer Frist zum Unterlassen ungenehmigten Subunternehmereinsatzes ist nicht die Rede. Diese Unterscheidung ist bedeutsam für den Vergleich des Vertragsstrafeversprechens mit dem gesetzlichen Leitbild des § 339 BGB.

Verpflichtung zur Selbstausführung § 4 Nr. 8 VOB/B

Nach § 339 Abs. 1 BGB verwirkt der Schuldner eine für den Fall versprochene Vertragsstrafe, dass er seine Verbindlichkeit – hier Selbstausführung im eigenen Betrieb – nicht oder nicht gehörig erfüllt, wenn er in Verzug kommt. Eine Formularklausel, die für die Verwirkung der Vertragsstrafe vom Verzugserfordernis Abstand nimmt, weicht in relevanter Weise vom gesetzlichen Leitbild ab. Anders wäre es, wenn die Charakteristik der unternehmerischen Leistungspflicht im Unterlassen des Subunternehmereinsatzes bestünde. Dann würde nach § 339 Abs. 2 BGB die Verwirkung – ohne Verzug – mit der Zuwiderhandlung eintreten. Im Übrigen hat das Kammergericht (a.a.O.) die Klausel auch als überraschend gewertet.

III. Ausnahme von der Eigenleistungspflicht

Von der grundsätzlich gegebenen Eigenleistungsverpflichtung hat die VOB in Nr. 8 Abs. 1 S. 2 und 3 **Ausnahmen** zugelassen. **7**

1. Schriftliche Zustimmung zur Weitergabe an Nachunternehmer

Nach S. 2 darf der Auftragnehmer nur bei einer **schriftlichen Zustimmung** des Auftraggebers die Leistung an **Nachunternehmer** übertragen. Übertragen bedeutet, dass der Nachunternehmer **Vertragspartner des Auftragnehmers** und damit dessen **Erfüllungsgehilfe i.S.v. § 278 BGB** im Verhältnis zum Auftraggeber wird. Der Auftraggeber kann daher auch nicht **einseitig** verlangen, dass er selbst Bauvertragspartner des Nachunternehmers wird. **Nicht** ist der Nachunternehmer dagegen **Verrichtungsgehilfe** des Auftragnehmers i.S.d. § 831 BGB, da er selbstständiger Unternehmer ist (vgl. BGH 21.6.1994 VI ZR 215/93 = BauR 1994, 780 = NJW 1994, 2756 m.w.N.). **8**

Die Zustimmung zur Vergabe an Nachunternehmer kann bereits **in der dem Vertragsabschluss vorangehenden Ausschreibung** (z.B. »der Auftragnehmer hat mindestens die Hälfte der Leistungen im eigenen Betrieb auszuführen«) oder in dem später **zum Vertrag gewordenen Angebot bzw. Nebenangebot** des Unternehmers (z.B. »der Innenputz wird von einem Nachunternehmer ausgeführt«) oder **im schriftlichen Bauvertrag** liegen, wie z.B. im **von vornherein vorgesehenen Generalunternehmereinsatz**; sie kann auch später noch erteilt werden. Die Einholung der schriftlichen Zustimmung hat zweckmäßigerweise vor Beginn der Leistung zu geschehen. Eine nachträgliche schriftliche Genehmigung würde aber auch ausreichen. Zustimmung bedeutet nämlich sowohl Einwilligung im Wege einer vorangehenden Billigung als auch Genehmigung im Wege einer nachträglichen Erklärung, §§ 183, 184 BGB. Die Zustimmung kann auch auf die Weitergabe der gesamten vertraglichen Bauleistung ausgedehnt werden, obwohl dies **nicht unbedingt dem Sinn der VOB entspricht**. Die VOB überlässt aber die Entscheidung dem Parteiwillen. Da die Übertragung auf Nachunternehmer **nicht dem gesetzlichen Werkvertragsrecht widerspricht,** vgl. Rn. 1, kann eine solche vertragliche Regelung (entgegen *Ulmer/Brandner/Hensen/Schmidt* Anh. §§ 9–11 Rn. 906; *Schlosser/Coester-Waltjen/Graba* § 9 Rn. 134; *Wolf/Horn/Lindacher* § 23 Rn. 251 sowie *Nicklisch/Weick* § 4 VOB/B Rn. 118, der insoweit allerdings wiederum den Generalunternehmer ausgeklammert sehen will) nicht gegen zwingende Vorschriften der §§ 305 ff. BGB verstoßen. Das gilt umso mehr, als aus **§ 309 Nr. 10 BGB** deutlich zu entnehmen ist, dass auch hier gegen einen Subunternehmereinsatz grundsätzlich nichts einzuwenden ist (so auch *Zanner* in *Franke/Kemper/Zanner/Grünhagen* § 4 VOB/B Rn. 308; im Ergebnis ebenso *Heiermann/Riedl/Rusam* § 4 VOB/B Rn. 104). **9**

Wenn sich die Zustimmung zur Leistungsweitergabe auf einen bestimmten, namentlich genannten Unternehmer beschränkt, was zulässig ist, ist der Auftragnehmer nur insoweit zur Übertragung berechtigt.

Ob eine Zustimmung anzunehmen ist, richtet sich gegebenenfalls auch nach den Umständen des Einzelfalles. Der Wille zur Zustimmung für ein Nachunternehmerverhältnis ist nicht schon zu ver- **10** neinen, wenn der Auftraggeber dem Auftragnehmer erklärt, er sei mit der Übernahme bestimmter Arbeiten durch einen anderen Unternehmer einverstanden, der Auftragnehmer bleibe jedoch Vertragspartner, und die an ihn bezahlten Beträge seien als »durchlaufende Gelder« zu betrachten (BGH VersR 1965, 136). Auch dann scheidet die Annahme eines Nachunternehmervertrages nicht bereits aus, wenn der Auftragnehmer durch Weitergabe eines Teils des Bauauftrages an einen anderen Unternehmer aus dem Bauvertrag nichts verdient.

11 Der Auftraggeber ist befugt, seine **Zustimmung an Bedingungen und Auflagen zu knüpfen,** die der Auftragnehmer einzuhalten verpflichtet ist, wenn er sich nicht einer Vertragswidrigkeit schuldig machen will, es sei denn, die Bedingungen und Auflagen widersprechen Treu und Glauben (§ 242 BGB) oder verstoßen gegen ein gesetzliches Verbot (§§ 134, 138 BGB). Auch ist es durchaus zulässig und im wohlberechtigten Interesse des Auftraggebers sachgerecht, wenn nicht sogar geboten, die **Zustimmung an Nachweise durch den Auftragnehmer zu knüpfen,** wie z.B. dahin gehend, dass der Nachunternehmer keine illegalen Arbeitskräfte beschäftigt, seine Verpflichtung zur Zahlung von Steuern, Abgaben und Mindestlöhnen erfüllt hat usw. Durch derartige Vereinbarungen kann der Gefahr einer (bürgschaftsähnlichen) »Kettenhaftung« des Auftraggebers begegnet werden, die im Rahmen der Pflicht zur Zahlung von Mindestlöhnen und Abführung von Sozialabgaben durch den vom Auftragnehmer beauftragten Subunternehmer entstehen kann, siehe § 1a Arbeitnehmerentsendegesetz sowie § 28e Abs. 3a SGB IV. Gerade hinsichtlich des möglichen Haftungsausschlusses nach § 28e Abs. 3b SGB IV ist eine vertragliche Vereinbarung dringend zu empfehlen.

12 Wegen der Wahrung der hier **als Wirksamkeitserfordernis anzusehenden unumgänglich notwendigen Schriftform** und deren Voraussetzungen vgl. § 127 BGB. An sich hat der **Mangel** der Schriftform **grundsätzlich** die **Nichtigkeit** einer nur mündlich erteilten Zustimmung zur Folge. Nach allgemeiner Rechtsansicht ist das aber nur der Fall, wenn **nicht ein anderer übereinstimmender Wille** beider Vertragspartner anzunehmen ist. Hier kommt es im Einzelfall auf die Auslegung des wirklichen Willens nach § 133 BGB an, insbesondere darauf, ob **beide Partner davon ausgehen,** dass das nur mündlich Abgesprochene **Gültigkeit** besitzen soll.

13 Dass die Zustimmung des Auftraggebers vorliegt, hat der **Auftragnehmer zu beweisen,** da er **sich auf ein Ausnahmerecht beruft.** Auch ergreift die Beweislast des Auftragnehmers die Tragweite der Zustimmung hinsichtlich ihres Inhaltes (Auflagen, Bedingungen usw.).

14 Die **Zustimmung** des Auftraggebers ist **auch bei späterem Wechsel eines Nachunternehmers notwendig,** es sei denn der Auftraggeber habe dem Auftragnehmer im Rahmen seiner Zustimmung für die Auswahl der von ihm einzusetzenden Subunternehmer freie Hand gelassen. **Gleiches gilt, wenn der Nachunternehmer seinerseits wiederum Nachunternehmer einsetzen will.**

2. Leistungen, auf die der Betrieb des Auftragnehmers nicht eingerichtet ist

15 Die in S. 2 vorgeschriebene **Zustimmung** ist nach S. 3 **nicht** notwendig, wenn es sich um **Leistungen** handelt, auf die der **Betrieb** des Auftragnehmers **nicht eingerichtet** ist. Voraussetzung ist, dass es sich um Leistungen handelt, die der Auftragnehmer nach seiner betrieblichen Tätigkeit und Einrichtung nicht auszuführen vermag. Dabei scheidet von einer solchen Ausnahme ein Bauvertrag, der aufgrund einer Vergabe nach Fachlosen (vgl. § 4 Nr. 3 S. 1 VOB/A) zustande gekommen ist, aus. Denn bei einer solchen Vergabe muss es sich um für den Betrieb des Auftragnehmers einschlägige Leistungsteile handeln. Die hier erörterte Ausnahme findet daher nur Anwendung bei einer Vergabe nach Teillosen (vgl. § 4 Nr. 2 VOB/A) oder einer Vergabe der Gesamtbauleistung an einen Auftragnehmer.

16 Es ist zu beachten, dass die Regelung in S. 3 dem Auftragnehmer **nicht völlige Freiheit** gibt. Beispielsweise ist es ihm nicht ohne Weiteres gestattet, sich bei der Vergabe um einen Bauauftrag zu bemühen, der nicht oder zu erheblichen Teilen nicht in sein Fachgebiet, auf das sein Betrieb eingestellt

ist, fällt. Er ist dann zumindest verpflichtet, den Auftraggeber vorher über die wahren Verhältnisse zu unterrichten. Ein Zuwiderhandeln könnte zu einer **Haftung aus §§ 311 Abs. 2, 241 Abs. 2, 280 BGB (vormals Grundsatz der culpa in contrahendo)** führen oder im betreffenden Einzelfall sogar eine arglistige Täuschung des Auftraggebers sein (§ 123 BGB). Deshalb kommt **S. 3** im Allgemeinen **nur in beschränktem Umfang** in Betracht, nämlich wenn es sich bei der betreffenden Teilleistung um eine **nicht sonderlich ins Gewicht fallende Leistung** im Rahmen der vertraglich geschuldeten Gesamtleistung handelt.

IV. Kündigungsrecht des Auftraggebers

Nach S. 4 kann der Auftraggeber dem Auftragnehmer, der **ohne schriftliche Zustimmung Leistungen nicht im eigenen Betrieb erbringt, obwohl sein Betrieb darauf eingerichtet ist**, eine angemessene Frist zur Aufnahme der Leistungen im eigenen Betrieb setzen und erklären, dass er ihm nach fruchtlosem Ablauf der Frist den Auftrag entziehe (§ 8 Nr. 3 VOB/B). Diese Bestimmung wurde mit der »VOB 2000« der Nr. 8 Abs. 1 angegliedert. Diese Änderung entsprach der überwiegenden Auffassung in der Literatur (vgl. 13. Aufl. § 4 Nr. 8 VOB/B Rn. 409) wonach der Auftraggeber bei eigenmächtigem Nachunternehmereinsatz in entsprechender Anwendung von Nr. 7 S. 3 nach Fristsetzung und Kündigungsandrohung zur Auftragsentziehung berechtigt war. Dies stellt S. 4 seither ausdrücklich klar. 17

1. Unberechtigter Subunternehmereinsatz

Für das Kündigungsrecht des Auftraggebers ist zunächst **Voraussetzung**, dass der Auftragnehmer entgegen seiner Pflicht nach Nr. 8 Abs. 1 S. 1 **Leistungen nicht im eigenen Betrieb** erbringt, obwohl die Ausnahmetatbestände nach S. 2 und 3 (schriftliche Zustimmung des Auftraggebers, fehlende Einrichtung des Betriebs auf die Leistung) nicht vorliegen. Der Wortlaut des S. 4 knüpft hierbei insbesondere an die fehlende **schriftliche Zustimmung** des Auftraggebers an. Für das Kündigungsrecht des Auftraggebers wegen fehlender Zustimmung kann jedoch nichts anderes gelten als für die Zustimmung selbst. Nachdem es sich hierbei um den Fall der gewillkürten Schriftform nach § 127 BGB handelt, ist die Zustimmung bei entsprechendem übereinstimmenden Willen beider Vertragspartner auch ohne Beachtung der Schriftform wirksam (vgl. Rn. 12). Die Kündigung scheidet also aus, wenn sich die Parteien mündlich oder konkludent auf den Nachunternehmereinsatz wirksam verständigt haben; der Unternehmer begeht dann keine Vertragsverletzung, die Voraussetzung für das Kündigungsrecht des Auftraggebers wäre. 18

2. Aufforderung zur Eigenleistung

Um seine Rechte aus Nr. 8 S. 4 geltend zu machen, muss der Auftraggeber den Auftragnehmer **zunächst auffordern**, den ungenehmigten Subunternehmereinsatz zu unterlassen und die Leistung im eigenen Betrieb aufzunehmen. Die Wortwahl ist hierbei gleichgültig; es muss weder der Wortlaut der Nr. 8 Abs. 1 S. 4 verwendet noch auf diese Vorschrift ausdrücklich Bezug genommen werden. Erforderlich ist aber eine eindeutige und unmissverständliche Aufforderung. Diese bedarf keiner Form, kann also auch mündlich erklärt werden; schon aus Gründen der Rechtsklarheit und zu Beweiszwecken ist aber stets Schriftform nebst Zugangsnachweis zu empfehlen. 19

3. Setzen einer angemessenen Frist

Die **Dauer der Frist muss angemessen sein**. Die Angemessenheit richtet sich hierbei nach den **Umständen des Einzelfalls**, z.B. Art und Umfang der in Streit stehenden Bauleistung, Bautenstand zum Zeitpunkt der Aufforderung, Umfang notwendiger Vorbereitungsmaßnahmen usw. Allerdings darf für die Bemessung der Frist nicht vergessen werden, dass der Auftragnehmer – sofern er nichts anderes offen gelegt hat – bei seiner Bewerbung um den Auftrag und bei seinem Angebot zum Ab- 20 schluss des Bauvertrags zum Ausdruck gebracht hat, zur Ausführung der ihm übertragenen Arbeiten zumindest in wesentlichen Teilen bereit und in der Lage zu sein. Deshalb muss die Angemessenheit der Frist keine aufwendigen Akquisitionsmaßnahmen berücksichtigen. Zu berücksichtigen ist weiter, dass der Auftragnehmer, der sich seiner vertraglichen Pflicht zur Selbstausführung durch unberechtigten Subunternehmereinsatz entzieht, vertragsbrüchig handelt; demgegenüber steht das wohlberechtigte Interesse des Auftraggebers an einer unverzüglichen Aufnahme der Arbeiten des Unternehmers im eigenen Betrieb. Die Frist wird also so zu bemessen sein, dass sie für eine **unverzügliche Inangriffnahme aller Vorbereitungsmaßnahmen des Auftraggebers und eine zügige Arbeitsaufnahme** ausreichend ist. Wesentlich für den Begriff der Angemessenheit ist dabei – wie immer (vgl. beispielsweise Kommentierung zu § 4 Nr. 7 VOB/B Rn. 43 ff.) – nicht die subjektive Sicht einer Vertragspartei, sondern die bei objektiver Betrachtung im Einzelfall anzunehmende Zeit, die ein ordnungsgemäßer Auftragnehmer im konkreten Fall braucht, um die Arbeiten aufzunehmen. Eine unangemessen kurze Frist hindert den Fristbeginn nicht. Sie ist auch nicht wirkungslos; auf Verlangen des Auftragnehmers wird nach Treu und Glauben eine den Verhältnissen entsprechend angemessene Frist in Lauf gesetzt.

4. Ausnahmsweise: Entbehrlichkeit der Fristsetzung

21 Die Fristsetzung mit der Androhung des Auftragsentzugs ist auch im Rahmen der Nr. 8 Abs. 1 S. 4 nach allgemeinen, früher zu § 326 BGB a.F. entwickelten und seit dem 1.1.2002 in §§ 323 Abs. 2, 281 Abs. 2 BGB gesetzlich niedergelegten Grundsätzen insbesondere dann entbehrlich, wenn der Auftragnehmer seine Leistung, hier die Aufnahme oder Ausführung der Arbeiten im eigenen Betrieb ernsthaft und endgültig verweigert. Die Fristsetzung mit Kündigungsandrohung ist auch immer dann entbehrlich, wenn der Auftragnehmer eine besonders schwere Pflichtverletzung begangen hat, die es dem Auftraggeber unter Abwägung der beiderseitigen Interessen unzumutbar macht, auch weiterhin mit diesem Auftragnehmer im Vertrag zu bleiben oder wenn die Selbstausführung der Arbeiten für den Auftragnehmer – ohne dass § 4 Nr. 8 Abs. 1 S. 3 VOB/B greift – unmöglich ist. Dies kommt etwa dann in Betracht, wenn der Auftragnehmer zur Selbstausführung der vertraglich übernommenen Leistungen auch nicht ansatzweise in der Lage ist und den Auftragnehmer im Rahmen der Vertragsverhandlungen und bei Vertragsschluss über seine Leistungsfähigkeit getäuscht hatte. Regelmäßig ist der Auftraggeber jedoch gut beraten, sicherheitshalber auf Fristsetzung und Selbstausführungsaufforderung nicht zu verzichten; für jede ausnahmsweise Entbehrlichkeit der Fristsetzung ist er beweispflichtig.

5. Androhung der Auftragsentziehung

22 Außerdem muss der Auftraggeber dem Auftragnehmer – abgesehen von den vorangehend genannten Ausnahmen – **erklären, dass er ihm bei fruchtlosem Fristablauf den Auftrag entziehe**; diese Androhung hat Warnfunktion und soll dem Auftragnehmer die Möglichkeit geben, sein Verhalten noch einmal zu überdenken und sich doch noch vertragstreu zu verhalten. Setzt der Auftraggeber dem Auftragnehmer die Frist, unterlässt er dagegen die Androhung der Auftragsentziehung und kündigt er dennoch, so handelt es sich dann grundsätzlich nur um eine Kündigung nach Maßgabe von § 8 Nr. 1 VOB/B mit den damit verbundenen, für den Auftraggeber nachteiligen Folgen. Es gilt hier nichts anderes wie bei Nr. 7 S. 3; vgl. insoweit Kommentierung zu § 4 Nr. 7 VOB/B mit den dort genannten weiteren Nachweisen. Für die Auftragsentziehungsandrohung muss der Auftraggeber nicht den Wortlaut der VOB verwenden; es genügt, wenn sein Wille, die Leistung des Auftragnehmers nach erfolglosem Ablauf der Frist nicht mehr anzunehmen, eindeutig und zweifelsfrei zum Ausdruck kommt. **Die Erklärung bedarf keiner Form**; sie kann wirksam auch mündlich abgegeben werden; aus Beweisgründen empfiehlt sich jedoch, ausnahmslos Schriftform zu wählen und für Zugangsnachweis zu sorgen. Die Kündigung nach § 8 Nr. 3 des Bauvertrags selbst bedarf jedoch nach § 8 Nr. 5 für ihre Wirksamkeit der Schriftform.

Die Frist ist gewahrt, wenn der Auftragnehmer vor Fristablauf **ernsthaft** die Fortsetzung der Arbeiten mit seinem eigenen Betrieb in Angriff nimmt. Hierzu ist erforderlich, dass der Auftragnehmer die Baustelle im gebotenen Umfang mit eigenen Arbeitskräften besetzt und ausreichend Führungspersonal zur Verfügung stellt. Darüber hinaus wird man eine hinreichende Ausstattung mit sachlichen Mitteln (Maschinen, Gerät, Material usw. allerdings nicht notwendig eigenes, vgl. Rn. 4) zu verlangen haben, so dass die Arbeiten wirkungsvoll und ohne Verzögerungen im eigenen Betrieb durchgeführt werden können. Ist der Baustelleneinsatz des Auftragnehmers unzureichend, kann der Auftraggeber nach § 5 Nr. 3 VOB/B und Nr. 4 vorgehen. 23

V. Kündigung

Das **Kündigungsrecht des Auftraggebers entsteht erst mit fruchtlosem Fristablauf**. Eine vorherige Kündigung ist regelmäßig unwirksam, selbst wenn sich während des Fristablaufs herausstellen sollte, dass die Frist zu lang bemessen war; der Auftraggeber hat sich insoweit selbst gebunden. Die Kündigung muss nach Fristablauf – schriftlich – erklärt werden. Der ausdrückliche Ausspruch der Kündigung ist auch in denjenigen Fällen erforderlich, in denen Aufforderung zur Mängelbeseitigung, Fristsetzung und Kündigungsandrohung entbehrlich sind. 24

VI. Mängel an der Subunternehmerleistung

Zeigen sich nach der Auftragsentziehung insbesondere **an der Leistung des unberechtigt eingesetzten Subunternehmers Mängel,** stehen dem Auftraggeber gegen den Auftragnehmer die entsprechenden Mängelrechte zu; dieser kann seine Einstandspflicht nicht mit dem Argument leugnen, die Mängel seien von einem unberechtigt eingesetzten Subunternehmer verursacht worden; schließlich hat der Auftragnehmer selbst dem Auftraggeber gegenüber vertraglich eine einwandfreie Leistung versprochen. Umgekehrt kann der Auftraggeber dem Auftragnehmer nicht unter Hinweis auf den unberechtigten Subunternehmereinsatz dessen Recht zur Eigennachbesserung abschneiden; insoweit verbleibt es bei den allgemeinen Grundsätzen. Noch viel weniger kann der Auftraggeber von dem Auftragnehmer verlangen, dass dieser die bisher ausgeführten Leistungen, die zwar von einem unberechtigt eingesetzten Subunternehmer, aber im Übrigen einwandfrei erbracht wurden, entfernt und durch eigenausgeführte Leistungen neu herstellt. 25

C. Zugrundelegung der VOB (Abs. 2)

Nach Nr. 8 Abs. 2 ist der Auftragnehmer verpflichtet, bei der **Weitervergabe von Bauleistungen an Nachunternehmer die VOB Teile B und C** – wie die VOB-Fassung 2006 nunmehr ausdrücklich klarstellend formuliert – zugrunde zu legen (zur Weitervergabe und Zugrundelegung der VOB vgl. *Kern* Die Weitervergabe von Bauleistungen nach § 4 Nr. 8 Abs. 2 VOB/B, FS Schiffers S. 127. Die hier genannte Verpflichtung des Auftragnehmers betrifft **nur** die Weitergabe von **Bauleistungen, nicht aber andere Leistungen,** wie z.B. die bloße Materialbeschaffung, Transporte, die Erstellung von Gerüsten usw.). 26

Nach der Besonderheit des Einzelfalles können im späteren Vertrag mit Nachunternehmern Zusätzliche oder Besondere Vertragsbedingungen oder Zusätzliche Technische Vertragsbedingungen erforderlich werden, die im Bauvertrag zwischen dem Auftraggeber und dem Auftragnehmer nicht enthalten sind. Dabei muss der hier **im Verhältnis zum Nachunternehmer in die Auftraggeberstellung einrückende Auftragnehmer** besonderes Gewicht auf die Beachtung der Vorschriften **der §§ 305 ff. BGB** (vormals AGB-Gesetz) legen. Wie bei den Vereinbarungen zwischen einem Generalunternehmer und dem Nachunternehmer die Erfordernisse der VOB am besten beachtet werden, 27

28 Die in Abs. 2 geregelte Verpflichtung des Auftragnehmers betrifft lediglich das **Vertragsverhältnis zwischen dem Auftraggeber und dem Auftragnehmer.** Es handelt sich daher insoweit um eine **vertragliche Nebenverpflichtung** zugunsten des Auftraggebers, bei deren Verletzung je nach Lage des Falles eine Haftung des Auftragnehmers gegenüber dem Auftraggeber auf **Schadensersatz** gegeben sein kann, wenn nämlich die Abweichung von der VOB sachlich nicht zu rechtfertigen und dem Auftraggeber **deswegen** ein Schaden entstanden ist. Diese Nebenverpflichtung wirkt sich **nicht** auf die **vertraglichen Beziehungen des Auftragnehmers gegenüber dem Nachunternehmer** aus. Erfüllt der Auftragnehmer bei den Vertragsverhandlungen oder beim Vertragsabschluss mit dem Nachunternehmer seine Pflichten nach Nr. 2 nicht, kann der **Nachunternehmer** hieraus für sich **keine Ansprüche herleiten.** Er hat nur die Rechte, die ihm nach seinem **eigenen Vertrag** mit dem Auftragnehmer als **seinem Auftraggeber** eingeräumt sind (zustimmend *Locher* NJW 1979, 2236). Insbesondere kann er bei anderer Vertragsgestaltung mit dem Auftragnehmer nicht Einwendungen aus der VOB herleiten mit der Begründung, für den Hauptvertrag habe der Auftragnehmer mit dem Auftraggeber die Anwendung der VOB vereinbart. Es handelt sich um **zwei verschiedene** und voneinander zu trennende **Verträge,** die sich weder überschneiden noch sonst rechtlich miteinander verbunden sind. Der Auftragnehmer ist und bleibt an das gebunden, was er in seinem Vertrag mit dem Auftraggeber vereinbart hat. Das Gleiche gilt für den Nachunternehmer hinsichtlich seines Vertrages mit dem Auftragnehmer. **Eine etwaige AGB-Kontrolle hat daher für beide Verträge gesondert – rechtlich unabhängig voneinander – zu erfolgen.** Es ist somit möglich, dass der eine Vertrag den **§§ 305 ff. BGB** (vormals AGB-Gesetz) konform ist, der andere aber nicht oder umgekehrt (zutreffend *Locher* NJW 1979, 2238, 2239). Das bezieht sich in erster Linie auf etwaige in den Verträgen enthaltene – unterschiedliche – Zusätzliche Vertragsbedingungen.

29 Der Auftraggeber hat **nicht** die **Berechtigung,** sich in das Vertragsverhältnis zwischen dem Auftragnehmer und den Nachunternehmern **einzumischen** oder gar **unmittelbare Weisungen** an den Nachunternehmer **zu erteilen.** Falls er **Beanstandungen** gegen den Nachunternehmer erheben zu müssen glaubt, muss er sich an **den Auftragnehmer** wenden und Abstellung oder Beseitigung von diesem verlangen. Die Frage etwaiger unmittelbarer Zahlungen des Auftraggebers an den Nachunternehmer wird von § 16 Nr. 6 VOB/B erfasst.

D. Bekanntgabe der Nachunternehmer (Abs. 3)

30 Abs. 3, wonach der Auftragnehmer dem Auftraggeber die **Nachunternehmer auf Verlangen bekanntzumachen** hat, ist eine **weitere Schutzbestimmung** zugunsten des Auftraggebers. Ihm soll dadurch zunächst die Möglichkeit gegeben werden, festzustellen, ob die **Regeln der VOB** im Vertrag mit dem Nachunternehmer **eingehalten** worden sind (Abs. 2). Das berechtigte Interesse des Auftraggebers geht aber noch darüber hinaus. Er hat ein Recht zu wissen, **wer als Nachunternehmer** an seinem Bauvorhaben mitarbeitet, insbesondere ob er die Voraussetzungen gemäß **§ 2 Nr. 1 S. 1 VOB/A** erfüllt. Im Rahmen seiner Befugnis nach Abs. 3 steht dem Auftraggeber ein **klagbares Recht** zu, wie sich aus dem Wortlaut (»auf Verlangen«) ergibt.

31 Die Pflicht zur Unterrichtung nach Abs. 3 erstreckt sich auf **Name und Anschrift** des Nachunternehmers, ferner auf Tatsachen, die **im Rahmen** der grundsätzlichen Regelung von **§ 2 Nr. 1 S. 1 VOB/A** liegen, sowie auch auf das Recht, die **notwendigen Auskünfte** zu erhalten, um beurteilen zu können, ob der Auftragnehmer seiner vertraglichen Nebenverpflichtung gegenüber dem Auftraggeber Genüge geleistet hat. Dazu gehört auch die Frage, ob der Auftragnehmer seine Zahlungsverpflichtungen gegenüber dem Nachunternehmer erfüllt hat (§ 16 Nr. 6 VOB/B). Weiter gehen die Auskunftsbefugnisse in diesem Rahmen nicht, weil der angegebene Umfang ausreicht, um die Interessen des Auftraggebers zu wahren.

E. Öffentliche Bauaufträge

Zu § 4 Nr. 8 VOB/B besagt das VHB 2002 in Nr. 4 zu § 4 VOB/B: **32**

4. Weitervergabe von Bauleistungen an Nachunternehmer (§ 4 Nr. 8 VOB/B)

Wenn der Auftragnehmer im Angebotsschreiben – EVM (B) Ang – 213 erklärt hat, dass er die Leistung im eigenen Betrieb ausführen werde und ihm bekannt sei, dass er nach Vertragsabschluss mit einer Zustimmung zur Übertragung von Leistungen an Nachunternehmer nicht rechnen könne, darf ihm nachträglich die Zustimmung grundsätzlich nicht erteilt werden.

Die Zustimmung darf nur dann erteilt werden, wenn der Auftragnehmer nach Vertragsabschluss eingetretene unabwendbare Umstände nachgewiesen hat und die für die Ausführung erforderliche Fachkunde, Leistungsfähigkeit und Zuverlässigkeit des Auftragnehmers nicht beeinträchtigt wird.

Der Auftragnehmer hat die Zustimmung zu beantragen und dabei die in Nr. 9.2 der Zusätzlichen Vertragsbedingungen – EVM (B) ZVB/E – 215 geforderten Angaben zu machen.

Das Bauamt hat festzustellen, ob die Voraussetzungen für die Erteilung der Zustimmung vorliegen; es hat seine Entscheidung zu begründen. Es hat darauf zu achten, dass die in den Zusätzlichen Vertragsbedingungen Nr. 9 EVM (B) ZVB/E – 215 enthaltenen Bedingungen erfüllt werden.

Die Einhaltung der Vertragsbedingungen über den Nachunternehmereinsatz ist dadurch zu sichern, dass bei der Bauüberwachung darauf geachtet wird, ob nur die aufgrund des Vertrages zugelassenen Nachunternehmer auf der Baustelle tätig sind.

Setzt der Auftragnehmer vertragswidrig Nachunternehmer ein, ist die Fortführung der Arbeiten durch diese zu untersagen. Es ist ihm in der Regel eine angemessene Frist zur Aufnahme der Leistung im eigenen Betrieb zu setzen und zu erklären, dass ihm nach fruchtlosem Ablauf der Frist der Auftrag entzogen wird. Verstöße gegen die Vertragsbedingungen können Zweifel an der Zuverlässigkeit des Auftragnehmers begründen, die bei künftigen Vergabeverfahren zu berücksichtigen sind.

Die Verfolgung von Verstößen gegen arbeits-, sozial- und steuerrechtliche Vorschriften obliegt den dafür zuständigen Behörden.

Besteht aufgrund von Auffälligkeiten auf der Baustelle der Verdacht, dass Arbeitskräfte illegal beschäftigt werden, sind die für die Verfolgung zuständigen Behörden zu unterrichten

Wegen der Aufgaben des Hauptunternehmers vgl. Nr. 3.1 der Richtlinie zu § 8 VOB/A.

§ 4 Nr. 9
[Entdeckungen während der Ausführung]

Werden bei Ausführung der Leistung auf einem Grundstück Gegenstände von Altertums-, Kunst- oder wissenschaftlichem Wert entdeckt, so hat der Auftragnehmer vor jedem weiteren Aufdecken oder Ändern dem Auftraggeber den Fund anzuzeigen und ihm die Gegenstände nach näherer Weisung abzuliefern. Die Vergütung etwaiger Mehrkosten regelt sich nach § 2 Nr. 6. Die Rechte des Entdeckers (§ 984 BGB) hat der Auftraggeber.

VOB/B § 4 Nr. 9 Entdeckungen während der Ausführung

Inhaltsübersicht Rn.

A. Allgemeine Grundlagen.. 1
B. Gegenstände von Altertums-, Kunst- oder wissenschaftlichem Wert.................. 2
C. Anzeigepflicht des Auftragnehmers... 3
D. Ausgleich der Mehrkosten... 7
E. Entdeckerrechte für Auftraggeber.. 8

A. Allgemeine Grundlagen

1   Nr. 9 regelt einen Sachverhalt, der in der Praxis selten vorkommt.

B. Gegenstände von Altertums-, Kunst- oder wissenschaftlichem Wert

2   Bei Ausführung der Leistung können **Gegenstände von Altertums-, Kunst- oder wissenschaftlichem Wert** entdeckt werden. Voraussetzung für die **Entdeckung** ist es nach der gesetzlichen Regelung (§ 984 BGB), dass es sich um **bewegliche Sachen** handelt. Nicht ausreichend sind bloße Grundstücksbestandteile. Diese **Einschränkung** gilt für Nr. 9 **nicht,** da dort von Gegenständen gesprochen wird, worunter **auch unbewegliche Sachen,** also auch Grundstücksbestandteile, fallen. Dabei liegt Nr. 9 nur vor, wenn es sich um Sachen handelt, die Altertums-, Kunst- oder wissenschaftlichen Wert besitzen. Ob diese Voraussetzung gegeben ist, richtet sich **nach allgemeiner verkehrsüblicher Auffassung,** insbesondere nach den allgemein anerkannten Regeln der betreffenden und für die Beantwortung dieser Frage in Betracht kommenden **wissenschaftlichen Zweige.** Notfalls ist daher zur Aufklärung ein einschlägiger Sachverständiger zu hören. Um einen Schatz i.S.d. § 984 BGB, der Altertums-, Kunst- oder wissenschaftlichen Wert besitzt, handelt es sich z.B. bei wertvollen Münzen aus dem 14. und 15. Jahrhundert (vgl. BGH BauR 1988, 354 = NJW 1988, 1204 im Falle der Entdeckung von 23.200 Gold- und Silbermünzen aus der genannten Zeit). In den Fällen, in denen es sich zwar um einen Schatzfund nach § 984 BGB handelt, die gefundene Sache aber keinen Altertums-, Kunst- oder wissenschaftlichen Wert aufweist, gilt auch im Rahmen des VOB-Vertrages § 984 BGB **ausschließlich.** Soweit allerdings der Auftragnehmer aufgrund des § 984 BGB zur Geltendmachung von eigenen Rechten befugt wäre, ist Nr. 9 entsprechend anwendbar, so dass die Rechte auf den Auftraggeber übergehen.

C. Anzeigepflicht des Auftragnehmers

3   Die Verpflichtung des Auftragnehmers nach Nr. 9 geht dahin, dem Auftraggeber den **Fund anzuzeigen.** Die Anzeige ist **unverzüglich** zu erstatten, sobald beim Auftragnehmer oder dessen Erfüllungsgehilfen die Annahme der Entdeckung eines Gegenstandes von Altertums-, Kunst- oder wissenschaftlichem Wert vorhanden ist. Eine Gewissheit ist nicht erforderlich.

4   Nach der Mitteilung muss der Auftragnehmer zunächst von weiterem Aufdecken (z.B. Ausgraben, Abwaschen usw.) Abstand nehmen. Auch darf er den Gegenstand nicht ändern, d.h. aus seiner Lage bringen oder auseinandernehmen, mit anderen Sachen verbinden o.Ä. Er hat vielmehr die Entschließung des Auftraggebers abzuwarten. Daraus folgt aber zugleich die sich aus § 242 BGB ergebende Verpflichtung des Auftraggebers, seinerseits in möglichst **kurzer Zeit seine Weisungen** an den Auftragnehmer zu erteilen oder die sonstigen notwendigen Entscheidungen zu treffen. Verzögert der Auftraggeber diese Pflichten, so gerät er in **Annahmeverzug.** Wird hierdurch die weitere

Bauausführung **ungebührlich erschwert und/oder verzögert**, sind dem Auftragnehmer die sich aus § 6 VOB/B, u.U. auch aus § 9 VOB/B ergebenden Rechte zuzusprechen.

Verletzt der Auftragnehmer dagegen seine **Anzeigepflicht** nach der Entdeckung, erstattet er insbesondere seine Anzeige an den Auftraggeber nicht rechtzeitig und erleidet dieser dadurch einen Schaden, macht er sich gegebenenfalls aus Pflichtverletzung nach **§§ 280, 241 Abs. 2 BGB (früher positive Vertragsverletzung)** schadensersatzpflichtig. Denn es handelt sich um eine vertragliche Nebenverpflichtung des Auftragnehmers aus dem Bauvertrag. 5

Das gilt auch, wenn der Auftragnehmer zwar die Anzeige rechtzeitig erstattet, jedoch dem Auftraggeber den entdeckten Gegenstand nicht oder nicht ordnungsgemäß abliefert, **falls** dieser es vom Auftragnehmer **verlangt.** Den Auftragnehmer trifft bis zur Ablieferung, also bis zur Übernahme des Gegenstandes durch den Auftraggeber, eine Fürsorgepflicht dahin gehend, dass die entdeckte Sache weder beschädigt noch zerstört wird, noch abhanden kommt. Insoweit ist er dem Auftraggeber für eine schuldhafte Pflichtverletzung nach **§ 276 BGB** sowie hinsichtlich seiner Erfüllungsgehilfen nach § 278 BGB haftbar. Zu dieser Fürsorgepflicht gehört nicht nur die ordnungsgemäße Beaufsichtigung oder Verwahrung des entdeckten Gegenstandes, sondern auch dessen ordnungsgemäßer Transport, falls ein solcher nach der Weisung des Auftraggebers verlangt wird. Allerdings wird man dem Auftragnehmer ein Weigerungsrecht aus Treu und Glauben zuerkennen müssen, falls er die erforderlichen Transport- und Verlademittel oder die fachlichen Arbeitskräfte hierzu nicht besitzt und die Beschaffung dieser Mittel und Kräfte kostenmäßig für den Auftragnehmer außerhalb des Rahmens der nach dem betreffenden Einzelfall zu bewertenden Zumutbarkeit liegt. 6

D. Ausgleich der Mehrkosten

Soweit dem Auftragnehmer durch die Entdeckung oder durch die Ausführung der Weisungen des Auftraggebers **Mehrkosten** entstanden sind, ist der Auftraggeber **zur Ausgleichung** dieser Mehrkosten **verpflichtet.** Die in Nr. 9 erwähnten Mehrkosten sind der Ausgleich für die vom Auftragnehmer in Zusammenhang mit der Entdeckung, pfleglichen Behandlung und weisungsgerechten Ablieferung der Fundgegenstände zu erbringenden Mehrleistung; zu dieser ist der Auftragnehmer gemäß § 2 Nr. 6 VOB/B nicht ohne Kostenausgleich verpflichtetDie damit Die Berechnung der Mehrkosten geschieht nach § 2 Nr. 6 Abs. 2 VOB/B. Voraussetzung für die Kostenerstattung ist allerdings auch hier, dass der Auftragnehmer dem Auftraggeber die Mehrkosten grundsätzlich **ankündigen** muss, bevor er mit der Ausführung der Weisung des Auftraggebers beginnt. Bis dahin entstandene Kosten, also solche, die unmittelbar mit der Entdeckung selbst und deren Absicherung im Zusammenhang stehen, wird er vielfach vorher gar nicht anzeigen können. Im Falle einer solchen Unmöglichkeit schließt § 2 Nr. 6 Abs. 1 S. 2 VOB/B **nicht** den Erstattungsanspruch des Auftragnehmers aus. Ganz davon abgesehen gilt auch hier die in der praktischen Auswirkung doch recht weit gehende Ausnahme entsprechend, vgl. Kommentierung unter § 2 Nr. 6 VOB/B. Zu den Mehrkosten nach §§ 2 Nr. 9, 2 Nr. 6 Abs. 1 S. 2 VOB/B können auch Mehrkosten aus zeitbezogenen Mehraufwendungen gehören, etwa wenn nicht mehr mit schwerem Gerät gearbeitet werden kann sondern der Fund nunmehr per Hand freizulegen ist. Etwas anderes mag für die Stillstandskosten im Fall des OLG Braunschweig (BauR 2004, 1621) gelten, wo der Auftraggeber einen Baustopp wegen des Fundes eines archäologisch bedeutsamen Grabes angeordnet hatte und es nicht um Mehrleistungen sondern um Behinderungsfolgen ging, für die das OLG Braunschweig dem Grunde nach richtig §§ 642, 304 BGB in Betracht gezogen hatte. 7

E. Entdeckerrechte für Auftraggeber

8 Schließlich bestimmt S. 3, dass dem **Auftraggeber die Rechte des Entdeckers** nach § 984 BGB zustehen. Demnach hat der Auftraggeber die Eigentumsrechte **zur Hälfte**. Die andere Hälfte des Eigentums am entdeckten Gegenstand erhält der Eigentümer der Sache, in der der entdeckte Gegenstand verborgen war. Das wird i.d.R. der Grundstückseigentümer sein. Insoweit besteht Miteigentum nach §§ 1008 ff. BGB zwischen dem Auftraggeber und dem Sacheigentümer. Vielfach werden der Auftraggeber und der Sacheigentümer ein und dieselbe Person sein. Dann ist der Auftraggeber **Alleineigentümer** des entdeckten Gegenstandes. Im Übrigen ist der Auftragnehmer als **Besitzmittler des Auftraggebers** anzusehen. Für die Frage des Sacheigentums (Grundstückseigentums) ist es maßgebend, wer Eigentümer der Sache ist, in der der Schatz verborgen war, in der er sich **bis zur Bloßlegung** befunden hat; also kommt es auf den Zeitpunkt der Wahrnehmung nicht an; die den Zustand der Verborgenheit beendende Bloßlegung und die erstmalige Wahrnehmung des Schatzes müssen nicht zeitlich zusammenfallen; also kommt es z.B. nicht darauf an, ob der Schatz bei Abbrucharbeiten schon mit der Trennung von vorher mit dem Grundstück fest verbundenen Bauteilen entdeckt war (vgl. BGH BauR 1988, 354 = NJW 1988, 1204).

9 Die vorgenannte vertragliche Regelung gilt jedoch **nur im Verhältnis der Bauvertragspartner** (auch in Bezug auf den nach der VOB/B ausgerichteten Bauvertrag zwischen Haupt- und Nachunternehmer). **Nicht betrifft dies das Verhältnis zwischen dem Auftraggeber und den Arbeitnehmern des Auftragnehmers,** die kraft mit diesen geschlossenen Arbeitsverträgen beim betreffenden Bauvorhaben für den Auftragnehmer beschäftigt sind, es sei denn, zwischen diesen und dem Auftraggeber sind dem S. 3 entsprechende Vereinbarungen getroffen worden. Finden Arbeitnehmer des Auftragnehmers ohne derartige besondere Vereinbarung während der Ausführung des Auftrages (z.B. während Abbrucharbeiten) einen Schatz, so stehen ihnen Entdeckerrechte nach Maßgabe des § 984 BGB zu. Insofern kann auch der Arbeitgeber nur ausnahmsweise die Entdeckerrechte geltend machen, nämlich wenn es sich um eine geplante oder gezielte Schatzsuche handelt, was bei einer Bauausführung oder bei Abbrucharbeiten regelmäßig nicht der Fall ist, oder wenn zwischen dem Auftragnehmer und seinen Arbeitnehmern entsprechende Vereinbarungen getroffen worden sind, wonach die Entdeckerrechte dem Auftragnehmer als dem Auftraggeber zustehen. Bloße einseitige Weisungen an den Arbeitnehmer zur Ablieferung dürften dagegen den zulässigen Rahmen des »Direktionsrechts« des Arbeitgebers überschreiten (vgl. dazu BGH a.a.O.).

§ 4 Nr. 10
[Gemeinsame Zustandsfeststellung von Teilen der Leistung]

Der Zustand von Teilen der Leistung ist auf Verlangen gemeinsam von Auftraggeber und Auftragnehmer festzustellen, wenn diese Teile der Leistung durch die weitere Ausführung der Prüfung und Feststellung entzogen werden. Das Ergebnis ist schriftlich niederzulegen.

Inhaltsübersicht

	Rn.
A. Allgemeine Grundlagen	1
B. Zweckmäßigkeitsregelung zur Vorbereitung der Abnahme	2
C. Verlangen einer Vertragspartei	4
D. Schriftliches Ergebnisprotokoll	5
E. Weigerung des Auftragnehmers zur Mitwirkung an der Zustandsfeststellung	9

Aufsätze: *Marbach* Besonders abzunehmende Leistungsteile – Anforderungen der Praxis, insbesondere bei mehrstufigen Vertragsverhältnissen Jahrbuch Baurecht 1999 S. 92; *Grauvogl* § 4 Nr. 10 VOB/B – Zustandsfeststellung und Umkehr der Beweislast bei unsichtbaren Tiefbauleistungen BauR 2003, 1481.

Gemeinsame Zustandsfeststellung von Teilen der Leistung § 4 Nr. 10 VOB/B

A. Allgemeine Grundlagen

Nach § 4 Nr. 10 VOB/B ist der **Zustand von Teilen der Leistung auf Verlangen gemeinsam von Auftraggeber und Auftragnehmer festzustellen**, wenn diese Teile der Leistung durch die weitere Ausführung der Prüfung und Feststellung entzogen werden. **Das Ergebnis ist schriftlich niederzulegen.** 1

B. Zweckmäßigkeitsregelung zur Vorbereitung der Abnahme

Bei dieser vertraglichen Regelung handelt es sich im Wesentlichen um den früheren § 12 Nr. 2b 2
VOB/B (»unechte Teilabnahme«). Dieser wurde in der VOB/B 2000 auf Empfehlung des Instituts für Baurecht Freiburg i.Br.e.V. an den DVA zur Überarbeitung der VOB/B (BauR 1999, 699, folgend einer Anregung von *Kraus* Die VOB/B – ein nachbesserungsbedürftiges Werk Beilage zu BauR, Heft 4.1997) dem § 4 VOB/B (Ausführung) als Nr. 10 angegliedert. Die systematische Neuordnung diente der Klarstellung. Die Zustandsfeststellung ist keine rechtsgeschäftliche Abnahme und zieht auch nicht deren Wirkungen nach sich. Sie ist – anders als die echte Teilabnahme nach § 12 Nr. 2 VOB/B – nicht auf in sich abgeschlossene Teile der Leistung beschränkt. Die Regelung folgt für die Abwicklung des Bauvertrages recht bedeutsamen **Zweckmäßigkeitsgründen**. Sie geht dahin, bisher erstellte **unselbstständige Leistungsteile** (wie z.B. Armierungen vor dem Betonieren oder Betondecken vor Aufbringen des Estrichs und des Oberbodens, Rohrleitungen vor dem Wiederverfüllen, eine Elektroinstallation, eine Tiefgeschosssohle im Hinblick auf die Ordnungsgemäßheit der Injektion, Untergrund vor Anbringen von Platten) im Hinblick auf ihre technisch ordnungsgemäße Beschaffenheit, vor allem auch Funktion, überprüfen zu können, um nicht später dadurch in Schwierigkeiten zu geraten, dass diese Leistungsteile entweder überhaupt nicht mehr oder nur unter erschwerten, vor allem kostenmäßig weit mehr ins Gewicht fallenden Umständen überprüfbar sind (auch OLG Düsseldorf BauR 1996, 121; vgl. dazu auch bei Heizanlagen und zentralen Wassererwärmungsanlagen die DIN 18380 Ziff. 3.6.2, ferner bei Gas-, Wasser- und Abwasser- Installationsanlagen innerhalb von Gebäuden die DIN 18381 Abschnitt 4.1.4, außerdem bei Raumlufttechnischen Anlagen die DIN 18379 Abschnitte 3.4, 3.5).

Bei der Zustandsfeststellung nach Nr. 10 geht es grundsätzlich um eine Vorbereitung der späteren 3
endgültigen Abnahme. Natürlich können ihr die Vertragsparteien im Vereinbarungsweg auch eine weitergehende Bedeutung beimessen (BGH 6.5.1968 VII ZR 33/66 = BGHZ 50, 160 = NJW 1968, 1524). Ob dies der Fall ist, ist ggf. durch Auslegung unter Heranziehung aller Umstände des Einzelfalls zu ermitteln. Üblicherweise werden aber bei der Zustandsfeststellung lediglich vorweg die tatsächlichen Gegebenheiten festgestellt, die für die spätere Prüfung der Leistung im Rahmen eigentlicher Abnahme von Bedeutung sind. Somit treten in den **Fällen von Nr. 10 die rechtlichen Wirkungen der Abnahme grundsätzlich erst ein, wenn entweder nach § 12 Nr. 1 VOB/B das Gesamtwerk oder nach § 12 Nr. 2 VOB/B eine selbstständige Teilleistung,** in der der gemäß Nr. 10 vorzeitig abgenommene Leistungsteil liegt, **abgenommen sind.** Das gilt nicht nur u.a. für den Beginn der Gewährleistungsfrist nach § 13 Nr. 4 VOB/B, sondern auch für die Anbahnung der Fälligkeit des insoweit abschließenden Vergütungsanspruches. Ist eine Abnahme oder Teilabnahme nach § 12 Nr. 1 oder Nr. 2 VOB/B erfolgt, kommt eine solche nach Nr. 10 nicht mehr in Betracht (auch OLG Düsseldorf BauR 1996, 121, 122). Während nach § 16 Nr. 4 VOB/B in den Fällen des § 12 Nr. 2 VOB/B eine **endgültige Teilabrechnung und Teilschlusszahlung** erfolgen kann, ist das bei Nr. 10 nicht der Fall. Insofern kommen nach wie vor **nur Abschlagszahlungen** in Betracht, sofern die Voraussetzungen dafür (§ 16 Nr. 1 VOB/B) gegeben sind.

C. Verlangen einer Vertragspartei

4 Die Zustandsfeststellung muss zunächst von einem der Vertragspartner **verlangt** werden. Dies ist bereits im Bauvertrag möglich. Hat der Auftraggeber in seinen Vertragsbedingungen das Erfordernis von Zustandsfeststellungen festgelegt, so macht sich der Auftragnehmer u.U. aufgrund einer **Pflichtverletzung nach §§ 280, 241 Abs. 2 BGB (früher positive Vertragsverletzung) schadensersatzpflichtig**, wenn er den Auftraggeber **nicht** rechtzeitig zur Teilabnahme auffordert. Allerdings muss der Auftraggeber grundsätzlich von sich aus darauf achten, weil er selbst eine solche Vertragsbedingung in den Vertrag aufgenommen hat (§ 254 BGB).

D. Schriftliches Ergebnisprotokoll

5 Nach Nr. 10 S. 2 ist das **Ergebnis schriftlich niederzulegen**. S. 2 dient dem Rechtsfrieden und dem Gebot der Dokumentation des Beweissicherungsergebnisses. Anders als bei der förmlichen Abnahme nach § 12 Nr. 4 Abs. 1 VOB/B ist hier nicht von der Niederlegung des Befundes, sondern von derjenigen des Ergebnisses die Rede; das scheint weniger zu sein. Auf jeden Fall werden zur Niederlegung des Ergebnisses Vermerke gehören, welche Leistungsteile besichtigt wurden, welcher Zustand in welchem Entwicklungsstadium festgestellt wurde und ob die Feststellungen Mangelfreiheit oder ggf. welche konkreten Mängel ergeben haben. Zwangsläufig oder zumindest sinnvollerweise wird man auch vermerken, ob über die Feststellungen Einvernehmen erzielt wurde oder ob sie streitig geblieben sind.

6 Die **Rechtsfolgen** eines unrichtigen Ergebnisprotokolls sind umstritten. Sie sind vor allem in denjenigen Fällen von Bedeutung, in denen der Auftraggeber Mängel, die er später rügt, nicht im Protokoll festgehalten hat, dort möglicherweise sogar Mängelfreiheit bescheinigt hat. Umgekehrt ist es denkbar, dass von dem Auftraggeber in dem Ergebnisprotokoll unberechtigte Mängelrügen vermerkt werden, denen der Auftragnehmer aus welchen Gründen auch immer nicht zu Protokoll widersprochen hat. Es fragt sich, welche Rechtswirkungen den Parteierklärungen im Ergebnisprotokoll zukommen. Zu weitgehend erscheint es, diesen Erklärungen die Wirkungen eines Vergleichs oder eines kausalen Anerkenntnisvertrags zuzuordnen. Folge wäre, dass die Parteien mit späteren Einwendungen gegen die Feststellungen des Protokolls – zumindest soweit dessen Erklärungswirkungen gehen – ausgeschlossen wären oder Einwendungen nur ausnahmsweise und unter erschwerten Bedingungen erheben könnten. Das Erklärungsverhalten der Parteien im Rahmen der Zustandsfeststellung zielt nicht auf die endgültige Erledigung zwischen ihnen bestehender Streitpunkte wie Vergleich oder Anerkenntnisvertrag; solche Streitpunkte existieren vielfach nicht einmal. Die Niederlegung im Protokoll dient der Fixierung von Tatsachenfeststellungen. Die Parteien legen also Wissenserklärungen nieder und nicht rechtsgeschäftliche Willenserklärungen. Darüber hinaus verfolgt auch die vertragliche Grundlage der Zustandsfeststellung – § 4 Nr. 10 VOB/B – erkennbar keine derart gravierenden Rechtsverluste. Auch wenn diese Bestimmung ein perfekter Ausdruck der VOB-vertraglichen Kooperationspflicht der Vertragspartner ist, deren Verletzung auch einschneidende Rechtsfolgen haben kann (vgl. BGH 28.10.1999 VII ZR 393/98 = BauR 2000, 409), stehen doch Zweckmäßigkeitserwägungen im Vordergrund. Es fällt schwer, den Erklärungen von Parteien, die sich aufgrund einer vertraglichen Zweckmäßigkeitsregelung zu einer gemeinsamen Zustandsfeststellung treffen, eine Bedeutung beizumessen, die auf einschneidende Einwendungsausschlüsse hinausläuft. Demgegenüber nimmt eine beachtliche Meinung in der Literatur (*Locher* Das private Baurecht Rn. 243; *Nicklisch/Weick* § 4 VOB/B Rn. 132; a.A. 13. Aufl. § 12 VOB/B Rn. 79 unter Hinweis auf *Baumgärtl* Handbuch der Beweislast Band 1 § 12 VOB/B Rn. 3; Beck'scher VOB-Komm./*I. Jagenburg* § 12 Nr. 2 VOB/B Rn. 24) als Wirkung der Zustandsfeststellung eine **Beweislastumkehr** an. Allerdings hat der BGH nunmehr in zwei Entscheidungen zu Beweisfragen des Aufmaßes – ebenfalls einer gemeinsamen Tatsachenfeststellung – Stellung genommen. In einer Entscheidung (Urt. v. 22.5.2003 VII ZR 143/02 = BauR 2003, 1207 = NJW 2003, 2678) war der Auftraggeber dem gemeinsamen Aufmaß pflichtwidrig ferngeblieben, in der anderen Entscheidung (Urt. v. 24.7.2003 VII ZR 79/02 = BauR 2003, 1892 = NZBau 2004, 31) hatte der Auftraggeber das Aufmaß des Auftragnehmers zunächst bestätigt und wollte sich später von dieser Bestätigung wieder lösen. In beiden Fällen hatte der BGH keinen Anlass gesehen, die Beweislastverteilung wegen des Verhaltens des Auftraggebers zu dessen Lasten zu ändern, solange die zu beweisenden Tatsachenfeststellungen unter zumutbaren Bedingungen noch möglich sind. Erst dann, wenn dies nach unberechtigtem Fernbleiben des Auftraggebers zu einem Aufmaßtermin oder nach seiner Massenbestätigung nicht mehr mehr möglich ist, hat der Auftraggeber vorzutragen und zu beweisen, welche Massen zutreffen oder dass die vom Auftragnehmer angesetzten Massen unzutreffend sind. Diese Grundsätze wird man auch hierher übertragen können. Die hier in Betracht kommenden Feststellungen werden später tatsächlich oft nicht mehr unter zumutbaren Bedingungen getroffen werden können, nachdem es gerade Sinn und Zweck des § 4 Nr. 10 VOB/B ist, die Parteien zur Feststellung des Zustands solcher Leistungsteile zu verpflichten, die durch die weitere Ausführung der Prüfung und Feststellung entzogen werden. In der Praxis ist die Beweislastfrage bei § 4 Nr. 10 VOB/B vielfach aber doch deutlich entschärft. Ihr Hauptanwendungsfall dürfte sein, dass sich trotz des Ergebnisses der Zustandsfeststellung »geprüfter Bauteil mangelfrei« noch vor Abnahme Mängel zeigen (nach Abnahme ist der Auftraggeber ohnehin beweisbelastet). Zunächst wird man der diesbezüglichen Auftraggebererklärung in aller Regel keine weitergehende Bedeutung beimessen können, als die Feststellungsmöglichkeiten reichen. Für Mängel, die trotz angemessener Prüfung nicht feststellbar sind, übernimmt der Auftraggeber vor Abnahme auch durch die Zustandsfeststellung nicht die Beweislast. Zum anderen ist der Auftraggeber bei der Mangelrüge – auch vor Abnahme – nur zur Angabe der Symptome verpflichtet und nicht zur Erforschung und Benennung von Mangelursachen. Demgegenüber ist der Auftrgnehmer bis zur Abnahme nicht zum generellen Nachweis der Mangelfreiheit seiner Leistung verpflichtet; er hat lediglich substantiierte Mängelrügen des Auftraggebers zu entkräften.

7 Es bleibt den Parteien natürlich unbenommen, rechtlich weitergehende Erklärungen in Zusammenhang mit der Zustandsfeststellung abzugeben. Es ist eine – ggf. durch Auslegung zu ermittelnde – Frage des Einzelfalls, inwieweit eine Vertragspartei die Erklärungen ihres Vertragspartners in Zusammenhang mit der Zustandsfeststellung, auch im Hinblick auf die Eintragung in das Ergebnisprotokoll, als **Mangelanerkenntnis** oder **Verzicht auf Mängelrechte** werten darf. Hierfür wird es aber **Anhaltspunkte** bedürfen, **die über die reine Zustandsfeststellung zu Protokoll hinausgehen** und insbesondere für den Architekten des Auftraggebers auch einer gesonderten Vollmacht bedürfen. Darüber hinaus begeht diejenige Vertragspartei, die einen von ihr erkannten oder für sie ohne weiteres erkennbaren Zustand der betroffenen Teilleistung nicht im Protokoll festhält, eine Pflichtverletzung gemäß §§ 280, 241 Abs. 2 BGB. Schließlich haben sich beide Vertragspartner in § 4 Nr. 10 VOB/B verpflichtet, den Zustand gemeinsam festzustellen und das Ergebnis schriftlich niederzulegen. Mehrkosten für spätere erneute Feststellungen, die bei ordentlicher Vertragserfüllung vermieden worden wären – etwa für das Öffnen mittlerweile verschlossener Leistungsteile –, gehen zu Lasten der vertragsuntreuen Partei.

8 In der täglichen Baupraxis wird sich im Rahmen der gemeinsamen Zustandsfeststellung vielfach **keine Einigung** erzielen lassen, insbesondere über Art und Umfang der Mangelhaftigkeit oder Vertragsgerechtigkeit der festgestellten Teilleistung. Wird dies im Ergebnisprotokoll festgehalten, haben beide Parteien ihre Pflichten nach Nr. 10 erfüllt. Die Pflicht zur Erzielung von Einvernehmen ergibt sich aus dieser Regelung nicht, auch kein Zwang, nunmehr durch weitergehende Feststellungen – etwa durch Hinzuziehung von Sachverständigen – Klarheit herbeizuführen, bevor der betroffene Leistungsteil weiteren Feststellungen entzogen wird. Der Auftraggeber ist auch nicht gehalten, in diesem Fall den Weg nach § 4 Nr. 7 VOB/B zu beschreiten. Ihm bleiben sämtliche Rechte offen, bis hin zur Verweigerung der späteren rechtsgeschäftlichen Abnahme, sofern deren Voraussetzungen vorliegen. Der Auftragnehmer ist über die Kritik des Auftraggebers zur festgestellten Teilleistung informiert und kann nunmehr verfahren, wie er es in Anbetracht der damit verbundenen Risiken für sachdienlich hält. Keine Partei ist darüber hinaus gehindert, zur Vorbereitung etwaiger späterer Auseinandersetzungen weitere Beweissicherungsmaßnahmen einzuleiten z.B. durch private Dokumentation (z.B. Fotos, Video), Hinzuziehung eines Privatgutachters oder Einleitung eines selbstständigen Beweisverfahrens.

E. Weigerung des Auftragnehmers zur Mitwirkung an der Zustandsfeststellung

9   Verweigert der Auftraggeber seine Mitwirkung an einer Zustandsfeststellung nach Nr. 10, begeht er eine **Pflichtverletzung gemäß §§ 280, 241 Abs. 2 BGB** und läuft nach herrschender Meinung (statt vieler *Heiermann/Riedl/Rusam* § 4 VOB/B Rn. 109) Gefahr, dass in dem betreffenden Bereich etwa vorhandene Mängel, die nicht festgestellt sind, zu seinen Lasten gehen, weil ihn später wegen der abgelehnten Teilabnahme die **Beweislast** treffen kann. Bei der Zustandsfeststellung handelt es sich um eine vertraglich vereinbarte »Beweissicherung«, deren Vereitelung demjenigen zur Last gehen muss, der sie von seiner Seite verhindert. Allerdings gilt auch hier das in Rn. 6, insbesondere in Hinblick auf die BGH-Entscheidung vom 22.5.2003 VII ZR 143/02 (BauR 2003, 1207 = NJW 2003, 2678) Gesagte.

10 Der Auftraggeber, der die gemeinsame Zustandsfeststellung unberechtigt verweigert, verletzt eine vertragliche Nebenpflicht. Daher hat er etwa bei der späteren rechtsgeschäftlichen Abnahme entstehende **Mehrkosten** zu ersetzen, die zur Prüfung der Ordnungsgemäßheit der Leistungen anfallen, die bei einer rechtzeitig durchgeführten Zustandsfeststellung vermieden worden wären, wie z.B. durch Aufgraben zwecks Feststellung aufgetretener Nässeschäden zur Klärung der Verursachung durch den betreffenden Auftragnehmer (zutreffend *Vygen* Bauvertragsrecht Rn. 400). Darüber hinaus ist daran zu denken, den Auftraggeber auch mit Kosten für Dokumentationsmaßnahmen des Auftragnehmers zu belasten, die dieser zur Sicherung seiner Rechtsposition im Hinblick auf später erschwerte Feststellungsmöglichkeiten nunmehr einseitig vornimmt (z.B. Foto-, Videodokumentation, Privatgutachten) und die er – auch unter Beachtung seiner Schadensminderungspflicht – für geboten halten darf. An die Schadensminderungspflicht gegenüber einem selbst vertragsuntreuen Vertragspartner wird man keine überspannten Anforderungen stellen. Treten hierdurch Behinderungen oder gar Unterbrechungen für die weitere Leistungsdurchführung ein, ergeben sich die Rechte des Auftragnehmers aus § 6 VOB/B, ggf. auch aus § 9 VOB/B. Die übrigen aus der Verweigerung einer rechtsgeschäftlichen Abnahme sich ergebenden Ansprüche stehen dem Auftragnehmer nicht zu.

§ 5
Ausführungsfristen

1. Die Ausführung ist nach den verbindlichen Fristen (Vertragsfristen) zu beginnen, angemessen zu fördern und zu vollenden. In einem Bauzeitenplan enthaltene Einzelfristen gelten nur dann als Vertragsfristen, wenn dies im Vertrag ausdrücklich vereinbart ist.

2. Ist für den Beginn der Ausführung keine Frist vereinbart, so hat der Auftraggeber dem Auftragnehmer auf Verlangen Auskunft über den voraussichtlichen Beginn zu erteilen. Der Auftragnehmer hat innerhalb von 12 Werktagen nach Aufforderung zu beginnen. Der Beginn der Ausführung ist dem Auftraggeber anzuzeigen.

3. Wenn Arbeitskräfte, Geräte, Gerüste, Stoffe oder Bauteile so unzureichend sind, dass die Ausführungsfristen offenbar nicht eingehalten werden können, muss der Auftragnehmer auf Verlangen unverzüglich Abhilfe schaffen.

4. Verzögert der Auftragnehmer den Beginn der Ausführung, gerät er mit der Vollendung in Verzug, oder kommt er der in Nummer 3 erwähnten Verpflichtung nicht nach, so kann der Auftraggeber bei Aufrechterhaltung des Vertrages Schadensersatz nach § 6 Nr. 6 verlangen oder dem Auftragnehmer eine angemessene Frist zur Vertragserfüllung setzen und erklären, dass er ihm nach fruchtlosem Ablauf der Frist den Auftrag entziehe (§ 8 Nr. 3).

Inhaltsübersicht Rn.

- A. Allgemeine Grundlagen... 1
  - I. Begriff der Ausführungsfristen 2
  - II. Grundsatz: Vertragsfristen 5
- B. Geänderte Rechtslage durch BGB 2002.. 8
  - I. Überblick... 8
  - II. BGB 2002... 9
  - III. VOB 2002/2006... 10

Aufsätze: *Vygen* Behinderungen des Auftragnehmers und ihre Auswirkungen auf die vereinbarte Bauzeit BauR 1983, 210; *Kühne* Die Fälligkeit der Werkherstellung, insbesondere bei fehlender Zeitvereinbarung BB 1988, 711; *Kreitzenbohm* Verzug des Unternehmers im Werkvertragsrecht BauR 1993, 647; *Schubert* Die Kosten der Bauzeit FS Soergel 1993 S. 355 ff.; *Fischer* Probleme der Entbehrlichkeit der Fristsetzung mit Ablehnungsandrohung bei Verweigerung der Nachbesserung (§ 634 Abs. 2 BGB) BauR 1995, 452; *Kleine-Möller* Leistungsverweigerungsrechte des Bauunternehmers vor der Abnahme FS Heiermann 1995 S. 193 ff.; *Diehr* Zum Verhältnis von Vergütungs- und Schadensersatzanspruch des Auftragnehmers wegen Bauzeitstörung nach der VOB BauR 2001, 1507; *Grams* Zur neuen Regelverjährung des Erfüllungsanspruchs auf die Bauleistung BauR 2002, 1461; *Roquette* Praktische Erwägungen zur Bauzeit bei Vertragsgestaltung und baubegleitender Beratung Jahrbuch Baurecht 2002 S. 33; *Voppel* Das Gesetz zur Modernisierung des Schuldrechts und das Leistungsstörungsrecht beim Werkvertrag BauR 2002, 843; *Würfele* Verschieben der Zuschlags- und Bindefrist im Vergabeverfahren BauR 2005, 1253.

A. Allgemeine Grundlagen

§ 5 VOB/B befasst sich unter Berücksichtigung der Besonderheiten des Bauvertragswesens mit den Ausführungsfristen, und zwar in näherer Ausgestaltung des § 636 BGB a.F. als auch des **§ 271 BGB** i.V.m. dem **Grundsatz von Treu und Glauben** als gesetzliche Grundregelung. Er ist seit längerem unverändert und behandelt den **zeitlichen Bauablauf, der** für beide Vertragspartner von **grundlegender Bedeutung ist.** Der Auftraggeber hat regelmäßig ein entscheidendes Interesse daran, die beauftragte Bauleistung rechtzeitig zu erhalten, um sie wie vorgesehen der beabsichtigten Nutzung zuführen zu können. Auch für den Auftragnehmer ist die Bauzeit von besonderer Wichtigkeit im Hinblick auf seine betrieblichen Dispositionen und die von ihm dem Vertrag zugrunde gelegte Preisermittlung. Für ihn kommt es vor allem auf die zeitabhängigen sowie die produktiven Baukosten an, nicht zuletzt auch, um deren spätere Änderung infolge Verschiebung der Bauzeit feststellen und nachweisen zu können (vgl. dazu *Schubert* FS Soergel S. 355 ff.; *Vygen/Schubert/Lang* Rn. 4 ff.). 1

I. Begriff der Ausführungsfristen

Wegen vorgenannter Besonderheiten im Bereich der Bauherstellung bedurfte es in § 5 VOB/B näherer Festlegung wesentlicher **Grundsätze für den zeitlichen Bereich** der Bauausführung. Nicht nur **das zeitliche Ende der Werkherstellung,** sondern auch **dessen Beginn sowie die zügige Arbeit während der Herstellungszeit,** also den gesamten Herstellungsvorgang, haben für den Auftraggeber besondere Bedeutung, wenn auch die pünktliche Beendigung besonders schwergewichtig sein mag. 2

3 Unter den hier angesprochenen **Ausführungsfristen** versteht man den **Zeitraum zwischen dem Beginn** der Ausführung **und der Fertigstellung** der nach dem jeweiligen Auftragsumfang ausgerichteten Bauleistung oder eines Teils derselben. Im letzteren Fall handelt es sich um **Einzelfristen**.

4 Über die **Fristen allgemein,** ihren Beginn und ihr Ende, insbesondere über ihre Berechnung, vgl. die §§ 186 ff. BGB. Diese gelten auch hier, sofern nicht der konkret in Rede stehende Bauvertrag eine ausdrückliche anderweitige Regelung diesbezüglich enthält.

II. Grundsatz: Vertragsfristen

5 Begrifflich kennt man beim Bauvertrag als **Oberbegriff** die **Ausführungsfristen,** die in **Vertragsfristen** und **andere Fristen** unterteilt werden. Nur die ersteren sind von vornherein verbindlich in dem Sinne, dass daran grundsätzlich im Einzelnen in § 5 Nr. 4 VOB/B bestimmte Rechtsfolgen geknüpft werden können, wenn sie nicht eingehalten werden. Sofern es sich um Vertragsfristen handeln soll, muss dies **hinreichend klar** im Bauvertrag zum Ausdruck gebracht werden (vgl. § 11 VOB/A Rn. 9 ff., 16 ff.). Die Regelung in **§ 5 VOB/B geht grundsätzlich von Vertragsfristen** aus, allerdings mit der Einschränkung in Nr. 1 S. 2 hinsichtlich der Einzelfristen. Aus dem Begriff der Vertragsfristen folgt, dass diese von beiden Vertragspartnern **vereinbart** werden müssen. Möglich ist auch eine Absprache bei Vertragsabschluss, dass die Fristen später einvernehmlich festgelegt werden sollen, was dann geschehen muss (vgl. auch OLG Köln BauR 1997, 318: Keine einseitige Fristbestimmung durch den Auftraggeber, wenn eine Vertragsfrist aus in seiner Person liegenden Gründen nicht gehalten werden kann). Verzögert sich die Zuschlagserteilung im Vergabeverfahren mit dem Ergebnis der Nichteinhaltung der in den Ausschreibungsunterlagen enthaltenen Ausführungsfristen und wird deshalb die Bindefrist verlängert, so ist die Willenserklärung zur Verlängerung der Bindefrist so auszulegen, dass der zeitliche Aufschub zu den in dem Angebot enthaltenen Fristen hinzuzurechnen ist (so zutreffend: OLG Jena BauR 2000, 1612; ebenso BayObLG VergabeR 2002, 534; LG Erfurt BauR 2005, 564 und Thüringer OLG BauR 2005, 1161; vgl. auch *Würfele* BauR 2005, 1253).

6 Unberührt bleibt jedoch die nach den **allgemeinen Vorschriften** auch im Falle des Fehlens von Vertragsfristen dem Auftraggeber zustehende Befugnis, wegen der zügigen Ausführung und Fertigstellung der vertraglichen Leistung den Auftragnehmer gemäß **§§ 280, 286 BGB** in Verzug zu setzen. Denn der Auftragnehmer ist verpflichtet, die ihm in Auftrag gegebene Leistung innerhalb einer angemessenen, nach Treu und Glauben ausgerichteten Frist zu beginnen, zügig auszuführen und fertig zustellen. Dies richtet sich nach den Gegebenheiten des Einzelfalles, wie Art und Umfang der Leistung, Verhältnisse der Baustelle, pünktliche Erfüllung von Mitwirkungshandlungen durch den Auftraggeber usw. Ausgangspunkt ist dabei § **271 BGB**, wonach der Auftragnehmer grundsätzlich nach Vertragsabschluss mit der Leistung zu beginnen und sie zügig innerhalb der für die Leistungserstellung benötigten Zeit fertig zustellen hat (BGH Urt. v. 8.3.2001 VII ZR 470/99 = BauR 2001, 946 = NZBau 2001, 389; KG BauR 2005, 1219; *Vygen/Schubert/Lang* Rn. 26). Diese Forderung lässt sich aber bei Baumaßnahmen – vor allem hinsichtlich des Leistungsbeginns – oft nicht erfüllen; weshalb auf die Umstände des Einzelfalles abzustellen ist, was jeweils zu ermitteln oft genug schwer ist (vgl. dazu näher *Kreitzenbohm* BauR 1993, 647, 648; *Vygen/Schubert/Lang* Rn. 26 und *Kühne* BB 1988, 711). Für den Bauvertrag müssen, um zu einer möglichst sachgerechten Beurteilung zu kommen, in einem solchen Fall die Nr. 2, 3 und 4 entsprechende Anwendung finden.

7 Liegt der bei Bauverträgen seltene Fall vor, dass es dem Auftragnehmer überlassen bleibt, den Zeitpunkt der Leistung zu bestimmen, etwa dahin, die Leistung zu erbringen »so wie er Zeit habe«, und verzögert der Auftragnehmer den Beginn oder die Vollendung der Leistung oder beides, ist an sich die Bestimmung der Leistungszeit nach § 315 Abs. 3 S. 2 BGB durch richterliches Urteil zu ersetzen. Dieser Weg ist aber oft nicht praktikabel und führt zu unzumutbaren Verzögerungen. Daher ist es dem Auftraggeber zu gestatten, aber auch von ihm zu verlangen, bei übermäßiger Verzögerung durch den Auftragnehmer diesem zu erklären, dass er ab einem bestimmten Zeitpunkt die Leistung als fällig ansieht, und ihm eine angemessene Frist für die Fertigstellung setzt. Überschreitet der Auftragnehmer die Frist und leistet er dann trotz Mahnung nicht, ist er im Leistungsverzug (vgl. dazu BGH Urt. v. 14.7.1983 VII ZR 306/82 = BauR 1983, 571 = SFH § 315 BGB Nr. 1). Entsprechendes hat zu gelten, wenn es dem Auftraggeber im Vertrag überlassen bleibt, Beginn und Ende der Leistung zu bestimmen. Möglich ist auch die Vereinbarung, dass die Leistungszeit durch einen Dritten, etwa einen Architekten, Ingenieur oder Bausachverständigen, festgelegt werden soll; dann greifen die §§ 317–319 BGB (zur Anwendung des § 315 BGB beim öffentlichen Auftraggeber vgl. Hanseatisches OLG BauR 2004, 1618).

B. Geänderte Rechtslage durch BGB 2002

I. Überblick

Die VOB regelt die bauvertragstypischen Besonderheiten der Ausführungsfristen in § 5 VOB/B. **8** Diese Bestimmung hat die (alte) gesetzliche Grundregelung des § 636 BGB a.F. näher ausgestaltet, da der zeitliche Bauablauf für beide Vertragspartner von entscheidender Bedeutung ist und in § 636 BGB a.F. nur eine unzureichende Beachtung gefunden hat. Durch den für entsprechend anwendbar erklärten § 634 Abs. 1 S. 2 BGB a.F. als auch durch die gebrauchte Wendung »nicht rechtzeitig fertig gestellt« hat **§ 636 BGB a.F. Aussagen zur zeitlichen Leistungspflicht** des Auftragnehmers getroffen (*Nicklisch/Weick* § 5 VOB/B Rn. 1; ebenso Beck'scher VOB-Komm./*Motzke* § 5 Nr. 1 VOB/B Rn. 67). Insbesondere der dortigen Rechtsfolgeregelung im Falle nicht rechtzeitiger Werkherstellung ist zu entnehmen, dass es sich um die Festlegung einer – neben der Pflicht zur ordnungsgemäßen, vollständigen und mängelfreien Herstellung – weiteren Hauptpflicht des Auftragnehmers handelt (vgl. zu § 636 BGB a.F. auch *Kreitzenbohm* BauR 1993, 647). Hat der Auftragnehmer diese Pflicht verletzt, so konnte der Besteller unter entsprechender Anwendung des § 634 Abs. 1 S. 2 BGB a.F. dem Auftragnehmer eine Nachfrist mit Ablehnungsandrohung setzen und nach ergebnislosem Ablauf derselben vom Vertrag zurücktreten. Der Rücktritt kam nach § 636 BGB a.F. auch in Betracht, wenn die verspätete Werkherstellung auf eine nicht rechtzeitige Erfüllung von Nebenpflichten beruhte (BGH Urt. v. 20.3.2001 X ZR 180/98 = BauR 2001, 1256 = NJW 2001, 2024). Ansprüche des Bestellers wegen Verzugs blieben unberührt, § 636 Abs. 1 S. 2 BGB a.F.; zudem hat § 636 Abs. 2 BGB a.F. eine für den Auftraggeber vorteilhafte Beweislastregel beschrieben.

II. BGB 2002

Das BGB i.d.F. v. 1.1.2002 kennt im Werkvertragsrecht eine spezielle Regelung für die verspätete Er- **9** bringung des geschuldeten Werkes nicht mehr. Eine **werkvertragliche Bestimmung**, die den **zeitlichen Bauablauf** behandelt, wurde **nicht formuliert**.

Die nicht zeitgerechte Leistungserbringung wird jetzt über das Recht der Leistungsstörungen erfasst, wonach der Besteller bei Nichtleistung oder nicht rechtzeitiger Leistung eine angemessene Frist zur Leistung oder Nacherfüllung setzen kann. Bei ergebnislosem Ablauf hat er die Möglichkeit vom Vertrag zurückzutreten und/oder Schadensersatz statt der Leistung zu verlangen (§§ 280, 281 Abs. 1 S. 1, 323 Abs. 1, 325 BGB; *Palandt/Heinrichs* a.a.O. § 325 Rn. 1 f.; *Englert* in *Wirth/Sienz/Englert* Verträge am Bau nach der Schuldrechtsreform 2002 § 325 Rn. 2). Das alte Erfordernis einer Ablehnungsandrohung (§§ 636, 634 Abs. 1 S. 1 BGB a.F.) ist entfallen; das Setzen einer angemessenen Nachfrist ist ausreichend. Entfallen ist auch das im alten BGB enthaltene Wahlrecht zwischen Rücktritt und Schadensersatz wegen Nichterfüllung. Das BGB 2002 sieht das Bestehen beider Ansprüche nebeneinander vor, § 325 BGB (*Voppel* BauR 2002, 843). Entscheidet sich der Auftraggeber für die Aufrechterhaltung des Vertrages trotz verzögerter Leistungserbringung, so steht ihm neben dem Erfüllungsanspruch ein Anspruch auf Ersatz des Verzögerungsschadens nach §§ 280, 286 BGB zu. Der

Verzicht auf die Leistungsablehnungsandrohung (Kündigungsandrohung) wird zumindest für den Bauvertrag als einen Vertrag mit Langzeitcharakter und ihm innewohnenden Kooperationspflichten für nicht sachgerecht erachtet, weshalb auch für Bauverträge nach BGB 2002 das Setzen einer Nachfrist mit Ablehnungsandrohung verlangt wird (*Vygen/Schubert/Lang* Rn. 11 ff., 90). Im BGB 2002 wurden zudem die Möglichkeiten, ohne Mahnung in Verzug zu geraten, erweitert (§ 286 Abs. 2 BGB) und die zu § 326 BGB a.F. entwickelten Grundsätze zur Entbehrlichkeit einer Nachfrist mit Ablehnungsandrohung nun gesetzlich in § 323 Abs. 2 und 4 BGB geregelt und für den Werkvertrag in § 636 BGB noch ergänzt. Eine spezielle Beweislastregel für das Werkvertragsrecht gibt es nicht mehr (vgl. § 636 Abs. 2 BGB a.F.; *Vygen/Schubert/Lang* Rn. 99, 106).

III. VOB 2002/2006

10 Trotz dieser deutlichen Neuregelung hat der DVA beschlossen, **§ 5 VOB/B nicht zu ändern**; dies gilt auch für die Nr. 4, die für das Kündigungsrecht eine angemessene Nachfrist mit Kündigungsandrohung fordert. Entscheidend war für den DVA, dass die Regelungsziele des BGB und der VOB/B, nämlich die Lösung vom Vertrag bei Abrechnung der erbrachten Leistungen nach den Vertragspreisen, in beiden Systemen identisch ist (vgl. Beschlüsse des Vorstandes des Deutschen Vergabe- und Vertragsausschusses [DVA] v. 2.5.2002 und 27.6.2006). Bei dem VOB-Bauvertrag folgt dies aus § 5 Nr. 4 VOB/B i.V.m. § 8 Nr. 3 VOB/B. Bei einem BGB-Bauvertrag über die Anwendung des § 346 Abs. 1 und Abs. 2 S. 2 BGB, wonach bei Ausschluss der Rückgewähr Wertersatz unter Berücksichtigung der vereinbarten Gegenleistung zu zahlen ist (*Palandt* a.a.O. § 346 Rn. 10; *Englert* in *Wirth/Sienz/Englert* a.a.O. § 346 Rn. 2 ff.). Des Weiteren kennt das gesetzliche Werkvertragsrecht auch nach der Gesetzesänderung das Kündigungsrecht des Auftraggebers. § 649 BGB ist unverändert geblieben, weshalb die über § 5 Nr. 4 VOB/B eröffnete Kündigungsmöglichkeit nicht gegen ein gesetzliches Leitbild verstößt. Gleiches gilt für die Beibehaltung der Kündigungsandrohung. Die **Androhung der Auftragsentziehung ist Ausdruck** des im Bauvertragsrecht zwischen den Parteien bestehenden **Kooperationsverhältnisses** sowie die Umsetzung des auch hier geltenden Grundsatzes von Treu und Glauben.

11 Die Neuerungen im Verzugsrecht bewirken jedoch eine Verschärfung der Fristensituation. **§ 5 Nr. 2 VOB/B** gibt vor, dass der Auftragnehmer bei Fehlen eines vereinbarten Beginntermins innerhalb von 12 Werktagen nach Aufforderung durch den Auftraggeber zu beginnen hat. Diese Frist ist in Bezug auf den Beginn der Ausführung eine Vertragsfrist. **§ 286 Abs. 2 Ziff. 2 BGB** bestimmt jetzt, dass Verzug ohne Mahnung eintritt, wenn der Leistung ein Ereignis vorauszugehen hat und eine Zeit für die Leistung in der Weise bestimmt ist, dass sie sich von dem Ereignis an nach dem Kalender berechnen lässt (*Palandt/Heinrichs* a.a.O. § 286 Rn. 23; *Müller* in *Wirth/Sienz/Englert* a.a.O. § 286 Rn. 7; *Leinemann/Roquette* § 5 VOB/B Rn. 8; *Vygen/Schubert/Lang* Rn. 41). Unter den Begriff des Ereignisses fallen Handlungen oder andere sinnlich wahrnehmbare Umstände (*Palandt/Heinrichs* a.a.O. § 286 Rn. 23). Das maßgebliche Ereignis ist die Aufforderung des Auftraggebers. Mit Zugang der Aufforderung lässt sich die Frist von 12 Werktagen nach dem Kalender berechnen mit der Folge, dass der Auftragnehmer mit fruchtlosem Ablauf der Frist automatisch in Verzug gerät. Dieser Verzug ohne Mahnung gem. § 286 Abs. 2 Ziff. 2 BGB ist weiter für die vereinbarten Vertragstermine von erheblicher Bedeutung. Der Beginn der Ausführung wird in Bauverträgen häufig von Ereignissen abhängig gemacht, z.B. Beginn zwei Wochen nach Vorlage der Baugenehmigung, nach Übergabe der Ausführungspläne oder nach Herstellen einer erforderlichen Vorleistung (Rodung des Baugrundstücks). Ist das vereinbarte Ereignis eingetreten, so kann von diesem Zeitpunkt an der Beginntermin kalendermäßig berechnet werden. Enthält der Vertrag zudem eine bestimmte Ausführungsfrist (20 Werktage, 2 Monate), so kann von dem Ereignis an auch der Fertigstellungstermin berechnet werden, bei dessen Nichteinhaltung automatisch Verzug mit der Vollendung vorliegt (vgl. auch *Vygen/Schubert/Lang* Rn. 41; *Leinemann/Roquette* § 5 VOB/B Rn. 8 sowie BGH Urt. v. 13.12.2001

VII ZR 432/00 = BauR 2002, 782 = NZBau 2002, 265 für § 284 BGB a.F. und § 11 Nr. 2 VOB/B Rn. 5).

§ 5 Nr. 1–3
[Grundregelung in Nr. 1–3]

1. Die Ausführung ist nach den verbindlichen Fristen (Vertragsfristen) zu beginnen, angemessen zu fördern und zu vollenden. In einem Bauzeitenplan enthaltene Einzelfristen gelten nur dann als Vertragsfristen, wenn dies im Vertrag ausdrücklich vereinbart ist.

2. Ist für den Beginn der Ausführung keine Frist vereinbart, so hat der Auftraggeber dem Auftragnehmer auf Verlangen Auskunft über den voraussichtlichen Beginn zu erteilen. Der Auftragnehmer hat innerhalb von 12 Werktagen nach Aufforderung zu beginnen. Der Beginn der Ausführung ist dem Auftraggeber anzuzeigen.

3. Wenn Arbeitskräfte, Geräte, Gerüste, Stoffe oder Bauteile so unzureichend sind, dass die Ausführungsfristen offenbar nicht eingehalten werden können, muss der Auftragnehmer auf Verlangen unverzüglich Abhilfe schaffen.

Inhaltsübersicht   Rn.

A. Allgemeine Grundlagen... 1
B. Verbindliche Fristen maßgebend.. 2
    I. Eindeutige Vereinbarung... 3
        1. Einzelfrist... 4
        2. Keine Fristvorbehalte in AGB.. 6
    II. Verpflichtung des Auftragnehmers zur fristgerechten, zügigen Leistung.......... 7
        1. Beginn der Ausführung... 8
        2. Auskunftspflicht des Auftraggebers über voraussichtlichen Baubeginn.......... 10
        3. Pflicht zum Beginn innerhalb von 12 Werktagen nach Aufforderung; Abrufpflicht.. 12
        4. Anzeige vom Beginn der Ausführung............................... 14
        5. Pflicht des Auftragnehmers zur angemessenen Förderung der Ausführung...... 15
        6. Verpflichtung des Auftragnehmers zur Abhilfe bei Unzulänglichkeiten......... 16
        7. Fertigstellung der Vertragsleistung spätestens mit Fristablauf; Baustellenräumung.. 23
        8. Verlängerung der Ausführungspflicht............................... 26

Aufsätze: s.o., *Vygen* Behinderungen des Auftragnehmers und ihre Auswirkungen auf die vereinbarte Bauzeit BauR 1983, 210; *Kreitzenbohm* Verzug des Unternehmers im Werkvertragsrecht BauR 1993, 647; *Roquette* Praktische Erwägungen zur Bauzeit bei Vertragsgestaltung und baubegleitender Beratung Jahrbuch Baurecht 2002 S. 33.

A. Allgemeine Grundlagen

Nach Nr. 1 ist die Ausführung nach den **verbindlichen Fristen** (Vertragsfristen) zu beginnen, angemessen zu fördern und zu vollenden. In einem **Bauzeitenplan** enthaltene **Einzelfristen** gelten nur als Vertragsfristen, wenn dies im Bauvertrag **ausdrücklich vereinbart** ist. Dabei wird es entscheidend darauf ankommen, ob solche Zwischenfristen sinnvoll sind, was grundsätzlich nur der Fall sein dürfte, wenn es im Einzelfall, nicht zuletzt bei langfristigen, in einem Vertrag zusammengefassten Bauvorhaben, nötig ist, Zwischenkontrollen im Hinblick auf den Bauablauf durchzuführen. Ergänzende Verpflichtungen zur Nr. 1 ergeben sich aus Nr. 2 und 3. Um die hier erforderlichen Nachweise erbringen zu können, empfiehlt sich die sorgfältige Führung eines **Bautagebuches**.

B. Verbindliche Fristen maßgebend

2 Bei der in Abs. 1 S. 1 erwähnten verbindlichen Ausführungsfrist handelt es sich um eine Vertragsfrist, bei deren Verletzung die in § 11 VOB/A Rn. 2 genannten Folgen eintreten können. Der Begriff der **Ausführungsfrist** als **Vertragsfrist** bezieht sich grundsätzlich auf den Zeitraum zwischen Beginn und Ende der **vertraglich vereinbarten Gesamtleistung**. Wesentlich ist dabei, dass im Vertrag deutlich die durch Vereinbarung beider Vertragspartner gewollte Verbindlichkeit **zweifelsfrei zum Ausdruck** kommt, wobei die Worte »Vertragsfrist« oder »verbindlich« – weil von der VOB selbst gebraucht – am eindeutigsten sind.

I. Eindeutige Vereinbarung

3 In jedem Fall ist bei Vereinbarung **verbindlicher Fristen** zwingend darauf zu achten, dass dies durch die Angabe ganz bestimmter, **uneingeschränkt i.S. einer klar gewollten Verpflichtung** genannter Daten oder Zeiträume festgelegt wird, wie z.B. »Ausführungsfrist vom 2.5. bis 31.10.« (OLG Koblenz NJW-RR 1988, 851) oder »Leistungszeit 6 Monate« oder »Ausführungsfrist ab 20. Mai innerhalb 20 Arbeitstagen« (vgl. OLG Koblenz BauR 1989, 729 = MDR 1990, 51; OLG Düsseldorf SFH § 11 VOB/B Nr. 10 = BauR 1986, 457) oder »Gesamtbauzeit 30 Monate; sie darf nicht überschritten werden« oder »3 Monate nach dem Fertigstellungstermin vom 1.11.1992« (OLG Köln SFH § 9 AGBG Nr. 65 = BauR 1995, 708). Ungefähre Angaben zur Bauzeitfestlegung, wie »ca.«, »etwa«, »voraussichtlich« bzw. »vom 30.11.2000 bis 24.2.2001 je nach Witterung« sind nicht ausreichend (OLG Düsseldorf BauR 1997, 851; ebenso: VOB-Stelle Niedersachsen, Stellungnahme v. 2.6.1998 – Fall 1147, IBR 1999, 114-*Asam-Peter*). Auch sonstige nicht als zwingend aufzufassende Wendungen, insbesondere in Besonderen oder Zusätzlichen Vertragsbedingungen, genügen nicht, um von einer verbindlichen Ausführungsfrist sprechen zu können, wie etwa die Angabe, dass die Arbeiten von ... bis ... ausgeführt werden »sollen« (vgl. § 11 VOB/A Rn. 6 f.; OLG Düsseldorf BauR 1982, 582 = SFH § 11 VOB/B Nr. 7; dazu auch *Vygen* BauR 1983, 210 sowie OLG Düsseldorf BauR 1992, 765 = NJW-RR 1992, 980) wenn es sich insofern um eine bloße Absichtserklärung handeln soll.

1. Einzelfrist

4 **Einzelfristen**, die **nur** Teile der Ausführung der vertraglich geschuldeten Gesamtleistung betreffen, werden von S. 1 nur erfasst, **wenn** für sie die in S. 2 näher geregelten Voraussetzungen vorliegen, d.h. wenn sie im Vertrag **ausdrücklich als Vertragsfristen festgelegt** sind (vgl. § 11 VOB/A Rn. 16 f.); anderenfalls dienen sie nur der Kontrolle des Bauablaufes durch den Auftraggeber (vgl. OLG Hamm BauR 1996, 392). Eine verbildliche Einzelfrist kann sich aber auch daraus ergeben, dass gerade diese Frist mit einer Vertragsstrafe belegt ist (OLG Düsseldorf BauR 1986, 457 = SFH § 11 VOB/B Nr. 10; *Leinemann/Roquette* § 5 VOB/B Rn. 11; Beck'scher VOB-Komm./*Motzke* § 5 Nr. 1 VOB/B Rn. 47; *Franke/Kemper/Zanner/Grünhagen* § 5 VOB/B Rn. 17). Das betrifft jedoch nur die Einzelfristen, nicht aber die z.B. in Bauzeitenplänen festgelegten **Anfangs- und Endfristen** für die jeweilige vertragliche **Gesamtleistung**; diese sind **Vertragsfristen nach S. 1**.

5 Der Auftraggeber hat bei der Vertragsgestaltung zu entscheiden, ob in seinem berechtigten Interesse für das betreffende Bauvorhaben und im Hinblick auf die eingesetzten, durch verschiedene Verträge verpflichteten Auftragnehmer die Festlegung von Vertragsfristen angezeigt ist, zumal diese Frage auch für die unternehmerische Preisgestaltung von Bedeutung sein kann. Neben der gewünschten endgültigen Fertigstellung wird maßgebend sein, welchen Einfluss die in dem betreffenden Bauvertrag festgelegte Leistung auf die Durchführung von Arbeiten nachfolgender Unternehmer hat, deren Leistung auf der hier zu erbringenden aufgebaut wird bzw. davon abhängig ist. Dass sich hier dem Auftraggeber die terminliche Absicherung im Hinblick auf einen zügigen Bauablauf besonders anbieten kann, liegt ebenso auf der Hand, wie das Interesse an einem fixen Fertigstellungszeitpunkt.

Grundregelung in Nr. 1–3 § 5 Nr. 1–3 VOB/B

Wesentliche Anhaltspunkte für die vom Auftraggeber in der genannten Hinsicht anzustellenden Überlegungen kann hier der von seinem Architekten nach § 15 Abs. 2 Nr. 8 HOAI im Rahmen der von diesem zu erbringenden Grundleistungen aufzustellende Zeitplan (Balkendiagramm) geben.

2. Keine Fristvorbehalte in AGB

Der Auftragnehmer wiederum muss sich vor Vereinbarung der Ausführungsfrist, i.d.R. also vor Vertragsabschluss, vergewissern, ob er in der Lage ist, diese einzuhalten. Dabei muss er prüfen, wie viel Zeit ihm neben den Vorbereitungsarbeiten einschließlich der Baustelleneinrichtung zur wirklichen Arbeit an der Baustelle zur Verfügung steht und ob diese für ihn auskömmlich ist. Ist der Auftragnehmer vorliegend Verwender Allgemeiner Geschäftsbedingungen, so hat er das AGB-Recht, insbesondere hier **§ 308 Nr. 1 BGB** zu beachten, da es untersagt ist, sich unangemessen lange oder nicht hinreichend bestimmte Fristen für die Erbringung einer Leistung vorzubehalten. So verstößt eine Bedingung in AGB – Zusätzlichen Vertragsbedingungen – des Auftragnehmers dahin, dass die Ausführungsfrist nur annähernd sei und um 3 Monate überschritten werden dürfe, gegen § 308 Nr. 1 BGB (vgl. *Markus/Kaiser/Kapellmann* Rn. 408 ff. und § 11 VOB/A Rn. 5). **6**

II. Verpflichtung des Auftragnehmers zur fristgerechten, zügigen Leistung

Die im Vertrag festgesetzte Ausführungsfrist ist vom Auftragnehmer **einzuhalten.** Er muss mit dem Ablauf der Frist das von ihm bis dahin nach dem Vertrag geschuldete Werk oder Teilwerk hergestellt haben. Um dieses zu erreichen, muss er a) mit der Bauausführung **fristgerecht anfangen,** b) die Bauausführung innerhalb des Fristenlaufs **angemessen fördern** und c) die Bauausführung spätestens **zum vertraglich bestimmten Fristablauf vollenden.** **7**

Enthält der Vertrag die Bestimmung, dass für die Durchführung des Bauvorhabens der von der Bauleitung aufgestellte Bauzeitenplan maßgebend ist, und liegt dieser bei Vertragsabschluss noch nicht vor, hat der Auftraggeber kraft vertraglicher Vereinbarung die Befugnis, die Ausführungsfrist entsprechend § 315 BGB nach billigem Ermessen zu bestimmen. Ist die Frist unangemessen, so kann sie – notfalls durch Richterspruch (vgl. § 315 Abs. 3 S. 2 BGB) – durch eine angemessene Frist ersetzt werden. Ist im Vertrag festgelegt, dass mit der Ausführung »sofort« zu beginnen sei, so hat der Auftragnehmer dies umgehend nach Vertragsabschluss – also i.d.R. innerhalb weniger Tage, die zur Vorbereitung notwendig sind – zu befolgen; zugleich liegt in der Vereinbarung sofortiger Ausführung auch die Verpflichtung des Auftragnehmers, die Leistung – besonders – zügig fortzuführen und zu beenden.

1. Beginn der Ausführung

Der Beginn der Ausführung fällt mit dem Zeitpunkt zusammen, der im Bauvertrag als **Anfangstermin** genannt ist. Für die Berechnung des Fristbeginns sind die gesetzlichen Bestimmungen des BGB (§§ 186 ff.) maßgebend. Unter Beginn der Ausführung versteht man den Anfang der Tätigkeit. Der **Beginn des Einrichtens der Baustelle** reicht zur Fristwahrung, sofern sich die eigentliche Ausführung sofort daran anschließt. Gleiches gilt hinsichtlich des Vorfertigens von Bauteilen, wenn nicht ein Ausführungsbeginn erst für die Montage am Bauvorhaben vereinbart worden ist. Demgegenüber wird allein das Aufstellen eines Bauzaunes nicht ausreichen, ebenso wie reine Bauvorbereitungsarbeiten (*Vygen/Schubert/Lang* Rn. 33, 80; *Leinemann/Roquette* § 5 VOB/B Rn. 34; *Langen* in *Kapellmann/Messerschmidt* § 5 VOB/B Rn. 57). **8**

Voraussetzung ist allerdings, dass die vertraglich geschuldete **Leistung** unter hinreichenden objektiven Umständen auch in für den Auftragnehmer zumutbarer Weise **ohne Behinderung erbracht** werden kann, insbesondere die Fälligkeitsvoraussetzungen durch **vom Auftraggeber nach dem Ver-** **9** trag zu erbringende Vorleistungen erfüllt sind, wie auch die Sicherstellung der Finanzierung. Dazu gehört vor allem auch das Vorliegen der **bauaufsichtsrechtlichen Genehmigung** (Baugenehmigung) oder sonst erforderlicher behördlicher Genehmigungen. Fehlen diese, so ist der Auftragnehmer nicht zum Leistungsbeginn verpflichtet, gleichgültig, ob er davon weiß oder nicht; der Auftragnehmer kann sich also grundsätzlich noch darauf berufen, wenn er das Fehlen der Baugenehmigung erst später erfährt; entscheidend ist allein die objektive Betrachtung, ob der Auftraggeber die Leistung verlangen kann, diese also fällig ist (BGH Urt. v. 21.10.1982 VII ZR 51/82 = BauR 1983, 73 = ZfBR 1983, 19; Urt. v. 6.2.1967 VII 245/64 = SFH Z 2.510 Bl. 25; Urt. v. 21.3.1974 VII ZR 139/71 = BauR 1974, 274 = SFH Z 2.510 Bl. 53). Lehnt der Auftragnehmer allerdings in dem Glauben, die Baugenehmigung sei erteilt, die Ausführung der Leistung aus einem anderen, insoweit ungerechtfertigten Grund ernsthaft und endgültig ab, so liegt darin eine Pflichtverletzung, die den Auftraggeber zur Auftragsentziehung berechtigen kann (a.a.O.; vgl. §§ 280, 323 BGB). Selbstverständlich ist für den Beginn der Ausführung auch Voraussetzung, dass die Leistung – insbesondere in technischer Hinsicht – tatsächlich erbracht werden kann und dabei vor allem die **Vorleistungen anderer Unternehmer,** die vorhanden sein müssen, um darauf aufbauen zu können, je nach den Erfordernissen des Einzelfalles, ganz oder teilweise fertig sind (vgl. KG BauR 1984, 529). Gleiches gilt für die **vorherige ordnungsgemäße Erfüllung weiterer Bereitstellungspflichten des Auftraggebers,** wie z.B. die rechtzeitige Zurverfügungstellung der erforderlichen Ausführungsunterlagen (vgl. § 3 Nr. 1 VOB/B) oder die rechtzeitige Beschaffung von nach den vertraglichen Vereinbarungen vom Auftraggeber etwa beizustellenden Stoffen oder Bauteilen oder auch sonst die ordnungsgemäße und im gebotenen Umfang erforderliche Erfüllung der in § 4 Nr. 1 Abs. 1 S. 1 VOB/B festgelegten Pflicht des Auftraggebers, für die Aufrechterhaltung der allgemeinen Ordnung auf der Baustelle und das Zusammenwirken der verschiedenen Unternehmer zu sorgen (OLG Düsseldorf NZBau 2000, 427 zur entsprechenden Kooperationspflicht des Auftraggebers).

2. Auskunftspflicht des Auftraggebers über voraussichtlichen Baubeginn

10 **Fehlt** es an einer **vertraglichen Festlegung** des Beginns der Ausführungsfrist und lässt sich eine solche auch nicht zweifelsfrei im Wege der Vertragsauslegung (§§ 133, 157, 242 BGB) ermitteln, was auch der Fall ist, wenn im Vertrag zwar eine Bauzeit verpflichtend festgelegt wurde, nicht aber der Beginn der Ausführung (vgl. OLG Hamm BauR 1982, 67 = MDR 1981, 844) ist **Nr. 2 maßgebend.** Hiernach besteht zunächst (Nr. 2 S. 1) die Verpflichtung des Auftraggebers, **auf Verlangen** des Auftragnehmers Auskunft über den voraussichtlichen Leistungsbeginn zu geben. Diese Bestimmung berücksichtigt das wohlverstandene Interesse des Auftragnehmers, zumindest über den voraussichtlichen Baubeginn Bescheid zu wissen, um seine betriebliche Planung im Allgemeinen und im Besonderen wegen des ihm erteilten Bauauftrages einrichten und damit den ihm auferlegten Pflichten nachkommen zu können. Die **Auskunftspflicht** des Auftraggebers besteht jedoch **nicht aus sich heraus,** sondern **nur auf Verlangen** des Auftragnehmers. Will der Auftragnehmer Bescheid wissen, muss er sich wegen der Mitteilung des voraussichtlichen Baubeginns zunächst an den Auftraggeber bzw. die von ihm für die Bauausführung bevollmächtigte Person – etwa den bauaufsichtsführenden Architekten – wenden. Solange der Auftragnehmer dieses nicht tut, ist im Zweifel die Annahme gerechtfertigt, dass er ohne weiteres in der Lage ist, auf Aufforderung innerhalb der in Nr. 2 S. 2 geregelten Frist mit der Bauausführung anzufangen. Hat er sich vorher nicht über den voraussichtlichen Baubeginn erkundigt und erklärt sich der Auftraggeber darüber nicht von selbst, kann sich der Auftragnehmer nicht auf eine etwaige Pflichtverletzung des Auftraggebers, auch nicht auf dessen Mitverschulden (§ 254 BGB), berufen.

11 Richtet der Auftragnehmer nach S. 1 ordnungsgemäß die Frage über den voraussichtlichen Baubeginn an den Auftraggeber, so ist dieser oder sein für die Wahrung des ordnungsgemäßen Bauablaufes Beauftragter (§ 278 BGB) – insbesondere sein hierzu als bevollmächtigt geltender aufsichtführender Architekt – **verpflichtet, unverzüglich** (§ 121 BGB) – möglichst schriftlich (vgl. Nr. 4 VHB zu § 5

VOB/B) – die geforderte **Auskunft zu erteilen** (anders *Langen* in *Kapellmann/Messerschmidt* § 5 VOB/B Rn. 64, der für die Unverzüglichkeit keinen Anhaltspunkt in der VOB/B erkennt und insoweit auf eine angemessene Frist abstellt. Er übersieht, dass unverzüglich »ohne schuldhaftes Zögern« meint, weshalb noch erforderliche Abklärungen der Unverzüglichkeit nicht entgegenstehen). Geschieht dieses nicht oder verspätet, so ist der Auftragnehmer grundsätzlich berechtigt, unter Wahrung der Voraussetzungen in § 6 Nr. 1 VOB/B nach § 6 Nr. 2 Abs. 1a VOB/B eine entsprechende Verlängerung der Ausführungsfrist und außerdem – im Falle des Verschuldens des Auftraggebers oder seines Vertreters – Ersatz etwa ihm entstandenen Schadens nach § 6 Nr. 6 VOB/B bzw. eine Entschädigung nach § 642 BGB zu verlangen. Gegebenenfalls kommt auch eine Kündigung des Bauvertrages durch den Auftragnehmer nach § 9 Nr. 1a VOB/B unter Beachtung der in Nr. 2 und Nr. 3 a.a.O. festgelegten Voraussetzungen und Folgen in Betracht. Bei der hier geregelten Auskunftpflicht des Auftraggebers handelt es sich nämlich um eine **Mitwirkungspflicht** auf der Grundlage des § 642 BGB (OLG Celle BauR 2003, 889; KG BauR 2005, 1219 – BGH, Nichtannahmebeschluss v. 13.1.2005 – VII ZR 89/04 IBR 2005, 1105-*Knoche*; ebenso *Vygen* BauR 1983, 210; a.A. *Langen* in *Kapellmann/Messerschmidt* § 5 VOB/B Rn. 66, der insoweit § 9 Nr. 1b VOB/B anwenden möchte). Hat der Auftraggeber nach Vertragsabschluss auf die Anfrage des Auftragnehmers zunächst erwidert, er könne – aus diesem oder jenem Grunde – noch keine Angaben über den voraussichtlichen Baubeginn machen, dann ist **er verpflichtet**, dem Auftragnehmer **unverzüglich** von sich aus den voraussichtlichen Baubeginn mitzuteilen, sobald er darüber hinreichend konkrete Angaben aufgrund der objektiv gegebenen Sachlage machen kann (auch *Nicklisch* in *Nicklisch/Weick* § 4 VOB/B Rn. 7; *Heiermann/Riedl/Rusam* § 5 VOB/B Rn. 10; vgl. auch Beck'scher VOB-Komm./*Motzke* § 5 Nr. 2 VOB/B Rn. 17: Informationspflicht des Auftraggebers, wenn der ursprünglich mitgeteilte Termin nicht gehalten werden kann). Hier reicht somit die einmal vom Auftragnehmer gestellte Anfrage aus, um den Auftraggeber später aus eigener Initiative zur Auskunft zu verpflichten (i.E. ebenso: *Langen* in *Kapellmann/Messerschmidt* § 5 VOB/B Rn. 64).

3. Pflicht zum Beginn innerhalb von 12 Werktagen nach Aufforderung; Abrufpflicht

Hat der Auftraggeber seine Pflichten nach Nr. 2 S. 1 ordnungsgemäß erfüllt oder hat der Auftragnehmer von seinem dort festgelegten Fragerecht keinen Gebrauch gemacht, so hat dieser bei fehlender vertraglicher Festlegung des Leistungsbeginns gemäß Nr. 2 S. 2 innerhalb von 12 Werktagen **nach Aufforderung** mit der Leistung zu beginnen. Die in Nr. 2 S. 2 genannte Frist ist ebenfalls eine **Vertragsfrist**, soweit es den **Beginn der Ausführung** angeht. Ihre Berechnung ist von dem **Zugang** (§§ 130 ff. BGB) einer eindeutigen und inhaltlich zweifelsfreien Erklärung des Auftraggebers an den Auftragnehmer, mit der Ausführung der vertraglichen Leistung zu beginnen (OLG Düsseldorf BauR 2001, 1459), abhängig. Der Zugang der Aufforderung stellt ein Ereignis nach § 286 Abs. 2 Nr. 2 BGB dar. Vom Tage nach dem Zugang dieser Aufforderung ab berechnet sich der äußerste (»innerhalb«) Beginn der Ausführungsfrist gemäß § 187 Abs. 1 BGB, wobei die in die Frist fallenden Sonn- und Feiertage außer Acht zu lassen sind. Wegen des Fristendes (§ 188 BGB) ist auch § 193 BGB zu beachten. Für die **Aufforderung** des Auftraggebers ist **keine Form vorgeschrieben.** Sie erfolgt zu Beweiszwecken aber am besten schriftlich (so auch Nr. 4 VHB zu § 5 VOB/B). Ist jedoch im konkreten Vertrag vereinbart, dass der Abruf schriftlich zu erfolgen hat, so muss er auch schriftlich geschehen, um für den Auftragnehmer verbindlich zu sein; das gilt dann im Übrigen auch für Teilleistungen, deren Durchführung erst später möglich ist, weil Vorleistungen anderer Unternehmer noch nicht fertig sind.

Unterlässt der **Auftraggeber** die ihm im Rahmen der Nr. 2 S. 2 obliegende **Aufforderung,** die als eine zu den **Mitwirkungspflichten** zählende **Abrufpflicht** zu kennzeichnen ist, so verletzt er damit nicht eine vertragliche Hauptpflicht, weswegen für den Bereich des AGB-Rechts nicht § 308 Nr. 2 BGB, sondern die Generalklausel des § 307 BGB zu beachten ist (anders *Heiermann/Linke* Nr. 10.2.3). Vielmehr handelt es sich um eine vertragliche **Nebenpflicht** (Mitwirkungspflicht), durch deren Missachtung dem Auftragnehmer die folgenden Befugnisse zustehen können: Einmal kann er den Abruf **bei Fälligkeit einklagen** (streitig, wie hier: *Nicklisch/Weick* § 5 VOB/B Rn. 10; *Leinemann/Roquette* § 5 VOB/B Rn. 39; *Heiermann/Riedl/Rusam* § 5 VOB/B Rn. 11; *Langen* in *Kapellmann/Messerschmidt* § 5 VOB/B Rn. 74; wohl auch Beck'scher VOB-Komm./*Motzke* § 5 Nr. 2 VOB/B Rn. 8, 12). Bei **schuldhafter Verzögerung** des Abrufs sind ein **Schadensersatzanspruch** des Auftragnehmers nach § 6 Nr. 6 VOB/B bzw. ein **Entschädigungsanspruch** nach § 642 BGB unter gleichzeitiger Verlängerung der Ausführungsfrist nach Nr. 1, 2 Abs. 1a VOB/B möglich; außerdem ist wegen Verletzung einer Mitwirkungspflicht (Gläubigerverzug) an ein **Kündigungsrecht** des Auftragnehmers nach § 9 Nr. 1a VOB/B unter den Voraussetzungen der Nr. 2 VOB/B mit Einschluss der sich aus Nr. 3 VOB/B ergebenden Ansprüche zu denken (vgl. oben sowie OLG Düsseldorf BauR 1995, 706 = SFH § 9 VOB/B Nr. 7 = NJW 1995, 3323 = Anm. *Knacke* BauR 1996, 119). Andererseits führt bei Vereinbarung von Leistungsabrufen innerhalb der Gesamtbauzeit der beschleunigte Abruf dieser Leistungen und die damit verbundene Verkürzung der Bauzeit nicht zu Änderungen der Preisermittlungsgrundlagen oder zu Mehrvergütungsansprüchen, da der vereinbarte Abruf keine vergütungspflichtige Anordnung des Auftraggebers nach §§ 1 Nr. 3, 2 Nr. 5 VOB/B ist (KG BauR 2001, 407).

4. Anzeige vom Beginn der Ausführung

14 Den **Beginn der Ausführung** hat der Auftragnehmer dem Auftraggeber **anzuzeigen** (Nr. 2 S. 3). Die Anzeige kann auch mündlich erfolgen. Eine Anzeigepflicht besteht nicht, wenn der Bauvertrag eine Frist für den Beginn der Ausführung enthält, also nicht der Fall der Nr. 2 S. 2, sondern ein Fall der Nr. 1 vorliegt. Befolgt der Auftragnehmer diese Verpflichtung nicht, so verletzt er eine vertragliche Nebenpflicht, wodurch er sich u.U. aus Gründen einer **Pflichtverletzung** nach §§ 241 Abs. 2, 280 Abs. 1 BGB **schadensersatzpflichtig** macht. Der Schaden des Auftraggebers kann hier z.B. darin bestehen, dass er nicht rechtzeitig in die Lage versetzt wird, erforderliche Ausführungsunterlagen zur Verfügung zu stellen, weitere der Leistung des Auftragnehmers anschließende Leistungen abzurufen oder von ihm für diesen oder andere Auftragnehmer beizustellende Stoffe oder Bauteile zu beschaffen usw. Langen (in *Kapellmann/Messerschmidt* § 5 VOB/B Rn. 76) hält einen möglichen Schadens für wenig praxisnah, da der Auftraggeber z.B. über seine Bauleitung ohnehin wisse, wann der Auftragnehmer seine Arbeit aufgenommen habe. Bei Großbauvorhaben mag man ihm recht geben; allerdings sind diese Kenntnisse des Auftraggebers nicht ohne weiteres etwa auf kommunale Bauaufträge kleineren Zuschnitts übertragbar.

5. Pflicht des Auftragnehmers zur angemessenen Förderung der Ausführung

15 Die dem Auftragnehmer in **Nr. 1 S. 1** weiter auferlegte Pflicht zur **angemessenen Förderung der Bauausführung** während der Ausführungsfrist bedeutet, dass der Auftragnehmer alles zu tun hat, um den zeitlich vorgesehenen Ablauf der Bauarbeiten einzuhalten (BGH Urt. v. 8.3.2001 VII ZR 427/98 = BauR 2001, 946). Die das Zusammenwirken der verschiedenen Unternehmer hinsichtlich Beginn und Ende ihrer Leistung regelnden, vom Auftraggeber aufgestellten **Bauzeitenpläne,** sofern sie nicht ohnehin Vertragsfristen enthalten, und die vom Auftragnehmer zur eigenen Kontrolle anzufertigenden innerbetrieblichen **Baufristenpläne** gelten als **Anhaltspunkte und Richtlinien** für den angemessenen Leistungsfortschritt im Rahmen der Ausführungszeit (vgl. auch § 11 VOB/A Rn. 18 ff.). Fehlen derartige Pläne, so trifft – um die angemessene Förderung der Leistungsausführung zu erreichen – den Auftragnehmer nicht nur die Pflicht, ständig den jeweiligen Leistungsstand im Vergleich zum bisherigen Ablauf zu beobachten, sondern er muss darüber hinaus die jeweils noch offene Restleistung im Hinblick auf die nach dem Vertrag noch zur Verfügung stehende Ausführungszeit überdenken und entsprechend erforderliche Maßnahmen treffen. Diese Pflicht ergibt sich auch schon aus **§ 4 Nr. 2 VOB/B,** nach der der Auftragnehmer die Bauleistung **unter eigener und selbstständiger Verantwortung** zu erbringen hat. Der Auftragnehmer bestimmt selbstständig den Einsatz von Arbeitskräften, Material, Maschinen, Geräten usw. Die erwähnte Pflicht folgt aber auch aus **§ 6 Nr. 1 VOB/B,** wonach der Auftragnehmer etwaige **Behinderungen** in der ordnungsgemäßen Durchführung der Leistung dem Auftraggeber **unverzüglich** – schriftlich – **anzuzeigen hat.**

6. Verpflichtung des Auftragnehmers zur Abhilfe bei Unzulänglichkeiten

Treten **während der Bauausführung Schwierigkeiten** auf, greift **Nr. 3,** wonach auf Verlangen des Auftraggebers der **Auftragnehmer unverzüglich zur Abhilfe verpflichtet** ist, **wenn** Arbeitskräfte, Geräte, Gerüste, Stoffe oder Bauteile so unzureichend sind, dass die Ausführungsfristen offenbar nicht eingehalten werden können. Im Prinzip bedarf es dieser Bestimmung nicht, weil der Auftragnehmer bereits kraft seiner grundlegenden Eigenverantwortung bei der Erbringung der vertraglich geschuldeten Bauleistung nach § 4 Nr. 2 VOB/B gehalten ist, in den hier genannten Fällen abzuhelfen, und zwar **auch ohne besondere Aufforderung durch den Auftraggeber** (KG BauR 2005, 1219 – BGH, Nichtannahmebeschluss v. 13.1.2005 – VII ZR 89/04 = IBR 2005, 1105-*Knoche*). Trotzdem hat Nr. 3 als besonderes Eingriffsrecht des Auftraggebers ihren Sinn. Der Auftraggeber hat nach § 4 Nr. 1 Abs. 3 und 4 VOB/B lediglich allgemeingehaltene Überwachungs- und Anordnungsrechte, ohne dass er allein daraus bereits berechtigt wäre, dem Auftragnehmer den Auftrag zu kündigen. Die Befugnisse in Nr. 3 dagegen gehen weiter. Es besteht ein notfalls klageweise durchsetzbares Anordnungs- und Weisungsrecht (vgl. Beck'scher VOB-Komm./*Motzke* § 5 Nr. 3 VOB/B Rn. 16, der einer Klage auf Förderung der Baustelle keinen praktikablen Erfolg beimisst; ebenso *Franke/Kemper/Zanner/Grünhagen* § 5 VOB/B Rn. 33; *Langen* in *Kapellmann/Messerschmidt* § 5 VOB/B Rn. 75; vgl. auch *Heiermann/Riedl/Rusam* § 5 VOB/B Rn. 13) das im Falle der Nichtbeachtung durch den Auftragnehmer zu erheblichen Rechtsnachteilen zu dessen Lasten führen kann, wie sich aus der auf Fälle der Nr. 3 anwendbaren Nr. 4 ergibt. Die Bestimmung in Nr. 3 erscheint unter dem Gesichtspunkt der Vertragstreue gerechtfertigt, auch wenn es hier vorrangig um die Wahrung der berechtigten Vermögensinteressen des Auftraggebers geht. 16

Bei der Aufzählung in Nr. 3 handelt es sich um Maßnahmen, die **allein** dem **Aufgabenbereich des Auftragnehmers** unterfallen. Der Hinweis auf die Arbeitskräfte und deren Einsatz bedeutet, dass der Auftragnehmer vor und während der Ausführung der Leistung die Lage des Arbeitsmarktes zu beobachten und rechtzeitig die erforderlichen Arbeitskräfte zu beschaffen hat (vgl. BGH Urt. v. 10.2.1966 VII ZR 49/64 = SFH Z 2.311 Bl. 20). Entsprechendes gilt im Hinblick auf vom Auftragnehmer zu beschaffende Geräte, Gerüste, Stoffe oder Bauteile. 17

Um das Abhilfeverlangen des Auftraggebers auszulösen, müssen Arbeitskräfte, Geräte, Gerüste, Stoffe oder Bauteile **so unzureichend** sein, dass die **Ausführungsfristen** vom Auftragnehmer **offenbar nicht eingehalten werden können.** Beispiele für solche Unzulänglichkeiten: Der Auftragnehmer setzt am Bauprojekt ungelernte oder säumige Arbeitskräfte ein; die Anzahl der bei der Bauausführung beschäftigten Personen reicht ganz eindeutig nicht; die Maschinen und/oder sonstigen Geräte sind nach Art und Zahl oder ihrer Kapazität unzureichend; es sind zu wenig Gerüstteile vorhanden, so dass sie laufend umgebaut werden müssen und deswegen nicht zügig gearbeitet werden kann; Stoffe oder Bauteile sind nicht, zu wenig oder nicht in hinreichender Qualität vorhanden. 18

Die Ausführungsfristen können **offenbar** nicht eingehalten werden, wenn der mit den bisher vorhandenen persönlichen und sachlichen Mitteln erreichte Fortgang der Bauherstellung im Verhältnis zur verstrichenen Zeit in einem derartigen **Missverhältnis** steht, dass nach allgemein anerkannter Erfahrung **mit an Sicherheit grenzender Wahrscheinlichkeit** die Gesamtfertigstellung der betreffenden vertraglichen Leistung (bei Einzelfristen der entsprechenden Teilleistung) nicht bis zum Ablauf der Ausführungsfrist zu erwarten ist (BGH Urt. v. 4.5.2000 VII ZR 53/99 = BauR 2000, 1182 = NJW 2000, 2988; ähnlich, wenn auch enger *Franke/Kemper/Zanner/Grünhagen* § 5 VOB/B Rn. 34, der verlangt, dass die Nichteinhaltung aus baubetrieblicher Sicht objektiv feststeht. Nach *Langen* in *Kapellmann/Messerschmidt* § 5 VOB/B Rn. 86 ist demgegenüber ein Soll-Ist-Vergleich zwischen er- 19 reichtem Bautenstand und der noch fehlenden Bauleistung zum Fertigstellungstermin notwendig, der, sofern er mit sicherer Erwartung eine Terminüberschreitung erkennen lässt, das Eingriffsrecht auslöst). Der Auftraggeber darf sich nicht mit allgemeinen Vermutungen begnügen, sondern er muss sich anhand von Tatsachen die Gewissheit über die vorgenannten Voraussetzungen verschaffen. Sind Bauzeitenpläne vorhanden, dienen diese dem Auftraggeber i.d.R. als hinreichender Anhaltspunkt für die von ihm zu treffenden Feststellungen (OLG Hamm BauR 1996, 392), unabhängig davon, ob sie Vertragsfristen i.S.d. Nr. 1 S. 2 enthalten oder nicht. Allerdings müssen diese den betreffenden Leistungsanforderungen entsprechend sach- und fachgerecht sein. Wesentlich ist auf jeden Fall, dass die Verzögerung mit den in Nr. 3 genannten Voraussetzungen im **ursächlichen Zusammenhang** steht und nicht andere Gründe, vor allem keine Behinderungen des leistungsbereiten Auftragnehmers, dafür ausschlaggebend sind.

20 Bei Vorliegen der in Nr. 3 gekennzeichneten Umstände hat der **Auftraggeber** das Recht, vom Auftragnehmer **noch während** der vertraglich festgelegten Zeit der Bauausführung **Abhilfe zu verlangen.** Dieses Verlangen geht auf Änderung des bisherigen personellen und sachlichen Einsatzes mit der Maßgabe, dass nunmehr vom Auftragnehmer Arbeitskräfte und/oder Mittel beschafft und eingesetzt werden müssen, durch die die **hinreichende Gewähr gegeben** ist, dass das bisher Versäumte nachgeholt wird und der weitere Baufortgang **zeitgerecht** im Rahmen der Ausführungsfrist verläuft. Bei dem Verlangen des Auftraggebers handelt es sich um eine einseitige, **inhaltlich bestimmte Willenserklärung** gegenüber dem Auftragnehmer, die **empfangsbedürftig** ist (§§ 130 ff. BGB). Das Verlangen kann mündlich gestellt werden; jedoch ist es ratsam, dieses schriftlich zu tun (vgl. Nr. 4 VHB zu § 5 VOB/B).

21 Eine nach Tagen o.Ä. bestimmte **Frist** für die Abhilfe durch den Auftragnehmer ist in Nr. 3 **nicht angeführt,** wenn auch eine solche Fristbestimmung zur Schaffung von Klarheit durchaus sachgerecht sein kann. Der Auftragnehmer ist vielmehr verpflichtet, nach Erhalt des Verlangens **sogleich** alle erforderlichen und ihm zumutbaren Maßnahmen zu treffen, um die Abhilfe zu schaffen, wie sich aus der hier festgelegten Pflicht zur **unverzüglichen** Abhilfe ergibt. Aus der Legaldefinition in § 121 BGB folgt insoweit ein Handeln ohne schuldhaftes Zögern. Das erklärt sich schon daraus, dass der Auftragnehmer **ohnehin** an die **Einhaltung der Ausführungsfrist** als Vertragsfrist **gebunden** ist. Erhält er eine in der Sache berechtigte Aufforderung, ist es **höchste Zeit,** alles zu tun, um die Ausführungsfrist nicht zu überschreiten und die von ihm zu erbringende Gesamtleistung schnellstens fertig zustellen.

22 **Die Regelung der Nr. 3 hat allgemeingültigen Charakter** in dem Sinne, dass sie **auch dann** entsprechend zur Anwendung kommt, **wenn** für die Ausführung der in Auftrag gegebenen Leistung **keine verbindliche Frist** i.S.d. Nr. 1 vereinbart worden ist. Es folgt aus den aus den §§ 271, 242 BGB abgeleiteten Grundsätzen (BGH Urt. v. 8.3.2001 VII ZR 470/99 = BauR 2001, 946; Urt. v. 21.10.2003 X ZR 218/01 = BauR 2004, 331), dass der Auftragnehmer die Leistung nach Beginn mit dem jeweils gebotenen vollen Einsatz zügig durchzuführen und zu beenden hat. Wird der Auftragnehmer im Falle der schuldhaften Verletzung der in Nr. 3 festgelegten Pflichten gemahnt, obwohl im betreffenden Fall die anzusetzende angemessene Frist versäumt ist, kommt er in Leistungsverzug. Die Nichtbefolgung des Abhilfeverlangens eröffnet dem Auftraggeber die Vorgehensweise nach Nr. 4 (vgl. auch *Roquette* S. 45).

7. Fertigstellung der Vertragsleistung spätestens mit Fristablauf; Baustellenräumung

23 **Nach Fristablauf** muss die **Vertragsleistung vollendet** sein. Ob dazu auch die Räumung der Baustelle gehört, ist Frage des Einzelfalles. In der Regel wird man dies nicht annehmen können, da das Räumen nicht mehr zur eigentlichen Vollendung der Bauleistung gehört. Vollendung bedeutet, dass die Leistung – abgestellt auf den jeweiligen Vertragsinhalt – **abnahmereif** fertig gestellt ist; dazu ist aber im Allgemeinen die Räumung der Baustelle nicht Voraussetzung. Die **Baustellenräumung**

Grundregelung in Nr. 1–3 § 5 Nr. 1–3 VOB/B

muss sich aber an die **Vollendung der Bauausführung sogleich anschließen** und zügig durchgeführt werden. Anderenfalls verletzt der Auftragnehmer eine ihm obliegende Nebenleistung (vgl. dazu OLG Celle BauR 1995, 713) und er macht sich wegen positiver Vertragsverletzung schadensersatzpflichtig. **Ausnahmsweise** muss auch die Räumung der Baustelle bis zum Fristablauf erfolgen, wenn durch die noch vorhandene Baustelleneinrichtung usw. der sich aus dem Vertrag im Einzelfall ergebende bestimmungsgemäße Gebrauch der Leistung, insbesondere deren ungehinderte Benutzung oder Weiterbenutzung, merklich behindert wäre, was z.B. bei schlüsselfertiger Bauherstellung oder in Bezug auf die nunmehr durchzuführenden Leistungen der nachfolgenden Unternehmer der Fall sein kann (ebenso *Langen* in *Kapellmann/Messerschmidt* § 5 VOB/B Rn. 97; *Vygen* BauR 1983, 210 und Bauvertragsrecht Rn. 637 sowie *Vygen/Schubert/Lang* Rn. 84 sonst zu weitgehend; wie hier Beck'scher VOB-Komm./*Motzke* § 5 Nr. 1 VOB/B Rn. 60; zu eng daher *Nicklisch/Weick* § 5 VOB/B Rn. 15 und *Heiermann/Riedl/Rusam* § 5 VOB/B Rn. 7, *Leinemann/Roquette* § 5 VOB/B Rn. 43, die generell Abnahmereife für ausreichend halten. Zu weitgehend jedoch: *Franke/Kemper/Zanner/ Grünhagen* § 5 VOB/B Rn. 9, der eine Fertigstellung auch dann bejaht, wenn vertraglich geschuldete, bestimmte Anpflanzungen zum Ende der Fertigstellungszeit noch nicht angepflanzt werden, und zwar auch für den Fall, dass ausschließlich Außenanlagen zu erbringen sind). Maßgeblich ist in jedem Fall die tatsächliche Vollendung der Bauleistung, nicht aber deren Abnahme oder eine Mitteilung hierüber (BGH Urt. v. 14.1.1999 VII ZR 73/98 = BauR 1999, 645).

Wenn für die Vollendung der Bauleistung und damit für das Ende der Ausführungsfrist kein nach **24** Nr. 1 verbindlicher Zeitpunkt im Vertrag bestimmt ist, muss eine als angemessen anzusehende Ausführungszeit und damit das Fristende in **Anlehnung an § 271 Abs. 1 BGB aus den Umständen** entnommen werden (ebenso OLG Frankfurt/M. NJW-RR 1994, 1361; sowie Rn. 22). Diese richten sich auf der Grundlage von Treu und Glauben nach dem Inhalt und dem Umfang der geschuldeten Leistung unter Berücksichtigung der allgemein anerkannten Regeln der Gewerbeüblichkeit bei fortlaufend zügiger Arbeit.

Ist im Falle der **schlüsselfertigen Errichtung einer Eigentumswohnung** der Erwerber zur ungehinderten **25** Nutzung auf vom Betreuer bzw. Bauträger zu beschaffende Unterlagen angewiesen, so hat der Betreuer ihm diese rechtzeitig zu verschaffen; gleiches gilt, wenn der Erwerber solche Unterlagen, vor allem den behördlichen Schlussabnahmeschein, zur Abwicklung der Finanzierung benötigt; insoweit ist § 444 BGB entsprechend anzuwenden (vgl. OLG Köln SFH § 444 BGB Nr. 1 mit zutreffender Anmerkung von *Hochstein*; vgl. auch BGH Beschl. v. 26.6.2002 VII ZR 246/02 = BauR 2003, 1568: Bezugsfertigkeit bei einer Wohnanlage maßgebend. Zur unberechtigten Abnahmeverweigerung nach § 640 BGB a.F. wegen unbedeutender Mängel vgl. auch BGH Urt. v. 25.1.1996 VUU ZR 26/95 = BauR 1996, 390).

8. Verlängerung der Ausführungspflicht

Eine **Verlängerung der Ausführungsfrist** über den festgelegten Zeitpunkt hinaus ist **möglich**; sie **26** bedarf aber immer einer **vertraglichen Vereinbarung** zwischen den Parteien. Da die Ausführungsfristen Vertragsfristen sind, bedeutet ihre Verlängerung eine **Änderung des Bauvertrages,** die nur übereinstimmend erfolgen kann. Eine Fristverlängerung aufgrund eines einseitig ausübbaren Rechts des Auftragnehmers hat grundsätzlich auszuscheiden, es sei denn, dass die Allgemeinen Vertragsbedingungen dem Auftragnehmer ausdrücklich unter bestimmten Voraussetzungen das Recht einräumen, eine Fristverlängerung in Anspruch zu nehmen (vgl. § 6 Nr. 2 und 4 VOB/B). Die Verlängerung kann mündlich abgesprochen werden; jedoch ist gerade hier aus Beweisgründen zu empfehlen, die Schriftform einzuhalten (vgl. auch Nr. 1. VHB zu § 5 VOB/B). **Ohne** besondere, hinreichend klar darauf bezogene **Vollmacht** ist der mit der Oberleitung oder Bauaufsicht beauftragte **Architekt nicht befugt,** für den Auftraggeber mit dem Auftragnehmer eine **Verlängerung der Bauzeit zu vereinbaren** (BGH Urt. v. 10.11.1977 VII ZR 252/75 = BauR 1978, 139 = SFH § 164 BGB Nr. 1).

§ 5 Nr. 4
[Rechtsfolgen bei Verletzung der in Nr. 1–3 festgelegten Pflichten]

Verzögert der Auftragnehmer den Beginn der Ausführung, gerät er mit der Vollendung in Verzug, oder kommt er der in Nummer 3 erwähnten Verpflichtung nicht nach, so kann der Auftraggeber bei Aufrechterhaltung des Vertrages Schadensersatz nach § 6 Nr. 6 verlangen oder dem Auftragnehmer eine angemessene Frist zur Vertragserfüllung setzen und erklären, dass er ihm nach fruchtlosem Ablauf der Frist den Auftrag entziehe (§ 8 Nr. 3).

Inhaltsübersicht

	Rn.
A. Allgemeine Grundlagen	1
B. Die grundlegenden Voraussetzungen	3
I. Überblick	3
1. Kriterien der Eingriffsvoraussetzungen	3
2. Verschulden als Voraussetzung für Rechte aus Nr. 4	6
II. Rechtsfolgen bei Missachtung von Pflichten nach Nr. 1–3: Nr. 4	8
1. Verzugsschaden bei Aufrechterhaltung des Vertrages	9
a) Verschulden	10
b) Spezialregelung Nr. 6	11
c) Beweislast	12
d) Umfang des Verzugsschadens	13
2. Fristsetzung, Androhung, Kündigung	15
a) Fristsetzung	16
b) Androhung	17
c) Angemessenheit	18
d) Entbehrlichkeit der Nachfrist mit Kündigungsandrohung	19
e) Schriftform	21
f) Beweislast	22
g) Weiter gehender Schaden	23
3. Ausnahme: Vorgehen entsprechend § 5 Nr. 4 vor Fälligkeit der Leistung	24
III. Vergleich der Rechte nach Nr. 4 mit gesetzlichen Regelungen	25
1. Klage auf Vertragserfüllung	26
2. Einrede des nicht erfüllten Vertrages	27
3. Ausgeschlossene Ansprüche	28
a) Rücktritt	29
b) Schadensersatz statt Leistung	30
4. Eindeutige AGB-Regelungen	31

Aufsätze: s.o., *Schubert* Die Kosten der Bauzeit FS Soergel 1993 S. 355 ff.; *Fischer* Probleme der Entbehrlichkeit der Fristsetzung mit Ablehnungsandrohung bei Verweigerung der Nachbesserung (§ 634 Abs. 2 BGB) BauR 1995, 452; *Diehr* Zum Verhältnis von Vergütungs- und Schadensersatzanspruch des Auftragnehmers wegen Bauzeitstörung nach der VOB BauR 2001, 1507.

A. Allgemeine Grundlagen

1 Nr. 4 zeigt Rechtsfolgen zum Nachteil des Auftragnehmers auf, wenn dieser die Ausführungsfristen oder die Einzelfristen als Vertragsfristen nicht eingehalten hat. Verzögert der Auftragnehmer den Beginn der Ausführung, gerät er mit der Vollendung in Verzug oder kommt er der in Nr. 3 erwähnten Verpflichtung nicht nach, so kann der Auftraggeber bei Aufrechterhaltung des Vertrages Schadensersatz nach § 6 Nr. 6 VOB/B verlangen oder dem Auftragnehmer eine angemessene Frist zur Vertragserfüllung setzen und erklären, dass er ihm nach fruchtlosem Ablauf der Frist den Auftrag ent-

Rechtsfolgen bei Verletzung der in Nr. 1–3 festgelegten Pflichten   **§ 5 Nr. 4 VOB/B**

ziehe (§ 8 Nr. 3 VOB/B). Nr. 4 enthält hinsichtlich der darin behandelten Fälle der Leistungsverzögerung eine vertraglich vereinbarte Sonderregelung für das Verlangen auf Schadensersatz bei Aufrechterhaltung des Vertrages oder für die Entziehung des Auftrages durch den Auftraggeber. Das gilt auch für Fälle der Unmöglichkeit der Leistung. Nur unter besonderen Umständen erwächst dem Auftraggeber bei krasser Leistungsverzögerung des Auftragnehmers möglicherweise ein Rücktrittsrecht, ohne dass die Voraussetzungen der Nr. 4 und des § 8 Nr. 3 vorliegen (BGH Urt. v. 29.2.1968 VII ZR 154/65 = SFH Z 2.510 Bl. 29 ff.).

Unter **Verzögerung des Beginns der Ausführung** ist die Überschreitung des vertraglich festgelegten **2** Beginns der Ausführungsfrist zu verstehen. Wurde bereits mit der Ausführung begonnen, kann hierauf nicht mehr zurückgegriffen werden (OLG Dresden IBR 2003, 405-*Leitzke*). Eine **Nichterfüllung der in Nr. 3** erwähnten Verpflichtung liegt vor, wenn der Auftraggeber zu Recht Abhilfe verlangt hat und der Auftragnehmer dem in zumutbarer Zeit oder einer ihm gesetzten angemessenen Frist nicht nachgekommen ist. **Verzug mit der Vollendung** ist gegeben, wenn die Herstellung des vertraglich geschuldeten Bauwerks beim Ablauf der Ausführungsfrist und trotz nach Fristablauf grundsätzlich nach **§ 286 Abs. 1 BGB** erforderlicher und erfolgter Mahnung des Auftraggebers (eine eindeutige und bestimmte Aufforderung zur Leistungserbringung genügt: BGH Urt. v. 10.3.1998 X ZR 70/96 = BB 1998, 1283; Urt. v. 20.5.1985 VII ZR 324/83 = BauR 1985, 576 = SFH § 16 Nr. 3 VOB/B Nr. 37) nicht beendet ist, wozu auch die Erbringung der Nebenleistungen gehört (BGH Urt. v. 20.3.2001 VII ZR X ZR 180/98 = BauR 2001, 1256 = NJW 2001, 2024). Auf die Mahnung kann jedoch unter den Voraussetzungen des § 286 Abs. 2 BGB verzichtet werden; so ist die Mahnung bei kalendermäßig bestimmter Leistungszeit als Verzugsvoraussetzung nicht erforderlich (§ 286 Abs. 2 Nr. 1 BGB). Hier kommt es auf die nach dem Kalender klar bestimmte Leistungszeit an (z.B.: Ausführungsfrist v. 1.6. bis 30.9.; drei Wochen nach dem 15.4.1994; Ende Februar; 8. Kalenderwoche, wobei im letzteren Fall der letzte Tag als Bestimmung gilt). Einer Mahnung bedarf es nach der Neufassung des § 286 BGB auch dann nicht, wenn ein Ausführungszeitraum vertraglich vereinbart ist und die Ausführungszeit ab einem näher bestimmten Ereignis an zu laufen beginnen soll (§ 286 Abs. 2 Nr. 2 BGB). Gleiches gilt für den Fall der ernsthaften und endgültigen Verweigerung der Erfüllung durch den Auftragnehmer sowie dann, wenn bei Abwägung der beiderseitigen Interessen der sofortige Eintritt des Verzuges gerechtfertigt ist, § 286 Abs. 2 Nr. 2–3 BGB. Von der **Ausnahmeregelung in § 286 Abs. 2 Nr. 2 BGB** werden nun auch diejenigen Fälle erfasst, bei denen die die Zeit nach dem Kalender nur bestimmbar ist, etwa dann, wenn die vereinbarte Ausführungszeit von dem tatsächlichen Arbeitsbeginn, von der Vorlage der Baugenehmigung oder dem Abruf der Leistung zu laufen beginnen soll. Die Angaben einer Leistungszeit von 14–16 Wochen unter Geltung des § 5 Nr. 2 VOB/B oder die Bestimmung »12 Monate ab Baubeginn« bzw. »12 Monate ab Vorlage der Baugenehmigung« lassen das Erfordernis der Mahnung entfallen. Gleiches gilt, wenn eine Ausführungsfrist von 30 Werktagen im Vertrag bestimmt ist und der Auftraggeber den Auftragnehmer auffordert, mit seiner Leistung an einem bestimmten Tag zu beginnen und sie an einem bestimmten Tag 30 Werktage später zu beenden (so bereits BGH Urt. v. 13.12.2001 VII ZR 432/00 = BauR 2002, 782 = NZBau 2002, 265 für § 284 Abs. 2 BGB a.F.; vgl. auch *Vygen/Schubert/Lang* Rn. 41). Voraussetzung ist aber auch in diesen Fällen zumindest ein eindeutig bestimmter Zeitraum zur Leistungserbringung, was bei einer Vertragsbestimmung, dass eine Leistung »frühestens am...« fertig sein soll, nicht der Fall ist. Sollen nach Vertragsabschluss festgelegte, nach dem Kalender bestimmte oder bestimmbare Fristen maßgebend sein, bedarf es aber aufgrund der Vertragsänderung einer einverständlichen Regelung beider Vertragspartner; andernfalls ist eine verzugsbegründende Mahnung erforderlich. Ein Verzug liegt nicht mehr vor, wenn zwar ursprünglich diese Voraussetzungen gegeben waren, es jedoch durch einen dem Auftragnehmer nicht zurechenbaren Umstand zu einer Unterbrechung der Leistung gekommen ist, wie z.B. durch das Erfordernis baubehördlicher Genehmigung infolge veränderter Bewehrung oder bei nicht rechtzeitiger Erfüllung sonstiger dem Auftraggeber zuzurechnender Mitwirkungspflichten. Dann bedarf es wiederum der Mahnung, um Verzug herbeizuführen (BGH Urt. v. 22.5.2003 VII ZR 469/01 = BauR 2003, 1215; Urt. v. 14.1.1999 VII ZR 73/98 =

VOB/B § 5 Nr. 4   Rechtsfolgen bei Verletzung der in Nr. 1–3 festgelegten Pflichten

BauR 1999, 645 = ZfBR 1999, 188; OLG Saarbrücken/BGH Beschl. v. 30.9.2004 VII ZR 127/03 = IBR 2005, 9-*Putzier*).

Die **Mahnung** ist ferner dann **entbehrlich**, wenn der Auftragnehmer die **Erfüllung ernsthaft und endgültig verweigert**. Es gelten hier die Grundsätze zum Entfall einer Nachfrist entsprechend; verlangt wird jedoch, dass die Erfüllungsverweigerung eindeutig vom Auftragnehmer zum Ausdruck gebracht werden muss. Gleiches gilt bei schwerer Vertragsverletzung, so dass ein Festhalten am Vertrag für den Auftraggeber unzumutbar ist (BGH Urt. v. 23.5.1996 VII ZR 140/95 = BauR 1996, 704; Urt. v. 4.5.2000 VII ZR 53/99 = BauR 2000, 1182 – auch für den Fall, dass der Eintritt die Vertragsverletzung sicher droht).

Sofern das AGB-Recht Anwendung findet, verstößt eine in AGB enthaltene Bestimmung, wonach der Auftragnehmer auch ohne Mahnung in Verzug kommt, nur dann nicht gegen § 309 Nr. 4 AGB-Gesetz, wenn die Voraussetzungen des § 286 Abs. 2 BGB gegeben sind (vgl. *Markus/Kaiser/Kapellmann* Rn. 397 ff.; *Glatzel/Hofmann/Frikell* S. 197 f., 2.5.1). Das gilt unter Berücksichtigung des § 307 BGB auch gegenüber einem Kaufmann, wenn dieser Vertragspartner des Verwenders ist.

B. Die grundlegenden Voraussetzungen

I. Überblick

1. Kriterien der Eingriffsvoraussetzungen

3 Die in Nr. 4 aufgeführten **Eingriffsvoraussetzungen** müssen nicht alle zusammen vorliegen, um dem Auftraggeber die anschließend genannten Rechte zu eröffnen. Vielmehr genügt bereits eines der drei verschiedenen Merkmale. Ein **Verschulden des Auftragnehmers** (§ 276 BGB) oder seiner Erfüllungsgehilfen (§ 278 BGB) ist nach dem eindeutigen Wortlaut der VOB **nur** in einem der drei Fälle bereits **von vornherein** erforderlich, nämlich **wenn** er mit der **Vollendung in Verzug** gerät, wobei die fehlende Vollendung auch Nebenleistungen betreffen kann (BGH Urt. v. 20.3.2001 X ZR 180/98 = BauR 2001, 1256 = NJW 2001, 2024). Nach § 286 Abs. 4 BGB liegt ein Verzug des Schuldners nur vor, wenn er die Verzögerung **zu vertreten** hat, ihm also zumindest einfache Fahrlässigkeit vorzuwerfen ist. Das ist z.B. der Fall, wenn der Auftragnehmer frühzeitig ohne berechtigten Grund Arbeitskräfte von der Baustelle abzieht, um sie bei einem anderen Bauvorhaben einzusetzen, oder wenn er die Gerüste vorzeitig abbauen lässt als auch erforderliche behördliche Genehmigungen nicht einholt, wodurch die Ausführungsfristen überschritten werden. Der Auftragnehmer kann sich wegen § 278 BGB auch nicht mit der Begründung entlasten, der von ihm eingesetzte Subunternehmer oder sein Lieferant habe zögerlich geleistet, weshalb ihn selbst kein Verschulden treffe.

Nach § 309 Nr. 8a BGB ist eine vom Auftragnehmer in AGB gestellte Bedingung, dass er nur dann in Leistungsverzug gerät, wenn ihm grobe Fahrlässigkeit vorzuwerfen ist, unwirksam; dies gilt gemäß § 307 BGB auch im kaufmännischen Verkehr (OLG Köln SFH § 9 AGB-Gesetz Nr. 58).

4 Dagegen ist bei den **beiden anderen** in Nr. 4 aufgezählten **Fällen** (Verzögerung des Beginns der Ausführung und Nichtnachkommen der Verpflichtung aus Nr. 3) ein **Verzug** und damit ein Verschulden des Auftragnehmers **nicht erforderlich** (*Vygen/Schubert/Lang* Rn. 100; *Leinemann/Roquette* § 5 VOB/B Rn. 59; *Franke/Kemper/Zanner/Grünhagen* § 5 VOB/B Rn. 37; Beck'scher VOB-Komm./ *Motzke* § 5 Nr. 4 VOB/B Rn. 13, 32; *Langen* in *Kapellmann/Messerschmidt* § 5 Rn. 120 f.). Vielmehr genügt hier ein auf den Auftragnehmer zurückgehendes Verhalten, das die Verzögerung des Beginns der Ausführung oder das Nichtbefolgen der in Nr. 3 genannten Verpflichtung herbeigeführt hat, also dafür ursächlich war (vgl. auch OLG Zweibrücken BauR 1995, 251). Das folgt aus dem Wortlaut der VOB, der zur Frage der Vollendung der Leistung ausdrücklich von Verzug des Auftragnehmers, hier aber nur von einer auf ein Verhalten des Auftragnehmers zurückzuführenden – also objektiv in sei-

Rechtsfolgen bei Verletzung der in Nr. 1–3 festgelegten Pflichten §5 Nr. 4 VOB/B

nem Bereich liegenden – Verzögerung des Beginns der Ausführung spricht. Wenn sich der Auftragnehmer im Rahmen seiner gewerblichen Tätigkeit im Vertrag freiwillig verpflichtet, zu einer bestimmten Zeit mit der Ausführung zu beginnen und dabei gegebenenfalls durch Vereinbarung der VOB auch die Regelung in § 5 Nr. 2 S. 2 hinnimmt, so ist dies der Verletzung der Pflichten aus § 5 Nr. 3 vergleichbar, weshalb es gerechtfertigt ist, den ursächlich auf sein Verhalten (Tun oder Unterlassen) zurückgehenden Nichtbeginn der Leistung genügen zu lassen, ohne Verschulden vorauszusetzen. Gegen ungerechtfertigtes Vorgehen des Auftraggebers ist der Auftragnehmer noch hinreichend geschützt, wenn er darlegt und gegebenenfalls beweist, dass die Ursache des Nichtbeginns der Leistung nicht bei ihm, sondern beim Auftraggeber und in dessen Verantwortungsbereich zu suchen ist. Das gilt vor allem im Falle des Nichtvorliegens der vom Auftraggeber einzuholenden Baugenehmigung oder sonstiger behördlicher Genehmigungen; gleiches trifft zu, wenn der Auftraggeber die erforderlichen Finanzierungsmittel nicht rechtzeitig beschafft hat (vgl. dazu § 279 BGB); ebenso gilt das bei unvorhergesehenen Verzögerungen des im Vertrag vorgesehenen Arbeitsablaufs oder auch sonst bei nicht ordnungsgemäßer Erfüllung von Bereitstellungspflichten des Auftraggebers, wie z.B. aus § 3 Nr. 1 VOB/B oder aus § 4 Nr. 1 Abs. 1 S. 1 VOB/B.

Die gegenteilige Ansicht von Daub/Piel/Soergel/Steffani (Teil B § 5 ErlZ 5.40 und 5.35, § 8 ErlZ 8.36 f.) vermag nicht zu überzeugen, weil sie nicht auf die deutlichen Unterschiede im Wortlaut der VOB eingehen. Der Begriff »verzögern« (des Beginns der Ausführung) bedeutet keineswegs nur ein aktives Tun, sondern sicher auch ein Unterlassen, so dass schon deswegen keine Identität mit Verschulden gegeben ist. Auch die unzureichenden Maßnahmen in Bezug auf die zügige Ausführung, auf die sich Nr. 4 unter Hinweis auf Nr. 3 bezieht, setzen keineswegs eine vorherige Aufforderung des Auftraggebers zur Beseitigung der Unzuträglichkeiten voraus. Vielmehr ist in Nr. 3 nur eine an sich selbstverständliche und ohnehin gegebene Pflicht des Auftragnehmers festgelegt, die umfassend von Nr. 4 ergriffen ist, weshalb auch nur von der in »Nr. 3 erwähnten Verpflichtung« die Rede ist (wie hier im Ergebnis auch *Heiermann/Riedl/Rusam* § 5 VOB/B Rn. 18, so auch *Nicklisch/Weick* § 5 VOB/B Rn. 26; *Kreitzenbohm* BauR 1993, 647, 653; a.A. *Langen* in *Kapellmann/Messerschmidt* § 5 Rn. 113, jedoch nicht treffend, da dem Verzug mit Einzelterminen die Verletzung der Pflichten der Nr. 3 [ausreichende Besetzung der Baustelle] immanent ist).

Anders ist dieses im Falle der nicht rechtzeitigen Vollendung der Leistung: Während der Ausführung können sich aus einer Vielzahl von Gründen Verzögerungen ergeben, die im Einzelfall mit der gebotenen Sachlichkeit nicht nur hinsichtlich der Verursachung, sondern auch der eigenen Einstellung der Baubeteiligten, dabei besonders des Auftragnehmers, zu beurteilen sind, wo es also zu einer sachgerechten Beurteilung der Beachtung der Verschuldensfrage bedarf.

2. Verschulden als Voraussetzung für Rechte aus Nr. 4

Einheitlich für alle drei Fälle und damit einschränkend für die in Nr. 4 an erster und dritter Stelle genannten kommt aber der dem Auftraggeber bei Aufrechterhaltung des Vertrages nach § 6 Nr. 6 VOB/B oder bei Vertragskündigung nach § 8 Nr. 3 VOB/B eröffnete **Schadensersatzanspruch** nur in Betracht, wenn die betreffende Verzögerung auf ein **Verschulden** des Auftragnehmers zurückgeht (ebenso u.a. *Vygen/Schubert/Lang* Rn. 94, 100; vgl. Rn. 4 ff. und 9 ff.; insoweit auch *Nicklisch/Weick* § 5 VOB/B Rn. 32; *Heiermann/Riedl/Rusam* § 5 VOB/B Rn. 20; Beck'scher VOB-Komm./ *Motzke* § 5 Nr. 4 VOB/B Rn. 37 ff.; *Franke/Kemper/Zanner/Grünhagen* § 5 VOB/B Rn. 41; *Leinemann/Roquette* § 5 VOB/B Rn. 59; *Langen* in *Kapellmann/Messerschmidt* § 5 Rn. 104 ff.). Dies beruht darauf, dass Schadensersatzansprüche, die im Vertragsrecht ihre Grundlage haben, nur bei schuldhaftem Tun oder Unterlassen gewährt werden.

Ohne Verschulden des Auftragnehmers kann der Auftraggeber die Rechte aus Nr. 4 nicht geltend machen kann. Dies gilt auch für die **Kündigung nach § 8 Nr. 3 VOB/B**. Wenn auch zwei Eingriffsvoraussetzungen der Nr. 4 als solche kein Verschulden fordern und dem Auftraggeber das Setzen einer Nachfrist mit Kündigungsandrohung gestatten, so muss doch die Nichtbeachtung der Nachfrist mit Kündigungsandrohung vorwerfbar sein. Das Nichtbeachten der Nachfrist begründet regelmäßig eine Vertragsverletzung, wobei für das Verschulden § 280 Abs. 1 S. 2 BGB gilt. Hieran fehlt es, wenn der Auftragnehmer aus von ihm nicht zu vertretenden Gründen an der Beachtung der Nachfrist gehindert war. Zu denken ist dabei an die Tatbestände in § 6 Nr. 1, 2, 4 VOB/B (vgl. dazu BGH Urt. v. 21.10.1982 VII ZR 51/82 = BauR 1983, 73 = ZfBR 1983, 19) oder gar in § 9 VOB/B. Das Unterlassen einer Behinderungsanzeige bei Verletzung einer dem Auftraggeber obliegenden Mitwirkungspflicht bewirkt für den Auftragnehmer, dass ihm die Rechte nach § 6 VOB/B nicht zustehen; gleichwohl kann er sich gegen die Kündigung des Auftraggebers nach §§ 5 Nr. 4, 8 Nr. 3 VOB/B mit dem Einwand fehlenden Verschuldens verteidigen (OLG Saarbrücken BauR 1998, 1010; BGH Urt. v. 14.1.1999 VII ZR 73/98 = BauR 1999, 645 = SFH § 11 VOB/B [1973] Nr. 12). Ein weiterer Fall ist der, dass der Auftragnehmer nach § 16 Nr. 5 Abs. 3 S. 3 VOB/B berechtigt ist oder war, die Arbeiten bis zum Erhalt einer fälligen Zahlung, insbesondere Abschlagszahlung, einzustellen (vgl. OLG Düsseldorf BauR 1992, 765 = NJW-RR 1992, 980). Wenn die Gründe der Verzögerung nicht im Bereich des Auftragnehmers, sondern des Auftraggebers liegen, sind die Voraussetzungen nicht erfüllt, um dem Auftraggeber gegen den Auftragnehmer die in Nr. 4 aufgeführten Rechte zu geben (vgl. auch: *Leinemann/Roquette* § 5 VOB/B Rn. 59 ff.).

Weiter gilt: Ein bereits eingetretener Verzug wird geheilt, wenn der Auftraggeber dem Auftragnehmer die Leistung später stundet; wurde die Leistung auf unbestimmte Zeit gestundet, gerät der Auftragnehmer nur dann erneut in Verzug, wenn der Auftraggeber einen neuen Leistungszeitpunkt bestimmt hat (vgl. BGH Urt. v. 24.10.1990 VIII ZR 305/89 = NJW-RR 1991, 822).

II. Rechtsfolgen bei Missachtung von Pflichten nach Nr. 1–3: Nr. 4

8 Unter den in Rn. 3 ff. erläuterten Voraussetzungen gewährt die VOB dem Auftraggeber die in Nr. 4 im Einzelnen festgelegten Rechte. Ausgehend von dem Grundsatz, dass Bauverträge möglichst aufrechtzuerhalten sind, wird ihm in erster Linie die Befugnis eingeräumt, bei Aufrechterhaltung des Vertrages **Schadensersatz nach § 6 Nr. 6 VOB/B** zu verlangen, in zweiter Linie kommt die außerdem gegebene Möglichkeit der **Vertragskündigung** in Betracht. Der Auftraggeber hat ein **Wahlrecht**, ob er von der einen oder der anderen Befugnis Gebrauch machen will, wie sich aus dem zwischen beiden Möglichkeiten gesetzten Wort »oder« ergibt. Das Wahlrecht bedeutet nicht, dass die in Nr. 4 enthaltenen Ansprüche nur alternativ geltend gemacht werden könnten (vgl. hierzu *Langen* in *Kapellmann/Messerschmidt* § 5 Rn. 102 ff.), sondern nur, dass der Auftraggeber sich entscheiden muss, ob er die **Fortsetzung des Vertragsverhältnisses** mit dem Auftragnehmer **wählt oder nicht**. Bereits bestehende Ansprüche aus Verzug bleiben erhalten, wie § 8 Nr. 3 Abs. 1 verdeutlicht (OLG Düsseldorf BauR 1992, 765 = NJW-RR 1992, 980). Die dem Auftraggeber nach Nr. 4 eingeräumten Rechte stehen ihm nach dem Selbstverständnis der VOB (vgl. § 1 VOB/A) nur hinsichtlich der vom Auftragnehmer zu erbringenden Bauleistungen zu. Schuldet der Auftragnehmer als Generalunternehmer auch Planungsleistungen, so kann der Auftraggeber nicht auf § 5 Nr. 4 VOB/B zurückgreifen. hier gilt das Recht der Leistungsstörungen des BGB (§§ 280, 286, 323). Gleiches gilt auch, wenn die Leistungserbringung nachträglich objektiv unmöglich wird. Da Nr. 4 dem Grundsatz folgt, dass Bauverträge aufrechtzuerhalten sind, wird die technische aber auch rechtliche Erfüllbarkeit vorausgesetzt (BGH Urt. v. 28.3.1996 VII ZR 228/94 = BauR 1996, 544; Beck'scher VOB-Komm./*Motzke* § 5 Nr. 4 VOB/B Rn. 4, 8; *Leinemann/Roquette* § 5 VOB/B Rn. 58). Falls Allgemeine Geschäftsbedingungen – insbesondere Zusätzliche Vertragsbedingungen – des Auftragnehmers in dem hier erörterten Bereich zugunsten des Auftragnehmers Haftungsbeschränkungen enthalten, ist die durch § 309 Nr. 8a BGB zwingend festgelegte Grenze zu beachten, was im Hinblick auf § 307 BGB auch für Kaufleute als Vertragspartner des Verwenders gilt.

1. Verzugsschaden bei Aufrechterhaltung des Vertrages

Der Auftraggeber ist berechtigt, vom Auftragnehmer **unter Aufrechterhaltung des Bauvertrages** den **Verzugsschaden** ersetzt zu verlangen. Dazu muss aber **bei allen** der in Nr. 4 genannten **Fälle ein Verzug** des Auftragnehmers vorliegen (OLG Düsseldorf BauR 1992, 765; vgl. auch OLG Düsseldorf BauR 2000, 1336). Denkbar ist ein Verzug des Auftragnehmers auch dadurch, dass er eine während des Bauablaufs nach dem Vertrag geforderte Hinweispflicht verletzt und dadurch Behinderungen bzw. Erschwerungen bei der späteren Bauausführung entstehen. Das kann z.B. der Fall sein, wenn sich der Auftraggeber im Vertrag die Anordnung zusätzlicher Baugrunduntersuchungen vorbehält und der Auftragnehmer diese dadurch unmöglich macht oder erschwert, dass er den Auftraggeber nicht rechtzeitig vor weiterem Baufortschritt darauf hinweist, dass nunmehr nach Erreichen eines bestimmten Leistungsstandes die weiteren Baugrunduntersuchungen durchgeführt werden müssen.

a) Verschulden

Verzug setzt Fälligkeit der Leistung, **Verschulden** des Auftragnehmers und grundsätzlich Mahnung durch den Auftraggeber voraus. Auf eine Mahnung kann in den Fällen des § 286 Abs. 2 BGB verzichtet werden; diese Voraussetzungen mögen bei den Eingriffstatbeständen »Verzug mit Vollendung«, aber auch bei »Verzögerung des Beginns« in Betracht kommen, wenn Beginntermine eindeutig vereinbart sind oder § 5 Nr. 2 VOB/B greift. Die Nichterfüllung der »Verpflichtung nach Nr. 3« erfordert aber regelmäßig eine verzugsbegründende Mahnung, um die Wahl des Schadensersatzes nach Nr. 4 zu eröffnen. Die Ansicht von Nicklisch (in *Nicklisch/Weick* § 5 VOB/B Rn. 32; ähnlich Beck'scher VOB-Komm./*Motzke* § 5 Nr. 4 VOB/B Rn. 36 ff. Infolge der in § 5 Nr. 4 enthaltenen Rechtsgrundverweisung ändern sich die Voraussetzungen der §§ 284, 286 BGB a.F., so dass eine Mahnung nicht erforderlich ist. Dieser Verstoß gegen § 309 Nr. 4 BGB unterliegt aufgrund der Privilegierung der VOB nicht der Inhaltskontrolle), dass hier nicht alle Verzugsvoraussetzungen erforderlich seien, findet in der VOB/B keine hinreichend klare Stütze (wie hier *Vygen* Bauvertragsrecht Rn. 669, auch *Heiermann/Riedl/Rusam* § 5 VOB/B Rn. 20; *Leinemann/Roquette* § 5 VOB/B Rn. 59, 73 differenzierend für die Fälle der Kündigung und Schadensersatz; *Langen* in *Kapellmann/Messerschmidt* § 5 Rn. 107 ff.; *Franke/Kemper/Zanner/Grünhagen* § 5 VOB/B Rn. 41). So begründet auch eine Regelung in AGB (vornehmlich in Zusätzlichen Vertragsbedingungen), dass der Auftraggeber ohne Abmahnung zum Abzug von Mehrkosten berechtigt sein soll, einen Verstoß gegen § 309 Nr. 4 bzw. gegen § 307 BGB (vgl. auch LG München I BauR 1981, 474; ferner die besondere Fallgestaltung BGH Urt. v. 20.5.1985 VII ZR 324/83 = BauR 1985, 576 = SFH § 16 Nr. 3 VOB/B Nr. 37). Die Mahnung ist jedoch nicht erforderlich, wenn für die Leistung eine Zeit nach dem Kalender bestimmt oder bestimmbar (§ 286 Abs. 2 Nr. 2 BGB) ist.

b) Spezialregelung Nr. 6

Die Pflicht zum Ersatz des Verzugsschadens beruht auf §§ 280, 286 BGB. Allerdings ist nach den Allgemeinen Vertragsbedingungen eine Begrenzung der nach dem Gesetz gegebenen vollen Schadensersatzpflicht des Auftragnehmers aus Verzug vereinbart. Nach der hier maßgebenden Spezialregelung (vgl. auch *Nicklisch/Weick* § 6 VOB/B Rn. 45; *Locher* Das private Baurecht Rn. 119; Beck'scher VOB-Komm./*Motzke* § 5 Nr. 4 VOB/B Rn. 35) in § 6 Nr. 6 VOB/B kann der Auftraggeber nur den nachweislich entstandenen Schaden verlangen, **nicht** aber **den entgangenen Gewinn**, es sei denn, die dem Auftragnehmer anzulastende **Bauverzögerung** ist von diesem **vorsätzlich oder grob fahrlässig** herbeigeführt worden. Diese Spezialregelung greift allerdings nicht, wenn der Auftragnehmer auch Planungsleistungen zu erbringen hat und er sich mit diesen in Verzug befindet (BGH Urt. v. 28.3.1996 VII ZR 228/94 = BauR 1996, 544 = ZfBR 1996, 256). Die Haftungsbeschränkung von § 6 Nr. 6 VOB/B gilt auch nicht, wenn im Bauvertrag die Geltung der VOB nur nachrangig nach dem BGB vereinbart ist (vgl. BGH Urt. v. 27.10.1977 VII ZR 298/75 = SFH § 284 BGB Nr. 1). Gleiches trifft auch auf jene Fälle zu, in denen der **Auftragnehmer die Erfüllung des Bauvertrages ernsthaft und endgültig verweigert, da er hier nicht den Bau verzögert, sondern ihn zu vereiteln sucht (BGH Urt. v. 11.12.1975 VII ZR 37/74 = BauR 1976, 126 = SFH Z 2.411 Bl. 65; ferner BGH Urt. v. 12.6.1980 VII ZR 198/79 = SFH § 8 VOB/B Nr. 2 = BauR 1980, 465; Urt. v. 20.4.2000 VII ZR 164/99 = BGH BauR 2000, 1479). Liegen zudem die Voraussetzungen des § 4 Nr. 7 VOB/B vor, steht dem Auftraggeber auch Schadensersatz nach Nr. 7 S. 2 zu. Dieser Anspruch unterliegt nicht den Beschränkungen des § 6 Nr. 6 VOB/B.

Haben **beide Vertragspartner** die Umstände, die zur Verzögerung der Ausführung geführt haben, **zu vertreten,** kommt grundsätzlich – je nach den Gegebenheiten des Einzelfalles – eine **Schadensteilung nach § 254 BGB** in Betracht (*Vygen* BauR 1983, 219; *Nicklisch/Weick* § 5 VOB/B Rn. 28; *Locher* Das private Baurecht Rn. 117).

Bei Wahl des Schadensersatzes bleibt der Bauvertrag **aufrechterhalten** und der Auftragnehmer nach wie vor zur vertragsgerechten Leistung verpflichtet bleibt. Ansprüche auf Ersatz des Verzugsschadens **verjähren** in der gleichen Frist wie die Ansprüche, mit deren Erfüllung der Schuldner in Verzug geraten ist (BGH Urt. v. 23.10.1990 XI ZR 313/89 = NJW 1991, 220).

c) Beweislast

12 Die **Beweislast** zur **Ausräumung des Verschuldens** hat der **Auftragnehmer** (§ 286 Abs. 4 BGB), während die **Voraussetzungen** für den **Verzug** nach §§ 280, 286 BGB i.V.m. § 5 Nr. 1–3 VOB/B vom **Auftraggeber** darzulegen und zu beweisen sind. Gleiches gilt für die Voraussetzungen nach § 6 Nr. 6 in Bezug auf den entgangenen Gewinn (OLG Düsseldorf BauR 2001, 812 = NJW-RR 2001, 1028; OLG Saarbrücken/BGH Beschl. v. 30.9.2004 VII ZR 127/03 = IBR 2005, 9-*Putzier*). Bei fehlender Vereinbarung folgt aus § 271 BGB die Beweislast des Auftragnehmers, dass die angemessene Herstellfrist noch nicht abgelaufen und die Leistung somit noch nicht fällig ist (BGH Urt. v. 21.10.2003 X ZR 218/01 = BauR 2004, 331).

d) Umfang des Verzugsschadens

13 Der nachweislich entstandene Schaden ist zu ersetzen. Grundsätzlich ist ein adäquat-kausal verursachter Schaden erforderlich, der auf ein Verhalten des Auftragnehmers zurückzuführen ist, das zur Bauverzögerung geführt hat. Mangels Leistungsaustausch entfällt auf den Schadensersatz keine Mehrwertsteuer. Auch Mehrkosten für eine aufgrund verlängerter Bauzeit erforderliche Planung fallen hierunter (BGH Urt. v. 20.2.1986 VII ZR 286/84 = BauR 1986, 347; *Vygen/Schubert/Lang* Rn. 97 ff.). Zum Umfang des Schadensersatzanspruch vgl. im Einzelnen, insbesondere zum Miet- und Nutzungsausfall: § 6 Nr. 6 VOB/B. Zur Bewertung der Vorhaltekosten für Geräte anhand der Baugeräteliste vgl. OLG Düsseldorf, das im Wege der Schätzung nach § 287 ZPO 70% des Wertes der Baugeräteliste 2001 für angemessen erachtet hat (OLG Düsseldorf BauR 2003, 892; vgl. auch BGH Urt. v. 6.4.2000 VII ZR 199/97 = BauR 2000, 1189 bzgl. Ersatz des Mietausfallschadens nach § 4 Nr. 7 VOB/B; BGH Urt. v. 27.1.2005 VII ZR 276/03 = BauR 2005, 869). Ein Verzugsschaden kann auch einem General- oder einem Hauptunternehmer erwachsen, wenn der von ihm beauftragte Nachunternehmer die vereinbarten Ausführungsfristen nicht eingehalten hat. Der General- oder der Hauptunternehmer kann vom Nachunternehmer ggf. Schadensersatz wegen zusätzlicher Vorhaltekosten, von ihm infolge des Verzuges an seine Arbeiter gezahlter Über- und Sonntagsstundenzuschläge sowie wegen erhöhter allgemeiner Geschäftskosten verlangen (vgl. OLG Düsseldorf SFH Z 2.411 Bl. 16 ff.).

Zu dem Sonderfall, das der General- oder Hauptunternehmer seinem Auftraggeber aufgrund des Leistungsverzugs des Nachunternehmers eine Vertragsstrafe zu zahlen hat, vgl. § 11 Nr. 2 VOB/B Rn. 7 und § 6 Nr. 6 VOB/B Rn. 36.

14 Ein einmal entstandener Anspruch auf Schadensersatz wegen Verzuges entfällt nicht dadurch, dass dem Vertragsgegner nachträglich ein Anspruch auf Schadensersatz wegen Nichterfüllung erwächst.

2. Fristsetzung, Androhung, Kündigung

Nr. 4 gibt dem Auftraggeber zur Wahl ferner das Recht, dem Auftragnehmer durch empfangsbedürftige Willenserklärung eine **angemessene Frist zur Vertragserfüllung** zu setzen **und zu erklären, dass** er ihm **nach fruchtlosem Ablauf** der Frist den **Auftrag entziehe** (§ 8 Nr. 3 VOB/B). Eine Kündigung vor Fristablauf lässt das Kündigungsrecht des Auftraggebers nicht entstehen (OLG Düsseldorf BauR 2001, 1461; unklar *Leinemann/Roquette* § 5 VOB/B Rn. 66). Eine gleichwohl ausgesprochene Kündigung führt, da ein Kündigungsgrund nicht wirksam herbeigeführt wurde, im Regelfall zu einer »freien« Kündigung nach § 8 Nr. 1 VOB/B (BGH Urt. v. 24.7.2003 VII ZR 218/02 = BauR 2003, 1889).

a) Fristsetzung

Grundsätzlich muss der Auftraggeber dem Auftragnehmer eine **Frist zum Beginn** oder **zur zügigen Fortführung** oder **zur Beendigung der vertraglich festgelegten Leistung** setzen. Im letzteren Fall muss es vom Sinn der Warnfunktion ausreichen, wenn der Auftraggeber eine angemessene Frist zur Weiterarbeit bzw. zur Wiederaufnahme der Arbeiten setzt, vor allem dann, wenn zweifelhaft ist, ob der Auftragnehmer die Arbeiten fortzusetzen bereit ist (vgl. OLG Düsseldorf SFH § 5 VOB/B Nr. 6; auch OLG Hamm SFH § 326 BGB Nr. 12). Für den Eingriffstatbestand »Verzug mit Vollendung« ist diese Fristsetzung als Mahnung verzugsbegründend nach § 286 Abs. 1 BGB; im Anschluss daran ist vom Auftraggeber die Nachfrist mit Kündigungsandrohung nach Nr. 4 zu formulieren. Auf die verzugsbegründende erste Fristsetzung kann nur in den Fällen des § 286 Abs. 2 BGB verzichtet werden. Für das Vorliegen der Eingriffstatbestände »**verzögerter Beginn**« – sofern nicht nach § 286 Abs. 2 BGB ohnehin Verzug automatisch eintritt – und »**Missachtung der Pflicht aus Nr. 3**« ist zunächst eine verzugsbegründende Mahnung nicht erforderlich, da diese Eingriffstatbestände für die Rechtswahl Kündigung kein Verschulden voraussetzen. Maßgeblich sind insoweit objektive Kriterien zur Beurteilung des Vorliegens der Eingriffstatbestände (Beck'scher VOB-Komm./*Motzke* § 5 Nr. 4 VOB/B Rn. 13, 32). Gleichwohl werden dem Auftraggeber die Rechte der Nr. 4 nur bei Verschulden eröffnet; der Auftragnehmer muss also den ergebnislosen Ablauf der Nachfrist mit Kündigungsandrohung zu vertreten haben. Dies ist nicht der Fall, wenn die objektiven Kriterien nicht in vorwerfbarer Weise von dem Auftragnehmer verursacht worden sind, er z.B. behindert war (vgl. LG Erfurt BauR 2005, 564 sowie Thüringisches OLG BauR 2005, 1161, für den Fall eines Leistungsverweigerungsrechtes des Auftragnehmers wegen Anspruch auf Termin- und Vergütungsanpassung). **Ausnahmsweise** ist es auch möglich, **den Auftragnehmer zu verbindlichen Terminzusagen aufzufordern,** wenn bei einem langfristigen Vertrag zur Bauwerkserrichtung im Bereich des Auftragnehmers liegende Hindernisse auftreten, die es ernsthaft in Frage stellen, ob die vereinbarte Leistung überhaupt oder jedenfalls rechtzeitig ausführbar ist; dies ist ein Gebot von Treu und Glauben (BGH Urt. v. 21.10.1982 VII ZR 51/82 = BauR 1983, 73 = ZfBR 1983, 19). Hat der Auftraggeber dem Auftragnehmer zwar zunächst eine Frist gesetzt und ihm die Kündigung angedroht, hat er sich dann aber doch zur Entgegennahme der Leistung des Auftragnehmers bereit erklärt, so muss er, wenn er dennoch kündigen will, dem Auftragnehmer eine neue Frist mit Androhung der Kündigung setzen (vgl. OLG Karlsruhe BauR 1987, 448; auch OLG Düsseldorf NJW-RR 1994, 149; OLG Saarbrücken/BGH, Beschl. v. 30.9.2004 VII ZR 127/03, IBR 2005, 9 – *Putzier*) und diese abwarten, bevor er kündigen kann. Gleiches gilt, wenn innerhalb der Frist Voraussetzungen, nach denen der Auftragnehmer zur Leistungsverweigerung berechtigt ist, eintreten (OLG Düsseldorf BauR 1996, 115; 1992, 765; OLG Zweibrücken BauR 1995, 251). Ein Verhandeln mit dem Auftragnehmer nach Fristablauf über eine Fortsetzung der Arbeiten führt aber nur dann zu dem Erfordernis einer erneuten Nachfristsetzung mit Kündigungsandrohung, wenn der Auftraggeber durch sein Verhalten eindeutig zum Ausdruck gebracht hat, dass er auf sein Kündigungsrecht verzichte (OLG Düsseldorf BauR 2001, 1459. Gleiches gilt für den Fall der Auftragnehmerkündigung: BGH Urt. v. 28.10.2004 VII ZR 18/03 = BauR 2005, 425). Andererseits kann die durch einen Nichtberechtigten gesetzte Frist nach Ablauf nicht nach § 184 BGB rückwirkend genehmigt werden (BGH Urt. v. 15.4.1998 VIII ZR 129/97 = NJW 1998, 3058 – für § 326 BGB a.F.).

b) Androhung

17 Für die **Androhung** ist es nicht erforderlich, dass hierbei der Wortlaut der VOB eingehalten wird; vielmehr genügt es, wenn der **Wille des Auftraggebers,** die Leistung des Auftragnehmers **nach erfolglosem Ablauf der Frist nicht mehr anzunehmen, eindeutig** (»**letztmals**«) zum Ausdruck gebracht wird (BGH Urt. v. 13.12.2001 VII ZR 432/00 = BauR 2002, 782 = NZBau 2002, 265: mehrfache Aufforderung zu unverzüglichen Abhilfe unter »letztmaliger Fristsetzung« und »Kündigungsandrohung« reicht; BGH Urt. v. 24.2.1983 VII ZR 210/82 = BauR 1983, 258 = ZfBR 1983, 123; OLG Düsseldorf BauR 1977, 134, Letzteres für den in rechtlicher Hinsicht gleich gelagerten Fall der Fristsetzung bei Nachbesserungsaufforderung; ebenso Beck'scher VOB-Komm./*Motzke* § 5 Nr. 4 VOB/B Rn. 53). Sie ist mit der Fristsetzung zu verbinden. **Fehlt** es an der hier vorgeschriebenen **Androhung** des Auftragsentzugs, wird das Recht zur Kündigung nach Ablauf der gesetzten Frist nicht begründet, vielmehr wird der Auftragnehmer **dann nur** (wenn das nicht schon der Fall ist) **in Verzug gesetzt.** Dann kann der Auftraggeber nur kündigen, wenn er dem Auftragnehmer eine **neue Frist mit Kündigungsandrohung** setzt. Die Fristsetzung muss also mit der Androhung verbunden sein.

c) Angemessenheit

18 Die Frist selbst muss angemessen sein; mit der Fristsetzung ist mitzuteilen, von welchen Vertragsfristen der Auftraggeber ausgeht und welche Leistungen zu erbringen sind (OLG Köln SFH § 8 VOB/B [1973] Nr. 4; *Vygen/Schubert/Lang* Rn. 100). Eine unangemessen kurze Frist setzt die angemessene Frist in Gang (BGH Urt. v. 21.6.1985 V ZR 134/84 = NJW 1985, 2640). Die **Angemessenheit** der Frist richtet sich im vorliegenden Fall nach der Zeit, die ein leistungsfähiger, sachkundiger und zuverlässiger Auftragnehmer zur Fertigstellung der Leistung bzw. der noch ausstehenden Leistung in **sofort begonnener oder fortgesetzter** zügiger Arbeit benötigt. Dabei ist allerdings vorrangig das dem Auftragnehmer bewusste oder jedenfalls den Umständen nach erkennbare Interesse des Auftraggebers an der Einhaltung der vertraglich vorgegebenen Bauzeit zu berücksichtigen, wie z.B. die Tatsache, dass von vornherein als Vertragsfrist 20 Arbeitstage vereinbart wurden, weil das Haus aus steuerlichen Gründen noch im laufenden Jahr fertig sein musste; insofern kann z.B. eine Frist für den Beginn der vereinbarten Rohbauarbeiten von 9 Tagen durchaus angemessen sein (vgl. dazu OLG Koblenz BauR 1989, 729 = MDR 1990, 51). Zu Recht weist Kemper (*Franke/Kemper/Zanner/Grünhagen* § 5 Nr. 43 VOB/B) auf das für den Auftraggeber bei unangemessen kurzen Fristen bestehende Risiko hin, dass eine vorschnell, also eine vor Ablauf der angemessenen Frist ausgesprochene Kündigung das Vertragsverhältnis durch eine »freie« Kündigung nach § 8 Nr. 1 VOB/B beendet.

Sofern das AGB-Gesetz Anwendung findet, ist für eine von diesen Grundsätzen abweichende oder eine zeitlich generalisierende Klausel § 308 Nr. 2 BGB zu beachten, vgl. § 11 Rn. 6 VOB/A.

d) Entbehrlichkeit der Nachfrist mit Kündigungsandrohung

19 Einer **Fristsetzung mit Androhung des Auftragsentzugs** bedarf es **ausnahmsweise nicht mehr,** wenn sich das Verhalten des Auftragnehmers als eine **besonders schwere positive Vertragsverletzung** darstellt, die es dem **Auftraggeber unzumutbar** macht, noch weiterhin mit diesem Auftragnehmer im Vertrag zu bleiben (vgl. BGH Urt. v. 23.5.1996 VII ZR 140/95 = BauR 1996, 704 = ZfBR 1996, 267). In einem derartigen Fall ist nicht zwingend notwendig, dass die schwerwiegende Vertragsverletzung bereits eingetreten ist, jedoch ihr Eintritt sicher ist (BGH Urt. v. 4.5.2000 VII ZR 53/99 = BauR 2000, 1182 = NJW 2000, 2988). Dazu ist Voraussetzung, dass der Auftragnehmer schwerwiegend und schuldhaft gegen seine vertragliche Verpflichtung verstoßen hat, so dass die dem Bauvertrag innewohnende und für seine Durchführung erforderliche **Vertrauensgrundlage nachhaltig erschüttert** ist; dabei muss der objektive Betrachter bei verständiger Würdigung aller

Umstände zu dem Ergebnis kommen, dass es dem Auftraggeber nicht mehr anzusinnen ist, länger am Vertrag festzuhalten (dazu auch OLG Frankfurt BauR 1988, 599; ebenso *Locher* Das private Baurecht Rn. 117). Das ist der Fall, wenn der Auftragnehmer ernsthaft und endgültig die Weiterarbeit verweigert, ohne dazu berechtigt zu sein (BGH Urt. v. 12.6.1980 VII ZR 198/79 = BauR 1980, 465 = ZfBR 1980, 229), z.B. seine Leute vom Bau abzieht, obwohl er zur Leistung ungehindert in der Lage wäre, und zugleich die Gerüste abbaut und dadurch den gesamten Bau blockiert (OLG Celle SFH Z 2.510 Bl. 15 ff.; auch OLG Hamm SFH § 326 BGB Nr. 12), oder wenn der Auftragnehmer die Weiterarbeit ganz bestimmt und abschließend von der Zahlung weiterer Vergütung, wie z.B. Vorauszahlung, Abschlagszahlung oder Teilschlusszahlung, abhängig macht, obwohl er hierauf eindeutig keinen oder noch keinen Anspruch hat. Ebenso gilt dies, wenn der mit der Fertigstellung der Leistung im Verzug befindliche Auftragnehmer diese erst für einen Zeitpunkt ankündigt, der zweifelsfrei nach Ablauf der eigentlichen, vom Auftraggeber zu setzenden angemessenen, dem Auftragnehmer zumutbaren Nachfrist liegt (vgl. BGH Urt. v. 19.9.1983 VII ZR 84/82 = NJW 1984, 48 = BB 1983, 1873). Rechtfertigen lässt sich das auch, wenn sich der Auftragnehmer dadurch als besonders unzuverlässig erwiesen hat, dass er der mehrmaligen Verlängerung der vertraglichen Ausführungsfrist nicht nachgekommen ist und in diesem Zusammenhang abgegebene Zusicherungen der Vertragserfüllung schuldhaft nicht eingehalten hat (vgl. OLG Bremen SFH Z 2.510 Bl. 37). So auch, wenn der Auftragnehmer gegen den Widerspruch des Auftraggebers den Vertrag zu Unrecht kündigt und die Arbeiten nicht wieder aufnimmt (BGH Urt. v. 1.12.2001 VII ZR 210/99 = BauR 2001, 1577). Dagegen genügt es nicht schon, wenn der Auftragnehmer mit der Montage eines von ihm hergestellten Bauteils in Verzug gerät und innerhalb weniger Tage zweimal verbindlich zugesagte Liefertermine nicht einhält; das gibt dem Auftraggeber noch keine Berechtigung, die Annahme der Leistung ohne Nachfristsetzung abzulehnen; klagt der Auftragnehmer in einem solchen Fall die Vergütung ein, so ist der Auftraggeber, sofern er einredeweise sein Leistungsverweigerungsrecht nach § 320 BGB geltend macht, Zug um Zug gegen Lieferung und Montage zur Zahlung zu verurteilen, anderenfalls er eine uneingeschränkte Verurteilung riskiert (vgl. dazu OLG Koblenz MDR 1992, 344 = NJW-RR 1992, 467). Bloße Terminüberschreitungen machen die Nachfristsetzung und die Kündigungsandrohung nur entbehrlich, wenn sich aus ihnen zusammen mit anderen Umständen eine Unzuverlässigkeit des Auftragnehmers ergibt (vgl. dazu OLG Düsseldorf NJW-RR 1994, 149). Die Entbehrlichkeit der Fristsetzung bei endgültiger Leistungsverweigerung hat jedoch zur unabdingbaren Voraussetzung, dass eine inhaltlich zweifelsfreie Erklärung des Auftragnehmers vorliegt, aus der sich sein endgültiger Entschluss klar entnehmen lässt. Dies liegt nicht schon in der Erklärung des Auftragnehmers, er wisse nicht, wann er das für die Ausführung erforderliche Material erhalte (ähnlich BGH Urt. v. 30.10.1991 VIII ZR 9/91 = NJW 1992, 235 für den Bereich des Kaufvertrages).

20 Als endgültige und ernsthafte Erfüllungsverweigerung ist es auch noch nicht anzusehen, wenn es sich um bloße Meinungsverschiedenheiten über den Vertragsinhalt oder den Vertragsumfang handelt, sofern sich der Auftragnehmer bereit erklärt hat, zu anderen Bedingungen zu leisten; gleiches gilt, wenn nicht auszuschließen ist, dass der Auftragnehmer aufgrund Fristsetzung mit Ablehnungsandrohung doch noch geleistet hätte (OLG Düsseldorf BauR 2001, 1461). Hierzu gilt das in § 13 VOB/B zur Nachbesserungsverweigerung Gesagte entsprechend. **Im Kern** gelten hier die gleichen **strengen** Grundsätze (ebenso *Fischer* BauR 1995, 452, 455), die zu § 326 BGB a.F. entwickelt wurden und in § 323 BGB ihren Niederschlag gefunden haben.

Liegen die vorgenannten **Ausnahmesachverhalte** vor, hat der Auftraggeber das Kündigungsrecht nach § 8 Nr. 3 VOB/B auch ohne vorherige Fristsetzung. Eine hiervon abweichende Regelung in AGB – insbesondere in Zusätzlichen Vertragsbedingungen – verstößt gegen § 309 Nr. 8a BGB.

VOB/B § 5 Nr. 4   Rechtsfolgen bei Verletzung der in Nr. 1–3 festgelegten Pflichten

e) Schriftform

21 Schriftform ist **für die Aufforderung** nach Nr. 4 **ebenso wenig erforderlich** wie bei § 4 Nr. 7 VOB/B, jedoch ist eine schriftliche Aufforderung aus Beweisgründen für den Auftraggeber unbedingt zu empfehlen (vgl. auch VHB Nr. 4. zu § 5 VOB/B).

Die Kündigung ist erst zulässig, wenn – abgesehen von den genannten Ausnahmen – die vom Auftraggeber mit Androhung des Auftragsentzugs gesetzte Frist abgelaufen ist; daher kann die Kündigung **nicht schon bedingt mit der Fristsetzung** verbunden werden (vgl. § 8 VOB/B; OLG Düsseldorf BauR 2001, 1461).

f) Beweislast

22 Die **Beweislast** für die Fälligkeit der Leistung, die Fristsetzung und die Androhung der Kündigung nach Nr. 4 hat der **Auftraggeber;** gleiches gilt für **etwaige Ausnahmen** vom Erfordernis der Fristsetzung und Kündigungsandrohung. Unter Geltung des BGB i.d.F. vor dem 1.1.2002 war dagegen der **Auftragnehmer beweispflichtig,** wenn er die **Berechtigung der Androhung, der Fristsetzung oder der Vertragskündigung bestritt,** insbesondere wenn er behauptete, sich keiner Verletzung der Pflichten nach Nr. 1–3 schuldig gemacht zu haben (BGH Urt. v. 8.3.2001 VII ZR 470/99 = BauR 2001, 946). Dies wurde mit der entsprechenden Anwendung des § 636 Abs. 2 BGB a.F. begründet (Beck'scher VOB-Komm./*Motzke* § 5 Nr. 4 VOB/B Rn. 42 ff.; *Vygen/Schubert/Lang* Rn. 99, 106), der die Darlegungs- und Beweislast für die streitige Behauptung, der Auftragnehmer habe die Werkleistung rechtzeitig erbracht, dem Auftragnehmer zugewiesen hat. Mit der Schuldrechtsmodernisierung ist § 636 BGB a.F. aufgehoben worden, so dass auf die allgemeine Beweislastregel im § 286 Abs. 4 BGB (§ 285 BGB a.F.) zurückgegriffen werden muss. Vgl. insoweit oben Rn. 12.

g) Weiter gehender Schaden

23 Der Hinweis auf § 8 Nr. 3 VOB/B bedeutet u.a. auch, dass der Auftraggeber **nach** der **Kündigung** vom Auftragnehmer bei Vorliegen von Verschulden nicht nur den weitergehenden Schaden nach Abs. 2 S. 1 VOB/B mit der hier maßgebenden Beschränkung nach § 6 Nr. 6 VOB/B (a.A. *Franke/Kemper/Zanner/Grünhagen* § 5 VOB/B Rn. 42, die bei Wahl der Kündigung dem Auftraggeber einen Schadensersatzanspruch aus § 5 Nr. 4 i.V.m. § 6 Nr. 6 VOB/B versagen. Die Auffassung ist abzulehnen, da § 8 Nr. 3 Abs. 2 S. 1 die Ansprüche auf Ersatz weiteren Schadens unberührt lässt. Ebenso Beck'scher VOB-Komm./*Motzke* § 5 Nr. 4 VOB/B Rn. 63; *Langen* in *Kapellmann/Messerschmidt* § 5 VOB/B Rn. 119), sondern unter den Voraussetzungen des Abs. 2 S. 2 VOB/B insgesamt **Schadensersatz wegen Nichterfüllung** beanspruchen kann. Dieser Anspruch geht auf den vollen Schaden (§ 249 BGB) und unterliegt **nicht der Begrenzung aus § 6 Nr. 6 VOB/B,** auch nicht den durch § 4 Nr. 7 S. 2 VOB/B gesetzten Grenzen.

3. Ausnahme: Vorgehen entsprechend § 5 Nr. 4 vor Fälligkeit der Leistung

24 Denkbar ist auch, dass der **Auftragnehmer bereits vor Fälligkeit seiner Leistung, also** vor Beginn der maßgebenden Ausführungsfrist, **erklärt, er könne infolge unvorhergesehener Umstände nicht fristgerecht mit der Ausführung beginnen.** Dann kann der an alsbaldiger Klärung der Erfüllungsbereitschaft interessierte Auftraggeber den Auftragnehmer entsprechend § 5 Nr. 4 zur Erklärung innerhalb einer gesetzten Frist auffordern, ob er absprachegerecht leisten werde, und ihn darauf hinweisen, dass er die Entgegennahme der Leistung nach Ablauf der Frist ablehne. Gibt der Auftragnehmer dann keine befriedigende Erklärung ab, kann der Auftraggeber entsprechend § 8 Nr. 3 VOB/B den Vertrag kündigen (vgl. auch OLG Düsseldorf BauR 1996, 115, 116 = NJW-RR 1996, 730); dabei bedarf es auch hier ausnahmsweise keiner Fristsetzung, wenn der Auftragnehmer bereits unzweideutig erklärt hat, er werde in keinem Falle fristgerecht leisten (vgl. auch BGH Urt. v. 4.5.2000 VII ZR 53/99 = BauR 2000, 1182; Urt. v. 20.4.2000 VII ZR 164/99 = BauR 2000, 1479). Diesen Überlegungen liegen die zu § 326 BGB a.F. entwickelten Grundsätze, jetzt § 323 Abs. 2, 4 BGB, zugrunde. Diese

Grundsätze gelten jedoch nicht, wenn der Auftragnehmer seinerseits den Vertrag nach § 9 Nr. 1 VOB/B kündigen (vgl. dazu auch OLG Düsseldorf a.a.O.) oder eine Verlängerung der Ausführungsfrist nach Maßgabe von § 6 Nr. 1, 2, 4 VOB/B verlangen könnte.

III. Vergleich der Rechte nach Nr. 4 mit gesetzlichen Regelungen

Für die von Nr. 4 erfassten Sachverhalte enthält das **Gesetz auch noch andere Rechte** zugunsten des Auftraggebers. Ob diese **neben** den Ansprüchen aus Nr. 4 geltend gemacht werden können, ist davon abhängig, ob dem Auftraggeber angesichts seines Schadensersatzanspruches nach § 6 Nr. 6 VOB/B sowie seines Kündigungsrechts und der Schadensersatzansprüche nach § 8 Nr. 3 VOB/B noch ein **Rechtsschutzbedürfnis** zugebilligt werden kann. Das ist zu verneinen, wenn gesetzlich geregelte Rechte in ihren rechtlichen Grundlagen denen **gleichzusetzen** sind, auf denen Ansprüche nach § 6 Nr. 6 VOB/B und § 8 Nr. 3 VOB/B beruhen. Trifft das nicht zu, so kann der Auftraggeber auch von diesen anderen Rechten Gebrauch machen. Hierzu: 25

1. Klage auf Vertragserfüllung

Der Auftraggeber kann auch ohne vorherige Fristsetzung **Klage auf Vertragserfüllung** erheben. Nach der Verurteilung des Auftragnehmers zur Erbringung der Leistung kann der Auftraggeber **gemäß § 887 ZPO vollstrecken** (*Locher* Das private Baurecht Rn. 120). Dieser Weg ist wesentlich umständlicher als die Ausübung des dem Auftraggeber nach Nr. 4 gegebenen Kündigungsrechts. Es könnte aber sein, dass der Auftraggeber im Einzelfall ein **besonderes Interesse** an der Aufrechterhaltung des Bauvertrages mit diesem Auftragnehmer hat, weil er dessen Bauleistung wünscht. Da es sich um eine Klage auf Leistung handelt, der Vertrag also aufrechterhalten bleibt, ist diese gesetzliche Befugnis des Auftraggebers eine andere als die in Nr. 4 vorgesehene Vertragskündigung oder der bloße Schadensersatzanspruch nach § 6 Nr. 6 VOB/B, so dass ein Rechtsschutzbedürfnis für diesen Weg anstelle des Kündigungsrechts **zu bejahen** ist. Bestehen bleibt dann ein etwaiger Schadensersatzanspruch des Auftraggebers nach § 6 Nr. 6 VOB/B oder auch ein über diesen eingeschränkten Anspruch hinausgehender voller Schadensersatzanspruch. Die im BGB i.d.F. vor dem 1.1.2002 vorgesehene Möglichkeit, nach rechtskräftiger Verurteilung nach § 283 BGB a.F. Schadensersatz wegen Nichterfüllung zu verlangen, besteht nach der Schuldrechtsreform nicht mehr. Für das stattdessen geltende Recht der Leistungsstörung, §§ 280, 281 BGB gilt nachfolgend 3. 26

2. Einrede des nicht erfüllten Vertrages

Unberührt bleibt das Recht des Auftraggebers, die **Einrede des nicht erfüllten Vertrages nach § 320 BGB** zu erheben, z.B. bei der Geltendmachung von Abschlagszahlungen durch den Auftragnehmer (vgl. dazu § 16 Nr. 1 Abs. 2 S. 2 VOB/B). Insofern bestehen keine Überschneidungen zur Nr. 4, da weder der Vertrag gekündigt noch lediglich Schadensersatz bei Aufrechterhaltung des Vertrages begehrt wird, so dass kein Grund vorliegt, das Rechtsschutzbedürfnis für die Einrede des nicht erfüllten Vertrages abzulehnen. Allerdings kann sich mit dieser Einrede nur verteidigen, wer am Vertrag **festhält,** nicht aber, wer die **Annahme** des Werkes – der Bauleistung – **endgültig abgelehnt** hat (vgl. auch BGH Urt. v. 10.4.1995 VIII ZR 346/93 = BB 1995, 1209 = MDR 1995, 788 = SFH § 320 BGB Nr. 21 m.w.N.). Die Einrede kann also nur der Auftraggeber erheben, der noch ein Tätigwerden des Auftragnehmers verlangt. 27

Bei der Einrede des nicht erfüllten Vertrages durch den Auftraggeber trägt der **Auftragnehmer die Beweislast** (vgl. RGZ 95, 116, 119; 106, 294, 299). Er muss also – hier: vor der Abnahme – darlegen und beweisen, dass er seinen Verpflichtungen nach § 5 Nr. 1–3 VOB/B ordnungsgemäß nachgekommen ist.

3. Ausgeschlossene Ansprüche

28 Dagegen muss das Rechtsschutzbedürfnis **verneint** werden:

a) Rücktritt

29 Das ehemals in § 636 BGB a.F., jetzt in § 323 Abs. 1 BGB festgelegte **Rücktrittsrecht** kann **nicht** geltend gemacht werden. Dieses verschuldensunabhängige Recht des Auftraggebers ist durch Nr. 4 vertraglich anderweitig geregelt und durch die dort festgelegten Ansprüche ersetzt worden. Die Partner eines Bauvertrages haben mit der Vereinbarung der Allgemeinen Vertragsbedingungen § 323 BGB grundsätzlich ausgeschlossen (so i.E. auch *Nicklisch/Weick* § 5 VOB/B Rn. 37; Beck'scher VOB-Komm./*Motzke* § 5 Nr. 4 VOB/B Rn. 64; *Leinemann/Roquette* § 5 VOB/B Rn. 52; *Langen* in *Kapellmann/Messerschmidt* § 5 VOB/B Rn. 145). Gleiches gilt jetzt für das in § 323 BGB geregelte Rücktrittsrecht, zumal die Anwendung des § 323 BGB zudem die Anforderungen der Nr. 4 an die Voraussetzungen eines Rücktritts (Kündigungsandrohung) unterlaufen würde.

b) Schadensersatz statt Leistung

30 Aus den gleichen Gründen kommt ein Recht auf **Schadensersatz statt Leistung nach §§ 280, 281 BGB** (Schadensersatz wegen Nichterfüllung nach § 326 BGB a.F.) **nicht** in Betracht, weil auch insoweit Nr. **4 eine Sonderregelung** kraft Parteivereinbarung enthält (BGH Urt. v. 20.1.1969 VII ZR 79/66 = SFH Z 2.13 Bl. 26; Urt. v. 28.3.1996 VII ZR 228/94 = BauR 1996, 544; ebenso zu § 326 BGB a.F.: Beck'scher VOB-Komm./*Motzke* § 5 Nr. 4 VOB/B Rn. 64; *Leinemann/Roquette* § 5 VOB/B Rn. 52 ff. *Langen* in *Kapellmann/Messerschmidt* § 5 VOB/B Rn. 140). Sinngemäß gilt aber auch hier der für § 326 BGB a.F. aufgestellte Grundsatz: Ist der Auftraggeber selbst – schuldhaft – vertragsuntreu, so kann er sich mit der Begründung, der Auftragnehmer habe den Vertragszweck gefährdet oder befinde sich im Verzug, nicht durch Kündigung vom Vertrag lösen und Schadensersatz wegen Nichterfüllung verlangen, wenn hier ein ursächlicher Zusammenhang mit seiner eigenen Vertragsverletzung vorliegt.

4. Eindeutige AGB-Regelungen

31 Im Übrigen müssen **vertragliche Regelungen, die den Leistungsverzug** betreffen, **inhaltlich klar und deutlich,** vor allem **eindeutig** sein. So ist eine Klausel in AGB »Bei vorübergehender Stilllegung des Baues sind die allgemeinen Stilllegungsmaßnahmen des BGB maßgebend« in Allgemeinen Ausschreibungsbedingungen für Bauleistungen als Verstoß gegen § 307 BGB unwirksam, weil hierdurch gegen das Gebot der Bestimmtheit und Klarheit (Transparenz) verstoßen wird (OLG Köln OLGZ 1993, 454).

§ 6
Behinderung und Unterbrechung der Ausführung

1. Glaubt sich der Auftragnehmer in der ordnungsgemäßen Ausführung der Leistung behindert, so hat er es dem Auftraggeber unverzüglich schriftlich anzuzeigen. Unterlässt er die Anzeige, so hat er nur dann Anspruch auf Berücksichtigung der hindernden Umstände, wenn dem Auftraggeber offenkundig die Tatsache und deren hindernde Wirkung bekannt waren.

2. (1) Ausführungsfristen werden verlängert, soweit die Behinderung verursacht ist:
   a) durch einen Umstand aus dem Risikobereich des Auftraggebers,
   b) durch Streik oder eine von der Berufsvertretung der Arbeitgeber angeordnete Aussperrung im Betrieb des Auftragnehmers oder in einem unmittelbar für ihn arbeitenden Betrieb,
   c) durch höhere Gewalt oder andere für den Auftragnehmer unabwendbare Umstände.

(2) Witterungseinflüsse während der Ausführungszeit, mit denen bei Abgabe des Angebots normalerweise gerechnet werden musste, gelten nicht als Behinderung.

3. Der Auftragnehmer hat alles zu tun, was ihm billigerweise zugemutet werden kann, um die Weiterführung der Arbeiten zu ermöglichen. Sobald die hindernden Umstände wegfallen, hat er ohne weiteres und unverzüglich die Arbeiten wieder aufzunehmen und den Auftraggeber davon zu benachrichtigen.

4. Die Fristverlängerung wird berechnet nach der Dauer der Behinderung mit einem Zuschlag für die Wiederaufnahme der Arbeiten und die etwaige Verschiebung in eine ungünstigere Jahreszeit.

5. Wird die Ausführung für voraussichtlich längere Dauer unterbrochen, ohne dass die Leistung dauernd unmöglich wird, so sind die ausgeführten Leistungen nach den Vertragspreisen abzurechnen und außerdem die Kosten zu vergüten, die dem Auftragnehmer bereits entstanden und in den Vertragspreisen des nicht ausgeführten Teils der Leistung enthalten sind.

6. Sind die hindernden Umstände von einem Vertragsteil zu vertreten, so hat der andere Teil Anspruch auf Ersatz des nachweislich entstandenen Schadens, des entgangenen Gewinns aber nur bei Vorsatz oder grober Fahrlässigkeit. Im Übrigen bleibt der Anspruch des Auftragnehmers auf angemessene Entschädigung nach § 642 BGB unberührt, sofern die Anzeige nach Nr. 1 Satz 1 erfolgt oder wenn Offenkundigkeit nach Nr. 1 Satz 2 gegeben ist.

7. Dauert eine Unterbrechung länger als 3 Monate, so kann jeder Teil nach Ablauf dieser Zeit den Vertrag schriftlich kündigen. Die Abrechnung regelt sich nach den Nummern 5 und 6; wenn der Auftragnehmer die Unterbrechung nicht zu vertreten hat, sind auch die Kosten der Baustellenräumung zu vergüten, soweit sie nicht in der Vergütung für die bereits ausgeführten Leistungen enthalten sind.

Inhaltsübersicht

	Rn.
A. Allgemeine Grundlagen	1
I. Begriffe der Behinderung und Unterbrechung	2
1. Behinderung	2
2. Unterbrechung	3
II. Nicht erfasst: dauernde Unmöglichkeit, Unvermögen, Nichterfüllung und Schlechterfüllung	4
III. § 6 VOB/B erfasst auch rechtliche Hinderungsgründe	5
IV. § 6 VOB/B erfasst jede tatsächliche Behinderung oder Unterbrechung	7
B. Geänderte Rechtslage durch BGB 2002	9

Aufsätze: *Kapellmann* Der Verjährungsbeginn beim (vergütungsgleichen) Ersatzanspruch des Auftragnehmers aus § 6 Nr. 6 VOB/B und aus § 642 BGB BauR 1985, 123; *Kapellmann/Schiffers* Die Ermittlung der Ersatzansprüche des Auftragnehmers aus vom Bauherrn zu vertretender Behinderung, § 6 Nr. 6 VOB/B BauR 1986, 615; *Kraus* Ansprüche des Auftragnehmers bei einem durch Vorunternehmer verursachten Baustillstand BauR 1986, 17; *Rutkowsky* Gefahrtragung und Haftung bei gewaltsamen Anschlägen gegen Großbaumaßnahmen und die daran beteiligten Unternehmen NJW 1988, 1761; *Vygen* Behinderung des Auftragnehmers durch verspätete oder mangelhafte Vorunternehmerleistungen BauR 1989, 387; *Grieger* Verspätete oder mangelhafte Bauunternehmerleistungen – Wer hat sie zu vertreten? BauR 1990, 406; *Lachmann* Die Rechtsfolgen unterlassener Mitwirkungshandlungen des Werkbestellers BauR 1990, 409; *Weyer* Bauzeitverlängerung aufgrund von Änderungen des Bauentwurfs durch den Auftraggeber BauR 1990, 138; *Baden* Nochmals: Hat der Bauherr im Verhältnis zum Unternehmer die Verspätung oder Mangelhaftigkeit der Arbeiten des Vorunternehmers zu vertreten? BauR 1991, 30; *Kapellmann* § 645 BGB und die Behinderungshaftung für Vorunternehmer BauR 1992, 433; *Olshausen* Der veränderte Vergütungsanspruch im VOB-Vertrag – Baubetriebliche Stellungnahme zu zwei bemerkenswerten Bauprozessen FS Soergel 1993 S. 343 ff.; *Schubert* Die Kosten der Bauzeit FS Soergel 1993 S. 355 ff.; *Döring* Der Vorunternehmer als Erfüllungsgehilfe des Auftraggebers FS v. Craushaar 1997 S. 193 ff.; *Kapellmann* Ansprüche des Auftraggebers auf Verzugsschadensersatz, Vertragsstrafe oder Kündigung aus wichtigem Grund bei Verletzung der eigenen Mitwirkungspflicht, aber unterlassener Behinderungsanzeige seitens des Auftragnehmers? FS Vygen 1997 S. 194; *Schiffers* Ausführungsfristen – ihre Festlegung und ihre Fortschreibung bei auftraggeberseitig zu vertretenden Behinderungen Jahrbuch Baurecht 1998 S. 275; *v. Craushaar* Konkurrierende Gewährleistung von Vor- und Nachfolgeunternehmer Jahrbuch Baurecht 1999 S. 115; *v. Craushaar* Der Vorunternehmer als Erfüllungsgehilfe des Auftraggebers FS Vygen 1999 S. 154 ff.; *Drittler* Behinderungsschaden des Auftragnehmers nach § 6 Nr. 6 VOB/B – Gehören Allgemeine Geschäftskosten dazu? BauR 1999, 825; *Gehlen* Haftung des Auftraggebers bei einem durch seinen Vorunternehmer verursachten Baustillstand ZfBR 2000, 291; *Kaiser* Die konkurrierende Haftung von Vor- und Nachunternehmer BauR 2000, 177; *Kleine-Möller* Die Haftung des Auftraggebers gegenüber einem behinderten Nachfolge-Unternehmer NZBau 2000, 401 ff.; *Kraus* Bauverzögerung durch Vorunternehmer – Überfällig und doch überraschend: Der Bundesgerichtshof ändert seine Rechtsprechung BauR 2000, 1105; *Siegburg* Vorunternehmer als Erfüllungsgehilfe des Auftragnehmers? BauR 2000, 182; *Diehr* Zum Verhältnis von Vergütungs- und Schadensersatzanspruch des Auftragnehmers wegen Bauzeitstörung nach der VOB BauR 2001, 1507; *Kemper* Nachträge und ihre mittelbaren Bauzeitauswirkungen NZBau 2001, 238; *Kniffka* Die Kooperationspflicht der Bauvertragspartner im Bauvertrag Jahrbuch Baurecht 2001 S. 1 ff.; *Oberhauser* Formelle Pflichten des Auftragnehmers bei Behinderungen BauR 2001, 1177; *Siegburg* Verantwortlichkeit des Auftraggebers für Baumängel bei fehlender Vorunternehmerleistung ZfBR 2001, 291; *Döring* Die Vorunternehmerhaftung und § 642 BGB – Gedanken zu des Rätsels Lösung FS Jagenburg 2002 S. 111 ff.; *Grams* Zur neuen Regelverjährung des Erfüllungsanspruchs auf die Bauleistung BauR 2002, 1461; *Leineweber* Mehrkostenforderungen des Auftragnehmers bei gestörtem Bauablauf Jahrbuch Baurecht 2002 S. 107 ff.; *Roquette* Praktische Erwägungen zur Bauzeit bei Vertragsgestaltung und baubegleitender Beratung Jahrbuch Baurecht 2002 S. 33; *Stamm* Die Frage nach der Eigenschaft des Vorunternehmers als Erfüllungsgehilfe des Bauherrn im Verhältnis zum Nachunternehmer: Ein Problem der Abgrenzung von Schuldner- und Annahmeverzug BauR 2002, 1; *Voppel* Das Gesetz zur Modernisierung des Schuldrechts und das Leistungsstörungsrecht beim Werkvertrag BauR 2002, 843; *v. Craushaar* Die Bedeutung des § 645 BGB für die Rechtsstellung des Nachfolgeunternehmers FS Kraus 2003 S. 3 ff.; *Schuhmann* Kooperationspflichten des Anlagenvertrages: Rechtliche Substanz und praktische Konsequenzen BauR 2003, 162; *Fuchs* Der Schürmann-Beschluss: Der Anfang vom Ende der Kooperationspflichten der Bauvertragsparteien? NZBau 2004, 65; *Thode* Nachträge wegen gestörten Bauablaufs im VOB/B-Vertrag ZfBR 2004, 214; *Schwarze* Auswirkungen der bauvertraglichen Kooperationsverpflichtung BauR 2004, 895; *Zanner/Keller* Das einseitige Anordnungsrecht des Auftraggebers zu Bauzeit und Bauablauf und seine Vergütungsfolgen NZBau 2004, 353.

A. Allgemeine Grundlagen

1 In § 6 VOB/B werden **außergewöhnliche Sachverhalte** und **Störungen** in der Zeit des vertraglich vorgesehenen Bauablaufes geregelt, die den normalen, vor allem nach § 5 Nr. 1 bis 3 VOB/B festgelegten Leistungsablauf bei der Herstellung der vertraglich vereinbarten Bauleistung gegenwärtig unmöglich machen oder behindern. Er beschreibt in seinen Nrn. 1 bis 7 die jeweiligen Voraussetzungen und Folgen. Seit Fassung 2000 ist in § 6 Nr. 2 Abs. 1a VOB/B nun klar formuliert, dass es für einen Bauzeitverlängerungsanspruch des Auftragnehmers nicht auf eine durch den Auftraggeber verschuldete Behinderung ankommt. In der **aktuellen Fassung 2006** wurde Nr. 6 um einen zweiten Satz ergänzt, wonach bei Vorliegen der Voraussetzungen der Nr. 1 Ansprüche des Auftragnehmers nach § 642 BGB unberührt bleiben.

§ 6 VOB/B behandelt – abgesehen von dem etwaigen Haftungsfall wegen schuldhafter Bauverzögerung durch den Auftragnehmer nach Nr. 6 S. 1 – den Eintritt von Ereignissen, die beim Vertragsabschluss jedenfalls für den Auftragnehmer weder bekannt noch hinreichend voraussehbar waren, wenn auch die dafür maßgebenden Ursachen bereits damals vorgelegen haben mögen. Die praktische Erfahrung im Baugeschehen zeigt, dass vielfach bei der Herstellung eines Bauwerkes **Hinder-**

nisse oder **Unterbrechungen** eintreten, die im Rahmen der gesetzlichen Regelungen nicht die Beachtung finden konnten, die an sich notwendig gewesen wäre. Deshalb mussten die auf allgemeiner Erfahrung beruhenden und vom normalen Geschehensablauf abweichenden Gegebenheiten im Rahmen der Allgemeinen Vertragsbedingungen berücksichtigt werden, so dass man von einem **Sondertatbestand** reden kann, der dem besonderen Wesen des Bauvertrages entspricht.

Die Klausel in AGB »Bei vorübergehender Stilllegung des Baues sind die allgemeinen Stilllegungsmaßnahmen des BGB maßgebend« ist mit § 307 BGB wegen Verstoßes gegen das für AGB geltende Gebot der Bestimmtheit und Klarheit (Transparenz) nicht zu vereinbaren und daher unwirksam (OLG Köln SFH § 9 AGB-Gesetz Nr. 57).

I. Begriffe der Behinderung und Unterbrechung

1. Behinderung

Unter den Begriff der **Behinderung** fallen **alle Ereignisse,** die den vorgesehenen **Leistungsablauf in sachlicher, zeitlicher oder räumlicher Hinsicht hemmen oder verzögern.** Die Arbeit als solche kann zwar noch ihren Fortgang nehmen, sie geht aber in einem für den betreffenden Einzelfall beachtlichen Maße langsamer als geplant oder sonst erforderlich vor sich, z.B. die vorangehenden Leistungen anderer Unternehmer nur teilweise erbracht sind, die erforderlichen Geräte und/oder Arbeitskräfte nicht eingesetzt werden können, obwohl diese zur Verfügung stehen, widrige Bodenverhältnisse vorliegen, die erforderlichen Genehmigungen noch fehlen usw.

2. Unterbrechung

Der Begriff der **Unterbrechung** geht bereits nach dem allgemeinen Sprachgebrauch über den der Behinderung hinaus. Sie ist praktisch deren Extremfall und setzt einen **Arbeitsstillstand** bei der Leistungsdurchführung voraus, nicht nur eine zeitliche Hemmung oder Einengung derselben. Eine Unterbrechung ist allerdings nicht erst gegeben, wenn von dem Auftragnehmer überhaupt keine Tätigkeit auf dem Bau mehr entfaltet werden kann, sich insbesondere kein Arbeitnehmer des Auftragnehmers mehr auf dem Bau befindet. Vielmehr kommt es darauf an, dass nichts mehr geschehen kann, was unter Zugrundelegung der dem Auftragnehmer vertraglich auferlegten Leistungspflichten mit zur unmittelbaren Leistungserstellung (wozu auch die Anfertigung bzw. Vorfertigung von Bauteilen rechnet) und damit zum Leistungsfortschritt als solchem gehört. Deshalb kommt eine Unterbrechung auch noch in Betracht, wenn der Auftragnehmer nach vorerst erfolgter Beendigung der zur eigentlichen Leistung zählenden Arbeiten noch Aufräumungsarbeiten, Bewachungstätigkeiten sowie Sicherungs- oder Unterhaltungsarbeiten für die bereits ausgeführte Bauleistung oder für die Baustelleneinrichtung durchführen lassen muss. Von Unterbrechung muss in jedenfalls entsprechender Anwendung der darauf abgestellten Bestimmungen auch gesprochen werden, wenn die Leistung zum vorgesehenen Zeitpunkt nicht begonnen werden kann (so jetzt auch BGH Urt. v. 13.5.2004 VII ZR 363/02 = BauR 2004, 1285 für den Fall des § 6 Nr. 7 VOB/B). Zu beachten ist, dass der durch die Unterbrechung herbeigeführte **Stillstand kein dauernder, sondern nur ein vorübergehender** sein darf. Wenn es sich um einen Dauerzustand handelt, so liegt nicht eine Unterbrechung, sondern ein Abbruch der Bauarbeiten oder zumindest eine Beendigung auf längere, unbestimmte Zeit vor.

II. Nicht erfasst: dauernde Unmöglichkeit, Unvermögen, Nichterfüllung und Schlechterfüllung

Aus dem Gesagten folgt zunächst, dass § 6 VOB/B **nicht die Fälle der dauernden Unmöglichkeit** der Leistung **oder des Unvermögens** des Leistenden erfasst (vgl. auch § 6 Nr. 5 VOB/B Rn. 4 ff.). In solchen Fällen liegt ein Dauerzustand vor, der sich mit dem Begriff der Unterbrechung nicht vereinbaren lässt. Die in § 6 VOB/B geregelten Begriffe der Behinderung oder der Unterbrechung setzen voraus, dass grundsätzlich die vertragliche Leistung zunächst einmal planmäßig begonnen und ein Teil davon bereits erbracht sein muss, ehe die Behinderung oder die Unterbrechung eintritt. Für den vorgenannten Ausnahmefall (oben Rn. 3) muss gelten, dass die Verzögerung des Leistungsbeginns bei Vertragsabschluss noch nicht bekannt sein darf. Aus den gleichen Gründen bleiben auch die Tatbestände der **vertraglichen Nichterfüllung** von § 6 VOB/B unberührt. Auch sie haben mit einer Behinderung oder einer Unterbrechung der Ausführung als solcher nichts zu tun. Schließlich sind auch die Fälle auszuscheiden, die als **Schlechterfüllung** anzusprechen sind, die also dem **Bereich der vertragsgemäßen Erfüllung bzw. Nacherfüllung** zugehören und nicht der – wie hier – verzögerten Ausführung als solcher. Sofern Verzögerungen infolge fehlerhafter Ausführung entstehen, richten sich damit zusammenhängende und über die Mängelbeseitigung oder die etwaige Minderung hinausgehende Ansprüche vor der Abnahme nach § 4 Nr. 7 S. 2 VOB/B und nach der Abnahme nach § 13 Nr. 7 VOB/B.

III. § 6 VOB/B erfasst auch rechtliche Hinderungsgründe

5   Andererseits können aber vor allem auch **rechtliche Hinderungsgründe** unter den Begriff der Behinderung oder Unterbrechung der Leistungsausführung fallen, wie der **Schuldnerverzug** nach §§ 283 ff. BGB, der **Annahmeverzug des Gläubigers** nach §§ 293 ff. BGB und die **positive Vertragsverletzung** nach §§ 241 Abs. 2, 280 BGB (vgl. BGH Urt. v. 8.6.1967 VII ZR 16/65 = SFH Z 2.411 Bl. 31; BGH Urt. v. 17.1.1974 VII ZR 146/72 = BauR 1974, 208 = SFH Z 2.411 Bl. 56, jeweils für den Fall des Schuldnerverzuges). Wenn aus diesen Gründen die Voraussetzungen der Einzelregelungen des § 6 VOB/B vorliegen, scheidet eine rechtliche Beurteilung nach den betreffenden gesetzlichen Vorschriften aus; es sind dann **allein** die Bestimmungen des § **6 VOB/B** für die Beurteilung **maßgebend.** Wird dagegen der jeweilige Sachverhalt nicht von § 6 VOB/B erfasst, sind die gesetzlichen Bestimmungen zu Schuldner- oder Gläubigerverzug sowie die Rechtsfolgen der positiven Vertragsverletzung anzuwenden; alsdann tritt § 6 VOB/B zurück.

6   § 6 VOB/B erfasst aber nicht nur **Behinderungen oder Unterbrechungen,** die wie der Schuldnerverzug, der Gläubigerverzug oder die positive Vertragsverletzung **durch vertragswidriges Verhalten des anderen Vertragsteils** entstanden sind. Das gilt umso mehr, als im Ausgangspunkt (anders dann bei der Rechtsfolge der Nr. 6 S. 1) ein Verschulden bei der Herbeiführung der Behinderung oder Unterbrechung nicht vorauszusetzen ist. Daher kommen für § 6 VOB/B auch Behinderungen oder Unterbrechungen in Betracht, die auf einem **rechtlich zulässigen – also befugten – Handeln eines Vertragspartners** beruhen. Zu denken ist hierbei an Änderungen des bisherigen Auftragsumfanges durch Anordnung des Auftraggebers nach § 1 Nr. 3 VOB/B oder an Zusatzaufträge entweder nach § 1 Nr. 4 VOB/B oder kraft nachträglicher Vereinbarung der Parteien sowie an Anordnungen des Auftraggebers, die die Verschiebung der bisher vorgesehenen Bauzeit zum Gegenstand haben (vgl. auch *Kapellmann* in *Kapellmann/Messerschmidt* § 6 VOB/B Rn. 13; *Heiermann/Riedl/Rusam* § 6 VOB/B Rn. 10; Die Zulässigkeit bauzeitrelevanter Anordnungen des Auftraggebers ist im Übrigen streitig: Zum Meinungsstand: *Thode* ZfBR 2004, 214; *Zanner/Keller* NZBau 2004, 353; *Kemper* NZBau 2001, 238; OLG Hamm BauR 2005, 1480). In diesen Fällen ist es denkbar, dass es für den Auftragnehmer unumgänglich ist, die Leistung zeitweise zu unterbrechen, um sich auf die neue Situation – allerdings in der gebotenen, zumutbaren Eile – einzustellen oder dass er infolge der Maßnahme des Auftraggebers bzw. der mit diesem nachträglich getroffenen Vereinbarung mit der für den bisherigen Vertragsumfang vereinbarten Bauzeit nicht mehr zurechtkommt, sondern längere Zeit benötigt. Auch das muss als eine rechtlich zu bewertende Verzögerung des vorgesehenen Leistungsablaufes angesehen werden (ebenso *Vygen* BauR 1983, 210; *Vygen/Schubert/Lang* Rn. 141).

IV. § 6 VOB/B erfasst jede tatsächliche Behinderung oder Unterbrechung

Die beiden Begriffe Behinderung und Unterbrechung sind dem Sprachgebrauch des täglichen Lebens entnommen. Sie verlangen im Ausgangspunkt nur den **Eintritt einer Behinderung oder Unterbrechung** als solcher in der in Rn. 2 f. angeführten Umgrenzung. Es kommt somit nicht darauf an, ob die Behinderung oder Unterbrechung durch einen der Vertragspartner verursacht worden ist oder ob die Ursachen anderswo mit oder ohne Einflussmöglichkeit der Vertragspartner zu suchen sind. Zur Behinderung oder Unterbrechung können, **ohne dass in der Ausgangslage zunächst rechtliche Bewertungen erforderlich sind,** auch äußere Ereignisse beitragen, wie z.B. die Wetterlage, Streiks, Lieferungsschwierigkeiten seitens der Lieferanten, plötzlich notwendig werdende Reparaturen an Maschinen oder Baugeräten usw. Es kann sich auch um Ereignisse handeln, die unmittelbar mit der Bauausführung zusammenhängen, wie Unzuverlässigkeit des Baugrundes, der Gerüste, der Ausführungsunterlagen, Krankheitsausfälle bei den Arbeitnehmern usw. 7

Als Ansatzpunkt für § 6 VOB/B genügt somit die bloße Tatsache des Eintritts der Behinderung oder Unterbrechung, ohne dass damit allerdings schon etwas über mögliche rechtliche Folgen gesagt ist. 8

B. Geänderte Rechtslage durch BGB 2002

Die Überarbeitung der VOB/B vor dem Hintergrund des Gesetzes zur Modernisierung des Schuldrechts führte zu keinen textlichen Änderungen des § 6 VOB/B (vgl. Beschlüsse des Vorstandes des Deutschen Vergabe- und Vertragsausschusses [DVA] v. 2.5.2002). Auch i.d.F. 2002 enthält das BGB keinerlei werkvertragliche Regelungen, die gezielt für gestörte Bauabläufe gelten. Für das gesetzliche Werkvertragsrecht muss daher auf das neu geregelte Recht der Leistungsstörungen zurückgegriffen werden, wenn man von den Bestimmungen der §§ 642 f. BGB absieht. 9

Der Anwendungsbereich der Norm hat durch die Neufassung des BGB keine Einschränkungen erfahren. § **6 VOB/B** bleibt die **zentrale Bestimmung** für alle **Fälle von Behinderungen und Unterbrechungen** und daraus resultierenden gestörten Bauabläufen. Durch die Fassung VOB/B 2006 wurde auch die Streitfrage zur Anwendbarkeit des § 642 BGB i.S.d. Rechtsprechung des BGH (Urt. v. 21.10.1999 VII ZR 185/98 = BauR 2000, 722 = NJW 2000, 1336; Urt. v. 13.5.2004 VII ZR 363/02 = BauR 2004, 1285; vgl. zum Streitstand: Vorauflage § 6 Nr. 6 Rn. 2 ff. m.w.N.) gelöst und die Anwendbarkeit des § 642 BGB und deren Voraussetzungen in einem zweiten Satz der Nr. 6 geregelt. § **642 BGB** ist nun unter den dort beschriebenen Voraussetzungen **kraft ausdrücklicher Vereinbarung** des Regelwerkes der VOB anwendbar. Damit bleibt § 6 Nr. 6 VOB/B eine abschließende Regelung für alle Ansprüche aus Behinderungen und Unterbrechungen, die andere gesetzliche Ansprüche verdrängt. So ist das von dem Auftraggeber zu vertretende Setzen einer Behinderungsursache zweifelsohne eine Pflichtverletzung, die unter § 280 Abs. 1 BGB subsumiert werden kann. Gleichwohl kommt ein Schadensersatzanspruch aus § 280 Abs. 1 BGB neben § 6 Nr. 6 VOB/B nicht in Betracht, da andernfalls die Wertungsentscheidung des § 6 Nr. 6 VOB/B als auch die Anspruchsvoraussetzung nach § 6 Nr. 1 VOB/B unterlaufen werden könnte. 10

Hinsichtlich der Verjährung (vgl. auch *Voppel* BauR 2002, 843) der (vergütungsgleichen) Ansprüche nach § 6 Nr. 6 VOB/B und § 642 BGB kann auf die Ausführungen in § 6 Nr. 6 VOB/B verwiesen werden. Die Verjährungsfrist beträgt nun 3 Jahre (§ 195 BGB) und beginnt mit dem Ende des Jahres, in dem der Anspruch entstanden ist (Fälligkeit der Schlussrechnung). Die weiteren Voraussetzungen des § 199 Abs. 1 BGB bereiten bei bauvertraglichen Ansprüchen keine Schwierigkeiten. 11

§ 6 Nr. 1
[Die Anzeigepflicht des Auftragnehmers]

Glaubt sich der Auftragnehmer in der ordnungsgemäßen Ausführung der Leistung behindert, so hat er es dem Auftraggeber unverzüglich schriftlich anzuzeigen. Unterlässt er die Anzeige, so hat er nur dann Anspruch auf Berücksichtigung der hindernden Umstände, wenn dem Auftraggeber offenkundig die Tatsache und deren hindernde Wirkung bekannt waren.

Inhaltsübersicht Rn.

- A. Allgemeine Grundlagen... 1
- B. Die Behinderungsanzeige 3
  - I. Voraussetzungen und Erfüllung der Anzeigepflicht 3
    1. Subjektive, für den betreffenden Fall anerkennenswerte Annahme der Behinderung genügt 3
    2. Mündliche Anzeige reicht zur Erfüllung dieser Nebenpflicht 4
       - a) Schriftform 5
       - b) Inhalt der Behinderungsanzeige 6
       - c) Unverzüglich 7
    3. Anzeige an Bevollmächtigten kann ausreichen 8
  - II. Ausnahmetatbestand: Offenkundigkeit der hindernden Umstände und deren Wirkung 10
    1. Begriff der Offenkundigkeit 11
    2. Offenkundigkeit in der Person des Vertreters des Auftraggebers genügt grundsätzlich 15
    3. Beweislast hat Auftragnehmer 16

Aufsätze: s.o.; *Lachmann* Die Rechtsfolgen unterlassener Mitwirkungshandlungen des Werkbestellers BauR 1990, 409; *Kapellmann* Ansprüche des Auftraggebers auf Verzugsschadensersatz, Vertragsstrafe oder Kündigung aus wichtigem Grund bei Verletzung der eigenen Mitwirkungspflicht, aber unterlassener Behinderungsanzeige seitens des Auftragnehmers? FS Vygen 1997 S. 194; *Oberhauser* Formelle Pflichten des Auftragnehmers bei Behinderungen BauR 2001, 1177.

A. Allgemeine Grundlagen

1 Glaubt sich der Auftragnehmer in der ordnungsgemäßen Ausführung der Leistung behindert, so hat er es dem Auftraggeber **unverzüglich schriftlich** anzuzeigen. Unterlässt er die Anzeige, so hat er nur dann Anspruch auf Berücksichtigung der hindernden Umstände, wenn dem Auftraggeber offenkundig die Tatsache und deren hindernde Wirkung bekannt waren. Letzteres hat den Sinn, dem Auftragnehmer nicht aus bloßer Förmelei Informationspflichten gegenüber dem Auftraggeber aufzuerlegen, deren Erfüllung dieser wegen seiner eigenen Erkenntnisse nicht mehr bedarf (vgl. BGH Urt. v. 21.12.1989 VII ZR 132/88 = BauR 1990, 210 = SFH § 6 Nr. 1 VOB/B Nr. 3 = ZfBR 1990, 138); insoweit handelt es sich um einen Ausfluss des Grundsatzes von Treu und Glauben.

Die grundsätzliche **Anzeigepflicht** besteht **auch für** die **Unterbrechung** der Ausführung, da es sich dort im Allgemeinen noch um einen schwerwiegenderen Eingriff als im Falle der Behinderung handelt.

2 Lediglich dann, wenn der Auftragnehmer seine Anzeige ordnungsgemäß vorbringt oder – bei deren Unterlassen – Offenkundigkeit der Behinderung oder Unterbrechung vorliegt, kommt eine Verlängerung der bisherigen Ausführungsfrist nach § 6 Nr. 2 VOB/B sowie – bei Verschulden des Auftraggebers – ein Schadensersatzanspruch des Auftragnehmers nach § 6 Nr. 6 VOB/B oder – ohne Verschulden – der Entschädigungsanspruch nach § 642 BGB in Betracht. Will sich der Auftragnehmer

allerdings gegen Ansprüche des Auftraggebers nach § 6 Nr. 6 VOB/B lediglich verteidigen, ist eine vorherige Behinderungsanzeige nicht zwingend (vgl. OLG Saarbrücken BauR 1998, 1010).

B. Die Behinderungsanzeige

I. Voraussetzungen und Erfüllung der Anzeigepflicht

1. Subjektive, für den betreffenden Fall anerkennenswerte Annahme der Behinderung genügt

Der Auftragnehmer muss sich in der ordnungsgemäßen Durchführung der Leistung **behindert glauben.** Dies setzt nicht die sichere Kenntnis von Tatsachen voraus, die die ordnungsgemäße Durchführung der Leistung wirklich behindern. Vielmehr genügt eine **nach objektiven Gesichtspunkten anerkennenswerte Besorgnis** des Auftragnehmers, die aufgrund gegebener, notfalls von ihm nachzuweisender Umstände angebracht ist, was allerdings eine vorherige sorgfältige und sachgerechte Prüfung durch den Auftragnehmer voraussetzt. Dabei ist es nicht notwendig, dass die Behinderung oder Unterbrechung bereits eingetreten ist. Es reicht die Gewissheit oder die begründete Vermutung, dass sie aller Voraussicht nach eintreten wird. Eine begründete Vermutung liegt z.B. vor, wenn der Auftragnehmer die Ausführungspläne verspätet erhält und er aufgrund der damit geschaffenen Gegebenheiten im Zweifel ist, ob er die vorgesehene Bauzeit einhalten, insbesondere die verlorene Zeit wieder aufholen kann. Andererseits muss die Behinderungsanzeige mit hinreichender Klarheit ergeben, dass die Behinderung oder Unterbrechung die Folge des gegenwärtigen Zustandes sein wird (BGH Urt. v. 21.10.1999 VII ZR 185/98 = BauR 2000, 722 = NJW 2000, 1336); die bloße vorherige Angabe, es sei unerlässlich, die Pläne vollständig und pünktlich zu erhalten, weil sonst die Fertigstellungstermine nicht eingehalten werden könnten, genügt nicht (vgl. OLG Köln BauR 1981, 472 = SFH § 6 Nr. 1 VOB/B Nr. 1). Keine Behinderung liegt vor, wenn der Auftragnehmer entgegen den vereinbarten Terminen zu früh beginnt und deshalb der Bautenstand die Fortsetzung seiner Arbeiten (noch) nicht gestattet (OLG Düsseldorf BauR 2002, 1551).

2. Mündliche Anzeige reicht zur Erfüllung dieser Nebenpflicht

Die **Anzeigepflicht** des Auftragnehmers ist eine **vertragliche Nebenpflicht,** deren Nichtbeachtung **positive Vertragsverletzung** ist (a.A. *Leinemann/Leinemann* § 6 VOB/B Rn. 18, der übersieht, dass die Behinderungsanzeige auch dem Interesse des Auftraggebers dient. Wie hier *Kapellmann* in *Kapellmann/Messerschmidt* § 6 VOB/B Rn. 12). Sie soll den Auftraggeber von einem eventuellen oder bereits feststehenden, nicht ordnungsgemäßen Ablauf der vorgesehenen Leistung in Kenntnis setzen, damit er die Möglichkeit hat, die erforderlichen Abhilfemaßnahmen, z.B. durch Vervollständigung der Finanzierungsunterlagen oder durch hinreichende Koordinierung der Bauunternehmerleistungen entsprechend § 4 Nr. 1 Abs. 1 S. 1 VOB/B (vgl. BGH Urt. v. 21.10.1982 VII ZR 51/82 = BauR 1983, 73 = SFH § 5 VOB/B Nr. 5), zu treffen. Diese können auch darin liegen, dass die Ausführungsfristen verlängert werden. Ein Schaden liegt für den Auftraggeber bei Verletzung der Anzeigepflicht allerdings nur vor, wenn er objektiv in der Lage war, durch Abhilfemaßnahmen Nachteile zu vermeiden. Auch wird dem Auftragnehmer bei Verletzung der Anzeigepflicht nicht die Möglichkeit genommen, gegenüber einem Schadensersatz des Auftraggebers nach § 5 Nr. 4 und § 6 Nr. 6 VOB/B einzuwenden, ihn treffe an der Verzögerung kein Verschulden (zutreffend *Nicklisch/Weick* § 6 VOB/B Rn. 21; vgl. auch Beck'scher VOB-Komm./*Motzke* § 6 Nr. 1 VOB/B Rn. 82; OLG Saarbrücken BauR 1998, 1010; ebenso *Oberhauser* BauR 2001, 1177; a.A. *Kapellmann/Schiffers* Bd. 1 Rn. 1216; kritisch und instruktiv hierzu: *Kapellmann* FS Vygen S. 194 ff.; *Kapellmann* in *Kapellmann/Messerschmidt* § 6 VOB/B Rn. 15).

a) Schriftform

5 Für die Anzeige ist **Schriftform vorgeschrieben.** Diese dient im Wesentlichen **Beweiszwecken, so dass** bei ihrer Nichtbeachtung eine mündliche Anzeige nicht wirkungslos ist. Bei dieser Zweckbestimmung ist im Zweifel (Umkehrschluss aus § 125 S. 2 BGB) anzunehmen, dass eine **zuverlässige mündliche Anzeige ausreicht,** um die Wirkungen einer positiven Vertragsverletzung abzuwenden (ebenso OLG Köln BauR 1981, 472 = SFH § 6 Nr. 1 VOB/B Nr. 1; OLG Koblenz NJW-RR 1988, 851; auch *Nicklisch/Weick* § 6 VOB/B Rn. 19; *Heiermann/Riedl/Rusam* § 6 VOB/B Rn. 7; a.A. *Kapellmann* in *Kapellmann/Messerschmidt* § 6 VOB/B Rn. 7: Schriftform = Wirksamkeitsvoraussetzung). Der Auftragnehmer hat jedoch den **Nachweis** zu erbringen, dass er dem Auftraggeber rechtzeitig und sachlich vollständig sowie richtig angezeigt hat. Gelingt ihm dieser Beweis nicht, haftet er. Eine ordnungsgemäße Anzeige der Behinderung kann auch dadurch nachgewiesen werden, dass der Auftragnehmer die entsprechenden Tatsachen richtig und vollständig in das **Bautagebuch** einträgt und diese Eintragung unverzüglich entweder an den Auftraggeber oder an dessen befugten Vertreter auf der Baustelle (ebenso Beck'scher VOB-Komm./*Motzke* § 6 Nr. 1 VOB/B Rn. 34; *Leinemann/Leinemann* § 6 VOB/B Rn. 12; *Franke/Kemper/Zanner/Grünhagen* § 6 VOB/B Rn. 19) weiterleitet. Das gilt erst recht – vor allem wegen des von dem Auftragnehmer zu führenden Nachweises –, wenn der Auftraggeber oder dessen Vertreter die entsprechende Eintragung gegenzeichnet (zutreffend dazu *Kapellmann/Schiffers* Bd. 1 Rn. 1235 ff.).

b) Inhalt der Behinderungsanzeige

6 Die Anzeige, die eine **Informations-, Schutz- und Warnfunktion** erfüllt, muss alle **Tatsachen** enthalten, aus denen sich für den Auftraggeber mit hinreichender Klarheit die **Gründe** für die Behinderung oder Unterbrechung im Einzelnen ergeben. So genügt z.B. der bloße Hinweis auf das Fehlen von Plänen nicht; vielmehr muss der Auftragnehmer die **Auswirkungen** des Fehlens solcher Pläne auf die Bauzeit darlegen sowie angeben, ob und wann seine nach dem Bauablauf geplanten Arbeiten nicht oder nicht wie vorgesehen ausgeführt werden können (BGH Urt. v. 21.10.1999 VII ZR 185/98 = BauR 2000, 722 = NJW 2000, 1336; Urt. v. 21.3.2002 VII ZR 224/00 = BauR 2002, 1249 = NZBau 2002, 381; Urt. v. 21.12.1989 VII ZR 132/88 = BauR 1990, 210 = SFH § 6 Nr. 1 VOB/B Nr. 3 = ZfBR 1990, 138; Urt. v. 21.10.1982 VII ZR 51/82 = BauR 1983, 73 = ZfBR 1983, 19; auch OLG Celle BauR 1995, 552; OLG Braunschweig BauR 2001, 1739). Der Auftragnehmer braucht aber nicht mitzuteilen, welchen ungefähren Umfang und welche ungefähre Höhe ein etwaiger Ersatzanspruch gegebenenfalls haben wird (BGH a.a.O.).

c) Unverzüglich

7 Die Mitteilung hat **ohne schuldhaftes Zögern** (§ 121 BGB) zu erfolgen, also sobald sich der Auftragnehmer behindert sieht, insbesondere um dem Auftraggeber die Möglichkeit zu verschaffen, schnellstmöglich Abhilfe herbeizuführen. Andernfalls begeht der Auftragnehmer eine zum Schadensersatz verpflichtende positive Vertragsverletzung; jedenfalls muss dann seinen sich aus der Verzögerung ergebenden Ansprüchen § 254 BGB entgegengehalten werden.

3. Anzeige an Bevollmächtigten kann ausreichen

8 Grundsätzlich ist die Anzeige an den **Auftraggeber** persönlich oder an den in seinem unmittelbaren Bereich mit der Durchführung des Bauvorhabens Betrauten zu richten. Es genügt aber für die zuverlässige Mitteilung des Auftragnehmers die **Anzeige** an den **bauaufsichtsführenden Architekten** (vgl. § 15 Abs. 2 Nr. 8 HOAI) **oder Ingenieur, es sei denn,** die Ursachen der Behinderung oder Unterbrechung gehen auf diesen zurück, und er verschließt sich berechtigten Vorhaltungen des Auftragnehmers. Entsprechendes trifft zu, wenn nicht von einer zuverlässigen Mitteilung an den Auftraggeber über dessen Architekten oder Ingenieur ausgegangen werden kann, letzterer insbesondere die aufgetretenen Behinderungen auch sonst nicht beseitigen lassen will oder dies außerhalb der ihm eingeräumten Möglichkeiten liegt (vgl. OLG Köln BauR 1981, 472 = SFH § 6 Nr. 1 VOB/B Nr. 1).

Hier gelten die Grundsätze entsprechend, die hinsichtlich der zuverlässigen Mitteilung von Bedenken im Rahmen von § 4 Nr. 3 VOB/B Anwendung finden. Der gegenteiligen Ansicht von Kaiser, der lediglich eine Anzeige unmittelbar an den Auftraggeber genügen lassen will, kann nicht gefolgt werden (NJW 1974, 445; MDR 1973, 983, 986 f.; wie *Kaiser* auch *Nicklisch* in *Nicklisch/Weick* § 6 VOB/B Rn. 19; *Franke/Kemper/Zanner/Grünhagen* § 6 VOB/B Rn. 23, der aufgrund der zu gewährenden Bauzeitverlängerung und deren u.a. vergütungsrechtlichen Folgen nur den Auftraggeber als richtigen Adressaten bezeichnet; ferner *Werner/Pastor* Rn. 1077; *Locher* Das private Baurecht Rn. 121; Beck'scher VOB-Komm./*Motzke* § 6 Nr. 1 VOB/B Rn. 43: In der Regel ist der AG empfangszuständig; ebenso *Heiermann/Riedl/Rusam* § 6 VOB/B Rn. 8; wie hier: *Kapellmann* in *Kapellmann/Messerschmidt* § 6 VOB/B Rn. 9; *Kapellmann/Schiffers* Bd. 1 Rn. 1219; *Vygen* BauR 1983, 210, 219).

Hier handelt es sich nämlich in erster Linie um die vertragsgerechte, zügige Bauausführung nach § 5 **9** Nr. 1–3 VOB/B, die zu bewerkstelligen und zu überwachen gerade Aufgabe des beaufsichtigenden Architekten aus seinem normalen Vertrag mit dem Auftraggeber ist, wie sich auch aus § 15 Abs. 2 Nr. 8 HOAI ergibt; etwaige dem Auftraggeber durch die Behinderung oder Unterbrechung entstehende Mehrkosten oder sonstige Vermögensschäden sind oftmals nur die Folge nicht ordnungsgemäßer Bereitstellung durch den Auftraggeber. Deshalb ist nicht einzusehen, dass dieser Fall anders zu beurteilen sein soll als im Rahmen von § 4 Nr. 3 VOB/B, zumal sich der unter anderem mit der Behinderungsanzeige verfolgte Zweck – schnelle Abhilfe – so am besten erreichen lässt (vgl. auch *Daub/Piel/Soergel/Steffani* Teil B § 6 ErlZ 6.9. Fn. 6a). Gleiches gilt dann hinsichtlich des aufsichtsführenden Ingenieurs.

II. Ausnahmetatbestand: Offenkundigkeit der hindernden Umstände und deren Wirkung

Unterlässt der Auftragnehmer die Anzeige, hat er einen Anspruch auf die Berücksichtigung der hin- **10** dernden Umstände nur, wenn dem Auftraggeber **offenkundig die Tatsachen und deren hindernde Wirkung bekannt waren** (BGH Urt. v. 21.3.2002 VII ZR 224/00 = BauR 2002, 1249 = NZBau 2002, 381). Ist das nicht der Fall, kann der Auftragnehmer nicht verlangen, dass ihm diese Umstände angerechnet werden, vor allem stehen ihm keine Rechte aus Nr. 2, 4 sowie 6 zu. Er hat damit auch die Befugnis verwirkt, aus an sich berechtigten Gründen Einwendungen gegen Ansprüche des Auftraggebers wegen Nichteinhaltung der Ausführungsfrist nach § 5 Nr. 4 VOB/B zu erheben. Allerdings gilt dies nur für Ansprüche, soweit diese von § 6 VOB/B erfasst sind. Daher kann sich der Auftragnehmer unabhängig von der Einhaltung der Behinderungsanzeige mit der Schuldlosigkeit an der Einhaltung der vertraglichen Bauzeit verteidigen, wenn eine Vertragsstrafe gegen ihn geltend gemacht wird (vgl. dazu § 11 Nr. 3 VOB/B Rn. 6; vgl. BGH Urt. v. 14.1.1999 VII ZR 73/98 = BauR 1999, 645 = SFH § 11 VOB/B [1973] Nr. 12; a.A. OLG Rostock IBR-*Oberhauser* 2006, 15). AGB, insbesondere Besondere oder Zusätzliche Vertragsbedingungen des Auftraggebers, die dem Auftragnehmer im Falle der hier erörterten Offenkundigkeit die Entlastung versagen, verstoßen gegen § 242 BGB bzw. § 307 BGB (so auch *Kapellmann/Schiffers* Bd. 1 Rn. 1242; *Markus/Kaiser/Kapellmann* Rn. 414).

1. Begriff der Offenkundigkeit

Offenkundigkeit kann nur angenommen werden, wenn der Auftraggeber über die Tatsachen (z.B. **11** Unwetter, Streiks, behördliche Maßnahmen, plötzliche Materialknappheit) unterrichtet ist oder diese für ihn **ohne weiteres wahrnehmbar** sind (z.B. durch Zeitungen, Rundfunk, Fernsehen, eigene Anschauung an Ort und Stelle, sichere Information durch die Baustelle) und er **deren Auswirkung auf den Baufortschritt** i.S. einer Behinderung oder Unterbrechung mit der erforderlichen Klarheit **erkannt** hat oder dass sie derart klar in Erscheinung getreten sind, dass dies für im Bauwesen Tätige (Auftraggeber und Auftragnehmer) eindeutig ist (ähnlich OLG Koblenz NJW-RR 1988,

851), außerdem auch dann, wenn selbst der in Bausachen unerfahrene Laie geradezu darauf gestoßen wird. Letzteres ist z.B. der Fall, wenn ohne Veranlassung des Auftragnehmers völlig neue und für die Bauausführung unentbehrliche Zeichnungen angefertigt werden müssen (vgl. OLG Düsseldorf SFH Z 2.300 Bl. 14 ff.), die im Einzelfall eindeutig den Bauablauf behindern (so auch *Kapellmann/ Schiffers* Bd. 1 Rn. 1227), oder wenn Besprechungen über die Folgen eines unerwartet frühen und harten Wintereinbruches stattfinden und der Auftraggeber oder dessen Vertreter die Auswirkungen auf der Baustelle zu Gesicht bekommen. Gleiches gilt, wenn die Bauverzögerung von derartiger Dauer ist, dass der Auftraggeber ohne weiteres Materialpreiserhöhungen erwarten muss (OLG Köln BlGBW 1983, 196), ebenso Lohnerhöhungen. Entgegen OLG Koblenz (a.a.O.) ist die Kenntnis des Auftraggebers von dem ungefähren Umfang und der ungefähren Höhe des Ersatzanspruches nicht erforderlich. Einerseits lässt sich dies oftmals nicht voraussehen, zum anderen unterliegt es auch der eigenen Dispositionsmöglichkeit des von der Behinderung oder Unterbrechung informierten Auftraggebers (ebenso BGH Urt. v. 21.12.1989 VII ZR 132/88 = BauR 1990, 210 = SFH § 6 Nr. 1 VOB/B Nr. 3 = ZfBR 1990, 138).

12 Von einer Offenkundigkeit mit der Folge der Entbehrlichkeit der Anzeige kann dagegen nicht gesprochen werden, wenn es sich um eine – gemessen auch am Auftragsumfang – verhältnismäßig kurze und nicht unübliche Verzögerung des Baubeginns handelt; selbst wenn diese vom Auftraggeber zu vertreten sein sollte, ist damit allein die Anzeige der Behinderung noch nicht entbehrlich. Gleiches gilt, wenn bei einem größeren Bauvorhaben nur einzelne für die Ausführung benötigte Pläne nicht rechtzeitig übergeben werden (vgl. OLG Köln BauR 1981, 472 = SFH § 6 Nr. 1 VOB/B Nr. 1). In solchen Fällen mag die Behinderung als solche offenkundig sein, was aber nicht schon für deren hindernde Wirkung zutreffen muss (ebenso *Kapellmann/Schiffers* Bd. 1, Rn. 1233; vgl. auch *Leinemann-Leinemann* § 6 Rn. 15, der zumindest bei fehlenden Planlieferterminen eine Anzeige verlangt. *Kapellmann* in *Kapellmann/Messerschmidt* § 6 Rn. 12, der gerade bei größeren Bauvorhaben i.d.R. Offenkundigkeit bejaht). Nur wenn die **Informations-, Schutz- und Warnfunktion** keine Anzeige erfordert, ist sie wegen Offenkundigkeit entbehrlich (BGH Urt. v. 21.10.1999 – VII ZR 185/98 = BauR 2000, 722 = NJW 2000, 1336).

13 Auch reichen im Falle der Vereinbarung einer verbindlichen Ausführungsfrist (Vertragsfrist; vgl. § 5 Nr. 1 S. 1 VOB/B) bloßer Anfall von Mehrmengen, von Nachtragsaufträgen, die im Verhältnis zum Gesamtauftrag nicht besonders stark ins Gewicht fallen, von Änderungsanordnungen sowie das Vorliegen nicht außergewöhnlicher Witterungsverhältnisse als solche nicht aus, auch wenn mehrere solcher Ereignisse zusammentreffen (vgl. OLG Düsseldorf SFH § 6 Nr. 1 VOB/B Nr. 2). Das gilt bei Nachtragsaufträgen vor allem auch dann, wenn der Auftragnehmer aus Anlass vorher verlangter Nachträge eine Behinderungsanzeige vorgenommen hat, diese aber jetzt bei einem weiteren Nachtragsauftrag unterlässt (OLG Düsseldorf a.a.O.). Anders jedoch, wenn die vorgenannten Ereignisse auch für den Nichtfachmann klar erkennbar eine beachtliche nachteilige Auswirkung auf die Bauzeit haben.

14 Hinsichtlich der rechtlichen Voraussetzungen des Begriffes »offenkundig« wird im Übrigen auch auf die Rechtsprechung und die Kommentierungen zu § 291 ZPO hingewiesen (vgl. z.B. *Baumbach/ Lauterbach/Albers/Hartmann* § 291 Rn. 4 ff.).

2. Offenkundigkeit in der Person des Vertreters des Auftraggebers genügt grundsätzlich

15 Offenkundigkeit der Tatsachen und deren hindernde Wirkung ist auch gegeben, wenn nicht der Auftraggeber, sondern ein von ihm mit der Wahrnehmung seiner Interessen **beauftragter Dritter** sie kennt und der Auftraggeber diese Kenntnis gegen sich gelten lassen muss, es sich also hinsichtlich der Beobachtung der zeitlich ordnungsgemäßen Bauausführung um einen Vertreter des Auftraggebers handelt. Das Landgericht Würzburg hat es deshalb mit Recht für ausreichend gehalten, wenn dem vom Auftraggeber beauftragten **bauleitenden Architekten** die Tatsachen und deren hindernde

Die Verlängerung der Ausführungsfristen § 6 Nr. 2 VOB/B

Wirkung **offenkundig waren** (SFH Z 2.411 Bl. 4, § 166 BGB; ebenso *Vygen* BauR 1983, 210 und *Vygen/Schubert/Lang* Rn. 148; auch *Heiermann/Riedl/Rusam* § 6 VOB/B Rn. 10; *Kapellmann/Schiffers* Bd. 1, Rn. 1234; a.A. *Kaiser* NJW 1974, 445; Beck'scher VOB-Komm./*Motzke* B § 6 Nr. 1 Rn. 56 ff.; *Nicklisch/Weick* § 6 VOB/B Rn. 20, jedoch unzutreffend, da der bauleitende Architekt grundsätzlich als der richtige Adressat für die Entgegennahme der Behinderungsanzeige zu gelten hat; vgl. Rn. 8 f.).

3. Beweislast hat Auftragnehmer

Den **Nachweis** der Offenkundigkeit hat der **Auftragnehmer** zu führen. In der gerichtlichen Praxis werden hieran wegen des Ausnahmecharakters erhebliche Anforderungen gestellt. **16**

§ 6 Nr. 2
[Die Verlängerung der Ausführungsfristen]

(1) Ausführungsfristen werden verlängert, soweit die Behinderung verursacht ist:

a) durch einen Umstand aus dem Risikobereich des Auftraggebers,
b) durch Streik oder eine von der Berufsvertretung der Arbeitgeber angeordnete Aussperrung im Betrieb des Auftragnehmers oder in einem unmittelbar für ihn arbeitenden Betrieb,
c) durch höhere Gewalt oder andere für den Auftragnehmer unabwendbare Umstände.

(2) Witterungseinflüsse während der Ausführungszeit, mit denen bei Abgabe des Angebots normalerweise gerechnet werden musste, gelten nicht als Behinderung.

Inhaltsübersicht   Rn.

A. Allgemeine Grundlagen 1
B. Tatbestände 5
   I. Im Risikobereich des Auftraggebers liegender Umstand (Nr. 2 Abs. 1a) ... 5
      1. Vorbemerkung 5
      2. Kein Verschulden des Auftraggebers erforderlich 6
         a) Ursache im Bereich des Auftraggebers 7
         b) Mitwirkungs- und Eingriffsrechte 8
         c) Vorunternehmer 9
      3. Verursachung durch Auftragnehmer, Mitverschulden 10
      4. Allein Risikobereich maßgebend 11
  II. Streik und Aussperrung (Nr. 2 Abs. 1 b) 12
      1. Allgemeine Voraussetzungen 12
      2. Streik 16
      3. Aussperrung 18
  III. Höhere Gewalt oder andere für den Auftragnehmer unabwendbare Umstände
     (Nr. 2 Abs. 1c) 19
      1. Höhere Gewalt 19
      2. Andere für Auftragnehmer unabwendbare Umstände 20
  IV. Sonderregelung über Witterungseinflüsse (Nr. 2 Abs. 2) 21
      1. Maßgebend Witterungseinflüsse auf der Baustelle 22
      2. Normalerweise voraussehbare Witterungseinflüsse sind unbeachtlich 24
         a) Hochwasser, Sturmflut 28
         b) Grundwasserstand 29
         c) Gewässervereisung 30
         d) Sturm 31
      3. Zeitpunkt der Angebotsabgabe ausschlaggebend 33

	Rn.
4. Keine Verlängerung der bisherigen Ausführungsfrist bei normalen Witterungsverhältnissen	35

Aufsätze: s.o., *Vygen* Behinderungen des Auftragnehmers und ihre Auswirkungen auf die vereinbarte Bauzeit BauR 1983, 210; *Picker* Auswirkungen des Arbeitskampfes auf Drittunternehmen FS Locher S. 477 ff.; *Adomeit* Streik und Aussperrung – neu geordnet NJW 1984, 773; *Rutkowsky* Gefahrtragung und Haftung bei gewaltsamen Anschlägen gegen Großbaumaßnahmen und die daran beteiligten Unternehmen NJW 1988, 1761; *Köhler* Graffiti-Schmierereien – höhere Gewalt oder unabwendbares Ereignis? BauR 2002, 27.

A. Allgemeine Grundlagen

1 Sind die Voraussetzungen der Nr. 1 gegeben (vgl. auch Nr. 1.2. VHB zu § 6 VOB/B), so werden nach Nr. 2 Abs. 1 die Ausführungsfristen verlängert, wenn die Behinderung ursächlich beruht auf a) einem Umstand aus dem Risikobereich des Auftraggebers, b) auf einem Streik oder einer von der Berufsvertretung der Arbeitgeber angeordneten Aussperrung im Betrieb des Auftragnehmers oder in einem unmittelbar für ihn arbeitenden Betrieb, c) auf höherer Gewalt oder anderen für den Auftragnehmer unabwendbaren Umständen. Hinsichtlich der Witterungseinflüsse besteht eine besondere Regelung in Abs. 2.

2 Voraussetzung ist zusätzlich zu Nr. 1, dass die vorgenannten **hindernden Umstände tatsächlich gegeben** sind. Bloße – wenn auch handgreiflich gegebene – Vermutungen des Auftragnehmers, wie sie für die Anzeigepflicht nach Nr. 1 ausreichend sein können, genügen also noch nicht. Für das tatsächliche Vorliegen der Hinderungsgründe und ihre fühlbare Einwirkung auf die bisher vorgesehene vertragliche Ausführungsfrist ist der **Auftragnehmer darlegungs- und beweispflichtig.** Anhaltspunkte für die Berechnung der Dauer der Verlängerung ergeben sich aus Nr. 4. Aus der Formulierung der Nr. 2 folgt, dass es für die Fristverlängerung als solche und deren Wirksamkeit keiner besonderen Vereinbarung zwischen den Vertragsparteien mehr bedarf. Vielmehr ist die Verlängerungsvereinbarung bereits kraft vertraglicher Abmachung getroffen, wenn die Allgemeinen Vertragsbedingungen des Teils B der VOB zum Vertragsinhalt gemacht sind (ebenso Beck'scher VOB-Komm./*Motzke* 6 Nr. 2 VOB/B Rn. 6).

3 Die nachfolgend erörterten Voraussetzungen gelten vor allem auch als Ausgangspunkt für die wegen der Unterbrechung oder Behinderung der Ausführung aus Nr. 6 und 7 möglicherweise herzuleitenden weitergehenden Rechte des Auftragnehmers.

4 Der Regelung in Nr. 2 ähnliche, jedoch inhaltlich nicht hinreichend klare Bestimmungen in AGB können gegen §§ 308 Nr. 1 und 7, § 309 Nr. 8a BGB verstoßen. Ein Verstoß gegen § 307 BGB ist gegeben, wenn Bedingungen des Auftraggebers das Recht des Auftragnehmers, unter den Voraussetzungen der Nr. 2 Bauzeitverlängerung verlangen zu können, ausschließen (vgl. dazu auch OLG Karlsruhe BauR 1994, 145 [L] = NJW-RR 1993, 1435; vgl. auch § 11 Rn. 4 VOB/A sowie BGH Beschluss vom 5.6.1997 VII ZR 54/96 = BauR 1997, 1036 = SFH § 3 AGB-Gesetz Nr. 11, wonach die Klausel: »Noch fehlende behördliche Genehmigungen sind durch den AN so rechtzeitig einzuholen, dass zu keiner Zeit eine Behinderung des Terminablaufes entsteht« den Vertragspartner des Verwenders unangemessen benachteiligt).

Die Verlängerung der Ausführungsfristen § 6 Nr. 2 VOB/B

B. Tatbestände

I. Im Risikobereich des Auftraggebers liegender Umstand (Nr. 2 Abs. 1a)

1. Vorbemerkung

§ 6 Nr. 2 Abs. 1a VOB/B hat mit der Fassung 2000 seine jetzige Formulierung erhalten, die bereits **5** dem vorherigen Verständnis und Anwendungsbereich dieser Norm entsprach. Damit wurde auch textlich klargestellt, dass der Bauzeitverlängerungsanspruch eine schuldhaft verursachte Behinderung durch den Auftraggeber nicht voraussetzt (zum alten Meinungsstand vgl. 13. Aufl. § 6 Nr. 2 VOB/B Rn. 31 ff.).

2. Kein Verschulden des Auftraggebers erforderlich

Wesentlich ist zunächst ein in seiner Entstehung aus dem Bereich des Auftraggebers kommender **6** Umstand, der die Behinderung oder Unterbrechung der Leistung verursacht hat. Dabei kommt es nicht allein auf das Tun oder Unterlassen des Auftraggebers selbst an. Es genügt auch ein Verhalten von Personen, durch die sich der Auftraggeber während der Bauausführung vertreten lässt, die er also mit der Wahrnehmung der ihm als Auftraggeber obliegenden oder auch zustehenden Aufgaben beauftragt hat. Dazu rechnen u.U. seine Familienangehörigen, insbesondere aber diejenigen Personen, die er mit Planungs- und Aufsichtsaufgaben außerhalb des Aufgabenbereiches des Auftragnehmers betraut hat. Das betrifft insbesondere vom Auftraggeber im Rahmen eigener Vertragsverhältnisse beschäftigte Architekten und Ingenieure, vor allem, wenn von diesen verbindliche Bauzeitenpläne aufgestellt werden, die zum Gegenstand des Bauvertrages mit dem Auftragnehmer gemacht werden (vgl. OLG Köln BauR 1986, 582 = NJW 1986, 71; vgl. auch OLG Düsseldorf BauR 1997, 1041). Wird die Fortführung der Arbeiten auf Weisung des Architekten des Auftraggebers wegen statischer Bedenken unterbrochen, drei Tage später jedoch wieder freigegeben, so gilt der Bauvertrag nicht als aufgehoben, sondern es ist nur der Zeitpunkt der Vertragserfüllung hinausgeschoben. Eine Behinderung aus dem Bereich des Auftraggebers liegt auch vor, wenn ein verbindlicher Bauzeitenplan zum Gegenstand des Bauvertrages gemacht wird, der Auftraggeber dem Auftragnehmer jedoch neue Ausführungszeiten nennt, weil die Vorgewerke nicht rechtzeitig fertig werden (OLG Köln a.a.O., siehe auch nachfolgend).

a) Ursache im Bereich des Auftraggebers

Entscheidend ist es, dass es sich i.S.d. Verursachung um Umstände handelt, die ihren **Ausgangs- 7 punkt in dem dem Auftraggeber zuzurechnenden Bereich** haben, wie z.B. durch Verletzung von Mitwirkungspflichten (so OLG Düsseldorf BauR 1998, 340 für den Fall des fehlerhaften Absteckens des Hauptachsens; OLG Saarbrücken BauR 1998, 1010 für die nicht rechtzeitige Zurverfügungstellung der Dachstatik; vgl. auch § 4 Nr. 1 Abs. 1 S. 1 und 2, § 3 Nr. 1, § 4 Nr. 4 VOB/B), im Verlangen veränderter oder zusätzlicher Ausführung der Leistung (BGH Urt. v. 21.12.1989 VII ZR 132/88 = BauR 1990, 210 = SFH § 6 Nr. 1 VOB/B Nr. 3 = ZfBR 1990, 138; auch OLG Koblenz NJW-RR 1988, 851), in bei Beachtung normaler Prüfungsanforderungen unvorhersehbaren Wasser- und Baugrundverhältnissen usw (ebenso *Vygen/Schubert/Lang* Rn. 143; auch BGH Urt. v. 21.8.1997 VII ZR 17/96 = BauR 1997, 1019 = NJW 1997, 3018 = ZfBR 1997, 300 [Schürmann-Bau I]; Urt. v. 16.10.1997 VII ZR 64/96 = BauR 1997, 1021 = NJW 1998, 456 [Schürmann-Bau II]).

Gleiches gilt im Hinblick auf die rechtzeitige Erlangung der Baugenehmigung, weil diese dem Risikobereich des Auftraggebers zuzuordnen ist, wie sich aus § 4 Nr. 1 Abs. 1 VOB/B ergibt. Die hier einzuordnende **Nichtbefolgung von Mitwirkungspflichten** des Auftraggebers kann sich auch daraus ergeben, dass er im jeweiligen Vertrag besondere Pflichten übernommen hat. Muss er z.B. für den vom Auftragnehmer geschuldeten Abtransport von Aushub (etwa entwässertem Schlamm) eine Deponie bereithalten und nimmt die Deponieverwaltung grundlos den Aushub nicht entgegen, so kommt der Auftraggeber in Annahmeverzug, weil hier die ihm nicht unterstellte Deponieverwaltung seine Erfüllungsgehilfin ist (vgl. BGH Urt. v. 1.10.1991 X ZR 128/89 = ZfBR 1992, 31).

b) Mitwirkungs- und Eingriffsrechte

8 Insbesondere die beim VOB-Vertrag bestehenden **Mitwirkungs- oder Eingriffsrechte des Auftraggebers**, die ihm auch nach Vertragsabschluss die bestmögliche Erreichung des Leistungszieles nach seiner Vorstellung gewährleisten, sind hier von Bedeutung. Dazu rechnen u.a. die **Anordnungsrechte** nach § 4 Nr. 1 Abs. 3, 4 VOB/B sowie nach § 1 Nr. 3 und 4 VOB/B, die beachtlichen Einfluss nicht nur auf den Leistungsinhalt, sondern vor allem auch auf die Leistungszeit haben können; weiter zählen hierher die in § 4 Nr. 1 Abs. 1 und Nr. 4, § 3 Nr. 1, § 5 Nr. 2 VOB/B festgelegten **Mitwirkungspflichten** des Auftraggebers. Sofern solche Maßnahmen nicht durch den Auftragnehmer oder eine Person, für die er einzustehen hat (§ 278 BGB), veranlasst worden sind, sondern allein **aus dem Bereich des Auftraggebers** oder eines seiner Gehilfen (insbesondere Architekten oder Ingenieurs) **oder von dritter, dem Auftraggeber zuzurechnender Seite** (wie z.B. durch baubehördliche Maßnahmen) stammen, ist der Risikobereich des Auftraggebers i.S.d. Nr. 2a betroffen. Daher werden, sofern das Leistungsverzeichnis von Auftraggeberseite stammt, auch den vorgesehenen Bauablauf entscheidend beeinflussende, unvorhergesehene Mehrmengen, durch die zumindest eine Einheitspreisänderung nach § 2 Nr. 3 VOB/B unter den dort im Einzelnen geregelten Voraussetzungen in Betracht käme, dem § 6 Nr. 2a VOB/B unterzuordnen sein, was auch in Bezug auf das dem Auftraggeber zuzurechnende **Baugrundrisiko** gilt (zutreffend *Vygen* BauR 1983, 210; *Nicklisch/Weick* § 6 VOB/B Rn. 25; siehe auch *Englert* BauR 1991, 537; ferner OLG Stuttgart BauR 1994, 631). Gleiches trifft zu, wenn während des Bauablaufes von Auftraggeberseite veränderte oder zusätzliche Leistungen verlangt werden, die auf jeden Fall den Auftragnehmer auf der Grundlage von § 2 Nr. 5 oder 6 VOB/B berechtigen, eine veränderte oder zusätzliche Vergütung zu fordern (a.A. *Leinemann/Leinemann* § 6 VOB/B Rn. 25, der für Zusatzleistungen und Mehrungen benötigte Zeit dem Auftragnehmer nicht über § 6 VOB/B, sondern über die Vergütungsvorschrift nach § 2 VOB/B zubilligen will. Dies ist abzulehnen, da § 2 VOB/B nur Regelungen zur Ermittlung der Vergütung – wenn auch unter Einbeziehung bauzeitlicher Kosten – enthält, nicht aber die Ausführungszeit regelt). Eine in dem Bereich des Auftraggebers anzusiedelnde Behinderung der Ausführung liegt auch vor, **wenn die bisher festgelegte Leistungszeit nicht mehr in angemessenem Verhältnis zu dem jetzt auszuführenden Leistungsinhalt steht,** sich vielmehr durch dem Auftraggeber grundsätzlich zuzurechnende Umstände eine Neufestlegung der auf den endgültig auszuführenden Leistungsinhalt bezogenen Leistungszeit als notwendig erweist (z.B. die Behinderung durch eine notwendige, aber nicht ausgeschriebene Entsorgung einer Asbestummantelung, OLG Düsseldorf BauR 1999, 491). Ebenso verhält es sich mit der Behinderung der Bauausführung **durch Dritte, für die dem Auftraggeber nicht der Vorwurf des Verschuldens gemacht** werden kann, wie z.B. durch Bürgerinitiativen oder Demonstrationen (dazu auch *Vygen/Schubert/Lang* Rn. 137).

c) Vorunternehmer

9 Ebenfalls dem **Bereich des Auftraggebers ist es zuzurechnen, dass vorleistende Unternehmer,** auf deren Arbeiten der Auftragnehmer aus gegebenem technischen Zusammenhang zwangsläufig aufbauen muss, also nicht eher ordnungsgemäß ausführen kann, bis die Vorleistung fertig gestellt ist oder jedenfalls einen gewissen Stand erreicht hat, **den Leistungsstand im erforderlichen Maß erreicht haben,** ohne dass es hier darauf ankommt, ob die Verursachung in der Verzögerung darin liegt, dass der vorleistende Unternehmer mangelhaft arbeitet, oder ob er die vorgegebenen Bauzeiten als solche nicht einhält oder ob der oder die betreffenden vorleistenden Unternehmer rechtlich als Erfüllungsgehilfen des Auftraggebers einzuordnen sind (so auch *Vygen/Schubert/Lang* Rn. 146; *Kapellmann* in *Kapellmann/Messerschmidt* § 6 VOB/B Rn. 18; BGH Urt. v. 16.10.1997 VII ZR 64/96 = BauR 1997, 1021 = NJW 1998, 456 [Schürmann-Bau II]; Urt. v. 21.12.1989 VII ZR 132/88 = BauR 1990, 210 = SFH § 6 Nr. 1 VOB/B Nr. 3 = ZfBR 1990, 138). **Entscheidend** ist, dass es zu den vertrag-

lichen Aufgaben des Auftraggebers gehört, dem Auftragnehmer die Baustelle und im Falle nachfolgender unternehmerischer Leistungen das bisher erstellte Teilbauwerk rechtzeitig und so wie nach dem Vertrag geschuldet **bebauungsfähig** zur Verfügung zu stellen. So ist es seine Sache, dem Auftragnehmer in zeitlicher Hinsicht die ungehinderte Ausführung der Arbeiten zu ermöglichen, wie sich vor allem auch aus § 4 Nr. 1 Abs. 1 S. 1 VOB/B ergibt. Diese Feststellung, die sich **auf den bloßen Risikobereich bezieht** (ebenso insoweit *Vygen/Schubert/Lang* Rn. 131 ff.; *Vygen* BauR 1989, 387; *Nicklisch* in: *Nicklisch/Weick* § 6 VOB/B Rn. 25; *Heiermann/Riedl/Rusam* § 6 VOB/B Rn. 12) genügt, um dem Auftragnehmer das Recht auf Fristverlängerung zu gewähren (wegen etwaiger Mehrkostenansprüche auf Schadensersatz oder Entschädigung vgl. § 6 Nr. 6 VOB/B).

3. Verursachung durch Auftragnehmer, Mitverschulden

Geht die Verursachung hingegen auf den Auftragnehmer, insbesondere durch – bereits – objektive Verletzung der diesem obliegenden Pflichten, zurück, scheidet eine Verlängerung der Ausführungsfristen nach Nr. 2 aus. Der Risikobereich des Auftraggebers ist nicht betroffen. Liegt hingegen nur eine **Mitverursachung** beim Auftragnehmer, so ist die **Beurteilung nach den sich aus § 254 BGB ergebenden allgemeingültigen Grundgedanken** vorzunehmen, was sich auch bei der Berechnung der Fristverlängerung nach Nr. 4 niederschlägt. Gerät der Auftragnehmer mit der ihm obliegenden Leistung in Schuldnerverzug und ist deshalb seine Leistung nur noch unter Erschwerungen zu erbringen, so kommt der Auftraggeber durch ein wörtliches Angebot der Leistung, das ohne Rücksicht auf die vom Auftragnehmer zu vertretenden Erschwernisse erteilt wird, regelmäßig nicht in Annahmeverzug (BGH Urt. v. 7.11.1985 VII ZR 45/85 = BauR 1986, 206 = SFH § 9 VOB/B Nr. 3); also kann in diesem Fall der Auftragnehmer keine Verlängerung der Ausführungsfrist verlangen. **10**

4. Allein Risikobereich maßgebend

Der nunmehr allein aus dem Risikobereich des Auftraggebers stammende Umstand erfasst auch sonstige positive Vertragsverletzungen und unerlaubte Handlungen, somit auch Behinderungen oder Unterbrechungen aus der Sphäre des Auftraggebers, die ihre Ursache außerhalb der Bereiche der Mitwirkungspflichten, Mitwirkungs- oder Eingriffsrechte haben. Zusammenfassend lässt sich nunmehr sagen, dass **Nr. 2 Abs. 1a grundsätzlich alle Ereignisse erfasst, die dem bloßen bauvertraglichen Risikobereich des Auftraggebers zuzuordnen sind** (i.E. im Wesentlichen wie hier *Nicklisch* in: *Nicklisch/Weick* § 6 VOB/B Rn. 25; ebenso *Vygen* BauR 1983, 210, und *Vygen/Schubert/Lang* Rn. 130; *Heiermann/Riedl/Rusam* § 6 VOB/B Rn. 12; *Kapellmann* in *Kapellmann/Messerschmidt* § 6 VOB/B Rn. 18 ff.; Beck'scher VOB-Komm./*Motzke* § 6 Nr. 2 VOB/B Rn. 42; ähnlich, wenn auch ohne nähere Differenzierung, *Daub/Piel/Soergel/Steffani* Teil B § 6 ErlZ 6.26 f.). Das gilt auch für den Fall, in dem die Bauverzögerung durch einen für den Auftraggeber nicht vorhersehbaren Konkurs eines vorangehend leistenden Unternehmers herbeigeführt worden ist, da der Auftraggeber die seinem Risikobereich zuzurechnende Bereitstellungspflicht gegenüber dem Auftragnehmer nicht rechtzeitig zu erfüllen vermag (a.A. wohl OLG Köln BauR 1990, 762 = SFH § 631 BGB Nr. 31 für den Bereich eines Ingenieurvertrages). **11**

Kommt es zu einer Verlängerung der Ausführungsfrist nach Nr. 2 Abs. 1a, ohne dass dem Auftraggeber zugleich Verschulden vorzuwerfen ist, ergibt sich daraus noch keine Schadensersatzpflicht des Auftraggebers nach § 6 Nr. 6 S. 1 VOB/B, weil dort Verschulden zusätzliche Anspruchsvoraussetzung ist. Allerdings ist der Entschädigungsanspruch nach § 642 BGB in Betracht zu ziehen (siehe § 6 Nr. 6 S. 2 VOB/B).

II. Streik und Aussperrung (Nr. 2 Abs. 1 b)

1. Allgemeine Voraussetzungen

12 **Streik und Aussperrung** sind Mittel des Arbeitskampfes, gegebenenfalls auch des politischen Kampfes. Es handelt sich um kollektive Maßnahmen der Arbeitnehmer- oder Arbeitgeberseite durch Störungen der Arbeitsbeziehungen jeweils Druck auf die Gegenseite auszuüben (*Brox/Rüthers/Schlüter/Jülicher* Arbeitskampfrecht Rn. 16, 17 m.w.N.). Aufgabe des Arbeitskampfes ist es, den kampfbeteiligten Personen gleiche Verhandlungschancen zu verschaffen (BAG 10.6.1980 EzA Art. 9 GG Arbeitskampf Nr. 37; vgl. auch *Adomeit* NJW 1984, 773; *Picker* S. 477 ff.).

13 Tritt ein Streik oder eine Aussperrung ein, kann die damit verbundene Verzögerung in der Bauausführung **nicht dem Auftragnehmer zur Last gelegt werden,** da dieses Ereignis seine Ursache nicht im Bereich der eigentlichen bauvertraglichen Verpflichtung des Auftragnehmers hat. Die Vergünstigung der Fristverlängerung kommt dem Auftragnehmer **nicht nur** zu, **wenn** der Streik oder die Aussperrung seinen **eigenen Betrieb betrifft,** sondern **auch,** wenn hiervon ein **Betrieb** betroffen worden ist, **der unmittelbar für den Auftragnehmer arbeitet.** Es ist allerdings grundsätzlich Voraussetzung, dass dieser andere Betrieb **an der vertraglich geschuldeten Bauausführung unmittelbar beteiligt ist oder beteiligt werden soll,** wie z.B. der Betrieb eines Nachunternehmers, hinsichtlich dessen allerdings die Voraussetzung der schriftlichen Zustimmung des Auftraggebers nach § 4 Nr. 8 Abs. 1 VOB/B erfüllt sein muss. Streiks in Zulieferbetrieben sind nur beachtlich, wenn der Auftragnehmer, insbesondere gemessen an den dem Bauvertrag zugrunde gelegten Preisermittlungsgrundlagen, über keine wirtschaftlich vertretbaren Ausweichmöglichkeiten verfügt, was er darzulegen und zu beweisen hat (ähnlich *Vygen/Schubert/Lang* Rn. 125). Nicklisch (in *Nicklisch/Weick* § 6 VOB/B Rn. 27) will Streiks in Zuliefererbetrieben unbeachtet lassen, weil der Auftragnehmer hinsichtlich der Materialbeschaffung eine »Art Garantenstellung« habe. Dem kann nicht gefolgt werden, weil sonst die hier erörterte, auf Treu und Glauben beruhende VOB-Regelung ihrem Sinn und Zweck nach nicht die gebotene Beachtung und insoweit auch Auslegung erfahren würde (wie hier *Heiermann/Riedl/Rusam* § 6 VOB/B Rn. 13; durch Rückgriff auf die Regeln des Wegfalls der Geschäftsgrundlage im Ergebnis ebenso: Beck'scher VOB-Komm./*Motzke* § 6 Nr. 2 VOB/B Rn. 12, 74; *Leinemann/Leinemann* § 6 VOB/B Rn. 27; zu eng hier *Vygen/Schubert/Lang* Rn. 125, die den Zulieferbetrieb nur einbeziehen wollen, wenn der Auftraggeber ein bestimmtes Material vorgeschrieben hat oder der bestreikte Zulieferbetrieb eine Monopolstellung hat; ähnlich *Kapellmann* in *Kapellmann/Messerschmidt* § 6 VOB/B Rn. 23).

14 Während jeder Streik im Betrieb des Auftragnehmers oder in einem unmittelbar für ihn arbeitenden Betrieb in Betracht kommen kann, ist bei der Aussperrung nur eine solche maßgebend, die von der **Berufsvertretung der Arbeitgeber** angeordnet worden ist. Für eine derartige Anordnung ist der **Auftragnehmer beweispflichtig.** Besteht sie nicht, sondern beruht die Aussperrung auf einem anderen Grunde, kann sich der Auftragnehmer nicht auf Nr. 2 berufen.

15 Zur Problematik der Erhaltungsarbeiten im Arbeitskampf vgl. Fenn (Betrieb 1982, 430 sowie *Dörner/Luczak/Wiedschütz* Handbuch des Fachanwalts Arbeitsrecht G Rn. 34 ff.).

2. Streik

16 Der Begriff des Streiks wird in der Rechtsprechung nicht einheitlich ausgelegt. Während der BGH eine enge Begriffsauslegung gewählt hat und ihn auf solche Kampfmaßnahmen beschränkt, die den Gegner zur Annahme anderer Arbeitsbedingungen zu zwingen versuchen (BGH Urt. v. 29.9.1954 VI ZR 232/53 = BGHZ 14, 347), legt das BAG einen weiteren Streikbegriff zugrunde (BAGE 1, 291, 304). Nach der letzteren Ansicht ist der **Streik** die **gemeinsam und planmäßig durchgeführte Arbeitseinstellung** einer größeren Anzahl Arbeitnehmer innerhalb eines Berufes oder Betriebes zu einem Kampfzweck mit dem Willen zur Fortsetzung der Arbeit nach Erreichung des Kampfzieles oder der

Die Verlängerung der Ausführungsfristen § 6 Nr. 2 VOB/B

Beendigung des Arbeitskampfes. Für den Bereich der VOB ist der letzteren Ansicht der Vorzug zu geben. Es kann beim Bauvertrag nicht nur der bloß arbeitsrechtliche Kampfzweck ausschlaggebend sein, sondern es müssen, da dem Auftragnehmer im Verhältnis zum Auftraggeber die Hände gebunden sind und er an der ordnungsgemäßen Erbringung der vertraglichen Bauleistung gehindert ist, z.B. der Demonstrationsstreik, der politische Kampfstreik und auch der Generalstreik in Rechnung gezogen werden. Auch kommt es für den hier erörterten Bereich des Bauvertrages nicht auf die Unterscheidung an, ob ein Streik **legitim oder illegitim** ist, was sich anhand der Frage der gewerkschaftlichen Organisation beurteilt (vgl. *Dörner/Luczak/Wiedschütz* G Rn. 15 ff.).

Zur Rechtsprechung des BAG zum Arbeitskampf u.a. Brox/Rüthers/Schlüter/Jülicher (a.a.O.) sowie Dörner/Luczak/Wiedschütz (a.a.O.). Der Arbeitgeber ist nicht verpflichtet, einen bestreikten Betrieb oder Betriebsteil soweit als möglich aufrechtzuerhalten. Er kann ihn für die Dauer des Streiks ganz stilllegen mit der Folge, dass die beiderseitigen Rechte und Pflichten aus dem Arbeitsverhältnis suspendiert werden und auch arbeitswillige Arbeitnehmer ihren Lohnanspruch verlieren (BAG NJW 1995, 477 in Abweichung von BAG NJW 1994, 1300; auch BAG BB 1996, 214). **17**

3. Aussperrung

Aussperrung ist die **planmäßige Ausschließung einer größeren Anzahl Arbeitnehmer** von der Arbeit, regelmäßig durch Gesamtlösung der Arbeitsverhältnisse, zur Erreichung eines Kampfzieles mit dem Willen der Wiedereinstellung nach Beendigung des Kampfes (vgl. BAGE 1, 291, 316). Bei der Aussperrung ist die **Angriffsaussperrung** von der **Abwehraussperrung** zu unterscheiden. Im ersten Fall, der – abgesehen von der Frage der Zulässigkeit – ganz selten ist, geht die Ursache auf eine von den Arbeitgebern verfolgte Zielsetzung zurück. Im zweiten Fall handelt es sich um ein Gegenmittel gegen einen bereits ausgebrochenen oder durchgeführten Streik. Beides ist **im Rahmen der VOB gleich zu behandeln.** Eine Aussperrung bedarf aber einer eindeutigen Erklärung des Arbeitgebers. Hieran fehlt es, wenn bei der Schließung des Betriebes unklar bleibt, ob der Arbeitgeber lediglich auf streikbedingte Betriebsstörungen reagieren oder selbst eine Kampfmaßnahme ergreifen will (vgl. BAG BB 1996, 218 = NJW 1996, 1428), ob es sich also um eine Abwehr- oder Angriffsaussperrung handeln soll. **18**

III. Höhere Gewalt oder andere für den Auftragnehmer unabwendbare Umstände (Nr. 2 Abs. 1c)

1. Höhere Gewalt

Unter **höherer Gewalt** wird in der Rechtsprechung ein **von außen auf den Betrieb einwirkendes außergewöhnliches Ereignis** verstanden, **das unvorhersehbar ist, selbst bei Anwendung äußerster Sorgfalt ohne Gefährdung des wirtschaftlichen Erfolgs des Unternehmers nicht abgewendet werden kann und auch nicht wegen seiner Häufigkeit von dem Betriebsunternehmer in Rechnung zu stellen und mit in Kauf zu nehmen ist** (BGH Urt. v. 23.10.1952 III ZR 364/51 = BGHZ 7, 338; Urt. v. 15.3.1988 VI ZR 115/87 = NJW-RR 1988, 986). Geringstes **eigenes Verschulden** bei der Entstehung des außergewöhnlichen Ereignisses **schließt höhere Gewalt aus** (vgl. hierzu: BGH Urt. v. 21.8.1997 VII ZR 17/96 = BauR 1997, 1019 = NJW 1997, 3018 = ZfBR 1997, 300 [Schürmann-Bau I]; Urt. v. 16.10.1997 VII ZR 64/96 = BauR 1997, 1021 = NJW 1998, 456 [Schürmann-Bau II]; das Rheinhochwasser war für den Auftraggeber weder unvorhersehbar noch unabwendbar. Die Vergütung für die erbrachte und untergegangene Werkleistung wurde dem Unternehmer unter Anwendung des § 645 BGB zugesprochen). Zudem muss es sich um ein äußeres, betriebsfremdes Ereignis handeln, welches in **keinerlei Zusammenhang** mit der **Bauausführung und** den daraus unmittelbar resultierenden Gegebenheiten stehen darf. Fälle höherer Gewalt sind regelmäßig **Naturereignisse**, wie Erdbeben, Blitzschlag, Überschwemmungen, Fluten, Orkane. Hinzuzuzählen sind unvorhergesehene und objektiv unvorhersehbare **Handlungen dritter Personen,** die auf den Lauf der **19**

Bauausführung einwirken, wie z.B. Brandstiftungen, Explosionen und mutwillige Sachbeschädigungen, sofern damit nicht im Rahmen einer gewissen Häufigkeit nach aller Erfahrung zu rechnen ist. Dabei ist entweder auf die Erfahrung in der weiteren Umgebung des Baubereichs oder auf bauwerkspezifische, in der Vergangenheit gewonnene Erfahrungen abzustellen (z.B. politische Unruhen, Sabotageakte bei militärischen Bauten, Reaktorbauten, Flughafenerweiterungen). Der Begriff der höheren Gewalt ist **eng gezogen,** weshalb für den Ausgangspunkt Rutkowsky (NJW 1988, 1761, 1763) nicht gefolgt werden kann, der hier für die Beurteilung § 4 Nr. 5 VOB/B heranziehen möchte, womit aber keine hinreichenden Anhaltspunkte für eine Bewertung höherer Gewalt gegeben sind. Andererseits sind die von ihm für den Fall von **gewaltsamen Anschlägen** herausgearbeiteten Kriterien durchaus zur Beurteilung des Vorliegens höherer Gewalt geeignet: Handelt es sich um ein Bauvorhaben in einem Bereich, in dem bereits früher auf ähnliche Bauwerke Anschläge verübt wurden, und ist dies beiden Vertragspartnern bei Vertragsabschluss bekannt oder musste es ihnen bekannt sein, so wird sich der Auftragnehmer nicht auf höhere Gewalt berufen können, da er das mit der Bauausführung verbundene **Risiko bewusst in Kauf** genommen hat. **Das gilt erst recht, wenn bereits konkrete Ankündigungen von Anschlägen vorliegen.** Sind bei dem betreffenden Bauvorhaben keine Anhaltspunkte oder entsprechende Verdachtsmomente für etwaige Anschläge gegeben, kann dagegen von höherer Gewalt gesprochen werden. Ähnliches muss zugunsten des Auftragnehmers gelten, wenn **nur dem Auftraggeber Anhaltspunkte für Anschläge bekannt sind,** wie z.B. durch Einsprüche oder Eingaben Dritter in vorangegangenen oder laufenden verwaltungsrechtlichen Verfahren, und er dies dem Auftragnehmer **bei Vertragsabschluss nicht mitteilt.** Gleiches gilt auch für die mehr oder weniger verunstaltenden Graffiti-Malereien. Die Erfahrung in den vergangenen Jahren hat gezeigt, dass frisch ausgeschalter Beton umgehend als Leinwand benutzt wird. Von einem unvorhersehbaren Ereignis kann daher im Regelfall keine Rede sein. Etwas anderes mag ggf. in Regionen gelten, die bisher von Graffiti verschont geblieben sind. Die erforderlichen Schutz- oder Beseitigungsmaßnahmen müssen daher bei Vertragsabschluss bedacht werden (keine Zustimmung verdient insoweit *Köhler* BauR 2002, 27, der Graffiti-Schmierereien als unabwendbares Ereignis einstufen will, Er übersieht, dass auch unabwendbare Ereignisse die Voraussetzungen der Unvorhersehbarkeit verlangen).

2. Andere für Auftragnehmer unabwendbare Umstände

20 **Unabwendbare Umstände verlangen demgegenüber ein Weniger;** sie setzen ähnlich dem Begriff der höheren Gewalt ebenfalls ein Ereignis voraus, das nach menschlicher Einsicht und Erfahrung in dem Sinne unvorhersehbar ist, dass es oder seine Auswirkungen trotz wirtschaftlich erträglicher Mittel durch die äußerste nach der Sachlage zu erwartende Sorgfalt nicht verhütbar oder in seinen Wirkungen bis auf ein erträgliches Maß unschädlich zu machen ist (BGH Urt. v. 12.7.1973 VII ZR 196/72 = BauR 1973, 317 = SFH Z 2.413 Bl. 56). Beiden Begriffen ist gemein, dass es sich um ein Ereignis handeln muss, an dem den Auftragnehmer keinerlei Verschulden trifft. Andererseits **braucht** das Ereignis im Gegensatz zur höheren Gewalt **nicht betriebsfremd zu sein.** Ein unabwendbarer Umstand kann in einer plötzlich, objektiv gänzlich unvorhersehbar aufgetretenen und auf andere Weise, z.B. durch teureren Einkauf, nicht zu beseitigenden, die weitere Bauausführung hindernden Materialknappheit liegen. In Betracht kommt auch ein nach aller Erfahrung in diesem Umfang gänzlich unvorhergesehenes Unwetter (BGH a.a.O.). Hat dagegen der Auftragnehmer andere Unternehmer zu suchen und gegebenenfalls zu beauftragen (z.B. Subunternehmer), so ist es kein unabwendbarer Umstand, wenn ihm dies angesichts im Baugewerbe herrschender Hochkonjunktur misslingt, da diese Aufgabe bei rechtzeitiger Vorsorge, gegebenenfalls durch verstärkten Einsatz wirtschaftlicher Mittel, im Allgemeinen zu erfüllen ist (BGH Urt. v. 21.10.1982 VII ZR 51/82 = BauR 1983, 73). Die Frage, ob ein unabwendbares Ereignis vorliegt, lässt sich nicht in einen vorhersehbaren Teil und einen nicht vorhersehbaren Teil aufspalten; sie ist einheitlich zu beantworten, sofern es sich um ein zeitlich geschlossenes, unaufteilbares Vorkommnis handelt (BGH in den zuerst genannten Entscheidungen).

Die Verlängerung der Ausführungsfristen § 6 Nr. 2 VOB/B

IV. Sonderregelung über Witterungseinflüsse (Nr. 2 Abs. 2)

Nr. 2 Abs. 2 enthält eine Sonderregelung hinsichtlich der **Witterungseinflüsse,** nicht nur der Witterungsverhältnisse. Nach ihr begründen Witterungseinflüsse während der Ausführungszeit, mit denen bei Abgabe des Angebotes normalerweise gerechnet werden musste, **keine Behinderung,** auch wenn tatsächlich eine Behinderung oder eine Unterbrechung in der Bauausführung eingetreten ist. **Kraft Vereinbarung im Bauvertrag** gilt sie als nicht erfolgt. Der Begriff der Witterungseinflüsse bezieht sich auf alle Umstände, die nach dem allgemeinen Sprachgebrauch sowohl in ihrer Entstehung als auch in ihrer Auswirkung auf die Witterung zurückzuführen sind (Regen, Nebel, Hagel, Schneefall, Eis, Wind, Sturm, Überschwemmung, Helligkeit, Dunkelheit usw.). 21

1. Maßgebend Witterungseinflüsse auf der Baustelle

Für die Beurteilung sind grundsätzlich **die Witterungseinflüsse** maßgebend, **die unmittelbar auf das Grundstück der Bauausführung einwirken.** Ausnahmsweise kann es auf den Sitz bzw. das Lager des Unternehmers ankommen, wenn Geräte, die für die betreffende Ausführung erforderlich sind und sich noch nicht auf der Baustelle befinden, durch Witterungseinflüsse zerstört, beschädigt sind oder nicht mehr fortbewegt werden können. Die gleiche Überlegung hat auch für die Wohnorte und Anfahrtswege von Personal zu gelten. In diesen Ausnahmefällen ist aber zu prüfen, ob der Auftragnehmer ihm zumutbare Vorkehrungen getroffen hat (vgl. § 4 Nr. 5 VOB/B). 22

Die Anwendung des Abs. 2 setzt Witterungsverhältnisse voraus, die einen **nachteiligen Einfluss auf die Bauausführung selbst** haben, also den vertraglich vorgesehenen oder unter normalen Umständen voraussehbaren Verlauf behindern oder unterbrechen, sei es durch Beschädigung oder Zerstörung bereits vorhandener Leistungsteile, sei es durch Einwirkung auf den vorgesehenen weiteren Bauablauf. Maßgeblich sind damit nur Witterungseinflüsse, die während der Bauausführung auftreten (vgl. OLG Köln BauR 1995, 243 = NJW-RR 1995, 19 = SFH § 6 Nr. 6 VOB/B Nr. 7, verneint für den Fall des Auftretens von Grundwasser als solchem). 23

2. Normalerweise voraussehbare Witterungseinflüsse sind unbeachtlich

Nicht als **Behinderung** gelten Witterungseinflüsse, mit denen bei Abgabe des Angebotes **normalerweise gerechnet werden musste.** Bloße so genannte Schlechtwettertage reichen regelmäßig nicht, da sie häufig nur dem allgemein vorauszusehenden Witterungsablauf entsprechen. Maßgebliche Anhaltspunkte geben insoweit die örtlichen und die jahreszeitlichen Verhältnisse. Zu normalen Witterungseinflüssen zählen insbesondere mehrere Regentage; ferner Wolkenbrüche in der wärmeren Jahreszeit, auch Stürme in der Küstengegend. Ein Sturm mit der Windstärke 9 ist auch im Rheinland im November nicht ungewöhnlich. Am Niederrhein muss, wenn auch selten, mit Wind der Stärke 8 nach der Beaufort-Skala, der in Böen den Bereich der Windstärke 12 erreicht, gerechnet werden (OLG Düsseldorf NJW-RR 1992, 1440). 24

Außergewöhnlich und unerwartet stark auftretende Witterungseinflüsse können dagegen eine Verlängerung der Ausführungsfrist bewirken. Das Auftreten einer lang anhaltenden, ungewöhnlichen Kältewelle im Winter kann nicht zum Nachteil des Auftragnehmers gereichen (typisches Beispiel: der Winter 1978/79 in Norddeutschland, ungewöhnlich starker Eisregen 1987) (nach Beck'scher VOB-Komm./*Motzke* § 6 Nr. 2 VOB/B Rn. 83, auch der Winter 1995/96). Unvorhergesehen soll auch eine tägliche Niederschlagsmenge von 64 mm/m2 bei einer durchschnittlichen maximalen Niederschlagsmenge von 40 bis 50 mm je Tag sein (vgl. BGH Urt. v. 12.7.1973 VII ZR 196/72 = BauR 1973, 317 = SFH Z 2.413 Bl. 56). Ein wolkenbruchartiger Regen, der so stark und so selten ist, dass damit an der Baustelle im Durchschnitt nur alle 20 Jahre einmal zu rechnen ist (hier: 40 mm wolkenbruchartiger Regen in einer Stunde), gehört nicht zu den normalerweise zu erwartenden Witterungseinflüssen, sondern ist ein unvorhersehbares, außergewöhnliches Naturereignis, dessen Folgen der Auftragnehmer nicht mit zumutbaren Mitteln abwenden kann (zutreffend OLG Koblenz 25

VOB/B § 6 Nr. 2   Die Verlängerung der Ausführungsfristen

SFH § 6 Nr. 2 VOB/B Nr. 1; BGH Urt. v. 22.4.2004 III ZR 108/03 = BHGZ 159, 19 = IBR 2004, 398 -*Miernik* für den Fall eines »Jahrhundertregens«). Gleiches gilt für das »Jahrhundert-Hochwasser« der Elbe im Sommer 2002 und deren Auswirkungen. Insbesondere bei Großbauten sollten daher zur Vermeidung von Unklarheiten die Erkenntnisse des Wetterdienstes genutzt und die Mittelwerte der vergangenen Jahre eingeholt werden (*Kapellmann* in *Kapellmann/Messerschmidt* § 6 VOB/B Rn. 20, der als Referenzzeitraum 10 Jahre für ausreichend erachtet).

26 Zur **Vermeidung von Härten** ist es im Einzelfall allerdings geboten, die **Grundsätze von Treu und Glauben** heranzuziehen. Ist dem Auftragnehmer etwa eine genau bestimmte, vertraglich bindend festgelegte Frist zur Ausführung einer Baumaßnahme gesetzt worden (z.B. vom 1.8. bis 10.8.), die regelgerecht nur bei trockenem Wetter ausgeführt werden kann, und regnet es in diesen zehn Tagen, so wird man auch in diesem Fall eine Verlängerung der Ausführungsfrist nicht versagen dürfen, obwohl Dauerregen im August nichts Ungewöhnliches, daher u.U. vorhersehbar ist (ebenso *Vygen/Schubert/Lang* Rn. 129; *Leinemann/Leinemann* § 6 VOB/B Rn. 33).

27 Grundsätzlich liegt es im Interesse beider Vertragspartner, in Besonderen oder Zusätzlichen Vertragsbedingungen (vgl. § 10 Nr. 4 Abs. 2 VOB/A) für die konkrete Baumaßnahme und deren Anfälligkeit gegen bestimmte Witterungseinflüsse **besondere Regelungen** für **Ausfalltage** zu treffen (z.B. in Anlehnung an die Schlechtwetterregelung der Arbeitsämter, vgl. auch Beck'scher VOB-Komm./*Motzke* § 6 Nr. 2 VOB/B Rn. 83). Soweit es Hochwasser, Sturmfluten, außergewöhnlich hohe Grundwasserstände, ungewöhnliche Gewässervereisung und ungewöhnlichen Sturm anbetrifft, kann für derartige Besondere oder Zusätzliche vertragliche Vereinbarungen der Vorschlag der Bundesanstalt für Gewässerkunde vom 6.10.1951 (Tgb. Nr. II/8052/3170) dienen (vgl. *Hereth/Ludwig/Naschold* Teil B § 7.1 Ez. 7.48). Hiernach gelten als vom Auftragnehmer **nicht** zu vertretende Umstände:

a) Hochwasser, Sturmflut

28 **Hochwasser oder Sturmfluten,** wenn dabei im Schadensmonat der in den letzten 20 der Ausschreibung **vorangegangenen gleichen Monaten** aufgetretene Höchststand an dem für die Baustelle gewässerkundlich in Betracht kommenden Bezugspegel überschritten wird. Liegen 20jährige Beobachtungen nicht vor oder sind sie wegen baulicher Maßnahmen (z.B. Talsperren) nicht mehr gültig und können sich die beiden Parteien über den anzunehmenden Risikogrenzwasserstand nicht einigen, so entscheidet über ihn die örtlich zuständige Dienststelle des Wasserwesens oder, wenn diese Auftraggeberin ist, die örtlich zuständige gewässerkundliche Anstalt nach sachverständigem Ermessen. Im Wasserwesen ist für die Bundesgewässer die Wasser- und Schifffahrtsverwaltung des Bundes, für die übrigen Gewässer die Wasserwirtschaftsverwaltung des betreffenden Landes zuständig.

b) Grundwasserstand

29 **Ungewöhnlich hohe Grundwasserstände,** wenn dabei im Schadensmonat der in den letzten 20 der Ausschreibung **vorangegangenen gleichen Monaten** aufgetretene Höchststand an dem für die Baustelle gewässerkundlich (hydrogeologisch) in Betracht kommenden Bezugsbrunnen überschritten wird. Liegen 20-jährige Beobachtungen nicht vor oder sind diese wegen künstlicher Eingriffe nicht mehr gültig und können sich die beiden Parteien über den anzunehmenden Risikogrenzwasserstand nicht einigen, so entscheidet über ihn die örtlich zuständige Dienststelle des Wasserwesens oder, wenn diese Auftraggeberin ist, die örtlich zuständige gewässerkundliche Anstalt nach sachverständigem Ermessen, und zwar im Benehmen mit der örtlich zuständigen geologischen Landesanstalt.

c) Gewässervereisung

30 **Ungewöhnliche Gewässervereisung,** wenn diese im Schadensmonat nach dem sachverständigen Ermessen der örtlich zuständigen Stelle des Wasserwesens oder, wenn diese Auftraggeberin ist,

der örtlich zuständigen gewässerkundlichen Anstalt den Extremzustand im gleichen Monat vor der Ausschreibung überschreitet.

d) Sturm
Ungewöhnlicher Sturm, wenn dieser im Schadensmonat in Stärke, Richtung und Schwankung nach dem sachverständigen Ermessen des örtlich zuständigen Wetteramtes den Extremzustand im gleichen Monat vor der Ausschreibung überschreitet. **31**

Bezüglich der **Besonderen Vertragsbedingungen** wird empfohlen, die möglichen monatlichen Wasserstandsschwankungen während der Bauzeit durch »Haupttabellen« nach dem Muster der Pegelvorschrift für die letzten 20 Jahre vor der Ausschreibung darzustellen und den Verdingungsunterlagen beizufügen, sofern diese Jahresreihe noch vergleichbare Werte liefert. Andernfalls ist eine kürzere Jahresreihe zu wählen oder es ist theoretisch eine gegebenenfalls vereinfachte Haupttabelle aufzustellen, die dem sachverständigen Ermessen zur Zeit der Aufstellung der Verdingungsunterlagen entspricht. Das Risiko bei Wasserständen innerhalb des Rahmens der Haupttabelle würde vom Auftragnehmer, außerhalb ihres Rahmens vom Auftraggeber zu tragen sein. **32**

3. Zeitpunkt der Angebotsabgabe ausschlaggebend

Als **für die Beurteilung maßgebender Zeitpunkt** ist nicht der Abschluss des Bauvertrages, sondern die **Abgabe des Angebots** festgelegt. Dies gilt aber nur, wenn das Angebot vom Auftraggeber **unverändert** angenommen wird. Wenn der Auftraggeber jedoch nach § 28 Nr. 2 Abs. 2 VOB/A Erweiterungen, Einschränkungen oder Änderungen des Angebotsinhalts vornimmt und den Bieter auffordert, sich unverzüglich über die Annahme dieses veränderten Angebots zu erklären, ist nicht die Abgabe des ersten, sondern die Annahme des veränderten Angebots ausschlaggebend (ebenso u.a. *Nicklisch/Weick* § 6 VOB/B Rn. 29). Dieses setzt sich bei weiteren Vertragsverhandlungen so lange fort, bis das letzte Angebot unterbreitet wird, auf das schließlich der Vertrag zustande kommt. Eine weitere Ausnahme liegt vor, wenn kraft späterer Vereinbarung zwischen den Parteien – ggf. auch noch während der Bauausführung – die Ausführungsfristen verlängert werden. Dann ist der Zeitpunkt der ändernden Vereinbarung maßgebend. Das gilt vornehmlich dann, wenn der Auftraggeber im Rahmen von § 1 Nr. 3 oder 4 VOB/B vom Auftragnehmer zusätzliche oder veränderte Leistungen verlangt und die Witterungseinflüsse **darauf** einwirken. **33**

Die Wahl des **Zeitpunktes der Angebotsabgabe** und nicht des Vertragsabschlusses beruht auf der Annahme, dass der Auftragnehmer in seinem Angebot und gegebenenfalls der Auftraggeber in seinem Neuangebot oder beide Parteien bei ihrer vertragsändernden Vereinbarung, insbesondere bei der Bemessung der Ausführungsfristen, die **Witterungseinflüsse berücksichtigt** haben, die – jahreszeitlich – an sich zu erwarten sind. **34**

4. Keine Verlängerung der bisherigen Ausführungsfrist bei normalen Witterungsverhältnissen

Handelt es sich um Witterungseinflüsse, mit denen bei Abgabe des Vertragsangebotes **gerechnet werden musste,** treten diese ein und behindern oder unterbrechen sie die Ausführung während der vertraglich festgelegten Ausführungsfrist, kann der Auftragnehmer **keine Verlängerung der Ausführungsfrist** beanspruchen. Vielmehr sind diese Einflüsse **unbeachtlich,** so dass die Ausführungsfrist ohne Verlängerung in dem Zeitpunkt abläuft, der **vertraglich vereinbart** ist oder der sonst unter normalen Umständen für die Vollendung der Leistung maßgeblich zu sein hat. **35**

§ 6 Nr. 3
[Pflichten des Auftragnehmers während und nach der Behinderung oder Unterbrechung]

Der Auftragnehmer hat alles zu tun, was ihm billigerweise zugemutet werden kann, um die Weiterführung der Arbeiten zu ermöglichen. Sobald die hindernden Umstände wegfallen, hat er ohne weiteres und unverzüglich die Arbeiten wieder aufzunehmen und den Auftraggeber davon zu benachrichtigen.

Inhaltsübersicht

	Rn.
A. Allgemeine Grundlagen..	1
B. Weiterführungspflicht	2
I. Fürsorgepflichten während der Behinderung oder Unterbrechung (S. 1)	2
1. Weiterführungspflicht bei vom Auftragnehmer zu vertretenden Umständen	3
2. Reduzierte Weiterführungspflicht bei vom Auftraggeber zu vertretenden Umständen	4
3. Verpflichtung zur Weiterführung bei von keinem Vertragspartner zu verantwortenden Umständen...	5
4. Schadensersatzpflicht des Auftragnehmers bei Nichtbeachtung der Pflichten aus Nr. 3	6
5. Eventuell Recht oder Pflicht zur Übernahme anderweitiger Arbeit..............	7
II. Unverzügliche Arbeitsaufnahme nach Wegfall des Hindernisses (S. 2)	8
1. Wegfall der Hindernisse	8
2. Unverzügliche Wiederaufnahme der Arbeit.......................................	9
3. Verletzung der Weiterführungspflicht...	11
III. Verpflichtungen nach Nr. 3 setzen Fortbestand der Leistungspflicht des Auftragnehmers voraus..	12

A. Allgemeine Grundlagen

1 Gemäß Nr. 3 hat der **Auftragnehmer alles zu tun,** was ihm billigerweise zugemutet werden kann, **um die Weiterführung der Arbeiten zu ermöglichen.** Sobald die hindernden Umstände weggefallen sind, hat er ohne weiteres und unverzüglich die Arbeiten wieder aufzunehmen und den Auftraggeber davon zu benachrichtigen.

B. Weiterführungspflicht

I. Fürsorgepflichten während der Behinderung oder Unterbrechung (S. 1)

2 In S. 1 ist eine **besondere vertragliche Nebenpflicht des Auftragnehmers i.S. einer Bereitstellungsverpflichtung** festgelegt, die auf dem Grundsatz von Treu und Glauben im Rechtsverkehr beruht. Sie ist als **Pflicht zur Schadensminderung** einzustufen, da die Leistungspflicht des Auftragnehmers trotz der Hinderung oder Unterbrechung fortdauert. Er hat alles ihm Mögliche zu tun, um die Arbeiten möglichst noch fristgerecht auszuführen. Dazu gehört, dass er im Rahmen des ihm Zumutbaren Behinderungen oder Unterbrechungen soweit als möglich zeitlich einschränkt. Diese Nebenpflicht zur Tätigkeit ist nicht auf bestimmte Verursachenstatbestände der Behinderung oder Unterbrechung in der Bauausführung beschränkt. Diese **Pflicht zur Tätigkeit als solche** greift auch in den Fällen, in denen die Behinderung oder Unterbrechung der Ausführung auf ein Verschulden bzw. eine Verursachung durch den Auftraggeber zurückzuführen ist. Ihr Umfang und ihre Art sind dagegen nicht nur von den gegebenen Umständen, sondern **auch von der Verursachung und etwaigem Verschulden** des Verursachers abhängig. Aus dem Begriff »billigerweise zugemutet werden kann« folgt, dass Art und Umfang der Tätigkeit des Auftragnehmers sich nach dem Grundsatz von Treu und Glauben je nach Verursachung oder schuldhafter Verursachung ausrichten. So kann dem Auftragnehmer z.B. die Heranziehung auswärtiger Arbeitnehmer zuzumuten sein, weil es in seinem Interesse liegen muss, Betonarbeiten noch vor Einsetzen des Frostes zu beenden (vgl. BGH Urt. v. 10.2.1966 VII ZR 49/64 = SFH Z 2.311 Bl. 20).

1. Weiterführungspflicht bei vom Auftragnehmer zu vertretenden Umständen

Ist die Behinderung oder Unterbrechung der Ausführung infolge eines **vom Auftragnehmer zu verantwortenden Umstandes** eingetreten, wird von ihm **jede nur mögliche Anstrengung** verlangt, um die Leistung so bald als möglich fortzuführen und das Versäumte nachzuholen. In diesem Fall wird dem Auftragnehmer **auch ein größerer Kostenaufwand** im Bereich ihm obliegender Schadensminderungspflicht bei der Beseitigung des Hindernisses **zuzumuten** sein, zumal er oft auch dem Auftraggeber gegenüber nach § 6 Nr. 6 VOB/B schadensersatzpflichtig sein wird. Deswegen entfällt im Allgemeinen hier auch ein Anspruch des Auftragnehmers gegenüber dem Auftraggeber auf Erhalt einer besonderen Vergütung.

3

2. Reduzierte Weiterführungspflicht bei vom Auftraggeber zu vertretenden Umständen

Wesentlich **geringer** ist die Pflicht zur Tätigkeit für den Auftragnehmer, wenn der **Auftraggeber die Behinderung oder Unterbrechung** der Leistungsausführung **ursächlich verantworten** muss. Wie weit die Tätigkeitsverpflichtung im Einzelfall geht, hängt von dem Ausmaß der Behinderung oder Unterbrechung sowie dem Umfang der Verursachung oder gar des Verschuldens des Auftraggebers ab. Die Sicherung der Baustelle, die Beseitigung von Fehlern oder Schäden, das Unterhalten der Baustelle und der eingesetzten oder bereitliegenden Materialien sowie Geräte ist aber immer Pflicht des Auftragnehmers. Auch ist dem Auftragnehmer billigerweise in jedem Fall zuzumuten, sich mit dem Auftraggeber in Verbindung zu setzen und eine Verständigung über die zu ergreifenden Maßnahmen zu versuchen (a.A. wohl Beck'scher VOB-Komm./*Motzke* § 6 Nr. 3 VOB/B Rn. 19, der in diesem Fall auf eine Informationspflicht des Auftraggebers abhebt; wie hier *Kapellmann* in *Kapellmann/Messerschmidt* § 6 VOB/B Rn. 30). Ein Recht zum Nichttätigwerden, also eine Befreiung von der Verpflichtung gemäß Nr. 3, kann dem Auftragnehmer nur dann zugebilligt werden, wenn die Behinderung oder Unterbrechung praktisch eine Leistungsunmöglichkeit oder ein Leistungsunvermögen herbeigeführt hat, z.B., wenn der Auftraggeber nicht zu bewegen ist, mit dem Auftragnehmer über die notwendigen Maßnahmen und die dafür zu zahlende Vergütung zu verhandeln bzw. eine Vergütung endgültig verweigert (BGH Urt. v. 24.6.2004 VII ZR 271/01 = BauR 2004, 1613; vgl. ähnlich: OLG Thüringen BauR 2005, 1161 – zum Leistungsverweigerungsrecht des Auftragnehmers bei Ablehnung von Preisverhandlungen durch den Auftraggebers; zu eng Beck'scher VOB-Komm./*Motzke* § 6 Nr. 3 VOB/B Rn. 18, 26, der bei dem Erfordernis von Besonderen Leistungen zur Weiterführung der Arbeiten, die weder beauftragt noch angeordnet wurden, keine Fortführungspflicht bejaht und die Tätigkeitsverpflichtung des Auftragnehmers auf die vertraglichen Leistungen unter Berücksichtigung der VOB/C begrenzt). Dem Verlangen nach Optimierung der vorhandenen Ressourcen durch Umstellen des Bauablaufs, Umsetzung von Personal und Gerät, Änderung des Arbeitstaktes muss er in jedem Fall Rechnung tragen (ebenso *Leinemann/Leinemann* § 6 VOB/B Rn. 44, der den Auftragnehmer nur zu kostenneutralen Optimierungsmaßnahmen verpflichtet sieht). Einen Anspruch auf Durchführung und Beauftragung von Beschleunigungsmaßnahmen hat demgegenüber der Auftragnehmer nicht. Gleichwohl »freiwillig« durchgeführte Beschleunigungsmaßnahmen sind unter den Voraussetzungen des § 2 Nr. 8 Abs. 2 VOB/B zu vergüten (ebenso *Kapellmann* in *Kapellmann/Messerschmidt* § 6 VOB/B Rn. 33). Dem Wunsch des Auftraggebers auf Beschleunigung der Baumaßnahme (Erhöhung der Kapazitäten) zur Einhaltung der Termine kann sich der Auftragnehmer wegen der ihn bindenden Kooperationsverpflichtung **bei zumutbaren Anstrengungen** nicht widersetzen. In Betracht kommt insoweit die Erhöhung der Arbeitsleistung der **vorhandenen** Kapa-

4

zitäten. Auch bei vom Auftraggeber zu vertretenden Behinderungen ist der Auftragnehmer zur Kooperation und nach allgemeinen Grundsätzen zur Schadensminderung verpflichtet, weshalb die Erhöhung der Arbeitsleistung der vorhandenen Kapazitäten durch Überstunden und Wochenendarbeit im Regelfall zumutbar ist und vom Auftraggeber verlangt werden kann. Der entsprechende **Vergütungsanspruch** kann bei fehlender Preisvereinbarung **neben** dem etwaigen Schadensersatzbegehren des Auftragnehmers **nach Nr. 6 S. 1 bzw.** des Entschädigungsanspruchs **nach § 642 BGB oder an dessen Stelle** entstehen, wenn die **Voraussetzungen nach § 2 Nr. 5, 6 oder 8 Abs. 2 VOB/B** vorliegen (streitig, vgl. z.B. *Leinemann/Leinemann* § 6 VOB/B Rn. 44, der ein einseitiges Recht des Auftraggebers zur Anordnung von Beschleunigungsmaßnahmen generell ablehnt und für die Durchführung eine vorherige Beauftragung mit einer Preisvereinbarung ohne Rückgriff auf die Urkalkulation verlangt. Ebenso *Kapellmann/Schiffers* Bd. 1 Rn. 1460; *Kapellmann* in *Kapellmann/Messerschmidt* § 6 VOB/B Rn. 33). Denkbar ist auch ein Mehrvergütungsanspruch des Auftragnehmers auf der Grundlage des § 4 Nr. 1 Abs. 4 S. 2 VOB/B. Unter Umständen kann dem Auftragnehmer auch ein Recht zur Vertragskündigung zustehen.

Richtig ist jedoch, dass der Auftraggeber in diesen Fällen **keinen durchsetzbaren Anspruch** auf **Verstärkung** des Personals und Geräteeinsatzes hat, ebenso wenig wie er **einseitig neue Fertigstellungstermine** zur Reduzierung behinderungsbedingt verlorener Bauzeit bestimmen kann (siehe oben § 5 Nr. 1–3 Rn. 26. Zur streitigen Frage zur Anordnung von Beschleunigungsmaßnahmen vgl. *Kapellmann* in *Kapellmann/Messerschmidt* § 6 VOB/B Rn. 33, 57; *Kapellmann/Schiffers* Bd. 1 Rn. 1460; *Leinemann/Leinemann* § 6 VOB/B Rn. 50 ff., jeweils m.w.N., sowie oben Fußnote § 6 Rn. 6. Für den Fall der Bauzeitverlängerung vgl. OLG Hamm BauR 2005, 1480 m.w.N. mit Anmerkung *Kaufmann* BauR 2005, 1806).

3. Verpflichtung zur Weiterführung bei von keinem Vertragspartner zu verantwortenden Umständen

5 Hat **keiner der Vertragspartner** die Behinderung oder Unterbrechung der Ausführung **verursacht und/oder zu vertreten,** muss der Auftragnehmer **alle Anstalten** treffen, die für eine **unverzügliche Weiterführung** der behinderten oder unterbrochenen Bauleistung, sobald diese möglich ist, erforderlich sind; zu denken ist an Aufräumungsarbeiten, Material- und Gerätebereithaltung, Planung des Weiteren Arbeitsganges, des Weiteren Einsatzes seiner Arbeitskräfte, Beseitigung von Hindernissen oder Mängeln. Insbesondere ist die Sicherung der Baustelle und der Baugeräte sowie die Sicherung des bisher erbrachten Leistungsteils zu verlangen. Daneben muss der Auftragnehmer alle Arbeiten unverzüglich weiterführen, die noch ausführbar sind und von dem Hindernis nicht erfasst werden. Er hat **mit dem Auftraggeber Verbindung aufzunehmen und ihn laufend zu unterrichten.** Die Frage der Vergütung regelt sich hier im Allgemeinen nach den Voraussetzungen gemäß § 2 Nr. 6 oder 8 Abs. 2, 3 VOB/B.

4. Schadensersatzpflicht des Auftragnehmers bei Nichtbeachtung der Pflichten aus Nr. 3

6 Grundsätzlich hat der Auftragnehmer die Pflicht, die Weiterführung der Arbeiten so zu ermöglichen, dass sich die Behinderung oder Unterbrechung nur im geringstmöglichen Maße auswirkt. Die schuldhafte Verletzung dieser bauvertraglichen **Nebenverpflichtung** ist eine **positive Vertragsverletzung,** die den Auftragnehmer nach Nr. 6 zum Schadensersatz verpflichtet, falls dem Auftraggeber infolge der Untätigkeit oder einer nicht genügenden Tätigkeit des Auftragnehmers ein Schaden entsteht. Dabei kommt es im Ausgangspunkt nicht darauf an, in wessen Verantwortungsbereich die Behinderung oder Unterbrechung liegt; die Verpflichtung des Auftragnehmers nach Nr. 3 ist davon unabhängig. Gegebenenfalls hat der Auftraggeber in entsprechender Anwendung von § 5 Nr. 4 VOB/B und § 8 Nr. 3 VOB/B auch ein Recht zur Vertragskündigung aus wichtigem Grund.

5. Eventuell Recht oder Pflicht zur Übernahme anderweitiger Arbeit

Andererseits: Unter vorrangiger Berücksichtigung der nach der Verursachung der Behinderung oder Unterbrechung oben in B.I. Ziff. 1–3 abgestuften Pflichtenkreise **kann** der **Auftragnehmer berechtigt sein,** zwischenzeitlich eine **andere Arbeit anzunehmen** und diese auszuführen; etwa dann, wenn die ungehinderte Weiterführung der Leistung ungewiss ist und insbesondere auch der Auftraggeber hierüber keine zuverlässigen Angaben zu machen in der Lage ist. Dazu **kann** der **Auftragnehmer** sogar aus dem Gesichtspunkt der **Schadensminderung verpflichtet sein,** um zu vermeiden, dass ihm dann aus diesen Gründen eine **positive Vertragsverletzung** vorgeworfen und ihm insoweit ein Schadensersatzanspruch nach Nr. 6 entgegengehalten wird (vgl. dazu OLG Stuttgart BauR 1975, 54). In einem solchen Fall ist der Auftragnehmer nur in begrenztem Maße verpflichtet, von der anderen Baustelle Arbeitskräfte und Geräte abzuziehen, nämlich nur insoweit, wie er dadurch nicht Gefahr läuft, seine anderweitig eingegangenen Vertragspflichten zu verletzen (ebenso Beck'scher VOB-Komm./*Motzke* § 6 Nr. 3 VOB/B Rn. 40). 7

II. Unverzügliche Arbeitsaufnahme nach Wegfall des Hindernisses (S. 2)

1. Wegfall der Hindernisse

Hindernde Umstände sind weggefallen, wenn Hindernisse, die die Behinderung oder Unterbrechung herbeigeführt und aufrechterhalten haben, beseitigt sind und die **Leistungsfortführung** auf der bisherigen oder einer neu vereinbarten Grundlage **möglich** ist. Die Pflicht zur Leistungsfortführung ist auch gegeben, wenn das Hindernis teilweise beseitigt ist und die Arbeit hinsichtlich der Teilleistung weitergeführt werden kann. Das setzt aber eine selbstständige und ungehinderte Bearbeitbarkeit des betreffenden Teils voraus. 8

2. Unverzügliche Wiederaufnahme der Arbeit

Der Auftragnehmer hat nach dem Fortfall des Hindernisses **ohne weiteres** und **unverzüglich,** d.h. ohne schuldhaftes Zögern (§ 121 BGB), die **Leistung weiterzuführen.** Die Begriffe »ohne weiteres« und »unverzüglich« besagen nicht das gleiche. Während »unverzüglich« den zeitlichen Rahmen der Wiederaufnahmepflicht umfasst, deutet »ohne weiteres« auf die sachlichen Voraussetzungen hin. Damit ist zum Ausdruck gebracht, dass der Auftragnehmer allein infolge der Beseitigung des Hindernisses zur Arbeitsaufnahme verpflichtet ist; er bedarf insbesondere keiner Aufforderung des Auftraggebers. Allerdings ist naturgemäß die Kenntnis des Auftragnehmers von dem Wegfall des Hindernisses Voraussetzung. 9

Der Auftragnehmer hat die **Wiederaufnahme der Arbeiten** dem Auftraggeber **anzuzeigen.** Eine Schriftform ist für die Anzeige nicht vorgeschrieben. Sie kann auch mündlich erfolgen. Aus Beweisgründen ist jedoch die Schriftform anzuraten. 10

3. Verletzung der Weiterführungspflicht

Die **Verletzung der Wiederaufnahmepflicht** ist im Falle des Verschuldens eine positive Vertragsverletzung, die den Auftragnehmer entsprechend Nr. 6 **schadensersatzpflichtig** macht, falls dem Auftraggeber aus der Verzögerung der Arbeitsaufnahme ein Schaden entstanden ist. Eine bloße Missachtung der Verpflichtung zur Benachrichtigung des Auftraggebers bei im Übrigen ordnungsgemäßer Wiederaufnahme der Arbeiten ist allgemein keine sich besonders auswirkende positive Vertragsverletzung, da es sich hierbei lediglich um eine Informationsverpflichtung handelt. Allerdings kann sich der Auftragnehmer wegen der Nichtanzeige nach Nr. 6 schadensersatzpflichtig machen, wenn dadurch eine zusätzliche Behinderung des Auftraggebers eintritt, wie z.B. hinsichtlich des rechtzeitigen Abrufes nachfolgender Bauleistungen oder der Bereitstellung selbst zu beschaffender Materialien oder Transportmittel, der ordnungsgemäßen Kontrolle von Stundenlohnarbeiten 11 nach § 15 Nr. 3 VOB/B usw. Unter Umständen kann der Auftraggeber auch den Vertrag aus wichtigem Grund kündigen, wenn die sich aus § 5 Nr. 4 VOB/B und § 8 Nr. 3 VOB/B ergebenden Voraussetzungen vorliegen (ebenso *Kapellmann* in Kapellmann/Messerschmidt § 6 VOB/B Rn. 35; *Heiermann/Riedl/Rusam* § 6 VOB/B Rn. 20).

III. Verpflichtungen nach Nr. 3 setzen Fortbestand der Leistungspflicht des Auftragnehmers voraus

12 Sämtliche in Nr. 3 aufgeführten Verpflichtungen des Auftragnehmers bestehen **nur so lange, wie der Bauvertrag fortbesteht.** Kommt es während der Behinderung oder Unterbrechung zu einer **Vertragskündigung,** insbesondere einer solchen nach Nr. 7, einer **einverständlichen Aufhebung** des Bauvertrages oder stellt sich die **Unmöglichkeit** der Leistung heraus, sind damit sowohl die Tätigkeitspflicht des Auftragnehmers nach S. 1 als auch die Wiederaufnahmepflicht nach S. 2 entfallen. Beide setzen den Fortbestand der bauvertraglichen Leistungspflicht voraus.

§ 6 Nr. 4
[Berechnung der Verlängerung der Ausführungsfristen]

Die Fristverlängerung wird berechnet nach der Dauer der Behinderung mit einem Zuschlag für die Wiederaufnahme der Arbeiten und die etwaige Verschiebung in eine ungünstigere Jahreszeit.

Inhaltsübersicht Rn.

A. Allgemeine Grundlagen..	1
B. Berechnung der Bauzeitverlängerung...	2
I. Die drei Merkmale für die Berechnung der Verlängerung.............	2
1. Dauer der Behinderung oder Unterbrechung..............................	3
2. Zuschlag für die Wiederaufnahme der Arbeiten.........................	4
3. Verschiebung in ungünstige Jahreszeit......................................	5
II. Grundsätzlich Vereinbarung der Fristverlängerung erforderlich.....	6

Aufsätze: s.o., *Vygen* Behinderungen des Auftragnehmers und ihre Auswirkungen auf die vereinbarte Bauzeit BauR 1983, 210; *Schiffers* Ausführungsfristen – ihre Festlegung und ihre Fortschreibung bei auftraggeberseitig zu vertretenden Behinderungen Jahrbuch Baurecht 1998 S. 275; *Kniffka* Die Kooperationspflicht der Bauvertragspartner im Bauvertrag Jahrbuch Baurecht 2001 S. 1 ff.

A. Allgemeine Grundlagen

1 Nr. 4 befasst sich mit der **Ermittlung des Zeitraumes der Verlängerung der Ausführungsfrist.** Sie betrifft alle Fälle der Unterbrechung oder Behinderung der Ausführung, in denen die Ausführungsfrist auf der Grundlage der Nr. 2 verlängert wird, ferner auch, wenn ausdrücklich oder stillschweigend eine Verlängerung der Ausführungsfrist aus irgendeinem anderen Grunde vereinbart, eine Bestimmung über die Berechnung der Fristverlängerung aber nicht getroffen ist.

B. Berechnung der Bauzeitverlängerung

I. Die drei Merkmale für die Berechnung der Verlängerung

Die Fristverlängerung nach Nr. 4 berechnet sich nach drei Merkmalen, nämlich erstens der **Dauer der Behinderung**, zweitens einem **Zuschlag für die Wiederaufnahme der Arbeiten** sowie drittens einem **Zuschlag für die etwaige Verschiebung in eine ungünstigere Jahreszeit**. Beruht die Unterbrechung oder Behinderung auf einem Umstand, der teilweise in den Bereich des Auftraggebers, teilweise in den des Auftragnehmers fällt, sind die allgemeingültigen Grundsätze des § 254 BGB **auch hier anzuwenden**; hiernach kommt es für die Fristberechnung darauf an, ob und inwieweit die Unterbrechung oder Behinderung von dem einen oder anderen Vertragsteil verursacht worden ist. Der auf den Auftragnehmer entfallende Anteil ist dann bei der Neuberechnung der Frist auszuklammern (ähnlich *Vygen* BauR 1983, 210; *Vygen/Schubert/Lang* Rn. 150; a.A. Beck'scher VOB-Komm./*Motzke* § 6 Nr. 4 VOB/B Rn. 1).

1. Dauer der Behinderung oder Unterbrechung

Die **Dauer der Behinderung oder Unterbrechung** lässt sich in den Fällen verhältnismäßig leicht festlegen, wo aufgrund der tatsächlichen Gegebenheiten das Erbringen der Leistung nicht möglich ist (a.A. Beck'scher VOB-Komm./*Motzke* § 6 Nr. 4 VOB/B Rn. 6, 14), so bei einem Stillstand der Arbeiten. Für die Zeitspanne, in der infolge des Stillstandes die ursprünglich vorgesehene ordnungsgemäße und zügige Leistungsdurchführung nicht möglich war, wird eine **Zusatzfrist** festgelegt, wobei die Berechnung nach §§ 186 ff. BGB erfolgt. Die Zusatzfrist wird zu der vertraglichen Ausführungsfrist hinzugezählt, sozusagen daran angehängt. Liegt jedoch (lediglich) – wie so oft – eine Behinderung vor, bedarf es des Einsatzes von Hilfsmitteln, um die Dauer der Behinderung zu erfassen. Die Dauer der Behinderung ist auf der Basis baubetrieblicher und bautechnischer Abhängigkeiten zu belegen, wobei eine abstrakte Berechnung nicht ausreicht (*Kapellmann* in Kapellmann/Messerschmidt § 6 Rn. 40). Erforderlich ist eine **Dokumentation des Ablaufs der Baustelle**, die sich an der Bauablaufplanung des Auftragnehmers und an den den Auftraggeber treffenden Mitwirkungspflichten (Planliefertermine, bauseitiges Stellen von Material, Gerät, Vorleistungen sowie Beschaffen von Genehmigungen usw.) zu orientieren hat. So ist nach OLG Hamm (BauR 2004, 1304) zumindest für Mehrvergütungsansprüche nach Nr. 6 eine konkrete bauablaufbezogene Darstellung der Behinderungen und der Schadensauswirkungen auf den bauausführenden Betrieb unumgänglich. Hierzu ist der vertragsgegenständliche Bauablaufplan oder, wenn ein solcher fehlt, der vom Auftragnehmer geplante Bauablauf um die behindernden Störfälle zu modifizieren und fortzuschreiben. Ein Rückgriff auf die vom Auftragnehmer einkalkulierten Pufferzeiten ist nicht möglich; diese müssen ihm erhalten bleiben (*Vygen/Schubert/Lang* Rn. 150). Anhand der fortgeschriebenen Bauablaufplanung kann durch einen Vergleich mit der kalkulierten Bauablaufplanung die Verzögerungsdauer ermittelt werden (vgl. *Leinemann/Reister/Silbe* § 6 VOB/B Rn. 115 ff. zur Berechnung der Bauzeitverlängerung unter baubetrieblicher Sicht). Auch ist zu beachten, dass nicht jede Störung (z.B. Planlieferverzug) zu einer Verzögerung des Fertigstellungstermins führen muss (OLG Hamm, a.a.O.). Bei dem hier vorzunehmenden **Soll-Ist-Vergleich** der ursprünglichen Bauablaufplanung mit dem **störungsmodifizierten Bauablaufplan** darf zudem nicht unberücksichtigt bleiben, dass er an dieser Stelle nur zur Ermittlung neuer Fälligkeitszeitpunkte dient, die dann kraft Vereinbarung zu neuen Fertigstellungsterminen werden können. Nur in letzteren Fällen tritt Verzug ohne Mahnung ein (vgl. BGH Urt. v. 22.5.2003 VII ZR 469/01 = BauR 2003, 1215). Die Anforderungen an die Ermittlung der Verlängerung der Ausführungsfrist sind nicht zu verwechseln mit der Darlegungs- und Dokumentationspflicht des Auftragnehmers bei der Ermittlung seines Verzögerungsschadens oder Mehraufwandes (siehe insoweit: BGH Urt. v. 24.2.2004 VII ZR 225/03 = BauR 2005, 861; Urt. v. 24.2.2005 VII ZR 141/03 = BauR 2005, 857 sowie OLG Hamm BauR 2004, 1304). Nebensächlich ist, ob die bisherige Ausführungsfrist während der Unterbrechung oder Behinderung abgelaufen ist oder nicht. Im ersten Fall wird die zwischen dem Beginn der Behinderung oder Unterbrechung und dem vorgesehenen Ausführungsfristende noch offene Restfrist festgestellt; im zweiten Fall wird die gesamte Zeit der Behinderung oder Unterbrechung hinzugeschlagen.

2. Zuschlag für die Wiederaufnahme der Arbeiten

4 Der Zuschlag für die Wiederaufnahme der Arbeiten hat seinen Grund in der allgemeinen Erfahrung, dass eine **Wiederaufnahme** unterbrochener oder behindert gewesener Arbeiten zeitlich **mit einem ungehinderten Arbeitsfortgang nicht gleichzusetzen ist.** Es wäre **unbillig,** wollte man bei der Festlegung der Verlängerung der Ausführungsfrist lediglich den Zeitraum hinzufügen, den die Behinderung oder Unterbrechung in Anspruch genommen hat. Das erforderliche volle **Wiederanlaufen der Arbeiten** setzt gewisse dem Baubetrieb eigene **Vorbereitungen** voraus, die nicht als Ausführung im eigentlichen Sinne angesprochen werden können. Diese Umstände müssen nach Treu und Glauben bei der Berechnung der neuen Ausführungsfrist berücksichtigt werden. Hierzu gehört auch die Berücksichtigung von so genannten Sekundärverzögerungen, wie etwa der Verlust von Einarbeitungseffekten, der gegebenenfalls nach Unterbrechungen erst wieder neu erzielt werden muss (vgl. *Vygen/Schubert/Lang* Rn. 150; Beck'scher VOB-Komm./*Motzke* § 6 Nr. 4 VOB/B Rn. 21, der richtigerweise diesen Zuschlag nur für den Fall der Unterbrechung zubilligt). Die Ermittlung dieses notwendigen Zuschlages richtet sich nach den Erfordernissen des Einzelfalles. Wesentliche Merkmale sind einerseits Dauer und Umfang der Behinderung oder Unterbrechung und andererseits die deshalb notwendigen Vorkehrungen und zweckbedingten Maßnahmen, die nach Natur und Inhalt der noch auszuführenden Leistungen erforderlich sind, um einen ordnungsgemäßen Fortgang der Arbeiten zu ermöglichen. Insoweit sind die Einzelumstände und Einzelmaßnahmen (wie z.B. etwaige erneute Baustelleneinrichtung, Geräte-, Material- und Personalbeschaffung, zumutbare Einordnung in den Betriebsablauf) jeweils festzustellen und ihre voraussichtliche Dauer nach auf allgemeiner Erfahrung beruhenden Grundsätzen zu berechnen (vgl. dazu auch OLG Düsseldorf BauR 1988, 487 = SFH § 6 Nr. 6 VOB/B Nr. 5).

3. Verschiebung in ungünstige Jahreszeit

5 Fällt infolge Behinderung oder Unterbrechung die Weiterführung bis zur Vollendung der vertraglichen Bauleistung in eine **Jahreszeit,** die bei der Festlegung der ursprünglichen Ausführungsfrist nicht vorgesehen war, die andererseits aber **witterungsmäßig** oder auch sonst für die zügige Ausführung der vertraglichen Bauleistung **ungünstiger** ist, muss hierfür ein **Zuschlag** bei der Festlegung der neuen Ausführungsfrist gewährt werden. Die Dauer der Verlängerung hängt von den **objektiv zu bewertenden Erfordernissen** des Einzelfalles ab. Da diese Bestimmung ebenfalls ihren Ursprung in dem Grundsatz von Treu und Glauben hat, ist auch der umgekehrte Fall möglich, dass nämlich eine gewisse Verkürzung der Ausführungsfrist anstelle eines Zuschlags festgelegt wird (auch *Nicklisch/Weick* § 6 VOB/B Rn. 38; *Heiermann/Riedl/Rusam* § 6 VOB/B Rn. 23; a.A. *Kapellmann/Schiffers* BauR 1986, 615, 630 f.; Beck'scher VOB-Komm./*Motzke* § 6 Nr. 4 VOB/B Rn. 24; *Franke/Kemper/Zanner/Grünhagen* § 6 VOB/B Rn. 60). Läuft z.B. die vertragliche Ausführungsfrist im Winter hat man aus diesem Grund die Frist sehr ausgiebig angesetzt und kommt man durch eine Unterbrechung in das Frühjahr, kann es denkbar sein, dass wegen der dann herrschenden Witterungsverhältnisse die Zeit der Behinderung oder Unterbrechung gerechterweise nicht ganz hinzugezählt wird, sondern mit einem kürzeren Zeitraum anzusetzen ist. Dabei dürfte es sich allerdings um ausgesprochene Ausnahmefälle handeln.

II. Grundsätzlich Vereinbarung der Fristverlängerung erforderlich

6 Die Berechnung der Fristverlängerung hat **zunächst der Auftragnehmer** i.S. eines vertragsändernden Angebotes vorzunehmen. Zumindest muss er dem Auftraggeber die für die Berechnung **wesent-**

lichen Gesichtspunkte im Einzelnen **mitteilen**. Der Auftraggeber ist verpflichtet, hierzu Stellung zu nehmen und mit dem Auftragnehmer eine **neue Vereinbarung** zu treffen. Diese ist erforderlich, weil die Ausführungsfrist eine **Vertragsfrist** ist und daher nur durch **Parteivereinbarung** neu geregelt werden kann (so auch *Hereth/Ludwig/Naschold* Teil B § 6 Ez 6.59; *Heiermann/Riedl/Rusam* § 6 VOB/B Rn. 24; *Kleine-Möller/Merl* § 13 Rn. 435). Es handelt sich um eine **Ergänzung oder Änderung** des Bauvertrages. Ohne hinreichend klar darauf bezogene Vollmacht ist der mit der Oberleitung oder der Bauaufsicht beauftragte Architekt oder Ingenieur nicht befugt, für den Auftraggeber mit dem Auftragnehmer wirksam die Verlängerung der Bauzeit zu vereinbaren. Die dem Auftragnehmer zu gewährende Verlängerung der Bauzeit und die Vereinbarung hierüber ist auch für Vertragserfüllungsbürgschaften und die **Bürgenhaftung von Bedeutung**. Die zeitliche Verlängerung der Bauzeit und damit verbundene, verlängerte Haftungszeit des Auftragnehmers führt zu einer Risikoerweiterung für den Bürgen, weshalb der Bürge diese Haftungserweiterung nicht gegen sich gelten lassen muss (OLG Hamm BauR 2002, 495).

Kommt eine **Einigung** zwischen den Parteien über die Fristverlängerung **nicht** zustande, können sie **7** die Bestimmung einem Dritten gemäß den §§ 317 ff. BGB überlassen. **Notfalls kann die Bestimmung durch gerichtliche Entscheidung ergehen.** So wird das Gericht ohnehin darüber entscheiden, wenn der Auftraggeber wegen der Nichteinhaltung der bisherigen Frist gegen den Auftragnehmer Schadensersatzansprüche nach Nr. 6 geltend macht, etwa aus Verzug oder aus positiver Vertragsverletzung, und wenn der Auftragnehmer demgegenüber **berechtigt** gemäß Nr. 2 den Einwand der Fristverlängerung erhebt. In diesen Fällen muss das Gericht die Fristverlängerung nach Nr. 4 bestimmen. Das Erfordernis einer Vereinbarung lehnt hingegen Zanner (*Franke/Kemper/Zanner/Grünhagen* § 6 VOB/B Rn. 65) ab. Er möchte die zu gewährende Fristverlängerung ohne Vereinbarung als Vertragsfrist behandelt wissen. Dieser Auffassung kann nicht zugestimmt werden, da Vertragsfristen als Bestandteile des Bauvertrages nur einvernehmlich festgelegt werden können. Scheitert die Fristvereinbarung, so greift die aus §§ 271, 242 BGB folgende Verpflichtung des Auftragnehmers zur zügigen Fortsetzung und angemessenen Förderung der Bauaufgabe. Verzug tritt in diesen Fällen jedoch erst nach Mahnung ein.

Im Streitfall muss der **Auftragnehmer** nicht nur **darlegen und beweisen**, dass zu seinen Gunsten die Voraussetzungen für die Fristverlängerung gegeben waren, sondern auch, dass die von ihm nach den Maßstäben der Nr. 4 beanspruchte Fristverlängerung angemessen ist (ebenso *Nicklisch/Weick* § 6 VOB/B Rn. 39. vgl. auch BGH Urt. v. 8.3.2001 VII ZR 470/99 = BauR 2001, 946). Dies ergibt sich aus § 286 Abs. 4 BGB.

Die Ansicht von Daub/Piel/Soergel/Steffani (Teil B § 6 ErlZ 6.71 ff.; ebenso Beck'scher VOB- **8** Komm./*Motzke* § 6 Nr. 4 VOB/B Rn. 9; wonach es einer fristverlängernden Erklärung des Auftraggebers oder eines Verlängerungsantrags des Auftragnehmers nicht bedarf; offen gelassen OLG Düsseldorf BauR 1997, 1041), angesichts des »strikten Wortlauts der Nr. 2« bedürfe es keiner Vereinbarung der Parteien über die Fristverlängerung, vielmehr könne der Auftragnehmer eine ihm zukommende Verlängerung der Frist »ausnutzen«, übersieht in ihrem Kern, dass Nr. 2 durch die Wendung »werden verlängert« zwar die Vereinbarung einer Fristverlängerung zum Ausdruck bringt, dagegen nichts über den Zeitraum der Verlängerung auch nur andeutet. Vielmehr werden dazu erst Merkmale durch die Nr. 4 geliefert. Damit ist aber nur ein durchsetzbarer Anspruch des Auftragnehmers gegen den Auftraggeber geschaffen, der vereinbarungsgemäß noch näher ausgestaltet werden muss (nach Beck'scher VOB-Komm./*Motzke* B § 6 Nr. 4 Rn. 11 soll die Einigung auf eine neue Vertragsfrist dem Kooperationsgebot entsprechen, obwohl ein »im Zeitstörungsfall wirkender Änderungsvertrag« bereits geschlossen ist), wobei hier auf die dem VOB-Vertrag innewohnende **Kooperationspflicht** der Vertragspartner hinzuweisen ist (BGH Urt. v. 28.10.1999 VII ZR 393/98 = BauR 2000, 409 = NJW 2000, 807; OLG Düsseldorf NZBau 2000, 427; *Heiermann/Riedl/Rusam* § 6 VOB/B Rn. 24; siehe zur Kooperationspflicht auch: *Schwarze* BauR 2004, 895; *Fuchs* NZBau 2004, 65; *Schuhmann* BauR 2003, 162 für den Bereich des Anlagenbaus).

§ 6 Nr. 5
[Unterbrechung: Vorläufige Abrechnung während der Unterbrechung der Leistung]

Wird die Ausführung für voraussichtlich längere Dauer unterbrochen, ohne dass die Leistung dauernd unmöglich wird, so sind die ausgeführten Leistungen nach den Vertragspreisen abzurechnen und außerdem die Kosten zu vergüten, die dem Auftragnehmer bereits entstanden und in den Vertragspreisen des nicht ausgeführten Teiles der Leistung enthalten sind.

Inhaltsübersicht

	Rn.
A. Allgemeine Grundlagen	1
B. Voraussetzungen	2
I. Unterbrechung für voraussichtlich längere Dauer ohne dauernde Unmöglichkeit	2
1. Voraussichtlich längere Dauer	2
2. Ohne dauernde Unmöglichkeit	4
3. Unvermögen zur Leistung	8
4. Nr. 5 ist Sondervorschrift für alle länger dauernden Unterbrechungen außerhalb der Unmöglichkeit	9
II. Abrechnung nach Vertragspreisen	11
1. Abrechnung der am Leistungsobjekt selbst erbrachten Leistungen	13
2. Auch Abrechnung sonst entstandener und in den Vertragspreisen enthaltener Kosten	14
3. Nicht abzurechnen die durch Unterbrechung selbst entstehenden Kosten	16

Aufsätze: s.o., *Voppel* Das Gesetz zur Modernisierung des Schuldrechts und das Leistungsstörungsrecht beim Werkvertrag BauR 2002, 843.

A. Allgemeine Grundlagen

1 Nach Nr. 5 sind die ausgeführten Leistungen nach Vertragspreisen abzurechnen und außerdem die Kosten zu vergüten, die dem Auftragnehmer bereits entstanden und in den Vertragspreisen des nicht ausgeführten Teils der Leistung enthalten sind, wenn die Ausführung für **voraussichtlich längere Dauer unterbrochen** wird, **ohne** dass eine **dauernde Unmöglichkeit** der Leistung eingetreten ist. Diese Regelung ist im Ausgangspunkt auf die Unterbrechung, nicht dagegen auf die Behinderung der Leistung abgestellt. Mit der Leistung muss bereits begonnen worden sein, wenn auch nur durch Arbeiten in der Werkstatt oder an anderer Stelle, wie z.B. die Herstellung von Fertigteilen oder sonstigen Bauteilen. Auch sonst genügt es, wenn von Seiten des Auftragnehmers bereits Leistungen erbracht worden sind, für die eine Abschlagszahlung nach § 16 Nr. 1 Abs. 1 S. 3 VOB/B beansprucht werden kann. Der Grundgedanke der hier erörterten Bestimmung liegt darin, den Auftragnehmer nicht übermäßig lange auf die bis dahin verdiente Vergütung warten zu lassen.

B. Voraussetzungen

I. Unterbrechung für voraussichtlich längere Dauer ohne dauernde Unmöglichkeit

1. Voraussichtlich längere Dauer

2 Eine Unterbrechung von voraussichtlich längerer Dauer ist gegeben, wenn der Stillstand im Einzelfall nach Ursache und Fortdauer eine solche Auswirkung hat, dass **vorerst mit einer Wiederaufnahme der Arbeit nicht zu rechnen ist.** Dabei ergibt sich aus dem Begriff »voraussichtlich«, dass nur die gegenwärtige Fortdauer der Unterbrechung gewiss sein muss. Hinsichtlich der künftigen Zeit genügt die auf begründeten Anhaltspunkten beruhende hohe Wahrscheinlichkeit der längeren

Dauer. Der **Auftragnehmer** trägt hierfür die **Beweislast,** wenn er den hier geregelten besonderen Vergütungsanspruch geltend macht, sich also auf die Fälligkeit der bisher verdienten und noch nicht ausgeglichenen Vergütung beruft.

Die Beurteilung der **längeren Dauer** ist vom Einzelfall abhängig. Einerseits sind die Ursachen und Gründe der Entstehung und Fortdauer der Unterbrechung, andererseits deren vermutliche Auswirkungen auf den zukünftigen Baufortschritt zu beachten. Ein Unterbrechungszeitraum von mehr als 3 Monaten bildet unter Beachtung des Kündigungsrechts der Nr. 7 die obere Grenze der längeren Dauer. Gibt man den Parteien nach einer Unterbrechung von mehr als 3 Monaten die Befugnis, den Bauvertrag zu kündigen, muss angenommen werden, dass **spätestens** mit diesem Zeitpunkt auch ohne Kündigung das Recht nach Nr. 5 Abs. 1 eintreten soll, die bisherigen Leistungen abzurechnen. Im Unterschied zur Nr. 7 ist aber die mit hoher Wahrscheinlichkeit prognostizierte 3monatige Unterbrechungsdauer ausreichend. Im Einzelfall kann es dem Parteiwillen entsprechen, dass eine längere Dauer der Unterbrechung bereits vor dem Ablauf von drei Monaten angenommen wird, insbesondere bei erbrachten, durch Abschlags- oder im Einzelfall vereinbarte Vorauszahlungen noch nicht abgedeckten Leistungen (vgl. Beck'scher VOB-Komm./*Motzke* § 6 Nr. 5 VOB/B Rn. 15, der unter Berücksichtigung der Fälligkeitsfrist des § 16 Nr. 3 Abs. 1 von 2 Monaten als Untergrenze ausgeht; ohne feste Grenzen: *Leinemann/Leinemann* § 6 VOB/B Rn. 73 f.).

2. Ohne dauernde Unmöglichkeit

Dass es sich um eine Unterbrechung ohne dauernde Unmöglichkeit der Leistung handeln muss, erklärt sich aus dem Begriff der Unterbrechung. Dieser setzt voraus, dass sie **vorübergehender Natur** ist. Deshalb sind jene Fälle **nicht unter Nr. 5** einzuordnen, die infolge Leistungsunterbrechung zugleich eine volle oder teilweise **Leistungsunmöglichkeit** bewirken, was nach § 275 Abs. 1 BGB **auch für das unverschuldete Unvermögen gilt,** wie z.B. bei Entlassung des Stammpersonals wegen vom Auftragnehmer nicht zu vertretender Nichterteilung der Baugenehmigung (vgl. dazu *Stein* ZfBR 1986, 210, 213). Allerdings muss es sich um eine dauernde Unmöglichkeit handeln, die bei objektiver Voraussicht nach ihrer Art, Ursache und Fortdauer nicht nur eine vorübergehende Zeit währt. Eine solche liegt vor, wenn die geschuldete Leistung überhaupt nicht weiter erbracht werden kann. Das ist aber nicht schon der Fall, wenn das Unternehmen des Auftragnehmers in Liquidation geraten und im Handelsregister gelöscht worden ist, weil immer noch die Möglichkeit der Leistungserfüllung durch einen zu beauftragenden Nachunternehmer besteht (vgl. dazu auch BGH Urt. v. 21.12.1978 VII ZR 269/77 = BauR 1979, 159 = SFH § 16 Nr. 1 VOB/B Nr. 1) selbstverständlich unter Wahrung der Voraussetzungen von § 4 Nr. 8 VOB/B. Anders dann, wenn der Einsatz eines Nachunternehmers erkennbar nicht dem Willen der Vertragspartner entspricht (*Stein* a.a.O.).

Dauernde Unmöglichkeit im Rechtssinne ist nicht nur bei tatsächlicher (technischer) Unmöglichkeit, sondern auch gegeben, wenn der Leistungserbringung fortdauernde und **nicht behebbare rechtliche Hindernisse** im Wege stehen. Hierzu zählen fehlende Rechtsbefugnisse des zur Leistung verpflichteten, aber auch des für die Entgegennahme der Leistung berechtigten Teils, z.B. Fehlen des Eigentums oder des Besitzes, der Verfügungsgewalt, der Geschäftsfähigkeit, das Vorhandensein von fortdauernden gesetzlichen Verboten.

Diese Fälle der **Unmöglichkeit** werden **von Nr. 5 nicht erfasst.** Das Gleiche gilt **hinsichtlich der Nr. 7,** weil auch dort Voraussetzung ist, dass die Leistung **an sich noch möglich ist.** Soweit allerdings nur teilweise Unmöglichkeit vorliegt, kann wegen des möglichen Teils Nr. 5 oder Nr. 7 zum Zuge kommen, wenn die sonstigen Voraussetzungen hierfür bejaht werden können. Im Übrigen beurteilen sich alle Fälle der dauernden oder dieser gleichzusetzenden Unmöglichkeit nach den entsprechenden Vorschriften des BGB, jetzt §§ 275, 280, 283–285, 311a und 326 BGB (für die Unmöglichkeitsfälle nach §§ 324 ff. BGB a.F. vgl. *Stein* ZfBR 1986, 210, 213 f.; zur Beweislast bei einer vom Auftraggeber zu vertretenden Unmöglichkeit beachtlich *Müller* NJW 1993, 1678).

7 **Keine objektive Unmöglichkeit** der geschuldeten Leistung liegt vor, wenn die Herstellung der Bauleistung zwar nicht nach dem im Bauvertrag bestimmten, vom Auftragnehmer vorgeschlagenen Verfahren, jedoch der mit dem Vertrag erstrebte Erfolg durch ein anderes Bauverfahren erzielt werden kann. Insoweit ist Lauenroth (BauR 1973, 21) zuzustimmen (auch *Heiermann/Riedl/Rusam* § 6 VOB/B Rn. 28). Kostet die schließlich zum Erfolg führende Ausführung mehr, so kann der Auftragnehmer hierfür regelmäßig keine Mehrvergütung verlangen, da die Vergütungsregeln in § 2 VOB/B keine entsprechende Möglichkeit bieten. Eine weitere Frage ist aber, ob den Auftraggeber nicht ein Mitverschulden entsprechend § 254 BGB trifft, wenn er oder sein Erfüllungsgehilfe (z.B. planender Architekt oder Ingenieur) die Unmöglichkeit der Ausführung nach der angebotenen Ausführungsart hätte bemerken müssen. Insofern kann es im Einzelfall berechtigt sein, den Auftraggeber an den Mehrkosten der wirklichen – sofern notwendigen – Ausführungsart zu beteiligen (*Lauenroth* a.a.O.).

Erforderlicher Planänderungsbedarf zur Herstellung der Vertragsleistung stellt somit nur eine vorübergehende Unmöglichkeit dar, die aber bei verweigerter Mitwirkung des Auftraggebers zur Überarbeitung seiner eigenen Planung in eine dauernde übergehen kann (vgl. auch Beck'scher VOB-Komm./*Motzke* § 6 Nr. 5 VOB/B Rn. 17).

3. Unvermögen zur Leistung

8 **Zu unterscheiden** von der Unmöglichkeit der Leistung ist das **Unvermögen zur Leistung**. Dieses kann bereits bei Abschluss des Bauvertrages vorhanden sein, es kann aber auch nachträglich während der Bauausführung eintreten. Es handelt sich um die **subjektive Unmöglichkeit**, bei der die Leistung an sich **durch** einen **Dritten** möglich, aber gerade der Auftragnehmer zu ihrer Erbringung außerstande ist. Typischer Fall ist das finanzielle, das technische oder das sonstige betriebliche Unvermögen des Auftragnehmers. Alle Fälle der Unmöglichkeit, gleich ob subjektiv oder objektiv, anfänglich oder nachträglich, werden nun nach § 275 BGB behandelt (vgl. u.a. *Voppel* BauR 2002, 843). Auch die objektive Unmöglichkeit führt jetzt zu einem wirksamen Bauvertrag, nachdem § 306 BGB a.F. im Zuge der Schuldrechtsreform aufgehoben wurde. Bei schuldhaft herbeigeführter Unmöglichkeit gewährt das BGB dem Gläubiger Schadensersatzansprüche nach §§ 275, 283, 311a BGB; das Entfallen der Gegenleistung regelt § 326 BGB.

4. Nr. 5 ist Sondervorschrift für alle länger dauernden Unterbrechungen außerhalb der Unmöglichkeit

9 Soweit die Unterbrechung der Bauausführung sowohl auf **Ursachen,** die **nach Nr. 2 Abs. 1** zu berücksichtigen sind, **als auch auf anderen Ursachen** beruht, z. B einem Unvermögen oder Leistungsverzug des Auftragnehmers, gehen die Nrn. 5, 6 und 7 grundsätzlich als **Spezialvorschriften vor** (vgl. BGH Urt. v. 8.6.1967 VII 16/65 = SFH Z 2.411 Bl. 31; Urt. v. 17.1.1974 VII ZR 146/72 = SFH Z 2.411 Bl. 56 = BauR 1974, 208). Das kann allerdings nur so lange gelten, wie damit zu rechnen ist, dass der Auftragnehmer den Vertrag doch noch erfüllen wird. Ist das nicht mehr der Fall, kann sich der Auftragnehmer nicht auf ihm günstige Vertragsbedingungen der VOB berufen. So steht ihm das Recht zur Abrechnung nach Nr. 5 Abs. 1 nicht zu, wenn er von sich aus die Unterbrechung der Leistung herbeigeführt hat, wie z.B. durch unberechtigte Erfüllungsverweigerung (BGH Urt. v. 5.2.1959 VII ZR 83/58 = SFH Z 2.511 Bl. 1).

10 Der Auftraggeber ist nicht gehindert, mit etwaigen Gegenansprüchen aus der Unterbrechung gegenüber dem vorzeitigen Vergütungsanspruch des Auftragnehmers aufzurechnen oder diese gesondert geltend zu machen, wobei sie jedoch durch den Rahmen der Nr. 6 eingeschränkt sind.

II. Abrechnung nach Vertragspreisen

Unter den oben in B.I. Ziff. 1–4 angeführten Voraussetzungen sind die bisher ausgeführten Leistungen nach den Vertragspreisen abzurechnen. Außerdem sind die Kosten zu vergüten, die dem Auftragnehmer bereits entstanden und in den Vertragspreisen des nicht ausgeführten Teils der Leistung enthalten sind. **Die vorzeitige Abrechnung beendet keineswegs den Bauvertrag.** Die hier geregelte besondere **Teilfälligkeit** der Vergütung ist aus dem Gesichtspunkt von Treu und Glauben im Rechtsverkehr herzuleiten, der für diesen Fall besagt, dass es dem Auftragnehmer infolge der voraussichtlich längeren Unterbrechung der Leistung nicht zugemutet werden kann, auf die ihm bereits zustehende Teilvergütung zu warten, also seine Vorleistungspflicht zeitlich noch länger auszudehnen. Die Abrechnung hat keinen Schlusszahlungscharakter, weshalb auch keine Abnahme als Fälligkeitsvoraussetzung notwendig ist (zutreffend *Heiermann/Riedl/Rusam* § 6 VOB/B Rn. 33; *Leinemann/Leinemann* § 6 VOB/B Rn. 81; OLG Hamm BauR 2004, 1304; a.A. Beck'scher VOB-Komm./*Motzke* § 6 Nr. 5 VOB/B Rn. 4).

Jedenfalls für die Abrechnung aufgrund vorzeitigen Gefahrübergangs nach § 7 VOB/B kommt eine entsprechende Anwendung des § 254 BGB mit der Folge, dass der Auftragnehmer einen Teil der Kosten selbst zu tragen hat, nicht in Betracht (vgl. BGH Urt. v. 12.7.1973 VII ZR 196/72 = BauR 1973, 317 = SFH Z 2.413 Bl. 56).

1. Abrechnung der am Leistungsobjekt selbst erbrachten Leistungen

Abzurechnen sind die vom Auftragnehmer **vor der Unterbrechung am Leistungsobjekt selbst ausgeführten Arbeiten,** und zwar zu den **Vertragspreisen.** Es ist daher festzustellen, welchen Leistungsteil der Auftragnehmer vollendet hat (zur Abrechnung in der Insolvenz, vgl. OLG Naumburg BauR 2003, 115). Diese Feststellung kann z.B. durch **gemeinsames Aufmass** und Vergleich mit dem Vertragsinhalt, insbesondere der Leistungsbeschreibung bzw. dem Leistungsverzeichnis, oder auf sonst geeignete Art erfolgen. Hieraus ergeben sich im Einzelnen auch die Vertragspreise, zumal wenn es sich um einen **Einheitspreisvertrag** handelt. Liegt ein **Pauschalvertrag** vor, wird man zweckmäßig Anhaltspunkte im Vertrag suchen, z.B. in der evtl. mit den Einzelpreisen oder Einzelpauschalen versehenen Leistungsbeschreibung, um den **Pauschalwert** der bisher erstellten **Teilleistung** zu ermitteln, wobei ein etwa gewährter Pauschalnachlass anteilig abzuziehen ist. Ein im Vertrag enthaltener Zahlungsplan genügt hierzu nicht, da es hier auf die tatsächlich ausgeführte Leistung und deren Wert ankommt (vgl. dazu auch BGH Urt. v. 14.2.1980 VII ZR 229/78 = BauR 1980, 356 = SFH § 632 BGB Nr. 8). Man wird vielmehr den Anteil der Vergütung aus der vertraglich vereinbarten Gesamtpauschale durch Gegenüberstellung des bisher erledigten Leistungsteils mit der noch nicht erstellten Bauleistung unter Zuhilfenahme der Kalkulation des Auftragnehmers oder eines nachträglich aufgestellten Leistungsverzeichnisses ermitteln müssen (vgl. BGH Urt. v. 29.6.1995 VII ZR 184/94 = BauR 1995, 691). Das greift naturgemäß nicht mehr, wenn die Arbeiten etwa durch einen Drittunternehmer zwischenzeitlich beendet worden sind; dann kann der Auftragnehmer endgültig abrechnen (vgl. dazu *Stein* ZfBR 1986, 210, 212). Handelt es sich um einen Stundenlohnvertrag, hat die Abrechnung des bisherigen Leistungsteils auf der Grundlage der Regelung in § 15 Nr. 1 und 2 VOB/B zu erfolgen, wofür allerdings die Nachweise nach § 15 Nr. 3 VOB/B vorliegen müssen. Bei Selbstkostenerstattungsverträgen wird der Wert des vor der Unterbrechung erledigten Leistungsteils nach dem Inhalt der bisher maßgeblichen vertraglichen Abmachungen festgesetzt, vor allem im Hinblick auf § 5 Nr. 3 Abs. 2 VOB/A. **Soweit Leistungsteile mangelhaft** ausgeführt und die Mängel noch nicht behoben **sind,** steht dem Auftragnehmer der darauf entfallende **Vergütungsanteil noch nicht** zu, da der betreffende Teil der Leistung **noch nicht als ausgeführt** zu gelten hat.

2. Auch Abrechnung sonst entstandener und in den Vertragspreisen enthaltener Kosten

14 Die vorzeitige Abrechnung erfasst auch **diejenigen Kosten**, die dem Auftragnehmer auf der Grundlage der vertraglich geschuldeten Leistung **bereits entstanden**, aber dem Objekt der Leistung selbst noch nicht zugute gekommen sind. Hierunter fallen solche Leistungselemente, die den Auftragnehmer nach § 16 Nr. 1 Abs. 1 S. 3 VOB/B berechtigen würden, Abschläge zu verlangen. Hinzu kommen aber alle weiteren Aufwendungen, die der Auftragnehmer zwecks ordnungsgemäßer Erbringung der vertraglichen Leistung bereits getätigt hat, wie z.B. durch Material- und Gerätebeschaffung, Baustelleneinrichtung, Vorhaltung usw. Im Falle so genannter Mischkalkulationen und dann, wenn die Gemeinkosten der Baustelle nicht gesondert ausgewiesen sind, muss eine anteilige Ermittlung der tatsächlich erbrachten Leistungen angestellt werden.

15 Auch hier bilden die Vertragspreise den Maßstab für die Kostenberechnung. Zunächst müssen die Kosten in den Vertragspreisen mit enthalten sein, wofür die Leistungsbeschreibung oder die zwecks Einsetzen der Preise in die Leistungsbeschreibung aufgestellte **Kalkulation des Auftragnehmers maßgebend** ist. Da den **Auftragnehmer** im Zweifelsfall die **Beweislast** trifft, sollte die Kalkulation aufbewahrt werden. Zum anderen müssen die Kosten in dem Teil des Angebotes berücksichtigt worden sein, der im Zeitpunkt der Unterbrechung der Leistung noch nicht erledigt ist. Auch hier hat der Auftragnehmer die Beweislast. Hinsichtlich der Berechnung bei den einzelnen Bauvertragstypen gelten die gleichen Grundsätze, wie sie in Rn. 13 genannt sind.

3. Nicht abzurechnen die durch Unterbrechung selbst entstehenden Kosten

16 Mit Hereth/Ludwig/Naschold (Teil B § 6 Ez. 6.86) ist darauf hinzuweisen, dass in den vorzeitig fällig werdenden Vergütungsanteilen **nicht diejenigen Kosten enthalten sind, die dem Auftragnehmer unmittelbar infolge der Leistungsunterbrechung** entstehen, etwa durch Maßnahmen im Rahmen der Handlungspflicht nach Nr. 3 (ebenso *Stein* ZfBR 1986, 210, 212; für diese Kosten gestattet *Leinemann/Leinemann* § 6 VOB/B Rn. 78 zu Recht das Stellen einer Abschlagrechnung). Das ergibt sich schon daraus, dass im Zeitpunkt der Abrechnung gemäß Nr. 5 die durch die Unterbrechung selbst entstehenden Kosten in ihrem Ergebnis regelmäßig noch nicht bekannt sind. Auch dürfte in vielen Fällen noch nicht feststehen, wem sie zur Last fallen, vor allem auch im Hinblick auf Nr. 6 sowie einen etwaigen vorzeitigen Gefahrübergang nach § 7 VOB/B. Abgerechnet werden soll nur über **entstandene Kosten bis zum Beginn der Unterbrechung**.

§ 6 Nr. 6
[Schadensersatz und Entschädigung]

Sind die hindernden Umstände von einem Vertragsteil zu vertreten, so hat der andere Teil Anspruch auf Ersatz des nachweislich entstandenen Schadens, des entgangenen Gewinns aber nur bei Vorsatz oder grober Fahrlässigkeit. Im Übrigen bleibt der Anspruch des Auftragnehmers auf angemessene Entschädigung nach § 642 BGB unberührt, sofern die Anzeige nach Nr. 1 Satz 1 erfolgt oder wenn Offenkundigkeit nach Nr. 1 Satz 2 gegeben ist.

Inhaltsübersicht

	Rn.
A. Allgemeine Grundlagen	1
I. Überblick	1
1. Auffangtatbestand für die meisten Fälle der Bauverzögerung	1
2. Anwendung des § 642 BGB	3
3. Haftungsbeschränkung auf Schaden außerhalb des entgangenen Gewinns – Ausnahmen	4

		Rn.
	a) Kein entgangener Gewinn bei leichter Fahrlässigkeit	4
	b) Ausnahmen	5
	c) Allgemeine Geschäftsbedingungen	8
II.	Schadensersatz- und Entschädigungsanspruch als Folge anstelle anderer gesetzlicher Ansprüche	9
B. Nr. 6 S. 1: Der Schadensersatzanspruch		12
I.	Verschulden Voraussetzung für Schadensersatzanspruch; Mitverschulden	13
	1. Eigenes Verschulden	13
	2. Verschulden der Erfüllungsgehilfen	14
	3. Vorunternehmer als Erfüllungsgehilfe	16
	4. Anforderungen nach Nr. 6 S. 1 an das Verschulden	19
	5. Beweislast	22
	6. Beiderseitiges Vertreten	24
II.	Bei leichter Fahrlässigkeit Schadensersatz unter Ausschluss entgangenen Gewinns	25
	1. Schadensbegriff – Beweislast	26
	2. Entgangener Gewinn	29
	3. Mögliche Schäden des Auftraggebers	34
	a) Adäquat-kausaler Schaden	34
	b) Abgrenzung entgangener Gewinn	35
	4. Mögliche Schäden des Auftragnehmers	38
	a) Adäquat-kausaler Schaden	38
	b) Nr. 6 erfasst auch vergütungsgleiche Ansprüche	39
	c) Konkreter Schadensnachweis	40
	aa) Mehraufwand bei Einhaltung der Bauzeit	41
	bb) Baugeräteliste	42
	cc) Gewinnschmälerung	43
	dd) Mehrwertsteuer	44
	d) Vorbehalt nach § 16 Nr. 3 Abs. 2 VOB/B	45
III.	Verjährung des Schadensersatzspruches nach Nr. 6	46
	1. Schadensersatzanspruch des Auftragnehmers	46
	2. Schadensersatzanspruch des Auftraggebers	50
C. Nr. 6 S. 2: Der Entschädigungsanspruch nach § 642 BGB		51
I.	Allgemeines	51
II.	Voraussetzungen des § 642 BGB	52
	1. Mitwirkungshandlung	53
	2. Annahmeverzug	54
	3. Behinderungsanzeige, Offenkundigkeit	55
III.	Der Entschädigungsanspruch	56
	1. Berechnung	57
	2. Mehraufwendungen nach § 304 BGB	60
	3. Beweislast/Verjährung	61

Aufsätze: s.o.; *Vygen* Behinderungen des Bauablaufs und ihre Auswirkungen auf den Vergütungsanspruch des Unternehmers BauR 1983, 414; *Vygen* Behinderungen des Auftragnehmers und ihre Auswirkungen auf die vereinbarte Bauzeit BauR 1983, 210; *Walzel* Zur Frage der Haftung des Auftraggebers aus § 278 BGB bei Bauzeitverzögerung eines Auftragnehmers BauR 1984, 569; *Kapellmann/Schiffers* Die Ermittlung der Ersatzansprüche des Auftragnehmers aus vom Bauherrn zu vertretender Behinderung § 6 Nr. 6 VOB/B BauR 1986, 615; *Kraus* Ansprüche des Auftragnehmers bei einem durch Vorunternehmer verursachten Baustillstand BauR 1986, 17; *Olshausen* Planung und Steuerung als Grundlage für einen zusätzlichen Vergütungsanspruch bei gestörtem Bauablauf FS Korbion 1986 S. 325 ff.; *Vygen* Behinderung des Auftragnehmers durch verspätete oder mangelhafte Vorunternehmerleistungen BauR 1989, 387; *Grieger* Verspätete oder mangelhafte Bauunternehmerleistungen – Wer hat sie zu vertreten? BauR 1990, 406; *Baden* Nochmals: Hat der Bauherr im Verhältnis zum Unternehmer die Verspätung oder Mangelhaftigkeit der Arbeiten des Vorunternehmers zu vertreten? BauR 1991, 30; *Kapellmann* § 645 BGB und die Behinderungshaftung für Vorunternehmer BauR 1992, 433.; *Döring* Der Vorunternehmer als Erfüllungsgehilfe des Auftraggebers FS *v. Craushaar* 1997 S. 193 ff.; *v. Craushaar* Konkurrierende Gewährleistung von Vor- und Nachfolgeunternehmer Jahrbuch Baurecht 1999 S. 115; *v. Craushaar* Der Vorunternehmer als Erfüllungsgehilfe des Auftraggebers FS *Vygen* 1999 S. 154 ff.; *Drittler* Behinderungsschaden des Auftragnehmers nach § 6 Nr. 6 VOB/B – Gehören Allgemeine Geschäftskosten dazu? BauR 1999, 825; *Gehlen* Haftung des Auftraggebers bei einem durch seinen Vorunternehmer verursachten Baustillstand ZfBR 2000, 291; *Kaiser* Die konkurrierende Haftung von Vor- und Nachunternehmer BauR 2000, 177; *Kleine-Möller* Die Haftung des Auftraggebers gegenüber einem behinderten Nachfolge-Unternehmer NZBau 2000, 401 ff.; *Kraus* Bauverzögerung durch Vorunternehmer – Überfällig und doch überraschend: Der Bundesgerichtshof ändert seine Rechtsprechung BauR 2000, 1105; *Schubert* Die Kosten der Bauzeit FS Soergel 1993 S. 355 ff.; *Siegburg* Vorunternehmer als Erfüllungsgehilfe des Auftragnehmers? BauR 2000, 182; *Diehr* Zum Verhältnis von Vergütungs- und Schadensersatzanspruch des Auftragnehmers wegen Bauzeitstörung nach der VOB BauR 2001, 1507; *Kniffka* Die Kooperationspflicht der Bauvertragspartner im Bauvertrag Jahrbuch Baurecht 2001 S. 1 ff.; *Schubert* Verantwortlichkeit des Auftraggebers für Baumängel bei fehlender Vorunternehmerleistung ZfBR 2001, 291; *Döring* Die Vorunternehmerhaftung und § 642 BGB – Gedanken zu des Rätsels Lösung FS Jagenburg 2002 S. 111 ff.; *Lang/Rasch* Allgemeine Geschäftskosten bei einer Verlängerung der Bauzeit FS Jagenburg 2002 S. 417 ff.; *Leineweber* Mehrkostenforderungen des Auftragnehmers bei gestörten Bauablauf Jahrbuch Baurecht 2002 S. 107 ff.; *Stamm* Die Frage nach der Eigenschaft des Vorunternehmers als Erfüllungsgehilfe des Bauherrn im Verhältnis zum Nachunternehmer: Ein Problem der Abgrenzung von Schuldner- und Annahmeverzug BauR 2002, 1; *v. Craushaar* Die Bedeutung des § 645 BGB für die Rechtsstellung des Nachfolgeunternehmers Festgabe *Kraus* 2003 S. 3 ff.; *Heilfort* Praktische Umsetzung bauablaufbezogener Darstellungen von Behinderungen als Grundlage der Schadensermittlung nach § 6 Nr. 6 VOB/B BauR 2003, 457.

A. Allgemeine Grundlagen

I. Überblick

1. Auffangtatbestand für die meisten Fälle der Bauverzögerung

1 Der in Nr. 6 S. 1 enthaltene Schadenersatzanspruch erfasst Fälle der Behinderung und Unterbrechung; er beschränkt sich nicht auf die in § 6 VOB/B beschriebenen Rechte. Für den Fall der Aufrechterhaltung des Bauvertrages erhält Nr. **6 eine eigenständige Bedeutung** innerhalb der die Ausführungsfrist und die Folgen einer Verzögerung der Ausführung **insgesamt regelnden §§ 5 und 6 VOB/B** (BGH Urt. v. 8.6.1967 VII ZR 16/65 = SFH Z 2.411 Bl. 31), sowie dann, wenn dem Auftragnehmer der Auftrag nach § 8 Nr. 3 Abs. 1 VOB/B entzogen worden ist, sofern nicht die Voraussetzungen des umfassenden Schadensersatzanspruchs nach § 8 Nr. 2 Abs. 2 S. 2 VOB/B gegeben sind (BGH Urt. v. 17.1.1974 VII ZR 146/72 = BauR 1974, 208 = SFH Z 2.411 Bl. 56; anders im Falle der Kündigung nach § 8 Nr. 2 VOB/B). Insbesondere ist die Anwendung des Schadensersatzanspruchs nicht auf die Fälle beschränkt, dass die Ausführung für voraussichtlich längere Dauer unterbrochen wird, ohne dauernd unmöglich zu sein. Andernfalls würde der Auftragnehmer oder der Auftraggeber bei einer von ihm zu vertretenden kurzen Unterbrechung schärfer haften als bei einer längeren. Die sowohl Behinderungen als auch Unterbrechungen der Ausführungen erfassende Regelung in Nr. 6 ist daher i.S. einer **Anspruchsgrundlage ein Auffangtatbestand** für alle Fälle der Leistungsverzögerung, mögen sie vom Auftragnehmer, vom Auftraggeber oder von beiden herbeigeführt worden sein.

2 Sofern ein **Leistungsverzug des Auftragnehmers nach § 5 Nr. 4 VOB/B** Grundlage des Schadensersatzanspruches des Auftraggebers ist, müssen **die Voraussetzungen von § 6 Nr. 1 VOB/B nicht vorliegen** (BGH Urt. v. 8.6.1967 VII ZR 16/65 = SFH Z 2.411 Bl. 31; OLG Celle BauR 1995, 552); anders jedoch, wenn der **Auftragnehmer** eine **andere,** unter § 6 Nr. 2a VOB/B fallende **Verzögerung** zum Anlass für einen eigenen **Schadensersatzanspruch** gegen den Auftraggeber nimmt.

Schadensersatz und Entschädigung   § 6 Nr. 6 VOB/B

2. Anwendung des § 642 BGB

Mit der Fassung VOB 2006 wurde § 6 Nr. 6 um einen zweiten Satz ergänzt, wonach bei Vorliegen der **3** Voraussetzungen der Nr. 1 der Entschädigungsanspruch des Auftragnehmers nach § 642 BGB unberührt bleibt. Mit der Aufnahme dieses Verweises auf § 642 BGB hat der Deutsche Vergabe- und Vertragsausschuss für Bauleistungen (DVA) den Empfehlungen des Instituts für Baurecht Freiburg im Breisgau e.V. (IfBF) zur Überarbeitung der VOB/B vom 21.4.1999 unter Berücksichtigung der anschließenden Rechtsprechung des BGH (Urt. v. 21.10.1999 VII ZR 185/98 = BauR 2000, 722 = NJW 2000, 1336; Urt. v. 13.5.2004 –VII ZR 363/02 = BauR 2004, 1285) Rechnung getragen. Nachdem der BGH die Anwendung des § 642 BGB auch ohne Verweis in der VOB/B unter Aufgabe seiner alten Rechtsprechung (Urt. v. 27.6.1985 VII ZR 23/84 = BauR 1985, 561) befürwortet hat, ist diese Klarstellung begrüßenswert, so dass die VOB/B wieder als in sich abgeschlossenes Regelwerk bezeichnet werden kann. § 642 BGB ist damit kraft vertraglicher Vereinbarung der VOB/B anwendbar. Die bisher geführte Diskussion zur Anwendbarkeit des § 642 BGB (vgl. insoweit Vorauflage, § 6 Nr. 6 Rn. 2 ff. m.w.N.) entfällt damit.

Zu den Voraussetzungen des § 642 BGB vgl. unten C.

3. Haftungsbeschränkung auf Schaden außerhalb des entgangenen Gewinns – Ausnahmen

a) Kein entgangener Gewinn bei leichter Fahrlässigkeit

Hat ein **Vertragspartner** die **hindernden Umstände zu vertreten,** so hat der andere Teil Anspruch **4** auf **Ersatz des nachweislich** (also konkret von ihm zu beweisenden; ebenso BGH Urt. v. 20.2.1986 VII ZR 286/84 = BauR 1986, 347 = SFH § 6 Nr. 6 VOB/B Nr. 4) entstandenen **Schadens.** Als Ausgangspunkt kommt zunächst nur der Schaden in Betracht, der **nicht entgangener Gewinn** des geschädigten Teils ist. Letzterer muss bei lediglich fahrlässigem Tun oder Unterlassen des Verantwortlichen außer Ansatz bleiben, da es sich hierbei um eine **echte Haftungsbeschränkung** handelt. Sie macht die zweite wesentliche Funktion (wegen der ersten vgl. oben Rn. 1 f.) von § 6 Nr. 6 S. 1 VOB/B aus (insofern zutreffend *Nicklisch/Weick* § 6 VOB/B Rn. 41; *Heiermann/Riedl/Rusam* § 6 VOB/B Rn. 36; vgl auch Beck'scher VOB-Komm./*Motzke* § 6 Nr. 6 VOB/B Rn. 35 ff., wonach Nr. 6 anspruchsbestätigende und haftungsbeschränkende Wirkung entfalte, jedoch ausnahmsweise in den Fällen des Gläubigerverzugs und dem verzögerten Beginn der Ausführung Anspruchsgrundlagenqualität erhalte) und gilt zugunsten jedes Vertragsteils, der die die Ausführung hindernden Umstände zu vertreten hat und wegen des durch die Verzögerung dem anderen Teil entstandenen Schadens in Anspruch genommen wird.

b) Ausnahmen

Diese Haftungsbeschränkung greift aber, abgesehen von dem durch § 8 Nr. 3 Abs. 2 S. 2 VOB/B erfassten Bereich, nicht, wenn zugleich die Voraussetzungen des Schadensersatzanspruches nach § 4 **5** Nr. 7 S. 2 VOB/B zugunsten des Auftraggebers gegeben sind, also die Bauverzögerung auf einen bereits **während der Ausführung erkannten Mangel der Leistung des Auftragnehmers** zurückgeht (BGH Urt. v. 12.6.1975 VII ZR 55/73 = BauR 1975, 344, 346 = SFH Z 2.502 Bl. 8). Dasselbe gilt **erst recht für die Zeit nach Abnahme,** wenn wegen einer durch einen Baumangel hervorgerufenen Verzögerung § 13 Nr. 7 VOB/B eingreift.

Mit dem so begrenzten Geltungsbereich des § 6 Nr. 6 S. 1 soll das Risiko eines leistungsfähigen und **6** leistungsbereiten Auftragnehmers verringert werden. Die Haftungsbeschränkung wirkt daher nicht zugunsten eines **Auftragnehmers, der sich von vornherein,** gleichgültig ob die Leistung bereits fällig ist oder nicht, **ernsthaft und endgültig weigert, den Vertrag überhaupt zu erfüllen** (BGH 12.6.1980 VII ZR 198/79 = SFH § 8 VOB/B Nr. 2 = BauR 1980, 465) was umgekehrt und gleichermaßen auch hinsichtlich des Auftraggebers gilt. Diese Konsequenz folgt aus den für § 326 BGB a.F. entwickelten Grundsätzen, die auch hier Gültigkeit beanspruchen (was *Kaiser* NJW 1976, 959 übersieht, weshalb seiner abl. Anm. nicht zu folgen ist). Die Verpflichtung des Auftragnehmers **zum vollen Schadensersatz** rechtfertigt sich in einem solchen Fall einer schweren positiven Vertragsverletzung im Übrigen auch aus § 309 Nr. 7b, 8a BGB (vgl. dazu auch *Wolf* NJW 1980, 2433). Grundsätzlich muss der Auftraggeber dann aber in entsprechender Anwendung des § 323 BGB den Auftragnehmer (oder im umgekehrten Fall der Auftragnehmer den Auftraggeber) unter Fristsetzung zur Leistung auffordern und ihm ggf. auch androhen, dass er nach fruchtlosem Ablauf vom Vertrag zurücktrete (bei anfänglicher Leistungsverweigerung vgl. dazu Vor §§ 8 und 9 VOB/B; zur Ablehnungsandrohung vgl. § 5 Nr. 4 VOB/B Rn. 17 ff.) und/oder dass er **Schadensersatz statt Leistung** verlange. Ohne Fristsetzung ist der Auftraggeber (bzw. im umgekehrten Fall der Auftragnehmer) zur Geltendmachung der genannten Rechte nur befugt, wenn der Auftragnehmer (bzw. Auftraggeber) vorher unzweideutig erklärt hat, er wolle auf keinen Fall fristgerecht oder überhaupt leisten, was der Auftraggeber (bzw. Auftragnehmer) aber im Streitfall beweisen muss (vgl. § 323 Abs. 2 BGB).

7 Im Übrigen gilt der **Ausschluss des entgangenen Gewinns** nur bei leichter Fahrlässigkeit, **nicht aber bei** – vom Geschädigten grundsätzlich zu beweisendem – **Vorsatz** (der gegeben sein kann, wenn der Auftragnehmer seine Leute von dem betreffenden Bauvorhaben abzieht, weil ihm anderswo ein höherer Gewinn winkt oder weil er dort eine Vertragsstrafe wegen verspäteter Fertigstellung befürchten muss, vgl. *Wussow* IB 1967, 124) oder grober Fahrlässigkeit des Ersatzpflichtigen. Hinsichtlich des **Vorsatzes** folgt § 6 Nr. 6 VOB/B dem in § 276 Abs. 2 BGB normierten Rechtsgedanken, dass dem Schuldner für vorsätzliches Verhalten (wofür jedoch der bloße Verzug noch nicht ausreicht, BGH Urt. v. 8.6.1967 VII ZR 16/65 = BGHZ 48, 78, 82; OLG Köln SFH § 641 BGB Nr. 2) die Haftung nicht erlassen werden kann, was **folgerichtig auch für Arglist** gilt. Überdies führte seinerzeit § 11 Nr. 8b i.V.m. Nr. 7 AGB-Gesetz dazu, dass der in § 6 Nr. 6 VOB/B ausgesprochene Ausschluss entgangenen Gewinns auch nicht für die von der früheren Rechtsprechung noch nicht erfasste **grobe Fahrlässigkeit** gilt. Es war daher für die Verfasser der VOB geboten, auch diesen Fall einzubeziehen.

c) Allgemeine Geschäftsbedingungen

8 Aus dem Vorstehenden folgt, dass ein Ausschluss des entgangenen Gewinns in sonstigen Allgemeinen Geschäftsbedingungen – insbesondere Zusätzlichen Vertragsbedingungen – gegen § 309 Nr. 8a und Nr. 7b und damit regelmäßig auch § 307 BGB verstößt. Klauseln, die die Schadensersatzverpflichtungen wegen – vom Auftraggeber oder Auftragnehmer – verschuldeter Bauverzögerungen noch weitergehend einengen oder gänzlich ausschließen, sind i.d.R. unwirksam (vgl. auch Beck'scher VOB-Komm./*Motzke* § 6 Nr. 6 VOB/B Rn. 120 f.). So verstoßen Klauseln gegen §§ 309 Nr. 7b, 307 BGB, wonach dem Auftragnehmer Vorhaltungs- und Stilllegungskosten der Baustelleneinrichtung einschließlich Maschinenpark »gleich welchen Grundes« nicht erstattet werden (vgl. OLG München NJW-RR 1987, 661) oder der Auftraggeber bzw. Generalunternehmer bei Unterbrechung der Leistung Schadensersatz oder Mehrkosten nur schulde, wenn er selbst die Ursache für die Unterbrechung, Behinderung oder Vertragskündigung vorsätzlich oder grob fahrlässig gesetzt hat (so auch OLG Köln SFH § 9 AGB-Gesetz Nr. 57). Im ersten Fall ist zu kritisieren, dass der Auftraggeber sich auch für die Fälle zu entlasten versucht, in denen er oder sein Erfüllungsgehilfe die Stilllegung schuldhaft verursacht hat. Im zweiten Fall soll dem Auftragnehmer das Risiko für die Verursachung und das Verschulden von Erfüllungsgehilfen des Auftraggebers bzw. Generalunternehmers auferlegt werden, was unangemessen ist. Der gleichen Beurteilung unterliegt eine Klausel, wonach der Auftragnehmer bei Änderung von Fristen und Terminen sich hierauf nach bestem Vermögen einrichten werde, Mehrkosten oder Schadensersatz könnten nicht gefordert werden (OLG München BB 1984, 1386), sowie die Bestimmung, bei einer vom Auftraggeber »veranlassten« zeitweiligen Einstellung der Arbeiten habe der Auftragnehmer nur Ansprüche nach § 645 BGB. Unwirksam sind auch die Klauseln, der Auftragnehmer habe wegen kurzfristiger Behinderungen oder Unterbrechungen, die ihre Ursache in »paralleler Tätigkeit« verschiedener Unternehmer haben, keine Nachforderungsansprüche und, dem Auftragnehmer stünden aus vom Auftraggeber verursachtem verspäteten Arbeitsbeginn oder Arbeitsstörungen keine besonderen Rechte oder Kosten zu.

II. Schadensersatz- und Entschädigungsanspruch als Folge anstelle anderer gesetzlicher Ansprüche

Die Ansprüche nach § 6 Nr. 6 VOB/B treten an die Stelle von anderen gesetzlichen Ansprüchen, sofern diese ihre Grundlage in einer Leistungsverzögerung haben, wobei aber die in Rn. 5 ff. genannten **Ausnahmen zu beachten** sind. Nr. 6 S. 1 selbst regelt jedoch **nur die Haftungsfolgen**. Die eigentlichen Haftungsgrundlagen – **also die Voraussetzungen der Haftung** – ergeben sich **aus anderen Vertragsbestimmungen,** wie z.B. § 5 Nr. 2 VOB/B (Verletzung der Abrufpflicht) und Nr. 4 oder § 6 Nr. 2a VOB/B, die ihrerseits durch dem Bereich des Vertragsrechts zugehörige gesetzliche Grundlagen **oder allgemein anerkannte Rechtsgrundsätze ausgefüllt oder ergänzt** werden. Insofern kommen der **Schuldnerverzug,** der **Gläubigerverzug,** die **positive Vertragsverletzung** usw. in Betracht (für eine haftungsbestätigende und haftungseinschränkende Wirkung der Nr. 6: Beck'scher VOB-Komm./*Motzke* § 6 Nr. 6 VOB/B Rn. 35 ff. m.w.N.). Aus diesem Grund können unter Nr. 6 nicht ohne weiteres die Kosten subsumiert werden, die durch – voreilige – Beauftragung eines anderen Unternehmers ohne wirksame Kündigung des Auftraggebers oder nach »freier« Kündigung nach § 8 Nr. 1 VOB/B entstanden sind. 9

Andere **vertragliche Ansprüche** hingegen, die nicht oder nicht nur dem Bereich des Schadensersatzanspruches zuzuordnen sind, wie z.B. zusätzliche Vergütungsansprüche nach § 2 Nr. 5, 6 oder 8 VOB/B, **bleiben unberührt** und können daher nach wie vor selbstständig geltend gemacht werden. Dies folgt daraus, dass § 6 Nr. 6 VOB/B die Funktion eines Auffangtatbestandes hat (vgl. OLG Braunschweig BauR 2001, 1739; auch *Weyer* BauR 1990, 138, 151; ebenso Beck'scher VOB-Komm./*Motzke* § 6 Nr. 6VOB/B Rn. 26; *Heiermann/Riedl/Rusam* § 6 VOB/B Rn. 40; a.A. *Franke/Kemper/Zanner/Grünhagen* § 6 VOB/B Nr. 81). 10

Zu vereinbaren Schadenspauschalen vgl. §§ 11, 12 VOB/A sowie jetzt § 648a Abs. 5 BGB für den dort geregelten Fall. 11

B. Nr. 6 S. 1: Der Schadensersatzanspruch

Das Schadensersatzbegehren **setzt nicht voraus,** dass es sich um eine **Unterbrechung** der Leistung handeln muss, wie es in Nr. 5 und 7 der Fall ist. Da das Vorliegen von »**hindernden Umständen**« genügt, können auch Behinderungen den Schadensersatzanspruch auslösen, sofern sich dafür Haftungsgrundlagen ergeben. Es macht hierbei keinen Unterschied, ob die hindernden Umstände von außen kommen oder ob der Vertragspartner selbst, der auf Schadensersatz in Anspruch genommen wird, unmittelbar die Ursache hierfür gesetzt hat. 12

I. Verschulden Voraussetzung für Schadensersatzanspruch; Mitverschulden

1. Eigenes Verschulden

Für die Gewährung von Schadensersatz müssen die hindernden Umstände von einer Vertragspartei zu vertreten sein, was sich nach etwaigen im Bauvertrag getroffenen Abmachungen, im Übrigen regelmäßig nach den gesetzlichen Vorschriften richtet. Der verantwortliche Vertragspartner hat sowohl für **eigenes Verschulden** (§ 276 BGB), wie z.B. vom Auftraggeber zu vertretende Bauzeitverschiebungen (vgl. OLG Köln BauR 1986, 582 = NJW 1986, 71; ferner OLG Düsseldorf BauR 1988, 487 = SFH § 6 Nr. 6 VOB/B Nr. 5; OLG Koblenz NJW-RR 1988, 851) als auch für das **Verschulden eines Erfüllungsgehilfen** einzustehen (§ 278 BGB). Erfüllungsgehilfen des Auftragnehmers sind 13 zweifelsohne seine Nachunternehmer (vgl. auch OLG Frankfurt BauR 1999, 49: Für durch Planänderungen des Bauherrn verursachte Behinderungen des Subunternehmers hat der Haupt- oder Generalunternehmer nach § 278 BGB einzustehen).

2. Verschulden der Erfüllungsgehilfen

14 Als Erfüllungsgehilfen des Auftraggebers sind Architekten, Ingenieure und sonstige Sonderfachleute zu nennen, deren Hilfe sich der Auftraggeber zur Erfüllung eigener Verbindlichkeiten gegenüber dem Auftragnehmer bedient (*Döring* FS v. Craushaar S. 194 f.). So hat der Auftraggeber für das **Verschulden seiner Architekten und Ingenieure** einzustehen, die die **Aufführungspläne** nicht rechtzeitig zur Verfügung stellen, ihre im Rahmen eines Baugenehmigungsverfahrens auferlegten Aufgaben nicht oder nicht ordnungsgemäß erfüllen oder die ihnen obliegenden **Koordinierungspflichten** nicht hinreichend wahrnehmen. Der mit der Bauzeitenplanung und/oder Bauzeitenüberwachung Beauftragte (Architekt, Ingenieur, sonstiger Sonderfachmann), der unter schuldhafter Verletzung der ihm nach § 4 Nr. 1 Abs. 1 S. 1 VOB/B obliegenden Koordinationspflicht bei der zeitlichen Einordnung der verschiedenen für die Gesamtbaumaßnahme notwendigen Unternehmerleistungen den Erfordernissen des Einzelfalles widersprechende, der Sachlage nicht entsprechende sowie die baubetrieblichen Notwendigkeiten nicht beachtende Bauzeiten, auch im Rahmen von Bauzeitenplänen, vorschreibt, ist Erfüllungsgehilfe des Auftraggebers, auf dessen Verschulden sich ein behinderter Unternehmer berufen kann (vgl. auch OLG Köln a.a.O.; OLG Hamm BauR 2001, 1761). Gleiches gilt, wenn bei ordnungsgemäßer Bauzeitvorgabe später gleichwohl eine Behinderung oder Unterbrechung des Leistungsablaufes eintritt, weil der Auftraggeber selbst oder der Architekt, den er zur Erfüllung sonstiger **Mitwirkungspflichten** einsetzt, schuldhaft seine Pflichten **verletzt** (vgl. auch BGH Beschluss vom 22.4.1999 V ZB 28/98 = BauR 1999, 1032, wonach ein Wohnungseigentümer sich im Verhältnis zum Mitwohnungseigentümer die mangelhafte Ausführung einer Sanierungsleistung durch einen Werkunternehmer als Erfüllungsgehilfen zurechnen lassen muss).

15 Auch kann eine Deponieverwaltung Erfüllungsgehilfin des Auftraggebers sein, etwa dann, wenn der Auftraggeber für den vom Auftragnehmer geschuldeten Abtransport von Aushub (z.B. entwässertem Schlamm) eine Deponie bereitzuhalten hat. Er gerät daher in Annahmeverzug und macht sich nach Nr. 6 schadensersatzpflichtig, wenn sich die – ihm nicht unterstehende – Deponieverwaltung grundlos weigert, den vom Auftragnehmer angelieferten Schlamm entgegen zu nehmen (BGH Urt. v. 1.10.1991 X ZR 128/89 = ZfBR 1992, 31 für den Bereich eines BGB-Vertrages). Gleiches gilt, wenn der Auftraggeber Straßenbauarbeiten in durchgehender zeitlicher Ausführung vorsieht, später aber im Rahmen der vom Auftragnehmer eingeholten verkehrsrechtlichen Genehmigung von der Straßenverkehrsbehörde eine abschnittsweise Durchführung verlangt wird und dem Auftragnehmer dadurch Mehraufwendungen entstehen. Da es dem Auftraggeber obliegt, Erkundigungen einzuziehen, bevor er im Rahmen der Vertragsvorbereitung eine zeitlich durchgehende Ausführung verlangt, hat er die Mehraufwendungen des Unternehmers nach Nr. 6 zu tragen.

Zur Erfüllungsgehilfeneigenschaft des Herstellers eines Lieferanten wegen Fehler in der Bedienungsanleitung vgl. OLG Düsseldorf IBR 2003, 354-*Hänsel*.

3. Vorunternehmer als Erfüllungsgehilfe

16 Nach wie vor problematisch ist hingegen die Frage, ob ein **vorleistender Unternehmer** wegen der zeitgerechten Erfüllung seiner Leistung gegenüber dem nachfolgenden Unternehmer als **Erfüllungsgehilfe des Auftraggebers** mit der Folge anzusehen ist, dass sich dieser dessen schuldhafte Leistungsverzögerung wegen der darauf beruhenden Mehraufwendungen des nachfolgenden Unternehmers zurechnen lassen muss. Zum Teil wird angenommen, dass der Auftraggeber neben seiner vorgenannten Pflicht zur ordnungsgemäßen Bauzeitenplanung, Koordination sowie zur Erfüllung seiner sonstigen Mitwirkungspflichten nicht auch das Risiko übernehmen und dafür einstehen will, dass andere Auftragnehmer die in ihren Verträgen eindeutig festgelegten Verpflichtungen zur rechtzeitigen Ausführung ihrer Leistungen erfüllen (so OLG Nürnberg BauR 1994, 517 m. Anm. *Dähne* der darauf hinweist, dass hier eine Änderung der VOB/B geboten ist; *Walzel* BauR 1984, 569 für den Bereich des Ingenieurvertrages; auch *Baden* BauR 1991, 30, 31; ähnlich *Nicklisch/Weick* § 2 VOB/B Rn. 61, dazu jedoch in Widerspruch *Nicklisch* a.a.O. § 10 VOB/B Rn. 14; *Kniffka* Jahrbuch Baurecht 2001 S. 1 ff.; a.A. *Vygen* BauR 1989, 387, 395 f. und *Vygen/Schubert/Lang* Rn. 269 ff. sowie *Kapellmann/Schiffers* Bd. 1 Rn. 1368 ff.; OLG Celle BauR 1994, 629 m. Anm. *Vygen*; wohl auch *Grieger* BauR 1990, 406; unklar dazu *Heiermann/Riedl/Rusam* § 6 VOB/B Rn. 44; auch *Zielemann* Rn. 238), so dass Vorunternehmer keine Erfüllungsgehilfen des Auftraggebers im Verhältnis zum nachfolgenden Unternehmer sind (BGH Urt. v. 27.6.1985 VII ZR 23/84 = BauR 1985, 561; Urt. v. 21.10.1999 VII ZR 185/98 = BauR 2000, 722 = NJW 2000, 1336). Dem wird entgegengehalten, dass eine zentrale Mitwirkungspflicht des Auftraggebers gerade darin bestehe, den Auftragnehmer durch Zurverfügungstellung eines bebaubaren, bebauungsreifen Grundstücks in die Lage zu versetzen, seine Arbeiten aufnehmen zu können. Sind hierfür die Arbeiten eines Vorunternehmers erforderlich, so bedient sich der Auftraggeber seiner Hilfe, weshalb dieser sein Erfüllungsgehilfe ist (*Vygen/Schubert/Lang* Rn. 263 ff.; *Vygen* Bauvertragsrecht S. 142 f.; *Döring* FS Jagenburg S. 111 ff.). Zu dem selben Ergebnis gelangt v. Craushaar (FS Kraus S. 3 ff.), der den Inhalt der Mitwirkungspflicht zur Zurverfügungstellung des bearbeitungsreifen Grundstücks unter Heranziehung der Risikozuordnung des § 645 BGB dahingehend auslegt, dass der Auftraggeber die Verantwortung dafür trägt, wenn wegen vom Vorunternehmer zu vertretenden zeitlichen Verzögerungen der Auftragnehmer die Arbeit nicht aufnehmen kann. **Diese Überlegungen**, den **Vorunternehmer als Erfüllungsgehilfen zu behandeln, verdienen Zustimmung**. Eine derartige Beurteilung ist zumindest immer dann geboten und demnach der Vorunternehmer Erfüllungsgehilfe des Auftraggebers, wenn dieser in dem mit dem nachfolgenden Unternehmer abgeschlossenen Bauvertrag hinreichend deutlich auch das Risiko der zeitgerechten Erfüllung durch den oder die vorleistenden Unternehmer übernommen hat (vgl. OLG Celle Baurecht 1994, 629; vgl. auch *Döring* FS v. Craushaar S. 196 ff.). In Anwendung der Bestimmung des § 278 BGB muss darauf abgestellt werden, **ob sich** der **Auftraggeber** im Verhältnis zum nachfolgenden Unternehmer **der Hilfe eines Vorunternehmers zur Erfüllung eigener Verbindlichkeiten bedient**, was im jeweiligen Einzelfall anhand des konkreten Vertrages beurteilt werden muss (unzutreffend daher OLG Rostock BauR 1999, 402, das einem nachfolgenden Unternehmer verzögerungsbedingten Mehraufwand, der durch die vom Gewerbeaufsichtsamt angeordnete Sperrung des vom Vorunternehmer mangelhaft errichteten Gerüstes verursacht worden war, nicht zuerkannt hat. Hier wäre zu berücksichtigen gewesen, dass es zu den vertraglichen Pflichten des Auftraggebers gegenüber dem nachfolgenden Unternehmer auch gehört, ihm ein standsicheres, verkehrssicheres Gerüst zur Verfügung zu stellen. Zumindest nach der jetzt geltenden Baustellenverordnung wird man die Leistungspflicht des Auftraggebers gegenüber dem Nachunternehmer nicht auf das Beistellen lediglich »eines Gerüstes« beschränken können). Für die Beantwortung dieser Frage ist somit auf **den Inhalt** der **Mitwirkungs- und sonstigen vertraglichen Verpflichtungen des Auftraggebers** gegenüber dem nachfolgenden Unternehmer abzustellen (die Erfüllungsgehilfeneigenschaft des Vorunternehmers bejahend: OLG Düsseldorf BauR 1999, 1309, da der Auftraggeber verpflichtet sei, dem Unternehmer ein bebauungsreifes, demgemäß mangelfreies Grundstück zur Verfügung zu stellen; ebenso *v. Craushaar* FS Vygen S. 154; *Kapellmann/Schiffers* a.a.O. Rn. 1368 ff.; *Vygen/Schubert/Lang* Rn. 263 ff.; *Vygen* Bauvertragsrecht S. 142 f.; *Kapellmann* in *Kapellmann/Messerschmidt* § 6 Nr. 61 ff. VOB/B; Erfüllungsgehilfeneigenschaft ablehnend: *Kniffka/Koeble* Rn. 338; *Kniffka* BauR 1999, 1312, der im Fall des OLG Düsseldorf a.a.O., zwischen Vor- und Nachunternehmer einen Gesamtschuldnerausgleich durchführen möchte; jedoch nicht überzeugend, da so dem Nachfolgeunternehmer das Insolvenzrisiko für den von ihm nicht ausgewählten Vorunternehmer zugewiesen wird. Zur Lösung über einen Vertrag mit Schutzwirkung zugunsten Dritter vgl. *Kaiser* BauR 2000, 177 ff.; siehe auch *Siegburg* BauR 2000, 182). Von Bedeutung sind hier insbesondere die **Koordinationsverpflichtung** und die **Bauzeitenplanung des Auftraggebers**, um den zeitlich geordneten Bauablauf sicherzustellen. Das bloße Vorhandensein eines zum Vertragsgegenstand erhobenen, den Erfordernissen entsprechenden Bauzeitenplanes ist allerdings nicht ausreichend (BGH Urt. v. 13.1.2000 VII ZR 38/99 = BauR 2000, 1481, der die Verpflichtung zur Einhaltung bestimmter Vertragsfristen verlangt; LG Köln BauR 2000, 1076), anders aber dann, wenn Vertragsfristen – ggf. aus dem Bauzeitenplan – vereinbart sind (ebenso *Leineweber* Jahrbuch Baurecht 2002 S. 127; a.A. *Gehlen* ZfBR 2000, 291). Diese terminlichen Festlegungen haben auch für den Nachunternehmer besonderes Gewicht, so dass in dem Fall, dass zu den Vertragsfristen der Nachunternehmer aufgrund nicht zeitgerecht leistender Vorunternehmer nicht beginnen kann, letzterer als Erfüllungsgehilfe des Auftraggebers zu beurteilen ist. Möglich ist es, dem Auftraggeber die Verantwortung für den nicht zeitgerecht vorleistenden Unternehmer auch deshalb zuzuweisen, weil er keinen leistungsfähigen, zuverlässigen und fachkundigen Unternehmer beauftragt hat, also sozusagen ein vorwerfbares Auswahlverschulden zur Bauverzögerung geführt hat. Hierfür bedarf es aber entsprechender Anhaltspunkte zum Zeitpunkt des Vertragsabschlusses mit dem vorleistenden Unternehmer (vgl. dazu OLG Köln BauR 1990, 762 = SFH § 631 BGB Nr. 31).

17 Die in der Vorauflage vertretene Auffassung, wonach einem Nachfolgeunternehmer gemäß § 242 BGB das Recht eingeräumt werden müsse, den den Schaden des Auftraggebers übersteigenden Anteil aus dessen Ansprüchen aus Leistungsverzug, etwa einer verwirkten Vertragsstrafe, zur Deckung der eigenen Mehraufwendungen herausverlangen zu können bzw. abgetreten zu erhalten, wird aufgegeben. Aufgrund der Anwendbarkeit des § 642 BGB besteht hierfür keine Notwendigkeit mehr.

18 Mit der Anwendung des § 642 BGB, der einen verschuldensunabhängigen Entschädigungsanspruch dem Auftragnehmer zur Verfügung stellt und sich hinsichtlich der Berechnung der Entschädigung dem Auftragnehmer entgegenkommen an der Urkalkulation orientiert (vgl. unten C) wird sich für die Praxis die Problematik der Erfüllungsgehilfeneigenschaft des Vorunternehmers regelmäßig nicht mehr stellen. Aus diesem Grund wird in der Literatur bereits auf die zukünftige Bedeutungslosigkeit des § 6 Nr. 2 S. 1 VOB/B hingewiesen (*Kapellmann* in *Kapellmann/Messerschmidt* § 6 VOB/B Rn. 49; *Leinemann/Leinemann* § 6 VOB/B Rn. 100 f.). Für die Ansprüche des Auftragnehmers wird man dem zustimmen müssen.

4. Anforderungen nach Nr. 6 S. 1 an das Verschulden

19 Das **Vertretenmüssen im i.S.d. Nr. 6** S. 1 verlangt auf jeden Fall **Verschulden**, wie grundsätzlich vertragsrechtliche Schadensersatzansprüche Verschulden voraussetzen. Für den Schuldnerverzug ist auf § 287 BGB hinzuweisen. Bei Gläubigerverzug, somit auch bei Verletzung von Mitwirkungspflichten des Auftraggebers, muss für den Bereich der Schadensersatzhaftung ebenfalls Verschulden gefordert werden, obwohl § 293 BGB es nicht voraussetzt, andernfalls aber eine nicht gerechtfertigte Schlechterstellung des jeweils als Gläubiger in Betracht Kommenden eintreten würde (vgl. BGH Urt. v. 21.12.1970 VII ZR 184/69 = BauR 1971, 202). Ordnet z.B. der Auftraggeber zur Klärung eines Nachbareinspruchs auf Bitten der Baubehörde einen Baustop an, kann der Auftragnehmer Stillstandskosten (Gerätevorhaltung) als Schaden nach § 6 Nr. 6 VOB/B vom Auftraggeber ersetzt verlangen, da dies in den von ihm zu vertretenden Risikobereich fällt (OLG Düsseldorf BauR 1988, 487 = SFH § 6 Nr. 6 VOB/B Nr. 5). Nichts anderes gilt, wenn der Auftraggeber entgegen den Erfordernissen des konkreten Falles die Einholung eines Bodengutachtens unterlassen hat oder er in Kenntnis der Gefahr von Anschlägen auf die Baustelle dies dem Auftraggeber vor oder bei Vertragsabschluss nicht mitteilt und es in der Folge zu Anschlägen und einer damit verbundenen Bauverzögerung kommt, die dem Auftragnehmer nicht vermeidbare Mehrkosten verursacht (vgl. dazu *Rutkowsky* NJW 1988, 1761, 1763, 1765). Letzteres begründet eine Haftung des Auftraggebers entweder aus culpa in contrahendo oder positiver Vertragsverletzung (vgl. dazu auch oben § 6 Nr. 2 VOB/B Rn. 6 ff.). Das Verschulden des Auftraggebers ist ebenfalls zu bejahen, wenn er beizustellende Stoffe oder Bauteile nicht rechtzeitig bestellt und es dadurch zu Lieferverzögerungen kommt, oder aber, wenn er von ihm zu erbringende Eigenleistungen aus ihm zuzurechnenden Gründen nicht erledigt.

Ein Verschulden des Auftraggebers ist jedoch zu verneinen, wenn die im Einvernehmen mit dem Liegenschaftsamt für die Abfuhr des Aushubs vorgesehene und vom Unternehmer dafür benutzte öffentliche Straße nach Einschaltung der Presse durch die Anlieger vom Oberstadtdirektor gesperrt wird und eine solche Entwicklung auf der Auftraggeberseite im konkreten Fall nicht vorhersehbar war (insoweit zutreffend OLG Düsseldorf BauR 1991, 337). Allein die Tatsache, dass der nachfolgende Unternehmer nicht beginnen kann, weil der Vorunternehmer aus von ihm zu vertretenden Gründen nicht rechtzeitig fertig wird, führt nicht ohne weiteres zu einem Verschulden des Auftraggebers. Zwar ist es grundlegende Mitwirkungspflicht des Auftraggebers, dem nachfolgenden Unternehmer das zu bearbeitende Objekt rechtzeitig zur Verfügung zu stellen. Gleichwohl bedarf es aber auch hier der Feststellung eines wenigstens fahrlässigen Verhaltens des Auftraggebers, wenn der vorleistende Unternehmer nicht sein Erfüllungsgehilfe ist. Die gegenteilige Auffassung von Vygen und Baden (vgl. dazu *Vygen* BauR 1989, 387, 393 sowie *Baden* BauR 1991, 30, 31) lässt sich auch nicht mit der für die Bauzeitverlängerung maßgebenden Risikozuweisung an den Auftraggeber begründen. Wesentlich ist vielmehr, dass es sich bei dem Anspruch nach § 6 Nr. 6 VOB/B um Schadensersatz handelt, der nach unserer Rechtsordnung grundsätzlich Verschulden voraussetzt. **20**

AGB des Auftraggebers, in denen er für den Fall der Verletzung der ihm obliegenden Mitwirkungshandlung lediglich für grobe Fahrlässigkeit und Vorsatz haftet, verstoßen gegen das Leitbild des Bauvertrages, wie sich aus der grundlegenden Regelung des § 642 BGB ergibt. Sie sind daher nach § 307 BGB unwirksam (vgl. OLG München BauR 1990, 471). Andererseits gilt gleiches auch für eine AGB des Auftragnehmers, wonach dieser, wenn sich der Beginn aus Gründen verzögern sollte, die der Auftragnehmer nicht zu vertreten hat, das Recht habe, die »Festpreisbindung« um maximal 2% zu erhöhen, ohne dass es eines Nachweises bedürfe, da der Anspruch des Auftragnehmers nicht vom Verschulden des Auftraggebers abhängen soll (vgl. dazu LG Hamburg BauR 1996, 553). **21**

5. Beweislast

Zur **Darlegungs- und Beweislast** zutreffend Vygen (BauR 1983, 414, 420; vgl auch OLG Düsseldorf BauR 1996, 862 ff. zur Frage der Substantiierung mit zustimmender Anm. *Kapellmann*) für den Fall, dass der Auftragnehmer hier Schadensersatz wegen Mehrkosten geltend macht. Grundsätzlich hat der Vertragspartner, der in Anspruch genommen wird, sofern der anspruchstellende Vertragsteil die objektiven Voraussetzungen der Behinderung oder Unterbrechung dargelegt und bewiesen hat, darzutun und zu beweisen, dass ihn daran kein Verschulden trifft (OLG Düsseldorf BauR 1991, 774 und BauR 1999, 491; OLG Düsseldorf BauR 2001, 812 = NJW-RR 2001, 1028 – rechtskräftig; vgl. auch BGH Urt. v. 24.2.2004 VII ZR 225/03 = BauR 2005, 861; Urt. v. 24.2.2005 VII ZR 141/03 = BauR 2005, 857). Sofern ein Vertragspartner jedoch den entgangenen Gewinn – hier Miete – einfordert, hat dieser die grob fahrlässige oder die vorsätzliche Verursachung der hindernden Umstände konkret darzulegen und zu beweisen (OLG Düsseldorf a.a.O.; vgl. OLG Hamm BauR 2005, 1480, zur differenzierenden Darlegung der Voraussetzungen der bei Bauzeitverlängerungen in Betracht kommenden Ansprüche nach § 2 Nr. 5, 6, § 6 Nr. 6 S. 1 VOB/B und § 642 BGB). **22**

Hat der Auftragnehmer die Leistung nicht fristgerecht hergestellt, weil er hierzu benötigtes Material nicht rechtzeitig erhalten hat, so genügt das allein nicht schon zur Darlegung und zum Beweis dafür, dass seine Leistung infolge eines Umstandes unterblieben ist, den er selbst nicht zu vertreten habe (BGH Urt. v. 5.4.1979 VII ZR 162/78 = BauR 1979, 324 = SFH § 285 BGB Nr. 1). **23**

6. Beiderseitiges Vertreten

Nr. 6 erwähnt nur den Fall, dass die die Leistung hindernden Umstände von einem Vertragsteil zu vertreten sind. Er enthält keine Regelung für den Fall, dass diese Umstände **von beiden Vertragsteilen zu vertreten** sind, z.B. aus positiver Vertragsverletzung des Auftragnehmers und aus Annahmeverzug des Auftraggebers. Dann ist Nr. **6 S. 1 auf beide Vertragspartner entsprechend zur Anwen-** **24** dung zu bringen, und zwar unter Beachtung der sich aus dem **allgemeinen Rechtsgedanken des § 254 BGB** ergebenden Folgerungen (so auch BGH Urt. v. 14.1.1993 VII ZR 185/91 = BauR 1993, 600 = SFH § 6 Nr. 6 VOB/B Nr. 6). Dabei ist in solchen Fällen die Frage, ob und vor allem inwieweit das Verhalten des Auftragnehmers einerseits und das des Auftraggebers andererseits den Schaden verursacht haben, nach § 287 ZPO zu beurteilen (BGH a.a.O.). Gerät jedoch der Auftragnehmer mit seiner Leistung in Schuldnerverzug und ist die Leistung deshalb nur noch unter Erschwerungen zu erbringen, so kommt der Auftraggeber durch ein wörtliches Angebot der Leistung, das ohne Rücksicht auf die vom Auftragnehmer zu vertretenden Erschwernisse erteilt wird, regelmäßig nicht in Annahmeverzug (BGH Urt. v. 7.11.1985 VII ZR 45/85 = BauR 1986, 206 = SFH § 9 VOB/B Nr. 3). Also kann der Auftragnehmer dann auch keinen Schadensersatz nach § 6 Nr. 6 geltend machen.

II. Bei leichter Fahrlässigkeit Schadensersatz unter Ausschluss entgangenen Gewinns

25 Die in Nr. 6 für den Normalfall **leicht fahrlässigen Verhaltens** getroffene Regelung, wonach der geschädigte Teil Anspruch auf Ersatz des ihm nachweislich **entstandenen Schadens unter Ausschluss des entgangenen Gewinns** hat, ist eine im Verhältnis zu den gesetzlichen Schadensersatzregeln der §§ 249 ff. BGB vereinbarte **Einschränkung des Haftungsumfanges.**

1. Schadensbegriff – Beweislast

26 **Schaden** i.S.d. Nr. 6 ist jeder dem Geschädigten zugefügte **Vermögensnachteil,** sofern er **adäquat auf die vom Vertragsgegner zu vertretenden hindernden Umstände** zurückzuführen ist. Verlangt wird **Ursächlichkeit** i.S.d. das Schadensersatzrecht beherrschenden Adäquanztheorie (dazu auch BGH Urt. v. 15.1.1976 VII ZR 52/74 = BauR 1976, 128 = SFH Z 2.411 Bl. 68; vgl. auch BGH Urt. v. 25.1.2000 X ZR 197/97 = NJW-RR 2000, 684). Dabei ist der Vertragsinhalt ausschlaggebend, wie er im Zeitpunkt des Eintritts und der Dauer der hindernden Umstände maßgebend und vorhersehbar ist; spätere Ereignisse, durch die der Vertragsinhalt unabhängig von den hindernden Umständen geändert wird und die Vergütungsansprüche gemäß § 2 Nr. 4, 5 und 6 VOB/B nach sich ziehen können, bleiben bei der Schadensberechnung außer Ansatz bzw. werden zugunsten des Schadensersatzpflichtigen berücksichtigt.

27 Für die Feststellung, **ob und inwieweit ein Schaden entstanden ist,** kommt es nach der **Differenzhypothese** darauf an, wie sich die Vermögenslage des Geschädigten nach dem Schadenseintritt darstellt und wie sie sich darböte, wenn der Schaden nicht eingetreten wäre. Dies kann durch einen Soll-Ist-Vergleich der kalkulierten und der tatsächlichen Kosten geschehen (instruktiv zu den Anforderungen an die Darlegungslast: OLG Braunschweig BauR 2001, 1739; OLG Hamm BauR 2004, 1304 zur Darlegungslast durch eine unumgängliche konkrete bauablaufbezogene Darstellung der Behinderungen und der Schadensauswirkungen auf den bauausführenden Betrieb). Zum Schaden im hier erörterten Sinne zählen auch die außergerichtlichen Kosten, die der Geschädigte selbst oder durch Inanspruchnahme eines Dritten hat aufwenden müssen, um seinen Schaden dem Grunde und der Höhe nach feststellen zu können.

28 Für die **Ursächlichkeit** trifft nach allgemeingültigen, hier maßgebenden Grundsätzen den geschädigten **Anspruchsteller** ebenso die **Beweislast** wie zum **Schaden selbst,** während sich der Gegner im Allgemeinen, vor allem bei Verzug und positiver Vertragsverletzung, von dem **Vorwurf des Verschuldens** entlasten muss (vgl. §§ 280 Abs. 1, 286 Abs. 2 BGB). Die Beweislast für die grobe Fahrlässigkeit oder den Vorsatz als Voraussetzung für den entgangenen Gewinn liegt hingegen beim Anspruchsteller (OLG Düsseldorf BauR 2001, 812 – rechtskräftig; vgl. auch oben Rn. 22).

2. Entgangener Gewinn

Zum Schadensbegriff des BGB zählt grundsätzlich auch der **entgangene Gewinn**, § 252 BGB. Aufgrund vertraglich **vereinbarter Haftungsbeschränkung** ist dieser aber **nur im Ausnahmefall** zu ersetzen. 29

Nach der Legaldefinition in § 252 S. 2 BGB gilt als entgangen der Gewinn, der nach dem gewöhnlichen Lauf der Dinge oder nach den besonderen Umständen, insbesondere nach den getroffenen Anstalten und Vorkehrungen, **mit Wahrscheinlichkeit** erwartet werden konnte. Gewinn ist der **vermögensmäßige Überschuss,** der – beim Auftraggeber – durch die vorgesehene rechtzeitige Nutzung des Bauvorhabens oder – beim Auftragnehmer – durch die rechtzeitige Erstellung der Bauleistung erzielt worden wäre. Auch im Bereich der Nr. 6 S. 1 gelten **für den entgangenen Gewinn die allgemeinen Grundsätze des § 252 BGB.** Die Schadensberechnung hat grundsätzlich anhand der **Erwartungen des Einzelfalles** darauf abzustellen, ob und wie sich bei ordnungsgemäßer Durchführung des Bauvertrages der Überschuss voraussichtlich nach den konkreten Umständen eingestellt hätte. Es genügt die Feststellung, welcher Gewinn wahrscheinlich gemacht worden wäre, was eine **Beweiserleichterung** bedeutet (soweit dem Auftraggeber ausnahmsweise das Recht zuzubilligen ist, für den Bereich von § 6 Nr. 6 VOB/B auch entgangenen Gewinn zu verlangen, weil dem Auftragnehmer grobe Fahrlässigkeit oder Vorsatz vorzuwerfen ist und es sich um die Bewertung des entgangenen Gewinns als solchem bei der Miete handelt, vgl. BGH Urt. v. 29.3.1990 VII 324/88 = BauR 1990, 464 = SFH § 286 BGB Nr. 5). 30

§ 252 BGB ermöglicht es durch die Wendung »nach dem gewöhnlichen Lauf der Dinge« an sich, den entgangenen Gewinn **auch abstrakt zu berechnen** (BGH Urt. v. 16.3.1959 III ZR 20/58 = BGHZ 29, 393). Das kommt aber nur in Betracht, wenn es dem Geschädigten trotz aller ihm zumutbarer Anstrengungen nicht möglich ist, seinen Gewinn konkret zu ermitteln, demgemäß darzulegen und zu beweisen. **Bei Bauverträgen** wird dies selten und **nur ausnahmsweise** der Fall sein. Ist ein solcher Gewinn trotz aller zumutbarer Bemühungen nicht konkret feststellbar, kommt es für die Schadensberechnung auf **allgemeingültige Erfahrungswerte** an, die im betreffenden Schadensbereich (z.B. Vermietbarkeit oder Nutzungswert der Bauleistung beim Auftraggeber; Möglichkeit der Gewinnerzielung bei einem gleichen Bauobjekt, das während der Dauer der hindernden Umstände hätte ausgeführt werden können, beim Auftragnehmer) am Ort des Schadens und während der Dauer des Schadensereignisses für die wahrscheinliche Überschusserzielung maßgebend sind. Die Beweiserleichterung des § 252 BGB entbindet den Anspruchsteller aber nicht von der Verpflichtung, die Ausgangs- und Anknüpfungstatsachen schlüssig darzulegen, wozu bei einem Mietausfallschaden etwa die vorgeplante Fertigstellungszeit gehört (OLG Koblenz BauR 1997, 872). 31

Entgangener Gewinn aus verbotswidrigen Verträgen ist an sich nur dann nicht zu ersetzen, wenn das Verbotsgesetz nicht nur die Vornahme des gewinnbringenden Rechtsgeschäfts missbilligt, sondern auch dessen zivilrechtliche Wirksamkeit verhindert, § 134 BGB (BGH Urt. v. 30.11.1979 VII ZR 214/77 = BauR 1980, 285). 32

Alles dieses schließt Nr. 6 bei leicht fahrlässigem Verhalten des Schädigers aus, indem sie dem Geschädigten den Anspruch auf entgangenen Gewinn versagt (aber Ausnahmen: vgl. Rn. 5 ff.). Die Haftungsbeschränkung gilt aber dann nicht, wenn im Bauvertrag die Geltung der VOB **nur nachrangig** nach dem BGB vereinbart ist (BGH Urt. v. 27.10.1977 VII ZR 298/75 = SFH § 284 BGB Nr. 1). 33

3. Mögliche Schäden des Auftraggebers

a) Adäquat-kausaler Schaden

Adäquat-kausal auf die hindernden Umstände zurückgehende und somit zu ersetzende **Schäden des Auftraggebers** betreffen einmal solche **am Bauwerk selbst** (vgl. BGH Urt. v. 1.12.2001 VII ZR 201/99 = BauR 2001, 1577), wie Beschädigung oder Zerstörung, wie z.B. der in der Zeit der Bauver- 34 zögerung durch Wassereinbruch entstandene Schaden am erstellten Teil der Gesamtleistung. Zudem erfasst werden Schäden, die sich auf das **sonstige Vermögen des Auftraggebers auswirken,** ohne **entgangener Gewinn** zu sein. Dazu gehören z.B. die wegen schuldhaft verzögerter Leistung des Auftragnehmers dem Auftraggeber entstandenen Mehrkosten an Lohn für infolge der Verzögerung nicht beschäftigtes Personal, Mehrkosten eines wegen der Stilllegung notwendig gewordenen anderweitigen – auch verlängerten – Aufenthalts, z.B. in einem Hotel oder in einer Mietwohnung. Gutachterkosten, die aufgewendet werden müssen, um auf den Leistungsverzug des Auftragnehmers zurückgehende Schäden an der Leistung festzustellen und zu klären, fallen ebenso hierunter wie der dem Auftraggeber durch die verspätete Herstellung entstandene finanzielle Mehraufwand, etwa im Bereich der Finanzierung. So sind **Finanzierungskosten** bis zur Höhe der in gleicher Zeit entgangenen Netto-Mieteinnahmen erstattungsfähig (BGH Urt. v. 4.5.2000 VII ZR 203/98 = BauR 2000, 1188 = NJW 2000, 2818 = NZBau 2000, 378: Finanzierungskosten als nach § 6 Nr. 6 VOB/B bei leichter Fahrlässigkeit zu ersetzender Schaden). Dazu rechnet der **gesamte Zinsaufwand,** der auf die Verzugszeit entfällt und beim Auftraggeber ohne den Verzug nicht angefallen wäre (BGH Urt. v. 29.3.1990 VII ZR 324/88 = BauR 1990, 464 = SFH § 286 BGB Nr. 5; ebenso Urt. v. 14.1.1993 VII ZR 185/91 = BauR 1993, 600 = SFH § 6 Nr. 6 VOB/B Nr. 6). Allerdings sind auf den Verzögerungsschaden wegen verspäteter Fertigstellung, z.B. einer Eigentumswohnung, die **Vorteile anzurechnen,** die der geschädigte Erwerber (Auftraggeber) aus ersparten Zinsaufwendungen für die Erwerbspreisfinanzierung und aus einer Steuerersparnis durch die erst mit Bezugsfertigkeit eintretende Beschränkung des Schuldzinsenabzuges (§ 21a EStG) erlangt (BGH Urt. v. 15.4.1983 V ZR 152/82 = BauR 1983, 465 = SFH § 249 BGB Nr. 8). Gleiches gilt für Erträgnisse des etwa aufgrund von Grundpfandrechten bereitgestellten, aber noch nicht gebundenen Kapitals (BGH Urt. v. 29.3.1990 VII ZR 324/88 = BauR 1990, 464 = SFH § 286 BGB Nr. 5).

Liegt **ausnahmsweise** Verschulden in Form von grober Fahrlässigkeit oder Vorsatz vor, kann der Auftraggeber **anstelle** der Mehraufwendungen für die Finanzierung als entgangenen Gewinn gemäß § 252 BGB die in der Verzugszeit **voraussichtlich entgangenen Erträge,** wie **z.B. die Mieteinnahmen,** ersetzt verlangen (BGH a.a.O.). Beruht der Mietausfallschaden jedoch auf verzögerter Mängelbeseitigung während der Bauausführung, so folgt der Schadensersatzanspruch aus § 4 Nr. 7 VOB/B als Spezialregelung zu Nr. 6 (BGH Urt. v. 6.4.2000 VII ZR 199/97 = BauR 2000, 1189).

b) Abgrenzung entgangener Gewinn

35 **Dagegen** ist im Falle bloß leicht fahrlässigen Verhaltens des Schädigers nicht erstattungsfähig, weil zum **entgangenen Gewinn** zählend, der bloße **Nutzungsverlust** im Bereich der **entgangenen Eigenverwertung,** den der Auftraggeber infolge der vom Auftragnehmer zu vertretenden hindernden Umstände erleidet. Bei dem hierunter fallenden **Mietausfall** (siehe dazu auch BGH Urt. v. 29.3.1990 VII ZR 324/88 = BauR 1990, 464 = SFH § 286 BGB Nr. 5; OLG Köln SFH § 641 BGB Nr. 2) müssen allerdings feste Kostenbestandteile, die im Rahmen der Miete berechnungsmäßig erfasst sind und dem Auftraggeber entstehen bzw. ihn belasten, **noch** mit **zum erstattungsfähigen Schaden** gerechnet werden. Dies gilt z.B. für die Bewirtschaftungskosten, die für die wirkliche Nutzung des Gebäudes bezahlt werden, für stetig anfallenden Erhaltungsaufwand (vgl. dazu BGH a.a.O.), ebenso für den regelmäßigen Finanzierungsaufwand, der aus den Mieterträgen zu decken ist. Entgangener Gewinn ist somit die **Nettomiete oder -pacht** (so auch BGH Urt. v. 14.1.1993 VII ZR 185/91 = BauR 1993, 600 = SFH § 6 Nr. 6 VOB/B Nr. 6). Zu ersetzender Schaden ist es im Übrigen auch, wenn der Auftraggeber einem Dritten – insoweit besonders aufgrund mit diesem bestehender vertraglicher Bindungen, wie einem Mieter, Pächter, Erwerber – den diesem durch die Leistungsverzögerung vom Auftragnehmer schuldhaft herbeigeführten Schaden zu ersetzen hat; insofern handelt es sich um einen nach § 6 Nr. 6 VOB/B zu ersetzenden Schaden, nicht aber nur um – teilweise – entgangenen Gewinn des Auftraggebers.

Hat ein General- oder Hauptunternehmer an seinen Auftraggeber eine **Vertragsstrafe** wegen nicht 36
fristgerechter Fertigstellung zu zahlen, so kann er nach BGH (BGH Urt. v. 18.12.1997 VII ZR 342/96
= BauR 1998, 330 = SFH § 6 Nr. 6 VOB/B [1973] Nr. 9; BGH NJW-RR 2000, 684; ebenso OLG
Naumburg OLGR 1998, 313; vgl. auch *Roquette/Knolle* BauR 2000, 47 ff., dem BGH zustimmend
sowie *Wirth* Grundeigentum 1998, 527) seinen Nachunternehmer nach § 6 Nr. 6 VOB/B in Anspruch nehmen, wenn die Verzögerung auf dessen schuldhafter Verletzung von Vertragspflichten beruht. Das geltende Adäquanzprinzip schließt die Schadenszurechnung nicht aus (a.A. OLG Frankfurt OLGR 1996, 242; OLGR 1997, 91; vgl. auch OLG Dresden NJW-RR 1997, 83 sowie Anmerkung
Siegburg EWiR 1996, 1111), da Vertragsstrafevereinbarungen im Verhältnis des Auftraggebers zum
Unternehmer nicht außerhalb jeglicher Lebenserfahrung liegen. Der General- oder Hauptunternehmer macht daher einen eigenen **Haftungsschaden** geltend, dem der Nachunternehmer nur den **Mitverschuldenseinwand** gemäß § 254 BGB entgegensetzen kann, wenn er nicht auf die hohen Risiken
(Höhe der Vertragsstrafe im Verhältnis zum Werklohn) hingewiesen wurde (ein nach KG BauR 2004,
1162 von Amts wegen zu berücksichtigender Einwand; sowie OLG Brandenburg BauR 2003, 1738;
vgl. im Übrigen hierzu: § 11 Nr. 2 VOB/B m.w.N.).

Sind dem Auftraggeber infolge schuldhafter Verzögerung der Leistung durch den Auftragnehmer 37
Mehrkosten an Architekten- oder Ingenieurgebühren entstanden, so unterfällt auch dies dem
zu ersetzenden Schaden. Regelmäßig erleidet der Auftraggeber allerdings keinen Schaden, weil
dem Architekten hier grundsätzlich kein Mehrvergütungsanspruch für seine Leistungen nach
§ 15 Abs. 2 Nr. 8 HOAI entsteht. Deshalb kann der Auftraggeber auch **nicht** im Wege der **Drittschadensliquidation** Mehrkosten des Architekten usw. gegen den Auftragnehmer geltend machen, weil
eine echte Schadensverlagerung nicht vorliegt; der Bauvertrag ist nicht im Interesse des Architekten
abgeschlossen worden (entgegen LG Freiburg BauR 1980, 467; *Brandt* BauR 1973, 13, 17; zutreffend
Locher/Löffelmann NJW 1982, 970; *Locher* Das private Baurecht Rn. 20).

4. Mögliche Schäden des Auftragnehmers

a) Adäquat-kausaler Schaden

Auf die hindernden Umstände adäquat-kausal zurückgehende **Schäden des Auftragnehmers** liegen 38
nach der **maßgebenden Differenztheorie** (Gegenüberstellung der Vermögenslage mit dem Schadensereignis und ohne dieses) im Allgemeinen im Bereich des erforderlichen **Mehraufwandes
bei der Erstellung der vertraglichen Leistung**; ein solcher kann anfallen bei Lieferschwierigkeiten
von durch den Auftraggeber angeordneten bestimmten Erzeugnissen oder Bauverfahren, bestimmten Ursprungsorten oder Bezugsquellen, wenn der Auftraggeber nicht selbst den Lieferanten usw.
vorher verbindlich verpflichtet hat (vgl. dazu § 9 Nr. 5 VOB/A) aber auch darin liegen, dass sich
durch den Mehraufwand die Grundlagen der Vergütung geändert haben (OLG Düsseldorf BauR
1998, 340). Zu den Schäden zählen aber **auch finanziell bewertbare, sonst nicht eingetretene Verluste im Rahmen des Gewerbebetriebes des Auftragnehmers** (vgl. dazu auch *Vygen* BauR 1983,
414). Dazu gehören beispielhaft: die bereits aufgewendeten Kosten oder die bereits entstandenen
Forderungen von Lieferanten bei der Beschaffung von noch nicht eingebauten Baustoffen und/oder
Bauteilen, erhöhte Unkosten für deren Lagerung, die Kosten für die Überwachung, Unterhaltung
und etwaiger Trockenhaltung der stilliegenden Baustelle, die Kosten etwa erforderlicher Umdispositionen hinsichtlich des Transportes, der Lagerung sowie des Einsatzes von Material und Personal
einschließlich ganz oder teilweise erforderlicher Baustellenräumung, die Lohn- und Gehaltsaufwendungen, sofern sie nicht ohnehin entstanden wären (vgl. dazu KG ZfBR 1984, 129; OLG Düsseldorf
BauR 1997, 646) insbesondere auch für speziell zur Durchführung des Bauauftrages eingestelltes
Personal, wenn dieses nicht sogleich anderweitig beschäftigt werden kann, zusätzliche Fahrtkosten
(vgl. dazu OLGR Düsseldorf 1996, 88) bereits entstandene oder nicht mehr vermeidbare Vorhaltekosten (KG a.a.O.; OLG Düsseldorf BauR 1988, 487 = SFH § 6 Nr. 6 VOB/B Nr. 5) wie z.B. für gemietete, nicht anderweitig einzusetzende Geräte, Kosten für eingetretene Lohn- und Materialpreis-

erhöhungen, wenn der Vertrag Lohn- und Materialgleitklauseln nicht enthält (*Vygen/Schubert/Lang* Rn. 289). Auch kann der Auftragnehmer entstandene **erhöhte Allgemeine Geschäftskosten** als Schaden in Ansatz bringen, sofern er die Erhöhung im Einzelfall hinreichend spezifiziert darlegt und beweist (vgl. dazu KG ZfBR 1984, 129; weiter gehend: OLG Düsseldorf BauR 1988, 487, wonach Allgemeine Geschäftskosten zum Schaden gehören, da sie ohne Stillstand bei einem Folgeauftrag verdient worden wären; ebenso *Drittler* S. 829; instruktiv hierzu: *Lang/Rasch* FS Jagenburg S. 417 sowie *Heilfort* BauR 2003, 457 zur DV-gestützten Dokumentation; OLG Nürnberg BauR 2001, 409, verlangt wird eine konkrete und plausible Darlegung, das die zeitabhängigen Kosten gemäß Kalkulation bei ungestörtem Bauablauf erreicht worden wären; ebenso BGH Urt. v. 21.3.2002 VII ZR 224/00 = BauR 2002, 1249 = NZBau 2002, 381), sowie eine gegebenenfalls infolge verspäteter Abrechnung eingetretene erhöhte Steuerlast. Ersatzfähige Mehrkosten können dem Auftragnehmer auch dadurch entstehen, dass er Maßnahmen zur Minderung des vom Auftraggeber schuldhaft herbeigeführten Schadens trifft, wie z.B. die Überprüfung und Berichtigung unzutreffender oder unvollständiger Ausführungsunterlagen (etwa Schal- und Bewehrungspläne). Ähnliches gilt, wenn der Auftraggeber schuldhaft seine sonstigen Mitwirkungspflichten verletzt (z.B. durch verspätete Erfüllung seiner Bereitstellungs- und Koordinierungspflicht usw.) und der Auftragnehmer durch erhöhten Einsatz von Personal, Material, Mehraufwand an Kosten der Baustelle sowie allgemeinen Geschäftskosten die ursprünglich vorgesehene Bauzeit entweder einhält oder nur unwesentlich überschreitet (über die maßgebenden Einzelheiten, vor allem die Maßstäbe der Schadensbewertung, vgl. weiter und näher *Kapellmann/Schiffers* Rn. 1419 ff., die vor allem die baubetrieblichen bzw. kalkulatorischen Gesichtspunkte im Einzelnen zutreffend aufzählen und erörtern). Dazu können auch Kosten der Einholung eines Bodengutachtens rechnen, das der Auftraggeber entgegen § 9 Nr. 3 Abs. 3 VOB/A bisher nicht eingeholt hat (vgl. dazu auch *Vygen/Schubert/Lang* Rn. 258 f.). Erlangt der Auftragnehmer hingegen durch die Bauverzögerung Vorteile, so sind sie auszugleichen (vgl. OLG Bremen OLGR 1999, 101 zur Anrechnung von Zinsvorteilen aus einer infolge der Bauverzögerung nicht abgearbeiteten Vorauszahlung).

b) Nr. 6 erfasst auch vergütungsgleiche Ansprüche

39 Unter Nr. 6 können auch Schäden des Auftragnehmers wegen schuldhafter Verzögerung durch den Auftraggeber gefasst werden, die **an sich die Vergütung des Auftragnehmers, vor allem deren Veränderung,** betreffen, wie z.B. auf der Grundlage von § 2 Nr. 5, 6 und 8 VOB/B (OLG Düsseldorf BauR 1998, 340). Entgegen Nicklisch (in *Nicklisch/Weick* § 6VOB/B Rn. 51) können Schadensbestandteile, die eigentlich eher dem Vergütungsanspruch des Auftragnehmers zuzurechnen sind, **nicht ausgeschlossen** werden. Nicklisch übersieht, dass es hier in erster Linie **nicht** darum geht, **Anspruchsgrundlagen zu unterscheiden,** weil sie scharf voneinander zu trennen wären, sondern um die **Festlegung ihres Inhalts,** nämlich einmal des Schadens, zum anderen des Inhalts des Vergütungsanspruchs. Beides kann sich, vor allem im Bereich des Schadensersatzanspruchs, durchaus **überschneiden, ohne dass dadurch die eine Anspruchsgrundlage wegen der anderen ausgeschlossen wäre.** So kann der Auftragnehmer einen Schaden, der auch der Vergütung zuzurechnen ist, **sowohl** im Rahmen des Schadensersatzanspruchs **als auch** im Rahmen des Vergütungsanspruchs (z.B. im Bereich von § 2 Nrn. 5, 6 und 8 VOB/B) geltend machen (vgl. auch *Roquette* S. 64; *Diehr* BauR 2001, 1507). Daher ist die von Nicklisch befürchtete Auswirkung, dass nämlich für einen Anspruch nach § 6 Nr. 6 VOB/B Verschulden Voraussetzung einer erfolgreichen Durchsetzung ist, während dies im Bereich von Ansprüchen auf veränderte Vergütung nicht erforderlich ist, in Wirklichkeit nicht gegeben, da in dem betreffenden Fall bei gleichem Sachverhalt der Auftragnehmer die **Wahl** hat, ob er Schadensersatz **oder** veränderte Vergütung geltend macht. Geht es letztlich **allein** um die Frage des Verschuldens des Auftraggebers oder seiner Erfüllungsgehilfen, wird der Auftragnehmer naturgemäß über § 2 Nrn. 5, 6 oder 8 eine veränderte Vergütung beanspruchen. Möglich ist aber, dass der Auftragnehmer nach gegebener Sachlage den **Schadensersatz wählen muss, weil er keine auf den Vergütungsbereich abgestellte Möglichkeiten zur Durchsetzung hat.** Das kann z.B.

eintreten, wenn bei § 2 Nr. 5 VOB/B die Anordnung des Auftraggebers fehlt, im Falle von § 2 Nr. 6 Abs. 1 S. 2 VOB/B der Auftragnehmer die anspruchsbegründende Ankündigung unterlassen hat, obwohl sie im betreffenden Fall erforderlich war, oder der Auftragnehmer im Bereich von § 2 Nr. 8 Abs. 2 S. 2 VOB/B die unverzügliche Anzeige unterlassen hat. Dann bleibt ihm in Fällen der Verursachung von Mehrvergütung durch den Auftraggeber wegen in dessen Bereich schuldhaft verursachter Bauverzögerung häufig keine andere Wahl, als einen Anspruch im Wege des Schadensersatzes nach § 6 Nr. 6 VOB/B zu verfolgen, was sich angesichts der klar umgrenzten, vorangehend genannten Vergütungsbestimmungen nicht durch eine von Nicklisch (a.a.O.) angeführte »Risikoverschiebung« im Vergütungsbereich zu Lasten des Auftraggebers sozusagen aus den Angeln heben lässt. Es wäre grob unbillig, dem Auftragnehmer nicht jedenfalls diese Möglichkeit offen zulassen. Daher kann in einem solchen Fall dem Auftragnehmer der genannte Weg nicht verschlossen bleiben.

c) Konkreter Schadensnachweis

Der Auftragnehmer muss seinen **Verzögerungsschaden im jeweiligen Einzelfall grundsätzlich** **40** **konkret darlegen** und gegebenenfalls nachweisen (vgl. OLG Brandenburg BauR 2005, 887; zu den Darlegungsanforderungen vgl.: OLG Düsseldorf NJW-RR 98, 670; OLG Nürnberg MDR 2000, 227). Hierzu ist erforderlich, die Behinderung darzulegen und deren Dauer zu beweisen; es gilt § 286 ZPO. Hinsichtlich der Folgen der konkreten Behinderung kann § 287 ZPO angewandt werden, da die nicht mehr zum Haftungsgrund gehörenden Folgen der haftungsausfüllenden Kausalität zuzuordnen sind und der tatrichterlichen Bewertung unterliegen. Ein insoweit zur Untermauerung der Ansprüche vorgelegtes Privatgutachten ist zu berücksichtigen (BGH Urt. v. 24.2.2005 VII ZR 225/03 = BauR 2005, 861; Urt. v. 24.2.2005 VII ZR 141/03 = BauR 2005, 857). Dies gilt **auch für Großbaustellen**, zumal dort die Kontrollmöglichkeiten bei ordnungsgemäßer Aufsicht über die Baustelle u.U. noch zuverlässiger gegeben sind, zumindest bei entsprechendem Überwachungseinsatz; das ist auch nicht unzumutbar, weil etwaige Mehrkosten zwecks Festhaltung des Schadens in den Schadensersatzanspruch miteinbezogen werden können (zutreffend BGH Urt. v. 20.2.1986 VII ZR 286/84 = BauR 1986, 347 = SFH § 6 Nr. 6 VOB/B Nr. 4; entgegen *Grieger* BauR 1985, 524, 526).

aa) Mehraufwand bei Einhaltung der Bauzeit

Das **Erfordernis des konkreten Nachweises gilt auch,** wenn der Schaden des Auftragnehmers nicht **41** in etwaigen Mehrkosten wegen Bauzeitverlängerung, sondern darin besteht, dass er die **Bauzeit einhält, dieses aber nur durch im Vergleich zu seiner zur Vertragsgrundlage gewordenen Kalkulation entstehende Mehraufwendungen,** wie z.B. verstärkten Personaleinsatz, Mehrausgaben für Material und erhöhte Baustellenkosten, **erreicht.** Auch dann lässt sich ein Soll-Ist-Vergleich durch Gegenüberstellung der kalkulierten und tatsächlich angefallenen Kosten erreichen. **Untauglich** ist für einen solchen Fall das so genannte **Äquivalenzkostenverfahren,** bei dem eine Gegenüberstellung des der Kalkulation zugrunde gelegten Bauablaufs mit einem so genannten störungsmodifizierten ohne Rücksicht auf den tatsächlichen (Ist-)Ablauf erfolgt. Dieses Verfahren bringt weitgehend eine bloße fiktive Schadensberechnung, löst sich also von dem Erfordernis konkreter Schadensdarlegung. Sofern hinsichtlich der konkreten Schadensfeststellung Ungewissheiten und Unsicherheiten gegeben sind, lassen sich diese unter der Voraussetzung der Darlegung bestimmter Mindest- und Höchstwerte in Einzelbereichen im Streitfall durchaus durch eine Pauschalierung auf der Grundlage des § 287 ZPO festlegen (BGH a.a.O.; zutreffend entgegen *Grieger* BauR 1985, 524; *Clemm* Betrieb 1985, 2597; *Ágh-Ackermann/Kuen* BauR 1993, 655, 661 f.; richtig dagegen nicht zuletzt *Olshausen* FS Soergel S. 343, 344 ff.). Allerdings muss der Auftragnehmer zunächst darlegen und beweisen, dass und warum er in dem betreffenden Teilbereich den konkreten Nachweis nicht oder nicht in zumutbarer Weise führen kann und weshalb es ihm im Einzelnen hier nicht möglich ist, § 242 BGB. Auch dann, wenn letztlich nur eine Schätzung nach § 287 ZPO übrig bleibt, müssen jedenfalls hinreichend Anhaltspunkte für die Mindest- und Höchstwerte vorgebracht werden, um ausreichende Schätzgrundlagen zu haben. Zutreffend weisen *Kapellmann/Schiffers* (BauR 1986, 615) entgegen Grieger

(BauR 1987, 378) im Einzelnen nach, dass gerade auch bei Großbaustellen die Schadensermittlung in den einzelnen in Betracht kommenden Bereichen der Auftragnehmerseite weitgehend möglich ist, und zwar bei zumutbarer Überwachung weitestgehend konkret, im Übrigen aber mit Werten, die für eine Schadensschätzung erforderlich, aber auch ausreichend sind (zu den baubetrieblichen Grundlagen *Kapellmann/Schiffers* a.a.O., vgl. dazu vor allem *Olshausen* FS Korbion 1986 S. 323; ferner *Bauer* Bauwirtschaft 1987, 334; insbesondere *Vygen/Schubert/Lang* Rn. 326 ff. Sehr ins Einzele gehend dazu weiter *Kapellmann/Schiffers* Bd. 1 Rn. 1612 ff.).

bb) Baugeräteliste

42 Eine bloße Abschreibung nach der **Baugeräteliste** (2001) oder ähnlichen der Kalkulation für das Vertragsangebot bzw. den Vertragsabschluss und damit den künftigen Einsatz dienenden Hilfsmitteln deckt nicht den hier maßgebenden Schadensbegriff ab (ebenso Nr. 3.2 VHB zu § 6 VOB/B). Überdies entspricht die in der Baugeräteliste auch erfasste Kapitalverzinsung dem entgangenen Gewinn; teilweise dürfte das auch für die dort berücksichtigte wirtschaftliche Abschreibung gelten. Sie schlägt zwar bei der kaufmännischen Erfolgsrechnung als Verlust zu Buche, stellt aber kalkulatorisch nur eine Verteilung der Anschaffungskosten über die vermutliche Nutzungsdauer dar. Den sich auf diese Weise ergebenden kalkulatorischen Verlust muss das Gerät durch seinen Einsatz »verdienen«, damit der kalkulatorische Abschreibungsverlust zumindest neutralisiert wird. Dies kann jedoch nicht geschehen, wenn das Gerät nicht eingesetzt werden kann bzw. wenn sich die ursprünglich veranschlagte Bauzeit verlängert und das Gerät in dieser Zeitspanne sozusagen »umsonst« arbeitet. Dies führt zwar kaufmännisch zu einem Verlust (Aufwand), der jedoch keinesfalls ohne weiteres mit dem Schaden gleichgesetzt werden kann. Es ist vielmehr der Nachweis der durch die längere Gerätevorhaltung entstandenen Mehrkosten dadurch zu führen, dass die durch die Behinderung verursachte verminderte Produktivität des einzelnen Geräts (Ausnutzungsfaktor) derjenigen gegenübergestellt wird, die der Kalkulation zugrunde gelegt worden war und erreicht worden wäre, wenn es keine Behinderung gegeben hätte (insoweit zutreffend KG ZfBR 1984, 129), ohne dass auch noch nachzuweisen wäre, dass und gegebenenfalls wo das Gerät bei ungestörtem Bauablauf anschließend verwendet worden wäre, weil davon auszugehen ist, dass ein Unternehmer seine Geräte rentabel einsetzt (zutreffend *Vygen/Schubert/Lang* Rn. 286 ff.). Dabei kann die Praxis durchaus ergeben, dass insofern das gleiche Ergebnis, wie in der Baugeräteliste angeführt, erzielt wird. Im Ausgangspunkt ist hier auf den Berechnungsvorschlag von *Dähne* (BauR 1978, 429) hinzuweisen, der gerade auch aus baubetriebswirtschaftlichen Gesichtspunkten jedenfalls teilweise sachgerechte Wege aufzeigt (vgl. dazu die vom OLG Düsseldorf BauR 1988, 487 = SFH § 6 Nr. 6 VOB/B Nr. 5 in einem Einzelfall vorgenommene Berechnung, ferner auch *Heiermann* BB 1981, 876, 882). Maßgebend für eine Schadensfeststellung ist aber, auch im Hinblick auf § 287 ZPO, **immer vorweg** die unumgängliche Feststellung, dass das betreffende Gerät infolge der schadensbedingten Verlängerung seines Einsatzes **anderweitig ausgefallen** ist, also schadensbedingt nichts »verdienen« konnte (KG a.a.O.). Praxisnah ist die Entscheidung des OLG Düsseldorf vom 23.2.2003 (BauR 2003, 892; zustimmend ebenso *Leinemann/Leinemann* § 6 VOB/B Rn. 107), die zur Ermittlung der Stillstandskosten die Baugeräteliste zur Schätzung nach § 287 ZPO heranzieht und 70% des Baugerätelistenwertes als im üblichen Rahmen liegenden, i.d.R. kostendeckenden Faktor bezeichnet. Zutreffend weist das OLG darauf hin, das bei Eigengeräten sich ein Schaden durch verlängerte Vorhaltung i.d.R. nicht feststellen lässt und deshalb nach üblichen Kalkulationskosten nach § 287 ZPO geschätzt werden kann. *Hager* (BauR 1991, 284) schlägt in beachtlicher Weise ein möglichst vereinfachtes Verfahren zur Berechnung von Gerätestillstand und Geräteüberstandskosten vor. Am **sachgerechtesten,** vor allem weil **am ehesten am Schadensbegriff orientiert,** erscheinen die auch hier sehr ins einzelne gehenden Vorschläge von *Kapellmann/Schiffers* (a.a.O. Rn. 1084 ff.).

Nach OLG Braunschweig (BauR 2004, 1621) ist die Baugeräteliste bei der Ermittlung der angemessenen Entschädigung nach § 642 BGB nicht anzuwenden, da es sich hier nicht um einen der Schätzung zugänglichen Schadensersatzanspruch handele.

cc) Gewinnschmälerung

Letztendlich ist die bloße **Schmälerung der** bei dem betreffenden Bauvorhaben vom Auftragnehmer vorausberechneten und wahrscheinlich erwarteten bzw. zu erwartenden **Gewinnspanne** als **entgangener Gewinn** nicht erstattungsfähig, wenn dem Auftraggeber nicht Vorsatz oder grobe Fahrlässigkeit vorzuwerfen ist. Gleiches gilt für auf die Behinderung oder Unterbrechung zurückzuführende Gewinnverluste bei **anderen Bauvorhaben,** also auch entgangenen Aufträgen, **soweit es sich dabei um den voraussichtlich erzielbaren** Überschuss handelt. Anders liegt es, wenn es um Vertragsstrafen oder Schadensersatz geht, die der Auftragnehmer wegen nicht möglicher Ausführung von Anschlussaufträgen zu tragen hat. 43

dd) Mehrwertsteuer

Zweifelhaft ist noch immer, ob dem Schadensersatzanspruch nach § 6 Nr. 6 VOB/B des Auftragnehmers **auch Mehrwertsteuer** zuerkannt werden kann (so *Dähne* BauR 1978, 429, 433 Fn. 25; *Kapellmann* BauR 1985, 123, 124; *Kapellmann/Schiffers* Bd. 1 Rn. 1497; anders KG ZfBR 1984, 129, 132; ebenso OLG Düsseldorf BauR 1988, 487 = SFH § 6 Nr. 6 VOB/B Nr. 5; OLG Düsseldorf BauR 1997, 646). Zwar fallen Schadensersatzansprüche grundsätzlich nicht unter § 1 Abs. 1 Nr. 1 UStG. Hier ist jedoch die Annahme möglich, dass es sich nicht nur um den Ersatz von Vermögensnachteilen handelt, die dem Auftragnehmer infolge der Behinderung bei der Erbringung seiner Leistung erwachsen sind (so KG a.a.O.), sondern zumindest teilweise um einen zusätzlichen Vergütungsanspruch, der ihm wegen der Behinderung und der daraus folgenden Mehraufwendungen zusteht. Für den hier erörterten Bereich ist aber der Gedanke nahe liegend, dass die Leistung des Auftragnehmers trotz der Stillstandszeiten unverändert bleibt, so dass nur die eigentlich geschuldete Leistung des Auftragnehmers und die dafür vereinbarte Vergütung in einem Austauschverhältnis stehen, an das die Umsatzsteuerpflicht anknüpft (OLG Düsseldorf BauR 1988, 487 = SFH § 6 Nr. 6 VOB/B Nr. 5; *Vygen/Schubert/Lang* Rn. 367; *Heiermann/Riedl/Rusam* § 6 VOB/B Rn. 52; gegen Mehrwertsteuer: *Franke/Kemper/Zanner/Grünhagen* § 6 VOB/B Rn. 107; *Leinemann/Leinemann* § 6 VOB/B Rn. 113; *Grams* BauR 2002, 1461). Immerhin ist die Frage in der steuerrechtlichen Rechtsprechung **noch nicht geklärt,** so dass in diesem Bereich **gegenwärtig nicht einer Leistungs-, sondern lediglich einer entsprechenden Feststellungsklage** stattgegeben werden kann (BGH Urt. v. 20.2.1986 VII ZR 286/84 = BauR 1986, 347 = SFH § 6 Nr. 6 VOB/B Nr. 4; OLG Düsseldorf BauR 1997, 646). Für den Fall außergerichtlicher Verhandlungen ist dem Auftragnehmer zu raten, ein möglichst uneingeschränktes Anerkenntnis des Auftraggebers zur Nachforderung der Umsatzsteuer zu verlangen, falls er vom Finanzamt zu deren Zahlung aufgefordert wird (zutreffend *Kapellmann/Schiffers* a.a.O. Rn. 1497; vgl. auch Beck'scher VOB-Komm./*Motzke* § 6 Nr. 6 VOB/B Rn. 115). 44

d) Vorbehalt nach § 16 Nr. 3 Abs. 2 VOB/B

Wenn der Auftragnehmer im Rahmen der Nr. 6 vergütungsgleiche Mehrkosten geltend macht, muss er beachten, dass solche durch vorbehaltlose Annahme der Schlusszahlung nach § 16 Nr. 3 Abs. 2 bis 6 VOB/B ausgeschlossen sein können. 45

III. Verjährung des Schadensersatzanspruches nach Nr. 6

1. Schadensersatzanspruch des Auftragnehmers

Für die Zeit unter Geltung des BGB i.d.F. vor dem 1.1.2002 hat gegolten, dass der Anspruch des Auftragnehmers, da er mit seinem **Anspruch** eigentlich den **Gegenwert** für von ihm geleistete Arbeiten und die damit verbundenen Mehraufwendungen verlangt, in der **kurzen Frist** des § 196 Abs. 1 Nr. 1 BGB a.F. (2 Jahre) oder, falls die Leistung für einen Gewerbebetrieb des Auftraggebers erbracht worden ist, nach § 196 Abs. 2 BGB a.F. (4 Jahre) verjährt. Dies hat der BGH überzeugend für den häufigen Fall dargelegt (BGHZ 50, 25 = NJW 1968, 1234 SFH Z 2.331 Bl. 61 ff.), dass der Auftragnehmer aus vom Auftraggeber zu vertretender Behinderung die Arbeiten hat verschieben und verlängern 46 müssen, wodurch Mehraufwendungen angefallen sind. (a.A. *Nicklisch/Weick* § 6 VOB/B Rn. 67; wie hier *Heiermann/Riedl/Rusam* § 6 VOB/B Rn. 54 a; OLG Zweibrücken BauR 2002, 1857 zu § 196 BGB a.F.). Dasselbe traf folgerichtig zu, wenn der Auftragnehmer zwar die vorgegebene Bauzeit eingehalten, er jedoch zur Erreichung dieses Zieles infolge nicht ordnungsgemäßer Mitwirkung der Auftraggeberseite Mehrkosten an Eigenaufwand (Lohn, Material, Kosten der Baustelle, Allgemeine Geschäftskosten) gehabt hat und nun ersetzt verlangte. **Maßgebend** war hiernach **nicht der Rechtsgrund, sondern der Inhalt des Anspruches** im Hinblick darauf, ob er als **vergütungsgleich** zu bewerten ist oder nicht (vgl. dazu auch OLG Zweibrücken BauR 1980, 482; wie hier: Beck'scher VOB-Komm./*Motzke* § 6 Nr. 6 VOB/B Rn. 13).

47 Die kurzen Verjährungsfristen kamen auch in Betracht, wenn in Fällen der **positiven Vertragsverletzung** und des **Verschuldens bei Vertragsabschluss** ein **Ersatzwert für den in kurzer Frist verjährenden Erfüllungsanspruch verlangt** wird; auch kommt § 196 BGB a.F. zum Zuge, wenn das Verlangen auf den Gegenwert für erbrachte Leistungen auf **ungerechtfertigter Bereicherung** oder auf **Geschäftsführung ohne Auftrag** beruhte (BGH Urt. v. 14.1.1960 II ZR 146/58 = BGHZ 32, 13, 15; Urt. v. 22.1.1967 VII ZR 181/65 = BGHZ 48, 125, 127). Andere Schadensersatzansprüche verjähren dagegen in der Normalfrist des § 195 BGB a.F. (30 Jahre).

48 Diese Überlegungen, die zur Anwendung der ehemals kurzen Verjährungsfrist geführt haben, sind nach wie vor zutreffend, haben allerdings durch die Neugestaltung des Verjährungsrechts mit der Schuldrechtreform (vgl. *Grams* BauR 2002, 1461 sowie *Preussner* BauR 2002, 231) an Bedeutung verloren. Die regelmäßige Verjährungsfrist beträgt nun 3 Jahre nach § 195 BGB, sie betrifft die Forderungsverjährung wie auch die Verjährung von Schadensersatzansprüchen aus Pflichtverletzungen gleichermaßen. Lediglich für die jeweilige Verjährung der Mängelansprüche sowie die Sondertatbestände der §§ 196, 197 BGB gelten Abweichungen. Die Verjährung beginnt nach § 199 Abs. 1 BGB mit Ende des Jahres zu laufen, in dem der Anspruch entstanden ist (Fälligkeit) und dem Gläubiger die anspruchbegründenden Tatsachen sowie die Person des Schuldners bekannt geworden sind. Die letztgenannten Voraussetzungen bereiten bei Vertragsverhältnissen regelmäßig keine Schwierigkeiten. Dem Auftragnehmer sind die Umstände, auf die er seinen Anspruch stützt, als auch sein Vertragspartner bekannt, so dass es auf die Fälligkeit des Vergütungsanspruches ankommt (*Kapellmann* BauR 1985, 123, 128; zur Übergangregelung vgl. Art. 229 § 6 EGBGB sowie § 16 VOB/B).

49 Für die Fälligkeit ist eine **prüfbare Abrechnung** erforderlich, damit der Auftraggeber die Berechtigung der als Schadensersatz verlangten Mehrvergütung auch im Verhältnis zum übrigen Vergütungsanspruch nachprüfen kann (§ 14 Nr. 1 VOB/B) (ähnlich auch *Vygen/Schubert/Lang* Rn. 311; OLG Zweibrücken BauR 2002, 1857 zu § 196 BGB a.F.). Verlangt wird der Nachweis des infolge der schuldhaften Pflichtverletzung der Auftraggeberseite bei **gleich bleibendem** Leistungsinhalt zwangsläufig durch den Auftragnehmer erbrachten erhöhten Eigenaufwands (Lohn, Material, Baustellenkosten, Allgemeine Geschäftskosten). Da dies regelmäßig aus dem zum Vertrag gewordenen Leistungsverzeichnis bzw. Angebot des Auftragnehmers nicht ersichtlich ist, bedarf die prüfbare Rechnung des Auftragnehmers der Gegenüberstellung der bisher dem Vertrag zum Eigenaufwand zugrunde gelegten Kalkulationsgrundlagen und dem wegen der Bauverzögerung in Wirklichkeit erforderlich gewordenen **erhöhten** Eigenaufwand des Auftragnehmers. Beim VOB-Vertrag erfolgt dieser Nachweis **grundsätzlich in der Schlussrechnung**, wobei für die Fälligkeit und den Verjährungsbeginn sowohl die Bestimmungen in § 16 Nr. 3 Abs. 1 VOB/B als auch das Abnahmeerfordernis zu beachten sind (ebenso *Kapellmann* in *Kapellmann/Messerschmidt* 6 VOB/B Rn. 87; sowie *Siegburg* Verjährung im Baurecht Rn. 48). Andererseits muss angesichts der Tatsache, dass es sich bei § 6 Nr. 6 VOB/B »nur« um einen vergütungsgleichen oder ähnlichen **Schadensersatzanspruch** handelt, dessen Geltendmachung allein dem Auftragnehmer als dem Geschädigten nach Grund **und** Höhe vorbehalten ist, eine entsprechende Anwendung von § 14 Nr. 4 VOB/B ausscheiden, da insoweit der Gesichtspunkt des Schadensersatzes und nicht der vergütungsmäßigen Erfüllung überwiegt (a.A. *Heiermann/Riedl/Rusam* § 6 VOB/B Rn. 54a). Gleiches gilt mit Ausnahme der Abnahme auch bei vorzeitiger Kündigung des Bauvertrages (ebenso BGH Urt. v. 9.10.1986 VII ZR 249/85 = BauR 1987, 95 = SFH § 16 Nr. 3 VOB/B Nr. 38). Zur Vermeidung der Einrede der vorbehaltlosen Annahme der Schlusszahlung ist auf das fristgerechte Vorbehaltserfordernis insbesondere für den Fall hinzuweisen, dass der Auftragnehmer seinen Anspruch nach § 6 Nr. 6 VOB/B nicht mit in die Schlussrechnung aufgenommen hat. Im Übrigen wird man es dem Auftragnehmer nicht verwehren können, vor Beendigung seiner Leistung **Abschlagszahlungen** auf seine Mehrkosten entsprechend § 16 Nr. 1 VOB/B unter den dort angeführten Voraussetzungen (prüfbare Aufstellung!) zu verlangen (vgl. oben Rn. 45; wie hier *Vygen/Schubert/Lang* Rn. 308, 312; *Kapellmann* in *Kapellmann/Messerschmidt* § 6 VOB/B Rn. 87; Beck'scher VOB-Komm./*Motzke* § 6 Nr. 6 VOB/B Rn. 114. Zu AGB-Klauseln, die die Pflicht zur zeitnahen und prüfbaren Abrechnung verlangen, vgl. *Oberhauser* BauR 2001, 1177).

Zur Hemmung vgl. jetzt § 18 Nr. 2 VOB/B (ebenso BGH Urt. v. 28.2.2002 VII ZR 455/00 = BauR 2002, 979 für VOB Fassung 2000).

2. Schadensersatzanspruch des Auftraggebers

Fraglich ist, wann Schadensersatzansprüche des **Auftraggebers** verjähren. Wird von den vorerwähnten Grundsätzen ausgegangen, hält man insbesondere den **Erfüllungsanspruch,** für den durch den Schadensersatzanspruch ein Äquivalent geschaffen werden soll, für maßgebend, kann daran gedacht werden, dass der Schadensersatzanspruch, sofern er **mit dem aus § 4 Nr. 7 VOB/B oder § 13 Nr. 7 VOB/B vergleichbar oder inhaltsgleich** ist (insbesondere auch für den Rahmen der so genannten »Mangelfolgeschäden« bzw. »entfernteren Mangelfolgeschäden« aus dem Bereich der positiven Vertragsverletzung), in der dafür maßgebenden Frist verjährt (ebenso *Daub/Piel/Soergel/Steffani* Teil B ErlZ B 6.1.112; *Heiermann* BB 1981, 876, 882; auch *Nicklisch/Weick* § 6 VOB/B Rn. 68; so auch *Heiermann/Riedl/Rusam* § 6 VOB/B Rn. 55 f.). Diese Überlegung erscheint gerechtfertigt, wenn auch in Anbetracht der neuen Regelfrist von 3 Jahren nach § 195 BGB ein zu großes Auseinanderfallen der Verjährungsfristen des Schadensersatzanspruches des Auftraggebers einerseits und des Auftragnehmers andererseits nicht mehr zu befürchten ist. Nachdem für derartige Schäden eine 30-jährige Verjährungsfrist nicht mehr existiert und die fehlende Kenntnis bei den hier maßgeblichen Ansprüchen in den seltensten Fällen zu einem verspäteten Beginn des Fristenlaufs führen wird (§ 199 Abs. 1 BGB), ist der Gleichlauf der Verjährung der Mängelansprüche mit derjenigen aus Nr. 6 für den Auftraggeber nicht nachteilig und auch aus diesem Grunde zu bejahen.

C. Nr. 6 S. 2: Der Entschädigungsanspruch nach § 642 BGB

I. Allgemeines

Der **Entschädigungsanspruch nach § 642 BGB** steht dem Auftragnehmer jetzt **neben dem Schadensersatzanspruch nach Nr. 6 S. 1** zu. Er ist für die Fälle bedeutsam, in denen das für einen Schadensersatzanspruch erforderliche Verschulden des Auftraggebers nicht gegeben ist, bzw. mangels Vorliegen der Voraussetzungen des § 278 BGB eine Verschuldenszurechnung scheitert. Das Versagen eines Schadensersatzanspruches nach Nr. 6 in den Fällen einer vom Vorunternehmer zu vertretenden Bauablaufstörung, da er nicht Erfüllungsgehilfen des Auftraggebers ist, war entscheidendes Kriterium für den BGH (Urt. v. 21.10.1999 VII ZR 185/98 = BauR 2000, 722 = NJW 2000, 1336) seine Rechtsprechung zur Anwendbarkeit des § 642 BGB neben § 6 Nr. 6 zu überdenken und zu ändern. Die Ergänzung des § 6 Nr. 6 um S. 2 in der Fassung VOB 2006 war insoweit folgerichtig; § 642 ist damit kraft vertraglicher Vereinbarung anwendbar. Der BGH hat zwar mit vorgenannter Entscheidung einen **Schritt zur interessengerechten Behandlung** der Vorunternehmerfälle getan (*Kraus* BauR 2000, 1105; *Stamm* BauR 2002, 1; *Leinemann/Leinemann* § 6 VOB/B Rn. 99), die Ablehnung der Gehilfeneigenschaft des Vorunternehmers bleibt aber zu kritisieren (vgl. oben Rn. 16 ff.). Zu dem mit dieser Weichenstellung verbunden Bedeutungsverlust der Nr. 6 vgl. Rn. 18.

II. Voraussetzungen des § 642 BGB

52 Nach § 6 Nr. 6 S. 2 bleibt der Anspruch nach § 642 unberührt. Neben den Anforderungen, die unmittelbar aus § 642 BGB folgen, wird weiter eine Behinderungsanzeige des Auftragnehmers verlangt, die nur in den Fällen der Offenkundigkeit unterbleiben kann. § 642 Abs. 1 BGB selbst verlangt den Annahmeverzug des Auftraggebers, hervorgerufen durch das Unterlassen einer erforderlichen Mitwirkungshandlung.

1. Mitwirkungshandlung

53 Bei der Mitwirkung des Auftraggebers handelt es sich um Handlungen oder um Unterlassen von Handlungen, von denen der Beginn oder die Durchführung der Werkleistung abhängig ist (OLG Düsseldorf NJW-RR 2000, 466; *Palandt/Sprau* § 642 BGB Rn. 1). Die Art und Weise der Mitwirkung richtet sich im Regelfall nach den vertraglichen Vereinbarungen, andernfalls nach der Eigenart und Beschaffenheit des herzustellenden Werkes. Eine **Verpflichtung zur Mitwirkung** ist zumindest immer dann zu bejahen, wenn ohne die Mitwirkungshandlung der Vertragszweck gefährdet ist (BGH Urt. v. 13.11.1953 I ZR 140/52 = BGHZ 11, 80). Die erforderliche Mitwirkungshandlung kann der Auftraggeber auch durch Dritte, etwa Architekten, Ingenieure oder auch Vorunternehmer, erbringen. Ausreichend ist, dass der Auftraggeber diese zur Erledigung eigener Mitwirkungspflichten einschaltet (vgl. § 6 Nr. 2 Rn. 9). Für den Bereich der VOB sind hier insbesondere die § 3 Nr. 1, 2, § 4 Nr. 1, 4 und § 5 Nr. 2 VOB/B zu nennen (vgl. § 6 Nr. 2 Rn. 8) gegebenenfalls ergänzt um weitere vertraglich vereinbarte Pflichten, die sich z.B. auch aus den DIN-Normen ergeben können (*Vygen/Schubert/Lang* Rn. 314; *Leinemann/Leinemann* § 6 VOB/B Rn. 98). Wesentliche Verpflichtungen des Auftraggebers sind die Beschaffung notwendiger Genehmigungen (OLG Hamm BauR 2003, 1042), die Übergabe erforderlicher Pläne und Unterlagen (BGH Urt. v. 23.10.1986 VII ZR 267/85 = NJW 1987, 644) sowie selbstverständlich die Zurverfügungstellung des Baugrundstücks in bebaubarem (baureifen) Zustand. Neben dem Abstecken der Hauptachsen und anderer bauseits zu erbringender Leistungen (wie z.B. Gerüste, Baumaterialien usw.) fällt hier der mangelfreie Abschluss erforderlicher Vorunternehmerleistungen, die zur Aufnahme der Unternehmerleistung benötigt werden, hierunter (BGH Urt. v. 21.10.1999 VII ZR 185/98 = BauR 2000, 722 = NJW 2000, 1336 = BGHZ 143, 22, 41). Nicht unerwähnt bleiben darf an dieser Stelle die vom BGH (Urt. v. 28.10.1999 VII ZR 393/98 = BauR 2000, 409 = NJW 2000, 807) hervorgehobene Kooperationsverpflichtung (vgl. auch OLG Düsseldorf NZBau 2000, 427; *Schwarze* BauR 2004, 895; *Fuchs* NZBau 04, 65; *Schuhmann* BauR 2003, 162 für den Bereich des Anlagenbaus), die den Auftraggeber zu rechtzeitigen Entscheidungen in Bezug auf die Ausführung von Alternativen verpflichtet. Auch die Koordinationsverpflichtung des Auftraggebers nach § 4 Nr. 1 VOB/B kann, wenn sie nicht oder mangelhaft ausgeführt wird, den Tatbestand des § 642 BGB erfüllen.

2. Annahmeverzug

54 Verlangt wird Annahmeverzug nach §§ 293 ff. BGB. Bei Unterlassen der erforderlichen Mitwirkungshandlung gerät der Auftraggeber nach einem **Leistungsanerbieten gem. §§ 294–296 BGB** in Annahmeverzug, wenn er die angebotene Leistung nicht annimmt. In jedem Fall ist ein tatsächliches Angebot (erscheinen mit Baugerät auf der Baustelle) ausreichend; ein wörtliches Angebot bei vorheriger Erklärung der Nichtannahme durch den Gläubiger genügt jedoch (BGH Urt. v. 19.12.2002 VII ZR 440/01 = BauR 2003, 531). Dementsprechend wird man ein wörtliches Angebot auch in den Fällen für ausreichend zu erachten haben, wenn der Auftraggeber die Baugenehmigung oder die erforderlichen Pläne nicht beigebracht sowie das Baugrundstück nicht zur Verfügung gestellt hat (*Vygen/Schubert/Lang* Rn. 318). Ein den Annahmeverzug auslösendes Angebot ist zudem die Aufforderung des Auftragnehmers an den Auftraggeber, eine erforderliche Mitwirkungshandlung vorzunehmen (§ 295 S. 2 BGB). Sofern in dem Vertrag für die Erbringung der Mitwirkungshandlungen des Auftraggebers ein Zeitpunkt nach dem Kalender bestimmt ist, bedarf es eines Angebotes nur für den Fall, dass der Auftraggeber seine Handlung rechtzeitig vorgenommen hat, andernfalls ist nach § 296 BGB das Angebot entbehrlich. Nicht nur aus diesem Grunde empfiehlt sich daher die vertragliche Vereinbarung von den Auftraggeber bindenden Terminen für Planlieferungen usw. Ein **Verschulden** des Auftraggebers ist für den Annahmeverzug **nicht erforderlich**, weshalb die von ihm zur Abarbeitung seiner Mitwirkungspflicht eingeschalteten Dritten keine Erfüllungsgehilfen seien müssen.

Für die Dauer des Annahmeverzuges des Auftraggebers ist Schuldnerverzug des Auftragnehmers ausgeschlossen (BGH Urt. v. 23.1.1996 X ZR 105/93 = NJW 1996, 1745). Andererseits setzt Annahmeverzug voraus, dass der **Auftragnehmer tatsächlich in der Lage** ist, seine Leistung zu erbringen (§ 297 BGB). Zu weitgehend ist allerdings die Entscheidung des OLG Saarbrücken (Urt. v. 7.12.1999 4 U 869/98, Revision nicht angenommen – BGH Beschluss vom 23.5.2001 VII ZR 38/00), das die Leistungsbereitschaft des Auftragnehmers aufgrund eines behördlichen Baustopps wegen eines Nachbarwiderspruchs verneint hat, da die Bestandkraft der Baugenehmigung dem Risikobereich des Auftraggebers zu zuordnen ist (ebenso *Vygen/Schubert/Lang* Rn. 319).

3. Behinderungsanzeige, Offenkundigkeit

Als weitere Voraussetzung für den Entschädigungsanspruch ist eine **Behinderungsanzeige** nach Nr. 1 S. 1 oder **Offenkundigkeit** nach Nr. 1 S. 2 erforderlich, wodurch der Anwendungsbereich des § 642 BGB – wenn auch gering – eingeschränkt wird. Hinsichtlich der einzelnen Anforderungen kann insoweit auf die Ausführungen zu § 6 Nr. 1 verwiesen werden (§ 6 Nr. 1 Rn. 3 ff.). Die Behinderungsanzeige wird regelmäßig das den Annahmeverzug begründende Leistungsanerbieten, verbunden mit der Aufforderung an den Auftraggeber, mitwirkend tätig zu werden, beinhalten, so dass mit Zugang einer den Anforderungen der Nr. 1 genügenden Behinderungsanzeige auch der Annahmeverzug eintritt. Anderseits ist in den Fällen der Offenkundigkeit, bei denen auf eine Behinderungsanzeige verzichtet werden kann, das Angebot des Auftragnehmers nicht ohne weiters entbehrlich. Hier ist der Annahmeverzug anhand der Voraussetzungen der §§ 293 ff. BGB besonders zu prüfen.

55

III. Der Entschädigungsanspruch

Mit einer Entschädigung nach § 642 BGB soll der Unternehmer eine **angemessene Abgeltung** dafür erhalten, dass er seine Zeit, seine Arbeitskraft, seine Betriebsstoffe und -geräte auf ungewisse Zeit vorgehalten hat (vgl. MüKo/*Soergel* § 642 BGB Rn. 10).

56

Er geht nach der Rechtsprechung des Bundesgerichtshofs über die gemäß § 304 BGB zu erstattenden Mehraufwendungen während des Annahmeverzuges hinaus (BGH Urt. v. 21.10.1999 VII 185/98 = BauR 2000, 722 = NJW 2000, 1336).

Da § 642 BGB neben § 6 Nr. 6 VOB/B anwendbar ist, hat der Auftragnehmer im Falle einer vom Auftraggeber zu vertretenden Behinderung die Wahl, ob er den nachweisbaren Schaden verlangt oder bei Beweisschwierigkeiten bzw. bei geringem tatsächlichen Schaden den vergütungsähnlichen Entschädigungsanspruch geltend macht.

1. Berechnung

§ 642 BGB spricht von einer angemessenen Entschädigung, die dem Auftragnehmer bei Vorliegen der Voraussetzungen zu zahlen ist. Sie richtet sich nach der **Dauer des Verzugs** und der **Höhe**

57

der Vergütung (*Vygen/Schubert/Lang* Rn. 321 ff.; *Kapellmann* in *Kapellmann/Messerschmidt* § 6 VOB/B Rn. 89 ff.). Von ihr ist dasjenige abzusetzen, was infolge des Verzugs an **Aufwendungen erspart** wird oder durch **anderweitige Verwendung der Arbeitskraft** erworben werden kann. Die Vorgabe zur Berücksichtigung anderweitigen Erwerbs oder ersparter Aufwendungen ist von der Kündigungsbestimmung des § 649 BGB und § 8 Nr. 1 Abs. 2 VOB/B her bekannt. Deren Grundsätze gelten auch hier (*Kniffka/Koeble* Rn. 332). Mit dem weiteren Hinweis auf die vertragliche Vergütung wird deutlich, dass der Entschädigungsanspruch **Vergütungscharakter** hat (*Kapellmann/Schiffers* a.a.O. Rn. 1649 m.w.N.; *Vygen* Bauvertragsrecht nach VOB S. 139), weshalb für seine Berechnung Vergütungsmaßstäbe die Grundlage bilden.

58 Es handelt sich damit um einen vergütungsgleichen Anspruch, der nicht nur wegen des fehlenden Verschuldenserfordernisses nicht identisch mit dem Schadensersatzanspruch des § 6 Nr. 6 S. 1 VOB/B ist. Bei der Berechnung der Entschädigung sind ersparte Aufwendungen des Auftragnehmers ebenso zu berücksichtigen wie Vorteile durch anderweitigen Einsatz seiner Arbeitskraft (zum anderweitigen Erwerb durch Füllauftrag vgl. Saarländisches OLG BauR 2006, 854). Da sich die Höhe der Entschädigung an der vereinbarten Vergütung orientiert, sind die Mehrkosten der Behinderung auf der Grundlage der Kalkulation des Auftragnehmers zu berechnen (*Kapellmann/Schiffers* Bd. 1 Rn. 1649 m.w.N.; *Leinemann/Leinemann* § 6 VOB/B Rn. 166; *Vygen* a.a.O. S. 139; *Döring* FS Jagenburg S. 111 ff. m.w.N.; *Kleine-Möller* NZBau 2000, 401).

Der Entschädigungsanspruch enthält jedoch **keinerlei Wagnis- und Gewinnanteil** (BGH Urt. v. 21.10.1999 VII ZR 185/98 = BauR 2000, 722 = NJW 2000, 1336; *Kniffka/Koeble* Rn. 332; *Franke/Kemper/Zanner/Grünhagen* § 6 VOB/B Rn. 96, 95; *Leinemann/Leinemann* § 6 VOB/B Rn. 166.; a.A. OLG Koblenz BauR 2002, 811, wonach die vertragliche Vergütung ohne Mehrwertsteuer und ohne Überstundenentgelte geschuldet werde; ähnlich OLG Celle BauR 2000, 416, das bei einem Anspruch nach § 9 VOB/B i.V.m. § 642 BGB den entgangenen Gewinn zugesprochen hat; *Kleine-Möller* NZBau 2000, 401). Zur Begründung wird auf einen Entschädigungsanspruch im Rahmen des Gläubigerverzuges verwiesen, wohingegen entgangener Gewinn als typische Schadensersatzposition lediglich beim Schuldnerverzug geltend gemacht werden könne (ablehnend *Döring* FS Jagenburg a.a.O.).

59 Die Berechnung der Entschädigung erfolgt **auf der Basis der Urkalkulation**, die regelmäßig die tatsächlichen Mehrkosten nicht beinhaltet. Die Kalkulation ist für zusätzlich entstehende, zeitabhängige Kosten fortzuschreiben; erfasst werden somit zusätzliche Kosten für die längere Vorhaltung der Baustelleneinrichtung, der Bauleitungspersonals als auch zusätzliche Kosten für z.B. Container, Geräte usw., wobei diese nach OLG Braunschweig (BauR 2004, 1621) nicht auf der Basis der Baugeräteliste ermittelt werden können, da es hier nicht um die Schätzung eines Schadens nach § 287 ZPO, sondern um einen Entschädigungsanspruch geht. Die tatsächlichen Mehrkosten haben anders als bei einem Schadensersatzanspruch unberücksichtigt zu bleiben, da Basis die Urkalkulation ist. **Richtigerweise** sind deshalb auch **Wagnis und Gewinn**, **Allgemeine Geschäftskosten** sowie **Baustellengemeinkosten** zu berücksichtigen, da diese Bestandteil der Kalkulation sind (*Kapellmann/Schiffers* a.a.O. Rn. 1650 m.w.N.; *Vygen/Schubert/Lang* Rn. 323 f.; BGH SFH Z 2.511 Bl. 8 ff.; OLG München BauR 1980, 274; a.A. BGH Urt. v. 21.10.1999 VII ZR 185/98 = BauR 2000, 722 = NJW 2000, 1336; OLG Braunschweig BauR 2004, 1621; *Kniffka/Koeble* Rn. 332). Von dem so berechneten Entschädigungsanspruch muss sich der Auftragnehmer das Absetzen lassen, was er infolge des Annahmeverzuges erspart, was bei Wagnis- und Gewinnanteilen, Allgemeinen Geschäftskosten und Baustellengemeinkosten regelmäßig nicht der Fall ist, oder anderweitig zu erwerben unterlassen hat, wobei auch hier die Urkalkulation die Ermittlungsgrundlage darstellt (*Vygen/Schubert/Lang* Rn. 323; *Leinemann/Leinemann* § 6 Rn. 166), im Unterschied zur Kündigung nach § 8 Nr. 1 Abs. 2 BGB, wo es in der Regel auf die tatsächliche Ersparnis ankommt (BGH Urt. v. 22.9.2005 VII ZR 63/04 = BauR 2005, 1916). Zutreffend hebt Kapellmann (*Kapellmann/Schiffers* Bd. 1 Rn. 1650) hervor, dass **Gewinn anderer Baustellen** nicht von dem Entschädigungsanspruch umfasst ist. Der Entschädigungsanspruch selbst unterliegt als vergütungsgleicher Anspruch der **Mehrwertsteuer** (*Kapellmann/Schiffers* Bd. 1 Rn. 1650; *Vygen/Schubert/Lang* Rn. 325; *Leinemann/Leinemann* § 6 VOB/B Rn. 166).

2. Mehraufwendungen nach § 304 BGB

§ 304 BGB gewährt die Erstattung während der Zeit des Annahmeverzuges entstandener Mehrauf- **60** wendungen; Annahmeverzug wird mit der geforderten Behinderungsanzeige nach Nr. 1 ggf. durch ein tatsächliches oder wörtliches Angebot begründet (vgl. oben Rn. 54). Von § 304 BGB werden zunächst die **Kosten für das erfolglose Angebot** wie z.B. Transportkosten erfasst, ebenso Lagergeld für die Aufbewahrung der Sache ggf. inklusive der Prämien einer für die gelagerte Ware abgeschlossenen Versicherung. Auch kann ein Entgelt für den Einsatz der eigenen Arbeitskraft verlangt werden, wenn die Leistung zu seinem gewerblichen oder beruflichen Tätigkeitsfeld gehört (MüKo/ *Thode* § 304 BGB Rn. 2; *Palandt/Heinrichs* § 304 BGB Rn. 2), was bei Unternehmern der Baubranche regelmäßig der Fall ist. Da **§ 304 BGB** die **erforderlichen Mehrkosten während der Zeit des Annahmeverzuges** erfasst, lassen sich bereits hierunter die Kosten für das erfolglose Anfahren der Baustelle mit Baugerät und gewerblichen Mitarbeitern, jeweils reduziert auf den konkreten Aufwand, subsumieren.

3. Beweislast/Verjährung

Der **Auftragnehmer** hat den Entschädigungsanspruch dem Grunde und der Höhe nach im Einzel- **61** nen **darzulegen und zu beweisen**. Im gerichtlichen Verfahren kann die Höhe des angemessenen Entgeltes hat im Wege der Schätzung nach § 287 ZPO erfolgen, wobei auch Gewinnanteile zu berücksichtigen, da der Unternehmer während des Annahmeverzugs an anderweitiger Gewinnrealisierung gehindert ist (*Kapellmann/Schiffers* Bd. 1 Rn. 1652; *Vygen/Schubert/Lang* Rn. 321).

Hinsichtlich der Verjährungsfrist und des Verjährungsbeginns werden die Ausführungen unter **62** Rn. 46 ff. zu gelten haben, wonach für die Fälligkeit eine prüfbare Rechnung erforderlich ist und sich die Frist nach §§ 195, 199 BGB richtet. Schwieriger ist in verjährungsrechtlicher Hinsicht die Frage der Fälligkeit des Entschädigungsanspruches bei dem **BGB-Bauvertrag** zu beantworten, der grundsätzlich die **abschließende Bewertbarkeit des Mehraufwandes** voraussetzt. Aus diesem Grund wird die Verjährung nicht vor Abschluss der »Schadensentwicklung« (der Beendigung der Mehraufwendungen) beginnen können. Soweit dieser – was regelmäßig der Fall ist – im Bereich der (Mehr-)Vergütung liegt, ist hier gemäß § 641 BGB die Abnahme der betreffenden Bauleistung bzw. die ihr gleichstehende Fertigstellungsbescheinigung gemäß § 641a BGB maßgebend für den Beginn der Verjährung, also das Ende des Jahres, in dem die Abnahme liegt, ohne dass es darauf ankommt, ob inzwischen die Schlussrechnung bzw. die Rechnung über den Mehraufwand des Auftragnehmers wegen der vom Auftraggeber verschuldeten Kosten vorliegt.

§ 6 Nr. 7
[Unterbrechung: Vorzeitige Vertragskündigung]

Dauert eine Unterbrechung länger als 3 Monate, so kann jeder Teil nach Ablauf dieser Zeit den Vertrag schriftlich kündigen. Die Abrechnung regelt sich nach den Nummern 5 und 6; wenn der Auftragnehmer die Unterbrechung nicht zu vertreten hat, sind auch die Kosten der Baustellenräumung zu vergüten, soweit sie nicht in der Vergütung für die bereits ausgeführten Leistungen enthalten sind.

VOB/B § 6 Nr. 7   Unterbrechung: Vorzeitige Vertragskündigung

Inhaltsübersicht   Rn.

A. Allgemeine Grundlagen	1
B. Sonderkündigungsrecht beider Vertragsparteien	3
I. Kündigung frühestens 3 Monate seit Beginn der Unterbrechung (S. 1)	3
1. Immer Zeitablauf von mindestens 3 Monaten Unterbrechung erforderlich	3
2. Unterbrechung muss im Zeitpunkt der Kündigung fortdauern	4
3. Etwaiger Ausschluss der Kündigung	5
4. Möglicherweise nur Teilkündigung zulässig	6
5. Ausschluss der Kündigung bei Vereitelung weitergehender Rechte	7
II. Schriftform der Kündigung ist zwingend (S. 1)	10
III. Abrechnung nach Kündigung (S. 2)	11
IV. Kosten der Baustellenräumung (S. 2)	13

Aufsätze: s.o.

A. Allgemeine Grundlagen

1 Die besondere **Kündigungsmöglichkeit gemäß Nr. 7** geht davon aus, dass es für die Vertragsparteien unzumutbar sein kann, den durch die Unterbrechung herbeigeführten Zustand längere Zeit hinzunehmen. Dabei ist zu beachten, dass sich diese Bestimmung ebenso wie Nr. 5 **nur auf** die Fälle der **Behinderung durch Unterbrechung,** nicht aber auf die Fälle der Behinderung der Ausführung aus anderen Gründen bezieht. Dauert eine **Unterbrechung länger als drei Monate,** kann **jeder Teil nach Ablauf** dieser Zeit den Vertrag **schriftlich kündigen.** Die Abrechnung regelt sich nach den Nrn. 5 und 6. Wenn der Auftragnehmer die Unterbrechung nicht zu vertreten hat, sind ihm auch die Kosten der Baustellenräumung zu vergüten, soweit sie nicht in der Vergütung für die bereits ausgeführten Leistungen enthalten sind. Soll diese Kündigungsmöglichkeit durch Besondere oder Zusätzliche Vertragsbedingungen ausgeschlossen oder eingeengt werden, muss dies im Bauvertrag zweifelsfrei zum Ausdruck kommen. Soweit das AGB-Recht zur Anwendung gelangt, sind für solche abweichenden Bedingungen vor allem die Verbotsregelungen in §§ 308 Nr. 1, 7, 309 Nr. 8a, 9 und auf deren Grundlage auch § 307 BGB besonders zu beachten. So verstößt eine das Sonderkündigungsrecht des § 6 Nr. 7 VOB/B einschränkende Klausel gegen § 307 BGB (so OLG Frankfurt BauR 1999, 774).

2 Eine dem Begriff der Kündigung immanente **Grundvoraussetzung** ist **der eindeutig erklärte Wille des Kündigenden, den Vertrag fortan – endgültig – beenden zu wollen.** Nr. 7 erfasst daher nicht diejenigen Fälle, in denen der Kündigende nicht ernsthaft das Ziel der Vertragsbeendigung verfolgt, sondern den Vertrag unter anderen Bedingungen fortzusetzen (so genannte Änderungskündigung) sucht. Hierin kann lediglich ein Angebot auf Vertragsänderung gesehen werden. Im Zweifel ist der **Kündigende** für die Ernsthaftigkeit seines Beendigungswillens **darlegungs- und beweispflichtig,** wofür der Inhalt der schriftlichen Kündigungserklärung u.U. allerdings wesentliche Anhaltspunkte zu vermitteln vermag.

B. Sonderkündigungsrecht beider Vertragsparteien

I. Kündigung frühestens 3 Monate seit Beginn der Unterbrechung (S. 1)

1. Immer Zeitablauf von mindestens 3 Monaten Unterbrechung erforderlich

3 Der **Zeitpunkt,** in dem den Parteien nach Treu und Glauben ein Festhalten am Bauvertrag nicht mehr zugemutet werden kann, ist auf **drei Monate seit Beginn der Unterbrechung** festgelegt worden. Für die Fristberechnung sind die §§ 186 ff. BGB maßgebend. Wenn die Allgemeinen Vertrags-

Unterbrechung: Vorzeitige Vertragskündigung   § 6 Nr. 7 VOB/B

bedingungen Vertragsinhalt sind, **gilt** abweichend von den tatsächlichen Gegebenheiten und Zumutbarkeitskriterien die **Frist von drei Monaten als vereinbart.** Eine Vertragskündigung kommt grundsätzlich nur nach Ablauf der drei Monate in Betracht bzw. dann, wenn mit Sicherheit feststeht, dass die Unterbrechung mindestens drei Monate andauern wird (BGH Urt. v. 13.5.2004 VII ZR 363/02 = BauR 2004, 1285). Vorzeitige Kündigungsrechte können – abgesehen von § 8 Nr. 1 VOB/B – nach § 8 Nrn. 2–4 VOB/B sowie § 9 VOB/B gegeben sein, sofern im Einzelfall die dort geregelten Voraussetzungen vorliegen. Diese werden durch Nr. 7 nicht ausgeschlossen (zutreffend *Nicklisch/Weick* § 6 VOB/B Rn. 74; Beck'scher VOB-Komm./*Motzke* § 6 Nr. 7 VOB/B Rn. 8 ff., 12; *Heiermann/Riedl/Rusam* § 6 VOB/B Rn. 57; a.A. *Hereth/Ludwig/Naschold* Teil B § 6 Ez. 6.14–6.16; *Schmidt* MDR 1968, 801, 805), da sonst weitergehende Ansprüche, als sie im Falle der Nr. 7 gemäß den Nrn. 5 und 6 gegeben sind, wie z.B. der Anspruch auf entgangenen Gewinn, ausgeschlossen wären, wenn die vorgenannten Kündigungsrechte aus wichtigem Grund vorliegen.

Eine Kündigung nach Nr. 7 kommt im Übrigen auch in Betracht, wenn mit der **Ausführung** der Leistung **noch nicht** binnen drei Monaten nach dem hierfür eindeutig festgelegten Zeitpunkt **begonnen** worden war (so auch BGH Urt. v. 13.5.2004 VII ZR 363/02 = BauR 2004, 1285; OLG Düsseldorf BauR 1995, 706; *Franke/Kemper/Zanner/Grünhagen* § 6 VOB/B Rn. 123; *Leinemann/Leinemann* § 6 VOB/B Rn. 173).

2. Unterbrechung muss im Zeitpunkt der Kündigung fortdauern

Das Kündigungsrecht setzt voraus, dass die **Unterbrechung im Zeitpunkt der Kündigung fortdauert.** Wird z.B. nach 5 Monaten die Leistungsfortführung wieder für den betreffenden Vertragspartner erkennbar möglich und wird erst dann gekündigt, ist eine solche Kündigung **unzulässig.** 4

3. Etwaiger Ausschluss der Kündigung

Da die hier erörterte besondere Kündigungsmöglichkeit auf dem allgemeingültigen Grundsatz von **Treu und Glauben** beruht, hat sie aus demselben Grunde auch ihre **Grenzen.** So kommt eine **Kündigung nicht** in Betracht, **wenn Unterbrechungen** vorliegen, die **schon bei Vertragsabschluss bekannt** waren oder mit denen zu jener Zeit mit hinreichender Sicherheit – wie z.B. bei einem langdauernden Bauvorhaben – zu rechnen war. Dass ein solcher Kündigungsausschluss vorliegt, muss der Vertragsgegner des Kündigenden **beweisen,** wohingegen sonst die Kündigungsvoraussetzungen nach Nr. 7 vom Kündigenden **zu beweisen** sind. Nach Treu und Glauben wird eine Kündigung auf der Grundlage der Nr. 7 dann nicht mehr berechtigt sein, wenn **mit Sicherheit die Möglichkeit der Leistungsfortführung in aller Kürze** bevorsteht, weil z.B. die notwendig gewordenen Aufräumungsarbeiten bei Fristablauf kurz vor dem Abschluss stehen und so ersichtlich die Möglichkeit zur Leistungsfortführung gegeben ist. **In erster Linie gilt auch hier der Grundsatz der Vertragstreue, falls es zumutbar ist.** Es muss dann aber in dem für die Kündigung vorgesehenen Zeitpunkt **feststehen,** dass die Fortführung der Leistung in vollem nach dem Vertrag vorgesehenen Umfang möglich ist. Es reicht nicht aus, wenn dies nur in beschränktem Maße in Betracht kommt, so dass immer noch eine Behinderung übrig bleibt. Außerdem ist unter dem vorerwähnten Begriff »in aller Kürze« im Allgemeinen nur ein Zeitraum von wenigen Tagen zu verstehen, vor allem, wenn die Absicht zur Kündigung vom Auftragnehmer ausgeht. Ebenso wie vom Auftraggeber kann nämlich auch vom Auftragnehmer nach Treu und Glauben ein Festhalten am Vertrag, also eine Vertragstreue, nur erwartet werden, wenn ihm dies **zumutbar** ist. Hieran fehlt es und berechtigt ihn trotzdem zur Kündigung, wenn die dreimonatige Unterbrechungszeit derart auf ihn eingewirkt hat, dass der im Bauvertrag vereinbarte Preis wegen der bei Vertragsabschluss nicht vorhersehbaren Folgen der Unterbrechung für ihn aus **objektiv anerkennenswerten Gründen** nicht mehr annehmbar ist und nach dem Bauvertrag keine Möglichkeit besteht, mit dem Auftraggeber zu einer neuen, den Umständen der Unterbrechung Rechnung tragenden Preisvereinbarung zu kommen, dieser insbesondere auch eine solche ablehnt. So hat BGH (Urt. v. 13.5.2004 VII ZR 363/02 = BauR 2004, 1285, 5 bestätigt in: Urt. v. 20.10.2005 VII ZR 190/02 = BauR 2006, 371) dem Auftraggeber das Recht zur Kündigung nach Nr. 7 zugestanden, wenn ihm ein **Festhalten an dem Vertrag nicht zumutbar** ist und die Unterbrechung zudem aus seinem Risikobereich herrührt. Das gilt nach BGH auch dann, wenn die Unterbrechung der Leistung vom Kündigenden verursacht oder zu vertreten ist, da das Regelungssystem der VOB/B – Schadensersatz nach Nr. 6 einerseits, Entschädigung nach § 642 BGB andererseits – einen angemessenen Ausgleich ermöglicht (BGH a.a.O.).

4. Möglicherweise nur Teilkündigung zulässig

6 Denkbar ist, dass im Einzelfall der Grundsatz von Treu und Glauben nur eine **Teilkündigung** zulässt. Sind die Kündigungsgründe nur auf einen Teil der Leistung bezogen, während andere Teile ungehindert fortgeführt werden können, weil z.B. nur ein Gebäude aus einem einheitlichen Auftrag gegenwärtig nicht ausführbar ist, ein anderes aber wirtschaftlich vertretbar errichtet werden kann, kann nur eine Teilkündigung in Erwägung gezogen werden, wobei der Auftragnehmer den ungehindert ausführbaren Teil weiter herstellen muss (vgl. OLG Düsseldorf SFH § 5 VOB/B Nr. 6). Für den hiernach kündbaren Teil der Leistung ist es nicht erforderlich, dass es sich um einen abgeschlossenen Teil der Leistung i.S.v. § 12 Nr. 2 VOB/B handeln muss; es genügt, wenn die kündbaren und nicht kündbaren Teile der Leistung vergütungsmäßig feststellbar und abrechenbar sind (vgl. dazu OLG Düsseldorf a.a.O.; kritisch hierzu Beck'scher VOB-Komm./*Motzke* § 6 Nr. 7 VOB/B Rn. 35).

5. Ausschluss der Kündigung bei Vereitelung weitergehender Rechte

7 Weiterhin gebietet der Grundsatz von Treu und Glauben, dass die Kündigung ausgeschlossen ist, wenn dadurch nach den Allgemeinen Vertragsbedingungen bestehende **weitergehende Rechte des Vertragsgegners vereitelt** würden.

8 So kann der Auftraggeber, der eine fällige Zahlung nicht geleistet und dessentwegen der Auftragnehmer mit Recht die Leistung eingestellt (unterbrochen) hat (vgl. § 16 Nr. 5 Abs. 3 S. 3 VOB/B), nicht nach Ablauf von drei Monaten auf der Grundlage der Nr. 7 den Vertrag kündigen. Dann steht **nur dem Auftragnehmer** die Befugnis zu, das **Kündigungsrecht aus besonderem Grund** auszuüben (§ 9 Nr. 1b VOB/B), mit den sich daraus ergebenden Rechten (§ 9 Nr. 3 VOB/B). Dasselbe gilt für alle Fälle, die § 9 Nr. 1a VOB/B unterzuordnen sind, insbesondere die Unterbrechung auf eine schuldhafte Verletzung von Mitwirkungspflichten des Auftraggebers zurückgeht, die dem Auftragnehmer – auch – einen Schadensersatzanspruch nach § 6 Nr. 6 VOB/B gibt, wobei der Auftraggeber auch rechtzeitig für die etwa erforderliche Anpassung der Vergütung, wie z.B. nach § 2 Nr. 5 VOB/B, zu sorgen hat, um die hier erörterte Kündigung zu vermeiden (vgl. OLG Düsseldorf a.a.O.). Macht der Auftragnehmer von seinem an sich gegebenen Kündigungsrecht keinen Gebrauch, kann der Auftraggeber dies nicht seinerseits durch eine Kündigung nach Nr. 7 – mit den für ihn minder schweren Folgen – »unterlaufen«. Voraussetzung ist aber, dass sich der Auftragnehmer nach wie vor **leistungsbereit** hält. Allerdings kann der Auftraggeber hier »ohne Grund« – wie in allen Fällen – nach § 8 Nr. 1 VOB/B kündigen, jedoch mit den sich aus § 649 BGB ergebenden Vergütungsfolgen.

In den vorgenannten Fällen der Nr. 7 wird es in Zukunft entscheidend darauf ankommen, ob dem Kündigenden, der den Unterbrechungstatbestand gesetzt hat, ein Festhalten an dem Vertrag zumutbar ist (vgl. BGH Urt. v. 13.5.2004 VII ZR 363/02 = BauR 2004, 1285). Diese Zumutbarkeit wird bei eigener Vertragsuntreue (z.B. Zahlungsverzug) des Kündigenden regelmäßig zu bejahen sein.

9 Das Gesagte gilt **umgekehrt auch** für den Fall, in dem der **Auftraggeber aus wichtigem Grund nach § 8 Nr. 2–4 VOB/B kündigen könnte.** Auch hier kann der Auftragnehmer dieses Kündigungsrecht nicht seinerseits durch eine Kündigung nach Nr. 7 »unterlaufen«. Auch insoweit bleibt es vorrangig bei der Entschließungsfreiheit des Auftraggebers, ob er beim Vertrag bleiben will oder nicht. Daran ist der Auftragnehmer in diesen Fällen gebunden.

II. Schriftform der Kündigung ist zwingend (S. 1)

Schriftform ist – wie bei allen Kündigungen beim VOB-Vertrag – **Gültigkeitsvoraussetzung** für die Kündigung. Das ergibt sich aus der **weittragenden Bedeutung** der Aufhebung eines Vertrages, so dass die Parteien regelmäßig eine bloße **mündliche Kündigung nicht** als **ausreichend** empfinden. Wird die Schriftform nicht gewahrt, ist die Kündigung grundsätzlich nach § 125 S. 2 BGB **nichtig**. Dann besteht der Bauvertrag in seiner bisherigen Form fort. Es bleibt den Vertragspartnern allerdings überlassen, im Bauvertrag abweichend von Nr. 7 eine mündliche Kündigung für ausreichend zu erklären oder später den Vertrag einverständlich aufzuheben.

10

III. Abrechnung nach Kündigung (S. 2)

Nach erfolgter Kündigung ist die **Abrechnung** wie im Falle der Nr. 5 vorzunehmen. **Weitergehend als nach Nr. 5** sind auch die **Leistungen**, die der Auftragnehmer **infolge der Unterbrechung**, insbesondere wegen seines Tätigwerdens nach Nr. 3, erbracht hat, **zu bezahlen.** Das ist erforderlich, weil die **Abrechnung nach Nr. 7** im Gegensatz zu der nach Nr. 5 eine **endgültige** ist, da die vertraglichen Beziehungen zwischen den Bauvertragspartnern beendet werden. Ist der Kündigung eine vorzeitige Abrechnung nach Nr. 5 vorausgegangen, sind die dem Auftragnehmer bereits zuerkannten und gezahlten Beträge bei der endgültigen Abrechnung in Abzug zu bringen. Selbstverständlich gilt dies auch sonst für schon geleistete Abschlagszahlungen, Vorauszahlungen und Teilschlusszahlungen.

11

Als Fälligkeitsvoraussetzung ist neben der wirksam ausgesprochenen Kündigung die **Vorlage einer prüfbaren Rechnung** (vgl. § 14 VOB/B) erforderlich; außerdem gilt die Fälligkeitsfrist nach § 16 Nr. 3 Abs. 1 VOB/B (BGH Urt. v. 9.10.1986 VII ZR 249/85 = BauR 1987, 95 = SFH § 16 Nr. 3 VOB/B Nr. 38).

Wie sich aus Nr. 7 S. 2 ergibt, richtet sich die **Abrechnung** nicht nur nach dem Rahmen der Nr. 5, sondern **auch** nach dem der Nr. **6**. Es können somit **auch Schadensersatzansprüche** und **Entschädigungsansprüche** mit angesetzt bzw. zur **Aufrechnung** gebracht werden, die sich im Einzelfall ergeben haben und durch Nr. 6 abgedeckt sind. Das schließt überdies nicht aus, auch auf anderen Grundlagen beruhende Ansprüche, wie etwa aus § 4 Nr. 7 S. 2 VOB/B sowie aus den §§ 677 ff., 812 ff. und 823 ff. BGB, im Wege einheitlicher Abrechnung zu berücksichtigen.

12

IV. Kosten der Baustellenräumung (S. 2)

Die **Kosten der Baustellenräumung** stehen dem Auftragnehmer nur zu, wenn er die Unterbrechung der Bauleistung **nicht zu vertreten** hat, also dann, wenn die Unterbrechung auf die in Nr. 2 genannten Fälle zurückgeführt werden muss. Das ist aus Treu und Glauben gerechtfertigt. Die Baustellenräumung hat für den Auftraggeber keinen selbstständig bewertbaren eigenen Leistungswert. Vielmehr handelt es sich um Kosten, die zwangsläufig mit der Bauleistung im Zusammenhang stehen. Solche sind gerechterweise nur zu erstatten, wenn die Unterbrechung der nicht fertig gestellten Leistung und die darauf zurückgehende Vertragskündigung nicht durch den Auftragnehmer oder durch einen seiner Erfüllungsgehilfen zu verantworten sind. Wenn und soweit die Baustellenräumungskosten im Vertrag – insbesondere der Leistungsbeschreibung – nicht besonders ausgewiesen, sondern bereits in der Vergütung für die ausgeführte Leistung enthalten sind, werden sie nicht noch gesondert erstattet. Insofern ist eine anteilige Berechnung der Kosten für den ausgeführten Teil und den nicht ausgeführten Teil der Leistung erforderlich, wofür der Auftragnehmer als Anspruchsteller darlegungs- und beweispflichtig ist. Sind die Kosten der Baustellenräumung dagegen im Vertrag gesondert ausgewiesen, sind diese auch besonders in Ansatz zu bringen. Auch dann kommt allerdings nur ein entsprechender Teil der Kosten in Betracht, wenn erst ein Teil der Baustelleneinrichtung auf die Baustelle gebracht worden ist.

13

§ 7
Verteilung der Gefahr

1. Wird die ganz oder teilweise ausgeführte Leistung vor der Abnahme durch höhere Gewalt, Krieg, Aufruhr oder andere objektiv unabwendbare vom Auftragnehmer nicht zu vertretende Umstände beschädigt oder zerstört, so hat dieser für die ausgeführten Teile der Leistung die Ansprüche nach § 6 Nr. 5; für andere Schäden besteht keine gegenseitige Ersatzpflicht.

2. Zu der ganz oder teilweise ausgeführten Leistung gehören alle mit der baulichen Anlage unmittelbar verbundenen, in ihre Substanz eingegangenen Leistungen, unabhängig von deren Fertigstellungsgrad.

3. Zu der ganz oder teilweise ausgeführten Leistung gehören nicht die noch nicht eingebauten Stoffe und Bauteile sowie die Baustelleneinrichtung und Absteckungen. Zu der ganz oder teilweise ausgeführten Leistung gehören ebenfalls nicht Baubehelfe, z.B. Gerüste, auch wenn diese als Besondere Leistung oder selbständig vergeben sind.

Inhaltsübersicht Rn.

A. Begriff der Gefahr	2
B. Abgrenzung der Gefahr zu Haftung, Gewährleistung und Leistungsverzögerung	4
I. Gefahrtragung und Haftung	4
II. Gefahrtragung und Gewährleistung	5
III. Gefahrtragung und Leistungsverzögerung	7
C. Zeitpunkt des Gefahrübergangs	8
I. § 644 BGB; Abnahme	8
II. VOB-Regelung	11
III. Entsprechende Anwendung von § 645 BGB	12

Aufsätze: *Duffek* Handlungen des Bauherrn als unabwendbarer, vom Auftragnehmer nicht zu vertretender Umstand BauR 1975, 22; *Kaiser* Die Gefahrtragung im Bauvertrag FS Korbion 1986 S. 197 ff.; *Peters* Die Vergütung des Unternehmers in den Fällen der §§ 643, 645, 650 BGB FS Locher 1990 S. 201; *Kapellmann* Baugrundrisiko und Systemrisiko – Baugrundsystematik, Bausoll, Beschaffenheitssoll, Bauverfahrenssoll Jahrbuch Baurecht 1999 S. 1; *Grauvogel* Bauvertrag – Risikoverlagerung vom Auftraggeber zum Auftragnehmer, Jahrbuch Baurecht 2000 S. 29; *Marbach* Besonders abzunehmende Leistungsteile – Anforderungen an die Praxis, insbesondere bei mehrstufigen Vertragsverhältnissen, Jahrbuch Baurecht 1999 S. 92; *Englert* Land unter! Bei der Herstellung großer Baugruben NZBau 2000, 113; *Stuttmann* Die Pflicht zum Schutz eigener Leistungen und die Gefahrteilung im Bauvertrag BauR 2001, 1487; *Grauvogel* Systemrisiko und Pauschalvertrag bei Tiefbauleistungen NZBau 2002, 591; *Köhler* Graffiti-Schmierereien – höhere Gewalt oder unabwendbares Ereignis? BauR 2002, 27; *Englert* Der Baubehelf und das Bauhilfsgewerk – zwei Stiefkinder des Baurechts FS Kraus 2003 S. 27 ff.; *Englert* Baubehelf, Bauhilfsgewerk und Hilfsbauwerk: Abgrenzung und Rechtsprobleme BauR 2004, 233 ff.; *Micklitz* Die Richtlinie 93/13/EWG des Rates der Europäischen Gemeinschaft vom 5.4.1993 über missbräuchliche Klauseln in Verbraucherverträgen und ihre Auswirkung auf die VOB Teil B, Gutachten im Auftrag des Verbraucherzentrale Bundesverbandes e.V. 2004; *Meier/Stüting* Baubehelf, Bauhilfsgewerk und Hilfsbauwerk: Die Diskussion geht weiter BauR 2005, 316 ff.; *Ahlswede* Die Bauversicherungen im Überblick NZBau 2006, 409 ff.

1 Normalerweise geht das Risiko für den Bestand der erbrachten Leistung erst mit der Abnahme vom Auftragnehmer auf den Auftraggeber über, wie sich vor allem auch aus § 12 Nr. 6 VOB/B ergibt. § 7 VOB/B trifft hierzu Ausnahmeregelungen für den Fall bestimmter Vorkommnisse, die im Allgemeinen weder in der Hand des Auftragnehmers noch in der des Auftraggebers liegen, und legt für solche Fälle den vorzeitigen Übergang der Gefahr auf den Auftraggeber fest. Hierzu findet sich die Grundbestimmung in Nr. 1. Die durch die Fassung der VOB von 1992 hinzugefügten Nrn. 2 und 3 stecken

Verteilung der Gefahr § 7 VOB/B

im Einzelnen die Grenzen dafür ab, was als ganz oder teilweise ausgeführte Leistungen im Zeitpunkt des vorzeitigen Gefahrübergangs zu gelten hat und was nicht.

Die VOB/B 2002 sieht keine Änderungen des § 7 VOB/B vor.

A. Begriff der Gefahr

Der **Begriff der Gefahr** ist rechtlicher Natur. Hinter ihm verbirgt sich die Frage, wer z.B. bei Beschädigung oder Zerstörung der bereits fertiggestellten Leistungsteile das **Risiko einer Neuherstellung sowie der Zahlung der Vergütung** zu tragen hat. Die Gefahrtragung kennt damit zwei Aspekte: Die Regelung der **Leistungsgefahr** entscheidet, ob der Auftragnehmer zur Neuherstellung bzw. zur ganzen oder teilweisen Wiederholung seiner bisher erbrachten Leistung verpflichtet bleibt; die Regelung der **Vergütungsgefahr** sagt etwas darüber aus, ob der Auftraggeber die vereinbarte Vergütung bei vorzeitigem Untergang oder vorzeitiger Beschädigung der Leistung zu zahlen hat (vgl. dazu eingehend und zutreffend *Kaiser* FS Korbion S. 197 ff.). § 7 betrifft dabei **nur die Verteilung der Vergütungs- oder Preisgefahr** (BGH 30.6.1977 VII ZR 325/74 = BauR 1977, 420 = NJW 1977, 1966; ferner *Kohler* NJW 1993, 417, 419). 2

Das Gesetz entscheidet die Frage der **Leistungsgefahr** allgemein dahin gehend, dass bei Unmöglichkeit der Auftragnehmer von der **Verpflichtung zur Leistung frei** wird, § 275 BGB. Da beim Bauvertrag als Werkvertrag jedoch ein **Erfolg geschuldet** wird, findet hier § 276 Abs. 1 S. 1 BGB (Beschaffungsrisiko) mit der Folge Anwendung, dass der Auftragnehmer, solange die versprochene Leistung als solche überhaupt möglich ist, **auch ohne Verschulden zur Neuherstellung verpflichtet** bleibt. Das **gilt bis zur Abnahme** (vgl. auch *Kohler* NJW 1993, 417, 423). Nach diesem Zeitpunkt, bei Annahmeverzug des Auftraggebers (§§ 293 ff. BGB) oder im Falle der Unzumutbarkeit einer Neuherstellung, wird der Auftragnehmer nach § 635 Abs. 3 BGB (§ 633 Abs. 2 S. 3 BGB a.F.), § 13 Nr. 6 VOB/B von seiner Herstellungspflicht befreit, wenn das Werk ohne sein Verschulden ganz oder teilweise untergeht. Dies wird von § 7 **VOB/B, der lediglich den Vergütungsanspruch behandelt, nicht berührt.** Für die **Leistungsgefahr** ergeben sich mithin auch dann, wenn die Leistung vor Abnahme durch höhere Gewalt, Krieg, Aufruhr oder andere unabwendbare und vom Auftragnehmer nicht zu vertretende Umstände beschädigt oder zerstört wird, auch für den Bereich der VOB **keine Abweichungen** von den vorstehenden Grundsätzen. 3

B. Abgrenzung der Gefahr zu Haftung, Gewährleistung und Leistungsverzögerung

I. Gefahrtragung und Haftung

Ein wesentlicher **Unterschied** besteht **zwischen** den Begriffen der **Gefahr** und der **Haftung**, die in § 10 VOB/B ihre Regelung gefunden haben. Fragen der **Gefahrtragung** treten **nur** auf, wenn weder der eine noch der andere Vertragsteil für die **vor Abnahme** aufgetretene Beschädigung oder Zerstörung im Sinne eines **Vertretenmüssens** (Verschuldens) einzutreten hat. Die **Haftung** kommt dagegen in Betracht, wenn einer der Vertragspartner oder ein Dritter wegen des Vertretenmüssens (Verschuldens) den eingetretenen Schaden zu tragen hat. Daraus ergibt sich zugleich, dass bei der Haftung grundsätzlich die Möglichkeit des Schadensersatzbegehrens für die erlittene Beschädigung oder Zerstörung gegeben ist, während diese Frage bei der Gefahrtragung auszuscheiden hat. Hier kann es nur darum gehen, ob der Auftragnehmer den Schaden durch Wiederholung der zerstörten oder beschädigten Leistung **hinnehmen** muss, **ohne** hierfür vom anderen Vertragspartner eine zusätzliche **Vergütung** verlangen zu können (dazu im Einzelnen zutreffend *Kaiser* FS Korbion S. 197 ff.). 4

II. Gefahrtragung und Gewährleistung

5 Begrifflich zu unterscheiden ist auch zwischen der Gefahrtragung und der **Gewährleistung** (durch die VOB 2002 umformuliert in: Mängelansprüche). Die Gewährleistung beinhaltet die Frage, wer – grundsätzlich nach Abnahme – für einen Mangel der erbrachten Leistung einzustehen hat. Das Gewährleistungsrecht regelt lediglich einen Ausschnitt aus dem Gesamtkomplex der Haftung der Vertragsparteien (dazu ebenfalls zutreffend *Kaiser* a.a.O.).

6 **Demgemäß zusammengefasst:** Wird die Leistung durch einen **abwendbaren,** also vom Auftragnehmer oder vom Auftraggeber **zu vertretenden Umstand** fehlerhaft ausgeführt oder beschädigt oder zerstört, so liegt **nicht** ein Gefahrtragungstatbestand nach § 7 VOB/B vor, sondern es greifen die Grundsätze der Mängelbeseitigung nach § 4 Nr. 7 VOB/B, für die Zeit nach der Abnahme die der Gewährleistung nach § 13 Nr. 5–7 VOB/B oder für die Frage der sonstigen Haftung die in § 10 Nr. 1 VOB/B enthaltene Generalklausel ein.

III. Gefahrtragung und Leistungsverzögerung

7 Der Hauptunterschied zwischen § 6 VOB/B und § 7 VOB/B besteht darin, dass sich **§ 6 mit der Leistungsseite bei aufgetretenen Leistungsstörungen infolge von Behinderungen oder Unterbrechungen** der ordnungsgemäßen Bauausführung befasst, während § 7 die Frage der Vergütung zum Gegenstand hat. Daraus ergibt sich, dass beide Regelungen sich tatbestandsmäßig nicht überschneiden und unabhängig voneinander zur Anwendung gelangen, also keine der beiden die andere ausschließt. Sie können somit in ein und demselben Fall nebeneinander zur Anwendung kommen.

C. Zeitpunkt des Gefahrübergangs

I. § 644 BGB; Abnahme

8 Das **Werkvertragsrecht des BGB regelt** die Frage der Gefahrtragung hinsichtlich der **Vergütungsgefahr** in § 644 BGB. In Abs. 1 S. 1 ist der Grundsatz aufgestellt, dass der Unternehmer bis zur Abnahme die Gefahr (Untergang, Verschlechterung usw.) trägt. Eine Ausnahme gilt, wenn der Besteller im Verzug der Annahme ist (§ 644 Abs. 1 S. 2 BGB). Eine weitere Ausnahme kommt in Betracht, wenn der von dem Besteller gelieferte Stoff – übertragen auf den Bauvertrag: die von dem Auftraggeber beigestellten Baustoffe oder Bauteile oder auch das zur Verfügung gestellte Baugrundstück – vor der Abnahme durch Zufall untergeht oder verschlechtert wird, also der Auftragnehmer oder sein Erfüllungsgehilfe den Untergang oder die Verschlechterung in keiner Weise zu vertreten hat (vgl. dazu BGH 14.11.1989 X ZR 106/88 = NJW-RR 1990, 308).

9 Hinsichtlich der **Abnahmepflicht** ist auf § 640 BGB zu verweisen, wobei die Abnahmewirkung auch eintritt, wenn der Auftraggeber zu Unrecht die Abnahme der hergestellten Leistung verweigert. Kommt nach § 646 BGB eine Abnahme nicht in Betracht, was im Bauwesen kaum der Fall sein dürfte, tritt anstelle der Abnahme der Zeitpunkt der Vollendung, also der endgültigen Fertigstellung des Werkes.

10 Zur Frage, ob einem Auftragnehmer Schadensersatzansprüche unmittelbar gegen den Schädiger zustehen, wenn seine hergestellte, aber noch nicht abgenommene Leistung (z.B. auf dem Innenputz verklebte Kupferfolien, die bereits von einem anderen Unternehmer auftragsgemäß mit mehreren Schichten aufgeklebter Isolierplatten verdeckt sind), an der er das Eigentum durch Verbindung verloren hat, von einem anderen Unternehmer beschädigt wird, und zur Pflicht des Auftraggebers zur Abtretung von Schadensersatzansprüchen, die ihm als Eigentümer und Vertragspartner des Schädigers gegen diesen zustehen (BGH 30.9.1969 VI ZR 254/67 = NJW 1970, 38; vgl. auch OLG Düsseldorf BauR 1996, 276).

II. VOB-Regelung

An sich hat die VOB die sich aus dem Gesetz ergebenden Grundsätze übernommen, wie sich aus § 12 Nr. 6 VOB/B ergibt. Auch hier ist die **Abnahme der Leistung der entscheidende Zeitpunkt,** in dem die Gefahr auf den Auftraggeber übergeht. Damit steht im Grundsatz fest, dass bis dahin auch die **Vergütungs- oder Preisgefahr** zu Lasten des Auftragnehmers geht. Zugleich ist aber in § 12 Nr. 6 VOB/B darauf hingewiesen, dass die Gefahr nur dann erst mit der Abnahme auf den Auftraggeber übergeht, wenn er sie **nicht schon nach § 7** VOB/B **trägt.** Im letzteren Fall handelt es sich um einen **vorzeitigen Gefahrübergang** auf den Auftraggeber und damit um eine vorzeitige Entlastung des Auftragnehmers (zur Gefahrtragung im BGB- und VOB-Vertrag vgl. eingehend: *Grauvogel* Bauvertrag – Risikoverlagerung vom Auftraggeber zum Auftragnehmer, Jahrbuch Baurecht 2003 S. 29). § 12 Nr. 6 VOB/B bildet, ebenso wie § 644 Abs. 1 BGB, die Regel im Rahmen der bauvertraglichen Abmachung, während § 7 VOB/B die **Ausnahme** hiervon ist. Insofern ist der Auftragnehmer durch § 7 VOB/B bessergestellt, zumal die in Rn. 8 ff. erwähnten, für den BGB-Vertrag geltenden Ausnahmen **auch beim VOB-Vertrag** Platz greifen. Für den vorzeitigen Gefahrübergang spielt eine Rolle, dass der Auftraggeber wegen der damit verbundenen Risiken eine **Bauleistungsversicherung** abschließen kann, die allerdings im Falle so genannter »innerer Unruhen« nach ihren allgemeinen Bedingungen oftmals nicht eingreifen (vgl. *Rutkowsky* NJW 1988, 1761, 1765). Wegen der möglichen Vielgestaltigkeit von Versicherungsverträgen ist den Baubeteiligten dringend zu raten, bei Abschluss von die Bauerrichtung betreffenden Versicherungsverträgen besonders auf die von der Versicherung angebotenen Versicherungsbedingungen zu achten

III. Entsprechende Anwendung von § 645 BGB

In diesem Rahmen ist auch § 645 BGB zu beachten, dessen **entsprechende Anwendung auf den VOB-Vertrag** geboten ist, wenn eine **Handlung des Auftraggebers** die Leistung in einen Zustand oder eine Lage versetzt hat, die eine **Gefährdung der Leistung mit sich gebracht hat und ursächlich für ihre anschließende Beschädigung oder ihren Untergang gewesen ist**, die also den »Keim der Gefährdung« mit sich gebracht hat (BGH 11.7.1963 VII ZR 43/62 = BGHZ 40, 71, 75 = NJW 1963, 1824; BGH 6.11.1980 VII ZR 47/80 = BGHZ 78, 352 = BauR 1981, 71; vgl. dazu auch *Rutkowsky* NJW 1988, 1761, 1762 für den Fall von Gewaltanschlägen). Dies hat der BGH in den beiden Schürmannbaufällen (BGH 21.8.1997 VII ZR 17/96 = BGHZ 136, 303 = BauR 1997, 1019 [Schürmannbau I]; BGH 16.10.1997 VII ZR 64/96 = BGHZ 137, 35 = BauR 1997, 1021 [Schürmannbau II]) ausdrücklich festgestellt. In diesen Fällen war die bisher erbrachte Leistung des Unternehmers (Starkstrominstallation und weitere Elektroarbeiten) durch eindringendes Rheinhochwasser zerstört worden, nachdem der Rohbauunternehmer den ordentlich geplanten Hochwasserschutz zur Rheinseite an zwei Stellen entfernt hatte ohne sogleich den Spalt zwischen Schlitzwand und Baukörper endgültig abzudichten. Der BGH hat entschieden, dass die Regelung der Vergütungsgefahr nach **§ 645 Abs. 1 S. 1 BGB auch im VOB/B-Vertrag anwendbar** ist. Er hat a.a.O. weiter entschieden, dass die Vorschrift in denjenigen Fällen entsprechend anwendbar ist, in denen Leistungen des Auftragnehmers aus Umständen untergehen oder unmöglich werden, die in der Person des Auftraggebers liegen oder auf Handlungen des Auftraggebers zurückgehen. Im konkreten Fall hatte der Auftraggeber das Risiko einer Überflutung nach Auffassung des BGH dadurch objektiv zurechenbar herbeigeführt, dass – für die Beteiligten ersichtlich – der von ihm vorgesehene und ausreichende vorläufige Hochwasserschutz ausgeführt wurde und dass dieser zur Zeit der Hochwassergefahr teilweise wieder beseitigt worden war. Da der Auftraggeber den sehr aufwendigen endgültigen Hochwasserschutz während der Bauzeit übernommen habe, der Auftragnehmer dagegen keine Möglichkeit der Einwirkung auf die Ausführung dieses Schutzes gehabt hätte, stünde der Auftraggeber der Gefahr, die sich aus der Beschaffenheit des Hochwasserschutzes ergeben habe, näher als der Auftragnehmer. Der BGH vertritt die Auffassung, dass es deshalb der Billigkeit in entsprechender Anwendung des

§ 645 Abs. 1 S. 1 BGB entspräche, einen für beide Parteien gerechten und billigen Interessenausgleich herbeizuführen (vgl. BGH a.a.O.).

Die entsprechende Anwendbarkeit des § 645 Abs. 1 BGB ist darüber hinaus denkbar, wenn der Auftraggeber einem dem Auftragnehmer nachfolgenden Unternehmer bestimmte Weisungen erteilt oder von ihm die Verwendung bestimmter Werkstoffe verlangt hat und dies dazu führt, dass die Leistung des Auftragnehmers gefährdet und schließlich beschädigt oder zerstört wird. Ausführlich zur Problematik der gleichzeitigen Tätigkeit mehrerer Unternehmer: Marbach (Besonders abzunehmende Leistungsteile – Anforderungen der Praxis, insbesondere bei mehrstufigen Vertragsverhältnissen Jahrbuch Baurecht 1999, S. 92), der die Erweiterung des Begriffs des Erfüllungsgehilfen, der analogen Anwendung des § 645 BGB sowie eine extensivere Auslegung des § 12 Nr. 2a und b VOB/B fordert; Stuttmann (BauR 2001, 1487) sieht einen Lösungsweg über § 4 Nr. 5 und Nr. 3 VOB/B. Die entsprechende Anwendung des § 645 Abs. 1 BGB kommt weiter in Betracht, wenn der Auftraggeber dem Auftragnehmer trotz dessen Vorhaltungen (vgl. § 4 Nr. 3 VOB/B) bestimmte Weisungen erteilt hat, die sich **gefahrerhöhend ausgewirkt** und dadurch zur Beschädigung oder Zerstörung der Leistung geführt haben, wie überhaupt hierher alle Fälle zu rechnen sind, in denen **einseitiges, eigenmächtiges Handeln oder Unterlassen des Auftraggebers mit den genannten Auswirkungen vorliegt, das vom Auftragnehmer nicht verhindert werden kann,** wie z.B. beim **Tunnelbau.** Das gilt auch für Schäden, die durch voreilige Inbenutzungnahme der Leistung entstehen oder sonst vom Auftragnehmer mit von ihm vernünftigerweise zu verlangenden Maßnahmen nicht verhindert werden können (vgl. zu Letzterem LG Berlin BauR 1984, 180). Die entsprechende Anwendung des § 645 BGB ist auch geboten, wenn der Auftraggeber in einem alten, einem Brand erkennbar besonders anfälligen Gebäude Schweißarbeiten ausführen lässt, die andere Auftragnehmer weder verhindern noch auf die sie in zumutbarer Weise Einfluss nehmen können, falls durch die Schweißarbeiten ein Brand entsteht, durch den die noch nicht abgenommenen Leistungen der anderen Auftragnehmer beschädigt oder zerstört werden (vgl. OLG Köln OLGZ 1975, 323), zumal auch die vorhandene bauliche Anlage (z.B. bei Umbau- und Renovierungsarbeiten) als »Stoff« i.S.d. § 645 BGB anzusehen ist (vgl. hierzu BGH 6.11.1980 VII ZR 47/80 = NJW 1981, 391, 392, der einen Tunnel, an dem Arbeiten vorgenommen wurden, zwar als »Stoff« i.S.d. § 645 BGB wertet, aber im konkreten Fall den Untergang infolge eines Mangels ablehnt; *Englert* NZBau 2000, 113, 115 zum Baugrund als »Stoff« i.S.d. § 645 BGB; sehr differenziert zur Baugrundproblematik: *Kapellmann* Baugrundrisiko und Systemrisiko – Baugrundsystematik, Bausoll, Beschaffenheitssoll, Bauverfahrenssoll Jahrbuch Baurecht 1999 S. 1). So auch, wenn der Auftragnehmer bei einer Baubegehung dem Auftraggeber mitteilt, dass seine Leistung nicht ausreichend geschützt sei, der Auftragnehmer in der Folge – ohne Anbringung von Bauschutzmatten – Nachunternehmer beauftragt, die letztlich die ausgeführte Leistung beschädigen (OLG Celle IBR 1999, 358 – *Schwenker*). Ähnliches gilt, wenn sich der Baugrund infolge vom Auftragnehmer unvorhergesehener Umstände nicht für die Ausführung des in Auftrag gegebenen Bauwerks eignet (vgl. auch *Englert* BauR 1991, 537, 539). Ebenso ist es hier einzuordnen, wenn der Auftragnehmer die von ihm geschuldete Leistung nicht erbringen kann, weil es dem Auftraggeber aus allein bei ihm vorliegenden Gründen nicht möglich ist, das Baugrundstück zur Verfügung zu stellen; auch dann ist dem Auftragnehmer entsprechend § 645 Abs. 1 S. 1 BGB ein Entschädigungsanspruch zuzuerkennen (OLG München BauR 1992, 74 für den Bereich eines General-Nachunternehmervertrages, wenn das Grundstück aus allein beim Bauherrn liegenden Gründen nicht bereitgestellt werden kann).

Anders liegt es, wenn der Auftragnehmer von vornherein die Ausführung einer Bauleistung übernimmt, die eindeutig erkennbar mehr als üblich gefährdet ist, da er dieses Risiko bei Vertragsabschluss berücksichtigen kann (vgl. dazu *Weyer* BlGBW 1970, 206, 207 f.). Anders ist es auch, wenn Hauptunternehmer (insofern: Auftraggeber) und Subunternehmer (insofern: Auftragnehmer) gleichzeitig an der Baustelle arbeiten und das unfertige Werk beider durch einen von einem anderen Unternehmer verursachten Brand untergeht, der von keinem von beiden zu vertreten ist (BGH 6.11.1980 VII ZR 47/80 = BGHZ 78, 352 = BauR 1981, 71). Die gleichzeitige Beauftragung

Verteilung der Gefahr § 7 Nr. 1–3 VOB/B

verschiedener Handwerker kann für sich allein im Regelfall die Verschiebung der Vergütungsgefahr auf den Auftragnehmer nicht rechtfertigen, was zur Abgrenzung von der vorgenannten Entscheidung des OLG Köln festzuhalten ist (BGH a.a.O., vgl. dazu vor allem auch *Kaiser* FS Korbion S. 197, 202 ff.).

Die hier in Betracht kommende entsprechende Anwendung des § 645 BGB führt dazu, dass der Auftragnehmer Ansprüche nach § 6 Nr. 5 VOB/B hat. Auslagen i.S.d. § 645 BGB sind auch die anteiligen allgemeinen Geschäftskosten des Auftragnehmers (OLG München BauR 1992, 74).

§ 7 Nr. 1
[Vom Auftragnehmer nicht zu vertretende Beschädigung oder Zerstörung]

Wird die ganz oder teilweise ausgeführte Leistung vor der Abnahme durch höhere Gewalt, Krieg, Aufruhr oder andere objektiv unabwendbare vom Auftragnehmer nicht zu vertretende Umstände beschädigt oder zerstört, so hat dieser für die ausgeführten Teile der Leistung die Ansprüche nach § 6 Nr. 5; für andere Schäden besteht keine gegenseitige Ersatzpflicht.

§ 7 Nr. 2
[Mit der baulichen Anlage unmittelbar verbundene Leistungen]

Zu der ganz oder teilweise ausgeführten Leistung gehören alle mit der baulichen Anlage unmittelbar verbundenen, in ihre Substanz eingegangenen Leistungen, unabhängig von deren Fertigstellungsgrad.

§ 7 Nr. 3
[Nicht eingebaute Stoffe, Bauteile und Baubehelfe]

Zu der ganz oder teilweise ausgeführten Leistung gehören nicht die noch nicht eingebauten Stoffe und Bauteile sowie die Baustelleneinrichtung und Absteckungen. Zu der ganz oder teilweise ausgeführten Leistung gehören ebenfalls nicht Baubehelfe, z.B. Gerüste, auch wenn diese als Besondere Leistung oder selbständig vergeben sind.

§ 7 Nr. 1–3 VOB/B werden im Zusammenhang kommentiert.

Inhaltsübersicht Rn.

A. Allgemeine Grundlagen	1
B. Ganz oder teilweise ausgeführte Leistung	3
I. In die Bausubstanz eingegangene Leistungen	3
II. Stoffe oder Bauteile	4
III. Bauhilfsmittel	5
IV. Zusammenfassung	6
C. Höhere Gewalt, Krieg und andere unabwendbare Umstände	8
I. Allgemeines	8
II. VOB-Regelung	9
III. Begriffsbestimmungen	12
1. Höhere Gewalt	12
2. Andere unabwendbare Umstände	13

		Rn.
	3. Witterungseinflüsse	15
IV.	Benachrichtigungspflicht	16
V.	Beweislast	17
VI.	Zerstörung oder Beschädigung der Leistung	18
VII.	Gefahrübergang	20
D. Keine gegenseitige Ersatzpflicht für andere Schäden		23
E. Abweichende Vertragsbestimmungen		26
F. Versicherungen		28
I.	Bauleistungsversicherung	28
II.	Feuerversicherung	29
III.	Montageversicherung	30
IV.	Baugeräte- und Maschinenversicherung	31
V.	Sonstige Versicherungen	32

Aufsätze: *Duffek* Handlungen des Bauherrn als unabwendbarer, vom Auftragnehmer nicht zu vertretender Umstand BauR 1975, 22; *Rutkowsky* Gefahrtragung und Haftung bei gewaltsamen Anschlägen gegen Großbaumaßnahmen und die daran beteiligten Unternehmen NJW 1988, 1761; *Peters* Die Vergütung des Unternehmers in den Fällen der §§ 643, 645, 650 BGB FS Locher 1990 S. 201; *Nicklisch* Vertragsgestaltung und Risikoverteilung bei neuen Technologien – am Beispiel des modernen Tunnelbaus FS Lukes S. 143 ff.; *Kapellmann* Baugrundrisiko und Systemrisiko – Baugrundsystematik, Bausoll, Beschaffenheitssoll, Bauverfahrenssoll Jahrbuch Baurecht 1999 S. 1; *Marbach* Besonders abzunehmende Leistungen – Anforderungen an die Praxis, insbesondere bei mehrstufigen Vertragsverhältnissen, Jahrbuch Baurecht 1999 S. 92; *Englert* Land unter! Bei der Herstellung großer Baugruben NZBau 2000, 113; *Grauvogel* Bauvertrag – Risikoverlagerung vom Auftraggeber zum Auftragnehmer Jahrbuch Baurecht 2000 S. 29; *Stuttmann* Die Pflicht zum Schutz eigener Leistungen und die Gefahrteilung im Bauvertrag BauR 2001, 1487; *Köhler* Graffiti-Schmierereien – höhere Gewalt oder unabwendbares Ereignis? BauR 2002, 27; *Englert* Der Baubehelf und das Bauhilfsgewerk – zwei Stiefkinder des Baurechts FS Kraus 2003 S. 27 ff.; *Englert* Baubehelf, Bauhilfsgewerk und Hilfsbauwerk: Abgrenzung und Rechtsprobleme BauR 2004, 233 ff.; *Micklitz* Die Richtlinie 93/13/EWG des Rates der Europäischen Gemeinschaft vom 5.4.1993 über missbräuchliche Klauseln in Verbraucherverträgen und ihre Auswirkung auf die VOB Teil B, Gutachten im Auftrag des Verbraucherzentrale Bundesverbandes e.V. 2004; *Meier/Stüting* Baubehelf, Bauhilfsgewerk und Hilfsbauwerk: Die Diskussion geht weiter BauR 2005, 316 ff.; *Ahlswede* Die Bauversicherungen im Überblick NZBau 2006, 409 ff.

A. Allgemeine Grundlagen

1 Wenn in der Überschrift des § 7 VOB/B von der **Verteilung der Gefahr** gesprochen wird und hieran nähere Bestimmungen geknüpft worden sind, so ist zu beachten, dass die VOB hier eine **teilweise vom Gesetz abweichende Regelung** getroffen hat. Entgegen Schmidt-Salzer (BB Beil. 1/73 S. 8), Ulmer/Brandner/Hensen (Anh. §§ 9–11 Rn. 911 insoweit soll dies nur für den öffentlichen Auftraggeber hinnehmbar sein) und Micklitz (Gutachten S. 102 ff.) ist diese Regelung aus **AGB-rechtlichen Gesichtspunkten nicht unwirksam** (so auch *Kaiser* FS Korbion S. 197, 205; *Schlosser/Coester-Waltjen/Graba* § 9 Rn. 136; *Nicklisch/Weick* § 7 VOB/B Rn. 6; *Wolf/Horn/Lindacher* § 23 Rn. 253; *Franke/Kemper/Zanner/Grünhagen-Zanner/Keller* § 7 VOB/B Rn. 72 ff.; *Kapellmann/Messerschmidt-Lederer* § 7 VOB/B Rn. 8). Vor allem ist die besondere Regelung in § 7 VOB/B deswegen gerechtfertigt, weil Bauwerksleistungen im Allgemeinen im Bereich des Auftraggebers ausgeführt werden, dabei vor allem Eingriffen ausgesetzt sind, die besonders auch vom Auftragnehmer nicht verhindert werden können. Insofern enthält § 7 VOB/B eine nach der hier vorliegenden Sachlage gerechte Gefahrenverteilung.

2 Natürlich kann es kein Verstoß gegen die AGB-rechtlichen Bestimmungen des BGB – vor allem auch nicht gegen § 307 Abs. 1 und 2 BGB (§ 9 AGBG a.F.) – sein, wenn in Zusätzlichen Vertragsbedingun-

Verteilung der Gefahr § 7 Nr. 1–3 VOB/B

gen für die Gefahrtragung in Abweichung von § 7 VOB/B die gesetzlichen Vorschriften (§§ 644 f. BGB) für maßgebend erklärt werden. Was den gesetzlichen Vorschriften des BGB entspricht, ist zugleich auch den §§ 305 ff. BGB (früher AGBG) konform. Durch eine derartige abweichende Regelung wird einem nach der VOB ausgerichteten Vertrag noch nicht die Ausgewogenheit genommen, auch dann ist sie noch »als Ganzes« vereinbart.

B. Ganz oder teilweise ausgeführte Leistung

I. In die Bausubstanz eingegangene Leistungen

Sachlich bezieht sich der Begriff der **Gefahrtragung** auf die entweder ganz oder in Teilen bereits **erbrachte Leistung,** so wie sie sich im bisher erstellten Bauwerk verkörpert. Er bezieht sich demnach nur auf ein Ereignis, das sich zerstörend oder schädigend auf das bereits ganz oder teilweise nach dem Vertrag hergestellte Bauwerk bezieht. Dies wird vor allem durch die mit der Fassung der VOB von 1992 eingeführte **Nr. 2 verdeutlicht, wonach zu der ganz oder teilweise ausgeführten Leistung alle mit der baulichen Anlage unmittelbar verbundenen, in ihre Substanz eingegangenen Leistungen gehören, unabhängig von deren Fertigstellungsgrad.** Hiernach rechnet dazu alles, was auf der Grundlage des Vertrages bestimmungsgemäß direkt mit der baulichen Anlage verbunden ist. Dabei kommt es auf den jeweiligen Grad der Fertigstellung nicht an, also nicht darauf, ob die erbrachte Leistung abnahme- oder teilabnahmereif ist.

3

II. Stoffe oder Bauteile

Stoffe oder Bauteile, die zwar vorhanden, jedoch noch nicht im Rahmen der Bauausführung bestimmungsgemäß verwertet bzw. eingebaut worden und daher noch bewegliche Sachen sind, werden von dem Begriff der Gefahr **nicht erfasst,** wenn auf sie ein schädigendes oder zerstörendes Ereignis einwirkt. Auch dieses wird klargestellt durch **Nr. 3.** Nach deren **S. 1** gehören zu der ganz oder teilweise ausgeführten Leistung **nicht** die noch **nicht eingebauten Stoffe oder Bauteile. Gleiches gilt erst recht** für die in S. 1 auch genannte **Baustelleneinrichtung und für die Absteckungen.** Insoweit handelt es sich begrifflich nicht um eine ganz oder teilweise erbrachte Leistung, sondern nur um die **Vorbereitung** einer solchen nach der in § 1 VOB/A enthaltenen Begriffsbestimmung. In diesen Fällen muss der Schaden vom Eigentümer der Stoffe oder Bauteile, der Absteckungen sowie der Baustelleneinrichtung oder dem sie verwahrenden Besitzer getragen werden.

4

III. Bauhilfsmittel

Das zuletzt Gesagte gilt folgerichtig auch für die Vergütung für **Bauhilfsmittel,** die zur Erstellung der vertraglichen Leistung notwendigerweise gebraucht werden, wie z.B. Gerüste und Schalungen, Gleisanlagen, jegliche Art von bloßer Bausicherung, Fangedämme, vorübergehend angelegte Baustraßen, Rammgerüste, Transportbahnen usw. Dies wird auch in **S. 2 der Nr. 3** nunmehr deutlich hervorgehoben, wonach zu der ganz oder teilweise ausgeführten Leistung ebenfalls nicht Baubehelfe, z.B. Gerüste, gehören, **auch wenn diese als Besondere Leistungen oder selbstständig vergeben sind.** Insofern ist das im letzten Teil dieses Satzes Gesagte besonders wichtig: Selbst dann, wenn dem Auftragnehmer Besondere Leistungen (vgl. dazu jeweils Abschnitt 4.2 der DIN 18 299 ff.) in Auftrag gegeben worden sind, darüber hinaus auch, wenn diese **Baubehelfe selbstständig vergeben worden sind,** also ohne eigentliche Bauleistungen, handelt es sich **nicht** um ganz oder teilweise ausgeführte Leistungen, die von einem vorzeitigen Gefahrübergang erfasst sein können. Englert (BauR 2004, 233) und ihm folgend Meier/Stüting (BauR 2005, 316) gliedern die Bauhilfen neben den hier erwähnten Baubehelfen (z.B. Gerüste) weiter in »Bauhilfsgewerke« und »Hilfsbauwerke«. Nach der Definition von Englert handelt des sich – vereinfacht – bei dem Bauhilfsgewerk um ein Bauwerk

5

oder eine Bauleistung, die dem Hauptbauwerk zu dienen bestimmt ist und zu diesem Zweck (zumindest vorübergehend) in das Hauptbauwerk oder eine andere Bauleistung eingeht, z.B. Start- und Zielschächte beim Rohrleitungsvortrieb, Unterfangung von Nachbargiebeln oder dichte Baugruben. Hilfsbauwerke sind demgegenüber selbstständige provisorische Bauwerke, die vorübergehend die Funktion des Hauptbauwerks übernehmen, z.B. vorübergehend angelegte Umgehungsstraßen oder temporäre Ersatzbrücken. Ob und inwieweit diese Bauhilfen von § 7 Nr. 3 erfasst sind ist Frage des Einzelfalls. Bei den Hilfsbauwerken wird man in vielen Fällen von einem eigenständigen Bauwerk ausgehen müssen, auf das die Vergütungsgefahrregelung des § 7 Nr. 1 eigenständig anzuwenden ist. Bei Hilfsbaugewerken kann es sich – abhängig vom Einzelfall – durchaus um verbundene Leistungen i.S.d. § 7 Nr. 2 handeln.

IV. Zusammenfassung

6   Hiernach ist zusammenzufassen: Als Leistungen i.S.v. § 7 VOB/B sind nur die mit dem auftragsgemäß zu erstellenden Bauwerk unmittelbar verbundenen, in seine materielle Substanz eingegangenen Leistungen zu verstehen (so mit Recht BGH 4.6.1973 VII ZR 112/71 = BGHZ 61, 144 = BauR 1973, 317; BGH 21.12.1972 VII ZR 215/71 = BauR 1973, 110 = NJW 1973, 368). Eine **Abnahme- oder Teilabnahmefähigkeit** der erbrachten Teilleistung wird, wie bereits hervorgehoben, **nicht** vorausgesetzt (OLG Köln BauR 1985, 203). **Anders** kann es nach Treu und Glauben (§ 242 BGB) allerdings liegen, wenn die entsprechenden Vorkehrungen **nicht** als **Bauhilfsmittel** anzusprechen sind, sondern **vorrangig im Interesse des Auftraggebers an einer ungehinderten Durchführung der Baumaßnahme** überhaupt liegen, wie z.B. bei den in dieser Hinsicht eine Dauerfunktion ausübenden Bauzäunen auf Großbauobjekten, die sie vor Beschädigung oder Zerstörung durch Dritte, insbesondere vor Gewaltanschlägen, schützen sollen (*Rutkowsky* NJW 1988, 1761, 1762). Abgrenzungen können sich u.U. auch in den einzelnen Normen des VOB/C finden (ebenso *Kuß* § 7 VOB/B Rn. 4).

7   Die Ansicht von Ursprung, (BauR 1972, 341) der auch noch nicht in das Bauwerk eingegangene Leistungen in den Begriff »ausgeführte Leistungen« mit einbeziehen will, überzeugt nicht, da er den sich aus § 1 VOB/A ergebenden Leistungsbegriff verkennt; außerdem ist dies durch die jetzigen Absätze 2 und 3 klargestellt. Entgegen Schmalzl (BauR 1972, 276, 278 f.) ist es ebenfalls nur folgerichtig, **Arbeitsleistungen,** die sich als materieller Leistungserfolg am Bauwerk und damit in der als **Erfolg geschuldeten vertraglichen Leistung noch nicht niedergeschlagen** haben, wenn sie also auch noch nicht den Vorbereitungsarbeiten zugehörig sind, ebenfalls als vom vorzeitigen Gefahrübergang nicht betroffen anzusehen; deshalb wird z.B. der Arbeitsaufwand für durch höhere Gewalt zerstörte Gerüste und Schalungen nicht von dem vorzeitigen Übergang der Vergütungsgefahr erfasst (BGH a.a.O.).

C. Höhere Gewalt, Krieg und andere unabwendbare Umstände

I. Allgemeines

8   Die besondere und von der gesetzlichen Regelung des § 644 BGB teilweise abweichende Bestimmung (§ 7 Nr. 1 VOB/B) findet sich im Folgenden:

Wird die Leistung vor der Abnahme ganz oder teilweise durch **höhere Gewalt, Krieg, Aufruhr oder andere unabwendbare** vom Auftragnehmer nicht zu vertretende **Umstände** beschädigt oder zerstört, hat dieser für die ausgeführten Leistungen die Ansprüche nach § 6 Nr. 5 VOB/B; für andere Schäden besteht keine gegenseitige Ersatzpflicht. Dies hat nach den einzelnen Tatbestandsmerkmalen Ähnlichkeit mit § 6 Nr. 2 Abs. 1b und c VOB/B. Die beiden Vorschriften ergänzen sich auch. § 6 Nr. 2 VOB/B behandelt Fragen der **zeitlichen Festlegung der Leistungspflicht** des Auftragnehmers,

Verteilung der Gefahr § 7 Nr. 1–3 VOB/B

während § 7 VOB/B sich mit der **Gegenleistung (Vergütung)** bei gleichen Tatbestandsmerkmalen auseinandersetzt.

II. VOB-Regelung

§ 644 Abs. 1 BGB macht den Unternehmer für den zufälligen Untergang, die zufällige Beschädigung 9
sowie die zufällige Verschlechterung der Leistung verantwortlich. Ausnahmen sind nach S. 2 nur der Annahmeverzug des Bestellers sowie nach S. 3 der zufällige Untergang oder die zufällige Verschlechterung des vom Besteller gelieferten Stoffes. Diese Ausnahmen gelten ebenso wie § 645 BGB auch beim VOB-Vertrag, weil sie durch § 7 VOB/B weder eingeengt noch ausgeschlossen sind.

Unter Berücksichtigung der besonderen Verhältnisse im Bauwesen hat die VOB darüber hinaus eine 10
von der gesetzlichen Vorschrift **abweichende Regelung** getroffen, die sich **aus Treu und Glauben** ergibt. Im Gegensatz zu den sonstigen Werkleistungen, die das Gesetz in den §§ 631 ff. BGB auch regelt, wohnt den Bauleistungen die Besonderheit inne, dass sie bei der Erstellung wesentlich schlechter vor Beschädigungen oder Zerstörungen zu schützen sind als andere Werkleistungen, die in Betriebsräumen gefertigt werden. Daher entlasten die Allgemeinen Vertragsbedingungen unter gewissen Voraussetzungen den Auftragnehmer von der Verantwortung. Gründe der **Billigkeit** haben zu dieser festumrissenen **Ausnahme** geführt. Es sind dies höhere Gewalt, Krieg, Aufruhr oder andere vom Auftragnehmer nicht zu vertretende Umstände. Eine weitere Ausnahme ergibt sich nach der Rechtsprechung für den Bereich des BGB-Werkvertrages auch dann, wenn die Bauleistung durch eine **Handlung des Bestellers,** die eine Gefährdung des Werks mit sich gebracht hat, vor der Abnahme untergegangen (wie z.B. durch Selbstentzündung des vom Besteller in eine neuerrichtete, noch nicht abgenommene Scheune eingebrachten Heues) oder verschlechtert worden ist. Dann kann der Unternehmer einen der geleisteten Arbeit entsprechenden Teil der Vergütung beanspruchen (BGH 4.7.1963 II ZR 174/81 = NJW 1963, 1824). Das gilt **auch** im Rahmen des Bauvertrages nach der **VOB.** Dabei ist allerdings für die Berechnung der Vergütung des Auftragnehmers nicht § 645 BGB, sondern gemäß der vertraglichen Bestimmung in § 7 VOB/B die in **§ 6 Nr. 5 VOB/B** enthaltene Regelung **maßgebend.**

Die VOB musste es im Rahmen von § 7 VOB/B bei einer generellen Regelung belassen. Etwaige im 11
Einzelfall notwendige abweichende vertragliche Vereinbarungen sind **individualvertraglich** im Rahmen Besonderer Vertragsbedingungen zu treffen, wie § 10 Nr. 4 Abs. 2 VOB/A ergibt (vgl. auch BGH 12.7.1973 VII ZR 196/72 = BGHZ 61, 144 = BauR 1973, 317).

III. Begriffsbestimmungen

1. Höhere Gewalt

Über den **Begriff der höheren Gewalt** vgl. § 6 Nr. 2c VOB/B sowie die einschlägigen Kommentie- 12
rungen zum BGB. Die in § 6 Nr. 2c VOB/B angeführte Begriffsbestimmung ist auch zur Auslegung der höheren Gewalt i.S.v. § 7 VOB/B heranzuziehen (BGH 23.11.1961 VII ZR 251/60 = NJW 1962, 390). Die Begriffe **Krieg und Aufruhr** sind eindeutig. In letzterer Hinsicht vgl. auch §§ 125 ff. StGB.

2. Andere unabwendbare Umstände

Mit dem Begriff der unabwendbaren, vom Auftragnehmer nicht zu vertretenden Umstände nach § 7 13
Nr. 1 S. 1 VOB/B befassen sich die beiden Schürmannbau-Urteile des BGH (21.8.1997 VII ZR 17/96 = BGHZ 136, 303 = BauR 1997, 1019 [Schürmannbau I]; BGH 16.10.1997 VII ZR 64/96 = BGHZ 137, 35 = BauR 1997, 1021 [Schürmannbau II]). Diese Urteile führten zu einer Änderung des § 7 Nr. 1 in der VOB 2000, die seither von »**objektiv**« unabwendbaren Umständen spricht. Nach Auffassung des BGH sind Ereignisse i.S.d. § 7 Nr. 1 VOB/B dann unabwendbare, vom Auftragnehmer

nicht zu vertretende Umstände, wenn sie nach menschlicher Einsicht und Erfahrung in dem Sinne **unvorhersehbar sind, dass sie oder ihre Auswirkungen trotz Anwendung wirtschaftlich erträglicher Mittel durch die äußerste nach der Sachlage zu erwartende Sorgfalt nicht verhütet oder in ihren Wirkungen bis auf ein erträgliches Maß unschädlich gemacht werden können.** Danach ist ein Ereignis nicht schon dann unvorhersehbar, wenn es für den **Auftragnehmer** unabwendbar ist. Die Voraussetzungen des § 7 Nr. 1 VOB/B sind nach Meinung des BGH nur dann erfüllt, wenn das Ereignis **objektiv**, und zwar **unabhängig von der konkreten Situation des betroffenen Auftragnehmers unvorhersehbar und unvermeidbar war** (so auch OLG Düsseldorf IBR 2003, 65 – *Quack*). Für nicht ausreichend hat es der BGH deshalb angesehen, dass das im konkreten Fall schädigende Ereignis (Rheinhochwassereinbruch in das Gebäude wegen Entfernung des Hochwasserschutzes an zwei Stellen durch einen anderen Unternehmer entgegen der ausreichenden Planung) für den Auftragnehmer weder vorhersehbar war noch von ihm abgewendet werden konnte noch von ihm zu vertreten war. Denn für den Auftraggeber war das Schadensereignis nicht unvorhersehbar und auch nicht unabwendbar, nachdem er für den Fall eines Hochwassers aufwendige Schutzmaßnahmen planen und bauen ließ, die nach seiner Behauptung bei ordnungsgemäßer Ausführung standgehalten hätten. Der Unterschied zur höheren Gewalt liegt im Wesentlichen darin, dass für den unabwendbaren Umstand ein betriebsfremder Charakter nicht gefordert wird (BGH Schürmannbau I; BGH VersR 1968, 991). In welchen Fällen nach dem Standpunkt des BGH ein objektiv unabwendbarer Umstand vorliegen kann, der die Anwendbarkeit des § 7 Nr. 1 VOB/B eröffnet, ist schwer zu beurteilen. Für die Schürmannfälle wäre etwa an Unabwendbarkeit zu denken, wenn der Hochwasserschutz trotz einwandfreier Planung und sorgfältiger Errichtung unter Ausschöpfung der derzeit möglichen technischen Erkenntnisse auch für einen Fachmann völlig unerwartet unter dem Hochwasserdruck eingebrochen wäre. In BauR 1973, 317 hat der BGH völlig außergewöhnliche sintflutartige Regenfälle, die an einem einzigen Tag die sonstige Maximalniederschlagsmenge des betreffenden Gebietes von vier Monaten deutlich überstiegen, als unabwendbaren Umstand gewertet. Des Weiteren dürfte ein unabwendbarer Umstand in Betracht kommen, wenn die zur Verhütung des Schadensereignisses notwendigen wirtschaftlichen Mittel oder die diesbezügliche äußerste nach der Sachlage zu erwartende Sorgfalt das Maß des Zumutbaren übersteigt, wie etwa die Sicherung einer viele Kilometer langen Bahnstrecke vor mutwilligen Beschädigungen durch autonome Randgruppen vor der Abnahme; ausreichende Sicherheit lässt sich hier faktisch nicht erzielen. Abgesehen von solchen Ausnahmen (zu weit gehend *Köhler* BauR 2002, 27, der Graffiti-Schmierereien tendenziell als unvermeidbar und unabwendbar einstuft) sind aber Beschädigungen vor der Abnahme oder Diebstähle regelmäßig keine unabwendbaren Ereignisse; fraglich ist auch, ob es ein unabwendbares Ereignis darstellt, wenn der Auftragnehmer eines nachfolgenden Unternehmers einen Brand verursacht. Die Beweislast für die objektive Unabwendbarkeit trägt der Auftragnehmer (OLG Düsseldorf IBR 2003, 65 – *Quack*).

14 Ob ein **unabwendbarer Umstand** vorliegt, ist **einheitlich zu beurteilen;** eine Aufspaltung in einen vorhersehbaren und nicht vorhersehbaren Teil scheidet grundsätzlich aus, sofern es sich um ein zeitlich einheitliches und unaufteilbares Ereignis handelt (BGH 12.7.1973 VII ZR 196/72 = BGHZ 61, 144 = BauR 1973, 317). Das gilt vornehmlich für Witterungseinflüsse.

3. Witterungseinflüsse

15 Die **Witterungseinflüsse** haben als unabwendbarer Umstand **auszuscheiden,** soweit sie von § 6 Nr. 2 Abs. 2 VOB/B erfasst werden. Dabei kommt es nicht zuletzt auch auf die **Art der Leistung** an. So sind z.B. Regenfälle zwar keine sich aus dem Baubetrieb selbst ergebenden Ereignisse; ebenso wenig haben sie ihren Grund im Betrieb selbst und seinen Einrichtungen (vgl. RGZ 95, 64, 66). Andererseits sind sie bei stärkerem Auftreten geeignet, die Leistung zu beschädigen. Gleichwohl stellen sie z.B. eine für den Rohrleitungsbau im offenen Gelände typische Schadensursache dar, und gerade deshalb können sie in der Regel weder als höhere Gewalt noch als ein unabwendbarer Umstand i.S.v.

§ 7 VOB/B angesehen werden (BGH a.a.O.). Ein Sturm in der Windstärke 9 ist auch im Rheinland im November nicht ungewöhnlich; zu den Pflichten eines Dachdeckermeisters gehört es, durch geeignete Maßnahmen auch bei Beendigung einer Teilleistung die Schutzvorkehrungen zu treffen, die ein Abreißen der Dachhaut durch Windsog verhindern (OLG Köln VersR 1973, 43). Am Niederrhein muss, wenn auch selten, mit Wind der Stärke 8 nach der Beaufortskala, der in Böen den Bereich der Windstärke 12 erreicht, gerechnet werden (OLG Düsseldorf NJW-RR 1992, 1440). Gehen die Witterungseinflüsse **über den angegebenen Rahmen hinaus, kann entweder höhere Gewalt oder ein anderer unabwendbarer Umstand in Betracht kommen.** Ein Hochwasser, das den höchsten Stand der letzten 20 Monate vor Ausschreibung der Bauleistung erreicht, ist nach OLG Düsseldorf als unabwendbar i.S.d. § 7 Nr. 1 VOB/B anzusehen (OLG Düsseldorf NZBau 2002, 684). Insofern ist darauf abzustellen, ob es sich um Einflüsse handelt, die nach den allgemeinen, auch den meteorologischen Erfahrungen an dem Ort der zu erbringenden Bauleistung sowie nach der jeweiligen Jahreszeit in den eingetretenen Auswirkungen zu erwarten waren (Orkane, Sturmfluten, wolkenbruchartige Regenfälle, außergewöhnliches Hochwasser in einer sonst trockenen Jahreszeit, starkes Gewitter im Winter usw.). Darüber hinaus ist auch von **unabwendbaren Umständen** zu sprechen, wenn die Vorkehrungen zur Verhinderung der durch sie auftretenden Schäden sehr kostspielig sind und einen Aufwand erfordern, der zu dem Wert der vertraglichen Leistung in keinem auch nur annähernd vertretbaren Verhältnis steht, also **gänzlich unzumutbar** wäre. Diese Grundsätze gelten auch für Vorkommnisse, die in ihren Voraussetzungen und Auswirkungen den Witterungseinflüssen gleich liegen, wie z.B. Erdbeben.

IV. Benachrichtigungspflicht

Der Auftragnehmer ist verpflichtet, den **Auftraggeber** von dem Eintritt der in § 7 VOB/B genannten Ereignisse zu **benachrichtigen,** falls die Kenntnis des Auftraggebers nicht als gegeben vorausgesetzt werden kann und damit Offenkundigkeit vorliegt. Die Benachrichtigungspflicht ergibt sich aus der vertraglichen **Fürsorgepflicht als Ausfluss von Treu und Glauben.** Falls möglich, hat der Auftragnehmer den Auftraggeber bereits zu benachrichtigen, wenn das **schadenbringende Ereignis droht.** Damit verbunden ist die Pflicht, im Rahmen des Zumutbaren alles zu tun, um den **Schaden** entweder doch noch **abzuwenden** oder ihn zumindest möglichst **gering** zu **halten.** Werden diese Pflichten verletzt, wird man von einer **Pflichtverletzung nach §§ 280, 241 Abs. 2 BGB (früher positive Vertragsverletzung)** des Auftragnehmers sprechen müssen, die ein Nichtvertretenmüssen i.S.v. § 7 VOB/B ausschließt und damit die Gefahrtragung auf Seiten des Auftragnehmers belässt, wie dies § 644 BGB entspricht.

16

V. Beweislast

Der **Auftragnehmer** ist sowohl hinsichtlich des Eintritts eines der in § 7 VOB/B genannten Ereignisse als auch dazu, dass er es in keiner Weise zu vertreten hat, im Streitfalle **beweispflichtig** (BGH 31.1.1991 VII ZR 291/88 = BGHZ 113, 315 = BauR 1991, 331 m.w.N.; auch OLG Frankfurt BauR 1996, 394; OLG Jena NJW-RR 1999, 895). Das ergibt sich aus dem Grundsatz, dass er bis zur Abnahme des vertragsgemäß errichteten Bauwerks die Beweislast für die vertragsgemäße Erfüllung hat, es sich außerdem hier um eine **Ausnahmeregelung** handelt.

17

VI. Zerstörung oder Beschädigung der Leistung

Weitere Voraussetzung ist, dass die **Leistung zerstört oder beschädigt** wird. Dabei muss von der **vertraglich geschuldeten** Bauleistung ausgegangen werden, die bis zum Eintritt des schädigenden Ereignisses ganz oder teilweise bereits errichtet worden ist. Dazu zählen auch zunächst eingebaute und

18

vor Eintritt des beschädigenden oder zerstörenden Ereignisses zwecks Anbringung des Anstrichs wieder abgenommene Heizkörper (BGH VersR 1968, 991).

19   Zur Zerstörung oder Beschädigung zählt begrifflich **auch der Diebstahl.** Der Auftragnehmer ist gegen Diebstahlsgefahr ebenso zu schützen wie gegen die Gefahr einer Beschädigung oder Zerstörung. Andererseits fordert es das Interesse des Auftraggebers, dass auch bei Diebstahl die Gefahrtragung dem Auftragnehmer ausnahmsweise nur abgenommen wird, wenn er den strengen Anforderungen des § 7 VOB/B genügt hat (BGH a.a.O.).

VII. Gefahrübergang

20   Sind alle vorgenannten Voraussetzungen gegeben, so liegt über § 644 BGB hinaus die **Gefahrtragung** für den Untergang, die Beschädigung oder Verschlechterung der Bauleistung **beim Auftraggeber.** Er wird von seiner **Vergütungspflicht nicht befreit** und muss dem Auftragnehmer die bis dahin geschuldete Vergütung bezahlen, ohne einen Leistungswert hierfür erhalten zu haben. Die Vergütung berechnet sich nach § 6 Nr. 5 VOB/B. Maßgebend sind die Werte der bereits erstellten Leistungen nach dem Maßstab der hierfür **festgelegten oder der üblichen (§ 632 Abs. 2 BGB) Vertragspreise.** Auch sind die in § 6 Nr. 5 VOB/B genannten Kosten hinzuzuzählen, die hinsichtlich der noch nicht erstellten Leistungen bereits entstanden und nicht in den Vertragspreisen der beschädigten oder zerstörten Leistung enthalten sind. Ein **Unterschied zu § 6 Nr. 5 VOB/B liegt darin, dass für die Neuerrichtung bzw. Wiederherstellung der beschädigten oder zerstörten Leistungsteile eine erneute Vergütung an den Auftragnehmer nach § 2 Nr. 6 VOB/B zu zahlen ist** (BGH 12.7.1973 VII ZR 196/72 = BGHZ 61, 144 = BauR 1973, 317) und zwar auf der Basis der Vertragspreise und der besonderen Kosten der jetzt geforderten Leistung falls eine anderweitige vertragliche Abmachung vor Beginn der Neuausführung oder Neuerrichtung nicht getroffen wird. Lässt sich dadurch im Einzelfall eine angemessene Vergütung des Auftragnehmers nicht erreichen, würde vielmehr eine Beschränkung auf eine nach § 2 Nr. 6 Abs. 2 VOB/B festzulegende Vergütung gegen Treu und Glauben (§ 242 BGB) verstoßen, wie z.B. im Falle der notwendig gewordenen gänzlichen Neuerrichtung, ist die Vergütung im Rahmen des noch bestehenden Vertragsverhältnisses anzupassen.

Soweit Stoffe oder Bauteile zerstört oder beschädigt werden, die noch nicht eingebaut oder verwertet sind, kann eine Vergütung im Rahmen von § 7 VOB/B nicht verlangt werden.

22   Der nach § 6 Nr. 5 VOB/B ausgerichtete **Zahlungsanspruch** des Auftragnehmers besteht **in voller Höhe;** eine entsprechende Anwendung des **§ 254 BGB scheidet aus,** da hier von einer Mitverursachung durch den Auftragnehmer nicht die Rede sein kann (BGH a.a.O.).

D. Keine gegenseitige Ersatzpflicht für andere Schäden

23   Nach § 7 Nr. 1 letzter Hs. VOB/B besteht **für andere Schäden keine gegenseitige Ersatzpflicht.** Damit ist zum Ausdruck gebracht, dass in allen Fällen, die von § 7 VOB/B als **Ausnahmetatbestand nicht erfasst** werden, die gesetzliche Gefahrtragungsregelung des § 644 BGB gilt. Dies ergibt sich auch aus § 12 Nr. 6 VOB/B. Das bedeutet, dass grundsätzlich die **Leistungsgefahr beim Auftragnehmer bis zur Abnahme** oder bis zur Vollendung des Werkes, falls eine Abnahme nach der Beschaffenheit nicht möglich ist (§ 646 BGB), verbleibt. Nur soweit § 7 VOB/B reicht, kommt eine Abweichung von der gesetzlichen Regelung in Betracht.

24   Aber auch nach dem BGB – daher entsprechend auch bei der VOB – gibt es einen Gefahrübergang zugunsten des Auftragnehmers vor der Abnahme, wenn z.B. der **Auftraggeber in Annahmeverzug** geraten ist, § 644 Abs. 1 S. 2 BGB. Des Weiteren dann, wenn es sich um **Stoffe oder Bauteile** handelt,

Verteilung der Gefahr § 7 Nr. 1–3 VOB/B

die **vom Auftraggeber geliefert oder bereitgestellt** worden sind, § 644 Abs. 1 S. 3 BGB, sofern zufälliger Untergang oder zufällige Verschlechterung eingetreten ist. Andererseits trägt der Auftragnehmer auf jeden Fall die Gefahr für von ihm beschaffte Stoffe oder Bauteile, die noch nicht zum Einbau oder zur Verwertung gelangt sind.

Sofern der Auftragnehmer noch die Leistungsgefahr trägt, kann er sich gegebenenfalls **bei einem Dritten als Schädiger für die Zeit vor der Abnahme aus Besitzverletzung schadlos halten,** und zwar in Höhe der Wiederherstellungskosten, wenn davon auszugehen ist, dass er im Rahmen der auszuführenden Baumaßnahme die unmittelbare Sachherrschaft über den betreffenden Baustellenbereich hat und – was regelmäßig anzunehmen ist – der Besitz mit der Verantwortung für die Sachsubstanz verbunden ist (vgl. BGH NJW 1984, 2569 für den Fall der Beschädigung einer im Bau befindlichen Uferwand aus Spundbohlen durch Verschulden der Besatzung eines Schiffes). 25

E. Abweichende Vertragsbestimmungen

Die aufgezeigten Folgen setzen voraus, dass die Vertragspartner die Allgemeinen Vertragsbedingungen zum Vertragsinhalt machen. **Abweichende Bestimmungen im Vertrag sind möglich.** Diese können einmal dahin gehen, § 7 VOB/B ganz auszuschließen, so dass § 644 BGB in vollem Umfang zur Anwendung kommt. Sie können aber auch beinhalten, dass § 7 VOB/B **individualvertraglich** eingeschränkt oder erweitert wird. Solche Vereinbarungen sind in § 10 Nr. 4 Abs. 2 VOB/A für die Vertragsverhandlungen vorgesehen, indem für Besondere Vertragsbedingungen Regelungen über die Verteilung der Gefahr bei Schäden angeregt werden, die durch Hochwasser, Sturmfluten, Grundwasser, Wind, Schnee, Eis und dergleichen entstehen können. Hierzu kann in Einzelfällen ein Bedürfnis bestehen, was sich nach den örtlichen und jahreszeitlichen Gegebenheiten richtet. Soweit der Auftragnehmer kraft vertraglicher Regelung über die in § 7 VOB/B genannten Grenzen hinaus von der Gefahrtragung befreit und eine besondere Vergütungsregelung für diese Fälle nicht getroffen worden ist, kommt auch insoweit **§ 6 Nr. 5 VOB/B entsprechend** zur Anwendung. 26

Sofern die **AGB-rechtlichen Regelungen des BGB** Anwendung finden, ist eine **Erweiterung der Gefahrtragungsregelungen über die §§ 644, 645 BGB hinaus grundsätzlich als Verstoß gegen § 307 BGB anzusehen,** da diese gesetzlichen Bestimmungen bereits das dem Auftragnehmer äußerst Zumutbare beinhalten. So geht es nicht an festzulegen, dass der Auftragnehmer die Gefahr noch bis zur behördlichen Bauabnahme trage. Insoweit kann auch § 308 Nr. 1 BGB (§ 10 Nr. 1 AGBG a.F.) zum Tragen kommen, weil diese Klausel den Gefahrübergang auf unbestimmte Zeit verschieben kann, was insbesondere bei Subunternehmerverträgen zutreffen kann. 27

F. Versicherungen

I. Bauleistungsversicherung

Die Bauleistungsversicherung (früher Bauwesenversicherung) ist im Rahmen des § 7 VOB/B die praktisch bedeutendste Versicherung. Durch sie können vom Baubeginn bis zur Abnahme die Bauleistungen gegen unvorhergesehene Beschädigungen und Zerstörungen versichert werden. 28

Für die Bauleistungsversicherung wurden die Allgemeinen Bedingungen für die Bauwesenversicherung von Unternehmerleistungen (ABU) und die Allgemeinen Bedingungen für die Bauwesenversicherung von Gebäudeneubauten durch Auftraggeber (ABN) nebst Klauseln und Zusatzbedingungen entwickelt.

Da die behördliche Genehmigungspflicht der Allgemeinen Versicherungsbedingungen (AVB) seit Mitte der 90er Jahre entfallen ist können die einzelnen Versicherer eigene ABU und ABN entwerfen.

Oppler

Obwohl es bislang nicht zu größeren Unterschieden gekommen ist, ist bei Abschluss eines Versicherungsvertrages stets darauf zu achten, welche Regelungen in den jeweiligen ABU und ABN vorgesehen sind. Eventuell müssen zusätzliche spezielle Versicherungen abgeschlossen werden, wenn bestimmte Risiken vom Versicherungsschutz der Bauleistungsversicherung ausgenommen werden.

Bei einer Bauleistungsversicherung kann Versicherungsnehmer sowohl der Auftraggeber als auch der Auftragnehmer sein. Mit Urteil vom 6.7.2000 VII ZR 73/00 = BauR 2000, 1756, hat der Bundesgerichtshof eine Klausel über die Umlage einer anteiligen Bauwesenversicherungsprämie der AGB-rechtlichen Inhaltskontrolle nach § 8 AGBG (nunmehr § 307 Abs. 3 S. 1 BGB) entzogen. Der BGH hat die in der Klausel getroffene Umlagevereinbarung als unabhängige Vergütungsabrede für eine entgeltliche Geschäftsbesorgung des Auftraggebers eingeordnet und somit als nicht vom dispositiven Gesetzesrecht abweichende Hauptleistungspflicht. Nachdem die Regelung nicht zu einer verdeckten Erhöhung oder Verbilligung der eigentlichen Vergütung für die Werkleistung führe, handele es sich um keine Preisnebenabrede. Die Regelung diene vielmehr der Verrechnung der rechtlich voneinander unabhängigen Werklohn- und Geschäftsbesorgungsvergütung. Verlangt der Auftraggeber vom Auftragnehmer den vereinbarten Anteil an der Prämie für die Bauleistungsversicherung, und sieht der Vertrag keine bestimmte prozentuale Beteiligung nach der Auftragssumme vor, so muss der Auftraggeber eine spezifizierte Anteilsberechnung unter Berücksichtigung der Gesamtauftragssumme vornehmen (OLG Düsseldorf BauR 1993, 736).

Ziff. 2 Nr. 1 der Allgemeinen Bedingungen für die Bauwesenversicherung von Gebäudeneubauten durch Auftraggeber (ABN) verstößt nicht gegen § 305c Abs. 1 und § 307 Abs. 1 und 2 BGB (BGH 1.6.1983 IVa ZR 152/82 = NJW 1984, 47). § 2 Nr. 2 ABN enthält ein auf den strafrechtlichen Tatbestand des Diebstahls eingeschränktes Leistungsversprechen. Beweist der Versicherungsnehmer ein Mindestmaß an Tatsachen, aus denen sich das äußere Bild der Wegnahme einer versicherten Sache ergibt, so gibt dieses äußere Bild zugleich die Grundlage, von der aus mit hinreichender Wahrscheinlichkeit auf einen mit Diebstahlsabsicht handelnden Täter geschlossen werden kann. Fensterflügel und Türblätter können durch ihre Verbindung mit eingebauten Rahmen und Zargen zu mit dem Gebäude fest verbundenen Bestandteilen i.S.d. § 2 Nr. 2 ABN 86 werden (vgl. BGH 29.6.1994 IV ZR 129/93 = BauR 1994, 659 = NJW-RR 1994, 1300). Andererseits: Der Diebstahl noch nicht eingebauter Einzelschlösser einer bereits teilweise eingebauten Schließanlage ist keine Sachbeschädigung i.S.d. § 2 Nr. 1 ABN (AG Fulda VersR 1996, 707).

Der Begriff »unvorhergesehen« ist im Rahmen der technischen Versicherungen so auszulegen, dass »unvorhergesehen« mit »unvorhersehbar« gleichgesetzt werden muss; dabei ist auf das Verschulden des Versicherungsnehmers oder seines Repräsentanten abzustellen (OLG Hamm VersR 1988, 731; nach OLG Hamm NJW-RR 1999, 1633, ist bei einer Großbaustelle [Tunnelbau] nicht der Polier, sondern nur der örtliche Bauleiter der Repräsentant des Bauunternehmers). Ein Bauleistungsversicherer ist, auch wenn das Bauherrenrisiko nicht mitversichert wurde, dennoch zur Leistung verpflichtet, wenn sowohl gewöhnliche als auch ungewöhnliche Witterungseinflüsse den Schadenseintritt verursacht haben, die in der Gesamtschau für die Jahreszeit insgesamt normal und nicht außergewöhnlich waren (OLG Düsseldorf NZBau 2002, 684). Das Bauherrenrisiko i.S.d. § 7 VOB/B verwirklicht sich allerdings bei Hochwasserschäden, wenn der Wasserstand im Schadensmonat einen höheren Pegel als in den letzten 20 Monaten erreicht (OLG Düsseldorf a.a.O.). Eine mangelhafte Bauleistung und ihre Folgeschäden sind keine unvorhergesehen eintretenden Schäden an der erbrachten Bauleistung i.S.v. § 2 Nr. 1 S. 2 ABU; ferner sind solche Mängel bzw. Schäden in der Betriebshaftpflichtversicherung gem. § 4 Abs. 2 Nr. 5 AHB vom Versicherungsschutz ausgenommen (OLG Frankfurt VersR 1989, 801; vgl. dazu auch VOB/B § 13 VOB/B).

Die so genannte Pfuscharbeit, also die mit Ausführungsmängeln behaftete Leistung des Auftragnehmers, wird somit von der Bauleistungsversicherung nicht abgedeckt; vgl. insoweit vor allem die Rechtsprechung des BGH (VersR 1976, 676, sowie besonders BGH 27.6.1979 IV ZR 174/77 = BGHZ 75, 50 = BauR 1979, 534) hinsichtlich der §§ 2, 3 der AVB für die früher so genannte Bauwesenversicherung von Wohngebäuden (1954): Der Deckungsumfang der Bauwesenversicherung betrifft Sachschäden an der Bauleistung, nicht dagegen Leistungsmängel, die sich erst bei der Erbringung der Leistung ergeben, so dass der Sachschaden nur an einer bereits bestehenden Sache entstehen kann, sofern es sich um eine Einwirkung von außen handelt. Ferner ist nach der zuletzt genannten Entscheidung des BGH festzuhalten: Anders als die Haftpflichtversicherung deckt die Bauleistungsversicherung nach ihrem Sinn und Zweck nicht die Folgen eines in die Versicherungszeit fallenden, haftbar machenden Ereignisses. Sie gewährt vielmehr Schutz gegen Beschädigung oder Zerstörung, regelmäßig beschränkt auf den Zeitraum der Erstellung der Bauleistung, also bis zur Abnahme oder zum Ablauf einer vereinbarten Nachfrist; versichert wird die Zeit einer erhöhten Schadensanfälligkeit während des Herstellungsprozesses. Eine Wasserhaltungsanlage beim Bau einer U-Bahn ist ebenso wie die Herstellung der Baugrube eine Bauleistung, zumindest als erforderliche Nebenarbeit; nicht ist sie hingegen als nichtversichertes Gerät einzustufen (BGH 6.2.1985 IVa ZR 68/83 = BauR 1985, 349). Die Herstellung einer Stahlbetondecke bildet eine einheitliche Teilbauleistung i.S.d. § 2 Nr. 1 ABN; beschädigt der Rohbauunternehmer beim Einfüllen oder Rütteln des Betons die von ihm verlegte Bewehrung, so dass diese nach Abnahme der Verschalung an der Unterseite frei liegt, hat der Bauherr keinen Anspruch auf Versicherungsschutz nach § 2 Nr. 1 ABN; es liegt vielmehr ein typischer Baumangel vor, für den nach § 2 Nr. 3a ABN keine Entschädigung geleistet wird (OLG Frankfurt VersR 1984, 1057).

Eine Bauleistungsversicherung umfasst grundsätzlich auch die Kosten der Schadensbeseitigung, die nicht körperlich an der beschädigten Sache vorgenommen wird, sondern die durch äquivalente Maßnahmen die Funktion der beschädigten Sache mit geringeren Aufwendungen wiederherstellt; die Kosten von Vor- und Nacharbeiten, die notwendig sind, um Reparaturen an der beschädigten Sache durchzuführen und den Ausgangszustand wiederherzustellen, gehören grundsätzlich jedenfalls dann zur versicherten Schadensbeseitigung, wenn die Arbeiten sich auf Teile der insgesamt versicherten Bauleistung beziehen, wie z.B. den Abbruch und die Wiederherstellung einer anderen Teil-Bauleistung (BGH 27.6.1979 IV ZR 174/77 = BGHZ 75, 62 = BauR 1979, 539).

Ein die Verpflichtung zur unverzüglichen Anzeige auslösender Schadensfall liegt bei der Bauwesenversicherung (Bauleistungsversicherung) bereits vor, wenn ein möglicherweise unter die Versicherung fallendes schädigendes Ereignis – wie Beeinträchtigung einer Baustelle durch anomale Witterungseinflüsse – eintritt (LG Kaiserslautern VersR 1965, 278). Die Frist für die unverzügliche Anzeige des Versicherungsfalles ist nach OLG Köln bereits versäumt, wenn ein Schaden erst 5 Tage nach dem Schadensereignis gemeldet worden ist (OLG Köln VersR 1998, 184; zum Versicherungsschutz für den Bauherrn bei »Diebstahl« – Demontage bereits eingebauter Bauteile – durch den Auftragnehmer vgl. *Martin* VW 1975, 104; zur Haftpflichtversicherung der Baubeteiligten vgl. *Schmalzl* BauR 1981, 505).

II. Feuerversicherung

Die in der Fassung von 1952 enthalten gewesene Nr. 2 des § 7 VOB/B, die sich mit der Pflicht des Auftragnehmers zur Versicherung gegen Feuergefahr befasste, wurde in der Fassung 1973 mit der Begründung gestrichen, nach den jetzt geltenden Versicherungsbestimmungen sei dem **Auftraggeber** im Rahmen der damals so genannten Bauwesenversicherung (jetzt Bauleistungsversicherung) auch der **Abschluss einer Feuerversicherung** möglich. Die dagegen im einzelnen Bauvertrag **dem Auftragnehmer** auferlegte Verpflichtung zum Abschluss einer Bauleistungsversicherung beinhaltet aber nicht schon ohne Weiteres die Pflicht, eine Feuerversicherung hier einzubeziehen; vielmehr bedarf es dazu einer ausdrücklichen vertraglichen Vereinbarung (OLG Hamm BauR 1980, 275).

Der Schutz der Gebäudefeuerversicherung des Auftraggebers erstreckt sich im Rohbaustadium nicht auf den Auftragnehmer, wenn dieser den Feuerschaden fahrlässig verursacht hat (vgl. dazu *Braun* VersR 1987, 1162, sowie *Platen* S. 19 f.).

III. Montageversicherung

30 Die Montageversicherung (zur Montageversicherung vgl. *Martin* VW 1972, 440 und 492 sowie *Ollick* VerBAV 1972, 110) wurde bereits Mitte der 20er Jahre des letzten Jahrhunderts durch die Zusammenarbeit der deutschen Stahl-, Maschinenbau- und Apparatebauindustrie sowie den damals führenden deutschen Versicherungsunternehmen entwickelt.

Sie ist strukturell mit der Bauwesenversicherung vergleichbar, unterscheidet sich jedoch von dieser in der Risikodeckung. Durch die Montageversicherung werden Konstruktionen aller Art, Maschinen, maschinelle Anlagen und elektronische Einrichtungen während der Neumontage, De- und/oder Remontage versichert. Ggf. kann der Versicherungsschutz auf Montageausrüstung, wie z.B. Gerät, Werkzeug, Hilfsmaschinen, Gerüste, Baubuden sowie im Gefahrenbereich des Montagevorgangs befindliche fremde Sachen erweitert werden.

Der Umfang der versicherbaren Objekte ergibt sich aus § 1 der Allgemeinen Montagsversicherungsbedingungen (AMoB).

Sollen nicht Konstruktionen (insbesondere aus Metall), sondern Bauwerke (insbesondere aus Beton, Steinen, Holz) versichert werden, so kommt die Bauleistungsversicherung in Betracht (*Prölss/Martin* Versicherungsvertragsgesetz 27. Aufl. 2004; *Voit* § 1 AMoB Rn. 1).

IV. Baugeräte- und Maschinenversicherung

31 Baugeräte können durch verschiedene Versicherungen abgesichert werden. Für stationäres Gerät kommt zunächst eine Maschinenversicherung in Betracht. Eine solche Versicherung nach den Allgemeinen Maschinenversicherungsbedingungen (AMB) ist jedoch für auf Baustellen eingesetzte Geräte ungeeignet, da gemäß § 3 AMB nur das Betriebsgrundstück den Versicherungsort darstellt.

Werden die Baugeräte außerhalb des Betriebsgrundstücks eingesetzt, ist eine Baugeräteversicherung nach den Allgemeinen Bedingungen für die Kaskoversicherung von Baugeräten (ABG) denkbar. Versichert werden dabei die im Versicherungsschein oder auf einem beigefügten Verzeichnis aufgeführten Baugeräte sowie die darin bezeichneten Zusatzgeräte und Ersatzteile, § 1 ABG. Sie ist wie die Versicherung nach AMB eine Versicherung für Rechnung »wen es angeht« (*Prölss/Martin* a.a.O. ABG Rn. 1 S. 2083).

Für fahrbare Geräte ist eine Versicherung nach den Allgemeinen Bedingungen für die Maschinen- und Kaskoversicherung von fahrbaren und transportablen Geräten (ABMG) abzuschließen. Die versicherten Sachen ergeben sich wie bei der Versicherung nach ABG aus § 1 ABMG. Trotz der Bezeichnung »Geräte« sind auch andere fahrbare und transportable Sachen, wie z.B. Baubuden versicherbar, § 1 Nr. 1b ABMG. Allerdings wird durch § 1 Nr. 4a ABMG verdeutlicht, dass diese Versicherung nicht eine Fahrzeugversicherung beinhaltet. Sie ist von dieser zu unterscheiden.

V. Sonstige Versicherungen

32 Neben den bisher aufgeführten Versicherungen können auch weitere Risiken durch den Abschluss spezieller Versicherungen abgedeckt werden.

In Betracht kommt dabei evtl. eine zusätzliche Bauunterbrechungsversicherung, da diese Gefahr gemäß §§ 2 Nr. 4d ABU und ABN nicht in jedem Fall abgedeckt wird.

Für die Versicherung von Schäden durch Hagel, Sturm und Leitungswasser an fertiggestellten Teilen von Bauwerken, Glasbruchschäden sowie für Baustellen im Bereich von Gewässern oder in Bereichen, in denen das Grundwasser durch Gewässer beeinflusst wird, ist insbesondere auf die Klauseln 70, 77, 60 und 80 des Klauselbogens zur Bauwesenversicherung zu achten.

Vor §§ 8 und 9
[Kündigung, Rücktritt, Vertragsbeendigung]

Inhaltsübersicht Rn.

A. Allgemeine Grundlagen zur Vertragsbeendigung 1
B. Erläuterungen zu den Regelungen des BGB in alter und neuer Fassung 5
    I. Die Kündigung des Bauvertrages 5
        1. Allgemeine Grundsätze der Kündigung 5
        2. Die allgemeinen Rechtsfolgen der Kündigung 8
    II. Kündigungsregelungen im BGB neben der VOB/B 9
        1. Allgemeine Grundlagen: Rücktritt oder Kündigung nach § 314 BGB n.F. 9
        2. Kündigung wegen Überschreitung des Kostenanschlags (§ 650 BGB) 18
        3. Kündigungsrecht nach §§ 648a, 643, 645 Abs. 1 BGB 20
        4. Kündigung aus wichtigem Grund 21
        5. Die einverständliche Vertragsaufhebung 28
    III. Andere Ursachen der Vertragsbeendigung (Unmöglichkeit, Nichtigkeit, Anfechtung, Rücktritt) 29
        1. Unmöglichkeit der Erfüllung des Bauvertrages 30
            a) Nachträgliche Unmöglichkeit 31
            b) Anfängliche objektive Unmöglichkeit 32
        2. Nichtigkeit des Bauvertrages 33
            a) Verstoß gegen gesetzliches Verbot (§ 134 BGB) 34
            b) Sittenwidrigkeit des Bauvertrages (§ 138 BGB) 37
        3. Nichtigkeit des Bauvertrages durch Anfechtung 38
        4. Rücktritt 39
            a) Gesetzliches Rücktrittsrecht oder Kündigung? 39
            b) Vertraglich vereinbartes Rücktrittsrecht 40
            c) Wandelung gemäß §§ 634, 636 BGB a.F. bzw. Rücktritt gemäß §§ 634 Nr. 3, 636, 323, 326 Abs. 5 BGB n.F. 43

Aufsätze: *Soergel* Mängelansprüche bei vorzeitiger Vertragsbeendigung wegen höherer Gewalt FS Korbion 1986 S. 427 ff.; *Werner* Anwendungsbereich und Auswirkungen des § 650 BGB FS Korbion 1986 S. 473 ff.; *Gauch* Der Rücktritt des Bestellers vom Werkvertrag – Gedanken zu Art. 377 des Schweizerischen Obligationenrechts FS Locher 1990 S. 35 ff.; *Niemöller* Vergütungsansprüche nach Kündigung des Bauvertrages BauR 1997, 539 ff.; *Kapellmann* Die Berechnung der Vergütung nach Kündigung des Bau- oder Architektenvertrages durch den Auftraggeber Jahrbuch Baurecht 1998 S. 35 ff.; *Vygen* Die Kündigung des Bauvertrages und deren Voraussetzungen Jahrbuch Baurecht 1998, S. 1 ff.; *Joussen* Die Abwicklung fehlerhafter/nichtiger Bauverträge FS Vygen 1999 S. 182 ff.; *Kniffka* Die neuere Rechtsprechung zur Abrechnung nach Kündigung des Bauvertrages Jahrbuch Baurecht 2000, S. 1 ff.; *Sienz* Die Neuregelungen im Werkvertragsrecht nach dem Schuldrechtsmodernisierungsgesetz BauR 2002, 181; *Voit* Die außerordentliche Kündigung des Werkvertrages durch den Besteller BauR 2002, 1776 ff.; *Böttcher* Die Kündigung eines Werkvertrages aus wichtigem Grund nach dem Schuldrechtsmodernisierungsgesetz ZfBR 2003, 213 ff.; *Lang* Die Teilkündigung BauR 2006, Heft 12; *Knychalla* Abnahme nach Kündigung des Bauvertrages – Jahrbuch Baurecht 2007.

A. Allgemeine Grundlagen zur Vertragsbeendigung

Bevor im Einzelnen die Möglichkeiten der Kündigung von Bauverträgen behandelt werden können, bedarf es zunächst einer Prüfung, ob der Bauvertrag nicht schon aus anderen Gründen unwirksam ist oder die **Nichtigkeit des Bauvertrages** herbeigeführt werden kann. So kann ein Bauvertrag von Anfang an nichtig sein mit der Folge, dass eine Kündigung in jedem Falle ins Leere geht. Das ist z.B. der Fall, wenn der Bauvertrag gegen ein gesetzliches Verbot verstößt (§ 134 BGB), wie dies bei einem

1

Verstoß gegen das sog. Schwarzarbeitsgesetz oder gegen wichtige gesetzliche Formvorschriften (z.B. die notarielle Beurkundungspflicht des § 313 BGB a.F. bzw. § 311b BGB n.F. bei gleichzeitiger Grundstücksübereignungsverpflichtung oder bei **Zuschlagserteilung** trotz rechtzeitiger Kenntnis von der **Einleitung eines Vergabenachprüfungsverfahrens** gemäß §§ 98 ff. GWB) der Fall ist (vgl. § 13 S. 4 VgV). Die Unwirksamkeit kann auch noch nachträglich ausgelöst werden, z.B. durch einen **Widerruf** nach §§ 1 ff. des **Haustür-Widerrufsgesetzes** bzw. § 312 BGB n.F. (2002) oder durch **Anfechtung** wegen arglistiger Täuschung oder widerrechtlicher Drohung gemäß § 123 BGB oder infolge einer Irrtumsanfechtung gemäß § 119 BGB mit der Folge der rückwirkenden Nichtigkeit des Vertrages gemäß § 142 BGB.

2 Auch kann ein Vertrag auf eine objektiv oder subjektiv unmögliche Leistungsverpflichtung gerichtet sein, so dass schon aus diesem Grunde eine Erfüllung gar nicht möglich ist, und schließlich können ein oder beide Vertragspartner nach gesetzlichen Vorschriften oder auf Grund vertraglicher Vereinbarungen unter bestimmten Voraussetzungen berechtigt sein, vom Vertrag zurückzutreten (**Rücktritt** gemäß § 437 Nr. 2 oder § 634 Nr. 3 BGB mit den Folgen gemäß §§ 346 ff. BGB).

3 Auch wenn alle diese Rechtsbehelfe bei Bauverträgen bei der praktischen Durchführung und Abwicklung erhebliche Schwierigkeiten bereiten können, so sind sie doch gesetzlich im BGB geregelt und durch die VOB/B nicht ausgeschlossen worden, so dass sie grundsätzlich neben den Regelungen der VOB/B im Einzelfall herangezogen werden können und deshalb hier auch im Kapitel B. erläutert werden sollen.

4 Besondere Bedeutung in Bezug auf eine nachträgliche Aufhebung oder Auflösung eines Bauvertrages hat demgegenüber aber zweifellos die **Kündigung des Bauvertrages** durch einen der beiden Vertragspartner, da die Kündigung anders als alle vorgenannten Rechtsbehelfe den Bauvertrag nicht rückwirkend beseitigen, sondern ihn nur vom Zeitpunkt des Zugangs der Kündigungserklärung bei dem anderen Vertragspartner für die Zukunft (ex nunc) aufheben.

B. Erläuterungen zu den Regelungen des BGB in alter und neuer Fassung

I. Die Kündigung des Bauvertrages

1. Allgemeine Grundsätze der Kündigung

5 Die Kündigung eines Bauvertrages stellt einen besonders schwer wiegenden Eingriff eines Vertragspartners in die Abwicklung des wirksam abgeschlossenen Bauvertrages dar; denn sie bewirkt die vorzeitige Beendigung des Bauvertrages für die Zukunft; sie wirkt also vom Zeitpunkt des Zugangs der Kündigungserklärung des einen Vertragspartners bei dem jeweils anderen Vertragspartner. Die Kündigung beendet damit durch **einseitige, empfangsbedürftige Willenserklärung** den Bauvertrag vor der Fertigstellung der Leistung für die Zukunft. Daraus folgt schon zwingend, dass die Kündigung zwar jederzeit während der Abwicklung oder Ausführung eines Bauvertrages, aber zeitlich begrenzt nur bis zur Vollendung und **Abnahme** der Leistung bzw. des Werkes erfolgen kann (vgl. § 649 S. 1 BGB bzw. § 8 Nr. 1 Abs. 1 VOB/B). Ist also die geschuldete Bauleistung als das vom Unternehmer hergestellte Werk mängelfrei abgeliefert und abgenommen worden, so ist eine Kündigung des Bauvertrages nicht mehr möglich. Ist dagegen das fertig gestellte Werk mit Mängeln behaftet und die Werkleistung deshalb vom Auftraggeber noch nicht abgenommen worden, so ist eine Kündigung jedenfalls dann noch möglich, wenn die Mängel behebbar sind (MüKo/*Soergel* § 649 Rn. 2), also eine Mängelbeseitigung möglich ist. Ist aber das Werk vom Auftraggeber trotz vorhandener Mängel abgenommen worden, so scheidet eine Kündigung aus (BGH BauR 1975, 280). Auch die **Abnahmereife**, die gemäß § 640 Abs. 1 S. 2 BGB n.F. schon dann gegeben ist, wenn nur **unwesentliche Mängel** noch vorliegen, schließt eine Kündigung aus (*Stickler/Fehrenbach* a.a.O. Rn. 23).

Die Kündigung des Bauvertrages ist als einseitiges Gestaltungsrecht **bedingungsfeindlich**; sie kann 6 also nicht für den Fall des Eintritts einer bestimmten **Bedingung** (z.B. Nichteinhaltung einer gesetzten Frist) erklärt werden, sondern muss nach Fristablauf erfolgen. In der Kündigungserklärung muss der Wille, den Vertrag vorzeitig beenden zu wollen, zweifelsfrei zum Ausdruck kommen (*Korbion/Hochstein/Keldungs* VOB-Vertrag Rn. 357; BGH BauR 2003, 880), was am klarsten durch den Gebrauch des Wortes »Kündigung« erfolgt. Das gilt vor allem auch für Kaufleute, die oftmals ihre eigene Sprachregelung, wie z.B. durch die Worte »**Annullierung**«, »**Stornierung**« und »**Sistierung**« haben. Während die ersten beiden Begriffe im Allgemeinen als Ausdruck des Kündigungswillens des Erklärenden aufzufassen sind, und zwar im Zweifel nach § 8 Nr. 1 VOB/B (§ 649 BGB), bedeutet der Begriff »Sistierung« grundsätzlich nur das vorübergehende Ruhen eines als solchen fortbestehenden Vertrages (vgl. dazu *Peters* JZ 1996, 73, insbes. bezogen auf Kaufverträge, Darlehen und Dienstverträge).

Die Kündigung kann auch auf einen in sich abgeschlossenen, also zumindest klar abtrennbaren Teil 7 des Bauvertrages beschränkt werden (sog. **Teilkündigung**), wobei dann nur der gekündigte Teil des Bauvertrages sein vorzeitiges Ende findet, während der Bauvertrag im Übrigen unverändert fortgesetzt wird (vgl. BGH BauR 1975, 825; 1986, 573; 1997, 1027). Eine solche Teilkündigung setzt allerdings voraus, dass sie sich auf einen in sich abgeschlossenen Teil der nach dem Vertrag geschuldeten Gesamtleistung bezieht, wie dies in § 8 Nr. 3 Abs. 1 S. 2 VOB/B ausdrücklich bestimmt ist. Damit wird das Ziel verfolgt, eine klare Trennung der beiden Leistungsbereiche, insbesondere auch für mögliche spätere Gewährleistungsansprüche und deren Verjährungsbeginn, sicherzustellen. Folgerichtig wird man bei der Frage, ob eine **in sich abgeschlossene Teilleistung** vorliegt und deshalb eine darauf beschränkte Teilkündigung zulässig ist, auf die für die Zulässigkeit der **Teilabnahme** gemäß § 12 Nr. 2 VOB/B entwickelten Grundsätze zurückgreifen können und müssen. Danach ist eine Teilabnahme und damit auch eine Teilkündigung möglich, wenn ein Auftragnehmer z.B. sowohl die Heizungs- als auch die Sanitärinstallationsarbeiten übernommen hat und die Heizungs- oder aber die Sanitärinstallationsarbeiten gekündigt werden; dagegen ist eine Teilkündigung nicht bezüglich der Heizungsarbeiten nur in einem bestimmten Stockwerk oder bei einem geschuldeten Rohbau nur bezüglich eines Teils des Rohbaus möglich (*Locher* Das private Baurecht Rn. 124; OLG Düsseldorf SFH Nr. 14 zu § 12 VOB/B; BGH BauR 1975, 423), da es sich dabei nicht um in sich **abgeschlossene Teilleistungen** handelt, die unterschiedlichen Verjährungsfristen für Mängelansprüche unterliegen würden (vgl. dazu aber *Lang* BauR 2006, Heft 12 sowie unten § 8 Nr. 3).

2. Die allgemeinen Rechtsfolgen der Kündigung

Die Kündigung beendet den Bauvertrag – oder bei einer zulässigen und damit wirksamen Teilkündi- 8 gung den gekündigten Teil des Bauvertrages – für die Zukunft. Nach erfolgter Kündigung kann der Unternehmer einerseits **Aufmaß** und **Abnahme** gemäß § 8 Nr. 6 VOB/B und gemäß § 640 BGB verlangen und sollte dies auch unbedingt tun, um den Lauf der **Verjährungsfrist** für Mängel in Gang zu setzen (so jetzt auch BGH BauR 2003, 689) und die Voraussetzungen für die Fälligkeit des Vergütungsanspruchs herbeizuführen (BGH BauR 2005, 1913 f. sowie BGH BauR 2006, 1294). Andererseits kann er keine Abschlagszahlungen mehr verlangen, sondern muss nun seine Vergütung im Rahmen der Schlussabrechnung geltend machen und ggf. im Rechtsstreit von dem Anspruch auf **Abschlagszahlungen** übergehen auf den Anspruch auf die Schlusszahlung (BGH BauR 1985, 456; 1987, 453; *Korbion/Hochstein/Keldungs* VOB-Vertrag Rn. 850; vgl. auch BGH BauR 2000, 1482). Dabei ist allerdings noch immer heftig umstritten, ob der Übergang von einer Klage auf eine weitere **Abschlagszahlung** nach erfolgter Kündigung auf die Klage auf Zahlung der Schlussrechnung eine ohne weiteres zulässige **Klageänderung** oder aber ein völlig neuer **Streitgegenstand** ist, so dass insbesondere die Umstellung auf die **Schlusszahlung** nach der neuen ZPO (§ 263 ZPO) nicht mehr in der Berufungsinstanz zulässig ist (vgl. dazu eingehend *Achilles/Baumgärtel* BauR 2001, 1953 ff.; *Wer*-

ner/Pastor Rn. 984 und 1228 ff., BGH BauR 1998, 369 = NJW-RR 1998, 1006; BGH BauR 1999, 267 f.; *von Rintelen* Jahrbuch Baurecht 2001, S. 25 ff., 35).

Durch den Zugang einer wirksamen Kündigung wandelt sich das bestehende Vertragsverhältnis in ein **gegenseitiges Abrechnungsverhältnis** um, wobei die Vergütungsansprüche des Auftragnehmers für die bis zur Kündigung erbrachten Leistungen und evtl. auch für infolge (grundloser) Kündigung durch den Auftraggeber nicht mehr erbrachte Leistungen abzüglich der dadurch ersparten Aufwendungen auf der einen Seite und etwaige Gegenansprüche des Auftraggebers bei berechtigter Kündigung aus wichtigem Grund wegen ihm dadurch entstandener Mehrkosten und evtl. auch weiter gehende Schadensersatzansprüche, z.B. des Hauptunternehmers wegen dadurch verursachten **Stillstands der Baustelle** (vgl. OLG Düsseldorf BauR 2003, 892) auf der anderen Seite zu verrechnen sind (BGH BauR 2005, 1913 ff.; *Korbion/Hochstein/Keldungs* VOB-Vertrag Rn. 629). Dagegen bleiben von der Kündigung unberührt die **Mängelbeseitigungsansprüche (jetzt Nacherfüllungsansprüche)** des Auftraggebers bezüglich der Mängel an der bis zur Kündigung vom Auftragnehmer bereits erbrachten Bauleistungen und auf der anderen Seite auch das Recht des Auftragnehmers, Mängel an der von ihm erbrachten Teilleistung selbst zu beseitigen (BGH BauR 1989, 462 = ZfBR 1989, 213; BGH BauR 1988, 82 = NJW-RR 1988, 208).

II. Kündigungsregelungen im BGB neben der VOB/B

1. Allgemeine Grundlagen: Rücktritt oder Kündigung nach § 314 BGB n.F.

9 Die Kündigung des Bauvertrages hat im BGB und in der VOB/B unterschiedliche Regelungen erfahren. So sieht das BGB-Werkvertragsrecht in § 649 BGB lediglich eine Regelung für die sog. **freie** oder auch **ordentliche** oder **grundlose Kündigung** durch den Auftraggeber vor, die danach jederzeit bis zur Vollendung des Werkes zulässig ist, ohne dass aber dadurch dem Auftragnehmer bezüglich seines vertraglich vereinbarten Vergütungsanspruchs ein finanzieller Nachteil entstehen darf (vgl. § 649 S. 2 BGB). Für ein **Kündigungsrecht des Auftragnehmers** finden sich im BGB-Werkvertragsrecht nur die Bestimmungen der §§ 642, 643 und 645 BGB und letztlich auch des § 648a BGB i.V.m. § 643 und § 645 Abs. 1 BGB, die ihm unter besonderen Voraussetzungen ein Kündigungsrecht bei Verletzung von **Mitwirkungspflichten** des Auftraggebers einräumen und ihm als Folge davon auch einen **Entschädigungsanspruch** zubilligen. Eine spezielle Regelung für die Kündigung des Werkvertrages durch den Auftraggeber, aber auch durch den Auftragnehmer, aus wichtigem Grunde sieht das BGB-Werkvertragsrecht nicht vor. Lediglich § 636 BGB a.F., der durch das Schuldrechtsmodernisierungsgesetz ersatzlos entfallen ist, bestimmte, dass bei nicht rechtzeitiger Herstellung des Werkes die Vorschriften des § 634 Abs. 1 bis 3 BGB entsprechende Anwendung finden und an die Stelle des Anspruchs auf Wandelung das Recht des Bestellers tritt, nach § 327 BGB von dem Vertrag zurückzutreten. Dieses **Rücktrittsrecht** ist nun aber für den Bauvertrag im Allgemeinen ein völlig ungeeigneter Rechtsbehelf, da der Rücktritt zur rückwirkenden Aufhebung des Werkvertrages und damit zur Rückabwicklung der bereits beiderseits erbrachten Leistungen führt. Diese Rechtsfolge wird dem Bauvertrag als eine Art **Dauerschuldverhältnis** mit Langzeitcharakter in keiner Weise gerecht (vgl. *Nicklisch/Weick* Vor §§ 8, 9 VOB/B Rn. 6). Deshalb wurde bisher in der Rechtsprechung auch bei BGB-Bauverträgen im Wege einer Analogie zu § 626 BGB oder der §§ 280, 325, 326 BGB a.F. gewohnheitsrechtlich das Rücktrittsrecht mit der Wirkung ex tunc, also rückwirkend, ersetzt durch das Kündigungsrecht mit Wirkung ex nunc, also für die Zukunft (BGH NJW 1969, 233; *Nicklisch/Weick* a.a.O.). Dies galt jedenfalls immer dann, wenn bei Wandelung oder Rücktritt die Gefahr einer Beschädigung oder Zerstörung wirtschaftlicher Werte (z.B. der bereits erbrachten Bauleistung) besteht.

10 Hatten nach dem bis zum 31.12.2001 geltendem BGB (maßgeblicher Zeitpunkt dafür war der des Vertragsabschlusses) sowohl Besteller (Auftraggeber) als auch Unternehmer (Auftragnehmer) das gewohnheitsrechtlich abgesicherte und von der Rechtsprechung entwickelte und ganz allgemein

anerkannte Recht, den Bauwerksvertrag nach BGB aus wichtigem Grund außerordentlich zu kündigen (vgl. vor allem *Voit* BauR 2002; 1776 ff.), so kann dieses **außerordentliche Kündigungsrecht** nach der Neufassung des BGB 2002 durch das Schuldrechtsmodernisierungsgesetz in seinem Fortbestand durchaus in Zweifel gezogen werden (vgl. dazu u.a. *Voit* BauR 2002, 1776; *Böttcher* ZfBR 2003, 213; *Boldt* NZBau 2002, 655; *Sienz* BauR 2002, 194, und vor allem *Kniffka* Bauvertragsrecht, IBR-Online-Kommentar § 649 Rn. 3 ff.).

Zunächst könnte man in Erwägung ziehen, dass der Gesetzgeber das gewohnheitsrechtlich anerkannte und kraft Richterrechts geschaffene **Kündigungsrecht aus wichtigem Grunde** bei Bauverträgen nunmehr ausdrücklich gesetzlich geregelt hat, wie er das auch mit vergleichbaren von der Rechtsprechung entwickelten Rechtsinstituten getan hat, wie z.B. dem Wegfall oder der Änderung der Geschäftsgrundlage durch § 313 BGB n.F., der culpa in contrahendo durch §§ 311 Abs. 2, 241 Abs. 2, 280 BGB n.F. (2002), der positiven Vertragsverletzung gemäß §§ 241 Abs. 1 und 2, 280 BGB n.F. (2002) oder des Vorschussanspruchs auf die Mängelbeseitigungskosten gemäß § 637 Abs. 3 BGB n.F. Dafür könnte auf den ersten Blick die neue Regelung des § 314 BGB n.F. (2002) sprechen: **11**

»Dauerschuldverhältnisse kann jeder Vertragsteil aus wichtigem Grund ohne Einhaltung einer Kündigungsfrist kündigen. Ein wichtiger Grund liegt vor, wenn dem kündigenden Teil unter Berücksichtigung aller Umstände des Einzelfalls und unter Abwägung der beiderseitigen Interessen die Fortsetzung des Vertragsverhältnisses bis zur vereinbarten Beendigung oder bis zum Ablauf einer Kündigungsfrist nicht zugemutet werden kann. Besteht der wichtige Grund in der Verletzung einer Pflicht aus dem Vertrag, ist die Kündigung erst nach erfolglosem Ablauf einer zur Abhilfe bestimmten Frist oder nach erfolgloser **Abmahnung** zulässig.«

Diese neue gesetzliche Regelung des § 314 BGB n.F. entspricht durchaus der Rechtsprechung zur Kündigung von Bauverträgen aus wichtigem Grund und würde bei der praktischen Anwendung keine besonderen Schwierigkeiten bereiten. Das Problem liegt allein darin, dass der Bauwerkvertrag kein echtes **Dauerschuldverhältnis** ist, weil er keine Verpflichtung zur regelmäßigen Erbringung wiederkehrender Werkleistungen zum Gegenstand hat (vgl. auch § 309 Nr. 9 BGB n.F.), von einigen Ausnahmen wie bei den sog. **Jahresverträgen** der öffentlichen Hand mit Bauunternehmen über regelmäßig wiederkehrende Reparaturarbeiten an Straßen usw. abgesehen. Immerhin hat aber der Bauvertrag durchaus Parallelen zu einem solchen Dauerschuldverhältnis, weil auch er auf eine längere Zeit angelegt ist (*Kniffka* a.a.O. Rn. 5), eine **Kooperation** der beiden Vertragspartner für die Dauer des Vertragsverhältnisses unerlässlich ist (BGH BauR 2000, 409) und auch ein Bauvertrag ohne Zerstörung wirtschaftlicher Werte nicht rückwirkend durch Rücktritt aufgehoben werden sollte, sondern nur für die Zukunft, wozu das Kündigungsrecht der geeignete und sachgerechtere Rechtsbehelf gegenüber dem Rücktritt ist (so auch *Kapellmann/Messerschmidt/Lederer* § 8 Rn. 3, und ebenso *Kapellmann/Messerschmidt/v. Rintelen* § 9 Rn. 1; a.A. aber *Voit* BauR 2002, 1778; *Soergel/Teichmann* § 241 BGB Rn. 6, und *Böttcher* ZfBR 2003, 213 ff., 219).

Mangels einer klaren gesetzlichen Definition des Begriffs »Dauerschuldverhältnis« bedarf es nur einer weiten Auslegung dieses Begriffs in § 314 BGB n.F., um darunter auch Bauverträge zu subsumieren: Das **Dauerschuldverhältnis** unterscheidet sich von dem auf eine einmalige Leistung gerichteten Schuldverhältnis dadurch, dass aus ihm während seiner Laufzeit ständig neue Leistungs-, Neben- und Schutzpflichten entstehen (*Palandt/Heinrichs* BGB, ErgBd., 61. Aufl. § 314 Rn. 2). Dies trifft auch auf den Bauvertrag zu, wenn man die Bauzeit als Laufzeit ansieht. Das Dauerschuldverhältnis wird ferner durch seine zeitliche Dimension und das Merkmal ständiger Pflichtanpassung gekennzeichnet (*Esser/Schmidt* § 15 II). Auch dies trifft auf den Bauvertrag als Langzeitvertrag ohne Weiteres zu. Begrifflich setzt es voraus, dass ein dauerndes Verhalten oder wiederkehrende Leistungen geschuldet werden und dass der Gesamtumfang der Leistung von der Dauer der Rechtsbeziehung abhängt (*Larenz* § 2 VI und *Soergel/Teichmann* § 241 Rn. 6). Auch diese Voraussetzung lässt sich bejahen, wenn man beim Bauvertrag umgekehrt die Dauer der Rechtsbeziehung bzw. Bauzeit in Abhängigkeit vom Gesamtumfang der Leistung sieht. Dies lässt durchaus den Schluss zu, dass der **12**

Bauvertrag im Unterschied zu manchen anderen Werkverträgen tatsächlich **als Dauerschuldverhältnis** i.S.d. **§ 314 BGB n.F.** angesehen werden kann, zumal die dort geregelten Rechtsfolgen ohne jede Einschränkung auf Bauverträge ausgerichtet erscheinen und im Wesentlichen den bewährten Regelungen der VOB/B entsprechen. Letztlich wird man das Kündigungsrecht aus wichtigem Grund also auch nach dem neuen BGB 2002 zumindest im Wege einer analogen Anwendung des § 314 BGB (so vor allem *Sienz* BauR 2002, 181 ff., 194) bejahen können, auch wenn der Gesetzgeber dieses nach dem Wortlaut auf Dauerschuldverhältnisse beschränkt hat, ohne diese aber exakt zu definieren, und im Übrigen das **Rücktrittsrecht** vorgesehen hat, ohne sich aber mit der außerordentlichen Kündigung beim Werk- und speziell beim Bauwerkvertrag beschäftigt zu haben, wie das Gesetzgebungsverfahren erkennen lässt (vgl. auch *Kniffka* a.a.O. Rn. 6 und den Baurechtlichen Ergänzungsentwurf zum Schuldrechtsmodernisierungsgesetz, BauR 2001, Beilage zu Heft 4, Ziff. 7, S. 6, 19, sowie *Kraus* BauR 2002, 524 ff.). Folgt man dieser analogen Anwendung des § 314 BGB n.F. nicht, so kann es aber trotz der Neuregelungen des Rücktritts und der Möglichkeit eines **Teilrücktritts** in §§ 323, 324 BGB n.F. (vgl. dazu *Böttcher* ZfBR 2003, 217) letztlich jedenfalls bei dem gewohnheitsrechtlich von der Rechtsprechung entwickelten Kündigungsrecht aus wichtigem Grunde mit der Argumentation von Voit (BauR 2002, 1776 ff.) verbleiben (so im Ergebnis auch *Kniffka* a.a.O. Rn. 7). Im Übrigen bleibt auch die Möglichkeit, den Bauwerkvertrag durch die **Vertragsgestaltung als Dauerschuldverhältnis mit entsprechendem Kündigungsrecht aus wichtigem Grunde** auszugestalten, wie dies z.B. durch die VOB/B geschehen ist (vgl. dazu auch *Kapellmann/Messerschmidt/ Lederer* § 8 VOB/B Rn. 3a E; *Dauner/Lieb* u.a. § 214 BGB Rn. 4; *Gernhuber* Das Schuldverhältnis S. 382).

13 Geht man nach alledem von dem Fortbestand des Kündigungsrechts aus wichtigem Grund aus, sei es über eine analoge Anwendung des § 314 BGB n.F., sei es über das bisherige und trotz Neufassung des BGB fortgeltende Richterrecht, so folgt daraus zugleich, dass der Deutsche Vergabe- und Vertragsausschuss für Bauleistungen (DVA) bei der Überarbeitung der VOB/B im Jahre 2002 zur Anpassung an das Schuldrechtsmodernisierungsgesetz die Kündigungsregelungen der §§ 4 Nr. 7 und 8, 5 Nr. 4, 8 Nr. 2 und 3 VOB/B zu Recht nicht geändert hat und diese Regelungen auch nach Inkrafttreten des BGB 2002 einer **isolierten Inhaltskontrolle** nach den §§ 307 ff. BGB n.F. (früher §§ 9 bis 11 AGBG) standhalten.

Dazu heißt es in der Begründung des DVA:

»Die Regelungen in der VOB/B können auch nach der Gesetzesänderung auf eine Kündigung statt auf einen Rücktritt abstellen.

14 *Nach § 281 Abs. 1 S. 1 und § 323 Abs. 1 BGB kann der Gläubiger, wenn der Schuldner nicht oder nicht wie geschuldet im Zeitpunkt der Fälligkeit leistet, eine angemessene Frist zur Leistungserbringung oder Nacherfüllung setzen. Nach erfolglosem Ablauf dieser Frist kann der Gläubiger statt der Leistung Schadensersatz verlangen bzw. vom Vertrag zurücktreten. Damit begründen Verzug, mangelhafte Erfüllung oder Nichterfüllung ein Rücktrittsrecht. Das (freie) Kündigungsrecht im Werkvertragsrecht nach § 649 BGB bleibt unverändert.*

Im Falle eines Rücktritts erfolgt gemäß § 346 Abs. 1 BGB eine Rückabwicklung. Soweit diese ausgeschlossen ist, erfolgt Wertersatz, ggf. durch die Gegenleistung (§ 346 Abs. 2 S. 2 BGB). Schadensersatz kann auf der Grundlage des § 325 BGB verlangt werden.

15 *Die Vorschriften der VOB/B sehen für den Fall der Leistungsstörung (nach Fristsetzung mit Leistungsablehnungsandrohung) Kündigung und Schadensersatz vor.*

Das Regelungsziel, Lösung des Vertrages und Abrechnung der erbrachten Leistungen auf der Basis der Vertragspreise, ist in beiden Systemen identisch.

Da auch nach der Gesetzesänderung im Werkvertragsrecht das Kündigungsrecht des Bestellers im BGB enthalten ist, kann es nicht gegen Leitgedanken des neuen BGB verstoßen, wenn die Regelungen der VOB/B auf eine Kündigungssystematik abstellen.

Die in diesen Vorschriften enthaltene Leistungsablehnungsandrohung (Kündigungsandrohung) kann ebenfalls erhalten bleiben.
Nach § 281 Abs. 1 S. 1 und § 323 Abs. 1 BGB kann der Gläubiger, wenn der Schuldner nicht oder nicht wie geschuldet im Zeitpunkt der Fälligkeit leistet, eine angemessene Frist zur Leistungserbringung oder Nacherfüllung setzen. Nach erfolglosem Ablauf dieser Frist kann der Gläubiger statt der Leistung Schadensersatz verlangen bzw. vom Vertrag zurücktreten. Lediglich in den Ausnahmefällen, in denen der Schuldner nicht mit dem Rücktritt rechnen musste, ist dieses Recht unter Heranziehung des Grundsatzes von Treu und Glauben ausgeschlossen (vgl. Beschlussempfehlung des Rechtsausschusses des Deutschen Bundestages, BT-Drucks. 14/7052 S. 185).
Die Kündigungsvorschriften der § 4 Nr. 7 und 8, § 5 Nr. 4 VOB/B sehen inhaltlich eine »Leistungsablehnungsandrohung« vor der Kündigung vor. Die Beibehaltung dieser Regelung verstößt nicht gegen die gesetzliche Regelung. Die Regelung der »Leistungsablehnungsandrohung« ist die Umsetzung des im Bauvertragsrecht geltenden Grundsatzes von Treu und Glauben, nachdem vor einer Auftragskündigung eine Nachfrist zur Leistungserbringung mit der Androhung der Auftragsentziehung zu setzen ist. Das Erfordernis einer Kündigungsandrohung ist außerdem Ausdruck des im Bauwerkvertragsrecht zwischen den Parteien bestehenden Kooperationsverhältnisses (vgl. Ingenstau/Korbion/Vygen, 14. Aufl. 2001, § 8 Rn. 4).«

16

Die VOB/B-Regelungen der §§ 8 und 9 in unveränderter Fassung sind jedenfalls dann völlig unbedenklich, wenn auch nach dem BGB 2002 neben der freien Kündigung gemäß § 649 S. 1 BGB die Kündigung des Werkvertrages aus wichtigem Grund weiterhin zulässig ist (so überzeugend *Voit* BauR 2002, 1776 ff.), da sie sich aus § 649 S. 2 BGB selbst herleiten lässt. Unabhängig davon halten diese Regelungen der §§ 8 und 9 VOB/B aber auch in der unveränderten Fassung einer **isolierten Inhaltskontrolle** gemäß §§ 305 ff. BGB 2002 stand, wenn man die VOB/B 2002 nicht mehr als privilegiertes Vertragswerk ansieht, da sie sachgerechte Lösungen für Bauverträge als Langzeitverträge enthalten, die im Ergebnis letztlich von dem Recht der Leistungsstörungen des BGB 2002 nicht entscheidend abweichen. Dies gilt insbesondere auch deshalb, weil jetzt § 323 Abs. 4 BGB 2002 auch vorsieht, dass der Gläubiger bereits vor dem Eintritt der Fälligkeit der Leistung zurücktreten kann, wenn offensichtlich ist, dass die Voraussetzungen des Rücktritts eintreten werden. Damit hat sich das BGB 2002 im Unterschied zu § 636 BGB a.F. i.V.m. § 634 Abs. 1 BGB a.F. der Regelung des § 5 Nr. 3 und 4 VOB/B stark angenähert, wonach schon immer eine Kündigung des Bauvertrages vor dem vereinbarten Fertigstellungstermin möglich war, wenn der Auftragnehmer seiner Verpflichtung zur zügigen Bauausführung gemäß § 5 Nr. 1 S. 1 und Nr. 3 VOB/B nicht nachkam.

Bedenklich bei einer isolierten Inhaltskontrolle gemäß §§ 305 ff. BGB 2002 erscheint im Rahmen der Kündigungsvoraussetzungen allenfalls die **Regelung des § 4 Nr. 7 S. 3 VOB/B**, die den Auftraggeber bei Mängeln, die bereits während der Bauausführung auftreten und deren Beseitigung der Auftraggeber verlangt, ohne dass der Auftragnehmer diesem Verlangen nachkommt, zwingt, den Bauvertrag zu kündigen, obwohl er nur die Mängel beseitigt haben will. Hier ist für den DVA **dringender Änderungsbedarf** gegeben, zumal das BGB 2002 entgegen der Regelung des § 634 Abs. 1 BGB a.F. nun in §§ 634 ff. BGB 2002 dem Besteller auch die Möglichkeit eröffnet, schon während der Bauausführung und vor der Abnahme die Beseitigung von Mängeln zu verlangen und nach Fristsetzung die im Einzelnen aufgeführten Mängelansprüche (Selbstbeseitigung mit Kostenerstattung, Rücktritt, Minderung, Schadensersatz) geltend zu machen. Da die Regelung des § 4 Nr. 7 S. 3 VOB/B demgegenüber die Ansprüche des Auftraggebers bei Mängeln vor der Abnahme auf die Kündigung beschränkt, wird diese Regelung einer **isolierten Inhaltskontrolle** nicht stand halten können, wenn man der Neuregelung der Mängelansprüche in §§ 634 ff. BGB 2002 Leitbild-Charakter zuerkennt (vgl. § 307 Abs. 2 Nr. 1 und 2 BGB 2002).

Die Änderung des § 4 Nr. 7 S. 3 VOB/B sollte deshalb unbedingt so ausgestaltet werden, dass dem Auftraggeber nach fruchtloser Fristsetzung zur Mängelbeseitigung auch das **Recht der Selbstvornahme** bzw. auch der **Ersatzvornahme** eingeräumt wird, also neben der Kündigungsmöglichkeit.

17 Folgerichtig enthält die VOB/B speziell für den Bauvertrag ins Einzelne gehende Kündigungsregelungen, und zwar einerseits für die Kündigung durch den Auftraggeber (§ 8 VOB/B) und andererseits für die Kündigung durch den Auftragnehmer (§ 9 VOB/B). Diese Vorschriften sind allerdings nicht erschöpfend, sondern lassen die Anwendung der gesetzlichen Bestimmungen unberührt, wenn und soweit die VOB/B keine Sonderregelungen enthält und soweit die Besonderheiten des Bauvertrages nicht entgegenstehen (BGH BauR 1976, 126 = BGHZ 65, 372; vgl. dazu im Einzelnen *Korbion/Hochstein/Keldungs* VOB-Vertrag Rn. 357 ff., sowie *Nicklisch/Weick* Vor §§ 8 und 9 VOB/B Rn. 3 ff.; *Vygen* Bauvertragsrecht nach VOB und BGB, 3. Aufl. Rn. 932 ff.). Daneben bestehen vielmehr noch gesetzliche Kündigungsgründe und solche, die die Rechtsprechung entwickelt hat.

2. Kündigung wegen Überschreitung des Kostenanschlags (§ 650 BGB)

18 So kommt als **weitere Kündigungsmöglichkeit** auch bei einem VOB-Bauvertrag grundsätzlich **§ 650 BGB** in Frage, auch wenn der Kostenanschlag bei VOB-Bauverträgen keine große praktische Bedeutung hat. Hiernach kann ein Auftraggeber, falls der Auftragnehmer keine Gewähr für die Richtigkeit eines dem Vertrag zu Grunde gelegten **Kostenvoranschlags** hinsichtlich des Preises übernommen hat, den Vertrag kündigen, wenn sich ergibt, dass die Bauleistung nicht ohne eine wesentliche Überschreitung des im Kostenanschlag angegebenen Preises ausführbar ist. Der Ausschluss der Gewähr muss dabei hinreichend klar zum Ausdruck gebracht sein, wobei es allerdings genügt, wenn die gewollte Unverbindlichkeit zweifelsfrei verdeutlicht wird, wie z.B. bei genanntem Kostenbetrag handele es sich um einen »ungefähren Richtwert« oder um eine »bloße Kostenschätzung« (vgl. dazu auch OLG Frankfurt NJW-RR 1989, 209). Von diesem in § 650 BGB geregelten **Kostenanschlag** zu unterscheiden ist das **Kostenangebot** eines Unternehmers, das gemäß §§ 145 ff. BGB durch Annahme des Auftraggebers zum Abschluss des Bauvertrages führt und dann für beide Vertragspartner verbindlich ist. Deshalb bedarf es stets einer genauen Prüfung, ob ein Kostenanschlag nicht aus der Empfängersicht doch als verbindliches Kostenangebot anzusehen ist. Auch stellt sich bei einem Kostenanschlag die Frage, ob nicht bestimmte Bestandteile des Kostenanschlags, wie z.B. Stundensätze und/oder Materialpreise, verbindlich sind und nur die Mengen (Stundenzahl) ohne Gewähr sind; dies wird i.d.R. zu bejahen sein, so dass der Kostenanschlag bei Bauverträgen keine große Rolle spielt, da die Preisgrundlagen verbindlich vereinbart sind und die Gesamtkosten von den ausgeführten Mengen oder geleisteten Stunden abhängen. **§ 650 BGB** findet **keine Anwendung,** wenn dem Bauvertrag ein Kostenvoranschlag mit **Pauschalpreisen** zu Grunde liegt (vgl. OLG Rostock OLGE 22, 314; *Werner* FS Korbion S. 473), da dann grundsätzlich von einem verbindlichen Kostenvoranschlag oder richtiger von einem verbindlichen **Pauschalpreisangebot**, das durch Annahme zum Vertrag wird, auszugehen ist. Gleiches gilt, wenn dem Bauvertrag ein bestimmter, nicht zu überschreitender Höchstpreis als **garantierter Maximalpreis (GMP)** zu Grunde gelegt wird (*Werner* a.a.O. S. 474; zu § 650 BGB vgl. neben den grundlegenden Ausführungen von *Werner* a.a.O., auch *Honig* BB 1975, 447; zum GMP-Vertrag vgl. *Oberhauser* BauR 2000, 1397, und *Grünhoff* NZBau 2000, 313 ff.). Ob eine wesentliche Überschreitung eines Kostenvoranschlags vorliegt, beurteilt sich nach den jeweiligen Gegebenheiten des Einzelfalls. Diese liegt sicher vor, wenn dem Auftragnehmer der Umstand bekannt ist, dass der Auftraggeber an ein bestimmtes Kostenlimit gebunden ist. So ist z.B. eine Überschreitung von mehr als 20% wesentlich, wenn der Auftraggeber ein gemeinnütziger Verein ist, der erklärtermaßen nur über beschränkte Geldmittel verfügt. Überhaupt ist die Frage der wesentlichen Überschreitung nach den Umständen des Einzelfalles zu beurteilen (vgl. dazu auch BGH BauR 1987, 225). Im Allgemeinen wird die Grenze bei etwa 25% angenommen, wenn nicht besondere Umstände vorliegen (vgl. dazu auch *Werner* FS Korbion S. 475 f. m.w.N.). **Voraussetzung für eine Kündigung nach § 650 BGB ist** bei einem VOB-Vertrag allerdings, dass die **Anwendbarkeit von § 1 Nr. 3 und 4, § 2 Nr. 3, 5 und 6 VOB/B,** die ja gerade die Fälle der Kostenüberschreitung in allen Einzelheiten regeln (vgl. dazu oben § 2 Nr. 3, 5 und 6 VOB/B), **durch Besondere oder Zusätzliche Vertragsbedingungen ausdrücklich im betreffenden Bauvertrag ausgeschlossen** worden ist (ähnlich *Locher* Das private Baurecht Rn. 133). Entgegen Werner (a.a.O. S. 473, 475) gilt dies bei dem hier erörterten VOB-Vertrag auch im Hinblick auf § 2 Nr. 3 VOB/B, weil diese Bestimmung nicht nur das bloße System der Abrechnung bei Mengenüber- und/oder Mengenunterschreitungen betrifft, sondern die **vertragliche Vereinbarung** einer möglichen Vergütungsänderung abschließend regelt, was auch Löffelmann/ Fleischmann (Rn. 517 m) übersehen. Anders ist dies beim BGB-Bauvertrag, bei dem § 2 Nr. 3 VOB/B nicht – auch nicht sinngemäß – zur Anwendung gelangt, sofern dies nicht ausnahmsweise über die Grundsätze des Wegfalls oder der **Änderung der Geschäftsgrundlage** gemäß der Rechtsprechung zu § 242 BGB a.F. bzw. jetzt § 313 BGB n.F. (2002) möglich ist (vgl. dazu oben § 2 Nr. 3 VOB/B). Der Ausschluss der genannten VOB-Bestimmungen wird bei einem nach der VOB/B ausgerichteten Vertrag in der Praxis selten vorkommen, ist auch keineswegs zu empfehlen, weil es den Allgemeinen Vertragsbedingungen grob zuwiderläuft, daher von einer Vereinbarung der VOB/B »als Ganzes« nicht mehr die Rede sein kann. Erfolgt eine derartige von der VOB abweichende vertragliche Vereinbarung dennoch und – im Wege individueller Vereinbarung – wirksam, so steht einer Anwendung des § 650 BGB nichts im Wege. In Wirklichkeit haben sich die Vertragspartner dann aber weitgehend von einem Vertrag nach der VOB entfernt (vgl. auch § 2 VOB/B). Kündigt der Auftraggeber hiernach, so kann der Auftragnehmer nach § 645 Abs. 1 BGB einen der geleisteten Arbeit entsprechenden Teil der Vergütung verlangen, wobei jedoch nicht ohne weiteres von der Endsumme des Kostenanschlages, sondern verbunden mit einem Zuschlag, der für den Auftraggeber im Einzelfall zumutbar ist, auszugehen ist.

Das Unterlassen der **Anzeigepflicht nach § 650 Abs. 2 BGB** ist als eine zum Schadensersatz verpflichtende **positive Vertragsverletzung** oder als Pflichtverletzung gemäß §§ 241, 280 BGB n.F. (2002) des Auftragnehmers zu werten, falls der Auftraggeber bei rechtzeitiger Anzeige wegen der erheblichen **Überschreitung des Kostenvoranschlages** (wobei zu Gunsten des Auftragnehmers auch hier noch ein gewisser Spielraum einzuräumen ist) den Vertrag gekündigt hätte (vgl. dazu OLG Frankfurt BauR 1985, 207; ferner LG Köln NJW-RR 1990, 1498). Dabei ist der Schaden des Auftragnehmers zu ermitteln durch Vergleich der wirtschaftlichen Lage des Auftraggebers bei unterstellter Kündigung auf erfolgte Anzeige durch den Auftragnehmer und der Zahlungsverpflichtung des Auftraggebers nach nicht angezeigter Kostenüberschreitung (Differenztheorie zur Ermittlung des Schadens), wobei sich der Auftraggeber den Betrag anrechnen lassen muss, der dem noch zulässigen Rahmen der Überschreitung durch den Auftragnehmer entspricht (ebenso *Werner* a.a.O. S. 478 ff.). Außerdem ist dem Auftraggeber auch ein Vorteil anzurechnen, wenn er die betreffende Leistung ohnehin hätte fertig stellen lassen oder wenn er nicht darlegt und beweist, dass er sie durch einen billigeren Drittunternehmer oder durch Eigenarbeit hätte vollenden lassen (LG Köln NJW-RR 1990, 1498). Allerdings muss der Auftraggeber dann auch darlegen und beweisen, dass er gekündigt hätte, wobei jedoch eine hinreichend nachvollziehbare Darlegung genügen muss (*Köhler* NJW 1983, 1634; ebenso *Werner* a.a.O. S. 477; vgl. auch *Grimme* S. 158). Dabei spielen die tatsächlichen Verhältnisse des Einzelfalles eine maßgebende Rolle, wie z.B. die Möglichkeit, bereits in die Wege geleitete Arbeiten ohne Schaden abbrechen zu können, sie also nicht zwangsläufig fortsetzen zu müssen. Für den Bereich der Schadensersatzpflicht des Auftragnehmers ist ferner auch ein **Mitverschulden** des Auftraggebers nach § 254 BGB zu beachten, nämlich ob und inwieweit der Auftraggeber die **Überschreitung des Kostenvoranschlages** bei gebotener Sorgfalt hätte erkennen können und müssen, was z.B. bei fortlaufender Unterzeichnung von **Stundenlohnberichten** bei vertraglich festgelegtem oder sonst dem Auftraggeber bekanntem Stundensatz der Fall sein kann, falls die sonstigen Kosten, wie z.B. die Materialkosten, die in den Stundenlohnberichten nicht enthalten sind, eine nur geringe Rolle spielen. Dagegen kann der Auftragnehmer dem Auftraggeber keine Ansprüche aus §§ 951, 812 BGB entgegenhalten, da § 951 BGB nicht den Rechtsgrund tatsächlich erbrachter Leistungen (§§ 631, 632 BGB) beseitigt, zumal § 650 Abs. 1 BGB ausdrücklich auf eine Abrechnung nach § 645 BGB verweist (ablehnend auch *Werner* a.a.O. S. 479), wonach der Unternehmer einen der geleisteten Arbeit entsprechenden Teil der Vergütung und Ersatz der in der Vergütung nicht inbegriffenen Auslagen (z.B. Baustelleneinrichtung und -räumung) verlangen kann. Entgegen Köhler (*Köhler* NJW 1983, 1635; vgl. insofern auch OLG Frankfurt NJW-RR 1989, 209) kommt es für den Anspruch des Auftraggebers wegen Verletzung des § 650 Abs. 2 BGB nicht darauf an, ob der Auftraggeber die tatsächlich erbrachte Leistung behalten will oder nicht, wobei nur im letzteren Fall der Schadensersatzanspruch durchgreifen soll, während er im ersteren die tatsächlich erbrachte Leistung voll vergüten müsse. Das ist schon für die Fälle der §§ 946, 950 BGB kaum zu verwirklichen und daher nicht realistisch. Überdies würde hier Sinn und Zweck des § 650 BGB unterlaufen, weil dies in weiten Bereichen dem Auftragnehmer den Anreiz bieten würde, bewusst oder leichtfertig zu niedrige Kostenvoranschläge abzugeben, um den Auftrag zu erhalten, und dann eine erheblich höhere Vergütung fordern zu können.

3. Kündigungsrecht nach §§ 648a, 643, 645 Abs. 1 BGB

20 Eine Vertragsbeendigung kann schließlich auch vom Auftragnehmer dadurch herbeigeführt werden, dass er von seinem durch **das Bauhandwerkersicherungsgesetz** mit Wirkung vom 1.5.1993 geschaffenen Recht in **§ 648a BGB** Gebrauch macht, vom Auftraggeber eine Sicherheit für die vom Auftragnehmer zu erbringenden Vorleistungen zu verlangen, dieser aber die Sicherheit nicht innerhalb der gesetzten Frist leistet (vgl. dazu im Einzelnen unten Teil C, Anhang 2). Verlangt der Unternehmer vom Besteller eine solche Sicherheit, sei es für die noch zu erbringenden Vorleistungen, sei es für bereits erbrachte, aber noch nicht durch **Abschlagszahlungen** bezahlte Vorleistungen (vgl. BGH BauR 2001, 386 = NZBau 2001, 129; OLG Karlsruhe BauR 1996, 556; *Soergel* FS Craushaar S. 179 ff.; *Schulze-Hagen* BauR 1999, 210), so muss der Auftraggeber diese binnen einer angemessenen Frist beibringen, sofern es sich nicht um einen öffentlichen Auftraggeber oder den Bau eines Einfamilienhauses durch eine natürliche Person (§ 648a Abs. 6 Nr. 2 BGB) handelt. Leistet der Auftraggeber die Sicherheit nicht fristgemäß, so kann der Auftragnehmer seine Leistung verweigern. Sodann bestimmen sich die Rechte des Unternehmers nach den §§ 643 und 645 Abs. 1 BGB, mit der Folge, dass der Vertrag unter den dortigen Voraussetzungen als aufgehoben gilt und der Unternehmer auch Ersatz des Schadens verlangen kann, den er dadurch erleidet, dass er auf die Gültigkeit des Vertrages vertraut hat (§ 648a Abs. 5 BGB). Dieser Anspruch des Unternehmers auf **Sicherheit** mit den geregelten Folgen bei Nichterbringung der Sicherheit ist zwingendes Recht; abweichende Vereinbarungen in AGB oder auch in einem Individualvertrag sind gemäß § 648a Abs. 7 BGB unwirksam. Die damit geschaffene Möglichkeit für den Auftragnehmer, seine **Arbeiten einzustellen** oder sogar schon den Baubeginn zu verweigern und unter den weiteren Voraussetzungen des § 643 BGB zur **Vertragsaufhebung** bzw. Kündigung zu gelangen, gewährt dem Auftragnehmer letztlich größere Sicherheit als der sonst gegebene Weg, wegen nicht geleisteter Abschlagszahlungen die Arbeiten gemäß § 16 Nr. 5 Abs. 3 S. 3 VOB/B einzustellen (vgl. dazu unten § 16 Nr. 5 VOB/B) und dann ggf. den Bauvertrag gemäß § 9 Nr. 1b VOB/B nach Erfüllung der Voraussetzungen des § 9 Nr. 2 VOB/B zu kündigen, da im letzteren Fall stets das Risiko besteht, dass der Auftraggeber später das Fehlen einer **prüfbaren Abschlagsrechnung** und damit der **Fälligkeit** der geforderten Abschlagszahlung mit Erfolg einwendet, was aber nach der neueren Rechtsprechung des BGH (BauR 2006, 517; BauR 2004, 1937) nur noch binnen einer Frist von 2 Monaten möglich ist, oder sich auf berechtigte **Einbehalte** wegen vorhandener Mängel beruft und sich dadurch die **Arbeitseinstellung** und dann auch die Kündigung als unberechtigt herausstellen (vgl. OLG Düsseldorf BauR 1995, 890 L = NJW-RR 1996, 1170).

4. Kündigung aus wichtigem Grund

21 Die **Kündigung** eines Bauvertrages ist im Übrigen **aus wichtigem** Grunde (so auch *Nicklisch/Weick* Vor §§ 8 und 9 VOB/B Rn. 15; BGH BauR 2000, 409; 1996, 704; 1974, 274) immer zulässig, wenn das gerade für den Bauvertrag als eines auf **Kooperation** der Bauvertragspartner angelegten Langzeitvertrages (vgl. BGH BauR 2000, 409; 1996, 704 = ZfBR 1996, 267) vorauszusetzende **Vertrauensverhältnis** durch das Verhalten eines Vertragspartners derart empfindlich gestört ist, dass die Erreichung des Vertragszweckes konkret gefährdet und dem betroffenen Teil die Fortsetzung des Vertrages nicht mehr zuzumuten ist (vgl. jetzt auch § 314 Abs. 1 BGB n.F. für Dauerschuldverhältnisse).

Eine solche nachhaltige Störung des Vertrauensverhältnisses durch den Auftraggeber liegt z.B. vor, wenn dieser die Arbeitnehmer des Auftragnehmers zur Schwarzarbeit für sich herangezogen hat (vgl. OLG Köln BauR 1993, 80 = ZfBR 1993, 27) oder der Auftraggeber fällige Abschlagszahlungen mit ungedeckten Schecks bezahlt oder den Unternehmer unberechtigterweise anzeigt (vgl. *Locher* a.a.O. Rn. 129). Auch eine nicht gerechtfertigte **fristlose Kündigung** des Auftraggebers oder Auftragnehmers berechtigt den gekündigten Vertragspartner i.d.R. seinerseits zur Kündigung wegen Vertrauensverlustes aus wichtigem Grunde (vgl. BGH NJW 1967, 248 und BGH Urt. v. 1.12.1993 VIII ZR 129/92 NJW 1994, 443). Weitere Beispiele: Der Auftraggeber zeigt den Auftragnehmer unberechtigt bei einer Behörde wegen Betrugs an oder macht einen derartigen Vorwurf bei einem Dritten. Gleiches gilt, wenn der Auftraggeber trotz berechtigter Vorbehalte des Auftragnehmers auf einer den anerkannten Regeln der Technik widersprechenden Ausführung besteht (vgl. dazu § 4 Nr. 2 VOB/B; OLG München SFH § 9 VOB/B Nr. 1). Umgekehrt kann die Zahlung von Schmiergeldern an Beauftragte oder Angestellte des Auftraggebers ein wichtiger Grund zur Kündigung des Bauvertrages ebenso sein wie die nachhaltige und endgültige, der Sache nach unberechtigte **Erfüllungsverweigerung** durch den Auftragnehmer. Ebenso trifft dies zu, wenn der Auftragnehmer das Nichtvorliegen eines Eignungsnachweises zum Schweißen von Bauteilen und Konstruktionen aus Aluminium verschweigt, auf dessen Vorhandensein der Auftraggeber ausdrücklich Wert gelegt hat; dann kann dies eine so schwer wiegende Verletzung des Vertrauensverhältnisses sein, dass der Auftraggeber nicht nur zur Kündigung eines den Eignungsnachweis betreffenden Loses, sondern auch eines anderen Loses, das dem Auftragnehmer zugleich im Rahmen desselben Bauvorhabens in Auftrag gegeben worden ist, berechtigt ist (zutreffend OLG Köln SFH § 4 VOB/A Nr. 1 = NJW-RR 1994, 602). Gleiches gilt bei Nichtvorliegen der Eintragung des Auftragnehmers in die **Handwerksrolle**, wenn dem Auftraggeber zumindest den Umständen nach diese Eintragung erkennbar wichtig war und er auf diese Eintragung vertraut hat, wobei es auf den Zeitpunkt der Ausführung der betreffenden Leistung ankommt. Ebenso kann eine **Vertragskündigung aus positiver Vertragsverletzung** berechtigt sein, wenn der Auftragnehmer trotz Abmahnungen des Auftraggebers mehrfach und nachhaltig gegen eine Vertragspflicht verstößt, auf deren Einhaltung der Auftraggeber eindeutig Wert legt, und wenn das Verhalten des Auftragnehmers hinreichenden Anlass für die Annahme bietet, dass sich der Auftragnehmer auch in Zukunft nicht vertragstreu verhalten wird. Ein solcher Fall ist gegeben bei der nachhaltigen Weigerung des Auftragnehmers, die Bodentransporte entsprechend der vertraglichen Vereinbarung abzuwickeln (vgl. BGH BauR 1996, 704 = SFH § 8 Nr. 3 VOB/B Nr. 8, für den Fall der nachhaltigen Weigerung des Auftragnehmers, Bodentransporte über die Schiene oder auf dem Wasserweg abzuwickeln). Hierher gehört auch das gegen Treu und Glauben verstoßende Unter-Drucksetzen des anderen Vertragspartners, wie z.B. die ernsthafte Erklärung des Auftragnehmers, den Vertrag nur erfüllen zu wollen, wenn der Auftraggeber auf einen ihm zustehenden Schadensersatzanspruch wegen vom Auftragnehmer zu vertretender Bauverzögerung verzichte (OLG Karlsruhe BauR 1987, 488). Andererseits ist hier auch die ernsthafte Weigerung des Auftraggebers, dem Verlangen des Auftragnehmers auf Anpassung der Vergütung nach § 2 Nr. 5 oder 6 VOB/B nachzukommen, einzuordnen, wenn darin zumindest die Verletzung der beiden Vertragspartnern obliegenden **Kooperationspflicht** gesehen werden kann (vgl. BGH BauR 2000, 409 sowie Thür. OLG BauR 2005, 1161 ff. und BGH BauR 2005, 857 ff., 861).

Schließlich kann eine Kündigung des Bauvertrages auch wegen Änderung oder Wegfalls der Geschäftsgrundlage (§ 242 BGB) nach Treu und Glauben im Einzelfall in Betracht kommen. So hat der BGH (NJW 1969, 233 = MDR 1969, 212.) ein Kündigungsrecht angenommen, wenn sich die eine Vertragspartei weigert, dem berechtigten Verlangen der anderen Partei auf Anpassung des Vertrages gemäß § 242 BGB oder auch jetzt nach § 313 BGB n.F. (2002) wegen **Änderung der Geschäftsgrundlage** zu entsprechen. Ein solches Rücktrittsrecht und bei Dauerschuldverhältnissen Kündigungsrecht sieht jetzt § 313 Abs. 3 BGB n.F. (2002) ausdrücklich vor. Dies kann z.B. in Einzelfällen auch bei **Ablehnung von berechtigten Nachtragsangeboten** des Auftragnehmers in Betracht kommen (vgl. OLG Zweibrücken BauR 1995, 251) oder bei **Jahresverträgen**, wenn sich die Ge-

22

schäftsgrundlage, die Grundlage der Kalkulation war, so extrem geändert hat, dass ein Festhalten am Vertrag mit den vereinbarten Preisen dem Auftragnehmer für die gesamte Laufzeit des Jahresvertrages nicht mehr zuzumuten ist (so OLG Düsseldorf BauR 1996, 151 L – rechtskräftig nach Nichtannahme der Revision durch den BGH). Dabei geht aber stets die **Vertragsanpassung** der Vertragskündigung vor, so dass zunächst eine Anpassung an die veränderten Umstände, ggf. auch unter Fristsetzung mit Kündigungsandrohung verlangt werden muss, ehe eine Kündigung in Betracht zu ziehen ist (*Nicklisch/Weick* Vor §§ 8 und 9 VOB/B Rn. 16; BGH NJW 1984, 1746). Ein zur Kündigung berechtigender Wegfall der Geschäftsgrundlage ist allerdings nicht gegeben, wenn der Bauherr das Bauvorhaben nicht finanzieren kann und daher die Baumaßnahme beendet und der Hauptunternehmer nun deshalb seinem Subunternehmer den Vertrag kündigt; hierbei handelt es sich vielmehr um eine grundlose und deshalb den Vergütungsanspruch aus § 8 Nr. 1 Abs. 2 S. 1 VOB/B auslösende Kündigung (*Nicklisch/Weick* a.a.O. Rn. 17, unter Hinweis auf BGH, Sch.-F. Z 2.510 Bl. 60).

23 Es ist im Rahmen der Vertragsfreiheit auch möglich, im Bauvertrag in Besonderen oder Zusätzlichen Vertragsbedingungen die Vereinbarung zu treffen, dass unter bestimmten Umständen, die weder von § 8 noch von § 9 VOB/B erfasst werden, der Bauvertrag gekündigt werden kann. Soweit das **AGB-Gesetz bzw. jetzt §§ 307 ff. BGB n.F. (2002)** Anwendung finden, ist aber darauf zu achten, dass vom Verwender von AGB dabei u.a. nicht gegen §§ 10 Nr. 3, 11 Nr. 8 und 9 sowie auch § 9 AGBG bzw. jetzt §§ 308 Nr. 3, 309 Nr. 8 und 9 sowie § 307 BGB n.F. (2002) verstoßen wird.

24 Bei der Frage, ob eine zur Kündigung aus wichtigem Grunde berechtigende Vertragsverletzung vorliegt, kommt es nicht darauf an, ob **Haupt- oder Nebenpflichten** aus dem Bauvertrag verletzt worden sind, weil auch Nebenpflichten für den vereinbarten Vertragszweck von erheblicher Bedeutung sein können (BGH BauR 1996, 704, 705). So hat der BGH eine solche Kündigung aus wichtigem Grunde für gerechtfertigt erklärt, wenn der Auftragnehmer trotz **Abmahnungen** des Auftraggebers mehrfach und nachhaltig gegen eine Vertragspflicht verstößt (hier: Transport von Boden über die Straße anstatt über Schiene oder Wasserwege trotz entsprechender Auflage im Bauvertrag und in der wasserrechtlichen Genehmigung) und wenn das Verhalten des Auftragnehmers ein hinreichender Anlass für die Annahme ist, dass der Auftragnehmer sich auch in Zukunft nicht vertragstreu verhalten wird (BGH BauR 1996, 704; *Vygen* Jahrbuch Baurecht 1998 S. 1 ff., 29, 30).

25 Ein **wichtiger Grund zur Kündigung** wegen positiver Vertragsverletzung bzw. Pflichtverletzungen nach §§ 241, 280 BGB n.F. (2002) kann auch darin zu sehen sein, dass der andere Vertragspartner den **Bauvertrag zu Unrecht fristlos gekündigt** hat (BGH Urt. v. 1.12.1993 NJW 1994, 443). Dagegen liegt eine zur Kündigung berechtigende grobe Vertragsverletzung des Auftragnehmers nicht vor, wenn dieser seine Arbeit einstellt, weil eine im Bauvertrag binnen einer Woche vorgesehene Vereinbarung über die gesonderte Vergütung erforderlicher Mehrleistungen für die notwendigen Vorarbeiten nicht fristgerecht zu Stande gekommen ist (OLG Düsseldorf BauR 1994, 521). Ein wichtiger Grund zur Kündigung liegt auch nicht vor, wenn der Auftragnehmer **Bedenken gegen die vorgesehene Art der Ausführung** angemeldet und eine zusätzliche Dampfsperre für notwendig erachtet und dafür ein **Nachtragsangebot** eingereicht hat und er ohne diese Zusatzleistung seine Gewährleistungspflicht abgelehnt hat, solange nicht der Auftraggeber die Ausführung ohne Dampfsperre eindeutig angeordnet und der Auftragnehmer dies zu Unrecht kompromisslos abgelehnt hat (OLG Düsseldorf BauR 1995, 247). Dagegen ist eine fristlose Kündigung gerechtfertigt, wenn der Unternehmer die Bodenplatten für Häuser auf einem aufgeweichten und deshalb nicht tragfähigen Boden betoniert, obwohl der Statiker eine entgegenstehende Anweisung erteilt hatte (OLG Hamm BauR 1992, 516). Meldet aber der Auftragnehmer (Subunternehmer) nach Besichtigung der vom Auftraggeber (Hauptunternehmer) erbrachten **Vorunternehmerleistungen** gegenüber dem Auftraggeber konkrete Bedenken gemäß §§ 4 Nr. 3, 13 Nr. 3 VOB/B bzw. § 242 BGB an und lehnt er für den Fall der Ausführung seiner Arbeiten ohne vorherige Nachbesserung der konkreten Beanstandungen jede Gewährleistung für darauf beruhende Mängel ab, so berechtigt dies den Auftraggeber nicht zur Kündigung des Bauvertrages aus wichtigem Grunde, selbst wenn die Bedenken zu Unrecht erhoben

Kündigung, Rücktritt, Vertragsbeendigung   Vor §§ 8 und 9 VOB/B

worden sein sollten. Es steht dem Auftraggeber nämlich frei, die Bedenken nach Prüfung zurückzuweisen, die Ausführung der Werkleistung ohne weitere Vorleistungen zu verlangen und den Auftragnehmer insoweit von der **Gewährleistung für Mängel**, die ihre Ursache in der Qualität der Vorleistungen haben können, freizustellen (OLG Düsseldorf BauR 1992, 381).

Problematisch war bis zur Neufassung der VOB/B 2000, ob dem Auftraggeber auch dann schon ein **26** **Kündigungsrecht aus wichtigem Grunde** wegen positiver Vertragsverletzung einzuräumen ist, wenn der Auftragnehmer entgegen der Vorschrift des § 4 Nr. 8 Abs. 1 VOB/B mit der Ausführung der geschuldeten Bauleistung ohne – schriftliche – Zustimmung des Auftraggebers ganz oder teilweise Subunternehmer beauftragt. In diesem Falle wird man ein Kündigungsrecht des Auftraggebers bejahen müssen, wenn der Auftraggeber seine Zustimmung zu dem **Subunternehmereinsatz** wegen nicht hinreichender Referenzobjekte zu Recht verweigert und den Auftragnehmer unter Fristsetzung mit Kündigungsandrohung aufgefordert hat, die Arbeiten (hier: Abbrucharbeiten) in Eigenleistung durchzuführen (VOB-Stelle Niedersachsen, Fall Nr. 1090 v. 1.8.1996 IBR 1996, 466). Ohne eine solche **Fristsetzung mit Kündigungsandrohung** wird man aber eine fristlose Kündigung aus wichtigem Grunde wegen unberechtigten, vertragswidrigen Subunternehmereinsatzes nur bejahen können, wenn dadurch das Vertrauensverhältnis zwischen den Vertragspartnern entscheidend gestört ist (so *Nicklisch/Weick* § 8 VOB/B Rn. 21). Mangels Fristsetzung mit Kündigungsandrohung und mangels objektiv gerechtfertigten Vertrauensverlustes wird man eine Kündigung aus wichtigem Grunde nicht rechtfertigen können, wenn der Auftraggeber unmittelbar nach der Kündigung eben diesen Subunternehmer als Nachfolgeunternehmer unmittelbar beauftragt (so OLG Düsseldorf Urt. v. 14.1.1997 IBR 1998, 60, und v. 16.9.1997 IBR 1998, 60). Inzwischen ist durch die Neufassung der VOB/B 2000 in § 4 Nr. 8 Abs. 3 ein solches Kündigungsrecht des Auftraggebers ausdrücklich festgeschrieben worden, ohne dass sich aber dadurch an den Voraussetzungen für eine Kündigung wegen unberechtigten Nachunternehmereinsatzes Grundlegendes geändert hat (vgl. dazu oben § 4 Nr. 8 VOB/B).

Auch dem Auftragnehmer kann ein solches **Kündigungsrecht aus wichtigem Grunde** wegen positiver Vertragsverletzung über die Regelungen des § 9 VOB/B hinaus zustehen, wenn z.B. der Auftraggeber sich weigert, dem berechtigten Verlangen des Auftragnehmers auf Anpassung des Vertrages wegen **Änderung der Geschäftsgrundlage** (vgl. jetzt auch § 313 Abs. 3 BGB n.F. [2002]) zu entsprechen (BGH NJW 1969, 233 = MDR 1969, 212). Ein Kündigungsrecht kann dem Auftragnehmer auch dann eingeräumt werden, wenn der Auftraggeber den vertraglich festgelegten Baubeginn um 1,5 Jahre verschiebt, aber jeglichen darauf gestützten **Mehrvergütungsanspruch** wegen eingetretener Lohnerhöhung gemäß § 2 Nr. 5 VOB/B endgültig ablehnt (OLG Düsseldorf BauR 1995, 119; vgl. auch OLG Zweibrücken BauR 1995, 251). Dies kann z.B. auch dadurch geschehen, dass vor der endgültigen Zuschlagserteilung ein **Vergabe-Nachprüfungsverfahren** eingeleitet und erst nach geraumer Zeit rechtskräftig abgeschlossen wird (vgl. dazu Thür. OLG BauR 2005, 1161 ff., aber auch BGH BauR 2005, 857 ff., 861). Der Auftragnehmer kann schließlich zur Kündigung aus wichtigem Grunde wegen positiver Vertragsverletzung berechtigt sein, wenn der Auftraggeber Mitarbeiter des Unternehmers in nicht unerheblichem Umfang zur Schwarzarbeit während der regulären vom Unternehmer bezahlten Arbeitszeit herangezogen hat oder auch in erheblichem Maße nach Feierabend (OLG Köln BauR 1993, 80). Bei **mangelhaften Vorleistungen** des Auftraggebers hat allerdings der Auftragnehmer nur dann ein Kündigungsrecht, wenn mit an Sicherheit grenzender Wahrscheinlichkeit feststeht, dass wegen der Vormängel die Werkleistung des Auftragnehmers mangelhaft und dies zu einem erheblichen Schaden führen wird, und der Auftraggeber sich weigert, geeignete Abhilfe zu schaffen, da er andernfalls durch §§ 4 Nr. 1, 3 und 13 Nr. 3 VOB/B hinreichend geschützt, nämlich von seiner Gewährleistungspflicht befreit ist (OLG Düsseldorf BauR 1988, 478 und dazu im Einzelnen *Vygen* Bauvertragsrecht a.a.O. Rn. 448 ff.).

5. Die einverständliche Vertragsaufhebung

28 Neben der Kündigung kann es zu einer vorzeitigen Vertragsbeendigung auch durch eine einverständliche Vertragsaufhebung kommen. Dies ist z.B. dann der Fall, wenn die Vertragspartner den Bauvertrag einvernehmlich für beendet erklären und möglicherweise auch die Folgen dieser Art von Vertragsbeendigung regeln, was dringend zu empfehlen ist, etwa in dem Sinne, dass der Unternehmer die bis zur Vertragsbeendigung erbrachten Bauleistungen bezahlt erhält, beiderseits aber keine weiter gehenden Ansprüche geltend gemacht werden. Fehlt es an einer solchen Vereinbarung über die Folgen der einvernehmlichen Vertragsbeendigung, so wird in der Rechtsprechung und im Schrifttum letztlich wieder auf die **Kündigungsfolgenregelungen** in den §§ 8 und 9 VOB/B zurückgegriffen, d.h. es muss festgestellt werden, ob die Vertragsbeendigung vom Auftraggeber grundlos oder aus wichtigem Grunde herbeigeführt worden ist oder ob sich der Auftragnehmer auf die in § 9 VOB/B aufgeführten Kündigungsgründe berufen kann (vgl. BGH BauR 1999, 1021; BGH NZBau 2000, 467; BGH BauR 1973, 319; OLG Karlsruhe BauR 1994, 116; *Vygen* Jahrbuch Baurecht 1998 S. 1 ff., 5, 6; *Kapellmann/Messerschmidt/Lederer* § 8 VOB/B Rn. 107). Von einer einvernehmlichen Vertragsaufhebung wird man in der Praxis auch dann häufig ausgehen können, wenn eine Kündigung nicht ausdrücklich bzw. beim VOB-Vertrag **nicht schriftlich** erfolgt ist oder die Voraussetzungen für die erklärte Kündigung nicht vorliegen oder auch im Prozess seitens des Auftragnehmers die Kündigungsvoraussetzungen des § 9 VOB/B oder des § 648a BGB (vgl. dazu unten § 9 Nr. 1 und 2 VOB/B und vor allem Teil C Anhang 2) nicht bewiesen werden können, die Vertragspartner sich aber übereinstimmend auf die Vertragsbeendigung eingestellt haben, also der Auftragnehmer seine **Arbeiten eingestellt** und die Baustelle geräumt und der Auftraggeber einen **Ersatzunternehmer** beauftragt hat (vgl. dazu vor allem BGH Urt. v. 24.7.2003 VII ZR 218/02 BauR 2003, 1889 f., wonach im Regelfall die Kündigung eines Bauvertrages dahin zu verstehen ist, dass auch eine **freie Kündigung** gewollt ist, sofern sich nicht aus der Erklärung oder den Umständen das Gegenteil ergibt). Die einvernehmliche Vertragsaufhebung ist an keine Form gebunden; sie kann und wird häufig durch schlüssiges Verhalten der Vertragspartner erfolgen, was aber meist zu Beweisschwierigkeiten führt, da derjenige, der daraus Rechte herleiten will, die einverständliche Vertragsbeendigung und ggf. auch die Gründe, die dazu geführt haben, beweisen muss (OLG Celle BauR 1973, 49).

III. Andere Ursachen der Vertragsbeendigung (Unmöglichkeit, Nichtigkeit, Anfechtung, Rücktritt)

29 Die Kündigung ist nicht die einzige Möglichkeit, einen Bauvertrag vorzeitig zu beenden. Vielmehr kann die Durchführung eines Bauvertrages daran scheitern, dass die zu erbringende Leistung objektiv unmöglich ist, dass sie nachträglich für den Auftragnehmer unmöglich wird, dass der Bauvertrag nichtig ist oder von einem Vertragspartner mit Erfolg angefochten wird, und schließlich kann in besonderen Fällen der Vertrag durch **Rücktritt** eines Vertragspartners rückwirkend aufgehoben werden (vgl. dazu im Einzelnen Beck'scher VOB-Komm./*Motzke* Vor § 8 VOB/B Rn. 1 ff.).

1. Unmöglichkeit der Erfüllung des Bauvertrages

30 Insoweit gelten die gesetzlichen Bestimmungen über die **anfängliche oder nachträgliche Unmöglichkeit der Leistung** grundsätzlich neben den Allgemeinen Vertragsbedingungen der VOB und sind auch auf Bauverträge anzuwenden (*Soergel* FS Korbion S. 427, 435). Eine Ausnahme bilden allerdings die mit der Erfüllung im Sinne ordnungsgemäßer Herstellung zusammenhängenden Fälle, wie sie in § 4 VOB/B genannt sind, sofern die ordnungsgemäße Herstellung noch möglich ist und nicht durch von den Vertragspartnern nicht steuerbare Einflüsse, wie Krieg, politische und damit verbundene wirtschaftliche Verhältnisse, verhindert wird (*Locher* a.a.O. Rn. 237). Die gesetzlichen Bestimmungen über die Unmöglichkeit der Leistung kommen also nur dort neben der VOB zum Zuge, wo es sich um eine Unmöglichkeit außerhalb der noch möglichen vertragsgerechten (mängelfreien) Herstellung handelt. Das hat aber außerdem seine Grenze in der **Abnahme,** da sich dadurch die Leistung auf das tatsächlich hergestellte und abgelieferte Werk konkretisiert hat und insoweit nur noch Gewährleistungsansprüche nach den §§ 633 ff. BGB a.F. oder Mängelansprüche gemäß §§ 633, 634 BGB n.F. bzw. § 13 Nr. 5 bis 7 VOB/B in Betracht kommen (vgl. dazu BGHZ 62, 83 = BauR 1974, 199; BGH BauR 1989, 219). Unmöglichkeit der Leistung liegt nicht schon allein deshalb vor, weil auf der Auftragnehmerseite das Unternehmen liquidiert und im Handelsregister gelöscht wird oder ein **Insolvenzverwalter** bestellt worden ist, da immer noch die Möglichkeit eines **Nachunternehmereinsatzes** besteht, was aber voraussetzt, dass im Einzelfall wirklich ein leistungsfähiger, fachkundiger und zuverlässiger Nachunternehmer zur Verfügung steht, was der Auftragnehmer darzulegen und notfalls zu beweisen hat. Außerdem müssen die Voraussetzungen von § 4 Nr. 8 VOB/B vorliegen.

a) Nachträgliche Unmöglichkeit
Soweit demnach die gesetzlichen Regelungen über die **Unmöglichkeit** der Leistung überhaupt neben der VOB/B zum Zuge kommen können und es sich um die in **§ 325 BGB a.F.** geregelte **nachträgliche verschuldete Unmöglichkeit** der Leistung handelt, hat der Auftraggeber u.a. das dort bestimmte **Rücktrittsrecht** (vgl. dazu OLG Frankfurt BauR 1992, 763, im Falle eines Fertighausherstellers, der auch Planungspflichten übernommen hatte). Dann bestehen hinsichtlich des Rücktritts (§§ 346 ff. BGB) und des dort bestimmten Rückgewährungsanspruchs keine tatsächlichen und rechtlichen Schwierigkeiten, weil im Normalfall noch nichts geleistet ist und deshalb aus dem Leistungsbereich nichts zurückzugewähren ist. Das Gleiche gilt, wenn ein dauerndes Unvermögen des Auftragnehmers zur Durchführung der ihm obliegenden Leistung vorliegt. Dann stehen dem Auftraggeber auch bei einem Bauvertrag, auf den die VOB/B Anwendung findet, die Rechte zum Rücktritt oder auf Schadensersatz gemäß §§ 275 Abs. 2, 279, 325 BGB a.F. bzw. §§ 275, 280, 283 bis 285, 311a, 326 BGB n.F. (2002) zu (vgl. BGH NJW 1958, 217 = SFH Z 2.510 Bl. 4). An Stelle des Rücktritts kann der Auftraggeber **Schadensersatz wegen Nichterfüllung** verlangen, und zwar auch dann, wenn er ursprünglich bei der Fristsetzung zur Erfüllung den Rücktritt angedroht hatte; allein die Rücktrittsandrohung verbietet es nicht, später an Stelle der Erklärung des Rücktritts Schadensersatz wegen Nichterfüllung zu verlangen; ist allerdings der Rücktritt ausgesprochen, muss es dabei verbleiben (BGH BauR 1979, 323 = BB 1979, 861, m. zutr. Anm. *Bülow* a.a.O.; dazu überzeugend *Lindacher* JZ 1980, 48).

31

b) Anfängliche objektive Unmöglichkeit
Ist der Vertrag von **vornherein** auf eine **objektiv unmögliche Leistung** gerichtet, so greift grundsätzlich § 306 BGB a.F. ein, der allerdings durch das Schuldrechtsmodernisierungsgesetz ersatzlos gestrichen worden ist; der Vertrag ist also **nichtig**, ohne dass es einer Kündigung bedarf. Sind nur Teilleistungen unmöglich, tritt insofern **Teilnichtigkeit** ein, während der übrige Vertragsteil fortbesteht. Ganz anders ist die neue Rechtslage nach dem Schuldrechtsmodernisierungsgesetz: Gemäß § 275 Abs. 1 BGB n.F. ist der Anspruch des Gläubigers auf Leistung ausgeschlossen, soweit diese für den Schuldner oder für jedermann unmöglich ist. Dies gilt also gleichermaßen für die objektive und die subjektive Unmöglichkeit und es kommt auch nicht darauf an, ob der Schuldner sie verursacht oder zu verantworten hat. Unerheblich ist schließlich auch, ob die Unmöglichkeit schon bei Abschluss des Vertrages bestand, also anfänglich vorlag oder nachträglich eingetreten ist (PWW/ *Schmidt-Kessel* § 275 BGB n.F. Rn. 6). Dies wird noch einmal bestätigt durch § 311a Abs. 1 BGB n.F., wonach es der Wirksamkeit eines Vertrages nicht entgegensteht, dass der Schuldner nach § 275 Abs. 1–3 BGB n.F. nicht zu leisten braucht und das Leistungshindernis schon bei Vertragsabschluss vorliegt.

32

Keine objektive Unmöglichkeit der geschuldeten Leistung im Sinne der früheren Rechtslage lag vor, wenn die Herstellung der Bauleistung in einem **bestimmten Verfahren** angeboten und darauf der Bauvertrag abgeschlossen wird, der mit dem Vertrag erstrebte Erfolg jedoch nicht durch dieses Verfahren, sondern nur durch ein anderes erzielt wird bzw. werden kann (*Lauenroth* BauR 1973, 21). In diesem Falle bleibt der Bauvertrag grundsätzlich wirksam. Eine andere Frage ist jedoch die Vergütungsseite. Kostet die schließlich zum Erfolg führende Ausführung mehr, so kann der Auftragnehmer hierfür **keine Mehrvergütung** verlangen, ohne dass es der Aufrechnung mit Schadensersatzansprüchen des Auftraggebers aus culpa in contrahendo bedarf, wie Lauenroth meint, weil die Vergütungsregeln in § 2 VOB/B keine Möglichkeit dazu bieten (vgl. dazu § 2 Nr. 5 VOB/B), da es an einer **Änderungsanordnung** des Auftraggebers fehlt und die Änderung nicht aus dem Verantwortungsbereich des Auftraggebers, sondern dem des Auftragnehmers stammt, der dieses – untaugliche – Verfahren (z.B. in einem **Nebenangebot**) angeboten hatte (vgl. dazu aber BGH BauR 1999, 37). Eine andere Frage ist aber – und insoweit ist Lauenroth wiederum zuzustimmen –, ob den Auftraggeber nicht ein Mitverschulden entsprechend § 254 BGB trifft, weil er oder sein Erfüllungsgehilfe (z.B. planender Architekt oder Ingenieur) die Unmöglichkeit der Ausführung nach der angebotenen Ausführungsart hätte bemerken müssen. Insofern kann es im Einzelfall berechtigt sein, den Auftraggeber an den Mehrkosten der tatsächlichen und notwendigen Ausführungsart zu beteiligen.

Durch den ersatzlosen Wegfall der Regelung des § 306 BGB a.F. kommt eine Nichtigkeit von Bauverträgen, die auf eine von Anfang an objektiv unmögliche Leistung gerichtet sind, nicht mehr in Betracht, so dass auch solche Bauverträge wirksam sind und infolgedessen bei nicht vertragsgemäßer oder nicht terminsgerechter Leistung die allgemeinen Schadensersatzansprüche oder das Rücktrittsrecht des Auftraggebers oder aber Mängelansprüche auslösen.

2. Nichtigkeit des Bauvertrages

33 Bauverträge können auch von Anfang an nichtig sein, weil sie entweder gegen ein gesetzliches Verbot (§ 134 BGB) oder aber gegen die guten Sitten verstoßen (§ 138 BGB).

a) Verstoß gegen gesetzliches Verbot (§ 134 BGB)

34 Ein Bauvertrag ist nichtig, wenn bei Abschluss des Vertrages beide Vertragspartner gegen das **Schwarzarbeitsgesetz** vom 26.7.1994 (BGBl. I S. 1792) verstoßen. Der Auftragnehmer handelt nach § 1 dieses Gesetzes ordnungswidrig, wenn er Dienst- oder Werkleistungen in erheblichem Umfang erbringt, ohne seine Mitteilungspflichten gegenüber dort genannten Dienststellen zu erfüllen, oder ein Handwerk als stehendes Gewerbe ohne Eintragung in der Handwerksrolle betreibt. Der Auftraggeber begeht gemäß § 2 dieses Gesetzes eine Ordnungswidrigkeit, wenn er Personen beauftragt, die Werkleistungen unter Verstoß gegen § 1 erbringen und er dies weiß. General- oder Hauptunternehmer handeln als Auftraggeber bei Beauftragung eines Subunternehmers bereits dann ordnungswidrig, wenn sie wissen oder leichtfertig nicht wissen, dass dieser Subunternehmer ausländische Arbeitskräfte oder Auftragnehmer ohne die erforderliche Arbeitserlaubnis einsetzt. Haben i.d.S. beide Vertragspartner gegen das Gesetz zur Bekämpfung der Schwarzarbeit verstoßen, so ist der Werkvertrag **nichtig** (BGH BauR 1990, 721; 1983, 66, 68; Beck'scher VOB-Komm./*Motzke* Vor § 8 VOB/B Rn. 4). Verstößt nur **ein Vertragspartner** dagegen, also meist der Auftragnehmer, ohne dass der Auftraggeber dies weiß, bleibt der **Bauvertrag wirksam** (BGH BauR 1984, 290), so dass dem gesetzestreuen Auftraggeber die Erfüllungs- und Mängelansprüche aus dem Bauvertrag erhalten bleiben, was bei Nichtigkeit des Bauvertrages gerade nicht der Fall ist, da dann die beiderseitigen Ansprüche nur über die Vorschriften der Bereicherung (§§ 812 ff., § 818 Abs. 2 BGB) abzuwickeln sind.

Ein Verstoß gegen ein gesetzliches Verbot liegt auch vor, wenn der öffentliche Auftraggeber nach einer EU-weiten Ausschreibung den Zuschlag vor Ablauf der Frist zur Einleitung eines Vergabenachprüfungsverfahrens erteilt (vgl. § 13 VergVO).

35 Ein Bauvertrag kann auch nichtig sein, wenn **gesetzliche Formvorschriften** nicht eingehalten sind. Gemäß § 313 BGB a.F. bzw. § 311b Abs. 1 BGB n.F. (2002) bedarf ein Vertrag, durch den sich ein Vertragspartner verpflichtet, das Eigentum an einem **Grundstück** zu übertragen oder zu erwerben,

der **notariellen Beurkundung,** bei deren Fehlen der Vertrag nichtig ist (vgl. § 125 BGB). Dieser Fall ist immer dann gegeben, wenn der Bauvertrag über die Erbringung der Bauleistungen mit einem Grundstücksübertragungsvertrag eine **tatsächliche oder wirtschaftliche Einheit** bildet (BGH NJW 1980, 829) oder es sich um zusammengesetzte Verträge handelt, die in einem rechtlichen Zusammenhang dergestalt stehen, dass die Vereinbarungen nach dem Willen der Beteiligten voneinander abhängig sein, also **miteinander stehen und fallen** sollen. Das wird man auch schon dann bejahen müssen, wenn nur einer der Vertragspartner diesen Willen hat und diesen Willen erkennen lässt und der andere dies unbeanstandet hinnimmt (BGH NJW 1981, 274 f. = BGHZ 78, 348). Die Einheitlichkeit der Verträge kann auch dann gegeben sein, wenn an beiden Verträgen auf einer Seite **verschiedene Partner** beteiligt sind (BGH NJW 1980, 829 = BGHZ 76, 43, 49). Solche Verträge mit dem Erfordernis notarieller Beurkundung kommen im Baubereich vor allem bei **Bauträgern,** Generalunternehmern und im Bereich des **Schlüsselfertigbaus** und des Fertighauses vor.

Ein Werk- oder Bauvertrag kann auch gemäß § 134 BGB nichtig sein, wenn er gegen das **Verbot der** **36**
gewerbsmäßigen Überlassung von gewerblichen Auftragnehmern gemäß Art. 1 § 1b AÜG verstößt (BGH NJW 2000, 1558), wobei aber die Abgrenzung zu Werkverträgen und echten Subunternehmerverträgen im Einzelfall schwierig ist (vgl. dazu *Hök* BauR 1995, 45 ff.).

b) Sittenwidrigkeit des Bauvertrages (§ 138 BGB)
Gemäß § 138 Abs. 1 BGB ist ein Vertrag, der gegen die guten Sitten verstößt, nichtig. Nach Abs. 2 ist **37**
insbesondere ein Vertrag nichtig, durch den jemand unter Ausbeutung der Zwangslage, der Unerfahrenheit, des Mangels an Urteilsvermögen oder der erheblichen Willensschwäche eines anderen sich oder einem Dritten für eine Leistung Vermögensvorteile versprechen oder gewähren lässt, die in einem auffälligen **Missverhältnis** zu der Leistung stehen. Diese Fälle werden bei Bauverträgen selten vorkommen oder nur schwer zu beweisen sein. Der Zuschlag auf ein Angebot mit einem **unangemessen niedrigen oder hohen Preis** gemäß § 25 Nr. 3 Abs. 1 VOB/A führt nicht zur Nichtigkeit des Bauvertrages wegen Sittenwidrigkeit, auch wenn der öffentliche Auftraggeber ein solches Angebot hätte ausschließen müssen. Der in § 138 Abs. 2 BGB angesprochene **Wucher** setzt eine erheblich größere Diskrepanz zwischen Preis und Leistung voraus und erfordert zudem die Ausnutzung der Schwächen des Vertragspartners.

3. Nichtigkeit des Bauvertrages durch Anfechtung

Daneben besteht die Möglichkeit der vorzeitigen Beendigung des Bauvertrages auf Grund der **An-** **38**
fechtungstatbestände der §§ 119 ff., insbesondere auch des § 123 BGB. Eine **Anfechtung wegen Irrtums** über verkehrswesentliche Eigenschaften (§ 119 Abs. 2 BGB) ist nicht möglich, sofern und soweit aus dem gleichen Grunde Erfüllungs- oder Mängelansprüche geltend gemacht werden können (BGH NJW 1961, 772); insoweit enthält die VOB in § 4 Nr. 7 und § 13 Nr. 5 ff. VOB/B **Sonderbestimmungen.** Für eine **Anfechtung wegen arglistiger Täuschung** ist eine vorsätzliche Täuschung, z.B. des Auftragnehmers über den Umfang der durchzuführenden Arbeiten, erforderlich, wobei der **Anfechtende,** ebenso wie auch im Falle des § 119 BGB, die **Beweislast** trägt. Ein Grund zur Anfechtung nach § 123 BGB kann z.B. vorliegen, wenn der Auftragnehmer dem Auftraggeber vor Abschluss des Bauvertrages vorsätzlich seine eigene wirtschaftliche Bedrängnis verschwiegen hat, obwohl er wusste, dass dies die Erreichung des Vertragszweckes vereiteln oder die Erfüllung wesentlicher Vertragspflichten gefährden würde (vgl. BGH Betrieb 1976, 332 = WM 1976, 111). Eine Anfechtung der zum Vertragsabschluss führenden Willenserklärung (z.B. Annahme eines **Nachtragsangebots** des Auftragnehmers) kommt daneben auch noch in Betracht, wenn der Auftraggeber zur Abgabe dieser Willenserklärung (Annahme des Nachtragsangebots) widerrechtlich durch Drohung bestimmt worden ist, also z.B. durch die **Drohung, die Bauarbeiten einzustellen,** und dies widerrechtlich erfolgte, weil der Auftragnehmer tatsächlich keinen begründeten **Mehrvergütungsanspruch** und deshalb auch kein Recht zur **Arbeitseinstellung** hatte (so BGH BauR 2002, 89 = NZBau 2002, 32). Eine

wirksame Anfechtung beendet den Bauvertrag oder die angefochtene Zustimmung zur Nachtragsvereinbarung **rückwirkend,** und zwar mit den Folgen der §§ 142, 139 BGB (vgl. zur Anfechtung im Übrigen Einl. Rn. 88 ff.).

4. Rücktritt

a) Gesetzliches Rücktrittsrecht oder Kündigung?

39 **Rücktritt und Schadensersatz wegen Nichterfüllung** nach § 326 BGB a.F. **wegen Schuldnerverzuges** eines Vertragspartners sind neben den speziellen Regelungen der VOB/B bei deren wirksamer Vereinbarung grundsätzlich ausgeschlossen, da an die Stelle dieser Vorschrift zu Gunsten des Auftraggebers die Regelungen der §§ 5 Nr. 4, 6 Nr. 6 und § 8 Nr. 3 VOB/B sowie hinsichtlich der Kündigungsbefugnis des Auftragnehmers § 9 VOB/B treten (ebenso BGH MDR 1968, 486; BGH WM 1969, 399 = MDR 1969, 385; OLG Köln SFH § 8 VOB/B Nr. 7; auch *Siegburg* Gewährleistung beim Bauvertrag Rn. 342). Entgegen OLG Köln (a.a.O.) und mit *Nicklisch* (in *Nicklisch/Weick* Vor §§ 8 und 9 VOB/B Rn. 22 sowie § 9 Rn. 2) ist auch der Anspruch auf Schadensersatz wegen Nichterfüllung nach § 326 BGB a.F. und wohl auch nach §§ 280 ff. BGB n.F. sowie § 323 BGB n.F. aus dem Bereich von § 8 und insbesondere § 9 VOB/B als durch die hier vorliegenden Sonderregelungen der VOB/B ausgeschlossen anzusehen, da auch dies jedenfalls faktisch einer **Vertragsbeendigung** gleichkäme. Die VOB/B will in den §§ 8 und 9 eindeutige, in sich abgeschlossene Regelungen für die vorzeitige Vertragsbeendigung (ähnlich auch in § 6 Nr. 7 VOB/B) treffen. Sie geht mit Recht davon aus, dass den Besonderheiten des Bauvertrages durchweg lediglich die **Vertragskündigung** gerecht wird, insbesondere auch, was die spätere Auseinandersetzung bzw. Abrechnung der beiderseitigen Ansprüche der – ehemaligen – Vertragspartner anbelangt. Deshalb ist die Ansicht des OLG Hamburg (MDR 1971, 135), dass bei unbegründeter **Arbeitseinstellung** des Auftragnehmers der Auftraggeber unter den Voraussetzungen des § 326 BGB a.F. Schadensersatz wegen Nichterfüllung verlangen könne und nicht lediglich auf sein Kündigungsrecht aus § 5 Nr. 4 und § 8 Nr. 3 VOB/B angewiesen sei, nicht zutreffend, weil für den VOB-Vertrag die genannten Sonderregelungen gelten. Das Gleiche trifft auf den **Verzug** infolge schlechter Leistung zu, wie sich aus § 4 Nr. 7 VOB/B i.V.m. § 6 Nr. 6 und § 8 Nr. 3 VOB/B ergibt. Das vorangehend Gesagte gilt allerdings nur, soweit die VOB/B wirksam vereinbart werden kann, es sich also um Bauleistungen im eigentlichen Sinne handelt, und auch wirksam vereinbart worden ist. Anders liegt es bei Planungsleistungen, wenn die Vertragspartner z.B. nicht nur die Errichtung, sondern auch die Planung eines Bauwerkes vereinbart haben. Da die VOB/B nicht die so genannten selbstständigen Planungsleistungen erfasst (vgl. dazu BGH BauR 1987, 702), kann der Auftraggeber hinsichtlich der Planung Rechte aus § 326 BGB a.F. herleiten (vgl. BGH BauR 1996, 542).

Nun stellt sich allerdings die Frage, ob sich daran durch das am 1.1.2002 in Kraft getretene und für nach diesem Stichtag abgeschlossene Verträge geltende Schuldrechtsmodernisierungsgesetz etwas geändert hat, ob also die Neuregelungen des BGB 2002 neben den VOB/B-Regelungen Anwendung finden oder letztere sogar in Frage stellen. Durch das Schuldrechtsmodernisierungsgesetz ist nämlich das **Rücktrittsrecht** des Auftraggebers teilweise neu gestaltet und dem **Kündigungsrecht** stärker angeglichen worden.

Zunächst sehen § 281 Abs. 1 S. 1 und § 323 Abs. 1 BGB n.F. (2002) für den Fall der nicht frist- oder termingerechten Erbringung der vertraglich geschuldeten Leistung neben dem Schadensersatzanspruch auch ein gesetzliches **Rücktrittsrecht** vor:

»*Erbringt bei einem gegenseitigen Vertrag der Schuldner eine fällige Leistung nicht oder nicht vertragsgemäß, so kann der Gläubiger, wenn er dem Schuldner erfolglos eine angemessene Frist zur Leistung oder Nacherfüllung bestimmt hat, vom Vertrag zurücktreten.*«

Gemäß § 323 Abs. 4 BGB n.F. kann der Gläubiger bereits **vor dem Eintritt der Fälligkeit** der Leistung zurücktreten, wenn offensichtlich ist, dass die Voraussetzungen des Rücktritts eintreten werden. Darin liegt eine weit gehende Annäherung an das Kündigungsrecht des Auftraggebers gemäß § 5 Nr. 3, 4 und § 8 Nr. 3 VOB/B. Zudem wird man aus § 323 Abs. 5 BGB n.F. auch ein Recht zum **Teil-Rücktritt** herleiten können, das sich an die in § 8 Nr. 3 Abs. 1 S. 2 VOB/B ausdrücklich geregelte **Teil-Kündigung** anlehnt. Darüber hinaus sind aber auch die **Rücktrittsfolgen** den **Kündigungsfolgen** der VOB/B stärker angenähert worden, da für bereits erbrachte Werkleistungen statt der Rückgewähr oder Herausgabe **Wertersatz** gemäß § 346 Abs. 2 BGB n.F. (2002) zu leisten ist, soweit die Rückgewähr oder Herausgabe nach der Natur des Erlangten ausgeschlossen ist. Der Wertersatz für die bereits erbrachten Teilleistungen berechnet sich gemäß § 346 Abs. 2 S. 1 BGB n.F. (2002) nach den vereinbarten Vertragspreisen für diese Leistungen, wenn im Vertrag eine Gegenleistung vereinbart war. Auch damit ist eine starke Angleichung an die VOB/B-Regelung erfolgt, die die Rechtsprechung im Grundsatz auch bisher schon bei der Kündigung eines nach dem BGB a.F. zu beurteilenden Bauvertrages angewandt hatte.

Aus alledem wird deutlich, dass das neu gestaltete Rücktrittsrecht des BGB die grundsätzlich bestehende Rechtsfolge der Vertragsauflösung mit rückwirkender Kraft (ex tunc) wesentlich eingeschränkt und der Kündigung mit Wirkung ex nunc angenähert hat und schon deshalb keine Bedenken dagegen bestehen, dass die VOB/B die Kündigung an Stelle des Rücktritts trotz des Schuldrechtsmodernisierungsgesetzes weiter beibehalten hat und dadurch Rücktrittsrechte und Schadensersatzansprüche ausscheiden und stattdessen die Sonderregelung der VOB/B mit ihren Kündigungsmöglichkeiten eingreift (BGH MDR 1969, 385).

Daneben sieht § 324 BGB n.F. jetzt auch ein Rücktrittsrecht bei Verletzung von **Nebenpflichten** (richtig: Pflichten aus dem Schuldverhältnis, da das BGB 2002 die Unterscheidung in Haupt- und Nebenpflichten aufgegeben hat) gemäß § 241 Abs. 2 BGB n.F. vor, wenn dem anderen Vertragspartner ein Festhalten am Vertrag nicht mehr zuzumuten ist, womit eine Angleichung an die von der Rechtsprechung entwickelte **Kündigung aus wichtigem Grunde** bzw. bei **positiver Vertragsverletzung** erfolgt ist.

Somit bleibt es bei Vereinbarung der VOB/B bei den Kündigungsmöglichkeiten an Stelle des Rücktrittsrechts, während bei fehlender Vereinbarung der VOB/B sich die Frage stellt, ob bei Bauverträgen über eine **analoge Anwendung des § 314 BGB n.F.**, der an Stelle des Rücktrittsrechts bei **Dauerschuldverhältnissen** ein Kündigungsrecht aus wichtigem Grund vorsieht, auch statt des Rücktritts die Kündigung zur Anwendung kommt oder es bei dem gesetzlichen Rücktrittsrecht mit den an die Kündigung stark angelehnten Voraussetzungen der §§ 323 ff., 634 Nr. 3 BGB n.F. und den Rechtsfolgen des § 346 BGB n.F. bleibt, wobei dem Kündigungsrecht gemäß § 314 BGB n.F. der Vorzug gegeben werden sollte. Dafür spricht auch die gerade auch für den Bauvertrag angemessene Regelung in § 314 Abs. 3 BGB n.F., wonach der zur Kündigung Berechtigte nur innerhalb einer angemessenen Frist, nachdem er vom Kündigungsgrund Kenntnis erlangt hat, kündigen kann.

Ob im Einzelfall eine Erklärung als Rücktritt oder als Kündigung anzusehen ist, bedarf im Zweifel der Auslegung, wobei in aller Regel der Kündigung der Vorzug zu geben ist, da der Vertrag meist jedenfalls für den bisher erfolgten Leistungsaustausch aufrechterhalten und nur für die Zukunft sofort beendet werden soll (BGH BauR 2003, 880).

b) Vertraglich vereinbartes Rücktrittsrecht

Der Rücktritt infolge eines vertraglich ausdrücklich vereinbarten Rücktrittsrechts nach §§ 346 ff. BGB ist **im Grundsatz** zwar denkbar, in der Praxis des Baugeschehens aber kaum durchführbar und sollte deshalb aus tatsächlichen und rechtlichen Gründen als ausgeschlossen gelten, es sei denn, die Auslegung des Vertrages ergibt im Einzelfall, dass in **Wirklichkeit eine freie Kündigung** gemäß § 8 Nr. 1 VOB/B gewollt ist. Das folgt schon daraus, dass es häufig nicht durchführbar ist, eine Rückgewähr in Natur zu vollziehen, ohne **wirtschaftliche Werte,** nämlich die bis dahin erbrachte Bauleistung, zu zerstören, wobei aber durch die Neufassung des § 346 Abs. 2 S. 1 BGB n.F. (2002)

40

hier ein angemessener Ausgleich durch den **Wertersatz** gemäß der vereinbarten Gegenleistung ermöglicht wird. Man wird daher meist ein **vertragliches Rücktrittsrecht** als gegen Treu und Glauben verstoßend ansehen müssen, wenn im Falle seiner Ausübung eine Rückgewähr nur mit der Vernichtung wirtschaftlicher Werte verbunden ist. Vor allem gilt das für einen etwaigen Rücktritt des Auftragnehmers. Ein Rücktrittsvorbehalt des Auftraggebers im Vertrag dürfte dagegen in besonders gelagerten Einzelfällen dann in Betracht kommen, wenn ausdrücklich Bestimmungen in den Bauvertrag aufgenommen werden, wodurch die erwähnten, gegen Treu und Glauben verstoßenden Schwierigkeiten aus dem Weg geräumt werden, z.B. durch Vereinbarung einer gegenseitigen Abrechnung dahin gehend, dass der Auftragnehmer den Wert der bereits erbrachten Leistung gemäß den dafür vereinbarten Einheitspreisen (vgl. auch § 346 Abs. 2 S. 1 BGB n.F.) ersetzt erhält, soweit eine Rückgewähr praktisch nicht möglich oder wirtschaftlich nicht angemessen ist (vgl. RG JW 1935, 2199; RGZ 147, 390; siehe auch *Locher* Das private Baurecht Rn. 52).

41 Ausnahmsweise ist ein vereinbarter **Rücktritt** zulässig, wenn die Gefahr der Zerstörung oder Beschädigung wirtschaftlicher Werte im Einzelfall nicht besteht. Das gilt einmal, wenn eine Rückgewähr ohne Beschädigung oder Zerstörung, etwa infolge Auseinandernehmens oder Trennens, möglich ist und wenn dadurch nur eine **unerhebliche Wertminderung** der weggenommenen und/oder der verbliebenen Teile eintritt. Auch wird der Rücktritt zulässig sein, wenn praktisch noch keine einen wirtschaftlichen Wert ausmachende Bauleistung vorliegt, z.B. nur Stoffe oder Bauteile beschafft und angeliefert worden sind oder mit der Bauleistung überhaupt noch nicht begonnen worden ist. Weiter gilt das auch für den Fall, in dem die bisherige Bauleistung so schlecht ausgeführt worden ist, dass sie praktisch wirtschaftlich keinen Wert besitzt. Nach dem tieferen Sinn des Gesagten ist ein Rücktrittsrecht auch dann zu bejahen, wenn eine **zugesicherte Eigenschaft** erreicht werden soll, dies aber nicht gelingt, jedoch die Erreichung der zugesicherten Eigenschaft ganz grundlegend für den Vertrag ist, wie z.B. das Erreichen einer Einsparung im Energiebedarf von 12% je Betriebsjahr. Dann ist die Beweislastregel des § 358 BGB a.F. bzw. § 354 BGB n.F. (Verwirkungsklausel) zu Lasten des Leistungspflichtigen anzuwenden (BGH BauR 1981, 575). In einem solchen Fall kann die Auslegung ergeben, dass es sich um einen **Vertrag unter einer aufschiebenden oder auch auflösenden Bedingung** handelt, so dass sich Rechtsfolgen danach und nicht auf der Grundlage eines Rücktrittsrechts beurteilen (BGH a.a.O.).

Die Vereinbarung eines vertraglichen Rücktrittsrechts ist vor allem dann für den Auftraggeber ratsam, wenn der Erwerb des zu bebauenden Grundstücks oder des zu sanierenden Hauses noch nicht endgültig feststeht oder die Finanzierung oder Beibringung einer vereinbarten Bürgschaft noch nicht gesichert ist, der Bauvertrag aber dennoch aus bestimmten Gründen bereits abgeschlossen werden soll. Auch kann ein vertragliches Rücktrittsrecht für den Fall vereinbart werden, dass der Auftragnehmer bestimmte Nachweise für seine Zuverlässigkeit nicht beibringen kann.

42 Für das – ausnahmsweise – Vorliegen eines vertraglichen Rücktrittsrechts trägt derjenige die **Beweislast**, der sich darauf beruft. Sind die Voraussetzungen für ein Rücktrittsrecht nach § 326 BGB a.F. gegeben und wird dieses ordnungsgemäß ausgeübt, so steht dem Auftraggeber wegen bindender Ausübung des Wahlrechts der Schadensersatzanspruch wegen Nichterfüllung nach § 326 BGB a.F. nicht mehr zu; das ist aber der Fall, solange und soweit der Rücktritt nicht wirksam geworden ist (BGH MDR 1982, 843 = NJW 1982, 1279). Diese Rechtslage hat sich allerdings durch das am 1.1.2002 für danach abgeschlossene Verträge in Kraft getretene Schuldrechtsmodernisierungsgesetz grundlegend geändert, da § 325 BGB n.F. (2002) bestimmt, dass »das Recht, bei einem gegenseitigen **Vertrag Schadensersatz zu verlangen, durch den Rücktritt nicht ausgeschlossen wird**«. Für die Ausübung eines – zulässigen – vertraglichen Rücktrittsrechts sind aber – falls vorhanden – nur die im Vertrag, in Besonderen oder Zusätzlichen Vertragsbedingungen, vereinbarten Voraussetzungen maßgebend, nicht auch die Erfordernisse des § 326 BGB a.F. (BGH MDR 1982, 474 = NJW 1982, 1036), es sei denn, diese sind in die vertragliche Vereinbarung mit einbezogen oder von dieser nicht ausgeschlossen worden. Nimmt der Auftraggeber, obwohl ihm ein Rücktrittsrecht zusteht, die Leistung des Auftragnehmers an, so verliert er dieses (vgl. RGZ 147, 377, 381; BGH SFH Z 2.212 Bl. 36 und Z 2.222 Bl. 14).

c) Wandelung gemäß §§ 634, 636 BGB a.F. bzw. Rücktritt gemäß §§ 634 Nr. 3, 636, 323, 326 Abs. 5 BGB n.F.

Die gleichen Grundsätze gelten auch zur Frage der Ausübung eines **Wandelungsrechts** des Auftraggebers nach § 634 BGB a.F. und nach § 636 BGB a.F. (*Schmalzl* NJW 1965, 129, 134, und NJW 1971, 2015; Wandelung verneinend auch OLG Koblenz SFH Z 3.00 Bl. 55 ff. = NJW 1962, 741, sowie OLG Karlsruhe BauR 1971, 55). Es treten nämlich bei der Wandelung die Rücktrittsfolgen ein, so dass hier dieselbe Interessenlage vorliegt wie beim Rücktritt selbst. **43**

Der BGH (Urt. v. 29.5.1961 VII ZR 84/60) hat es als zweifelhaft bezeichnet, ob eine Wandelung bei einem VOB-Bauvertrag zulässig ist; er hat diese Frage jedoch in dem ihm seinerzeit vorliegenden Fall aus Rechtsgründen nicht zu entscheiden brauchen und daher offen gelassen; ebenso in weiteren Urteilen (BGHZ 42, 232 = NJW 1965, 152; BGHZ 51, 275 = NJW 1969, 653). Man wird sich in der Frage der Zulässigkeit der Wandelung auch nicht mit der in Rechtsprechung und Literatur vertretenen Meinung (vgl. *Soergel/Siebert* § 634 BGB Anm. 4; *Staudinger/Riedel* § 634 BGB Nr. 10h) helfen können, wonach dann, wenn die Rückgewähr der Leistung in Natur nicht möglich ist, ein Wandelungsanspruch in der Gestalt gegeben wird, dass ein Ausgleich der Leistung in Geld beansprucht werden kann (vgl. dazu auch *Peters* JR 1979, 265). Der Auftraggeber brauchte dann zwar keine eigentliche Vergütung zu entrichten, er müsste jedoch die Leistung mit ihren Mängeln behalten und ihren Wert dem Auftragnehmer ersetzen. Daran wird er i.d.R. kein Interesse haben. Abgesehen davon, dass beim Bauvertrag an sich nicht von der Unmöglichkeit der Rückgewähr im eigentlichen Sinne gesprochen werden kann, weil es vielfach möglich ist, den bisher erstellten Teil des Bauwerkes abzubrechen, würden der Rückgewähr die **Regelungen in §§ 8 und 9 VOB/B entgegenstehen.** Diese besonders gestalteten vertraglichen **Kündigungsrechte** tragen den Gegebenheiten des Bauvertrages hinreichend Rechnung. Es besteht kein Bedürfnis, auf die vorgenannte, ohnehin rechtssystematisch bedenkliche Behelfskonstruktion zurückzugreifen. Das gilt umso mehr, als auch bei einem VOB-Bauvertrag weitgehend auf das **Recht zur Minderung,** wie etwa auch bei völliger Unbrauchbarkeit der Leistung des Auftragnehmers mit der Minderung der Vergütung auf Null, zurückgegriffen werden kann (vgl. dazu § 13 Nr. 6 VOB/B zur Minderung). Angesichts des Gesagten verstößt **der Ausschluss der Wandelung beim Bauvertrag durch Vereinbarung der VOB/B** als Vertragsgrundlage oder auch durch gesonderte Vertragsklausel nicht gegen zwingende gesetzliche Bestimmungen, insbesondere auch nicht gegen § 11 Nr. 8 oder gegen § 9 AGBG a.F. (ebenso *Locher* NJW 1977, 1801, 1803) bzw. gegen §§ 307, 309 Nr. 8 BGB n.F. **44**

Soweit **ausnahmsweise eine Wandelung** für **zulässig** zu erachten ist, kommt **daneben kein Schadensersatzanspruch gemäß § 635 BGB a.F. in Betracht,** weil dieser Schadensersatzanspruch nur statt der Wandelung oder Minderung gegeben ist (OLG Hamm BauR 1984, 524). **Erst recht** gilt dies für einen **Schadensersatzanspruch** nach § 13 Nr. 7 VOB/B, weil dieser nur neben der Minderung oder Nachbesserung besteht (vgl. § 13 Nr. 7 VOB/B). Sofern beim Ausbau von durch die Wandelung ergriffenen Bauteilen durch den Auftragnehmer Schäden entstehen, kommt allerdings ein **Schadensersatzanspruch des Auftraggebers wegen positiver Vertragsverletzung** bzw. §§ 241, 280 BGB n.F. in Betracht (vgl. dazu aber OLG Hamm BauR 1984, 524). **45**

Zu beachten ist aber auch hier die Änderung des BGB durch das Schuldrechtsmodernisierungsgesetz vom 1.1.2002 für alle nach diesem Stichtag abgeschlossenen Bauverträge. Dadurch ist nämlich die Wandelung gemäß § 634 und §§ 636, 634 BGB a.F. entfallen und stattdessen dem Auftraggeber ein **Rücktrittsrecht** eingeräumt. So kann der Besteller (Auftraggeber), wenn das Werk mangelhaft ist, gemäß § 634 Nr. 3 i.V.m. §§ 636, 323, 326 Abs. 5 BGB n.F. von dem Vertrag zurücktreten, wenn er dem Unternehmer erfolglos eine angemessene **Frist zur Nacherfüllung** bestimmt hat oder diese gemäß §§ 281 Abs. 2, 323 Abs. 2, 635 Abs. 3 BGB n.F. entbehrlich ist. Ebenso kann der Besteller vom

Vertrag zurücktreten, wenn der Unternehmer mit seiner Leistung in Verzug ist (§§ 281, 323 BGB n.F.). Außerdem kann der Besteller nach §§ 634 Nr. 4, 636, 280, 281, 283 und 311a BGB n.F. **Schadensersatz** verlangen und dies gemäß § 325 BGB n.F. auch trotz erfolgten Rücktritts.

§ 8
Kündigung durch den Auftraggeber

1. (1) Der Auftraggeber kann bis zur Vollendung der Leistung jederzeit den Vertrag kündigen.
(2) Dem Auftragnehmer steht die vereinbarte Vergütung zu. Er muss sich jedoch anrechnen lassen, was er infolge der Aufhebung des Vertrags an Kosten erspart oder durch anderweitige Verwendung seiner Arbeitskraft und seines Betriebs erwirbt oder zu erwerben böswillig unterlässt (§ 649 BGB).

2. (1) Der Auftraggeber kann den Vertrag kündigen, wenn der Auftragnehmer seine Zahlungen einstellt, von ihm oder zulässigerweise vom Auftraggeber oder einem anderen Gläubiger das Insolvenzverfahren (§§ 14, 15 InsO) beziehungsweise ein vergleichbares gesetzliches Verfahren beantragt ist, ein solches Verfahren eröffnet wird oder dessen Eröffnung mangels Masse abgelehnt wird.
(2) Die ausgeführten Leistungen sind nach § 6 Nr. 5 abzurechnen. Der Auftraggeber kann Schadensersatz wegen Nichterfüllung des Restes verlangen.

3. (1) Der Auftraggeber kann den Vertrag kündigen, wenn in den Fällen des § 4 Nr. 7 und 8 Abs. 1 und des § 5 Nr. 4 die gesetzte Frist fruchtlos abgelaufen ist (Entziehung des Auftrags). Die Entziehung des Auftrags kann auf einen in sich abgeschlossenen Teil der vertraglichen Leistung beschränkt werden.
(2) Nach der Entziehung des Auftrags ist der Auftraggeber berechtigt, den noch nicht vollendeten Teil der Leistung zu Lasten des Auftragnehmers durch einen Dritten ausführen zu lassen, doch bleiben seine Ansprüche auf Ersatz des etwa entstehenden weiteren Schadens bestehen. Er ist auch berechtigt, auf die weitere Ausführung zu verzichten und Schadensersatz wegen Nichterfüllung zu verlangen, wenn die Ausführung aus den Gründen, die zur Entziehung des Auftrags geführt haben, für ihn kein Interesse mehr hat.
(3) Für die Weiterführung der Arbeiten kann der Auftraggeber Geräte, Gerüste, auf der Baustelle vorhandene andere Einrichtungen und angelieferte Stoffe und Bauteile gegen angemessene Vergütung in Anspruch nehmen.
(4) Der Auftraggeber hat dem Auftragnehmer eine Aufstellung über die entstandenen Mehrkosten und über seine anderen Ansprüche spätestens binnen 12 Werktagen nach Abrechnung mit dem Dritten zuzusenden.

4. Der Auftraggeber kann den Auftrag entziehen, wenn der Auftragnehmer aus Anlass der Vergabe eine Abrede getroffen hatte, die eine unzulässige Wettbewerbsbeschränkung darstellt. Die Kündigung ist innerhalb von 12 Werktagen nach Bekanntwerden des Kündigungsgrundes auszusprechen. Nummer 3 gilt entsprechend.

5. Die Kündigung ist schriftlich zu erklären.

6. Der Auftragnehmer kann Aufmaß und Abnahme der von ihm ausgeführten Leistungen alsbald nach der Kündigung verlangen; er hat unverzüglich eine prüfbare Rechnung über die ausgeführten Leistungen vorzulegen.

7. Eine wegen Verzugs verwirkte, nach Zeit bemessene Vertragsstrafe kann nur für die Zeit bis zum Tag der Kündigung des Vertrags gefordert werden.

Kündigung durch den Auftraggeber **§ 8 VOB/B**

Inhaltsübersicht Rn.

A. Allgemeine Grundlagen	1
I. Die verschiedenen Kündigungsmöglichkeiten für den Auftraggeber	2
II. Kündigungsgründe und deren Darlegung	3
III. Fürsorge- und Obhutspflichten nach Kündigung	8
B. Geänderte Rechtslage durch BGB 2002 und VOB 2002	10
I. Die Kündigung durch den Besteller nach dem neuen BGB 2002	10
1. Die freie oder ordentliche Kündigung gemäß § 649 S. 1 BGB	10
2. Die Kündigung des Bestellers aus wichtigem Grund	12
II. Die Kündigung durch den Auftraggeber nach der VOB/B 2002 und 2006	15

Aufsätze: *Hahn* Die Ansprüche des Auftraggebers bei der Entziehung des Auftrages wegen wettbewerbswidrigen Verhaltens gemäß § 8 Nr. 4 VOB/B BauR 1989, 284; *Erich J. Groß* Die Abrechnung des Pauschalvertrages bei vorzeitig gekündigtem Vertrag BauR 1992, 36; *Mugler* Vergütungs- und Schadensersatzprobleme nach Kündigung von Werkverträgen am Beispiel von Bauverträgen BB 1993, 1460; *Reus* Die Kündigung durch den Auftraggeber gemäß § 8 Nr. 4 VOB/B BauR 1995, 636; *Schmidt* Zur unberechtigten Kündigung aus wichtigem Grund beim Werkvertrag NJW 1995, 1313; *Glöckner* § 649 S. 2 BGB – ein künstlicher Vergütungsanspruch? BauR 1998, 669 ff.; *Heidland* Welche Änderungen ergeben sich für den Bauvertrag durch die neue Insolvenzordnung? BauR 1998, 643 ff.; *Kapellmann* Die Berechnung der Vergütung nach Kündigung des Bau- oder Architektenvertrages durch den Auftraggeber, Jahrbuch Baurecht 1998 S. 35 ff.; *von Rintelen* Vergütungsanspruch des Architekten im Falle der sog. freien Kündigung – Zulässigkeit einer Pauschalierung durch AGB? BauR 1998, 603 ff.; *Vygen* Die Kündigung des Bauvertrages und deren Voraussetzungen, Jahrbuch Baurecht 1998 S. 1 ff.; *Joussen* Die Abwicklung fehlerhafter/nichtiger Bauverträge FS Vygen 1999 S. 182 ff.; *Klenk* Steckengebliebene Werkleistungen im Umsatzsteuerrecht im Fall des § 649 BGB BauR 2000, 638 ff.; *Kniffka* Die neuere Rechtsprechung des BGH zur Abrechnung nach Kündigung des Bauvertrages Jahrbuch Baurecht 2000 S. 1 ff.; *Schmitz* Kündigungsrecht des Auftragnehmers bei objektiv vorliegender vom Auftraggeber aber nicht zeitnah gerügten Mängeln BauR 2000, 1126 ff.; *Voit* Die außerordentliche Kündigung des Werkvertrages durch den Besteller BauR 2002, 1776 ff.; *Böttcher* Die Kündigung eines Werkvertrages aus wichtigem Grund nach dem Schuldrechtsmodernisierungsgesetz ZfBR 2003, 213 ff.; *Lang* Die Teil-Kündigung BauR 2006, Heft 12; *Putzier* Notwendige Nachtragsleistungen wie Bedarfspositionen FS Motzke S. 353 ff.; *Vygen* Vergabegewinn und Vergabeverlust bei Nachtragsforderungen BauR 2006, 894 ff.; *Knychalla* Abnahme nach Kündigung des Bauvertrages Jahrbuch Baurecht 2007.

A. Allgemeine Grundlagen

§ 8 VOB/B regelt die Voraussetzungen und Folgen einer vorzeitigen Beendigung des Bauvertrages **1** durch Kündigung des Auftraggebers. In § 8 Nr. 1 bis 4 VOB/B werden dazu Regelungen im Bereich der verschiedenen **Kündigungsgründe** getroffen. § 8 Nr. 1 VOB/B befasst sich mit der sog. »freien« oder auch »ordentlichen« bzw. grundlosen Kündigung, während § 8 Nr. 2, 3 und 4 VOB/B Kündigungen aus sog. »wichtigem Grunde« behandeln, dabei § 8 Nr. 2 VOB/B wegen Vermögensverfalls des Auftragnehmers, § 8 Nr. 3 VOB/B wegen nicht ordnungsgemäßer, also mangelhafter oder nicht fristgerechter Vertragserfüllung durch den Auftragnehmer, schließlich § 8 Nr. 4 VOB/B wegen wettbewerbswidrigen Verhaltens des Auftragnehmers. Die Bestimmungen in § 8 Nr. 5 bis 7 VOB/B betreffen nicht einzelne Kündigungsgründe, sondern sie enthalten für alle Kündigungen maßgebende Regelungen, wie die für die wirksame Kündigung geforderte Schriftform in § 8 Nr. 5 VOB/B, die Anforderung an einen etwaigen Vergütungsanspruch des Auftragnehmers nach der Kündigung sowie den Anspruch des Auftragnehmers auf **Aufmaß** und **Abnahme** (BGH BauR 2003, 689 und 1207; 2005, 1913, 1477 und jetzt auch BGH BauR 2006, 1294) in § 8 Nr. 6 VOB/B und die Begrenzung der Vertragsstrafe nach erfolgter Kündigung in § 8 Nr. 7 VOB/B.

I. Die verschiedenen Kündigungsmöglichkeiten für den Auftraggeber

2 § 8 VOB/B behandelt verschiedene durch Vereinbarung der VOB/B als Vertragsgrundlage vertraglich festgelegte Kündigungsmöglichkeiten des Auftraggebers. Sie unterscheiden sich vor allem dadurch, dass **§ 8 Nr. 1 VOB/B** in Anlehnung an **§ 649 BGB** die sog. »**freie« oder grundlose Kündigung** regelt, während die übrigen Kündigungsmöglichkeiten aus wichtigem Grunde nach **§ 8 Nr. 2, 3 und 4 VOB/B** nur unter den dort geregelten besonderen Voraussetzungen gegeben sind. Dabei handelt es sich um **Kündigungsrechte,** die rechtlich als solche aus »**wichtigem Grunde**« bezeichnet werden können, also Rechte zur »**außerordentlichen**« **Kündigung.** Die Kündigung bedarf einer eindeutigen Erklärung, dass der Vertrag beendet wird. Lässt der Auftraggeber nach der Kündigung den Auftragnehmer die Leistung weiter ausführen, so liegt entweder keine Kündigung vor oder der Vertrag ist nachträglich ggf. auch stillschweigend oder konkludent wieder in Kraft gesetzt worden (OLG Frankfurt BauR 1991, 612). Die Kündigung muss gemäß § 8 Nr. 5 VOB/B **schriftlich** erfolgen. Bei öffentlichen Bauaufträgen bedarf die Kündigung der vorherigen Zustimmung der technischen Aufsichtsbehörde in der Mittelinstanz (VHB).

II. Kündigungsgründe und deren Darlegung

3 Wegen der in § 8 Nr. 1, 2, 3 und 4 VOB/B im Einzelnen festgelegten besonderen Kündigungsfolgen (Schadensersatzansprüche) **muss aus dem Kündigungsschreiben des Auftraggebers hervorgehen,** ob es sich um den Ausspruch der bloß »freien« Kündigung oder um eine »außerordentliche« Kündigung nach § 8 Nr. 2, 3 und 4 VOB/B handelt (BGH BauR 2003, 1889 ff. = NZBau 2003, 665 ff. *Nicklisch/Weick* Vor §§ 8 und 9 VOB/B Rn. 30). Ist das Kündigungsschreiben nicht eindeutig, ergeben aber die Gesamtumstände, dass dem Auftraggeber ein »außerordentlicher« Kündigungsgrund zur Seite steht, ist im Zweifel davon auszugehen, dass die Kündigung aus diesem wichtigen Grunde ausgesprochen wird. Es ist anzunehmen, dass der Kündigende grundsätzlich die ihm günstigeren Kündigungsmöglichkeiten wählt (BGH a.a.O.; ferner Urt. v. 2.5.1964 VII ZR 218/62). Auf der anderen Seite muss aber der Auftragnehmer als Empfänger einer Kündigungserklärung erkennen können, ob es sich um eine **freie Kündigung oder eine Kündigung aus wichtigem Grunde** handelt, da die Rechtsfolgen für ihn extrem unterschiedlich sind und er beurteilen können muss, ob er sich gegen die Kündigung zur Wehr setzen soll (so auch *Nicklisch/Weick* Vor § 8 und 9 VOB/B Rn. 30).

4 Der Ausspruch einer »außerordentlichen« Kündigung bedarf zu seiner Wirksamkeit **nicht,** dass der Auftraggeber die die Kündigung rechtfertigenden Gründe im Einzelnen schlüssig darlegt. Vielmehr genügt es, wenn in der Erklärung für den Empfänger erkennbar zum Ausdruck kommt, weshalb der Auftraggeber den Bauvertrag aus welchem wichtigen Grund kündigt. Dies ist i.d.R. schon deshalb erforderlich, weil die Kündigungen gemäß § 8 Nr. 3 VOB/B eine vorherige Fristsetzung zur Behebung der Kündigungsgründe mit entsprechender Kündigungsandrohung voraussetzen (vgl. § 4 Nr. 7 S. 3, Nr. 8 Abs. 3 und § 5 Nr. 4 VOB/B) und deshalb diese **formellen Voraussetzungen für jeden Kündigungsgrund erfüllt sein müssen.** Die Kündigung muss also zumindest für den Empfänger erkennen lassen, ob sie auf § 4 Nr. 7 S. 3 VOB/B wegen konkret gerügter **Mängel** gestützt wird, die trotz Fristsetzung mit Kündigungsandrohung nicht beseitigt worden sind, oder gemäß § 5 Nr. 4 VOB/B wegen **Verzugs** mit dem Beginn oder der Vollendung oder wegen Nichteinhaltung der Pflichten nach § 5 Nr. 3 VOB/B oder wegen unzulässigen und trotz Aufforderung mit Fristsetzung und Kündigungsandrohung fortgesetzten **Nachunternehmereinsatzes** oder aus einem anderen konkret zu benennenden **wichtigen Grund**, also einer **wesentlichen Vertragsverletzung mit Vertrauensverlust,** erfolgt.

5 Folgerichtig können auch nicht beliebig später neue Kündigungsgründe nachgeschoben werden, da es für solche neuen Kündigungsgründe dann in der Regel schon an den formellen Voraussetzungen fehlt. Wenn die Rechtsprechung demgegenüber ein **Nachschieben weiterer und neuer Kündigungsgründe** ohne Einschränkung zulässt (BGHZ 82, 100 = BauR 1982, 79; dazu auch BGH

BauR 1993, 469), ist dies allenfalls insoweit zulässig, als neue Begründungen für den jeweiligen Kündigungsgrund nachgeschoben werden können. Die Kündigung als schwerster Eingriff in den auf **Kooperation der Bauvertragspartner** angelegten Bauvertrag erfordert, dass der jeweilige Empfänger einer Kündigungsandrohung weiß, was er zur Abwehr der Kündigung in der gesetzten Frist tun muss, also im Falle des § 4 Nr. 7 VOB/B, welche Mängel er beseitigen muss, im Falle des § 4 Nr. 8 Abs. 3 VOB/B (Fassung VOB/B, 2000), welche Leistungen er im eigenen Betrieb anstatt durch Subunternehmer ausführen muss, und im Falle des § 5 Nr. 4 VOB/B, welche Leistungen er nicht fristgemäß ausgeführt haben soll und deshalb in der Nachfrist nachholen muss. Dies folgt auch aus dem Rechtsgedanken in § 314 BGB n.F. für die Kündigung bei **Dauerschuldverhältnissen**, denen der Bauvertrag zumindest sehr nahe kommt (vgl. oben Vor §§ 8 und 9 VOB/B Rn. 9 ff.).

Deshalb muss vor allem die Kündigungsandrohung, aber auch die Kündigungserklärung selbst – ggf. **6** unter Bezugnahme auf die vorangegangene Kündigungsandrohung – diese **wichtigen Gründe konkret bezeichnen**, was selbstverständlich auch für die Kündigung des Auftragnehmers aus wichtigem Grunde gemäß § 9 Nr. 1 VOB/B gelten muss. **Nachschieben** kann der Kündigende deshalb, entgegen der bisher herrschenden Meinung, wohl nur weitere Begründungen für die in der **Kündigungsandrohung** und/oder der Kündigung selbst genannten Kündigungsgründe (a.A. *Korbion* bis zur 13. Aufl; Beck'scher VOB-Komm./*Motzke* § 8 Nr. 1 VOB/B Rn. 20, 21; BGH BauR 1993, 469, 471 = ZfBR 1993, 189; BGH BauR 1975, 280; BGH BauR 1982, 79, 82), so dass die Kündigung die wichtigen Gründe zwar benennen, aber nicht unbedingt schon schlüssig darlegen muss. Keinesfalls kann es zulässig sein, dass der Auftraggeber einen Bauvertrag grundlos kündigt und dann im späteren Rechtsstreit seine Kündigung auf wichtige Gründe (Mängel, unzulässigen Subunternehmereinsatz, Verzug) stützt; aus diesen wichtigen Gründen kann er allenfalls andere Ansprüche (Gewährleistung, Verzugsschaden usw.) herleiten und dem Vergütungsanspruch des Auftragnehmers aus § 8 Nr. 1 Abs. 2 VOB/B entgegensetzen, nicht aber aus einer ordentlichen freien Kündigung zu einer außerordentlichen Kündigung aus wichtigem Grunde übergehen, da es bezüglich dieser Kündigung an der erforderlichen **Kündigungsandrohung und Fristsetzung zur Behebung dieser Kündigungsgründe** fehlt. Für diese Auffassung spricht auch eine bedeutsame gesetzliche Neuregelung durch das Schuldrechtsmodernisierungsgesetz in § 314 Abs. 3 BGB n.F. (2002), wonach die Kündigung eines **Dauerschuldverhältnisses** aus wichtigem Grund durch den Berechtigten nur innerhalb einer angemessenen Frist, nachdem er vom Kündigungsgrund Kenntnis erlangt hat, erfolgen kann, was dann aber zwangsläufig die genaue Bezeichnung des Kündigungsgrundes voraussetzt, um ggf. den Ablauf der Frist feststellen zu können.

Im anschließenden Rechtsstreit hat der **Auftraggeber** die **Beweislast** für die von ihm vorgebrachten **7** »außerordentlichen« Kündigungsgründe und die formellen Voraussetzungen für jeden dieser vorgebrachten Kündigungsgründe, was für ihn ein **nicht unerhebliches Risiko** bedeutet (vgl. BGH NJW 1975, 825 = BauR 1975, 280; OLG Oldenburg BauR 1987, 567, für den Fall der Kündigung nach § 8 Nr. 2 VOB/B). Liegt eine unwirksame »außerordentliche« Kündigung vor, so **kann** darin eine wirksame Kündigung nach § 649 S. 1 BGB bzw. § 8 Nr. 1 VOB/B gesehen werden, wenn **eindeutig** ist, dass der Auftraggeber den Vertrag nicht mehr fortsetzen und die Folgen des § 8 Nr. 1 Abs. 2 VOB/B in Kauf nehmen will (**Umdeutung in »freie« Kündigung** gemäß § 140 BGB, vgl. dazu auch unten § 8 Nr. 1 Rn. 8). Dies wird jetzt auch vom BGH so gesehen (Urt. v. 24.7.2003 VII ZR 218/02 BauR 2003, 1889 ff.; *Nicklisch/Weick* §§ 8 und 9 VOB/B Rn. 31; OLG Frankfurt BauR 1988, 599). Zutreffend hatte schon *Schmidt* (NJW 1995, 1313) insofern für den Streitfall eine Fragepflicht des Richters in unklaren Fällen nach § 139 ZPO gefordert, ob der Vertrag ggf. noch fortgesetzt werden soll und kann, wenn er auch dem Ergebnis wenig Chancen einräumt, vielmehr dem Verhalten des Auftraggebers bei und nach der Kündigung mit Recht maßgebende Bedeutung beimisst, andererseits sich aus dem Verhalten des Auftragnehmers ergeben muss, dass er an sich am Vertrag festhalten will; zeigt sich aus dem Verhalten des Auftraggebers, dass er die Kündigungsfolgen des § 8 Nr. 1 Abs. 2 VOB/B nicht hinnehmen, aber auch nicht am Vertrag festhalten will, folgt beim VOB-

Vertrag dann ein Kündigungsrecht des Auftragnehmers nach § 9 VOB/B, worüber sich *Schmidt* (a.a.O.) nicht ausspricht.

III. Fürsorge- und Obhutspflichten nach Kündigung

8 Soweit die Bauleistung im Zeitpunkt der Kündigung erstellt ist, verbleibt diese beim Auftraggeber mit Ausnahme des angeschafften und noch nicht eingebauten, vom Auftraggeber aber noch nicht bezahlten Materials. Daraus folgt: **Auch nach Kündigung** des Bauvertrages durch den Auftraggeber – gleichgültig aus welchem Grunde – hat der Auftragnehmer eine **Fürsorge- oder Obhutspflicht** dahin gehend, dass er die bisher erstellte Leistung nicht zerstören oder beschädigen darf. Er hat u.U. sogar trotz Kündigung noch die Pflicht, den Auftraggeber auf Gefahren infolge des Abbruchs der Arbeiten hinzuweisen, z.B. auf ungesicherte Gefahren an der Baustelle oder auf die Folgen eines bevorstehenden Frostes für Wasserleitungen oder eines Sturmes oder Regens für ein nicht fertig gestelltes Dach. Anderenfalls macht er sich einer nachvertraglichen Verletzung dieser Pflichten schuldig und muss **Schadensersatz** leisten, mit dem der Auftraggeber gegen den etwaigen Vergütungsanspruch des Auftragnehmers aufrechnen kann. So darf der Auftragnehmer z.B. eine ausgeschachtete Baugrube nicht wieder auffüllen, es sei denn, dies ist zur Abwendung konkret zu erwartender Gefahren oder Schäden im Interesse des Auftraggebers unabweisbar.

9 In jedem Fall der Kündigung ist der **Auftragnehmer** des Weiteren **entsprechend § 667 BGB verpflichtet, die ihm zur Ausführung übergebenen Unterlagen (Ausführungs- und Detailpläne, Statik** usw.**), insbesondere diejenigen, die noch für die weitere Ausführung benötigt werden, an den Auftraggeber **herauszugeben;** in dieser Hinsicht kann es für den Auftraggeber geboten sein, die Herausgabe im Wege einstweiliger Verfügung (§§ 935 ff. ZPO) zu erwirken, was allerdings nur zu bejahen ist, wenn es für den Auftraggeber keinen anderen und/oder billigeren Weg gibt, um sogleich an die Unterlagen zu gelangen (vgl. OLG Frankfurt BauR 1980, 193).

B. Geänderte Rechtslage durch BGB 2002 und VOB 2002

I. Die Kündigung durch den Besteller nach dem neuen BGB 2002

1. Die freie oder ordentliche Kündigung gemäß § 649 S. 1 BGB

10 Durch das am 1.1.2002 in Kraft getretene Schuldrechtsmodernisierungsgesetz wurde zwar das BGB, insbesondere dessen Schuldrecht, in erheblichem Maße umgestaltet und teilweise auch neu gestaltet. Die Änderungen des BGB-Werkvertragsrechts halten sich aber in Grenzen. Insbesondere das sog. freie oder ordentliche **Kündigungsrecht des Auftraggebers** in § 649 S. 1 BGB wurde nach langen Diskussionen doch unverändert beibehalten, nachdem zunächst in dem sog. Diskussionsentwurf in der Fassung vom 4.8.2000 die **ersatzlose Streichung** dieser Vorschrift vorgesehen war. Dagegen hatten sich im Schrifttum aber erhebliche Bedenken ergeben, nicht zuletzt durch den Arbeitskreis »Schuldrechtsmodernisierungsgesetz« des Instituts für Baurecht Freiburg e.V. (IfBF), der einen baurechtlichen Ergänzungsentwurf zum Schuldrechtsmodernisierungsgesetz vorgelegt hat (BauR 2001, Sonderdruck zu Heft 4), in dem es dazu heißt: »Die Streichung der Vorschrift führt zu äußerst schwer lösbaren Problemen. Bei größeren Bauvorhaben entfallen häufig auf Grund veränderter Planung Teilleistungen; die problemlose Abwicklung insbesondere solcher Fälle eröffnet § 649 BGB. Ernsthafte praktische Probleme bei der Anwendung der Vorschrift bestehen entgegen der Begründung zum Diskussionsentwurf nicht. Im Gegenteil hat die Rechtsprechung des BGH in den letzten Jahren zunehmend praktikable Anforderungen an die Abrechnung gestellt und Einzelfragen geklärt. Die Vorschrift hat sich bewährt.« Dem hat sich schließlich das neue BGB 2002 angeschlossen und den **§ 649 BGB unverändert beibehalten.** Allerdings hatte der Arbeitskreis zugleich eine Ergänzung vorgeschlagen, um den Bedenken im Hinblick auf die erheblichen Schwierigkeiten bei der Abrechnung des Vergütungsanspruchs nach erfolgter grundloser Kündigung zu begegnen. Der Vorschlag sah vor, dass dem Unternehmer für die infolge der Kündigung nicht erbrachten Leistungen eine **Vergütung von 5% des darauf entfallenden Entgelts** zusteht, beiden Vertragspartnern aber die genaue Abrechnung nach den bisherigen Grundsätzen vorbehalten bleiben sollte. Diese in Anlehnung an § 648a Abs. 5 S. 4 BGB **vereinfachende, widerlegliche pauschale Abrechnungsmöglichkeit** hat der Gesetzgeber bei dem BGB 2002 nicht aufgegriffen; sie sollte aber bei der **Neugestaltung des BGB-Werkvertragsrechts** wieder diskutiert werden. Nach dem derzeitigen Stand der Diskussion soll diese vom Institut für Baurecht in Freiburg (IfBF) vorgeschlagene Regelung im **Bauforderungssicherungsgesetz** verankert werden, das voraussichtlich am 1.1.2007 in Kraft treten wird.

Nach alledem ist es im BGB 2002 bei der bisherigen Regelung über das Recht des Bestellers zur freien Kündigung ohne jeden Grund geblieben, weshalb auch der Deutsche Vergabe- und Vertragsausschuss (DVA) keine Veranlassung hatte, die im Wesentlichen gleich lautende Regelung in § 8 Nr. 1 VOB/B zu ändern, wenngleich auch hier überlegt werden sollte, aus Vereinfachungsgründen eine **pauschale Abrechnung** der dem Unternehmer zustehenden Vergütung für die infolge Kündigung nicht erbrachten Leistungen in Anlehnung an § 648a Abs. 5 BGB vorzusehen, um die vielen Streitigkeiten über die Höhe dieses Vergütungsanspruchs zu vermeiden oder jedenfalls einzuschränken und zu vereinfachen. **11**

2. Die Kündigung des Bestellers aus wichtigem Grund

Im Werkvertragsrecht des BGB 2002 findet sich auch nach In-Kraft-Treten des Schuldrechtmodernisierungsgesetzes keinerlei Regelung für eine Kündigung des Bestellers aus wichtigem Grund. Auch insoweit hat sich also zunächst nichts geändert. Dagegen sieht das Werkvertragsrecht aber zu Gunsten des Unternehmers ein solches Kündigungsrecht in §§ 642, 643 BGB vor für den Fall, dass der Auftraggeber für die Erfüllung des Vertrages notwendige Handlungen (sog. **Mitwirkungspflichten**) nicht vornimmt und dadurch in **Annahmeverzug** gerät. Dieses Kündigungsrecht ist sogar so ausgestaltet, dass der Vertrag bereits dann als aufgehoben gilt, wenn der Unternehmer dem Besteller zur Nachholung dieser Mitwirkungshandlung eine angemessene Frist mit der Erklärung bestimmt hat, dass er den Vertrag kündige, wenn die Handlung nicht bis zum Ablauf der Frist vorgenommen werde (§ 643 BGB). Die Vertragsverletzung durch den Besteller mit der Kündigungsfolge ist also im BGB-Werkvertragsrecht schon immer geregelt; dagegen fehlt es an einer ausdrücklichen Regelung zu Gunsten des Auftraggebers gegen den vertragsuntreuen Unternehmer (vgl. Beck'scher VOB-Komm./*Motzke* Vor § 9 VOB/B Rn. 2). **12**

Deshalb musste die Rechtsprechung dieses Problem durch Anwendung allgemeiner Rechtsgrundsätze lösen und hat so dem Besteller (Auftraggeber) ein **außerordentliches Kündigungsrecht** aus wichtigem Grund bei schuldhaft schwerer **positiver Vertragsverletzung** zugebilligt (RGRK/*Glanzmann* § 649 Rn. 17; BGH BauR 1993, 469, 471 = ZfBR 1993, 189). Darüber hinaus wurde und wird aber ein solches Kündigungsrecht aus wichtigem Grund auch aus dem Rechtsgedanken des § 242 BGB hergeleitet (*Werner/Pastor* Rn. 1314; *Niemöller* BauR 1997, 539 f.), wenn das **vertragliche Vertrauensverhältnis** so gestört ist, dass eine Fortsetzung des Vertrages für den Auftraggeber nicht mehr möglich oder jedenfalls nicht mehr zumutbar ist (BGH BauR 2000, 409, 1182 ff., 1185; 1996, 704 = ZfBR 1996, 267).

Diese von der Rechtsprechung entwickelten Grundsätze zur Kündigung des Bestellers aus wichtigem Grund könnten sich nun durch das Schulrechtmodernisierungsgesetz geändert haben (so vor allem *Sienz* BauR 2002, 181 ff., 194; a.A. *Voit* BauR 2002, 145 ff., 161), weil dieses im gesamten Schuldrecht und auch im Werkvertragsrecht das **Rücktrittsrecht** favorisiert und demgegenüber eine **Kündigung** aus wichtigem Grund nur ausnahmsweise bei **Dauerschuldverhältnissen** in **§ 314 BGB n.F.** vorsieht. Dies ist jedoch keineswegs zwingend. Vielmehr ist bei Werkverträgen, jedenfalls wenn es sich um Bauverträge handelt, dem Kündigungsrecht gegenüber dem Rücktritt der Vorzug zu ge- **13** ben und deshalb eine grundlegende Änderung durch das Schuldrechtmodernisierungsgesetz zu verneinen (so auch *Werner/Pastor* Rn. 1314; *Voit* BauR 2002, 145 ff., 161; *Kapellmann/Messerschmidt/Lederer* § 8 VOB/B Rn. 3). Zur Begründung bietet sich in erster Linie eine – analoge – Anwendung des § 314 BGB n.F. an, die vor allem deshalb gerechtfertigt ist, weil der Rücktritt mit seiner grundsätzlich rückwirkenden Vertragsaufhebung im Bereich von teilweise vollzogenen Langzeitverträgen wie dem Bauvertrag den Besonderheiten dieses Vertrages nicht gerecht wird, wenn dieser durch die Leistungserbringung des Unternehmers bereits in das Erfüllungsstadium getreten ist und dann bei einer rückwirkenden Vertragsaufhebung wirtschaftliche Werte zerstört werden (vgl. dazu auch Beck'scher VOB-Komm./*Motzke* Vor § 9 VOB/B Rn. 4). Dem trägt auch das BGB-Werkvertragsrecht Rechnung und bevorzugt eindeutig für die Beendigung eines Bau- und Werkvertrages die Kündigungs- und nicht die Rücktrittslösung, wie sich einerseits aus § 649 S. 1 und § 650 Abs. 1 BGB zu Gunsten des Bestellers und andererseits aus §§ 642, 643 sowie aus § 648a BGB zu Gunsten des Unternehmers ergibt. Lediglich die Vertragsbeendigung durch den Besteller aus wichtigem Grund hat der Gesetzgeber im Werkvertragsrecht nicht ausdrücklich geregelt, wenn man von dem **Rücktrittsrecht des Bestellers** gemäß §§ 634 Nr. 3, 636, 323, 326 Abs. 5 BGB n.F. bei Mängeln der Werkleistung des Unternehmers absieht, wobei es sich aber nur um eines von mehreren Rechten des Bestellers bei Mängeln handelt und dieses in der Praxis keine große Rolle spielt.

14 Allerdings sieht das allgemeine Schuldrecht in §§ 281 Abs. 1 S. 1 und 323 Abs. 1 BGB n.F. (2002) auch für den Fall der nicht fristgerechten Erbringung der geschuldeten Leistung das Rücktrittsrecht für den Besteller vor. Mangelhafte Erfüllung, **Verzug** und Nichterfüllung begründen mithin ein **gesetzliches Rücktrittsrecht**, das aber gemäß § 314 BGB n.F. bei **Dauerschuldverhältnissen** durch die Kündigung ersetzt wird. Da nach den obigen Ausführungen das Werkvertragsrecht des BGB grundsätzlich die Kündigung als angemessene Form der Vertragsbeendigung vorsieht (vgl. §§ 642, 643, 648a, 649, 650 BGB) und der Werkvertrag, zumindest aber der Bauvertrag, anders als der Kaufvertrag nicht auf einen unmittelbaren Leistungsaustausch, sondern auf die Herstellung eines Bauwerks über einen längeren Zeitraum ausgerichtet ist, spricht vieles für eine zumindest analoge Anwendung des § 314 BGB n.F. auch auf Bauverträge nach §§ 631 ff. BGB, da insoweit auch eine Gesetzeslücke im Werkvertragsrecht wie bisher schon vorliegt, als es an einer ausdrücklichen gesetzlichen Regelung für die Fälle fehlt, in denen ein Vertragspartner seine Vertragspflichten derart verletzt, dass dem anderen Vertragspartner die Fortsetzung des Vertragsverhältnisses bis zur vereinbarten Beendigung nicht zugemutet werden kann.

Folgt man dieser analogen Anwendung des § 314 Abs. 1–3 BGB n.F., so hat sich an der bisherigen Rechtslage für die Kündigung des BGB-Bauvertrages durch das Schuldrechtmodernisierungsgesetz nichts geändert. Anderenfalls wird man entweder die bisherige Rechtsprechung zur **Kündigung aus wichtigem Grunde** im Sinne einer teleologischen Reduktion des § 649 S. 2 BGB (so *Voit* BauR 2002, 1784) aufrechterhalten können (so wohl auch *Kniffka* Bauvertragsrecht IBR-Kommentar Rn. 5 ff.) oder aber den Weg über den **Rücktritt** bei der Verletzung von Vertragspflichten gemäß §§ 241, 323, 324 BGB n.F. und ggf. den **Teil-Rücktritt** gemäß § 323 Abs. 5 BGB n.F., der auch im Rahmen des § 324 BGB anwendbar ist (vgl. *Voit* BauR 2002, 1780), gehen müssen, wobei in vielen Fällen über die Wirkungen des Rücktritts gemäß § 346 BGB n.F. und dem dort vorgesehenen **Wertersatz für erbrachte Leistungen**, wenn die Rückgewähr oder Herausgabe nach der Natur des Erlangten ausgeschlossen ist (§ 346 Abs. 2 BGB n.F.), die gleichen Ergebnisse erreichbar sein werden.

II. Die Kündigung durch den Auftraggeber nach der VOB/B 2002 und 2006

15 Die besonderen Regelungen der VOB/B zur Beendigung eines Bauvertrages hat der Deutsche Vergabe- und Vertragsausschuss (DVA) unverändert gelassen, da er zu Recht hier durch das Schuldrechtmodernisierungsgesetz keinen Änderungsbedarf gesehen hat. Soweit das BGB 2002 für den Fall der mangelhaften oder nicht rechtzeitigen Leistungserbringung, aber auch bei Verletzung von Pflichten aus dem Schuldverhältnis gemäß § 241 BGB n.F., den Rücktritt als maßgeblichen Rechtsbehelf vorsieht (vgl. §§ 323, 324, 326 Abs. 5 BGB n.F.), gehen jedenfalls die durch die Vereinbarung der VOB/B als Vertragsgrundlage geltenden Vorschriften der § 4 Nr. 7 und 8, § 5 Nr. 4, § 8 Nr. 2 und 3 VOB/B vor, ohne dass diese Sonderregelung bei einer **isolierten Inhaltskontrolle** nach dem früheren AGB-Gesetz oder nach den seit dem 1.1.2002 geltenden §§ 305, 307 ff. BGB n.F. gefährdet ist. Dabei kommt es auch nicht darauf an, ob man auch bei BGB-Werkverträgen gemäß § 314 BGB n.F. – ggf. in analoger Anwendung – die Kündigung an die Stelle des Rücktritts treten lässt, weil diese bei Bauwerkverträgen nach allgemeiner Auffassung der sachlich angemessenere Weg zur Vertragsbeendigung bei Vorliegen eines wichtigen Grundes ist und der Bauwerkvertrag dem **Dauerschuldverhältnis** sehr nahe kommt (vgl. oben Vor §§ 8 und 9 VOB/B Rn. 9 ff.) oder ob man es beim gesetzlichen Rücktrittsrecht gemäß §§ 634 Nr. 3, 636, 323, 326 Abs. 5 bzw. §§ 241, 324 BGB n.F. belässt, da die Abrechnung dann bei bereits teilweise erbrachten Werkleistungen über § 346 Abs. 2 BGB n.F. zum Wertersatz führt und dieser Wertersatz gemäß § 346 Abs. 2 S. 2 BGB n.F. die Abrechnung nach den vereinbarten Entgelten für die bereits erbrachten Teilleistungen ermöglicht. Daraus folgt, dass die insoweit von der VOB/B vorgesehene Vertragsbeendigung durch Kündigung und die Kündigungsfolgenregelung von dem gesetzlichen Rücktrittsrecht mit seinen Folgen nicht entscheidend abweicht und sich deshalb nicht feststellen lässt, dass die VOB/B-Regelungen zur Kündigung mit wesentlichen Grundgedanken der gesetzlichen Regelung zum Rücktritt nicht zu vereinbaren ist (§ 307 Abs. 2 Nr. 1 BGB n.F.) oder wesentliche Rechte oder Pflichten, die sich aus der Natur des Vertrages ergeben, so eingeschränkt werden, dass die Erreichung des Vertragszwecks gefährdet ist (§ 307 Abs. 2 Nr. 2 BGB n.F.). Die Kündigungsregelungen der VOB/B befinden sich folglich im Einklang mit den wesentlichen Grundlagen der gesetzlichen Neuregelung (so auch *Kapellmann/Messerschmidt/Lederer* § 8 VOB/B Rn. 4). Allerdings bleiben neben den Kündigungsgründen der VOB/B die Vorschriften des BGB über den Rücktritt oder die Kündigung aus wichtigem Grund anwendbar, da die VOB/B insoweit keine Sonderregelungen enthält (so auch *Leinemann/Schirmer* § 8 VOB/B Rn. 2).

§ 8 Nr. 1
[Freie Kündigung »ohne wichtigen Grund«]

(1) Der Auftraggeber kann bis zur Vollendung der Leistung jederzeit den Vertrag kündigen.

(2) Dem Auftragnehmer steht die vereinbarte Vergütung zu. Er muss sich jedoch anrechnen lassen, was er infolge der Aufhebung des Vertrags an Kosten erspart oder durch anderweitige Verwendung seiner Arbeitskraft und seines Betriebs erwirbt oder zu erwerben böswillig unterlässt (§ 649 BGB).

Inhaltsübersicht

	Rn.
A. Allgemeine Grundlagen der freien Kündigung	1
B. Anwendungsbereich und Voraussetzungen der freien Kündigung	4
I. Anwendungsbereich	4
1. Verweisung in § 2 Nr. 4 VOB/B	4
2. Allgemeine Anforderungen	5
3. Umdeutung der Kündigung aus wichtigem Grund in freie Kündigung (§ 140 BGB)	7
II. Die Voraussetzungen der freien Kündigung	9
1. Zeitpunkt der freien Kündigung	10
2. Kündigung nichtiger Verträge?	11
3. Wirksamkeit der Kündigung mit Zugang	12
4. Abweichende Vereinbarungen und AGB-Gesetz bzw. §§ 305 ff. BGB n.F.	20

	Rn.
C. Vergütungsanspruch nach freier Kündigung (§ 8 Nr. 1 Abs. 2 S. 1 VOB/B) für erbrachte Leistungen	23
I. Prüfbare Abrechnung der erbrachten Leistungen	25
1. Prüfbare Abrechnung beim Einheitspreisvertrag	29
2. Prüfbare Abrechnung beim Pauschalvertrag	30
3. Prüfbare Abrechnung beim Stundenlohnvertrag	39
II. Vergütungsanspruch für infolge Kündigung nicht erbrachte Leistungen	40
1. Grundsätze und Ziele	40
2. Anrechnung ersparter Kosten: Darlegungslast und prüfbare Abrechnung	42
a) Grundzüge der Darlegungslast ersparter Kosten	43
b) Einzelne ersparte und nicht ersparte Kostenbestandteile	49
3. Abrechnung je nach Vertragstyp	59
a) Zeitpunkt der Kündigung vor oder nach Baubeginn	59
b) Einheitspreisvertrag	60
c) Pauschalvertrag	62
d) Stundenlohnvertrag	65
4. Anrechnung anderweitigen Erwerbs	66
5. Böswillig unterlassener anderweitiger Erwerb	68
6. Pauschalierung des Anspruchs aus § 8 Nr. 1 Abs. 2 VOB/B durch Vereinbarung in Allgemeinen Geschäftsbedingungen	70
7. Weiter gehende Ansprüche des Auftragnehmers	73
III. Teilkündigung	74

A. Allgemeine Grundlagen der freien Kündigung

1 Sowohl das BGB-Werkvertragsrecht als auch die VOB/B gewähren dem Besteller/Auftraggeber ein freies Kündigungsrecht bei Werk- und Bauverträgen, also die Möglichkeit, den Bauvertrag ohne jeden Grund nach Abschluss des Vertrages wieder zu beenden, und dies sowohl vor dem eigentlichen Ausführungsbeginn als auch während der Ausführung zu jedem beliebigen Zeitpunkt. Dagegen billigt weder das BGB-Werkvertragsrecht noch die VOB/B dem Unternehmer/Auftragnehmer ein solches freies Kündigungsrecht zu.

2 Dieses freie **grundlose Kündigungsrecht** für den Besteller/Auftraggeber stellt eine besondere Vergünstigung für diesen dar und zeigt die **Besonderheit des Werkvertrages** gegenüber dem Kaufvertrag auf, auch wenn durch die Neugestaltung des BGB 2002 das Werkvertragsrecht des BGB dem Kaufrecht sehr stark angenähert worden ist. Gerade dieses freie Kündigungsrecht des Auftraggebers zeigt andererseits aber auch die Verwandtschaft zum **Dauerschuldverhältnis**, bei dem schon wegen der zeitlichen Dauer der Vertragsdurchführung die Möglichkeit gegeben sein muss, sich von dem Vertrag wieder zu lösen. Diese Möglichkeit eröffnet § 649 S. 1 BGB in seiner unverändert gebliebenen Fassung, nachdem zunächst der Entwurf zum Schuldrechtsmodernisierungsgesetz diese Regelung ersatzlos streichen wollte, um auch insoweit die Annäherung oder Gleichschaltung mit dem Kaufrecht, ausgelöst durch die EU-Verbrauchsgüter-Kaufrichtlinie, zu vollziehen.

3 Zu Recht hat die Diskussion dieses Entwurfs u.a. auch durch den Arbeitskreis des Instituts für Baurecht Freiburg (IfBF) dann aber dazu geführt, dass § 649 BGB unverändert im BGB 2002 erhalten blieb (vgl. dazu BauR 2001, Beilage zu Heft 4), da es aus grundsätzlichen Erwägungen dem Besteller/Auftraggeber eines Bauvertrages möglich sein muss, den Bauvertrag zu kündigen, ohne dazu einen wichtigen Grund in Form einer Vertragsverletzung seitens des Unternehmers zu haben. Es muss z.B. dem öffentlichen Auftraggeber möglich sein, einen bereits wirksam abgeschlossenen Bauvertrag über ein zu errichtendes Ministerium zu kündigen, wenn der Regierungssitz in eine andere Stadt verlegt wird. Es muss auch dem privaten oder gewerblichen Bauherren möglich sein, einen Bauvertrag zu kündigen, wenn er – aus welchen Gründen auch immer – an dem Bauwerk kein Interesse mehr hat oder ihm das Geld ausgegangen ist. Es muss auch dem Generalunternehmer, dem von seinem Auftraggeber der Bauvertrag aus wichtigem Grunde (z.B. wegen Verzugs oder schwerwiegender Vertragsverletzung) oder auch ohne Grund gekündigt worden ist, möglich sein, nun seinerseits seine **Nachunternehmerverträge** mit den von ihm beauftragten Subunternehmern zu kündigen, obwohl diese dafür keinen wichtigen Grund geben. Die Rechtfertigung für dieses nur dem Auftraggeber zugebilligte grundlose Kündigungsrecht liegt in der zutreffenden Überlegung, dass das Interesse des Auftragnehmers i.d.R. nicht in der Herstellung des Bauwerks, sondern an der dafür zu zahlenden Vergütung liegt, so dass es sachgerecht ist, aber auch ausreicht, wenn dem Auftragnehmer durch eine solche grundlose Kündigung des Auftraggebers **kein finanzieller Nachteil** gegenüber der Vertragserfüllung entsteht (*Kapellmann/Messerschmidt/Lederer* § 8 VOB/B Rn. 8; BGH BauR 1999, 1292). Dieser sachlich gebotene Ausgleich wird durch die Regelung der Vergütungsfolge in § 649 S. 2 BGB erreicht, der sich die VOB/B in § 8 Nr. 1 Abs. 2 fast wortgleich angeschlossen hat.

B. Anwendungsbereich und Voraussetzungen der freien Kündigung

I. Anwendungsbereich

1. Verweisung in § 2 Nr. 4 VOB/B

§ 8 Nr. 1 VOB/B behandelt das Kündigungsrecht des Auftraggebers ohne Vorliegen eines für das Vertragsverhältnis zwischen Auftraggeber und Auftragnehmer besonderen wichtigen Grundes aus dem Verantwortungsbereich des Auftragnehmers. Voraussetzung für eine solche Kündigung ist, dass der Auftraggeber hinreichend klar den Willen äußert oder zumindest erkennen lässt, den Bauvertrag mit sofortiger Wirkung für die Zukunft zu beenden. Dies kann auch nur eingeschränkt und bezogen auf bestimmte **Teilleistungen** geschehen, wie sich aus § 2 Nr. 4 VOB/B ersehen lässt, wonach der Auftraggeber im Vertrag vereinbarte Leistungen des Auftragnehmers selbst übernehmen kann (z.B. Lieferung von Baustoffen usw.), dann aber § 8 Nr. 1 Abs. 2 VOB/B zur Anwendung kommt, dem Auftragnehmer dadurch also **finanziell kein Nachteil** entstehen darf. Der Auftraggeber ist danach auch berechtigt, eine bisher zum vertraglich geschuldeten Bau-Soll gehörende Leistung oder Teilleistung nicht ausführen zu lassen. Ein solcher Fall des § 2 Nr. 4 bzw. § 8 Nr. 1 VOB/B liegt auch vor, wenn infolge einer Änderung des Bauentwurfs gemäß § 2 Nr. 5 VOB/B oder aber aus einem anderen Grund aus dem Risiko- oder Verantwortungsbereich des Auftraggebers eine fest beauftragte Leistungsposition des Bauvertrages vollständig (sog. **Nullposition**) oder auch nur teilweise (Estrich im Keller oder in der Garage wird vom Auftraggeber gestrichen) entfällt und der Auftragnehmer keinen Ausgleich dafür erhält, weil keine andere Leistung an die Stelle der weggefallenen Leistung tritt. Darin liegt dann eine **Teilkündigung** des Auftraggebers nach § 8 Nr. 1 Abs. 1 VOB/B, die die Vergütungsfolge des § 8 Nr. 1 Abs. 2 VOB/B auslöst (so zu Recht OLG Oldenburg BauR 2000, 897 = NZBau 2000, 520; vgl. dazu auch *Kapellmann/Messerschmidt/Lederer* § 8 VOB/B Rn. 22). Eine derartige Kündigung liegt aber **nicht** vor, wenn sich der Auftraggeber später nach Vertragsabschluss entschließt, sog. **Eventual- oder Alternativpositionen** (vgl. dazu *Vygen* BauR 1992, 135 ff.) nicht ausführen zu lassen, da diese bisher noch nicht fest beauftragt waren, sondern noch unter der **Bedingung** standen, dass der Auftraggeber oder sein Bauleiter mit entsprechender Vollmacht ihre Ausführung anordnet oder diese sich als notwendig erweisen, um das Vertragsziel zu erreichen (vgl. § 2 Nr. 8 Abs. 2 S. 2 VOB/B und dazu oben § 2 Nr. 4 und 8 VOB/B). Dies gilt auch für die sog. angehängten **Stundenlohnarbeiten**, die ebenfalls als Bedarfs- oder Eventualpositionen anzusehen sind (vgl. dazu OLG Hamm BauR 1990, 744; *Putzier* FS Motzke a.a.O. S. 353 ff., 360 f.; *Vygen* BauR 1992, 135 ff., und *Vygen/Schubert/Lang* a.a.O. Rn. 188 ff.). Zu beachten ist in diesem Zusammenhang aber auch die durch die VOB 2000 neu aufgenommene Regelung in § 9 Nr. 1 S. 2 und 3 VOB/A, wonach **Bedarfspositionen** (Eventualpositionen) nur noch ausnahmsweise und **angehängte Stundenlohn-**

arbeiten nur in dem unbedingt erforderlichen Umfang in die Leistungsbeschreibung aufgenommen werden dürfen.

2. Allgemeine Anforderungen

5 Zu der hier erörterten freien Kündigung rechnen alle Fälle, in denen der Auftraggeber einen »wichtigen Grund« für seine Kündigung nicht anzuführen vermag; dabei kommt es im Übrigen nicht darauf an, ob den Auftraggeber an den Umständen der Kündigung ein Verschulden i.S.d. § 276 BGB oder eine Verantwortlichkeit trifft, wie dies z.B. beim Fehlen von Geldmitteln zur Baufinanzierung der Fall ist (§ 279 BGB a.F. und dazu BGH SFH Z 2.510 Bl. 60). Eine rechtsgrundlose Kündigung liegt auch vor, wenn eine dem Auftragnehmer vorgeworfene Leistungsstörung in Wirklichkeit auf der Verletzung von dem Auftraggeber obliegenden Mitwirkungspflichten beruht (vgl. OLG Schleswig BauR 1989, 731, im Falle der dem Auftragnehmer nicht zur Verfügung gestellten Bodenkennwerte). Bei der rechtsgrundlosen Kündigung kommt es nicht darauf an, ob der Auftraggeber die damit verbundenen rechtlichen Folgen gewollt hat (vgl. BGH WM 1993, 623 = NJW-RR 1993, 882 = *Thamm/Detzer* EWiR § 634 BGB 1/93, 763). Dass der **Auftraggeber** dennoch einen sog. wichtigen Grund zur Kündigung, wie etwa nach § 8 Nr. 2, 3 oder 4 VOB/B, hat und auch die dazu notwendigen weiteren Voraussetzungen, insbesondere die **Fristsetzung** zur Behebung des Kündigungsgrundes gemäß § 4 Nr. 7 S. 3 bzw. Nr. 8 Abs. 1 S. 3 bzw. § 5 Nr. 4 VOB/B und die vorherige **Kündigungsandrohung**, vorliegen, **muss dieser darlegen und beweisen** (vgl. dazu BGH BauR 1990, 632 = NJW-RR 1990, 1109).

6 Eine solche freie Kündigung gemäß § 8 Nr. 1 Abs. 1 VOB/B liegt immer dann vor, wenn sie seitens des Auftraggebers ohne jeden Grund, aus freien Stücken oder willkürlich erfolgt; sie liegt aber auch dann vor, wenn der Auftraggeber durchaus einen – u.U. sogar zwingenden – Grund zur Kündigung hat, dieser aber seine Ursache allein im Verantwortungs- und Risikobereich des Auftraggebers selbst hat. So liegt eine freie Kündigung vor, wenn die finanzielle Situation des Auftraggebers sich verschlechtert und er deshalb das Bauvorhaben stoppen muss oder wenn er keine **Baugenehmigung** erhält oder diese widerrufen oder durch einen **Nachbarwiderspruch** zurückgenommen wird. Eine solche freie Kündigung des Auftraggebers ist ferner gegeben, wenn sich die politischen Verhältnisse ändern und deshalb geplante und beauftragte Bauleistungen nicht mehr durchgeführt werden sollen (z.B. Umzug der Bundesregierung von Bonn nach Berlin, Verringerung der US-Streitkräfte in Deutschland) oder ein Investor oder vorgesehener Nutzer abspringt oder die Finanzierung nicht realisierbar ist. Schließlich kann auch ein Generalunternehmer oder Bauträger gezwungen sein, einen **Subunternehmervertrag** z.B. mit einem Parkettleger allein deshalb zu kündigen, weil der Bauherr oder Erwerber eine Änderung des Bodenbelages von Parkett auf Fliesen gegenüber dem Generalunternehmer oder Bauträger gemäß § 1 Nr. 3 VOB/B angeordnet hat und deshalb der Parkettleger nicht mehr benötigt wird, weil er keine Fliesen verlegen kann und darf, also gekündigt werden muss. Des Weiteren kann eine Kündigung des Generalunternehmervertrages durch den Bauherrn aus wichtigem Grunde (z.B. Verzug oder unberechtigter Subunternehmereinsatz gemäß § 4 Nr. 8 Abs. 3 VOB/B) erfolgt sein, so dass der Generalunternehmer nun die Subunternehmerverträge ebenfalls kündigen muss, ihm aber aus dem Verhalten des einzelnen Subunternehmers kein wichtiger Kündigungsgrund zur Verfügung steht, ihm also nur die freie Kündigung als einzige Möglichkeit zur Verfügung steht.

3. Umdeutung der Kündigung aus wichtigem Grund in freie Kündigung (§ 140 BGB)

7 Zu beachten ist in diesem Zusammenhang vor allem aber, dass eine vom Auftraggeber vermeintlich aus wichtigem Grunde ausgesprochene Kündigung gemäß § 8 Nr. 3 Abs. 1 VOB/B im späteren Prozess vom Auftraggeber häufig nicht bewiesen werden kann. Dann bleibt nur die Möglichkeit, entweder den Bauvertrag als fortbestehend zu behandeln, was aber i.d.R. gar nicht möglich ist, weil der Auftragnehmer inzwischen seine Arbeiten eingestellt und die Baustelle geräumt hat und der Auftrag-

geber das Bauvorhaben daraufhin mit einem Ersatz- oder Drittunternehmen fortgeführt hat, oder aber die Kündigung des Auftraggebers aus wichtigem, aber nicht bewiesenem Grund **gemäß § 140 BGB umzudeuten** in eine freie Kündigung gemäß § 8 Nr. 1 Abs. 1 VOB/B mit den entsprechenden Rechtsfolgen für die Vergütung des Auftragnehmers (*Kapellmann* Jahrbuch Baurecht 1998 S. 39, der allerdings eine Umdeutung nicht für erforderlich hält, ohne dass dies am Ergebnis etwas ändert) oder aber darin letztlich eine **einverständliche Vertragsaufhebung** zu sehen, die sich in ihren Rechtsfolgen mangels anderweitiger Vereinbarung der Vertragspartner wieder danach beurteilt, ob ein wichtiger Kündigungsgrund vorlag und bewiesen wird oder nicht.

Zu beachten ist dabei, dass die **Umdeutung einer Kündigung aus wichtigem Grunde in eine freie Kündigung** nach § 8 Nr. 1 VOB/B nicht ohne weiteres in jedem Falle erfolgen kann, da die Rechtsfolgen höchst unterschiedlich sind und deshalb die Erklärung des Kündigenden zunächst der **Auslegung gemäß § 133 BGB** bedarf, wobei aber die Umdeutung immer dann nahe liegt, wenn nach den gesamten Umständen anzunehmen ist, dass diese dem Willen des Erklärenden entspricht und dieser Wille in seiner Erklärung gegenüber dem anderen Vertragspartner erkennbar zum Ausdruck gekommen ist (BGH BauR 2004, 1613 ff.; 2003, 1889 und BGH NZBau 2001, 621 f., sowie *Leinemann/Schirmer* § 8 VOB/B Rn. 79 f.). Dies wird immer dann zu bejahen sein, wenn für den Unternehmer aus seiner Empfängersicht kein ernsthafter Zweifel besteht, dass der Auftraggeber das Vertragsverhältnis auf jeden Fall mit seiner Kündigung als beendet ansehen will. Dies kann z.B. durch ein zugleich erteiltes **Baustellenverbot** hinreichend dokumentiert sein. Insoweit kann man die freie Kündigung auch als eine Art **Auffangtatbestand** (BGH NZBau 2001, 621 f.; *Kapellmann/Langen* VOB/B Rn. 142) für die nicht bewiesenen Kündigungen aus wichtigem Grunde ansehen. Darin liegt sicherlich die größte praktische Bedeutung der freien Kündigung, weil der Auftraggeber bei vorhandener Kündigungsabsicht zunächst versuchen wird, diese auf einen wichtigen Grund zu stützen, diesen dann aber häufig nicht nachweisen kann.

Eine Kündigung, die ausschließlich für den Fall erklärt wird, dass ein **wichtiger Kündigungsgrund** gemäß § 8 Nr. 2 bis 4 VOB/B vorliegt, ist unwirksam, wenn ein solcher Grund nicht gegeben ist. Ob eine solche außerordentliche Kündigung eines Bauvertrages auch als freie Kündigung nach § 649 S. 1 BGB oder nach § 8 Nr. 1 Abs. 1 VOB/B verstanden werden kann, richtet sich nach dem Inhalt der **Kündigungserklärung**. Im Regelfall ist die Kündigung eines Bauvertrages dahin zu verstehen, dass auch eine freie Kündigung gewollt ist. Will der Auftraggeber seine Kündigung nicht so verstanden wissen, muss sich das aus der Erklärung oder den Umständen ergeben (BGH Urt. v. 24.7.2003 VII ZR 218/02, BauR 2003, 1889 ff.).

Der Auftraggeber kann **bis zur Vollendung** der nach dem Vertrag geschuldeten Bauleistung **jederzeit** den Bauvertrag mit dem Auftragnehmer kündigen (§ 8 Nr. 1 Abs. 1 VOB/B). Dann steht dem Auftragnehmer aber die nach dem Vertrag vereinbarte Vergütung zu. Er muss sich jedoch hinsichtlich des nicht ausgeführten Leistungsteils das anrechnen lassen, was er infolge der Aufhebung des Bauvertrags an Kosten erspart oder durch anderweitige Verwendung seiner Arbeitskraft und seines Betriebs erwirbt oder zu erwerben böswillig unterlässt (§ 8 Nr. 1 Abs. 2 VOB/B, § 649 S. 2 BGB).

II. Die Voraussetzungen der freien Kündigung

Wie sich aus dem Klammerverweis auf § 649 BGB in § 8 Nr. 1 Abs. 2 VOB/B ergibt, **entsprechen sich § 8 Nr. 1 Abs. 1 VOB/B und § 649 S. 1 BGB** weitgehend. Soweit im Wortlaut Unterschiede bestehen, sind sie nicht von rechtlicher Bedeutung. In der VOB/B wird grundsätzlich der Besteller des Werkvertragsrechts als Auftraggeber bezeichnet. Die übrigen Abweichungen des § 8 Nr. 1 VOB/B vom Gesetzestext (§ 649 BGB) sind darauf zurückzuführen, dass sie sprachlich den Besonderheiten des Bauvertrags und der baubetrieblichen Kalkulation (Kosten statt Aufwendungen) Rechnung tragen wollen, weshalb in § 8 Nr. 1 Abs. 2 VOB/B ergänzend auch die Kostenersparnis durch anderweitige Verwendung seines Betriebes und nicht nur seiner Arbeitskraft erwähnt wird.

1. Zeitpunkt der freien Kündigung

10 Das jederzeitige **Kündigungsrecht** des Auftraggebers besteht zeitlich nicht unbegrenzt, sondern nur bis zur Vollendung der Bauleistung **durch Bereitstellung zur Abnahme des vollständig hergestellten Werks**, begrenzt durch den Inhalt der im jeweiligen Vertrag festgelegten Leistungspflicht des Auftragnehmers. Daher muss die **Kündigung vor** der **Vollendung** der bauvertraglichen Leistung oder jedenfalls vor der Abnahme (vgl. *Joussen* FS Vygen S. 188) **ausgesprochen** werden. Der Begriff der Vollendung bedeutet die endgültige Fertigstellung der Leistung in allen Teilen, und zwar so, dass etwaige wesentliche Mängel, die den Auftraggeber zur Verweigerung der Abnahme berechtigen (vgl. § 12 Nr. 3 VOB/B), beseitigt sind und die Bauleistung zur Abnahme bereit steht. Sind z.B. bei einem ersten Versuch einer »Abnahme« wesentliche Mängel der Leistung festgestellt worden, die noch vor der Abnahme zu beseitigen sind, und kündigt der Auftraggeber bis zu diesem Zeitpunkt den Bauvertrag nach § 8 Nr. 1 VOB/B, so ist das noch vor Vollendung und damit zulässig geschehen. Die Kündigung kann also so lange erfolgen, bis eine so weitgehende Fertigstellung vorliegt, die den Auftraggeber zur Abnahme verpflichtet. **Nach** erfolgter **Abnahme** ist dagegen eine **Kündigung nicht mehr möglich** (BGH BauR 1975, 280 = NJW 1975, 825 = SFH Z 2.510 Bl. 58), auch wenn die **Abnahme trotz vorbehaltener Mängel** erfolgt ist und diese Mängel auch eine Abnahmeverweigerung ermöglicht hätten. Problematisch bleibt lediglich die Frage, ob eine Kündigung des Bauvertrags auch dann noch möglich und ggf. auch erforderlich ist, wenn die Leistung zwar **abnahmereif** erbracht worden ist, der Auftraggeber aber gleichwohl die Abnahme unberechtigt nicht erklärt oder zu Unrecht verweigert und nun wegen der nicht wesentlichen Mängel deren Beseitigung verlangt. Solange die erst mit der Abnahme beginnende Verjährungsfrist nicht läuft, greift nach dem Wortlaut die Vorschrift des § 13 Nr. 5 VOB/B nicht ein, so dass § 4 Nr. 7 VOB/B einschlägig sein kann, also noch eine Kündigung möglich und ggf. dann auch erforderlich ist (vgl. BGH BauR 1986, 573, 574; 1997, 1027 sowie jetzt einschränkend BGH BauR 2000, 1479, und zur Frage des Verjährungsbeginns für Mängel nach erfolgter Kündigung BGH BauR 2003, 689 ff.). Als **Anfangszeitpunkt** für eine mögliche Kündigung gilt nach alledem der **Abschluss des Bauvertrages** und die damit zwischen dem Auftraggeber und dem Auftragnehmer eingetretene vertragliche Bindung und als **Endzeitpunkt** die **Abnahme** der geschuldeten Werkleistung.

2. Kündigung nichtiger Verträge?

11 Aus dem Gesagten folgt, dass die Kündigung eines Bauvertrags grundsätzlich einen wirksam abgeschlossenen Bauvertrag voraussetzt. Ist nun aber ein Bauvertrag nichtig, sei es weil die notwendige notarielle Beurkundung bei Bauverträgen mit Grundstückserwerb nicht eingehalten ist (§ 313 BGB a.F. bzw. § 311b BGB n.F.), sei es weil der Bauvertrag auf eine objektiv unmögliche Leistung gerichtet ist (§ 306 BGB a.F., der jedoch ersatzlos aufgehoben worden ist durch das BGB 2002), sei es weil er wirksam mit Rückwirkung gemäß §§ 119, 123, 142 BGB angefochten worden ist, so wird doch nicht selten der Vertrag zunächst weitgehend abgewickelt, weil die »Vertragspartner« dies erst zu einem späteren Zeitpunkt bemerken und dann erst die jeweiligen Rechtsfolgen erkannt und geltend gemacht werden. Dies wirft die Frage auf, ob solche Bauverträge nicht auch entsprechend den Kündigungs- und Kündigungsfolgeregelungen der §§ 8 und 9 VOB/B unterworfen werden können (vgl. dazu ausführlich *Joussen* FS Vygen 1999 S. 182 ff., 192), was durchaus zu bejahen sein kann, zumal auch aufschiebend bedingte Bauverträge gekündigt werden können (so OLG Brandenburg NJW-RR 1998, 1746) und folglich auch auflösend bedingte Verträge (§ 158 Abs. 1 und 2 BGB).

3. Wirksamkeit der Kündigung mit Zugang

12 Die Kündigungswirkung tritt **mit dem Zugang der Kündigungserklärung** beim Auftragnehmer ein, falls der Auftraggeber nicht zum Ausdruck bringt, zu welchem anderen in der Zukunft liegenden Zeitpunkt er den Bauvertrag als aufgehoben ansehen will. Der **Auftraggeber** ist auch **nicht an eine Kündigungsfrist gebunden,** wie sich aus dem Wort »jederzeit« deutlich ergibt. Die Kündigung des

Freie Kündigung »ohne wichtigen Grund« § 8 Nr. 1 VOB/B

Bauvertrages führt zur **Beendigung des Bauvertragsverhältnisses für die Zukunft (ex nunc)**, lässt aber den Vertrag für die Vergangenheit als Rechtsgrund für erbrachte Leistungen und für insoweit bestehende Mängelansprüche (früher: Gewährleistungsansprüche) bestehen (BGH BauR 1982, 387 = ZfBR 1982, 160, m.w.N.).

Die Kündigung beendet den Bauvertrag – oder bei der zulässigen und damit wirksamen **Teilkündigung** (siehe dazu unten Rn. 74 ff.) den gekündigten Teil des Bauvertrags – für die Zukunft. Nach erfolgter Kündigung kann der Unternehmer **keine Abschlagszahlungen** mehr verlangen (vgl. OLG Hamm BauR 2002, 638 ff.), sondern muss nun seine Vergütung im Rahmen der Schlussabrechnung geltend machen und ggf. im Rechtsstreit von dem Anspruch auf Abschlagszahlung übergehen auf den Anspruch auf die Schlusszahlung (BGH BauR 1985, 456 = ZfBR 1985, 174; BGH BauR 1987, 453 = ZfBR 1987, 200; BGH BauR 2000, 1482; *Korbion/Hochstein/Keldungs* VOB-Vertrag Rn. 850). 13

Durch den Zugang einer wirksamen Kündigung wandelt sich das bestehende Vertragsverhältnis in ein **gegenseitiges Abrechnungsverhältnis** um, wobei die Vergütungsansprüche des Auftragnehmers für die bis zur Kündigung erbrachten Leistungen und evtl. auch für infolge (grundloser) Kündigung durch den Auftraggeber nicht mehr erbrachte Leistungen abzüglich der dadurch ersparten Aufwendungen auf der einen Seite und etwaige Gegenansprüche des Auftraggebers bei berechtigter Kündigung aus wichtigem Grunde wegen ihm dadurch entstandener **Mehrkosten** und evtl. auch Schadensersatzansprüche auf der anderen Seite, zu verrechnen sind (*Korbion/Hochstein/Keldungs* VOB-Vertrag Rn. 629). Dagegen bleiben von der Kündigung unberührt: die **Mängelbeseitigungsansprüche** des Auftraggebers bezüglich der Mängel an der bis zur Kündigung vom Auftragnehmer bereits erbrachten Bauleistung und auf der anderen Seite auch das Recht des Auftragnehmers, Mängel an der von ihm erbrachten Teilleistung selbst zu beseitigen (BGH BauR 1989, 462 = ZfBR 1989, 213; BGH BauR 1988, 82 = NJW-RR 1988, 208). 14

Die Kündigung eines Bauvertrages gemäß § 8 Nr. 1 VOB/B erfordert zunächst eine entsprechende Willenserklärung des **Auftraggebers** oder eines von diesem dazu **bevollmächtigten Vertreters.** Der bauüberwachende Architekt oder Ingenieur hat zur Kündigung grundsätzlich keine **Vollmacht.** Vielmehr müssen die gesetzlichen Voraussetzungen für die Vertretungen oder rechtsgeschäftlichen Vollmachten für diesen wichtigen und folgenschweren Schritt zur Vertragsbeendigung gegeben sein. Dazu gehört für den **öffentlichen Auftraggeber** gemäß der Richtlinie zu § 8 VOB/B im Vergabehandbuch des Bundes auch die vorherige Zustimmung der technischen Aufsichtsbehörde in der Mittelinstanz. 15

Die Kündigung bedarf gemäß § 8 Nr. 5 VOB/B der **Schriftform** (vgl. dazu unten § 8 Nr. 5 VOB/B). Sie sollte klar und unmissverständlich zum Ausdruck bringen, dass der Auftraggeber das Vertragsverhältnis für die Zukunft beenden will. Dies kann auch durch die Worte »**Annullierung**« oder »**Stornierung**« (*Nicklisch/Weick* Vor §§ 8 und 9 VOB/B Rn. 26) oder **Rücktritt** (so BGH BauR 2003, 880) geschehen, sollte allerdings möglichst auch als Kündigung bezeichnet werden. 16

Die Kündigung ist eine **einseitig gestaltende empfangsbedürftige Willenserklärung**, die **bedingungsfeindlich** ist, auch wenn die Erfüllung der Bedingung vom Willen des Erklärungsempfängers abhängig ist, er dies also selbst beeinflussen kann; denn dies ist gerade bei den wichtigsten Kündigungen wegen Verzugs oder Mängeln bei der Ausführung gemäß § 4 Nr. 7, § 5 Nr. 4 VOB/B der Fall, ohne dass die Kündigung schon unter der Bedingung der nicht erfolgten Mängelbeseitigung oder des fortbestehenden Verzugs erfolgen kann (vgl. dazu aber Beck'scher Komm./*Motzke* § 8 VOB/B Rn. 14; *Nicklisch/Weick* Vor §§ 8 und 9 VOB/B Rn. 28; BGH, NJW 1973, 1463). Umstritten ist die Zulässigkeit einer Rechtsbedingung dahingehend, dass die Kündigung nur als solche aus wichtigem Grunde gelten soll. 17

Dafür besteht durchaus ein praktisches Bedürfnis, da der Auftraggeber damit verhindern will, dass seine Kündigung bei Fehlen eines wichtigen Grundes in eine für ihn meist kostspielige freie, grundlose Kündigung umgedeutet wird (vgl. dazu oben Rn. 7 und 8). Grundsätzlich sind derartige 18

Rechtsbedingungen als zulässig anzusehen (so *Palandt/Heinrichs* § 158 BGB Rn. 13; *Kapellmann/Messerschmidt/Lederer* § 8 VOB/B Rn. 16, 17; vgl. dazu aber auch BGH Urt. v. 24.7.2003 VII ZR 218/02 = BauR 2003, 1889 ff. und oben Rn. 8). Trotzdem bestehen Bedenken gegen die Wirksamkeit einer solchen Rechtsbedingung, da die Wirksamkeit der Kündigung damit bis zur rechtskräftigen Entscheidung über die Frage des wichtigen Grundes in der Schwebe bleibt und folglich unklar ist, ob das Vertragsverhältnis beendet ist oder fortbesteht, was jedenfalls bei Bauverträgen nicht hingenommen werden kann und letztlich nur wieder zu der Lösung führt, eine **einverständliche Vertragsaufhebung** durch Einstellung der Arbeiten seitens des Auftragnehmers und Fortsetzung der Bauarbeiten durch einen Ersatzunternehmer mit den gleichen Rechtsfolgen anzunehmen (vgl. oben Rn. 7).

19 Schließlich muss die Kündigungserklärung als Gestaltungsrecht dem **richtigen Adressaten** zugehen (§ 130 BGB), also dem **Auftraggeber als Vertragspartner** selbst oder dessen gesetzlichem Vertreter oder aber einem mit Empfangsvollmacht versehenen Dritten, wobei es allerdings genügt, dass eine dieser Personen die Möglichkeit der Kenntnisnahme hatte (BGHZ 67, 271). Fraglich ist deshalb, ob die Übergabe des Kündigungsschreibens an den **Bauleiter** des Auftragnehmers dazu genügt (verneinend *Kapellmann/Messerschmidt/Lederer* § 8 VOB/B Rn. 14 sowie *Heiermann/Riedl/Rusam* § 8 VOB/B Rn. 47). Dies wird im Einzelfall von den Vollmachten des Bauleiters abhängen, die meist doch weiter gehend sind. Zumindest ist der Bauleiter Bote, wenn dieser die Kündigungserklärung einem bevollmächtigten Vertreter des Unternehmers übergibt oder weiterleitet. Jedenfalls wird die Kündigung mit der Übergabe an den bevollmächtigten Vertreter wirksam.

4. Abweichende Vereinbarungen und AGB-Gesetz bzw. §§ 305 ff. BGB n.F.

20 Die **Kündigungsregeln** sowohl des § 8 Nr. 1 VOB/B als auch des § 649 BGB sind **abdingbar**. Die Vertragsparteien können **individualvertraglich** eine bestimmte Vereinbarung treffen, die das Recht zur Vertragskündigung von dem Eintritt gewisser aufschiebender oder auflösender Bedingungen abhängig macht, z.B.: »Kündigung im Falle der Ablehnung des Modells durch das Denkmalsamt« (BGH Urt. v. 6.7.1964 VII ZR 118/63; vgl. auch BGH BauR 1985, 77 = NJW 1985, 631). Auch wird man eine individualvertraglich getroffene Vereinbarung für zulässig halten, in der **beide Vertragspartner nur aus wichtigem Grunde** kündigen können, wie dies nicht selten in **Architektenverträgen** anzutreffen ist. Dies kann auch in Bauverträgen dann zu empfehlen sein, wenn der Unternehmer über das finanzielle Interesse an der Bauausführung auch ein erhebliches ideelles Interesse an der Erstellung dieses Bauwerks hat, wie dies bei besonderen Prestige-Bauwerken oder bei **Baukonzessionsverträgen** der Fall sein kann. In diesen Fällen kann es deshalb durchaus angemessen sein, das freie Kündigungsrecht des Auftraggebers durch **Individualvereinbarung** auszuschließen. Dies gilt vor allem dann, wenn der Auftragnehmer wegen des Prestigecharakters des Bauwerks erhebliche Preiszugeständnisse gemacht hat.

21 Dagegen ist ein solcher Ausschluss des freien Kündigungsrechts in **Allgemeinen Geschäftsbedingungen** des Auftragsnehmers wegen Verstoßes gegen § 9 Abs. 2 Nr. 1 AGB-Gesetz bzw. jetzt gegen § 307 Abs. 2 Nr. 1 BGB n.F. (2002) unwirksam (BGH BauR 1999, 1294 = ZfBR 2000, 30; *Vygen* Bauvertragsrecht nach VOB und BGB Rn. 967; *Vygen* Jahrbuch Baurecht 1998 S. 20 f. sowie *Sienz* in *Korbion/Locher/Sienz* AGB und Baurrichtungsverträge K 55), nachdem es lange Zeit nicht abschließend geklärt und deshalb rechtlich zweifelhaft war, ob es zulässig ist und der **Inhaltskontrolle** nach dem AGB-Gesetz standhält, wenn der Auftragnehmer in seinen Vertragsbedingungen das freie, grundlose Kündigungsrecht des Auftraggebers gemäß § 649 S. 1 BGB bzw. § 8 Nr. 1 Abs. 1 VOB/B ausschließt (für die Zulässigkeit des Kündigungsausschlusses: *Korbion* in Vorauflagen § 8 VOB/B Rn. 16; *Korbion/Hochstein/Keldungs* VOB-Vertrag Rn. 372; *Werner/Pastor* Der Bauprozess Rn. 1292; *Nicklisch/Weick* § 8 VOB/B Rn. 4). Für diese Auffassung lässt sich anführen, dass damit nur die Gleichgewichtigkeit bezüglich der Kündigungsmöglichkeiten für beide Vertragspartner wiederhergestellt wird, denn nach Gesetz und VOB/B hat der Auftragnehmer im Gegensatz zum Auftraggeber gerade

kein freies Kündigungsrecht ohne Grund, so dass es nahe liegen könnte, ein solches auch für den Auftraggeber durch entsprechende Bauvertragsklauseln auszuschließen. Diese Möglichkeit wird man aber trotz dieser zunächst einleuchtenden Argumentation mit der neuen BGH-Rechtsprechung letztlich verneinen müssen: Gesetzgeber und VOB-Verfasser haben dem Auftraggeber dieses freie, grundlose Kündigungsrecht bewusst gegeben und dies aus gutem Grund. Der Auftraggeber muss in der Lage sein, ein **Bauvorhaben jederzeit zu stoppen**. Die Gründe dafür können höchst unterschiedlich sein. So kann eine Kündigung für ihn notwendig werden durch die Verlegung des Regierungssitzes von Bonn nach Berlin oder durch den Abzug von US-Stützpunkten nach der Wiedervereinigung oder infolge der Verlagerung des Firmensitzes oder der Produktionseinstellung eines Geschäftsbetriebes oder durch berufliche Versetzung und den dadurch bedingten Stopp des Baus (oder Weiterbaus) des bereits begonnenen Einfamilienhauses.

Auch kann es für einen Generalunternehmer unerlässlich sein, den **Nachunternehmervertrag** zu kündigen, wenn der Bauherr das Bauvorhaben einstellt oder auch den **Generalunternehmervertrag** aus wichtigem Grunde kündigt, dieser wichtige Grund aber allein dem Generalunternehmer anzulasten ist, nicht aber auch den Nachunternehmer trifft. Dieses freie Kündigungsrecht sollte und muss dem Auftraggeber belassen werden. Sein Ausschluss in vorformulierten Vertragsbedingungen benachteiligt den Auftraggeber unangemessen, da dieser wesentliche Rechte, die sich aus der Natur des Vertrages ergeben, so einschränkt, dass die Erreichung des Vertragszwecks gefährdet ist, bzw. da dieser Ausschluss mit wesentlichen Grundgedanken der gesetzlichen Regelung (§ 649 S. 1 BGB) nicht zu vereinbaren ist; die Folge ist die **Unwirksamkeit eines solchen Ausschlusses des freien Kündigungsrechts** des Auftraggebers gemäß § 9 AGB-Gesetz (so insbes. *Vygen* Bauvertragsrecht nach VOB und BGB Rn. 967; *Vygen* Jahrbuch Baurecht 1998 S. 20 f.; Beck'scher VOB-Komm./ *Motzke* § 8 Nr. 1 VOB/B Rn. 63 sowie *Sienz* a.a.O. K 55; jetzt auch BGH BauR 1999, 1294 = ZfBR 2000, 30) bzw. jetzt § 307 BGB n.F. (2002). 22

Für einen solchen Ausschluss des freien Kündigungsrechts des Auftraggebers besteht auch kein besonderes Bedürfnis, weil die **Kündigungsfolgen** so geregelt sind, dass dem Auftragnehmer durch eine solche grundlose Kündigung oder besser durch eine Kündigung ohne wichtigen Grund aus der Sphäre des Auftragnehmers **keinerlei wirtschaftliche Nachteile** entstehen.

C. Vergütungsanspruch nach freier Kündigung (§ 8 Nr. 1 Abs. 2 S. 1 VOB/B) für erbrachte Leistungen

Im Falle einer freien Kündigung des Bauvertrags durch den Auftraggeber steht dem Auftragnehmer gemäß § 8 Nr. 1 Abs. 2 S. 1 VOB/B die vereinbarte Vergütung zu. Nach S. 2 muss er sich jedoch anrechnen lassen, was er infolge der – ggf. teilweisen – Aufhebung des Vertrags an Kosten (§ 649 S. 2 BGB: »an Aufwendungen«) erspart oder durch anderweitige Verwendung seiner Arbeitskraft und seines Betriebs erwirbt oder zu erwerben böswillig unterlässt. 23

Mit der **Kündigungsfolgenregelung** sind die berechtigten Belange des Auftragnehmers hinreichend gewahrt, da er durch die freie Kündigung des Auftraggebers letztlich **keine finanziellen Einbußen** erleiden soll. Allerdings soll auch vermieden werden, dass er durch diese Kündigung Vorteile erlangt, er also besser dasteht als ohne diese Kündigung (so zu Recht BGH BauR 1996, 382 = ZfBR 1996, 143; *Kniffka* Jahrbuch Baurecht 2000 S. 1 ff.). So klar diese Regelung im Grundsatz ist, so schwierig kann die **Abrechnung des Vergütungsanspruchs** für den Auftragnehmer im konkreten Einzelfall werden. Zunächst ist vor allem im Ausgangspunkt zu trennen zwischen der grundlosen Kündigung eines Einheitspreisvertrags und der eines Pauschalvertrags.

Dabei ist zu unterscheiden, ob der Auftragnehmer, wie es in der Praxis häufig zu beobachten ist, nur seine **Vergütung für die bis zur Kündigung erbrachten Leistungen** verlangt oder ob er ausgehend von der vereinbarten Gesamtvergütung diese unter Abzug ersparter Kosten und anderweitigen Erwerbs verlangt.

24 Somit stellt sich vorab eine entscheidende Frage für die Abrechnung: Muss der Auftragnehmer in **zwei getrennten Berechnungen** einerseits die Vergütung für die bis zur Kündigung tatsächlich erbrachten Teilleistungen und andererseits die Vergütung unter Abzug ersparter Kosten für die infolge der Kündigung nicht mehr erbrachten Leistungen abrechnen? Oder kann der Auftragnehmer seinen **Vergütungsanspruch einheitlich insgesamt** so berechnen, dass er zunächst die vereinbarte Gesamtvergütung zu Grunde legt und dann davon die infolge der Kündigung ersparten Kosten abzieht? Für die letztere Abrechnungsmethode spricht vor allem der Wortlaut des Gesetzes in § 649 S. 2 BGB und ihm angelehnt auch des § 8 Nr. 1 Abs. 2 VOB/B, die beide nur einen **einheitlichen Vergütungsanspruch abzüglich ersparter Aufwendungen** kennen und damit die **Abrechnung von oben** ermöglichen (so vor allem *Kapellmann* Jahrbuch Baurecht 1998 S. 50, mit überzeugenden Begründungen und ihm folgend Beck'scher VOB-Komm./*Motzke* § 8 Nr. 1 VOB/B Rn. 47; *Quack* FS v. Craushaar S. 315; *Kapellmann/Messerschmidt/Lederer* § 8 VOB/B Rn. 24). Dem ist allerdings die Rechtsprechung insbesondere des BGH nicht gefolgt und verlangt im Grundsatz die **Doppel-Berechnung**, getrennt für die erbrachten Leistungen und für die nicht erbrachten Leistungen abzüglich ersparter Kosten (so u.a. BGH BauR 1996, 846; 1994, 655; *Kniffka* Jahrbuch Baurecht 2000 S. 5 ff.; *Franke/Kemper/Zanner/Grünhagen* § 8 VOB/B Rn. 16).

I. Prüfbare Abrechnung der erbrachten Leistungen

25 Nach erfolgter Kündigung des Bauvertrags hat der Auftragnehmer schon gemäß § 2 Nr. 2 VOB/B und gemäß § 631 Abs. 1 BGB grundsätzlich Anspruch auf die vereinbarte Vergütung für die bis zur Kündigung erbrachten Leistungen. Dieser Vergütungsanspruch ist völlig unabhängig davon, ob die Kündigung durch den Auftraggeber grundlos, also gemäß § 8 Nr. 1 Abs. 1 VOB/B oder gemäß § 649 S. 1 BGB, erfolgt ist oder aber aus wichtigem Grunde oder ob es sich um eine Kündigung durch den Auftragnehmer handelt. In jedem Fall besteht ein Vergütungsanspruch des Auftragnehmers für die von ihm **bis zur Kündigung erbrachten Leistungen** (BGH BauR 1999, 632 = ZfBR 1999, 194).

26 Dazu bedarf es einer **prüfbaren Abrechnung**, wie dies für jeden Vergütungsanspruch gemäß §§ 14, 16 VOB/B gilt. Da an die Prüfbarkeit einer Abrechnung bei gekündigten Bauverträgen strenge Anforderungen gestellt werden und davon die **Fälligkeit** des Vergütungsanspruchs abhängt, besteht im Falle der Klageerhebung, die große Gefahr der Klageabweisung als zur Zeit unbegründet, wenn die Abrechnung nicht prüfbar ist, wobei es entscheidend auf die Informationsinteressen und die Kontrollfunktion des Auftraggebers ankommt (BGH BauR 2001, 251). Erfolgte aber eine Prüfung durch den Architekten des Auftraggebers, so greift der Einwand der fehlenden Prüfbarkeit nicht durch (BGH BauR 2002, 468). Außerdem muss der Auftraggeber den Einwand mangelnder Prüffähigkeit beim VOB-Bauvertrag binnen zwei Monaten nach Erhalt der Schlussrechnung erheben, andernfalls tritt die Fälligkeit ein (BGH BauR 2004, 1937; 2006, 517). Diese Abrechnung enthält zwei Problemkreise:

Der Auftragnehmer muss zunächst die erbrachten Leistungen ermitteln und von den nicht erbrachten Leistungen abgrenzen. Er muss sodann die erbrachten Leistungen auf der Preisgrundlage des Vertrags bewerten (*Kniffka* Jahrbuch Baurecht 2000 S. 3).

Das erste Problem ist ersichtlich eines der **tatsächlichen Feststellungen**. Nach einer Kündigung muss es – im Interesse beider Parteien – zu einer sofortigen Feststellung der erbrachten Leistungen kommen. Der Auftragnehmer hat ein Recht, nach der Kündigung gemäß § 8 Nr. 6 VOB/B ein **gemeinsames Aufmaß** gemäß § 14 Nr. 2 VOB/B (vgl. dazu unten § 14 Nr. 2 VOB/B) **und Abnahme zu verlangen** (so jetzt ausdrücklich BGH BauR 2003, 689 ff. und 1207 ff.). Davon sollte er unbedingt

Gebrauch machen. Viele prozessuale Schwierigkeiten entstehen dadurch, dass diese Feststellungen unterlassen wurden und später nicht mehr nachgeholt werden können, weil das Bauvorhaben inzwischen fertig gestellt ist. Das fehlende **Aufmaß der bis zur Kündigung erbrachten Leistungen** geht zu Lasten des Auftragnehmers, da er den Beweis für die Höhe seines Vergütungsanspruchs und damit auch für die bis zur Kündigung tatsächlich erbrachten Leistungen, also auch die Mengen, führen muss, es sei denn, der Auftraggeber hat ihm durch **Baustellenverbot** die Aufmaßnahme vereitelt oder ist mit dem gemeinsamen Aufmaß nach entsprechender Aufforderung und Fristsetzung durch den Auftragnehmer in Verzug geraten. Zu bedauern ist dabei aber, dass die für die Neufassung 2006 vorgeschlagene Ergänzung der VOB/B in § 14 Nr. 2 letztlich gescheitert ist. Danach war vorgesehen, dass der Auftragnehmer für seine Abrechnung die gemeinsame Feststellung verlangen kann und er dies gegenüber dem Auftraggeber rechtzeitig schriftlich zu beantragen hat. Noch wichtiger aber war die Regelung der Folgen bei unterlassener Mitwirkung des Auftraggebers: »Nimmt der Auftraggeber eine beantragte gemeinsame Feststellung nicht vor, obwohl ihm der Auftragnehmer hierzu eine angemessene Frist gesetzt hatte, so hat der Auftraggeber nachzuweisen, dass die vom Auftragnehmer (allein) getroffenen Feststellungen unzutreffend sind, soweit die Überprüfung der Feststellungen unter zumutbaren Bedingungen nicht mehr möglich ist.« Diese vorgeschlagene Regelung orientierte sich an der neuen Rechtsprechung des BGH zur **Verweigerung des gemeinsamen Aufmaßes durch den Auftraggeber** (BGH BauR 2003, 1207 ff.; 2004, 1443 ff.) und führt letztlich zu einer **Umkehr der Beweislast**, da anderenfalls im Streitfall nur die Möglichkeit einer **Schätzung gemäß § 287 ZPO** durch das Gericht bleibt, um eine unbillige und ungerechte Klageabweisung zu vermeiden (BGH BauR 2006, Heft 10). Dieses gemeinsame Aufmaß ist bei gekündigten Bauverträgen sowohl beim **Einheitspreisvertrag** als auch beim **Pauschalvertrag** für die Abrechnung der erbrachten Leistungen erforderlich. Der Auftragnehmer hat nach erfolgter Kündigung jedenfalls dann gemäß § 8 Nr. 6 VOB/B einen **Anspruch auf ein gemeinsames Aufmaß** gemäß § 14 Nr. 2 VOB/B, wenn er auch die Abnahme seiner bis zur Kündigung erbrachten Leistungen verlangen kann (so BGH BauR 2003, 1207). Ob diese Einschränkung allerdings berechtigt ist, erscheint mehr als zweifelhaft, da das gemeinsame Aufmaß nicht von der Abnahme abhängig ist. Das Aufmaß kann auch durch ein **selbstständiges Beweisverfahren** gemäß §§ 485 ff. ZPO oder durch ein privates **Beweissicherungsgutachten** eines Sachverständigen, der dann später als **sachverständiger Zeuge** ein brauchbares Beweismittel im Rechtsstreit ist (vgl. *Vygen* Bauvertragsrecht Rn. 998 f.) oder durch ein externes Aufmaßbüro erstellt werden.

27 Dabei lässt sich das Aufmaß häufig dergestalt vereinfachen, dass man zunächst vor Ort feststellt, welche Leistungspositionen eines Einheitspreisvertrages vollständig ausgeführt sind, so dass man die Mengen aus den **Ausführungszeichnungen** im Büro gemäß **DIN 18 299 Ziff. 5** entnehmen kann, und welche Leistungspositionen überhaupt noch nicht begonnen sind, so dass es keines Aufmaßes bedarf. Lediglich die Leistungspositionen, die begonnen, aber nicht vollständig ausgeführt worden sind, bedürfen eines **örtlichen Aufmaßes** und ggf. auch noch der Bewertung der ausgeführten Teilleistungen gegenüber der geschuldeten Leistung bei einem vereinbarten **Einheitspreis** (z.B. bei **Trockenbauarbeiten**, wenn das Ständerwerk ausgeführt, die Beplankung und/oder die Spachtelung noch fehlt, aber ein Einheitspreis für die Gesamtleistung vereinbart ist).

28 Das zweite Problem der prüfbaren Abrechnung eines gekündigten Bauvertrags besteht darin, die **erbrachten Leistungen auf der Grundlage des abgeschlossenen Bauvertrags zu bewerten**. Maßstab für die Berechnung der Vergütung für die erbrachten Leistungen nach erfolgter Kündigung kann nur die vertragliche Preisvereinbarung sein, damit das oben angesprochene Ziel erreicht wird, den Auftragnehmer bei seiner Vergütung nicht schlechter, aber auch nicht besser zu stellen, als er bei vollständiger Durchführung des Bauvertrags stehen würde. Die Abrechnung nach Kündigung des Bauvertrags soll also nicht zu einer Preiskorrektur führen, so dass der Auftragnehmer zur Abrechnung auf der Grundlage der vereinbarten Vertragspreise verpflichtet ist (*Kniffka* a.a.O. S. 4), er also **seine Abrechnung stets auf den kalkulatorischen Grundlagen des Vertragspreises** aufbauen muss. Diese Grundlagen müssen, für den Auftraggeber nachvollziehbar offengelegt werden, um dem Auftraggeber eine Kontrolle zu ermöglichen, ob der Auftragnehmer sich an diese Abrechnungsgrundlagen gehalten hat (BGH BauR 1999, 642 = ZfBR 1999, 191 = BGHZ 140, 263).

1. Prüfbare Abrechnung beim Einheitspreisvertrag

29 Während der erste Problemkreis der **Feststellung** der bis zur Kündigung erbrachten Leistungen beim Einheitspreis- und beim Pauschalvertrag keine Unterschiede aufweist, muss bei der vergütungsmäßigen **Bewertung der tatsächlich erbrachten Leistungen** scharf unterschieden werden, ob es sich bei dem gekündigten Bauvertrag um einen Einheitspreisvertrag oder einen **Pauschalvertrag** (Detail- oder Global-Pauschalvertrag) handelt. Beim **Einheitspreisvertrag** hat der Auftragnehmer den **Vergütungsanspruch für die erbrachten Leistungen** nach den vertraglichen Einheitspreisen abzurechnen. Er hat also die Einheitspreise mit den durch – möglichst gemeinsames – **Aufmaß** gemäß § 8 Nr. 6 und § 14 Nr. 2 VOB/B und DIN 18 299 Ziff. 5 nach den **Ausführungszeichnungen** ermittelten Mengen zu vervielfältigen und daraus die sich aus den einzelnen Positionen des Leistungsverzeichnisses ergebenden Ansprüche zu berechnen. **Änderungen der Einheitspreise wegen kündigungsbedingter Mindermengen** gemäß § 2 Nr. 3 Abs. 3 VOB/B kommen nicht in Betracht. Will der Auftragnehmer den durch die Mindermengen bedingten **Ausfall der Gemeinkosten** oder des **Gewinns** geltend machen, muss er die Abrechnung nach § 649 S. 2 BGB bzw. § 8 Nr. 1 Abs. 2 VOB/B vornehmen (so *Kniffka* a.a.O. S. 5 unter Hinweis auf OLG Celle BauR 1995, 558). Zu den erbrachten Leistungen gehören grundsätzlich nicht die angelieferten, aber noch **nicht eingebauten Bauteile**. Allerdings kann der Auftraggeber nach Treu und Glauben verpflichtet sein, diese zu übernehmen und dann angemessen zu vergüten (BGH BauR 1995, 545 = ZfBR 1995, 198), wie sich auch aus § 8 Nr. 3 Abs. 3 VOB/B entnehmen lässt (vgl. dazu unten § 8 Nr. 3 VOB/B). Ein vereinbarter pauschaler **Nachlass** auf die Einheitspreise ist zu berücksichtigen, da Grundlage der Abrechnung nicht die Angebotspreise, sondern die vertraglich vereinbarten Preise sind (vgl. OLG Celle BauR 1995, 137).

2. Prüfbare Abrechnung beim Pauschalvertrag

30 Beim **Pauschalvertrag** gestaltet sich die **Abrechnung der erbrachten Leistungen schwieriger**, weil es **Bewertungsprobleme** gibt. Der Auftragnehmer kann nicht beliebig einen Teil der Vergütung aus der Pauschale den bereits erbrachten Leistungen zuordnen und mit dieser Teilpauschale abrechnen. Vielmehr muss er auch beim Pauschalvertrag die Vergütung für die erbrachten Leistungen **aus dem Vertragspreis ableiten**, damit gewährleistet ist, dass er durch die Kündigung keine Vorteile erlangt. Der Auftragnehmer muss eine nachträgliche Bewertung der einzelnen – zumindest der erbrachten – Teilleistungen vornehmen, denn die Höhe der Vergütung lässt sich nur nach dem **Verhältnis des Wertes der erbrachten Teilleistung zum Wert der nach dem Pauschalvertrag geschuldeten Gesamtleistung** errechnen (BGH Urt. v. 29.6.1995 VII ZR 184/94 = BauR 1995, 691; Urt. v. 4.7.1996 VII ZR 227/93 = BauR 1996, 846; Urt. v. 7.11.1996 VII ZR 82/95 = BauR 1997, 304; Urt. v. 6.3.1997 VII ZR 47/96 = BauR 1997, 643; 242; Urt. v. 30.10.1997 VII ZR 321/95 = BauR 1998, 121; Urt. v. 11.2.1999 VII ZR 91/98 = BauR 1999, 632).

31 Der Auftragnehmer muss deshalb in zwei Schritten vorgehen. Er muss zunächst die erbrachten Leistungen darlegen und von den nicht erbrachten Leistungen abgrenzen, den **Vertrag also in zwei Teile aufspalten** (so *Kniffka* a.a.O. S. 5 f.; a.A. *Kapellmann* Jahrbuch Baurecht 1998, S. 50 ff.). Diese Aufspaltung in zwei Teile dient dazu, wie Kniffka überzeugend ausführt, die Vergütung für die erbrachten Leistungen zutreffend zu bewerten. Er begründet dies wie folgt: Diese Vergütung besteht in »Höhe des durch den Vertragspreis festgesetzten Teilwertes der erbrachten Leistungen«. Der Auftragnehmer muss dann in einem zweiten Schritt das Verhältnis der bewirkten Leistungen zur vereinbarten Gesamtleistung und des Preisansatzes für die Teilleistungen zum Pauschalpreis darstellen (BGH Urt. v. 29.6.1995 VII ZR 184/94 = BauR 1995, 691; Urt. v. 6.3.1997 VII ZR 47/96 = BauR 1997, 643). Es reicht also im Allgemeinen nicht aus, dass der Auftragnehmer lediglich die erbrachten Leistungen bezeichnet und bewertet. Denn damit ist es nicht möglich zu überprüfen, inwieweit diese Bewertung sich am Vertrag und dem darin vereinbarten Pauschalpreis orientiert. Gegen dieses einfache Prinzip wird häufig verstoßen, indem die erbrachten Leistungen nach üblichen oder angemessenen oder aus einer Durchschnittskalkulation abgeleiteten Preisen berechnet werden. Das ist grundsätzlich nicht ausreichend (BGH Urt. v. 30.10.1997 VII ZR 321/95 = BauR 1998, 121). Die Darlegung des Preises muss dem Auftraggeber die Prüfung ermöglichen, wie sich der Preis aus der vertraglichen Vereinbarung ableitet. Ausnahmen kommen dann in Betracht, wenn im Zeitpunkt der Kündigung **nur noch geringfügige Bauleistungen offen stehen** und das Risiko einer Preiskorrektur zu Lasten des Auftraggebers nicht nennenswert ins Gewicht fällt (vgl. dazu BGH Urt. v. 14.1.1999 VII ZR 277/97 = BGHZ 140, 263 = BauR 1999, 642; BGH BauR 2000, 1182), weil etwa die Vergütung für den nicht erbrachten Teil im Verhältnis zum Vertragspreis gering ist oder eine kalkulatorische Verschiebung unter Berücksichtigung der Umstände des Vertrags nicht in Betracht kommt. So hat der BGH es in einer allerdings älteren Entscheidung ausreichen lassen, dass der Konkursverwalter lediglich die geringfügigen, nicht erbrachten Leistungen bewertete und den Rest als Vergütung für erbrachte Leistungen geltend machte (BGH Urt. v. 16.1.1986 VII ZR 138/85 = BGHZ 96, 392 = BauR 1986, 339).

Welchen **Genauigkeitsgrad der Bewertungsvorgang** haben muss, hängt von den Umständen des Einzelfalls ab. Relativ leicht ist die Bewertung, **wenn dem Pauschalvertrag ein Einheitspreisangebot zu Grunde liegt** (sog. Detail-Pauschalvertrag). Die Abgrenzung zwischen erbrachten und nicht erbrachten Teilen erfolgt dann durch die Leistungspositionen und das Aufmaß. Der Auftragnehmer rechnet nach den angebotenen Einheitspreisen ab und muss eventuelle **Preisnachlässe oder Preiszuschläge bei der Pauschalierung** entsprechend berücksichtigen (BGH Urt. v. 4.7.1996 VII ZR 227/93 = BauR 1996, 846, 848; so auch *Kapellmann* Jahrbuch Baurecht 1998 S. 40).

Ob es zutrifft, dass bei der Abrechnung eines gekündigten Pauschalvertrages mit zu Grunde liegendem Einheitspreisangebot bei der Bewertung der erbrachten Leistungen nach diesen angebotenen Einheitspreisen die rechnerischen **Pauschalierungsnachlässe** oder -abschläge zu berücksichtigen sind, wie Kniffka im Anschluss an die Rechtsprechung des BGH meint, erscheint allerdings zweifelhaft, da der übliche **Pauschalierungsabschlag** gerade deshalb vereinbart wird, weil der Auftragnehmer in diesen Fällen das kostenträchtige **Aufmaß** und die **detaillierte Abrechnung** erspart, gerade diese **bei der Pauschalierungsvereinbarung beiderseits vorgesehene Kostenersparnis** im Falle der grundlosen Kündigung des Bauvertrags durch den Auftraggeber aber nicht eintritt. Es handelt sich also um zusätzliche Kosten als Folge der freien Kündigung des Auftraggebers, die letztlich bei Anwendung der Rechtsprechung des BGH (a.a.O.) dazu führen, dass der Auftragnehmer doch finanziell schlechter steht als bei vollständiger Durchführung des Vertrags. Deshalb erscheint es konsequenter und dem Ziel der Rechtsprechung entsprechend, diesen sog. **Pauschalisierungsnachlass** unberücksichtigt zu lassen (so wohl auch *Kapellmann/Messerschmidt/Lederer* § 8 VOB/ Rn. 55). Dies lässt sich auch damit begründen, dass letztlich die **Geschäftsgrundlage** für diesen Pauschalierungsnachlass durch die grundlose Kündigung des Auftraggebers weggefallen ist (vgl. § 313 BGB n.F.).

Noch größere Probleme bereitet die **Abrechnung der erbrachten Leistungen bei einem gekündigten Pauschalvertrag ohne zu Grunde liegendes Einheitspreisangebot oder Leistungsverzeichnis** und sogar **ohne nachvollziehbare detaillierte Kalkulation** des Auftragnehmers, wie dies insbesondere bei **Global-Pauschalverträgen** auf Grund einer **funktionalen Leistungsbeschreibung** (vgl. dazu *Vygen* FS Mantscheff 2000 S. 459 ff.) häufig vorkommt.

Soweit zur Bewertung der erbrachten Leistungen Anhaltspunkte aus der Zeit vor Vertragsschluss nicht vorhanden oder nicht ergiebig sind, muss der Unternehmer im Nachhinein im Einzelnen darlegen, wie die erbrachten Leistungen sich von den nicht erbrachten Leistungen abgrenzen und unter Beibehaltung des Preisniveaus der vereinbarten Pauschale zu bewerten sind (BGH BauR 1996, 848 = ZfBR 1996, 310).

Dies bedeutet konkret: Der Auftragnehmer muss **notfalls nachträglich eine Kalkulation erstellen**, die den vereinbarten Pauschalpreis ergibt (vgl. dazu auch *Vygen/Schubert/Lang* a.a.O. Rn. 544 und 666 ff.) und die zugleich plausibel ist (so auch BGH BauR 1997, 304; 1996, 846, 848; *Vygen* Bauvertragsrecht Rn. 975). Zu Recht weist in diesem Zusammenhang Kapellmann (Jahrbuch Baurecht 1998 S. 45) darauf hin, dass dies keine Besonderheit bei der Abrechnung gekündigter Pauschalverträge ist, sondern immer dann gilt, wenn nachträglich Preise auf der Basis der vertraglichen Preisermittlungsgrundlagen neu zu kalkulieren und zu vereinbaren sind, wie dies bei Nachträgen gemäß § 2 Nr. 5, 6 und 8 VOB/B die Regel ist. Gegebenenfalls müssen also nachträglich die Preisermittlungsgrundlagen (Kalkulation) auf der Basis des vereinbarten Pauschalpreises ermittelt werden, wenngleich es zur späteren Streitvermeidung sicher besser und unbedingt zu empfehlen ist, eine **schlüssige und plausible sog. Ur-Kalkulation** vor Vertragsabschluss zu erstellen und möglichst auch zu hinterlegen. Eine solche Verpflichtung des Auftragnehmers kann auch in entsprechenden **Vertragsbedingungen** vom Auftraggeber verlangt werden, wobei es auch durchaus sachgerecht sein kann, bestimmte Vorgaben für diese zu hinterlegende **Ur-Kalkulation** zu machen und Angaben zu bestimmten Kostenfaktoren (z.B. **Fixkosten, zeitabhängige Kosten**) in Anlehnung an die von öffentlichen Auftraggebern verlangten Einheitlichen Formblätter (**EFB-Preis**) zu verlangen, um **Nachtragsforderungen** und **Abrechnungen nach erfolgter Kündigung** besser und leichter prüfbar zu machen.

36 Die Rechtsprechung des BGH zur **Abrechnung der erbrachten Leistungen beim gekündigten Global-Pauschalvertrag** lässt sich mit Kniffka (Jahrbuch Baurecht 2000 S. 7, 8) wie folgt zusammenfassen:

»Für die Abgrenzung der einzelnen Leistungen müssen nachträglich Leistungspositionen gebildet werden. Diese müssen nicht dem Detaillierungsgrad eines Einheitspreisvertrags entsprechen. Ausreichend kann dazu eine **gewerkbezogene Aufstellung** *sein. Das hat der Bundesgerichtshof z.B. ausreichen lassen, wenn eine Pauschale nachträglich in 28 Gewerke zerlegt wird und diese wiederum mit Pauschalen bewertet werden, die in der Gesamtsumme den Pauschalpreis ergeben. Der Auftraggeber wurde damit in die Lage versetzt, die einzelnen Pauschalen und deren am Vertrag orientierten kalkulatorischen Wahrheitsgehalt zu überprüfen.*

Soweit von den nachträglich gebildeten Leistungseinheiten nur Teilleistungen erbracht sind, empfiehlt sich eine **Zerlegung in am Vertragspreis orientierte Einheitspreispositionen***, die dann nach Aufmaß abgerechnet werden. Zwingend ist die Abgrenzung durch* **Aufmaß** *allerdings nicht; sie kann sich auch aus den sonstigen Umständen des Vertrags ergeben. So kann auch eine mit einer* **Fotodokumentation** *unterlegte* **Bestandsaufnahme** *hinreichend verdeutlichen, welche Leistungen erbracht und dementsprechend in Rechnung gestellt werden (BGH Urt. v. 11.2.1999 VII ZR 91/98 = BauR 1999, 632 = ZfBR 1999, 194). Nach der Rechtsprechung des BGH berechtigen geringfügige Unklarheiten bei der Abgrenzung zwischen erbrachten und nicht erbrachten Leistungen nicht dazu, eine Rechnung als nicht prüffähig zurückzuweisen. Vielmehr wird in diesen Fällen nach* **Beweislast** *entschieden. Wichtig ist, dass die Summe der Preise für die nachträglich bewerteten Einzelleistungen den Pauschalpreis ergibt.*

In der Praxis werden diese relativ einfachen Anforderungen nicht immer beachtet und es kommt dazu, dass die Vergütungsklage von vornherein keiner sachlichen Prüfung unterzogen wird, sondern mangels Schlüssigkeit oder Prüffähigkeit der Abrechnung abgewiesen wird. Die Rechtsprechung bietet für dermaßen unzureichende Abrechnungsprozesse reichlich Beispiele:

37 *Regelmäßig unzureichend sind* **pauschale Bewertungen** *etwa derart, der Leistungsstand mache* **70% der geschuldeten Leistung** *aus, deshalb werde 70% der Pauschalvergütung verlangt. Denn diese Bewertung ist willkürlich und durch nichts nachvollziehbar. Im Übrigen bedeutet 70% Leistung nicht, dass dem 70% der Vergütung gegenüberstehen. Es kommt vielmehr darauf an, wie die Vergütung gewichtet ist. So können bestimmte Leistungsteile nur besonders teuer herzustellen sein, andere preiswerter. Die Gewichtung kann durch eine Kündigung nicht aufgehoben werden. Der Bundesgerichtshof hat auch*

Freie Kündigung »ohne wichtigen Grund« § 8 Nr. 1 VOB/B

eine prozentuale Bewertung für unzulässig erklärt, die auf der Grundlage nachträglich vom Auftragnehmer gebildeter Einheitspreise erfolgte, die aber möglicherweise insgesamt oder jedenfalls für die abgerechneten Leistungen überhöht waren (BGH Urt. v. 29.6.1995 VII ZR 184/94 = BauR 1995, 691 = ZfBR 1995, 297). Ebenso wenig ist es ohne weiteres zulässig, **auf der Grundlage eines Ratenzahlungsplans** abzurechnen, wenn nicht feststeht, dass die nach dem Zahlungsplan zu erbringenden Raten genau dem jeweiligen Leistungsstand entsprechen. Denn die Verknüpfung von Teilleistungen mit Teilzahlungen besagt nicht zwingend etwas dazu, dass die Vertragsparteien die einzelnen Teilleistungen tatsächlich mit den ihnen zugeordneten Raten bewerten (BGH Urt. v. 4.7.1996 VII ZR 227/93 = BauR 1996, 846, 848 = ZfBR 1996, 310; Urt. v. 16.10.1997 VII ZR 82/96 = BauR 1998, 125 = ZfBR 1998, 32). Dieser Fehler kommt besonders häufig vor. Er beruht auf der falschen Vorstellung, dass ein Ratenzahlungsplan eine endgültige Bewertung des Baufortschritts darstellt, also zu einer Teilzahlungsvereinbarung führt. Das ist regelmäßig nicht der Fall und zwar nicht nur beim Einheitspreisvertrag, sondern auch beim Pauschalvertrag. Vielmehr handelt es sich regelmäßig um die Vereinbarung von Abschlagszahlungen, so dass eine **vertragsbezogene Abrechnung** zu erfolgen hat. Das gilt insbesondere auch bei **Generalunternehmer- und Bauträgerverträgen**, also auch für an der **Makler- und Bauträgerverordnung (MaBV)** orientierte Baufortschrittszahlungen.«

In besonderen Einzelfällen wird man aber auch den Wert der bis zur Kündigung erbrachten Leistungen eines Auftragnehmers oder auch eines Bauträgers, der nicht (mehr) in der Lage ist, die Preisermittlungsgrundlagen für die vereinbarte Pauschale und die tatsächlich erbrachten Leistungen exakt abzugrenzen und nachzuweisen, durch eine **Schätzung gemäß § 287 ZPO** ermitteln können oder sogar müssen, um zu einem für beide Vertragspartner gerechten Ausgleich zu gelangen, wobei sich eine Schätzung aber an der untersten Grenze bewegen wird, weil der Auftragnehmer seiner Verpflichtung zur prüfbaren Abrechnung und seiner **Darlegungs- und Beweislast** nur unzureichend nachgekommen ist (vgl. dazu auch *Vygen* Bauvertragsrecht Rn. 1002 sowie jetzt auch BGH BauR 2006, Heft 10). **38**

3. Prüfbare Abrechnung beim Stundenlohnvertrag

Bei gekündigten **Stundenlohnverträgen** kann der Auftragnehmer die geleisteten Stunden mit dem vereinbarten Stundensatz oder mangels Vereinbarung mit dem ortsüblichen Stundensatz abrechnen. Liegen keine unterschriebenen **Stundenlohnzettel** vor oder liegen solche nur teilweise vor, weil der Auftraggeber nach erfolgter Kündigungsandrohung keine mehr unterschreibt, bleibt dem Auftragnehmer nur die Möglichkeit, seinen Vergütungsanspruch für die erbrachten Leistungen nach § 15 Nr. 5 VOB/B oder mangels Vereinbarung von Stundensätzen nach § 15 Nr. 1 Abs. 2 VOB/B zu berechnen (vgl. dazu unten § 15 Nr. 1 und 5 VOB/B). **39**

II. Vergütungsanspruch für infolge Kündigung nicht erbrachte Leistungen

1. Grundsätze und Ziele

Die dem Auftragnehmer im Ausgangspunkt zustehende volle Vergütung verringert sich nach § 8 Nr. 1 Abs. 2 S. 2 VOB/B, und zwar um die Beträge, die der Auftragnehmer erstens infolge der Aufhebung des Vertrags an Kosten erspart und/oder zweitens durch anderweitige Verwendung seiner Arbeitskraft und seines Betriebs erwirbt oder drittens böswillig zu erwerben unterlässt. **40**

Diese Einschränkung erklärt sich daraus, dass der Auftragnehmer im Fall einer Kündigung gemäß § 8 Nr. 1 Abs. 1 VOB/B nach Treu und Glauben nur einen Anspruch darauf hat, schadlos gestellt zu werden (BGH BauR 1981, 198 = ZfBR 1981, 80). Er soll weder einen finanziellen Nachteil erleiden noch einen größeren finanziellen Vorteil durch die freie Kündigung des Auftraggebers erlangen, als wenn er unter Aufrechterhaltung des Bauvertrags die Bauleistung für den kündigenden Auftraggeber durchgeführt hätte (BGH BauR 1996, 382). Finanziell wird er so gestellt, als wäre die Kündigung nicht erfolgt. Dieser Grundsatz beherrscht die gesamte neuere Rechtsprechung des BGH zu Recht, die in erster Linie dem Ziel dient, dem materiell-rechtlichen Grundgedanken des Abrechnungsrechts nach erfolgter freier Kündigung Geltung zu verschaffen: Kein Vertragspartner darf durch die freie Kündigung bei der Abrechnung schlechter oder besser gestellt werden, als er bei vollständiger Durchführung des Vertrags stünde (so *Kniffka* Jahrbuch Baurecht 2000 S. 1; BGH BauR 1996, 382 = ZfBR 1996, 143). Dieser Grundsatz folgt gleichermaßen aus der Regelung des § 649 S. 2 BGB wie aus § 8 Nr. 1 Abs. 2 VOB/B und beruht letztlich auch darauf, dass das **freie Kündigungsrecht des Auftraggebers eine besondere Wohltat für den Auftraggeber** darstellt, der sich auf diese Weise einseitig ohne Grund von einem wirksam abgeschlossenen, verbindlichen Vertrag lösen kann, was bei keinem anderen Vertragstyp so möglich ist. Deshalb ist es folgerichtig, dass dies keinesfalls den anderen Vertragspartner auch noch finanziell belasten darf; denn er hat bei Abschluss des Bauvertrages auf die **Werthaltigkeit seines Vergütungsanspruchs zur Deckung der allgemeinen Geschäftskosten und zur Erlangung des kalkulierten Gewinns vertraut** und durfte auch darauf vertrauen. Andererseits ist es auch einleuchtend, dass er durch eine solche Kündigung ohne Erbringung der vertraglich vereinbarten Leistung seine finanzielle Situation nicht verbessern soll. Dieser Grundsatz lässt sich aber nur verwirklichen, wenn die **Abrechnung des Auftragnehmers transparent** genug ist, um die notwendige Information und Kontrolle durch den Auftraggeber zu gewährleisten (BGH BauR 1999, 642 = ZfBR 1999, 191, und zum Architektenrecht BGH BauR 2000, 126).

41 Zur Verwirklichung dieser Grundsätze bedarf es der **Information und Kontrolle durch den Auftraggeber**, ob die Abrechnung des Auftragnehmers für die nicht erbrachten Leistungen diesem nicht doch wirtschaftliche Vorteile gegenüber der Vertragsdurchführung verschafft. Dies ist z.B. dann ganz offensichtlich der Fall, wenn der Auftragnehmer seine **Angebotspreise ohne Gewinn** oder gar mit Verlust kalkuliert hat und im Fall der grundlosen Kündigung durch den Auftraggeber die ersparten Kosten so gering ansetzt, dass ihm doch ein Vergütungsanspruch, also letztlich ein Gewinn oder auch nur ein Kostendeckungsbeitrag verbleibt, der ihm bei Durchführung des Vertrags nicht zugeflossen wäre. Diese Grundsätze gelten auch für den Vergütungsanspruch des Auftragnehmers nach § 2 Nr. 4 VOB/B, wenn im Vertrag ausbedungene Leistungen des Auftragnehmers vom Auftraggeber selbst übernommen werden (z.B. Lieferung von Bau-, Bauhilfs- und Betriebsstoffen), da § 2 Nr. 4 VOB/B ausdrücklich auf § 8 Nr. 1 Abs. 2 VOB/B verweist. Dazu enthält der **Leitfaden zur Vergütung bei Nachträgern** als Anlage zur Richtlinie zu § 2 VOB/B im **VHB** (Vergabehandbuch des Bundes) allerdings eine unverständliche und falsche Regelung in Ziffer 2.4 wie folgt:

»*Die Übernahme von beauftragten Leistungen durch den Auftraggeber hat die Vergütungsrechtsfolgen wie bei einer Kündigung nach § 8 Nr. 1 VOB/B. Sie setzt zwingend voraus, dass der Auftraggeber die Leistung (z.B. Lieferung von Bau-, und Bauhilfs- und Betriebsstoffen) selbst ohne anderweitige Fremdbeauftragung durchführt. Sonst steht dem Auftragnehmer die vereinbarte Vergütung ungekürzt zu. Bei Vorliegen der Voraussetzungen des § 2 Nr. 4 VOB/B steht dem Auftragnehmer zwar die vereinbarte Vergütung zu; er muss sich aber nach § 8 Nr. 1 Abs. 2 VOB/B anrechnen lassen, was er dadurch an Kosten erspart oder durch anderweitige Verwendung seiner Arbeitskraft und seines Betriebes erwirbt oder zu erwerben böswillig unterlässt (§ 649 BGB); siehe hierzu Nr. 2.2.1.*«

Verfehlt ist in dieser Regelung des VHB der Abs. 2, wonach die Anwendung des § 8 Nr. 1 VOB/B zwingend voraussetzen soll, dass der Auftraggeber die Leistung selbst ohne anderweitige Fremdbeauftragung durchführt und dem Auftragnehmer sonst die vereinbarte Vergütung ungekürzt zustehe. Ganz im Gegenteil ist der Auftraggeber auch berechtigt, den Bauvertrag ohne Grund teilweise oder ganz zu kündigen und die gekündigten Leistungen anderweitig zu vergeben, ohne dass der Auftragnehmer die vereinbarte Vergütung dafür ungekürzt verlangen kann. In diesem Falle ergibt sich der Anspruch zwar nicht aus §§ 2 Nr. 4, 8 Nr. 1 Abs. 2 VOB/B, sondern unmittelbar aus § 8 Nr. 1 VOB/B, ohne dass dies aber an der Sache etwas ändert.

Freie Kündigung »ohne wichtigen Grund« §8 Nr. 1 VOB/B

2. Anrechnung ersparter Kosten: Darlegungslast und prüfbare Abrechnung

Um diese Grundsätze zu verwirklichen, hat der Auftragnehmer zur **Darlegung seines Vergütungs-** 42
anspruchs einerseits die vereinbarte oder mangels Vereinbarung einer solchen die ortsübliche Vergütung anzugeben und andererseits auch darzulegen, welche Kosten er erspart hat und ggf. welchen anderweitigen Erwerb er sich anrechnen lässt (BGH BauR 1997, 304 = ZfBR 1997, 78; BGH BauR 1997, 643 = ZfBR 1997, 242; BGH BauR 1999, 635 = ZfBR 1999, 196). Erspart sind die **Kosten** (§ 8 Nr. 1 Abs. 2 VOB/B) oder **Aufwendungen** (§ 649 S. 2 BGB), die der Unternehmer bei der Ausführung des Vertrags hätte machen müssen und die er wegen der Kündigung nicht mehr machen muss. Dabei ist auf die Kosten oder Aufwendungen abzustellen, die durch die Nichtausführung des konkreten Vertrags entfallen sind (BGH BauR 1995, 382 = ZfBR 1996, 143; BGH BauR 1996, 846 = ZfBR 1996, 310; BGH BauR 1997, 156 = ZfBR 1997, 36; BGH BauR 1997, 304 = ZfBR 1997, 78; BGH BauR 1999, 635). Auch wenn die VOB/B von ersparten Kosten und das BGB von ersparten Aufwendungen spricht, ist hierdurch in der Sache keine unterschiedliche Beurteilung geboten.

a) Grundzüge der Darlegungslast ersparter Kosten

Geht man zunächst vom Wortlaut des Gesetzes und ihm folgend des § 8 Nr. 1 Abs. 2 VOB/B aus, so 43
spricht dieser dafür, dem Auftraggeber die **Darlegungs- und Beweislast** für die ersparten Aufwendungen bzw. Kosten aufzubürden, die sich der Unternehmer auf seinen vereinbarten Vergütungsanspruch anrechnen lassen muss, da dem Auftragnehmer zunächst die vereinbarte Vergütung trotz Kündigung zustehen soll. Da aber der Auftraggeber in den weitaus meisten Fällen dazu überhaupt nicht in der Lage ist und sein kann, hat die Rechtsprechung hier Erleichterungen geschaffen und die sog. **Erst-Darlegungslast zu den ersparten Kosten oder Aufwendungen dem Auftragnehmer angelastet**, weil er allein in der Lage ist, zur konkreten Ersparnis, sei es auf der Grundlage der **Auftragskalkulation** und der sich daraus ergebenden **kalkulierten Soll-Kosten**, sei es auf der Grundlage der **tatsächlich anfallenden Ist-Kosten**, etwas vorzutragen. Der Auftraggeber wäre hingegen auf Mutmaßungen angewiesen, die, wenn sie vorgetragen würden, letztlich doch zu einer substantiierten Erwiderung des Auftragnehmers führen müssten. Dann ist es nur konsequent, dem Auftragnehmer sogleich die **primäre Darlegungslast** aufzuerlegen (*Kniffka* Jahrbuch Baurecht 2000 S. 9 f.).

Nach dem Gesetz bzw. der VOB/B reicht der Vortrag zur Ersparnis bzw. zum anderweitigen Erwerb. 44
Abhängig von dem Informationsinteresse, dem Kontrollbedürfnis und dem prozessualen Verhalten des Auftraggebers kann der Auftragnehmer verpflichtet sein, die ersparten Kosten noch weiter zu erläutern. Die Abrechnung muss den Auftraggeber grundsätzlich in die Lage versetzen, zu überprüfen, ob der Auftragnehmer ersparte Kosten auf der Grundlage der konkreten, dem Vertrag zu Grunde liegenden Kalkulation zutreffend berücksichtigt hat. Maßgebend sind die Aufwendungen, die sich nach den Vertragsunterlagen unter Berücksichtigung der Kalkulation ergeben. (BGH BauR 1999, 635; BGH BauR 1996, 382 = ZfBR 1996, 143).

Dabei kommt es aber letztlich **nicht auf die ursprünglich kalkulierte Ersparnis** an, sondern auf die 45
Ersparnis, die der Auftragnehmer tatsächlich gehabt hätte, also die Kosten, die bei Fortführung des Vertrags für ihn noch entstanden wären, da nur diese Abrechnung dem Grundsatz der Vermeidung von Vor- und Nachteilen entspricht (BGH BauR 2005, 1916; *Kniffka* a.a.O., S. 10). Diese **Ermittlung der tatsächlich ersparten Kosten** bereitet indes Schwierigkeiten, weil dies mit einem Prognose-Risiko behaftet ist, wie dies auch bei der Schadensermittlung nach der Differenzlehre der Fall ist (vgl. dazu *Vygen/Schubert/Lang* Bauverzögerung, Rn. 283 ff.). Wegen dieser Schwierigkeiten ist es auch nach der Rechtsprechung des BGH (BGH BauR 1999, 1292) im Grundsatz ausreichend, wenn der Auftragnehmer die **ersparten Soll-Kosten auf der Grundlage seiner ursprünglichen Angebots- oder richtiger Auftragskalkulation** oder notfalls, wenn eine solche nicht vorliegt, einer nachträglich zu erstellenden, den Vertragspreis plausibel rechtfertigenden Kalkulation (BGH BauR 1996, 846; 1999, 632, 634, 642; 2000, 1182, 1186; OLG Düsseldorf BauR 2001, 117) ermittelt, sofern sich keine konkreten Anhaltspunkte für eine davon **abweichende Kostenersparnis** ergeben, wie dies z.B.

bei einer erkennbaren **Unterkalkulation** der Fall ist (vgl. BGH BauR 1999, 1294). Unbenommen bleibt es beiden Vertragspartnern, die konkrete Kostenentwicklung und die sich daraus ergebenden ersparten Ist-Kosten geltend zu machen (BGH BauR 1999, 1294). Im Unterschied dazu wird allerdings mit erheblichen Argumenten die Auffassung vertreten, der Auftragnehmer habe grundsätzlich ein **Wahlrecht**, ob er die ersparten Aufwendungen/Kosten auf der Grundlage seiner Kalkulation (Soll-Kosten) oder der tatsächlich noch erforderlichen Ist-Kosten berechnet (so insbes. *Kapellmann/Schiffers* Bd. II Rn. 1363 f. und ihm folgend *Kapellmann/Messerschmidt/Lederer* § 8 VOB/B Rn. 28 ff.). Demgegenüber geht der BGH davon aus, dass der Auftragnehmer auf die kalkulierten Soll-Kosten gemäß der **Urkalkulation** nur solange zurückgreifen könne, bis ihm die konkret zu erwartenden Ist-Kosten, z.B. durch vorliegende **Nachunternehmer-Angebote**, bekannt sind und diese über den dafür kalkulierten Kosten liegen (BGH BauR 1999, 1292; 1999, 1294 ff., 2005, 1916, sowie zu der Gesamtproblematik auch *Kapellmann* Jahrbuch Baurecht 1998 S. 35 ff.). Problematisch ist schließlich auch der Fall, dass der **Nachunternehmervertrag** bereits im Zeitpunkt der Kündigung des Generalunternehmervertrages abgeschlossen war und der Generalunternehmer nun diesen Vertrag auch kündigen muss, wodurch ihm ebenfalls der Anspruch des Nachunternehmers aus § 8 Nr. 1 Abs. 2 VOB/B droht, er diesen aber noch nicht beziffern kann, obwohl dieser Anspruch zweifellos seine ersparten Kosten gegenüber seinem Auftraggeber ganz erheblich mindert. Hier bietet sich entweder die Schätzung an oder der Generalunternehmer muss einen **Feststellungsantrag** gegen seinen Auftraggeber stellen, wonach diese Kosten, falls der Nachunternehmer sie geltend macht, vom Auftraggeber zu erstatten sind (BGH BauR 1999, 635).

46 Die Anforderungen an die sog. **Erstdarlegungslast** des Auftragnehmers zu den **anzurechnenden ersparten Kosten bzw. Aufwendungen** nach der BGH-Rechtsprechung hat Kniffka (Jahrbuch Baurecht 2000 S. 10 bis 12) wie folgt zusammengefasst:

»Zur Darlegung muss der Auftragnehmer gegebenenfalls bzw. im Einzelfall die Grundlage seiner Kalkulation des Preises für die vereinbarte Leistung offen legen (BGH BauR 1998, 185; 1999, 635). Eine **Offenlegung der Kalkulation** ist aber keineswegs stets und zwingend erforderlich. Das wird häufig übersehen. Welche Anforderungen an die Darlegung der Ersparnis im Einzelfall zu stellen sind, hängt von dem Vertrag, den seinem Abschluss, seiner Durchführung und Abwicklung zu Grunde liegenden Umständen und den Informationsbedürfnissen des Auftraggebers ab. Sie ergeben sich daraus, welche Angaben der Auftraggeber zur Wahrung seines Interesses an sachgerechter Verteidigung benötigt (BGH BauR 1999, 642 = ZfBR 1999, 191; BGH BauR 1999, 632). Prozessual müssen die Informationsinteressen geltend gemacht werden. Insoweit wendet der Bundesgerichtshof die Grundsätze an, die allgemein für die Substantiierung des Vortrags gelten. Danach reicht es zunächst aus, die den Rechtssatz ausfüllenden Tatsachen vorzutragen. Erläuternde, detaillierte Angaben können jedoch notwendig werden, wenn der Gegner bestreitet, wobei die Erheblichkeit des Bestreitens auch an seinem Informationsstand gemessen werden kann (BGH BauR 1992, 265 f.; BauR 1999, 648 = ZfBR 1999, 194). Diese zunächst einmal für die **prozessuale Darlegungslast** geltenden Grundsätze hat der BGH behutsam auch auf die an sich materiell-rechtliche Frage der Prüffähigkeit einer Schlussrechnung angewandt (BGH BauR 1999, 635 = ZfBR 1999, 194). Der Begriff der **Prüffähigkeit** hat auf diese Weise eine subjektive Komponente erlangt, die die Gerichte zwingt, die im Prozess zum Ausdruck gebrachten **Informations- und Kontrollinteressen des Auftraggebers** zu berücksichtigen und nicht allein die objektiven Kriterien. Diese Entwicklung ist nicht ganz unproblematisch, weil an die Prüffähigkeit objektiv-rechtliche Folgen geknüpft sind, deren Eintritt durch die Überlagerung mit subjektiven Komponenten unklar wird, z.B. für die an die **Fälligkeit** anknüpfende **Verjährung** (*Kniffka* a.a.O. S. 11).

47 Konkret bedeutet das: Der Unternehmer muss über die kalkulatorischen Grundlagen der Abrechnung so viel vortragen, dass dem **für höhere ersparte Aufwendungen und anderweitigen Erwerb darlegungs- und beweisbelasteten Auftraggeber** eine sachgerechte Rechtswahrung ermöglicht wird (BGH BauR 1999, 642 = ZfBR 1999, 191 = BGHZ 140, 263). Die ersparten Aufwendungen sind so mit Tatsachen zu belegen und zu beziffern, dass sich, auf den Einzelfall bezogen, ersparte Aufwendungen i.S.d. Gesetzes ergeben. Diesen Vortrag hat der Unternehmer gegebenenfalls nach allgemeinen Grundsätzen näher zu substantiieren, wenn er auf Grund der Stellungnahme der Gegenseite relevant unklar und deshalb ergänzungsbedürftig ist. Das erfordert mehr als den Hinweis, der Vortrag des Unternehmers sei nicht schlüssig.

Die **Klage auf Vergütung** nach § 8 Nr. 1 Abs. 2 VOB/B kann **nicht mangels Vorlage einer prüffähigen Rechnung abgewiesen** werden, wenn der Auftragnehmer bestimmte kalkulatorische Aufwendungen als erspart mit der Behauptung abgezogen hat, weitere Aufwendungen seien nicht erspart, und der Auftraggeber lediglich den Umfang der benannten Aufwendungen bestreitet. Je weniger der Auftraggeber den durch die Anforderungen an die Prüffähigkeit geschaffenen Schutz in Anspruch nimmt, umso geringer können im Einzelfall die Anforderungen sein. Legt er keinen Wert auf diejenigen Elemente der Schlussrechnung, die die **Überprüfbarkeit der rechnerisch nachvollziehbaren und vertragsbezogen ermittelten Forderung** sicher stellen, so kann die Abrechnung nicht mangels fehlender Prüffähigkeit zurückgewiesen werden, wenn nur diese Elemente fehlen (Beispiele: fehlendes Aufmaß, ohne dass Massen bestritten sind; keine offen gelegte Kalkulation, ohne dass die Abrechnung nicht erbrachter Leistungen bestritten wird; fehlende Angaben zu möglicher kalkulatorischer Ersparnis, wenn der Auftraggeber das nicht rügt).« 48

b) Einzelne ersparte und nicht ersparte Kostenbestandteile

Die **Anrechnung ersparter Kosten** beruht auf dem Grundgedanken, dass der Auftragnehmer bei Fortführung des Vertrags weitere Kosten gehabt hätte, die für ihn weder einen Gewinn noch einen Verlust bedeutet hätten. Die eingesparten Kosten können sich nur hinsichtlich des im Zeitpunkt der Kündigung noch nicht erstellten Leistungsteils ergeben, während die Kosten für die bereits ausgeführten Teilleistungen bereits entstanden sind und daher dem Auftragnehmer nicht abgezogen werden dürfen. Das gilt auch bei einem sog. **Verlustgeschäft** (vgl. dazu *van Gelder* NJW 1975, 189, zugleich auch zutreffend zur Frage der Berechnung des Verlustes bei sog. »gemischter« Kalkulation, d.h. bei voraussichtlich geringerem Verlust bei Gesamtdurchführung des Vertrages als jetzt im Zeitpunkt der Kündigung). Zu den ersparten Kosten gehören die nach dem konkreten Vertrag unter Beachtung der diesem zu Grunde liegenden Kalkulation (BGH BauR 1996, 382 = NJW 1996, 1282) nicht entstandenen **eigentlichen Kosten der Herstellung** (Materialkosten, Baustellengemeinkosten, Löhne, Gehälter, sonstige Aufwendungen an der Baustelle, desgleichen Aufwendungen, um die Baustelle einzurichten, vorzuhalten usw.). Hierher zählen auch grundsätzlich die Kosten für vom Auftragnehmer angeschafftes, aber noch nicht zur Herstellung der Bauleistung verwendetes Material, es sei denn, das Material lässt sich in absehbarer, zumutbarer Zeit nicht für den Auftragnehmer verwenden (ebenso *Locher* Das private Baurecht Rn. 124; BGH BauR 1996, 382 = NJW 1996, 1282), wobei der Auftragnehmer nicht die Pflicht hat, eine etwaige Möglichkeit zu ergründen, ob der Lieferant im Kulanzwege bereit ist, die betreffenden Stoffe oder Bauteile zurückzunehmen (OLG Hamm BauR 1988, 728). Ist eine solche Verwertungsmöglichkeit nicht vorhanden, sind dem Auftragnehmer die Anschaffungskosten gegen Herausgabe des Materials zu ersetzen (zutreffend OLG Frankfurt BauR 1988, 599; OLG Köln BauR 2004, 1953; *Heiermann/Riedl/Rusam* § 8 VOB/B Rn. 5). Gleiches gilt in Bezug auf **noch nicht eingebaute Bauteile,** die allerdings bei individuell gefertigten Einzelteilen (Treppen, Spezialtüren usw.) häufig nicht anderweitig verwendbar sind, woraus sich aber ein Recht des Auftraggebers gemäß § 8 Nr. 3 Abs. 3 VOB/B und im Einzelfall aus dem Gesichtspunkt der **Schadensminderungspflicht** und Treu und Glauben sogar eine Pflicht ergeben kann (vgl. unten § 8 Nr. 3 VOB/B), diese Baustoffe oder Bauteile (z.B. individuell gefertigte Fenster, Treppen usw. oder ein bereits aufgestelltes Gerüst) gegen angemessene Vergütung in Anspruch zu nehmen (vgl. BGH BauR 1995, 545 = ZfBR 1995, 198; *Vygen* Bauvertragsrecht Rn. 1003). 49

Allgemeine Geschäftskosten sowie alle Kosten im Betrieb des Auftragnehmers, die **unabhängig** vom gekündigten Bauvertrag ohnehin entstanden wären, fallen **nicht unter die ersparten Kosten** 50

(BGH BauR 1999, 642, 644; *van Gelder* NJW 1975, 189, 190; so auch *Kapellmann/Langen* VOB/B Rn. 123, und *Kapellmann/Schiffers* Bd. II Rn. 1356 ff.). Die kalkulierten Allgemeinen Geschäftskosten (AGK) gehören grundsätzlich nicht zu den durch Kündigung ersparten Kosten, da diese Kosten unabhängig von der Kündigung für das Geschäftsjahr kalkuliert und den einzelnen Aufträgen zugeordnet sind, sei es umsatzbezogen, sei es für eine bestimmte Bauzeit, so dass sie letztlich nicht erspart werden können, sondern allenfalls durch anderweitigen Erwerb gedeckt werden können (vgl. dazu unten Rn. 66 ff.).

51 **Gewinn** kann ebenfalls grundsätzlich nicht zu den ersparten Kosten gerechnet werden, da Gewinn keine Kosten oder Aufwendungen sind. Vielmehr kann der Auftragnehmer stets den Betrag vom Auftraggeber verlangen, der von der vereinbarten Vergütung nach Abzug der ersparten Kosten übrig bleibt; das ist eben sein Gewinn, weshalb der Anspruch aus § 8 Nr. 1 Abs. 2 VOB/B auch häufig verkürzt als Anspruch auf den **entgangenen Gewinn** bezeichnet wird, womit aber schon die Allgemeinen Geschäftskosten unberücksichtigt bleiben würden. Nicht erspart wird auch der einkalkulierte oder sich aus dem Abschluss des Nachunternehmervertrages bzw. dem vorliegenden **Nachunternehmerangebot** sich ergebende **Vergabegewinn**, der dem Unternehmer im Falle einer Kündigung verbleiben muss (vgl. dazu *Vygen* BauR 2006, 894 ff.).

52 **Wagnis** kann entgegen der Ansicht des BGH (BauR 1998, 185) ebenfalls nicht erspart werden, da es sich auch dabei nicht um Kosten im baubetrieblichen Sinne handelt (vgl. dazu vor allem *Dornbusch/Plum* Jahrbuch Baurecht 2000 S. 349; *Schubert/Reister* Jahrbuch Baurecht 1999 S. 253 ff., 261; *Kapellmann/Schiffers* Bd. II Rn. 1357). Das sog. Wagnis ist vielmehr dem Gewinn zuzurechnen, da es die Belohnung für das allgemeine unternehmerische Risiko darstellt. Selbst wenn man dies aber als spezielles Wagnis des konkreten Bauvertrages ansieht, ist festzustellen, dass sich dieses Wagnis durch die grundlose Kündigung des Auftraggebers nun gerade realisiert hat, wie sich schon durch die erhöhten Kosten für die schwierige Abrechnung und Durchsetzung des Vergütungsanspruchs zeigt, so dass die entsprechenden Kosten als Risiko entstanden und nicht erspart sind. Ausnahmsweise kann allerdings der Unternehmer zusätzlich ein baustellenbezogenes Wagnis durch einen Risikozuschlag kalkuliert haben und dieses konkrete Wagnis kann durch die Kündigung entfallen und damit auch erspart werden.

53 **Baustellengemeinkosten** (BGK oder GdB) werden im Falle einer Kündigung vor allem dann teilweise erspart, wenn sich infolge der Kündigung die tatsächliche **Bauzeit** verkürzt, weil damit i.d.R. auch die Dauer der **Vorhaltung** der **Baustelleneinrichtung** reduziert wird. Dagegen werden die Baustelleneinrichtung und die **Baustellenräumung** nicht erspart. Letztlich kommt es hierbei vor allem auf den Zeitpunkt des Wirksamwerdens der freien Kündigung durch den Auftraggeber an, ob tatsächlich Kosten erspart werden oder nicht. Für die Berechnung der ersparten Kosten ist es meist hilfreich, wenn im Vertrag für die **Baustellenvorhaltung** eine zeitabhängige gesonderte Vergütung vorgesehen ist (je Monat oder je Woche) oder sich eine solche Vergütung zumindest aus der hinterlegten **Urkalkulation** ergibt. Dazu gehören grundsätzlich auch die **Gerätekosten**, die im Allgemeinen zeitabhängig kalkuliert sind und deshalb durch die Kündigung erspart werden, allerdings mit Ausnahme der **Auf- und Abbaukosten**, sofern das Gerät im Zeitpunkt der Kündigung an der Baustelle ist.

54 **Stoff- und Materialkosten** gehören i.d.R. zu den ersparten Kosten, wenn die Baustoffe und Bauteile anderweitig verwendbar sind oder der entsprechende Kaufvertrag noch nicht abgeschlossen ist oder kostenlos storniert werden kann, andernfalls sind die **Stornierungskosten** nicht erspart, ebenso sonstige finanzielle Nachteile, z.B. durch Wegfall von **Mengenrabatten**.

55 **Lohn- und Personalkosten** werden im Allgemeinen den ersparten Kosten zuzurechnen sein, wobei von den kalkulierten Lohnkosten auszugehen ist, die sich meist aus dem Einheitlichen Form-Blatt (EFB-Preis) bei öffentlichen Auftraggebern (vgl. dazu VHB EFB Preis) ersehen lassen, soweit es den gesamten Lohnaufwand betrifft, woraus sich zumindest eine **Schätzungsgrundlage** ergibt (so jetzt

auch BGH BauR 2006, Heft 10). Erspart sind im Einzelfall diejenigen Lohnkosten, die der Auftragnehmer bezogen auf die konkrete Baustelle ohne die Kündigung noch gehabt hätte, die aber infolge der Kündigung nicht mehr anfallen (BGH BauR 2000, 430 = NZBau 2000, 82). Zu prüfen ist dabei stets, ob diese Lohnkosten, die für diese Baustelle nun nicht mehr anfallen, vom Auftragnehmer dadurch auch wirklich erspart worden sind, was voraussetzt, dass der Auftragnehmer diese Kosten durch **Personalabbau** auch tatsächlich erspart hat, wozu er aber nicht verpflichtet und teilweise auch kurzfristig nicht einmal in der Lage ist (so BGH BauR 2000, 430). Hat der Auftragnehmer keinen Personalabbau vorgenommen, so stellt sich nicht die Frage nach ersparten Kosten, sondern danach, ob er sich **anderweitigen Erwerb** anrechnen lassen muss, wenn er das Personal bei einer anderen Baustelle infolge eines sog. **Füllauftrags** eingesetzt hat oder hätte einsetzen können (vgl. dazu vor allem *Kapellmann/Messerschmidt/Lederer* § 8 VOB/B Rn. 39 bis 41). Die Höhe der ersparten Aufwendungen richtet sich nach den Aufwendungen bzw. Kosten, die bei Erfüllung des Bausolls tatsächlich angefallen wären, und nicht nach der ursprünglichen Kalkulation des Auftragnehmers. Ein **Füllauftrag** liegt nicht in den Fällen vor, in denen ein zusätzlicher Auftrag nur wegen der Kündigung angenommen und in dem Zeitraum ausgeführt werden kann, in dem die gekündigte Bauleistung ausgeführt werden sollte, sondern auch dann, wenn dieser Zeitraum durch das Vorziehen bereits erteilter Aufträge ausgefüllt und für die dadurch zeitlich versetzt entstehende Lücke ein Zusatzauftrag angenommen werden kann. Ein Füllauftrag kann in der Regel nur dann festgestellt werden, wenn ein Unternehmen voll oder zumindest im Grenzbereich von 100% ausgelastet ist, so dass es den weiteren Auftrag ohne die Kündigung nicht hätte annehmen können (OLG Hamm BauR 2006, 1310).

Nachunternehmerkosten sind dann stets ersparte Kosten, wenn diese noch nicht beauftragt sind **56** oder ohne finanzielle Folgen gekündigt werden können oder ein vereinbartes Rücktrittsrecht ausgeübt werden kann (BGH BauR 1999, 516). Nach Abschluss der **Nachunternehmerverträge** wird dies aber nur selten der Fall sein, da der Nachunternehmer ebenso seinen Vergütungsanspruch unter Abzug ersparter Kosten geltend machen kann und wird. Diese Kosten lassen sich anhand der Kalkulation des Nachunternehmers schätzen oder es kann ein pauschaler Prozentsatz von z.B. 5% (vgl. § 648a Abs. 5 S. 4 BGB) vereinbart worden sein oder aber der Generalunternehmer muss auf Feststellung klagen, dass sein Auftraggeber verpflichtet ist, die sich aus der späteren Abrechnung des Nachunternehmers ergebenden Kündigungsfolgekosten zu erstatten (BGH BauR 1999, 516).

Das gilt grundsätzlich auch im Hinblick auf eine vom Auftragnehmer an seinen **Handelsvertreter** zu **57** entrichtende **Provision**, solange nicht feststeht, dass der Auftraggeber eine Vergütung nach § 649 BGB nicht zahlt (BGH NJW 1984, 1455; vgl. dazu auch OLG Koblenz Betrieb 1994, 108 = *Wolf* EWiR § 313 BGB 1/93, 1061). Hat der Auftragnehmer Vergütungen für Leistungen, die **ihm in Auftrag gegeben** waren, zu deren Erbringung er kraft eigenen Vertrags Dritte, wie z.B. Nachunternehmer, Architekten oder Ingenieure beauftragt hat, an diese bezahlt, so sind dies auch keine ersparten Aufwendungen (vgl. LG Trier BauR 1991, 340, für den Fall der Beauftragung eines Dritten mit Architekten- und Ingenieurleistungen).

Der **Einwand ersparter Kosten** ist kein Gegenrecht des Auftraggebers, das nur auf dessen Einrede **58** hin berücksichtigt werden kann, sondern der vertragliche Vergütungsanspruch besteht von vornherein nur abzüglich dieser ersparten Kosten (BGH a.a.O.; BGH BauR 1986, 577). Die Ersparnis ist also auch abzusetzen, wenn sich der Auftraggeber nicht darauf beruft.

3. Abrechnung je nach Vertragstyp

a) Zeitpunkt der Kündigung vor oder nach Baubeginn

Zunächst ist bei der Berechnung des Vergütungsanspruchs für nicht erbrachte Leistungen bei freier **59** Kündigung zu unterscheiden, ob die **Kündigung vor Baubeginn** erfolgt ist oder ob bereits Teilleistungen der vertraglich geschuldeten Gesamtbauleistung ausgeführt sind. Im ersten Fall hat eine Abrechnung auf der **Grundlage der vereinbarten Gesamtvergütung**, also des **vereinbarten Pauschal-**

preises, oder **beim Einheitspreisvertrag der nach ausgeschriebenen Mengen** oder sich evtl. aus den vorliegenden Ausführungszeichnungen gemäß DIN 18 299 Ziff. 5 ergebenden abweichenden höheren oder auch niedrigeren Mengen (ggf. unter Anpassung der Einheitspreise gemäß § 2 Nr. 3 VOB/B) **und vereinbarten Einheitspreisen ermittelten vereinbarten Vergütung** zu erfolgen, indem davon die gesamten **Herstellungskosten als Ersparnis** abgezogen werden, da bzw. soweit diese noch nicht entstanden sind. Dies führt folgerichtig zu einer einheitlichen Abrechnung, also zu **einem einheitlichen Vergütungsanspruch** (vgl. *Kapellmann* Jahrbuch Baurecht 1998 S. 50 f.). Darauf beruht auch der Wortlaut des § 649 S. 2 BGB und des § 8 Nr. 1 Abs. 2 VOB/B, wenn dort von dem Anspruch des Auftragnehmers auf »die vereinbarte Vergütung« die Rede ist. Anders ist aber die Situation dann, wenn im Zeitpunkt der Kündigung des Bauvertrags bereits Teilleistungen erbracht worden sind; denn jetzt muss der Auftragnehmer seine **Abrechnung in zwei Teile** aufteilen, da er für die erbrachten Leistungen die volle vereinbarte oder ggf. ortsübliche (§ 632 Abs. 2 BGB) Vergütung verlangen kann, also ohne jeden Abzug, und nur für die infolge der Kündigung nicht erbrachten Leistungen von der dafür vereinbarten Vergütung die ersparten Kosten abziehen muss.

b) Einheitspreisvertrag

60 Die Vergütung für nicht erbrachte Leistungen beim Einheitspreisvertrag ist grundsätzlich nach den Positionen des Leistungsverzeichnisses abzurechnen (BGH BauR 1996, 382 = ZfBR 1996, 143 = BGHZ 131, 362). Dabei kann in aller Regel von den **Mengen des Leistungsverzeichnisses** ausgegangen werden (BGH a.a.O.), es sei denn, der Auftragnehmer oder der Auftraggeber macht geltend, dass die Mengen tatsächlich höher oder niedriger angefallen sind oder wären und deshalb auch bei Fortführung des Bauvertrags ohne die Kündigung diese zur Abrechnung gekommen wären. Beim Einheitspreisvertrag sind **ungünstige oder günstige Positionen** nicht untereinander verrechenbar (*Kniffka* Jahrbuch Baurecht 2000 S. 12). Deshalb kann, abhängig vom Informationsbedürfnis und prozessualen Verhalten des Auftraggebers, zu fordern sein, dass die ersparten Aufwendungen positionsbezogen abzurechnen sind (BGH BauR 1996, 382).

61 Eine **positionsbezogene Abrechnung** ist aber nur dann notwendig, wenn eine kalkulatorische Verschiebung zu Lasten des Auftraggebers infolge der Kündigung möglich ist. So ist eine differenzierende Darstellung der Kalkulation der ersparten Aufwendungen nach Einzelpositionen des Leistungsverzeichnisses dann entbehrlich, wenn **Unter- und Fehlkalkulationen in einzelnen Positionen** zu Lasten des Auftraggebers nicht nennenswert verdeckt und auch sonst Interessen der Rechtswahrung des Auftraggebers nicht nennenswert berührt werden können (BGH BauR 1999, 642 = BGHZ 140, 263 = ZfBR 1999, 191). Eine differenzierende Darstellung der Einzelpositionen ist auch entbehrlich, wenn der Auftragnehmer einen **einheitlichen Aufschlag in allen Positionen auf die Herstellungskosten kalkuliert** hat und er sich sämtliche Herstellungskosten als ersparte Aufwendungen abziehen lässt (BGH BauR 1999, 1292; *Kniffka* a.a.O. S. 13). Ob beschafftes oder produziertes Material als ersparte Aufwendung anzurechnen ist, hängt davon ab, ob und in welchem Umfang dieses Material vom Auftragnehmer in zumutbarer Weise anderweitig verwendet werden konnte oder kann (BGH BauR 1996, 382 = ZfBR 1996, 143).

Fraglich und heftig umstritten ist die Frage, ob der Vergütungsanspruch für die infolge der Kündigung nicht mehr erbrachten Leistungen nicht der Mehrwertsteuer unterliegt (so bisher die Rechtsprechung BGH BauR 1986, 577; BauR 1996, 848 und Beck'scher VOB-Komm./*Motzke* § 8 Nr. 1 VOB/B Rn. 45 sowie *Klenk* BauR 200, 642) oder ob der einheitliche Vergütungsanspruch abzüglich ersparter Aufwendungen nicht doch umsatzsteuerpflichtig ist, wie die vom BGH empfohlene Vorlage an den Europäischen Gerichtshof vermuten lässt (vgl. BGH BauR 1999, 1294 ff., 1297) und in der Literatur vertreten wird (*Kapellmann* Jahrbuch Baurecht 1998 S. 50 ff.). Bis zur Klärung dieser Frage ist dem Unternehmer dringend anzuraten, eine Auskunft seines Finanzamtes über die Frage der Umsatzsteuerpflicht einzuholen und die Bescheinigung dem Auftraggeber und ggf. dem Gericht vorzulegen.

c) Pauschalvertrag

Wesentlich schwieriger gestaltet sich die **Abrechnung des Vergütungsanspruchs für die nicht erbrachten Leistungen beim Pauschalvertrag** und hier insbesondere beim **Global-Pauschalvertrag**, dem kein **Einheitspreisangebot** und auch kein **Leistungsverzeichnis** zu Grunde lag. Nach dem Wortlaut des § 649 S. 2 BGB und des § 8 Nr. 1 Abs. 2 VOB/B steht dem Unternehmer in diesem Fall die volle vereinbarte Vergütung, also der **Pauschalpreis** abzüglich der infolge der Vertragsaufhebung ersparten Kosten oder Aufwendungen und abzüglich anderweitigen Erwerbs zu. **Diese ersparten Kosten oder Aufwendungen** müssen vertragsbezogen ermittelt werden (*Kniffka* a.a.O. S. 13). Dazu bedarf es nach der Rechtsprechung des BGH (BauR 1996, 846, 849) als Ausgangspunkt zunächst der Ermittlung des vereinbarten Pauschalpreises abzüglich des Wertes bzw. der Vergütung für die bis zur Kündigung erbrachten Teilleistungen (vgl. dazu oben Rn. 23 ff.). Von dem danach verbleibenden Teil der vereinbarten Vergütung, also des Pauschalpreises, sind die durch die Vertragsaufhebung ersparten Kosten abzusetzen, wobei von dem verbleibenden Teil der Pauschale nur der Nettobetrag, also ohne **Mehrwertsteueranteil**, als Ausgangspunkt heranzuziehen ist und davon die **ersparten Kosten** ebenfalls netto abzuziehen sind (vgl. zur Frage der Mehrwertsteuerpflicht *Klenk* BauR 2000, 638 ff., und *Kapellmann* a.a.O. S. 50 ff.). Dies bedingt zwangsläufig eine Abrechnung in zwei Teilen, da die ersparten Kosten sich nur auf den nicht erbrachten Teil der Leistungen beziehen können und dieser Teil nach der bisherigen Rechtsprechung des BGH nicht der Mehrwertsteuer unterliegt (so BGH BauR 1986, 577 = ZfBR 1986, 220, und BGHZ 101, 130; BGH BauR 1996, 848 = ZfBR 1996, 310; so im Ergebnis auch *Klenk* BauR 2000, 638 ff., 642). **62**

Letztlich ist aber die Frage, ob der Vergütungsanspruch des Auftragnehmers aus § 8 Nr. 1 Abs. 2 VOB/B für die nicht erbrachten Leistungen der **Mehrwertsteuer** unterliegt oder nicht, immer noch nicht abschließend geklärt, da auch die Finanzämter dies unterschiedlich beurteilen (vgl. dazu vor allem auch *Kapellmann* Jahrbuch Baurecht 1998 S. 35 ff., 50). So hat der BGH (BauR 1999, 1294) entschieden, dass es sich bei dieser Frage um ein **Auslegungsproblem der 6. Umsatzsteuer-Richtlinie der EU** handelt, so dass dafür der Gerichtshof der Europäischen Gemeinschaft zur Wahrung der Rechtseinheit in der Europäischen Union zuständig ist, dem die Gerichte im Streitfall diese Frage zur Entscheidung vorlegen müssen, wozu der BGH selbst keinen Anlass sah. Wegen dieser Unsicherheit sollte der Auftragnehmer ggf. eine **Auskunft bei seinem Finanzamt** einholen und jedenfalls gegenüber vorsteuerabzugsberechtigten Auftraggebern auch den Vergütungsanspruch für die nicht erbrachten Leistungen zuzüglich Mehrwertsteuer berechnen und im Übrigen bei notwendiger Klageerhebung auch hier einen **Feststellungsantrag** dahingehend stellen, dass der Auftraggeber die Mehrwertsteuer erstatten muss, falls das Finanzamt ihn zur Mehrwertsteuerzahlung bestandskräftig heranzieht (BGH BauR 1999, 1294, 516; *Kapellmann/Messerschmidt/Lederer* § 8 VOB/B Rn. 25). **63**

Der Auftragnehmer muss die Ersparnis konkret angeben und seiner Abrechnung zu Grunde legen. Unzureichend ist es, auf ein gesamtbetriebliches Ergebnis abzustellen und daraus die ersparten Aufwendungen abzuleiten (BGHZ 131, 362 = BauR 1996, 382). Unzureichend ist eine nicht vertragsbezogene Aufschlüsselung, die einen branchenüblichen Gewinn von 25% enthält, auf den es ohnehin nicht ankommt (BGH BauR 1996, 846, 848). Auch genügt eine Aufstellung nicht, aus der sich nur Herstellungskosten und »Risiko und Gewinn« oder »**Wagnis und Gewinn**« ergeben. Der Risikozuschlag ist nach Auffassung des BGH erspart (vgl. dazu oben Rn. 52) und muss ausgewiesen werden, wenn sich ein Risiko nicht verwirklichen kann (BGH BauR 1998, 185; a.A. zu Recht *Kapellmann* Jahrbuch Baurecht 1998 S. 63; *Schubert/Reister* Jahrbuch Baurecht 1999 S. 253 ff., 261 ff.; sowie oben Rn. 52). Hat der Auftragnehmer **Baustellengemeinkosten** als **Zuschlag** kalkuliert, muss er diesen Zuschlag weiter aufgliedern, so dass erkennbar ist, inwieweit die zeitabhängigen Kosten durch eine Kündigung erspart werden (BGH BauR 1999, 1294). An dieser Stelle muss aber noch einmal hervorgehoben werden, dass diese Anforderungen nur dann gelten, wenn sie durch das Informationsinteresse des Auftraggebers erforderlich sind und dieses entsprechend geltend gemacht wird. Legt der Auftraggeber keinen Wert auf detaillierte Angaben, so reichen die nicht näher aufgeschlüs- **64** selten Angaben zur Ersparnis aus. Das hat der BGH wiederholt entschieden (BGH BauR 1999, 635 = ZfBR 1999, 196; BGH BauR 1999, 1294; *Kniffka* Jahrbuch Baurecht 2000 S. 14).

d) Stundenlohnvertrag

65 Beim **Stundenlohnvertrag** wird im Falle freier Kündigung durch den Auftraggeber der Auftragnehmer nur die geleisteten Stunden für die erbrachten Leistungen abrechnen. Immerhin steht ihm aber auch hier die volle vereinbarte Vergütung abzüglich ersparter Kosten und abzüglich anderweitigen Erwerbs zu, wobei der **anderweitige Erwerb** hier die Regel sein wird. Denkbar bleibt aber auch hier ein Zahlungsanspruch für die infolge der Kündigung nicht mehr erbrachten Leistungen. Die Berechnung kann hier nur so erfolgen, dass man den bei Vertragsabschluss veranschlagten Zeitbedarf (z.B. 100 Stunden) zu Grunde legt, davon die erbrachten Stunden als mit dem vereinbarten Stundensatz zu vergüten abzieht und von den verbleibenden Stunden mit dem vereinbarten Stundensatz die ersparten Kosten, insbesondere also die dafür anfallenden Lohnkosten, in Abzug bringt, so dass ihm jedenfalls die kalkulierten **allgemeinen Geschäftskosten** und der **Gewinn** erhalten bleiben (so wohl auch Beck'scher VOB-Komm./*Motzke* § 8 Nr. 1 VOB/B Rn. 50).

4. Anrechnung anderweitigen Erwerbs

66 Infolge der Kündigung oder Teilkündigung des Bauvertrags kann der Auftragnehmer mit seinem Betrieb die Möglichkeit haben, sich **anderweitig gewinnbringend** zu betätigen, was sich aber keineswegs allein daraus ergibt, dass der Auftragnehmer durch die Kündigung »frei geworden« ist. Was er infolge eines solchen anderweitigen Einsatzes der ihm zur Verfügung stehenden Arbeitskräfte oder sonstigen Mittel seines Betriebs **an Stelle** des durch die Kündigung verloren gegangenen Auftrags durch Hereinnahme eines »Ersatz«-Auftrags oder **Füllauftrags erwirbt,** ist ihm auf seinen Vergütungsanspruch anzurechnen. Dabei kommt es vor allem auf den erzielten Überschuss, also den **Gewinn,** aber auch auf den Beitrag zur **Deckung der Allgemeinen Geschäftskosten** an, weshalb etwaige Nachlässe, die der Auftragnehmer beim Ersatzauftrag hat gewähren müssen, nicht zu seinen Lasten gehen. Auch hier ist der Grundgedanke zum Ausdruck gekommen, dass der Auftragnehmer weder besser noch schlechter gestellt werden soll, als wenn er die gekündigte Bauleistung durchgeführt hätte. Diese Grundsätze sind auch anwendbar auf den Vergütungsanspruch wegen **Wegfalls von Teilleistungen** (auch **Nullmengen** genannt). Dazu enthält das **VHB** (Vergabehandbuch des Bundes) folgende Regelung im Leitfaden zur Vergütung bei Nachträgern (Juli 2005):

»Teilleistungen können ausnahmsweise ersatzlos entfallen (i.d.R. LV-Positionen); d.h. sie werden auch nicht in veränderter Form ausgeführt. Wird also eine Teilleistung tatsächlich nicht ausgeführt, bestimmt sich die Vergütung nach § 8 Nr. 1 Abs. 2 VOB/B (vergleichbar der Regelung in § 2 Nr. 4 VOB/B: siehe auch Nr. 2.4). In diesen Fällen sind die Auswirkungen auf die Gesamtvergütung in der **Ausgleichsberechnung** zur Vergütungsvereinbarung darzustellen. Nach § 8 Nr. 1 Abs. 2 VOB/B muss sich der Auftragnehmer anrechnen lassen, was er dadurch an Kosten erspart oder durch anderweitige Verwendung seiner Arbeitskraft und seines Betriebes erwirbt oder zu erwerben böswillig unterlässt (§ 649 BGB). Zum anderweitigen Erwerb können tatsächliche Mengenmehrungen in anderen Leistungspositionen, Leistungsänderungen auf Grund von Anordnungen des Auftraggebers nach § 1 Nr. 3 VOB/B, vom Auftraggeber nach §1 Nr. 4 S. 1 VOB/B verlangte erforderliche Zusatzleistungen im Rahmen des erteilten Auftrags oder im Einzelfall auch ein neuer Auftrag als zeitnaher Anschlussauftrag nach § 1 Nr. 4 S. 2 VOB/B (siehe dazu auch Nr. 1.4.2) gehören. Der Auftragnehmer muss zur Begründung seines Vergütungsanspruches diese vergütungsmindernden Umstände nach § 8 Nr. 1 Abs. 2 VOB/B, um die sein Vergütungsanspruch von vornherein beschränkt ist, offenlegen und nachweisen. Andernfalls ist sein Vergütungsanspruch insoweit nicht prüfbar und wird daher nicht fällig.«

67 Dabei ist zu beachten, dass ein **ursächlicher Zusammenhang zwischen der Kündigung und der anderen gewinnbringenden Beschäftigung** bestehen muss. Der Auftragnehmer muss **ausschließlich** durch die Vertragskündigung in die Lage versetzt worden sein, einen anderweitigen **Füll-Auf-**

trag auszuführen und Gewinn daraus zu erzielen, wobei zu Gunsten des Auftragnehmers davon auszugehen ist, dass sein Betrieb nicht ausgelastet sein muss. Ein Füllauftrag kann in der Regel nur dann festgestellt werden, wenn ein Unternehmen voll oder zumindest im Grenzbereich von 100% ausgelastet ist, so dasss es den weiteren Auftrag ohne die Kündigung nicht hätte annehmen können (so OLG Hamm BauR 2006, 1310 sowie oben Rn. 55). Erteilt aber der Auftraggeber nach einer freien Kündigung einen **Auftrag ausdrücklich als Füllauftrag**, muss sich der Auftragnehmer diesen Auftrag grundsätzlich als anderweitiger Erwerb anrechnen lassen (Saarl. OLG BauR 2006, 854). Konnte der Betrieb des Auftragnehmers **neben** dem gekündigten Auftrag zugleich noch weitere Aufträge ausführen, sind diese **nicht** anzurechnen (ebenso OLG Frankfurt BauR 1988, 599 = NJW-RR 1987, 979). Das gilt auch, wenn für die Durchführung des gekündigten Auftrags ohnehin neue Arbeitskräfte eingestellt oder Überstunden hätten gemacht werden müssen (OLG Düsseldorf SFH Z 2.13 Bl. 19). Also kommt z.B. eine Anrechnung von Personalkosten nur in Betracht, wenn die anderen Arbeiten in kürzerer Zeit oder nur wegen des Wegfalls des gekündigten Auftrags hätten zusätzlich ausgeführt werden können (vgl. *Locher* Das private Baurecht Rn. 124 m.w.N.). Die etwaige Anrechnung erfolgt in der Weise, dass der auf Grund des anderweitigen Auftrags erzielte Vermögenszuwachs (Gewinn) von der Vergütung des gekündigten Auftrags in Abzug gebracht wird. Für das Vorliegen der hier erörterten Voraussetzung hat der Auftraggeber die **Darlegungs- und Beweislast** (OLG Frankfurt BauR 1988, 599 = NJW-RR 1987, 979).

5. Böswillig unterlassener anderweitiger Erwerb

Anzurechnen ist nicht nur der tatsächliche Vermögenszuwachs auf Grund eines solchen **Füll-Auftrags** oder »Ersatzvertrags«, sondern auch ein **Gewinn oder Kostendeckungsbeitrag,** den zu erwerben der **Auftragnehmer böswillig unterlassen** hat. Insoweit ist nicht nur auf § 649 BGB, sondern auch auf § 324 bzw. § 326 Abs. 2 BGB n.F. und § 615 BGB hinzuweisen, die gleichartige Regelungen enthalten. **Böswillig** ist **nicht gleich bedeutend mit Vorsatz.** Vielmehr muss die **Absicht hinzutreten,** entweder den Auftraggeber zu schädigen oder doch jedenfalls sich die Möglichkeit, untätig zu bleiben, in einer gegen Treu und Glauben verstoßenden Weise zu Nutze zu machen. Auch hier hat der Auftraggeber die **Darlegungs- und Beweislast**, was auch für den nachfolgenden Punkt gilt. **68**

Nach allgemein anerkannter Rechtsauffassung muss der Auftragnehmer sich auch anrechnen lassen, was er **böswillig an Kosten zu ersparen unterlässt.** Eine Klausel in AGB des Auftraggebers dahin, dass der Auftragnehmer im Fall der Teilkündigung keinen entgangenen Gewinn verlangen kann, wenn ihm ein **gleichwertiger Ersatzauftrag** angeboten wird, verstößt nicht gegen §§ 9, 10 Nr. 7 AGB-Gesetz a.F. bzw. §§ 307, 308 Nr. 7 BGB n.F., wenn davon auszugehen ist, dass die Ausführung des Ersatzauftrags im Verhältnis zum bisherigen für den Auftragnehmer nach Lage und Art der Ausführung, vor allem im Hinblick auf die Gestaltung seines Betriebs, zumutbar ist, die Gleichwertigkeit des Ersatzauftrags bei objektiver, sachkundiger Bewertung gegeben ist, was vor allem auch für den Vergütungsanspruch (Verhältnis zwischen den unternehmerischen Eigenaufwendungen und Gewinn) gilt, und der Auftraggeber in den genannten Punkten voll beweisbelastet ist. Insoweit kann dem OLG Koblenz (BauR 1992, 379) zugestimmt werden. In der Praxis werden diese Voraussetzungen nur selten gegeben sein. **69**

6. Pauschalierung des Anspruchs aus § 8 Nr. 1 Abs. 2 VOB/B durch Vereinbarung in Allgemeinen Geschäftsbedingungen

Das freie Kündigungsrecht des Auftraggebers gemäß § 649 S. 1 BGB bzw. § 8 Nr. 1 Abs. 1 VOB/B kann in **Allgemeinen Geschäftsbedingungen des Auftragnehmers** nicht wirksam ausgeschlossen werden, wohl dagegen in vorformulierten Bedingungen des Auftraggebers selbst (vgl. dazu oben Rn. 21, 22). Auch sind Klauseln des Auftraggebers wegen Verstoßes gegen § 9 Abs. 2 Nr. 1 AGBG a.F. bzw. § 307 Abs. 2 Nr. 1 BGB n.F. unwirksam, in denen der Vergütungsanspruch des Auftragnehmers nach erfolgter grundloser Kündigung gemäß § 8 Nr. 1 Abs. 2 VOB/B **auf die bis zur Kündi-** **70** gung erbrachten Leistungen beschränkt** wird (BGH BauR 1985, 77; OLG Düsseldorf BauR 1992, 77; BGH BauR 1990, 81; Beck'scher VOB-Komm./*Motzke* § 8 VOB/B Rn. 64; *Kapellmann/Messerschmidt/Lederer* § 8 VOB/B Rn. 10). Dagegen ist es auch in Allgemeinen Geschäftsbedingungen zulässig und sogar zur Vermeidung langwieriger Abrechnungsstreitigkeiten über die Höhe des Vergütungsanspruchs bei grundloser Kündigung für die nicht erbrachten Leistungen zu empfehlen, die **Höhe angemessen zu pauschalieren** und beiden Vertragspartnern die Möglichkeit offen zu halten, höhere oder niedrigere ersparte Kosten darzulegen und zu beweisen.

71 Dabei empfiehlt es sich, einen bestimmten angemessenen **Prozentsatz** von dem vereinbarten Vergütungsanspruch für die infolge der Kündigung nicht mehr erbrachten Leistungen als **Pauschale** zu vereinbaren. In dieser Ausgestaltung verstößt eine solche Klausel nicht gegen § 10 Nr. 7a AGBG a.F. bzw. § 308 Nr. 7 BGB n.F. und vor allem auch nicht gegen § 11 Nr. 5a und 5b AGBG bzw. § 309 Nr. 5a und 5b BGB n.F., wenn nur die **Höhe angemessen** ist, d.h. den in diesen Fällen der grundlosen Kündigung nach dem gewöhnlichen Lauf der Dinge zu erwartenden Schaden oder die gewöhnlich eintretende Wertminderung nicht übersteigt (vgl. § 309 Nr. 5 BGB n.F.), also den üblicherweise eintretenden **finanziellen Nachteil des Auftragnehmers infolge der grundlosen Kündigung** abdeckt. Dementsprechend hat die Rechtsprechung **Pauschalen von 5%** des infolge Kündigung entfallenden Vergütungsanspruchs für die nicht mehr erbrachten Leistungen als unbedenklich erachtet (BGH BauR 1983, 261; OLG Koblenz BauR 2000, 419), aber auch einen Prozentsatz von 7,5% (BGH BauR 2000, 1194). Dagegen wurde eine Pauschale von 25% für unangemessen erachtet (BGH BauR 2000, 430; 1996, 412). Dem ist uneingeschränkt zu folgen, so dass bei der Abfassung ein Prozentsatz von 5 bis 10% gewählt werden sollte, der in aller Regel dem finanziellen Nachteil des Auftragnehmers bei grundloser Kündigung durch den Auftraggeber entspricht und insbesondere seinem ihm zustehenden Vergütungsanspruch in Höhe der Allgemeinen Geschäftskosten (AGK) und des entgangenen Gewinns und ggf. des Wagnisses angemessen Rechnung trägt (vgl. dazu oben Rn. 52), da diese Kostenbestandteile baubetrieblich eben nicht erspart werden. Die Unbedenklichkeit solcher **Pauschalierungsklauseln** in **Allgemeinen Geschäftsbedingungen** folgt auch aus § 648a Abs. 5 S. 4 BGB, der einen Schaden von 5% im ähnlich gelagerten Fall der Vertragsbeendigung vermutet, wie dies auch vom Arbeitskreis »Schuldrechtmodernisierungsgesetz des Instituts für Baurecht Freiburg« (IfBF) in dem Baurechtlichen Ergänzungsentwurf für eine Neufassung des § 649 BGB vorgeschlagen worden ist (BauR 2001, Beilage Heft 4) und jetzt auch in dem Entwurf des Bauforderungssicherungsgesetzes für § 649 BGB vorgesehen ist, das voraussichtlich am 1.1.2007 in Kraft treten soll und dann ggf. auch auf VOB-Bauverträge zur Anwendung kommen kann.

72 Sofern in **AGB** – vor allem Zusätzlichen Vertragsbedingungen des Auftragnehmers – abweichend von § 8 Nr. 1 Abs. 2 VOB/B und damit zugleich von § 649 S. 2 BGB ein Anspruch des Auftragnehmers in voller oder jedenfalls unangemessener Höhe ohne Rücksicht auf die tatsächliche Leistung festgelegt ist, ist diese Bestimmung nichtig (BGH BB 1970, 986; BGH BauR 1985, 77 = NJW 1985, 631; OLG Düsseldorf BauR 1995, 389 = NJW-RR 1995, 1392, was insofern auch für den Bereich des § 9 AGB-Gesetz gilt). Soweit das **AGB-Gesetz a.F. bzw. §§ 305 ff. BGB n.F.** Anwendung finden, sind hier auch § 10 Nr. 7 und § 11 Nr. 5 AGBG bzw. § 308 Nr. 7 und § 309 Nr. 5 BGB n.F. besonders zu beachten. So darf dem Auftraggeber nicht der Nachweis verwehrt werden, dass der Auftragnehmer **höhere Aufwendungen erspart** oder anderweitigen Erwerb gehabt oder böswillig nicht getätigt hat, wie z.B. durch die generelle Regelung, der Auftraggeber habe im Fall der Kündigung nach § 8 Nr. 1 VOB/B stets 40% oder auch nur 20% der vertraglich festgelegten Vergütung zu entrichten (BGH BauR 1985, 79 = NJW 1985, 632). Dagegen ist eine in Allgemeinen Geschäftsbedingungen enthaltene **Pauschalierungsklausel**, die nach Wortlaut und erkennbarem Sinn dem Vertragspartner die Möglichkeit offen lässt, im konkreten Fall nachzuweisen, dass ein geringerer Aufwand oder höhere Ersparnisse entstanden sind oder entstanden wären, wirksam (vgl. BGH NJW 1982, 2316 = MDR 1983, 223; vgl. dazu auch *von Rintelen* BauR 1998, 603 ff.). Das Gleiche gilt für eine auf der Grundlage des § 649 BGB zu bewertende, im Vertrag festgelegte pauschale »Bearbeitungsgebühr« oder **Entschädigung** von etwa 5 bis maximal 10% der auf die nicht erbrachten Leistungen entfallenden ver-

einbarten Vergütung, wenn und soweit dem Auftraggeber nicht der Nachweis eines geringeren Aufwands oder höherer Ersparnisse des Auftragnehmers abgeschnitten wird (vgl. dazu BGH BauR 1983, 261; 1985, 79, der hier mit Recht bezweifelt, ob bei einem Fertighausvertrag ein **pauschalierter Satz von mindestens 18%** der Gesamtvergütung noch der Angemessenheitskontrolle standhält, was zu verneinen ist. Dagegen hat der BGH [BauR 1995, 546 = NJW-RR 1995, 749] offen gelassen, ob ein »Schadensersatz« in Höhe von 10% des »endgültigen Kaufpreises« zu Gunsten eines Fertighausherstellers nicht überraschend und daher zulässig ist, wobei der Wert erbrachter Zeichnungen mit von Bedeutung war und auf den Wert ersparter Aufwendungen vom OLG, an das die Sache zurückverwiesen worden ist, zu achten war; die Zulässigkeit des Satzes von 10% wird bejaht vom OLG Düsseldorf BauR 1995, 389, 392 = NJW-RR 1995, 1392; siehe dazu auch BGH BauR 1985, 77 = NJW 1985, 631). Andererseits ist der Auftragnehmer an den von ihm festgesetzten Betrag oder Prozentsatz gebunden, sofern nicht auch ihm der Nachweis geringerer Ersparnis eröffnet wird. So ist in der Neufassung des § 648a Abs. 5 BGB, die am 1.5.2000 mit dem Gesetz zur Beschleunigung fälliger Zahlungen in Kraft getreten ist, eine **Schadenspauschalisierung** dergestalt enthalten, dass ein Schaden des Unternehmers von 5% der Vergütung im Fall der Kündigung nach § 648a BGB vermutet wird. Eine solche oder ähnliche Regelung mit einem Prozentsatz von bis zu 10% wird man als zulässig ansehen können, wenn beiden Vertragspartnern der Nachweis höherer oder niedrigerer Ersparnisse offen steht (so jetzt auch BGH BauR 2000, 1194 für 7,5%). Eine solche Pauschalierung sollte entsprechend der Regelung in § 648a Abs. 5 BGB auch in § 649 BGB vorgesehen werden, wie dies mit dem Bauforderungssicherungsgesetz auch beabsichtigt ist.

7. Weiter gehende Ansprüche des Auftragnehmers

73 Grundsätzlich stehen dem Auftragnehmer über den Vergütungsanspruch nach § 8 Nr. 1 Abs. 2 VOB/B hinaus weitere Ansprüche nicht zu, soweit diese als Folge der freien grundlosen Kündigung durch den Auftraggeber geltend gemacht werden. Soweit **andere Ansprüche,** etwa aus einer **positiven Vertragsverletzung** des Auftraggebers, ihre **Ursache nicht in der Kündigung** haben, sondern **vor** der Kündigung entstanden sind, bleiben sie bestehen. In diesem Zusammenhang ist insbesondere auf die Schadensersatzansprüche nach § 6 Nr. 6 VOB/B oder Entschädigungsansprüche gemäß § 642 BGB (vgl. oben § 6 Nr. 6 VOB/B) hinzuweisen. Das kann sich im Allgemeinen aber nur auf Vorgänge beziehen, die von denjenigen, auf denen die Kündigung beruht, **unabhängig** sind. Andernfalls wird für den Auftraggeber eine Kündigung nach § 8 Nr. 2 bis 4 VOB/B und für den Auftragnehmer eine solche nach § 9 VOB/B vorrangig in Erwägung zu ziehen sein.

III. Teilkündigung

74 Sowohl § 649 BGB als auch § 8 Nr. 1 VOB/B setzen nicht voraus, dass die Kündigung des ganzen Bauvertrags erfolgt. Vielmehr ist es **auch möglich,** den Bauvertrag wegen bestimmter **einzelner Leistungsteile** oder auch einzelner Positionen eines Einheitspreisvertrages und sogar bei einzelnen Positionen Teilleistungen (z.B. von 1.000 qm Estrich im gesamten Gebäude den Estrich im Keller mit 100 qm) zu kündigen, die zur Zeit der Kündigung **noch nicht ausgeführt** sind, ihn wegen weiterer, noch nicht erbrachter Leistungen jedoch aufrechtzuerhalten. Das wird nicht selten vorkommen; es ist durchaus möglich, dass der Auftraggeber sich zwischenzeitlich entschließt, einen Teil der bisher nach dem Bauvertrag geschuldeten Leistung wegfallen oder anderweitig ausführen zu lassen, wie sich auch schon aus § 2 Nr. 4 VOB/B ergibt. Demnach ist eine Teilkündigung des Bauvertrages sowohl gemäß § 649 S. 1 BGB als auch gemäß § 2 Nr. 4 oder § 8 Nr. 1 Abs. 1 VOB/B ohne jede Einschränkung zulässig; es gibt weder im Gesetz noch in der VOB/B insoweit eine Einschränkung, allenfalls durch den Grundsatz von Treu und Glauben (§ 242 BGB) oder das Schikaneverbot in § 226 BGB (so auch *Lang* BauR 2006, Heft 12).

75 Erfolgt eine **teilweise Kündigung des Bauvertrags**, so wird **nur der gekündigte Vertragsteil für die Zukunft gegenstandslos**. Die Vergütungsregel in § 8 Nr. 1 Abs. 2 VOB/B bezieht sich ebenfalls nur hierauf, während der nicht gekündigte Vertragsteil nach den bisherigen vertraglichen Vereinbarungen unvermindert weiter besteht und hiernach abzurechnen ist. Der Vertrag zerfällt damit in einen ausgeführten sowie noch auszuführenden und einen nicht mehr auszuführenden Teil (vgl. dazu auch BGH NJW 1962, 907; BauR 1975, 280; hinsichtlich der Vergütung des Auftragnehmers vgl. auch § 2 Nr. 4 VOB/B). Die Teilkündigung durch den Auftraggeber ist als freie, grundlose Kündigung nicht davon abhängig, dass sie sich auf einen **in sich abgeschlossenen Teil der vertraglichen Leistung** bezieht, wie dies in § 8 Nr. 3 Abs. 1 S. 2 VOB/B für die Kündigung aus wichtigem Grund vorgeschrieben ist und im Einzelfall erhebliche Probleme bereiten kann (vgl. dazu unten § 8 Nr. 3 VOB/B). Diese Einschränkung gilt für die freie Kündigung gemäß § 8 Nr. 1 Abs. 1 VOB/B gerade nicht, da diese **jederzeit bis zur Vollendung der Leistung** möglich ist.

76 Ob im Einzelfall wirklich eine **Teilkündigung** vorliegt, ist gegebenenfalls durch **Auslegung zu ermitteln**. So ist es keine teilweise Kündigung, sondern nur eine vereinbarte **Änderung des Bauvertrags** oder evtl. auch eine **einverständliche teilweise Vertragsaufhebung** mit vereinbarter Vergütungsfolgenregelung, wenn sich der Auftragnehmer im Einvernehmen mit dem Auftraggeber damit einverstanden erklärt, dass der Mehrpreis für von dritter Seite gelieferte Gipsdielenwände, die der Auftragnehmer entgegen seinem Angebot nicht liefern kann, von seiner Vergütungsforderung abgezogen wird (vgl. BGH Urt. v. 2.7.1964 VII ZR 58/63).

§ 8 Nr. 2
[Kündigung wegen Vermögensverfalls des Auftragnehmers]

(1) Der Auftraggeber kann den Vertrag kündigen, wenn der Auftragnehmer seine Zahlungen einstellt, von ihm oder zulässigerweise vom Auftraggeber oder einem anderen Gläubiger das Insolvenzverfahren (§§ 14 und 15 InsO) beziehungsweise ein vergleichbares gesetzliches Verfahren beantragt ist, ein solches Verfahren eröffnet wird oder dessen Eröffnung mangels Masse abgelehnt wird.

(2) Die ausgeführten Leistungen sind nach § 6 Nr. 5 abzurechnen. Der Auftraggeber kann Schadensersatz wegen Nichterfüllung des Restes verlangen.

Inhaltsübersicht

	Rn.
A. Allgemeine Grundlagen	1
I. Wirtschaftliche Verhältnisse des Auftragnehmers als Ausgangspunkt	1
1. Grundsätzliches	1
2. Besonderheiten bei ARGEN	6
II. Wirksamkeit des § 8 Nr. 2 VOB/B trotz §§ 103, 119, 133 Abs. 1 InsO?	8
III. Isolierte Inhaltskontrolle von § 8 Nr. 2 VOB/B gemäß § 307 BGB	13
B. Kündigungsgründe nach § 8 Nr. 2 Abs. 1 VOB/B	14
I. Zahlungseinstellung (1. Alternative)	15
II. Insolvenzantragstellung (2. Alternative)	18
III. Eröffnung des Insolvenzverfahrens (3. Alternative)	24
IV. Abweisung des Insolvenzantrags mangels Masse (4. Alternative)	25
C. Vergütung des Auftragnehmers nach Kündigung (§ 8 Nr. 2 Abs. 2 S. 1 VOB/B)	26
D. Schadensersatzanspruch (§ 8 Nr. 2 Abs. 2 S. 2 VOB/B) und sonstige Gegenforderungen/Einwendungen des Auftraggebers nach Vertragskündigung	32
I. Schadensersatzanspruch (§ 8 Nr. 2 Abs. 2 S. 2 VOB/B)	32
1. Restfertigstellungsmehrkosten	35
2. Verzugsschaden/Vertragsstrafe	37

	Rn.
II. Sonstige praxisrelevante Gegenforderungen/Einwendungen des Auftraggebers	38
1. Mängelrechte	38
2. Sicherheitseinbehalt	47
E. Verjährung	48
F. Insolvenzrechtliche Aufrechnungsverbote	54
G. Exkurs: Die Auswirkungen der Insolvenzverfahrenseröffnung auf den beiderseits nicht vollständig erfüllten Bauvertrag	57

A. Allgemeine Grundlagen

I. Wirtschaftliche Verhältnisse des Auftragnehmers als Ausgangspunkt

1. Grundsätzliches

Das außerordentliche **Kündigungsrecht des Auftraggebers nach § 8 Nr. 2 VOB/B** unterscheidet sich – abgesehen von den für den Auftraggeber günstigen Rechtsfolgen – von dem in § 8 Nr. 1 VOB/B dadurch, dass es **nur unter gewissen Voraussetzungen zulässig,** also nicht ohne weiteres nach dem freien Willen des Auftraggebers gegeben ist. Diese hier geregelte **besondere Kündigung findet sich in den gesetzlichen Bestimmungen zum Werkvertrag nicht.** Genauso wenig enthält die am Leitbild des öffentlichen (nicht insolvenzfähigen) Auftraggebers orientierte VOB/B ein gleichermaßen in der wirtschaftlichen Krise des Auftraggebers leicht handhabbares **Kündigungsrecht für den Auftragnehmer.** Ein solches wäre wünschenswert, da die VOB/B sehr häufig in Verträgen mit privaten Auftraggebern vereinbart wird und der Auftragnehmer in der wirtschaftlichen Krise seines Vertragspartners schutzbedürftig ist. Die ihm vom Gesetz eingeräumten Möglichkeiten, sich in der Krise berechtigt vom Vertrag mit dem Auftraggeber zu lösen (etwa §§ 321 Abs. 2, 648a Abs. 5 i.V.m. § 643 S. 2 BGB), sind schwerfällig und können zu Verzögerungen führen. Der »Arbeitskreis Schuldrechtsmodernisierungsgesetz des Instituts für Baurecht Freiburg e.V.« sah daher zutreffend in E § 644 Abs. 5 seines »Baurechtlichen Ergänzungsentwurfs II zum Schuldrechtsmodernisierungsgesetz« ein für Auftraggeber und -nehmer gleichermaßen eröffnetes Kündigungsrecht unter im Wesentlichen gleichen Voraussetzungen wie § 8 Nr. 2 Abs. 1 VOB/B vor (Beilage zu BauR, Heft 4/2002, 7, 13). 1

Das **Kündigungsrecht aus § 8 Nr. 2 VOB/B hängt mit der Vermögenslage des Auftragnehmers** zusammen. Die **Leistungsfähigkeit und die Zuverlässigkeit des Auftragnehmers** sind für den Auftraggeber ein ganz wesentlicher Gesichtspunkt beim Abschluss des Bauvertrags, der bis zu dessen ordnungsgemäßer Abwicklung Bedeutung behält. Oft stehen große Vermögensinteressen des Auftraggebers auf dem Spiel, wenn er ein Bauvorhaben durchführt. Finanzielle Engpässe beim Auftragnehmer können sich auf die ordnungsgemäße und zügige Leistungsdurchführung schädigend oder störend auswirken. 2

Wenn während der Bauausführung **Schwierigkeiten in der Vermögenslage des Auftragnehmers** eintreten, **reichen die gesetzlichen Vorschriften,** wie z.B. §§ 281, 323 BGB, **nicht immer aus,** den berechtigten Belangen des Auftraggebers für den Bereich des Bauvertrages gerecht zu werden. Das gilt deshalb, weil die Voraussetzungen dieser Vorschriften schwieriger zu handhaben sind und weil die **Anwendung der Rücktrittsvorschriften nur in wenigen Ausnahmefällen zu tragbaren Ergebnissen führt** (vgl. Vor §§ 8 und 9 VOB/B). 3

Um den aufgezeigten Schwierigkeiten zu begegnen und dem Auftraggeber eine schnelle Handlungsmöglichkeit zu gewähren, besteht das **außerordentliche Kündigungsrecht** des § 8 Nr. 2 VOB/B **im Fall des Vermögensverfalls des Auftragnehmers. Voraussetzung** für eine wirksame **Kündigung** ist, dass die dortigen Kündigungsgründe **im Zeitpunkt der Kündigung gegeben sind** (OLG Oldenburg 4

VOB/B § 8 Nr. 2   Kündigung wegen Vermögensverfalls des Auftragnehmers

BauR 1987, 567). Fehlt es hieran, bleibt es dem Auftraggeber unbenommen, Gründe für eine außerordentliche Kündigung auf anderer Rechtsgrundlage nachzuschieben (**BGH BauR 2005, 1477, 1478**).

5   Liegen die außerordentliche Kündigung rechtfertigende Gründe nicht vor, wird regelmäßig die unwirksame außerordentliche Kündigung als eine ordentliche Kündigung mit den Rechtsfolgen des § 8 Nr. 1 VOB/B behandelt (BGH [VII. Zivilsenat] BauR 2003, 1889, 1891 f.; zurückhaltender zu einem Softwareentwicklungsvertrag BGH [X. Zivilsenat] NZBau 2001, 621, 622). In einer unberechtigten außerordentlichen Kündigung durch den Auftraggeber liegt ferner eine schwerwiegende Vertragsverletzung, die im Gegenzug den **Auftragnehmer zur außerordentlichen Vertragskündigung** berechtigt (*Kniffka/Koeble* Kompendium des Baurechts 9. Teil Rn. 5). Verweigert der Auftraggeber nach Ausspruch der unberechtigten Kündigung dem Auftragnehmer die Weiterarbeit und lässt er statt dessen das Werk anderweit vollenden, hat der Auftragnehmer einen **Anspruch aus § 326 Abs. 2 BGB** (BGH BauR 2003, 1889, 1891).

2. Besonderheiten bei ARGEN

6   **§ 8 Nr. 2 VOB/B stellt auf die Vermögensverhältnisse des** im Rahmen des jeweiligen Bauvertrags eingesetzten **Auftragnehmers ab**. Sofern der Auftraggeber eine baurechtliche Arbeitsgemeinschaft (ARGE) beauftragt, ist strittig, ob das Kündigungsrecht nach § 8 Nr. 2 VOB/B bereits bei **Vermögensverfall eines Mitglieds oder einzelner Mitglieder der ARGE** gegeben ist. Diese Frage ist zu verneinen: Zum einen ist **Vertragspartner des Auftraggebers ausschließlich die ARGE**, der Rechtsfähigkeit zukommt (BGH BauR 2001, 775). Der Umstand, dass ein Mitglied der ARGE in Vermögensverfall geraten ist und ihm gegenüber – wäre es der Bauvertragspartner – eine Kündigung nach § 8 Nr. 2 VOB/B möglich wäre, stellt nach allgemeinen gesellschaftsrechtlichen Grundsätzen keinen Kündigungsgrund gegenüber dem Vertragspartner selbst, der ARGE, dar, es sei denn, auch die ARGE gerät in Vermögensverfall, was ihr gegenüber die Kündigung rechtfertigt. Zum anderen: Das außerordentliche Kündigungsrecht der § 8 Nr. 2 VOB/B rechtfertigt sich durch den nach außen hervorgetretenen Vermögensverfall. Tritt ein solcher Vermögensverfall bei einer zwei- oder mehrgliedrigen ARGE, deren **Partner gegenüber dem Auftraggeber gemäß §§ 128 f. HGB wie Gesamtschuldner haften** (BGH BauR 2001, 775, 782 f.), nur hinsichtlich eines Partners ein, berührt dies zunächst die wirtschaftliche Leistungsfähigkeit des/der verbliebenen ARGE-Partner(s) nicht. Gerade diese quasi gesamtschuldnerische Haftung der ARGE-Partner (neben der der ARGE selbst) ist eine **wertvolle Sicherheit für den Auftraggeber**, da er – anders als z.B. bei üblicherweise auf maximal 10% des Auftragswerts beschränkten Vertragserfüllungssicherheiten – den uneingeschränkten Anspruch auf Vertragserfüllung gegen mindestens einen weiteren ARGE-Partner (und die ARGE selbst) behält.

7   Zwar ist es möglich, dass der Ausfall eines ARGE-Partners Verzögerungen und Probleme bei der Abwicklung des Bauvorhabens verursacht. Der Auftraggeber ist geschützt, da er mit hieraus resultierenden Ansprüchen gegen den Werklohnanspruch der ARGE aufrechnen bzw. ein Leistungsverweigerungsrecht ausüben kann und umgekehrt die ARGE vertraglich dazu verpflichtet ist, zu unveränderten Konditionen den Vertrag zu erfüllen. Schließlich würde es ersichtlich erst recht zu einer (unnötigen) Schadenserhöhung führen, wenn allein auf Grund des Vermögensverfalls eines ARGE-Partners der Auftraggeber das Vertragsverhältnis mit der ARGE berechtigt beenden könnte mit der Folge, dass er anschließend durch Einschaltung eines neuen Auftragnehmers das Bauvorhaben fortführen müsste. Regelmäßig ist die **ARGE auch nach Ausscheiden** des in Vermögensverfall geratenen Partners aus der ARGE (vgl. §§ 23.41, 23.52, 23.63, 23.66 ARGE-Mustervertrag, Fassung 2005) eher als ein neu zu beauftragender Auftragnehmer **in der Lage, die aufgetretenen Probleme zu bewältigen**, da sie sich schon seit geraumer Zeit mit der Baustelle befasst und im eigenen wirtschaftlichen Interesse alles daran setzen wird, die Probleme zu lösen. Erweist sich demgegenüber die ARGE selbst auf Grund der eingetretenen Probleme als überfordert, wird die logische Konsequenz **Vermögens-**

verfall auch der ARGE sein. Dann entsteht zu Gunsten des Auftraggebers ein **Kündigungsrecht aus § 8 Nr. 2 VOB/B gegen die ARGE**. Soweit für den Auftraggeber in dieser Phase die Zahlungsunfähigkeit der ARGE nicht hinreichend feststellbar ist und die ARGE den ihr gemäß § 11 Abs. 2 Nr. 1 InsO möglichen Insolvenzantrag nicht stellt, werden ihr bei der Vertragsabwicklung Fehlleistungen unterlaufen, die den Auftraggeber zur außerordentlichen Vertragskündigung auf anderer Grundlage – etwa § 4 Nr. 7 S. 3 i.V.m. § 8 Nr. 3 Abs. 1 VOB/B – berechtigen.

II. Wirksamkeit des § 8 Nr. 2 VOB/B trotz §§ 103, 119, 133 Abs. 1 InsO?

Unter Geltung der Konkursordnung (KO) war eingehend diskutiert worden, ob § 8 Nr. 2 VOB/B mit den dort angeordneten, für den Auftraggeber günstigen Rechtsfolgen mit dem **Grundprinzip der KO, die Gläubiger im Konkurs gleich zu behandeln**, und mit § 17 KO vereinbar sei oder nicht. Dieser Diskussion bereitete der VII. Zivilsenat des BGH 1985 ein Ende, indem er einen solchen Verstoß verneinte (BGH BauR 1986, 91; ebenso für eine nicht bauvertragliche Lösungsklausel der IX. Zivilsenat [BGH ZIP 1994, 40, 42 f.]). Der VII. Senat ließ in seiner Entscheidung sogar eine **Kündigung nach Konkursverfahrenseröffnung und Erfüllungswahl des Konkursverwalters** zu. Er rechtfertigte dies damit, es gebe keine Bestimmung, die es dem späteren Gemeinschuldner und dessen Vertragspartner untersage, eine Vereinbarung zu treffen, wonach dem Auftraggeber im Falle des Konkurses des Auftragnehmers ein Kündigungsrecht und damit verbundene Schadensersatzansprüche wegen Nichterfüllung des restlichen Auftrags zustehen sollten. Im Übrigen verstoße der Auftraggeber mit der Geltendmachung seiner Rechte aus § 8 Nr. 2 VOB/B auch nicht gegen den Grundsatz von Treu und Glauben. § 8 Nr. 2 VOB/B trage vor allem der Tatsache Rechnung, dass ein Bauvertrag in aller Regel ein gewisses **Vertrauensverhältnis** zwischen Auftraggeber und -nehmer voraussetze. Die **Leistungsfähigkeit und Zuverlässigkeit** des Auftragnehmers seien bei der Auftragsvergabe von wesentlicher Bedeutung. Dieses Vertrauensverhältnis werde durch den Vermögensverfall und insbesondere durch den Konkurs des Auftragnehmers so gut wie immer erschüttert. Mithin entspreche § 8 Nr. 2 VOB/B schutzwürdigen Belangen des Auftraggebers und damit einem **praktischen Bedürfnis**.

8

Mit dem vollständigen In-Kraft-Treten der Insolvenzordnung (InsO) zum 1.1.1999 ist die Diskussion über die **Vereinbarkeit von § 8 Nr. 2 VOB/B mit jetzt § 103 InsO**, der im Wesentlichen unverändert wie § 17 KO das Wahlrecht des Insolvenzverwalters zu gegenseitigen Verträgen festschreibt, neu belebt worden. Wesentlicher Bezugspunkt der gegenüber § 8 Nr. 2 VOB/B kritischen Argumentation ist § 119 InsO, wonach Vereinbarungen, durch die im Voraus die Anwendung der §§ 103 bis 118 InsO ausgeschlossen oder beschränkt wird, unwirksam sind. Dabei wird jedoch verkannt, dass das **Wahlrecht des Insolvenzverwalters überhaupt erst mit Verfahrenseröffnung** entsteht, also eine auf Grundlage von § 8 Nr. 2 VOB/B **vor der Insolvenzverfahrenseröffnung ausgesprochene Kündigung** von der Verbotsnorm des § 119 InsO **nicht erfasst** wird (OLG Karlsruhe IBR 2006, 398 – *Hörmann*). Anders wäre es, wenn § 119 InsO auch mittelbare Beeinträchtigungen des Wahlrechts erfassen würde. Gegen eine solche Annahme spricht entscheidend neben dem Wortlaut der Norm der **Gang des Gesetzgebungsverfahrens**: § 137 des Regierungsentwurfs enthielt ursprünglich über den Abs. 1 hinaus, der nun § 119 InsO entspricht, zwei weitere Absätze, wobei in Abs. 2 ausdrücklich auf die Insolvenzverfahrenseröffnung bezogene vertragliche Lösungsklauseln für unwirksam erklärt wurden. Da der Gesetzgeber hierin einen zu schwer wiegenden Eingriff in die Vertragsfreiheit sah, wurde dieser Abs. 2 gestrichen. Da im Übrigen das vom BGH bereits 1985 hervorgehobene **praktische Bedürfnis** nach einer schnellen Kündigungsmöglichkeit fortbesteht, weil der Bauvertrag wegen drohender enormer Schäden es nicht verträgt, in einem wochen- oder monatelangen Schwebezustand zu bleiben, bis der überhaupt erst eingesetzte endgültige Insolvenzverwalter sich über das Wahlrecht erklärt, ist mit den **nachfolgenden Einschränkungen zur 3. Alternative und zu dem spätestmöglichen Zeitpunkt**, zu dem der Auftraggeber wirksam die Kündigung erklären kann, daran festzuhalten, dass **§ 8 Nr. 2 VOB/B** mit dem in § 103 InsO enthaltenen Wahlrecht

9

des Insolvenzverwalters nicht kollidiert und **wirksam** ist (*C. Schmitz* Die Bauinsolvenz, 3. Aufl. 2004, Rn. 53; *Heidland* Der Bauvertrag in der Insolvenz, 2. Aufl. 2003, Rn. 916; *Thode* ZfIR 2000, 165, 181; umfassende weitere Nachweise zum Meinungsstand bei *Berger* in Kölner Schrift zur Insolvenzordnung, 2. Aufl. 2000, S. 499, 507 f. m. Fn. 45, 47).

10 Allerdings ist **nicht** anzuerkennen, dass der Auftraggeber eine Kündigung nach § 8 Nr. 2 VOB/B wirksam noch **im Stadium nach der Insolvenzverfahrenseröffnung und Erfüllungswahl** des Insolvenzverwalters aussprechen kann, mag dies auch der VII. Senat in seiner zitierten Entscheidung aus dem Jahre 1985 abweichend beurteilt haben. Würde man selbst in diesem Stadium die Kündigung zulassen, so würde man den Insolvenzverwalter, der wegen der Erfüllungswahl Dispositionen (vertragliche Bindung gegenüber Nachunternehmern, Lieferanten und Arbeitnehmern) eingegangen ist, mit einem massiven Schaden belasten. Ganz abgesehen davon ist der rechtfertigende Grund bei § 8 Nr. 2 VOB/B der Vermögensverfall des Auftragnehmers. Dieser Umstand entfällt, wenn der Insolvenzverwalter in Abwägung seiner finanziellen und faktischen Möglichkeiten die Erfüllung eines Vertrags aus der Masse wählt mit der Folge, hierdurch **Masseverbindlichkeiten** (und schlimmstenfalls eine persönliche Haftung gemäß §§ 61, 60 InsO) zu begründen und nach Abnahme des Werks hinsichtlich der noch denkbaren Mängelansprüche für die Dauer der Verjährungsfrist Rückstellungen bilden zu müssen (*C. Schmitz* DZWIR 1999, 485, 489; a.A. *Heidland* Der Bauvertrag in der Insolvenz, 2. Aufl. 2003, Rn. 1014; ausdrücklich offengelassen hat diese Frage *Kreft* FS Uhlenbruck 2000 S. 387, 401). Ebenso ist eine Kündigung nach § 8 Nr. 2 VOB/B **im Stadium nach der Insolvenzverfahrenseröffnung unwirksam**, **selbst wenn** bei Zugang der Kündigungserklärung der Insolvenzverwalter die **Erfüllung noch nicht gewählt** hat. Dem Auftraggeber, der im Zeitraum vor der Insolvenzverfahrenseröffnung keine Kündigung ausgesprochen hat, ist es zuzumuten, nunmehr wegen des suspendierten Erfüllungsanspruchs aus dem Bauvertrag dem Insolvenzverwalter eine Frist zur Erklärung über die Erfüllungswahl (§ 103 Abs. 1 InsO) zu setzen und anschließend entweder mit der Erfüllungswahl des Verwalters konfrontiert zu sein oder aber Schadensersatzansprüche wegen Nichterfüllung gemäß § 103 Abs. 2 InsO geltend machen zu können. Eine andere Betrachtungsweise ist mit dem eindeutigen Wortlaut von § 119 InsO nicht vereinbar. Praktisch relevant werden solche Fälle äußerst selten sein, da wegen der Notwendigkeit, schnellstmöglich Klarheit über die weitere Abwicklung des Bauvertrags zu erlangen, Kündigungen, falls sie der Auftraggeber wünscht, unmittelbar nach Insolvenzantrag ausgesprochen werden können und i.d.R. auch ausgesprochen werden.

11 Im **Ergebnis** ist die **3. Alternative** von § 8 Nr. 2 Abs. 1 VOB/B wegen Verstoßes gegen §§ 103, 119 InsO **unwirksam**. Ebenso sind **Kündigungen auf Grundlage der 1. und der 2. Alternative** von § 8 Nr. 2 Abs. 1 VOB/B **unwirksam**, wenn der Auftraggeber den Vertrag erst **nach Eröffnung des Insolvenzverfahrens** gegenüber dem Insolvenzverwalter kündigt.

12 Vereinzelt wird diskutiert, ob die vertragliche Einräumung des Lösungsrechts (also die Einbeziehung von § 8 Nr. 2 VOB/B in den Bauvertrag) der **Insolvenzanfechtung** unterliegt (§ 133 Abs. 1 S. 1 InsO). Rechtsfolge sei, dass die Insolvenzmasse in die Lage zu versetzen sei, in der sie sich befände, wenn die Kündigung unterblieben wäre, so dass der Insolvenzverwalter einem zur Aufrechnung gestellten Schadensersatzanspruch des Auftraggebers die Einrede der anfechtbaren Begründung entgegenhalten könne (*Schwörer* Lösungsklauseln für den Insolvenzfall, 2000, Rn. 517 ff.; *Kirchhof* WM-Sonderbeilage Nr. 2/96, 11, deutet an, die durch die Kündigung herbeigeführte Aufrechnungslage könne angefochten werden). Dem ist entgegen zu halten, dass die Einbeziehung von § 8 Nr. 2 VOB/B in den Bauvertrag **nicht die hohen subjektiven Merkmale des § 133 Abs. 1 S. 1 InsO** erfüllt, im Übrigen das Anfechtungsrecht nicht in der Lage ist, dynamische und in die Zukunft gerichtete Prozesse wie den Ablauf eines nicht vollständig ausgeführten Bauvertrags in den Griff zu bekommen. Eine Insolvenzanfechtung bzw. ein hierauf gestütztes Aufrechnungsverbot scheidet mithin aus (*C. Schmitz* Bauinsolvenz Rn. 525 ff.).

III. Isolierte Inhaltskontrolle von § 8 Nr. 2 VOB/B gemäß § 307 BGB

Eine isolierte AGB-Inhaltskontrolle führt **nicht zur Unwirksamkeit** von § 8 Nr. 2 VOB/B, auch wenn der Auftraggeber Verwender der Klausel ist. Die Bewertung, dass ein grundlegender Vermögensverfall ein gravierender, vom Auftragnehmer zu vertretender Negativumstand ist, der die vertraglichen Ansprüche des Auftraggebers erheblich gefährdet und diesen zur fristlosen Kündigung mit den für solche Kündigungen typischen Rechtsfolgen berechtigt (OLG Düsseldorf BauR 1982, 166, 167; OLG Celle ZIP 1985, 1013, 1014 [Vorinstanz zu BGH BauR 1986, 91]), ist zwar – wie das Fehlen einer entsprechenden gesetzlichen Regelung zeigt, – nicht zwingend, aber gut vertretbar. Eine höchstrichterliche Äußerung zum Problem gibt es nicht (von BGH BauR 1986, 91, 92, als nicht entscheidungserheblich offengelassen).

13

B. Kündigungsgründe nach § 8 Nr. 2 Abs. 1 VOB/B

§ 8 Nr. 2 Abs. 1 VOB/B enthält auf der Tatbestandsseite vier Alternativen, wobei in der Fassung 2006 die 2. Alternative zwei Varianten aufweist. Damit will der DVA die **kontroverse Diskussion beenden**, ob die frühere Fassung nur auf einen Eigeninsolvenzantrag des Auftragnehmers abstellt (was zu bejahen war; vgl. Voraufl. Rn. 18). Die **Darlegungs- und Beweislast** dafür, dass der Tatbestand einer dieser vier Alternativen zum Zeitpunkt der Kündigung erfüllt war, trägt der Auftraggeber (OLG Oldenburg BauR 1987, 567, 568).

14

I. Zahlungseinstellung (1. Alternative)

Die **Zahlungseinstellung** ist in § 17 Abs. 2 S. 2 InsO erwähnt. Sie begründet die **widerlegliche Vermutung der Zahlungsunfähigkeit**. Letztere ist wiederum eine in der Praxis besonders relevante Voraussetzung für die Eröffnung eines Insolvenzverfahrens. Von Zahlungsunfähigkeit ist **regelmäßig** auszugehen, wenn die **Liquiditätslücke** des Auftragnehmers **10% oder mehr seiner fälligen Gesamtverbindlichkeiten** beträgt, sofern nicht ausnahmsweise mit an Sicherheit grenzender Wahrscheinlichkeit zu erwarten ist, dass die Liquiditätslücke demnächst vollständig oder fast vollständig beseitigt wird, und den Gläubigern ein Zuwarten nach den besonderen Umständen des Einzelfalls zuzumuten ist (BGH ZIP 2005, 1426). Diese **widerlegbare Vermutung** für die Zahlungsunfähigkeit lässt Raum für die Einzelfallbewertung, im Bereich der Bauwirtschaft für den Umstand, dass regelmäßig saisonale Flauten zu überbrücken sind (BGH ZIP 2005, 1426, 1429 f.). Insgesamt gilt nach dieser Rechtsprechung folgende **Formel** zur Ermittlung der Zahlungsunfähigkeit: (liquide Mittel + Zahlungseingänge innerhalb von drei Wochen) : (fällige + innerhalb von drei Wochen fällig werdende Zahlungspflichten) < 90%. (*Knolle/Tetzlaff* ZInsO 2005, 897, 901). Die Nichtzahlung gegenüber einem einzigen Gläubiger kann ausreichen, wenn dessen Forderung von insgesamt nicht unerheblicher Höhe ist (BGH ZIP 2002, 87, 89).

15

Da der Auftraggeber die Interna des Auftragnehmers regelmäßig nicht kennt, ist es ihm meist nicht möglich, verlässlich ex ante zu beurteilen, ob der Auftragnehmer die Zahlungen eingestellt hat. Der 1. Alternative von § 8 Nr. 2 Abs. 1 VOB/B kommt daher primär die **Funktion zu, ex post** eine auf anderer Grundlage ausgesprochene außerordentliche Kündigung zu rechtfertigen, weil der Auftraggeber nun z.B. im eröffneten Insolvenzverfahren mehr Informationen erhält.

16

Im Einzelfall kommt in Betracht, dass der Auftraggeber von Umständen zeitnah erfährt, die eindeutig den Schluss zulassen, dass der Auftragnehmer seine Zahlungen eingestellt hat: So ist eine Zahlungseinstellung zu bejahen, wenn der Auftragnehmer die **eidesstattliche Versicherung abgegeben hat und mehrere Gläubiger wegen erheblicher Forderungen die Zwangsversteigerung** des Auftragnehmer-Betriebsgrundstücks und seines Wohnhauses betreiben (OLG Köln BauR 1996, 257).

17

Dagegen reicht es nicht aus, wenn der Auftragnehmer zweimal die eidesstattliche Versicherung abgibt und gegen sich Haftbefehl ergehen lässt (OLG Köln 16.2.2005 11 U 87/04).

II. Insolvenzantragstellung (2. Alternative)

18 In der **1. Variante** ist ein **Eigeninsolvenzantrag** des Auftragnehmers, also bei juristischen Personen des zuständigen Organs, vorausgesetzt. Dies entspricht – sprachlich nunmehr unmissverständlich – der Fassung 2002 und bereitet dem Auftraggeber in der zeitnahen Überprüfung (Presseberichterstattung, Nachfragen bei dem Insolvenzgericht und/oder den Kontaktpersonen beim Auftragnehmer, die um Übermittlung einer Kopie des Antrags zu bitten sind) regelmäßig keine Schwierigkeiten. Daher kündigen Auftraggeber im Anwendungsbereich des § 8 Nr. 2 VOB/B den Bauvertrag regelmäßig auf Grundlage dieses Tatbestands.

19 Die 2006 neu eingeführte **2. Variante** stellt auf einen »**zulässigerweise**« **vom Auftraggeber oder von einem anderen Gläubiger gestellten Insolvenzantrag** ab. Es müssen daher die Voraussetzungen des § 14 Abs. 1 InsO erfüllt sein: Der antragstellende Gläubiger muss seine Forderung und den Eröffnungsgrund glaubhaft machen sowie ein rechtliches Interesse an der Eröffnung des Insolvenzverfahrens haben.

20 Das **rechtliche Interesse** ist regelmäßig anzunehmen, wenn dem Gläubiger eine Forderung zusteht und er einen Eröffnungsgrund glaubhaft macht (BGH ZIP 2006, 1452 Rn. 7). Die **Forderung** muss nicht tituliert sein. Doch muss der Gläubiger sie schlüssig darlegen und darüber hinaus mit präsenten Beweismitteln (§ 4 InsO i.V.m. § 294 ZPO) glaubhaft machen. Nötig ist nicht der Vollbeweis, dass die Forderung besteht, sondern die überwiegende Wahrscheinlichkeit reicht aus. (*Wehr* in Hamburger Kommentar zur InsO 2006, § 14 Rn. 6 ff.; *Kirchhof* in Heidelberger Kommentar zur InsO 4. Aufl. 2006, § 14 Rn. 6 ff.). Bestreitet der Schuldner die (nicht titulierte) Forderung und ergeben sich ernsthafte Zweifel an deren Bestand, dient das Insolvenzeröffnungsverfahren nicht dazu, den Bestand rechtlich zweifelhafter Forderungen zu klären (BGH ZIP 2006, 1456 Rn. 13).

21 Daneben muss der Gläubiger als Antragsteller den **Eröffnungsgrund**, regelmäßig also die Zahlungsunfähigkeit (Rn. 15 ff.), glaubhaft machen (zur Überschuldung gemäß § 19 InsO kann der Gläubiger nur in absoluten Ausnahmefällen Vortrag leisten).

22 Angesichts dieser Erfordernisse scheidet aus, dass der Auftraggeber wegen einer für ihn unbefriedigenden Bauvertragsabwicklung zulässigerweise Insolvenzantrag gegen den Auftragnehmer stellt und damit eine Kündigung gemäß § 8 Nr. 2 VOB/B vorbereitet, es sei denn, er hätte wegen seiner Ansprüche aus dem Bauvertrag (oder aus einer anderen Rechtsbeziehung) eine titulierte, unbefriedigte Forderung. Genauso wenig kann ein Auftraggeber verlässlich prüfen, ob der von einem Dritten als Gläubiger gegen den Auftragnehmer gestellte Insolvenzantrag den Anforderungen des § 14 InsO genügt. Die **Bedeutung dieser 2. Variante** der 2. Alternative dürfte sich damit noch mehr als die der 1. Alternative auf eine **ex-post-Rechtfertigung** der auf anderer Grundlage erklärten Kündigung beschränken.

23 Ein »**vergleichbares gesetzliches Verfahren**« gibt es unter Geltung der InsO für die Bundesrepublik Deutschland nicht mehr. Hierunter fallen Anträge nach den jeweiligen gesetzlichen Vorschriften im Ausland.

III. Eröffnung des Insolvenzverfahrens (3. Alternative)

24 **Die Eröffnung des Insolvenzverfahrens wird dokumentiert durch** einen rechtswirksamen **Eröffnungsbeschluss** (§ 27 InsO). Dieser darf nicht in der Beschwerdeinstanz wieder aufgehoben worden sein (OLG Oldenburg BauR 1987, 567 [Aufhebung des Konkurseröffnungsbeschlusses mit Anordnung der sofortigen Wirksamkeit nach § 74 S. 2 KO vor Zugang der vom Auftraggeber ausgespro-

chenen Kündigung]). Diese Alternative hat – abgesehen von der aus §§ 103, 119 InsO folgenden Unwirksamkeit – **kaum praktische Bedeutung**, da der Eröffnung des Insolvenzverfahrens immer ein Antrag vorausgehen muss (§ 13 Abs. 1 S. 1 InsO), der wiederum die Kündigung gemäß 2. Alternative eröffnet. Ein praktischer Anwendungsbereich verbleibt allenfalls in den Fallgruppen, in denen der Auftraggeber die Zulässigkeit des allein vorliegenden Gläubigerinsolvenzantrags nicht zu beurteilen vermag und daher eine Kündigung auf Grundlage der 2. Alternative Variante 2 unterlässt.

IV. Abweisung des Insolvenzantrags mangels Masse (4. Alternative)

Auch die 4. Alt. – **Ablehnung der Verfahrenseröffnung mangels Masse** – wird durch einen entsprechenden Beschluss des zuständigen Insolvenzgerichts dokumentiert (§ 26 InsO). Diese Alternative hat eine ähnlich **eingeschränkte praktische Bedeutung** wie die 3. Alternative. 25

C. Vergütung des Auftragnehmers nach Kündigung (§ 8 Nr. 2 Abs. 2 S. 1 VOB/B)

Wird eine Kündigung nach § 8 Nr. 2 Abs. 1 VOB/B wirksam ausgesprochen, regelt sich gemäß § 8 Nr. 2 Abs. 2 VOB/B die **Vergütung des Auftragnehmers** nach § 6 Nr. 5 VOB/B (vgl. hierzu § 6 Nr. 5 VOB/B). **Nur die bis zum Zugang der Kündigung tatsächlich ausgeführte Leistung (Teilwerk)** kann vorbehaltlich erfolgreicher Aufrechnung des Auftraggebers mit Gegenforderungen dem Auftragnehmer bzw. dessen Insolvenzverwalter einen Vergütungsanspruch gegen den Auftraggeber geben. Grundsätzlich gelten für den Auftragnehmer/Insolvenzverwalter die allgemeinen **Abrechnungsregeln**, gerade auch die vom BGH in ständiger Rechtsprechung zum vorzeitig beendeten Pauschalpreisvertrag entwickelten Grundsätze (hierzu § 8 Nr. 1 VOB/B; vgl. auch *C. Schmitz* Bauinsolvenz Rn. 116 ff.). Ausnahmsweise darf der Insolvenzverwalter **von »oben nach unten« abrechnen**, indem er vom Pauschalpreis ausgeht und davon die aktuellen Kosten der noch offen Restleistungen abzieht, wenn das Werk nahezu fertig gestellt ist (BGH ZIP 1986, 382, 383; BGH BauR 2000, 1535, 1538). In einem Fall, in dem noch Arbeiten an den Außenanlagen, Außenputz-, Maler- und Fliesenlegerarbeiten in einem Teil des Dachgeschosses unerledigt waren, schied diese Abrechnung aus (OLG Köln ZIP 1999, 495; vgl. auch OLG Hamm IBR 2006, 383 – *Steiger*, mit 2% offene Restleistung als Richtwert). Verwandt ist dem eine ebenfalls gestattete Abrechnungsmethode, die darin besteht, vom vereinbarten Pauschalpreis die **Kosten abzuziehen, die dem Auftraggeber bei der Restfertigstellung** des Bauwerks entstanden sind (BGH BauR 2006, 519, 520). Außerdem ist der **eingeschränkte Informationsstand von Insolvenzverwaltern** zu berücksichtigen. Übersteigerte Anforderungen, die faktisch zu einer dauerhaften Befreiung des Auftraggebers von seiner Zahlungspflicht führen würden, sind nicht angebracht (BGH BauR 2004, 1443; 2004, 1937, 1939; OLG Dresden BauR 2001, 419, 420 f.). 26

Grundsätzlich **keinen Vergütungsanspruch** hat der Auftragnehmer für **vertragsgemäß hergestellte, aber noch in seinem Betrieb befindliche oder lediglich angelieferte Bauteile**, die noch nicht eingebaut sind. Das folgt aus § 8 Nr. 3 Abs. 3 VOB/B, wonach der Auftraggeber solche Bauteile für die Weiterführung der Arbeiten in Anspruch nehmen kann, woraus sich ergibt, dass es sich eben nicht um vergütungspflichtige erbrachte Leistungen handelt (BGH BauR 1995, 545, 546; 2003, 877). Auch bloße **Vorbereitungshandlungen** wie die Aufmaßnahme und die Planung zählen nicht zu den vergütungspflichtigen »ausgeführten Leistungen« (OLG Köln BauR 1996, 257, 258). **Ausnahmsweise** gewährt die Rechtsprechung einen **Vergütungsanspruch nach Treu und Glauben**, wenn der Auftragnehmer die bereits hergestellten Bauteile nicht selbst verwenden kann, diese für die Weiterführung des Bauvorhabens uneingeschränkt tauglich sind und ihre Verwendung dem Auftraggeber unter Berücksichtigung aller Umstände zumutbar ist (BGH BauR 1995, 545, 546; 2003, 877). Diese Umstände können nach einer insolvenzbedingten Kündigung im Einzelfall erfüllt sein, wobei – wie von § 8 Nr. 3 Abs. 3 VOB/B zutreffend erfasst – es ohnehin oft im **eigenen Interesse des** 27

Auftraggebers liegt, die (vorgefertigten) Bauteile zu erlangen, um größeren Verzug durch Neubestellung bei einem Dritten zu verhindern. Allerdings ist zu beachten, dass bei nachfolgender Eröffnung eines Insolvenzverfahrens über das Vermögen des Auftragnehmers der Auftraggeber den Vergütungsanspruch für diese Bauteile **ungeschmälert an die Insolvenzmasse bezahlen** muss, also nicht mit Schadensersatzansprüchen aufrechnen kann, die den Status einer bloßen Insolvenzforderung haben (§ 96 Abs. 1 Nr. 3 i.V.m. § 130 Abs. 1 InsO).

28 **Fälligkeitsvoraussetzung** für das bis zur Kündigung erbrachte Teilwerk ist die **Abnahme** (BGH BauR 2006, 1294, 1295 f.). Der Auftragnehmer muss daher zeitnah (und nachweisbar) gemäß § 8 Nr. 6 VOB/B **Abnahme und Aufmaß des Teilwerks** verlangen. Dass das Teilwerk auf Grund der Kündigung zwangsläufig unvollendet ist, stellt keinen Mangel dar (BGH BauR 1993, 469, 471), der den Auftraggeber zur Verweigerung der Abnahme nach § 8 Nr. 6 VOB/B berechtigt. Der Auftraggeber kann unter den Voraussetzungen von § 12 Nr. 3 VOB/B – wegen wesentlicher Mängel – die Abnahme verweigern (BGH BauR 2003, 689).

29 Verweigert der Auftraggeber zu Recht die Abnahme des Teilwerks, wird ein Werklohn für den Auftragnehmer/Insolvenzverwalter nicht fällig. Dies kann den Insolvenzverwalter dazu veranlassen, jedenfalls die der Abnahme entgegenstehenden Mängel zu beseitigen und damit jedenfalls **teilweise Vertragserfüllung gemäß §§ 103, 105 S. 1 InsO zu wählen.** Scheut der Verwalter davor wegen der damit verbundenen Risiken (dazu Rn. 42) zurück, wird er zu prüfen haben, ob nicht ausnahmsweise die **Abnahme entbehrlich** ist. Dies ist der Fall, wenn der Auftraggeber in einem »**Abrechnungsverhältnis**« nicht mehr Vertragserfüllung durch Mängelbeseitigung, sondern nur noch Schadensersatz oder Minderung verlangt (BGH BauR 2005, 1477, 1478; 2006, 1294, 1296), er die **Abnahme des Werks ernsthaft und endgültig ablehnt** (BGH BauR 2006, 1294, 1296) oder er selbst die ursprünglich die Abnahmeverweigerung rechtfertigenden Mängel im Wege der **Selbstvornahme** beseitigt (*Kniffka* ZfBR 1998, 113, 114 f.).

30 In jedem Fall wird man aber entgegen dem missverständlichen amtlichen Leitsatz 3 von BGH BauR 2003, 689, ein **Recht des Auftragnehmers** bejahen müssen, ein **Aufmaß** (= Leistungsstandsabgrenzung) gemäß § 8 Nr. 6 VOB/B für das Teilwerk zu nehmen, da er anderenfalls später – nach Weiterbau durch Dritte – in Beweisnot hinsichtlich des Leistungsstands bei Kündigung geriete. Die qualitative (Abnahme) und die quantitative (Aufmaß) Seite sind in der Abwicklung nach Vertragskündigung strikt voneinander zu trennen.

31 Verweigert der Auftraggeber trotz Verlangens des Auftragnehmers diesem den Zutritt auf die Baustelle und damit generell die Abnahme und das Aufmaß, kommt es im späteren Streit über das Aufmaß zu einer **Beweislastumkehr** zu Lasten des Auftraggebers, wenn Feststellungen nicht mehr möglich sind (BGH BauR 2003, 1207, 1208 f.). Soweit strittig ist, ob das Teilwerk Mängel – wobei nur dem Teilwerk selbst anhaftende Fehler in Betracht kommen, hingegen nicht die kündigungsbedingte Unvollständigkeit des Teilwerks – aufweist/aufwies, gelten die allgemeinen Regeln: Vor Abnahme (BGH BauR 1981, 577, 579 [ständige Rechtsprechung]) und hinsichtlich vom Auftraggeber bei Abnahme vorbehaltener Mängel (BGH BauR 1997, 129) trägt der Auftragnehmer die Beweislast für die Mängelfreiheit des Teilwerks, nach Abnahme gemäß § 8 Nr. 6 VOB/B der Auftraggeber. Ebenso dürfte der Auftraggeber für Mängel des Teilwerks beweispflichtig sein, wenn er die Abnahme trotz eines auf § 8 Nr. 6 VOB/B gestützten Verlangens des Auftragnehmers prinzipiell verweigert (dagegen nicht, wenn er berechtigt gemäß § 12 Nr. 3 VOB/B nach einer Begehung oder unter konkreter Mitteilung der wesentlichen Mängel die Abnahme ablehnt).

Kündigung wegen Vermögensverfalls des Auftragnehmers § 8 Nr. 2 VOB/B

D. Schadensersatzanspruch (§ 8 Nr. 2 Abs. 2 S. 2 VOB/B) und sonstige Gegenforderungen/Einwendungen des Auftraggebers nach Vertragskündigung

I. Schadensersatzanspruch (§ 8 Nr. 2 Abs. 2 S. 2 VOB/B)

Die **Schadensersatzregelung** in § 8 Nr. 2 Abs. 2 S. 2 VOB/B **betrifft den nicht ausgeführten Teil der Leistung,** den der Auftragnehmer infolge der Kündigung nicht mehr erstellt. Im wesentlichen geht es um die **Restfertigstellungsmehrkosten,** die dem Auftraggeber dadurch entstehen, dass er einen anderen Unternehmer mit der Fertigstellung der noch nicht vollendeten Leistung beauftragen muss, und die **Schäden auf Grund verzögerter Fertigstellung** durch vorübergehenden Baustillstand nach erfolgter Kündigung. Schadensersatzansprüche können auch aus anderen Gründen bestehen (besonders aus §§ 4 Nr. 7 S. 2, 6 Nr. 6 VOB/B und aus § 103 Abs. 2 InsO). Hiernach muss in einen nicht erfüllten und in einen erfüllten Vertragsteil **aufgeteilt** werden. Der Auftraggeber kann theoretisch auch den bisher erstellten Teil der Leistung zurückweisen und vollen Schadensersatz wegen Nichterfüllung verlangen. Allerdings dürfte dies nur unter der in § 8 Nr. 3 Abs. 2 S. 2 VOB/B, § 281 Abs. 1 S. 2 BGB geregelten Voraussetzung möglich sein, nämlich wenn die Weiterführung der Leistung wegen des Vermögensverfalls des Auftragnehmers für ihn kein Interesse mehr hat, und ist dies wirtschaftlich nicht zweckmäßig, weil auf diesen betragsmäßig höheren Schadensersatzanspruch nur – wenn überhaupt – eine Insolvenzquote entfällt, sofern der Auftraggeber nicht umfassend durch Sicherheiten geschützt ist. 32

Im Allgemeinen wird daher der Auftraggeber seinen Schadensersatzanspruch einem Vergütungsanspruch des Auftragnehmers entgegenhalten, wobei es sich um eine **Aufrechnung** handelt. Die in solchen Zusammenhängen früher überwiegend bemühte »Verrechnung« hat der BGH verworfen, da dem Gesetz ein solches Rechtsinstitut fremd ist (BGH BauR 2005, 1477, 1478). 33

Soweit dem Auftraggeber nach Abs. 2 S. 2 **wegen der Nichtausführung** des bei der Kündigung noch nicht fertig gestellten Leistungsteils ein **Schadensersatzanspruch** zusteht, handelt es sich um einen solchen wegen Nichterfüllung, der **nach den allgemeinen Regeln (§§ 281 Abs. 1, 249 ff. BGB)** nach der dafür maßgebenden Differenztheorie zu berechnen ist. Der Auftraggeber kann also das Recht für sich in Anspruch nehmen, so gestellt zu werden, als ob der Auftragnehmer die Gesamtbauleistung entsprechend den Bedingungen des mit ihm abgeschlossenen Vertrags erbracht hätte. Für die **Voraussetzungen** und den **Umfang** seines **Schadensersatzanspruchs** trägt der **Auftraggeber** die **Beweislast** (OLG Hamm BauR 1981, 376, 377). 34

1. Restfertigstellungsmehrkosten

Der Anspruch auf Erstattung von Restfertigstellungsmehrkosten setzt eine konkrete Darlegung gemäß § 8 Nr. 3 Abs. 4 VOB/B voraus. **Übersteigerte Anforderungen** an den Auftraggeber sind **nicht** veranlasst: Maßgeblich sind die Umstände der Vertragsabwicklung und der Restfertigstellung sowie die Kontroll- und Informationsinteressen des Auftragnehmers/Insolvenzverwalters (BGH BauR 2000, 571, 572; weitere Details siehe § 8 Nr. 3 VOB/B). Um einen u.U. aussichtslosen Prozess zu vermeiden, kann der Insolvenzverwalter den aus § 8 Nr. 3 Abs. 4 VOB/B folgenden Anspruch auf Zusendung einer **Aufstellung über die Restfertigstellungsmehrkosten** klageweise durchsetzen (BGH BauR 2002, 1252). 35

§ 8 Nr. 3 Abs. 3 VOB/B ist entsprechend anwendbar, damit der Auftraggeber in der Lage ist, seinen Schaden möglichst niedrig zu halten (vgl. § 8 Nr. 3 VOB/B). Dieser Anspruch auf **Nutzung der vom Auftragnehmer erbrachten Baustelleneinrichtung** ist in der Phase nach Insolvenzantragstellung bzw. nach Eröffnung des Insolvenzverfahrens gegen Widerstreben des (vorläufigen) Insolvenzverwalters (der eventuell die Gegenstände schnellstmöglich einheitlich verwerten möchte) nicht durchsetzbar, da rein schuldrechtliche Ansprüche nicht insolvenzbeständig sind. Der ARGE-Musterver- 36 trag (2005) enthält demgegenüber die erkennbar an § 8 Nr. 3 Abs. 3 VOB/B angelehnte Vereinbarung eines insolvenzfesten Nutzungs- und Verwertungspfandrechts (§ 24.9 Abs. 2). Gegen die auf Grund dieser Nutzung gegenüber der Insolvenzmasse geschuldete Vergütung kann der Auftraggeber **nicht wirksam** mit vorinsolvenzlich begründeten Schadensersatz- und sonstigen Gegenforderungen **aufrechnen** (§ 96 Abs. 1 Nr. 3 i.V.m. §§ 130 Abs. 1, 96 Abs. 1 Nr. 1 InsO; BGH BauR 2001, 245).

2. Verzugsschaden / Vertragsstrafe

37 Der Auftragnehmer hat nicht nur den unmittelbaren, sondern auch den mittelbaren Schaden sowie den – insbesondere auch wegen infolge der Kündigung **verzögerter Bauausführung** – etwa entgangenen Gewinn (§ 252 BGB) zu ersetzen, also **weiter gehend als bei § 6 Nr. 6 VOB/B** (BGH BauR 1976, 126, 127 l. Sp.). Für einen Vertragsstrafenanspruch ist die Einschränkung aus § 8 Nr. 7 VOB/B zu beachten.

II. Sonstige praxisrelevante Gegenforderungen / Einwendungen des Auftraggebers

1. Mängelrechte

38 Soweit das vom Auftragnehmer bis zur Kündigung erbrachte Teilwerk Mängel aufweist, hat der Auftragnehmer/Insolvenzverwalter **auch nach Kündigung das Recht zur Nacherfüllung**, so dass der Auftraggeber vor Selbstvornahme zur Meidung eines Rechtsverlusts eine angemessene Frist setzen muss (grundlegend BGH BauR 1987, 689, 690). Ist das Teilwerk nach § 8 Nr. 6 Hs. 1 VOB/B oder in anderer Weise abgenommen, so stehen dem Auftraggeber ab Abnahme **Mängelansprüche gemäß § 13 VOB/B** zu; liegt eine Abnahme nicht vor, zählen die Ansprüche des Auftraggebers auf Beseitigung von Mängeln des Teilwerks noch zu den Erfüllungsansprüchen (BGH BauR 2003, 689). Folgerichtig wird in dieser Fallgruppe teilweise verlangt, dass der Auftraggeber das **zweistufige Verfahren** nach §§ 4 Nr. 7 S. 3, 8 Nr. 3 Abs. 1 S. 1 VOB/B einhalten muss, falls er die Selbstvornahme durchführen will (Beck'scher VOB-Komm./*Motzke* § 8 Nr. 1 VOB/B Rn. 9; *Vogel* Jahrbuch Baurecht 2004 S. 107, 134 f.). In diese Richtung könnte auch BGH BauR 2003, 689, weisen, da der BGH betont, dass vor Abnahme Erfüllungsansprüche bestehen und § 4 Nr. 7 VOB/B anwendbar ist. Allerdings enthält das Urteil zur Problematik mangels Entscheidungserheblichkeit keine Aussage.

39 Dagegen spricht jedoch, dass der Vertrag bereits vollständig nach § 8 Nr. 2 Abs. 1 VOB/B gekündigt worden ist und daher nicht wegen einzelner Bereiche (Mängel) nochmals gekündigt werden kann. Hinzu kommt, dass §§ 4 Nr. 7 S. 3, 8 Nr. 3 Abs. 1 VOB/B nach verbreiteter Meinung nur eine Kündigung einer in sich geschlossenen Teilleistung erlauben. Ob diese Voraussetzung für jegliches Mängelsymptom erfüllt ist, kann fraglich sein. Ungeachtet dessen, dass vor Abnahme wegen der Mängel noch Erfüllungsansprüche des Auftraggebers bestehen, reicht es daher aus, wenn der Auftraggeber eine **angemessene Frist** zur Beseitigung der Mängel des Teilwerks setzt und nach fruchtlosem Ablauf die Selbstvornahme durchführt oder sonstige Rechte geltend macht (so wohl auch *Kniffka* ZfBR 1998, 113, 117). Bis zu einer höchstrichterlichen Klärung dieser Frage ist es für den Auftraggeber der »sicherste Weg«, das zweistufige Verfahren einzuhalten.

40 Nach Eröffnung des Insolvenzverfahrens ist zu prüfen, ob **§ 103 InsO (analog) anwendbar** ist. Das ist der Fall, wenn beiderseits noch unerfüllte Ansprüche bestehen (Mängelansprüche des Auftraggebers; Restwerklohnanspruch des Insolvenzverwalters). Ist dies zu bejahen, reicht eine einfache Aufforderung an den Insolvenzverwalter, den Mangel zu beseitigen (und damit jedenfalls insoweit Vertragserfüllung zu wählen). Auf §§ 4 Nr. 7 S. 3, 8 Nr. 3 Abs. 1 VOB/B kommt es wegen des **Vorrangs von § 103 InsO** nicht mehr an.

41 Hat der Auftraggeber vorschnell ohne Fristsetzung an den Insolvenzverwalter/Auftragnehmer die **Selbstvornahme** durchgeführt, kann er sich allenfalls damit rechtfertigen, eine **Fristsetzung sei entbehrlich** gewesen, da der Insolvenzverwalter weder willens noch in der Lage gewesen sei, die Mängel

zu beseitigen. Wegen der Möglichkeit des Insolvenzverwalters, auf Kosten der Insolvenzmasse selbst nach Betriebstillegung ein drittes Unternehmen einzuschalten oder auf endverantwortliche Nachunternehmer des Insolvenzschuldners zurückzugreifen, wird diesem voll in der Darlegungs- und Beweislast des Auftraggebers (OLG Düsseldorf NJW-RR 1993, 1110; OLG Celle BauR 1995, 856) liegenden Einwand meist der Erfolg versagt bleiben.

Zeigen sich bestimmte **Mängelsymptome**, ist für später anderen Orts auftretende Mängel, die sich dem gleichen Symptom zuordnen lassen, eine erneute Fristsetzung an den Insolvenzverwalter entbehrlich, falls der Insolvenzverwalter bereits auf die erste Fristsetzung nicht reagiert hat. Anders verhält es sich dagegen, wenn er die zuerst gerügten Mängel beseitigt hat oder **neue Mängel** hervortreten, die sich auf ein **anderes Symptom als die zuerst gerügten Mängel** beziehen: Insoweit ist ungeachtet einer früheren erfolglosen Fristsetzung eine erneute Fristsetzung an den Insolvenzverwalter notwendig, da der Insolvenzverwalter seinerzeit nur auf die ihm gegenüber konkret bezeichneten Mängel reagieren konnte, dagegen er keinerlei Informations- und Erkenntnismöglichkeiten hinsichtlich ansonsten dem Teilwerk anhaftender Mängel, die noch nicht gerügt wurden, hatte (*C. Schmitz* ZIP 2001, 765; MüKo-InsO/*Huber* § 103 InsO Rn. 146; a.A. *Uhlenbruck/Berscheid* InsO, 13. Aufl. 2002, § 105 Rn. 32 ff.; keine klare Aussage enthält BGH 10.8.2006 IX ZR 28/05, einerseits Rn. 12 [»soweit«], andererseits Rn. 14). **42**

Soweit vor Eröffnung des Insolvenzverfahrens dem Werklohnanspruch des Auftragnehmers für das Teilwerk unerledigte Ansprüche des Auftraggebers wegen Mängeln gegenüberstehen, hat der Auftraggeber ein **Leistungsverweigerungsrecht** nach den allgemeinen Regeln, also i.d.R. in Höhe des Dreifachen des Mängelbeseitigungsaufwands (Beck'scher VOB-Komm./*Motzke* § 8 Nr. 6 VOB/B Rn. 34; *Kniffka* ZfBR 1998, 113, 117). Mit Eröffnung des Insolvenzverfahrens findet auf dieses abwicklungsähnliche Rechtsverhältnis § 103 InsO jedenfalls analog Anwendung (*C. Schmitz* Bauinsolvenz Rn. 74), so dass ein Leistungsverweigerungsrecht mit **Druckzuschlag** wegen der beiderseitigen Nichterfüllungseinreden entfällt. Der Auftraggeber kann nach fruchtloser Aufforderung an den Insolvenzverwalter, die Mängel zu beseitigen, lediglich mit den notwendigen Nachbesserungskosten als Nichterfüllungsschaden gemäß § 103 Abs. 2 InsO gegenüber der Forderung des Insolvenzverwalters aufrechnen. **43**

Nur **Ansprüche auf Grund konkret hervorgetretener, bestehender Mängel** berechtigen den Auftraggeber zur Aufrechnung. Er kann sich nicht abstrakt darauf berufen, dass nach Zahlung des Werklohns für das Teilwerk später der Insolvenzverwalter Nachbesserung nicht mehr durchführen werde und er, der Auftraggeber, deshalb anteilig einen Werklohnanspruch als **Sicherheit** zurückhalten könne (BGH ZIP 1994, 714, 715). Geschützt ist der Auftraggeber nur durch eine wirksame Abrede zur Sicherung von Mängelansprüchen. **44**

Praktische Probleme entstehen, wenn nach der Kündigung eine **Abnahme unterblieben** ist, aber der Auftraggeber **Mängel unter Einhaltung der formalen Voraussetzungen zügig beseitigt**. In einer späteren gerichtlichen Auseinandersetzung ist der Tatrichter mit einem nunmehr vollständigen und mängelfreien Werk konfrontiert. Das KG hat zu dieser Fallgruppe ausgesprochen, der Auftraggeber trage die **Beweislast** für Mängel, wenn er im Wege der **Selbstvornahme** die behaupteten Mängel beseitigt habe (KG BauR 2003, 726; ähnlich *Kniffka* IBR-Online-Kommentar, Stand 10.4.2006, § 640 Rn. 17 f.). **45**

In dieser Allgemeinheit dürfte dem nicht zu folgen sein. Grundsätzlich trägt auch in dieser Fallgruppe der **Auftragnehmer die Beweislast** dafür, dass zum Zeitpunkt der Kündigung das bis dahin allein von ihm erbrachte Teilwerk mangelfrei war (BGH [X. Zivilsenat] BauR 1993, 469, 472 l. Sp.). Beweiserleichterungen kommen dem Auftragnehmer indes zugute, wenn der Auftraggeber ihn schuldhaft in **Beweisnot** bringt (BGH NJW-RR 1996, 883, 885; zeigt anschaulich, welche Umstände vorliegen müssen, damit ein solcher Vorwurf durchgreift). Die Selbstvornahme rechtfertigt keinen solchen Vorwurf gegen den Auftraggeber. Ohnehin hat der Auftraggeber dem Auftragnehmer stets **46** eine angemessene **Nacherfüllungsfrist** zu setzen, was den Auftragnehmer sachgerecht schützt: Erledigt der Auftraggeber die Selbstvornahme ohne diese Fristsetzung, stehen ihm hieraus aus Rechtsgründen keine Ansprüche gegen den Auftragnehmer zu (BGH BauR 2005, 1021, m. zust. Anm. *Kniffka*, 1024). Wenn der Auftraggeber die Frist setzt, erlangt der Auftragnehmer Kenntnis von den gegen ihn gerichteten Vorwürfen und ist im Stande, rechtzeitig **beweissichernde Maßnahmen** zu ergreifen. Nicht selten anzutreffenden Merkwürdigkeiten bei den Kosten der Selbstvornahme – Abrechnung mit unsubstantiierten Regiezetteln, unsubstantiierten Angaben zu pauschal abgerechneten Arbeiten – kann der Tatrichter durch völlige oder anteilige Kürzung des Erstattungsanspruchs begegnen.

2. Sicherheitseinbehalt

47 Enthält der Bauvertrag eine **wirksame Abrede** dazu, dass der Auftragnehmer Mängelansprüche des Auftraggebers im Zeitraum nach Abnahme sichern muss (wobei die Höhe meist in Prozentpunkten der Schlussrechnungssumme angegeben ist), so muss der Auftragnehmer eigentlich diese Sicherheit erst nach Abnahme stellen. Ungeachtet dessen ist nach Vertragskündigung gemäß § 8 Nr. 2 VOB/B auch ohne Abnahme der Auftragnehmer/Insolvenzverwalter dazu verpflichtet, eine solche **Sicherheit** zu leisten (*Kniffka* ZfBR 1998, 113, 120; i.E. übereinstimmend Beck'scherVOB-Komm./*Motzke* § 8 Nr. 1 VOB/B Rn. 11). Je nach Vertragsgestaltung kann der Insolvenzverwalter Zug um Zug die Freigabe einer noch nicht »verbrauchten« Sicherheit verlangen, die der Auftragnehmer für die Vertragserfüllung stellte. Maßgeblich für die **Höhe** der zu leistenden Sicherheit ist im Wege der ergänzenden Vertragsauslegung der auf das bis zur Kündigung erstellte Teilwerk entfallende Werklohn. Auch im eröffneten Insolvenzverfahren ist der Insolvenzverwalter an die durch eine solche Abrede **hinausgeschobene Fälligkeit** des anteiligen Werklohns gebunden (BGH BauR 1999, 392). Er kann jedoch nach § 17 Nr. 6 Abs. 3 und Nr. 7 VOB/B (sofern diese Regelung anwendbar ist) einen vom Auftraggeber zunächst berechtigterweise vorgenommenen Einbehalt vorzeitig fällig stellen. Wiederholt waren Insolvenzverwalter mit ihren Klagen auf Auszahlung des Sicherheitseinbehalts erfolgreich, nachdem Auftraggeber ordnungsgemäße Nachfristsetzungen zur Einzahlung des Sicherheitseinbehalts auf ein Sperrkonto ignoriert hatten (etwa OLG Nürnberg IBR 1998, 142 – *Schmitz*; OLG Jena IBR 1999 – *Schmitz*, 408; KG KGR 2002, 345).

E. Verjährung

48 Die vorstehend diskutierten einzelnen Ansprüche unterliegen der jeweils für sie maßgeblichen Verjährung.

49 Demnach verjährt der Anspruch der Insolvenzmasse auf Zahlung von **Werklohn für das Teilwerk** in der regelmäßigen Verjährungsfrist der §§ 195, 199 Abs. 1 BGB (drei Jahre ab Ende des Jahres, in dem der Anspruch fällig geworden ist). Da die Abnahme und die Aufstellung einer prüffähigen Rechnung durch den Insolvenzverwalter **Fälligkeitsvoraussetzungen** sind, kann sich die Fälligkeit hinauszögern. Der Auftraggeber kann dem hinsichtlich der zweitgenannten Fälligkeitsvoraussetzung über **§ 14 Nr. 4 VOB/B** begegnen. Die hierbei entstehenden Kosten geben – nach erfolgloser Fristsetzung an den Insolvenzverwalter – dem Auftraggeber einen Schadenersatzanspruch wegen Nichterfüllung gemäß § 103 Abs. 2 InsO, da der Auftragnehmer zur Abrechnung verpflichtet ist. Sie können daher gegen den sich ergebenden Werklohnanspruch der Insolvenzmasse aufgerechnet werden (i.E. übereinstimmend OLG Düsseldorf BauR 1987, 336). Außerdem haftet ein Vertragserfüllungsbürge für diese Kosten (OLG Stuttgart NZBau 2000, 134, 135).

50 Wegen der erstgenannten Fälligkeitsvoraussetzung (Abnahme) bietet es prima facie dem Auftraggeber Vorteile, wenn er die Abnahme wegen wesentlicher Mängel berechtigt verweigert. Da der Insolvenzverwalter oft vor einer Erfüllungswahl zurückschreckt (vgl. Rn. 29), wird ein Werklohnanspuch gar nicht fällig. Allerdings mag der Auftraggeber mit zunehmender Zeit das Mängelbeseitigungsrecht des Insolvenzverwalters aus den Augen verlieren, so dass er möglicherweise eine **vorschnelle Selbstvornahme** (ohne vorherige Fristsetzung) durchführt, die ihm keinen Erstattungsanspruch gibt, aber eine Abnahme entbehrlich macht (vgl. Rn. 29). Außerdem muss der Auftraggeber einkalkulieren, dass nach Aufhebung des Insolvenzverfahrens noch offene Ansprüche dem Auftragnehmer/Schuldner zustehen (§ 200 InsO). Bemüht dieser sich in dieser Phase darum, durch Mängelbeseitigung die Forderung erstmals fällig zu stellen, greift eine Verjährungseinrede des Auftraggebers nicht durch und wird er oft Schwierigkeiten haben, seine sonstigen Gegenforderungen noch sauber zu dokumentieren. Dies könnte dafür sprechen, trotz wesentlicher Mängel zeitnah die **Abnahme mit entsprechenden Vorbehalten** gegenüber dem Auftragnehmer/Insolvenzverwalter durchzuführen und den die **beiderseitigen Ansprüche kurzfristig mit dem Insolvenzverwalter abschließend zu klären.**

Der **Schadensersatzanspruch des Auftraggebers** wegen Nichterfüllung, gerichtet auf **Ersatz von Restfertigstellungsmehrkosten und Verzugsschäden/Vertragsstrafe**, verjährt ebenfalls gemäß §§ 195, 199 Abs. 1 BGB. Mag auch dieser Schaden zum Zeitpunkt des Ausspruchs der Kündigung noch nicht abschließend bezifferbar sein, steht er dem Grunde nach bereits fest, so dass der Auftraggeber jedenfalls eine **Feststellungsklage** führen könnte. Dies genügt – ungeachtet der Darlegungserfordernisse von § 8 Nr. 3 Abs. 4 VOB/B –, um die Verjährung mit Schluss des maßgeblichen Jahres anlaufen zu lassen, hat doch der Auftraggeber mit der von ihm ausgesprochenen Kündigung Kenntnis vom Anspruchsgrund und vom Schuldner (dem Kündigungsempfänger bzw. dem späteren Insolvenzverwalter; BGH BauR 1980, 182, 184; 2005, 1477, 1479). 51

Stehen dem Auftraggeber **Ansprüche wegen Mängeln** zu, ist zu differenzieren: Hat eine **Abnahme des Teilwerks** stattgefunden, beträgt die **Verjährungsfrist vier oder fünf Jahre** (§ 13 Nr. 4 Abs. 1 S. 1 VOB/B oder § 634a Abs. 1 Nr. 2 und Abs. 2 BGB). Liegt dagegen **keine Abnahme** vor, so fallen auch die Ansprüche wegen Mängeln unter die nicht erledigten Vertragserfüllungsansprüche, für die wiederum die Verjährungsfrist von §§ 195, 199 Abs. 1 BGB gilt. Das macht die Rechtsstellung des Auftraggebers prekär, dem ein Mangel frühzeitig bekannt wird, weil ab Ende des maßgeblichen Kalenderjahres die dreijährige Verjährungsfrist des § 199 Abs. 1 BGB zu laufen beginnt. Treten Mängel dagegen erst später hervor, läuft die Verjährung erst ab Ende des Jahres an, in dem der Mangel dem Auftraggeber bekannt geworden ist oder hätte bekannt werden müssen; die absolute Obergrenze wird durch § 199 Abs. 4 BGB vorgegeben: Da der Anspruch des Auftraggebers auf Mangelbeseitigung am Teilwerk ein Vertragserfüllungsanspruch ist, verjährt er ohne Rücksicht auf die Kenntnis oder grob fahrlässige Unkenntnis des Auftraggebers in zehn Jahren von seiner Entstehung an, wobei für die Entstehung nicht auf die ursprüngliche vertragliche Fälligkeit (den geschuldeten Fertigstellungstermin) abzustellen ist, sondern auf den Ausspruch der Kündigung. 52

Wegen § 215 BGB wird im Verhältnis zum Insolvenzverwalter nur selten zu Lasten des Auftraggebers die Verjährungseinrede durchgreifen. Größere Risiken bestehen, wenn der Auftraggeber seine Ansprüche nicht oder nicht in vollem Umfang gegen einen Werklohnanspruch der Insolvenzmasse aufrechnen kann, sondern eine **Vertragserfüllungsbürgschaft** in Anspruch nehmen will: Zu beachten ist dann, dass der **Anspruch des Auftraggebers aus der Bürgschaft derselben Verjährung** unterliegt wie die gesicherte Hauptforderung (*C. Schmitz/Vogel* ZfIR 2002, 509, 518 ff. – strittig, vgl. auch § 17 VOB/B). Der Bürge kann sich daher sowohl auf die Verjährung des gegen ihn selbst gerichteten Anspruchs als auch auf die Verjährung der Hauptschuld (§§ 768 Abs. 1 S. 1, 214 Abs. 1 BGB) berufen, wenn nicht rechtzeitig der Auftraggeber als Bürgschaftsgläubiger diese Verjährung im jeweiligen Rechtsverhältnis gehemmt oder zum Neubeginn gebracht hat. 53

F. Insolvenzrechtliche Aufrechnungsverbote

54 Gemäß **§ 95 Abs. 1 S. 1 InsO** kann die Aufrechnung erst erfolgen, wenn ihre Voraussetzungen eingetreten sind, falls zur Zeit der Insolvenzverfahrenseröffnung die aufzurechnenden Forderungen oder eine von ihnen noch nicht fällig oder die Forderungen noch nicht auf gleichartige Leistungen gerichtet sind. Vorschriften der InsO, wonach nicht auf Geldzahlung gerichtete Ansprüche mit Insolvenzverfahrenseröffnung automatisch in Geld umzurechnen sind (§§ 41, 45 InsO), sind auf Grund von § 95 Abs. 1 S. 2 InsO nicht anzuwenden. Schließlich bestimmt § 95 Abs. 1 S. 3 InsO einen Aufrechnungsausschluss, wenn die Forderung der Insolvenzmasse, gegen die aufgerechnet werden soll, unbedingt und fällig wird, bevor die Aufrechnung erfolgen kann. Diese Norm ist der Sache nach **teleologisch zu reduzieren**. Ihre Anwendung scheidet aus, wenn die Werklohnforderung des Insolvenzverwalters zwar (im Zeitraum nach Verfahrenseröffnung) vor einer auf **Mängeln beruhenden Schadensersatzforderung des Auftraggebers** fällig wird, der Auftragnehmer sie aber wegen des auf Mängeln basierenden Leistungsverweigerungsrechts des Auftraggebers (§ 320 BGB) nicht (einredefrei) hätte durchsetzen können (BGH BauR 2005, 1913, 1915 f.).

55 Generell greift ein wie auch immer abgeleitetes **Aufrechnungsverbot** nicht ein, wenn der Auftraggeber gegenüber einer Werklohnforderung mit Ansprüchen aufrechnet, die dazu dienen, das durch den Vertrag geschaffene **Äquivalenzverhältnis von Leistung und Gegenleistung** herzustellen, wie z.B. mit der Forderung auf Zahlung von Mängelbeseitigungskosten und der auf Zahlung von Restfertigstellungsmehrkosten (BGH BauR 2006, 411, 412 f.). Allerdings dürfte die notwendige »enge« **synallagmatische Verknüpfung** von Werklohnforderung und Gegenforderung, die eine teleologische Reduktion von Aufrechnungsverboten rechtfertigt, hinsichtlich Mängeln nur für die Kosten der Mängelbeseitigung selbst, nicht aber für andere mängelbedingte Ansprüche des Auftraggebers bestehen (*Kessen* BauR 2005, 1691, 1694 l. Sp.).

56 Einschlägig ist dagegen § 95 Abs. 1 S. 3 InsO, wenn die zur Aufrechnung gestellte **Gegenforderung des Auftraggebers aus einer anderen Rechtsbeziehung** als die Hauptforderung des Insolvenzverwalters stammt und der Auftraggeber den »**Wettlauf der Fälligkeiten**« verloren hat (etwa – zu einem speziell gelagerten Sachverhalt – OLG München 26.1.2005 27 U 252/04).

G. Exkurs: Die Auswirkungen der Insolvenzverfahrenseröffnung auf den beiderseits nicht vollständig erfüllten Bauvertrag

57 §§ 103 und 105 S. 1 InsO enthalten Regelungen zu gegenseitigen Verträgen – zu denen Bauverträge stets zählen –, falls diese bei Insolvenzverfahrenseröffnung **beiderseits noch nicht vollständig erfüllt** sind. Dies ist der Fall, wenn die Hauptleistungspflicht des Auftragnehmers inklusive der Erfüllung von Mängelansprüchen nach Abnahme nicht abgewickelt ist und der Auftraggeber die Vergütung noch nicht vollständig bezahlt hat (*Thode* ZfIR 2000, 165, 179). Unproblematisch hierunter fällt ein Bauvertrag im Stadium vor Abnahme und vollständiger Leistungserbringung durch den Auftragnehmer, es sei denn, der Auftraggeber hätte den Werklohn bereits vollständig vorausbezahlt. Im Stadium nach Abnahme fällt ein Bauvertrag unter § 103 InsO, wenn der Auftraggeber den Werklohn teilweise einbehalten hat und ihm gegen den Auftragnehmer Mängelansprüche zustehen.

58 **Kündigt der Auftraggeber** den Bauvertrag vor Eröffnung des Insolvenzverfahrens gemäß § 8 Nr. 2 VOB/B, bestehen keine Hauptleistungspflichten mehr, soweit es um die offenen beiderseitigen Restleistungen geht. In diesen Konstellationen ist **§ 103 InsO analog** anwendbar. Voraussetzung hierfür ist, dass einem offenen Werklohnanspruch des Auftragnehmers für das Teilwerk unerledigte Mängelansprüche des Auftraggebers gegenüberstehen (vgl. Rn. 38).

59 Der für das Insolvenzrecht zuständige IX. Senat des BGH nahm seit Ende der 1980er Jahre in ständiger Rechtsprechung, die in der Literatur schlagwortartig als »**Erlöschenstheorie**« bezeichnet wurde, Folgendes an: Ein gegenseitiger, von beiden Seiten noch nicht vollständig erfüllter Vertrag wird durch die Insolvenzverfahrenseröffnung automatisch umgestaltet. Der Erfüllungsanspruch erlischt. An seine Stelle tritt der einseitige Anspruch des Auftraggebers auf Schadenersatz wegen Nichterfüllung, der lediglich eine Konkursforderung darstellt und in einem Abrechnungsverhältnis mit den der Konkursmasse noch zustehenden Forderungen verrechnet wird. Allein die Erklärung des Konkursverwalters, Vertragserfüllung zu wählen, lässt den untergegangenen Anspruch gegen den Vertragspartner wieder erstehen, indem sie ihn mit dem bisherigen Inhalt neu begründet (BGH ZIP 1989, 171, 173 f. [seitdem ständige Rechtsprechung]; besonders wichtig für das Insolvenzbaurecht BGH ZIP 1995, 926, 927; zusammenfassend z.B. *Kreft* ZIP 1997, 865).

60 Von dieser zur KO und GesO ergangenen Rechtsprechung hat sich nun der BGH abgewendet, wobei mit aller Vorsicht seine neue Rechtsprechung als »**Suspensivtheorie**« bezeichnet werden darf: Mit der Eröffnung des Insolvenzverfahrens verlieren die Ansprüche des Vertragspartners auf weitere Leistung des Insolvenzschuldners und die entsprechenden Gegenleistungsansprüche des Insolvenzschuldners gegen den Vertragspartner zunächst ihre Durchsetzbarkeit. Die Verfahrenseröffnung bewirkt **keine materiell-rechtliche Umgestaltung des gegenseitigen Vertrags**, sondern hat wegen der **beiderseitigen Nichterfüllungseinreden der Vertragspartner** (§ 320 BGB) nur zur Folge, dass diese ihre noch ausstehenden Erfüllungsansprüche, soweit es sich nicht um Ansprüche auf die Gegenleistung für schon erbrachte Leistungen handelt, nicht durchsetzen können. Erst die Erfüllungswahl durch den Insolvenzverwalter verleiht dem Anspruch des Vertragspartners des Insolvenzschuldners auf die noch ausstehende Werkleistung des Insolvenzschuldners und dessen Anspruch auf eine entsprechende Gegenleistung die Rechtsqualität von **originären Masseverbindlichkeiten und -forderungen** (BGH BauR 2002, 1264, 1266 f.; weiterführend MüKo-InsO/*Kreft* 2002, § 103 InsO Rn. 1 ff.). Wie bisher **bestimmt folglich allein der Insolvenzverwalter** im Rahmen des ihm gesetzlich zugewiesenen Wahlrechts darüber, ob er den suspendierten gegenseitigen Vertrag für/gegen die Insolvenzmasse fortführt.

61 **Erfüllung des Vertrags** kann der Insolvenzverwalter dadurch **wählen**, dass er sich ausdrücklich gegenüber dem Auftraggeber erklärt, konkludent dadurch, dass er durch Mitarbeiter des Insolvenzschuldners oder durch von ihm beauftragte Nachunternehmer die Arbeiten auf der Baustelle fortführen lässt. Eine **Erfüllungswahl** liegt auch vor, wenn der Insolvenzverwalter vom Auftraggeber gerügte **Mängel** durch eigene Mitarbeiter oder den verantwortlichen Nachunternehmer **beseitigen** lässt, um dadurch einen nicht ausgezahlten Werklohnanteil zur Masse zu ziehen. Strittig ist in dieser Fallgruppe, ob mit einer auf eine konkrete Mängelrüge hin erfolgten Nachbesserung der Insolvenzverwalter die **Erfüllung des Vertrags auch hinsichtlich später gerügter weiterer Mängel**, die nicht symptomhaft mit den zunächst beseitigten Mängeln zusammenhängen, gewählt hat oder ob sich seine Nachbesserung (Erfüllungswahl) lediglich auf das ursprünglich bearbeitete Mängelsymptom beschränkt (vgl. Rn. 42). Generell kann eine **Erfüllungswahl des Insolvenzverwalters** in jeglichem schlüssigen Verhalten liegen, dem der Auftraggeber entnehmen kann und muss, dass der Insolvenzverwalter die Erfüllung wählen will; dabei sind die Verkehrssitte und die Gesamtumstände maßgeblich (BGH ZIP 1998, 298). Daher beinhalten **Akte des Insolvenzverwalters zur Forderungsdurchsetzung** wie Mahnungen, eine Rechnung zu bezahlen, Aufforderungen, einen Sicherheitseinbehalt auf ein gemeinsames Sperrkonto einzuzahlen, oder die Wiederaufnahme von gemäß § 240 ZPO unterbrochenen Werklohnprozessen nicht eine Erfüllungswahl. In der Praxis häufige Angebote von Insolvenzverwaltern, im Rahmen von so genannten **Restabwicklungsvereinbarungen** das Bauvorhaben zu geänderten Vertragskonditionen fertig zu stellen, führen bei Annahme durch den Auftraggeber nicht zu einer Erfüllungswahl hinsichtlich des ursprünglichen Vertrags, sondern begründen ein neues Vertragsverhältnis.

62 Wählt der Insolvenzverwalter die Erfüllung des (noch nicht gekündigten) Bauvertrags, hat § 105 S. 1 InsO große Bedeutung. **Bauleistungen sind »teilbar«** i.S. dieser Vorschrift, wenn feststellbar bleibt, welcher Teil des Gesamtwerklohns durch die Erfüllung (Teilleistung) mit Mitteln der Masse den Rang einer Masseforderung erhält. Daher reicht es grundsätzlich aus, wenn sich die vor der Erfüllungswahl erbrachte Leistung feststellen und bewerten lässt (BGH BauR 2001, 1580, 1582; BGH BauR 2002, 1264, 1266; weiterhin abl. zu dieser Rechtsprechung *Heidland* Der Bauvertrag in der Insolvenz, 2. Aufl. 2003, Rn. 717 ff.). Für die Ermittlung des anteiligen Werklohns sind dieselben **Maßstäbe** anzuwenden, **wie wenn der Bauvertrag zum Zeitpunkt der Eröffnung des Insolvenzverfahrens aus wichtigem Grund gekündigt** worden wäre (BGH BauR 2002, 1264, 1267; anders noch BGH BauR 2001, 1580, 1582 [entsprechende Anwendung der Minderungsformel]). Diese Rechtsprechung macht eine **Erfüllungswahl für den Insolvenzverwalter attraktiver**, weil der Insolvenzverwalter auch dann vertretbare Ergebnisse für die Masse erzielen kann, wenn etwa im Zeitraum vor Insolvenzverfahrenseröffnung der Auftraggeber eine Überzahlung geleistet hat. Dem Auftraggeber ist es nämlich **verwehrt**, mit dem vorinsolvenzlich begründeten **Anspruch auf Rückerstattung der Überzahlung aufzurechnen** gegen den Anspruch des Insolvenzverwalters auf anteilige Werklohnzahlung für die Leistung, die nach Insolvenzverfahrenseröffnung und nach Erfüllungswahl aus Mitteln der Insolvenzmasse erbracht worden ist (§ 96 Abs. 1 Nr. 1 InsO).

63 Nichts anderes gilt wegen §§ 96 Abs. 1 Nr. 3, 129 ff. InsO für im **Zeitraum vor Insolvenzverfahrenseröffnung** und Erfüllungswahl vom Auftraggeber entgegengenommene Teilleistungen des Auftragnehmers, sofern der Auftraggeber wusste oder hätte wissen müssen, dass der Insolvenzschuldner Insolvenzantrag gestellt hat bzw. zahlungsunfähig ist (§ 130 Abs. 1 InsO), oder soweit diese Leistungen eine inkongruente Deckung i.S.v. § 131 InsO darstellen.

64 § 96 Abs. 1 Nr. 3 i.V.m. §§ 129 ff. sowie § 96 Abs. 1 Nr. 1 InsO führen daher in den Fällen, in denen ein Bauvertrag vom Auftraggeber nicht (nach § 8 Nr. 2 VOB/B) gekündigt wird und sowohl nach Insolvenzantrag/Zahlungsunfähigkeit des Insolvenzschuldners als auch nach Verfahrenseröffnung kraft Erfüllungswahl des Verwalters fortgeführt wird, zu einer **Dreiteilung des Vertragsverhältnisses** mit der Folge, dass unerledigte Ansprüche des Auftraggebers aus dem Stadium vor Insolvenzantragstellung nur den Status einfacher Insolvenzforderungen haben und nicht gegen Forderungen der Insolvenzmasse, die durch danach erbrachte Bauleistungen »aufgefüllt« (*Kreft* in *Berger* u.a. [Hrsg.] Dritter Leipziger Insolvenzrechtstag 2002 S. 7, 10) werden, aufgerechnet werden können (Ausf. *C. Schmitz* BauR 2001, 1583; *C. Schmitz* ZInsO 2004, 1051).

65 Gleichwohl bereitet die praktische Umsetzung dieser für ihn günstigen Rechtsprechung für den Insolvenzverwalter bei komplexen Bauverträgen kaum lösbare Schwierigkeiten, die mit den **Abgrenzungs- und Aufteilungsproblemen** beginnen, sich über die noch ungeklärte **Behandlung durchlaufender einheitlicher Vertragselemente** wie z.B. von Vertragsstrafeversprechen und vertraglichen Ausführungsfristen fortsetzen und schließlich in der Frage gipfeln, ob auf Grund einer Erfüllungswahl der Insolvenzverwalter auch für zunächst nicht erkennbare, eventuell sehr kostenintensive Nachbesserungsarbeiten an dem Teilwerk, das der Auftragnehmer vor Insolvenzverfahrenseröffnung und Erfüllungswahl erbracht hat, aus der **Insolvenzmasse einstehen muss** oder nicht (bejahend *Kreft* FS Uhlenbruck 2000 S. 387, 399; verneinend *C. Schmitz* Bauinsolvenz Rn. 310 ff.). Die insolvenzrechtlich feinziselierte, in sich stimmige Rechtsprechung wird daher in der Praxis vorrangig Bedeutung in den Fällen erlangen, in denen die **Abgrenzung problemlos möglich** ist, wie z.B. bei der taggenau abzurechnenden Nutzung von Baucontainern nach Vertragskündigung auf Grundlage von § 8 Nr. 3 Abs. 3 VOB/B (BGH BauR 2001, 245).

66 Wählt der Insolvenzverwalter **nicht die Erfüllung des Vertrags**, so ist nach neuer Rechtsprechung nur klargestellt, dass der Insolvenzverwalter wegen § 103 Abs. 2 S. 3 InsO sein Wahlrecht endgültig verloren hat; äußert sich der Insolvenzverwalter nicht von sich aus, kann der Auftraggeber über § 103 Abs. 2 S. 2 InsO endgültig Klarheit erlangen. Anschließend hat der Auftraggeber theoretisch die **Möglichkeit, es beim suspendierten Vertrag zu belassen** und darauf zu setzen, die Erfüllungsansprüche nach Abwicklung des Insolvenzverfahrens (§ 200 InsO) gegen den Insolvenzschuldner durchsetzen zu können (MüKo-InsO/*Kreft* 2002 § 103 InsO Rn. 18, 22, sowie MüKo-InsO/*Huber* § 103 InsO Rn. 176). In aller Regel aber wird der Auftraggeber den ihm auf Grund der Nichterfüllung durch den Insolvenzverwalter entstandenen **Schaden geltend machen**, sei es durch Anmeldung einer Insolvenzforderung zur Insolvenztabelle, sei es – wirtschaftlich bedeutungsvoller – durch **Aufrechnung** gegen einen etwa der Insolvenzmasse noch zustehenden Werklohnanspruch für das bis zur Insolvenzverfahrenseröffnung erbrachte Teilwerk. Dabei entsprechen die Abrechnungsgrundsätze, die nach § 103 Abs. 2 InsO für den Schaden wegen Nichterfüllung nach unterbliebener Erfüllungswahl des Insolvenzverwalters gelten, denen, die für die Abwicklung nach Kündigung gemäß § 8 Nr. 2 Abs. 2 VOB/B Geltung haben (vgl. Rn. 26 ff.). Zu verdeutlichen ist lediglich, dass der Insolvenzverwalter auch den Werklohnanspruch aus dem nach § 103 Abs. 2 InsO stecken gebliebenen Vertrag nach den vertraglichen Grundlagen – also wie nach einer Vertragskündigung (OLG Oldenburg IBR 2004, 141 – *Schmitz*), jedoch mit den geschilderten Erleichterungen im Einzelfall – abrechnen muss. Konsequenterweise hat er in dieser Fallgruppe das Recht, gemäß § 8 Nr. 6 VOB/B Aufmaß und Abnahme des Teilwerks zu verlangen. Ältere Rechtsprechung, die eine Abrechnung des erbrachten Teilwerks nach Bereicherungsrecht für erforderlich erachtete (BGH, NJW 1977, 1345), ist überholt (*C. Schmitz* Bauinsolvenz Rn. 107 ff.).

§ 8 Nr. 3
[Kündigung durch den Auftraggeber aus wichtigem Grunde]

(1) Der Auftraggeber kann den Vertrag kündigen, wenn in den Fällen des § 4 Nr. 7 und 8 Abs. 1 und des § 5 Nr. 4 die gesetzte Frist fruchtlos abgelaufen ist (Entziehung des Auftrags). Die Entziehung des Auftrags kann auf einen in sich abgeschlossenen Teil der vertraglichen Leistung beschränkt werden.

(2) Nach der Entziehung des Auftrags ist der Auftraggeber berechtigt, den noch nicht vollendeten Teil der Leistung zu Lasten des Auftragnehmers durch einen Dritten ausführen zu lassen, doch bleiben seine Ansprüche auf Ersatz des etwa entstehenden weiteren Schadens bestehen. Er ist auch berechtigt, auf die weitere Ausführung zu verzichten und Schadensersatz wegen Nichterfüllung zu verlangen, wenn die Ausführung aus den Gründen, die zur Entziehung des Auftrags geführt haben, für ihn kein Interesse mehr hat.

(3) Für die Weiterführung der Arbeiten kann der Auftraggeber Geräte, Gerüste, auf der Baustelle vorhandene andere Einrichtungen und angelieferte Stoffe und Bauteile gegen angemessene Vergütung in Anspruch nehmen.

(4) Der Auftraggeber hat dem Auftragnehmer eine Aufstellung über die entstandenen Mehrkosten und über seine anderen Ansprüche spätestens binnen 12 Werktagen nach Abrechnung mit dem Dritten zuzusenden.

Inhaltsübersicht

	Rn.
A. Allgemeine Grundlagen	1
B. Die außerordentliche Kündigung aus wichtigem Grund	5
I. Die Regelung im BGB 2002	5
II. Die wichtigsten Kündigungsgründe des § 8 Nr. 3 Abs. 1 VOB/B	6
1. Kündigung wegen Mängeln während der Bauausführung (§ 4 Nr. 7 S. 3 VOB/B)	6
2. Kündigung wegen Verzugs bei der Bauausführung	11
3. Kündigung wegen ungenehmigten Subunternehmereinsatzes	15
III. Die Kündigung aus sonstigen wichtigen Gründen	17
IV. Weitere Kündigungsvoraussetzungen	27

		Rn.
	V. Entsprechende Anwendung bei einverständlicher Vertragsaufhebung	30
	VI. Teilkündigung	31
	VII. Beweislast	33
C.	Die Kündigungsfolgen (§ 8 Nr. 3 Abs. 2 VOB/B)	35
	I. Vollendung der Leistung durch Dritte zu Lasten des gekündigten Auftragnehmers	35
	1. Anforderungen an Mehrkostenerstattungsanspruch und seine Berechnung	37
	a) Mehrkostenberechnung	38
	b) Vorschussanspruch des Auftraggebers auf Mehrkosten	42
	c) Verjährung des Mehrkostenerstattungsanspruchs	44
	2. Begrenzung des Mehrkostenerstattungsanspruchs und Schadensminderungspflicht	45
	a) Unverhältnismäßiger Mehrkosten-Aufwand	46
	b) Schadensminderungspflicht des Auftraggebers (§ 254 Abs. 2 BGB)	47
	c) Ohnehin- oder Sowieso-Kosten und Nachträge	49
	3. Mängelansprüche nach Kündigung	50
	II. Ersatz weiteren Schadens (§ 8 Nr. 3 Abs. 2 S. 1 Hs. 2 VOB/B)	51
	III. Schadensersatz wegen Nichterfüllung des ganzen Vertrages (§ 8 Nr. 3 Abs. 2 S. 2 VOB/B)	53
	1. Interessenwegfall infolge des Kündigungsgrundes und Verzicht auf weitere Ausführung	54
	2. Ausnahme: Anfängliche absolute Erfüllungsverweigerung des Auftragnehmers	56
	3. Verschulden als weitere Voraussetzung	57
	4. Umfang des Schadensersatzes: Positives Interesse	58
	IV. Nutzungsrecht des Auftraggebers an Geräten, Gerüsten, Bauteilen (§ 8 Nr. 3 Abs. 3 VOB/B)	60
	1. Nutzungsrecht von Geräten, Gerüsten und Einrichtungen	62
	2. Verwendungsrecht von angelieferten Stoffen und Bauteilen	63
	3. Vorherige Mitteilung der Inanspruchnahme	65
	4. Angemessene Vergütung für die Inanspruchnahme	67
	V. Abrechnungspflicht des Auftraggebers (§ 8 Nr. 3 Abs. 4 VOB/B)	69
	1. Grundsätze für die Aufstellung der Mehrkosten	70
	2. Aufstellung der Mehrkosten als Folge der Kündigung	71
	3. Aufstellung der weiteren Ansprüche des Auftraggebers	74
	4. Frist für die Zusendung der Mehrkosten-Aufstellung	76

Aufsatz: *Lang* Die Teilkündigung BauR 2006, Heft 10.

A. Allgemeine Grundlagen

1 § 8 Nr. 3 Abs. 1 VOB/B gewährt dem Auftraggeber in der alten Fassung der VOB/B zwei, in der neuen VOB/B 2000 drei, konkret geregelte Gründe für eine **Kündung aus wichtigem Grunde**:

– Die Kündigung für den Fall, dass der Auftragnehmer bereits während der Bauausführung erkannte **Mängel** trotz Fristsetzung mit Kündigungsandrohung nicht beseitigt (§ 4 Nr. 7 S. 3 VOB/B).

– Die Kündigung für den Fall, dass der Auftragnehmer den **Beginn der Ausführung** verzögert, mit der Vollendung in **Verzug** gerät oder seiner **Förderungspflicht** gemäß § 5 Nr. 3 VOB/B auch nach Fristsetzung mit Kündigungsandrohung nicht nachkommt (§ 5 Nr. 4 VOB/B).

– Die Kündigung für den Fall, dass der Auftragnehmer ohne schriftliche Zustimmung des Auftraggebers seine Vertragsleistungen nicht im eigenen Betrieb erbringt, obwohl sein Betrieb darauf eingerichtet ist, und er trotz Fristsetzung mit Kündigungsandrohung zur Aufnahme der Leistung im eigenen Betrieb dies nicht tut (**ungenehmigter Subunternehmereinsatz** gemäß § 4 Nr. 8 Abs. 1 S. 3 seit der VOB/B 2000).

Diese drei geregelten Kündigungsgründe aus wichtigem Grunde neben den Kündigungsmöglichkeiten des § 8 Nr. 2 und 4 VOB/B sind jedoch damit keinesfalls abschließend; vielmehr lässt diese Regelung erkennen, dass die VOB/B grundsätzlich davon ausgeht, dass eine Vertragsbeendigung durch Kündigung erfolgen soll und nicht wie im BGB durch **Rücktritt**. Das BGB sieht sowohl in der alten Fassung als auch in der neuen durch das Schuldrechtsmodernisierungsgesetz eine Kündigung des Bau- bzw. Werkvertrages aus wichtigem Grunde nicht vor; sie ist aber trotzdem möglich und zulässig kraft Richterrechts (so *Lang* BauR 2006, Heft 12) und nach überzeugender Ansicht von *Voit* (BauR 2002, 1776 ff.) auch nach dem BGB 2002 weiterhin möglich, auch wenn darin dem Rücktritt der Vorrang eingeräumt wird, sofern man nicht doch den Bauvertrag als **Dauerschuldverhältnis** im Sinne des § 314 BGB n.F. ansieht oder dessen Regelung entsprechend anwendet (vgl. dazu oben Vor §§ 8 und 9 Rn. 11 ff.). Deshalb kann eine Kündigung daneben auch aus anderen wichtigen Gründen erfolgen, wenn eine **schwerwiegende Vertragsverletzung** vorliegt und sich daraus eine **erhebliche Störung des Vertrauensverhältnisses** ergibt, so dass dem Auftraggeber eine Fortsetzung des Bauvertrags nicht mehr zugemutet werden kann (BGH BauR 2000, 409 f.; 1974, 274 = NJW 1974, 1080; BGH BauR 1996, 704 = ZfBR 1996, 267; *Vygen* Jahrbuch Baurecht 1998 S. 1 ff.).

Bei all diesen Kündigungen aus wichtigem Grunde ist zu beachten, dass der kündigende Auftraggeber im späteren Streitfall, mit dem meist zu rechnen ist, die **Darlegungs- und Beweislast für das Vorliegen** des in der **Kündigungsandrohung** genannten **wichtigen Grundes** hat und dieser Beweis häufig später im Rechtsstreit nicht gelingt. Das hat dann die Abwicklung des Bauvertrags auf der Grundlage einer freien Kündigung gemäß § 8 Nr. 1 Abs. 2 VOB/B zur Folge, sei es, dass die Kündigung aus wichtigem Grunde gemäß § 140 BGB umgedeutet wird, sei es, dass das Vertragsverhältnis jedenfalls faktisch beendet ist, weil der Auftragnehmer seine Arbeiten wegen der Kündigung und häufig auch eines zugleich erteilten **Baustellenverbots** eingestellt und der Auftraggeber einen **Ersatzunternehmer** mit der Fortführung der Bauarbeiten beauftragt hat, sei es, dass man die Kündigungserklärung des Auftraggebers dahin gehend auslegt, dass sie auch als freie Kündigung zu verstehen ist, was im Regelfall anzunehmen ist, sofern sich nicht aus der Erklärung selbst oder den Umständen eindeutig etwas Anderes ergibt (BGH Urt. v. 24.7.2003 VII ZR 218/02 BauR 2003, 1889 und dazu auch oben Vor §§ 8 und 9 Rn. 28 sowie *Kapellmann* Jahrbuch Baurecht 1998, S. 35 ff., 37 ff.).

Neben den im Einzelnen aufgeführten drei wichtigen Kündigungsgründen (Mängel während der Bauausführung gemäß § 4 Nr. 7 VOB/B, ungenehmigter Nachunternehmereinsatz gemäß § 4 Nr. 8 VOB/B und Verzug mit der Bauausführung gemäß § 5 Nr. 4 VOB/B) regelt § 8 Nr. 3 VOB/B auch die **Kündigungsfolgen** bei einer **Kündigung aus sonstigem wichtigem Grund.** Danach ist der Auftraggeber in all diesen Fällen berechtigt, den noch nicht vollendeten Teil der Leistung zu Lasten des gekündigten Auftragnehmers durch einen Dritten als **Ersatzunternehmer** ausführen zu lassen. Daraus ergibt sich für den Auftraggeber der sog. **Mehrkostenerstattungsanspruch,** der sämtliche ihm durch die Beauftragung des Ersatzunternehmers bei der Fertigstellung des ursprünglich geschuldeten Leistungsumfangs entstehenden Mehrkosten umfasst. Zugleich verpflichtet Abs. 4 den Auftraggeber, eine Aufstellung über die entstandenen Mehrkosten spätestens binnen 12 Werktagen nach Abrechnung mit dem oder den Dritten einzureichen, um eine möglichst kurzfristige Gesamtabrechnung mit dem gekündigten Auftragnehmer zu erreichen, der seinerseits gemäß § 8 Nr. 6 S. 2 VOB/B unverzüglich eine prüfbare Rechnung über seine bis zur Kündigung erbrachten Leistungen vorzulegen hat. Diese Rechtsfolgen gelten bei Vereinbarung der VOB/B als Vertragsgrundlage auch für die nicht in der VOB/B speziell geregelten Kündigungen aus anderen wichtigen Gründen (so vor allem Beck'scher VOB-Komm./*Motzke* § 8 VOB/B Rn. 13 ff.).

B. Die außerordentliche Kündigung aus wichtigem Grund

I. Die Regelung im BGB 2002

5 Während die freie Kündigung gemäß § 8 Nr. 1 Abs. 1 VOB/B auch als ordentliche Kündigung eines Bauvertrages durch den Auftraggeber bezeichnet wird, wird die Kündigung aus wichtigem Grund auch **außerordentliche Kündigung** genannt, weil sie im BGB nicht ausdrücklich geregelt ist. Trotzdem hat die Rechtsprechung aber schon immer eine solche Kündigung aus wichtigem Grund auch bei Werk- und Bauverträgen ohne Vereinbarung der VOB/B **gewohnheitsrechtlich** oder als sog. **Richterrecht** anerkannt (so *Kniffka* Bauvertragsrecht IBR-Online-Kommentar § 649 Rn. 5; *Voit* BauR 2002, 1776 f.), sei es im Sinne einer teleologischen Auslegung des § 649 BGB selbst, sei es in entsprechender Anwendung des § 626 oder der §§ 280, 325, 326 BGB a.F., sei es aus dem Rechtsinstitut der positiven Vertragsverletzung (vgl. dazu auch *Boldt* NZBau 2002, 655, und *Sienz* BauR 2002, 194). Umstritten ist dieser **Fortbestand des außerordentlichen Kündigungsrechts** seit Inkrafttreten des Schuldrechtsmodernisierungsgesetzes am 1.1.2002, weil zum einen durch § 314 BGB zum Ausdruck gebracht worden ist, dass eine Kündigung aus wichtigem Grund – nur? – bei **Dauerschuldverhältnissen** möglich sei und zum anderen, weil eine solche außerordentliche Kündigung nicht mehr erforderlich sei, nachdem das BGB 2002 nunmehr eine vertretbare Regelung für die Beendigung von Werk- und Bauverträgen durch die neuen Rücktrittsvorschriften und die geänderten **Rücktrittsfolgen** zur Verfügung stelle; denn ein Teil-Rücktritt ist nun möglich (vgl. § 323 Abs. 5 BGB n.F.) und ein **Rücktritt** ist auch zulässig bei einer Verletzung von Pflichten, die nicht im Gegenseitigkeitsverhältnis stehen (vgl. §§ 241 Abs. 2, 324 BGB n.F.). Trotz dieser Neuregelung im BGB 2002 ist das Rechtsinstitut der außerordentlichen Kündigung nicht entbehrlich und der Gesetzgeber hat die Abschaffung auch nicht beabsichtigt, sondern lediglich das Kündigungsrecht aus wichtigem Grund bei **Dauerschuldverhältnissen** geregelt, denen der Bauvertrag durchaus ähnlich ist, da auch dieser auf längere Zeit angelegt ist, so dass sich auch eine entsprechende Anwendung auf Bauverträge begründen lässt, wenn man nicht an der gewohnheitsrechtlichen Lösung über Richterrecht festhalten will (vgl. dazu oben Vor §§ 8 und 9 VOB/B Rn. 9 ff. und wohl auch *Kniffka* a.a.O. Rn. 5 ff.).

II. Die wichtigsten Kündigungsgründe des § 8 Nr. 3 Abs. 1 VOB/B

1. Kündigung wegen Mängeln während der Bauausführung (§ 4 Nr. 7 S. 3 VOB/B)

6 Nach § 8 Nr. 3 Abs. 1 S. 1 VOB/B kann der Auftraggeber den Bauvertrag aus wichtigem Grunde kündigen, wenn im Falle des § 4 Nr. 7 VOB/B die gesetzte Frist zur Mängelbeseitigung fruchtlos abgelaufen ist. Nach § 4 Nr. 7 S. 1 VOB/B hat der Auftragnehmer Leistungen, die schon während der Ausführung als mangelhaft oder vertragswidrig erkannt werden, auf eigene Kosten durch mangelfreie zu ersetzen. Kommt der Auftragnehmer seiner Pflicht zur Beseitigung des Mangels nicht nach, so kann ihm der Auftraggeber nach S. 3 eine angemessene **Frist zur Beseitigung des Mangels** setzen und erklären, dass er ihm nach fruchtlosem Ablauf der Frist den Auftrag entziehe (§ 8 Nr. 3 VOB/B). Diese beiden Vorschriften der VOB/B (§ 4 Nr. 7 und § 8 Nr. 3 VOB/B) geben dem Auftraggeber bereits während der Ausführung der Bauleistungen **bis zu deren Abnahme** ein **Kündigungsrecht aus wichtigem Grunde** bei Mängeln, wenn der Auftragnehmer diese nicht innerhalb einer gesetzten angemessenen Frist beseitigt. Eine solche Möglichkeit gewährt das BGB dem Auftraggeber nicht, wie sich aus § 634 Abs. 1 S. 2 und 3 BGB a.F. bzw. §§ 634 Nr. 1 und 635 BGB n.F. ergibt, in denen in erster Linie der Anspruch auf **Nacherfüllung** vorgesehen ist, der sprachlich ein Ende des Erfüllungsstadiums voraussetzt. Nach § 634 BGB a.F. war zwar die Möglichkeit vorgesehen, bei Mängeln, die sich vor der Ablieferung des Werks zeigen, dem Auftragnehmer sofort eine Frist zu deren Beseitigung zu setzen; diese Frist musste bisher aber so bemessen sein, dass sie nicht vor der für die Ablieferung des Werks bestimmten Frist abläuft. Das hat zur Folge, dass der Auftraggeber bei einem **BGB-Werkvertrag a.F.** wegen festgestellter Mängel den Bauvertrag nicht kündigen kann, sondern bis zur Abnahme

warten muss und dann die Mängel nach vergeblicher Fristsetzung durch einen anderen Unternehmer auf Kosten des Auftragnehmers beseitigen (§ 633 Abs. 3 BGB a.F.) oder andere Gewährleistungsansprüche geltend machen kann (§§ 634, 635 BGB a.F.). Nur ausnahmsweise lässt sich hier ein Kündigungsrecht des Auftraggebers bei schwer wiegenden Mängeln und dadurch bedingtem Vertrauensverlust herleiten (vgl. BGH BauR 1999, 760 = ZfBR 1999, 200; OLG Hamm NJW-RR 1989, 601).

Die **Neufassung des BGB** sieht demgegenüber neben dem Nacherfüllungsanspruch auch gemäß §§ 634 Nr. 3, 636, 323 BGB n.F. ein **Rücktrittsrecht** vor, das gemäß § 323 Abs. 4 BGB n.F. bereits vor dem Eintritt der Fälligkeit der Leistung, also vor der Abnahme, in Anspruch genommen werden kann, wenn offensichtlich ist, dass die Voraussetzungen des Rücktritts eintreten werden. Diese Voraussetzungen des BGB für den **Rücktritt** verlangt die VOB/B für die Kündigung zu Recht nicht, sondern macht das Kündigungsrecht nur von dem Ablauf einer zur Mängelbeseitigung gesetzten angemessenen **Frist** mit **Kündigungsandrohung** abhängig. 7

Ersichtlich verfolgt die VOB/B mit der Sonderregelung der §§ 4 Nr. 7, 8 Nr. 3 VOB/B das Ziel, schon während der Bauausführung eine Mängelbeseitigung verlangen und erforderlichenfalls auch durchsetzen zu können, was auch sachgerecht ist, da sich Baumängel in diesem Stadium der Bauausführung durchweg einfacher und preisgünstiger beseitigen lassen. Die dem Auftraggeber eröffnete Kündigungsmöglichkeit als einzige Konsequenz, wenn der **Auftragnehmer trotz Fristsetzung Mängel seiner Bauleistung während der Bauausführung nicht beseitigt**, wird allerdings den praktischen Bedürfnissen auf der Baustelle häufig nicht gerecht und kann immer nur bei schwer wiegenden Mängeln in Betracht kommen. Die Kündigung wegen nicht beseitigter Mängel während der Bauausführung schafft nämlich dem Auftraggeber allzu oft mehr neue Probleme als sie alte löst. Der Auftraggeber muss sich einen neuen Unternehmer suchen, der die Leistungen des gekündigten Auftragnehmers fortführt und fertig stellt; dies ist meist mit erheblichem Zeitverlust verbunden, führt also zu einer Verschiebung des Fertigstellungstermins und als Folge davon meist auch zu einem Schaden des Auftraggebers, z.B. durch Zahlung einer Vertragsstrafe an seinen Auftraggeber oder durch eigenen Mietausfall, den er zwar von dem gekündigten Auftragnehmer ersetzt verlangen kann (§ 4 Nr. 7 S. 2 VOB/B), was aber meist nur über einen Rechtsstreit möglich ist. Trotz dieser mit der Kündigung des Bauvertrags wegen Mängeln während der Bauausführung verbundenen Schwierigkeiten hat der BGH die den Auftragnehmer erheblich geringer belastende **Ersatzvornahme**, also die Beseitigung des Mangels durch den Auftraggeber selbst oder durch einen anderen Unternehmer ohne Kündigung des Bauvertrags mit dem Auftragnehmer und dessen **Belastung mit den Kosten der Mängelbeseitigung**, wie dies nach der Abnahme gemäß § 13 Nr. 5 Abs. 2 VOB/B möglich und üblich ist, nicht zugelassen, weil § 4 Nr. 7 VOB/B eine abschließende Regelung enthalte (BGH BauR 1996, 573; 1997, 1027). Immerhin hat der BGH die damit verbundenen Probleme für überwindbar gehalten, weil der Auftraggeber in diesen Fällen den Bauvertrag auch nur teilweise kündigen könne. Diese **Möglichkeit einer Teilkündigung** sieht zwar die VOB/B in § 8 Nr. 3 Abs. 1 S. 2 VOB/B ausdrücklich vor, aber nur in der Weise, dass die Kündigung auf einen **in sich abgeschlossenen Teil der vertraglichen Leistung** beschränkt werden kann. Da sich die gleiche Formulierung des in sich abgeschlossenen Teils der Leistung auch in § 12 Nr. 2 VOB/B als Voraussetzung für einen Anspruch auf **Teilabnahme** findet und dort allgemein sehr eng ausgelegt wird, wird man jedenfalls eine **Teilkündigung nicht allein auf den mangelhaft ausgeführten Leistungsteil** beschränken können, da dieser nur selten eine **in sich abgeschlossene Teilleistung** sein wird (vgl. dazu auch *Vygen* Bauvertragsrecht a.a.O. Rn. 490; *Kapellmann* Jahrbuch Baurecht 1998 S. 37). Zumindest sollte eine Ersatzvornahme auch ohne Kündigung dann möglich sein, wenn der Auftragnehmer die Mängelbeseitigung endgültig verweigert hat. Dies hat der BGH (BauR 2000, 1479) in einem ersten Schritt zur Zulassung der Ersatzvornahme auch vor der Abnahme zugelassen, dem vielleicht auch weitere folgen werden, um die praktischen Probleme mit der **Teilkündigung** zu lösen (vgl. dazu auch *Lang* BauR 2006 Heft 12). 8

9 Diese Schwierigkeiten für den Auftraggeber lassen sich am besten vermeiden durch eine **vertragliche Regelung** im Bauvertrag, insbesondere auch in **Nachunternehmerverträgen**, die dem Auftraggeber die Möglichkeit gibt, bei Mängeln, die schon während der Bauausführung festgestellt werden und die der Auftragnehmer trotz Fristsetzung nicht beseitigt, diese auf Kosten des Auftragnehmers durch einen anderen Unternehmer beseitigen zu lassen, also die Regelung des § 13 Nr. 5 Abs. 2 VOB/B im Rahmen des § 4 Nr. 7 S. 3 VOB/B anwenden zu können. Eine solche **Vertragsklausel ist auch AGB-rechtlich wohl unbedenklich**, da sie keine unangemessene Benachteiligung des Auftragnehmers zur Folge hat, zumal er durch die erforderliche Fristsetzung Gelegenheit hat, diese Rechtsfolgen zu verhindern und die Kündigung für ihn wesentlich schwer wiegendere Folgen hat.

10 Ist im Vertrag eine solche Möglichkeit nicht vorgesehen, will aber der Auftraggeber den Bauvertrag auch nicht kündigen oder teilkündigen, weil dies zu **Bauverzögerungen** führt, so bleibt dem Auftraggeber immer noch die Alternative, nach Ablauf der Frist zur Mängelbeseitigung gemäß § 4 Nr. 7 S. 3 VOB/B daraus zunächst keine Konsequenzen zu ziehen, vielmehr nur **Beweise für das Vorliegen des Mangels zu sichern**, und dann später bei der Abnahme sich diesen Mangel als bekannten Mangel gemäß § 12 Nr. 4 Abs. 1 S. 4 VOB/B bei **förmlicher Abnahme** bzw. gemäß § 12 Nr. 5 Abs 3 VOB/B bei **fiktiver Abnahme** vorzubehalten und dann nach § 13 Nr. 5 Abs. 2 VOB/B mit erneuter Fristsetzung zur Mängelbeseitigung und anschließender **Ersatzvornahme** vorzugehen, womit aber der Nachteil verbunden ist, dass dadurch die **Mängelbeseitigungskosten** meist deutlich höher ausfallen, da das Bauwerk dann meist schon genutzt und die Nutzung durch diese späte Mängelbeseitigung beeinträchtigt wird und/oder zusätzliche Vorbereitungs- und Nachbereitungsarbeiten anfallen, um den Mangel beseitigen zu können. Es bleibt aber zu hoffen, dass der BGH seine Rechtsprechung weiterhin dahin öffnet, dass eine Ersatzvornahme nach Fristablauf auch vor der Abnahme möglich ist oder der DVA bei einer Neufassung der VOB/B diese Möglichkeit ausdrücklich im § 4 Nr. 7 S. 3 VOB/B vorsieht.

2. Kündigung wegen Verzugs bei der Bauausführung

11 Gemäß § 8 Nr. 3 Abs. 1 S. 1 VOB/B i.V.m. § 5 Nr. 4 VOB/B kann der Auftraggeber den Bauvertrag kündigen, wenn der Auftragnehmer den **Beginn der Ausführung verzögert**, wenn er Arbeitskräfte, Geräte, Gerüste, Stoffe oder Bauteile so unzureichend einsetzt, dass die **Ausführungsfristen** offenbar nicht eingehalten werden können, oder wenn er mit der Vollendung in **Verzug** gerät, und der Auftraggeber dem Auftragnehmer eine angemessene Frist zur Vertragserfüllung gesetzt und zugleich erklärt hat, dass er ihm nach fruchtlosem Ablauf der Frist den Auftrag entzieht (vgl. dazu auch *Vygen/Schubert/Lang* Bauverzögerung und Leistungsänderung Rn. 100 ff.).

12 Voraussetzung für diese Kündigung des Bauvertrags aus wichtigem Grunde ist danach zunächst ein Verzug des Auftragnehmers mit der Vollendung der Leistung oder aber auch mit deren Beginn, wobei der Beginn durch den Auftraggeber binnen 12 Werktagen gemäß § 5 Nr. 2 S. 2 VOB/B verlangt werden kann, sofern der Vertrag keinen Baubeginn vorsieht.

Dieser Verzug erfordert neben der **Fälligkeit der Leistung** auch noch eine **Mahnung oder In-Verzug-Setzung**, die grundsätzlich erst nach Eintritt der Fälligkeit erfolgen kann. Die Mahnung ist allerdings entbehrlich, wenn für die Fertigstellung der geschuldeten Bauleistung ein **nach dem Kalender bestimmter Termin** vereinbart worden war (§ 284 Abs. 2 BGB a.F. bzw. § 286 Abs. 2 Nr. 1 BGB n.F.) oder wenn der Leistung ein Ereignis vorauszugehen hat (z.B. Erteilung der Baugenehmigung oder Baubeginn oder Rohbaufertigstellung oder Baufreigabe usw.) und eine angemessene Zeit für die Leistung in der Weise bestimmt ist, dass sie sich von dem Ereignis an nach dem Kalender berechnen lässt (z.B. 8 Monate nach Baubeginn usw.), wie dies jetzt für Bauverträge, die nach dem 1.1.2002 abgeschlossen worden sind, gemäß § 286 Abs. 2 Nr. 2 BGB n.F. vorgesehen ist. In diesen Fällen tritt **Verzug auch ohne Mahnung** ein. Neben dem Verzug bedarf es sodann der Setzung einer angemessenen Frist zur Vertragserfüllung und der damit verbundenen **Kündigungsandrohung**, wobei aber eine unangemessen kurze Frist keineswegs wirkungslos ist, sondern eine angemessene Frist in Gang setzt. Zu beachten ist dabei, dass das Kündigungsrecht nach fruchtlosem Ablauf der angemessenen Frist wieder verloren gehen kann, wenn der Auftraggeber die Fortsetzung der Arbeiten durch den Auftragnehmer hinnimmt, da darin ein Verzicht auf die Kündigung oder eine **Verwirkung des Kündigungsrechts** gesehen werden kann (vgl. OLG Köln SFH Nr. 4 zu § 8 VOB/B; OLG Düsseldorf NJW-RR 1994, 149). Fristsetzung und Kündigungsandrohung können allerdings nach der Rechtsprechung ausnahmsweise entbehrlich sein, wenn der Auftragnehmer ernsthaft und endgültig die weitere Vertragserfüllung verweigert, zu Unrecht seine Arbeiten einstellt oder dem Auftraggeber aus anderen Gründen ein Festhalten am Vertrag mit diesem Auftragnehmer schlechterdings nicht mehr zuzumuten ist, wobei daran aber stets strenge Anforderungen zu stellen sind, die vom Auftraggeber zu beweisen sind (BGH BauR 1974, 274; 1975, 281; 1993, 469 = ZfBR 1993, 189; BGH BauR 1996, 704).

In besonderen Fällen kann es auch genügen, dem Auftragnehmer eine angemessene Frist zu setzen, um die **fristgerechte Erfüllbarkeit des Bauvertrags nachzuweisen**, und für den Fall fruchtlosen Fristablaufs die Kündigung anzudrohen. Dies kann vor allem dann in Betracht kommen, wenn die rechtzeitige Erfüllung des Bauvertrages durch Hindernisse ernsthaft in Frage gestellt ist, die im Verantwortungsbereich des Auftragnehmers liegen (so BGH BauR 1983, 73 = ZfBR 1983, 19). Diese Möglichkeit besteht nach der Neuregelung des BGB 2002 in § 323 Abs. 4 in verstärktem Maße, da der Gläubiger danach bereits vor dem Eintritt der Fälligkeit der Leistung zurücktreten kann, wenn offensichtlich ist, dass die Voraussetzungen des **Rücktritts** eintreten werden. Damit hat sich das BGB stark an die Regelung in § 5 Nr. 3 VOB/B angelehnt, so dass es auch gerechtfertigt ist, bei erheblichen Bedenken bezüglich der Termineinhaltung vom Auftragnehmer zu verlangen, dass er die Einhaltung des vereinbarten Termins trotz erheblicher Verzögerungen nachweist, um einen Rücktritt nach dem BGB oder eine Kündigung gemäß § 5 Nrn. 3 und 4, § 8 Nr. 3 VOB/B zu vermeiden. 13

Besondere Probleme beim späteren Beweis des wichtigen Grundes zeigen sich bei einer **Kündigung gemäß § 5 Nr. 3 VOB/B**, die ganz erhebliche Anforderungen an die **Dokumentation** des Auftraggebers bzw. Generalunternehmers zu vereinbarten **Zwischenterminen,** zum geschuldeten und tatsächlichen **Geräte- und Personaleinsatz** stellt (vgl. auch *Vygen/Schubert/Lang* a.a.O. Rn. 82 ff. sowie jetzt auch BGH BauR 2000, 1182). 14

3. Kündigung wegen ungenehmigten Subunternehmereinsatzes

Durch die Neufassung der VOB 2000 ist ein weiterer wichtiger Kündigungsgrund in der VOB/B ausdrücklich geregelt worden, nämlich die **Kündigung wegen ungenehmigten Subunternehmereinsatzes** in § 4 Nr. 8 Abs. 1 S. 3 VOB/B. Danach kann der Auftraggeber, wenn der Auftragnehmer ohne schriftliche Zustimmung des Auftraggebers Leistungen nicht im eigenen Betrieb erbringt, sondern dafür Nachunternehmer einsetzt, obwohl sein Betrieb darauf eingerichtet ist, dem Auftragnehmer eine **angemessene Frist zur Aufnahme der Leistung im eigenen Betrieb** setzen und erklären, dass er ihm nach fruchtlosem Ablauf der Frist den Auftrag entziehe. In diesen Fällen wurde auch schon vor der Neufassung der VOB 2000 vielfach ein solches Kündigungsrecht des Auftraggebers bejaht, wenn der Auftraggeber seine Zustimmung zu dem Subunternehmereinsatz wegen nicht hinreichender Referenzobjekte zu Recht verweigert und den Auftragnehmer unter Fristsetzung mit Kündigungsandrohung aufgefordert hat, die Arbeiten (z.B. Abbrucharbeiten) in Eigenleistung durchzuführen (VOB-Stelle Niedersachen, Fall 1090 v. 1.8.1996, IBR 1996, 466). Ohne eine solche Fristsetzung mit Kündigungsandrohung wurde aber eine fristlose Kündigung aus wichtigem Grunde wegen unberechtigten vertragswidrigen Subunternehmereinsatzes nur bejaht, wenn dadurch das Vertrauensverhältnis zwischen den Vertragspartnern entscheidend gestört ist (so *Nicklisch/Weick* § 4 VOB/B Rn. 122; i.E. auch *Ingenstau/Korbion* bis zur 13. Aufl., § 4 VOB/B Rn. 409, der eine Kündigung nur über eine entsprechende Anwendung des § 4 Nr. 7 S. 3 VOB/B, also 15 nach Fristsetzung mit Kündigungsandrohung für zulässig erachtete). Mangels Fristsetzung mit Kündigungsandrohung und mangels objektiv gerechtfertigten Vertrauensverlustes wird man eine Kündigung aus wichtigem Grunde nicht bejahen können, wenn der Auftraggeber sogleich nach der Kündigung eben diesen Subunternehmer als Nachfolgeunternehmer unmittelbar beauftragt (so OLG Düsseldorf Urt. v. 14.1.1997 und v. 16.9.1997 IBR 1998, 60-*Schulze-Hagen*).

16 Zweifelhaft, aber letztlich wohl zu bejahen, ist die Frage, ob der Generalunternehmer oder Hauptunternehmer, der ohne die erforderliche Zustimmung einen Subunternehmer einsetzt, obwohl er die Arbeiten auch selbst ausführen könnte, im Fall der Fristsetzung mit Kündigungsandrohung von seinem Auftraggeber **nachträglich die Zustimmung oder Genehmigung zu diesem Subunternehmereinsatz nach Treu und Glauben** verlangen kann, wenn der Auftraggeber keine sachlichen Gründe für die Verweigerung der Zustimmung hat (vgl. dazu BGH BauR 2000, 569, zur Frage, ob die notwendige Zustimmung zu einer Abtretung des Vergütungsanspruchs grundlos verweigert werden kann). Zwar hat der Auftragnehmer die von ihm vertraglich geschuldeten Bauleistungen grundsätzlich im eigenen Betrieb, also als **Eigenleistung** auszuführen und der **Nachunternehmereinsatz** soll nach § 4 Nr. 8 VOB/B der Ausnahmefall sein. Dennoch kann der Auftraggeber seine Zustimmung nicht grundlos verweigern, zumal der **Nachunternehmereinsatz** heute weitestgehend üblich ist. Liegt deshalb im Einzelfall eine notwendige Zustimmung zu einem solchen Subunternehmereinsatz nicht vor, hätte der Auftragnehmer aber die Zustimmung vom Auftraggeber zu Recht verlangen können, weil keine beachtlichen Hinderungsgründe vorliegen, dann kann der Auftragnehmer auch später vom Auftraggeber die nachträgliche Genehmigung verlangen und dies auch noch dann, wenn der Auftraggeber eine Frist mit Kündigungsandrohung zur Erbringung der Leistung im eigenen Betrieb gesetzt hat.

III. Die Kündigung aus sonstigen wichtigen Gründen

17 Obwohl in § 8 Nr. 3 VOB/B nicht ausdrücklich erwähnt, fallen **in entsprechender Anwendung** auch andere Fälle einer schweren **positiven Vertragsverletzung** hierunter, wenn nach der Rechtsprechung **wegen grober Störung des vertraglichen Vertrauensverhältnisses** ein Rücktrittsrecht gegeben wäre und dadurch der Vertragszweck so gefährdet ist, dass es dem vertragstreuen Vertragspartner nicht zumutbar ist, den Vertrag fortzusetzen (BGH BauR 1996, 704 = ZfBR 1996, 267; BGH BauR 2000, 409; ebenso OLG Frankfurt BauR 1988, 599 = NJW-RR 1987, 979). Dieses Recht zur Kündigung wegen **positiver Vertragsverletzung** kann sowohl dem Auftraggeber als auch dem Auftragnehmer zustehen, wenn der jeweils andere Vertragspartner Vertragspflichten schuldhaft verletzt und dadurch den Vertragszweck gefährdet und die Fortsetzung des Vertrages für den anderen Vertragspartner unzumutbar ist.

18 Bei der Frage, ob eine zur Kündigung aus wichtigem Grunde berechtigende Vertragsverletzung vorliegt, kommt es nicht darauf an, ob **Haupt- oder Nebenpflichten** aus dem Bauvertrag verletzt worden sind, weil auch Nebenpflichten für den vereinbarten Vertragszweck von erheblicher Bedeutung sein können. Durch das Schuldrechtmodernisierungsgesetz ist die Unterscheidung von Haupt- und Nebenpflichten ohnehin nicht mehr von Bedeutung, da die **Verletzung jeglicher Vertragspflicht** einen Schadensersatzanspruch gemäß §§ 241 Abs. 2, 280 BGB n.F. oder ein Rücktrittsrecht des anderen Vertragspartners gemäß §§ 241 Abs. 2, 323, 324 BGB n.F. zur Folge haben kann und deshalb die positive Vertragsverletzung alten Rechts nunmehr gesetzlich geregelt ist.

19 Zutreffend hat der BGH (BGH BauR 1996, 704, 705 = ZfBR 1996, 267) eine solche Kündigung aus wichtigem Grunde für gerechtfertigt erklärt, wenn der Auftragnehmer trotz Abmahnungen des Auftraggebers mehrfach und nachhaltig gegen eine Vertragspflicht verstößt (hier: Transport von Boden über die Straße anstatt über Schiene oder Wasserwege trotz entsprechender Auflage im Bauvertrag und in der wasserrechtlichen Genehmigung) und wenn das Verhalten des Auftragnehmers ein hinreichender Anlass für die Annahme ist, dass der Auftragnehmer sich auch in Zukunft nicht vertragstreu verhalten wird. Fälle grober Vertragsverletzung können hier die **unberechtigte Einstellung der Arbeiten** mit komplettem Abbruch der Baustelle sowie die ungerechtfertigte Entfernung schon eingebauter Bauteile sein (OLG Frankfurt BauR 1988, 599). Das trifft auch zu, wenn sich der Auftragnehmer weigert, eine bereits festgelegte vertragliche Leistung vollständig auszuführen, weil sie technisch nicht erforderlich ist und der Auftragnehmer für die vollständige Erbringung der schon vorher vertraglich abgesprochenen Leistung noch eine zusätzliche Vergütung beansprucht (vgl. OLG Frankfurt/Main OLGR 1996, 146, für den Fall eines vereinbarten doppelten Anstrichs, obwohl ein einfacher genügt hätte). Eine grobe Vertragsverletzung kann es auch sein, wenn sich der Auftragnehmer über den von § 5 Nr. 4 VOB/B erfassten Rahmen hinaus fortgesetzt und wiederholt als derart unzuverlässig erwiesen hat, dass dem Auftraggeber eine Fortsetzung des Vertrags gerechterweise nicht mehr zuzumuten ist (vgl. OLG Karlsruhe BauR 1987, 448). Gleichfalls trifft dies zu, wenn der Auftragnehmer das Nichtvorliegen eines **Eignungsnachweises zum Schweißen** von Bauteilen und Konstruktionen aus Aluminium verschweigt, auf deren Vorhandensein der Auftraggeber ausdrücklich Wert gelegt hat; dann kann dies eine so schwer wiegende **Verletzung des Vertrauensverhältnisses** sein, dass der Auftraggeber nicht nur zur Kündigung eines den Eignungsnachweis betreffenden Loses, sondern auch eines anderen Loses, mit dem der Auftragnehmer zugleich im Rahmen desselben Bauvorhabens beauftragt worden ist, berechtigt ist (zutreffend OLG Köln SFH § 4 VOB/A Nr. 1 = NJW-RR 1994, 602). Auch ist es eine grobe Vertragsverletzung, wenn der Auftragnehmer seine fehlende **Eintragung in die Handwerksrolle** verschweigt (OLG Hamm IBR 1994, 118), obwohl die Eintragung für die auszuführenden Arbeiten erforderlich ist, wobei es auf den Zeitpunkt der Ausführung der betreffenden Leistung ankommt. Ferner ist es eine grobe Vertragsverletzung, wenn der Auftragnehmer entgegen den Weisungen des Statikers ohne Bodenaustausch die Sohlen der Häuser auf nicht tragfähigem Untergrund betoniert (vgl. OLG Hamm BauR 1992, 516). Ebenfalls rechnet es zur groben Vertragsverletzung, wenn sich der Auftragnehmer weigert, auf eine vom Auftraggeber zu Recht verlangte Anpassung des Vertrags bei **Änderung oder Wegfall der Geschäftsgrundlage** einzugehen, ebenso kann dies auch umgekehrt der Fall sein und eine Kündigung des Auftragnehmers aus wichtigem Grund rechtfertigen (vgl. dazu unten § 9 Nr. 1 VOB/B). Keine grobe Vertragsverletzung ist es hingegen, wenn der Auftragnehmer seine Arbeiten einstellt, weil eine im Bauvertrag binnen einer Frist von einer Woche vorgesehene Vereinbarung über die Vergütung erforderlicher Mehrleistungen für notwendige Vorarbeiten nicht fristgerecht zustande kommt (OLG Düsseldorf BauR 1994, 521), wobei obendrein Voraussetzung ist, dass dem Auftragnehmer tatsächlich ein veränderter oder zusätzlicher Vergütungsanspruch gemäß § 2 VOB/B zusteht.

Ein wichtiger Grund zur Kündigung kann auch darin zu sehen sein, dass der andere Vertragspartner **20** den Bauvertrag zu Unrecht fristlos gekündigt hat (BGH Urt. v. 1.12.1993 VIII ZR 129/92 – NJW 1994, 443 = MDR 1994, 135). Diese Rechtsprechung hat der BGH inzwischen gefestigt und ein Kündigungsrecht eines Vertragspartners bejaht, wenn der andere Vertragspartner seine sich **aus dem VOB-Vertrag ergebende Pflicht zur Kooperation** während der Vertragsdurchführung verletzt (BGH BauR 2000, 409). Nach dieser zu begrüßenden Rechtsprechung sind die Vertragspartner, wenn während der Vertragsdurchführung Meinungsverschiedenheiten über die Notwendigkeit oder die Art und Weise einer Anpassung des Vertrags oder seiner Durchführung an geänderte Umstände entstehen, grundsätzlich verpflichtet, durch Verhandlungen eine **einvernehmliche Beilegung** der Meinungsverschiedenheit zu versuchen (BGH a.a.O.). Diese **Kooperationspflicht** verletzt der Auftragnehmer, wenn er ein pauschales **Nachtragsangebot** einreicht, der Auftraggeber dieses so ohne weitere Nachweise nicht akzeptiert und der Auftragnehmer daraufhin die Arbeiten einstellt und den Vertrag kündigt, ohne seine Nachforderungen näher zu erläutern und den Versuch einer einvernehmlichen Lösung zu machen (so BGH BauR 2000, 410; OLG Dresden BauR 1998, 565).

Derartige **Kooperationspflichten** der Bauvertragspartner finden sich an verschiedenen Stellen der **21** VOB/B – z.B. § 2 Nr. 3 Abs. 2 und 3, § 2 Nr. 5, § 2 Nr. 6 Abs. 2 S. 2, § 2 Nr. 7 Abs. 1 S. 2, § 3 Nr. 4, § 4 Nr. 4, § 8 Nr. 3 Abs. 3, § 8 Nr. 6, § 12 Nr. 1 und 4, § 14 Nr. 2, § 15 Nr. 3, § 17 Nr. 6 und § 18 Nr. 2 und Nr. 3 n.F. 2006 – aber auch häufig in **DIN-Normen**, die gemäß § 1 Nr. 1 S. 2 VOB/B durch Vereinbarung der VOB/B Vertragsbestandteil sind, so z.B. in der DIN 18 299 Ziff. 3.3 die Pflicht zur gemeinsamen Festlegung weiterer Maßnahmen beim Antreffen von Schadstoffen in Böden, Gewässern oder Bauteilen (sog. Kontaminationen), oder in der DIN 18 300 Ziff. 3.1.5, 3.3.1, 3.5.3, 3.5.5, 3.7.2, 3.7.4, 3.7.7, 3.8.4, 3.11.5 oder in der DIN 18 301 Ziff. 3.2.4, 3.3.3, 3.4.2 und vielen anderen mehr (vgl. dazu Beck'scher VOB-Komm./*Motzke/Englert/Katzenbach* VOB/C DIN 18 300 ff.).

22 In allen Fällen der Kündigung, also auch der aus sonstigem wichtigem Grunde wird man, von Ausnahmen abgesehen (vgl. §§ 326 Abs. 2 und 634 Abs. 2 BGB a.F. bzw. §§ 281 Abs. 2, 323 Abs. 2, 636 BGB n.F.), eine vorherige **Fristsetzung mit Kündigungsandrohung** verlangen müssen, sofern der andere Vertragspartner den wichtigen Kündigungsgrund abstellen kann, was i.d.R. immer dann der Fall ist, wenn es um die Verletzung von Vertragspflichten geht, wie auch die neue Regelung in § 314 Abs. 2 BGB n.F. bei der **Kündigung von Dauerschuldverhältnissen** zeigt.

23 Eine schwere positive Vertragsverletzung ist es nicht schon, wenn der Auftragnehmer mit der Montage eines von ihm hergestellten Bauteils in Verzug gerät und innerhalb weniger Tage zweimal verbindlich zugesagte Liefertermine nicht einhält; das gibt dem Auftraggeber noch keine Berechtigung, die Annahme der Leistung ohne Nachfristsetzung abzulehnen; klagt der Auftragnehmer in einem solchen Fall die Vergütung ein, so ist der Auftraggeber, sofern er einredeweise sein Leistungsverweigerungsrecht nach § 320 BGB geltend macht, Zug um Zug gegen Lieferung und Montage zur Zahlung zu verurteilen, andernfalls er eine uneingeschränkte Verurteilung riskiert (vgl. dazu OLG Koblenz MDR 1992, 344 = NJW-RR 1992, 468).

24 Meldet der Auftragnehmer im Rahmen eines Nachunternehmervertrages nach Besichtigung der vom Auftraggeber erbrachten **Vorunternehmerleistungen** konkrete Bedenken gemäß § 4 Nr. 3 VOB/B bzw. § 242 BGB an und lehnt er für den Fall der Ausführung seiner Arbeiten ohne vorherige Nachbesserung der konkreten Beanstandungen durch den Auftraggeber jede Gewährleistung für darauf beruhende Mängel ab, so berechtigt dies nicht zur Kündigung des Vertrags durch den Auftraggeber aus wichtigem Grunde, selbst wenn die Bedenken zu Unrecht, jedoch nach hinreichender fachlicher Überlegung erhoben wurden (OLG Düsseldorf BauR 1992, 381 = NJW-RR 1992, 1237). Gleiches gilt, wenn der Auftragnehmer **Bedenken gegen die vorgesehene Art der Ausführung** unberechtigt erhebt, die jedoch fachlich zumindest diskutabel sind (vgl. dazu OLG Düsseldorf BauR 1995, 247, im Hinblick auf Oberböden im OP-Bereich).

25 Ein wichtiger Grund zur Kündigung liegt auch nicht vor, wenn ein Auftragnehmer **Bedenken gegen die vorgesehene Art der Ausführung** angemeldet und eine zusätzliche Dampfsperre für notwendig erachtet und dafür ein **Nachtragsangebot** eingereicht und er ohne diese Zusatzleistung seine Gewährleistungspflicht abgelehnt hat, solange nicht der Auftraggeber die Ausführung ohne Dampfsperre eindeutig angeordnet und der Auftragnehmer dies zu Unrecht kompromisslos abgelehnt hat (OLG Düsseldorf BauR 1995, 247).

26 Eine **Kündigung aus wichtigem** Grunde kann aber gegeben sein, wenn dem Auftragnehmer nach **den Grundsätzen der culpa in contrahendo** bzw. jetzt §§ 311 Abs. 2, 241 Abs. 2, 280, 324 BGB n.F. **eine schwere Verletzung der ihm vor Vertragsabschluss obliegenden Beratungspflichten** vorzuwerfen ist, wie z.B. bei falscher Beratung des Auftraggebers über dessen Finanzierungsmöglichkeiten (vgl. OLG Hamm BauR 1993, 482 = NJW-RR 1993, 717) oder bei Kenntnis vom noch nicht erfolgten Grundstückserwerb über die Möglichkeit zur Vereinbarung eines Rücktrittsrechts im Bauvertrag (so OLG Celle BauR 2003, 884).

IV. Weitere Kündigungsvoraussetzungen

27 Immer bedarf es aber der **Erklärung der Kündigung** des Vertrags durch den Auftraggeber, um eine **Vertragsauflösung herbeizuführen** und um die **Rechtswirkungen**, wie sie in § 8 Nr. 3 Abs. 2 ff. VOB/B geregelt sind, in **Anspruch nehmen zu können**, und zwar durch **gesonderte empfangsbe-**

dürftige Erklärung, die wirksam grundsätzlich erst nach Fristablauf erfolgen kann (so auch BGH BauR 1973, 319 = NJW 1973, 1463). Zugegangen ist eine unter Abwesenden abgegebene Kündigungserklärung, sobald sie derart in den Machtbereich des Empfängers gelangt, dass bei Annahme gewöhnlicher Verhältnisse damit zu rechnen ist, er könne von ihr Kenntnis erlangen (u.a. BGH BB 1980, 496 = NJW 1980, 990). Voraussetzung ist vor allem auch, dass der Auftraggeber zwischen Setzung der Nachfrist und der Erklärung der Kündigung sich nicht noch in einer Weise mit dem Auftragnehmer, z.B. in die Fortsetzung der Leistung betreffende Verhandlungen, eingelassen hat, aus der bei objektiver Betrachtung nicht mehr auf einen ernsthaften Kündigungswillen aus den bisher für ihn maßgebenden Gründen geschlossen werden kann. In solchen Fällen muss der Auftraggeber vielmehr eine **erneute Nachfrist mit Kündigungsandrohung** setzen, um zu einer wirksamen Kündigung aus wichtigem Grunde zu gelangen.

Dies gilt auch, wenn der Auftraggeber nach Ablauf der mit Kündigungsandrohung versehenen Frist die Fortsetzung der Arbeiten durch den Auftragnehmer hinnimmt, da darin ein Verzicht auf die Kündigung oder eine **Verwirkung des Kündigungsrechts** gesehen werden kann (vgl. BGH BauR 2005, 425 = NZBau 2005, 150; OLG Köln SFH Nr. 4 zu § 8 VOB/B; OLG Düsseldorf NJW-RR 1994, 194). Fristsetzung und Kündigungsandrohung können allerdings nach der Rechtsprechung ausnahmsweise entbehrlich sein, wenn der Auftragnehmer ernsthaft und endgültig die weitere Vertragserfüllung verweigert oder dem Auftraggeber aus anderen Gründen ein Festhalten am Vertrag mit diesem Auftragnehmer schlechterdings nicht mehr zuzumuten ist, wobei daran aber stets **strenge Anforderungen** zu stellen sind, die vom Auftraggeber zu beweisen sind (BGH BauR 1974, 274; 1975, 281; 1993, 469 = ZfBR 1993, 189; BGH BauR 1996, 704). Das BGB sieht in der Neufassung 2002 dazu jetzt eine gesetzliche Regelung in §§ 281 Abs. 2, 323 Abs. 2, 636 BGB n.F. vor, in denen festgelegt ist, wann eine Fristsetzung vor einem Rücktritt entbehrlich ist; dies kann duchaus auch für die Kündigung gemäß den Regelungen in der VOB/B so gelten. **28**

In besonderen Fällen kann es auch genügen, dem Auftragnehmer eine angemessene Frist zu setzen, um die **fristgerechte Erfüllbarkeit des Bauvertrags nachzuweisen**, und für den Fall fruchtlosen Fristablaufs die Kündigung anzudrohen. Dies kann vor allem dann in Betracht kommen, wenn die rechtzeitige Erfüllung des Bauvertrags durch Hindernisse ernsthaft in Frage gestellt ist, die im Verantwortungsbereich des Auftragnehmers liegen (BGH BauR 1983, 73 = ZfBR 1983, 19). **29**

V. Entsprechende Anwendung bei einverständlicher Vertragsaufhebung

Andererseits steht es der Geltendmachung der Rechte aus § 8 Nr. 3 Abs. 2 und 3 sowie aus § 8 Nr. 6 VOB/B nicht entgenen, wenn der Vertrag – etwa wegen Nichteinhaltung der Schriftform nach § 8 Nr. 5 VOB/B – in Wirklichkeit nicht wirksam gekündigt, sondern – zumindest faktisch – **einverständlich aufgehoben** worden ist. Vielmehr genügt es, wenn der Auftraggeber **zur Zeit** der vereinbarten **Vertragsaufhebung zur Kündigung gemäß § 8 Nr. 3 Abs. 1 VOB/B berechtigt** war (vgl. BGH BauR 1973, 319 = NJW 1973, 1463; OLG Köln BauR 2003, 1578; OLG Karlsruhe BauR 1994, 116 = NJW-RR 1993, 1368; OLG Köln BauR 1994, 112 = NJW-RR 1994, 211). Zweifelhaft und umstritten ist die Frage, ob es auch hier wie bei der Kündigung selbst zulässig ist, später, vor allem im Rahmen der Abrechnung oder sogar noch im Rechtsstreit, **wichtige Kündigungsgründe nachzuschieben**, wie dies von der Rechtsprechung überwiegend bejaht wird (vgl. BGHZ 65, 391 = BauR 1976, 139; BGH BauR 1982, 79 = NJW 982, 438). Dagegen bestehen aber erhebliche Bedenken, da dies die Rechtssicherheit des jeweils anderen Vertragspartners erheblich beeinträchtigt. Vor allem aber ist zu beachten, dass sich die **Fristsetzung mit Kündigungsandrohung gerade auch auf einen solchen, später nachgeschobenen Kündigungsgrund bezogen** haben muss (so auch Beck'scher VOB-Komm./*Motzke* § 8 Nr. 3 VOB/B Rn. 32), was i.d.R. nicht der Fall sein wird, jedenfalls aber einer gründlichen Prüfung durch die Gerichte bedarf. Dies wird von der Rechtsprechung häufig nicht ausreichend beachtet. Schriftform ist für die einverständliche Aufhebung des Vertrags nicht **30** notwendig. Darüber hinaus ist darauf hinzuweisen, dass gemäß § 314 Abs. 3 BGB bei **Dauerschuldverhältnissen**, denen der **Bauvertrag als Langzeitvertrag** durchaus artverwandt ist, der zur Kündigung berechtigte Vertragspartner nur innerhalb einer angemessenen Frist kündigen kann, nachdem er **vom Kündigungsgrund Kenntnis erlangt** hat. Die Anwendung dieser Regelung könnte auch auf die Kündigung von Bauverträgen aus wichtigem Grund durchschlagen, da die VOB/B dazu keine abweichende Regelung enthält und der Bauvertrag durchaus als **Dauerschuldverhältnis** angesehen werden kann (so auch *Kapellmann/Langen* VOB/B Rn. 139 sowie oben Vor §§ 8 und 9 VOB/B Rn. 9 ff.).

VI. Teilkündigung

31   Die Kündigung kann nach § 8 Nr. 3 Abs. 1 S. 2 VOB/B auf einen abtrennbaren oder **in sich abgeschlossenen Teil des Bauvertrages** beschränkt werden (sog. **Teilkündigung**), wobei dann nur der gekündigte Teil des Bauvertrags sein vorzeitiges Ende findet, während der Bauvertrag im Übrigen unverändert fortgesetzt wird (vgl. BGH BauR 1975, 825; 1986, 573 = ZfBR 1986, 226). Diese VOB/B-Sonderregelung gilt nach der Stellung in § 8 Nr. 3 Abs. 1 S. 2 VOB/B nur für die Kündigungsfälle des § 8 Nr. 3 Abs. 1 VOB/B, also die **Kündigung durch den Auftraggeber aus wichtigem Grund**. Damit soll die Dispositionsfreiheit des Auftraggebers aber gegenüber der freien Kündigung nicht eingeschränkt werden. In der Regel wird der Auftraggeber bei den genannten wichtigen Kündigungsgründen das Vertragsverhältnis mit dem doppelt vertragsuntreuen Auftragnehmer insgesamt bezüglich aller noch ausstehenden Bauleistungen beenden wollen; es kann aber durchaus vorkommen, dass der Auftraggeber einzelne Teilleistungen dieses Auftragnehmers weiter von ihm ausführen lassen will, andere aber eben nicht. Diese Freiheit will ihm die Regelung belassen, dies aber mit der Einschränkung, dass es sich um in sich abgeschlossene Teile der vertraglichen Leistung handelt. Eine solche Teilkündigung setzt allerdings voraus, dass sie sich auf einen **in sich abgeschlossenen Teil der nach dem Vertrag noch geschuldeten Gesamtleistung** bezieht, wie dies in § 8 Nr. 3 Abs. 1 S. 2 VOB/B ausdrücklich bestimmt ist. Damit wird das Ziel verfolgt, eine klare Trennung der beiden Leistungsbereiche, insbesondere auch für mögliche spätere Mängelansprüche und deren Verjährungsbeginn, sicherzustellen. Folgerichtig wird man bei der Frage, ob eine in sich abgeschlossene Teilleistung vorliegt und deshalb eine darauf beschränkte Teilkündigung zulässig ist, auf die für die Zulässigkeit der **Teilabnahme** gemäß § 12 Nr. 2 VOB/B entwickelten Grundsätze zurückgreifen können und müssen (a.A. *Lang* BauR 2006 Heft 12, der entscheidend nur auf die getrennte Abrechenbarkeit abstellen will und nicht auf die Funktionalität der Teilleistung). Danach ist eine Teilabnahme und damit auch eine Teilkündigung möglich, wenn ein Auftragnehmer sowohl die Heizungs- als auch die Sanitärinstallationsarbeiten übernommen hat und die Heizungs- oder aber die Sanitärinstallationsarbeiten gekündigt werden; dagegen ist eine Teilkündigung nicht bezüglich der Heizungsarbeiten nur in einem bestimmten Stockwerk oder bei einem geschuldeten Rohbau nur bezüglich eines Teils des Rohbaus möglich (*Locher* Das private Baurecht Rn. 226; OLG Düsseldorf SFH Nr. 14 zu § 12 VOB/B; BGH BauR 1975, 423). Die **Teilkündigung** ist trotz der Regelung in § 8 Nr. 3 Abs. 1 S. 2 VOB/B nicht auf die Kündigung aus wichtigem Grunde beschränkt, sondern ebenso bei der freien Kündigung gemäß § 8 Nr. 1 VOB/B zulässig, wie sich auch aus § 2 Nr. 4 VOB/B ersehen lässt, ohne dass dort aber die Beschränkung auf einen in sich abgeschlossenen Teil der Leistung vorgesehen ist, weil die freie Kündigung jederzeit ohne jede Einschränkung möglich ist (a.A. *Staudinger/Peters* BGB 2003 § 649 BGB Rn. 11). Es liegt aber doch auf der Hand, dass der Besteller einer Werkleistung durchaus ein Interesse an einer weiteren Teilleistung haben kann, nicht aber an der vollen Leistung (so insbesondere *Lang* BauR 2006 Heft 12), zumal schützenswerte Interessen des Auftragnehmers einer Teilkündigung nicht entgegen stehen. Der Auftraggeber ist allerdings gut beraten, wie, wann und wo er durch seine freie Teilkündigung die Schnittstelle für die Vertragsbeendigung setzt (*Lang* a.a.O.).

Das **Selbsteintrittsrecht** des Auftraggebers gemäß § 2 Nr. 4 VOB/B ist der freien Kündigung gemäß **32**
§ 8 Nr. 1 VOB/B bzw. § 649 S. 1 BGB sehr ähnlich, wobei es sich aber von vorneherein um eine Teilkündigung handelt, die ohne jede Beschränkung auf in sich abgeschlossene Teile der Leistung zulässig ist (so überzeugend *Lang* BauR 2006 Heft 12 und *Kappelmann* in *Kapellmann/Messerschmidt* § 2 VOB/B Rn. 170; a.A. aber *Heiermann/Riedel* § 2 VOB/B Rn. 96b und Beck'scher VOB-Komm./*Jagenburg* § 2 Nr. 4 VOB/B Rn. 16). Zu Recht weist Lang darauf hin, dass die Interessenlage beim Selbsteintritt genau dieselbe ist wie bei der freien Teilkündigung: Die **Dispositionsfreiheit des Auftraggebers** soll geschützt werden und der Ausgleich erfolgt über den Vergütungsanspruch. Die Kündigungsmöglichkeiten für beide Vertragspartner wegen länger als 3 Monate andauernder **Unterbrechung der Bauarbeiten** gemäß § 6 Nr. 7 VOB/B kann unbedenklich auf einen Teil der gesamten oder auch der noch ausstehenden vertraglich geschuldeten Bauleistungen beschränkt werden, wenn nur dieser Teil der Arbeiten unterbrochen ist, wobei allerdings eine klare Abgrenzung möglich sein sollte (*Döring* in *Ingenstau/Korbian* § 6 Nr. 7 VOB/B Rn. 6 und *Lang* BauR 2006 Heft 12). Dagegen wird man bei den Kündigungen des Auftraggebers gemäß § 8 Nr. 2 VOB/B wegen **Vermögensverfalls des Auftragnehmers** und gemäß § 8 Nr. 4 VOB/B, wegen **unzulässiger Kartellabreden** eine Teilkündigung nicht als gerechtfertigt ansehen können, da diese Kündigungsgründe ihrer Natur nach das gesamte Vertragsverhältnis ergreifen (*Lang* BauR 2006 Heft 12; *Nicklisch/Weick* § 8 VOB/B Rn. 54; *Heiermann/Riedl/Rusam* § 8 VOB/B Rn. 46). Liegt eine Teilkündigung vor, wird der Bauvertrag nur wegen des gekündigten Leistungsteils aufgehoben, während er im Übrigen zu den bisherigen Bedingungen unverändert fortbesteht. Auch die Rechtsfolgen nach § 8 Nr. 3 Abs. 2, 3 und 4 sowie nach § 8 Nr. 6 VOB/B kommen nur hinsichtlich des gekündigten Teils in Betracht.

VII. Beweislast

Erhebt der Auftragnehmer **Einwendungen** gegen die Berechtigung der Kündigung, hat er die **Be- 33 weislast** für das Nichtvorliegen des Kündigungsgrundes (vgl. BGHZ 28, 251 = NJW 1959, 34; auch KG BauR 1984, 527). Dies folgt bei einer Kündigung nach § 4 Nr. 7 S. 3 VOB/B schon daraus, dass der Auftragnehmer grundsätzlich vor der Abnahme die Mängelfreiheit seiner Bauleistung zu beweisen hat, und bei einer Kündigung nach § 5 Nr. 4 VOB/B aus der allgemein geltenden Beweislastverteilung in § 636 Abs. 2 BGB a.F., der durch das BGB 2002 zwar ersatzlos gestrichen worden ist, dessen Grundsätze aber wohl weiterhin Gültigkeit haben, wonach der Unternehmer die rechtzeitige Fertigstellung zu beweisen hat, aber auch bezüglich des Verschuldens aus §§ 282, 285 BGB a.F. bzw. § 280 Abs. 1 S. 2 BGB n.F. (vgl. insoweit auch OLG Celle BauR 1995, 394, wegen schon vor der Kündigung und Abnahme gerügter Mängel). Dabei liegt in den Fällen, in denen für den Anspruch aus § 5 Nr. 4 VOB/B als solchen noch kein Verschulden vorausgesetzt wird (vgl. § 5 VOB/B), eine gesetzliche Verschuldensvermutung zu Lasten des Auftragnehmers nunmehr darin, dass er die ihm gesetzte Frist trotz Ablehnungsandrohung hat verstreichen lassen (vgl. auch *Baumgärtel* Handbuch Teil B § 8 Rn. 7). In den Fällen der Kündigung wegen schwerer positiver Vertragsverletzung des Auftragnehmers (vgl. oben Rn. 17 ff.) liegt ohnehin dessen Verschulden vor. Kein Verschulden des Auftragnehmers ist gegeben, wenn er mit Recht nach § 16 Nr. 5 Abs. 3 S. 3 VOB/B oder gemäß § 648a BGB die Arbeiten eingestellt hat (OLG Düsseldorf NJW-RR 1992, 980) oder behindert war (vgl. § 6 Nr. 2a bis c VOB/B).

Dagegen muss der **Auftraggeber** die **objektiven Kündigungsvoraussetzungen darlegen und be- 34 weisen**. Behauptet allerdings der Auftragnehmer, dass er innerhalb der ihm gesetzten Frist noch nachträglich ordnungsgemäß erfüllt habe, muss er dies näher darlegen und beweisen, was sich aber schon aus dem vorangehend Gesagten ergibt (OLG Frankfurt BauR 1988, 599; jetzt auch *Nicklisch/Weick* § 8 VOB/B Rn. 24). Dazu gehört vor allem auch der Beweis der vorangegangenen **Kündigungsandrohung** für jeden einzelnen Kündigungsgrund, woran es häufig bei den sog. **nachgeschobenen Gründen** fehlt, wenn diese erst im Prozess geltend gemacht werden, weil die anderen Kündigungsgründe nicht durchgreifen oder nicht bewiesen werden können.

C. Die Kündigungsfolgen (§ 8 Nr. 3 Abs. 2 VOB/B)

I. Vollendung der Leistung durch Dritte zu Lasten des gekündigten Auftragnehmers

35 Nach § 8 Nr. 3 Abs. 2 S. 1 Hs. 1 VOB/B ist der Auftraggeber nach ordnungsgemäß ausgesprochener Kündigung berechtigt, den noch **nicht vollendeten Teil** der Leistung, wozu auch Mängel des bisher erbrachten Leistungsteils gehören, sofern die Kündigung wegen dieser Mängel gemäß § 4 Nr. 7 S. 3 VOB/B ausgesprochen worden ist, zu Lasten des gekündigten Auftragnehmers **durch einen Dritten ausführen** zu lassen. Aus den Worten »zu Lasten des Auftragnehmers« folgt, dass der Auftraggeber Anspruch auf Erstattung der durch **Ersatzvornahme** zur Vollendung der Leistung entstehenden Mehrkosten der Fertigstellung hat. Kann der Auftraggeber einen Dritten mit der Fortführung der bisher noch nicht vollendeten Leistung beauftragen, so folgt daraus zwangsläufig, dass sich der **Vergütungsanspruch des gekündigten Auftragnehmers** nur auf die von ihm bisher ordnungsgemäß **erbrachten Leistungen** beziehen kann, wozu **angelieferte, aber noch nicht eingebaute** oder sonst nur bereitgestellte **Bauteile** nicht gehören, ebenso nicht solche, die sich noch in der Werkstatt befinden (vgl. BGH BauR 1995, 545 = NJW 1995, 1837).

36 Ebenso wie bei der freien Kündigung gemäß § 8 Nr. 1 VOB/B ist auch bei der außerordentlichen Kündigung aus wichtigem Grund gemäß § 8 Nr. 3 VOB/B nicht ausdrücklich festgelegt, welcher Vergütungsanspruch dem gekündigten Auftragnehmer zusteht. Immerhin gibt aber § 8 Nr. 6 VOB/B für beide Fälle einen Hinweis insoweit als der Auftragnehmer danach unverzüglich eine **prüfbare Rechnung über die bis zur Kündigung ausgeführten Leistungen** vorzulegen hat. Dies macht nur Sinn, wenn daraus gefolgert wird, dass ihm dementsprechend auch ein **Vergütungsanspruch** für diese erbrachten Leistungen gemäß den dafür vereinbarten Preisen zusteht. Hat dementsprechend der Auftragnehmer bei einem gekündigten Bauvertrag, insbesondere einem Pauschalpreisvertrag prüfbar abgerechnet, muss das Gericht ggf. in die Sachprüfung eintreten, ob und in welcher Höhe die geltend gemachte Werklohnanforderung für die bis zur Kündigung erbrachten Leistungen berechtigt ist. Dabei ist auch eine vom Auftragnehmer nachträglich erstellte Kalkulation auf ihre sachliche Richtigkeit zu überprüfen und ggf. zu korrigieren. Bei der Ermittlung des dem Auftragnehmer zustehenden Werklohns ist zwingend vor einer Klageabweisung eine Schätzung gemäß § 287 ZPO geboten (BGH BauR 2006, Heft 10). Im Übrigen kann auf die Grundsätze der Berechnung dieses Vergütungsanspruchs bei der freien Kündigung verwiesen werden (vgl. dazu oben § 8 Nr. 1 Rn. 23 bis 29).

Statt der Beauftragung eines Dritten, z.B. eines anderen Nachunternehmers, kann die Vollendung der Leistung des gekündigten Auftragnehmers auch durch den Auftraggeber selbst geschehen, wie z.B. durch einen General- oder Hauptunternehmer nach Kündigung des Vertrags mit einem Nach- bzw. Subunternehmer.

1. Anforderungen an Mehrkostenerstattungsanspruch und seine Berechnung

37 Voraussetzung ist in jedem Fall, dass der **Bauvertrag vorher wirksam gekündigt oder einverständlich** aufgehoben worden ist, was allerdings nicht hindert, den nachfolgenden Unternehmer schon vorher zu beauftragen, wenn dieser nur die Arbeiten erst nach wirksamer Entziehung des Auftrags des bisherigen Auftragnehmers aufnimmt (BGH BauR 1995, 545 = NJW 1995, 1837; BGH BauR 1977, 422 = NJW 1977, 1922). Eine vorher ordnungsgemäß ausgesprochene Kündigung ist hier selbst dann zwingende Voraussetzung, wenn der Auftragnehmer die Mängelbeseitigung oder die weitere Ausführung der Leistung absolut und endgültig verweigert hat (vgl. OLG Düsseldorf BauR 1994, 369). Sofern der Drittunternehmer einen Teil der zur Vollendung noch erforderlichen Arbeiten schon vor der Kündigung, einen Teil danach ausgeführt hat, muss der Auftraggeber im Einzelnen darlegen, welche – erstattungsfähigen – Leistungen nach der Kündigung durchgeführt worden sind (OLG Düsseldorf MDR 1980, 935; vgl. auch OLG Köln SFH § 8 VOB/B Nr. 4).

Der **Auftraggeber** trägt die **Darlegungs- und Beweislast** dafür, welche Leistungen nach der Kündigung ausgeführt worden sind, ferner, wie hoch die ursprünglich vereinbarte Vergütung war und welche **Mehrkosten bei gleich bleibender Leistung** entstanden sind.

a) Mehrkostenberechnung

Die Fertigstellung des Bauwerks geht hinsichtlich der dazu **erforderlichen Mehraufwendungen** zu Lasten des gekündigten Auftragnehmers. Der Auftraggeber ist daher berechtigt, von seinem gekündigten Auftragnehmer den Betrag ersetzt zu verlangen, den er wegen der Beauftragung eines weiteren Unternehmers **über den Preis des bisherigen Bauvertrags hinaus, orientiert an dessen vertraglich vereinbartem Leistungsinhalt,** ausgeben muss (vgl. auch OLG Düsseldorf BauR 1980, 276). Es kommt dabei auf die **Differenz** zwischen der bei vollständiger Erfüllung der vertraglich vereinbarten Leistung geschuldeten Vergütung (vertragliche Einheitspreise, Pauschalpreise usw.) und dem Betrag an, den der Auftraggeber an den gekündigten Auftragnehmer für die bis zur Kündigung erbrachten Leistungen und zusätzlich an den Dritten für die von diesem aufgeführten, aber ursprünglich von dem gekündigten Unternehmer geschuldeten Leistungen gezahlt hat oder zu zahlen gehalten ist. Dabei kommt es regelmäßig auf die **tatsächlich angefallenen Mehrkosten an**, bezogen aber auf den **ursprünglich geschuldeten Leistungsinhalt,** so dass Mehrkosten, die auch bei Fortführung des ursprünglichen Vertrags mit dem gekündigten Unternehmer entstanden bzw. diesem zusätzlich zum Vertragspreis zu bezahlen gewesen wären, also sog. **Ohnehin- oder Sowieso-Kosten, keine erstattungsfähigen Mehrkosten** sind, z.B. Mehrkosten infolge von **Mehrmengen beim Einheitspreisvertrag** oder vom Auftraggeber nach erfolgter Kündigung angeordnete **Leistungsänderungen oder Zusatzleistungen** gemäß § 2 Nr. 5 oder 6 VOB/B beim Einheitspreis- oder Pauschalvertrag. Allerdings können auch bei solchen **Nachtragsforderungen des Ersatzunternehmers** zu erstattende Mehrkosten gemäß § 8 Nr. 3 Abs. 2 VOB/B anfallen, wenn dieselben Nachtragsforderungen bei dem gekündigten Auftragnehmer gemäß seiner Kalkulationsgrundlagen nach § 2 Nr. 5 oder 6 VOB/B billiger gewesen wären, da dann diese **Mehrkosten ihre Ursache in der Kündigung** haben (so zu Recht BGH BauR 2000, 571; Beck'scher VOB-Komm./*Motzke* § 8 Nr. 3 VOB/B Rn. 39). Für nicht abgerechnete Leistungen des Dritten steht dem Auftraggeber grundsätzlich kein Erstattungsanspruch zu (vgl. OLG Düsseldorf BauR 1991, 216). Zum nicht vollendeten Teil der Leistung ist auch zu rechnen, was wegen des Einsatzes des Drittunternehmers aus der Leistung des gekündigten Auftragnehmers zu wiederholen ist, z.B., weil es für die weitere Ausführung nicht brauchbar ist (vgl. dazu OLG Düsseldorf BauR 1988, 478, 479 = SFH § 9 VOB/B Nr. 5 = NJW-RR 1988, 210) oder nicht ohne weiteres zur Verfügung steht, wie dem gekündigten Auftragnehmer obliegende Planungsleistungen oder Gerüste, wenn dieser sie dem Auftraggeber nicht zur Verfügung stellt oder diese unbrauchbar sind.

38

Die Berechnung der durch die Kündigung verursachten Mehrkosten hängt auch maßgeblich davon ab, welcher **Vertragstyp** mit dem gekündigten Auftragnehmer vereinbart worden war und welcher Vertragstyp mit dem **Dritt- oder Ersatzunternehmer** vereinbart wird (Einheitspreisvertrag, Pauschalpreisvertrag oder Stundenlohnvertrag). Um die Abrechnung der Mehrkosten durch den Auftraggeber (vgl. § 8 Nr. 3 Abs. 4 VOB/B) und damit seine **Darlegungs- und Beweislast für diese Mehrkosten** zu vereinfachen, ist dem Auftraggeber anzuraten, den gleichen Vertragstyp mit dem Ersatzunternehmer zu vereinbaren wie mit dem gekündigten Auftragnehmer und insbesondere das **Bau-Soll** möglichst nicht zu verändern, da dies zu erheblichen **Problemen bei der Durchsetzung des Mehrkostenerstattungsanspruchs** führt. Der Abschluss des gleichen Vertragstyps mit dem Drittunternehmer ist aber rechtlich nicht zwingend, zumal häufig bei kleineren Restarbeiten zur Fertigstellung der geschuldeten Vertragsleistung der Drittunternehmer nur dazu bereit ist, diese Restarbeiten mit einem **Stundenlohnvertrag** auszuführen. Kommt es aber zum Abschluss identischer Vertragstypen, insbesondere in beiden Fällen zum **Einheitspreisvertrag** oder zum **Detail-Pauschalvertrag**, so sollte in dem Vertrag mit dem Ersatzunternehmer auch das dem gekündigten Bauvertrag **zugrunde liegende Leistungsverzeichnis** vereinbart werden, allerdings reduziert um die bis zur

39

Kündigung bereits ausgeführten Leistungspositionen und bei teilweise erbrachten Leistungspositionen auch um die schon ausgeführten Mengen nach dem **Bautenstand im Zeitpunkt der Kündigung**. Das erleichtert die Feststellung der Mehrkosten entscheidend, da dann die Mehrkosten sich aus den vom Ersatzunternehmer erbrachten Leistungen und Mengen multipliziert mit dem ggf. höheren Einheitspreis gegenüber dem gekündigten Auftragnehmer ergeben, so dass auch **Mehrmengen**, die auch bei dem gekündigten Auftragnehmer ohne Kündigung angefallen wären (sog. **Ohnehin-Kosten**) bei der Mehrkostenberechnung nur mit dem höheren Einheitspreis Berücksichtigung finden.

40 Sind beide Bauverträge als **Pauschalpreisvertrag** vereinbart, so ist die Ermittlung der durch die Kündigung verursachten Mehrkosten noch einfacher möglich, da dann sogar die getrennte Berechnung der dem Auftragnehmer für die bis zur Kündigung erbrachten Teilleistungen und der dem Auftraggeber durch die Kündigung entstandenen Mehrkosten entbehrlich sein kann. Der Auftraggeber kann stattdessen seine kündigungsbedingten Mehrkosten dadurch berechnen und belegen, dass er seine insgesamt für die geschuldete Bauleistung geleisteten **Zahlungen**, also die bis zur Kündigung an den Auftragnehmer geleisteten Abschlagszahlungen und die Gesamtzahlung an den Ersatzunternehmer, addiert und von der sich daraus ergebenden Summe der geleisteten Zahlungen den mit dem gekündigten Auftragnehmer vereinbarten **Pauschalpreis** abzieht (vgl. auch *Lederer* in *Kapellmann/Messerschmidt* § 8 VOB/B Rn. 89). Das Ergebnis sind die **tatsächlich entstandenen Mehrkosten** (so auch OLG Nürnberg BauR 2001, 415). Diese **vereinfachte Abrechnung** ist aber nur möglich, wenn die **Soll-Bauleistung unverändert** geblieben ist, also keine Bauentwurfsänderungen oder Zusatzleistungen gemäß § 2 Nr. 5 oder 6 VOB/B angefallen sind.

41 Rechtlich gesehen handelt es sich hier um **einen verschuldensunabhängigen Erstattungsanspruch und nicht um einen Schadensersatzanspruch des Auftraggebers wegen Nichterfüllung** (mit Recht KG BauR 1984, 527 = MDR 1984, 580 = ZfBR 1984, 132; OLG Hamm NJW-RR 1994, 406, 408; *Siegburg* Gewährleistung beim Bauvertrag Rn. 379; *Dähne* BauR 1973, 268; *Hereth/Ludwig/Naschold* Teil B § 8 Ez. 84 f.; *Kaiser* Mängelhaftungsrecht Rn. 32a; *Locher* Das private Baurecht Rn. 227; *Heiermann/Riedl* § 8 VOB/B Rn. 29; *Nicklisch/Weick* § 8 VOB/B Rn. 26; a.A. *Anderson* BauR 1972, 65, 67; *Daub/Piel/Soergel/Steffani* Teil B § 8 ErlZ 8.66). Dieser Mehrkostenerstattungsanspruch scheitert auch nicht daran, dass der Auftraggeber seine vertragliche Verpflichtung aus § 8 Nr. 3 Abs. 4 VOB/B verletzt hat, dem Auftragnehmer über die entstandenen Mehrkosten eine Aufstellung spätestens binnen 12 Werktagen nach Abrechnung mit dem Dritten zuzusenden (vgl. dazu BGH BauR 2000, 571, sowie unten Rn. 69 ff.). Trotzdem ist die Beachtung und Einhaltung dieser Vertragspflicht dringend zu empfehlen, da eine Verletzung gemäß §§ 241, 280 BGB n.F. zu einem Schadensersatzanspruch führen kann, wenn dem Auftraggeber dadurch ein Schaden entstanden ist.

b) Vorschussanspruch des Auftraggebers auf Mehrkosten

42 Im Rahmen des Erstattungsanspruches ist der Auftraggeber auch berechtigt, vom gekündigten Auftragnehmer einen **Vorschuss** – allerdings beschränkt auf die voraussichtlichen Mehrkosten – zu verlangen (ebenso BGH BauR 1989, 462 ff.; KG BauR 1984, 527; *Heiermann/Riedl* § 8 VOB/B Rn. 31; *Daub/Piel/Soergel/Steffani* Teil B § 8 ErlZ 8.74; auch *Nicklisch/Weick* § 8 VOB/B Rn. 28; *Kutschmann* BauR 1972, 133, 135; *Oelmaier* in *Kleine-Möller/Merl* Handbuch § 14 Rn. 122). Allerdings besteht der **Vorschussanspruch** des Auftraggebers nur insoweit und so lange, wie er ernsthaft die Fertigstellung der Leistung des gekündigten Auftragnehmers beabsichtigt, was durchaus auch noch nach Veräußerung an einen Dritten erfolgen kann (zutreffend KG BauR 1984, 527). Die dazu bestehende Möglichkeit oder Verpflichtung muss der Auftraggeber jedoch näher darlegen und ggf. auch beweisen. Die gegen die Zuerkennung des Vorschussanspruches gerichtete Ansicht von Kaiser (Rn. 32d, jetzt wohl eingeschränkt »kein Bedürfnis«) überzeugt nicht. Es ist unter der angegebenen Voraussetzung dem Auftraggeber zumindest ebenso wie bei der Mängelbeseitigung durch einen dritten Unternehmer (vgl. dazu auch § 13 Nr. 5 VOB/B) nicht zumutbar, zunächst die Mehrkosten der Ersatz-

herstellung zu bezahlen und dann erst Erstattung zu verlangen. Es geht entgegen Kaiser nicht an, den Auftraggeber hier auf mögliche Einbehalte bei Abschlagszahlungen oder die spätere Abrechnung mit dem Auftragnehmer zu verweisen; denn nicht selten wird der Auftraggeber, insbesondere der Bauherr eines Einfamilienhauses die finanziellen Mittel zur Vorstreckung der nicht vorgesehenen Mehrkosten durch Kündigung nicht aufbringen können und auch eine Krediterhöhung nicht möglich sein, auch wenn diese Kreditkosten vom gekündigten Auftragnehmer als Schadensersatz zu erstatten sind. Auch rechtfertigt sich nicht die Befürchtung, es könnten keine hinreichend sicheren Kriterien für die Bemessung der voraussichtlichen Mehrkosten gegeben sein. Insoweit bedarf es nur der Gegenüberstellung des Kostenvoranschlags bzw. des verbindlichen Angebots des Drittunternehmers oder des bereits mit ihm geschlossenen Bauvertrages für die noch nicht ausgeführten Teile und des zum Vertrag gewordenen Angebots des gekündigten Auftragnehmers. Sofern ein Kostenvoranschlag oder ein Angebot durch den Drittunternehmer nicht möglich ist, dürfte eine einigermaßen zuverlässige **Schätzung der voraussichtlichen Mehrkosten** genügen, zumal über den Vorschuss später abzurechnen ist. Auch die Ansicht von *Steffani* (in *Daub/Piel/Soergel* Teil B § 8 Erl Z 8.74), der Auftraggeber könne nur entsprechend dem Baufortschritt Abschlagszahlungen im Wege des Vorschusses verlangen, da er mehr auch dem bisherigen Auftragnehmer nicht zu bezahlen gehabt hätte, trifft nicht zu. Diese Meinung übersieht, dass es hier nicht um den Rahmen der nach dem ursprünglichen Vertrag bei dessen Aufrechterhaltung geschuldeten Vergütung geht, sondern um die bisher nicht vorgesehenen **Mehrkosten,** die in aller Regel für die Fertigstellung der Leistung infolge der Kündigung des bisherigen Auftragnehmers erforderlich werden.

Daher besteht der **Vorschussanspruch** grundsätzlich in der einmaligen Zahlung der voraussichtlichen Mehrkosten für die Gesamtfertigstellung (BGH BauR 1989, 462; *Kutschmann* BauR 1972, 133, 135). Mit dem hier gegebenen Vorschussanspruch kann der Auftraggeber auch gegenüber dem Vergütungsanspruch des Auftragnehmers **aufrechnen** bzw. beide Zahlungsansprüche können miteinander vorläufig verrechnet werden; insoweit gilt das Gleiche wie im Fall von § 13 Nr. 5 Abs. 2 VOB/B (vgl. dazu § 13 Nr. 5 VOB/B; KG BauR 1984, 527 = ZfBR 1984, 132). Der Vorschussanspruch wegen der Mehrkosten muss sich **im Rahmen der Erforderlichkeit bei gleicher Bausoll-Leistung** halten (vgl. dazu § 13 Nr. 5 VOB/B; KG BauR 1989, 527), die vom Auftraggeber nachzuweisen ist. Da es sich hier um einen zum Erfüllungsanspruch ähnlich dem Nachbesserungsanspruch gehörenden verschuldensunabhängigen Erstattungs- bzw. Vorschussanspruch handelt, kann dieser vom Auftraggeber auch noch geltend gemacht werden, wenn das Bauobjekt in seinem bisherigen Zustand zwischenzeitlich ganz oder teilweise veräußert worden ist, es sei denn, der Erwerber widerspricht dem vom Auftraggeber beabsichtigten Drittunternehmereinsatz (so mit Recht KG BauR 1984, 527) oder der Erwerbspreis ist entsprechend gemindert worden, so dass ein Mehrkostenerstattungsanspruch nicht mehr in Betracht kommt, der Auftraggeber vielmehr auf den Schadensersatzanspruch gemäß § 8 Nr. 3 Abs. 2 S. 1 Hs. 2 VOB/B angewiesen ist (vgl. dazu unten Rn. 51 ff.). **43**

c) Verjährung des Mehrkostenerstattungsanspruchs

Der **Mehrkostenerstattungsanspruch verjährte** bei Verträgen, die bis zum 31.12.2001 abgeschlossen worden sind, gemäß § 195 BGB a.F. in 30 Jahren (ebenso BGH BauR 1983, 459 = NJW 1983, 2439), jetzt aber seit dem 1.1.2002 gemäß § 195 BGB n.F. in nur 3 Jahren, wobei aber diese kürzere Verjährungsfrist erst mit dem Schluss des Jahres beginnt, in dem der Anspruch entstanden ist und der Auftraggeber von den den Anspruch begründenden Umständen Kenntnis erlangt oder ohne grobe Fahrlässigkeit erlangt haben müsste (vgl. § 199 Abs. 1 BGB n.F.), längstens jedoch in 10 Jahren seit seiner Entstehung (§ 199 Abs. 3 und 4 BGB n.F.). Beruht der Anspruch jedoch auf § 4 Nr. 7 VOB/B, hängt er also mit mangelhafter oder infolge eines Mangels verzögerter Leistung des Auftragnehmers zusammen, so gilt für die Verjährungsfrist § 13 Nr. 4 VOB/B entsprechend, also die dort maßgebende kurze Frist von 4 Jahren gemäß § 13 Nr. 4 VOB/B (2002), gerechnet **ab Abnahme** (so jetzt vor allem BGH BauR 2003, 689; dazu auch unten § 8 Nr. 6 VOB/B sowie BGHZ 54, 352 = BauR 1971, 51; BGH BauR 1974, 412; 1982, 277 = NJW 1982, 1524; so u.a. auch *Nicklisch* in: Nick- **44** *lisch/Weick* § 4 VOB/B Rn. 114 f. und § 8 VOB/B Rn. 29; a.A. OLG Hamm BauR 1982, 280, das zu sehr auf allgemeine, in der Praxis kaum bedeutsame gewährleistungsrechtliche Gesichtspunkte abstellt, ohne dabei auch die hier letztlich maßgebliche, zeitlich fixierte Abrechnungspflicht in § 8 Nr. 3 Abs. 4 VOB/B gebührend zu beachten). Erfolgt keine Abnahme der bis zur Kündigung des Auftragnehmers erbrachten Leistung gemäß § 8 Nr. 6 VOB/B (vgl. dazu unten § 8 Nr. 6 VOB/B), so muss zwangsläufig als Abnahmezeitpunkt die Abnahme nach Fertigstellung der Leistung durch den Ersatzunternehmer – bei mehreren, die den Auftrag des gekündigten Auftragnehmers zu Ende führen, die Abnahme der Leistung des letzten – maßgebend sein (insoweit mit Recht u.a. *Dähne* BauR 1973, 268), es sei denn, der gekündigte Auftragnehmer hat vom Auftraggeber die **Abnahme gemäß § 8 Nr. 6 VOB/B verlangt** und ihn in Verzug gesetzt; denn damit treten die **Abnahmewirkungen** ein, wie dies jetzt auch in § 640 Abs. 1 S. 3 BGB in der Fassung vom 1.5.2000 geregelt ist (vgl. dazu auch unten § 8 Nr. 6 VOB/B sowie BGH BauR 2003, 689).

2. Begrenzung des Mehrkostenerstattungsanspruchs und Schadensminderungspflicht

45 Allerdings muss hinsichtlich der zu erstattenden **Mehrkosten durch Beauftragung eines Dritten** in verschiedener Hinsicht eine **Einschränkung** gemacht werden. So kann u.U. einem Mehrkostenerstattungsanspruch des Auftraggebers der Einwand entgegen gehalten werden, dass es sich bei den Mehrkosten um einen **unverhältnismäßigen Aufwand** handelt oder dass der Auftraggeber bei der Beauftragung des Drittunternehmers seine **Schadensminderungspflicht** gemäß § 254 Abs. 2 BGB verletzt hat oder er geänderte oder zusätzliche Leistungen im Zuge der Vollendung der durch Kündigung abgebrochenen Leistung des Auftragnehmers hat ausführen lassen und die dadurch verursachten Kosten in der Mehrkosten-Aufstellung mit enthalten sind.

a) Unverhältnismäßiger Mehrkosten-Aufwand

46 Erfolgte die Kündigung des Bauvertrages gemäß § 4 Nr. 7 S. 3 und § 8 Nr. 3 Abs. 1 VOB/B wegen **Mängeln während der Bauausführung vor der Abnahme**, so kann die Vollendung des gekündigten Bauvertrages einschließlich der Beseitigung der Kündigungsmängel zu erheblichen Mehrkosten führen, die zu dem damit erreichten Erfolg bei objektiver Betrachtung als unverhältnismäßig anzusehen sind. Dem trägt § 13 Nr. 6 VOB/B dadurch Rechnung, dass der Auftragnehmer nach erfolgter Abnahme die Mängelbeseitigung verweigern kann und der Auftraggeber auf einen bloßen **Minderungsanspruch** verwiesen wird, wenn die Beseitigung des Mangels einen **unverhältnismäßig hohen Aufwand** erfordern würde (vgl. dazu im Einzelnen unten § 13 Nr. 6 VOB/B). Diese Regelung gilt zwar vom Grundsatz her nur nach der Abnahme, da aber auch der gekündigte Auftragnehmer gemäß § 8 Nr. 6 VOB/B (vgl. dazu unten) einen Anspruch auf **Abnahme** seiner bis zur Kündigung erbrachten Leistungen hat (BGH BauR 2003, 689) bestehen keine Bedenken, diese Regelung auch im Rahmen des Mehrkostenerstattungsanspruchs nach erfolgter Kündigung anzuwenden. Darin kommt nämlich zugleich ein allgemeiner Rechtsgedanke und aus § 242 BGB hergeleiteter Grundsatz aus Treu und Glauben zum Ausdruck, der sich auch in § 275 Abs. 2 BGB n.F. wiederfindet. Danach kann nämlich der Schuldner die Leistung verweigern, soweit diese einen Aufwand erfordert, der unter Beachtung des Inhalts des Schuldverhältnisses und der Gebote von Treu und Glauben in einem **groben Missverhältnis zu dem Leistungsinteresse** des Gläubigers steht; dieser Grundsatz gilt auch für das BGB-Werkvertragsrecht gemäß § 635 Abs. 3 BGB n.F. und damit auch für VOB/B-Bauverträge. Daraus folgt, dass die **Beauftragung eines Dritten** mit der Weiterführung der Leistung oder mit der Beseitigung der Leistungsmängel zu Lasten des gekündigten Auftragnehmers **nicht** in Betracht kommt, wenn dies im Verhältnis zum vertraglich geschuldeten Leistungserfolg einen **unverhältnismäßig hohen Aufwand** erfordern würde (ebenso BGH BauR 1989, 462 = ZfBR 1989, 213; *Steffani* in *Daub/Piel/Soergel* Teil B § 8 ErlZ 8.72; auch *Nicklisch* in *Nicklisch/Weick* § 8 VOB/B Rn. 27; *Stickler/Fahrenbach* Rn. 610), wobei jedoch auch andere, gleichwertige Sanierungsmöglichkeiten zu berücksichtigen sind (BGH a.a.O.). Das bedeutet aber nicht, dass in solchen Fällen unverhältnismäßigen Aufwandes der Auftraggeber die mangelhafte Leistung ohne weiteres hinnehmen muss, vielmehr kann er dann **Minderung** entsprechend § 13 Nr. 6 S. 1 VOB/B fordern (zutreffend BGH a.a.O.; ferner OLG Köln BauR 1990, 733, 734; u.a. *Nicklisch* a.a.O.); ferner verbleiben ihm ggf. die weiteren Ansprüche auf Schadensersatz gemäß § 8 Nr. 3 Abs. 2 S. 1 Alt. 1 VOB/B (vgl. unten Rn. 51, 52). Überdies kann vom Ersatz der hier erörterten Mehraufwendungen naturgemäß nur gesprochen werden, wenn die von dem Auftragnehmer bis zur Kündigung erbrachte **Teilleistung überhaupt brauchbar** ist. Ist das nicht der Fall, muss der gekündigte Auftragnehmer die gesamten – angemessenen – Aufwendungen durch Beanspruchung eines Drittunternehmers im Wege der Minderung seines Vergütungsanspruchs bis auf 0 oder als Schadensersatz bezahlen, weil dann von seinem Vergütungsanspruch für seine Teilleistung nichts mehr übrig bleibt (vgl. dazu BGH BauR 1975, 280 = BB 1975, 1086 m.w.N.).

b) Schadensminderungspflicht des Auftraggebers (§ 254 Abs. 2 BGB)

Zum anderen ist dem Auftraggeber nach dem **Grundgedanken des § 254 Abs. 2 BGB (Schadensminderungspflicht)** eine gewisse Sorgfaltspflicht aufzuerlegen, die sich nicht nur auf die persönlichen und sachlichen Eigenschaften des zu beauftragenden Drittunternehmers nach § 2 Nr. 1 S. 1 VOB/A bezieht, sondern auch dem dort festgelegten weiteren Grundsatz entspricht, dass **Bauleistungen zu angemessenen Preisen zu vergeben** sind. Der Auftraggeber hat in zumutbarem Rahmen eine Auswahlpflicht bei der Beauftragung eines Dritten. Allerdings ist kein zu strenger Maßstab anzulegen. Man wird z.B. vom Auftraggeber nicht verlangen können, dass er ein **neues Ausschreibungsverfahren** einleitet, abgesehen davon, dass das in vielen Fällen schon rein zeitlich nicht möglich sein dürfte. Andererseits wird man es aber dem Auftraggeber nicht gestatten können, einen besonders teuren Unternehmer als Dritten mit der Leistungsfortführung zu beauftragen, sofern sowohl in zeitlicher als auch in sachlicher Hinsicht vertrauenswürdige andere Unternehmer zur Verfügung stehen (vgl. dazu auch OLG Düsseldorf BauR 1974, 61). Der Auftraggeber ist deshalb nach Treu und Glauben gehalten, bei der Auswahl des Dritten den **Mehraufwand,** der ihm vom Auftragnehmer zu ersetzen ist, in **vertretbaren Grenzen** zu halten. Das kann, falls die Möglichkeit besteht, dadurch geschehen, dass er einen Bieter als Dritten gewinnt, der bei der Ausschreibung mit seinem Angebot in die engere Wahl gelangt war (vgl. § 25 Nr. 3 Abs. 3 VOB/A). Öffentliche Auftraggeber haben hier die Richtlinien des VHB zu § 8 Nr. 4 VOB/B zu berücksichtigen. Dort ist festgelegt, dass bei der Beauftragung eines Drittunternehmers darauf zu achten ist, dass die von dem bisherigen Auftragnehmer zu erstattenden Mehrkosten so niedrig wie möglich gehalten werden, z.B. durch Einholung mehrerer Angebote oder Verhandlungen mit anderen am Wettbewerb beteiligt gewesenen Bietern. Dieser Grundsatz sollte auch für private Auftraggeber Richtschnur sein, zumal nicht gesichert ist, dass der Mehrkostenerstattungsanspruch in voller Höhe durchgesetzt und auch realisiert werden kann. Auch kann es für den Auftraggeber geboten sein, von der Möglichkeit des § 8 Nr. 3 Abs. 3 VOB/B Gebrauch zu machen (vgl. dazu unten Rn. 60 bis 68), also **Geräte, Gerüste oder angelieferte Baustoffe oder Bauteile** gegen angemessene Vergütung in Anspruch zu nehmen (vgl. *Anderson* BauR 1972, 65, 67). Für die **Verletzung der Schadensminderungspflicht** ist der gekündigte Auftragnehmer **beweispflichtig** (vgl. BGH Betrieb 1975, 1407 m.w.N.).

47

Im Einzelfall kann der Auftraggeber nach Kündigung unter dem Gesichtspunkt der Schadensminderung verpflichtet sein, bereits **angelieferte Stoffe oder Bauteile bei der Weiterführung des Bauvorhabens zu verwenden.** Unabdingbare Voraussetzung dafür ist, dass diese Stoffe oder Bauteile **uneingeschränkt tauglich** sind, gegen ihre Verwendung auch aus der Sicht des nachfolgenden Unternehmers keine Bedenken bestehen, der gekündigte Auftragnehmer **ohne weiteres bereit** ist, die betreffenden Sachen bzw. Gegenstände dem Auftraggeber zur Verfügung zu stellen und der Auftragnehmer keine anderen Verwendungsmöglichkeiten besitzt (OLG Düsseldorf OLGR 1992, 337; zu einem etwaigen Recht des Auftraggebers zur Inanspruchnahme angelieferter Stoffe oder Bauteile: vgl. auch unten Rn. 60–68).

48

c) Ohnehin- oder Sowieso-Kosten und Nachträge

49 Bei der Beauftragung eines anderen Unternehmers mit der Fortführung der Leistung muss sich der Auftraggeber grundsätzlich **in den Grenzen des bisher erteilten Auftrags** unter Berücksichtigung seiner nach § 1 Nr. 3 und 4 VOB/B sich ergebenden Änderungsbefugnisse halten. Überschreitet er diese, läuft er Gefahr, dass sein **Mehrkostenerstattungsanspruch** entfällt, weil dieser nicht mehr zuverlässig berechenbar ist; davon abgesehen wird auch die nach § 8 Nr. 3 Abs. 4 VOB/B vorgesehene Abrechnung zumindest erschwert, wenn nicht unmöglich, was dann zu Lasten des Auftraggebers gehen muss (hierzu mit Recht *Anderson* BauR 1972, 65, 68 f.; *Locher* Das Private Baurecht Rn. 227; OLG Köln SFH § 8 VOB/B Nr. 4). Allerdings wird dieses in der Praxis verhältnismäßig selten sein; vielmehr ist im Allgemeinen eine Berechnung der erstattungsfähigen Mehrkosten unter Berücksichtigung der durch § 2 Nr. 3 bis 6 VOB/B sich ergebenden Grundsätze vorzunehmen (dazu zutreffend *Dähne* BauR 1972, 279, 281 f.). Dabei sind dann auf der Grundlage von § 1 Nr. 3 oder 4 VOB/B angeordnete nachträgliche **Leistungsänderungen** vom gekündigten Auftragnehmer **nicht zu ersetzen** (sog. **Ohnehin- oder Sowieso-Kosten**), weil der Auftraggeber sie auch diesem entsprechend § 2 Nr. 5 und/oder 6 VOB/B zusätzlich gesondert zu zahlen gehabt hätte (auch *Vygen/Schubert/Lang* Rn. 92 – sog. »Ohnehinkosten«). Sofern aber der neue Auftragnehmer für solche vom Auftraggeber angeordneten Leistungsänderungen höhere Kosten für solche Nachträge auf der Grundlage seiner Kalkulation fordern kann als sie dem gekündigten Auftragnehmer aufgrund seiner Vertragspreise zugestanden hätten, fallen diese Mehrkosten dem gekündigten Auftragnehmer zur Last (BGH BauR 2000, 571). Dabei müssen vom Grundsatz her die zu erstattenden Mehrkosten durch Vergleich der dem gekündigten Auftragnehmer hypothetisch zustehenden Mehrkosten zu den tatsächlichen Mehrkosten für diese Leistungsänderungen und Zusatzleistungen, die der Drittunternehmer zusätzlich berechnet, ermittelt werden. Die Differenz sind die zu erstattenden Mehrkosten gemäß § 8 Nr. 3 Abs. 2 VOB/B, während es im übrigen **Ohnehin- oder Sowieso-Kosten** sind (vgl. BGH BauR 2000, 571).

3. Mängelansprüche nach Kündigung

50 Soweit der vom gekündigten Auftragnehmer erbrachten Leistung **Mängel** anhaften, die nicht Grund für die Kündigung waren, bestehen dieserhalb gegen ihn gerichtete Ansprüche des Auftraggebers fort. So kann der Auftraggeber auch noch nach Entziehung des Auftrags vom gekündigten Auftragnehmer die **Beseitigung von Mängeln** an den bis zur Kündigung erbrachten Teilleistungen, die er behalten und benutzen will, fordern (BGH BauR 1974, 412; 1987, 689; 1988, 82 = ZfBR 1987, 271; OLG Celle BauR 1995, 713), zumal auch der Auftragnehmer das Recht hat, Mängel an dem von ihm erstellten Teilwerk selbst zu beseitigen oder beseitigen zu lassen, um sich insofern den Teilvergütungsanspruch für die erbrachten Leistungen in voller Höhe zu erhalten (BGH BauR 1988, 82). Zugunsten des Auftraggebers bestehen auch etwaige **Minderungsansprüche oder Schadensersatzansprüche**, die sich nach erfolgter **Abnahme** der bis zur Kündigung erbrachten Teilleistung gemäß § 8 Nr. 6 VOB/B nach den Vorschriften des § 13 VOB/B richten (so jetzt auch BGH BauR 2003, 689). Zu beachten ist aber, dass das **Nachbesserungsrecht** des gekündigten Auftragnehmers nicht mehr besteht, soweit es um Mängel geht, derentwegen der Auftraggeber den Bauvertrag mit dem Auftragnehmer gerade gemäß §§ 4 Nr. 7 S. 3, 8 Nr. 3 Abs. 1 VOB/B gekündigt hat.

II. Ersatz weiteren Schadens (§ 8 Nr. 3 Abs. 2 S. 1 Hs. 2 VOB/B)

51 Dem Auftraggeber können im Fall der Vollendung der Leistung durch einen anderen Unternehmer gegen den Auftragnehmer noch **weitere Ansprüche** zustehen, wie sich aus § 8 Nr. 3 Abs. 2 S. 1 Hs. 2 VOB/B ergibt. Danach bleiben **neben** dem Anspruch auf Ersatz der **Mehraufwendungen** die Ansprüche auf **Ersatz des etwa entstehenden weiteren Schadens** bestehen. Dies folgt dem Grundgedanken, dass durch die Erstattung der Mehraufwendungen in vielen Fällen noch **nicht aller Schaden** beseitigt ist. Vielmehr können dem Auftraggeber darüber hinausreichende Schäden dadurch entstanden sein, dass die Bauausführung **nicht mehr termingerecht** erledigt werden kann (Verzugsschaden) oder dass Fehlerquellen infolge der mangelhaften Bauausführung vorliegen, die ihre Auswirkungen später haben. Für derartige Schadensersatzansprüche schafft aber § 8 Nr. 3 Abs. 2 S. 1 Hs. 2 VOB/B keine selbständige Anspruchsgrundlage, sondern stellt nur deklaratorisch fest, dass solche Schadensersatzansprüche aus anderen Bestimmungen der VOB/B, z.B. § 4 Nr. 7 S. 2, § 6 Nr. 6, § 13 Nr. 7 VOB/B, oder aus gesetzlichen Vorschriften des BGB, z.B. aus §§ 241, 280, 281, 286 BGB n.F. oder § 642 BGB, unberührt bleiben, also trotz erfolgter Kündigung des Bauvertrages bestehen können, wie dies auch für **Dauerschuldverhältnisse** in § 314 Abs. 4 BGB n.F. ausdrücklich geregelt ist und gemäß § 325 BGB n.F. auch im Falle eines Rücktritts gilt. Für jeden Schadensersatzanspruch ist aber Voraussetzung, dass dem Auftragnehmer ein **Verschulden** zur Last zu legen ist. Dann kommen die **gesetzlichen Bestimmungen** – wie z.B. aus positiver Vertragsverletzung oder §§ 241, 280 BGB n.F. – in Frage, soweit nicht andere Schadensersatzregelungen im Rahmen der Allgemeinen Vertragsbedingungen im Einzelfall zutreffen, wie § 4 Nr. 7 S. 2 VOB/B (vgl. u.a. *Dähne* BauR 1973, 268; BGH BauR 2000, 1189). Gleiches gilt im Hinblick auf § 5 Nr. 4, § 6 Nr. 6 VOB/B (so mit Recht BGHZ 62, 90; BauR 1974, 208 = NJW 1974, 646). Entscheidend ist dafür, dass § 8 Nr. 3 Abs. 2 S. 1 Halbsatz 2 VOB/B selbst keine Ansprüche auf Schadensersatz eröffnet, sondern nur bestimmt, dass nach anderen Vorschriften bestehende Ansprüche aufrechterhalten bleiben (BGH a.a.O.; OLG Frankfurt NJW-RR 1987, 979).

Für einen neben dem Mehrkostenerstattungsanspruch bestehenden weiteren **Schadensersatzanspruch** ist der **Auftraggeber darlegungs- und beweispflichtig.** Dazu bedarf es der Darlegung der tatbestandlichen Voraussetzungen der jeweiligen Anspruchsgrundlage und der Darlegung und des Beweises eines über den verschuldensunabhängigen Mehrkostenerstattungsanspruch hinausgehenden Schadens. Dabei muss er sich auch etwaige **Vorteile anrechnen lassen.** So sind z.B. auf den Verzögerungsschaden wegen verspäteter Fertigstellung einer Eigentumswohnung die Vorteile anzurechnen, die der geschädigte Auftraggeber aus ersparten Zinsaufwendungen für die Finanzierung des Bauvorhabens und aus einer Steuerersparnis durch die erst mit Bezugsfertigkeit eintretende Beschränkung des Schuldzinsenabzuges (§ 21a EStG) erlangt (BGH BauR 1983, 465 = NJW 1983, 2137). Auf der anderen Seite trägt der **Auftragnehmer die Beweislast** für etwa **fehlendes Verschulden** sowie für die Behauptung, der Schaden hätte geringer gehalten werden können, so dass eine Verletzung der **Schadensminderungspflicht** gemäß § 254 Abs. 2 BGB vorliege (vgl. u.a. BGH MDR 1975, 924). Soweit es sich dabei um anzurechnende Vorteile aus dem Vermögensbereich des Auftraggebers handelt, sind die Darlegungsschwierigkeiten zu beachten, die sich für den Auftragnehmer daraus ergeben, dass er keinen Einblick, z.B. in den im Vermögensbereich des Auftraggebers liegenden Steuervorgang hat (BGH BauR 1983, 465 = NJW 1983, 2137). Daraus wird man folgern müssen, dass hier eine **Erstdarlegungslast des Auftraggebers** besteht, wenn der Auftragnehmer sich auf solche Vorteile beruft und diese nicht von vorneherein auszuschließen sind. **52**

III. Schadensersatz wegen Nichterfüllung des ganzen Vertrages (§ 8 Nr. 3 Abs. 2 S. 2 VOB/B)

Nach § 8 Nr. 3 Abs. 2 S. 2 VOB/B hat der Auftraggeber unter bestimmten Voraussetzungen ein Wahlrecht zwischen der Beauftragung eines Dritten mit der Vollendung der Leistung zu Lasten des gekündigten Auftragnehmers und dem Verlangen nach vollem **Schadensersatz wegen Nichterfüllung** des gesamten Vertrages. Danach kann er auf die weitere Ausführung verzichten, wenn diese für ihn aus den gleichen Gründen, die zur Entziehung des Auftrags geführt haben, kein Interesse mehr hat. Hier wird also Ursächlichkeit des Interessenverlusts aus denselben Gründen wie bei der Vertragskündigung verlangt. **53**

VOB/B § 8 Nr. 3   Kündigung durch den Auftraggeber aus wichtigem Grunde

1. Interessenwegfall infolge des Kündigungsgrundes und Verzicht auf weitere Ausführung

54 Voraussetzung ist zunächst der **Verzicht auf die Weiterführung** der vom gekündigten Vertrag erfassten Bauleistung überhaupt; es reicht nicht aus, dass der Auftraggeber an der weiteren Leistung durch diesen gekündigten Auftragnehmer kein Interesse mehr hat (vgl. BGHZ 62, 93 = BauR 1974, 208). Ein hier erforderlicher vollständiger Verzicht kann nur in ganz bestimmten Fällen vorkommen, ist also verhältnismäßig selten (BGHZ 50, 160 = NJW 1968, 1524; *Anderson* BauR 1972, 65, 68), weil im Allgemeinen ein **Interessenverlust des Auftraggebers an der Ausführung der Bauleistung** nicht schon durch die Vertragswidrigkeit der Leistung des Auftragnehmers, die zur Kündigung des Bauvertrags nach § 8 Nr. 3 Abs. 1 VOB/B geführt hat, eintritt. Für den Normalfall ist davon auszugehen, dass der Auftraggeber eine einmal gefasste Bauabsicht nicht wieder aufgibt, nur weil er einen Unternehmer auswechseln muss.

55 Der Verlust des Interesses an der Weiterführung auf Seiten des Auftraggebers ist eng verbunden mit Sinn und Zweck der Bauleistung. Man wird davon nur sprechen können, wenn sich durch die Vertragsverletzung des Auftragnehmers das Interesse des Auftraggebers an dem vertraglich vereinbarten Bauwerk wesentlich geändert hat oder gar infolge dieser kündigungsbedingten Umstände ganz weggefallen ist (ähnlich wohl OLG Hamburg VersR 1984, 1048). Das ist besonders bei reinen Zweckbauten denkbar, die termingebunden sind, wie z.B. bei einem Behelfsbau, der nur für eine bestimmte Zeit errichtet werden soll, oder bei Bauten für Veranstaltungen, die nur von bestimmter Dauer sind (vgl. dazu auch *Schmalzl* NJW 1965, 129, 134), wie z.B. beim Messebau oder Gerüstbau. Ein Interessenwegfall kann auch darin liegen, dass die vom Auftragnehmer bisher erstellte Leistung **gänzlich untauglich,** insbesondere **nicht nachbesserungsfähig** ist oder sich die Nachbesserung nur durch einen **für den Auftraggeber unzumutbaren Aufwand** bewerkstelligen ließe.

Für das Vorliegen des **Interessenverlusts und dessen Ursächlichkeit** aus den Gründen der Vertragskündigung ist der **Auftraggeber darlegungs- und beweispflichtig.**

2. Ausnahme: Anfängliche absolute Erfüllungsverweigerung des Auftragnehmers

56 **Ausnahmsweise** ist aber auch für den Bereich des Schadensersatzanspruchs nach § 8 Nr. 3 Abs. 2 S. 2 VOB/B der **Wegfall des Interesses** des Auftraggebers als Folge des Kündigungsgrundes dann **nicht erforderlich,** wenn sich der Auftragnehmer **rechtsgrundlos** sogleich nach **Vertragsabschluss,** jedenfalls noch **vor Beginn** mit der Ausführung seiner Leistung (und zwar auf diese beschränkt!), ernsthaft und endgültig weigert, den Vertrag überhaupt zu erfüllen. Das folgt analog aus § 326 Abs. 2 BGB a.F. und in ähnlicher Weise gemäß § 281 Abs. 1 S. 1 und 2 sowie § 323 Abs. 2 und 5 BGB n.F., wonach bei ernsthafter und endgültiger **Erfüllungsverweigerung** Schadensersatz wegen Nichterfüllung ohne Darlegung des Wegfalls des Erfüllungsinteresses verlangt werden kann (BGH WM 1969, 399 = MDR 1969, 385; auch BGHZ 65, 372 = BauR 1976, 126). Der gegenteiligen Ansicht von Daub/Piel/Soergel/Steffani (*Steffani* in *Daub/Piel/Soergel* Teil B § 8 ErlZ B 8.82 ff.), wonach auch in einem solchen Fall die Kausalität zwischen dem Kündigungsgrund und dem Interessenwegfall vom Auftraggeber dargelegt und bewiesen werden müsse, kann nicht gefolgt werden (ebenso *Kaiser* Mängelhaftungsrecht Rn. 34 Fn. 83). Zu bedenken ist, dass die vor Ausführungsbeginn mit seiner Leistung – grundlos – erfolgte absolute Verweigerung des Auftragnehmers zur Erfüllung des Vertrags eine **ganz außergewöhnlich grobe Vertragsverletzung** darstellt. Wenn in solchen Fällen entsprechend § 326 Abs. 2 BGB a.F. bzw. § 323 Abs. 2 BGB n.F. schon eine Fristsetzung entbehrlich ist, um den in § 326 BGB a.F. bzw. § 281 Abs. 1 BGB n.F. ins Auge gefassten **vollen** Schadensersatzanspruch auszulösen, so muss dem Auftraggeber, wenn er sich entschließt, die Bauabsicht nicht zu verwirklichen, aus Treu und Glauben auch zugestanden werden, dass die Aufgabe seiner Bauabsicht auf die grobe Vertragsuntreue des Auftragnehmers zurückzuführen ist, ohne dass dieses dann noch näherer Begründung bedarf. Allerdings wird man dem Auftragnehmer nicht den Gegenbeweis verwehren dürfen, dass die Aufgabe der Bauabsicht durch den Auftraggeber ganz andere Ursachen als die – zufälligerweise damit zusammenfallende – absolute Erfüllungsverweigerung hat. Letztlich erscheint es in diesen Fällen wenig sinnvoll, vom Auftraggeber nach begründeter **Kündigung aus wichtigem Grund** die Fortführung des noch gar nicht begonnenen Bauwerks durch einen Drittunternehmer zu Lasten des gekündigten Auftragnehmers zu verlangen und ihm dann den Mehrkostenerstattungsanspruch zuzubilligen, wenn dieser seine Bauabsicht aus anderen als den Kündigungsgründen aufgegeben hat. Deshalb wird man in diesen Fällen dem Auftraggeber entweder den Schadensersatzanspruch aus § 8 Nr. 3 Abs. 2 S. 2 VOB/B oder aber aus § 323 BGB n.F. ein Rücktrittsrecht und daneben (vgl. § 325 BGB n.F.) auch aus § 281 BGB n.F. einen Schadensersatzanspruch anstatt der Leistung zuerkennen müssen.

3. Verschulden als weitere Voraussetzung

Es muss hinzukommen, dass der Auftrag nach § 8 Nr. 3 Abs. 1 VOB/B entzogen oder gekündigt worden ist, und zwar wegen eines **schuldhaft vertragswidrigen Verhaltens** des Auftragnehmers (vgl. auch *Kaiser* Mängelhaftungsrecht Rn. 31d; *Siegburg* Gewährleistung beim Bauvertrag Rn. 383). Die Voraussetzung schuldhaften Handelns des Auftragnehmers ergibt sich aus den allgemeinen Grundsätzen, die das Gesetz für das Entstehen eines Schadensersatzanspruchs wegen Nichterfüllung vorschreibt. So setzen die § 326 Abs. 2 und 286 Abs. 2 BGB a.F. bzw. §§ 280, 281, 287 BGB n.F. einen Schuldnerverzug des Auftragnehmers voraus, also Verschulden i.S.v. §§ 276, 278 BGB. Desgleichen verlangen auch § 635 BGB a.F. bzw. §§ 636, 280, 281 BGB n.F. das Verschulden des Unternehmers als wesentliche Voraussetzung. Deshalb muss auch bei S. 2 ein **Verschulden** Voraussetzung sein, da sonst eine unzulässige Abweichung von allgemeinen, auch für die VOB maßgebenden Rechtsgrundsätzen vorliegen würde. Dabei ist aber zu beachten, dass ein solches Verschulden bei Vertragsverletzungen grundsätzlich vermutet wird, wie sich jetzt aus § 280 Abs. 1 S. 2 BGB n.F. ergibt.

57

4. Umfang des Schadensersatzes: Positives Interesse

Der hier geregelte **Schadensersatzanspruch wegen Nichterfüllung** ist – im Gegensatz zu dem aus § 4 Nr. 7 S. 2 VOB/B sich ergebenden Schadensersatzanspruch – ein »**großer**« und »**voller**« Schadensersatzanspruch. Der Auftraggeber kann also bisher erbrachte Leistungen zurückweisen, die **Zahlung jeglicher Vergütung verweigern**, bereits bezahlte Vergütungsanteile in Form von Voraus- oder Abschlagszahlungen oder auch Teil-Schlusszahlungen zurückfordern und außerdem den ihm durch die Nichterfüllung entstandenen Schaden ersetzt verlangen. Der Schadensersatzanspruch ist auch **nicht durch § 6 Nr. 6 VOB/B, wonach der entgangene Gewinn nur bei Vorsatz oder grober Fahrlässigkeit zu ersetzen ist, eingeengt,** weil der dort festgelegte – eingeschränkte – Schadensersatzanspruch nur für den Fall der **Aufrechterhaltung** des Vertrages und nicht für den Fall der hier erörterten Kündigung des Vertrags aus wichtigem Grunde, gilt (i.E. ebenso *Kaiser* NJW 1974, 1310). Der hier behandelte Schadensersatzanspruch wegen Nichterfüllung geht auf **Ersatz des positiven Interesses**, §§ 249 ff. BGB (ebenso BGH VersR 1967, 806 = SFH Z 2.411 Bl. 3 ff.). Der Auftraggeber kann also vom Auftragnehmer verlangen, so gestellt zu werden, als ob der Auftrag ordnungsgemäß und vertragsgerecht ausgeführt worden wäre. Der Schadensersatzanspruch besteht allerdings nur unter der Voraussetzung, dass der Auftraggeber selbst zur Erfüllung seiner Vertragspflichten in der Lage ist oder gewesen wäre (vgl. BGH WM 1974, 328). Es handelt sich bei diesem – da durch die Kündigung Erfüllung ausgeschlossen ist – **ausschließlich auf Leistung in Geld** ausgerichteten Schadensersatzanspruch für den Regelfall um eine Postensaldierung im Wege der **Differenztheorie**: Die Schadensermittlung erfolgt durch einen Vergleich der Vermögenslage des Auftraggebers, wie sie sich infolge der Nichterfüllung durch den Auftragnehmer gestaltet hat, mit der Vermögenslage, in der er sich **bei ordnungsgemäßer Vertragserfüllung** befunden hätte. Also werden zugunsten des Auftraggebers auch ihm vom Auftragnehmer bei Vertragsabschluss gewährte **Nachlässe** zugrunde gelegt. Maßgebend für den Schadensersatzanspruch ist die **Verschlechterung der Vermögenslage des Auftraggebers**. Hier sind grundsätzlich alle adäquaten Folgen des haftungsbe-

58

VOB/B § 8 Nr. 3 Kündigung durch den Auftraggeber aus wichtigem Grunde

gründenden Umstandes bis zum Zeitpunkt der letzten mündlichen Verhandlung in der Tatsacheninstanz, dem aus prozessualen Gründen letztmöglichen tatsächlichen Beurteilungszeitpunkt, in die Schadensberechnung mit einzubeziehen (BGH BauR 1980, 279 = NJW 1980, 1742); nur wenn der Schuldner bereits vorher seine Ersatzpflicht erfüllt, schließt dies die Zurechnung späterer Schadensfolgen aus.

59 Dagegen sind die erbrachten Leistungen des Auftragnehmers nur dann mit in die Schadensberechnung einzubeziehen, wenn deren Behalt überhaupt noch dem Interesse des Auftraggebers entspricht (zutreffend *Nicklisch/Weick* § 8 VOB/B Rn. 45), was nur dann der Fall sein kann, wenn sich der Interessenverlust auf den noch fehlenden Leistungsteil beschränkt, was letztlich wohl nur bei in sich funktional abgeschlossenen Leistungsteilen denkbar erscheint. Dann ist nicht nach den Vertragspreisen abzurechnen, sondern nach ihrem für den Auftraggeber bei objektiver Betrachtung gegebenen wirklichen Wert als Verrechnungsposten, wobei geleistete Voraus- oder Abschlagszahlungen zu berücksichtigen sind. Ähnliches gilt für **Architekten- und Ingenieurleistungen,** auch wenn sie schon vor Abschluss des Vertrags mit dem gekündigten Auftragnehmer erbracht worden sind; sie können in die Schadensberechnung nur einbezogen werden, wenn sie für den Auftraggeber absolut kein Interesse mehr haben, insbesondere nicht anderweitig verwendbar sind (vgl. dazu OLG Hamburg VersR 1984, 1048). Zugunsten des Auftraggebers sind auch solche Posten zu beachten, die als **Folgeschäden** sein Vermögen infolge der Vertragsuntreue des Auftragnehmers, auf der die Kündigung beruht, vermindert haben (vgl. dazu *Heyers* BauR 1974, 24, m.w.N.). Dazu können z.B. Kosten eines Gutachtens gehören, durch das der Umfang der vom Auftragnehmer bereits erbrachten Leistung zwecks Berechnung seines Werklohnanspruchs festgestellt werden soll (BGHZ 48, 78 = MDR 1967, 755 = NJW 1967, 2262). Gleiches gilt für die Kosten zur Wiederherstellung des früheren Zustands, soweit dies möglich oder sogar notwendig ist, z.B. Verfüllung der Baugrube nach Kündigung und Interessenwegfall an der weiteren Ausführung.

IV. Nutzungsrecht des Auftraggebers an Geräten, Gerüsten, Bauteilen (§ 8 Nr. 3 Abs. 3 VOB/B)

60 § 8 Nr. 3 Abs. 3 VOB/B verfolgt den **Zweck,** den **Auftraggeber möglichst schnell** dadurch **schadlos zu stellen,** dass ihm oder dem von ihm beauftragten Dritten alsbald die Fortführung der durch die Kündigung unterbrochenen Arbeiten ermöglicht wird. Weiterhin ist zu bedenken, dass – soweit bereits erfolgt – durch die Baustelleneinrichtung, durch Gerüstbau, durch die Anlieferung von Stoffen oder Bauteilen sowie durch die Beschaffung und ggf. Aufstellung von Geräten dem Auftragnehmer – u.U. bereits erhebliche – **Kosten entstanden** sind. Es wäre wirtschaftlich wenig sinnvoll, diese geschaffenen Werte und bereits entstandenen Kosten nicht zu nutzen, da durch deren trotz Kündigung fortgesetzte Nutzung **Mehrkosten vermieden** werden. Wenn die Regelung des § 8 Nr. 3 Abs. 3 VOB/B auch einseitig als Recht des Auftraggebers ausgestaltet ist, so ist doch nicht zu übersehen, dass aus Gründen der **Schadensminderungspflicht des Auftraggebers** (vgl. § 254 Abs. 2 BGB) daraus nach **Treu und Glauben** auch eine Verpflichtung werden kann, solche **Geräte, Gerüste und Bauteile oder auch Baustoffe auf der Baustelle in Anspruch zu nehmen**, sofern ihm das, auch im Hinblick auf den mit der Fertigstellung zu beauftragenden Ersatzunternehmer, zumutbar ist (vgl. BGH BauR 2003, 877; 1995, 545 = ZfBR 1995, 198). Die Verpflichtung des Auftraggebers zur Inanspruchnahme wird zudem ein **vorbehaltloses Angebot** dazu durch den gekündigten Auftragnehmer voraussetzen. Man wird nämlich von einer Schadensminderungspflicht nur sprechen können, wenn der gekündigte Auftragnehmer ohne weiteres von sich aus bereit ist, die in Betracht kommenden Gegenstände zur Verfügung zu stellen, und nicht in der zwingenden Lage ist, sie jetzt oder in absehbarer Zeit anderweitig zu verwenden, sie selbstverständlich für die Weiterführung des Bauvorhabens **uneingeschränkt tauglich** sind und der nachfolgende Drittunternehmer die Verwendung nicht aus im Rahmen seines Betriebs sowie seines berechtigten geschäftlichen Interesses liegenden

Gründen ablehnt. Für Ersteres trägt der gekündigte Auftragnehmer die **Darlegungs- und Beweislast**; im Übrigen hat sie der Auftraggeber.

Voraussetzung für die hier angesprochenen **Benutzungsrechte und Verwendungsbefugnisse** ist die **61 Fortführung** der durch die Kündigung unterbrochenen Arbeiten mit dem Ziel der Vollendung der vertraglichen Bauleistung. § 8 Nr. 3 Abs. 3 VOB/B kommt **nicht** in Betracht, wenn der Auftraggeber nach § 8 Nr. 3 Abs. 2 S. 2 VOB/B zu Recht das Wahlrecht ausübt und unter Verzicht auf die weitere Ausführung vollen **Schadensersatz wegen Nichterfüllung** verlangt.

1. Nutzungsrecht von Geräten, Gerüsten und Einrichtungen

Das **Nutzungsrecht des Auftraggebers** erstreckt sich auf die **Baustelleneinrichtung**, also **Geräte, 62 Gerüste und andere Einrichtungsgegenstände,** wie Unterkünfte, Lagerbauten, Büroräume, Container für Bauschutt oder für Bauleitung (vgl. OLG Dresden BauR 2000, 271 = NZBau 2000, 133 f.), Wasser- und sonstige Versorgungsanschlüsse, **soweit sie vom gekündigten Auftragnehmer stammen.** Zweifelhaft ist, ob er auch z.B. Gerüste oder auch Unterkunftscontainer in Anspruch nehmen darf, die einem **Subunternehmer** des gekündigten Auftragnehmers gehören und von diesem aufgebaut sind. Auch dies wird letztlich unter den Voraussetzungen des § 8 Nr. 3 Abs. 3 VOB/B zu bejahen sein, zumal der gekündigte Auftragnehmer aufgrund seines VOB-Vertrags (vgl. § 4 Nr. 8 Abs. 2 VOB/B) ebenfalls das Recht aus § 8 Nr. 3 Abs. 3 VOB/B für sich in Anspruch nehmen kann, auch wenn seine Kündigung des Subunternehmervertrags als freie Kündigung gemäß § 8 Nr. 1 Abs. 1 VOB/B anzusehen ist. Selbstverständlich beschränkt sich das Benutzungsrecht des Auftraggebers auf die Geräte und Einrichtungsgegenstände, die zur **Baustelleneinrichtung gehören** und die der Auftragnehmer für die Ausführungszeit der Bauleistung **an Ort und Stelle eingebracht** hat und die sich im Zeitpunkt der Kündigung bzw. der Inanspruchnahme-Erklärung des Auftraggebers noch an der Baustelle befinden. Zum Handgebrauch bestimmte **Werkzeuge** können **nicht** zur Baustelleneinrichtung gezählt werden, weil sie nicht Bestandteil der Einrichtung der Baustelle, sondern in ihrem Gebrauch personenbezogen sind. Der **Auftraggeber** ist verpflichtet, die in Anspruch genommenen Gegenstände im Rahmen des Zumutbaren **sorgfältig zu behandeln und vor Schaden** – auch übermäßiger Abnutzung – zu bewahren; andernfalls ist er aus positiver Vertragsverletzung bzw. gemäß §§ 241, 280 BGB n.F. **schadensersatzpflichtig.** Insoweit ist der von ihm mit der Weiterführung der Arbeiten beauftragte Unternehmer sein **Erfüllungsgehilfe** (§ 278 BGB).

2. Verwendungsrecht von angelieferten Stoffen und Bauteilen

Der Auftraggeber kann ferner **Stoffe oder Bauteile,** die bereits **angeliefert** worden sind, in Anspruch **63** nehmen. Das bedeutet, dass er die Stoffe oder Bauteile, die von dem gekündigten Auftragnehmer angeschafft worden sind und für die noch nicht erstellte Bauleistung **bestimmungsgemäß auf der Baustelle oder in deren Bereich zur Verfügung stehen,** verwenden darf. Angeliefert sind demnach noch nicht Stoffe oder Bauteile, die der Auftragnehmer noch auf Lager hat, noch viel weniger solche, die erst in der Fertigung sind oder die an dritter Stelle bestellt oder in Auftrag gegeben worden sind. Zur Verwendung von angelieferten Stoffen oder Bauteilen kann der Auftraggeber zwecks Schadensminderung sogar nach §§ 242, 254 Abs. 2 BGB verpflichtet sein, wenn sie uneingeschränkt für die ausstehenden Arbeiten tauglich sind, der gekündigte Auftragnehmer keine Verwendungsmöglichkeit hat und keine Einwendungen erhebt oder noch besser deren **Verwendung ausdrücklich anbietet**, ebenso der nachfolgende Unternehmer dagegen keinerlei Bedenken hat und dem Auftraggeber die Verwendung unter Berücksichtigung aller Umstände, auch der Gründe für die Kündigung, zumutbar ist (vgl. BGH BauR 2003, 877; OLG Düsseldorf BauR 1993, 123 L; ebenso BGH BauR 1995, 545 = NJW 1995, 1837). Dies gilt insbesondere für **nach Maß gefertigte Fenster, Türen, Treppenanlagen oder Fertigteile**, wobei sich aber auch ernsthaft die Frage stellt, warum dieses Nutzungsrecht die bereits erfolgte Anlieferung an die Baustelle voraussetzt und nicht auch für solche Bauteile gilt, die fertiggestellt, aber noch nicht angeliefert worden sind. In diesen Fällen besteht aber jedenfalls die Möglichkeit, dass die Vertragspartner über die Nutzung bzw. den Erwerb eine Vereinbarung treffen. **Im Verhältnis des Auftraggebers zum nachfolgenden Ersatzunternehmer** handelt es sich bei diesen in Anspruch genommenen Baustoffen und Bauteilen um **bauseits gestellte Baustoffe**, so dass darauf bezüglich der Gewährleistungspflicht des nachfolgenden Ersatzunternehmers die Bestimmungen der § 13 Nr. 3 und § 4 Nr. 3 VOB/B sowie § 645 BGB Anwendung finden (Beck'scher VOB-Komm./*Motzke* § 8 Nr. 3 VOB/B Rn. 48).

64 Durch die Inanspruchnahme von angelieferten Stoffen oder Bauteilen gemäß § 8 Nr. 3 Abs. 3 VOB/B kommt bei einem VOB-Bauvertrag hinsichtlich dieser in der Folgezeit **nicht das Kaufvertragsrecht** zur Anwendung; vielmehr richtet sich die weitere **rechtliche Beurteilung** nach dem bisher einheitlich geltenden Werkvertragsrecht der **VOB/B,** was insbesondere für die dafür vom Auftraggeber an den gekündigten Auftragnehmer zu zahlende **angemessene Vergütung,** aber auch für die **Erfüllungs- und Gewährleistungsansprüche** sowie deren **Verjährung** von Bedeutung ist (so mit Recht *Heyers* BauR 1973, 56 in der Anm. zu OLG Köln BauR 1973, 53).

3. Vorherige Mitteilung der Inanspruchnahme

65 Die Inanspruchnahme der Baustelleneinrichtung sowie der angelieferten Stoffe oder Bauteile **setzt die empfangsbedürftige Mitteilung des Auftraggebers gegenüber dem gekündigten Auftragnehmer (§§ 130 ff. BGB) voraus, dass er von seiner Befugnis nach Abs. 3 Gebrauch mache.** Die Benutzungs- und Verwendungsbefugnis steht ihm ohne diese Mitteilung nicht zu, weil es sich **nicht** um ein kraft Vertrags **von selbst gegebenes Recht** handelt, er dieses vielmehr erst klar und deutlich in Anspruch nehmen muss. Diese Erklärung muss der Auftraggeber abgeben, bevor der Auftragnehmer diese Geräte oder Bauteile von der Baustelle abgezogen hat. Der gekündigte Auftragnehmer kann und sollte in geeigneten Fällen dies aber dem Auftraggeber anbieten oder vor dem Abtransport eine Entscheidung des Auftraggebers über die Ausübung des Rechts, diese Gegenstände zu nutzen, einzufordern.

66 Voraussetzung ist auch, dass der Auftraggeber die in Anspruch genommenen Sachen **im Einzelnen** dem Auftragnehmer gegenüber **bezeichnet.** Hierauf hat der Auftragnehmer schon wegen der erforderlichen Kontrolle sowie der **Berechnung der Vergütung** einen Anspruch. Es ist zweckmäßig, **vor der Inanspruchnahme eine Bestandsaufnahme zu machen,** um Klarheit zu schaffen und eine genaue Abgrenzung vorzunehmen. Sollte sich der Auftragnehmer weigern, seiner vertraglichen Pflicht nach § 8 Nr. 3 Abs. 3 VOB/B nachzukommen, kann es wegen der Eilbedürftigkeit für den Auftraggeber geboten sein, seine Rechte im Wege **einstweiliger Verfügung** (§§ 935 ff. ZPO) durchzusetzen.

4. Angemessene Vergütung für die Inanspruchnahme

67 **Für die Inanspruchnahme** steht dem Auftragnehmer eine **angemessene Vergütung** zu. Diese Formulierung könnte dafür sprechen, dass die Vergütung sich nach § 632 Abs. 2 BGB berechnet, also die übliche Vergütung zu zahlen ist (so insbes. *Lederer* in *Kapellmann/Messerschmidt* § 8 VOB/B Rn. 97; *Heiermann/Riedl/Rusam* § 8 VOB/B Rn. 39, *Franke/Kemper/Zanner/Grünhagen* § 8 VOB/B Rn. 78). Dann aber wird der Auftraggeber nur sehr selten ein Interesse haben, da er zur üblichen Vergütung diese Nutzung auch vom neuen Auftragnehmer erwarten kann. Die übliche Vergütung kann aber auch zu unbilligen Ergebnissen führen, wenn z.B. für ein Gerüst im Rahmen des gesamten Bauvertrages eine sehr geringe Standgebühr pro Woche vereinbart war und die übliche Vergütung erheblich höher ist. **Soweit möglich,** sind – notfalls unter Zuhilfenahme der Kalkulation des Auftragnehmers – die auf den konkreten Bauvertrag ausgerichteten, auf die in Anspruch genommenen Gegenstände bezogenen **Vertragspreise** des gekündigten Bauvertrages **Ausgangspunkt für die Bewertung,** weil es sich letztlich um eine nach dem ursprünglichen Vertrag geschuldete Teilleistung handelt, die der Auftraggeber trotz erfolgter Kündigung noch in Anspruch nimmt und bei selbständiger Berechnung sich im Allgemeinen ein Mehrpreis ergeben würde, der ohnehin dann wieder dem Schadensersatzanspruch des Auftraggebers nach § 8 Nr. 3 Abs. 2 S. 1 VOB/B unterfallen würde. Gerade das soll durch die Inanspruchnahme nach § 8 Nr. 3 Abs. 3 VOB/B vermieden werden. Außerdem soll die Inanspruchnahme weder dem Auftragnehmer noch dem Auftraggeber einen Vorteil bringen (unzutreffend daher *Heiermann/Riedl/Rusam* § 8 VOB/B Rn. 39; unklar *Daub/Piel/Soergel/Steffani* Teil B § 8 ErlZ 8.97; wie hier wohl *Nicklisch/Weick* § 8 VOB/B Rn. 33, und *Handschumacher* BauR 2001, 872).

Die Vergütung ist durch Vereinbarung zwischen dem Auftraggeber und dem bisherigen Auftragnehmer festzulegen. Kommt es nicht zu einer Einigung, so kann die **Preisbestimmung** einem sachverständigen Dritten oder auch dem Auftragnehmer gemäß § 315 BGB **nach billigem Ermessen** überlassen werden, (vgl. §§ 315 ff. BGB); notfalls muss sie der Festsetzung durch gerichtliche Entscheidung vorbehalten bleiben, wobei dem Gericht auch die Möglichkeit der Schätzung gemäß § 287 ZPO offensteht (vgl. dazu jetzt auch BGH BauR 2006, Heft 10). **68**

Der Vergütungsanspruch ist im Rahmen der Gesamtabrechnung nach § 8 Nr. 6 VOB/B geltend zu machen; es handelt sich nicht um einen selbstständigen Vergütungsanspruch (OLG Dresden BauR 2000, 271 = NZBau 2000, 133).

V. Abrechnungspflicht des Auftraggebers (§ 8 Nr. 3 Abs. 4 VOB/B)

§ 8 Nr. 3 Abs. 4 VOB/B verpflichtet den Auftraggeber dazu, dem Auftragnehmer eine **Aufstellung über die entstandenen Mehrkosten** und über seine anderen Ansprüche spätestens binnen 12 Werktagen nach Abrechnung mit dem Dritten zuzusenden. Diese durch Vereinbarung der VOB/B übernommene **Vertragspflicht** wirft die Frage auf, welche Anforderungen an diese Aufstellung der Mehrkosten zu stellen sind und welche Folgen die Nichteinhaltung der für Großbauvorhaben doch sehr kurzen **Frist von 12 Werktagen** hat. **69**

1. Grundsätze für die Aufstellung der Mehrkosten

Im Fall einer berechtigten Kündigung des Bauvertrags aus wichtigem Grunde gemäß § 8 Nr. 3 Abs. 1 VOB/B oder wegen sonstiger Vertragsverletzungen als wichtigem Grund bereitet die **Abrechnung der beiderseitig bestehenden Vergütungs-, Mehrkostenerstattungs- und Schadensersatzansprüche** nach Weiterführung der Bauleistung durch einen Ersatzunternehmer meist ganz erhebliche Schwierigkeiten. Es bedarf hier einerseits einer **prüfbaren Abrechnung** des gekündigten Auftragnehmers für die bis zur Kündigung erbrachten Teilleistungen auf der Grundlage der vereinbarten Vertragspreise (vgl. dazu unten § 8 Nr. 6 VOB/B und oben § 8 Nr. 1 VOB/B Rn. 25 bis 39 sowie BGH BauR 2000, 1182 ff., 1186, 1191) zuzüglich eines evtl. gemäß § 8 Nr. 3 Abs. 3 VOB/B zugunsten des Auftragnehmers entstandenen angemessenen Vergütungsanspruchs für die vom Auftraggeber in Anspruch genommenen Geräte, Gerüste, Einrichtungen, Stoffe oder Bauteile. Auf der anderen Seite bedarf es seitens des Auftraggebers einer **prüfbaren Aufstellung über die ihm durch die Kündigung entstandenen Mehrkosten** für die Vollendung der Bauleistung und über seine weiteren Ansprüche gemäß § 8 Nr. 3 Abs. 4 VOB/B. Für diese Mehrkosten obliegt dem **Auftraggeber die Darlegungs- und Beweislast** (BGH BauR 2000, 571 f. = NZBau 2000, 131 = ZfBR 2000, 174). Dazu gehört i.d.R. die Darlegung der anderweit als Ersatzvornahme erbrachten Leistung, der dadurch entstandenen Kosten abzüglich der infolge der Kündigung nicht mehr an den Auftragnehmer zu zahlenden Vergütung sowie der sich daraus ergebenden Differenz als **kündigungsbedingte Mehrkosten** (vgl. dazu oben Rn. 35 ff.). Welche Anforderungen an die Darlegung dieser Mehrkosten im Einzelfall zu stellen sind, hängt von den Umständen der gesamten Vertragsabwicklung mit dem Auftragnehmer sowie der Ersatzvornahme und von den Kontroll- und Informationsinteressen des Auftragnehmers ab. Sie bestimmen sich danach, welche Angaben dem Auftraggeber möglich und zumutbar sind, und nach dem Kontroll- und Informationsinteresse des Auftragnehmers. Eine den Anforderungen des § 14 Nr. 1 VOB/B entsprechende Abrechnung kann danach nicht ge- **70** nerell und unabhängig vom Einzelfall gefordert werden (BGH BauR 2000, 571 ff., 572 = NZBau 2000, 131 = ZfBR 2000, 174, sowie dazu *Nicklisch/Weick* § 8 VOB/B Rn. 37; Beck'scher VOB-Komm./*Motzke* § 8 Nr. 3 VOB/B Rn. 52; *Heiermann/Riedl/Rusam* § 8 VOB/B Rn. 40; OLG Celle NJW-RR 1996, 34). § 8 Nr. 3 Abs. 4 VOB/B gewährt nach alledem dem Auftragnehmer einen **einklagbaren Anspruch** auf Übersendung einer **Aufstellung der kündigungsbedingten Mehrkosten** sowie der sonstigen Ansprüche (so *Kapellmann/Langen* VOB/B 15. Aufl. Rn. 153 und der Hinweis auf BGH BauR 2002, 1253).

2. Aufstellung der Mehrkosten als Folge der Kündigung

71 Die **Aufstellung** muss **aus zwei Gruppen bestehen,** wie aus den dem Auftraggeber nach § 8 Nr. 3 Abs. 2 S. 1 VOB/B gegebenen Befugnissen hervorgeht. Der Auftraggeber hat die ihm infolge der Beauftragung eines Dritten mit der Weiterführung der Leistung entstandenen **Mehrkosten sowie den Anspruch auf Ersatz** des entstandenen **weiteren Schadens zu spezifizieren,** d.h. im Einzelnen nach Grund und Höhe anzugeben, was in der gerichtlichen Praxis immer wieder erhebliche Schwierigkeiten bereitet. Diese Schwierigkeit der schlüssigen und prüfbaren Abrechnung der durch die Kündigung veranlassten Mehrkosten lässt sich am ehesten vermeiden, wenn der Auftraggeber nach erfolgter Kündigung des Bauvertrages mit dem ursprünglichen Auftragnehmer ein **exaktes Aufmaß** der von diesem bis zur Kündigung ausgeführten Leistungen erstellt, wobei dieses möglichst ein **gemeinsames Aufmaß** gemäß § 14 Nr. 2 VOB/B sein sollte, und dann den **Ersatzunternehmer mit den Restarbeiten in unveränderter Form auf der Grundlage des gleichen Leistungsverzeichnisses beauftragt**, wobei insbesondere auch darauf zu achten ist, dass möglichst derselbe Vertragstyp wie mit dem gekündigten Auftragnehmer vereinbart wird, also mit dem Ersatzunternehmer auch ein **Einheitspreis- oder Pauschalpreisvertrag** geschlossen wird, ohne das **Bau-Soll** und das Leistungsziel dabei zu verändern, also ohne **Leistungsänderungen** oder **Zusatzleistungen** gemäß § 2 Nr. 5 oder 6 VOB/B anzuordnen. In diesem Fall lassen sich die durch die **Kündigung verursachten Mehrkosten** meist ziemlich genau ermitteln, wobei aber bei jeweils abgeschlossenen Einheitspreisverträgen auch zu beachten ist, dass bei **Mehrmengen** gegenüber dem ursprünglichen Leistungsverzeichnis auch der gekündigte Auftragnehmer diese hätte vergütet verlangen können, so dass es sich auch hierbei um **Ohnehinkosten** handelt und nur die Differenz bei den Einheitspreisen als echte **kündigungsbedingte Mehrkosten** geltend gemacht werden können. Der Erstattungsanspruch des Auftraggebers ist dabei in entsprechender Anwendung des § 633 Abs. 3 BGB a.F. bzw. §§ 634 Nr. 2, 637 Abs. 1 BGB n.F. auf die **erforderlichen** und die allein **durch die Kündigung verursachten Mehrkosten** beschränkt (vgl. dazu oben Rn. 45 ff.), die also nach Treu und Glauben in angemessener Höhe zu halten sind (*Nicklisch/Weick* § 8 VOB/B Rn. 27; OLG Düsseldorf BauR 1974, 61; OLG Köln SFH Nr. 27 zu § 633 BGB). Dies kann auch die Art und Weise der Fortführung der Arbeiten durch einen Ersatzunternehmer betreffen.

72 Keinesfalls sollte der Ersatzunternehmer mit der Fortführung der Arbeiten und der Fertigstellung der **Restarbeiten im Stundenlohn** beauftragt werden, da dann eine schlüssige und prüfbare Abrechnung der Mehrkosten fast immer scheitern wird, weil später nicht mehr feststellbar ist, ob im Zuge dieser Stundenlohnarbeiten nicht auch Mehrmengen, geänderte Leistungen und Zusatzleistungen ausgeführt worden sind, bei denen es sich dann aber wieder um **Ohnehinkosten** handeln würde, die keine erstattungsfähigen Mehrkosten darstellen. Kommt aber ausnahmsweise doch nur eine Fortführung der Arbeiten mit einem Stundlohnvertrag gemäß § 2 Nr. 10 VOB/B in Betracht, so sollten zumindest die **Stundenlohnzettel** gemäß § 15 Nr. 3 VOB/B eine **exakte und ausführliche Beschreibung** der im Einzelnen im Stundenlohn **ausgeführten Arbeiten** enthalten, um diese mit den geschuldeten Leistungen des gekündigten Auftragnehmers vergleichen und daraus die wirklichen Mehrkosten berechnen zu können.

73 Der dem Auftraggeber zustehende Erstattungsanspruch hat das Ziel, ihm einen Ausgleich der durch die Kündigung verursachten Mehraufwendungen zu geben. Die Schwierigkeiten bestehen in der

sachgerechten Ermittlung der notwendigen Mehrkosten; dies erfordert stets eine genaue Gegenüberstellung der Vergütung, die der gekündigte Auftragnehmer bei Fortführung seiner Arbeiten nach dem Bauvertrag bis zum Ende hätte berechnen können, und der Kosten, die dem Auftraggeber durch die Kündigung und die dadurch notwendige Beauftragung eines oder mehrerer Ersatzunternehmer entstanden sind, und zwar **bei unveränderter Bauausführung**, also entsprechend dem vom gekündigten Auftragnehmer geschuldeten **Bau-Soll**. Kommt es aber – wie in der Praxis meist – nach der Kündigung zu Mehrmengen, Planungsänderungen oder Zusatzleistungen, so sind die dadurch verursachten Mehrkosten als **Ohnehin- oder Sowieso-Kosten** vom Auftraggeber zu tragen, da sie nicht durch die Kündigung verursacht worden sind und auch der gekündigte Auftragnehmer insoweit entsprechend **Mehrkosten als Nachtrag** hätte bezahlt verlangen können. Insoweit bedarf es jedoch einer Beschränkung auf die wirklichen Ohnehinkosten. Gerade bei **Leistungsänderungen und/oder Zusatzleistungen**, die nach der Kündigung anfallen, kann es aber durchaus auch neben diesen Ohnehinkosten doch noch zu **kündigungsbedingten Mehrkosten** des Auftraggebers deshalb kommen, weil schon die mit dem nachfolgenden Ersatzunternehmer vereinbarten Vertragspreise und demzufolge dann auch die daraus gemäß § 2 Nr. 3, 5 und 6 VOB/B abzuleitenden **Nachtragspreise höher sind als sie bei dem gekündigten Auftragnehmer gewesen wären**. Diese Spitze der Mehrkosten kann der Auftraggeber auch bei späteren Nachträgen in seine Aufstellung der Mehrkosten einbeziehen und erstattet verlangen, zu deren Darlegung es genügt, wenn der Auftraggeber durch einen **Preisvergleich** den **Prozentsatz** ermittelt, um den die Preise des Ersatzunternehmers höher sind als die des gekündigten Auftragnehmers (BGH BauR 2000, 573). Dieser Mehrkostenerstattungsanspruch beschränkt sich allerdings auf solche Leistungen, die ursprünglich nicht zum Bau-Soll des gekündigten Auftragnehmers gehörten, die aber zur vertragsgemäßen Durchführung des Bauvorhabens notwendig waren und deshalb vom Auftraggeber auch diesem gegenüber einseitig gemäß § 1 Nr. 3 und 4 S. 1 VOB/B hätten angeordnet werden können (BGH BauR 2000, 571 = NZBau 2000, 131).

3. Aufstellung der weiteren Ansprüche des Auftraggebers

Neben diesen Mehrkosten kann der Auftraggeber auch seinen **weiteren Schaden** ersetzt verlangen, muss diesen aber auch im Einzelnen darlegen und beweisen. Dazu können insbesondere auch **Kosten für die Beseitigung von Mängeln** an den vom gekündigten Auftragnehmer bis zur Kündigung erbrachten Leistungen gehören. Derartige Mängelbeseitigungskosten fallen nur dann unter die zu erstattenden Mehrkosten bei der Vollendung der Leistung, wenn diese konkreten Mängel der wichtige Grund für die Kündigung des Bauvertrags durch den Auftraggeber gemäß § 4 Nr. 7 S. 3, § 8 Nr. 3 Abs. 1 VOB/B waren. Bei sonstigen Mängeln oder auch bei einer Kündigung aus sonstigem wichtigem Grunde hat der Auftraggeber einen **Nachbesserungsanspruch** und **der gekündigte Auftragnehmer ein Nachbesserungsrecht.** Soweit ihm also ein solches Nachbesserungsrecht zusteht, muss der Auftraggeber ihm trotz erfolgter Kündigung aus wichtigem Grunde auch Gelegenheit zur Nachbesserung geben; er muss ihm also gemäß § 4 Nr. 7 VOB/B vor der Abnahme nach § 8 Nr. 6 i.V.m. § 12 Nr. 1 und 4 VOB/B oder gemäß § 13 Nr. 5 Abs. 1 VOB/B nach entsprechend § 8 Nr. 6 VOB/B erfolgter Abnahme (vgl. dazu BGH BauR 2003, 689) eine Frist zur Behebung der konkret zu bezeichnenden Mängel setzen und erst nach fruchtlosem Ablauf dieser Frist kann er dann auch insoweit zur **Ersatzvornahme** übergehen und einen anderen Unternehmer nun auch mit der Beseitigung dieser Mängel beauftragen. Wird damit derselbe Unternehmer beauftragt, der auch die Fertigstellung der Restarbeiten infolge der Kündigung ausführt, so sollte die **Abrechnung der Fertigstellungsarbeiten und der Mängelbeseitigungsarbeiten getrennt erfolgen**, da letztere nichts mehr mit den nach § 8 Nr. 3 Abs. 2 VOB/B erstattungsfähigen Mehrkosten und deren Berechnung zu tun haben. Vielmehr ergibt sich der Anspruch auf Erstattung dieser für die Mängelbeseitigung erforderlichen **Ersatzvornahmekosten** aus § 13 Nr. 5 Abs. 2 VOB/B.

75 Daneben können dem Auftraggeber aber auch noch **Minderungs- oder Schadensersatzansprüche** wegen solcher Mängel oder auch der dadurch verursachten Folgeschäden zustehen, z.B. gemäß § 4 Nr. 7 S. 2, gemäß § 13 Nr. 7 oder auch gemäß § 6 Nr. 6 VOB/B oder auch aus § 642 BGB, der auch bei VOB-Verträgen neben § 6 Nr. 6 VOB/B anwendbar ist (BGH BauR 2000, 722). Alle diese Ansprüche sind ggf. in die prüfbare Aufstellung des Auftraggebers nach § 8 Nr. 3 Abs. 4 VOB/B aufzunehmen.

4. Frist für die Zusendung der Mehrkosten-Aufstellung

76 Der Auftraggeber ist verpflichtet, dem Auftragnehmer seine **Mehrkostenaufstellung binnen 12 Werktagen nach Abrechnung mit dem Dritten** zuzusenden. Das bezieht sich nur auf seine Ansprüche auf die Mehrkosten sowie seine Ansprüche auf Ersatz des etwa entstandenen weiteren Schadens. Es handelt sich aber noch nicht um eine endgültige Abrechnung, in der auch die bestehenden Gegenforderungen des Auftragnehmers zu berücksichtigen sind. Demnach werden von dieser Frist nur die eigenen Ansprüche des Auftraggebers erfasst. Für die Aufstellung gelten zwar nicht die strengen Anforderungen des § 14 Nr. 1 VOB/B (vgl. BGH BauR 2000, 571). Die Aufstellung muss aber deutlich machen, ob bei der Fortführung der Arbeiten durch den Ersatzunternehmer Mehrmengen, geänderte und/oder zusätzliche Leistungen oder Mängelbeseitigungsarbeiten angefallen sind, damit der gekündigte Auftragnehmer prüfen und beurteilen kann, welche Kosten wirklich **kündigungsbedingte Mehrkosten** sind und welche als **Ohnehin- oder Sowieso-Kosten** anzusehen sind und deshalb keine Berücksichtigung finden dürfen. Lässt die Aufstellung dies nicht erkennen, wird der Mehrkostenerstattungsanspruch des Auftraggebers nicht fällig (OLG Celle BauR 2006, 117).

77 **Voraussetzung** für den Fristbeginn ist die **erfolgte Abrechnung mit dem oder den mehreren Ersatz- oder Drittunternehmen**, wobei für deren Abrechnung die Regelung in § 14 VOB/B zur Anwendung kommt, so dass der Auftraggeber erforderlichenfalls auch die Schlussrechnung für die Arbeiten der Ersatzunternehmen gemäß § 14 Nr. 4 VOB/B selbst erstellen kann, um seinerseits gegenüber dem gekündigten Auftragnehmer die Aufstellung über die Mehrkosten erstellen zu können. Die **Bezahlung** der Forderung des Dritten ist dagegen nicht Bedingung. Die Frist von 12 Werktagen ist **keine Ausschlussfrist** in dem Sinne, dass dem Auftraggeber bei Fristüberschreitung die in Abs. 4 genannten Ansprüche gegen den gekündigten Auftragnehmer verloren gehen (so zutreffend BGH BauR 2000, 571, 572; *Nicklisch/Weick* § 8 VOB/B Rn. 39a; Beck'scher VOB-Komm./*Motzke* § 8 Nr. 3 VOB/B Rn. 54; *Heiermann/Riedl/Rusam* § 8 VOB/B Rn. 41; a.A. *Kuß* § 8 VOB/B Rn. 58 f.). Hätte man eine solche Folge gewollt, wäre sie ausdrücklich festgelegt worden, da sie in solcher Härte in aller Regel nicht als dem Parteiwillen entsprechend anzusehen ist. Wohl handelt es sich um eine **vertragliche Nebenpflicht** des Auftraggebers aus dem gekündigten Bauvertrag. Verletzt der Auftraggeber daher seine Pflicht **schuldhaft,** begeht er eine **positive Vertragsverletzung**, die dem Auftragnehmer einen Schadensersatzanspruch gemäß §§ 241, 280 BGB n.F. gibt, **falls** ihm aus dieser Pflichtverletzung **ein Schaden entsteht.** Das kann z.B. dadurch geschehen, dass der Auftragnehmer wegen seiner betrieblichen Verpflichtungen gehalten war, Kredite aufzunehmen, weil durch das pflichtwidrige Verhalten des Auftraggebers eine endgültige Abrechnung nicht möglich war, so dass für den Auftragnehmer die Schwierigkeit auftritt, fälligen Rückzahlungsverpflichtungen nicht rechtzeitig nachkommen zu können. Gleiches gilt, wenn durch das dem Auftraggeber zuzurechnende verzögerliche Verhalten und den damit verbundenen Zeitablauf Abrechnungs- und vor allem **Beweisschwierigkeiten** auftreten.

§ 8 Nr. 4
[Kündigung wegen unzulässiger Wettbewerbsbeschränkung]

Der Auftraggeber kann den Auftrag entziehen, wenn der Auftragnehmer aus Anlass der Vergabe eine Abrede getroffen hatte, die eine unzulässige Wettbewerbsbeschränkung darstellt. Die Kündigung ist innerhalb von 12 Werktagen nach Bekanntwerden des Kündigungsgrundes auszusprechen. Nummer 3 gilt entsprechend.

Inhaltsübersicht

	Rn.
A. Allgemeine Grundlagen	1
B. Voraussetzungen der Kündigung wegen wettbewerbsbeschränkender Abreden	2
I. Wettbewerbsbeschränkende Absprachen vor Vertragsabschluss (§ 8 Nr. 4 S. 1 VOB/B)	2
1. Kündigung statt Nichtigkeit oder Anfechtung	3
2. Wettbewerbsbeschränkende Abrede	4
3. Kündigung auch ohne Schaden des Auftraggebers?	7
4. Entsprechende Anwendung bei Verstößen gegen unlauteren Wettbewerb?	8
II. Kündigungsbefugnis mit Ausschlussfrist	10
C. Kündigungsfolgen	12
I. Entsprechende Anwendung des § 8 Nr. 3 VOB/B	12
II. Schadenspauschalierungs- und Vertragsstrafenklauseln zur Abwehr von Submissionsabsprachen	14

Aufsätze: *Busse* Bauverwaltung 1989, 437; *Hahn* BauR 1989, 284 ff.; *Diehl* BauR 1993, 1 ff.

A. Allgemeine Grundlagen

Eine weitere Möglichkeit zur vorzeitigen Vertragskündigung aus wichtigem Grunde vor Vollendung der Vertragsleistung enthält § 8 Nr. 4 VOB/B. Hat der Auftragnehmer **aus Anlass der Vergabe eine Abrede getroffen, die eine unzulässige Wettbewerbsbeschränkung darstellt, kann der Auftraggeber den Vertrag kündigen.** Die Formulierung der Voraussetzungen für diesen Kündigungsgrund entspricht der Regelung in § 25 Nr. 1 Abs. 1c VOB/A, wonach Angebote von Bietern, die in Bezug auf die Ausschreibung eine Abrede getroffen haben, die eine unzulässige Wettbewerbsbeschränkung darstellt, ausgeschlossen werden. Insoweit kann deshalb auch auf die dortige Kommentierung Bezug genommen werden. Das Erfordernis der Kündigung zeigt, dass zwar die wettbewerbsbeschränkende Abrede als solche, also insbesondere **Preis- und Submissionsabsprachen** gemäß § 134 BGB nichtig sind, dass aber der Bauvertrag wegen einer solchen wettbewerbsbeschränkenden Abrede **nicht gemäß §§ 134, 138 BGB nichtig** ist und wohl auch nicht mehr der Anfechtung gemäß § 123 BGB unterliegt, dieses **Anfechtungsrecht** vielmehr schon wegen der verkürzten Frist zur Kündigung und deren unterschiedlichen Folgen **durch § 8 Nr. 4 VOB/B verdrängt** wird (Beck'scher VOB-Komm./ *Motzke* § 8 Nr. 4 VOB/B Rn. 11, 12). Wegen der Schwere des Vorwurfs und der sich daraus ergebenden Folgen ist eine Kündigung des Bauvertrags nur zulässig, wenn den Auftragnehmer ein **Verschulden** trifft. Dieses ist jedoch in aller Regel gegeben, zumal sich der Auftragnehmer bei Vorliegen der hier maßgebenden objektiven Voraussetzungen **vom Vorwurf des Verschuldens** frei beweisen muss.

B. Voraussetzungen der Kündigung wegen wettbewerbsbeschränkender Abreden

I. Wettbewerbsbeschränkende Absprachen vor Vertragsabschluss (§ 8 Nr. 4 S. 1 VOB/B)

2 Dieses Kündigungsrecht des Auftraggebers weist eine Besonderheit auf, weil es an sich mit der vertraglichen Leistungserfüllung selbst nichts zu tun hat; die hier angesprochene den Kündigungsgrund auslösende Handlung des Auftragnehmers liegt vielmehr **vor Abschluss des Bauvertrags.** Dabei ist mit der Wendung »**aus Anlass der Vergabe**« nicht nur der Zeitpunkt des Vertragsabschlusses (Zuschlags) zu verstehen, sondern **das gesamte Vergabeverfahren,** beginnend mit der Aufforderung zur Abgabe von Angeboten (einschließlich des öffentlichen Teilnahmewettbewerbs bei beschränkter Ausschreibung oder freihändiger Vergabe, vgl. § 3 VOB/A) bis zur Erteilung des Zuschlages (vgl. § 28 VOB/A). Hat der Auftragnehmer in dieser Zeit eine **wettbewerbsbeschränkende Abrede** getroffen, **kann** der **Auftraggeber** ihm den erteilten **Auftrag im Wege der außerordentlichen Kündigung entziehen.** Die Ansicht von Daub/Piel/Soergel/Steffani (Daub/Piel/Soergel/Steffani Teil B § 8 ErlZ 8.58), die Vertragskündigung sei nur so lange zulässig, wie sich diese Abrede noch als eine Wettbewerbsbeschränkung darstelle, findet im Wortlaut der VOB keine Stütze; entscheidend ist allein die einmal während des Vergabeverfahrens getroffene und bis zur Vergabe aufrechterhaltene Absprache (so auch *Nicklisch* in *Nicklisch/Weick* § 8 VOB/B Rn. 52; wegen der unzulässigen Wettbewerbsbeschränkung vgl. § 25 VOB/A Rn. 18 ff. und die dort angeführte Rechtsprechung). Denkbar ist aber auch eine wettbewerbsbeschränkende Abrede (BGH BB 1977, 409, sowie *Busse* Bauverwaltung 1989, 437) schon vor, eventuell schon lange **vor Beginn des Vergabeverfahrens,** z.B. durch eine Absprache dahin gehend, dass einzelne Mitbewerber bei den nächsten drei Ausschreibungen keine oder nur **überhöhte Angebote** abgeben. Auch eine solche Abrede eröffnet richtigerweise dem Auftraggeber das Kündigungsrecht nach § 8 Nr. 4 VOB/B, da die von der VOB/B gewählte Formulierung »aus Anlass der Vergabe« gerade keine zeitlich exakte Begrenzung vorgibt, wie dies durch die Worte »während des Vergabeverfahrens« hätte geschehen können, sondern nur einen kausalen Zusammenhang mit dem konkreten Vergabeverfahren ohne zeitliche Begrenzung herstellen will. Falls man aber dennoch eine Anwendung des § 8 Nr. 4 VOB/B verneinen will, besteht ein Kündigungsrecht des Auftraggebers jedenfalls aus sonstigem wichtigem Grunde.

1. Kündigung statt Nichtigkeit oder Anfechtung

3 Das besondere Kündigungsrecht des Auftraggebers hat seine Berechtigung. Zwar ist eine **Preisabsprache** unter mehreren Unternehmern im Angebotsverfahren nach § 1 GWB unwirksam, falls nicht die Ausnahmen gemäß §§ 2 bis 8, u.a. auch § 20 Abs. 2 GWB, vorliegen. Gleiches gilt nach dem auch für den Bereich von § 8 Nr. 4 VOB/B in Betracht kommenden § 25 Abs. 1 GWB (so auch *Nicklisch/Weick* § 8 VOB/B Rn. 49; vgl. dazu OLG Celle BauR 1985, 598) **schon bei »aufeinander abgestimmtem Verhalten«** der beteiligten Unternehmer und potenziellen Bieter, ohne dass unbedingt der Abschluss eines wirksamen Kartellvertrags Voraussetzung wäre, wie dies häufig bei den sog. »Frühstückskartellen« der Fall ist. Andererseits genügen bloße Verhandlungen mit dem Ziel einer **Submissionsabsprache**, die nicht zu diesem Ziel führen (also weder zu einer Abrede noch zu einem abgestimmten Verhalten), noch nicht, um dem Auftraggeber die Kündigungsbefugnis zu geben (vgl. dazu OLG Frankfurt ZIP 1991, 1171). Dieses ist noch nicht als »Abrede« i.S. der hier erörterten Vertragsregelung anzusehen. Der Verstoß gegen zwingende kartellrechtliche Vorschriften führt grundsätzlich **nicht bereits** nach § 134 oder § 138 BGB zur **Nichtigkeit des Bauvertrages,** den der einzelne an der verbotenen Kartellabsprache beteiligte Auftragnehmer später mit dem Auftraggeber geschlossen hat und in dem z.B. der kartellarisch abgesprochene Preis vereinbart worden ist. Die hier nach der VOB **vereinbarte Kündigungsmöglichkeit** für den Auftraggeber tritt **an die Stelle** der sonst für diese Fälle zugelassenen **Anfechtungsbefugnis** (vgl. dazu OLG Celle NJW 1963, 2126).

2. Wettbewerbsbeschränkende Abrede

Das außerordentliche Kündigungsrecht des Auftraggebers setzt eine Abrede des Auftragnehmers aus **4** Anlass der Vergabe voraus, die eine unzulässige Wettbewerbsbeschränkung darstellt. Damit wird zunächst Bezug genommen auf das GWB und damit auf Verstöße gegen § 1 GWB. Darunter fallen sämtliche sog. **Submissionsabsprachen**, aber gemäß § 25 Abs. 1 GWB auch auf eine Wettbewerbsbeschränkung ausgerichtetes »**aufeinander abgestimmtes Verhalten**« mehrerer Unternehmer als potenzielle Bieter unter Beteiligung des Auftragnehmers, mit dem der Bauvertrag geschlossen worden ist, um dessen Kündigung es geht. Die Kündigung setzt dabei nicht voraus, dass auch eine Strafbarkeit der Absprache oder des abgestimmten Verhaltens gemäß §§ 263, 298 StGB gegeben ist (so zu Recht *Leinemann* Die Vergabe Rn. 753 ff., und *Leinemann/Schirmer* § 8 VOB/B Rn. 104).

Mit derartigen **Submissionsabsprachen** wird von den an der Absprache beteiligten Unternehmen **5** das Ziel verfolgt, einem bestimmten Bieter den Zuschlag oder Auftrag »zuzuspielen«, was z.B. durch die Vereinbarung von **gezielt überhöhten Preisangeboten** durch die an der Absprache beteiligten Mitbieter oder durch Abgabe von auszuschließenden Angeboten erreicht werden kann (vgl. *Leinemann/Schirmer* a.a.O. Rn. 104). Wird eine derartige Abrede noch während des Vergabeverfahrens dem Auftraggeber bekannt, sind die Angebote aller an der Absprache beteiligten Bieter gemäß § 25 Nr. 1 Abs. 1c VOB/A auszuschließen. Dies gilt für alle denkbaren Vergabearten, also sowohl für die öffentliche und beschränkte Ausschreibung, aber auch für die freihändige Vergabe. Wird dem Auftraggeber eine solche Absprache dagegen erst nach Zuschlagserteilung und Vertragsabschluss mit einem an dieser Absprache beteiligten Bieter bekannt, so gewährt ihm § 8 Nr. 4 VOB/B das außerordentliche Kündigungsrecht aus wichtigem Grund; dieses gilt folglich auch unabhängig von der Vergabeart, da die Absprache nur aus Anlass der Vergabe erfolgt sein muss.

Umstritten ist, ob von § 8 Nr. 4 VOB/B auch die Fälle anderen wettbewerbswidrigen Verhaltens er- **6** fasst werden, insbesondere auch Verstöße gegen das UWG, das Gesetz zum Schutz vor unlauterem Wettbewerb. Ob insoweit eine entsprechende Anwendung, z.B. bei **Schmiergeldzahlungen** zur Erlangung des Auftrags, in Betracht kommt (so wohl *Lederer* in *Kapellmann/Messerschmidt* § 8 VOB/B Rn. 100) erscheint zweifelhaft, weil die VOB/B als Allgemeine Geschäftsbedingung und Vertragsordnung einer entsprechenden Anwendung nur schwer zugänglich ist (vgl. dazu aber unten Rn. 8).

3. Kündigung auch ohne Schaden des Auftraggebers?

Es ist für die hier festgelegte Kündigungsbefugnis **nicht Voraussetzung,** dass der Auftraggeber **7** **durch die verbotene Kartellabrede** (in der Praxis regelmäßig **Preisabsprache**) oder die sonstige wettbewerbsbeschränkende Absprache einen **Schaden** erlitten hat, etwa dadurch, dass durch sie der sonst angemessene Vertragspreis erhöht worden ist. Vielmehr genügt die verbotene **Kartellabrede oder das aufeinander abgestimmte Verhalten als solches.** § 8 Nr. 4 VOB/B gilt daher auch, wenn z.B. durch die verbotene Preisabrede aus Konkurrenzgründen ein zu niedriger Vertragspreis zu Stande gekommen ist. Hat der Auftraggeber infolge der verbotenen Preisabrede einen **Schaden erlitten,** kann er gegenüber dem Auftragnehmer **Schadensersatzansprüche** auch aus dem Gesichtspunkt der culpa in contrahendo bzw. jetzt §§ 311 Abs. 2, 241 Abs. 2, 280 ff. BGB n.F., u.U. auch aus unerlaubter Handlung (§ 823 Abs. 2 BGB) sowie nach § 35 Abs. 1 GWB geltend machen (vgl. OLG Celle BauR 19875, 598; vgl. dazu näher *Hahn* BauR 1989, 284, 288 ff.). Auf jeden Fall stehen dem Auftraggeber die Ansprüche entsprechend § 8 Nr. 3 VOB/B zu (zu Schadensersatzansprüchen des Auftraggebers bei Submissionsabsprachen vgl. auch *Schmid* ZIP 1983, 652; dazu kritisch auch *Dreher* FS Traub 1994 S. 63).

4. Entsprechende Anwendung bei Verstößen gegen unlauteren Wettbewerb?

Aus dem Grundgedanken des lauteren Wettbewerbs ist dem Auftraggeber auch dann entsprechend **8** der hier erörterten Regelung die Befugnis zur Vertragskündigung zuzugestehen, wenn **Gründe** auftreten, d.h. **nach Vertragsabschluss bekannt werden,** die dem Auftraggeber außerhalb der verbotenen Preisabsprache **bei der Vergabe das Recht einräumen,** entsprechend § 25 Nr. 1c VOB/A **von** einer weiteren **Angebotswertung Abstand zu nehmen.** Das ist neben anderen vom GWB erfassten Möglichkeiten wettbewerbsbeschränkenden Verhaltens z.B. der Fall bei Zahlung von **Schmiergeldern** (vgl. beim Architektenvertrag BGH BauR 1999, 1047), bei der Behauptung unwahrer geschäftsschädigender Tatsachen über andere Bieter und bei der **Abwerbung von Arbeitskräften** der Mitbieter. Zu diesem Problem findet sich im **Vergabehandbuch** (VHB) in Teil II in den dort vorgesehenen Zusätzlichen Vertragsbedingungen (EVM [L] ZVB) in Ziff. 18.1 für den öffentlichen Auftraggeber ein wahlweise ausübbares Kündigungs- oder Rücktrittsrecht durch folgende Vertragsklausel: »Der Auftraggeber ist berechtigt, den Vertrag zu kündigen oder von ihm zurückzutreten, wenn der Auftragnehmer Personen, die auf Seiten des Auftraggebers mit der Vorbereitung, dem Abschluss oder der Durchführung des Vertrages befasst sind, oder ihnen nahe stehende Personen Vorteile (§§ 331 ff. StGB) anbietet, verspricht oder gewährt. Solchen Handlungen des Auftragnehmers selbst stehen Handlungen von Personen gleich, die auf Seiten des Auftragnehmers mit der Vorbereitung, dem Abschluss oder der Durchführung des Vertrages befasst sind.« Gegen diese Klausel bestehen **keine AGB-rechtlichen Bedenken,** da der Auftraggeber sich zu Recht gegen solche Machenschaften schützen und sein Recht zur Vertragsbeendigung aus wichtigem Grund absichern will, ohne dass darin eine Unangemessenheit zu erkennen ist. Die insoweit nicht klare, wohl ablehnende Ansicht von Daub/Piel/Soergel/Steffani (*Daub/Piel/Soergel/Steffani* Teil B ErlZ 8.50 Fn. 43), hier sei auf das GWB und nicht auf das UWG abgestellt, verkennt, dass gerade mit der Regelung des § 8 Nr. 4 VOB/B dem **Grundgedanken des lauteren Wettbewerbs ganz allgemein Rechnung getragen werden soll,** weshalb auch noch nach Vertragsabschluss diejenigen Verhaltensweisen aufzugreifen sind, die es dem Auftraggeber aus späterer Sicht verwehrt haben, eine ordnungsgemäße, der Sachlage nach angemessene Bauvergabe durchzuführen. Dies lässt sich am besten durch die hier vorgesehene Vertragskündigung erreichen. An einem solchen Verständnis des § 8 Nr. 4 VOB/B sollte gerade auch die Auftragnehmerseite besonderes Interesse haben. Für öffentliche Auftraggeber ist hier das VHB zu § 8 Nr. 3 VOB/B zu beachten, wo unter der Überschrift »Schwere Verfehlungen des Auftragnehmers« vorgesehen ist, dass bei **Verdacht auf Bestechung** und bei falschen Angaben die technische Aufsichtsbehörde in der Mittelinstanz unverzüglich zu unterrichten ist.

9 Die Ansicht von Nicklisch (*Nicklisch/Weick* § 8 VOB/B Rn. 53, *Leinemann/Schirmer* § 8 VOB/B Rn. 107 und Beck'scher VOB-Komm./*Motzke* § 8 Nr. 4 VOB/B Rn. 20) die entsprechende Anwendung von § 8 Nr. 4 VOB/B sei entbehrlich, weil der Auftraggeber in den hier erörterten Fällen das Recht zur Kündigung aus wichtigem Grunde oder aus positiver Vertragsverletzung habe, ist allerdings ernsthaft zu bedenken. Schon grundsätzlich bereitet eine entsprechende Anwendung von VOB/B-Regelungen erhebliche dogmatische Bedenken, da die VOB/B kein Gesetz ist und eine echte Regelungslücke zumindest seit Inkrafttreten des BGB 2002 wohl auch nicht mehr besteht, da § 314 BGB n.F. für **Dauerschuldverhältnisse,** denen der Bauvertrag durchaus nahe steht, für solche Fälle ein Kündigungsrecht aus wichtigem Grund vorsieht, das ebenfalls wie in § 8 Nr. 4 VOB/B zeitlich begrenzt ist, allerdings gemäß § 314 Abs. 3 BGB n.F. auf eine angemessene Frist nach Kenntnis von dem Kündigungsgrund. Damit ist auch das Argument der zeitlichen Begrenzung für eine entsprechende Anwendung des § 8 Nr. 4 VOB/B (so noch bis zur 14. Auflage § 8 VOB/B Rn. 135) entfallen, da sich hier eher eine **entsprechende Anwendung des § 314 Abs. 3 BGB n.F.** anbietet.

II. Kündigungsbefugnis mit Ausschlussfrist

10 Nach § 8 Nr. 4 S. 2 VOB/B ist der Auftraggeber verpflichtet, die **Kündigung innerhalb von 12 Werktagen** (Berechnung der Frist gemäß §§ 186 ff. BGB) nach Bekanntwerden des Kündigungsgrundes auszusprechen, wobei positive Kenntnis vorauszusetzen ist. Es handelt sich nach dem dieser Regelung zu Grunde liegenden Parteiwillen um eine **vertraglich vereinbarte Ausschlussfrist,** deren Überschreitung das **Kündigungsrecht in Wegfall** bringt (*Leinemann/Schirmer* § 8 VOB/B Rn. 109).

Kündigung wegen unzulässiger Wettbewerbsbeschränkung § 8 Nr. 4 VOB/B

Es ist davon auszugehen, dass der Auftraggeber in der Lage ist, sich innerhalb dieser Zeit zu überlegen, ob er unter den ihm bekannt gewordenen Umständen **noch hinreichend Vertrauen** zu diesem Auftragnehmer hat. Andererseits hat auch der Auftragnehmer ein Recht darauf, schnell zu wissen, ob er die übernommene und evtl. sogar begonnene Bauleistung ausführen bzw. fertig stellen kann und muss oder nicht. Ein **Schweigen** des Auftraggebers trotz Kenntnis der einzelnen Umstände muss als **Billigung der Vertragsfortführung** angesehen werden, weshalb das Kündigungsrecht nach Fristablauf entfällt. Diese fristgebundene Kündigungsmöglichkeit hat der Gesetzgeber mit dem Schuldrechtmodernisierungsgesetz bei Dauerschuldverhältnissen in § 314 Abs. 3 BGB n.F. in Gestalt der angemessenen **Frist für alle Kündigungen aus wichtigem Grund** neu eingeführt, woraus sich durchaus ein Leitgedanke des Gesetzes entnehmen lässt, der ganz allgemein auch für Bauverträge herangezogen werden kann, da auch bei Bauverträgen wie bei Dauerschuldverhältnissen ein Schwebezustand, ob eine außerordentliche Kündigung erfolgt oder nicht, über einen längeren Zeitraum kaum hingenommen werden kann.

Sollte der Auftraggeber sich zur Kündigung innerhalb der ihm vertraglich gesetzten Ausschlussfrist entschließen, gelten für eine ordnungsgemäße, insbesondere fristgerechte Kündigung die allgemeinen Vorschriften. Vor allem muss die **Kündigung,** um wirksam zu sein, **schriftlich** erklärt werden, wie sich aus § 8 Nr. 5 VOB/B ergibt. Der **Auftraggeber** hat die **Beweislast** sowohl für die formelle Seite der Kündigung – insbesondere auch die Einhaltung der Frist – als auch für ihre Berechtigung; er muss z.B. das Vorliegen einer wettbewerbsbeschränkenden Preisabrede beweisen. 11

C. Kündigungsfolgen

I. Entsprechende Anwendung des § 8 Nr. 3 VOB/B

Für die Abwicklung des gekündigten Bauvertrags gilt § 8 Nr. 3 VOB/B entsprechend. Das gilt allerdings nur für die Abs. 2 bis 4 (§ 8 Nr. 3 VOB/B), da § 8 Nr. 3 Abs. 1 VOB/B den dortigen Kündigungsgrund als solchen enthält. Insbesondere gilt hier nicht Abs. 1 S. 2, weil eine **Teilkündigung** der zur Zeit der Kündigung noch nicht ausgeführten Leistung bzw. Teilleistung nach dem Sachverhalt, der § 8 Nr. 4 VOB/B zu Grunde liegt, **nicht gerechtfertigt** ist. Dieser Kündigungsgrund ist nämlich ein **absoluter,** der eine nur teilweise Beendigung des Bauvertrags nicht rechtfertigen kann. Die gegenteilige Ansicht von Nicklisch (*Nicklisch/Weick* § 8 VOB/B Rn. 54), der auch eine Teilkündigung zulassen will, übersieht, dass hier in dem maßgebenden S. 1 von Entziehung des – gesamten – Auftrags die Rede ist, daher die Verweisung von § 8 Nr. 4 S. 3 auf § 8 Nr. 3 VOB/B nur eine **Kündigungsfolgenregelung** darstellt, somit eine entsprechende Anwendung des § 8 Nr. 3 Abs. 1 S. 2 VOB/B ausscheidet (wie hier *Heiermann/Riedl/Rusam* § 8 VOB/B Rn. 46; *Oelmeier* in *Kleine-Möller/Merl* § 14 Rn. 133; *Lederer* in *Kapellmann/Messerschmidt* § 8 VOB/B Rn. 103). Soweit § 8 Nr. 4 VOB/B nur von der **Gesamtkündigung** des Vertrags spricht, ist fraglich, ob eine **Teilanfechtung** im Hinblick auf die vereinbarte Vergütung **möglich** ist, womit insoweit den berechtigten Belangen des Auftraggebers Genüge getan wäre, wenn ihm durch überhöhte Preise ein Schaden entstanden ist (so noch 13. Aufl. Rn. 146). Eine solche Teilanfechtung nur der vereinbarten Vergütung ist jedoch zu verneinen, so dass der Auftraggeber, wenn er von seinem Kündigungsrecht keinen Gebrauch macht, einerseits die vereinbarten Preise bezahlen muss, andererseits aber diesem Vergütungsanspruch des Auftragnehmers sogleich einen Schadensersatzanspruch entgegen halten kann, wenn ihm durch die unzulässige **Submissionsabsprache** ein Schaden entstanden ist, z.B. durch überhöhte Preise. Grundlage eines solchen Schadensersatzanspruchs kann neben § 823 Abs. 2 BGB i.V.m. §§ 263, 298 StGB auch § 35 Abs. 1 GWB, aber auch §§ 241, 280 ff. BGB n.F. sein. Sämtliche Schadensersatzansprüche bleiben gemäß § 8 Nr. 3 Abs. 2 VOB/B unberührt (vgl. dazu auch *Hahn* BauR 1989, 284). 12

13 Hahn (BauR 1989, 284) weist an sich zutreffend darauf hin, dass die Anwendung des § 8 Nr. 3 (Abs. 2 bis 4) VOB/B für den hier erörterten Fall problematisch ist. Zu beachten ist aber, dass es vorliegend um die entsprechende, besser wohl sinngemäße Anwendung geht. Soweit es sich dabei um den Ansatz der **durch den Einsatz eines anderen Unternehmers erforderlichen Mehrkosten** handelt, gelten die oben dargelegten Grundsätze. Die an den nachfolgenden Unternehmer zu entrichtenden Preise sind dann nicht mit den Preisen in Vergleich zu setzen, die mit dem gekündigten Auftragnehmer vereinbart waren, sondern mit den im Zeitpunkt der ursprünglichen Auftragsvergabe am Ort der Baustelle maßgebenden angemessenen oder den um den Schadensersatzanspruch reduzierten Preisen, die nach der Generalklausel in § 2 VOB/A i.V.m. den nach § 25 Nr. 3 VOB/A maßgebenden Richtpunkten – i.d.R. durch einen Sachverständigen – zu ermitteln sind, wobei im Streitfall dem Gericht ausreichende Anhaltspunkte für eine **Schätzung nach § 287 ZPO** (vgl. dazu auch BGH BauR 2006, Heft 10) gegeben werden müssen (im Einzelnen dazu zutreffend *Hahn* a.a.O., 290 f.). Besonders problematisch ist die Beantwortung der Frage, wie die **Vergütung für die vom gekündigten Auftragnehmer bis zur Kündigung ausgeführten Leistungen** zu bemessen ist, wofür die VOB/B hier entgegen Hahn (a.a.O.) doch einen anderen Anhaltspunkt liefert, als er sich auch für die anderen Kündigungen des Auftraggebers nach § 8 VOB/B ergibt, nämlich der Regelung in § 8 Nr. 6 VOB/B, wofür normalerweise die vereinbarten Preise gelten (vgl. § 2 Nrn. 1 und 2 VOB/B). Dies kann aber für den hier gegebenen Fall der **Kündigung wegen unzulässiger Preisabsprache** sicherlich nicht richtig sein, da der besonders vertragsuntreue Auftragnehmer sogar noch belohnt würde. Insofern wird man von weiterem Schaden im Rahmen der entsprechenden Anwendung von § 8 Nr. 3 Abs. 2 S. 1 VOB/B sprechen müssen, was Hahn (a.a.O.) übersieht. Hiernach ist zu sagen, dass der Auftraggeber den Vertrag nicht abgeschlossen hätte, wenn er von der unzulässigen Preisabsprache gewusst hätte. Daher kann der Auftragnehmer auch **für die bereits ausgeführten Teile letztlich im Ergebnis nur die angemessene Vergütung** oder aber die vereinbarte Vergütung abzüglich des oben dargestellten Schadensersatzanspruchs fordern, also nach der gleichen Preisermittlung, wie sie für ihn im Rahmen der Feststellung der Mehrkosten für die nicht ausgeführte Leistung anzusetzen ist (siehe oben). Es bedarf also entgegen Hahn (a.a.O. und Beck'scher VOB-Komm./*Motzke* § 8 Nr. 4 VOB/B Rn. 16) nicht der **Heranziehung der Baupreisverordnung** für den Bereich der öffentlichen Aufträge sowie anderer Anspruchsgrundlagen für den Rahmen privater Aufträge, abgesehen davon, dass hier eine unterschiedliche Handhabung nicht gerechtfertigt wäre, wie die einheitliche Verweisung auf § 8 Nr. 3 in § 8 Nr. 4 S. 3 VOB/B zeigt.

II. Schadenspauschalierungs- und Vertragsstrafenklauseln zur Abwehr von Submissionsabsprachen

14 Auftraggeber versuchen häufig, sich gegen **Submissionsabsprachen** durch Klauseln in ihren **Allgemeinen Geschäftsbedingungen** zu schützen, in denen ein bestimmter Prozentsatz der Auftragssumme als **Vertragsstrafe** oder **Schadenspauschale** für den Fall einer festgestellten Submissionsabsprache vom Auftragnehmer zu zahlen ist. So enthält z.B. das **Vergabehandbuch (VHB)** in seinem Teil II unter Ziff. 22 der Zusätzlichen Vertragsbedingungen (EVM [B] ZVB/E) eine solche Klausel folgenden Inhalts: »Wenn der Auftragnehmer aus Anlass der Vergabe nachweislich eine Abrede getroffen hat, die eine unzulässige Wettbewerbsbeschränkung darstellt, hat er 3 v.H. der Auftragssumme an den Auftraggeber zu zahlen, es sei denn, dass ein Schaden in anderer Höhe nachgewiesen wird. Das gilt auch, wenn der Vertrag gekündigt oder bereits erfüllt ist. Sonstige vertragliche oder gesetzliche Ansprüche des Auftraggebers, insbesondere solche aus § 8 Nr. 4 VOB/B, bleiben unberührt.«

15 Derartige Klauseln sind i.d.R. als Vereinbarung eines pauschalierten Schadensersatzanspruchs anzusehen, deren **Inhaltskontrolle** sich nach § 9 AGBG bzw. jetzt § 307 BGB n.F. und § 11 Nr. 5 a) und b) AGBG bzw. jetzt § 309 BGB n.F. beurteilt und dieser Maßstab auch im kaufmännischen Verkehr zu Grunde zu legen ist (Beck'scher VOB-Komm./*Motzke* § 8 Nr. 4 VOB/B Rn. 28; BGH BauR 1996, 384

= ZfBR 1996, 141; BGH NJW 1994, 1060 ff., 1068). Danach muss sich die **Schadenspauschale** an dem nach dem gewöhnlichen Lauf der Dinge zu erwartenden Schaden ausrichten und es darf dem anderen Vertragspartner, also hier dem Auftragnehmer, der Nachweis im Einzelfall nicht abgeschnitten werden, dass ein Schaden überhaupt nicht oder doch wesentlich niedriger als die Pauschale entstanden ist. Dem trägt die im **Vergabehandbuch** vorgesehene Klausel für die ZVB hinreichend Rechnung, da die Pauschale von 3% nach der überzeugenden Rechtsprechung des BGH (BauR 1996, 384 = ZfBR 1996, 141) durchaus angemessen erscheint. **Submissionsabsprachen** und **Preisabsprachen** führen nach den Erfahrungen und Untersuchungen des Bundeskartellamtes zu Preiserhöhungen und damit Mehrerlösen der Bieter in einer Größenordnung von 13% (BGH BauR 1996, 384 = ZfBR 1996, 141) oder jedenfalls 10% (vgl. *Diehl* BauR 1993, 1 ff., und die dort genannten Belege). Dies zeigt, dass für Auftraggeber solche Submissionsabsprachen ein hohes Schadensrisiko bewirken, andererseits aber der **Schadensnachweis** in seiner tatsächlichen Höhe kaum zu führen ist und schon die Aufdeckung einer solchen Submissionsabsprache mit großen Schwierigkeiten verbunden ist. Aus diesen Gründen hat der BGH diese **Schadenspauschalierung in AGB** zutreffend für wirksam erklärt (BGH BauR 1996, 384 f. = ZfBR 1996, 141).

Fraglich bleibt allenfalls der **Vorbehalt des Nachweises eines höheren Schadens** des Auftraggebers, aber auch dieser Vorbehalt mit der Wahlmöglichkeit, die Schadenspauschale geltend zu machen oder aber einen höheren Schaden nachzuweisen, sollte letztlich unbedenklich sein, so dass durch eine solche Klausel eine Bindung des Auftraggebers an die Pauschale als Höchstbetrag nicht eintritt (so *Wolf/Horn/Lindacher* § 11 Nr. 5 AGBG Rn. 34 m.w.N.; BGH NJW 1982, 2316; OLG München NJW 1995, 733 f.; a.A. *Ulmer/Brandner/Hensen* § 11 Nr. 5 AGBG Rn. 24, offengelassen Beck'scher VOB-Komm./*Motzke* § 8 VOB/B Rn. 33). 16

§ 8 Nr. 5
[Schriftform für jede Kündigung]

Die Kündigung ist schriftlich zu erklären.

Inhaltsübersicht
                                                       Rn.

A. Allgemeine Grundlagen 1
B. Arten der Schriftform und Vollmacht 2
C. Folgen der Nichteinhaltung der Schriftform 4
D. Zugang der schriftlichen Kündigung 5

A. Allgemeine Grundlagen

Nach § 8 Nr. 5 VOB/B ist die **Kündigung schriftlich** zu erklären. Diese als besondere, in sich abgeschlossene Regelung (Nr. 5) in § 8 VOB/B hat zur Folge, dass sie für **alle Vertragskündigungen oder Teilkündigungen** gilt, die in § 8 Nr. 1 bis 4 VOB/B aufgeführt sind. Die Anforderungen an die Schriftform ergeben sich aus §§ 126, 127 BGB. Danach bedarf die Kündigungserklärung als Schriftstück der eigenhändigen **Unterschrift des Auftraggebers** oder seines bevollmächtigten Vertreters. 1

B. Arten der Schriftform und Vollmacht

Die Kündigung durch Einhaltung der Schriftform ist **zwingend**, d.h. sie ist **Voraussetzung für die Wirksamkeit und damit auch die rechtlichen Folgen einer Kündigung** (ebenso OLG Celle BauR 2

1973, 49 = MDR 1973, 136; OLG Köln SFH § 8 VOB/B Nr. 4). Auf Grund der großen Bedeutung dieser Kündigung als ganzer oder teilweiser Aufhebung des Bauvertrags für die Zukunft mit allen ihren Folgen muss angenommen werden, dass die Vertragspartner, die die VOB/B und damit § 8 VOB/B zum Vertragsinhalt machen, eine solche Wirkung der Formvorschrift bewusst als vertraglich vereinbart – und zwar uneingeschränkt – wollen. Wird die Schriftform nicht eingehalten, ist daher angesichts dieser klaren vertraglichen Aussage die **Kündigung formnichtig nach § 125 S. 2 BGB** (OLG Hamm BauR 2000, 1067). Die nach § 8 Nr. 5 VOB/B erforderliche Schriftform ist bei einer **Kündigung per Fax** i.S.d. §§ 127, 126 BGB gewahrt, wie sich aus § 127 Abs. 2 BGB ergibt, sofern in Vertragsbedingungen nichts Abweichendes vereinbart worden ist (z.B. Kündigung nur durch Einschreibe-Brief mit Rückschein). Bei dem Fax handelt es sich um eine elektronisch übermittelte Fernkopie des Originals, wobei das Erscheinungsbild der Vorlage einschließlich der Unterschrift originalgetreu wiedergegeben ist; weiter gehend als bei einem nach § 127 S. 2 BGB auch ausreichenden Telegramm wird durch das Fax ein erhöhtes Maß an Zuverlässigkeit gewahrt (zutreffend OLG Düsseldorf NJW 1992, 1050). Eine formlos erklärte Kündigung kann nur dann wirksam sein, wenn die Parteien – was auch noch nach Vertragsabschluss bis zur Kündigungserklärung geschehen kann – **einverständlich** auf die Einhaltung der Schriftform verzichten, was derjenige zu beweisen hat, der sich darauf beruft. Meist wird dies allerdings mit einer formlos gültigen **einverständlichen Vertragsaufhebung** zusammenfallen, so dass dann auf diesem Umweg doch wieder im Ergebnis die Grundsätze des § 8 Nrn. 1 und 3 VOB/B zur Anwendung kommen (vgl. oben § 8 Nr. 3 Rn. 30 sowie OLG Köln BauR 2003, 1578; OLG Düsseldorf BauR 2001, 262).

3 Die vertraglich vereinbarte **Schriftform** der Kündigung ist **grundsätzlich auch einzuhalten,** wenn im Einzelfall ausnahmsweise eine **vorherige Fristsetzung mit Kündigungsandrohung nach § 4 Nr. 7 VOB/B** oder nach **§ 5 Nr. 4 VOB/B entbehrlich** ist (OLG Celle BauR 1973, 49 = MDR 1973, 136). Die vorangehende Fristsetzung mit Kündigungsandrohung bedarf dagegen nicht unbedingt der Schriftform, sollte allerdings schon wegen der Notwendigkeit des späteren Beweises unbedingt eingehalten werden. Zu beachten ist ferner, dass sowohl die **Kündigungsandrohung** als auch die Kündigung selbst nur durch einen **bevollmächtigten Vertreter des Auftraggebers** erfolgen kann, wozu die originäre **Vollmacht** des Architekten/Ingenieurs nicht ausreicht. Auch eine nach Ablauf der mit Kündigungsandrohung erfolgten Fristsetzung erteilte **Genehmigung** der Erklärung eines vollmachtlosen Vertreters ist nach der Rechtsprechung des BGB wirkungslos (BGH BauR 2003, 381).

C. Folgen der Nichteinhaltung der Schriftform

4 Liegt aber eine wegen Nichteinhaltung der Schriftform unwirksame Kündigung vor, so wird doch häufig eine **einverständliche Vertragsaufhebung** anzunehmen sein, wobei diese weder schriftlich noch ausdrücklich erfolgen muss, sondern sich rein faktisch oder konkludent ergeben kann. So kann eine einverständliche Vertragsbeendigung vorliegen, wenn die Vertragspartner den Bauvertrag einvernehmlich für beendet erklären und möglicherweise auch die Folgen dieser Art von Vertragsbeendigung regeln, was dringend zu empfehlen ist, etwa in dem Sinne, dass der Unternehmer die bis zur Vertragsbeendigung erbrachten Bauleistungen bezahlt erhält, beiderseits aber keine weiter gehenden Ansprüche geltend gemacht werden, also der Auftragnehmer auf seinen bei freier Kündigung gemäß § 8 Nr. 1 Abs. 2 VOB/B bestehenden Vergütungsanspruch für die nicht erbrachten Leistungen abzüglich ersparter Aufwendungen verzichtet und der Auftraggeber auf seinen bei Kündigung aus wichtigem Grund bestehenden Mehrkostenerstattungsanspruch gemäß § 8 Nr. 3 Abs. 2 VOB/B ebenfalls verzichtet. Fehlt es an einer solchen Vereinbarung über die **Folgen der einvernehmlichen Vertragsbeendigung,** so wird in Rechtsprechung und Schrifttum letztlich wieder auf die Kündigungsfolgenregelungen in den §§ 8, 9 VOB/B zurückgegriffen, d.h. es muss festgestellt werden, ob die Vertragsbeendigung vom Auftraggeber **grundlos oder aus wichtigem Grunde** herbeigeführt worden ist oder ob sich der Auftragnehmer auf die in § 9 VOB/B aufgeführten Kündigungsgründe berufen kann (vgl. BGH BauR 1999, 1021 = NZBau 2000, 467; BGH BauR 1973, 319; OLG Karlsruhe BauR 1994, 116). Von einer einvernehmlichen Vertragsaufhebung wird man in der Praxis auch dann häufig ausgehen können und letztlich auch müssen, wenn eine Kündigung nicht ausdrücklich bzw. beim VOB-Vertrag nicht schriftlich erfolgt ist oder die Voraussetzungen für eine erklärte Kündigung nicht vorliegen oder auch im Prozess seitens des Auftragnehmers die Kündigungsvoraussetzungen der §§ 8 und 9 VOB/B oder des § 648a BGB nicht bewiesen werden können, die Vertragspartner sich aber übereinstimmend **auf eine Vertragsbeendigung eingestellt** haben, also der Auftragnehmer seine **Arbeiten eingestellt** und die **Baustelle geräumt** und der **Auftraggeber einen Ersatzunternehmer beauftragt** und die Bauleistungen fertig gestellt hat (vgl. OLG Karlsruhe BauR 1994, 116). Die einvernehmliche Vertragsaufhebung ist an keine Form gebunden; sie kann und wird häufig durch schlüssiges Verhalten der Vertragspartner erfolgen, was aber meist zu Beweisschwierigkeiten führt, da derjenige, der daraus Rechte herleiten will, die einverständliche Vertragsbeendigung und ggf. auch die Gründe, die dazu geführt haben, beweisen muss (OLG Celle BauR 1973, 49).

D. Zugang der schriftlichen Kündigung

Eine **schriftliche Kündigung** ist nach § 130 Abs. 1 BGB **zugegangen, sobald sie in verkehrsüblicher Art in die tatsächliche Verfügungsgewalt des Empfängers** oder eines anderen, der ihn in der Empfangnahme von Briefen vertreten konnte, gelangt und ihm dadurch die Möglichkeit der Kenntnisnahme verschafft ist. Eine von einem Bevollmächtigten vorgenommene Kündigung kann zurückgewiesen werden, falls dieser keine **Vollmachtsurkunde** vorlegt. 5

§ 8 Nr. 6
[Abnahme, Aufmaß und Abrechnung nach Kündigung]

Der Auftragnehmer kann Aufmaß und Abnahme der von ihm ausgeführten Leistungen alsbald nach der Kündigung verlangen; er hat unverzüglich eine prüfbare Rechnung über die ausgeführten Leistungen vorzulegen.

Inhaltsübersicht

	Rn.
A. Allgemeine Grundlagen	1
B. Aufmaß und Abnahme (§ 8 Nr. 6 S. 1 VOB/B)	4
I. Aufmaß	8
II. Abnahme	10
III. Alsbaldiges Verlangen von Aufmaß und Abnahme	15
C. Unverzügliche Vorlage prüfbarer Rechnung (§ 8 Nr. 6 S. 2 VOB/B)	17
I. Vorläufiger Charakter der Abrechnung	19
II. Prüfbarkeit der Rechnung	21
III. Frist zur Vorlage der Rechnung	22

Aufsatz: *Knychalla* Abnahme nach Kündigung des Bauvertrages Jahrbuch Baurecht 2007.

A. Allgemeine Grundlagen

§ 8 Nr. 6 VOB/B befasst sich mit der Abrechnung der **Vergütung des gekündigten Auftragnehmers.** Daraus, dass diese Regelung aus § 8 Nr. 3 Abs. 4 in der VOB/B-Fassung 1952 als selbstständige Num- 1 mer in die VOB/B-Fassung 1973 aufgenommen und dort beibehalten worden ist, ergibt sich, dass **sie für alle in § 8 Nr. 1 bis 4 VOB/B genannten Kündigungsfälle gilt,** also nicht nur für diejenigen, die ihre Grundlagen in § 8 Nr. 3 VOB/B haben (ebenso BGH BauR 1988, 82 = SFH § 8 VOB/B Nr. 12; OLG München SFH § 8 VOB/B Nr. 6). Daraus ergibt sich zwangsläufig, dass diese Regelung keinen Vergütungsanspruch des Auftraggebers begründet, sondern diesen voraussetzt, da die Vergütungsfrage in den einzelnen Kündigungsregelungen des § 8 Nr. 1 bis 4 VOB/B jeweils behandelt ist (i.E. so auch BGH BauR 1995, 545 = MDR 1995, 572). In § 8 Nr. 6 VOB/B werden nur die Anforderungen zur Durchsetzung dieses Vergütungsanspruchs geregelt, nämlich **Aufmaß und Abnahme** der ausgeführten Leistungen und die Vorlage einer **prüfbaren Rechnung** (BGH BauR 2003, 689). Daraus folgt der Grundsatz, dass nach Kündigung des Bauvertrags ein **Abrechnungsverhältnis** zwischen den Vertragspartnern entstanden ist, bei dem beide Vertragspartner ihre wechselseitigen Ansprüche prüfbar abrechnen müssen, der Auftragnehmer gemäß § 8 Nr. 1 Abs. 2 und Nr. 6 VOB/B und der Auftraggeber je nach Art der Kündigung nach § 8 Nr. 2 Abs. 2 oder nach § 8 Nr. 3 Abs. 2 und 4 VOB/B.

2 Von der Sache her gilt jedoch eine Ausnahme, wenn der Auftraggeber im Rahmen des § 8 Nr. 3 VOB/B gekündigt und er mit Recht nach Abs. 2 S. 2 wegen der Vertragsuntreue des Auftragnehmers das Interesse an der Fortführung seines Bauvorhabens gänzlich verloren hat (vgl. dazu oben § 8 Nr. 3 Rn. 53 ff.); da der Auftraggeber dann **Schadensersatz wegen Nichterfüllung** des ganzen Vertrags verlangen kann, steht dem **Auftragnehmer keine Vergütung** zu, so dass die in § 8 Nr. 6 VOB/B angeführten Maßnahmen sinnlos wären (ebenso *Nicklisch/Weick* § 8 VOB/B Rn. 59; *Heiermann/Riedl/Rusam* § 8 VOB/B Rn. 48).

3 Nach erfolgter Kündigung kann der Auftragnehmer alsbald **Aufmaß und Abnahme** der von ihm bis zur Kündigung ausgeführten Leistung verlangen (§ 8 Nr. 6 S. 1 VOB/B). Er hat – also ist er insoweit verpflichtet – **unverzüglich** eine **prüfbare Rechnung** über die ausgeführten Leistungen vorzulegen. Dazu hat eine **endgültige Abrechnung** aller bis zur Kündigung von ihm erbrachten Leistungen, ggf. auch der vom Auftraggeber für die Weiterführung der Arbeiten gemäß § 8 Nr. 3 Abs. 3 VOB/B in Anspruch genommenen Geräte, Gerüste, auf der Baustelle vorhandenen anderen Einrichtungen und angelieferte Stoffe und Bauteile (vgl. dazu oben § 8 Nr. 3 Rn. 60–68) nach den vereinbarten oder mangels Vereinbarung nach den üblichen oder angemessenen (vgl § 8 Nr. 3 Abs. 3 VOB/B) Vertragspreisen zu erfolgen; außerdem können vom Auftragnehmer dann **keine Abschlagsforderungen** mehr geltend gemacht werden (vgl. dazu § 16 Nr. 1 VOB/B).

B. Aufmaß und Abnahme (§ 8 Nr. 6 S. 1 VOB/B)

4 Gemäß § 8 Nr. 6 S. 1 VOB/B kann der Auftragnehmer nach erfolgter Kündigung durch den Auftraggeber alsbald Aufmaß und Abnahme der von ihm ausgeführten Leistungen verlangen. Dies sollte der Auftragnehmer auch unbedingt tun und sein **Recht auf Aufmaß und Abnahme** wahrnehmen. Die Kündigung des Bauvertrages beschränkt den Umfang der vom Auftragnehmer geschuldeten Bauleistung auf den bis zur Kündigung erbrachten Teil und damit auch sein **Aufmaß- und Abnahmeverlangen** und seinen Vergütungsanspruch auf diesen Leistungsteil der ursprünglich geschuldeten Leistung (BGH BauR 1993, 469 = ZfBR 1993, 189; BGH BauR 2003, 689 = NZBau 2003, 265, im Anschluss an *Kniffka* ZfBR 1998, 113). Dagegen beendet die Kündigung nicht automatisch das **Erfüllungsstadium** des Bauvertrages, so dass dem Auftraggeber die ihm vor Abnahme zustehenden und entstandenen Erfüllungsansprüche beim VOB-Bauvertrag nach § 4 Nr. 7 VOB/B und beim BGB-Werkvertrag nach §§ 633 ff. BGB hinsichtlich der durch die Kündigung beschränkten Leistung auch nach der Kündigung zustehen (BGH BauR 1987, 689 = ZfBR 1987, 271; *Thode* ZfBR 1999, 116 ff., 122; BGH BauR 2003, 689).

Abnahme, Aufmaß und Abrechnung nach Kündigung § 8 Nr. 6 VOB/B

Das Erfüllungsstadium eines gekündigten Bauvertrages endet deshalb wie bei einem nicht gekündigten Vertrag erst mit der **Abnahme**, so dass die Abnahme im gekündigten Vertrag die gleiche Funktion wie im nicht gekündigten Vertrag hat (BGH BauR 2003, 689). Mit der Abnahme treten dann die Erfüllungswirkungen bezüglich der durch die Kündigung beschränkten vertraglich geschuldeten Werkleistung ein (vgl. *Thode* ZfBR 1999, 116). Die Abnahme der bis zur Kündigung erbrachten Teilleistung hat dann unter anderem zur Folge, dass dem Auftraggeber statt der Ansprüche aus § 4 Nr. 7 VOB/B die umgewandelten **Mängelansprüche** aus § 13 Nr. 5 bis 7 VOB/B zustehen, die dann aber auch – vorbehaltlich der Ausnahmeregelung des § 13 Nr. 7 Abs. 3 VOB/B – gemäß § 13 Nr. 4 VOB/B **verjähren** (BGH BauR 2003, 689), während ohne eine solche Abnahme nach erfolgter Kündigung die Regelverjährung von 30 Jahren (§ 195 BGB a.F.) bzw. von 3 oder 10 Jahren (§ 195 BGB n.F.) zur Anwendung kommt. **5**

Auch die übrigen Abnahmewirkungen treten für den bis zur Kündigung erbrachten Teil der Vertragsleistung ein, also die **Beweislastumkehr für nicht vorbehaltene Mängel** (BGH BauR 1993, 469 = ZfBR 1993, 189), die Möglichkeit der **Ersatzvornahme** zur Mängelbeseitigung gemäß § 13 Nr. 5 Abs. 2 VOB/B, die nach § 4 Nr. 7 S. 3 VOB/B vor der Abnahme grundsätzlich nicht gegeben ist (BGH BauR 1986, 573; 1997, 1027) und der Verlust des **Vertragsstrafenanspruchs** bei unterlassenem **Vorbehalt bei der Abnahme** gemäß § 11 Nr. 4 VOB/B. **6**

Dagegen war die Abnahme des gekündigten Teils der vertraglich geschuldeten Bauleistung nach einhelliger Auffassung in der Literatur und auch nach der Rechtsprechung des BGH (BauR 1987, 95) und der Oberlandesgerichte (zuletzt OLG Hamm BauR 2006, 631) bisher nicht Voraussetzung für die **Fälligkeit** des Vergütungsanspruchs des Auftragnehmers für die erbrachten Leistungen. Dies hatte seinen Grund darin, dass bei freier grundloser Kündigung der Auftragnehmer einen Vergütungsanspruch auch für die nicht erbrachten Leistungen hat und bei Kündigung aus wichtigem Grund ein **Abrechnungsverhältnis** mit beiderseitigen Zahlungsansprüchen besteht. Dagegen ist in § 8 Nr. 6 S. 1 VOB/B neben der Abnahme das erwähnte Verlangen eines **Aufmaßes** meist für die notwendige Erstellung einer prüfbaren Rechnung über die ausgeführten Leistungen gemäß § 8 Nr. 6 S. 2 VOB/B unbedingt erforderlich, da die prüfbare Abrechnung sowohl beim **Einheitspreisvertrag** gemäß § 2 Nr. 2 VOB/B als auch beim gekündigten **Pauschalvertrag** eine genaue **Bautenstandsfeststellung** erfordert, die nach § 14 VOB/B vorzunehmen ist. Dabei sollte unbedingt von beiden Vertragspartnern ein **gemeinsames Aufmaß** gemäß § 14 Nr. 2 VOB/B angestrebt werden. **7**

Nunmehr hat aber der BGH seine bisherige Rechtsprechung zur Entbehrlichkeit der **Abnahme als Fälligkeitsvoraussetzung** *für den Vergütungsanspruch aufgegeben (BGH BauR 2006, 1294) und dazu u.a. ausgeführt: »Gemäß § 641 Abs. 1 BGB ist die Abnahme Fälligkeitsvoraussetzung für den Werklohnanspruch des Unternehmers. Soweit es um die Vergütungsanforderungen aus einem Bauvertrag geht, besteht kein rechtfertigender Grund von dieser Voraussetzung abzugehen, wenn der Unternehmer infolge der Kündigung des Vertrages eine Teilleistung erbracht hat. Die Kündigung, die den Vertrag für die Zukunft beendet, beschränkt den Umfang der vom Unternehmer geschuldeten Werkleistung auf den bis zur Kündigung erbrachten Teil und seinen Vergütungsanspruch ebenfalls auf diesen Teil der ursprünglich geschuldeten Leistung (BGH BauR 1993, 469 und BauR 2003, 689). Der nunmehr im geschuldeten Leistungsumfang reduzierte Bauvertrag richtet sich bezüglich der Fälligkeit der Vergütungsforderungen weiterhin nach den werkvertraglichen Regelungen, wie sie auch für den ursprünglichen Vertragsumfang galten. Es ist kein rechtlich tragfähiger Grund dafür ersichtlich, an die Fälligkeitsvoraussetzungen des für den erbrachten Leistungsteil geschuldeten Vergütungsanspruchs geringere Anforderungen zu stellen, als sie für den Fall des vollständig durchgeführten Vertrages bestehen. Vielmehr würde eine Reduzierung dieser Anforderungen, ein Verzicht auf die Abnahme als Fälligkeitsvoraussetzung, dazu führen, dass der Unternehmer, ohne dass hierfür ein überzeugender Grund zu ersehen ist, selbst in denjenigen Fällen besser gestellt würde, in denen er Anlass zur Kündigung gegeben hat. Diese Gleichstellung der Fälligkeitsvoraussetzungen erfordert allerdings, dass eine Abnahme auch der nur teilweise erbrachten Leistung grundsätzlich möglich ist. Ob dies bei Werkverträgen aller Art generell bejaht werden kann, braucht* hier nicht entschieden zu werden. Denn jedenfalls im Rahmen eines Bauvertrages stehen der Abnahme der bis zur Kündigung erbrachten Leistung keine durchgreifenden Bedenken entgegen, da es in der Regel um hinreichend abgrenzbare Teilleistungen geht, die auch in diesem Stadium der Überprüfung dahin zugänglich sind, ob sie vertragskonform erbracht worden sind. Hiervon geht auch die Regelung in § 8 Nr. 6, Hs. 1 VOB/B aus, wonach der Auftragnehmer Aufmass und Abnahme der von ihm ausgeführten Leistung alsbald nach der Kündigung verlangen kann. Die Abnahme kann auch hier zum Zwecke der Feststellung der Vertragsgemäßheit dieselbe Funktion erfüllen wie beim nicht gekündigten Vertrag (vgl. BGH BauR 2003, 689 a.a.O.; Kniffka ZfBR 1998, 113; Thode ZfBR 1999, 116). Der Senat verkennt nicht, dass sich diese Überprüfung im Einzelfall zuweilen als schwierig herausstellen kann, etwa wenn die Abgrenzung zwischen noch nicht erbrachter oder mangelhaft erbrachter Teilleistung fraglich ist. Derartige Abgrenzungsschwierigkeiten sind dem Werkvertragsrecht aber auch im Übrigen keineswegs fremd und können sachgerecht bewältigt werden. Sie können es nicht rechtfertigen, von einer rechtlich geregelten Fälligkeitsvoraussetzung abzusehen.«

Diese Entscheidung wird in der Praxis zu ganz erheblichen und unerfreulichen Problemen führen, wenn – wie meist – die bis zur Kündigung erbrachte Bauleistung neben der fehlenden Fertigstellung auch **Mängel** aufweist, die häufig erst im späteren Verlauf der Bauausführung beseitigt werden sollten, wozu es aber infolge der Kündigung nicht mehr kommt. Erfolgt die **Kündigung** gar **wegen Mängeln** gemäß §§ 4 Nr. 7 S. 3, 8 Nr. 3 Abs. 1 VOB/B, so ist die Leistung ohnehin **nicht abnahmefähig** i.S.d. § 640 BGB bzw. § 12 Nr. 1–3 VOB/B. Konsequenterweise muss der BGH noch einen weiteren Schritt tun und die **Abnahmefähigkeit** in diesem Fall trotz der Mängel mit entsprechendem Vorbehalt gemäß § 640 Abs. 2 BGB bzw. § 12 Nr. 4 VOB/B bejahen; nur dann kann diese Rechtsprechung akzeptiert werden, da anderenfalls der wegen Mängeln gekündigte Auftragnehmer niemals die Fälligkeit seines Werklohnanspruchs **mangels Abnahme und Wegfall seines Nachbesserungsrechts** erreichen kann. Dies wird zu noch mehr Kündigungen von Bauverträgen, vor allem im Endstadium der Bauausführung führen (so auch *Buscher* BauR 2006, 1297 Anm. zu BGH BauR 2006, 1294; ferner *Knychalla* Jahrbuch Baurecht 2007). Hier bieten sich zwei denkbare Auswege an: Da bei der Abnahme der bis zur Kündigung erbrachten Leistungen die Unvollständigkeit dieser Teilleistungen der Abnahme nicht entgegensteht (BGH BauR 1993, 469, 471; *Leinsemann* § 8 VOB/B Rn. 118; *Knychalla* Jahrbuch Baurecht 2007), können bei der **mängelbedingten Kündigung** gemäß §§ 4 Nr. 7 S. 3, 8 Nr. 3 Abs. 1 VOB/B diese (Kündigungs-)Mängel den Anspruch des Auftragnehmers auf Abnahme nicht ausschließen, zumal in diesen Fällen der Auftragnehmer sonst gerade nicht die Abnahme verlangen kann, also § 8 Nr. 6 VOB/B insoweit keine Anwendung finden könnte. Diese Lösung ist auch konsequent, da bei anderen wichtigen Kündigungsgründen die Unvollständigkeit der Leistung der Abnahme auch nicht entgegensteht. Ein anderer Weg könnte noch über die **stillschweigende** oder **konkludente Abnahme** gefunden werden, die im Unterschied zur fiktiven Abnahme im Rahmen des § 8 Nr. 6 VOB/B überwiegend für anwendbar erklärt wird (*Leinemann* VOB/B § 8 VOB/B Rn. 118). Diese Abnahme durch schlüssiges Verhalten des Auftraggebers kann z.B. in der Fortführung der Arbeiten durch einen Ersatzunternehmer gesehen werden.

I. Aufmaß

8 Ziel des **Aufmaßes** ist es, die bis zur Kündigung vom Auftragnehmer ausgeführten Leistungsteile im Einzelnen festzustellen, um die nach dem Vertrag, insbesondere den Einheitspreisen des Leistungsverzeichnisses beim Einheitspreis- und beim Detail-Pauschalvertrag, geschuldete Vergütung für die bis zur Kündigung erbrachten Leistungen feststellen zu können. Aus dem Wortlaut des § 8 Nr. 6 S. 1 VOB/B (»**kann verlangen**«) ergibt sich, dass hier grundsätzlich ein **gemeinsames Aufmaß** gemeint ist. Kommt der Auftraggeber dem Verlangen des gekündigten Auftragnehmers zur Vornahme des gemeinsamen Aufmaßes nicht nach, muss er ihm jedenfalls das Aufmaß ermöglichen, damit dieser seine in § 8 Nr. 6 S. 2 VOB/B festgelegte Pflicht zur Vorlage einer prüfbaren Rechnung erfüllen kann; andernfalls macht sich der Auftraggeber aus **positiver Vertragsverletzung** bzw. gemäß §§ 241,

280 ff. BGB n.F. schadensersatzpflichtig (vgl. OLG München SFH § 8 VOB/B Nr. 6). Ein solcher Fall kann z.B. vorliegen, wenn der Auftraggeber dem Auftragnehmer mit oder nach der Kündigung auch noch ein **Baustellenverbot** erteilt, so dass der Auftragnehmer das Aufmaß an Ort und Stelle nicht nehmen kann. Trotzdem sollte der Auftragnehmer aber vom Auftraggeber ein **gemeinsames Aufmaß** verlangen und ihn ggf. auch mit dieser seiner Vertragspflicht aus § 8 Nr. 6 S. 1 und § 14 Nr. 2 VOB/B in Verzug setzen, um dadurch jedenfalls eine **Beweislastumkehr** für den Nachweis der bis zur Kündigung erbrachten Leistungen zu erreichen. In diesem Sinne hat der BGH durch Urteil vom 22.5.2003 (BGH BauR 2003, 1207) entschieden, dass der Auftragnehmer jedenfalls dann einen **Anspruch auf ein gemeinsames Aufmaß** hat, wenn er berechtigt ist, die Abnahme zu verlangen. Bleibt dann der Auftraggeber dem **Termin zum gemeinsamen Aufmaß** fern und ist ein neues Aufmaß oder eine Überprüfung des einseitig genommenen Aufmaßes nicht mehr möglich, hat er im Prozess des Auftragnehmers auf Zahlung des Werklohnes vorzutragen und zu beweisen, welche Mengen zutreffend oder dass die vom Auftragnehmer angesetzten Mengen unzutreffend sind (BGH BauR 2003, 1207).

Das **Aufmaß ist nicht nur beim Einheitspreisvertrag, sondern meist auch beim Pauschalvertrag erforderlich**, um den Umfang der bis zur Kündigung erstellten Leistung festzustellen und eine **anteilige Pauschale** berechnen zu können, da eine anteilige Berechnung lediglich nach einem vereinbarten **Zahlungsplan** oder die bloße Vorlage von Rechnungen der Nachunternehmer nicht als ausreichend angesehen wird. Im Allgemeinen ist das auch dann angezeigt, wenn der Pauschalvereinbarung kein in sich aufgeschlüsseltes Leistungsverzeichnis nach § 9 Nr. 6 bis 9 VOB/A zugrunde gelegen hat, um den bis zur Kündigung tatsächlich erbrachten Leistungsteil hinreichend zuverlässig feststellen und dann den entsprechenden Vergütungsanteil ermitteln zu können. Gegebenenfalls müssen hier etwaige Kalkulationsunterlagen des Auftragnehmers als Hilfe herangezogen werden, für deren Richtigkeit der Auftragnehmer aber die Beweislast hat. In besonderen Fällen kommt aber auch eine Schätzung des Gerichtes gemäß § 287 ZPO in Betracht (BGH BauR 2006, Heft 10). Bei **Stundenlohnarbeiten** kommt es auf den Nachweis des bis zur Kündigung angefallenen Aufwands an Lohn und Material entsprechend den getroffenen Vereinbarungen gemäß § 2 Nr. 10 oder den durch § 15 Nr. 1 Abs. 2, Nr. 2 und Nr. 3 VOB/B vorgegebenen Berechnungsgrundlagen an. **9**

II. Abnahme

Zweck der **Abnahme,** die entgegen OLG Düsseldorf (BauR 1978, 404; OLG Schleswig BauR 1989, 730, 724) sowie Kaiser (Mängelhaftungsrecht Rn. 35) von der Zielsetzung her eine solche im Rechtssinne nach § 12 Nr. 1, 2 oder 4 VOB/B ist und nicht etwa nur eine der technischen Abnahme nach § 12 Nr. 2b VOB/B a.F. (durch die VOB/B 2000 ohnehin entfallen) bzw. § 4 Nr. 10 VOB/B n.F. vergleichbare, weil sie sonst ganz den hier verfolgten Zweck verfehlen würde, ist es, die **Billigung der Vertragsmäßigkeit des ausgeführten Leistungsteils zu erhalten** und/oder feststellen zu lassen, welche Leistungsteile mangelhaft und nicht vertragsgerecht sind, damit entsprechende Abzüge von der Vergütung ermittelt oder Nacherfüllungsansprüche zur Mängelbeseitigung geltend gemacht werden können (so auch OLG Düsseldorf BauR 1978, 404), insbesondere aber auch der **Zeitpunkt des Beginns der Verjährungsfrist wegen der sich aus den Mängeln ergebenden Ansprüche** festgelegt werden kann. Vor allem dient diese Abnahme der Feststellung der Ordnungsgemäßheit des erstellten Leistungsteils oder dessen Mangelhaftigkeit im Einzelnen, bevor ein anderer Unternehmer mit der Fortführung der Arbeiten beauftragt wird. **Voraussetzung für diese Abnahme** nach § 8 Nr. 6 S. 1 VOB/B ist aber nicht, dass der vom gekündigten Auftragnehmer **erstellte Leistungsteil für sich gesondert auf vertragsgemäße Ausführung beurteilt werden kann**, oder gar die noch engeren Voraussetzungen der Teilabnahme nach § 12 Nr. 2 VOB/B gegeben sein müssen (so wohl auch BGHZ 80, 252 = BauR 1981, 373 = LM VOB/B Nr. 118 Anm. *Girisch*; differenzierend *Nicklisch/Weick* § 8 VOB/B Rn. 61; wie hier *Vygen* Bauvertragsrecht Rn. 510; *Heiermann/Riedl/Rusam* § 8 VOB/B Rn. 48). Vielmehr beschränkt die Kündigung des Bauvertrages den Umfang der vom Auf- **10** tragnehmer geschuldeten Bauleistung auf den bis zur Kündigung erbrachten Teil. Die Abnahme dieses ausgeführten Teils der geschuldeten Gesamtleistung hat im gekündigten Vertrag die gleiche Funktion wie im nicht gekündigten Bauvertrag; sie dient der Feststellung, ob die auf Grund der Kündigung beschränkte Bauleistung des Auftragnehmers vertragsgemäß erbracht worden ist (BGH BauR 2003, 689; *Thode* ZfBR 1999, 116 ff., 120 bis 123, sowie *Kniffka* ZfBR 1998, 113).

11 Die **Abnahme** gemäß § 8 Nr. 6 S. 1 VOB/B kann grundsätzlich in den verschiedenen Formen des § 12 VOB/B erfolgen. Dabei ist aber zunächst darauf hinzuweisen, dass die Abnahme nicht schon konkludent in der Kündigung selbst oder auch in der Beauftragung der **Ersatzvornahme** durch einen Drittunternehmer gesehen werden kann (BGH BauR 2003, 689 sowie BGH BauR 1993, 469 = ZfBR 1993, 189). Ebenso wenig liegt darin schon eine endgültige Verweigerung der Abnahme (BGH BauR 1974, 412 = NJW 1974, 1707). Die Kündigung des Auftraggebers enthält nicht die Erklärung, dass er die bis zur Kündigung erbrachte Werkleistung als im wesentlichen vertragsgerecht anerkennt, weil die Kündigung häufig auf einer Vertragsverletzung des Auftragnehmers beruht (*Kniffka* ZfBR 1998, 114).

12 Der Anspruch des Auftragnehmers auf Abnahme nach § 8 Nr. 6 VOB/B setzt wie auch sonst voraus, dass die von ihm bis zur Kündigung erbrachte Leistung die Voraussetzung für die **Abnahmepflicht** des Auftraggebers erfüllt, also der Auftraggeber nicht berechtigt ist, die Abnahme dieser Leistung gemäß § 12 Nr. 3 VOB/B wegen wesentlicher Mängel zu verweigern. Liegen aber die Voraussetzungen für eine Abnahmepflicht des Auftraggebers vor, so ist dieser gemäß § 8 Nr. 6 i.V.m. § 12 Nr. 1 VOB/B auf Verlangen verpflichtet, die Abnahme binnen 12 Werktagen zu erklären oder aber eine **förmliche Abnahme** gemäß § 12 Nr. 4 VOB/B zu verlangen.

13 Dagegen scheidet eine **fiktive Abnahme** gemäß § 12 Nr. 5 Abs. 1 und/oder Abs. 2 VOB/B bei einem gekündigten Bauvertrag aus (so schon *Kniffka* ZfBR 1998, 113 ff., 115, und jetzt auch BGH BauR 2003, 689), da § 8 Nr. 6 VOB/B ausdrücklich von einem Abnahmeverlangen spricht, § 12 Nr. 5 VOB/B aber gerade dann eingreifen soll, wenn keine Abnahme verlangt wird. Dagegen kommt aber auch bei einem gekündigten Bauvertrag eine **fiktive Abnahme gemäß § 640 Abs. 1 S. 4 BGB** in der Fassung des am 1.5.2000 in Kraft getretenen Gesetzes zur Beschleunigung fälliger Zahlungen in Betracht, da es danach der Abnahme gleichsteht, wenn der Auftraggeber das Werk nicht **innerhalb einer ihm vom Auftragnehmer gesetzten angemessenen Frist** abnimmt, obwohl er dazu verpflichtet ist. Die Neuregelung gilt auch für VOB-Bauverträge neben den fiktiven Abnahmen des § 12 Nr. 5 VOB/B und kommt hier zur Anwendung, da der Auftraggeber gemäß § 8 Nr. 6 VOB/B zur Abnahme verpflichtet ist, soweit die bis zur Kündigung erbrachte Leistung keine wesentlichen Mängel aufweist. Daraus folgt, dass dem Auftragnehmer bei gekündigten Bauverträgen dringend anzuraten ist, vom Auftraggeber die Abnahme sofort nach erfolgter Kündigung zu verlangen und ihm dazu auch eine angemessene Frist von etwa 12 Werktagen (vgl. § 12 Nr. 1 VOB/B) zu setzen, wodurch dieser in Verzug mit der Abnahme gerät, wenn er nicht die Abnahme zu Recht wegen wesentlicher Mängel verweigert hat.

14 Die **förmliche Abnahme** hat durch den Auftraggeber oder einen von ihm bestellten Vertreter zu erfolgen. Der Auftragnehmer ist von dem Termin zu benachrichtigen, damit er Gelegenheit erhält, an der Abnahme teilzunehmen (§ 12 Nr. 4 VOB/B) und sich zur Sache an Ort und Stelle zu äußern (vgl. dazu § 12 Nr. 4 VOB/B). Zu einer solchen **förmlichen Abnahme** sollte der Auftraggeber aber auch dann verpflichtet sein, wenn die bis zur Kündigung erbrachte Bauleistung zwar – u.U. auch wesentliche – Mängel aufweist und der Auftraggeber gerade wegen dieser Mängel gemäß §§ 4 Nr. 7 S. 3, 8 Nr. 3 Abs. 1 VOB/B gekündigt hat; denn in diesem ist es dem Auftragnehmer verwehrt, die Abnahmereife nachträglich noch durch Nachbesserung zu schaffen, so dass er die Fälligkeit seines Vergütungsanspruchs (vgl. BGH BauR 2006, 1294) nie erreichen und diesen auch nicht einklagen könnte, sondern nur einem Mehrkostenerstattungsanspruch des Auftraggebers gemäß § 8 Nr. 3 Abs. 2 VOB/B im Wege der Verrechnung entgegenhalten könnte (vgl. oben Rn. 7).

III. Alsbaldiges Verlangen von Aufmaß und Abnahme

Das Verlangen nach Aufmaß und Abnahme **kann** der Auftragnehmer stellen. Tut er es, so muss er dies **alsbald** nach dem Wirksamwerden der Kündigung tun. Insofern kann in Anlehnung an § 14 Nr. 3 und § 12 Nr. 1 VOB/B eine Frist von 12 Werktagen – hier ab Zugang der schriftlichen Kündigung – als angemessen, aber nicht zwingend angesehen werden (*Daub/Piel/Soergel/Steffani* Teil B § 8 ErlZ 8.102). Insoweit schafft die VOB/B hier keine **echte Nebenverpflichtung als Nachwirkung** aus dem durch Kündigung beendeten Bauvertrag. Vielmehr enthält § 8 Nr. 6 Halbsatz 1 VOB/B nur einen **Hinweis** an den Auftragnehmer, seine Abnahme- und Aufmaßrechte baldmöglichst geltend zu machen, bevor ihm aus einer **Verzögerung oder Unterlassung Nachteile** entstehen können. Es ist zu bedenken, dass man vom Auftraggeber nicht erwarten kann, mit der Weiterführung der Arbeiten so lange zu warten, bis der Auftragnehmer nach seinem Belieben mit dem Verlangen nach Aufmaß und Abnahme an ihn herantritt. Vielmehr muss ihm, vor allem auch aus dem Gesichtspunkt der Pflicht zur Schadensabwendung oder Schadensverringerung, das Recht zugestanden werden, sobald als möglich den Dritten mit der Weiterführung der Arbeiten zu beauftragen. Erfolgt eine Fortführung der Arbeiten durch den Dritten, ist es häufig schwierig oder meist sogar unmöglich, nachträglich das Aufmaß des schon erstellten Leistungsteils sowie die Abnahme desselben in der nötigen, klar abgrenzbaren Weise vorzunehmen. Ähnliches gilt für den Fall, in dem sich der Auftraggeber entschließt, die Bauleistung nicht mehr weiterzuführen. Deshalb rät die VOB/B dem Auftragnehmer, **alsbald nach der Kündigung** die entsprechenden Handlungen vom Auftraggeber zu verlangen, um hier nicht in unnötige **Beweisschwierigkeiten** zu geraten; denn grundsätzlich obliegt dem Auftragnehmer die **Darlegungs- und Beweislast** für seinen Vergütungsanspruch und die ihm zugrunde liegenden Mengen der einzelnen Positionen des Leistungsverzeichnisses, die das **Aufmaß** gerade feststellen soll, sowie auch für die **Abnahme**, die den Lauf der kürzeren **Gewährleistungsfrist** in Gang setzt (BGH BauR 2003, 689) und die Fälligkeit des Vergütungsanspruchs bewirkt.

15

Überdies ist die Vornahme des Aufmaßes eine Mitvoraussetzung für die Herbeiführung der **Fälligkeit des Vergütungsanspruches** des Auftragnehmers, da er eine **prüfbare Abrechnung** vorzulegen hat, wozu in der Regel, insbesondere beim Einheitspreisvertrag, aber im Falle der Kündigung meist auch beim Pauschalvertrag ein möglichst **gemeinsames Aufmaß** erforderlich ist. Nach der neuen Rechtssprechung des BGH (BauR 2006, 1294) ist aber nun auch die **Abnahme** der bis zur Kündigung erbrachten Bauleistung Fälligkeitsvoraussetzung für die bis zur Kündigung verdiente Vergütung. Da die Abnahme der bis zur Kündigung ausgeführten Leistungen jetzt zwingende Fälligkeitsvoraussetzung für den Vergütungsanspruch des Auftragnehmers nach erfolgter Kündigung ist, muss dem Auftragnehmer dringend angeraten werden, unverzüglich nach Zugang einer Kündigung des Bauvertrages durch den Auftraggeber von diesem das **gemeinsame Aufmaß** und die **Abnahme** zu verlangen und ihn bezüglich dieser seiner Verpflichtungen ggf. auch **in Verzug zu setzen,** da dies einerseits die **Abnahmewirkungen** gemäß § 640 Abs. 1 S. 4 BGB herbeiführen und andererseits eine **Umkehr der Darlegungs- und Beweislast** für die bis zur Kündigung ausgeführten Teilleistungen bewirkt, wenn eine nachträgliche Feststellung der ausgeführten Mengen und Leistungen infolge der Fortführung der Arbeiten durch einen anderen Unternehmer nicht mehr möglich ist (BGH BauR 2003, 1027).

16

C. Unverzügliche Vorlage prüfbarer Rechnung (§ 8 Nr. 6 S. 2 VOB/B)

Nach dem zweiten Halbsatz in § 8 Nr. 6 VOB/B hat der Auftragnehmer **unverzüglich** nach der Kündigung eine **prüfbare Rechnung** vorzulegen, was im Übrigen auch bei **einverständlicher Vertragsaufhebung** gilt (LG Hanau SFH § 14 VOB/B Nr. 4). Diese Regelung folgt dem allgemeingültigen Grundsatz, dass der Auftragnehmer bei jeder vorzeitigen Kündigung des Vertrages – also auch einer solchen aus wichtigem Grunde – **Anspruch auf Vergütung des von ihm bis zur Kündigung ver-**

17

tragsgerecht erbrachten Leistungsteils hat; dabei obliegt dem Auftragnehmer nach allgemeinen Grundsätzen die **Beweislast** dafür, dass die berechnete Teilleistung tatsächlich geleistet und als solche frei von Mängeln ist, soweit keine Abnahme erfolgt ist bzw. die Mängel bei der Abnahme nicht vorbehalten worden sind; den Beweis, dass sie so für den Auftraggeber auch bereits von Wert ist, braucht er nicht zu führen (vgl. dazu BGH BauR 1993, 469 = ZfBR 1993, 189). Allerdings: Solange die Leistung des Auftragnehmers mangelhaft und deswegen für den Auftraggeber nicht brauchbar ist, scheidet ein Vergütungsanspruch des Auftragnehmers auch nach der Kündigung aus (BGH a.a.O.; BGH BauR 1987, 95; OLG Hamm BauR 1995, 398, 399). Jedoch kommt eine Abweisung einer auf den gesamten Werklohn gerichteten Klage nur in Betracht, wenn die bisher vom Auftragnehmer erbrachte Leistung gänzlich unbrauchbar ist und der Auftragnehmer sein Nachbesserungsrecht verloren hat (vgl. BGH BauR 1975, 280; vgl. auch BGH BauR 1987, 95; OLG Hamm BauR 1995, 398 f.). Macht der Auftraggeber gegenüber dem die Vergütung einklagenden Auftragnehmer nur ein **Leistungsverweigerungsrecht** wegen Mängeln geltend, so führt dies nicht zur Abweisung der Klage als derzeit nicht fällig, sondern zur Verurteilung Zug um Zug gegen Mängelbeseitigung (vgl. dazu auch OLG Hamm BauR 1995, 398 f.).

18   Wie sich aus dem zwingend formulierten Wortlaut (»hat«) ergibt, handelt es sich hier um eine unbedingte Verpflichtung des Auftragnehmers, die neben dem Aufmaß als eine **Mitvoraussetzung** für den Eintritt der **Fälligkeit seines Vergütungsanspruchs** anzusehen ist. Das gilt auch für den Pauschalvertrag (so auch OLG Köln SFH § 8 Nr. 3 VOB/B Nr. 4), wobei die in die Rechnung aufzunehmenden tatsächlich erbrachten Leistungen vergütungsmäßig nicht nur zur vertraglichen Gesamtleistung in ein Verhältnis zu setzen sind (vgl. dazu auch OLG München SFH § 8 VOB/B Nr. 6 sowie BauR 1989, 749; ferner OLG Köln SFH § 8 Nr. 3 VOB/B Nr. 4 und insbesondere *Groß* BauR 1992, 36), sondern auch ein anteiliger, dem Pauschalnachlass entsprechender Abschlag zu machen ist (vgl. dazu auch *Brügmann* Der Bauvertrag S. 171 f.; ebenso OLG Köln SFH § 8 Nr. 3 VOB/B Nr. 4). Zweifelhaft und letztlich eher zu verneinen ist dieser Abschlag aber dann, wenn der **Pauschalierungsnachlass** nur gewährt worden ist, weil **Aufmaß und detaillierte Abrechnung** vom Auftragnehmer erspart werden, diese aber nun infolge der Kündigung doch wieder erforderlich werden. Insoweit wird man allerdings differenzieren müssen und bei **freier Kündigung** durch den Auftraggeber den Abschlag verneinen, bei Kündigung aus wichtigem Grund dagegen bejahen müssen. Maßgebend ist bei der Abrechnung eines gekündigten Pauschalvertrages letztlich das Verhältnis des Wertes der tatsächlich bis zur Kündigung erbrachten Teilleistung zur geschuldeten Gesamtleistung und der dafür vereinbarten Pauschale (ähnlich wohl BGH BauR 1995, 691). Insbesondere bei einer Kündigung aus wichtigem Grunde nach § 8 Nr. 2, 3 und 4 VOB/B sind die tatsächlich erbrachten Leistungen abzurechnen, und es sind nicht etwa in einem **Zahlungsplan** enthaltene Vergütungsanteile zu berechnen (BGH BauR 1980, 356 = ZfBR 1980, 139; OLG Hamm BauR 1992, 516; OLG Düsseldorf NJW-RR 1992, 1573). Die gesonderte Vorlage einer prüfbaren Rechnung ist allerdings entbehrlich, wenn sämtliche bis zur Kündigung erbrachten Leistungen in **Teilrechnungen** enthalten sind, die die Anforderungen an die Prüfbarkeit erfüllen, und zwar so, wie sie nach § 16 Nr. 3 Abs. 1 VOB/B zu fordern ist (vgl. OLG Köln NJW-RR 1992, 1375 = ZfBR 1993, 27).

I. Vorläufiger Charakter der Abrechnung

19   Diese Rechnung hat allerdings im Falle einer außerordentlichen Kündigung aus wichtigem Grund gemäß § 8 Nr. 2, 3 oder 4 VOB/B meist nur vorläufigen Charakter, weil sie lediglich die Vergütungsforderung des Auftragnehmers für die bis zur Kündigung ausgeführten Leistungen enthält. Sie ist daher **nur eine Forderungsaufstellung des Auftragnehmers ohne endgültigen, durchsetzbaren Forderungswert.** Vielmehr bedarf es noch der Prüfung und Stellungnahme des Auftraggebers hierzu (so auch BGH BauR 1987, 95), und zwar unter Berücksichtigung **etwaiger Gegenansprüche** des Auftraggebers **im Falle einer Kündigung nach § 8 Nr. 2, 3 oder 4 VOB/B,** wie z.B. nach Nr. 3 Abs. 4, wobei für den Zeitpunkt der Mitteilung des Prüfungsergebnisses bei einer Kündigung nach

Nr. 3 oder Nr. 4 die in Nr. 3 Abs. 4 (vgl. zur Berechnung im Einzelnen eingehend und zutreffend *Groß* BauR 1992, 36, und oben § 8 Nr. 3 VOB/B Rn. 69 ff.) getroffene Regelung maßgebend ist. Danach kommt es dann zu einer Gesamtabrechnung unter Berücksichtigung der beiderseitigen Zahlungsansprüche, ohne dass es dazu der Abnahme der bis zur Kündigung erbrachten Teilleistungen durch den Auftraggeber bedarf (BGH BauR 2005, 1477; BauR 2003, 88). Insoweit ist also die **Fälligkeit** möglicherweise über den nach § 16 Nr. 3 Abs. 1 VOB/B maßgebenden Zeitpunkt **hinausgeschoben.** Zu beachten ist dabei auch, dass § 8 Nr. 3 Abs. 4 VOB/B dem Auftragnehmer einen einklagbaren Anspruch auf Zusendung einer Aufstellung über die infolge einer Kündigung entstandenen **Mehrkosten** und über seine anderen Ansprüche gewährt (BGH BauR 2002, 1253). Damit soll verhindert werden, dass der Auftragnehmer eine hohe Vergütungsklage erhebt, dann aber der Auftraggeber die Aufrechnung mit fast gleich hohen oder höheren **Mehrkostenerstattungsansprüchen** erklärt und der Auftragnehmer mit hohen Kosten belastet wird, die er bei rechtzeitig eingereichter Mehrkostenaufstellung hätte vermeiden können. Deshalb sollte der Auftraggeber die Frist des § 8 Nr. 3 Abs. 4 VOB/B unbedingt einhalten und der Auftragnehmer sollte den Auftraggeber erforderlichenfalls in Verzug setzen, um seine dadurch verursachte Kostenbelastung als **Verzugsschaden** geltend machen zu können.

Auch ein evtl. nach § 17 VOB/B vereinbarter **Sicherheitseinbehalt** wird allerdings mit der vorgenannten Mitteilung des endgültigen Abrechnungsergebnisses durch den Auftraggeber fällig, wenn dem Auftraggeber keine Nachbesserungsansprüche und dem Auftragnehmer kein Nachbesserungsrecht mehr nach der Kündigung zustehen, sondern nur Ansprüche auf Abzug des Nachbesserungsaufwands eines Folgeunternehmers, auf Minderung oder Schadensersatz, weil diese ohne weiteres von der dem Auftragnehmer etwa noch zustehenden Vergütung in Abzug gebracht werden können, es sei denn, im Zeitpunkt der Mitteilung des endgültigen Abrechnungsergebnisses lassen sich derartige Kosten noch nicht feststellen oder der Auftragnehmer hat noch sein Nachbesserungsrecht nicht verloren. Sowohl dann als auch im Fall fortbestehender Mängelbeseitigungsansprüche kann jedoch der Sicherheitseinbehalt für die insoweit maßgebende Verjährungsfrist weiterhin einbehalten werden. Der Sicherheitseinbehalt für den Fall des Fortbestehens von Nachbesserungsansprüchen kann nicht nur dann noch zurückgehalten werden, wenn die Leistung des gekündigten Auftragnehmers im Zeitpunkt der Kündigung im Wesentlichen bereits fertig war (vgl. dazu OLG Düsseldorf BauR 1979, 325), sondern auch sonst bei fortdauernden Mängelbeseitigungsansprüchen gegen den gekündigten Auftragnehmer. **20**

II. Prüfbarkeit der Rechnung

Es genügt nicht, wenn der Auftragnehmer die vorläufige Rechnung nach eigenem Gutdünken aufstellt. Vielmehr sind auch hier die Voraussetzungen der **Prüfbarkeit** nach den allgemeinen Vertragsbedingungen einzuhalten (ebenso BGH BauR 1987, 95 = ZfBR 1987, 38; OLG Frankfurt/Main OLGR 1995, 146). Die vorläufige Rechnung muss daher den **Anforderungen** genügen, die sich aus **§ 14 Nr. 1 VOB/B** ergeben. Legt der Auftragnehmer keine prüfbare Rechnung vor, so kann sein Vergütungsanspruch grundsätzlich nicht fällig werden und seine trotzdem erhobene Klage ist als z.Zt. unbegründet abzuweisen (BGH BauR 1995, 126 und BauR 1999, 635). Maßgebend für die Beurteilung der **Prüfbarkeit** der Rechnung sind dabei die Informations- und Kontrollinteressen des Auftraggebers (BGH BauR 2001, 251). Deshalb greift der Einwand des Auftraggebers mangelnder Prüfbarkeit nicht, wenn sein Architekt die Rechnung geprüft hat (BGH BauR 2002, 468). Der Auftraggeber muss den **Einwand mangelnder Prüfbarkeit** der Rechnung binnen 2 Monaten nach Erhalt der Rechnung erheben, da anderenfalls der nicht prüfbar abgerechnete Vergütungsanspruch des Auftragnehmers fällig wird (BGH BauR 2004, 1937 und BauR 2004, 1443). **21**

III. Frist zur Vorlage der Rechnung

22 Der Auftragnehmer ist verpflichtet, eine **prüfbare Rechnung unverzüglich** (ohne schuldhaftes Zögern) nach erfolgter Kündigung über die ausgeführten Leistungen **vorzulegen**, wobei die Frist allerdings durch Verzögerungen seitens des Auftraggebers bei der Erstellung bzw. Mitwirkung des vom Auftragnehmer geforderten **gemeinsamen Aufmaßes** sich verlängern kann. Die Pflicht zur unverzüglichen Vorlage einer prüfbaren Rechnung ist eine **nachvertragliche Verpflichtung,** bei deren Verletzung dem Auftraggeber **Schadensersatzansprüche** erwachsen können. Diese – vom Auftraggeber im Einzelfall nachzuweisenden – Ansprüche (wie z.B. wegen mangelnder Nachprüfbarkeit der Rechnung infolge zwischenzeitlichen Baufortschritts oder durch besondere Sachverständigenkosten) können dazu führen, dass der Auftragnehmer einen etwa zu Recht bestehenden Vergütungsanspruch teilweise oder gar ganz einbüßt, er u.U. sogar, je nach dem Umfang des auf seine Unterlassung adäquat-kausal zurückzuführenden Schadens, noch draufzahlen muss. Der Auftragnehmer tut also in jedem Fall gut daran, die hier geregelte Verpflichtung ordnungsgemäß, vor allem auch pünktlich, zu erfüllen. Im Übrigen kann der Auftraggeber auch hier nach § 14 Nr. 4 VOB/B vorgehen und die Rechnung ggf. selbst erstellen.

23 Für einen auf etwaiger **Überzahlung durch Abschlagszahlungen** o.Ä. beruhenden vertraglichen Rückzahlungs- oder aber **Bereicherungsanspruch** kommt es für die **Beweislast** darauf an, ob der Vergütungsanspruch als solcher bereits feststeht oder ob er noch zu ermitteln ist. Im ersten Fall trägt der Auftraggeber, im zweiten Fall trägt der Auftragnehmer die Beweislast (OLG Düsseldorf BauR 1977, 64).

§ 8 Nr. 7
[Vertragsstrafe nach erfolgter Kündigung]

Eine wegen Verzugs verwirkte, nach Zeit bemessene Vertragsstrafe kann nur für die Zeit bis zum Tag der Kündigung des Vertrages gefordert werden.

Inhaltsübersicht Rn.

A. Allgemeine Grundlagen	1
B. Einzelheiten der Regelung	2
I. Vorbehalt bei der Abnahme?	2
II. Zeitliche Begrenzung der Vertragsstrafe	5

A. Allgemeine Grundlagen

1 § 8 Nr. 7 VOB/B behandelt die Frage einer von dem gekündigten Auftragnehmer **wegen Verzugs verwirkten Vertragsstrafe.** Diese Bestimmung gilt für **alle** in § 8 VOB/B geregelten **Kündigungsfälle,** des Weiteren auch für Kündigungen wegen schwerer positiver Vertragsverletzung bzw. aus wichtigem Grund durch den Auftraggeber oder auch durch den Auftragnehmer, auch für den von einer Teilkündigung erfassten Vertragsteil. Dasselbe trifft auch auf **einverständliche Vertragsaufhebungen** zu (so auch *Kleine-Möller* BB 1976, 442, 445 f.). Andere in besonderen oder zusätzlichen Vertragsbedingungen vereinbarte Vertragsstrafen, die nicht auf einem Verzug des Auftragnehmers beruhen, werden von § 8 Nr. 7 VOB/B nicht erfasst. Insoweit gelten über § 11 Nr. 1 VOB/B allein die §§ 339 ff. BGB.

B. Einzelheiten der Regelung

I. Vorbehalt bei der Abnahme?

Ein **Vorbehalt** der bereits bei Kündigung verwirkten Vertragsstrafe (§ 11 Nr. 4 VOB/B) ist bei einer Kündigung auf Grundlage des § 8 Nr. 3 VOB/B nur im Fall einer tatsächlich erfolgten Abnahme gemäß § 8 Nr. 6 VOB/B erforderlich (ebenso BGHZ 80, 252 = BGH BauR 1981, 373; vgl. dazu auch BGH BauR 2000, 1758). Andernfalls, also bei fehlender Abnahme, kann die Vertragsstrafe auch so dem Auftragnehmer entgegengesetzt werden, da bei einem vorzeitig gekündigten Vertrag grundsätzlich nicht schon davon ausgegangen werden kann, der Auftraggeber billige die bis zur Kündigung erbrachte Leistung des Auftragnehmers als im Wesentlichen vertragsgerecht. Gleiches gilt entgegen Knacke (*Knacke* Die Vertragsstrafe im Baurecht S. 65 f.) zunächst auch für eine Kündigung nach § 8 Nr. 2 VOB/B. Entscheidend ist hier der Vertrauensverlust wegen Vermögensverfalls des Auftragnehmers, weswegen in diesem Fall ebenso wie bei einer Kündigung nach § 8 Nr. 3 VOB/B grundsätzlich nicht von einer Billigung des vom Auftragnehmer erbrachten Leistungsteils gesprochen werden kann, zumal eine Mängelbeseitigung durch diesen oft genug ausscheidet. Entgegen Knacke (a.a.O.; vgl. dazu auch unten § 11 VOB/B) kann auch bei einer Kündigung nach § 8 Nr. 1 VOB/B nicht davon ausgegangen werden, dass hier ein Vorbehalt bei späterer Inbenutzungnahme der von einem anderen Unternehmer fertig gestellten Leistung nach Maßgabe von § 12 Nr. 5 Abs. 2 VOB/B erforderlich sei, um den **Vertragsstrafenanspruch** aufrechtzuerhalten.

Vielmehr muss es bei dem Grundsatz verbleiben, dass eine **verwirkte Vertragsstrafe** geltend gemacht werden kann, diese Vertragsstrafe gemäß § 11 Nr. 4 VOB/B allerdings nur dann verlangt werden kann, wenn der Auftraggeber diese sich **bei der Abnahme** vorbehalten hat. Ohne Abnahme bedarf es also zur Erhaltung des Vertragsstrafenanspruchs nach Kündigung keines Vorbehalts (BGH BauR 1981, 373 = ZfBR 1981, 180; BGH BauR 2000, 1758; 1997, 640). Da die Abnahme nach Kündigung nur förmlich gemäß § 12 Nr. 4 VOB/B erfolgen kann und fiktive Abnahmen gemäß § 12 Nr. 5 VOB/B ausgeschlossen sind (BGH BauR 2003, 689), wird der Vorbehalt i.d.R. auch erfolgen. Zu beachten ist aber, dass auch eine **fiktive Abnahme** nach § 640 Abs. 1 S. 4 BGB für nach dem 1.5.2000 abgeschlossene Verträge in Betracht kommt (vgl. dazu oben § 8 Nr. 6 Rn. 13, 16) und diese dann doch den Vorbehalt gemäß § 341 Abs. 3 BGB erfordert.

Zunächst werden davon nicht die Fälle erfasst, in denen der Auftraggeber die gekündigte oder teilgekündigte Leistung nicht fertig stellt und sie auch nicht in Benutzung nimmt, sondern stattdessen den Weg des § 8 Nr. 3 Abs. 2 S. 2 VOB/B wählt und auf die weitere Ausführung verzichtet und Schadensersatz wegen Nichterfüllung verlangt, weil die Ausführung aus den Gründen, die zur Entziehung des Auftrags geführt haben, für ihn kein Interesse mehr hat (vgl. dazu oben § 8 Nr. 3 Rn. 53 ff.). Hinzu kommt aber hier, dass mit der Kündigung zwischen den ehemaligen Vertragspartnern ein **Abrechnungsverhältnis** entsteht, in dessen Rahmen der Auftraggeber den Vorbehalt erklären müsste, um nicht treuwidrig (§ 242 BGB) zu handeln. Es liegt also gerade hier am Auftragnehmer, alsbald Klarheit zu bekommen, was er in der Hand hat. Er kann nämlich unverzüglich nach Kündigung die Abnahme gemäß § 8 Nr. 6 VOB/B verlangen, um den Auftraggeber zum dann erforderlichen **Vorbehalt der Vertragsstrafe** zu veranlassen, und dem Auftraggeber eine prüfbare Rechnung (Nr. 6) vorlegen, worauf dann nach Maßgabe von § 16 Nr. 3 Abs. 1 VOB/B nach zwei Monaten die Fälligkeit eintreten würde, daher der Auftraggeber, will er nicht treuwidrig handeln, bis dahin den Vorbehalt erklären müsste (vgl. aber BGH BauR 2000, 1758).

II. Zeitliche Begrenzung der Vertragsstrafe

§ 8 Nr. 7 VOB/B enthält eine Klärung zu Gunsten des Auftragnehmers insofern, als die **wegen Verzuges verwirkte Vertragsstrafe,** wenn sie nach Zeit bemessen ist, **nur für die Zeit bis zum Tage der Vertragskündigung gefordert** werden kann. Handelt es sich nicht um eine einmalige Vertragsstrafe, die mit der Verwirkung in einem festen Betrag sofort fällig wird, sondern um eine Vertragsstrafe, die in einem bestimmten Zeitabschnitt immer wieder neu entsteht (z.B. je Tag 200 € oder 0,2% der Abrechnungssumme je Kalender-, Werk- oder Arbeitstag), würde die Laufzeit der Strafe so lange andauern, bis der Verzug beseitigt oder die vereinbarte **Obergrenze der Vertragsstrafe von maximal 5%** (so jetzt BGH BauR 2003, 870) erreicht ist. Praktisch würde die Vertragsstrafenberechnung also erst mit der Vollendung der ursprünglich vertraglich geschuldeten Leistung durch den mit der Vollendung beauftragten Ersatzunternehmer ihr Ende finden. § 8 Nr. 7 VOB/B hat den Endzeitpunkt der Vertragsstrafe aber auf den Tag **des Wirksamwerdens der Kündigung** vorverlegt.

6 Das entspricht dem Wesen der Vertragsstrafe, die die **Erfüllung einer Verbindlichkeit sichern soll** und infolge ihrer unselbstständigen Natur gegenstandslos wird, wenn die Verbindlichkeit nicht mehr besteht oder später wegfällt. Daraus ist zu folgern, dass nach der Beendigung eines Vertragsverhältnisses nur noch ein **Vertragsstrafenanspruch** wegen **vorher begangener Vertragswidrigkeiten** geltend gemacht werden kann, wohingegen für die Zukunft keine Vertragsstrafe mehr verwirkt werden kann, nachdem der Bauvertrag mit seiner vertragsstrafenbewehrten Hauptleistungsverpflichtung zwischenzeitlich gekündigt worden ist. Dies rechtfertigt sich nicht allein aus dem Wesen der Vertragsstrafe, sondern überdies aus § 339 BGB, wonach eine Geldstrafe, wenn sie für den Fall nicht gehöriger Erfüllung versprochen wird, nur verwirkt ist, wenn der Schuldner mit seiner durch die Vertragsstrafe gesicherten Verpflichtung in **Verzug** kommt. Ein – weiterer – Verzug ist nach der Auflösung des Vertragsverhältnisses durch Kündigung nicht mehr denkbar. Dies gilt sowohl für Vertragsstrafen bei Überschreiten von Einzelfristen oder Zwischenterminen als auch für eine Vertragsstrafe wegen Verzugs mit der Gesamtfertigstellung (so auch *Heiermann/Riedl/Rusam* § 8 VOB/B Rn. 50; a.A. *Daub/Piel/Soergel/Steffani* Teil B § 8 ErlZ 8.111).

7 Aus alledem folgt: Nach erfolgter Kündigung kann der Auftragnehmer nicht mehr in Verzug geraten, so dass § 8 Nr. 7 VOB/B zwingend gemäß seinem Wortlaut eine bei Kündigung **verwirkte Vertragsstrafe** voraussetzt (*Oberhauser* Vertragsstrafe – ihre Durchsetzung und Abwehr 2003, Rn. 204). Befand sich also der Auftragnehmer im Zeitpunkt der Kündigung weder mit einer vertragsstrafenbewehrten **Einzelfrist** noch mit dem Gesamtfertigstellungstermin in Verzug, so kommt eine Vertragsstrafe überhaupt nicht in Betracht, unabhängig davon, ob ein Vorbehalt erfolgt ist. Nur wenn der Auftragnehmer im Zeitpunkt der Kündigung sich mit einer vertragsstrafenbewehrten **Vertragsfrist** schon in Verzug befand, greift die Regelung des § 8 Nr. 7 VOB/B ein und die Höhe der verwirkten Vertragsstrafe berechnet sich nur bis zur Kündigung und diese Vertragsstrafe muss bei der Abnahme vorbehalten werden (*Bschorr/Zanner* Die Vertragsstrafe im Bauwesen S. 104).

§ 9
Kündigung durch den Auftragnehmer

1. Der Auftragnehmer kann den Vertrag kündigen:
   a) wenn der Auftraggeber eine ihm obliegende Handlung unterlässt und dadurch den Auftragnehmer außerstande setzt, die Leistung auszuführen (Annahmeverzug nach §§ 293 ff. BGB),
   b) wenn der Auftraggeber eine fällige Zahlung nicht leistet oder sonst in Schuldnerverzug gerät.
2. **Die Kündigung ist schriftlich zu erklären. Sie ist erst zulässig, wenn der Auftragnehmer dem Auftraggeber ohne Erfolg eine angemessene Frist zur Vertragserfüllung gesetzt und erklärt hat, dass er nach fruchtlosem Ablauf der Frist den Vertrag kündigen werde.**
3. **Die bisherigen Leistungen sind nach den Vertragspreisen abzurechnen. Außerdem hat der Auftragnehmer Anspruch auf angemessene Entschädigung nach § 642 BGB; etwaige weitergehende Ansprüche des Auftragnehmers bleiben unberührt.**

Kündigung durch den Auftragnehmer § 9 VOB/B

Inhaltsübersicht Rn.

A. Allgemeine Grundlagen der Auftragnehmer-Kündigung 1
   I. Rechtslage nach dem BGB a.F. bis 31.12.2001 1
   II. Geänderte Rechtslage durch das BGB 2002? 4
   III. Geänderte Rechtslage durch die VOB/B 2002? 7
B. Grundzüge des § 9 VOB/B 11
C. Allgemeine Geschäftsbedingungen zu § 9 VOB/B 15

Aufsätze: *Schmidt* Die Kündigung des Bauvertrages nach §§ 8, 9 VOB (Teil B) MDR 1968, 801; *Nicklisch* Mitwirkungspflichten des Bestellers beim Werkvertrag, insbesondere beim Bau- und Industrieanlagenvertrag BB 1979, 553; *Leineweber* Die Rechte des Bauunternehmers im Konkurs des Auftraggebers BauR 1980, 510; *Lachmann* Die Rechtsfolgen bei unterlassenen Mitwirkungshandlungen des Werkbestellers BauR 1990, 409; *Hofmann* Mitwirkungspflichten des Auftraggebers bei der Baudurchführung FS von Craushaar 1997 S. 219 ff.; *Vygen* Die Kündigung des Bauvertrages und deren Voraussetzungen Jahrbuch Baurecht 1998 S. 1 ff.; *Boldt* Die Kündigung des Bauvertrages aus wichtigem Grund durch den Auftraggeber nach neuem Recht NZBau 2002, 655 ff.; *Vygen* Kooperationspflichten der Bauvertragspartner FS Kraus 2003 S. 335 ff.

A. Allgemeine Grundlagen der Auftragnehmer-Kündigung

I. Rechtslage nach dem BGB a.F. bis 31.12.2001

Das BGB-Werkvertragsrecht sieht neben der freien Kündigung durch den **Auftraggeber** gemäß § 649 S. 1 BGB keine konkrete Regelung für eine Kündigung aus wichtigem Grund vor, so dass diese von der Rechtsprechung entwickelt werden musste und meist aus dem Grundsatz der positiven Vertragsverletzung hergeleitet werden konnte (vgl. dazu im Einzelnen Vor §§ 8, 9 VOB/B Rn. 5–7). Bei der Kündigung des Bauvertrages durch den **Auftragnehmer** ist zunächst darauf hinzuweisen, dass es für den Auftragnehmer **kein freies Kündigungsrecht** gibt, dies also nur dem Auftraggeber zur Verfügung steht.   1

Beim BGB-Werkvertrag steht dem Unternehmer jedoch ein Kündigungsrecht nach §§ 642, 643 BGB zu, wenn der Besteller seine **Mitwirkungspflichten** verletzt. §§ 642, 643 BGB enthalten dazu folgende Regelung: Ist bei der Herstellung des Werkes eine Handlung des Bestellers erforderlich, so kann der Unternehmer, wenn der Besteller durch das Unterlassen der Handlung in **Verzug der Annahme** kommt, eine angemessene **Entschädigung** verlangen (§ 642 Abs. 1 BGB). Der Unternehmer ist im Falle des § 642 berechtigt, dem Besteller zur Nachholung der Handlung eine angemessene Frist mit der Erklärung zu bestimmen, dass er den Vertrag kündige, wenn die Handlung nicht bis zum Ablauf der Frist erfolgt (§ 643 S. 1 und 2 BGB).   2

Diese Voraussetzungen für eine Kündigung des BGB-Werkvertrages durch den Auftragnehmer sind z.B. erfüllt, wenn der Auftraggeber dem Unternehmer die für die Bauausführung erforderliche Statik nicht zur Verfügung stellt, der Unternehmer ihm daraufhin eine Frist mit der Erklärung setzt, dass der Vertrag bei ergebnislosem Fristablauf gekündigt werde, und die Frist abgelaufen ist, ohne dass die Statik zur Verfügung gestellt worden ist. Dies gilt in gleicher Weise bei Verletzung anderer **Mitwirkungspflichten** des Auftraggebers. Von der danach möglichen Vertragsauflösung nach §§ 642, 643 BGB unberührt bleiben der **Entschädigungsanspruch** des Unternehmers gemäß § 642 Abs. 1 und 2 BGB und auch etwaige Ansprüche aus positiver Vertragsverletzung, die neben der Kündigung Bestand haben (*Locher* Das private Baurecht Rn. 132).   3

II. Geänderte Rechtslage durch das BGB 2002?

4 Zunächst ist festzustellen, dass sich die Regelungen über die Kündigung des Werkvertrages in §§ 642 ff. BGB durch das Schuldrechtsmodernisierungsgesetz nicht geändert haben. Es ist also auch dabei geblieben, dass der Auftraggeber ein freies Kündigungsrecht ohne jeden Grund hat, nicht jedoch der Auftragnehmer, der nur kündigen kann, wenn ein **wichtiger Grund** oder einer der Fälle der §§ 642, 643 BGB vorliegt. § 642 BGB regelt zunächst ausdrücklich nur die folgende Problematik beim Werk- und insbesondere beim Bauvertrag: Ist bei der Herstellung des Werkes eine Handlung des Bestellers erforderlich, so kann der Unternehmer, wenn der Besteller durch das Unterlassen der Handlung in Verzug der Annahme kommt, eine angemessene **Entschädigung** verlangen, deren Höhe sich nach § 642 Abs. 2 BGB richtet (vgl. dazu *Vygen/Schubert/Lang* Bauverzögerung und Leistungsänderung Rn. 313 ff., 321 ff.). Gemäß § 643 BGB ist der Unternehmer im Falle des § 642 BGB darüber hinaus berechtigt, dem Besteller zur Nachholung der Handlung eine angemessene **Frist** mit der Erklärung zu bestimmen, dass er den **Vertrag kündige,** wenn die Handlung nicht bis zum Ablauf der Frist vorgenommen werde. Gemäß S. 2 des § 643 BGB gilt der Vertrag dann als aufgehoben, wenn nicht die Nachholung bis zum Ablauf der Frist erfolgt. Davon werden vor allem die Fälle erfasst, in denen der Auftraggeber die erforderlichen Pläne nicht rechtzeitig zur Verfügung stellt oder aber die **Baufreigabe** wegen fehlender aber notwendiger **Vorunternehmerleistungen** nicht erteilt wird (so jetzt auch BGH BauR 2000, 722 = NZBau 2000, 187 im Gegensatz zur früheren Rechtsprechung des BGH, u.a. BGH BauR 1985, 561) oder sonstige **Mitwirkungspflichten** nicht oder nicht rechtzeitig erfüllt, diese aber zur Herstellung des Bauwerks oder der vom Unternehmer geschuldeten Leistung erforderlich sind.

5 Diese Regelungen haben durch das Schuldrechtsmodernisierungsgesetz im BGB 2002 keine Änderung erfahren. Probleme können sich nur daraus ergeben, dass der Allgemeine Teil des Schuldrechts im BGB 2002 eine wesentliche Erweiterung der Rücktrittsgründe vorsieht. So gewährt § 324 BGB n.F. dem Gläubiger ein **Rücktrittsrecht,** wenn der Schuldner bei einem gegenseitigen Vertrag, also auch dem Werk- und Bauvertrag eine Pflicht nach § 241 Abs. 2 BGB n.F. verletzt. § 241 Abs. 2 BGB n.F. bestimmt dazu, dass das Schuldverhältnis nach seinem Inhalt jeden Teil, also auch den Auftraggeber, zur Rücksicht auf die Rechte, Rechtsgüter und Interessen des anderen Teils verpflichten kann. Darunter lassen sich unschwer auch die oben genannten **Mitwirkungspflichten** subsumieren, zumal die Unterscheidung von **Haupt-** und **Nebenpflichten** damit ihre Bedeutung verloren hat. Trotz dieses neu geschaffenen Rücktrittsrechts gemäß §§ 323, 324 BGB n.F. ist aber davon auszugehen, dass der **Kündigungsregelung** gemäß §§ 642, 643 BGB Vorrang gebührt und das **Rücktrittsrecht** insoweit ausgeschlossen ist (so auch *v. Rintelen* in Kapellmann/Messerschmidt § 9 VOB/B Rn. 5). Dies wird man zusätzlich auch aus § 314 BGB n.F. herleiten können, der bei **Dauerschuldverhältnissen** die **Kündigung aus wichtigem Grund für beide Vertragspartner** vorsieht (vgl. dazu oben Vor §§ 8, 9 VOB/B Rn. 9 ff.). Diese neue Regelung im BGB 2002 lässt sich auf Bauverträge zumindest entsprechend anwenden, so dass es der von der Rechtsprechung entwickelten **Kündigung aus wichtigem Grund** wegen **positiver Vertragsverletzung** nicht mehr bedarf.

6 Gemäß § 314 Abs. 1 S. 2 BGB n.F. liegt ein **wichtiger Grund zur Kündigung** vor, wenn dem kündigenden Teil unter Berücksichtigung aller Umstände des Einzelfalls und unter Abwägung der beiderseitigen Interessen die Fortsetzung des Vertragsverhältnisses bis zur vereinbarten Beendigung nicht zugemutet werden kann. Besteht der wichtige Grund in der Verletzung einer Pflicht aus dem Vertrag, ist die Kündigung gemäß § 314 Abs. 2 BGB n.F. erst nach erfolglosem Ablauf einer zur Abhilfe bestimmten Frist oder nach erfolgloser **Abmahnung** zulässig. Schließlich kann der Berechtigte nur innerhalb einer angemessenen Frist kündigen, nachdem er vom **Kündigungsgrund** Kenntnis erlangt hat. Diese Regelung des Kündigungsrechts lässt sich insgesamt auch auf Bauverträge entsprechend anwenden und erscheint insgesamt sachgerecht (so auch *v. Rintelen* in *Kapellmann/Messerschmidt* § 9 VOB/B Rn. 1). Deshalb wird man auch grundsätzlich das Kündigungsrecht gemäß §§ 642, 643 BGB dahingehend einschränken können, dass die Kündigung nur

III. Geänderte Rechtslage durch die VOB/B 2002?

Da der Gesetzgeber die Regelungen zur Kündigung von Werkverträgen gemäß §§ 649, 642, 643 BGB im Schuldrechtsmodernisierungsgesetz des BGB 2002 nicht geändert hat, sah auch der **Deutsche Vergabe- und Vertragsausschuss** (DVA) bei der **Neufassung der VOB/B 2002,** die am 14.2.2003 in Kraft getreten ist, und auch der Neufassung der VOB/B 2006, die ab Ende 2006 gilt, keine Veranlassung, die Bestimmungen der §§ 8, 9 VOB/B zu ändern (vgl. dazu oben Vor §§ 8, 9 VOB/B Rn. 13 ff.). 7

Dementsprechend heißt es dazu in der **Beschluss-Begründung des DVA** zur Neufassung der VOB/B 2002 ohne Änderung der §§ 8 und 9 VOB/B wörtlich: 8

»Die Regelungen in der VOB/B können auch nach der Gesetzesänderung auf eine Kündigung statt auf einen Rücktritt abstellen. ... Das Regelungsziel, Lösung des Vertrages und Abrechnung der erbrachten Leistungen auf der Basis der Vertragspreise, ist in beiden Systemen identisch (vgl. § 346 Abs. 1 und Abs. 2 S. 2 BGB n.F.). Da auch nach der Gesetzesänderung im Werkvertragsrecht das Kündigungsrecht des Bestellers« – und ebenso das Kündigungsrecht des Unternehmers nach §§ 642, 643 BGB – *»enthalten ist, kann es nicht gegen den* **Leitgedanken des neuen BGB** *verstoßen, wenn die Regelungen der VOB/B auf eine Kündigungssystematik abstellen. ...*

*Die in diesen Vorschriften enthaltene Leistungsablehnungsandrohung (***Kündigungsandrohung***) kann ebenfalls erhalten bleiben (vgl. § 4 Nr. 7 und 8, § 5 Nr. 4 VOB/B). Die Beibehaltung dieser Regelung verstößt nicht gegen die gesetzliche Regelung. Die Regelung der »Leistungsablehnungsandrohung« ist die Umsetzung des im Bauvertragsrecht geltenden Grundsatzes von Treu und Glauen, nach dem vor einer Auftragskündigung eine Nachfrist zur Leistungserbringung mit der Androhung der Auftragsentziehung zu setzen ist. Das Erfordernis einer Kündigungsandrohung ist außerdem Ausdruck des im Bauwerkvertragsrecht zwischen den Parteien bestehenden Kooperationsverhältnisses (vgl. Vygen in Ingenstau/Korbion 14. Aufl. 2001 § 8 VOB/B Rn. 4).«*

Diese Auffassung des DVA lässt sich darüber hinaus noch entscheidend damit rechtfertigen, dass das Schuldrechtsmodernisierungsgesetz mit § 314 BGB n.F. eine besondere Vorschrift für **Dauerschuldverhältnisse** geschaffen hat, für die ausdrücklich das **Kündigungsrecht aus wichtigem Grunde** für beide Vertragspartner geschaffen worden ist. Selbst wenn man Werkverträge nicht generell als Dauerschuldverhältnisse ansehen will oder kann, was der Gestzgeber ausdrücklich offen gelassen hat (vgl. Reg. Begr. zu § 323 Abs. 1 S. 1, abgedruckt bei *Canaris* Schuldrechtsmodernisierung 2002 S. 748 sowie *v. Rintelen* in *Kapellmann/Messerschmidt* § 9 VOB/B Rn. 1), so wird man doch eine entsprechende Anwendung des § 314 BGB n.F. auf Bauverträge bejahen können (vgl. dazu oben Vor §§ 8, 9 VOB/B Rn. 9–17). Unabhängig davon eröffnet aber § 314 BGB n.F. jedenfalls die nahe liegende Möglichkeit, durch **vertragliche Vereinbarungen** diese Regelung für Dauerschuldverhältnisse auf **Bauverträge** zu übertragen, da § 314 BGB n.F. dispositives Recht ist und deshalb ohne weiteres abgeändert oder auch auf vergleichbare Vertragsverhältnisse ausgedehnt werden kann (so insbesondere auch *v. Rintelen* in *Kapellmann/Messerschmidt* § 9 VOB/B Rn. 1 im Anschluss an *Dauner-Lieb/Heidel/Lepa/Ring* § 314 BGB Rn. 4; *Palandt/Heinrichs* § 314 BGB Rn. 5). Diese Voraussetzungen sind bei Bauverträgen erfüllt, da es sich dabei ebenso wie bei den Dauerschuldverhältnissen um **Langzeitverträge** handelt. Demzufolge kann die Geltung des § 314 BGB n.F. ohne weiteres auch in **Allgemeinen Geschäftsbedingungen** von Bauverträgen vereinbart werden und dies auch in abgewandelter Form. Genau dies ist durch Vereinbarung der VOB/B in den § 4 Nr. 7 und Nr. 8, § 5 Nr. 4, § 8 Nr. 3 VOB/B für die Kündigung durch den Auftraggeber aus wichtigem Grunde und in § 9 Nrn. 1 und 2 VOB/B für die Kündigung durch den Auftragnehmer aus wichtigem Grund 9 geschehen, so dass das gesetzliche Rücktrittsrecht durch das **vertraglich vereinbarte Kündigungsrecht** verdrängt wird (*v. Rintelen* in *Kapellmann/Messerschmidt* § 9 VOB/B Rn. 1; *Leinemann* § 9 VOB/B Rn. 3).

10 Damit ist es dann aber auch unbedenklich, wenn die VOB/B bei jeder Kündigung aus wichtigem Grunde zunächst eine »Leistungsablehnungsandrohung« in Gestalt einer **Fristsetzung mit Kündigungsandrohung** oder einer **Abmahnung** voraussetzt (vgl. § 4 Nr. 7 und Nr. 8, § 5 Nr. 4, § 9 Nr. 2 VOB/B), da auch § 314 Abs. 2 BGB festlegt, dass die Kündigung erst nach erfolglosem Ablauf einer zur Abhilfe bestimmten Frist oder nach erfolgloser Abmahnung zulässig ist, wenn der wichtige Grund in der Verletzung einer Pflicht aus dem Vertrag besteht, wie dies in den in der VOB/B geregelten Fällen der Kündigung auch der Fall ist.

B. Grundzüge des § 9 VOB/B

11 Eine detaillierte Regelung der Voraussetzungen und der Folgen einer Kündigung des Bauvertrages durch den Auftragnehmer enthält demgegenüber § 9 VOB/B für den VOB-Bauvertrag. § 9 VOB/B befasst sich mit den Voraussetzungen und Folgen einer vorzeitigen Kündigung des Bauvertrages durch den Auftragnehmer. Nr. 1 nennt im Einzelnen die Kündigungsgründe, die als solche einen wichtigen Grund darstellen. Nr. 2 beschreibt die so genannten formellen Kündigungsvoraussetzungen, wobei unter Beachtung des aus Gründen der Logik zu berücksichtigenden Ablaufes zunächst der S. 2 und dann der S. 1 maßgebend ist. Aus Nr. 3 sind die Folgen einer solchen Kündigung und die Einzelheiten der wirtschaftlichen Abwicklung des gekündigten Vertrages ersichtlich.

12 § 9 VOB/B ist das Gegenstück zu § 8 VOB/B, da hier die Voraussetzungen und Folgen einer **Vertragskündigung des Auftragnehmers** festgelegt sind. Allerdings sind die Kündigungsbefugnisse des Auftragnehmers im Verhältnis zu denjenigen des Auftraggebers eingeschränkt; so hat er kein dem § 8 Nr. 1 VOB/B (§ 649 BGB) vergleichbares freies Kündigungsrecht, sondern nur **außerordentliche Kündigungsmöglichkeiten,** die stets einen wichtigen Grund voraussetzen. Insofern verstößt auch eine Klausel in AGB des Auftragnehmers – insbesondere in Zusätzlichen Vertragsbedingungen –, wonach ihm ein Kündigungs- oder Rücktrittsrecht eingeräumt wird, wenn er von seinem (Baustoff-)Lieferanten nicht oder nicht rechtzeitig beliefert wird, gegen § 10 Nr. 3 AGB-Gesetz (vgl. OLG Stuttgart ZIP 1981, 875) bzw. § 308 Nr. 3 BGB n.F. und ist daher unwirksam. Dies gilt gleichermaßen auch für AGB-Klauseln des Auftragnehmers, mit denen auch dem Auftragnehmer ein freies Kündigungsrecht eingeräumt oder auch das freie Kündigungsrecht des Auftraggebers ausgeschlossen wird.

13 In § 9 VOB/B sind beispielhaft Voraussetzungen für eine Kündigung des Auftragnehmers bei schwerwiegenden Verletzungen von **Mitwirkungspflichten des Auftraggebers** festgelegt.

Nach Nr. 1 gibt es zwei Gruppen eines außerordentlichen Kündigungsrechts. Es muss vorliegen: entweder a) das Unterlassen einer dem Auftraggeber obliegenden Handlung, wodurch der Auftragnehmer außerstande gesetzt wird, die von ihm geschuldete Leistung auszuführen (**Annahme- oder Gläubigerverzug** nach §§ 293 ff. BGB), oder b) das Nichtleisten einer fälligen Zahlung durch den Auftraggeber oder ein sonstiger **Schuldnerverzug** des Auftraggebers (§§ 284 ff. BGB).

14 Daneben kommt für den Auftragnehmer eine Vertragskündigung noch nach **§ 6 Nr. 7 VOB/B** im Falle einer **Unterbrechung der Bauausführung,** die länger als 3 Monate dauert, in Betracht. Hat der Auftragnehmer den Bauvertrag schon wirksam nach § 9 VOB/B gekündigt, so kann eine Kündigung des Auftraggebers nach §§ 8 oder 6 Nr. 7 VOB/B nicht mehr erfolgen, da der Vertrag durch die Kündigung des Auftragnehmers bereits aufgelöst ist (vgl. BGH BauR 1975, 136). Neben der eigentlichen Regelung in § 9 VOB/B ist eine Kündigung durch den Auftragnehmer nur zulässig, wenn zu Lasten des Auftraggebers von einem **schwerwiegenden absoluten Vertrauensverlust** gesprochen werden muss, so dass dem Auftragnehmer nach Treu und Glauben nicht mehr zugemutet werden

kann, am Vertrag festzuhalten, was insbesondere in Betracht kommt, wenn nach den Umständen des Falles der Auftragnehmer in keiner Weise mehr mit der Erfüllung seines Vergütungsanspruches rechnen kann, wie z.B. bei einem Anschlusskonkurs (vgl. dazu OLG München BauR 1988, 605). Unter Umständen kann auch eine Kündigung wegen **Änderung oder Wegfalls der Geschäftsgrundlage** in Betracht kommen (BGH NJW 1969, 233 = MDR 1969, 212). Dies hat im Schuldrechtsmodernisierungsgesetz für Verträge nach dem 1.1.2002 jetzt auch eine gesetzliche Regelung in § 313 BGB n.F. gefunden, die ein solches Kündigungsrecht wegen Änderung der Geschäftsgrundlage ausdrücklich vorsieht. Gleiches gilt für eine **sonstige Kündigung aus wichtigem Grund.** Eine zur Kündigung aus wichtigem Grund berechtigende nachhaltige **Störung des Vertrauensverhältnisses** liegt im Allgemeinen dann vor, wenn der Auftraggeber Arbeitnehmer des Auftragnehmers zur **Schwarzarbeit** bei sich herangezogen hat (OLG Köln BauR 1993, 73; vgl. dazu auch Gesetz zur Änderung des Gesetzes zur Bekämpfung der Schwarzarbeit und anderer Gesetze v. 26.7.1994 BGBl. I S. 1792). Entgegen der Ansicht des OLG Köln hängt dies nicht davon ab, ob die Arbeitnehmer während der regulären Arbeitszeit oder nach Feierabend zur Schwarzarbeit verleitet wurden oder ob diese einen erheblichen Umfang angenommen hatte, weil hier ein schwerwiegender Verstoß – sogar gegen ein gesetzliches Verbot – vorliegt, weshalb hinsichtlich der Zerstörung des Vertrauensverhältnisses auf die vom OLG Köln gemachte Unterscheidung nicht abgestellt werden kann.

C. Allgemeine Geschäftsbedingungen zu § 9 VOB/B

AGB des Auftraggebers, die das hier festgelegte Kündigungsrecht des Auftragnehmers einschränken oder gar ausschließen wollen, sind unwirksam. Das trifft z.B. auf die Klausel zu, der Auftragnehmer könne den Vertrag erst kündigen, wenn sich der Auftraggeber länger als 4 Wochen in Verzug befinde; sei die Zahlungsverpflichtung unstreitig, könne der Auftraggeber statt dessen Sicherheit leisten; eine solche Bestimmung verstößt gegen § 9 AGB-Gesetz, weil sie grundlegende Rechte, die sich aus § 326 BGB ergeben, unzulässig hinausschiebt (OLG München BB 1984, 1386). Auch hat eine Bestimmung in AGB des Auftraggebers, wonach eine Kündigung des Auftragnehmers aus wichtigem Grund lediglich mit einer Frist von 4 Wochen möglich ist, nicht nur zur Folge, dass dann die VOB/B nicht mehr als Ganzes vereinbart ist, sondern sie ist auch nach § 11 Nr. 8a AGB-Gesetz a.F. bzw. § 309 Nr. 8a BGB n.F. unwirksam (BGH BauR 1990, 81 = ZfBR 1990, 18).

15

§ 9 Nr. 1
[Kündigung wegen Gläubiger- oder Schuldnerverzuges des Auftraggebers]

Der Auftragnehmer kann den Vertrag kündigen:
a) wenn der Auftraggeber eine ihm obliegende Handlung unterlässt und dadurch den Auftragnehmer außerstande setzt, die Leistung auszuführen (Annahmeverzug nach §§ 293 ff. BGB),
b) wenn der Auftraggeber eine fällige Zahlung nicht leistet oder sonst in Schuldnerverzug gerät.

Inhaltsübersicht Rn.

A. Allgemeine Grundlagen 1
B. Kündigung wegen unterlassener Mitwirkung des Auftraggebers (§ 9 Nr. 1a VOB/B) 4
   I. Die Mitwirkungspflichten des Auftraggebers im Einzelnen 4
      1. Pflicht zur Bereitstellung des Baugrundstücks 6
      2. Pflicht zur rechtzeitigen Übergabe der Ausführungsunterlagen, Pläne,
         Zeichnungen usw. (§ 3 Nr. 1 VOB/B) 7
      3. Pflicht zum Abstecken der Hauptachsen der baulichen Anlagen (§ 3 Nr. 2 VOB/B) 8
      4. Pflicht zur Zustandsfeststellung (§ 3 Nr. 4 VOB/B) 9

			Rn.
	5.	Pflicht zur Aufrechterhaltung der allgemeinen Ordnung auf der Baustelle (§ 4 Nr. 1 S. 1 VOB/B)	10
	6.	Zusammenwirken der verschiedenen Unternehmer (Koordinierungspflicht) (§ 4 Nr. 1 VOB/B)	12
	7.	Pflicht zur Herbeiführung der erforderlichen öffentlich-rechtlichen Genehmigungen und Erlaubnisse (§ 4 Nr. 1 Abs. 1 S. 2 VOB/B)	13
	8.	Pflicht zur unentgeltlichen Überlassung von Lager- und Arbeitsplätzen und Anschlüssen (§ 4 Nr. 4 VOB/B)	14
	9.	Notwendige Anordnungen als Mitwirkungspflicht	15
	10.	Auskunfts- und Abrufpflicht	17
	11.	Weitere Mitwirkungspflichten aus der VOB/B und VOB/C	19
	12.	Besonders vereinbarte Mitwirkungspflichten	22
II.	Rechtliche Einordnung der Mitwirkungspflichten		23
III.	Kündigungsrecht aus anderen wichtigen Gründen		25
IV.	Kausalität zwischen Unterlassen der Mitwirkung und Verhinderung der Leistungserbringung		28
V.	Annahme- oder Gläubigerverzug des Auftraggebers		31
C. Kündigung wegen Schuldnerverzuges des Auftraggebers (§ 9 Nr. 1b)			37
I.	Allgemeine Grundlagen		37
II.	Zahlungsverzug des Auftraggebers		40
	1.	Zahlungen	40
	2.	Fälligkeit der Zahlung	44
	3.	Verzug des Auftraggebers mit Zahlungen	47
		a) Mahnung	48
		b) Verschulden	51
III.	Sonstiger Schuldnerverzug des Auftraggebers		52
IV.	Kündigung des Auftragnehmers nach § 648a BGB		54
V.	Sonstige Rechte des Auftragnehmers		55

A. Allgemeine Grundlagen

1 § 9 Nr. 1a und 1b regeln die materiell-rechtlichen Voraussetzungen der Kündigung durch den Auftragnehmer. Dabei wird zunächst unter a) dem Auftragnehmer ein Kündigungsrecht dann zugebilligt, wenn der Auftraggeber eine ihm obliegende Handlung unterlässt und dadurch den Auftragnehmer außerstande setzt, die Leistung auszuführen (Annahmeverzug nach §§ 293 ff. BGB).

2 Diese Kündigungsbefugnis des Auftragnehmers wegen **Annahme- oder Gläubigerverzuges** oder wegen **Verletzung von Mitwirkungspflichten** ist an mehrere tatsächliche und rechtliche Voraussetzungen geknüpft. Der Auftraggeber muss zunächst einmal überhaupt eine **Mitwirkungspflicht** bei der Leistungserbringung des Auftragnehmers haben, und er muss die zur Erfüllung dieser Pflicht erforderliche Handlung unterlassen haben. Außerdem muss der Auftragnehmer **durch** diese Unterlassung außerstande gesetzt worden sein, die Leistung, die von der Mitwirkung des Auftraggebers abhängig ist, auszuführen. Damit schränkt die VOB/B die Kündigungsbefugnis des Auftragnehmers gegenüber der gesetzlichen Regelung der §§ 642, 643 BGB ein, die nur das **Ausbleiben einer erforderlichen Mitwirkungshandlung** verlangt, wobei aus der Erforderlichkeit der **Mitwirkungshandlung** durchaus auch eine restriktivere Auslegung der Kündigungsbefugnis im Sinne der sachgerechteren VOB/B-Regelung hergeleitet werden kann (vgl. dazu insbesondere auch *Staudinger/Peters* § 643 BGB Rn. 7; *Soergel/Siebert/Teichmann* § 643 BGB Rn. 3; RGRK-BGB/*Glanzmann* § 643 Rn. 6 und *v. Rintelen* in *Kapellmann/Messerschmidt* § 9 VOB/B Rn. 6).

Daneben regelt § 9 Nr. 1 unter b) aber auch eine Kündigungsbefugnis für den Auftragnehmer, wenn 3
der Auftraggeber eine fällige **Zahlung nicht leistet** oder sonst in **Schuldnerverzug** gerät. Dieses
Kündigungsrecht ist im BGB so nicht vorgesehen, was damit zusammen hängt, dass das BGB ursprünglich bis zum Inkrafttreten des Gesetzes zur Beschleunigung fälliger Zahlungen am 1. Mai
2000 keinen Anspruch des Auftragnehmers auf **Abschlagszahlungen** kannte. Nachdem ein solcher
Anspruch nun grundsätzlich durch § 632a BGB geschaffen worden ist, wenn auch unter nahezu unerfüllbaren Voraussetzungen, wird man dem Unternehmer bei Verzug mit fälligen Abschlagszahlungen auch ein solches **Kündigungsrecht** zubilligen müssen, wobei dieses aus einer entsprechenden
Anwendung des § 314 BGB n.F. hergeleitet werden kann, oder aber ein **Rücktrittsrecht** gemäß
§§ 323, 324 BGB n.F.

B. Kündigung wegen unterlassener Mitwirkung des Auftraggebers (§ 9 Nr. 1a VOB/B)

I. Die Mitwirkungspflichten des Auftraggebers im Einzelnen

Der Grundgedanke einer **Mitwirkungspflicht** des Auftraggebers stammt aus dem allgemeinen 4
Werkvertragsrecht, **§ 642 BGB**. Im Unterschied zum Kaufrecht ist der Unternehmer beim Werkvertrag häufig auf eine rechtzeitige Mitwirkung angewiesen, um seine vertraglich geschuldeten Leistungen überhaupt erbringen zu können. So kann der Schneider den geschuldeten Maßanzug nur herstellen, wenn der Auftraggeber den Stoff aussucht und zur Anprobe erscheint und bereit ist. Beim
Bauvertrag kann der Unternehmer das Bauwerk nur erstellen, wenn der Auftraggeber ihm mangelfreie Pläne rechtzeitig zur Verfügung stellt oder die vom Auftragnehmer vertragsgemäß erstellten
Pläne frei gibt, also genehmigt. Er kann seine Bauleistung auch nur dann fristgerecht erbringen,
wenn der Auftraggeber die notwendigen Vorleistungen rechtzeitig erbringt, also neben der von
ihm oder in seinem Auftrag von seinem Architekten geschuldeten Planung auch die Vorleistungen
anderer Unternehmer, auf denen der Nachfolgeunternehmen aufbauen soll und muss (z.B. die bauseits vom Auftraggeber zu stellenden Gerüste für die Dachdeckerarbeiten oder den Estrich, um darauf Parkett verlegen zu können).

Ebenso wie in § 642 BGB wird in § 9 Nr. 1a VOB/B im Einzelnen nicht bestimmt, **was** als **Mitwir-** 5
kungspflicht des Auftraggebers **anzusehen** ist. Es ist nur ganz allgemein von den Pflichten des Auftraggebers zur Mitwirkung (»obliegende Handlung«) die Rede, ohne deren vorherige oder gleichzeitige Erledigung die Erfüllung der Leistungspflicht des Auftragnehmers entweder nicht möglich oder
jedenfalls wesentlich und unzumutbar erschwert ist. Um die Mitwirkungspflichten im Einzelnen zu
ermitteln, muss daher auf den übrigen Inhalt des Vertrages selbst, daneben aber auch auf die sonstigen Allgemeinen Vertragsbedingungen der VOB/B sowie auf die DIN-Normen, zurückgegriffen
werden, die vor allem in den §§ 3 und 4 VOB/B angesprochen werden (vgl. dazu oben §§ 3 und
4 VOB/B sowie dazu auch *Vygen* Bauvertragsrecht Rn. 350 ff. und *Hofmann* FS von Craushaar
1997 S. 219 ff. sowie Beck'scher VOB-Komm./*Motzke* § 9 VOB/B Rn. 15 ff.).

1. Pflicht zur Bereitstellung des Baugrundstücks

Diese grundlegende Verpflichtung des Auftraggebers umfasst die **Bereitstellung des baureifen** 6
Grundstücks, also u.U. auch den vorherigen Abbruch des Altgebäudes oder die Ausschachtung
der Baugrube oder die Fertigstellung der Gründungsarbeiten oder der Fundamente oder des Kellers
für ein Fertighaus oder des abgebundenen Estrichs für die Parkettverlegung, wenn diese notwendigen **Vorleistungen** nicht zum Leistungsumfang der vom Auftragnehmer vertraglich geschuldeten
Bauleistungen gehören. Damit werden von dieser **Mitwirkungspflicht** des Auftraggebers alle **Leis-**
tungen von Vorunternehmern erfasst, deren **vorherige Fertigstellung notwendige Voraussetzung**
für den Baubeginn des Nachfolgeunternehmers ist (vgl. dazu im Einzelnen *Vygen* BauR 1989,
387 ff. und *Vygen/Schubert/Lang* a.a.O. Rn. 129 ff. und 202 ff.; so jetzt unter Abänderung der lang-

jährigen abweichenden Rechtsprechung, u.a. BGH BauR 1985, 561, BGH BauR 2000, 722). Dazu gehört z.B. bei vom Auftragnehmer geschuldeten Dachsanierungsarbeiten, bei denen vertraglich die **bauseitige Gestellung des Gerüstes** vorgesehen war, auch die rechtzeitige und mangelfreie Aufstellung und Unterhaltung des Gerüstes ggf. durch einen anderen vom Auftraggeber zu beauftragenden Unternehmer (a.A. OLG Rostock BauR 1999, 402 mit zu Recht ablehnender Anmerkung von *Leinemann* IBR 1999, 253). Dabei handelt es sich nicht nur um eine bloße Mitwirkungspflicht, deren Verletzung den Annahmeverzug begründet, sondern nach richtiger Ansicht um eine echte und für die Vertragsdurchführung **grundlegende Vertragspflicht**, deren Verletzung auch den Schadensersatzanspruch aus § 6 Nr. 6 VOB/B auslösen kann, da sich der Auftraggeber zu ihrer Erfüllung des Vorunternehmers als seines Erfüllungsgehilfen gemäß § 278 BGB bedient (so insbesondere *Kapellmann/Langen* Rn. 115 und ausführlich *Vygen/Schubert/Lang* a.a.O. Rn. 129 ff. und 202 ff.; a.A. aber nach wie vor BGH BauR 2000, 722 und BauR 1985, 561).

2. Pflicht zur rechtzeitigen Übergabe der Ausführungsunterlagen, Pläne, Zeichnungen usw. (§ 3 Nr. 1 VOB/B)

7 Der Auftraggeber muss dem Auftragnehmer brauchbare und zuverlässige **Pläne** rechtzeitig zur Verfügung stellen und die Entscheidungen treffen, die für die reibungslose Ausführung des Bauvorhabens unentbehrlich sind (BGH BauR 1972, 112). Die **Ausführungsunterlagen** sind unentgeltlich zu überlassen; zu ihnen gehören alle Schriftstücke, Zeichnungen, Berechnungen, Anleitungen, evtl. auch Gutachten, Proben und Modelle. Von häufig entscheidender Bedeutung ist dabei auch die Regelung, dass die Unterlagen **rechtzeitig** vom Auftraggeber zur Verfügung gestellt werden müssen, da sich andernfalls Verzögerungen bei der Bauausführung und dadurch bedingte Mehrkosten des Unternehmers ergeben können, deren Erstattung der Unternehmer im Wege des Schadensersatzes u.U. gemäß § 6 Nr. 6 VOB/B oder jedenfalls als **Entschädigung** gemäß § 642 BGB (so jetzt auch BGH BauR 2000, 722 = NZBau 2000, 187) verlangen kann (vgl. dazu *Vygen/Schubert/Lang* a.a.O. Rn. 142 ff., *Vygen* BauR 1983, 210 ff. und 414 ff.; sowie vor allem *Kapellmann/Schiffers* Bd. 1 Rn. 1498 ff.). Deshalb sollten schon im Bauvertrag oder jedenfalls im **Bauzeitenplan** auch sog. **Planliefertermine** mit entsprechender Vorlaufzeit von branchenüblichen 2–3 Wochen vereinbart werden (vgl. auch *Vygen/Schubert/Lang* a.a.O. Rn. 130 ff., 295, 406 sowie auch § 11 Nr. 3 VOB/A). Bei der Erfüllung dieser seiner **Mitwirkungspflicht** bedient sich der Auftraggeber in der Regel eines Architekten oder Ingenieurs, die insoweit **Erfüllungsgehilfen des Auftraggebers** sind, so dass er für deren Fehler einzustehen hat (§ 278 BGB).

3. Pflicht zum Abstecken der Hauptachsen der baulichen Anlagen (§ 3 Nr. 2 VOB/B)

8 Diese Mitwirkungspflicht des Auftraggebers umfasst auch das Abstecken der Grenzen des Geländes, das dem Auftraggeber zur Verfügung gestellt wird. Ein Unterlassen dieser Verpflichtung oder ihre fehlerhafte Erfüllung kann zu Fehlleistungen des Unternehmers, z.B. zu einem Überbau auf das Nachbargrundstück oder zu einer falschen Anordnung des Bauwerks auf dem Grundstück des Auftraggebers und demzufolge zur Nichteinhaltung von notwendigen Abstandsflächen und deshalb zu erheblichen Schäden führen, für die dann der Auftraggeber im Rahmen seines Vertragsverhältnisses zum Auftragnehmer, allerdings mit Regressmöglichkeit bei dem Vermesser, allein oder zumindest überwiegend die Verantwortung zu tragen hat (vgl. dazu: BGH BauR 1986, 203 = ZfBR 1986, 70). Diese **Mitwirkungspflicht** umfasst schließlich auch die Schaffung der notwendigen **Höhenfestpunkte** in unmittelbarer Nähe der baulichen Anlage, die für den Anschluss an die Hauptkanalisation und für die Verhinderung einer Grundwassergefährdung, aber auch für den Anschluss an die öffentlichen Straßen von entscheidender Bedeutung sind. Bei der Erfüllung dieser Mitwirkungspflichten, die letztlich in den Bereich der Planung fallen, bedient sich der Auftraggeber in der Regel des Architekten und meist auch eines Vermessungsingenieurs, für deren Fehler aber wiederum der

4. Pflicht zur Zustandsfeststellung (§ 3 Nr. 4 VOB/B)

Vor Beginn der Bauausführung ist, soweit notwendig, der Zustand der Straßen und der Geländeoberfläche, der Vorfluter und Vorflutleitungen, ferner der **baulichen Anlagen im Baubereich** in einer Niederschrift festzuhalten, die vom Auftragnehmer und Auftraggeber anzuerkennen ist. Auch die Verletzung dieser **Mitwirkungs-** und **Kooperationspflicht** durch den Auftraggeber kann zum **Annahmeverzug** führen.

5. Pflicht zur Aufrechterhaltung der allgemeinen Ordnung auf der Baustelle (§ 4 Nr. 1 S. 1 VOB/B)

Gemäß § 4 Nr. 1 VOB/B hat der Auftraggeber für die Aufrechterhaltung der allgemeinen Ordnung auf der Baustelle zu sorgen und das **Zusammenwirken der verschiedenen Unternehmer** zu regeln. Diese Aufgabenverteilung hat drei unterschiedliche Zielsetzungen, nämlich zum einen das eigene Interesse des Auftraggebers, für Ordnung auf seinem Grundstück zu sorgen, zum anderen seine **Mitwirkungspflicht** gegenüber den Auftragnehmern zu erfüllen und schließlich auch, seine nach allgemeinen gesetzlichen Bestimmungen bestehende Verpflichtung zur Schadensabwendung gegenüber Dritten wahrzunehmen, also z.B. seine **Verkehrssicherungspflicht** zu erfüllen. Da sich die Bauausführung seitens des Unternehmers auf einem Grundstück vollzieht, über das der Auftragnehmer in der Regel keine Verfügungsgewalt hat, war es naheliegend, diese Aufgabe der **Aufrechterhaltung der allgemeinen Ordnung** auf der Baustelle dem Auftraggeber zuzuweisen. Häufig muss sich sogar die Ausführung der Bauleistung dem fortlaufenden Betrieb des Auftraggebers auf dem Grundstück unterordnen, wenn z.B. Gleis- oder Straßenbauarbeiten bei aufrecht zu erhaltendem Bahn- oder Straßenverkehr oder Umbauarbeiten bei Aufrechterhaltung des Gewerbebetriebs des Auftraggebers auszuführen sind. In diesen Fällen enthält der Vertrag häufig auch umfangreiche Regelungen über die Abgrenzung der dann meist beiderseitigen Pflichten zur **Aufrechterhaltung der allgemeinen Ordnung** auf der Baustelle (*Steffani* in *Daub/Piel/Soergel* VOB/B ErlZ B 4. 1 ff.).

Auch Dritten gegenüber kann die allgemeine Ordnung auf der Baustelle meist nur vom Auftraggeber wahrgenommen werden, da nur oder jedenfalls in erster Linie ihm die erforderlichen Einwirkungs- und Eingriffsmöglichkeiten zum Schutze Dritter, wie z.B. der Grundstücksnachbarn, der Passanten, anderer Unternehmer, der Lieferanten und Besucher, zur Verfügung stehen (*Korbion/Hochstein/Keldungs* Rn. 192, 230). In den Anwendungsbereich der Aufrechterhaltung der allgemeinen Ordnung auf der Baustelle wird man auch die Fälle einzuordnen haben, in denen der Bauablauf durch **Bürgerinitiativen** und **Demonstrationen** gestört wird; denn der Auftraggeber ist verpflichtet, dem Unternehmer nicht nur ein baureifes Grundstück zur Verfügung zu stellen, sondern auch Störungen von diesem Grundstück fernzuhalten, da diese die allgemeine Ordnung auf der Baustelle betreffen und beeinträchtigen (vgl. dazu *Vygen/Schubert/Lang* a.a.O. Rn. 115 f.; *Vygen* BauR 1983, 217). Dazu gehört es auch, dem Unternehmer die **Zufahrtswege** zu überlassen und ggf. Verkehrsbehinderungen zu beseitigen bzw. für Abhilfe zu sorgen.

6. Zusammenwirken der verschiedenen Unternehmer (Koordinierungspflicht) (§ 4 Nr. 1 VOB/B)

Die sog. **Koordinierungspflicht** des Auftraggebers, die nach allgemeiner Auffassung dem Planungsbereich zuzurechnen ist, gehört ebenfalls zu den **Mitwirkungspflichten** des Auftraggebers, deren Verletzung den **Annahmeverzug** begründen kann. Sie soll dazu dienen, ein reibungsloses Zusammenwirken aller an der Bauausführung Beteiligten zu gewährleisten und dem einzelnen Unternehmer ein zeitlich und fachlich ungestörtes und zügiges Arbeiten zu ermöglichen. Bei größeren

Bauvorhaben sind dazu unerlässliche Hilfsmittel für die räumliche Koordination der **Baustelleneinrichtungsplan** und für den zeitlichen Ablauf der **Bauzeitenplan** in seinen verschiedenen Erscheinungsformen (z.B. Netzplan, Balkenplan, Zeitwege-Diagramm), in denen Beginn, Dauer und Beendigung der Arbeiten der einzelnen Auftragnehmer oder der einzelnen Teilleistungen des jeweiligen Unternehmers geregelt sind (vgl. dazu im Einzelnen: *Vygen/Schubert/Lang* a.a.O. Rn. 8 ff., 130 ff. und 332 ff.). Die darin enthaltenen Termine und Fristen sind grundsätzlich für beide Vertragspartner verbindlich, auch wenn es sich dabei nicht in jedem Falle ohne Weiteres um verbindliche **Vertragsfristen** i.S.d. § 5 Nr. 1 S. 1 und 2 VOB/B handeln wird (vgl. OLG Celle BauR 1994, 629 mit zustimmender Anmerkung *Vygen*), so auch der Auftraggeber für deren Einhaltung Sorge zu tragen und folgerichtig für Verzögerungen aufgrund verspäteter **Vorunternehmerleistungen** einzustehen hat.

7. Pflicht zur Herbeiführung der erforderlichen öffentlich-rechtlichen Genehmigungen und Erlaubnisse (§ 4 Nr. 1 Abs. 1 S. 2 VOB/B)

13 Auch dieser Bereich gehört zu den **Mitwirkungspflichten** des Auftraggebers, wenn dadurch auch keine vom Auftraggeber gegenüber dem Auftragnehmer unmittelbar zu erfüllende Vertragspflicht begründet wird, sondern lediglich klargestellt wird, wer für die Einholung der verschiedensten Genehmigungen zuständig und verantwortlich ist (BGH NJW 1974, 1080 f.; *Heiermann/Riedl/Rusam* § 4 VOB/B Rn. 3). Der Hinweis auf Genehmigungen aus verschiedenen Rechtsgebieten wie Baurecht, Straßenverkehrsrecht, Wasserrecht, Umweltrecht und Gewerberecht ist letztlich nur beispielhaft und daher einer Erweiterung auf alle anderen Genehmigungen, die sich auf das Grundstück und die Bauleistung oder die Person des Grundstückseigentümers oder Bauherrn beziehen, zugänglich. Fehlende Genehmigungen führen dabei grundsätzlich nicht zur Nichtigkeit des Bauvertrages; sie verbieten dem Auftragnehmer nur das Bauen selbst und geben dem Auftragnehmer im Falle des Annahme- oder Gläubigerverzuges des Auftraggebers wegen Nichteinhaltung seiner Mitwirkungspflicht Rechte und Ansprüche auf Kündigung des Bauvertrages nach § 9 VOB/B (vgl. OLG München BauR 1980, 274 f. sowie *Kemper* in *Franke/Kemper/Zanner/Grünhagen* § 9 VOB/B Rn. 4) oder auf Entschädigung nach § 642 BGB oder auf Schadensersatz bzw. Fristverlängerung nach § 6 Nr. 6 VOB/B (vgl. z.B. BGH BauR 1974, 247).

8. Pflicht zur unentgeltlichen Überlassung von Lager- und Arbeitsplätzen und Anschlüssen (§ 4 Nr. 4 VOB/B)

14 Nach dieser Vorschrift der VOB/B gehört es zu den vertraglich übernommenen **Mitwirkungspflichten** des Auftraggebers, dem Auftragnehmer unentgeltlich zur Benutzung oder Mitbenutzung zu überlassen:

– die notwendigen **Lager- und Arbeitsplätze** auf der Baustelle, wozu auch die erforderlichen Flächen für im Einzelfall notwendige Geräte und Sozialeinrichtungen (Tagesunterkünfte und sanitäre Einrichtungen) zu zählen sind; dazu kann es im Einzelfall auch erforderlich sein, dass der Auftraggeber Nachbargrundstücke dafür anmietet oder Sondernutzungsrechte auf Bürgersteigen oder Straßen bei der Stadt beantragt;
– vorhandene **Zufahrtswege** und Anschlussgleise;
– die vorhandenen **Anschlüsse für Wasser und Energie** einschließlich der evtl. erforderlichen **Entsorgung.** Die Kosten für den Verbrauch von Wasser und Energie (Strom, Gas, Öl, Kohle) und den Messer oder Zähler für die Verbrauchsmengen sowie die anfallenden Grundgebühren trägt der Auftragnehmer; mehrere Auftragnehmer tragen die Kosten anteilig, wobei der jeweils zu zahlende Anteil nach dem konkreten Verbrauch der verschiedenen Auftragnehmer zu berechnen ist oder, wenn das nicht möglich ist, nach den Anteilen der einzelnen Auftragssummen im Verhältnis zu den Gesamtbaukosten, wobei dies zweckmäßigerweise aber in BVB oder ZVB so ausdrücklich vereinbart werden sollte. Zu beachten ist schließlich auch, dass § 4 Nr. 4 VOB/B durch seine For-

mulierung »wenn nichts anderes vereinbart ist« eine abweichende Vereinbarung zulässt, wovon Auftraggeber nicht selten in ZVB oder BVB Gebrauch machen.

9. Notwendige Anordnungen als Mitwirkungspflicht

Dem Auftraggeber obliegt auch die **Mitwirkungspflicht**, erforderlichenfalls **rechtzeitig** zur Fortführung der Arbeiten notwendige **Anordnungen zu treffen,** wie sie z.B. in §§ 1 Nr. 4, 4 Nr. 1 Abs. 4, Nr. 3, 6 Nr. 3 VOB/B und daneben auch zahlreich in den einschlägigen DIN-Normen, z.B. DIN 18 299 Ziffer 3.3 (gemeinsame Festlegung von Maßnahmen beim Antreffen von Schadstoffen in Böden, Gewässern oder Bauteilen), DIN 18 300 Ziffern 3.2.2, 3.3.1, 3.5.3, 3.7.4 und 3.7.7 (gemeinsame Festlegung bei verändert angetroffenen Boden- oder Wasserverhältnissen) und vielen anderen zu finden sind (sog. **Kooperationspflichten** der Bauvertragspartner).

15

Eine Verletzung von **Mitwirkungspflichten** des Auftraggebers, die zur Kündigung des Bauvertrages durch den Auftragnehmer führen kann, kommt z.B. auch in Betracht, wenn der Auftraggeber es unterlässt, mangelhafte Vorleistungen eines anderen Unternehmers, die der Auftragnehmer in der gebotenen Form gemäß § 4 Nr. 3 VOB/B beanstandet, zu beseitigen bzw. beseitigen zu lassen, und dadurch die darauf aufbauende Leistung des Auftragnehmers nicht erbracht werden kann, oder wenn der Auftraggeber auf konkret und schriftlich erhobene **Bedenken gegen die vorgesehene Art der Ausführung** (Planung) oder gegen die Güte der vom Auftraggeber beigestellten Stoffe oder Bauteile gemäß § 4 Nr. 3 VOB/B nicht reagiert (*Nicklisch/Weick* § 9 VOB/B Rn. 8). In diesen Fällen hat der Auftragnehmer aber nur dann ein Kündigungsrecht nach § 9 Nr. 1a VOB/B, wenn mit an Sicherheit grenzender Wahrscheinlichkeit davon auszugehen ist, dass wegen der schriftlich geltend gemachten Bedenken (Mängel der Vorunternehmerleistung, Mängel der bauseits gestellten Bauteile, Planungsmängel) die eigene Werkleistung des Auftragnehmers mangelhaft wird oder dies zu einem erheblichen Schaden führen wird und der Auftraggeber sich weigert, geeignete Abhilfe zu schaffen (OLG Düsseldorf BauR 1988, 478; *Nicklisch/Weick* § 9 VOB/B Rn. 8) oder trotz Fristsetzung untätig bleibt und deshalb in **Annahmeverzug** ist. Dies kann auch bei anderen unterbliebenen **Anordnungen des Auftraggebers** der Fall sein, so z.B. bei ausbleibenden Entscheidungen über vertraglich vereinbarte **Alternativpositionen,** über verlangte **Musterflächen,** über die Ausführung notwendiger **Zusatzleistungen** oder **Leistungsänderungen** und über Freigaben von Plänen oder Mustern. Schließlich kann auch die Verletzung von sonstigen **Kooperationspflichten** durch den Auftraggeber für den Auftragnehmer ein Kündigungsrecht zur Folge haben (so BGH BauR 2000, 409). So ist z.B. der Zustand von Teilen der Leistung auf Verlangen gemeinsam gemäß § 4 Nr. 10 VOB/B von Auftraggeber und Auftragnehmer festzustellen, wenn diese Teile der Leistung durch die weitere Ausführung der Prüfung und Feststellung entzogen werden (vgl. dazu: vor allem *Grauvogl* BauR 2003, 1027 sowie *Vygen* Kooperationspflichten der Bauvertragspartner FS Kraus 2003 S. 335 ff.).

16

10. Auskunfts- und Abrufpflicht

Die Auskunfts- und auch **Abrufpflicht** des Auftraggebers nach § 5 Nr. 2 VOB/B kann eine solche **Mitwirkungspflicht** sein. Nach dieser Regelung ist zunächst der Auftraggeber verpflichtet, dem Auftragnehmer auf Verlangen Auskunft über den voraussichtlichen **Baubeginn** zu erteilen, wenn im Bauvertrag selbst für den Beginn der Ausführung keine Frist vereinbart ist. Dieser Fall sollte bei Bauvorhaben der öffentlichen Hand, für die neben der VOB/B auch die VOB/A zwingend zur Anwendung kommt, möglichst gar nicht eintreten, da gemäß § 11 Nr. 1 Abs. 3 VOB/A bei einem vereinbarten **Ausführungsbeginn** nach Aufforderung die Frist, innerhalb derer die Aufforderung ausgesprochen werden kann, unter billiger Berücksichtigung der für die Ausführung maßgebenden Verhältnisse zumutbar sein muss und diese Frist in den Verdingungsunterlagen festzulegen ist (sog. **Abruffrist**).

17

18 In diesem Sinne hat auch das OLG Celle entschieden: »Verletzt der Auftraggeber die ihm obliegende **Nebenpflicht,** dem Auftragnehmer auf Anfrage eine nach Treu und Glauben für beide Vertragsparteien zumutbare Frist für die Ausführung des Bauvorhabens zu nennen, hat der Auftragnehmer nach § 9 VOB/B ein Recht zur Kündigung«, wobei das Gericht dem Auftraggeber, der das Bauobjekt noch vermarkten muss, einen Zeitraum von 2 Jahren für den Baubeginn zugebilligt hat (OLG Celle BauR 2003, 889). Dem grundsätzlich bestehenden **Abrufrecht** des Auftraggebers mit einer Frist für den Baubeginn von 12 Werktagen gemäß § 5 Nr. 2 S. 1 VOB/B (vgl. dazu oben § 5 Nr. 2 VOB/B) steht also auf der anderen Seite auch eine **Abrufpflicht** und eine **Auskunftspflicht** gegenüber. Der Auftraggeber ist also innerhalb einer vertraglich vorgesehenen oder aber einer nach Treu und Glauben zu bemessenden angemessenen Frist **zum Abruf der Vertragsleistung verpflichtet.** Anhaltspunkte für diese angemessene Frist zum Abruf ergeben sich häufig aber nur dann, wenn der Auftragnehmer zuvor von dem Auftraggeber Auskunft über den voraussichtlichen Baubeginn verlangt und erhalten hat, weshalb dem Auftragnehmer dringend anzuraten ist, von diesem **Auskunftsanspruch** gemäß § 5 Nr. 2 VOB/B auch schon alsbald nach Vertragsabschluss Gebrauch zu machen. Daraus folgt dann auch die Pflicht des Auftraggebers, die Leistung zeitnah zu diesem von ihm genannten **Baubeginn** abzurufen. Die Verletzung dieser vertraglichen Nebenpflicht (so auch *Döring* in *Ingenstau/Korbion* oben § 5 Nr. 1 VOB/B; BGH NJW 1972, 99 f.; vgl. dazu aber auch Beck'scher VOB-Komm./*Hofmann* Vor § 3 VOB/B Rn. 26 ff.) kann zu Schadensersatzansprüchen des Unternehmers aus **positiver Vertragsverletzung** bzw. gemäß § 241 Abs. 2 und § 280 BGB n.F. beim BGB-Werkvertrag oder aus § 6 Nr. 6 VOB/B beim VOB-Bauvertrag und zur berechtigten **Kündigung** des Bauvertrages durch den Unternehmer gemäß § 9 Nr. 1a VOB/B oder zu dem **Entschädigungsspruch** gemäß §§ 642, 643 BGB führen (vgl. dazu OLG Düsseldorf BauR 1976, 207; BGH NJW 1972, 99), wobei der Schaden vor allem in **Mehrkosten** infolge von Lohnerhöhungen und Materialpreissteigerungen bestehen kann (*Vygen/Schubert/Lang* a.a.O. Rn. 79).

11. Weitere Mitwirkungspflichten aus der VOB/B und VOB/C

19 Der Bauvertrag unterscheidet sich gegenüber vielen anderen Werkverträgen vor allem durch den Langzeit-Charakter des Bauvertrages und die Erbringung der Werkleistung auf ständig wechselnden Grundstücken. Dieser Unterschied erfordert eine **ständige vertrauensvolle Zusammenarbeit der Bauvertragspartner,** eben eine **Kooperation,** wie sie der BGH neuerdings wieder ausdrücklich in seinem Urteil vom 28.10.1999 (BauR 2000, 409) für beide Vertragspartner mit folgendem Leitsatz festgeschrieben hat:

»Die Vertragsparteien eines VOB-Vertrages sind während der Vertragsdurchführung zur Kooperation verpflichtet. Entstehen während der Vertragsdurchführung Meinungsverschiedenheiten zwischen den Parteien über die Notwendigkeit oder die Art und Weise einer Anpassung des Vertrages oder seiner Durchführung an geänderte Umstände, sind beide Parteien grundsätzlich verpflichtet, durch Verhandlungen eine einvernehmliche Beilegung der Meinungsverschiedenheiten zu versuchen.«

20 Derartige **Mitwirkungs- und Kooperationspflichten** finden sich sowohl in der **VOB/B** als auch in der **VOB/C,** können aber auch ungeschrieben sich aus dem Bauvertrag und seinem Langzeit-Charakter ergeben (vgl. *Vygen* Bauvertragsrecht nach VOB S. 56 f.).

Die VOB/B enthält u.a. folgende **Kooperationspflichten:**

– **§ 2 Nr. 3 Abs. 2 VOB/B:** Für die über 10% hinausgehende Überschreitung des Mengenansatzes ist auf Verlangen ein neuer Preis unter Berücksichtigung der Mehr- oder Minderkosten **zu vereinbaren.**
– **§ 2 Nr. 5 VOB/B:** Werden durch Änderung des Bauentwurfs oder andere Anordnungen des Auftraggebers die Grundlagen des Preises für eine im Vertrag vorgesehene Leistung geändert, so ist ein neuer Preis unter Berücksichtigung der Mehr- oder Minderkosten **zu vereinbaren.**

- **§ 4 Nr. 10 VOB/B (2000):** Der Zustand von Teilen der Leistung ist auf Verlangen **gemeinsam** von Auftraggeber und Auftragnehmer festzustellen, wenn diese Teile der Leistung durch die weitere Ausführung der Prüfung und Feststellung entzogen werden. Das Ergebnis ist schriftlich niederzulegen.
- **§ 12 Nr. 4 Abs. 1 VOB/B:** Eine förmliche Abnahme hat stattzufinden, wenn eine Vertragspartei es verlangt. Der Befund ist **in gemeinsamer Verhandlung** schriftlich niederzulegen.
- **§ 14 Nr. 2 VOB/B:** Die für die Abrechnung notwendigen Feststellungen sind dem Fortgang der Leistung entsprechend möglichst **gemeinsam vorzunehmen.** Für Leistungen, die bei Weiterführung der Arbeiten nur schwer feststellbar sind, hat der Auftragnehmer rechtzeitig **gemeinsame Feststellungen zu beantragen.**

Aber auch in der **VOB/C**, also den Allgemeinen Technischen Vertragsbedingungen, die gemäß § 1 Nr. 1 S. 2 VOB/B Bestandteil jeden Vertrages sind, wenn die VOB/B als Grundlage vereinbart ist, finden sich für die Bauausführung besonders wichtige **Mitwirkungs- und Kooperationspflichten** für beide Vertragspartner, z.B.: 21

- **DIN 18 300 Ziff. 3.1.5:** Werden unvermutete Hindernisse, z.B. nicht angegebene Leitungen, Kabel, Dräne, Kanäle, Vermarkungen, Bauwerksreste angetroffen, ist der Auftraggeber unverzüglich darüber zu unterrichten. Die **zu treffenden Maßnahmen** sind Besondere Leistungen.
- **DIN 18 300 Ziff. 3.3.1:** Reichen die vereinbarten Maßnahmen für das Beseitigen von Grundwasser, Quellwasser, Sickerwasser u.ä. nicht aus, so sind die erforderlichen **zusätzlichen Maßnahmen gemeinsam festzulegen.**
- **DIN 18 300 Ziff. 3.5.1:** Von den in der Leistungsbeschreibung festgelegten Maßen der Auftragsquerschnitte darf **nur mit Zustimmng des Auftraggebers** abgewichen werden.
- **DIN 18 300 Ziff. 3.5.3:** Werden beim Abtrag von der Leistungsbeschreibung abweichende Bodenverhältnisse angetroffen oder treten Umstände ein, durch die die vereinbarten Abtragsquerschnitte nicht eingehalten werden können, so sind die **erforderlichen Maßnahmen gemeinsam festzulegen.**
- **DIN 18 300 Ziff. 3.7.4:** Werden bei geneigten Grundflächen aus Gründen der Gleitsicherheit Abtreppungen oder andere sichernde Maßnahmen erforderlich, so sind sie **gemeinsam festzulegen.**
- **DIN 18 300 Ziff. 3.7.7:** Ist der vorgeschriebene Verdichtungsgrad durch Verdichten nicht zu erreichen, so sind **geeignete Maßnahmen,** z.B. Bodenverbesserung, Bodenaustausch, **gemeinsam festzulegen.**
- **DIN 18 302 Ziff. 3.1.3 (Brunnenbauarbeiten):** Die endgültige Ausbautiefe von Brunnen auf Grund der erschlossenen wasserführenden Schichten (Grundwasserleiter) bestimmt der Auftraggeber **im Benehmen mit dem Auftragnehmer.**

Ähnliche **Kooperationspflichten** finden sich in fast allen DIN-Normen; sie werden in der Praxis aber viel zu wenig beachtet.

12. Besonders vereinbarte Mitwirkungspflichten

Außer den sich aus der VOB/B oder VOB/C als vereinbarter Vertragsgrundlage ergebenden Mitwirkungspflichten können noch weitere in Besonderen oder Zusätzlichen Vertragsbedingungen vereinbart sein, z.B. nach § 10 Nr. 4 Abs. 1b VOB/A. Bestehen dann Zweifel, ob es sich um echte vertragliche Mitwirkungspflichten des Auftraggebers handelt, ist entscheidend die Frage, ob die Bauleistung **ohne** diese **Mitwirkung** des **Auftraggebers nicht in der vertraglich festgelegten Form und Frist durchgeführt** werden kann bzw. ob die Durchführung zwar möglich ist, aber zu Lasten des Auftragnehmers – nicht zuletzt auch im Hinblick auf die vereinbarte Vergütung – in beachtlicher Weise erschwert wird. 22

II. Rechtliche Einordnung der Mitwirkungspflichten

23 Die vorangehend aufgeführten **Mitwirkungspflichten** des Auftraggebers sind überwiegend **keine echten Schuldnerpflichten** in dem Sinne, dass der Auftraggeber bei deren Verletzung in Schuldnerverzug geraten würde, wofür zusätzlich ein Verschulden (vgl. § 285 BGB a.F. bzw. § 286 Abs. 4 BGB n.F.) erforderlich wäre. Vielmehr geht auch die VOB/B bei deren Nichterfüllung von der gesetzlichen Grundlage, nämlich der Regelung des § 642 BGB, aus, also dem **Annahmeverzug (Gläubigerverzug) gemäß den §§ 293 ff. BGB.** Das ergibt sich deutlich aus dem Wortlaut des § 9 Nr. 1a. An sich würde durch diese Qualifizierung der Mitwirkungshandlungen dem Auftraggeber **lediglich eine Obliegenheit** auferlegt, die als solche nicht einklagbar wäre. Selbst wenn dies so wäre, würde die VOB/B **auch dann dem Auftragnehmer ein Kündigungsrecht nach Nr. 1a** geben, wie deren Wortlaut deutlich ergibt, sofern die weiteren Voraussetzungen der Nr. 2 im Einzelfall erfüllt sind (vgl. auch *Nicklisch/Weick* § 9 VOB/B Rn. 6, so wohl auch *Lachmann* BauR 1990, 409 ff. für den Bereich des BGB-Bauvertrags). Dazu ist jedoch zu beachten:

Die in Teil B festgelegten **Mitwirkungshandlungen** des Auftraggebers sind nach der besonderen Natur des Bauvertrages zu bewerten, die insbesondere ein **vertrauensvolles Zusammenwirken** von Auftraggeber und Auftragnehmer verlangt, wobei jeder aus dem ihm zuzurechnenden Bereich dazu beizutragen hat, dass die vertraglich vereinbarte Bauleistung termingerecht und mängelfrei erbracht werden kann (sog. **Kooperationspflicht der Bauvertragspartner im Sinne der Rechtsprechung des BGH** BauR 2000, 409). Ohne die Erfüllung dieser genannten Mitwirkungshandlungen des Auftraggebers kann der werkvertraglich geschuldete Erfolg häufig auch von einem leistungsfähigen, fachkundigen und zuverlässigen Auftragnehmer nicht erreicht werden. Daher muss dies zwangsläufig zu der Folgerung führen, dass im Rahmen des Bauvertrages dem Auftraggeber nicht nur die Stellung eines Gläubigers mit bloßen Obliegenheiten zukommt (so aber *v. Rintelen* in *Kapellmann/Messerschmidt* § 9 VOB/B Rn. 10; *Staudinger/Peters* § 642 BGB Rn. 17 sowie *Kniffka* Jahrbuch Baurecht 2001 S. 1 ff., 6), sondern dass er zugleich die **vertragliche Nebenpflicht** gegenüber dem Auftragnehmer hat, die ihm auferlegten Mitwirkungshandlungen zu erfüllen, weshalb insoweit durchweg zugleich von **Nebenpflichten des Auftraggebers** zu sprechen ist, bei deren **schuldhafter Verletzung sich der Auftraggeber aus positiver Vertragsverletzung** bzw. aus §§ 241, 280 BGB n.F. **schadensersatzpflichtig** macht (ebenso BGH NJW 1974, 229; *Locher* Das private Baurecht Rn. 133, 230 ff.). Im Falle der Kündigung des Vertrages durch den Auftragnehmer ist diese Schadensersatzpflicht keine Kündigungsvoraussetzung, da hierfür die Regelungen in § 9 Nr. 1a und 2 ausschlaggebend sind, sondern eine **Kündigungsfolge** (vgl. auch § 9 Nr. 3 VOB/B). Ohne Vertragskündigung hat dagegen der Auftragnehmer bei schuldhafter Verletzung der Mitwirkungspflichten des Auftraggebers nur einen Schadensersatzanspruch – regelmäßig nach § 6 Nr. 6 VOB/B oder auch gemäß § 280 BGB n.F., der nicht zwischen Haupt- und Nebenpflichten unterscheidet – und nicht daneben auch einen klagbaren Anspruch auf Erfüllung dieser Nebenpflichten (a.A. *Nicklisch/Weick* § 4 VOB/B Rn. 13, die auch die Durchsetzung eines solchen Anspruchs im Wege des einstweiligen Rechtsschutzes bejahen). Dies beruht darauf, dass der Gesetzgeber die Werkherstellung allein im Interesse des Auftraggebers sieht, wie sich auch aus dem freien Kündigungsrecht des Auftraggebers gemäß § 649 S. 1 BGB ergibt. Dies schließt aber nicht die Annahme einer echten Vertragspflicht als vertragliche Nebenpflicht aus, wie sich insbesondere aus §§ 311 Abs. 2, 241 Abs. 2, 280 BGB n.F. sehen lässt, die nicht mehr zwischen Haupt- und Nebenpflichten unterscheiden, sondern bei jeder Verletzung von Vertragspflichten einen Schadensersatzanspruch vorsehen.

24 Entgegen Nicklisch (*Nicklisch/Weick* § 4 VOB/B Rn. 12; vgl. auch *Müller-Foell* dort insbesondere S. 87 ff.) handelt es sich bei den genannten Mitwirkungspflichten des Auftraggebers **nicht um Schuldnerpflichten mit der Folge etwaigen Schuldnerverzuges.** Dem steht bereits die gesetzliche Ausgangsregelung des § 642 Abs. 1 BGB entgegen. Selbst unter Berücksichtigung der Tatsache, dass es sich bei Bauverträgen häufiger um längerfristige Verträge (so genannte Langzeitverträge) handelt, bei denen die Mitwirkungshandlungen nicht selten den ganzen Herstellungsprozess begleiten, ist und bleibt der Auftragnehmer Schuldner der Bauherstellung, wie sich deutlich aus der klaren Regelung des § 631 Abs. 1 BGB sowie aus § 4 Nr. 2 Abs. 1 VOB/B ergibt. Ohne besondere vertragliche Vereinbarung, die von diesem Normalrahmen abweicht, ist es daher gerade auch aus rechtssystematischen Gründen nicht zulässig, aus Besteller und Auftraggeber der Leistung zugleich auch einen Leistungsschuldner in Bezug auf seine Mitwirkungspflichten zu machen. Er ist und bleibt – wenn auch mit vertraglichen Nebenpflichten beladener – Gläubiger der vom Auftragnehmer herzustellenden Leistung. Vor allem lässt sich auch kaum eine rechtssystematisch gerechtfertigte und insbesondere für die Praxis brauchbare Unterscheidung dahin treffen, ob es sich um Bauaufträge größeren oder kleineren (oder mittleren?) Umfanges handelt. Es muss daher dabei verbleiben, dass der Auftraggeber hinsichtlich seiner dargestellten Mitwirkungspflichten grundsätzlich ein mit Nebenpflichten belasteter Gläubiger ist (vgl. dazu u.a. auch BGH NJW 1972, 99 = MDR 1972, 39; siehe dazu *Locher* Das private Baurecht Rn. 133, 230 ff.; ähnlich wie hier wohl *Werner/Pastor* Rn. 1773; *Heiermann/Riedl/Rusam* § 9 VOB/B Rn. 5; *Oelmaier* in *Kleine-Möller/Merl* Handbuch § 14 Rn. 138), deren Verletzung neben der Kündigungsmöglichkeit auch Schadensersatzansprüche auslösen kann, wie sich insbesondere auch aus § 9 Nr. 3 S. 3 ersehen lässt, der ausdrücklich neben Kündigung und **Entschädigungsanspruch** gemäß § 642 BGB auch **weitergehende Ansprüche unberührt** lässt. Hiervon sind nur dann Ausnahmen zu machen, wenn der Auftraggeber kraft besonderer vertraglicher Vereinbarung mit dem Auftragnehmer Pflichten übernimmt, die im Sinne der Übernahme eigentlicher Unternehmerpflichten der unmittelbaren bauvertraglichen Herstellung zuzuordnen sind; dann – aber auch nur insoweit – rückt er im Verhältnis zum Auftragnehmer in eine Schuldnerstellung ein.

III. Kündigungsrecht aus anderen wichtigen Gründen

Neben den in § 9 Nr. 1 VOB/B aufgeführten Möglichkeiten zur Kündigung des Bauvertrages durch den Auftragnehmer gibt es zwar **kein freies Kündigungsrecht,** also eine Kündigung des Bauvertrages ohne Grund, wie dies für den Auftraggeber gemäß § 649 S. 1 BGB bzw. § 8 Nr. 1 Abs. 1 VOB/B besteht; es gibt aber noch weitere Kündigungsmöglichkeiten, die für beide Vertragspartner gelten. So sieht § 6 Nr. 7 VOB/B ein **Sonderkündigungsrecht** vor, wonach jeder Vertragspartner den Bauvertrag kündigen kann, wenn eine **Unterbrechung der Bauausführung** länger als 3 Monate andauert. Kündigen kann dann aber trotz des insoweit uneingeschränkten Wortlauts wegen der Stellung dieser Regelung im Gesamtsystem der Behinderungen des Bauablaufs und im Anschluss an § 6 Nr. 6 wohl nur jeweils der Vertragspartner, der diese Unterbrechung nicht selbst verursacht hat, also z.B. nicht der Auftraggeber, wenn er fällige Zahlungen nicht geleistet hat und der Auftragnehmer daraufhin die Arbeiten eingestellt hat, und nicht der Auftragnehmer, der selbst die Unterbrechung verursacht und grundlos die Arbeiten eingestellt hat (so jedenfalls mit guten Gründen OLG Düsseldorf BauR 1984, 671). Dieser Auffassung ist der BGH allerdings nicht gefolgt: Durch Urteil vom 13.5.2004 (BauR 2004, 1285 ff.) hat er entschieden, dass die Kündigung nach § 6 Nr. 7 VOB/B auch von dem Vertragspartner erklärt werden kann, aus dessen **Risikobereich** die Ursache für die Unterbrechung der Bauausführung herrührt oder der diese zu vertreten hat, sofern diesem ein Festhalten an dem Vertrag nicht zumutbar ist. Außerdem hat der BGH es in diesem Urteil zugelassen, dass die Kündigung nach § 6 Nr. 7 VOB/B schon **vor Ablauf der Dreimonatsfrist** erklärt wird, wenn mit Sicherheit feststeht, dass die Unterbrechung der Bauausführung länger als drei Monate andauern wird (Schürmann-Bau). Schließlich hat der BGH mit diesem Urteil § 6 Nr. 7 VOB/B auch für anwendbar erklärt, wenn der Unternehmer vor der Unterbrechung der Bauausführung mit seiner Arbeit auf der Baustelle noch gar nicht begonnen hatte (vgl. dazu auch oben § 6 Nr. 7 VOB/B). Eine **Kündigung** des Bauvertrages durch den Auftragnehmer nach § 6 Nr. 7 VOB/B kommt in entsprechender Anwendung auch dann in Betracht, wenn mit der Bauausführung mehr als 3 Monate nach dem für den **Baubeginn** im Vertrag festgelegten Zeitpunkt noch nicht begonnen werden kann und der Auftraggeber dafür verantwortlich ist (so OLG Düsseldorf BauR 1995, 706; RGRK-BGB/*Glanzmann* § 636

BGB Rn. 30). Im Zeitpunkt der Kündigung muss allerdings die Unterbrechung noch andauern, und ihr Ende darf nicht unmittelbar bevorstehen. Dies folgt daraus, dass die Kündigungsmöglichkeit des § 6 Nr. 7 VOB/B letztlich ein Ausfluss von Treu und Glauben (§ 242 BGB) ist und deshalb eine **Kündigung zur Unzeit** ausgeschlossen werden muss. Die Kündigung gemäß § 6 Nr. 7 VOB/B bedarf der **Schriftform,** und sie muss zweifelsfrei den Willen zur endgültigen Vertragsbeendigung erkennen lassen, also insbesondere nicht auf eine Fortsetzung des Vertrages unter anderen Bedingungen (z.B. Erhöhung der Preise wegen zeitlicher Verschiebung) gerichtet sein (sog. **Änderungskündigung**), also ein Angebot zur **Vertragsanpassung** enthalten.

Des Weiteren kann eine Kündigung des Bauvertrages durch beide Vertragspartner nach allgemeinen Grundsätzen des Vertragsrechts und der von der Rechtsprechung entwickelten Lehre von der positiven Vertragsverletzung erfolgen, wenn der jeweils andere Vertragspartner sich **grob vertragswidrig** verhalten hat und verhält und dies zu einem schwerwiegenden absoluten **Vertrauensverlust** geführt hat oder die Erreichung des Vertragszweckes gefährdet ist und deshalb dem betroffenen Vertragspartner nach Treu und Glauben nicht mehr zugemutet werden kann, am Vertrag festzuhalten (*Locher* Das private Baurecht Rn. 234; BGH NJW 1983, 2439). Eine solche nachhaltige Störung des Vertrauensverhältnisses durch den Auftraggeber liegt z.B. vor, wenn dieser Arbeitnehmer des Auftragnehmers zur Schwarzarbeit für sich herangezogen hat (vgl. OLG Köln BauR 1993, 80 = ZfBR 1993, 27) oder der Auftraggeber fällige Abschlagszahlungen mit ungedecktem Scheck bezahlt oder den Unternehmer unberechtigterweise anzeigt (vgl. *Locher* a.a.O. Rn. 224). Auch eine nicht gerechtfertigte fristlose **Kündigung des Auftraggebers** berechtigt den gekündigten Vertragspartner in der Regel seinerseits zur **Kündigung wegen Vertrauensverlustes** aus wichtigem Grunde (vgl. BGH NJW 1967, 248 = MDR 1967, 122 und BGH Urt. v. 1.12.1993 VIII ZR 129/92). In all diesen Fällen ist es den Vertragspartnern ausnahmsweise unbenommen, später auch noch **Kündigungsgründe nachzuschieben** (vgl. BGH BauR 1982, 79 = ZfBR 1982, 15 und BGH BauR 1975, 280), da es in diesen Fällen meist nicht der vorherigen Fristsetzung mit Kündigungsandrohung bedarf.

26 Diese bisher nur von der Rechtsprechung entwickelte Kündigungsmöglichkeit für beide Vertragspartner aus wichtigem Grund wegen nachhaltiger Störung des Vertrauensverhältnisses hat durch das Schuldrechtsmodernisierungsgesetz im **BGB 2002** eine gesetzliche Grundlage gefunden. Gemäß § 314 BGB n.F. kann bei **Dauerschuldverhältnissen** jeder Vertragspartner aus wichtigem Grund den Vertrag ohne Einhaltung einer Kündigungsfrist kündigen, wobei ein wichtiger Grund vorliegt, wenn dem kündigenden Teil unter Berücksichtigung aller Umstände des Einzelfalls und unter Abwägung der beiderseitigen Interessen die Fortsetzung des Vertragsverhältnisses bis zur vereinbarten Beendigung nicht zugemutet werden kann. Diese Regelung entspricht genau den Anforderungen, die die Rechtsprechung an die **Kündigung aus wichtigem Grund** über die im Gesetz oder in der VOB/B geregelten Fälle hinaus gestellt hat, so dass sich eine **entsprechende Anwendung des § 314 BGB n.F. auf Bauverträge** geradezu aufdrängt (vgl. dazu auch oben Vor §§ 8, 9 Rn. 9 ff.). Dabei ist dann allerdings auch § 314 Abs. 3 BGB n.F. zu beachten, wonach der Berechtigte nur innerhalb einer angemessenen Frist kündigen kann, nachdem er **vom Kündigungsgrund Kenntnis** erlangt hat. Mit dieser Regelung wird dann aber auch das **Nachschieben von Kündigungsgründen** unmöglich gemacht oder jedenfalls erschwert, da dann bei neuen Kündigungsgründen nur eine neue Kündigung zu einem späteren Zeitpunkt erfolgen kann, wenn die früheren Kündigungsgründe nicht ausreichten oder nicht bewiesen werden können.

27 Schließlich kann eine Kündigung des Bauvertrages auch wegen **Änderung oder Wegfalls der Geschäftsgrundlage** (§ 242 BGB) nach Treu und Glauben im Einzelfall in Betracht kommen. So hat der BGH (NJW 1969, 233 = MDR 1969, 212) ein Kündigungsrecht angenommen, wenn sich ein Vertragspartner weigert, dem berechtigten Verlangen des anderen Vertragspartners auf **Anpassung des Vertrages** wegen Änderung der Geschäftsgrundlage zu entsprechen oder jedenfalls in Verhandlungen darüber einzutreten (Kooperationspflicht, vgl. BGH BauR 2000, 409). Dies kann z.B. in Einzelfällen auch bei Ablehnung von berechtigten **Nachtragsangeboten** des Auftragnehmers in Betracht kommen (vgl. OLG Zweibrücken BauR 1995, 251) oder bei **Jahresverträgen,** wenn sich die Geschäftsgrundlage, die Grundlage der Kalkulation war, so extrem geändert hat, dass ein Festhalten am Vertrag mit den vereinbarten Preisen dem Auftragnehmer für die gesamte Laufzeit des Jahresvertrages nicht mehr zuzumuten ist (so OLG Düsseldorf BauR 1996, 151 L – rechtskräftig nach Nichtannahme der Revision). Dabei geht aber stets die **Vertragsanpassung** der Vertragskündigung vor, so dass zunächst eine Anpassung an die veränderten Umstände, ggf. auch unter Fristsetzung mit Kündigungsandrohung, verlangt werden muss (vgl. jetzt dazu § 313 Abs. 1 BGB n.F.), ehe die Kündigung gemäß § 313 Abs. 3 BGB n.F. in Betracht zu ziehen ist (*Nicklisch/Weick* Vor §§ 8, 9 VOB/B Rn. 16; BGH NJW 1984, 1746). Ein zur Kündigung berechtigender Wegfall der Geschäftsgrundlage ist allerdings nicht gegeben, wenn der Bauherr das Bauvorhaben nicht finanzieren kann und daher die Baumaßnahme beendet und der Hauptunternehmer nun deshalb seinem **Subunternehmer** den Vertrag kündigt; hierbei handelt es sich vielmehr um eine freie grundlose und deshalb den Vergütungsanspruch aus § 8 Nr. 1 Abs. 2 S. 1 VOB/B auslösende Kündigung (*Nicklisch/Weick* a.a.O. Rn. 17 unter Hinweis auf BGH Sch.-F. Z 2.510 Bl. 60).

IV. Kausalität zwischen Unterlassen der Mitwirkung und Verhinderung der Leistungserbringung

Weitere Voraussetzung für das **Kündigungsrecht** des Auftragnehmers nach § 9 Nr. 1a ist das – u.U. **28** auch schuldlose – **Unterlassen ordnungsgemäßer Erfüllung der vertraglichen Nebenpflicht zur Mitwirkung** durch den Auftraggeber bzw. durch seinen Erfüllungsgehilfen, z.B. seinen Architekten (§ 278 BGB). Ein Unterlassen liegt auch vor, wenn der Auftraggeber nur teilweise oder nicht rechtzeitig mitwirkt, weil er selbst oder durch seine Erfüllungsgehilfen grundsätzlich diese **Mitwirkungspflichten** vollständig und fristgerecht zu erfüllen hat. Insoweit muss also der Auftraggeber als Gläubiger der Bauwerksherstellung in **Annahmeverzug** kommen (vgl. dazu unten Rn. 31 ff.). Nach der gesetzlichen Regelung in §§ 642, 643 BGB kann der Auftragnehmer dann dem Auftraggeber **zur Nachholung der Mitwirkungshandlung eine Frist** mit der Erklärung bestimmen, dass er den Vertrag kündige, wenn die Handlung nicht bis zum Ablauf der Frist vorgenommen werde (§ 643 BGB). Diese gesetzliche Regelung ändert die VOB/B in § 9 Nr. 1 teilweise ab. Neben dem Unterlassen der **Mitwirkungshandlung** und dem dadurch verursachten **Annahmeverzug** muss nämlich noch hinzu kommen, dass der Auftragnehmer durch die ausstehende Mitwirkungshandlung außer Stande gesetzt wird, seine vertraglich geschuldete Werkleistung zu erbringen (so auch *v. Rintelen* in *Kapellmann/Messerschmidt* § 9 VOB/B Rn. 6; *Soergel/Teichmann* § 643 BGB Rn. 3; RGRK-BGB/*Glanzmann* Rn. 6; a.A. aber wohl OLG Celle OLGR 2001, 147 und *Staudinger/Peters* BGB, § 643 Rn. 7).

Der Auftragnehmer muss also durch das Unterlassen oder Teilunterlassen der Mitwirkung des Auf- **29** traggebers außerstande gesetzt werden, die vertraglich von ihm geforderte Leistung auszuführen. Damit muss **Ursächlichkeit** zwischen der unterlassenen Mitwirkung und dem Hindernis für die ordnungsgemäße Leistungsdurchführung bestehen. Das trifft z.B. zu, wenn nach – voreiligem – Vertragsabschluss mit dem Auftragnehmer die **Baugenehmigung** nach den Plänen des Architekten versagt wird und sich der Auftraggeber trotz Bereitschaft des Auftragnehmers weigert, nach veränderten, genehmigungsreifen Plänen zu bauen (vgl. OLG München BauR 1980, 274). Eine Ursächlichkeit ist auch zu bejahen, wenn die Missachtung der Mitwirkungspflicht nur einen Teil der dem Auftragnehmer in Auftrag gegebenen Leistung betrifft, hierdurch jedenfalls dieser Teil nicht vertragsgemäß ausgeführt werden kann. Insoweit wird man auch hier – wie bei der Kündigung durch den Auftraggeber gemäß § 8 Nr. 3 Abs. 1 S. 2 (vgl. dazu oben § 8 Nr. 3) – eine **Teilkündigung** zulassen können, zumal letztlich jede Kündigung nach Ausführungsbeginn eine Teilkündigung des noch nicht ausgeführten Teils der Leistung darstellt. Dabei wird aber auch zu prüfen sein, ob der Auftraggeber in zumutbarer Weise den **Bauablauf** umstellen und andere Leistungsteile vorziehen kann, wie dies auch in § 6 Nr. 3 VOB/B zum Ausdruck kommt. Ob Ursache des Leistungshindernisses seitens des Auftragnehmers eine vollständig unterlassene Mitwirkungshandlung, eine nur teilweise unterlassene oder eine fehlerhafte und deshalb unbrauchbare oder nicht rechtzeitige Mitwirkungshandlung ist, ist letztlich unerheblich (so auch *v. Rintelen* in *Kapellmann/Messerschmidt* § 9 VOB/B Rn. 22).

30 Der Auftragnehmer ist im Übrigen nicht nur außerstande, die Leistung auszuführen, wenn sie ihm objektiv unmöglich wird, sondern auch, wenn zwar eine objektive Möglichkeit gegeben ist, diese aber ohne die vertragliche Mitwirkung des Auftraggebers einen derartigen Aufwand oder eine solche Verzögerung oder sonstige Erschwerung mit sich bringt, dass die – gegebenenfalls weitere – Durchführung der Leistung für ihn nach Treu und Glauben **unzumutbar** ist. Ein solcher Fall kann auch gegeben sein, wenn der werkvertraglich geschuldete Erfolg durch den Auftragnehmer mit den vertraglich vereinbarten Leistungen nicht erreicht werden kann, weil z.B. nur eine Abdichtung gegen nicht drückendes Wasser als geschuldetes **Bau-Soll** vereinbart ist, bei der Bauausführung sich aber herausstellt, dass eine Abdichtung gegen drückendes Wasser erforderlich ist, um den werkvertraglich geschuldeten Erfolg eines dichten Bauwerks zu erreichen. In einem solchen Fall bedarf es der **Mitwirkung des Auftraggebers** in der Weise, dass dieser eine **Leistungsänderung gemäß § 1 Nr. 3, § 2 Nr. 5 VOB/B** anordnet. Unterlässt er eine solche **leistungsändernde Anordnung,** so ist der Auftragnehmer zwar objektiv in der Lage, seine Leistung mangelfrei durch Ausführung der geänderten Leistung ohne Anordnung zu erbringen; das kann ihm aber wegen der ungeklärten Vergütungsfolge nicht zugemutet werden, so dass die unterlassene Mitwirkung durch Anordnung der Leistungsänderung das **Leistungshindernis** des Auftragnehmers verursacht hat. Der Auftragnehmer ist also nicht verpflichtet und im Übrigen auch nicht berechtigt, selbst die dem Auftraggeber obliegende **Mitwirkungspflicht** zu erbringen oder das vom Auftraggeber verursachte Leistungshindernis auf eigene Kosten oder auf eigenes Risiko zu beheben (RGRK-BGB/*Glanzmann* § 642 Rn. 14; *Nicklisch/ Weick* § 9 VOB/B Rn. 8; *v. Rintelen* in *Kapellmann/Messerschmidt* § 9 VOB/B Rn. 22). Wichtig ist aber in jedem Fall genau zu prüfen, ob eine unterlassene Mitwirkungshandlung tatsächlich **Ursache des Leistungshindernisses** des Auftragnehmers ist und der **Auftragnehmer selbst leistungsbereit** ist und nicht selbst ein Leistungshindernis geschaffen hat. Ein **ursächlicher Zusammenhang** zwischen unterlassener Mitwirkungshandlung des Auftraggebers und einer Leistungsverhinderung des Auftragnehmers ist auch immer dann gegeben, wenn die vom Auftraggeber zu erbringenden **Planungsleistungen** nicht rechtzeitig oder mangelhaft zur Verfügung gestellt werden (BGH BauR 1985, 561 und 1972, 112 sowie *v. Rintelen* in *Kapellmann/Messerschmidt* § 9 VOB/B Rn. 25). Ebenso kann dies aber auch bei **mangelhaften Vorunternehmerleistungen** der Fall sein, wenn der Auftraggeber sich weigert, Abhilfe zu schaffen und dadurch die Leistung des darauf aufbauenden Auftragnehmers zwangsläufig in erheblichem Maße mangelhaft zu werden droht und mit hoher Wahrscheinlichkeit wird, auch wenn der Auftragnehmer insoweit von seiner **Gewährleistungspflicht** gemäß § 13 Nr. 3 VOB/B (vgl. dazu unten § 13 Nr. 3) frei gestellt wird (OLG Düsseldorf BauR 1988, 468, 478 = NJW-RR 1988, 210; *Nicklisch/Weick* § 9 VOB/B Rn. 9). Der Auftraggeber ist nämlich grundsätzlich verpflichtet, auf ihm nach § 4 Nr. 3 VOB/B mitgeteilte **Bedenken** zu reagieren und die notwendigen Entscheidungen zu treffen. Verzögert oder unterlässt er diese Entscheidung und kann der Auftragnehmer deshalb seine vertraglich geschuldete Leistung nicht erfolgreich erbringen, so kann dies zur Kündigung gemäß § 9 Nr. 1a VOB/B berechtigen. Schließlich kann ein **Kündigungsgrund** auch gegeben sein, wenn der Auftraggeber **vor Abnahme** Mängel rügt (vgl. § 4 Nr. 7 VOB/B), aber die zur Fertigstellung und Mangelbeseitigung erforderlichen Mängelbeseitigungsarbeiten ablehnt oder nicht durchführen lässt (z.B. durch **Baustellenverbot**) und dadurch die Fertigstellung der Bauleistung mit Abnahmereife verhindert (BGH BauR 2002, 794; OLG Düsseldorf NJW-RR 2000, 466 sowie *v. Rintelen* in *Kapellmann/Messerschmidt* § 9 VOB/B Rn. 28).

V. Annahme- oder Gläubigerverzug des Auftraggebers

31 Neben einer unterlassenen Mitwirkungshandlung und dem dadurch verursachten Leistungshindernis für den Auftragnehmer muss der **Auftraggeber** für den Fall der Kündigung nach § 9 Nr. 1a

Kündigung wegen Gläubiger- oder Schuldnerverzuges　　　　　　　　　　§ 9 Nr. 1 VOB/B

VOB/B sich **im Annahmeverzug** befinden. Wichtig ist, dass der Annahmeverzug im Unterschied zum Schuldnerverzug **nicht** von einem **Verschulden** des Auftraggebers abhängig ist. Es müssen somit **in Beachtung der §§ 293 ff. BGB** im Wesentlichen folgende **Voraussetzungen hinzukommen:**

– Der Auftragnehmer muss nach dem Vertrag berechtigt sein, die Bauleistung in dem jeweils maßgebenden Zeitpunkt (ohne verfrüht zu sein) zu erbringen, und zwar nunmehr in der Weise, dass sie von der **Mitwirkungspflicht** des Auftraggebers abhängig ist (**Fälligkeit der Mitwirkungshandlung**);
– der Auftragnehmer muss zu der Leistung tatsächlich imstande sein, es dürfen bei ihm weder Unmöglichkeit noch Unvermögen vorliegen (**Leistungsbereitschaft**);
– der Auftragnehmer muss dem Auftraggeber die Leistung ordnungsgemäß (vgl. auch § 299 BGB) anbieten (**Angebot zur Leistungserbringung**) und ihn zugleich **zur Mitwirkung auffordern**;
– der Auftraggeber muss seine Mitwirkungspflicht verletzen bzw. nicht einhalten, wobei es auf sein Verschulden nicht ankommt; das **bloße Unterlassen der Mitwirkung reicht aus** (**Fälligkeit bzw. Erfüllbarkeit der Mitwirkung**).

Im Ausgangspunkt muss der Auftragnehmer berechtigt sein, seine Leistung schon zu erbringen, die **32** nun die Mitwirkung des Auftraggebers erfordert. Das ist z.B. nicht der Fall, wenn der Auftragnehmer **vorzeitig** mit seiner Leistung beginnt und dann auf eine Mitwirkung des Auftraggebers angewiesen ist (Baufreigabe mit notwendigen Vorunternehmerleistungen), mit der der Auftraggeber zu dieser Zeit noch nicht zu rechnen brauchte, so dass diese **Mitwirkungshandlung noch nicht fällig** war, also schon deshalb kein **Annahmeverzug** auf Seiten des Auftraggebers eintreten kann. Ein Annahmeverzug kann deshalb nur eintreten, wenn der Auftragnehmer dem Auftraggeber seine Leistungsbereitschaft in angemessener Frist vorher mitteilt und zur Mitwirkung auffordert (vgl. § 299 BGB). Deshalb sollte der Bauvertrag sog. **Abruffristen** enthalten (*v. Rintelen* in *Kapellmann/Messerschmidt* § 9 VOB/B Rn. 17).

Ein **Annahmeverzug** des Auftraggebers setzt zudem **Leistungsbereitschaft, Leistungsvermögen 33** und **Leistungswillen** des Auftragnehmers voraus. Diese müssen tatsächlich gegeben sein und nicht nur zum Schein behauptet werden. Zumindest muss der Auftragnehmer darlegen, dass er zu einem bestimmten Zeitpunkt diese **Leistungsfähigkeit** erreichen wird und deshalb schon jetzt die erforderliche Mitwirkung anfordert.

Schließlich muss der Auftragnehmer seine geschuldete Bauleistung auch ordnungsgemäß anbieten, **34** wozu grundsätzlich gemäß § 295 BGB ein **wörtliches Angebot** ausreicht, das auch durchaus schon in der **Aufforderung zur Mitwirkung** gesehen werden kann (so insbesondere *Staudinger/Löwisch* § 295 BGB Rn. 15 ff. und *v. Rintelen* in *Kapellmann/Messerschmidt* § 9 VOB/B Rn. 19). Zusätzlich muss er allerdings anzeigen, dass, warum und wann er wegen der fehlenden Mitwirkung zur Leistungserbringung nicht in der Lage ist, so dass der Annahmeverzug als Voraussetzung der Auftragnehmerkündigung durchaus der **Behinderungsanzeige** des § 6 Nr. 1 VOB/B vergleichbar ist (vgl. dazu auch BGH BauR 2000, 722 = NZBau 2000, 187). Für ein **wörtliches Angebot** kann es aber auch genügen, dass der Auftragnehmer seine **Mitarbeiter auf der Baustelle zur Verfügung hält** und zu erkennen gibt, dass er bereit und in der Lage ist, seine Leistung zu erbringen (BGH BauR 2003, 531).

Auch für den Bereich der Verletzung von Mitwirkungspflichten gelten die Grundsätze zum **Mitver- 35 schulden** gemäß § 254 BGB entsprechend (vgl. LG Hannover MDR 1980, 227). Gerät allerdings der Auftragnehmer mit seiner Leistung in Schuldnerverzug und ist die Leistung deshalb nur noch unter Erschwerungen zu erbringen, so kommt der Auftraggeber durch ein wörtliches Angebot der Leistung, das ohne Rücksicht auf die vom Auftragnehmer zu vertretenden Erschwernisse abgegeben wird, regelmäßig nicht in Annahmeverzug (BGH BauR 1986, 206 = ZfBR 1986, 64). Also kann der Auftragnehmer in einem solchen Fall nicht den Vertrag kündigen.

36 Erlangt der Auftraggeber z.B. unvorhergesehen nicht die gewünschte Finanzierung oder die erforderliche Baugenehmigung, kann der Auftragnehmer, wenn die Bauleistung bereits – voreilig – in Auftrag gegeben war, daraus u.U. ein Kündigungsrecht nach § 9 Nr. 1a VOB/B mit allen sich daraus ergebenden Folgen herleiten (vgl. dazu BGH SFH Z 2.511 Bl. 8 sowie OLG München BauR 1980, 274). In einem solchen Fall kann der Auftraggeber dem Auftragnehmer nur dann ein Mitverschulden (§ 254 BGB) entgegenhalten, wenn der Auftragnehmer entweder weisungswidrig oder sonst auf eigene Faust zu bauen begonnen hat, obwohl für ihn nach den eindeutigen Umständen zweifelsfrei ersichtlich war, dass die Finanzierung nicht erreicht werden konnte. Das wird grundsätzlich selten der Fall sein und dem Auftragnehmer noch seltener nachzuweisen sein.

C. Kündigung wegen Schuldnerverzuges des Auftraggebers (§ 9 Nr. 1b)

I. Allgemeine Grundlagen

37 Während § 9 Nr. 1a VOB/B dem Auftragnehmer ein Kündigungsrecht aus wichtigem Grund wegen **Annahme- oder Gläubigerverzuges** gemäß §§ 293 ff. BGB bei Verletzung von Mitwirkungspflichten gewährt, sieht § 9 Nr. 1b VOB/B das Kündigungsrecht des Auftragnehmers für den Fall vor, dass der Auftraggeber eine fällige Zahlung nicht leistet oder sonst in **Schuldnerverzug** gerät. Diese in § 9 Nr. 1b VOB/B festgelegte zweite Möglichkeit einer Kündigung durch den Auftragnehmer betrifft in erster Linie das Nichtleisten einer fälligen Zahlung durch den Auftraggeber. Hier wird **Schuldnerverzug** des Auftraggebers gemäß §§ 286 ff. BGB n.F. vorausgesetzt. Die Zahlungspflicht ist nämlich eine **vertragliche Hauptpflicht** des Auftraggebers.

38 Darüber hinaus kann es beim Bauvertrag vorkommen, dass der Auftraggeber kraft Besonderer oder Zusätzlicher Vertragsbedingungen oder auch durch spätere, nach Abschluss des Bauvertrages getroffene Vereinbarungen nicht nur Mitwirkungspflichten, sondern dem eigentlichen Herstellungsbereich zuzurechnende selbstständige Leistungen zu erbringen hat, wie z.B. die Zurverfügungstellung von Transportmitteln, Verpflichtung zur Gerüsterstellung für Dachdeckerarbeiten, die Übernahme von Lieferungen oder Leistungen entsprechend § 2 Nr. 4 VOB/B (vgl. dazu oben § 2 Nr. 4 VOB/B), die bauseits übernommene **Lieferung von Baustoffen**, die Fertigstellung von Vorleistungen zu einem bestimmten Termin wie Fundamente für ein Fertighaus und vor allem auch so genannte Eigenleistungen und damit echte Hauptpflichten übernommen hat. So kann der Auftraggeber sich vertraglich verpflichtet haben, die Fundamente oder den Keller bis zu einem bestimmten Zeitpunkt herzustellen oder auch herstellen zu lassen, damit anschließend der Auftragnehmer darauf das Fertighaus gemäß Bauvertrag errichten kann. Gleiches trifft ausnahmsweise auf jene Fälle zu, in denen der Auftraggeber über die bloße für den Normalfall der ordnungsgemäßen Bauherstellung erforderliche Mitwirkung hinaus mit dem Auftragnehmer eng zusammenarbeiten muss, um die ordnungsgemäße Erstellung der Bauleistung überhaupt zu ermöglichen. Das kann z.B. bei längerfristigen Vorhaben über Spezialobjekte, wie z.B. Industrieanlagen, bei denen es ganz wesentlich auf die Erfahrung und das vorauszusetzende Spezialwissen (Know-how) des Auftraggebers oder von ihm beschäftigter Dritter ankommt, der Fall sein (vgl. dazu § 3 VOB/B sowie *Nicklisch* BB 1979, 533). Hierher ist auch der Fall zu rechnen, in dem der Zeitpunkt für die Vornahme der Mitwirkung durch den Auftraggeber kalendermäßig oder sonst genau festgelegt wurde, zugleich aber auch für die Leistung des Auftragnehmers **Vertragsfristen** nach § 5 Nr. 1 VOB/B festgelegt sind (insoweit zutreffend *Heiermann/Riedl/Rusam* § 9 VOB/B Rn. 5; *Locher* Das private Baurecht Rn. 133, 201 ff.). Das gilt um so mehr, wenn **Einzelfristen** vertraglich bindend vereinbart sind (vgl. § 5 Nr. 1 S. 2 VOB/B). Zu den in § 9 Nr. 1b einzuordnenden Pflichten des Auftraggebers zählt **auch die Pflicht zur Abnahme ggf. auch zur Teilabnahme** unter den Voraussetzungen von § 12 Nr. 2 VOB/B, ohne dass es hier darauf ankommt, ob es sich um eine echte Teilabnahme gemäß § 12 Nr. 2 VOB/B (2000) oder um eine nicht rechtsgeschäftliche, sondern nur technische Zustandsfeststellung gemäß § 4 Nr. 10 VOB/B (2000) mit schriftlicher Niederlegung des Ergebnisses durch beide Vertragspartner handelt. Dagegen kommt die Schlussabnahme als vertraglich geschuldete Hauptpflicht des Auftraggebers hier als Kündigungsgrund der vertraglichen Leistung nicht in Betracht, da eine Vertragskündigung nach deren Fertigstellung ohne Sinn wäre.

Wie bezüglich der Zahlungspflicht ist auch in allen vorgenannten Fällen der Auftraggeber **Schuldner,** und er kann in **Schuldnerverzug** geraten. Die Folgen ergeben sich auch hier aus § 9 Nr. 1b, wie dort aus dem zweiten Halbsatz hervorgeht. Hierfür **gilt entsprechend,** was nachstehend für den vorweg ausdrücklich geregelten Hauptfall – den **Zahlungsverzug** – gesagt ist. Naturgemäß muss sich dann der Verzug auf die geschuldete selbstständige bzw. besondere Leistung als von ihm zu erfüllende Hauptpflicht beziehen, also **ursächlich darauf zurückgehen.** 39

II. Zahlungsverzug des Auftraggebers

1. Zahlungen

Der Auftragnehmer kann den Bauvertrag gemäß § 9 Nr. 1b 1. Alt. VOB/B kündigen, wenn der Auftraggeber eine **fällige Zahlung** nicht leistet. 40

Da in § 9 Nr. 1b der Ausdruck Zahlung und nicht Vergütung gewählt ist, muss es sich im Allgemeinen um die Pflicht zur **Erbringung einer Geldleistung** handeln. Das kann zunächst die **Vergütung** für die vertragliche Bauleistung des Auftragnehmers betreffen. Da aber in der VOB nicht von der Vergütung allein die Rede ist, kommen **auch andere** aus dem Vertrag sich ergebende Zahlungspflichten des Auftraggebers in Betracht: z.B. Zahlungsansprüche aus Nachträgen gemäß § 2 Nr. 3–10 VOB/B, eine **Schadensersatzpflicht** des Auftraggebers aus § 6 Nr. 6 VOB/B, ein **Entschädigungsanspruch** gemäß § 642 BGB, der auch beim VOB-Bauvertrag neben § 6 Nr. 6 VOB/B anwendbar ist (so jedenfalls BGH BauR 2000, 722 unter Aufgabe der gegenteiligen Rechtsprechung BGH BauR 1985, 561), der Schadensausgleich im Innenverhältnis nach § 10 Nr. 2 ff. VOB/B, sofern der Auftraggeber hier etwas zu zahlen hat, oder die Ansprüche aus positiver Vertragsverletzung des Auftraggebers usw. 41

Der Begriff Zahlung bezieht sich zwar in der Regel, aber nicht ausschließlich auf Geldleistungen. Das betrifft neben der Vergütung vor allem auch die zuletzt erwähnten Ansprüche. Ist ausnahmsweise ein **Naturallohn** oder ein **Naturalersatz** vertraglich **vereinbart** oder nach gesetzlichen Bestimmungen zu leisten, fällt dieser gleichfalls unter den Begriff Zahlung. Werden andere Vermögenswerte geschuldet, wird man § 9 Nr. 1b VOB/B entsprechend anwenden müssen, falls sich aus dem Bauvertrag nichts anderes ergibt. 42

Das außerordentliche Kündigungsrecht des Auftragnehmers setzt voraus, dass seine nach dem Bauvertrag geschuldete **Leistung noch nicht vollendet,** d.h. noch nicht **abnahmereif** ist. Von diesem Zeitpunkt ab ist nämlich eine Kündigung begrifflich nicht mehr möglich. Daher fällt die **Schlusszahlung** nach endgültiger Fertigstellung des Werkes **nicht** unter § 9 Nr. 1b VOB/B. Gleiches gilt für die Zeit nach Fertigstellung auch für andere Zahlungspflichten oder Leistungspflichten des Auftraggebers außerhalb des Vergütungsbereiches. Daher kann es sich für die Anwendbarkeit der Kündigungsregelung in § 9 Nr. 1b VOB/B im Rahmen der Vergütung nur um solche Zahlungen handeln, wie sie in § 16 Nr. 1 VOB/B (**Abschlagszahlungen**), § 16 Nr. 2 VOB/B (**Vorauszahlungen**), § 16 Nr. 4 VOB/B (**Teilschlusszahlungen**) sowie § 15 Nr. 4 VOB/B (**Zahlungen auf Stundenlohnrechnungen**) aufgeführt sind. Voraussetzung ist immer, dass auch diese Zahlungen **vor** der Vollendung der vom Auftragnehmer geschuldeten vertraglichen Gesamtbauleistung **fällig** und im Rahmen des § 9 Nr. 2 S. 2 VOB/B **angemahnt** worden sind. Vorraussetzung für die Kündigungsmöglichkeit gemäß § 9 Nr. 1b VOB/B ist danach ein **Zahlungsanspruch** des Auftragnehmers, die **Fälligkeit** dieses Zahlungsanspruchs und wohl auch der **Zahlungsverzug.** Der Zahlungsverzug wird zwar in dieser ersten Alternative des § 9 Nr. 1b VOB/B nicht ausdrücklich genannt; er ergibt sich aber als notwendige Voraussetzung aus der zweiten Alternative durch die Formulierung »**oder sonst in Schuldner-** 43 verzug gerät«. Dies lässt den Schluss zu, dass auch eine nicht erfolgte fällige Zahlung noch nicht zur Kündigung berechtigt, sondern der Verzug hinzu kommen muss. Dies folgt letztlich auch aus § 16 Nr. 5 Abs. 5 VOB/B, wonach der Auftragnehmer seine Arbeiten bis zur Zahlung nur einstellen darf, sofern die dem Auftraggeber zuvor gesetzte angemessene **Nachfrist** erfolglos verstrichen ist, also Verzug eingetreten ist. Wenn aber schon für die **Arbeitseinstellung Zahlungsverzug** vorliegen muss, dann doch erst recht für die weiter gehende Kündigung des Bauvertrages.

2. Fälligkeit der Zahlung

44 **Fällig** ist eine **Zahlung,** wenn der Auftraggeber nach den vertraglichen Bestimmungen zur Leistung verpflichtet ist, wenn also die Voraussetzungen für den **Eintritt der Zahlungspflicht** nach einem vereinbarten **Zahlungsplan** gegeben sind (z.B. Beginn der Ausführung, Anlieferung des Materials, Fertigstellung des Rohbaus usw.). Insoweit ist allein die vertragliche Regelung unter Berücksichtigung der dafür geltenden Vorschriften der VOB/B maßgebend; nach der für VOB-Bauverträge grundsätzlich nicht anwendbaren gesetzlichen Regelung des BGB tritt Fälligkeit der Vergütung – abgesehen von dem in § 641 Abs. 1 S. 2 BGB geregelten Fall der Teilabnahme mit Fälligkeit der entsprechenden Teilvergütung – erst nach der Erbringung, d.h. der Vollendung und **Abnahme** der vertraglich geschuldeten Gesamtleistung, ein. Zu beachten ist allerdings, dass durch das sog. Gesetz zur Beschleunigung fälliger Zahlungen mit Wirkung vom 1.5.2000 mit § 632a BGB ein Anspruch des Auftragnehmers auf **Abschlagszahlungen** unter ganz besonderen Voraussetzungen, die nur äußerst selten erfüllt sind, geschaffen wurde. Im Unterschied dazu steht dem Auftragnehmer bei Vereinbarung der VOB/B als Vertragsgrundlage ganz allgemein ein Anspruch auf Abschlagszahlungen zu, während die **Fälligkeit** der Schlusszahlung sowohl die **Abnahme** als auch eine **prüfbare Schlussrechnung** erfordert. Damit aber kommt diese für eine Kündigung des Vertrages wegen Verzugs mit der Schlusszahlung nicht in Betracht.

Mit Ausnahme der **Vorauszahlung** setzt im Vergütungsbereich die Fälligkeit weiterhin voraus, dass die **Leistungsteile,** von deren Fertigstellung die jeweilige Zahlung abhängig ist, auch vollständig hergestellt worden sind. Das ergibt sich aus § 271 BGB sowie aus den Allgemeinen Vertragsbedingungen, wie z.B. aus § 16 Nr. 1 VOB/B hinsichtlich der **Abschlagszahlungen,** aus § 16 Nr. 4 hinsichtlich der **Teilschlusszahlungen,** aus § 15 Nr. 4 hinsichtlich der **Stundenlohnrechnungen.**

45 Gemäß § 16 Nr. 1 Abs. 1 S. 1 VOB/B in seiner neuen Fassung (2006) sind **Abschlagszahlungen** auf Antrag in möglichst kurzen Zeitabständen **oder zu den vereinbarten Zeitpunkten** zu gewähren, und zwar in Höhe des Wertes der jeweils nachgewiesenen vertragsgemäßen Leistungen einschließlich des ausgewiesenen, darauf entfallenden Umsatzsteuerbetrages. In erster Linie ist also bei der Frage der Fälligkeit zu prüfen, ob die Vertragspartner im Bauvertrag oder auch später für die Leistung von Abschlagszahlungen bestimmte Zeitpunkte vereinbart haben, z.B. in einem **Zahlungsplan**. Dann ergibt sich die Fälligkeit ohne weiteres aus diesem Zahlungsplan und ggf. aus der Erfüllung der dort festgesetzten Zahlungsvoraussetzungen. Liegen die Voraussetzungen für die Fälligkeit nach diesem Zahlungsplan vor, so kann damit aber zugleich auch der **Eintritt des Verzuges gemäß § 286 Abs. 2 Nr. 1–4 BGB n.F.** verbunden sein, wenn für die Zahlung eine Zeit nach dem Kalender bestimmt ist, der Leistung ein Ereignis vorauszugehen hat und eine angemessene Zeit für die Leistung in der Weise bestimmt ist, dass sie sich von dem Ereignis an nach dem Kalender berechnen lässt (z.B. 10 Tage nach Baubeginn, nach Rohbaufertigstellung, nach Anlieferung des Materials usw.) oder der Schuldner die Leistung ernsthaft und endgültig verweigert. Unabhängig von einem solchen Zahlungsplan werden Abschlagszahlungen gemäß § 16 Nr. 1 Abs. 1 S. 1 VOB/B fällig in Höhe des Wertes der jeweils nachgewiesenen vertragsgemäßen Leistungen, wenn der Auftragnehmer dafür Zahlung beantragt, also eine insoweit **prüfbare Abschlagsrechnung einreicht.** Dies kann in möglichst kurzen Zeitabständen geschehen, wenn nichts anderes vereinbart worden ist. Zu beachten ist dabei auch, dass **Nachtragsleistungen**, also Mehrmengen, geänderte und/oder zusätzliche Leistungen gemäß § 2 Nr. 3–10 VOB/B, wenn sie bereits ganz oder teilweise ausgeführt worden sind, auch in diese

Abschlagsrechnungen eingestellt werden können, da es sich auch dabei um **vertragsgemäße Leistungen** handelt, selbst wenn noch keine **Nachtragsvereinbarung** zustande gekommen ist, da eine solche für den Vergütungsanspruch nicht zwingend erforderlich ist.

Die Abschlagsrechnung wird auch dann fällig und bleibt fällig, wenn dem Auftraggeber wegen vorhandener Mängel oder anderer Einbehalte gemäß § 16 Nr. 1 Abs. 2 VOB/B ein **Leistungsverweigerungsrecht** geltend macht; er ist in diesen Fällen aber vorübergehend nicht zur Zahlung verpflichtet und kommt deshalb auch nicht in Verzug (so auch BGH BauR 2003, 1561), so dass aus diesem Grunde auch die Kündigungsmöglichkeit für den Auftragnehmer entfällt. Die Fälligkeit des Anspruchs auf die verlangte Abschlagszahlung setzt mithin eine **prüfbare Aufstellung** der erbrachten Leistungen, für die die Abschlagszahlung verlangt wird, voraus, erforderlichenfalls auch den **Nachweis des jeweiligen Bautenstandes**, den Zugang der Abschlagsrechnung und den Ablauf der vereinbarten oder der sich aus § 16 Nr. 1 Abs. 1 VOB/B ergebenden First von 18 Werktagen. Außerdem darf keine Aufrechnung mit Gegenforderungen eingetreten sein. Ein Leistungsverweigerungsrecht gemäß § 320 BGB oder ein **Zurückbehaltungsrecht** gemäß § 273 BGB schließt die Fälligkeit zwar nicht aus, lässt aber keinen Verzug entstehen, wobei aber zu beachten ist, dass z.B. bei nur geringfügigen Mängeln diese Rechte des Auftraggebers gemäß § 320 Abs. 2 BGB den Verzug auch nur teilweise ausschließen können. Fehlt es an einer prüfbaren Abschlagsrechnung, so muss der Auftraggeber dies auch rügen, da die Prüfbarkeit letztlich wie bei der Schlussrechnung von den subjektiven Kontroll- und Informationsinteressen des Auftraggebers abhängt (vgl. dazu BGH BauR 2004, 1937 und BauR 2006, 517), wobei an die **Prüfbarkeit einer Abschlagsrechnung** geringere Anforderungen als bei der Schlussrechnung zu stellen sind (BGH BauR 1997, 468). Fraglich bleibt aber noch, welche **Frist** dem Auftraggeber für den Einwand der fehlenden Prüfbarkeit einer Abschlagsrechnung zur Verfügung steht (2 Monate gemäß § 16 Nr. 3 Abs. 1 VOB/B für Schlussrechnungen oder 18 Werktage gemäß § 16 Nr. 1 Abs. 3 VOB/B für die Fälligkeit der Abschlagsrechnung). Die bisherige Rechtsprechung des BGH dazu betraf stets Schlussrechnungen (BGH BauR 2004, 1937 und BauR 2006, 517). Es liegt nahe, bei Abschlagsrechnungen die dort vorgesehene kürzere Frist von 18 Werktagen für die Fälligkeit auch für den Einwand der Nichtprüfbarkeit anzusetzen, da anderenfalls zunächst nach 18 Werktagen nur die Fälligkeit eintritt, diese dann aber wieder bei späterem Einwand der Nichtprüfbarkeit entfallen würde.

3. Verzug des Auftraggebers mit Zahlungen

Damit allein ist aber eine Kündigungsbefugnis nach § 9 Nr. 1b VOB/B noch nicht gegeben, sondern es muss weiter ein **Verzug des Auftraggebers** vorliegen. Erforderlich ist hier zunächst, dass der Auftraggeber trotz der fälligen Zahlungspflicht nicht leistet. Insbesondere hat der Auftragnehmer ein Recht zur Kündigung, wenn ihn der Auftraggeber bewusst mit der Zahlung fälliger Beträge hinhält und ihm dann einen ungedeckten Scheck oder Wechsel gibt, weil dadurch das Vertrauensverhältnis der Vertragspartner zerstört ist (vgl. BGH Urt. v. 25.5.1970 VII ZR 144/68). Dieses Nichtleisten (also auch durch ungedeckte Wechsel oder Schecks) muss die weiteren Voraussetzungen des **Schuldnerverzuges** erfüllen, es müssen also grundsätzlich **Mahnung und Verschulden des Auftraggebers** vorliegen.

a) Mahnung

Für die **Mahnung** gilt § 284 BGB a.F. bzw. für Verträge nach dem 1.1.2002 § 286 BGB n.F. Grundsätzlich muss der Auftragnehmer den Auftraggeber zur Zahlung durch eine entsprechende Rechnung auffordern und die Zahlung anmahnen oder den Auftraggeber in Verzug setzen, was auch mündlich geschehen kann, aber später kaum beweisbar ist. Die Mahnung kann wirksam nur **nach Fälligkeit** erfolgen; sie wird durch Klageerhebung oder Zustellung eines Mahnbescheides im Mahnverfahren ersetzt. Die **Mahnung** ist **entbehrlich,** wenn die **Voraussetzungen des § 286 Abs. 2 oder 3 BGB n.F.** gegeben sind, wobei es auf den Inhalt der bauvertraglichen Abmachungen ankommt. Diese gesetzliche Vorschrift besagt, dass eine Mahnung nicht erforderlich ist, wenn für die Leistung eine **Zeit nach dem Kalender** bestimmt ist (so § 284 Abs. 2 BGB a.F. = jetzt § 286 Abs. 2 Nr. 1 BGB n.F.) und sie innerhalb dieser Zeit nicht erbracht wird. Voraussetzung ist dabei aber, dass sich die Leistung nur nach dem Kalender bestimmen lässt, während die **bloße Möglichkeit** der Berechnung nach dem Kalender **nicht genügte**, jetzt aber gemäß § 286 Abs. 2 Nr. 2 BGB n.F. genügt und die Mahnung ebenfalls entbehrlich macht, wie z.B. die Abrede »Zahlung 8 Tage nach Beginn der Bauarbeiten« oder »30 Tage nach Rechnungsstellung«. Gleiches gilt auch für die in Teil B geregelten bloßen Zahlungsfristen wie in §§ 16 Nr. 1 Abs. 3, 15 Nr. 4 VOB/B, die lediglich den Zeitpunkt der Fälligkeit bestimmen. Eine Mahnung ist aber auch dann nicht mehr erforderlich, wenn im Falle der **ernsthaften und endgültigen Erfüllungsverweigerung durch den Auftraggeber** (vgl. auch § 286 Abs. 2 Nr. 3 BGB n.F.) eine Nachfristsetzung nach § 9 Nr. 2 VOB/B nicht mehr nötig bzw. zumutbar ist. Diese Ausnahme hat aber ihre Bedeutung durch die Neufassung des § 286 Abs. 3 BGB verloren. Zu beachten ist insoweit nämlich das am 1.5.2000 in Kraft getretene **Gesetz zur Beschleunigung fälliger Zahlungen**, da jetzt gemäß § 286 Abs. 3 BGB der Schuldner einer Geldforderung – **abweichend von § 284 Abs. 1 und 2 BGB a.F. – 30 Tage nach Fälligkeit und Zugang einer Rechnung** oder einer gleichwertigen Zahlungsaufforderung **in Verzug kommt**, in diesen Fällen also eine Mahnung entbehrlich ist. Diese neue Regelung des Verzugseintritts gilt gemäß Art. 229 Abs. 1 dieses Gesetzes auch bereits für Geldforderungen, die vor dem 1.5.2000 entstanden sind, die Rechnungen aber nachher zugegangen sind.

49 Diese zunächst seit dem 1.5.2000 geltende gesetzliche Regelung hat sich mit Wirkung für alle nach dem 1.1.2002 abgeschlossenen Verträge durch das **Schuldrechtsmodernisierungsgesetz** wiederum geändert. Nunmehr ist der **Schuldnerverzug** in § 286 BGB n.F. geregelt. Danach kommt der Schuldner, wenn er auf eine Mahnung des Gläubigers, die **nach dem Eintritt der Fälligkeit** erfolgt, nicht leistet, durch die Mahnung in Verzug (§ 286 Abs. 1 BGB n.F.). Gemäß § 286 Abs. 2 BGB n.F. bedarf es allerdings einer Mahnung nicht, wenn

– für die Leistung eine **Zeit nach dem Kalender** bestimmt ist,
– der Leistung ein **Ereignis vorauszugehen** hat und eine **angemessene Zeit** für die Leistung in der Weise bestimmt ist, dass sie sich **von dem Ereignis an nach dem Kalender** berechnen lässt,
– der Schuldner die **Leistung ernsthaft und endgültig verweigert**,
– aus besonderen Gründen unter Abwägung der beiderseitigen Interessen der sofortige Eintritt des Verzugs gerechtfertigt ist.

Darüber hinaus bestimmt aber § 286 Abs. 3 BGB n.F. noch, dass der Schuldner einer Entgeltforderung spätestens in Verzug kommt, wenn er nicht innerhalb von **30 Tagen nach Fälligkeit und Zugang einer Rechnung** oder gleichwertigen Zahlungsaufstellung leistet; dies gilt aber gegenüber einem Schuldner, der **Verbraucher** ist, nur, wenn auf diese Folgen in der Rechnung oder Zahlungsaufstellung besonders hingewiesen worden ist.

50 Diese gesetzlichen Regelungen des Schuldnerverzuges gelten grundsätzlich auch für VOB/B-Bauverträge, wenn es z.B. um den Verzug bezüglich der Bauausführung geht. Dagegen hat die **VOB/B für den Zahlungsverzug ihre abweichende Sonderregelung** in § 16 VOB/B sowohl für die **Fälligkeit** (vgl. § 16 Nr. 1 Abs. 3 und Nr. 3 Abs. 1) als auch für den **Verzugseintritt** erst nach einer abgelaufenen **Nachfristsetzung** (vgl. § 16 Nr. 5 Abs. 3) beibehalten, ohne dass sich daraus grundsätzliche Probleme für die Wirksamkeit ergeben, da § 286 BGB dispositives Recht enthält. Lediglich für das unbestrittene fällige Guthaben aus der Schlussrechnung bedarf es zum Verzug keiner Nachfristsetzung gemäß § 16 Nr. 5 Abs. 4. Dies gilt auch für **Teilschlusszahlungen**. Problematisch ist aber die Frage, ob diese Regelung in § 16 Nr. 5 Abs. 3 VOB/B mit dem **Verzugseintritt erst nach erfolgloser Nachfristsetzung** einer **isolierten Inhaltskontrolle** standhält, da sie möglicherweise den Auftragnehmer unangemessen benachteiligt und mit wesentlichen Grundgedanken der neuen gesetzlichen Regelung in § 286 BGB n.F. nicht zu vereinbaren ist (§ 307 Abs. 2 Nr. 1 BGB n.F.), weil § 16 Nr. 3 Abs. 1 VOB/B dem Auftraggeber schon eine lange Frist von 2 Monaten bis zur Fälligkeit gewährt

Kündigung wegen Gläubiger- oder Schuldnerverzuges § 9 Nr. 1 VOB/B

und § 16 Nr. 5 Abs. 3 VOB/B dann anschließend noch eine angemessene Nachfristsetzung für den Verzugseintritt verlangt (vgl. dazu unten § 16 Nr. 3 VOB/B Rn. 11 und § 16 Nr. 5 VOB/B Rn. 11 sowie *Kraus* BauR 2001, 513 f. und *Kniffka* ZfBR 2000, 227 f.).

b) Verschulden

Ein **Verschulden des Auftraggebers** wird regelmäßig in der Nichtleistung der Zahlung bzw. der Nichterfüllung seiner sonstigen Schuldnerpflichten liegen. Ausnahmen können lediglich bei irriger Annahme eines Leistungsverweigerungsrechts durch den Auftraggeber gegeben sein, obwohl dies als Rechtsirrtum grundsätzlich unbeachtlich ist. In jedem Fall muss der Auftraggeber darlegen und gegebenenfalls beweisen, dass ihn kein Verschulden trifft (§ 285 BGB a.F. bzw. § 286 Abs. 4 BGB n.F.). Dabei ist vor allem von Bedeutung, dass die fehlende Zahlungsfähigkeit das Verschulden nicht ausschließt, er vielmehr für seine Leistungsfähigkeit grundsätzlich einzustehen hat (vgl. auch § 279 BGB a.F., der im BGB 2002 allerdings ohne besondere Auswirkungen ersatzlos gestrichen worden ist). 51

III. Sonstiger Schuldnerverzug des Auftraggebers

Eine Kündigung des Bauvertrages wegen sonstigen **Schuldnerverzuges** des Auftraggebers kommt in Betracht, wenn der Auftraggeber neben seiner Hauptpflicht zur Abnahme und Erfüllung seiner Zahlungspflichten weitere vertragliche Pflichten übernommen hat oder sich solche aus dem Gesetz oder der vereinbarten VOB/B als Vertragsgrundlage ergeben. Dazu gehört sicherlich die **Pflicht zur Teilabnahme in sich abgeschlossener Teile** der geschuldeten Gesamtleistung gemäß § 12 Nr. 2 und zur **technischen Teilabnahme gemäß § 4 Nr. 10 VOB/B** (so auch *v. Rintelen* in Kapellmann/Messerschmidt § 9 VOB/B Rn. 41). Dazu kann auch die tatsächliche Ausführung von im Vertrag ausbedungenen, dann aber vom Auftraggeber selbst gemäß § 2 Nr. 4 VOB/B übernommenen Leistungen, auf deren Ausführung der Auftragnehmer zur Erbringung seiner Leistungen angewiesen ist, zählen, ebenso die bauseits zu erbringenden Bauleistungen oder zu liefernden Baustoffe und Bauteile, z.B. Gerüstaufstellung für Dach- oder Fassadenarbeiten, sofern es sich dabei um echte Vertragspflichten handelt und nicht um bloße **Obliegenheiten**, deren Nichterfüllung nur unter den engeren Voraussetzungen des § 9 Nr. 1a VOB/B eine Kündigung rechtfertigen. 52

Ein sonstiger **Schuldnerverzug** des Auftraggebers kann vor allem auch dann eintreten, wenn der Auftraggeber vertraglich vereinbarte Pflichten zur **Stellung** von **Sicherheiten**, z.B. Finanzierungsbestätigung oder Erfüllungsbürgschaft, nicht erfüllt und vom Auftragnehmer nach Fälligkeit dieses Anspruchs angemahnt worden ist (so zu Recht *v. Rintelen* in Kapellmann/Messerschmidt § 9 VOB/B Rn. 40). Voraussetzung ist aber stets, dass es sich nicht um bloße Mitwirkungshandlungen als **Obliegenheiten** handelt, sondern diese im Vertrag oder ggf. auch konkludent als **echte Vertragspflichten** ausgestaltet sind, was durchaus auch durch die Aufnahme solcher Pflichten in einen gemeinsam erstellten oder vereinbarten **Bauablaufplan mit Terminen** für die Erfüllung dieser Pflichten durch den Auftraggeber geschehen kann. 53

IV. Kündigung des Auftragnehmers nach § 648a BGB

Eine Vertragsbeendigung kann schließlich auch vom Auftragnehmer dadurch herbeigeführt werden, dass er von seinem durch das **Bauhandwerkersicherungsgesetz** mit Wirkung vom 1.5.1993 geschaffenen Recht in § 648a BGB Gebrauch macht, vom Auftraggeber eine **Sicherheit** für die von dem Auftragnehmer zu erbringenden **Vorleistungen** zu verlangen, dieser aber die Sicherheit nicht innerhalb der gesetzten angemessenen Frist leistet. Verlangt der Unternehmer vom Besteller eine solche Sicherheit, sei es für die noch zu erbringenden Vorleistungen, sei es für bereits erbrachte, aber noch nicht durch Abschlagszahlungen bezahlte **Vorleistungen** (OLG Karlsruhe BauR 1996, 559; *Soergel* FS v. Craushaar 1997 S. 179 ff.; *Schulze-Hagen* BauR 1999, 210 und jetzt auch BGH BauR 2001, 386 = 54

NZBau 2001, 129), so muss der Auftraggeber diese binnen einer angemessenen Frist beibringen, sofern es sich nicht um einen **öffentlichen Auftraggeber** oder den privaten Bau eines Einfamilienhauses handelt. Leistet der Auftraggeber die Sicherheit nicht fristgemäß, so kann der Auftragnehmer seine **Leistung verweigern.** Sodann bestimmen sich die Rechte des Unternehmers nach den §§ 643 und 645 Abs. 1 BGB, mit der Folge, dass der Vertrag unter den dortigen Voraussetzungen als aufgehoben gilt und der Unternehmer auch Ersatz des Schadens verlangen kann, den er dadurch erleidet, dass er auf die Gültigkeit des Vertrages vertraut hat (§ 648a Abs. 5 BGB). Der dadurch entstandene Schaden in Folge der Kündigung wird mit 5% der Vergütung gesetzlich vermutet (§ 648a Abs. 5 S. 4 BGB). Dieser Anspruch des Unternehmers auf Sicherheit mit den geregelten Folgen bei Nichterbringung der Sicherheit ist zwingendes Recht; abweichende Vereinbarungen in AGB oder auch in einem Individualvertrag sind gemäß § 648a Abs. 7 BGB unwirksam. Die damit geschaffene Möglichkeit für den Auftragnehmer, seine **Arbeiten einzustellen** oder sogar schon den **Baubeginn zu verweigern** und unter den weiteren Voraussetzungen des § 643 BGB zur Vertragsaufhebung bzw. Kündigung zu gelangen, gewährt dem Auftragnehmer letztlich größere Sicherheit als der in der VOB/B aufgezeigte Weg, wegen nicht geleisteter **Abschlagszahlungen** die Arbeiten gemäß § 16 Nr. 5 Abs. 3 S. 3 VOB/B einzustellen und dann ggf. den Bauvertrag gemäß § 9 Nr. 1b VOB/B nach Erfüllung der Voraussetzungen des § 9 Nr. 2 VOB/B zu kündigen, da im letzteren Fall stets das Risiko besteht, dass der Auftraggeber später das **Fehlen einer prüfbaren Abschlagsrechnung** und damit der **Fälligkeit** der geforderten **Abschlagszahlung** mit Erfolg einwendet oder sich auf berechtigte **Einbehalte wegen vorhandener Mängel** beruft und sich dadurch die **Arbeitseinstellung** (OLG Düsseldorf BauR 1995, 890) und dann auch die Kündigung als unberechtigt herausstellt (vgl. dazu *Kniffka* BauR 2007, Heft 1a, aber auch unten Teil C Anhang 2 Rn. 129 ff.).

Damit sind die Kündigungsmöglichkeiten für den Auftragnehmer erschöpft.

V. Sonstige Rechte des Auftragnehmers

55 Neben dem Kündigungsrecht stehen dem Auftragnehmer bei **Schuldnerverzug des Auftraggebers** noch folgende **weitere Rechte** zu: die Befugnis nach § 16 Nr. 5 Abs. 3 S. 3 VOB/B zur **Arbeitseinstellung,** und zwar in dem dort aufgezeigten Rahmen, der Anspruch auf **Verzugszinsen** (§ 288 BGB) sowie auf Ersatz des **Verzugsschadens** (§ 286 BGB) nach Maßgabe der vertraglichen Bestimmungen in § 16 Nr. 5 Abs. 3 S. 1 und 2 VOB/B, also insbesondere nach vorheriger **Nachfristsetzung** (vgl. dazu unten § 16 Nr. 5 VOB/B). Sollte nach Vertragsabschluss in den **Vermögensverhältnissen des Auftraggebers eine wesentliche Verschlechterung** eingetreten sein, so hat der Auftragnehmer außerdem nach **§ 321 BGB** ein **Leistungsverweigerungsrecht,** bis ihm Sicherheit geleistet oder der entsprechende Vergütungsteil bezahlt ist, sofern sein Anspruch gefährdet ist. Ausnahmsweise kann der Auftragnehmer unter den angegebenen Voraussetzungen die Vergütung für den erbrachten Teil seiner Vertragsleistung sogleich verlangen, wenn er mängelfrei und teilabnahmefähig ist und der Auftraggeber die Teilleistung tatsächlich ungehindert nutzt (BGH BauR 1985, 565 = ZfBR 1985, 271). Er hat dagegen **nicht die Rechte aus § 326 BGB,** weil § 9 VOB/B eine abweichende und daher die gesetzliche Vorschrift ausschließende Regelung enthält (ebenso OLG Köln SFH § 8 VOB/B Nr. 7). Der Auftragnehmer kann wegen der fälligen und nicht geleisteten Zahlung auch gesondert vorgehen, indem er unter Aufrechterhaltung des Bauvertrages eine **Zahlungsklage** oder eine Klage auf Erfüllung der sonstigen Verpflichtungen gegen den Auftraggeber erhebt.

Sofern dem Auftragnehmer in dem hier erörterten Bereich ein Leistungsverweigerungsrecht zusteht, verstößt dessen Ausschluss in AGB – insbesondere Zusätzlichen Vertragsbedingungen des Auftraggebers – gegen § 11 Nr. 2a bzw. 2b oder auch gegen § 9 AGB-Gesetz a.F. bzw. gegen § 309 Nr. 2a oder gegen § 307 BGB n.F.

§ 9 Nr. 2
[Formelle Kündigungsvoraussetzungen]

Die Kündigung ist schriftlich zu erklären. Sie ist erst zulässig, wenn der Auftragnehmer dem Auftraggeber ohne Erfolg eine angemessene Frist zur Vertragserfüllung gesetzt und erklärt hat, dass er nach fruchtlosem Ablauf der Frist den Vertrag kündigen werde.

Inhaltsübersicht Rn.

A. Nachfristsetzung mit Kündigungsandrohung (§ 9 Nr. 2 S. 2 VOB/B) 2
B. Kündigung nach Fristablauf 6
C. Schriftform der Kündigung (§ 9 Nr. 2 S. 1 VOB/B) 8

§ 9 Nr. 2 VOB/B enthält zwei verschiedene Regelungen: Satz 1 befasst sich mit der **Form** der Kündigung und bestimmt, dass diese schriftlich zu erklären ist, während Satz 2 noch eine **weitere Voraussetzung** für die Entstehung des Kündigungsrechts aufzählt, nämlich die vorherige **Nachfristsetzung zur Vertragserfüllung mit Kündigungsandrohung**. Dabei fällt zunächst auf, dass die Reihenfolge zeitlich falsch ist. Zunächst muss die angemessene Frist zur Vertragserfüllung verbunden mit der **Kündigungsandrohung** gesetzt werden. Dies kann auch mündlich geschehen, wovon aber aus Beweisgründen dringend abzuraten ist. Erst nach fruchtlosem Ablauf der Frist kann dann die Kündigung erklärt werden, wobei diese wie bei der Kündigung durch den Auftraggeber gemäß § 8 Nr. 5 VOB/B der **Schriftform** bedarf. Dagegen kann eine Kündigung nach der gesetzlichen Regelung in §§ 642, 643 BGB bzw. § 314 BGB n.F. auch mündlich erfolgen. Die Schriftform ist also eine Besonderheit der VOB/B, so dass es sich um eine **vereinbarte Schriftform i.S. des § 127 BGB n.F.** handelt. Im Unterschied zu § 643 BGB muss nach Ablauf der Frist zur **Nachholung der Mitwirkungspflicht** die Kündigung zu Recht noch ausdrücklich und schriftlich erfolgen, während gemäß § 643 S. 2 BGB der Vertrag ohne ausdrückliche Kündigung als aufgehoben gilt, wenn nicht die Nachholung bis zum Ablauf der Frist erfolgt. Die formalen Voraussetzungen für die Kündigung durch den Auftragnehmer gemäß § 9 Nr. 2 VOB/B gelten grundsätzlich für alle Kündigungen aus wichtigem Grund entsprechend und nicht nur für die Fälle des § 9 Nr. 1a und 1b VOB/B, da dem Wortlaut eine solche Einschränkung nicht zu entnehmen ist und diese auch nicht sachgerecht wäre.

A. Nachfristsetzung mit Kündigungsandrohung (§ 9 Nr. 2 S. 2 VOB/B)

Liegen die Voraussetzungen des § 9 Nr. 1a oder 1b VOB/B vor, ist der Auftragnehmer nach § 9 Nr. 2 S. 2 VOB/B – als grundsätzlicher Wirksamkeitsvoraussetzung – erst dann berechtigt, dem Auftraggeber den Bauvertrag zu kündigen, wenn er dem Auftraggeber ohne Erfolg eine angemessene **Frist zur Nachholung der Mitwirkungshandlung** oder der Zahlung oder der Erfüllung seiner sonstigen Schuldnerpflicht gesetzt und erklärt hat, dass er nach fruchtlosem Ablauf der Frist den Vertrag kündigen werde. Das gilt für alle Fälle der Kündigung, sowohl nach § 9 Nr. 1a VOB/B als auch nach Nr. 1b. Sofern der Vergütungs- oder sonstige Zahlungsanspruch des Auftragnehmers wirksam abgetreten worden ist, steht das Recht der Fristsetzung mit Kündigungsandrohung dem Abtretungsempfänger (Zessionar) zu, das Recht zur anschließenden Kündigung nach Fristablauf aber nur dem Auftragnehmer als Zedenten, sofern nicht das Kündigungsrecht selbst auch mit abgetreten worden ist (so BGH BauR 1985, 688 = NJW 1985, 2640 = *Medicus* EWiR § 326 BGB 3/85, 647). Der **öffentliche Auftraggeber,** dem vom Auftragnehmer eine solche Nachholfrist mit Kündigungsandrohung gesetzt wird, ist verpflichtet, unverzüglich der technischen Aufsichtsbehörde in der Mittelinstanz zu berichten (vgl. VHB Richtlinie zu § 9 VOB/B).

3   Die **Nachholfrist** hat folgende Voraussetzungen:
    – Es muss sich um eine inhaltlich **klare, zugangsbedürftige (§§ 130 ff. BGB) Willenserklärung** des Auftragnehmers **mit der Aufforderung** handeln, die unterlassene Handlung oder Zahlung **nachzuholen**. Diese Fristsetzung ist auch noch erforderlich, wenn der Auftraggeber in den Fällen des § 9 Nr. 1b VOB/B bereits mit der Zahlung oder der Erfüllung einer sonstigen Vertragspflicht in Verzug ist. Zwecks Nachweises ist die Einhaltung der Schriftform dringend zu empfehlen.
    – Die dem Auftraggeber gesetzte Nachholfrist muss **angemessen** sein, also so bemessen sein, dass er zur Nachholung in der Lage ist.
    – Weiterhin ist es notwendig, dass der Auftragnehmer dem Auftraggeber **zugleich** erklärt, dass er nach fruchtlosem Fristablauf den Bauvertrag kündigen werde. Somit ist **mit der Nachfristsetzung** die **Kündigungsandrohung zu verbinden**.

4   Hiernach gilt – im umgekehrten Verhältnis der Vertragspartner – dasselbe wie nach § 5 Nr. 4 VOB/B, so dass dazu, vor allem auch hinsichtlich etwaiger Ausnahmen, auf § 5 Nr. 4 VOB/B Bezug zu nehmen ist. Daraus ist vor allem zu ersehen, dass eine **Nachfristsetzung mit Kündigungsandrohung ausnahmsweise entbehrlich** ist, wenn eine **ernstliche und endgültige Zahlungsverweigerung** des Auftraggebers vorliegt (vgl. auch § 286 Abs. 2 Nr. 4 BGB n.F. und auch BGH BauR 1975, 136 = NJW 1974, 1467) oder er sich in gleicher Weise weigert, seine sonstigen nach § 9 Nr. 1a und 1b VOB/B bestehenden Obliegenheiten und/oder Pflichten zu erfüllen, wie z.B. die Übergabe ordnungsgemäßer Ausführungspläne oder die Herbeiführung einer genehmigungsreifen Bauplanung (vgl. OLG München BauR 1980, 274). Entsprechendes gilt, wenn dem Auftraggeber die **Erfüllung der ihm obliegenden Verpflichtung unmöglich** geworden ist (vgl. RGZ 94, 29). Eine Nachfristsetzung ist auch entbehrlich, wenn der Auftraggeber die Erfüllung seiner Pflichten erst für einen Zeitpunkt ankündigt, der nach Ablauf der eigentlich vom Auftragnehmer gesetzten angemessenen Nachfrist liegt (entsprechend BGH NJW 1984, 48 = BB 1983, 1837). **Für** solche **Ausnahmesachverhalte** ist der **Auftragnehmer beweispflichtig,** so dass für ihn aus diesem Grunde Vorsicht geboten ist, wenn er die Nachfristsetzung mit Kündigungsandrohung unterlässt. Dies gilt noch verstärkt, nachdem durch das Schuldrechtsmodernisierungsgesetz mit Wirkung vom 1.1.2002 die **Kündigung von Dauerschuldverhältnissen** aus wichtigem Grund in § 314 BGB eine spezielle Regelung erfahren hat. Nach Abs. 2 des § 314 BGB ist die Kündigung erst nach erfolglosem Ablauf einer zur Abhilfe bestimmten Frist oder nach erfolgloser **Abmahnung** zulässig, wenn der wichtige Grund zur Kündigung in der Verletzung einer Pflicht aus dem Vertrag besteht. Zugleich wird allerdings § 323 Abs. 2 BGB n.F. für **entsprechend anwendbar** erklärt. Danach ist die **Fristsetzung mit Kündigungsandrohung** in bestimmten im Einzelnen aufgeführten Fällen entbehrlich, nämlich dann, wenn der Auftraggeber seine Mitwirkung ernsthaft und endgültig verweigert, wenn er die Mitwirkung zu einem im Vertrag bestimmten Termin oder innerhalb einer bestimmten Frist nicht bewirkt und der Auftragnehmer im Vertrag den Fortbestand seines Leistungsinteresses an die Rechtzeitigkeit der Leistung gebunden hat oder besondere Umstände vorliegen, die unter Abwägung der beiderseitigen Interessen die sofortige Kündigung rechtfertigen.

5   Ein **genereller Ausschluss des Erfordernisses der Nachfristsetzung** in AGB – insbesondere in Zusätzlichen Vertragsbedingungen – des Auftragnehmers verstößt dagegen im Anwendungsbereich des AGB-Gesetzes gegen § 11 Nr. 4 AGB-Gesetz bzw. jetzt gegen § 309 Nr. 4 BGB n.F. (vgl. dazu OLG Düsseldorf Betrieb 1982, 220).

B. Kündigung nach Fristablauf

6   Ist die **Frist zur Nachholung fruchtlos verstrichen,** steht dem Auftragnehmer das **Kündigungsrecht** zu, wobei allerdings die Kündigung auch noch tatsächlich erklärt werden muss. Dabei ist aber wohl bei Verträgen, für die das **Schuldrechtsmodernisierungsgesetz** des BGB 2002 zur Anwen-

dung kommt, auch noch zu beachten, dass gemäß § 314 Abs. 3 BGB n.F. bei **Dauerschuldverhältnissen**, denen der Bauvertrag zumindest sehr nahe steht, der Berechtigte nur innerhalb einer angemessenen Frist kündigen kann, nachdem er vom **Kündigungsgrund Kenntnis** erlangt hat. Danach darf der Auftragnehmer nicht noch längere Zeit zuwarten und den für ihn günstigsten Zeitpunkt für eine Kündigung abwarten. Zudem ist § 320 Abs. 2 BGB zu beachten. Danach ist eine Kündigung nicht zulässig, wenn die nachzuholende Leistung des Auftraggebers bis auf einen geringfügigen Teil erbracht ist, so dass eine Kündigung bei dieser Sachlage gegen Treu und Glauben verstoßen würde (ebenso OLG Düsseldorf BB 1978, 1339, 1340; für den Fall, dass von Abschlagszahlungen nur noch ein geringer Teil offen ist).

§ 9 VOB/B deckt sich nach alledem nicht mit § 643 BGB, da der Bauvertrag nicht ohne weiteres nach fruchtlosem Ablauf der gesetzten Nachholfrist mit Kündigungsandrohung wie bei § 643 BGB aufgehoben ist; es bedarf vielmehr noch einer ausdrücklichen Kündigungserklärung in einer gesonderten und von der Erklärung der Fristsetzung mit Kündigungsandrohung unabhängigen weiteren Erklärung (so auch BGH BauR 1973, 319 = NJW 1973, 1463) und der **Schriftform**. 7

C. Schriftform der Kündigung (§ 9 Nr. 2 S. 1 VOB/B)

Die Kündigung ist **nach Satz 1 schriftlich** auszusprechen. Die Einhaltung der **Schriftform** (vgl. dazu oben § 8 Nr. 5 VOB/B) ist demnach grundsätzlich **Wirksamkeitsvoraussetzung** für eine wirksame Kündigung des Bauvertrages durch den Auftragnehmer. Die Schriftform ist auch bei Übermittlung per Fax gemäß § 127 Abs. 2 BGB gewahrt. Zu beachten ist aber, dass die Kündigungsandrohung und die Kündigung selbst nur durch den Auftragnehmer oder einen dazu **bevollmächtigten Vertreter** erfolgen kann, so dass der **Bauleiter** dazu meist nicht berechtigt ist. Allerdings kann die Kündigung des Bauleiters später vom Auftragnehmer genehmigt werden (§§ 177, 180, 184 BGB). 8

§ 9 Nr. 3
[Kündigungsfolgen]

Die bisherigen Leistungen sind nach den Vertragspreisen abzurechnen. Außerdem hat der Auftragnehmer Anspruch auf angemessene Entschädigung nach § 642 BGB; etwaige weitergehende Ansprüche des Auftragnehmers bleiben unberührt.

Inhaltsübersicht Rn.

A. Allgemeine Grundlagen..	1
B. Ansprüche des Auftragnehmers nach Kündigung	2
I. Abrechnung der erbrachten Leistungen nach Vertragspreisen (S. 1)	2
II. Anspruch auf angemessene Entschädigung (§ 9 Nr. 3 S. 2 Hs. 1 VOB/B i.V.m. § 642 BGB)	8
III. Weiter gehende Ansprüche des Auftragnehmers (§ 9 Nr. 3 S. 2 Hs. 2 VOB/B)	20

A. Allgemeine Grundlagen

§ 9 Nr. 3 VOB/B regelt die Folgen der Kündigung durch den Auftragnehmer und bestimmt zunächst im Satz 1, dass die bisherigen Leistungen nach den Vertragspreisen abzurechnen sind. Mit den bisherigen Leistungen sind die bis zur Kündigung erbrachten Leistungen gemeint. Insoweit enthält Satz 1 des § 9 eine Selbstverständlichkeit, da der Auftragnehmer diesen Anspruch sogar bei einer Kündigung des Auftraggebers aus wichtigem Grunde hat. Satz 2 gewährt dem Auftragnehmer 1 aber darüber hinaus einen Anspruch auf **angemessene Entschädigung** nach § 642 BGB und damit einen Ausgleich dafür, dass er die weiteren Vertragsleistungen infolge der Kündigung aus dem Verantwortungsbereich des Auftraggebers nicht mehr erbringen kann. Schließlich bleiben auch noch weitergehende Ansprüche des Auftragnehmers nach Satz 3 unberührt, also etwaige Ansprüche aus den Regelungen über den **Annahmeverzug** gemäß §§ 293 ff. BGB oder aus der Verletzung von Vertragspflichten gemäß § 280 BGB n.F.

B. Ansprüche des Auftragnehmers nach Kündigung

I. Abrechnung der erbrachten Leistungen nach Vertragspreisen (S. 1)

2 Gemäß Satz 1 sind nach wirksam erfolgter Kündigung die **bisherigen Leistungen des** Auftragnehmers **nach den Vertragspreisen abzurechnen.** Es handelt sich um diejenigen vertraglichen Leistungsteile, die der Auftragnehmer **bis zur Wirksamkeit der Vertragskündigung** – Zugang der schriftlichen Kündigung beim Auftraggeber – ausgeführt hat. Um den tatsächlichen Umfang dieser erbrachten Leistungen festzustellen und prüfbar abrechnen zu können (vgl. dazu oben § 8 Nr. 1 VOB/B und § 8 Nr. 6 VOB/B), bedarf es hier – wie bei jeder Kündigung – zunächst eines – möglichst **gemeinsamen – Aufmaßes,** das der Auftragnehmer in entsprechender Anwendung des § 8 Nr. 6 VOB/B i.V.m. § 14 Nr. 2 VOB/B vom Auftraggeber verlangen kann (BGH BauR 2003, 689 ff. = NZBau 2003, 265). Davon sollte der Auftragnehmer auch unbedingt Gebrauch machen und den Auftraggeber mit dieser Pflicht auch in **Verzug** setzen, soweit er auf das gemeinsame **Aufmaß vor Ort** angewiesen ist und dieses nicht aus den **Ausführungsplänen gemäß DIN 18 299** Ziffer 5 selbst nehmen kann, wobei aber auch das Aufmaß nach Zeichnungen möglichst gemeinsam genommen werden sollte, wozu der Architekt des Auftraggebers grundsätzlich **Vollmacht** hat und dies zu seinen Leistungspflichten gemäß § 15 Abs. 1 Nr. 8 HOAI gehört. Dieses Aufmaß ist auch nach Kündigung eines **Pauschalpreisvertrages** erforderlich, da die bis zur Kündigung erbrachten Leistungen auf Grund des Pauschalpreisvertrages zur Gesamtleistung ins Verhältnis gesetzt werden müssen, um den anteiligen Vergütungsanspruch für die erbrachten Leistungen ermitteln zu können (BGH BauR 1999, 632 = NJW 1999, 2036 sowie *v. Rinteln* in *Kapellmann/Messerschmidt* § 9 VOB/B Rn. 81). Der Auftragnehmer hat nach der Kündigung einen Anspruch auf **Abnahme** und **Aufmaß** gemäß § 8 Nr. 6 VOB/B, der auch im Rahmen des § 9 VOB/B anwendbar ist. Er hat insbesondere auch einen Anspruch auf ein **gemeinsames Aufmaß.** Bleibt der Auftraggeber dem Termin zum gemeinsamen Aufmaß fern und ist ein neues Aufmaß oder eine Überprüfung des einseitig genommenen Aufmaßes nicht mehr möglich, kehrt sich im Prozess über die Vergütungshöhe die **Darlegungs- und Beweislast** um (BGH BauR 2003, 1207 und BGH BauR 2003, 689).

3 Für die Abrechnung nach Vertragspreisen gilt auch **§ 6 Nr. 5.** Zwar ist in § 9 Nr. 3 über die bereits entstandenen Kosten, die in den Vertragspreisen des infolge der Kündigung nicht mehr ausgeführten Teils enthalten sind, sowie über die Kosten der **Baustellenräumung** nichts erwähnt. Dazu ist zu sagen, dass der Auftragnehmer hier nicht schlechter gestellt werden kann als bei seiner schwächeren Kündigungsbefugnis nach § 6 Nr. 7 VOB/B wegen mehr als dreimonatiger **Bauunterbrechung**. Deshalb ist die entsprechende Anwendung von § 6 Nr. 7 Halbsatz 2 VOB/B sowie von § 6 Nr. 5 letzter Halbsatz VOB/B geboten, zumal § 645 Abs. 1 S. 2 BGB für den Fall des § 643 BGB eine der Bestimmung in § 6 Nr. 5 und Nr. 7 VOB/B entsprechende Regelung enthält (so auch *Nicklisch/Weick* § 9 VOB/B Rn. 27; RGRK-BGB-*Glanzmann* § 645 Rn. 9 ff.; BGH BauR 1997, 1021; OLG München BauR 1992, 79; *v. Rinteln* in *Kapellmann/Messerschmidt* § 9 VOB/B Rn. 79). Daraus folgt auch: Sofern der Auftragnehmer, im Wesentlichen aus dem Gesichtspunkt der **Schadensminderung,** über den Zeitpunkt der Kündigung hinaus in Wahrnehmung seiner fortbestehenden **Verkehrssicherungspflicht** Arbeiten aus Sicherheitsgründen ausführt oder um in technischer Hinsicht einen erforderlichen Abschluss zu erreichen, sind ihm diese ebenfalls zu bezahlen (*Hereth/Ludwig/Naschold*

Kündigungsfolgen § 9 Nr. 3 VOB/B

Teil B § 9 Ez. 9.60). So kann es erforderlich oder jedenfalls für beide Vertragspartner nach Treu und Glauben geboten sein, **begonnene Betonierungsarbeiten trotz Kündigung fortzuführen und abzuschließen** oder an die Baustelle **angelieferte Bauteile noch einzubauen**, um einen sinnvollen Abschluss herbeizuführen. Zu bezahlen sind aber auch bereits angefallene Transportkosten oder angefallene Lohnkosten für bevorstehende Arbeiten, aber wohl auch **Kündigungsfolgekosten für bereits beauftragte Subunternehmerleistungen.**

Probleme bereitet bei der Abrechnung auch die Frage, ob der Auftragnehmer die Vergütung für bereits **angelieferte Baumaterialien** oder hergestellte, aber noch **nicht angelieferte Bauteile** verlangen kann. Dabei handelt es sich sicherlich nicht um bereits erbrachte Leistungen, wie sich aus § 8 Nr. 3 Abs. 3, § 16 Nr. 1 Abs. 1 S. 3, § 7 Nr. 3 VOB/B ersehen lässt (BGH BauR 1995, 545). Aber § 9 Nr. 3 gewährt den Vergütungsanspruch nicht nur für erbrachte Leistungen, sondern für die bisherigen Leistungen. Dazu gehören aber auch vom Auftragnehmer **beschaffte oder hergestellte Bauteile und Baustoffe,** da es sich dabei um Leistungen zur Vertragserfüllung handelt (vgl. auch § 4 Nr. 1 Abs. 2 VOB/B). **4**

Sind an der erbrachten Leistung **Mängel** vorhanden und sind diese vom Auftraggeber mit Recht gerügt worden, **können** die **erforderlichen Mängelbeseitigungskosten** von dem zugunsten des Auftragnehmers errechneten und an ihn auszuzahlenden Vergütungsteil in Abzug gebracht werden. Fraglich ist aber, ob der Auftraggeber über die Vertragskündigung hinaus auch sonst noch Ansprüche wegen früher oder später aufgetretener oder erkannter Mängel gegen den Auftragnehmer geltend machen kann. Das ist zu bejahen, weil der Auftragnehmer im Ergebnis nicht mehr erhalten darf, als der vertragsgerechte Wert der von ihm erstellten Leistung ausmacht. Diese Grundregel ist unabhängig davon, dass der Auftragnehmer durch das Verhalten des Auftraggebers veranlasst worden ist, den Vertrag zu kündigen, da dies grundsätzlich mit seiner Verpflichtung zur mangelfreien Vertragserfüllung rechtlich nicht im Zusammenhang steht. Überdies ergibt auch der nach § 642 BGB zu berechnende **Entschädigungsanspruch,** dass der Auftragnehmer nicht besser gestellt werden soll, als habe er seine Vertragspflichten erfüllt, also vorhandene Mängel unter Einsatz eigener Arbeitskräfte und Mittel beseitigt. Deshalb kann der Auftraggeber auch nach Vertragskündigung durch den Auftragnehmer noch Nachbesserungsansprüche sowie etwaige weitere **Mängelansprüche** gegen diesen geltend machen oder in Abzug bringen. **5**

Der Auftragnehmer bleibt trotz Kündigung berechtigt und verpflichtet, die Mängel an den bis zur Kündigung erbrachten Leistungen zu beseitigen, so dass der Auftraggeber wegen vorhandener Mängel auch seine Mängelansprüche behält und ggf. einen **Einbehalt mit Druckzuschlag** in Höhe des dreifachen Betrages der **Mängelbeseitigungskosten** geltend machen kann (§ 641 Abs. 3 BGB), sofern sich der Auftraggeber nicht wegen einer vom Auftragnehmer angebotenen Mängelbeseitigung in **Annahmeverzug** befindet (vgl. BGH BauR 2002, 794 = NJW-RR 2002, 1025). In diesem Fall des Annahmeverzugs kann der Auftragnehmer zwar kündigen, er muss es aber nicht. Vielmehr kann er auf Zahlung des Werklohns »nach Empfang der Gegenleistung« gemäß § 322 Abs. 2 BGB klagen. Der Unternehmer kann dann auf Grund einer solchen Verurteilung seinen Anspruch wie bei einer **Zug um Zug** zu bewirkenden Leistung ohne Bewirkung der ihm obliegenden Leistung (Mängelbeseitigung) im Wege der **Zwangsvollstreckung** verfolgen, wenn der Auftraggeber in Annahmeverzug ist (BGH BauR 2002, 794 ff.). **6**

Auch hier sind die Grundsätze des § 254 BGB zu beachten, was besonders zum Tragen kommen kann, wenn der Mangel auf einem Verhalten des Auftraggebers beruht, das für den Auftragnehmer berechtigter Anlass zur Vertragskündigung war.

Lange Zeit umstritten war die Frage, wann Mängelansprüche des Auftraggebers nach erfolgter Kündigung verjähren, also welche **Verjährungsfrist** zur Anwendung kommt und wann diese zu laufen beginnt. Diese Frage ist nun durch Urteil des BGH v. 19.12.2002 (BauR 2003, 689 ff. = NZBau 2003, 265) dahingehend geklärt, dass die **Verjährungsfristen** des § 13 Nr. 4 VOB/B oder des § 13 Nr. 7 **7**

Abs. 3 VOB/B nach einer Kündigung oder Teilkündigung eines Bauvertrages auf Ansprüche aus § 4 Nr. 7 S. 1 und 2 VOB/B, die nach der Kündigung erhalten bleiben, grundsätzlich erst anwendbar sind, wenn die **bis zur Kündigung erbrachte Leistung abgenommen** worden ist. Zugleich hat der BGH in diesem Urteil auch entschieden, dass der Auftragnehmer nach der Kündigung einen Anspruch auf **Abnahme** gegen den Auftraggeber hat, wenn die von ihm bis zur Kündigung erbrachte Leistung die Voraussetzungen für die **Abnahmepflicht** des Auftraggebers erfüllt, also der Auftraggeber nicht gemäß § 12 Nr. 3 VOB/B zur **Abnahmeverweigerung** berechtigt ist (vgl. dazu auch oben § 8 Nr. 6 sowie unten § 12 Nr. 3 VOB/B). Diese Grundsätze gelten für alle Kündigungen des Bauvertrages, also auch für die Auftragnehmerkündigung. Die Abnahme kann der Auftragnehmer dabei auch gemäß § 640 Abs. 1 S. 3 BGB herbeiführen, da der BGH nur die **fiktiven Abnahmen nach § 12 Nr. 5 VOB/B** bei einem gekündigten Bauvertrag für nicht anwendbar erklärt hat (BGH BauR 2003, 689 ff.).

II. Anspruch auf angemessene Entschädigung (§ 9 Nr. 3 S. 2 Hs. 1 VOB/B i.V.m. § 642 BGB)

8 Nach § 9 Nr. 3 S. 2 Hs. 1 VOB/B hat der Auftragnehmer neben dem Vergütungsanspruch für die bis zur Kündigung erbrachten Leistungen auch noch einen Anspruch auf **angemessene Entschädigung** durch den Auftraggeber nach § 642 BGB. Nach herrschender Meinung (vgl. dazu auch *Nicklisch/ Weick* § 9 VOB/B Rn. 29 f. m.w.N.) hat die hier zum Vertragsinhalt erklärte gesetzliche Regelung des § 642 BGB **nicht** den Charakter eines **Schadensersatzanspruches,** sondern den einer Entschädigung oder auch **Abfindung** für den Auftragnehmer (so vor allem Beck'scher VOB-Komm./*Motzke* § 9 VOB/B Rn. 15; a.A. *Nicklisch/Weick* § 9 VOB/B Rn. 29 f., der im Hinblick auf § 642 BGB von einem Erfüllungsanspruch spricht), weshalb hier auch § 6 Nr. 6 VOB/B mit seiner Beschränkung bezüglich des entgangenen Gewinns außer Betracht bleibt (so vor allem Beck'scher VOB-Komm./ *Motzke* § 9 VOB/B Rn. 15; a.A. *Nicklisch/Weick* § 9 VOB/B Rn. 32, der hier unzulässigerweise die nur bei fortdauerndem Vertrag geltende Haftungsbeschränkung in Teil B § 6 Nr. 6 heranziehen will). Dies beruht nach Treu und Glauben auf der Erwägung, dass der Auftragnehmer für seine Mühewaltungen und Aufwendungen einen Ausgleich erhalten soll, wenn er zum vorzeitigen Abbruch der Bauleistung infolge eines Verhaltens des Auftraggebers gezwungen und insbesondere in seinen Erwartungen hinsichtlich des errechneten und eingeplanten Gesamtgewinns enttäuscht wird. Der **Entschädigungsanspruch** des Auftragnehmers erfasst solche Nachteile und Aufwendungen, die ihm durch den **Verzug** des Auftraggebers während der ursprünglich geplanten Vertragsdauer entstanden sind (zutreffend *Nicklisch/Weick* § 9 VOB/B Rn. 29; OLG Köln § 8 VOB/B Nr. 7). Zu diesen Aufwendungen gehören nicht nur z.B. diejenigen für die Vorhaltung von Geräten, sondern auch der Verdienstausfall des Auftragnehmers (vgl. BGH SFH Z 2.511 Bl. 8 ff.; auch OLG München BauR 1980, 274 sowie Beck'scher VOB-Komm./*Motzke* § 9 VOB/B Rn. 16), aber auch die Allgemeinen Geschäftskosten, die mit der Restleistung erwirtschaftet worden wären. Die Höhe der Abfindung errechnet sich gemäß § 642 Abs. 2 BGB einerseits nach der **Dauer des Verzuges und der Höhe der vereinbarten Vergütung**, andererseits nach demjenigen, was der Auftragnehmer infolge des Verzuges des Auftraggebers und der deshalb erfolgten Kündigung **an Aufwendungen erspart** oder durch anderweitige Verwendung seiner Arbeitskraft erwerben konnte, wobei ein entsprechender **Ersatzauftrag** schadensmindernd zu berücksichtigen ist. Es soll eine **summarische Abgeltung** für das Bereithalten von Arbeitskraft und Geschäftskapital erfolgen. Die Höhe des Entschädigungsanspruchs des Auftragnehmers ist im Streitfall durch das Gericht gemäß § 287 ZPO zu schätzen, wobei entscheidend darauf abzustellen ist, dass der Auftragnehmer letztlich durch die vom Auftraggeber verursachte Kündigung des Bauvertrages **keinen finanziellen Nachteil** erleiden darf. Insoweit können häufig die für die freie Kündigung des Bauvertrages durch den Auftraggeber entwickelten Grundsätze der BGH-Rechtsprechung zur Anwendung kommen (vgl. dazu auch *Kniffka* Jahrbuch Bau-

recht 2000 S. 1 ff. und *Kniffka/Koeble* a.a.O. 6. Teil Rn. 332; a.A. *v. Rintelen* in *Kapellmann/Messerschmidt* § 9 VOB/B Rn. 86; vgl. dazu vor allem oben § 8 Nr. 1 VOB/B).

Die Formulierung des § 9 Nr. 3 lässt erkennen, dass der Entschädigungsanspruch an § 9 Nr. 1 anknüpft und nur zu Art und Höhe auf § 642 BGB verweist, da es sich um eine Rechtsfolgenverweisung handelt, so dass dessen Voraussetzungen schon durch die Kündigung nach § 9 Nr. 1 erfüllt sind. **9**

Die Formulierung des Gesetzes wirft die Frage auf, ob der Entschädigungsanspruch eher dem **Schadensersatzanspruch** des § 6 Nr. 6 VOB/B (Schadensberechnung nach der Differenztheorie bzw. Schätzung gemäß § 287 ZPO) oder dem **Vergütungsanspruch** des § 2 Nr. 5 und 6 VOB/B (Mehrkosten durch Annahmeverzug des Auftraggebers) angelehnt ist. Soweit § 642 BGB den Entschädigungsanspruch von der **Dauer des Verzugs** abhängig macht, könnte diese Formulierung für eine Anbindung an den Schadensersatzanspruch sprechen, obwohl es sich bei dem hier angesprochenen Verzug um den Annahme- und nicht den Schuldnerverzug handelt und das Gesetz beim Annahmeverzug, der verschuldensunabhängig ist, gerade keinen Schadensersatzanspruch vorsieht, sondern nur einen **Anspruch auf Ersatz von Mehraufwendungen** (§ 304 BGB). Der weitere Wortlaut des § 642 Abs. 2 BGB weist denn auch deutlich auf den **Entschädigungsanspruch als vergütungsähnlichen Anspruch** hin, da sich die Höhe der Entschädigung neben der Dauer des Verzuges nach der Höhe der vereinbarten Vergütung bestimmt und danach, was der Unternehmer infolge des Verzuges an **Aufwendungen erspart**. Damit lehnt sich der Entschädigungsanspruch zugleich eng an § 649 S. 2 BGB bei grundloser Kündigung des Bauvertrages durch den Auftraggeber an, wenn auch nicht mit exakt gleicher Formulierung, da in § 642 Abs. 2 BGB die **tatsächliche Ersparnis** und die **anderweitige Erwerbsmöglichkeit angerechnet werden** sollen (vgl. auch *Vygen/Schubert/Lang* Bauverzögerung und Leistungsänderung Rn. 322). **10**

Dies zusammen mit der abweichenden Bezeichnung des Anspruchs (Entschädigung statt Schadensersatz) und den unterschiedlichen Voraussetzungen (verschuldensunabhängig und verschuldensabhängig) spricht entscheidend dafür, dass der Entschädigungsanspruch vergütungsähnlichen oder gar **vergütungsgleichen Charakter** hat, so dass der Anknüpfungspunkt für die Berechnung der Entschädigung einerseits zwar die Dauer der Behinderung, andererseits aber der **Vertragspreis** und damit die **Kalkulationsgrundlage** ist (so vor allem: *Kapellmann/Schiffers* a.a.O. Bd. I Rn. 1649 unter Hinweis auf die Motive zum BGB, vgl. *Mugdan* § 575 E I S. 276; BGH SFH Z 2.511 Bl. 8 R und OLG Celle BauR 2000, 416; *Staudinger/Peters* § 642 BGB Rn. 24). Daraus folgt, dass die **Berechnung der Entschädigung** auf der **Grundlage der Auftragskalkulation** zu erfolgen hat, die grundsätzlich losgelöst von den tatsächlichen Mehrkosten ist. Die Entschädigung berechnet sich nach der fortgeschriebenen **Kalkulation** für zusätzlich entstehende **zeitabhängige Kosten,** also z.B. zusätzliche Mietkosten für Geräte, Container usw., zusätzliche Kosten für die längere Vorhaltung der Baustelleneinrichtung und des Bauleitungspersonals, und zwar jeweils auf der Grundlage der Kalkulation und nicht der tatsächlich anfallenden Mehrkosten, wie dies beim Schadensersatzanspruch der Fall ist. Auf der anderen Seite muss sich aber der Auftragnehmer bei der Berechnung des Entschädigungsanspruchs die Kosten aus der Kalkulation anrechnen lassen, die er infolge des Annahmeverzugs erspart bzw. in der Zeit des Annahmeverzuges anderweitig erwerben kann. Insoweit sind die von der Rechtsprechung entwickelten Grundsätze zu § 649 S. 2 BGB entsprechend anzuwenden (vgl. dazu *Kniffka/Koeble* Kompendium des Baurechts S. 340 ff.). Danach muss der Auftragnehmer, der den Entschädigungsanspruch gemäß § 642 BGB geltend macht, diesen auf der Grundlage seiner Kalkulation berechnen und zugleich auch zur Frage der ersparten Aufwendungen und des anderweitigen Erwerbs Stellung nehmen (*Vygen/Schubert/Lang* a.a.O. Rn. 323). **11**

Dabei beschränkt sich der Anspruch aber nicht auf einen Ausgleich der Nachteile während des Annahmeverzuges, also nur auf **verzugsbedingte Zusatzaufwendungen** (so aber *v. Rintelen* in *Kapellmann/Messerschmidt* § 9 VOB/B Rn. 85, 88; OLG Köln SFH § 8 VOB/B Nr. 7). Das hätte zur Folge, dass der Auftragnehmer bei einer berechtigten Kündigung wegen Verletzung von Mitwirkungspflichten seitens des Auftraggebers finanziell schlechter steht als bei der freien Kündigung durch **12** den Auftraggeber gemäß § 8 Nr. 1 VOB/B, was aber gerade nicht beabsichtigt ist, zumal auch der Anspruch aus § 304 BGB dem Gesetzgeber nicht genügte.

13 Da § 642 Abs. 2 BGB die Berechnung nach der Dauer des Verzugs und der Höhe der Vergütung vorschreibt, sind in die Berechnung grundsätzlich alle Bestandteile der Vergütung einzurechnen, soweit sie nicht durch den Annahmeverzug und die Kündigung erspart werden, also insbesondere auch **Baustellengemeinkosten, Allgemeine Geschäftskosten** und auch **Wagnis und Gewinn,** da auch diese im Regelfall Bestandteil der **Kalkulation** der vereinbarten Vergütung sind und durch den Annahmeverzug des Auftraggebers nicht erspart werden, allenfalls durch anderweitige Verwendung der Arbeitskraft erworben bzw. verdient werden können. Ist dies aber nicht der Fall, so sind auch Wagnis und Gewinn bei der Berechnung der Entschädigung zu berücksichtigen (so auch zu Recht *Kapellmann/Schiffers* a.a.O. Bd. 1 Rn. 1650 unter Hinweis auf die insoweit eindeutigen Motive, siehe *Mugdan* § 575 E I S. 277 und die eigene Rechtsprechung des BGH SFH Z 2.511 Bl. 9; a.A. aber BGH BauR 2000, 722 = NZBau 2000, 187). Dies gilt allerdings nicht für **entgangenen Gewinn aus anderen Bauaufträgen** (*Vygen/Schubert/Lang* a.a.O. Rn. 324). Trotz dieser klaren Rechtslage hat aber der BGH ohne jede Begründung und ohne Auseinandersetzung mit seiner früheren Rechtsprechung (BGH SFH Z 2.511 Bl. 9) in dem bereits erwähnten Urt. v. 21.10.1999 (BauR 2000, 722) entschieden, dass der Auftragnehmer im Rahmen des Entschädigungsanspruchs den **kalkulatorischen Anteil** aus der Vergütung für **Gewinn und Wagnis** nicht beanspruchen kann (so *Kniffka/Koeble* a.a.O. S. 327), obwohl das Urteil selbst nur den Satz enthält, dass »der Anspruch aus § 642 BGB im Unterschied zu § 286 Abs. 1 BGB a.F. nicht **entgangenen Gewinn** und Wagnis umfasst«. Diese Einschränkung könnte man auch so verstehen, dass nur der **entgangene Gewinn aus anderen Bauaufträgen** infolge des Annahmeverzuges ausgeschlossen sein soll (*Vygen/Schubert/Lang* a.a.O. Rn. 324).

14 Der Auftragnehmer muss im Streitfall den Entschädigungsanspruch dem Grunde und der Höhe nach im Einzelnen darlegen und beweisen, wobei ihm allerdings bei der Höhe auch die Möglichkeit der **Schätzung** durch das Gericht gemäß § 287 ZPO zugute kommen kann und sollte (vgl. auch BGH BauR 2006, Heft 10).

15 Der Entschädigungsanspruch aus § 642 BGB unterliegt als vergütungsgleicher Anspruch der **Mehrwertsteuer** (so zutreffend *Kapellmann/Schiffers* a.a.O. Bd. 1 Rn. 1650 a.E.; *Vygen/Schubert/Lang* a.a.O. Rn. 325; a.A. Beck'scher VOB-Komm./*Motzke* § 9 Nr. 1 VOB/B Rn. 16 sowie *Franke/Kemper/Zanner/Grünhagen* § 9 VOB/B Rn. 27 und OLG Koblenz BauR 2002, 811).

16 Da es sich bei dem nach § 642 BGB ausgerichteten Anspruch nicht um einen Schadensersatzanspruch, sondern um einen **verschuldensunabhängigen Entschädigungsanspruch** (BGH BauR 2000, 722) als Abfindung für die vom Auftraggeber verursachte vorzeitige Beendigung des Bauvertrages handelt, kann es zweifelhaft sein, ob hier überhaupt gemäß § **254 BGB** vom Auftraggeber ein etwaiges **Mitverschulden des Auftragnehmers** (etwa wegen nicht rechtzeitigen Bemühens um andere Aufträge) geltend gemacht werden kann (offengelassen v. BGH SFH Z 2.511 Bl. 8 ff.). Da der Regelung des § 254 BGB ein allgemeiner Rechtsgedanke zugrunde liegt, wird man aber auch hier berechtigte Einwendungen wegen Mitverschuldens des Auftragnehmers gelten lassen müssen, was zu einer entsprechenden Herabsetzung des Anspruches aus § 642 BGB führen kann (ebenso *Nicklisch/Weick* § 9 VOB/B Rn. 31; vgl. dazu dann auch BGH BauR 1993, 600). Allerdings: Dem Auftragnehmer kann aber grundsätzlich **kein Mitverschulden** i.S.d. § 254 BGB deswegen entgegengehalten werden, weil er von vornherein habe erkennen können und müssen, dass das Bauvorhaben nicht durchgeführt würde oder weil eine der von § 9 Nr. 1a und 1b VOB/B sonst erfassten Kündigungsvoraussetzungen gegeben sei. Hier handelt es sich um Kündigungsrechte des Auftragnehmers, die erst **nach** Abschluss des Bauvertrages in Betracht kommen. Es ist **allein Sache des Auftraggebers,** die Voraussetzungen für die ordnungsgemäße Durchführung des Bauvertrages zu schaffen; den Auftragnehmer trifft insofern keine Verantwortlichkeit. Ihm kann es grundsätzlich nicht zur Last gelegt werden, wenn er nach Vertragsabschluss notwendige Aufwendungen macht und sonstige sachgerechte Vorkehrungen trifft, die nur dazu dienen, eine den Erwartungen und den Vertragspflichten

Kündigungsfolgen § 9 Nr. 3 VOB/B

entsprechende ordnungsgemäße Durchführung des Bauvertrages zu gewährleisten (vgl. BGH SFH Z 2.511 Bl. 8 ff.).

Der **Entschädigungsanspruch** wird fällig, wenn er dem Grunde und der Höhe nach beziffert geltend gemacht wird. Soweit er zusammen mit der Vergütung für die bis zur Kündigung erbrachten Leistungen gemäß § 9 Nr. 3 S. 1 VOB/B geltend gemacht wird, bedarf es dazu einer **prüffähigen Schlussrechnung,** wobei aber diese Anforderungen für den Entschädigungsanspruch deutlich geringer ausfallen und sich an der Rechtsprechung des BGH zur Abrechnung gekündigter Bauverträge zu orientieren haben, also letztlich am Informations- und Kontrollinteresse des Auftraggebers (vgl. dazu vor allem *Kniffka* Jahrbuch Baurecht 2000 S. 1 ff.). 17

Der **Anspruch aus § 642 BGB** verjährte nach dem bis 31.12.2001 geltenden BGB in zwei Jahren, § 196 Abs. 1 Nr. 1 BGB a.F., ausnahmsweise unter den Voraussetzungen des § 196 Abs. 2 BGB a.F. in vier Jahren, da sich im Allgemeinen die **Verjährung** von Ansprüchen wegen schuldhafter Nichterfüllung von Verpflichtungen nach der Verjährungsregelung, die für das ursprüngliche Rechtsverhältnis maßgebend ist, richtet, also hier die Verjährungsfristen für den Vergütungsanspruch des Auftragnehmers gelten. Gemäß § 195 BGB n.F. (2002) gilt jetzt die regelmäßige **Verjährungsfrist** von 3 Jahren, wobei aber vor allem die speziellen Übergangsvorschriften für Alt-Verträge gemäß Art. 229 §§ 5 und 6 EGBGB zu beachten sind (vgl. *Lenkeit* BauR 2002, 225 f.). Die Verjährungsfrist beginnt mit dem Schluss des Jahres, in dem die Kündigung wirksam wird (§ 201 BGB a.F. bzw. § 199 BGB n.F.) und in dem die **Fälligkeit** der vom Auftraggeber vorgelegten prüfbaren Schlussrechnung eingetreten ist (BGH BauR 1987, 95 = ZfBR 1987, 95). 18

Für etwaige, die vorgenannten Bestimmungen ausschließende oder einschränkende **Entschädigungsregelungen in AGB** ist zumindest § 9 AGB-Gesetz a.F. bzw. § 307 BGB n.F. zu beachten (vgl. BGH BauR 1985, 77). Allerdings greift hier nicht § 11 Nr. 8b AGB-Gesetz a.F. bzw. § 309 Nr. 8b BGB n.F. ein, da es sich beim Anspruch aus § 642 BGB um keinen Schadensersatzanspruch handelt. Unzulässig ist eine Klausel in AGB des Auftraggebers, wonach der Auftragnehmer auch bei berechtigter Kündigung aus wichtigem Grund, die für ihn nur mit einer Frist von 4 Wochen möglich ist, lediglich Vergütung der bis dahin erbrachten Leistungen, nicht aber Schadensersatz oder Entschädigung nach § 642 BGB verlangen kann; dann ist nicht nur die Vereinbarung der VOB/B als Ganzes nicht mehr gegeben, vielmehr liegt auch ein Verstoß gegen § 9 AGB-Gesetz a.F. bzw. § 307 BGB n.F. vor (BGH BauR 1990, 81 = ZfBR 1990, 18). 19

III. Weiter gehende Ansprüche des Auftragnehmers (§ 9 Nr. 3 S. 2 Hs. 2 VOB/B)

Schließlich kann der **Auftragnehmer** bei Vorliegen der dafür jeweils maßgebenden Voraussetzungen **noch weiter gehende Ansprüche** geltend machen, ohne dass auch hier die Beschränkung in § 6 Nr. 6 VOB/B Platz greift. Mit dieser Regelung ist allerdings nur die bloße Feststellung verbunden, dass solche Ansprüche aus selbstständigen Anspruchsgrundlagen nicht durch die Bestimmung des § 9 Nr. 3 VOB/B ausgeschlossen werden. 20

Die VOB/B enthält hier also keine eigene Anspruchsgrundlage; vielmehr wird nur klargestellt, dass nach sonstigen Regeln entstandene Ansprüche aufrechterhalten bleiben. Dabei handelt es sich neben einem Anspruch auf Ersatz von verzugsbedingt entstandenen **Mehraufwendungen gemäß § 304 BGB** im Falle der Kündigung nach § 9 Nr. 1a VOB/B im Wesentlichen um **gesetzliche Schadensersatzansprüche,** die von der Kündigung und der Beendigung des Bauvertrages nicht beeinträchtigt werden, wie z.B. aus **Schuldnerverzug des Auftraggebers** (§§ 286 ff. BGB a.F. bzw. §§ 241, 280, 281, 288 BGB n.F.) bei Kündigung nach § 9 Nr. 1b VOB/B. Es kommen ferner vor allem Ansprüche aus **positiver Vertragsverletzung** nach dem bis zum 31.12.2001 geltenden BGB a.F. bzw. §§ 241, 280 BGB n.F. der als vertragliche **Nebenpflicht** ausgestalteten **Mitwirkungspflichten** (z.B. Planlieferungspflicht) oder auch der Verletzung von bloßen Obliegenheiten (vgl. BGH VersR 1960, 693 sowie 21 *v. Rintelen* in *Kapellmann/Messerschmidt* § 9 VOB/B Rn. 98) in Betracht, soweit diese aus einem schuldhaften Verhalten des Auftraggebers herzuleiten sind, das sich mit den Voraussetzungen des § 9 Nr. 1a und 1b VOB/B deckt. Eine solche Vertragsverletzung liegt z.B. vor, wenn sich der Auftraggeber (oder dessen Architekt) nicht rechtzeitig über die Bebaubarkeit des Grundstückes erkundigt und deshalb keine Baugenehmigung erhalten hat, so dass die im Bauvertrag vorgesehene Leistung vom Auftragnehmer nicht durchgeführt werden kann. Auch die Verletzung der in § 3 Nr. 1 und 2 VOB/B festgelegten Pflichten des Auftraggebers kann zu einer Schadensersatzverpflichtung führen. Hinzu kommen noch **andere vertragliche Ansprüche,** wie z.B. **Schadensausgleichspflichten** im Innenverhältnis usw. Denkbar sind auch **Bereicherungsansprüche (§§ 812 ff. BGB)** oder Ansprüche aus **Geschäftsführung ohne Auftrag** (§§ 677 ff. BGB), wie sich aus § 2 Nr. 8 Abs. 3 VOB/B ersehen lässt. Das gilt besonders, wenn zur Zeit der Vertragskündigung im bisherigen Bauvertrag nicht vorgesehene Leistungen erbracht worden sind, die der Auftraggeber auf sein Verlangen zusätzlich oder abweichend vom Vertrag gefordert und erhalten hat. Da durch die Kündigung – soweit erforderlich – der Bauvertrag in Fortfall gekommen ist, können im Allgemeinen nach der Kündigung keine Vereinbarungen auf der bisherigen vertraglichen Basis – etwa nach § 2 Nr. 3 Abs. 2, 3 und 4, Nr. 5 oder 6 VOB/B – mehr getroffen werden. Dann kommen u.U. Bereicherungsansprüche gemäß §§ 812 ff. BGB oder Ansprüche aus §§ 677 ff. BGB in Betracht, die sich allerdings im Wesentlichen nach den vertraglichen Bestimmungen richten, da der Auftraggeber im Allgemeinen auch sonst eine entsprechende Vergütung hätte bezahlen müssen. Hinsichtlich der hier erörterten weitergehenden Ansprüche des Auftragnehmers kommt u.U. auch ein **Mitverschulden** des Auftragnehmers zur Anwendung (§ 254 BGB).

22 Neben den bereits erwähnten weitergehenden **Schadensersatzansprüchen** aus § 304 BGB oder vor allem aus § 280 BGB n.F. kann dem Auftragnehmer aber auch nach erfolgter Kündigung gemäß § 9 Nr. 1 VOB/B durchaus der **volle vereinbarte Vergütungsanspruch abzüglich ersparter Aufwendungen** zustehen, wenn infolge einer (schuldhaften) Verletzung oder Unterlassung der Mitwirkungshandlung die Erbringung seiner vertraglich geschuldeten Leistung objektiv unmöglich wird (vgl. § 324 Abs. 1 BGB a.F.) und der Anspruch des Auftraggebers auf Leistung deshalb gemäß § 275 Abs. 1 BGB n.F. ausgeschlossen ist. In diesem Fall bestimmt § 326 Abs. 2 BGB n.F., dass der Auftragnehmer seinen Anspruch auf die Gegenleistung, also die vereinbarte Vergütung behält, wenn der Gläubiger, also der Auftraggeber für den Umstand, auf Grund dessen der Schuldner nach § 275 Abs. 1–3 BGB n.F. nicht zu leisten braucht, allein oder weit überwiegend verantwortlich ist oder dieser vom Schuldner nicht zu vertretende Umstand zu einer Zeit eintritt, zu welcher der Gläubiger im Verzug der Annahme ist, wie dies bei der Kündigung nach § 9 Nr. 1a VOB/B der Fall ist. Bei diesem vollen Vergütungsanspruch muss er sich jedoch anrechnen lassen, was er infolge der Befreiung von der Leistung erspart oder durch anderweitige Verwendung seiner Arbeitskaft erwirbt oder zu erwerben böswillig unterlässt. Der Anspruch entspricht dann insgesamt dem des § 8 Nr. 1 Abs. 2 VOB/B (vgl. zur Höhe dort).

§ 10
Haftung der Vertragsparteien

1. Die Vertragsparteien haften einander für eigenes Verschulden sowie für das Verschulden ihrer gesetzlichen Vertreter und der Personen, deren sie sich zur Erfüllung ihrer Verbindlichkeiten bedienen (§§ 276, 278 BGB).

2. (1) Entsteht einem Dritten im Zusammenhang mit der Leistung ein Schaden, für den auf Grund gesetzlicher Haftpflichtbestimmungen beide Vertragsparteien haften, so gelten für den Ausgleich zwischen den Vertragsparteien die allgemeinen gesetzlichen Bestimmungen, soweit im Einzelfall nichts anderes vereinbart ist. Soweit der Schaden des Dritten nur die

Folge einer Maßnahme ist, die der Auftraggeber in dieser Form angeordnet hat, trägt er den Schaden allein, wenn ihn der Auftragnehmer auf die mit der angeordneten Ausführung verbundene Gefahr nach § 4 Nr. 3 hingewiesen hat.
(2) Der Auftragnehmer trägt den Schaden allein, soweit er ihn durch Versicherung seiner gesetzlichen Haftpflicht gedeckt hat oder durch eine solche zu tarifmäßigen, nicht auf außergewöhnliche Verhältnisse abgestellten Prämien und Prämienzuschlägen bei einem im Inland zum Geschäftsbetrieb zugelassenen Versicherer hätte decken können.

3. Ist der Auftragnehmer einem Dritten nach §§ 823 ff. BGB zu Schadensersatz verpflichtet wegen unbefugten Betretens oder Beschädigung angrenzender Grundstücke, wegen Entnahme oder Auflagerung von Boden oder anderen Gegenständen außerhalb der vom Auftraggeber dazu angewiesenen Flächen oder wegen der Folgen eigenmächtiger Versperrung von Wegen oder Wasserläufen, so trägt er im Verhältnis zum Auftraggeber den Schaden allein.

4. Für die Verletzung gewerblicher Schutzrechte haftet im Verhältnis der Vertragsparteien zueinander der Auftragnehmer allein, wenn er selbst das geschützte Verfahren oder die Verwendung geschützter Gegenstände angeboten oder wenn der Auftraggeber die Verwendung vorgeschrieben und auf das Schutzrecht hingewiesen hat.

5. Ist eine Vertragspartei gegenüber der anderen nach den Nummern 2, 3 oder 4 von der Ausgleichspflicht befreit, so gilt diese Befreiung auch zugunsten ihrer gesetzlichen Vertreter und Erfüllungsgehilfen, wenn sie nicht vorsätzlich oder grob fahrlässig gehandelt haben.

6. Soweit eine Vertragspartei von dem Dritten für einen Schaden in Anspruch genommen wird, den nach den Nummern 2, 3 oder 4 die andere Vertragspartei zu tragen hat, kann sie verlangen, dass ihre Vertragspartei sie von der Verbindlichkeit gegenüber dem Dritten befreit. Sie darf den Anspruch des Dritten nicht anerkennen oder befriedigen, ohne der anderen Vertragspartei vorher Gelegenheit zur Äußerung gegeben zu haben.

Inhaltsübersicht Rn.

A. Überblick 1
B. Unterscheidung zwischen Nr. 1 einerseits und Nr. 2–6 andererseits. 2

Aufsätze: *Mertens* Verkehrspflichten und Deliktsrecht VersR 1980, 397; *Steffen* Verkehrspflichten im Spannungsfeld von Bestandsschutz und Handlungsfreiheit VersR 1980, 409; *Schmalzl* Der Tatbestand des Bauens über die Grenze (§§ 912 ff. BGB) BauR 1981, 328; *Schmalzl* Die Haftpflichtversicherung der Baubeteiligten BauR 1981, 505; *Bindhardt* Pflichten und Verantwortung des Architekten gegenüber den Nachbarn seines Bauherrn BauR 1983, 422; *Brüggemeier* Die vertragsrechtliche Haftung für fehlerhafte Produkte und der deliktsrechtliche Eigentumsschutz nach § 823 Abs. 1 BGB VersR 1983, 501; *Lewer* Die Haftung des Werkbestellers nach Dienstleistungsrecht gem. den §§ 616, 619 BGB JZ 1983, 336; *Marburger* Die haftungs- und versicherungsrechtliche Bedeutung technischer Regeln VersR 1983, 597; *Weitnauer* Die Tiefgarage auf dem Nachbargrundstück ZfBR 1983, 97; *Kullmann* Die außervertragliche Haftung des Bauherrn in der Rechtsprechung des Bundesgerichtshofes FS Korbion 1986, 235; *Kniffka* Die deliktische Haftung für durch Baumängel verursachte Schäden ZfBR 1991, 1; *Maurer* Beschädigung von Versorgungsleitungen bei Tiefbauarbeiten, Rechtsprechung und Haftungsquoten BauR 1992, 437; *Vens-Cappel/Wolf* Zur haftungs- und versicherungsrechtlichen Problematik des § 10 Nr. 2 Abs. 2 VOB/B BauR 1993, 275; *Kroitzsch* Sicherheits-DIN-Normen und Anscheinsbeweis BauR 1994, 673; *Saller* Die Haftung des Baugeräteunternehmers für Schäden an Erd- und Freileitungen BauR 1995, 762; *Benicke* Deliktische Haftung mehrerer nach § 830 BGB Jura 1996, 127; *Jagenburg* Die Entwicklung des privaten Bauvertragsrechts seit 1994 – BGB- und Werkvertragsfragen NJW 1996, 2198–2209; *Martiny*, Pflichtorientierter Drittschutz beim Vertrag mit Schutzwirkung für Dritte – Eingrenzung uferloser Haftung JZ 1996, 19; *Schmeel* Aktuelle Entwicklungen des Privaten Baurechts MDR 1997, 604; *Schmeel* Aktuelle Entwicklungen des Privaten Baurechts MDR 1998, 5; *Jagenburg* Die Entwicklung des privaten Bauvertragsrechs seit 1996 – BGB- und Werkvertragsfragen NJW 1999, 2218–2230; *Wiesner* Mängel und Fristenlauf im Bauvertrag MDR 1999, 455–461; *Siegburg* Vorunternehmer als Erfüllungsgehilfe des Auftragnehmers? BauR 2000, 182–184; *Raab* Zum Entschädigungsanspruch des Unternehmers bei fehlerhaftem Mitwirkungsverhalten des Bestellers (f) JZ 2001, 251–254; *Schmidt* Die Rechtsprechung des Bundesgerichtshofs zum Bau-, Architekten- und Statikerrecht WM 2001, Sonderbeilage Nr. 5, 3–23; *Siegburg* Verantwortlichkeit des Auftraggebers für Baumängel bei fehlerhafter Vorunternehmerleistung – de lege lata et de lege ferenda –, ZfBR 2001, 291–298; *Siegburg* Der ohne Vollmacht handelnde Architekt (f) EwiR 2001, 851–852; *Jagenburg* Die Entwicklung des privaten Bauvertragsrechts seit 1998 – VOB/B NJW 2003, 102–116; *Pfeiffer* VOB B § 10 Nr. 2 Abs. 2 – Haftungsfreizeichnung im Subunternehmervertrag – Vereinbarkeit mit AGBG § 9 (f) WuB IV C § 9 AGBG 6.99.

A. Überblick

1 § 10 VOB/B befasst sich mit der **internen Haftung der Vertragspartner**. Geregelt wird nur der **Innenausgleich**, wenn aufgrund vertraglicher oder gesetzlicher Ansprüche eine Haftung besteht. Die Haftung gegenüber Dritten ist nicht Gegenstand des § 10 VOB/B, der selbst keine Haftung begründet.

B. Unterscheidung zwischen Nr. 1 einerseits und Nr. 2–6 andererseits

2 § 10 Nr. 1 VOB/B betrifft die zivilrechtliche Haftung der Vertragsparteien untereinander, sowie ihre Pflicht, für schuldhaftes Handeln ihrer gesetzlichen Vertreter und Erfüllungsgehilfen einzustehen. Einen eigenen Regelungsgehalt hat Nr. 1 damit nicht.

Die interne Haftungsverteilung bei Schädigung eines **Dritten** regeln § 10 Nr. 2–6 VOB/B. Dazu verweist Nr. 2 Abs. 1 S. 1 auf die allgemeinen gesetzlichen Bestimmungen. Gesetzliche Regelungen zur gesamtschuldnerischen Haftung sind die §§ 426, 830 und 840 BGB.

Diejenigen Fälle, in denen im Innenverhältnis nur eine der beiden Vertragsparteien haften soll, regeln Nr. 2 Abs. 1 S. 2, Abs. 2, Nr. 3 und Nr. 4. Der Auftraggeber haftet im Innenverhältnis allein, wenn der Schaden auf seine Anordnungen zurück zu führen ist, und der Auftragnehmer Bedenken angemeldet hat (Nr. 2 Abs. 1 S. 2). Eine alleinige Haftung des Auftragnehmers im Innenverhältnis folgt aus Nr. 2 Abs. 2, wenn er den Schaden versichert hat oder hätte versichern können. Nach Nr. 3 haftet der Auftragnehmer auch dann allein, wenn er eigenmächtig benachbarten Boden beschädigt, Boden außerhalb der vorgegebenen Flächen entnimmt oder auflagert oder Wege und Wasserläufe versperrt. Verletzt der Auftragnehmer gewerbliche Schutzrechte, haftet er nach Nr. 4 im Innenverhältnis allein, vorausgesetzt er hat das Verfahren selbst angeboten oder er wurde vom Auftraggeber auf bestehende Schutzrechte an vorgeschriebenen Verfahren hingewiesen. Haftet im Innenverhältnis nur eine der Vertragsparteien, sind die gesetzlichen Vertreter und Erfüllungsgehilfen der anderen Partei nach Nr. 5 ebenfalls von der Haftung befreit. Den Freistellungsanspruch der von der Haftung befreiten Partei regelt Nr. 6.

§ 10 Nr. 1
[Die schuldrechtlich-vertragliche Haftung der Bauvertragspartner]

Die Vertragsparteien haften einander für eigenes Verschulden sowie für das Verschulden ihrer gesetzlichen Vertreter und der Personen, deren sie sich zur Erfüllung ihrer Verbindlichkeiten bedienen (§§ 276, 278 BGB).

Die schuldrechtlich-vertragliche Haftung der Bauvertragspartner § 10 Nr. 1 VOB/B

Inhaltsübersicht   Rn.

A. Nr. 1 regelt nicht den objektiven Haftungstatbestand 1
B. Subjektive Voraussetzung: Verschulden 9
    I. Vorsatz 10
    II. Fahrlässigkeit 11
    III. Abweichende Vereinbarungen 12
C. Haftung für gesetzliche Vertreter und Erfüllungsgehilfen 13
    I. Gesetzliche Vertreter 15
    II. Erfüllungsgehilfen 16
        1. Erfüllungsgehilfen des Auftragnehmers 17
        2. Erfüllungsgehilfen des Auftraggebers 21
        3. Innerer Zusammenhang zur Erledigung bauvertraglicher Pflichten 23

A. Nr. 1 regelt nicht den objektiven Haftungstatbestand

§ 10 Nr. 1 befasst sich mit der Haftung der Vertragsparteien untereinander. Nach Nr. 1 haften sie **1** einander für eigenes Verschulden, für das Verschulden ihrer gesetzlichen Vertreter sowie das Verschulden der Personen, deren sie sich zur Erfüllung ihrer Verbindlichkeiten bedienen. Damit wird auf die Regelungen der §§ 276, 278 BGB Bezug genommen. Einen eigenen Regelungsgehalt hat Nr. 1 nicht.

Nr. 1 regelt weder wann eine Partei haftet, noch in welchem Umfang die Haftung gegenüber Dritten **2** besteht. Für die Frage, ob eine Haftung besteht, ist auf die vertraglichen Vereinbarungen abzustellen. Damit auf die Haftungsregelungen der VOB/B, soweit diese wirksam einbezogen wurden, weiter auf die Besonderen oder Zusätzlichen Vertragsbedingungen und auf die allgemeinen gesetzlichen Haftungsregeln.

Neben diesen allgemeinen Haftungsregeln sind die besonderen Schutz- und Obhutspflichten zu be- **3** rücksichtigen. Für den VOB-Vertrag gilt der allgemeine Grundsatz, dass der Auftragnehmer eine vertragliche Pflicht hat, mit dem Eigentum des Auftraggebers, das im Rahmen der Bauleistung der Einwirkung seiner Arbeiten ausgesetzt ist, pfleglich umzugehen und eine Beschädigung dieses Eigentums zu unterlassen (vgl. dazu u.a. BGH VersR 1964, 238; 1966, 1154; 1969, 827; BGH MDR 1975, 375; BGH LM § 631 BGB Nr. 15; BGH VersR 1982, 1196 = NJW 1983, 113). Er muss den Auftraggeber vor Schaden schützen. Dazu gehört es, dass er Probebohrungen vornimmt, wenn ihm bekannt ist, dass auf dem Gelände Leitungen verlegt sind, deren Lage durch Pläne aber nicht genau zu klären ist (OLG Koblenz BauR 2002, 1412). Erkundigt er sich nach dem Leitungsverlauf, und überprüft er die so erteilten Auskünfte – ergänzend durch Probebohrungen – hat er seiner Verkehrssicherungspflicht genüge getan (OLG Brandenburg IBR 1999, 535). Nimmt er im Zeitpunkt der Ausführung keine Einsicht in die ihm vorliegenden Pläne, verletzt der Bauunternehmer seine Verkehrssicherungspflicht (OLG Braunschweig IBR 1999, 265). Gelangen Sachen des Auftraggebers in den Gewahrsam des Auftragnehmers oder unterliegen sie seiner Einwirkung, greift diese vertragliche Obhutspflicht (BGH SFH Z 4.01 Bl. 42 ff. = VersR 1966, 1154).

Eine solche Obhutspflicht spielt auch eine Rolle in Bezug auf die Verpflichtung des Auftragnehmers, **4** bereits ganz oder teilweise erstellte Leistungen anderer, an demselben Bauwerk tätiger Unternehmer pfleglich zu behandeln und zu schützen. Beschädigt ein Unternehmer ordnungsgemäß erbrachte, aber noch nicht abgenommene Leistungen anderer Unternehmer, ist er diesem im Wege der **Drittschadensliquidation** zum Ersatz verpflichtet (OLG Hamm IBR 2002, 411). Der geschädigte Unternehmer – dessen Leistung noch nicht abgenommen ist – kann hier vom Auftraggeber die Abtretung seiner Schadensersatzansprüche gegen den Auftragnehmer verlangen (BGH NJW 1970, 38 = SFH Z

4.01 Bl. 56 ff.; OLG Hamburg MDR 1974, 668; OLG Köln SFH § 286 ZPO Nr. 11; auch LG München II BauR 1990, 508; dazu *Weyer* BlGBW 1970, 206, 210). So bleibt ein Estrichleger, dessen Leistung durch eingefrorene Heizungsrohre beschädigt wird, vor Abnahme gegenüber dem Auftraggeber zur Erneuerung des Estrichs verpflichtet. Ist der Heizungsbauer für das Einfrieren der Heizungsrohre verantwortlich, muss der Auftraggeber seine Ansprüche gegen ihn an den Estrichleger abtreten. In diesen Fällen kann dieser im Wege der **Drittschadensliquidation** gegen den Heizungsbauer vorgehen (OLG Hamm BauR 2002, 635). Ansprüche aus unerlaubter Handlung scheitern daran, dass in der Regel durch den Einbau das Eigentum auf den Auftraggeber übergegangen ist (LG Regensburg BauR 2002, 642). Zusätzlich sind für das Innenverhältnis zwischen den beiden Unternehmern im Rahmen des § 254 BGB die Grundsätze des § 840 Abs. 2 und 3 BGB entsprechend heranzuziehen.

5 Auch **Dritte** können in den Schutzbereich des Werkvertrages mit eingeschlossen sein. Dabei kommt es nicht darauf an, ob dem Schutzpflichtigen die Zahl oder die Namen der schutzberechtigten Personen bekannt sind; allerdings muss die zu **schützende Personengruppe objektiv abgrenzbar** sein (BGH BauR 1984, 189 = NJW 1984, 355 = SFH § 328 BGB Nr. 3; vgl. dazu auch *Kniffka* ZfBR 1991, 1).

Die **Schutzwirkung** erfasst im Allgemeinen auch die **Familienangehörigen** des Auftraggebers (BGH VersR 1956, 500 = SFH Z 2.20 Bl. 1). Der Auftragnehmer ist z.B. haftbar, wenn durch seine fehlerhafte Leistung ein Wassereinbruch in einem der Ehefrau (Auftraggeberin) gehörenden Haus entstanden ist und der Ehemann dadurch an seinen Sachen Schäden – u.U. auch Verdienstausfall – erlitten hat. Die Schutzwirkung des Bauvertrages erstreckt sich regelmäßig auf **Mieter** des Auftraggebers (BGH NJW 1976, 1843; OLG Köln BB 1976, 669 = VersR 1976, 1183 hinsichtlich eines Heizungs-Wartungsvertrags). Eine derartige Einbeziehung kann jedoch nur für solche Schadensfälle von Bedeutung sein, die sich daraus ergeben, dass Familienangehörige, **Miteigentümer** oder Mieter bestimmungsgemäß mit der Bauleistung des Bauunternehmers in Berührung kommen. Erwerben vertragsfremde Dritte nach Abschluss des Bauvertrages Wohnungs- oder Teileigentum in dem Haus, sind sie nicht allein aufgrund ihrer Eigentümerstellung in den Schutzbereich des Bauvertrages einbezogen (BGH BauR 1994, 621 = NJW 1994, 2231 = SFH § 328 BGB Nr. 5 = ZfBR 1994, 209).

6 Wenn in **Betriebsräumen des Auftraggebers** Bauarbeiten durchgeführt werden, sind im Allgemeinen die Betriebsangehörigen in den Schutzbereich des Werkvertrages einbezogen. Bei schuldhafter Verletzung der damit verbundenen Pflichten – vor allem auch der Unfallverhütungsvorschriften – stehen ihnen vertragliche Ansprüche gegen den Auftragnehmer zu. Das gilt auch für Ansprüche gegen einen vom Generalunternehmer eingesetzten Subunternehmer (OLG Braunschweig NJW-RR 1986, 1314; dazu vor allem BGH LM § 157 [D] BGB Nr. 5 = BB 1965, 1107 m. Anm. *Köpke*).

7 In den Schutzbereich einbezogen sind ferner Hausangestellte (RGZ 127, 224), der Vermieter (BGH NJW 1954, 874 = VersR 1954, 223 = SFH Z 4.01 Bl. 14) und der Nachbar (OLG Düsseldorf NJW 1965, 359). Nicht dazu gehören andere Auftragnehmer (BGH NJW 1970, 38, 40; vgl. auch BGH NJW 1971, 753; KG BauR 1973, 116), der Auftraggeber für den Bereich eines Subunternehmervertrages (vgl. *Feudner* BauR 1984, 247, 258 f.; a.A. *Schlechtriem* ZfBR 1983, 101, 103) und die Besucher des Auftraggebers (*Herding/Schmalzl* S. 507).

8 Auch **§ 618 BGB** ist auf Werkverträge entsprechend anwendbar (RGZ 159, 268; BGHZ 5, 62 = NJW 1952, 458 = SFH Z 0 Bl. 1; ferner BGH Urt. v. 8.12.1966 VII ZR 325/64). Danach ist der Auftraggeber zu Schutzmaßnahmen verpflichtet, wenn er Räume, Vorrichtungen oder Gerätschaften zur Ausführung der Bauleistung zur Verfügung stellt. So sind z.B. unzulängliche Abdeckungsmaßnahmen zu vermeiden, oder die Begehbarkeit der Verschalung sicherzustellen. Dadurch wird die Verpflichtung des Auftragnehmers nach § 4 Nr. 2 VOB/B zur Erfüllung berufsgenossenschaftlicher Verpflichtungen, wie z.B. der UVV, nicht beeinträchtigt (OLG Celle BauR 1992, 251).

B. Subjektive Voraussetzung: Verschulden

Subjektive Haftungsvoraussetzung ist das Verschulden. § 276 BGB unterscheidet zwischen Vorsatz und Fahrlässigkeit. **9**

I. Vorsatz

Vorsatz ist das Bewusstsein der Rechtswidrigkeit (der Vertragswidrigkeit) des Handelns und das Voraussehen, dass dieses Handeln (Tun oder Unterlassen) aller Wahrscheinlichkeit nach zu einem schädlichen Erfolg zum Nachteil eines Anderen (des Vertragspartners) führen kann. Dabei ist nicht erforderlich, dass der schädliche Erfolg gewünscht oder gar beabsichtigt ist **10**

II. Fahrlässigkeit

Fahrlässig handelt, wer die im Verkehr erforderliche Sorgfalt außer Acht lässt. Dabei kommt es auf die im Einzelfall zu fordernde Sorgfalt an (BGHZ 8, 141), insbesondere auch darauf, dass jeder, der sich gewerblich betätigt, dafür die notwendige Sachkunde besitzt (BGH NJW 1956, 787 = VersR 1956, 288 = SFH Z 2.401 Bl. 1; BGH BauR 1974, 125 = SFH Z 2.414.3 Bl. 8). **Leichte Fahrlässigkeit** ist gegeben, wenn eine **Sorgfaltsverletzung** in geringerem Umfang vorliegt, z.B. eine vorwerfbare Nachlässigkeit. **Grob fahrlässig** handelt derjenige, bei dessen Handeln die erforderliche **Sorgfaltspflicht** nach den gesamten Umständen in **ungewöhnlich grobem Maße verletzt** worden ist. Im Regelfall tritt beim Verantwortlichen ein ihm vorwerfbares, subjektives Element hinzu. **11**

III. Abweichende Vereinbarungen

Bei vertraglichen Haftungsvereinbarungen ist § 276 Abs. 3 BGB zu beachten. Danach ist ein Haftungserlass wegen Vorsatz im Voraus unzulässig. Ein Haftungsausschluss oder eine Haftungsbeschränkung bei grobem Verschulden in AGB ist ausgeschlossen (§ 309 Nr. 7b BGB). Mit der weitgehenden Aufnahme des AGB-Rechts in das BGB (1.1.2002) wurde ein Haftungsausschluss in AGB bei Verletzung von Leben, Körper, Gesundheit in § 309 Nr. 7a BGB normiert. Demnach ist ein Ausschluss bzw eine Begrenzung der Haftung für Schäden aus der Verletzung des Lebens, des Körpers oder der Gesundheit, die auf einer fahrlässigen Pflichtverletzung des Verwenders oder einer vorsätzlichen/fahrlässigen Pflichtverletzung eines gesetzlichen Vertreters bzw. Erfüllungsgehilfen des Verwenders beruhen, in AGB unwirksam. Eine Haftungsfreizeichnung bei höchstpersönlichen Rechtsgütern in AGB ist somit auch bei leichter Fahrlässigkeit unzulässig. **12**

C. Haftung für gesetzliche Vertreter und Erfüllungsgehilfen

Der Verweis auf die Haftung für gesetzliche Vertreter und Erfüllungsgehilfen wiederholt nur die gesetzliche Regelung der §§ 276, 278 BGB. Voraussetzung der Haftung ist ein schuldhaftes Handeln (Tun oder Unterlassen) dieser Personen. **13**

Eine unmittelbare Haftung von Vertretern oder Erfüllungsgehilfen gegenüber dem Partner des von ihnen Vertretenen kommt nur ausnahmsweise in Betracht. Eine Haftung aus unerlaubter Handlung kann sie aber ebenso treffen, wie eine Haftung wegen eines Verschuldens beim Vertragsschluss (§ 241 Abs. 2 i.V.m. § 311 Abs. 2 BGB). Auch wenn der Vertreter oder der Erfüllungsgehilfe bei den Vertragsverhandlungen – auch hinsichtlich von Obliegenheiten aus einem bestehenden Vertrag – schuldhaft ein besonderes Vertrauen in Anspruch genommen hat – aufgrund dessen es zum Schaden gekommen ist (vgl. dazu BGH SFH § 278 BGB Nr. 1) – kann er selbst haften. **14**

I. Gesetzliche Vertreter

15 Der Begriff des gesetzlichen Vertreters ist für den Bereich des § 278 BGB im weiteren Sinne aufzufassen. Hierunter fallen nicht nur die Eltern, der Vormund, der Pfleger oder der Beistand, sondern auch alle Personen, die kraft Gesetzes mit Wirkung für andere handeln – z.B. der Insolvenz- und Zwangsverwalter sowie der Testamentsvollstrecker (RGZ 144, 401), der Geschäftsführer einer GmbH, der Komplementär einer KG, der persönlich haftende Gesellschafter einer OHG. Nicht von § 278 BGB sind dagegen der Vorstand oder die sonst verfassungsgemäß berufenen Vertreter juristischer Personen des privaten oder öffentlichen Rechts erfasst. Hierbei handelt es sich um Organe, deren Verschulden eigenes Verschulden der juristischen Person selbst ist; insoweit finden die Vorschriften der §§ 30, 31, 86, 89 BGB Anwendung. Eine Behörde als Auftraggeberin hat für das Verschulden des Stadtbaumeisters als ihres satzungsmäßig berufenen Vertreters nach §§ 31, 89 BGB einzustehen (BGH VersR 1960, 824 = SFH Z 2.400 Bl. 28).

II. Erfüllungsgehilfen

16 Erfüllungsgehilfe ist diejenige Person, deren sich der zur Leistung Verpflichtete zur Erfüllung seiner Vertragspflichten bedient. Voraussetzung ist, dass die betreffende Person mit Willen des zur Vertragserfüllung Verpflichteten tatsächlich zum Zwecke der Erfüllung als »Hilfsperson« tätig wird. Unbeachtlich ist, ob der Gehilfe weiß, dass er als solcher bei der Erfüllung eingesetzt ist (BGH VersR 1969, 1109; BGH BauR 1978, 304 = NJW 1978, 1157 = SFH § 278 BGB Nr. 2). Dabei muss sich die Tätigkeit des Erfüllungsgehilfen als eine vom Schuldner gewollte Mitwirkung bei der Vertragserfüllung darstellen (BGHZ 13, 111, 113 f.; BGH BauR 1979, 159 = SFH § 635 BGB Nr. 1 = ZfBR 1979, 24. Über die Eigenschaften eines Erfüllungsgehilfen im Bauwesen BGH NJW 1952, 217 = SFH Z 2.221 Bl. 2. Grundsätzlich gilt: Für Anwendung des § 278 BGB ist der Inhalt des Vertrags, nicht die Art und Weise seiner Ausführung maßgebend [BGH VersR 1968, 350]).

1. Erfüllungsgehilfen des Auftragnehmers

17 Auf Seiten des Auftragnehmers sind Erfüllungsgehilfen alle Personen, die er zur Erledigung seiner bauvertraglichen Leistungspflichten im weitesten Sinne einsetzt. Erfüllungsgehilfe ist auch derjenige, dessen sich der Auftragnehmer zur Erfüllung vertraglicher Nebenpflichten bedient, insbesondere der ihm vertraglich auferlegten Obhutspflichten. Es kommt nicht darauf an, in welchem Vertragsverhältnis (z.B. Dienstvertrag) die betreffenden Personen im Innenverhältnis zum Auftragnehmer stehen. Es kommen nicht nur Aufsichtspersonen (Bauführer, Poliere) in Betracht, sondern auch alle diejenigen, die mit der Ausführung der Leistung zu tun haben (Handwerker, Arbeiter, Hilfsarbeiter, Kranführer, Kraftfahrzeugführer usw.).

18 Nicht Erfüllungsgehilfe des Auftragnehmers sind dessen Baustofflieferant und die von diesem zur Erfüllung seiner gegenüber dem Auftragnehmer bestehenden Vertragspflichten eingesetzten Arbeitnehmer (dazu § 4 VOB/B).

19 Der Bauherr, der zugleich Generalunternehmer ist, ist bei Erfüllung der Pflichten des Hauptunternehmers gegenüber dem Nachunternehmer nicht dessen Erfüllungsgehilfe (OLG Düsseldorf BauR 2001, 264).

20 Haben sich mehrere Auftragnehmer im Rahmen eines Vertrages zur gemeinschaftlichen Herstellung eines einheitlichen Bauwerkes verpflichtet, kann die Haftung eines jeden Mitunternehmers nicht nur für ein Verschulden der anderen Mitunternehmer, sondern auch für das Verschulden der von diesen bestellten Erfüllungsgehilfen begründet sein (BGH NJW 1952, 217). So auch die Entscheidung des BGH v. 23.3.1956. In ihr ging es um die Zurverfügungstellung von Arbeitern und Polieren des Auftragnehmers an den Auftraggeber sowie dessen Architekten (SFH Z 3.11 Bl. 1 ff.).

2. Erfüllungsgehilfen des Auftraggebers

Der **Architekt** ist Erfüllungsgehilfe des Auftraggebers, sofern es sich um ihm übertragene Planung und die technische sowie geschäftliche Oberleitung einschließlich der Koordinierungspflichten handelt (dazu BGH NJW 1972, 447). Dies gilt nicht hinsichtlich der Aufsichtspflicht. Der Auftraggeber schuldet seinem Auftragnehmer eine mangelfreie Planung, aber nicht dessen Überwachung (vgl. hierzu OLG Frankfurt NJW 1968, 1333 und BGH SFH Z 2.20 Bl. 1 ff., der im Übrigen auch zur Frage des Mitverschuldens Stellung nimmt, die aus dem allgemeinen Rechtsgedanken des § 254 BGB für das gesamte Haftungsrecht von Bedeutung ist; ferner BGH VersR 1964, 267 = SFH Z 2.400 Bl. 33 ff.; BGHZ 70, 187, 191 = BauR 1978, 149 = NJW 1978, 643 m. Anm. *Häsemeyer* NJW 1978, 1165; BGH BauR 1982, 514 = SFH § 72 ZPO Nr. 2). Das zum Architekten Gesagte gilt auch im Hinblick auf planende und/oder aufsichtsführende Ingenieure sowie andere Sonderfachleute. **21**

Kann ein Auftragnehmer (Nachunternehmer) mit seinen Leistungen bei vertraglich vereinbarter Bauzeit nicht termingerecht beginnen, weil die Vorarbeiten eines anderen vom Auftraggeber Beauftragten (Vorunternehmer) nicht fristgerecht beendet wurden, kommt eine **Haftung des Auftraggebers für den Vorunternehmer als Erfüllungsgehilfen** in Betracht. Entscheidend ist die jeweilige Vertragsgestaltung. Hat sich der Auftraggeber gegenüber dem Nachunternehmer vertraglich verpflichtet, zu einem vereinbarten Termin das Werk für dessen Leistung geeignet zur Verfügung zu stellen, kann der Vorunternehmer Erfüllungsgehilfe für diese Verpflichtung sein (BGH BauR 85, 86 = NJW 00, 1336). **22**

3. Innerer Zusammenhang zur Erledigung bauvertraglicher Pflichten

Da für eine Haftung Voraussetzung ist, dass die gesetzlichen Vertreter oder Erfüllungsgehilfen in Erledigung der bauvertraglichen Pflichten handeln, genügt hierfür nicht nur ein äußerer, sondern es muss auch ein innerer Zusammenhang gegeben sein (RGZ 63, 344; BGH SFH Z 4.01 Bl. 42 ff. = VersR 1966, 1154). Es darf deshalb nicht nur ein Handeln bei Gelegenheit der Bauausführung vorliegen (z.B. ein Diebstahl des zu Stemmarbeiten eingesetzten Hilfsarbeiters). Ein solcher äußerer und innerer Zusammenhang besteht, wenn ein Arbeiter des Auftragnehmers ein Streichholz an eine mit Klebstoff versehene Isolierplatte hält um festzustellen, ob es sich wirklich um einen feuergefährlichen Stoff handelt (BGH SFH Z 4.01 Bl. 42 ff. = VersR 1966, 1154). **23**

Hier ist das Urt. d. BGH v. 4.11.1953 von Interesse (BGHZ 11, 151 = NJW 1954, 505 = SFH Z 4.11 Bl. 1 ff.). Ein Unternehmer, der auf einem fremden Grundstück eine nicht unbeträchtliche Anzahl von Arbeitern für eine nicht unerhebliche Zeit beschäftigt, muss eine entsprechende Kontrolle ausüben. Im entschiedenen Fall bestand die Gefahr planmäßiger Diebstähle auf dem Grundstück des Auftraggebers. Dies war auch erkennbar. Der Unternehmer musste deshalb Maßnahmen ergreifen, um solche Diebstähle während der Arbeitszeit nach Möglichkeit zu verhindern. **24**

§ 10 Nr. 2
[Schadensausgleich im Innenverhältnis zwischen Auftragnehmer und Auftraggeber bei Haftung gegenüber einem Dritten aufgrund gesetzlicher Haftpflichtbestimmungen]

(1) Entsteht einem Dritten im Zusammenhang mit der Leistung ein Schaden, für den auf Grund gesetzlicher Haftpflichtbestimmungen beide Vertragsparteien haften, so gelten für den Ausgleich zwischen den Vertragsparteien die allgemeinen gesetzlichen Bestimmungen, soweit im Einzelfall nichts anderes vereinbart ist. Soweit der Schaden des Dritten nur die Folge einer Maßnahme ist, die der Auftraggeber in dieser Form angeordnet hat, trägt er den Schaden allein, wenn ihn der Auftragnehmer auf die mit der angeordneten Ausführung verbundene Gefahr nach § 4 Nr. 3 hingewiesen hat.

VOB/B § 10 Nr. 2 Schadensausgleich im Innenverhältnis

(2) Der Auftragnehmer trägt den Schaden allein, soweit er ihn durch Versicherung seiner gesetzlichen Haftpflicht gedeckt hat oder durch eine solche zu tarifmäßigen, nicht auf außergewöhnliche Verhältnisse abgestellten Prämien und Prämienzuschlägen bei einem im Inland zum Geschäftsbetrieb zugelassenen Versicherer hätte decken können.

Inhaltsübersicht

	Rn.
A. Einführung	1
B. Haftungsausgleich im Innenverhältnis (Nr. 2 Abs. 1 S. 1)	3
I. Haftung beider Vertragspartner	4
II. Gesamtschuldnerische Haftung aufgrund gesetzlicher Haftpflichtbestimmungen	7
III. Gesetzliche Sonderregelungen	15
IV. Abweichende Vereinbarungen in Einzelfällen	16
V. Gesetzliche Haftungstatbestände	19
1. § 823 Abs. 1 BGB	20
2. § 823 Abs. 2 BGB (Schutzgesetze)	22
a) §§ 906, 907, 909 BGB	24
b) § 1004 BGB	30
c) § 1134 BGB	31
d) Vorschriften der Landesbauordnungen	32
e) §§ 836 ff. BGB	33
3. Verkehrssicherungspflichten	38
a) Grundlagen	38
b) Bauzäune, Baugerüste, Baugruben	49
c) Abbrucharbeiten	53
d) Gefährliche Arbeiten	54
e) Lagerung von Material	62
f) Nachbarn, Hausbewohner	63
g) Versorgungsleitungen	65
h) Straßenbau – sonstiger Tiefbau	73
i) Kinder auf der Baustelle	77
k) Sicherungspflichten des Architekten bzw. Bauleiters	78
4. Haftungsfolgen aus der BaustellenVO	82
5. Unfallverhütungsvorschriften	83
6. Haftung nach § 839 BGB	85
C. Alleinige Haftung des Auftraggebers im Innenverhältnis: Anordnung des AG (Nr. 2 Abs. 1 S. 2)	87
D. Alleinige Haftung des Auftragnehmers im Innenverhältnis: versicherbarer Schaden (Nr. 2 Abs. 2)	89
I. Grundgedanke der Gewerbeüblichkeit	90
II. Voraussetzung: Deckung durch Haftpflichtversicherung des Auftragnehmers	92
III. Zumutbare Versicherbarkeit	93

A. Einführung

1 § 10 Nr. 2–6 VOB/B befassen sich mit der Haftung beider Vertragspartner in den Fällen, in denen ein Dritter geschädigt wurde. Regelungsgegenstand der Nr. 2 Abs. 1 S. 1 ist der interne Ausgleich zwischen den beiden Vertragspartnern in den Fällen, in denen es bei der Haftung beider im Innenverhältnis bleibt. Dazu wird auf die allgemeinen gesetzlichen Bestimmungen verwiesen. Einen eigenen Regelungsgehalt hat Nr. 2 Abs. 1 S. 1 damit nicht.

2 Die Nr. 3 und 4 behandeln die Fällen, in denen im Innenverhältnis nur einer der beiden Vertragspartner haftet. Der geschädigte Dritte kann wählen, welchen von beiden er in Anspruch nimmt. Greift er auf denjenigen zurück, der nach Nr. 3 oder 4 im Innenverhältnis nicht haftet, gibt diesem Nr. 6 einen

Befreiungsanspruch. Um den indirekten Rückgriff auf den Befreiten durch Inanspruchnahme seiner gesetzlichen Vertreter oder Erfüllungsgehilfen auszuschließen, erweitert Nr. 4 die interne Haftungsbefreiung auch auf diese.

B. Haftungsausgleich im Innenverhältnis (Nr. 2 Abs. 1 S. 1)

Nach Nr. 2 Abs. 1 S. 1 regelt sich der Ausgleich im Innenverhältnis zwischen Auftraggeber und Auftragnehmer grundsätzlich nach den hierfür maßgeblichen allgemeinen gesetzlichen Bestimmungen. Die Regelung des § 10 Nr. 2, insbesondere auch der dortige Abs. 2, ist auch auf Verträge zwischen Haupt- und Subunternehmer anzuwenden (BGH BauR 1999, 414 = NJW 1999, 942 = ZfBR 1999, 140). **3**

I. Haftung beider Vertragspartner

Voraussetzung für die Ausgleichung im Rahmen von Nr. 2 Abs. 1 S. 1 ist die Schadensersatzverpflichtung beider Vertragspartner als **Gesamtschuldner** gegenüber dem geschädigten Dritten. Dazu ist es nicht erforderlich, dass beide in gleichem Umfang Ursachen für den Schaden gesetzt haben. Der Geschädigte kann wählen, an welchen der Haftenden er sich wendet, um seine Ersatzforderung durchzusetzen. **4**

Die Vertragspartner haften dem Dritten auch für Schäden, die durch ihre gesetzlichen Vertreter und Erfüllungsgehilfen verursacht wurden, sowie durch ihre Verrichtungsgehilfen, sofern die Exkulpation nicht gelingt. In die Haftung einbezogen sind damit auch die mit der Planung beauftragten Architekten und Statiker.

Die schädigende Handlung muss im Zusammenhang mit »der Leistung« stehen. Ein solcher innerer Zusammenhang ist gegeben, wenn bei oder durch die Ausführung der Bauleistung ein Schaden entsteht. Er fehlt, wenn nur bei Gelegenheit der Baumaßnahme Schäden verursacht werden, z.B. durch den Diebstahl eines Mitarbeiters auf der Baustelle. **5**

Die Haftung besteht gegenüber Dritten. Dazu gehört jeder, der nicht Partei des zwischen den beiden haftenden Vertragspartnern geschlossenen Vertrags ist. **6**

II. Gesamtschuldnerische Haftung aufgrund gesetzlicher Haftpflichtbestimmungen

Der Begriff der gesetzlichen Haftpflichtbestimmungen ist weit aufzufassen. Erfasst sind alle gesetzlichen Regelungen, die im Zusammenhang mit Bauleistungen zu einer Schadensersatzpflicht von Auftraggeber oder Auftragnehmer gegenüber einem Dritten führen. Vorrangig zu nennen sind die §§ 823 ff. BGB, damit auch Ansprüche aus der Verletzung von Schutzgesetzen. **7**

Der Verweis auf »gesetzliche« Haftpflichtbestimmungen hatte zu der Ansicht geführt, dass nur solche Ansprüche Dritter erfasst sind, die aufgrund gesetzlicher Anspruchsgrundlagen geltend gemacht werden (*Ingenstau/Korbion* § 10 VOB/B Rn. 178; *Riedl* in *Heiermann/Riedl/Rusam* § 10 VOB/B Rn. 17). Demgegenüber wurde vertreten, dass die Regelungen der Nr. 2 auch auf vertragliche Ansprüche anzuwenden seien, da die § 840 BGB auch die Fälle der Gesamtschuld aus vertraglicher Haftung umfasst. (*von Rintelen* in *Kapellmann/Messerschmidt* § 10 VOB/B Rn. 22; *Zanner* in *Franke/Kemper/Zanner/Grünhagen* § 10 VOB/B Rn. 26). Zutreffend hat *von Rintelen* (a.a.O. Rn. 26) darauf hingewiesen, dass es den Begriff der gesetzlichen Haftpflichtbestimmungen als Oberbegriff für Haftungstatbestände nicht gibt. Eine Auslegung in dem Sinn, dass nur von Haftpflichtversicherungen abgedeckte Schäden erfasst sein sollen, scheidet aus. Dagegen spricht der Umstand, dass Nr. 2 Abs. 2 im Innenverhältnis eine Alleinhaftung des Auftragnehmers für versicherbare Schäden be- **8** stimmt. Nicht nur diese Regel wäre überflüssig, wenn ausschließlich versicherbare Schäden erfasst sein sollten. Dem Regelungsgehalt der Nr. 2–6 entspricht es, das Merkmal »aufgrund gesetzlicher Haftpflichtbestimmungen« im Zusammenhang mit der Haftung beider Parteien, also den Normen zur gesamtschuldnerischen Haftung, zu sehen. Die §§ 426, 830 und 840 BGB erfassen auch die gesamtschuldnerische Haftung aus vertraglicher Haftung. Von § 10 erfasst sind somit nach der hier vertretenen Auffassung Schäden aus gesetzlicher und vertraglicher Haftung. Durch die Schuldrechtsmodernisierung sind die an Vertragsverhältnisse geknüpften Ersatzansprüche in das BGB aufgenommen worden. Damit bestehen auch dafür gesetzliche Grundlagen, so dass sie jetzt jedenfalls von Nr. 2 erfasst sind.

9 Als grundlegende Regelungen der gesamtschuldnerischen Haftung sind §§ 426 und 830, 840 BGB zu nennen.

10 **§ 840 BGB** ist schafft selbst keinen Anspruchsgrundlage, sondern setzt die Haftung jedes einzelnen der als Gesamtschuldner Haftenden voraus. Die Rechtsgrundlage für eine Haftung der einzelnen Beteiligten ist § 830 BGB.

§ 830 Abs. 1 S. 2 BGB gilt nicht nur für die deliktische Haftung, sondern entsprechend auch für die vertragliche Schadensersatzhaftung. Allerdings wird eine Haftung nach § 830 Abs. 1 S. 1 BGB verhältnismäßig selten sein, da hier bewusstes und gewolltes Zusammenwirken von Auftraggeber und Auftragnehmer vorausgesetzt wird. Fahrlässigkeit genügt nicht (BGH SFH Z 2.413 Bl. 5 = VersR 1957, 304; BGHZ 30, 203 = NJW 1959, 1772).

11 Eine Beteiligung i.S.d. Abs. 1 S. 2 liegt vor, wenn durch mehrere an sich selbstständige, jedoch in zeitlichem, örtlichem und sachlichem Zusammenhang stehende Handlungen der schädigende Erfolg herbeigeführt wird (BGH SFH Z 2.413 Bl. 5 = VersR 1957, 304; BGHZ 30, 203 = NJW 1959, 1772; OLG Köln VersR 1976, 863; auch OLG Stuttgart BauR 1985, 608). Die Beteilung der in Anspruch Genommenen muss nachgewiesen sein. § 830 Abs. 1 S. 2 BGB ist nicht zur Überwindung von Zweifeln wegen der Teilnahme an einer unerlaubten Handlung entsprechend anwendbar (BGH NJW 1984, 1226 = MDR 1984, 567).

12 Ist die Haftung der Beteiligten über § 830 BGB begründet, folgt die Stellung als Gesamtschuldner aus § 840 BGB. Die Grundsätze des § 840 Abs. 1 BGB zur Frage der gemeinschaftlichen Haftung mehrerer gelten nicht nur für die im BGB geregelten Schadensersatzfälle aus unerlaubter Handlung, sondern auch für die Haftung aus der Verletzung von Schutzgesetzen und aus Verletzung von Verkehrssicherungspflichten. Eine gesamtschuldnerische Haftung kommt auch dann in Betracht, wenn Gefährdungshaftung und Haftung aus unerlaubter Handlung zusammentreffen (OLG Koblenz BauR 2000, 120). Bei der hier begründeten gesamtschuldnerischen Haftung kann der Geschädigte nach seinem Belieben gegen beide oder nur gegen einen Schädiger vorgehen (§ 421 S. 1 BGB). Unter dem Gesichtspunkt der Schadensminderungspflicht (§ 254 BGB) ist er nicht zu einem Vorgehen in einer bestimmten Richtung gezwungen.

Die Anwendung des § 840 Abs. 2 BGB scheidet für den hier behandelten Bereich des § 10 VOB/B aus. Dort geht es um den Ausgleich zwischen einem Vertragsteil und seinem Erfüllungs- oder Verrichtungsgehilfen, bei § 10 um den Ausgleich zwischen den Vertragsparteien und Dritten bzw. untereinander.

13 Zusätzlich kommt § 840 Abs. 3 BGB zur Anwendung. Danach entfällt ein Ausgleichsanspruch, wenn der eine Teil wegen einer schuldhaft begangenen unerlaubten Handlung, der andere aus Gefährdungshaftung verpflichtet ist (§§ 833, 834, 836 ff. BGB). Aus Gründen der Billigkeit haftet im Innenverhältnis allein derjenige, der schuldhaft gehandelt hat.

14 Die Folgen einer gesamtschuldnerischen Haftung regelt **§ 426 BGB**. Soweit ein Vertragspartner die Ansprüche des Dritten befriedigt hat, geht der Anspruch des Dritten gegen den anderen Vertragspartner auf den ersten Partner über, § 426 Abs. 2 BGB. Das Gleiche gilt, **wenn eine Versicherung für einen Partner gezahlt hat, § 67 VVG.**

Auch hier ist § 254 BGB von Bedeutung. Allerdings kommt er nur sinngemäß zum Zuge, da er für den hier erörterten Haftungsausgleich zwischen Auftraggeber und Auftragnehmer unmittelbar nicht angelegt ist. Danach hängt im Einzelfall der Schadensausgleich dem Grunde und der Höhe nach davon ab, inwieweit der dem Dritten entstandene Schaden vorwiegend von dem einen oder dem anderen Vertragsteil verursacht worden ist. Nach § 254 Abs. 2 BGB ist zu berücksichtigen, inwieweit der eine oder andere Vertragsteil es unterlassen hat, den Dritten auf die Gefahr eines ungewöhnlich hohen Schadens aufmerksam zu machen oder es unterlassen hat, den Schaden abzuwenden oder zu mindern.

III. Gesetzliche Sonderregelungen

Allerdings kommen §§ 840 Abs. 1, 426, 254 BGB nicht in allen Fällen zur unmittelbaren Anwendung, weil in einer Reihe von Nebengesetzen Sonderregelungen enthalten sind. Insoweit wird auf die §§ 17, 18 StVG sowie §§ 12, 13 Haftpflichtgesetz (Haftpflicht der Eisenbahnen und Straßenbahnen) hingewiesen. 15

IV. Abweichende Vereinbarungen in Einzelfällen

Nach Nr. 2 Abs. 1 S. 1 kommt der Schadensausgleich im Innenverhältnis zwischen den Vertragspartnern auf der Grundlage der oben angeführten gesetzlichen Bestimmungen nur in Betracht, wenn die Bauvertragspartner nicht im Wege vertraglicher Abrede eine andere Regelung getroffen haben. Es ist zulässig, eine anderweitige, von den §§ 840, 426, 254 BGB abweichende Vereinbarung festzulegen. So kann in AGB bestimmt werden, dass der Auftragnehmer im Verhältnis zum Auftraggeber allein für von ihm schuldhaft verursachte Schäden am Vermögen Dritter einzustehen hat. Dies führt zu einem Freistellungsanspruch des Auftraggebers in voller Schadenshöhe (OLG Schleswig IBR 2002, 16). Ist eine solche Vereinbarung getroffen worden, so geht diese den gesetzlichen Vorschriften vor und ist allein maßgebend. Die gesetzlichen Bestimmungen gelten dann nur hilfsweise; etwa bei Auslegungsfragen oder zur Vervollständigung mangelhafter abweichender Abreden. Daher ist es gerade auch hier geboten, abweichende vertragliche Abreden klar und zweifelsfrei zu fassen (dazu BGH BauR 1972, 116 = NJW 1972, 256). 16

Abweichende Ausgleichsregelungen sollen nach § 10 Nr. 4 Abs. 1e VOB/A in den Besonderen oder in den Zusätzlichen Vertragsbedingungen enthalten sein. 17

Sofern im Hinblick auf solche abweichenden Regelungen die §§ 305 ff. BGB (früher AGB-Gesetz) zur Anwendung gelangen, ist § 309 Nr. 7 BGB zu beachten. Danach kann eine Haftung für grobes Verschulden nicht abbedungen werden. Gleiches gilt für § 309 Nr. 12 BGB. Dort wird in einem bestimmten Umfang die Verschiebung der Beweislast untersagt (vgl. u.a. dazu *Korbion/Locher* Rn. 99 ff. m.w.N.). Im Übrigen ist hier – vor allem auch für den kaufmännischen Bereich – besonders auch die **Generalklausel des § 307 BGB** (früher § 9 AGBG) zu beachten. Unangemessen ist dabei eine Vertragsbedingung, wonach der Auftraggeber auch solche Risiken auf den Auftragnehmer abwälzen möchte, die bei ordnungsgemäßer Ausführung der Arbeiten zwangsläufig entstehen und für den Auftragnehmer unvermeidbar sind (BGH BauR 1972, 116 = NJW 1972). Ähnliches gilt für andere Baumaßnahmen, durch die Belästigungen der Anwohner o.Ä. selbst durch sorgfältigste Maßnahmen seitens des Auftragnehmers nicht zu vermeiden sind. 18

V. Gesetzliche Haftungstatbestände

19 In erster Linie kommen die Vorschriften des BGB über unerlaubte Handlungen in Betracht. Über § 823 Abs. 2 BGB werden **Schutzgesetze** einbezogen. Hier sind für den Baubereich insbesondere die Vorschriften der §§ 906 ff. und 1004 BGB zu nennen. Auch die Landesbauordnungen enthalten in einzelnen Bestimmungen Schutzvorschriften, die i.V.m. § 823 Abs. 2 BGB zu Schadensersatzansprüchen führen können. Gleiches gilt für die Verletzung von **Verkehrssicherungspflichten**.

1. § 823 Abs. 1 BGB

20 § 823 Abs. 1 BGB begründet eine Schadensersatzpflicht bei vorsätzlicher oder fahrlässiger Verletzung fremder Rechtsgüter, d.h. des Eigentums, des Körpers, der Gesundheit, der Freiheit oder eines sonstigen Rechts. Zu den sonstigen Rechten gehört auch das Recht am eingerichteten und ausgeübten Gewerbebetrieb (BGHZ 3, 270, 279 f.; LG Karlsruhe VersR 1972, 1060).

21 Eine **Eigentumsverletzung** i.S.d. § 823 Abs. 1 BGB setzt keinen Eingriff in die Substanz einer Sache, etwa durch Beschädigung, voraus. Auch eine nicht unerhebliche Beeinträchtigung der bestimmungsgemäßen Verwendung der Sache kann als Eigentumsverletzung angesehen werden (BGH BauR 1994, 258 = NJW 1994, 517 = SFH § 823 BGB Nr. 33 = ZfBR 1994, 83; BGH BauR 1995, 401 = NJW-RR 1995, 342 für den Fall einer nachhaltigen Beeinträchtigung von Wasserrohren durch ein nicht ausreichend geruchs- und geschmacksneutrales Gewindeschneidemittel, die nur mit erheblichem Aufwand und unter Einsatz chemischer Mittel beseitigt werden konnte. Zu sehr differenzierend *Foerster* NJW 1994, 909, 910). Als Eigentumsverletzung hat es das OLG Düsseldorf auch angesehen, dass ein Unternehmer kontaminierten Boden auf einem Golfplatz einbaute, der im Bereich eines Wasserschutzgebietes lag (OLG Düsseldorf IBR 2001, 369). Die Ursächlichkeit von Rammarbeiten für Risse am Nachbarhaus ist zwar wahrscheinlich, wenn diese Risse drei Wochen später auftreten. Diese Wahrscheinlichkeit reicht aber zum Nachweis der Ursächlichkeit nicht aus (OLG Düsseldorf IBR 2000, 80). Auch eine 50-prozentige Wahrscheinlichkeit ist kein Beweis der Ursächlichkeit (OLG Koblenz IBR 2000, 330).

2. § 823 Abs. 2 BGB (Schutzgesetze)

22 § 823 Abs. 2 BGB erfasst die schuldhafte Verletzung eines Schutzgesetzes. Schutzgesetze in dem hier maßgebenden Sinne liegen nur vor, wenn die betreffende Rechtsnorm nach ihrem Inhalt und Zweck nicht (nur) die Belange der Allgemeinheit schützt, sondern (zumindest auch) dem Schutz des Geschädigten dienen soll. Seine so geschützten Einzelinteressen müssen verletzt sein, damit sein Ersatzverlangen begründet sein kann (BGH MDR 1975, 130 m.w.N.; BGH NJW 1976, 1740 = BauR 1977, 66; zu den Grundlagen u.a. *Geigel/Schlegelmilch* Kap. 15 Rn. 1 ff.).

23 Allerdings braucht dies nicht der Hauptzweck des Gesetzes zu sein (BGH MDR 1975, 130 m.w.N.; BGH NJW 1976, 1740 = BauR 1977, 66; sowie NJW 1976, 1888 = BauR 1977, 69. – Zur Gesetzestechnik des § 823 Abs. 2 BGB, *Peters* JZ 1983, 913). Beruft der Geschädigte sich auf die Verletzung eines Schutzgesetzes, hat er die Umstände zu beweisen, aus denen sich objektiv der Verstoß gegen ein Schutzgesetz, die Ursächlichkeit für den eingetretenen Schaden und das Verschulden des Inanspruchgenommenen ergibt. Steht die Verletzung eines Schutzgesetzes objektiv fest, so muss der Inanspruchgenommene regelmäßig Umstände darlegen und beweisen, die die Annahme seines Verschuldens ausräumen. Hinsichtlich der Ursächlichkeit können im Einzelfall zugunsten des Geschädigten Beweiserleichterungen in Betracht kommen, z.B. durch Annahme eines Anscheinsbeweises (siehe oben). Sogar eine Beweislastumkehr kann in Betracht kommen, wenn Wesen und Inhalt der materiellen Schutznorm und die in ihr enthaltene Verhaltensanweisung es gebieten, dem Schädiger aufgrund einer von ihm geschaffenen unklaren Beweislage die Sachverhaltsaufklärung und ihre Risiken aufzuerlegen (BGH NJW 1985, 1774 m.w.N.).

a) §§ 906, 907, 909 BGB

Zu den Schutzgesetzen gehören die §§ 906, 907, 909 BGB (BGHZ 12, 75 = NJW 1954, 593 = SFH Z 2.10 Bl. 1; BGH VersR 1959, 470; BGH NJW 1960, 335; BGH LM § 909 BGB Nr. 4a; BGH NJW 1971, 935 = WM 1971, 897; BGH NJW 1996, 3208). § 909 BGB befasst sich mit der Vertiefung eines Grundstücks. Die Norm gilt für jeden, der ein Grundstück **vertieft oder daran mitwirkt**, insbesondere auch für den Auftraggeber, den Auftragnehmer (auch dessen Nachunternehmer) und den **Architekten** (BGHZ 85, 375 = BauR 1983, 177 = NJW 1983, 872 = SFH § 906 BGB Nr. 2 = ZfBR 1983, 87 m.w.N.; BGH BauR 1996, 404 = SFH § 909 BGB Nr. 12; auch OLG Köln SFH § 909 BGB Nr. 11 = ZfBR 1994, 22 = NJW 1994, 89 im Hinblick auf den bauüberwachenden Architekten; vgl. dazu insbesondere *Littbarski* Rn. 243 ff. sowie *Kullmann* FS Korbion S. 235, 243 f.; auch *Geigel/Schlegelmilch* Kap. 19 Rn. 1 ff.). **Vertiefung ist es auch, wenn sich der Boden** ohne Entnahme von Bodenbestandteilen **infolge des Gewichts eines Neubaus und der dadurch bedingten Pressung des Untergrundes senkt**, in Bewegung gerät und seinen Halt verliert (BGHZ 44, 130 = NJW 1965, 2099 = SFH Z 4.142 Bl. 40; OLG Düsseldorf BauR 1975, 71). Eine Vertiefung des Grundstücks ist nicht anzunehmen, wenn Geröll, das in der Vergangenheit vom Nachbargrundstück auf das Baugrundstück abgegangen ist, entfernt wird. Das Baugrundstück wird dann nicht i.S.d. § 909 BGB vertieft, sondern es wird eine Aufschüttung entfernt (OLG Koblenz IBR 2000, 81). Für die Anwendung des § 909 BGB genügt jede Einwirkung auf das Grundstück, die zur Folge hat, dass der Boden des Nachbargrundstückes in der Senkrechten den Halt verliert oder dass dort die Festigkeit der unteren Bodenschichten in ihrem waagerechten Verlauf beeinträchtigt wird (BGH BauR 1983, 177; dazu auch *Englert* FS Bauer S. 375, 379 f.). Die Frage, ob infolge einer Vertiefung der Boden des Nachbargrundstückes die erforderliche Stütze i.S.d. § 909 BGB verliert, beurteilt sich danach, welche Befestigung das Nachbargrundstück nach seiner tatsächlichen Beschaffenheit benötigt (dazu auch DIN 4123 – Ausschachtungen, Gründungen und Unterfangungen im Bereich bestehender Gebäude). Rechtswidrig ist eine Vertiefung somit auch dann, wenn sie zu einer Beeinträchtigung der Standfestigkeit des Nachbarhauses nur in Anbetracht seiner schon durch Alter und Kriegseinwirkungen bedingten Schadensanfälligkeit führt (BGH BauR 1983, 177). Somit kommt es auf die tatsächliche Beschaffenheit des Nachbargrundstücks an (vgl. auch OLG Celle OLGR Celle 1995, 244).

Ein nachbarrechtlicher Ausgleichsanspruch steht dem Besitzer eines Grundstücks zu, wenn auf einem Grundstück Arbeiten am Fundament vorgenommen werden, die dazu führen, dass das Nachbargebäude beschädigt wird. Der nachbarrechtliche Ausgleichsanspruch ist auf Ersatz des Ertragverlustes und der Kosten gerichtet, die durch einen Gebäudeeinsturz verursacht wurden (BGH BauR 2001, 1587).

Auch der **anwartschaftsberechtigte Käufer** eines Grundstückes ist deliktsrechtlich gegen unzulässige Vertiefungen des Nachbargrundstückes geschützt. Er hat jedenfalls dann einen Anspruch auf Schadensersatz – auch wegen des Substanzschadens –, wenn sein Anwartschaftsrecht bei Eintritt des Vertiefungsschadens bestand und feststeht, dass der daraus folgende Schaden allein bei ihm verbleibt (BGH MDR 1991, 763 = JZ 1991, 1086 m. krit. Anm. v. *Selb* – NJW 1991, 2019).

Die Schadensersatzhaftung aus den §§ 823 Abs. 2, 909 BGB setzt Verschulden des Schädigers voraus. Somit muss der Inanspruchgenommene seine gesetzliche Pflicht, das Nachbargrundstück durch geeignete Befestigungsmaßnahmen vor einem Stützverlust zu bewahren, vorsätzlich oder fahrlässig verletzt haben (BGH NJW 1973, 2207 = VersR 1974, 169 = SFH Z 8.41 Bl. 11; BGH VersR 1977, 355 = NJW 1977, 763 = SFH Z 2.210 Bl. 21 – Grundwasserabsenkung). Liegt dem planenden und bauleitenden Architekten ein **Boden- und Gründungsgutachten** vor, das Vorgaben für den Aushub der Baugrube enthält, darf er davon ausgehen, dass diese die Standsicherheit der Nachbargrundstücke berücksichtigen. Erweisen sich die Vorgaben als unzutreffend, kann dem Architekten der Vorwurf schuldhaften Verhaltens nicht gemacht werden. Insbesondere sofern aufgrund der ihm möglichen Prüfung kein Anlass bestand, den Feststellungen und Schlussfolgerungen des Gutachtens zu misstrauen (dazu BGH BauR 1996, 404 = SFH § 909 BGB Nr. 12 für einen Fall, bei dem der Architekt vor allem auf die Feststellungen eines Sachverständigen für Bodenmechanik angewiesen war). Sinngemäß gilt dies auch für den ausführenden Unternehmer.

28 **Fehlt es an einem Verschulden** des Schädigers, so **kommt ein nachbarrechtlicher Ausgleichsanspruch nach § 906 Abs. 2 S. 2 BGB** in Betracht. Jedoch besteht ein solcher Ausgleichsanspruch nicht, wenn der Ausgleichsberechtigte selbst die Notwendigkeit einer Instandsetzung nicht für gegeben erachtet und damit den geltend gemachten Entschädigungsbetrag nicht zum Ausgleich der eingetretenen Beeinträchtigungen einzusetzen gewillt ist (z.B. bei einem vorgesehenen Abbruch; dazu OLG Karlsruhe VersR 1994, 993).

29 Sind mehrere wegen schuldhafter Vertiefung verantwortlich, so haften sie **als Gesamtschuldner** (§ 840 BGB). Neben dem Eigentümer des Grundstücks, von dem aus die Vertiefung veranlasst wurde, haften die übrigen Beteiligten, also Bauunternehmer, Architekt, Statiker nur dann, wenn ihnen ein konkreter Sorgfaltsverstoß nachgewiesen werden kann (OLG Frankfurt IBR 1999, 217).

b) § 1004 BGB

30 Über die Verbindung mit § 823 Abs. 2 BGB führt diese auf Beseitigung und Unterlassung gerichtete Norm zu einem Schadensersatzanspruch (BGH VersR 1977, 136). Wie bei allen Schadensersatzansprüchen ist in diesen Fällen Verschulden des in Anspruch Genommenen erforderlich.

c) § 1134 BGB

31 Gegen denjenigen, der ein mit einer **Hypothek** belastetes Grundstück so beeinträchtigt, dass die Sicherheit gefährdet wird, gibt § 1134 BGB einen Unterlassungsanspruch. Dieser kann auch gegen den Eigentümer gerichtet sein. Jedoch erscheint es zu weitgehend, wenn es der BGH einem Architekten bei Abbruch- oder Umbauarbeiten unter eingeschränkten Voraussetzungen auferlegt hat, darauf zu achten, dass die Sicherheit der auf dem Baugrundstück lastenden Grundpfandrechte nicht gefährdet und die Zustimmung des Gläubigers eingeholt wird (BGHZ 65, 211 = BauR 1976, 215 = NJW 1976, 189 = SFH Z 3.001 Bl. 5 = LM § 823 [Ad] BGB Nr. 8 Anm. *Steffen* m. zutr. abl. Anm. *v. Locher* BauR 1976, 218 und *Ratjen Betrieb* 1977, 389). Dies dürfte grundsätzlich Sache des Auftraggebers selbst sein. Anders nur dann, wenn der Architekt hinreichende Anhaltspunkte für eine Verletzung des § 1134 BGB hat, ihm also Verschulden vorzuwerfen ist. Für einen Schadensersatzanspruch ist dies ohnehin Voraussetzung.

d) Vorschriften der Landesbauordnungen

32 Schutzgesetze sind auch einzelne Bestimmungen der Landesbauordnungen.

Das trifft bzw. traf z.B. zu auf § 6 Abs. 7 LBO NW wegen des Dachüberstandes (dazu OLG Hamm BauR 1994, 782) sowie im Hinblick auf einen Erker (OLG Köln ZfBR 1995, 90 = SFH § 823 BGB Nr. 39), des Weiteren auf § 7 Abs. 3 LBO NW a.F. soweit er die Traufhöhe von Garagen beschränkte (BGH SFH Z 5.0 Bl. 44 = MDR 1975, 744). Ebenso auf § 7 Abs. 1 und 2 a.a.O. hinsichtlich des Schutzes des Nachbarn (BGHZ 66, 354 = NJW 1976, 1888; insofern auch §§ 7 Abs. 1, 3 Nr. 1 a.F. der HBO, dazu OLG Frankfurt NJW-RR 1988, 403); auch auf Art. 7 Abs. 5 S. 1 der BayBauO a.F. bzgl. des Abwehranspruchs gegen eine zu hohe Grenzgarage (OLG München MDR 1993, 867). Ebenso ist § 13 BayBO ein Schutzgesetz, das wie § 909 BGB den Grundstückseigentümer vor unzulässigen Vertiefungen schützt (BayObLG IBR 2000, 434). Schutzgesetz ist auch § 13 Abs. 2 LBO NW (BGH NJW 1968, 1279 = VersR 1968, 771 = BB 1968, 484; LG Krefeld VersR 1982, 1085) im Hinblick auf den Träger der Versorgungsleitung und Eigentümer der Anlage, was aber nicht zugunsten der Stromabnehmer gilt (OLG Hamm NJW 1973, 760 m. krit. Anm. *v. Isenbeck* NJW 1973, 1755). Demgemäß sind – hinsichtlich der Stromabnehmer – keine Schutzgesetze Art. 13 Abs. 2 BayBauO a.F. (BayObLG NJW 1972, 1085 = VersR 1972, 667), § 18 Abs. 3 Bad.-Württ. LBO a.F. (BGHZ 66, 388 = NJW 1976, 1740 = BauR 1977, 66 = SFH Z 4.142 Bl. 92; OLG Karlsruhe NJW 1975, 221), und § 13 Abs. 3 LBO Saarland (OLG Saarbrücken VersR 1976, 176). Dagegen hat § 25 der Hessischen BO vom 6.7.1957 (heute § 6 HBO) Schutzgesetzcharakter (dazu BGH Betrieb 1970, 1126); Gleiches gilt für § 7 Bad.-Württ. LBO, der sich über Grenzabstände verhält (OLG Karlsruhe Justiz 1975, 309). Ebenso trifft dies wegen der Abstandsflächen auf § 6 Abs. 1 und 10 der BauO NW (OLG Karlsruhe Justiz 1975, 309) zu (BGH SFH § 322 ZPO Nr. 2. Zum privatrechtlichen Rechtsschutz gegen baurechtswidrige Bauten als Beispiel für die Realisierung von »Schutzgesetzen« siehe *Picker* AcP 76, Bd. 176, 28). Ein Anspruch des Betroffenen ist bei schuldlosem Verstoß des Auftraggebers ausgeschlossen (z.B. bei trotz Verstoßes gegen die LBO erteilter Baugenehmigung; OLG Hamm BauR 1994, 782).

e) §§ 836 ff. BGB

Gerade die §§ 836 ff. BGB sind im Bauwesen besonders wichtig. Diesen Vorschriften liegt der Gedanke zugrunde, dass der Eigenbesitzer eines Gebäudes oder eines anderen mit einem Grundstück verbundenen Werkes – auch der ihm nach §§ 837 f. BGB Gleichgestellte – aufgrund einer gesetzlichen Verschuldensvermutung für besondere, typische Bau-Gefahren haftet. Diese Gefahren ergeben sich aus der Natur der Sache durch die Errichtung von Bauwerken. Ihnen kann nur durch Beachtung der Erfahrungsregeln der Bau- und Ingenieurkunst bei der Errichtung sowie einer sachentsprechenden Unterhaltung begegnet werden (BGH NJW 1961, 1670 = VersR 1961, 803; vgl. auch BGH BauR 1985, 471 = NJW 1985, 2588 = SFH § 836 BGB Nr. 2; siehe dazu vor allem auch *Kullmann* FS Korbion S. 235, 245 ff.; ferner *Geigel/Schlegelmilch* Der Haftpflichtprozess, Kap. 19). Als **Eigenbesitzer** eines Gebäudes i.S.v. §§ 836 Abs. 2, 837 BGB **kann auch der Mieter einer Grundstücksfläche anzusehen sein,** auf der er ein Gebäude zu seinem eigenen Nutzen errichtet hat. Vorausgesetzt, er ist dem Vermieter gegenüber die Verpflichtung eingegangen, nach Ablauf der Mietzeit den ursprünglichen Zustand des Grundstückes wiederherzustellen (OLG Frankfurt VersR 1978, 966). Dagegen sind die **bauausführenden Handwerker grundsätzlich nicht als Eigenbesitzer anzusehen,** soweit es die Bauerrichtung selbst anbelangt; anders jedoch wegen der von ihnen verwendeten Gerüste und Geräte. Den Verwalter von Wohnungseigentum, der nach § 27 Abs. 1 Nr. 2 WEG für die ordnungsgemäße Instandhaltung des gemeinschaftlichen Eigentums zu sorgen hat, trifft aufgrund der Regelung des § 838 BGB die Einstandspflicht für den durch die Ablösung von Teilen des verwalteten Gebäudes verursachten Schaden nach Maßgabe des § 836 BGB (BGH BauR 1993, 483 = SFH § 836 BGB Nr. 3 = NJW 1993, 1782). 33

Im Falle der §§ 836, 837 BGB hat der Geschädigte nur die objektiven Voraussetzungen für einen ursächlichen Zusammenhang zwischen mangelhafter Errichtung bzw. Unterhaltung des Gebäudes und dem Schadenseintritt darzutun bzw. zu beweisen. Dagegen hat der Eigenbesitzer den Entlastungsbeweis zu führen, dass er zwecks Abwendung der Gefahr die im Verkehr erforderliche Sorgfalt beachtet hat oder dass der Schaden auch bei Anwendung dieser Sorgfalt entstanden wäre (BGH LM § 836 BGB Nr. 4 = VersR 1952, 291; BGH NJW 1961, 1670 = VersR 1961, 803; BGH BauR 1993, 483 = SFH § 836 BGB Nr. 3 = NJW 1993, 1782, zum Entlastungsbeweis bei witterungsbedingter Ablösung von Teilen eines Flachdachs eines achtgeschossigen Gebäudes; OLG Frankfurt VersR 1978, 966). Zur Entlastung kann der Nachweis der Beauftragung eines zuverlässigen, sachkundigen Handwerkers dienen. Dies vor dem Hintergrund, dass dem Gebot der vertrauensvollen Zusammenarbeit, der Selbstverantwortlichkeit sowie der Selbstständigkeit und Weisungsunabhängigkeit des Auftragnehmers bei der Beaufsichtigung von Fachunternehmern Grenzen gesetzt sind. 34

Für die Kausalität der Schadensverursachung genügt es, wenn der Einsturz oder die Teilablösung eine von mehreren, und sei es auch nur eine mittelbare, Bedingung für die Schadensfolge adäquat gesetzt hat. Die Haftung eines Grundstücksbesitzers für die Ablösung von Gebäudeteilen greift ein, wenn zur Ursächlichkeit fehlerhafter Errichtung oder mangelhafter Unterhaltung des Gebäudes Witterungseinflüsse hinzutreten; z.B. bei der Lösung von Dachziegeln während eines heftigen Gewitters (AG Traunstein VersR 1975, 623). Insoweit muss ein Eigenbesitzer auch ungewöhnliche, am betreffenden Ort aber erfahrungsgemäß mögliche Sturmstärken oder sonstige Witterungseinflüsse in 35 seine Betrachtung einbeziehen und entsprechende Vorkehrungen treffen (BGH VersR 1976, 66 m.w.N.; OLG Frankfurt VersR 1978, 966; OLG Düsseldorf NJW-RR 1992, 1441; OLG Köln VersR 1992, 1018).

36 Bei Abbrucharbeiten können die dabei Beschäftigten ihre Ersatzansprüche nicht auf § 836 BGB stützen. Der Haftung des Gebäudebesitzers nach § 836 BGB liegt der Gedanke zugrunde, dass jeder für den durch seine Sachen verursachten Schaden einzustehen hat, soweit er ihn bei billiger Rücksichtnahme hätte verhindern können (BGHZ 58, 149, 156; BGH VersR 1968, 972 m.w.N.). Durch Abbrucharbeiten werden neue, durch den Besitzer nicht, allenfalls beschränkt beherrschbare Gefahren geschaffen. Deshalb ist der Unternehmer verpflichtet, sich vor Beginn seiner Arbeiten – und auch noch während ihrer Ausführung – ständig zu vergewissern, ob er die Arbeiten gefahrlos durchführen kann; vor allem darf er nicht blindlings Anweisungen des Bestellers befolgen. Auch muss er den Bauherrn auf Bedenken gegen die mit der vorgesehenen Ausführung verbundenen Gefahren hinweisen.

37 Hat er den Hinweis nicht gegeben und ist dadurch ein Gebäude eingestürzt, so entspricht es nicht mehr der Grundvorstellung des § 836 BGB, wenn er oder seine Arbeiter wie Unbeteiligte, vom Einsturz betroffene Dritte gegen den Gebäudebesitzer Ansprüche auf § 836 BGB stützen könnten. Diesem bliebe dann nur der Mitverschuldenseinwand. Bei derartiger Gestaltung sind die Risikobereiche entscheidend anders verteilt, als sie dem Bild des § 836 BGB entsprechen (BGH BauR 1979, 78 = VersR 1978, 1160 = NJW 1979, 309 = ZfBR 1978, 79 m.w.N. für den Fall der von einem Baufachmann zu erkennenden Standunsicherheit eines Stahlgerüsts bei Entfernung des Mauerwerks).

3. Verkehrssicherungspflichten

a) Grundlagen

38 Wer Gefahrenquellen verursacht, hat alle nach Lage der Dinge erforderlichen Vorkehrungen dafür zu treffen, dass von ihnen keine Schäden verursacht werden. Dieser Grundsatz liegt der Haftung für die Verletzung von Verkehrssicherungspflichten zugrunde. Die Verkehrssicherungspflichten haben damit im Baurecht eine besondere Bedeutung (dazu BGH BauR 1985, 593 = VersR 1985, 839 = SFH § 823 BGB Nr. 17 = NJW-RR 1986, 190 = ZfBR 1985, 219. Grundlegend zu den Verkehrssicherungspflichten *Mertens* VersR 1980, 397; *Steffen* VersR 1980, 409; ferner *Schmalzl* BauR 1981, 505; *Kullmann* FS Korbion S. 235 ff.; *Littbarski* Rn. 223 ff.; vgl. auch *Riedmaier* VersR 1990, 1315, 132).

39 Ausgangspunkt der Verkehrssicherungspflicht des Grundstückseigentümers ist der Umstand, dass dieser durch Inangriffnahme der Baumaßnahme die Gefahrenquelle eröffnet. (BGH BauR 1976, 441 = SFH Z 2.20 Bl. 22).

Zutreffend hebt das OLG Bamberg (VersR 1971, 233) hervor, dass der **Sicherungspflichtige zwar nicht verpflichtet ist, gegen alle nur denkbaren Gefahren Vorkehrungen zu treffen**. Er muss aber während der Bauzeit die Baustelle mit zumutbaren Mitteln so **sichern, dass objektiv erkennbare Gefahren von Dritten ferngehalten werden**. Durch die Sicherungsmaßnahmen muss auch derjenige, der es gewohnt ist, in Gefahrensituationen zu arbeiten, so weit wie möglich davor geschützt werden, dass er durch ein unbedachtes, aber naheliegendes Verhalten zu Schaden kommt (BGH BauR 2002, 951). Dabei ist aber eine Verkehrssicherung, die jeden Schaden ausschließt, nicht möglich (BGH VersR 1964, 746; 1975, 812; BauR 1976, 294 = SFH Z 2.20 Bl. 19). Es bedarf auch **nur solcher Sicherungsmaßnahmen, die ein verständiger, umsichtiger, in vernünftigen Grenzen vorsichtiger Mensch für ausreichend halten darf** (BGH VersR 1960, 715, 716; 1975, 812; BauR 1976, 294 = SFH Z 2.20 Bl. 19), um andere Personen vor nicht fernliegenden (dazu OLG Celle MDR 1983, 933). Schäden zu bewahren. Dazu gehört es, während einer Dachsanierung Maßnahmen zu treffen, die das Eindringen von Regenwasser in das offene Dach verhindern. Errichtet der Bauunternehmer dazu ein Notdach, muss das so fest angebracht sein, dass es einen starken Herbstwind übersteht (OLG Düsseldorf IBR 2001, 14). Soll der Ablauf des Wassers durch Gullys erfolgen, muss der Handwerker sich davon überzeugen, dass es nicht zu einem Wasserstau und Eindringen von Wasser wegen zu hoch liegender Gullys kommen kann (OLG Celle IBR 2000, 373).

Brauchbare Anhaltspunkte dafür, was im Einzelfall an Schutzmaßnahmen zu verlangen ist, können **40** die **Unfallverhütungsvorschriften** der Bauberufsgenossenschaften (UVV) geben (dazu OLG Celle MDR 1983, 933); ferner auch sonstige öffentlich-rechtliche Vorschriften, wie die Brandschutzbestimmungen (dazu BGH BauR 1976, 142 = VersR 1976, 166) oder sog. kodifizierte technische Regeln (dazu *Marburger* VersR 1983, 597, 604).

Der **Auftragnehmer** ist im Bereich der von ihm auszuführenden Baumaßnahmen verkehrssicherungspflichtig. Anders ist dies nur, wenn der Auftraggeber im Einzelfall einen so starken Einfluss ausübt, dass rechtlich davon ausgegangen werden muss, er selbst bewerkstellige die Bauausführung. Der Auftragnehmer müsste insoweit lediglich als sein Werkzeug oder Mittler anzusehen sein (BGH BauR 1976, 291 = VersR 1976, 776).

Gleiches gilt für den Einsatz eines **Architekten**. Ein mit der Bauüberwachung beauftragter Architekt **41** ist an sich nur verpflichtet, konkret erkannte Gefahren auf der Baustelle zu beseitigen. Dagegen ist es Aufgabe der einzelnen am Bau tätigen Unternehmer, den Ablauf der von ihnen übernommenen Arbeiten und die Einhaltung der einzelnen Arbeitsabschnitte zu überwachen und etwa erforderliche Sicherheitsvorkehrungen zu treffen (zutreffend OLG Nürnberg BauR 1996, 135 = ZfBR 1996, 43). Der Architekt haftet neben dem Werkunternehmer, wenn er weder darauf hinweist, dass eine Decke gegen Herabfallen zu sichern ist, noch auf die Einsturzgefahr dieser Decke. Zur Haftung des Werkunternehmers führte hier der Umstand, dass er weder die Decke abgestützt hatte, noch sicherstellte, dass sich niemand im gefährdeten Bereich aufhielt (OLG Celle BauR 2001, 1925). Ist ein Gerüst statt der erforderlichen Höhe von 90 cm nur mit einer Absturzsicherung von 60 cm Höhe errichtet worden, haftet der Architekt neben dem Gerüstbauer. Der bauleitende Architekt haftet jedenfalls dann, wenn Anhaltspunkte dafür vorliegen, dass der Gerüstbauer nicht genügend sachkundig ist, oder wenn der Architekt die Gefahrenquelle bei Beachtung der gebotenen Sorgfalt hätte erkennen können (OLG Stuttgart IBR 2000, 336). Auftragnehmer und Architekten sind wegen der Selbstständigkeit ihrer Tätigkeit nicht Verrichtungsgehilfen des Bauherrn (dazu OLG Hamm ZfS 1996, 6). Auf Baustellen ist grundsätzlich der Unternehmer, nicht aber der von ihm mit der Ausführung betraute Arbeitnehmer verkehrssicherungspflichtig (OLG Düsseldorf BauR 1993, 617). Entfernen bspw. Bauarbeiter beim Ausbau eines Dachgeschosses in Kenntnis der Gefährlichkeit, aber auf Weisung der Bauleitung, die Abluftrohre der Gasheizungsthermen für die darunter befindlichen Mietwohnungen, sind sie für einen Schaden, der durch die Entfernung der Rohre entsteht, nicht persönlich verantwortlich – wenn sie davon ausgehen durften, dass sich die Bauleitung anschließend um die erforderlichen Sicherungsmaßnahmen kümmert (OLG Hamm NJW-RR 1999, 1342).

Zur Frage **möglicher Entlastung des Auftragnehmers** sind bei der Beurteilung **strenge Anforde- 42 rungen** zu stellen. So reicht es nicht schon aus, dass dem Auftragnehmer die gesamte Planung vorgegeben, der Bauablauf und die Art der Bauausführung vorgeschrieben und ihm aufgegeben wird, die Leistungen »nach Weisung des Auftraggebers« auszuführen (BGH BauR 1985, 593 = SFH § 823 BGB Nr. 17 = NJW-RR 1986, 190 = ZfBR 1985, 219). Anders liegt dies nur dann, wenn nach der besonderen Vertragsgestaltung festgestellt werden kann, dass die Auftraggeberseite aufgrund ihrer speziellen Erkenntnismöglichkeiten den Eindruck erweckt hat, sie habe alle mit den Arbeiten verbundenen Gefahren für Dritte geprüft und verneint. Dies hat zur Folge, dass der Auftragnehmer mit derartigen Gefahren nicht zu rechnen brauchte (BGH BauR 1985, 593 = SFH § 823 BGB Nr. 17 = NJW-RR 1986, 190 = ZfBR 1985, 219; BGH BauR 1976, 291 = VersR 1976, 776; in diesem Zusammenhang beachtenswert die Schürmann-Bau-Entsch. BGH BauR 1997, 1019, 1021 sowie LG Bonn NJW-RR 1999, 458).

Eine Einschränkung der grundsätzlich dem Auftraggeber obliegenden Verkehrssicherungspflicht **43** kommt nur in Betracht, wenn er die Bauleistungen einem ihm als zuverlässig bekannten Auftragnehmer überträgt. Selbst bei Beauftragung eines als zuverlässig bekannten (dazu BGH NJW 1969, 2140; BGH BauR 1982, 399 = NJW 1982, 2187). Unternehmers und/oder Architekten ist der Auftraggeber nicht von jeglicher Überwachungspflicht befreit. **Zwar verkürzt sich die allgemeine Verkehrssicherungspflicht, soweit er die Planung** und Durchführung des Bauvorhabens **zuverlässigen Fachleuten überträgt** (OLG Schleswig-Holstein BauR 2001, 974). Er muss aber eingreifen, wenn er Gefahren sieht oder – selbst als Laie – hätte sehen müssen. Dies gilt insbesondere dann, wenn er Anlass zu Zweifeln hat, ob der von ihm Beauftragte den Gefahren und Sicherungserfordernissen in der gebührenden Weise Rechnung trägt oder wenn dessen Tätigkeit mit besonderen Gefahren verbunden ist (BGH BauR 1976, 441 = SFH Z 2.20 Bl. 22; BGH BauR 1982, 399 = NJW 1982, 2187; BGH VersR 1982, 576 m.w.N. = NJW 1982, 2187; vgl. auch OLG Karlsruhe VersR 1976, 837; OLG Nürnberg BauR 1991, 781; OLG Hamm BauR 1992, 658; OLG München NJW-RR 1994, 1241 = OLGR München 1994, 134 = VersR 1995, 719 für den Fall, dass der Auftraggeber trotz Umbauarbeiten den Verkehr durch beleuchtete Schaufenster anlockt; vgl. auch OLG Hamm ZfS 1996, 6). Dazu gehört auch, sich zu vergewissern, ob der Architekt tatsächlich einen Sonderfachmann beauftragt und von diesem kontrollierbare Anweisungen erhalten hat. Auch ob die Zusammenarbeit zwischen Auftragnehmer, Architekt und Statiker reibungslos verläuft, ist zu kontrollieren (BGH BauR 1976, 441 = SFH Z 2.20 Bl. 22).

44 Die Verkehrssicherungspflicht **dauert grundsätzlich so lange an, wie ein gefahrdrohender Zustand besteht**. Dieser dauert auch bei einem im Wesentlichen fertiggestellten Gebäude an (OLG Karlsruhe VersR 1979, 1128; OLG Celle VersR 1989, 157, insoweit im Falle des Einbaus von Baumscheiben für die spätere Baumbepflanzung im Fußgängerbereich; OLG München BauR 1989, 763 im Hinblick auf die Absicherung einer Baugrube bis zur Weiterführung der Arbeiten durch einen anderen Unternehmer).

45 Die Verkehrssicherungspflicht des Auftragnehmers **endet grundsätzlich mit dem Räumen der Baustelle**. Dies gilt auch bei Unterbrechung der Arbeiten, sofern die Baustelle dem (öffentlichen) Verkehr wieder zugänglich gemacht worden ist (OLG Koblenz VersR 1982, 1085). Sie dauert allerdings fort, wenn der Auftragnehmer die Baustelle **in verkehrsunsicherem Zustand zurückgelassen hat**. Dies ist vom Geschädigten zu beweisen (OLG Bremen VersR 1978, 873; OLG Hamm BauR 1992, 658 = VersR 1993, 491).

46 Grundsätzlich ist die Verkehrssicherungspflicht auf einen sog. **beschränkten Baustellenverkehr** auszurichten, also im Hinblick auf diejenigen, die erwartungsgemäß die Baustelle zur Weiterführung des Baus betreten. (OLG Brandenburg BauR 2001, 657). Hierzu zählen Architekten, weitere Handwerker, Lieferanten, Auftraggeber, insbesondere im Hinblick auf von diesem übernommene Eigenleistungen. Besucher des Bauherrn, denen dieser bei einem Richtfest Zutritt gewährt, fallen nicht unter die Verkehrssicherungspflicht des Werkunternehmers (OLG Hamm BauR 2002, 1552). Allerdings kann es sein, dass dieser Kreis aufgrund einer Vereinbarung oder nach den Umständen des Einzelfalles weiter zu ziehen ist, also höhere Anforderungen an die fortdauernde Verkehrssicherungspflicht zu stellen sind. Dies kann bei zu erwartenden Besuchern der Fall sein (Wochenendverkehr). Dabei ist grundsätzlich davon auszugehen, dass der Auftraggeber die sich aus der Baustelle ergebenden Gefahren kennt. Daher kommt hier den Umständen nach eine erhöhte Verkehrssicherungspflicht des Auftragnehmers nur in Betracht, wenn er erkennen muss, dass es der Auftraggeber unter Verstoß gegen die ihn treffende Sicherungspflicht duldet, dass die Besucher ohne Begleitung Baukundiger den Zutritt erhalten (BGH BauR 1985, 237 = NJW 1985, 1078 = SFH § 823 BGB Nr. 16 = ZfBR 1985, 132). Ein Auftragnehmer haftet jedenfalls nicht für einen Unfall, den ein Gast des Auftraggebers durch einen Sturz aus dem nicht ausgebauten Dachboden in das Erdgeschoss des Bauwerkes erleidet – wenn er den Auftraggeber zuvor ausdrücklich auf die Nichtbegehbarkeit der Unfallstelle (nicht tragfähige Aussparung im Dachgeschossboden) hingewiesen hatte (OLG Koblenz VersR 1985, 600). Art und Weise sowie Umfang der Verkehrssicherungspflicht gegenüber anderen am Bauvorhaben tätigen Handwerkern sind auch davon bestimmt, ob und welche Vorsicht durch sie infolge ihrer spezifischen Berufsausübung ohnehin zu erwarten ist. Daher kann es genügen, eine Öffnung in einem Flachdach nicht durch eine stabile Abdeckung, sondern durch eine sog. Flatterleine zu sichern; insbesondere wenn es sich darum handelt, den ohnehin an Arbeiten in absturzgefährdeten Bereichen gewöhnten Dachdecker zu warnen (BGH BauR 1979, 531 = VersR 1979, 1107).

Die Verkehrssicherungspflicht kann sich auch auf solche Gefahren erstrecken, die erst **durch unerlaubten und vorsätzlichen Eingriff Außenstehender** entstehen (wie z.B. die unbefugte Entfernung von ungesicherten Abdeckrosten; vgl. BGH BauR 1976, 294 = VersR 1976, 149 = BB 1976, 114 = SFH Z 2.20 Bl. 18). Allerdings muss ein Bauherr sein Grundstück erst dann verschließen, wenn er konkrete Anhaltspunkte dafür hat, dass Kinder die dort gelagerten Pflastersteine entfernen, und als Spielzeug auf öffentlichen Straßen verwenden (OLG Bamberg BauR 2001, 661). **47**

Der Beweis des ersten Anscheins ist auch bei Verletzung von Verkehrssicherungspflichten geboten, die wie Schutzgesetze und Unfallverhütungsvorschriften typischen Gefährdungen entgegenwirken sollen; vorausgesetzt, dass sich in dem Schadensfall gerade diejenige Gefahr verwirklicht, der durch die Auferlegung bestimmter Verhaltenspflichten begegnet werden soll (BGH NJW 1994, 945 im Falle des Sturzes wegen extremer Glätte von Treppenstufen). **48**

b) Bauzäune, Baugerüste, Baugruben

Eine Baustelle in einer geschlossenen Wohnanlage, die von drei- bis vierstöckigen Häusern umgeben ist und zu der ein Kinderspielplatz gehört, muss mit einem Bauzaun gesichert sein (OLG Hamm MDR 1992, 235; zur Entfernung eines Bauzauns durch den Auftragnehmer auf Weisung des Auftraggebers und die dadurch geschaffene Verkehrsunsicherheit BGH SFH Z 4.13 Bl. 72). Gerüste müssen so errichtet und vorgehalten werden, dass sie in ihrer Konstruktion haltbar sind und keine Unfallgefahr für den Benutzer in sich tragen. Sie dürfen vor allem nicht gegen Unfallverhütungsvorschriften verstoßen (OLG Karlsruhe BauR 1988, 116 = VersR 1988, 1071 bzgl. fehlendem Seitenschutz und fehlender Übergangsmöglichkeiten an der Ecke des Hausvorsprungs; LG Osnabrück BauR 1985, 709 = vor einem Gerüstträger endende Bohle). Wer ein nicht standfestes Baugerüst benutzt und nach Beendigung seiner Arbeit in diesem Zustand zurücklässt, haftet wegen Verletzung der Verkehrssicherungspflicht auch dann, wenn ihm das Gerüst nur zur zeitweisen Benutzung überlassen worden war (OLG Köln MDR 1996, 469 = SFH § 823 BGB Nr. 44). Bei Baugerüsten kommt eine Verletzung der Verkehrssicherungspflicht auch in Betracht, wenn deren Benutzung zwar nicht gestattet worden ist, der sicherungspflichtige Unternehmer aber von dem Benutzen durch andere – auch andere Handwerker – weiß oder wissen muss (BGH VersR 1959, 694 = SFH Z 4.01 Bl. 27; BGH NJW 1973, 1648 = MDR 1973, 841; zur Schadensersatzpflicht des Unternehmers, wenn infolge mangelnder Sicherung von Gerüsten nicht Arbeiter, sondern der Bauherr oder der Architekt bei der Besichtigung der Bauarbeiten zu Schaden kommen, BGH SFH Z 4.12 Bl. 1). **49**

Gerüstbohlen müssen gegen Längsverschiebung so gesichert sein, dass sie auch dann nicht zum Absturz gebracht werden, wenn ein Gerüstbenutzer mit dem Fuß gegen eine Bohle stößt. (OLG Frankfurt BauR 1993, 614.) Ein Bauingenieur, der ein Gerüst zur Begehung durch eine größere Personengruppe hat errichten lassen, muss sich selbst von der Sicherheit, der Standfestigkeit und der Belastbarkeit des Gerüstes überzeugen. Dazu gehört die Feststellung, dass die Ausführung des Gerüstes auftragsgemäß nach der Gerüstordnung DIN 4420, die gleichfalls als Unfallverhütungsvorschrift »Gerüste« (VBG-Vorschriften 36a) gilt, erfolgte. Zu prüfen ist ferner, ob es sich um eine Ausführung handelt, für die ein statischer Nachweis oder die – gesonderte – Einholung einer Baugenehmigung erforderlich ist (BGH BauR 1989, 504 = ZfBR 1989, 249 = NJW-RR 1989, 921; OLG Frankfurt BauR 1992, 255 = VersR 1992, 760). Zur Absicherung eines Fassadengerüstes auf einem Gehsteig im Hinblick auf Passanten genügen in der Regel bloße rot-weiße Plastik-Flatterleinen nicht (OLG Nürnberg BauR 1991, 781, zugleich zur Frage des Mitverschuldens des Verletzten im konkreten Fall). **50**

51 Der Schutzbereich der bei der Errichtung eines Baugerüstes wahrzunehmenden Verkehrssicherungspflicht erstreckt sich auch auf den bauleitenden Architekten. Denkbar ist es, dass sowohl Gerüstersteller als auch Benutzer für den Schaden des Benutzers verantwortlich sind. Das ist der Fall, wenn ein Gerüstbenutzer vor Betreten des Gerüstes erkennt, dass sich dieses in einem nicht verkehrssicheren Zustand befindet, es aber dennoch bei Beachtung der gebotenen Vorsicht begangen werden kann. Stürzt der Benutzer dann von dem Gerüst, kann die Berücksichtigung aller Umstände die Bewertung rechtfertigen, dass die Verletzungen des Gerüstbenutzers zu gleichen Teilen auf den verkehrsunsicheren Zustand des Gerüstes und auf seine eigene Unachtsamkeit zurückzuführen sind (OLG Stuttgart BauR 1990, 112 = VersR 1990, 169; hierzu auch OLG Köln VersR 1992, 704). Den Ersteller eines Gerüstes trifft eine Verkehrssicherungspflicht, in den Fahrbahnbereich einer öffentlichen Straße hineinragende Gerüstteile in ausreichender Weise gegenüber dem Straßenverkehr abzusichern (OLG Hamm VersR 1993, 712 = VRS 93 Bd. 85, zugleich zum Mitverschulden eines Lkw-Fahrers, der seinen umfangreich beladenen Lastzug auf einer Fahrbahn steuert, in deren Luftraum Teile eines an einem angrenzenden Gebäude errichteten Gerüsts hineinragen). Liegt die Gefahrenstelle im Keller eines Rohbaus (z.B. bei einem trockenen Schwimmbecken), so reicht die Absperrung der Kellertreppe als Sicherungsmaßnahme nur gegenüber Unbefugten aus. Provisorische Maßnahmen sind zur Verkehrssicherung nur ausreichend, wenn die endgültige Sicherung innerhalb kürzester Frist erfolgt (OLG Köln OLGZ 73, 210).

52 Der Gerüsthersteller, der die an den Bohlen eines Stahlrahmengerüsts erforderliche Bügelsicherung unterlassen hat, haftet gegenüber dem Gerüstbenutzer, der infolge Abrutschens einer Bohle zu Schaden gekommen ist, in vollem Umfang auf Schadensersatz. Dies auch dann, wenn das Gerüst einem heftigen Sturm ausgesetzt war. Etwas anderes gilt nur, wenn er nachweist, dass sich auch eine angebrachte Bügelsicherung infolge der Sturmeinwirkung gelöst haben würde (OLG Koblenz BauR 1997, 328). Wer ein nicht standfestes Baugerüst benutzt und nach Beendigung seiner Arbeit in diesem Zustand zurücklässt, haftet wegen Verletzung der Verkehrssicherungspflicht auch dann, wenn ihm das Gerüst lediglich zur zeitweisen Benutzung überlassen worden ist (OLG Köln BauR 1996, 730).

c) Abbrucharbeiten

53 Gerade hier müssen besondere Sicherheitsvorkehrungen getroffen werden. Vor allem muss der Abbruchunternehmer dafür Sorge tragen, dass durch die betreffenden Arbeiten Dritte keinen Schaden erleiden (OLG Düsseldorf BauR 1994, 267 für den Fall von Beschädigungen am Nachbargebäude). Er muss sowohl vor als auch während der Abbrucharbeiten ständig prüfen, ob er den Abbruch gefahrlos durchführen kann (OLG Düsseldorf IBR 1999, 267). Ein Bauunternehmer, der in unmittelbarer Nähe eines Textilgeschäftes Abbrucharbeiten ausführt, die mit einem hohen Staubanfall verbunden sind, hat alle zumutbaren Maßnahmen zu treffen, um durch den Staub drohende Schäden zu verhindern. Dazu kann die bloße Weisung, die Türen geschlossen halten, nicht ausreichen. Sind zumutbare Maßnahmen im Einzelfall nicht möglich, so muss der Bauunternehmer den Betroffenen darüber aufklären und ihm anheimgeben, seinen Geschäftsbetrieb vorübergehend zu schließen (OLG Braunschweig VersR 1992, 629).

d) Gefährliche Arbeiten

54 Bei **Schweißarbeiten** ist es ein Erfahrungssatz, dass in der näheren Umgebung der Arbeitsstelle durch fortgeschleuderte Schweißperlen Brände entstehen können (BGH VersR 1963, 657). Wer in einem mit einem Reetdach bedeckten Rohbau bei starkem Wind mit offener Flamme arbeitet, muss sich zuvor vergewissern, dass alle erdenklichen Wege für einen Funkenflug versperrt sind (OLG Celle BauR 1990, 626 = VersR 1991, 1385). Für die zu treffenden Sicherungsmaßnahmen genügt es nicht, Feuerlöscher und Löschwasser bereitzustellen; vielmehr müssen die für den Einzelfall maßgebenden Brandschutzbestimmungen unbedingt befolgt werden. Insbesondere sind alle Anforderungen des § 10 der Verordnung über die Verhütung von Bränden (VVB) zu erfüllen. Dazu ist es auch erforderlich, bewegliche brennbare Gegenstände aus dem Gefahrenbereich zu entfernen (OLG

Nürnberg IBR 2003, 246). In Fällen der Verletzung von Brandverhütungsvorschriften spricht bei Eintritt des Brandes im Einwirkungsbereich der Gefahrenstelle der Beweis des ersten Anscheins für den ursächlichen Zusammenhang zwischen der Verletzung der Sicherheitsvorschrift und dem eingetretenen Schaden. Kommt es zum Brand, weil beim Abriss von Schornsteinen einer davon, der weiter betrieben werden soll, mit Schutt verstopft wird, haftet der bauleitende Architekt, der die Arbeiten nicht überwacht (KG, IBR 1999, 274).

Der Auftragnehmer bzw. die von ihm eingesetzte Aufsichtsperson genügt den auf § 831 BGB beruhenden Überwachungspflichten nicht schon dadurch, dass sie den mit Schweißarbeiten beschäftigten Arbeitnehmer regelmäßig auf die Beachtung von Unfallverhütungsvorschriften hinweist. Vielmehr muss sie sich durch Kontrollen vor Ort davon überzeugen, dass die Unfallverhütungsvorschriften auch eingehalten werden (OLG Düsseldorf BauR 1992, 233). **55**

Schweißarbeiten an einem verschlossenen Stalltor ohne hinreichende Sicherungsmaßnahmen (z.B. ohne Prüfung, ob dahinter Stroh gelagert ist und ggf. ohne dessen Entfernung) können den Vorwurf grob fahrlässigen Verhaltens begründen (OLG Düsseldorf BauR 1996, 280 = VersR 1996, 512). Im Übrigen wird die Haftung des Brandverursachers in der Regel nicht dadurch berührt, dass auch der am Schadensort eingesetzten Feuerwehr Versäumnisse anzulasten sind (OLG Düsseldorf BauR 1996, 280 = VersR 1996, 512). **56**

Ein Dachdecker, der Aussparungen in einem Betondach vorübergehend lediglich mit Dachpappe zuklebt, darüber Schaltafeln legt, genügt den Sicherungsanforderungen nicht. Vielmehr ist eine dauerhafte Absperrung und Sicherung mit entsprechender Kennzeichnung der Gefahrenstelle erforderlich (OLG Düsseldorf VersR 1987, 414; über die Haftung des Architekten und des Auftragnehmers bei fehlerhafter Unterfangung einer Giebelmauer BGH VersR 1968, 1057; zum fehlenden ausreichenden Sichern beim »provisorischen« Hochlegen eines Stahlträgers während des Baus einer Betriebshalle, OLG Karlsruhe VersR 1985, 297). **57**

Beauftragt ein Fabrikunternehmer einen Dachdeckerbetrieb mit Reparaturarbeiten auf dem Dach einer Werkhalle, über der sich in mehr als 3 m Höhe eine 15 kV Hochspannungsleitung der Bahn befindet, so braucht der Auftraggeber weder den Auftragnehmer noch den mit der Durchführung der Arbeit betrauten einzelnen Arbeitnehmer auf die durch die Bahnstromleitung drohenden Gefahren hinzuweisen. Auch die Bahn trifft in einem solchen Falle keine Haftung, wenn einer der Arbeiter mit einer Aluminiumleiter an die Leitung gerät und dadurch Verbrennungen erleidet (OLG Hamm BauR 1992, 793). Ob die Bahn die Pflicht hat, bei Brückenbauarbeiten über den Gleisen nicht nur den Strom in der Fahrleitung, sondern auch in der von der Arbeitsstelle seitlich entfernteren Speiseleitung abzuschalten, richtet sich danach, ob im Zuge der auszuführenden Arbeiten damit zu rechnen ist, dass Arbeiter – wenn auch aus Unachtsamkeit – in Erfüllung der konkret auszuführenden Arbeiten in den Gefahrenbereich der Speiseleitung kommen würden (BGH BauR 1994, 263 = VersR 1993, 1541 = NJW-RR 1994, 212 im Falle der Verletzung eines Arbeiters, der den Auftrag hatte, eine auf die 5 m entfernt verlaufende Speiseleitung gefallene Bohle zu entfernen). **58**

Werden im Bereich eines teilweise schon alten (hier 36 Jahre) Gasversorgungsnetzes (zur Verkehrssicherungspflicht bei der Umstellung von Stadt- auf Erdgas u.ordnungsgemäßem Zusammensetzen eines zum Umfetten auseinandergenommenen Eckhahnes auf dem Gaszähler; zugleich auch im Hinblick auf die AVB-Gas BGH, VersR 1978, 538 = LM AVB f.d. Gasversorgung Nr. 1). Arbeiten zum Bau einer U-Bahn ausgeführt, durch die Schäden am Versorgungsnetz (hier: Explosion durch Stadtgas) auftreten können, so ist das kommunale Gasversorgungsunternehmen – auch wenn es nicht Auftraggeber der Bauarbeiten ist – verpflichtet, unter Anlegung strenger Maßstäbe die zur Vermeidung von Schäden erforderlichen Vorkehrungen zu treffen. Es kann sich nicht allein auf eine sorgfältige Ausführung der Bauarbeiten verlassen (BGH BauR 1980, 382; gleichzeitig auch zu Nr. II 5 AVB-Gas). Für die Installation eines Gasdruckminderers an der Außenseite eines Gebäudes ist ein sicherer Standort zu wählen; zumindest ist eine solche Anlage, wenn sie in der Nähe einer **59**

Verkehrsfläche errichtet ist, durch Leitplanken oder ähnliche Schutzvorrichtungen abzuschirmen (LG Heidelberg VersR 1984, 1157). Ein Tiefbauunternehmer, der in unmittelbarer Nähe einer Gasleitung Kanalbauarbeiten durchführt, verletzt seine Verkehrssicherungspflichten, wenn er die Methode des Gleitschienenverbaues wählt und hierdurch eine Gasexplosion entsteht (dazu OLG Düsseldorf BauR 1995, 721).

60 Andererseits: § 4 Abs. 2 Nr. 1 S. 2 AHB setzt positive Kenntnis von der Mangelhaftigkeit der Werkleistung voraus. Daran fehlt es, wenn der vom Versicherungsnehmer angeschlossene Gasherd entgegen technischen Richtlinien für die Gasinstallation zu dicht an einer im Inneren brennbares Material enthaltenden Wand aufgestellt wird, diese sich im Laufe der Zeit ohne unmittelbaren Flammenkontakt entzündet, der Versicherungsnehmer jedoch aufgrund des äußeren Zustandes der Wand annimmt, diese enthalte keine brennbaren Baustoffe. Bei einem so entstandenen Brand sind die Voraussetzungen der Brand- und Explosionsklausel (vorschriftswidriger Umgang mit brennbaren oder explosiven Stoffen) nicht erfüllt (OLG Stuttgart VersR 1995, 1229).

61 Bauarbeiter haften nicht dafür, wenn sie auf Anweisung der Bauleitung Abluftrohre entfernen und dabei davon ausgehen durften, dass die Bauleitung anschließend die erforderlichen Sicherungsmaßnahmen durchführt. Im entschiedenen Fall wurden von der Bauleitung keine Ersatzleitungen für Abgase installiert. Aufgrund dessen kam es zu einem Abgasrückstau. Das eingetretene Kohlenmonoxyd führte zu einer tötlichen Vergiftung. Diese wurde den Bauarbeiten nicht zugerechnet (OLG Hamm IBR 1999, 169).

e) Lagerung von Material

62 Zur Verkehrssicherungspflicht des Bauunternehmers gehört es, an einer Baustelle gelagertes Material gegen mit Gefahr verbundenes Verbringen auf eine Fahrbahn zu sichern (dazu LG Saarbrücken NZV 1993, 236). Ebenso hat er dafür zu sorgen, dass ein Lkw, der Material auf die Baustelle bringt, auf standsicherem Untergrund steht und nicht absackt (OLG Brandenburg BauR 1996, 562).

f) Nachbarn, Hausbewohner

63 Wird vor der Ausführung von Pfahlgründungsarbeiten die Gründung der Nachbarbebauung nicht untersucht, handelt der Bauherr zumindest leicht fahrlässig. Der Unternehmer muss vor Arbeitsbeginn darauf bestehen, dass der Bauherr ein Gründungsgutachten einholt (OLG Brandenburg IBR 2001, 193).

64 Der Bauunternehmer, der ein Haus vorwerfbar mangelhaft errichtet und dadurch Wasserschäden an Sachen eines Mieters auslöst, kann diesem aus unerlaubter Handlung zum Schadensersatz verpflichtet sein (BGH BauR 1990, 501 = *Quack* EWiR § 823 BGB 5/90, 567 = NJW-RR 1990, 726 = ZfBR 1990, 178).

g) Versorgungsleitungen

65 Tiefbauunternehmer, die an öffentlichen Straßen Bauarbeiten mit Baggern durchführen, müssen sich über Lage und Verlauf unterirdisch verlegter Versorgungsleitungen vergewissern (dazu eingehend und übersichtlich *Maurer* BauR 1992, 437; das gilt auch für Subunternehmer, vgl. LG Koblenz VersR 1982, 477 sowie FS Bauer S. 409 ff.; siehe auch DIN 1998 sowie DVGW-GW 315) und auch für Subunternehmer (OLG Frankfurt BauR 1994, 388; LG Koblenz VersR 1982; OLG Naumburg NJW-RR 1994, 784). So muss dieser Unternehmer sich z.B. die in den Händen des Architekten befindlichen Pläne aushändigen lassen (OLG Bremen BauR 1989, 744). Er muss bei Arbeiten im Bereich öffentlicher Straßen alle ihm zugänglichen Erkenntnisquellen ausschöpfen, soweit es sich um im Gefahrenbereich liegende Versorgungsleitungen handelt (LG Kaiserslautern VersR 1992, 707). Andererseits hat der Generalunternehmer, der vor Beginn der Aushubarbeiten erfährt, dass in dem Aushubbereich Fernmeldekabel liegen, und diese durch einen Querschlag auch findet, die Pflicht sicherzustellen, dass die Kenntnis von der Lage der Kabel auch dem Baggerführer des Subun-

ternehmers zuverlässig mitgeteilt wird. (OLGR Frankfurt 1996, 39). Bei unklarer Lage des Kabels hat der Tiefbauunternehmer gesteigerte Sorgfaltspflichten, die genaue Lage des Kabels festzustellen, um dessen Beschädigung auszuschließen (OLG Düsseldorf NJW-RR 1994, 22). Dazu können Probebohrungen oder das Anlegen von Suchgräben gehören (OLG Düsseldorf BauR 2002, 326).

Regelmäßig muss sich der Unternehmer selbst **Gewissheit durch Einsichtnahme in Bestandspläne** verschaffen. Sind Bestandspläne nicht ausreichend oder nicht vorhanden, ebenfalls auch nicht sonstige Unterlagen, so muss der Tiefbauunternehmer die Lage der Versorgungsleitungen durch eigene Untersuchung zu ermitteln versuchen (z.B. Probeschlitze; OLG Köln VersR 1987, 513 m.w.N.; OLG Hamm BauR 1996, 407). Das gilt auch im Hinblick auf Entsorgungsleitungen (OLG Frankfurt/Main NJW-RR 1996, 276). 66

Hat der Tiefbauunternehmer die an ihn zumutbar zu stellenden Anforderungen erfüllt, z.B. durch Einsicht in vorhandene Unterlagen, Suchgrabungen oder Erörterung mit der Eigentümerin der Versorgungsleitungen, ist er von seiner Haftung befreit (OLG Köln VersR 1984, 340; zutreffend dazu auch *Maurer* FS Bauer S. 409, 419 ff., wonach an den Tiefbauunternehmer hier keine unzumutbaren Anforderungen gestellt werden dürfen). Zwar kann ein Tiefbauunternehmer seine Sorgfaltspflichten auf einen anderen Unternehmer (z.B. Subunternehmer) übertragen; ihm verbleiben aber stets eigene Auswahl-, Kontroll- und Überwachungspflichten, deren Ausmaß sich nach den Umständen des Einzelfalles richtet. Besteht die Gefahr der Entstehung besonders hoher Schäden, muss dies zu einer gesteigerten Sorgfaltspflicht des Delegierenden führen (BGH VersR 1976, 62 = NJW 1976, 46 m.w.N.). Gerade hier bestehen besondere Kontroll- und Sicherungspflichten zur Vermeidung einer Beschädigung von Versorgungsleitungen (BGH BauR 1983, 95 = ZfBR 1983, 124. Über die Verteilung von Verantwortlichkeiten zwischen Tiefbauunternehmer und auftraggebender Stadt, wenn es bei der Durchführung von Kanalisationsarbeiten zu einer Explosion kommt, die auf eine übermäßige Steigerung des Drucks in einer Gasleitung zurückzuführen ist, OLG Schleswig BauR 1991, 487: Haftungsverteilung je zur Hälfte; weiter OLG Frankfurt/M. OLGR Frankfurt/M. 1995, 159 für den Fall, dass der Tiefbauunternehmer Zweifel an der Richtigkeit und Vollständigkeit der Spantenerkundung durch einen Dritten haben muss). Die für Tiefbauarbeiten im öffentlichen Straßenbereich geltenden Erkundigungs- und Sicherungspflichten des Unternehmers über unterirdisch verlaufende Versorgungsleitungen (Einsichtnahme in Pläne der Versorgungsunternehmen, Vornahme von Probebohrungen) gelten bei entsprechenden Anhaltspunkten auch für Arbeiten auf Privatgrundstücken. Solche Anhaltspunkte sind insbesondere die Bebauung des Grundstückes selbst oder in der Nähe vorhandene Bebauung anderer Grundstücke (OLG Köln VersR 1992, 335 = NJW-RR 1992, 983; insbesondere auch BGH BauR 1996, 131 = NJW 1996, 387 = SFH § 823 BGB Nr. 40). Wenn es sich auch nicht um eine Rechtsnorm handelt, so kann die von einem Energieversorgungsunternehmen herausgegebene »Anweisung zum Schutz von Strom-, Gas- und Fernwärmeleitungen« im Einzelfall ausreichende Hinweise dafür geben, was einem Tiefbauunternehmer im Bereich der Verkehrssicherungspflicht auferlegt ist (ähnlich OLG Düsseldorf NJW-RR 1994, 22). 67

Ein überörtliches Strom-Versorgungsunternehmen muss dafür Sorge tragen, dass anfragende Bauunternehmer auf die Möglichkeit hingewiesen werden, dass in dem fraglichen Gebiet auch Kabel liegen. Andererseits ist es nicht Aufgabe des Energieversorgungsunternehmens, dem Tiefbauunternehmer unaufgefordert Aufmaßskizzen zur Verfügung zu stellen und/oder ungefragt andere Auskünfte zu erteilen. Allein aus einer solchen Unterlassung kann deshalb noch kein Mitverschulden hergeleitet werden (zutreffend OLG Düsseldorf NJW-RR 1994, 22). 68

Ist dem Unternehmer bekannt, dass in dem von ihm zu bearbeitenden Bereich Versorgungsleitungen verlaufen, muss er sich über deren Lage und Tiefe Gewissheit verschaffen (OLG Köln BauR 1995, 122 = VersR 1995, 1456 = SFH § 823 BGB Nr. 41). Der Umfang der Verkehrssicherungspflicht hinsichtlich der Fernmeldekabel der Bundespost (jetzt TELEKOM) ergibt sich aus der Kabelschutzanweisung des Fernmeldetechnischen Zentralamtes (OLG Zweibrücken VersR 1977, 45; zur Verkehrssicherungspflicht bei Kanalbauarbeiten im Zuge einer öffentlichen Straße, OLG Köln VersR 1971, 69

324). Grundsätzlich kann sich ein Tiefbauunternehmer auf die Richtigkeit einer gemäß Nr. 3 der Kabelschutzanweisung der TELEKOM erteilten Auskunft über die Verlegung von Kabeln im Straßenbereich verlassen. Erweckt die Auskunft aber im konkreten Fall Zweifel hinsichtlich ihrer Richtigkeit, ist der Tiefbauunternehmer verpflichtet, vor dem Beginn einer Straßendurchbohrung weitere Ermittlungen über die Lage von Telekomkabeln anzustellen. Dabei kommt u.U. ein erhebliches Mitverschulden (dazu grundsätzlich und zutreffend *Maurer* FS Bauer S. 409, 417) der ehemalige Deutsche Bundespost Betracht, wenn einer ihrer Bediensteten leichtfertig eine unrichtige Auskunft gibt (§§ 254, 831 BGB; dazu OLG Hamburg BauR 1990, 375).

70 Die TELEKOM kann das Risiko, dass **Fernmeldekabel** in ihrem Einverständnis entgegen ihrer Kabelschutzanweisung nicht in 60 cm Tiefe verlegt sind, nicht ohne weiteres auf den Tiefbauunternehmer abwälzen (ähnlich, jedoch zugunsten des Unternehmers zu weitgehend OLG Düsseldorf BauR 1993, 486). Jedenfalls kommt ein Mitverschulden in Betracht, wenn keine Anhaltspunkte für eine geringere Tiefe vorliegen. Andererseits: Die TELEKOM trifft nicht ohne weiteres ein Mitverschulden an der Beschädigung von Fernmeldeanlagen durch Tiefbauarbeiten, wenn in ihren Kabelplänen Tiefenangaben über die verlegten Fernmeldekabel fehlen (OLG Frankfurt BauR 1994, 264 = VersR 1994, 445; vgl. dazu auch OLG Köln BauR 1995, 122 = VersR 1995, 1456 = SFH § 823 BGB Nr. 41). Anders dann, wenn sie bei Aushändigung des Lageplanes nicht darauf hinweist, dass die tatsächliche Lage des Kabels von der im Plan angegebenen abweicht – obwohl ihr dies bekannt ist (OLG Naumburg NJW-RR 1994, 784).

71 Den Fahrer eines Kabelverlegepfluges trifft ohne für ihn begründete Anhaltspunkte keine eigene Erkundigungspflicht, ob im offenen Gelände Versorgungsleitungen verlaufen; vielmehr kann er sich auf Weisungen des Bauleiters verlassen (OLG Rostock OLGR Rostock 1995, 207). Ein Tiefbauunternehmer muss auch auf privaten Grundstücken mit Fernmeldekabeln rechnen. Er muss deshalb vor Arbeitsbeginn die Kabelpläne der TELEKOM einsehen, die Planangaben mit der Örtlichkeit vergleichen und, wenn sich die eingezeichneten Bezugspunkte vor Ort offensichtlich geändert haben, weitere Nachforschungen anstellen. Andernfalls kann er aus § 823 BGB haften (OLG Düsseldorf BauR 1998, 808).

72 Der Vorwurf grober Fahrlässigkeit wurde abgelehnt, als ein Bauunternehmen vor Beginn von Spülbohrungen den Verlauf des in der Nähe der Bohrungen liegenden vorhandenen Kabels »allein« anhand eines Kabelverlegungsplanes und eines Kabelsuchgerätes überprüft hat. Trotz Ortung des Suchgerätes wurde übersehen, dass das Kabel nicht gradlinig, sondern auf einer kurzen Strecke um einen Baum herum verlegt war. Auf die Frage der groben Fahrlässigkeit kam es deshalb an, da der Energieversorger, der den Unternehmer eingeschaltet hatte, über seine AGBs mit der betroffenen Gemeinde die Haftung aus Vertrag und unerlaubter Handlung auf Vorsatz und grobe Fahrlässigkeit beschränkt hatte. Nach dem LG Würzburg hält eine solche Haftungsausschlussklausel § 9 AGBG (heute: § 307 BGB) stand. Es würde sich insoweit um ein typisches Betriebsrisiko handeln (LG Würzburg Urt. v. 4.6.2003 22 O 2087/02 [nicht rechtskräftig] IBR-Vorschau 26.6.2003).

h) Straßenbau – sonstiger Tiefbau

73 Wenn der Unternehmer die Beschilderung und Reinigung des Baustellenbereiches vertraglich übernommen hat, obliegt ihm neben dem Straßenbaulastträger die Verkehrssicherungspflicht für den Straßenzustand. Geringfügige Fahrbahnverschmutzungen sind von den Verkehrsteilnehmern hinzunehmen. Grund: eine völlige Gefahrlosigkeit mit zumutbarem Aufwand könne nicht erreicht werden (OLG Köln NJW-RR 1990, 862).

74 Werden auf der Fahrbahnmitte einer Landstraße Asphaltarbeiten ausgeführt (Vergießen der Mittelnaht mit Teer), so genügt das bloße Aufstellen eines Leitkegels auf der weißen Mittellinie nicht, um die Baustelle ausreichend zu sichern (OLG Oldenburg VersR 1993, 333, zugleich zum Mitverschulden des ohne Anlass die Fahrbahnmitte benutzenden Kraftfahrers). Es ist Pflicht des Straßenbauun-

ternehmers, zugunsten von Fußgängern an einer Straßenbaustelle darauf hinzuweisen, dass trotz halbseitiger Straßensperrung mit Fahrzeugverkehr von links gerechnet werden muss (KG VRS 78 Bd. 55, 103). Die Verkehrssicherungspflicht erfordert es, dass die zur Absicherung der Gefahrenstelle notwendigen Sicherungseinrichtungen (Verkehrszeichen, Absperrbaken, Beleuchtung während der Nachtzeit) nach ihrer Anbringung und Inbetriebsetzung in nach den jeweiligen Gegebenheiten ausgerichteten Zeitabständen auf Zustand und Funktion überwacht werden; insoweit können Kontrollen in Abend- und Nachtstunden auf einer Baustelle an einer Bundesautobahn in dreistündigen Abständen ausreichen (OLG Bremen VersR 1979, 1126).

Zuzustimmen ist der Ansicht des OLG Karlsruhe (VersR 1993, 332), dass ein um 4 bis 5 cm erhöhter **Kanaldeckel** auf der Fahrbahn einer wenig befahrenen Sackgasse keiner besonderen Sicherung gegenüber dem Fußgänger bedarf (dazu Anm. *Gaisbauer* VersR 1993, 849). Anders liegt es, wenn bei einer Straßenbaustelle auf der Fahrbahn die Teerdecke entfernt und durch eine provisorische Befestigung ersetzt worden ist (LG Bonn ZfS 1996, 5, zugleich zur Frage der Mitverantwortlichkeit des Fahrers). Die Vertiefung eines Gehweges von 30 cm im Baustellenbereich stellt eine Verletzung der Verkehrssicherungspflicht dar (LG Köln ZfS 1991, 258, zugleich zum Mitverschulden des Verletzten). Dagegen ist ein Gehwegplattenbelag von bis zu 2 cm Höhenunterschied für die Benutzer noch hinnehmbar (OLG Düsseldorf VersR 1993, 1416). Anders als in Fußgängerzonen und Ladenzentren muss bei einem Bürgersteig aus Natursteinpflasterung in einer ländlichen Gemeinde mit Unebenheiten gerechnet werden; sie müssen allerdings erkennbar sein. Eine »plötzliche Umstellung« eines ebenen, geteerten Gehwegbelages auf Natursteinpflasterung erfordert in der Regel keine besonderen Schutzmaßnahmen für die Fußgänger – sofern diese in der Lage sind, die Änderung der Oberflächenbeschaffenheit des Bürgersteiges rechtzeitig zu erkennen und sich darauf einzustellen (OLG Koblenz VersR 1993, 1417). 75

Besondere Sicherungsmaßnahmen müssen von dem verkehrssicherungspflichtigen Auftragnehmer dann nicht getroffen werden, wenn eine am Ende einer Baustelle befindliche Bodenwelle gut zu erkennen ist (KG, VersR 1983, 1162). Entsteht bei Straßenbauarbeiten eine 10 cm tiefe Querrinne, so genügt es nicht, diese nur relativ lose mit Kies zu verfüllen. Dieser Kies kann durch Kraftfahrzeuge leicht herausgeschleudert und die Querrinne dadurch für Fahrradfahrer zu einer erheblichen Gefahrenquelle werden (OLG Brandenburg VersR 1996, 517). Bei Ausführung von Straßenbauarbeiten, die der Verkehrsberuhigung dienen, trifft den Bauunternehmer die Pflicht, unfertige Fahrbahnhindernisse (z.B. eine mit Palisaden eingefasste, noch nicht bepflanzte Baumscheibe) in geeigneter Weise gegen den Fahrzeugverkehr zu sichern (LG Limburg VersR 1993, 497). Eine Verkehrssicherungspflicht des Bauunternehmers nach dem Einbau von Baumscheiben für die spätere Bepflanzung im Fußgängerbereich besteht nicht, wenn der Geschädigte im Zeitpunkt des Unfalles klar erkennen konnte, dass es sich nicht um den Bereich eines Gehweges handelt (OLG Celle VersR 1989, 157). Im Rahmen der Tiefbaustellen-Verkehrssicherungspflicht ist vermehrt zu prüfen, ob zum Abdecken von Baugruben nicht griffigeres Material als glatte Stahlplatten verwendet werden kann (OLG Karlsruhe VRS 1990, Bd. 78, 321). 76

i) Kinder auf der Baustelle

Wer ein siebenjähriges Kind (über Haftung bei einem Unfall eines siebenjährigen Jungen auf der Baustelle [§ 828 BGB] OLG Celle SFH Z 4.13 Bl. 51; auch OLG Oldenburg SFH Z 4.13 Bl. 37 und OLG Hamm SFH Z 4.13 Bl. 21 sowie BauR 1986, 479; insbesondere BGH VersR 1962, 625 und 1964, 825) an eine gefährliche Maschine (hier: Mörtelmaschine ohne Schutzvorrichtung der Antriebskette) heranruft, hat für hieraus entstehende Unfallfolgen ohne weiteres einzustehen (BGH VersR 1965, 877; zugleich zur Frage eines etwaigen Mitverschuldens des Kindes). Ist eine Baustelle frei zugänglich, müssen gefährliche Arbeitsgeräte (wie z.B. eine Kreissäge) während der arbeitsfreien Zeit so gesichert werden, dass eine Benutzung durch spielende Kinder nicht möglich ist (BGH VersR 1975, 453). Die Sicherungspflicht besteht vor allem auch hinsichtlich einer noch offenen Baugrube. 77

Grundsätzlich bedarf es der Errichtung eines Bauzauns. Die bloße Absicherung mit einem Brett in 1 m Höhe sowie einem Flatterband genügt nicht (OLG Hamm MDR 1992, 235). Bei einem noch im Bau befindlichen Werksgelände muss die Betriebsleitung zum Schutz spielender Kinder dafür sorgen, dass offene Zugänge entweder kontrolliert oder an Gefahrenstellen Sicherungsmaßnahmen getroffen werden (OLG Stuttgart VersR 1977, 65). Eine Sicherungspflicht des Rohbauunternehmers hat auch gegenüber unberechtigt im Rohbau spielenden Kindern dort ihre Grenzen, wo es sich nicht mehr um die Abwehr erkennbarer und übersehbarer Gefahren handelt (OLG Hamm VersR 1972, 1147, auch zum Mitverschulden eines fast elfjährigen Jungen, der beim verbotenen Spielen in einem Neubau verunglückte). Ein Balkon im Erdgeschoss eines Rohbaus muss nach Feierabend gegen das Eindringen spielender Kinder gesichert werden. Die vorschriftsmäßige Absicherung des Treppenhauses, der Treppenhausöffnungen und des Treppenpodestes durch Metallspieße ist dagegen ausreichend (OLG Karlsruhe VersR 1982, 1010, hier auch zum weitaus überwiegenden Verschulden eines mehr als 13 Jahre alten Gymnasiasten). Ein Bauunternehmer genügt seiner Verkehrssicherungspflicht, wenn er auf der Baustelle zurückgelassene Paletten ordnungsgemäß stapelt (OLG München BauR 1988, 349).

k) Sicherungspflichten des Architekten bzw. Bauleiters

78 Die Verkehrssicherungspflicht des Architekten (dazu insbesondere BGHZ 68, 169, 175 ff.; *Schmalzl* NJW 1977, 2041; *Schmalzl* BauR 1981, 505; weiter *Bindhardt* VersR 1972, 901; *Bindhardt* Der Architekt 1972, 112, sowie vor allem BauR 1975, 376 und entgegen *Koenig* VersR 1971, 701) besteht nur insoweit, als es sich um vom Architekten wahrgenommene oder, gemessen an den bei ihm im Einzelfall vorauszusetzenden Kenntnissen, um voraussehbare Gefahrenquellen handelt (vgl. auch BGH BauR 1976, 441 = SFH Z 2.20 Bl. 22). Das gilt in erster Linie für jene Fälle, in denen dem Architekten nur die Objektüberwachung übertragen worden und er nicht verantwortlicher Bauleiter nach der jeweiligen Landesbauordnung ist. Muss ein Architekt bei objektiver Betrachtung aufgrund der ihm vorliegenden Zeichnungen keine Bedenken gegen die Haltbarkeit haben, verstößt er auch nicht gegen seine Verkehrssicherungspflicht im Rahmen einer ihm auferlegten Berufspflicht, wenn er es unterlässt, ein statisches Gutachten über die Haltbarkeit einzuholen (zu den Verkehrssicherungspflichten eines mit der Objektüberwachung betrauten Architekten, der dem Hilfspolier des Auftragnehmers einen Auftrag zur Veränderung eines von einem Fachunternehmen erstellten Gerüstes erteilt, BGH BauR 1984, 77 = NJW 1984, 360. Über Pflichten und Verantwortung des Architekten gegenüber den Nachbarn seines Bauherrn, *Bindhardt* BauR 1983, 422). Daher hat er auch nicht die Beweislast für die fehlende Ursächlichkeit seines Verhaltens für den infolge Herabstürzens der Decke eingetretenen Schaden (OLG Stuttgart VersR 1975, 69). Er haftet aber neben dem Bauunternehmer, wenn er nicht dafür sorgt, dass eine durchnässte abgehängte Decke abgestützt wird (OLG Celle BauR 2001, 1925).

79 Ein Architekt, der die **Planung und die Objektüberwachung** übernommen hat, haftet nach den Deliktsvorschriften für die Folgen gefahrbringender Mängel des Bauwerks, die ein gewissenhafter Architekt bei sorgfältiger Prüfung hätte erkennen können (BGH NJW 1970, 2290 = BauR 1971, 64 = SFH Z 4.13 Bl. 130 für den Fall des Sturzes auf einer fehlerhaften Wendeltreppe; vgl. auch OLG Hamm BlGWB 1971, 211). Gleiches gilt für auf Planungs- und Aufsichtsfehlern beruhenden Körper- und Sachschäden infolge Herabstürzens einer mangelhaft erstellten Dachkonstruktion (BGH VersR 1964, 1250; BGH VersR 1971, 644 = BauR 1971, 131). Das trifft auch auf Schäden zu, die infolge Baumängeln durch Witterungseinflüsse entstehen.

80 Ein Architekt, der im Rahmen der ihm übertragenen Bauaufsicht die Ausführung gefahrträchtiger Isolierarbeiten pflichtwidrig nicht hinreichend überwacht, haftet einem Mieter deliktisch auf Schadensersatz, wenn die eingebrachten Sachen des Mieters wegen der Mängel des Bauwerkes zu Schaden kommen (z.B. Rostschäden an gelagerten Maschinen; vgl. BGH BauR 1991, 91 = SFH § 276 BGB Nr. 32 = ZfBR 1991, 24 = NJW-RR 1991, 217). Ebenso trifft dies bei nicht hinreichender Bau-

überwachung im Falle des Unterlassens des vereinbarten Einbaues einer Rückstausicherung und die dadurch verursachten Wasserschäden zu (OLG Hamm NJW-RR 1993, 594). Der Architekt ist verkehrssicherungspflichtig, wenn er zum verantwortlichen Bauleiter bestellt worden ist; allerdings auch hier unter Beachtung der vorrangigen Verkehrssicherungspflicht des betreffenden Unternehmers sowie der nach den Gegebenheiten des Falles zumutbaren Vorkehrungen (OLG Hamm BauR 1980, 378; zu diesen Fragen siehe insbesondere *Ganten* BauR 1973, 148; *Kullmann* BauR 1977, 84, sowie *Rabe* BauR 1981, 332; vgl. auch BGH SFH Z 3.012 Bl. 12; zur Haftung des Architekten gegenüber Auftragnehmern für die Sicherheit der Baustelle – hier: über das Grundstück führende Starkstromleitungen – LG Karlsruhe BB 1973, 17).

Den mit der Bauüberwachung betrauten Architekten treffen insgesamt Verkehrssicherungspflichten, wenn er gefahrträchtige Maßnahmen veranlasst; außerdem muss er aufgrund seiner Verkehrssicherungspflicht erkannte oder erkennbare baustellentypische Gefahrenquellen beseitigen (OLG Düsseldorf BauR 1996, 731). Die Verletzung der Verkehrssicherungspflicht hat der Bundesgerichtshof sowohl zu Lasten des Architekten als auch des Bauunternehmers im Zusammenhang mit einer bauordnungswidrig errichteten – insbesondere für Kinder gefährlichen – baulichen Anlage (nicht umfriedeter Löschwasserteich) bejaht. Dies kann auch noch nach Abnahme der Arbeiten des Unternehmers gelten. Insoweit dauert seine Verantwortlichkeit an, bis ein anderer die ausreichende Absicherung der Gefahrenquelle übernommen hat. Auch beim Architekten dauert eine einmal begründete Sicherungspflicht an, bis die Gefahrenlage beseitigt ist (BGH BauR 1997, 148). 81

4. Haftungsfolgen aus der BaustellenVO

Die Umsetzung der Baustellenrichtlinie – auch Baustellensicherheitsrichtlinie genannt (»Richtlinie 92/57/EWG über die auf zeitlich begrenzte oder ortsveränderliche Baustellen anzuwendenden Mindestvorschriften für die Sicherheit und den Gesundheitsschutz« v. 24.7.1992 AblEG Nr. L 245 26.8.1992 S. 6 ff.) erfolgte am 10.6.1998 durch die BaustellenVO. Sie wendet sich an den Bauherrn und seinen Bauleiter, wenn das Bauvorhaben die vorgegebenen Größenvorgaben erreicht. Ausgangspunkt ist dabei eine Baustelle mit einem Arbeitgeber, bei der die voraussichtliche Dauer der Arbeiten mehr als 30 Arbeitstage beträgt und auf der mehr als 20 Beschäftige gleichzeitig tätig werden – oder der Umfang der Arbeiten voraussichtlich 500 Personentage überschreitet. Ab dieser Größenordnung beginnt die erste Verpflichtung bezüglich der Vorankündigungspflicht (§ 2 BaustellenVO). 82

Ist eine Vorankündigung zu übermitteln, oder werden auf dem Grundstück besonders gefährliche Arbeiten nach Anhang II der BaustellenVO durchgeführt, ist ein Sicherheits- und Gesundheitsplan zu erstellen. Weitere Pflicht für den Bauherrn bzw für den von ihm eingesetzten Architekten, ist der Einsatz des Sicherheits- und Gesundheitskoordinators (SiGeKo; § 3 BaustellenVO).

Der **SiGEKo** haftet eigenständig neben seinem Auftraggeber bei Schäden aus schuldhaften Pflichtverletzung, da deren Vertrag ein Vertrag mit Schutzwirkung zugunsten aller Dritter ist, die sich berechtigt auf der Baustelle aufhalten. Dem Bauherrn wird das Verschulden des SiGeKo nach § 276 BGB als eigenes zugerechnet (OLG Celle IBR 2005, 588, 1255).

5. Unfallverhütungsvorschriften

Die Unfallverhütungsvorschriften der Berufsgenossenschaften stellen zwar keine Schutzgesetze nach § 823 Abs. 2 BGB dar (RG JW 1929, 1461; BGH VersR 1961, 160; 1969, 827 = SFH Z 4.01 Bl. 54 f.; OLG Düsseldorf VersR 1982, 501; a.A. *Marburger* VersR 1983, 597, 605 f.) jedoch sind sie im Rahmen der Verkehrssicherungspflichten von besonderer Bedeutung. Sie stecken im Einzelfall deren Rahmen ab. Werden sie nicht beachtet und tritt an der Gefahrenstelle ein Unfall ein, ist die Ursächlichkeit des Verstoßes für den Unfall nach dem **ersten Anschein** als erwiesen anzusehen (BGH VersR 1965, 1055). Ähnlich OLG Frankfurt (VersR 1972, 105): Wird eine Unfallverhütungsvorschrift verletzt, die eine bestimmte Betriebsgefahr ausschließen soll, so spricht bei Eintritt eines 83

Unfallereignisses nach den Grundsätzen des Anscheinsbeweises die Vermutung dafür, dass der Unfall bei Beachtung der Unfallverhütungsvorschriften vermieden worden wäre. Es ist dann Sache des Unternehmers, diese Vermutung zu entkräften. Das gilt um so mehr, als die Kenntnis der einschlägigen Unfallverhütungsvorschriften bei den für die Arbeitsausführung verantwortlichen Personen vorausgesetzt werden muss (OLG Saarbrücken VersR 1973, 182).

84 Die Verletzung der UVV begründet stets den Vorwurf der qualifizierten Fahrlässigkeit (Berufsfahrlässigkeit). Immerhin hat der Auftragnehmer oder der ihm Gleichgestellte diejenige Pflicht verletzt, die ihm wegen seines Berufes auferlegt ist (BGH VersR 1953, 335; 1960, 614; OLG Köln VersR 1963, 621; OLG Saarbrücken VersR 1973, 182; offengelassen hinsichtlich grober Fahrlässigkeit von OLG Stuttgart VersR 1969, 252 m.w.N.). Damit ist allerdings nicht immer der Vorwurf grober Fahrlässigkeit verbunden. Der vorerwähnte Begriff der Berufsfahrlässigkeit entstammt § 903 RVO a.F. und kann sowohl »normale« Fahrlässigkeit als auch grobe Fahrlässigkeit bedeuten (BGH VersR 1968, 64, 66; 1969, 39; OLG Köln VersR 1976, 145; ähnlich OLG Frankfurt VersR 1970, 808 sowie OLG Koblenz VersR 1976, 862). Von grober Fahrlässigkeit ist im Allgemeinen auszugehen, wenn eine Unfallverhütungsvorschrift missachtet wird, die mit eindeutigen Sicherungsanweisungen vor tödlichen Gefahren schützen soll (BGH BauR 1989, 109 in Bezug auf § 12 Nr. 1 Abs. 1 Nr. 5 UVV Bauarbeiten). Andererseits kann von grober Fahrlässigkeit nicht gesprochen werden, wenn nach den Umständen des Einzelfalles nicht damit zu rechnen ist, dass sich der Geschädigte an der gefährlichen Stelle der baulichen Anlage aufhalten und dort zu Schaden kommen wird (dazu OLG Koblenz BauR 1990, 627 in Bezug auf eine Verletzung des § 12 Abs. 1 Nr. 4 UVV Bauarbeiten).

6. Haftung nach § 839 BGB

85 Eine Staatshaftung anstelle einer Unternehmerhaftung (§ 839 BGB) scheidet im Bauvertragswesen grundsätzlich aus. Das trifft vor allem für den Bereich des Straßenbaus zu. Ein Auftragnehmer wird nicht schon in Ausübung öffentlicher Gewalt tätig, wenn er im Auftrage einer Gemeinde, eines Landes oder des Bundes Bauarbeiten durchführt, die zum öffentlich-rechtlichen Aufgabenbereich des Auftraggebers gehören (BGH VersR 1973, 417 m.w.N.; BGH BauR 1985, 593 = SFH § 823 BGB Nr. 17 = NJW-RR 1986, 190 = ZfBR 1985, 219; so auch OLG Düsseldorf VersR 1972, 158 und OLG Karlsruhe VersR 1979, 59 für die Verlegung von Versorgungsleitungen; vgl. auch OLG Hamm VersR 1992, 1227; OLGR München 1994, 195). Ebensowenig handelt ein zum verantwortlichen Bauleiter bestellter Auftragnehmer bei der Wahrnehmung seiner Aufgaben in Ausübung öffentlicher Gewalt. Gleiches gilt für einen im kirchlichen Dienst stehenden Bauingenieur, der nicht hoheitlich, sondern im Zusammenhang mit einer Baumaßnahme allein fiskalisch tätig wird (dazu BGH BauR 1989, 504 = NJW-RR 1989, 921 = ZfBR 1989, 249).

86 Andererseits kann eine Haftung nach Art. 34 GG und § 839 BGB in Betracht kommen, wenn die Überwachung der ordnungsgemäßen Durchführung der Straßenbauarbeiten nicht durch den Auftragnehmer selbst, sondern verantwortlich durch einen Bediensteten des öffentlichen Auftraggebers erfolgt. Dies stellt sich als Ausübung hoheitlicher Gewalt dar. Sie dient nicht nur dem Zweck, die Belange des Auftraggebers gegenüber dem privaten Auftragnehmer zu wahren, sondern ist auch darauf gerichtet, Schäden von Dritten fernzuhalten (BGH VersR 1973, 417), In solchen Fällen kommt auch eine Haftung aus enteignungsgleichem Eingriff in Betracht; gerade dann, wenn einem Dritten durch behördliche Baumaßnahmen Schäden erwachsen (BGH VersR 1973, 417). Die Subsidiaritätsklausel des § 839 Abs. 1 S. 2 BGB findet auf Rückgriffsansprüche nach den §§ 640, 641 RVO a.F. keine Anwendung (BGH VersR 1973, 818; zur Rechtsprechung des BGH zur Subsidiaritätsklausel [§ 839 Abs. 1 S. 2 BGB] Eßer DRiZ 1981, 370).

C. Alleinige Haftung des Auftraggebers im Innenverhältnis: Anordnung des AG (Nr. 2 Abs. 1 S. 2)

Soweit der Schaden des Dritten nur die Folge einer Maßnahme ist, die der Auftraggeber in dieser Form angeordnet hat, trägt er den Schaden allein – vorausgesetzt, der Auftragnehmer hat ihn auf die mit der angeordneten Ausführung verbundene Gefahr i.S.v. § 4 Nr. 3 VOB/B hingewiesen. 87

Diese Vertragsbestimmung trägt den Besonderheiten der bauvertraglichen Verhältnisse Rechnung. Insoweit handelt es sich um einen Ausfluss von Treu und Glauben (§ 242 BGB). Entsprechendes gilt deshalb über den VOB-Vertrag hinaus für alle Bauverträge (BGH LM § 633 Nr. 3 BGB; BGH SFH Z 2.410 Bl. 31; BGH BauR 1987, 79 = NJW 1987, 643 = SFH § 633 BGB Nr. 61 = ZfBR 1987, 32; BGH BauR 1987, 86 = NJW 1987, 644 = SFH § 633 BGB Nr. 59 = ZfBR 1987, 34). Wenn schon dem Auftraggeber nach § 4 Nr. 1 Abs. 4 VOB/B die Befugnis gegeben ist, sich grundsätzlich gegenüber dem Auftragnehmer mit seinen Anordnungen durchzusetzen, entspricht es der Billigkeit, ihn gerade dann für seine Anordnung und deren Auswirkungen haften zu lassen, wenn daraus einem Dritten ein Schaden entstanden ist. Voraussetzung ist, dass der Schaden des Dritten seine Ursache ausschließlich in der vom Auftraggeber angeordneten Maßnahme hat. Stellt sie nur eine Mitursache des Schadens dar, kommt diese Ausnahmeregelung nicht zum Zuge. Weitere Voraussetzung für die Befreiung des Auftragnehmers vom Schadensausgleich im Innenverhältnis ist es, dass er vor der Ausführung der Anordnung und vor der Entstehung des Schadens dem Auftraggeber gegenüber auf seine Bedenken schriftlich hinweist. Dazu reicht es aus, wenn er Bedenken gegen ein in der Ausschreibung für Straßenbauarbeiten vorgesehenes Mischungsverhältnis von Binder und Asphalt geltend macht, und der Auftraggeber dazu mitteilt, dass er Abweichungen nur im Rahmen der genannten Vorschrift (ZTV-STRA 88) akzeptiere. Der Auftragnehmer wurde dadurch auch dann von seiner Haftung frei, als der Hinweis falsch war (OLG Köln IBR 2006, 438, Nichtzulassungsbeschwerde zurückgewiesen). 88

D. Alleinige Haftung des Auftragnehmers im Innenverhältnis: versicherbarer Schaden (Nr. 2 Abs. 2)

Eine weitere von den gesetzlichen Vorschriften abweichende vertragliche Ausgleichsregelung für das Innenverhältnis findet sich in Nr. 2 Abs. 2. Hiernach trägt der Auftragnehmer den Schaden allein, »soweit er ihn durch Versicherung seiner gesetzlichen Haftpflicht gedeckt hat oder zu tarifmäßigen, nicht auf außergewöhnliche Verhältnisse abgestellten Prämien und Prämienzuschlägen bei einem zugelassenen Versicherer hätte abdecken können«. Das gilt somit kraft vertraglicher Regelung gerade auch bei beiderseitigem Verschulden, sowohl des Auftraggebers als auch des Auftragnehmers (BGH VersR 1969, 1039 = SFH Z 4.13 Bl. 126 ff.). 89

I. Grundgedanke der Gewerbeüblichkeit

Diese Vertragsbestimmung beruht nach bisheriger Vorstellung auf dem Grundgedanken der Gewerbeüblichkeit. Es entspricht den allgemeinen Gepflogenheiten im Baugewerbe, dass ein Auftragnehmer eine Haftpflichtversicherung abgeschlossen hat. Aufgrund dieser Gewerbeüblichkeit und des Umstands, dass die Kosten der Versicherung über den Werklohn vom Auftraggeber getragen werden, hält die Klausel einer isolierten Inhaltskontrolle stand (BGH BauR 1999, 414 = NJW 1999, 942 = ZfBR 1999, 140 = IBR 1999, 129; BGH Nichtannahmebeschluss BauR 2001, 1129 = IBR 2001, 193). 90

Die alleinige Haftung des versicherten Vertragspartners im Innenverhältnis gilt auch im Bereich von Nachunternehmerverträgen zwischen Haupt- und Nachunternehmer (OLG Stuttgart VersR 1981, 741). 91

II. Voraussetzung: Deckung durch Haftpflichtversicherung des Auftragnehmers

92 Wird der gesamte Schaden durch die Haftpflichtversicherung beglichen, ist der Auftraggeber von einer Ausgleichspflicht im Innenverhältnis befreit. Ist Deckung nur zum Teil gegeben, kommt wegen des nicht gedeckten Schadensteils die Grundregel der Nr. 2 Abs. 1 in Betracht (eingehend hierzu *Littbarski* Rn. 319 ff. sowie *Schmalzl* Die Berufshaftpflichtversicherung des Architekten und Bauunternehmers Rn. 404 ff., insbesondere Rn. 485 ff.; zutreffend ferner *Vens-Capell/Wolf* BauR 1993, 275, 277 f. gegen *Wussow* Informationen zum Versicherungs- und Haftpflichtrecht v. 9.4.1990 S. 59 f.). Eine Alleinhaftung des Auftragnehmers kommt allerdings nicht in Betracht, wenn der Auftraggeber grob fahrlässig gehandelt hat. In dieser Auslegung ist § 10 Nr. 2 mit § 307 BGB vereinbar (BGH IBR 1999, 129; OLG Brandenburg IBR 2001, 193).

Hat der Auftragnehmer die Versicherung nicht abgeschlossen, ist er so zu stellen, als ob sie bestünde. Es bleibt dann bei dem Grundgedanken seiner alleinigen Haftung im Innenverhältnis. Entlastend wirken auch hier die bei abgeschlossenem Vertrag zu berücksichtigen Begrenzungen der Haftpflichtsumme und Haftungsausschlüsse (*von Rintelen* in *Kapellmann/Messerschmidt* § 10 VOB/B Rn. 36).

III. Zumutbare Versicherbarkeit

93 Zumutbar sind Versicherungen mit den üblichen Haftungssummen. Besondere Zusatzversicherungen, insbesondere zur Überwindung von üblichen Ausschlussklauseln, sind nur bei gesonderter Vereinbarung geschuldet.

§ 10 Nr. 3
[Alleinige Haftung des Auftragnehmers im Innenverhältnis: Einzelfälle unerlaubter Handlung]

Ist der Auftragnehmer einem Dritten nach §§ 823 ff. BGB zu Schadensersatz verpflichtet wegen unbefugten Betretens oder Beschädigung angrenzender Grundstücke, wegen Entnahme oder Auflagerung von Boden oder anderen Gegenständen außerhalb der vom Auftraggeber dazu angewiesenen Flächen oder wegen der Folgen eigenmächtiger Versperrung von Wegen oder Wasserläufen, so trägt er im Verhältnis zum Auftraggeber den Schaden allein.

Inhaltsübersicht

	Rn.
A. Einführung	1
B. Mögliche Schadensursachen	3
I. Unbefugtes Betreten oder Beschädigung angrenzender Grundstücke	4
II. Entnahme oder Auflagerung von Boden und sonstigen Gegenständen	9
III. Versperren von Wegen und Wasserläufen	10

A. Einführung

1 Der AN haftet im Innenverhältnis allein, wenn er schuldhaft die in Nr. 3 genannten Rechtsgüter verletzt hat. Im Aussenverhältnis kann auch der AG dem Dritten haften. Dies folgt aus dem Grundsatz, dass die Errichtung eines Bauwerkes den Auftraggeber zur sorgfältigen Auswahl des Auftragnehmers zwingt, insbes. im Hinblick auf zu beachtende verkehrsnotwendige Schutzmaßnahmen; darüber hinaus u.U. auch zum persönlichen Eingreifen, wenn die nach dem Gesetz zu schützenden Interessen des Nachbarn gefährdet werden (OLG Düsseldorf SFH Z 5.0 Bl. 34 f.). Der vom Dritten in Anspruch genommene AG hat in diesen Fällen gegen seinen AN einen Freistellungsanspruch nach Nr. 6.

Die alleinige Verantwortlichkeit des AN trotz ebenfalls schuldhaft handelndem AG führt bei isolierter Kontrolle der Klausel zu dessen Unwirksamkeit (*von Rintelen* in *Kapellmann/Messerschmidt* § 10 VOB/B Rn. 38). **2**

B. Mögliche Schadensursachen

Die abschließende Aufzählung der schadensverursachenden Handlungen und der Verweis auf die §§ 823 ff. BGB bezieht die Ersatzansprüche aus der Verletzung von Schutzvorschriften (§§ 906, 909 i.V.m. § 823 Abs. 2 BGB) mit ein. **3**

I. Unbefugtes Betreten oder Beschädigung angrenzender Grundstücke

Angrenzende Grundstücke sind nicht nur solche, die unmittelbar an das zu bebauende Grundstück anschließen. Vom Schutzzweck erfasst sind auch solche Grundstücke, die entfernter liegen, aber von den Baumaßnahmen betroffen sind. Zu denken ist z.B. an Grundstücke, die durch Erschütterungen, Erdrutsch und Ruß betroffen sein können, auch wenn sie nicht unmittelbar angrenzen. **4**

Unbefugtes Betreten setzt voraus, dass es ohne oder gegen den Willen des Eigentümers geschieht. Dieser kann allerdings nach den jeweiligen Landesnachbarrechtsgesetzen verpflichtet sein, das Betreten seines Grundstücks zu dulden. Kann er vorab eine Sicherheitsleistung für eventuelle Schäden verlangen (z.B. § 23 LNRG Rh-Pf), ist das Betreten des Grundstücks erst zulässig, nachdem die Sicherheit gestellt wurde. Ein Eingriff in dessen Substanz ist damit aber nicht zulässig. Daher muss der Nachbar bzw. Eigentümer zwar dulden, dass sein Grundstück vorübergehend betreten und benutzt wird; jedoch ist damit nicht das Recht verbunden, in die Bodensubstanz des Nachbargrundstückes einzugreifen. **5**

Beschädigt wird das Grundstück durch Handlungen, die es in seinem Wert mindern. Dazu zählt das Beschädigen der Bepflanzung des Grundstücks ebenso wie ein Verlust seiner Stütze (infolge Baumaßnahmen auf dem Nachbargrundstück). Ebenso erfasst ist das Beschädigen von Kabeln oder Leitungen, die auf dem Grundstück verlegt sind (KG SFH Z 3.13 Bl. 1 ff.). **6**

Eine Beschädigung angrenzender Grundstücke ist auch denkbar durch **Immissionen**, die über den zulässigen Rahmen des **§ 906 BGB** hinausgehen. Dazu zählen auch die durch Bauarbeiten verursachten **Erschütterungen**, die zum Verlust der Bodestütze führen können (BGHZ 85, 375 = BauR 1983, 177 = NJW 1983, 872 = SFH § 906 BGB Nr. 2 = ZfBR 1983, 87 m.w.N.). **7**

Vertiefungen i.S. des § 909 BGB liegen immer dann vor, wenn durch Entnahme von Bodensubstanz das Nachbargrundstück seine Stütze verliert. Eine Vertiefung ist aber auch dann anzunehmen, wenn sich das Bodenniveau – ohne Entnahme von Bodenbestandteilen – infolge des Gewichts eines Neubaus oder aufgrund von Ablagerung schwerer Stoffe und der dadurch bedingten Pressung des Untergrundes senkt (BGHZ 44, 130 = NJW 1965, 2099 = SFH Z 4.142 Bl. 40; OLG Düsseldorf BauR 1975, 71; BGH NJW 1971, 935 = SFH Z 4.142 Bl. 74). **8**

II. Entnahme oder Auflagerung von Boden und sonstigen Gegenständen

Die Entnahme und das Auflagern von Boden auf Grundstücken Dritter kann eine »Beschädigung3« im Sinne des vorher genannten Regelbeispiels sein. Die alleinige Haftung des AN im Innenverhältnis ist dadurch zu begründen, dass er dabei von den Flächen abweicht, die ihm vom AG vorgegeben wur- **9** den. Insoweit muss der Auftragnehmer schuldhaft der Anweisung des Auftraggebers zuwidergehandelt haben.

III. Versperren von Wegen und Wasserläufen

10 Eigenmächtig handelt der AN, der keine Befugnis zu seinem Handeln besitzt, der also nicht für eine ordnungsbehördliche Erlaubnis und Sicherungsmaßnahme sorgt, vielmehr aus eigenem Antrieb und ohne die erforderliche Erlaubnis oder Ausnahmegenehmigung vorgeht.

§ 10 Nr. 4
[Sondertatbestand: Verletzung gewerblicher Schutzrechte]

Für die Verletzung gewerblicher Schutzrechte haftet im Verhältnis der Vertragsparteien zueinander der Auftragnehmer allein, wenn er selbst das geschützte Verfahren oder die Verwendung geschützter Gegenstände angeboten oder wenn der Auftraggeber die Verwendung vorgeschrieben und auf das Schutzrecht hingewiesen hat.

Inhaltsübersicht Rn.

A. Gewerbliche Schutzrechte 1
B. Schadenstragung durch Auftragnehmer – Voraussetzungen 3

A. Gewerbliche Schutzrechte

1 Erste Voraussetzung für diese **besondere Ausgleichsregelung** ist die **Verletzung gewerblicher Schutzrechte**. Dabei kann von einer durch Nr. 4 erfassten Rechtsverletzung nur gesprochen werden, wenn es sich um **gewerbliche Schutzrechte eines Dritten handelt, der nicht Bauvertragspartner ist**. Zu den gewerblichen Schutzrechten ist u.a. zu verweisen auf

2 a) das Gesetz über Urheberrecht und verwandte Schutzrechte (Urheberrechtsgesetz) vom 9.9.1965 (BGBl. I S. 1273)
b) das Patentgesetz i.d.F. der Bekanntmachung vom 16.12.1980 (BGBl. I 1981 S. 1)
c) das Gebrauchsmustergesetz i.d.F. der Bekanntmachung vom 28.8.1986 (BGBl. I S. 1455)
d) das Gesetz betreffend das Urheberrecht an Mustern und Modellen (Geschmacksmustergesetz) v. 11.1.1876 (RGBl. S. 11)
e) Das Gesetz über den Schutz von Marken und sonstigen Kennzeichen (Markengesetz – MarkenG) v. 25.10.1994 (BGBl. I S. 3082, ber. 1995 I S. 156)

B. Schadenstragung durch Auftragnehmer – Voraussetzungen

3 Ein Werk ist mangelhaft, wenn aufgrund Rechte Dritter der uneingeschränkte Gebrauch nicht gewährleistet ist. Der AN hat deshalb die Verpflichtung, das Werk frei von solchen Rechten zur Verfügung zu stellen. Dafür anfallende Kosten muss er in seiner Kalkulation berücksichtigen. Gelingt es ihm nicht das Werk frei von solchen Rechtsmängeln zu verschaffen, haftet er im Innenverhältnis allein für den Schaden. Diese Haftung besteht immer dann, wenn der AN selbst die Ausführung angeboten hat, durch die gewerbliche Schutzrechte Dritter verletzt werden.

Der AN haftet im Innenverhältnis ebenfalls allein, wenn der Auftraggeber die Verwendung des geschützten Verfahrens oder der geschützten Gegenstände – sei es vor Vertragsabschluss anlässlich der Ausschreibung, sei es nach Vertragsabschluss etwa im Rahmen von § 4 Nr. 1 Abs. 3 VOB/B – dem Auftragnehmer vorgeschrieben und den Auftragnehmer zugleich auf das Schutzrecht hingewiesen hat. **4**

Fehlen der Hinweis des Auftraggebers auf das bestehende Schutzrecht, gelten für den Ausgleich des Schadens im Innenverhältnis die allgemeinen Regeln des § 10 Nr. 2. **5**

§ 10 Nr. 5
[Anwendung der Ausgleichsregelungen der Nr. 2, 3 und 4 zugunsten gesetzlicher Vertreter und Erfüllungsgehilfen]

Ist eine Vertragspartei gegenüber der anderen nach den Nummern 2, 3 oder 4 von der Ausgleichspflicht befreit, so gilt diese Befreiung auch zugunsten ihrer gesetzlichen Vertreter und Erfüllungsgehilfen, wenn sie nicht vorsätzlich oder grob fahrlässig gehandelt haben.

Ist eine Vertragspartei nach Nr. 2, 3 oder 4 gegenüber der anderen von der Ausgleichspflicht befreit, greift die **Befreiung auch zugunsten ihrer gesetzlichen Vertreter und Erfüllungsgehilfen**. Etwas **anderes** gilt nur, wenn diese bei der Entstehung des Schadens **vorsätzlich oder grob fahrlässig** gehandelt haben. Durch diese Regelung wird vermieden, dass nach Nr. 2, 3 oder 4 Befreite doch wieder haften, wenn die Partei für ihre Arbeitnehmer einstehen müsste, die sich auf eine Entlastung nach den Grundsätzen der gefahrgeneigten Arbeit berufen kann. Auch die mittelbare Belastung des eigentlich von der Haftung Befreiten durch Inanspruchnahme seiner Vertreter wird so vermieden. **1**

Durch diese Befreiung **zugunsten der gesetzlichen Vertreter und Erfüllungsgehilfen** liegt ein **echter Vertrag** zugunsten Dritter vor. Die so Privilegierten können sich, wenn sie den Schaden vorsätzlich oder grob fahrlässig herbeigeführt haben, nicht auf die Befreiung von der Ausgleichspflicht i.S.d. Nr. 2 bis 4 berufen. Das entspricht der Billigkeit und dem Grundgedanken, dass derjenige, der aus zumindest grobem Verschulden einen Schaden herbeigeführt hat, nicht Freistellung von oder Herabsetzung seiner Ausgleichspflicht im Innenverhältnis verlangen kann. Dies entspricht auch § 309 Nr. 7 BGB. **2**

§ 10 Nr. 6
[Grundpflichten der Bauvertragspartner bei Inanspruchnahme durch einen geschädigten Dritten]

Soweit eine Vertragspartei von dem Dritten für einen Schaden in Anspruch genommen wird, den nach den Nummern 2, 3 oder 4 die andere Vertragspartei zu tragen hat, kann sie verlangen, dass ihre Vertragspartei sie von der Verbindlichkeit gegenüber dem Dritten befreit. Sie darf den Anspruch des Dritten nicht anerkennen oder befriedigen, ohne der anderen Vertragspartei vorher Gelegenheit zur Äußerung gegeben zu haben.

Inhaltsübersicht

	Rn.
A. Allgemeine Voraussetzungen der Nr. 6	1
B. Anspruch auf Freistellung	2
C. Gelegenheit zur Äußerung für anderen Vertragspartner	5

A. Allgemeine Voraussetzungen der Nr. 6

1 Nr. 6 greift nur ein, wenn beide Vertragspartner einem Dritten haften, im Innenverhältnis aber nur eine der Parteien verantwortlich ist.

B. Anspruch auf Freistellung

2 Wird der im Innenverhältnis nicht verantwortliche Vertragspartner von dem Dritten in Anspruch genommen, hat er gegen den anderen Vertragspartner einen **Anspruch auf Freistellung**. Dieser hat seinen Ausgangspunkt in **§ 257 BGB** (allgemein zum Freistellungsanspruch *Bischof* ZIP 1984, 1444). Der zur Freistellung Verpflichtete kann wählen, wie er freistellt. Er kann an den geschädigten Dritten zahlen (**§ 267 Abs. 1 BGB**), oder durch Vereinbarung mit diesem die Schuld befreiend übernehmen. An den in Anspruch Genommenen kann er zur Befreiung nur dann zahlen, wenn dieser damit einverstanden ist. Der in Anspruch Genommene kann nicht Zahlung an sich verlangen, solange er nicht selbst an den Geschädigten gezahlt hat. Der Freistellungsanspruch umfasst auch die Verpflichtung, unbegründete Ansprüche Dritter vom Vertragsgegner abzuwehren (BGH NJW 1970, 1594 m. zutr. Anm. v. *Reinhardt* NJW 1970, 2288).

3 Wird die Freistellung zu Unrecht verweigert, steht dem in Anspruch Genommenen für seine Aufwendungen ein Schadensersatzanspruch nach § 241 Abs. 2 BGB zu (BGH NJW 1970, 1594). Das gilt auch, wenn die Weigerung darauf beruht, dass dessen Haftpflichtversicherer einen Eintritt abgelehnt oder sich zum Schadensfall noch nicht geäußert hat. Dies berührt nicht die vertraglichen Rechte und Pflichten der Bauvertragspartner. Betroffen ist nur das Innenverhältnis des Weigernden zu seiner Versicherung.

4 Der Streitwert einer Klage auf Freistellung von einer Verbindlichkeit entspricht grundsätzlich dem bezifferten oder bezifferbaren Schuldbetrag (BGH NJW-RR 1990, 958). Die Rechtskraft der Verurteilung zur Freistellung schließt Einwendungen des Verurteilten gegen den Grund seiner Schadensersatzpflicht in einem nachfolgenden Zahlungsprozess aus (BGH SFH § 218 BGB Nr. 1 = JuS 1991, 963 Nr. 9). Nach OLG Brandenburg (IBR 2006, 13, Nichtzulassungsbeschwerde zurückgewiesen) soll es zwar grundsätzlich möglich sein, wegen des Freistellungsanspruchs gegen den Werklohn ein Zurückbehaltungsrecht geltend zu machen. Im Einzelfall soll dies aber gegen Treu und Glauben verstoßen, wenn der Werklohn nach Grund und Höhe unstreitig ist, der Freistellungsanspruch aber streitig, und deshalb umfangreich Beweis erhoben werden müsste.

C. Gelegenheit zur Äußerung für anderen Vertragspartner

5 Nach S. 2 darf diejenige Vertragspartei, die von dem geschädigten Dritten in Anspruch genommen wird, dessen Anspruch weder anerkennen noch befriedigen, ohne der anderen zuvor Gelegenheit zur Äußerung zu geben. Eine Verletzung dieser vertraglichen Verpflichtung kann einen Schadensersatzanspruch des nicht benachrichtigten Partners aus Verletzung einer vertraglichen Nebenpflicht (§ 241 Abs. 2 BGB) zur Folge haben. Er ist im Innenverhältnis auch berechtigt, alle Einwendungen zu erheben, die sich auf Grund und Höhe der Forderung beziehen und die er dem Dritten mit Erfolg hätte entgegenhalten können. Dies gilt unabhängig davon, ob der in Anspruch genommene Vertragspartner Freistellung nach S. 1 verlangt hat oder nicht. Erforderlich ist nur die Inanspruchnahme durch den Dritten.

Die hier dem Vertragspartner auferlegte Pflicht hat allerdings ihre Grenzen, nicht zuletzt auch aus dem Gesichtspunkt von Treu und Glauben. Dies gilt insbesondere dann, wenn die Unterrichtung bloße Förmelei wäre, weil der andere Vertragspartner von vornherein jegliche Mitverantwortung oder Verantwortung entschieden und bestimmt in Abrede stellt (LG Wuppertal VersR 1983, 594). Gleiches gilt, wenn der andere Vertragspartner über den Schadensfall vollumfänglich unterrichtet ist. In einem solchen Ausnahmefall bedarf es keiner Äußerung mehr. Dies gilt umso mehr, als dann der in Anspruch genommene Vertragspartner durch Erfüllung der Ansprüche des Geschädigten auch zur Minderung des Schadens beiträgt. Für den hier in Betracht gezogenen Ausnahmefall trägt allerdings der in Anspruch genommene Vertragspartner die Beweislast. **6**

§ 11
Vertragsstrafe

1. Wenn Vertragsstrafen vereinbart sind, gelten die §§ 339 bis 345 BGB.
2. Ist die Vertragsstrafe für den Fall vereinbart, dass der Auftragnehmer nicht in der vorgesehenen Frist erfüllt, so wird sie fällig, wenn der Auftragnehmer in Verzug gerät.
3. Ist die Vertragsstrafe nach Tagen bemessen, so zählen nur Werktage; ist sie nach Wochen bemessen, so wird jeder Werktag angefangener Wochen als 1/6 Woche gerechnet.
4. Hat der Auftraggeber die Leistung abgenommen, so kann er die Strafe nur verlangen, wenn er dies bei der Abnahme vorbehalten hat.

Inhaltsübersicht

	Rn.
A. Allgemeine Grundlagen	1
I. Voraussetzung: Ausdrückliche Vertragsstrafenvereinbarung	2
II. Weitgehende Möglichkeit der Vereinbarung von Vertragsstrafen	4
III. Höhe und Herabsetzung der Vertragsstrafe	6
IV. Beweislast	9
V. Aufrechnung – Verrechnung	10
VI. Verjährung des Vertragsstrafenanspruches	11
B. Geänderte Rechtslage durch BGB 2002	12

Aufsätze: *Beuthien* Pauschalierter Schadensersatz und Vertragsstrafe FS Larenz 1973 S. 495 ff.; *Weyer* Verteidigungsmöglichkeiten des Unternehmers gegenüber einer unangemessen hohen Vertragsstrafe BauR 1988, 28; *Schlünder* Vertragstrafenklauseln in Bauverträgen ZfBR 1995, 281; *Keßler* Der Vertragsstrafenanspruch nach § 11 VOB/B WiB 1996, 886; *Börgers* Zur sogenannten »Hinfälligkeit« von Vertragsstrafevereinbarungen BauR 1997, 917; *Cuypers* Die Vertragsstrafe beim Bauen ZfBR 1998, 272; *Kniffka* Die Durchstellung von Schadensersatzansprüchen des Auftraggebers gegen den auf Werklohn klagenden Subunternehmer – Überlegungen zum Schaden des Generalunternehmers und zum Zurückbehaltungsrecht aus einem Freistellungsanspruch BauR 1998, 55; *Kapellmann* Ansprüche des Auftraggebers auf Verzugsschadensersatz, Vertragsstrafe oder Kündigung aus wichtigem Grund bei Verletzung der eigenen Mitwirkungspflicht, aber unterlassener Behinderungsanzeige seitens des Auftragnehmers FS Vygen 1999 S. 194 ff.; *Roquette* Eine vom Generalunternehmer an den Bauherrn zu zahlende Vertragsstrafe kann als Verzugsschaden gegenüber dem Subunternehmer geltend gemacht werden – Besprechung des BGH-Urteils v. 18.12.1997 BauR 2000, 47; *Kemper* Die Vereinbarung von Vertragsstrafen bei Fristüberschreitung in Allgemeinen Geschäftsbedingungen BauR 2001, 1015; *Leinemann* Vertragsstrafe – Der einzig sichere Weg zum Gewinn am Bau? BauR 2001, 472; *Steeger* Ist der Architekt seinem Auftraggeber zur Vorbereitung von Bauverträgen verpflichtet? BauR 2001, 554; *Jagenburg* Fallstricke bei der Gestaltung von Bauverträgen Jahrbuch Baurecht 2002 S. 1; *Sohn* Die durchgereichte Vertragsstrafe FS Jagenburg 2002 S. 855 ff.; *Suchowsky* Durchstellung des Insolvenzausfallschadens auf den Vertragspartner? – Anmerkungen zur Entscheidung des OLG München v. 12.5.1999 FS Jagenburg 2002 S. 879 ff.; *Vogel* Absicherung der gewerblichen Unternehmerhaftung gem. § 1a AEntG BauR 2002, 1013; *Kirberger* Die durchgestellte Vertragsstrafe FS Kraus 2003 S. 101 ff.; *Kreikenbohm* Nachträge und Vertragsstrafe BauR 2003, 315; *Lau* Die Vertragsstrafenabrede in BGB-Werkverträgen und VOB-Bauverträgen. Ein stumpfes Schwert? Jahrbuch Baurecht 2003 S. 55.

A. Allgemeine Grundlagen

1 Während § 12 VOB/A für den Bereich der öffentlichen Bauvergabe Richtlinien für Vertragsstrafen (Nr. 1. Über Begriff, Zweck und Umfang von Vertragsstrafen im Rahmen eines Bauvertrages vgl. § 12 VOB/A Rn. 2 ff.) und Beschleunigungsvergütungen (Nr. 2; vgl. § 12 VOB/A Rn. 22 ff.) in einer Bestimmung aufstellt, befasst sich § 11 VOB/B nur mit der im einzelnen Vertrag **vereinbarten** Vertragsstrafe. Beschleunigungsvergütungen werden in VOB/B nicht behandelt. Vertragsstrafen und Beschleunigungsvergütungen stehen in keinerlei Zusammenhang; ihre jeweilige Vereinbarung unterliegt allein dem Willen der Vertragsparteien.

§ 11 VOB/B selbst füllt die einschlägigen gesetzlichen Bestimmungen (vgl. Nr. 1) in den Nrn. 2, 3 und 4 durch gerade im Bauvertragswesen übliche Fallgestaltungen (Vertragsstrafe wegen nicht fristgerechter Erfüllung, Berechnung der Vertragsstrafe, Vorbehalt bei der Abnahme) aus.

I. Voraussetzung: Ausdrückliche Vertragsstrafenvereinbarung

2 Voraussetzung für die Anwendbarkeit von § 11 VOB/B ist, dass eine **Vertragsstrafe ausdrücklich und gesondert** sowie **hinreichend klar** und **in sich widerspruchsfrei** im Bauvertrag **vereinbart** worden ist, was auch noch nach Abschluss des Vertrages bis zu dessen endgültiger Abwicklung geschehen kann. Die **Vereinbarung der VOB** als solcher, insbesondere des Teils B, **reicht** deshalb **nicht** aus, § 11 VOB/B anzuwenden. Die **Vertragsstrafen sind** in den **Zusätzlichen** oder in den **Besonderen Vertragsbedingungen** festzulegen, wie sich aus § 10 Nr. 4 Abs. 1 f. VOB/A entnehmen lässt. Wegen ihrer möglichen gravierenden Auswirkungen auf den Bauvertrag ist es für die Wirksamkeit einer Vertragsstrafenabrede erforderlich, dass sie sich an einer – vor allem für den Auftragnehmer – ohne Schwierigkeiten erkennbaren, **übersichtlichen Stelle** im Bauvertrag findet (ebenso *Knacke* S. 13). Vertragsstrafenvereinbarungen sind gerade bei Bauverträgen häufig und deshalb nichts Außergewöhnliches. Im Allgemeinen sind sie nicht »überraschend« (vgl. § 305c Abs. 1 BGB), so dass der Auftragnehmer – vornehmlich in Zusätzlichen Vertragsbedingungen – damit rechnen muss (BGH Urt. v. 18.11.1982 VII ZR 305/81 = BauR 1983, 80 = SFH § 341 BGB Nr. 4 = ZfBR 1983, 78 m.w.N.; ebenso *Weyer* BauR 1988, 28, 30). Dies ist zu bejahen, wenn sie folgerichtig im jeweils gegebenen tatsächlichen und rechtlichen Zusammenhang, wie z.B. der Absprache über die vorgesehene Bauzeit, eingeordnet werden (zu eng hier *Knacke* S. 17 f.).

3 Voraussetzung für die wirksame Vereinbarung einer Vertragsstrafe ist nicht zuletzt, dass in der betreffenden Vertragsbestimmung auch ohne jeden Zweifel der Wille der Vertragspartner zur Absprache einer Vertragsstrafe zum Ausdruck kommt. Insofern bedarf es vor allem einer **eindeutigen Festlegung, ob** es sich um eine Vereinbarung über **Fälligkeitszinsen**, eine **Schadenspauschalierung** oder eine **Vertragsstrafe** handelt (vgl. dazu BGH Urt. v. 24.4.1992 V ZR 13/91 = NJW 1992, 2625 = MDR 1992, 965). Dies gilt insbesondere bei Formulierungen in Allgemeinen Geschäftsbedingungen – vornehmlich Zusätzliche Vertragsbedingungen –, da hier die Regelungen der §§ 305c Abs. 2 § 307 Abs. 1 S. 2 BGB zu beachten sind. Allerdings ist ein individualvertraglich festgelegtes, also nicht der AGB-Kontrolle unterworfenes, unklar formuliertes Versprechen nicht ohne weiteres unwirksam; sofern es noch der Auslegung fähig ist, muss es nach den §§ 133, 157 BGB im Einzelfall ausgelegt werden; dabei kommt es vor allem auch auf den Zweck des Strafversprechens an (ebenso *Weyer* a.a.O.). Bei Vertragsverstößen, die auf die Leistungsverpflichtung des Versprechenden ohne Einfluss sind, kann im Zweifel keine Vertragsstrafe ausgelöst werden.

II. Weitgehende Möglichkeit der Vereinbarung von Vertragsstrafen

Vertragsstrafen können für die verschiedenen Fälle nicht vertragsgerechten Handelns vereinbart werden. § 12 Nr. 1 VOB/A erwähnt den Fall der **Überschreitung von Vertragsfristen.** Das ist – allgemein formuliert – gegeben, wenn ein Vertragspartner mit der Erfüllung seiner vertraglichen Pflichten in **Verzug** gerät. Darüber hinaus können Vertragsstrafen für alle möglichen Fälle der Nichteinhaltung vertraglicher Leistungspflichten abgesprochen werden, wie z.B. für ganze oder teilweise **Nichterfüllung,** für gegenständlich **nichtordnungsgemäße Erfüllung** usw. als auch für die Verletzung von Nebenpflichten (vgl. § 12 VOB/A Rn. 9 ff.). **4**

Es ist möglich, eine Vertragsstrafenabrede durch die Vereinbarung einer Sicherheitsleistung – insofern vor allem durch selbstschuldnerische Bürgschaft gemäß § 17 Nr. 4 VOB/B – abzusichern. Allerdings bedarf dieses einer hinreichend klaren Festlegung, aus der sich ergibt, dass die Sicherheitsleistung den Bereich der Vertragsstrafe erfasst (vgl. BGH Urt. v. 7.6.1982 VIII ZR 154/81 = BauR 1982, 506 = SFH § 767 BGB Nr. 3; für einen derartigen Fall im Konkurs, vgl. BGH Urt. v. 22.2.2001 IX ZR 191/98 = BauR 2001, 1580 m. Anm. *Schmitz*). **5**

III. Höhe und Herabsetzung der Vertragsstrafe

Was die **zulässige Höhe** und die etwaige **Herabsetzung einer überhöhten Vertragsstrafe** (vgl. dazu zur Vermeidung von Wiederholungen § 12 VOB/A Rn. 15–20; *Weyer* BauR 1988, 28, 33) angeht, so steht die Ermäßigung einer wirksam vereinbarten und verwirkten Vertragsstrafe nach § 343 BGB im Ermessen des Tatrichters. Dabei ist bei der Bemessung der Strafhöhe grundsätzlich jedes berechtigte Interesse des Auftraggebers, nicht nur das Vermögensinteresse, das mit dem rechtzeitigen Erhalt der Leistung verbunden ist, zu berücksichtigen; andererseits sind im betreffenden Einzelfall die anzuerkennenden Belange des Auftragnehmers zu beachten; grundsätzlich müssen aber Sinn und Zweck der Vertragsstrafe als Druck- und Sicherungsmittel gewahrt bleiben. In der Berufungs- oder Revisionsinstanz kann nur nachgeprüft werden, ob der Tatrichter bei der Ausübung seines Ermessens von falschen Rechtsgrundsätzen ausgegangen ist. Zu beachten ist jedoch, dass die Regelung des § 343 BGB auf Individualregelungen zugeschnitten ist, sie also eine **Überprüfung**, insbesondere **nach § 307 BGB**, nicht ausschließt, soweit Vertragsstrafenregelungen in Allgemeinen Geschäftsbedingungen, besonders in Zusätzlichen Vertragsbedingungen, enthalten sind (BGH Urt. v. 18.11.1982 VII ZR 305/81 = BauR 1983, 80 = SFH § 341 BGB Nr. 4 = ZfBR 1983, 78; vgl. auch dazu besonders § 12 VOB/A Rn. 15 ff.). **6**

Wird abweichend von den Regeln der VOB in Besonderen oder Zusätzlichen Vertragsbedingungen eine Vertragsstrafe für den Fall der Kündigung des Bauvertrages vereinbart und ist diese unverhältnismäßig hoch, so ist bei der Bemessung nach § 343 BGB auch zu berücksichtigen, inwieweit das Verhalten des Fordernden zu der Lösung des Vertrages beigetragen hat (vgl. OLG Köln NJW 1974, 1952). Insoweit ist der in § 254 BGB enthaltene Grundgedanke zu beachten. **7**

Soweit Behörden Auftraggeber sind und zu ihren Gunsten eine Vertragsstrafe vom Auftragnehmer infolge vertraglicher Pflichtverletzung verwirkt worden ist, sind § 59 Abs. 1 Nr. 3 BHO v. 19.8.1969 (BGBl. I S. 1284), geändert durch Art. 15 des Gesetzes v. 14.8.2006 (BGBl. I S. 1911) und die dazu ergangene vorläufige Verwaltungsvorschrift bzw. die entsprechenden Bestimmungen in den Haushaltsordnungen der Länder maßgebend. Danach kommt es darauf an, ob die Einziehung der Vertragsstrafe für den Auftragnehmer eine besondere Härte bedeuten würde. Für die Praxis heißt dies, **8** dass der Auftragnehmer einen Antrag auf Ermäßigung oder Erlass der Vertragsstrafe beim öffentlichen Auftraggeber stellen kann. Dabei muss er allerdings die Umstände im Einzelnen nachprüfbar darlegen, aus denen er eine besondere Härte für den Fall der Leistung der Vertragsstrafe herleitet.

IV. Beweislast

9   Die Beweislast für die Vereinbarung der Vertragsstrafe, deren Höhe und ihre Fälligkeit – auch den bei der Abnahme gemachten Vorbehalt – obliegt dem Auftraggeber (vgl. auch BGH Urt. v. 10.2.1977 VII 17/75 = SFH Z 2.502 Bl. 11 = BauR 1977, 280). Dagegen hat der Auftragnehmer den Beweis gemäß § 345 BGB zu führen, wenn er die Verwirkung der Strafe bestreitet, weil er die Leistung ordnungsgemäß erfüllt habe (BGH Urt. v. 21.10.2003 X ZR 218/01 = IBR 2004, 62 – *Leitzke*). Das gilt nach der Beweislastregel des § 286 Abs. 4 BGB besonders auch für die Entlastung vom Vorwurf des Verschuldens im Rahmen des Verzuges des Auftragnehmers. Verlangt der Auftragnehmer nach § 343 BGB die Herabsetzung der Vertragsstrafe, ist er im Hinblick auf die behauptete Unverhältnismäßigkeit der Vertragsstrafenhöhe ebenfalls darlegungs- und beweispflichtig.

V. Aufrechnung – Verrechnung

10 Der Auftraggeber ist grundsätzlich – sofern im Bauvertrag nichts Abweichendes vereinbart ist – berechtigt, mit einer zu seinen Gunsten verwirkten Vertragsstrafe gegenüber dem Vergütungsanspruch des Auftragnehmers die **Verrechnung** zu erklären. Denn es handelt sich nach der herrschenden Differenzlehre nicht um einen selbstständigen Anspruch gegenüber dem Vergütungsanspruch des Auftragnehmers, sondern um einen Anspruch derjenigen Partei, die nach Abrechnung aller Aktiv- und Passivposten noch etwas zu fordern hat. Das rechtfertigt sich vor allem daraus, dass der Vertragsstrafenanspruch in der Grundlage ein **Schadensersatzanspruch** ist. Dies bedeutet, dass der vom Auftragnehmer ausbedungene Vergütungsanspruch nichts anderes als ein Faktor für die Berechnung der dem Auftraggeber zustehenden Strafforderung ist, der entfällt, wenn und soweit die geforderte Vertragsstrafe verwirkt ist (RGRK § 340 BGB Anm. 7 ff.; a.A. *Kaiser* Mängelhaftungsrecht Rn. 199 Fn. 3, der insoweit Erlöschen des Vergütungsanspruches des Auftragnehmers in Höhe der verwirkten Vertragsstrafe annimmt, was aber kaum von praktischer Bedeutung sein dürfte). Dann handelt es sich nicht um eine Aufrechnung, sondern lediglich um die Ermittlung des rechnerischen Ergebnisses im Wege der Abrechnung. Dies wird auch nach der Entscheidung des BGH (Urt. v. 23.6.2005 VII ZR 197/03 = BauR 2005, 1477 = NZBau 2005, 582) zu gelten haben, mit der die bisherige Rechtsprechung zur Verrechnung von Werklohn und Gegenforderung zur Vermeidung von Aufrechnungsverboten aufgegeben wurde. Bei der hier sachgerechten Anwendung der Differenzmethode wird die Reduzierung der Leistung des Auftraggebers (Werklohn) für die Schadensberechnung vorausgesetzt (*Staudinger/Rieble* § 340 Rn. 33; *Soergel/Lindacher* § 340 Rn. 13). Etwas anderes gilt aber, wenn der Auftraggeber im Werklohnprozess sich vorsorglich mit einem Vertragsstrafenanspruch verteidigt, worin eine hilfsweise Aufrechnung mit entsprechender Streitwerterhöhung zu sehen ist. Ein Abrechnungsverhältnis scheidet dann aus (OLG Nürnberg BauR 2000, 608; OLG Rostock BauR 2004, 92; vgl. auch OLG Hamm BauR 2002, 1591 zum Vorbehaltsurteil nach § 302 ZPO bei Aufrechnung mit einer Vertragsstrafe sowie auch OLG Brandenburg BauR 2001, 1111; zur Behandlung der Vertragsstrafe im Konkurs vgl. BGH Urt. v. 22.2.2001 IX ZR 191/98 = BauR 2001, 1580 m. Anm. *Schmitz*). Der Vertragsstrafenanspruch ist aber auch eigenständig und außerhalb des Abrechnungsverhältnisses durchsetzbar; die Erteilung einer **Schlussrechnung** ist hierfür regelmäßig **nicht Voraussetzung**. Zumindest dann, wenn sich die Bezugsgröße für die Vertragsstrafe an der Auftragssumme, wie z.B. beim Pauschalpreisvertrag, orientiert, bedarf es keiner Schlussrechnung, da die Schlussrechnungssumme von vornherein feststeht (OLG Düsseldorf BauR 2001, 1737).

VI. Verjährung des Vertragsstrafenanspruches

Weil es für die Vertragsstrafe keine ausdrückliche Verjährungsvorschrift gibt, kann der Standpunkt vertreten werden, dass dafür die allgemeine Verjährungsfrist des § 195 BGB von jetzt drei Jahren maßgebend sei (*Soergel/Lindacher* Rn. 29). Da die Vertragsstrafe aber an sich **keinen selbstständigen Anspruchsgrund** darstellt, sondern sowohl vom Bestand als auch der Verletzung oder der Nichtverletzung des durch sie gesicherten Rechts abhängig ist, ist davon auszugehen, dass der Vertragsstrafenanspruch – auch – hinsichtlich der **Verjährung** das **rechtliche Schicksal des** von ihm erfassten **Hauptanspruches** teilt, es sei denn, die Vertragsstrafe ist bereits verfallen oder das Strafversprechen wird erst nach Eintritt der Verjährung des Hauptanspruches (auch in deren Unkenntnis) abgegeben (so *Erman/Westermann* § 339 BGB Anm. 5; ebenso *Oberhauser* Rn. 294 ff.; *Heiermann/Riedl/Rusam* § 11 VOB/B Rn. 23). Aus diesem Grund ist der Vertragsstrafenanspruch auch nicht selbstständig abtretbar (*Leinemann/Hafkesbrink* § 11 VOB/B Rn. 5; *Franke/Kemper/Zanner/Grünhagen* § 11 VOB/B Rn. 4; *Oberhauser* Rn. 84; *Bschorr/Zanner* S. 10). 11

Das gilt sowohl für die Vertragsstrafe bei Nichterfüllung als auch für die Vertragsstrafe bei nichtgehöriger Erfüllung; anders dann, wenn das Strafversprechen unabhängig vom Erfüllungsinteresse oder vom Interesse an der gehörigen – insbesondere – fristgerechten Erfüllung abgegeben wird, was aber bei Bauverträgen selten ist (vgl. dazu auch *Locher* Das private Baurecht Rn. 427; *Kaiser* Mängelhaftungsrecht Rn. 407 m.w.N.).

B. Geänderte Rechtslage durch BGB 2002

Das Schuldrechtsmodernisierungsgesetz hat die Regelungen zur Vertragsstrafe in den §§ 339 bis 345 BGB nicht verändert, so dass sich eine Überarbeitung des § 11 VOB/B erübrigt hat. Hervorzuheben sind lediglich die Neuerungen im Verzugsrecht in § 286 BGB, wodurch die Fälle der Entbehrlichkeit einer Mahnung erweitert wurden. So wird eine wirksam vereinbarte Vertragsstrafe ohne Mahnung verwirkt, wenn bei Vereinbarung eines bestimmten Ausführungszeitraumes (z.B. 30 Tage) nach Eintritt eines Ereignisses (z.B. Baubeginn) mit der Ausführung begonnen werden soll. In diesen Fällen lässt sich der Fertigstellungszeitpunkt kalendermäßig berechnen. Einer Mahnung bedarf es nicht mehr – § 286 Abs. 2 Ziff. 2 BGB (*Palandt/Heinrichs* a.a.O. § 286 BGB Rn. 23; *Müller* in *Wirth/Sienz/Englert* a.a.O. § 286 BGB Rn. 7; *Leinemann/Roquette* a.a.O. § 5 VOB/B Rn. 67). 12

Vertragsstrafenklauseln unterliegen regelmäßig als Allgemeine Geschäftsbedingungen der Kontrolle anhand des materiellen Rechts der Allgemeinen Geschäftsbedingungen. Für die AGB-Prüfung sind jetzt die §§ 305 bis 310 BGB heranzuziehen, nachdem der materiellrechtliche Teil des AGB-Gesetzes in das BGB integriert wurde. Die für die Vertragsstrafe bedeutsamen Bestimmungen des AGB-Gesetzes sind unverändert in das BGB übernommen worden. 13

§ 11 Nr. 1
[Anwendung gesetzlicher Bestimmungen]

Wenn Vertragsstrafen vereinbart sind, gelten die §§ 339 bis 345 BGB.

Inhaltsübersicht

	Rn.
A. Allgemeine Grundlagen	1
I. Überblick	2
II. Allgemeine Geschäftsbedingungen	3
B. Die einzelnen Arten einer Vertragsstrafe	4

		Rn.
I.	Vertragsstrafe wegen Nichterfüllung	9
II.	Vertragsstrafe wegen nichtgehöriger Erfüllung	13
	1. Verlangen der Vertragsstrafe neben der Erfüllung	13
	2. Verfallklausel	14
	3. Vorbehalt der Vertragsstrafe	15
	4. Entsprechende Anwendung des § 340 Abs. 2 BGB	17

Aufsätze: *Schlünder* Vertragstrafenklauseln in Bauverträgen ZfBR 1995, 281; *Keßler* Der Vertragsstrafenanspruch nach § 11 VOB/B WiB 1996, 886; *Jagenburg* Fallstricke bei der Gestaltung von Bauverträgen Jahrbuch Baurecht 2002 S. 1; *Lau* Die Vertragsstrafenabrede in BGB-Werkverträgen und VOB-Bauverträgen. Ein stumpfes Schwert? Jahrbuch Baurecht 2003 S. 55.

A. Allgemeine Grundlagen

1   Nach Nr. 1 gelten unter der Voraussetzung, dass zwischen den Partnern des Bauvertrages Vertragsstrafen wirksam (vgl. dazu u.a. § 12 VOB/A Rn. 6 ff., 15 ff.) vereinbart worden sind, die gesetzlichen Vorschriften der §§ 339 bis 345 BGB. Es wird also in VOB/B im Grundsatz auf eine vom Gesetz abweichende Regelung verzichtet. Gleichwohl können im Bauvertrag im Einzelfall abweichende Bestimmungen über die Vertragsstrafe getroffen werden.

I. Überblick

2   Die Vertragsfreiheit gestattet, in den Besonderen oder in den Zusätzlichen Vertragsbedingungen eine Vertragsstrafe festzulegen, die von den §§ 339 ff. BGB abweicht. So kann entgegen § 339 S. 1 BGB vereinbart werden, dass eine Vertragsstrafe auch verwirkt sein soll, wenn die Leistung des Schuldners aus Gründen unterbleibt, die von seinem Willen unabhängig oder die ihm nicht als Verschulden zuzurechnen sind. Eine solche Vertragsstrafe, die wegen ihrer möglichen schwerwiegenden Auswirkungen **im Einzelfall ausgehandelt** und – vor allem auch im Hinblick **auf § 307 BGB** – nicht bloß durch Hinweis in Allgemeinen Geschäftsbedingungen vereinbart sein darf (vgl. OLG Hamm BauR 1997, 663; OLG Frankfurt BauR 1999, 51; ebenso *Locher* Das private Baurecht Rn. 421 m.w.N.; *Löwe/v. Westphalen/Trinkner* § 11 Nr. 6 AGBG Rn. 21; *Kaiser* Mängelhaftungsrecht Rn. 387; *Werner/Pastor* Rn. 2049; *Nicklisch/Weick* § 11 VOB/B Rn. 4; ebenso Beck'scher VOB-Komm./*Bewersdorf* § 11 Nr. 1 VOB/B Rn. 35 f., der aber eine verschuldensunabhängige Vertragsstrafenklausel in AGB zulassen will, wenn gewichtige Gründe vorliegen; ebenso OLG Köln SFH § 640 BGB Nr. 29, das einen gewichtigen Grund aus dem Verhältnis Hauptunternehmer – Subunternehmer ableitet, wenn der Hauptunternehmer seinerseits einen strafbewehrten Vertrag mit seinem Auftraggeber hat), hat eine **garantieähnliche Funktion** (BGH Urt. v. 11.3.1971 VII ZR 112/69 = BauR 1971, 122; BGH Urt. v. 18.12.1981 V ZR 233/80 = NJW 1982, 759, 760). Vereinbarungen dieser Art sind auch im kaufmännischen Verkehr eng auszulegen, vor allem müssen sie inhaltlich zweifelsfrei sein, weil **grundsätzlich eine Vertragsstrafe nur bei Vorliegen des Verschuldens verwirkt ist** (vgl. auch OLG Frankfurt BauR 1999, 51; OLG Hamm IBR 1997, 513 – *Weyer*: Eine garantieähnliche, verschuldensunabhängige, ausgehandelte Vertragsstrafe ist einschränkend dahin auszulegen, dass eine Zahlungspflicht nur im Rahmen der tatsächlichen Schadenshöhe bestehen soll). Erforderlich ist eine klar erkennbar zum Ausdruck gekommene besondere Interessenlage des Berechtigten (vgl. auch OLG Köln OLGR 98, 401 für eine nachvertragliche Kundenschutzklausel in Form eines zeitlichen beschränkten Wettbewerbsverbots zwischen Hauptunternehmer und Nachunternehmer), wie z.B. auf unbedingte Einhaltung der Bauzeit, weil das Bauwerk zu einem nicht verschiebbaren Zeitpunkt in Benutzung genommen werden muss. Im Übrigen ist in dem zwingenden und keiner anderweitigen vertraglichen Vereinbarung zugänglichen § 344 BGB eine Grenze gesetzt (vgl. § 12 VOB/A Rn. 6). Eine Vertrags-

strafe ist insofern unselbstständig, als die Wirksamkeit des Strafversprechens vom Bestand des Vertrages – hier des Bauvertrages – abhängig ist (vgl. dazu auch § 8 Nr. 7 VOB/B). So ist der Vertragsstrafeanspruch auch nicht selbstständig abtretbar (*Leinemann/Hafkesbrink* § 11 VOB/B Rn. 5; *Franke/Kemper/Zanner/Grünhagen* § 11 VOB/B Rn. 4; *Bschorr/Zanner* S. 10; *Oberhauser* Rn. 5 ff., 84).

II. Allgemeine Geschäftsbedingungen

Selbst im kaufmännischen Verkehr verstößt eine einseitig vom Verwender aufgestellte Klausel in AGB, wonach die Vertragsstrafe unabhängig vom Verschulden verwirkt sein soll, ebenfalls grundsätzlich gegen § 307 BGB. Das kann nur dann anders beurteilt werden, wenn **gewichtige Gründe** vorliegen, die die Vertragsstrafenregelung trotz Abweichung vom dispositiven Gesetzesrecht mit Recht und Billigkeit noch vereinbar erscheinen lassen, die verschuldensabhängige Haftung des Vertragsstrafenschuldners also durch sachliche, die Unwirksamkeitsvermutung des § 307 Abs. 2 Nr. 1 BGB ausräumende Gründe gerechtfertigt ist (BGH Urt. v. 18.4.1984 VII ZR 50/83 = DB 1984, 1673, vgl. auch OLG Hamm IBR 1997, 513 – *Weyer*; OLG Frankfurt IBR 1999, 208 – *Knipp*). Dies dürfte aber **bei Bauverträgen kaum** in Betracht kommen, zumal die Interessen des Auftraggebers, die im Allgemeinen für die jeweilige Vertragsstrafenvereinbarung maßgebend sind, durchaus unterschiedlich sind, es daher nicht gerechtfertigt ist, formelhaft und unabhängig vom konkreten Bauvertrag und den gerade dafür maßgebenden Gesichtspunkten verschuldensunabhängige Regelungen in AGB generell aufzunehmen.

3

Eine zulässige Individualvereinbarung liegt hingegen vor, wenn der gesetzesfremde Kern der Klausel ernsthaft zur Disposition der Vertragsparteien gestellt und ausgehandelt wurde, was ausreichend ist (BGH Urt. v. 16.7.1998 VII ZR 9/97 = BauR 1998, 1094 = SFH § 1 AGB-Gesetz Nr. 10 = NJW 1998, 3488; vgl. auch *Bschorr/Zanner* S. 55 f. Für eine unwirksame Individualvereinbarung einer Vertragsstrafe über 15%, vgl. OLG Celle BauR 2001, 1108; zur AGB-Problematik vgl. § 12 VOB/A Rn. 15 ff.; *Kapellmann/Messerschmidt/Langen* § 11 VOB/B Rn. 48 ff.; *Markus/Kaiser/Kapellmann* S. 407 ff.).

B. Die einzelnen Arten einer Vertragsstrafe

Die §§ 339 ff. BGB unterscheiden **zwei Fälle einer Vertragsstrafe,** wie sich aus § 339 Abs. 1 BGB ergibt. Einmal handelt es sich um die – gänzliche oder teilweise – **Nichterfüllung** einer Verbindlichkeit überhaupt, zum anderen um den Fall der **nichtgehörigen Erfüllung** derselben. Zur Nichterfüllung zählt es bei einer Bauleistung, wenn sie nicht abnahmefähig ist, was aber bei einem nach der VOB/B ausgerichteten Bauvertrag nur in Betracht kommt, wenn wesentliche Mängel i.S.v. § 12 Nr. 3 VOB/B vorliegen (zutreffend *Knacke* S. 21 f.; vgl. auch OLG Naumburg NZBau 2001, 139). Dabei muss es sich zwecks sachgerechter Abgrenzung von der Vertragsstrafe wegen nichtgehöriger Erfüllung um die gänzliche oder teilweise Nichterfüllung der geschuldeten Vertragsleistung als solche handeln, vor allem um die vorzeitige, unberechtigte, endgültige Weigerung der Erfüllung durch den Auftragnehmer, ohne dass ihm berechtigte Kündigungsgründe zur Seite stehen. Naturgemäß gehören dazu auch jene Fälle, in denen der Auftragnehmer sich grundlos weigert, die vertragliche Leistung überhaupt zu erbringen oder fortzuführen (*Knacke* S. 23 f.). Zur Gruppe der nichtgehörigen Erfüllung rechnen dagegen die Schlechterfüllung und die verspätete Erfüllung. Dabei sind die von § 309 Nr. 6 BGB aufgestellten Grenzen zu beachten, sofern Vertragsstrafen in dem AGB-Recht unterliegenden Allgemeinen Geschäftsbedingungen enthalten sind. Gleiches trifft im Hinblick auf § 307 BGB zu.

4

Allen Arten von Vertragsstrafen ist gemein, dass ihre Verwirkung (Fälligkeit) erst beim Verzug des Leistungsverpflichteten eintritt (§ 339 BGB; a.A. *Kaiser* Mängelhaftungsrecht Rn. 388 m.w.N., wobei jedoch übersehen wird, dass § 339 S. 1 BGB generell Verzug verlangt). Die bloße Tatsache, dass

5

der Leistungsverpflichtete nicht erfüllt, schlecht erfüllt, nur teilweise oder verspätet erfüllt, genügt nicht; vielmehr müssen im Allgemeinen die Voraussetzungen des **Schuldnerverzuges** vorliegen, vgl. §§ 280, 286 BGB. Zu der Fälligkeit der Leistung müssen also grundsätzlich eine nach Fristablauf ausgesprochene (vgl. BGH Urt. v. 22.5.2003 VII ZR 469/01 = BauR 2003, 1215; Urt. v. 14.1.1999 VII ZR 73/98 = BauR 1999, 645 = ZfBR 1999, 188) Mahnung (§ 286 Abs. 1 BGB) des Berechtigten und Verschulden (§ 286 Abs. 4 BGB) des Verpflichteten (vgl. auch oben Rn. 2) hinzukommen, wobei sich die Entbehrlichkeit der Mahnung nicht schon aus der bloßen Bestimmung in Besonderen oder Zusätzlichen Vertragsbedingungen ergibt, dass die Vertragsstrafe bei Überschreiten von Vertragsfristen zu zahlen ist (KG BauR 1984, 529). Die Ausnahmetatbestände, unter denen zur Herbeiführung des Verzuges auf eine Mahnung verzichtet werden kann, sind nun in **§ 286 Abs. 2 BGB** geregelt. Gesetzlich normiert wurde auch der zu § 326 BGB a.F. entwickelte Ausnahmetatbestand, dass es bei ernsthafter Erfüllungsverweigerung keiner Mahnung bedarf (vgl. aber OLG Düsseldorf BauR 2001, 1461, wonach eine Mahnung erforderlich ist, wenn nicht ausgeschlossen ist, dass der Auftragnehmer doch noch erfüllt). Die Variante, dass sich der Auftragnehmer bisher als gänzlich unzuverlässig erwiesen hat, rechtfertigt unter Abwägung beiderseitiger Interessen den sofortigen Verzugseintritt nach § 286 Abs. 2 Nr. 4 BGB. Für das Vorliegen solcher Ausnahmevoraussetzungen ist der **Gläubiger der Vertragsstrafe darlegungs- und beweispflichtig.** In Fortführung der bisherigen Gesetzeslage ist eine Mahnung ferner dann entbehrlich nach § 286 Abs. 2 BGB, wenn die Zeit der Leistung nach dem Kalender bestimmt ist (vgl. auch § 5 Nr. 1 VOB/B). Soll eine vereinbarte Ausführungsfrist erst ab dem tatsächlichen Arbeitsbeginn laufen, handelt es sich zwar nicht schon um eine nach dem Kalender bestimmte Frist (BGH Urt. v. 20.5.1985 VII ZR 324/83 = BauR 1985, 576 = SFH § 16 Nr. 3 VOB/B Nr. 37 = NJW 1986, 2049), sie lässt sich allerdings nach dem Kalender von der Ereignis »tatsächlicher Arbeitsbeginn« berechnen, weshalb nach § 286 Abs. 2 Nr. 2 BGB eine Mahnung nicht erforderlich ist (so BGH Urt. v. 13.12.2001 VII ZR 432/00 = BauR 2002, 782 = NZBau 2002, 265 auch für § 284 BGB a.F.). Gleiches gilt, wenn die Vertragspartner im Bauvertrag einen bestimmten Kalendertag für den Beginn der Bauausführung und eine Fertigstellungsfrist von 30 Arbeitstagen vereinbart haben; dann liegt ein sich nach dem Kalender ergebender Endtermin i.S.d. § 286 Abs. 2 BGB vor (BGH a.a.O.; ebenso *Knacke* S. 30). Anders liegt es, wenn im Vertrag lediglich Bauzeiten als solche (z.B. 6 Monate, 100 Arbeitstage usw.) ohne kalendermäßig bestimmten Baubeginn angegeben werden. Ebenso ist die Mahnung wiederum nicht entbehrlich, wenn die Leistungszeit im Einvernehmen mit dem Auftraggeber, z.B. durch Anrechnung von Schlechtwetterzeiten oder sonstigen Behinderungen des Auftragnehmers oder Urlaub, ohne hinreichende Festlegung eines Endzeitpunktes verlängert worden ist (so mit Recht OLG Koblenz SFH Z 2.411 Bl. 52; auch *Knacke* a.a.O.; vgl. dazu hier § 11 Nr. 2 Rn. 5 ff., § 5 VOB/B sowie u.a. auch *Erman/Battes* § 284 BGB Rn. 31). Gleiches gilt, wenn die Nichteinhaltung der kalendermäßig bestimmten Fristen auf einer nicht rechtzeitigen Erfüllung von dem Auftraggeber obliegenden Mitwirkungshandlungen beruht und zwischen den Vertragspartnern eine neue Fristenvereinbarung nicht getroffen wird.

Ein Verzug ist auch bei vom Schuldner zu vertretender Unmöglichkeit der Leistung gegeben.

6 Nach dem vorangehend Gesagten ist eine Vertragsstrafenregelung in AGB – insbesondere in Zusätzlichen Vertragsbedingungen – nach §§ 307, 309 Nr. 4 BGB unwirksam, wonach die Vertragsstrafe auch zu zahlen ist, wenn die Leistung aus Gründen verzögert wird, »die vom Willen des Unternehmers unabhängig oder die ihm nicht als Verschulden zuzurechnen sind«; ebenso trifft dies auf eine Vertragsbestimmung zu, die bestimmt, dass »die Überschreitung der nicht kalendermäßig bestimmten Frist ausreicht, um die Vertragsstrafe auszulösen« (OLG Düsseldorf OLGR 1992, 185 = BauR 1992, 677 [L]; OLG Hamm BauR 1997, 663; OLG Frankfurt BauR 1999, 51; vgl. auch OLG Hamm BauR 1997, 661 für den Fall, dass sich der Auftragnehmer nicht schriftlich »entschuldigt«. Allerdings soll nach OLG Frankfurt BauR 1999, 789 [L] eine verschuldensunabhängig formulierte Vertragsstrafenklausel wirksam sein, wenn die VOB/B und damit § 11 VOB/B ergänzender Vertragsbestandteil ist; ebenso jetzt BGH Urt. v. 13.12.2001 VII ZR 432/00 = BauR 2002, 782; BGH Urt. v. 7.3.2002 VII ZR 41/01 = BauR 2002, 1086 = NJW 2002, 2322 = NZBau 2002, 383: mit Vereinbarung der VOB/B ist eine verschuldensabhängige Vertragsstrafe vereinbart, auch wenn die Klausel verschuldensfrei formuliert ist; BGH Urt. v. 8.7.2004 VII ZR 231/03 = BauR 2004, 1611; OLG Düsseldorf IBR 2005, 8 – *Oberhauser*; Thüringer OLG BauR 2004, 1456; a.A. OLG Oldenburg BauR 2001, 812).

Entgegen früherer Auffassung hat der BGH mit Recht ausgesprochen, dass der Schuldner, auch wenn die geschuldete Leistung in einem **Unterlassen** besteht, die Vertragsstrafe nur verwirkt, wenn er die Zuwiderhandlung **zu vertreten** hat, falls nichts anderes vereinbart ist (BGH Urt. v. 29.6.1972 II ZR 101/70 = NJW 1972, 1893 mit zustimmender Anm. *v. Lindacher* NJW 1972, 2264). **7**

Ist der Schuldner durch das Verhalten des Gläubigers veranlasst worden, vertragswidrig zu handeln, so steht der Geltendmachung der Vertragsstrafe durch den Gläubiger der Einwand des Rechtsmissbrauchs entgegen (ebenso Beck'scher VOB-Komm./*Bewersdorf* § 11 Nr. 1 VOB/B Rn. 42). Dieser auf dem Gedanken von Treu und Glauben beruhende Grundsatz gilt für alle Vertragsstrafenfälle, vor allem auch für den Bereich des Bauvertrages. Auch kann im Einzelfall der Anspruch auf Geltendmachung der Vertragsstrafe ausgeschlossen sein, wenn der Betroffene – vor allem auch wegen Zeitablaufs und unklarer Haltung des Berechtigten – nach Treu und Glauben davon ausgehen konnte, dass er nicht mehr in Anspruch genommen werde (BGH Urt. v. 20.1.1977 VII ZR 293/75 = SFH Z 2.411 Bl. 76). **8**

I. Vertragsstrafe wegen Nichterfüllung

Ist die Vertragsstrafe wegen Nichterfüllung einer vertraglichen Pflicht verwirkt, ist § 340 BGB maßgebend. Hiernach kann der Gläubiger die **Vertragsstrafe** nur **statt** der **Erfüllung** verlangen. Solange er das Verlangen noch nicht gestellt hat, kann der Schuldner noch die Leistung erbringen. Hat der Gläubiger dem Schuldner erklärt, dass er die verwirkte Strafe verlange, ist der Anspruch auf weitere Erfüllung ausgeschlossen. Das gilt allerdings nur, wenn die Vertragsstrafe nach den getroffenen Abreden auch **tatsächlich verwirkt** ist. Solange dies nicht feststeht, kann der Erfüllungsanspruch neben dem Anspruch auf die Vertragsstrafe geltend gemacht werden. Erweist sich der Vertragsstrafenanspruch als unbegründet, wird dadurch eine etwaige Schadensersatzforderung des Auftraggebers, z.B. wegen Mietausfalls, nicht berührt (BGH LM Nr. 2 zu § 17 UWG; Urt. v. 10.10.1968 VII ZR 59/66; RG JW 1912, 74; *Staudinger/Rieble* § 340 BGB Rn. 25; ebenso *Kapellmann/Messerschmidt/ Langen* § 11 VOB/B Rn. 119). Dann muss er naturgemäß alle Voraussetzungen eines solchen Schadensersatzanspruches, vor allem auch hinsichtlich seiner Höhe, darlegen und beweisen. **9**

Nach § 340 Abs. 2 BGB kann der Gläubiger die verwirkte Strafe als **Mindestbetrag des Schadens** verlangen, wenn ihm gegen den Schuldner ein Schadensersatzanspruch wegen Nichterfüllung zusteht. Dies kann aus Verzug, der verschuldeten Unmöglichkeit oder auch aus Gewährleistung der Fall sein, je nachdem, wie weit das Strafversprechen im Einzelfall reicht. Darüber hinaus ist dem Gläubiger nach dem Gesetz gestattet, seinen **weiteren Schaden**, den er jedoch insoweit im Einzelnen **darlegen und beweisen** muss, geltend zu machen. Dies kommt allerdings nur in Betracht, wenn die verabredete Vertragsstrafe in Geld besteht, wie sich aus § 342 BGB ergibt. Es ist möglich, individualvertraglich eine von § 340 Abs. 2 BGB abweichende Regelung zu treffen (vgl. *Bschorr/Zanner* S. 34 ff., 55 f.), während dies im Bereich von AGB unzulässig und daher unwirksam ist (*Locher* Das private Baurecht Rn. 423 m.w.N.; ebenso Beck'scher VOB-Komm./*Bewersdorf* § 11 Nr. 1 VOB/B Rn. 81; *Heiermann/Riedl/Rusam* § 11 VOB/B Rn. 17). **10**

Mindestbetrag des Schadens bedeutet die **untere Grenze** des Schadensersatzanspruches. Der Gläubiger kann die verwirkte Strafe als Schadensersatz wegen Nichterfüllung auf jeden Fall fordern, ohne dass ein Schaden in dieser Höhe überhaupt nachgeprüft wird. Darüber hinaus kann er das Erfüllungsinteresse, den im Einzelnen von ihm darzulegenden positiven Schaden, verlangen, soweit es den Betrag der Vertragsstrafe übersteigt. Der Gläubiger braucht somit einen Schadensnachweis nicht **11** zu führen, soweit er die verwirkte Vertragsstrafe als Mindestbetrag des Schadensersatzes wegen Nichterfüllung verlangt. Dieser Anspruch steht ihm auch zu, wenn sein Erfüllungsinteresse geringer ist als die verlangte Vertragsstrafe. Das einmal erklärte Verlangen auf Zahlung einer für den Fall der Nichterfüllung versprochenen Vertragsstrafe schließt es allein nicht aus, nachträglich gemäß § 340 Abs. 2 BGB die verwirkte Strafe als Mindestbetrag des Schadens und darüber hinaus Ersatz des weitergehenden Schadens zu verlangen (BGH LM Nr. 2 zu § 17 UWG).

12 Dies bedeutet andererseits, dass sich der Gläubiger die **verwirkte Strafe** grundsätzlich auf seinen möglicherweise höheren Schadensersatzanspruch wegen Nichterfüllung **anrechnen** lassen muss; und zwar auch dann, wenn einseitig aufgestellte Allgemeine Geschäftsbedingungen oder Formularverträge die Bestimmung enthalten, dass Schadensersatzansprüche durch die Vertragsstrafe nicht berührt werden, weil eine solche Bestimmung gegen das Gerechtigkeitsgebot verstößt und daher unwirksam ist. Gleiches gilt, wenn die AGB des Auftraggebers eine Bestimmung enthalten, dass **neben** der oder **zusätzlich zur** Vertragsstrafe Schadensersatz wegen Nichterfüllung verlangt werden kann (OLG Düsseldorf BauR 2003, 94; BGH Urt. v. 11.5.1989 VII 305/87 = BauR 1989, 459 = *Heinrichs* EWiR § 9 AGBG 17/89, 833 = SFH § 9 AGBG Nr. 43 = ZfBR 1989, 209; vgl. insoweit § 11 Nr. 5 sowie § 9 AGB-Gesetz, dazu *Löwe/v. Westphalen/Trinkner* § 11 Nr. 6 AGBG Rn. 22; *Ulmer/Brandner/Hensen* § 11 Nr. 6 AGBG Rn. 16 m.w.N.).

II. Vertragsstrafe wegen nichtgehöriger Erfüllung

1. Verlangen der Vertragsstrafe neben der Erfüllung

13 Ist die Vertragsstrafe wegen einer **nichtgehörigen Erfüllung** der darauf bezogenen vertraglichen Pflicht verwirkt, insbesondere wegen einer nicht rechtzeitigen oder mangelhaften Erfüllung, ist der Gläubiger berechtigt, die verwirkte **Strafe neben der Erfüllung** zu verlangen, § 341 BGB. Dabei muss die Vertragsstrafenvereinbarung mit hinreichender Deutlichkeit ergeben, ob sie sämtliche Fälle nichtgehöriger Erfüllung erfasst oder nur Teilbereiche davon, wie z.B. die vollständige, mängelfreie oder nur die rechtzeitige Erfüllung (vgl. dazu § 11 Nr. 2 VOB/B Rn. 2 ff.). Ist sie nur für den letzteren Fall vereinbart, so erfasst sie grundsätzlich nicht auch die vollständige, mängelfreie Erfüllung (zutreffend insofern *Knacke* S. 24 f.; ebenso *Bschorr/Zanner* S. 38). Erfüllt der Auftragnehmer innerhalb der vorgegebenen Zeit, aber mangelhaft, so fällt damit nicht ohne weiteres die Vertragsstrafe an. Anders liegt der Fall, wenn der Auftraggeber wegen wesentlicher Mängel die Abnahme zu Recht verweigert; dann ergibt sich regelmäßig auch eine Überschreitung der Bauzeit, weil der Auftragnehmer noch nicht erfüllt hat (zu eng daher hierzu *Knacke* a.a.O.).

2. Verfallklausel

14 Eine einer Vertragsstrafenabrede wegen nichtgehöriger Erfüllung ähnliche Regelung kann auch in einer so genannten **Verfallklausel** liegen, etwa dahin gehend, dass sich die vereinbarte Vergütung um einen bestimmten Betrag je Monat bei nicht termingerechter Fertigstellung der Leistung mindert (BGH Urt. v. 4.11.1982 VII ZR 11/82 = BauR 1983, 77 = NJW 1983, 384 = SFH § 123 BGB Nr. 4 = ZfBR 1983, 75; vgl. dazu auch § 12 VOB/A Rn. 5).

3. Vorbehalt der Vertragsstrafe

15 Zu beachten ist hier besonders § 341 Abs. 3 BGB, wonach der Gläubiger bei Annahme der Leistung nach Verwirkung der Vertragsstrafe diese nur noch verlangen kann, wenn er sich das Recht hierzu **bei der Annahme der Leistung ausdrücklich vorbehält** (vgl. OLG Celle BauR 2000, 278, wonach der Vorbehalt bei der Abnahme auch dann erforderlich ist, wenn der Gläubiger den Strafanspruch schon vorher durch Aufrechnung geltend gemacht hat; a.A. OLG Düsseldorf BauR 2001, 112: ein zeitnaher Vorbehalt [2 Tage vor Abnahme] ist ausreichend; hiergegen: *Franke/Kemper/Zanner/Grünhagen*

VOB-Komm. § 11 VOB/B Rn. 30 – Vorbehaltserklärung im Rahmen der Vereinbarung des Abnahmetermins nicht ausreichend; ebenso *Leinemann/Hafkesbrink* § 11 VOB/B Rn. 61, da Unklarheiten vermieden werden sollen). Dieses Erfordernis ist eng auszulegen, allerdings kann es **vertraglich abbedungen** werden (BGH Urt. v. 18.11.1982 VII ZR 305/81 = BauR 1983, 80 = NJW 1983, 385; OLG Düsseldorf BauR 1994, 414 [L]) Eine Vertragsbestimmung, wonach die Vertragsstrafe sofort fällig werde, wenn der Schuldner seine Leistung nicht rechtzeitig bewirke, bewirkt einen derartigen Vorbehaltsverzicht aber ebenso wenig wie die Tatsache, dass sich der Schuldner in einer notariellen Urkunde der sofortigen Zwangsvollstreckung unterworfen hat (vgl. BGH Urt. v. 26.1.1979 V ZR 98/77 = BGHZ 73, 243 = NJW 1979, 1163). So ist es nach einhelliger Meinung **nicht möglich, in AGB** das Erfordernis des Vorbehaltes überhaupt entfallen zu lassen; eine solche Regelung verstößt eindeutig gegen § 307 BGB (BGH Urt. v. 18.11.1982 VII ZR 305/81 = BauR 1983, 80 = NJW 1983, 385 = SFH § 341 BGB Nr. 4 = ZfBR 1983, 78). Das trifft auch zu, wenn die Geschäftsbedingungen gegenüber Kaufleuten verwendet werden (BGH a.a.O.). Wenn auch in AGB auf das Vorbehaltserfordernis nicht verzichtet werden kann, so ist eine Vereinbarung in Allgemeinen Geschäftsbedingungen von Bauverträgen (insbesondere Zusätzlichen Vertragsbedingungen), wonach der Auftraggeber sich eine Vertragsstrafe nicht schon bei der Abnahme vorbehalten müsse, sondern sie vielmehr noch bis zur Schlusszahlung geltend machen dürfe, wirksam (BGH Urt. v. 12.10.1978 VII ZR 139/75 = BauR 1979, 56 = NJW 1979, 212 = SFH § 341 BGB Nr. 2; so jetzt auch OLG Hamm NJW-RR 1987, 468, das mit Recht jedoch Bedenken für den Fall der Überschreitung von Einzelfristen als Vertragsfristen, für die jeweils eine Vertragsstrafe vereinbart worden ist, äußert; insoweit wird vom Auftraggeber der Vorbehalt jedenfalls bei etwaigen Teilabnahmen oder der Fälligkeit jeweiliger Teilschlusszahlungen zu verlangen sein). Bedenken gegen diese Auffassung bestehen dann nicht, wenn mit dem Begriff »Schlusszahlung« in zeitlicher Hinsicht die Fälligkeit der Schlusszahlung nach § 16 Nr. 3 Abs. 1 VOB/B gemeint ist und dies hinreichend deutlich zum Ausdruck kommt (so zu Recht: KG BauR 2000, 575; bei der Klausel: »Diese [Vertragsstrafe] wird von der noch offenstehenden Vergütung durch den AG bei der Schlussrechnung gekürzt« ist dies nicht der Fall, so OLG Brandenburg BauR 2002, 127 – Revision nicht angenommen, BGH Beschl. v. 18.9.2001 IX ZR 150/99). Nach ständiger Rechtsprechung des BGH (Urt. v. 13.7.2000 VII ZR 249/99 = BauR 2000, 1758; Urt. v. 23.1.2003 VII ZR 210/01 = BauR 2003, 870 = IBR 2003, 293 – *Oberhauser*) ist eine derartige Klausel so zu verstehen ist, dass der Auftraggeber spätestens mit der Schlusszahlung den Vorbehalt geltend machen muss. Dies ist abzulehnen (ebenso *Staudinger/Rieble* § 341 BGB Rn. 12). Das vom BGH angesprochene schützenswerte Interesse des Auftraggebers an einer Verschiebung des Vorbehaltes bis zu Klärung seiner Zahlungsansprüche ist nicht ersichtlich; dieses Klauselverständnis benachteiligt vielmehr den Auftragnehmer, da es so der Auftraggeber in der Hand hat, nicht nur den Zeitpunkt der Schlusszahlung, sondern insoweit auch die Erklärung des Vorbehalts der Vertragsstrafe beliebig hinauszuschieben, was wiederum einen Verstoß gegen § 307 BGB bedeuten würde (zutreffend *Vygen* BauR 1984, 245, 251 f.; Beck'scher VOB-Komm./*Bewersdorf* § 11 Nr. 4 VOB/B Rn. 40; *Knacke* S. 70). Zudem verlangt § 16 Nr. 3 Abs. 1 VOB/B, dass das unbestrittene Guthaben spätestens nach Ablauf der Prüfungsfrist zu zahlen ist. Für die Ermittlung des unbestrittenen Guthabens ist von Bedeutung, ob der Auftraggeber eine Vertragsstrafe geltend machen will. Das berechtigte Interesse des Auftragnehmers an dem Erhalt des unbestrittenen Guthabens als auch die Verpflichtung des Auftraggebers zur Zahlung desselben erfordern daher eine Vorbehaltserklärung bis zum Eintritt der Schlusszahlungsfälligkeit. Wird in einem solchen Falle jegliche Schlusszahlung verweigert, so ist der Zeitpunkt der Verweigerung für die Erklärung des Vorbehaltes maßgebend (BGH a.a.O.; ebenso *Kapellmann/ Messerschmidt/Langen* § 11 VOB/B Rn. 116). Gegen § 307 BGB verstößt hingegen die Bestimmung, dass die Vertragsstrafe ohne vorherigen Vorbehalt noch bis zum Ablauf der Gewährleistungsfrist geltend gemacht werden kann (OLG Nürnberg MDR 1980, 398). So soll der Auftragnehmer auch dann, wenn die Vertragsstrafe bereits verfallen ist, die Aussicht behalten, dass sein Vertragspartner von diesem Recht keinen Gebrauch mehr macht; die Entscheidung darüber soll der Gläubiger nach dem Sinn des Gesetzes grundsätzlich im Zeitpunkt und unter dem Eindruck der in zeitlicher Hinsicht nachgeholten Erfüllung treffen (BGH a.a.O. m.w.N.). Unwirksam ist ferner eine Bestimmung in

AGB des Auftraggebers, wonach die verwirkte Vertragsstrafe der Einfachheit halber von der Schlussrechnung abgezogen wird, da hierdurch der Auftraggeber es in der Hand hätte, die Vertragsstrafe noch später zu fordern (BGH Urt. v. 12.7.1984 VII ZR 91/83 = BauR 1984, 643 = SFH § 341 BGB Nr. 6 = ZfBR 1984, 272). Liegt eine solche von § 341 Abs. 3 BGB erheblich abweichende **unwirksame Vertragsregelung** vor, **verbleibt** es bei dem gesetzlich in § 341 Abs. 3 BGB normierten und damit im Einklang stehenden, auch in § 11 Nr. 4 VOB/B festgelegten Erfordernis, dass der Vorbehalt **bei der Abnahme** zu erklären ist. Dies gilt auch dann, wenn der Vorbehalt noch in einer Zeit erklärt wird, hinsichtlich der nach dem Gesagten an sich abweichende Vertragsbedingungen zulässig sind, wie z.B. im Rahmen der Fälligkeit der Schlussrechnung. Auch hier kommt eine so genannte geltungserhaltende Reduktion unzulässiger Allgemeiner Geschäftsbedingungen auf einen noch zulässigen Rahmen **nicht** in Betracht (BGH a.a.O.).

16 Zu dem auf nicht zeitgerechte Erfüllung bezogenen Vorbehalt beim VOB-Bauvertrag vgl. § 11 Nr. 4 VOB/B Rn. 2 ff.

4. Entsprechende Anwendung des § 340 Abs. 2 BGB

17 Hat der Gläubiger einen Anspruch auf Schadensersatz gegen den Schuldner wegen nichtgehöriger Erfüllung, kommt nach § 341 Abs. 2 BGB die Vorschrift des **§ 340 Abs. 2 BGB** entsprechend zur Anwendung (vgl. hierzu § 11 Nr. 1 VOB/B Rn. 9 ff.). Das gilt aber nicht, wenn der Gläubiger die Vertragsstrafe wegen nicht rechtzeitiger Erfüllung und daneben den erst später entstandenen Schadensersatzanspruch wegen Nichterfüllung geltend macht; in diesem Fall stehen dem Gläubiger die Vertragsstrafe und der ungekürzte Schadensersatzanspruch zu (RGZ 94, 203, 207; OLG Düsseldorf BauR 2003, 259). Dabei braucht sich der Gläubiger die vom Schuldner zu zahlende Vertragsstrafe wegen nicht rechtzeitiger Erfüllung seiner Verbindlichkeit nicht auf die Verzugszinsen für die Zeit nach der Verwirkung der Vertragsstrafe anrechnen zu lassen (BGH Urt. v. 25.3.1963 II ZR 83/62 = NJW 1963, 1197).

§ 11 Nr. 2
[Vertragsstrafe bei nicht rechtzeitiger Erfüllung]

Ist die Vertragsstrafe für den Fall vereinbart, dass der Auftragnehmer nicht in der vorgesehenen Frist erfüllt, so wird sie fällig, wenn der Auftragnehmer in Verzug gerät.

Inhaltsübersicht   Rn.

A. Allgemeine Grundlagen 1
B. Rechtzeitige Erfüllung 2
   I. Voraussetzung: Verbindliche Fristen 2
   II. Voraussetzung: Schuldnerverzug 5
   III. Durchstellen einer Vertragsstrafe 7

Aufsätze: *Kniffka* Die Durchstellung von Schadensersatzansprüchen des Auftraggebers gegen den auf Werklohn klagenden Subunternehmer – Überlegungen zum Schaden des Generalunternehmers und zum Zurückbehaltungsrecht aus einem Freistellungsanspruch BauR 1998, 55; *Roquette* Eine vom Generalunternehmer an den Bauherrn zu zahlende Vertragsstrafe kann als Verzugsschaden gegenüber dem Subunternehmer geltend gemacht werden – Besprechung des BGH-Urteils v. 18.12.1997 BauR 2000, 47; *Kemper* Die Vereinbarung von Vertragsstrafen bei Fristüberschreitung in Allgemeinen Geschäftsbedingungen BauR 2001, 1015; *Sohn* Die durchgereichte Vertragsstrafe FS Jagenburg 2002 S. 855 ff.; *Suchowsky* Durchstellung des Insolvenzausfallschadens auf den Vertragspartner? – Anmerkungen zur Entsch. des OLG München v. 12.5.1999 FS Jagenburg 2002 S. 879 ff.; *Kirberger* Die durchgestellte Vertragsstrafe FS Kraus 2003 S. 101 ff.

A. Allgemeine Grundlagen

§ 11 Nr. 2 VOB/B befasst sich mit der **Vertragsstrafe** für den Fall der **nicht fristgerechten Erfüllung**. 1
Es handelt sich um die nicht rechtzeitige Erledigung einer vertraglichen Leistungspflicht, somit einen Unterfall der Vertragsstrafe wegen nichtgehöriger Erfüllung. Er erfasst für den angesprochenen Bereich alle vertraglichen Verpflichtungen des Auftragnehmers, **auch die vertraglichen Nebenpflichten,** sofern – was oftmals der Fall ist – die Vertragsstrafenvereinbarung auch darauf bezogen ist. Voraussetzung ist, dass dem Auftragnehmer die Einhaltung einer – vor allem hinsichtlich des Endes – genau festgelegten oder bestimmbaren vertraglichen Frist (vgl. dazu § 5 Nr. 1 VOB/B) obliegt und er diese Verpflichtung nicht erfüllt hat. Die Überschreitung bloß unverbindlicher Fristen führt nicht zu einem Verfall der Vertragsstrafe nach Nr. 2. So ist es eine nicht hinreichende Festlegung, wenn im Vertrag lediglich gesagt ist, dass die Leistung von ... bis ... ausgeführt werden »soll« (OLG Düsseldorf BauR 1982, 582 = SFH § 11 Nr. 7 VOB/B).

B. Rechtzeitige Erfüllung

I. Voraussetzung: Verbindliche Fristen

Ausgangspunkt für die Beurteilung der Verwirkung der Vertragsstrafe sind die vertraglich vereinbarten Fristen (Vertragsfristen), zu deren Einhaltung sich der Auftragnehmer verpflichtet hat. Bei eindeutiger und bestimmter Fristbenennung lässt sich ein Überschreiten durch einen Soll-Ist-Vergleich feststellen. Kommen bauzeitverlängernde Umstände hinzu, ist ein Fortschreiben des Bauzeitplanes notwendig, um die neuen Fälligkeitstermine zu bestimmen. Zu der Frage, ob die Vertragsstrafenregelung auch die nach Bauzeitverlängerung geltenden Termine erfasst, vgl. unten § 11 Nr. 3 VOB/B Rn. 6 ff. 2

Hat der Auftragnehmer zwar **fristgerecht** seine Arbeiten **beendet,** sind diese jedoch **mangelhaft,** so kommt es für einen etwaigen Verfall der Vertragsstrafe darauf an, ob auch die mangelhafte Leistung und evtl. die mit der Mängelbeseitigung verbundene Zeit von der Strafvereinbarung erfasst sind, was gegebenenfalls durch Auslegung zu ermitteln ist (so auch KG BauR 1984, 529), da die bloß verspätete und die mangelhafte Leistung durchaus **zwei verschiedene Fälle nichtgehöriger Vertragserfüllung** sind. Wegen der schwerwiegenden Folgen der Strafvereinbarung ist eine einschränkende Auslegung der in Betracht kommenden vertraglichen Vereinbarung geboten. Im Regelfall kommt es für die Rechtzeitigkeit auf die Abnahmereife zum Fertigstellungstermin an. So ist eine Wohnanlage fristgerecht fertig gestellt, wenn sie trotz vorhandener Mängel bezugsfertig ist (KG BauR 2003, 1568; a.A. OLG Rostock BauR 2004, 92 mit ablehnender Anmerkung *Vygen*). Allerdings: Handelt es sich um einen schwerwiegenden Mangel, der den Auftraggeber nach § 12 Nr. 3 VOB/B zur Verweigerung der Abnahme berechtigen würde, wird man überhaupt eine rechtzeitige Vertragserfüllung im hier maßgebenden Sinne ausschließen müssen, so dass die Vertragsstrafe dann noch verfallen kann (ebenso KG BauR 1984, 529; OLG Karlsruhe IBR 1997, 507 – *Metzger*; vgl. OLG Naumburg NZBau 2001, 139 für geringfügige Mängelbeseitigungsarbeiten). Einschränkende Voraussetzung ist jedoch, dass die mangelhafte Erfüllung auch zu einer Verzögerung der vorgegebenen Bauzeit führt, was aber regelmäßig der Fall ist (vgl. oben § 11 Nr. 1 VOB/B Rn. 13 ff.). 3

Da die hier erörterte Vertragsstrafe als ein **Druckmittel zur zeitgerechten Erfüllung der Leistungspflicht** des Auftragnehmers gelten soll, kann sie mit diesem Zweck nicht mehr vereinbart werden, wenn der Auftragnehmer als Schuldner seine Leistungspflicht bereits erfüllt hat und die Frist abgelaufen ist. Eine später dennoch vereinbarte Vertragsstrafe ist gegenstandslos, da die zu sanktionierende Pflicht bereits durch Erfüllung erloschen ist (*Bschorr/Zanner* S. 12). 4

II. Voraussetzung: Schuldnerverzug

5 Die weiteren Voraussetzungen der Verwirkung einer Vertragsstrafe bei Nichteinhaltung einer vertraglichen Frist regeln sich nach § 341 BGB. Es gilt die Grundregel des § 339 BGB (vgl. § 11 Nr. 1 VOB/B Rn. 2 ff.; 13 ff.), dass die Verwirkung (Fälligkeit) einer **Vertragsstrafe** erst eintritt, **wenn Schuldnerverzug** des Leistungspflichtigen vorliegt. Grundsätzlich ist dazu eine **Mahnung Voraussetzung,** es sei denn, es liegen im Einzelfall die Voraussetzungen des § **286 Abs. 2 BGB** vor (BGH Urt. v. 22.5.2003 VII ZR 469/01 = BauR 2003, 1215; Urt. v. 14.1.1999 VII ZR 73/98 = BauR 1999, 645 = ZfBR 1999, 188). Nr. 2 wiederholt insoweit nur die zu beachtende Gesetzeslage. Dies gilt selbstverständlich auch für verschuldensunabhängig formulierte Vertragsstrafeklauseln, wenn sie denn aufgrund der wirksamen (gleichrangigen) Einbeziehung der VOB/B AGB-rechtlich Bestand haben (BGH Urt. v. 13.1.2001 VII ZR 432/00 = BauR 2002, 782; Urt. v. 23.1.2003 VII ZR 210/01 = BauR 2003, 870, Urt. v. 8.7.2004 VII ZR 231/03 = BauR 2004, 1611; Urt. v. 7.3.2002 – VII ZR 41/01 = BauR 2002, 1086 = NJW 2002, 2322 = NZBau 2002, 383: mit Vereinbarung der VOB/B ist eine verschuldensabhängige Vertragsstrafe vereinbart, auch wenn die Klausel verschuldensfrei formuliert ist; OLG Düsseldorf IBR 2005, 8 – *Oberhauser*; Thüringer OLG BauR 2004, 1456). Kein Schuldnerverzug des Auftragnehmers, sondern eine stillschweigende Verlängerung der Ausführungsfrist liegt z.B. vor, wenn der Architekt des Auftraggebers – ohne dass ihm der Auftragnehmer dazu Anlass gegeben hat und in dessen Einverständnis – die Arbeiten unterbrechen lässt, um abzuwarten, ob der verwendete Mörtel abbinden werde. Ein Schuldnerverzug des Auftragnehmers ist auch nicht gegeben, wenn er berechtigterweise die Arbeit eingestellt hat (siehe vor allem auch § 11 Nr. 3 VOB/B Rn. 6 ff.).

6 Sind die Voraussetzungen für die Verwirkung der Vertragsstrafe gegeben, ist sie zu entrichten, ohne dass der Berechtigte noch den Nachweis eines tatsächlich entstandenen Schadens zu erbringen braucht. Sie ist auch zu entrichten, wenn dem Auftraggeber kein Nachteil entstanden ist. Ein Verstoß gegen § 12 VOB/A reicht allein nicht aus (BGH Urt. v. 30.3.2006 VII ZR 44/05; KG IBR 2003, 124 – *Oberhauser*, Revision nicht angenommen, BGH Beschl. v. 9.1.2003 VII ZR 59/02; einschränkend für den öffentlichen Auftraggeber: OLG Celle BauR 2003, 1413).

Hat der Auftragnehmer bei seiner Schlussrechnung eine Vertragsstrafe betragsmäßig zu seinen Lasten berücksichtigt, so kann darin ein deklaratorisches Schuldanerkenntnis mit der Folge liegen, dass er dann mit den Einwendungen, eine Vertragsstrafe sei nicht vereinbart oder nicht verwirkt, ausgeschlossen ist (vgl. OLG Naumburg OLG-NL 1994, 219 = NJW-RR 1995, 154; aber OLG Naumburg OLGR 2000, 165: kein deklaratorisches Schuldanerkenntnis, wenn die Fertigstellungsfrist wegen Nachtragsaufträgen nicht eingehalten werden konnte).

III. Durchstellen einer Vertragsstrafe

7 Die Frage, ob ein General- oder Hauptunternehmer eine Vertragsstrafe, die er wegen schuldhaft verzögerter Leistungserbringung des Nachunternehmers an den Auftraggeber hat zahlen müssen, von seinem Nachunternehmer einfordern kann, hat in Rechtsprechung und Literatur (*Kniffka* BauR 1998, 55; *Leinemann* BauR 2001, 1472; *Kirberger* S. 101 ff.; *Roquette* BauR 2000, 47 ff.; *Sohn* S. 855 ff.; *Wirth* Grundeigentum 1998, 527; *Suchowsky* S. 879 ff.; *Jagenburg* Jahrbuch Baurecht 2002 S. 1 ff.) vielfältige Diskussionen ausgelöst. Während OLG Frankfurt (OLGR 1996, 242) und OLG Dresden (OLGR 1997, 36 = NJW RR 1997, 83) unter normativer Wertung des Schadens des Generalunternehmers eine Durchreichung der in einem anderen Vertragsverhältnis verwirkten Vertragsstrafe verneint haben, hat der BGH das Einfordern der Vertragsstrafe als Verzugsschaden befürwortet. Unter dem Gesichtspunkt des **Haftungsschadens** wird ein **Durchstellen der Vertragsstrafe** bejaht (BGH Urt. v. 25.1.2000 X ZR 197/97= BauR 2000, 1050 = NJW 2000, 1718; Urt. v. 18.12.1997 VII ZR 342/96 = BauR 1998, 330; dem BGH zustimmend: *Leinemann* BauR 2001, 1472; *Kirberger* S. 101, 113; *Roquette* BauR 2000, 47, 49; *Sohn* S. 855, 866; *Bschorr/Zanner* S. 75; *Franke/Kemper/Zanner/*

Grünhagen § 11 VOB/B Rn. 11), auch wenn 70% des Vergütungsanspruchs erreicht wird. Kritisch insoweit Kniffka (BauR 1998, 55), der richtiger Weise überlegt, ob in Anbetracht dieser Entwicklung die formularmäßigen Vertragsstrafeklauseln im Verhältnis Auftraggeber/Generalunternehmer noch als angemessen nach § 307 BGB betrachtet werden können. Dem Auftragnehmer bleibt demgegenüber nur der **Mitverschuldenseinwand** nach § 254 BGB, etwa dann, wenn der Generalunternehmer ihn vor diesem Risiko nicht gewarnt hat (BGH a.a.O.; KG BauR 2004, 1162; unpraktikabel insoweit *Sohn* S. 866, der eine Warn- und Hinweispflicht des Generalunternehmers, die ein Mitverschulden begründen kann, bei Großbauvorhaben verneint, in allen übrigen Fällen hingegen bejaht). Auch unterbricht der Abschluss eines Vergleichs über die Zahlung einer Vertragsstrafe in einem Prozess Auftraggeber/Generalunternehmer den Zurechnungszusammenhang im Verhältnis zum Nachunternehmer nicht. Dies soll unter Umständen auch dann gelten, wenn der Vergleichsabschluss eine unwirksame Vertragsstrafenvereinbarung betrifft (BGH Urt. v. 7.3.2002 VII ZR 41/01 = BauR 2002, 1086 = NJW 2002, 2322 = NZBau 2002, 383; ebenso *Kirberger* S. 113). Zu Recht verneint Suchowsky (a.a.O. S. 879, 893) aber das Durchstellen eines Insolvenzausfallschadens, da die grundsätzliche rechtliche Selbstständigkeit der Verträge bewirkt, dass jeder Vertragspartner nur das Insolvenzrisikos seines Vertragspartners zu tragen hat.

§ 11 Nr. 3
[Fristberechnung]

Ist die Vertragsstrafe nach Tagen bemessen, so zählen nur Werktage; ist sie nach Wochen bemessen, so wird jeder Werktag angefangener Wochen als 1/6 Woche gerechnet.

Inhaltsübersicht

	Rn.
A. Allgemeine Grundlagen	1
B. Die Regelungen der VOB/B	2
I. Fristberechnung ohne Sonn- und Feiertage	2
II. Fristberechnung nur für die Zeit, in der die Vertragsleistung erfüllt werden konnte	6
III. Wegfall der Vertragsstrafe bei Termin-Neuordnung	9
1. Verlängerung/Neuordnung der Bauzeit	9
2. Reduzierung der Bauzeit	10

Aufsätze: *Börgers* Zur sogenannten »Hinfälligkeit« von Vertragsstrafevereinbarungen BauR 1997, 917; *Leinemann* Vertragsstrafe – Der einzig sichere Weg zum Gewinn am Bau? BauR 2001, 472; *Kreikenbohm* Nachträge und Vertragsstrafe BauR 2003, 315; *Lau* Die Vertragsstrafenabrede in BGB-Werkverträgen und VOB-Bauverträgen. Ein stumpfes Schwert? Jahrbuch Baurecht 2003 S. 55.

A. Allgemeine Grundlagen

Nr. 3 enthält für den Fall der nicht fristgerechten Vertragserfüllung eine Fristberechnung besonderer Art, die von der gesetzlichen Regelung des BGB teilweise abweicht. Nach den gesetzlichen Fristbestimmungen haben Sonn- und Feiertage sowie Samstage auf den Fristenlauf nur eine hemmende Wirkung, wenn einer dieser Tage gleichzeitig der Endzeitpunkt der Frist ist, § 193 BGB. Alle übrigen innerhalb der Frist liegenden Sonn- und Feiertage sowie Samstage werden bei der Frist mitgerechnet.

B. Die Regelungen der VOB/B

I. Fristberechnung ohne Sonn- und Feiertage

2 Nach Nr. 3 werden dagegen alle innerhalb der Frist liegenden **Sonn- und Feiertage nicht mitgezählt.** Es zählen nur die Werktage, wenn die Frist nach Tagen bemessen ist. Ist die Frist nach Wochen bemessen, wird jeder Werktag einer angefangenen Woche als 1/6 Woche gerechnet. Im Übrigen gelten für die Fristberechnung die Vorschriften der §§ 187 ff. BGB.

3 Die bisherigen Überarbeitungen der VOB haben die in Nr. 3 enthaltene, seit 1952 bestehende Regelung unberührt gelassen. Nach dem somit unverändert gebliebenen Willen der Verfasser der VOB sollen auch die **arbeitsfreien Samstage mitgerechnet** werden, es sei denn, der letzte Tag der Frist ist ein Samstag (vgl. § 193 BGB). Dies folgt aus der immer noch aktuellen Fassung der Nr. 3, nach der, wenn die Vertragsstrafe nach Wochen bemessen ist, jeder Werktag einer angefangenen Woche als 1/6 Woche zu rechnen ist (OLG Düsseldorf BauR 1997, 1041 = SFH § 284 BGB Nr. 7; *Knacke* S. 32). In Kenntnis der Arbeitswelt dürfte jedoch **sachgerechter** sein, bei Vertragsstrafenvereinbarungen in Besonderen oder Zusätzlichen Vertragsbedingungen von **Arbeitstagen** auszugehen, was aber im jeweiligen Vertrag zweifelsfrei zum Ausdruck kommen muss (ebenso OLG Dresden BauR 2001, 949; *Bschorr/Zanner* S. 49; a.A. BGH Urt. v. 18.1.2001 VII ZR 238/00 = BauR 2001, 791 = NJW 2001, 2330 = NZBau 2001, 738, wonach eine Berechnung nach Kalendertagen unschädlich sei; zur Beurteilung der Tagessatzhöhe nimmt der BGH allerdings eine Umrechnung auf Arbeitstage vor).

4 Diese Konsequenz wird gezogen werden, da hier die VOB an der Wirklichkeit vorbeigeht (so auch *Kapellmann/Langen* BB 1987, 560, 561). So ist das Argument, der Samstag sei heute noch nicht allgemein arbeitsfrei *(Daub/Piel/Soergel/Steffani* ErlZ B 0.109), wohl kaum zutreffend. Es kann nicht Maßstab sein, ob tatsächlich Samstagsarbeit möglich ist, sondern nur, ob der Auftragnehmer arbeitsrechtlich in der Lage ist, seine Arbeitnehmer auch samstags ohne Schwierigkeiten anzuhalten, für ihn in Erfüllung seiner bauvertraglichen Pflichten zu arbeiten. Es dürfte deshalb angebracht sein, in der Zukunft die VOB in dem hier angesprochenen Punkt wirklichkeitsnaher zu fassen.

5 Für die Berechnung der Vertragsstrafe im Falle der Vertragskündigung ist auf § 8 Nr. 7 VOB/B zu verweisen.

II. Fristberechnung nur für die Zeit, in der die Vertragsleistung erfüllt werden konnte

6 Ist für nicht fristgerechte Erfüllung eine Vertragsstrafe vereinbart, gilt für ihre Verwirkung, vor allem für den dafür vorauszusetzenden Verzug, dass in die Fristberechnung nur die Zeit einzubeziehen ist, in der die **im Vertrag vereinbarte Bauleistung zu erfüllen war und tatsächlich auch ungehindert erfüllt werden konnte,** insbesondere der Auftraggeber seine im Zusammenhang mit der Ermöglichung fristgerechter Erfüllung durch den Auftragnehmer stehenden Pflichten selbst erfüllt hat (vgl. auch *Weyer* BauR 1988, 28, 31 f.). Hat der Auftraggeber die Umstände zu vertreten, die zu einem verspäteten Leistungsbeginn geführt haben, oder fallen sie jedenfalls in den ihm zurechenbaren Bereich, weil er z.B. nachträglich Leistungen verlangt hat, die ursprünglich nicht vereinbart waren (vgl. z.B. § 1 Nr. 3 und 4 VOB/B i.V.m. § 2 Nr. 5 und 6 VOB/B), sind die darauf entfallenden Verzögerungszeiten wie auch diejenigen, die für die Erstellung des ursprünglich nicht vereinbarten Leistungsteils verbraucht worden sind, grundsätzlich bei der Fristberechnung für den Verfall und/oder die zeitliche Bemessung der Vertragsstrafe nicht in Ansatz zu bringen, sondern auszuklammern. Gleiches gilt, wenn zugunsten des **Auftragnehmers** von den in § 6 Nr. 2 VOB/B geregelten Ausnahmetatbeständen (vgl. § 6 Nr. 2 VOB/B; auch *Schlünder* ZfBR 1995, 281, 284) auszugehen ist, wofür er – wie generell, da es um den Nachweis des Nichtvertretenmüssens nach § 286 Abs. 4 BGB geht – im Einzelnen **darlegungs- und beweispflichtig** ist. Insoweit bedarf es auch der **Beachtung der Anzeige-**

pflicht nach § 6 Nr. 1 S. 1 VOB/B, es sei denn, es kann beim Auftraggeber Offenkundigkeit hinsichtlich der hindernden Umstände nach a.a.O. S. 2 angenommen werden. Im Allgemeinen wird der Auftragnehmer durch Vorlage einer inhaltlich zutreffenden Behinderungsanzeige den Nachweis der Schuldlosigkeit an der Verzögerung führen können, naturgemäß nur für den Bereich und den damit zusammenhängenden Ausführungszeitraum, auf den sie sich bezieht. Andererseits ist dem Auftragnehmer für die hier erörterte Vertragsstrafe nicht der Nachweis der Schuldlosigkeit an der Bauverzögerung genommen, wenn er die Behinderungsanzeige unterlassen hat (zutreffend *Nicklisch/Weick* § 6 VOB/B Rn. 21; vgl. auch Beck'scher VOB-Komm./*Motzke* § 6 Nr. 1 VOB/B Rn. 82; OLG Saarbrücken BauR 1998, 1010; BGH Urt. v. 14.1.1999 VII ZR73/98 = BauR 1999, 645 = SFH § 11 VOB/B [1973] Nr. 12 = NJW 1999, 1108) da die Behinderungsanzeige im Zweifel nur für die Ansprüche gilt, die in § 6 VOB/B, dort insbesondere unter Nr. 2, 4, 6, erfasst sind. Daher ist die in § 11 VOB/B geregelte Vertragsstrafe ein selbstständiger, von § 6 VOB/B nicht erfasster Anspruch, gegen den eine davon unabhängige Verteidigung des Auftragnehmers – kein Verschulden – zulässig sein muss (zutreffend *Nicklisch/Weick* § 6 VOB/B Rn. 21; vgl. auch Beck'scher VOB-Komm./*Motzke* § 6 Nr. 1 VOB/B Rn. 82; OLG Saarbrücken BauR 1998, 1010).

Im Falle der Leistungserweiterung bleibt es ausnahmsweise bei der ursprünglichen Fristberechnung, wenn nach dem Vertrag oder aus den Umständen zu entnehmen ist, dass die im Vertrag vereinbarte Frist auch für den Fall der nachträglichen Erweiterung gelten soll, oder wenn mit der Erweiterung der ursprünglich vereinbarten Leistung auch die für die Berechnung der Vertragsstrafe maßgeblichen Fristen ausdrücklich verlängert werden. 7

Allerdings kommt eine **Fristverlängerung,** für die im Übrigen **§ 6 Nr. 4 VOB/B** entsprechend gilt, falls keine ausdrückliche – nachträgliche – Regelung hinsichtlich der Vertragsstrafe getroffen wird (ebenso OLG Düsseldorf BauR 1982, 582 = SFH § 11 VOB/B Nr. 7) nur in Betracht, wenn es sich bei den in den Bereich des Auftraggebers fallenden Umständen um solche handelt, durch die sich nicht sonderlich ins Gewicht fallende und zeitlich klar nachvollziehbare Abweichungen vom Fristenplan, auf dem die Berechnung der Vertragsstrafe beruht, ergeben (auch OLG Hamm BauR 1996, 392 = BB 1996, 78; vgl. hierzu auch *Börgers* a.a.O., zur Hinfälligkeit von Vertragsstrafevereinbarungen). 8

III. Wegfall der Vertragsstrafe bei Termin-Neuordnung

1. Verlängerung/Neuordnung der Bauzeit

Haben dagegen vom Auftragnehmer nicht zu vertretende Umstände die Bauausführung so erheblich verzögert, dass der **ganze Zeitplan des Auftragnehmers umgeworfen** und er zu einer **durchgreifenden Neuordnung** gezwungen wird, so ist die Vertragsstrafenzusage **hinfällig** (BGH Urt. v. 13.1.1966 VII ZR 262/63 = SFH Z 2.411 Bl. 24 ff.; OLG Hamm BauR 1996, 392 = BB 1996, 78 im Falle der schwer wiegenden Verzögerung wegen der Lieferung und des Einbaus des vom Auftraggeber später ausgesuchten Fußbodens; OLG Düsseldorf BauR 1997, 1041 = SFH § 284 BGB Nr. 7 bei erheblicher zeitlicher Beeinträchtigung der Bauabwicklung; OLG Frankfurt BauR-Report 6/97, 3; siehe auch *Cuypers* S. 276; *Oberhauser* Rn. 171 ff. a.A. *Börgers* S. 917 ff., der unter Hinweis auf § 6 Nr. 4 VOB/B und Gewährung entsprechender Fristverlängerungen die Fälligkeit der Leistung hinausschiebt und die Vertragstrafenabrede erhalten möchte; ebenso *Kapellmann/Messerschmidt/Langen* § 11 VOB/B Rn. 29), wofür der Auftragnehmer allerdings auch insoweit **darlegungs- und beweispflichtig** ist (BGH Urt. v. 14.1.1999 VII ZR 73/98 = BauR 1999, 645 = SFH § 11 VOB/B [1973] Nr. 12 = NJW 1999, 1108). So findet nach OLG Celle (BauR 2005, 1780) die Terminfortschreibung nach § 6 Nr. 2 VOB/B dort ihre Grenze, wenn durch vom Auftragnehmer nicht zu vertretende Umstände der Zeitplan so gestört wird, dass der Auftragnehmer zur Terminneuordnung gezwungen wird (sowie OLG Celle BauR 2004, 1307; ähnlich OLG Düsseldorf BauR 2003, 259; *Franke/Kemper/Zanner/Grünhagen* § 11 VOB/B Rn. 21; *Kreikenbohm* BauR 2003, 315; vgl. auch *Kemper* BauR 2001, 1015, der zu Recht darauf hinweist, dass eine dieses Ergebnis vermeidende AGB-Klausel wegen Verstoßes 9 gegen § 307 BGB unwirksam ist). Werden in diesen Fällen neue Termine vereinbart, so ist auch die Vertragsstrafe neu zu vereinbaren. Dies gilt auch dann, wenn der Auftraggeber nach Setzen einer Nachfrist mit Ablehnungsandrohung mit dem Unternehmer weiterarbeitet (OLG Düsseldorf BauR 2003, 259). Gleiches gilt für sonst vom Auftraggeber zu verantwortende beachtliche Zeitverschiebungen (a.A. *Leinemann/Hafkesbrink* § 11 VOB/B Rn. 33, dem dies »zu weitgehend« erscheint; er fordert stattdessen Störungen »gravierender Art«. Im Ergebnis ähnlich: *Kapellmann/Messerschmidt/Langen* § 11 VOB/B Rn. 29 ff.; vgl. auch *Werner/Pastor* Rn. 2078 ff.) wie z.B. erhebliche Änderungen der Bauplanung (BGH Urt. v. 29.11.1973 VII ZR 205/71 = BauR 1974, 206 = SFH Z 2.502 Bl. 1; OLG Düsseldorf BauR 1982, 582 = SFH § 11 VOB/B Nr. 7), ferner Verzögerungen in der Leistung von Abschlagszahlungen, sofern dadurch der betriebliche Ablauf des Auftragnehmers bzw. dessen Organisation beeinflusst wurde und werden durfte (BGH a.a.O.), wie durch die Notwendigkeit, jetzt ein anderes Vorhaben in Angriff zu nehmen, um flüssige Geldmittel zur Aufrechterhaltung des Betriebes zu bekommen. Auch gilt dies bei erheblich verspäteter Aushändigung der Baugenehmigung an den Auftragnehmer, behördlicher Anordnung eines Baustops, späteren Planungsänderungen und Änderungs- oder Zusatzaufträgen (BGH Urt. v. 14.1.1993 VII ZR 185/91 = BauR 1993, 600 = NJW 1993, 2674 = SFH § 6 Nr. 6 VOB/B Nr. 6). Dies alles ergibt sich, wie der BGH (a.a.O.) mit Recht ausgesprochen hat, aus dem **Grundsatz von Treu und Glauben.** Grundlegende Änderungen ziehen weitere Folgen nach sich, die in das ursprüngliche Vertragsbild nicht mehr einzuordnen sind und deswegen eine neue Fristberechnung unmöglich, zumindest aber zu unsicher machen, weshalb eine neue vertragliche Vereinbarung nicht getroffen wird oder getroffen werden kann, vor allem auch unter Berücksichtigung einer etwa bereits verlängerten Baufrist (ähnlich wohl *Knacke* S. 35 ff.). Dies hat auch bei wesentlicher Verschiebung des Arbeitsbeginns zu gelten (was durch konkrete, zeit- und mengenmäßig fassbare, durch die Verschiebung verursachte Behinderungen zu belegen ist, OLG Köln BauR 2001, 1105 = SFH § 339), wenn die Ausführungsfrist nicht nach dem Kalender, sondern nach Arbeitstagen bestimmt ist (BGH Urt. v. 9.11.1972 VII ZR 137/71 = BauR 1973, 48 = SFH Z 2.411 Bl. 48). Die vorangehend aufgezeigte Folge kann um so eher eintreten, je knapper die Ausführungsfrist als Vertragsfrist bemessen ist. Der Wegfall der Vertragsstrafenvereinbarung kommt allerdings auch bei erheblicher Zeitverschiebung **nicht in Betracht,** wenn der Auftragnehmer von vornherein beim Vertragsabschluss damit rechnen und sich darauf einrichten musste, vor allem dann, wenn bereits entsprechende ausreichende Hinweise von Auftraggeberseite vor oder bei Vertragsabschluss gegeben worden sind (a.a.O.). Diese Abgrenzung ist gleichfalls durch Treu und Glauben geboten. Ebenso hat die Vertragsstrafevereinbarung Bestand, wenn zu gewährende Bauzeitverlängerungen – ohne das Erfordernis einer Termin-Neuordnung – zu einer Verschiebung der Termine führen. Die Vertragsstraferegelung erfasst dann auch die neuen Termine; erforderlich ist jedoch eine Mahnung (OLG Dresden BauR 2000, 1881; OLG Düsseldorf BauR 2000, 1336; ebenso *Kreikenbohm* BauR 2003, 315, der fortlaufende Mahnungen für erforderlich hält; *Kemper* BauR 2001, 1015). Bei einvernehmlicher Terminneufestlegung ist nach KG (IBR 2005, 470 – *Bormann*) auch eine neue Strafbewehrung zu treffen.

2. Reduzierung der Bauzeit

10 Wird die im Vertrag vorgesehene Leistung später **vermindert,** gilt mangels abweichender Vereinbarung die **bisher maßgebliche Frist,** es sei denn, dass im Einzelfall aus Treu und Glauben eine anderweitige Beurteilung geboten ist. Das kann sein, wenn die bisher verlangte Leistung in ganz erheblichem Umfang vermindert wird und genau nachweisbare berechtigte Interessen des Auftraggebers eine anderweitige Berechnung der für die Vertragsstrafe maßgeblichen Frist gebieten und dies im Einzelfall auch möglich ist. Der Auftraggeber ist jedoch verpflichtet, den Auftragnehmer mit der erforderlichen Eindeutigkeit und rechtzeitig darauf hinzuweisen, dass er nunmehr gerade auch in Bezug auf die Vertragsstrafe von einer verkürzten Frist ausgeht (zutreffend *Locher* Das private Baurecht Rn. 424). Die gegenteilige Auffassung von *Bschorr/Zanner* (S. 81; ebenso *Leinemann/Hafkesbrink* § 11 VOB/B Rn. 38), dass in Fällen der Teilkündigung durch den Auftraggeber oder Auftragnehmer

nach Treu und Glauben eine Verkürzung nicht in Betracht komme, erklärt nicht, warum der Auftragnehmer die Zeit für die gekündigte Leistung auch für den nicht gekündigten Teil soll verwenden dürfen. Der Gedanke der Schadensminderungspflicht verlangt – bezogen auf den Umfang der Kündigung – vielmehr auch eine Reduzierung der Ausführungszeit, die jedoch nach Oberhauser (Rn. 190) nur einvernehmlich vertraglich geregelt werden könne.

§ 11 Nr. 4
[Vorbehalt der Vertragsstrafe bei Abnahme]

Hat der Auftraggeber die Leistung abgenommen, so kann er die Strafe nur verlangen, wenn er dies bei der Abnahme vorbehalten hat.

Inhaltsübersicht Rn.

A. Allgemeine Grundlagen	1
B. Erklärung des Vorbehaltes	2
I. Vorbehalt bei Abnahme	2
1. Zeitpunkt der Erklärung	2
2. Entbehrlichkeit des Vorbehaltes	5
3. Begriff der Abnahme	6
4. Abdingbarkeit des Vorbehaltes	7
5. Vorbehalt bei Teilabnahme	8
II. Äußerung des Vorbehaltes; Form	9
III. Vorbehaltserklärung gegenüber Auftragnehmer; Vertreter des Auftraggebers	11
1. Erklärung gegenüber Auftragnehmer	11
2. Vorbehaltserklärung durch Architekten	12
3. Hinweispflicht des Architekten	14
4. Genehmigung vollmachtsloser Vorbehaltserklärung	15
IV. Fehlender Vorbehalt führt nicht zum Verlust von Schadensersatzansprüchen	16

Aufsatz: *Steeger* Ist der Architekt seinem Auftraggeber zur Vorbereitung von Bauverträgen verpflichtet? BauR 2001, 554.

A. Allgemeine Grundlagen

Sinn des Vorbehaltes ist es, dem Auftragnehmer von seiten des Auftraggebers klarzumachen, dass er unter dem Eindruck der nachgeholten Erfüllung sein Recht, die Vertragsstrafe zu fordern, nicht aufgeben will (BGH Urt. v. 25.9.1986 VII ZR 276/84 = BauR 1987, 92 = NJW 1987, 380 = SFH § 11 VOB/B Nr. 11 = *Vygen* EWiR 1986, 1247 = LM § 11 VOB/B Nr. 8 m.w.N.). Dies muss der Auftraggeber dem Auftragnehmer durch eine ganz unzweifelhafte Erklärung, die empfangsbedürftig ist, mitteilen (vgl. dazu vor allem § 11 Nr. 1 VOB/B Rn. 15). **1**

B. Erklärung des Vorbehaltes

I. Vorbehalt bei Abnahme

1. Zeitpunkt der Erklärung

Das Verlangen an den Auftraggeber, dass er sich **bei der Abnahme** der nicht fristgerecht erbrachten Leistung das **Recht auf die Vertragsstrafe vorbehalten muss,** ist grundsätzlich wörtlich zu nehmen, **2** wenn er nicht einen Rechtsverlust erleiden will. Dies beruht rechtstheoretisch sowohl auf dem Gedanken der Verwirkung als auch auf dem der Obliegenheitsverletzung. Eine frühere oder spätere Geltendmachung des Vorbehaltes genügt deshalb im Allgemeinen nicht (BGH Urt. v. 4.11.1982 VII ZR 11/82 = BauR 1983, 77 = SFH § 123 BGB Nr. 4; auch *Kaiser* Rn. 398; *Vygen* Bauvertragsrecht Rn. 409; zu weitgehend daher *Nicklisch/Weick* § 11 VOB/B Rn. 24, der einen erneuten Vorbehalt durch die allgemeine Wendung für entbehrlich hält, »wenn der Auftraggeber durch eine objektive Handlung, die auf den Zeitpunkt der Abnahme fortwirkt, deutlich gemacht hat, dass die verfallene Vertragsstrafe auch weiterhin geltend gemacht wird«. Deshalb wird man auch jedenfalls eines der von *Nicklisch* [a.a.O.] dazu genannten Beispiele, nämlich den Fall der vom Auftraggeber vor Abnahme erklärten Aufrechnung, wenn der Auftraggeber dann fällig werdende »Teilzahlungen« einbehält, nicht für ausreichend halten können, so jetzt OLG Celle BauR 2000, 278; a.A. Beck'scher VOB-Komm./*Bewersdorf* B§ 11 VOB/B Nr. 4 Rn. 21; vgl. auch nachfolgend Rn. 3). Nicht ausreichend ist ferner, wenn die Abnahme an Ort und Stelle förmlich (vgl. § 12 Nr. 4 VOB/B) vorgenommen, dabei über den Vorbehalt nichts gesagt wird, sondern dieser erst in einem **später** erstmals angefertigten »Abnahmeprotokoll« auftaucht (ebenso OLG Düsseldorf BauR 1982, 582 = SFH § 11 Nr. 7 VOB/B). Wird dagegen über das Ergebnis der – förmlichen – Abnahme **vereinbarungsgemäß** eine Niederschrift gefertigt, die von **beiden Parteien unterzeichnet** werden muss, so ist das Erfordernis eines Vorbehaltes von Vertragsstrafenansprüchen gewahrt, wenn der Auftraggeber den Vorbehalt in der Niederschrift **vor der Unterzeichnung** vermerkt; die Unterschriftsleistung ist jedenfalls dann Teil der Abnahme, **wenn** Baustellenbesichtigung und Fertigung der Niederschrift in **engem zeitlichem Zusammenhang** stehen (BGH Urt. v. 29.11.1973 VII ZR 205/71 = BauR 1974, 206 = SFH Z 2.502 Bl. 1; v. 25.9.1986 VII ZR 276/84 = BauR 1987, 92 = NJW 1987, 380 = SFH § 11 VOB/B Nr. 11 = *Vygen* EWiR 1986, 1247, 35 für den Fall des zeitlichen Abstandes von einer Woche). Eine dabei vom Auftragnehmer in das Abnahmeprotokoll gesetzte Unterschrift bedeutet allerdings für sich allein noch nicht ein **Anerkenntnis der Vertragsstrafenansprüche** des Auftraggebers (BGH a.a.O.; OLG Koblenz SFH Z 2.411 Bl. 52); vielmehr erklärt er lediglich, dass er den Inhalt der Abnahmeniederschrift und damit auch die Vorbehaltserklärung zur Kenntnis genommen hat. Anders kann es hinsichtlich des – bloßen – **Vorbehaltes der Vertragsstrafe** liegen: Hat gemäß Vereinbarung eine förmliche Abnahme stattgefunden, über die das Abnahmeprotokoll erst zwei Wochen später erstellt und dann von beiden Parteien unterzeichnet wird, so ist davon auszugehen, dass die in dem Abnahmeprotokoll enthaltenen Erklärungen – insbesondere auch der Vorbehalt der Vertragsstrafe – bei der Abnahmeverhandlung abgegeben worden sind (OLG Düsseldorf SFH § 11 Nr. 10 VOB/B Nr. 10 = BauR 1986, 457).

3 Andererseits erlischt der Vertragsstrafenanspruch, wenn der Auftraggeber hiermit **schon vorher aufgerechnet** hat, sich ihn jedoch nicht mehr bei Abnahme vorbehält (so ausdrücklich BGH Urt. v. 4.11.1982 VII ZR 11/82 = BauR 1983, 77 = NJW 1983, 384 = SFH § 123 BGB Nr. 4 = ZfBR 1983, 75; OLG Celle BauR 2000, 278; ebenso *Hochstein* Anm. zu SFH Z 2.502 Bl. 11 und *Locher* Das private Baurecht Rn. 426; auch *Heiermann/Riedl/Rusam* § 11 VOB/B Rn. 29; *Kapellmann/Messerschmidt/ Langen* § 11 VOB/B Rn. 109 ff.; a.A., jedoch nicht überzeugend *Reinicke/Tiedtke* Betrieb 1983, 1639 sowie Beck'scher VOB-Komm./*Bewersdorf* § 11 Nr. 4 VOB/B Rn. 21). Mit Recht führt der BGH (a.a.O.) aus, dass Sinn und Zweck des Vertragsstrafenvorbehaltes nach § 341 Abs. 3 BGB als Spezialregelung Vorrang genießt vor der allgemeinen Bestimmung des § 389 BGB, wonach ein Anspruch mit erklärter Aufrechnung erlischt.

4 Der Vorbehalt der Vertragsstrafe bei Abnahme ist auch notwendig, wenn die Fristvereinbarung der Vertragspartner eine garantieähnliche Funktion hat (BGH Urt. v. 25.1.1973 VII ZR 149/72 = BauR 1973, 192 = SFH Z 2.411 Bl. 50). Er ist auch zu erklären, wenn bei Abnahme noch nicht eindeutig feststeht, ob der Auftragnehmer die Überschreitung der Vertragsfrist zu vertreten hat (vgl. VHB Nr. 2 zu § 11 VOB/B).

2. Entbehrlichkeit des Vorbehaltes

Andererseits bedarf es eines **Vorbehaltes** bei der Abnahme der Leistung **nicht, wenn** in diesem Zeitpunkt die **Vertragsstrafe bereits eingeklagt** ist; ein darum angestrengter Prozess ist die deutlichste Form des Vorbehaltes (BGH Urt. v. 18.11.1982 VII ZR 305/81 = BauR 1983, 80 = NJW 1983, 385 = SFH § 341 Nr. 4 = ZfBR 1983, 78; entgegen RG JW 1911, 400 Nr. 8; anders auch *Knacke* S. 63). **Voraussetzung** ist jedoch, dass der Auftraggeber im Zeitpunkt der Abnahme noch seinen Anspruch im Prozesswege weiterverfolgt und der **Prozess** – auch ein Mahnverfahren – durch sein Verhalten **nicht** zum **Stillstand** gekommen ist. Entgegen *Knacke* (a.a.O.) lässt sich im Einzelfall durchaus feststellen, ob der Auftraggeber das Verfahren, in dem er die Vertragsstrafe eingeklagt hat, fortsetzt, wobei die §§ 211 Abs. 2, 213 BGB hinreichende Anhaltspunkte abzugeben vermögen. Ein nochmaliger Vorbehalt bei Abnahme ist auch nicht erforderlich, wenn sich die Vertragspartner schon vor der Abnahme über deren Verfall einig sind (RGZ 72, 168, 170; vgl. auch Beck'scher VOB-Komm./*Bewersdorf* § 11 Nr. 4 VOB/B Rn. 22). Nicht gefordert wird ein Vorbehalt ferner in den Fällen der (berechtigten oder unberechtigten) Abnahmeverweigerung (BGH Urt. v. 20.2.1997 VII ZR 288/94 = BauR 1997, 640 = SFH § 341 BGB Nr. 11; *Heiermann/Riedl/Rusam* § 11 VOB/B Rn. 37) sowie bei Durchführung einer Ersatzvornahme nach § 633 Abs. 3 BGB. (BGH Urt. v. 9.4.1981 VII ZR 192/80 = BauR 1981, 373 für den Fall, dass wegen Kündigung nach § 8 Nr. 3 VOB/B keine Abnahme erklärt wird.) Kommt es angesichts besonderer **individualvertraglicher** Regelungen im Bauvertrag nicht zur Abnahme, bedarf es auch nicht des Vorbehaltes einer Vertragsstrafe (vgl. BGH Urt. v. 1.4.1974 VII ZR 122/74 = BauR 1976, 279 = SFH Z 2.411 Bl. 70).

3. Begriff der Abnahme

Der hier maßgebliche Begriff der Abnahme (vgl. dazu § 12 VOB/B) ist identisch mit der »Annahme« in § 341 Abs. 3 BGB, ebenso mit der »Annahme als Erfüllung« nach § 363 BGB sowie mit der »Abnahme« in § 640 BGB (BGH Urt. v. 3.11.1960 VII ZR 150/59 = BGHZ 33, 236. Der Abnahme steht jetzt die Fertigstellungsbescheinigung gemäß § 641a BGB gleich, was bei einem vertragsstrafebewehrten BGB-Bauvertrag zu beachten ist), was durchaus auch dem gerade heute grundlegend wichtigen Gebot der Rechtssicherheit entspricht. Die auf öffentlich-rechtlichen Vorschriften beruhende behördliche Bauabnahme spielt hier keine Rolle. Wenn der Auftraggeber die bisher nichtgehörig erfüllte Leistung abnimmt, muss er zugleich zum Ausdruck bringen, dass er sich **trotz der Abnahme noch das Recht auf die Vertragsstrafe vorbehält** (vgl. hierzu LG München SFH Z 2.411 Bl. 7 ff.; i.d.S. BGH a.a.O.). Die Abnahme erfordert im Übrigen nicht, dass der Auftraggeber das Werk als mängelfrei entgegennimmt, es genügt, dass er die Leistung als im Wesentlichen vertragsmäßige Erfüllung behandelt.

Ist in Besonderen oder Zusätzlichen Vertragsbedingungen vereinbart, dass die Bauleistung innerhalb von vier Wochen seit Bezug abgenommen sei bzw. als abgenommen gelte, so muss der Auftraggeber den Vorbehalt innerhalb dieses Zeitraumes erklären. Gleiches gilt für die Abnahme nach § 12 Nr. 5 VOB/B (vgl. § 12 Nr. 5 VOB/B; *Franke/Kemper/Zanner/Grünhagen* § 11 VOB/B Rn. 28) und wird entsprechend auch für § 640 Abs. 1 S. 3 BGB zu gelten haben.

4. Abdingbarkeit des Vorbehaltes

Zur **vertraglichen Abdingbarkeit** des § 341 Abs. 3 BGB vgl. oben § 11 Nr. 1 VOB/B Rn. 15.

5. Vorbehalt bei Teilabnahme

Sofern eine Teilabnahme nach § 12 Nr. 2 VOB/B in Betracht kommt und die Vertragspartner in Besonderen oder Zusätzlichen Vertragsbedingungen für den von der Teilabnahme erfassten Teil der Gesamtleistung eine Vertragsstrafe vereinbart haben, muss der Vorbehalt der Vertragsstrafe bei der Teilabnahme erklärt werden. Ist dagegen die Vertragsstrafe für die nicht rechtzeitige Erbringung der vertraglichen Gesamtleistung vereinbart, so ist der Vorbehalt bei der Abnahme der letzten Teilleistung zu erklären (OLG Düsseldorf SFH § 11 Nr. 6 VOB/B; OLG Naumburg IBR 2004, 61-*Oberhauser*; ebenso *Kapellmann/Messerschmidt/Langen* § 11 VOB/B Rn. 105).

II. Äußerung des Vorbehaltes; Form

9 Die Vorbehaltserklärung ist eine **empfangsbedürftige Willenserklärung**, die nicht notwendigerweise das Wort »Vorbehalt« enthalten muss. Verlangt wird aber eine **unmissverständliche Äußerung**, woraus der Auftragnehmer den wirklichen und eindeutigen Willen des Auftraggebers erkennen kann. Die Willenserklärung muss nicht jeweils »individuell« abgegeben werden, sondern es genügt, wenn der Vorbehalt in eine formularmäßig vorbereitete Abnahmeniederschrift aufgenommen worden ist und dann mit deren Unterzeichnung durch den Auftraggeber erklärt wird, nachdem der Auftraggeber vorher die vorformulierte Vorbehaltserklärung hinreichend klar gekennzeichnet hat (BGH Urt. v. 25.9.1986 VII ZR 276/84 = BauR 1987, 92 = NJW 1987, 380 = SFH § 11 VOB/B Nr. 11 = *Vygen* EWiR § 11 Nr. 4 VOB/B 1/86, 1247 = ZfBR 1987, 35). Der Auftraggeber muss vor allem seinen Vorbehaltswillen bei der Abnahme zweifelsfrei erkennbar kundtun (vgl. BGH Urt. v. 24.5.1974 VII ZR 193/72 = BauR 1975, 55 = SFH Z 2.502 Bl. 5). Hieran fehlt es, wenn in ein Abnahmeprotokoll lediglich der Vermerk aufgenommen wird »Konventionalstrafe regelt der Vertrag« (OLG Frankfurt SFH § 11 VOB/B Nr. 9). Auch genügt es nicht, wenn ein Vorbehalt vor der Abnahme in einer Weise geltend gemacht wurde, dass sein Fortwirken lediglich zu unterstellen wäre (BGH a.a.O. m.w.N.; allerdings soll es nach OLG Düsseldorf BauR 2001, 112 ausreichen, wenn der Vorbehalt zeitnah [zwei Tage vor Abnahme] erklärt wird. Hiergegen: *Franke/Kemper/Zanner/Grünhagen* § 11 VOB/B Rn. 28 – Vorbehaltserklärung im Rahmen der Vereinbarung des Abnahmetermins nicht ausreichend; ebenso *Leinemann/Hafkesbrink* § 11 VOB/B Rn. 61, da Unklarheiten vermieden werden sollen). Zur gleichen Folgerung gelangt man auch nach den Grundsätzen der §§ 133, 157 BGB.

10 Die Vorbehaltserklärung kann an sich mündlich geschehen. Findet jedoch eine **förmliche Abnahme** statt, ist der Vorbehalt nur wirksam erklärt, wenn er in das **Abnahmeprotokoll** aufgenommen worden ist, so dass ein bloß mündlicher Vorbehalt nicht genügt (OLG Frankfurt SFH § 11 VOB/B Nr. 9; LG Mannheim BauR 1992, 233). Hat die förmliche Abnahme in Abwesenheit des Auftragnehmers stattgefunden, so ist die Vorbehaltserklärung mit Zugang des Abnahmeprotokolls beim Auftragnehmer wirksam geworden.

III. Vorbehaltserklärung gegenüber Auftragnehmer; Vertreter des Auftraggebers
1. Erklärung gegenüber Auftragnehmer

11 Der Vorbehalt der Vertragsstrafe kann im Zweifel **nur** dem **Auftragnehmer** oder einer leitenden Person seines Betriebes, etwa einem Prokuristen, **gegenüber erklärt** werden. Allgemein genügt eine Erklärung des Auftraggebers auf der Baustelle gegenüber dem Polier oder auch dem örtlichen Bauleiter nicht, um den Anspruch auf eine Vertragsstrafe aufrechtzuerhalten, weil in der Regel anzunehmen ist, dass diese Personen nicht vom Auftragnehmer zur Entgegennahme derartiger Erklärungen bevollmächtigt sind (LG München I SFH Z 2.411 Bl. 7; *Locher* Das private Baurecht Rn. 426; *Kaiser* Mängelhaftungsrecht Rn. 404). Ist für den Auftragnehmer keine zur Entgegennahme der Vorbehaltserklärung befugte Person bei der Abnahme zugegen, muss somit die Erklärung gesondert dem Auftragnehmer oder einem insoweit zum Empfang bevollmächtigten Vertreter zugeleitet werden. Andererseits ist im Zweifel anzunehmen, dass derjenige, der vom Auftragnehmer zur Entgegennahme der Abnahme bevollmächtigt ist, auch die Vollmacht zum Empfang der Vorbehaltserklärung hat (ebenso BGH Urt. v. 25.9.1986 VII ZR 276/84 = BauR 1987, 92 = NJW 1987, 380 = SFH § 11 VOB/B Nr. 11 = *Vygen* EWiR § 11 Nr. 4 VOB/B 1/86, 1247 = ZfBR 1987, 35).

2. Vorbehaltserklärung durch Architekten

Auch der (**bauleitende**) **Architekt oder Ingenieur** kann **nicht** ohne weiteres als **ermächtigt** angesehen werden, den Vorbehalt für den Auftraggeber zu erklären (ebenso *Schmalzl* Die Haftung des Architekten und des Bauunternehmers Rn. 10; *Locher* Das private Baurecht Rn. 326, 426; *Jagenburg* BauR 1978, 180, 185 f.; *Werner/Pastor* Rn. 2061; *Knacke* S. 58 f.; offengelassen BGH Urt. v. 26.4.1979 VII ZR 190/78 = BauR 1979, 345 = SFH § 341 BGB Nr. 3 = ZfBR 1979, 154; *Steeger* BauR 2001, 554). Da es sich hier um eine Befugnis des Auftraggebers handelt, die nicht mit seinen unmittelbaren Interessen an der Bauleistung und daher mit dem einem Architekten gewöhnlich übertragenen Geschäftsbereich wie auch der – jedenfalls technischen – Bauabnahme selbst, sondern mit den Vermögensinteressen des Auftraggebers als solchen in Zusammenhang steht, ist grundsätzlich davon auszugehen, dass es einer **besonderen Vollmacht** des Architekten durch den Auftraggeber bedarf, wenn der Architekt für ihn bei der Abnahme die Vertragsstrafe durch Erklärung eines Vorbehaltes geltend machen soll. Der lediglich allgemein auf die bloßen Architektenleistungen im Bereich des § 15 HOAI abgestellte Architektenvertrag ersetzt diese Vollmacht nicht (*Kleine-Möller* BB 1976, 442, 445; *Schmalzl* Die Haftung des Architekten und des Bauunternehmers Rn. 10 sowie MDR 1977, 622, 623; *Locher* Das private Baurecht Rn. 426; auch *Heiermann/Riedl/Rusam* § 11 VOB/B Rn. 34). Diese Folgerung lässt sich auch aus den Entscheidungsgründen des Urteils des BGH v. 15.2.1960 VII ZR 19/59 (NJW 1960, 859 = SFH Z 2.330 Bl. 6) rechtfertigen. Ist der Architekt oder Ingenieur nicht bevollmächtigt, den Vorbehalt auszusprechen, so ist er dazu auch nicht verpflichtet (zutreffend *Locher* a.a.O.).

12

Anders liegt der Fall, wenn der Architekt oder Ingenieur vom Auftraggeber ausdrücklich (vgl. dazu BGH Urt. v. 25.9.1986 – VII ZR 276/84 = BauR 1987, 92 = NJW 1987, 380 = SFH § 11 VOB/B Nr. 11 = *Vygen* EWiR § 11 Nr. 4 VOB/B 1/86, 1247 = ZfBR 1987, 35) oder jedenfalls erkennbar zur Vornahme der rechtsgeschäftlichen Abnahme bevollmächtigt ist, und zwar allein deshalb, weil damit zwangsläufig die Geltendmachung des Vorbehaltes der Vertragsstrafe verbunden ist (vgl. § 341 Abs. 3 BGB; §§ 11 Nr. 4, 12 Nr. 4 Abs. 1 S. 3, Nr. 5 VOB/B). Daher kann auch ein mit der Abnahme beauftragter Angestellter des Bevollmächtigten den Vorbehalt der Vertragsstrafe erklären (BGH a.a.O.; ebenso *Knacke* S. 57). Insofern bleibt es dem Auftraggeber immer noch überlassen, ob er eine vorbehaltene Vertragsstrafe später wirklich verlangt (ebenso *Nicklisch/Weick* § 11 VOB/B Rn. 23; *Kaiser* Rn. 404).

13

3. Hinweispflicht des Architekten

Hat jedoch der nicht bevollmächtigte Architekt an der Bauvertragsgestaltung und damit an der Vereinbarung der Vertragsstrafe, insbesondere durch Verwendung bei ihm üblicher Formularbedingungen, mitgewirkt, ist er verpflichtet, den Auftraggeber rechtzeitig auf den erforderlichen **Vorbehalt bei der Abnahme aufmerksam zu machen,** damit dieser keinen Rechtsverlust erleidet. Über diesen Rahmen hinaus ist dem BGH zu folgen, dass eine solche Hinweispflicht des Architekten wegen seiner Beratungs- und Betreuungspflichten gegenüber dem Auftraggeber auch dann besteht, wenn er zwar nicht an der Vereinbarung der Vertragsstrafe mitgewirkt hat, aber gleichwohl **von ihr Kenntnis hat oder** den Umständen nach hätte haben müssen (BGH Urt. v. 26.4.1979 VII ZR 190/78 = BauR 1979, 345 = NJW 1979, 1499 = SFH § 341 BGB Nr. 3; ebenso *Werner/Pastor* Rn. 2061; im Ergebnis auch *Kaiser* Rn. 406; *Heiermann/Riedl/Rusam* § 11 VOB/B Rn. 36; *Knacke* S. 60 f.). In letzterer Hinsicht dürfte allerdings nicht die allgemeine Erfahrung genügen, dass in Bauverträgen häufig Vertragsstrafen vereinbart werden; vielmehr müssen für den Architekten im Einzelfall **konkrete Anhaltspunkte** gegeben sein, um die Vereinbarung einer Vertragsstrafe als gegeben anzusehen (vgl. auch *Vygen* BauR 1984, 245, 254 ff.; *Kaiser* a.a.O.; a.A. *Kapellmann/Messerschmidt/Langen* § 11 VOB/B Rn. 92, da der Architekt kein Rechtsberater sei). Eine **schuldhafte Unterlassung** der Erfüllung der vorangehend gekennzeichneten Hinweispflicht macht den Architekten wegen positiver Vertragsverletzung gegenüber dem Auftraggeber schadensersatzpflichtig (ebenso *Oberhauser* Rn. 144 f.;

14

Gegen eine Hinweis- und Belehrungspflicht: Beck'scher VOB-Komm./*Bewersdorf* § 11 Nr. 4 VOB/B Rn. 26). Diese Hinweispflicht des Architekten kann aber entfallen, wenn sich für ihn aus den Umständen des Falles hinreichende Anhaltspunkte für die berechtigte Annahme ergeben, der Auftraggeber werde von sich aus oder durch einen sachkundigen Dritten die Frage des Verfalls der Vertragsstrafe prüfen und diese gegebenenfalls rechtzeitig geltend machen. Dafür ist der Architekt im Streitfall allerdings darlegungs- und beweispflichtig (so auch OLG Düsseldorf BauR 2002, 1420; zur Haftung des Architekten für unwirksame Vertragsstrafeklauseln vgl. OLG Hamm BauR 2005, 1350; Brandenburgisches OLG BauR 2003, 1751).

4. Genehmigung vollmachtsloser Vorbehaltserklärung

15 Hat ein nicht bevollmächtigter Architekt bzw. Ingenieur oder sonst ein vollmachtsloser Vertreter des Auftraggebers den Vorbehalt der Vertragsstrafe erklärt, so ist und bleibt dieser unwirksam, wenn der Auftragnehmer die fehlende Vertretungsmacht zur Erklärung des Vorbehaltes im Rahmen der Abnahme rügt; dann ist auch eine nachträgliche **Heilung durch Genehmigung** des Auftraggebers **nicht mehr möglich**, da es sich bei der Vorbehaltserklärung um ein einseitiges Rechtsgeschäft nach § 180 BGB handelt (*Kleine-Möller* BB 1976, 442, 443, 445). Eine nachträgliche Genehmigung nach den §§ 180 S. 2, 177 Abs. 1 BGB ist nur möglich, wenn die Vertretungsmacht bei Erklärung des Vorbehaltes nicht beanstandet wird oder der Erklärungsempfänger damit einverstanden war, dass der Erklärende ohne besondere Vertretungsmacht in bezug auf den Vorbehalt handelte, was nach § 180 S. 3 BGB auch gilt, wenn die Erklärung des Vorbehaltes gegenüber einem zu dessen Empfang nicht bevollmächtigten Dritten erfolgt und dieser damit einverstanden ist (ebenso Teil B § 11 VOB/B Rn. 23; *Knacke* S. 61).

Nimmt ein von den Vertragspartnern bestimmter Sachverständiger das Bauvorhaben »zwecks Abnahme« in Augenschein und teilt er am selben Tage schriftlich mit, dass die Leistungen »vorbehaltlich« geringfügiger Mängel »mangelfrei sind und als abgenommen gelten«, so kann seine Erklärung zwar mangels entsprechender Vollmacht nicht als Abnahme im Rechtssinne verstanden werden; jedoch ist dann der Auftraggeber nach Treu und Glauben gehalten, der »Abnahmeerklärung« unverzüglich zu widersprechen, wenn er sie nicht gegen sich gelten lassen will; auch ist ein erst über einen Monat später erklärter Vorbehalt einer Vertragsstrafe verspätet (BGH Urt. v. 24.10.1991 VII ZR 54/90 = BauR 1992, 232 = SFH § 341 BGB Nr. 8 = ZfBR 1992, 95).

IV. Fehlender Vorbehalt führt nicht zum Verlust von Schadensersatzansprüchen

16 Hat der Auftraggeber die **rechtzeitige Geltendmachung der Vertragsstrafe versäumt**, so ist er **dadurch nicht gehindert**, gegen den Auftragnehmer einen **Schadensersatzanspruch**, der durch die Vertragsstrafe ganz oder teilweise abgedeckt worden wäre, geltend zu machen. Denn der Auftraggeber kann wählen, ob er die Vertragsstrafe als Mindestbetrag des Schadens oder ob er Schadensersatz geltend machen will. Ist ihm ersteres verwehrt, so ist damit die Möglichkeit der Geltendmachung eines auf demselben Sachverhalt beruhenden Schadensersatzanspruches nicht ausgeschlossen (BGH Urt. v. 12.6.1975 – VII ZR 55/73 = BauR 1975, 344 = BB 1975, 990 = SFH Z 2.502 Bl. 8 = LM VOB/B Nr. 76/77).

§ 12
Abnahme

1. Verlangt der Auftragnehmer nach der Fertigstellung – gegebenenfalls auch vor Ablauf der vereinbarten Ausführungsfrist – die Abnahme der Leistung, so hat sie der Auftraggeber binnen 12 Werktagen durchzuführen; eine andere Frist kann vereinbart werden.

Abnahme § 12 VOB/B

2. Auf Verlangen sind in sich abgeschlossene Teile der Leistung besonders abzunehmen.

3. Wegen wesentlicher Mängel kann die Abnahme bis zur Beseitigung verweigert werden.

4. (1) Eine förmliche Abnahme hat stattzufinden, wenn eine Vertragspartei es verlangt. Jede Partei kann auf ihre Kosten einen Sachverständigen zuziehen. Der Befund ist in gemeinsamer Verhandlung schriftlich niederzulegen. In die Niederschrift sind etwaige Vorbehalte wegen bekannter Mängel und wegen Vertragsstrafen aufzunehmen, ebenso etwaige Einwendungen des Auftragnehmers. Jede Partei erhält eine Ausfertigung.
(2) Die förmliche Abnahme kann in Abwesenheit des Auftragnehmers stattfinden, wenn der Termin vereinbart war oder der Auftraggeber mit genügender Frist dazu eingeladen hatte. Das Ergebnis der Abnahme ist dem Auftragnehmer alsbald mitzuteilen.

5. (1) Wird keine Abnahme verlangt, so gilt die Leistung als abgenommen mit Ablauf von 12 Werktagen nach schriftlicher Mitteilung über die Fertigstellung der Leistung.
(2) Wird keine Abnahme verlangt und hat der Auftraggeber die Leistung oder einen Teil der Leistung in Benutzung genommen, so gilt die Abnahme nach Ablauf von 6 Werktagen nach Beginn der Benutzung als erfolgt, wenn nichts anderes vereinbart ist. Die Benutzung von Teilen einer baulichen Anlage zur Weiterführung der Arbeiten gilt nicht als Abnahme.
(3) Vorbehalte wegen bekannter Mängel oder wegen Vertragsstrafen hat der Auftraggeber spätestens zu den in den Absätzen 1 und 2 bezeichneten Zeitpunkten geltend zu machen.

6. Mit der Abnahme geht die Gefahr auf den Auftraggeber über, soweit er sie nicht schon nach § 7 trägt.

Inhaltsübersicht Rn.

A. Bedeutung der Abnahme	1
B. Begriff und Rechtsnatur der Abnahme	3
I. Unterschiedliche Abnahmebegriffe	3
1. So genannte »technische Abnahme« in § 4 Nr. 10 VOB/B	4
2. Behördliche Abnahme als Kontrolle von Sicherheitsstandards	5
3. Rechtsgeschäftliche Abnahme	6
II. Der Abnahmebegriff nach BGB und VOB	7
1. Körperliche Entgegennahme	8
2. Billigung als im Wesentlichen vertragsgerecht	9
a) Tatsächliches Verhalten als Billigung	9
b) Konkludente Handlung ausreichend	10
c) Gleichzeitige Mängelrüge grundsätzlich kein Hinderniss	11
d) Zur Billigung keine Prüfung erforderlich	12
e) Architekt nicht ohne weiteres zur Abnahme befugt	13
f) Anscheinsvollmacht zur Abnahme	14
g) Abnahme durch Gemeinde	15
h) Vorbereitungsarbeiten und selbstständige Bauhilfen	16
i) Abnahme bei Wohnungseigentum	17
III. Die Abnahme als vertragliche Hauptpflicht des Auftraggebers	18
IV. Abnahme grundsätzlich nicht anfechtbar	19
1. Keine Anfechtung im Bereich der Erfüllung und Gewährleistung	19
2. Anders bei anderen Sachverhalten	21
V. Fiktion und Entbehrlichkeit der Abnahme	22
1. Allgemeines zur fiktiven Abnahme	22
2. Abnahmefiktion nach VOB	24
3. Abnahmefiktion nach § 640 Abs. 1 S. 3 BGB	25
a) Einführung in das BGB durch das Gesetz zur Beschleunigung fälliger Zahlungen	25

Oppler

	Rn.
b) Ziel: Rechtsklarheit bei Werklohnklagen	26
c) Abnahmeverlangen und Fristsetzung	27
d) Pflicht des Auftraggebers zur Abnahme	28
e) Eintritt der Abnahmewirkungen mit Ausnahme von § 640 Abs. 2 BGB	29
4. Die Fertigstellungsbescheinigung nach § 641a BGB	30
a) Urkunde in prozessualem Sinn	30
b) Inhalt der Fertigstellungsbescheinigung	31
c) Vertragliche Herstellung des versprochenen Werks	33
d) Mangelfreiheit	36
e) Aufmaß und Stundenlohnabrechnungen	37
f) Abnahmefiktion der Fertigstellungsbescheinigung	38
g) Auswahl des Gutachters	39
h) Gutachterbeauftragung durch Unternehmer	41
i) Besichtigungstermin und Mängelrüge des Auftraggebers	42
j) Abschrift der Fertigstellungsbescheinigung	43
k) § 641a BGB als gesetzliches Leitbild	44
l) § 641a BGB auch nach Vertragskündigung	45
5. Entbehrlichkeit der Abnahme	46
C. Allgemeine Voraussetzungen der Abnahme nach BGB und VOB	47
I. Leistung muss bei Abnahme vorhanden sein	47
II. Fertigstellung der Leistung im Wesentlichen	48
1. Einzelfälle	48
2. Freiwillige Abnahme auch vorher möglich	49
D. AGB-Klauseln	50
E. Die Wirkungen der Abnahme	51
I. Beendigung des Erfüllungsstadiums; Umkehr der Beweislast; Übergang der Leistungsgefahr	51
1. Beendigung des Erfüllungsstadiums	51
2. Umkehr der Beweislast	52
3. Grundsätzlich zunächst Ansprüche nach § 13 Nr. 5–7 VOB/B	54
4. Übergang der Leistungsgefahr	55
II. Beginn der Verjährungsfrist für die Mängelansprüche des Auftraggebers	56
1. Beginn der Verjährungsfrist	56
2. Nur bei »echter« Teilabnahme	57
3. Endgültige Ablehnung der Abnahme	58
III. Übergang der Vergütungsgefahr	59
IV. Möglicher Ausschluss von Vertragsstrafen	60
V. Möglicher Ausschluss von Gewährleistungsansprüchen (§ 640 Abs. 2 BGB)	61
1. Nur Ausschluss von Mangelbeseitigung und Minderung, nicht aber von Schadensersatz	61
a) Vorbehalt nur bei verschuldensunabhängigen Mängelansprüchen erforderlich	62
b) Entbehrlichkeit auch bei gerichtlich anhängigem Verfahren	63
c) Einschränkung des Vorbehaltserfordernisses auch beim VOB-Vertrag	64
d) Pflicht des Auftraggebers zur Entgegennahme angebotener Mangelbeseitigung	65
2. Abnahme in Kenntnis des Mangels	66
3. Über § 640 Abs. 2 BGB hinausgehende Einschränkungen von Mängelansprüchen in AGB	68
VI. Ansonsten Verlust der Gewährleistungsansprüche nur bei Verzicht des Auftraggebers	69
VII. Beginn des Abrechnungsstadiums	70

Aufsätze: *Conrad* Die vollständige Fertigstellung im Bauträgervertrag BauR 1990, 546; *Cuypers* Die Abnahme beim Bauvertrag in Theorie und Praxis BauR 1990, 535; *Groß* Die verweigerte Abnahme FS Locher 1990; *Cuypers* Die Abnahme beim Bauvertrag – Versuch einer Typisierung BauR 1991, 141; *Lange* Bauschuttentsorgung: Ein unlösbares bauvertragliches Dauerproblem? BauR 1994, 187; *Groß* Beweislast bei in der Abnahme vorbehaltenen Mängeln BauR 1995, 456; *Grauvogl* Besonderheiten bei der Abnahme von Tiefbauleistungen BauR 1997, 54; *Kniffka* Abnahme und Gewährleistung nach Kündigung des Werkvertrages FS v. Craushaar 1997 S. 359 ff.; *Schmidt* Abnahme im Bauvertrag und MaBV BauR 1997, 216; *Kniffka* Abnahme und Abnahmewirkungen nach der Kündigung des Bauvertrags – Zur Abwicklung des Bauvertrags nach der Kündigung unter besonderer Berücksichtigung der Rechtsprechung des Bundesgerichtshofs ZfBR 1998, 113; *Grün* Die Abnahme von Wohn- und Gewerbeimmobilien unter Mitwirkung von Sachverständigen FS Vygen 1999 S. 303 ff.; *Marbach* Besonders abzunehmende Leistungsteile – Anforderungen der Praxis, insbesondere bei mehrstufigen Vertragsverhältnissen Jahrbuch Baurecht 1999 S. 92; *Thode* Werkleistung und Erfüllung im Bau- und Architektenvertrag ZfBR 1999, 116; *Erkelenz* Wieder einmal: Gesetz zur Beschleunigung fälliger Zahlungen – Rechtspolitisches und Rechtliches ZfBR 2000, 435; *Hök* Das Gesetz zur Beschleunigung fälliger Zahlungen – Kurzkritik im Lichte der europäischen Richtlinie 2003/EG vom 29. Juni 2000, zur Bekämpfung des Zahlungsverzuges ZfBR 2000, 513; *Kiesel* Das Gesetz zur Beschleunigung fälliger Zahlungen NJW 2000, 1673; *Kniffka* Das Gesetz zur Beschleunigung fälliger Zahlungen – Neuregelung des Bauvertragsrechts und seine Folgen ZfBR 2000, 227 ff.; *Motzke* Abschlagszahlung, Abnahme und Gutachterverfahren nach dem Beschleunigungsgesetz NZBau 2000, 489; *Niemöller* Aktuelle gesetzliche Entwicklungen im Baurecht, Mitteilungsblatt der ARGE Baurecht 2000, 39 ff.; *Peters* Das Gesetz zur Beschleunigung fälliger Zahlungen NZBau 2000, 169; *Schmidt-Räntsch* Gesetz zur Beschleunigung fälliger Zahlungen ZfIR 2000, 337; *Seewald* Bauvertragsgesetz/Gesetz zur Beschleunigung fälliger Zahlungen BauR 2000, 37; *Seewald* Die Fertigstellungsbescheinigung im Werkvertragsrecht ZfBR 2000, 219; *Seewald* § 641a BGB – Die Fertigstellungsbescheinigung im Werkvertragsrecht ZfBR 2000, 219 ff.; *Siegburg* Zur Abnahme als Fälligkeitsvoraussetzung beim Werklohnanspruch (Teil 1) ZfIR 2000, 841; *Siegburg* Zur Abnahme als Fälligkeitsvoraussetzung beim Werklohnanspruch (Teil 2) ZfIR 2000, 941; *Siegburg* Zur Klage auf Abnahme einer Bauleistung ZfBR 2000, 507; *v. Craushaar* Die Regelung des Gesetzes zur Beschleunigung fälliger Zahlungen im Überblick BauR 2001, 471; *W. Jagenburg* Fertigstellungsbescheinigung durch den TÜV? BauR 2001, 1816; *Kirberger* Die Beschleunigungsregelungen unter rechtsdogmatischem und praxisbezogenem Blickwinkel BauR 2001, 492; *Quack* Gesetz zur Beschleunigung fälliger Zahlungen – Gesamtwürdigung BauR 2001, 507; *Kraus* Auszug aus dem Referat VOB/B 2000 BauR 2001, 513; *Merkens* Das Gesetz zur Beschleunigung fälliger Zahlungen BauR 2001, 515; *Niemöller* Abnahme und Abnahmefiktionen nach dem Gesetz zur Beschleunigung fälliger Zahlungen [1] BauR 2001, 481; *Niemöller* Das Gesetz zur Beschleunigung fälliger Zahlungen und die VOB/B 2000 – Zwei nicht abnahmefähige Werke Jahrbuch Baurecht 2001 S. 225; *Parmentier* Fertigstellungsbescheinigung nach § 641a BGB nur für schriftliche Bauverträge? BauR 2001, 1813; *Rester* Kann der Unternehmer die Inbesitznahme der Werkleistung durch den die Abnahme verweigernden Besteller verhindern? BauR 2001, 1819; *Kiesel* Die VOB 2002 – Änderungen, Würdigung, AGB-Problematik NJW 2002, 2064; *Tempel* Ist die VOB/B noch zeitgemäß? NZBau 2002, 465; *Acker/Roskosny* Die Abnahme beim gekündigten Bauvertrag und deren Auswirkung auf die Verjährung BauR 2003, 1279 ff., *Englert* Der Baubehelf und das Bauhilfsgewerk – zwei Stiefkinder des Baurechts FS Kraus 2003 S. 27 ff.; *Henkel* Der schriftliche Vertrag i.S.v. § 641a Abs. 3 S. 2 BGB und sein Verhältnis zu § 126 BGB BauR 2003, 322; *Henkel* Die ungeschriebenen Tatbestandsvoraussetzungen und die Rechtsnatur der Abnahmefiktion in § 12 Nr. 5 Abs. 1 und Abs. 2 VOB/B Jahrbuch Baurecht 2003 S. 87; *W. Jagenburg* Die Entwicklung des privaten Bauvertragsrechts seit 2000: VOB/B NJW 2003, 102; *Ott* Die Auswirkungen der Schuldrechtsreform auf Bauträgerverträge und andere aktuelle Fragen des Bauträgerrechts NZBau 2003, 233; *Leineweber* Die Abnahme gem. § 641a BGB – gesetzgeberischer Fehlgriff oder Chance für die Zukunft? FS Kraus 2003 S. 129 ff.; *Englert* Baubehelf, Bauhilfsgewerk und Hilfsbauwerk: Abgrenzung und Rechtsprobleme BauR 2004, 233 ff.; *Micklitz* Die Richtlinie 93/13/EWG des Rates der Europäischen Gemeinschaft vom 5.4.1993 über missbräuchliche Klauseln in Verbraucherverträgen und ihre Auswirkung auf die VOB Teil B Gutachten im Auftrag des Verbraucherzentrale Bundesverbandes e.V. 2004; *H. Locher* Rechtsfragen des Gerüstvertrags FS Werner 2005 S. 321 ff.; *Meier/Stüting* Baubehelf, Bauhilfsgewerk und Hilfsbauwerk: Die Diskussion geht weiter BauR 2005 316 ff.; *Schmeel* 377 HGB: Kaufmännische Rügepflicht am Bau FS Werner 2005 S. 279 ff.; *Ulbrich/Ulbrich* Probleme der kaufmännischen Rügepflicht bei Werklieferungsverträgen i.V.m. Bauwerken FS Thode 2005 S. 181 ff.

A. Bedeutung der Abnahme

1 **Die Abnahmepflicht** des Auftraggebers ist, wie sie sich aus § 640 BGB ergibt, eine **Besonderheit des Werkvertragsrechts.** Sie dient dazu, die Frage zu klären, ob das Werk der vertraglichen Vereinbarung entspricht (*Thode* ZfBR 1999, 116). Bei anderen Vertragstypen des Schuldrechts genügt die Annahme der Leistung durch den Gläubiger als äußeres Zeichen für die erfolgte vertragliche Erfüllung des Schuldners. Sie liegt z.B. beim Kauf in der körperlichen Hinnahme einer Sache als Leistungserfüllung (vgl. § 433 Abs. 2 BGB). Im Unterschied hierzu und zu den anderen Vertragstypen des BGB knüpft das Gesetz die Erfüllungswirkungen einer Werkleistung an die Abnahme; die Bewirkung der geschuldeten Leistung im Sinne des § 362 BGB genügt nicht (*Thode* a.a.O.). Die **körperliche Hinnahme allein kann beim Werkvertrag auch nicht genügen, weil es hier auch auf die Feststellung der ordnungsgemäßen Erstellung** des Werkes **ankommt.** Während beim Kauf der vom Verkäufer zu leistende Gegenstand i.d.R. beim Kaufvertragsabschluss und der darauf folgenden bloßen Übergabe fertig vorliegt und daher häufig zu diesem Zeitpunkt festgestellt werden kann, ob er dem vertraglichen Willen des Leistungsempfängers entspricht, wird **nach der Rechtsnatur des Werkvertrages die Leistung erst nach Abschluss des Vertrages hergestellt.** Der Besteller weiß also beim Vertragsabschluss noch nicht, ob das nach dem Vertrag vom Hersteller geschuldete Werk nach seiner Fertigstellung auch seinem vertraglichen Willen entspricht. Deshalb kann die **bloße körperliche Übergabe als Annahme der Erfüllung** der Leistungspflicht des Unternehmers **im Allgemeinen nicht schon ausreichen.** Vielmehr ist es nötig, dass der Besteller bei der auch hier in der Regel notwendigen (vgl. BGH 30.6.1983 VII ZR 185/81 = BauR 1983, 573) Übergabe des hergestellten Werkes durch den Auftragnehmer dieses auch im Einzelnen überprüft, ob es seinem beim Vertragsabschluss erklärten Bestellerwillen entspricht. Insoweit wird von der **Billigung des hergestellten Werkes** durch den Besteller gesprochen. Die Billigung ist **grundsätzlich eine einseitige, nicht notwendig empfangsbedürftige Willenserklärung des Bestellers** (BGH 15.11.1973 VII ZR 110/71 = NJW 1974, 95 = BauR 1974, 67; *Locher* Das private Baurecht Rn. 82; *Brandt* BauR 1972, 69; *Ganten* NJW 1974, 987; *Hochstein* BauR 1975, 221; *Böggering* JuS 1978, 512; *Schmitz* Betrieb 1980, 1009; *Nicklisch/Weick* § 12 VOB/B Rn. 34; *Kleine-Möller/Merl/Oelmaier* § 11 Rn. 1; *Heiermann/Riedl/Rusam* § 12 VOB/B Rn. 5a; ebenso *Vygen* Bauvertragsrecht Rn. 367; a.A. *Kaiser* Mängelhaftungsrecht Rn. 37, der lediglich von einer geschäftsähnlichen Handlung ausgeht; ebenso *Springer* S. 29 ff.). Die Abnahme ist eine rechtsbegrifflich umschriebene Tatsache, die ebenso wie Rechtsgeschäfte des täglichen Lebens i.S.d. § 288 Abs. 1 ZPO einem Geständnis zugänglich ist, ähnlich OLG Frankfurt NJW-RR 1994, 530. Zur Ausnahme der Abnahmefiktion vgl. unten B.V. sowie § 12 Nr. 5 VOB/B.

§ 12 VOB/B befasst sich mit der Abnahme der fertig gestellten Bauleistung. Diese Regelung könnte vom Systematischen her besser aufgebaut sein. Nr. 1 geht – insoweit richtig – von der so genannten »normalen« Abnahme aus, wie sie auch Grundlage des § 640 BGB ist. Nr. 4 befasst sich mit der besonderen Art der förmlichen Abnahme. Nr. 5 betrifft Regelungen zu der von der Normalform der Abnahme abweichenden, so genannten fiktiven oder fingierten Abnahme. Nr. 2 befasst sich mit der Abnahme von Teilen der in Auftrag gegebenen Leistung. Letztlich regelt die Nr. 3 die Voraussetzungen für ein etwaiges Recht des Auftraggebers, die von ihm verlangte Abnahme zu verweigern.

2 **Die Regelungen in § 12 VOB/B tragen den besonderen Gegebenheiten des Bauvertragsrechts Rechnung**, indem hinsichtlich der **Abnahme**, insbesondere ihrer Art, ihrer Durchführung und ihrer Wirkungen **einige vertragliche Sonderregeln** aufgestellt sind. Soweit sie von den gesetzlichen Abnahmevorschriften abweichen oder diese erweitern, **gehen sie als** für den betreffenden Fall maßgebende **vertragliche Bestimmung den gesetzlichen vor.** Soweit die VOB/B in gesetzlichen Regelungen keine Bestimmungen enthält, sind diese nicht berührt und gelten auch im VOB-Vertrag, wie das beispielsweise für die §§ 648, 648a BGB allgemein anerkannt ist. Für den Bereich der Abnahme gilt das namentlich für die durch das Gesetz zur Beschleunigung fälliger Zahlungen zum 1.5.2000 in §§ 640 Abs. 1 und 641a BGB (Fertigstellungsbescheinigung) aufgenommenen Abnahmefiktionen.

Diese gelten auch im VOB/Vertrag vgl. *Kniffka* ZfBR 2000, 227, (a.A. *Kiesel* NJW 2000, 1673; *Kraus* BauR 2001, 513; Einzelheiten vgl. unter B.V.1.). In den Vertragsregeln der VOB/B finden sich keine Anhaltspunkte, die ein Auslegungsergebnis rechtfertigen würden, dass es sich bei § 12 VOB/B um ein in sich geschlossenes, die nichtbehandelten gesetzlichen Regelungen verdrängendes, Abnahmesystem handelt.

B. Begriff und Rechtsnatur der Abnahme

I. Unterschiedliche Abnahmebegriffe

Der Begriff der Abnahme ist weder im BGB noch in der VOB definiert. Im baupraktischen Sprachgebrauch wird der Begriff »Abnahme« in – auch rechtlich – völlig unterschiedlichem Zusammenhang verwendet. **3**

1. So genannte »technische Abnahme« in § 4 Nr. 10 VOB/B

Bei der sog. »**technischen« Abnahme,** die nunmehr § 4 Nr. 10 VOB/B behandelt, handelt es sich um **4** eine **Feststellung des technischen Befundes** der auftragnehmerischen Werkleistung, **nicht aber um eine Abnahme i.S.d. § 640 BGB oder des § 12 VOB/B.** Diese Zustandsfeststellung führt nicht zum Eintritt der Abnahmewirkungen. Auch bei der Formulierung des **§ 15 Abs. 2 Nr. 8 HOAI**, wonach es im Rahmen der Objektüberwachung u.a. Aufgabe des Architekten ist, die »Abnahme der Bauleistungen unter Mitwirkung anderer an der Planung und Objektüberwachung fachlicher Beteiligter unter Feststellung von Mängeln« vorzunehmen, handelt es sich um eine technische Abnahme (vgl. *Korbion/Mantscheff/Vygen* § 15 HOAI Rn. 178; *Locher/Koeble/Frik* § 15 HOAI Rn. 31; *Neuenfeld* § 15 HOAI Anm. 78; *Locher* Das private Baurecht Rn. 493; *Jochem* § 15 HOAI Rn. 68; *Nicklisch/Weick* § 12 VOB/B Rn. 14; *Werner/Pastor* Rn. 1077; a.A. *Cuypers* BauR 1991, 141, 142, der hier unzutreffend in Verkennung des § 15 Abs. 2 Nr. 8 von der Aufgabe des aufsichtsführenden Architekten zur rechtsgeschäftlichen Abnahme ausgeht). Gleiches gilt für § 55 Abs. 2 Nr. 8 HOAI im Hinblick auf aufsichtsführende Ingenieure im Fall der Errichtung von Ingenieurbauwerken und Verkehrsanlagen. Durch diese technische Abnahme bereitet der Architekt als technischer Sachwalter des Bauherrn lediglich dessen rechtsgeschäftliche Abnahme vor, indem er die in seinen Aufgabenbereich fallenden technischen Feststellungen trifft (Beck'scher VOB-Komm./*Jagenburg* Vor § 12 VOB/B Rn. 36).

2. Behördliche Abnahme als Kontrolle von Sicherheitsstandards

Auch bei der »**behördlichen Bauabnahme**« geht es **nicht um eine Abnahme nach § 640 BGB oder** **5** **§ 12 VOB/B.** Die »Abnahme« (z.B. Rohbau- oder Gebrauchsabnahme) nach öffentlichem Recht durch die zuständige Fachbehörde dient im Wesentlichen der Feststellung, ob bei der Bauwerkserrichtung öffentlich-rechtlich vorgeschriebene **Sicherheitsstandards** eingehalten wurden sowie dem **Schutz der Allgemeinheit vor Gefahren**, die von dem Bauwerk ausgehen. Sie ersetzt die rechtsgeschäftliche Abnahme nicht und ist nicht einmal ein Indiz für die Abnahmereife des Bauwerks, weil mit der baubehördlichen Abnahmeprüfung – auch abgesehen von der fehlenden Vollmacht – keinerlei Prüfung der Frage verbunden ist, ob der Auftragnehmer seine werkvertragliche Schuld gegenüber dem Auftraggeber vertragsgerecht erfüllt hat.

3. Rechtsgeschäftliche Abnahme

Die **rechtsgeschäftliche Abnahme** ist die körperliche Entgegennahme der Leistung verbunden mit **6** der Erklärung des Auftraggebers, dass er das hergestellte Werk als im Wesentlichen vertragsgerecht billige; **dieses ist die Abnahme i.S.v. § 640 BGB oder § 12 VOB/B**. Nachfolgend geht es ausschließlich um die rechtsgeschäftliche Abnahme.

II. Der Abnahmebegriff nach BGB und VOB

7 Die Abnahme beim Werkvertrag beinhaltet nicht nur die körperliche Entgegennahme des Leistungsgegenstandes als Erfüllung, sondern zugleich auch die ausdrücklich oder stillschweigend erklärte Billigung als der Hauptsache nach vertragsgemäße Leistungserfüllung (BGH 18.9.1967 VII ZR 88/65 = BGHZ 48, 257, 262; 50, 160 ff. = NJW 1968, 1524; BGH 29.6.1993 X ZR 60/92 = WM 1993,1845; BGH 27.2.1996 X ZR 3/94 = BauR 1996, 386 = NJW 1996, 1749). Der Abnahmebegriff der VOB, insbesondere in § 12 VOB/B, ist im Allgemeinen rechtlich der Gleiche wie im Werkvertragsrecht des BGB; die Regelungen in § 12 VOB/B ergänzen § 640 BGB. Auch beim Bauvertrag nach der VOB besteht demnach im Allgemeinen die Abnahme aus der körperlichen Übernahme und der Billigung durch den Auftraggeber.

1. Körperliche Entgegennahme

8 Hierunter versteht man den **Akt der Inbesitznahme der fertig gestellten Werkleistung** durch den Auftraggeber vom Auftragnehmer, der ihm den unmittelbaren Besitz unter völliger Aufgabe seines eigenen Besitzes verschafft (*von Craushaar* FS Heiermann S. 17, 21). Zwar geht die Bauwerksleistung des Auftragnehmers, wenn der Auftraggeber Grundstückseigentümer ist, regelmäßig durch Verbindung mit dem Grund und Boden automatisch in das Eigentum des Auftraggebers über. Damit hat dieser sie jedoch noch nicht in Besitz genommen, solange der Auftragnehmer ihm diesen nicht durch Übergabe verschafft, (*von Craushaar* a.a.O., Beck'scher VOB-Komm./*Jagenburg* Vor § 12 VOB/B Rn. 14; vgl. auch OLG Braunschweig BauR 2000, 105). Ist die hergestellte Leistung bei Fertigstellung schon im Besitz des Auftraggebers, was bei Bauverträgen häufig vorkommt (z.B. Altbausanierung), genügt für die Abnahme regelmäßig die Billigung, (BGH SFH Z 2.411 Bl. 11; BGH BauR 1985, 192, 195 = NJW 1985, 855).

2. Billigung als im Wesentlichen vertragsgerecht

a) Tatsächliches Verhalten als Billigung

9 Für die **Billigung des dem Auftraggeber übergebenen Werkes genügt ein tatsächliches Verhalten des Bestellers** (Auftraggebers), aus dem der Hersteller (Auftragnehmer) **unzweideutig zu erkennen vermag,** dass das Werk als **im Wesentlichen vertragsgerecht** angesehen wird, also das hergestellte Werk als die vertraglich geschuldete Leistung hingenommen wird. Insofern muss die Billigung **dem Auftragnehmer gegenüber schlüssig zum Ausdruck kommen,** da ja die Leistung **durch den Auftraggeber** abzunehmen ist (BGH 15.11.1973 VII ZR 110/71 = BauR 1974, 67 = NJW 1974, 95), **ohne dass es sich dabei allerdings um eine empfangsbedürftige Willenserklärung nach § 130 BGB im eigentlichen Sinne handeln muss.** Voraussetzung ist daher, dass die nach außen hervortretende, als Billigung anzusehende Verhaltensweise des Auftraggebers zur Kenntnisnahme des Auftragnehmers bestimmt und/oder geeignet ist, ohne dass die Kenntnisnahme im Abnahmezeitpunkt bei ihm tatsächlich vorliegen muss, vgl. dazu im Einzelnen auch *Cuypers* BauR 1991, 141.

b) Konkludente Handlung ausreichend

10 Dabei **bedarf** es **nicht** einer **ausdrücklichen Äußerung, vielmehr genügt auch eine konkludente Handlung** (BGH 24.11.1969 VII ZR 177/67 = NJW 1970, 421 = BauR 1970, 49; OLG Hamm BauR 2001, 1914), z.B. Benutzung ohne Beanstandung, wobei **BGB** und **VOB allerdings** für die jeweiligen **fiktiven Abnahmen** außerdem noch **vom Willen des Abnehmenden unabhängige Sonderregelungen** bereithalten, ohne dass dadurch eine **im Bereich der von § 12 Nr. 1 VOB/B** liegende mögliche konkludente (»stillschweigende«) Abnahme ausgeschlossen wäre. Das gilt umso mehr, als zwischen

Abnahme § 12 VOB/B

der konkludenten Abnahme und der so genannten fiktiven Abnahme **ein grundlegender Unterschied** besteht: Die konkludente Abnahme setzt eine Handlung des Auftraggebers voraus, aus der sich unzweifelhaft die Zufriedenheit (im Wesentlichen) mit der Leistung des Auftragnehmers entnehmen lässt, während die so genannte fiktive Abnahmewirkung eintritt, wenn die in den jeweiligen Vorschriften genannten äußeren Tatsachen vorliegen, bzw. die Fertigstellungsbescheinigung nach § 641a BGB erteilt ist.

c) Gleichzeitige Mängelrüge grundsätzlich kein Hinderniss

Auch **gleichzeitig geltend gemachte Mängelrügen** und der Vorbehalt von Schadensersatzansprü- 11 chen **stehen der Billigung** im Rahmen der Abnahme nicht entgegen (BGH 18.2.1965 VII ZR 40/63; BGH 9.7.2002 X ZR 154/00 = BGH-Report 2003, 298 = IBR 2002, 537 – *Sienz*; OLG Düsseldorf OLGR 1992, 268; OLG Düsseldorf BauR 2002, 963, OLG Brandenburg BauR 2003, 1054), selbst dann nicht, wenn es sich um schwerwiegende Mängel handelt (vgl. BGH 25.1.1973 VII ZR 149/72 = BauR 1973, 192). Solche Gewährleistungsansprüche gehen durch die Abnahme nicht verloren (so auch BGH 22.10.1970 VII ZR 71/69 = BGHZ 54, 352, 354 = BauR 1971, 51) jedoch beginnt damit die Verjährungsfrist für diese. Ebenso wenig steht es der Abnahme entgegen, wenn sich der Auftraggeber in dem als »Ergebnis der Abnahme« bezeichneten Abnahmeprotokoll weitere Untersuchungen vorbehält (OLG Düsseldorf BauR 2002, 963).

d) Zur Billigung keine Prüfung erforderlich

Der Vorgang der **Billigung** im Rahmen der Abnahme setzt in tatsächlicher Hinsicht bestimmte **Maß-** 12 **nahmen des Auftraggebers** oder seines zur Abnahme befugten **Vertreters** voraus, die die **Annahme der Billigung herbeizuführen geeignet sind,** vgl. dazu im Einzelnen für den Bereich der VOB: § 12 Nr. 1 Rn. 9 ff. und § 12 Nr. 4 Rn. 1 ff. Im Allgemeinen genügt für die Billigung eine äußere Entgegennahme des Bauwerkes, aus der sich mit erforderlicher Eindeutigkeit ergibt, dass der Auftraggeber die Leistung als Erfüllung des Bauvertrages – als »fertig« – entgegennimmt, also sein Wille dahin geht. In Einzelfällen kann es dabei vorkommen, dass der Auftraggeber die vollendete und zur Abnahme vom Auftragnehmer bereitgestellte Leistung besichtigt. Es kann auch notwendig sein, eine Prüfung der Beschaffenheit des Bauwerkes innerhalb einer gewissen Frist vorzunehmen, um zu einer Billigung zu gelangen. Hierfür kann dann im Zweifel die auf Erfahrung beruhende Frist von zwölf Werktagen ab Fertigstellung (§ 12 Nr. 1 VOB/B) auch für den BGB-Bauvertrag herangezogen werden (insoweit zutreffend *Cuypers* BauR 1991, 141, 147 ff.). Das **Gesetz und die VOB verlangen** eine solche **Prüfung nicht, auch keine sofortige Prüfungsmöglichkeit** (BGH 24.11.1969 VII ZR 177/67 = BauR 1970, 48 = NJW 1970, 421, zu eng daher *Cuypers* BauR a.a.O., wenn er generell eine Prüfungsmöglichkeit innerhalb einer bestimmten Frist voraussetzt). Vielmehr überlassen sie es dem Einzelfall, was in tatsächlicher Hinsicht als ausreichend angesehen werden kann (vgl. u.a. auch BGH 25.1.1996 VII ZR 26/95 = BauR 1996, 390 = NJW 1996, 1280). Eine **Prüfpflicht** ergibt sich unter Kaufleuten **auch nicht aus § 377 HGB**. Die Vorschriften über den Handelskauf sind auf Werkverträge nach herrschender Meinung (BGH 4.2.1992 X ZR 105/90 = NJW-RR 1992, 626; OLG Celle BauR 2002, 97; *Staudinger/Peters* § 651 BGB Rn. 31; *Schmeel* FS Werner S. 279, 286; zu den Risiken bei Werklieferungsverträgen eingehend *Ulbrich/Ulbrich* FS Thode S. 181 ff.) nicht und auf jeden Fall im Bereich von Bauverträgen auch nicht entsprechend anwendbar. Der im Zuge der Schuldrechtsmodernisierung geänderte § 381 Abs. 2 HGB beschränkt den Anwendungsbereich der Vorschriften über den Handelskauf ausdrücklich auf die Lieferung herzustellender oder zu erzeugender beweglicher Sachen, also denjenigen Bereich, den § 651 BGB n.F. dem Kaufrecht unterstellt.

Ist allerdings im Bauvertrag in Besonderen oder Zusätzlichen Vertragsbedingungen eine Prüfung des Bauwerkes durch den Auftraggeber vorgeschrieben, hat er auch die vertragliche Prüfungspflicht. Im Bauvertrag kann als Voraussetzung der Abnahme auch vereinbart sein, dass die Abnahme nach schriftlicher Anerkennung durch die Bauleitung in Form einer Abnahmebescheinigung erfolgen soll (vgl. dazu BGH Urt. v. 8.7.1963 VII ZR 132/62). Gleiches gilt, wenn vertraglich vereinbart worden ist, dass die Abnahme durch einen gemeinsamen Ortstermin erfolgen soll (BGH 28.6.1973 VII ZR 218/71 = SFH Z 2.331 Bl. 94).

e) Architekt nicht ohne weiteres zur Abnahme befugt

13 Der vom Auftraggeber mit der Objektüberwachung betraute **Architekt** ist, **solange er nicht über eine diesbezügliche Sondervollmacht verfügt**, nicht zur rechtsgeschäftlichen Abnahme befugt, sondern nur zur technischen Abnahme, also zur technischen Vorklärung der rechtsgeschäftlichen Abnahmefähigkeit der Werkleistung. **Zur Vornahme der rechtsgeschäftlichen Abnahme bedarf er einer besonderen Vollmacht des Auftraggebers** (OLG Düsseldorf BauR 1997, 647, 648; *Werner/Pastor* Rn. 1077 m.w.N.). Die besondere Vollmacht zur rechtsgeschäftlichen Abnahme kann dem Architekten auch konkludent erteilt werden. Dies kann etwa dann in Betracht kommen, wenn der Auftraggeber den Architekten zu einer von beiden Vertragsparteien gemeinsam anberaumten förmlichen Abnahmeverhandlung entsendet. Denn wer einen anderen, z.B. den Architekten, an seiner Stelle zu einer Baubesprechung schickt, bei der ersichtlich auch rechtsgeschäftliche Dinge geregelt werden sollen, gibt durch diese Entsendung zu erkennen, dass die von ihm entsandte Person an seiner Stelle handeln soll und Vollmacht zu rechtsgeschäftlichem Handeln hat (OLG Köln NJW-RR 1994, 1501; Beck'scher VOB-Komm./*Jagenburg* Vor § 12 VOB/B Rn. 40).

f) Anscheinsvollmacht zur Abnahme

14 Darüber hinaus kann im Einzelfall auch die Annahme einer Anscheinsvollmacht, für den Auftraggeber rechtswirksam die Abnahme vorzunehmen, insbesondere bei einer förmlichen Abnahme die entsprechenden Erklärungen für den Auftraggeber abgeben zu dürfen, in Betracht kommen. Eine solche kann der Auftragnehmer u.U. hinsichtlich des für den Auftraggeber **aufsichtsführenden Architekten oder Ingenieurs** annehmen, wenn dieser für den Auftraggeber **die gesamten Verhandlungen, die zum Vertragsabschluss geführt haben, und außerdem und insbesondere die gesamte bisherige Vertragsabwicklung in Händen gehabt hat und auch sonst eine Einschränkung hinsichtlich seiner Befugnisse – vornehmlich zur Abnahme – aus dem Vertrag nicht ersichtlich ist** (a.A. Beck'scher VOB-Komm./*Jagenburg* Vor § 12 VOB/B Rn. 39, so lange die Tätigkeiten des Architekten nur den technischen Bereich betreffen). Maßgeblich sind alle Umstände des Einzelfalls. Von der Anscheinsvollmacht kann auch ein beim Auftraggeber selbst Beschäftigter erfasst sein, z.B., wenn er vom Auftraggeber als für ihn und zugleich den Auftragnehmer maßgebender Bauleiter bestellt worden ist, ohne dass erkennbar eine Ausnahme hinsichtlich der Abnahmebefugnis gemacht worden ist. Das gilt **auch für einen öffentlichen Auftraggeber,** wie z.B. den beim Gemeindebauamt tätigen, für das betreffende Bauvorhaben als Oberbauleiter Eingesetzten (vgl. BGH 6.3.1986 VII ZR 235/84 = BGHZ 97, 224 = BauR 1986, 444).

Nimmt ein von den Vertragspartnern bestellter Sachverständiger das Bauvorhaben »zwecks Abnahme« in Augenschein und teilt er am selben Tag schriftlich mit, dass die Leistungen »vorbehaltlich« geringfügiger Mängel »mängelfrei sind und als abgenommen gelten«, so kann seine Erklärung zwar mangels entsprechender Vollmacht nicht als Abnahme im Rechtssinne verstanden werden; jedoch ist dann der Auftraggeber nach Treu und Glauben gehalten, der »Abnahmeerklärung« unverzüglich zu widersprechen, wenn er sie nicht gegen sich gelten lassen will; auch ist ein erst über einen Monat später erklärter Vorbehalt der Vertragsstrafe verspätet (BGH 24.10.1991 VII ZR 54/90 = BauR 1992, 232 = ZfBR 1992, 65).

g) Abnahme durch Gemeinde

15 Die Abnahme einer Bauleistung – insbesondere eine förmliche – muss im Falle einer **Gemeinde als Auftraggeberin** nicht vom Bürgermeister oder seinem allgemeinen Vertreter vorgenommen werden, um rechtswirksam zu sein. Die Abnahme ist zwar häufig kein Geschäft der laufenden Verwaltung. Sie ist jedoch kein – neues – Verpflichtungsgeschäft; insoweit führt die Abnahme weder zum Entstehen noch zur Erhöhung von Verpflichtungen der Gemeinde aus dem ohnehin bestehenden Bauver-

trag (vgl. BGH a.a.O.). Ähnliches gilt für einen etwa bei der Abnahme unterlassenen Vorbehalt wegen Mängeln oder einer Vertragsstrafe, weil diese Rechtsfolgen ohne Rücksicht auf einen Verzichtswillen des Erklärenden eintreten (BGH a.a.O.).

h) Vorbereitungsarbeiten und selbstständige Bauhilfen

Aus dem insgesamt Gesagten folgt, dass der Begriff der **Abnahme grundsätzlich nur** mit der zu erstellenden Leistung selbst **i.S.d. geschuldeten Enderfolges** in Zusammenhang gebracht werden kann, was auch für Abbrucharbeiten gilt. **Bloße Vorbereitungsarbeiten,** die der Ermöglichung der eigentlichen Vertragsleistung dienen sollen, wie z.B. **Baustelleneinrichtungen, unselbstständige Gerüstarbeiten,** sind im Rechtssinne nicht abnahmefähig. **Anderes gilt,** wenn es sich **hierbei um selbstständige Werkleistungen** handelt. Leistungspflichten, die auf Grund Werkvertrags zu erbringen sind, bedürfen zu ihrer Erfüllung der Abnahme (vgl. oben Rn. 1), auch wenn ihr Leistungszweck darin besteht, eine andere (Bau-)Leistung im Sinn einer Hilfsmaßnahme zu fördern. Dabei muss nicht (den Definitionen von *Englert* in BauR 2004, 233 ff. folgend, siehe auch § 7 Nr. 1–3 Rn. 5) zwischen **Baubehelf, Bauhilfsgewerk und Hilfsbauwerk** unterschieden werden, weil es allein auf die vertragliche Verpflichtung zur Herstellung eines selbstständig abnahmefähigen Werks ankommt; diese Verpflichtung richtet sich nach den Vereinbarungen im Einzelfall. Kontrovers wird die Frage nach dem Abnahmezeitpunkt von Bauhilfen diskutiert (vgl. *Englert* a.a.O. und *Meier/Stüting* BauR 2005, 316). So sind beispielsweise Gerüst- oder Wasserhaltungsanlagen vielfach herzustellen, vorzuhalten und anschließend abzubauen. Wann besteht der Abnahmeanspruch des Auftragnehmers? Die Besonderheit liegt hierbei darin dass es sich bei diesen Verträgen oft um **gemischte Verträge** handelt, bei dem Gerüstvertrag beispielsweise bestehend aus werk- und mietvertraglichen Elementen (zutreffend *H. Locher* Rechtsfragen des Gerüstvertrags FS Werner S. 321 ff. m.w.N.). Dabei gibt es Konstellationen, in denen der Teil der Vermietungs-, Überlassungs-, Unterhaltungs- oder Bedienungspflichten bezüglich einer Bauhilfe ein derart prägendes Übergewicht hat, dass ihre Herstellung nur noch eine untergeordnete Vorbereitungstätigkeit ist, die – zumindest rechtsgeschäftlich – nicht gesondert abzunehmen ist. In Fällen, in denen die Herstellung der Bauhilfe aber Inhalt eines selbstständigen werkvertraglichen Erfolgsversprechens ist, insbesondere dann, wenn die vertragsgerechte Herstellung über Tauglichkeit und Nutzbarkeit der Bauhilfe entscheidet (z.B. bei einer konstruktiv und statisch aufwändigen Behelfsbrücke), spricht nichts dagegen, dass dem Auftragnehmer für die Herbeiführung dieses Herstellungserfolgs ein Abnahmeanspruch zusteht. Dabei spielt es keine Rolle, dass der Unternehmer möglicherweise die anschließende Überlassung, u.U. nach mietvertraglichen oder sonstigen Grundsätzen schuldet, dass die Dauer der Nutzung von vorneherein nur für einen begrenzten Zeitraum beabsichtigt ist oder dass die Bauhilfe nach Nutzung in einem weiteren werkvertraglichen Akt wieder zu beseitigen ist. Bei den meisten der Bauhilfen, insbesondere Bauhilfsgewerken und Hilfsbauwerken (vgl. *Englert* a.a.O.), besteht nicht einmal eine mietvertragliche oder vergleichbare Rechtsbeziehung; es geht in vielen dieser Fälle auch bei der Bauhilfe schlicht um die Herstellung eines (Bau-)Werks oder eines Teils davon für begrenzte Nutzungsdauer mit oder ohne spätere Rückbauverpflichtung. Die Abnahmefähigkeit ist zum Abschluss der Herstellung einer Bauhilfe auch feststellbar, ohne dass bis zum Ende ihrer Nutzung gewartet werden müsste um ihre Tauglichkeit oder Untauglichkeit beurteilen zu können. Diese Beurteilung muss an Hand der Einhaltung der anerkannten Regeln der Technik vorgenommen werden, also auf der Basis von in Bauwissenschaft und Praxis gewonnenen Erkenntnissen von überragender Anerkennung, wonach bestimmte – eben diesen anerkannten Regeln entsprechende – Herstellungsweisen von Bauleistungen bestimmte sachliche Leistungserfolge garantieren. Diesbezüglich unterscheidet sich die Herstellung einer Bauhilfe durch nichts von der Herstellung anderer Bauwerke.

16

i) Abnahme bei Wohnungseigentum

17 Bei **Wohnungseigentum** ist die **Abnahme sowohl für das Sondereigentum als auch das Gemeinschaftseigentum von den einzelnen Bewerbern** zu erklären, wenn nicht – insbesondere die Abnahme des Gemeinschaftseigentums – durch einen gemeinsam bevollmächtigten Vertreter (Verwalter) vorgenommen werden soll oder eine sonstige besondere vertragliche Regelung getroffen worden ist (BGH 21.2.1985 VII ZR 72/84 = BauR 1985, 314 = ZfBR 1985, 132 m.w.N.; *Groß* BauR 1975, 12; *Heiermann/Riedl/Rusam* § 12 VOB/B Rn. 5d.; *Bühl* BauR 1984, 237, 241 ff.; BayObLG NJW-RR 2000, 13; a.A. *Kapellmann* MDR 1973, 1; *Deckert* NJW 1975, 854; *Ott* NZBau 2003, 233, 241 f.; zur getrennten Abnahme von Sonder- und Gemeinschaftseigentum vgl. § 12 Nr. 3 VOB/B A.I.). Ist einem Bauträgervertrag vorgesehen, dass das Gemeinschaftseigentum durch einen vom Bauträger bestimmten Sachverständigen abgenommen werden soll, so handelt es sich um einen frei widerruflichen Auftrag i.S.d. § 671 Abs. 1 BGB (OLG Koblenz ZfIR 2002, 897). Die formularmäßige Einschränkung dieses Widerrufsrechts ist wegen Verstoßes gegen § 307 BGB unwirksam (OLG Koblenz ZfIR 2002, 897, 901; *Ott* NZBau 2003, 233, 241).

III. Die Abnahme als vertragliche Hauptpflicht des Auftraggebers

18 Die Leistungspflicht des Unternehmers, die Herstellung des geschuldeten Werkes (§ 631 Abs. 1 BGB), kann grundsätzlich nur erfüllt werden, wenn seine Leistung abgenommen wird. Dies ist eine Besonderheit des Werkvertragsrechts. **Im Unterschied zu den anderen Vertragstypen des BGB knüpft das Gesetz die Erfüllungswirkungen einer Werkleistung an die Abnahme**; die Bewirkung der geschuldeten Leistung i.S.d. § 362 BGB genügt nicht (*Thode* ZfBR 1999, 116). Aus dieser zentralen Bedeutung der Abnahme für die Erfüllung des Werkvertrags und ihrer hieran knüpfenden Wirkungen ergibt sich die Pflicht des Auftraggebers, das abnahmereif hergestellte Werk abzunehmen, und zwar nicht nur als Obliegenheit oder Nebenpflicht, sondern **als vertragliche Hauptpflicht;** dies ist allgemeine Meinung. Der Auftragnehmer hat einen **Rechtsanspruch auf Abnahme**, den er auch isoliert, d.h. ohne gleichzeitigen Zahlungsantrag, einklagen kann (insoweit u.a. BGH BauR 1981, 284, 287 = NJW 1981, 1448; BGHZ 132, 96 = BauR 1996, 386). Wird der Klage stattgegeben, so erfolgt die Vollstreckung nach § 888 ZPO (MüKo/*Soergel* § 640 BGB Rn. 42; *Heiermann/Riedl/Rusam* § 12 VOB/B Rn. 4).

IV. Abnahme grundsätzlich nicht anfechtbar

1. Keine Anfechtung im Bereich der Erfüllung und Gewährleistung

19 Eine erfolgte **Abnahme kann wegen Irrtums** (§ 119 BGB) **oder wegen arglistiger Täuschung** (§ 123 BGB) **grundsätzlich nicht angefochten** werden, jedenfalls soweit es die **Abnahme in Bezug auf Mängel** und damit insoweit deren Wirkungen anbetrifft. Zwar ist die Billigung der vom jeweiligen Bauvertrag erfassten Leistung als vertragsgerecht eine Willenserklärung, vgl. Rn. 1. Auch können unter Umständen die Voraussetzungen der Anfechtung als solche gegeben sein, z.B., wenn die Leistung des Auftragnehmers einen wesentlichen Mangel aufweist, den der Auftraggeber bei der Abnahme nicht erkannt hat. Dasselbe gilt im verstärkten Maße, wenn der Auftragnehmer den Auftraggeber bei der Abnahme über einen wesentlichen Mangel hinweggetäuscht hat. Trotzdem kann im angegebenen Bereich eine Anfechtung nicht erfolgen, weil es sich bei den besonderen Vorschriften über die **Gewährleistung** beim Werkvertrag und damit auch beim Bauvertrag um **Spezialregelungen** handelt (so u.a. auch *Locher* Das private Baurecht Rn. 242).

20 Das gilt besonders, weil in den insoweit auch für den VOB-Vertrag geltenden **§§ 637, 638 Abs. 1 BGB Anfechtungstatbestände enthalten** sind, die der Gewährleistung unterliegen. Im Übrigen reichen die Gewährleistungsvorschriften im Allgemeinen aus, um die berechtigten Belange des Auftraggebers auch bei Vorliegen von an sich gegebenen Anfechtungstatbeständen zu wahren (so auch *Wussow* IB 1965, 86; *Nicklisch/Weick* § 12 VOB/B Rn. 34; *Werner/Pastor* Rn. 1339; *Kaiser* Mängelhaftungsrecht Rn. 39g).

2. Anders bei anderen Sachverhalten

Anders verhält es sich mit Sachverhalten, die außerhalb des Erfüllungs- und/oder Gewährleistungsbereiches liegen. Hier ist eine Anfechtung wegen arglistiger Täuschung oder widerrechtlicher Drohung nach § 123 BGB möglich, weil solche Sachverhalte von den vorgenannten Sonderregelungen nicht erfasst sind (so auch *Nicklisch/Weick* § 12 VOB/B Rn. 34; *Kaiser* Mängelhaftungsrecht Rn. 39g; *Springer* S. 60 ff.). Bei der Drohung kommt es dabei vor allem auf deren Widerrechtlichkeit an. Ist z.B. im Vertrag eine Übergabe des Hauses vor Bezug vorgesehen, so kann der Auftraggeber grundsätzlich nicht davon ausgehen, dass ihm der Bezug vor Übergabe gestattet wird, ohne dass der Auftragnehmer vorher noch darauf hinzuweisen hat, vor allem, wenn der Auftraggeber sich mit der Vornahme noch ausstehender Arbeiten nach Bezug einverstanden erklärt; wenn auch der Auftraggeber dringend auf den Einzug in das Haus angewiesen ist, hat der Auftragnehmer grundsätzlich ein berechtigtes Interesse daran, vor dem Einzug die Übergabe durchzuführen, bei der es dem Auftraggeber freisteht, alle etwaigen Beanstandungen vorzubringen; insoweit handelt es sich um ein angemessenes Mittel, wenn der Auftragnehmer verlangt, dass der Bezug des Hauses erst nach Unterzeichnung des Übergabe- und Abnahmeprotokolls stattfindet (BGH 4.11.1982 VII ZR 11/82 = BauR 1983, 77 = NJW 1983, 384).

V. Fiktion und Entbehrlichkeit der Abnahme

1. Allgemeines zur fiktiven Abnahme

Bei der fiktiven Abnahme handelt es sich um eine Abnahmeform, die **vom Willen des Auftraggebers unabhängig** ist; einer ausdrücklichen oder stillschweigenden Billigungserklärung bedarf es für sie nicht. Ungeachtet des tatsächlichen Willens des Auftraggebers wird die Abnahme als gegeben unterstellt, wenn gewisse äußere Ereignisse eingetreten sind. Auch die fiktive Abnahme ist eine vollkommene Abnahmeform, die – vorbehaltlich ausdrücklich geregelter Ausnahmen – sämtliche Abnahmewirkungen nach sich zieht.

Vor der Änderung des BGB durch das Gesetz zur Beschleunigung fälliger Zahlungen zum 1.5.2000 war die fiktive Abnahme eine Spezialität der VOB/B und kam ausschließlich für den VOB-Bauvertrag in Betracht. Nunmehr wurden im BGB zwei weitere Arten der fiktiven Abnahme aufgenommen, nämlich die Abnahmefiktion nach Fristsetzung gemäß § 640 Abs. 1 S. 3 BGB (zur Qualifizierung als Abnahmefiktion vgl. *Motzke* NZBau 2000, 689, 694) sowie die Abnahmefiktion durch Fertigstellungsbescheinigung gemäß § 641a BGB. Diese Abnahmefiktionen des BGB gelten auch für den VOB-Vertrag (*Kniffka* ZfBR 2000, 227 ff.; wohl auch *Schmidt-Räntsch* ZfBR 2000, 337 ff.; *Kraus* BauR, 2001, 513; a.A. *Kiesel* NJW 2000, 1673, 1680). Aus den vertraglichen Regelungen der VOB/B ergeben sich keine Anhaltspunkte für eine Auslegung dahin gehend, dass es sich bei den VOB-Abnahmevorschriften um ein derart in sich geschlossenes Abnahmesystem handele, dass die gesetzlichen Regelungen, die obendrein den Schutz einer Vertragspartei – des Auftragnehmers – bezwecken, abbedungen oder verdrängt würden. **Für den VOB-Vertrag gibt es nun also vier Fälle der Abnahmefiktion**, nämlich die Abnahmefiktionen nach schriftlicher Fertigstellungsmitteilung gemäß § 12 Nr. 5 Abs. 1 VOB/B, nach Inbenutzungnahme gemäß § 12 Nr. 5 Abs. 2 VOB/B, nach erfolgloser Fristsetzung durch den Auftragnehmer gemäß § 641 Abs. 1 S. 3 BGB und durch gutachterliche Fertigstellungsbescheinigung gemäß § 641a BGB. Diese Abnahmefiktionen sind **abschließend**; weitere vertragliche Abnahmefiktionsvereinbarungen sind zwar denkbar, sie sind aber, wenn sie in Allgemeinen Geschäftsbedingungen des Auftragnehmers verwendet werden, massiv von den Wirkungen der AGB-rechtlichen Bestimmungen nach §§ 305 ff. BGB bedroht.

2. Abnahmefiktion nach VOB

24 Zur Abnahmefiktion nach VOB siehe die Kommentierung zu § 12 Nr. 5 VOB/B.

3. Abnahmefiktion nach § 640 Abs. 1 S. 3 BGB

a) Einführung in das BGB durch das Gesetz zur Beschleunigung fälliger Zahlungen

25 § 640 Abs. 1 S. 3 BGB wurde durch das **Gesetz zur Beschleunigung fälliger Zahlungen** neu in das Bürgerliche Gesetzbuch eingefügt. Dieses Gesetz verfolgt eine Verbesserung der Stellung von Zahlungsgläubigern, insbesondere von Handwerkern und mittelständischen Unternehmen in der Bauwirtschaft. Nach Untersuchungen des Gesetzgebers sind diese Personengruppen von der derzeitigen vielfach beklagten allgemein schlechten Zahlungsmoral besonders betroffen. Dies gilt besonders deshalb, weil dem vorleistenden – und vorfinanzierenden – Bauunternehmer wegen der oft beträchtlichen Dauer von Bauprozessen in Anbetracht umfangreicher Prozessstoffe, der Klärungsbedürftigkeit unterschiedlichster technischer Fragen und der vielfältigen Einwendungsmöglichkeiten zahlungsunwilliger Auftraggeber die Durchsetzung tatsächlich bestehender Forderungen oft langfristig unmöglich gemacht wird. Dies hat nach den Erkenntnissen des Gesetzgebers zu Forderungsausfällen in Milliardenhöhe und insbesondere bei Mittelständlern zu massiven Existenzbedrohungen geführt.

b) Ziel: Rechtsklarheit bei Werklohnklagen

26 Nach § 640 Abs. 1 S. 3 BGB **steht es der Abnahme gleich, wenn der Besteller das Werk nicht innerhalb einer ihm vom Unternehmer bestimmten angemessenen Frist abnimmt, obwohl er dazu verpflichtet ist**. Die Regelung dient der Rechtsklarheit, auch und gerade im Hinblick auf die Darlegungslast im Prozess (vgl. Begründung des Gesetzesentwurfs, BT-Drucks. 14/1246 v. 23.6.1999 S. 7). Bisher musste der auf Werklohn klagende Unternehmer vortragen, das Werk sei abgenommen oder die Abnahme des abnahmereifen Werks sei zu Unrecht verweigert worden. Die diesbezüglichen Meinungsverschiedenheiten in der Rechtsprechung, insbesondere in welchen Umfang zur Schlüssigkeit der Klage vorgetragen werden muss, was auch im Hinblick auf das Versäumnisverfahren (§ 331 Abs. 1 und 2 ZPO) von Bedeutung ist, sollen durch S. 3 nunmehr beseitigt werden. Jetzt muss der Auftragnehmer nur noch vortragen, das Werk sei abgenommen oder die gesetzte Abnahmefrist für das mangelfrei fertig gestellte Werk sei abgelaufen. Dieser Sachvortrag in einer Werklohnklage ist in denjenigen Fällen ausreichend – dann allerdings auch notwendig – in denen der Auftragnehmer den Weg des § 640 Abs. 1 S. 3 BGB wählt um die diesbezüglichen Sachvoraussetzungen für seinen Werklohnanspruch zu schaffen. Auch wenn nach der Begründung des Gesetzesentwurfs (BT-Drucks. 14/1246 S. 7.) Rechtsklarheit geschaffen werden soll, darf nicht übersehen werden, dass § 640 Abs. 1 S. 3 BGB nicht die Abnahme regelt sondern ein Rechtskonstrukt und dessen Voraussetzungen, das der Abnahme gleichgestellt wird. Diesen Weg kann der Auftragnehmer beschreiten, um die Fälligkeit seines Werklohnanspruchs herbeizuführen, verpflichtet ist er dazu nicht. Es bleibt ihm nach wie vor unbenommen, die Abnahme seiner Werkleistung zu betreiben oder den Auftraggeber diesbezüglich in Schuldnerverzug zu setzen.

c) Abnahmeverlangen und Fristsetzung

27 Zuerst muss der Auftragnehmer den Auftraggeber **zur Abnahme auffordern** und dem Auftraggeber eine **angemessene Frist zur Abnahme** setzen. Die Frist muss auch im VOB-Vertrag ausdrücklich gesetzt werden; die § 12 Nr. 1 VOB/B genannte Regelfrist von 12 Werktagen ersetzt eine Fristsetzung, die dem Auftraggeber ja auch zur Warnung dienen soll, nicht und macht die **gesonderte Fristsetzung** auch nicht entbehrlich (*Kniffka* ZfBR 2000, 227). Die gesetzte Frist muss angemessen sein. Die Angemessenheit hängt von sämtlichen Umständen des Einzelfalls ab und besteht nicht automatisch in der 12-Werktage-Regelfrist von § 12 Nr. 1 VOB/B; diese Regelfrist, die an allgemeinen baupraktischen Bedürfnissen orientiert ist, wird aber in den meisten Fällen ein brauchbarer Anhalts-

Abnahme § 12 VOB/B

punkt für die Angemessenheit der Fristsetzung sein. Eine unangemessen kurz gesetzte Frist ist nicht wirkungslos, sondern setzt eine tatsächlich angemessene Frist in Gang (*Peters* NZBau 2000, 169, 171). Die Frage, ob die Fristsetzung nach allgemeinen Grundsätzen auch entbehrlich sein kann, insbesondere wenn der Auftraggeber die Abnahme bereits mit Bestimmtheit verweigert hat, wird sich in der Praxis nur selten stellen. § 640 Abs. 1 S. 3 BGB bietet dem Auftragnehmer lediglich die Möglichkeit, den hier vorgesehenen Weg im Sinne der Rechtsklarheit zu beschreiten, hindert ihn aber nicht, wie bisher seine Ansprüche auch ohne Fristsetzung direkt an eine unberechtigte Abnahmeverweigerung bzw. den damit verbundenen Annahmeverzug zu knüpfen oder Schuldnerverzug herbeizuführen. Inwieweit sich das Setzen einer Abnahmefrist nach § 640 Abs. 1 S. 3 BGB aus Sicherheitsgründen dennoch empfiehlt, ist Frage des Einzelfalls. Fordert der Auftragnehmer den Auftraggeber zur Abnahme unter Fristsetzung auf, ist für die Anwendung der fiktiven Abnahme nach § 12 Nr. 5 VOB/B kein Raum mehr, weil beide dortigen Alternativen zur Voraussetzung haben, dass die Abnahme nicht verlangt wurde.

d) Pflicht des Auftraggebers zur Abnahme
Weitere Voraussetzung für die Abnahmefiktion nach § 640 Abs. 1 S. 3 BGB ist, dass der Auftraggeber **28** zur Abnahme verpflichtet ist. Das Werk muss also **vertragsgemäß hergestellt** sein und darf **allenfalls mit unwesentlichen Mängeln behaftet** sein; sonst ist der Auftraggeber zur Abnahme nicht verpflichtet. Hier liegt eine gewisse Tücke der Konstruktion des § 640 Abs. 1 S. 3 BGB, weil es für die Pflicht zur Abnahme nach dem Prinzip dieser Vorschrift nicht ankommt, ob der Mangel erkennbar ist, sondern nur darauf, ob er – zumindest in seiner Anlage – vorhanden ist. Bei vorhandenen Mängeln, die sich erst später zeigen, stellt sich deshalb unter Umständen erst nach geraumer Zeit heraus, dass die Abnahmefiktion nach § 640 Abs. 1 S. 3 BGB wegen fehlender Abnahmepflicht des Bestellers gar nicht eintreten konnte. Dies kann, wenn die Abnahmewirkungen nicht mittlerweile auf andere Weise, z.B. durch Annahme- oder Schuldnerverzug eingetreten sind, zu beträchtlichen und unerwünschten Problemen führen. Deshalb erwägt *Kniffka* (IBR-Online-Kommentar § 640 BGB Rn. 14.7.4.1.2.1, Stand 10.4.2006), dem Willen des Gesetzgebers (unberechtigten Abnahmevereigerungen die Wirkung zu nehmen) dadurch Rechnung zu tragen, dass auf die konkrete Abnahmesituation abgestellt, zumindest aber die Beweislast umgekehrt wird.

e) Eintritt der Abnahmewirkungen mit Ausnahme von § 640 Abs. 2 BGB
Mit fruchtlosem Fristablauf treten **sämtliche Abnahmewirkungen mit einer Ausnahme** ein: § 640 **29** Abs. 2 BGB stellt klar, dass der Auftraggeber Gewährleistungsansprüche wegen bekannter Mängel nur dann verliert, wenn er sie sich bei der willentlich erklärten Abnahme nach § 640 Abs. 1 S. 1 BGB nicht vorbehält. Bei der fiktiven Abnahme nach § 640 Abs. 1 S. 3 BGB bleiben die **Gewährleistungsansprüche demnach erhalten, auch wenn sie nicht vorbehalten werden**. Für den Verlust nicht vorbehaltener Vertragsstrafeansprüche (§ 341 Abs. 3 BGB) findet sich dagegen keine Regelung. Nachdem der Gesetzgeber das Problem des unterlassenen Vorbehalts offensichtlich erkannt und die Ausnahme lediglich auf Gewährleistungsansprüche beschränkt hat, ist zu schließen, dass Vertragsstrafeansprüche auch bei § 640 Abs. 1 S. 3 VOB/B vorbehalten werden müssen, sollen sie nicht verloren gehen. Insoweit könnte auf die Rechtsprechung zum Verlust des Vertragsstrafeanspruchs bei der fiktiven Abnahme nach § 12 Nr. 5 VOB/B zurückgegriffen werden (vgl. Rn. 60; OLG Düsseldorf NJW-RR 1994, 408; *Kniffka* ZfBR 2000, 227, 230).

4. Die Fertigstellungsbescheinigung nach § 641a BGB

a) Urkunde in prozessualem Sinn
Die gutachterliche Fertigstellungsbescheinigung nach § 641a BGB ist das zentrale Kernstück des Ge- **30** setzes zur Beschleunigung fälliger Zahlungen. Mit der Fertigstellungsbescheinigung soll **eine Urkunde in prozessualem Sinn** geschaffen werden, bei deren Vorliegen die Vergütung des Unternehmers fällig wird (ablehnend gegenüber der Fertigstellungsbescheinigung als Urkunde: sehr ausführ-

lich *Kirberger* BauR 2001, 492, 500 ff.; *Siegburg* ZfIR 2000, 841, 846; *Kniffka* ZfBR 2000, 227, 236 spricht von einem Trick des Gesetzgebers; *Stapenhorst* DB 2000, 909, 914 äußert unter Bezug auf *Kniffka* a.a.O. zumindest Bedenken; nach *Seewald* ZfBR 2000, 219, 222, entfaltet die Fertigstellungsbescheinigung ohnehin nur formelle äußere Beweiskraft, wodurch ihr materieller Inhalt der freien Beweiswürdigung unterliegt; *Quack* BauR 2001, 507, 510 geht vom Fehlgebrauch des Urkundenprozesses aus. Die Fertigstellungsbescheinigung als Urkunde soll zusammen mit dem schriftlichen Vertrag, auf den § 641 Abs. 4 S. 1 BGB abstellt, den Weg in den Urkundenprozess und somit zu einem ohne Sicherheitsleistung vorläufig vollstreckbaren Titel eröffnen, vgl. Begründung des Gesetzesentwurfs, BT-Drucks. 14/1246 v. 23.6.1999 S. 8). Im Urkundenprozess kann der Auftraggeber nach § 595 Abs. 2 ZPO nur urkundliche und solche Einwendungen geltend machen, die sich mit einer Parteivernehmung des Unternehmers beweisen lassen, wozu er regelmäßig nicht in der Lage sein wird. Ihm wird deshalb nach § 599 Abs. 1 ZPO die Ausführung seiner Rechte im Nachverfahren vorzubehalten sein. Die Vollstreckung des Urkundenvorbehaltsurteils kann der Besteller nach § 711 ZPO durch Sicherheitsleistung abwenden, sofern nicht der Auftragnehmer zuvor Sicherheit geleistet hat (vgl. Begründung des Gesetzesentwurfs a.a.O. S. 8) Durch dieses Verfahren soll der Auftragnehmer möglichst rasch in den Genuss eines vorläufig vollstreckbaren Titels oder – zumindest als wichtiger Teilerfolg – in den Genuss einer Sicherheit kommen. Gleichzeitig soll der Auftraggeber gezwungen werden, sich reiflich zu überlegen, ob er im Nachverfahren mutwillige Einwendungen vorträgt und diese mühsam und zeitaufwendig aufklären lässt, wenn hierdurch für ihn kein Zahlungsaufschub (»Justizkredit«) mehr verbunden ist. Zum Schutz des Auftraggebers wurde die Erteilung der Fertigstellungsbescheinigung an enge Voraussetzungen, insbesondere ein besonderes Verfahren zur Erteilung der Bescheinigung geknüpft, ohne dessen Einhaltung die Fertigstellungsbescheinigung keine Fiktionswirkung hinsichtlich der Abnahme entfaltet. Selbst wenn die Fertigstellungsbescheinigung – insbesondere wegen Mangelhaftigkeit des Werks – nicht erteilt wird, verspricht sich der Gesetzgeber eine Beschleunigung des Verfahrens (vgl. Beschlussempfehlung des Rechtsausschusses [6. Ausschuss] v. 21.2.2000, BT-Drucks. 14/2752 S. 18). Nach seiner Meinung kann erwartet werden, dass der Auftragnehmer in einer Vielzahl von Fällen die vom Sachverständigen festgestellten Mängel beseitigen wird. Entweder ist der Auftraggeber dann zur Abnahme des Werks bereit oder aber der Auftragnehmer kann nach erfolgter Nachbesserung vom Gutachter die Fertigstellungsbescheinigung erhalten. Weitere Vorteile der Fertigstellungsbescheinigung werden in der Risikobeurteilung für Forderungsfinanzierung und Forderungsverkauf gesehen (vgl. Begründung des Gesetzesentwurfs a.a.O. S. 9) sowie in der Konzentration und Beschleunigung eines etwa nachfolgenden Prozesses.

b) Inhalt der Fertigstellungsbescheinigung

31 Nach § 641a BGB steht es der Abnahme gleich, wenn dem Unternehmer von einem Gutachter eine Bescheinigung darüber erteilt wird, dass das versprochene Werk, bei vereinbarter Teilabnahme auch ein Teil davon hergestellt ist und das Werk frei von Mängeln ist, die der Besteller gegenüber dem Gutachter behauptet hat oder die für den Gutachter bei einer Besichtigung feststellbar sind. Dies gilt nicht, wenn das in § 641a Abs. 2–4 BGB vorgesehene Verfahren zur Erteilung der Fertigstellungsbescheinigung nicht eingehalten worden ist oder wenn die Voraussetzungen des § 640 Abs. 1 Sätze 1 und 2 BGB nicht gegeben waren, was der Besteller im Bestreitfall zu beweisen hat. Dabei kann es jedoch gerade im Falle einer pflichtwidrig erteilten Fertigstellungsbescheinigung zu Unklarheiten kommen: Zwar dürfte der Gutachter bei Vorliegen von unwesentlichen Mängeln eine Bescheinigung nicht ausstellen; erteilt er sie dennoch, so könnte sich der Besteller nicht mehr mit dem Vorbringen wehren, es lägen unwesentliche Mängel vor. Schließlich wurden die Voraussetzungen des § 640 Abs. 1 S. 1 und 2 BGB eingehalten. Die Abnahmefiktion bliebe daher erhalten (hierzu kritisch *Kniffka* ZfBR 2000, 227, 234; *Niemöller* BauR 2001, 481, 487; *Parmentier* BauR 2001, 1813, 1814; *Merkens* kritisiert in BauR 2001, 515, 520, außerdem, dass es dem Besteller nicht möglich ist, eine »negative« Fertigstellungsbescheinigung herbeizuführen).

Darüber hinaus wird vermutet, dass ein Aufmaß oder eine Stundenlohnabrechnung, die der Unternehmer seiner Rechnung zugrunde legt, **zutreffen**, wenn der Gutachter dies in der Fertigstellungsbescheinigung bestätigt. Allerdings darf stark bezweifelt werden, dass der Gutachter zu entsprechenden Feststellungen, insbesondere was die Stundenlohnarbeiten anbelangt, überhaupt in der Lage ist (vgl. *Quack* BauR 2001, 507, 509; *Niemöller* BauR 2001, 486, 488; *Merkens* BauR 2001, 515, 520; *Kniffka* ZfBR 2000, 227, 234; *Siegburg* ZfIR 2000, 841, 846; *Jaeger/Palm* BB 2000, 1102, 1103).

Inhaltlich setzt die Fertigstellungsbescheinigung eine Begutachtung des Werks voraus, die der Begutachtung durch den gerichtlich bestellten Sachverständigen ähnelt (*Schmidt-Räntsch* ZfIR 2000, 337, 340). Das soll aber nicht bedeuten, dass der Sachverständige ein Sachverständigengutachten abliefern muss; er fasst vielmehr das Ergebnis seiner Begutachtung in einer Bescheinigung zusammen, die lediglich bescheinigen muss, dass das in Frage stehende Werk hergestellt ist und keine sichtbaren oder vom Besteller gerügten Mängel ausweist. Die Bescheinigung kann mit Zusätzen oder einer Begründung versehen werden; notwendig ist dies nicht (*Schmidt-Räntsch* a.a.O.). **32**

c) Vertragliche Herstellung des versprochenen Werks

Voraussetzung der Fertigstellungsbescheinigung ist zunächst, **dass das versprochene Werk vertragsgerecht hergestellt ist**, § 641a Abs. 1 Nr. 1 BGB. Nach § 641a Abs. 3 BGB beurteilt der Gutachter, ob das Werk **frei von Mängeln ist**, nach einem **schriftlichen Vertrag**, den ihm der Unternehmer vorzulegen hat. Motzke (NZBau 2000, 481, 499) beanstandet, dass anscheinend nur die Frage interessiert, ob Mängel vorliegen, jedoch nicht, wer hierfür die Ursache gesetzt hat oder dafür die Verantwortung trägt (kritisch zum Erfordernis der Schriftform nach § 126 BGB auch *Quack* BauR 2001, 507, 510 sowie *Parmentier* BauR 2001, 1813, 1815). Änderungen dieses Vertrags sind dabei nur zu berücksichtigen, wenn sie schriftlich vereinbart sind oder von den Vertragsteilen übereinstimmend gegenüber dem Gutachter vorgebracht werden. Wenn der Vertrag entsprechende Angaben nicht enthält, sind die allgemein anerkannten Regeln der Technik zugrunde zu legen. Dem Wortlaut des § 641a Abs. 3 BGB nach bezieht sich diese Passage nur auf die Bescheinigung der Mangelfreiheit. Das wäre aber zu eng. Der Gutachter soll nach den genannten Kriterien auch entscheiden, ob das Werk vertragsgerecht hergestellt ist. Dies ergibt sich auch aus der Beschlussempfehlung des Rechtsausschusses (BT-Drucks. 14/2752 S. 19 ff.). Danach soll der Gutachter die Bescheinigung erteilen, wenn das Werk vertragsgemäß ist. Die Formulierung »frei von Mängeln« in § 641a Abs. 3 BGB erfasst erkennbar auch die fehlende Vertragsgerechtigkeit im Sinne der Unvollständigkeit oder sonstiger relevanter Abweichungen von der vertraglichen Schuld. Für die Praxis stellt sich die Frage, ob der Sachverständige hiermit nicht überfordert ist. Die Ermittlung der vertraglichen Leistungspflicht des Auftragnehmers (Bausoll) ist in weitesten Bereichen eine Frage juristischer Vertragsauslegung und gehört zu dem Schwierigsten, was das gesamte private Baurecht zu bieten hat. Hierfür ist der Sachverständige nicht ausgebildet und beherrscht auch nur selten die zur Vertragsauslegung anwendbaren Grundsätze, wie sie von der höchstrichterlichen Rechtsprechung entwickelt worden sind (*Kniffka* ZfBR 2000, 227, 234; *Thode* NZBau 2002, 297, 303; *Niemöller* BauR 2001, 486, 490; *Siegburg* ZfIR 2000, 841, 846; *Motzke* NZBau 2000, 489, 499; *Peters* NZBau 2000, 169, 173; *Jaeger/Palm* BB 2000, 1102, 1103; *Stapenhorst* DB 2000, 909, 912; zudem kritisch zur Beurteilung der Schriftform durch den Gutachter: *Merkens* BauR 2001, 515, 521; *Parmetier* BauR 2001, 1813, 1815). Dies macht, wie Kniffka (a.a.O.) zutreffend ausführt, »*das gesamte Verfahren bedenklich, weil die Entscheidung des Sachverständigen präjudiziell für den nachfolgenden Urkundenprozess ist. Es wird also zur Schaffung eines vorläufig vollstreckbaren Titels eine Instanz bemüht, die von ihrer Funktion und Ausbildung her nicht in der Lage ist, zu einer insgesamt dem Recht entsprechenden Lösung beizutragen. Es ist zweifelhaft, ob dieses Verfahren noch rechtsstaatlichen Grundsätzen genügt*«. **33**

Darüber hinaus wird das vom Auftragnehmer geschuldete Bausoll insbesondere auch durch Änderungsanordnungen des Auftraggebers nach § 1 Nr. 3 VOB/B bestimmt. Für diese einseitigen Anord- **34** nungen gibt es genauso wenig Formvorschriften wie für einvernehmliche Leistungsänderungsvereinbarungen. Auch diese sind vorbehaltlich anderer vertraglicher Regelungen mündlich wirksam und für die Leistungspflicht des Auftragnehmers verbindlich. Gleichwohl wird der Auftraggeber damit nicht gehört, wenn der Vortrag nicht unstreitig ist (*Kniffka* a.a.O.). Damit erlaubt das Gesetz die Beurteilung der Frage der Vertragsgerechtigkeit der unternehmerischen Werkleistung auf der Grundlage eines rechtlich nicht relevanten Sachverhalts (*Kniffka* a.a.O. zur Beurteilung der Mängelfrage). Ob der ersatzweise Rückgriff auf die anerkannten Regeln der Technik für die Frage der vertragsgerechten Herstellung des Werks, etwa im Hinblick auf geschuldete Qualitätsstandards (*Kniffka* a.a.O.) weiterhilft, ist mehr als zweifelhaft. Der Auftragnehmer ist gut beraten, mündlich tatsächlich getroffene rechtserhebliche Anordnungen des Auftraggebers oder Vereinbarungen dem Gutachter zu offenbaren und diese unstreitig zu stellen. Verschweigt er derartige Dinge wider besseres Wissen, um sich möglichst schnell einen vorläufig vollstreckbaren Titel zu verschaffen, so setzt er sich Schadensersatzansprüchen des Auftraggebers aus, u.U. auch nach § 826 BGB.

35 Unter der Herstellung des Werks i.S.v. § 641 Abs. 1 Nr. 1 BGB ist die **Fertigstellung der vertraglichen Leistung** zu verstehen. Nach der Begründung des Gesetzesentwurfs (BT-Drucks. 14/1246 S. 9) **dürfen allenfalls unbedeutende Restarbeiten** fehlen. Nachdem es nicht Aufgabe des Gutachters sein kann zu beurteilen, welche Restarbeiten bedeutend und welche unbedeutend sind (nach der Begründung des Gesetzesentwurfs, BT-Drucks. 14/1246 S. 8 wird die Abgrenzung von wesentlichen zu unwesentlichen Mängeln dem Gutachter gerade nicht überlassen), wird man in aller Regel trotzdem die vollständig vertragsgerechte Fertigstellung zu verlangen haben. Der Gutachter hat die Möglichkeit, dem Auftragnehmer die Erledigung der geringfügigen Restarbeiten zur Erteilung der Fertigstellungsbescheinigung aufzugeben.

d) Mangelfreiheit

36 Darüber hinaus muss das Werk **frei von Mängeln sein, auch von unwesentlichen**, die der Besteller gegenüber dem Gutachter behauptet hat oder die für den Gutachter bei einer Besichtigung feststellbar sind (Wortlaut des § 641a Abs. 1 S. 1 Nr. 2 BGB; Begründung des Gesetzesentwurfs, BT-Drucks. 14/1246 S. 8; ebenso u.a. *Niemöller* BauR 2001, 486, 487; *Kniffka* ZfBR 2000, 227, 233; a.A. *Motzke* NZBau 2000, 489, 500 sowie *Stapenhorst* DB 2000, 909, 913). Leineweber (FS Kraus S. 129, 131) hält dies zu Recht für einen systematischen Bruch zu § 640 Abs. 1 S. 2 BGB, der für das Recht zur Abnahmeverweigerung sehr wohl zwischen wesentlichen und unwesentlichen Mängeln unterscheidet. Die gebotenen Feststellungen trifft der Gutachter zunächst anhand einer Sichtprüfung. Ergeben sich hieraus allerdings Hinweise auf die Notwendigkeit weitergehender Untersuchungen, müssen diese durchgeführt werden. Außerdem muss der Gutachter den vom Besteller behaupteten Mängeln nachgehen, und zwar auch dann, wenn diese nicht ohne Weiteres feststellbar sind. Er hat also erforderlichenfalls auch Untersuchungen vorzunehmen, die über die Begehungsprüfung hinausgehen (*Kniffka* ZfBR 2000, 227, 234). Nach *Quack* (BauR 2001, 507, 509), hat der Gutachter den Ursachen der Symptome nachzugehen. Die Mangelfreiheit beurteilt der Gutachter nach den in § 641a Abs. 3 BGB genannten Kriterien.

e) Aufmaß und Stundenlohnabrechnungen

37 Die Bestätigung des Aufmaßes oder von Stundenlohnabrechnungen ist keine Voraussetzung für die Erteilung der Fertigstellungsbescheinigung. Die Bestätigung verfolgt den Zweck, dem Auftragnehmer den Weg in den Urkundenprozess zu eröffnen, wenn dort ein Aufmaß oder eine Stundenlohnabrechnung als Fälligkeitsvoraussetzung vorgelegt werden muss (vgl. BT-Drucks. 14/1246 S. 9; zur Problematik des Urkundenbeweises und der Geltendmachung des Klageanspruches der Höhe nach: u.a. *Motzke* NZBau 2000, 489, 498 der auch die fehlende Unterscheidung zwischen Prüfbarkeit und Richtigkeit der Rechnung bzw. des Aufmaßes beanstandet, sowie *Parmetier* BauR 2001, 1813, 1814). Die Bestätigung der Stundenlohnabrechnung dürfte jedoch auf praktische Schwierigkeiten stoßen, weil der Gutachter nicht feststellen kann, ob die abgerechneten Stunden tatsächlich erbracht worden sind (vgl. *Kniffka* a.a.O.; *Quack* BauR 2001, 507, 509; *Niemöller* BauR 2001, 481, 488; *Merkens* BauR 2001, 515, 520; *Siegburg* ZfIR 2000, 841, 846; *Jaeger/Palm* BB 2000, 1102, 1103). Durch die Bestätigung wird eine Vermutung begründet, dass Aufmaß und/oder Stundenlohnabrechnung zutreffen; die Vermutung ist widerlegbar, im Urkundenprozess aber nur mit den dort zugelassenen Beweismitteln. Nicht gehindert ist der Auftraggeber jedoch, auch im Urkundenprozess rechtliche Einwendungen gegen die Richtigkeit des Aufmaßes zu erheben, sich beispielsweise auf die AGB-Widrigkeit von auftragnehmerseitig gestellten Abrechnungsklauseln zu berufen.

f) Abnahmefiktion der Fertigstellungsbescheinigung

Die **Fertigstellungsbescheinigung steht der Abnahme gleich**; ihre Erteilung hat den Eintritt aller Abnahmewirkungen zur Folge, ausgenommen § 640 Abs. 2 BGB. Der Auftraggeber verliert also nicht seine Gewährleistungsansprüche hinsichtlich bekannter Mängel, die er sich bis zur Erteilung der Fertigstellungsbescheinigung nicht vorbehalten hat. Nachdem in § 641 Abs. 1 S. 3 BGB der unterlassene Vorbehalt auf bekannte Mängel nach § 640 Abs. 2 BGB beschränkt wurde und § 341 Abs. 3 BGB (Vorbehalt von Vertragsstrafensprüchen) keine Erwähnung findet, ist zu schließen, dass der Auftraggeber sich Vertragsstrafensprüche bis zur Erteilung der Fertigstellungsbescheinigung vorbehalten muss, wenn er ihrer nicht verlustig gehen möchte (ebenso *Kniffka* ZfBR 2000, 227, 233). Die Fertigstellungsbescheinigung ist darüber hinaus auch für einen in sich abgeschlossenen Teil der Werkleistung erteilbar, sofern die Parteien eine Teilabnahmevereinbarung i.S.d. § 641 Abs. 1 S. 2 BGB getroffen haben. Dies ist beim VOB-Vertrag nach § 12 Nr. 2 VOB/B der Fall. **38**

g) Auswahl des Gutachters

Die Abnahmefiktion der Fertigstellungsbescheinigung tritt nicht ein, wenn das Verfahren nach § 641a Abs. 2–4 BGB nicht eingehalten worden ist oder wenn der Auftraggeber nicht nach § 640 Abs. 1 Sätze 1 und 2 BGB zur Abnahme verpflichtet war. Dies muss der Auftraggeber im Streitfall beweisen. Die Einhaltung des Verfahrens zur Erteilung der Fertigstellungsbescheinigung dient in Anbetracht der weitreichenden Folgen der Abnahme vor allem dem **Schutz des Auftraggebers**. Nach § 641a Abs. 2 Nr. 1 BGB kommt als Gutachter zunächst ein Sachverständiger in Betracht, auf den sich Unternehmer und Besteller verständigt haben; geschieht dies, kommt es auf die Qualifikation des Gutachters nicht an. Findet eine Einigung der Parteien auf einen bestimmten Gutachter nicht statt, kann der Auftragnehmer bei einer Industrie- und Handelskammer, einer Handwerkskammer, einer Architektenkammer oder einer Ingenieurkammer beantragen, einen Sachverständigen zu bestimmen. Die Sachverständigenauswahl soll zum Schutz des Auftraggebers auf fachlich einschlägige öffentlich-rechtliche und damit an Gesetz und Recht gebundene Stellen verlagert und monopolisiert werden. Der Auftragnehmer kann selbst entscheiden, an welche Stelle er sich wendet, wobei sich eine Eingrenzung aus der Sache selbst ergeben wird. Der Antrag ist an keine Form gebunden; um eine sachdienliche Abwicklung zu gewährleisten, erscheint die Schriftform jedoch unerlässlich. **39**

Die angerufene Kammer bestimmt den Sachverständigen. Dieser muss öffentlich bestellt und vereidigt sein, wobei das Gesetz keine Auskunft darüber gibt, auf welchem Fachgebiet. Häufig wird der Aufragnehmer bei gewerkeübergreifender Leistung mehrere Sachverständige beauftragen – und bezahlen – müssen. Die Kammern sind verpflichtet, bei der Auswahl der Sachverständigen die Interessen beider Vertragsparteien zu berücksichtigen und unparteiliche und geeignete (auch bezüglich freier Zeitkapazitäten) Sachverständige auszuwählen. Im Hinblick auf den mit dem Gesetz verfolgten Zweck, eine rasche Klärung der Mangelfrage und zügige Durchsetzung des Vergütungsanspruchs des Unternehmers zu ermöglichen, muss die Bestimmung des Sachverständigen ohne schuldhaftes Zögern erfolgen (*Kniffka* ZfBR 2000, 227, 235). Verstöße gegen die vorgenannten Grundsätze können Schadensersatzansprüche gegen die angerufene Kammer auslösen. Ungeklärt ist die Frage, wie sich die Parteien gegen die Bestimmung des Sachverständigen zur Wehr setzen können, insbesondere ob und ggf. bei wem sie einen Ablehnungsantrag wegen **Besorgnis der Befangenheit** stellen können. Solche Einwendungen müssen im Gerichtsverfahren geltend gemacht werden (*Kniffka* **40**

ZfBR 2000, 227, 235; *Kiesel* NJW 2000, 1673, 1680; *Stapenhorst* DB 2000, 909, 914 fordert bereits während des Verfahrens der Fertigstellungsbescheinigung die analoge Anwendung des § 406 ZPO).

h) Gutachterbeauftragung durch Unternehmer

41 Nach § 641a Abs. 2 S. 2 BGB wird der **Gutachter vom Unternehmer beauftragt** und demgemäß auch bezahlt (zur Vergütung des Gutachters siehe *Stapenhorst* DB 2000, 909, 913). Hat der Auftraggeber die Abnahme zu Unrecht verweigert und befindet er sich insoweit in Schuldnerverzug, kommt ein materieller Kostenerstattungsanspruch des Auftragnehmers gegen den Auftraggeber nach § 286 BGB in Betracht. Der Gutachter ist darüber hinaus beiden Parteien verpflichtet, die Bescheinigung unparteiisch und nach bestem Wissen und Gewissen zu erteilen, § 641 Abs. 2 S. 3 BGB. Eine Verletzung der Pflicht zur Unparteilichkeit kann Schadensersatzansprüche (vgl. *Merkens* BauR 2001, 515, 521; *Jaeger/Palm* BB 2000, 1102, 1105; *Stapenhorst* DB 2000, 909, 913) auslösen und stellt darüber hinaus einen Verfahrensmangel dar (*Kiesel* a.a.O.).

i) Besichtigungstermin und Mängelrüge des Auftraggebers

42 Nach § 641a Abs. 3 S. 1 BGB muss der Gutachter **mindestens einen Besichtigungstermin abhalten, zu dem er auch den Auftraggeber unter Angabe des Anlasses mindestens 2 Wochen vorher zu laden hat**. Dadurch soll eine hinreichende Vorbereitungszeit des Auftraggebers bzgl. der von ihm vorzubringenden Mängelrügen gewährleistet werden. Die **Mängelrügen** kann der Auftraggeber **bis zum Abschluss des letzten Besichtigungstermins** vorbringen; hinterher geltend gemachte Mängel bleiben bei der Erteilung der Bescheinigung unberücksichtigt, § 641a Abs. 3 S. 5 BGB. Ihrer Einwendung im Nachverfahren steht nichts entgegen. Darüber hinaus muss dem Auftraggeber wohl zugebilligt werden, sich bereits im Urkundenverfahren gegen die Feststellungen des Gutachters über den Weg eines selbstständigen Beweisverfahrens zur Wehr zu setzen. Das Gutachten des gerichtlich bestellten Beweissicherungssachverständigen ist zwar kein im Urkundenprozess zugelassenes Beweismittel, es ist aber schwer vorstellbar, dass ein Gerichtgutachten in einem Prozess weniger Bedeutung haben soll als eine Fertigstellungsbescheinigung (so zutreffend *Kniffka* ZfBR 2000, 227, 236). Stapenhorst (DB 2000, 909, 914) verweist auf eine dem § 493 Abs. 1 ZPO entsprechende Regelung und geht von einer möglichen Neubegutachtung aus. Jaeger/Palm (BB 2000, 1102, 1105) meinen, dass auch begründete Feststellungen des Gutachters in der Fertigstellungsbescheinigung im Nachprozess nicht anders zu behandeln sind als sonstiges Parteivorbringen. Nach Motzke (NZBau 2000, 489, 497) hat die Fertigstellungsbescheinigung hinsichtlich der Wirkung für die Abnahme nur vorläufigen Charakter. Der Auftraggeber ist nach § 641a Abs. 4 BGB verpflichtet, eine Untersuchung des Werks oder von Teilen desselben durch den Gutachter zu gestatten. Verweigert er die Untersuchung, wird vermutet, dass das zu untersuchende Werk vertragsgemäß hergestellt worden ist; dann ist die Fertigstellungsbescheinigung ohne Untersuchung zu erteilen.

j) Abschrift der Fertigstellungsbescheinigung

43 Dem **Auftraggeber ist vom Gutachter eine Abschrift der Bescheinigung zu erteilen**, § 641a Abs. 5 BGB. In Ansehung von Fristen, Zinsen und Gefahrübergang treten die Wirkungen der Bescheinigung nach dem Wortlaut dieser Bestimmung erst mit ihrem Zugang beim Auftraggeber ein. Das gilt nicht für die Fälligkeit des Werklohns. Diese tritt bereits ein, wenn die Fertigstellungsbescheinigung von dem Gutachter dem Auftragnehmer erteilt wird (hierzu kritisch *Kniffka* ZfBR 2000, 227, 236).

k) § 641a BGB als gesetzliches Leitbild

44 § 641a BGB ist **dispositiv** (so auch *Kniffka* ZfBR 2000, 227, 236; *Niemöller* BauR 2001, 486, 491; *Schmidt-Räntsch* ZfIR 2000, 337, 341; a.A. *Hök* ZfBR 2000, 513, 516). Vieles spricht aber dafür, dass es sich hier um ein gesetzliches Leitbild handelt, das die vertraglichen Gestaltungsmöglichkeiten Allgemeiner Geschäftsbedingungen erschwert. Dies gilt nach § 310 Abs. 2 BGB insbesondere für

Verbraucherverträge und hier auch dann, wenn entsprechende vorformulierte Vertragsbedingungen nur zur einmaligen Verwendung bestimmt sind und der Verbraucher aufgrund der Vorformulierung auf ihren Inhalt keinen Einfluss nehmen kann. Insbesondere in Bauträgerverträgen werden deshalb etwaige Versuche, die dem Schutz des Erwerbers dienenden Verfahrensvorschriften zur Erteilung der Fertigstellungsbescheinigung zu beschneiden, regelmäßig scheitern.

l) § 641a BGB auch nach Vertragskündigung

§ 641a BGB ist auch dann anwendbar, wenn infolge einer Kündigung gar nicht festgestellt wurde (BGH 19.12.2002 VII ZR 103/00 = BauR 2003, 689 = NZBau 2003, 265 = NJW 2003, 1450), dass sich hier der vertraglich geschuldete Teil auf die bis zur Kündigung erbrachte Leistungen erstreckt. **45**

5. Entbehrlichkeit der Abnahme

Nach § 640 Abs. 1 BGB entfällt die Abnahmeverpflichtung des Auftraggebers, wenn die Abnahme nach der Beschaffenheit des Werks ausgeschlossen ist. Dann tritt nach § 646 BGB an die Stelle der Abnahme die Vollendung des Werks; darunter ist eine im Wesentlichen vertragsgemäße, nicht notwendig mangelfreie Fertigstellung des Werks (BGH 20.4.1989 VII ZR 334/87 = BauR 1989, 603). zu verstehen. Der Entfall der Abnahme kommt bei Bauerrichtungsverträgen typischerweise nur in Ausnahmefällen in Betracht; auch geistige Leistungen, wie Architekten- und Ingenieurwerke, sind i.d.R. abnahmefähig. **46**

Im Übrigen **entfällt die Pflicht** des Auftraggebers zur **Abnahme nicht** durch die Kündigung des Bauvertrags (BGH 19.12.2002 VII ZR 103/00 = BauR 2003, 689 = NZBau 2003, 265). Im VOB-Vertrag kann der Auftragnehmer nach § 8 Nr. 6 VOB/B i.V.m. § 12 Nr. 4 und Nr. 6 VOB/B Abnahme und Aufmaß des gekündigten Vertrags verlangen, es sei denn, der Auftraggeber wäre nach § 12 Nr. 3 VOB/B berechtigt die Abnahme zu verweigern. Der Anspruch des Auftragnehmers gegen den Auftraggeber auf Abnahme nach Kündigung des Bauvertrags besteht auch beim BGB-Werkvertrag, wenn die vom Unternehmer bis zur Kündigung erbrachte Leistung die Voraussetzungen für die Abnahmepflicht des Auftraggebers erfüllt. Auch hier endet das Erfüllungsstadium des gekündigten Vertrags genau wie bei bei einem nicht gekündigten Vertrag erst mit der Abnahme. Hieran ändert nichts, dass der Unternehmer in Anbetracht der Kündigung nurmehr eine beschränkte Werkleistung schuldet. Auch hier treten die Erfüllungswirkungen erst mit der Abnahme ein (BGH 19.12.2002 VII ZR 103/00 a.a.O. mit Urt. v. 11.5.2006 VII ZR 146/04 = BauR 2006, 1294 unter Aufgabe der früheren Rechtsprechung vom BGH auch für die Fälligkeit des Werklohnanspruchs beim gekündigten Bauvertrag entschieden).

C. Allgemeine Voraussetzungen der Abnahme nach BGB und VOB

I. Leistung muss bei Abnahme vorhanden sein

Grundlegende **Voraussetzung** für die Abnahme ist, dass die erstellte Werkleistung **im Zeitpunkt der Abnahme noch vorhanden** ist. Anderenfalls ist nicht nur keine Abnahme möglich, sondern der Auftragnehmer geht auch grundsätzlich seines Vergütungsanspruches verlustig. Geht allerdings die Leistung vor der Abnahme unter und hat ein Verhalten des Auftraggebers die Gefährdung der Leistung, die zum Untergang geführt hat, objektiv zurechenbar herbeigeführt, kann der Auftragnehmer einen der geleisteten Arbeit entsprechenden Teil der Vergütung beanspruchen (BGH 21.8.1997 VII ZR17/96 = BGHZ 136, 303 = BauR 1997, 1019 [Schürmannbau I]; BGH 16.10.1997 VII ZR 64/96 = BGHZ 137, 35 = BauR 1997, 1021 [Schürmannbau II], vgl. dazu auch §§ 644, 645 BGB und § 7 VOB/B). **47**

II. Fertigstellung der Leistung im Wesentlichen

1. Einzelfälle

48 **Grundsätzlich** besteht der **Anspruch des Auftragnehmers auf Abnahme i.S.d. vorangehend gekennzeichneten Billigung jedoch** erst dann, **wenn** die **Leistung fertig gestellt,** d.h. vollendet ist (BGHZ 50, 160, 162 = NJW 1968, 1524; BGH NJW 1964, 647). Dies ist jedoch **nicht zwingend.** Vielmehr ist eine Abnahme – auch stillschweigend – auch schon möglich, wenn bestimmte für die abschließende Beurteilung **nicht** unbedingt **wichtige Einzelleistungen noch ausstehen** (vgl. BGH 29.10.1970 VII ZR 14/69 = WM 1971, 101 und VersR 1972, 640; so wohl auch *v. Craushaar* BauR 1979, 449, der für die Abnahme die Prüfbarkeit der Leistung voraussetzt; vgl. auch *Werner/Pastor* Rn. 1165; *Vygen* Bauvertragsrecht Rn. 370; zu weit gehend *Nicklisch/Weick* § 12 VOB/B Rn. 10, der für den BGB-Bauvertrag völlige Fertigstellung verlangt). Daher genügt es, wenn die Bauleistung fast erbracht ist und die fehlenden Leistungsteile so **unbedeutend** sind, dass sie eine ordnungsgemäße Abnahme der Gesamtleistung nicht ausschließen. Jedoch **muss** die Bauleistung »**funktionell« fertig** sein, d.h., sie muss **ungehindert in den bestimmungsgemäßen Gebrauch übernommen werden können** (*Hochstein* BauR 1975, 221, 222; OLG Düsseldorf BauR 1982, 168). Zur Abnahme fertig sind daher noch nicht nach dem Bauvertrag zu erstellende Gebäude, wenn die dazugehörige und nach demselben Bauvertrag zu errichtende Kläranlage noch nicht fertig ist oder wenn bei einem Wohnhaus der Sockelputz noch nicht hergestellt ist und das vorgesehene Eingangspodest mit Trittstufe noch fehlt (OLG Dresden 7 U 2222/98 = IBR 2001, 359 – *Kamphausen*, Revision nicht angenommen BGH Beschl. VII ZR 79/99). Gleiches hat etwa dann zu gelten, wenn bei Rohbauleistungen das Verschließen von Durchbrüchen und Schlitzen in nennenswertem Umfang fehlt, weil es erst nach Verlegung der entsprechenden Rohre und Leitungen möglich ist. Insgesamt können allgemein **nur geringfügige Arbeiten noch ausstehen**. Im Einzelfall kann das vorangehend Gesagte auch noch zutreffen, wenn bei Errichtung einer technischen Anlage noch die nach dem Vertrag geschuldete technische Dokumentation fehlt, falls diese zur sachgerechten Benutzung der Anlage unumgänglich nötig ist (vgl. dazu BGH NJW-RR 1993, 1461). Dagegen spielt der Umstand, dass wegen einzelner Mängel Nachbesserung verlangt wird, für die Möglichkeit einer wirksamen Abnahme keine Rolle. Möglich ist als **Ausnahmefall** allerdings auch, dass die nach dem Vertrag von dem Auftragnehmer (z.B. Nachunternehmer) geschuldete Leistung **an sich fertig** ist, ihre Sachgerechtheit nach zwangsläufig damit verbundenen technischen Beurteilungskriterien aber **erst beurteilt werden kann, wenn eine weitere Leistung erbracht** ist, wie z.B. bei einem auf die bloße Stahlarmierung beschränkten Auftrag, auf den anschließend die Betonierungsarbeiten erfolgen. Dann dürfte die Stahlarmierung erst für den Zeitpunkt der Beendigung der Betonierungsarbeiten in dem hier erörterten Sinne »**fertig« sein, um als abnahmereif zu gelten.** Wird die **schlüsselfertige Erstellung** einer Leistung geschuldet, so ist die erwähnte Voraussetzung gegeben, **wenn die Leistung benutzt** – z.B. das Haus bezogen – **werden kann und der Auftragnehmer eine in der Hauptsache vertragsmäßige,** den Auftraggeber zur Abnahme verpflichtende Leistung erbracht hat (BGH 27.5.1974 VII ZR 151/72; vgl. *Schmidt* MDR 1975, 710, 711). Daraus folgt zugleich, dass beim schlüsselfertigen Bauen grundsätzlich unabhängig von der so genannten Baubeschreibung die ordnungsgemäße Leistung in Bezug auf die **uneingeschränkte Bezugsfertigkeit** geschuldet wird, und zwar im Hinblick auf die **dauerhafte – vorgesehene – Benutzungsfähigkeit** (vgl. auch OLG Hamm NJW-RR 1993, 594), wenn auch – wie in allen sonstigen bauvertraglichen Fällen – einzelne geringfügige Mängel oder fehlende Teile die Abnahmereife noch nicht beeinträchtigen.

2. Freiwillige Abnahme auch vorher möglich

49 Die Pflicht des Auftraggebers, die Leistungen des Auftragnehmers bei Abnahmereife abzunehmen, lässt sein Recht unberührt, dies auch freiwillig schon vorher zu tun (*Kaiser* Mängelhaftungsrecht Rn. 38; Beck'scher VOB-Komm./*Jagenburg* Vor § 12 VOB/B Rn. 82; *Thode* ZfBR 1999, 116, 117). Nimmt der Auftraggeber ab, treten die Erfüllungswirkungen der Abnahme ein, unabhängig davon, ob die abgenommene Werkleistung abnahmereif und damit erfüllungstauglich war (*Thode* a.a.O.). Etwas anderes gilt für die **fiktive Abnahme**. Diese setzt voraus, dass das geschuldete Werk im Wesentlichen fertig gestellt und nicht mit wesentlichen Mängeln behaftet ist (BGH 21.12.1978 VII ZR 269/72 = BauR 1979, 159 = NJW 1979, 650; BGH 20.4.1989 VII ZR 334/87 = BauR 1989, 603 = ZfBR 1989, 202 = NJW-RR 1989, 979).

D. AGB-Klauseln

Als Verstoß gegen § 309 Nr. 8b ff. BGB gilt bei einem **BGB-Bauvertrag** eine Klausel, wonach das Vertragsobjekt spätestens mit Einzug als abgenommen gilt, zumal es beim BGB-Bauvertrag **keine Abnahmefiktion** durch Inbenutzungnahme gibt (vgl. OLG Hamm OLGR 1994, 74). 50

Ansonsten (auch für den Bereich von § 12 VOB/B):

Zur Unwirksamkeit einer in AGB – insbesondere zusätzlichen Vertragsbedingungen – enthaltenen Klausel, nach der die Abnahme von einer so genannten »Mängelfreibescheinigung« eines Dritten, wie z.B. des Erwerbers des Bauwerkes oder eines Teils desselben, abhängig gemacht wird: (*Korbion/Locher* Rn. 106). Auch kann eine Vertragsbestimmung dahin gehend, dass die Abnahme frühestens nach Bezugsfertigkeit der letzten Wohneinheit oder bei Übergabe des Objekts/Gemeinschaftseigentums an die Kunden des Auftraggebers stattfinden soll, gegen **§§ 308 Nr. 1, 307 BGB (§ 10 Nr. 1, 9 AGBG a.F.) verstoßen,** wenn der Auftraggeber Verwender entsprechender AGB ist (BGH BauR 1997, 302 = NJW 1997, 394; LG München I SFH § 9 AGB-Gesetz Nr. 1 sowie OLG München BB 1984, 1386; vgl. auch OLG Nürnberg Betrieb 1980, 1393 sowie OLGZ 1980, 217; ferner *Bühl* BauR 1984, 237, 239). **Gleiches gilt für eine Klausel, nach der die Abnahme der Werkleistung eines Auftragnehmers erst bei oder durch die Abnahme des Gesamtobjekts durch die Erwerber oder den Hauptauftraggeber erfolgt oder von einer Behörde abhängig gemacht wird** (BGH BauR 1989, 322 = NJW 1989, 1602; BGH BauR 2001, 621 = NJW-RR 2001, 519; OLG Düsseldorf BauR 1999, 497; OLG Düsseldorf BauR 2002, 482). Der BGH stellt dabei in BauR 2001, 621 klar, dass auch beim VOB-Vertrag eine unwirksame Verjährungsregelung nach § 306 Abs. 2 BGB (§ 6 Abs. 2 AGBG a.F.) durch die fünfjährige Gewährleistungsfrist des § 634a Abs. 1 Nr. 2 BGB (§ 638 Abs. 1 BGB a.F.) ersetzt wird und nicht durch die Gewährleistungsfrist aus § 13 Nr. 4 VOB/B. Zumindest ein Verstoß gegen **§ 307 BGB** ist es auch, wenn bei öffentlichen Aufträgen die **Abnahme von der einer vorgesetzten Dienststelle,** die nicht Vertragspartnerin ist, abhängig gemacht wird. Entsprechend ist eine Klausel zu beurteilen, dass die Abnahme erst nach der **baubehördlichen Gebrauchsabnahme** des Gesamtbauwerkes erfolgen kann, vor allem, wenn es sich bei dem betreffenden Vertrag lediglich um eine Teilleistung im Rahmen eines zu erstellenden Bauwerks handelt (*Frikell/Glatzel/ Hofmann* K 12.10; vgl. dazu auch *Korbion/Locher* Rn. 106). Ferner gilt dies für die Bestimmung, nach Abschluss aller Arbeiten, d.h. bei Bezugsfertigkeit des Gebäudes, erfolge eine **einmalige förmliche Abnahme, zu der von der Bauleitung eingeladen werde** (BGH BauR 1991, 740 = NJW-RR 1991, 1238). Ebenso trifft das auf eine Klausel zu, wonach die Abnahme vom Auftragnehmer ohne zeitliche Schranke erst verlangt werden kann, wenn das **Bauwerk in seiner Gesamtheit gebrauchsfertig erstellt ist** oder ganze Teilbereiche fertig sind, **wenn diese in verschiedene Aufträge aufgeteilt sind** (BGH BauR 1989, 322 = NJW 1989, 1602; BGH BauR 1989, 727 = NJW 1990, 43). Der durch das Gesetz eingeräumte Wertungsspielraum dürfte in einem solchen Fall überschritten sein, wenn die Leistung des Auftragnehmers erhebliche Zeit vor der Bezugsfertigkeit abgeschlossen ist und im Hinblick auf ihre Vertragsgemäßheit weitaus früher beurteilt werden kann. Gleiches gilt für eine Klausel, dass die **Abnahme erst nach Fertigstellung des gesamten inneren Ausbaus** erfolge, zumal es **in der Hand des Auftraggebers** liegt, **weitere Innenausbauarbeiten,** die nicht im Auftrag des Auftragnehmers liegen und davon abhängig sind, **zeitverzögert zu vergeben** und dadurch die Abnahme gerade auch der längst fertig gestellten Leistungen des Auftragnehmers hinauszuschieben. Ein unzulässiges Hinausschieben der Abnahme und damit ein Verstoß gegen §§ 308 Nr. 1, 307 BGB liegt in der Klausel, **die Leistungen des Auftragnehmers bedürften der förmlichen Abnahme, die im Zeitpunkt der Übergabe des Hauses** – bei Eigentumswohnungen bei Übergabe des Gemeinschaftseigentums – **an den Kunden des Auftraggebers erfolge**, es sei denn, dass eine solche Abnahme nicht binnen 6 Monaten nach Fertigstellung der Leistung des Auftragnehmers erfolgt sei und der Auftragnehmer schriftlich die Abnahme verlange; hier wird das Risiko der Gefahrtragung sowie der Mängelhaftung und auch des Erhalts der Schlussvergütung jedenfalls für ein halbes Jahr nach Fertigstellung der Leistung unzulässig auf den Auftragnehmer verlagert (BGH BauR 1989, 322 = NJW 1989, 1602; ferner in der gleichen Sache OLG München NJW-RR 1987, 661; vgl. dazu auch OLG München BB 1984, 1386). Erst recht gilt dies bei **Verträgen mit Auftragnehmern, die nicht die endgültige** (z.B. auch schlüsselfertige) **Herstellung schulden, sondern nur einen Teilbereich**, wie etwa der Rohbauunternehmer (vgl. *Korbion/Locher* Rn. 106). Ebenso trifft dies auf die Klausel in AGB des Auftraggebers zu, wonach die **Leistung nur förmlich abgenommen werde, eine stillschweigende Abnahme ausgeschlossen sei** (vgl. dazu *Korbion/Locher* Rn. 103). In gleicher Weise gilt dies für eine Bestimmung, die **Abnahme erfolge nicht vor einer ausdrücklichen Bestätigung des Auftraggebers, unabhängig davon, wie lange er das hergestellte Werk in Gebrauch genommen habe** (OLG Düsseldorf NJW-RR 1996, 146). Ebenso unwirksam ist eine Klausel, nach der die **Abnahme durch Ingebrauchnahme ausgeschlossen** ist, **falls der Auftraggeber sich außerdem einseitig vorbehält, einen Abnahmetermin durch seine Bauleiter festzusetzen**, ohne dafür eine Frist oder eine sonstige Einwirkungsmöglichkeit des Auftragnehmers in Bezug auf die Abnahme vorzusehen (BGH 25.1.1996 VII ZR 233/94 = BauR 1996, 378 = NJW 1996, 1346). Auch kann eine Klausel, wonach die **Abnahme einer Subunternehmerleistung von der Abnahme des Gesamtbauwerks oder/und der baubehördlichen Endabnahme abhängig** gemacht wird, gegen § 308 Nr. 1 BGB bzw. § 307 BGB verstoßen. In Allgemeinen Geschäftsbedingungen eines Auftragnehmers verstößt eine **Klausel, nach der der Auftraggeber auch bei Vorhandensein erheblicher Baumängel das Bauwerk bei Einzug abzunehmen hat und anderenfalls Mängelbeseitigungsansprüche ausgeschlossen sind**, gegen § 307 BGB, da sie den Auftraggeber unangemessen benachteiligt (OLG Oldenburg OLGR 1996, 266).

Hinnehmbar ist dagegen eine Klausel, wonach in Verlängerung der in § 12 Nr. 1 VOB/B vorgesehenen Frist von zwölf Werktagen diese auf 24 Arbeitstage erweitert wird (BGH 16.12.1982 VII ZR 92/82 = BGHZ 86, 135 = BauR 1983, 161; BGH 23.2.1989 VII ZR 89/87 = BauR 1989, 322 = NJW 1989, 1602).

E. Die Wirkungen der Abnahme

I. Beendigung des Erfüllungsstadiums; Umkehr der Beweislast; Übergang der Leistungsgefahr

1. Beendigung des Erfüllungsstadiums

51 Dadurch, dass **durch die Abnahme** des Auftraggebers die im Wesentlichen vertragsgerechte Erfüllung der Leistungspflicht des Auftragnehmers zum Ausdruck gebracht wird, **endet an sich das** vor allem durch § 4 VOB/B umrissene **Erfüllungsstadium, und es beginnt das Stadium der Gewährleistung,** das durch § 13 VOB/B ausgefüllt wird. Damit **endet auch die Vorleistungspflicht des Auftragnehmers** (BGH 4.6.1973 VII ZR 112/71 = BauR 1973, 313). Dabei ist es ohne Belang, ob die Leistung des Auftragnehmers einwandfrei oder noch fehlerhaft ist (BGH 22.3.1984 VII ZR 50/82 = BauR 1984, 395 = NJW 1984, 1676). Auch ist es für die genannte Wirkung nicht von Bedeutung, wenn sich später – ausnahmsweise – herausstellt, dass die vom Auftragnehmer geschuldete Leistung insgesamt mangelhaft ist und eine ordnungsgemäße Nachbesserung nur in einer Neuherstellung dieser Leistung liegen kann.

2. Umkehr der Beweislast

Durch die Abnahme wird zugleich **die Beweislast hinsichtlich der Vertragsgerechtheit der Leistung umgekehrt.** Von der Abnahme an braucht nicht mehr der Auftragnehmer die vertragsgerechte Erfüllung der Leistung auf eine konkrete Mangelrüge des Auftraggebers hin im Einzelnen darzulegen und zu beweisen, sondern die **Beweislast für etwaige Mängel liegt von diesem Zeitpunkt ab beim Auftraggeber.** Dies gilt nach BGH (BauR 1997, 129 = NJW-RR 1997, 339; a.A. OLG Hamburg IBR 1998, 292 m. ablehnender Anm. *v. Schilling*) nicht für solche Mängel, wegen derer der Auftraggeber **bei der Abnahme einen Vorbehalt nach § 640 Abs. 2 BGB erklärt hat**. Mit diesem Urteil hat der BGH einen langwierigen Meinungsstreit entschieden, indem er die Beweislast für vorbehaltene Mängel der Situation vor der Abnahme und berechtigten Abnahmeverweigerung gleichstellt; der BGH führt wörtlich aus: »*Vor der Abnahme, im Falle ihrer berechtigten Verweigerung oder bei einem Vorbehalt gemäß § 640 Abs. 2 BGB trägt der Unternehmer,* **wenn der Besteller das Vorhandensein eines Mangels substantiiert vorträgt,** *die Beweislast dafür, dass das Werk i.S.d. § 633 Abs. 1 BGB die zugesicherten Eigenschaften hat und nicht mit Fehlern behaftet ist, die den Wert oder die Tauglichkeit zu dem gewöhnlichen oder nach dem Vertrag vorausgesetzten Gebrauch aufheben oder mindern*«. Diese Aussage ist eindeutig (a.A. wohl *Marbach/Wolter* BauR 1998, 36), auch wenn sie nicht näher begründet wird. Hinsichtlich weiterer Abnahmewirkungen bei erklärtem Vorbehalt trifft die Entscheidung keine Aussage; auch dürften die mit der Entscheidung möglicherweise ausgelösten Befürchtungen, der BGH könnte den erklärten Vorbehalt als Teilverweigerung der Abnahme ansehen, unbegründet sein (vgl. *Thode* ZfBR 1999, 116, 120). 52

Regelungen in Allgemeinen Geschäftsbedingungen – etwa in Zusätzlichen Vertragsbedingungen –, z.B. dahin gehend, dass der Auftragnehmer auch nach der Abnahme die Beweislast für die Ordnungsgemäßheit seiner Leistung trägt, verstoßen gegen § 11 Nr. 15a AGB-Gesetz. Das Gleiche gilt im Hinblick auf § 307 Abs. 1 BGB, sofern der Vertragspartner des Verwenders Unternehmer ist (ebenso *Heiermann/Riedl/Rusam* § 12 VOB/B Rn. 14n). 53

3. Grundsätzlich zunächst Ansprüche nach § 13 Nr. 5–7 VOB/B

Nach der Abnahme **konkretisiert sich der Erfüllungsanspruch des Auftraggebers auf die erbrachte Leistung,** und der Auftraggeber kann grundsätzlich nur die sich aus § 13 Nr. 5–7 VOB/B ergebenden Gewährleistungsansprüche, dabei in erster Linie das **Verlangen auf Nachbesserung (Mängelbeseitigung), dabei notfalls auf Neuherstellung,** geltend machen, **ohne dass sich wegen vorhandener Mängel an der erfolgten Abnahme** und deren Wirkungen **etwas ändert**. Dem Vergütungsanspruch des Auftragnehmers kann der Auftraggeber einen – berechtigten – Nachbesserungsanspruch mit der Folge entgegenhalten, dass er zur Zahlung nur **Zug um Zug gegen Nachbesserung** (vgl. §§ 320, 641 Abs. 3, 322 Abs. 1 BGB) verurteilt wird (vgl. BGH 14.2.1980 VII ZR 229/78 BauR 1980, 357). 54

4. Übergang der Leistungsgefahr

Mit der Abnahme geht auch die so genannte **Leistungsgefahr auf den Auftraggeber** über, also die Gefahr für den zufälligen Untergang oder die Gefahr für die zufällige Verschlechterung der hergestellten Leistung, somit in Fällen, die von keiner Vertragspartei zu vertreten sind. 55

II. Beginn der Verjährungsfrist für die Mängelansprüche des Auftraggebers

1. Beginn der Verjährungsfrist

Mit der Abnahme beginnt die Verjährungsfrist für die Mängelbeseitigungsansprüche des Auftraggebers nach § 634a Abs. 2 BGB, § 13 Nr. 4 und Nr. 5 Abs. 1, Nr. 7 Abs. 4 VOB/B, und zwar unabhängig davon, ob etwaige Mängel zu jenem Zeitpunkt erkennbar sind (vgl. OLG Köln OLGZ 1978, 321 für 56 den insoweit vergleichbaren Bereich des Kaufvertrags). Das trifft auch auf solche Ansprüche zu, die bereits vor der Abnahme nach § 4 Nr. 7 S. 1 VOB/B bestanden haben und bei Abnahme noch nicht erledigt sind (BGH 19.12.2002 VII ZR 103/00 = BauR 2003, 689 = NZBau 2003, 265), ebenso grundsätzlich auf den Schadensersatzanspruch nach § 4 Nr. 7 VOB/B. Dabei ist unerheblich, ob die Mängel, die einen Schaden verursacht haben, vor der Abnahme behoben worden sind. Der Zeitpunkt lediglich der Abnahmereife als solche führt demgegenüber nicht dazu, dass die Verjährungsfristen des § 13 Nr. 4 VOB/B oder § 13 Nr. 7 Abs. 4 VOB/B anwendbar sind (BGH 19.12.2002 VII ZR 103/00 = BauR 2003, 689 = NZBau 2003, 265).

2. Nur bei »echter« Teilabnahme

57 Die genannte Wirkung tritt auch bei der **Teilabnahme nach § 12 Nr. 2 VOB/B** ein, nicht jedoch bei der Zustandsfeststellung nach § 4 Nr. 10 VOB/B.

3. Endgültige Ablehnung der Abnahme

58 Erfolgt keine Abnahme, beginnt die Verjährungsfrist mit der endgültigen Ablehnung der Abnahme durch den Auftraggeber (vgl. RGZ 165, 41, 54; BGH 2.5.1963 VII ZR 233/61, JZ 1963, 596 = SFH Z 3.01 Bl. 230; BGH 24.11.1969 VII ZR 177/67 = NJW 1970, 421; BGH BauR 1974, 205). Eine endgültige Ablehnung der Abnahme kann ausnahmsweise auch in der Erklärung der Kündigung des Bauvertrages durch den Auftraggeber liegen (vgl. *Willebrand/Detger* BB 1992, 1801, 1802). Allerdings kommt es hier auf die Umstände des Einzelfalles an; die bloße Kündigung oder die Beauftragung eines anderen Unternehmers mit der Fertigstellung der Leistung reicht für sich allein regelmäßig noch nicht aus, um eine endgültige Abnahmeverweigerung anzunehmen (BGH 11.7.1974 VII ZR 76/72 = NJW 1974, 1707; vgl. ferner OLG Düsseldorf BauR 1980, 276). Dies wird für den Bereich der VOB auch durch die Regelung in Teil B § 8 Nr. 6 belegt.

Auch bei endgültiger Ablehnung der Abnahme gilt für den VOB-Vertrag die **kurze Verjährungsfrist** nach § 13 Nr. 4 VOB/B, wenn keine längere Frist vereinbart ist (vom BGH a.a.O. offengelassen). Denn die endgültige Ablehnung der Abnahme hat nur die Wirkung der Abnahme, ohne auf die jeweils maßgebende Verjährungsfrist für Gewährleistungsansprüche ändernden Einfluss auszuüben. Einzelheiten zu Abnahmeverweigerung siehe Kommentierung zu § 12 Nr. 3 VOB/B.

III. Übergang der Vergütungsgefahr

59 Die **Gefahr bezüglich der Vergütung für die abgenommene Bauleistung** geht auf den Auftraggeber über (§ 644 BGB, § 12 Nr. 6 VOB/B), soweit er sie nicht schon nach § 7 VOB/B trägt.

IV. Möglicher Ausschluss von Vertragsstrafen

60 Der Auftraggeber kann eine verwirkte **Vertragsstrafe** neben der Leistungserfüllung nur verlangen, **wenn** er sich dieses Recht **bei der Abnahme ausdrücklich vorbehalten** hat (§ 341 Abs. 3 BGB, § 11 Nr. 4 VOB/B). Der BGH hält auch in Allgemeinen Geschäftsbedingungen eine Klausel für zulässig, wonach sich der Besteller die Vertragsstrafe nicht schon bei der Abnahme vorbehalten muss, sondern er sie vielmehr noch bis zur Schlusszahlung geltend machen darf (BGH 12.10.1978 VII ZR 139/75 = BGHZ 72, 222 = BauR 1979, 56; BGH 13.7.2000 VII ZR 249/99 = BauR 2000, 1758 = NJW-RR 2000, 1468).

V. Möglicher Ausschluss von Gewährleistungsansprüchen (§ 640 Abs. 2 BGB)

1. Nur Ausschluss von Mangelbeseitigung und Minderung, nicht aber von Schadensersatz

Der Auftraggeber kann, **wenn er ein mangelhaftes Werk trotz Kenntnis des Mangels abgenommen hat,** beim BGB-Bauvertrag die sich aus § 634 Nrn. 1–3 BGB n.F. ergebenden Rechte nur geltend machen, **wenn er sich diese bei Abnahme vorbehalten hat, wie aus § 640 Abs. 2 BGB hervorgeht.** Das Gleiche ergibt sich schon im Ausgangspunkt **auch für die Abnahme beim VOB-Vertrag,** wie aus Sinn und Zweck der Bestimmungen in § 12 Nr. 4 Abs. 1 S. 4 und Nr. 5 Abs. 3 VOB/B folgt, da diese Regelungen ersichtlich auf die von § 640 Abs. 2 BGB festgelegte Rechtsfolge abgestellt sind. Der **Ausschluss des § 640 Abs. 2 BGB** in AGB nimmt der VOB/B zumindest die Ausgewogenheit, so dass sie **nicht mehr als Ganzes** vereinbart ist (BGH 6.6.1991 VII ZR 101/90 = BauR 1991, 740 = NJW-RR 1991, 1238). 61

a) Vorbehalt nur bei verschuldensunabhängigen Mängelansprüchen erforderlich
Wie der ausdrücklich auf § 634 Nrn. 1–3 BGB bezogene Hinweis in § 640 Abs. 2 BGB ergibt, bezieht sich die vorgenannte Einschränkung allerdings **nur auf diejenigen Gewährleistungsansprüche, die unabhängig von einem etwaigen Verschulden des Auftragnehmers** im Hinblick auf die betreffende mangelhafte Leistung sind. **Dagegen werden davon die in § 634 Nr. 4 BGB genannten Schadensersatz- und Aufwendungsersatzansprüche ausdrücklich nicht erfasst,** es sei denn, der Auftraggeber hat auf die Verfolgung solcher Ansprüche erkennbar Verzicht geleistet (vgl. BGH 8.11.1973 VII ZR 86/73 = BGHZ 61, 369 = BauR 1974, 59; *Staudinger/Peters* § 640 BGB Anm. 17; *MüKo/Busche* § 640 BGB Rn. 33 f.; *Nicklisch/Weick* § 12 VOB/B Rn. 28; zutreffend dazu vor allem BGH 12.5.1980 VII ZR 228/79 = BGHZ 77, 134 = BauR 1980, 460, vgl. ferner *Festge* BauR 1980, 432 sowie insbesondere *Keilholz* BauR 1982, 121). Ebenso wenig gehen, da in § 640 Abs. 2 BGB nicht erwähnt, Schadensersatzansprüche wegen Pflichtverletzungen nach §§ 280, 241 Abs. 2 BGB verloren. Beim VOB-Vertrag sind hiernach Ansprüche gemäß § 13 Nr. 5 und 6 VOB/B, nicht aber nach § 13 Nr. 7 VOB/B ausgeschlossen (so auch OLG Köln NJW-RR 1993, 211). 62

b) Entbehrlichkeit auch bei gerichtlich anhängigem Verfahren
Entbehrlich ist überdies ein Vorbehalt, wenn im Zeitpunkt der Abnahme wegen des betreffenden Mangels bereits ein Prozess anhängig ist. Es wäre nutzlose Förmlichkeit, auch hier einen Vorbehalt zu verlangen, weil ein solcher nicht klarer zum Ausdruck kommen kann als dadurch, dass um den betreffenden Mangel zur Zeit der Abnahme bereits prozessiert wird. **Gleiches** gilt, wenn im **genannten Zeitpunkt ein selbstständiges Beweisverfahren,** das sich auf den betreffenden Mangel bezieht, gegen den Auftragnehmer anhängig und noch nicht abgeschlossen ist. Zwar wird darum noch nicht ein echter Streit i.S. eines Prozesses geführt. Aber angesichts dessen, dass der Vorbehalt keinesfalls bereits ein Geltendmachen voraussetzt, sondern nur das erklärte Aufrechterhalten etwaiger Geltendmachung, muss auch insoweit ein Vorbehalt entbehrlich sein (vgl. OLG Köln BauR 1983, 463). 63

c) Einschränkung des Vorbehaltserfordernisses auch beim VOB-Vertrag
Das zur Beschränkung der Notwendigkeit des Vorbehalts Gesagte **gilt auch für den Bereich der VOB,** da die Bestimmungen in § 12 Nr. 4 Abs. 1 S. 4 und Nr. 5 Abs. 3 VOB/B (vgl. dazu § 12 Nr. 4 Rn. 15 ff. und § 12 Nr. 5 Rn. 29) gerade auf die für § 640 Abs. 2 BGB maßgebenden Rechtsfolgen hinweisen, so dass **auch hier Schadensersatzansprüche aus Pflichtverletzung nach §§ 280, 241 Abs. 2 BGB und aus § 13 Nr. 7 VOB/B** auch dann **noch über die Abnahme hinaus fortbestehen,** wenn sie sich der Auftraggeber trotz Kenntnis des Mangels bei der Abnahme nicht vorbehalten hatte (BGH 12.6.1975 VII ZR 55/73 = BauR 1975, 344 = NJW 1975, 1701; OLG Nürnberg NJW-RR 1986, 1346). Dabei hat der BGH konsequent zum Ausdruck gebracht, dass ein **Vorbehalt auch bei einem Schadensersatzanspruch nach § 4 Nr. 7 S. 2 VOB/B entbehrlich** ist, zumal es sich hier um einen letztlich auf Pflichtverletzung nach §§ 280, 241 Abs. 2 BGB gegründeten Anspruch handelt. 64

Der dem Auftragnehmer auch ohne Vorbehalt noch verbleibende **Schadensersatzanspruch besteht dann nur noch in Geld** (so mit Recht BGH 8.11.1973 VII ZR 246/72 = BGHZ 61, 369 = BauR 1974, 59) wozu vor allem auch Mängelbeseitigungskosten gehören können (BGH 12.5.1980 VII ZR 228/79 = BGHZ 77, 134 = BauR 1980, 460).

d) Pflicht des Auftraggebers zur Entgegennahme angebotener Mangelbeseitigung

65 Allerdings ist der **Auftraggeber verpflichtet,** eine ihm in der hier erörterten Situation **dennoch vom Auftragnehmer angebotene Nachbesserung** anstelle des Schadensersatzes in Geld **hinzunehmen.** Dies setzt aber die ernsthafte Bereitschaft und die unverzügliche, sachgerechte – keinesfalls nur unzulängliche – Nachbesserung durch den Auftragnehmer voraus. Diese Folge ergibt sich besonders für die VOB aus deren Gewährleistungssystem und dem darin eingeordneten Schadensersatzanspruch nach § 13 Nr. 7 VOB/B. Daraus folgt besonders, **dass grundlegender und weitaus vorrangiger Gewährleistungsanspruch die Nachbesserung** ist, weil davon auszugehen ist, dass der bauende Auftraggeber in erster Linie eine taugliche Bauleistung haben möchte, nicht aber vorrangig Geldersatz neben mangelhafter Leistung. Daher muss der Auftraggeber eine in rechter Art und Weise angebotene und dann auch durchgeführte Nachbesserung anstelle des Schadensersatzanspruches nach § 13 Nr. 7 VOB/B hinnehmen; dann kann er Schadensersatz nur noch hinsichtlich dessen verlangen, was evtl. nach erfolgter ordnungsgemäßer Nachbesserung als auf den Mangel zurückzuführender Schaden noch übrig geblieben ist (vgl. dazu zutreffend OLG Köln SFH Z 2.414.1 Bl. 17 m. zustimmender Anm. *Hochstein*). **Grundlegende Voraussetzung** ist hier allerdings, dass der Auftraggeber Schadensersatz nach § 13 Nr. 7 VOB/B geltend macht, weil seine vorherige ordnungsgemäße Nachbesserungsaufforderung vom Auftragnehmer unter Hinweis auf die Ausschlusswirkung des § 640 Abs. 2 BGB zurückgewiesen worden ist. Ist das nicht der Fall, etwa deswegen, weil der Auftraggeber von vornherein das Hindernis des § 640 Abs. 2 BGB erkannt und deswegen sogleich Ansprüche nach § 13 Nr. 7 VOB/B geltend gemacht hat, so wird er jedenfalls gehalten sein, vorprozessual die Nachbesserungsbereitschaft des Auftragnehmers zu klären, um nicht einer Kostenfolge nach § 93 ZPO im späteren Prozess ausgesetzt zu sein (insoweit zutreffend *Hochstein* a.a.O.).

2. Abnahme in Kenntnis des Mangels

66 Die vorangehenden Erörterungen gelten – auch beim VOB-Vertrag – nur für den Fall, dass der Auftraggeber in Kenntnis eines Mangels die Abnahme vornimmt. Dazu gehört das **positive Wissen des Auftraggebers, durch welchen Fehler der Wert oder die vertragsmäßige Tauglichkeit des Werkes aufgehoben oder gemindert wird; nur dann kennt er** den Fehler in der sich aus § 633 BGB (13 Nr. 1 VOB/B) ergebenden Bedeutung (BGH 22.10.1969 VIII ZR 196/67 = NJW 1970, 383). Bloßes »**Kennenmüssen**«, wie z.B. auch nach den vorliegenden Plänen oder den einschlägigen bauordnungsrechtlichen Bestimmungen, reicht somit **nicht** schon für den Ausschluss der genannten Gewährleistungsansprüche. Insoweit kommt auch **nicht § 254 BGB neben § 640 Abs. 2 BGB** zur Anwendung (BGH 28.6.1978 VIII ZR 112/77 = NJW 1978, 2240). Dabei sind in der Praxis häufig Fälle denkbar, in denen der Auftraggeber nur von der äußeren Mangelerscheinung Kenntnis hat, nicht aber von der eigentlichen Mangelursache, die oft weitreichender und tiefgehender ist. Für diesen Fall ist im Zweifel nicht schon der Verlust des Mängelbeseitigungsanspruchs anzunehmen, es sei denn, dem Auftraggeber ist nicht nur die Mangelerscheinung, sondern auch deren Ursache sozusagen gleichgültig (vgl. dazu auch *Weise* BauR 1991, 19, 28). Das dürfte ein ausgesprochener Ausnahmefall sein, der der besonderen Beweisbelastung des Auftragnehmers unterliegt.

67 In etwas anderer Hinsicht ist die Frage zu betrachten, unter welchen Voraussetzungen der **Auftragnehmer** im Einzelfall den **von ihm zu erbringenden Nachweis** dafür **geführt** hat, dass der **Auftraggeber** im Zeitpunkt der Abnahme den **Mangel gekannt** hat. Hierfür kann es – je nach den Umständen – genügen, wenn der Mangel so klar und gravierend in Erscheinung getreten ist, dass der Auftraggeber ihn bei der Abnahme einfach nicht übersehen haben kann. Dies gilt ganz besonders bei einem sachkundigen Auftraggeber. Das ist jedoch nur nach dem jeweiligen Einzelfall und mit **äußerster Vorsicht und Zurückhaltung** zu beurteilen, da der **Auftragnehmer** grundsätzlich den **vollen Beweis** dafür **zu erbringen** hat, dass der Auftraggeber den Mangel bei der Abnahme gekannt hat.

3. Über § 640 Abs. 2 BGB hinausgehende Einschränkungen von Mängelansprüchen in AGB

Über den Rahmen des § 640 Abs. 2 BGB hinausgehende Einschränkungen von Gewährleistungsansprüchen auf Nachbesserung und/oder Minderung **verstoßen im Geltungsbereich AGB-rechtlicher Bestimmungen gegen §§ 309 Nr. 8b) aa) und 307 BGB**. Das gilt aber **auch für Individualverträge,** wenn dort lediglich formelhaft und ohne eingehende Erörterung der einschneidenden Rechtsfolgen die Freizeichnung auf alle bei der Abnahme »erkennbaren Mängel« erfolgt (vgl. BGH 20.2.1986 VII ZR 318/84 = BauR 1986, 345 = NJW-RR 1986, 1026). Dies dürfte über den vom BGH entschiedenen Fall (Veräußerung neu errichteter oder noch zu errichtender Eigentumswohnungen und Häuser) hinaus **generell** für Bauverträge mit privaten Bauherren gelten. **68**

VI. Ansonsten Verlust der Gewährleistungsansprüche nur bei Verzicht des Auftraggebers

Die Gewährleistungsansprüche werden, abgesehen von der in Rn. 61 ff. genannten Ausnahme, durch die Abnahme sonst nicht ausgeschlossen. Also werden dem Auftraggeber die Rechte aus den §§ 634 ff. BGB n.F. nicht genommen, sondern sie werden als eigentliche Gewährleistungsansprüche zu jenem Zeitpunkt erst existent (vgl. Rn. 49 ff. sowie BGH 22.10.1970 VII ZR 71/69 = NJW 1971, 99) es sei denn, dass der Auftraggeber **bei** der **Abnahme ausdrücklich oder stillschweigend** auf die Geltendmachung von Gewährleistungsansprüchen **verzichtet** hat, woran **strenge Anforderungen** zu stellen sind. Für einen solchen **Ausnahmetatbestand** trägt der **Auftragnehmer die Beweislast. Das Gleiche gilt** hinsichtlich der Rechte aus § 13 VOB/B. **69**

VII. Beginn des Abrechnungsstadiums

Der **Vorgang der endgültigen Abrechnung i.S.d. Erfüllung durch Bezahlung der Bauleistung beginnt spätestens mit der Abnahme.** Das betrifft vor allem die **schon nach der Fertigstellung (also nicht erst nach der Abnahme)** vom Auftragnehmer **zu erstellende Schlussrechnung (§ 14 Nr. 3 VOB/B) und die daraufhin vom Auftraggeber zu leistende Schlusszahlung** (§ 16 Nr. 3 VOB/B). Das gilt auch, wenn die Abnahme vom Auftraggeber zu Unrecht verweigert worden ist. **70**

Zur **Fälligkeit der Schlusszahlung** siehe § 16 VOB/B. Daraus, dass spätestens mit der Abnahme der Vorgang der endgültigen Abrechnung bzw. Bezahlung beginnt, folgt zugleich, dass die **Abnahme** eine, **wenn auch nur eine, Voraussetzung für die Fälligkeit der Schlusszahlung ist, insoweit** also kein Unterschied zu § 641 BGB besteht. Ferner müssen hier für die Fälligkeit noch eine **ordnungsgemäße Abrechnung nach § 14 VOB/B, darüber hinaus und zusätzlich zu § 641 BGB** noch grundsätzlich der **Zeitablauf von zwei Monaten nach Einreichung der Schlussrechnung** (§ 16 Nr. 3 Abs. 1 VOB/B) **hinzukommen,** um die Fälligkeit oder Schlusszahlung herbeizuführen. Für diejenigen Fälle, in denen die Abnahme – ausnahmsweise – nicht Fälligkeitsvoraussetzung für die Schlusszahlung ist, insbesondere für den Fall der Durchgriffsfälligkeit nach § 641 Abs. 2 BGB oder in denjenigen Fällen, in denend das Abrechnungsstadium deshalb begonnen hat, weil der Auftraggeber statt Erfüllung nunmehr Schadensersatz verlangt (vgl. BGH 10.10.2002 VII ZR 315/01 = BauR 2003, 88; BGH 16.5.2002 VII ZR 479/00 = BauR 2002, 1399; BGH 23.6.2005 VII ZR 197/03 = BauR 2005, 1477; BGH 22.9.2005 VII ZR 117/03 = BauR 2005, 1913, siehe Kommentierung zu § 16 VOB/B).

§ 12 Nr. 1
[Abnahme auf Verlangen des Auftragnehmers]

Verlangt der Auftragnehmer nach der Fertigstellung – gegebenenfalls auch vor Ablauf der vereinbarten Ausführungsfrist – die Abnahme der Leistung, so hat sie der Auftraggeber binnen 12 Werktagen durchzuführen; eine andere Frist kann vereinbart werden.

Inhaltsübersicht Rn.
- A. Allgemeine Grundlagen 1
- B. Abnahmeverlangen – Frist zur Abnahme 4
- C. Erklärte Abnahme 9
  - I. Ausdrückliche erklärte Abnahme 10
  - II. Stillschweigend (konkludent) erklärte Abnahme 11
    1. Einzelfälle 11
    2. Stillschweigende (konkludente) Abnahme keine fiktive Abnahme nach § 12 Nr. 5 Abs. 2 VOB/B 16
- D. Kosten der Abnahme 17
- E. Folgen grundloser Nichtabnahme 18
  - I. Annahmeverzug 18
  - II. Schuldnerverzug 19
  - III. Klage auf Abnahme 22

Aufsätze: *Cuypers* Die Abnahme beim Bauvertrag in Theorie und Praxis BauR 1990, 535; *Schmidt* Abnahme im Bauvertrag und MaBV BauR 1997, 216; *Thode* Werkleistung und Erfüllung im Bau- und Architektenvertrag ZfBR 1999, 116; *Siegburg* Zur Abnahme als Fälligkeitsvoraussetzung beim Werklohnanspruch (Teil 1) ZfIR 2000, 841; *Siegburg* Zur Abnahme als Fälligkeitsvoraussetzung beim Werklohnanspruch (Teil 2) ZfIR 2000, 941; *Rester* Kann der Unternehmer die Inbesitznahme der Werkleistung durch den die Abnahme verweigernden Besteller verhindern? BauR 2001, 1819.

A. Allgemeine Grundlagen

1 Nach **Nr. 1** hat der Auftraggeber die **Abnahme** der fertig gestellten Bauleistung **innerhalb von 12 Werktagen** durchzuführen, **falls** der **Auftragnehmer** die Abnahme nach der Fertigstellung **verlangt**.

2 Nr. 1 bezieht sich nur auf die Abnahme der vertraglichen Gesamtleistung. Teilabnahmen regeln sich nach Nr. 2.

3 Die Regelung der Nr. 1 dient dazu, möglichst **eindeutig festzulegen, wann der Auftraggeber zur Abnahme verpflichtet** ist, wann er damit zunächst in Annahmeverzug gerät sowie wann und unter welchen Voraussetzungen dann Schuldnerverzug des Auftraggebers vorliegt.

B. Abnahmeverlangen – Frist zur Abnahme

4 Die in Nr. 1 geregelte Abnahmepflicht des Auftraggebers setzt ein **Verlangen des Auftragnehmers** voraus. Die entsprechende – empfangsbedürftige – Willenserklärung des Auftragnehmers muss das **unzweifelhafte Abnahmeverlangen als solches** (nicht etwa nur begrenzt auf die förmliche Abnahme nach Nr. 4) zum Ausdruck bringen. Es ist dabei nicht erforderlich, dass das Wort »Abnahme« gebraucht wird; entscheidend ist der gegenüber dem Auftraggeber zweifelsfrei zum Ausdruck gebrachte Wille, die fertige Leistung nunmehr gebilligt zu bekommen. Eine besondere **Form** für ein solches Begehren des Auftragnehmers ist **nicht vorgeschrieben;** es genügt eine mündliche Aufforderung. Allerdings ist es ratsam, aus Beweisgründen die Schriftform zu wählen.

Abnahme auf Verlangen des Auftragnehmers § 12 Nr. 1 VOB/B

Ein darüber hinausgehendes Erfordernis, etwa das Verlangen in Zusätzlichen Vertragsbedingungen des Auftraggebers, dass die Abnahme von dem Auftragnehmer durch eingeschriebenen Brief zu beantragen ist, verstößt nicht gegen § 307 BGB (§ 309 Nr. 13 BGB schützt nur Verbraucher), zumal im kaufmännischen Verkehr üblicherweise Erklärungen von besonderer Wichtigkeit ohnehin per Einschreiben abgegeben werden. Das gilt hier umso mehr, als die Berechnung der in § 12 Nr. 1 VOB/B genannten Frist zur Abnahme dann leichter nachvollzogen werden kann (ebenso *Ulmer/Brandner/Hensen/Schmidt* § 11 Nr. 16 Rn. 11; *Heiermann/Linke* Nr. 11.16.5; *Löwe/v. Westphalen/Trinkner* § 11 Nr. 16 Rn. 11; *Wolf/Horn/Lindacher* § 11 Nr. 16 Rn. 16; a.A. *Schlosser/Coester-Waltjen/Graba* § 11 Nr. 16 Rn. 10). 5

Das Abnahmeverlangen kann **nicht erst** gestellt werden, wenn die Gesamtleistung **restlos fertig** ist, sondern auch **schon, wenn nur noch unwesentliche Leistungsteile fehlen.** In diesem Sinne muss die Leistung allerdings **abnahmereif** sein, wie durch die Wendung »nach der Fertigstellung« in Nr. 1 klar gestellt ist (vgl. OLG Düsseldorf BauR 1976, 433). 6

Die in Nr. 1 geregelte **Abnahmepflicht des Auftraggebers** ist auch nicht vom Ablauf der Ausführungsfrist abhängig. Das Abnahmeverlangen kann nach Fertigstellung der vertraglichen Leistung gestellt werden, **ohne Rücksicht darauf, ob die vorgesehene Ausführungsfrist schon abgelaufen ist oder nicht.** 7

Richtiger Adressat des Abnahmeverlangens ist der Auftraggeber (und nicht der Architekt). Mit Zugang der Aufforderung des Auftragnehmers beginnt die in Nr. 1 genannte Regelfrist von 12 Werktagen zu laufen. Eine andere Frist kann vereinbart werden, vgl. § 12 Nr. 1 VOB/B. Geschieht dies in Allgemeinen Geschäftsbedingungen, sind durch die AGB-rechtlichen Bestimmungen des BGB Grenzen gesetzt. Eine Fristverlängerung von zwölf auf 24 Werktage hat der BGH (Urt. v. 16.12.1982 VII ZR 92/82 = BGHZ 86, 135 = BauR 1983, 161) nicht beanstandet. Für den **Fristbeginn** und den **Fristenlauf** gelten die gesetzlichen Vorschriften der §§ 186 ff. BGB, allerdings mit der Maßgabe, dass **nur Werktage** gerechnet werden. In die Frist fallende Samstage werden hier mitgerechnet, es sei denn, bei dem letzten Tag der Frist handelt es sich um einen Samstag. Dann ist Fristablauf erst am darauffolgenden Montag (§ 193 BGB). 8

C. Erklärte Abnahme

Nr. 1 bezieht sich auf die vor allem von § 640 BGB erfasste **erklärte Abnahme,** also die nach außen in Erscheinung tretende Willensäußerung, die Leistung als im Wesentlichen vertragsgerecht entgegenzunehmen. Das **gilt** insoweit **auch für die Teilabnahme nach Nr. 2** und in ähnlicher Weise auch für die **förmliche Abnahme nach Nr. 4,** nicht dagegen für die lediglich **fingierte (fiktive) Abnahme nach Nr. 5,** die als besondere Art der Abnahme und in ihrer Gültigkeit lediglich auf den VOB-Vertrag beschränkt ist. 9

Der hier erörterte **Normalfall der erklärten Abnahme verlangt nicht den ausdrücklich erklärten** Abnahmewillen, vielmehr **genügt** es für diese Abnahme auch, wenn auf andere Weise **schlüssig** – stillschweigend bzw. konkludent – die **Billigung der Leistung** des Auftragnehmers durch den Auftraggeber zum Ausdruck kommt (ebenso OLG München SFH § 13 VOB/B Nr. 4 sowie SFH § 12 VOB/B Nr. 7).

I. Ausdrückliche erklärte Abnahme

Als **ausdrücklich erklärte Abnahme** kommt eine Erklärung des Auftraggebers unter **Gebrauch des Wortes »Abnahme« oder in gleich bedeutendem Sinne** in Betracht. 10

So gilt es allgemein als ausdrücklich erklärte Abnahme, wenn der Auftraggeber dem Auftragnehmer mitteilt, diese sei durchgeführt worden (BGH 25.1.1973 VII ZR 149/72 = BauR 1973, 192). Gleiches trifft zu, wenn der Auftraggeber dem Auftragnehmer nach Fertigstellung der Leistung erklärt, er sei »mit ihm zufrieden«, es sei »in Ordnung«, er habe es »gut gemacht« usw. Daraus ist ersichtlich, dass bei sachgerechter Auslegung nach den Gegebenheiten des Einzelfalles die **ausdrücklich erklärte Abnahme recht häufig** in Betracht kommen kann. Denkbar ist auch, dass sich der Auftraggeber über eine Leistung auf die vorgenannte Weise zufrieden äußert, obwohl er **erkannt hat,** dass diese **nicht dem Vertrag entspricht,** er sie aber als dennoch seinen Wünschen entsprechend oder gar als besser ansieht. Dann liegt ebenfalls eine erklärte Abnahme vor, worin zugleich eine **einverständliche Vertragsänderung** gesehen werden kann (vgl. auch *Cuypers* BauR 1991, 141, 142).

II. Stillschweigend (konkludent) erklärte Abnahme

1. Einzelfälle

11 In noch größerem Maße kommt in der Praxis die **stillschweigende oder konkludente Abnahme** vor, die **nicht mit der fiktiven Abnahme zu verwechseln** ist. Bei der stillschweigenden Abnahme erklärt der Auftraggeber seinen **Billigungswillen,** allerdings nicht ausdrücklich, sondern durch schlüssiges Verhalten. Von einer stillschweigenden Abnahme kann nur ausgegangen werden, wenn der Billigungswille des Auftraggebers **zweifelsfrei aus den Umständen des Einzelfalles zu entnehmen ist.**

12 Die **vorbehaltlose Zahlung der Vergütung** (BGH 24.11.1969 VII ZR 177/67 = BauR 1970, 48 = NJW 1970, 421; BGH 26.10.1978 VII ZR 249/77 = BGHZ 72, 257 = BauR 1979, 76; BGH 6.6.1991 VII ZR 101/90 = BauR 1991, 741 = NJW-RR 1991, 1367; BGH 30.9.1993 VII ZR 136/92 = BauR 1994, 103 = NJW-RR 1994, 373) oder ganz erheblicher Vergütungsteile, vor allem bei gleichzeitiger Benutzung der Leistung (BGH 28.1.1971 VII ZR 173/69 = BauR 1971, 128) und **bloßer** Geltendmachung eines Zurückbehaltungsrechts wegen vorhandener Mängel (vgl. OLG München SFH § 12 VOB/B Nr. 7) kann eine stillschweigende Abnahme darstellen. Dies gilt vor allem dann, wenn der gezahlte Betrag bei Abnahme fällig sein soll (BGH 13.12.1962 VII ZR 193/61 = NJW 1963, 806). Gleiches gilt für eine vom Auftraggeber freiwillig bewilligte Eintragung einer Sicherungshypothek für die Vergütung des Auftragnehmers (KG OLGR 24, 383) oder die Freigabe der Sicherheitsleistung des Auftragnehmers bzw. des vom Auftraggeber bisher einbehaltenen Sicherheitsbetrages (BGH 13.12.1962 VII ZR 193/61 = NJW 1963, 806). Eine völlige Werklohnzahlung ohne Abzug und ohne ausdrücklichen Vorbehalt kann unabhängig von den im Einzelfall beim Auftraggeber etwa vorhandenen, außerhalb des Vertrages liegenden Beweggründen, ihrer objektiven Bedeutung nach nur dann nicht als Abnahme, also als Anerkennung der erbrachten Leistung als im Wesentlichen vertragsgemäß, angesehen werden, wenn besondere Umstände eine solche Wertung ausschließen. Letzteres kommt in Betracht, wenn sich die Vertragspartner bereits vor der Zahlung über die Unvollständigkeit, die Änderungsbedürftigkeit oder den völligen oder teilweisen Austausch der Leistung geeinigt haben; das trifft auch dann zu, wenn sich aus den Umständen ergibt, dass der Auftraggeber wegen der Schwere gerügter Mängel nicht einmal im Grundsatz bereit ist, die bisherige Leistung zu billigen (vgl. dazu BGH 13.10.1994 VII ZR 139/93 = BauR 1995, 91; OLG Köln BauR 1992, 514). Im Übrigen können Abschlagszahlungen – gleich in welcher Höhe – nicht schon als Abnahme oder Teilabnahme gewertet werden, wie sich aus § 16 Nr. 1 Abs. 4 VOB/B klar ergibt.

13 Auch in dem **anstandslosen Einzug** in ein fertig gestelltes Haus oder eine hergestellte Wohnung **ohne Zwang der Verhältnisse** kann eine stillschweigende Abnahme liegen (BGH 20.9.1984 VII ZR 377/83 = BauR 1985, 200 = NJW 1985, 731; OLG Celle NJW 1962, 494; OLG Hamm BauR 2001, 1914; *Siegburg* Handbuch der Gewährleistung Rn. 258 ff. verlangt zusätzlich eine verdeutlichende Handlung des Auftraggebers). Der Auftraggeber ist von da an am ehesten in der Lage festzustellen, ob die Leistung als in der Hauptsache vertragsgemäß gebilligt werden kann, wie es dem Wesen der

Abnahme nach § 640 Abs. 1 BGB entspricht (BGH a.a.O.; OLG Hamm NJW-RR 1993, 340 Nr. 20). Dem steht nicht entgegen, dass noch geringfügige Teilarbeiten offen sind (OLG Celle MDR 1998, 1476) oder wenn der Auftraggeber verschiedene Mängelrügen erhebt, aber **keine hinreichend klare Abnahmeverweigerung zum Ausdruck** bringt (vgl. dazu OLG Düsseldorf OLGR 1992, 268; OLG Hamm NJW-RR 1995, 1233). Demgegenüber ist der Einzug in das Bauwerk oder dessen Nutzung dann keine hinreichende Grundlage für eine konkludente Abnahme, wenn der Auftraggeber vor dem Einzug oder der Nutzung die Abnahme zu Recht aufgrund von Mängeln verweigert hat, die zum Zeitpunkt des Einzugs oder der Nutzung nicht beseitigt sind (BGH 10.6.1999 VII ZR 170/98 = BauR 1999, 1186 = NJW-RR 1999, 1246). Bei einem derartigen Fall muss der Auftraggeber beim Einzug oder mit dem Beginn der Nutzung die Abnahmeverweigerung nicht wiederholen (BGH a.a.O.). Wird die Leistung zu verschiedenen Zwecken genutzt (z.B. als Arztpraxis und zu Wohnzwecken), so genügt es, wenn für die insgesamt fertig gestellte Leistung eine Nutzungsart aufgenommen wird, da dies nicht anders zu beurteilen ist, als wenn ein einheitlich nutzbares Gebäude aus freier Entscheidung des Auftraggebers zunächst nur teilweise in Gebrauch genommen wird; andernfalls hätte es der Auftraggeber in der Hand, z.B. den Beginn der Verjährungsfrist für etwaige Mängel beliebig hinauszuschieben (BGH a.a.O.). **Allerdings** genügt hier für die stillschweigende Abnahme **nicht schon der bloße Einzug** oder die diesem vorangehende Schlüsselübergabe; vielmehr muss in subjektiver Hinsicht **für den Auftragnehmer ein schlüssiges Verhalten des Auftraggebers dahin gehend, die Leistung als im Wesentlichen vertragsgerecht entgegenzunehmen, deutlich erkennbar sein.** Ein solches kann im Allgemeinen erst **nach Ablauf einer gewissen** Prüffrist **nach Einzug,** innerhalb deren der Auftraggeber keine Abnahmeverweigerung hinreichend klar erklärt, angenommen werden, ohne dass diese Frist mit derjenigen des § 12 Nr. 5 Abs. 2 VOB/B ohne Weiteres gleichzusetzen ist (BGH a.a.O.; OLG Hamm BauR 1993, 604 sowie NJW-RR 1995, 1233 im Falle einer Frist von sechs Wochen seit Einzug; OLG Hamm OLGR 1997, 241). Die Dauer der Frist hängt dabei von den Umständen des Einzelfalles ab, insbesondere von Art und Umfang der Leistung, die in Gebrauch genommen worden ist, wobei es auch eine Rolle spielen kann, dass sie, bedingt durch die verschiedenartige Nutzung einzelner Teile, nicht in einem Zug, sondern in engem zeitlichem Zusammenhang in Benutzung genommen wird (BGH a.a.O.). Anders kann es liegen, wenn der Auftraggeber zuvor die fertig gestellte Leistung besichtigt und sie dann ohne eindeutige Abnahmeverweigerung in Benutzung nimmt; dann kann der Einzug als Zeitpunkt der stillschweigenden Abnahme gelten (OLG Düsseldorf SFH § 640 BGB Nr. 9). Wird die Abnahme zunächst verweigert und wird die in Auftrag gegebene Leistung aufgrund von Mängelrügen vervollständigt und werden Mängel nachgebessert, so ist der Nutzungszeitraum, nach dessen Ablauf eine stillschweigende Abnahme angenommen werden kann, je nach Sachlage länger anzusetzen, weil dem Auftraggeber ausreichende Gelegenheit gegeben werden muss, die vervollständigte und nachgebesserte Leistung in Bezug auf ihre Vertragsgerechtheit nachzuprüfen (vgl. dazu OLG Frankfurt *Thamm/Detzer* EWiR § 640 BGB 1/88, 667).

14 Die genannten Grundsätze gelten auch für die Inbenutzungnahme sonstiger vom Auftragnehmer fertig gestellter Bauleistungen. Auch hier ist grundsätzlich eine gewisse Nutzungszeit erforderlich, um auf die Billigung der Vertragsgerechtheit der erbrachten Arbeiten schließen zu können, wobei es nicht zuletzt auch auf die Gegebenheiten des Einzelfalles ankommt. So kann z.B. bei Einbau einer Wärmepumpe im Sommer im Allgemeinen eine Billigung durch den Auftraggeber erst nach einer etwas längeren Nutzungszeit angenommen werden (OLG Köln SFH § 640 BGB Nr. 13: zwei Monate). Eine stillschweigende Abnahme gegenüber dem ausführenden Unternehmer kann auch darin liegen, dass ein Bauträger eine fertig gestellte Wohnung oder ein fertig gestelltes Haus unter Angabe der Bezugsfertigkeit auf dem Markt anbietet. Ferner kann sie sich daraus ergeben, dass der Auftraggeber bei äußeren Putzer- oder Anstreicherarbeiten den Abbau des Gerüstes bewilligt (*Werner/Pastor* Rn. 1354) oder dass der Auftraggeber nach Abdichtungsarbeiten an einem Auffangbecken den Arbeitsraum verfüllt (OLG Celle BauR 1997, 844). Hier wurde das Tun des Auftraggebers dahin gewertet, dass er die Abdichtungsarbeiten des Auftragnehmers als fertig entgegennehmen wolle. Eine

VOB/B § 12 Nr. 1 Abnahme auf Verlangen des Auftragnehmers

stillschweigende Abnahme wurde auch darin gesehen, dass die bevollmächtigte Ehefrau des Auftraggebers nach Abschluss und Begutachtung von Parkettarbeiten eine »Auftrags- und Ausführungsbestätigung« unterschrieb, weil dadurch die ausführenden Handwerker entlassen und ihnen die Fertigstellung ihrer Arbeiten bestätigt wurde (OLG Düsseldorf BauR 1998, 126).

15 Entscheidend für die stillschweigende Abnahme ist es, dass nach dem bei den gegebenen Umständen des Einzelfalles objektiv zu bewertenden Verhalten des Auftraggebers ohne vernünftigen Zweifel auf die Billigung der Leistung als in der Hauptsache vertragsgemäß geschlossen werden kann (vgl. BGH 15.11.1973 VII ZR 110/71 = BauR 1974, 67 = NJW 1974, 95; BGH 25.1.1996 VII ZR 26/95 = BauR 1996, 390 = NJW 1996, 1280). Daher scheidet eine stillschweigende Billigung trotz Benutzung allgemein aus, wenn die Leistung **noch nicht im Wesentlichen fertig** ist und zusätzlich der bisher erstellte Leistungsteil ersichtlich **grobe Mängel** aufweist (BGH SFH Z 2.511 Bl. 10). Es widerspricht auch nicht den Grundsätzen von Treu und Glauben, wenn der Besteller das Bauwerk über längere Dauer nutzt und gleichzeitig die Abnahme unter Berufung auf vorhandene Mängel verweigert (BGH 8.1.2004 VII ZR 198/02 = BauR 2004, 670 für eine knapp dreijährige Nutzung). Eine stillschweigende Billigung kommt regelmäßig auch nicht in Betracht, wenn der Auftraggeber nach Maßgabe von § 4 Nr. 7 VOB/B einen anderen Unternehmer mit der Ersatzvornahme beauftragt (vgl. BGH BauR 1994, 242 = NJW 1994, 942). Die bloße Erteilung des Gebrauchsabnahmescheins durch die Baubehörde liefert für sich noch keinen hinreichenden Anhalt für die Annahme einer konkludenten Abnahme (BGH ZfBR 2001, 398), ebenso wenig die Übernahmebestätigung durch den künftigen Mieter (OLG München NJW-RR 1999, 455). Auch der Einzug unter dem Zwang der Verhältnisse (etwa wegen unumgänglich notwendiger Aufgabe der bisherigen Wohnung) ist im Allgemeinen noch nicht als Abnahme anzusehen, vor allem dann, wenn zur Fertigstellung des Hauses noch wesentliche Teile fehlen und es sich nur um einen vorläufigen Einzug in der berechtigten Erwartung der Fertigstellung handelt (vgl. dazu auch BGH 12.6.1975 VII ZR 55/73 = BauR 1975, 344 = NJW 1975, 1701; OLG Hamm OLGR 1997, 241). Weiter genügt der bloße Probelauf einer neu hergestellten oder umgebauten Heizungsanlage für sich allgemein noch nicht, um eine konkludente Abnahme anzunehmen, auch dann nicht, wenn dieser Probelauf mehrere Wochen dauert. Allerdings gilt dies grundsätzlich nur unter der Voraussetzung, dass die Tätigkeit der Anlage als Probelauf hinreichend erkennbar ist, insbesondere die Bedienung und Überwachung noch vom Auftragnehmer erfolgen und der Auftraggeber noch nicht in die Bedienung eingewiesen ist. Das OLG Koblenz hat in der Inbetriebnahme einer im Winter fertig gestellten Fußbodenheizung und deren Beheizung mit maximal 10°C, um die Estricharbeiten und den weiteren Innenausbau zu ermöglichen, keine Benutzung zu normalen Bedingungen, die die Annahme einer »stillschweigenden Abnahme« rechtfertigen könnten, gesehen (OLG Koblenz BauR 1997, 482). Ebenfalls ist es nicht bereits eine stillschweigende Abnahme, wenn der Architekt im Auftrag des Auftraggebers die Rechnungen des Auftragnehmers geprüft und mit dem Vermerk »sachlich und rechnerisch richtig« versehen hat, da diese rein rechnerische Prüfung nichts mit der für die Abnahme wesentlichen Prüfung der Vertragsgerechtigkeit der Leistung zu tun hat (LG Köln MDR 1962, 821; auch *Nicklisch/Weick* § 12 VOB/B Rn. 41). Auch rechtfertigt die **bloße** Übergabe von Trinkgeld an Arbeitnehmer des Auftragnehmers noch nicht die Annahme eines Billigungswillens (vgl. OLG Celle IBR 1994, 369).

Aus dem Gesagten folgt, dass eine Klausel in AGB – vor allem auch in Bauträger-Erwerberverträgen –, die Abnahme gelte als mit dem Bezug der Wohnung oder des Hauses erfolgt, nach §§ 308 Nr. 5, 309 Nr. 8b ff. BGB unwirksam ist (*Bühl* BauR 1984, 237, 239 m.w.N.), was auch im Hinblick auf § 307 BGB gelten dürfte. Umgekehrt: Eine AGB des Auftraggebers, wonach er eine Abnahme durch Ingebrauchnahme ausschließt und eine andere Art der Abnahme – insbesondere die förmliche – durch sich selbst oder einen seiner Bauleiter verlangt, ohne dabei eine Frist oder eine sonstige Einwirkungsmöglichkeit des Auftragnehmers vorzusehen, ist wegen Verstoßes gegen die §§ 308 Nr. 5, 307 BGB ebenfalls unwirksam (vgl. BGH 25.1.1996 VII ZR 233/94 = BauR 1996, 378 = NJW 1996, 1346).

2. Stillschweigende (konkludente) Abnahme keine fiktive Abnahme nach § 12 Nr. 5 Abs. 2 VOB/B

Soweit in der **Inbenutzungnahme** der erstellten Leistung nach dem Gesagten eine **stillschweigende Abnahme** liegen kann, die gerade auch für § 640 BGB in Betracht kommt, bedarf es allerdings der **Abgrenzung zu der in Nr. 5 Abs. 2 allein für die VOB geregelten fiktiven Abnahme.** Beide Abnahmemöglichkeiten treten bei der Inbenutzungnahme der Leistung in gleicher Weise in Erscheinung; sie unterscheiden sich darin, dass die **stillschweigende Abnahme einen aus den Umständen eindeutig zu entnehmenden Abnahmewillen** (Willen zur Billigung der Leistung als im Wesentlichen vertragsgerecht) des Auftraggebers **voraussetzt,** während dies für die **fiktive Abnahme** nach Nr. 5 Abs. 2 **nicht** erforderlich ist (BGH 12.6.1975 VII ZR 55/73 = BauR 1975, 344 = NJW 1975, 1701). Vielmehr handelt es sich bei der **fiktiven Abnahme** um »typisiertes Verhalten mit normativer Wirkung«, bei dem der **Wille des Handelnden außer Betracht bleibt, solange dieser der damit verbundenen Rechtswirkung nicht ausdrücklich widerspricht, also eindeutig die Abnahme unter den Voraussetzungen der Nr. 3 verweigert.** Da beide Fälle in ihrer äußeren Erscheinung in der Praxis zusammentreffen, kommt es für die Entscheidung, ob die eine oder die andere Abnahme vorliegt, darauf an, ob sich im betreffenden Fall nach den dort gegebenen Umständen ein **Abnahmewille des Auftraggebers feststellen lässt oder nicht.** Das ist vor allem auch von Bedeutung in der Frage, ob etwaige Vorbehalte wegen Vertragsstrafen oder von Mängeln »bei der Abnahme« erklärt worden sind oder ob es hier – nur – auf die Frist von 6 Werktagen gemäß Nr. 5 Abs. 3 ankommt. **Außerdem schließt die Vereinbarung einer förmlichen Abnahme (vgl. Nr. 4) möglicherweise eine fiktive Abnahme nach Nr. 5 aus, nicht aber die stillschweigende Abnahme** (vgl. OLG Düsseldorf SFH § 12 VOB/B Nr. 3). Eine stillschweigende Abnahme anstelle der fiktiven Abnahme kann darin liegen, dass der Auftraggeber die Leistung in Benutzung nimmt und **vor Ablauf** der in § 12 Nr. 5 Abs. 2 VOB/B geregelten Frist die Vergütung des Auftragnehmers, evtl. unter Einbehalt einer vereinbarten Sicherheitsleistung, voll auszahlt. Dann liegt unter den Voraussetzungen von § 12 Nr. 1 oder Nr. 2a VOB/B eine – vorherige – stillschweigende Abnahme anstelle der fiktiven Abnahme vor. Andererseits kann eine fiktive Abnahme bereits erfolgt sein, wenn der Fall der Nr. 5 Abs. 1 gegeben ist, also seit der schriftlichen Mitteilung des Auftragnehmers von der Fertigstellung der Leistung bereits zwölf Werktage vergangen sind, was nicht selten zutrifft.

16

D. Kosten der Abnahme

Die **Kosten der Abnahme** trägt der **Auftraggeber,** da die Abnahme zu seinen **vertraglichen Hauptpflichten** gehört. Er kann jedoch die Kosten aus dem Gesichtspunkt einer **Pflichtverletzung nach §§ 280, 241 Abs. 2 BGB vom Auftragnehmer erstattet verlangen,** wenn sich bei der Abnahme herausstellt, dass der Auftragnehmer seiner vertraglichen Leistungspflicht **schuldhaft nicht oder in einer die Abnahmeverweigerung rechtfertigenden Weise** schlecht nachgekommen ist. Der Auftragnehmer kann die Abnahme erst verlangen, wenn die Bauleistung gemäß den vertraglichen Vereinbarungen in allen ihren wesentlichen Teilen ordnungsgemäß fertig gestellt ist. Vorher hat er kein Recht auf Abnahme. Vielmehr hat er die **vertragliche Nebenpflicht, den Auftraggeber vor ungerechtfertigtem Abnahmeverlangen und damit verbundenen Kosten zu bewahren.** Missachtet er dies schuldhaft, haftet der Auftragnehmer dem Auftraggeber aus Pflichtverletzung nach §§ 280, 241 Abs. 2 BGB.

17

E. Folgen grundloser Nichtabnahme

I. Annahmeverzug

18 **Kommt der Auftraggeber der Aufforderung** des Auftragnehmers innerhalb der in Nr. 1 festgelegten Frist von zwölf Werktagen oder innerhalb der sonst zwischen den Vertragsparteien vereinbarten Frist **nicht nach,** liegt **Annahmeverzug** vor.

Hierbei handelt es sich um einen **Gläubigerverzug,** der **auch ohne Verschulden** des Auftraggebers eintritt. Die Folgen dieses Verzuges sind, dass die **Gefahr** des zufälligen Unterganges des Bauwerkes auf den Auftraggeber **übergeht,** § 644 Abs. 1 S. 2 BGB. Weiterhin hat der **Auftragnehmer** von diesem Zeitpunkt ab **nur noch Vorsatz und grobe Fahrlässigkeit zu vertreten,** § 300 BGB. Muss der Auftragnehmer nach einem erfolglosen Angebot sowie für die Erhaltung der geschuldeten Bauleistung **Mehraufwendungen** wegen der von ihm fertig gestellten Leistung machen, kann er dafür **Ersatz vom Auftraggeber** verlangen, § 304 BGB. Dazu rechnen neben den Kosten der vergeblichen Aufforderung zur Abnahme vornehmlich Mehrkosten für Leistungen, die dem Auftragnehmer nach § 4 Nr. 5 S. 1 VOB/B auferlegt sind.

II. Schuldnerverzug

19 Nach dem durch die Schuldrechtsmodernisierung geänderten BGB tritt nunmehr mit Ablauf der Zwölf-Werktages-Frist nach § 12 Nr. 1 VOB/B – Verschulden des Auftraggebers vorausgesetzt – gleichzeitig **Schuldnerverzug** ein, da es sich bei der Abnahme um eine Hauptpflicht des Auftraggebers aus dem Bauvertrag handelt. Eine gesonderte Mahnung ist, anders als nach der früheren Rechtslage bis zum 31.12.2001, nicht mehr nötig. Bei dem Abnahmeverlangen des Auftragnehmers handelt es sich um ein Ereignis i.S.d. § 286 Abs. 2 Nr. 2 BGB, das die nach § 12 Nr. 1 VOB/B vereinbarte Zwölf-Werktage-Abnahmefrist in Gang setzt. Diese lässt sich von dem Abnahmeverlangen an nach dem Kalender berechnen und macht die Mahnung entbehrlich. Bei den hier erörterten Fällen geht es dann im erster Linie nicht mehr um die Pflicht zur Entgegennahme der Leistung, sondern jetzt vordringlich um die schuldhafte Verletzung der Hauptpflicht zur Entgegennahme der fertig gestellten oder ordnungsgemäßen Leistung als im Wesentlichen vertragsgerecht.

20 Das bedeutet, dass der Auftragnehmer seinen Verzugsschaden, insbesondere wegen nicht rechtzeitigem Erhalts der Vergütung, geltend machen kann, §§ 280 Abs. 1, 280 Abs. 2, 286, 288 BGB. Außerdem ist ihm das Recht zuzubilligen, nach § 281 BGB vorzugehen. Nach überwiegender Meinung (MünchKomm/*Soergel* § 638 Rn. 43; *Kleine-Möller/Merl/Oelmaier* § 11 Rn. 129 sowie § 12 Rn. 969; Beck'scher VOB-Komm./*Motzke* § 13 Nr. 4 VOB/B Rn. 231) knüpfen an den Schuldnerverzug mit der Abnahme weitere Abnahmewirkungen, insbesondere der Beginn der Gewährleistungsfrist. Begründet wird das im Wesentlichen mit der aus der Schadensersatzpflicht des Auftraggebers erwachsenden Verpflichtung, den Auftragnehmer so zu stellen, als ob abgenommen wäre (vgl. Beck'scher VOB-Komm./*Motzke* § 13 Nr. 4 VOB/B Rn. 231; *Groß* FS Locher S. 53 ff.). Demgegenüber erscheint die in der Literatur ebenfalls zum Teil vertretene Auffassung, (*Siegburg* ZfBR 2000, 507, 509) die Abnahmewirkungen seien auch für den bloßen fruchtlosen Ablauf der Frist nach § 12 Nr. 1 VOB/B über die entsprechende Anwendung des Rechtsgedankens aus § 162 Abs. 1 BGB herbeizuführen, bedenklich. Allein dadurch, dass der Schuldner mit einer vertraglichen Hauptpflicht – hier der Abnahme – in Verzug gerät, kann nicht auf die treuwidrige Vereitelung eines Bedingungseintritts geschlossen werden. Zur unberechtigten Abnahmeverweigerung siehe die Kommentierung zu § 12 Nr. 3 VOB/B.

21 Ungeachtet dieser Erwägungen kann der Auftragnehmer auch nach **§ 640 Abs. 1 S. 3 BGB** vorgehen. Er kann den Auftraggeber zur Abnahme auffordern und diesem eine angemessene Frist zur Abnahme setzen; **ist der Auftraggeber zur Abnahme verpflichtet, wird die Abnahme bei fruchtlosem Fristablauf fingiert** (vgl. § 12 Allgemeine Grundlagen Rn. 25 ff.).

III. Klage auf Abnahme

Schließlich verbleibt dem Auftragnehmer das Recht, den Auftraggeber **auf Abnahme** (BGH 26.2.1981 VII ZR 287/79 = BauR 1981, 284 = NJW 1981, 1448; BGH 27.2.1996 X ZR 3/94 = BauR 1996, 386 = NJW 1996, 1749; OLG Hamm BauR 1993, 741) zu verklagen, wenn dieser – aus der berechtigten Sicht des Auftragnehmers – die Abnahme zu Unrecht verweigert, ohne dass zugleich Klage auf Zahlung erhoben werden müsste. Die gesonderte Klage auf Abnahme erübrigt sich aber meist, weil die damit zusammenhängenden Fragen im **Rahmen des Zahlungsprozesses** des Auftragnehmers gegen den Auftraggeber nachgeprüft werden, wenn sie streitig sind (BGH 25.1.1996 VII ZR 26/95 = BauR 1996, 390 = NJW 1996, 1280). **22**

§ 12 Nr. 2
[Teilabnahme]

Auf Verlangen sind in sich abgeschlossene Teile der Leistung besonders abzunehmen.

Inhaltsübersicht   Rn.
A. Allgemeine Grundlagen.. 1
B. Teilabnahme auf Verlangen... 5
C. In sich abgeschlossene Leistungsteile.. 6
    I.   Selbstständige Teilleistung... 6
    II.   Teilleistung einer schlüsselfertigen Gesamtleistung.......... 8
D. Rechtsfolgen.. 9
E. Abnahme nach erfolgter Vertragskündigung nicht solche nach Nr. 2 10

Aufsätze: *Marbach* Besonders abzunehmende Leistungsteile – Anforderungen der Praxis, insbesondere bei mehrstufigen Vertragsverhältnissen Jahrbuch Baurecht 1999 S. 92; *Thode* Werkleistung und Erfüllung im Bau- und Architektenvertrag ZfBR 1999, 116; *Kapellmann* In sich abgeschlossene Teile der Leistung gemäß VOB/B FS Thode 2005 S. 29 ff., *Lang* Die Teilkündigung, Tischvorlage 27. Baurechtstagung ARGE Baurecht 17./18.3.2006.

A. Allgemeine Grundlagen

Nr. 2 bezieht sich als **Ausnahme** von dem gerade auch von Nr. 1 erfassten Grundsatz der einheitlichen Gesamtabnahme auf die mögliche Verpflichtung des Auftraggebers zur **Abnahme von Teilleistungen aus demselben Vertrag**. Dabei handelt es sich um eine für den VOB-Vertrag im Wege vertraglicher Vereinbarung festgelegte **Ausgestaltung der gesetzlichen Sonderbestimmung in § 641 Abs. 1 S. 2 BGB**. **1**

§ 12 Nr. 2 VOB/B erfuhr eine Änderung durch die VOB 2000. Die Trennung in echte und unechte Teilabnahme nach § 12a und 12b VOB/B wurde im Rahmen des § 12 VOB/B aufgegeben und die unechte (technische) Teilabnahme systematisch richtig (vgl. Empfehlungen des Instituts für Baurecht Freiburg i.Br.e.V., BauR 1999, 699) dem § 4 VOB/B als neue Nr. 10 angegliedert. § 12 Nr. 2 VOB/B behandelt seitdem nunmehr ausschließlich die so genannte echte (rechtsgeschäftliche) Teilabnahme. Zur sog. »technischen« Teilabnahme vgl. § 4 Nr. 10 VOB/B. **2**

3 Die Teilabnahme kommt nur dann in Betracht, wenn es sich um Teile aus demselben Auftrag handelt; werden dagegen z.B. durch zwei getrennte Aufträge Rohbauarbeiten und Innenputzarbeiten vergeben, so kann die Abnahme des einen Auftrages nicht als Teilabnahme des anderen gewertet werden; vielmehr ist dieses dann eine abschließende »Vollabnahme« (vgl. BGH 25.10. 1973 VII ZR 181/72 = BauR 1974, 63).

4 Auch die Teilabnahme ist grundsätzlich eine erklärte Abnahme; sie muss also ausdrücklich oder stillschweigend erfolgen. Die so genannte **fiktive Abnahme kommt nach Sinn und Zweck nur für den in Nr. 5 Abs. 2 geregelten Fall in Betracht,** wie der unterschiedliche Wortlaut in Nr. 5 Abs. 1 einerseits und Nr. 5 Abs. 2 andererseits klar ergibt. In Betracht kommen jedoch die fiktiven Abnahmemöglichkeiten nach BGB, insbesondere auch diejenige nach § 640 Abs. 1 S. 3 BGB (Abnahmeverlangen mit Fristsetzung). Der Anwendungsbereich für diese Abnahmefiktion ist durch den in Nr. 2 vertraglich vereinbarten Teilabnahmespruch für in sich abgeschlossene Leistungsteile eröffnet, selbstverständlich nur, wenn deren Voraussetzungen vorliegen, vgl. § 12 Allgemeine Grundlagen Rn. 22 ff. Der Auftraggeber ist also in diesen Fällen gehalten, unverzüglich aktiv zu werden, um die Teilabnahmefähigkeit festzustellen. In Anbetracht der damit verbundenen Schwierigkeiten ist damit zu rechnen, dass in der Bauvertragspraxis verstärkt der Anspruch auf Teilabnahme nach Nr. 2 abbedungen werden wird. Dies ist auch in Allgemeinen Geschäftsbedingungen möglich, weil hierin keine Abweichung von einem gesetzlichen Leitbild liegt. Allerdings liegt hierin ein Eingriff in den Kernbereich der VOB/B.

B. Teilabnahme auf Verlangen

5 Grundsätzlich ist auch die **Abnahme von Teilleistungen von einem vorherigen Verlangen des Auftragnehmers abhängig.** Man wird aber auch dem Auftraggeber das Recht geben müssen, von sich aus eine Teilabnahme herbeizuführen, ohne hierzu vom Willen und Verlangen des Auftragnehmers abhängig zu sein. Der Auftraggeber kann diese **Teilabnahme** auf der Grundlage seines **Anordnungsrechts** nach § 4 Nr. 1 Abs. 3 VOB/B verlangen, zumal sich die Teilabnahme auf die Beurteilung von Leistungseinzelheiten im Hinblick auf deren ordnungsgemäße Ausführung bezieht, daher bei sachgerechtem Verständnis in das genannte Anordnungsrecht noch einzuordnen sein dürfte, (a.A., jedoch nicht den Erfordernissen der Praxis gerecht werdend, *Heiermann* Bauwirtschaft 1995, Juli 1995).

C. In sich abgeschlossene Leistungsteile

I. Selbstständige Teilleistung

6 **In sich abgeschlossene Teile der Leistung** liegen vor, wenn sie nach allgemeiner Verkehrsauffassung als **selbstständig** und von den übrigen Teilleistungen aus **demselben** Bauvertrag **unabhängig** anzusehen sind, sie sich also **in ihrer Gebrauchsfähigkeit abschließend für sich beurteilen lassen,** und zwar sowohl in ihrer technischen Funktionsfähigkeit als auch im Hinblick auf die vorgesehene Nutzung, wie z.B. der vertragsmäßig geschuldete Einbau einer Heizungsanlage, obwohl der Auftragnehmer nach demselben Bauvertrag noch Installationsarbeiten durchzuführen hat (vgl. – ohne nähere Begründung – BGH 10.7.1975 VII ZR 64/73 = BauR 1975, 423; BGH 21.12.1978 VII ZR 269/77 = BGHZ 73, 140 = BauR 1979, 159) oder die Fertigstellung eines Hauses oder einer Brücke, obwohl mehrere solcher Objekte nach demselben Vertrag zu errichten sind. Gegen den Begriff der der »eigenständigen Funktionalität« einer Teilleistung als alleiniges Kriterium ihrer Teilabnahmefähigkeit wendet sich insbesondere Kapellmann (»in sich abgeschlossene Teile der Leistung« gemäß VOB/B, FS Thode S. 29, 34 ff., kritisch hierzu ebenfalls *Thode* ZfBR 1999, 116, 118 sowie *Lang* Die Teilkündigung, Tischvorlage 27, Baurechtstagung ARGE Baurecht 17./18.3.2006). Kapellmann stellt unter Rückgriff auf die gewerbliche Verkehrssitte (§ 2 Nr. 1 VOB/B) zur Bestimmung der Abgeschlossenheit einer Teilleistung darauf ab, ob sie sich von der Gesamtleistung abtrennen lässt und nach der Abtrennung sowohl die verbleibende Leistung wie die abgetrennte Leistung eine sinnvolle Einheit darstellen. Das ist nach Kapellmann (a.a.O.) insbesondere dann der Fall, wenn die Leistungen nicht in einem zeitlichen oder örtlichen Zusammenhang erbracht werden sollen oder wenn sie in keinem technisch-produktionsbezogenen Zusammenhang stehen.

Der Begriff der in sich abgeschlossenen Teile der Leistung ist möglichst **eng auszulegen,** damit vor allem **Schwierigkeiten und Überschneidungen hinsichtlich der Gewährleistung,** insoweit insbesondere auch angesichts unterschiedlich laufender Gewährleistungsfristen, vermieden werden. Möglich kann dies z.B. hinsichtlich einer Schlitzwand sein (vgl. dazu *Grauvogl* FS Bauer S. 397, 404 ff.). Nicht unter die Abgeschlossenheit fällt z.B. eine Betondecke oder auch die verschiedenen Stockwerke eines in Auftrag gegebenen Rohbaus, weil die Abnahme ihrem ganzen Sinn und Zweck nach ordnungsgemäß nur hinsichtlich des gesamten Rohbaus durchgeführt werden kann (ebenso BGH 6.5.1968 VII ZR 33/66 = BGHZ 50, 160 = NJW 1968, 1524), ferner auch nicht verschiedene Abdichtungsarbeiten an demselben Objekt, die als Einzelmaßnahmen auf den gleichen Erfolg ausgerichtet sind (OLG Düsseldorf Urt. v. 8.7.1969 20 U 198/68). Nicht teilabnahmefähig sind Teile einer Treppenkonstruktion, da es sich hier um eine einheitliche Werkleistung handelt, zumal dann, wenn der Auftragnehmer insoweit auch Planungsaufgaben übernommen hat, und zwar unabhängig davon, ob einzelne Teile, wie z.B. das Geländer, erst später in Auftrag gegeben werden und der Auftragnehmer auch solche Teile ebenfalls anbietet und ausführt (BGH BauR 1985, 565 = NJW 1985, 2696 für den Fall zwischenzeitlicher Verschlechterung der Vermögensverhältnisse des Auftraggebers; vgl. dazu aber § 9 VOB/B). Auch die bloße Vergabe mehrerer Fachlose an einen Auftragnehmer in einem Vertrag genügt als solche noch nicht, um von vornherein in sich abgeschlossene Teilleistungen nach Nr. 2a annehmen zu können. Unter den genannten Voraussetzungen ist es im Falle der Errichtung von Wohnungseigentum möglich, Sondereigentum und Gemeinschaftseigentum getrennt abzunehmen (vgl. dazu BGH BauR 1983, 753). Gleiches gilt für die Abnahme von Teilen des Gemeinschaftseigentums (*Bühl* BauR 1984, 237, 244). Also kann aus der Abnahme des Sondereigentums nicht ohne weiteres auf die Abnahme des Gemeinschaftseigentums geschlossen werden und umgekehrt (OLG Stuttgart MDR 1980, 495). Erst recht gilt dies für die bloße Ingebrauchnahme des Gemeinschaftseigentums, wenn die Wohnanlage als solche noch nicht fertig ist (BGH BauR 1981, 467).

Nach dem Gesagten kann sich die Teilabnahmefähigkeit in keiner Weise schon danach richten, ob Teile der dem Auftragnehmer als General- oder Hauptunternehmer übertragenen Leistungen von diesem an einen Nachunternehmer weitergegeben worden sind (wie z.B. Stahlbetonfertigteilarbeiten bei an den General- oder Hauptunternehmer vergebenen Erd-, Kanalisations-, Mauer-, Beton- und Stahlbetonfertigteilarbeiten) und dieser Teil gegenüber dem Nachunternehmer abgenommen wird bzw. werden muss. Daraus allein ergibt sich noch nicht, dass es sich hier um einen in sich abgeschlossenen Teil der Leistungsverpflichtung des General- oder Hauptunternehmers handelt. Insofern kann eine Teilabnahme auch nicht darin gesehen werden, dass der bauleitende Architekt des Auftraggebers an der Abnahme der Nachunternehmerleistung durch den General- oder Hauptunternehmer beteiligt wird, weil die bloße Stahlkonstruktion als Teil des Rohbaus im Rahmen des Vertragsverhältnisses zwischen Auftraggeber und General- bzw. Hauptunternehmer keine in sich abgeschlossene Leistung und als Teilleistung aus dem gesamten nicht teilabnahmefähig ist (OLG Düsseldorf SFH § 12 VOB/B Nr. 14). Für das Verhältnis zwischen Auftraggeber und General- bzw. Hauptunternehmer handelt es sich daher nur um eine so genannte »technische« Abnahme (vgl. dazu § 4 Nr. 10 VOB/B).

II. Teilleistung einer schlüsselfertigen Gesamtleistung

8 Soweit es sich um eine in einem Auftrag vergebene so genannte **schlüsselfertig zu erstellende Bauleistung** handelt, die aus mehreren Gebäuden besteht, gilt hinsichtlich des Begriffes der in sich abgeschlossenen Teile der Leistung:

Zuerst ist die Teilleistung nach allgemeiner Verkehrsanschauung zu bestimmen. Hier liegt aber auch ein subjektives Moment vor, indem der Auftraggeber durch seine Planung und die darauf beruhende Auftragserteilung **bestimmt, was als Teilleistung** im Rahmen der von ihm im jeweiligen Bauvertrag vergebenen Gesamtleistung **anzusehen** ist. Wird in einem Auftrag die so genannte schlüsselfertige Erstellung eines Kasernenkomplexes vergeben, der mehrere Mannschaftshäuser, ein Küchengebäude, eine Garage und bestimmte Versorgungsanlagen enthält, ist jedes Haus davon – mit Einschluss der dazugehörigen Versorgungsanlagen – eine Teilleistung; einmal, weil dies der Verkehrsanschauung entspricht, zum anderen, weil der Bauherr durch seine Planung von sich aus festgelegt hat, dass so der Begriff der Teilleistung zu verstehen sei.

Die so umgrenzte **Teilleistung genügt** für sich allein aber **noch nicht, um eine Teilabnahme nach Nr. 2 zu bewirken.** Vielmehr muss sie **in sich abgeschlossen** sein. Darunter ist zu verstehen, dass diese Teilleistung, so wie sie der Bauherr bestimmt hat und wie sie nach der allgemeinen Verkehrsanschauung zu verstehen ist, **fähig ist,** die **ihr zugedachte Funktion zu erfüllen** (ebenso *Ganten* Pflichtverletzung und Schadensrisiko im privaten Baurecht S. 168). Das ist grundsätzlich nicht der Fall, wenn zwar ein Mannschaftsgebäude fertig gestellt ist, es den ihm zugedachten Nutzungszweck aber noch nicht erfüllen kann, da noch kein Licht vorhanden ist und im Hause noch keine Abortanlage in Betrieb genommen werden kann, weil die zu deren Funktionieren erforderlichen und außerhalb des Hauses liegenden Einrichtungen, wie Elektrozentrale und Kläranlage, nicht fertig sind und noch kein funktionierender Anschluss besteht. Insofern liegt hinsichtlich des Begriffes der in sich abgeschlossenen Teilleistung eine Wechselbeziehung zwischen dem Mannschaftsgebäude und den vorgenannten, wenn auch außerhalb des Hauses liegenden Versorgungsanlagen vor. Die Fertigstellung und das Funktionieren des einen sind von der Fertigstellung und dem Funktionieren des anderen abhängig.

Anders dürfte es zu beurteilen sein, wenn ein an die erforderlichen Versorgungsanlagen angeschlossenes und daher in seiner Gebrauchsfähigkeit beurteilbares Mannschaftsgebäude, aber noch nicht das im Rahmen des Gesamtkomplexes liegende selbstständige Küchengebäude, fertig gestellt und funktionsfähig ist. Hier besteht keine Abhängigkeit, weil der Auftraggeber durch seine Planung, nämlich die Errichtung eines selbstständigen Küchengebäudes, zu erkennen gegeben hat, dass zur Funktionsfähigkeit des Mannschaftsgebäudes nicht eine dort vorhandene eigene Küche gehört, diese also als andere und selbstständige Teilleistung anzusehen ist. Die Ausführungen von Kapellmann (FS Thode S. 29, 37) ändern hieran nichts. Die selbstständige Funktionsfähigkeit ist nicht das einzige Beurteilungskriterium für die Abgeschlossenheit, aber ein sehr wichtiges. Maßgeblich für die Beurteilung ist vor allem die oben erwähnte **Verkehrsanschauung,** die nicht nur bei der Teilleistung eine Rolle spielt sondern auch bei deren Abgeschlossenheit. Wesentlich sind weiter – gegebenenfalls durch Auslegung zu ermittelnde – Vertragsregelungen über die Festlegung von Teilleistungen, deren Abgeschlossenheit sowie die Frage, ob und in welchem Umfang dem Auftragnehmer Teilabnahmeansprüche zustehen sollen und inwieweit § 12 Nr. 2 VOB/B abbedungen wird. Hierbei können auch die hier mehrfach erwähnten planerischen Vorgaben des Auftraggebers eine Rolle spielen, insbesondere in – wie Kapellmann a.a.O. zutreffend ausführt – zeitlicher, örtlicher und technisch-produktionsbezogener Hinsicht. Zu weitgehend erscheint dagegen die Auffassung Kapellmanns (FS Thode S. 29, 36), der Auftragnehmer habe beim Schlüsselfertigbau generell keinen keinen Anspruch auf rechtliche Teilabnahmen »in sich abgeschlossener Teilleistungen«. In vielen Fällen wird die Auslegung sicher zu einem derartigen Vertragsergebnis gelangen, zwingend ist das jedoch keineswegs.

D. Rechtsfolgen

Die Teilabnahme löst sämtliche Abnahmewirkungen für die abgenommene Teilleistung aus, insbesondere stellt sie eine Voraussetzung für die Werklohnfälligkeit dar und setzt die Gewährleistungsfrist in Gang. Der Auftraggeber muss sich auf das abgenommene Teilwerk entfallende, ihm bekannte **Gewährleistungsansprüche vorbehalten,** um nicht seinen Nachbesserungs- oder Minderungsanspruch zu verlieren. Gleiches gilt für eine etwaige **Vertragsstrafe, sofern** sich diese hinsichtlich ihres Verfalls **auf den abgenommenen Teil für sich bezieht,** was vertraglich ausdrücklich geregelt sein müsste.

9

E. Abnahme nach erfolgter Vertragskündigung nicht solche nach Nr. 2

Die **Abnahme der teilweise fertig gestellten Leistung bei einer vorzeitigen Vertragskündigung hat nichts mit der Abnahme einer Teilleistung i.S.v. Nr. 2 zu tun,** insbesondere ist sie nicht an die Voraussetzungen in Nr. 2 gebunden. Hierbei handelt es sich vielmehr um den **besonders liegenden Fall einer endgültigen Abnahme,** insbesondere auch zum Zwecke der Abrechnung (vgl. §§ 8 Nr. 6 VOB/B und 9 Nr. 3 S. 1 VOB/B); sie **beschränkt sich zwangsläufig auf den Leistungsinhalt,** der **bis zum Wirksamwerden der Kündigung** vom Auftragnehmer **erstellt** worden ist.

10

§ 12 Nr. 3
[Abnahmeverweigerung]

Wegen wesentlicher Mängel kann die Abnahme bis zur Beseitigung verweigert werden.

Inhaltsübersicht

	Rn.
A. Allgemeine Grundlagen	1
B. Wesentlicher Mangel	2
C. Rechtsfolgen	6
I. Berechtigte Abnahmeverweigerung	6
II. Rechtswidrige Abnahmeverweigerung	7
1. Endgültige rechtswidrige Abnahmeverweigerung	8
2. Rechtswidrige vorläufige Abnahmeverweigerung	9
III. Fiktive Abnahme	10

Aufsätze: *Groß* Die verweigerte Abnahme FS Locher 1990; *Willebrand* Abnahme-Verweigerungsstrategie und Abwehrmaßnahmen BB 1992, 1801; *Motzko/Schreiber* Verweigerung der Bauabnahme bei einer Vielzahl kleiner Mängel – Möglichkeiten einer baubetrieblichen Bewertung BauR 1999, 24; *Thode* Werkleistung und Erfüllung im Bau- und Architektenvertrag ZfBR 1999, 116; *Siegburg* Zur Klage auf Abnahme einer Bauleistung ZfBR 2000, 507; *Siegburg* Zur Abnahme als Fälligkeitsvoraussetzung beim Werklohnanspruch (Teil 1) ZfIR 2000, 841; *Siegburg* Zur Abnahme als Fälligkeitsvoraussetzung beim Werklohnanspruch (Teil 2) ZfIR 2000, 941; *Rester* Kann der Unternehmer die Inbesitznahme der Werkleistung durch den die Abnahme verweigernden Besteller verhindern? BauR 2001, 1819; *Henkel* Die ungeschriebenen Tatbestandsvoraussetzungen und die Rechtsnatur der Abnahmefiktion in § 12 Nr. 5 Abs. 1 und Abs. 2 VOB/B Jahrbuch für Baurecht 2003 S. 87.

A. Allgemeine Grundlagen

Nach Nr. 3 **kann** (muss also nicht) vom Auftraggeber die **Abnahme verweigert** werden, **solange wesentliche Mängel** der vertraglich geschuldeten Bauleistung vorliegen, die beseitigt werden müs-

1

sen. Daraus ergibt sich zugleich der Umkehrschluss, dass dem Auftraggeber **wegen unwesentlicher Mängel nicht** die Befugnis zusteht, die Abnahme der Leistung abzulehnen. Durch das Gesetz zur Beschleunigung fälliger Zahlungen wurde zum 1.5.2000 § 640 Abs. 1 BGB geändert. Dort heißt es nunmehr ausdrücklich, dass die Abnahme wegen unwesentlicher Mängel nicht verweigert werden kann. Hierbei wurde bewusst die – von der VOB abweichende – negative Formulierung gewählt und von unwesentlichen Mängeln gesprochen; anderenfalls könne – wie man zu Unrecht befürchtete – in dem neuen Satz eine nicht beabsichtigte und auch sachlich nicht gerechtfertigte Beweislastumkehr zulasten des Bestellers gesehen werden (Beschlussempfehlung und Bericht des Rechtsausschusses, BT-Drucks. 14/2752 S. 17). Seit dem wird kontrovers diskutiert ob die negativ Formulierung des § 640 Abs. 1 S. 2 BGB, wonach die Abnahme wegen unwesentlicher Mängel nicht verweigert werden kann, inhaltlich deckungsgleich mit der positiv Formulierung aus § 12 Nr. 3 VOB/B zu sehen ist oder ob sich inhaltliche Unterschiede ergeben. Zum Teil wird die Auffassung vertreten (*Kiesel* NJW 2000, 1673, 1676; *Peters* NZBau 2000, 169, 170 f.), die Formulierung des § 640 Abs. 1 S. 2 BGB enthalte gegenüber der VOB-Regelung eine Verschärfung der Abnahmeverweigerungsvoraussetzungen, weil wesentliche Mängel »schlimmer« sein dürften, als nicht unwesentliche; dann könne der Besteller weiterhin nach der VOB seltener die Abnahme verweigern als nach dem BGB (*Peters* NZBau 2000, 169, 171). Demgegenüber geht die überwiegende Meinung in der Literatur (*von Craushaar* BauR 2001, 471, 474; *Niemöller* BauR 2001, 481; *Motzke* NZBau 2000, 489, 493 f.; *Schmidt-Räntsch* ZfIR 2000, 237, 238; *Siegburg* ZfIR 2000, 841, 846) zutreffend von einer inhaltlichen Deckungsgleichheit von § 640 Abs. 1 BGB und § 12 Nr. 3 VOB/B aus. Insbesondere Motzke (NZBau 2000, 489, 493) belegt durch die Entstehungsgeschichte des § 640 Abs. 1 S. 2 BGB überzeugend, dass bei der Negativformulierung tatsächlich nur Beweislastüberlegungen eine Rolle spielten und an eine Erschwernis der Abnahmeverweigerung gegenüber der positiven VOB-Formulierung nicht gedacht war.

Liegen **wesentliche Mängel** der Werkleistung vor, kann der Auftraggeber die Abnahme auch dann verweigern, wenn er die **Leistung gleichzeitig nutzt**, selbst über einen längeren Zeitraum. Dies widerspricht nicht den Grundsätzen von Treu und Glauben (BGH 8.1.2004 VII ZR 198/02 = BauR 2004, 670 für eine knapp dreijährige Nutzung); der Auftragnehmer hat es in der Hand, die Abnahmereife durch Mangelbeseitigung herbeizuführen (BGH a.a.O.).

B. Wesentlicher Mangel

2   Was als **wesentlicher Mangel** anzusehen ist, ist in Nr. 3 **nicht** aufgeführt. Bzgl. des Mangelbegriffs, der durch das Schuldrechtsmodernisierungsgesetz zunächst in § 633 BGB und dem folgend durch die VOB/B-Fassung 2002 in § 13 Nr. 1 VOB/B geändert wurde, ist zunächst auf die Kommentierung zu § 13 Nr. 1 VOB/B zu verweisen. Die Wesentlichkeit eines Mangels ist vor Allem dann anzunehmen, wenn die Bauleistung nicht den anerkannten Regeln der Technik entspricht oder in beachtlichem Maß von der vereinbarten Beschaffenheit des Werks abweicht. Das gilt auch in Hinblick auf vertraglich geschuldete, jedoch noch nicht fertiggestellte Leistungen. Im Allgemeinen ist hier nach wie vor eine weite Auslegung am Platze. Dabei sind die Art, der Umfang und vor allem die Auswirkungen des Mangels maßgebende Kriterien (BGH 26.2.1981 VII ZR 287/79 = BauR 1981, 284 = NJW 1981, 1448; BGH 30.4.1992 VII ZR 185/90 = BauR 1992, 627 = NJW 1992, 2481; vgl. auch OLG Hamm BauR 1992, 240) und zwar im Hinblick auf die Zweckbestimmung der jeweils in Auftrag gegebenen Leistung, vor allem ihrer ungehinderten Gebrauchstauglichkeit. So liegt sicher ein wesentlicher Mangel vor, wenn 16% des verlegten Fliesenmaterials farblich unzulässige Abweichungen aufweisen (LG Amberg BauR 1982, 498). Auch wird dies zutreffen, wenn eine Attikaplatte bei der Montage gekürzt worden ist, die Bewehrungsstäbe zum Teil nicht tief genug im unteren Teil des Auflagers angebracht worden sind und dieses zu einem Riss in der einspringenden Ecke des Auflagers geführt hat (BGH 30.4.1992 VII ZR 185/90 = BauR 1992, 627 = NJW 1992, 2481). Gleiches gilt bei einer

entgegen dem Auftrag angebrachten Stärke bzw. Höhe des Estrichs (OLG Karlsruhe BauR 1995, 246). Die Abnahme kann auch verweigert werden, wenn bei einem Wohnhaus der Sockelputz nicht hergestellt ist und das vorgesehene Eingangspodest mit Trittstufen noch fehlt, weil das Haus noch nicht funktionell fertig ist (OLG Dresden IBR 2001, 295-*Kamphausen*, Revision nicht angenommen). Auch die Ausführung einer Hartstoffverschweißschicht mit einer mittleren Dicke von 6 bis 7 mm statt der vereinbarten Dicke von 10 mm und einer dadurch um ca. 35% reduzierten Lebensdauer berechtigt zur Abnahmeverweigerung (OLG Hamm IBR 2003, 8-*Schulze-Hagen*, Revision nicht angenommen). Eine Werkleistung ist auch nicht abnahmefähig, wenn die Stürze über den Fenstern nicht ausreichend abgefangen sind und die Werkleistung ohne diese Abfangung nicht den anerkannten Regeln der Technik entspricht; es kommt dann nicht darauf an, ob es bereits zu einem Schaden gekommen ist (OLG Celle IBR 2001, 170-*Metzger*, Revision nicht angenommen). Bei einem aus 25 Reihenhäusern bestehenden Bauvorhaben mit einem Auftragsvolumen von nahezu 6 Mio. DM reichen bereits an einem Haus festgestellte erhebliche schallschutztechnische Mängel mit einem Behebungsaufwand von 30.000 DM aus, um wegen eines wesentlichen Mangels die Gesamtabnahme zu verweigern (OLG Dresden IBR 2001, 295-*Kamphausen*, Revision nicht angenommen), erst recht bei zahlreiche Einzelmängeln der Werkleistung mit einem Gesamtbeseitigungsaufwand von mehr als 10% des Werklohns (OLG Hamburg BauR 2003, 1590). Die Abnahmeverweigerung kann auch bei Fehlen erforderlicher und mitzuliefernder Unterlagen über die Vertragsgerechtheit der Leistung zutreffen (vgl. OLG Rostock NJW-RR 1995, 1422 hinsichtlich einer Bescheinigung über die Holzschutzbehandlung) falls dies als Hauptpflicht einzuordnen ist, was nach § 11 Abs. 2 Abfallgesetz sowie § 8 Abs. 1 AbfallrestüberwachungsVO entgegen OLG Düsseldorf (OLGR 1994, 278) auch in Bezug auf die Vorlage von Lieferscheinen oder Rechnungen der Firma, die den Abfall übernommen hat, gilt.

Demgegenüber sind nach OLG Dresden (BauR 2001, 949) Mängel mit einem Gesamtbeseitigungsaufwand von 3.000 DM bei einem Gesamtvolumenen des Auftrags von 9.500.000 DM, die die Funktionsfähigkeit des Gebäudes nicht beeinträchtigen, nicht so wesentlich, dass sie zur Abnahmeverweigerung berechtigen. Nach Auffassung des OLG Dresden (a.a.O.) ist ein Werk abnahmereif und somit fertiggestellt, wenn vorhandene Restmängel nach allen Umständen des Einzelfalls an Bedeutung so weit zurücktreten, dass es unter Abwägung beiderseitiger Interessen dem Auftraggeber zumutbar ist, eine zügige Vertragsabwicklung nicht aufzuhalten und deshalb nicht nur auf den Vorteilen zu bestehen, die sich ihm vor Abnahme bieten. Nach BGH (13.12.2001 VII ZR 28/00, BauR 2002, 618 = IBR 2002, 177-*Thierau*) handelt es sich auch bei Montagefehlern an der Brandschutzbekleidung der Stützen in einem Dachgeschoss, die ohne größeren Aufwand zu beheben sind, um keine wesentlichen Mängel.

Bei der erforderlichen Bewertung kommt es aber **keineswegs nur auf objektive Gesichtspunkte** an, sondern **auch auf dem Auftragnehmer unzweifelhaft erkennbar gemachte subjektive Merkmale unter besonderer Berücksichtigung des Bestellerwillens des Auftraggebers** (ebenso BGH a.a.O.). Dabei spielt in letzterer Hinsicht der Gesichtspunkt der Zumutbarkeit der Hinnahme der bisherigen Leistung für den Auftraggeber eine entscheidende Rolle. Im Einzelfall **können** hier als Bewertungskriterien gelten: Höhe der Mängelbeseitigungskosten, Schwierigkeit und Umfang der Mängelbeseitigungsarbeiten, Grad der Funktionsbeeinträchtigung der Leistung, Unfallträchtigkeit, Umfang und Gewicht der optischen Beeinträchtigung, etwaiges Verschulden des Auftragnehmers, ähnlich wie bei Unverhältnismäßigkeit des Mängelbeseitigungsaufwandes nach § 13 Nr. 6 VOB/B. Insofern ist Groß (FS Locher S. 53, 55) zuzustimmen, allerdings mit der **Einschränkung, dass schon das Vorliegen eines oder mehrerer der vorgenannten Merkmale ausreichen kann,** um die Wesentlichkeit eines Mangels zu bejahen.

3 Unter Beachtung der vorangehend dargelegten Gesichtspunkte muss letztlich entscheidendes Kriterium dafür, ob ein Mangel als wesentlich anzusehen ist, sein, dass die in Abweichung von § 640 BGB in § 12 Nr. 3 VOB/B getroffene Regelung einen angemessenen Ausgleich der widerstreitenden Interessen der Bauvertragspartner bewirken will. Dem Interesse des Auftraggebers an möglichst vollständiger Erfüllung vertragsgerechter Leistung vor Zahlung der Vergütung steht das Interesse des Auftragnehmers, die mit der Abnahme verbundenen Rechtsfolgen herbeizuführen, vor allem eine Grundvoraussetzung für die Fälligkeit der Vergütung zu schaffen, gegenüber. Daher wird durch das Merkmal, dass der vor Abnahme zu beseitigende Mangel wesentlich sein muss, für den Einzelfall auf den Gesichtspunkt der **Zumutbarkeit** abgestellt (ebenso OLG Hamm BauR 1992, 240, jedoch ohne hinreichende Anhaltspunkte für die Beurteilung der Frage der Zumutbarkeit, wenn es hinsichtlich des Ausgangspunktes ein Zurückgreifen auf die sich aus § 13 Nr. 1 VOB/B ergebenden grundlegenden Gesichtspunkte ablehnt). Tritt die Bedeutung des Mangels bei Abwägung der beiderseits berechtigten Interessen so weit zurück, dass es für den Auftraggeber zumutbar ist, eine zügige Abwicklung des gesamten Vertragsverhältnisses nicht länger aufzuhalten und auf den Vorteilen zu bestehen, die sich ihm vor vollzogener Abnahme bieten, so darf er die Abnahme nicht verweigern (BGH 26.2.1981 VII ZR 287/79 = BauR 1981, 284 = NJW 1981, 1448).

4 **Unberührt** davon bleibt sein **Leistungs- oder Zahlungsverweigerungsrecht nach §§ 320, 641 Abs. 3 BGB,** das bis zur Beseitigung ordnungsgemäß gerügter Mängel fortbesteht und lediglich zu einer Zug-um-Zug-Verurteilung des Auftraggebers führt (BGH a.a.O. m.w.N.; OLG Düsseldorf BauR 1997, 842). Dieses Leistungsverweigerungsrecht erfasst also auch unwesentliche Mängel (vgl. dazu auch *Lange* BauR 1994, 187, 190). Ein nicht wesentlicher Mangel sind z.B. Unebenheiten eines Treppenpodestes geringen Umfanges, die mit wenig Zeit- und Kostenaufwand zu beseitigen sind (KG BauR 1984, 529). Ein unwesentlicher Mangel ist es auch, wenn bei einer Dacheindeckung vier Dachziegel wegen mangelhafter Befestigung ganz oder teilweise abgerutscht sind, ohne dass dadurch Undichtigkeiten am Dach aufgetreten sind (OLG Hamm NJW-RR 1990, 917). Auch trifft dies im Allgemeinen beim Fehlen vertraglich geschuldeter Revisionsunterlagen zu (vgl. dazu OLG Celle BauR 1995, 261). Hat dagegen ein Küchenboden ein Gefälle vom Bodeneinlauf weg in Richtung auf eine mit Schränken versehene Wand von 2–5 cm, so beeinträchtigt dies die Gebrauchstüchtigkeit erheblich, und es muss von einem zur Verweigerung der Abnahme berechtigenden wesentlichen Mangel gesprochen werden, auch wenn dieser Mangel mit verhältnismäßig geringen Kosten zu beseitigen ist (OLG Hamm NJW-RR 1989, 1180). Ebenso liegt ein wesentlicher Mangel vor, wenn ein in einem Ladenlokal verlegter Betonwerksteinboden aufgrund mangelhafter Nachbearbeitung durch den Auftragnehmer offenporig, schwer zu reinigen und fleckig verschmutzt ist (BGH 30.4.1992 VII ZR 185/90 = BauR 1992, 627 = NJW 1992, 2481). Bei der hier im Bereich der Zumutbarkeit durchzuführenden Abwägung ist insbesondere auch auf eine **Gesamtbetrachtung** der durch den betreffenden Auftragnehmer verursachten Mängel abzustellen. So mag es sein, dass ein einzelner Mangel für sich gesehen nicht als wesentlich gelten kann, dass es aber angesichts der Gesamtheit aller aufgetretenen Mängel und der daraus sich ergebenden Schwergewichtigkeit dem Auftraggeber nicht zuzumuten ist, die Leistung des Auftragnehmers als im Wesentlichen vertragsgerecht zu billigen, also abzunehmen. Das kommt insbesondere bei einer Vielzahl von Mängeln in Betracht (vgl. dazu KG BauR 1984, 527; zu den Möglichkeiten der baubetrieblichen Bewertung einer Vielzahl kleiner Mängel vgl. *Motzko/Schreiber* BauR 1999, 24).

5 Ob ein zur Abnahmeverweigerung berechtigender wesentlicher Mangel vorliegt, beurteilt sich grundsätzlich nach dem **Zeitpunkt der Fertigstellung und beabsichtigten Übergabe** an den Auftraggeber, **also der – versuchten – Abnahme** (so wohl gemeint von BGH 30.4.1992 VII ZR 185/90 = BauR 1992, 627 = NJW 1992, 2481), z.B. dem festgelegten Zeitpunkt des Abnahmetermins (BGH a.a.O.). Die Darlegungs- und Beweislast dafür, dass die Leistung **ohne wesentlichen Mangel** ist, trägt der **Auftragnehmer** (BGH a.a.O.; OLG Hamburg BauR 2003, 1590). Der Auftraggeber muss dem Auftragnehmer auch die Mängel, hinsichtlich derer er sich des Rechts zur Abnahmeverweigerung berühmt, mitteilen, um ihm die Gelegenheit zu geben, die angeblichen Mängel zu beseitigen (OLG Düsseldorf OLGR 1999, 153). Die Abnahmeverweigerung des Auftraggebers mit dem Hinweis auf Mängel, ohne diese konkret zu benennen, ist unberechtigt. Die **Abnahmeverweigerung** ist eine **empfangsbedürftige Willenserklärung**; an eine Form ist sie nicht gebunden, sie kann also auch mündlich oder schlüssig erklärt werden. Um Missverständnisse zu vermeiden und zu Beweiszwecken empfiehlt sich die Schriftform.

C. Rechtsfolgen

I. Berechtigte Abnahmeverweigerung

Verweigert der Auftraggeber die Abnahme zu Recht, treten die Abnahmewirkungen nicht ein. 6
Dann scheiden auch sämtliche fiktiven Abnahmen nach VOB und BGB aus; eine Fertigstellungsbescheinigung wird nicht erteilt werden.

II. Rechtswidrige Abnahmeverweigerung

Bei unberechtigter Abnahmeverweigerung ist hinsichtlich der Rechtsfolgen zu unterscheiden zwi- 7
schen der vorläufig unberechtigten Abnahmeverweigerung und der endgültig unberechtigten Abnahmeverweigerung (zu weitergehenden Differenzierungen vgl. *Thode* ZfBR 1999, 116, 118 f.).
Eine **vorläufige Abnahmeverweigerung** liegt dann vor, wenn der Auftraggeber die Abnahme auf das Abnahmeverlangen des Auftragnehmers hin zwar verweigert – in der Praxis geschieht das meist mit der Behauptung, die Leistung sei mit wesentlichen Mängeln behaftet –, die Abnahme aber für den Fall der Mängelbeseitigung ausdrücklich oder stillschweigend in Aussicht stellt. Bei der **endgültigen unberechtigten Abnahmeverweigerung** erklärt der Auftraggeber aus welchen Gründen auch immer, er werde die Werkleistung des Unternehmers überhaupt nicht – also nie – abnehmen.

1. Endgültige rechtswidrige Abnahmeverweigerung

Verweigert der Auftraggeber die Abnahme endgültig, treten sämtliche Abnahmewirkungen mit der 8
Verweigerungserklärung ein (zutreffend insoweit *Nicklisch/Weick* § 12 VOB/B Rn. 45; *Kaiser* Mängelhaftungsrecht Rn. 41e; *Heiermann/Riedl/Rusam* § 12 VOB/B Rn. 24d; *Gross* FS Locher S. 53 ff.; ebenso *Willenbrand/Detger* BB 1992, 1801, 1804; *Knacke* Auseinandersetzungen im privaten Baurecht S. 77; *Locher* Das private Baurecht Rn. 244; *Zielemann* Rn. 442; *Thode* ZfBR 1999, 116, 119; Beck'scher VOB-Komm./*Motzke* § 12 Nr. 3 VOB/B Rn. 25 u. Vor § 12 Rn. 102). Rechtswidrig ist die endgültige Abnahmeverweigerung dann, wenn eine Pflicht des Auftraggebers zur Abnahme besteht. Darauf, ob der Abnahmeanspruch bereits fällig ist, insbesondere der Auftragnehmer dem Auftraggeber das tatsächlich abnahmereife Werk entsprechend § 12 Nr. 1 VOB/B angeboten hat, kommt es nicht an. Die Abnahmewirkungen treten auch ein, wenn der Abnahmeanspruch zwar noch nicht fällig ist, der Auftraggeber die Abnahme aber endgültig auch für den Fall des Fälligkeitseintritts verweigert. Dies kommt vor allem in Betracht, wenn die auftragnehmerische Werkleistung wegen Mängeln oder Unvollständigkeit noch nicht abnahmereif ist, der Auftragnehmer aber noch in der Lage und befugt ist, die Abnahmereife durch Mängelbeseitigung oder Fertigstellung herbeizuführen (eingehend insbesondere *Thode* ZfBR 1999, 116, 119). Bei der endgültigen rechtswidrigen Abnahmeverweigerung kann im Übrigen auch mit guten Gründen darüber nachgedacht werden, den Eintritt der Abnahmewirkungen auf eine entsprechende Anwendung des Grundgedankens des § 162 Abs. 1 BGB zu stützen (BGH 15.5.1990 X ZR 128/88 = NJW 1990, 3008 = ZfBR 1990, 228; *Siegburg* Handbuch der Gewährleistung Rn. 371 ff.; Beck'scher VOB-Komm./*Jagenburg* § 12 Nr. 3 VOB/B Rn. 25). Nach dem BGH (a.a.O.) kann sich eine Partei nicht auf das Fehlen einer Anspruchsvoraussetzung berufen, wenn sie deren Eintritt selber wider Treu und Glauben verhindert hat.

2. Rechtswidrige vorläufige Abnahmeverweigerung

Die vorläufige Abnahmeverweigerung ist rechtswidrig, wenn entgegen der Einschätzung des Auf- 9
traggebers die unternehmerische Werkleistung tatsächlich abnahmereif, also nicht mit wesentlichen

Mängeln behaftet ist. Verweigert der Auftraggeber die Abnahme trotzdem, treten die entsprechenden Wirkungen der Abnahme unter den jeweiligen Voraussetzungen des Gläubiger- bzw. Schuldnerverzugs ein (vgl. oben Kommentierung zu § 12 Nr. 1 VOB/B; *Thode* ZfBR 1999, 116, 120; *Staudinger/Peters* § 640 BGB Rn. 37–39, 51 f.; *Heiermann/Riedl/Rusam* § 12 VOB/B Rn. 25 ff.; *Groß* FS Locher 1990 S. 53 ff.; *Kleine-Möller/Merl/Oelmaier* § 11 Rn. 128 ff.). Die Erklärung der unberechtigten vorläufigen Abnahmeverweigerung, die in der Regel auf die Behauptung tatsächlich nicht existenter Mängel gestützt wird, begründet selbst den Eintritt des Schuldnerverzugs noch nicht; sie unterfällt insbesondere, nachdem sie gerade nicht endgültig ist, nicht § 286 Abs. 2 Nr. 3 BGB. Genauso wenig erscheint es möglich, die Abnahmewirkungen bei der vorläufigen rechtswidrigen Abnahmeverweigerung auf die entsprechend Anwendung des § 162 Abs. 1 BGB zu stützen. Eine auf eine unberechtigte Mängelrüge gestützte vorläufige Abnahmeverweigerung ist noch keine treuwidrige Bedingungsvereitelung. Etwas Anderes könnte allerdings dann gelten, wenn der Auftraggeber treuwidrig die Abnahmereife vereitelt, etwa dadurch, dass er die unternehmerische Werkleistung extra beschädigt oder angebotene Nachbesserungsleistungen verhindert oder die Entgegennahme von Unterlagen verweigert, die vertraglich zur Voraussetzung der Abnahme gemacht wurden.

III. Fiktive Abnahme

10 Fiktive Abnahme nach § 12 Nr. 5 VOB/B scheidet auch bei unberechtigter (a.A. *Henkel* Jahrbuch Baurecht 2003 S. 87). Abnahmeverweigerung aus, wenn der Auftraggeber die Abnahmeverweigerung innerhalb der dort genannten Frist erklärt. Demgegenüber kommt jedoch die Abnahmefiktion des § 640 Abs. 1 S. 3 BGB nach der ausdrücklichen Regelung dieser Vorschrift durchaus in Betracht, wenn der Auftraggeber unter Fristsetzung zur Abnahme aufgefordert wurde und die Abnahme trotz Abnahmereife pflichtwidrig verweigert hatte. Der Unterschied ergibt sich aus unterschiedlichen Anknüpfungspunkten der Abnahmefiktion. Während die Abnahmefiktionen aus § 12 Nr. 5 Abs. 1 und 2 VOB/B an bestimmte Lebenssachverhalte (z.B. Fertigstellungsanzeige, Inbenutzungnahme) knüpft, stellt § 640 Abs. 1 S. 3 BGB als Anknüpfungspunkt für die Abnahmefiktion auf die Pflichtverletzung des Auftraggebers ab (pflichtwidrige Nichtabnahme innerhalb gesetzter Frist). Diesem Anknüpfungstatbestand kann sich der Auftraggeber durch unberechtigte Abnahmeverweigerung nicht entziehen; dies ist gerade der Zweck der Vorschrift. Anders bei § 12 Nr. 5 VOB/B: Hier wird die Abnahme – eine Willenserklärung des Auftraggebers – auf der Basis bestimmter Lebenssachverhalte fingiert. Diese Erklärungsfiktion ist dann nicht möglich, wenn der Auftraggeber ausdrücklich genau das Gegenteil (Verweigerung der Abnahme) von dem erklärt, was durch Rückgriff auf die Lebensumstände fingiert werden soll. Er erklärt damit nämlich gleichzeitig, und zwar ausdrücklich, dass der Lebenssachverhalt für seinen Willensentschluss keine Bedeutung haben soll. Ob er dies zu Recht oder zu Unrecht tut, ist hierbei gleichgültig; § 12 Nr. 5 VOB/B stellt – gerade anders als § 640 Abs. 1 S. 3 BGB – nicht auf die Pflicht zur Erklärung ab. Umgekehrt bedeutet das aber auch, dass die Abnahmefiktion nach § 12 Nr. 5 VOB/B nach ihrem Eintritt Bestand hat, wenn sich an der unternehmerischen Werkleistung später wesentliche Mängel zeigen und der Auftraggeber zur Abnahme eigentlich nicht verpflichtet gewesen wäre. Gerade dies ist bei § 640 Abs. 1 S. 3 BGB anders. Die dortige Abnahmefiktion konnte nicht eintreten.

§ 12 Nr. 4
[Förmliche Abnahme]

(1) Eine förmliche Abnahme hat stattzufinden, wenn eine Vertragspartei es verlangt. Jede Partei kann auf ihre Kosten einen Sachverständigen zuziehen. Der Befund ist in gemeinsamer Verhandlung schriftlich niederzulegen. In die Niederschrift sind etwaige Vorbehalte wegen bekannter

Förmliche Abnahme § 12 Nr. 4 VOB/B

Mängel und wegen Vertragsstrafen aufzunehmen, ebenso etwaige Einwendungen des Auftragnehmers. Jede Partei erhält eine Ausfertigung.

(2) Die förmliche Abnahme kann in Abwesenheit des Auftragnehmers stattfinden, wenn der Termin vereinbart war oder der Auftraggeber mit genügender Frist dazu eingeladen hatte. Das Ergebnis der Abnahme ist dem Auftragnehmer alsbald mitzuteilen.

Inhaltsübersicht
Rn.
A. Allgemeine Grundlagen.. 1
B. Verlangen einer Vertragspartei (Abs. 1 S. 1) 3
C. Abnahmetermin (Abs. 2 S. 1) 9
D. Hinzuziehung von Sachverständigen (Abs. 1 S. 2) 11
E. Schriftliche Niederlegung des Befundes (Abs. 1 S. 3) 13
F. Einzelheiten der Niederschrift (Abs. 1 S. 4) 15
G. Ausfertigung der Niederschrift an Vertragspartner (Abs. 1 S. 5) 19
H. Förmliche Abnahme in Abwesenheit des Auftragnehmers (Abs. 2) 20

Aufsätze: *Dähne* Die vergessene förmliche VOB-Abnahme – eine überflüssige Rechtskonstruktion? FS Heiermann S. 23 ff.; *Marbach/Wolter* Die Auswirkungen bei der förmlichen Abnahme erklärter Mängelvorbehalte auf die Beweislast BauR 1998, 36; *Niemöller* Die Abnahme nach § 12 Nr. 4 VOB/B FS Vygen 1999 S. 340 ff.; *Thode* Werkleistung und Erfüllung im Bau- und Architektenvertrag ZfBR 1999, 116; *Siegburg* Zur Abnahme als Fälligkeitsvoraussetzung beim Werklohnanspruch (Teil 1) ZfIR 2000, 841; *Siegburg* Zur Abnahme als Fälligkeitsvoraussetzung beim Werklohnanspruch (Teil 2) ZfIR 2000, 941.

A. Allgemeine Grundlagen

Nr. 4 betrifft die **förmliche Abnahme.** Sie hat den gerade für das Bauvertragswesen besonders wichtigen Zweck, beide Vertragspartner an Ort und Stelle der erbrachten Leistung zur **gemeinsamen Feststellung des Befundes** sozusagen an einen Tisch zu bringen, um möglichst sogleich Einigkeit oder jedenfalls Klarheit darüber herbeizuführen, ob und inwieweit der Auftragnehmer seine Leistungspflicht erfüllt hat, ob und gegebenenfalls was von Seiten des Auftraggebers zu beanstanden ist. Dabei geht es vor allem darum, etwaige Streitigkeiten zu vermeiden oder jedenfalls einzuschränken, Unklarheiten und spätere Beweisschwierigkeiten, auch bezüglich der Vorbehalte bekannter Mängel oder Vertragsstrafen, von vornherein zu beseitigen. Insofern hat die förmliche Abnahme eine für das Bauvertragswesen sicher **grundlegende Bedeutung.** 1

Anders als bei der so genannten Normalabnahme handelt es sich bei der förmlichen Abnahme um eine – vereinbarte – empfangsbedürftige Willenserklärung. Hieran fehlt es in dem »Besichtungs- und Mängelbericht«, den ein vom Auftraggeber beauftragter Sachverständiger im Abnahmetermin anfertigt. Dieser enthält, zumindest solange ihm nicht aufgrund besonderer Umstände eine weitere Bedeutung beizumessen ist, grundsätzlich überhaupt keine Erklärung des Auftraggebers (OLG Celle IBR 2001, 170-*Metzger*, Revision nicht angenommen).

Die **förmliche Abnahme** ist dem **gesetzlichen Werkvertragsrecht des BGB unbekannt,** da sich dort, insbesondere in § 640 BGB, keine der Nr. 4 entsprechende Regelung findet. 2

Jedoch kann sie **auch dort** zwischen den Vertragspartnern in gleicher oder ähnlicher Form vereinbart werden (vgl. dazu BGH 13.12.1962 VII ZR 193/61 SFH Z 2.50 Bl. 9 und BGH 15.1.1968 VII ZR 84/85 Bl. 24), wie z.B. durch die Absprache, dass »schriftliche Abnahme« erfolgen soll. Dann ist aber bei Fehlen weitergehender Vereinbarung grundsätzlich nur die Abnahmeerklärung selbst formbedürftig, nicht dagegen auch die Prüfung der Leistung und die etwaige Feststellung von Mängeln (vgl. BGH 25.10.1973 VII ZR 181/72 = BauR 1974, 63). Unter bestimmten Voraussetzungen kann ein beim **Bauvertrag nach dem BGB vereinbartes förmliches Abnahmeverlangen** bzw. ein Berufen des Auftraggebers darauf **nach Treu und Glauben (§ 242 BGB) ausgeschlossen** sein, insbesondere wenn sich aus dem Verhalten des Auftraggebers ergibt (z.B. Teilnahme an der baubehördlichen Abnahme, völlige Zahlung einschließlich des Sicherheitsbetrages), dass er die Abnahme als erfolgt gelten lassen will (BGH a.a.O.; vgl. dazu insbesondere *Hochstein* BauR 1975, 221). Im Übrigen kann auch hier auf die Vornahme einer vereinbarten förmlichen Abnahme verzichtet werden; für eine dann evtl. in Betracht kommende stillschweigende Abnahme müssen jedoch Tatsachen vorliegen, aus denen sich unzweideutig ergibt, dass die Vertragspartner auf die vereinbarte förmliche Abnahme durch schlüssiges Verhalten verzichtet haben.

Für die **VOB** gilt Folgendes:

B. Verlangen einer Vertragspartei (Abs. 1 S. 1)

3   Eine **Verpflichtung** des Auftraggebers **zur darauf bezogenen förmlichen Abnahme** ist gegeben, **wenn eine Vertragspartei eine solche verlangt. Es genügt somit das einseitige Verlangen i.S. einer empfangsbedürftigen Willenserklärung;** dieses kann deshalb **sowohl vom Auftraggeber als auch vom Auftragnehmer sowie von beiden gestellt** werden. Das Verlangen kann schon im Bauvertrag erhoben werden, aber auch später bis zur Abnahme bzw. dem Eintritt der Abnahmewirkungen, z.B. nach § 12 Nr. 5 VOB/B oder bis zur endgültigen Abnahmeverweigerung durch den Auftraggeber. Eine Vertragsklausel, die vorsieht, dass eine Abnahme durch Ingebrauchnahme ausgeschlossen ist, bedeutet weder die Vereinbarung einer förmlichen Abnahme i.S.v. § 12 Nr. 4 VOB/B noch einen Ausschluss der Abnahmefiktion nach § 12 Nr. 5 Abs. 1 VOB/B (OLG Düsseldorf BauR 2002, 482).

4   Das so gekennzeichnete **Verlangen auf förmliche Abnahme** ist allein **aufgrund der Vereinbarung der VOB berechtigt,** ohne dass es dafür einer weiteren Absprache in Besonderen oder Zusätzlichen Vertragsbedingungen bedarf, wie z.B. entsprechend § 10 Nr. 4 Abs. 1g VOB/A. Eine solche ist nur nötig, wenn die Vertragsparteien eine die Nr. 4 erweiternde oder einschränkende Vereinbarung treffen wollen. Im Übrigen **kann auf die förmliche Abnahme auch nachträglich verzichtet** werden.

5   Das förmliche Abnahmeverlangen ist darüber hinaus grundsätzlich **ausgeschlossen, wenn bereits eine Abnahme auf der Grundlage der Nr. 1 stattgefunden hat.** Das gilt auch im Hinblick auf Nr. 5: Ist ursprünglich eine förmliche Abnahme – insbesondere schon im Bauvertrag – vorgesehen, kommt aber **keiner der Vertragspartner später darauf zurück, kann die Abnahmewirkung eintreten, wenn die in Nr. 5 geregelten Voraussetzungen vorliegen** (vgl. BGH 15.1.1968 VII ZR 84/65 SFH Z 2.50 Bl. 24 ff.) und zwar mit allen dort sich ergebenden Folgen. Ebenso kann eine konkludente Abnahme in Betracht kommen (OLG Jena IBR 2005, 527-*Müller*). Ein solcher als Verzicht auf eine förmliche Abnahme zu bewertender Vorgang kann sich **aus den Umständen** ergeben, wie z.B. aus dem längere Monate dauernden Schweigen des Auftraggebers auf die Schlussrechnung des Auftragnehmers (BGH 21.4.1977 VII ZR 108/76 = BauR 1977, 344; ähnlich OLG Karlsruhe BauR 2004, 518) und dessen Mahnungen, vor allem nach verhältnismäßig unbedeutenden Nacharbeiten (OLG Stuttgart BauR 1974, 344, dazu kritisch hinsichtlich der Rechtskonstruktion: *Hochstein* BauR 1975, 221). Erst recht trifft dies zu, wenn der Auftraggeber die Schlussrechnung des Auftragnehmers ohne förmliche Abnahme bezahlt. Unerheblich ist, ob die Parteien sich dabei bewusst sind, dass förmliche Abnahme im Vertrag vorgesehen ist oder ob sie dies »vergessen« haben (BGH 21.4.1977 VII ZR 108/76 = BauR 1977, 344). Das gilt **selbst dann, wenn die Parteien vereinbart haben, die Änderung des Vertrages bedürfe der Schriftform,** sofern aus den Umständen zu entnehmen ist, dass sie von der förmlichen Abnahme keinen Gebrauch machen wollen, wie z.B. durch Aufforderung des Auftraggebers unter Fristsetzung an den Auftragnehmer, die Schlussrechnung vorzulegen, ohne dass die förmliche Abnahme stattgefunden hat (vgl. BGH 12.10.1978 VII ZR 139/75 = BGHZ 72, 222 = BauR 1979, 56 m.w.N.). Die hier aufgezeigten Ausnahmen sind aber mit **äußerster Vor-**

Förmliche Abnahme § 12 Nr. 4 VOB/B

sicht und daher zurückhaltend zu beurteilen (OLG Düsseldorf BauR 1999, 404; *Locher* Das private Baurecht Rn. 144; *Werner/Pastor* Rn. 1208 ff.).

Ist die förmliche Abnahme bereits bei Vertragsschluss vereinbart und hat sich der Auftraggeber dabei **6** die Festsetzung des Termins zur förmlichen Abnahme einseitig vorbehalten, handelt er treuwidrig, wenn er diesen Termin unbillig hinauszögert; er kann sich dann nicht auf die fehlende förmliche Abnahme berufen (BGH 13.7.1989 VII ZR 82/88 = BauR 1989, 727 = NJW 1990, 43). Das gilt besonders, wenn über die im Wesentlichen vertragsgerechte Ausführung der Leistung kein Streit herrscht, sondern die förmliche Abnahme wegen Meinungsverschiedenheiten bzgl. Aufmaß und Abrechnung sowie zur Aufrechnung gestellter Schadensersatzforderungen des Auftraggebers verzögert wird (BGH a.a.O.). Vor allem verstößt es gegen Treu und Glauben, wenn der Auftraggeber die Bestimmung eines förmlichen Abnahmetermins nur wegen der einbehaltenen Sicherheitsleistung verweigert; dann tritt die Wirkung des § 12 Nr. 5 VOB/B – erst recht – ein (BGH a.a.O.). Ebenso gilt dies, wenn der Auftraggeber sich auf eine fehlende förmliche Abnahme beruft, obwohl sich die Vertragspartner vorher darüber einig waren, dass das vom Auftragnehmer errichtete und vom Auftraggeber bezogene Haus im Wesentlichen vertragsgerecht erstellt worden ist, und der Auftraggeber deshalb die Vergütung des Auftragnehmers vorbehaltlos bezahlt hat (OLG Düsseldorf OLGR 1992, 302). Allgemeine Geschäftsbedingungen des Auftraggebers, in denen dieser eine – andere Abnahmemöglichkeiten ausschließende – förmliche Abnahme für sich bzw. seine Bauleiter vorbehält, ohne hierfür eine angemessene Frist oder eine sonstige Einwirkungsmöglichkeit des Auftragnehmers vorzusehen, verstoßen gegen § 308 Nr. 1 BGB, insbesondere auch gegen § 307 BGB und sind daher unwirksam (BGH 25.1.1996 VII ZR 233/94 = BauR 1996, 378 = NJW 1996, 1346).

Sofern nach dem Gesagten möglich bzw. noch zulässig, ist eine **bestimmte Form** für das förmliche **7** **Abnahmeverlangen nicht vorgeschrieben; es kann mündlich gestellt** werden. Es empfiehlt sich aber auch hier, zu Beweiszwecken die Schriftform zu wählen.

Eine berechtigte **Verweigerung der Abnahme** durch den Auftraggeber kommt **auch hier nur unter** **8** **den Voraussetzungen der Nr. 3 in Betracht.**

C. Abnahmetermin (Abs. 2 S. 1)

Die förmliche Abnahme erfordert ferner eine **Festlegung des Abnahmetermins,** wie sich aus Nr. 4 **9** Abs. 2 S. 1 ergibt. Eine **solche Art der Abnahme setzt** ihrem Sinngehalt nach nämlich grundsätzlich die **Anwesenheit beider Vertragspartner oder jedenfalls die hinreichende Gelegenheit hierzu durch rechtzeitige Kenntnis von dem Termin voraus.** Es läge ein Verstoß gegen Treu und Glauben vor, wenn man einen Partner von diesem besonderen Abnahmevorgang dadurch ausschließen wollte, dass er vom Termin nicht rechtzeitig unterrichtet wird. Das bezieht sich in erster Linie auf eine mögliche Pflichtverletzung des Auftraggebers, da nur dieser die Abnahme vornehmen kann bzw. vorzunehmen hat, daher auch den Abnahmetermin unter Benachrichtigung des Auftragnehmers bestimmen muss. Gerade dazu ist zu bedenken, dass es neben der objektiv **hinreichend sicheren Feststellung des Befundes vor allem darum geht, möglichst Einigkeit beider Vertragspartner über die Einzelheiten und das Ergebnis dieses Befundes** zu erzielen.

Die Bestimmung des Abnahmetermins kann auf zwei Arten erfolgen. Er kann mit dem anderen **10** Vertragspartner **vereinbart werden.** Diesen Weg sollte man, wenn eben möglich, wählen. Es reicht aber auch, dem **Auftragnehmer eine Einladung zum Termin zuzuleiten,** wobei die Vorschriften der §§ 130 ff. BGB über den Zugang empfangsbedürftiger Willenserklärungen zu beachten sind. Die Einladung muss eindeutig angeben, welche Leistung abgenommen werden soll. Sie muss ferner genaue Angaben über Ort und Zeit enthalten. Voraussetzung ist, dass der Termin so angesetzt wird, dass **zwischen der Einladung und dem Terminstag eine nach gewerbeüblichen Grundsätzen als ausreichend zu bezeichnende Frist** liegt. Es entspricht Treu und Glauben, dass dem **Auftragneh-**

mer hinreichend Gelegenheit gegeben werden muss, sich **auf diesen Termin einzustellen und ihn vorzubereiten.** Die Bemessung der Frist richtet sich nach dem Einzelfall. Wesentliche Anhaltspunkte sind Art und Umfang der vollendeten und abzunehmenden Bauleistung, die Beschäftigungslage des Auftragnehmers sowie das berechtigte Interesse des Auftraggebers und des Auftragnehmers an einer möglichst schnellen förmlichen Abnahme. **Allgemein** dürfte die in Nr. 1 bezeichnete **Frist von zwölf Werktagen als mittlere Frist** anzunehmen sein (ebenso *Vygen* Bauvertragsrecht Rn. 375).

Unterlässt der Auftraggeber – insbesondere nach Verlangen des Auftragnehmers zur Abnahme – die **Bestimmung bzw. Vereinbarung des Termins** zur förmlichen Abnahme, ohne mit Recht die Abnahme nach Nr. 3 zu verweigern, so hat der Auftragnehmer nicht die Befugnis, seinerseits den Abnahmetermin zu bestimmen. Der Auftragnehmer kann dem Auftraggeber aber – unbeschadet der Wirkungen eines etwaigen Annahme- oder Schuldnerverzugs des Auftraggebers mit der Abnahme – eine Frist nach § 640 Abs. 1 S. 3 BGB setzen, vgl. § 12 Allgemeine Grundlagen Rn. 25 ff.

Im Übrigen muss die Baustelle bzw. der Ort der erbrachten Bauleistung am Tag der förmlichen Abnahme zum festgelegten Termin ohne Schwierigkeiten zugänglich sein. Soweit es sich dabei um die **Stelle der ausgeführten Bauleistung** handelt, hat dafür der **Auftragnehmer** zu sorgen; soweit es um das **Erreichen der Ausführungsstelle** geht, hat der **Auftraggeber** die entsprechenden Vorkehrungen zu treffen.

D. Hinzuziehung von Sachverständigen (Abs. 1 S. 2)

11 Jede Vertragspartei ist nach Nr. 4 Abs. 1 S. 2 berechtigt, **auf ihre Kosten** einen **Sachverständigen hinzuzuziehen.** Das ist besonders dem Auftraggeber zu empfehlen, wenn er selbst oder sein Vertreter bzw. Erfüllungsgehilfe (z.B. Architekt) **nicht die notwendige Sachkunde** besitzt, um in technischer Hinsicht die Bauleistung ordnungsgemäß beurteilen zu können. Dabei entspricht die Beschäftigung von Sachverständigen bei der förmlichen Abnahme der Bestimmung in § 7 Nr. 1c VOB/A und unterfällt damit der Gesamtregelung jener Vorschrift.

Nimmt ein von den Vertragspartnern bestellter Sachverständiger das Bauvorhaben »zwecks Abnahme« in Augenschein und teilt er am selben Tag schriftlich mit, dass die Leistungen »vorbehaltlich« geringfügiger Mängel »mängelfrei sind und als abgenommen gelten«, so kann seine Erklärung zwar mangels entsprechender Vollmacht nicht als Abnahme im Rechtssinne verstanden werden; jedoch ist dann der Auftraggeber nach Treu und Glauben gehalten, der »Abnahmeerklärung« unverzüglich zu widersprechen, wenn er sie nicht gegen sich gelten lassen will; auch ist ein erst über einen Monat später erklärter Vorbehalt der Vertragsstrafe verspätet (BGH 24.10.1991 VII ZR 54/90 = BauR 1992, 232).

12 Die hier in Nr. 4 Abs. 1 S. 2 festgelegte Verpflichtung des jeweiligen Vertragspartners, die **Kosten der Hinzuziehung des Sachverständigen selbst zu tragen,** bezieht sich nur auf die allein von Nr. 4 erfasste Tätigkeit eines Sachverständigen zwecks **Feststellung des Befundes der zur Abnahme anstehenden Leistung.** Davon zu unterscheiden ist die Hinzuziehung eines Sachverständigen zum Zwecke der **Feststellung bereits aufgetretener Mängel.** Hier kann sich hinsichtlich der Sachverständigenkosten ein Anspruch des Auftraggebers gegen den Auftragnehmer rechtfertigen, der vor der Abnahme nach § 4 Nr. 7 S. 2 VOB/B und nach der Abnahme nach § 13 Nr. 5 oder Nr. 7 Abs. 1 VOB/B unter den dafür jeweils maßgebenden Voraussetzungen gegeben sein kann (BGH 22.10.1970 VII ZR 71/69 = BGHZ 54, 352, 358 = NJW 1971, 99). Im ersteren Fall gilt dies vor allem auch, wenn der Abnahmebefund so ist, dass der Auftraggeber **mit Recht die Abnahme verweigert,** weil es dem Auftragnehmer i.d.R. als Verschulden zuzurechnen ist, dass die Leistung entgegen seinen Angaben noch nicht vertragsgerecht erstellt ist.

E. Schriftliche Niederlegung des Befundes (Abs. 1 S. 3)

Nach Nr. 4 Abs. 1 S. 3 ist der **Befund in gemeinsamer Verhandlung nach entsprechender Prüfung schriftlich niederzulegen.** Das betrifft einmal den **Befund selbst,** der angetroffen wird. Zum anderen ist das **Ergebnis der Prüfung** schriftlich festzuhalten. Beides hat in **gemeinschaftlicher Verhandlung,** also grundsätzlich in Anwesenheit des Auftraggebers und des Auftragnehmers oder ihrer bevollmächtigten Vertreter, zu geschehen. Vor allem muss daraus zweifelsfrei hervorgehen, ob der Auftraggeber abnehmen oder die Abnahme wegen Mängeln verweigern will. Beide Vertragspartner haben das Recht, sowohl beim eigentlichen Prüfungsvorgang als auch bei der schriftlichen Niederlegung **gleichberechtigt zu Wort zu kommen.** Der Auftraggeber ist gehalten, in Streitpunkten den Auftragnehmer anzuhören und dessen Auffassung nicht nur entgegenzunehmen, sondern sie auch entsprechend zu würdigen. 13

Die **schriftliche Niederlegung des Befundes** hat **in allen Einzelheiten nur** zu erfolgen, **soweit übereinstimmend Mängel festgestellt werden oder Fragen über das Vorhandensein oder Nichtvorhandensein von Mängeln streitig sind.** Es ist daher nicht erforderlich, in die Niederschrift alle die Leistungselemente im Einzelnen einzutragen, die von beiden Seiten für **ordnungsgemäß** gehalten werden. Insoweit genügt eine generell gehaltene Billigung der Leistung. 14

F. Einzelheiten der Niederschrift (Abs. 1 S. 4)

Nach Nr. 4 Abs. 1 S. 4 sind die Vertragspartner verpflichtet, **bekannte Mängel konkret zu bezeichnen.** Hierunter sind solche Mängel zu verstehen, die dem Auftraggeber **im Sinne positiver Kenntnis tatsächlich bekannt geworden** sind, wofür im Streitfall der Auftragnehmer wegen der etwaigen Ausschlusswirkung des § 640 Abs. 2 BGB die Beweislast trägt. Der Auftraggeber soll weiter Mängel aufnehmen, die er **für solche hält.** 15

Außerdem muss er aber auch noch einen Vorbehalt machen, wenn er seine Gewährleistungsansprüche (mit Ausnahme etwaiger Schadensersatzansprüche) behalten will. Das Gleiche gilt hinsichtlich des **Vorbehaltes** des Anspruches **auf eine verwirkte Vertragsstrafe,** vgl. § 11 Nr. 4 VOB/B. Die erforderlichen Vorbehalte müssen in das Abnahmeprotokoll aufgenommen werden, da sie **sonst nicht wirksam** sind (BGH 25.1.1973 VII ZR 149/72 = BauR 1973, 192; OLG Frankfurt SFH § 11 VOB/B Nr. 9). Das gilt selbst dann, wenn die Vertragspartner irrig davon ausgehen, der Aufnahme des Vorbehalts in das Protokoll bedürfe es nicht; anders allerdings dann, wenn der Auftragnehmer schuldhaft (nicht unbedingt arglistig) den Auftraggeber von der Aufnahme des Vorbehalts in das Protokoll abhält (zu eng daher LG Mannheim BauR 1992, 283, das hier die Grenze bei Arglist des Auftragnehmers zieht). 16

Wird über das Ergebnis der Abnahme **vereinbarungsgemäß** eine Niederschrift gefertigt, die **von beiden Vertragspartnern unterzeichnet** werden muss, so ist das Erfordernis eines Vorbehalts von Vertragsstrafensprüchen gewahrt, wenn der Auftraggeber den Vorbehalt **vor der Unterzeichnung** in der Niederschrift vermerkt. Die Unterschriftsleistung ist jedenfalls dann Teil der Abnahme, wenn Baustellenbesichtigung und Fertigung der Niederschrift in **engem zeitlichem Zusammenhang** stehen (BGH 29.11.1973 VII ZR 205/71 = BauR 1974, 206). Die bloße Mitunterzeichnung des Abnahmeprotokolls durch den Auftragnehmer bedeutet noch **kein Anerkenntnis** des Vertragsstrafenanspruches des Auftraggebers; vielmehr wird dadurch lediglich die Tatsache bestätigt, dass der Auftraggeber den Vorbehalt **gemacht hat, ohne weitergehende Wirkungen** zu Lasten des Auftragnehmers zu haben (BGH 25.9.1986 VII ZR 276/84 = BauR 1987, 92 = NJW 1987, 380). Entsprechendes gilt für den Vorbehalt von Gewährleistungsansprüchen.

17 Für den Fall, dass **im Zeitpunkt der Abnahme wegen etwaiger Mängel bereits ein Prozess anhängig ist,** bedarf es hinsichtlich dieser – anders dagegen wegen anderer von dem Prozessstoff nicht erfasster – **grundsätzlich keines Vorbehaltes** im Abnahmeprotokoll mehr (vgl. *Jagenburg* NJW 1974, 2264, 2266). **Gleiches gilt auch,** wenn im Zeitpunkt der Abnahme gegen den Auftragnehmer wegen bestimmter Mängel ein **selbstständiges Beweisverfahren** (früher Beweissicherungsverfahren) anhängig ist.

18 In die Niederschrift sind aber insbesondere auch die Einwendungen des Auftragnehmers in ihren Einzelheiten mit aufzunehmen, desgleichen die Stellungnahmen der beigezogenen Sachverständigen.

Nicht erforderlich ist es dagegen für den Eintritt der Abnahmewirkung, dass das Protokoll bei der Abnahme an Ort und Stelle auch vom Auftraggeber **unterzeichnet** werden muss; dies folgt aus Nr. 4 Abs. 1, wonach **nur der Befund** in gemeinsamer Verhandlung schriftlich niederzulegen ist, während die **Unterschrift als Wirksamkeitsvoraussetzung für die Abnahme nicht gefordert** wird (vgl. *Cuypers* BauR 1991, 141; wie hier auch Beck'scher VOB-Komm./*Jagenburg* § 12 Nr. 4 VOB/B Rn. 38; für Unterschriftpflicht nur des Auftraggebers mit beachtlichen Argumenten *Niemöller* FS Vygen S. 340, 343; zu weit gehend daher *Heiermann/Riedl/Rusam* § 12 VOB/B Rn. 41 sowie *Kleine-Möller/Merl/ Oelmaier* § 11 Rn. 38). **Anders** liegt es allerdings dann, wenn die Vertragsparteien in Besonderen oder Zusätzlichen Vertragsbedingungen **für die Wirksamkeit der förmlichen Abnahme entweder die Unterschrift des Auftraggebers oder sogar beider Vertragspartner vereinbart haben** (BGH 29.11.1973 VII ZR 205/71 = BauR 1974, 206). Sicher ist es auch im Falle der bloßen Vereinbarung der VOB/B dringend anzuraten, dass zumindest der Auftraggeber unterschreibt, damit hinreichende Klarheit besteht, ob er die Leistung billigt oder die Abnahme wegen Vorliegens der Voraussetzungen der Nr. 3 verweigert.

G. Ausfertigung der Niederschrift an Vertragspartner (Abs. 1 S. 5)

19 Nach Nr. 4 Abs. 1 S. 5 muss **jede Partei eine Ausfertigung** der angefertigten **Niederschrift** erhalten. Diese Bestimmung fußt auf dem Grundsatz der **Gleichberechtigung der Vertragspartner.** Keiner soll ohne Grund einen Vorteil gegenüber dem anderen bekommen. Das gilt insbesondere, weil die Niederschrift nicht nur eine **eingehende Prüfung und Begutachtung der Leistung** herbeiführen soll (*Heidland* BauR 1971, 18; *Hochstein* BauR 1975, 221) sondern darüber hinaus auch ein **wertvolles Beweismittel** darstellen kann.

H. Förmliche Abnahme in Abwesenheit des Auftragnehmers (Abs. 2)

20 Nr. 4 Abs. 2 S. 1 enthält die **Ausnahme** von dem Grundsatz, **dass** bei der förmlichen Abnahme der Bauleistung im Allgemeinen **beide Vertragspartner** anwesend und an ihr **zu beteiligen** sind. Das ist nicht erforderlich, wenn der Auftragnehmer **entweder zum vereinbarten oder zu einem ihm rechtzeitig mitgeteilten Termin der Abnahme nicht erscheint.** Der **Auftraggeber** kann dann **allein** die **förmliche Abnahme** vornehmen, da ja **nur er** die Pflicht und damit das Recht zur Abnahme hat.

21 Diese Ausnahme gilt wiederum nicht, wenn der Auftragnehmer durch einen später nach Vereinbarung des Termins oder dem Erhalt der Einladung dazu eingetretenen **wichtigen Grund** am Erscheinen verhindert ist und ein mit der Sachlage vertrauter, befugter Vertreter nicht zur Verfügung steht. Ein solcher wichtiger Grund kann in einer Erkrankung oder in ähnlichen persönlichen Umständen oder aber auch in objektiv vorrangigen geschäftlichen Angelegenheiten des Auftragnehmers liegen, wofür er die **Beweislast** hat. Bei der Beurteilung solcher Ausnahmesachverhalte ist aber ein **strenger Maßstab** anzulegen. Liegt ein anerkennenswerter Hinderungsgrund vor, ist dem Auftragnehmer das

Förmliche Abnahme § 12 Nr. 4 VOB/B

Recht zuzugestehen, vom Auftraggeber die Verschiebung des förmlichen Abnahmetermins zu verlangen. Dabei ist aber Voraussetzung, dass der Auftraggeber durch den Auftragnehmer **unverzüglich von dem Eintritt des wichtigen Hinderungsgrundes benachrichtigt** wird. Andernfalls ist der Auftraggeber zur Termindurchführung nach Maßgabe des Abs. 2 berechtigt. Einer nach dem Termin eingehenden Entschuldigung des Auftragnehmers mit einem gleichzeitigen Verlangen auf Neuansetzung des Termins wird man nur unter den Voraussetzungen der Wiedereinsetzung in den vorigen Stand entsprechend § 233 ZPO Beachtung schenken können. Das bedeutet, dass der Auftragnehmer ohne Verschulden (also auch nicht fahrlässig) an der **rechtzeitigen Mitteilung des Hinderungsgrundes** verhindert gewesen sein muss. Allerdings kommt dies nur in Betracht, wenn der Auftragnehmer durch das Ergebnis des Abnahmetermins in seinen Rechten beeinträchtigt worden sein kann, also zumindest Mängel festgestellt, Vorbehalte wegen Mängeln und/oder Vertragsstrafen gemacht worden sind oder sogar die Abnahme verweigert worden ist.

Das zur etwaigen Terminsverlegung Gesagte gilt erst recht für jenen Fall, in dem beim Auftragnehmer bereits bei Erhalt der Einladung zum Abnahmetermin die genannten Hinderungsgründe vorliegen.

Nimmt der Auftraggeber einseitig förmlich ab, **ohne dass** die hier **in Nr. 4 Abs. 1 S. 1 festgelegten Voraussetzungen gegeben** sind, so ist **auch dann** eine derartige **Abnahme als solche wirksam,** da allein der Auftraggeber abnehmen kann. Allerdings macht sich der Auftraggeber u.U. aus **Pflichtverletzung nach §§ 280, 241 Abs. 2 BGB schadensersatzpflichtig,** wenn dem Auftragnehmer dadurch Nachteile entstehen, wie z.B. hinsichtlich des Nachweises bekannter Mängel sowie der Rechtfertigung gegen einen Vertragsstrafenvorbehalt (a.A. *Heiermann/Riedl/Rusam* § 12 VOB/B Rn. 39; *Kleine-Möller/Merl/Oelmaier* § 11 Rn. 42, die von einer grundsätzlichen Unwirksamkeit einer auf diese Weise zustande gekommenen Abnahmeerklärung ausgehen, ohne zu beachten, dass auch eine solche Abnahme dem Auftragnehmer im Wesentlichen nur Vorteile bringt).

Soweit der Auftraggeber befugt ist, die förmliche **Abnahme ohne den Auftragnehmer** vorzunehmen oder sie jedenfalls vornimmt, ist er von der Verpflichtung zur Anfertigung einer Niederschrift nach Maßgabe des Abs. 1 befreit. Das ergibt sich aus Abs. 2 S. 2, wonach **dem Auftragnehmer lediglich das Ergebnis der Abnahme mitzuteilen** ist. Wenn auch der Auftraggeber zur Niederschrift nicht verpflichtet ist und nur das Ergebnis seiner Prüfung mitzuteilen braucht, muss er **dennoch einen Vorbehalt dem Auftragnehmer gegenüber machen, wenn er wegen konkret festgestellter und demgemäß dem Auftragnehmer auch mitzuteilender Mängel seine darauf bezogenen Gewährleistungsansprüche** in vollem Umfang und seinen **Anspruch auf eine etwa verwirkte Vertragsstrafe behalten will** (§§ 640 Abs. 2, 341 Abs. 3 BGB). 22

Dabei wird man allgemein davon ausgehen müssen, dass die **Abnahme noch nicht** erfolgt ist, **solange nicht** die **Mitteilung des Abnahmeergebnisses** an den Auftragnehmer geschehen ist (zutreffend *Heiermann/Riedl/Rusam* § 12 VOB/B Rn. 39a). Das folgt allein daraus, dass die Abnahme als Billigung im Wesentlichen vertragsgerechter Leistung dem Auftragnehmer gegenüber auch **zum Ausdruck kommen muss, weil es sich bei der förmlichen Abnahme um eine empfangsbedürftige Willenserklärung handelt.** Die Mitteilung des Ergebnisses der Abnahme gehört somit **hier für den Bereich der förmlichen Abnahme** mit zur Abnahme selbst. 23

Darüber hinaus ist der **Auftraggeber** im Rahmen seiner Hauptpflicht zur Abnahme vertraglich **verpflichtet, das Ergebnis seiner einseitigen förmlichen Abnahme alsbald mitzuteilen,** wofür als äußerste Frist die von 12 Werktagen (vgl. Nr. 1) gelten mag. Kommt der Auftraggeber dieser im Rahmen einer Nebenleistung liegenden Verpflichtung schuldhaft nicht nach, kann er sich aus **Pflichtverletzung nach §§ 280, 241 Abs. 2 BGB** dem Auftragnehmer gegenüber schadensersatzpflichtig machen, sofern diesem aus der Verzögerung der Mitteilung des Abnahmeergebnisses ein Schaden entstanden ist. **Häufig** wird dem **Auftragnehmer** hier **allerdings** ein **Mitverschulden** (§ 254 BGB) vorzuwerfen sein, weil es ja seine Sache gewesen wäre, an dem Abnahmetermin teilzunehmen. 24

25 Erscheint der **Auftraggeber** seinerseits **nicht** zu dem von ihm selbst anberaumten förmlichen Abnahmetermin, kommt er in **Verzug**. Es treten dann die Folgen ein, die in der Kommentierung zu § 12 Nr. 1 VOB/B im Einzelnen aufgeführt sind.

§ 12 Nr. 5
[Fiktive Abnahme]

(1) Wird keine Abnahme verlangt, so gilt die Leistung als abgenommen mit Ablauf von 12 Werktagen nach schriftlicher Mitteilung über die Fertigstellung der Leistung.

(2) Wird keine Abnahme verlangt und hat der Auftraggeber die Leistung oder einen Teil der Leistung in Benutzung genommen, so gilt die Abnahme nach Ablauf von 6 Werktagen nach Beginn der Benutzung als erfolgt, wenn nichts anderes vereinbart ist. Die Benutzung von Teilen einer baulichen Anlage zur Weiterführung der Arbeiten gilt nicht als Abnahme.

(3) Vorbehalte wegen bekannter Mängel oder wegen Vertragsstrafen hat der Auftraggeber spätestens zu den in den Absätzen 1 und 2 bezeichneten Zeitpunkten geltend zu machen.

Inhaltsübersicht

	Rn.
A. Allgemeine Grundlagen	1
I. Vom Willen des Auftraggebers unabhängige Abnahme	1
II. Voraussetzungen	3
III. Leistung muss fertig, Vertrag darf nicht gekündigt sein	6
IV. AGB-rechtliche Privilegierung	7
B. Schriftliche Mitteilung über die Fertigstellung der Leistung (Nr. 5 Abs. 1)	8
I. Schriftliche Mitteilung	8
II. Eintritt der Abnahmewirkungen	12
III. Vorbehalte bekannter Mängel und Vertragsstrafe	13
IV. Form des Vorbehalts	18
C. Inbenutzungnahme der Leistung (Nr. 5 Abs. 2)	19
I. Inbenutzungnahme	19
II. Umfang der Inbenutzungnahme	22
III. Bedeutung von Mängelrügen	25
IV. Fristberechnung	26
V. Eintritt der Abnahmewirkungen	27
VI. Vorbehalt bekannter Mängel und Vertragsstrafe	29
D. Von Nr. 5 abweichende Vereinbarungen	30

Aufsätze: *Thode* Werkleistung und Erfüllung im Bau- und Architektenvertrag ZfBR 1999, 116; *Siegburg* Zur Klage auf Abnahme einer Bauleistung ZfBR 2000, 507; *Siegburg* Zur Abnahme als Fälligkeitsvoraussetzung beim Werklohnanspruch (Teil 1) ZfIR 2000, 841; *Siegburg* Zur Abnahme als Fälligkeitsvoraussetzung beim Werklohnanspruch (Teil 2) ZfIR 2000, 941; *Niemöller* Abnahme und Abnahmefiktionen nach dem Gesetz zur Beschleunigung fälliger Zahlungen [1] BauR 2001, 481; *Henkel* Die ungeschriebenen Tatbestandsvoraussetzungen und die Rechtsnatur der Abnahmefiktion in § 12 Nr. 5 Abs. 1 und Abs. 2 VOB/B Jahrbuch für Baurecht 2003 S. 87.

A. Allgemeine Grundlagen

I. Vom Willen des Auftraggebers unabhängige Abnahme

1 **Nr. 5** wird vielfach als **stillschweigende Abnahme** bezeichnet. Das **trifft rechtsbegrifflich nicht zu** (vgl. *Nicklisch/Weick* § 12 VOB/B Rn. 73; *Heiermann/Riedl/Rusam* § 12 VOB/B Rn. 40; *Franke/*

Kemper/Zanner/Grünhagen § 12 VOB/B Rn. 126). Vielmehr regelt Nr. 5 in den Absätzen 1 und 2 zwei Fälle, in denen über den Rahmen des § 640 BGB hinaus die Wirkung der Abnahme unabhängig vom ausdrücklich erklärten oder den Umständen nach anzunehmenden wirklichen Willen des Auftraggebers **eintreten kann, falls er nicht** gleichzeitig mit Recht die **Verweigerung der Abnahme** gemäß Nr. 3 **durch empfangsbedürftige Willenserklärung** zum Ausdruck bringt. Daher sind die hier geregelten Abnahmemöglichkeiten **nicht zu verwechseln mit einer stillschweigenden Billigung** des Bauwerks durch eine entsprechende konkludente Handlung des Auftraggebers, wie sie **insbesondere im Bereich der Abnahme nach Nr. 1** liegen kann (vgl. Kommentierung zu § 12 Nr. 1 VOB/B Rn. 11 ff.). Der im konkreten Vertrag festgelegte Ausschluss einer Abnahme nach Nr. 5 bedeutet daher nicht zugleich schon den vereinbarten Ausschluss konkludenter Abnahme (OLG München MDR 1979, 493; OLG Düsseldorf SFH § 12 VOB/B Nr. 3). Da die Regelung der Nr. 5 nicht einer stillschweigenden Abnahme gleichgesetzt werden kann, kommen deren Bestimmungen **beim BGB-Bauvertrag** – auch sinngemäß – **nicht in Betracht** (OLG Hamm OLGR 1994, 74).

In Nr. 5 wird **ungeachtet des Willens des Auftraggebers** die **Abnahme als gegeben unterstellt,** **2** **wenn gewisse äußere Ereignisse eingetreten** sind. Es kommt somit grundsätzlich nicht auf die innere Einstellung des Auftraggebers an, ob er die Leistung billigen will, wie das bei einer stillschweigenden Abnahme erforderlich wäre. **Für den Eintritt der Abnahmewirkung nach Nr. 5 ist bei im Wesentlichen mangelfreier Fertigstellung der Leistung neben bisher fehlendem Abnahmeverlangen nichts weiter erforderlich als das Vorliegen der dort aufgezählten Tatsachen.**

II. Voraussetzungen

Vorausgesetzt wird aber für den Eintritt der Abnahmewirkung nach Nr. 5 **für beide dort geregelten** **3** **Fälle immer, dass keine Abnahmeverweigerung nach Nr. 3 vorliegt und dass keine ausdrücklich erklärte Abnahme verlangt wird** (KG BauR 1988, 230, 231; OLG Celle BauR 1997, 1049). Letzteres betrifft nicht nur die förmliche Abnahme nach Nr. 4, sondern auch die **ausdrücklich** erklärte Abnahme nach Nr. 1, da Nr. 5 **schlechthin ein fehlendes Abnahmeverlangen voraussetzt.** Dies wurde durch die VOB 2002 auch für Nr. 5 Abs. 2 klargestellt. Das **Verlangen** einer **Zustandsfeststellung** nach § 4 Nr. 10 VOB/B **schließt** die **fiktive Abnahme nicht aus** (OLG Düsseldorf BauR 1985, 327, 328).

Jedoch wird eine **Abnahmewirkung nach Nr. 5 nicht ausgeschlossen,** wenn zwar ursprünglich **4** (insbesondere in Besonderen oder Zusätzlichen Vertragsbedingungen) eine erklärte Abnahme – insbesondere eine **förmliche** nach Nr. 4 – vorgesehen war, **nach Fertigstellung** darauf aber besonders seitens des Auftraggebers **nicht mehr zurückgekommen wird** (vgl. BGH 15.1.1968 VII ZR 84/65 = SFH Z 2.50 Bl. 9 und BGH 13.12.1962 VII ZR 193/61 Z 2.50 Bl. 24 ff.; KG BauR 1979, 256 und 1988, 230, 231; OLG Düsseldorf BauR 1981, 294; KG IBR 2006, 324) insbesondere die förmliche Abnahme nicht verlangt wird. Ist das doch der Fall, so kommt eine fiktive Abnahme nicht in Betracht (BGH 28.6.1973 VII ZR 218/71 = SFH Z 2.331 Bl. 94; BGH 25.10.1973 VII ZR 181/72 = BauR 1974, 63). Allerdings darf man im Falle des Nichtzurückkommens auf eine vereinbarte erklärte Abnahme den **Eintritt der Abnahmewirkung nicht schon durch bloßen Ablauf der in Nr. 5 geregelten Fristen** annehmen, insbesondere nicht bei einer ursprünglich vereinbarten oder verlangten, aber ohne sachlich berechtigten Grund nicht durchgeführten förmlichen Abnahme. Vielmehr ist an die jeweils maßgebliche Frist eine **weitere angemessene Frist zu setzen und darüber hinaus aus den Umständen,** insbesondere dem zwischenzeitlichen Verhalten des Auftraggebers, zu beurteilen, ob **nach Treu und Glauben die Abnahmewirkungen im Einzelfall als gegeben anzusehen sind** (so zutreffend *Hochstein* BauR 1975, 221; dem folgend KG BauR 1979, 256 sowie BauR 1988, 230, 231; OLG Düsseldorf BauR 1981, 294). Das ist der Fall, wenn bei objektiver Betrachtung aus den Umständen anzunehmen ist, dass keine Partei, insbesondere der Auftraggeber, auf die vereinbarte andere Abnahmeform zurückkommt (ebenso KG a.a.O.) anders dagegen, wenn sich alsbald nach der Übergabe der

Wohnung Mängel zeigen und gerügt werden (vgl. OLG Celle BauR 1984, 409). Nach dem Gesagten kann dies aber entgegen Jagenburg (NJW 1974, 2264) nicht schon entsprechend § 12 Nr. 1 VOB/B generell, also »automatisch«, binnen 12 Werktagen nach Ablauf der Fristen nach Nr. 5 der Fall sein, weil Nr. 1 ein tatsächliches Verlangen des Auftragnehmers zur Abnahme voraussetzt. Hinzu kommt vor allem, dass es hier nicht allein auf den **Zeitablauf,** sondern auf die Umstände des einzelnen Falles ankommt, aus denen entweder ein **Verzicht der Vertragspartner,** insbesondere des Auftraggebers, auf die förmliche Abnahme anzunehmen ist oder aber ein **Verstoß gegen Treu und Glauben,** wenn sich ein Vertragspartner, auch insofern vor allem der Auftraggeber, jetzt noch auf das Erfordernis förmlicher Abnahme beruft (ebenso OLG Düsseldorf BauR 1981, 294; *Vygen* Bauvertragsrecht Rn. 387; *Heiermann/Riedl/Rusam* § 12 VOB/B Rn. 45; *Kleine-Möller/Merl/Oelmaier* § 11 Rn. 52; a.A. *Nicklisch/Weick* § 12 VOB/B Rn. 69, der eine nach Treu und Glauben zu bestimmende Frist lediglich für den Fall eines rechtsmissbräuchlichen Berufens auf das Fehlen der Abnahme gelten lassen will; vgl. auch OLG Jena IBR 2005, 527-*Müller*; OLG Karlsruhe BauR 2004, 518, sowie § 12 Nr. 4 VOB/B Rn. 5).

5 Treten unter diesen Gesichtspunkten die Wirkungen der Abnahme ein, so **gilt** das **auch für die erforderlichen Vorbehalte von bekannten Mängeln und verwirkten Vertragsstrafen.** Diese Vorbehalte müssen dann, um nicht auch insoweit einen Rechtsverlust zu Lasten des Auftraggebers annehmen zu müssen, ebenfalls **innerhalb** der vorgenannten weiteren angemessenen Frist erklärt werden (*Hochstein* BauR 1975, 221).

III. Leistung muss fertig, Vertrag darf nicht gekündigt sein

6 Grundsätzliche Voraussetzung für eine Abnahme nach Nr. 5 ist es aber auch hier, dass die Leistung **zumindest im Wesentlichen fertig** und der Vertrag **nicht vorzeitig** – nach § 6 Nr. 7, §§ 8 oder 9 VOB/B – **gekündigt** worden ist. Für andere Fälle **scheidet die Abnahmefiktion aus.** Das ergibt sich aus den hier in Nr. 5 in den Absätzen 1 und 2 geregelten Voraussetzungen, unter denen die Fiktion einer Abnahme möglich ist. Als im Wesentlichen fertig gilt auch eine solche Leistung, der zwar noch geringfügige Mängel anhaften, die aber nach allgemeiner Anschauung für den Einzelfall die Abnahmereife dennoch als gegeben annehmen lassen. Dafür kann sprechen, dass der Auftraggeber bzw. Bauherr schon endgültig eingezogen ist, was vor allem auch für den Fall der Nr. 5 Abs. 1 gilt (dazu BGH 20.4.1989 VII ZR 334/87 = BauR 1989, 603 = NJW-RR 1989, 979).

IV. AGB-rechtliche Privilegierung

7 **Soweit** auf den betreffenden Bauvertrag die **AGB-rechtlichen Regelungen des BGB Anwendung** finden, ist besonders zu beachten, dass die Regelung über die fiktive Abnahme in Nr. **5 Abs. 1 und 2 an sich gegen § 308 Nr. 5 BGB verstößt,** wonach grundsätzlich eine Vertragsklausel unwirksam ist, nach der eine Erklärung des Vertragspartners des Verwenders – hier: Auftraggebers – bei Vornahme oder Unterlassung einer bestimmten Handlung (hier Abnahme oder Verweigerung der Abnahme) als abgegeben oder nicht abgegeben gilt. Hiernach steht Nr. **5 Abs. 1 und 2 zu einem Klauselverbot,** allerdings dieses mit Wertungsmöglichkeit und damit kein uneingeschränktes, absolutes Verbot, **in Widerspruch.**

Jedoch greift hier die **Ausnahmeregelung in § 308 Nr. 5 BGB,** wonach diese Regelung nicht für Verträge gilt, in die der Teil B der VOB/B insgesamt einbezogen ist. Ob diese gesetzliche Privilegierung des § 12 Nr. 5 VOB/B soweit sie Verbraucherverträge i.S.d. des § 310 Abs. 3 BGB betrifft, vor dem Gemeinschaftsrecht Bestand haben kann, ist zweifelhaft. Nach Micklitz (Gutachten für Verbraucherzentrale Bundesverband e.V. IBR-Online-Kommentar, mit ausführlicher Begründung und beachtlichen Argumenten S. 60 ff., 76, 104) ist die Sonderbehandlung der VOB/B mit der Richtlinie 93/13/EWG (Klauselrichtlinie) unvereinbar.

Fiktive Abnahme § 12 Nr. 5 VOB/B

B. Schriftliche Mitteilung über die Fertigstellung der Leistung (Nr. 5 Abs. 1)

I. Schriftliche Mitteilung

Wird keine Abnahme verlangt, gilt die Leistung **mit dem Ablauf von 12 Werktagen nach der schriftlichen Mitteilung über die Fertigstellung als abgenommen** (Abs. 1). **Grundlegendes Erfordernis** ist es, dass eine fertige, **abnahmereife Leistung** vorliegt (OLG Düsseldorf BauR 1976, 939), da auch hier die in Nr. 1 festgehaltenen **objektiven** Voraussetzungen für die Abnahme gelten. **8**

Die **schriftliche Mitteilung** erfolgt als **empfangsbedürftige Willenserklärung** vom Auftragnehmer an den Auftraggeber bzw. dessen für die Abnahme bevollmächtigten Vertreter. **9**

Sie ist **Wirksamkeitsvoraussetzung für den Beginn der Frist von zwölf Werktagen,** damit **auch für den Eintritt der Abnahmewirkung** nach Ablauf dieser Frist. Deshalb unterliegt es keinem Zweifel, dass der **Fristbeginn und der daran anschließende Lauf der Frist zunächst vom Zugang der schriftlichen Mitteilung** über die Fertigstellung der Leistung beim Auftraggeber oder seinem für die Abnahme befugten Vertreter **abhängig** sind, wofür die §§ 130 ff. BGB und – für die Fristberechnung – die §§ 187 ff. BGB maßgebend sind. Vor allem auch die **Einhaltung der Schriftform ist zwingend;** also **genügt** hier eine bloß **mündliche Mitteilung nicht.** **10**

Es ist nicht erforderlich, dass der Auftragnehmer in seiner schriftlichen Mitteilung ausdrücklich erklärt, die Leistung sei vollendet und abnahmereif. Zwar ist eine solche konkrete Mitteilung zu empfehlen, um etwaige Unklarheiten zu vermeiden. Es **genügt** aber auch eine **andere Art der schriftlichen Mitteilung, die zweifelsfrei die Nachricht von der Fertigstellung der Leistung beinhaltet, wie z.B. die Zusendung der als solche eindeutig ausgewiesenen Schlussrechnung** oder die Erklärung der erfolgten Räumung der Baustelle wegen Fertigstellung der Leistung usw. (ständige Rechtsprechung, u.a. BGH 22.2.1971 VII ZR 243/69 = BGHZ 55, 354 = BauR 1971, 126; BGH 10.2.1977 VII ZR 17/75 = BauR 1977, 280 = NJW 1977, 897, 898; BGH 28.4.1980 VII ZR 109/79 = BauR 1980, 357; BGH 20.4.1989 334/87 = BauR 1989, 603 = NJW-RR 1989, 979). So stellt z.B. eine vom Auftragnehmer dem Auftraggeber bzw. dessen zur Abnahme bevollmächtigtem Vertreter zugesandte Rechnung mit der Überschrift »Ausgeführte Dachdeckerarbeiten ...« eine schriftliche Mitteilung über die Fertigstellung einer Leistung i.S.v. § 12 Nr. 5 Abs. 1 VOB/B dar (OLG Hamm SFH Z 2.50 Bl. 5 ff.; OLG Düsseldorf SFH Z 2.50 Bl. 19 ff., Z 2.50 Bl. 15 ff.; OLG Koblenz OLGR 1998, 305). Erst recht gilt dies für den Vermerk auf der übersandten Rechnung »Ordnungsgemäß fertiggestellte Arbeiten« (OLG Frankfurt BauR 1979, 326). Die Wirkung einer Fertigstellungsmitteilung kommt auch einer Rechnung zu, die zwar nicht ausdrücklich als Schlussrechnung bezeichnet ist, aus deren Text aber unmissverständlich und eindeutig die Absicht des Auftragnehmers hervorgeht, seine gesamten Leistungen abschließend in Rechnung zu stellen (OLG Düsseldorf BauR 1997, 842). **11**

II. Eintritt der Abnahmewirkungen

Ist die Frist von 12 Werktagen seit Erhalt der Mitteilung über die Fertigstellung der Leistung abgelaufen, **ohne dass die Abnahme verweigert oder eine ausdrücklich erklärte Abnahme verlangt oder vorgenommen** worden ist, dann **gilt** die Bauleistung **als abgenommen,** und es treten die **Wirkungen der Abnahme** ein. **12**

III. Vorbehalte bekannter Mängel und Vertragsstrafe

Will der Auftraggeber nach Fristablauf noch bisher **bekannte Gewährleistungsansprüche** geltend machen (§ 640 Abs. 2 BGB) oder eine **verwirkte Vertragsstrafe** (§ 341 Abs. 3 BGB) aufrechterhalten, muss er sich diese Rechte **bis zum Ablauf der Frist von 12 Werktagen dem Auftragnehmer gegenüber vorbehalten (Abs. 3).** Tut er das nicht, hat er mit Fristablauf diese Rechte verwirkt **13**

Oppler 1619

bzw. eine ihn betreffende Obliegenheit mit der Wirkung des Ausschlusses verletzt. Hinsichtlich der **Gewährleistungsansprüche** gilt dies jedoch **nur für Nachbesserung und Minderung** nach § 13 Nr. 5 und 6 VOB/B, **nicht aber hinsichtlich des Schadensersatzanspruches nach Nr. 7** a.a.O. Die Wirkung der hier erörterten Regelung der VOB geht über den Rahmen des § 640 Abs. 2 BGB nicht hinaus, der nicht Schadensersatzansprüche aus § 634 Nr. 4 BGB n.F. erfasst. **Gleiches gilt hinsichtlich eines Schadensersatzanspruches nach § 4 Nr. 7** VOB/B; auch insoweit bedarf es keines Vorbehaltes bei der Abnahme (BGH 12.6.1975 VII ZR 55/73 = BauR 1975, 344 = NJW 1975, 1701).

Soweit es etwaige Nachbesserungs- und Minderungsansprüche sowie Vertragsstrafeansprüche des Auftraggebers anbelangt, liegt es andererseits sicher im **besonderen Interesse des Auftragnehmers, die schriftliche Mitteilung** über die Fertigstellung **unverzüglich nach Beendigung** der Leistung an den Auftraggeber zu richten.

14 Grundlegende Voraussetzung für einen **wirksamen Vorbehalt** der genannten **Gewährleistungs- oder von Vertragsstrafeansprüchen** ist es, dass er **als empfangsbedürftige Willenserklärung (§ 130 BGB) innerhalb der zwölftägigen Frist** erklärt werden muss, um diese aufrechterhalten zu können. Die **vor oder nach** dieser Frist ausgesprochenen Vorbehalte haben grundsätzlich **keine Wirkung** (so auch OLG Düsseldorf NJW-RR 1994, 408).

Zwar könnte aus dem Wort »**spätestens**« in § 12 Nr. 5 Abs. 3 VOB/B geschlossen werden, dass der Vorbehalt **auch vor dem Fristbeginn** erklärt werden könne. Eine solche Auslegung würde aber **nicht dem Sinn** dieser Bestimmung gerecht. **In ihr wird anstelle der tatsächlich erfolgten Abnahme eine Frist gesetzt** (BGH 3.11.1960 VII ZR 150/59 = BGHZ 33, 236, 239 = NJW 1961, 115; BGH 22.2.1971 VII ZR 243/69 = NJW 1971, 838 = BauR 1971, 126). Wenn bei der erklärten, also auf § 640 BGB beruhenden Abnahme ein Vorbehalt im Zeitpunkt der Abnahme erforderlich ist, kann bei der hier unterstellten Abnahme nichts anderes gelten. Nur muss der Vorbehalt statt zu einem bestimmten Zeitpunkt **innerhalb einer bestimmten Frist** geltend gemacht werden (OLG Düsseldorf SFH Z 2.50 Bl. 5 ff.; vgl. auch BGH 8.6.1967 VII ZR 311/64 = SFH Z 2.411 Bl. 34; später offengelassen von BGH 22.10.1970 VII ZR 71/69 = BGHZ 54, 352 = BauR 1971, 51).

15 Allerdings kann **ausnahmsweise** auf die Geltendmachung des Vorbehalts **hinsichtlich entdeckter Mängel innerhalb** der genannten Frist auch aus dem früheren Verhalten des Auftraggebers geschlossen werden, so z.B., wenn er **kurz zuvor Mängel gerügt** und dem Auftragnehmer **eindringlich** erklärt hat, er werde die – mangelhafte – Leistung **niemals hinnehmen, und ganz klar ist, dass sich diese Haltung innerhalb der hier maßgeblichen Frist nicht geändert hat** (ebenso KG BauR 1973, 244; vgl. dazu auch BGH 24.5.1974 V ZR 193/72 = BGHZ 62, 328 = BauR 1975, 55; vor allem auch BGH 12.6.1975 – VII ZR 55/73 = BauR 1975, 344 = NJW 1975, 1701; OLG Düsseldorf NJW-RR 1994, 408). Dies ist jedoch **eng auszulegen, insbesondere müssen klare Anhaltspunkte für die unveränderte Haltung des Auftraggebers innerhalb der Frist vorliegen,** und die Mängel müssen schon vorher ganz zweifelsfrei bezeichnet worden sein. Für diesen **Ausnahmetatbestand** hat der **Auftraggeber** die **Beweislast.**

16 Der Vorbehalt ist im Falle eines **bereits anhängigen Prozesses** dann entbehrlich, wenn der Auftraggeber seinen Mängelbeseitigungsanspruch bereits vor der Abnahme klageweise geltend gemacht hat, was an sich selbstverständlich ist (zutreffend *Jagenburg* NJW 1974, 2264, 2266).

17 Für den **Vorbehalt bei der Vertragsstrafe** gilt die vorangehend für den Fall einer schon vor Fristbeginn ordnungsgemäß erhobenen Mängelrüge erwähnte **Ausnahme nicht.** Der Vorbehalt einer Mängelrüge, **die auf eine mängelfreie Leistung als besonders vorrangiges Interesse des Auftraggebers abzielt,** kann mit dem Vorbehalt der Vertragsstrafe, die den **Auftragnehmer zur fristgerechten Vertragserfüllung anhalten soll, nicht verglichen werden** (OLG Düsseldorf BauR 1977, 281; a.A. *Nicklisch/Weick* § 12 VOB/B Rn. 89 in Verkennung der gegebenen Unterschiede; wie hier *Werner/Pastor* Rn. 2278; *Heiermann/Riedl/Rusam* § 12 VOB/B Rn. 45; *Locher* Das private Baurecht Rn. 249). Versäumt der Auftraggeber den rechtzeitigen Vorbehalt der Vertragsstrafe, so ist er jedoch nicht gehin-

Fiktive Abnahme §12 Nr. 5 VOB/B

dert, gegen den Auftragnehmer einen aus demselben Sachverhalt hergeleiteten Schadensersatzanspruch, der ganz oder zum Teil auch durch die Vertragsstrafenvereinbarung abgedeckt ist, geltend zu machen.

IV. Form des Vorbehalts

Der **Vorbehalt kann mündlich erklärt werden;** jedoch ist dem Auftraggeber zu Beweiszwecken dringend anzuraten, die Schriftform zu wählen. Dabei muss die schriftliche Äußerung des Vorbehalts **innerhalb der genannten Frist von zwölf Werktagen beim Auftragnehmer eingehen.** 18

Das gilt auch für Einschreibesendungen, deren **Zugang** grundsätzlich nicht schon mit der Hinterlassung eines Benachrichtigungszettels bewirkt ist, sondern erst mit der Übergabe des Briefes an den Adressaten oder eine zur Annahme berechtigte Person (BGH 18.12.1970 IV ZR 52/69 = VersR 1971, 262; BGH 20.10.1983 III ZR 42/83 = VersR 1984, 45; BAG 15.11.1962 2 AZR 301/62 = NJW 1963, 554; OLG Celle NJW 1974, 1386; OLG Hamm VersR 1976, 722). Daher begründet die Versendung eines Briefes per Einschreiben noch keinen Anscheinsbeweis für dessen Zugang (OLG Köln MDR 1987, 405). Ist der verspätete Zugang eines Einschreibens aber darauf zurückzuführen, dass der Empfänger ein Postfach hat und dieses täglich nur einmal am frühen Morgen (oder in noch längeren Abständen) leert, so kann er sich auf eine etwaige Verspätung nicht berufen. (OLG Celle a.a.O.).

C. Inbenutzungnahme der Leistung (Nr. 5 Abs. 2)

I. Inbenutzungnahme

Hat der Auftraggeber die **Leistung** oder einen Teil derselben **in Benutzung genommen, gilt die Abnahme nach dem Ablauf von 6 Werktagen nach Beginn der Benutzung als erfolgt,** wenn nichts anderes vereinbart ist. Die Benutzung von Teilen einer baulichen Anlage zur Weiterführung des Baus gilt nicht als Abnahme. 19

Erste Voraussetzung für den Eintritt der in Abs. 2 geregelten zweiten Form der fiktiven Abnahme ist die **Benutzung der Leistung** oder eines Teils derselben **durch den Auftraggeber, ohne dass ausdrücklich eine Abnahme verlangt worden ist.** Dies wurde durch die Neuformulierung von § 12 Nr. 5 Abs. 2 VOB/B in der VOB/B 2002 nunmehr ausdrücklich klargestellt. Ebenfalls darf eine Abnahmeverweigerung nach Nr. 3 nicht schon vorliegen; auch darf zwischenzeitlich noch keine Abnahme, vor allem nach Maßgabe der Nr. 1 oder der Nr. 4, erfolgt sein. 20

Typisches Beispiel für die Inbenutzungnahme der Leistung ist der Einzug in ein neu errichtetes bzw. um- oder ausgebautes Bauwerk (BGH 24.5.1962 VII ZR 23/61 = NJW 1962, 1569; BGH 10.2.1966 VII ZR 118/64; in gleichem Sinne auch BGH 22.2.1971 VII ZR 243/69 = BGHZ 55, 354 = BauR 1971, 126; BGH 12.6.1975 VII ZR 55/73 = BauR 1975, 344 = NJW 1975, 1701). 21

Die Benutzung kann auch auf andere Weise geschehen, wie z.B. durch Freigabe einer Brücke für den Verkehr, Inbetriebnahme eines Kraftwerkes, Aufnahme der Fabrikation, Inbetriebnahme und Bezahlung einer nach dem Vertrag zu verlegenden Lichtleitung (BGH BauR 1971, 128) oder durch Eröffnung eines Ladenlokals für den Geschäftsverkehr. Handelt es sich um die **Leistung eines Subunternehmers,** so liegt die **Inbenutzungnahme durch den Auftraggeber (hier Hauptunternehmer bzw. Generalunternehmer) darin, dass dieser die Leistung dem Bauherrn zur Benutzung überlässt und der Bauherr sie nutzt** (KG BauR 1973, 244). Im Falle der Weiternutzung während eines Um- oder Erweiterungsbaus liegt eine Inbenutzungnahme im hier erörterten Sinne im Zeitpunkt der dem Auftraggeber klar erkennbaren Fertigstellung der Arbeiten vor (OLG Karlsruhe Justiz 1980, 325).

II. Umfang der Inbenutzungnahme

22 Die **Benutzung** kann sich **entweder** auf die **gesamte vertragliche Leistung** des Auftragnehmers **oder nur** auf **einen Teil** derselben beziehen. Dabei kommen **nur solche Teile der Gesamtleistung in Betracht, die für eine eigene Abnahme geeignet sind.** Es muss sich also um Teilleistungen handeln, die Nr. **2 unterliegen,** nicht aber um solche, die nur von § 4 Nr. 10 VOB/B erfasst werden. Bei den Letzteren ist eine eigentliche Abnahme noch nicht möglich, sondern es wird lediglich der technische Befund für eine spätere wirkliche Abnahme festgehalten.

23 Nach Abs. 2 S. 2 gilt es ferner **nicht** als **Benutzung, wenn Teile** der baulichen Anlage **in Benutzung genommen** werden **und** das **nur für die Weiterführung** der Arbeiten geschieht, z.B. der Rohbau betreten und benutzt wird, um – durch andere Handwerker – den Innenausbau herbeizuführen.

24 Daraus ist zu folgern, dass eine **Benutzung i.S.v. Abs. 2 S. 1 nur** gegeben ist, **wenn es sich um eine Ingebrauchnahme zu einem Zweck handelt, der sich aus dem Endzweck der bestimmungsgemäßen Bauwerkserrichtung** ergibt (z.B. Wohnen im neuen oder umgebauten Haus, Fahren auf der neuen Straße usw.). Eine bloße **Erprobung,** wie etwa der Probelauf einer Heizung, ist **noch keine Benutzung** durch den Auftraggeber, selbst wenn er das Haus bereits bewohnt, wie das im Falle einer Modernisierung der Heizung in einem Altbau nicht selten ist. Auch die gelegentliche Benutzung zu anderen Zwecken als dem Ziel der Bauwerkserrichtung vor dessen Erreichung fällt nicht unter Abs. 2 S. 1. **Nicht notwendig** ist es dagegen für den Begriff der Benutzung, dass die **gänzliche Vollendung** des Bauwerkes vorausgesetzt würde; allerdings muss es auch hier **im Wesentlichen fertig** (»vertragsgerecht«) sein.

III. Bedeutung von Mängelrügen

25 Für die hier erörterte besondere Form der Abnahme kommt es **nicht schlechthin** darauf an, ob der Auftraggeber bei Inbenutzungnahme **noch Mängel** beanstandet. Vielmehr genügt es für die Abnahme, dass er mit der durch die **Benutzung zum Ausdruck gekommenen Haltung** die Leistung **bei objektiver Betrachtung als im Wesentlichen vertragsgemäße Erfüllung behandelt** (BGH 3.11.1960 VII ZR 150/59 = NJW 1961, 115; BGH 12.6.1975 VII ZR 55/73 = BauR 1975, 344 = NJW 1975, 1701; OLG Düsseldorf BauR 1992, 72). Das wird er in der Regel nicht tun, wenn an der Leistung noch wesentliche Teile fehlen, außerdem die erstellten Leistungsteile grobe, ersichtliche Mängel aufweisen (vgl. BGH 29.6.1967 VII ZR 54/65 = SFH Z 2.511 Bl. 10; OLG Düsseldorf NJW-RR 1994, 408). **Gleiches gilt**, wenn der Auftraggeber nur aus dem **Zwang der Verhältnisse**, etwa weil er die bisher innegehabte Mietwohnung verlassen muss, die Leistung benutzt, wenn also eine – im Übrigen von ihm zu beweisende – Notsituation vorliegt. Anzunehmen ist das auch, wenn der Auftraggeber trotz erkennbar gemachter Abnahmeverweigerung den Einzug von Mietern ersichtlich zwecks Vermeidung von Mietausfällen herbeiführt, also **lediglich** aus dem Gesichtspunkt der **Schadensminderung** (vgl. BGH 23.11.1978 VII ZR 29/78 = BauR 1979, 152 = NJW 1979, 549). Auch dürfte in der Regel eine Abnahme durch Benutzung zu verneinen sein, wenn der Auftraggeber unmittelbar bei Übernahme der Leistung wesentliche und ins Gewicht fallende Mängel rügt (vgl. dazu OLG Köln BB 1974, 159). Allerdings kommt es hier nicht auf ein »subjektives Moment« aufseiten des Auftraggebers an, weil der **Abnahmewille im Rahmen** der hier erörterten so genannten **fiktiven Abnahme keine Rolle** spielt. Bei derart typisiertem Verhalten mit normierter Wirkung bleibt der Wille des Handelnden außer Betracht, falls dieser der Rechtswirkung nicht durch ausdrückliche Erklärung entgegentritt (vgl. z.B. §§ 108 Abs. 2 S. 2 Hs. 2, 545 S. 1 BGB, § 362 Abs. 1 S. 1 Hs. 2 HGB; so mit Recht BGH 12.6.1975 VII ZR 55/73 = BauR 1975, 344 = NJW 1975, 1701). Das kann **grundsätzlich nur durch ausdrückliche Verweigerung der Abnahme** nach § 12 Nr. 3 VOB/B geschehen.

IV. Fristberechnung

Um den Eintritt der Abnahme hier zu erreichen, müssen **6 Werktage** seit dem Beginn der **Benutzung** vergangen sein. Die Benutzung **beginnt mit dem ersten Tag der tatsächlichen Ingebrauchnahme**; für die Fristberechnung ist nach § 187 Abs. 1 BGB der diesem Tag folgende Werktag erster Tag. Weiter ist zu fordern, dass die Benutzung **ununterbrochen** 6 Werktage erfolgt sein muss, bis die Abnahmewirkung eintritt, es sei denn, der Auftraggeber gibt die Benutzung innerhalb der Frist **ohne erkennbaren Zusammenhang mit der Leistung** des Auftragnehmers auf oder unterbricht sie. Es wäre nicht angängig, einem Auftraggeber die Abnahme zu unterstellen, wenn er die Leistung zwei Werktage benutzt, die Benutzung dann **wegen der Mängel unterbricht,** sie nach erfolgter Nachbesserung durch den Auftragnehmer fünf Tage fortsetzt und sie dann wegen neuer oder immer **noch fortbestehender Mängel** erneut unterbricht.

Bei der Berechnung der 6 Werktage zählen Samstage mit (BGH 12.6.1975 VII ZR 55/73 = NJW 1975, 1701), jedoch ist hinsichtlich des letzten Tages der Frist § 193 BGB zu beachten.

V. Eintritt der Abnahmewirkungen

Sind seit dem Beginn der Benutzung sechs Werktage vergangen, so **gilt** die **Abnahme als erfolgt,** und es treten die Wirkungen wie bei einer normalen oder förmlichen Abnahme ein.

Äußert sich der Auftraggeber innerhalb dieser Frist in positivem Sinne über die Abnahme, ist für eine fiktive Abnahme nach Nr. 5 kein Raum mehr. Vielmehr ist dann entweder nach Nr. 1 oder nach Nr. 2 abgenommen, u.U. auch nach Nr. 4, wenn die dortigen besonderen Voraussetzungen erfüllt sind. Die fiktive Abnahme nach Nr. 5 kommt ebenfalls nicht mehr in Betracht, wenn der Auftraggeber nunmehr vor Fristablauf die förmliche Abnahme verlangt; sie hat dann nach Nr. 4 Abs. 1 stattzufinden. Lehnt der Auftraggeber in dieser Zeit die Abnahme ab, etwa wegen wesentlicher Mängel, so ist Nr. 3 maßgebend. Die **Benutzung gilt dann nicht als Abnahme,** wenn der Auftraggeber diese entweder ausdrücklich abgelehnt oder durch eine Erklärung unmissverständlich kundgetan hat, dass er das Werk nicht als abgenommen ansehen kann (vgl. hierzu BGH 25.5.1956 VI ZR 90/55 = SFH Z 2.50 Bl. 3 f. sowie BGH 23.11.1978 VII ZR 29/78 = BauR 1979, 152 = NJW 1979, 549). Eine Ablehnung kann, je nach Lage des Falles, auch darin liegen, dass der Auftraggeber innerhalb der Sechstagefrist einen Vorbehalt wegen wesentlicher Mängel der Bauleistung gemacht hat und daraus zugleich die Verweigerung der Abnahme zu folgern ist.

VI. Vorbehalt bekannter Mängel und Vertragsstrafe

Schließlich kommt auch hier Nr. 5 Abs. 3 zur Anwendung, wonach der Auftraggeber im Wege einer empfangsbedürftigen Willenserklärung **innerhalb der Sechstagefrist Vorbehalte eindeutig zum Ausdruck bringen muss,** wenn er nicht die Gewährleistungsansprüche auf Nachbesserung oder Minderung sowie den Anspruch auf eine **verwirkte Vertragsstrafe** verlieren will, §§ 640 Abs. 2, 341 Abs. 3 BGB (vgl. dazu BGH 3.11.1960 VII ZR 150/59 = BGHZ 33, 236 = NJW 1961, 115; BGH 12.6.1975 VII ZR 55/73 = BauR 1975, 344 = NJW 1975, 1701).

D. Von Nr. 5 abweichende Vereinbarungen

Es bleibt den Parteien unbenommen, im Bauvertrag durch Besondere oder Zusätzliche Vertragsbedingungen eine von der Abnahmefiktion in Nr. 5 **abweichende Vereinbarung** zu treffen. Diese liegt etwa in der Absprache, dass die geleisteten Arbeiten erst nach Abnahme durch die Bauleitung in die Verantwortlichkeit des Auftraggebers übergehen sollen (LG Köln SFH Z 2.50 Bl. 12 ff.) oder in der Vereinbarung, dass die Abnahme in einem gemeinsamen Ortstermin erfolgen (BGH 28.6.1973 VII

ZR 218/71 = SFH Z 2.331 Bl. 94) oder dass der Architekt schriftlich abnehmen soll. Aus einer solchen Abrede geht hervor, dass nach dem Parteiwillen eine wirkliche und nicht nur eine fiktive Abnahme erfolgen soll. Auch einer solchen Klausel muss aber ganz klar der übereinstimmende Wille der Vertragspartner zu entnehmen sein, dass die fiktive Abnahme nach Nr. 5 **in beiden Alternativen, und zwar uneingeschränkt, ausgeschlossen sein soll** (vgl. dazu KG BauR 1979, 256; OLG Düsseldorf SFH § 14 VOB/B Nr. 3). Allerdings: Auch wenn die Vertragspartner anstelle des § 12 Nr. 5 VOB/B eine andere Regelung vereinbart haben, kann diese wiederum durch nachfolgendes – auch konkludentes – Verhalten, wie die vorbehaltlose Zahlung der Schlussrechnung des Auftragnehmers, abbedungen werden (OLG Düsseldorf NJW-RR 1993, 1110).

§ 12 Nr. 6
[Gefahrübergang]

Mit der Abnahme geht die Gefahr auf den Auftraggeber über, soweit er sie nicht schon nach § 7 trägt.

1 **Mit der Abnahme** der Bauleistung **geht** die **Gefahr hinsichtlich der Vergütung auf den Auftraggeber über.** Über den Begriff der Gefahr vgl. § 7 Rn. 2 ff. VOB/B. Die gleiche Regelung findet sich in § 644 BGB (so auch BGH BlGBW 1962, 59). Allerdings bedurfte es hier für den Bereich der VOB wegen der besonderen Regelung in § 7 VOB/B einer Einschränkung. Die Gefahr kann mit der Abnahme nur insoweit auf den Auftraggeber übergehen, als er sie **im Zeitpunkt der Abnahme noch nicht trägt.**
Vgl. wegen Betriebstechnischer Anlagen auch VHB zu § 10 VOB/A Nr. 2.5 sowie zu § 12 VOB/B Nr. 4.

2 Da es sich bei § 7 VOB/B um eine von der gesetzlichen Regelung teilweise abweichende vertragliche Vereinbarung handelt, wird man aus Nr. 6 den Schluss ziehen müssen, dass die Gefahr auch dann bereits vor der Abnahme auf den Auftraggeber übergeht, wenn aus anderen als in § 7 Nr. 1 VOB/B geregelten Gründen **kraft ausdrücklicher Parteivereinbarung** in den Besonderen oder Zusätzlichen Vertragsbedingungen ein früherer Gefahrübergang – unabhängig von der Abnahme – vereinbart worden ist. Die Möglichkeit einer solchen Vereinbarung bietet § 10 Nr. 4 Abs. 2 VOB/A. Der Auftraggeber kann für die Zeit nach Gefahrübergang bis zur Fertigstellung bzw. Inbenutzungnahme des fertigen Objektes eine Bauleistungsversicherung abschließen (vgl. dazu *Kaiser* Bauwirtschaft 1972 S. 1483; ferner § 7 VOB/B).

3 Allerdings bringt der **Gefahrübergang**, gleichgültig für welchen Zeitpunkt er vorgesehen ist, dann **keine Haftungsbefreiung** des Auftragnehmers, wenn er seine Leistung unter Verwendung von für die dieser nachfolgenden Leistung gefährlichen Stoffen erstellt hat und die nachfolgende Leistung eines anderen Unternehmers hierdurch Schaden erleidet oder gar auch die eigene Leistung des Auftragnehmers; dann haftet dieser gegenüber dem Auftraggeber für den eingetretenen Schaden aus Pflichtverletzung nach §§ 280, 241 Abs. 2 BGB (so mit Recht *Weyer* BlGBW 1970, 206 f.).

§ 13
Mängelansprüche

1. Der Auftragnehmer hat dem Auftraggeber seine Leistung zum Zeitpunkt der Abnahme frei von Sachmängeln zu verschaffen. Die Leistung ist zur Zeit der Abnahme frei von Sachmängeln, wenn sie die vereinbarte Beschaffenheit hat und den anerkannten Regeln der Technik

Mängelansprüche   Vor § 13 VOB/B

entspricht. Ist die Beschaffenheit nicht vereinbart, so ist die Leistung zur Zeit der Abnahme frei von Sachmängeln,
a) wenn sie sich für die nach dem Vertrag vorausgesetzte,
sonst
b) für die gewöhnliche Verwendung eignet und eine Beschaffenheit aufweist, die bei Werken der gleichen Art üblich ist und die der Auftraggeber nach der Art der Leistung erwarten kann.

2. Bei Leistungen nach Probe gelten die Eigenschaften der Probe als vereinbarte Beschaffenheit, soweit nicht Abweichungen nach der Verkehrssitte als bedeutungslos anzusehen sind. Dies gilt auch für Proben, die erst nach Vertragsabschluss als solche anerkannt sind.

3. Ist ein Mangel zurückzuführen auf die Leistungsbeschreibung oder auf Anordnungen des Auftraggebers, auf die von diesem gelieferten oder vorgeschriebenen Stoffe oder Bauteile oder die Beschaffenheit der Vorleistung eines anderen Unternehmers, haftet der Auftragnehmer, es sei denn, er hat die ihm nach § 4 Nr. 3 obliegende Mitteilung gemacht.

4. (1) Ist für Mängelansprüche keine Verjährungsfrist im Vertrag vereinbart, so beträgt sie für Bauwerke 4 Jahre, für andere Werke, deren Erfolg in der Herstellung, Wartung oder Veränderung einer Sache besteht, und für die vom Feuer berührten Teile von Feuerungsanlagen 2 Jahre. Abweichend von S. 1 beträgt die Verjährungsfrist für feuerberührte und abgasdämmende Teile von industriellen Feuerungsanlagen 1 Jahr.
(2) Ist für Teile von maschinellen und elektrotechnischen/elektronischen Anlagen oder Teilen davon, bei denen die Wartung Einfluss auf die Sicherheit und Funktionsfähigkeit hat, nichts anderes vereinbart, beträgt für diese Anlagenteile die Verjährungsfrist für Mängelansprüche abweichend von Absatz 1 zwei Jahre, wenn der Auftraggeber sich dafür entschieden hat, dem Auftragnehmer die Wartung für die Dauer der Verjährungsfrist nicht zu übertragen; dies gilt auch, wenn für weitere Leistungen eine andere Verjährungsfrist vereinbart ist.
(3) Die Frist beginnt mit der Abnahme der gesamten Leistung; nur für in sich abgeschlossene Teile der Leistung beginnt sie mit der Teilabnahme (§ 12 Nr. 2).

5. (1) Der Auftragnehmer ist verpflichtet, alle während der Verjährungsfrist hervortretenden Mängel, die auf vertragswidrige Leistung zurückzuführen sind, auf seine Kosten zu beseitigen, wenn es der Auftraggeber vor Ablauf der Frist schriftlich verlangt. Der Anspruch auf Beseitigung der gerügten Mängel verjährt in 2 Jahren, gerechnet vom Zugang des schriftlichen Verlangens an, jedoch nicht vor Ablauf der Regelfristen nach Nummer 4 oder der an ihrer Stelle vereinbarten Frist. Nach Abnahme der Mängelbeseitigungsleistung beginnt für diese Leistung eine Verjährungsfrist von 2 Jahren neu, die jedoch nicht vor Ablauf der Regelfristen nach Nummer 4 oder der an ihrer Stelle vereinbarten Frist endet.
(2) Kommt der Auftragnehmer der Aufforderung zur Mängelbeseitigung in einer vom Auftraggeber gesetzten angemessenen Frist nicht nach, so kann der Auftraggeber die Mängel auf Kosten des Auftragnehmers beseitigen lassen.

6. Ist die Beseitigung des Mangels für den Auftraggeber unzumutbar oder ist sie unmöglich oder würde sie einen unverhältnismäßig hohen Aufwand erfordern und wird sie deshalb vom Auftragnehmer verweigert, so kann der Auftraggeber durch Erklärung gegenüber dem Auftragnehmer die Vergütung mindern (§ 638 BGB).

7. (1) Der Auftragnehmer haftet bei schuldhaft verursachten Mängeln für Schäden aus der Verletzung des Lebens, des Körpers oder der Gesundheit.
(2) Bei vorsätzlich oder grob fahrlässig verursachten Mängeln haftet er für alle Schäden.
(3) Im Übrigen ist dem Auftraggeber der Schaden an der baulichen Anlage zu ersetzen, zu deren Herstellung, Instandhaltung oder Änderung die Leistung dient, wenn ein wesentlicher Mangel vorliegt, der die Gebrauchsfähigkeit erheblich beeinträchtigt und auf ein Verschul-

den des Auftragnehmers zurückzuführen ist. Einen darüber hinausgehenden Schaden hat der Auftragnehmer nur dann zu ersetzen,
a) wenn der Mangel auf einem Verstoß gegen die anerkannten Regeln der Technik beruht,
b) wenn der Mangel in dem Fehlen einer vertraglich vereinbarten Beschaffenheit besteht oder
c) soweit der Auftragnehmer den Schaden durch Versicherung seiner gesetzlichen Haftpflicht gedeckt hat oder durch eine solche zu tarifmäßigen, nicht auf außergewöhnliche Verhältnisse abgestellten Prämien und Prämienzuschlägen bei einem im Inland zum Geschäftsbetrieb zugelassenen Versicherer hätte decken können.

(4) Abweichend von Nummer 4 gelten die gesetzlichen Verjährungsfristen, soweit sich der Auftragnehmer nach Absatz 3 durch Versicherung geschützt hat oder hätte schützen können oder soweit ein besonderer Versicherungsschutz vereinbart ist.

(5) Eine Einschränkung oder Erweiterung der Haftung kann in begründeten Sonderfällen vereinbart werden.

Inhaltsübersicht

	Rn.
A. Allgemeines	1
I. Bedeutung des Mangelrechts	1
II. Schuldrechtsmodernisierungsgesetz	10
III. VOB/B 2002	18
IV. VOB/B 2006	25
B. Mängelrechte nach BGB	28
I. Neuer Mangelbegriff	30
II. Mängelrechte nach BGB im Einzelnen	32
1. Nacherfüllung	32
2. Selbstvornahme und Aufwendungsersatz	37
3. Rücktritt/Folgen des Rücktritts	43
a) Frage des Wertersatzes	52
b) Wertersatz in besonderen Fällen	54
c) Einschränkung der Pflicht zum Wertersatz (§ 346 Abs. 3 BGB)	57
d) Herausgabe von Nutzungen (§ 346 Abs. 1, § 347 BGB)	60
e) An der Werkleistung vorgenommene Verwendungen	62
4. Minderung	65
5. Schadensersatz	70
6. Ersatz vergeblicher Aufwendungen	74
III. Verjährung der Mängelansprüche	77
1. Mangelhaftes Bauwerk	79
2. Planungs- und Überwachungsleistungen für Bauwerke	81
3. Arbeiten an einer Sache	82
4. Sonstige Werke	85
5. Arglistiges Verschweigen eines Mangels	87
6. Rücktritt und Minderung	89
IV. Ansprüche aus unerlaubter Handlung	102
V. Neuregelung des Werklieferungsvertrages § 651 BGB	103
C. Mängelrechte nach VOB/B 2002	109
I. Grundlegendes	109
II. Systematik des § 13 VOB/B	113
1. § 13 Nr. 1 bis 3 VOB/B	113
2. § 13 Nr. 4 VOB/B	114
3. § 13 Nr. 5 bis 7 VOB/B	115
D. Vergleich der Mängelrechte nach BGB und VOB/B	118
I. § 13 Nr. 1 VOB/B und § 633 BGB – Mangelbegriff	119
II. § 13 Nr. 2 VOB/B – Leistungen nach Probe	123

		Rn.
III.	§ 13 Nr. 3 VOB/B – Risiken aus der Sphäre des Auftraggebers	125
IV.	§ 13 Nr. 4 VOB/B und § 634a BGB – Verjährung der Mängelansprüche	127
V.	§ 13 Nr. 5 VOB/B und §§ 203, 212 BGB – Neubeginn der Verjährung	129
	1. Verjährung von gerügten Mängeln	129
	2. Verjährung der Mangelbeseitigungsleistung	132
VI.	§ 13 Nr. 6 VOB/B und § 638 BGB – Minderung	135
VII.	§ 13 Nr. 7 VOB/B und §§ 280 ff. BGB – Schadensersatz	137

F. Abtretung von Mängelrechten 150
   I. Umfang der Abtretbarkeit 150
   II. Voraussetzungen einer wirksamen Abtretung 155

G. Haftungsverhältnis zwischen Auftraggeber einerseits und andererseits dem Architekten/Ingenieur/Sonderfachmann/anderen Unternehmern – einschließlich des Mitverschuldens des AG 168
   I. Mängelansprüche des Auftraggebers gegen den Architekten bzw. Sonderfachmann 169
     1. Architektenvertrag als Werkvertrag 169
       a) Planungsmängel 170
       b) Objektüberwachungsmängel 173
       c) Sonstige Pflichten/Nebenpflichten 176
       d) Rechtsberatung 179
     2. Baumängel zugleich als Mängel des Architektenwerks 181
     3. Grundsätzliche Schadensersatzpflicht des Architekten – Beweislast 188
       a) Leistung nach fehlerhafter Bauausführung im Regelfall nicht nachholbar 188
       b) Nacherfüllungsrecht des Architekten/Ingenieurs für Baumängel? 190
       c) Schadensersatz- oder Minderungsrecht gegen den Architekten unabhängig vom Nacherfüllungsanspruch gegen den Bauunternehmer 191
       d) Darlegungs- und Beweislast 193
       e) Verjährung 195
     4. Gesamtschuldnerische Haftung von Architekt und anderen Auftragnehmern ... 202
       a) Grundsatz 202
       b) Einbeziehung der Sonderfachleute 209
       c) Verhältnis zu weiteren Bauunternehmern und Baustofflieferanten 211
       d) Entscheidungen zur Haftungsverteilung bei Beteiligung mehrerer Unternehmer . 213
     5. Gesamtschuldnerische Haftung auch bei Vorliegen eines VOB/B-Vertrages 216
     6. Mitverantwortung des Auftraggebers für eigene Fehler und für die seines Architekten 218
       a) Grundsatz 218
       b) Mitverschulden des Bauherrn/Auftraggebers 221
       c) Grenzen der Architektenbeteiligung 223
       d) Quotenanteil 225
       e) Architekt als Erfüllungsgehilfe 227
       f) Beweislast und Beweiswürdigung 232
       g) Sonderfälle 234
     7. Ausgleichsanspruch verjährt nach § 195 BGB 235
   II. Vereinbarung subsidiärer Haftung 240
     1. Zulässigkeit – Grenzen 240
     2. Klausel: Subsidiäre Haftung des Architekten nur bei Unvermögen des Bauunternehmers 241

H. Spezielle Fragen im Rahmen des Mangelrechts 244
   I. Vorteilsausgleich 244
     1. Grundlage 244
     2. Umfang 246
       a) Ausgangspunkt 247
       b) Längere Lebensdauer der Leistung 248
       c) Sowiesokosten 251
       d) Verspätete Nacherfüllung 255

	Rn.
e) Zwischenzeitliche Nutzung durch Auftraggeber	257
f) Darlegungs- und Beweislast	260
g) Dasselbe Schadensereignis	261
h) Ausgleich in Geld – Berechnung	262
i) Sicherheitsleistung	263
II. Vereinbarungen zur Mängelhaftung	264
1. Grenzen der Zulässigkeit	264
2. Freizeichnungsklauseln	266
3. Verschärfung der Mängelrechte durch Garantieverträge	271
a) Begriffsbestimmung	271
aa) Beschaffenheitsvereinbarung	272
bb) Unselbstständige Garantie	273
cc) Selbstständige Garantie	284
b) Auslegung im Einzelfall erforderlich	290
III. Sicherheiten für Mängelrechte	296
1. Allgemeines	296
2. Sicherheiten nach § 17 VOB/B: Einbehalt, Vertragserfüllungsbürgschaft, Bürgschaft für Mängelrechte/Gewährleistungsbürgschaft	300
a) Sicherheitsanspruch nur wenn entsprechende Vereinbarung vorliegt	300
b) Inhalt der Sicherungsabrede/des Bürgschaftstextes	302
3. Sonstige Sicherheiten	304
4. Versicherungen	308
I. VOB/B und AGB-Recht	309
I. Privilegierung der VOB/B	309
II. Inhaltskontrolle der VOB/B	327
1. Grundlegendes	327
2. Inhaltskontrolle und Verbraucherschutz	328
3. Inhaltskontrolle des § 13 VOB/B	329
4. Vereinbarung der VOB/B	331
a) Einbeziehung in den Vertrag	331
b) Richtlinie über missbräuchliche Klauseln in Verbraucherverträgen	332
III. Einzelfragen	335
J. Prozessuale Fragen	336
I. Selbstständiges Beweisverfahren	336
II. Sonstige prozessuale Fragen	339
K. Insolvenzfragen	343
I. Insolvenz des Unternehmers/Auftragnehmers	344
II. Insolvenz des Bestellers/Auftraggebers	347
III. Besonderheit bei Insolvenz des Generalunternehmers	348

Aufsätze: *Festge* Die anerkannten Regeln der Technik – ihre Bedeutung für den vertraglichen Leistungsumfang, die vertragliche Vergütung und die Gewährleistung BauR **1990,** 322; *Ganten* Zum Ermessen bei der Schadenszuteilung im Bauvertragsrecht; Grenzen der Sachverständigenkompetenz im Bauprozess FS Locher 1990 S. 23; *Gassner* Die Verjährung baurechtlicher Gewährleistungsansprüche bei arglistigem Verschweigen BauR 1990, 312; *Heiermann* Anordnungen des Auftraggebers und vorgeschriebene Stoffe oder Bauteile i.S.v. § 13 Nr. 3 VOB/B FS Locher 1990 S. 65; *Jagenburg* Delikthaftung im Vormarsch; zur Haftung des Werkunternehmers wegen Eigentumsverletzung durch Baumängel FS Locher 1990 S. 93; *Kaiser* Die Verjährung des Kostenvorschussanspruchs des Bestellers/Auftraggebers wegen Mängeln nach der Abnahme des Bauwerks FS Locher 1990 S. 109; *Kaiser* Verjährungsfristen und deren Hemmung sowie Unterbrechung bei Ansprüchen aus Planungs- und Ausführungsfehlern bei Bauwerken BauR 1990, 123; *Kaiser* Die Mängelhaftung nach VOB/B; Abgrenzung von den Ansprüchen aus positiver Vertragsverletzung ZfBR 1990, 213; *Schmid* Gewährleistungszeiten und Verjährungsfristen in Allgemeinen Einkaufsbedingungen Betrieb 1990, 617; *Kaiser* Die Minderung nach § 13 Nr. 6 VOB/B – Grundsätzliche Rechtsfragen ZfBR **1991,** 87; *Kniffka* Die deliktische Haftung für durch Baumängel verursachte Schäden ZfBR 1991, 1;

Rutkowski Mängelgewährleistung im Lichte der Rechtsprechung nach dem Blasbachbrückenurteil des OLG Frankfurt NJW 1991, 86; *Seidel* Das Nachbesserungsrecht des Unternehmers beim Werkvertrag JZ 1991, 391; *Voit* Zum Ausschluss von Allmählichkeitsschäden in der allgemeinen Haftpflichtversicherung (§ 4 I Nr. 5 AHB) VersR 1991, 627; *Weise* Die Bedeutung der Mangelerscheinung im Gewährleistungsrecht BauR 1991, 19; *Wittmann* Gewährleistungsfrist und Verjährungsfrist für Gewährleistungsansprüche BB 1991, 854; *Ackmann* Die Abgrenzung »nächster« von »weiteren« Mängelfolgeschäden bei der Verjährung nach § 638 BGB – eine Malaise ohne Ende? JZ **1992**, 670; *Früh* Die Kostenbeteiligungspflicht des Bauherrn bei der Mängelbeseitigung unter besonderer Berücksichtigung der sogenannten »echten Vorteilsausgleichung« (Abzug neu für alt) BauR 1992, 160; *Haas* Vorschläge zur Überarbeitung des Schuldrechts: Die Mängelhaftung bei Kauf- und Werkverträgen NJW 1992, 2389; *Kohler* Kostenvorschuss und Aufrechnung oder Zurückbehaltungsrecht als Verteidigung gegen Werkvergütungsansprüche BauR 1992, 22; *Schlechtriem* Außervertragliche Haftung für Bearbeitungsschäden und weiterfressende Mängel bei Bauwerken ZfBR 1992, 95; *Siegburg* Zug-um-Zug-Verurteilung und Hilfswiderklage wegen Baumängeln bei der Werklohnklage BauR 1992, 419; *Cuypers* Bauvertrag und § 635 BGB BauR **1993**, 163; *Cuypers* Die Berechnung des Minderungsbetrages beim Bauvertrag BauR 1993, 541; *Ganten* Der Baumangelbegriff – Standort und Ausblick auf europarechtliche Entwicklungen FS Soergel 1993 S. 35 ff.; *Kniffka* Änderungen des Bauvertragsrechts im Abschlussbericht der Kommission zur Überarbeitung des Schuldrechts ZfBR 1993, 97; *Kniffka* Dreißigjährige Gewährleistung des Bauunternehmers bei pflichtwidriger Organisation der Überwachung und Prüfung eines Werkes nach dem Urteil des BGH v. 12.3.1992 – VII ZR 5/91 – ZfBR 1993, 255; *Kohler* Werkmangel und Bestellerverantwortung NJW 1993, 417; *Locher* AGB-rechtliche Aspekte der Versicherbarkeit bei Bauverträgen FS Soergel 1993, S. 181 ff.; *Merl* Folgen unzureichender und unzutreffender Mängelbeseitigungsverlangen FS Soergel 1993 S. 217 ff.; *Rutkowsky* Organisationsverschulden des Bauunternehmers als Arglist i.S.v. § 638 BGB NJW 1993, 1748; *Waltermann* Arglistiges Verschweigen eines Fehlers bei der Einschaltung von Hilfskräften NJW 1993, 889; *Diehl* Gesamtschuld und Gesamtschuldausgleich im Baurecht FS Heiermann **1994** S. 37 ff.; *Doerry* Vertrag, Leistungspflicht und Haftung des Architekten in der Rechtsprechung des Bundesgerichtshof FS Heiermann S. 49 ff.; *Grunewald* Die Beweislastverteilung bei Verletzung von Aufklärungspflichten ZIP 1994, 1162; *Hochstein* Untergang von Gewährleistungsansprüchen durch Veräußerung des Gegenstandes der Werkleistung? FS Heiermann S. 121 ff.; *Kniffka* Aufklärungspflicht des Bauunternehmers nach der Abnahme – Zur Sekundärhaftung des Unternehmers FS Heiermann S. 201 ff.; *Rutkowsky* Zum Organisationsverschulden des Bauunternehmers als Arglist im Sinne von § 638 BGB ZfBR 1994, 201; *Schlechtriem* Organisationsverschulden als zentrale Zurechnungskategorie FS Heiermann S. 281 ff.; *Seidel* Die vom Besteller verweigerte Nachbesserung beim Werkvertrag JZ 1994, 383; *Soergel* Die quotenmäßige Mängelverantwortung der Bauvertragsparteien FS Heiermann S. 309 ff.; *Stürner* Empfiehlt sich die von der Schuldrechtskommission vorgeschlagene Neuregelung des allgemeinen Leistungsstörungsrechts bei Kauf- und Werkvertrag und des Rechts der Verjährung? NJW 1994, 2; *Wirth* Dreißigjährige Gewährleistungshaftung des Unternehmers – Wird der Bundesgerichtshof unzutreffend interpretiert? BauR 1994, 33; *Anker/Sinz* Die rechtliche Bedeutung der Normenreihe DIN EN ISO 9000–9004 unter besonderer Berücksichtigung der 30jährigen Gewährleistungshaftung wegen arglistig verschwiegener Mängel BauR **1995**, 629; *Ebertz* Die gesamtschuldnerische Haftung des Architekten und des Bauunternehmers aufgrund eines von ihnen gemeinsam zu vertretenden Baumangels BauR 1995, 442; *Fischer* Probleme der Entbehrlichkeit der Fristsetzung mit Ablehnungsandrohung bei Verweigerung der Nachbesserung (§ 634 Abs. 2 BGB) BauR 1995, 452, dazu auch *Mantscheff* BauR 1996, 338; *Fuchs* Die deliktische Haftung für fehlerhafte Bauprodukte BauR 1995, 747; *Kamphausen* Der optische Bau- und Wohnungsmangel BauR 1995, 343; *Lang* Bauvertragsrecht im Wandel NJW 1995, 2063; *Duffek* Selbstbau – Bausatzvertrag BauR **1996**, 465; *Englert* »Systemrisiko« – terra incognita des Baurechts? Zur Abgrenzung von Erfolgs-, Baugrund- und Systemrisiko BauR 1996, 763; *Jagenburg* Die Entwicklung des privaten Bauvertragsrechts seit 1994: BGB- und Werkvertragsfragen NJW 1996, 2198; *Jagenburg* Die Entwicklung des privaten Bauvertragsrechts seit 1994: VOB-Vertrag NJW 1996, 1998; *Kamphausen* Die Quotierung der Mangel- und Schadensverantwortlichkeit Baubeteiligter durch technische Sachverständige BauR 1996, 174; *Kamphausen* Ein universelles Verfahren zur Mangel- und Schadensquotierung (mit Anwendungsbeispiel Bauwesen) VersR 1996, 676; *Lerch* Die richterliche Inhaltskontrolle von notariell beurkundeten Bauverträgen BauR 1996,155; *Mandelkow* Die Unverhältnismäßigkeit der Nachbesserung BauR 1996, 656; *Mantscheff* Probleme der Entbehrlichkeit der Fristsetzung mit Ablehnungsandrohung bei Verweigerung der Nachbesserung BauR 1996, 338; *Meyer* Die tatsächlichen und rechtlichen Folgerungen aus der Entscheidung des Bundesgerichtshofes zum Organisationsverschulden vom 12.3.1992 BauR 1996, 461; *Pauly* Zum Verhältnis VOB/B und AGBG BauR 1996, 328;

Rath Auswirkungen des Generalunternehmereinsatzes auf die freiberufliche Architektentätigkeit BauR 1996, 632; *Samson* Werkvertragliche Gewährleistung beim Kauf einer sanierten oder renovierten Altbauwohnung vom Bauträger BauR 1996, 58; *Walther* Zur Arglist des Inhabers eines Großbetriebes im Werkvertragsrecht BauR 1996, 455; *Bügel/Tünneseen-Harmes* Asbestsanierung von Gebäuden BauR **1997**, 373; *Eichler* Die Gewährleistung nach § 13 Nr. 3 VOB/B bei Anordnungen des Auftraggebers und der Verstoß dieser Klausel gegen AGBG – neue Rechtsprechung BauR 1997, 903; *Glöckner* Zurück zur Subsidiärhaftung des Architekten bei konkurrierender Gewährleistungsverpflichtung eines Bauunternehmers? – BGH Urt. v. 9.5.1996 – VII ZR 181/93 BauR 1997, 529; *Heinrichs* Die Entwicklung des Rechts der Allgemeinen Geschäftsbedingungen im Jahre 1996 NJW 1997, 1407; *Kapellmann* Der Schaden des Auftraggebers bei Verzug des Auftragnehmers mit der Fertigstellung eines Mietobjekts BauR 1997, 48; *Katzenmeier* Produkthaftung und Gewährleistung des Herstellers teilmangelhafter Sachen NJW 1997, 486; *Kraus* Gestaltung von Nachunternehmerverträgen NJW 1997, 223; *Miegel* Baukostenüberschreitung und fehlerhafte Kostenermittlung – Zwei neue Entscheidungen des Bundesgerichtshofes BauR 1997, 923; *Quack* Gilt die kurze VOB/B-Verjährung noch für Verbraucherverträge? BauR 1997, 24; *Stefan* Schadensersatz gegen Planer wegen fehlerhafter Baukostenermittlung und Verlust öffentlicher Förderung BauR 1997, 62; *Anker/Adler* Die echte Bausummenüberschreitung als ein Problem des Schadensrechtes BauR **1998**, 465; *Heinrichs* Die Entwicklung des Rechts der Allgemeinen Geschäftsbedingungen im Jahre 1997 NJW 1998, 1447; *Jagenburg* Die Entwicklung des privaten Bauvertragsrechts seit 1996: VOB/B Teil 2 NJW 1998, 2640; *Jagenburg/Pohl* DIN 18195 und anerkannte Regeln der Technik am Beispiel der Bauwerksabdichtung mit Bitumendickbeschichtungen BauR 1998, 1075; *Kaiser* Gilt § 13 Nr. 4 Abs. 1 VOB/B auch für Verbraucher-Bauverträge? BauR 1998, 203; *Kamphausen* Prozessrechtliche Praxisprobleme bei der Untersuchung von Bau- und Wohnungsmängeln durch gerichtliche Sachverständige BauR 1998, 500; *Kniffka* Die Durchstellung von Schadensersatzansprüchen des Auftraggebers gegen den auf Werklohn klagenden Subunternehmer – Überlegungen zum Schaden des Generalunternehmers und zum Zurückbehaltungsrecht aus einem Freistellungsanspruch BauR 1998, 55; *Kraus* Das Ende der AGB-rechtlichen Privilegierung der VOB/B? NJW 1998, 1126; *Liepe* Mängelbeseitigung durch Auftragnehmer erst nach Sicherheit gemäß § 648a BGB? BauR 1998, 860; *Malotki* Die unberechtigte Mängelbeseitigungsaufforderung; Ansprüche des Unternehmers auf Vergütung, Schadens- oder Aufwendungsersatz BauR 1998, 682; *Marbach/Wolter* Die Auswirkung bei der förmlichen Abnahme erklärter Mängelvorbehalte auf die Beweislast BauR 1998, 36; *Mortensen* Das Ermitteln von Wertminderungen für eine spezielle Gruppe von Baumängeln BauR 1998, 73; *Parmentier* Die anerkannten Regeln der Technik im privaten Baurecht BauR 1998, 207; *Peters* Die Wirksamkeit vertraglicher Regelungen zum Baugrundrisiko BauR 1998, 215; *Schlünder* Die VOB in der heutigen Beratungs- und Prozesspraxis BauR 1998, 1123; *Stammbach* Einhaltung der anerkannten Regeln der Technik als Ersatz – Leistungsmaßstab BauR 1998, 482; *Volkmann* Die Abgrenzung von § 635 BGB und positiver Vertragsverletzung in der Rechtsprechung des BGH BauR 1998, 963; *Bartl* Jahr 2000 Problem und Anwenderpflichten NJW **1999**, 2144; *Hogrefe* Zur Unwirksamkeit formularmäßiger Verpflichtungen zur Stellung von Vertragserfüllungs- und Mängelgewährleistungsbürgschaften »auf erstes Anfordern« in Bau-, Werk- und Werklieferungsverträgen und daraus sich ergebenden Rechtsfolgen BauR 1999, 111; *Holzberger/Puhle* Das Organisationsverschulden des Bauunternehmers in der Rechtsprechung der Instanzgerichte BauR 1999, 106; *Jagenburg* Die Entwicklung des privaten Bauvertragsrechts seit 1996: BGB und Werkvertragsfragen – Teil 2 NJW 1999, 2218; *Klaft/Maxem* Die Gewährleistung des Unternehmers für die Tauglichkeit von ihm verwendeter Baustoffe oder Produkte bei Anordnung des Bestellers nach § 13 Nr. 3 VOB/B BauR 1999, 1074; *Schulze-Hagen* § 648a BGB: Auch nach Abnahme anwendbar? BauR 1999, 210; *Stammbach* Qualitätssicherung und Mängelgewährleistung BauR 1999, 523; *Würfele* Haftungs- und Haftungsbeschränkungsprobleme bei der gemeinschaftlichen Berufsausübung von Rechtsanwälten; *Krebs* Die große Schuldrechtsreform DB **2000**, Beilage Nr. 14/2000; *Thode* EG-Richtlinie zu bestimmten Aspekten des Verbrauchsgüterkaufs und der Garantien für Verbrauchsgüter – Ihre Auswirkungen auf das deutsche Werkvertragsrecht ZfBR 2000, 63; *Brambring* Schuldrechtsreform und Grundstückskaufvertrag DNotZ **2001**, 590; 904; *Fuchs* Gewährleistungsfristen für Planungsleistungen nach dem geplanten Schuldrechtsmodernisierungsgesetz NZBau 2001, 465; *Haas* Entwurf eines Schuldrechtsmodernisierungsgesetzes: Kauf- und Werkvertragsrecht BB 2001, 1313; *Heinrichs* Entwurf eines Schuldrechtsmodernisierungsgesetzes: Neuregelung des Verjährungsrechts BB 2001, 1417; *Hertel* Neues Verzugsrecht, Folgen für die notarielle Vertragsgestaltung DNotZ 2001, 910; *Kaiser* Das allgemeine Leistungsstörungsrecht als Kernpunkt des Diskussionsentwurfs eines Schuldrechtsmodernisierungsgesetzes – Die Bedeutung für das Private Baurecht – ZfBR 2001, 147; *Kraus* Diskussionsentwurf eines Schuldrechtsmodernisierungsgesetzes – Eine erste Übersicht, eine erste kritische Bewertung aus der Sicht der Baupraxis BauR 2001, 1; *Kraus* Baurechtlicher Ergänzungsentwurf zum Schuldrechtsmodernisierungsgesetz des Instituts für Baurecht Freiburg e.V. (IfBF) ZfBR 2001, 513; *Leenen* Die Neuregelung der Verjährung JZ 2001, 552; *Medicus* Der Regierungsentwurf zum Recht der Leistungsstörungen ZfBR 2001, 507; *Motzke* Interview IBR 2001, 652; *Quack* Interview IBR 2001, 704; *Raiser* Das Werkvertragsrecht nach dem Regierungsentwurf eines Schuldrechtsmodernisierungsgesetzes NZBau 2001, 598; *Roth* Die Reform des Werkvertragsrechts JZ 2001, 543; *Rüfner* Verjährung bei Mängeln nach dem Diskussionsentwurf eines Schuldrechtsmodernisierungsgesetzes ZfIR 2001, 16; *Schudnagies* Der Regierungsentwurf eines Gesetzes zur Modernisierung des Schuldrechts BauR 2001, 1792; *v. Westphalen* Die Neuregelungen des Entwurfs eines Schuldrechtsmodernisierungsgesetzes für das Kauf- und Werkvertragsrecht DB 2001, 799; *Weyer* Selbständiges Beweisverfahren und Verjährung von Baumängelansprüchen nach künftigem Recht BauR 2001, 1807; *Zimmermann/Leenen/Mansel/Ernst* Zum Verjährungsrecht nach dem Regierungsentwurf eines Schuldrechtsmodernisierungsgesetzes JZ 2001, 684; *Acker/Bechthold* Organisationsverschulden nach der Schuldrechtsreform NZBau **2002**, 529; *Acker/Konopka* Schuldrechtsmodernisierung: Wandelung weicht Rücktritt im Werkvertragsrecht – Folgen für den Bauvertrag BauR 2002, 1307; *Anker/Zacher* Ist auf alte Werkverträge ab 1.1.2003 das neue Recht anzuwenden? BauR 2002, 1772; *Boldt* Die Kündigung des Bauvertrags aus wichtigem Grund durch den Auftraggeber nach neuem Recht NZBau 2002, 655; *Brügmann* Einige Aspekte der Rechtsstellung des Auftragnehmers bei Leistungsstörungen nach der Schuldrechtsmodernisierung FS Jagenburg 2002 S. 63; *Frikell* Mögliche Auswirkungen der Schuldrechtsreform auf die Rechtsprechung zur »VOB als Ganzes« BauR 2002, 671; *Funke* Kurzdarstellung der Änderungen des Werkvertragsrechts im Rahmen der Schuldrechtsmodernisierung in der vom Bundestag am 11. Oktober 2001 beschlossenen Fassung Jahrbuch Baurecht 2002 S. 217 ff.; *Ganten* Pflichtverletzung und Beschaffenheitsvereinbarung als Kriterien einer Vergütungskürzung bei unvollständiger Architektenleistung FS Jagenburg 2002 S. 215; *Grams* Zur neuen Regelverjährung des Erfüllungsanspruchs auf die Bauleistung BauR 2002, 1461; *Grauvogel* Systemrisiko und Pauschalvertrag bei Tiefbauleistungen NZBau 2002, 591; *Handschumacher* Hemmung der Verjährung durch Verhandlungen BauR 2002, 1440; *Heinemann* Mängelhaftung im Bauträgervertrag nach der Schuldrechtsreform ZfIR 2002, 167; *Kemper* Die Neuregelung der Mängelansprüche in § 13 VOB/B – 2002 – Kurze Darstellung der erfolgten und versäumten Änderungen und ihrer praktischen Konsequenzen BauR 2002, 1613; *Knütel* Zur »Selbstvornahme« nach § 637 Abs. 1 n.F. BauR 2002, 689; *Koeble* Rückforderung des Vorschusses? Ein Märchen! FS Jagenburg 2002 S. 371; *Kohler* Das Werk im Kauf FS Jagenburg 2002 S. 379; *Kratzenberg* Der Beschluss des DVA-Hauptausschusses zur Neuherausgabe der VOB 2002 (Teile A und B) NZBau 2002, 177; *Lenkeit* Das modernisierte Verjährungsrecht Sonderheft 1a BauR 2002, 196; *Maifeld* in *Westermann* (Hrsg.) Das Schuldrecht 2002 S. 251 ff.; *Mansell* Die Neuregelung des Verjährungsrechts NJW 2002, 89; *Merl* Schuldrechtsmodernisierung und werkvertragliche Gewährleistung FS Jagenburg 2002 S. 597; *Meub* Schuldrechtsreform, Das neue Werkvertragsrecht DB 2002, 131; *Pauly* Zur Frage der Berechnung des Minderungsbetrages und des Minderwertes beim Bauvertrag am Beispiel von Schallschutzmängeln BauR 2002, 1321; *Pause* Auswirkungen der Schuldrechtsmodernisierung auf den Bauträgervertrag NZBau 2002, 648; *Peters* Das Baurecht im modernisierten Schuldrecht NZBau 2002, 113; *Peters* Fälligkeit und Verzug bei den Zahlungsansprüchen des Bauunternehmers nach der VOB/B NZBau 2002, 305; *Preussner* Das neue Werkvertragsrecht im BGB 2002 BauR 2002, 231; *Preussner* Die VOB/B ist tot! BauR 2002, 1602; *Quack* VOB/B als Ganzes und die Modernisierung des Schuldrechts ZfBR 2002, 428; *Raab* in *Dauner-Lieb/Heidel/Lepa/Ring* (Hrsg.) Das neue Schuldrecht in der anwaltlichen Praxis 2002 S. 227 ff.; *Schudnagies* Das Werkvertragsrecht nach der Schuldrechtsreform NJW 2002, 396; *Schwenker* Die Schuldrechtsreform – Auswirkungen auf die Tätigkeit des Architekten DAB 2002, 47; *Schwenker/Heinze* Die VOB/B 2002 BauR 2002, 1143; *Siegburg* Der Baumangel nach der geplanten VOB/B 2002 FS Jagenburg 2002 S. 839; *Sienz* Die Neuregelungen im Werkvertragsrecht nach dem Schuldrechtsmodernisierungsgesetz Sonderheft 1a BauR 2002, 181; *Teichmann* Kauf- und Werkvertrag in der Schuldrechtsreform ZfBR 2002, 13; *Tempel* Ist die VOB/B noch zeitgemäß – Teil 1 NZBau 2002, 465; Teil 2 NZBau 2002, 532; *Thode* Die wichtigsten Änderungen im BGB-Werkvertragsrecht: Schuldrechtsmodernisierungsgesetz und erste Probleme – Teil 1 NZBau 2002, 297; Teil 2 NZBau 2002, 360; *Voit* Änderungen des allgemeinen Teils des Schuldrechts durch das Schuldrechtsmodernisierungsgesetz und ihre Auswirkungen auf das Werkvertragsrecht Sonderheft 1a BauR 2002, 145; *Voit* Die außerordentliche Kündigung des Werkvertrags durch den Besteller BauR 2002, 1776; *Voppel* Das Gesetz zur Modernisierung des Schuldrechts und das Leistungsstörungsrecht beim Werkvertrag BauR 2002, 843; *Vorwerk* Kaufrecht und Werklieferungsvertrag Sonderheft 1a BauR 2002, 165; *Wagner* Verjährung im Baurecht nach der Schuldrechtsmodernisierung ZfIR 2002, 257; *Wagner* Leistungsstörung im Baurecht nach der Schuldrechtsmodernisierung ZfIR 2002,

353; *Werner* Das neue Verjährungsrecht aus dem Blickwinkel des Baurechts FS Jagenburg 2002 S. 1025; v. *Westphalen* AGB-Recht ins BGB – Eine erste Bestandsaufnahme NJW 2002, 12; *Weyer* § 639 Abs. 2 BGB a.F. durch § 203 BGB n.F. ersetzt, nicht ersatzlos weggefallen NZBau 2002, 366; *Weyer* Die Privilegierung der VOB/B: Eine – nur vorerst? – entschärfte Zeitbombe BauR 2002, 857; *Wirth/Sienz/Englert* (Hrsg.) Verträge am Bau nach der Schuldrechtsreform Düsseldorf 2002; *Zimmer* Das neue Recht der Leistungsstörungen NJW 2002, 1; *Acker/Garcia-Scholz* Die Ansprüche des Auftragnehmers bei Beschädigung der Werkleistung vor Abnahme BauR **2003**, 1457; *Bietz* Baustreitigkeiten vor dem Schiedsgericht NZBau 2003, 177; *Brauns* Anfechtbarkeit von Werklohnzahlungen oder Besicherung von Vergütungsansprüchen des Auftragnehmers durch den Insolvenzverwalter BauR 2003, 301; *Derleder* Die Modernisierung des Werkvertragsrechts und das Wohnungseigentum ZWE 2003, 211; *Derleder* Der Wechsel zwischen den Gläubigerrechten bei Leistungsstörungen und Mängeln NJW 2003, 998; *Dören* Die rechtliche Einordnung des Bauträgervertrages nach der Schuldrechtsmodernisierung: Werkvertrag ZfIR 2003, 497; *Englert/Schalk* Probleme mit dem ›Überraschungsbaustoff‹ Baugrund Geolex 2003, 15; *Halm/Steinmeister* Gewährleistung und Garantie im Kauf- und Werkvertragsrecht nach der Schuldrechtsreform vornehmlich am Beispiel des Autokaufs PVR 2003, 270; *Hogrefe* Nochmals zur Unwirksamkeit formularmäßiger Verpflichtungen zur Stellung von Vertragserfüllungs- und Mängelgewährleistungsbürgschaften auf ersten Anfordern in Bau-, Werk- und Werklieferungsverträgen und die sich daraus ergebenden Rechtsfolgen BauR 2003, 17; *Hoor/Hübner/Schlößer* Bauabzugssteuer und Gewährleistungsvereinbarungen BB 2003, 709; *Kandel/Sohn* § 648a BGB und Gewährleistungsansprüche des Auftraggebers im Vergütungsprozess des Werkunternehmers BauR 2003, 1633; *Kannowski* Mangelfolgeschäden vor und nach der Schuldrechtsreform BauR 2003, 170; *Kern* Die Neuregelung der Mängelansprüche und Sicherheitsleistung in den §§ 13 und 17 VOB/B (2002) BauR 2003, 793; *Koch* »Mängelbeseitigungsansprüche« nach den Grundsätzen der Produzenten-/Produkthaftung AcP 203, 603 (2003); *Kohler* Zurückbehaltungsrecht bei mangelhafter Werkleistung BauR 2003, 1804; *Krause* Mit der Entscheidung des BGH vom 28.2.2003 – Konsoltraggerüst – ist der der Einheitspreisvertrag i.S. des § 5 Nr. 1a VOB/A gestorben BauR 2003, 1259; *Kreikenbohm* Nachträge und Vertragsstrafen BauR 2003, 315; *Kuffer* Sicherungsvereinbarungen im Bauvertrag BauR 2003, 155; *Lailach* Kann der Auftraggeber vom Auftragnehmer die regelwidrige Ausführung verlangen? BauR 2003, 1474; *Lange* Das Baugrundrisiko – Begriff und Pflichten der am Bau Beteiligten BauRB 2003, 118; *Langen* Die Gestaltung von Bauverträgen; Überlegungen und erste Erfahrungen zum neuen Recht Jahrbuch Baurecht 2003 S. 159 ff.; *Lauer/Klein/Fink* Die Auswirkungen des neuen Schuldrechts auf das private Baurecht 2003; *Lauer* Verjährung des Mängelanspruchs und Sekundärhaftung im Architektenrecht BauR 2003, 1639; *Leitzke* Die Pflichten des Architekten hinsichtlich der Mangelhaftung des Unternehmers BauRB 2003, 241; *Liepe* Nachtragsbeauftragung lediglich dem Grunde nach? BauR 2003, 320; *Maultzsch* Zum zeitlichen Anwendungsbereich der kauf- und werkvertraglichen Mängelrechte am Beispiel der §§ 439 Abs. 3, 635 Abs. 3 BGB ZGS 2003, 411; *Maxem* Rechtsfolgen bei Verletzung von Mitwirkungspflichten durch den Besteller beim (Bau-)Werkvertrag BauR 2003, 952; *Motzke* Beschaffenheitsmerkmale – ein offener Einordnungstatbestand BTR 1/2003, 15; *Motzke* Der Planervertrag – Auswirkungen der Schuldrechtsreform auf Pflichten- und Erfolgsbestimmung BTR 3/2003 57; *Moufang* Quasi-Unterbrechung durch schriftliche Mängelrüge gemäß § 13 Nr. 5 Abs. 2 VOB/B hält isolierter Inhaltskontrolle nicht stand Diskussionsforum: These des Monats BauR 2003, 426; *Mundt* Baumängel und der Mängelbegriff des BGB-Werkvertragsrechts nach dem Schuldrechtsmodernisierungsgesetz NZBau 2003, 73; *Oberhauser* Verdient – die VOB/B 2002 die Privilegierung durch das BGB 2002? Jahrbuch Baurecht 2003 S. 3 ff.; *Pauly* Die Privilegierung der VOB/B nach dem Schuldrechtsmodernisierungsgesetz MDR 2003, 124; *Putzier* Wann beginnt die fünfjährige Gewährleistungsfrist für den Architekten? NZBau 2004, 177; *Quack* Zur Leistungsbeschreibung im Bauvertrag – Die Bedeutung der baubetrieblichen Sicht für die vertragsrechtliche Leistungsbeschreibung ZfBR 2003, 315; *Reinking* Abgrenzung von Schadensersatzansprüchen des Kauf- und Werkvertragsrecht mit Blick auf § 249 Abs. 2 S. 2 BGB ZGS 2003, 143; *Ring* Das neue Werkvertragsrecht nach der Schuldrechtsreform BuW 2003, 112; *Schmidt* Verjährungsverkürzende Maßnahmen zur Architektenhaftung BauRB 2003, 64; *Schmitz* Keine Beschränkung des werkvertraglichen Schadensersatzanspruches wegen Nichterfüllung auf geringere Kosten einer nicht zum geschuldeten Erfolg führenden Ersatzlösung ZfIR 2003, 553; *Schwenker* Zum Umfang des Schadensersatzanspruchs aus BGB § 635 F 1. Januar 1964 EWiR 2003, 691; *Siegburg* Haftung für Minderung wegen eines Baumangels EWiR 2003, 391; *Siegburg* Haftung des Unternehmers für von vereinbarter fehlerfreier Planung abweichende Bauausführung trotz Hinweises auf Bedenken gegen von Architekten vertragswidrig vorgenommene nachträgliche Änderungen ZfIR 2003, 378; *Ulmer* Verjährung der Mängelansprüche beim Werkvertrag ITRB 2003, 162; *Voppel* Die AGB-rechtliche Bewertung der VOB/B nach dem neuen

Schuldrecht NZBau 2003, 1; *Vorwerk* Mängelhaftung des Werkunternehmers und Rechte des Bestellers nach neuem Recht BauR 2003, 1; *Weyer* Hält § 13 VOB/B 2002 der isolierten Inhaltskontrolle stand? NZBau 2003, 521; *Weyer* Werkvertragliche Mängelhaftung und Verjährung nach neuem Recht: Ausweg aus der kurzen Verjährungsfrist des § 634a Abs. 1 Nr. 2 BGB? Jahrbuch Baurecht 2003 S. 207; *Weyer* § 13 VOB/B 2002: Viele Änderungen und was wirklich Neues? BauR 2003, 613; *Acker/Konopka* Schuldrechtsmodernisierung – Anwendungsbereich des § 651 BGB im Bau- und Anlagenbauvertrag BauR **2004**, 251; *Dauner-Lieb/Dötsch* § 326 II 2 BGB (analog) bei der Selbstvornahme? NZBau 2004, 233; *Dötsch* Verlust der Mangelrechte bei Selbstvornahme vor Ablauf der Nacherfüllungsfrist DAR 2004, 34; *Ehmann* Haftung als Gesamtschuldner bei Unternehmen mit unterschiedlichen Gewerken JZ 2004, 250; *Gebauer* Die AGB-rechtlich entprivilegierte VOB/B BauR 2004, 1843; *Greiner* Mängelansprüche gegen den Bauträger BTR 2004, 242; *Groß* Die Geltendmachung von Mängelansprüchen am Gemeinschaftseigentum BTR 2004, 217; *Harms* Die »doppelte« Fristsetzung zur Mängelbeseitigung – Wirksames Instrument oder rechtliches nullum? BauR 2004, 745; *Jäckel* §§ 421, 426 I BGB: Gesamtschuldnerische Mängelhaftung von Werkunternehmern JA 2004, 1; *Jungmann* Die Verknüpfung der kauf- und werkvertraglichen Rückgewähransprüche (§§ 439 Abs. 4, 635 Abs. 4 BGB) mit Ersatzlieferungs- bzw. Neuherstellungsansprüchen ZGS 2004, 263; *Kainz* Verjährungsvereinbarungen auf dem Prüfstand BauR 2004, 1696; *Katzenstein* Kostenersatz bei eigenmächtiger Selbstvornahme der Mängelbeseitigung nach § 326 Abs. 2 S. 2 BGB? ZGS 2004, 144; *Katzenstein* Kostenersatz bei eigenmächtiger Selbstvornahme der Mängelbeseitigung – ein Plädoyer für die Abkehr von einer verfestigten Rechtspraxis ZGS 2004, 300; *Klein* Mietminderungen und Baumängel: Ein alltägliches Ärgernis BauR 2004, 1069; *Knütel* Wider die Ersatzfähigkeit »fiktiver« Mängelbeseitigungskosten BauR 2004, 591; *Krämer* Die Verjährung kauf- und werkvertraglicher Ansprüche ZAP Fach 2, 433 (2004); *Leupertz* Zur Rechtsnatur der VOB: Die Bestimmungen der VOB/B »als Ganzes« sind keine Allgemeinen Geschäftsbedingungen Jahrbuch Baurecht 2004 S. 43; *Lorenz* Nacherfüllungskosten und Schadensersatz nach neuem Schuldrecht – was bleibt vom Dachziegel-Fall? ZGS 2004, 408; *Metzger* Der neue § 651 BGB AcP 204, 231 (2004); *Micklitz* Unvereinbarkeit von VOB/B und Klauselrichtlinie ZfIR 2004, 613; *Muffler* Das Mängelbeseitigungsrecht des Werkunternehmers und die Doppelsinnigkeit der Nacherfüllung BauR 2004, 1356; *Putzier* Symptomrechtsprechung und die Frage nach der Ursache eines Mangels – die Dreistufigkeit der Anspruchsvoraussetzungen für den Mängelbeseitigungsanspruch BauR 2004, 1060; *Schmitz* Inhaltskontrolle der VOB/B bei jeder, auch geringen, vertraglichen Abweichung ZfIR 2004, 283; *Schwarze* Auswirkungen der bauvertraglichen Kooperationsverpflichtung BauR 2004, 895; *Schwenker* Zur Vereinbarung der Bausumme als Beschaffenheit des geschuldeten Werks EWiR 2004, 487; *Seibel* »Stand der Technik«, »allgemein anerkannte Regeln der Technik« und »Stand von Wissenschaft und Technik« BauR 2004, 266; *Siegburg* Zum engen Mangelfolgeschaden EWiR 2004, 17; *Sienz* »Die Vorleistungspflicht des Bauunternehmers: ein Trugbild?« BauR 2004, 10; *Stamm*, Neue Lösungsansätze zur Bewältigung der gestörten Gesamtschuld im Verhältnis zwischen Bauunternehmer und Architekt BauR 2004, 240; *Weyer* Werkvertragliche Mängelhaftung nach neuem Recht: Probleme bei Minderung und Schadensersatz Jahrbuch Baurecht 2004 S. 243; *Wingsch* Richtige Vertragsvorbereitung auch ohne »VOB/B als Ganzes« BauR 2004, 1869; *Ziegler* Zu der Frage, ob ein Vergleich eines Gesamtschuldners mit dem Gläubiger die Wirkung des Erlasses oder der Erfüllung hat BauR 2004, 1983; *Ziegler* Ein Sturm im Wasserglas – Die Änderung der Rechtsprechung des BGH zur Inhaltskontrolle der VOB/B Der Syndikus 38, 27; *Fischer* Verjährung der werkvertraglichen Mängelansprüche bei Gebäudearbeiten BauR **2005**, 1073; *Geisler* Berücksichtigung der Verursachungsbeiträge von Unternehmer und Architekten bei einem durch Planungsfehler ausgelösten Baumangel jurisPR-BGHZivilR 27/2005 Anm 3; *Hall* Leistungsverweigerungs- und Zurückbehaltungsrecht bei streitigen und aufklärungsbedürftigen Mängeln jurisPR-BGHZivilR 30/2005 Anm 1; *Herresthal/Riehm* Die eigenmächtige Selbstvornahme im allgemeinen und besonderen Leistungsstörungsrecht NJW 2005, 1457; *Hoeren* Gewährleistung bei Softwareüberlassungsverträgen ZAP Fach 6, 411; *Horne* Gesetzgebungsaktivitäten im Bereich des privaten Baurechts BauR 2005, 449; *Jansen* Das Recht des Auftragnehmers zur Mangelbeseitigung/Nacherfüllung BauR 2005, 1089; *Kniffka* Keine Kostenerstattung bei verfrühter Selbstvornahme BauR 2005, 1024; *Koppmann*, Verträge am Bau: Ausgleich zwischen mehreren an der Entstehung des Mangels beteiligten Auftragnehmern IBR 2005, 587; *Kretschmann* Hindern Schuldrechtsreform und nachträgliche Änderungen der VOB/B deren Privilegierung? Jahrbuch Baurecht 2005 S. 109; *Kretschmann* Zum Vorschlag des BMJ zur Änderung der BGB-Regelungen über die Privilegierung der VOB/B BauR 2005, 615; *Kummer* Zur Gläubigerbenachteiligungsabsicht des Bauhauptunternehmers bei vertraglich vereinbarter Abtretung von Werklohnansprüchen gegen den Hauptauftraggeber an den Subunternehmer jurisPR-BGHZivilR 21/2005 Anm 3; *Meinen/Sundermeier* Die AGB-rechtliche Entprivilegierung der VOB/B und ihre Auswirkungen auf die wirtschaftlichen Risiken der Bauvertragsparteien BrBp 2005, 235; *Minckwitz* Der Termin als Werkerfolg BrBp 2005, 342; *Mundt* Zur angemessenen Nachbesserungsfrist bei witterungsabhängigen Nachbesserungsarbeiten BauR 2005, 1397; *Quadbeck* Zu den Voraussetzungen des deliktischen Schadensersatzanspruchs beim Bauvertrag BGHReport 2005, 627; *Riemann* Der Umbau- und Modernisierungszuschlag als Teil des Mindestsatzes BrBp 2005, 354; *Schonebeck* Die Abtretung von Mängelansprüchen BauR 2005, 934; *Vogel* Zum Nachbesserungsrecht des Subunternehmers in der Insolvenze des Generalunternehmers EWiR 2005, 523; *Vogel* Die Vertragsstrafe im privaten Baurecht ZfIR 2005, 373; *Weyer* Werkvertragliche Mängelhaftung nach neuem Recht: Weitere Probleme beim Schadenersatz Jahrbuch Baurecht 2005 S. 1; *Quack* Die VOB/B und der Verbraucherschutz – Bemerkungen zu LG Berlin Az. 26 O 46/05 Urt. v. 7.12.2005 – ZfBR **2006**, 307; *Zirkel* Sind Ausschlussfristen für erkennbare Mängel in AGB für werkvertragliche Leistungen passé? NZBau 2006, 412.

A. Allgemeines

I. Bedeutung des Mangelrechts

1 Das Mangelrecht regelt die Ansprüche des Auftraggebers/Bestellers bei Vorliegen einer mangelhaften Leistung des Auftragnehmers/Unternehmers. Es ist gesetzlich in den §§ 631 ff. BGB und bei Vereinbarung der VOB in den §§ 4 Nr. 7 und 13 VOB/B geregelt.

2 Die Regelungen des Mangelrechts legen fest,

– welche Leistung der Auftragnehmer nicht ordnungsgemäß erfüllt hat, d.h. ob eine Abweichung des »**Bau-Ist**« vom »**Bau-Soll**« vorliegt,
– welche Rechtsfolgen an eine nicht ordnungsgemäße Erfüllung der Leistung geknüpft werden und
– bis zu welchem Zeitpunkt die Mangelrechte geltend gemacht werden können.

3 In der Frage, ob die **Leistung** des Auftragnehmers **vertragsgemäß erfüllt** wurde und in welchem Zeitpunkt dies zu beurteilen ist, stimmen die gesetzlichen und vertragsrechtlichen Regelungen der VOB/B grundsätzlich überein. In § 633 Abs. 2 BGB und § 13 Nr. 1 VOB/B wird bezüglich der **Erfüllungsansprüche** (Nacherfüllung, Drittunternehmereinsatz, Vorschussanspruch) im Wesentlichen der gleiche Mangelbegriff verwendet – nicht jedoch im Bereich des **Schadensersatzes**. Die Untersuchung, ob ein Mangel vorliegt, wird auf den **Zeitpunkt der Abnahme** bezogen. Dieses entspricht einem allgemeinen das Werkvertragsrecht beherrschenden Grundsatz (so u.a. BGHZ 62, 83 = BauR 1974, 199 = NJW 1974, 551 m.w.N.). **Spätestens zu diesem Zeitpunkt muss die Bauleistung so beschaffen sein, wie sie vom Auftraggeber nach den vertraglichen Bedingungen erwartet werden kann.** Das erscheint auch sachgerecht, weil die Abnahme durch die Abnahmewirkungen das entscheidende Ereignis für die Rechte des Auftraggebers darstellt (dazu § 12 VOB/B). Durch die Regelungen in § 640 Abs. 1 S. 3 BGB (eingefügt durch Gesetz zur Beschleunigung fälliger Zahlungen v. 30.3.2000 mit Wirkung zum 1.5.2000), § 641a BGB (dieser spielt in der Praxis allerdings kaum eine Rolle) und die herkömmliche Regelung in § 12 Nr. 5 VOB/B, die die Abnahme fingieren, stellt sich die Frage, ob nicht einem anderen Zeitpunkt – »dem der **Fertigstellung der Leistung** ohne wesentliche Mängel« – letztlich die entscheidende Rolle zukommt. Ab diesem Zeitpunkt, der in § 640 Abs. 1 S. 1 BGB als »vertragsmäßig hergestelltes Werk« bezeichnet wird, hat der Auftragnehmer einen Anspruch auf Abnahme der Leistung. Unter bestimmten Voraussetzungen kann er einseitig die Abnahmewirkungen herbeiführen. Dadurch werden die Ansprüche des Auftraggebers auf die Mängelansprüche in Abgrenzung zu den Erfüllungsansprüchen beschränkt. Mit der Terminologie »Leistungen, die schon **während der Ausführung** als mangelhaft oder vertragswidrig erkannt werden«, stellt auch die VOB in § 4 Nr. 7 VOB/B auf die Ausführung – also einen Zeitpunkt vor Fertigstellung der Leistung – ab. Der BGH stellt für die Abnahmewirkungen alternativ auf die ernsthafte und endgültige Abnahmeverweigerung durch den Besteller ab (BGH NJW 2000, 133, 134). Letztlich muss die Frage nach dem entscheidenden Zeitpunkt nicht allgemein gültig entschieden werden.

Schließlich statuiert jede Norm ihren eigenen Anknüpfungspunkt und damit den maßgeblichen Zeitpunkt für die Beurteilung, ob die Leistung vertragsgerecht erbracht wurde.

Bei den **Rechtsfolgen** unterscheiden sich die **Regelungen nach BGB** und **VOB/B nicht** in der **Art der Rechtsfolgen** (ausgenommen das Recht zum Rücktritt), **sondern im Hinblick auf die Frage, unter welchen Voraussetzungen die jeweiligen Rechte gewährt werden**. Dabei will die VOB/B in erster Linie eine Durchführung des Vertrages. Eine Minderung wird dort nur unter sehr engen Voraussetzungen gewährt, das **Rücktrittsrecht** ist völlig ausgeschlossen (*Kratzenberg* NZBau 2002, 177, 183: »Daher kann auch der Rücktritt konkludent durch Vereinbarung der VOB/B wirksam ausgeschlossen werden.«). Ob dies unter AGB-rechtlichen Gesichtspunkten haltbar ist, wird unten erläutert. Auch hinsichtlich des Schadensersatzes bestehen bei den geforderten Voraussetzungen Unterschiede. Wie zu zeigen sein wird, wirken sich diese in der Praxis jedoch kaum aus. Hinsichtlich der Rechte auf Nacherfüllung, Ersatzvornahme und Ersatz vergeblicher Aufwendungen gibt es seit der Schuldrechtsreform praktisch keine Unterschiede mehr. **4**

Für die Frage der **Verjährung** der Mängelrechte gibt das Gesetz für Mängel an Bauwerken eine Frist von fünf Jahren gemäß § 634a Abs. 1 Nr. 2 BGB vor, die VOB eine Frist von vier Jahren nach § 13 Nr. 4 Abs. 1 VOB/B. **5**

Die Gewährleistungspflicht des Auftragnehmers reicht damit über die Abnahme hinaus. Diese Verpflichtung beruht auf dem Grundgedanken, dass eine Bauleistung für längere Zeit Bestand haben soll. Der bloße Abnahmevorgang stellt keinen hinreichenden Schutz für den Auftraggeber dar, um zu erkennen, ob er voraussichtlich für eine als »normal« vorauszusetzende Nutzungsdauer eine vertragsgemäße, bestimmungsgerechte Bauleistung erhalten hat. Gerade die Praxis im Bauwesen hat gezeigt, dass bestimmte Arten von Leistungsmängeln nicht selten zeitlich erst später, z.B. nach dem Beginn der Benutzung des Bauwerkes oder im Rahmen eintretender Trocknungsvorgänge auftreten. Es würde dem Grundgedanken von Treu und Glauben im Rechtsverkehr widersprechen, wollte man das Risiko für diese erst später erkennbaren Mängel mit der Abnahme einseitig dem Auftraggeber auferlegen, insbesondere sie fortan aus dem vertraglichen Pflichtenkreis des Auftragnehmers herausnehmen. **6**

Vor der Abnahme, d.h. während der Ausführung, kommen wegen mangelhafter Leistung bei Vereinbarung der VOB/B nur Erfüllungsansprüche nach § 4 Nr. 6 VOB/B und insbesondere Nr. 7 in Betracht. Die Ansprüche aus § 13 VOB/B sowie § 4 Nr. 6 u. 7 VOB/B schließen sich daher grundsätzlich aus. Ausgenommen sind bereits festgestellte Ansprüche. Diese Folge nimmt der BGH auch in der Frage der Verjährung von ursprünglich auf § 4 Nr. 7 VOB/B beruhenden Ansprüchen an, soweit sie sich inhaltlich mit solchen aus § 13 Nr. 7 VOB/B decken (z.B. Mangelbeseitigungskosten). Hierfür gelten nach Abnahme die Verjährungsfristen nach § 13 Nr. 4 VOB/B (BGHZ 54, 352 = BauR 1971, 51; BauR 2003, 689 = NZBau 2003, 265). Zur Darlegungs- und Beweislast siehe unten. **7**

§ 4 VOB/B ist damit neben § 13 VOB/B die wichtigste Regelung in der VOB/B im Bereich »der dem Unternehmer durch den Abschluss des Bauvertrages auferlegten Leistungspflicht« – so ausdrücklich Korbion in der 13. Auflage. **8**

Nach dem BGB hat der Besteller vor der Abnahme das Recht auf Vertragserfüllung nach den §§ 631, 633 BGB. Zur Frage der unterschiedlichen Rechte vor und nach der Abnahme, siehe unten. Ist offensichtlich, dass der Unternehmer das Werk bis zum vereinbarten Zeitpunkt der Fertigstellung nicht vertragsgerecht erbringen wird, sollen dem Besteller auch schon vor der Abnahme Mängelrechte zustehen (BGH NJW 2000, 133, 134). **9**

II. Schuldrechtsmodernisierungsgesetz

10 Am 1.1.2002 trat das »**Gesetz zur Modernisierung des Schuldrechts**« (Schuldrechtsmodernisierungsgesetz) v. 28.11.2001 in Kraft (der vollständige Gesetzestext ist im BGBl. I 2001 S. 3138 ff. abgedruckt. Sämtliche Änderungen des Bürgerlichen Gesetzbuches [BGB] durch das Schuldrechtsmodernisierungsgesetz sind in die Bekanntmachung der Neufassung des BGB v. 2.1.2002 aufgenommen worden, BGBl. I 2002 S. 42 ff.). Damit glaubt der deutsche Gesetzgeber seiner Verpflichtung zur Umsetzung der Verbrauchsgüterrichtlinie (Richtlinie 1999/44/EG des Europäischen Parlaments und des Rates v. 25.5.1999 zu bestimmten Aspekten des Verbrauchsgüterkaufs und der Garantien für Verbrauchsgüter, Abl. EG Nr. L 171 S. 12), der Zahlungsverzugsrichtlinie (Richtlinie 1999/35/EG des Europäischen Parlaments und des Rates vom 29.6.2000 zur Bekämpfung von Zahlungsverzug im Geschäftsverkehr, AblEG Nr. L 200 S. 35, die Zahlungsverzugsrichtlinie wurde teilweise bereits mit dem Gesetz zur Beschleunigung fälliger Zahlungen v. 30.3.2000 in nationales Recht umgesetzt) und der E-Commerce-Richtlinie (Art. 10, 11 und 18 der Richtlinie 2000/31/EG des Europäischen Parlaments und des Rates v. 8.6.2000 über bestimmte rechtliche Aspekte der Dienste der Informationsgesellschaft, insbes. des elektronischen Geldverkehrs, im Binnenmarkt, Richtlinie über den elektronischen Geschäftsverkehr, AblEG Nr. L 178 S. 1) nachgekommen zu sein. Diese Schuldrechtsreform 2002 stellt die bisher weitestgehende Änderung für den Bereich des deutschen Schuldrechts seit Inkrafttreten des Bürgerlichen Gesetzbuches im Jahre 1900 dar.

11 Das Schuldrechtsmodernisierungsgesetz brachte insbesondere Änderungen im Verjährungsrecht, Leistungsstörungsrecht, Werkvertragsrecht sowie Kaufrecht. Zusätzlich wurden verschiedene Nebengesetze in das Bürgerliche Gesetzbuch aufgenommen. Hierzu zählen: AGB-Gesetz, Verbraucherkreditgesetz und Fernabsatzgesetz.

12 Ergänzend wurden sämtliche **Paragraphen** des BGB mit **amtlichen Überschriften** versehen. Diese sind dadurch zum aussagekräftigen Gesetzesinhalt geworden.

13 Das neue Kaufrecht enthält nun in § 437 BGB eine ausdrückliche Aufzählung der Rechte des Käufers. Dabei hat das Kaufrecht die Systematik des alten Werkvertragsrechts übernommen. Eine Änderung gab es beispielsweise dergestalt, dass nun auch im Kaufrecht ein Anspruch auf Nacherfüllung gewährt wird. Neu ist auch, dass Regelungen »vor die Klammer«, d.h. ins allgemeine Leistungsstörungsrecht übernommen wurden. Dies gilt sowohl für das Kaufrecht als auch für das Werkvertragsrecht. Insoweit wurde die Systematik der EG übernommen, die die deutsche Unterscheidung zwischen Werkvertrags- und Kaufrecht so nicht kennt. Vorherrschend ist dort der **Dienstleistungsvertrag**. Allerdings wurde die »Annäherung« beider Vertragstypen noch nicht vollständig durchgeführt (dazu im Einzelnen unten). Beispielsweise fehlen beim Werkvertrag – anders als beim Verbrauchsgüterkauf (§§ 474 ff. BGB) – Vorschriften über den »Verbrauchsgüterwerkvertrag«. Allerdings werden durch die Neufassung des § 651 BGB Werklieferungsverträge in der Regel dem Kaufrecht unterstellt (dies kann zu rechtlichen Schwierigkeiten bei Bauwerken führen, die aufgrund eines Erbbaurechts errichtet werden – siehe unten).

14 Überwiegend kommt es somit zu einer Vereinheitlichung des Kauf- und Werkvertragsrechts bzgl. Rechten von Käufer und Besteller, Verjährungsfristen etc. Dies beruht im Wesentlichen auf den Vorgaben der bezeichneten EG-Verbrauchsgüterkaufrichtlinie.

15 Weiterhin bestehen jedoch auch noch Unterschiede: So existiert beim Kaufvertrag kein Recht auf Selbstvornahme und Aufwendungsersatz. Im Kaufrecht hat der Erwerber das **Wahlrecht** zur Mangelbeseitigung oder Neuherstellung/Neulieferung. Im Werkvertragsrecht dagegen verbleibt dieses Recht weiterhin beim Unternehmer. Ferner gibt es nur im Werkvertragsrecht die **Abnahme**. Auch kann im Kaufrecht – dem über § 651 BGB teilweise Werkverträge zugeordnet werden – nicht die VOB/B vereinbart werden. Zwar nicht vom Wortlaut her, wohl aber in der praktischen Auswirkung

Mängelansprüche   Vor § 13 VOB/B

unterscheidet sich der Nacherfüllungs-Folgekosten-Aufwand (Werkvertrag: § 635 Abs. 2 – Kaufvertrag: § 439 Abs. 2 BGB).

Bereits vor dem Inkrafttreten des Schuldrechtsmodernisierungsgesetzes wurde das BGB-Werkvertragsrecht durch das **Gesetz zur Beschleunigung fälliger Zahlungen** geändert (Gesetz zur Beschleunigung fälliger Zahlungen v. 30.3.2000 BGBl. I S. 330). So wurden z.B. § 632a BGB (Recht auf Abschlagszahlungen), § 640 Abs. 1 S. 3 BGB (Abnahmefiktion nach Fristsetzung) und § 641a BGB (Fertigstellungsbescheinigung) neu eingefügt. **16**

Das Werkvertragsrecht hat damit in den letzten drei Jahren die bedeutendsten Änderungen seit der Entstehung des BGB erfahren. **17**

III. VOB/B 2002

Die »Verdingungsordnung für Bauleistungen – Teil B« (Allgemeine Vertragsbedingungen für die Ausführung von Bauleistungen) war zuletzt im Jahre 2000 geändert worden (**VOB/B 2000;** Bekanntmachung der Neufassung v. 30.5.2000 BAnz. 2000 S. 12293 – Beilage Nr. 120a S. 157). **18**

Durch das **Schuldrechtsmodernisierungsgesetz** sind einige für den Anwendungsbereich der VOB/B bedeutsamen Bereiche des Bürgerlichen Gesetzbuches (BGB) weitgehend neu gefasst worden. **19**

Durch die Änderungen der VOB/B 2002 sollte die VOB/B an das durch das Gesetz zur Beschleunigung fälliger Zahlungen und Schuldrechtsmodernisierungsgesetz geänderte BGB angepasst werden – und somit auch an das weitgehend veränderte gesetzliche Leitbild. Der **Deutsche Vergabe- und Vertragsausschuss für Bauleistungen** (DVA; neue Bezeichnung des bisherigen »Deutschen Verdingungsausschusses für Bauleistungen« gemäß § 1 der Satzung v. 18.10.2000 und 3.11.2004 – Quelle: www.bmvbs.de/Anlage/original_21956/DVA-Satzung-vom-03.11.2004.pdf) hat nach eigenen Angaben in seinen Beschlüssen zur Änderung der VOB/B v. 2.5.2002 die im Bundesgesetzblatt Teil I v. 29.11.2001 (S. 3138) veröffentlichte Fassung des BGB (in der Fassung der Neubekanntmachung v. 8.1.2002 BGBl. I S. 42 ff.) sowie die Hinweise aus Rechtsprechung, Literatur und Praxis berücksichtigt (Beschlüsse des DVA zur Änderung der VOB/B in Hinsicht auf die Novelle des BGB durch das Gesetz zur Modernisierung des Schuldrechts – Beschluss des Vorstandes des Deutschen Vergabe- und Vertragsausschusses v. 2.5.2002 – Quelle: www.bmvbs.de/Anlage/original_12974/DVA-HAA-Beschluesse-zur-VOB-B-vom-02.05.02.pdf). **20**

Die VOB/B 2002 ist am 29.10.2002 im Bundesanzeiger veröffentlicht worden und für die öffentliche Hand seit dem 15.2.2003 verbindlich. Sie wird von nun an als »**Vergabe- und Vertragsordnung für Bauleistungen**« bezeichnet (*Kratzenberg* NZBau 2002, 177; siehe auch § 2 der Satzung des DVA v. 18.10.2000 und 3.11.2004 – Quelle: www.bmvbs.de/Anlage/original_21956/DVA-Satzung-vom-03.11.2004.pdf). **21**

Die **VOB/A** wurde im Wesentlichen beibehalten. Die dortigen Änderungen beschränken sich auf die Umsetzung der Richtlinie 2001/78/EG über die Verwendung von Standardformularen in den Anhängen der Abschnitte 2 bis 4 der VOB/A – sowie wenige redaktionelle Änderungen (siehe *Kratzenberg* NZBau 2002, 177 f.). **22**

Inhaltliche Änderungen

Inhaltlich brachte die VOB/B 2002 hauptsächlich eine Vielzahl unbedeutender Änderungen. Nur wenige Regelungen wurden grundlegend umgestaltet. **23**

Zu beachten sind allerdings die Änderungen in § 13 VOB/B. Um die Folgen der Schuldrechtsmodernisierung in die VOB/B »einzubringen« wurde hier Folgendes geändert (zu den Änderungen im Detail: siehe unten): **24**

§ 13 Nr. 1 VOB/B:
Der Mangelbegriff wurde an § 633 BGB angepasst.

§ 13 Nr. 2 VOB/B:
Die Eigenschaften der Leistung nach Probe werden jetzt als Beschaffenheitsvereinbarung behandelt.

§ 13 Nr. 3 VOB/B:
Formulierung wurde geändert, inhaltlich keine Änderungen.

§ 13 Nr. 4 VOB/B:
Verlängerung der Gewährleistungsfrist auf vier Jahre.

§ 13 Nr. 5 VOB/B:
Neubeginn der Verjährung.

§ 13 Nr. 6 VOB/B:
Minderung – nur textliche Änderungen.

§ 13 Nr. 7 VOB/B:
Weitere Differenzierung beim Schadensersatz. Die Änderungen des § 13 Nr. 7 VOB/B erfolgten weitgehend als Reaktion auf die geänderten Vorgaben des BGB-Werkvertragsrechts und des AGB-Rechts (§§ 305 ff. BGB).

IV. VOB/B 2006

25 Der Hauptausschuss Allgemeines des DVA hat am 27.6.2006 folgende Änderungen des § 13 der VOB/B 2002 beschlossen:

§ 13 Nr. 4 Abs. 1 S. 1 (Verjährungsfrist) erhält folgende Fassung:

»(1) Ist für Mängelansprüche keine Verjährungsfrist im Vertrag vereinbart, so beträgt sie für Bauwerke 4 Jahre, für andere Werke, deren Erfolg in der Herstellung, Wartung oder Veränderung einer Sache besteht und für die vom Feuer berührten Teile von Feuerungsanlagen 2 Jahre.«

26 **Begründung das DVA:** *Der jetzt gestrichene Begriff »Arbeiten an einem Grundstück« entstammt dem alten BGB. Mit der Änderung wird eine Anpassung an das BGB [nach der Schuldrechtsmodernisierung] vorgenommen. Der jetzt gestrichene Begriff »Arbeiten an einem Grundstück« entstammt dem alten BGB. Mit der Änderung wird eine Anpassung an das neue BGB vorgenommen.*

Die im alten Schuldrecht unter § 638 Abs. 1 BGB a.F. geregelten »Arbeiten an einem Grundstück« sind im gesetzlichen Verjährungsrecht nunmehr in § 634a Abs. 1 Nr. 1 aufgegangen (Sprau in Palandt BGB, 62. Aufl., § 634a Rn. 8, Riedl in Heiermann, 10. Aufl., § 13, Rar. 77a a.E.). Sie werden also erfasst von Werken, deren »Erfolg in der Herstellung, Wartung oder Veränderung einer Sache ... besteht«, soweit diese nicht Bauwerke sind. Hinsichtlich der Begriffe »Arbeiten an einem Grundstück« i.S. d. BGB (a.F.) und der VOB ist kein unterschiedlicher Sinngehalt erkennbar. Somit würden also die Verjährungsfrist für »Arbeiten an einem Grundstück«, soweit sie nicht dem Bauwerk zuzurechnen sind, sowohl nach § 13 Nr. 4 Abs. 1 VOB/B als auch nach § 634a Abs. 1 Nr. 1 BGB 2 Jahre betragen. Insbesondere sind die bisher dem Begriff »Arbeiten an einem Grundstück« zugeordneten Landschaftsbauarbeiten, die der DIN 18320 unterfallen, nunmehr als »Werk, dessen Erfolg in der Herstellung, Wartung oder Veränderung einer Sache besteht«, zu subsumieren. Landschaftsbauarbeiten unterliegen somit gem. § 13 Nr. 4 Abs. 1 S. 1 weiterhin der 2-jährigen Verjährungsfrist.

»Andere Werke« im Sinne des Formulierungsvorschlags erfassen auch unbewegliche Sachen wie Erdarbeiten, so dass auch diese der 2-jährigen (nicht etwa der 3-jährigen gesetzlichen) Gewährleistungsfrist unterliegen.

Derzeit nicht in der VOB/B geregelt sind Ansprüche wegen Bauleistungen, die keinem Bauwerk und auch nicht dem Grundstück (einschließlich dem Gebäude darauf) zuzuordnen sind. Diese dürften praktisch selten sein und unterliegen dann z. Zt. ggf. den gesetzlichen Verjährungsregeln (§ 634a Abs. 1 Nr. 1 od.u.U. auch denen des Kaufrechts, § 651 BGB), so auch Wirth in Ingenstau/Korbion § 13 Rn. 258 (14. Aufl.). Planungs- und Überwachungsleistungen für Bauwerke z.B. im Rahmen eines Generalübernehmervertrages unterliegen ebenfalls der gesetzlichen Verjährungsfrist (§ 634a Abs. 1 Nr. 2).

§ 13 Nr. 4 Abs. 2 (Verjährungsfrist bei maschinellen und elektr. Anlagen) erhält folgende Fassung **27**

»*(2) Ist für Teile von* maschinellen und elektrotechnischen/elektronischen Anlagen, bei denen die Wartung Einfluss auf Sicherheit und Funktionsfähigkeit hat, **nichts anderes vereinbart**, beträgt **für diese Anlagenteile** die Verjährungsfrist für Mängelansprüche abweichend von Abs. 1 2 Jahre, wenn der Auftraggeber sich dafür entschieden hat, dem Auftragnehmer die Wartung für die Dauer der Verjährungsfrist nicht zu übertragen; **dies gilt auch, wenn für weitere Leistungen eine andere Verjährungsfrist vereinbart ist**.«

Begründung des DVA: »*Der überwiegende Teil der einschlägigen Kommentarliteratur vertritt bereits zu der geltenden Fassung des § 13 Nr. 4 Abs. 2 die Auffassung – die sich auch mit der seinerzeitigen Intention des DVA deckt –, dass diese Regelung auch bei Vereinbarung längerer Fristen als der Regelverjährungsfrist zur Anwendung kommt, sofern Abs. 2 nicht ausdrücklich abbedungen wird (vgl. Kleine-Möller/Merl Handbuch des privaten Baurechts 3. Aufl. 2005 § 12 Rn. 1149; Joussen Jahrbuch Baurecht 1998 S. 123 ff.; Kapellmann/Messerschmidt VOB/A und § 13 VOB/B Rn. 123).*

Dennoch ist eine Klarstellung im vorgeschlagenen Sinne geboten, um vor allem der Praxis eine eindeutige Regelung an die Hand zu geben. Die Regelung hat insbesondere den Zweck, Streit darüber zu verhindern, ob ein aufgetretener Schaden auf einer mangelhaften Leistung des Auftragnehmers oder unzureichender Wartung der Wartungsfirma beruht. Um die damit verbundenen Unsicherheiten auch für den Auftraggeber zu minimieren, soll während der Dauer der Verjährungsfrist für die Mängelhaftung dem Auftragnehmer die Wartung übertragen werden. Wird nun eine längere als die Regelverjährungsfrist des § 13 Nr. 4 Abs. 1 vereinbart, so greifen die vorgenannten Erwägungen indessen erst recht ein.

Weiterhin soll die Formulierung in Nr. 4 Abs. 2 dahingehend klargestellt werden, dass die Regelung zur Verjährungsfrist auf solche Teile von maschinellen und elektrotechnischen Anlagen beschränkt ist, bei denen die Wartung Einfluss auf Sicherheit und Funktionsfähigkeit hat. Es geht nicht darum, die Wartung auf maschinelle Anlagenteile, also Maschinen bzw. elektrotechnische Anlagenteile zu beschränken. Gegenstand der Regelung sind nicht maschinelle Anlagenteile, sondern vielmehr wartungsbedürftige Anlagenteile, unabhängig davon, ob diese nun Maschinen sind oder nicht.«

B. Mängelrechte nach BGB

Das Schuldrechtsmodernisierungsgesetz hat die Rechte des Bestellers bei Vorliegen von Mängeln **28** (Begriffsbestimmung in **§ 633 BGB**) in **§ 634 BGB** aufgelistet. Diese sind:

– **Nacherfüllung** gemäß §§ 635, 634 Nr. 1 BGB;
– **Selbstvornahme und Aufwendungsersatz** nach §§ 637, 634 Nr. 2 BGB;
– **Rücktritt** gemäß §§ 636, 323 und 326 Abs. 5, 634 Nr. 3 Alt. 1 BGB;
– **Minderung** nach §§ 638, 634 Nr. 3 Alt. 2 BGB;
– **Schadensersatz** gemäß §§ 636, 280, 281, 283 und 311a, 634 Nr. 4 Alt. 1 BGB;
– **Ersatz vergeblicher Aufwendungen** nach §§ 284, 634 Nr. 4 Alt. 2 BGB.

Nachfolgend wird das neue Mangelrecht im Überblick dargestellt (Die Detailkommentierung erfolgt unten bei den einzelnen Regelungen des § 13 VOB/B): **29**

I. Neuer Mangelbegriff

30 Der bisherige Mangelbegriff des Werkvertragsrechts ist aufgegeben und an den geänderten Mangelbegriff des Kaufrechts angepasst. Das besondere Sachmängelgewährleistungsrecht wurde zugunsten einheitlicher Begriffe und Rechtsfolgen abgeschafft. Sachmängel und Rechtsmängel werden einheitlich geregelt. Zum Mangelbegriff im Einzelnen siehe unter § 13 Nr. 1 Rn. 61 ff.

31 Unklar ist, weshalb die Hauptleistungspflicht des Unternehmers nach dem Wortlaut des neuen § 633 Abs. 1 BGB auf die **Verschaffung** des Werkes frei von Sach- und Rechtsmängeln gerichtet ist. Das alte BGB sprach von »Herstellung«. Die Neuregelung weicht hier darüber hinaus von § 631 Abs. 1 BGB ab. Die **Herstellung** ist dort weiterhin als Hauptleistungspflicht des Unternehmers genannt. Diese Formulierung in § 633 Abs. 1 BGB ist »wohl« durch eine Übernahme aus dem Kaufrecht zustande gekommen (§ 433 Abs. 1 BGB spricht davon »*das Eigentum an der Sache zu verschaffen*«). Bei **Bauträgerverträgen** könnte sie sich als problematisch erweisen. Schließlich erfüllt der Bauträger den werkvertraglichen Teil im Sinne eines »Verschaffens des Werkes« erst mit der Übertragung des Eigentums. In der Praxis wird regelmäßig vereinbart, dass die letzte Rate erst nach erfolgter Eintragung des Erwerbers in das Grundbuch fällig wird. Diese Folge war vom Gesetzgeber kaum beabsichtigt.

II. Mängelrechte nach BGB im Einzelnen

1. Nacherfüllung

32 Der Besteller kann nach Maßgabe des §§ 634 Nr. 1, **635 BGB Nacherfüllung** verlangen. Hierin liegt eine bewusste Begriffsänderung zur bisherigen **Nachbesserung.** Nach der Rechtsprechung konnte die Nachbesserung bis zur **Neuherstellung** des (Bau-)Werkes führen, wenn auf andere Weise ein mangelfreier Zustand nicht erreicht werden konnte (BGH BauR 1998, 123). Die Bezeichnung als »**Nacherfüllung**« soll der Klarstellung dienen, dass neben der bloßen »Nachbesserung« auch eine vollständige Neuherstellung als Form der Mangelbeseitigung möglich ist.

33 Wenn der geschuldete Erfolg nur durch eine **bestimmte Maßnahme** bewirkt werden kann, wird sich der Anspruch des Bestellers auf diese Maßnahme konkretisieren (*Raab* in *Dauner-Lieb/Heidel/Lepa/Ring* Anwaltkommentar Schuldrecht § 635 Rn. 12).

34 Somit verbleibt das »**Ob**« der Nacherfüllung, d.h. die Frage, ob ein solcher Anspruch geltend gemacht wird, als – verschuldensunabhängiger – Anspruch beim Besteller. Das »**Wie**« der Nacherfüllung, d.h. die Frage, wie dieser Anspruch ausgestaltet ist, steht als Leistungspflicht weiterhin zur Disposition des Unternehmers (*Grauvogl* in *Wirth/Sienz/Englert* Teil 2 § 635 Rn. 3).

35 Die Zuweisung des Wahlrechts an den Unternehmer ist auch sachgerecht. Dieser ist vorleistungspflichtig. Er hat es in der Hand, die Herstellung des Bauwerks zeitlich, technisch und funktionell herbeizuführen. So kann er am ehesten entscheiden, wie und auf welche Weise eine vollständige Beseitigung des Mangels erfolgen kann. Ausnahmsweise ist dies anders, wenn der Besteller belegen kann, dass die vom Unternehmer gewählte Nachbesserung nicht zu einem **dauerhaften Erfolg** führen wird.

36 Die Voraussetzungen unter denen Nacherfüllung verlangt werden kann, sind dem Gesetz zu entnehmen: Das Werk muss mangelhaft sein. Der Besteller verlangt die Nacherfüllung. Der Unternehmer hat das Wahlrecht zwischen Nachbesserung oder Neuherstellung des Werkes. Der Unternehmer kann die Nacherfüllung nach Maßgabe des § 635 Abs. 3 BGB verweigern, wenn sie nur mit unverhältnismäßigen Kosten möglich ist. Ähnlich wie im Rahmen des § 13 VOB/B wird man jedoch auch hier die Belastung des Unternehmers immer in Relation zum Nutzen des Auftraggebers sehen müssen. Dieser Nutzen wird immer Ausgangspunkt der Prüfung sein müssen. Basis der Zielsetzung ist die Überlegung, dass es sich bereits zu diesem Zeitpunkt um einen vertragsuntreuen Unternehmer handelt, der nun ein zweites Mal zu Lasten des Auftraggebers die Vertragsabwicklung beeinflussen will. Vorrangig muss deshalb die Frage sein, ob selbst unverhältnismäßig hohe Nacherfüllungskosten zu einem nachvollziehbaren Nutzen des Auftraggebers führen. In diesem Falle wird sich der Auftragnehmer gerade nicht auf die Unverhältnismäßigkeit der Kosten berufen können (hierzu »Fahrstuhlfall«, BGH BauR 1996, 858). Entfallen wird das Wahlrecht des Unternehmers bei einer Vielzahl von gravierenden Mängeln (OLG Bamberg Urt. v. 22.11.2004, BGH Nichtzulassungsbeschwerde zurückgewiesen IBR 2006, 197). Ebenso, wenn dem Besteller eine ständige Nachbesserung wiederkehrender Mängelbilder nicht zumutbar ist (OLG Frankfurt Urt. v. 28.9.2005 IBR 2006, 198).

2. Selbstvornahme und Aufwendungsersatz

Der Besteller kann nach §§ 634 Nr. 2, **637 BGB** den Mangel selbst beseitigen und **Ersatz der erforderlichen Aufwendungen** verlangen. 37

Abweichend von der früheren Regelung wird das Ersatzvornahmerecht des Bestellers nicht mehr vom Verzug des Unternehmers mit der Mangelbeseitigung, sondern **allein** vom erfolglosen Ablauf einer vom Besteller gesetzten **angemessenen Frist** zur Nacherfüllung abhängig gemacht. Die angemessene Frist muss für den Auftragnehmer auch die zeitliche Komponente zum Herausfinden der Ursache des Mangels und seiner Verantwortlichkeit enthalten. 38

Liegt ein mangelhaftes Werk vor und ist eine vom Besteller zur Nacherfüllung bestimmte angemessenen Frist erfolglos abgelaufen – oder entbehrlich –, so besteht regelmäßig der Anspruch auf Selbstvornahme und Aufwendungsersatz. Dies gilt nicht, wenn eine berechtigte Verweigerung des Unternehmers zur Nacherfüllung vorliegt. 39

Die Fristsetzung ist entbehrlich unter entsprechender Anwendung des § 323 Abs. 2 BGB; Gleiches gilt, wenn die Nacherfüllung fehlgeschlagen bzw. dem Besteller unzumutbar ist (§ 637 Abs. 2 S. 2 BGB). 40

Der Besteller kann den Mangel – wie bisher – selbst beseitigen oder beseitigen lassen. 41

Nach **§ 637 Abs. 3 BGB** kann der Besteller vom Unternehmer für die zur Beseitigung des Mangels erforderlichen Aufwendungen **Vorschuss** verlangen. Der bisher von der Rechtsprechung anerkannte Vorschussanspruch wurde im Gesetz verankert. 42

3. Rücktritt/Folgen des Rücktritts

Der Besteller kann nach §§ **634 Nr. 3 Alt. 1, 636, 323, 326 Abs. 5 BGB** vom Vertrag zurücktreten. 43

Durch das Schuldrechtsmodernisierungsgesetz ist das bisherige Rechtsinstitut der **Wandelung** durch den Rücktritt ersetzt worden. Hierdurch soll an das allgemeine Leistungsstörungsrecht angeknüpft werden. Das Rücktrittsrecht stellt im Gegensatz zur Wandelung keinen Anspruch dar, sondern ein **Gestaltungsrecht**. Insofern unterliegt es grundsätzlich nicht der Verjährung. Dem Schuldner steht gegenüber dem Rücktritt jedoch die Einrede nach § 218 BGB zu, wenn der Anspruch auf die Leistung verjährt ist. 44

Die Voraussetzungen des Rücktritts sind ein mangelhaftes Werk, die Setzung einer angemessenen Frist zur Leistung oder Nacherfüllung (bzw. die Entbehrlichkeit der Fristsetzung nach § 636 BGB), ein erfolgloser Fristablauf sowie die Erklärung des Rücktritts gegenüber dem anderen Teil. Der Rücktritt ist ausgeschlossen, wenn die Pflichtverletzung (der Mangel) unerheblich ist (§ 323 Abs. 5 S. 2 BGB). 45

Bekanntermaßen führt die Ausübung des Rücktritts zu einer Umwandlung des bis dahin bestehenden Vertragsverhältnisses in ein **Rückgewähr- und Abwicklungsverhältnis** (BGH NJW 1998, 3268) Bestehende Leistungspflichten und Leistungsansprüche erlöschen. Gemäß § 346 Abs. 1 BGB sind 46 die bis dahin empfangenen Leistungen zurückzugewähren, gezogene Nutzungen sind herauszugeben.

47 Die Anwendung der Vorschriften der §§ 346 ff. BGB auf den Baubereich ist nicht ohne Probleme. Vom Grundsatz her sind im Rahmen des Rückgewährschuldverhältnisses die Leistungen so zurückzugewähren, wie sie erlangt wurden. Bei Bauleistungen ist dies nicht ohne weiteres möglich. Im Regelfall liegt durch den Einbau eine derart »feste Verbindung« mit dem Grundstück (Rohbau) oder mit dem Bauwerk (Einzelgewerke) vor, dass eine Rückgewähr die vorhandene/geschaffene Substanz zumindest teilweise zerstören kann. Selbst wenn diese nicht zerstört wird, ist sie durch den Einbau nicht mehr im ursprünglichen Zustand. Der Rückgewährschuldner kann deshalb seiner »ordnungsgemäßen« Rückgabepflicht nicht nachkommen.

48 Der Gesetzgeber hat diese Möglichkeit gesehen. Er spricht in § 346 Abs. 2 BGB davon, dass an die Stelle der Rückgewährpflicht eine Pflicht zur Leistung von Wertersatz treten kann. Gemäß § 346 Abs. 2 S. 1 Nr. 2 BGB ist dies zunächst dann möglich, wenn der Schuldner der Rückgewährspflicht »... den empfangenen Gegenstand verbraucht, veräußert, belastet, verarbeitet oder umgestaltet hat ...«. Problematisch ist, dass der Schuldner im Sinne dieser Vorschrift der Besteller der Bauleistung ist. Die »Umgestaltung« im Sinne der genannten Ziffer 2 **nimmt** jedoch nicht er, sondern der **Unternehmer** vor. Eine **direkte Anwendung** dieser Vorschrift ist somit **nicht gegeben**.

49 Anwendbar ist allerdings § 346 Abs. 2 S. 1 Nr. 1 BGB. Ein Ausschluss der Rückgewährpflicht mit der Rechtsfolge eines Aufwendungsersatzes ist danach auch dann möglich, wenn »*Rückgewähr oder die Herausgabe nach der Natur des Erlangten ausgeschlossen ist*«. Im Gegensatz zu Ziffer 2 der zitierten Vorschrift stellt die Nr. 1 nicht auf die Person des Schuldners ab. Die Anwendbarkeit auf die Fälle der »verarbeiteten Bauleistung« ist somit vom Grundsatz her möglich. Man wird insoweit auch immer auf den Einzelfall abstellen müssen. Insbesondere bezüglich der Frage, ob ein Rückbau eventuell doch möglich ist – ohne die ursprüngliche Leistung zu zerstören oder unbrauchbar zu machen. Die Literatur ist diesbezüglich uneinheitlich (hierzu *Kniffka* IBR-Online-Kommentar [10.4.2006] § 636 Rn. 15; *Voit* BauR 2002, 154; *Kaiser* JZ 2001, 1057, 1059).

50 Bei der Beurteilung der Frage, ob doch ein Rückbau möglich ist, wird der Maßstab des § 275 Abs. 2 BGB ins Spiel gebracht. Zutreffenderweise wird dies jedoch abgelehnt (*Kniffka* a.a.O. Rn. 22). Dies aus dem Grund, dass es anders als in den von § 275 Abs. 2 BGB geregelten Fällen nicht um eine faktische Unmöglichkeit der Rückgabe geht. Entscheidend ist allein, ob sich aus der »Natur der Bauleistung« (*Kniffka* a.a.O. Rn. 22) ergibt, dass ihre Rückgabe ausgeschlossen ist. Primär abzustellen ist insoweit auf die Bestellerinteressen. Dies vor dem Hintergrund, dass der Besteller ein Recht zum Rücktritt hat, das auf einer fehlenden Vertragstreue des Unternehmers basiert. Hiervon ausgehend wird der Besteller im Regelfall keine Eingriffe in die Substanz des Gebäudes (seines Eigentums) hinnehmen müssen.

51 Hinzuweisen ist darauf, dass allein die Tatsache, dass der Besteller durch den Einbau Eigentümer der im Rahmen der Leistung verwendeten Materialien geworden ist (§§ 946 ff. BGB), für sich allein noch nicht zum Ausschluss der Rückgewährpflicht führt. Der Wechsel der Eigentümerstellung ist insoweit nicht ausreichend (so *Kniffka* a.a.O. Rn. 15).

a) Frage des Wertersatzes

52 Die Regelung des § 346 Abs. 2 S. 1 Nr. 1 BGB führt somit im Ergebnis dazu, dass der Besteller/Auftraggeber für Bauleistungen, die er nicht mehr zurückgeben kann, Wertersatz zu leisten hat. Zu ersetzen ist der **objektive Wert** der Leistung (*Kniffka* a.a.O. Rn. 16). Um diesen zu ermitteln, ist nach § 346 Abs. 2 S. 2 BGB die im Vertrag bestimmte Gegenleistung zugrunde zu legen. Hieraus folgt die Gefahr, dass der Auftraggeber für die nach dem Rücktritt bei ihm verbleibenden Teile des mangelhaft leistenden Werkunternehmers einen an den Vertragsgrundlagen ausgerichteten Wertersatz zu leisten hat. Der vertragsuntreue Werkunternehmer soll insoweit Teile seines ursprünglich vereinbarten

Werklohnes erhalten. Im Gesetz ist nicht beachtet, dass die entsprechende Teilleistung für den Auftraggeber u.U. viel weniger Wert haben kann, als es dem Anteil an dem ursprünglichen Werklohn entspricht. Immerhin hat er, der Auftraggeber, mit einer teilweise mangelhaften bzw. mit einer nicht fertiggestellten Werkleistung »zu kämpfen«. Die insoweit erhobenen Bedenken sind zutreffend (*Kniffka* a.a.O. Rn. 16 f.; *Voit* BauR 2002, 145, 159; *Englert* in *Wirth/Sienz/Englert* a.a.O. S. 343).

Als Lösungsansatz bietet es sich an, bei der Berechnung des Wertansatzes nur die Werte in Ansatz zu bringen, die für den Auftraggeber tatsächlich am Bauwerk verbleiben (i.d.S. *Kniffka* a.a.O. Rn. 17; *Englert* in *Wirth/Sienz/Englert* a.a.O. S. 343). Sofern die am Bauwerk verbliebene Leistung für den Auftraggeber ohne Wert ist, kann ihm keine Wertersatz-Verpflichtung auferlegt werden. Zu erstatten ist insoweit der **Werklohn abzüglich** eines **Minderwertes** (*Kniffka* a.a.O. Rn. 17; *Gaier* WM 2002, 1). Zu Recht wird vorgeschlagen *»den Wertabzug nach den für die Minderung geltenden Grundsätzen zu bemessen«* (*Kniffka* a.a.O. Rn. 17). Ausgangspunkt sind insoweit zunächst die Mängelbeseitigungskosten. Nur dann, wenn eine Mängelbeseitigung unmöglich ist bzw. deren Kosten unverhältnismäßig sind, ist die Minderung des Verkehrswertes entscheidend. Entsprechendes gilt auch in den Fällen, in denen für den Auftragnehmer im Sinne des § 275 Abs. 2 und 3 BGB ein Leistungsverweigerungsrecht besteht. *Kniffka* weist zu Recht darauf hin, dass der Rücktritt damit zum gleichen Ergebnis führt, wie die Minderung (*Kniffka* a.a.O. Rn. 17). **53**

b) Wertersatz in besonderen Fällen
Denkbar ist, dass eine Rückgewähr der erhaltenen Bauleistung wegen der geschilderten Zerstörungsgefahr zwar nicht möglich ist, allerdings eine gemeinsame Rückgabe von Grundstück und Bauwerk. Angesprochen sind die Fälle des **Bauträgervertrages**. **54**

Im Bereich des Bauträgervertrages kann zusätzlich die Vorschrift des § 346 Abs. 2 S. 1 Nr. 2 eine Rolle spielen. Dies dann, wenn die vom Bauträger erworbene Wohneinheit vom Erwerber bereits weiterveräußert wurde. Naheliegend ist es insoweit auch, dass die erworbene Einheit zwischenzeitlich grundbuchrechtlich belastet wurde. Unstreitig ist dabei, dass eine Rückgabe frei von Belastungen vorzunehmen ist. In der Praxis wird dies jedoch oftmals nicht möglich sein. Angesprochen wird in diesem Zusammenhang die Opfergrenze des § 275 Abs. 2 BGB (*Kniffka* a.a.O. Rn. 21). Wird diese Grenze überschritten, ist ein Wertersatzanspruch des Bauträgers aus § 346 Abs. 2 S. 1 Nr. 2 BGB denkbar. Entscheidend sind immer die Umstände des Einzelfalls. **55**

Ins Spiel kommen kann auch die Regelung des § 346 Abs. 2 S. 1 Nr. 3. Voraussetzung ist, dass die empfangene Leistung *»sich verschlechtert hat oder untergegangen ist«*. Außer Betracht bleibt dabei eine Verschlechterung im Sinne einer *»bestimmungsgemäßen Ingebrauchnahme«*. Als nicht bestimmungsgemäß sind die Fälle anzusehen, dass die Leistung durch Wasser, Brand oder Sturm beschädigt/zerstört wird. In diesen Fällen wird ein Wertersatz zu leisten sein. Allerdings immer unter Beachtung etwaiger Abzugsposten für Minderleistungen (i.d.S. *Kniffka* a.a.O. Rn. 18; *Gaier* WM 2002, 1, 9). **56**

c) Einschränkung der Pflicht zum Wertersatz (§ 346 Abs. 3 BGB)
§ 346 Abs. 3 BGB enthält Regelungen über ein Entfallen der Pflicht zum Wertersatz. Die Literatur spricht in diesem Zusammenhang von Ausnahmetatbeständen in Bezug auf die Gefahrtragung (*Kniffka* a.a.O. Rn. 19; *Köhler* JZ 2001, 325; *Gaier* WM 2002, 1, 10). Liegen diese Sonderfälle vor, **entfällt der Anspruch auf Wertersatz**. Allerdings verbleibt für den Rückgewährsgläubiger ein **Bereicherungsanspruch** (*Kniffka* a.a.O. Rn. 19). Die Pflicht zum Wertersatz entfällt zunächst dann, *»wenn sich der zum Rücktritt berechtigende Mangel erst während der Verarbeitung oder Umgestaltung des Gegenstandes gezeigt hat«* (§ 346 Abs. 3 S. 1 Nr. 1 BGB). Vom Sinn und Zweck der Regelung her sind hier die Fälle angesprochen, in denen der Schuldner der Rückgewährverpflichtung eine Umgestaltung/Verarbeitung vorgenommen hat. Dies ist denkbar, wenn der Besteller sich an der an sich vom Unternehmer erbrachten Bauleistung »zu schaffen gemacht hat«. Im Baubereich sind jedoch **57**

die »anderen Fälle« naheliegender. Diese dergestalt, dass gerade der Unternehmer durch seine Werkleistung des Ausgangsmaterial verarbeitet/umgestaltet hat. Die Regelung der Nr. 1 wird deshalb im Baubereich keine Rolle spielen.

58 Ausgeschlossen ist die Verpflichtung zum Wertersatz aber auch, »*soweit der Gläubiger die Verschlechterung oder den Untergang zu vertreten hat oder der Schaden bei ihm gleichfalls eingetreten wäre,*« (§ 346 Abs. 3 S. 1 Nr. 2 BGB). Auch hier ist die 1. Alternative eindeutig. Hat der Gläubiger des Rückgewährsanspruchs (der Unternehmer der ursprünglichen Werkleistung) die Sache selbst zerstört oder verschlechtert, entfällt sein Wertersatzanspruch insoweit gänzlich oder teilweise. Denkbar ist dies in der Praxis dergestalt, dass eine Decke einstürzt, weil der Unternehmer eine zu geringe Bewehrung eingebracht hat. Die 2. Alternative der Nr. 2 befasst sich mit den Fällen, in denen die Verschlechterung Ursachen hat, die »jeden« getroffen hätten. Beispielsweise wird die Leistung durch eine Flut weggeschwemmt oder durch Blitzschlag vernichtet.

59 Über § 346 Abs. 3 S. 1 Nr. 3 BGB entfällt der Wertersatzanspruch auch dann, wenn die Verschlechterung zwar beim Auftraggeber eingetreten ist, dieser jedoch »*diejenige **Sorgfalt** beachtet hat, die er in **eigenen Angelegenheiten** anzuwenden pflegt*«. Hinsichtlich des dabei anzusetzenden Maßstabes ist auf **§ 277 BGB** zu verweisen. Danach haftet der Rückgewährschuldner weiterhin für grobe Fahrlässigkeit. Wendet er in eigenen Angelegenheiten jedoch besondere Sorgfalt auf, so haftet er nur für die erforderliche Sorgfalt im Sinne des § 276 BGB. Der subjektive Maßstab »in eigenen Angelegenheiten« soll die Haftung nicht verschärfen, sondern abmildern (*Palandt/Heinrichs* § 277 BGB Rn. 5).

d) Herausgabe von Nutzungen (§ 346 Abs. 1, § 347 BGB)

60 Auch im Baubereich müssen gezogene **Nutzungen** herausgegeben werden. Angesprochen sind **Gebrauchsvorteile**. Diese werden aufgrund einer zeitanteiligen linearen Wertminderung durch Vergleich zwischen tatsächlichem Gebrauch und voraussichtlicher Gesamtnutzungsdauer berechnet (BGH NJW 1996, 250, 252). Bei Grundstücken wird auf einen objektiven Mietwert abgestellt (BGH NJW 1992, 892). Auf **Auftragnehmer**seite muss der erhaltene **Werklohn** angelegt werden.

61 Gerade im Werklohnbereich stellt sich regelmäßig die Frage nicht gezogener Nutzungen. In den seltensten Fällen wird der Unternehmer eine Festgeldanlage vorgenommen haben. Gleichwohl wird sein Einwand nicht berücksichtigt. Entscheidend nach dem Wortlaut des § 347 Abs. 1 S. 1 ist, dass eine Nutzung nach den »*Regeln einer ordnungsgemäßen Wirtschaft*« möglich gewesen wäre. Zu beachten ist, dass erzielte Zinsen vom Unternehmer schon über § 346 Abs. 1 BGB herauszugeben sind (*Kniffka* a.a.O. Rn. 25). Hinsichtlich der nicht gezogenen Nutzungen schränkt § 347 Abs. 1 S. 2 die Verpflichtung der Anlage des Werklohnes insoweit ein, als im Falle eines gesetzlichen Rücktrittsrechts der Betroffene wiederum nur für diejenige Sorgfalt einzustehen hat, die er in eigenen Angelegenheiten anzulegen pflegt. Hier wird man eine Nichtanlage des Werklohnes sicherlich nicht als grobe Fahrlässigkeit anzusehen haben.

e) An der Werkleistung vorgenommene Verwendungen

62 Aus § 347 Abs. 2 S. 1 BGB erfolgt ein Anspruch auf Ersatz sog. »**notwendiger Verwendungen**«. Zu denken ist an Maßnahmen zur Erhaltung, Wiederherstellung bzw. Verbesserung der Sache. Ob diese notwendig waren, ist nach einem **verobjektivierten Maßstab** zu prüfen (BGH NJW 1996, 921, 922). In diesem Sinne werden regelmäßig gewöhnliche Erhaltungskosten, bzw. notwendige Reparaturen erforderlich sein. Dies unabhängig davon, ob damit der Wert der Leistung erhöht wurde (*Gaier* WM 2002, 1, 7; *Kniffka* a.a.O. Rn. 26).

63 Daneben gibt § 347 Abs. 2 S. 2 BGB zusätzlich einen Anspruch bezüglich des Ersatzes »anderer Aufwendungen«, »soweit der Gläubiger durch diese bereichert wird«. Dies gilt zumindest in den Fällen, in denen die betroffene Partei die Leistung zurückgibt. Ist die Leistung nicht zurückzugeben, soll Entsprechendes auch in den Fällen des § 346 Abs. 3 S. 1 Nr. 1 und 2 BGB gelten (*Kniffka* a.a.O.

Rn. 27). Entscheidend ist dabei eine mögliche Bereicherung des Gläubigers des Anspruches. Nicht abgestellt wird darauf, ob die Verwendungen nützlich oder unnütz waren (*Kniffka* a.a.O. Rn. 27). Die Berechnung richtet sich nach der über den **Verkehrswert zu ermittelnden Wertsteigerung der zurückgewährten Leistung** (*Gaier* WM 2002, 1, 7). »Nutzen« die Leistungen dem Rückgewährgläubiger allerdings nicht, stellt sich die Frage der **aufgedrängten Bereicherung**. Angesprochen wird das Problem, dass der Erwerber der Eigentumswohnung diese zwischenzeitlich »geschmacklich« umgestaltet hat (*Kniffka* a.a.O. Rn. 27). Hier soll wiederum auf eine objektive Wertsteigerung abgestellt werden. Dass diese in der Praxis nur schwer zu beurteilen ist, dürfte unstreitig sein. Entscheidend ist insoweit, ob es dem **Rückgewährgläubiger** möglich sein wird, die jeweiligen **Aufwendungen** bei einer **Weiterveräußerung finanziell zu realisieren**. Ist ihm dies nicht zuzumuten, soll er demjenigen, der die Aufwendungen vorgenommen hat, die Möglichkeit geben, diese wieder zu entfernen (*Kniffka* a.a.O. Rn. 27). Auch dies scheint in der Praxis kaum umsetzbar. Wie soll derjenige, der Aufwendungen getätigt hat, den alten Zustand einer Eigentumswohnung wieder herstellen? Für diese Maßnahmen würden ihm weitere Kosten entstehen. Insoweit sind diese Regelungen im Baubereich nicht realistisch.

Kein Anspruch auf Ersatz dieser Aufwendungen besteht für den Zeitraum nach Rechtshängigkeit des Rückgewähranspruchs (§§ 292 Abs. 2, 994 Abs. 2 BGB). Wird der Rückgewährschuldner in diesem Zeitraum tätig, so ist er nicht schützenswert. **§ 348 BGB** schreibt für die Abwicklung der gegenseitigen Verpflichtungen des Rücktritts die **Zug-um-Zug-Regelung** vor. Dies muss auch für Ansprüche auf Verwendungsersatz gelten (*Gaier* WM 2002, 1, 7). **64**

4. Minderung

Der Besteller kann nach **§§ 634 Nr. 3 Alt. 2, 638 BGB** die Vergütung mindern. **65**

Die **Minderung** ist ebenfalls als **Gestaltungsrecht** ausgeformt. Es gelten die gleichen Voraussetzungen wie beim Rücktritt (»statt Rücktritt«). Im Unterschied zum Rücktritt ist das Recht der Minderung auch bei Vorliegen von **unerheblichen** Mängeln möglich (§ 638 Abs. 1 S. 2 BGB). **66**

Gibt es auf Seiten des Bestellers oder des Unternehmers mehrere Beteiligte, so kann die Minderung nur **von allen** oder **gegenüber allen** erklärt werden (§ 638 Abs. 2 BGB). **67**

Die **Berechnung** der Minderung erfolgt nach Maßgabe des § 638 Abs. 3 BGB. In Abwandlung der bisherigen Praxis erfolgt die Berechnung der Minderung nunmehr durch eine Wertbestimmung zum Zeitpunkt des Vertragsschlusses (*Palandt/Sprau* § 638 BGB Rn. 5). Nach § 638 Abs. 3 S. 2 BGB ist eine Schätzung möglich. **68**

Bei einem Minderungsrecht des Bestellers, der zuvor bereits eine vollständige Zahlung geleistet hat, kommt es nach **§ 638 Abs. 4 BGB** zu einem **eigenständigen Rückerstattungsanspruch**. Ein Rückgriff auf **Bereicherungsrecht** – wie bisher – ist nicht mehr erforderlich. **69**

5. Schadensersatz

Der Besteller kann nach den **§§ 634 Nr. 4 Alt.1, 636, 280, 281, 283, 311a BGB** Schadensersatz verlangen. Das geänderte BGB verweist auch hier auf das allgemeine Leistungsstörungsrecht. Damit gibt es keine Unterschiede mehr zwischen Mangel, Mangelschaden und Mangelfolgeschaden (nah oder entfernt). Als Folge sind die verjährungsrechtlichen Fragen nahezu vereinheitlicht. Es gilt zunächst § 634a Abs. 1 BGB. **70**

Ausgenommen von der einheitlichen Regelung ist der Schadensersatzanspruch, der auf einer Nebenpflichtverletzung beruht. Hier bleibt es bei der unmittelbaren Anwendung des § 282 BGB, mit der Folge, dass dieser Anspruch der regelmäßigen Verjährung unterliegt (Dass dies nicht so sein muss, *Sienz* in *Wirth/Sienz/Englert* a.a.O. S. 97). **71**

72 Das Werkvertragsrecht verweist auf die unterschiedlichen Arten des Schadensersatzes mit den in den §§ 280 ff. BGB im Einzelnen aufgelisteten Voraussetzungen.

73 Schadensersatz und Rücktritt können nun **nebeneinander geltend** gemacht werden, **§ 325 BGB**.

6. Ersatz vergeblicher Aufwendungen

74 Alternativ zum Anspruch auf Schadensersatz kann der Besteller nach den **§§ 634 Nr. 4 Alt. 2, 284 BGB** Ersatz vergeblicher Aufwendungen verlangen. Hervorzuheben ist, dass er Schadensersatz und Aufwendungsersatz nicht kumulativ verlangen kann. Beide Rechte schließen sich gegenseitig aus.

75 Die Voraussetzungen des § 280 BGB sowie der §§ 281, 282 oder 283 BGB müssen zusätzlich erfüllt sein (»anstelle«) – siehe unten.

76 Der Begriff der **Aufwendungen** ist im Gesetz nicht definiert. Der BGH versteht darunter die freiwillige Aufopferung von Vermögenswerten im Interesse eines anderen. Die **Freiwilligkeit** stellt das **Abgrenzungsmerkmal** zum Schaden dar (BGHZ 59, 329; BGH NJW 1960, 1568; 1569 BGH NJW 1989, 2818). **Vergeblich** ist eine Aufwendung, wenn sie in Folge der Pflichtverletzung des Schuldners nutzlos geworden ist.

III. Verjährung der Mängelansprüche

77 Auch nach der Schuldrechtsreform wird – wie bisher – die Verjährung der Mängelansprüche im Besonderen Teil des Schuldrechts im Rahmen der einzelnen Vertragstypen behandelt.

78 Für die Verjährung der in § 634 Nr. 1, 2 und 4 BGB genannten Ansprüche auf Nacherfüllung, Selbstvornahme bzw. Aufwendungsersatz, Schadensersatz und Ersatz vergeblicher Aufwendungen gelten die Fristen des § 634a BGB:

2 Jahre – § 634a Abs. 1 Nr. 1 BGB Werkleistungen an einer Sache (außer einem Bauwerk).
5 Jahre – § 634a Abs. 1 Nr. 2 BGB bei einem Bauwerk.
3 Jahre – § 634a Abs. 1 Nr. 3 BGB (regelm. Verjährungsfrist) – sonstige Werkleistungen.

1. Mangelhaftes Bauwerk

79 Bei einem mangelhaften Bauwerk gilt gemäß § 634a Abs. 1 Nr. 2 Alt. 1 BGB eine Verjährungszeit von **fünf Jahren**. Als Bauwerk wird eine unbewegliche, durch Verwendung von Arbeit und Material in Verbindung mit dem Erdboden hergestellte Sache bezeichnet. Beispiele sind: Errichtung von Gebäuden, Brücken, Straßen, Kanälen, Leitungsmasten, Stützen einer Seilbahn, Gleisanlagen oder Denkmäler (*C. Korbion* in *Ingenstau/Korbion* 15. Aufl. § 1 VOB/A Rn. 9 m.w.N.).

80 Die Verjährung beginnt nach § 634a Abs. 2 BGB mit der **Abnahme**.

2. Planungs- und Überwachungsleistungen für Bauwerke

81 Bei Planungs- und Überwachungsleistungen für ein Bauwerk gilt ebenfalls eine Verjährungsfrist von **fünf Jahren** – § 634a Abs. 1 Nr. 2 Alt. 2 BGB. Erfasst ist hier die **typische Ingenieur-/Architektenleistung** von der Planung bis zur Bauüberwachung. Verjährungsbeginn tritt mit **Abnahme** ein. In der Praxis stellt sich die Frage, wie die Abnahme der Architekten-/Ingenieurleistungen auszusehen hat. Dieser Problembereich ist jahrzehntelang fast ignoriert worden. Viele Architekten/Ingenieure wissen nicht, wann die Gewährleistungsfrist/Verjährungsfrist der Mängelrechte für ihre Leistungen begonnen hat. Als sog. »**Abnahmeersatz**« galt immer wieder die Zahlung seitens des Bestellers. Was aber, wenn diese unter Vorbehalt oder mit ausdrücklichen gegenteiligen Hinweisen dergestalt erfolgt, dass in der Zahlung gerade keine Billigung des Architekten-/Ingenieurwerkes gesehen werden

Mängelansprüche   Vor § 13 VOB/B

kann? Die Praxis wird hier umdenken müssen. Allerdings hat der Gesetzgeber hier schon zum 1.5.2000 eine deutliche Hilfe gegeben. Zu verweisen ist auf **§ 640 Abs. 1 S. 3 BGB**.

3. Arbeiten an einer Sache

Für andere als in § 634a Abs. 1 Nr. 2 BGB genannte Werke gilt § 634a Abs. 1 Nr. 1 BGB mit einer Verjährungszeit von **zwei Jahren**. Dieser umfasst – vorbehaltlich der Nr. 2 – Werke, deren Erfolg in der Herstellung, Wartung oder Veränderung einer Sache oder der Erbringung von Planungs- oder Überwachungsleistungen hierfür bestehen. Hauptanwendungsfall sind **Wartungs- und Reparaturarbeiten**. 82

Durch das Schuldrechtsmodernisierungsgesetz ist die bisherige Unterscheidung nach § 638 BGB a.F. von »**Arbeiten an einem Grundstück**« (Verjährungsfrist: ein Jahr) und »**Arbeiten an Bauwerken**« (Verjährungsfrist: 5 Jahre) aufgehoben worden. Arbeiten an einem Grundstück werden jetzt von § 634a Abs. 1 Nr. 1 BGB erfasst. Die bisherige Rechtsprechung zur Unterscheidung zwischen »Arbeiten an Bauwerken« und »Arbeiten an Grundstücken« wird man aber weitgehend auf die jetzige Unterscheidung zwischen »Arbeiten an einem Bauwerk« und »Arbeiten an einer Sache« übertragen können. 83

Die **Abnahme** markiert auch hier den Verjährungsbeginn (§ 634a Abs. 2 BGB). 84

4. Sonstige Werke

Sonstige Werke – die nicht in § 634a Abs. 1 Nr. 1 und 2 BGB genannt sind – fallen unter die **regelmäßige Verjährungsfrist** (§ 634a Abs. 1 Nr. 3 BGB). 85

Das Gesetz schafft somit einen **Auffangtatbestand für Verjährungsfristen anderer Werkverträge**, die von den zuvor genannten beiden Ziffern nicht erfasst werden (Werkverträge über Gutachten, Transportleistungen, Theateraufführungen, Entwicklung einer Individualsoftware usw.). 86

5. Arglistiges Verschweigen eines Mangels

Die **regelmäßige Verjährungsfrist** gilt gemäß § 634a Abs. 3 BGB auch dann, wenn der Unternehmer den Mangel **arglistig** verschwiegen hat. Insofern finden weder die Fristen des § 634a Abs. 1 Nr. 1 und 2 BGB, noch der Verjährungsbeginn zum Zeitpunkt der Abnahme Anwendung (§ 634a Abs. 2 BGB) – im Fall des Abs. 1 Nr. 2 tritt die Verjährung jedoch nicht vor Ablauf der dort bestimmten Frist ein (§ 634a Abs. 3 S. 2 BGB). 87

Die regelmäßige Verjährungsfrist beginnt am Schluss des Jahres der Entstehung des Anspruchs und dem Vorliegen der Kenntnis bzw. grob fahrlässigen Unkenntnis des Gläubigers von den anspruchsbegründenden Umständen und der Person des Schuldners (§ 199 BGB). Der Anspruch verjährt in drei Jahren (§ 634a Abs. 3 S. 1 BGB). 88

6. Rücktritt und Minderung

Es unterliegen jedoch nicht alle in § 634 BGB genannten Rechte der Verjährung. Insofern werden durch das Schuldrechtsmodernisierungsgesetz die Rechte des § 634 Nr. 3 BGB – Rücktritt und Minderung – als sog. **Gestaltungsrechte** normiert. Das unverjährbare Recht zum Rücktritt ersetzt den der Verjährung unterliegenden **Wandelungsanspruch**. Der Verweis in § 634a Abs. 4 und Abs. 5 BGB auf § 218 BGB führt jedoch zu einer Anbindung an die Verjährung des (Nach-)Erfüllungsanspruchs. De facto unterliegen somit auch das Rücktritts- und Minderungsrecht einer »Art Verjährung«. 89

Dies ergibt sich wie folgt: 90

Gemäß § 218 Abs. 1 S. 1 BGB ist der Rücktritt wegen nicht oder nicht vertragsgemäß erbrachter Leistung (also mangelhafter Leistung) unwirksam, wenn der Anspruch auf die Leistung (Erfüllung) oder der Nacherfüllungsanspruch verjährt ist und der Schuldner sich hierauf beruft. Der Schuldner muss also die »**Einrede der Verjährung**« erheben. Ohne die Regelung des § 218 Abs. 1 S. 1 BGB würde der Rücktritt vom Vertrag auch noch dann möglich sein, wenn der Erfüllungs- bzw. Nacherfüllungsanspruch verjährt wären.

91 Nimmt man als Beispiel einen Mangel an einem Bauwerk, so verjähren die Mängelansprüche gegen den Unternehmer in fünf Jahren ab Abnahme. Ließe man die Regelung des § 218 Abs. 1 S. 1 BGB unberücksichtigt, könnte der Auftraggeber noch nach 20 oder 30 Jahren vom Vertrag zurücktreten. Dies würde zu erheblicher Rechtsunsicherheit führen. »Daneben« könnte sich allenfalls die Frage der Verwirkung stellen, d.h. ob der andere Vertragspartner nach Treu und Glauben nicht mehr mit der Geltendmachung eines Rechts rechnen musste.

92 Der genannten Unverjährbarkeit soll die Vorschrift des **§ 218 Abs. 1 S. 1 BGB** entgegenwirken. Durch die Bezugnahme auf die Verjährung des (Nach-)Erfüllungsanspruchs wird die Möglichkeit einer »**Quasi-Verjährungseinrede**« für das Rücktrittsrecht eröffnet. Diese hat als Bezugspunkt die Verjährung des Erfüllungs- bzw. Nacherfüllungsanspruchs.

93 In dem vorgenannten Beispiel mit dem mangelhaften Bauwerk ergibt sich Folgendes: Der AG erklärt den Rücktritt zu einem Zeitpunkt, zu dem der Nacherfüllungsanspruch verjährt ist. Der AN beruft sich auf diese Verjährung. Nach § 218 Abs. 1 S. 1 BGB ist der Rücktritt des Auftraggebers in diesem Fall unwirksam. Über den »Umweg« der Verjährung des Nacherfüllungsanspruchs kommt es hier zur »Quasi-Verjährung« des Rücktrittsrechts. Das Rücktrittsrecht wird faktisch so behandelt, als könnte es verjähren.

94 Der AG wird aber über **§ 634a Abs. 4 S. 2 BGB** geschützt. Diese Vorschrift sorgt bzgl. des unwirksamen Rücktrittsrecht für einen rechtlichen Ausgleich. Danach kann der Besteller/Auftraggeber trotz einer Unwirksamkeit des Rücktritts nach § 218 Abs. 1 BGB die Zahlung der Vergütung insoweit verweigern, als er auf Grund des Rücktritts dazu berechtigt sein würde.

95 Allerdings beschränkt § 634a Abs. 4 S. 2 BGB diese Zahlungsverweigerung auf den Umfang des – hypothetischen – Rücktritts. Kann der Besteller/Auftraggeber nur von Teilen des Vertrages zurücktreten, so soll er nicht die volle Vergütung verweigern können. Bei einem – unterstellten – teilweisen Rücktrittsrecht kann der Besteller/Auftraggeber also nur den entsprechenden Anteil der Vergütung verweigern.

96 Macht der Besteller/Auftraggeber von diesem Zahlungsverweigerungsrecht Gebrauch, so gibt **§ 634a Abs. 4 S. 3 BGB** dem Unternehmer/Auftragnehmer seinerseits das Recht, vom Vertrag zurückzutreten. Folge hiervon ist, dass die Regelungen der §§ 346 ff. BGB eingreifen. Dies führt über § 346 Abs. 1 BGB in Verbindung mit § 346 Abs. 2 BGB u.a. dazu, dass der Auftraggeber Wertersatz zu leisten hat. Hierzu wird mit Recht darauf hingewiesen, dass damit der mangelhaft Leistende (und damit vertragsuntreue) Auftragnehmer geradezu belohnt wird (hierzu: *Kniffka* IBR-Online-Kommentar Bauvertragsrecht – Stand 10.4.2006 – § 636 Rn. 16; *Voit* BauR 2002, 159; *Gaier* WM 2002, 1 ff.). Es ist zu fragen, ob die »Reformer des Gesetzes« diese Rechtsfolge ausreichend bedacht haben (siehe dazu oben II 3).

97 **§ 634a Abs. 5 BGB** enthält eine weitgehend »**spiegelbildliche**« **Regelung** für das Minderungsrecht. Dort wird auf die entsprechende Anwendung des § 218 BGB sowie von § 634a Abs. 4 S. 2 (Leistungsverweigerungsrecht des Bestellers/Auftraggebers nach unwirksamem Rücktritt) verwiesen. Durch die fehlende Verweisung auf Abs. 4 S. 3 steht dem Unternehmer/Auftragnehmer für den Fall der Zahlungsverweigerung seitens des Bestellers/Auftraggebers nach Abs. 4 S. 2 bei der unwirksamen Minderung kein Rücktrittsrecht zu. Diese – von der Bestimmung für das Rücktrittsrecht abweichende – Regelung eröffnet dem Besteller/Auftraggeber die Möglichkeit, den Rücktritt des Unternehmers/

Auftragnehmers als Folge des eigenen Rücktritts zu verhindern. Er muss sich gegenüber dem Unternehmer auf die **Minderung beschränken** (*Sienz* in *Wirth/Sienz/Englert* a.a.O. S. 101). Für diesen Fall gibt das Gesetz dem Unternehmer/Auftragnehmer durch die fehlende Verweisung auf Abs. 4 S. 3 gerade kein Rücktrittsrecht.

§ 218 Abs. 1 S. 2 BGB enthält weitere Vorgaben für die »**Quasi-Verjährung**« des Rücktritts- und des Minderungsrechts nach § 634a Abs. 4 und 5 BGB. Dabei sind die Regelungen auf Rücktritt und Minderung gleichermaßen anzuwenden. Für den Fall, dass der Schuldner nach **§ 275 Abs. 1 bis 3 BGB** nicht zu leisten braucht, und der Anspruch auf die Leistung oder der Nacherfüllungsanspruch verjährt wäre, gilt S. 1 des § 218 BGB. Danach ist der Rücktritt bzw. die Minderung wegen mangelhafter Leistung unwirksam, wenn der Anspruch auf die Leistung oder der Nacherfüllungsanspruch verjährt ist und der **Unternehmer/Auftragnehmer sich hierauf beruft**. Angesprochen ist hier der Ausschluss der Leistungspflicht wegen Unmöglichkeit, Unverhältnismäßigkeit oder Unzumutbarkeit der Leistung. § 218 Abs. 1 S. 2 eröffnet für den Fall, dass der Unternehmer/Auftragnehmer aus den genannten Gründen selbst nicht geleistet hat, diesem die Möglichkeit der Verjährungseinrede bzgl. des (Nach-)Erfüllungsanspruchs des Bestellers/Auftraggebers. In Folge der »Quasi-Verjährung« kann der Besteller/Auftraggeber nunmehr auch sein Rücktritts- bzw. Minderungsrecht nicht mehr wirksam ausüben. **98**

Ferner gilt die »Quasi-Verjährung« gemäß § 218 Abs. 1 S. 2 BGB auch für die Fälle des Ausschlusses der Leistungspflicht wegen **unverhältnismäßiger Kosten** – dies sowohl im Werk- als auch im Kaufvertragsrecht (§ 439 Abs. 3 BGB und § 635 Abs. 3 BGB). Auch hier kann sich der Besteller/Auftraggeber nicht mehr auf sein Rücktritts- bzw. Minderungsrecht berufen. **99**

Eine weitere Sonderregelung enthält **§ 218 Abs. 1 S. 3 BGB**. Dieser bestimmt, dass § 216 Abs. 2 S. 2 BGB »**unberührt**« bleibt – also **weiterhin Anwendung findet**. § 216 Abs. 2 S. 2 BGB enthält eine Regelung für die Verjährung bei **gesicherten Ansprüchen** (Hypothek, Schiffshypothek oder Pfandrecht). Danach kann eine Befriedigung aus dem belasteten Gegenstand auch dann noch erfolgen, wenn der eigentliche Anspruch (z.B. Rückzahlung eines Darlehens) verjährt ist. **100**

§ 218 Abs. 2 BGB ordnet die entsprechende Anwendung des § 214 Abs. 2 BGB an. Dieser bestimmt, dass das zur Befriedigung eines verjährten Anspruchs Geleistete nicht zurückgefordert werden kann, auch wenn die Leistung in Unkenntnis der Verjährung erfolgte. Auf die »Quasi-Verjährung« angewendet, kann auch hier eine in Unkenntnis der »Quasi-Verjährung« erfolgte Leistung – beispielsweise die in Anerkennung eines vermeintlich wirksamen Minderungsrechts erfolgte Rückzahlung einer Teilvergütung – nicht zurückgefordert werden. **101**

IV. Ansprüche aus unerlaubter Handlung

Neben den Mängelansprüchen aus Werkvertragsrecht sind auch Ansprüche aus unerlaubter Handlung nach §§ 823 ff. BGB denkbar. Verursacht eine auf einem Verschulden des Unternehmers beruhende mangelhafte Werkleistung zugleich eine Verletzung des Eigentums des Bestellers, gilt für diesen Anspruch die regelmäßige Ultimo-Verjährungsfrist von drei Jahren (zur Abgrenzung vgl. BGH BauR 2004, 1776). **102**

V. Neuregelung des Werklieferungsvertrages § 651 BGB

§ 651 BGB stellt die Abgrenzungsnorm zwischen Kauf- und Werkvertragsrecht dar. Bereits aus der Überschrift des § 651 BGB – Anwendung des Kaufrechts – ist erkennbar, dass nunmehr auch für bestimmte Werke die Anwendung des Kaufrechts vorgegeben ist. **103**

Die Unterscheidung zwischen vertretbaren und nicht vertretbaren Sachen entfällt. Die Norm ist ferner in der Handhabung erheblich vereinfacht worden. **104**

105 Durch die Vorgaben der EG-Verbrauchsgüterkaufrichtlinie war eine Neufassung des § 651 BGB a.F. notwendig. Nach Art. 1 Abs. 4 der Verbrauchsgüterkaufrichtlinie zählen zu den Kaufverträgen im Sinne der Richtlinie auch Verträge über die Lieferung herzustellender oder zu erzeugender Verbrauchsgüter.

106 Auf Verträge über die **Lieferung herzustellender oder zu erzeugender beweglicher Sachen** findet deshalb nun generell Kaufrecht Anwendung. Jedoch gilt die Regelung des § 651 BGB nicht im Falle der Herstellung von Bauwerken, von Arbeiten am Grundstück (keine bewegliche Sache), bei Reparaturarbeiten (keine Herstellung) oder der Herstellung nicht körperlicher Werke (Architektenleistung oder Gutachtenerstellung). In diesen Bereichen verbleibt es somit bei der Geltung des Werkvertragsrechts.

107 Für den Baubereich ergeben sich hieraus Konsequenzen. Wird der Begriff der »beweglichen Sache« in § 651 BGB wie im Allgemeinen Teil verstanden, so unterliegen alle die Errichtung eines sog. Scheinbestandteils (§ 95 BGB) betreffenden Bauverträge dem Regime des Kaufrechts (*Thode* ZfBR 2000, 363, 367). Wie bereits angedeutet, fällt in diesen Bereich auch das **Erbbaurecht**. Dies ist wie folgt zu begründen: Im Rahmen der für die §§ 90 ff. BGB verwendeten Begriffsbestimmungen werden alle Sachen als beweglich angesehen, die nicht Grundstücke, den Grundstücken gleichgestellt oder Grundstücksbestandteile sind. Bestandteile eines Grundstücks gelten als unbeweglich, Scheinbestandteile im Sinne des § 95 BGB als beweglich (RG 55, 284; 87, 51). Problematisch am deutschen Sachenrecht ist, dass in § 95 Abs. 1 S. 2 BGB als Scheinbestandteile alle Gebäude angesehen werden, die in Ausübung eines Rechts an einem fremden Grundstück von dem Berechtigten mit dem Grundstück verbunden werden. Hierunter fällt das Erbbaurecht. Folge: Im Erbbaurecht errichtete Gebäude gelten als Scheinbestandteile. Als Scheinbestandteile werden sie wie bewegliche Sachen behandelt und unterfallen damit über § 651 BGB dem Kaufvertragsrecht. Somit würden viele in Deutschland errichtete Großbauvorhaben nicht dem Werkvertragsrecht unterfallen, sondern dem Kaufrecht (beispielsweise die Allianz-Arena in München).

108 Dies kann vom Gesetzgeber nicht gewollt gewesen sein. Zum Hintergrund: Die Neufassung des § 651 BGB diente der Umsetzung der Verbrauchsgüterkaufrichtlinie. Sie wiederum orientiert sich am Erwerb von Massengütern zum Verbrauch und nicht an der Erstellung vergleichbarer Großbauvorhaben. Es wird deshalb vorgeschlagen, eine andere, richtlinienkonforme Bestimmung der beweglichen Sache vorzunehmen (*Thode* NZBau 2002, 360, 362; *Kniffka*, IBR-Online-Kommentar Bauvertragsrecht – Stand 10.4.2006 § 638 Rn. 3). Allerdings ist dies nicht sicher, solange der EuGH nicht eine entsprechende Vorlage eines deutschen Gerichtes behandelt hat. Es fragt sich deshalb, ob bis zu diesem Zeitpunkt die Parteien nicht die Geltung von Werkvertragsrecht vereinbaren können. Sicher ausgeschlossen erscheint dies für Verbraucherverträge. Sie unterfallen den zwingenden Verbraucherschutzvorschriften des Kaufrechts (*Thode* a.a.O.). Bezüglich anderer Verträge liegt keine höchstrichterliche Entscheidung vor.

C. Mängelrechte nach VOB/B 2002

I. Grundlegendes

109 Der Auftragnehmer hat die Bauleistung so zu erstellen, wie es von ihm nach dem Bauvertrag einschließlich der weiter vereinbarten Bedingungen erwartet werden kann. Grundsätzlich setzen die Mängelrechte einen bestehenden und wirksamen Bauvertrag voraus. Anders kann es bei vorzeitiger Vertragskündigung (§§ 8 f. VOB/B), bei einverständlicher Vertragsaufhebung (Vor §§ 8 f. VOB/B) sowie bei unwirksamen/nichtigen Verträgen sein. Unwirksame Verträge liegen insbes. vor bei Verstößen gegen gesetzliche Verbote i.S.d. § 134 BGB (z.B. einvernehmlicher Schwarzarbeit; BGH BauR 1983, 66), Verstöße gegen das Kopplungsverbot und bei sittenwidrigen Geschäften (z.B. Wucher

§ 138 BGB). Dabei gilt der Grundsatz, dass bei unwirksamen/nichtigen Verträgen keine Mängelrechte entstehen. Diese sind Folge der Herstellungsverpflichtung des Auftragnehmers. Entstehen können Ansprüche aus Geschäftsführung ohne Auftrag. War die GoA unberechtigt, stehen dem Geschäftsherr Schadensersatzansprüche aus § 678 BGB einschließlich eines Beseitigungsrechtes zu. War die GoA berechtigt, bleibt es dabei, dass kein wirksamer Auftrag gegeben ist. Treten hier verschuldete Mängel des Geschäftsführers auf, haftet er wie ein »normaler« Auftragnehmer auf Schadensersatz (§§ 677, 280 BGB). Sind die Mängel unverschuldet entstanden, bestehen ebenfalls keine Mängelansprüche, aber eine Art Minderung, da der Aufwendungsersatzanspruch aus § 683 BGB gemindert wird. Eine Haftung auf Schadensersatz kann mangels Verschuldens nicht entstehen.

Die VOB/B ist in ihren Grundtendenzen immer schon davon ausgegangen, dass der **Bauvertrag** im Regelfall – selbst wenn die Parteien in Streit geraten – **zu Ende geführt werden soll**. Dies zeigt sich auch darin, dass die VOB/B den Rücktritt (früher Wandelung) nicht erwähnt und die Minderung gegenüber dem BGB-Werkvertrag deutlich erschwert hat. Der VII. Senat des BGH hat diese Ansicht durch eine hervorzuhebende Entscheidung vom Oktober 1999 erneut gestützt (BGH BauR 2000, 409; vgl. hierzu auch *Wirth* Kündigung des Bauvertrages erschwert Das Grundeigentum 2000, 244). Dort hat er die Bauvertragsparteien regelrecht angehalten, Verträge nicht »vorschnell« zu beenden (Kündigung). Der Leitsatz der Entscheidung besagt, dass die Vertragsparteien eines VOB/B-Vertrages **zur Kooperation verpflichtet** sind. Entsprechendes wird man auch für den BGB-Werkvertrag annehmen können. 110

Die Mängelrechte nach § 13 VOB/B gelten erst **ab dem Zeitpunkt der Abnahme**. § 13 VOB/B regelt die Mängelrechte des Auftraggebers abschließend. 111

Vor der Abnahme, d.h. während der Ausführung, kommen wegen mangelhafter Leistung bei Vereinbarung der VOB/B nur Erfüllungsansprüche nach § 4 Nr. 6 VOB/B und insbesondere Nr. 7 in Betracht. Die Ansprüche aus § 13 sowie § 4 Nr. 6 u. 7 VOB/B schließen sich daher grundsätzlich aus. Ausgenommen sind bereits festgestellte Ansprüche. Diese Folge nimmt der BGH auch in der Frage der Verjährung von ursprünglich auf § 4 Nr. 7 VOB/B beruhenden Ansprüchen an, soweit sie sich inhaltlich mit solchen aus § 13 Nr. 7 VOB/B decken (z.B. Mangelbeseitigungskosten). Hierfür gelten nach Abnahme die Verjährungsfristen nach § 13 Nr. 4 VOB/B (BGHZ 54, 352 = BauR 1971, 51 = NJW 1971, 99; Zur Darlegungs- und Beweislast siehe unten). 112

II. Systematik des § 13 VOB/B

1. § 13 Nr. 1 bis 3 VOB/B

Die Nrn. 1 bis 3 bilden die **Grundlagen der Haftung** des Auftragnehmers für sein Werk und deren Grenzen. In Nr. 1 befindet sich die Grundregelung, Nr. 2 befasst sich mit dem Sonderfall der bestellten **Leistung nach Probe**, Nr. 3 legt die **Grenzen der Mangelverantwortlichkeit des Auftragnehmers** fest. 113

2. § 13 Nr. 4 VOB/B

Nr. 4 regelt die Frage, wie lange der Auftragnehmer nach der Abnahme für seine Leistung einzustehen hat, ohne sich auf **Verjährung** berufen zu können. 114

3. § 13 Nr. 5 bis 7 VOB/B

Die Nrn. 5 bis 7 bilden die eigentlichen **Mängelrechte des Auftraggebers**. Sie bestimmen Inhalt und Ausmaß von Rechten des Auftraggebers, falls sich die Mangelhaftigkeit der Leistung des Auftragnehmers nach der Abnahme herausstellt. Die Grundbestimmung findet sich in Nr. **5.** Dort ist der im 115

Bauvertragsrecht in erster Linie in Betracht kommende **Nacherfüllungsanspruch** des Auftraggebers geregelt.

116 **Nr. 6** bezieht sich auf das in der VOB/B nur für Ausnahmefälle vorgesehene Recht des Auftraggebers auf **Minderung** der Vergütung des Auftragnehmers.

117 Abschließend befasst sich Nr. 7 mit Inhalt und Grenzen eines **Schadensersatzanspruches** des Auftraggebers wegen mangelhafter Leistung des Auftragnehmers.

D. Vergleich der Mängelrechte nach BGB und VOB/B

118 Die Regelungen der Mängelansprüche nach BGB und VOB/B stimmen teilweise überein, teilweise ergänzen sie sich, in manchen Punkten liegen sich widersprechende Regelungen vor.

Im Einzelnen:

I. § 13 Nr. 1 VOB/B und § 633 BGB – Mangelbegriff

119 § 13 Nr. 1 VOB/B 2002 wurde weitgehend an den Wortlaut des § 633 Abs. 1 und 2 BGB angepasst. Der Begriff der »Gewährleistung« wird nach der Schuldrechtsreform im BGB nicht mehr verwendet. Dementsprechend ändert sich die Überschrift des § 13 VOB/B 2002. Die **Mangelbegriffe** von BGB und VOB/B **stimmen inhaltlich weitgehend überein** – vom Wortlaut her werden im Teil B der VOB/B die »anerkannten Regeln der Technik« zusätzlich ausdrücklich erwähnt.

120 Die Neufassung soll die überwiegende Entsprechung der Mangelbegriffe des BGB-Werkvertragsrechts und der VOB/B nach der Schuldrechtsreform wiederherstellen. Die VOB/B folgt insoweit dem dreistufigen Aufbau des § 633 Abs. 2 BGB (*Kemper* BauR 2002, 1613).

121 Während allerdings § 13 Nr. 1 VOB/B die »**anerkannten Regeln der Technik**« neben der Beschaffenheitsvereinbarung ausdrücklich in Bezug nimmt, verzichtet die gesetzliche Formulierung in § 633 Abs. 2 BGB auf diesen Passus. Im Rahmen des Gesetzgebungsverfahrens wurde zwar angedacht, die Einhaltung der »anerkannten Regeln der Technik« auch im BGB ausdrücklich in den Gesetzeswortlaut aufzunehmen. Hiervon wurde letztendlich abgesehen, um nicht den Eindruck zu erwecken, dass die Einhaltung der anerkannten Regeln der Technik stets mit Mangelfreiheit gleichzusetzen sei. Nach der Gesetzesbegründung sollen die anerkannten Regeln der Technik weiterhin als generell vom Auftragnehmer geschuldet anzusehen sein (Gesetzesbegründung, BT-Drucks. 14/6040 S. 616 f.). Die Sachmangelbegriffe decken sich also inhaltlich.

122 Ein Unterschied besteht zunächst in der »Verschaffenspflicht«: Das BGB regelt nunmehr ausdrücklich die Haftung des Unternehmers für **Rechtsmängel** des Werkes in **§ 633 Abs. 1 BGB**. Der Unternehmer hat dem Besteller das Werk frei von Sach- und Rechtsmängeln zu verschaffen. Diese Verpflichtung ist in § 13 Nr. 1 VOB/B nicht statuiert. Insoweit wird die VOB/B um die Regelung des BGB ergänzt; d.h. auch bei Vereinbarung der VOB/B ist der Unternehmer gemäß § 633 Abs. 1 und 3 BGB verpflichtet, das Werk frei von Rechtsmängeln zu liefern. Gegenüber dem BGB fehlt in der VOB/B auch eine Regelung bezüglich einer »**Aliud-Leistung**« (d.h. es wird etwas »anderes« geleistet als bestellt). Auch die ausdrückliche Erwähnung einer Leistung eines Werkes in »**zu geringer Menge**« gibt es nur im BGB.

II. § 13 Nr. 2 VOB/B – Leistungen nach Probe

123 In § 13 Nr. 2 VOB/B ist festgelegt, dass die Eigenschaften einer Probe als vereinbarte Beschaffenheit gelten. Eine solche Vorschrift fehlt im Werkvertragsrecht des BGB (früher war im Kaufrecht

der Kauf nach Probe in § 494 BGB a.F. geregelt. Diese Vorschrift wurde im Zuge der Schuldrechtsmodernisierung gestrichen). Eine ausdrückliche Regelung ist auch überflüssig. Letztlich handelt es sich hier um eine durch Auslegung gemäß den §§ 133, 157 BGB zu ermittelnde vertragliche Beschaffenheitsvereinbarung. Man kann insoweit von einem »Unterfall« von § 13 Nr. 1 VOB/B sprechen.

Bei der rechtlichen Prüfung des § 13 Nr. 2 VOB/B ist zunächst zu ermitteln, ob die Parteien eine bestimmte bereits real existierende Leistung bzw. Sache als Probe (Muster) vereinbaren wollten. Wird dieses bejaht, so wird die Probe dergestalt Vertragsbestandteil, als ob eine präzise Beschreibung der Eigenschaften der Probe in den Textteil des Vertrages aufgenommen worden wäre. Dies gilt für VOB/B und BGB gleichermaßen. Die Regelung des § 13 Nr. 2 VOB/B spezifiziert insoweit »nur« die genannten allgemeinen Auslegungsgrundsätze. 124

III. § 13 Nr. 3 VOB/B – Risiken aus der Sphäre des Auftraggebers

Nach § 13 Nr. 3 VOB/B kann das Risiko der mangelfreien Leistungsausführung ausnahmsweise dem Auftraggeber zugewiesen werden. Voraussetzung ist, dass der Mangel auf einem Umstand aus der Sphäre des Auftraggebers beruht und der Unternehmer seine Bedenken bezüglich dieses Umstands schriftlich mitgeteilt hat. 125

Das Werkvertragsrecht des BGB enthält keine der Nr. 3 entsprechende ausdrückliche Regelung über die Befreiung des Auftragnehmers von der Haftung (§ 645 Abs. 1 S. 1 BGB spricht von Gefahrübergang vor Abnahme). Jedoch handelt es sich hier um einen dem zivilen Vertragsrecht innewohnenden allgemeingültigen Grundsatz. Er hat ebenso wie im Falle von § 4 Nr. 3 VOB/B über den Grundsatz von Treu und Glauben (§ 242 BGB) auch für die nach dem BGB ausgerichteten Bauverträge Gültigkeit (dazu § 4 Nr. 3 VOB/B und die dort aufgeführte Rechtsprechung). 126

IV. § 13 Nr. 4 VOB/B und § 634a BGB – Verjährung der Mängelansprüche

Die Verjährung der Mängelansprüche in BGB und VOB/B sind unterschiedlich geregelt. Es gelten die jeweils normierten bzw. durch die Vereinbarung der VOB/B eingebrachten abweichenden Vorschriften. Die Regelungen schließen sich gegenseitig aus. Es gilt entweder die BGB- oder die VOB/B-Regelung. 127

Nach BGB gilt für Bauwerke die fünfjährige, nach der VOB/B die vierjährige Verjährungsfrist bei Mängelansprüchen. Die VOB/B gewährt einschränkend weiter verkürzte Verjährungsfristen für bestimmte Teile und Anlagen (Einzelheiten in der Einzelkommentierung unten 2. Teil). 128

V. § 13 Nr. 5 VOB/B und §§ 203, 212 BGB – Neubeginn der Verjährung

1. Verjährung von gerügten Mängeln

Die **schriftliche Mängelrüge** setzt eine neue zweijährige Verjährungsfrist in Gang. Dabei stellt die VOB/B 2002 explizit auf zwei Jahre ab und verweist nicht wie die VOB/B 2000 auf die Regelfristen, die damals allerdings auch nur zwei Jahre betrugen. 129

Diese Änderung in der VOB/B 2002 steht im Zusammenhang mit der Verlängerung der Verjährungsfristen in § 13 Nr. 4 VOB/B 2002. Zugleich soll sie die Vorgaben der Rechtsprechung des Bundesgerichtshofes umsetzen. Der BGH hatte bei einer von § 13 Nr. 4 Abs. 1 VOB/B abweichend vereinbarten fünfjährigen Verjährungsfrist entschieden, dass die Verjährungsunterbrechung nach § 13 Nr. 5 VOB/B nur zu einer Verjährungsverlängerung um zwei Jahre führen kann. Dem lag der Rechtsgedanke zugrunde, dass eine darüber hinausgehende Verlängerung der Verjährungsfrist zu einer unbilligen Härte für den Auftragnehmer führen würde (BGHZ 66, 142 ff. = BauR 1976, 202 ff. = NJW 130

1976, 960 ff.). Dieser Rechtsgedanke wurde in der VOB/B 2002 im Zuge der Verlängerung der Verjährungsfristen umgesetzt.

131 Das BGB sieht eine vergleichbare Frist (zutreffend sprechen *Werner/Pastor* Der Bauprozess 11. Aufl. Rn. 2437, zur alten Rechtslage von einer »Quasi-Unterbrechung«, da letztlich nur das Ende der Verjährung [ggf.] hinausgeschoben wird) nicht vor. Dort gelten lediglich die allgemeinen Hemmungstatbestände der §§ 203 ff. BGB oder der Neubeginn der Verjährungsfrist nach § 212. Der Besteller ist daher gehalten, vor Ablauf der Verjährungsfrist eine verjährungshemmende Maßnahme einzuleiten.

2. Verjährung der Mangelbeseitigungsleistung

132 Der Neubeginn einer zweijährigen Verjährungsfrist für abgenommene Mangelbeseitigungsleistungen ist nur in § 13 Nr. 5 Abs. 1 S. 3 VOB/B ausdrücklich geregelt.

133 Eine solche Vorschrift enthält das BGB nicht. Vielmehr läuft dort die gesetzliche Verjährungsfrist ungeachtet der beendeten Nachbesserung unter Berücksichtigung der allgemeinen Regeln zu Hemmung und Neubeginn weiter. Allerdings können bei Nachbesserungsarbeiten die §§ 203, 212 BGB eingreifen, da in diesen Fällen regelmäßig Verhandlungen über die Mängelrechte geführt werden und in dem Beginn der Arbeiten möglicherweise ein **Anerkenntnis** gesehen werden kann. Das ist dann der Fall, wenn der Unternehmer eingesteht, dass er den Mangel verursacht hat (BGH NJW 1999, 2961; *Werner/Pastor* a.a.O. Rn. 2429 ff. m.w.N.). Nach dem Wortlaut des § 212 BGB (§ 217 BGB a.F., der für den Neubeginn der Verjährung auf die Beendigung der Unterbrechung abstellte, ist im Zuge der Schuldrechtsmodernisierung gestrichen worden) hat dies zur Folge, dass die gesetzliche Verjährung mit der **Abgabe** (BGH NJW 98, 2972) des Anerkenntnisses neu beginnt. Entsprechendes ist beispielsweise dann anzunehmen, wenn eine schriftliche Ankündigung vorliegt, zu einem bestimmten Zeitpunkt die Nacherfüllung vorzunehmen. Gleiches wird man annehmen können, wenn die Nacharbeiten begonnen werden. Nach Sinn und Zweck der Vorschrift muss jedoch differenziert werden:

134 Erkennt der Unternehmer seine Verantwortlichkeit für den Mangel schriftlich, mündlich oder konkludent an, so beginnt die Verjährung im Zeitpunkt der Abgabe des Anerkenntnisses neu zu laufen. **Bei Mangelbeseitigungsarbeiten** muss es jedoch – gleich § 13 Nr. 5 Abs. 1 S. 2 VOB/B – zusätzlich auf die **Abnahme der Mangelbeseitigungsleistung** ankommen. In diesem Fall gibt es dann ggf. zwei Zeitpunkte des Fristbeginns. Anderenfalls hätte es der Unternehmer in der Hand, durch bloße Untätigkeit oder verlangsamte Nacherfüllungsarbeiten den Ablauf der neuen Verjährungsfrist zu erreichen. Der Besteller könnte zwar andere neue verjährungshemmende Schritte nach § 204 BGB einleiten. Es kann jedoch dennoch nicht sein, dass »§ 212 BGB isoliert betrachtet« durch eine »Untätigkeit des Unternehmers« von diesem zu Lasten des durch den Mangel »Belasteten« »ausgenutzt wird«.

VI. § 13 Nr. 6 VOB/B und § 638 BGB – Minderung

135 Bei Vereinbarung der VOB/B geht diese dem BGB vor. Eine Minderung kann bei Vereinbarung der VOB/B nur unter den einschränkenden Voraussetzungen des § 13 Nr. 6 VOB/B geltend gemacht werden. Die Voraussetzungen liegen vor, wenn die Beseitigung des Mangels für den Auftraggeber unzumutbar bzw. unmöglich ist oder sie einen unverhältnismäßigen Aufwand erfordern würde. Diese Erschwernisse, für den Auftraggeber eine Minderung geltend zu machen, beruhen auf der Intention der VOB/B, den Bauvertrag **durchzuführen** und **nicht »abzuwickeln«**. Die **Gestaltungsrechte** sollen daher **erschwert** (Minderung) oder ganz vermieden (Rücktritt) werden.

136 Im Gegensatz dazu kann im BGB der Auftraggeber nach § 634 Nr. 3 i.V.m. den §§ 638, 323 BGB nach fruchtlosem Ablauf einer Nachfrist den Werklohn ohne weiteres mindern oder bei Vorliegen von erheblichen Mängeln (§ 323 Abs. 5 S. 2 BGB) vom Vertrag zurücktreten.

VII. § 13 Nr. 7 VOB/B und §§ 280 ff. BGB – Schadensersatz

§ 13 Nr. 7 VOB/B und die gesetzlichen Schadensersatzregelungen schließen sich in Bezug auf den eigentlichen Schadensanspruch aus. Bei Vereinbarung der VOB/B geht insoweit § 13 Nr. 7 VOB dem BGB vor. **137**

Der neue Absatz 1 des § 13 Nr. 7 VOB/B beruht auf der in das AGB-Recht aufgenommene Bestimmung des § 309 Nr. 7 lit. a) BGB. Danach ist in Allgemeinen Geschäftsbedingungen ein Ausschluss oder eine Begrenzung der Haftung für Schäden aus der Verletzung des Lebens, des Körpers oder der Gesundheit unwirksam, sofern diese auf einer fahrlässigen Pflichtverletzung des Verwenders oder einer vorsätzlichen oder fahrlässigen Pflichtverletzung eines gesetzlichen Vertreters oder Erfüllungsgehilfen des Verwenders beruhen. **138**

Bei dem geänderten § 13 Nr. 7 Abs. 1 VOB/B soll es sich um einen »deliktischen Anspruch« handeln (*Kemper* BauR 2002, 1613). Im Ergebnis haftet der Auftragnehmer jedenfalls für alle Schäden, die durch einen schuldhaft (Vorsatz und jede Fahrlässigkeit) verursachten Mangel (jeden Mangel) aus der **Verletzung** des **Lebens,** des **Körpers** oder der **Gesundheit** entstanden sind oder entstehen. **139**

Weiterhin ist gemäß § 309 Nr. 7 lit. b) BGB in AGB ein Haftungsausschluss für grob fahrlässiges oder vorsätzliches Verhalten unzulässig. Diese Bestimmung war bereits bisher in § 11 Nr. 7 AGBG enthalten und wurde nur inhaltlich an den Terminus des neuen Schuldrechts angepasst. Der DVA hält früher – im Gegensatz zur VOB/B 2000 und dem AGB-Gesetz – die Beschränkung des bisherigen § 13 Nr. 7 Abs. 1 VOB/B auf »wesentliche« Mängel für mit § 309 Nr. 7 lit. b BGB unvereinbar und erweitert in § 13 Nr. 7 Abs. **2** VOB/B 2002 die **Haftung** bei **vorsätzlich** oder **grob fahrlässig** verursachten Mängeln auf »alle« Schäden (Beschluss des Vorstandes des Deutschen Vergabe- und Vertragsausschusses v. 2.5.2002, S. 30 f. – Quelle: www.bmvbs.de/Anlage/original_12974/DVA-HAA-Beschluesse-zur-VOB-B-vom-02.05.02.pdf). **140**

Die **haftungsbegrenzende Regelung** des früheren § 13 Nr. 7 Abs. 1 VOB/B findet sich nun in Abs. 3 S. 1. **141**

Der neue Absatz 3 des § 13 Nr. 7 VOB/B fasst die zwei haftungsbeschränkenden Regelungen des früheren § 13 Nr. 7 Abs. 1 und 2 zusammen. Dabei enthält S. 1 die Regelung des § 13 Nr. 7 Abs. 1 VOB/B 2000. Die Regelung ist inhaltlich unverändert – sie wurde nur sprachlich umformuliert. Durch die vorangestellten Worte »im Übrigen« soll das Verhältnis zu den Haftungsnormen der Absätze 1 und 2 herausgestellt werden (Beschluss des Vorstandes des Deutschen Vergabe- und Vertragsausschusses v. 2.5.2002, S. 30 f. – Quelle: www.bmvbs.de/Anlage/original_12974/DVA-HAA-Beschluesse-zur-VOB-B-vom-02.05.02.pdf). **142**

Satz 2 der Vorschrift enthält die Regelung des bisherigen Abs. 2 des § 13 Nr. 7 VOB/B. Er wurde sprachlich an den ersten Satz angepasst. Durch die weitgehende Übernahme des Inhalts des bisherigen Buchstaben a) in den neuen Absatz 2 kann dieser entfallen. Es ändert sich dementsprechend die Reihenfolge der nachfolgenden Buchstaben. **143**

Der neue § 13 Nr. 7 Abs. 3 S. 2 lit. b berücksichtigt den entfallenen Begriff der »zugesicherten Eigenschaft«. Stattdessen ist von »vereinbarter Beschaffenheit« die Rede. Mit der Begriffsänderung ist sicherlich eine **Erweiterung der Fälle des sog. »großen Schadensersatzes«** der VOB/B verbunden (i.d.S.: auch *Weyer* BauR 2003, 613 ff., 621). Bisher war der große Schadensersatz in § 13 Nr. 7 Abs. 2c VOB/B auf das Fehlen einer zugesicherten Eigenschaft beschränkt. Nunmehr wird auf den Grundtatbestand abgestellt – die Beschaffenheitsvereinbarung (*Oppler* MittBl. ARGE Baurecht 2002, 19, 24; *Kemper* BauR 2002, 1613). Die Neufassung bleibt hier hinter den bisherigen Anforderungen zurück. Die vereinbarte Beschaffenheit ist als ein »Weniger« gegenüber der zugesicherten Eigenschaft anzusehen. **144**

145 Die bisherigen Abs. 3 und 4 des § 13 Nr. 7 VOB/B verschieben sich und werden zu den Absätzen 4 und 5 – ohne inhaltliche Änderungen.

146 Inhaltlich stehen sich die Schadensregelungen in § 13 Nr. 7 Abs. 3 S. 1 VOB/B (Schäden an der baulichen Anlage) und § 13 Nr. 7 Abs. 3 S. 2 VOB/B (Schäden an anderen Rechtsgütern als der baulichen Anlage) gleich, da die Voraussetzungen des S. 2a »Verstoß gegen die anerkannten Regeln der Technik« und 2b »Fehlen einer vertraglich vereinbarten Beschaffenheit«, – die alternativ entweder a oder b – kumulativ mit den Voraussetzungen des § 13 Nr. 7 Abs. 3 S. 1 VOB/B vorliegen müssen.

147 Damit haftet der Unternehmer im **Ergebnis** nach § 13 Nr. 7 VOB/B nicht für Schäden, die auf leicht fahrlässig verursachten Mängeln beruhen, es sei denn, es handelt sich um eine Verletzung des Lebens, des Körpers oder der Gesundheit oder um wesentliche Mängel, die die Gebrauchsfähigkeit erheblich beeinträchtigen.

148 Der **gesetzliche Schadensersatzanspruch geht demnach »scheinbar« weiter als der Schadensersatzanspruch nach § 13 Nr. 7 VOB/B.** Die §§ 280 ff. BGB umfassen alle Schäden, die auf einem schuldhaft (Vorsatz und jede Fahrlässigkeit) verursachten Mangel beruhen. »Scheinbar« deshalb, weil ja auch § 281 Abs. 1 S. 3 BGB für unerhebliche Pflichtverletzung eine Einschränkung vorgibt.

149 Zu beachten ist, dass sich zwar die Schadensersatzregelungen von BGB und VOB/B »an sich« ausschließen. Dies gilt jedoch nur für die einzelnen Anspruchsgrundlagen. Hinsichtlich der sog. »Zusatzregelungen« wird § 13 Nr. 7 VOB/B hingegen durch das BGB ergänzt. Nach § 254 BGB muss sich der Besteller ein Mitverschulden anrechnen lassen. Ferner greifen die Regelungen der §§ 280 u. 282 BGB (Schadensersatz bei Nebenpflichtverletzung – »Schäden außerhalb der Werkleistung«) neben § 13 Nr. 7 VOB/B ein. **§ 13 Nr. 7 VOB/B regelt insoweit nur Schäden, die auf dem Mangel selbst beruhen.** Darüber hinaus gilt § 284 BGB (Ersatz vergeblicher Aufwendungen) neben § 13 Nr. 7 VOB/B. Die VOB/B enthält auch hierzu keine Regelung.

F. Abtretung von Mängelrechten

I. Umfang der Abtretbarkeit

150 Zutreffend bejaht die Rechtsprechung (BGHZ 96, 146 = BauR 1986, 98 = NJW 1986, 713; OLG Koblenz NJW 1962, 741) die Möglichkeit der **Abtretung von Mängelansprüchen an einen Dritten** (z.B. im Falle der Weiterveräußerung des neu errichteten Bauwerkes). Dies gilt insoweit, als es sich um Ansprüche auf Nacherfüllung (einschließlich Kostenvorschuss und Kostenerstattung) sowie auf Schadensersatz wegen Nichterfüllung (jetzt: Schadensersatz statt der Leistung) handelt, d.h. aus §§ 637 Abs. 3, 280 BGB bzw. § 13 Nr. 5 Abs. 2 und Nr. 7 VOB/B.

151 Die Abtretung des Nacherfüllungsanspruchs sowie der damit zusammenhängenden Ansprüche auf Kostenvorschuss – sowie Kostenerstattung – ist auch möglich, wenn der neue Gläubiger das Bauwerk bzw. die Bauleistung nicht erworben hat. Dem steht nicht **§ 399 BGB** entgegen, weil mit der Abtretung des Nacherfüllungsanspruches **nicht eine Änderung des Leistungsinhaltes** erfolgt. Insofern schuldet der Auftragnehmer nach wie vor und unverändert Nacherfüllung seiner Leistung. Nicht wesentlich ist, ob der neue Gläubiger weiterhin die Verfügungsgewalt über das nachzubessernde Werk inne hat. Auch dadurch wird der Inhalt der Schuld (die Nacherfüllungspflicht des Auftragnehmers) nicht verändert (BGHZ 96, 146 = BauR 1986, 98 = NJW 1986, 713 = ZfBR 1986, 21).

152 Dies gilt nach dem BGH auch für Minderungsrechte (BGHZ 95, 250 = BauR 1985, 686 = NJW 1985, 2822 = ZfBR 1985, 277). In der Tat wird bei der Minderung an sich nicht in den Bestand des Vertrages im Sinne einer Auflösung eingegriffen. Insbesondere wird zwischen den Parteien des Vertrages auch kein Rückabwicklungsverhältnis begründet. Letztlich wird vom Ergebnis her nur nachträglich die Vergütung des Auftragnehmers herabgesetzt. Ebenso wie bei den Nacherfüllungsrechten stellt sich dies nur als Ausgleich für eine Vermögenseinbuße des Auftraggebers dar. Dies trifft auch bei Schadensersatz wegen Nichterfüllung zu. Der BGH führt hierzu aus, dass dadurch ein für den Zessionar untragbares Ergebnis für jene Fälle vermieden wird, in denen der Auftragnehmer nach § 635 Abs. 3 BGB bzw. § 13 Nr. 6 VOB/B die Mangelbeseitigung zu Recht wegen unverhältnismäßigen Aufwandes verweigert und der Auftraggeber bei Fehlen der Voraussetzungen der Schadensersatzansprüche einen Ausgleich für die erlittene Vermögenseinbuße nicht erreichen kann.

Grundsätzlich anders wird es nach wie vor hinsichtlich der Abtretbarkeit des **Rücktrittsrecht**s sein, sofern dieses beim Bauvertrag überhaupt eine Rolle spielt. Hier liegt ein **unselbstständiges, akzessorisches Gestaltungsrecht** vor. In diesen Fällen wird in den Bestand des Schuldverhältnisses eingegriffen. Dieses wird rückwirkend aufgelöst, mit der Folge des Vorliegens eines **Rückgewährschuldverhältnisses**. Beeinflusst wird dabei nicht nur die Gläubiger-, sondern auch die Schuldnerstellung des Auftraggebers und umgekehrt des Auftragnehmers. Ein solches Recht kann im Allgemeinen nur von dem ursprünglichen Vertragspartner wahrgenommen werden. Allerdings wird davon eine Ausnahme für den Fall zu machen sein, bei dem sich die Folgen des Rücktritts denen der Minderung bzw. des Schadensersatzes zumindest weitgehend annähern (siehe dazu unten). Gleiches gilt für ein ausnahmsweise gegebenes vertragliches Rücktrittsrecht (Vor §§ 8 und 9 VOB/B). Eine weitere Ausnahme wird in jenen Fällen anzunehmen sein, in denen der Auftraggeber den Auftragnehmer über die Abtretung informiert und ihm zugleich unwiderruflich mitteilt, dass die Abwicklung des Vertragsverhältnisses durch den Abtretungsempfänger geschieht. All dies muss vor der Abtretung hinreichend deutlich erfasst sein (*Scheyhing* JZ 1986, 86, 87). **153**

Den aufgrund einer Abtretung mit einer neuen Klage geltend gemachten Mängelrechten steht die Rechtskraft eines dieselben Mängelrechte betreffenden – wegen fehlender Aktivlegitimation – klageabweisenden Urteils dann nicht entgegen, wenn die Abtretung erst nach Schluss der maßgeblichen mündlichen Verhandlung im Vorprozess erklärt worden ist (BGH BauR 1986, 117 = NJW 1986, 1046 = SFH § 322 ZPO Nr. 3). **154**

II. Voraussetzungen einer wirksamen Abtretung

Grundlegend für die Wirksamkeit einer Abtretung ist zunächst festzuhalten: Der Betroffene kann nur insoweit abtreten, als sich der Abtretungsempfänger tatsächlich schadlos halten kann (BGHZ 70, 389 = BauR 1978, 308 = NJW 1978, 1375, 1376; BGH BauR 1980, 71 = NJW 1980, 283; 1980, 568 = NJW 1980, 2800, 2801; 1981, 467 = NJW 1981, 1841; 1981, 469 = NJW 1981, 2343; 1981, 571; dazu auch Anh. 1). **155**

Von dem Abtretungsempfänger können bei der Verfolgung des ihm abgetretenen Anspruches nur solche Maßnahmen und Handlungen verlangt werden, die ihm billigerweise zuzumuten sind (BGH BauR 1981, 469 = NJW 1981, 2343). Wird z.B. der aus den Mängelrechten Verpflichtete zahlungsunfähig oder können die Ansprüche aus sonstigen dem Abtretungsempfänger nicht anzulastenden Rechtsgründen – etwa wegen eines vereinbarten Haftungsausschlusses oder wegen zwischenzeitlich eingetretener Verjährung – nicht durchgesetzt werden, so haftet der Abtretende weiter aus Mängelrechten – nicht etwa aus der Verletzung von »Nebenpflichten« im Sinne des § 241 Abs. 2 BGB (positiver Vertragsverletzung). Die Mängelrechte leben insoweit wieder auf, wenn der Abtretungsempfänger vertraglich selbst verpflichtet war (z.B. der Bauträger). Der BGH hatte dies für einen Fall entschieden, in dem sich der **Bauträger** von seiner eigenen Haftung (fünfjährige Verjährungsfrist) gegenüber den Erwerbern dadurch freigezeichnet hatte, dass er seine Ansprüche gegen die Subunternehmer an die Erwerber abgetreten hatte und diese die Mängelrechte (damals: Gewährleistungsrechte) aufgrund der kürzeren Verjährungsfrist in den Subunternehmerverträgen (§ 13 Nr. 4 VOB/B, damals zwei Jahre) nicht mehr geltend machen konnten (BGH Betrieb 1975, 682; **156**

BGH NJW 1974, 1135 = BauR 1974, 278; BauR 1978, 136 = NJW 1978, 634; BGH BauR 1982, 61 = NJW 1982, 169).

157 Dabei kommt es nicht darauf an, ob das Fehlschlagen der **Durchsetzung der Mängelrechte** durch den Abtretungsempfänger von dem Abtretenden zu vertreten ist. Vielmehr genügt die Tatsache, dass der Versuch, den für den Mangel zunächst verantwortlichen Architekten, Unternehmer oder Lieferanten in Anspruch zu nehmen, ohne Verschulden des Abtretungsempfängers misslingt (BGH BauR 1980, 71 = NJW 1980, 282, 283 = SFH § 633 BGB Nr. 21)Es kann ihm nicht zugemutet werden, mit Hilfe eines gegen den Schuldner erlangten Titels auch noch gegen einen Drittschuldner aufgrund einer von ihm gepfändeten Forderung zu prozessieren (BGH BauR 1981, 469 = NJW 1981, 2343 = SFH § 198 BGB Nr. 5).

158 In diesem Sinne fordert die Wirksamkeit der Abtretung von Mängelrechten als weitere Voraussetzung, dass der Abtretende von sich aus die im Einzelfall erforderlichen Informationen erteilt und die notwendigen Unterlagen zur Verfügung stellt (die zur Durchsetzung des abgetretenen Mangelrechts notwendig sind; dazu auch *Brych* NJW 1972, 896 u. *Ludewig* NJW 1972, 516, 517). Hierzu gehört vor allem die zuverlässige Angabe über die Person des oder der Verpflichteten (BGH BauR 1981, 514 = ZfBR 1979, 235). Wichtig sind dabei auch Angaben über Beginn und Ende der Verjährungsfrist. Ebenso ist der Abtretende verpflichtet, ihm im Zeitpunkt der Abtretung bekannte Mängel zu offenbaren (BGH SFH Z 2.10 Bl. 63 = NJW 1976, 1975). Die vorgenannten Unterstützungspflichten stellen vertragliche Nebenverpflichtungen des Abtretenden dar, ohne dass diese ausdrücklich im Bauvertrag genannt sein müssen (BGHZ 70, 389 = BauR 1978, 308 = NJW 1978, 1375, 1376). Im Falle ihrer Verletzung macht sich der Abtretende aus § 280 BGB schadensersatzpflichtig

159 Die Besonderheit des abgetretenen **(wiederauflebenden) Mangelrechts** gegen den Abtretenden liegt darin, dass es durch das Fehlschlagen zumutbarer Bemühungen des Abtretungsempfängers um Schadloshaltung aus den abgetretenen Rechten begrenzt und zugleich **aufschiebend bedingt** ist. Die Bedingung tritt ein, wenn das Fehlschlagen feststeht. Da der Anspruch erst mit dem Eintritt der Bedingung gegen den Abtretenden geltend gemacht werden kann, beginnt die Verjährung gemäß § 221 BGB mit diesem Zeitpunkt.

160 Zum gleichen Ergebnis führt auch eine Anwendung des § 205 BGB – vorausgesetzt von Anfang an besteht ein sich aus dem vertraglichen Mängelrecht ergebendes Recht des Abtretenden, das den Lauf der Verjährung hemmt. Die Verjährung beginnt in diesen Fällen erst mit dem Eintritt der Bedingung, die die Hemmung beendet (BGH BauR 1981, 469 = NJW 1981, 2343, 2344). Das Gesagte gilt jedoch nicht, wenn der Abtretungsempfänger aus ihm zurechenbaren Gründen den Anspruch gegen den verpflichteten Auftragnehmer hat verjähren lassen oder überhaupt nicht geltend gemacht hat – der Abtretende sich jedoch gegenüber dem Abtretungsempfänger wegen des gleichen Mangels aus seinem Vertrag mit dem Abtretungsempfänger (wie z.B. der Bauträger gegenüber dem Erwerber) auf Verjährung berufen könnte (OLG Düsseldorf BauR 1990, 752).

161 Im Falle des Fehlschlagens der Durchsetzung von abgetretenen Mängelrechten kann der Abtretende Rückabtretung verlangen (BGH BauR 1981, 469 = NJW 1981, 2343). Verweist der Generalunternehmer den Bauherrn vorab auf die Inanspruchnahme der bauausführenden Firmen und Handwerker, so muss der Bauherr diese Ansprüche nicht gerichtlich geltend machen. Im Übrigen entfällt diese Pflicht, wenn die Firma im Prozess (z.B. als Streithelfer) vorträgt, ihre Leistung sei fehlerfrei (OLG Koblenz NJW-RR 1999, 603). Eine Klausel, die die Haftung eines Bauträgers davon abhängig macht, dass die abgetretenen Mängelrechte gegen die Subunternehmer »nicht durchsetzbar sind«, begründet aufgrund ihrer sprachlichen Fassung die Gefahr, dass der Klauselgegner sie dahin versteht, dass die gerichtliche Inanspruchnahme der Subunternehmer Voraussetzung für die subsidiäre Haftung des Bauträgers ist. Sie ist daher nach § 309 Nr. 8 b) aa) BGB unwirksam. Zu verweisen ist hierzu auch auf die »weitere« Entscheidung des BGH v. 21.3.2002. Danach ist *eine vom Bauträger gestellte* Klausel, die vorsieht, dass der Bauträger erst haftet, wenn der Erwerber sich erfolglos be-

Mängelansprüche Vor § 13 VOB/B

müht hat, die ihm abgetretenen Gewährleistungsansprüche des Bauträgers gegen die anderen am Bau Beteiligten durchzusetzen, unwirksam – auch mit Bezugnahme auf § 9 ABGB (BGHZ 150, 226 = BauR 2002, 1385 = NJW 2002, 2470, 2471; OLG Frankfurt BauR 1998, 335 = ZfBR 1998, 143 i. Anschluss an Senatsurteil v. 6.4.1995 BauR 1995, 542 ergangen zu § 11 Nr. 10a AGBG).

162 Vom Bisherigen abgesehen, setzt eine rechtswirksame Abtretung voraus, dass die abzutretende Forderung bestimmt oder jedenfalls bestimmbar ist; hierfür ist das Vorliegen konkreter Ansprüche notwendig (dazu LG Kaiserslautern VersR 1973, 868). Die **Bestimmtheit** der Abtretung ist nicht schon dann zu verneinen, wenn der Abtretende sich vorbehält, selbst die Nacherfüllung zu bewerkstelligen bzw. durchzusetzen (BGH BauR 1984, 172 = SFH § 633 BGB Nr. 39). Hinsichtlich der Person des Schuldners (Auftragnehmers) genügt es für die Bestimmtheit und Wirksamkeit der Abtretung, dass diese im Zeitpunkt der Entstehung des abgetretenen Anspruches feststeht – mag sie auch dem neuen Gläubiger im Zeitpunkt der Abtretung noch nicht bekannt sein (BGH BauR 1975, 206 = SFH Z 7.22 Bl. 7; 1979, 514 = SFH § 633 BGB Nr. 19; 1980, 71 = NJW 1980, 282, 283). In der zuletzt genannten Entscheidung hat der BGH mit Recht hervorgehoben, dass es dem Auftraggeber grundsätzlich nicht zuzumuten ist, zwecks Auffindens des »richtigen« Verantwortlichen zeitraubende und kostspielige Ermittlungen anzustellen und/oder insofern einen risikoreichen Prozess zu führen.

163 Sollen auch **Ansprüche gegen Subunternehmer** abgetreten sein, muss dieses aus dem Bauvertrag zweifelsfrei hervorgehen; zudem muss es auch tatsächlich geschehen – die bloße Verpflichtung dazu im Bauvertrag reicht für sich allein nicht (BGH BauR 1975, 206 = SFH Z 7.22 Bl. 7). Die Abtretung von Mängelansprüchen gegen »Bauunternehmer, Handwerker und sonstige Lieferanten« erfasst nicht Ansprüche gegen Architekten oder andere an der Bauplanung und Bauaufsicht beteiligte Personen (BGHZ 70, 389 = BauR 1978, 308; BGHZ 70, 193 = NJW 1978, 634 = BauR 1978, 136). Andererseits umfasst eine **Abtretung von Mängelansprüchen gegen »die am Bau Beteiligten«** auch Ansprüche gegen den Architekten (OLG Düsseldorf BlGBW 1983, 220 = BauR 1984, 201).

164 Sofern der Auftragnehmer auch Planungsleistungen (z.B. entsprechend § 2 Nr. 9 VOB/B) zu erbringen hat – und auch daraus sich ergebende Mängelansprüche abgetreten werden sollen – muss dies zweifelsfrei im Vertrag zum Ausdruck kommen (BGH BauR 1980, 568 = NJW 1980, 2800, 2801. – Zum unmittelbaren Anspruch des Subunternehmers gegen den Auftraggeber auf Rückgabe der dem Auftraggeber aus Anlass der Abtretung vom Hauptunternehmer übergebenen Gewährleistungssicherheit [Bürgschaftsurkunde] siehe Anh. 1).

165 Die vorgenannten, auf der Grundlage jedenfalls teilweise schon früher ergangener Rechtsprechung beruhenden Grundsätze füllen auch die Verbotsnorm in § 309 Nr. 8 b) aa) BGB aus. Dabei spielt auch die Verpflichtung des Verwenders zur Tragung der Nacherfüllungsaufwendungen in § 309 Nr. 8 b) cc) BGB eine Rolle. So verstieß schon vor Inkrafttreten des AGB-Gesetzes eine formularmäßige Klausel, wonach der Abtretende eine Unterstützung bei der Verfolgung der abgetretenen Mängelansprüche nur innerhalb der ersten drei Monate ab Anzeige über schlüsselfertige Herstellung/Bezugsfertigkeit zu gewähren habe, wegen ihrer zeitlichen Beschränkung gegen Treu und Glauben.

166 Ist die Abtretung vereinbarungsgemäß von der Zustimmung des Schuldners – hier des Auftragnehmers – abhängig gemacht worden, ist eine ohne solche Zustimmung dennoch erfolgte Abtretung nicht nur dem Auftragnehmer, sondern auch Dritten gegenüber unwirksam (BGHZ 40, 156 = NJW 1964, 243).

167 Wer sich zwecks Ablösung eines Garantieeinbehaltes für den Auftragnehmer einem Bauträger gegenüber verbürgt, der seinerseits seine Mängelrechte an den Erwerber des Bauwerks abgetreten hat, haftet, wenn der Bauträger selbst für die Mängelrechte einstehen muss, weil der Auftragnehmer zur Nacherfüllung nicht mehr in der Lage ist (BGH BauR 1982, 384 = NJW 1982, 1808).

G. Haftungsverhältnis zwischen Auftraggeber einerseits und andererseits dem Architekten/Ingenieur/Sonderfachmann/anderen Unternehmern – einschließlich des Mitverschuldens des AG

168 Erreichen Bauvorhaben eine bestimmte Größe, wird der Auftraggeber regelmäßig durch selbstständige Verträge – neben dem Bauvertrag – einen bauplanenden und/oder bauaufsichtsführenden Architekten beauftragen. Daneben kann die Einschaltung weiterer Sonderfachleute (z.B. Tragwerksplaner) sowie die eines Projektsteuerers treten. Die folgenden Ausführungen beziehen sich auf die Einschaltung eines Architekten/Ingenieurs. Etwas anderes gilt, wenn der Bauunternehmer entsprechende Leistungen zusätzlich durch Individualvertrag übernimmt. Für diese kann die VOB/B nicht vereinbart werden (dazu § 1 VOB/A). In diesen Fällen haftet er entsprechend dem Architekten/Ingenieur. Ebenso gesondert zu behandeln sind die Fälle, bei denen ein Totalunternehmer/Totalübernehmer beauftragt wird. Dieser übernimmt »in einem Vertrag« Bau- und Architekten-/Ingenieurleistungen.

I. Mängelansprüche des Auftraggebers gegen den Architekten bzw. Sonderfachmann

1. Architektenvertrag als Werkvertrag

169 Die Frage der Mängelhaftung kann auch eine über das unmittelbare vertragliche Verhältnis zwischen Auftraggeber und Auftragnehmer hinausgehende Bedeutung haben. Es kann sein, dass der Auftraggeber neben dem Mängelanspruch gegen den Auftragnehmer bei mangelhafter Bauleistung auch einen Mängelanspruch aus dem Werkvertrag mit dem Architekten (BGHZ 31, 224 = NJW 1960, 431) gegen diesen hat. Der Architektenvertrag ist zunächst insofern Werkvertrag, als dem Architekten die **Planung** oder die Planung und die **Bauaufsicht** (Objektüberwachung) übertragen worden sind (BGHZ 32, 206 = NJW 1960, 1198, 1199).

a) Planungsmängel

170 Es ist bekannt, dass die HOAI (Honorarordnung für Architekten/Ingenieure) »**nur« eine Honorarordnung darstellt, nicht dagegen eine Vertragsordnung** (BGH BauR 1997, 154; 1999, 187). Die Leistungsbilder/Leistungsphasen der HOAI können deshalb hinsichtlich der vom Architekten/Ingenieur vertraglich geschuldeten Leistung keine ausreichende Vertragsgrundlage sein. Gleichwohl haben sich zahlreiche Urteile der Vergangenheit hinsichtlich der Zuordnung der zu erbringenden Leistungsteile an den Leistungsphasen der HOAI orientiert. Man ging deshalb davon aus, dass der Architekt aus den §§ 631 ff. BGB für die Genehmigungsfähigkeit der Planung immer dann haften würde, wenn ihm zumindest Leistungen einschließlich der Leistungsphase 4 des § 15 HOAI in Auftrag gegeben wurden. Nach der ständigen Rechtsprechung des BGH (BGH BauR 1999, 1195 = ZfBR 1999, 315; 2002, 1872) schuldet der Architekt als Werkerfolg eine **dauerhaft genehmigungsfähige Planung**. Die Parteien können abweichend im Rahmen der Privatautonomie vereinbaren, dass der Auftraggeber das Risiko der Genehmigungsfähigkeit übernimmt. Die Kenntnis des Auftraggebers über das Genehmigungsrisiko allein entbindet den Architekten jedoch nicht von der Haftung für den Erfolg »Genehmigungsfähigkeit«. Es ist dem Architekten daher zu empfehlen, eine ausdrückliche Vereinbarung darüber zu treffen, dass der Auftraggeber das Risiko der Genehmigungsfähigkeit übernimmt.

171 In der Praxis werden Bezeichnungen wie »**Planen auf eigenes Risiko**« o.Ä. verwendet. Hierunter können einerseits die beschriebenen Fallkonstellationen der Übernahme des »Genehmigungsrisikos« durch den Auftraggeber fallen. **Andererseits** können jedoch auch Fallkonstellationen zu verstehen sein, bei denen der **Architekt** – über den von ihm »sowieso« geschuldeten Werkerfolg hinaus – ein zusätzliches entsprechendes »Erfolgs-Risiko« übernimmt. Dies z.B. dann, wenn der Architektenvertrag mit der **aufschiebenden Bedingung** der Erteilung einer über den »üblichen« Werkvertrag

Mängelansprüche   Vor § 13 VOB/B

hinausgehenden Baugenehmigung verknüpft wird. Der Architekt soll nach dem Willen der Vertragsparteien sein Honorar nur im »Erfolgsfall« der Erteilung gerade dieser Baugenehmigung erhalten. Hier verhält sich die »Risikoverlagerung« gerade umgekehrt. Die Verwendung des Begriffes »Planen auf eigenes Risiko« – oder sinnverwandter Bezeichnungen – birgt daher ein Verwechslungsrisiko. Sofern auf vertraglichem Wege Risikoverteilungen vorgenommen werden, müssen diese so eindeutig wie möglich sein. Im Rahmen der Verwendung von Allgemeinen Geschäftsbedingungen sind die Anforderungen der §§ 305 ff. BGB zu beachten – insbesondere das ausdrücklich in § 307 Abs. 1 S. 2 BGB enthaltene **Transparenzgebot**.

Die §§ 631 ff. BGB kommen ebenfalls zur Anwendung, wenn der Architekt kraft des mit ihm abgeschlossenen Vertrages nur mit einem **Teil der Planung** beauftragt worden ist, wie z.B. den sonstigen Planungsarbeiten (entsprechend § 15 Abs. 2, Leistungsphasen 5–7 HOAI [BGH BauR 1974, 211 = NJW 1974, 898]). Dem Bereich des Werkvertragsrechts ist es auch zuzuordnen, wenn der mit der Objektüberwachung beauftragte Architekt – z.B. um die Entwässerung des Gebäudes zu sichern – dessen Lage der Höhe nach einzumessen hat. Auch insoweit handelt es sich um eine Planungsleistung (BGH BauR 1973, 332 = NJW 1973, 1458; 1992, 627 = NJW-RR 1992, 1104 für den Fall der Festlegung der Höhe einer Beton-Kellerwanne). Gleiches gilt für die Grenzvermessung (OLG Düsseldorf BauR 1975, 68). Insgesamt sind alle vom Architekten übernommenen Absteckungs- und Einmessarbeiten i.S.v. § 3 Nr. 2 VOB/B hier zuzuordnen. **172**

b) Objektüberwachungsmängel

Auch die bloße Übertragung der Bauleitung bzw. der **Objektüberwachung** (§ 15 Abs. 2, Leistungsphase 8 HOAI) ist dem werkvertraglichen Bereich des BGB zuzuordnen. Folge ist, dass die Tätigkeit des planenden und/oder aufsichtsführenden Architekten einer einheitlichen Betrachtung im Hinblick auf seine vertraglichen Rechte und Pflichten gegenüber dem Auftraggeber unterliegt. Dies entspricht der Rechtsprechung des BGH (BGHZ 82, 100 = BauR 1982, 79 unter Aufgabe früherer Rechtsprechung). Auch der aufsichtsführende bzw. überwachende Architekt schuldet den Erfolg dahin gehend, dass das Bauwerk plangerecht entsprechend den genehmigten Bauvorlagen und frei von Mängeln entsteht. Wenn dabei auch nicht erwartet wird, dass er das Bauwerk selbst errichtet, so schuldet er doch einen **erfolgsbedingten Beitrag**. **173**

Problematisch ist eine Vereinbarung, dass der Betroffene die Arbeiten der an der Bauausführung unmittelbar Beteiligten nur dahingehend begleitet, dass das Bauwerk plangerecht und mangelfrei zur Vollendung kommt. Oftmals soll damit verbunden werden, dass der bauausführende bzw. objektüberwachende Architekt nicht für sämtliche Mängel einzutreten haben soll, sondern nur für solche, die durch eine objektiv mangelhafte Erfüllung seiner Bauführeraufgaben verursacht werden (dazu auch § 4 VOB/B). Problematisch erscheint dies deshalb, weil der bauausführende bzw. objektüberwachende Architekt im Regelfall für das Gesamtbauwerk – dessen mangelfreie Entstehung – verantwortlich ist. Entsprechende Haftungseinschränkungen wird man über Allgemeine Geschäftsbedingungen im Regelfall nicht vereinbaren können. Selbst individualrechtliche Vereinbarungen werden oftmals an der Transparenz scheitern. **174**

Wichtig ist in diesen Fällen immer, dass hinsichtlich der architektenvertraglichen Haftung i.S.d. § 634, bzw. der fünfjährigen Verjährung (Die Verjährungsfrist beträgt dabei im Regelfall fünf Jahre. Vorformulierte Klauseln in Architektenverträgen, wonach Gewährleistungsansprüche gegen den Architekten in zwei Jahren beginnend mit der Abnahme des Bauwerks verjähren sollen, waren gemäß § 11 Nr. 10 f. AGBG unwirksam. Über § 9 AGBG galt dies auch bei Kaufleuten, OLG Celle BauR 2000, 759), gemäß § 634a Abs. 1 Nr. 2 BGB Klarheit besteht. Gleiches gilt für die Möglichkeit der Eintragung einer Bauhandwerkersicherungshypothek nach § 648 BGB oder eines **Sicherungsanspruches** nach § 648a BGB, ebenso der Aufrechterhaltung des Vergütungsanspruches bei einer Kündigung nach § 649 BGB (BGHZ 82, 100 = BauR 1982, 79; zur Frage der Anwendbarkeit der bzw. Nichtanwendbarkeit der HOAI auf Architekten- und Ingenieurleistungen, insbes. dann, wenn sie **175** neben oder zusammen mit Bauleistungen erbracht werden, BGH BauR 1997, 677 = NJW 1997, 2329 u. OLG Köln NJW-RR 2000, 611).

c) Sonstige Pflichten/Nebenpflichten

176 In der Vergangenheit wurde die Rechtsprechung zur Haftung von Unternehmern und damit auch von Architekten/Ingenieuren von einer Differenzierung zwischen Haupt- und Nebenpflichten geprägt. Dies gilt in dieser Absolutheit heute nicht mehr. Indiz hierfür ist die durch die Schuldrechtsreform vorgenommene geänderte Ausgestaltung des Schadensersatzanspruches von Unternehmern und damit auch Architekten/Ingenieuren gemäß § 280 BGB. Dort wird nicht mehr zwischen Haupt- und Nebenpflichten unterschieden. Sicherlich gibt es weiterhin auch noch Pflichten, die man als Nebenpflichten bezeichnen kann. Abzugrenzen sind diese wiederum gegenüber den sog. Obliegenheiten. Im Bereich des Architekten- und Ingenieurrechts spielen letztere allerdings nur im Verhältnis zwischen Haftpflichtversicherer und Architekt/Ingenieur eine große Rolle. Im Rahmen der Haftung des Architekten ist gemäß der Tendenz der Rechtsprechung des VII. Senates des Bundesgerichtshofes zunächst einmal der Bereich der Hauptpflichten deutlich erweitert worden. So hat der BGH beispielsweise die Haftung im Bereich der Nichteinhaltung von vereinbarten/einseitig vorgegebenen Bausummen als Hauptpflicht dem eigentlichen Gewährleistungsrecht der §§ 633 ff. BGB unterstellt. Dies ist aber nur einer von vielen Haftungsbereichen der Architekten im Bereich eines komplexen Leistungsverbandes (i.d.S. *Preussner* in *Thode/Wirth/Kuffer* § 9 Rn. 39). Gesprochen wird auch von den Sachwalterpflichten des Architekten (hierzu *Hebel* in *Thode/Wirth/Kuffer* § 15 Rn. 6 ff.). Ob dieser Begriff des Sachwalters so glücklich gewählt ist, mag dahinstehen. Zutreffend ist, dass den Architekten neben den »bekannten« Planungs- und Objektüberwachungspflichten eine Vielzahl anderer Pflichten treffen. Neben den bereits genannten im Bereich der angestrebten Bausumme zählen hierzu insbesondere seine Koordinierungspflichten und zahllose Informations- bzw. Beratungspflichten gegenüber seinem Bauherrn (vgl. hierzu im Einzelnen *Schwenker* in *Thode/Wirth/Kuffer* § 4 VOB/B Rn. 34 ff. und *Hebel* in *Thode/Wirth/Kuffer* § 15 Rn. 6 ff.). All diese Pflichten können »sehr schnell« zu Hauptpflichten werden. Dies nicht nur, wenn sie als solche ausdrücklich im Vertrag beschrieben werden, sondern analog der Rechtsprechung des Bundesgerichtshofes zu Bausummenüberschreitungen. Voraussetzung hierfür ist, dass ihre Nichteinhaltung zu einem Mangel des vom Architekten geschuldeten Werkes führt. Die genannten zahllosen Informations- und Beratungspflichten können an dieser Stelle nicht erörtert werden. Die Praxis zeigt allerdings, dass Architekten/Ingenieure oftmals gerade in diesem Bereich in die Haftung geraten. Als Beispiel ist nur die Information des Bauherrn im Rahmen der Abnahme des Bauwerkes zu nennen. Hier muss der Architekt »Farbe bekennen« und den Bauherrn deutlich darüber informieren, was während der Baudurchführung »abgelaufen« ist. Räumt er beispielsweise nicht ein, dass er bestimmte Gewerke nicht überwacht hat oder überwachen konnte (Beispiel: Wurde tatsächlich eine weiße Wanne errichtet?), begibt er sich sogar in den Bereich der Arglist-Haftung.

177 Insoweit wird von dem in der Vorauflage (Rn. 277) noch vorgenommenen Abstellen allein auf Nebenpflichten abgerückt. Ob es sich im konkreten Fall um Nebenpflichten, sonstige Pflichten oder Sachwalterpflichten handelt, muss im Einzelfall jeweils geklärt werden. Nicht nur die beiden zuletzt genannten Pflichtenkreise können jederzeit zu Hauptpflichten werden. Auch in der Vergangenheit in Literatur und Rechtsprechung als Nebenpflichten eingestufte Aufgaben des Architekten können den Charakter von Hauptpflichten annehmen. Die Prüfung im Einzelfall wird immer dann schwierig, wenn die entsprechenden Pflichten im Architekten-/Ingenieurvertrag nicht konkret abgehandelt werden. Insoweit stellt die Ausrichtung von entsprechenden Verträgen allein an kursierenden Formularmustern eine Gefahr dar. Selbst wenn entsprechende Muster verwendet werden, sind die Parteien gehalten, zusätzlich den dem Auftragnehmer obliegenden Pflichtenkreis so exakt wie möglich zu beschreiben. Man kann insoweit auch von der Festlegung des Architekten-Solls sprechen. Damit wird der Begriff des vom Bauunternehmer geschuldeten Bausolls übernommen. Auch im Bereich der Architekten-/Ingenieur-Haftung muss im Rahmen einer Gewährleistungsauseinandersetzung gefragt werden, ob das Architekten-Ist dem Architekten-Soll entspricht. Liegen hier Abweichungen vor, stellt sich regelmäßig die Frage der Gewährleistung (im Übrigen ebenso regelmäßig auch die Frage der zusätzlichen Vergütung).

178 Als Nebenpflichtverletzung wird man – soweit sich aus der Vertragsgestaltung bzw. der Vertragsauslegung nichts weitergehendes ergibt – beispielsweise weiterhin einstufen können, wenn der Architekt der Ursache von Baumängeln nicht nachgeht und namens des Auftraggebers kein ordnungsgemäßes Nacherfüllungsverlangen gegenüber dem für den Mangel verantwortlichen Auftragnehmer stellt. Dies insbesondere, um die Verjährung von Gewährleistungsansprüchen gegen den Auftragnehmer zu verhindern (BGHZ 71, 144 = BauR 1978, 235 = NJW 1978,1311). Entsprechendes gilt auch für die hinreichende Aufklärung des Auftraggebers über Mängel des – eigenen – Architektenwerkes – dabei ist der mögliche Widerspruch zu Pflichten gegenüber der Haftpflichtvereinbarung zu beachten (BGH BauR 1996, 418). Von seiner **Pflicht, Ursachen von Baumängeln aufzuklären** und dem Auftraggeber u.U. **eigene Planungs- und/oder Bauaufsichtsfehler** rechtzeitig zu offenbaren, ist der Architekt nur befreit, wenn er darauf vertrauen durfte, dass andere vom Auftraggeber beauftragte Personen oder von diesem eingesetzte Sachverständige diese Aufgabe übernehmen und den Auftraggeber ausreichend beraten (BGH BauR 1987, 343 = NJW 1987, 2743). Hierfür ist der Architekt darlegungs- und beweisbelastet.

d) Rechtsberatung

179 Mit der Tätigkeit des Architekten sind oftmals Aufgaben verbunden, die der **Rechtsberatung** »nahe stehen«. Daher muss er darauf achten, im Einzelfall nicht gegen das Rechtsberatungsgesetz v. 13.12.1935 (RGBl. I S. 1478) i.d.F. des Gesetzes v. 13.12.1980 (BGBl. I S. 2135) sowie späterer Änderungen zu verstoßen. Die Abgrenzung ist darin zu sehen, dass es nach dem Berufsbild des Architekten dessen Aufgabe ist, ein Bauwerk durch Planung und/oder Aufsicht entstehen zu lassen. Soweit mit der Erfüllung damit verbundener Einzelleistungen, wie sie z.B. im Vertrag oder u.U. durch Verweisung auf § 15 HOAI umschrieben sind, zwangsläufig auch die **Besorgung rechtlicher Angelegenheiten** erforderlich ist, muss dies dem Architekten in einem gewissen Umfang gestattet sein; bspw. im Bereich der Vergabe, der Wahrnehmung der Rechte des Auftraggebers im Rahmen von Nacherfüllung, des Hinwirkens auf die Beachtung öffentlich-rechtlicher Bauvorschriften, der Beratung des Auftraggebers über steuerliche Vergünstigungen, sofern dieser erkennbar Wert darauf legt (BGHZ 70, 12 = BauR 1978, 60). Problematisch wird dies allerdings im Bereich der **Vertragsgestaltung** bzw. der **Vertragsvorbereitung**. In diesem Bereich sollte/darf der Architekt/Ingenieur, was den rechtlichen Bereich anbetrifft, nicht tätig sein. Er ist für diese Fälle nicht haftpflichtversichert. Tätig sein darf er allerdings im Bereich der Beratung hinsichtlich des technischen Vertragsinhaltes.

180 Sicherlich unzulässig ist die Wahrnehmung von Angelegenheiten, die außerhalb der eigentlichen Bauerrichtung liegen, z.B. der Übernahme von Betreuungsleistungen als Nebenleistung zur Architektenaufgabe (Entwurf von Verträgen mit späteren Erwerbern oder der Teilungsvereinbarung bzw. -erklärung, Abfassung des Hausverwaltervertrages usw); somit für Tätigkeiten, die nicht im Rahmen der ihm eigentlich beruflich obliegenden Betreuung erfolgen (BGHZ 70, 12 = BauR 1978, 60 = SFH § 631 BGB Nr. 1 m.w.N.).

2. Baumängel zugleich als Mängel des Architektenwerks

181 Dem Auftraggeber stehen bei Vorliegen eines Baumangels **auch Mängelrechte gegen den Architekten** zu – vorausgesetzt die fehlerhafte Bauleistung des Auftragnehmers beruht entweder auf einer mangelhaften Planung (dazu z.B. BGH NJW 1962, 1764) oder auf einer Nachlässigkeit des Architekten bei der Bauaufsicht (vgl. dazu auch § 4 VOB/B). Baumängel sind zugleich Mängel des Architektenwerkes, wenn sie durch eine objektiv mangelhafte Erfüllung der Architektenaufgaben verursacht oder mitverursacht sind (BGHZ 31, 224, 227 f. = NJW 1960, 431; BGHZ 42, 16, 18 = NJW 1964, 1791). Gleiches trifft auf die Leistung des Ingenieurs, Tragwerkplaners oder sonstigen Sonderfachmannes zu (BGHZ 48, 257 = NJW 1967, 2259; OLG Stuttgart MDR 1969, 49; zur Rechtsstellung des Tragwerkplaners und Vermessungsingenieurs sowie sonstigen Ingenieurs und dessen Verantwortlichkeit, siehe § 9 VOB/A, ferner § 3 VOB/B).

182 Im Ergebnis ist regelmäßig zu fragen, ob der Architekt den von ihm vertraglich geschuldeten Erfolg erreicht hat. Dabei sollte allenfalls »sekundär« auf Einzelleistungen aus Leistungsphasen einzelner Leistungsbilder der HOAI (beispielsweise § 15 HOAI) abgestellt werden (Der BGH hat hierzu in seinem entscheidenden Urt. v. 24.10.1996 ausgeführt: »Was ein Architekt oder Ingenieur vertraglich schuldet, ergibt sich aus dem geschlossenen Vertrag, in der Regel also aus dem Recht des Werkvertrages. Die HOAI enthält keine normativen Leitbilder für den Inhalt von Architekten- und Ingenieurverträgen. ...«, BGH BauR 1997, 154 = NJW 1997, 586 = ZfBR 1997, 74; bestätigt durch BGH Urt. v. 22.10.1998 BauR 1999, 187). Letztere können – neben dem eigentlich geschuldeten Werkerfolg – als geschuldete Einzelleistungen festgeschrieben werden (i.d.S. sind auch die Folgeentscheidungen zu sehen: BGH Urt. v. 24.6.2004 VII ZR 259/02 = BauR 2004, 1640; Urt. v. 11.11.2004 VII ZR 128/03 = BauR 2005, 400). Abhängig ist dies davon, inwieweit die Honorartatbestände der HOAI kraft Vereinbarung zu vertraglich geschuldeten Leistungen erhoben werden. Die Lehre von den »**zentralen Leistungen**« (*Locher/Koeble/Frik* § 5 HOAI Rn. 20 ff.) sollte insoweit nicht weiter verfolgt werden. Der Architekt hat dafür Sorge zu tragen, (1.) dass der **geschuldete Werkerfolg** eintritt, (2.) dass er **vertraglich vereinbarte Teil- oder Einzelleistungen** erbringt, (3.) dass er seinen **Sachwalterpflichten** nachkommt (Beratungs-, Informations-, Hinweispflichten etc.) und (4.) dass er quasi als »**Auffangtatbestand**« darauf achtet, dass die **Regeln der Technik** (dazu *Döbereiner* BauR 1980, 296, im Hinblick auf die Mindestanforderungen an den Schallschutz im Verhältnis zur DIN N 4109, Fassung 1962) am Bauwerk berücksichtigt werden. Ebenso muss er hinsichtlich seiner eigenen »handwerklichen planerischen Leistungen«, die Regeln der Technik beachten.

183 Hinsichtlich der Beschreibung des geschuldeten Werkerfolges ist eine alleinige Bezugnahme auf die Leistungsphasen des § 15 HOAI nicht ausreichend. Zur Erläuterung sei nur darauf hingewiesen, dass dort hinsichtlich der Bauzeit sowie der Baukosten praktisch keine Regelungen enthalten sind. Nicht ausreichend in diesem Zusammenhang ist beispielsweise die Nennung des »Durcharbeiten des Plankonzeptes« auch unter Berücksichtigung wirtschaftlicher Anforderungen aus § 15 Abs. 2 Nr. 3 HOAI (Entwurfsplanung). Entsprechendes ist in nahezu jedem Architektenvertrag erforderlich. Hierzu hat der BGH entschieden, dass es Aufgabe des Architekten ist, die Bauwünsche seines Auftraggebers zu ermitteln und dementsprechend zu planen. Beispielsweise muss er den AG über die technischen Möglichkeiten aufklären, mit denen dessen Zielvorstellungen verwirklicht werden können. Dies muss vom Architekten ausgehen, nicht vom Auftraggeber (BGH BauR 1998, 356 = NJW-RR 1998, 668 = ZfBR 1998, 148).

184 Eine **Architektenleistung** ist somit **mangelhaft**, wenn die geplante Ausführung des Architektenwerkes notwendigerweise zu einem Mangel des Bauwerks führen muss bzw. musste (BGH VersR 1971, 958; OLG Hamm NJW-RR 1989; 470; OLG Hamm BauR 1991, 788; OLG Düsseldorf BauR 1991, 791). Insbesondere ist der Architekt verpflichtet, auf Risiken seiner Planung hinzuweisen (OLG Saarbrücken, [Nichtannahmebeschluss des BGH] NJW-RR 1998, 93). Im Übrigen kann er seine ihm gegenüber dem Auftraggeber obliegenden Planungspflichten im Bereich der Detailplanung u.U. auch mündlich erfüllen. So ist es nicht schon ein dem Architekten vorzuwerfender **Planungsfehler**, wenn er für den Aufbau einer Dachterrasse deshalb keine schriftlichen Detailpläne erstellt hat, weil beabsichtigt war, den Handwerkern die notwendigen planerischen Anweisungen an Ort und Stelle mündlich zu erteilen. Beauftragt der Auftraggeber dann Handwerker ohne Einschaltung des Architekten, so ist der Architekt nicht schadensersatzpflichtig, wenn die Terrasse u.a. wegen fehlender Detailpläne fehlerhaft erstellt wird (OLG Köln SFH § 635 BGB Nr. 84).

185 Soweit es sich um die Verwendung **neuartiger oder spezieller Baustoffe bzw. Bauteile** und/oder **Baumethoden** handelt, kann, wenn es später dadurch zu einem Mangel kommt, dem Architekten dann kein Vorwurf gemacht werden, wenn das betreffende Material oder die betreffende Baume-

thode im Zeitpunkt der Verwendung bzw. ihrer Anwendung in Fachkreisen als den anerkannten Regeln der Technik entsprechend und für die vorgesehene Maßnahme geeignet angesehen wird; zusätzlich der Architekt – evtl. nach gebotener Erkundigung – keinen Zweifel hat und zu haben braucht, dass dieses zutrifft (BGH BauR 1976, 66 = SFH Z 3.001 Bl. 1). Auch kann sich der Architekt auf das bessere Wissen eines über lange Jahre erfahrenen Fachunternehmers verlassen, wenn er für Zweifel keine Anhaltspunkte hat (BGH BauR 1976, 66 = SFH Z 3.001 Bl. 1; zur gesteigerten Überwachungspflicht des Architekten im Hinblick auf einen ungeeigneten Unternehmer, vgl. auch § 4 VOB/B. Zur planerischen Haftung des Architekten für eine ursprünglich nicht vorgesehene Leistung, vgl. auch § 4 VOB/B).

186 Das Gesagte gilt auch für die Leistungen des Ingenieurs, Tragwerkplaners und der übrigen aus Anlass der Bauerrichtung tätigen Sonderfachleute.

187 Zur **Abnahme des Architektenwerks** und der damit für ihn in Lauf gesetzten Verjährungsfrist wegen Mängeln der Leistung ist auf die einschlägige Literatur und Rechtsprechung zu verweisen (BGH NJW 1964, 647; BGH NJW 1982, 1387; BGH BauR 1987, 113 = ZfBR 1987, 40). Insbesondere ist die Regelung des zum 1.5.2000 eingeführten § 640 Abs. 1 S. 3 BGB zu beachten. Danach ist es in der Praxis für Architekten/Ingenieure deutlich einfacher geworden, eine Abnahme herbeizuführen. Soweit es bloße Planungsleistungen bis zur Genehmigungsplanung betrifft (entsprechend § 15 Abs. 2 Nr. 1–4 HOAI), können diese u.U. unabhängig von der Bauwerksherstellung zu bewerten sein. Hierbei handelt es sich um Leistungen, die werkvertragsrechtlich »für sich« zu beurteilen sind. So setzt die Abnahme der Tragwerksplanung nicht unbedingt die Ausführung der Bauleistung selbst voraus, da statische Planung und Berechnung für sich geprüft werden können (BGH BauR 1974, 67 = NJW 1974, 95 m. Anm. v. *Ganten* NJW 1974, 987 = SFH Z 3.023 Bl. 3). Dieses trifft auch auf die Abnahme eines Bodengutachtens zu, weil auch die Leistungen des Geologen hinsichtlich ihrer Ordnungsgemäßheit für sich abschließend beurteilbar sind (BGHZ 72, 257 = BGH BauR 1979, 76).

3. Grundsätzliche Schadensersatzpflicht des Architekten – Beweislast

a) Leistung nach fehlerhafter Bauausführung im Regelfall nicht nachholbar

188 Ein **Nacherfüllungsanspruch** besteht gegenüber dem Architekten sicherlich dann, wenn seine Leistung noch korrigiert werden kann. Dies gilt, wenn fehlerhafte Pläne noch nicht umgesetzt sind (BGH NJW 1962, 390 = SFH Z 3.01 Bl. 164; BGH NJW 1962, 1499 = SFH Z 3.01 Bl. 172; BGHZ 39, 261 = NJW 1963, 1401; BGHZ 43, 227 = NJW 1965, 1175; BGH BauR 1981, 395; ferner OLG München SFH § 635 BGB Nr. 57). Insoweit kann der Auftraggeber gegenüber dem Architekten gemäß §§ 634 Nr. 1, 635 BGB die Pflicht haben, diesen zunächst zur Beantragung einer möglichen Ausnahme, Befreiung (**Dispens**) oder Abweichung aufzufordern (vgl. u.a. OLG Hamm MDR 1978, 226). Eine mangelhafte Bauaufsicht – mit der Folge von Fehlern durch den Bauunternehmer – ist allenfalls durch eine erneute Beaufsichtigung der Nacherfüllung zu korrigieren. Im Regelfall – wenn dem Architekten nicht eine Nacherfüllung der mangelhaften Bauleistung eingeräumt wird, eventuell aufgrund vertraglicher Vereinbarung – muss deshalb ein Schadensersatzanspruch geprüft werden. Dieser ist grundsätzlich auf Geld gerichtet (BGH NJW 1978, 1853 = BauR 1978, 498; BGH BauR 1981, 479 = SFH § 635 BGB Nr. 29).

189 Entgegen einer vom BGH (BGH NJW 1978, 1853 = BauR 1978, 498; BGH BauR 1981, 479 = SFH § 635 BGB Nr. 29) heute wohl zu überprüfenden Entscheidung wird es gleichwohl gerechtfertigt sein, vom Architekten im Bereich seiner bisherigen vertraglichen Aufgaben als **Nacherfüllung planerische oder aufsichtliche Maßnahmen** zu verlangen, soweit solche zur Mangelbeseitigung an der Bauleistung objektiv noch erforderlich sind (OLG Celle BauR 1999, 676); insbesondere soweit die bloßen Beseitigungsmaßnahmen durch den Auftragnehmer ohne weitere Planung oder Bauaufsicht seitens des Architekten nicht ausreichen. In diesen Fällen ist es berechtigt, auch den Architekten zur Nacherfüllung für verpflichtet zu halten, sofern dies im Einzelfall für den Auftraggeber möglich und vor allem zumutbar ist (§ 634 Abs. 2 BGB; ebenso *Ehlen/Blatt* FS Korbion 1986 S. 69, 80; auch *Ganten* FS Korbion 1986 S. 85, 95 ff., der dies als Wertungsfrage im Einzelfall bezeichnet; dazu auch RGRK-BGB/*Glanzmann*, Anh. zu §§ 633–635 BGB Rn. 64). Folgt man dem nicht und belässt es auch im angeführten Bereich bei der Schadensersatzpflicht des Architekten im Rahmen des § 280 BGB, so wird man es dem **Architekten** grundsätzlich **nicht verwehren können**, selbst aus eigener Initiative durch planerische oder aufsichtliche Maßnahmen den von ihm zu ersetzenden Schaden geringer zu halten. Dies folgt aus der dem Auftraggeber obliegenden Schadensminderungspflicht.

b) Nacherfüllungsrecht des Architekten/Ingenieurs für Baumängel?

190 Hinsichtlich des Baumangels selbst wird man dem Architekten ein **Nacherfüllungsrecht** auf der Grundlage des § 242 BGB (zutreffend *Werner/Pastor* Rn. 1642 f. m.w.N.) einräumen können, wenn er selbst in der Lage ist, auf eigene Kosten die Mängel zweifelsfrei und nachhaltig billiger zu beseitigen. Dabei muss er die vorgesehene Mangelbeseitigung im Einzelnen bezeichnen und darlegen, gegebenenfalls auch nachweisen, warum er selbst zur kostengünstigeren und auch schnelleren Beseitigung in der Lage ist (*Locher* Das private Baurecht Rn. 381 ff.; dazu auch *Werner/Pastor* Rn. 1642 m.w.N.). Über diesen Rahmen hinaus ist es im Einzelfall möglich, im **Architektenvertrag besonders zu vereinbaren,** dass der Architekt selbst die Nacherfüllung auf seine Kosten bewerkstelligen kann. Damit wird grundsätzlich keine Nacherfüllungspflicht, sondern ein **Nacherfüllungsrecht des Architekten** vereinbart. Allerdings sind hier AGB-rechtliche Schranken zu beachten. In diesen Fällen ist streitig, ob der Auftraggeber dem Architekten zur Nacherfüllung eine Frist setzen muss (§ 281 Abs. 1 S. 1 BGB analog, vor dem 31.12.2001: § 634 BGB a.F. analog) oder, ob es ausreichend ist, ihm nur Gelegenheit zur Nacherfüllung zu geben (KG BauR 1972, 384). In jedem Fall kann nur empfohlen werden, schriftlich eine Frist zur Nacherfüllung zu setzen. Macht der Architekt von der ihm vertraglich besonders eingeräumten Möglichkeit der Selbstbeseitigung des Schadens keinen Gebrauch, so hat er auch hier Schadensersatz in Geld zu leisten (BGH BauR 1981, 395 = SFH § 635 BGB Nr. 27 = ZfBR 1981, 173).

c) Schadensersatz- oder Minderungsrecht gegen den Architekten unabhängig vom Nacherfüllungsanspruch gegen den Bauunternehmer

191 Die Verpflichtung des Architekten zum **Schadensersatz** oder zur **Hinnahme einer Minderung** bzw. – ausnahmsweise – zur Nacherfüllung steht unabhängig neben der des Auftragnehmers zur Vornahme der Nacherfüllung. Beide sind voneinander unabhängig. Eine Ersatzhaftung, wie sie in § 771 BGB oder in § 839 Abs. 1 S. 2 BGB vorgesehen ist, kennt das Werkvertragsrecht nicht. **Ebenso wenig trifft es zu, dass der Auftraggeber keinen Schaden erlitten hat, solange ihm noch der Nacherfüllungsanspruch gegen den Auftragnehmer zusteht.** Maßgebend ist allein, wie sich die wirtschaftliche Lage des Auftraggebers gestaltet. Sie ist regelmäßig trotz Bestehens des Nacherfüllungsanspruchs gegen den Auftragnehmer durch den Mangel verschlechtert. Dafür hat auch der Architekt einzutreten, wenn ihm ein Aufsichtsverschulden oder ein Planungsverschulden – auf dem der Mangel beruht – zur Last fällt. Deshalb steht es dem Auftraggeber grundsätzlich frei, ob er wegen des Mangels am Bauwerk den Unternehmer, den Architekten oder beide in Anspruch nehmen will (dazu BGHZ 39, 261 = SFH Z 3.01 Bl. 208; BGH Urt. v. 23.10.2003 VII ZR 448/01 = BauR 2004, 111).

192 Ist bei Baumängeln der Architekt allein verklagt und führt der Auftragnehmer während des Prozesses die Nacherfüllung erfolgreich und vollständig durch, ist der **Schadensersatzprozess** des Auftraggebers gegen den Architekten regelmäßig in der **Hauptsache erledigt**. Es ist dann allein über die Kosten des Rechtsstreits nach § 91a ZPO zu befinden (dazu auch BGHZ 43, 227, 233 = NJW 1965, 1175 = SFH Z 3.00 Bl. 86; BGHZ 51, 275 = SFH Z 2.413 Bl. 37 = NJW 1969, 653). In diesen Fällen kommt ggf. – auch bei teilweiser Verantwortlichkeit – ein Ausgleichsanspruch des Auftragnehmers gegen den Architekten nach § 426 BGB in Betracht (BGH BauR 1971, 60).

Mängelansprüche   Vor § 13 VOB/B

d) Darlegungs- und Beweislast

Der Auftraggeber hat grundsätzlich die objektiven Voraussetzungen seines **Schadensersatzanspruches** gegen den Architekten **darzulegen** und zu **beweisen**. Allgemein muss er sowohl die objektiv fehlerhafte Planung oder die objektiv ungenügende Aufsichtsführung als auch deren Ursächlichkeit für den Bauwerksmangel sowie den daraus entstandenen Schaden nachweisen. Die Frage ist allerdings, ob die **Fehlerhaftigkeit des Bauwerks** zunächst einmal den **Mangel des Architektenwerkes** indiziert (i.d.S. OLG Düsseldorf, S/F Z. 3.0.1.218). Locher stellt diesen **Anscheinsbeweis** in Frage (*Locher* Das private Baurecht Rn. 395). Nur wenn Baumängel vorlägen, die aufgrund gesicherter Lebenserfahrung und typischer Geschehensabläufe auf Planungs- oder Überwachungsfehler zurückzuführen seien, müsse sich der Architekt entlasten. Der BGH hat sich weitgehend dem OLG Düsseldorf angeschlossen. Danach liegt durch den Baumangel eine Art Prima-facie-Beweis vor, d.h., der Architekt muss den Beweis führen, dass der Mangel nicht auf seine Objektüberwachung zurückzuführen ist (BGH BauR 1971, 131). Somit muss der Architekt darlegen und beweisen, dass ihn an dem ihm nachgewiesenen objektiven Mangel kein Verschulden trifft (BGHZ 42, 16, 18 = NJW 1964, 1791; BGHZ 48, 310 = NJW 1968, 43 = SFH Z 3.00 Bl. 121; BGH BauR 1979, 159 = ZfBR 1979, 24; BGH BauR 1982, 514 = SFH § 72 ZPO Nr. 2 = ZfBR 1982, 170). Diese Auffassung steht auch im Einklang mit § 280 Abs. 1 S. 2 BGB. Danach ist das Verschulden keine »echte« Anspruchsvoraussetzung des Schadensersatzanspruchs (mehr). Vielmehr kann der Schuldner (hier: Architekt) nur den **Entlastungsbeweis** führen, dass ihn kein Verschulden trifft. Insoweit ist durch die Schuldrechtsmodernisierung sicherlich eine Klarstellung im Sinne einer **Beweislastverschärfung** festgeschrieben worden.

193

Sicherlich ist dem Architekten die Beweislast zur Frage der Ursächlichkeit der Verletzung von Planungspflichten aufzuerlegen, wenn er eine an sich gebotene Planung unterlassen hat und es dem Auftraggeber nach der gegebenen Sachlage nicht möglich ist, die Ursache für einen aufgetretenen Baumangel festzustellen; beispielsweise, wenn Wasser in einen Keller eingedrungen ist, sich aber die undichte Stelle nicht lokalisieren lässt (BGH BauR 1974, 63).

194

e) Verjährung

Für **Architektenverträge, die vor dem 31.12.2001 (vor Inkrafttreten des Schuldrechtsmodernisierungsgesetzes)** geschlossen **wurden**, gilt Folgendes:

195

Schadensersatzansprüche, die auf Hauptpflichtverletzungen beruhen, verjähren gemäß § 635 BGB i.V.m. 638 BGB a.F. in fünf Jahren.

Sofern wegen Verletzung von Nebenpflichten Ansprüche des Auftraggebers i.S.d. § 241 Abs. 2 BGB (aus der bis zur Schuldrechtsreform bezeichneten positiven Vertragsverletzung) entstehen, fallen diese nach der früheren Rechtsprechung des BGH i.d.R. nicht unter die kürzere Verjährungsfrist für Schadensersatzansprüche wegen nicht vertragsgemäßer Erfüllung (§ 638 BGB a.F., bzw. die dieserhalb individualvertraglich vereinbarte Frist); vielmehr belief sich die Verjährungsfrist gemäß § 195 BGB a.F. auf 30 Jahre (BGH BauR 1974, 63; dazu auch BGHZ 92, 251 = BauR 1985, 97; BauR 1985, 232 = SFH § 635 BGB Nr. 42. Zu diesen Fragen auch *Ehlen/Blatt* FS Korbion 1986 S. 69, 81 ff.; weiter *Ganten* FS Korbion 1986, S. 85 ff.). Nach der gefestigten Rechtsprechung des VII. Senats ist zu beachten, dass die HOAI gerade keine Vertragsordnung, sondern nur eine Honorarordnung darstellt. Es wird deshalb allein vom konkreten Vertrag abhängen, ob eine Haupt- oder Nebenpflicht vorliegt (BGH BauR 1997, 154 = NJW 1997, 586; bestätigt durch BGH Urt. v. 22.10.1998 BauR 1999, 187). Danach richtet sich dann auch die Verjährungsfrist. Nach dem BGH konnte allerdings auch ein Schadensersatzanspruch aus § 635 BGB der 30-jährigen Verjährung unterliegen. Dies ist für einen Planungsfehler eines Architekten entschieden worden (Balkone ohne Entwässerung), bei dem der Bauherr zwar in das Gebäude eingezogen war, gleichwohl auch vier Jahre später noch keine erkennbare Abnahme der Architektenleistung vorlag (BGH BB 1999, 2373).

196

Für **Architektenverträge, die seit dem 1.1.2002 (nach Inkrafttreten des Schuldrechtsmodernisierungsgesetzes)** geschlossen **worden sind**, wird folgende Unterscheidung getroffen:

197

198 Die Mängelrechte des Auftraggebers gegenüber dem Architekten wegen der Verletzung von **Hauptpflichten und Nebenpflichten (die zu einem Mangel geführt haben)** – in Bezug auf Planungs- oder Überwachungsleistungen für ein Bauwerk – verjähren gemäß § 634a Abs. 1 Nr. 2 Abs. 2 BGB in fünf Jahren – beginnend mit der Abnahme. Bezüglich der Nebenpflichten (die zu einem Mangel geführt haben) wird dies klargestellt durch § 634a S. 1 BGB. Dort wird auf § 634 Nr. 4 BGB Bezug genommen, der wiederum auf § 280 BGB verweist. In § 280 BGB, der zentralen Anspruchsnorm des vertraglichen Schadensersatzrechts, wird nicht (mehr) zwischen der Verletzung von Haupt- und Nebenpflichten unterschieden (*Palandt/Heinrichs* a.a.O. § 280 Rn. 24). Damit ist im Ergebnis die alte Unterscheidung von **Mangel- und Mangelfolgeschäden** unnötig geworden. Sämtliche Schäden werden von § 280 BGB erfasst.

199 **Leistungsbezogene Nebenpflichtverletzungen,** die keinen Mangel jedoch (unmittelbar) einen anderen Schaden verursacht haben, werden direkt von **§ 280 BGB** erfasst. Ein Rückgriff auf § 634 ff. BGB erfolgt nicht. In der Folge gilt die Verjährung nach § 195 BGB i.V.m. § 199 BGB von drei Jahren, beginnend mit dem Schluss des Jahres, in dem der Anspruch entstanden ist und der Gläubiger von den den Anspruch begründenden Umständen und der Person des Schuldners Kenntnis erlangt oder ohne grobe Fahrlässigkeit erlangen müsste.

200 Für die **sonstigen Nebenpflichtverletzungen** nach § 241 Abs. 2 BGB (**Verhaltenspflichten**) ist weiterhin § 282 BGB (Schadensersatz statt der Leistung wegen Verletzung einer Pflicht nach § 241 Abs. 2 BGB [Nebenpflicht]) zu beachten. § 282 BGB ist explizit von der Verjährung nach § 634a BGB ausgenommen. Dies ergibt sich daraus, dass § 634 Nr. 4 BGB auf § 282 BGB (Schadensersatz statt der Leistung wegen Verletzung einer Pflicht nach § 241 Abs. 2 BGB [Nebenpflicht]) gerade nicht verweist. Diese Ausklammerung ist eigentlich eine Selbstverständlichkeit, da bei dieser Schadensgruppe ein Bezug zu einem Mangel am Werk nicht vorliegt.

201 Hiervon abzugrenzen ist die sog. »Sekundärhaftung« des Architekten. Der mit der Bauaufsicht beauftragte Architekt ist insoweit verpflichtet, die Mängelfreiheit des Bauwerks zu überwachen, die Ursachen erkennbar gewordener Mängel aufzuklären und den Bauherrn entsprechend zu unterrichten. Dabei handelt es sich nach dem OLG Düsseldorf (OLG Düsseldorf Urt. v. 30.3.2004 = BauR 2004, 1199 u. BauR 2004, 1331, Revision zugelassen) nicht um eine Nebenpflicht, sondern um eine Hauptpflicht aus dem Architektenvertrag (mit Hinweis auf LG Deckendorf BauR 2002, 339). Ansprüche gegen den Architekten, der dieser Pflicht nicht nachkommt, können sich daher nur aus § 635 BGB a.F. bzw. § 636 BGB n.F. mit der fünfjährigen Verjährungsfrist nach §§ 634a Abs. 1 Nr. 2 BGB n.F. ergeben. Insoweit liegt allerdings keine Neuerung vor. Auch vor der Schuldrechtsreform wurden derartige Ansprüche aus der früheren positiven Vertragsverletzung der fünfjährigen Verjährungsfrist unterworfen (OLG Düsseldorf a.a.O.). Die Rechtsprechung begründet diese Sekundärhaftung immer wieder damit, dass die Verjährung der gegen den Architekten gerichteten Mängelansprüche als nicht eingetreten gilt. Dies ist nicht deutlich formuliert. Wie das Urteil des OLG Düsseldorf zeigt, beginnt insoweit eine eigene Verjährungsfrist bzgl. dieser gegen den Archtitekten gerichteten Ansprüche – weil er seinen Hinweispflichten gegenüber seinem Auftraggeber nicht nachgekommen ist. Problematisch ist insoweit allerdings die Frage, wann diese Verjährung (sekundäre) beginnt. Nach der zitierten Entscheidung begann sie spätestens mit Schadensintritt. Dieser wiederum wird im Eintritt der Primärverjährung der Mängelansprüche gesehen. Die Sekundärhaftung des Architekten setzt nicht voraus, dass ihm eine Leistungsphase vergleichbar der der Nr. 9 des § 15 HOAI übertragen war (OLG Hamm Urt. v. 6.12.2005 21 U 66/05).

4. Gesamtschuldnerische Haftung von Architekt und anderen Auftragnehmern

a) Grundsatz

202 In der Rechtsprechung lange umstritten war die Frage, wie das Verhältnis von Architekt und Bauunternehmer zum Auftraggeber rechtlich einzuordnen ist (BGH VersR 1962, 742; BGHZ 39, 261 =

NJW 1963, 1401 = SFH Z 3.01 Bl. 208; BGH NJW 1962, 1499 = SFH Z 3.01 Bl. 172) – wie also für den Bereich der Erfüllung sowie der Mängelrechte Architektenvertrag und Bauvertrag zueinander stehen. Bedeutung hat das vor allem dafür, ob der Auftraggeber sich vom Architekten oder dem Bauunternehmer den Einwand gefallen lassen muss, der jeweils andere (Bauunternehmer bzw. Architekt) habe durch ein pflichtwidriges Tun oder Unterlassen zur Entstehung des Mangels beigetragen. Dies kann so weit gehen, dass dem anderen die Alleinverursachung zugeschrieben wird. In all diesen Fällen ist zu fragen, welche Auswirkungen dies bei der Anwendung des § 254 BGB hat. Als Folge schließt sich die Frage an, inwieweit Auftragnehmer und Architekt sich gegenseitig auf Ausgleich aus ihrem Haftungs-Innenverhältnis in Anspruch nehmen können. Dabei ist zu unterscheiden, ob neben der mangelhaften Bauunternehmerleistung auf Seiten des Architekten eine mangelhafte Planung und/oder fehlerhafte Bauaufsicht vorliegt.

203 Auf Vorlage des VII. Zivilsenates (BGH VersR 1964, 1048) hat sich der **Große Senat für Zivilsachen** des Bundesgerichtshofes mit dieser Frage befasst (BGHZ 43, 227 = NJW 1965, 1175). Dieser und ihm folgend der VI. und III. Zivilsenat des BGH (BGHZ 19, 114, 123; 28, 297) haben sich dahin gehend geäußert, dass ein **Gesamtschuldverhältnis** einen **inneren Zusammenhang** der beiden Verpflichtungen im Sinne einer **rechtlichen Zweckgemeinschaft** voraussetzt. Zwischen Architekt und Bauunternehmer bestehen zwar in der Regel keine vertraglichen Beziehungen. Der Bauherr schließt aber mit beiden Verträge ab, kraft deren sie Leistungen zu erbringen haben, deren Ergebnis die plangerechte und fehlerfreie Errichtung des Bauwerks sein soll. Um dieses Ziel zu erreichen, arbeiten Architekt und Bauunternehmer eng zusammen. Zwischen ihnen besteht folglich eine **enge, keineswegs nur zufällige** und **absichtslose**, sondern **planmäßige rechtliche Zweckgemeinschaft**, wie sie in der bisherigen Rechtsprechung des BGH für die Annahme einer Gesamtschuld für notwendig erachtet worden ist.

204 Damit ist aber noch nicht die Frage beantwortet, ob und wann Architekt und Bauunternehmer jeder die ganze Leistung zu bewirken verpflichtet, der Bauherr aber die Leistung nur einmal zu fordern berechtigt ist (**§ 421 BGB**). Bei dieser Frage geht der Große Senat davon aus, dass auch der Vertrag des Bauherrn mit dem Architekten – ebenso wie der mit dem Bauunternehmer – in der Regel ein Werkvertrag ist. Das vom Architekten versprochene Werk besteht im Allgemeinen in Bauplanung, Oberleitung und örtlicher Aufsicht (BGHZ 31, 224). Der vom Architekten aufgrund des mit ihm geschlossenen Vertrages geschuldete Erfolg ist jedoch nicht das Bauwerk selbst als körperliche Sache (BGHZ 31, 224; 37, 341; BGH NJW 1961, 269; 1962, 1499). Der Architekt schuldet, solange nicht Leistungsstörungen den Inhalt der Verpflichtung verändern, i.S.d. § 421 BGB etwas anderes als der Unternehmer. Dadurch, dass der eine – Architekt oder Bauunternehmer – die von ihm geschuldete Leistung bewirkt, erfüllt er nicht die Verbindlichkeiten des anderen. **Architekt und Bauunternehmer** sind deshalb, **soweit es** sich **um die Errichtung** des Bauwerks handelt, **keine Gesamtschuldner** (BGHZ 37, 341 = NJW 1962, 1764; BGHZ 39, 261).

205 **Architekt und Bauunternehmer sind** dagegen **Gesamtschuldner**, wenn sie beide wegen eines **Mangels am Bauwerk** auf Schadensersatz in Geld wegen Nichterfüllung nach § 280 BGB haften. In Bezug auf die Erfüllung dieser Verbindlichkeit besteht zwischen ihnen die von der Rechtsprechung für notwendig erachtete rechtliche (nicht nur zufällig und absichtslos zustande gekommene) Zweckgemeinschaft. Der Zweck dieser Gemeinschaft ist es, dass Architekt und Bauunternehmer jeder auf seine Art für die **Beseitigung** des **Schadens einzustehen** haben, den der Bauherr dadurch erlitten hat, dass jeder von ihnen seine vertraglich geschuldeten Pflichten mangelhaft erfüllt hat. Der Bauherr kann sich nach seinem Belieben an den einen oder anderen halten. Er kann die Leistung jedoch nur einmal fordern. Die Leistung des einen befreit auch den anderen. Derjenige, der geleistet hat, kann nach Maßgabe des § 426 BGB von dem anderen Ausgleichung verlangen. In welchem Umfang der andere auszugleichen verpflichtet ist, hängt von den jeweiligen Umständen ab. Insbesondere ist nach § 254 BGB zu berücksichtigen, inwieweit der Schaden vorwiegend von dem einen oder von dem anderen verursacht worden ist.

206 Vor diesem Hintergrund ist der Große Senat zu dem Ergebnis gelangt, dass Architekt und Bauunternehmer auch bei der genannten Fallgestaltung (der Architekt wird auf Schadensersatz in Anspruch genommen, der Bauunternehmer war aber u.U. nur zur Mangelbeseitigung verpflichtet) Gesamtschuldner sind. § 426 Abs. 1 BGB sei hier unmittelbar anzuwenden. Dass Architekt und Bauunternehmer etwas Verschiedenes schulden, stehe der Ausgleichung nach § 426 Abs. 1 S. 1 BGB nicht entgegen. Dies wurde von anderen Gerichten zwischenzeitlich mehrfach bestätigt (z.B. OLG Rostock Urt. v. 30.10.2004 = IBR 2005, 226).

207 Im **Ergebnis** ist Folgendes festzuhalten: **Zwischen Architekt und Bauunternehmer ist aufgrund einer engen rechtlichen Zweckgemeinschaft im Rahmen der Mangelhaftung ein Gesamtschuldverhältnis anzunehmen.** Dies, obwohl beide vom Grundsatz her verschiedene Leistungen schulden. Entscheidend ist, dass diese Leistungen nicht völlig verschieden sind, insbesondere dass die Verbindlichkeit desjenigen, der den Mangel in Natura zu beseitigen hat, ebenso wie die Verpflichtung des anderen, zu einer Schadensersatzpflicht in Geld werden kann.

208 An einem gesamtschuldnerischen Verhältnis von Architekt und bauausführendem Unternehmer fehlt es allerdings, wenn die Pflicht des einen in ihrem Ziel nicht so weit geht wie die des anderen. So kann von einem gesamtschuldnerischen Verhältnis nicht gesprochen werden, wenn der ausführende Unternehmer seine Pflicht zur mängelfreien Herstellung verletzt hat, der Architekt dagegen seine Pflicht gegenüber dem Bauherrn, für die rechtzeitige Durchsetzung von Mängelrechten gegen den Unternehmer zu sorgen. Der ausführende Unternehmer hat nicht die Pflicht, gegen ihn bestehende Mängelansprüche nicht verjähren zu lassen (OLG Zweibrücken BauR 1993, 625 = ZfBR 1993, 222 = NJW-RR 1993, 1237).

b) Einbeziehung der Sonderfachleute

209 Ein gesamtschuldnerisches Verhältnis kann für Architekt, Ingenieur und **Tragwerkplaner** sowie sonstigen **Sonderfachleuten** gegenüber dem Auftraggeber auch insgesamt bestehen (BGH BauR 1971, 265; OLG Karlsruhe MDR 1971, 45; OLG Hamm BauR 1992, 78 im Hinblick auf die Verantwortlichkeit von Vermessungsingenieur und ausführendem Unternehmer), so dass es – je nach Sachlage – denkbar ist, dass wegen eines aufgetretenen Baumangels Bauunternehmer, Architekt, Ingenieur und Tragwerksplaner sowie weitere Sonderfachleute dem Auftraggeber gesamtschuldnerisch haften (Über die verschiedenen Fallgestaltungen, *Knacke* BauR 1985, 270). So kommt eine Haftung des Tragwerksplaners neben dem Baugrundgutachter und dem Architekten in Betracht. Voraussetzung ist, dass die Mangelhaftigkeit der Arbeit des Gutachters für den Tragwerksplaner erkennbar war und sich sowohl für ihn als auch für den Architekten eine weitere Aufklärung (Frag- und Hinweispflicht gegenüber dem Gutachter) geradezu aufgedrängt hat (OLG Frankfurt Urt. v. 19.4.2002, Nichtzulassungsbeschwerde vom BGH zurückgewiesen IBR 2003, 316). Auch hat der Architekt im Rahmen der Bauüberwachung selbst die Arbeiten von Spezialisten (Fachunternehmen für Planung und Ausführung von Glaskonstruktionen) im Sinne einer eigenverantwortlichen Kontrolle zu überwachen (OLG Saarbrücken Urt. v. 24.6.2003 – Az 7 U 930/01). Der mit der Leistungsphase 8 des § 15 HOAI beauftragte Architekt hat im Rahmen seiner Objektüberwachungspflicht Widersprüche zwischen Statik- und Bewehrungsplänen zu erkennen und entsprechend beim Tragwerksplaner nachzufragen (dieser ist regelmäßig nicht Erfüllungsgehilfe des Bauherrn in dessen Vertragsverhältnis zum Architekten; OLG Schleswig Urt. v. 11.4.2006 3 U 78/03).

210 **Gesamtschuldnerschaft** gilt auch für das **Verhältnis zwischen einerseits dem planenden und andererseits dem bauüberwachenden Architekten** (für einen Mangel, der infolge einer erkennbar fehlerhaften und im Rahmen der Bauüberwachung nicht korrigierten Ausführungsplanung entstanden ist, haftet der bauüberwachende Architekt insoweit gesamtschuldnerisch mit dem bauplanenden Architekten, OLG Köln BauR 1997, 505 = NJW-RR 1997, 597; ebenso OLG Frankfurt BauR 2004, 1330). Zweck ihrer rechtlichen Gemeinschaft ist es, dass jeder für die Beseitigung des Schadens einzustehen hat, den der Auftraggeber dadurch erlitten hat, dass jeder von ihnen seine vertraglichen

Pflichten mangelhaft erfüllt hat (BGH BauR 1989, 97 = NJW-RR 1989, 86). Der bauüberwachende Architekt ist im Verhältnis des Bauherrn zum planenden Architekten nicht Erfüllungsgehilfe des Bauherrn (BGH BauR 1989, 97 = NJW-RR 1989, 86; OLG Köln BauR 1997, 505 = NJW-RR 1997, 597; OLG Koblenz IBR 2003, 297). Auch umgekehrt ist der planende Architekt nicht Erfüllungsgehilfe des Bauherrn im Verhältnis zum bauleitenden Architekten. Kommt Letzterer seiner Prüfungspflicht nicht nach, so haftet er nach dem OLG Karlsruhe auch für von ihm selbst nicht verursachte Planungsfehler – anders als ein Bauunternehmer – im vollen Umfange (OLG Karlsruhe Urt. v. 12.8.2003 BauR 2003, 1921 o. BauR 2004, 363 – abl. Teile der Literatur, z.B. *Werner/Pastor* Rn. 1975 u. *Locher/Koeble/Frik* Rn. 113).

c) Verhältnis zu weiteren Bauunternehmern und Baustofflieferanten

Die Grundsätze der gesamtschuldnerischen Haftung finden nicht auf das Verhältnis verschiedener am Bau beschäftigter Unternehmer – wie z.B. bei Beschädigung der noch nicht abgenommenen Leistung des einen Unternehmers durch Leute des anderen – Anwendung. Insoweit besteht keine **Zweckgemeinschaft** im Sinne der hier erforderlichen Verklammerung; vielmehr liegt nur eine **nebenvertragliche Obhutspflicht** gegenüber dem Auftraggeber vor (OLG Koblenz BauR 1997, 1054 = NJW-RR 1998, 453; OLG Hamm NJW-RR 1998, 163; OLG Düsseldorf NJW-RR 1998, 527). Gleiches gilt für das Verhältnis verschiedener am Bau tätiger Nachunternehmer zum Hauptunternehmer. Erst recht sind Nachunternehmer und Hauptunternehmer nicht Gesamtschuldner des Auftraggebers, da erstere zum Auftraggeber nicht in vertraglichen Beziehungen stehen (BGH BauR 1975, 130; BGH BauR 1981, 383 = NJW 1981, 1779 = ZfBR 1981, 169; *Knacke* BauR 1985, 273). Anderes kann ausnahmsweise nur in Erwägung gezogen werden, wenn zwei Auftragnehmer in **nicht exakt trennbaren Arbeitsabläufen** die Herstellung einer mangelfreien Leistung schulden (OLG Hamm BauR 1995, 852 = NJW-RR 1996, 273). **211**

Ebenfalls kein gesamtschuldnerisches Verhältnis ist anzunehmen zwischen dem **Baustofflieferanten**, der auf Bestellung des Auftraggebers Baustoffe geliefert hat, und dem diese verarbeitenden Auftragnehmer. Auch hier fehlt es an der vorauszusetzenden Zweckgemeinschaft, da der Baustofflieferant vertragsrechtlich keinen – auch nicht mittelbaren – Beitrag zur eigentlichen Bauherstellung leistet. Etwas anderes gilt nur dann, wenn der betreffende Vertrag werkvertraglich einzuordnen ist (dazu Wirth, Rechtsfragen des Baustoffhandels 1994 Rn. 145 ff. u. in BGB Baukommentar *Wirth* in *Wirth/Englert/Motzke* Anhang: Rechtsfragen im Zusammenhang mit Baustoffen). Deshalb ist der Baustoffhändler im Allgemeinen auch nicht Erfüllungsgehilfe des Auftragnehmers. Auch aus den Gesichtspunkten der Drittschadensliquidation sowie der unerlaubten Handlung bestehen regelmäßig keine Ansprüche des Auftraggebers gegen den Baustofflieferanten (BGH BauR 1983, 584 = SFH § 477 BGB Nr. 6; LG Stade VersR 1977, 656; zur Garantie des Baustoffherstellers § 4 VOB/B sowie zur Garantie zugunsten des Auftraggebers als echter Vertrag zugunsten Dritter siehe unten). **212**

d) Entscheidungen zur Haftungsverteilung bei Beteiligung mehrerer Unternehmer

Auf Gewährleistung in Anspruch genommene Unternehmer (hier Sanierungsarbeiten nach einem Brandschaden) verweisen bzgl. ihrer Haftung oftmals auf die Haftung derjenigen, von denen sie das Material bezogen haben, das zu dem Mangel geführt hat. Das OLG Nürnberg hat einem Unternehmer, der insoweit auf von ihm bezogenes Reinigungsmittel verwiesen hat, das zum Mangel geführt hat, nicht geholfen. Seine Streitverkündung gegenüber dem Hersteller des Mittels half nicht. Die Begründung des Gerichts ging zu Recht dahin, von der einer Garantiehaftung gleichkommenden Einstandspflicht des Werkunternehmers zu sprechen und ihm unabhängig von einem eigenen Verschulden die Haftung auch für bezogene Materialien aufzuerlegen (OLG Nürnberg Urt. v. 28.11.2002 BauR 2003, 1779). Ein gängiges Problem der Praxis tritt darin auf, dass mehrere Auftragnehmer mit unterschiedlichen Gewerken einen »gemeinsamen Mangel« herbeiführen. Dabei häufig beteiligt ist das Putzgewerk. Regelmäßig führen dabei nur eine »allein mögliche Sanierungsmaßnahme« zu einer Beseitigung der Schäden insgesamt. Dabei kann nicht nach Verursachungsbeiträgen **213** unterschieden werden. Herrschende Meinung ist, dass bei sollchen Unternehmern eine gesamtschuldnerische Haftung besteht (z.B. OLG Frankfurt, BGH Nichzulassungsbeschwerde zurückgewiesenm BauR 2004, 1669). Weiter beispielhaft ist der Fall zu nennen, dass ein Rohbauunternehmer eine weder Vertrags- noch DIN-gerechte zu dünne Kunststofffolie als horizontale Mauerwerksabdichtung einbaut und zusammen mit dem Putzunternehmer für Risseschäden in Anspruch genommen wird. Voraussetzung ist dabei, dass die Mangelursachen zumindest teilweise in beiden Gewerken liegen können und die Mängel wirtschaftlich sinnvoll nur auf eine einzige Weise zu beseitigen sind (OLG Stuttgart Urt. v. 21.7.2004, BGH Nichtzulassungsbeschwerde zurückgewiesen, IBR 2005, 312; BGH Urt. v. 26.6.2003 BauR 2003, 1379). Die Rechtsprechung geht dabei regelmäßig davon aus, dass die den beteiligten Unternehmern anzulastende Versäumnisse »*in einer Art und Weise zu Tage treten, die dieselben Nachbesserungsmaßnahmen erforderlich mache*« – so der Leitsatz des OLG Stuttgart Urt. v. 5.6.2003 ZfBR 2004, 59.

214 Andere Urteile sprechen davon, dass die »faktische Verbundenheit beider Auftragnehmer« (die Leistungen bauen aufeinander auf, z.B. Rohbauer verursacht Mängel im Mauerwerk, Putzer Mängel im Putz), zu einer gesamtschuldnerischen Haftung führen (BGH BauR 2003, 1379). In diesen Fällen kann sich der Auftraggeber einen der beteiligten Unternehmer als Gewährleistungspflichtigen für die gesamten Mängel heraussuchen. Dieser muss dann rechtzeitig dem oder den anderen Unternehmern prozessual den Streit verkünden, um den Ablauf der Verjährung im Verhältnis zwischen ihnen und dem Auftraggeber zu hemmen. Schließlich steht dem in Anspruch genommenen Untenehmer ein Gesamtschuldnerausgleichsanspruch in Höhe des von dem oder den anderen Unternehmern gesetzt den Verursachungsbeiträgen zu. Dies kann für den Unternehmer, der vom Auftraggeber in Anspruch genommen wird, sogar vorteilhaft sein. Immerhin ist es ihm möglich, seine Gewerksmängel selbst zu beseitigen. Den anderen Unternehmern wird der Eigennachbesserungsbeitrag abgeschnitten. Fraglich ist, ob die verschiedenen Unternehmer mit dem gemeinsamen Auftraggeber vertragliche, aber am AGB-Recht zu prüfende Klauseln vereinbaren können, die ihre entsprechenden Rechte stärken. Zu denken ist beispielsweise daran, dass der Auftraggeber sich auf Mängelbeseitigung oder zum Ausgleich in Geld nur nach vorheriger aufschiebenbedingter Abtretung der Ansprüche gegen die anderen Unternehmer verpfichten kann (so der Vorschlag von *Koppmann* IBR 2005, 587) oder ob der Auftragnehmer mit dem Bauherrn vertraglich vereinbaren kann, dass er »zuerst« in Anspruch genommen werden »muss«, d.h. dass ihm sein Nacherfüllungsrecht erhalten bleibt. Umgekehrt, ob der Architekt mit dem Bauherrn festlegen kann, dass vor ihm der Auftragnehmer in Anspruch genommen werden muss (Frage ist allerdings, wie weit diese Inanspruchnahme zu gehen hat).

215 Eine andere Fallkonstellation führt zum Zusammenspiel zwischen Baugrundgutachten und darauf aufbauenden Gründungsmaßnahmen. Führt dabei ein Bauunternehmer Gründungsmaßnahmen entsprechend den Vorgaben eines Baugrundgutachters aus, die dieser an Hand von konkreten Untersuchungen an der Baustelle vorgegeben hat, dann soll ihm keine Fahrlässigkeit im Hinblick auf Schäden an Nachbargebäuden vorgeworfen werden können (OLG München Urt. v. 13.8.2003 IBR 2003, 602). Gleichwohl hat der Unternehmer ein vom Auftraggeber zu Verfügung gestelltes Baugrundgutachten dahingehend zu prüfen, ob es vollständig und für die Verwirklichung des geschuldeten Leistungserfolges geeignet ist (OLG Jena Urt. v. 30.4.2002 IBR 2005, 314). Allerdings müsse er dabei nicht alle Details prüfen. Strittig ist auch die Frage, welche Auswirkungen es hat, wenn es sich bei dem Auftragnehmer um eine sog. »Spezialfirma« (Spezialtiefbau) handelt. Teilweise werden insoweit gesteigerte Anforderungen an die Prüfpflicht etwa dergestalt angenommen, zu prüfen, ob die Grundlagen des Gutachtens fachlich richtig angenommen worde seien (OLG Jena a.a.O.). Dem wird entgegen gehalten, dass die Spezialbaufirma nicht zum »Ersatz – Bodengutachter« gemacht werden dürfte (OLG Jena a.a.O. Anm. *Schalk*).

5. Gesamtschuldnerische Haftung auch bei Vorliegen eines VOB/B-Vertrages

Eine gesamtschuldnerische Haftung kommt auch in Betracht, wenn mit dem Bauunternehmer ein VOB/B-Vertrag besteht – er also vom Auftraggeber nach § 13 Nr. 7 VOB/B auf Schadensersatz in Anspruch genommen wird – und der Auftraggeber zugleich aus § 280 BGB gegen den Architekten vorgeht. Da der BGH (BGH BauR 1983, 584 = SFH § 477 BGB Nr. 6) auch auf § 633 Abs. 3 BGB a.F. (Ersatzvornahme) (heute: § 634 Nr. 2, § 637 BGB [Selbstvornahme]) Bezug genommen hat, trifft dies ebenfalls zu, wenn der Auftraggeber unter den Voraussetzungen des § 13 Nr. 5 Abs. 2 VOB/B einen Kostenerstattungsanspruch oder einen Vorschussanspruch auf die Nacherfüllungskosten gegen den Auftragnehmer und einen Schadensersatzanspruch gemäß § 280 BGB gegen den Architekten geltend macht. Weiter kommt eine Anwendung des § 426 Abs. 1 BGB in Betracht, wenn der Auftraggeber gegen den Architekten einen Anspruch aus § 280 BGB und gegen den Auftragnehmer einen solchen aus § 4 Nr. 7 VOB/B hat (BGHZ 51, 275 = NJW 1969, 653 = SFH Z 2.413 Bl. 37 ff.). **216**

Die Gründe, die der Große Zivilsenat für die Annahme des **Gesamtschuldverhältnisses** aufgezeigt hat, gelten für alle Fallmöglichkeiten, in denen Architekt oder sonstiger Planer und Auftragnehmer wechselseitig zu Nacherfüllung, Wandelung, Minderung oder Schadensersatz wegen Nichterfüllung verpflichtet sind (BGHZ 51, 275 = NJW 1969, 653 = SFH Z 2.413 Bl. 37 ff.). Dabei macht es keinen Unterschied, ob der Auftraggeber einerseits Ansprüche nach der VOB/B (gegen den Bauunternehmer) und andererseits nach §§ 634 ff. BGB (gegen den Architekten) hat. **217**

6. Mitverantwortung des Auftraggebers für eigene Fehler und für die seines Architekten

a) Grundsatz

Macht der Auftraggeber gegen den Bauunternehmer Mängelansprüche geltend, so gilt sowohl für den Bereich des BGB-Bauvertrages als auch für den des VOB/B-Bauvertrages: **218**

Der Auftragnehmer kann trotz gesamtschuldnerischer Haftung mit dem Architekten den Einwand erheben, der Mangel beruhe auch oder allein auf einer Pflichtverletzung des Auftraggebers selbst oder seines Architekten. Das muss sich der Auftraggeber entgegenhalten lassen, sofern und soweit der Architekt im Rahmen seiner Tätigkeit im Verhältnis zum Bauunternehmer sein **Erfüllungsgehilfe** (§ 278 BGB) ist; insoweit gelangt **§ 254 BGB** zu Lasten des Auftraggebers zur Anwendung. In diesen Fällen haftet der Architekt in Höhe der dem Auftraggeber zur Last zu legenden **Mitverantwortlichkeitsquote** diesem gegenüber allein. Das Gesagte gilt auch für das Verhältnis zwischen Hauptunternehmer und Nachunternehmer; also muss sich der Hauptunternehmer Pflichtverletzungen des Architekten des Auftraggebers vom Nachunternehmer entgegenhalten lassen. Schließlich nimmt er gegenüber dem Nachunternehmer die Stellung eines Auftraggebers ein (BGH BauR 1987, 86 = NJW 1987, 644). **219**

Eine **Klausel in AGB des Auftraggebers** dahin gehend, der Auftragnehmer verzichte darauf, sich bei Mängelansprüchen auf ein mitwirkendes Verschulden des Auftraggebers oder seiner Erfüllungsgehilfen zu berufen, verstößt nicht nur gegen § 309 Nr. 7b) BGB, sondern auch gegen § 307 BGB. Eine solche Regelung verletzt grundlegende Gesichtspunkte bauvertraglicher Rechte und Pflichten. **220**

b) Mitverschulden des Bauherrn/Auftraggebers

Ein Mitverschulden des Bauherrn ist auch schon vor der Abnahme möglich. § 645 BGB verdeutlicht dies. Bei seiner analogen Anwendung auf die Schürmannbau-Fälle hat der BGH dem Bauherrn ein Mitverschulden dergestalt gegeben, dass er den Unternehmer einerseits nicht ausreichend informiert hat, andererseits ihn im guten Glauben gelassen hat, er, der Bauherr habe für einen ausreichenden Hochwasserschutz gesorgt (BGH Beschl. v. 5.6.2003 BauR 2003, 1383). Ähnlich sind die Fälle zu entscheiden, bei denen der Bauherr trotz ausdrücklichen Hinweises seitens des Unternehmers oder Architekten auf die Einholung eines Baugrundgutachtens verzichtet (OLG München Urt. v. 3.9.2002 IBR 2003, 9). Hätte der Auftraggeber die Ergänzungsbedürftigkeit des von ihm in Auftrag gegebenen **221**

Baugrundgutachtens »bei einfachem Lesen« erkennen können, muss er sich gegebüber seinem Architekten ein Mitverschulden (im Fall 25%) anrechnen lassen (OLG Dresden Urt. v. 17.6.2004, BGH Nichtzulassungsbeschwerde zurückgewiesen IBR 2005, 384). Der Bauherr kann auch bei Schäden mitverantworlich sein, die infolge des Einfrierens einer Wasserleitung im Winter vor Abnahme und Einzug entstehen (OLG Köln BauR 2003, 1730 u. BauR 2004, 552). Kein Mitverschulden wurde dem Bauherrn angelastet, als er durch einen Handwerker eine Warmluftheizung in ein Fitnessstudio einbauen lies, ohne diesem eine Fachplanung zur Verfügung zu stellen. Hier blieb die Haftung allein am Handwerker, da er unter diesen Bedingungen nicht hätte arbeiten dürfen (OLG Celle BauR 2005, 397). Ein Mitverschulden des Bauherrn wurde auch abgelehnt, als er von mehreren Gesamtschuldnern den Architekten in Anspruch genommen hat und dieser ihm entgegen gehalten hat, er habe zu früh Sicherheiten frei gegeben, die ihm von einem anderen Gesamtschuldner (dem GU) gestellt waren (KG Urt. v. 6.1. 2005, BGH Nichtzulassungsbeschwerde zurückgewiesen IBR 2006, 156). Über einen Verursachungsbeitrag des Bauherrn wurde auch gestritten, als dieser den Unternehmer wegen einer vertragswidrigen Ausführung des Bauwerks auf Gewährleistung in Anspruch genommen hat, die auf eine vertragswidrige Planung seines Architekten zurückzuführen war. Hier wurde dem Auftragnehmer ein überwiegendes Verschulden deshalb angelastet, weil er den Bauherrn über die Vertragswidrigkeit der Planung seines Architekten hätte aufklären müssen (BGH Urt. v. 24.2.2005 IBR 2005, 306). Ist streitig, wie die Mängelursachen zwischen verschiedenen Unternehmern verteilt sind oder zwischen Besteller und Unternehmer, hat der Besteller die Beweislast (OLG Hamburg BauR 2001, 1749 u. 2005, 1339).

222 Vor dem Kammergericht war zu entscheiden, ob sich der GU, dem unverjährte Ansprüche gegen seinen Subunternehmer zustanden, gegenüber seinem Bauherrn auf Verjährung wegen der Inanspruchnahme für Baumängel berufen konnte. Dies wurde ihm über die Grundsätze von Treu und Glauben verwehrt (KG Urt. v. 28.2.2005 IBR 2006, 328). Ein Mitverschulden des Auftraggebers wurde abgelehnt, als er den Unternehmer nicht auf die Gefahr eines ungewöhnlichen hohen Schadens hingewiesen hatte. Es ging um die Entfernung eines oberhalb einer abgehängten Decke angebrachten Betonstreifens. Dem Unternehmer wurde nicht gesagt, dass das Lostreten und das damit verbundene ungesicherte und unkontrollierte Herabfallen von Betonteilen zum Absturz der gesamten Decke führen konnte (BGH Urt. v. 22.12.2005 IBR 2006, 195). Kein Mitverschulden des Bauherrn soll darin liegen, wenn Regeldetails seinerseits fehlen oder falsch geplant sind. In dem vom OLG Köln entschiedenen Fall war es allerdings so, dass sich die fachgerechte Ausführung aus den allgemein anerkannten Regeln der Technik ergaben, die der Bauhandwerker ohnehin zu beachten hat (OLG Köln Urt. v. 2.6.2004 17 U 121/ 99). Auch wenn der Bauunternehmer nicht von der Haftung für Mängel frei ist, weil er gebotene Bedenken gegen die geplante Bauausführung nicht angemeldet hat, kann seine Haftung im Ergebnis wegen ganz überwiegenden Verschuldens auf Seiten des Bauherrn ausgeschlossen sein. So entschieden als der Bauherr, der selbst Diplomingenieur war, ein LV und Detailzeichnungen verfasst hatte, in denen abschnittsweise die Horizontalabsperrung fehlte (OLG Celle Urt. v. 11.10.2001, BGH Nichtzulassungsbeschwerde zurückgewiesen, IBR 2004, 12). Keine Haftung des Estrichlieferers wurde angenommen, als dem GU ein »planerischer Fehlschluss« vorgeworfen wurde. Der Estrichleger hatte hierfür nicht einzustehen, da die grundlegende konstitionelle Frage, Innendämmung oder Außendämmung, der GU zu entscheiden gehabt hätte (OLG Hamm Urt. v. 28.1.2003 IBR 2003, 1057).

c) Grenzen der Architektenbeteiligung

223 Zu beachten ist aber: Der Architekt ist **nur insoweit Erfüllungsgehilfe** des Auftraggebers, als er eine Tätigkeit entfaltet, die im Verhältnis zum Bauunternehmer zur Aufgabe des Auftraggebers gehört. Das betrifft den Aufgabenbereich des bauplanenden Architekten oder Ingenieurs (ebenso des Tragwerkplaners: BGH BauR 1971, 265 sowie des sonstigen Sonderfachmannes, auch des Vermessungsingenieurs, dazu OLG Hamm BauR 1992, 78), weil die Planung zu den Pflichten des Auftraggebers gegenüber dem Auftragnehmer zählt; nicht bezieht sich dies dagegen auf den Bereich der Bauauf-

Mängelansprüche | Vor § 13 VOB/B

sicht (Bauüberwachung) des Architekten oder Ingenieurs (BGH BB 1962, 903; BGH VersR 1964, 267; BGH SFH Z 2.400 Bl. 41 u. 44; BGH BauR 1972, 112; NJW 1973, 518 = BauR 1973, 190; BGHZ 59, 339 = BauR 1973, 119; BGH BauR 1974, 205; 1978, 405 = NJW 1978, 2393; OLG Stuttgart VersR 1970, 531; OLG Köln BauR 1996, 548). Nach dem Gesagten ist es nur folgerichtig, dass der bauüberwachende Architekt im Verhältnis des Bauherrn zum planenden Architekten nicht dessen Erfüllungsgehilfe ist (BGH BauR 1989, 97 = NJW-RR 1989, 86 = SFH § 635 BGB Nr. 63 = ZfBR 1989, 24). Beispielsweise führen fehlerhafte Planung und fehlerhafte Anweisungen eines Bauführers des Auftraggebers über die Abdichtung des Mörtelbetts für einen Balkonfliesenbelag zu keiner Mithaftung des Auftraggebers, wenn der Bauunternehmer gegenüber dem Bauführer weder schriftlich noch in ausreichendem Maße mündlich Bedenken äußert und den Bauherrn auch nicht persönlich auf die Bedenken hinweist (OLG Hamm NJW-RR 1996, 273).

Zum **Planungsbereich** gehört es u.a., dass der Auftraggeber durch seinen Architekten dem Auftragnehmer einwandfreie Pläne und Unterlagen zur Verfügung stellt, die zur ordnungsgemäßen und reibungslosen Ausführung des Baus unentbehrlich sind (BGH BauR 1970, 57; BGH BauR 1981, 284 = NJW 1981, 1448). Dazu zählt vor allem auch die **Abstimmung der Leistungen der einzelnen Bauunternehmer** während der Ausführung (BGH BauR 1970, 57, nicht zuletzt auch im Hinblick auf die Bauzeit). Gleiches gilt für sonstige Koordinationspflichten des Architekten, wie z.B. die rechtzeitige Sorge für die ordnungsgemäße Verlegung bestimmten Materials (OLG Düsseldorf MDR 1984, 756 = VersR 1985, 246). **224**

d) Quotenanteil

Für die gesamtschuldnerische Haftung von Architekt bzw. Sonderfachmann und Bauunternehmer kann die nach Verschuldensgesichtspunkten zu bewertende Mitverantwortung des Auftraggebers bedeuten, dass gegenüber dem Bauunternehmer ein Anspruch auf Ersatz des gesamten Schadens zu versagen ist – je nachdem, wie schwer seine Mitverantwortung wegen des pflichtwidrigen Tuns oder Unterlassens seines Architekten, Ingenieurs oder Sonderfachmannes zu bewerten ist. Dabei haftet der Bauunternehmer, wenn sich der Auftraggeber eine Pflichtverletzung des Architekten als seines Erfüllungsgehilfen anrechnen lassen muss, von vornherein nur zu einer Quote (zur Berechnung der Quote *Kamphausen* BauR 1996, 174, ferner *Kamphausen* VersR 1996, 676). **Die gesamtschuldnerische Haftung besteht dann in Höhe dieser Quote** (OLG Frankfurt BauR 1987, 322 = SFH § 249 BGB Nr. 13 im Falle der teilweise auf Ausführungsfehler, teilweise auch auf Planungsfehler zurückgehenden Mängel eines Flachdaches; OLG Hamm OLGR 1993, 179; dazu *Diehl* FS Heiermann S. 37, 44, der Anhaltspunkte für die Beurteilung von Einzelfällen in der Praxis liefert). **Scheidet allerdings eine Aufteilung der Nacherfüllungskosten nach Verursachungsbeiträgen** einmal des Bauunternehmers, zum anderen des Architekten **aus**, so haften der Bauunternehmer und der Architekt als Gesamtschuldner dem Auftraggeber für die gesamten Kosten (BGH ZfBR 1995, 83). **225**

Eine Haftung des Bauunternehmers entfällt somit völlig, wenn die **Fehlleistung allein** auf einen **Planungsfehler** des Architekten zurückzuführen ist. Zusätzlich muss der Bauunternehmer seine etwaigen Pflichten gemäß § 4 Nr. 3 und § 13 Nr. 3 VOB/B erfüllt haben, bzw. durfte er den Planungsfehler bei der gebotenen, von ihm zu verlangenden unternehmerischen Sorgfalt nicht erkennen können. Hat der Auftragnehmer eine ihm obliegende vorgenannte **Prüfungs- und Hinweispflicht** (z.B. wegen der Vorleistung eines anderen Unternehmers) nicht erfüllt, kann der Mangel häufig gleichwohl in erster Linie auf einem Planungsfehler des Architekten beruhen (OLG Hamm BauR 1990, 731 = NJW-RR 1989, 982; so auch OLG Oldenburg BauR 1991, 465 im Falle der Nichtbeachtung besonderer Bodenverhältnisse bei der Planung einer Kellerwanne durch den Architekten; zusammenfassend BGH BauR 1992, 627 = NJW-RR 1992, 1104). Wenn der Schaden sowohl durch einen Planungsfehler des Architekten als auch durch einen Ausführungsfehler des Bauunternehmers entstanden ist, und der Ausführungsfehler oder diese Pflichtverletzung auch ohne den Planungsmangel selbstständig zum vollen eingetretenen Schaden beigetragen hat, haftet der Bauunternehmer gegen- **226** über dem Auftraggeber zur Gänze. Anders ist es, wenn der Planungsfehler zum vollen, der Ausführungsfehler aber nur teilweise zum Schaden geführt hat. In diesen Fällen ist eine **quotenmäßige Verteilung** nach den genannten Grundsätzen vorzunehmen.

e) Architekt als Erfüllungsgehilfe

227 Immer wieder streitig ist die Frage, ob der bauleitende Architekt »doch« Erfüllungsgehilfe des Bauherrn ist. Der BGH hat dies regelmäßig abgelehnt (beispielsweise BGH IBR 2002, 368). Dies mit der Argumentation, dass der Auftraggeber seinem Auftragnehmer zwar eine ausführungsreife Planung, nicht jedoch eine ordnungsgemäße Bauaufsicht schulde. So muss sich regelmäßig nach bisher herrschender Meinung ein mit der Bauüberwachung beauftragter Architekt im Gesamtschuldnerverhältnis zum mangelhaft leistenden Unternehmer kein Mitverschulden anrechnen lassen (OLG Koblenz BauR 2005, 767). Dem Bauherrn werden lediglich Planungsmängel und Koordinierungsfehler schadensmindernd zugerechnet. Davon abweichend hat das OLG Frankfurt entschieden, dass sich der Bauherr das Verschulden seines bauleitenden Architekten doch zurechnen lassen müsse (OLG Frankfurt Urt. v. 22.6.2004 BauR 2004, 1669). Zu beachten ist, dass *Kniffka* die Diskussion wieder hat aufleben lassen, ob nicht zumindest im Innenverhältnis der Unternehmer beim Architekt Rückgriff nehmen kann, wenn diesem nur ein Aufsichtsverschulden, nicht dagegen ein Planungsverschulden anzulasten ist (*Kniffka* BauR 2005, 274, 277).

228 Auch der Tragwerksplaner schuldet – ebenso wie der Architekt – nur eine Bauaufsicht gegenüber dem Bauherrn, nicht dagegen gegenüber dem Bauunternehmer (OLG Oldenburg Urt. v. 1.12.2005 IBR 2006, 90). Architekt und Bauunternehmer haften allerdings als Gesamtschuldner bei Verstoß gegen Abstandsvorschriften – im entschiedenen Fall jeweils mit 50% (OLG Oldenburg BauR 2004, 1972). Bei einer fehlerhaften Bodenplatte wurde die Haftungsverteilung mit einem Viertel beim Architekten, mit Dreivierteln beim Bauunternehmer angenommen (OLG Karlsruhe 2003, 917). Baut der Unternehmer einen ungeeigneten Estrich ein, haftet er zusammen mit dem Architekten als Gesamtschuldner. Estrichlegearbeiten gehören insoweit zu den gefahrenträchtigen Schlüsselgewerken, die der mit der Bauaufsicht beauftrage Architekt besonders sorgfältig zu überwachen hat (OLG Nürnberg Urt. v. 12.5.2004 IBR 2005, 313).

229 Den Architekten kann die alleinige Verantwortung für Bauausführungsfehler treffen, wenn diese auf seine fehlerhafte Planung zurückzuführen sind (BGHZ 51, 275 = NJW 1969, 653). Der Unternehmer setzt ebenfalls eine gewichtige Ursache für die entstehenden Schäden, wenn er die fehlerhafte Planung bei gebotener Prüfung hätte erkennen können und die Schäden/Mängel durch Mitteilung der Bedenken hätte verhindern können. Entschieden im Fall, in dem Unternehmer und Architekt einen Keller um 1,15 m höher gegründet hatten, als in den vereinbarten Bauplänen vorgesehen (BGH Urt. v. 24.2.2005 NJW-RR 2005 891).

230 Die Rechtsprechung geht regelmäßig davon aus, dass der Bauunternehmer für von ihm verursachte Ausführungsmängel im Innenverhältnis gegenüber dem Architekten grundsätzlich allein haftet. Ausnahmen werden dann gesehen, wenn der überwachende Architekt besonders schwerwiegende Aufsichtsfehler begangen hat, bzw. es sich um besonders fehlerträchtige Bauabschnitte gehandelt hat. So hat der mit der Ausführungsplanung beauftragte Architekt bei Bauaushub- und Unterfangungsarbeiten eine schriftliche Planung zu erstellen. Mündliche Angaben auf der Baustelle reichen nicht aus (OLG Stuttgart Urt. v. 13.2.2006 IBR 2006, 283). Beruht der Mangel eines Bauwerks auf fehlerhafter Planung und werden vom Handwerker keine Bedenken gegen die planerischen Vorgaben erhoben – obwohl die Unzulänglichkeiten erkennbar sind –, soll im Innenverhältnis der Gesamtschuldner der Planer einen höheren Anteil tragen (OLG Naumburg Urt. v. 14.1.2003 IBR 2004, 519). Liegt ein Planungsfehler des Architekten vor, so soll dessen Haftung gegenüber dem Auftraggeber nicht durch ein Mitverschulden des Unternehmers begrenzt werden. Der Architekt muss dem Bauherrn allerdings insofern keinen Schadensersatz leisten, als entgültig feststeht, dass dieser wegen des Baumangels keinen Werklohn zu entrichten hat. Insoweit würde beim Bauherrn kein Schaden mehr

vorliegen (OLG Oldenburg Urt. v. 9.9.2003, BGH Nichtzulassungsbeschwerde zurückgewiesen IBR 2004, 706).

Selbst wenn die Planung des Architekten des Bauherrn mangelhaft ist, soll sich der Bauunternehmer **231** bei Erkennbarkeit seine unterlassene Nachfrage und Aufklärung als Mitverschulden anrechnen lassen. Die Verteilung der Verursachungsbeiträge hat der Tatrichter im Einzelfall abzuwägen (BGH BauR 2005, 1010).

f) Beweislast und Beweiswürdigung
Der Beweis für die Umstände, die dem Auftraggeber unter dem Gesichtspunkt des § 254 BGB ange- **232** lastet werden, obliegt demjenigen, der sich auf eine Mitverantwortlichkeit seines Vertragsgegners beruft. Für den Bereich der **Beweiswürdigung** gilt **§ 286 ZPO**. Dabei ist im Einzelnen abzuwägen, ob der Mangel mehr dem Bereich der Planung oder dem der Ausführung zuzurechnen ist. Inwieweit ein danach festgestelltes Tun oder Unterlassen des Auftraggebers Einfluss auf Entstehen und Höhe des Schadens hat, ist dagegen unter Anwendung des § 287 ZPO zu entscheiden (BGH NJW 1968, 985). Hierbei ist mitwirkendes Verschulden zu dem konkreten nicht zu einem gedachten Geschehensablauf, bei dem der Schaden auch hätte eintreten können, in Bezug zu setzen (zur Ermittlung der Schadensquote, *Schulz* BauR 1984, 40).

Wird der Architekt wegen eines Ausführungsmangels auf der Grundlage verfehlter Aufsicht in An- **233** spruch genommen, kann er gegenüber dem Auftraggeber nicht Mitverantwortlichkeit des Bauunternehmers einwenden. Insoweit ist der **Bauunternehmer im Verhältnis zum Architekten nicht als Erfüllungsgehilfe** des Auftraggebers anzusehen. Als Folge haftet der Architekt gegenüber dem Auftraggeber zur Gänze.

g) Sonderfälle
Zur **Streitverkündung** bei gesamtschuldnerischer Haftung ist auf die Rechtsprechung zu verweisen **234** (BGH BauR 1974, 66 = Betrieb 1973, 2342; OLG Celle OLGR 1995, 266). Hervorzuheben ist eine Entscheidung des OLG Brandenburg bzgl. mehrerer Beweissicherungsverfahren gegen verschiedene denkbare Verursacher von Wasserschäden – auch wenn die Voraussetzungen einer Streitgenossenschaft gem. § 59 ff. ZPO auf Seiten der Antragsgegner nicht vorlagen. In diesem Fall waren unterschiedliche Haftungsgrundlagen gegeben, einerseits Planungsfehler, andererseits eine nicht ausreichende Entwässerung des Straßenlandes durch die Gemeinde (OLG Brandenburg BauR 2004, 698). Hat sich der Auftraggeber mit dem Architekten oder dem Bauunternehmer wegen seiner Mängelansprüche verglichen und macht er jetzt seine – etwa durch den Vergleich noch nicht gedeckten – Ansprüche gegen den anderen geltend, so ist **§ 423 BGB** anwendbar. Danach wirkt ein zwischen einem Gläubiger und einem Gesamtschuldner vereinbarter Erlass für die übrigen Schuldner, wenn die Vertragschließenden (die Vergleichspartner) das gesamte Vertragsverhältnis aufheben wollen (BGH SFH Z 3.01 Bl. 325 ff.; OLG Köln SFH § 423 BGB Nr. 1). Dazu kann regelmäßig ein **Vertrag zugunsten Dritter** dienen, was aber häufig bei solchen Sonderabsprachen zugunsten des daran nicht beteiligten Bauunternehmers oder Architekten nicht zutrifft (dazu insbesondere BGHZ 58, 216 = BauR 1972, 246 = NJW 1972, 942). Greift eine zwischen Auftraggeber und Architekt oder Bauunternehmer getroffene Vereinbarung nicht zugunsten des daran Nichtbeteiligten durch, so bleibt der spätere Ausgleich zwischen Architekt und Bauunternehmer davon unberührt. Ein solcher »**hinkender Gesamtschuldnerausgleich**« muss in Kauf genommen werden, weil ansonsten der Zweck der gesetzlichen Ausgleichsvorschriften vereitelt würde (BGHZ 58, 216 = BauR 1972, 246 = NJW 1972, 942). Die davon in der Begründung abweichende Ansicht (*Werner/Pastor* Rn. 2006 ff.; *Kaiser* ZfBR 1985, 101, 107 m.w.N.) greift nicht durch. Der sich zwecks Erbringung einer ordnungsgemäßen Bauleistung auf eine objektive Zweckgemeinschaft Einlassende weiß, dass er nicht nur in eigener Verantwortung haftet, sondern über seinen eigenen Anteil hinaus für einen anderen mithaften kann. Er kann sich durch entsprechende Freistellung seitens des Auftraggebers vor Ausgleichsansprüchen

sichern (*Locher* Das private Baurecht Rn. 452). So kann der Bauträger vom Unternehmer im Rahmen des Schadensersatzanspruch § 13 Nr. 7 VOB/B Freistellung von den durch den Rücktritt des Käufers bedingten Kosten verlangen. Dies umfasst auch die Prozesskosten im Verfahren gegen den Käufer (OLG Celle Urt. v. 31.1.2006, 16 U 179/05; BGH Beschl. v. 29.6.2006 VII ZR 56/06).

7. Ausgleichsanspruch verjährt nach § 195 BGB

235 Der **Ausgleichsanspruch** aus § 426 BGB ist selbstständig und unterliegt seit dem 1.1.2002 der dreijährigen Verjährung gemäß §§ 195, 199 BGB. Vor der Reform galt hier eine 30-jährige Frist. Wegen der genannten Selbstständigkeit ist es denkbar, dass der Nacherfüllungsanspruch des Bauherrn später entfällt und deshalb ein entsprechender Prozess zum Nachteil des Bauherrn abgeschlossen worden ist (BGH VersR 1969, 1039; OLG Braunschweig BauR 1991, 355) – auch das hindert den Ausgleichsanspruch nicht.

236 Nach BGH besteht die Ausgleichspflicht des Bauunternehmers aus § 426 Abs. 1 BGB gegenüber dem Architekten – der von seinem Auftraggeber wegen fehlerhafter Bauaufsicht auf Schadensersatz in Anspruch genommen wurde – auch dann, wenn die Bauunternehmerhaftung an sich bereits verjährt war. Dies gilt auch dann, wenn der Mangel, der zum Schaden geführt hat, erst nach Ablauf dieser Frist erkannt wurde. Hieran ändert sich nichts, wenn unter Mitwirkung des Architekten zwischen Auftraggeber und Bauunternehmer individualrechtlich eine kürzere als die gesetzliche Verjährungsfrist (zum Zeitpunkt der Entscheidung waren dies noch 30 Jahre) vereinbart worden ist (BGH VersR 1969, 1039; dagegen *Schlechtriem* NJW 1972, 1554). Die vorgenannten Grundsätze gelten entsprechend auch für den Ausgleichsanspruch des Bauunternehmers gegen den Architekten oder Sonderfachmann.

237 Hinsichtlich der den Gesamtschuldnern – Bauunternehmer und/oder Architekt – im Vorprozess auferlegten Kosten gilt für den Ausgleich im Innenverhältnis nach § 426 BGB Folgendes: Grundsätzlich kommt eine Ausgleichung nicht in Betracht, da die Kosten dem jeweiligen Gesamtschuldner auferlegt wurden. Schließlich hat er den Auftraggeber nicht streitlos befriedigt und ist im Prozess unterlegen (BGH NJW 1974, 693). Maßgebend bleibt somit der jeweilige Umfang der gesamtschuldnerischen Verurteilung des Einzelnen und die ihm demgemäß auferlegte Kostenlast. Eine Ausgleichung kommt jedoch für den im § 100 Abs. 4 ZPO aufgezeigten Rahmen in Betracht – z.B., wenn ein Gesamtschuldner **im Prozess** den gegen ihn gerichteten Anspruch **anerkennt,** der andere sich jedoch verurteilen lässt, oder wenn ein Gesamtschuldner eine eingelegte Berufung zurücknimmt, der andere durch Berufungsurteil verurteilt wird (BGH NJW 1974, 693). Ebenfalls ist ein Ausgleichsanspruch eines Gesamtschuldners gegen den anderen gegeben, wenn ihm dadurch besondere Ansprüche gegen einen anderen entstanden sind – weil dieser kraft besonderer **Mitwirkungspflicht** bei der Abwicklung der gemeinsamen Verbindlichkeit zu seiner Freistellung verpflichtet war (BGH NJW 1974, 693). Entsprechendes kommt vor allem in Betracht, wenn der Architekt seine **Aufsichtspflicht** verletzt hat, dieses jedoch im Erstprozess des Auftraggebers gegen Bauunternehmer und Architekt nicht zugunsten des Bauunternehmers zu berücksichtigen war (siehe oben. Zu diesen Fragen auch *Knacke* BauR 1985, 270, 275).

238 Aufgrund der Gesetzesreform zum 1.1.2002 und des damit nun in der kurzen dreijährigen Frist verjährenden Ausgleichanspruches des § 426 BGB, werden sich die **Streitverkündigungen** im Bauprozess häufen. Dies folgt daraus, dass die Drei-Jahres-Frist gemäß § 199 Abs. 1 Nr. 1 und 2 BGB ab dem Zeitpunkt zu laufen beginnt, ab dem der Anspruch entstanden ist, und der Gläubiger von den den Anspruch begründenden Umständen und der Person des Schuldners Kenntnis erlangt oder ohne grobe Fahrlässigkeit erlangen müsste. Wann diese Voraussetzungen gegeben sind, wird die Rechtsprechung erst noch im Einzelnen klären müssen. Geht man von dem für den Ausgleichsberechtigten ungünstigsten Zeitpunkt aus, wird diese Ultimo-Verjährung schon am Ende des Jahres zu laufen beginnen, in dem er erfährt, dass ein solcher Anspruch besteht. Zu diesem Zeitpunkt ist es denkbar, dass er seine Rückgriffsansprüche realisiert. Ausreichend ist insoweit eine Feststellungsklage, wonach der andere Gesamtschuldner zum Ausgleich verpflichtet ist. Als Folge könnte der Ausgleichsanspruch nach neuem Recht vor dem Anspruch verjährt sein, bezüglich dessen Ausgleich begehrt wird, ja sogar bevor überhaupt etwas gezahlt worden ist.

239 Es wird versucht, dies zu korrigieren (z.B. *Kniffka* IBR-Online-Kommentar – Stand 10.4.2006 § 634a Rn. 247 ff.). Als Lösung wird vorgeschlagen, dem Ausgleichsberechtigten erst dann eine Klage zuzumuten, wenn alle seinen Anspruch begründenden Tatsachen bekannt sind (bzw. in Folge grober Fahrlässigkeit nicht bekannt sind). Dies überzeugt allerdings deshalb nicht, weil u.a. darauf abgestellt wird, wann der Anspruchsberechtigte selbst seine eigene Ausgangsverantwortung nicht mehr bestreitet (*Kniffka* a.a.O.). Deshalb wird weiterhin empfohlen, diesen Unwägbarkeiten dadurch abzuhelfen, dass die Hemmung einer möglichen Verjährung herbeigeführt wird, beispielsweise durch eine Streitverkündung. *Kniffka* weist ausdrücklich darauf hin, dass dies auch dann erforderlich ist, wenn beide Gesamtschuldner zusammen verklagt werden. In diesem Fall würde gerade noch keine Hemmung eintreten (*Kniffka* a.a.O. mit Hinweis auf *Leitzke* in *Thode/Wirth/Kuffer* § 29 Rn. 49).

II. Vereinbarung subsidiärer Haftung

1. Zulässigkeit – Grenzen

240 An sich muss es zulässig sein, vertraglich zu vereinbaren, dass im Rahmen der Mängelrechte entweder der Architekt oder der Bauunternehmer nur **subsidiär haften** sollen. Soweit die AGB-rechtlichen Vorschriften des BGB auf den betreffenden Vertrag Anwendung finden, ist die Verbotsnorm in § 309 Nr. 8 b) aa) BGB zu beachten. Hiernach ist es u.a. unzulässig, die subsidiäre Haftung von einer vorherigen gerichtlichen Inanspruchnahme des primär Haftenden abhängig zu machen. Häufig wird eine subsidiäre Haftung des Architekten im Verhältnis zum Bauunternehmer vereinbart. Dies geschieht im Vertrag des Auftraggebers mit dem Architekten. Eine entsprechende Klausel bezieht sich von vornherein auch auf das **Vertragsverhältnis zwischen Auftraggeber und Bauunternehmer**. Gleiches gilt für Verträge zwischen Bauträgern und den Erwerbern (sofern insoweit mit einer Abtretung von Gewährleistungsansprüchen eine etwaige Subsidiärhaftung verbunden ist, siehe oben).

2. Klausel: Subsidiäre Haftung des Architekten nur bei Unvermögen des Bauunternehmers

241 Hierzu gehört z.B. die Klausel: »Wird der Architekt wegen ungenügender Aufsicht und Prüfung für fehlerhafte Bauausführung in Anspruch genommen, so haftet er nur im Falle des Unvermögens der ausführenden Bauunternehmer.« (BGH SFH Z 3.01 Bl. 290 ff.; OLG Köln VersR 1968, 653). Planungsverschulden des Architekten ist hier nicht berührt. In diesem Bereich haftet der Architekt somit unbeschränkt (BGH BauR 1981, 479 = NJW 1981, 2243 = SFH § 635 BGB Nr. 29 = ZfBR 1981, 222). Andererseits bezieht sich diese Klausel grundsätzlich nicht nur auf die örtliche Bauaufsicht, sondern auch auf die Oberleitung des Architekten (BGH BauR 1981, 479 = NJW 1981, 2243 = SFH § 635 BGB Nr. 29 = ZfBR 1981, 222) – sofern es sich dabei um Aufsichtsaufgaben des Architekten handelt – somit vornehmlich auf den gesamten Bereich der Objektüberwachung (wozu z.B. auch die Überwachung bei der Herstellung wesentlicher Bauelemente vor dem eigentlichen Baubeginn gehört – BGH BauR 1975, 218 = NJW 1975, 737 = SFH Z 3.014 Bl. 1). Etwas anderes gilt wiederum, wenn es sich um die dem Architekten – auch im Falle der Einschaltung von Sonderfachleuten – auferlegte Pflicht zur Sorge für die erforderlichen behördlichen Genehmigungen handelt (BGH BauR 1975, 67) Es ist fraglich, ob entsprechende Klauseln unter AGB-Gesichtspunkten halten – beispielsweise weil unklar sein kann, wann das Unvermögen des Auftragnehmers beginnt.

242 Die Frage des **Unvermögens des Bauunternehmers** ist unbeachtlich, wenn sich herausstellt, dass dieser überhaupt nicht haftet. Insoweit hat der Architekt bei eigenem Verschulden für den eingetretenen Schaden ohne Rücksicht auf die Subsidiaritätsklausel einzustehen (BGH SFH Z 3.01 Bl. 283).

243 Dem Unvermögen des Auftragnehmers ist der Fall gleichzustellen, bei dem es dem Auftraggeber nicht zugemutet werden kann, gegen diesen vorzugehen. Hierzu hat der BGH – allerdings in »alter« Rechtsprechung (BGH SFH Z 3.01 Bl. 290 ff.) – betont, dass an eine Unzumutbarkeit in diesem Sinne strenge Anforderungen gestellt werden dürfen. Der Architekt sollte nach dem Parteiwillen grundsätzlich nur haften, wenn feststeht, dass der Auftraggeber vom Bauunternehmer keine Befriedigung erlangen kann. Insoweit müssten durchschlagende und sichere Anhaltspunkte für eine solche Annahme vorliegen. Dazu genüge es nicht schon, dass der Bauunternehmer, der für den Mangel verantwortlich ist, sein Unternehmen inzwischen liquidiert hat und jetzt als Arbeitnehmer tätig ist (BGH SFH Z 3.01 Bl. 290 ff.). Nach neuerer Tendenz der AGB-Rechtsprechung wird man eher gegenteilig argumentieren müssen. Die Entscheidungen des VII. Senats, wonach der Bauherr den Architekten unter Ausschaltung der Möglichkeit des Bauunternehmers zur Mängelbeseitigung auf Schadensersatz in Anspruch nehmen kann, belegen dies (z.B. OLG Celle IBR 2006, 282).

H. Spezielle Fragen im Rahmen des Mangelrechts

I. Vorteilsausgleich

1. Grundlage

244 Bei der Berechnung des Schadensersatzanspruches nach § 13 Nr. 7 VOB/B kann die Frage des **Ausgleichs eines vom Auftraggeber gewonnenen Vorteils** eine Rolle spielen. Sie ist gleichermaßen aber auch bei den anderen Mängelrechten, also bei Minderung und Nacherfüllung – dort einschließlich Kostenerstattung und Kostenvorschuss – von Bedeutung und daher entsprechend zu beantworten (OLG Brandenburg Urt. v. 11.5.2005 4 U 172/04). Aus diesem Grunde ist eine sinngemäße Anwendung der Grundsätze des Vorteilsausgleichs, die an sich nur für den Bereich des Schadensersatzes erarbeitet worden sind, gemäß § 242 BGB auch hier in Betracht zu ziehen (BGHZ 91, 206 = BauR 1984, 510 = NJW 1984, 2457, 222; BGH BauR 1987, 86 = NJW 1987, 644). Daher ist bei den folgenden Fragen eine einheitliche Betrachtung aller Mängelrechte geboten.

245 Grundgedanke ist: Der Geschädigte soll nicht besser gestellt werden, als es ohne das schädigende Ereignis der Fall gewesen wäre. Dies folgt aus § 249 BGB, dem insoweit ein allgemeiner Rechtsgedanke innewohnt; ebenfalls folgt dies aus § 242 BGB. Der Geschädigte darf grundsätzlich nicht günstiger dastehen, als er bei von vornherein vertragsgerechter Erfüllung gestanden hätte (BGH BauR 1990, 84 = NJW-RR 1990, 89 für den Bereich des Generalunternehmer-Subunternehmer-Vertrages).

2. Umfang

246 Bei Beachtung dieser Grundlage zeigt sich, dass bei weitem nicht alle Vorteile, die dem Geschädigten im Zusammenhang gerade auch mit der Schadensbeseitigung erwachsen, auf den Mängelanspruch anzurechnen sind. Zu berücksichtigen sind nur solche, deren Anrechnung dem jeweiligen Zweck des Ersatzes entspricht und daher den Schädiger nicht unbillig entlasten sollen (BGH in der zuerst genannten Entscheidung BGHZ 91, 206 = BauR 1984, 510 = NJW 1984, 2457; *Groß* FS Korbion 1986 S. 123 ff.; für den Bereich des Schadensersatzes *Palandt/Heinrichs* Vor § 249 BGB Rn. 119 ff. m.w.N.). Dazu ist besonders für den Bereich des Bauvertrages zu beachten:

a) Ausgangspunkt

247 Ausgangspunkt ist die grundlegende Erwägung, dass der Auftragnehmer nicht mit Kosten solcher Maßnahmen belastet werden darf, die er nach dem Vertrag nicht zu erbringen brauchte. Andererseits kann er sich nicht seiner werkvertraglichen Erfolgshaftung entziehen. Daher ist zunächst in jedem Einzelfall die geschuldete Leistung konkret zu ermitteln (insbesondere ist zu klären, um was für eine Vertragsart es sich handelt – Einheitspreis, Detail-Globalpauschal) und dem Vertrag entsprechend festzulegen. Hat der Auftragnehmer hiernach einen bestimmten Erfolg zu einem bestimmten Preis versprochen, so bleibt er an seine Zusage auch dann gebunden, wenn sich die beabsichtigte Ausführungsart nachträglich als unzureichend erweist – insbesondere aufwändigere Maßnahmen erforderlich werden. Auch für den Bereich der vertraglich geschuldeten Nacherfüllung können dem Auftraggeber keine Mehrkosten aus dem Gesichtspunkt der Vorteilsausgleichung angelastet werden (BGHZ 91, 206 = BauR 1984, 510 = NJW 1984, 2457; BGH BauR 1990, 84 = NJW-RR 1990, 89).

b) Längere Lebensdauer der Leistung

Wird aber durch die zu späterer Zeit erfolgende Erfüllung der Mängelhaftung eine längere **Lebens-** **248** **dauer der Bauleistung** erreicht, so muss sich der Auftraggeber unter Umständen den ihm dadurch entstandenen Vorteil anrechnen lassen (z.B., weil eine an sich bei normalem Verlauf und ursprünglich mangelfreier Leistung ohnehin erforderlich werdende Renovierung, ohne dass diese die Mangelbeseitigung selbst berührt, jetzt erst später zu erfolgen hat; OLG Frankfurt BauR 1984, 67; OLG Frankfurt BauR 1987, 322 = SFH § 249 BGB Nr. 13 bei verlängerter Lebensdauer eines Flachdaches und ersparten Unterhaltungs- sowie Pflegearbeiten in dem besonderen Fall, dass der Auftraggeber das Bauobjekt unabhängig von der Sanierung bereits bei ursprünglicher Fertigstellung vermieten konnte; OLG Hamm NJW-RR 1993, 1236 für den Fall der Verlängerung der Lebensdauer eines nachgebesserten Außenanstriches). Hat ein Altbau infolge der sachgerechten Nacherfüllung den Wert eines Neubaus, ohne dass dies bereits dem Inhalt des Vertrages entsprochen hat, muss der Auftraggeber sich den dadurch gewonnenen Vorteil anrechnen lassen. Dies gilt nicht, wenn dieser Erfolg durch eine von vornherein sachgerechte Leistung des Auftragnehmers auch schon erreicht worden wäre. Von einem solchen Vorteilsausgleich kann aber nur gesprochen werden, wenn der an sich Geschädigte den Vorteil selbst erlangt. Er muss sich gerade bei ihm wirtschaftlich günstig auswirken. Anders z.B. bei Errichtung eines Bauvorhabens durch eine Bauträgerin für Dritte, wenn die Nacherfüllungsmaßnahme nicht erhöhend den Erwerbspreis beeinflusst hat (LG Bonn BauR 1989, 334).

Eine verzögerte Mängelbeseitigung über einen längeren Zeitraum wirkt sich immer zu Lasten des **249** Auftragnehmers aus. In diesen Fällen tritt der Vorteil einer längeren Lebensdauer in den Hintergrund, weil der sich zögerlich nachbessernde Unternehmer erneut »**treuewidrig**« verhält. Schließlich ist er es, der den Auftraggeber mit einer unnötigen Wartezeit überzieht (OLG Karlsruhe BGH Nichtannahmebeschluss IBR 2001, 479).

Weisen die für eine Fassadensanierung eingesetzten Fugenbänder und -massen nicht den vertraglich **250** zugesicherten Bindemittelgehalt auf und müssen sie deshalb komplett erneuert werden, dann umfasst die Mängelbeseitigung auch einen neuen Fassadenanstrich, wenn durch Beistreichen der Fugenbereiche nur vorübergehend ein einheitlicher Farbton erreichbar ist. Eine solche Nachbesserung ist weder unverhältnismäßig, noch kann sich der Unternehmer, der sich lange Zeit gegen die Nachbesserung gewehrt hat, auf einen Abzug neu für alt berufen (OLG Stuttgart Urt. v. 7.7.1998, BGH-Nichtannahmebeschluss IBR 2001, 12).

c) Sowiesokosten

Eine Vorteilsausgleichung ist auch im Rahmen der sog. **Ohnehinkosten** oder **Sowiesokosten** vorzu- **251** nehmen (OLG Düsseldorf BauR 1991, 747 = NJW-RR 1992, 23 im Falle, dass bei einem Umbau im Leistungsverzeichnis die Freilegung und Isolierung des Kelleraußenmauerwerks der Straßenfassade nicht vorgesehen war; OLG Hamm BauR 1991, 756, bei von Anfang an erforderlicher umfangreicherer Dachsanierung). Angesprochen ist der Bereich, bei dem unstreitig ist, dass eine sachgemäße Ausführung der Leistungspflicht des Auftragnehmers von vornherein mehr gekostet hätte. **Oder anders** ausgedrückt: **Die vorhandene Planung/Ausführung mit dem vereinbarten Preis konnte keinesfalls zum Leistungsziel führen. Abzugrenzen** sind diese Bereiche allerdings von sog. **Global-Pauschalverträgen**. Wenn in diesen Verträgen nicht nur der Preis, sondern auch die **Leistung pauschaliert** worden ist, bleiben entsprechende Kosten in der Regel beim Auftragnehmer.

252 Dem Bereich der Sowieso-/Ohnehinkosten sind beispielsweise die Mehrkosten zuzuordnen, die bei einem von vornherein vorgenommenen Einbau größerer Heizkörper (dazu OLG Celle BauR 1988, 613) oder bei einer sogleich erfolgten Verwendung erforderlicher Teile für eine Wärmepumpenanlage (OLG Celle BauR 1988, 614) entstanden wären. Hier ist zur Abgrenzung maßgebend, ob sich die – zum Vertrag gewordene – Kalkulation des Auftragnehmers nicht allein nach seinen eigenen Vorstellungen, sondern in erster Linie nach einem Leistungsverzeichnis des Auftraggebers richtet. Dann erfasst der vereinbarte Preis die Leistung nur in der jeweils angegebenen Größe, Güte und Herstellungsart. Notwendig werdende Zusatzarbeiten (§ 2 Nr. 1, § 6 Abs. 1, § 7 Abs. 1 S. 4, § 8 Abs. 2 S. 2) sind innerhalb der Nacherfüllung anrechnungsfähige Sowiesokosten. Sowiesokosten auch, wenn der AG eine Hanggründung nach einem anderen Bauverfahren von einem Drittunternehmer herstellen lässt, wenn die ursprünglich vorgesehene Gründung nicht zum Erfolg führen konnte (OLG Jena Urt. v. 30.4.2002 IBR 2005, 1162).

253 Entsprechendes muss gelten, wenn die Vertragsparteien auf Anregung des Auftragnehmers nicht nur den **Leistungserfolg**, sondern eine ganz **bestimmte Ausführungsart** ausdrücklich zum Vertragsgegenstand gemacht haben (insbesondere BGHZ 91, 206 = BauR 1984, 510 = NJW 1984, 2457; BGH BauR 1990, 360 = NJW-RR 1990, 728 für den Fall der Sanierung eines das Nachbargrundstück gefährdenden Steilhanges). Kommt unter diesen Voraussetzungen ein Vorteilsausgleich in Betracht, ist jedoch nur auf den Preisunterschied im Zeitpunkt der ursprünglichen Ausführung abzustellen (BGHZ 90, 344 = BauR 1984, 395 = NJW 1984, 1676). Mehrkosten aus späteren Preiserhöhungen sind hingegen ersatzpflichtiger Schaden (BGH BauR 1993, 722 = NJW-RR 1994, 148). Ist die fehlerhaft geplante und/oder ausgeführte Leistung in anderer Weise völlig neu hergestellt worden, so können als Sowieso-Kosten die Kosten der Neuherstellung in die Abrechnung eingestellt und nur die **Erschwernisse** als Schaden behandelt werden. Bei einer solchen Abrechnung stellen dann auch die nutzlos gewordenen Planungs- und Baukosten sowie die Kosten für die Beseitigung der unbrauchbaren ersten Leistung **Schadenspositionen** dar (BGH BauR 1993, 722 = SFH § 249 BGB Nr. 26 = NJW-RR 1994, 148).

254 Diese Grundsätze gelten entsprechend für den **Generalunternehmer-Subunternehmer-Vertrag**. Kann der Generalunternehmer von seinem Subunternehmer wegen eines Planungsfehlers Schadensersatz verlangen (etwa weil er wegen des Planungsfehlers seinem Auftraggeber ein zu niedriges, zum Vertrag gewordenes Pauschalpreisangebot abgegeben hat) und ist er gehindert, seinem Auftraggeber die bei der Nacherfüllung entstehenden Ohnehinkosten in Rechnung zu stellen, braucht er sich vom Subunternehmer diese Ohnehinkosten nicht im Wege des Vorteilsausgleichs anrechnen zu lassen (BGH BauR 1990, 84 = NJW-RR 1990, 89 = SFH § 635 BGB Nr. 68). Keine Pflichtwidrigkeit des Architekten liegt vor, wenn es sich bei den infolge der fehlerhaften Planung ergebenden Mehrkosten um Sowieso-Kosten handelt. Im entschiedenen Fall wurden Sowieso-Kosten bejaht, da der wirtschaftliche Verlust bei der geplanten Sanierung höher gewesen wäre als beim durch den Architektenfehler notwendigen Neubau (OLG Nürnberg BauR 2005, 1522 = IBR 2005, 1243). Sowiesokosten und damit keinen Schadensersatzanspruch wurde entschieden, als beschädigte Rolladen in jedem Fall ungeachtet der Beschädigung durch den AN hätten ausgebaut und ersetzt werden müssen, da sie nicht in die vorhandenen Rolladenkästen passten (OLG Koblenz, Urt. v. 16.12.2004 = IBR 2006, 439; OLG Jena Urt. v. 30.4.2002 3 U 1144/01).

d) Verspätete Nacherfüllung

255 Keiner der Vertragspartner – weder Auftraggeber noch Auftragnehmer – soll dadurch, dass der Vertragszweck vom Auftragnehmer nicht sogleich, sondern – jedenfalls im wirtschaftlichen Ergebnis –

erst später im Rahmen der Nacherfüllung erreicht wird, einen sonst nicht gehabten Vorteil erlangen. Dabei ist auch die Beachtung des **Grundsatzes der Zumutbarkeit** wesentlich (OLG Düsseldorf BauR 1974, 413). Deshalb kann sich der Auftragnehmer hinsichtlich seines Kostenaufwandes grundsätzlich nicht auf einen vom Auftraggeber erzielten Vorteil berufen, wenn er die erforderliche Nacherfüllung entgegen seiner vertraglichen Pflicht (§§ 634 Nr. 1, 635 BGB; § 13 Nr. 5 Abs. 1 S. 1 VOB/B) nicht sogleich, sondern erst später – u.U. sogar erst nach erfolgter gerichtlicher Verurteilung – vorgenommen hat.

Zu denken ist an zwischenzeitlich ersparte Pflegekosten, auf die bisherige Nutzung der mangelhaften Leistung oder auf eine lediglich auf der späten Nacherfüllung beruhende längere Lebensdauer (BGHZ 91, 206 = BauR 1984, 510 = NJW 1984, 2457; BGH BauR 1989, 606 = NJW 1989, 2753; KG BauR 1978, 410; OLG Hamm, OLGR Hamm 1995, 149 = NJW-RR 1996, 272). Wer insoweit die Beseitigung der von ihm verursachten Mängel über Jahre hinauszögert und damit erreicht, dass sie bei notwendigen Instandhaltungsmaßnahmen miterledigt werden, kann sich auf die Grundsätze der Vorteilsausgleichung nicht berufen (OLG Saarbrücken Urt. v. 30.7.1998 = IBR 1999, 521). Zwischenzeitlich eingetretene Verteuerungen muss der Auftragnehmer ohnehin selbst tragen, wenn er im Rahmen der Mängelhaftung lediglich eine ihm obliegende vertragliche Verpflichtung erfüllt. **256**

e) Zwischenzeitliche Nutzung durch Auftraggeber

Auch braucht sich der Auftraggeber nicht darauf verweisen zu lassen, er habe das – wenn auch fehlerhafte – Werk immerhin einige Zeit nutzen können. Dabei handelt es sich um eine unvermeidliche Nutzung, die gerade nicht den vertraglich geschuldeten unbeeinträchtigten Gebrauch ermöglicht (OLG Saarbrücken NJW-RR 1987, 470). Für ersparte Renovierungsarbeiten ist überdies zu berücksichtigen, dass es bei einer nachzuerfüllenden oder sogar erneuerungsbedürftigen Bauleistung sinnvoll sein kann, zunächst jede Instandsetzung zu unterlassen. Die Mängelhaftung des Auftragnehmers muss auch in ihrem Umfang davon grundsätzlich unberührt bleiben; nur so steht dies im Einklang mit dem Grundgedanken der Vorteilsausgleichung (BGH BGHZ 91, 206 = BauR 1984, 510 = NJW 1984, 2457; BGH BauR 1989, 606 = NJW 1989, 2753; KG BauR 1978, 410; OLG Hamm OLGR 1995, 149 = NJW-RR 1996, 272). Ausnahmsweise muss jedoch anderes gelten, wenn sich die Mängel verhältnismäßig spät ausgewirkt haben und der Auftraggeber bis dahin keine **Gebrauchsnachteile** hinnehmen musste. Dann ist es nach Treu und Glauben geboten, die mit der Nacherfüllung erzielte längere Lebensdauer sowie den ersparten Instandhaltungsaufwand anspruchsmindernd zu berücksichtigen (vom BGH offengelassen; BGHZ 91, 206 = BauR 1984, 510 = NJW 1984, 2457; BGH BauR 1989, 606 = NJW 1989, 2753; KG BauR 1978, 410; OLG Hamm OLGR 1995, 149 = NJW-RR 1996, 272). **257**

Für die **§§ 323, 326 BGB** findet auch im Werkvertragsrecht die Vorschrift des **§ 441 BGB** bzw. durch die dortige Verweisung in Abs. 4 die Regelungen der **§§ 346 ff. BGB** Anwendung. So kann der Auftraggeber eines Bauvertrages verpflichtet sein, (nicht) gezogene Nutzungen herauszugeben bzw. es entsteht die Pflicht zum Wertersatz (selbst für eine mangelhafte Leistung). Ob dies den Vorschriften des EG-Rechts entspricht, ist noch nicht entschieden. Gleiches gilt für die vergleichbare kaufrechtliche Regelung. Vor diesem Hintergrund hat der VIII. Zivilsenat des BGH mit Beschl. v. 16.8.2006 gemäß **Art. 234 EG-Vertrag** dem EuGH die Frage vorgelegt, ob die Vorschriften, die den Käufer im Falle einer Ersatzlieferung dazu verpflichten, an den Verkäufer eine Vergütung für die Nutzung der zunächst gelieferten mangelhaften Sache zu zahlen, mit europäischem Recht vereinbar ist (BGH IBR 2006, 488). Es ist abzuwarten, welche der Entscheidung der EuGH trifft. Denkbar wäre es bereits jetzt in Kauf- und Werkverträgen entsprechende einzelvertragliche Abmachungen zu treffen. **258**

Als Vorteil muss es sich der Auftraggeber auch anrechnen lassen, wenn durch die Nacherfüllung des Auftragnehmers zugleich von ihm selbst oder seinem Erfüllungsgehilfen (§ 278 BGB), z.B. seinem Architekten, verursachte Mängel sozusagen zwangsläufig mitbeseitigt werden (BGH BGHZ 91, 206 = BauR 1984, 510 = NJW 1984, 2457; BGH BauR 1989, 606 = NJW 1989, 2753; KG BauR 1978, **259**

410; OLG Hamm, OLGR Hamm 1995, 149 = NJW-RR 1996, 272). Nutzt der Auftraggeber im Rahmen von Nacherfüllungsarbeiten verwendete Arbeitsvorrichtungen oder -geräte gleichzeitig für andere, außerhalb der Mängelhaftung des Auftragnehmers liegende Leistungen, so muss er sich dies auch mit einem entsprechenden Kostenanteil als Vorteil anrechnen lassen (zutreffend *Kaiser* Mängelhaftungsrecht Rn. 205f und 205g).

f) Darlegungs- und Beweislast

260 Dem Vorteilsausgleich zugänglich sind nur solche Vorteile, die der Auftraggeber allein durch die Mängelhaftung außerhalb ohnehin bestehender vertraglicher Verpflichtung des Auftragnehmers im Verhältnis zu – unterstellter – sogleich ordentlicher Arbeit dieses Auftragnehmers erlangt hat. Die Darlegungs- und Beweislast für das Vorliegen und den Umfang der Ohnehinkosten (Sowiesokosten) trägt der Schädiger, hier der Auftragnehmer (BGH BauR 1989, 361 = SFH § 528 ZPO Nr. 1 = ZfBR 1989, 113; BGH BauR 1992, 758 = NJW-RR 1992, 1300). Grundlegende Voraussetzung für den Ausgleich ist es, dass dem Geschädigten ein messbarer Vorteil entstanden ist; insbesondere müssen brauchbare Anhaltspunkte für eine Schätzung nach § 287 ZPO vorliegen, wobei es sich um eine wirtschaftlich messbare Wertverbesserung handeln muss (BGH BauR 1991, 329 = NJW-RR 1991, 789 = ZfBR 1991, 104 für den Fall der veränderten Ausführung des Fußbodens in einer Tennishalle).

g) Dasselbe Schadensereignis

261 Voraussetzung für jeden Vorteilsausgleich ist es außerdem, dass der Vorteil auf demselben Schadensereignis beruht, das den Nachteil verursacht hat (BGH NJW 1976, 747 = VersR 1976, 471 = BGH NJW 1977, 1819). Diese Grundsätze des Vorteilsausgleichs gelten auch bei einer – bloßen – **Pauschalpreisvereinbarung**, sofern nur der Preis, nicht auch die Leistung pauschaliert wurde. Anders bei einer **Baukostengarantie** des Auftragnehmers; es sei denn, es handelt sich um Änderungs- oder Zusatzwünsche des Auftraggebers, die nicht die bisherige Leistung im Rahmen des technisch Notwendigen erfassen. Angesprochen sind die sog. »echten« **Sonderwünsche**. Eine solche Garantie liegt aber nicht schon in der bloßen Vereinbarung eines »**Festpreises**«, ohne weitere, eindeutig auf eine Garantie hinweisende vertragliche Regelung (weitgehend *Werner/Pastor* Rn. 2473).

h) Ausgleich in Geld – Berechnung

262 In Bauvertragssachen ist der Vorteil grundsätzlich im Wege der **Abrechnung durch Geld** auszugleichen (insoweit zutreffend *Werner/Pastor* Rn. 2472 m.w.N.). Dabei sind für die Berechnung des Ausgleichs diejenigen Maßstäbe heranzuziehen, wie sie sich sonst aus dem maßgebenden Grundvertrag ergeben (nach § 2 Nr. 3, 5, 6, 7, 8 Abs. 2, insoweit zutreffend *Groß* FS Korbion 1986 S. 123 ff. oder § 6 Nr. 6 VOB/B; entgegen *Groß* a.a.O. beim VOB/B-Vertrag nicht § 642 BGB. Zur sog. »doppelten« Zug-um-Zug-Verurteilung siehe oben; ferner OLG Hamm BauR 1991, 756). Berücksichtigt ein Feststellungsurteil, das sich mit der Ersatzpflicht von Nacherfüllungskosten befasst, sog. »Sowieso-« oder »Ohnehinkosten«, so ergreift die Rechtskraft des Urteils diese Anspruchsminderung nicht endgültig. Über die Höhe dieser anzurechnenden Kosten kann erst dann abschließend befunden werden, wenn die Mangel- oder Schadensbeseitigung erfolgt, also der eigentliche Zweck der Feststellung erreicht ist. Auch muss erst feststehen, ob das der Entscheidung im Feststellungsurteil zugrunde gelegte **Sanierungskonzept** tatsächlich greift. Deshalb ist es dem zur Nacherfüllung oder zur Schadensbeseitigung Verpflichteten unbenommen, sich später auf zusätzlich anzusetzende »Sowieso-« oder »Ohnehinkosten« zu berufen (BGH BauR 1988, 468 = NJW-RR 1988, 1044 = SFH § 322 ZPO Nr. 6).

i) Sicherheitsleistung

263 Erfordert die Mängelbeseitigung eine Kostenbeteiligung des Auftraggebers im Sinne von »**Sowieso-Kosten**« (oder eines Mitverschuldens), so kann es dem Interessenausgleich dienen, wenn der AG

Mängelansprüche   Vor § 13 VOB/B

dem AN vorab Sicherheit in der Höhe leistet, die den auf ihn entfallenden Kostenanteil abdeckt – Rechtsgedanke des § 711 ZPO (OLG Nürnberg BauR 2000, 273).

II. Vereinbarungen zur Mängelhaftung

1. Grenzen der Zulässigkeit

Die Mängelrechte können an sich wegen der herrschenden Vertragsfreiheit im Einzelfall, anders als in § 13 VOB/B festgehalten ist, ausdrücklich vertraglich erweitert oder eingeschränkt werden. Erste Grenzen hierfür sind die guten Sitten (§ 138 BGB), die Grundsätze von Treu und Glauben im Rechtsverkehr (§ 242 BGB) oder gesetzliche Verbote gemäß § 134 BGB. **264**

Im Fall von Allgemeinen Geschäftsbedingungen und Formularverträgen besteht die Gefahr, dass sie unangemessene, überraschende Klauseln enthalten, in denen sich die missbräuchliche Verfolgung einseitiger Interessen auf Kosten des Vertragspartners verkörpert und die daher bei Abwägung der Interessen der normalerweise an einem Bauvertrag Beteiligten der Billigkeit widersprechen (BGH WM 1974, 512). Das muss besonders bei Formularverträgen beachtet werden; vor allem auch, um nicht das in §§ 305 ff. BGB vorausgesetzte Gleichgewicht der beiderseitigen Rechte und Pflichten in Gefahr zu bringen. Insoweit ist eine verschärfte Inhaltskontrolle geboten. Daher bedürfen gerade hier die Vorschriften der §§ 305 ff. BGB der besonderen Beachtung. Insoweit handelt es sich vornehmlich um die bereits genannten Bestimmungen dieses Gesetzes. Von besonderer Bedeutung ist dabei die Generalklausel in § 307 BGB (§ 9 AGB-Gesetz a.F.; dazu insbesondere auch § 13 VOB/A). **265**

2. Freizeichnungsklauseln

Möglich sind die bereits in anderem Zusammenhang erwähnten Freizeichnungsklauseln. Das gilt sowohl hinsichtlich der Leistungspflicht als solcher (§ 13 Nr. 1–3 VOB/B), als auch wegen der vertraglichen Mängelrechte (§ 13 Nr. 5–7 VOB/B). Eine anderweitige Festlegung der Verjährungsfristen im Rahmen der Mängelhaftung ist ohnehin in § 13 Nr. 4 VOB/B vorgesehen. **266**

Dabei ist es auch für den von den AGB-rechtlichen Vorschriften nicht erfassten Individualvertrag grundsätzlich nach Treu und Glauben nicht zulässig, dass die Mängelrechte völlig ausgeschlossen werden. Man kann eine **Freizeichnungsklausel nur** als eine **Milderung, nicht** aber als eine **völlige Ausschließung** der Mängelhaftung zulassen. Dem Auftraggeber muss zumindest die hinreichende Möglichkeit belassen bleiben, seine Rechte gegen den Auftragnehmer auf Erhalt annähernd **vertragsgerechter Leistung** geltend machen zu können. **267**

Soweit sich die Freizeichnung im **Individualvertrag** nur auf gewisse, hinnehmbare und klar überschaubare Sachverhalte bezieht, wie z.B. auf hinreichend umschriebene und inhaltlich klar abgegrenzte unvorhergesehene Ereignisse, dürfte sie als zulässig gelten. Allgemein wird es für den Individualvertrag auch als zulässig gelten können, wenn im Bauvertrag die Mängelrechte nur auf Nacherfüllungspflichten des Auftragnehmers beschränkt werden, d.h. auf die Ansprüche aus Nr. 5. Dann sind die Minderungsansprüche der Nr. 6 und die danebenstehenden Schadensersatzansprüche der Nr. 7 ausgeschlossen, es sei denn, die Nacherfüllung schlägt fehl (dazu siehe unten). Für den letzteren Fall müssen dem Auftraggeber die Ansprüche auf Minderung und Schadensersatz erhalten bleiben. Ein Ausschluss von Schadensersatzansprüchen im Bereich der Mängelhaftung erfasst nicht ohne weiteres auch solche aus positiver Vertragsverletzung nach altem Recht (heute in diesem Zusammenhang: Nebenpflichtverletzungen; BGH BauR 1982, 489 = NJW 1982, 2244. Zur Freizeichnung von der Haftung für zugesicherte Eigenschaften A § 13 VOB/A). **268**

Es wurde bereits darauf hingewiesen, dass die Vorschrift des **§ 639 BGB** (§ 637 BGB a.F.) auch im Rahmen eines VOB/B-Bauvertrages gilt. Danach kann ein Auftragnehmer für den Fall, dass er einen **269**

Mangel arglistig verschweigt, selbst mit einer Individualvereinbarung nicht geschützt werden. Bei einer solchen Konstellation kann das Einstehenmüssen des Auftragnehmers für den Mangel – »zu vertreten« – nicht abbedungen werden, ja nicht einmal beschränkt werden.

270 Sicher gilt auch hier der Grundsatz, dass Freizeichnungsklauseln als Ausnahmebestimmungen eng auszulegen sind.

3. Verschärfung der Mängelrechte durch Garantieverträge

a) Begriffsbestimmung

271 Gerade im Bauvertragswesen kommt der Gebrauch der **Begriffe** »Garantie« oder »Gewähr« recht häufig vor. Dabei birgt dies im Streitfall oft Schwierigkeiten, weil die rechtliche Tragweite unterschiedlich sein kann (BGH BB 1959, 724; RGZ 165, 41, 46 f.). Besonders im Baubereich neigt man in diesem Punkt nicht selten zu »kräftigen Ausdrücken« und somit zu Übertreibungen. Begriffe wie **»Garantieleistung«, »garantiert«, »Garantie auf jeden Fall«, »volle Garantie«, »beste Qualität«, »besondere Verarbeitung«** usw. werden oft unüberlegt gebraucht (dazu auch BGH SFH Z 3.00 Bl. 172 ff.). Zu beachten ist, dass eine Verjährungsfrist und eine Garantiefrist nicht gleichzusetzen ist, letztere durch die Garantiefrist nicht verlängert wird (OLG Hamm BauR 2005, 1686). Den Bauvertragspartnern ist daher dringend anzuraten, das, was sie wollen, so deutlich zum Ausdruck zu bringen, dass es keine Auslegungsschwierigkeiten gibt. Eine **rechtlich beachtliche Garantiezusage** ist auch im Bauvertragswesen ausgesprochen **selten**. Dabei sollte man sich vergegenwärtigen, dass das Wort »Garantie« beim Werkvertrag gewöhnlich **drei verschiedene rechtliche Bedeutungen** haben kann (BGH BauR 1970, 107, ferner BauR 1973, 191 = SFH Z 2.414 Bl. 302; außerdem BB 1973, 1511 = SFH Z 2.414.5 Bl. 1):

aa) Beschaffenheitsvereinbarung

272 Sie kann sich einmal in der Beschreibung einer Eigenschaft der Bauleistung erschöpfen. Damit handelt es sich schlicht um eine Beschaffenheitsvereinbarung im Sinne des § 633 Abs. 2 BGB oder § 13 Nr. 1 VOB/B. **Nach altem Recht** war hier zu prüfen, ob es sich um eine **zugesicherte Eigenschaft** handelte, also dem gleichkam, was § 633 Abs. 1 BGB a.F. und § 13 Nr. 1 VOB/B 2000 ohnehin im Auge hatten. Nach altem und neuem Recht handelt es sich um nichts anderes als einen Fall der normalen und ohnehin gegebenen gesetzlichen oder vertraglichen Gewährleistungs-/Mängelhaftungspflicht des Auftragnehmers.

bb) Unselbstständige Garantie

273 Sie kann bedeuten, dass die Bauleistung die vereinbarte Beschaffenheit unbedingt aufweisen muss, so dass der Auftragnehmer ein Fehlen auch ohne Verschulden zu vertreten hat. Als Folge muss der Auftragnehmer **auf Schadensersatz** nach § 634 Nr. 4, § 280 BGB (§ 635 BGB a.F.) bzw. § 13 Nr. 7 VOB/B **haften, ohne** dass die **Verschuldensvoraussetzungen** gegeben sein müssen. Hier wird von unselbstständiger Garantie gesprochen. Dazu genügen nicht schon die Angabe in der Leistungsbeschreibung des Auftraggebers (z.B. Erfordernis von Asbestfreiheit) sowie die bloße Abgabe des darauf bezogenen Angebotes durch den Auftragnehmer und der daraufhin erfolgte Vertragsabschluss (OLG Düsseldorf BauR 1994, 764 = SFH § 13 Nr. 1 VOB/B Nr. 7 = NJW-RR 1995, 82). In diesem Fall liegt nur eine »einfache« Beschaffenheitsvereinbarung vor. An sich geht die Leistungspflicht des Auftragnehmers insoweit nicht über das normale vertragliche Maß hinaus. Es handelt sich vielmehr um ein besonderes Hervorheben der vertraglichen Leistungspflicht unter **Übernahme der besonderen zusätzlichen Verpflichtung** – gegebenenfalls auch **ohne Verschulden zum Schadensersatz** verpflichtet zu sein. In diesen Fällen gilt grundsätzlich die für Mängelrecht maßgebende Verjährungsfrist.

274 Aber: Hierunter fallen auch die sog. Gewährfristen. Gemeint ist damit die für einen bestimmten Zeitraum festgelegte Übernahme der Mängelhaftung über den zeitlichen Rahmen des § 634a

BGB (§ 638 BGB a.F.) oder – beim VOB/B-Vertrag – des § 13 Nr. 4 VOB/B einschließlich der besonderen Regelungen in Nr. 5 Abs. 1 S. 2 und 3, hinaus. Wird eine »Garantie« nur für einen Zeitraum übernommen, der nicht über die normale Verjährungsfrist hinausgeht, scheidet die Annahme eines unselbstständigen Gewährvertrages (Mängelhaftungsvertrag) aus (OLG Düsseldorf SFH Z 2.414 Bl. 163 ff.). Wird dagegen eine »Garantie« für eine längere Zeit als die Verjährungsfrist nach der VOB/B (vier Jahre) oder nach dem BGB (fünf Jahre) übernommen, so läuft dies häufig auf eine **Verlängerung der Verjährungsfrist** hinaus (BGH NJW 1965, 152 = SFH Z 2.414 Bl. 136 ff.; vgl. für diesen Bereich auch BGH BauR 1979, 427 = NJW 1979, 645 = SFH § 477 BGB Nr. 3 für den Fall eines Kaufvertrages über Baumaterial; BGH BauR 1982, 175 = NJW 1981, 2248; OLG Frankfurt NJW-RR 1992, 280, 282 für den Fall der Zusage einer zehnjährigen »Garantie« für einen Teil der Bauleistung bei einer in der Grundlage vereinbarten fünfjährigen Frist; KG Betrieb 1981, 522, ebenfalls für den kaufvertraglichen Bereich).

275 Dabei ist wiederum zu unterscheiden: Zur Annahme einer unselbstständigen Garantie genügt es nicht, wenn im Bauvertrag lediglich in Abweichung von § 13 Nr. 4 VOB/B oder von § 634a BGB (§ 638 BGB a.F.) längere als die dort jeweils vorgesehenen Verjährungsfristen festgelegt werden. Das kann auch bei einer einfachen, im Vertrag nicht näher umschriebenen »**Funktionsgarantie**« der Fall sein. Diese bezieht sich oft auf eine bestimmte technische Anlage oder auf Teile derselben. Gleiches gilt in Bezug auf Abdichtungsarbeiten, Korrosionsschutzarbeiten. Dann handelt es sich nur um eine abweichende vertragliche Regelung ohne weitere Verpflichtung.

276 Teilweise wird von einer unselbstständigen Garantie gesprochen, wenn aus der betreffenden vertraglichen Regelung die **zusätzliche Vertragspflicht** entnommen werden kann, dass die normale (gesetzliche oder vertragliche) Verjährungsfrist abweichend von der allgemeinen Regel (Abnahme) erst in Lauf gesetzt wird, wenn ein Mangel innerhalb der vertraglich festgesetzten besonderen Frist auftritt bzw. entdeckt wird (BGH BauR 1986, 437 = NJW 1986, 1927; vgl. dazu auch BGH BauR 1990, 603 = NJW-RR 1990, 1108). Entdeckt ist der Mangel, sobald der Berechtigte von seinem Vorhandensein Kenntnis erlangt (z.B. durch ein Gutachten im Rahmen eines selbstständigen Beweisverfahrens); unerheblich ist dabei, ob er die künftige Entwicklung des Mangels zu überblicken vermag (BGH BauR 1986, 437 = NJW 1986, 1927; vgl. dazu auch BGH BauR 1990, 603 = NJW-RR 1990, 1108).

277 Im Falle einer unselbstständigen Garantie soll es ohne Verstoß gegen § 309 Nr. 8b) ff) BGB (§ 11 Nr. 10f AGB-Gesetz a.F.) möglich sein, die normale gesetzliche Verjährungsfrist, die mit der Entdeckung des Mangels in Lauf gesetzt wird, abzukürzen (BGH BauR 1979, 427 = NJW 1979, 645 = ZfBR 1979, 98 m.w.N.). Ein berechtigtes Interesse des Auftraggebers, dass die kürzere Verjährungsfrist schlechthin mindestens auf die Garantiezeit verlängert wird, bestehe im Allgemeinen nicht; auch nicht, wenn ein Mangel während der Garantiezeit wiederholt auftritt, wobei jedoch im Einzelfall eine Hemmung oder Neubeginn der Verjährung in Betracht kommt (KG, Betrieb 1981, 522, in letzterer Hinsicht entgegen OLG Hamm, Betrieb 1980, 778. – grundlegend dazu auch BGH BauR 1979, 427 = NJW 1979, 645 = ZfBR 1979, 98; vgl. auch BGHZ 75, 75 = BauR 1979, 511 = NJW 1979, 2036 = ZfBR 1979, 204; BGH BauR 1982, 175 = NJW 1981, 2248).

278 Die Vereinbarung einer Verjährungsfrist im Sinne einer unselbstständigen Garantie kann z.B. bei der Vertragsklausel gegeben sein: »Bis zum ... werden Ausbesserungsarbeiten kostenlos ausgeführt« (BGH SFH Z 2.414 Bl. 222). Eine bloße Verlängerung vertraglicher Verjährungsfristen dürfte dagegen in der Vertragsbestimmung zu sehen sein, dass der Auftragnehmer »auf die Dauer von 10 Jahren die gesamte Verantwortlichkeit für die Verwendung bestgeeigneten Materials und die sach- und fachgemäße dauerhafte Ausführung nach dem neuesten Stand der Bautechnik übernimmt«.

279 Möglich ist auch eine Garantie des Herstellers von Baustoffen oder Bauteilen (zur Garantie des Baustoffhändlers gegenüber dem Kunden des Verkäufers § 4 VOB/B) gegenüber dem Baustofflieferanten, von dem der Auftragnehmer bezieht. Dies kann sich zugunsten des Auftraggebers als echter **Vertrag zugunsten Dritter** (§ 328 BGB) darstellen. Dann kann dem Auftraggeber ein unmittelbarer, sämtliche gesetzlichen und/oder vertraglichen Mängelrechte erfassender Anspruch gegen den Hersteller zustehen (BGHZ 75, 75 = BauR 1979, 511). In diesen Fällen kommt auch die fünfjährige Verjährungsfrist in Betracht, selbst wenn zwischen Auftraggeber und Auftragnehmer die VOB/B vereinbart ist (BGHZ 75, 75 = BauR 1979, 511).

280 Bei den Schadensersatzansprüchen des Bauunternehmers aus Vertrag mit Schutzwirkung zugunsten Dritter ist zu beachten, dass für den haftenden Hersteller/Veräußerer erkennbar sein muss, dass er für das »Wohl und Wehe« des Dritten Verantwortung übernimmt. Im Regelfall wird Entsprechendes sowohl beim Kauf- als auch beim Werkvertrag vorliegen – obwohl dem Werkvertrag eine Regelung fremd ist, wie sie das Kaufrecht in § 434 Abs. 1 S. 3 BGB enthält.

281 Denkbar sind »zusätzlich« auch Ansprüche aus einem **Beratervertrag**. Hierbei sind verschiedene Konstellationen denkbar. Ausgangspunkt ist die übliche Verwendungskette von Hersteller über Baustoffhändler zum Handwerker bzw. Endverbraucher. Im Verhältnis Handwerker zu Baustoffhändler ist neben dem eigentlichen Kaufvertrag ein zusätzlicher Beratervertrag dann denkbar, wenn der Baustoffhändler den Handwerker über das übliche Maß hinaus berät. Es muss insoweit eine Beratung vorliegen, die über die »üblichen« kaufvertraglichen Nebenpflichten hinausgeht. In diesem Sinne bejahend entschieden vom Bundesgerichtshof für den Fall, dass der Baustoffhändler vor Verwendung des Lackes an die Baustelle kommt, den Untergrund zuvor prüft und hinsichtlich der Verwendung berät (BGH Urt. v. 23.6.1999 IBR 1999, 566).

282 Denkbar ist auch, dass Personen in die Haftung geraten, die in der Verwendungskette nicht selbst Vertragspartei sind. Dies ist dann der Fall, wenn sie **besonderes Vertrauen** für sich in Anspruch nehmen und hierdurch die Vertragsverhandlungen der Parteien bzw. deren Vertragsabschlüsse erheblich beeinflussen. Insoweit entsteht auch mit ihnen ein **Schuldverhältnis mit Sorgfalts- und Rücksichtsnahmepflichten** (OLG Celle OLGR 002, 147 = IBR 2002, 255).

283 Als weitere Konstellation ist denkbar, dass ein Beratervertrag zwischen dem **Lieferanten von Baumaterialien** und dem vom Bauherrn eingeschalteten Architekten/Ingenieur zustande kommt. Entschieden vom Bundesgerichtshof im Fall, als der Ingenieur »für den Bauherrn« bei der Planung und Ausschreibung eines Schmutzwasserkanalsystems beim Händler ein Angebot für ein technisch in der Anfrage exakt beschriebenes Schachtpumpwerk einhole. Das angefragte Unternehmen bot Schneideradpumpen an und fügte technische Merkblätter für diese Pumpen bei. Nach Einbau erwiesen sich diese für den Einsatzzweck als untauglich. Die Berufshaftpflichtversicherung des Ingenieurs leistete gegenüber dem Bauherrn Schadensersatz und verlangte aus den aufgrund des Versicherungsvertrages auf sie übergegangenen Ansprüchen des Ingenieurs gegen den Pumpenlieferanten von diesem Schadensersatz wegen unrichtiger Beratung. Der Pumpenlieferant berief sich auf die 6-monatige Verjährungsfrist für bewegliche Sachen, da es sich um eine Beratung im Zusammenhang mit dem Kauf der Pumpen gehandelt habe (§ 477 Abs. 1 BGB a.F.). Der Bundesgerichtshof bejahte eine Haftung aus **selbstständigem Beratervertrag** – damals noch eine 30-jährige Haftung (BGH BauR 2001, 1734 = IBR 2001, 498).

cc) Selbstständige Garantie

284 Schließlich und insbesondere kann die Garantie beim Bauvertrag aber auch die Übernahme der Gewähr/Haftung für einen über die Vertragsmäßigkeit hinausgehenden, noch von anderen Faktoren abhängigen Erfolg darstellen (BGH BauR 1986, 437 = SFH § 638 BGB Nr. 33 = NJW 1986, 1927). Dabei ist zunächst wesentlich, dass der **unbedingte Verpflichtungswille des Übernehmers erkennbar** erklärt wird (BGH WM 1960, 879, 881; BGH SFH Z 3.00 Bl. 172 ff.). Insofern kommt es weniger auf den Gebrauch des Wortes »Garantie« an als vielmehr auf den nach § 133 BGB **eindeutig auszulegenden Willen**, unbedingt für den erstrebten Erfolg einstehen zu wollen. Dann handelt es sich um einen **selbstständigen Garantievertrag** (BGH BauR 1970, 107 m.w.N.). Auf diesen sind die Mängelrechte der §§ 633 ff. BGB nicht anwendbar (so für §§ 633 ff. BGB a.F. OLG Frankfurt Beschl. v. 25.4.2003 7 W 29/02).

Der garantierte Erfolg, den der Auftraggeber mit dem Erhalt der Bauleistung verfolgt, kann technischer und/oder wirtschaftlicher Natur sein. Gerade bei Bauverträgen kommen dabei auch echte Garantien vor, die auf Erzielung eines bestimmten wirtschaftlichen Erfolges abgestellt sind. Dazu kann vor allem die Garantie eines bestimmten **Jahresmietertrages** gehören (BGH BauR 1973, 191 = WM 1973, 411). Garantiert der mit der Erstellung eines Wohnblocks beauftragte Generalunternehmer dem Auftraggeber einen bestimmten Jahresmietertrag, so muss er für den garantierten Betrag selbst dann einstehen, wenn ihm bei der Wohnflächen- und Wirtschaftlichkeitsberechnung ein Irrtum unterlaufen ist. Allenfalls kann, wenn eine ausdrückliche zeitliche Begrenzung der Mietertragsgarantie fehlt, geprüft werden, ob und wann nach den Grundsätzen von Treu und Glauben (§ 242 BGB) das Garantieversprechen endet (BGH SFH Z 2.212 Bl. 32 ff.). 285

Zur echten Garantie gehören auch Fälle einer »**Festpreisgarantie**«, sofern sich der Auftragnehmer (insbesondere Baubetreuer bzw. Bauträger) verpflichtet, den Auftraggeber (Erwerber) von über den »Festpreis« hinausgehenden Forderungen anderer Handwerker sowie von Lieferanten freizustellen (BGHZ 85, 39 = BauR 1983, 66 = SFH § 134 BGB Nr. 4 = NJW 1983, 109). Eine selbstständige Garantie ist es auch, wenn ein Dritter, der nicht Erfüllungsgehilfe des Auftragnehmers ist, dem Auftraggeber eine Entschädigung in Höhe eines bestimmten Betrages für den Fall zusagt, dass das Bauwerk nicht rechtzeitig hergestellt wird (a.A. OLG Hamm BauR 1995, 548, das hier von einem sog. selbstständigen Strafversprechen ausgeht, mit zutreffender ablehnender Anm. von *Rieble* a.a.O. 550 ff.). 286

Am häufigsten sind im Bauvertragswesen allerdings diejenigen Fälle, in denen ein bestimmter technischer Erfolg – unbedingt – garantiert wird (z.B. »unbedingte Haltbarkeit auf die Dauer von 10 Jahren«). Auch hier gelten die allgemeinen Grundsätze, wonach es Sinn und Zweck eines selbstständigen Garantievertrages ist, dass der Gläubiger auf jeden Fall den garantierten Erfolg erhalten soll, bzw. ihm sogar die Gefahr »untypischer Zufälle« abgenommen wird (BGH NJW 1958, 1483). 287

Die Haftung des Auftragnehmers wird nicht dadurch ausgeschlossen, dass der Schaden auch ohne die Garantie eingetreten wäre. Ein ursächlicher Zusammenhang zwischen Schaden und Tätigkeit des Auftragnehmers ist nicht erforderlich (Pfaff, DWW 1961, 269). 288

Bei echten Garantieverträgen beträgt die **Verjährungsfrist** für die geleistete Garantie, insbesondere auch die Mängelhaftung, **nach §§ 195, 199 BGB drei Jahre,** beginnend mit dem Zeitpunkt, in dem der Anspruch entstanden ist und der Gläubiger von den den Anspruch begründenden Umständen und der Person des Schuldners Kenntnis erlangt oder ohne grobe Fahrlässigkeit erlangen müsste. Bis zum 31.12.2001 galt hier eine Frist von 30 Jahren (§ 195 BGB a.F.). Etwas anderes müsste vereinbart werden. 289

b) Auslegung im Einzelfall erforderlich
Welche der drei vorgenannten Arten der »Garantie« vorliegen, ist im Streitfall zu ermitteln. Zur Unterscheidung zwischen der einfachen Beschaffenheitsvereinbarung und einer selbstständigen Garantie sind die vom BGH für den Bereich des Kaufvertrages aufgestellten Grundsätze entsprechend anwendbar (BGH NJW 96, 1337). Beim echten Garantievertrag ist das Einstehenmüssen des Auftragnehmers nicht davon abhängig, ob seine Leistung an sich als ordnungsgemäß im Sinne von § 633 Abs. 2 BGB (beim BGB-Bauvertrag) oder nach § 13 Nr. 1–3 VOB/B (beim VOB/B-Bauvertrag) anzusehen und ob er für den Mangel verantwortlich zu machen ist. Liegt ein selbstständiger Garantievertrag vor, kann sich der Auftragnehmer auch nicht auf sonstige gesetzliche Beschränkungen seiner Verantwortlichkeit oder auf § 13 VOB/B berufen. 290

Unzutreffend ist die Ansicht des OLG Düsseldorf (SFH Z 2.414 Bl. 70 ff.), eine selbstständige Garantie liege in der zusätzlichen Vertragsvereinbarung, dass »der Auftragnehmer die volle Verantwortung 291 für Stand- und Betriebssicherheit des Bauwerks trägt und für alle Mängel haftet, die nach dem Stande der Technik zu vermeiden waren«. Hierin liegt keine über § 633 Abs. 2 BGB (§ 633 Abs. 1 BGB a.F.) bzw. § 13 Nr. 1 VOB/B, also die allgemeine Gewährleistung/Mängelhaftung, hinausgehende Verpflichtung. Das gilt um so mehr, als der Auftragnehmer ohnehin nach den Allgemeinen Technischen Vertragsbedingungen verpflichtet ist, auf die Beschaffenheit des Baugrundes zu achten und die für seine Tragfähigkeit ungünstigen Umstände sofort mitzuteilen (DIN 18 331 Nr. 3.1.3 in Verbindung mit dem in § 4 Nr. 3 VOB/B geregelten Grundsatz). Des Weiteren widersprechen Mängel, »die nach dem Stande der Technik zu vermeiden waren«, ohnehin den anerkannten Regeln der Technik; diese sind nach § 13 Nr. 1 VOB/B Bestandteil der allgemeinen Mängelhaftungspflichten des Auftragnehmers.

292 Auch in der vertraglichen Redewendung, der Auftragnehmer werde »für die Haltbarkeit der Anlage und einwandfreie Funktion derselben, sowohl insgesamt wie auch in einzelnen Teilen, eine Garantie von zwei Jahren übernehmen«, liegt nur eine normale Mängelhaftung im Rahmen des Bauvertrages, nicht aber ein selbstständiges Garantieversprechen (OLG Düsseldorf SFH Z 2.414 Bl. 121 ff.). Dasselbe trifft auf die Vertragsklausel zu: »Der Unternehmer (Auftragnehmer) haftet für die Güte und die Dauerhaftigkeit der von ihm gelieferten Materialien und für die Mustergültigkeit seiner Arbeiten auf die Dauer von zwei Jahren, vom Tage der Abnahme gerechnet.« (BGH Urt. v. 30.12.1963 VII ZR 53/62). Ebenso gilt dies für die vertragliche Abrede, es werde »Garantie nach der VOB/B« geleistet (BGH BauR 1970, 48 = NJW 1970, 421 = SFH Z 2.414 Bl. 231 ff.); Gleiches trifft für die Übernahme der »Gewährleistung/Mängelhaftung nach DIN, § 13« zu (BGH SFH Z 2.331 Bl. 64).

293 In allen diesen Fällen wird keine unselbstständige Garantie vorliegen, weil diese beispielhaft genannten Verpflichtungen nicht über den normalen Rahmen der Mängelhaftung hinausgehen. Eine über die gesetzliche oder vertragliche Mängelhaftungsverpflichtung hinausgehende Vertragsregelung im Sinne einer selbstständigen Garantie ist in der Regel auch dann nicht anzunehmen, wenn hinsichtlich bestimmter Baustoffe oder Bauteile auf **Prüf- oder Gütezeichen** hingewiesen wird. Gleiches gilt für die Vertragsbedingung »Nach Erbringung der Sauberkeitsschicht ist eine Isolierung gegen Grundwasser einzubringen. Zu diesem Zweck ist ... als Isolierschicht einzubauen. Dasselbe ist genau nach Werksvorschrift zu verarbeiten. Der Unternehmer übernimmt die volle Garantie und ist für jeden Schaden haftbar, der durch Eindringen von Grundwasser entstehen kann.« (BGH BauR 1970, 107, dort jedenfalls als selbstständige Garantie verneint).

294 Entsprechendes dürfte auch für die Vertragsbestimmung gelten: »Sie garantieren eine fach- und sachgerechte Arbeitsausführung und haften für Ihre Leistungen im Rahmen der VOB/B auf die Dauer von fünf Jahren«. Hier wird lediglich die Verjährungsfrist als solche kraft vertraglicher Abrede verlängert, ohne dass für den Auftragnehmer weitergehende Verpflichtungen – auch im Hinblick auf eine unselbstständige Garantie – entstehen. Gerade im Rahmen von Bauverträgen nach der VOB/B werden entsprechende Redewendungen oft gebraucht. Man begnügt sich vielfach nicht mit einer bloßen Bezugnahme auf die Vorschriften des Teils B. Vielmehr vertritt man die – möglicherweise hier und da auch zweckmäßige – Ansicht, man müsse deren Inhalt im Bauvertrag mit »gewissen Varianten« wiederholen. Das ergibt aber keineswegs schon einen selbstständigen Garantievertrag, in der Regel nicht einmal eine unselbstständige Garantie (siehe dazu auch KG BauR 1971, 264).

295 Andererseits kann eine unselbstständige oder insbesondere selbstständige Garantie von einem Dritten – mit – übernommen werden. Dies trifft z.B. dann zu, wenn ein Fachingenieur, der nicht selbst Vertragspartner des Auftraggebers wird, diesem erklärt, die ordnungsgemäße Durchführung einer Dachsanierung durch einen von ihm benannten Fachverleger werde von ihm zugesichert (OLG Stuttgart NJW-RR 1989, 210).

III. Sicherheiten für Mängelrechte

1. Allgemeines

Der Auftragnehmer ist vorleistungspflichtig. Dies ergibt sich aus § 641 Abs. 1 S. 1 BGB. Danach ist die Vergütung bei der Abnahme des Werkes zu entrichten. Der Auftragnehmer muss also zuerst seine Bauleistung ordnungsgemäß erbringen und erhält dann vom Auftraggeber die Vergütung für das fertiggestellte Werk oder erhält während der Bauausführung unter den Voraussetzungen des § 632a BGB beim BGB-Bauvertrag oder nach § 16 Nr. 1 VOB/B beim VOB/B-Vertrag Abschlagszahlungen. Liegen Mängel vor, so kann der Auftraggeber gemäß §§ 641 Abs. 3, 320 BGB mindestens den dreifachen Betrag der voraussichtlichen Mangelbeseitigungskosten zurückbehalten (Mangelbeseitigungskosten und sog. Druckzuschlag). **296**

Dieses **Zurückbehaltungsrecht** ist grundsätzlich eine scharfe »Waffe« für den Auftraggeber. In der Regel reicht der einbehaltene Betrag aus, die Mängel zu beseitigen. Dieses Recht setzt allerdings notwendigerweise voraus, dass der Auftraggeber die Mängel vor Zahlung entdeckt hat. Leistet er dagegen erhebliche Abschlagszahlungen oder die Schlusszahlung und entdeckt dann Mängel oder der Auftragnehmer kann aufgrund von Insolvenz das Bauwerk nicht fertig stellen, so schützt den Auftraggeber das Zurückbehaltungsrecht nicht mehr. Er muss für die Fertigstellung oder Nacherfüllung (Mängelbeseitigung) selbst aufkommen. Nicht selten muss er sie sogar finanzieren. Die Nacherfüllung kann zudem erheblich teurer werden als der vereinbarte Werklohn, der an den insolventen Auftragnehmer gezahlt wurde. Diese Situation kann den Auftraggeber in erhebliche finanzielle Schwierigkeiten bis hin zur eigenen Insolvenz bringen. Um dieses Risiko abzusichern, muss der Auftraggeber ein Sicherheitsrecht zur Absicherung seiner Vertragserfüllungs- und Mängelrechte vereinbaren. **297**

Dabei ist zunächst auf folgendes explizit hinzuweisen: **298**

Dem Auftraggeber steht **ohne Vereinbarung kein Sicherheitsrecht** zur Absicherung seiner Mängelrechte, bis auf das vorbezeichnete Zurückbehaltungsrecht, zu. Wird der Auftragnehmer also vor vollständiger mangelfreier Fertigstellung seiner Bauleistung – gleich, ob vor oder nach Abnahme – insolvent, so kann der Auftraggeber die ihm zustehenden Mängelrechte wirtschaftlich nicht durchsetzen.

Rechtlich werden die Sicherheiten bis zur Abnahme und nach der Abnahme unterschieden. **Bis zur Abnahme** und der Beseitigung der bei Abnahme vorbehaltenen Mängel spricht man von einer Vertragserfüllungssicherheit. Für Mängel, die **nach der Abnahme** und vor Ablauf der Mängelhaftungsfrist entdeckt (und gerügt) werden, spricht man von einer Sicherheit für Mängelrechte (nach altem Recht: Gewährleistungssicherheit). **299**

2. Sicherheiten nach § 17 VOB/B: Einbehalt, Vertragserfüllungsbürgschaft, Bürgschaft für Mängelrechte/Gewährleistungsbürgschaft

a) Sicherheitsanspruch nur wenn entsprechende Vereinbarung vorliegt

Die Sicherheiten für Mängelrechte, die die VOB/B vorsieht, sind in § 17 VOB/B geregelt. Es sind der/die: **300**

– Einbehalt oder Hinterlegung
– Vertragserfüllungsbürgschaft
– Bürgschaft für Mängelrechte/Gewährleistungsbürgschaft

Auch diese Sicherheiten greifen nach § 17 Nr. 1 VOB/B **nur, wenn eine Sicherheitsleistung vereinbart** ist. Das »ob« (Sicherheitsleistung) muss also vereinbart werden. Erst das »wie« (die Durchführung der Sicherung) sind in § 17 VOB/B und §§ 232 bis 240 BGB geregelt. Vertraglich vereinbarte Modifikationen sind in bestimmten Grenzen möglich. Für die Einzeldarstellung dieser Sicherheiten wird auf die Kommentierung in § 17 VOB/B verwiesen. **301**

b) Inhalt der Sicherungsabrede/des Bürgschaftstextes

302 In der Praxis muss insbesondere darauf geachtet werden, die **Sicherungsabrede** eindeutig zu regeln, beispielsweise den **Bürgschaftstext exakt zu formulieren** bzw. zu kontrollieren. Hier werden aus »Nachlässigkeit« oft Probleme dergestalt geschaffen, dass die Bürgschaft für den dann vorliegenden Fall nicht gezogen werden kann (**Schutz des Auftraggebers** nicht erreicht) oder die Bürgschaft »zu schnell« gezogen werden kann (**Schutz des Auftragnehmers** nicht erreicht). Die wirtschaftlichen Konsequenzen eines unzureichend abgefassten Bürgschaftstextes können fatal sein. Es ist zu vergegenwärtigen, dass die Bürgschaft in der Insolvenz des Auftragnehmers ggf. die einzige finanzielle Sicherung des Auftraggebers ist. Fällt sie aus oder entsteht ein längerer Streit mit der bürgenden Bank über den Umfang der Sicherheit, so kann der Auftraggeber – bei vollem Bestehen aller Ansprüche – selbst insolvent (zahlungsunfähig) werden. Dieses Risiko wird zum Zeitpunkt des Abschluss des Bauvertrages oft nicht ausreichend erfasst, weil alle Beteiligten (noch) von einem reibungslosen Bauablauf ausgehen. Sonst wäre es nicht zu erklären, dass die Fälle des unzureichenden Bürgschaftstextes in der Praxis so häufig auftreten.

303 Eine Klausel in Allgemeinen Geschäftsbedingungen eines Bauvertrages, die den Auftragnehmer verpflichtet, zur Sicherung der Gewährleistungsansprüche des Auftraggebers ausschließlich eine unbefristete, unwiderrufliche, selbstschuldnerische Bürgschaft zu stellen, verstößt nicht gegen § 307 AGB-Gesetz. Wird der Auftragnehmer in einer solchen Klausel verpflichtet, die Bürgschaft gemäß »Muster des Auftraggebers« zu stellen, ist damit in Anlehnung an § 17 Nr. 4 S. 2 VOB/B zum Ausdruck gebracht, dass die Bürgschaft des Auftraggebers auszustellen ist. Der Auftraggeber ist allerdings nicht berechtigt, die Sicherungsabrede durch das Muster zu ändern (BGH Urt. v. 26.2.2004 BauR 2004, 841). Auch der umgekehrte Fall ist denkbar, d.h. nach der Sicherungsabrede soll der AN den Mangeleinbehalt nur durch eine Bürgschaft a.e.A. ablösen dürfen, tatsächlich wird aber nur eine einfache selbstschuldnerische Bürgschaft übergeben. Der AG zahlt den Einbehalt daraufhin aus. In diesem Fall ist die Sicherungsabrede selbst unwirksam, d.h. der AG muss die Bürgschaft herausgeben und darf sie nicht verwerten (BGH IBR 1997, 366 u. BGH IBR 2004, 245 m. Anm. *Schmitz*). Oftmals wird vereinbart, dass eine Bürgschaft Gewährleistungsansprüche gemäß § 13 VOB/B sichern soll, obwohl der Werkvertrag eine Geltung der VOB/B gar nicht vorsieht. Auch hier soll eine Inanspruchnahme der Bürgschaft für Gewährleistungsansprüche ausgeschlossen sein (LG Wiesbaden Urt. v. 17.11.2005 IBR 2006, 256). Obergerichtlich wurde folgende von einer Versicherungs-AG in Gewährleistungsbürgschaften verwandte Klausel für wirksam erachtet: »das Werk wurde in Übereinstimmung mit den vertraglichen Bestimmungen fertig gestellt und unbeanstandet und vorbehaltlos abgenommen … Dies vorausgesetzt bürgt die Versicherungs-AG für die Erfüllung der Mängelgewährleistungsansprüche …«. Begründet wurde die Wirksamkeit damit, dass gemäß dem Wortlaut die Bürgschaftverpflichtung einerseits davon abhängen sollte, dass vertragsgemäße Fertigstellung vorliegen würde, andererseits dass die Abnahme ohne Beanstandung und Vorbehalte erklärt worden sei. Deutlich begrenzt diese Klausel das Risiko der Bürgin. Sie wird in der Literatur scharf angegriffen. Dies mit der Begründung, die Klausel sei überraschend und ungewöhnlich. Es sei in der Baupraxis bekannt, dass es eine Abnahme ohne Beanstandungen und Vorbehalte praktisch nicht gäbe. Der Wortlaut des § 12 Nr. 4 Abs. 1 S. 3 VOB/B würde dies belegen (OLG Hamm IBR 2004, 500; OLG Frankfurt IBR 2006, 254 m. abl. Anm. *Maas*). Problematisch sind auch Bürgschaften des Bauherrn gegenüber Nachunternehmern. Eine von der Rechtsprechung akzeptierte Klausel findet sich im Urteil des OLG Karlsruhe vom 17.12.2004 (BGH Nichtzulassungsbeschwerde zurückgewiesen IBR 2006, 331).

3. Sonstige Sicherheiten

304 Neben diesen Sicherheiten, auf die § 17 Bezug nimmt, sind sämtliche Sicherungsinstrumente des BGB denkbar. Als Beispiele sind zu nennen:

– Schuldbeitritt (z.B. durch Unternehmenskäufer)

Mängelansprüche   Vor § 13 VOB/B

- Schuldübernahme (z.B. durch Subunternehmer)
- Pfandrechtsbestellung
- Sicherungsübereignung
- Hinterlegung
- Vorauszahlungsbürgschaft bei Vorauszahlung des Werklohns

Diese Rechte müssen zwischen den Parteien ebenfalls vereinbart werden. **Für die Praxis wird empfohlen**, auch die Details sorgfältig zu verhandeln und vertraglich zu regeln. Insbesondere bei der **Abwicklung von Bauinsolvenzen** sollte daran gedacht werden, dass es zivilrechtlich eine Fülle von Sicherungsmöglichkeiten gibt. Gerade dann, wenn **mehrere Parteien an der Entstehung eines Bauvorhabens** mitwirken, können alternative Sicherheiten erforderlich oder vorteilhaft werden. Hier kommen oft »GbR-Konstruktionen« (Gesellschaften bürgerlichen Rechts) unterschiedlichster Art (ARGE, Kooperationsmodelle; zur Vielfalt von Gesellschaften Bürgerlichen Rechts siehe *Würfele* S. 22 ff.) zum Einsatz, bei denen die Sicherungsrechte des § 17 nicht ausreichend sind oder nicht mehr vereinbart werden können, weil der Auftragnehmer bereits Insolvenzantrag gestellt hat. **305**

Die Probleme der GbR-Konstruktionen waren bis zum Urteil des BGH v. 29.1.2001 (BGH NJW 2001, 1056), in dem der BGH die Rechtsfähigkeit der Außen-GbR (zum Begriff der Außen-GbR siehe *Würfele* S. 22) anerkannt hat, besonders vielschichtig (zur Haftungssituation bei der GbR vor dem BGH Urt. v. 29.1.1 ausführlich *Würfele* S. 23 ff.). Für die Rechtsfähigkeit der GbR hatten sich zuerst von Gierke und später vor allem Flume und Schmidt immer wieder ausgesprochen. Eine Zusammenfassung der Entwicklung und Argumente für die Rechtsfähigkeit der GbR finden sich bei *Würfele* S. 146 ff.). In diesen Fällen war es besonders wichtig, auch andere Sicherheiten als die des § 17 in Erwägung zu ziehen. Teils wurde dies auch von Auftragnehmerseite selbst vorgeschlagen, z.B. um keine Avalprovisionen zahlen zu müssen, keine Sicherheiten bei der bürgenden Bank zu hinterlegen oder weil sie keinen Bankbürgen fanden. Durch die Anerkennung der Rechtsfähigkeit der Außen-GbR hat sich die Rechtslage vereinfacht. Nach wie vor bestehen aber auch hier Situationen, die alternative Sicherheiten erforderlich machen. **306**

Die **Praxis kann nur aufgefordert** werden, bei der Gestaltung von Verträgen oder bei einer baubegleitenden Rechtsberatung sich des gesamten Instrumentariums der Sicherungsrechte zu bedienen. Für die Einzeldarstellung der vorbezeichneten alternativen Sicherheiten wird auf die allgemeine zivilrechtliche Literatur verwiesen. **307**

4. Versicherungen

Relativ neu ist die Absicherung des Bauherrn durch Versicherungen für Vertragserfüllung und Mängelrechte. Es hat sich hier in der Praxis ein breites Angebot von Versicherungen herausgebildet. Der Vergleich der Versicherungsbedingungen ist nicht einfach, weil es auf jedes Detail ankommen kann. Für die Darstellung der verschiedenen Problematiken wird auf die Fachliteratur verwiesen. **308**

I. VOB/B und AGB-Recht

1. Privilegierung der VOB/B

Nach der ständigen Rechtsprechung des BGH (BGHZ 86, 135 = BauR 1983, 161) findet eine isolierte Inhaltskontrolle der einzelnen VOB/B-Bestimmungen nach dem AGB-Gesetz (Seit dem 1.1.2002 durch das Schuldrechtsmodernisierungsgesetz weitgehend übernommen in §§ 305 ff. BGB) nicht statt, wenn die VOB/B als Ganzes vereinbart wird. **309**

Die Fortgeltung dieser Privilegierung der VOB/B nach Inkrafttreten des Schuldrechtsmodernisierungsgesetzes ist streitig, nachdem das neue Recht die VOB/B weiterhin lediglich an zwei Stellen ab- **310** schließend privilegiert – in § 308 Nr. 5 BGB (fingierte Erklärungen) und in § 309 Nr. 8 lit. b) ff) BGB (Erleichterung der Verjährung). Dies war zwar auch schon vor Inkrafttreten des Schuldrechtsmodernisierungsgesetzes so. Dort privilegierte § 23 Abs. 2 Nr. 5 AGBG die Regelungen des § 10 Nr. 5 AGBG (Fingierte Erklärungen) und 11 Nr. 10 lit. f AGBG (Verkürzung der Gewährleistung). Jetzt – so wird argumentiert – hätte der Gesetzgeber bei der Fassung eines neuen Gesetzes die Möglichkeit gehabt, den Inhalt dieser Rechtsprechung ausdrücklich zu normieren. Daraus, dass er dies nicht getan habe, könne geschlossen werden, dass er die Privilegierung aufgebe (*Lenkeit* BauR 2002 Sonderheft 1a, 223 m.w.N.; zweifelnd *Frikell* BauR 2002, 672; abl. *Joussen* BauR 2002, 1759 ff.).

311 Der Gesetzgeber selbst wollte – höchst wahrscheinlich – die Privilegierung nicht aufgeben (Darauf stützen die Befürworter der Fortgeltung der Privilegierung ihre Argumentation: z.B. *Joussen* BauR 2002, 1759 ff. [1763]; *Werner/Pastor* Der Bauprozess, Rn. 1018). Im Regierungsentwurf (RegE zum SchuldRModG v. 9.5.2001, BT-Drucks. 14/6040 S. 154) heißt es zu § 308 Nr. 5 BGB wörtlich:

»In Nr. 5 wird eine Ausnahme für Verträge vorgesehen, in die Teil B der . . . (VOB/B) als Ganzes einbezogen ist. Diese Ausnahme ergibt sich bisher schon aus § 23 Abs. 2 Nr. 5 AGBG, wo es heißt, dass § 10 Nr. 5 AGBG nicht gilt für Leistungen, für die die VOB/B Vertragsgrundlage ist. Die Formulierung der Ausnahme an dieser Stelle macht dem Rechtsanwender die Zuordnung leichter. Zugleich wird die Ausnahme konkreter formuliert, in dem diese nunmehr voraussetzt, dass die VOB/B insgesamt in den Vertrag einbezogen ist. Damit wird der gefestigten Rechtsprechungspraxis Rechnung getragen, die das Eingreifen der im bisherigen § 23 Abs. 2 Nr. 5 AGBG zugunsten der VOB/B geregelten Ausnahmen davon abhängig macht, dass die VOB/B insgesamt, d.h. ohne nennenswerte Einschränkungen, übernommen worden ist (BGHZ 96, 129, 133; 100, 391, 399; BGH NJW 1986, 713, 714; NJW 1987, 2373, 2374; NJW-RR1989, 85, 86). Diese Rechtsprechung soll nunmehr – ohne inhaltliche Änderung im Gesetzeswortlaut – ihre Entsprechung finden. Die Privilegierung erfasst die VOB/B in ihrer jeweils zum Zeitpunkt des Vertragsschlusses gültigen Fassung . . .«

312 Nach Ansicht des DVA handelt es sich – im Anschluss an die Gesetzesbegründung – bei der überarbeiteten Fassung der VOB/B 2002 in Bezug auf die Inhaltskontrolle weiterhin um ein privilegiertes Regelwerk (Beschluss des Vorstandes des DVA v. 2.5.2002, 2 ff. – Quelle: www.bmvbs.de/Anlage/original_12974/DVA-HAA-Beschluesse-zur-VOB-B-vom-02.05.02.pdf.; *Kratzenberg* NZBau 2002, 178 f.). Diese Einschätzung wird in der Literatur in Frage gestellt (Schwenker/Heinze BauR 2002, 1143 ff.; *Quack* ZfBR 2002, 428 f.; *Kiesel* NJW 2002, 2064, 2069 ff.; *Oppler* MittBl. ARGE Baurecht 2/2002, 19 ff.; *Peters* NZBau 2002, 113, 114 f.; *Frikell* BauR 2002, 671 ff.; *Preussner* BauR 2002, 231, 241 f.; *Lenkeit* BauR 2002, 196, 223 f.; *Hoff* BauR 2001, 1654 ff.; *Sienz* in *Wirth/Sienz/Englert* a.a.O. S. 111 f.; vgl. auch IBR 2002, 173, 174-*Kniffka*).

313 Im Wesentlichen werden dabei zwei Punkte unterschiedlich beurteilt. Die Kritik in der Literatur geht – wie ausgeführt – davon aus, dass das neue Recht die VOB/B lediglich an zwei Stellen abschließend privilegiere (§ 308 Nr. 5 BGB – Fingierte Erklärungen; § 309 Nr. 8 lit. b) ff) BGB – Erleichterung der Verjährung). Angesichts dieser Gesetzeslage sei es nur schwer vertretbar, dass weiterhin sämtliche Regelungen der VOB/B privilegiert seien (ausführlich *Frikell* BauR 2002, 671 ff.). Darüber hinaus wird angeführt, dass das neue Recht die VOB/B nicht in ihrer jeweiligen Fassung begünstige. Privilegiert sei lediglich die Fassung der VOB/B zum Zeitpunkt der Verabschiedung des Gesetzes. Es soll sich um eine statische, im Gegensatz zu einer dynamischen Verweisung handeln. Trete eine Änderung der VOB/B in Kraft, so entfiele die Privilegierung (vgl. bspw. *Hoff* BauR 2001, 1654, 1658 f.). Folgt man dieser Argumentation, so wäre die Privilegierung der VOB/B in § 308 Nr. 5, § 309 Nr. 8 lit. b) ff) BGB mit dem Inkrafttreten der VOB/B 2002 entfallen.

314 Diese Auffassung kann sich auf den derzeitigen Text des BGB stützen. Sowohl in § 308 BGB als auch in § 309 BGB ist von der »Verdingungsordnung« für Bauleistungen die Rede. Allerdings könnte wohl auch ohne eine Gesetzesänderung, d.h. eines Ersetzens des alten Begriffes durch den Begriff der »Vergabe- und Vertragsordnung«, von einer dynamischen Verweisung ausgegangen werden. Insofern soll es sich um ein »Redaktionsversehen« handeln. Zudem bleibt abzuwarten, ob der Gesetzgeber nach Inkrafttreten der VOB/B 2002 eine entsprechende Änderung vornehmen wird.

Als weiterer Kritikpunkt wird auf die mögliche Kollision der Privilegierung der VOB/B 2002 mit Aspekten des Verbraucherschutzes in Verbraucherverträgen hingewiesen (*Oppler* MittBl. ARGE Baurecht 2002, 19 f.). Dabei ist entgegen dieser Einschätzung bei der Neufassung der VOB/B sehr wohl eine Differenzierung für Verträge mit Verbrauchern eingefügt worden – wenn auch nur an zwei Stellen und etwas »versteckt«. So wird nach § 16 Nr. 5 Abs. 3 und 5 VOB/B 2002 auf die »in § 288 BGB angegebenen Zinssätze« Bezug genommen. Dort unterscheidet das BGB bei Verzugszinsen explizit danach, ob ein Verbraucher an einem Rechtsgeschäft beteiligt ist oder nicht. **315**

Als Argument für eine fortgeltende Privilegierung führt der DVA zusätzlich den Umstand an, dass öffentliche Auftraggeber aufgrund der Verweisung in den Vorschriften der Vergabeverordnung – mithin kraft Gesetzes – zur Anwendung der VOB/B gezwungen seien. Der Zwang, **AGB-rechtlich unwirksame Bestimmungen anzuwenden**, sei nicht haltbar (Beschlüsse des DVA zur Änderung der VOB/B in Hinsicht auf die Novelle des BGB durch das Gesetz zur Modernisierung des Schuldrechts – Beschluss des Vorstandes des Deutschen Vergabe- und Vertragsausschusses v. 2.5.2002 – Quelle: www.bmvbs.de/Anlage/original_12974/DVA-HAA-Beschluesse-zur-VOB-B-vom-02.05.02.pdf). Auch dieser Auffassung des DVA wird in der Literatur entgegengetreten. So könne der Vergabeverordnung nicht das Verbot entnommen werden, gegenüber dem Vertragspartner treuwidrige Klauseln zu verwenden – unter Verweis auf den vom BGH entschiedenen Fall des § 16 Nr. 3 Abs. 2 VOB/B (so *Oppler* MittBl. ARGE Baurecht 2002, 19, 20). **316**

Weiter ist die vom DVA den einzelnen Änderungen vorangestellte Aussage hervorzuheben: »*Die VOB/B bleibt auch nach Inkrafttreten des Gesetzes zur Modernisierung des Schuldrechts ein privilegiertes Regelwerk*« (Beschlüsse des DVA zur Änderung der VOB/B in Hinsicht auf die Novelle des BGB durch das Gesetz zur Modernisierung des Schuldrechts – Beschluss des Vorstandes des Deutschen Vergabe- und Vertragsausschusses v. 2.5.2002 – Quelle: www.bmvbs.de/Anlage/original_12974/DVA-HAA-Beschluesse-zur-VOB-B-vom-02.05.02.pdf). **317**

Dem wird entgegengehalten, diese Vorbemerkung des DVA stelle lediglich die Äußerung einer Rechtsauffassung dar, dagegen keinen Akt einer irgendwie gearteten Rechtssetzung (*Oppler* MittBl. ARGE Baurecht 2002, 19) eines »**Quasi-Gesetzgebungsorgans**« (Formulierung von *Kemper* BauR 2002, 1613). Die VOB/B stelle weiterhin »nur« eine Allgemeine Geschäftsbedingung (BGH BauR 2000, 1498, 1499) dar – wenn auch ihr besonderer Charakter durch die Bindungswirkung für die öffentliche Hand und ihre explizite Erwähnung in den AGB-Vorschriften deutlich werde. Prüfungsmaßstab bleibe insofern das AGB-Recht (*Kemper* BauR 2002, 1613). **318**

Die Kritik geht noch weiter. So wird ausgeführt, »*... dass der DVA das Risiko in Kauf nimmt, an Klauseln festzuhalten, deren isolierte Unwirksamkeit bereits höchstrichterlich entschieden ist, und darauf spekuliert, dass der BGH an der Privilegierungsrechtsprechung auch für künftige VOB/B-Fassungen festhalten wird.*« (*Oppler* MittBl. ARGE Baurecht 2002, 19, 20). Auch wird auf den Umstand verwiesen, dass das AGB-Recht allein den Verwendungsgegner schütze – nicht den Verwender selbst. Folge dieser Einschätzung sei, dass der Vertragspartner – ohne VOB/B-Privilegierung – vor unwirksamen VOB/B-Vorschriften geschützt werde. Der Verwender sehe sich hingegen benachteiligenden Klauseln gegenüber. Einzig bei gesetzes- und sittenwidrigen Klauseln käme man zu einem anderen Ergebnis. Unter Berücksichtigung der Einschätzung von Thode – wonach sich die Auslegung von auf EG-Richtlinien beruhenden BGB-Vorschriften auch am Gemeinschaftsrecht zu orientieren habe (a.A. *Kemper* BauR 2002, 1613; *Thode* NZBau 2002, 297, 304) – kann darüber hinaus auch bei europarechtlichen Vorgaben ein Schutz des Verwenders vor benachteiligenden Klauseln gegeben sein. **319**

In diesem europarechtlichen Zusammenhang wird angeführt: Es sei wohl nur durch eine abschließende EuGH-Entscheidung Klarheit darüber zu erlangen, ob die Verkürzung der Gewährleistungsfrist durch § 13 Nr. 4 Abs. 1 und 2 VOB/B mit Art. 3 Abs. 1 der Richtlinie 93/13 EWG v. 5.4.1993 über missbräuchliche Klauseln in Verbraucherverträgen (un)vereinbar sei (so *Weyer* BauR 2002, 857, 862).

320 Im Ergebnis stützen die Befürworter der Fortgeltung der Privilegierung ihre Argumentation in erster Linie auf den Willen des Gesetzgebers und darauf, dass durch das Schuldrechtsmodernisierungsgesetz nicht entscheidend von der Regelung des § 23 Abs. 2 Nr. 5 AGBG abgewichen wurde (*Joussen* BauR 2002, 1759 ff.). Ferner wird auf die Folgen hingewiesen, die eine Nichtfortgeltung der Privilegierung haben würde (Zusammenfassung siehe unten).

321 Ob sich der BGH – wie in der Literatur angemerkt (*Oppler* a.a.O.) – erst in einigen Jahren nach Inkrafttreten der VOB/B 2002 mit dieser und der Frage ihrer Privilegierung auseinander zu setzen hat, ist nicht eindeutig zu beantworten. Die jüngsten Änderungen des Zivilprozessrecht könnten zu einer unerwartet schnellen Antwort des BGH führen.

322 Bis dahin ist auf Folgendes hinzuweisen: Sicherlich ist es denkbar, dass die Rechtsprechung in der Beschränkung der Privilegierung auf zwei Einzelvorschriften ein Signal des Gesetzgebers zur Abstandsnahme von der Gesamtprivilegierung der VOB/B sehen könnte (*Oppler* MittBl. ARGE Baurecht 2002, 19, 20). Auch ist es zutreffend, dass eine Gesetzeskorrektur (wohl nicht nur eine Auslegung) durch den Inhalt einer Bundestagsdrucksache – namentlich der Begründung zum Schuldrechtsmodernisierungsgesetz – nicht erfolgen kann. Dies vor dem Hintergrund, dass bereits Äußerungen aus dem Umfeld des VII. Zivilsenates des Bundesgerichtshofes vorliegen (siehe *Kniffka* IBR-Online-Kommentar, Vor § 631 Rn. 31 ff. – Stand 10.4.2006; *Quack* ZfBR 2002, 428 f.). Diese Anmerkungen unterstützen eine Privilegierung eher nicht. Nachvollziehbarer Weise sieht dies der Deutsche Vergabe- und Vertragsausschuss für Bauleistungen anders (*Kratzenberg* NZBau 2002, 177, 178). Dabei spricht für die Gegner der Privilegierung die direkte Auslegung des Gesetzeswortlauts (§§ 305 ff. BGB). Andererseits zeigen die jüngsten Gesetzesänderungen, dass die **klassische Auslegungs- und Methodenlehre** (Wortlaut, Kontext in dem die Regelung steht, Sinn und Zweck der Vorschrift, historische Auslegung, Umkehrschluss etc.) wohl leider keine Gültigkeit mehr hat. Zu sehr kranken unsere Gesetze an nicht ausreichenden Überlegungen zum Kontext, in den sie gestellt werden. Ursache hierfür ist augenscheinlich zeitlicher Druck, aufgrund dessen Gesetze verabschiedet werden müssen – obwohl sie noch nicht abschließend durchdacht sind. Aus diesem Grunde werden auch Bundestagsdrucksachen zur Auslegung von Gesetzen herangezogen. Dass dies nicht der Weg der Zukunft sein kann, ist offensichtlich.

323 **Als Ergebnis** kann Folgendes festgehalten werden:

Ob die Privilegierung fortgilt, ist bis zu einer BGH-Entscheidung oder einer gesetzlichen Regelung unsicher.

Wird von der Fortgeltung der Privilegierung ausgegangen, so gilt die bisherige Rechtslage unverändert fort.

Wird die Fortgeltung der Privilegierung verneint, ergibt sich folgende Rechtslage:

324 Ohne Privilegierung käme es zu einer Inhaltskontrolle der einzelnen Klauseln der VOB/B anhand der AGB-Vorschriften der §§ 305 ff. BGB. Rechtsprechung und Literatur haben bisher bei einer **isolierten Inhaltskontrolle** u.a. folgende VOB/B-Klauseln in Frage gestellt: § 7, § 12 Nr. 4, § 13 Nr. 7 Abs. 1 und 2, § 15 Nr. 3 S. 5, § 16 Nr. 3 Abs. 1 S. 1, § 16 Nr. 3 Abs. 2 bis 5, § 16 Nr. 5 Abs. 3, § 16 Nr. 6 S. 1 (siehe Aufstellung bei *Frikell* BauR 2002, 671, 672). Würden diese Klauseln für unwirksam gehalten, so wäre den Privilegierungen nach § 308 Nr. 5 BGB (Fingierte Erklärungen) und in § 309 Nr. 8 lit. b) ff) BGB (Erleichterung der Verjährung) die Voraussetzung entzogen, dass die VOB/B als Ganzes (wirksam) vereinbart wurde. In der Folge wären auch die §§ 12 Nr. 5 und 13 Nr. 4 VOB/B unwirksam (*Frikell* BauR 2002, 673).

Mängelansprüche   Vor § 13 VOB/B

Die VOB/B wäre dann nicht mehr ausgewogen. Da die meisten Bauverträge ohne eine ausgewogene **325** VOB/B kaum abzuwickeln wären, wäre der DVA bei dieser Prämisse aufgefordert, jede einzelne VOB/B-Klausel den Anforderungen der §§ 305 ff. BGB anzupassen.

Fazit: Bis zu einer Entscheidung des BGH einer gesetzlichen Änderung oder einer Änderung der **326** VOB/B, die den Anforderungen der §§ 305 ff. BGB entspricht, bleibt für den Rechtsanwender eine extreme Rechtsunsicherheit bestehen. Um diese unsägliche Diskussion der Privilegierung der VOB/B zu beenden, kann es an sich nur eine Lösung geben: Entweder in das BGB wird ein »ausreichendes« Bauvertragsrecht eingebracht, oder die **VOB/B** wird zu einer **Rechtsverordnung** »erhoben«. Solange keine dieser Lösungen vorliegt, muss von der Unwirksamkeit einzelner VOB/B-Regelungen ausgegangen und deshalb Ersatzlösungen vereinbart werden.

II. Inhaltskontrolle der VOB/B

1. Grundlegendes

Es ist bekannt, dass der Verfasser die VOB/B für eine nichthinwegdenkbare Hilfe bei der Gestaltung **327** nationaler Bauverträge hält. Sie ist allerdings nicht mehr zeitgemäß, dergestalt, dass sie 1:1 übernommen werden kann. Die oben geschilderten Ausführungen zur Privilegierung belegen dies. Die VOB/B sollte insoweit als »hervorragende« Checkliste bei der Gestaltung von Bauverträgen herangezogen werden. In der Regel geschieht dies auch. Selbst die öffentliche Hand verwendet die VOB/B »rein« nur noch in seltenen Fällen. Vor diesem Hintergrund relativiert sich die Problematik, die im Folgenden dargestellt wird. Ziel der Baupraxis sollte es sein, die VOB/B-Klauseln, die bei einer Inhaltskontrolle gefährdet sind, AGB-fest abzuändern.

2. Inhaltskontrolle und Verbraucherschutz

Das Gutachten von Micklitz (Schriftreihe des Verbraucherzentral-Bundesverbandes zur Verbrau- **328** cherpolitik, Berlin 2005) hat die VOB/B unter Verbraucherschutzgesichtspunkten mehr oder weniger für unbrauchbar erklärt. Die in diesem Zusammenhang vor dem LG Berlin vom Verbraucherzentral-Bundesverband gegen den Deutschen Verdingungs-/Vertragsausschuss (DVA) geführte Unterlassungsklage gegen die Empfehlung zur Verwendung von VOB/B-Bestimmung in Verbraucherverträgen ist zwischenzeitlich in erster Instanz (nicht rechtskräftig) zugunsten des DVA (LG Berlin BauR 2006, 384) entschieden. Dies besagt allerdings noch nicht viel, wie Quack zutreffend feststellt (ZfBR 2006, 307 f.). Die Sache wird weiter gehen. Allerdings bereits jetzt bietet sich als Folge an, die VOB/B in Verbraucherverträgen in der vorliegenden Form nicht zu verwenden. Änderungen sind notwendig.

3. Inhaltskontrolle des § 13 VOB/B

Die Literatur hat sich mit dieser Frage ausführlich beschäftigt. Zu verweisen ist insbesondere auf die **329** Ausführungen von Tempel (NZBau 2002, 532 ff.), *Kiesel* (NJW 2002, 2064 ff.) und *Weyer* (NZBau 2003, 521 ff., m.w. Verweisen). Im Gegensatz zu Tempel kommt Weyer zu dem Ergebnis, dass mit Ausnahme des § 13 Nr. 4 VOB/B 2002 alle anderen Bestimmungen des § 13 VOB/B einer Inhaltskontrolle standhalten. Zusammenfassend werde folgende Argumente dabei vorgebracht:

Die Regelung der Verjährungsfristen der Mängelansprüche in der Nr. 4 seien weitgehend deshalb unwirksam, weil sie entgegen § 309 Nr. 8 lit. b) ff) BGB zu einer gesetzeswidrigen Verkürzung führten. Hierin ist man sich weitgehend einig. Streitig hingegen ist, ob die Nichtnennung der »Neuherstellung« als ein Verbot gegen das Transparenzgebot anzusehen ist. Gleiches gilt für die in der VOB/B in § 13 Nr. 5 nicht enthaltene Einwandsmöglichkeit der Unverhältnismäßigkeit der Nacherfüllung. Dies obwohl in § 13 Nr. 6 VOB/B diese Problematik angesprochen wird. Auch die »Quasi-Unterbrechung« nach § 13 Nr. 5 Abs. 1 S. 2 VOB/B soll nach geteilter Meinung zu einer unzulässigen Benachteiligung des Auftragnehmers führen (*Schwenker/Heinze* BauR 2002, 1143, 1151, entgegen BGH BauR 1989, 322 = NJW 1989, 1602).

330 Im Beginn einer neuen Verjährungsfrist für Mängelbeseitigungsleistungen nach § 13 Nr. 5 Abs. 1 S. 3 VOB/B wird von einigen Autoren ein Verstoß gegen § 309 Nr. 8 lit. b) ff) BGB gesehen. Dort geht es um die Problematik, dass das gesetzliche Werkvertragsrecht eine gesonderte Verjährung von Mängelansprüchen nach Mängelbeseitigungsleistungen nicht kennt. Dort geht es um die Frage der Anerkenntniswirkung einer Nacherfüllung aus § 212 Abs. 1 Nr. 1 BGB neben der VOB/B. Bezüglich § 13 Nr. 5 Abs. 2 VOB/B wird ebenfalls die Nichterwähnung des Kostenvorschusses als Verstoß gegen das Transparenzgebot gewertet. Zu § 13 Nr. 6 wird gerügt, dass dieser hinter den gestzlichen Regelungen der § 635 Abs. 3 BGB und § 275 Abs. 2 und 3 zurückbliebe. Ebenso könne es unzulässig sein, dass das Minderungsrecht der VOB/B zusätzliche Voraussetzungen gegenüber dem BGB fordere. Dem Leitbild der Rechtsordnung würde es ebenfalls widersprechen, dass die VOB/B einen stillschweigenden Ausschluss des Rücktrittsrechts enthalte. § 13 Nr. 7 VOB/B schließlich sei in weiten Teilen unklar. Dem ist sicherlich zuzugeben, dass der Regelungsinhalt dieser Ziffer für einen nicht mit der Materie vertrauten Leser kaum nachzuvollziehen ist. Herauszuheben ist das Argument, dass die VOB/B in § 13 Nr. 7 Abs. 3 S. 1 und S. 2 Haftungsbeschränkungen im Bereich der leichten Fahrlässigkeit enthält. Dem wird entgegengehalten, dass Gleiches in § 281 Abs. 1 S. 3 BGB gegeben sei. Auch dort wird die Schadensersatzpflicht für unerhebliche Pflichtverletzungen eingeschränkt (zu allem vgl. *Weyer, Tempel* o. *Kiesel* a.a.O.).

4. Vereinbarung der VOB/B

a) Einbeziehung in den Vertrag

331 Nicht mehr verwendet werden sollte die Formulierung, dass die VOB/B »in der jeweils gültigen Fassung« Vertragsbestandteil wird. Dies hat das OLG Köln deutlich herausgearbeitet (OLG Köln Urt. v. 20.11.2003, BGH Nichtzulasssugsbeschwerde zurückgewiesen, IBR 2005, 128). Gerichtlich ausgesprochen wurde zwischenzeitlich, dass die technischen Vertragsnormen der VOB/C Allgemeine Geschäftsbedingungen darstellen (OLG Celle BauR 2003, 1040). Gegenüber einem bauunerfahrenen AG sei eine wirksame Einbeziehung der VOB/B ohne Kenntnisverschaffung möglich, wenn der Architekt am Vertragsabschluss unmittelbar mitwirke (OLG Saarbrücken Urt. v. 15.12.2005 IBR 2006, 1164). Bei Einbeziehung der VOB/B ist unter AGB-rechtlichen Gesichtspunkten der Verwender nicht geschützt (OLG Jena Urt. v. 8.4.2004, BGH Nichtzulassungsbeschwerde zurückgewiesen, IBR 2005, 478). Eine Vereinbarung: »Die Gewährleistung für die auszuführenden Arbeiten regelt sich nach BGB, die Ausführung der Bauleistungen nach VOB/B«, führt nicht zu einer wirksamen Einbeziehung der VOB/B in den Vertrag (OLG München BauR 2003, 1719, BGH Nichtzulassungsbeschwerde zurückgewiesen). Gerichtlich entschieden wird immer wieder die Frage, ob die VOB/B als »Ganzes« oder »rein« vereinbart ist, bzw. ob sie einer Inhaltskontrolle unterliegt (BGH BauR 2003, 296 u. BauR 2003, 380; OLG Düsseldorf Urt. v. 30.8.2004 IBR 2004, 120; BGH BauR 2004, 1142). Hervorzuheben ist dabei die Entscheidung des BGH, dass **jede** vertragliche Abweichung von der VOB/B dazu führt, dass sie nicht als Ganzes vereinbart ist. Es kommt (nicht mehr) darauf an, welches Gewicht der Eingriff hat (BGH BauR 2004, 668).

b) Richtlinie über missbräuchliche Klauseln in Verbraucherverträgen

332 Die Richtlinie über missbräuchliche Klauseln in Verbraucherverträgen ist in Deutschland durch eine Ergänzung des ehemaligen AGB-Gesetzes innerstaatlich umgesetzt worden (Gesetz v. 19.7.1996 BGBl. I S. 1013). Die Richtlinie zeigt Folgen auch für das Baurecht. Betroffen ist allerdings nur der Anteil des **privaten Bauens**. Insgesamt wird sich in diesem Bereich nicht allzu viel ändern, da auch das private Bauen bereits vor Inkrafttreten der Richtlinie weitgehend von Formularverträgen beherrscht war (i.d.S. *Quack* BauR 1997, 24). Für die hier besprochenen Mangelrechtsregelungen hat die Neuregelung allerdings gravierende Auswirkungen. Einzugehen ist auf die gesetzliche Privilegierung der VOB/B durch § 308 Nr. 5 BGB (Fingierte Erklärungen) und in § 309 Nr. 8 lit. b) ff) BGB (Erleichterung der Verjährung), bzw. der in diesem Rahmen relevanten Privilegierung der VOB/B-Verjährung von vier Jahren. Es ist die Frage zu stellen, ob die Privilegierung des § 13 Nr. 4 Abs. 1 VOB/B im Bereich von Verbraucherverträgen der Richtlinie widerspricht (*Quack* BauR 1997, 24).

333 Dabei wurde verschiedentlich von Mitgliedern des VII. Senates des BGH zur »alten« VOB/B 2000 mit der zweijährigen Verjährung geäußert, dass die Verjährungsregelung der VOB/B weitgehend unausgewogen sei (*Quack* BauR 1997, 25). Aufgrund der Richtlinienumsetzung nach dem ehemaligen Art. 24a AGBG stellt sich die Frage, inwieweit die Privilegierung der VOB/B – hier: der vierjährigen Verjährungsfrist des § 13 Nr. 4 Abs. 1 – mit der Richtlinie in Einklang steht. Oder anders formuliert: Wie kann die teilweise Privilegierung der VOB/B durch eine richtlinienkonforme Auslegung »gerettet« werden? Wenn dies nicht möglich ist, wird als Folge anzunehmen sein, dass in Bauverträgen die vierjährige Verjährung der VOB/B auch dann nicht mehr wirksam vereinbart werden kann, wenn die VOB/B »als Ganzes« zur Vertragsgrundlage gemacht worden ist. Quack weist alternativ darauf hin, dass andernfalls eine europarechtliche Amtshaftung in Frage käme (*Quack* BauR 1997, 25). Eine solche Amtshaftung wird nach der *Dori*-Entscheidung (EuGH EWS 1994, 269 »Dori«) relevant, wenn eine richtlinienkonforme Auslegung ausscheidet. Dabei wäre allerdings weiterhin zu prüfen, ob die Verbraucherrichtlinie eine hinreichend konkrete Rechtsposition gemäß der Francovich-Entscheidung gewährt (EuGH Urt. v. 16.12.1993 EWS 1994, 129 »Miret«).

334 Unstreitig ist, dass die VOB/B Allgemeine Geschäftsbedingungen darstellt. Diese werden bei Verbraucherverträgen regelmäßig auch gegenüber dem Verbraucher i.S.d. AGB-Rechts »gestellt«. Eine »Rettung« der vierjährigen Frist wäre danach denkbar, wenn über eine Auslegung der Privilegierung nur bei Verbraucherverträgen die kürzere Verjährungsfrist nicht gelten würde. Zu diesem Ergebnis musste man zumindest für die VOB/B 2000 mit ihrer zweijährigen Verjährungsfrist kommen (i.d.S. *Quack* BauR 1997, 26; ebenso: *Heinrichs* NJW 1997, 1407, 1414; *Kraus* NJW 1998, 1126; *Wolf/Horn/Lindacher* § 23 Rn. 248). Ob dies auch für die vierjährige Verjährungsfrist der VOB/B 2002 gilt, ist zweifelhaft. Geht man von einem Verstoß gegen die Klauselrichtlinie aus, wird bei Verbraucherverträgen i.S.d. § 310 BGB die vierjährige VOB/B-Verjährungsfrist für Bauwerke ebenfalls unwirksam sein. Dies selbst dann, wenn die VOB/B »als Ganzes« vereinbart worden ist. Voraussetzung ist allerdings, dass sie vom Auftragnehmer in den Vertrag eingeführt wurde. Geschieht Entsprechendes durch den Auftraggeber, wird die Frist Gültigkeit behalten. Dies ergibt sich aus § 305 BGB. Danach kommen die »Wohltaten« der AGB-rechtlichen Vorschriften nur dem Verwendungs-Gegner zugute. Im Ergebnis ist offen, ob man die vierjährige Verjährungsfrist für Bauwerke und auch die anderen »kurzen Fristen« des § 13 Nr. 4 VOB/B in Verbraucherverträgen von Seiten des Auftragnehmers zulasten des Auftraggebers (wenn dieser Verbraucher ist) wirksam einführen kann. Folge kann die Geltung der Regelung des § 634a BGB sein. Soweit sich in diesem Zusammenhang Fragen der Beweislast stellen, wird man diese im Regelfall zulasten des Auftragnehmers entscheiden müssen.

III. Einzelfragen

335
- AGB liegen nicht vor, sofern die Vertragsbedingungen von den Parteien im Einzelnen ausgehandelt worden sind. Von einem Aushandeln kann gesprochen werden, wenn der Verwender den gesetzesfremden Kerngehalt der Vereinbarungen inhaltlich ernsthaft zur Disposition stellt. Dem Vertragspartner muss zur Durchsetzung seiner eigenen Interessen Gestaltungsfreiheit eingeräumt werden (BGH BauR 2003, 870).
- Beim Vertrag über den Erwerb neu errichteter Ausbauhäuser unterfällt die vorhandene Bausubstanz dem Werkvertragsrecht. Selbst in einer Individualvereinbarung ist eine Freizeichnung des Veräußerers von Gewährleistungsansprüchen nur möglich, wenn die damit verbundenen ein-

schneidenden Rechtsfolgen dem Erwerber nachhaltig deutlich gemacht werden (OLG Koblenz Urt. v. 20.4.2004, BGH Nichtzulassungsbeschwerde zurückgenommen, IBR 2006, 449).
- Die inhaltsgleiche Ersetzung unwirksamer AGB-Klauseln ist auch unter dem Blickwinkel der ergänzenden Vertragsauslegung unwirksam (BGH Urt. v. 10.5.2005 ZIP 2005, 2109).
- Auch formlose Individualvereinbarungen überlagern einen formularmäßigen Schriftformzwang (OLG München Urt. v. 14.4.2004, BGH Nichtzulassungsbeschwerde zurückgewiesen, IBR 2005, 185).
- In Bauverträgen zwischen Unternehmern ist die Verwendung von Schiedsgutachterklauseln wirksam (BGH BauR 2004, 488). In Hausbauverträgen mit Verbrauchern soll entsprechendes möglich sein, wenn der AG überwechseln kann in eine Schlichtungs- Schiedsverfahren (*Wiesel* IBR 2004, 55, 58 – Praxishinweis).
- Die Klauseln in AGB, wonach Gewährleistungsansprüche des AG bei einem Bauvertrag wegen bei Abnahme erkennbarer Mängeln ausgeschlossen sind, wenn diese nicht innerhalb einer Frist von 2 Wochen seit Abnahme gerügt werden, ist unwirksam. Bezüglich bei Abnahme nicht erkennbarer Mängel gilt gleiches für eine Frist für zwei Wochen nach Erkennbarkeit. Dies gilt auch im kaufmännischen Bereich (BGH BauR 2005, 381).
- Unwirksam sind Haftungsausschlüsse, die dem AG das Gewährleistungsrisiko für die Fälle übertragen, in denen er nach Abnahme ergänzende Arbeiten an der Werkleistung vorgenommen hat (OLG Brandenburg BauR 2006, 418).
- Sind Verkäufer eines Grundstücks und der AN einer Sanierung personenverschieden, kann der Grundstücksverkäufer seine werkvertragliche Mangelhaftung ausschließen (OLG Koblenz Urt. v. 25.6.2003 IBR 2004, 144).
- Beim Verkauf eines Einkaufszentrum führt ein vertraglicher Gewährleistungsausschluss nicht zu einer Befreiung von einer Haftung für vorsätzlich unterlassene Aufklärung (OLG Frankfurt Urt. v. 7.4.2005 IBR 2005, 426).
- Teile der ZTV-Asphalt 1994-Klauseln wurden als unangemessen und damit unwirksam eingestuft (BGH BauR 2004, 1288).
- Soll ein Bareinbehalt von 5% der Schlussrechnungssumme nur durch eine Bürgschaft auf erstes Anfordern abgelöst werden können, kann diese unwirksame Klausel nicht im Wege einer ergänzenden Vertragsauslegung in eine Ablösung durch unbefristete selbstschuldnerische Bürgschaft erfolgen (BGH Urt. v. 14.4.2005 IBR 2005, 423).
- Ein Fertighaushersteller kann nach § 635 BGB a.F. auch für Mängel des vom Bauherrn errichteten Kellers haften (OLG Köln BauR 2003, 771).
- Folgende Klausel: »Von der Leistungsbeschreibung abweichende Ausführungen bleiben vorbehalten, sofern damit technische Verbesserungen verbunden und/oder der Gesamtwert des Objektes nicht wesentlich beeinträchtigt werden«, verstößt gegen § 10 Nr. 4 AGBG, § 308 Nr. 4 BGB (OLG Hamm BauR 2005, 1324), ebenso die Klausel: »Grundlage der Bauausführung ist diese Baubeschreibung. Änderungen der Bauausführung, der Material- bzw. Baustoffauswahl, soweit sie gleichwertig sind, bleiben vorbehalten« (BGH BauR 2005, 1473) sind unwirksam. Die Klausel lässt nicht erkennen, dass einseitige Leistungsbestimmungsrechte nur bei Vorliegen triftiger Gründe und bei Berücksichtigung der Interessen des Vertragspartners zulässig sind. Diesen Gedanken wird man auch auf einen Bauvertrag anwenden müssen.
- AGB-Klauseln, die Garantiezusagen entwerten sollen, wenn der AG nach Fertigstellung in Leistungen des AN eingreift, werden scheitern, wenn kein schutzwürdiges Interesse des AN nachweisbar ist (OLG Brandenburg BauR 2006, 418).

J. Prozessuale Fragen

I. Selbstständiges Beweisverfahren

Der Bauherr muss zerstörende Untersuchungen des Sachverständigen nur unter einem Zumutbarkeitsgesichtspunkt dulden. Es muss insoweit sichergestellt sein, dass der AN die Schäden wieder beseitigt oder entsprechende Geldmittel zur Verfügung stehen. Eine Beweisvereitelung ist auch dann nicht anzunehmen, wenn durch die Untersuchung dem Nachbarn erhebliche Schäden drohen oder der gerichtliche Sachverständige die Überprüfung ablehnt, weil sein Haftpflichtversicherung die Risiken nicht abdecken will (OLG Braunschweig BauR 2004, 886). Zur Frage der Weisungsbefugnis des Gerichts gegenüber dem Sachverständigen, vgl. OLG Rostock BauR 2003, 757. **336**

Eine Aussetzung des Hauptsacheverfahrens nach § 148 ZPO kommt auch dann nicht in Betracht, wenn entscheidungserhebliche Mängel bereits Gegenstand anhängigen selbstständigen Beweisverfahrens sind (OLG Düsseldorf Beschl. v. 18.6.2003 NJW-RR 2004, 527). **337**

Im Rahmen des selbstständigen Beweisverfahens ist das Gericht gemäß § 170 ZPO nicht verpflichtet, den Antrag (Sachantrag) förmlich zuzustellen. Sofern der Antragsteller eine Hemmung des Ablaufs der Verjährung herbeiführen will, muss er die förmliche Zustellung beantragen und sich vom Erfolg überzeugen (Diskrepanz zwischen § 407 BGB und § 270 ZPO). Nach § 485 Abs. 2 ZPO ist die mündliche Erläuterung des Gutachtens durch den Sachverständigen und seine Anhörung auch im selbstständigen Beweisverfahren zulässig (BGH Beschl. v. 13.9.2005 IBR 2005, 718). Haben Bauherr und Bauträger einen selbstständigen Garantievertrag geschlossen, so wird eine dort vereinbarte Ausschlussfrist nicht durch ein selbstständiges Beweisverfahren gewahrt (wenn nach dem Vertrag die Rechte des Bauherrn gerichtlich, d.h. durch Klageerhebung, geltend zu machen sind – OLG Frankfurt Beschl. v. 25.4.2003 7 W 29/02). **338**

II. Sonstige prozessuale Fragen

Sind Streitigkeiten aus einem bestimmten Rechtsverhältnis einer Schiedsvereinbarung unterstellt, so schließt dies grundsätzlich neben der ordentlichen Klage auch den gewöhnlichen Urkundenprozess vor dem staatlichen Gericht aus (BGH IBR 2006, 236). Ergeht nach einer Schiedsgutachtervereinbarung ein Schiedsgutachten, stellt dies eine Urkunde iS des § 592 ZPO dar. Mit ihr ist ein Anspruch im Urkundsprozess zu belegen (OLG Brandenburg Urt. v. 13.11.2003, BGH Nichtzulassungsbeschwerde zurückgewiesen, IBR 2005, 76). **339**

Die Prozessführungspflicht verpflichtet den Bauherrn nicht, ein Bauwerk auf Mängel zu untersuchen. Sein Vortrag über neu entdeckte Mängel ist insoweit nicht verspätet (OLG Celle IBR 2005, 518). **340**

Macht der Bauherr gegen seinen Architekten eine Vorschussklage geltend, kann diese bei verständiger Würdigung als Schadensersatzklage auszulegen sein (BGH BauR 2004, 1477). Im VOB/B-Bauvertrag hat der Bauherr das Wahlrecht eine auf Vorschuss gerichtete Klage auf Schadensersatz in Höhe der Mangelbeseitigungskosten umzustellen. Damit löst er sich von seiner Verpflichtung gegenüber dem Unternehmer den Vorschuss abrechnen zu müssen (LG Hamburg Urt. v. 21.2.2005 IBR 2005, 1183). Wenn nur Gegenansprüche streitig sind, kann eine Werklohnklage im Urkungsprozess erhoben werden (LG Frankfurt/Oder Urt. v. 10.4.2003 IBR 2004, 116). **341**

Sind in einer Entscheidung Nachbesserungsleistungen ausgeurteilt, kann und muss der Gerichtsvollzieher mit einem Sachverständigen überprüfen, ob der Vollstreckungsschuldner seiner Leistungspflicht nachgekommen ist. Im Urteilstenor ist die Art und Weise der Nachbesserung dem AN zu überlassen (OLG Celle 9.11.2000 MDR 2001, 686). Zur Begründung einer Vollstreckungsgegenklage kann der AG nur solche Rechte aus Mängeln geltend machen, die im Zeitpunkt der letzten **342** mündlichen Verhandlung des Vorprozesses über den Werklohn objektiv verborgen waren. Es kommt nicht darauf an, wann der AG erstmalig Kenntnis erlangt hat (OLG Braunschweig BauR 2005, 136). Der zur Vornahme einer vertretbaren Handlung verurteilte Schuldner kann im Zwangsvollstreckungsverfahren nicht geltend machen, die Vornahme der Handlung sei für ihn unzumutbar (geworden) oder führe nicht zum Erfolg (BGH BauR 2005, 1666). Ein Vorbehaltsurteil nach § 203 Abs. 1 ZPO ist regelmäßig ausgeschlossen, wenn der Besteller gegenüber der Werklohnforderung mit einem Anspruch aus demselben Vertragsverhältnis auf Ersatz zur Beseitigung der Mängel aufrechnet (BGH Urt. v. 24.11.2005 NZBau 2006, 169). Ist der Schadensersatzanspruch inhaltlich auf Zahlung Zug-um Zug gegen Vorteilsausgleichung gerichtet, ist er ungeachtet eines Zug-um-Zug-Vorbehalts zu verzinsen. Entschieden für den Fall, dass vom Schuldner kein Zurückbehaltungsrecht geltend gemacht worden ist (BGH Urt. v. 21.10.2004 NJW-RR 2005, 170). Bei aus unerlaubter Handlung begründeten Schadensersatzansprüchen trägt der Schuldner die Beweislast dafür, dass der Gläubiger in eine Eigentumsverletzung im Rahmen der Ausführung eines Werkvertrags eingewilligt hat (BGH BauR 2005, 96).

K. Insolvenzfragen

343 Am 1.1.1999 hat die Insolvenzordnung die Konkursordnung abgelöst. Diese brachte für das Baurecht insbesondere folgende relevante Änderungen hervor (vgl. hierzu *Werner/Pastor* Rn. 1047): Über das Vermögen von bei Bauvorhaben häufig beteiligten bürgerlich-rechtlichen Gesellschaften kann das Insolvenzverfahren beantragt und eröffnet werden. Neben der Zahlungsunfähigkeit kommt als Eröffnungsgrund auch die drohende Zahlungsunfähigkeit in Betracht – jedoch nur auf Antrag der Gesellschaft.

I. Insolvenz des Unternehmers/Auftragnehmers

344 Im Falle der Insolvenz des AN steht dem Insolvenzverwalter – sofern zum Zeitpunkt der Eröffnung des Insolvenzverfahrens weder der AN noch der AG ihre jeweiligen Leistungsverpflichtungen vollständig erfüllt haben – gemäß § 103 InsO ein Wahlrecht zu. Er kann anstelle des AN dessen Verpflichtung zur Erstellung des Werkes bzw. der Mangelbeseitigung erfüllen und die Vergütung vom AG fordern. Die Erfüllungswahl soll auch konkludent dadurch erfolgen können, dass der Insolvenzverwalter im Prozess Restwerklohn beansprucht und sich dem vom Auftraggeber geltend gemachten Leistungsverweigerungsrecht wegen angeblicher Mängel des Gewerks nicht widersetzt (OLG Celle Urt. v. 23.5.2004 IBR 2005, 18). Lehnt der Insolvenzverwalter die Erfüllung ab, kann der AG nach § 103 Abs. 2 InsO seinen Anspruch auf Schadensersatz wegen Nichterfüllung lediglich als Insolvenzgläubiger geltend machen (d.h. zur Tabelle anmelden).

345 Beim VOB/B-Vertrag steht dem AG im Falle der Insolvenz des AN gemäß § 8 Nr. 2 VOB/B ein Kündigungsrecht zu. Es ist umstritten, ob diese Regelung mit § 119 InsO vereinbar ist (*Vygen* in *Ingenstau/Korbion* 15. Aufl. § 8 Nr. 2 VOB/B Rn. 10 ff., der von einer Vereinbarkeit ausgeht, m. Hinw. auf *Schmitz* Die Bauinsolvenz 2. Aufl. 2002 Rn. 38 ff., *Heidland* Der Bauvertrag in der Insolvenz 2. Aufl. 2003 Rn. 916 und *Thode* ZfIR 2000, 165, 181, unter Hinw. auf die Gegenansicht von *Lederer* in *Kapellmann/Messerschmidt* VOB 2003 § 8 VOB/B Rn. 63, 68 f.). In § 119 InsO ist geregelt, dass Vereinbarungen unwirksam sind, durch die im Voraus die Anwendung der §§ 103 bis 118 InsO ausgeschlossen oder beschränkt wird. Die Vereinbarkeit von § 8 Nr. 2 VOB/B mit dem früheren § 17 KO hat der BGH bejaht (BGHZ 1996, 34 = BGH BauR 1986, 91).

346 Nach einer Kündigung im Sinne von § 8 Nr. 2 Abs. 2 VOB/B erfolgt die Abrechnung der ausgeführten Leistungen durch den AN nach § 6 Nr. 5 VOB/B. Wegen Nichterfüllung des Restes kann der AG Schadensersatz geltend machen (Anspruch nur zur Tabelle!). Das Nachbesserungsrecht des AN für

Mängel des erbrachten Teilwerks besteht auch nach Kündigung fort (vgl. BGH BauR 1987, 689, 690). Daher ist eine Aufforderung zur Mängelbeseitigung unter Fristsetzung durch den AG notwendig. »Ist das Teilwerk nach § 8 Nr. 6 Hs. 1 VOB/B oder in anderer Weise abgenommen worden, so stehen dem AG ab Abnahme Mängelansprüche gemäß § 13 VOB/B zu; liegt eine Abnahme nicht vor, zählen die Ansprüche des AG auf Beseitigung von Mängeln des Teilwerks noch zu den Erfüllungsansprüchen.« (*Vygen* in *Ingenstau/Korbion* 15. Aufl. § 8 Nr. 2 VOB/B Rn. 30) Für vor Eröffnung des Insolvenzverfahrens dem Werklohnanspruch des AN wegen Mängeln gegenüberstehenden Ansprüchen hat der AG ein Leistungsverweigerungsrecht (§ 641 Abs. 3 BGB; *Vygen* in *Ingenstau/Korbion* 15. Aufl. § 8 Nr. 2 VOB/B Rn. 31).

II. Insolvenz des Bestellers/Auftraggebers

Im Falle der Insolvenz des AG steht dem Insolvenzverwalter – sofern zum Zeitpunkt der Eröffnung des Insolvenzverfahrens weder der AN noch der AG ihre jeweiligen Leistungsverpflichtungen vollständig erfüllt haben – gemäß § 103 InsO wiederum ein Wahlrecht zu. Er kann die Fertigstellung des Werkes durch den AN verlangen. Der AN kann in diesem Fall die Vergütung vom AG als Massegläubiger fordern (d.h. nicht zur Tabelle). Gemäß § 105 InsO ist bei teilbaren Leistungen nur der Vergütungsanspruch für die Leistungen, die auf Verlangen des Insolvenzverwalters erbracht worden sind, ein Masseanspruch. Die Vergütung für zuvor erbrachte Leistungen ist zur Tabelle anzumelden. Sind die Leistungen hingegen nicht teilbar, ist der gesamte Vergütungsanspruch ein Anspruch zur Masse. Es ist davon auszugehen, dass Bauverträge vom Grundsatz her als teilbare Verträge i.S. des § 105 InsO anzusehen sind (BGH BauR 2002, 1264). Wählt der Insolvenzverwalter keine Erfüllung, kann der AN seine fälligen Vergütungsansprüche lediglich als Insolvenzgläubiger geltend machen (d.h. zur Tabelle anmelden). 347

III. Besonderheit bei Insolvenz des Generalunternehmers

Auch bei Insolvenz des Generalunternehmers hat der Insolvenzverwalter – sofern zum Zeitpunkt der Eröffnung des Insolvenzverfahrens weder der AN noch der AG ihre jeweiligen Leistungsverpflichtungen vollständig erfüllt haben – das Wahlrecht nach § 103 InsO. Eine Besonderheit ergibt sich für den Fall, dass das Werk mangelhaft ist. Der Bauherr hat in dieser Situation Mängelrechte gegenüber dem GU/Insolvenzverwalter und dieser wiederum gegenüber dem Nachunternehmer. Hat der Insolvenzverwalter gegenüber dem Bauherrn die Erfüllung verweigert, so kann dieser seine Ansprüche lediglich als Insolvenzforderung geltend machen (d.h. zur Tabelle anmelden). Nach einem Urteil des BGH (BGH Urt. v. 10.8.2006 IX ZR 28/05, IBR-Werkstatt-Beitrag; so auch schon AG München BauR 1999, 175; anders allerdings OLG Düsseldorf in der Vorinstanz des BGH-Urteils, IBR 2005, 324) hat der Insolvenzverwalter in diesem Fall das **Recht vom Nachunternehmer sofort Minderung zu verlangen**. Dies vor dem Hintergrund, dass dem Insolvenzverwalter die Nacherfüllung durch den Nachunternehmer gemäß § 13 Nr. 6 VOB/B nicht mehr zumutbar sei. Bei einer Nacherfüllung würde der Nachunternehmer zugunsten des Bauherrn die Mängel beseitigen. Dadurch wäre der Bauherr im Verhältnis zu anderen Insolvenzgläubigern bevorzugt. Der Insolvenzverwalter sei aber dazu verpflichtet, die Insolvenzgläubiger gleich zu behandeln und die Insolvenzmasse zu vermehren. Etwas anderes solle lediglich gelten, wenn der Insolvenzverwalter gegenüber dem Bauherrn die Erfüllung des Vertrages gewählt hat. In diesem Fall stehe dem Bauherrn der Anspruch auf Nacherfüllung zu. Der Insolvenzverwalter könne – ohne Nachteile für die Insolvenzmasse – vom Nachunternehmer die Mängel beseitigen lassen. Ein sofortiges Recht zur Minderung bestehe für den Insolvenzverwalter nicht. 348

§ 13 Nr. 1
[Sachmangelfreie Leistung]

Der Auftragnehmer hat dem Auftraggeber seine Leistung zum Zeitpunkt der Abnahme frei von Sachmängeln zu verschaffen. Die Leistung ist zur Zeit der Abnahme frei von Sachmängeln, wenn sie die vereinbarte Beschaffenheit hat und den anerkannten Regeln der Technik entspricht. Ist die Beschaffenheit nicht vereinbart, so ist die Leistung zur Zeit der Abnahme frei von Sachmängeln,

a) wenn sie sich für die nach dem Vertrag vorausgesetzte,

sonst

b) für die gewöhnliche Verwendung eignet und eine Beschaffenheit aufweist, die bei Werken der gleichen Art üblich ist und die der Auftraggeber nach der Art der Leistung erwarten kann.

Inhaltsübersicht

	Rn.
A. Regelung nach BGB	1
I. Rechtsmangel	7
II. Sachmangel	10
1. Vereinbarte Beschaffenheit § 633 Abs. 2 S. 1 BGB	17
2. Nach dem Vertrag vorausgesetzte Verwendungseignung § 633 Abs. 2 S. 2 Nr. 1 BGB	26
3. Gewöhnliche Verwendungseignung § 633 Abs. 2 S. 2 Nr. 2 BGB	30
4. Einhaltung der anerkannten Regeln der Technik	35
5. Zugesicherte Eigenschaft	36
III. Keine Regelung zur Haftung für Werbeaussagen	42
IV. Falschlieferung und Zuweniglieferung	43
1. Aliud-Lieferung	44
2. Zuweniglieferung	46
B. Regelung des § 13 Nr. 1 VOB/B	48
I. Verhältnis zu § 633 BGB	48
II. Grundlagen	54
III. Mangelbegriff	61
1. 1. Stufe: Vereinbarte Beschaffenheit und anerkannte Regeln der Technik	62
a) Vereinbarte Beschaffenheit	63
b) Anerkannte Regeln der Technik	78
aa) Anerkannte Regeln der Technik in allen drei Stufen	78
bb) Verpflichtung zur Einhaltung der anerkannten Regeln der Technik	80
2. 2. Stufe: Nach dem Vertrag vorausgesetzte Verwendungseignung	90
3. 3. Stufe: Gewöhnliche Verwendung und übliche Beschaffenheit	100
IV. Beratungspflicht des Auftragnehmers	103
V. Abstimmungspflichten	111
VI. Haftung für Erfüllungsgehilfen	112
VII. Qualitativ bessere Leistung	117
VIII. Beweislast	121
IX. Entscheidungen zur Frage, ob ein Mangel vorliegt	127

A. Regelung nach BGB

1 Am 1.1.2002 trat das »**Gesetz zur Modernisierung des Schuldrechts**« (Schuldrechtsmodernisierungsgesetz) in Kraft. Erlassen wurde es am 28.11.2001 (Der vollständige Gesetzestext ist im BGBl. I 2001 S. 3138 ff. abgedruckt. Sämtliche Änderungen des Bürgerlichen Gesetzbuches durch das Schuldrechtsmodernisierungsgesetz sind in die Bekanntmachung der Neufassung des BGB v.

2.1.2002 aufgenommen worden BGBl. I 2002 S. 42 ff.). Damit will der deutsche Gesetzgeber seiner Verpflichtung zur Umsetzung der Verbrauchsgüterrichtlinie (Richtlinie 1999/44/EG des Europäischen Parlaments und des Rates v. 25.5.1999 zu bestimmten Aspekten des Verbrauchsgüterkaufs und der Garantien für Verbrauchsgüter, AblEG Nr. L 171 S. 12), der Zahlungsverzugsrichtlinie (Richtlinie 2000/35/EG des Europäischen Parlaments und des Rates v. 29.6.2000 zur Bekämpfung von Zahlungsverzug im Geschäftsverkehr, AblEG Nr. L 200 S. 35; die Zahlungsverzugsrichtlinie wurde teilweise bereits mit dem Gesetz zur Beschleunigung fälliger Zahlungen v. 30.3.2000, BGBl. I 2000 S. 330, in nationales Recht umgesetzt) und der E-Commerce-Richtlinie (Artikel 10, 11 und 18 der Richtlinie 2000/31/EG des Europäischen Parlaments und des Rates v. 8.6.2000 über bestimmte rechtliche Aspekte der Dienste der Informationsgesellschaft, insbesondere des elektronischen Geldverkehrs, im Binnenmarkt, Richtlinie über den elektronischen Geschäftsverkehr – AblEG Nr. L 178 S. 1) nachgekommen sein (abl. *Thode* NZBau 2002, 297 ff.). Diese Schuldrechtsreform 2002 stellt die bisher weitestgehende Änderung für den Bereich des deutschen Schuldrechts seit Inkrafttreten des Bürgerlichen Gesetzbuches im Jahre 1900 dar.

Das Schuldrechtsmodernisierungsgesetz brachte insbesondere Änderungen im Verjährungsrecht, Leistungsstörungsrecht, Werkvertragsrecht und Kaufrecht. Zusätzlich wurden Nebengesetze in das Bürgerliche Gesetzbuch aufgenommen. Hierzu zählen: AGB-Gesetz, Verbraucherkreditgesetz und Fernabsatzgesetz. **2**

Ergänzend wurden sämtliche Paragraphen des BGB mit amtlichen Überschriften versehen. **3**

Nachfolgend wird der **neue Mangelbegriff** dargestellt (die Detailkommentierung erfolgt unten im 2. Teil bei den einzelnen Regelungen des § 13 VOB/B): **4**

Der bisherige Mangelbegriff des Werkvertragsrechts wurde aufgegeben und an den neuen Mangelbegriff des Kaufrechts angepasst. Das besondere Sachmängelgewährleistungsrecht wurde zugunsten einheitlicher Begriffe und Rechtsfolgen abgeschafft. Sachmängel und Rechtsmängel werden nun einheitlich geregelt. **5**

Unklar ist, weshalb die Hauptleistungspflicht des Unternehmers nach dem Wortlaut des neuen § 633 Abs. 1 BGB auf die **Verschaffung** des Werkes frei von Sach- und Rechtsmängeln gerichtet ist. Das alte BGB sprach von »**Herstellung**«. Das neue Gesetz weicht hier darüber hinaus von § 631 Abs. 1 BGB ab. Herstellung ist dort weiterhin als Hauptleistungspflicht des Unternehmers genannt. Diese Formulierung könnte durch eine Übernahme aus dem Kaufrecht zustande gekommen sein (§ 433 Abs. 1 BGB spricht von »... *das Eigentum an der Sache zu verschaffen*«). Die Einordnung der Verschaffenspflicht des Unternehmers und ihre dogmatische Begründung ist daher zweifelhaft (*Thode* NZBau 2002, 297, 301). Da die Verschaffenspflicht jedoch als selbstständige Pflicht des Unternehmers geregelt ist, wäre die These, der Unternehmer schulde lediglich die Herstellung des Werkes, mit dem Gesetz unvereinbar. Auf diesen Umstand weist Thode (*Thode* NZBau 2002, 297, 301). zu Recht hin. Für den »klassischen« Bauvertrag, bei dem der Auftraggeber Eigentümer des Grundstücks ist, bleibt aber offen, worin die Verschaffung bestehen soll, schließlich erwirbt der Bauherr nach den §§ 946, 94 BGB originär Eigentum an den Baustoffen (*Weyer* BauR 2003, 613, 615). Auch bei einem **Subunternehmervertrag** (Vertrag zwischen einem Generalübernehmer/Hauptunternehmer und einem weiteren Unternehmer) spielt die Verschaffenspflicht keine Rolle. Ein Eigentumserwerb des Generalübernehmers/Hauptunternehmers ist wegen §§ 946, 94 BGB ohnehin ausgeschlossen ist. Auch in diesen Fällen erwirbt der Eigentümer originär kraft Gesetzes Eigentum an den Baustoffen. Lediglich bei **Bauträgerverträgen** kann die Verschaffungspflicht eine Rolle spielen. **6**

I. Rechtsmangel

Das BGB regelt nunmehr in **§ 633 BGB** auch die Haftung des Unternehmers für **Rechtsmängel** des Werkes. Nach dem Wortlaut hat der Unternehmer dem Besteller das Werk frei von Sach- und Rechts- **7** mängeln zu verschaffen. Der Rechtsmangel ist in **§ 633 Abs. 3 BGB** definiert: Ein Werk ist frei von Rechtsmängeln, wenn Dritte keine oder nur solche Rechte bezüglich des Werkes geltend machen können, die der Besteller vertraglich übernommen hat.

8 Die ausdrückliche Aufnahme von Rechtsmängeln bleibt nicht ohne Auswirkungen auf die weiteren werkvertraglichen Vorschriften. So liegt es nahe, dass ein Gutachter im Verfahren nach **§ 641a BGB** zur Erteilung einer Freistellungsbescheinigung unter den dort genannten Voraussetzungen auch zu prüfen hat, ob das Werk frei von Rechtsmängeln ist – zumindest, wenn der Besteller Entgegenstehendes gegenüber dem Gutachter behauptet. Hierzu kann die Prüfung von juristischen Fachfragen gehören, z.B. ob der Besteller Eigentümer des Grundstücks ist. Zudem stellt sich die Frage, was ein unwesentlicher Rechtsmangel ist, dessentwegen die Abnahme nicht verweigert werden kann, **§ 640 Abs. 1 S. 2 BGB.** Der Unternehmer kann im Rahmen seiner Sachmangelhaftung und der dort in **§§ 634 Nr. 1, 635 Abs. 1 BGB** geregelten »Nacherfüllung« entweder durch Beseitigung des Rechtsmangels oder durch Neulieferung der Bauleistung Abhilfe schaffen. Letzteres wird regelmäßig ausscheiden. Wie durch bloße Neuherstellung eines Bauwerks ein Rechtsmangel beseitigt werden soll, lässt sich nicht erkennen (*Grauvogl* in *Wirth/Sienz/Englert* Teil 2 § 633 Rn. 26).

9 Bei **Bauträgerverträgen** könnte sich die Verschaffenspflicht (rechtsmangelfrei) als problematisch erweisen. Der Bauträger würde den werkvertraglichen Teil erst mit Übertragung des Eigentums im Sinne einer Verschaffung erfüllen. Da der Erwerber gemäß § 640 Abs. 1 BGB verpflichtet ist, das Werk erst nach der vertragsgemäßen Herstellung abzunehmen, würde seine Abnahmeverpflichtung erst nach der Eigentumsumschreibung entstehen. In der Praxis hieße das, dass die **letzte Rate** erst nach erfolgter Eintragung des Erwerbers in das Grundbuch fällig würde. Ob diese Folge vom Gesetzgeber beabsichtigt war, darf bezweifelt werden. Eine abschließende Antwort auf die Frage, ob die Übergabe und die Eigentumsverschaffung Voraussetzung der Abnahmeverpflichtung des Auftraggebers ist, ist zur Zeit nicht möglich. Es besteht daher in diesem Bereich Rechtsunsicherheit (*Thode* NZBau 2002, 297, 301 f.). Diese Unsicherheit erfasst auch die Vertragsgestaltung. Üblicherweise wird in **Bauträgerverträgen formularmäßig** vereinbart, dass die Abnahme vor der Verschaffung des lastenfreien Eigentums vom Erwerber erklärt werden muss. Eine solche Klausel widerspräche dem gesetzlichen Leitbild des § 633 Abs. 1 BGB, d.h. der Verpflichtung des Unternehmers, das Werk dem Besteller rechtsmangelfrei zu verschaffen (*Thode* NZBau 2002, 297, 301 f.).

II. Sachmangel

10 Zu fragen ist, welche Änderungen die Schuldrechtsreform für den Gewährleistungsbereich gebracht hat. Nach dem BGB a.F. war es so, dass ein Mangelanspruch bejaht wurde, wenn entweder eine zugesicherte Eigenschaft nicht gegeben war oder ein Mangel vorlag, d.h. eine Abweichung der Ist-Beschaffenheit von der Soll-Beschaffenheit. Letzteres musste allerdings mit einer **Wert- oder Gebrauchstauglichkeitsminderung/-aufhebung** verbunden sein (*Thode* NZBau 2002, 297, 301 u. 303; *Motzke* Der Bauträger 2003, 15; dazu unten). Nach dem neuen Recht gibt es die zugesicherte Eigenschaft nicht mehr und auch die Wert- oder Gebrauchstauglichkeitsbeeinträchtigung wird nicht mehr gefordert. Ein Mangel soll nach dem Wortlaut des § 633 Abs. 2 BGB allein dann vorliegen, wenn die **vereinbarte Beschaffenheit** nicht vorliegt.

11 Bevor auf die Definition der **vereinbarten Beschaffenheit** eingegangen wird, ist ergänzend darauf hinzuweisen, dass das Werk sowohl nach dem BGB als auch nach der VOB/B zusätzlich immer einen gewissen **Mindeststandard** aufweisen muss. Die VOB/B beinhaltet insoweit zurecht weiterhin in § 13 Nr. 1 S. 2 den Begriff der **anerkannten Regeln der Technik.** Obwohl Entsprechendes im BGB-Werkvertragsrecht nicht ausdrücklich erwähnt ist, wird man den Begriff der »anerkannten Regeln der Technik« zusätzlich als eine Art Mindeststandard in den § 633 BGB mit hineinlesen müssen.

Sachmangelfreie Leistung § 13 Nr. 1 VOB/B

Sowohl für den BGB-Bauwerksvertrag als auch für den Bauvertrag bei dem zusätzlich die VOB/B **12** vereinbart wird, kann eine »Befreiung« des Auftragnehmers von den Pflichten, diesen Mindeststandard der anerkannten Regeln der Technik einhalten zu müssen, nur in Ausnahmefällen angenommen werden. Hierfür dürfte im Regelfall immer der Auftragnehmer beweispflichtig sein. Allein eine Leistungsbeschreibung, die »unter den Regeln der Technik« anzusiedeln ist, wird hierfür nicht ausreichen. Der Auftragnehmer wird immer eine entsprechende Hinweispflicht gegenüber der Auftraggeberseite dahingehend haben, dass mit dem Vereinbaren dieser Mindeststandard unterschritten wird. Auch im Bauträgergeschäft spielt dies eine Rolle.

Hinsichtlich der nun im Gesetz verankerten **vereinbarten Beschaffenheit** wird zu Recht gesagt, dass **13** damit der **subjektive Fehlerbegriff** in den Vordergrund gestellt wurde. Zutreffend ist auch, dass damit der BGH-Rechtsprechung gefolgt wurde (BGH BauR 1999, 254, 256 = ZfBR 1999, 153; BGH BauR 1999, 37 = NJW 1998, 3707). Unzutreffend dürfte es insoweit sein, davon zu sprechen, dass keine wesentlichen Änderungen in der Gesetzessystematik und -anwendung entstanden seien (*Schudnagis* NJW 2002, 396, 397; a.A. *Werner/Pastor* Rn. 1456 u. *Thode* NZBau 2002, 297, 303). Ein derartiges Herunterspielen der neuen Wertung bezüglich der Beschaffenheitsvereinbarung wird insoweit zurecht verneint (*Werner/Pastor* Rn. 1456 u. *Thode* NZBau 2002, 297, 303). Andererseits erscheint es auch unzutreffend, davon zu sprechen, dass von nun ab »allein« auf den subjektiven Fehlerbegriff abgestellt werden würde. Die folgenden Ausführungen zur **vereinbarten Beschaffenheit** beschäftigen sich mit dieser neuen Betonung im Sachmangelbegriff. Andererseits wird dieses subjektive Element regelmäßig um ein **objektives** und ein **funktionales** ergänzt. Das objektive ergibt sich daraus, dass der genannte Mindeststandard in Form der anerkannten Regeln der Technik im Regelfall in den Sachmangelbegriff mit hineinzudenken ist (BGH BauR 1995, 230, 231 = NJW-RR 1995, 472; BGH NJW-RR 1996, 340; 789, 790; OLG Hamburg NJW-RR 1995, 536). Wie gesagt, Entgegenstehendes – d.h. eine **Risikoübernahme seitens des Bauherrn** – wird man nur in besonderen Fällen annehmen können. Diese muss für den Bauherrn erkennbar sein. Mit diesbezüglichen **AGB-Regelungen** zu Lasten des Auftraggebers wird man nicht arbeiten können (BGH BauR 1984, 510; BGH BauR 1973, 188 = NJW 1973, 754, 755; BGH BauR 1975, 421, 422; *Werner/Pastor* Rn. 1454; *Siegburg* FS Korbion S. 411 ff.; *Rutkowsky* NJW 1991, 86, 87).

Neben dem subjektiven und objektiven Mangelbegriff tritt letztlich im Werkvertragsrecht immer **14** auch eine **funktionale** Ausrichtung des geschuldeten Werkes. Nicht zuletzt durch den im Werkvertrag unstreitig geschuldeten **Werkerfolg** wird dies belegt. Entscheidend ist insoweit auch der beabsichtigte **Gebrauch des Werkes**. Damit schließt sich auch wieder der Kreis zu der im **alten** BGB geforderten **Gebrauchstauglichkeitsbeeinträchtigung**. Dabei wird es in der Praxis schwierig sein, zu unterscheiden, ob diese Gebrauchstauglichkeit speziell für dieses Werkes **zusätzlich vereinbart** worden ist – oder ob es sich um die **übliche Gebrauchstauglichkeit** handelt.

Vor dem Hintergrund dieser Erläuterungen sind die gesetzgeberischen Überlegungen und Ergebnisse, **15** wie es das neue Werkvertragsrecht in § 633 BGB, bzw. § 13 Nr. 1 VOB/B zeigt, verständlicher. Ebenso die Aussagen, dass durch die Neuregelungen die frühere Haftung für zugesicherte Eigenschaften in der Haftung für die vereinbarte Beschaffenheit aufgegangen ist. Ebenso die Aussage, dass eine Beschaffenheitsvereinbarung im Regelfall eher zu bejahen ist als die frühere Vereinbarung einer zugesicherten Eigenschaft (*Motzke* Der Bauträger 2003, 15). Es wird daher auch darauf einzugehen sein, ob durch die Neuregelung ein gesteigertes Haftungsrisiko des Unternehmers gegeben ist.

Der neue Sachmangelbegriff ist im **§ 633 Abs. 2 BGB** enthalten. Er unterscheidet drei Stufen. Wenn **16** derzeit in der Praxis von einem dreigliedrigen Mangelbegriff gesprochen wird, so ist dies insoweit zutreffend als dabei entweder auf die drei Bereiche der Beschaffenheitsvereinbarung, des objektivierbaren Mindeststandards und der Funktionalität (Werkerfolg) abgestellt kann oder auf die drei Stufen des § 633 Abs. 2 BGB bzw. des § 13 Nr. 1 VOB/B. Beide Sichtweisen führen im Ergebnis zu den gleichen Überlegungen. Für die Praxis ist allerdings zu raten, das geschuldete **Leistungs-Soll** im Vertrag ausführlich (im Einzelnen) zu beschreiben. Sich allein auf den Gesetzestext oder den Text der

VOB/B zu verlassen, liefert die Parteien den Auslegungszwängen Dritter aus. Die drei Stufen sind nach dem Gesetzestext des Werkvertragsrechts wie folgt zu ermitteln:

– Haben die Vertragsparteien eine bestimmte **Beschaffenheit vereinbart**, wird vorrangig auf diese abgestellt – § 633 Abs. 2 S. 1 BGB.
– **Fehlt eine Vereinbarung** über die Beschaffenheit, muss sich das Werk nach § 633 Abs. 2 S. 2 Nr. 1 BGB für die nach dem Vertrag vorausgesetzte Verwendung eignen, andernfalls liegt ein Sachmangel vor.
– Liegt auch diese nicht vor, so ist auf die **gewöhnliche Verwendung** und **übliche Beschaffenheit** als Maßstab abzustellen – § 633 Abs. 2 S. 2 Nr. 2 BGB.

1. Vereinbarte Beschaffenheit § 633 Abs. 2 S. 1 BGB

17 Ein Werk ist frei von Sachmängeln, wenn es die vereinbarte Beschaffenheit hat. Zentrale Bedeutung hat dabei der Begriff der »Beschaffenheit«. Dieser verweist auf den subjektiven Fehlerbegriff (»**Ist- und Soll-Beschaffenheit**«). Die vereinbarte Beschaffenheit umfasst somit regelmäßig die bisherigen Fälle des »Fehlers« und der »Zugesicherten Eigenschaft«.

18 Jede Abweichung von der vereinbarten Beschaffenheit stellt einen Sachmangel dar. Dies bedeutet nach Auffassung einer verbreiteten Meinung eine signifikante **Verschärfung der Mängelhaftung des Unternehmers** (*Weyer* BauR 2003, 613, 615; IBR 2001, 705, 706-Quack; *Thode* NZBau 2002, 297, 303 u. 305). Dieser Meinung kann nur bedingt gefolgt werden. Zwar hat nach dem Wortlaut der jeweiligen Gesetzesfassung eine Verschärfung der Sachmängelhaftung stattgefunden, inhaltlich relativieren sich die Unterschiede jedoch: Der BGH hat auch nach altem Recht eine »harte« Sachmängelhaftung praktiziert (Zutreffend: *Weyer* BauR 2003, 613, 615). Folgendes Urteil des BGH (BGH BauR 2003, 533) mag dies verdeutlichen: Der BGH hatte noch zum alten Recht (BGB i.d.F. bis zum 31.12.2001) die Frage zu entscheiden, ob die Betondecke eines Parkhauses fehlerhaft ist, wenn statt der vereinbarten Betongüteklasse 35 nur die Betongüteklasse 25 verbaut wurde. Der BGH hat die Fehlerhaftigkeit im Ergebnis zu Recht bejaht, musste hier aber aufwändig begründen, worin die Wert- oder Gebrauchstauglichkeitsbeeinträchtigung liegt. Schließlich hatte ein Gutachten ergeben, dass auch die Betondecke der Betongüteklasse 25 für alle geplanten Nutzlastfälle ausreiche. Nach dem neuen Mangelbegriff liegt ohne weitere Prüfung – **allein durch die Beschaffenheitsabweichung – ein Mangel** vor. Dies gilt grundsätzlich auch für eine Beschaffenheitsabweichung, bei der der Besteller eine **höherwertige Leistung** bekommt. Explizit hat der BGH dies in einem Urteil vom 7.3.2002 (instruktiv BGH BauR 2002, 1536) noch zum alten Recht (BGB i.d.F. bis zum 31.12.2001) ausgesprochen.

19 In dem der Entscheidung zugrunde liegenden Sachverhalt ging es um eine 1,15 m höhere Gründung des Kellers als ursprünglich geplant. Dies führe allein wegen der Abweichung zu einem Mangel, urteilte der BGH. Darauf, ob die Bauausführung möglicherweise wirtschaftlich und technisch besser ist, komme es nicht an (so auch OLG Brandenburg BauR 2006, 1472). Bei einer höher- oder gleichwertigen bzw. gleichtauglichen Leistung bleibt jedoch auch bei Bejahung eines Mangels aufgrund Abweichens von einer Beschaffenheitsvereinbarung das Problem, den Minderwert oder Schadensersatzbetrag zu errechnen. Insoweit hätte der BGH bei der »B 25 – B 35« – Entscheidung spätestens auf dieser Ebene die im Urteil ausgeführten Erwägungen vornehmen müssen.

20 Einer Beschaffenheitsvereinbarung kommt demnach die weitreichendste Bedeutung für die Ermittlung eines Mangels zu – insofern Anknüpfung an den Parteiwillen. Fasst man allerdings jede Position eines Leistungsverzeichnisses als vereinbarte Beschaffenheit i.S.d. § 633 Abs. 2 BGB auf, so führt dies möglicherweise zu einer uferlosen Ausweitung der Haftung des Unternehmers. Motzke (*Motzke* Der Bauträger 2003, 15) will deshalb bei der Leistungsbeschreibung zwischen **Beschaffenheitsvereinbarungen** und sonstigen Kenndaten (**Beschaffenheitsangaben**) differenzieren. Ausgangspunkt seiner Überlegungen ist die Rechtsprechung zu den sog. zugesicherten Eigenschaften. Demnach soll eine Beschaffenheitsvereinbarung nur anzunehmen sein, wenn der Wille der Parteien darauf abzielt, bei Verfehlung der beschriebenen Qualität einen Mangel anzunehmen. Diese Verfehlung führe zu einem selbstständigen absoluten Anspruch, ohne dass es auf eine Verwendungseignung ankomme. Im Übrigen liege allein in der Beschaffenheitsangabe »nur« eine unselbstständige Beschaffenheitsvereinbarung, die ausschließlich im Dienste der Verwendungseignung bestehe. Ob es sich um eine Vereinbarung oder um eine Angabe handele, müsse letztlich durch Auslegung entschieden werden.

Weyer (*Weyer* BauR 2003, 613, 617) möchte eine Einschränkung der Haftung des Unternehmers erreichen, indem er in Anlehnung an Kniffka (*Kniffka* IBR-Online-Kommentar § 633 Rn. 23 – Stand: 10.4.2006) die (vertragliche oder gewöhnliche) Verwendungseignung als stillschweigende Beschaffenheitsvereinbarung wertet. Beide Lösungen haben im Kern gemeinsam, dass letztlich durch Auslegung im Nachhinein ermittelt werden muss, ob die Parteien eine bestimmte Leistungsbeschreibung als Beschaffenheit i.S.d. § 633 Abs. 2 S. 1 vereinbaren wollten. Motzke beurteilt im Nachhinein, ob eine Beschaffenheitsvereinbarung oder nur eine Beschaffenheitsangabe vorlag. Weyer legt die Beschaffenheitsvereinbarung unmittelbar unter Einbezug der Verwendungseignung aus. 21

Letztlich wird im Ergebnis der Lösung von Kniffka und Weyer zuzustimmen sein. Die rechtliche Bedeutung jeder Leistungsbeschreibung kann nur durch Auslegung ermittelt werden (BGH BauR 2003, 388). Zur Auslegung des Parteiwillens gemäß §§ 133, 157 BGB sind alle Umstände des Einzelfalles heranzuziehen. Es kommt also u.U. nicht auf den Wortlaut der Leistungsbeschreibung an, sondern auch auf ihren Zweck (dazu unten). Letztlich verbleibt hier jedoch eine Rechtsunsicherheit, wie die Rechtsprechung den neuen Wortlaut des § 633 Abs. 2 BGB anwenden wird. Will man in der Praxis diesen Auslegungsdiskussionen aus dem Weg gehen, ist eine vertragliche Festlegung der Beschaffenheiten, bzw. möglicherweise gewollter Garantien (i.S.d. § 276 BGB), etc. vonnöten. Zutreffend ist insoweit, wenn *Kniffka* darauf hinweist, dass der Gesetzgeber weiterhin davon abgesehen hat, Regeln für die Aufstellung von Leistungsbeschreibungen im Werkvertragsrecht aufzustellen. Richtig ist insoweit auch, dass es zweifelhaft ist, ob entsprechende Vorgaben überhaupt aufstellbar sind (*Kniffka* Das neue Gewährleistungs- und Haftungsrecht für Bauunternehmer und Bauträger, SSB-Skript 2002, 6). 22

In diesem Sinne ist für den Bauvertrag eine möglichst umfassende und detaillierte Leistungsbeschreibung zu erstellen (*Raab* in *Dauner-Lieb/Heidel/Lepa/Ring* Neues Schuldrecht in der anwaltlichen Praxis § 9 Rn. 38). Gleiches gilt für die konkreten Merkmale in den einzelnen Positionen des Leistungsverzeichnisses (*Palandt/Sprau* § 633 BGB Rn. 6). Diese enthalten dann die »vereinbarte Beschaffenheit« des Werkes. In der Praxis sollte bei der Vertragsgestaltung jedoch zur Klarstellung darauf geachtet werden, dass die Detail-Leistungsverzeichnisse mit funktionalen Beschreibungen ergänzt werden. Zudem ist es sinnvoll, den vertragsgemäßen Gebrauch des Bauwerks festzulegen. Damit wird gesichert, dass alles gebaut werden muss, was für die Funktionsfähigkeit des Werks erforderlich ist. Aber auch ohne eine solche Klarstellung hat der BGH (BGH BauR 2000, 411) entschieden, dass der Auftragnehmer die **vereinbarte Funktionstauglichkeit** schuldet, selbst wenn dieser Erfolg mit der vertraglich vereinbarten Ausführungsart nicht zu erreichen ist. Diese Entscheidung ist besonders instruktiv für die Bestimmung des werkvertraglich geschuldeten Erfolgs bei einem Detail-Leistungsverzeichnis-Vertrag. 23

Die Vorinstanz, das OLG Düsseldorf, hat nur auf die explizite Leistungsbeschreibung abgestellt und kam zu dem kuriosen Ergebnis, dass ein Dach nicht dicht sein müsse. Dem ist der BGH entgegengetreten, indem er auf die Funktionstauglichkeit eines Daches abstellte. Dieses Ergebnis ist sicherlich sachgerecht. Eine ggf. bestehende Diskrepanz zwischen zusätzlich erforderlicher Leistung und Leistungsverzeichnis kann über einen Nachtrag oder sog. »Sowiesokosten« abgegolten werden. 24

Für den Unternehmer kann aufgrund der neuen Regelung empfohlen werden, die Leistungsbeschreibung sorgsam detailliert zu erstellen. Ist sie ihm gestellt worden, wird er die Preise so zu kal- 25 kulieren haben, dass er damit die nach dem Wortlaut beschriebenen Leistungen unter Rentabilitätsgesichtspunkten auch erbringen kann. Dabei ist zu beachten, dass die Verwendung von »anderen ähnlichen Stoffen« nach dem neuen Recht regelmäßig einen Sachmangel begründen (allerdings war dies auch nach dem alten Recht oftmals der Fall; BGH BauR 2002, 1536).

2. Nach dem Vertrag vorausgesetzte Verwendungseignung § 633 Abs. 2 S. 2 Nr. 1 BGB

26 Soweit die Beschaffenheit nicht vereinbart ist, ist das Werk frei von Sachmängeln, wenn es sich für die nach dem Vertrag vorausgesetzte Verwendung eignet. Dies stellt die »zweite Stufe« der **Mangelprüfung** dar.

27 **Besondere Bedeutung** hat sie für den **Bauvertrag** bei nicht hinreichend genauer Vereinbarung zur Beschaffenheit der Leistung, z.B. einem unvollständigen Leistungsverzeichnis oder einer funktionalen Leistungsbeschreibung. Hier wird sich gleichwohl in der Mehrzahl der Bauverträge und bei deren Abwicklung ein übereinstimmender Parteiwille über Verwendungszweck und Eignung eines Bauwerks durch Auslegung finden lassen. Schließlich ist die **Leistungsbeschreibung** gemäß §§ 133, 157 BGB aus einem objektiven Empfängerhorizont unter Berücksichtigung von Treu und Glauben und der Verkehrssitte **auszulegen**. Bei Unklarheiten über nicht von vornherein in Übereinstimmung zu bringende Vertragsteile hat sich die Auslegung zunächst an demjenigen Teil zu orientieren, der die Leistung konkret beschreibt. Dabei kommt dem Wortlaut der Leistungsbeschreibung jedenfalls dann eine vergleichsweise größere Bedeutung zu, wenn dort die Leistung im Einzelnen exakt beschrieben wird, während sich die Pläne nicht im Detail an dem Bauvorhaben orientieren (BGH BauR 2003, 388). Entscheidend ist immer die **Gesamtheit der Vertragsunterlagen** (§ 1 VOB/B).

28 Parteien werden häufig ihre Vorstellungen nicht auf einzelne Merkmale der Beschaffenheit, sondern auf die **Tauglichkeit einer Sache** für einen bestimmten Verwendungszweck richten (*Grauvogl* in *Wirth/Sienz/Englert* Teil 2 § 633 Rn. 17 m.w.N.). Zum Beispiel wird bei einer Vereinbarung der Parteien über die Erstellung einer seitlich umlaufenden Baugrubensicherung diese – auch ohne ausdrückliche Erwähnung – den Vertragszweck haben, die Erstellung des Untergeschosses abzusichern. Ebenso wird es keiner besonderen Erwähnung bedürfen, dass mit dem Einbau einer Heizungsanlage die mangelfreie Beheizung eines Gebäudes die nach dem Vertrag vorausgesetzte Verwendung darstellen wird. Für die Praxis ist es empfehlenswert, zumindest den Zweck und die **Funktion des Gesamtbauwerks festzulegen**, z.B. als Veranstaltungshalle, Praxisräume für einen Zahnarzt, etc. Eine solche Darlegung des Zweckes oder der Funktion wird dann im Rahmen der Auslegung des geschuldeten Leistungsinhaltes helfen, wenn z.B. darüber gestritten wird, ob bei den Schalldämmmaße der Praxistüren auf die Laborwerte oder die Werte vor Ort abzustellen ist (BGH BauR 1995, 538 = NJW-RR 1995, 914).

29 Inhaltlich ergeben sich hier keine signifikanten Änderungen zum Werkmangelbegriff des § 633 Abs. 1 BGB a.F. Auch künftig wird ohne besondere vertragliche Vereinbarung über die Beschaffenheit ein Sachmangel vorliegen, wenn die Baugrubenumfassung einstürzt oder die Heizung nicht funktioniert.

3. Gewöhnliche Verwendungseignung § 633 Abs. 2 S. 2 Nr. 2 BGB

30 Liegt keine Beschaffenheitsvereinbarung vor und auch keine nach dem Vertrag vorausgesetzte Verwendungseignung, so ist das Werk frei von Sachmängeln, wenn es sich für die gewöhnliche Verwendung eignet und eine Beschaffenheit aufweist, die bei Werken der gleichen Art üblich ist und die der Besteller nach der Art des Werkes erwarten kann.

31 Dies ist die »3. Stufe« der Prüfung eines Sachmangels. Sie knüpft im Gegensatz zu den ersten beiden Stufen an objektive Maßstäbe an. Man könnte sie auch als »**Auffangtatbestand**« des Sachmangels bezeichnen.

Sachmangelfreie Leistung § 13 Nr. 1 VOB/B

Es ergibt sich im Vergleich zur bisherigen Regelung des § 633 Abs. 1 BGB a.F. keine maßgebliche inhaltliche Veränderung – auch dieser stellte auf den »gewöhnlichen Gebrauch« ab (objektiver Bewertungsmaßstab). 32

Mit der gewählten Formulierung sollte ausdrücklich Artikel 2 Abs. 2 Buchst. c der EG-Verbrauchsgüterkaufrichtlinie umgesetzt werden. Danach ist die Vertragsmäßigkeit der Kaufsache (bzw. hier des Werkes) anzunehmen, wenn sie sich für Zwecke eignet, für die Güter der gleichen Art gewöhnlich gebraucht werden (zur Kritik an der Umsetzung der EG-Richtlinie siehe *Thode* NZBau 2002, 297, 303 f.; a.A. *Kemper* BauR 2002, 1613). Hierzu wird in der Literatur diskutiert, wie die anerkannten Regeln der Technik einzuordnen sind. Einerseits wird davon ausgegangen, dass diese nach dem ausdrücklichen Wortlaut des § 13 Nr. 1 S. 2 und 3 VOB/B 2002 nur für den Fall einer vereinbarten Beschaffenheit gelten sollen (*Kemper* BauR 2002, 1613 ff.). Andererseits wird davon ausgegangen, dass die Regeln auch im Falle einer fehlenden Beschaffenheitsvereinbarung einzuhalten sind (*Weyer* BauR 2003, 613, 618; *Oppler* MittBl. ARGE Baurecht 2002, 19, 23). Diskutiert wird auch darüber, welchen Stufen der Sachmangelprüfung die anerkannten Regeln der Technik zuzuordnen sind. Soweit ersichtlich, geht die herrschende Meinung davon aus, dass sie zur ersten Stufe, der Beschaffenheitsvereinbarung, gehören (*Kniffka* IBR-Online-Kommentar – Stand 10.4.2006 § 633 Rn. 48). Dem wird unter Hinweis auf den Wortlaut des § 13 Nr. 1 S. 2 Hs. 2 VOB/B entgegengehalten, dass die anerkannten Regeln der Technik »immer selbstständig neben der Beschaffenheitsvereinbarung zu prüfen« sind (*Weyer* BauR 2003, 613, 618). 33

Auch zu dieser Auseinandersetzung ist zu sagen, dass sie in der Praxis wohl ebenso wenig tatsächliche Relevanz erlangen wird, wie die Frage, inwieweit diese drei Stufen des Sachmangelbegriffes nacheinander oder kumulativ geprüft werden müssen. Im Ergebnis sind sich wohl alle Autoren darüber einig, dass vor dem Hintergrund des **dreiteiligen Mangelbegriffs** (**subjektiv, objektiv, funktional;** *Kniffka/Koeble* Kompendium des Baurecht 6. Teil Rn. 202 ff.) eine gemeinsame Prüfung vorzunehmen ist. Insbesondere kann eine zulässige Abweichung von den anerkannten Regeln der Technik nur dann als »mangelfreies Werk« angesehen werden, wenn der Auftragnehmer eine entsprechende »Beschaffenheitsvereinbarung« mit dem Auftraggeber nachweist. 34

4. Einhaltung der anerkannten Regeln der Technik

Während des Gesetzgebungsverfahrens wurde angedacht, die Einhaltung der anerkannten Regeln der Technik ausdrücklich in den Gesetzeswortlaut aufzunehmen. Hiervon wurde letztendlich abgesehen, um nicht den Eindruck zu erwecken, dass die Einhaltung der anerkannten Regeln der Technik stets mit Mangelfreiheit gleichzusetzen sei. Nach der Gesetzesbegründung sollen die anerkannten Regeln der Technik weiterhin als generell vom Auftragnehmer geschuldet anzusehen sein (Gesetzesbegründung, BT-Drucks. 14/6040 S. 616 f.). 35

5. Zugesicherte Eigenschaft

Die »zugesicherte Eigenschaft« ist in § 633 Abs. 2 BGB nicht mehr genannt. Der Gesetzgeber wollte hierdurch den teils hohen Anforderungen der Rechtsprechung an eine Zusicherung entgegentreten. Zu fragen ist, ob sich hieraus praktische Auswirkungen ergeben. Zunächst ist zutreffenderweise davon auszugehen, dass – aufgrund der nun nicht mehr gegebenen Trennung zwischen zugesicherter Eigenschaft einerseits und Fehler, der den Wert oder die Gebrauchstauglichkeit beeinträchtigt andererseits – das Fehlen einer zugesicherten Eigenschaften oder einer Beschaffenheitsvereinbarung zumindest in der »Behandlung als Mangel« gleichzusetzen sind. Hervorgehoben wird insoweit, dass die Diskussionen, ob »nur« eine Leistungsbeschreibung vorlag oder »doch« bereits eine zugesicherte Eigenschaft (so bei Bezugnahme auf eine DIN, OLG Naumburg BauR 2003, 1778 = IBR 2003, 471), künftig entfallen werden. Dies ist sicherlich zutreffend. 36

37 Gelöst sind die damit verbundenen Fragen auf diese Weise aber nicht. Dabei ist nicht nur das von Motzke angesprochene Problem zu nennen, ob tatsächlich eine Vereinbarung über eine Beschaffenheit vorliegt oder »nur« Beschaffenheitsangaben (*Motzke* Der Bauträger 2003, 15). Weiter zu fragen ist, ob die bisherige Problematik der zugesicherten Eigenschaft nicht in den § 276 BGB verlagert wurde. Dieser gilt sicherlich auch bei Vereinbarungen der VOB/B. § 276 BGB regelt die »Verantwortlichkeit des Schuldners«. Damit kann dieser »weitergehend« haften, wenn er eine **Garantie** übernimmt. Unter »weitergehende Haftung« ist zu verstehen, dass bei Vereinbarung beispielsweise einer Garantie dem Schuldner Vorsatz oder Fahrlässigkeit nicht mehr nachgewiesen werden muss. Er haftet allein aus der Übernahme der Garantie.

38 Damit ist man wieder sehr nahe an der früheren verschärften Haftung durch Vereinbarung einer zugesicherten Eigenschaft.

39 Nach bisherigem Recht ergaben sich für den Werkvertrag bei Nichteinhaltung einer solchen Zusicherung weitreichendere Rechtsfolgen dergestalt (vergleichbar dem Kaufrecht), dass beim Fehlen der zugesicherten Eigenschaft nicht das Merkmal der Wert- oder Tauglichkeitsminderung hinzutreten musste.

40 Ähnlich früher im Kaufrecht: Im Gegensatz zum Fehler wurde hier für das Fehlen einer zugesicherten Eigenschaft weitergehend gehaftet, selbst wenn der Wert oder die Gebrauchstauglichkeit nicht beeinträchtigt waren – nur so wurde überhaupt auf Schadensersatz gehaftet.

41 Frage ist also, ob durch den Verzicht auf die zugesicherte Eigenschaft der bisherige Streit über die Angaben in der Leistungsbeschreibung für die Zukunft nicht mehr von Gewicht sein wird (*Kemper* BauR 2002, 1613 m.w.N.). Streitpunkte werden sich in diesem Zusammenhang auch weiterhin im Rahmen der Schadensersatzhaftung des Baustoffhändlers ergeben (i.d.S. *Wirth* Vortrag Freiburger Baurechtstage 27.9.2002 m. Hinweis a. *Dauner-Lieb* § 276 Rn. 18).

III. Keine Regelung zur Haftung für Werbeaussagen

42 Im Gegensatz zum Kaufrecht ist in das neue Werkvertragsrecht keine Haftung für Werbeaussagen entsprechend § 434 Abs. 1 S. 3 BGB aufgenommen worden.

IV. Falschlieferung und Zuweniglieferung

43 Einem Sachmangel steht es gleich, wenn der Unternehmer ein anderes als das bestellte oder das Werk in zu geringer Menge herstellt – **§ 633 Abs. 2 S. 3 BGB**. Bei Herstellung eines sog. »Aliuds« oder bei einer bloßen Teilleistung sind die Sonderregelungen der §§ 633 ff. BGB anwendbar. Eine entsprechende Regelung enthielt das Werkvertragsrecht bisher nicht. Diese Klarstellung soll der Vereinheitlichung der Verjährungsregelungen dienen. Bisher wurde die Aliud-Lieferung dem allgemeinen Leistungsstörungsrecht zugeordnet.

1. Aliud-Lieferung

44 Für das Kaufrecht ist die Aliud-Lieferung bedeutsamer als für das Werkvertragsrecht (*Raab* in *Dauner-Lieb/Heidel/Lepa/Ring* Anwaltkommentar Schuldrecht § 633 Rn. 20). Das Problem der Abgrenzung zwischen der Leistung eines mangelhaften Gegenstands und der Aliud-Lieferung stellt sich i.d.R. nur, wenn der Leistungsgegenstand nicht individuell, sondern nach Gattungsmerkmalen bestimmt ist. Werkverträge, deren Gegenstand nach Gattungsmerkmalen bestimmt ist, sind jedoch im Regelfall auf die Herstellung vertretbarer Sachen gerichtet. Sie unterfielen bisher § 651 Abs. 1 BGB a.F. Nunmehr werden sie über § 651 S. 1 BGB dem Kaufrecht zugeordnet.

Für das Werkvertragsrecht galt bisher, dass eine Falschlieferung nur dann vorliegt, wenn die erbrachte Bauleistung gegenständlich von der geschuldeten Leistung abweicht (BGH NJW 1984, 1955) – ein in der Baupraxis seltener Fall.

2. Zuweniglieferung

Die Herstellung eines Werkes in zu geringer Menge hat für das Werkvertragsrecht größere Bedeutung als das Aliud. Beispiel: Der mit der Herstellung und dem Einbau von 20 Fenstern beauftragte Unternehmer hat nur 19 Fenster eingebaut. Regelmäßig wird bei einer Zuweniglieferung der primäre Erfüllungsanspruch hinsichtlich der fehlenden Menge ausreichend sein; d.h. der Besteller verlangt vom Unternehmer den Einbau des fehlenden Fensters. Was ist allerdings, wenn das fehlende Fenster infolge Produktionsproblemen vorläufig nicht eingebaut werden kann?

Die Bestimmung des § 633 Abs. 2 S. 3 BGB bewirkt insoweit, dass bei Zuweniglieferung der Besteller nur bei Interessenfortfall unter den Voraussetzungen des § 323 Abs. 5 S. 2 BGB vom gesamten Vertrag zurücktreten kann. Liegt eine Aliud- oder eine sonstige »nicht vertragsgemäße« Leistung vor, ist ein Rücktritt dadurch eingeschränkt, dass die Pflichtverletzung »nicht unerheblich« sein darf.

B. Regelung des § 13 Nr. 1 VOB/B

I. Verhältnis zu § 633 BGB

§ 13 Nr. 1 VOB/B 2002 wurde weitgehend an den Wortlaut des § 633 Abs. 1 und 2 BGB angepasst. Der Begriff der »Gewährleistung« wird nach der Schuldrechtsreform im BGB nicht mehr verwendet. Dementsprechend ändert sich die Überschrift des § 13 VOB/B 2002. Die **Mangelbegriffe von BGB und VOB/B stimmen weitgehend überein.**

Während allerdings § 13 Nr. 1 VOB/B die **»anerkannten Regeln der Technik«** neben der Beschaffenheitsvereinbarung ausdrücklich in Bezug nimmt, verzichtet die gesetzliche Formulierung in § 633 Abs. 2 BGB auf diesen Passus. Im Rahmen des Gesetzgebungsverfahrens wurde zwar angedacht, die Einhaltung der »anerkannten Regeln der Technik« ausdrücklich in den Gesetzeswortlaut aufzunehmen. Hiervon wurde letztendlich abgesehen, um nicht den Eindruck zu erwecken, dass die Einhaltung der anerkannten Regeln der Technik stets mit Mangelfreiheit gleichzusetzen sei. Nach der Gesetzesbegründung sollen die anerkannten Regeln der Technik weiterhin als generell vom Auftragnehmer geschuldet anzusehen sein (Gesetzesbegründung BT-Drucks. 14/6040 S. 616 f.). Die **Sachmangelbegriffe decken sich also inhaltlich.**

Ein Unterschied besteht jedoch in der »Verschaffenspflicht«: Das BGB regelt nunmehr ausdrücklich die Haftung des Unternehmers für **Rechtsmängel** des Werkes in **§ 633 Abs. 1 BGB**. Der Unternehmer hat dem Besteller das Werk frei von Sach- und Rechtsmängeln zu verschaffen. Diese Verpflichtung ist in § 13 Nr. 1 VOB/B nicht statuiert. Damit wird die VOB/B um die Regelung des BGB ergänzt; d.h. auch bei Vereinbarung der VOB/B ist der Unternehmer gemäß § 633 Abs. 1 und 3 BGB verpflichtet, das Werk frei von Rechtsmängeln zu »verschaffen«. Die Problematik von Rechtsmängeln ist jedoch nicht besonderes praxisrelevant (gleiche Einschätzung bei *Werner/Pastor* Rn. 1455. Etwas anderes kann im Architektenbereich bei Urheberrechtsansprüchen eines Sub-Architekten gegenüber dem Bauherrn gelten). Entweder ist der Bauherr bereits Eigentümer des Grundstücks, dann erwirbt er nach §§ 946 ff. BGB originär Eigentum an den vom Bauunternehmer verwendeten Baustoffen. Oder er erwirbt Eigentum aufgrund eines Bauträgervertrages, dann werden die Rechte des Erwerbers in einem notariellen Bauträgervertrag regelmäßig entsprechend der MaBV geschützt.

51 Zwar gibt es Konstellationen – z.B. dann, wenn der **Bauträger** während der Fertigstellung insolvent wird – bei denen der Erwerber durchaus einen Verlust erleiden kann. Dies beruht auf § 3 Abs. 1 Nr. 3 MaBV, nach dem die finanzierende Bank des Bauträgers im Falle der Rückabwicklung des Vertrages bei entsprechendem Vorbehalt nur den anteiligen Verkehrswert an den Erwerber zurückzahlen muss. Diese Situation entsteht aber auch, wenn der Erwerber auf eigenem Grund und Boden baut und der Bauunternehmer insolvent wird – und die Arbeiten einstellt. Auch in diesem Fall hat der Erwerber/Besteller ggf. schon Abschlagsraten bezahlt, die den entsprechenden Wert der Bauruine übersteigen.

52 Ob sich aus der Verpflichtung zur rechtsmangelfreien »Verschaffung« des Werks bei **Bauträgerverträgen** das Recht des Erwerbers ergibt, die letzte Rate erst nach Eigentumsumschreibung verlangen zu können, ist fraglich. Es stellt sich die Frage, was mit den Worten »vollständige Fertigstellung« in § 3 Abs. 2 Nr. 2 MaBV gemeint ist: mit oder ohne Eigentumsumschreibung? Kann ggf. die Verpflichtung zur rechtsmangelfreien Verschaffung des Bauwerks in Bauträgerverträgen bezüglich der Zahlung der letzten Rate wirksam abbedungen werden? Und: Haben sich diese Fragen nicht auch schon nach altem Recht gestellt? Somit wird nicht deutlich, inwieweit durch die positive Normierung der Rechtsmangelfreiheit wirklich eine Änderung des materiellen Rechts eingetreten ist.

53 Die Neufassung soll die überwiegende Entsprechung der Mangelbegriffe des BGB-Werkvertragsrechts und der VOB/B nach der Schuldrechtsreform wiederherstellen. Die VOB/B folgt insoweit dem dreistufigen Aufbau des § 633 Abs. 2 BGB (*Kemper* BauR 2002, 1613).

II. Grundlagen

54 Nach § 13 Nr. 1 VOB/B ist es Pflicht des Auftragnehmers, seine Leistung **bis zum Zeitpunkt der Abnahme** so zu erbringen, dass sie frei von Sachmängeln ist.

55 Dabei kommt es für die Frage der vertragsgemäßen Erfüllung darauf an, ob der Auftragnehmer seine sich aus dem betreffenden Bauvertrag ergebende vertragliche Leistungspflicht erbracht hat.

56 Die Leistungsbeschreibung im weiteren Sinne definiert die Bauleistungsverpflichtung des Unternehmers bezüglich jeder einzelnen Leistungsposition. Zur Leistungsbeschreibung gehören alle **expliziten Regelungen**, wie z.B. in Bezug genommene Vorbemerkungen, Texte, Leistungsverzeichnisse, Gesetze, Verordnungen, DIN-Normen, Gutachten, Pläne oder Skizzen sowie der **Zweck** (Funktionalität) des Bauwerks bzw. Gewerkes (**Werkerfolg**).

57 Bei nicht eindeutigen Regelungen ist die **Leistungsbeschreibung** gemäß §§ 133, 157 BGB aus dem objektiven Empfängerhorizont unter Berücksichtigung von Treu und Glauben und der Verkehrssitte **auszulegen** (so soll »erstklassige Arbeit« nicht unbedingt; die Vereinbarung von Güteklasse I i.S.d. Ziff. 2 der DIN 68378 bedeuten, OLG Celle BauR 2003, 1592 = IBR 2003, 296). Dabei ist der Bauvertrag als Einheit zu verstehen. Findet sich keine Detailregelung, ist der Zweck des Bauwerks bzw. Gewerkes (Werkerfolg) zu ermitteln. Die ausgeführte Leistung muss diesen Zweck erfüllen (BGH BauR 2003, 388). Auch Rangfolgeklauseln helfen hier nicht. Auch gilt das Spezielle vor dem Allgemeinen (BGH Urt. v. 11.3.1999 VII ZR 179/98 = BauR 1999, 897). **Entscheidend** ist immer die **Gesamtheit der Vertragsunterlagen** (siehe in diesem Werk Vor § 1 VOB/B Rn. 3 ff.).

58 Maßgebend für die Verantwortlichkeit des Auftragnehmers ist weiter der Grundsatz der Zurechenbarkeit zu seinem Bereich, die durch den Umfang seiner jeweiligen Leistungspflicht, einschließlich etwaiger Prüfungs- und Hinweispflichten gemäß § 4 Nr. 3 VOB/B und § 13 Nr. 3, bestimmt ist. Dabei kann die Regelung des § 645 BGB durchaus als sinngemäß anzuwendender Anhaltspunkt dienen. Die Feststellung von Mangelursachen im Einzelnen ist nicht notwendig, wenn feststeht, dass die Mängel jedenfalls zum Rahmen der Leistungsverpflichtung des Auftragnehmers gehören (Schon BGH BauR 1975, 278 = NJW 1975, 1217 = SFH Z 2.410 Bl. 70).

Sachmangelfreie Leistung § 13 Nr. 1 VOB/B

Da für die Beurteilung zunächst der **Zeitpunkt** maßgebend ist, in dem nach § 12 VOB/B die **Abnahme** durch den Auftraggeber erfolgt oder in anderer Weise die Abnahmewirkung eintritt, ist der Auftragnehmer auch verpflichtet, die bisher ganz oder teilweise erstellte Leistung bis zur Abnahme in vertragsgerechtem Zustand zu erhalten. Er muss dafür sorgen, dass sie nicht beschädigt wird (§ 4 Nr. 5 VOB/B). Andernfalls liegt ein Mangel seiner Leistung vor (BGH SFH Z 2.413 Bl. 53; BGH BauR 1974, 63). Darüber hinaus kann ein Auftragnehmer wegen eines Mangels auch schon vor der Abnahme in Anspruch genommen werden, wie § 4 Nr. 7 VOB/B sowie – für den Bereich des BGB-Werkvertrages – § 634 Abs. 1 S. 2 BGB a.F. zeigen/zeigten. 59

Ob die vorgenannten Voraussetzungen für die Vertragsgerechtheit der Leistung gegeben sind, richtet sich keinesfalls schon danach, ob die **Baubehörde** das Baugesuch entsprechend dem vorgelegten Plan genehmigt (BGH BauR 2002, 114 = NJW-RR 2002, 952) und den Bau **abgenommen** hat. Die Baubehörde prüft den Plan und den ausgeführten Bau nur dahin, ob sie den im öffentlichen Interesse ergangenen Vorschriften genügen. Die Entscheidung der Behörde, dass diesen Vorschriften genügt sei, besagt noch nicht, dass die Bauleistung vertragsgemäß ausgeführt ist. Sie kann vielmehr trotz behördlicher Genehmigung und – soweit erforderlich – Abnahme Mängel aufweisen, die Ansprüche des Auftraggebers gegen den Auftragnehmer (oder gegen den Architekten) begründen. Dies um so mehr, als auch die Baubehörde von ihr zu beachtende Fehler und sonstige Mängel übersehen kann (und Entscheidungen jederzeit korrigieren kann). Entscheidend sind also allein die vertraglichen Anforderungen aus dem Bauvertrag zwischen Auftraggeber und Auftragnehmer (so soll eine nur 2,65 m breite Tiefgarageneinfahrt, die einem durchschnittlichen Autofahrer nicht gerecht wird, ungeachtet der Einhaltung der öffentlichen-rechtlichen Vorschriften mangelhaft sein, OLG Frankfurt BauR 2003, 1591 = IBR 2003, 410). Allerdings kann umgekehrt im Allgemeinen davon ausgegangen werden, dass die fehlende behördliche Genehmigungsfähigkeit einer Bauleistung einen Sachmangel darstellt (BGH Urt. v. 21.3.1968 VII ZR 4/66 – für den Fall der unzulässigen Anbringung eines Holzfußbodens in einem Tanzlokal; Übernimmt der Bauunternehmer als Totalübernehmer auch die Architektenleistungen inklusive Bauantragsunterlagen, trägt er das Genehmigungsrisiko, OLG Köln BauR 2003, 1088 = IBR 2003, 530). Fordert der AG vom AN eine dem öffentlichen Baurecht widersprechende Ausführung, kann der AN von diesem nicht eigenmächtig abweichen, sondern muss die Einwilligung des AG einholen (OLG Dresden BauR 2003, 1242 = IBR 2003, 1023). 60

III. Mangelbegriff

Die Frage, ob ein Mangel vorliegt, wird gemäß § 13 Nr. 1 VOB/B in einer **Prüfung** bestehend aus **drei Stufen** vorgenommen. 61

1. Stufe: Nach der 1. Stufe liegt kein Mangel vor, wenn die Leistung der **vereinbarten Beschaffenheit** und den **anerkannten Regeln der Technik** entspricht.
2. Stufe: Fehlt eine Vereinbarung über die Beschaffenheit, muss sich das Werk für die **nach dem Vertrag vorausgesetzte Verwendung** eignen, andernfalls liegt ein Sachmangel vor.
3. Stufe: Liegt auch diese nicht vor, so ist auf die **gewöhnliche Verwendung** und **übliche Beschaffenheit** als Maßstab abzustellen.

1. 1. Stufe: Vereinbarte Beschaffenheit und anerkannte Regeln der Technik

Nach der 1. Stufe liegt kein Mangel vor, wenn die Leistung der vereinbarten Beschaffenheit und den anerkannten Regeln der Technik entspricht. 62

a) Vereinbarte Beschaffenheit

Die Neufassung des Mangelbegriffs bedeutet eine **Haftungsverschärfung** zulasten des Auftragnehmers. Die bisherigen Einschränkungen des Fehlerbegriffs (Wert- oder Tauglichkeitsminderung zu dem gewöhnlichen oder nach dem Vertrag vorausgesetzten Gebrauch) sind entfallen. Nunmehr 63 stelle jede Abweichung von der vereinbarten Beschaffenheit einen Werkmangel dar – ohne auf die konkrete Verwendung abzustellen (*Thode* NZBau 2002, 297, 305; *Kemper* BauR 2002, 1613). Dies gilt auch bei nur unerheblichen Abweichungen, die die vertraglich vorausgesetzte Gebrauchstauglichkeit objektiv nicht beeinträchtigen (BGH IBR 2004, 611 = BauR 2004, 1941). Folgendes Urteil des BGH (BGH BauR 2003, 533) mag dies verdeutlichen: Der BGH hatte noch zum alten Recht die Frage zu entscheiden, ob die Betondecke eines Parkhauses fehlerhaft ist, wenn statt der vereinbarten Betongüteklasse 35 nur die Betongüteklasse 25 verbaut wurde. Der BGH hat die Fehlerhaftigkeit im Ergebnis zu Recht bejaht, musste hier aber aufwändig begründen, worin die Wert- oder Gebrauchstauglichkeitsbeeinträchtigung liegt. Ein umfangreiches Gutachten hatte ergeben, dass auch die Betondecke der Betongüteklasse 25 für alle geplanten Nutzlastfälle ausreicht. Nach dem neuen Mangelbegriff liegt ohne weitere Prüfung – **allein durch die Beschaffenheitsabweichung – ein Mangel** vor. Dies gilt grundsätzlich auch für eine Beschaffenheitsabweichung, bei der der Besteller eine höherwertige Leistung bekommt. Der Besteller muss nicht darlegen, dass aus dem Mangel ein Schaden resultiert. Bei einer höher- oder gleichwertigeren Leistung bleibt jedoch bei Bejahung eines Mangels aufgrund von einer Beschaffenheitsvereinbarung das Problem, den Minderwert oder Schadensersatzbetrag zu errechnen. Insoweit hätte der BGH bei der »B 25 – B 35« – Entscheidung spätestens auf dieser Ebene die im Urteil ausgeführten Erwägungen vornehmen müssen. Daneben dürfte die Nacherfüllung häufig unverhältnismäßig sein (so bei einer nicht DIN-gerechten Pflasterung, bei der das Regenwasser unwesentlich langsamer abfließt, OLG Celle IBR 2006, 404).

64 Einer Beschaffenheitsvereinbarung kommt demnach die weitreichendste Bedeutung für die Ermittlung eines Mangels zu – insofern Anknüpfung an den Parteiwillen (so ist bei einer gegenüber der Vereinbarung in der Baubeschreibung 5 cm schwächeren Trennwand zwischen zwei Eigentumswohnungen ein Mangel auch dann gegeben, wenn die normgemäßen Schalldämmwerte erreicht werden [OLG Bamberg IBR 2003, 298]).

65 Für den Bauvertrag ist eine möglichst umfassende und detaillierte Leistungsbeschreibung zu erstellen (*Raab* in *Dauner-Lieb/Heidel/Lepa/Ring* Das neue Schuldrecht in der anwaltlichen Praxis § 9 Rn. 38). Gleiches gilt für die konkreten Merkmale in den einzelnen Positionen des Leistungsverzeichnisses (*Palandt/Sprau* § 633 BGB Rn. 6). Diese enthalten dann die »vereinbarte Beschaffenheit« des Werkes. In der Praxis sollte bei der Vertragsgestaltung jedoch zur Klarstellung darauf geachtet werden, dass die Detail-Leistungsverzeichnisse mit funktionalen Beschreibungen ergänzt werden. Zudem ist es sinnvoll, den vertragsgemäßen Gebrauch des Bauwerks festzulegen. Damit wird gesichert, dass alles gebaut werden muss, was für die Funktionsfähigkeit des Werks erforderlich ist (Mangel daher, wenn »rollstuhlgerechter Aufzug« nicht die Mindestmaße nach DIN 15306 und 18025 einhält, OLG Hamm BauR 2004, 1459 = IBR 2004, 415). Aber auch ohne eine solche Klarstellung hat der BGH (BGH BauR 2000, 411) entschieden, dass der Auftragnehmer die vereinbarte Funktionstauglichkeit schuldet, auch wenn dieser Erfolg mit der vertraglich vereinbarten Ausführungsart nicht zu erreichen ist. Diese Entscheidung ist besonders instruktiv für die Bestimmung des werkvertraglich geschuldeten Erfolgs bei einem Detail-Leistungsverzeichnis-Vertrag. Die Vorinstanz, das OLG Düsseldorf, hat nur auf die explizite Leistungsbeschreibung abgestellt und kam zu dem Ergebnis, dass ein Dach nicht dicht sein müsse. Dem ist der BGH entgegengetreten, indem er auf die Funktionstauglichkeit eines Daches abstellte. Dieses Ergebnis ist sicherlich sachgerecht. Eine ggf. bestehende Diskrepanz zwischen zusätzlich erforderlicher Leistung und Leistungsverzeichnis kann über einen Nachtrag oder sog. »Sowiesokosten« abgegolten werden (so bei durch die vereinbarte Ausführungsart notwendigem zusätzlichen Korrosionsschutz, OLG München BauR 2004, 1197; dieser Bereich ist in der Praxis allerdings außerordentlich schwierig einzuordnen). Das OLG Rostock hat demtentsprechend entschieden, dass die Funktionstauglichkeit eines Kellers unabhängig von der vertraglich vereinbarten Ausführungsart nur vorliegt, wenn dieser dicht ist (OLG Rostock BauR 2005, 441). Mangel auch bei fehlerhafter Leistungsbeschreibung, so wenn durch den vorgesehenen Einbau einer Lüftungsanlage die lichte Höhe eines Geräteraums nur noch 1,50 m beträgt (OLG Stuttgart Urt. v. 22.12.2004 IBR 2005, 475).

Sachmangelfreie Leistung § 13 Nr. 1 VOB/B

Allerdings könnten die Folgen dieser Haftungsverschärfung im Wege der Vertragsauslegung der Be- 66
schaffenheitsvereinbarung gemäß §§ 133, 157 BGB und nach Maßgabe des § 13 Nr. 6 VOB/B (Verweigerung der Mangelbeseitigung durch den Auftragnehmer wegen unverhältnismäßigen Aufwands) gemildert werden (*Oppler* MittBl. ARGE Baurecht 2002, 19, 23). In Anbetracht des eindeutigen Wortlauts des § 633 Abs. 2 BGB und § 13 Nr. 1 VOB/B sind an eine einschränkende Auslegung jedoch hohe Anforderungen zu stellen. Der BGH hat sich in der zuvor zitierten Entscheidung (BGH Urt. v. 9.1.2003 BauR 2003, 533) »B 25 – B 35« zum Mangelbegriff von § 13 Nr. 1 VOB/B 2000 streng an der vereinbarten Beschaffenheit (Betongüteklasse) orientiert. Detaillierte Anforderungen in Baubeschreibungen sollen bei der Auslegung des vertraglichen Leistungssolls höher zu gewichten sein, als die Bezugnahme auf Referenzobjekte (OLG Celle Urt. v. 29.10.03, BGH Nichtzulassungsbeschwerde zurückgewiesen mit Beschl. v. 9.12.2004 IBR 2005, 129) oder Vertragsplänen (BGH BauR 2003, 388 = NJW 2003, 743).

Eine vertragliche Beschaffenheitsvereinbarung kann auf verschiedene Weise zustande kommen (bei 67
Kaufleuten sind ggf. die Grundsätze des kaufmännischen Bestätigungsschreibens zu beachten, OLG Dresden BauR 2003, 882 = IBR 2003, 401). Insbesondere sind regelmäßig »alle Teile« der Vertrags**verhandlungen** – nicht nur der ausdrückliche Vertragsinhalt – zu beachten. Dies hat das OLG Celle entschieden (OLG Celle IBR 2003, 233). Danach sollen selbst dann, wenn im GÜ-Vertrag festgelegt ist, dass die dem Vertrag beigefügten Zeichnungen und Pläne **keine selbstständigen Leistungspflichten begründen und nur die vorrangige Leistungsbeschreibung erläutern sollen – erstere bei Lücken der Leistungsbeschreibung selbstständige Leistungspflichten begründen können**. Unklarheiten werden dabei regelmäßig zu Lasten desjenigen gehen, der »verkauft« (»Bauträger-Werkvertrag«) bzw. die Leistungsbeschreibung zu vertreten hat. Verpflichtet sich ein Bauträger zur »umfassenden Modernisierung und Renovierung eines Altbaus in erforderlichem Umfang«, schließt das im Zweifel alle Maßnahmen ein, die für eine umfassende Modernisierung und Renovierung erforderlich sind. Dem stehe auch nicht entgegen, dass einzelne Maßnahmen nicht in der Baubeschreibung aufgeführt sind (OLG München, BGH Nichtannahmebeschluss IBR 2003, 199). Maßgebend sind immer die Gegebenheiten und Verhältnisse des Einzelfalles. Das gilt auch für die vertraglich festgelegte Wohnfläche eines zu errichtenden Hauses bzw. einer zu erstellenden Wohnung (OLG Düsseldorf BauR 1981, 475 = NJW 1981, 1455; dazu auch KG BauR, 1989, 488 = NJW-RR 1989, 459). Dabei kommt es darauf an, ob sich aus dem Vertrag unter Berücksichtigung des § 133 BGB ergibt, wie sich die Wohnfläche berechnen soll. So ist auch das vom Bauträger erstellte Haus i.S.v. § 13 Nr. 1 VOB/B mangelhaft, wenn in den dem notariellen Vertrag beigefügten Beschreibungen und dem Grundrissplan drei Kinderzimmer im Kellergeschoss vorgesehen sind, der Bauträger die Baugenehmigung jedoch nur für ein Kinderzimmer im Kellergeschoss erhalten hat. Dieser Mangel besteht auch dann noch, wenn der Erwerber (Auftraggeber) auch die beiden übrigen Räume im Kellergeschoss tatsächlich als Kinderzimmer nutzt (OLG Düsseldorf BauR 1984, 294 = SFH § 13 Nr. 1 VOB/B Nr. 4). Mangelhaft ist es auch, wenn der Auftragnehmer entgegen der Leistungsbeschreibung die Wandelemente, auf denen zum Schutz gegen drückendes Wasser durch einen anderen Unternehmer eine so genannte schwarze Wanne aufgebracht werden soll, nicht vertikal beweglich durch Halfeneisen, sondern starr durch Verschweißen mit der rückwärtig verankerten Spundwand befestigt, insbesondere wenn es bei Geländesenkungen zu Rissen in den bituminösen Dichtungsbahnen kommt (OLG Düsseldorf BauR 1994, 147). Die Abdichtung erdberührter Kellerwände mit einem bituminösen Anstrich ist nicht ausreichend, wenn die Wände mit einem bindigen Boden angeschüttet worden sind (OLG Stuttgart BauR 1994, 146).

In diesem Zusammenhang spielt die **Auslegung** von Leistungsverzeichnissen oder Begriffen wie 68
»schlüsselfertig« immer wieder eine entscheidende Rolle. Entschieden wurde insoweit, dass zu einem schlüsselfertigen Wohnhaus – sofern vertraglich nichts Entgegenstehendes vereinbart sei – auch die Malerarbeiten zählen. Die Nicht-Aufzählung dieser Arbeiten in der Baubeschreibung eines »schlüsselfertigen« Hauses besage nicht, dass der Bauherr bzw. Erwerber nicht mit ihnen rechnen könne (OLG Nürnberg IBR 2000, 487). Ist Schlüsselfertigkeit geschuldet, muss der AN auch den An-

schluss an die öffentliche Wasserversorgung erbringen, auch wenn dies nur über Grundstücke Dritter geht (OLG Koblenz 2003, 721). Der Begriff der Erschließungskosten im Vertrag ist auslegungsbedürftig. Zu trennen ist zwischen Erschließungskosten, Anschließungs- und Hausanschlusskosten (OLG Koblenz BauR 2003, 391). Auch gehört ein Notdach regelmäßig zum Bau-Soll. Öffnet der Werkunternehmer ein vorhandenes Dach, so ist er verpflichtet, durch geeignete Maßnahmen (Schutzfolie, Notdach o.Ä.) den Eintritt von Niederschlägen in das darunterliegende ungeschützte Wohnhaus zu verhindern. Ergeben sich aus dem Bauvertrag keine anderen Anhaltspunkte, darf der Auftraggeber nach dem objektiven Empfängerhorizont darauf vertrauen, dass in der vom Werkunternehmer angebotenen Leistung auch die erforderlichen Schutzmaßnahmen gegen den Eintritt von Niederschlagswasser enthalten sind. Ein Anspruch des Werkunternehmers auf gesonderte Vergütung für diese Maßnahmen bestehe in der Regel nicht (OLG Celle IBR 2003, 121). Ist die Verwendung gleichwertiger Baustoffe vertraglich zugelassen, ist maßgebliches Kriterium für die Gleichwertigkeit die Einhaltung der vertraglichen Anforderungen. Hierbei ist eine Gesamtbetrachtung vorzunehmen und nicht auf einzelne Eigenschaften abzustellen (OLG Naumburg Urt. v. 15.3.2005, BGH Nichtzulassungsbeschwerde zurückgewiesen, IBR 2006, 437).

69 Dabei sei in einem Bauvertrag grundsätzlich davon auszugehen, dass die Leistung **widerspruchsfrei** angeboten wird. Insoweit komme dem Wortlaut einer schriftlichen Leistungsbeschreibung gegenüber etwaigen Plänen jedenfalls dann eine vergleichsweise größere Bedeutung zu, wenn dort die Leistung im Einzelnen detaillierter beschrieben werde (BGH BauR 2003, 388 = NJW 2003, 743). Letzteres ergibt sich allerdings regelmäßig auch aus der Notwendigkeit der Auslegung des Bauvertrages. Im Rahmen der Auslegung sind auch Begriffe wie »erstklassige Arbeit« auszulegen. Entschieden wurde, dass die mündliche Beschaffenheitsvereinbarung »erstklassige Arbeit« für eine Holz-Innentreppe nicht die Verpflichtung des Werkunternehmers zur Herstellung der Treppe in Holz der Güteklasse 1 nach Ziffer 2 der DIN 68368 (Laubschnittholz für Treppenbaugütebedingungen) beinhaltet (OLG Celle IBR 2003, 296).

70 Zu den konkludenten Beschaffenheitsabreden ist auch die Übernahme der Verpflichtung des Auftragnehmers zu rechnen, die geschuldete Bauleistung entsprechend den jeweils maßgebenden öffentlich-rechtlichen Vorschriften zu erbringen (*Nicklisch/Weick* § 13 VOB/B Rn. 32). Zwar sind bei Bauwerksleistungen gewisse Maßabweichungen zu tolerieren (KG BauR 2004, 135). Dies findet seine Grenze jedoch dann, wenn diese Abweichungen zu einer Genehmigungsunfähigkeit des Bauwerks führen (OLG Schleswig BauR 2004, 1197).

71 Neben dem Abstellen auf die explizit oder konkludent beschriebenen Beschaffenheitsmerkmale unterliegt der Auftragnehmer immer auch der verschuldensunabhängigen **Erfolgshaftung** des Werkvertragsrechts. Der Unternehmer schuldet also nicht nur isoliert die Erfüllung der einzelnen Beschaffenheitsmerkmale, sondern die Funktionsfähigkeit des Werkes (instruktiv die Entscheidung des BGH zu der Funktionstauglichkeit eines Hallendaches: Ein Dach muss dicht sein; BGH BauR 2000, 411 = ZfBR 2000, 121; vgl. auch Vorwerk BauR 2003, 4). Ein Rückgriff auf die »Auffangtatbestände« ist in diesen Fällen nicht erforderlich (*Kemper* BauR 2002, 1613). Ist diese Funktionstauglichkeit nicht gegeben, liegt ein Mangel auch bei Einhaltung der anerkannten Regeln der Technik vor (OLG Nürnberg BauR 2005, 1680 = IBR 2005, 586).

72 Darüber hinaus wird im Rahmen des § 13 Nr. 1 S. 3 VOB/B 2002 bei der vertraglich vorausgesetzten Verwendungseignung und der gewöhnlichen Verwendungseignung vorgeschlagen, auch »vertragsimmanente qualitative Ansprüche« zu berücksichtigen (*Kemper* BauR 2002, 1613).

73 Nach dem vorangehend gekennzeichneten Rahmen kommen als Sachmangel in erster Linie **Qualitätsabweichungen** in Betracht (z.B. unzureichende Fensterstärken, anderes Material, auch sog. »Ausreißer« bei der Materialherstellung), ferner aber auch sonstige Abweichungen vom Leistungsverzeichnis (z.B. andere Farbe) sowie Abweichungen von den im betreffenden Fall zu erwartenden

Umständen (z.B. Tragfähigkeit von Brückenelementen). Dabei spielen die anerkannten Regeln der Technik gerade hier mit eine ausschlaggebende Rolle.

Für die Annahme eines Mangels kommt es auch nicht darauf an, ob durch diesen Mangel ein Schaden versacht wurde. Der Besteller kann die Mängelrechte **unabhängig vom Eintritt eines konkreten Schadens** geltend machen (zum »Mangel ohne Schaden« BGH BauR 1997, 129 = ZfBR 1997, 75; OLG Brandenburg BauR 2001, 283 = ZfBR 2001, 111; OLG Köln IBR 2005, 584 jedoch ggf. Einwand des unverhältnismäßigen Aufwandes gegenüber dem Nacherfüllungsverlangen des AN). Ein Mangel wurde bejaht, als entgegen der vertraglichen Vereinbarung kein wasserundurchlässiger Beton verwendet wird, dies unabhängig von der Frage von Feuchtigkeitserscheinungen im Keller (OLG Schleswig Urt. v. 28.9.2005, BGH Nichtzulassungsbeschwerde zurückgewiesen 11.5.2006 IBR 2006, 390). Wird ein Schornstein anders ausgeführt als geschuldet, liegt ein Mangel vor, auch wenn die Heizungsanlage insgesamt funktioniert (OLG Celle BauR 2003, 1408). Gleiches gilt im Architektenrecht. So haftet der Architekt für eine nicht DIN-gerechte Bodenplatte, selbst wenn keine Feuchtigkeit eintritt (OLG Köln Urt. v. 13.13.2003 = IBR 2003, 615). Instruktiv insoweit ist eine Entscheidung des Bundesgerichtshofes zum alten Recht, wonach ein Mangel eines Bauwerkes zunächst einmal immer dann vorliegt, wenn die Bauausführung von dem geschuldeten Werkerfolg abweicht **und** durch diesen Fehler der nach dem Vertrag vorausgesetzte Gebrauch gemindert wird. Nach neuem Recht genügt allein die Abweichung des Bau-Ist vom Bau-Soll, d.h. ausreichend für einen Mangel ist es, wenn die vereinbarte Beschaffenheit nicht vorliegt. Dabei ist es für die Frage, ob ein Mangel vorliegt, unerheblich, dass die Bauausführung möglicherweise wirtschaftlich und technisch besser ausgefallen ist als die vereinbarte (BGH BauR 2002, 1536 = NJW 2002, 3543).

Entgegenstehend wurde entschieden, dass ein Mangel nicht vorliege, soweit aus einem Verstoß gegen die anerkannten Regeln der Technik für den Auftraggeber kein Schadensrisiko (Risiko – nicht Schaden!) und keine Beeinträchtigung der Gebrauchstauglichkeit entstanden war (OLG Nürnberg NJW-RR 2002, 1538). Nach dem OLG Köln soll ein Verstoß gegen die Anleitung des Herstellers bei der Verarbeitung von Produkten nur bei Erhöhung der Risikoungewissheit einen Mangel darstellen (IBR 2005, 530), z.T. soll abweichend auch eine Beschaffenheitsvereinbarung – früher Zusicherung – bezüglich der Einhaltung der Herstelleranleitung möglich sein, OLG Schleswig IBR 2004, 683). Wenn der chemische Schutz eines Bauholzes ungenügend ist, sei dies nicht unbedingt als Mangel zu bewerten, wenn Holzschutz auf andere Weise sichergestellt sei (anderweitiger konstruktiver Schutz der Sparren; OLG Köln, OLGR 2001, 222 = IBR 2001, 481). Das OLG München hat ausgeführt, dass eine vertragsabweichende Ausführung in jedem Fall dann ein Mangel darstellt, wenn sie nicht die gleiche Sicherheit für Mangelfreiheit gewährleistet, wie sie bei vertragsgemäßer Ausführung vorhanden gewesen wäre. Zutreffenderweise wurde die Beweislast für die gleiche Sicherheit dem Auftragnehmer auferlegt (OLG München, BGH Nichtannahmebeschluss IBR 2001, 304).

Im Ergebnis muss die Leistung grundsätzlich immer **sachmangelfrei** sein. (In diesem Zusammenhang stellt sich immer wieder die Frage, wann eine Mangelbehauptung schlüssig ist. Der BGH hat insoweit die Symptomtheorie oftmals wieder bestätigt. Danach genügt der Auftraggeber den Anforderungen an die Darlegung einer mangelhaften Abdichtung, wenn er nach seiner Behauptung darauf zurückzuführende Feuchtigkeitserscheinungen im Bauwerk vorträgt. Er muss weder darlegen, warum Nachbesserungsversuche gescheitert sind, noch welchen Weg die Feuchtigkeit im Bauwerk genommen hat, BGH BauR 2002, 784 = NJW-RR 2002, 743 = ZfBR 2002, 357 = NZBau 2002, 335). Darauf, ob etwaige Sachmängel vorhersehbar sind, kommt es ebenso wenig an wie auf ihre Erkennbarkeit während der Ausführung oder bei der Abnahme. Die Übernahme einer Bauleistung zu einem sog. **Freundschaftspreis** besagt nichts anderes. Ein entgegenstehender Wille muss im Vertrag deutlich zum Ausdruck kommen. Je nach Lage des Falles kann aber bei Vereinbarung eines Freundschaftspreises ein Mitverschulden (§ 254 BGB) des Auftraggebers gegeben sein (BGH BauR 1974, 125 = SFH Z 2.414.3 Bl. 8), was vor allem bei einer Vergabe durch einen Unternehmer als Auftraggeber an einen Subunternehmer in Betracht kommt (BGH BauR 1974, 125 = SFH Z 2.414.3 Bl. 8). Das Gesagte dürfte für so genannte »**Billigpreise**« allgemein gelten.

77 Durch die zentrale Ausrichtung auf die Beschaffenheitsvereinbarung soll überdies das – auch auf Leistungsbeschreibungen anzuwendende – **Transparenzgebot größere Bedeutung** erlangen. Dies gelte insbesondere durch seine gesetzliche Normierung in § 307 Abs. 1 S. 2, Abs. 3 BGB (*Kniffka* IBR-Online-Kommentar § 633 Rn. 26 ff. – Stand 10.4.2006; *Thode* NZBau 2002, 360, 366; *Kemper* a.a.O.).

b) Anerkannte Regeln der Technik
aa) Anerkannte Regeln der Technik in allen drei Stufen

78 Eine Auffassung weist darauf hin, dass die weiterhin beibehaltenen »**anerkannten Regeln der Technik**« nach dem ausdrücklichen Wortlaut des § 13 Nr. 1 S. 2 und 3 VOB/B 2002 nur für den Fall einer vereinbarten Beschaffenheit gelten sollen (*Kemper* BauR 2002, 1613). Nach einer anderen Ansicht sind die anerkannten Regeln der Technik auch im Falle einer fehlenden Beschaffenheitsvereinbarung einzuhalten (*Oppler* MittBl. ARGE Baurecht 2002, 19, 23). Letzteres lässt sich wohl nur mit einem »ergänzenden Hineinlesen« des Begriffs der »anerkannten Regeln der Technik« in S. 3 des § 13 Nr. 1 VOB/B begründen. Dieser Einschätzung wird die Rechtsprechung entgegengehalten (*Kemper* BauR 2002, 1613). Zitiert wird eine BGH-Entscheidung, wonach die analoge Anwendung von VOB/B-Regelungen aufgrund ihres AGB-Charakters ausgeschlossen sei (BGH BauR 1997, 1027, 1028). Dabei werden die Schwächen der VOB/B-Formulierung aufgezeigt.

79 Zutreffenderweise werden die »Regeln der Technik« in allen drei Stufen zu gelten haben. In der **ersten Stufe** werden sie ausdrücklich erwähnt. In der **dritten Stufe** werden sie von der Eigenschaftsbeschreibung »Beschaffenheit, die bei Werken der gleichen Art üblich ist«, erfasst. In der **zweiten Stufe** wird die nach dem Vertrag vorausgesetzte Verwendung in der Regel eine Beschaffenheit erfordern, die die anerkannten Regeln der Technik einhält. Zudem könnte sprachlich der letzte Halbsatz des S. 3 ab dem Wort »und« auch zur zweiten Stufe herangezogen werden. Als Folge hiervon würde sich schon aus dem Text der VOB/B ergeben, dass auch bei der »nach dem Vertrag vorausgesetzten Verwendung« eine »objektivierte« übliche Beschaffenheit, und damit auch der Mindeststandard der Regeln der Technik, »erwartet werden kann«. Ferner gilt **§ 4 Nr. 2 VOB/B**. Danach müssen die anerkannten Regeln der Technik im Zeitpunkt der Abnahme eingehalten werden.

bb) Verpflichtung zur Einhaltung der anerkannten Regeln der Technik

80 Eine Besonderheit der bauvertraglichen Mängelrechte ist die Verpflichtung des Auftragnehmers, die Bauleistung nach den anerkannten Regeln der Technik (zum Begriff § 4 VOB/B) zu erbringen. Dabei ist zu unterscheiden zwischen anerkannten Regeln der Technik, Stand der Technik und Stand von Wissenschaft und Technik (ausführl. Seibel BauR 2004, 266). Vor diesem Hintergrund haftet ein Bauträger auch dann, wenn die Holzbalkendecke der von ihm sanierten Altbauwohnung zwar den von der Baubehörde an den Schallschutz gestellten Anforderungen genügt, nicht aber den Mindestanforderungen der DIN 4109 (LG Hamburg BauR 2003, 394 = IBR 2003, 251). Hierbei handelt es sich um eine allgemeine bauvertragliche Leistungspflicht des Auftragnehmers, die nicht erst auf den Zeitpunkt der für § 13 Nr. 1 VOB/B maßgebenden Abnahme abstellt, sondern vom Auftragnehmer schon zuvor während der gesamten Leistungserstellung beachtet werden muss. Dies folgt aus der Generalklausel in § 4 Nr. 2 VOB/B (§ 4 VOB/B). Der Sinn dieser Betonung liegt vor allem darin, dass die bauvertragliche Leistung ihrer Natur nach technisch-fachlichen Charakters ist. Dabei ist grundsätzlich vorauszusetzen, dass der Auftragnehmer die erforderlichen Kenntnisse besitzt. Als Folge ist davon auszugehen, dass eine Leistung »entsprechend den Regeln der Technik« dem beiderseitigen übereinstimmenden Willen der Vertragsparteien entspricht. Mangelhafte Bauausführung soll daher auch vorliegen bei Kenntnis des AG von der Nichteinhaltung der anerkannten Regeln – so die Errichtung einer lediglich einschaligen Trennwand zwischen Doppelhaushälften – da diese

Sachmangelfreie Leistung § 13 Nr. 1 VOB/B

Kenntnis nicht das Wissen von einem verminderten Schallschutz beeinhaltet. Hierauf muss der AN gesondert hinweisen (OLG München IBR 2006, 269). Zudem ergibt sich eine entsprechende selbstständige Verpflichtung auch eindeutig aus § 4 Nr. 2 VOB/B sowie § 13 Nr. 1 VOB/B.

Aus den angeführten Gründen ist die Einhaltung der anerkannten Regeln der Technik eine Verpflichtung des Auftragnehmers, die grundsätzlich **auch für** den Bereich des **BGB-Werkvertrages** gilt. Sie ist insoweit gewerbeüblich (BGH BauR 1978, 498). Dies gilt im Übrigen auch für den Architektenvertrag (so soll der Architekt die Verwendung eines objektiv untauglichen Baustoffes – ECB-Bahnen für die Abdichtung eines Flachdachs – nicht zu vertreten haben, solange er nach den Umständen des Einzelfalls davon ausgehen darf, dass der Baustoff »den Regeln der Bautechnik« entspricht, OLG Hamm IBR 2003, 204). Allerdings kommt es auch hier auf den Inhalt und die Tragweite des jeweiligen Vertrages an. Handelt es sich um die Sanierung und Modernisierung eines Altbaues, kommt es wegen von diesen Maßnahmen nicht ergriffener Bauteile darauf an, ob und inwieweit sich aus dem Vertrag und den ihm zugrundeliegenden Umständen ergibt, dass die beanstandete Leistung nach dem gegenwärtigen Stand der anerkannten Regeln der Technik herzustellen ist (BGH BauR 1975, 341 = SFH Z 2.414.0 Bl. 4; BGH IBR 2005, 153; OLG Hamm BauR 1995, 846 = NJW-RR 1996, 213 = SFH § 633 BGB Nr. 104 = ZfBR 1996, 96). **81**

Der Grundsatz, dass ein Verstoß gegen die anerkannten Regeln der Technik regelmäßig einen Sachmangel darstellt, ist bei der **Veräußerung sanierter und modernisierter Altbauten** nicht ohne weiteres anwendbar. Es kommt darauf an, inwieweit sich aus dem Vertrag und den ihm zu Grunde liegenden Umständen – insbesondere auch dem konkreten Bauwerk – ergibt, dass das beanstandete Gewerk nach den aktuellen anerkannten Regeln der Technik herzustellen ist (OLG Hamm NJW-RR 1996, 213; BGH IBR 2005, 153). So wurde bei »**Sanierung bis auf die Grundmauern**« im Rahmen des technisch Möglichen die Pflicht zur Gewährleistung des Stands der aktuell anerkannten Regeln der Technik wie bei der Neuerstellung der Gebäude – insbesondere hinsichtlich Kellerabdichtung, Schallschutz – bejaht (BGH IBR 2005, 153; anders noch Vorinstanz OLG Düsseldorf IBR 2004, 20 = BauR 2003, 1911). Derselbe Sanierungsumfang soll sich dabei auch auf der Funktion des zu sanierenden Altbaus dienende Grundstücksanlagen – Flüssiggastank – erstrecken (BGH IBR 2005, 155). Liegt z.B. eine Vereinbarung über einen geschuldeten Luftschallschutz nicht vor, ist die Werkleistung im Allgemeinen mangelhaft, wenn sie nicht den zur Zeit der Abnahme anerkannten Regeln der Technik als vertraglichem Mindeststandard entspricht (BGH BauR 1998, 872 = NJW 1998, 2814). **82**

Die Rspr. geht wohl eindeutig in die Richtung, dass der Erwerb sanierter Altbauten wie der Erwerb neu errichteter Bauwerke zu behandeln ist – unabhängig, ob das Werk bei Vertragsschluss bereits errichtet ist. Ein Haftungsausschluss des Bauträgers bezüglich seiner werkvertraglichen Haftung wird deshalb in AGB nicht möglich sein. Selbst Individualvereinbarungen erfordern eingehendste Aufklärungen durch den Notar (BGH Urt. v. 16.12.2004 IBR 2005, 154). **83**

Die **anerkannten Regeln der Technik** können in **zwei Gruppen** unterteilt werden: einmal in diejenigen, die jedem am Baugeschehen unternehmerisch Beteiligten ohne Voraussetzung einer besonderen Fachrichtung bekannt sein und von ihm eingehalten werden müssen (z.B. allgemeine Erfordernisse der baulichen Stabilität, Regendichtigkeit von Fenstern, BGH SFH Z 2.414 Bl. 129 ff.), zum anderen in diejenigen, die im speziellen Fach des Auftragnehmers im Rahmen seines technischen Tätigkeitsbereichs beachtet werden müssen (Zu nennen sind u.a. die besonderen Kenntnisse bei dem Einbau einer Zentralheizungsanlage, die Kenntnis des Rohbauunternehmers, dass Vormauersteine frostbeständig sein müssen; dazu BGH BauR 1979, 154; Fachregeln für das Dachdeckerhandwerks, OLG Nürnberg IBR 2005, 586 – wobei auch nach Abnahme erlangte Kenntnisse maßgebend sein können). So auch die fachgerechte Ausführung der Kellerabdichtung mittels (Bitumen-)Dickbeschichtung ohne notwendige Kratzspachtelung oder Einhaltung der erforderlichen Mindestdicke (OLG Celle IBR 2006, 1035 – nur online; OLG Bamberg IBR 2003, 407). Zur umstrittenen Frage, ob die Verwendung der Dickbeschichtung zur Abdichtung und Isolierung den anerkannten Regeln der **84**

Technik entspricht, s.a. unten. Entscheidend für die Frage, ob ein Mangel vorliegt, ist in erster Linie das **vertraglich vereinbarte**. Weicht der Unternehmer hiervon ab, mit der Begründung, dass seine Leistung den anerkannten Regeln der Technik entspricht oder er auf anerkanntes Fachwissen vertraut habe (Herstellerangaben!), **verbleibt es** gleichwohl **bei der verschuldensunabhängigen Erfolgshaftung** (BGH Urt. v. 10.11.2005 IBR 2006, 16).

85 Dabei kommen für den jeweiligen Vertrag aber nicht alle möglicherweise einschlägigen Regeln der Technik in Frage, sondern nur diejenigen, die nach Inhalt und Tragweite auf die konkret geschuldete Leistung bezogen sind. Dies ist aus objektiver Sicht zu beurteilen. Bloße Billigung in der Theorie reicht nicht aus, auch nicht ohne weiteres die Aufnahme bestimmter Regeln in die **bauordnungsrechtlichen Vorschriften** (RGZ 56, 346). Dabei ist zu berücksichtigen, dass die Anerkennung bautechnischer Regeln nicht etwas Feststehendes und Bleibendes ist, sondern sich im Laufe der Zeit ändert und wandelt. Sie richtet sich nach der technischen Entwicklung. Daher ist der Auftragnehmer gehalten, sich mit dem jeweiligen anerkannten Stand der Bautechnik in allgemeiner Hinsicht sowie in seinem Fachgebiet vertraut zu machen. Informationsquellen sind hierbei neben der eigenen praktischen Erfahrung die Fachliteratur (Fachbücher und Fachzeitschriften) sowie Kurse und Lehrgänge.

86 Eine Werkleistung kann allerdings auch dann fehlerhaft sein, wenn bei der Errichtung des Werkes die für diese Zeit anerkannten Regeln der Technik beachtet wurden. Entschieden wurde dies für den Fall, dass zwischen Auftraggeber und Auftragnehmer »konkludent« eine vertragsmäßige Beschaffenheit vereinbart wurde, die über die anerkannten Regeln der Technik hinausging. Im entschiedenen Fall ging es um die Einhaltung von Toleranzen beim Einbau von Glasscheiben. Der Unternehmer hatte die nach den Regeln der Technik üblichen Toleranzen eingehalten und insoweit bis in die 2. Instanz hinein Recht bekommen. Der BGH allerdings bejahte einen Mangel deshalb, weil dem AN der Einsatzbereich der Scheiben sowie die geplante Ausführung bekannt gewesen sei. Hieraus habe er »konkludent« schließen müssen, dass er mit geringeren Toleranzen hätte einbauen müssen. Insoweit sei eine **Beschaffenheitsvereinbarung** getroffen worden (BGH NJW-RR 2002, 1533 = NZBau 2002, 611 = IBR 2002, 536).

87 Die Verpflichtung zur Beachtung der anerkannten Regeln der Bautechnik ist im Regelfall unabhängig von den sonstigen Mangelrechten zu sehen. Eine Verletzung dieser Pflicht führt auch dann zur Verantwortlichkeit, wenn die Bauleistung sonst nicht zu beanstanden ist. Das gilt im Ausgangspunkt allerdings nur, wenn dem Auftragnehmer insoweit freie Hand gelassen und er nicht durch ausdrückliche anderweitige Anordnungen des Auftraggebers oder seines Vertreters, z.B. des Architekten, eingeengt und gebunden ist (OLG Hamm BauR 1994, 767 = NJW-RR 1995, 17 im Hinblick auf das Unterschreiten der Auftrittsbreiten von Treppen gemäß DIN 18065; OLG Hamm BauR 1995, 846 = NJW-RR 1996, 213 wegen der Nivellierung einer Treppe hinsichtlich der Stufenhöhen bei Sanierung und Modernisierung eines Altbaus). Nach Treu und Glauben (§ 242 BGB) ist eine Zustimmung des Bauherrn zur mustergemäßen Ausführung nur als unter der Voraussetzung erteilt zu verstehen, dass die Ausführung gemäß Muster technisch in Ordnung ist; ein Verzicht auf die Gebrauchstauglichkeit des bemusterten Bauteils ist darin nicht zu sehen (OLG Frankfurt Urt. v. 19.1.2005 IBR 2005, 421). Hierbei ist auf der anderen Seite aber zu beachten, dass derartige Anordnungen nicht ohne weiteres den Auftragnehmer von seiner Verantwortlichkeit befreien. Dies ergibt sich aus § 4 Nr. 3 sowie § 13 Nr. 3 VOB/B. Der Auftragnehmer hat insoweit gegenüber dem Auftraggeber Bedenken anzumelden. Wie die Haftungsfragen nach einer solchen Bedenkenanmeldung und der unterschiedlichen möglichen Reaktion des Auftraggebers (bzw. seines Architekten) zu lösen sind, zeigt **§ 4 Nr. 1 Abs. 4 und Nr. 3 VOB/B** im Einzelnen auf (vgl OLG Frankfurt Urt. v. 19.1.2005 IBR 2005, 421). Zusätzlich zu beachten sind eine mögliche Haftung des Auftragnehmers aus § 823 Abs. 1 bzw. § 823 Abs. 2 BGB und Fragen zur Haftpflichtversicherung des Auftragnehmers.

88 So ist es als nicht den anerkannten Regeln der Technik entsprechend anzusehen, wenn freitragende Stahlbetondecken, die zu den statisch wichtigsten Teilen des Hauses gehören, keine ausreichende Stahlbewehrung und nicht das vorgeschriebene Mischungsverhältnis (DIN 1045 Abschnitt 9, 11)

aufweisen (OLG Düsseldorf SFH Z 3.01 Bl. 205). Ebenso trifft dies zu, wenn die Fundamente nicht in der nach DIN 1054 erforderlichen Einbindetiefe entsprechend der in der Statik angenommenen mittigen Bodenpressung errichtet wurden (OLG Düsseldorf NJW-RR 1995, 532). Zu nach den anerkannten Regeln der Bautechnik durchzuführenden Unterfangungsarbeiten gehört es, alle Maßnahmen zu treffen, um das Einstürzen des Gebäudes zu verhindern; demnach auch die Sorge dafür, dass rechtzeitig eine Abstützung angebracht wird und so lange wie erforderlich erhalten bleibt (BGH VersR 1978, 1009). Waagerechte Abdichtungen von Wänden aus Sperrmörtel gegen aufsteigende Feuchtigkeit stellen nicht anerkannte Regeln der Technik dar (OLG Celle BauR 1984, 522 mit Anm. *Reim*; ebenso trifft dies auf eine so genannte **monovalente Heizungsanlage**, also ein System zu, das durch kein anderes unterstützt wird, OLG München BauR 1984, 637. – Über **mangelhafte Bodenverfestigung** im Hinblick auf die DIN 4093, 18 309 und 18 196, LG Essen BauR 1984, 642. Zur Frage bestimmter Raumtemperaturen in Kellerräumen, LG Köln BauR 1987, 452). Grundlegend sanierte Dächer müssen so eingedeckt werden, dass die Dachflächen ebenflächig und ohne visuell erkennbare Höhendifferenzen sind (OLG Brandenburg Urt. v. 26.1.2005 4 U 118/04 = IBR 2005, 195). Auch entspricht eine Dachbahn ohne den Tauglichkeitsnachweis nach DIN 18 531 Nr. 3.5.2 nicht den anerkannten technischen Regeln (OLG Düsseldorf NJW-RR 1996, 146). Ebenso trifft dies im Falle eines fehlenden Holzschutznachweises nach DIN 68 800 Teil 3 Nr. 10 zu (OLG Rostock NJW-RR 1995, 1422). Mangel auch bei Unterschreitung der Mindestwerte für die Trittschall- und Luftschalldämmung zwischen zwei Doppelhaushälften nach DIN 4109 (OLG Hamm Urt. v. 15.9.2004 = IBR 2006, 268; für die Unterschreitung um 3 dB und dem erzielbaren Wert um 8 dB OLG Düsseldorf IBR 2004, 571; zum erhöhten Schallschutz für die Trittschalldämmung bei Reihenhäusern – zweischalige Ausführung der Trennwände – siehe OLG München IBR 2004, 198 f. = BauR 2004, 721; einschränkend OLG Frankfurt IBR 2005, 144, das den Anspruch auf erhöhten Schallschutz ablehnt). Kann der Schallschutz mit der vereinbarten Ausführungsart nicht erreicht werden, schuldet der Unternehmer die zur Erreichung des Schallschutzes notwendige Ausführungsart (**Erfolgshaftung**), eine Planung mit der der vertraglich vereinbarte Schallschutz nicht realisiert werden kann, ist mangelhaft (OLG Hamm IBR 2005, 101). Ob ein **Mehrvergütungsanspruch** für die Ausführungsart, mit der die Funktionstüchtigkeit erreicht werden kann, besteht, richtet sich nach dem vertraglich Vereinbarten (abgelehnt bei vom AN selbst formulierten Leistungsverzeichnis, OLG Hamm BauR 2004, 868 = IBR 2004, 554).

Ein **Leistungsmangel** liegt auch vor, wenn die Schalldämmung zwischen Reihenhäusern nur in einer Richtung – bei Luftschallübertragung zum Nachbarhaus – nicht den Anforderungen der DIN 4109 genügt (OLG Frankfurt BauR 1980, 361; ferner OLG Köln BauR 1981, 475; OLG Zweibrücken BlGBW 1983, 15; OLG München BauR 1985, 453; zu diesen Fragen auch OLG Hamm BauR 1987, 569; nach Ansicht des LG Bonn BauR 1992, 80 bestehen keine anerkannten Regeln der Technik dafür, dass elastische Dehnungsfugen pilzresistent sein müssen). Ein Verstoß gegen die anerkannten Regeln der Technik kommt auch dann in Betracht, wenn die maßgebenden Richtlinien auf die Verarbeitungsvorschriften des Herstellers Bezug nehmen, diese sich jedoch in der Praxis als unzureichend erwiesen haben – insbesondere weil sie von Verhältnissen ausgehen, die auf der Baustelle nicht anzutreffen sind (trocken und staubfrei; OLG Hamm BauR 1997, 309). Ein Gebäude, das ohne eine Anordnung des Auftraggebers 35 Zentimeter kürzer und mit weniger Dachfenstern als geplant ausgeführt wird, soll nach dem OLG Oldenburg nicht mangelhaft sein, wenn die Ausführung als solche den Regeln der Technik entspricht. Dies dürfte jedoch in Anbetracht der Bedeutung der Beschaffenheitsvereinbarung gemäß der VOB/B 2002 nicht (mehr) gelten. Ansprüche des AG würden sich demnach nicht nach Mangelrecht, sondern auf Rückzahlung von Werklohnanteilen zum Ausgleich von Minderleistungen richten (OLG Oldenburg Urt. v. 29.10.1998, BGH-Nichtannahmebeschl. v. 26.8.1999 IBR 1999, 567). Werden zwei Zweifamilienhäuser als Wohnungseigentum neu errichtet, so beurteilt sich der nach DIN 4109 geforderte Mindestschall-Dämmwert nach Zeile 12 für Trennwände in Wohnungen in einem Haus und nicht für Trennwände zwischen zwei Häusern.

Ausreichend sei somit ein Mindestschall-Dämmwert von 53 dB im Sinne der anerkannten Regeln der Technik (OLG Düsseldorf BauR 1997, 1046 = NJW-RR 1998, 19).

2. 2. Stufe: Nach dem Vertrag vorausgesetzte Verwendungseignung

90 Liegt keine Beschaffenheitsvereinbarung vor, ist zu prüfen, ob die ausgeführte Bauleistung der nach dem Vertrag vorausgesetzten Verwendungseignung entspricht.

91 Entscheidend kommt es auf subjektive Gesichtspunkte des vertraglich Gewollten der Bauvertragsparteien (des Auftraggebers und des Auftragnehmers) an. Wichtig ist dabei ein aus der Leistungsbeschreibung klar erkennbarer **Bestellerwille**. Der nach dem Vertrag vorausgesetzte Verwendungszweck der Leistung beinhaltet insoweit zwangsläufig subjektive Elemente. Geäußert werden kann dies beispielsweise durch einen zutage tretenden Willen zur Erreichung eines bestimmten Leistungszieles (OLG Stuttgart BauR 1977, 129); beispielsweise im Hinblick auf eine konkret beabsichtigte aufwändige Nutzung. Nur einseitige, nicht hinreichend zum Ausdruck gebrachte oder sonst nicht klar erkennbare Wünsche/Vorstellungen eines der Vertragspartner reichen nicht. Vielmehr muss der vertraglich festgelegte Gebrauch auf der übereinstimmenden, wenn auch den Umständen nach stillschweigend sich deckenden Willenseinigung der Vertragspartner beruhen. Dabei ist regelmäßig davon auszugehen, dass der Auftraggeber letztlich ein seiner Zielvorstellung entsprechendes fehlerfreies Bauwerk wünscht; insbesondere muss es **gebrauchstauglich** sein. Der Auftragnehmer schuldet insoweit ein »**funktionstaugliches** und **zweckentsprechendes** Werk« (nach dem BGH NJW-RR 2000, 465 – ändert sich an dieser Erfolgshaftung auch dann nichts, wenn mit der von den Parteien vereinbarten Ausführungsart diese geschuldete Funktionstauglichkeit nicht erreicht werden kann). Andernfalls ist die Leistung des Auftragnehmers mangelhaft.

92 Hinzuweisen ist erneut auf eine Entscheidung des Bundesgerichtshofes aus dem Jahre 2003, in der er noch aufgrund der VOB/B 2000 bzw. des bis zum 31.12.2001 gültigen BGB entschieden hat, dass die Ausführung der Betondecke an der Tiefgarage in Beton der Güteklasse B 25 statt der vereinbarten Güteklasse B 35 auch dann einen Mangel darstellt, wenn die konkrete Nutzung nicht beeinträchtigt ist (BGH IBR 2003, 186). Der BGH hat seine Entscheidung damit begründet, dass es für die damals noch geforderte Gebrauchstauglichkeitseinschränkung ausreiche, wenn die mit der vereinbarten Beschaffenheit erreichbaren Gebrauchsmöglichkeiten mit der vertragsbedingten Ausführung nicht erreicht werden können. Nach dem neuen Recht ist eine solche Begründung nicht mehr erforderlich. Allein die Abweichung des **Bau-Ist** vom **Bau-Soll** reicht aus, einen Mangel zu begründen. – Diese Entscheidung ist allerdings vom Ausgeführten insoweit abzugrenzen, als in ihr auf eine konkrete Beschaffenheitsvereinbarung abgestellt werden konnte. Bei der hier zu behandelnden zweiten Stufe der »nach dem Vertrag vorausgesetzten Verwendungseignung« ist wie bei jeder Vertragsauslegung zunächst zu prüfen, ob diesbezüglich überhaupt eine Vereinbarung vorliegt.

93 Wesentlich ist dabei die vom Auftraggeber ausgehende Bauabsicht in Bezug auf die spätere Verwendung des Bauwerkes (Hubschrauberlandeplatz auf dem Dach). Dies muss dem Auftragnehmer bekannt oder zweifelsfrei erkennbar und von beiden Partnern bei der Festlegung des Vertragsinhaltes in seinen Einzelheiten hinreichend deutlich zugrunde gelegt worden sein. So zählen die baulichen Einzelheiten eines Fabrikgebäudes, eines Hotels, eines Siedlungshauses, eines Kraftwerkes, einer Straße zu dem nach dem jeweiligen Vertrag vorausgesetzten Verwendungszweck und sind bestimmend hierfür.

94 Dieser **Verwendungszweck des Bauwerks** oder Gewerks ist **gemäß §§ 133, 157 BGB** aus dem objektiven Empfängerhorizont unter Berücksichtigung von Treu und Glauben und der Verkehrssitte durch **Auslegung** zu ermitteln. Dabei ist der Bauvertrag als Einheit auszulegen. Entscheidend ist immer die **Gesamtheit der Vertragsunterlagen** (siehe in diesem Werk Vor § 1 VOB/B Rn. 3 ff.). Der BGH (BauR 1995, 538 = NJW-RR 1995, 914 = ZfBR 1995, 191) hat die vorgenannten Auslegungskriterien in einem Fall angewendet, in dem ein Unternehmer beim Bau einer Arztpraxis das im Ver-

Sachmangelfreie Leistung § 13 Nr. 1 VOB/B

trag vorgegebene Schalldämm-Maß von 42 dB für die einzubauenden Türen vor Ort nicht erreicht hat. Der Unternehmer argumentierte, er habe das Laborschalldämm-Maß erzielt. Die Leistungen seien daher vertragsgerecht. Der BGH trat dieser Argumentation entgegen, indem er in erster Linie auf den Zweck des Gebäudes als Ärztehaus abstellte. Den **DIN-Vorschriften komme insoweit eine nachrangige Bedeutung zu**. Maßgebend sind immer die Umstände des Einzelfalles unter Berücksichtigung der Funktion, der Ausstattung und des Zuschnittes des Gebäudes. Im Ergebnis ist ein effektiver Schallschutz **vor Ort** gefragt.

In die gleiche Richtung geht eine BGH-Entscheidung v. 28.2.2002 (BGH BauR 2002, 935; diese Rspr. als unzutreffend ablehnend *Kapellmann* NJW 2005, 182 ff., kritische Anm. zu *Kapellmann* von *Thode* in IBR 2005, 1148 – nur online). Dort stellte sich die Frage, ob Konsolträgergerüste, die für die Herstellung von überhängenden Brückenkappen erforderlich sind, mit zum vertraglich vereinbarten Bausoll gehören, wenn sie nicht gesondert ausgeschrieben worden sind. Der BGH hat diese Frage bejaht und dem Unternehmer eine **Zusatzvergütung nach § 2 Nr. 6 VOB/B** verwehrt. Zur Begründung stellte er darauf ab, wie die Leistungsbeschreibung nach dem objektiven Empfängerhorizont gemäß §§ 133, 157 BGB, unter Berücksichtigung der konkreten Verhältnisse des Bauwerks, zu verstehen sei. Danach kommt es nicht auf die Unterscheidungen in den DIN an, sondern auf die **Funktion des Bauwerks**. Hiernach musste der Auftragnehmer davon ausgehen, dass die Konsolträgergerüste zum **werkvertraglich geschuldeten Erfolg** zählen, weil die Herstellung von Brückenkappen ohne Konsolträgergerüste gar nicht möglich war.

95

Verlangt der Auftraggeber eine funktionstaugliche Heizungsanlage mit einer bestimmten Betriebsart und Installation und wird dies nicht ausgeführt, so ist die Leistung mangelhaft. Wird nach dem Vertrag eine Tennishalle unter Einhaltung der »Vorschriften des DTB« geschuldet, so setzt dieses eine Beschaffenheit in entsprechender Weise voraus (BGH BauR 1991, 605 = SFH § 157 BGB Nr. 7 = ZfBR 1991, 216). Auch braucht sich der Auftraggeber keine seiner Bestellung nicht entsprechende Ausführung deshalb aufdrängen zu lassen, weil sie preislich gleichwertig ist (OLG Köln BauR 1994, 119 = SFH § 633 BGB Nr. 95 = NJW-RR 1993, 1492 im Hinblick auf die Beschaffenheit bestellter Türen). Zur vertraglich vereinbarten Verwendungseignung rechnet es auch, dass die Leistung durch normalerweise während der Benutzungszeit einzusetzende Mittel nicht beschädigt wird, wie z.B. die Deckschicht einer Flugverkehrsfläche durch gebräuchliche Taumittel (OLG München BauR 1990, 362). Ist eine Nutzung als Bürogebäude vereinbart, so ist das Werk mangelhaft, wenn die Arbeitsstättenrichtlinien (ASR) nicht eingehalten werden (höhere Innentemperatur als 26 Grad, LG Bielefeld Urt. v. 16.4.2003 3 O 411/01, dort allerdings zum Mietrecht).

96

Da eine Auslegung jedoch immer mit Unsicherheiten behaftet ist, ist es sinnvoll, den übergeordneten vertragsgemäßen Gebrauch des Bauwerks **ausdrücklich festzulegen**, wie z.B. als Zahnarztpraxis, Veranstaltungshalle, etc. Damit wird gesichert, dass die ausgeführten Leistungen **diesen Zweck**, d.h. die insoweit vorgegebene Funktionsfähigkeit des Werks, erfüllen müssen.

97

Das Gesagte bezieht sich keinesfalls nur auf den Endzustand einer zu errichtenden baulichen Anlage und deren ungehinderte Nutzbarkeit. Vielmehr betrifft dies auch in Auftrag gegebene Teilgewerke oder auch nur Teilleistungen aus einem erteilten Auftrag. Hat sich ein Unternehmer zur Errichtung einer Doppelhaushälfte einschließlich der äußeren Entwässerung verpflichtet, der Auftraggeber es aber übernommen, die Entwässerung im Hausinneren selbst installieren zu lassen, ist es Aufgabe des Unternehmers, für einen ordnungsgemäßen Anschluss zwischen Innen- und Außenentwässerung zu sorgen. Deshalb haftet der Unternehmer für Schäden infolge einer fehlerhaften Rohrverbindung zwischen Innen- und Außenentwässerung und einer undichten Kelleraußenmauer-Werksdurchführung des Abwasserkanals (OLG Düsseldorf BauR 1995, 854 = NJW-RR 1995, 1108).

98

Eine Einigung über die Verwendungseignung kann nach dem Gesagten auch auf **stillschweigender Abmachung** beruhen. Dabei sind an die Darlegung und an den Beweis im Einzelfall hohe Anforderungen zu stellen. Insbesondere wenn sich die vorgesehene Verwendung nicht ohne weiteres erkenn-

99

bar aus den Vertragsunterlagen, z.B. dem Leistungsverzeichnis, ergibt. So kann ein Auftraggeber ohne ausdrücklichen Hinweis auf das Gegenteil davon ausgehen, dass ein von ihm bestellter Warmluftofen eine hinreichende Speicherkapazität besitzt (OLG Frankfurt NJW-RR 1994, 530 »Tiroler Warmluftofen«).

3. 3. Stufe: Gewöhnliche Verwendung und übliche Beschaffenheit

100 Wurde weder eine bestimmte Beschaffenheit noch eine bestimmte Verwendung des Werks vereinbart, so wird für die Beurteilung, ob ein Sachmangel vorliegt, auf die gewöhnliche Verwendung, die übliche Beschaffenheit sowie darauf abgestellt, was der Auftraggeber nach der Art der Leistung erwarten darf. Hier kommt es also auf **objektive Kriterien** an. Man könnte die 3. Stufe auch als »**Auffangtatbestand**« des Sachmangels bezeichnen. Der gewöhnliche Gebrauch ist anhand der allgemeinen gewerblichen Verkehrssitte unter Berücksichtigung von Treu und Glauben, einschließlich der örtlichen Gegebenheiten zu ermitteln (KG Urt. v. 29.11.2004, BGH Nichtzulassungsbeschwerde zurückgewiesen 25.8.2005 IBR 2005, 687)

101 Die Leistung eignet sich für die gewöhnliche Verwendung, wenn sie eine Beschaffenheit aufweist, die im Allgemeinen nach den anerkannten Regeln der Technik objektiv unter Zugrundelegung der im konkreten Bauvertrag gegebenen Anforderungen bei Anlegung eines dem **Grundgedanken des § 243 BGB** entsprechenden **durchschnittlichen Maßstabes** bei Bauleistungen dieser bestimmten Art verlangt und vorausgesetzt wird. Letzteres ist vor allem dann maßgebend, wenn es hinsichtlich der betreffenden Leistung noch keine anerkannten Regeln der Technik gibt; insbesondere wenn eine Ungewissheit über die Risiken des Gebrauchs der Leistung besteht (OLG München ZIP 1984, 76 = BB 1984, 239). Hier kommt es in aller Regel auf die allgemein anzuerkennende Auffassung im Zeitpunkt der Abnahme an.

102 Die sog. Florverwerfung (**shading**) bei verlegten Teppichböden ist als ein Fehler anzusehen, durch den die Tauglichkeit der Leistung, gemessen an der berechtigten allgemeinen Erwartung des Auftraggebers, herabgesetzt wird. Werte um 3 mg/l Kupfer im Trinkwasser ergeben für sich betrachtet keinen Hinweis auf einen Mangel einer Trinkwasserleitung aus Kupfer; dies weder unter dem Gesichtspunkt eines Qualitätsmangels des Kupferrohres noch einer etwaigen Toxizität, noch einer Geschmacksbeeinträchtigung des Wassers; die Auswahl von Kupferrohren als Wasserleitung bewirkt trotz möglicher Nachteile (z.B. evtl. adstringierende Wirkung des Wassers) auch im Vergleich zu anderen Werkstoffen noch keinen Mangel der Leistung (OLG Hamm BauR 1991, 343 = NJW-RR 1991, 221). Keine gewöhnliche Verwendungseigung bei einer als Gastronomiebetrieb geplanten Räumlichkeit, die eine unrentable Zahl von höchstens 20 genehmigten Gastplätzen aufweist (KG Urt. v. 29.11.2004, BGH Nichtzulassungsbeschwerde zurückgewiesen 25.8.2005 IBR 2005, 687).

IV. Beratungspflicht des Auftragnehmers

103 In manchen Fällen obliegt dem Auftragnehmer im Rahmen seines Vertrages über den nach § 3 Nr. 3 S. 2, § 4 Nr. 3, § 13 Nr. 3 VOB/B ohnehin gegebenen Verpflichtungsumfang hinaus eine Pflicht zur sachgerecht-fachmännischen Beratung des Auftraggebers (Die in den Regelungen der VOB/B näher beschriebenen Nebenpflichten – beispielsweise Beratungs-, Hinweis- und Aufklärungspflichten – gelten auch für den BGB-Bauvertrag, OLG Naumburg OLGR 1999, 217). Kommt er dieser nicht ordnungsgemäß nach und hat das als Folge nachteilige Auswirkungen auf die Leistung, so handelt es sich um einen Mangel mit den daraus sich ergebenden Mängelrechten des Auftraggebers. In diesen Fällen kann dann gerade nicht von einer Nebenpflichtverletzung gesprochen werden, wenn sich der aus der fehlerhaften Beratung ergebende Schaden mit dem aus Mängelrechten deckt (zum Recht vor dem 31.12.2001: BGHZ 47, 312, 319 = NJW 1967, 1805; BGH BauR 1975, 341 = SFH Z 2.414.0 Bl. 4).

Sachmangelfreie Leistung § 13 Nr. 1 VOB/B

So hat der Auftragnehmer, der dem Auftraggeber eine neuartige, noch nicht erprobte Anlage anbietet, diesem gegenüber die Pflicht zur Aufklärung und Beratung über deren Wirtschaftlichkeit; ebenso über alle Nachteile und Risiken, die auftreten können (BGH BauR 1987, 681 = NJW-RR 1987, 1305 = ZfBR 1987, 269 = SFH § 631 BGB Nr. 22 im Hinblick auf ein Blockheizkraftwerk). Ferner hat ein Auftragnehmer, der Kunststofffenster zum Einbau anstelle der vorhandenen Holzfenster anbietet, die Verpflichtung, den Auftraggeber darauf hinzuweisen, dass die Rahmenfriese der Kunststofffenster breiter sind als bei den vorhandenen Fenstern und aufgrund ihrer Gestaltung weniger Licht eindringen kann (LG Berlin BauR 1983, 462). Des Weiteren muss sich der Auftragnehmer bei Übernahme eines Auftrages zur Schornsteinsanierung erkundigen, ob der Auftraggeber den bisher vorhandenen Heizkessel beibehalten will oder ob er in absehbarer Zeit beabsichtigt, einen anderen Heizkessel zu installieren (dazu OLG Hamm BauR 1989, 480 = NJW-RR 1988, 1366). Auch trifft den Auftragnehmer gegenüber seinem Auftraggeber bei vorgesehenem Einbau eines Behindertenliftes schon vor Vertragsabschluss eine umfängliche Beratungspflicht; beispielsweise bezüglich möglicher Auflagen, die sich aus der Aufzugsverordnung usw. ergeben können (OLG Nürnberg NJW-RR 1993, 694). Gleiches gilt, wenn ein auf die Lieferung von Garagentoren spezialisierter Unternehmer – nach Beauftragung mit einem bestimmten Fabrikat – den Auftraggeber nicht darauf hinweist, dass das ausgewählte Fabrikat konstruktionsbedingt die Durchfahrtshöhe stärker reduziert als dies bei anderen Modellen der Fall wäre (OLG Köln BauR 1993, 728 = NJW-RR 1993, 1432). Benutzt der Auftragnehmer zur Erfüllung der ihm obliegenden Unterweisungspflicht eine Bedienungsanleitung des Herstellers, muss er sich bei Lücken oder Fehlern darin das Verschulden des Herstellers über § 278 BGB als eigenes zurechnen lassen (OLG Düsseldorf IBR 2003,354).

104

Diese Fälle zeigen: Ob und inwieweit eine zusätzliche Aufklärungs- und/oder Beratungspflicht des Auftragnehmers besteht, hängt im Einzelfall davon ab, ob und inwieweit der Auftragnehmer im Bereich der endgültigen Festlegung des Leistungsinhaltes und -umfanges selbst Planungsaufgaben (etwa anstelle des Architekten oder Ingenieurs) übernommen hat (Dies wird von *Motzke* ZfBR 1988, 244, näher herausgearbeitet). Daneben kann noch eine Beratungspflicht des Auftragnehmers im Hinblick auf die spätere sachgerechte und schadensfreie Nutzung der hergestellten Leistung in Betracht kommen; beispielsweise im Hinblick auf die ordnungsgemäße Behandlung eines Bodenbelages. Sofern er hier Rat erteilt, muss dieser sachgerecht sein, damit die Gefahr eines Schadens verhindert wird (dazu OLG Hamm NJW-RR 1992, 155 = BauR 1992, 270).

105

Anzusprechen sind in diesem Zusammenhang auch die Fälle, in denen Auftraggeber oder Auftragnehmer – im Regelfall der Auftragnehmer – Dritte bei der Planung bzw. Auswahl bestimmter Produkte heranziehen. Hier stellt sich regelmäßig die Frage, inwieweit zwischen diesen Dritten und dem Auftraggeber/Auftragnehmer ein **eigenständiger Beratervertrag** mit einer Haftungszeit in der Regelfrist des § 195 BGB zustande kommt (vgl. noch zur 30-jährigen Verjährungsfrist: BGH ZfBR 1999, 213). Die Rechtsprechung stellt in diesen Fällen darauf ab, ob die Beratung »eindeutig« über das hinausgeht, was allgemein zur Beratung und Empfehlung im Rahmen eines Kaufvertrages gehört (BGH NJW 1997, 3227; i.d.S. auch ausdrücklich BGH NJW 1999, 3192). Ein Schuldverhältnis mit Sorgfalts- und Rücksichtnahmepflichten kann insoweit auch zu Personen entstehen, die nicht selbst Vertragspartei werden sollen. Nach der Rechtsprechung ist dies insbesondere der Fall, wenn diese Personen **besonderes Vertrauen** für sich in Anspruch nehmen und hierdurch die Vertragsverhandlungen oder den Vertragsschluss erheblich beeinflussen (OLG Celle IBR 2002, 255 – auch OLGR 2002, 147).

106

Wer Schadensersatz wegen der Verletzung von **Aufklärungspflichten** verlangt, muss darlegen und beweisen, dass die Pflichtverletzung für den geltend gemachten Schaden kausal war. Etwas anderes gilt, wenn die Vornahme der Aufklärung als Rechtfertigung für ein bestimmtes Verhalten dient oder wenn feststeht, dass die Aufklärungspflicht vorsätzlich missachtet wurde. U.U. kann dem Verletzten bei der Führung des Beweises mit den Regeln des **Anscheinsbeweises** geholfen werden (dazu *Grunewald* ZIP 1994, 1162).

107

108 Wer dabei seine Vertragspflicht verletzt, kann in der Regel gegenüber dem Ersatzanspruch des Geschädigten nicht geltend machen, diesen treffe nach Treu und Glauben ein Mitverschulden; beispielsweise mit der Begründung, er habe dem Rat oder der Auskunft vertraut und dadurch einen Mangel an Sorgfalt gezeigt. Insbesondere muss der Auftragnehmer beim Besteller nachfragen, ob ein Wintergarten ganzjährig zu Wohnzwecken genutzt werden soll. Kommt er dieser Pflicht nicht nach und erfüllt der Wintergarten nicht die »erwarteten« Eigenschaften, ist er mangelhaft (OLG Düsseldorf NJW-RR 1998, 810). Ein Bauunternehmer, der die Rohbauarbeiten und die Entwässerungsarbeiten für zwei Mehrfamilienhäuser übernommen hat, muss den Bauherrn – und nicht den Bauleiter – auf die Notwendigkeit des Einbaus einer in den Bauplänen nicht vorgesehenen Drainage hinweisen. Kommt er dieser Pflicht nicht nach, hat er von den Kosten eines notwendig werdenden nachträglichen Einbaus 50% unter dem Gesichtspunkt des Mitverschuldens zu tragen (OLG Frankfurt NJW-RR 1999, 461). Der Bauunternehmer, der Dehnungsfugenschnitte in Kenntnis einer darunter verlegten Heizung ausführt, haftet dem Bauherrn aus § 280 BGB auf Ersatz des durch die Beschädigung der Fußbodenheizung entstandenen Schadens. Der Bauherr muss sich jedoch über die §§ 254, 278 BGB eine Mitverursachungsquote wegen unterlassener Koordinierung dieser Arbeiten durch seinen Architekten anrechnen lassen (hier: ein Drittel; OLG Köln BauR 1999, 768).

109 Nimmt der Unternehmer in Kauf, dass seine Nachbesserungsarbeiten unzureichend sind und klärt er den Auftraggeber über das Risiko nicht auf, so haftete er für den daraus entstehenden Schaden nach altem Recht (für Bauverträge die vor dem 31.12.2001 geschlossen wurden) 30 Jahre (heute drei Jahre gemäß § 195 BGB; OLG Oldenburg OLGR 1997, 213). In diesen Fällen ist aber immer »vorrangig« zu prüfen, ob nicht eine **werkvertragliche Hauptpflicht** mit der »üblichen« fünfjährigen Verjährung verletzt ist. Übernimmt ein Auftragnehmer über die Ausführung einer ihm übertragenen Werkleistung hinaus auch die Planung, die sonst von einem Architekten zu leisten wäre, so ist es seine Aufgabe, alle Ermittlungen vorzunehmen, die aus fachlicher Sicht erforderlich sind, um eine mangelfreie Werkleistung sicherzustellen – hier: Nachforschungen, ob der vorgeschlagene Estrich-Aufbau auf dem vorgefundenen Untergrund möglich ist (OLG Düsseldorf BauR 1997, 475). Auch hier kann eine Hauptpflicht verletzt sein.

110 Eine Haftung wegen **Nebenpflichtverletzung** gemäß § 280 BGB kann durch Außerachtlassung allgemein gebotener **Sorgfalts- und Beratungspflichten** des Auftragnehmers außerhalb seiner eigentlichen Leistungspflicht in Betracht kommen. So haftet der Auftragnehmer, der Fliesen- und Plattenarbeiten ausgeführt hat, für Schäden, die nach der Beendigung der Arbeiten bei der Reinigung der Platten mit einem von ihm zur Verfügung gestellten ungeeigneten Mittel entstehen (OLG Schleswig MDR 1983, 315. Vgl. dazu auch § 10 VOB/B). Eine solche Haftung des Auftragnehmers kann auch in Betracht kommen, wenn der mangelhafte Zustand eines vorhanden Bauwerksteils aus fachmännischer Sicht erkennbar war; dies unabhängig davon, ob es sich um eine Vorleistung für seine eigene Leistung i.S.v. § 4 Nr. 3, § 13 Nr. 3 VOB/B handelt. In einem solchen Fall muss jedoch der Hinweis des Auftragnehmers an den bauleitenden Architekten genügen. Schließlich ist es Sache des Architekten, den Zustand des vorhandenen Bauwerksteils nachzuprüfen. Begründung: Dies ist dem Planungsbereich zuzurechnen, da es außerhalb der dem Auftragnehmer übertragenen Leistungsaufgaben liegt (was *Jagenburg* bei seinen in NJW 1989, 2729, 2732 geäußerten Bedenken übersieht). Missachtet der Architekt einen solchen Hinweis, wird dies dem Auftraggeber zumindest als Mitverschulden (§ 278 BGB) wegen Verletzung von Koordinierungspflichten zugerechnet (OLG Köln BauR 1989, 278 = SFH § 4 Nr. 3 VOB/B Nr. 6). Erklärt sich der mit der Errichtung einer Garage beauftragte Unternehmer bereit, die von der Genehmigungsbehörde als Voraussetzung der Baugenehmigung geforderte Zustimmung des Nachbarn einzuholen, übernimmt er insoweit lediglich eine Nebenpflicht. Bejaht wurde auch eine Sorgfaltspflicht für den Generalunternehmer, den Abbruchunternehmer wie auch den Rohbauer, sich bei Bauarbeiten anhand von Bestandsplänen zu vergewissern, ob Leitungen der öffentliche Kanalisation »tot« oder noch in Funktion sind, um eine Beschädigung auszuschließen (OLG Hamm IBR 2003, 605 = BauR 2003, 1233).

V. Abstimmungspflichten

Schuldet der Unternehmer den funktionsfähigen Einbau von Fenstern, muss er sich mit dem Folgeunternehmer, der den Vollwärmeschutz aufbringt, bezüglich der Reihenfolge der ineinander verzahnten Arbeitsschritte abstimmen. Ihm sind insoweit gesonderte Arbeitsschritte zuzumuten (OLG München BauR 2006, 418, BGH Nichtzulassungsbeschwerde zurückgewiesen, IBR 2006, 133). **111**

VI. Haftung für Erfüllungsgehilfen

Im Bereich der Zurechnung von Erfüllungsgehilfen-Tätigkeiten sind zumindest **drei Fragen zu unterscheiden:** **112**

– Zunächst, ob der Architekt oder ein anderer Sonderfachmann dem Auftraggeber als Erfüllungsgehilfe zuzuordnen ist.
– Weiter, ob ein Vorunternehmer Erfüllungsgehilfe des Auftraggebers ist.
– Schließlich, ob Auftragnehmer unter sich – insbesondere Generalunternehmer und Subunternehmer – über die Erfüllungsgehilfeneigenschaft miteinander verbunden sind.

Zu diesen Fragen ist auf folgende Urteile hinzuweisen: **113**

Zunächst hat der BGH seine ständige Rechtsprechung bestätigt (BGHZ 95, 128 = NJW 1985, 2475), **114** wonach der **Vorunternehmer** im Verhältnis zum Nachunternehmer nicht Erfüllungsgehilfe des Auftraggebers ist (BGH BauR 2000, 722; anders nach wie vor das OLG Düsseldorf NJW-RR 1999, 1543, das die fehlerhafte Vorunternehmerleistung eines Estrichlegers als Mitverschulden des Auftraggebers – über die Erfüllungsgehilfeneigenschaft – im Verhältnis zum ebenfalls mangelhaft arbeitenden Parkettleger ansieht). Geändert hat der BGH in diesen beiden Entscheidungen allerdings seine Haltung bezüglich der Anwendung des § 642 BGB bei derartigen Fallkonstellationen. Danach kann der Auftraggeber nun gegenüber dem Nachunternehmer aus **§ 642 BGB** haften, wenn er durch das Unterlassen einer bei der Herstellung des Werkes erforderlichen und ihm obliegenden Mitwirkungshandlung in Verzug der Annahme kommt (BGH BauR 2000, 722 = NJW 2000, 1336).

Der Auftragnehmer, der sich zur Herstellung von Betonzwischendecken verpflichtet und den Beton **115** nach konkret qualitativen und quantitativen Vorgaben von einem anderen Unternehmer herstellen und an die Baustelle liefern lässt, bedient sich dieses Unternehmers als **Erfüllungsgehilfe**. Es ist nicht erforderlich, dass »dieser Lieferant« in dem Bewusstsein handelt, eine Verbindlichkeit des Unternehmers zu erfüllen. Mängel des Betons werden deshalb dem Unternehmer zugerechnet (OLG Karlsruhe BauR 1997, 847).

Der Hauptunternehmer muss sich gegenüber dem Nachunternehmer das Planungsverschulden des **116** Auftraggebers oder dessen Architekten entgegenhalten lassen. Andererseits muss er aber das Fehlen von Plänen direkt gegenüber dem Auftraggeber oder gegenüber dem Hauptunternehmer rügen (OLG Stuttgart BauR 1997, 850). Der **Baustofflieferant** ist in der Regel nicht als Erfüllungsgehilfe des Auftragnehmers anzusehen (BGH BauR 1978, 304 = NJW 1978, 1157). Etwas anderes gilt nach dem OLG Celle dann, wenn der Baustofflieferant mit dem Willen des Schuldners bei der Erfüllung einer diesem obliegenden Verbindlichkeit als seine Hilfsperson tätig wird und vom Unternehmer über die kaufvertragliche Lieferpflicht hinaus **bewusst** in den **werkvertraglichen Pflichtenkreis** gegenüber dem Besteller einbezogen wird (OLG Celle BauR 1996, 263 m. Hinweis a. BGH BauR 1978, 304 = NJW 1978, 1157). Im entschiedenen Fall haben Mitarbeiter des Baustofflieferanten an den Verhandlungen und Besprechungen mit der Auftraggeberseite aktiv teilgenommen. Die dabei von den Mitarbeitern des Baustofflieferanten abgegebene fehlerhafte Beratung muss sich der Auftragnehmer im Verhältnis zum Auftraggeber anrechnen lassen. Anders hat sich das OLG Stuttgart geäußert, indem es das arglistige Verhalten der Lieferantin von Platten dem Werkunternehmer, der diese anzubringen hat, nicht zurechnet. Die **Erfüllungsgehilfeneigenschaft** wurde verneint (OLG Stuttgart BauR 1997, 317).

VII. Qualitativ bessere Leistung

117 Erbringt der Auftragnehmer über den konkreten Vertragsinhalt hinaus eine in der **Qualität bessere Leistung**, so kann nicht generell von einer mangelhaften Leistung gesprochen werden (z.B. bei Lieferung einer besseren Holzqualität als in der Leistungsbeschreibung festgelegt wurde, die ebenfalls den Anforderungen genügen würde), obwohl der neue Mangelbegriff dies vermuten lässt. Seit dem 1.1.2002 stellt jede Abweichung von der vereinbarten Beschaffenheit einen Mangel dar. Hier wird die Rechtsprechung zu entscheiden haben, ob dieser »Konsequenz des Gesetzes« – nicht doch der Wertungsmaßstab von »Treu und Glauben« zumindest ergänzend anzusetzen ist (hierzu *Motzke* Der Bauträger 2003, 15). Wer in diesem Zusammenhang die »strikte Ausrichtung« des Gesetzestextes und auch der VOB/B rügt, muss sich mit dem Einwand auseinander setzen, dass das BGB seit dem 1.1.2002 eine Art »Korrekturlinie« in den Mängelrechten selbst aufgebaut hat. Zu nennen ist beispielsweise § 323 Abs. 5 BGB. Danach kann der Gläubiger vom gesamten Vertrag nach Bewirkung einer Teilleistung durch den Schuldner nur dann zurücktreten, wenn er an der Teilleistung kein Interesse hat. Hat der Schuldner die Leistung nicht vertragsgemäß bewirkt, so kann der Gläubiger vom Vertrag dann nicht zurücktreten, wenn die Pflichtverletzung unerheblich ist.

118 Bei der VOB/BB gibt es diese »Korrekturlinien« zumindest nicht in gleicher Weise. Die VOB/B »federt« den neuen sehr stringenten Sachmangelbegriff weiterhin – dies galt schon für die VOB/B vor der Fassung des Jahres 2002 – durch die einschränkenden Voraussetzungen ab, unter denen eine Minderung verlangt werden kann. Im Schadensersatzbereich ist eine Einschränkung dergestalt gegeben, dass weiterhin ein »**wesentlicher Mangel**« vorliegen muss, »**der die Gebrauchsfähigkeit erheblich beeinträchtigt**«. Die Frage des eingeschränkten Rücktrittes stellt sich in der VOB/B insoweit nicht, als dort ein Rücktrittsrecht »konkludent« ausgeschlossen sein soll.

119 Problematisch in diesem Bereich ist die Entwicklung, dass durch die zu häufigen Gesetzesänderungen – die VOB/B muss notgedrungen nachziehen, um sich nicht zu weit vom gesetzlichen Leitbild zu entfernen – die ursprünglich vorhandene Stringenz und Systematik verloren geht. Es ist insoweit nicht mehr erkennbar, was der Gesetzgeber insgesamt bezweckt. Oft hat man den Eindruck, dass kurzfristig politischem Interessendruck nachgegeben wird. Ein Nachlesen der Bundestagsprotokolle im Rahmen der Behandlungen der Gesetzesänderungen belegt dies. Wie gesagt, es wird abzuwarten sein, wo die Rechtsprechung die »Korrekturlinien« zieht bzw. ob sie überhaupt welche zieht.

120 Eine nicht bestellte Leistung wird in jedem Fall mangelhaft sein, wenn die bessere Qualität in sonstiger Hinsicht **nicht mit der bestellten Leistung übereinstimmt**, z.B. einen anderen Farbton oder eine andere Gestaltung aufweist. In diesen Fällen kann der Auftraggeber seine Erfüllungs- bzw. Mängelrechte geltend machen. Ausnahmsweise scheidet dies aus, wenn nur eine geringere Abweichung vorliegt, die hinzunehmen dem Auftraggeber aus Treu und Glauben zumutbar ist. Ist die qualitätsmäßig bessere Leistung nicht mangelhaft, steht dem Auftragnehmer dennoch keine erhöhte Vergütung zu (§ 2 Nr. 8 Abs. 1 VOB/B), es sei denn, die in § 2 Nr. 8 Abs. 2 VOB/B geregelten Ausnahmen sind gegeben.

VIII. Beweislast

121 § 13 Nr. 1 ist Ausdruck des vertraglichen Anspruches des Auftraggebers auf ordnungsgemäße, den jeweiligen vertraglichen Leistungspflichten entsprechende Erbringung der Bauleistung. Grundsätzlich muss der **Auftragnehmer** die **vertragsgemäße Erfüllung beweisen**. Dies bezieht sich vor allem auch auf die Frage der nachhaltigen Beseitigung von vor der Abnahme vorhandenen und gerügten Mängeln (BGH BauR 1981, 577 = NJW 1981, 2801). Entsprechendes gilt jedoch nur bis zur Ab-

Sachmangelfreie Leistung § 13 Nr. 1 VOB/B

nahme der Leistung. Mit der Abnahme bzw. dem Eintritt der Abnahmewirkungen kehrt sich die Beweislast zu Lasten des Auftraggebers teilweise um (vgl. auch § 12 VOB/B). Macht der **Auftraggeber** einen **Mängelanspruch** gegen den Auftragnehmer geltend, so muss er diesem die **objektive Pflichtverletzung** nachweisen, während der Auftragnehmer – ähnlich der positiven Vertragsverletzung – beweisen muss, dass ihn an dem objektiv festgestellten Mangel kein Verschulden trifft – vorausgesetzt, Verschulden ist Haftungsvoraussetzung (BGHZ 42, 16, 18 = NJW 1964, 1791; BGHZ 48, 310, 312 = NJW 1968, 43 u. NJW 1968, 835; dazu auch BGHZ 23, 288; BGH BauR 1982, 514 = ZfBR 1982, 170; BGHZ 90, 354 = BauR 1984, 40; OLG Oldenburg, OLGR 1995, 289). Dieser Grundsatz gilt für sämtliche Mängelansprüche, insbesondere für § 13 Nr. 7 VOB/B. Bei den Ansprüchen nach § 13 Nrn. 5 und 6 kommt es jedoch lediglich auf die objektive Pflichtverletzung an, da für Nacherfüllungs- und Minderungsansprüche Verschulden nicht Voraussetzung ist.

Das zur objektiven Pflichtverletzung Gesagte betrifft vor allem auch die Frage, ob der **Mangel** auf die Leistung des in Anspruch genommenen Auftragnehmers zurückzuführen ist, d.h. ob er die Ursache oder Mitursache dafür gelegt hat. **122**

Für den Bereich der objektiven Pflichtverletzung gelten jedoch auch die Grundsätze des **Beweises des ersten Anscheins**. Spricht dieser gegen den Auftragnehmer, was vor allem in Betracht kommt, wenn ein **anderer Schadensverursacher nicht ersichtlich** ist (dazu LG Nürnberg-Fürth NJW-RR 1989, 1106), so muss er ihn entkräften (ebenso BGHZ 90, 354 = BauR 1984, 401) Lässt sich – bezogen auf den betreffenden Mangel – ein grob fahrlässiger Verstoß des Auftragnehmers gegen die anerkannten Regeln der Technik feststellen, ist es dem Auftraggeber aber nach Sachlage nicht möglich, die Ursächlichkeit völlig nachzuweisen, so können auch dann zu seinen Gunsten die Grundsätze des **Beweises des ersten Anscheins** zur Anwendung gelangen. Dies hat die Folge, dass der Auftragnehmer die Annahme seiner **objektiven Verantwortlichkeit** zu entkräften hat. **123**

Sind **mehrere Unternehmer** mit ihren Leistungen an dem Mangel beteiligt, muss der Auftraggeber nach der Abnahme **jedem von ihnen die objektive Pflichtverletzung nachweisen**. Jeder einzelne muss sich vom Vorwurf des Verschuldens entlasten, falls es darauf ankommt (BGH VersR 1968, 493). Handelt es sich um mehrere Unternehmer – insbesondere Subunternehmer –, die nicht dieselbe Leistung schulden, sondern nacheinander verschiedene Leistungen (z.B. Armieren, Betonieren, Anlegen einer Betondecke, Aufbringen des Estrichs) so muss der Auftraggeber demjenigen von ihnen, den er in Anspruch nimmt, nachweisen, dass seine Leistung objektiv vertragswidrig ist. Zusätzlich muss er beweisen, dass diese Leistung den Schaden verursacht hat. Auch insoweit handelt es sich nicht um Gesamtschuldner (so mit Recht BGH BauR 1975, 130 = SFH Z 2.414.3 Bl. 11). Für einen Schadensersatzanspruch kommt es allerdings nicht darauf an, ob der feststehende Schaden nur auf die im Gefahrenbereich eines Unternehmers liegenden möglichen Ursachen zurückgeführt werden kann; vielmehr kann es für den Nachweis der Verursachung des Schadens genügen, dass eine **erwiesene Mangelhaftigkeit der Leistung dieses Unternehmers mitsächlich geworden sein kann** – auch wenn die Mitverursachung durch andere Umstände nicht mit letzter Sicherheit auszuschließen ist (BGH WM 1971, 1056, 1058; BGH BauR 1973, 51; BGH BauR 1975, 130 = SFH Z 2.414.3 Bl. 11). **124**

Im Hinblick auf abweichende vertragliche Regeln zur Beweislast ist für den Bereich des AGB-Rechts die **Verbotsnorm** des 309 Nr. 12 BGB (bis zum 31.12.2001: § 11 Nr. 15 AGBG) zu beachten (vgl. auch § 13 VOB/B). Das gilt vor allem für **Klauseln in AGB** – insbesondere zusätzliche Vertragsbedingungen –, wonach der Auftragnehmer auch noch nach der Abnahme für die Vollständigkeit und Mangelfreiheit seiner Leistung beweisbelastet sein soll (vgl. dazu auch BGH BauR 1991, 740 = NJW-RR 1991, 1238 = SFH § 16 Nr. 3 VOB/B Nr. 54 = ZfBR 1991, 253). Dies trifft auch für Nebenarbeiten zu – beispielsweise die ordnungsgemäße Reinigung der Baustelle. Gleiches gilt für die – auch anteilweise – Überwälzung von Nacherfüllungskosten, falls der Verursacher des Mangels nicht festgestellt werden sollte. **125**

126 Den Auftraggeber kann der **Vorwurf der Beweisvereitelung** treffen, wenn er in Kenntnis notwendiger – auch weiterer – Beweiserhebung (z.B. durch einen Sachverständigen) einen Dritten weiterbauen bzw. die Mängel beseitigen lässt (OLG Düsseldorf BauR 1980, 289); insbesondere auf diese Weise hinreichend eindeutige Feststellungen im Rahmen der Beweisaufnahme unmöglich macht. Das gilt um so mehr, als er durchweg mit einem zuvor durchgeführten selbstständigen Beweisverfahren seine berechtigten Interessen wahren kann. Dabei soll nicht verkannt werden, dass sich die Praxis der Gerichte hinsichtlich der Durchführung und »Schnelligkeit« von Beweisverfahren in den letzten zehn Jahren deutlich verändert hat. Der Auftraggeber und insbesondere sein Prozessbevollmächtigter stehen in der Praxis oftmals vor der kaum lösbaren Aufgabe, zwischen der »Gesetzlichkeit« eines selbstständigen Beweisverfahrens und der **Schnelligkeit eines Privatgutachtens** zu entscheiden. Dies vor dem Hintergrund, dass die Gerichte immer mehr dazu übergehen, dem Antragsgegner im Beweisverfahren zunächst einmal »langwierig« rechtliches Gehör zu gewähren und schon allein durch diese Maßnahme – gerade bei akuten Mängellagen – dem Auftraggeber de facto die Möglichkeit der Nutzung des vom Gesetzgeber für diese Fälle vorgegebenen »schnelleren« selbstständigen Beweisverfahrens unmöglich zu machen.

IX. Entscheidungen zur Frage, ob ein Mangel vorliegt

127 – Wenn keine vertraglichen Einschränkungen vereinbart sind, *gehört es zur vorausgesetzten Gebrauchstauglichkeit, dass ein Stellplatz in einer Tiefgarage mit den in Deutschland allgemein gebräuchlichen Autos ohne besondere Schwierigkeiten befahr- und beparkbar ist.* Mehr als drei Rangiervorgänge sind unzumutbar (OLG Stuttgart, BGH Nichtannahmebeschluss IBR 2000, 538).

– *... Korrosion von Kaltwasserleitungen, die auf das Hartlöten von Kupferrohren zurückzuführen ist,* stellt einen Mangel dar (OLG Karlsruhe IBR 2000, 599).

– Ein Verstoß gegen die anerkannten Regeln der Technik liegt vor, wenn Methoden und Materialien angewandt werden, *deren Brauchbarkeit für Bauleistungen der geschuldete Art wissenschaftlich nicht gesichert erscheint und die in der Praxis nicht anerkannt sind* (OLG Brandenburg IBR 2001, 129 – auch BauR 2001, 283 = ZfBR 2001, 111).

– *Verlegt ein Estrichleger in Bädern Anhydritestrich an Stelle des ausgeschriebenen Zementestrichs, ist sein Werk mangelhaft, wenn er keine Isolierung gegen Feuchtigkeit aufbringt* (OLG München, BGH Nichtannahmebeschluss IBR 2001, 175).

– *Auch »ästhetische Mängel« können einen Sachmangel darstellen. Im entschiedenen Fall jedoch abgelehnt, als bei für Hausverkleidung verwerndeten Schieferplatten witterungsbedingte Farbveränderungen in Form von rostbraunen Oxidationsflecken auftraten. Diese seien für die mechanische und physische Funktion der Platten unbeachtlich und bei Naturschiefer absolut üblich und damit hinzunehmen* (OLG Bamberg BauR 2005, 1686).

– *Der Bauträger ist für Schallschutzmängel, die ihre Ursache im zeitgleich errichteten Nachbar-Reihenhaus haben, auch dann verantwortlich, wenn diese Mängel auf Eigenleistungen der Nachbarn beruhen* (OLG Hamm IBR 2001, 316 – auch BauR 2001, 1263 = NJW-RR 2001).

– *Einem Bauträger steht bei der Herstellung der Außenanlagen ein Gestaltungsspielraum zu. Dieser Gestaltungsspielraum wird überschritten, wenn in der gemeinschaftlichen Gartenanlage ein Müllelmersammelplatz angelegt wird, der in den Planunterlagen dort nicht vorgesehen war und hierdurch die nächstliegende Wohnung in ihrem Wert gemindert wird* (OLG Düsseldorf IBR 2001, 376 – auch OLGR 2001, 269 = NJW-RR 2001, 523 = NZBau 2001, 318).

– *Die Eignung zum gewöhnlichen Gebrauch eines Ladenlokals ist nach allgemeiner, gewerblicher Verkehrssitte unter Berücksichtigung von Treu und Glauben zu ermitteln, wobei es auf die örtlichen Gegebenheiten ankommen kann. Bei der Frage, ob ein Laden mit höchstens 20 genehmigten Gastplätzen*

Sachmangelfreie Leistung § 13 Nr. 1 VOB/B

zum gewöhnlichen Gebrauch als Café noch geeignet ist, ist unter anderem darauf abzustellen, ob allgemein anerkannte Standards zur Relation von Gastraumgrundfläche zur Gastzahl bestehen. Wesentlicher Anhaltspunkt ist auch die Rentabilität des genehmigten Gastronomiebetriebs (Café; BGH BauR 2001, 1731 = NJW 2001, 3476 = NZBau 2001, 551 = ZfBR 2001, 530 = ZflR 2001, 812).

- *Führt die Wohnungseingangstüre einer Wohnung in einem Mehrfamilienhaus zwar in einen Flur/ eine Diele, werden von dort jedoch weitere Aufenthaltsräume über offene, türlose Durchgänge erreicht, muss die Wohnungseingangstüre ein Schalldammmaß von 37 dB aufweisen (DIN 4109 Tab. 2 Zeile 17); (OLG Frankfurt IBR 2002, 11 – auch OLGR 2001, 273).*

- *Gewährleistungsansprüche setzen voraus, dass der Fehler zum Zeitpunkt der Abnahme vorhanden ist. Entsteht der Fehler erst später, haftet der Unternehmer nur, wenn er eine Haltbarkeitsgarantie übernommen hat oder wenn der Fehler bei Abnahme bereits im Keim vorhanden war (OLG Köln BauR 2002, 801 = OLGR 2001, 24 = ZfBR 2002, 256).*

- *Ein Auftragnehmer schuldet ein dauerhaft funktionsfähiges Werk auch dann, wenn eine bestimmte Art der Ausführung vereinbart ist, mit der sich ein fehlerfreies Werk nicht erreichen lässt (OLG Düsseldorf BauR 2002, 802).*

- *Für Produktfehler ist der Werkunternehmer auch ohne Verschulden bzw. Vertretenmüssen zur Gewährleistung (Nachbesserung, Minderung, Wandlung) verpflichtet. Auf Schadensersatz haftet er nur, wenn er den Mangel auch verschuldet bzw. zu vertreten hat. Ein **etwaiges Verschulden des Produzenten** und Lieferanten bei der Entwicklung und Produktion muss sich der **Unternehmer im Verhältnis zum Besteller nicht zurechnen lassen**. Der Unternehmer muss den Besteller nicht darüber aufklären, dass er eine neuartige, unerprobte Dichtung benutzt, wenn ihm Bedenken gegen die Eignung des Materials nicht kommen mussten. Ob dies der Fall ist, wird in erster Linie durch das vom Unternehmer zu erwartende Fachwissen, durch den vom Hersteller bzw. Lieferanten des Materials vermittelten Informationsstand, aber auch durch sonstige erhebliche Umstände bestimmt, die für den Unternehmer als bedeutsam erkennbar sind (BGH BauR 2002, 945 = NJW 2002, 1565).*

- *Bei der baulichen Erweiterung eines Altbaues um mindestens einen beheizten Raum oder um mindestens 10 qm Nutzfläche sind die Anforderungen der Wärmeschutzverordnung 1995 für Neubauten einzuhalten. Bei umfangreichen Sanierungsmaßnahmen oder größeren Umbauten ohne Erweiterung des Gebäudes gelten die in der Anlage 3 zur Wärmeschutzverordnung genannten k-Werte. Der so genannte k-Wert eines Daches bemisst sich nach der gesamten Dachhülle, nicht nur nach dem k-Wert der Wärmedämmschicht (OLG Hamm IBR 2002, 409 – auch OLGR 2002, 127).*

- *Die Werkleistung des Unternehmers, der es übernimmt, den Pilzbefall von Dachbalken durch eine Kunstharzverpressung zu beseitigen, ist nicht mangelhaft, wenn der erstrebte Erfolg nur an einer Durchnässung des Holzes scheitert. Ist der Bauherr über die begrenzten Erfolgsaussichten einer Kunstharzverpressung von Holzteilen durch ein ihm vorliegendes Sachverständigengutachten informiert, so trifft den mit dieser Arbeit beauftragten Unternehmer keine Hinweispflicht auf deren Risiken (LG Hamburg IBR 2002, 413 – auch NJW-RR 2001, 1670).*

- *Haben die Parteien die Beschaffenheit des Werkes nicht ausdrücklich vereinbart, ist ein für den vertraglich vorausgesetzten, d.h. den vom Besteller beabsichtigten und dem Unternehmer bekannten Gebrauch, hilfsweise ein für den gewöhnlichen, d.h. den nach Art des Werkes üblichen Gebrauch, funktionstaugliches und zweckentsprechendes Werk geschuldet (BGH IBR 2002, 536 – auch NJW-RR 2002, 1533 = NZBau 2002, 611).*

- *Zur mangelfreien Erstellung einer Eigentumswohnanlage gehört nicht nur der tatsächliche Anschluss an die Versorgungsnetze, sondern auch ein **rechtlich gesicherter Bestand** dieser Anschlüsse (OLG Koblenz, BGH [Nichtzulassungsbeschwerde zurückgewiesen] IBR 2002, 547).*

- *Schuldet der Bauträger die Errichtung der Tiefgarage einer Wohnungseigentumsanlage »in wasserdichtem Stahlbeton«, dann reicht allein die Verwendung von WU-Beton nicht aus. Erforderlich ist zusätzlich eine fachgerechte, auf Dauer dichte Konstruktion und Ausführung einer weißen Wanne. Sind zudem Abdichtungen »nach DIN« herzustellen, müssen die Anforderungen der DIN 18195 eingehalten werden* (OLG Frankfurt [BGH Nichtannahmebeschluss], IBR 2003, 71).

- *Ist die Trennwand zwischen zwei Eigentumswohnungen gegenüber der vertraglichen Vereinbarung in der Baubeschreibung 5 cm schwächer (15,5 cm anstelle 20,5 cm als Gipskartonständerwand), liegt ein Mangel vor, durch den der Wert der Wohnung gemindert wird* (OLG Bamberg IBR 2003, 298).

- *Eine errichtete Produktionsmaschine ist mangelhaft, wenn sich eine Unterschreitung der vereinbarten Maschinenleistung erst bei Hinzutreten weiterer Umstände ergibt* (BGH Urt. v. 15.2.2005 X ZR 42/02). *Werden vertraglich vereinbarte Höchstgrenzen überschritten, ist die Werkleistung auch bei technischer Unmöglichkeit des Leistungsziels mangelhaft* (OLG Frankfurt IBR 2003, 601 zu technisch nicht erreichbarem Schalldruck einer Klimaanlage).

- *Bei wärmegedämmten Dächern reicht eine Verlegung der Dachsteine in Pappdocken nicht aus. Zum Wärme- und Feuchteschutz sind zusätzliche Maßnahmen zur Schaffung einer zweiten wasserableitenden Ebene erforderlich. Mindestens ist eine Unterspannbahn vorzusehen. Wird wegen des Mangels der Dacheindeckung Minderung geltend gemacht, dann gewährleistet die Zielbaummethode nach Aurnhammer in ihrer differenzierten und logischen Abfolge eine nachvollziehbare und nachprüfbare Ermittlung des baumängelbedingten Minderwertes durch einen Sachverständigen* (OLG Schleswig IBR 2000, 541 – auch BauR 2000, 1486).

- *Der ungeeignet gewählte Standort eines Kabelverteilerschrankes kann einen Werkmangel im Rahmen eines Bauträgervertrages darstellen. Dies ist z.B. der Fall, wenn der Verteilerschrank in nicht unbeträchtlichem Maße eine Nutzung des Gartens ausschließt. Solange der Bauträger noch Grundstückseigentümer ist, ist er im Rahmen der Mängelbeseitigung verpflichtet, seine Rechte gegenüber dem Versorgungswerk wahrzunehmen und gemäß § 8 Abs. 3 AVBEltV die Verlegung des Verteilerschrankes zu betreiben. Ein **Gewährleistungsausschluss** infolge vorbehaltloser Abnahme scheidet aus, wenn der Besteller bzw. Käufer bei Abnahme die Bedeutung und Auswirkungen des Mangels nicht übersehen konnte* (BGH BauR 2001, 258 = NJW-RR 2001, 309 = NZBau 2001, 264 = ZfBR 2001, 105).

- *Die Tatsache, dass eine im Gewerbegebiet gelegene Eigentumswohnung nur von einem bestimmten Personenkreis benutzt werden darf, kann einen Sachmangel begründen. Ist im Kaufvertrag die Gewährleistung für Größe, Güte und Beschaffenheit des Grundstücks ausgeschlossen, so gilt dieser Ausschluss auch für die sich aus der baurechtlichen Genehmigung ergebenden Nutzungseinschränkung* (BGH IBR 2001, 92 – auch NJW 2001, 65 = ZfIR 2000, 950).

- *Wird ein Subunternehmer von seinem Generalunternehmer zu einem Mangel gerufen, der nicht auf seiner vertragswidrigen Ausführung beruht und beseitigt er den Mangel, so stehen ihm allenfalls Ansprüche gegen den Hauptauftraggeber zu* (§§ 677 ff., 812 ff. BGB, LG Leipzig Urt. v. 4.11.2005 IBR 2006, 137).

- *Eine Tiefgarageneinfahrt ist mangelhaft, wenn sie einem durchschnittlichen Autofahrer nicht gerecht wird* (OLG Frankfurt BauR 2003, 91).

- *Zur bekannten Streitfrage, ob eine Dickbeschichtung an sich oder nur im Zusammenhang mit einem Ausführungsfehler einen* Mangel darstellt, hat sich das OLG Bamberg abweichend von früheren Entscheidungen am 4.6.2003 für Letzteres entschieden *(OLG Bamberg IBR 2003, 407; ebenso OLG Köln IBR 2004, 682; s.a. OLG Naumburg IBR 2006, 18). Nach OLG Schleswig (IBR 2006, 250) entspricht die Dickbeschichtung als Z-Isolierung im Fußbereich eines Verblendmauerwerks anstelle einer Folienabdichtung nicht den anerkannten Regeln der Technik. Dies gilt auch für eine reine WU-Beton-Konstruktion ohne zusätzliche Abdichtung* (LG Berlin Urt. v. 29.7.2005 IBR-Werkstatt – nicht rechtskräftig).

– *Ein **erhöhter Schallschutz** ist auch ohne ausdrückliche vertragliche Regelung geschuldet (OLG Frankfurt BauR 2005, 1327). StellenweiseFarbabweichungen und Schattierungen am Granitfußboden infolge der Nachbesserung stellen einen Mangel dar. Der AG kann Neuverlegung des gesamten Bodens verlangen (OLG Frankfurt IBR 2005, 366).*

– *Der Werkunternehmer soll uU verpflichtet sein, gegen das Bauordnungsrecht oder die Vorgaben technischer Richtlinien zu verstoßen, wenn dies die vertraglichen Vorgaben fordern. Ihm obliegen allerdings strenge **Nachfrage- und Hinweispflichten** gegenüber dem Bauherrn (OLG Dresden BauR 2003, 1242).*

– *Im Bauträgervertrag gilt die **Wohnfläche** als **zentrales Beschaffenheitsmerkmal**. Fehlen entsprechende Angaben kann auch auf einseitige Vorstellungen des Erwerbers abgestellt werden, wenn der Bauträger (auch dessen Hilfspersonen) diese kannte (OLG Rostock BauR 2004, 847).*

– *Eine Baulast begründet einen Sachmangel ausnahmsweise dann nicht, wenn Dritte keine Rechte aus ihr herleiten können und sie daher für den Bauherrn in keiner Weise nachteilig ist (entschieden für das Kaufrecht OLG Köln BauR 2005, 389, muss aber auch für den Bauträgervertrag gelten).*

– *Erfolgt bei einem Wärmedämmsystem der vom AG gewünschte Einbau nach **Herstellervorgaben** nicht, liegt ein Mangel vor, unabhängig von der Funktionstauglichkeit des Werks (OLG Schleswig IBR 2004, 683). Bei Divergenzen zwischen Produktempfehlungen des Herstellers und DIN-Normen muss der Unternehmer beim Hersteller rückfragen und ggf. auf den Einbau des Produktes verzichten (BGH Urt. v. 3.11.2004 IBR 2005, 141).*

– *Wird eine Dickbeschichtung (Kellerabdichtung) nicht gemäß den Herstellerrichtlinien ausgeführt, liegt ein Mangel schon dann vor, wenn eine Ungewissheit bezüglich der Risiken des Gebrauchs besteht (OLG Köln BauR 2005, 389).*

– *Ein zu versiegelnder Parkettboden ist nur dann fristgerecht mangelfrei, wenn die Versiegelung innerhalb der Frist ausgehärtet ist (OLG Schleswig BauR 2006, 1190).*

§ 13 Nr. 2
[Leistungen nach Probe]

Bei Leistungen nach Probe gelten die Eigenschaften der Probe als vereinbarte Beschaffenheit, soweit nicht Abweichungen nach der Verkehrssitte als bedeutungslos anzusehen sind. Dies gilt auch für Proben, die erst nach Vertragsabschluss als solche anerkannt sind.

Inhaltsübersicht   Rn.

A. Regelung nach BGB.. 1
B. Regelung des § 13 Nr. 2 VOB/B 2
   I. Wegfall des Begriffs »zugesicherte Eigenschaft«.................................. 2
   II. Allgemeines 3
   III. Zeitpunkt der Festlegung der Leistung nach Probe 5
   IV. Geringfügige Abweichungen 7
   V. Mangel der Probe selbst... 8
   VI. Beweislast.. 9

A. Regelung nach BGB

1 Das BGB enthält keine Regelung der Leistung nach Probe. Lediglich § 494 BGB a.F. enthielt für das Kaufrecht die Vorschrift, dass die Eigenschaften der Probe oder des Musters als zugesichert galten. Diese Vorschrift wurde durch das Schuldrechtsmodernisierungsgesetz mit Wirkung zum 1.1.2002 gestrichen.

B. Regelung des § 13 Nr. 2 VOB/B

I. Wegfall des Begriffs »zugesicherte Eigenschaft«

2 Als Folge des **Wegfalls der »zugesicherten Eigenschaft«** im BGB-Werkvertragsrecht und in § 13 Nr. 1 VOB/B 2002 wurde ein Bedarf zur Anpassung des § 13 Nr. 2 VOB/B gesehen. Die bisherige Ausrichtung an § 494 BGB a.F. entfällt, da diese Vorschrift des Kaufrechts gestrichen wurde. Nach der Begründung zum Gesetzentwurf des Schuldrechtsmodernisierungsgesetzes soll der Fall, dass ein Kaufgegenstand nicht der Probe entspricht, wie eine nicht erfüllte **vereinbarte Beschaffenheit** zu werten sein (Begründung zum Gesetzentwurf des Schuldrechtsmodernisierungsgesetzes, BT-Drucks. 14/6040 S. 207). Demnach können bei Leistung auf Probe die **Eigenschaften der Probe** regelmäßig als **vereinbarte Beschaffenheit** gelten.

II. Allgemeines

3 Eine Leistung oder eine Herstellung nach Probe ist dem gesetzlichen Werkvertragsrecht fremd; jedenfalls sind hierzu in den §§ 631 ff. BGB keine besonderen Bestimmungen enthalten. Lediglich das Recht des Kaufvertrages enthielt – wie ausgeführt – in § 494 BGB a.F. eine Regelung für den Kauf nach Probe. Hiernach waren bei einem Kauf nach Probe oder nach Muster die Eigenschaften der Probe oder des Musters als zugesichert anzusehen. Da es sich in der Grundstruktur um das gleiche handelte und lediglich die Vertragstypen anders waren, allerdings mit darauf zurückzuführenden beachtlichen Unterschieden, ergaben sich bei § 494 BGB a.F. (Kauf nach Probe) und § 13 Nr. 2 VOB/B (Leistungen nach Probe) a.F. dieselben Folgen – die Eigenschaften der Probe galten als zugesichert. Heute gelten sie als vereinbarte Beschaffenheit.

4 Die Beschaffenheitsvereinbarung anhand der Probe oder nach Muster ist so zu verstehen, als ob die ihnen innewohnenden und durch sie zum Ausdruck kommenden Eigenschaften ausdrücklich in den Vertrag aufgenommen worden wären.

III. Zeitpunkt der Festlegung der Leistung nach Probe

5 Die bauvertragliche Pflicht, eine Leistung/Teilleistung nach Probe oder nach einem Muster auszuführen, kann zu Beginn oder im Verlauf der auf Abschluss des Bauvertrages gerichteten Verhandlungen festgelegt werden. Dies ergibt sich aus § 9 Nr. 5 Abs. 2 sowie aus § 21 Nr. 1 Abs. 4 und § 22 Nr. 3 Abs. 3 VOB/A. Sind die dort im Rahmen des Vergabeverfahrens vorgesehenen Voraussetzungen erfüllt, ist im Zweifel anzunehmen, dass die betreffenden Proben oder Muster im Zeitpunkt des Vertragsabschlusses mit zum Gegenstand der bauvertraglichen Vereinbarungen gemacht worden sind. **Im Zweifel** wird eine **vertragliche Beschaffenheitsvereinbarung** vorliegen, die sich aus Art und Weise sowie der Beschaffenheit der Probe selbst ergibt. Gleiches gilt, wenn der spätere Auftragnehmer bei einer Leistungsbeschreibung nach Leistungsprogramm Proben oder Muster anbietet oder diese Angebot beifügt (§ 9 Nr. 10 ff. VOB/A).

6 Die VOB/B hat aber auch dem Umstand Rechnung getragen, dass Proben nach den Erfahrungen der Praxis nicht selten **erst nach Vertragsabschluss** vorgelegt werden; insbesondere dann, wenn der

Bauvertrag zunächst gewisse Einzelheiten noch nicht enthält, z.B. die Farbe und die Beschaffenheit der Tapeten, des Außenputzes, der Fußböden. Deshalb ist in S. 2 die Regelung getroffen worden, dass auch die Eigenschaften der Proben (oder Muster) als Beschaffenheitsvereinbarung gelten, die erst nach Vertragsabschluss als solche anerkannt worden sind. Diese **Anerkennung** kann zeitlich so lange geschehen, bis mit der Ausführung der Leistung oder des betreffenden Leistungsteils begonnen wird. Wesentlich ist, den Begriff »**als solche anerkannt**« richtig zu erfassen. Es genügt dabei nicht, dass lediglich die Probe oder das Muster vorgelegt und die Ausführung auf der Grundlage der Probe festgelegt worden ist. Vielmehr muss noch der zweifelsfrei feststellbare **Wille der Vertragspartner** hinzukommen, wonach die der Entschließung zugrunde gelegte Probe nach ihrer Art und Beschaffenheit für die Bauausführung maßgebend sein soll, bzw. dass der Auftragnehmer sich unbedingt nach dieser Probe zu richten hat. Eine **Beschaffenheitsvereinbarung** wird zu bejahen sein, wenn der Auftraggeber seinen Bestellerwillen von exakten individualisierenden Festlegungen abhängig macht (KG NJW 1974, 1954). **Nicht ausreichend** kann die **bloße informatorische** Vorlage von Proben und Mustern sein.

IV. Geringfügige Abweichungen

Entspricht die spätere Bauausführung nicht der Probe oder dem Muster, handelt es sich um einen **Leistungsmangel**. Es entstehen Erfüllungs- bzw. Mängelansprüche des Auftraggebers gegenüber dem Auftragnehmer. Allerdings gilt hier eine Ausnahme. Kraft ausdrücklicher und insoweit von § 633 Abs. 1 BGB abweichender vertraglicher Bestimmung in Nr. 2 S. 1 ist ein Anspruch des Auftraggebers nicht gegeben, wenn es sich um Abweichungen handelt, die nach der **Verkehrssitte als bedeutungslos anzusehen** sind. Liegen solche **geringfügigen Abweichungen** vor, muss der Auftraggeber sie hinnehmen, ohne hieraus Rechte zu seinen Gunsten herleiten zu können. Hierüber entscheidet **nicht die subjektive Auffassung** eines der Vertragspartner, sondern die **objektive Sicht** der mit dem Baugeschehen sowohl auf der Auftragnehmer- als auch auf der Auftraggeberseite vertrauten Kreise. Entscheidend ist, ob durch die Abweichung eine Verschlechterung der Qualität oder des Wertes, letzteres vor allem auch unter Berücksichtigung des vom Auftraggeber zum Ausdruck gebrachten Bestellerwillens, eingetreten ist. Man wird danach von einer nach der Verkehrssitte bedeutungslosen Abweichung von der Probe bzw. vom Muster nur in recht engen Grenzen sprechen können. Wenn der Auftragnehmer schon Proben bzw. Muster unter bindender vertraglicher Vereinbarung vorlegt oder annimmt, dann muss er sich grundsätzlich daran halten. 7

V. Mangel der Probe selbst

Möglich ist auch, dass bereits die Probe oder das Muster selbst einen objektiv nicht ohne weiteres erkennbaren **Mangel** aufweist. In diesen Fällen ist es zunächst von Bedeutung, ob die Probe vom Auftraggeber oder vom Auftragnehmer herrührt. **Stammt sie vom Auftraggeber**, ist § 4 Nr. 3 oder § 13 Nr. 3 VOB/B entsprechend anzuwenden; d.h., der Auftragnehmer ist nur wegen ihm vorwerfbarer Verletzung einer ihm obliegenden **Prüfungs- und Hinweispflicht** verantwortlich/mitverantwortlich. Stammt die Probe vom Auftragnehmer, hat er grundsätzlich für den **Leistungsmangel einzustehen** (RGZ 99, 249). Die Vertragspartner können aber vereinbaren, dass der Auftragnehmer für solche Mängel nicht haften, sondern dass die Probe schlechthin maßgebend sein soll (RGZ 95, 45). Handelt es sich um deutlich erkennbare Fehler der Probe und lässt der Auftraggeber sich trotzdem darauf ein, so entfällt sein Erfüllungs- bzw. Mängelanspruch (BGH Betrieb 1957, 66). Im Falle einer **arglistigen Täuschung** haftet stets derjenige Vertragspartner, dem die Täuschung zuzurechnen ist. 8

VI. Beweislast

9 Die Darlegungs- und Beweislast im Rahmen der Mängelhaftung für die Vereinbarung der Leistung nach Probe/Muster bzw. die Nichtübereinstimmung von Probe/Muster mit der erbrachten Leistung sowie die Identität zwischen der vorgelegten Probe (bzw. Muster) mit derjenigen, die dem Vertrag als Beschaffenheitsvereinbarung zugrunde liegt, hat bis zur Abnahme der Auftragnehmer (RG JW 1910, 938), danach der Auftraggeber.

§ 13 Nr. 3
[Haftung des Auftraggebers]

Ist ein Mangel zurückzuführen auf die Leistungsbeschreibung oder auf Anordnungen des Auftraggebers, auf die von diesem gelieferten oder vorgeschriebenen Stoffe oder Bauteile oder die Beschaffenheit der Vorleistung eines anderen Unternehmers, haftet der Auftragnehmer, es sei denn, er hat die ihm nach § 4 Nr. 3 VOB/B obliegende Mitteilung gemacht.

Inhaltsübersicht   Rn.

A. Regelung nach BGB.. 1
B. Regelung des § 13 Nr. 3 VOB/B 3
    I. Geänderte sprachliche Fassung 3
    II. Allgemeines 4
      1. Voraussetzung für eine Haftungsbefreiung und Beweislast ... 5
      2. Haftungsbefreiungstatbestände im Überblick 6
      3. Rechtsprechung zum BGB-Werkvertragsrecht als Ausgangspunkt ... 10
    III. Die Haftungsbefreiungstatbestände im Einzelnen 15
      1. Mangel der Leistungsbeschreibung 20
      2. Mangel durch Anordnungen des Auftraggebers 25
      3. Mangel durch vom Auftraggeber gelieferte Stoffe oder Bauteile ... 36
      4. Mangel durch vom Auftraggeber vorgeschriebene Stoffe oder Bauteile ... 38
      5. Mangel durch Vorleistungen anderer Unternehmer 44
    IV. Weitere Haftungsbefreiungsvoraussetzungen 50
      1. Mitteilungspflicht 51
      2. Inhalt und Form der Mitteilung 55
      3. Beweislast 57
    V. Nebenpflichtverletzung durch den Auftraggeber 58
    VI. Vertragliche Sonderregelungen 62

A. Regelung nach BGB

1 Nach § 13 Nr. 3 VOB/B kann das **Risiko der mangelfreien Leistungsausführung ausnahmsweise** dem **Auftraggeber** zugewiesen werden. Voraussetzung ist, dass der Mangel von einem Umstand aus der **Sphäre des Auftraggebers** herrührt und der Unternehmer seine Bedenken bezüglich dieses Umstandes schriftlich mitgeteilt hat.

2 Das **Werkvertragsrecht des BGB** enthält keine dem § 13 Nr. 3 VOB/B entsprechende ausdrückliche Regelung über die Befreiung des Auftragnehmers von der Haftung. Jedoch handelt es sich hier um einen dem **zivilen Vertragsrecht innewohnenden allgemein gültigen Grundsatz**, der ebenso wie im Falle von § 4 Nr. 3 VOB/B aus dem Grundsatz von Treu und Glauben (§ 242 BGB) auch für die nach dem BGB ausgerichteten Bauverträge Gültigkeit hat (dazu § 4 Nr. 3 VOB/B und die dort mitgeteilte Rechtsprechung). **§ 645 BGB** »dagegen« regelt einen besonderen Fall des Übergangs der Vergütungsgefahr vor Abnahme.

B. Regelung des § 13 Nr. 3 VOB/B

I. Geänderte sprachliche Fassung

In der VOB/B 2002 ist bezüglich des § 13 Nr. 3 VOB/B lediglich eine sprachliche Umformulierung erfolgt. Dadurch kommt deutlicher zum Ausdruck, dass die Haftung vom Grundsatz her beim Unternehmer verbleibt und nur unter den (engen) Voraussetzungen des § 13 Nr. 3 VOB/B für ihn eine Möglichkeit besteht, sich von der Haftung zu exkulpieren. Ferner wurde der Begriff »Gewährleistung« in Anpassung an die neue Terminologie (gemäß dem Schuldrechtsmodernisierungsgesetz geltend mit Wirkung zum 1.1.2002) in § 633 BGB gestrichen und durch das Wort »Haftung« ersetzt. Sachliche Änderungen gibt es nicht.

3

II. Allgemeines

Der Auftragnehmer hat für die von ihm geschuldete Bauleistung auch noch nach der Abnahme einzustehen und dafür zu haften. Unter Berücksichtigung anderer für die Zeit bis zur Abnahme maßgeblicher bauvertraglicher Vorschriften der VOB/B (z.B. § 4 Nr. 1–3 VOB/B) ist es aber nicht gerechtfertigt, dem Auftragnehmer ausnahmslos und immer jedes sich aus § 13 VOB/B ergebende Risiko aufzubürden. Vielmehr kann seine Haftung für Mängel nur so weit gehen, wie er für seine Leistungspflicht auch schon vor der Abnahme die Verantwortung oder Mitverantwortung trägt. **Schädliche Einflüsse Dritter** muss er nicht unbedingt selbst verantworten (dazu auch *Ganten* Pflichtverletzung und Schadensrisiko im privaten Baurecht S. 133). Aus diesem Grunde ist Nr. 3 geschaffen worden. Danach kann das **Risiko der mangelfreien Leistungsausführung ausnahmsweise** dem **Auftraggeber zugewiesen** werden. Schon aus diesem Grunde sind die Ausnahmebestimmungen der Nr. 3 zwangsläufig eng auszulegen (BGH BauR 1975, 421; BGH BauR 1977, 420 = NJW 1977, 1966; auch OLG Düsseldorf BauR 1996, 260 = NJW-RR 1996, 401). Da hier eine Abgrenzung aus dem Bereich der Zumutbarkeit geschaffen wurde, ist die **Grundlage in § 242 BGB** zu sehen. Daher finden die Ausnahmebestimmungen **auch im BGB-Werkvertrag Anwendung** (OLG Koblenz BauR 2004, 1831 = IBR 2005, 13). Auch soll dem AN aufgrund seiner **allgemeinen Leistungstreuepflicht** obliegen, den AG auf nicht ordnungsgemäße Vorleistungen hinzuweisen, auch wenn die Voraussetzungen des § 4 Nr. 3 VOB/B nicht erfüllt sind (OLG Dresden BauR 2004, 1992 = IBR 2004, 615). Im Ergebnis soll die Haftung des Auftragnehmers über § 13 Nr. 3 nur in dem Maße eingeschränkt werden, in dem es bei **wertender Betrachtung** gerechtfertigt ist (BGH BauR 1996, 702 = NJW 1996, 2372 = ZfBR 1996, 255). Deshalb kann beispielsweise nicht jegliche Anordnung des Auftraggebers in Bezug auf die Verwendung von Baustoffen bewirken, dass der Auftragnehmer umfassend von der Haftung für aus den Baustoffen hervortretende Mängel frei wird (BGH BauR 1996, 702 = NJW 1996, 2372 = ZfBR 1996, 255; beauftragt der Erwerber den Subunternehmer des Bauträgers statt der vertraglich vereinbarten Bodenfliesen Marmorfliesen zu verlegen, führt dies nicht zu einer Haftungsfreistellung des Bauträgers für später auftretende Mängel des Bodens – sofern diese ihre Ursache nicht allein in der direkt in Auftrag gegebenen Zusatzleistung haben, OLG Celle BauR 1998, 802). Somit wird die für den **Werkvertrag typische Einstandspflicht des Auftragnehmers** für einen trotz genereller Eignung des Stoffes im Einzelfall auftretenden Fehler – »**Ausreißer**« – durch eine Anordnung des Auftraggebers, die eine an sich geeignete Art des zu verwendenden Stoffes vorsieht, nicht aufgehoben (BGH BauR 1996, 702 = NJW 1996, 2372 mit Hinweis auf Abweichung vom Senatsurteil 1.3.1973 BauR 1993, 188, 190).

4

Vor diesem Hintergrund ist der Wortlaut des § 13 Nr. 3 VOB/B missverständlich. Er stellt eine Aussage auf, die so »wörtlich« nicht gilt.

1. Voraussetzung für eine Haftungsbefreiung und Beweislast

5 Voraussetzung für eine Haftungsbefreiung ist, dass der Leistungsmangel auf Vorgänge zurückzuführen ist, die zweifelsfrei aus dem in Nr. 3 umgrenzten Bereich des Auftraggebers stammen. Die **Beweislast** hierfür liegt beim Auftragnehmer. Schließlich will er sich von seiner grundsätzlichen Gewährleistungspflicht nach § 13 Nr. 1 und 2 VOB/B entlasten (ebenso BGHZ 61, 42 = BGH BauR 1973, 313). Als werkvertragliche Nebenpflicht können daneben weitere Hinweispflichten bestehen und zu Schadensersatzansprüchen führen (so Hinweispflicht des Installateurs auf durch Frost drohenden Wasserschaden, BGH NZBau 2003, 329). Meldet ein Unternehmer **unberechtigt Bedenken** an, ist dies nicht als Vertragsverletzung oder Erfüllungsverweigerung zu werten und berechtig damit den Auftraggeber nicht zur Kündigung aus wichtigem Grund (OLG Schleswig IBR 2005, 311).

2. Haftungsbefreiungstatbestände im Überblick

6 § 13 Nr. 3 zählt im Einzelnen auf, welche Vorgänge aus dem Bereich des Auftraggebers für die **Befreiung** des Auftragnehmers von seiner **Haftung** in Betracht kommen können:

a) die (vom Auftraggeber aufgestellte) Leistungsbeschreibung,
b) die – gegebenenfalls sonstigen – Anordnungen des Auftraggebers,
c) die vom Auftraggeber gelieferten Stoffe oder Bauteile,
d) die vom Auftraggeber vorgeschriebenen Stoffe oder Bauteile,
e) die Beschaffenheit der Vorleistungen anderer Auftragnehmer.

7 Diese Aufzählung entspricht im Wesentlichen den Punkten der Regelung in § 4 Nr. 3 VOB/B. Sie enthält **mögliche** Haftungsbefreiungstatbestände zugunsten des Auftragnehmers. Auf Grund des Ausnahmecharakters ist sie **abschließend** und **keiner ausdehnenden Auslegung** zugänglich. Voraussetzung ist jeweils, dass sich die genannten Maßnahmen des Auftraggebers auf das normalerweise vom Auftragnehmer ausdrücklich oder stillschweigend **zu tragende Risiko** auswirken, somit adäquat kausal darauf zurückgehen, **ohne** dass eine **ausdrückliche oder stillschweigende Risikoübernahme durch den Auftraggeber** erforderlich ist.

8 Zu den verschiedenen Möglichkeiten der Haftungsbefreiung für den Auftragnehmer vgl. auch § 4 VOB/B. Zwar ist in § 13 Nr. 3 VOB/B der letzte Halbsatz aus § 4 Nr. 3 VOB/B nicht erwähnt. Das wirkt sich aber entgegen Siegburg (FS Korbion 1986 S. 411, 425f) in den Fällen nicht zum Nachteil des Auftragnehmers aus, in denen er seine Prüfungs- und Hinweispflichten verletzt hat. Dabei ist zu berücksichtigen, dass Grundlage für die Regelung in § 13 Nr. 3 VOB/B die Bestimmung in § 4 Nr. 3 VOB/B ist, und zwar ihrem gesamten Inhalt nach. Es mag unglücklich formuliert sein, wenn § 13 Nr. 3 VOB/B ausdrücklich nur den Fall erwähnt, in dem eine völlige Haftungsbefreiung des Auftragnehmers die Folge ist. Daraus ist aber sicher nicht zu schließen, dass die Verfasser der VOB/B bewusst jene Fälle ausschließen wollten, in denen nur eine teilweise Haftungsbefreiung bei im Übrigen gegebener und bleibender Verantwortung des Auftragnehmers in Betracht kommt. Andernfalls wäre dies eine grobe Missachtung der grundlegenden Regelung des § 254 BGB. Dies war sicher nicht gewollt (so auch *Heiermann/Riedl/Rusam* § 13 VOB/B Rn. 64).

9 Beruht der Mangel teilweise auf einem oder mehreren der in Nr. 3 genannten, dem Auftraggeber zuzurechnenden Umstände, teilweise auf einer dem Auftragnehmer ohnehin nach Nr. 1 und/oder Nr. 2 anzulastenden nachlässigen Ausführung, so ist, sofern der Auftragnehmer ansonsten seine in §§ 4 Nr. 3, 13 Nr. 3 VOB/B festgelegten Pflichten erfüllt hat, die Haftung anteilig nach §§ 242, 254 BGB – je nach dem Grad der Mitverursachung – festzulegen (OLG Saarbrücken NJW 1970, 1192; OLG Hamm BauR 1988, 481; auch *Soergel* FS Heiermann S. 309 ff.).

3. Rechtsprechung zum BGB-Werkvertragsrecht als Ausgangspunkt

Wie oben ausgeführt – sind im **Werkvertragsrecht des BGB** keine der Nr. 3 entsprechenden ausdrücklichen Regelungen über die Befreiung des Auftragnehmers enthalten. Jedoch handelt es sich hier um einen dem zivilen Vertragsrecht innewohnenden allgemeingültigen Grundsatz, der ebenso wie im Falle von § 4 Nr. 3 VOB/B aus dem Grundsatz von Treu und Glauben (§ 242 BGB) **auch für die nach dem BGB ausgerichteten Bauverträge Gültigkeit** hat. Daher hat die Rechtsprechung schon früher für den Bereich der §§ 633 ff. BGB unter bestimmten Voraussetzungen Ausnahmen von der Mängelhaftung des Unternehmers zugelassen – beispielsweise wenn der Mangel auf die Beschaffenheit einer Vorleistung eines anderen Unternehmers zurückzuführen ist. In einem solchen Fall hat der mit seiner vertraglichen Leistung darauf aufbauende, später zum Einsatz kommende Unternehmer, für einen bei seiner Leistungserstellung infolge der fehlerhaften Vorleistung sozusagen zwangsläufig auftretenden Mangel nur einzustehen, wenn ein Fachmann den Mangel der Vorarbeit hätte erkennen können (BGH LM § 633 BGB Nr. 3; § 4 VOB/B). 10

Auch soll der Besteller keine Mängelansprüche erheben können, wenn dem Unternehmer der Nachweis gelingt, dass der Mangel auf die Beschaffenheit eines vom Besteller gelieferten Stoffes bzw. Bauteils oder auf Anweisungen des Bestellers zurückzuführen ist. Dabei ist allerdings die Frage mitentscheidend, ob dem Unternehmer nach den Umständen des Einzelfalles nach Treu und Glauben eine Prüfungspflicht hinsichtlich der Vorleistung des anderen Unternehmers oder des vom Besteller gelieferten mangelhaften Stoffes/Bauteils (auch im Falle unrichtiger Anweisungen/Aufklärungspflicht) oblegen hat (im Einzelnen vor allem *Siegburg* FS Korbion 1986 S. 411, 413 ff.). Das Gesagte muss auch für jene Fälle gelten, in denen der Leistungsmangel adäquat kausal auf die von Auftraggeberseite aufgestellte Leistungsbeschreibung oder sonstige Anordnungen aus diesem Bereich zurückzuführen ist (OLG Celle NJW 1960, 102; OLG München MDR 1960, 399; insbes. *Nicklisch* FS Bosch 1976 S. 731 ff.; *Siegburg* a.a.O. beide m.w.N. – dazu siehe besonders auch § 4 VOB/B). 11

Die VOB/B berücksichtigt im Wesentlichen die Grundsätze, wie sie von der Rechtsprechung und Rechtslehre als allgemeingültig für das Werkvertragsrecht aufgestellt worden sind, indem sie die anerkannten Ausnahmetatbestände in § 13 Nr. 3 VOB/B aufgenommen hat (vgl. auch BGH BauR 1977, 420 = NJW 1977, 1966; dazu auch *Schmidt* NJW 1966, 1494). Wegen des rechtlichen Zusammenhangs folgt daraus zugleich: 12

Hat der Auftragnehmer die in § 4 Nr. 3 VOB/B festgelegten Pflichten verletzt und bestehen für den Auftraggeber die damit verbundenen Nachteile und Schäden über die Abnahme hinaus, so hat der Auftragnehmer – wie sich aus § 13 Nr. 3 VOB/B ergibt – nach der Abnahme nach Maßgabe des § 13 Nr. 5–7 Gewähr zu leisten. Anders kann dies z.B. dann sein, wenn Risse im Putz der Gefache eines Fachwerkhauses auftreten, weil der Vorunternehmer für das Fachwerk zu frisches und zu feuchtes Eichenholz verwandt hat. In diesem Fall ist der Nachfolgeunternehmer nach dem OLG Düsseldorf für die Risse in dem von ihm hergestellten Putz nicht haftbar. Insoweit hat er seine Prüfungs- und Hinweispflicht nicht verletzt (OLG Düsseldorf BauR 1997, 840). 13

Im Rahmen des BGB-Werkvertragsrechts ist auch immer der Architektenvertrag zu beachten. Hier stellt sich regelmäßig die Frage, welche **Prüfungspflichten** ein **Architekt hat**. Dies beispielsweise bei einer Materialauswahl durch den Bauherrn. Hierzu hat das OLG Hamm entschieden, dass bei Entscheidung des Bauherrn für ein bestimmtes, bauaufsichtlich zugelassenes Material der Architekt nicht verpflichtet ist, weitere Überprüfungen zur Materialauswahl vorzunehmen (OLG Hamm BGH Nichtannahmebeschluss IBR 2001, 31). Ähnliche Fragen können sich auch für den **Bauträger** stellen. Beispielsweise wenn der Erwerber einer neu errichteten Eigentumswohnung beabsichtigt, andere als die in der Baubeschreibung vorgesehenen Bodenbeläge (Granitplatten statt Teppichboden) zu verlegen, der bauseits aufgebrachte Estrich sich aber nicht für alle Beläge eignet. In diesem Fall ist der Bauträger verpflichtet, den Erwerber auf diese Umstände hinzuweisen. Anderenfalls macht er sich schadenersatzpflichtig (OLG Frankfurt, BGH Nichtannahmebeschluss IBR 2000, 604). 14

III. Die Haftungsbefreiungstatbestände im Einzelnen

15 Nachfolgend werden die Haftungsbefreiungs-Tatbestände im Einzelnen vorgestellt. Bei der Prüfung ist jedoch stets zu beachten, dass die Voraussetzungen der Haftungsbefreiung aus dem Grundsatz von Treu und Glauben (§ 242 BGB) hergeleitet werden. Damit handelt es sich immer um eine **Einzelfallprüfung**. Vor einer schematischen Anwendung der explizit genannten Tatbestände muss daher gewarnt werden. Auch hat der BGH mit Urt. v. 14.3.1996 (BauR 1996, 702 = SFH § 13 Nr. 3 VOB/B Nr. 13) **unter Aufgabe seiner bisherigen Rechtsprechung** (BauR 1973, 188, 190 = NJW 1973, 754 = SFH Z 2.410 Bl. 57; auch OLG Stuttgart BauR 1975, 56, 57) § 13 Nr. 3 VOB/B dahin gehend ausgelegt, dass **nicht jede Anordnung** (oder ein anderer Haftungsbefreiungstatbestand) des Auftraggebers **zu einer Freistellung** des Auftragnehmers führt. Seine Haftung wird nur in dem Maße eingeschränkt, wie es eine wertende Betrachtung rechtfertigt. Dazu passt es auch, dass der Auftragnehmer weiterhin haftet, wenn nicht aufgeklärt werden kann, welche von zwei aus seiner Sphäre herrührenden Pflichtwidrigkeiten ursächlich für den Mangel sind (OLG Karlsruhe Urt. v. 12.1.2001; BGH IBR 2002, 306 – Revision nicht angenommen).

16 Entscheidend ist somit immer der Einzelfall. Insbesondere können Prüfungs- und Hinweispflichten nicht allein anhand der VOB/C zugeordnet werden. So wird beispielsweise der Umfang der Verpflichtung eines Fliesenlegers, Vorleistungen anderer Unternehmer zu prüfen, durch die DIN 18352 Abschn. 3.1.3 (Fassung 1985) nicht abschließend umschrieben (BGH NJW-RR 2001, 1102 = NZBau 2001, 495).

17 Die Einzelfallentscheidung hängt immer auch vom Umfang der vertraglich übernommenen Leistungspflichten ab. Wenn beispielsweise ein Handwerker nur mit der Reparatur eines einzelnen Rohres (Schutzrohr eines Öltanks) beauftragt worden ist, besteht keine Pflicht zur Überprüfung weiterer Rohre auf Dichtigkeit (BGH NZBau 2000, 328).

18 Abhängig ist die jeweilige Haftungszuordnung auch davon, inwieweit Dritte mitverursachend verantwortlich sind. Beruht beispielsweise der Baumangel maßgeblich auf einem Planungsfehler des Architekten, trägt dieser in der Regel dafür die überwiegende Verantwortung, auch wenn der Unternehmer seine Prüfungs- und Hinweispflicht verletzt hat (OLG Naumburg IBR 2003, 206). Andererseits muss ein Installateur auch dann, wenn er Wasser- und Heizungsrohre fachgerecht und vertragsgemäß verlegt, auch auf eine für ihn als Fachmann erkennbare Gefahr, dass die Rohre wegen ihrer Lage einfrieren können, seinen Auftraggeber hinweisen (BGH IBR 2003, 188). Weiter muss der Zimmermann Bedenken anmelden, wenn er erkennen kann, dass die Statik keine Lastannahmen für die Schattung von Zwischenböden enthält (OLG Celle BauR 2002, 812 = NJW-RR 2002, 594).

19 Verzichtet ein Bauherr trotz ausdrücklichen Hinweises seitens des Architekten auf die Einholung eines **Baugrundgutachtens** und lässt er zudem die als Vorsichtsmaßnahme vorgeschlagene Brunnengründung aus Kostengründen nicht ausführen, so soll dem Bauunternehmer im Falle der Setzung des Hauses wegen einer unerkannt gebliebenen Torfeinlagerung weder eine mangelhafte Leistung noch ein Verstoß gegen die Pflicht zur Bedenkenanmeldung zur Last gelegt werden können (OLG München IBR 2003, 9). Dieser Entscheidung ist zu widersprechen, weil es im Ergebnis bei einer mangelhaften Leistung des Unternehmers verbleibt – und dieser verschuldensunabhängig auf Nacherfüllung haftet. Auch wird man sowohl bei ihm als auch beim Architekten – wenn er den Vertrag fortführt – Kenntnis vom Risiko und damit Verschulden unterstellen müssen. Auch können beide ihren Haftpflichtversicherungsschutz verlieren.

1. Mangel der Leistungsbeschreibung

20 Zunächst kommt eine Befreiung des Auftragnehmers von der Mangelhaftung in Betracht, wenn der betreffende Mangel auf die Leistungsbeschreibung zurückzuführen ist. Es muss sich um eine vom Auftraggeber bzw. von seinem Architekten oder planenden Sonderfachmann grundsätzlich entsprechend § 9 Nr. 1–9 VOB/A sowie der DIN 18 299 (oder ausnahmsweise im Rahmen von § 9 Nr. 11 VOB/A) aufgestellte Leistungsbeschreibung handeln. Sie muss zum Gegenstand des Bauvertrages gemacht worden sein. Hat der Auftragnehmer selbst das Leistungsverzeichnis aufgestellt, wie z.B. nach § 9 Nr. 12 VOB/A oder hat er sonstige Bauunterlagen selbst angefertigt (z.B. Werkzeichnungen, Verlegepläne, Materialaufstellungen) oder von dritter Seite beschafft, und führt er die Leistung danach aus, so ist er für deren Ordnungsgemäßheit ohnehin nach § 13 Nr. 1 oder 2 i.V.m. § 4 Nr. 2 VOB/B verantwortlich. Die hier erörterte Nr. 3 ist dann nicht anwendbar. Sie hat **nur den Fall im Auge, dass der Auftragnehmer das ausführt, was ihm vom Auftraggeber vorgeschrieben worden ist** (BGH BauR 1975, 278 = NJW 1975, 1217). Deshalb scheidet eine Haftungsbefreiung nach Nr. 3 regelmäßig auch dort aus, wo die Bestimmung des Leistungsinhaltes durch **gemeinsame Erörterung** zwischen Auftraggeber und Auftragnehmer ohne dessen hinreichenden Vorbehalt erfolgt ist.

Allein nach dieser allgemeinen Abgrenzung kann man dem Auftragnehmer nicht schon eine Befreiung von der Mängelhaftung zugestehen, wenn er sich auch grundsätzlich auf die Richtigkeit und Vollständigkeit der vom Auftraggeber bzw. dessen Erfüllungsgehilfen (Architekt, Tragwerksplaner usw.) stammenden Leistungsbeschreibung verlassen kann. Der Umfang der Prüfungs- und **Bedenkenanmeldungsobliegenheit** im Sinne des § 13 Nr. 3 hängt ebenso wie im Bereich des § 4 Nr. 3 VOB/B neben der Fachkunde des Auftragnehmers auch davon ab, in welchem Umfang der Bauherr seinerseits Sonderfachleute einsetzt (OLG Celle NZBau 2001, 98 = IBR 2001, 178). Wird vor diesem Hintergrund ein Unternehmer angewiesen, Entwässerungsrohre zu verlegen – für die es keine allgemeine bauaufsichtliche Zulassung gibt und wofür die erforderliche statische Berechnung fehlt – soll keine Hinweispflicht bestehen, sofern auf Seite des Auftraggebers ein fachkundiger Ingenieur mitwirkt (OLG Köln, BGH Nichtannahmebeschluss IBR 2002, 658). **Im Regelfall besteht allerdings eine Prüfungspflicht.** Der Ingenieur muss nachprüfen, ob die Angaben in ihren Einzelheiten wie auch nach ihrem Gesamtbild technisch einwandfrei und zur Erreichung der Bauabsicht tauglich sind; insbesondere, ob sie den anerkannten Regeln der Technik, vor allem dabei auch den Anforderungen in den DIN-Normen, entsprechen (BGH BauR 1975, 420; OLG Celle BauR 1984, 522 mit Anm. *Reim* m. Hinblick a. eine nicht den DIN 18 337 und 18 195 Teil 4 entsprechende Ausschreibung waagerechter Abdichtung von Wänden gegen aufsteigende Feuchtigkeit; OLG Hamm NJW-RR 1990, 523 Nr. 13 im Falle der Verwendung von Lichtbetonelementen für Fassaden in der Ausbildung als Sichtbeton und später aufgetretenen Rissen; LG Hamburg SFH § 13 Nr. 3 VOB/B Nr. 9 im Hinblick auf Filiformkorrosionen an Aluminiumbauteilen in Ingenieurbauwerken). Diese Prüfpflicht hat jedoch ihre Grenzen in der Fachkenntnis, die von einem **ordnungsgemäßen Auftragnehmer** (§ 2 Nr. 1 S. 1 VOB/A) des **maßgebenden Berufszweiges** verlangt werden kann und muss (vgl. auch BGH BauR 1977, 420 = NJW 1977, 1966).

Dabei spricht allerdings schon viel für eine entsprechende beim Auftragnehmer vorauszusetzende Kenntnis dadurch, dass er sich um den betreffenden Bauauftrag beworben und ihn auch erhalten hat. Innerhalb dieses Rahmens muss er vor der Abgabe seines Angebotes Überlegungen anstellen, spätestens aber vor der Ausführung der Leistung bzw. des betreffenden Leistungsteils. Ansonsten entspricht es nicht Treu und Glauben, einen Auftragnehmer von seiner Verantwortlichkeit zu befreien. Insoweit ist er im Rahmen seiner bauvertraglichen Verpflichtungen gehalten, den Auftraggeber vor Schaden zu bewahren.

Ist beispielsweise die Leistungsbeschreibung ungenau, ergibt sich jedoch aus dem erkennbaren Verwendungszweck, dass das genannte Material dazu ungeeignet ist (z.B. Kalksandstein für äußere – frostbeständige – Verblendung), so muss der Auftragnehmer Bedenken geltend machen. Dabei muss er auch etwaige Zweifel rechtzeitig klären. Andererseits: Ist die vom Architekten angegebene Höhe einer Betonwanne zu niedrig (weil der Architekt den Grundwasserstand nicht hinreichend ermittelt hat) und kann der Auftragnehmer dies nicht in zumutbarem Maße erkennen, so ist er ist von der Mängelhaftung entbunden (BGH BauR 1992, 627 = SFH § 635 BGB Nr. 83 = ZfBR 1992, 207 =

NJW-RR 1992, 1104). Ebenso, wenn der Unternehmer Bedenken gegen eine gemäß ZTV-STRA 88 ausgeschriebene Leistung anmeldet (OLG Köln BauR 2006, 1519).

24 Die **Prüfungspflicht** ist im Übrigen **unabhängig von der Anzeigepflicht nach § 4 Nr. 3 VOB/B**. Sie besteht grundsätzlich immer (a.A. *Siegburg* FS Korbion 1986 S. 411, 425, der jedoch übersieht, dass einer Pflicht zur Anzeige logischerweise zunächst eine Prüfung voranzugehen hat; wie hier auch *Nicklisch/Weick* § 13 VOB/B Rn. 58). Die Anzeigepflicht wird nur in dem Falle ausgelöst, in dem dem Auftragnehmer Bedenken gegen die Leistungsbeschreibung kommen müssen.

2. Mangel durch Anordnungen des Auftraggebers

25 Eine Befreiung des Auftragnehmers von der Mängelhaftung ist weiter möglich, wenn der Leistungsmangel auf Anordnungen des Auftraggebers, z.B. nach § 4 Nr. 1 Abs. 3 und 4 VOB/B, beruht. Das gilt vor allem auch hinsichtlich der Planung des vom Auftraggeber als seines Erfüllungsgehilfen beauftragten und zu entsprechenden Anordnungen befugten Architekten oder Sonderfachmanns. Es ist auch hier ein Gebot der Billigkeit, dem Auftragnehmer eine Entlastungsmöglichkeit zu verschaffen, wenn aufgrund von solchen Handlungen der Auftraggeberseite ein Mangel entsteht. Das ist nicht zuletzt auch in § 4 Nr. 3 letzter Halbsatz VOB/B, zum Ausdruck gekommen.

26 Von einer »Anordnung« (zum Begriff »Anordnung« *Heiermann* FS Locher 1990 S. 65 ff.) kann noch nicht gesprochen werden, wenn sich die Bauausführung wegen schleppender Fertigstellung anderer Gewerke ohne Verschulden des Auftraggebers verzögert (BGH BauR 1977, 420 = NJW 1977, 1966); auch dann nicht, wenn infolge der Unterbrechung durch unbekannte chemische Einflüsse ein Mangel entsteht (BGH BauR 1977, 420 = NJW 1977, 1966). Kommen für die Ausführung nur bestimmte Materialien in Betracht, lässt der Auftraggeber dem Auftragnehmer aber im Einzelnen die freie Wahl, so liegt ebenfalls keine Anordnung vor (BGH SFH Z 2.414 Bl. 219). Zu bejahen ist sie, wenn im zum Vertrag gewordenen Leistungsverzeichnis ganz bestimmte Leistungsanforderungen ohne jede Einschränkung (bedingungslos) enthalten sind – z.B. »ist zu befestigen«, »sind vorgegeben« usw. (dazu LG Hamburg SFH § 13 Nr. 3 VOB/B Nr. 9). Auch ist eine Anordnung darin zu erblicken, dass der Auftraggeber dem Auftragnehmer die Einschaltung eines namentlich benannten, bestimmten Nachunternehmers vorschreibt. In diesen Fällen muss der Auftragnehmer allerdings prüfen, ob er nicht die Fortführung des Auftrages ablehnt (er darf schon aus haftpflichtversicherungsrechtlichen Gründen nicht mitwirken, wenn die Leistung »vorhersehbar« gegen die Regeln der Technik verstößt).

27 Eine Anordnung muss nicht unbedingt ausdrücklich ergehen, sie kann auch stillschweigend von Auftraggeberseite erteilt werden. Dabei muss im Einzelfall unzweifelhaft auf eine **endgültige bestimmte Willensrichtung** geschlossen werden können. Hieran sind **strenge Anforderungen** zu stellen (dazu auch *Heiermann* FS Locher 1990 S. 65 ff.).

28 Auch in dem hier erörterten Rahmen hat der Auftragnehmer die erwähnte Prüfungspflicht in dem für ihn gebotenen Umfang.

29 Auch wenn der Bauherr vom Unternehmer eine Bauausführung fordert, die den Bestimmungen der Landesbauordnung widerspricht, ist der Unternehmer nicht berechtigt, eigenmächtig von den Planvorgaben abzuweisen. Insoweit hat er im Sinne der §§ 4 Nr. 3, 13 Nr. 3 VOB/B die Entscheidung des Bauherrn einzuholen. Eigenmächtig darf er die Bauausführung nicht ändern, selbst wenn er damit zur Einhaltung der **Bestimmungen der Landesbauordnung** beitragen würde. Dies vor dem Hintergrund, dass es einem Bauherrn unbenommen ist, eine Ausführung zu fordern, die den Regeln der Technik widerspricht (OLG Dresden BauR 2003, 1242 = NJW-RR 2002, 1314). Aber er hat die o.g. Überlegung anzustellen, ob er an diesem Auftrag weiter »mitwirkt«.

30 Ein **Bedenkenhinweis** des Auftragnehmers hinsichtlich der Planung des Architekten kann grundsätzlich nur dann zur Haftungsfreistellung des Auftragnehmers führen, wenn bereits die vertraglich vereinbarte Planung des Architekten fehlerhaft ist. Ordnet hingegen der Architekt gegenüber der vereinbarten fehlerfreien Planung vertragswidrige, zu Fehlern führende Änderungen an, entlastet der Bedenkenhinweis den Auftragnehmer gegenüber dem Auftraggeber regelmäßig nicht von der Haftung für die Abweichung der Bauausführung von der vereinbarten Planung (BGH BauR 2003, 689 = NJW 2003, 1450 = ZfBR 2003, 352 = IBR 2003, 184).

Vor Aufbau einer Dachbegrünung muss der Unternehmer die Abdichtung sorgfältig auf etwaige Beschädigungen hin untersuchen. Der Hinweis auf die Gefahr von Beschädigungen, die aus der Vielzahl der auf dem Flachdach beschäftigten Handwerker resultiert, befreit den Unternehmer nicht von seiner Untersuchungspflicht (OLG Hamm IBR 2002, 606, BGH Nichtannahmebeschluss). **31**

Ein Generalunternehmer genügt seiner Pflicht, dem Bauherrn Bedenken gegen die vorgesehene Art der Ausführung anzuzeigen nicht, wenn er Bedenken seines Nachunternehmers nur »weiterreicht«, ohne sich mit ihnen auseinander zu setzen und sie sich zu Eigen zu machen (OLG Düsseldorf BauR 2001, 638 = NZBau 2001, 401). **32**

Ist die **Planung auf Bedenken** des Auftragnehmers **hin geändert** worden, so muss er erneut prüfen, ob hierdurch eine mangelfreie Leistung erstellt werden kann (BGH WM 1974, 220). Hat er wiederum Bedenken oder muss er solche aufgrund der ihm abzuverlangenden Fachkenntnis haben, muss er erneut den Auftraggeber darauf hinweisen (BGH WM 1974, 220). **33**

Von seiner **Nacherfüllungspflicht** wird der Unternehmer **nicht** deshalb **frei**, weil der Besteller eine untaugliche Nacherfüllungsmaßnahme vorschlägt (BGH BauR 1998, 123). Der Bauherr ist auch nicht verpflichtet, die Arbeiten des Bauunternehmers zu überwachen, bzw. ihn durch mahnende Hinweise vor Schaden zu bewahren (OLG Celle Urt. v. 9.10.1997, BGH Nichtannahmebeschl. v. 5.11.1998 NJW-RR 1999, 897). Der Auftragnehmer wird bezüglich der erbrachten Leistungen auch nach Auftragsentziehung nicht von seiner Verpflichtung zur Nacherfüllung frei, wenn sich die Auftragsentziehung nicht gerade auf die unterbliebene Nacherfüllung bezieht (OLG Düsseldorf NJW-RR 1996, 1422). Der Auftraggeber verhält sich nicht treuwidrig, wenn er sich den **Nacherfüllungsvorschlägen** einzelner Subunternehmer des Auftraggebers **verschließt** – wenn nicht gleichzeitig ein **Konzept für die Gesamtsanierung vorliegt** (OLG Celle BauR 1997, 1049). Der Umstand, dass der Auftraggeber Minderung verlangt bzw. hilfsweise mit einem Kostenvorschuss aufrechnet, rechtfertigt noch nicht die Annahme, dass er die Mängel nicht mehr beseitigen lassen will (BGH BauR 1999, 631 = NJW-RR 1999, 813 = ZfBR 1999, 193). **34**

Von seiner Nacherfüllungsverpflichtung wird der Unternehmer auch deshalb nicht frei, weil der Besteller eine **untaugliche Nacherfüllungsmaßnahme** vorschlägt. Der AN bleibt vielmehr grundsätzlich bis hin zur Neuherstellung zur Herbeiführung des vertragsgemäßen Zustandes verpflichtet (BGH BauR 1998, 123 = NJW-RR 1998, 233). Dem Verlangen des Auftraggebers auf Herstellung (Nacherfüllung) eines Werkes entsprechend dem Vertrag kann der Unternehmer grundsätzlich nicht entgegenhalten, dass das Werk auch bei vertragsgemäßer Ausführung mangelhaft geworden wäre (OLG Nürnberg BauR 1998, 1013). Solange die Mängelhaftungsfrist noch nicht abgelaufen ist und weitere Nacherfüllungsansprüche in Betracht kommen, kann ein Auftraggeber grundsätzlich nicht auf die Inanspruchnahme einer **Nacherfüllungssicherheit** verwiesen werden – wenn er die Mängelbeseitigungskosten im Wege des Vorschusses oder des Schadensersatzes geltend macht (OLG Hamm BauR 1997, 141). **35**

3. Mangel durch vom Auftraggeber gelieferte Stoffe oder Bauteile

Ist der Leistungsmangel auf vom Auftraggeber gelieferte Stoffe oder Bauteile zurückzuführen, besteht an sich eine Verantwortlichkeit des Auftraggebers (dazu BGH SFH Z 2.401 Bl. 21). Allerdings wird der Auftragnehmer nicht schon allein deswegen freigestellt, weil die Lieferung vom Auftraggeber erfolgt ist. Vielmehr obliegt ihm in für ihn jeweils zumutbarem Rahmen auch hier eine **eigene Prüfungspflicht**. Gerade weil es entscheidend auf das beim Auftragnehmer vorauszusetzende Fach- **36** wissen ankommt, und dieser sich kraft der von ihm zu verlangenden Ausbildung und Kenntnisse durchweg mit Stoffen und Bauteilen auskennen muss, ist seine Prüfungspflicht für den Regelfall nicht gering zu veranschlagen. Allerdings geht sie in ihrem Umfang i.d.R. nicht über das Prüfen durch Besicht (dazu OLG Stuttgart BauR 1975, 56), Betasten, Nachmessen usw. hinaus – ausgenommen, es ergeben sich im Einzelfall nähere Anhaltspunkte für die Notwendigkeit genauerer Prüfung. Der Auftragnehmer braucht deshalb im Allgemeinen kein »Taschenlabor« mit sich zu führen.

37 Ist der im Einverständnis mit dem Auftraggeber verwendete Baustoff zwar generell für den Einsatzzweck geeignet, aber im konkreten Fall fehlerhaft, verbleibt die Mangelverantwortung beim Auftragnehmer. Das bloße Einverständnis des Auftraggebers mit einem bestimmten Baustoff begründet **keine Verlagerung des Qualitätsrisikos** vom Auftragnehmer auf den Auftraggeber. Der Auftragnehmer ist auch dann **in der Mangelhaftung**, wenn **nicht aufklärbar** ist, **welche von zwei möglichen Ursachen** den Mangel hervorgerufen haben. Dies insbesondere soweit feststeht, dass jeder dieser möglichen Ursachen auf einem objektiv pflichtwidrigen Verhalten des Auftragnehmers beruht (OLG Karlsruhe, BGH Nichtannahmebeschluss IBR 2002, 306).

4. Mangel durch vom Auftraggeber vorgeschriebene Stoffe oder Bauteile

38 Der Auftragnehmer ist auch dann von der Mängelhaftung befreit, wenn der Mangel der Leistung auf Stoffe oder Bauteile zurückzuführen ist, die vom Auftraggeber vorgeschrieben worden sind. Der Begriff »**Vorschreiben**« setzt ebenso wie die Anordnung ein eindeutiges, Befolgung heischendes Verlangen des Auftraggebers voraus, das dem Auftragnehmer keine Wahl mehr lässt (BGHZ 91, 206 = BauR 1984, 510 = NJW 1984, 2457; OLG Köln SFH § 13 Nr. 3 VOB/B Nr. 7; OLG Zweibrücken BauR 1992, 770). Das bloße Einverständnis des Auftraggebers mit einem bestimmten Baustoff oder Bauteil – z.B. hinsichtlich einer bestimmten Bestellnummer, Farbe oder einer bestimmten Bezugsquelle – genügt allein noch nicht (BGH SFH Z 2.414 Bl. 219; BGH NJW 1973, 754 = BauR 1973, 188; BGH BauR 1975, 421 = SFH Z 2.400 Bl. 58).

39 Der BGH hat zum Ausdruck gebracht, dass kein Anlass besteht, die Ausnahmebestimmung in VOB/B § 13 Nr. 3 weit auszulegen. Insoweit entspräche die Nacherfüllungsregelung in VOB/B § 13 im Wesentlichen dem § 633 BGB – alter und wohl auch neuer Form. Somit muss der Auftraggeber ganz bestimmte Baustoffe, Bauteile oder Bezugsquellen **ohne Ausweichmöglichkeit** für den Auftragnehmer vorgeschrieben haben (so auch OLG Saarbrücken BauR 1970, 109, 110 = NJW 1970, 1192; OLG Düsseldorf SFH § 4 Nr. 3 VOB/B Nr. 5; OLG Köln SFH § 13 Nr. 3 VOB/B Nr. 7). Denkbar ist, dass die Vorgaben unausweichliche Bestandteile des Planungskonzeptes sind (OLG Hamm BauR 1988, 481, 482; OLG Stuttgart BauR 1989, 475 im Falle einer Vertragsklausel »**Das ausgeschriebene Material wurde vom Bauherrn bei und mit der Firma ... Natursteine ... ausgesucht und ist von dort zu beziehen.**«). Die Forderung nach einem Werkstoff als solchem (z.B. Hartfaserplatten, Zement, Schieferdeckung usw.) reicht nicht aus; auch nicht, wenn der **Auftraggeber** bei einer vom **Auftragnehmer ausgewählten Firma** Stoffe oder Bauteile (z.B. Fliesen, Kacheln, Natursteinplatten) nach seinem Geschmack **aussucht** (OLG Stuttgart BauR 1989, 475).

40 Ebenfalls reicht es nicht, wenn der Auftraggeber zwar die Verwendung von Material aus einer bestimmten Gegend verlangt, aber die jeweilige Bezugsquelle offen lässt. Voraussetzung ist allerdings, das Material in der betreffenden Gegend zu erhalten ist, das für eine mangelfreie Leistung tauglich ist (OLG München BauR 1990, 362 im Falle eines im Übrigen bloßen Hinweises des Auftraggebers, dass »u.U. nur Hartstein-Edelsplitt aus der Pfalz in Frage kommt«). Anders wird es sein, wenn eine **ganz bestimmte Materialmarke**, ein für sich alleinstehendes Fabrikat oder eine bestimmte Bezugsquelle deutlich und **ohne Einschränkung** verlangt wird (hierzu LG Hamburg [»Teka-Stein«] SFH Z 2.400 Bl. 15 ff.). So genügt es, wenn dem Auftragnehmer die Verwendung braun engobierter Flachdachpfannen aus einer bestimmten Ziegelei vorgeschrieben wird, wenn diese Ziegel in der gewünschten Art und Güte **nicht von jeder Ziegelei hergestellt werden** (BGH BauR 1973, 188 = NJW 1973, 754 =

SFH Z 2.410 Bl. 57). Gleiches gilt für das Vorschreiben eines bestimmten Materials zur Fassadenverkleidung oder zur Dachabdichtung (OLG Köln SFH § 13 Nr. 3 VOB/B Nr. 7 – »Trocal-Folie«). Ein Baustoff ist nicht gewährleistungsbefreiend vorgeschrieben, wenn seine Verwendung auf Drängen des AN vertraglich vereinbart wird (BGH IBR 2005, 418).

41 Das Vorschreiben wird im Allgemeinen schon in der Leistungsbeschreibung erfolgen (ebenso OLG Köln SFH § 13 Nr. 3 VOB/B Nr. 7). Es kann aber auch noch nach Vertragsabschluss geschehen, insbesondere durch Anordnungen des Auftraggebers oder eines seiner für den Bereich von § 4 Nr. 1 Abs. 3 VOB/B bevollmächtigten Vertreters (wie hier *Heiermann/Riedl/Rusam* § 13 VOB/B Rn. 54). Aber auch hier besteht eine Prüfungspflicht des Auftragnehmers im vorangehend genannten Rahmen.

42 Zu den Vertretern des Auftraggebers in dem hier erörterten Bereich zählt vor allem der mit der Planung, Vorbereitung der Vergabe, Mitwirkung bei der Vergabe sowie Objektüberwachung beauftragte Architekt. So gehört es zu den in einem Architektenvertrag übernommenen Pflichten des Architekten, auch die fachgerechte Auswahl und Prüfung der für den Bau bestimmt vorgesehenen Materialien (z.B. Redpine-Dielen als Außenverkleidung eines Bauwerkes, LG Düsseldorf SFH Z 3.01 Bl. 240 ff.) vorzunehmen. Der **Architekt** hat ebenso eine **Erkundigungspflicht**, wenn er nicht hinreichende Fachkenntnisse im Einzelfall besitzt (Entsprechendes wurde entschieden, als ein Architekt eine rustikale Grottenkonstruktion plante, für die es keine DIN-Vorschriften oder sonstige technische Regeln gab. Es lag nicht einmal Fachliteratur vor. Darüber klärte der Architekt den Bauherrn nicht auf. Der Architekt haftete aus § 635 BGB. Gravierender war allerdings noch, dass seine Haftpflichtversicherung den Versicherungsschutz mit der Begründung verweigerte, der Architekt habe sich »bewusst pflichtwidrig verhalten«, OLG Saarbrücken Urt. v. 28.2.1996 5U 553/95; BGH Nichtannahmebeschluss NJW-RR 1998, 93). Verletzt er sie, geht dies im bauvertraglichen Verhältnis zwischen Auftraggeber und Auftragnehmer nicht selten zu Lasten des Auftraggebers (im Rahmen des § 254 BGB). So darf sich der Architekt angesichts des von ihm empfohlenen Teakholzes für Türen und Fenster nicht auf angebliche Fachkenntnisse des ausführenden Unternehmers verlassen. Er muss sich vielmehr selbst um die Auswahl des richtigen Holzes kümmern. Fehlen ihm die erforderlichen Kenntnisse, muss er sich durch einen Sachverständigen beraten lassen, um den Bauherrn vor Schaden zu bewahren (BGH SFH Z 2.414 Bl. 103 und Z 3.01 Bl. 177).

43 Die Befreiung des Auftragnehmers von der Verantwortlichkeit für vom Auftraggeber vorgeschriebene Baustoffe oder Bauteile regelt sich allein nach § 13 Nr. 3 VOB/B. Wie bereits ausgeführt hat der BGH unter Aufgabe seiner bisherigen Rechtsprechung (BauR 1973, 188, 190 = NJW 1973, 754 = SFH Z 2.410 Bl. 57; auch OLG Stuttgart BauR 1975, 56, 57) mit Urt. v. 14.3.1996 (BauR 1996, 702 = SFH § 13 Nr. 3 VOB/B Nr. 13) § 13 Nr. 3 VOB/B dahin gehend ausgelegt, dass **nicht jede Anordnung des Auftraggebers** zu einer Freistellung des Auftragnehmers führt. Seine Haftung wird nur in dem Maße eingeschränkt, wie es eine **wertende Betrachtung** rechtfertigt (BGH BauR 1996, 702). Abzustellen ist auf die Reichweite der Anordnung des Auftraggebers. **Je spezieller die Order** ist, um so weiter reicht die **Freistellungswirkung. Sucht der Auftraggeber von einem Baustoff eine bestimmte einzelne Partie selbst aus**, so wird er für diesbezügliche Mängel ebenso zu haften haben, als hätte er das Material selbst geliefert. Demgegenüber besteht keine Haftung des Auftraggebers, wenn er das Material zwar selbst anliefert, aber seine Auswahl vom Auftragnehmer getroffen wurde (Beck'scher VOB-Komm./*Ganten* § 13 Nr. 3 VOB/B Rn. 30). Bestimmt er den **Stoff nur generell, dann haftet er nur auf dieser allgemeinen Ebene**. Er muss dann nur dafür einstehen, dass der Stoff generell für den vorgesehenen Bereich geeignet ist. Ist dies der Fall, haftet der Auftragnehmer weiterhin für im Einzelfall auftretende Fehler (sog. »**Ausreißer**«, OLG Karlsruhe Urt. v. 12.1.2001; BGH IBR 2002, 306 – Revision nicht angenommen). Vorgaben in Leistungsverzeichnissen reichen nicht aus, etwas anderes kann gelten wenn der Auftraggeber erkennbar das Risiko für einen Mangel übernehmen will (OLG Nürnberg Urt. v. 2.2.2005, BGH Nichtzulassungsbeschwerde zurückgewiesen IBR 2006, 251). Der geänderten BGH-Rechtsprechung ist vor dem Hintergrund der **Erfolgsbezogenheit** der Leistung des Auftragnehmers zuzustimmen.

5. Mangel durch Vorleistungen anderer Unternehmer

44 Eine Befreiung des Auftragnehmers von der Mängelhaftung kann auch in Betracht kommen, wenn der Leistungsmangel auf Vorleistungen eines oder mehrerer anderer Auftragnehmer zurückzuführen ist. Der hier verwendete Begriff der Vorleistung bezieht sich auf Vorarbeiten eines anderen, am gleichen Objekt tätigen Unternehmer. Hierzu zählen auch Eigenleistungen des Auftraggebers (OLG München NJW-RR 1987, 854; OLG Karlsruhe IBR 2006, 88). Dies soll auch bei einem BGB-Werkvertrag gelten (OLG Koblenz BauR 2004, 1831 = IBR 2005, 13). Es muss dabei in technischer Hinsicht ein natürlicher Sachzusammenhang zwischen der Vorleistung und der Vertragsleistung des Auftragnehmers bestehen. Letztere muss auf der ersteren aufbauen, oder erstere muss die sachlich-technische Grundlage für letztere sein. Die Vorleistung muss mangelhaft sein, und die Folgen dieser Mangelhaftigkeit müssen sich auf die spätere Leistung des Auftragnehmers in dem Sinne übertragen, dass diese dadurch selbst mangelhaft wird. Art und Umfang der Prüfungspflicht kann sich dabei aus Teil C der VOB ergeben. Der Umfang der Prüfungs- und Hinweispflichten des Auftragnehmers wird allerdings durch die DIN-Normen nicht abschließend beschrieben (OLG Köln Urt. v. 8.2.2006 IBR 2006, 323). Umstritten ist, ob z.B. der Fliesenleger nach DIN 18352 die Restfeuchte des Vorgewerks Estrich messen muss (so OLG Celle IBR 2006, 1075 – nur online). Der Fliesenleger durfte im entschiedenen Fall auf die Richtigkeit der Anordnung des mit der Koordination der Einzelgewerke betrauten Architekten grundsätzlich vertrauen (auch OLG Frankfurt IBR 2003, 532).

45 Ebenso, wenn das Betonfundament und das darauf aufgebaute Mauerwerk von zwei verschiedenen Auftragnehmern errichtet werden. Ist das Betonfundament des Vorunternehmers nicht ordnungsgemäß, bietet es z.B. nicht den notwendigen Halt, und treten deshalb Risse im später erbauten Mauerwerk auf – obwohl es als solches an sich ordnungsgemäß errichtet ist – handelt es sich um einen Mangel, der durch die Vorleistung entstanden ist. Das Gleiche gilt, wenn der über den Fliesen an sich mangelfrei verlegte Bitumenanstrich nach Beendigung dieser Arbeiten sich als nicht ordnungsgemäß herausstellt. In diesen Fällen wird regelmäßig das Vorliegen eines Fehlers des Architekten bei der Objektüberwachung zu prüfen sein. Hier es liegt es nahe, dass der Architekt seiner Verpflichtung zur Überprüfung von mängelanfälligen Bauteilen nicht nachgekommen ist.

46 Die Haftungsbefreiung des Auftragnehmers entfällt, wenn er nicht entsprechend § 4 Nr. 3 VOB/B die Vorarbeiten geprüft hat und er als Fachmann den Mangel der Vorarbeit in für ihn zumutbarer Weise hätte erkennen können (OLG Koblenz BauR 2005, 154 = IBR 2005, 12) oder dieser Mangel offenkundig ist (OLG Bamberg IBR 2003, 13). So ist ein Wintergartenbauer, der nur isoliert ein Glasdach nach eigenen Konstruktionsplänen zu errichten hat, grundsätzlich verpflichtet, seine Leistung so zu erbringen, dass sie eine geeignete Grundlage für die darauf aufbauenden Folgeleistungen bildet. Auf erkennbare Entwässerungsprobleme an den Dachanschlüssen wegen einer zu tief liegenden Glasdachkonstruktion muss er hinweisen und Bedenken anmelden (OLG Frankfurt Urt. v. 11.2.99, BGH-Nichtannahmebeschluss v. 12.10.2000 IBR 2001, 11). Ein Unternehmer, der den Unterbau für einen Hallenboden herstellt, sowie der Unternehmer, der auf diesem Unterbau den Bodenbelag ausführt, müssen überprüfen, ob das für den Unterbau verwendete, vom Auftraggeber gestellt Material (Hausmüllverbrennungsasche statt Recyclingmaterial) für den vorgesehenen Verwendungszweck geeignet ist (OLG Hamm BauR 2003, 101). Auch ist der Rohbauer verpflichtet, einen von einem Vorunternehmer durchgeführten Bodenaustausch auf ausreichende Dichtigkeit zu überprüfen. Unterlässt er dies, kann er sich im Nachhinein nicht auf ein Mitverschulden des Bauherrn berufen (OLG Bremen BauR 2001, 1599 = NJW-RR 2001, 1463 = NZBau 2001, 684. Vor dem Verlegen von Parkett muss der Bodenleger die Restfeuchte des Estrichs prüfen. Bei einer Fußbodenheizung muss er sich außerdem das »Aufheizprotokoll« vorlegen lassen. OLG Hamm BauR 2001, 1120 = NZBau 2001, 502).

Jeder Handwerker muss grundsätzlich darauf hinwirken, dass die seiner Arbeit dienenden Vorarbei- 47
ten anderer Handwerker zweckentsprechend ausgeführt werden und einwandfreies Material dazu
angeliefert wird (BGH BB 1956, 321 = NJW 1956, 787). Auch kann sich der Auftragnehmer grundsätzlich nicht allein schon deswegen auf eine Mitverantwortlichkeit des Auftraggebers berufen, weil
der vorleistende Unternehmer Erfüllungsgehilfe des Auftraggebers im Verhältnis zu ihm sei (dazu
§ 6 VOB/B). Jedoch verletzt ein AG, der selbst auf dem Gewerk seines AN aufbaut und weitere Bauleistungen erbringt, die ihm in eigenen Angelegenheiten obliegende Sorgfaltspflicht, wenn er die
Leistungen dieses AN ungeprüft übernimmt (BGH BauR 2003, 1213 = IBR 2003, 351).

Liefert andererseits der Bauunternehmer auf die Baustelle an den von ihm beauftragten Subunter- 48
nehmer Sand fehlerhafter Körnung, dann beschränkt sich dessen Prüfungspflicht auf eine Sicht-
und Fühlprobe. Zu einer Laboranalyse oder Einsichtnahme in die Lieferscheine des anliefernden
Bauunternehmers soll er nicht verpflichtet sein. Der Subunternehmer kann grundsätzlich darauf
vertrauen, dass das zuliefernde Bauunternehmern mangelfreie Materialien anliefert (OLG Brandenburg BauR 2001, 102 = NJW-RR 2000, 1620). Auch soll der Auftragnehmer seiner Hinweispflicht
genügen, wenn er dem örtlichen Beauftragten des Auftraggebers seine Bedenken mitteilt. Bleibt dieser daraufhin bei der vorgesehenen Art der Ausführung, führe dies nur zur Haftung des Auftragnehmers, wenn die Art der Ausführung fachlich nicht zu vertreten sei (OLG Celle, BGH-Nichtannahmebeschluss BauR 2002, 93). Dies ist abzulehnen, hier darf der Auftragnehmer nicht weiterbauen
(siehe oben).

Zu beachten in diesem Zusammenhang sind allerdings zwei weitere Entscheidungen. Danach be- 49
steht die Gefahr, dass bei Anlieferungen von Material an die Baustelle die Vorschriften über den **Handelskauf** mit einer unverzüglichen Rügeverpflichtung angewandt werden (**§ 377 HGB**). Dies kann
dazu führen, dass bei fehlender sofortiger Untersuchung und der damit verbundenen Rüge die gesetzliche Verjährungszeit für Mängelansprüche auf eine **handelsrechtliche äußerst kurze Rügezeit**
verkürzt wird. Problematisch an dieser Entscheidung war insbesondere die Tatsache, dass die Bauwerkseignung der zu liefernden Heizmatten erst nach deren Einbau überhaupt festgestellt werden
konnte (OLG Frankfurt BauR 2000, 423). Ähnliches wurde auch für den Werklieferungsvertrag
über eine spezielle Mörtelmischung für die Anlieferung an die Dresdner Frauenkirche entschieden.
Auch hier wurden dem Auftragnehmer Mangelansprüche gegen den Lieferanten deshalb verweigert,
weil er seiner unverzüglichen Prüfungsverpflichtung nach §§ 377, 381 AGB nicht nachgekommen
sei (OLG Dresden IBR 2000, 228; hierzu zu beachten auch OLG Naumburg BauR 1995, 285 =
IBR 1995, 10; OLG Hamm Urt. v. 29.11.2002 NJW-RR 2003, 613 = IBR 2003, 1045). Auch diese Entscheidung wurde schon deshalb sehr strittig diskutiert, weil geöffnete Mörtelsäcke nach einer Probenentnahme nicht mehr verwendbar sind. Ebenso ist die tatsächliche Festigkeit dieses Materials
erst nach einer Abbindezeit festzustellen.

IV. Weitere Haftungsbefreiungsvoraussetzungen

Um eine Befreiung des Auftragnehmers in oben genannten Fällen von seiner Mängelhaftung eintre- 50
ten zu lassen, müssen noch folgende weitere Haftungsbefreiungsvoraussetzungen hinzukommen.

1. Mitteilungspflicht

Es wurde bereits ausgeführt, dass im Rahmen der Anwendung des § 13 Nr. 3 VOB/B beim Auftrag- 51
nehmer eine Mitteilungspflicht nach § 4 Nr. 3 VOB/B entstehen wird. Dies dann, wenn ihm als Fachkundigen Bedenken gekommen sind, bzw. hätten kommen müssen. Eine Befreiung von der Haftung
kann bei Verletzung dieser Pflicht nicht eintreten. Eine Bedenkenanmeldung soll nicht erforderlich
sein, wenn der AG bereits anderweitig von den Mangelrisiken umfassende und lückenlose Kenntnis
erlangt hat (OLG Düsseldorf IBR 2003, 408). Sie entfällt nicht schon dann, weil der baukundige Auftraggeber selbst fehlerhafte Vorarbeiten ausführt (OLG Karlsruhe Urt. v. 28.10.2004, BGH Nichtzu-

lassungsbeschwerde zurückgewiesen IBR 2006, 88). Die Mitteilung des vom Bauherrn eingeschalteten Architekten, er habe die Verlegungsreife des Estrichs geprüft und damit verbundene Freigabe des Bodens zur Verlegung wird vom OLG Frankfurt als schlüssiger Verzicht auf die Notwendigkeit einer Feuchtigkeitsprüfung durch den AN verstanden (OLG Frankfurt 2003, 1727). Dies ist nicht zu verallgemeinern.

52 Hat der Auftragnehmer Bedenken gegen die Anordnungen des bauplanenden oder bauleitenden Architekten/Ingenieurs, obliegt ihm eine Mitteilungspflicht nach § 4 Nr. 3 VOB/B (OLG Düsseldorf BauR 1995, 244 = NJW-RR 1995, 214; *Soergel* FS Heiermann S. 309 ff.). Er kann sich insoweit nicht mehr auf den Architekten/Sonderfachmann verlassen (hierzu auch KG SFH Z 2.410 Bl. 21 ff.). Zunächst muss er diesen informieren. Hat er Anhaltspunkte dafür, dass dieser sich **berechtigten Bedenken verschließt,** muss er sich direkt an den Auftraggeber wenden (hinsichtlich des Architekten § 4 VOB/B). Droht dem Bauvorhaben Gefahr in Form von **erheblichen Mängeln** oder **Schäden**, wird der Auftragnehmer zu prüfen haben, ob er zusätzlich **die Leistung verweigert**. In diesen Fällen wird er eine Haftungsbefreiung nur dann erreichen, wenn der Auftraggeber auf entsprechende Ansprüche verzichtet (OLG Düsseldorf SFH Z 2.414 Bl. 31 ff.). Zumindest muss er nachweisen, dass er alles Erforderliche getan hat (insoweit zutreffend OLG Düsseldorf BauR 1988, 478, 480 = NJW-RR 1988, 210). Kommt der Auftragnehmer entsprechenden Pflichten nicht nach, wird er sich nicht auf ein mitwirkendes Verschulden der Auftraggeberseite bzw. dessen Architekten/Ingenieurs als dessen Erfüllungsgehilfe berufen können (§ 4 VOB/B). Der Grundsatz von Treu und Glauben steht dem entgegen (BGH NJW 1973, 518 = BauR 1973, 190; OLG München NJW-RR 1987, 854). **Für die Praxis** ist dem Bauunternehmer entsprechend § 4 Nr. 3 VOB/B zu empfehlen, einen **schriftlichen detaillierten Bedenkenhinweis** (ggf.) mit den möglichen Folgen zu erteilen und den **Zugang** beim Auftraggeber zu **dokumentieren**. Denkbar wäre, einen Haftungsausschluss zu vereinbaren. Da dies in der Praxis kaum zu realisieren ist (insbesondere was den Umfang der Haftungsbefreiung und die hierfür gegenüber dem Auftraggeber bestehenden umfangreichen Aufklärungspflichten betrifft), wird der Auftragnehmer eine außerordentliche Kündigung seines Vertrages in Erwägung ziehen müssen (allerdings erst nach mehrfacher »Abmahnung« des Auftraggebers).

53 Zu beachten sind andererseits die Konstellationen, bei denen die Auftraggeberseite den Mangel/die Gefahr eher (als der Auftragnehmer) erkannt hat, bzw. eher hätte erkennen können. Zu denken ist an die Fälle, dass der Auftraggeber selbst Fachmann ist oder entsprechende Fachleute beschäftigt. In diesen Fällen kann darüber nachgedacht werden, ob die Bedenkenpflicht des Auftragnehmers geringer einzustufen ist. Im Regelfall dürfte dies abzulehnen, sein. Es muss insoweit immer bei einer Hinweispflicht des Auftragnehmers in den Grenzen seines **objektivierten Wissens** bleiben. Schließlich kann sich selbst ein besonders geschulter Auftraggeber irren. Ferner stellt sich die Frage, wie der Auftragnehmer den Kenntnisstand des Auftraggebers überprüfen soll. Es muss insoweit bei den entsprechenden Pflichten des Auftragnehmers bleiben (hierzu BGH NJW 1956, 787 = SFH Z 2.401 Bl. 1; i.d.S. auch das OLG Hamm SFH Z 2.414 Bl. 37 ff.). Etwas anderes kann gelten, wenn nachgewiesen werden kann, dass der Auftraggeber Anordnungen in Kenntnis eines Mangels trifft (LG Hamburg SFH Z 2.400 Bl. 15).

54 Von einer Haftung ist der Unternehmer somit zunächst dann frei, wenn er der ihm obliegenden Mitteilungspflicht nachgekommen ist. Frage ist, ob Gleiches auch dann gilt, wenn der Unternehmer **keine Ursache für eine Mitteilungspflicht** erkennen konnte. Der Wortlaut des § 13 Nr. 3 VOB/B sagt hierzu unmittelbar nichts aus. Man wird jedoch auch diese Fallkonstellation hier ansiedeln müssen. In der Praxis wird es in diesen Fällen darauf ankommen, ob es zumindest Indizien gab, die den Auftragnehmer »aufhorchen« lassen mussten. Zu denken ist an das Beispiel, dass der Auftragnehmer »vor Ort« realisiert, dass eine Straße »auch« von LKWs befahren wird. Gleiches gilt für den Fall, dass eine Garagenzufahrt stärker »strapaziert« wird, als ursprünglich angedacht. Entsprechende Indizien müssen den Auftragnehmer beispielsweise dazu bringen, den Untergrund/Vorarbeiten daraufhin zu

untersuchen, ob sie für diese Belastung geeignet sind – und damit auch der Werkerfolg seiner Folgeleistung gesichert ist. **Damit verbunden** ist auch eine **Mitteilungspflicht**.

2. Inhalt und Form der Mitteilung

Die Mitteilung des Auftragnehmers muss inhaltlich klar, vollständig und an den richtigen Adressaten gerichtet sein (dazu im Einzelnen § 4 VOB/B). Dabei hat der Auftragnehmer seine Verpflichtung erfüllt, wenn er die Bedenken dem Auftraggeber im Hinblick auf die konkrete Gefahr möglicher Mängel und Schäden mitgeteilt, ihm dies also deutlich vor Augen geführt hat. Er hat dagegen nicht die zusätzliche Verpflichtung, den Auftraggeber über Abhilfemöglichkeiten zu belehren (OLG Celle NJW 1960, 102) – sofern dieser selbst fachkundig (z.B. durch Architekt oder Ingenieur) beraten ist. **55**

Nach § 4 Nr. 3 VOB/B muss die Mitteilung grundsätzlich schriftlich erfolgen, um den Auftragnehmer von seiner Haftung für Mängel (§ 13 Nr. 3 VOB/B) ganz oder teilweise zu entbinden. Der Gesichtspunkt von Treu und Glauben gebietet es jedoch, hiervon Ausnahmen zuzulassen. Hat der Auftragnehmer dem Auftraggeber seine Bedenken nur mündlich, aber eindeutig in zulässiger und erforderlicher Weise mitgeteilt, kann ihm die Möglichkeit, sich bei eintretenden Mängeln nach Treu und Glauben auf eine Mitverantwortung des Auftraggebers (§ 254 BGB) oder sogar eine Haftungsbefreiung zu berufen, nicht generell verwehrt werden (dazu näher § 4 VOB/B sowie insbesondere BGH BauR 1975, 278 = NJW 1975, 1217). Immer ist eine Entscheidung auf der Grundlage der konkreten Einzelumstände zu treffen. **56**

3. Beweislast

Für die Beweislast von § 13 Nr. 3 VOB/B gelten die für § 4 Nr. 3 VOB/B maßgebenden Regeln entsprechend (§ 4 VOB/B). Die fehlende Erkennbarkeit der Mangelhaftigkeit oder Ungeeignetheit der Leistungen eines Vorunternehmers hat bis zur Abnahme der AN zu beweisen, verbleibende Zweifel gehen zu seinen Lasten (OLG Celle BauR 2003, 912 = IBR 2003, 412). Dies vor dem Hintergrund seiner grundsätzlichen verschuldensunabhängigen werkvertraglichen Erfolgshaftung. **57**

V. Nebenpflichtverletzung durch den Auftraggeber

Der Bauherr kann dem Auftragnehmer aus Nebenpflichtverletzung nach § 280 BGB haften, wenn er ihn willkürlich unberechtigterweise auf Nacherfüllung, insbesondere auf eine entsprechende Überprüfung in Anspruch nimmt. Erwogen wurde dies, als ein Auftragnehmer wegen unnötiger Ortsbesichtigungen eine Rechnung stellte. Das OLG Düsseldorf hat die entsprechende Forderung des AN abgelehnt und dabei ausgeführt, ein Ersatzanspruch des AN komme nur in Fällen willkürlicher Behauptungen und fehlender diesbezüglicher Erkennbarkeit in Betracht (OLG Düsseldorf BauR 1999, 919). Weist der Auftraggeber das Angebot des Auftragnehmers zur Nacherfüllung (unberechtigterweise) eindeutig zurück, scheiden Ansprüche des AG gegen den AN aus, insbesondere auf Ersatz der Nacherfüllungskosten bzw. Schadensersatz. Etwas anderes kann nur dann gelten, wenn der AG berechtigt war, das Nachbesserungsangebot auszuschlagen – beispielsweise, weil das Angebot des AN nicht umfangreich genug war oder ihm ein weiteres Tätigwerden des AN nicht zuzumuten ist (OLG Brandenburg BauR 1998, 793; BGH Mitteilung vom 27.112003 BauR 2004, 380 u. BauR 2004, 501). Der Auftraggeber darf insoweit kein Sanierungskonzept vorgeben. Allerdings darf er offenkundig untaugliche Sanierungsversuche ablehnen. **58**

Der Auftraggeber kann vom Unternehmer die Durchführung von Nacherfüllungsmaßnahmen nicht verlangen, wenn bereits vor Durchführung der Maßnahmen feststeht, dass sie den vorhandenen Zustand nicht verbessern, sondern verschlechtern – hier: nachträgliche Beschichtung eines Betonbodens (OLG Düsseldorf BauR 1997, 140). Der Nacherfüllungsanspruch gegenüber dem Auftragnehmer entfällt auch dann, wenn der Auftraggeber (unberechtigterweise) ein Hausverbot erteilt. Auf **59** entsprechende Aufforderung des Unternehmers muss er diesem einen Termin zur Wiederaufnahme der Arbeiten benennen. Bleibt er untätig, kann der Unternehmer ihm eine Frist nach § 643 S. 1 BGB setzen und nach deren erfolglosem Ablauf seine Vergütung gemäß **§ 645 Abs. 1 S. 2 BGB** verlangen (OLG Düsseldorf Urt. v. 23.7.1999 22 U 9/99 IBR 1999, 573).

60 Wird der Unternehmer mit unberechtigten Mängelrügen überzogen und entsteht bei ihm insoweit ein vergeblicher Untersuchungsaufwand, kann er den vertraglichen Vergütungsanspruch hierfür geltend machen, sofern er seinen Auftraggeber zuvor auf seine Bedenken und die Kostenpflichtigkeit seiner Tätigkeit im Fall der Mangelfreiheit hingewiesen hat (OLG Karlsruhe Urt. v. 13.5.2003 BauR 2003, 1241 = IBR 2003, 353). Rügt der Bauunternehmer nach Abrutschen einer Baugrubensicherung Mängel der Statik und fragt der Auftraggeber daraufhin lediglich beim Tragwerksplaner nach, muss sich der AN damit nicht zufrieden geben. Das Verhalten des AG ist insoweit pflichtwidrig mit der Folge, dass der AN berechtig sein soll, seinerseits einen Sachverständigen einzuschalten. Die dabei entstandenen Kosten von 12.000 € wurden ihm erstattet (OLG Karlsruhe Urt. v. 20.7.2004 BauR 2005, 153). Vergleiche hierzu auch BGH Urt. v. 8.7.2004 (VII ZR 317/02 = BauR 2004, 1616), danach führt ein nach einer Kündigung des Bauvertrages ausgesprochenes **Baustellenverbot** allein noch nicht zu einer **Verwirkung des Nachbesserungsanspruchs**, sondern allenfalls zu einem **Annahmeverzug des Auftraggebers**. Der Annahmeverzug ist beendet, wenn sich der Auftraggeber im Prozess bezüglich der Mängel auf sein Leistungsverweigerungsrecht beruft und dadurch zu erkennen gibt, dass der Auftragnehmer die Baustelle zum Zwecke der Mängelbeseitigung betreten darf. Mit **Beendigung des Annahmeverzuges** soll der Auftraggeber im Rahmen seines Leistungsverweigerungsrechts wieder das Dreifache der Mängelbeseitigungskosten geltend machen können – **während des Annahmeverzuges** nur das **Einfache** (so BGH Nichtannahmebeschluss v. 4.4.2002 VII ZR 252/01 = IBR 2002, 361 unter Übergehung des geltenden Rechtes des § 641 Abs. 3 BGB »mindestens in Höhe des Dreifachen« – ob dabei ein Rückgriff auf § 242 BGB notwendig ist, ist fraglich – nicht so der BGH – mit Inkrafttreten des geplanten Foderungssicherungsgesetzes wird sich diese Frage dadurch lösen, dass die Formulierung des § 641 Abs. 3 BGB geändert werden soll in »in der Regel das Doppelte«). Als Folge sollten Auftragnehmer deshalb auch nach einer Kündigung ihre Bereitschaft zur Mängelbeseitigung mit dem Ziel anzeigen dem Auftraggeber das Druckmittel des dreifachen Druckzuschlages zu nehmen und die um die einfachen Mängelbeseitigungskosten verminderte Vergütung fordern zu können.

61 Der BGH hat sich in weiteren Entscheidungen zur Frage geäußert, wann Leistungsverweigerungsrechte nicht mehr geltend gemacht werden können (BGH Urt. v. 18.1.2001 VII ZR 416/99 = BauR 2001, 784; Urt. v. 14.11.2002 VII ZR 23/02 = BauR 2003, 379; Urt. v. 24.7.2003 VII ZR 79/02 = BauR 2003, 1892).

VI. Vertragliche Sonderregelungen

62 Eine Mängelhaftung des Auftragnehmers kann dann entfallen, wenn sie kraft ausdrücklicher und von § 4 Nr. 3 und § 13 Nr. 3 VOB/B abweichender individualvertraglicher Bestimmung im Sinne einer deutlich festgelegten **Haftungsbefreiung** ausgeschlossen ist. Da § 13 Nr. 3 VOB/B einen Ausfluss des allgemeinen Rechtsgedankens von Treu und Glauben (§ 242 BGB) beinhaltet, stellt jede Abweichung von § 13 Nr. 3 VOB/B eine Abweichung vom gesetzlichen Leitbild dar und ist als **Allgemeine Geschäftsbedingung** ggf. nach § 307 BGB unwirksam oder als Individualvereinbarung ggf. nach §§ 138, 242 BGB nichtig. Hier ist eine detaillierte Einzelfallprüfung der abweichenden Vereinbarung erforderlich.

63 Eine von den genannten Vertragsbestimmungen abweichende Regelung ist in entsprechender Anwendung von § 10 Nr. 4 Abs. 2 VOB/B in die Besonderen Vertragsbedingungen aufzunehmen. Sofern sich der Ausschluss nur auf Teile der in §§ 4 Nr. 3, 13 Nr. 3 VOB/B festgelegten Pflichten bezieht, muss dies in der vertraglichen Sonderregelung klar abgegrenzt zum Ausdruck kommen. Ähnliches gilt, wenn

sich die Sondervereinbarung auf bestimmte Teile der vertraglichen Leistung erstrecken soll. Gerade hier muss der Auftragnehmer besonderen Bedacht darauf nehmen, dass der Leistungsteil genau abgegrenzt bezeichnet wird. Ihm ist es zu empfehlen, einen auf § 13 Nr. 3 VOB/B bezogenen Haftungsausschluss im Bauvertrag zu vereinbaren, wenn die von ihm verlangte Leistung oder ein bestimmter Teil derselben im Hinblick auf die in § 4 Nr. 3 VOB/B festgelegten Verpflichtungen als besonders risikovoll zu bezeichnen ist. Allerdings kommt es immer darauf an, ob und inwieweit der Auftraggeber diesem Verlangen auf Haftungsbeschränkung stattgibt. Einseitige Erklärungen des Auftragnehmers reichen nicht (dazu BGH SFH Z 2.413 Bl. 15 ff.; dort hat der BGH den Fall behandelt, dass durch den Bauvertrag ausdrücklich die Haftung des Auftragnehmers für Regenschäden ausgeschlossen wurde).

Zur Vereinbarung einer über den Rahmen von § 13 Nr. 3 VOB/B hinausgehenden Verpflichtung des Auftragnehmers gilt das in § 4 VOB/B Gesagte. Wird insoweit von Auftraggeberseite bewusst ein nicht erprobtes Material vorgeschrieben (zur Versiegelung von Betonteilen einer Rottehalle), muss der Unternehmer nicht mehr auf Mängelrisiken hinweisen. Hier wird eine Risikoübernahme durch den Auftraggeber vorliegen (OLG Hamm IBR 2003, 409). **64**

§ 13 Nr. 4
[Verjährungsfrist für Mängelansprüche]

(1) Ist für Mängelansprüche keine Verjährungsfrist im Vertrag vereinbart, so beträgt sie für Bauwerke 4 Jahre, für andere Werke, deren Erfolg in der Herstellung, Wartung oder Veränderung einer Sache besteht, und für die vom Feuer berührten Teile von Feuerungsanlagen 2 Jahre. Abweichend von S. 1 beträgt die Verjährungsfrist für feuerberührte und abgasdämmende Teile von industriellen Feuerungsanlagen 1 Jahr.

(2) Ist für Teile von maschinellen und elektrotechnischen/elektronischen Anlagen oder Teilen davon, bei denen die Wartung Einfluss auf die Sicherheit und Funktionsfähigkeit hat, nichts anderes vereinbart, beträgt für diese Anlageteile die Verjährungsfrist für Mängelansprüche abweichend von Absatz 1 zwei Jahre, wenn der Auftraggeber sich dafür entschieden hat, dem Auftragnehmer die Wartung für die Dauer der Verjährungsfrist nicht zu übertragen; dies gilt auch, wenn für weitere Leistungen eine andere Verjährungsfrist vereinbart ist.

(3) Die Frist beginnt mit der Abnahme der gesamten Leistung; nur für in sich abgeschlossene Teile der Leistung beginnt sie mit der Teilabnahme (§ 12 Nr. 2).

Inhaltsübersicht

	Rn.
A. Regelung nach BGB.	1
I. Mangelhaftes Bauwerk	3
II. Planungs- und Überwachungsleistungen für Bauwerke.	5
III. Arbeiten an einer Sache	6
IV. Sonstige Werke	9
V. Arglistiges Verschweigen eines Mangels	11
VI. Rücktritt und Minderung.	13
VII. Ansprüche aus unerlaubter Handlung	14
B. Regelung des § 13 Nr. 4 VOB/B	15
I. Änderungen durch die VOB/B 2002	15
II. Änderungen durch die VOB/B 2006	27
1. Änderungen in § 13 Nr. 4 Abs. 1 S. 1 VOB/B	27
2. § 13 Nr. 4 Abs. 2 VOB/B	28
III. Allgemeine Grundlagen – Verhältnis zu Ansprüchen aus § 4 Nr. 7 VOB/B.	29
1. Kein zwingender Verlust von Mängelansprüchen	32

	Rn.
2. Verwirkung eines Mangelanspruches	34
3. Verzicht auf Mangelansprüche	36
4. Stillhalteabkommen, Verhandlungen, Musterprozess und Vergleich	40
5. Verzicht auf Geltendmachung der Verjährungseinrede	50
6. Grundlagen der Verjährungseinrede	54
7. Arglistige Verjährungseinrede	57
IV. Vereinbarung einer von Nr. 4 abweichenden Verjährungsfrist	58
1. Individualvereinbarung	58
2. Formularmäßige Vereinbarung	59
3. VOB/B geht von getroffener Abrede aus	62
4. Abweichende Vereinbarung in § 13 Nr. 7 Abs. 4 VOB/B	70
V. Die vertraglichen Verjährungsfristen nach § 13 Nr. 4 Abs. 1 und 2 VOB/B	71
1. Bauwerke	73
2. Arbeiten an einem Grundstück	77
a) Arbeiten, die nicht mit einer Bauwerkserrichtung im Zusammenhang stehen	78
b) Arbeiten an einem Bauwerk, die nicht die Funktionsfähigkeit des Bauwerks betreffen	79
c) Arbeiten an einem Bauwerk und Grundstück gleichzeitig	80
d) Verjährungsfrist: 2 Jahre	81
e) Verjährungsfrist: 5 Jahre	86
3. Feuerungsanlagen	92
4. Industrielle Feuerungsanlagen	95
5. Arbeiten an maschinellen und elektrotechnischen/elektronischen Anlagen	97
6. Von Nr. 4 Abs. 1 und 2 nicht erfasste Leistungen	105
VI. Verjährungsfristen in Sonderfällen	108
1. Arglistiges Verschweigen von Mängeln	108
a) Dreijährige Verjährungsfrist auch bei VOB/B-Vertrag	108
b) Arglistiges Verschweigen	110
c) Verantwortlichkeit des Auftragnehmers für Erfüllungsgehilfen	119
d) Arglistiges Vorspiegeln	146
e) Beweislast	147
2. Nebenpflichtverletzungen	151
3. Versicherungsschutz des Auftragnehmers	156
4. Ansprüche aus unerlaubter Handlung	157
VII. Der zeitliche Lauf der Verjährungsfristen bei Mängelansprüchen	161
1. Der Beginn der Verjährungsfrist (Nr. 4 Abs. 3)	161
a) Grundsätzlich Verjährungsbeginn mit Abnahme	161
b) Verweigerung der Abnahme	167
c) Fiktion der Abnahme	168
d) Mangelkenntnis seitens des Auftraggebers ohne Belang	185
e) Berechnung des Verjährungsbeginns nach gesetzlichen Vorschriften	187
f) Früherer Verjährungsbeginn	188
2. Lauf der Verjährungsfrist	189
3. Die Hemmung der Verjährung nach gesetzlichen Vorschriften	193
a) Wirkung der Hemmung	193
b) Stundung oder Leistungsverweigerungsrecht	195
c) Höhere Gewalt	200
d) Verhandlungen (§ 203 BGB)	202
aa) § 639 Abs. 2 BGB gelöscht	202
bb) Begriff der Verhandlungen	204
cc) Beginn der Hemmung	216
dd) Ende der Hemmung	217
ee) Beweislast	222
e) Die Hemmungstatbestände der Rechtsverfolgung (§ 204 BGB)	224

	Rn.
aa) Klageerhebung	226
bb) Hemmung durch selbstständiges Beweisverfahren	243
f) Der Neubeginn der Verjährung nach gesetzlichen Vorschriften (§ 212 BGB)	261
4. Auswirkungen der Hemmung oder des Neubeginns auf die übrigen Mängelansprüche (§ 213 BGB)	274
a) Ausgangspunkt	274
b) Mängelrechtssystem der VOB/B	276
c) Nacherfüllung und Minderung schließen sich aus	278
d) Nacherfüllung und Ansprüche aus Nr. 5 Abs. 2 schließen sich aus	279
e) Anwendung der §§ 203, 213 BGB auf alle Mängelrechte der VOB/B	280
5. Einwirkung auf Verjährungsfrist durch § 13 Nr. 5 Abs. 1 S. 2 und 3 VOB/B	282
a) Übersicht	282
b) Der Quasi-Neubeginn bei schriftlicher Mangelrüge (Nr. 5 Abs. 1 S. 2)	283
aa) Allgemeines	283
bb) Änderungen durch die VOB/B 2002	284
cc) Neubeginn für sämtliche Mängelansprüche	285
dd) Voraussetzungen des § 13 Nr. 5 Abs. 1 S. 2 VOB/B	286
ee) Abweichende Vereinbarung der Verjährungsfrist	293
c) Verjährung bei Mangelbeseitigungsleistungen (Nr. 5 Abs. 1 S. 3)	300
aa) Allgemeines	300
bb) Verhältnis von § 203 BGB zu § 212 BGB	305
cc) Verhältnis von § 203 BGB zu Nr. 5 Abs. 1 S. 3	306
dd) Erfolglose Mangelbeseitigungsleistung	311
ee) Neubeginn der Verjährung durch Anerkenntnis auch im VOB-Vertrag?	314
6. Die Vollendung der Verjährung bei Mängelansprüchen	317
VIII. Keine anderen Anspruchsgrundlagen bei verjährten Mängelansprüchen	319
IX. Aufrechnung und Zurückbehaltungsrecht nach Eintritt der Verjährung (§ 215 BGB)	321
1. Allgemeines	321
2. Geltung auch beim VOB/B-Vertrag	325

A. Regelung nach BGB

Auch nach der Schuldrechtsreform wird – wie bisher – die Verjährung der Mängelansprüche im besonderen Teil des Schuldrechts bei den einzelnen Vertragstypen behandelt. **1**

Für die Verjährung der in § 634 Nrn. 1, 2 und 4 BGB genannten Ansprüche auf Nacherfüllung, Selbstvornahme bzw. Aufwendungsersatz, Schadensersatz und Ersatz vergeblicher Aufwendungen gelten die Fristen des § 634a BGB: **2**

2 Jahre – § 634a Abs. 1 Nr. 1 BGB Werkleistungen an einer Sache (außer einem Bauwerk)

5 Jahre – § 634a Abs. 1 Nr. 2 BGB bei einem Bauwerk oder

3 Jahre – § 634a Abs. 1 Nr. 3 BGB (Regelm. Verjährungsfrist) – sonstige Werkleistungen

I. Mangelhaftes Bauwerk

Bei einem mangelhaften Bauwerk gilt gemäß § 634a Abs. 1 Nr. 2 Alt. 1 BGB eine Verjährungszeit von **fünf Jahren**. Als Bauwerk wird eine unbewegliche, durch Verwendung von Arbeit und Material in Verbindung mit dem Erdboden hergestellte Sache bezeichnet. Beispiele sind: Errichtung von Gebäuden, Brücken, Straßen, Kanälen, Leitungsmasten, Stützen einer Seilbahn, Gleisanlagen oder Denkmäler (siehe in diesem Werk § 1 VOB/A). **3**

4 Die Verjährung beginnt nach § 634a Abs. 2 BGB mit der **Abnahme**.

II. Planungs- und Überwachungsleistungen für Bauwerke

5 Werkverträge mit Planungs- und Überwachungsleistungen für ein Bauwerk verjähren ebenfalls in **fünf Jahren** – § 634a Abs. 1 Nr. 2 Alt. 2 BGB. Erfasst ist hier die typische Architektenleistung von der Planung bis zur Bauüberwachung. Verjährungsbeginn tritt mit **Abnahme** ein.

III. Arbeiten an einer Sache

6 Für andere als in § 634a Abs. 1 Nr. 2 BGB genannte Werke gilt § 634a Abs. 1 Nr. 1 BGB mit einer Verjährungszeit von **zwei Jahren**. Dieser umfasst – vorbehaltlich der Nr. 2 – Werke, deren Erfolg in der Herstellung, Wartung oder Veränderung einer Sache oder der Erbringung von Planungs- oder Überwachungsleistungen hierfür bestehen. Hauptanwendungsfall sind Wartungs- und Reparaturarbeiten. Hierunter fällt auch die Leistung des Landschaftsarchitekten.

7 Durch das Schuldrechtsmodernisierungsgesetz ist die bisherige Unterscheidung nach § 638 BGB a.F. von »Arbeiten an einem Grundstück« (Verjährungsfrist: 1 Jahr) und »Arbeiten an Bauwerken« (Verjährungsfrist: 5 Jahre) aufgehoben worden. Arbeiten an einem Grundstück werden jetzt unter § 634a Abs. 1 Nr. 1 BGB gefasst. Die bisherige Rechtsprechung zur Unterscheidung zwischen diesen beiden Bereichen wird zum großen Teil jedoch weiterhin Gültigkeit behalten. Dies nicht mehr im Zusammenhang zwischen der Abgrenzung der bisherigen einjährigen und fünfjährigen Frist, sondern bei der Unterscheidung zwischen der fünfjährigen Frist des § 634a Abs. 1 Nr. 2 und der nun **zweijährigen** Frist des § 634a Abs. 1 Nr. 1 BGB. Hierauf wird im Folgenden eingegangen.

8 Die **Abnahme** markiert auch hier den Verjährungsbeginn, § 634a Abs. 2 BGB.

IV. Sonstige Werke

9 Sonstige Werke – die nicht in § 634a Abs. 1 Nr. 1 und 2 genannt sind – fallen unter die **regelmäßige Verjährungsfrist**, § 634a Abs. 1 Nr. 3 BGB.

10 Das Gesetz schafft somit einen Auffangtatbestand für Verjährungsfristen aller Werkverträge, die von den zuvor genannten Ziffern nicht erfasst werden (z.B. Gutachten).

V. Arglistiges Verschweigen eines Mangels

11 Die **regelmäßige Verjährungsfrist** gilt gemäß § 634a Abs. 3 BGB auch dann, wenn der Unternehmer den Mangel arglistig verschwiegen hat. Insofern finden weder die Fristen des § 634a Abs. 1 Nr. 1 und 2 BGB noch der Verjährungsbeginn zum Zeitpunkt der Abnahme Anwendung (§ 634a Abs. 2 BGB) – im Fall des Abs. 1 Nr. 2 tritt die Verjährung jedoch nicht vor Ablauf der dort bestimmten Frist ein (§ 634a Abs. 3 S. 2 BGB).

12 Vielmehr beginnt die Verjährungsfrist am Schluss des Jahres der Entstehung des Anspruchs und dem Vorliegen der Kenntnis bzw. grob fahrlässigen Unkenntnis des Gläubigers von den anspruchsbegründenden Umständen und der Person des Schuldners (§ 199 BGB). Der Anspruch verjährt regelmäßig in drei Jahren, § 634a Abs. 3 S. 1 BGB.

VI. Rücktritt und Minderung

13 Es unterliegen jedoch nicht alle in § 634 BGB genannten Rechte der Verjährung. Insofern wurden durch das Schuldrechtsmodernisierungsgesetz die Rechte des § 634 Nr. 3 BGB – Rücktritt und Min-

derung – als sog. **Gestaltungsrechte** normiert. Das unverjährbare Recht zum Rücktritt ersetzt somit den der Verjährung unterliegenden Wandelungsanspruch. Der Verweis in § 634a Abs. 4 und Abs. 5 BGB auf § 218 BGB führt jedoch zu einer Anbindung an die Verjährung des (Nach-) Erfüllungsanspruchs.

VII. Ansprüche aus unerlaubter Handlung

Neben den Gewährleistungsansprüchen aus Werkvertragsrecht sind u.a. Ansprüche aus unerlaubter Handlung nach §§ 823 ff. BGB denkbar. Verursacht eine mangelhafte Werkleistung, die auf einem Verschulden des Unternehmers beruht, zugleich eine Verletzung des Eigentums des Bestellers, gilt für diesen Anspruch die regelmäßige Verjährungsfrist von drei Jahren. **14**

B. Regelung des § 13 Nr. 4 VOB/B

I. Änderungen durch die VOB/B 2002

Der DVA sah aufgrund der kritischen Beurteilung der zweijährigen Gewährleistungsfrist des § 13 Nr. 4 VOB/B in der Literatur und bedingt durch die Änderungen der Schuldrechtsreform eine Notwendigkeit zur Verlängerung der Gewährleistungsfristen des § 13 Nr. 4 VOB/B. Wichtigste Änderung des § 13 Nr. 4 VOB/B waren daher die Verlängerungen der Verjährungsfristen. Die deutlichen Unterschiede zwischen der Regelung im BGB (fünf Jahre) und der zwei- bzw. einjährigen Gewährleistungsfristen des alten § 13 Nr. 4 VOB/B ist daher entfallen. **15**

In Anpassung an § 633 BGB und § 13 Nr. 1 VOB/B 2002 wurde das Wort »Gewährleistung« durch »Mängelansprüche« ersetzt. **16**

Die Sonderregelung für **Holzerkrankungen** wurde ersatzlos gestrichen. Nach Auffassung des DVA konnte diese Formulierung entfallen, da bei einer Holzerkrankung stets auch eine Abweichung von der vertraglich vereinbarten Beschaffenheit des Bauwerks vorliege (*Kratzenberg* NZBau 2002, 177, 181). Diese Begründung ist sehr kurz gefasst. Für den Fall der fehlenden Beschaffenheitsvereinbarung sollte zusätzlich auf die Eignung zur gewöhnlichen Verwendung und das Aufweisen einer Beschaffenheit – die bei Werken gleicher Art üblich ist und die der Auftraggeber nach der Art der Leistung erwarten kann – abgestellt werden (§ 633 Abs. 2 S. 2 Nr. 2 BGB, § 13 Nr. 1 S. 3 lit. b VOB/B 2002). **17**

Hinzu kommt, dass eines der Hauptargumente für die verkürzte Verjährungsfrist nach der Schuldrechtsreform deutlich an Gewicht verloren hat. Bisher konnte der Besteller nach dem alten BGB-Werkvertragsrecht fünf Jahre lang seine Gewährleistungsansprüche ab Abnahme beim (Bau-)Unternehmer geltend machen. Dieser selbst konnte aus dem Kaufvertrag mit seinem Baustofflieferanten indes gemäß § 477 BGB a.F. nur sechs Monate Regress nehmen. Die Folge dieser gesetzlich vorgegebenen Konstellation war die sog. »**Regresslücke**« **am Bau**. Der durch die Schuldrechtsreform neu in das BGB aufgenommene § 438 Abs. 1 Nr. 2 lit. b) BGB entschärft diese Problematik nunmehr teilweise. Dieser sieht eine Verjährung der Mängelansprüche aus § 437 Nr. 1 und 3 »in fünf Jahren bei einer Sache, die entsprechend ihrer üblichen Verwendungsweise für ein Bauwerk verwendet worden ist und dessen Mangelhaftigkeit verursacht hat«, vor. **18**

Vollkommen beseitigt ist diese Problematik indes noch nicht: **19**

Im **Dreiecksverhältnis Baustoffhändler – Unternehmer – Besteller** ist es möglich, dass ein Schadens- oder Nacherfüllungsanspruch gegen den Baustoffhändler aufgrund des früheren Beginns der Verjährung (§ 438 Abs. 2 BGB: Ablieferung) verjährt ist, während der Anspruch des Bestellers gegen den Unternehmer aufgrund des späteren Beginns der Verjährung (§ 634a Abs. 2 BGB: Abnahme) noch nicht verjährt ist. Bei VOB/B-Verträgen ist diese Problematik zu Gunsten des Unternehmers weiter entschärft: Der Unternehmer wird hier um ein Jahr mehr geschützt, weil seine Haftung und die Verjährungsfrist gegenüber dem Besteller sich nach VOB/B richtet und dementsprechend vier Jahre beträgt, während sein Regressanspruch gegen den Baustoffhändler erst in fünf Jahren verjährt. Dies ist ein nachvollziehbarer Rechtfertigungsgrund für die vom DVA gewählte Vier-Jahres-Frist. Fraglich ist allerdings, ob dieses Argument europarechtlichen Gesichtspunkten stand halten kann.

20 So wird in Hinblick auf Verbraucherverträge gemäß § 310 Abs. 3 BGB (bisher: § 24a AGBG) auf die europarechtliche Problematik hingewiesen (*Weyer* BauR 2002, 857, 862). Auch Bauverträge können als Verbraucherverträge zu werten sein – vorausgesetzt, der Auftraggeber ist Verbraucher i.S.d. § 13 BGB. Dies ist dann der Fall, wenn der Zweck des Vertrages weder seiner gewerblichen noch seiner selbstständigen beruflichen Tätigkeit zugerechnet werden kann. Für diesen Bereich wird die Privilegierung der VOB/B als unzulässig angesehen. Insofern wird ein Verstoß gegen die EG-RL 93/13 angenommen (*Quack* BauR 1997, 24; *Heinrichs* NJW 1997, 1414; *Lenkeit* BauR 2002, 222; *Wolf/Horn/Lindacher* § 23 Rn. 248). Die Regelung der »alten zweijährigen Frist« sollte aber weiter anzuwenden sein, da die Richtlinie im Verhältnis zwischen den Marktbürgern keine Direktwirkung habe und eine richtlinienkonforme Auslegung nicht möglich sei (*Palandt/Heinrichs* § 309 BGB Rn. 76). Seit der VOB/B 2002 stellt sich nun die Frage, ob diese Aussagen für die geänderte vierjährige Frist weiterhin gelten. Unstreitig ist, dass die frühere zweijährige Verjährungsfrist aus § 13 Nr. 4 VOB/B einer Inhaltskontrolle nach dem AGB-Gesetz nicht standhalten konnte und dem gemäß unwirksam war. Diese Frage war allerdings von der weiteren Problematik zu trennen, wonach die zweijährige Frist auch bei einer Vereinbarung der VOB/B »als Ganzes« mit europarechtlichen Regelungen nicht vereinbar sei. Insbesondere konnte die Verkürzung der Gewährleistungsfristen nach § 13 Nr. 4 Abs. 1 und 2 VOB/B im Widerspruch zu Art. 3 Abs. 1 der EG-Richtlinie über missbräuchliche Klauseln in **Verbraucherverträgen** (Richtlinie 93/13/EG des Rates v. 5.4.1993 AblEG Nr. L 95 S. 29) stehen (*Weyer* BauR 2002, 857, 862 m.w.N.).

21 Nach der VOB/B 2002 gilt **für Bauwerke eine regelmäßige Verjährungsfrist von vier Jahren**. Für Arbeiten an einem Grundstück und für die vom Feuer berührten Teile von Feuerungsanlagen beträgt die Verjährungsfrist zwei Jahre; bei vom Feuer berührten und abgasdämmenden Teilen von industriellen Feuerungsanlagen ein Jahr. Bei maschinellen und elektrotechnischen/elektronischen Anlagen nach Maßgabe von § 13 Nr. 4 Abs. 2 VOB/B ist eine Verjährungsfrist von zwei Jahren festgeschrieben. Eine darüber hinausgehende Verkürzung – auch zwischen Kaufleuten – scheiterte nach Auffassung des DVA an den Vorgaben der AGB-Inhaltskontrolle des § 307 BGB (Beschluss des Vorstandes des Deutschen Vergabe- und Vertragsausschusses v. 2.5.2002, 21 – Quelle: www.bmvbs.de/Anlage/original_12974/DVA-HAA-Beschluesse-zur-VOB-B-vom-02.05.02.pdf).

22 Die praktische Bedeutung der längeren Verjährungsfrist für Bauwerke wird als eher gering eingeschätzt. Professionelle private Auftraggeber pflegten bereits bisher in ihren Bauverträgen die Vereinbarung der fünfjährigen Mängelanspruchsverjährungsfrist – entsprechend dem BGB. Die Änderung hätte insofern im Wesentlichen nur Auswirkungen auf Verträge mit öffentlichen Auftraggebern (*Oppler* MittBl. ARGE Baurecht 2002, 19, 23).

23 Die Baupraxis hat überdies längst die von der Rechtsprechung aufgezeigten Möglichkeiten genutzt. So ist seit der »Flachdachentscheidung« des BGH (BGH BauR 1996, 707) die formularmäßige Vereinbarung einer Gewährleistungsfrist für entsprechende Arbeiten über 10 Jahre und ein Monat unter AGB-rechtlichen Gesichtspunkten geöffnet worden. Gestaffelte Gewährleistungsfristen sind in der Vertragspraxis keine Seltenheit mehr (so auch *Oppler* a.a.O.). Zudem dürfte sich durch das Schuldrechtsmodernisierungsgesetz das gesetzliche Leitbild geändert haben. § 202 BGB erlaubt weitergehende Vereinbarungen zu Verjährungsfristen.

Teile der Literatur sehen die Neuregelung des § 13 Nr. 4 VOB/B weiterhin kritisch. So verbleibe auch 24 nach der VOB/B 2002 eine Verkürzung der gesetzlichen Frist um ein Fünftel. Dies führe bei Eingriffen in die VOB/B als Ganzes – mangels Privilegierung – zur Unwirksamkeit der Klausel nach den AGB-Vorschriften – bei Verwendung durch den Auftragnehmer (*Kemper* BauR 2002, 1613; *Kiesel* NJW 2002, 2064, 2067 f.).

Die abweichende Sonderregelung in § 13 Nr. 4 Abs. 1 S. 2 VOB/B 2002 – ein Jahr Verjährungsfrist 25 für feuerberührte und abgasdämmende Teile von industriellen Feuerungsanlagen – betrifft z.B. Hochöfen. Die dort herrschenden ständig sehr hohen Temperaturen führen erfahrungsgemäß zu einer wesentlich kürzeren Lebensdauer dieser Bauteile. Dem wird durch die Neufassung Rechnung getragen (*Kratzenberg* NZBau 2002, 177, 181).

Die Privilegierung des § 13 Nr. 4 VOB/B erfolgt nun in § 309 Nr. 8 lit. b) ff) BGB. Während im alten 26 § 23 Abs. 2 Nr. 5 AGBG von der VOB/B als »**Vertragsgrundlage**« gesprochen wurde, wird nun darauf abgestellt, dass die VOB/B »**insgesamt einbezogen**« worden sein muss (siehe zur Privilegierung oben).

II. Änderungen durch die VOB/B 2006

1. Änderungen in § 13 Nr. 4 Abs. 1 S. 1 VOB/B

§ 13 Nr. 4 Abs. 1 S. 1 (Verjährungsfrist) erhält folgende Fassung 27

»(1) Ist für Mängelansprüche keine Verjährungsfrist im Vertrag vereinbart, so beträgt sie für Bauwerke 4 Jahre, ~~für Arbeiten an einem Grundstück~~ für andere Werke, deren Erfolg in der Herstellung, Wartung oder Veränderung einer Sache besteht und für die vom Feuer berührten Teile von Feuerungsanlagen 2 Jahre.«

Der in § 13 Nr. 4 Abs. 1 S. 1VOB/B jetzt gestrichene Begriff »Arbeiten an einem Grundstück« wurde dem BGB a.F. entnommen. Mit der Änderung wird eine Anpassung an das BGB (nach der Schuldrechtsmodernisierung) vorgenommen. Das alte BGB unterschied eine Verjährungsfrist von Bauwerksleistungen von 5 Jahren und eine für Arbeiten an Grundstücken von einem Jahr. Das BGB neuer Fassung stellt der fünfjährigen Frist für Bauwerksleistungen nicht mehr eine Frist von einem Jahr gegenüber, sondern einer von 2 Jahren für Werke, deren Erfolg in der Herstellung, Veränderung oder Wartung einer Sache bzw. in der Erbringung von Planungs- oder Überwachungsleistungen hierfür besteht (§ 634a Abs. 1 Nr. 1 BGB). Hiervon werden nun auch »Arbeiten an einem Grundstück« des BGB aF erfasst. Damit war eine Sonderregelung in der VOB/B nicht mehr erforderlich. Unter »andere Werke« fallen auch Arbeiten an unbeweglichen Sachen, z.B. Erdarbeiten.

2. § 13 Nr. 4 Abs. 2 VOB/B

§ 13 Nr. 4 Abs. 2 (Verjährungsfrist bei maschinellen und elektr. Anlagen) erhält folgende Fassung 28

»(2) ~~Bei~~ Ist für Teile von maschinellen und elektrotechnischen/elektronischen Anlagen ~~oder Teilen davon~~, bei denen die Wartung Einfluss auf Sicherheit und Funktionsfähigkeit hat, nichts anderes vereinbart, beträgt für diese Anlagenteile die Verjährungsfrist für Mängelansprüche abweichend von Abs. 1 2 Jahre, wenn der Auftraggeber sich dafür entschieden hat, dem Auftragnehmer die Wartung für die Dauer der Verjährungsfrist nicht zu übertragen; dies gilt auch, wenn für weitere Leistungen eine andere Verjährungsfrist vereinbart ist.«

Die Veränderung der VOB/B soll deutlich machen, dass die verjährungsrechtliche Sonderregelung in § 13 Nr. 4 Abs. 2 VOB/B auch dann greift, wenn unter Abweichung von § 13 Nr. 4 Abs. 1 VOB/B eine über die Regelverjährungsfrist von 4 Jahren hinausgehende Frist vereinbart wurde (so die Begründung des DVA v. 17.5.2006). Voraussetzung ist immer, dass § 13 Nr. 4 Abs. 2 VOB/B nicht abbedingungen wurde. Ziel der Regelung insgesamt ist es, »*Streitigkeiten darüber zu verhindern, ob ein aufgetretener Schaden auf einer Leistung des AN oder einer unzureichenden Wartung der Wartungsfirma beruht*« (DVA a.a.O.). Die damit verbundene Unsicherheit für den AG kann von diesem eingeschränkt werden, soweit er während der Dauer der Frist der Mängelhaftung dem AN die Wartung überträgt. Wird sogar eine längere als die Regelverjährungsfrist des § 13 Nr. 4 Abs. 1 S. 1 BGB vereinbart, so gilt dies ebenso (DVA a.a.O.). Dies ist allerdings nur verständlich, wenn man beachtet, dass die VOB/B nur für Bauwerksleistungen gilt.

III. Allgemeine Grundlagen – Verhältnis zu Ansprüchen aus § 4 Nr. 7 VOB/B

29 Die in § 13 Nr. 4 VOB/B geregelten Verjährungsfristen gelten für alle Mängelansprüche, soweit sie in einem VOB/B-Bauvertrag vorgesehen sind. Angesprochen sind die in Nr. 5 Abs. 1 S. 1 und Abs. 2, Nr. 6 und 7 im Einzelnen aufgeführten oder daraus abgeleiteten Ansprüche. Daneben finden sich aber von Nr. 4 abweichende Sonderregelungen für besondere Mängelhaftungsfälle in Nr. 5 Abs. 1 S. 2 und 3 sowie in Nr. 7 Abs. 4.

30 Die in § 13 Nr. 4 festgelegten Fristen gelten auch für jene Fälle, in denen es sich ursprünglich um einen auf § 4 Nr. 7 VOB/B beruhenden Anspruch handelt, die Bauleistung zwischenzeitlich aber abgenommen worden ist und sich der Anspruch inhaltlich mit einem solchen aus § 13 VOB/B deckt (BGH NJW 1971, 99 = BauR 1971, 51). Die Verjährungsfristen nach § 13 Nr. 4 oder § 13 Nr. 7 Abs. 4 VOB/B sind nach einer Kündigung oder Teilkündigung eines Bauvertrages auf Ansprüche aus **§ 4 Nr. 7 S. 1 und S. 2 VOB/B** – die nach der Kündigung erhalten bleiben – grundsätzlich **erst anwendbar**, wenn die **bis zur Kündigung erbrachten Leistungen abgenommen** worden sind (BGH BauR 2003, 689 = NJW 2003, 1450). Die Fristen der Nr. 4 sind nach erfolgter Abnahme auch maßgebend, wenn entstandene Mängel darauf beruhen, dass der Auftragnehmer gegen das Verbot in § 4 Nr. 8 Abs. 1 VOB/B eigenmächtig an Nachunternehmer zu vergeben, verstoßen und der Nachunternehmer mangelhaft geleistet hat (BGHZ 59, 323 = NJW 1973, 38 = BauR 1973, 46 = SFH Z 2.414 Bl. 291). Auch kommen diese Fristen bei einem VOB/B-Vertrag zur Anwendung, wenn die Parteien durch individualvertragliche Vereinbarung die Voraussetzungen oder den Umfang der Mängelhaftung (ganz oder teilweise) anders als in § 13 Nr. 1–3, 5–7 VOB/B geregelt haben, jedoch eine von Nr. 4 abweichende Absprache nicht getroffen worden ist.

31 Zu beachten ist grundsätzlich: Die kurze Verjährungsfrist der Nr. 4 kommt nur für solche Mängelansprüche in Betracht, die ihre Ursache in der Ausführung der Leistung bis zur Abnahme haben. Sie sind daher nicht auf Ansprüche zugeschnitten, die erst nach Abnahme entstehen (d.h. nicht vom AN »angelegt« worden sind); insbesondere wenn diese infolge schuldhafter Verletzung von Nebenpflichten durch den Auftragnehmer entstanden sind, etwa bei der Untersuchung und Beseitigung später zutage getretener Baumängel, bei der Wahrung von Mängelrechten des Auftraggebers oder bei seiner späteren Beratung. In diesen Fällen ist die Frist des § 195 BGB maßgebend (BGHZ 71, 144 = BauR 1978, 235 = NJW 1978, 1311). Zu beachten ist auch § 13 Nr. 5 Abs. 1 S. 3 VOB/B.

1. Kein zwingender Verlust von Mängelansprüchen

32 Weder das gesetzliche Werkvertragsrecht des BGB noch die Allgemeinen Vertragsbedingungen der VOB/B – mit Ausnahme des von § 640 Abs. 2 BGB erfassten Sachverhaltes (Abnahme eines Werkes in Kenntnis des Mangels – dazu § 12 VOB/B), sowie der sich aus der Nichtbeachtung von § 12 Nr. 4 Abs. 1 S. 4 und Nr. 5 Abs. 3 VOB/B ergebenden Folge (Abnahme der Bauleistung ohne Vorbehalt der bekannten Mängel) – legen fest, dass die Mängelansprüche des Auftraggebers ganz oder teilweise zu einem bestimmten Zeitpunkt ein Ende finden.

33 Ein Endzeitpunkt mit der Folge automatischen Wegfalls des Anspruchs ist sowohl dem Gesetz als auch den Allgemeinen Vertragsbedingungen grundsätzlich unbekannt. Etwas anderes gilt nur,

wenn der Auftragnehmer einen eindeutig erklärten Verzicht des Auftraggebers auf die Geltendmachung von Mängelansprüchen im Wege einer vertraglichen Vereinbarung erhalten hat oder wenn nach dem Verhalten des Auftraggebers eine Verwirkung der Mängelansprüche angenommen werden muss.

2. Verwirkung eines Mangelanspruches

Von **Verwirkung** kann nur gesprochen werden, wenn im Einzelfall die Ausübung des Mängelrechts als Verstoß gegen Treu und Glauben angesehen werden muss – sie sich als unzulässige Rechtsausübung darstellt. Das ist der Fall, wenn der Auftragnehmer aus dem bisherigen – wenn auch unabsichtlichen (dazu BGH BauR 1990, 86 = SFH § 202 BGB Nr. 6 = ZfBR 1990, 64 Nr. 2) –, über eine längere Zeit andauernden Verhalten des Auftraggebers entnehmen kann, dass dieser den Mängelanspruch nicht mehr geltend machen will. **Hierfür wird Folgendes gefordert**: 34

– Der Auftragnehmer muss mit dem Anspruch nicht mehr rechnen.
– Er durfte sich hierauf in seiner Wirtschaftsführung einrichten.
– Er hat sich hierauf eingerichtet (hierzu RGZ 159, 106; ferner RGZ 144, 22; BGH SFH Z 2.331 Bl. 75 ff.).

Denkbar ist, dass der Auftraggeber als Schuldner der Vergütung dem Auftragnehmer Anlass gegeben hat, von einer Unterbrechung (Neubeginn) der Verjährung abzusehen. Sein bloßes Schweigen kann hierfür nicht ausreichen. Selbst aus einem Stillhalteabkommen kann hierauf nicht geschlossen werden (BGH BauR 1990, 86 = SFH § 202 BGB Nr. 6 = ZfBR 1990, 64 Nr. 2). Bei kurzen Verjährungsfristen (§ 635 BGB oder besonders hier § 13 Nr. 4 VOB/B) kommt eine Verwirkung nur in seltenen Ausnahmefällen in Betracht (dazu BGH MDR 1989, 448). 35

3. Verzicht auf Mangelansprüche

Einleitend ist festzuhalten, dass die Parteien für Mängelansprüche nicht von vornherein den Ausschluss der Verjährung vereinbaren können; dem würde § 202 Abs. 1 BGB entgegenstehen (BGH NJW 1986, 1608 für die Regelung bis zum 31.12.2001). Ist Entsprechendes doch geschehen, so tritt an die Stelle des nichtigen Verjährungsausschlusses nicht die dreijährige Verjährung, sondern die gesetzliche Verjährung des § 634a BGB (BGH BauR 1988, 465 = SFH § 208 BGB Nr. 4 = NJW 1988, 1259 für die Regelung bis zum 31.12.2001). 36

Andererseits können die Vertragspartner – also vor allem der Auftraggeber – im Wege einer Individualvereinbarung durch einen Erlassvertrag (§ 397 BGB) auf Mängelansprüche verzichten. Dies muss nicht schon bei Vertragsabschluss vereinbart werden, vielmehr kann es noch nachträglich geschehen. Auch bedarf es keiner ausdrücklichen Verzichtserklärung. Es genügt ein entsprechendes, den Verzichtswillen klar zum Ausdruck bringendes Verhalten. So liegt z.B. ein hinreichend klar zum Ausdruck gebrachter Verzichtswille des Auftraggebers dann vor, wenn er sich bereit erklärt, dem Auftragnehmer die Nacherfüllungsarbeiten voll und gesondert zu vergüten (dazu BGH SFH Z 3.01 Bl. 336; BGH BauR 1981, 383 = ZfBR 1981, 169; auch OLG Düsseldorf BauR 1995, 254 = NJW-RR 1995, 402; dasselbe SFH § 387 BGB Nr. 3). In diesem Fall kann der Auftraggeber hinsichtlich des betreffenden ursprünglichen Mangels auch keine weiteren Mängelansprüche – also Minderung oder Schadensersatz – geltend machen. An einen stillschweigenden Verzicht sind jedoch strenge Anforderungen zu stellen (dazu BGH BauR 1995, 701 = SFH § 397 BGB Nr. 1 = NJW-RR 1996, 237). Vereinbaren die Bauvertragsparteien nach einem Nacherfüllungsversuch eine besondere Haftungsfrist, bedeutet dies keinen Verzicht (OLG Frankfurt NJW-RR 1992, 280). 37

Ein genereller Verzicht auf Mängelansprüche in AGB ist gemäß § 309 Nr. 8b) aa) BGB nicht möglich. Entsprechendes gilt auch für den kaufmännischen Bereich (§ 307 BGB; zum Verzicht auf Gewährleistungsansprüche vgl. auch § 13 VOB/A). Im Ergebnis sind an die Annahme eines konkludenten 38

Verzichts des Bauherrn auf eine vertraglich geschuldete Bauleistung regelmäßig strenge Anforderungen zu stellen. Der Umstand alleine, dass der Bauherr sieht, was gebaut wird, genügt für sich genommen nicht. Gefordert ist hier vielmehr eine eindeutige Erklärung, »**sich eines Rechtes begeben zu wollen**« (OLG Köln BauR 1997, 314). Auch umfasst das **Einverständnis** eines Auftraggebers mit einer **bestimmten Art der Nacherfüllung** in der Regel noch nicht einen Verzicht auf bestehende Mängelansprüche (BGH BauR 1997, 131 = NJW-RR 1997, 148 = ZfBR 1997, 32).

39 Ein individualvertraglicher Verzicht hinsichtlich der Geltendmachung von Mängelansprüchen kann schon vor Ablauf der Verjährungsfrist vereinbart werden. § 202 BGB steht dem nicht entgegen. Denkbar ist insoweit die Festlegung bestimmter Zeiträume oder Begrenzungen »bis zum Eintritt eines bestimmten Ereignisses«. Hier wird man von einem Stillhalteabkommen (pactum de non petendo) mit der Wirkung der Hemmung der Verjährung nach § 205 BGB sprechen müssen (BGHZ 58, 103 = BauR 1972, 179 = NJW 1972, 525).

4. Stillhalteabkommen, Verhandlungen, Musterprozess und Vergleich

40 Ein **Stillhalteabkommen** (pactum de non petendo) kann auch in Verhandlungen der Bauvertragspartner zwecks außergerichtlicher Klärung strittiger Fragen liegen (OLG Hamm SFH Z 2.310 Bl. 32; ferner BGH SFH Z 2.415.2 Bl. 15 = BauR 1977, 346 – dort auch zur Frage, welche Überlegungsfrist nach endgültigem Scheitern von Vergleichsverhandlungen zuzubilligen ist [§ 242 BGB], ohne dass sich der andere Vertragspartner auf einen zwischenzeitlichen Ablauf der Gewährleistungsfrist berufen kann). Die Hemmung tritt bei **Verhandlungen** über den Anspruch oder die den Anspruch begründenden Tatsachen automatisch per Gesetz nach § 203 BGB ein. Für den Hemmungstatbestand trägt der Auftraggeber die **Beweislast**. Gleiches gilt nach § 204 Abs. 1 Nr. 8 BGB, wenn die Parteien die Einholung eines **Schiedsgutachtens** über die vom Auftraggeber gerügten Mängel vereinbaren. Die Hemmung endet im Falle der Verhandlung gemäß § 203 S. 2 BGB drei Monate nach Abbruch der Verhandlungen, beim Schiedsgutachten wegen § 204 Abs. 2 BGB 6 Monate nach der Beendigung des eingeleiteten Verfahrens.

41 Dies ist in der Regel der Zeitpunkt, in dem das Gutachten vorliegt oder die Parteien die Abrede einverständlich aufheben (OLG Hamm NJW 1976, 717). Insofern ist auch die **Verzögerungsvorschrift des § 319 Abs. 1 S. 2 Hs. 2 BGB** zu beachten, wobei hier Verzögerung nicht mit Verzug gleichzusetzen ist (Verschulden wäre Voraussetzung). Ausreichend ist vielmehr, dass die Handlung nicht innerhalb angemessener Zeit vorgenommen wird, wobei an das Vorliegen der Verzögerung strenge Anforderungen zu stellen sind.

42 Gleichwohl würde der von den Parteien mit der Bestellung eines Schiedsgutachters verfolgte Zweck, ein gerichtliches Verfahren tunlichst zu vermeiden, in Frage gestellt. Andererseits dürfen die Anforderungen nicht überspannt werden (BGH BauR 1990, 86 = SFH § 202 BGB Nr. 6 = ZfBR 1990, 64 Nr. 2 für den Fall der Verzögerung von drei Jahren nach Aufnahme der schiedsgutachterlichen Tätigkeit). Dabei entspricht die Verschleppung durch einen Vertragsteil der Verzögerung, die dieser dadurch herbeiführt, dass er den Schiedsgutachter entgegen der vertraglichen Vereinbarung nicht benennt und es so durch sein vertragswidriges Verhalten dazu kommt, dass der Schiedsgutachter gar nicht tätig wird. Bei einer solchen Lage ist eine entsprechende Anwendung der genannten Vorschrift geboten. Der säumige Vertragsteil kann sich nicht mehr mit Erfolg auf die Schiedsgutachterklausel und ihre Wirkungen berufen (BGH BauR 1990, 86 = SFH § 202 BGB Nr. 6 = ZfBR 1990, 64 Nr. 2 m.w.N.); dies wäre im Übrigen auch treuwidrig (OLG Hamm BauR 1983, 374).

43 Zu beachten ist in diesem Zusammenhang aber auch: Schiedsgutachterklauseln können, wenn sie als Zusätzliche oder mehrfach verwendete Besondere Vertragsbedingungen in Bauverträgen enthalten sind, wegen Verstoßes gegen zwingende AGB-rechtliche Vorschriften des BGB unwirksam sein. Insofern ist die formularmäßige Vereinbarung einer obligatorischen Schiedsgutachterklausel in einem Vertrag über die Lieferung eines Fertighauses wegen Verstoßes gegen § 307 BGB für unwirk-

sam erklärt worden (BGH BauR 1992, 223 = NJW 1992, 433 = SFH § 9 AGB-Gesetz Nr. 54 = ZfBR 1992, 61 für die Rechtslage bis 31.12.2001). Anders entschieden für Bauverträge zwischen Unternehmern (BGH BauR 2004, 488).

44 Dem Gesagten ähnlich liegen auch jene Fälle, in denen die Parteien zwecks Vermeidung einer Vielzahl gleichgelagerter Prozesse vereinbaren, einen **Musterprozess** zur Klärung der aufgetretenen Streitfragen zu führen. Dessen Ergebnis soll dann für alle Verfahren gelten. Eignet sich der in Lauf gesetzte Prozess wegen während des Verfahrens unvorhergesehen aufgetretener Schwierigkeiten nicht als Musterprozess, so kann der Beklagte einem weiteren Prozess nicht mit der Einrede der Verjährung begegnen. Dem würde Treu und Glauben entgegenstehen.

45 Ein Stillhalteabkommen kann auch in dem auf Vorschlag des Gerichts vereinbarten Abwarten bis zur Entscheidung aufgeworfener Rechtsfragen eines bereits laufenden Revisionsverfahrens liegen (BGH VersR 1979, 348).

46 Einigen sich Auftragnehmer und Auftraggeber darauf, dass über die streitige Frage – ob Mängel vorhanden sind – in einem **selbstständigen Beweisverfahren** (§§ 485 ff. ZPO) ein Sachverständigengutachten eingeholt werden soll, so sind ab der Einigung bis zur Vorlage des Gutachtens vorgenommene, auf die Verfolgung von Mängelansprüchen gerichtete Rechtshandlungen des Auftraggebers auch nach § 242 BGB wegen widersprüchlichen Verhaltens (venire contra factum proprium) unwirksam (OLG Hamm BauR 1982, 591). Dies gilt entsprechend auch für den Auftragnehmer. Ab Zustellung des Antrags auf Durchführung des selbstständigen Beweisverfahrens ergibt sich die Hemmung aus § 204 Abs. 1 Nr. 7 BGB.

47 Andererseits: Einigen sich die Vertragspartner in einem **außergerichtlichen Vergleich** über die vom Auftragnehmer geschuldete Nacherfüllung, so hat dies, wenn sich aus dem klar erkennbaren Parteiwillen nichts anderes ergibt (z.B. der Nacherfüllungsanspruch bei Vergleichsabschluss schon verjährt war), keine schuldumschaffende Wirkung. Demgemäß unterliegt der Anspruch des Auftraggebers auf Nacherfüllung bzw. Kostenvorschuss weiterhin der Verjährung nach § 13 Nr. 4 VOB/B – beim BGB-Bauvertrag nach § 634a BGB (BGH BauR 1987, 692 = NJW-RR 1987, 1426). Zu beachten ist hier jedoch § 212 BGB. Danach beginnt die Verjährung erneut, wenn der Schuldner (Bauunternehmer) den Anspruch anerkennt (z.B. durch Verpflichtungserklärung des Bauunternehmers in einem außergerichtlichen Vergleich).

48 Allein daraus, dass der Bauträger nach Ablauf der Verjährungsfrist einen Teil der Baumängel anerkennt und beseitigt, kann nicht gefolgert werden, dass er darauf verzichtet hat, gegenüber den weiteren Ansprüchen der Wohnungseigentümer die Einrede der Verjährung zu erheben. Auch setzt der Verzichtswille voraus, dass der Verzichtende sich bewusst ist oder jedenfalls damit rechnet, die Verjährung sei eingetreten (BayObLG IBR 2003, 82). Die Hemmung der Verjährung von Mängelansprüchen ist zeitlich begrenzt, wenn der Auftraggeber den Umständen entnehmen kann, dass der Auftragnehmer trotz seiner anfänglichen Prüfungszusage untätig bleibt und die Nachbesserung ablehnt (OLG Celle IBR 2002, 192).

49 Die Verjährung der Mängelansprüche gegen den Tragwerksplaner wegen Mängel der Statik soll nicht allein dadurch gehemmt werden, dass der Tragwerksplaner an der Besichtigung der Mangelerscheinung teilnimmt (BGH BauR 2002, 108 = NJW 2002, 288). Mit der erst in zweiter Instanz erhobenen Einrede der Verjährung ist der Beklagte nach § 531 Abs. 1 ZPO ausgeschlossen, da es sich um ein neues Angriffs- und Verteidigungsmittel handelt (OLG Brandenburg IBR 2003, 170). Mit dieser Entscheidung hat das OLG konsequent die bisher schon für das Revisionsverfahren geltenden Grundsätze angewandt, dass die Erhebung der Einrede der Verjährung nicht mehr zu berücksichtigen ist, wenn sie nicht in der Instanz zuvor erhoben wurde (*Lenkeit* Anm. zu OLG Brandenburg IBR 2003, 170). Eine nachträgliche Zulassung im Berufungsrechtszug wird in der Regel nicht möglich sein (IBR 2003, 170-*Lenkeit* u. *Siegburg* BauR 2003, 291). Dies vor dem Hintergrund, dass die Berufungsinstanz in der ab dem 1.1.2002 geltenden ZPO keine Tatsacheninstanz mehr darstellt, sondern mehr

oder weniger die Funktion der früheren Revisionsinstanz übernommen hat. Dies kann auch für Fragen der Streitverkündung von Bedeutung sein. Trägt der Beitretende, nachdem ihm der Streit verkündet wurde, in der zweiten Instanz »neue Tatsachen« vor, kann das Berufungsgericht hierauf nicht mehr reagieren. Mit Recht wird darauf hingewiesen, dass dies selbst dann zu gelten hat, wenn der Vortrag unbestritten bleibt (IBR 2003, 170-*Lenkeit*).

5. Verzicht auf Geltendmachung der Verjährungseinrede

50 Von dem Verzicht auf Mängelansprüche (durch den Auftraggeber) ist der Verzicht auf die Geltendmachung der Verjährungseinrede (durch den Auftragnehmer) zu unterscheiden (Über dessen Voraussetzungen und Wirkungen § 2 VOB/B. Die dort aufgeführten Grundsätze gelten entsprechend auch für den Bereich der Mängelrechte). Der zuletzt genannte Verzicht setzt voraus, dass der Auftragnehmer bei Abgabe seiner Erklärung wusste, dass die Verjährungsfrist schon abgelaufen ist oder er dies jedenfalls für möglich hielt (OLG Köln ZfBR 2000, 554 = IBR 2001, 59). Ein Verzicht kann auch stillschweigend erklärt werden, etwa durch Anerkenntnis der fortdauernden Mängelhaftung des Auftragnehmers.

51 Ein vom Schuldner vor Ablauf der Verjährungsfrist ausgesprochener Verzicht auf die Einrede der Verjährung führt dazu, dass die abredewidrige Berufung auf die Verjährungseinrede als Rechtsmissbrauch behandelt wird (§ 242 BGB) – solange der Schuldner nicht erklärt, er halte sich nicht mehr an seinen Verzicht gebunden (BGH VersR 1984, 689; 1986, 1080). Gleiches gilt, wenn der Gläubiger den Anspruch innerhalb angemessener Zeit nach Auftreten begründeter Zweifel an der Fortdauer des Verzichtswillens gerichtlich geltend macht (OLG Hamm VersR 1983, 787).

52 Gerade auch hier kann durch ein Stillhalteabkommen ein Vertrauenstatbestand dahin erweckt werden, dass der Gläubiger aus dem Verhalten des Schuldners das Vertrauen gewinnen kann, dieser werde nicht Verjährung geltend machen, sondern sich auf sachliche Einwendungen beschränken. Eine dennoch erhobene Verjährungseinrede verstößt gegen Treu und Glauben, solange der Schuldner nicht erklärt, er halte sich nicht mehr an die »Verzichts«-Erklärung (BGH VersR 1982, 365; 1984, 689).

53 Entschieden wurde (zwar für das Kaufrecht, allerdings kann dies auch für das Werkvertragsrecht gelten), dass die Vereinbarung über den Ausschluss von Mängelansprüchen für sichtbare und verborgene Mängel solche Mängel nicht betrifft, die erst nach Vertragsabschluss (und vor Gefahrübergang) entstehen (BGH IBR 2003, 165). Ein Anerkenntnis und ein (zeitlich befristeter) Verzicht auf die Einrede der Verjährung soll das rechtliche Interesse an der Feststellung der »Gewährleistungspflicht« des Auftragnehmers wegen Mängeln an seiner Werkleistung nicht beseitigen (OLG Düsseldorf OLGR 2000, 369 = BauR 2000, 1074 = NZBau 2000, 384).

6. Grundlagen der Verjährungseinrede

54 Bei den oben genannten Ausnahmefällen handelt es sich um Sondertatbestände. An sich müsste von einem zeitlich nicht begrenzten Bestehen der Mängelansprüche ausgegangen werden. Um den Auftragnehmer jedoch nicht unbegrenzt mit möglichen Mängelansprüchen des Auftraggebers zu belasten, gehen sowohl das Gesetz (§ 643a BGB) als auch die VOB/B (§ 13 Nr. 4, 5 Abs. 1 S. 2 und 3 sowie Nr. 7 Abs. 4 VOB/B) davon aus, dass die Mängelansprüche des Auftraggebers der Verjährung unterliegen.

55 Dieses Rechtsinstitut beruht auf dem Grundgedanken der Herstellung des Rechtsfriedens. Man geht von der Lebenserfahrung aus, dass Rechte, die eine gewisse Zeit nicht ausgeübt werden, keines Rechtsschutzes mehr bedürfen; selbst auf die Gefahr hin, dass der Anspruchsberechtigte dabei wirtschaftlich oder auch sonst einen Verlust erleidet. Die Verjährung bewirkt aber nicht den Wegfall des Mängelanspruches des Auftraggebers dergestalt, dass dieser nach dem betreffenden Zeitablauf un-

tergegangen ist. Vielmehr gewährt der zeitliche Ablauf der Verjährungsfrist dem Auftragnehmer lediglich die Befugnis, sich darauf im Wege einer **Einrede** zu berufen. Sie gibt dem Auftragnehmer ein **Leistungsverweigerungsrecht** i.S.d. § 205 BGB. Dadurch wird dem Auftraggeber die zwangsweise (klageweise) Durchsetzung seines Mängelanspruches unmöglich gemacht. Im Übrigen genügt es, wenn der Beklagte (hier Auftragnehmer) die Einrede der Verjährung einmal erhoben hat; einer ausdrücklichen Wiederholung der Einrede in der nächsten Instanz bedarf es nicht.

Um die Wirkung des Leistungsverweigerungsrechts zu erreichen, müssen nicht nur die zeitlichen und sonstigen Voraussetzungen der Verjährung im Einzelfall eingetreten sein, die Einrede muss darüber hinaus auch ordnungsgemäß und hinreichend klar durch einseitige empfangsbedürftige Willenserklärung erhoben werden. Es liegt beim Auftragnehmer, ob er sich auf die eingetretene Verjährung berufen will. Von Amts wegen, etwa durch das Gericht, ist eine Prüfung, Feststellung sowie Berücksichtigung der Verjährung ohne ausdrückliche Einrede des Auftragnehmers nicht zulässig. Grundsätzlich kann der Berechtigte – hier der Auftragnehmer – die Verjährungseinrede noch im Prozess bis zur letzten mündlichen Verhandlung in der Tatsacheinstanz erheben (BGH BauR 1996, 424 = SFH § 304 ZPO Nr. 1 m.w.N. sowie OLG Frankfurt MDR 1981, 228). **56**

7. Arglistige Verjährungseinrede

Das Berufen auf die Verjährung kann im Einzelfall arglistig sein. In erster Linie gilt das, wenn der Auftragnehmer den Auftraggeber vorsätzlich in den Glauben versetzt, er könne seine Mängelansprüche gegen ihn noch durchsetzen, oder seine Nacherfüllungsbereitschaft vortäuscht. Nimmt der Auftraggeber mit Unterstützung des Auftragnehmers wegen desselben Mangels einen anderen Auftragnehmer oder den Architekten erfolglos in Anspruch, ist jedoch der Auftragnehmer für diesen Mangel allein verantwortlich, so ist dessen Berufen auf die inzwischen eingetretene Verjährung der Mängelansprüche gegen ihn arglistig, wenn er den Irrtum des Auftraggebers über die Person des Verantwortlichen bewusst hervorgerufen oder unterhalten hat (OLG Köln VersR 1971, 378 für den umgekehrten Fall der Erstinanspruchnahme des Auftragnehmers anstelle des Architekten). **57**

IV. Vereinbarung einer von Nr. 4 abweichenden Verjährungsfrist

1. Individualvereinbarung

Die Verjährungsfristen des BGB bezüglich der Mängelhaftung beim Werkvertrag (§§ 634a, 202 BGB) haben für den **individuell ausgehandelten Bauvertrag** nicht den Charakter zwingender gesetzlicher Vorschriften. Vielmehr ist es möglich, im Wege vertraglicher Vereinbarung anderweitige Regelungen über diese Fristen zu treffen. Einmal können sie abgekürzt werden. § 202 Abs. 1 BGB verbietet lediglich die Abkürzung der Verjährungsfrist im Voraus bei Haftung für Vorsatz. Ferner kann die Verjährung nicht über eine Frist von 30 Jahren hinaus verlängert werden. Eine vom AN übernommene Garantie kann grundsätzlich nicht als Verlängerung der Verjährungsfrist ausgelegt werden (OLG Hamm IBR 2005, 531). Folge: Verjährung kann eintreten, auch wenn die Garantiefrist noch läuft. **58**

2. Formularmäßige Vereinbarung

Bei **formularmäßigen** Vereinbarungen muss unterschieden werden: **59**

Verlängerung der Verjährungsfrist: Für bestimmte Gewerke besteht ein Bedürfnis die Verjährungsfrist von fünf Jahren zu verlängern. So ist nachvollziehbar, dass ein Auftraggeber zum Beispiel bei Flachdacharbeiten ein erhöhtes Bedürfnis für eine verlängerte Verjährungsfrist hat. Der BGH hat deshalb in diesem Fall eine formularmäßige Vereinbarung einer Verjährungsfrist von 10 Jahren und einem Monat als mit § 9 AGBG (heute: § 307 BGB) vereinbar angesehen (BGH BauR 1996, 707 = ZfBR 1996, 265). Damit ist allerdings nicht gesagt, dass in einem Bauvertrag für alle Gewerke pauschal eine solche Verlängerung AGB-mäßig vereinbart werden kann. Dies dürfte unzulässig sein.

Für wirksam erachtet wurde eine Verlängerung der Frist, wenn dies vom Abschluss eines Wartungsvertrags abhängig gemacht wird (OLG Düsseldorf IBR 2003, 599, jedoch auch Verkürzung im Wege der ergänzenden Vertragsauslegung bei Kündigung des Wartungsvertrags möglich).

60 Abkürzung der Verjährungsfrist: Eine Abkürzung der gesetzlichen Verjährungsfrist ist bei AGB gemäß § 309 Nr. 8b) ff) BGB unzulässig. Im kaufmännischen Verkehr gilt dieses Verbot über § 307 BGB. Das Verbot gilt nicht, wenn als AGB die VOB/B als Ganzes vereinbart wurde – vorausgesetzt, das Gebilde der VOB/B als Ganzes besteht nach der Schuldrechtsreform noch.

61 Zur formularmäßigen Vereinbarung von Mangelverjährungsfristen ist u.a. auf folgende Entscheidungen hinzuweisen: Enthält das Abnahmeprotokoll eine kürzere »Gewährleistungsfrist« als der Bauvertrag, so muss dies – je nach den Umständen – keine Vertragsänderung bewirken (VOB-Stelle Sachsen-Anhalt 06/2000 – Fall 251 IBR 2001, 171). Im Ausgangsfall war im Abnahmeprotokoll »offenbar irrtümlich« von einer anderen »Gewährleistungsfrist« ausgegangen worden, als vertraglich vereinbart. Zu Recht wurde entschieden, dass dies keine Vertragsänderung war. Die Klausel in einem Generalübernehmervertrag, wonach die Verjährungsfrist für Mängelansprüche erst beginnt, wenn alle Mängel ordnungsgemäß beseitigt sind, benachteiligt den Auftragnehmer unangemessen. Sie ist deshalb nach § 9 AGB-Gesetz (heute § 307 BGB) unwirksam (OLG Celle BauR 2001, 259). Begründet wurde die Entscheidung damit, dass die Vereinbarung sich zu weit vom gesetzlichen Leitbild entfernt habe. Nach diesem besteht eine Abnahmepflicht bereits dann, wenn das bestellte Werk im Wesentlichen mangelfrei sei. Auch eine Abnahmeregelung im Nachunternehmervertrag, die bestimmt, dass die Verjährungsfrist für Mängelansprüche mit der Abnahme durch den Bauherrn zu laufen beginnt und zwei Monate nach Ablauf der mit dem Bauherrn vereinbarten »Gewährleistungsfrist« endet, verstößt gegen § 9 AGB-Gesetz (heute § 307 BGB) und ist unwirksam (BGH BauR 2001, 621 = NJW-RR 2001, 519). Geht der Wille der Parteien »nur dahin«, eine nach ihrer gemeinsamen Vorstellung zu kurze Verjährungsfrist ihren gemeinsamen Interessen entsprechend anzupassen, so lässt sich diese Abrede nicht unbedingt in eine Abkürzung der tatsächlich länger währenden Verjährungsfrist umdeuten (BGH IBR 2002, 359). Im zu entscheidenden Fall war eine fünfjährige gesetzliche »Gewährleistungsfrist« für eine Müllpresse in Allgemeinen Geschäftsbedingungen auf ein Jahr verkürzt worden. Die Anpassung sollte dann auf zwei Jahre gehen. Der Bundesgerichtshof hat hier entgegen der zweiten Instanz unterstellt, dass die vereinbarenden Parteien »auf alle Fälle« eine Verlängerung der »sowieso« nicht geltenden einjährigen Frist vereinbaren wollten. Er hat insoweit auch eine individuelle Vereinbarung auf zwei Jahre nicht akzeptiert. Eine Regelung zu den Gewährleistungsfristen in einem Notarvertrag unterliegt der Inhaltskontrolle, wenn der Notar die Klausel selbst gewählt und nicht eindringlich über deren nachteilige Abweichung von der gesetzlichen Regelung belehrt hat (OLG Celle BauR 2004, 1624 = IBR 2004, 374).

3. VOB/B geht von getroffener Abrede aus

62 § 13 Nr. 4 VOB/B bringt unmissverständlich zum Ausdruck, dass die dort festgelegten, teilweise im Verhältnis zu § 634a BGB kürzeren Fristen nur gelten, wenn eine andere Verjährungsfrist von den Vertragspartnern nicht festgelegt worden ist (»Ist für Mängelansprüche keine Verjährungsfrist im Vertrag vereinbart, ...«). Die VOB/B überlässt es daher in erster Linie den Vertragschließenden, ja fordert sie sogar auf, die Dauer der Verjährungsfrist im Einzelfall zu regeln, beispielsweise durch von AGB-rechtlichen Vorschriften nicht untersagte, vielmehr, wie sich gerade aus deren § 309 Nr. 8 lit. b) ff) BGB (Erleichterung der Verjährung) ergibt, sogar geförderte hinreichend klare Vereinbarung festzulegen.

63 Somit ist es gerade nicht ausgeschlossen, eine abweichende Vereinbarung auch in Formularbedingungen bzw. in AGB zu treffen (BGH BauR 1987, 84 = NJW 1987, 381; BGH BauR 1987, 445 = NJW-RR 1987, 851; näher dazu auch BGHZ 107, 75 = BauR 1989, 322; BGH BauR 1990, 723 = NJW-RR 1990, 1240; BGH BauR 1991, 458 = NJW-RR 1991, 980; OLG München BauR 1988,

596 = NJW-RR 1988, 786). Dies gilt für jene Fälle, in denen von Auftraggeberseite eine längere als die gesetzliche Mängelhaftungsfrist verlangt wird und der Auftragnehmer – was durchweg der Fall ist – mit solchen verlängerten Mängelhaftungsfristen rechnen muss (OLG Köln BauR 1989, 376, das wohl bei Flachdächern generell die Festlegung von 7 Jahren Gewährleistungsfrist für zulässig hält). Insofern hat der BGH (BGH BauR 1990, 723 = NJW-RR 1990, 1240; BGH BauR 1991, 458 = NJW-RR 1991, 980; OLG München BauR 1988, 596 = NJW-RR 1988, 786) zutreffend ausgeführt, dass die seinerzeit die Mängelhaftungsfristen regelnde Nr. 10 der von der öffentlichen Hand verwendeten »Zusätzlichen Technischen Vorschriften für Straßenbauarbeiten (ZTV-Stra)« jedenfalls für ein Fachunternehmen für Tiefbau keine überraschende Klausel i.S.d. § 3 AGB-Gesetz (heute: § 305c BGB) darstellt. Der gegenteiligen Ansicht des OLG München (BGH BauR 1987, 554) und der diese stützenden Meinung von *Schmidt* (ZfBR 1986, 207), außerdem auch *Schlünder* (NJW 1995, 1057, 1059), kann daher nicht gefolgt werden (wie hier u.a. *Thesen* ZfBR 1986, 153; *Kaiser* BauR 1987, 617).

Geht der Auftraggeber in seinen AGB über die gesetzliche Mängelhaftungsfrist hinaus, so kann dies **64** nur in jenen Fällen gerechtfertigt sein, in denen dem in Auftrag gegebenen Werk die Gefahr typischer Spätschäden anhaftet. Deshalb ist es geboten, entsprechende Vereinbarungen nur in Einzelfällen im Wege der Individualabsprache zu treffen. Andererseits besteht die Gefahr, dass eine entsprechende Klausel nach § 307 BGB unwirksam ist. Letzteres dürfte entgegen der Ansicht des LG Hanau (NJW-RR 1987, 1104) zutreffen, das eine Klausel in AGB des Auftraggebers, wonach eine Mängelhaftungsfrist für so genannte verdeckte Mängel bei Innenputzarbeiten (!) von 30 Jahren festgelegt war, für zulässig gehalten hat. Gerade bei diesem Gewerk pflegen Mängel weitaus früher in Erscheinung zu treten. Nach so langer Zeit dürfte es kaum festzustellen sein, ob ein etwaiger Schaden am Putz auf die Leistung des Auftragnehmers oder auf andere Ursachen, wie z.B. durch Benutzung oder vor allem normalen Verschleiß, zurückgeht.

Andererseits ist auf der Grundlage des eingangs Gesagten dem BGH darin beizustimmen, dass gegen **65** die Festlegung einer Mängelhaftungsfrist von zehn Jahren und einem Monat bei Flachdacharbeiten auch bei AGB keine Bedenken bestehen. Hier lässt sich ein Verstoß gegen § 307 BGB nicht feststellen. Schließlich treten nach aller Erfahrung oft genug nach dem Ablauf von fünf Jahren Schäden auf, die sowohl aus Planungs- als auch aus Herstellungsmängeln herrühren (BGH SFH § 9 AGB-Gesetz Nr. 70).

Liegt eine wirksame anderweitige Vereinbarung zwischen den Vertragsparteien vor, tritt diese an die **66** Stelle der Nr. 4. Die **Beweislast** dafür, dass eine von Nr. 4 **abweichende Frist nicht vereinbart** worden ist und damit die sich aus Nr. 4 ergebende Regelfrist gilt, liegt bei demjenigen, der sich darauf beruft. Dies folgt aus dem den Vertragswillen der Bauvertragspartner wiedergebenden Wortlaut der Nr. 4. Dieser geht dahin, dass die Parteien in ihrem Vertrag die Verjährungsfrist für Mängelansprüche geregelt haben, und nur dann, wenn dies nicht geschehen ist, **hilfsweise die Frist der Nr. 4 gelten** soll (ebenso *Schmalzl* Die Haftung des Architekten und des Bauunternehmers Rn. 190 Fn. 510; *Werner/Pastor* Rn. 2386).

Eine von Nr. 4 abweichende Absprache soll in den Besonderen Vertragsbedingungen getroffen wer- **67** den. Dies ist aus § 10 Nr. 4 Abs. 2 VOB/A ersichtlich. Dabei muss dies mit der nötigen Klarheit und zweifelsfrei geschehen. Nicht ausreichend ist eine Vertragsklausel, wonach der Auftragnehmer für seine Leistungen »nach den Bestimmungen der VOB/B und des BGB haftet«. Dies ist kein eindeutiger Hinweis darauf, dass für die Verjährung die Fünfjahresfrist des § 634a BGB gelten soll (OLG Düsseldorf BauR 1972, 117).

Ähnliches gilt für die Regelung »Mängelhaftungsfristen: Es gelten die in VOB/B § 13 festgesetzten **68** Termine und BGB« oder »Als Gewährleistungsfristen für die vertragsgemäße Beschaffenheit der Bauarbeiten und der Baustofflieferung gelten die in VOB/B § 13 festgesetzten Termine sowie die Bestimmungen des BGB«. Daraus kann bestenfalls geschlossen werden, es solle hinsichtlich der Mängelhaftungsfrist § 13 Nr. 4 und Nr. 5 VOB/A gelten, im Übrigen aber die für die Fristberechnung maßgebenden Bestimmungen der §§ 186 ff., 203 ff. BGB. Eine abweichende Vertragsregelung kann auch nicht schon in der Bestimmung gesehen werden, bis zu einem bestimmten Zeitpunkt würden evtl. Ausbesserungen kostenlos erfolgen (BGH SFH Z 2.414 Bl. 222).

69 Ist im Bauvertrag vereinbart, dass sich die Verjährungsfrist für verborgene Mängel um eine bestimmte Frist verlängert, so bedeutet dies nicht eine generelle Verlängerung der Verjährungsfrist (so *Vogt* BB 1979, 657). Vielmehr bezieht sich die verlängerte Frist nur auf bis zum Ablauf der bisherigen Frist noch nicht hervorgetretene Mängel, für deren späteres Auftreten der Auftraggeber die Beweislast trägt.

4. Abweichende Vereinbarung in § 13 Nr. 7 Abs. 4 VOB/B

70 Auch im Rahmen der VOB/B kann bereits nach den Allgemeinen Vertragsbedingungen vereinbarungsgemäß eine von Nr. 4 abweichende Verjährungsfrist für Mängelansprüche in Betracht kommen; angesprochen ist § 13 Nr. 7 Abs. 4 VOB/B. Dort gelten unter bestimmten Bedingungen die gesetzlichen Verjährungsfristen.

V. Die vertraglichen Verjährungsfristen nach § 13 Nr. 4 Abs. 1 und 2 VOB/B

71 Die in den Abs. 1 und 2 aufgeführten vertraglichen **Verjährungsfristen** sind nicht einheitlich, sondern **je nach dem Leistungsgegenstand verschieden** festgelegt. Dies hat seinen Grund in allgemeinen Erfahrungssätzen. Es ist zu bedenken, dass bei Bauleistungen die Möglichkeit des Auftretens, der Entdeckung sowie der Beurteilung von Mängeln in zeitlicher Hinsicht verschieden ist, insbesondere im Hinblick auf bloße Verschleißerscheinungen, für die der Auftragnehmer nicht verantwortlich gemacht werden kann. Dies ist der tiefere Sinn der unterschiedlichen Festlegung der Verjährungsfristen in Nr. 4 Abs. 1 und 2. Hiernach sind in **Absatz 1** als Verjährungsfristen festgelegt:

– für Bauwerke vier Jahre,
– für Arbeiten an einem Grundstück zwei Jahre,
– für die vom Feuer berührten Teile von Feuerungsanlagen zwei Jahre,
– für feuerberührte und abgasdämmende Teile von industriellen Feuerungsanlagen ein Jahr.

72 In **Abs. 2** wurde eine **Sonderregelung** für den Fall getroffen, dass maschinelle und elektrotechnische/elektronische Anlagen oder Teile davon ganz oder mit Gegenstand einer vertraglichen Bauleistung sind und dem Auftragnehmer die Wartung nicht übertragen wurde. In diesem Fall beträgt die Verjährungsfrist zwei Jahre.

1. Bauwerke

73 Von dem Begriff »Bauwerke« sind alle vertraglichen Leistungspflichten erfasst, die sich auf die Errichtung, die Veränderung, Erweiterung oder den Erhalt eines Bauwerkes beziehen, die also ursächlich zur Erstellung, Veränderung, Erweiterung oder Erhaltung eines Bauwerks beitragen. Hierzu wird auf die ins einzelne gehenden Ausführungen zu § 1 VOB/A verwiesen (§ 1 VOB/A).

74 Entscheidend ist gemäß der Rechtsprechung die Bedeutung der Bauleistung für die **Funktion**, Konstruktion, Bestand, Haltbarkeit und die Benutzbarkeit **des Bauwerkes**, soweit die Bauteile mit dem Gebäude fest verbunden werden. Der BGH stellt bei der Frage, ob es sich um Arbeiten bei einem Bauwerk handelt, auf den Gesetzeszweck ab. Angesprochen ist damit das Risiko, das mit der Gebäudeerrichtung verbunden und Grund für die unterschiedlichen Verjährungsfristen des § 634a BGB ist. **Entscheidend** ist insoweit, ob sich in dem betreffenden »Gewerk« das »**Gebäuderisiko**« konkretisiert (BGH BauR 1992, 369; diese Frage wurde z.B. vom OLG Hamm, bei der Lieferung eines mangelhaften Blockheizkraftwerkes mit der Begründung abgelehnt, dass nur die maschinellen Teile der

Anlage betroffen seien BauR 1998, 343). Bei Bauwerken ist die längere Frist dadurch gerechtfertigt, dass Mängel daran häufig erst spät erkennbar sind. Fischer stellt daher für die Abgrenzung ausschließlich auf die späte Erkennbarkeit der Mängel ab (BauR 2005, 1073 ff.; kritische Anm. v. *Miernik* IBR 2005, 1250). So insbes. bei durch Nachfolgearbeiten verdeckten Leistungen oder typischerweise erst aufgrund von Witterungseinflüssen oder Benutzung sichtbaren Mängeln.

Die bei fehlender anderweitiger Vereinbarung maßgebende vierjährige Verjährungsfrist der Nr. 4 für den Bereich von Bauwerksleistungen kommt auch in Betracht, wenn die Leistung deshalb als fehlerhaft anzusehen ist, weil **öffentlich-rechtliche Genehmigungen** hinsichtlich ihrer Tauglichkeit nicht vorliegen (z.B. zur Tragfähigkeit von verwendeten Dübeln). Die insoweit vertraglich geschuldete Nachweispflicht ist gleichfalls werkbezogen (BGH BauR 1981, 69 = SFH § 638 BGB Nr. 15 = NJW 1981, 112 = ZfBR 1980, 289). 75

Zur Abgrenzung zu Arbeiten an einem Grundstück siehe unten; dort auch über die Verjährung von Mängelansprüchen bei einer sog. kombinierten Leistung an einem Bauwerk und an einem Grundstück. So stellen beispielsweise Erdarbeiten, die nicht mit der Errichtung des Bauwerks in Zusammenhang stehen, sondern lediglich der Gestaltung des Gartens dienen, Arbeiten am Grundstück dar. Mängelansprüche verjähren daher in zwei Jahren (OLG Düsseldorf Urt. v. 19.3.1999 22 U 1999, 98 = IBR 1999, 463). Ebenso wenn eine Alarmanlage in Büroräume eingebaut wird, bei denen eine derartige Anlage nicht typischerweise zur Ausstattung gehört (OLG Düsseldorf Urt. v. 19.3.1999 22 U 1999, 98 = BauR 2000, 732 = IBR 1999, 463). Ebenso wurde entschieden für einen sieben Meter tiefen Brunnen, der im Rahmen gärtnerischer Arbeiten zur Umgestaltung eines Hausgartens angelegt wurde (OLG Düsseldorf NJW-RR 1999, 1182; anders, d.h. hinsichtlich der Mängelverjährung als Bauwerk, hat das OLG Oldenburg bei der Erstellung eines Löschwasserteiches entschieden, NJW-RR 2000, 545). 76

2. Arbeiten an einem Grundstück

Der Begriff »Arbeiten an einem Grundstück« ist ein **Rechtsbegriff** (so auch BGH BauR 1970, 106 = SFH Z 2.414 Bl. 237 = NJW 1970, 942). 77

a) Arbeiten, die nicht mit einer Bauwerkserrichtung im Zusammenhang stehen

Es handelt sich zunächst um bloße **Arbeiten** am Grund und Boden (Erdarbeiten oder unmittelbar damit verbundene Leistungen), **ohne mit einer Bauwerkserrichtung selbst im Zusammenhang zu stehen** (z.B. bloße Gartengestaltung, für sich allein vorgenommene Baggerarbeiten, Planierungsarbeiten; u.U. Abbrucharbeiten als solche). Unter solchen Arbeiten an einem Grundstück »im eigentlichen Sinne« versteht man die – allein einen Bauvertrag im Sinne einer baulichen Anlage ausmachende – Veränderung des natürlichen Zustandes des Grund und Bodens, also die **Gestaltung des Erdbodens selbst für sich als Endziel** (BGH BauR 1971, 259 = NJW 1971, 2219). Daher sind Ausschachtungsarbeiten, die zwar für sich gesondert, aber im Zusammenhang mit der Errichtung eines Hauses oder eines sonstigen Bauwerkes (z.B. einer Straße oder eines Kanals) in Auftrag gegeben werden, bereits Arbeiten an einem Bauwerk. Wegen der Verbindung mit der geschuldeten Bauerrichtung und der Mitwirkung an deren fehlerfreier Erstellung sind sie nicht mehr bloße Arbeiten an einem Grundstück (BGHZ 68, 208 = BauR 1977, 203 = NJW 1977, 1146, vgl. dazu auch § 1 VOB/A). 78

b) Arbeiten an einem Bauwerk, die nicht die Funktionsfähigkeit des Bauwerks betreffen

Als Arbeiten an einem Grundstück gelten aber auch solche, die an auf einem Grundstück stehenden Gebäuden vorgenommen werden, aber wegen ihrer Eigenart nicht Arbeiten an einem Bauwerk sind – weil sie **nicht das Bauwerk** oder einen Bauwerksteil **in der Substanz** betreffen (hierzu im Einzelnen § 1 VOB/A, weshalb Nachfolgendes hier nur beispielhaft angesprochen wird). Arbeiten an einem Grundstück sind deshalb auch **bloße Ausbesserungs- und Instandsetzungsarbeiten** (z.B. 79

Ausbesserungsarbeiten am Anstrich) in oder an Gebäuden oder Gebäudeteilen, ohne dass sie zu dessen oder deren Erhalt dienen (BGH SFH Z 2.414 Bl. 106 ff. sowie SFH Z 2.414 Bl. 150 ff.; ebenso LG Münster MDR 1966, 50; BGH BauR 1970, 106 = NJW 1970, 942). Ebenso gilt dies für den bloßen Umbau einer vorhandenen Beleuchtungsanlage (BGH BauR 1971, 128). **Anders** ist dies wiederum bei ausgesprochenen **Erneuerungsarbeiten**, die an die bestimmungsgemäße **Substanz** des Bauwerkes oder eines Teils desselben gehen. Dies sind echte Bauwerksleistungen (z.B. Ersetzen des alten Dachstuhls durch einen neuen, des Fußbodens, des Innenputzes, auch der Anstrich einer Hausfassade). Gleiches gilt für Ergänzungsarbeiten, wenn sie zur engen und dauerhaften Verbindung mit dem Gebäude führen; z.B. der nachträgliche Einbau einer Klimaanlage in ein Druckereigebäude (BGH BauR 1974, 57 = NJW 1974, 136). Daher zählt es auch zu den Bauwerksarbeiten, wenn zur Beseitigung von Kellernässe an einem bestehenden Gebäude die Außenwände des Kellers neu isoliert und an den Seiten des Hauses Dränagerohre mit Kies verlegt werden (BGH BauR 1984, 64 = NJW 1984, 168 = ZfBR 1984, 38).

c) Arbeiten an einem Bauwerk und Grundstück gleichzeitig

80 Vielfach sind in einem einheitlichen Bauvertrag sowohl Arbeiten an einem Bauwerk als auch Arbeiten an einem Grundstück erfasst (insofern »gemischte Leistungen«). Hier ist nicht eine Aufteilung in der Weise vorzunehmen, dass die mit der Gebäudeerrichtung nicht zusammenhängenden Arbeiten als Arbeiten am Grundstück und die übrigen als Arbeiten an einem Bauwerk einzuordnen sind. Vielmehr handelt es sich **insgesamt um Arbeiten an einem Bauwerk** mit der hierfür maßgeblichen längeren Verjährungsfrist. Man kann von Arbeiten an einem Grundstück nur sprechen, wenn es sich um technisch und wirtschaftlich selbstständige Leistungen im Rahmen eines gesonderten und allein darauf abgestellten Vertrages handelt – somit um solche, die nicht gleichzeitig mit der Errichtung, der Veränderung oder dem Erhalt eines Bauwerkes ausgeführt werden und hierfür nicht notwendig sind (ähnlich BGH BauR 1973, 246; *Kleine-Möller/Merl/Oelmaier* § 12 Rn. 1119).

d) Verjährungsfrist: 2 Jahre

81 – *Liegen in den an sich nicht sehr häufigen Fällen nicht Arbeiten an einem Bauwerk, sondern nur Arbeiten an einem Grundstück vor, beträgt nach § 13 Nr. 4 Abs. 1 VOB/B die Verjährungsfrist für Mängelansprüche des Auftraggebers zwei Jahre. Die Frist deckt sich mit der entsprechenden Regelung in § 634a Abs. 1 Nr. 1 BGB.*

82 – *Ein Liefervertrag über elektronische Steuerungsanlagen (Serienprodukte mit standardisierter Anpassungsmöglichkeit) ohne Einbauverpflichtung unterliegen als Werklieferungsvertrag dem Kaufrecht. Auch Ansprüche wegen Mangelfolgeschäden unterliegen der kurzen (alten) Verjährung von sechs Monaten (OLG Dresden IBR 2001, 58 – auch BauR 2000, 1876).*

83 – *Die fünfjährige Verjährungsfrist »bei Bauwerken« kommt nicht allein deshalb in Betracht, weil der Besteller einer Anlage ein Angebot zum Selbsteinbau in seinem Bauwerk erbeten hat (BGH BauR 2002, 1260 = DB 2002, 2215 = NJW 2002, 2100).*

84 – *Der Einbau einer zweiten Förderanlage in eine bestehende, mit dem Boden fest verbundene Prüffärbbeschichtungsanlage eines Metallverarbeitungsbetriebes ist keine Bauwerksarbeit, sondern Arbeit an einem Grundstück. Es gilt die (alte) Gewährleistungsfrist von einem Jahr (OLG Düsseldorf BauR 2001, 1801 = NJW-RR 2001, 1530 = IBR 2001, 610).*

85 – *Bei Mängeln im Rahmen der Erstellung einer Straße handelt es sich um Arbeiten an einem Grundstück, nicht an einem Bauwerk. Entschieden für den Fall, dass die Mängel trotz Ursache im Unterbau der Straße am Belag leicht erkennbar waren (OLG Brandenburg BauR 2004, 1313). Ebenfalls keine Arbeiten am Bauwerk sind bloße Abbrucharbeiten und die Beseitigung von Altlasten auf einem Grundstück (BGH Urt. v. 9.3.2004 IBR 2004, 562).*

Verjährungsfrist für Mängelansprüche § 13 Nr. 4 VOB/B

e) Verjährungsfrist: 5 Jahre

– *Vereinbaren die Parteien eines Kaufvertrages über ein gebrauchtes Hausgrundstück, dass der Verkäufer noch Reparaturarbeiten am Objekt auszuführen hat, gilt für diese Arbeiten nicht Kaufrecht, sondern Werkvertragsrecht einschließlich der fünfjährigen Gewährleistungsfrist des (früheren) § 638 BGB (OLG Hamm BauR 2001, 1273 = NJW-RR 2001, 1309 = OLGR 2001, 190).* 86

– *Die Baumängelhaftung des Veräußerers richtet sich bei Neubauten nach dem Werkvertragsrecht, auch wenn die Vertragsparteien im notariellen Vertrag mit »Verkäufer« und »Käufer« bezeichnet sind und das Objekt zum Zeitpunkt des Vertragsabschlusses fertig gestellt ist (OLG Brandenburg; BGH Nichtannahmebeschluss IBR 2000, 547).* 87

– *Im Zuge eines Neubaues müssen bei der Anlage des Gartens Bodenverdichtungen durch die bei den Bauarbeiten eingesetzten Maschinen aufgelockert werden, sodass Oberflächenwasser absickern kann und nicht stagnierende Nässe das Pflanzenwachstum behindert. Kommt der Garten- und Landschaftsbauer dieser Verpflichtung nicht nach, verjähren Gewährleistungsansprüche in fünf Jahren (OLG Düsseldorf OLGR 2000, 445 = BauR 2001, 648 = NZBau 2000, 573).* 88

– *Schadenersatzansprüche aus sog. entfernteren Mangelfolgeschäden – »erhöhte Wasserverbrauchskosten« aus fehlerhaft installiertem Rohrnetz – verjähren nach altem Recht (vor der Schuldrechtsreform) nicht in fünf, sondern in 30 Jahren. Nach der Neufassung des BGB zum 1.1.2002 gibt es keine unterschiedlichen Verjährungsfristen für Mangel- bzw. Mangelfolgeschäden. Auch der Schadensersatzanspruch aus erhöhten Wasserverbrauchskosten unterliege nun der fünfjährigen Verjährung ab Abnahme (OLG Saarbrücken IBR 2002, 191 – auch OLGR 2002, 41 = NJW-RR 2002, 1313).* 89

– *Die Lieferung und Montage einer aus zwei Spritzkabinen nebst Be- und Entlüftungsanlage stellt Bauwerksarbeiten i.S.d. (früheren) § 638 BGB dar. Ziffer VII Abs. 2 der VDMA-Bedingungen, durch die die Gewährleistungsfrist einheitlich auf sechs Monate beschränkt wird, ist wegen Verstoßes gegen den (früheren) § 11 Nr. 10 f. AGBGB unwirksam (OLG Düsseldorf BauR 2002, 103 = NJW-RR 2001, 1531).* 90

– *Bauwerksleistung wurde angenommen für die Herstellung, Lieferung und Montage eine industriellen Produktionsanlage (Pelletieranlage in einer Futtermühle). Dies gilt auch für die Herstellung, Einbau der dazugehörigen Steuerungsanlage, sowie deren Programmierung (BGH Urt. v. 20.5.2003 BauR 2003, 1391 = IBR 2003, 473). Anders entschieden, d.h. keine Arbeit am Bauwerk, ist die Erstellung eines Softwareprogramms zur Steuerung, Regelung und Überwachung von zwei Heizkesseln (OLG Düsseldorf Urt. v. 4.6.2003 IBR 2003, 673).* 91

3. Feuerungsanlagen

Schließlich enthält Nr. 4 Abs. 1 noch einen besonderen Tatbestand, der im Werkvertragsrecht des BGB (§ 634a) nicht besonders berücksichtigt ist – die Verjährung bei Bauleistungen an vom Feuer berührten Teilen von Feuerungsanlagen. Die Verjährungsfrist beträgt in diesen Fällen zwei Jahre. 92

Diese kurze Verjährungsfrist lässt sich aus allgemeinen Erfahrungssätzen erklären. Vom Feuer berührte Teile von Feuerungsanlagen unterliegen einem überverhältnismäßig hohen Verschleiß. Dieser soll vom Grundsatz her nicht dem Auftragnehmer zur Last gelegt werden. Vor allem lässt sich an den betreffenden Stellen schon nach kurzer Zeit der Benutzung kaum noch feststellen, ob ein Mangel auf die Leistung des Auftragnehmers oder den unverhältnismäßig hohen Verschleiß zurückzuführen ist. 93

Zu beachten ist, dass diese kurze Verjährungsfrist gegenständlich beschränkt ist. Insbesondere betrifft sie nicht die Feuerungsanlagen insgesamt, sondern **nur die Teile, die vom Feuer berührt** werden. Es muss sich also um Feuerungsanlagen (gemauerte Öfen, Heizungsöfen) und bei diesen wiederum um diejenigen Teile handeln, die von dem Feuer unmittelbar erreicht werden (die im Ofen 94 befindlichen Röhren, die Roste, die Schamotte). Geht der jeweils erteilte Bauauftrag weiter, erfasst er insbesondere auch Bauwerksleistungen, so wird hier – ausnahmsweise – der an sich **einheitliche Vertrag** je nach Leistungsbereich **in verschiedene Verjährungsfristen** aufgeteilt.

4. Industrielle Feuerungsanlagen

95 Für feuerberührte und abgasdämmende Teile von industriellen Feuerungsanlagen gilt abweichend von § 13 Nr. 4 Abs. 1 S. 1 VOB/B eine Verjährungsfrist von einem Jahr.

96 Diese abweichende Sonderregelung betrifft z.B. Hochöfen. Die dort herrschenden ständig sehr hohen Temperaturen führen erfahrungsgemäß zu einer wesentlich kürzeren Lebensdauer dieser Bauteile. Dem wurde durch die Fassung der VOB/B 2002 Rechnung getragen (*Kratzenberg* NZBau 2002, 177, 181).

5. Arbeiten an maschinellen und elektrotechnischen/elektronischen Anlagen

97 Die in dem seit der Fassung der VOB/B von 1996 neu aufgenommenen Absatz 2 der Nr. 4 genannten Leistungen betreffen solche im Bereich von maschinellen und (oder) elektrotechnischen/elektronischen Anlagen oder Teilen davon. Dies bezieht sich grundsätzlich auf solche Leistungen oder Leistungsteile, die in den Bereich von § 1 VOB/A einzuordnen sind, also zu den Bauleistungen rechnen, somit auch von Teil B erfasst sind. Insoweit ist vorweg zur Vermeidung von Wiederholungen auf die Kommentierung in § 1 VOB/A im Einzelnen hinzuweisen.

98 Bei solchen maschinellen und/oder elektrotechnischen/elektronischen Anlagen ist es oft erforderlich, dass ihre Funktion in bestimmten kürzeren Abständen als zwei Jahren – mindestes aber alle zwei Jahre – überprüft und gegebenenfalls Ausbesserungen oder Erneuerungen vorgenommen werden müssen. Hier erfasst die Nacherfüllungsverpflichtung grundsätzlich auch das Einstehenmüssen des Auftragnehmers für eine ordnungsgemäße, fortlaufende Funktion, die auch zu den normalerweise vorauszusetzenden Leistungspflichten auf der Basis allgemeingültiger, also im Allgemeinen zu billigender Auffassung der Vertragspartner – hier insbesondere des Auftraggebers – gehört.

99 Deshalb ist es ein wohlberechtigtes Interesse des Auftragnehmers, seine Mängelhaftung durch eigene, laufende Kontrollen seiner erbrachten Leistung innerhalb der Verjährungsfrist in der Hand zu behalten (*Stammkötter* ZfBR 2006, 631, spricht von einer im Deutschen Recht einmaligen Schnittstelle zwischen Wartung und Mängelansprüchen. Er spricht weitere Folgefragen an). Dies insbesondere um zu verhindern, dass diese Leistungen durch Eingriffe von Seiten des Auftraggebers oder durch von diesem beschäftigte oder beauftragte Dritte verschlechtert oder gar zerstört werden, ohne dass dies hinreichend und auch außerhalb eines Streites geprüft werden kann. Daher kommt nach der Neuregelung in Abs. 2 für die hier in Rede stehenden Leistungsgegenstände eine »normale« Verjährungsfrist nur in Betracht, wenn dem Auftragnehmer – jedenfalls – während dieser »normalen« Verjährungsfrist von Auftraggeberseite vertraglich die Gelegenheit zur Wartung gegeben wird. Also muss dem Auftragnehmer die Wartung in der genannten Zeit übertragen worden sein. Dabei kommt es nach dem Wortlaut in Abs. 2 nicht darauf an, ob dem Auftragnehmer – was sinnvoll wäre – die Wartung für die »normale« Verjährungszeit sogleich im Ursprungsvertrag übertragen wird oder in einem gesonderten Vertrag. Letzteres muss allerdings gemäß Sinn und Zweck der hier erörterten Regelung spätestens mit Abnahme der Leistung und damit dem Beginn der Verjährungsfrist erfolgen (vgl. dazu vor allem auch jetzt die DIN 18 299 Nr. 0.2.20, wonach die Frage der Wartung in die Leistungsbeschreibung aufzunehmen ist).

100 Nicht erheblich ist es auch, ob die Wartung von der vereinbarten Vergütung schon erfasst ist oder ob diese gesondert – etwa in einem eigenen Wartungsvertrag – vereinbart wird bzw. ob der Auftragnehmer überhaupt einen »gesonderten« Vergütungsanspruch erhebt. Gleiches gilt im Hinblick auf Kos-

ten, die anlässlich der Wartung gesondert – etwa die Auswechselung unvorhergesehener, verschlissener, sonst aber ordnungsgemäßer Teile – anfallen.

Wird ein solcher **Wartungsvertrag** für die Dauer der Verjährungsfrist **abgeschlossen, bleibt es** bei der ursprünglichen **Verjährungsfrist von vier Jahren** für die aus maschinellen und/oder elektrotechnischen/elektronischen Anlagen bzw. Teilen bestehende Bauleistung. Wird dem Auftragnehmer dagegen keine Gelegenheit zur Wartung innerhalb der genannten Verjährungszeit gegeben, so verkürzt sich nach der Regelung in Abs 2 die Verjährungsfrist für die genannten Leistungen auf zwei Jahre. Allerdings gilt dies kraft ausdrücklicher Regelung **nur dann**, wenn die **Wartung Einfluss auf die Sicherheit und die Funktionsfähigkeit** hat. Dazu genügt, dass die Wartung für die Sicherheit und Funktionsfähigkeit der erbrachten Leistung von Bedeutung ist, insbesondere auch im Hinblick auf die möglichen Ursachen späterer Schäden. Die VOB/B 2006 ändert hieran inhaltlich nichts, sondern verdeutlicht diese Aussagen nur. Zusätzlich wird festgelegt (§ 13 Nr. 4 Abs. 2), dass diese Regelung auch für Teile von Anlagen gilt, allerdings nur für die Teile, bei denen die Wartung Einfluss auf Sicherheit und Funktionsfähigkeit hat – entscheidend ist, dass die Anlage oder die Teile wartungsbedürftig sind. Zusätzlich wird betont, dass die Regelung auch dann gilt, wenn die Parteien eine andere Verjährungsfrist als die vier Jahre vereinbart haben. **101**

Dafür, dass bei **Vorliegen** eines **Wartungsvertrages** der eingetretene **Schaden oder Mangel** während der Verjährungsfrist vermieden worden wäre, hat der **Auftragnehmer** die **Darlegungs- und Beweislast**, nachdem zuvor der AG seiner Beweislast bezüglich des Mangelnachweises und dessen Zuordnung zum AN nachgekommen ist. Dies wird teilweise anders gesehen, mit Hinweis auf die übliche Beweislastverteilung nach der Abnahme (*Stammkötter* ZfBR 2006, 631, 632; dieser auch zu weitergehenden Fragen, ebenso OLG Düsseldorf BauR 2004, 97). Diese wird aber bei der hier vertretenen Auffassung ebenfalls beachtet. Nur: dem AG zusätzlich die Beweislast aufzuerlegen, dass der Mangel keine Folge unterbliebener Wartung ist, belastet diesen in Anbetracht der werkvertraglichen Erfolgshaftung zu stark. **102**

Die hier erörterte Regelung über eine besonders verkürzte Gewährleistungsfrist erfasst nur Fälle, in denen die maschinellen und/oder elektrotechnischen Anlagen vom Auftrag des Auftragnehmers erfasst sind. Liegen demselben Vertrag zugleich auch sonstige Bauleistungen zugrunde, für die eine andere – längere – Verjährungsfrist gilt, so kann dies für diesen Vertrag **ausnahmsweise** zu einer **Trennung** bzw. **Aufspaltung der jeweils maßgebenden Verjährungsfristen** führen. Insoweit kann sich also eine unterschiedliche Beurteilung des Vertrages ergeben. Dies wird allerdings kontrovers diskutiert. So hat das LG Freiburg entschieden, dass auch in einem solchen Fall die fünfjährige Bauwerks-Verjährungsfrist gelten kann, wenn ein entsprechender Parteiwille dem Vertrag zu entnehmen ist. Dieser soll dahin gehen, dass gerade abweichend von der in der VOB/B angebotenen zweijährigen Frist (früher ein Jahr) für die gesamte Vertragsleistung die fünfjährige Frist vereinbart ist (LG Freiburg IBR 2001, 256; *Joussen* in *Kapellmann/Vygen* Jahrbuch Baurecht 1998 S. 123 ff.; *Nicklisch/Weick* VOB/B Rn. 77a, u. Anm. *Hickl* zu LG Freiburg IBR 2001, 256). In diesem Zusammenhang wird auch die Frage diskutiert, ob § 13 Nr. 4 Abs. 2 mit seinen verkürzten Fristen AGB-widrig ist. Für den Fall, dass die VOB/B nicht »insgesamt« vereinbart ist, dürfte ein AGB-Verstoß zu bejahen sein. Jedoch wird die Frage auch für den Fall diskutiert, dass die VOB/B »insgesamt« vereinbart ist. Dies mit der Begründung, dass diese verjährungsverkürzende Regelung in einer ausgewogenen VOB/B keinen Platz hätte. Letzteres ist abzulehnen. Wie oben ausgeführt, liegt hier wohl eine interessengerechte Regelung vor (i.d.S. auch *Nicklisch/Weick* VOB/B Rn. 77 ff.). **103**

Nicht von dieser Regelung ist der Fall erfasst, dass der hier erörterte Leistungsgegenstand aus der Natur der Sache heraus nicht mindestens eine Lebensdauer von zwei Jahren hat. Hierfür ist der **Auftragnehmer** allerdings erst recht **darlegungs- und beweispflichtig**. Zu denken ist beispielsweise an die Glühbirne. Wird in einem solchen Fall keine gesonderte vertragliche Regelung getroffen, endet die Verjährungsfrist in dem jeweiligen Einzelfall sachgerecht mit dem Ende der zu erwartenden Lebensdauer – wann immer das ist! **104**

6. Von Nr. 4 Abs. 1 und 2 nicht erfasste Leistungen

105 Liegen ausnahmsweise Bauleistungen im Rahmen eines Bauvertrages nach den Allgemeinen Vertragsbedingungen der VOB/B vor, die weder als Arbeiten an Bauwerken noch als solche an Grundstücken anzusehen sind, handelt es sich ferner weder um Leistungsmängel, die sich auf vom Feuer berührte Teile von Feuerungsanlagen beziehen, auch nicht um solche, die maschinelle oder elektrotechnische/elektronische Anlagen betreffen – handelt es sich also um Leistungen, die den **Tatbestandsmerkmalen** in Nr. **4 Abs. 1 oder 2 nicht untergeordnet** werden können (vgl. z.B. § 1 VOB/A), kommt für die Bemessung der Verjährungsfrist für Leistungsmängel als ergänzende Regelung nur § 634a BGB in Betracht. Demnach beträgt die Verjährungsfrist in diesen Fällen, in denen es sich grundsätzlich nur um bewegliche Werke handeln kann (BGH BauR 1970, 106 = SFH Z 2.414 Bl. 237 = NJW 1970, 942; ferner BGH BauR 1979, 321 = NJW 1979, 1651 = SFH § 635 BGB Nr. 12 = ZfBR 1979, 153 für die Montage einer Schankeinrichtung; OLG Düsseldorf NJW-RR 1987, 563 für Gewährleistungsmängel an einer Maschine, die zwar auf Fundamenten im Hallenboden verankert war, deren Mängel aber allein »maschinenbezogen« waren), auch beim VOB/B-Vertrag drei Jahre, soweit die Leistung dem Werkvertragsrecht zuzuordnen ist.

106 Allerdings sind derartige von den Tatbestandsmerkmalen in Nr. 4 Abs. 1 und 2 nicht erfasste Fälle ausgesprochen selten. Liegen entsprechende Werkleistungen nicht vor, ist zu prüfen, ob **Kaufvertragsrecht** anzuwenden ist – so dass die **Vereinbarung der VOB/B nicht in Betracht kommt**; beispielsweise im Falle der bloßen Lieferung und des bloßen Anschlusses eines serienmäßig hergestellten Heizöltanks, der nur in das Erdreich eingebettet und an die vorhandene Ölheizung angeschlossen wird (BGH BauR 1986, 437 = NJW 1986, 1927). Gleiches gilt für den Austausch einer Wärmepumpe (OLG Hamm BauR 1986, 578) oder bei sog. Bausatzverträgen. In all diesen Fällen überwiegt das **kaufrechtliche Umsatzgeschäft.** Es gilt jeweils eine Verjährungsfrist von zwei Jahren. Ausnahmsweise kann eine fünfjährige Frist gelten, wenn i.S.d. § 438 Abs. 1 Nr. 2b BGB es sich um eine Sache handelt, »die entsprechend ihrer üblichen Verwendungsweise für ein Bauwerk verwendet worden ist und dessen Mangelhaftigkeit verursacht hat«. Anders wenn eine überwiegende Einbauleistung geschuldet ist, so bei Anpassung einer Einbauküche (KG Urt. v. 17.3.2006 IBR 2006, 391). Ebenso werkvertragsrechtliche Verjährung selbst dann, wenn die einer Neuherstellung gleichkommende Sanierung eines Altbaus bei Abschluss des Kaufvertrags über den Altbau bereits fertig gestellt ist (BGH IBR 2005, 154).

107 Für den »Bausatzvertrag« ist zusätzlich zu beachten, dass er mit Planungsleistungen verbunden sein kann. In diesen Fällen liegt ein **gemischter Vertrag** vor. Nach dem BGH sind in diesen Fällen für jeden Leistungsteil die Vorschriften des entsprechenden Vertragstyps heranzuziehen. Daher verjähren Mängel der Planungsleistungen gemäß § 634a BGB erst nach fünf Jahren (OLG Zweibrücken, BGH Nichtannahmebeschluss IBR 2001, 187).

VI. Verjährungsfristen in Sonderfällen

1. Arglistiges Verschweigen von Mängeln

a) Dreijährige Verjährungsfrist auch bei VOB/B-Vertrag

108 Nach § 634a Abs. 3 BGB gelten die dort festgelegten Verjährungsfristen für Mängel nicht, wenn der Unternehmer den aufgetretenen Mangel bei der Abnahme (auf diesen Zeitpunkt kommt es an) arglistig verschwiegen hat. Einen **Vorbehalt wie den in § 634a Abs. 3 BGB enthält § 13 Nr. 4 VOB/B nicht.** Das bedeutet jedoch nicht, dass bei einem VOB/B-Bauvertrag im Gegensatz zu der gesetzlichen Regelung die Verjährungsfristen der Nr. 4 S. 1 auch gelten, wenn der aufgetretene Leistungsmangel vom Auftragnehmer arglistig verschwiegen worden ist. Ein solcher Wille kann den Bauvertragspartnern nicht unterstellt werden. Er wäre rechtlich auch nicht beachtlich, da sonst gegen die zwingende gesetzliche **Regelung in § 639 BGB** verstoßen würde (OLG Köln BauR 1991, 468).

Eine entgegenstehende Vereinbarung wäre demnach nichtig. Daraus folgt, dass in allen Fällen, in denen dem Auftraggeber vom Auftragnehmer Leistungsmängel arglistig verschwiegen worden sind, keine der in Nr. 4 S. 1 genannten kurzen Verjährungsfristen gilt. Vielmehr bleibt es dann bei der allgemeinen Verjährungsfrist von drei Jahren des §195 BGB (BGH SFH Z 2.400 Bl. 38 ff.; BGH SFH Z 2.414 Bl. 150 ff. und SFH Z 2.414 Bl. 177 ff. = NJW 1967, 340; BGH BauR 1970, 244; BGH BauR 1975, 419; BGH BauR 1981, 591 = NJW 1981, 2741). Gemäß § 634a Abs. 3 S. 2 BGB läuft die allgemeine Verjährungsfrist jedoch nicht vor Ablauf der besonderen Verjährungsfrist des § 634a Abs. 1 Nr. 2 BGB (fünf Jahre bei Bauwerken) ab. 109

b) Arglistiges Verschweigen

Arglistiges Verschweigen eines Mangels liegt vor, wenn der Auftragnehmer oder der in seinem Bereich Verantwortliche den **Mangel** als solchen **wahrgenommen**, seine **Bedeutung** als **erheblich** für den Bestand oder die Benutzung der Bauleistung erkannt, ihn aber dem Auftraggeber **pflichtwidrig nicht mitgeteilt** hat (hierzu OLG Karlsruhe SFH Z 2.414 Bl. 24 f.; zustimmend OLG Stuttgart BauR 1972, 315) – beziehungsweise ihn stattdessen nicht beseitigt hat. Ein Mangel ist für den Bestand oder die Benutzung des Bauwerkes erheblich, wenn durch ihn eine **wertmäßig nicht bedeutungslose** Herabsetzung des Wertes der Leistung eingetreten ist. 110

Arglistiges Verschweigen eines Mangels erfordert **nicht**, dass der Verantwortliche die **Folgen** des Handelns **bewusst in Kauf** genommen oder eine **Schädigungsabsicht** vorgelegen hat (BGH BauR 1986, 215 = SFH § 638 BGB Nr. 31 = NJW 1986, 980 = ZfBR 1986, 69). Anderseits genügt dafür nicht allein, dass nachlässig oder unfachmännisch gearbeitet und dass der Auftraggeber darüber nicht aufgeklärt wurde (OLG Köln BauR 1988, 223). Vielmehr ist erforderlich, dass die verantwortliche Auftragnehmerseite die **Mangelhaftigkeit** der Arbeit **erkannt** hat, diese sozusagen auf der Hand lag **und** sie sich **bewusst** war, dass durch den Mangel die **Dauerhaftigkeit des Bestandes der Leistung erheblich beeinträchtigt** wird oder beeinträchtigt werden kann. Dabei reicht es aus, dass sich der Auftragnehmer bewusst ist, dass sein Schweigen **vertragswidrig** ist; dazu sind keine Rechtskenntnisse nötig (RGRK/*Glanzmann* § 638 Rn. 22). Es reicht, dass der Auftragnehmer seine vertragswidrige Ausführung **bewusst verheimlichen** will (OLG Hamm SFH § 638 BGB Nr. 65). Insoweit besteht eine Pflicht des Auftragnehmers zur Offenbarung des Mangels (OLG Stuttgart BauR 1972, 315; OLG Braunschweig BauR 1991, 635 im Falle der Lieferung nicht maßgerechter Pflasterklinker). Das gilt sowohl bei offenkundigen Mängeln als auch für den Fall, dass vertraglich vereinbarte Arbeiten zum überwiegenden Teil überhaupt nicht ausgeführt wurden (OLG Stuttgart BauR 1972, 315). 111

Arglistig handelt auch derjenige, der sich bewusst **besserer Erkenntnis verschließt.** Gleiches gilt für denjenigen, der entgegen der eindeutig erkennbaren Erwartung des Auftraggebers nicht die für die ordnungsgemäße Erbringung der in Auftrag gegebenen Leistung nötige Kenntnis hat und dies verschweigt. Dabei **schließt** der **gute Glaube** an die Richtigkeit entsprechender Erklärungen die **Arglist nicht** schon **aus.** Anderseits reicht an sich das Vorhandensein mehrerer Mängel für sich allein noch nicht, um Arglist annehmen zu können. Vielmehr muss die Arglist als solche grundsätzlich für jeden von ihnen festgestellt werden (OLG Köln BauR 1991, 472). Jedoch kann je nach den Umständen des Einzelfalles eine **Vielzahl von Mängeln** ein Beweisanzeichen oder der Beweis des ersten Anscheins für das arglistige Verhalten sein. Das gilt entsprechend auch im Hinblick auf für nach der Nacherfüllung verbliebene Risiken (OLG Köln BauR 1991, 472). 112

Nach der **Rechtsprechung des BGH** muss von arglistigem Verschweigen eines Mangels gesprochen werden, wenn der Auftragnehmer bzw. der in seinem Bereich Verantwortliche sich bewusst ist, dass ein **bestimmter Umstand für die Entschließung seines Vertragsgegners von Erheblichkeit ist, er nach Treu und Glauben diesen Umstand mitzuteilen verpflichtet ist und ihn trotzdem nicht offenbart** (BGH SFH Z 3.01 Bl. 230; BGH BauR 1970, 244; BGHZ 62, 63 = NJW 1974, 553 = BauR 1974, 130; BGH BauR 1986, 215 = NJW 1986, 980; OLG Karlsruhe BauR 1979, 335; OLG Frankfurt 113

SFH § 638 BGB Nr. 13; OLG Köln BauR 1984, 525 und BauR 1991, 472; LG Marburg BauR 1990, 738, 740 f.). Bedingter Vorsatz genügt (*Staudinger/Peters* § 638 BGB Rn. 31; RG WarnRspr. 346). Ein Verstoß gegen Treu und Glauben liegt vor, wenn der Auftragnehmer der Ansicht ist, dass der betreffende Umstand dem Auftraggeber unbekannt ist (BGH WM 1971, 797; BGH SFH Z 2.414.3 Bl. 14). Arglistiges Verschweigen daher zu bejahen, wenn der AN den Mangel wahrgenommen hat, um dessen erhebliche Bedeutung weiß und diesen dem AG pflichtwidrig nicht offenbart (OLG München IBR 2005, 316).

Einzelfälle:

114 Eine Offenbarungspflicht muss für einen Unternehmer gelten, der für eine schwammanfällige Holzbalkendecke mit Rinde behaftete Einschubbretter und als Verfüllmaterial wertlosen, mit Holzteilchen durchsetzten Bauschutt verwendet. Der dem Bauwerk anhaftende Mangel besteht dann in dem Vorhandensein des Materials, das die Entstehung von Hausschwamm begünstigt. Der Auftragnehmer oder der sonst Verantwortliche braucht nur gewusst oder damit gerechnet zu haben, dass dieses Material zu Schwammbildung in den Decken führen kann. Ein **bewusstes Inkaufnehmen** der Folgen der vertragswidrigen Ausführung ist **nicht erforderlich** (BGH Urt. v. 11.2.1965 VII ZR 78/63 = BGH BauR 1970, 244). Weder ein »Verdecken« des Mangels noch eine Verdeckungsabsicht ist erforderlich (zutreffend *Kaiser* Mängelhaftungsrecht Rn. 178). Ähnliches gilt für die Pflicht zur Offenbarung der Verwendung fäulnisbefallener Bauhölzer (dazu BGH BauR 1979, 85 = SFH § 123 BGB Nr. 1). Ebenfalls trifft dies bei eigenmächtiger, vorsätzlich verschwiegener Verwendung branchenunüblicher Baustoffe oder baulicher Verfahrenstechniken zu, wenn dadurch erhebliche Baurisiken geschaffen werden (BGH Urt. v. 20.12.1976 VII ZR 105/74). Auch kann arglistiges Verschweigen vorliegen, wenn der Auftragnehmer den Putz unzureichend untersucht und bei dieser Putzart allgemein auftretende Mängel nicht mitteilt (BGH BauR 1975, 341 = SFH Z 2.414.0 Bl. 4).

115 Ebenso gilt dies, wenn die Anbringung einer abgehängten Decke in einer Turnhalle nicht überprüft und deshalb von Auftragnehmerseite nicht bemerkt wird, dass die Kreuzungspunkte zwischen Oberlattung und Binderuntergurt nur mit einem glatten, jeweils in Zugrichtung eingeschlagenen Nagel befestigt wurden (OLG Celle NJW-RR 1995, 1486 im vergleichbaren Fall der Aufsichtspflichtverletzung des Architekten durch seinen Bauleiter). Ferner trifft dies bei Verwendung von nicht imprägniertem, mit Bast und Rinde versehenen Holz bei Errichtung eines Dachstuhles und dem Einbau einer Schalung zu (LG Konstanz IBR 1996, 23). Von arglistigem Verschweigen kann auch gesprochen werden, wenn der Auftragnehmer die Mangelfreiheit eines in der Praxis noch **nicht erprobten Baustoffes** »ins Blaue hinein« versichert, ohne die dafür nötigen Fachkenntnisse zu besitzen (dazu OLG München NJW 1988, 3271 für den Bereich des Kaufvertrages, was aber auch hier gilt, so auch *Gassner* BauR 1990, 312, 314). Auch kommt Arglist in Betracht, wenn die Leistung so fehlerhaft erbracht wird, dass die Pfetten deutlich sichtbar zu kurz sind und ein anderer am Bau tätiger Unternehmer die Mitarbeiter des Auftragnehmers darauf hinweist (BGH BauR 1992, 500 = NJW 1992, 1754). **Arglistiges Verschweigen** ist ferner anzunehmen, wenn der Veräußerer eines von ihm errichteten Hauses dieses entgegen der Anordnung oder der Empfehlung der Baubehörde anders ausführt und dies dem Erwerber nicht offenbart. Dies gilt auch, wenn der Veräußerer darauf vertraut hat, dass keine Schäden auftreten (wie z.B. Eindringen von Wasser in die Außenwände) und der Erwerber im Beisein eines Fachkundigen das Haus besichtigt, dieser aber die gefahrenträchtige Ausführung ohne den gebotenen Hinweis des Veräußerers nicht erkennt (BGH BauR 1986, 215 = NJW 1986, 980).

116 Andererseits genügt das bloße Fehlen wesentlicher Bauteile als solches allein noch nicht, um ein arglistiges Verschweigen annehmen zu können. Vielmehr muss hinzukommen, dass der Auftragnehmer oder der für ihn auf der Baustelle Verantwortliche den Mangel bemerkt hat (BGH SFH Z 8.41 Bl. 17) oder dieser für einen Fachkundigen sozusagen auf der Hand lag. Erst recht gilt dies, wenn die Mangelhaftigkeit des betreffenden Bauteils auch dem Fachkundigen nicht ohne weiteres erkennbar war (dazu OLG Oldenburg BauR 1995, 105 im Falle des »Nichtrostens« verzinkter Drahtanker nach der früheren DIN 1053).

117 Das arglistige Verschweigen verlangt nicht nur keine Schädigungsabsicht, sondern an sich auch keinen eigenen Vorteil des Schädigers (BGH WM 1970, 964). Allerdings wird ein Verschweigen von Mängeln vorliegen, wenn der Auftragnehmer **nicht ausgeführte Leistungen berechnet** oder überhaupt Leistungen in die Rechnung mit aufnimmt, die nicht so, sondern ganz **anders ausgeführt** worden sind. Dadurch kann das Fehlen von Mängeln verschwiegen oder nicht vorhandene Eigenschaften können vorgetäuscht werden. Möglicherweise werden damit auch nicht verdiente Beträge berechnet (BGH NJW 1967, 340 = SFH Z 2.414 Bl. 177 ff.).

118 Arglistiges Verschweigen eines Mangels ist regelmäßig nicht gegeben, wenn der Auftragnehmer einen billigen und in der Qualität schlechteren Baustoff als den im Bauvertrag vereinbarten nicht heimlich, sondern dem Auftraggeber gegenüber offen verwendet; z.B. durch Einreichung zahlreicher Zwischenrechnungen noch während der Ausführung mit Angabe des wirklich eingebauten Stoffes. Ein arglistiges Verschweigen durch den Auftragnehmer ist allerdings anzunehmen, wenn er anstelle eindeutig – vor allem im Leistungsverzeichnis – festgelegter Bestellung ein anderes, billigeres Material bewusst ohne Hinweis verwendet (OLG Köln BauR 1991, 468).

c) Verantwortlichkeit des Auftragnehmers für Erfüllungsgehilfen

119 Die vorangehend gekennzeichneten Voraussetzungen des arglistigen Verschweigens können häufig bei einer Hilfsperson des Auftragnehmers vorliegen, so dass er sich nach § 278 BGB so behandeln lassen muss, als hätte er selbst den Mangel arglistig verschwiegen. Andererseits kann dem Auftragnehmer aber nicht die Verantwortlichkeit für alle seine zur Erledigung seiner vertraglichen Leistungspflichten eingesetzten Gehilfen auferlegt werden – für die § 278 BGB in Betracht käme. Grundsätzlich muss vielmehr davon ausgegangen werden, dass der Auftragnehmer nur für einen solchen Erfüllungsgehilfen verantwortlich ist, dessen er sich gerade in der Frage der Mangelhaftigkeit oder der Mangelfreiheit seiner Leistung im Rahmen seiner **Offenbarungspflicht** bedient.

120 Das ist in der Regel derjenige Gehilfe, der vom Auftragnehmer mit der Ablieferung der Leistung an den Auftraggeber betraut ist oder der dabei mitwirkt. Dazu gehört im Allgemeinen diejenige Person, die vom Auftragnehmer als dessen **Baustellenleiter** eingesetzt ist (so mit Recht KG BauR 1970, 242; OLG Karlsruhe BauR 1979, 335; vgl. auch OLG Celle NJW-RR 1995, 1486 im vergleichbaren Fall des von einem Architekten eingesetzten örtlichen Bauleiters). Dies gilt vornehmlich für die von § 4 Nr. 1 Abs. 3 S. 3 VOB/B erfassten Personen. Ähnlich der BGH (BGHZ 62, 63 = NJW 1974, 553 = BauR 1974, 130; BGH BauR 1975, 419 = SFH Z 8.41 Bl. 17; BGHZ 66, 43 = BauR 1976, 131): Es kommt in der Regel für die Haftung des Auftragnehmers auf den Erfüllungsgehilfen an, dessen er sich bei der Abnahme der Leistung bedient, den er also zur **Beobachtung des Abnahmevorganges** einsetzt (ebenso OLG Köln BauR 1984, 525, 526 = SFH § 278 BGB Nr. 5 mit Anm. *Hochstein*; *Meyer* BauR 1996, 461). In diesem Sinne wurde entschieden, dass der Werkunternehmer, der Deckenplatten montiert, sich ein arglistiges Verhalten seiner **Lieferantin für die Platten** nicht zurechnen lassen muss (OLG Stuttgart BauR 1997, 317 m. Hinweis a. einen Vorprozess). Abzustellen ist insoweit auf den dem Unternehmer zumutbaren und daher zurechenbaren Bereich grober Verschuldenshaftung (vgl. *Werner/Pastor* Rn. 2329; *Nicklisch/Weick* § 13 VOB/B Rn. 83; *Heiermann/Riedl/Rusam* § 13 VOB/B Rn. 83; *Gassner* BauR 1990, 312, 316; OLG Köln BauR 1984, 525 im Hinblick auf das Verhältnis zwischen dem vom Auftragnehmer eingesetzten Bauleiter und den Betonpolieren auf einer Großbaustelle). Auch ist dem **Generalunternehmer (GU)** das arglistige Verschweigen eines Mangels durch einen Subunternehmer in der Regel nur dann zuzurechnen, wenn dieser auch mit der Ablieferung des Werkes an den Auftraggeber des GU betraut war und/oder dabei mitgewirkt hat. Hat der GU einen Bauleiter oder einen bauüberwachenden Architekten mit der Überwachung des Subunternehmers betraut, so scheidet eine Zurechnung des Subunternehmerverhaltens auf den GU unter dem Gesichtspunkt des **Organisationsverschuldens** aus. Eine Haftung des GU unter dem Gesichtspunkt der Arglist kommt dann nur noch in Betracht, wenn die eigene Bauleitung des GU mangelhaft organisiert war (OLG Köln, OLGR 2001, 357 = IBR 2002, 129).

121 Das Gesagte gilt somit nur, wenn der mit der Abnahme Betraute auch bei der eigentlichen Bauausführung an verantwortlicher Stelle eingesetzt war. Anderenfalls kommt es auf denjenigen an, der während der Ausführung des betreffenden Bauteils die tatsächlich maßgebende Aufsicht ausgeübt hat. Ähnlich der BGH: Wenn Mitarbeiter auch mit der Prüfung der Leistung auf ihre Mangelfreiheit betraut sind und allein ihr Wissen und ihre Mitteilung den Auftragnehmer in den Stand versetzen, seine Offenbarungspflicht gegenüber dem Auftraggeber zu erfüllen, muss der Auftragnehmer sich deren Kenntnis zurechnen lassen (BGH BGHZ 62, 63 = BauR 1974, 130; BGH BauR 1975, 419 = SFH Z 8.41 Bl. 17; BGHZ 66, 43 = BauR 1976, 131). Hinsichtlich des Zeitpunktes der Kenntnis des Betreffenden ist dann **nicht nur** die **Abnahme**, sondern schon der **Zeitraum zwischen Ausführung und Abnahme** maßgebend. Das ist vor allem dann von Bedeutung, wenn der Bauteil, um den es im Einzelfall geht, im Laufe des Baufortschritts überbaut wird. Anders ist dies hinsichtlich des Zeitpunktes des arglistigen Verschweigens (siehe oben).

122 Dieser Gesichtspunkt trifft vor allem zu, wenn im Bereich eines Großbetriebes bzw. einer umfangreichen oder nicht ganz einfachen Baustelle (BGHZ 66, 43 = BauR 1976, 131 = SFH Z 2.221 Bl. 16 = NJW 1976, 516) angesichts der dortigen arbeitsteiligen Organisation eine Hilfsperson die Leistung prüft, den Mangel erkennt und verschweigt, sie aber mit der Abnahme bzw. der Ablieferung nichts zu tun hat. Ebenso trifft das zu, wenn eine Hilfsperson zur Prüfung der Leistung eingesetzt wird und sie einen schwer zu erkennenden Mangel oder einen Mangel, der nur kurze Zeit sichtbar ist, etwa weil er durch andere Bauleistungen im Rahmen des Baufortschritts überdeckt wird, feststellt. Dann muss sich der Auftragnehmer auch die Kenntnis seines nur im eigenen Bereich als »Prüfer« eingesetzten Gehilfen gemäß § 278 BGB zurechnen lassen (BGHZ 66, 43 = BauR 1976, 131; vgl. dazu auch OLG Karlsruhe BauR 1979, 335; OLG Köln BauR 1984, 525, 526 = SFH § 278 BGB Nr. 5; ferner *Jagenburg* NJW 1971, 1425, 1426 sowie *Hochstein*, Anm. zu OLG Köln BauR 1984, 525, 526, jedoch zu weitgehend, weil sie die Grundsätze des Organisationsverschuldens anwenden wollen, ohne den hier maßgebenden Grundsatz groben Verschuldens des Auftragnehmers ausreichend zu beachten; anders jedoch in den Fällen, in denen sich die Voraussetzungen der §§ 162, 166, 242 BGB einwandfrei feststellen lassen, wenn sich also der Auftragnehmer seiner Verantwortlichkeit durch Übertragung von Aufgaben auf niederrangige Funktionsträger bewusst zu entziehen versucht; so wohl auch *Gassner* BauR 1990, 312, 317). Folgerichtig gilt das Gesagte auch für einen Nachunternehmer (Subunternehmer), wenn er vom Hauptunternehmer mit der eigenverantwortlichen Ausführung der ihm übertragenen Leistung beauftragt worden ist, ohne dass die Ausführung der Leistung vom Hauptunternehmer selbst überwacht oder geprüft wird (BGHZ 66, 43 = BauR 1976, 131).

123 Schließlich hat der BGH in weiterem Bemühen um sachgerechte, jedenfalls noch gesetzeskonforme Beurteilung darauf hingewiesen, dass der Auftragnehmer, der eine ihm in Auftrag gegebene Bauleistung arbeitsteilig ausführen lässt (was regelmäßig erfolgt), die organisatorischen Voraussetzungen dafür schaffen muss, um sachgerecht beurteilen zu können, ob die Bauleistung bei Ablieferung mangelfrei ist. Falls er dies unterlässt, so verjähren nach dieser Ansicht die Mängelansprüche des Auftraggebers – wie bei arglistigem Verschweigen – erst nach drei Jahren (die Verjährungsfrist beginnt nach § 199 BGB jedoch erst, wenn der Anspruch entstanden ist und der Gläubiger von den Umständen Kenntnis erlangt oder ohne grobe Fahrlässigkeit erlangen müsste), wenn der Mangel bei **ausreichender Organisation** (zur Qualitätskontrolle vgl. auch *Anker/Sinz* BauR 1995, 629) entdeckt worden wäre (BGH BauR 1992, 500 = NJW 1992, 1754; auch OLG Köln BauR 1995, 107 = NJW-RR 1995, 180; OLG Oldenburg BauR 1995, 105). Daher kommt es hiernach entscheidend darauf an, ob und inwieweit der Auftragnehmer die Überwachung und Prüfung der Leistung während des Bauablaufes (im Allgemeinen auf der Baustelle oder der sonstigen Arbeitsstelle, wo Stoffe oder Bauteile hergestellt werden) durch zuverlässige und fachkundige Mitarbeiter sichergestellt hat. Hat er dies unterlassen und hat dies jedenfalls mitursächlich zu einem Mangel geführt, haftet der Auftragnehmer wie bei arglistigem Verschweigen für drei Jahre.

124 Diese »Arglist-Haftung« am Bau hat zunächst dadurch, dass sie auf 30 Jahre ausgerichtet war, zu gravierenden Auswirkungen auf die Bauprozesse geführt. Die Folge war, dass regelmäßig versucht wurde, aus »normalen Gewährleistungsfristen« von fünf Jahren solche von 30 Jahren zu machen. Dieser Effekt ist durch die Schuldrechtsreform relativiert worden. Aus der 30-jährigen Frist ist nun eine dreijährige geworden. Diese ergänzt um den »Auffang-Puffer« des § 634a Abs. 3 BGB. Danach greift »auffangend« auch bei der Arglist-Haftung die reguläre fünfjährige Frist ein. Dies ist immer dann vonnöten, wenn die regelmäßige dreijährige Frist des § 195 BGB für die Arglist-Haftung vor der regulären fünfjährigen Frist abläuft. Sicherlich kann die dreijährige Frist »auch länger dauern«. Dies unter dem Gesichtspunkt, dass sie als Ultimofrist gemäß § 199 Abs. 1 BGB erst ab bestimmter Kenntnis bzw. grobfahrlässiger Unkenntnis des Anspruchsinhabers zu laufen beginnt. Beispielsweise im bekannt gewordenen »Pfetten-Fall« (BGH BauR 1992, 500) hätte dies geholfen. Zu beachten ist weiter, dass die dreijährige Frist durch die Regelung des § 199 Abs. 2 u. Abs. 3 BGB »nach oben begrenzt« ist. Im »Pfetten-Fall« hätte diese »Deckelung« der Fristen zu keiner anderslautenden Entscheidung geführt. Die Handlung lag noch nicht 30 Jahre zurück, auch nicht die Entstehung des Anspruches zehn Jahre.

125 Insoweit wird man die gegen die vom BGH kreierte »**arglistige Haftung am Bau**« oder auch »**Haftung aus Organisationsverschulden am Bau**« vorgebrachten rechtsdogmatischen Bedenken zwar weiterhin zu beachten haben (so *Wolf* NJW 1994, 838; *Schlechtriem* FS Heiermann S. 281 ff., insb. 289 f., u. *Walther* BauR 1996, 455), die Bedeutung dieser Haftung ist jedoch relativiert worden. *Korbion* hat die genannten Einwände in der 13. Aufl. (§ 13 Nr. 4 VOB/B Rn. 270a) teilweise übernommen. Er hat insbesondere darauf abgestellt, dass es sich auch nur um eine bloße Nebenpflichtverletzung handeln könnte. Es würde insoweit ein fahrlässiges Verhalten i.S.d. Unterlassens der Errichtung einer ausreichenden unternehmerischen Organisation vorliegen. Eine solche Fahrlässigkeit könne man nicht einem arglistigen Verhalten gleichstellen (*Korbion* in 13. Aufl. § 13 Nr. 4 VOB/B Rn. 270a).

126 Dem wird nicht mehr gefolgt. Es erscheint insoweit überzeugend, dass der BGH die Gleichstellung dieser Haftung zwischen dem Einzelunternehmer und dem arbeitsteilig Handelnden herstellt. Zur Begründung ist darauf hinzuweisen, dass beispielsweise im Pfetten-Fall (BGH BauR 1992, 500) ein Einzelunternehmer, der die Pfetten unsachgemäß aufgelegt hatte, dies »arglistig« wissen musste. Es kann insoweit in der Tat nicht angehen, dass sich der **arbeitsteilig vorgehende Unternehmer** dieser Haftung durch die Aufteilung der Arbeit entziehen kann. Schließlich wird er nicht dafür in Haftung genommen, dass dieser Mangel überhaupt entstanden ist – andernfalls gäbe es am Bau nur noch die »Arglist-Haftung« –, sondern dafür, dass er nicht eine **Organisation** geschaffen hat, die das **Entstehenlassen derartiger Mängel** verhindert, bzw. gleichwohl zur Abnahme auffordert. Wenn dies gleichwohl geschieht – obwohl er eine solche Organisation geschaffen hat –, muss er ja auch nicht haften (hierzu *Wirth* BauR 1994, 33 »Dreißigjährige Haftung des Unternehmers – Wird der Bundesgerichtshof unzutreffend interpretiert?«).

127 Werden nach Ablauf der Verjährungsfrist erste schwere Mängel entdeckt, die adäquat kausal auf die Leistung des betreffenden Auftragnehmers zurückgehen und so beschaffen sind, dass jeder im betreffenden Baufachgebiet Bewanderte sich sagen muss, dass von Auftragnehmerseite gegen grundlegend vorauszusetzendes baufachliches Wissen verstoßen worden ist, so ist der **Beweis des ersten Anscheins** erbracht. Insbesondere wird vermutet, dass die Auftragnehmerseite bei der Herstellung den Mangel positiv erkannt und sich daher eines **arglistigen Verhaltens bei der Bauabwicklung** schuldig gemacht hat. Ebenso wird unterstellt, dass der Mangel bei der Abnahme pflichtwidrig nicht offenbart wurde. In diesem Fall kann sich der Auftragnehmer nur dadurch befreien, dass er seinerseits diesen Anschein erschüttert; beispielsweise indem er im Einzelnen darlegt und auch belegt, dass er während der Leistungszeit die erforderlichen organisatorischen Voraussetzungen im betreffenden Fall dennoch geschaffen hat, um nach aller gebotenen Voraussicht einen solchen Mangel oder derartige Mängel mit hinreichender Sicherheit durch die ihn vertretenden Personen zu erkennen und daher zu vermeiden.

128 Beachtung verdient die Tatsache, dass die **Haftung aus Organisationsverschulden** zwischenzeitlich auch auf den **Architekten-/Ingenieurbereich** ausgedehnt worden ist. So hat das OLG Celle (NJW-RR 1995, 1486 ff.) entschieden, dass ein Architekt für die Fehler des von ihm eingesetzten Bauleiters haftet, »wenn diese darin liegen, dass der Bauleiter die Anbringung einer abgehängten Decke in einer Turnhalle nicht überprüft und deshalb nicht bemerkt, dass die Kreuzungspunkte zwischen Oberlatte und Binderuntergurte nur mit einem glatten, jeweils in Zugrichtung eingeschlagenen Nagel befestigt wurden«. Das Urteil führt zusätzlich aus, dass der Architekt für diesen Aufsichtsmangel drei Jahre haftet, weil er seiner Mängeloffenbarungspflicht nicht nachgekommen sei. Zusätzlich würde ihm zur Last fallen, dass sich der Bauleiter mangels Kontrolle unwissend gehalten habe. Auch der Architekt kann somit der Arglist-Haftung nicht dadurch entgehen, dass er den Fehler selbst nicht erkannt hat. Ebenso wie der Unternehmer muss er beweisen, dass er die Baustelle oder seine Tätigkeit so organisiert hat, dass ein solcher Fehler nicht hätte geschehen dürfen. Der BGH hat diese Rechtsprechung zwischenzeitlich übernommen (BGH BB 1996, 924).

129 Arglisthaftung/Organisationsverschulden bejaht:

Arglistiges Handeln fordert Wissen und Wollen (zur Frage, ob dies bei einer mangelhaften Abdichtung eines Kellers vorliegt oder nur Fahrlässigkeit, OLG München Urt. v. 19.4.2005 NJW-RR 2005, 1181). Die Arglisthaftung kommt in Betracht, wenn sich der Auftragnehmer bei Ablieferung des fertigen Werkes seinen vertraglichen Offenbarungspflichten dadurch entzieht, dass er sich bewusst unwissend hält und sich keiner Gehilfen bezüglich der Pflicht zur Offenbarung von Mängeln bedient (Brandenburgisches OLG BauR 1999, 1191; s.a. BGH BauR 2005, 438 = IBR 2005, 80). Bejaht wird die Haftung, wenn der Auftragnehmer bei der Abnahme des Werkes zu Mängelerscheinungen »ins Blaue hinein« unrichtige Angaben macht (OLG München BauR 1998, 129 = NJW-RR 1998, 529). Nach dem OLG Stuttgart ist ein gravierender Werkmangel – Betongüte von B 25 anstelle der nach der Zulassung geforderten Mindestbetongüte von B 45 für Deckenplatten – mit der Folge der nicht gegebenen »vollen Tragfähigkeit«, ein ausreichendes Indiz für eine fehlerhafte Organisation des Herstellungsprozesses (OLG Stuttgart BauR 1997, 317). Bejaht wurde das Organisationsverschulden auch im Falle des Anbaues an eine Giebelwand ohne konstruktiv haltbare Verbindungen (BGH BauR 1992, 500), einer dilettantischen Estrichverlegung (OLG Köln BauR 1995, 107 = SFH § 638 BGB Nr. 63 = NJW-RR 1995, 180) und Verlegung von Stahl nicht deckend in Kalkmörtel im Bereich von Mauerwerksöffnungen.

130 Der Vorbehalt des § 634a Abs. 3 BGB bezüglich der dreijährigen Haftung bei arglistigem Verschweigen gilt auch im Bereich des § 13 VOB/B (OLG Koblenz NJW-RR 1997, 1179).

131 Arglisthaftung/Organisationsverschulden verneint:

Da es sich bei der dreijährigen Arglisthaftung um eine Ausnahme von der regelmäßigen fünfjährigen Verjährungsfrist des § 634a BGB handelt, sind an die Voraussetzungen für eine Verjährungsverlängerung strenge Anforderungen zu stellen. Die Rechtsprechung des BGH ist dahin gehend zu interpretieren, dass diese Ausnahmehaftung nur dann gelten soll,

»wenn der Werkunternehmer das Vorhandensein einer zur Überwachung und Prüfung des Werkes geeigneten Organisation dem Besteller in einer Weise vorspiegelt, die an Arglist grenzt, oder anders ausgedrückt, wenn er den Besteller in dem Glauben lässt, es wären Aufsichtsorgane eingesetzt, welche geeignet wären, eine vertragsgemäße und normgerechte Ausführung sicherzustellen, während dies in Wahrheit nicht der Fall ist. Der Schluss auf einen solchen Organisationsmangel mit der Folge einer Beweislastumkehr hinsichtlich des Vorhandenseins einer ausreichenden Organisation kann nur gezogen werden, wenn Mängel vorliegen, die aus dem Rahmen des Üblichen fallen, ...«. (LG Augsburg Urt. v. 23.10.1998 1 O 282/98 – nicht veröffentlicht)

Verjährungsfrist für Mängelansprüche § 13 Nr. 4 VOB/B

Der Generalunternehmer muss sich arglistiges Verschweigen seines Subunternehmers ausnahmsweise dann nicht zurechnen lassen, wenn er diesen durch einen Bauleiter besonders überwachen lässt (OLG Celle OLGR 1999, 284). Die Verfüllung des Raumes über einer Drainage mit dem vorgefundenen Boden ohne eine Kiesschicht gemäß der damals (1974/75) gültigen DIN 4095 (1973) und ohne Kontroll- und Reinigungsschächte lässt für sich allein noch nicht den Schluss auf einen arglistig verschwiegenen Mangel zu (OLG Braunschweig BauR 2000, 109).

Nach dem OLG Hamm liegt beim Außerachtlassen des Rüttelverdichtungseffektes im Rahmen einer Dachkonstruktion noch kein besonders krasser Mangel vor, der auf ein arglistiges Verschweigen schließen lässt (OLG Hamm OLGR 1998, 386). Erkennt der Bauherr einen Mangel innerhalb der regulären Verjährungszeit und wartet er mit dessen Geltendmachung mehrere Jahre, so kann er sich nicht auf ein Organisationsverschulden berufen (OLG Hamm OLGR 1998, 386). Von einem Organisationsverschulden mit der Folge einer entsprechenden Verlängerung der Verjährungszeit ist nicht auszugehen, wenn der mit der Errichtung eines Fertighauses beauftragte Bauunternehmer lediglich die Dachdämmung nicht fachgerecht hergestellt hat (so der Leitsatz des OLG Schleswig BauR 2004, 1349). 132

Entscheidungen zur Frage des Organisationsverschuldens:

– *Arglistiges Verschweigen ist anzunehmen, wenn ein Bauunternehmen neue Bautechniken anwendet und damit von den anerkannten Regeln der Technik abweicht, ohne den Bauherrn hierüber zu unterrichten (OLG Koblenz IBR 2001, 480 – auch BauR 2001, 1802 = OLGR 2001, 336). Ebenso wenn er vorsätzlich nicht vereinbarte Baustoffe einbaut (LG Hamburg BauR 2004, 1349).* 133

– *Die Ausführung der Haustrennwand zweier Doppelhaushälften aus Kalksandstein statt aus wasserundurchlässigem Beton stellt einen groben Verstoß gegen die Regeln der Baukunst dar. Wird eine solche Ausführung zwar vom Bauherrn gebilligt, weist aber der Bauunternehmer nicht auf die Risiken eindringenden Wassers hin, so verschweigt er diesen Mangel arglistig (LG Ulm IBR 2001, 548).* 134

– *Auch den arbeitsteilig organisierten Architekten trifft die Pflicht, die ordnungsgemäße Erfüllung seiner Leistungspflichten zu organisieren. Verletzt er diese Organisationspflicht und wäre der Mangel bei richtiger Organisation der Objektüberwachung und Vorbereitung der Abnahme entdeckt worden, so haftet er aus Arglist (LG Verden IBR 2002, 153). Arglistiges Verschweigen setzt Mangelkenntnis des AN oder zurechenbare Kenntnis bei Mitarbeitern voraus (BGH IBR 2005, 526; das OLG München spricht insoweit von Mangelbewusstsein NJW-RR 2005, 1181). Eine Offenbarungspflicht dürfte abzulehnen sein, wenn der AN ungeachtet der Kenntnis um den Mangel von dessen Unbeachtlichkeit für den AG berechtigterweise ausgehen durfte (BGH IBR 2005, 526).* 135

– *Arglistiges Verschweigen setzt voraus, dass der Auftragnehmer sich der Leistungsabweichung bewusst ist und davon ausgeht, dass sie dem Auftraggeber nicht bekannt ist (OLG Bamberg IBR 2002, 130).* 136

– *Bei einer Abweichung vom Leistungsverzeichnis ist der Auftragnehmer nur dann offenbarungspflichtig im Sinne eines arglistigen Verhaltens, wenn er davon ausgehen muss, dass der Besteller bei Kenntnis des Mangels die Leistung unter keinen Umständen abnehmen bzw. die Ausführung rügen würde (LG München IBR 2001, 185).* 137

– *Allein das späte Auftreten von Klebefehlern bei Fliesen lässt nicht auf systematische Organisationsmängel schließen. Dagegen kann das Überdecken von mit Mörtel verschlossenen Scheinfugen mittels einer Versiegelung mit dauerelastischem Material auf arglistiges Verschweigen hindeuten (OLG Düsseldorf, Nichtannahmebeschluss des BGH IBR 2001, 305).* 138

– *Verwendet ein Bauträger bei der Abdichtung von Terrassen und Balkonen ein vom Hersteller hierzu empfohlenes, aber nicht DIN-gerechtes Material und trägt er es zu dünn auf, so liegt kein augenfälliger Mangel vor, der den Schluss auf eine unzureichende Organisation der Bauwerkserrichtung zulässt (OLG München, Nichtannahmebeschluss des BGH IBR 2002, 10).* 139

140 – *Nicht jeder schwerwiegende Mangel lässt den Schluss auf mangelhafte Organisation zu. Insbesondere Planungsfehler, die sich nicht im Werk verkörpern, geben keinen Anlass zu einer längeren Gewährleistungsfrist* (OLG Düsseldorf IBR 2002, 603).

141 – *Haben Bauunternehmer und Architekt eine Konstruktionsart in Absprache mit dem Tragwerksplaner bewusst gewählt und ausgeführt und ist diese mangelhaft, beruht der Mangel nicht auf einer unzureichenden Organisation und Überwachung bzw. Überprüfung der Arbeiten. Entscheidend ist hierbei vielmehr bereits die Wahl der konkreten Ausführungsart* (OLG Hamm IBR 2003, 11).

142 – *Auch der Bausatzlieferant haftet für die fehlerhafte Ermittlung des Grundwasserstandes, wenn er die Objekt- und Tragwerksplanung übernommen hat. Ein Organisationsverschulden liegt nicht vor, wenn auch durch eine sorgfältige und lückenlose Überwachung des Baufortschritts und Prüfung des fertiggestellten Bauwerks der Mangel nicht erkennbar gewesen wäre* (OLG Düsseldorf IBR 2003, 129).

143 – *Ein Bauträger haftet dem Käufer einer gebrauchten Eigentumswohnung nicht aus einem Organisationsverschulden für unerkannt gebliebene Mängel* (OLG Hamm IBR 2001, 201 – auch BauR 2001, 1126). *Ebenso, wenn in einem Gebiet, in dem Hochwasser zu erwarten ist, mangels ausreichender Überwachung der Ausführung eine zureichende Kellerabdichtung nicht versichert werden kann* (OLG Naumburg BauR 2004, 1476).

144 – *Beenden Bauherr und Bauunternehmer den Streit über Mängel durch Vergleich, wonach der GU gegen Zahlung eines Ausgleichsbetrages aus jeglicher Gewährleistungspflicht entlassen wird, so kommt seine Haftung für später entdeckte Mängel unter dem Gesichtspunkt des Organisationsverschuldens nur in Betracht, wenn zwischen den Mängelbeseitigungskosten und dem Ausgleichsbetrag ein so krasses Missverhältnis besteht, dass dem Bauherrn ein Festhalten an dem Vergleich nach Treu und Glauben nicht zuzumuten ist* (OLG Köln IBR 2001, 184 – auch BauR 2001, 454 = OLGR 2001, 108 = ZfBR 2001, 187).

145 – *Kann der Unternehmer seiner gegenüber dem Auftraggeber bestehenden Offenbarungspflicht nur aufgrund des Wissens und Mitteilungen des Subunternehmers nachkommen, muss er sich ein Organisationsverschulden seines Subunternehmers zurechnen lassen* (OLG Karlsruhe Urt. v. 29.12.2005, nicht rechtskräftig IBR 2006, 327).

d) Arglistiges Vorspiegeln

146 Dem arglistigen Verschweigen ist das arglistige Vorspiegeln des Vorhandenseins eines vertraglich geschuldeten Leistungsteils gleichzusetzen (BGH SFH Z 2.400 Bl. 38 ff. für den Fall des Anbringens einer so genannten Scheinfuge, die darüber täuschen soll, dass eine ordnungsgemäße Verfugung stattgefunden habe).

e) Beweislast

147 Grundsätzlich muss der **Auftraggeber die Voraussetzungen darlegen**, die zur Arglist-Haftung nach § 634a Abs. 3 BGB führen (BGHZ 46, 238 = NJW 1967, 340 = SFH Z 2.414 Bl. 177; BGH SFH Z 8.41 Bl. 17 = BauR 1975, 419). Nach dem Gesagten kann es dazu genügen, wenn der Auftraggeber Tatsachen vorträgt, nach denen entweder der Auftragnehmer selbst oder die von ihm mit der Erfüllung seiner Offenbarungspflicht eingesetzten Personen den Mangel erkannt, aber nicht offenbart haben. Da es sich hier in weitem Bereich um den Nachweis im Subjektiven handelt, hat der Auftraggeber in der Praxis nicht unerhebliche Beweisschwierigkeiten. Diesen kann man grundsätzlich je nach Sachlage mit auf allgemeiner Erfahrung beruhenden **Beweiserleichterungen** begegnen.

148 Beruft sich der **Auftragnehmer** auf die **Erfüllung** einer ihm im konkreten Fall obliegenden **Offenbarungspflicht**, muss er dies nach Ort, Zeit und Gelegenheit näher darlegen und im Streitfall **beweisen** (dazu OLG Köln BauR 1988, 223, 226). Geht es um die Frage der ordnungsgemäßen unterneh-

merischen Organisation auf der Baustelle, so kann im Einzelfall schon der Vortrag des Auftraggebers ausreichen, der Auftragnehmer habe die Überwachung des Herstellungsprozesses nicht ordnungsgemäß organisiert – so dass der Mangel von den zur Überwachung in Betracht kommenden Personen nicht erkannt worden sei. Die in den Kaufvertrag aufgenommene Erklärung des Verkäufers, ihm sei »vom Vorhandensein wesentlicher unsichtbarer Mängel nichts bekannt«, rechtfertigt keine Abweichung von dem Grundsatz, dass den Käufer die Darlegungs- und Beweislast dafür trifft, dass der Verkäufer ihn über offenbarungspflichtige Umstände nicht aufgeklärt hat (BGH NJW 2003, 2380).

Hierzu genügt naturgemäß nicht schon die bloße Behauptung nicht ordnungsgemäßer unternehmerischer Organisation auf der Baustelle. Vielmehr muss der Auftraggeber Tatsachen vortragen, die den Schluss in dem angegebenen Sinne rechtfertigen. Andererseits dürfen hieran keine überspannten Anforderungen gestellt werden, weil der Auftraggeber sehr oft keine Kenntnisse über die Organisation auf Seiten des Auftragnehmers haben wird. Immerhin müssen sich aus dem Vorbringen des Auftraggebers ausreichende Anhaltspunkte ergeben, aus denen sich mit hinreichender Sicherheit ergibt, dass eine **Fehlorganisation** des Auftragnehmers bei der Überwachung im Rahmen der Bauherstellung vorliegt. Dabei kann der **Auftraggeber** durchaus seiner **Darlegungslast** genügen, wenn es sich um einen **gravierenden Mangel** an besonders wichtigen Gewerken handelt, weil dies ein überzeugender **Beweis des ersten Anscheins** für eine fehlende oder nicht angemessene Organisation sein kann (und wohl auch sein wird [vgl. BGH BauR 1992, 500 = NJW 1992, 1754; OLG Bamberg IBR 2000, 374]). Gleiches gilt, wenn es sich um besonders **zahlreiche Mängel** auch an weniger bedeutsamen Bauteilen handelt (*Wirth* BauR 1994, 33 ff.). **149**

Hat der Auftraggeber hinreichend Tatsachen vorgetragen, die auf eine mangelhafte Organisation des Auftragnehmers im Sinne arglistigen Verhaltens während der Herstellung und der Abnahme schließen lassen, kann der Auftragnehmer dies entkräften. Hierfür muss er im Einzelnen vortragen, wie er seinen **Betrieb** bzw. die hier in Betracht kommende **Baustelle organisiert** hatte, um den Herstellungsprozess vor der Ablieferung der Leistung sachgerecht zu überprüfen (BGH BauR 1992, 500 = NJW 1992, 1754) – gegebenenfalls kann er ein **Organigramm** vorlegen. **150**

2. Nebenpflichtverletzungen

Die Mängelrechte des Auftraggebers gegen den Bauunternehmer wegen der Verletzung von **Hauptpflichten und Nebenpflichten, die zu einem Mangel geführt haben**, verjähren gemäß § 634a Abs. 1 Nr. 2 Abs. 2 BGB in fünf Jahren beginnend mit der Abnahme. **151**

Bezüglich der **Nebenpflichten, die zu einem Mangel geführt haben,** wird dies klargestellt durch § 634a S. 1 (1. Hs.) BGB. Dort wird auf § 634 Nr. 4 BGB Bezug genommen, der wiederum auf § 280 BGB verweist. In § 280 BGB, der zentralen Anspruchsnorm des vertraglichen Schadensersatzrechts, wird nicht (mehr) zwischen der Verletzung von Haupt- und Nebenpflichten unterschieden. Damit ist im Ergebnis die frühere **Unterscheidung von Mangel- und Mangelfolgeschäden unnötig geworden**. Sämtliche Schäden werden von § 280 BGB erfasst. **152**

Leistungsbezogene Nebenpflichtverletzungen, die keinen Mangel jedoch (unmittelbar) einen anderen Schaden **verursacht haben**, werden direkt von § 280 BGB erfasst. Ein Rückgriff auf § 634 ff. BGB erfolgt nicht. In der Folge gilt die **Verjährung nach § 195 BGB i.V.m. § 199 BGB von drei Jahren,** beginnend mit dem Schluss des Jahres, in dem der Anspruch entstanden ist und der Gläubiger von den den Anspruch begründenden Umständen und der Person des Schuldners Kenntnis erlangt oder ohne grobe Fahrlässigkeit erlangen müsste. **153**

Für die sonstigen Nebenpflichtverletzungen nach § 241 Abs. 2 BGB (Verhaltenspflichten) ist weiterhin § 282 BGB (Schadensersatz statt der Leistung wegen Verletzung einer Pflicht nach § 241 Abs. 2 BGB [Nebenpflicht]) zu beachten. **§ 282 BGB** ist explizit von der Verjährung nach § 634a BGB aus- **154** genommen. Dies ergibt sich daraus, dass § 634 Nr. 4 BGB auf § 282 BGB (Schadensersatz statt der Leistung wegen Verletzung einer Pflicht nach § 241 Abs. 2 BGB [Nebenpflicht]) gerade nicht verweist. Diese Ausklammerung ist eigentlich eine Selbstverständlichkeit, da bei dieser Schadensgruppe ein **Bezug zu einem Mangel am Werk** nicht vorliegt.

155 Nicht selbstverständlich ist allerdings, dass nun für die Nebenpflichtverletzungen des § 241 Abs. 2 BGB – der **früheren positiven Vertragsverletzung** (PVV) – auch die **Beweislastumkehr**, bzw. der **Exculpationszwang** des § 280 Abs. 1 S. 2 BGB gilt. Vor der Schuldrechtsreform war es so, dass bei PVV-Ansprüchen der Anspruchssteller das Verschulden des Anspruchsgegners belegen musste. Nach der Schuldrechtsreform muss sich Letzterer nun von einem Verschulden exculpieren. Es erscheint mehr als fraglich, ob der Gesetzgeber dies gewollt hat.

3. Versicherungsschutz des Auftragnehmers

156 Nach § 13 Nr. 7 Abs. 4 VOB/B sind ebenfalls die gesetzlichen Verjährungsfristen maßgebend, soweit sich der Auftragnehmer nach Abs. 3 durch Versicherung geschützt hat oder hätte schützen können oder soweit ein besonderer Versicherungsschutz vereinbart ist.

4. Ansprüche aus unerlaubter Handlung

157 Die Verjährungsfristen gemäß § 13 Nr. 4 VOB/B gelten nicht bei Haftung aus unerlaubter Handlung (§§ 823 ff. BGB). Das gilt vor allem für Schäden am Eigentum des Auftraggebers oder eines Dritten, die im Rahmen von Bauleistungen im sog. **nichtbearbeiteten Bereich** entstehen; d.h. dort, worauf sich die **auftragsgemäß** und mangelfrei zu erbringende Leistung nicht erstreckt – z.B. bei der Beschädigung eines Hauses durch Wasser, das durch eine nicht ordnungsgemäß verschlossene Öffnung eines Kanalschachtes ausgetreten ist, oder durch Beschädigung einer Schrankeinrichtung wegen nicht sachgerechter Anbringung eines Regals (dazu BGH BauR 1979, 321 = NJW 1979, 1651 = ZfBR 1979, 153).

158 Auch sonst können Ansprüche aus unerlaubter Handlung entstehen. Vor allem wenn sie außerhalb der sachgerechten Bauherstellung selbst liegen, jedoch **bei deren Gelegenheit** geschehen.

159 Ansprüche aus unerlaubter Handlung verjähren nach § 195 BGB in der regelmäßigen Verjährungsfrist von drei Jahren, beginnend mit dem Schluss des Jahres, in dem der Anspruch entstanden ist und der Gläubiger von den den Anspruch begründenden Umständen und der Person des Schuldners Kenntnis erlangt oder ohne grobe Fahrlässigkeit erlangen müsste. Kenntnis der Person des Ersatzpflichtigen hat der Geschädigte erst, wenn ihm Tatsachen bekannt werden, die auf eine Verursachung und ein schuldhaftes Verhalten des betreffenden Schädigers hinweisen (dazu auch BGH VersR 1986, 1080). Der **Beweis des ersten Anscheins** kann genügen (BGH MDR 1990, 612 für den Fall eines unmittelbar nach Brennschneidearbeiten auftretenden Brandes in dem mit Holzwerk umgebenen Arbeitsbereich, wenn sich dem Geschädigten die Person des Schädigers aufdrängen musste). Kann der Geschädigte aufgrund der ihm bekannten Umstände **Name und Anschrift** des Ersatzpflichtigen in zumutbarer Weise ohne besondere Mühe in Erfahrung bringen, so gilt ihm die Person des Ersatzpflichtigen als in dem Augenblick bekannt, in dem er auf die entsprechende Erkundigung hin diese Kenntnis erhalten hätte (BGH Betrieb 1973, 1501; BGH VersR 1976, 147; OLG Köln VersR 1974, 1089; OLG Braunschweig VersR 1974, 1183). Bei **Gesamtschuldnern** ist die erforderliche Kenntnis hinsichtlich jeden Schuldners gesondert zu ermitteln (BGH NJW 2001, 964). Kommen mehrere verschiedene Ersatzpflichtige in Betracht, so beginnt die Verjährung erst mit dem Zeitpunkt, in dem begründete Zweifel über die Person des Ersatzpflichtigen nicht mehr bestehen (OLG Frankfurt OLGZ 71, 1).

160 **Grob fahrlässige Unkenntnis** steht der positiven Kenntnis gleich. Für den **Beginn der Verjährung** reicht es daher aus, wenn der Geschädigte die Kenntnis von der Person des Schädigers nur deshalb nicht hat, weil er eine auf der Hand liegende Erkenntnismöglichkeit nicht genutzt hat. An dieser Voraussetzung kann es allerdings fehlen, wenn die Rechtslage verwickelt ist und die sich daraus ergebenden Zweifel noch ungeklärt sind (BGH VersR 1980, 846).

VII. Der zeitliche Lauf der Verjährungsfristen bei Mängelansprüchen

1. Der Beginn der Verjährungsfrist (Nr. 4 Abs. 3)

a) Grundsätzlich Verjährungsbeginn mit Abnahme

Die Verjährungsfrist beginnt nach § 634a Abs. 2 BGB mit der Abnahme des Werkes. Das trifft auch bei Bauverträgen nach den Allgemeinen Vertragsbedingungen zu, wie sich aus § 13 Nr. 4 Abs. 3 Hs. 1 VOB/B, ergibt (§ 12 VOB/B). **161**

Für die Abnahme als Beginn der Verjährungsfrist ist § 12 VOB/B maßgebend. Es muss sich im Allgemeinen um die Abnahme der vertraglichen Gesamtbauleistung handeln. Grundsätzlich beginnt die Verjährungsfrist erst mit einer Abnahme nach Fertigstellung der gesamten in Auftrag gegebenen Leistung. Hiervon gibt es eine Ausnahme, und zwar bei der Teilabnahme in sich abgeschlossener Teile der Gesamtleistung. Zu nennen ist in diesem Zusammenhang auf die durch das Gesetz zur Beschleunigung fälliger Zahlungen neu in das BGB eingebrachte Regelung des § 632a BGB. Danach kann nun auch im BGB-Bauwerksvertrag der Besteller »für in sich abgeschlossene Teile des Werkes« Abschlagszahlungen verlangen. Dies bedeutet jedoch noch **nicht** einen **Anspruch auf Teilabnahme**. Gleiches gilt im Architektenbereich (vgl. BGH Urt. v. 11.5.2006 IBR 2006, 450; OLG Düsseldorf BauR 2005, 1820). **162**

Bezüglich des Anspruches auf Teilabnahme bleibt es insoweit bei der Ausnahmebestimmung des § 13 Nr. 4 Abs. 3 VOB/B. Danach beginnt die Verjährung für in sich abgeschlossene Teile der Leistung mit einer Teilabnahme. Bei Vereinbarung der VOB/B hat der Auftragnehmer hierauf Anspruch. **Aus dem gleichen Grunde, aus dem die VOB/B in § 12 Nr. 2 eine Teilabnahme zulässt, hat sie hinsichtlich der Mängelhaftung für solche Teile auch eigene Verjährungsfristen eingeführt** (BGH BauR 1975, 423). Durch die VOB/B 2000 ist die »technische Abnahme« (die nie eine Abnahme war) weggefallen. Die Ersatzregelung steht in § 4 Nr. 10 VOB/B. Die Sonderregelung in § 13 Nr. 4 Abs. 3 beschränkt sich auf eine Teilabnahme, wie sie von § 12 Nr. 2 VOB/B erfasst wird. Insbesondere fallen bloß technische »Abnahmen« nach früher § 12 Nr. 2b VOB/B – jetzt § 4 Nr. 10 VOB/B – nicht hierunter. Ausgenommen, die Parteien haben ihnen im konkreten Fall weitergehende Wirkung beigemessen (BGHZ 50, 160 ff. = NJW 1968, 1524 = SFH Z 2.510 Bl. 32 ff.). **163**

Eine Vorverlegung des Beginns der Verjährungsfrist für Mängelansprüche auf einen – angemessenen – Zeitpunkt nach Fertigstellung und vor Abnahme wegen unvorhergesehener, vor allem vom Auftragnehmer nicht zu vertretender überlanger Bauzeit, kann im Einzelfall nur aus dem Gesichtspunkt des **Wegfalls oder der Änderung der Geschäftsgrundlage** (§ 313 BGB) in Erwägung gezogen werden. Insoweit kann es sich nur um krasse Ausnahmefälle handeln, die bei angemessener Berücksichtigung der beiderseitigen Interessen eine entsprechende Korrektur aufzwingen (dazu OLG Suttgart VersR 1977, 89 für den Bereich des Architektenvertrages). In AGB verstößt eine solche Regelung nicht nur gegen § 309 Nr. 8b) ff), sondern auch gegen § 307 BGB. Andererseits wäre es auch ein Verstoß gegen § 307 BGB, wenn der Auftraggeber den Beginn der Verjährungsfrist ausnahmslos von der **Ingebrauchnahme der Leistung**, also unabhängig von einer etwa davor liegenden Abnahme, abhängig macht. Dies widerspräche nach der früheren Rechtslage bis zum 31.12.2001 der zwingenden Regelung des § 225 BGB a.F. (heute: § 202 BGB; OLG Zweibrücken BauR 1992, 772). **164**

Eine solche Klausel dürfte auch nach neuem Recht unwirksam sein. Begründet ist dies darin, dass der Zeitpunkt des Beginns der Verjährung aus Sicht des Auftragnehmers nicht vorhersehbar und nicht beeinflussbar wäre. Es läge daher ein Verstoß nach § 307 BGB vor, weil der Auftragnehmer im Vergleich zur gesetzlichen Regelung des § 634a Abs. 2 BGB (Verjährung beginnt mit der Abnah- **165** me) unangemessen benachteiligt würde. Gleiches gilt für Bestimmungen, wonach der Beginn der Verjährungsfrist vom Zeitpunkt des – objektiven – Auftretens bzw. der **Erkennbarkeit des Mangels** abhängig gemacht wird (dazu zutreffend *Kaiser* BauR 1987, 617, 618 m.w.N.).

166 Dies trifft auch auf einen **Generalunternehmervertrag** zu, bei dem die Verjährungsfrist vier Jahre beträgt und erst mit mangelfreier Abnahme beginnen soll (OLG Düsseldorf BauR 1987, 451). Auch ist es unzulässig, den Beginn der Verjährungsfrist von **Handlungen Dritter** abhängig zu machen; z.B. der Mangelfreibescheinigung von Erwerbern von Eigentumswohnungen sowie der baubehördlichen Abnahme – auch wenn im letzteren Fall zugleich ein Endzeitpunkt nach Fertigstellung der Leistung festgelegt ist. Eine Regelung in Allgemeinen Geschäftsbedingungen eines **Bauträgers**, wonach die **Abnahme** der Werkleistung **aller Unternehmer erst durch die Abnahme des Gesamtobjektes** seitens des Erwerbers erfolgt, ist **unwirksam** (OLG Düsseldorf BauR 1999, 497). Auch eine vom Hauptunternehmer ständig verwendete Klausel, wonach die Abnahme gegenüber dem Subunternehmer erst mit Abnahme der Gesamtbauleistung (zwischen ihm und dem Hauptauftraggeber) erfolgen soll, ist wegen Verstoßes gegen § 307 BGB unwirksam (OLG Celle Urt. v. 27.5.1999 IBR 1999, 366).

b) Verweigerung der Abnahme

167 Hat der Auftraggeber die Abnahme berechtigt verweigert, beginnt die Verjährung in dem Zeitpunkt, in dem er die Bauleistung und deren Abnahme endgültig abgelehnt hat (RGZ 165, 41, 54; BGH NJW 1970, 421, 422 = BauR 1970, 48; BGH BauR 1974, 205; BGHZ 79, 180 = BauR 1981, 201 = NJW 1981, 822; OLG Köln BauR 2000, 134). Dabei kommt es entscheidend auf die vom Auftraggeber erkennbar und zweifelsfrei zum Ausdruck gebrachte endgültige Weigerung, nicht aber auf deren Gründe an. Aus Gründen des Rechtsfriedens soll hier die Verjährungsfrist ebenso beginnen wie bei einer erfolgten Abnahme (vgl. auch § 12 VOB/B).

c) Fiktion der Abnahme

168 Die soeben behandelte Verweigerung der Abnahme darf nicht mit den Konstellationen vermischt werden, bei denen sich der Auftraggeber **nicht** äußert. Er verweigert insoweit die Abnahme nicht, sondern gibt überhaupt keine Erklärung ab. Oftmals wird in der Bauwirtschaft in diesen Fällen davon ausgegangen, dass nach Ablauf der 12 Werktage des § 12 Nr. 1 VOB/B »automatisch« die Abnahme eintreten würde. Dies ist mitnichten der Fall. Eine Abnahme wurde bis zum 1.1.2002 – neben den beiden Fällen des § 12 Nr. 5 Abs. 1 und Abs. 2 VOB/B – nur dann fingiert, wenn die oben geschilderte Weigerung unberechtigterweise erklärt wurde. Bei Ausbleiben jeglicher Erklärung musste und muss die Auftragnehmerseite weitere Maßnahmen ergreifen. Dabei ist zwischen **Gläubiger- und Schuldnerverzug** zu unterscheiden. **Gläubigerverzug** liegt allein dann vor, wenn der Gläubiger die ihm angebotene – ordnungsgemäße – Leistung nicht annimmt (§ 293 BGB). Es handelt sich insoweit nicht um die Verletzung einer Rechtspflicht, sondern um einen Verstoß gegen eine Obliegenheit (*Palandt/Heinrichs* § 293 BGB Rn. 1 m. Hinweis a. *Larenz* § 25 I). Die Folge hiervon ist u.a., dass der Schuldner ab diesem Zeitpunkt bezüglich der von ihm zu erbringenden Leistung nur noch Vorsatz und grobe Fahrlässigkeit zu vertreten hat, § 300 Abs. 1 BGB (s.u.).

169 Da es sich bei der **Abnahme** gemäß § 640 Abs. 1 BGB um eine **Hauptpflicht** handelt, kann in diesem Bereich auch **Schuldnerverzug** entstehen. Voraussetzung hierfür ist eine Inverzugsetzung im Sinne einer Mahnung. Einer Mahnung bedarf es wegen § 286 Abs. 2 Nr. 2 BGB i.V. mit § 12 Nr. 1 VOB/B nicht, da dort die angemessene Zeit bestimmt ist. Auch muss der Schuldner seine Nichtannahme zu vertreten haben (Verschulden). Liegt Entsprechendes vor, hat die Praxis im Sinne einer positiven Vertragsverletzung eine Art Abnahmefiktion auf das Verzugsdatum vorgenommen. Im Rahmen der insoweit dem Auftraggeber anzulastenden Vertragsverletzung wurde der Auftragnehmer als Sanktion so gestellt, wie wenn zu diesem Zeitpunkt abgenommen worden wäre (hierzu *Peters* NZBau 2000, 169, 171).

Verjährungsfrist für Mängelansprüche § 13 Nr. 4 VOB/B

170 Wohl vor diesem für die Praxis rechtlich schwer zu durchschauenden Zusammenspiel zwischen Gläubiger- und Schuldnerverzug, hat der Gesetzgeber durch das Gesetz zur Beschleunigung fälliger Zahlungen mit Wirkung zum 1.5.2000 in § 640 Abs. 1 BGB einen neuen S. 3 eingefügt. Hierbei handelt es sich um eine weitere gesetzliche Abnahmefiktion, die neben diejenige des § 641a BGB tritt – und bei Vereinbarung der VOB/B neben die beiden Abnahmefiktionen des § 12 Nr. 5 VOB/B. Dies wird auch vom Vergabe- und Vertragsausschuss so gesehen (*Kratzenberg* NZBau 2002, 177, 180). Um diese neue Abnahmefiktion i.S.d. § 640 Abs. 1 S. 3 BGB herbeizuführen, ist zunächst eine **Fristsetzung** des Auftragnehmers gegenüber dem Auftraggeber erforderlich. Allein eine Aufforderung zur Abnahme reicht nicht. Die Betonung liegt insoweit auf einer zu setzenden Frist. Dies gilt selbst für den **Fall**, dass der Auftraggeber die **Abnahme bereits im Vorhinein verweigert** hat. Auch hier wird man eine Fristsetzung fordern müssen. Dies vor dem Hintergrund, dass im deutschen Recht eine Fiktion zu Lasten eines Anderen nur unter ganz engen Voraussetzungen überhaupt zulässig sein kann.

171 Satz 3 des § 640 Abs. 1 BGB wird man nicht nur in diesem Zusammenhang eng auslegen müssen. Gleiches wird auch für den zweiten Halbsatz dieses S. 3 gelten müssen. Dort ist festgehalten, dass die Abnahmefiktion nur dann eintreten kann, wenn der Auftraggeber zur Abnahme auch verpflichtet ist (»... obwohl er dazu verpflichtet ist.«). Auswirkungen wird dies in den Fällen haben, in denen der Auftraggeber nach Eintritt der Abnahmefiktion – möglicherweise als Gegenargument in einer Vergütungsklage des Auftragnehmers – behauptet, dass die insoweit geforderte **Abnahmereife** nicht vorlag. Dies vor dem Hintergrund, dass im Rahmen des § 640 Abs. 1 S. 3 BGB tatsächlich eine Abnahmefähigkeit im Sinne einer Abnahmereife zu fordern ist. In dieser BGB-Regelung wird man insoweit strengere Maßstäbe anlegen müssen, als im Bereich des § 12 Nr. 5 VOB/B.

172 Zwar wird auch im Rahmen der fiktiven Abnahme der VOB/B ein gänzlich nicht abnahmefähiges Werk nicht zu einer Abnahmefiktion führen können. Gleichwohl enthält der Wortlaut des § 12 Nr. 5 in keiner seiner beiden Alternativen eine entsprechende Einschränkung wie § 640 Abs. 1 S. 3 (»... obwohl er dazu verpflichtet ist.«). Die BGB-Regelung betont insoweit, dass derjenige, dem die fiktive Abnahme »unterstellt« wird, hierzu auch tatsächlich verpflichtet sein musste. Offensichtliches Ziel ist es insoweit nur denjenigen »zu **belasten**«, der glaubt, allein dadurch die **Werklohnforderung blockieren** zu können, dass er die Abnahme-Willenserklärung verweigert. In der **VOB/B** im § 12 Nr. 5 ist dies anders angedacht. Dort werden **allein tatsächliche Handlungen** als Auslöser für die Abnahmefiktion als ausreichend angesehen. Zum einen handelt es sich hierbei um eine **Handlung des Auftragnehmers** in Form einer »schriftlichen Mitteilung«, zum anderen um eine Handlung des Auftraggebers selbst, d.h. dessen Ingebrauchnahme der Leistung.

173 Vor diesem Hintergrund wird man das oben Gesagte vertreten können, d.h. im Rahmen des § 12 Nr. 5 VOB/B wird ein »Weniger« an Abnahmefähigkeit zu fordern sein, als im Rahmen des § 640 Abs. 1 S. 3 BGB. Wie gesagt, wird dies gerade durch den Wortlaut der genannten BGB-Vorschrift belegt. Danach muss der Auftragnehmer zur Abnahme des Werkes verpflichtet sein. Die Frage, die sich in der Praxis stellt, ist die, was geschieht, wenn einige Zeit nach Eintritt dieser BGB-Abnahmefiktion die Vertragsparteien darüber streiten, ob »damals« als die Fiktion eintrat, d.h. als die vom Auftragnehmer gesetzte Frist ablief, keine Abnahmereife vorgelegen hat (die Frage, inwieweit die bekannten Wirkungen der Abnahme auch bei der Fiktion i.S.d. § 640 Abs. 1 S. 3 wird unterschiedlich beurteilt; hierzu *Palandt/Sprau* § 640 BGB Rn. 11; *Kniffka* ZfBR 2000, 227 ff.; *Oppler* MittBl. Arge Baurecht 2002, 19, 22).

174 Erste Folge für die Praxis sollte es sein, dass sich die Auftragnehmer zum Zeitpunkt der Ablaufs der von ihnen gesetzten Frist – und der ausbleibenden Reaktion des Auftraggebers – absichern. Unter Umständen sollten sie ein Sachverständigengutachten dazu einholen, dass in diesem Zeitpunkt tatsächlich Abnahmereife vorliegt. Sollte der Auftraggeber diesbezüglich das Betreten der Baustelle verhindern, dürfte dies eine schuldhafte Nebenpflichtverletzung darstellen, die die spätere Beweislast zugunsten des Auftragnehmers umkehrt.

175 Zu fragen ist, ob nicht in Fällen, in denen der Auftraggeber auf eine Abnahmeaufforderung des Auftragnehmers nicht reagiert, grundsätzlich zugunsten des Auftragnehmers von einer Beweislastumkehr ausgegangen werden kann. Schließlich hat der Auftraggeber zum Zeitpunkt des »Abnahmeverlangens« durch seine ausbleibende Äußerung zumindest seine **Mitwirkungspflichten/Kooperationspflichten** verletzt. Es erscheint nur sachgerecht, ihm die Beweislast dafür aufzuerlegen, dass zum Zeitpunkt des Ablaufes der i.S.d. § 640 Abs. 1 S. 3 BGB gestellten Frist keine Abnahmevoraussetzungen vorlagen. Entsprechendes sollte aber nur gelten, wenn der Unternehmer nicht außerhalb jeder Abnahmefähigkeit seine Aufforderung abgegeben hat. Auch gerade aus diesen Gründen ist ihm zu dem genannten Gutachten zu raten – und ist dem Besteller zu raten, sich nicht in Schweigen zu hüllen. Dies alles vor dem Hintergrund, dass der Auftragnehmer seine Fristsetzung (Zugang!) beweisen kann.

176 Gelingt dem Auftraggeber ein entsprechender Beweis, dann wird man allerdings ein »rückwirkendes« Entfallen der Abnahmefähigkeit und damit der Abnahmefiktion annehmen müssen. Dies führt dazu, dass neben der Regelung des § 640 Abs. 1 S. 3 BGB weiterhin die Fragen nach den Folgen eines Gläubiger- oder Schuldnerverzugs auf Seiten des Auftraggebers zu stellen sind. Ebenso zu der Frage, was mit den doch schon eigetretenen Abnahmewirkungen geschieht, z.B. die Schutzpflicht, der Gefahrenübergang etc.

177 Wie oben ausgeführt wurde, kann bei Vorliegen einer unberechtigten Abnahmeverweigerung in Bezug auf die Werkleistung des Unternehmers sowohl gemäß §§ 293 ff. BGB Gläubigerverzug vorliegen als auch hinsichtlich der eigenständigen Abnahmepflicht (§ 640 Abs. 1 BGB) gemäß den §§ 286 ff. BGB Schuldnerverzug gegeben sein.

178 Mit Eintritt des Gläubigerverzugs tritt zunächst ein geänderter Haftungsmaßstab ein. Zwar bleibt der Auftragnehmer weiterhin i.S.d. § 4 Nr. 5 VOB/B verpflichtet, die von ihm erbrachten Leistungen »bis zur Abnahme« zu schützen – allerdings von nun ab unter einem geänderten Haftungsmaßstab. § 300 BGB spricht aus, dass der Schuldner des Werkes während des Gläubigerverzuges »nur Vorsatz und grobe Fahrlässigkeit zu vertreten« hat. Dabei ist die in § 644 Abs. 1 S. 2 BGB geregelte Vergütungsgefahr und die Leistungsgefahr, d.h. die Pflicht des Auftragnehmers zur – eventuell erneuten – Leistung, zu unterscheiden. Da § 644 BGB nur die Vergütungsgefahr regelt (*Palandt/Sprau* § 645 BGB Rn. 1), ist die Frage, ob der Auftragnehmer weiterhin leisten muss, bzw. inwieweit die Leistungsgefahr bereits übergegangen ist, nach § 300 BGB zu entscheiden. Rechtliche Folge des Annahmeverzuges ist es, dass der Auftragnehmer von diesem Zeitpunkt an für leichte Fahrlässigkeit nicht mehr einzutreten hat. Dies folgt aus § 300 Abs. 1 BGB. Diese leichte Fahrlässigkeit entspricht der »normalen« Fahrlässigkeit des täglichen Lebens. Für alle Schäden, die am Werk im Rahmen der leichten Fahrlässigkeit auftreten, muss der Auftragnehmer somit nicht mehr haften. Seine Haftung beschränkt sich allein auf Vorsatz und grobe Fahrlässigkeit. Dies ändert aber nichts daran, dass er sein Werk weiterhin schützen muss.

179 Die Frage ist nun, wie sich die Neuregelung des § 640 Abs. 1 S. 3 BGB zu den Regelungen des Annahmeverzuges verhält. In der Literatur wird davon ausgegangen, dass mit dem Fristablauf im Sinne des § 640 Abs. 1 S. 3 BGB, d.h. mit der damit verbundenen Abnahmefiktion, eine Reihe der üblichen Folgen der Abnahme eintreten. Genannt werden der Beginn der Verjährungsfrist und die Fälligkeit der Vergütung (*Palandt/Sprau* § 640 BGB Rn. 10 f.; *Kniffka* spricht von »allen Abnahmewirkungen«, nimmt dann aber § 640 Abs. 2 BGB aus, ZfBR 2000, 227, 230). Unterschiedlich gesehen wird dies hinsichtlich der Frage der Beweislast (ablehnend *Palandt/Sprau* a.a.O.m. Hinweis a. *Peters* NZBau 2000, 169, 171; *Kniffka* nimmt dies nicht aus, a.a.O., 230). Eingehend wird auch die Frage des Verlustes der Vertragsstrafenansprüche geprüft. Teilweise wird auch dies bejaht (*Kniffka* a.a.O., 230; a.A. *Palandt* § 641 BGB Rn. 11).

180 Bejaht wird auch der Gefahrübergang. Dies mit Hinweis auf § 644 Abs. 1 S. 2 BGB. Folgt man allerdings der Meinung, dass es sich im Bereich des § 644 allein um die Vergütungsgefahr handelt (*Pa-

landt/Sprau § 645 BGB Rn. 1), kann sich daraus ein Problem ergeben. Die Frage der Leistungsgefahr des Unternehmers muss zusätzlich geprüft werden. § 644 Abs. 1 S. 1 BGB hilft hier somit nicht. Unterstellt man eine »vollständige« Abnahmewirkung, muss der Unternehmer ab diesem Zeitpunkt sein Werk nicht mehr schützen. Gemäß § 4 Nr. 5 VOB/B ist er hierzu nur bis zum Gefahrübergang verpflichtet. Was ist nun allerdings, wenn sich nach einigen Monaten herausstellt, dass das Werk des Unternehmers zum Zeitpunkt des Fristablaufes i.S.d. § 640 Abs. 1 S. 3 BGB nicht so »abnahmereif« war, dass der Besteller zu einer Abnahme verpflichtet war? In diesem Falle kann die Abnahmewirkung eben gerade nicht eingetreten sein. Zwar gab es eine fiktive Abnahme, diese ist nach dem Wortlaut des § 640 Abs. 1 S. 3 BGB aber nur dann zu bejahen, wenn der Besteller zur Abnahme verpflichtet war. Beweist er seine fehlende Verpflichtung, ist festgestellt, dass die Abnahmewirkungen gerade nicht eingetreten sind. Als Folge hätte der Unternehmer sein Werk weiterhin schützen müssen.

Aufgrund des Annahmeverzuges des Auftraggebers würde allerdings nur noch eine Haftung im Bereich des Vorsatzes und der groben Fahrlässigkeit vorliegen. Jedoch auch diese Aussage ist zu überprüfen. Dies deshalb, weil auch der Annahmeverzug im Sinne der §§ 293 ff. BGB, insbesondere des § 294 BGB, voraussetzt, dass der Schuldner dem Gläubiger die Leistung so anzubieten hat, »wie sie zu bewirken ist«. War sie nicht abnahmereif, hat er sie nicht ordnungsgemäß angeboten. Als Folge kann auch der Annahmeverzug nicht eingetreten sein. Dies führt wiederum dazu, dass der Auftragnehmer auch für jede Fahrlässigkeit haftet. Wenn am Werk in dem genannten Zeitraum ein Schaden eintritt, wird er erneut leisten müssen. **181**

Ebenso wird in den genannten Fällen ein Schuldnerverzug (§§ 286 ff. BGB) des Bestellers abzulehnen sein. Zwar kann aufgrund einer nicht erfolgten Abnahme auf Seiten des Bestellers sowohl Gläubigerverzug, als auch Schuldnerverzug vorliegen (*Bamberger/Roth/Voit* Bd. 2 § 640 BGB Rn. 29, 30). Der Schuldnerverzug bezieht sich in diesen Fällen auf die Abnahme als eigenständige vertragliche Pflicht des Bestellers (§ 640 Abs. 1 BGB). Voraussetzung ist jedoch gemäß § 286 Abs. 4 BGB, dass der Schuldner (der Besteller) das Ausbleiben der Leistung (die Abnahme der Werkleistung) zu vertreten hat. Ein Vertretenmüssen der nicht erfolgten Abnahme kann jedoch nicht vorliegen, wenn die Abnahmevoraussetzungen nicht gegeben waren. Im Ergebnis wäre daher auf Seiten des Bestellers sowohl Gläubiger- wie auch Schuldnerverzug abzulehnen. **182**

Auch dies stellt noch nicht das Ende der Überlegungen dar. Zu fragen ist, ob man ein anderes Ergebnis nicht damit begründen könnte, dass die ausbleibende Reaktion des Auftraggebers auf das Abnahmeverlangen des Auftragnehmers als Nebenpflichtverletzung anzusehen ist. Dies ist vor dem Hintergrund der Kooperationsrechtsprechung des Bundesgerichtshofes zu sehen (Kooperationsrechtsprechung, BGH BauR 2000, 409 = NJW 2000, 807 = ZfBR 2000, 170). **183**

Voraussetzung hierfür wäre allerdings, dass man die Nichtreaktion des Auftraggebers aus dem Bereich der Obliegenheitsverletzung i.S.d. § 293 ff. BGB herausnimmt und zur Nebenpflichtverletzung »erhebt«. In diesem Fall würde zwar kein Gläubigerverzug vorliegen, man könnte allerdings den Schuldnerverzug insoweit fingieren, als allein durch die ausbleibende Reaktion ein Verschulden und damit eine Art Abnahmefiktion (als Art Schadensersatz) fingiert wird. Diese Überlegungen entsprechen jedoch nicht dem Gesetzeswortlaut. **184**

d) Mangelkenntnis seitens des Auftraggebers ohne Belang
Für den durch die Abnahme herbeigeführten Beginn der Verjährungsfrist wegen Mängeln der Leistung ist es ohne Bedeutung, ob der Auftraggeber einen etwaigen Mangel kennt bzw. erkannt hat, was seine Ursachen sind und wer dafür verantwortlich ist. Gleiches gilt für die Erkennbarkeit von Mängeln (OLG Köln OLGZ 1978, 321 für den Bereich des Kaufvertrages). Dies ist anders als im Bereich der unerlaubten Handlung, § 195, 199 BGB (BGH SFH Z 2.414 Bl. 210 ff.). Eine andere Frage ist es, ob und inwieweit der Auftraggeber seine Mängelansprüche in Anbetracht des § 640 Abs. 2 BGB (Ver- **185**

lust der Mängelrechte bis auf Schadensersatz und Ersatz vergeblicher Aufwendungen bei Kenntnis der Mängel) noch durchzusetzen vermag.

186 Andererseits genügt es für die fristgerechte Geltendmachung von Mängelansprüchen, dass sie während der Verjährungsfrist ordnungsgemäß gemäß § 13 Nr. 5 VOB/B gerügt werden. Dies auch dann, wenn sich die eigentlichen Auswirkungen des Mangels erst nach Ablauf der Verjährungsfrist ergeben (BGH LM § 198 BGB Nr. 3).

e) Berechnung des Verjährungsbeginns nach gesetzlichen Vorschriften

187 Für die Festlegung des Verjährungsbeginns (Abnahme der Leistung) gelten die allgemeinen gesetzlichen Bestimmungen des BGB. Die Fristberechnung erfolgt nach § 187 Abs. 1 BGB. Tritt die Abnahmewirkung nach § 12 Nr. 5 VOB/B ein (12 Werktage nach schriftlicher Mitteilung über die Fertigstellung bzw. 6 Werktage nach Inbenutzungnahme der Leistung), ist für den Verjährungsbeginn der Kalendertag maßgebend, der auf die Frist von 12 bzw. 6 Werktagen folgt.

f) Früherer Verjährungsbeginn

188 Die VOB/B untersagt es an sich nicht, in Einzelfällen den Beginn der Verjährungsfrist für die Mängelansprüche im Wege einer Individualvereinbarung abweichend von der Abnahme festzulegen – auch auf einen früheren Zeitpunkt. Dem stehen grundsätzlich keine Bedenken entgegen, zumal es nach § 202 Abs. 1 BGB möglich ist, durch Parteivereinbarung den Beginn der Verjährung von Mängelansprüchen auf einen früheren Zeitpunkt zu verlegen. Davon sollte für den Bereich des VOB/B-Vertrages nur in wirklich begründeten Ausnahmefällen Gebrauch gemacht werden. Zur Frage, ob eine entsprechende, dem AGB-Gesetz unterfallende Regelung nicht gegen § 309 Nr. 8b) ff) BGB verstößt, vgl. v. Westphalen (AGB-Klauselwerke, Vertragsrecht Rn. 450 ff.). In diesen Fällen wird die VOB/B nicht mehr als Ganzes vereinbart sein. Folge hiervon ist, dass die in § 309 Nr. 8b) ff) BGB festgelegte Privilegierung nicht mehr greift (sofern man die Privilegierung überhaupt noch bejaht).

2. Lauf der Verjährungsfrist

189 Hat der Lauf der Verjährungsfrist begonnen, dauert er üblicherweise an, bis der im Einzelnen maßgebliche Zeitraum vorüber ist. Ebenso wenig wie für den Beginn, hat es auch auf den Lauf der Verjährungsfrist oder deren Ende Einfluss, ob der Auftragnehmer oder der Auftraggeber intern ohne Geltendmachung etwaige Leistungsmängel bereits zu Beginn der Verjährungsfrist den Mangel kennt oder den Umständen des Einzelfalles nach kennen muss. Es kann sein, dass ein Mangel erst kurz vor dem Ablauf der Verjährungsfrist erkannt wird. Der Auftraggeber ist immer gehalten, seine Mängelrechte noch rechtzeitig vor Fristablauf geltend zu machen, um nicht durch eine etwaige Verjährungseinrede des Auftragnehmers einen Rechtsverlust zu erleiden. Soweit seitens des Auftragnehmers ein Mangel arglistig verschwiegen worden ist, ist der Auftraggeber Kraft zwingender gesetzlicher Regelung (§ 634a Abs. 3 BGB) ab dem sich aus § 199 Abs. 1 ergebenden Zeitpunkt um u.U. weitere drei Jahre geschützt.

190 Ebenfalls keine Bedeutung für den Lauf der Verjährungsfrist hat es, ob und wann in dieser Zeit der Leistungsmangel objektiv in Erscheinung tritt. Entscheidend für den Beginn der Verjährungsfrist und für ihren daran anschließenden Lauf ist allein der Zeitpunkt der Abnahme, nicht aber das Datum des Auftretens des Leistungsmangels. Daher **unterscheidet** die VOB/B – ebenso wie das Werkvertragsrecht des BGB – auch **nicht zwischen sog. offenen und verdeckten Mängeln.**

191 Der Lauf der Fristen wird aufgehalten, wenn eine Hemmung oder Neubeginn der Verjährung eintritt. Hier handelt es sich um zwei Rechtsinstitute aus dem Verjährungsrecht des BGB, die auch auf das Recht des Bauvertrages nach der VOB/B Anwendung finden. In den Allgemeinen Vertragsbedingungen sind hierzu entgegenstehende Regeln nicht enthalten (BGH BauR 1987, 84 = NJW 1987, 381 = SFH § 13 Nr. 5 VOB/B Nr. 16 mit Anm. *Hochstein* = ZfBR 1987, 37). Hemmung

oder Neubeginn der Verjährung kommen aber nicht mehr in Betracht, wenn die Verjährung bereits eingetreten, also die Verjährungsfrist abgelaufen ist. Zu beachten ist: Die Verjährung eines Anspruches kann sowohl nacheinander mehrmals gehemmt oder unterbrochen, als auch gleichzeitig gehemmt und unterbrochen werden. Die Hemmung der Verjährung schließt einen Neubeginn nicht aus; Hemmung und Neubeginn können zusammentreffen (BGH BauR 1990, 212 = NJW 1990, 826). Beginnt eine bereits gehemmte Verjährung zusätzlich neu zu laufen, sind für Beginn und Ende der laufenden Verjährungsfrist sowie für den Beginn einer neuen Verjährungsfrist die Vorschriften über die Wirkung der Hemmung und des Neubeginns gleichermaßen von Bedeutung. In diesem Fall beginnt eine neue Verjährungsfrist bei Fortdauer der Hemmung nicht nach dem Ende der Unterbrechung, sondern erst nach Wegfall des Hemmungsgrundes (BGH BauR 1990, 212 = NJW 1990, 826).

Regelmäßig werden Mängel nicht wegen der Gesamtheit der in dem betreffenden Bauvertrag geschuldeten und errichteten Leistung auftreten und daher geltend gemacht werden können. In der Regel werden nur bestimmte Teile der Leistung betroffen sein. Macht der Auftraggeber darauf bezogene Mängelrechte in einer Weise geltend, dass er damit eine **Hemmung oder Neubeginn** der Verjährung bewirkt, treten diese Folgen **nur für den gerügten mangelhaften Leistungsteil** ein. Wegen der übrigen Teile der vertraglichen Bauleistung läuft die bisherige Verjährungsfrist ungehindert weiter. **192**

3. Die Hemmung der Verjährung nach gesetzlichen Vorschriften

a) Wirkung der Hemmung
Tritt eine Hemmung der Verjährung ein, wird dieser Zeitraum in die Verjährungsfrist nicht eingerechnet (§ 209 BGB). Es tritt ein **Stillstand des Fristenlaufs** ein, der an sich so lange andauert, bis der Zustand, der die Hemmung bewirkt hat, weggefallen ist. Durch die Schuldrechtsreform hat der Gesetzgeber über diesen Zeitpunkt hinaus zusätzliche »Puffer« eingebaut. Zum einen im Rahmen des § 203 BGB »Hemmung der Verjährung bei Verhandlungen« von drei Monaten, zum anderen im Rahmen des § 204 Abs. 2 BGB »Hemmung der Verjährung durch Rechtsverfolgung« von sechs Monaten. **193**

Ab diesem Zeitpunkt läuft die restliche Verjährungsfrist weiter, die bei Eintritt der Hemmung noch offen war. Bei mehrfacher Hemmung gilt das für den jeweils verbliebenen Rest. Die in der Praxis wesentlichen Gründe für den Eintritt der Verjährungshemmung beim Bauvertrag werden im Folgenden erörtert. Darüber hinaus gibt es nach den allgemeinen gesetzlichen Vorschriften – nicht bauspezifisch – weitere Tatbestände der Hemmung; zu nennen sind die **Gründe der Rechtsverfolgung** nach § 204 BGB. Die wichtigsten sind: Klageerhebung, Zustellung eines Mahnbescheides, Streitverkündung, selbstständiges Beweisverfahren, Schiedsrichterverfahren und Schiedsgutachten. **194**

b) Stundung oder Leistungsverweigerungsrecht
Zu prüfen ist auch das Vorliegen der Stundung einer Leistung bzw. das Vorliegen eines Leistungsverweigerungsrechtes des Verpflichteten (§ 205 BGB). Die **Stundung** setzt ein Einverständnis des Berechtigten voraus. Denkbar ist, dass der Auftraggeber dem Auftragnehmer nach Erkennen und der Rüge des Leistungsmangels gestattet, mit seiner Beseitigung zu warten, oder dass er ihm ansonsten einen Aufschub gewährt. Hierher gehört auch der Fall, bei dem Auftraggeber und Auftragnehmer über die zweckmäßigste Art und Weise der Nachbesserung verhandeln (so BGH BB 1967, 904). Auch Fälle des sog. pactum de non petendo (**Stillhalteabkommen**) sind in den Bereich der Hemmung einzuordnen. Die Vereinbarung der Parteien, das Ruhen eines anhängigen Prozesses herbeizuführen, reicht nicht aus. Man geht davon aus, dass dies nur prozessuale Bedeutung habe (BGH NJW 1983, 2496). **195**

Eine Hemmung der Verjährung nach § 205 BGB kann in Betracht kommen, wenn sich der Auftraggeber gegenüber dem Auftragnehmer verpflichtet hat, ihn vorübergehend – etwa während der Dauer **196** eines Prozesses gegen einen Dritten – nicht in Anspruch zu nehmen (dazu BGH NJW 1964, 1022). Das kann auch zutreffen, wenn die Parteien vereinbart haben, die Angelegenheit bis zur Erledigung eines anderen Prozesses zurückzustellen (KG VersR 1972, 352. Erklärt sich der AN damit einverstanden, einen Mangel anhand eines vom Besteller in Auftrag gegebenen Gutachtens zu prüfen, dann wird die Verjährung des Gewährleistungsanspruches bereits mit dieser Erklärung und nicht erst mit dem Zugang des Gutachtens beim AN gehemmt, BGH BauR 1999, 1019 = NJW-RR 1999, 1181 = ZfBR 1999, 269). Alles dies sind Fälle eines sog. pactum de non petendo. Eine in einem sog. Stillhalteabkommen liegende Stundung fällt auch dann insgesamt weg, wenn lediglich eine Teilklage erhoben wird (BGH VersR 1964, 1201).

197 Für die Dauer der gewährten Stundung ist die Verjährung der Mängelansprüche gehemmt. Eine Stundungsvereinbarung kann – insbesondere vom Auftraggeber – widerrufen werden, wenn sich später die Verhältnisse, unter denen die Stundung gewährt worden ist, wesentlich verschlechtert haben (BGH WM 1974, 838); z.B., wenn sich der Mangel vergrößert oder wesentlich nachteiliger auswirkt als angenommen wurde. Dies gilt auch, wenn sich in den Vermögensverhältnissen des Auftragnehmers eine erhebliche Verschlechterung ergeben hat (**Rechtsgedanke des § 321 BGB**).

198 In der Stundungsvereinbarung liegt häufig zugleich ein **Anerkenntnis** durch den Auftragnehmer i.S.d. § 212 BGB (BGH BauR 1978, 486 = NJW 1978, 1914 = SFH § 208 BGB Nr. 3). Ist eine Stundungsvereinbarung zeitlich unbestimmt, so ist entsprechend den Vorstellungen der Parteien unter Zugrundelegung des Grundes der Stundung von der ungefähren Dauer der Verzögerung auszugehen (OLG Hamm MDR 1977, 928).

199 Die bloße Einrede des **Zurückbehaltungsrechts** (§ 273 BGB), des **nichterfüllten Vertrages** (§ 320 BGB) oder der mangelnden Sicherheitsleistung – hier insbesondere des Auftraggebers wegen vorhandener Mängel – bewirken noch nicht die Hemmung der Verjährung.

c) Höhere Gewalt

200 Ferner kommt die auf § 206 BGB beruhende Verhinderung der Geltendmachung von Gewährleistungsansprüchen wegen Vorliegens höherer Gewalt (dazu § 6 VOB/B) in Betracht. Es muss sich um ein **außergewöhnliches Ereignis** handeln, das unter den gegebenen Umständen auch durch äußerste nach Lage der Sache vom Betroffenen zu erwartende Sorgfalt nicht verhütet werden kann. **Schon das geringste Verschulden schließt höhere Gewalt aus**. **Schwere Krankheit** ist ein Grund zur Hemmung der Verjährung nach § 206 BGB, wenn dem Betroffenen infolge seines Zustandes die Besorgung seiner Angelegenheiten schlechthin unmöglich wird (BGH VersR 1963, 93).

201 Die Änderung der Rechtsprechung ist nicht stets höhere Gewalt i.S.d. § 206 BGB. Höhere Gewalt ist jedenfalls ausgeschlossen, wenn über die betreffende Rechtsfrage verschiedene veröffentlichte Auffassungen oberer Gerichte bestehen, so dass der Anspruchsteller nicht auf den Fortbestand einer bestimmten Rechtsmeinung vertrauen darf (BGH NJW 1960, 283; BGHZ 60, 98 = BauR 1973, 125 = NJW 1973, 364; BGH BauR 1977, 143 = NJW 1977, 375). Erst recht scheidet eine Hemmung nach § 206 BGB aus, wenn ein OLG eine Vertragsbestimmung (hier: Musterprozessklausel) für wirksam hält und der BGH diese später für unwirksam erklärt. Insoweit kommen aber evtl. Schadensersatzansprüche des Betroffenen gegen den Verwender unzulässiger AGB aus culpa in contrahendo gemäß § 311 Abs. 2 Nr. 1 BGB in Betracht. Des Weiteren kann die dann vom Verwender erhobene Einrede der Verjährung gegen Treu und Glauben (§ 242 BGB) verstoßen (BGH BauR 1988, 97 = NJW 1988, 197).

d) Verhandlungen (§ 203 BGB)
aa) § 639 Abs. 2 BGB gelöscht

202 Das Gesetz enthält in § 203 BGB einen **allgemeinen Hemmungstatbestand.** Er setzt voraus, dass zwischen Gläubiger und Schuldner **Verhandlungen** über den Anspruch oder die den Anspruch begründenden Umstände schweben. Dieser Hemmungstatbestand **gilt für BGB- und VOB/B-Verträge**. Der § 639 Abs. 2 BGB a.F., wonach die Verjährung gehemmt war, solange der Unternehmer das Vorhandensein eines Mangels geprüft hat, wurde durch das Schuldrechtsmodernisierungsgesetz mit Wirkung zum 1.1.2002 gestrichen. Ebenso der deliktsrechtliche Hemmungstatbestand des § 852 Abs. 2 BGB a.F. Stattdessen greift nun auch in diesen Fällen der allgemein gefasste § 203 BGB.

Streitig ist dabei die Frage, ob der bisher von § 639 Abs. 2 BGB erfasste Hemmungstatbestand vollständig in § 203 BGB aufgegangen ist oder ob der Auftraggeber durch § 203 BGB möglicherweise sogar schlechter gestellt wurde. **203**

bb) Begriff der Verhandlungen

Der **Begriff der Verhandlungen** ist grundsätzlich **weit auszulegen** (BGH NJW 2004, 1654; 1983, 2075). Der Bauunternehmer muss nicht erklären vergleichsbereit zu sein. Es reicht jede Erörterung über die bestehenden Mängelrechte oder die Mängel aus (*Palandt/Heinrichs* § 203 BGB Rn. 2 m.w.N.). Die bloße Anmeldung von Ansprüchen durch den Berechtigten dürfte hierfür nicht ausreichen (OLG Düsseldorf Urt. v. 14.10.2003 IBR 2004, 200); dies soll selbst dann gelten, wenn der Verpflichtete hierauf mit einem Verjährungsverzicht reagiert, da allein hieraus noch keine berechtigte Erwartung des Berechtigten folgt, der Verpflichtete lasse sich auf Eörterungen über die Berechtigung von Schadensersatzansprüchen ein (so Leitsatz OLG Düsseldorf IBR 2004, 200). **204**

Fraglich ist, ob auch die Prüfung des Mangels durch den Unternehmer gemäß § 639 Abs. 2 BGB a.F. von § 203 BGB vollständig umfasst wird. **205**

Nach einer verbreiteten Meinung lassen sich die Fallgestaltungen des § 639 Abs. 2 BGB a.F. nicht unter § 203 BGB subsumieren (*Werner/Pastor* Rn. 2417; *Sienz* BauR 2002, 181, 191; *Lenkeit* BauR 2002, 196, 219). Dies wird nicht geteilt. Nach § 639 Abs. 2 BGB a.F. war für die Entstehung des Hemmungstatbestands ein **Einverständnis** zwischen Unternehmer und Besteller über die Prüfung des Mangels durch den Unternehmer erforderlich. Diese Voraussetzung ist sicherlich ein »Mehr« im Vergleich zur bloßen **Aufnahme von Verhandlungen**. Auch die nachfolgende Untersuchung des Mangels durch den Unternehmer stellt ein Fortdauern einer Verhandlung dar, weil der Unternehmer insoweit nach außen hin dokumentiert, dass er seine Verhandlungsbereitschaft aufrechterhält. **§ 639 Abs. 2 BGB a.F.** verlangte vom Unternehmer **zusätzlich**, dass er dem Besteller gegenüber den **Mangel für beseitigt erklärt** oder die **Fortsetzung der Untersuchung des Mangels verweigert**. Auch diese Form der Beendigung des Hemmungstatbestands stellt ein »Mehr« gegenüber dem dar, was als Ende einer Verhandlung i.S.d. § 203 BGB gefordert wird. Dort wird lediglich eine »Verweigerung der Fortsetzungen der Verhandlungen« genannt. **206**

Aus diesen Gründen wird hier davon ausgegangen, dass § 639 Abs. 2 BGB a.F. vollumfänglich in § 203 BGB aufgegangen ist (i.d.S. wohl auch *Weyer* NZBau 2002, 366). Damit kann auf die Rechtsprechung zu § 639 Abs. 2 BGB a.F. zurückgegriffen werden. **Für die anwaltliche Beratungspraxis wird jedoch empfohlen**, sich zusätzlich an der Rechtsprechung zu § 203 BGB bzw. § 852 Abs. 2 BGB a.F. zu orientieren. Letztlich handelt es sich ohnehin jeweils um eine Einzelfallprüfung. **207**

Daher ist es nach der hier vertretenen Auffassung auch ausreichend, wenn der Bauunternehmer den Mangel untersucht oder an deren Beseitigung arbeitet – vorausgesetzt er informiert (»verhandelt«) hierüber den AG. Dabei kommt es allein auf das tatsächliche Bemühen des Auftragnehmers an, nicht auf seine diesem zugrundeliegenden Beweggründe. Strittig sind die Fälle, wenn der Auftragnehmer erklärt, eine Rechtspflicht nicht anzuerkennen und nur aus Gefälligkeit zu handeln (BGH BauR 1977, 348 = SFH Z 2.415.1 Bl. 1). Der Auftraggeber sollte sich hierauf nicht verlassen. Solange sich der Auftragnehmer selbst oder durch einen Dritten (wie etwa einen Subunternehmer, dazu OLG Frankfurt SFH § 638 BGB Nr. 58 sowie LG Berlin NJW-RR 1991, 1123, »Weiterleitung der Mangelrüge des Auftraggebers an die Haftpflichtversicherung zur weiteren Veranlassung«) bemüht, soll der Auftraggeber nicht gezwungen sein, gegen ihn Klage zu erheben. Auf den Erfolg diese Bemü- **208** hens kommt es nicht an (BGHZ 48, 108 = NJW 1967, 2005). Eine Hemmung der Verjährung tritt daher auch ein, wenn der Auftragnehmer den gerügten Mangel rechtlich – in Bezug auf seine Verantwortlichkeit – prüft, zumal die rechtliche Prüfung regelmäßig mit der Prüfung des tatsächlichen Befundes einhergeht (BGH BauR 1983, 87 = NJW 1983, 162).

209 Die erörterte Regelung des § 203 BGB ist nicht auf Fälle beschränkt, in denen es wegen des betreffenden Mangels noch nicht zum Prozess gekommen ist oder noch kein rechtskräftiger Titel vorliegt. Vielmehr erstreckt sie sich auch auf den Fall, in dem sich der Auftragnehmer im Einverständnis des Auftraggebers der Prüfung und – vor allem – der Beseitigung des Mangels unterzieht; insbesondere um die Vollstreckung seiner ihm lediglich Zug um Zug gegen Nacherfüllung zugesprochenen Werklohnforderung zu ermöglichen. In diesen Fällen wird die Verjährung der in § 634a Abs. 1 BGB bzw. § 13 Nr. 4 VOB/B bezeichneten Ansprüche gehemmt, und zwar hinsichtlich aller Ursachen der Mangelerscheinungen, zu deren Beseitigung die Nacherfüllung dient (BGH BauR 1990, 356 = NJW 1990, 1472).

210 § 203 BGB ist **nicht auf bestimmte Arten der gesetzlichen Mängelansprüche** beschränkt. Gerade dann, wenn sich andere Ansprüche als die Nacherfüllung erst nach Mangelprüfung oder erfolglos versuchter bzw. nach teilweise erfolgter Beseitigung ergeben, wie z.B. Minderung oder Schadensersatz. Daher muss davon ausgegangen werden, dass die Hemmung der Verjährung in dem gekennzeichneten Umfang für alle Rechte gilt, die dem Auftraggeber eingeräumt sind. Dies gerade auch im Rahmen eines VOB/B-Vertrages (BGH BauR 1990, 356 = NJW 1990, 1472; OLG Frankfurt BauR 1987, 574). Ein solcher Hemmungstatbestand ist in seinem Eintritt nicht davon abhängig, dass die Leistung im konkreten Fall auch nacherfüllungsfähig ist (BGHZ 66, 367 = BauR 1976, 361; OLG Nürnberg MDR 1975, 1018; BGH BauR 1983, 87 = NJW 1983, 162).

211 § 203 BGB wirkt **nur zwischen den Parteien des** betreffenden **Bauvertrages** (BGH BauR 1972, 251; BGHZ 71, 144 = BauR 1978, 235). Die Hemmungswirkung des § 203 kommt somit letzten Endes nur hinsichtlich des Auftragnehmers in Betracht, der sich der Prüfung des Vorliegens eines zu seinem vertraglichen Leistungsbereich gehörenden Mangels unterzieht. Nicht tritt dagegen die Hemmung im Verhältnis zu anderen Auftragnehmern oder gegenüber dem möglicherweise allein- oder mitverantwortlichen Architekten ein (OLG Köln VersR 1971, 378). Ausreichend soll es allerdings sein, wenn das Werk von einem Dritten geprüft wird, beispielsweise in der Mitteilung, dass die Unterlagen an den GU weitergeleitet worden seien (OLG Brandenburg BGH BauR 2006, 979). Geschieht die Überprüfung einer Leistung auf Mängel durch Besteller und Unternehmer, soll die Verjährung auch dann gehemmt sein, wenn sich der Unternehmer ausdrücklich gegen die Mängelansprüche verwahrt (BGH BauR 2004, 1142). Zu beachten sind die **Sonderfälle des § 425 BGB** (BGH BauR 1994, 103 = NJW-RR 1994, 373 für den Fall eines gemeinsamen Konzipierens und Errichtens einer Klimaanlage).

212 § 203 BGB greift insoweit ein, als es sich um die **Prüfung und Beseitigung** der äußeren Erscheinungsform **des Mangels,** also des aufgetretenen Schadens (z.B. Feuchtigkeit), und dessen Umfangs (dazu BGH BauR 1987, 443 = NJW-RR 1987, 798) durch den betreffenden Auftragnehmer handelt. Es ist nicht erforderlich, dass die Prüfung und die daran anschließende Nacherfüllung gerade an dem wirklichen Mangel vorgenommen wird. Vielmehr greift § 203 BGB auch ein, wenn sich der Auftragnehmer in Unkenntnis des wirklichen Mangels auf untaugliche Nacherfüllungsversuche an dem als Erscheinungsform des Mangels äußerlich sichtbaren Schaden beschränkt; z.B. Ausbessern von Putzrissen, die durch Verwendung von Hohlblocksteinen von zu geringer Festigkeit verursacht sind und daher immer wieder auftreten (BGH NJW 1967, 2005). Daraus folgt: Auch die Tragweite der Hemmung der Verjährung beschränkt sich – wie die Tragweite der Unterbrechung der Verjährung (dazu siehe unten) – nicht auf die jeweils zutage getretenen Mangelerscheinungen (BGH BauR 1989, 603 = NJW-RR 1989, 979; vgl. dazu auch BGH BauR 1990, 356 = NJW 1990, 1472). Im Grundsatz richtet sich der Umfang der Verjährungshemmung daher nach den gleichen Gesichtspunkten, wie sie für eine ordnungsgemäße Mangelrüge und vor allem für deren Umfang maßgebend sind.

Problematisch ist das Kriterium des **ernsthaften Prüfungs- oder Beseitigungswillen** des Auftragnehmers, das auch nach **§ 639 BGB a.F.** vorliegen musste (vgl. auch OLG Frankfurt OLGR 1993, 34). Die Äußerung eines bloßen Vergleichsvorschlages über bestimmte Abhilfemaßnahmen ohne Anerkennung einer »Rechtspflicht« stellte keine die Verjährung hemmende Maßnahme i.S.d. § 639 Abs. 2 BGB a.F. dar. Nicht ausreichend war danach die bloße Teilnahme des Auftragnehmers an einer von einem Gutachter im Beweissicherungsverfahren vorgenommenen Ortsbesichtigung (BGHZ 46, 238 = NJW 1967, 340). Vor allem traf das zu, wenn der Auftragnehmer von vornherein erklärte, für die Mängel nicht verantwortlich zu sein und er die Nachbesserung eindeutig ablehnt (BGH BauR 1975, 341). 213

Anders konnte es sein, wenn nach Erstattung eines Gutachtens zwischen den Parteien ein Schriftwechsel stattfand, in dem der Auftragnehmer Gegenvorschläge für eine zutreffende Schadensermittlung unterbreitete. Gleiches konnte gelten, wenn der betreffende Auftragnehmer in einem Beweisverfahren gegen Unbekannt als möglicher Verantwortlicher genannt war und an einer Baubesichtigung durch einen Sachverständigen teilnahm (BGH BauR 1980, 364 = NJW 1980, 1458). Insoweit kam eine Hemmung so lange in Betracht, bis der Auftragnehmer die Mangelbeseitigung endgültig ablehnte (BGH SFH Z 2.414 Bl. 202). **Nach dem neuen § 203 BGB ist eine ernsthafter Prüfungs- oder Beseitigungswille nicht** mehr **erforderlich**. Dennoch reicht auch nach § 203 BGB eine Teilnahme des Unternehmers an einer Besichtigung des Mangels alleine nicht aus. Vielmehr muss der Unternehmer bei dem Auftraggeber den Eindruck erwecken, er lasse sich auf eine Erörterung der Berechtigung der Mängelrechte ein (hierzu auch OLG Karlsruhe BauR 2005, 896). 214

Letztendlich ist die Beantwortung der Frage, ob Verhandlungen im Sinne von § 203 BGB vorliegen **immer eine Frage des Einzelfalls.** 215

cc) Beginn der Hemmung
Die **Hemmung** der Verjährung beginnt mit der Aufnahme der Verhandlungen. Die Frage ist, ob dieser Zeitpunkt schon in der Mängelrüge des Auftraggebers zu sehen ist. Zieht man den Gesetzeswortlaut des § 203 S. 1 BGB heran, so kann dies noch nicht ausreichen. Zu diesem Zeitpunkt »schweben zwischen dem Schuldner und dem Gläubiger« noch keine Verhandlungen. Man wird deshalb auf eine Reaktion des Auftragnehmers abstellen müssen. 216

dd) Ende der Hemmung
Die Hemmung endet in dem Zeitpunkt, in dem eine der Vertragsparteien die Fortsetzung der Verhandlungen verweigert. Das kann sein, wenn der Auftragnehmer dem Auftraggeber das Ergebnis der Prüfung mitteilt – oftmals verbunden mit der Weigerung, Nacherfüllung vorzunehmen (OLG Schleswig BauR 1995, 101 = NJW-RR 1995, 1171). Es genügt nicht, dass das Prüfungsergebnis dem Auftragnehmer von irgendwoher bloß vorliegt, vielmehr muss es zusätzlich dem Auftraggeber bekannt gegeben worden sein (OLG Schleswig BauR 1995, 101 = NJW-RR 1995, 1171). Schließt sich die Beseitigung des Mangels oder der Versuch der Beseitigung an die Prüfung an, so wird dadurch die Hemmung fortgesetzt. Kein Ende liegt vor, wenn der Erfolg von Nacherfüllung nach Übereinkunft der Vertragspartner abgewartet werden soll (BGH BauR 1971, 54; OLG Düsseldorf NJW-RR 1995, 532, 534). Ansonsten genügt aber die Mitteilung vom Prüfungsergebnis (BGHZ 72, 257 = BauR 1979, 76), Die Hemmung der Verjährung endet, wenn die Parteien die Verhandlungen »einschlafen« lassen. Dies wird in dem Zeitpunkt angenommen, in dem von der einen oder anderen Partei nach Treu und Glauben der nächste Schritt zu erwarten gewesen wäre (KG Urt. v. 18.3.2004, BGH Nichtzulassungsbeschwerde zurückgewiesen BauR 2005, 1683). Die Verjährungshemmung soll durch eine Erklärung, bis zu einem bestimmten Zeitpunkt auf die Erhebung der Einrede zu verzichten, nicht berührt werden (BGH Urt. v. 17.2.2004, NJW 2004, 1654). 217

218 Weiterhin ist die Verjährungshemmung beendet, wenn der Auftragnehmer gegenüber dem Auftraggeber den Mangel für beseitigt erklärt. Hierfür wurde eine Erklärung gefordert, in der der Auftragnehmer den Auftraggeber um die Bestätigung der Fertigstellung bittet (OLG Düsseldorf NJW-RR 1994, 283). Dass der **Mangel tatsächlich beseitigt ist, wird nicht vorausgesetzt**. Der Auftraggeber ist also gehalten, alsbald nach Erhalt dieser Erklärung festzustellen, ob die Nacherfüllung auch tatsächlich erfolgt ist. Andernfalls besteht die Gefahr, dass zwischenzeitlich die Verjährung seiner Mängelansprüche eintritt. Beim VOB/B-Vertrag wird dem Auftraggeber dadurch eine gewisse Sicherheit vermittelt, dass die Nacherfüllungsleistung Kraft ausdrücklicher vertraglicher Vereinbarung nach § 13 Nr. 5 Abs. 1 S. 3 VOB/B abzunehmen ist. Dadurch wird zugleich die Hemmung der Verjährung jedenfalls verlängert, bis der Auftragnehmer die Abnahme ausdrücklich verlangt und diese alsbald durchgeführt wird (Zutreffend OLG Düsseldorf BauR 1993, 747). Werden zeitlich nacheinander mehrere Nacherfüllungsversuche angestellt, etwa weil Putzrisse immer wieder auftreten, so kann die Annahme berechtigt sein, dass sich die Hemmung nicht nur nach den jeweiligen tatsächlichen Nacherfüllungsarbeiten bemisst, sondern durchlaufend vom ersten bis zum letzten Nacherfüllungsversuch (dazu BGH SFH Z 2.414 Bl. 243 ff.).

219 Schließlich ist das Ende der Hemmung gegeben, wenn der Auftragnehmer gegenüber dem Auftraggeber die Fortsetzung der Nacherfüllung verweigert. Dies unabhängig davon, ob die Beseitigung überhaupt möglich war (BGHZ 66, 367 = BauR 1976, 361; BGH BauR 1979, 427 = NJW 1979, 645). Hierzu bedarf es nicht unbedingt einer ausdrücklichen Erklärung des Auftragnehmers. Vielmehr kann auf eine solche auch stillschweigend aus den Gesamtumständen des Einzelfalles geschlossen werden, z.B. im Falle der Klageerhebung wegen der Vergütung, der Einstellung der Arbeiten bei Verstreichenlassen einer zur Mangelbeseitigung gesetzten Frist, usw. Auch bloße Untätigkeit nach vorheriger Zusage der Prüfung des Mangels gehört hierzu. Hierfür sind nach der Rechtsprechung zum alten Recht allenfalls drei bis sechs Monate im Durchschnitt anzunehmen (Daher vom LG Berlin zu weit gespannt, als es einen Zeitraum von einem Jahr annahm NJW-RR 1991, 1123). Lehnt der Auftragnehmer nach Untersuchung Mängelansprüche hinreichend deutlich ab und stellt er dem Auftraggeber nach erneuter Geltendmachung – lediglich – anheim, mit der Prüfung einen Sachverständigen zu beauftragen, so wird dadurch allein nicht schon eine erneute Verjährungshemmung bewirkt (dazu auch OLG Köln NJW-RR 1995, 692).

220 Gemäß § 203 S. 2 BGB tritt die Verjährung frühestens drei Monate nach dem Ende der Hemmung ein (sog. **Ablaufhemmung**). Sind nach dem Ende der Hemmung noch drei Monate oder mehr Zeit der Verjährung offen, ist § 203 S. 2 BGB ohne Wirkung. Die Ablaufhemmung wirkt sich nur aus, wenn weniger als drei Monate der Verjährung noch ausstehen.

221 Die genannten drei Monate beginnen dabei erst, nachdem der in § 203 S. 1 Hs. 2 genannte Zeitpunkt eingetreten ist. Liegt eine konkrete Weigerung einer Partei zur Fortführung der Verhandlungen vor, ist es dieser Zeitpunkt. In der Praxis werden jedoch die Fälle mehr Probleme bereiten, in denen die betroffene Vertragspartei »sich nicht mehr meldet«. In diesen Fällen ist der Anspruchsteller verpflichtet, zu einem gewissen Zeitpunkt zu unterstellen, dass die Gegenseite nicht mehr reagieren wird. Ab diesem Zeitpunkt laufen dann die genannten drei Monate.

ee) Beweislast

222 Der Auftraggeber muss darlegen und beweisen, dass und zu welchem Zeitpunkt Verhandlungen aufgenommen wurden. Ihm obliegt auch der Nachweis der Tatsachen, wie lange die Hemmung angedauert hat.

223 **Für die Praxis ist** dem Auftraggeber aus Beweisgründen zu **empfehlen,** den Unternehmer schriftlich zur Prüfung des Mangels aufzufordern. Beiden Parteien sind gehalten, den Verlauf der Verhandlungen oder Untersuchungsbemühungen sowie das Ende der Verhandlungen zu dokumentieren. Insbesondere, wenn die Verhandlungen »einschlafen«, wird es zum Streit über das Ende der Verhandlungen und damit über die Dauer der Hemmungswirkung kommen. Um Sicherheit zu erlangen, sollte der **Auftraggeber** in jedem Fall rechtzeitig **eine verjährungshemmende Maßnahme nach § 204 BGB** einleiten.

e) Die Hemmungstatbestände der Rechtsverfolgung (§ 204 BGB)

Die Hemmungstatbestände der Rechtsverfolgung gemäß § 204 BGB ersetzen die Verjährungsunterbrechungstatbestände des § 209 BGB a.F., die vor Inkrafttreten des Schuldrechtsmodernisierungsgesetzes mit Wirkung zum 1.1.2002 galten. Alle Hemmungstatbestände nach § 204 Abs. 1 BGB haben gemeinsam, dass es sich jeweils um ein **Verfahren** handelt, bei dem der **Anfangszeitpunkt exakt bestimmt** werden kann. Dies gilt grundsätzlich auch für die Bestimmung des Endzeitpunkts des Hemmungstatbestandes. **224**

Nachfolgend werden die für das Baurecht relevanteren Hemmungstatbestände des § 204 BGB, die Klageerhebung und das selbstständigen Beweisverfahrens, erläutert. Wichtig sind auch noch: die Zustellung des Mahnbescheids, die Streitverkündung, ein Schiedsgutachter- und das Schiedsrichterverfahren. **Für die Praxis wird empfohlen** vor Einleitung eines der bezeichneten Verfahrens die Vor- und Nachteile (Kosten, Zeitdauer, Ziel) der Verfahren sorgfältig gegeneinander abzuwägen und dann die Auswahl zu treffen. **225**

aa) Klageerhebung

In erster Linie tritt gemäß § 204 Abs. 1 Nr. 1 BGB die Hemmung der Verjährung im Falle der **Klageerhebung** durch den Anspruchsinhaber (OLG Köln BauR 1995, 702) ein. Für die Herbeiführung der Unterbrechungswirkung genügt der eindeutig geäußerte Wille gegenüber dem **Gegner und dem Gericht**, den Anspruch gerichtlich geltend zu machen. Bei einer Klage des Berechtigten gegen den »richtigen« Schuldner kommt es nicht darauf an, ob diese unzulässig oder unbegründet ist (BGHZ 104, 268, 273 = BauR 1988, 469; BGH BauR 1995, 542 = NJW 1995, 1675). Auch ist nicht entscheidend, ob die prozessualen Voraussetzungen des § 256 ZPO im Falle der Erhebung einer Feststellungsklage vorliegen (BGH VersR 1964, 1050; BGH VersR 1967, 903). Ähnliches gilt für die Voraussetzungen des § 253 ZPO bei einer Leistungsklage (BGH VersR 1979, 764) sowie für die Voraussetzungen für das eigene Rechtsschutzinteresse bei gewillkürter Prozessstandschaft (BGH Betrieb 1980, 2187 = NJW 1980, 2461 = Anm. *Olzen* JR 1981, 108). Grundlegende Voraussetzung für den Eintritt der Unterbrechungswirkung im Hinblick auf die Verjährung ist aber, dass der Kläger hinreichend klar zum Ausdruck bringt, nunmehr ernsthaft Klage erheben zu wollen (dazu OLG Köln VersR 1995, 60 für den Fall, dass das Prozesshilfegesuch der Entwurf einer Klageschrift beigefügt war, ohne dass klägerseits zum Ausdruck kam, dass die Klage auch dann erhoben sein sollte, wenn die beantragte Prozesskostenhilfe nicht bewilligt werde). **226**

Dagegen führt die Klage eines berechtigten Gläubigers dann nicht zur Hemmung der Verjährung, wenn der Klageantrag später umgestellt wird und der streitgegenständliche Anspruch des späteren Klagezieles sich wesentlich von dem ursprünglichen unterscheidet. Hat die erhobene Klage einen Schadensersatzanspruch zum Gegenstand, so beschränkt sich die Hemmung der Verjährung nicht auf die Schadensersatzpflicht in ihren einzelnen Ausgestaltungen (nach dem Stand der Schadensentwicklung), sondern sie betrifft die Pflicht zum Schadensersatz schlechthin (BGH NJW 1985, 1152; BGHZ 104, 268, 271 f. = BauR 1988, 469; BGH BauR 1995, 542 = NJW 1995, 1675). Die Freistellungsklage eines Auftraggebers (z.B. Bauträgers) gegen einen von ihm beauftragten Auftragnehmer (Architekten) hemmt die Verjährung hinsichtlich der vorläufig an die Erwerber abgetretenen Mängelansprüche jedenfalls dann, wenn der Freistellungsanspruch auf einen Sachverhalt gestützt wird, der geeignet ist, Mängelansprüche aus dem Bauvertrag (Architektenvertrag) zu begründen – vorausgesetzt, der Auftraggeber (Bauträger) wird vor Ablauf der Verjährung der Mängelansprüche durch Rückabtretung Inhaber der Forderung. Unter dieser Voraussetzung wird die Verjährung der Mängelansprüche jedenfalls im Zeitpunkt der Rückabtretung gehemmt, ohne dass der Erwerb der Berech- **227** tigung durch die Rückabtretung offengelegt werden müsste (BGH BauR 1995, 542 = NJW 1995, 1675).

228 Ist der Auftraggeber bei Klageerhebung aus im Einzelfall berechtigten Gründen (etwa weil die Parteien noch bis kurz vor der Klageerhebung miteinander verhandelt haben, das vom Auftraggeber bestellte Sachverständigengutachten noch nicht vorliegt, andererseits aber der Verjährungseintritt droht) noch nicht in der Lage, die beanstandeten Mängel näher zu beschreiben, so führt – gegebenenfalls nach § 242 BGB – die Erhebung der Klage dennoch die Hemmung der Verjährung herbei (BGH BauR 1987, 686 = NJW 1987, 135). Das Gutachten muss allerdings alsbald nachgereicht und die beanstandeten Mängel gekennzeichnet werden. Dabei bedarf es nach der ständigen Rechtsprechung des **BGH** (BauR 2002, 613, 617; BGH BauR 2000, 261 = NZBau 2000, 73) der hinreichenden Angabe des Mangels in seiner äußeren Erscheinungsform (z.B. Riss im Mauerwerk) unter gleichzeitiger Angabe seiner Lage (z.B. westliche Giebelwand; **Symptomtheorie**).

229 Ist bei mehreren konkurrierenden Sicherungsabtretungen unklar, wer Forderungsgläubiger ist, und erhebt der Zedent Feststellungsklage mit dem erklärten Ziel, die drohende Verjährung zu unterbrechen, so ist sein Klageantrag möglichst so auszulegen, dass das Ziel der Verjährungsunterbrechung erreicht wird (BGH BauR 1981, 208 = NJW 1981, 678).

230 Die Verjährung von Mängelansprüchen, die Ehegatten aus der gemeinsamen Errichtung eines Hauses oder einer Eigentumswohnung zustehen – oder auch einer sonstigen Bauleistung – wird regelmäßig auch durch eine Klage gehemmt, die nur einer der Ehegatten erhebt und mit der er Leistungen allein für sich verlangt (BGHZ 94, 117 = BauR 1985, 445). Dies gilt auch, wenn zwischen ihnen keine Gesamtgläubigerschaft nach § 428 BGB, sondern eine Bruchteils- oder gemeinschaftliche Gläubigerschaft (§ 432 BGB) besteht – zumal der Mängelanspruch auf eine unteilbare Leistung gerichtet ist. Zum einen steht dem klagenden Ehegatten aus der von ihm mit dem anderen gebildeten Gemeinschaft die Klagebefugnis aus § 744 Abs. 2 BGB zu, da sie der Erhaltung der der Gemeinschaft zustehenden Ansprüche dient. Zum anderen kann möglicherweise auch von einer gewillkürten Prozessstandschaft gesprochen werden, d.h. der Ermächtigung zur Einklagung des Anspruches im eigenen Namen bei vorliegenden eigenen Interessen an der Prozessführung. Letzteres ist bei gemeinsamer Bauherrschaft von Eheleuten der Fall, wenn dem klagenden Ehegatten die Abwicklung der damit verbundenen Fragen erkennbar überlassen worden ist (BGH BauR 1985, 445 = NJW 1985, 1826).

231 Die Hemmung der Verjährungsfrist bezieht sich jedoch nur auf den im betreffenden Prozess Beklagten. So unterbricht die Klage gegen eine Kommanditgesellschaft nicht schon die Verjährung des gleichen Anspruches gegen einen möglicherweise mithaftenden Gesellschafter. Vielmehr muss dieser persönlich (mit-)verklagt werden (BGHZ 73, 217 = BauR 1979, 328). Allerdings muss sich der Gesellschafter nach § 129 Abs. 1 HGB die durch Klageerhebung gehemmte Verjährungsfrist entgegenhalten lassen, so dass er dann seinerseits gehindert ist, die Verjährungseinrede für die Dauer des Prozesses gegen die Gesellschaft zu erheben (BGH BauR 1979, 328 = NJW 1979, 1361).

232 Keine Hemmungswirkung hat eine Klage gegen den »falschen« Schuldner (BGHZ 80, 222 = BauR 1981, 385). Das ist noch nicht der Fall, wenn die Gesellschafter einer BGB-Gesellschaft eine zum Gesellschaftsvermögen gehörende Forderung einklagen und der Beklagte dagegen im Prozess mit einer ihm gegen einen Gesellschafter zustehenden Forderung aufrechnet – obwohl es an der Gegenseitigkeit der sich gegenüberstehenden Forderungen fehlt (§ 719 Abs. 2 BGB). Entscheidend ist, dass der schuldnerische Gesellschafter auch (Mit-)Inhaber der gegen die Gesellschaft gerichteten Forderung ist (BGH BauR 1981, 385 = NJW 1981, 1953). Andererseits: § 204 BGB ist auf den Klägerwechsel entsprechend anzuwenden. Dabei ist zur Hemmung der Verjährung nach § 204 BGB nur erforderlich, dass der jeweils Berechtigte die erste und die weitere Klage erhoben hat, wobei beide nicht identisch sein müssen (BGH BauR 1989, 473 = NJW-RR 1989, 1269).

Maßgebend für den Beginn der Hemmung ist die **Zustellung der Klageschrift**. Das gilt auch, wenn kein Termin zur mündlichen Verhandlung bestimmt wird (OLG Nürnberg MDR 1967, 669). Ist ein Prozess zu dem Zeitpunkt, in dem die Verjährungsfrist zu laufen beginnt, bereits anhängig, tritt mit dem Beginn des Laufs der Verjährungsfrist zugleich die Unterbrechung ein (BGHZ 52, 47 = NJW 1969, 1164). Nach § 167 ZPO (§ 270 Abs. 3 ZPO a.F.) erfolgt die Hemmung der Verjährung auch, wenn die Klage vor Ablauf der Verjährungsfrist eingereicht wird, die Zustellung aber nach Ablauf der Frist demnächst erfolgt. Hierbei kommt es für die Bemessung nicht auf den Zeitraum zwischen der Einreichung der Klage und deren Zustellung, sondern allein darauf an, ob die Klage, gemessen von dem Tage des Ablaufs der Verjährungsfrist, »demnächst« zugestellt ist. Insoweit ist maßgebend, ob und inwieweit der Kläger das von ihm zu Verlangende und Zumutbare – z.B. Einzahlung des von ihm geforderten Gerichtskostenvorschusses – getan hat. Nicht zurechenbar sind ihm etwaige Verzögerungen, die er nicht zu steuern vermag; z.B. den Zustellungsbetrieb des betreffenden Gerichtes (BGH NJW 1986, 1347). Im Allgemeinen werden für die Einzahlung des geforderten Gerichtskostenvorschusses Fristen von 2 Wochen oder gering darüber noch als hinreichend angesehen (BGH NJW 1986, 1347; dazu auch BGH SFH Z 2.415.2 Bl. 5 –zum früheren § 261b Abs. 3 ZPO; OLG Düsseldorf MDR 1976, 848; KG VersR 1994, 922, wonach es nicht reicht, wenn zwischen der gerichtlichen Aufforderung zur Zahlung des restlichen Vorschusses und dessen Eingang mehr als 18 Tage verstreichen). **233**

Eine vier Tage nach Ablauf der Verjährungsfrist zugestellte Klage ist i.S.d. § 167 ZPO mit verjährungshemmender Wirkung demnächst zugestellt, wenn der Kostenvorschuss für die mehrere Monate zuvor eingereichte Klage zwei Wochen vor Ablauf der Verjährungsfrist bei Gericht eingezahlt worden war (BGH NJW 1993, 2320). Eine Zustellung erfolgt dagegen nicht mehr »demnächst« i.S.d. § 167 ZPO, wenn die Partei die Zustellungsadresse des Empfängers falsch bezeichnet hat und zwischen der fehlgeschlagenen Zustellung und der späteren erfolgreichen Zustellung ein Zeitraum von mehr als 18 oder 19 Tagen liegt (BGH FamRZ 1988, 1154; vgl. zu diesen Fragen auch *Addicks* MDR 1992, 331). Hat sowohl die Partei bzw. deren Prozessbevollmächtigter als auch die Geschäftsstelle des Gerichts, durch nachlässiges Verhalten zu einer nicht bloß geringfügigen Zustellungsverzögerung beigetragen, kommt es entscheidend darauf an, ob die Partei bzw. der Prozessbevollmächtigte bei ordnungsgemäßer Handhabung die Verzögerung hätte vermeiden können (BGH MDR 1995, 307 = NJW-RR 1995, 254). **234**

Die **Klage** muss sich auf den **Mängelanspruch** des Auftraggebers beziehen. Dies dergestalt, dass das Gericht wegen der Klage oder Widerklage über Bestehen oder Nichtbestehen und die Art und den Umfang des Mängelanspruches im Einzelnen zu befinden hat (BGH NJW 1988, 965). Besteht der vom Auftragnehmer – vor allem im Bereich von § 13 Nr. 7 VOB/B – zu ersetzende Schaden des Auftraggebers in der Belastung mit einer Verbindlichkeit, so unterbricht die Zahlungsklage des Auftraggebers auch die Verjährung eines Freistellungsanspruches (BGH NJW 1985, 1152). **235**

Auch hier bezieht sich die Unterbrechung der Verjährung grundsätzlich nur auf die Mängelansprüche, die rechtshängig sind. Wegen der übrigen Ansprüche läuft die bisherige Verjährungsfrist ungehindert weiter. Das hat Bedeutung bei Teilklagen. Wird z.B. nur ein Teil eines Anspruches auf Erstattung bereits entstandener Nacherfüllungskosten geltend gemacht, so bezieht sich die Hemmung der Verjährung nur darauf. Ausnahme: die Teilklage beruht erkennbar auf einem Irrtum (BGH WM 1978, 461). Auch muss die Teilklage eine eindeutige Abgrenzung zum nicht eingeklagten Teil enthalten, andernfalls die verjährungshemmende Wirkung auch wegen der Teilklage entfallen kann (BGH VersR 1984, 782). Bei einer Teilklage tritt die Hemmung der Verjährung nur hinsichtlich des eindeutig eingeklagten Teils ein. Hier geht es nicht um die Auswechslung oder die zusätzliche Geltendmachung eines anderen oder um die bisher unvorhergesehene Erweiterung desselben Mängelanspruches, sondern – nur – um einen Teil ein und desselben Mängelanspruches. **236**

Wird mit einer Schadensersatzklage der gesamte Schaden geltend gemacht, so wirkt die Hemmung der Verjährung auch für eine auf nachträglicher Baukostensteigerung beruhende Erhöhung des Kla- **237** geanspruches (BGH BauR 1982, 398). Ähnlich liegt es, wenn es sich um die Geltendmachung eines anderen als des wegen desselben Mangels ursprünglich erhobenen Mängelanspruches handelt. Ebenso wenn der Auftraggeber davon ausgeht, die Mängel seien endgültig und umfassend beseitigt und er darauf einen Kostenerstattungsanspruch stützt, seine Annahme jedoch in Wirklichkeit nicht zutrifft (BGH WM 1978, 461).

238 Die Klage auf Ersatz der Selbstvornahmekosten (§ 637 BGB bzw. § 13 Nr. 5 Abs. 2 VOB/B) hemmt grundsätzlich die Verjährung auch aller anderen Mängelansprüche; ebenso wie die Klage auf Nacherfüllung nach § 635 BGB bzw. § 13 Nr. 5 Abs. 1 VOB/B (BGHZ 58, 30 = NJW 1972, 526 = BauR 1972, 176). Das gilt auch für Ansprüche auf Minderung nach § 638 BGB, bzw. § 13 Nr. 6 VOB/B (BGHZ 95, 250 = BauR 1985, 686) und für Ansprüche auf Schadensersatz nach § 280 BGB bzw. § 13 Nr. 7 VOB/B. Dies gilt nicht, wenn nach Ablauf der Verjährungsfrist Mängel auftreten, die nicht zum Gegenstand der Klage gemacht worden waren. Ansprüche hierauf sind verjährt (OLG Brandenburg Urt. v. 19.1.2005 IBR 2005, 194)

239 Eine Besonderheit gilt hinsichtlich der Klage (nicht schon der bloßen Aufrechnung) des Auftraggebers gegen den Auftragnehmer auf Zahlung eines Kostenvorschusses für die Beseitigung des Mangels durch einen Dritten. Es handelt sich hier um nichts Endgültiges. Über den Vorschuss muss nicht nur – später – abgerechnet werden, sondern gegebenenfalls kann auch eine Nachzahlung verlangt werden. Da diese begrifflich die Kosten für denselben, bereits früher geltend gemachten Mangel betrifft, handelt es sich insofern nur um eine Frage der Höhe des bereits erhobenen Vorschussanspruches. Daraus folgt: Wird ein Kostenvorschuss rechtzeitig vor Ablauf der Verjährungsfrist geltend gemacht, so tritt die Hemmungswirkung des § 204 Abs. 1 Nr. 1 BGB nicht nur wegen des ursprünglich eingeklagten Betrages ein, sondern auch wegen später – selbst nach Ablauf der bisherigen Verjährungsfrist – erhöhter Ansprüche; z.B., wenn diese auf zwischenzeitlich eingetretene Kostensteigerungen gestützt werden (BGH Urt. v. 1.2.2005 NJW-RR 2005, 1037). Anders liegt es nur, wenn der Auftraggeber seinen Vorschussanspruch eindeutig und endgültig auf den eingeklagten Betrag beschränkt hat. Hierfür ist aber eine ganz zweifelsfreie Erklärung Bezug auf die Beschränkung erforderlich.

240 Auch die zunächst auf Schadensersatz gerichtete Klage unterbricht die Verjährung hinsichtlich eines später auf Ersatz von Gutachtenkosten und auf Vorschuss umgestellten Anspruches. Schließlich ist beides dem Bereich des Nacherfüllungsanspruches zuzurechnen. Auch muss ein Zurückgehen des Auftraggebers auf den Nacherfüllungsanspruch, der der Erreichung des vertraglichen Leistungszieles am ehesten dient, für zulässig angesehen werden (BGH BauR 1977, 348). Besondere Fragestellungen ergeben sich im Zusammenhang mit der Verjährungshemmung bei hilfsweiser Geltendmachung eines Anspruches (BGH NJW 1968, 692). Ebenso bei gleichzeitiger Einreichung von Klage und Prozesskostenhilfegesuch (BGH VersR 1965, 155 m.w.N.). Die Erhebung einer negativen Feststellungsklage und die Verteidigung gegen sie durch Klageabweisungsantrag führen keine Hemmung nach § 204 BGB herbei (BGH NJW 1972, 1043; a.A. OLG Schleswig NJW 1976, 970, jedoch zu Unrecht, da nicht beachtet wird, dass § 209 BGB a.F. ein tätiges, auf Zusprechung eigenen Rechtes gerichtetes Vorgehen voraussetzt, wie insbesondere auch der BGH in der Revisionsentscheidung zur gleichen Sache eingehend und mit weiteren Nachweisen zum Ausdruck gebracht hat, BGH BauR 1978, 488). Gleiches gilt für einen Antrag auf Erlass einer einstweiligen Verfügung und dessen Zustellung (OLG Düsseldorf WRP 1973, 481).

241 Hat der Gläubiger dem Schuldner angezeigt, dass er die Forderung abgetreten hat, ist die Abtretung jedoch nicht erfolgt oder unwirksam und hat der Schuldner noch nicht an den Dritten gezahlt – bzw. hier: den Mängelanspruch erfüllt –, so bleibt der Gläubiger auch dann zur Klageerhebung und damit zur Hemmung der Verjährung berechtigt, wenn er die Zustimmung des Scheinzessionars zur Rücknahme der Anzeige noch nicht erlangt hat (BGHZ 64, 117).

242 Nach § 209 BGB bewirkt die Hemmung, dass der Zeitraum während dessen die Verjährung gehemmt ist, nicht in die Verjährungsfrist eingerechnet wird.

bb) Hemmung durch selbstständiges Beweisverfahren

Ein besonderer Tatbestand der Hemmung der Verjährung ergibt sich aus § 204 Abs. 1 Nr. 7 BGB. **243** Danach wird die Verjährung durch die Zustellung des Antrags auf Durchführung des selbstständigen Beweisverfahrens gehemmt. Früher – vor Inkrafttreten des Schuldrechtsmodernisierungsgesetzes – war dieser Hemmungstatbestand als Unterbrechungstatbestand in den gesetzlichen Bestimmungen über den Werkvertrag (§ 639 Abs. 1 i.V.m. § 477 Abs. 2 BGB a.F.) geregelt.

Die Hemmungswirkung tritt für die Mängelansprüche desjenigen ein, der das selbstständige Beweisverfahren beantragt (OLG Düsseldorf BauR 1994, 769). Somit gilt dies nicht für einen Beweisantrag des Auftragnehmers/Anspruchgegners (OLG Schleswig BauR 1995, 101 m. Anm. *Haß* = NJW-RR 1995, 1171). Ein von dem Auftragnehmer beantragtes selbstständiges Beweisverfahren über angebliche Mängel bewirkt auch dann keine Unterbrechung der Mängelansprüche des Auftraggebers, wenn er mit dem Auftragnehmer verabredet hatte, dieser solle den Antrag stellen. Dies selbst dann, wenn der Auftraggeber einen Teil des Kostenvorschusses für den Sachverständigen eingezahlt hat (OLG Düsseldorf NJW-RR 1992, 1174 sowie BauR 1992, 767). Etwas anderes wäre allenfalls über Treu und Glauben denkbar. Dies dürfte aber ausscheiden, wenn der Auftraggeber im Beweisverfahren beraten wird (OLG Düsseldorf BauR 1992, 767). Dies darf nicht mit den Entscheidungen verwechselt werden, wonach rechtzeitig gestellte Gegenanträge im selbstständigen Beweisverfahren zulässig sind, wenn sie eine Erweiterung der Beweisfragen bewirken (Sie müssen allerdings im unmittelbaren Zusammenhang mit den Beweisthemen des Antragstellers stehen. Zulässig ist z.B. ein Gegenantrag, wonach festzustellen ist, ob die Mängel auf Planungsfehler zurückzuführen sind, OLG Düsseldorf BauR 1996, 896). Ebenso darf dies nicht damit verwechselt werden, dass der BGH zwischenzeitlich deutlich gemacht hat, dass die Streitverkündung auch im selbstständigen Beweisverfahren zulässig ist (BGH BauR 1997, 347). **244**

Des Weiteren tritt die Hemmung der Verjährung eines Mängelanspruches nur ein, wenn der Antragsteller (Auftraggeber) anspruchsberechtigt ist. Wird der Antragsteller erst während des Beweisverfahrens Berechtigter, wie etwa aufgrund einer Abtretung, so wird die Verjährung von diesem Zeitpunkt an unterbrochen, ohne dass der Erwerb der Berechtigung offengelegt werden müsste (BGH BauR 1993, 473; OLG Düsseldorf BauR 1994, 769). **245**

Die Hemmungswirkung tritt nicht nur wegen eines geltend gemachten Nacherfüllungsanspruches und seiner möglichen Auswirkungen, wie etwa des Kostenerstattungsanspruches oder des Kostenvorschussanspruches ein, sondern auch wegen der übrigen in Betracht kommenden Mängelansprüche (BGHZ 66, 138 = BauR 1976, 205 = NJW 1976, 956). Voraussetzung für den Eintritt der Hemmung ist ein Antrag, in dem die geltend gemachten Mängel hinreichend gekennzeichnet sind. **246**

Grundsätzlich geht man allerdings davon aus, dass an den Antrag keine höheren Anforderungen zu stellen sind als an eine ordnungsgemäße Mangelrüge (BGH BauR 1989, 79). Daraus folgt: Dem Auftraggeber obliegt es bei der Einleitung eines selbstständigen Beweisverfahrens lediglich, die Schadstellen und die aufgetretenen Schäden zu beschreiben. Damit macht er den Mangel zum Gegenstand des Verfahrens. Daher kommt es nicht darauf an, was der Antragsteller als Ursache der schädlichen Auswirkungen benennt. Es genügt z.B. die betreffenden Stellen aufzuzeigen, an denen Feuchtigkeit aufgetreten ist (BGH BauR 1992, 503). **247**

Die Hemmung der Verjährung tritt in der Regel mit der Einreichung des Beweisantrages bei Gericht ein (§ 167 ZPO, § 270 Abs. 3 ZPO a.F.). Teilweise wird auch davon gesprochen, dass dies durch Zustellung der Antragsschrift ausgelöst wird bzw. »lediglich« durch Übermittlung des eingeholten Gutachtens an den Antragsgegner (BGH BauR 1980, 364; OLG Karlsruhe BauR 1999, 1054). Sie dauert bis zur Beendigung des selbstständigen Beweisverfahrens fort. Somit beginnt ab da der Teil der Verjährungsfrist zu laufen, der zum Zeitpunkt des Eintritts der Hemmung noch verblieben war. Die Beendigung der Hemmung tritt regelmäßig mit Zugang der Feststellung des Beweises (z.B. des Sachverständigengutachtens) bei den Parteien des selbstständigen Beweisverfahrens ein (BGH BauR **248**

1993, 221). Maßgebend ist der Eingang beim Auftraggeber (LG Mönchengladbach MDR 1984, 843). Nach dem OLG Düsseldorf **endet die Hemmung mit Ablauf** einer angemessenen Frist **von ca. einem Monat** nach Zugang des Sachverständigengutachtens (OLG Düsseldorf BauR 1999, 498). Ab diesem Zeitpunkt müssten dann die sechs Monate des § 204 Abs. 2 BGB zu laufen beginnen. Auch hier ist nicht deutlich, ob der Gesetzgeber die damit verbundene Problematik gesehen hat. Es besteht deshalb risikobehaftete Rechtsunsicherheit. Aus diesem Grunde sollten die sechs Monate ab dem Zugang des Gutachtens gerechnet werden.

249 Bei **mehreren Gutachten** wegen desselben Mangels kommt es auf den Eingang des letzten an. Unter mehreren Gutachten sind nur solche relevant, deretwegen die Beweissicherung beantragt wurde – nicht solche, die vom Auftragnehmer beantragt wurden. Etwas anderes gilt dann, wenn in einem selbstständigen Beweisverfahren wegen verschiedener, voneinander abgegrenzter Mängel verschiedene Gutachten erstellt werden. Dann ist für die Beendigung der Hemmung der Eingang des darauf bezogenen jeweiligen Gutachtens maßgebend (OLG Düsseldorf BauR 1993, 221; a.A. OLG Hamm BauR 1990, 104, 108, jedoch missverständlich, da der dort entschiedene Fall dem vorangehend behandelten ersten Bereich zuzuordnen ist).

250 Erstattet der Sachverständige vor Gericht sein Gutachten mündlich oder erläutert er dieses nach zunächst schriftlicher Erstattung, tritt die Beendigung der Verjährungshemmung mit dem Verlesen des Protokolls oder mit Vorlage des Protokolls zur Durchsicht (§ 162 ZPO) ein (BGHZ 60, 212 = NJW 1973, 698). Allerdings setzt die Anhörung des Sachverständigen zur Erläuterung seines schriftlichen Gutachtens einen hinreichend konkreten Antrag eines der Verfahrensbeteiligten voraus. Dieser muss binnen angemessener Frist in engem zeitlichem Zusammenhang mit dem Zugang des Gutachtens gestellt werden.

251 Bei der Bemessung der Frist sind Schwierigkeitsgrad des Beweisthemas, Umfang und Gehalt des Gutachtens sowie dessen Verständlichkeit und die etwaige Notwendigkeit der Einholung sachverständigen Rates vor Stellung des Anhörungsantrages angemessen zu berücksichtigen (LG Frankfurt BauR 1985, 603; nach dem OLG Köln, ist ein Antrag auf Ergänzung des Sachverständigengutachtens vier Monate nach Übersendung des Gutachtens verspätet BauR 1997, 886). Hat das Amtsgericht den Antrag des Beteiligten, zur Erläuterung seines Gutachtens den Sachverständigen anzuhören, ohne sachliche Prüfung als unzulässig verworfen – weil der Antrag erst nach Beendigung des Verfahrens (Eingang des Gutachtens) gestellt worden sei –, so ist gegen einen solchen Beschluss die Beschwerde zulässig (LG Frankfurt BauR 1985, 603). Um hier Unklarheiten wegen Zeitablaufes zu verhindern, empfiehlt es sich für das Gericht, den Beteiligten eine Frist zur evtl. Stellungnahme zu dem Gutachten zu setzen.

252 Auf den Eintritt der Hemmung der Verjährung ist das **Ergebnis der Beweiserhebung** ohne Einfluss. Insbesondere tritt die Wirkung auch dann ein, wenn der im Beweisverfahren bestellte Sachverständige den Mangel nicht bestätigt (BGH BauR 1998, 826). Im Übrigen bewirkt auch ein nach den §§ 485 ff. ZPO unzulässiger Antrag auf Durchführung eines selbstständigen Beweisverfahrens – wenn das darüber entscheidende Gericht ihn für zulässig hält – die Hemmung der Verjährung. Daraus ergibt sich, dass die Hemmungswirkung so lange eintritt, als der Antrag wegen seiner Prozesswidrigkeit nicht als unzulässig abgewiesen wird (BGH BauR 1983, 255 = NJW 1983, 1901; OLG Köln BauR 1988, 241, 242).

253 Voraussetzung für den Eintritt der Hemmung der Verjährung ist es stets, dass sich der Antrag auf Durchführung eines selbstständigen Beweisverfahrens nur oder auch gegen den **Auftragnehmer** richtet. Dieser **muss als Anspruchsgegner genannt** oder mitbezeichnet **sein**. Dabei muss sich der Rechtsnachfolger des Auftragnehmers die Hemmungswirkung entgegenhalten lassen (OLG Oldenburg BauR 1991, 465). Hat der Zedent vor der Abtretung von Mängelansprüchen ein Beweisverfahren eingeleitet, so wirkt die dadurch eingetretene Verjährungshemmung nach dem OLG Köln – entschieden zu § 639 BGB a.F. – auch zugunsten des Zessionars (OLG Köln BauR 1999, 259). Daher reicht ein Antrag gegen Unbekannt hier nicht (BGH BauR 1980, 364). Ein nur gegen andere Auftragnehmer, den Architekten, Tragwerksplaner oder sonstigen Sonderfachmann gerichteter Antrag auf Durchführung eines selbstständigen Beweisverfahrens führt somit die Hemmungswirkung hinsichtlich des »eigentlichen« Auftragnehmers nicht herbei (LG Marburg BauR 1990, 738, 740).

Andererseits tritt die Hemmungswirkung auch ein, wenn der Auftraggeber das selbstständige Beweisverfahren eingeleitet bzw. durchgeführt, dann (also nicht schon vorher; OLG Köln BauR 1995, 702) aber die Mängelansprüche rechtswirksam abgetreten hat. Eine einmal eingetretene Hemmung der Verjährung wird durch eine spätere Abtretung nicht beeinträchtigt (*Hickl* BauR 1986, 282, 283). Sind Auftraggeber Mitglieder einer Gemeinschaft (§§ 741 ff. BGB), so hemmt der von einem Mitglied der Gemeinschaft gestellte Antrag auf Durchführung eines selbstständigen Beweisverfahrens auch die Verjährung zugunsten der anderen Mitglieder. Dies folgt aus den § 432, § 744 Abs. 2 BGB (OLG Oldenburg BauR 1991, 465). Die Frage ist, ob für den Fall des Minderungsanspruches (Gestaltungsrecht) über § 638 Abs. 2 BGB etwas anderes zu gelten hat – dies auf den ersten Blick nicht, weil das Gestaltungsrecht nicht verjährt. Andererseits ist hier auf die zusätzlichen Regelungen der § 634a Abs. 4 und 5 sowie § 218 BGB für Rücktritt und Minderung zu verweisen. **254**

Nach dem OLG Stuttgart kann in einem selbstständigen Beweisverfahren auch ein Streitverkündeter – der dem Streitverkündenden beigetreten ist – gegen diesen ein neues selbstständiges Beweisverfahren einleiten; insbesondere deshalb, weil er im Ausgangsverfahren nur Anträge stellen darf, die den Streitverkündenden unterstützen (OLG Stuttgart BauR 2000, 923). **255**

Die **Hemmungswirkung tritt nur hinsichtlich des konkret gerügten Mangels** ein, sofern und soweit sich das Beweissicherungsverfahren darauf bezieht (BGHZ 66, 138 = BauR 1976, 205). Entscheidend ist somit, was vom Beweisantrag, dessen Begründung, den beigefügten Mitteln zur Glaubhaftmachung sowie von dem darauf ergangenen Beschluss abgedeckt ist (OLG Frankfurt BauR 1984, 67). Gehen der Beweisantrag und der darauf ergangene Beschluss inhaltlich weiter als die Begründung des Antrags und einigen sich die an dem Verfahren Beteiligten später auf eine der Antragsbegründung entsprechende eingeschränkte Sachverständigenbegutachtung, so tritt die Wirkung der Verjährungshemmung nur insoweit ein (LG Marburg BauR 1990, 738, 739). Dabei bedarf es nach der ständigen Rechtsprechung des **BGH** (BauR 2000, 261) der hinreichenden Angabe des Mangels in seiner äußeren Erscheinungsform (z.B. Riss im Mauerwerk) unter gleichzeitiger Angabe seiner Lage (z.B. westliche Giebelwand) (**Symptomtheorie**). Dabei muss der »Auftrag an den Sachverständigen so konkretisiert sein, dass der Verfahrensgegenstand zweifelsfrei abgrenzbar ist und der Sachverständige Art und Umfang der übertragenen Tätigkeit abschätzen kann«. Andernfalls handelt es sich nach dem KG um eine unzulässige Ausforschung (KG NJW-RR 2000, 468). **256**

Das kann ausnahmsweise anders sein, wenn die äußere Erscheinungsform eines Mangels nur zu vermuten ist und darüber noch nähere Feststellungen durch einen Sachkundigen zu treffen sind. Dann muss es für die Zulässigkeit eines Antrages auf Einleitung eines selbstständigen Beweisverfahrens genügen, wenn mehr allgemeingehaltene Angaben gemacht werden – unter gleichzeitiger Glaubhaftmachung, dass dies gegenwärtig nicht besser oder klarer möglich ist. Hier dient das selbstständige Beweisverfahren gerade zur nötigen Aufklärung. Ansonsten müsste man von dem Antragsteller verlangen, zunächst einen Privatgutachter zu beauftragen. Dies soll durch das Beweisverfahren gerade auch vermieden werden (insoweit zutreffend OLG Hamburg MDR 1978, 845; ähnlich OLG Frankfurt BauR 1984, 67). **257**

Grundlegende Aussage für die Verjährungshemmung ist es daher, dass sie nur so weit reicht, als es sich um die gleiche Mangelursache handelt, auch wenn ihre Auswirkung durch äußeres Hervortreten erst teilweise in Erscheinung getreten ist. Mängel, die ersichtlich eine ganz andere Ursache haben, werden von dem Beweisantrag nicht erfasst (LG Marburg BauR 1990, 738). **258**

Keine Unterbrechung der Verjährung tritt ein, wenn kein Antrag nach § 485 ZPO, sondern nur ein Beweisantrag nach § 282 ZPO gestellt wird. Beim selbstständigen Beweisverfahren handelt es sich **259** um ein selbstständiges, neben oder vor dem Hauptprozess laufendes Verfahren, während dies beim **bloßen Beweisantrag** im Rahmen des Hauptprozesses nicht der Fall ist (BGHZ 59, 323 = BauR 1973, 46). Fehler, die zur Unzulässigkeit des Antrages auf Beweissicherung führen können, stehen der durch den Antrag bewirkten Hemmung der Verjährung nicht entgegen, wenn der Antrag nicht als unstatthaft zurückgewiesen worden ist (BGH BauR 1998, 390).

260 Die Hemmung endet gemäß § 204 Abs. 2 S. 1 BGB **6 Monate nach** der rechtskräftigen Entscheidung oder anderweitigen **Beendigung des eingeleiteten Verfahrens**. Diese Sechsmonatsfrist soll – abweichend vom bisherigen Recht – auch dann gelten, wenn das Verfahren durch Rücknahme des Antrags endet (*Palandt/Heinrichs* § 204 BGB Rn. 33). Sie gilt für alle Verfahren nach § 204 Abs. 1 BGB.

f) Der Neubeginn der Verjährung nach gesetzlichen Vorschriften (§ 212 BGB)

261 Gemäß § 212 BGB beginnt die Verjährung erneut, wenn der Schuldner dem Gläubiger gegenüber den Anspruch anerkennt. Bei Bauverträgen kann ein solches Anerkenntnis im Bereich der Mängelrechte darin liegen, dass der Unternehmer gegenüber den Auftraggeber einräumt, dass ein Mangel vorhanden ist und er für diesen Mangel verantwortlich ist. Auch kann ein solches Anerkenntnis in der Ankündigung oder in dem tatsächlichen Beginn von Nacherfüllungsleistungen (Mangelbeseitigung) liegen (BGH NJW 1999, 2961; BGH NJW 1988, 254).

262 Vor allem für den Bereich der Nacherfüllung kann neben dem genannten Hemmungstatbestand des § 203 BGB (Verhandlungen) auch ein **Neubeginn der Verjährung** durch **Anerkenntnis** gemäß § 212 BGB relevant sein. Daher ist **§ 212 BGB** jedenfalls in den Auswirkungen bezüglich der Verjährungsfrist **vorrangig**. Auch kann zunächst eine Hemmung durch Untersuchung und Prüfung des Mangels vorliegen, der sich dann ein Neubeginn der Verjährung anschließt; z.B. dadurch, dass der Auftragnehmer anschließend die Mangelbeseitigung ohne Vorbehalt in Angriff nimmt (BGH BB 1956, 1165).

263 Nach der Rechtsprechung (BGH BauR 1981, 591; BGH BB 1987, 1904 insoweit auch für den Fall der Abtretung der Gewährleistungsansprüche) ist Voraussetzung für ein Anerkenntnis nicht eine entsprechende empfangsbedürftige und ausdrückliche rechtsgeschäftliche Anerkenntniserklärung im eigentlichen Sinne, vielmehr ist das tatsächliche Verhalten des Verpflichteten gegenüber dem Berechtigten durch Handlung oder Äußerung entscheidend (BGH BauR 1988, 465). Im Einzelfall sind Umstände maßgebend, die bei objektiver Betrachtung beim Auftraggeber den berechtigten Eindruck vermitteln, dass der Auftragnehmer sich seiner Verpflichtung zur Mängelhaftung uneingeschränkt bewusst ist, diese erfüllen und sich nicht nach Ablauf der – ursprünglichen – Verjährungsfrist auf Verjährung berufen will (BGH BauR 1994, 103 im Falle wiederholter Nachbesserungsversuche). Dabei genügt es grundsätzlich für ein rechtswirksames Anerkenntnis, dass sich der Schuldner des gegen ihn erhobenen Anspruches bewusst ist (BGH BauR 1981, 591). Das gilt selbst dann, wenn die vorangegangene Nacherfüllungsaufforderung des Auftraggebers nicht der Anforderung an eine ordnungsgemäße Mängelrüge genügt. Ein Anerkenntnis liegt nicht vor, wenn der Bestand des Anspruches von Gegenansprüchen abhängig gemacht und damit dem Grunde nach in Frage gestellt wird (BGH NJW 1988, 254).

264 Ebenso kann nicht von Anerkenntnis gesprochen werden, wenn der Auftragnehmer seine Verantwortung leugnet und auf Veranlassung eines Dritten nur provisorische Maßnahmen ergreift, die nicht zur nachhaltigen Beseitigung des Mangels geeignet sind (OLG Schleswig BauR 1995, 101). Die Auslegung einer Erklärung des Unternehmers als Anerkenntnis setzt somit voraus, dass dieser über seine ohnehin bestehende Mängelhaftung hinaus ein **Anerkenntnis abgeben wollte**. Allein die Mitteilung, dass die Mängel beseitigt worden sind, muss nicht ausreichen (OLG Düsseldorf BauR 1999, 497).

265 In der Praxis einfach nachweisbar sind die Verjährung unterbrechende Anerkenntnisse in Form einer positiven Handlung; beispielsweise der Auftragnehmer erklärt den Mangel zu seinem Verant-

wortungsbereich, Äußerung der Beseitigungsbereitschaft oder Angabe eines bestimmten Zeitraumes für die Mangelbeseitigung (BGH BauR 1988, 465). Es kann auch ein tatsächliches Verhalten ausreichen. Dieses muss allerdings zur Kenntnis des Berechtigten bestimmt und geeignet sein. Hierbei handelt es sich nicht um eine empfangsbedürftige Willenserklärung. Sie wird somit bereits mit der Absendung wirksam (LG Traunstein VersR 1980, 438). Nicht ausreichend ist bloßes Schweigen, selbst im Bewusstsein der Schuld (OLG Schleswig SchlHA 1968, 185).

Neben den in § 212 BGB genannten Merkmalen anerkennenden Verhaltens (Abschlagszahlung, Zinszahlung, Sicherheitsleistung) kommen auch andere in Betracht, aus denen sich die Willensrichtung des Verpflichteten ergibt. Allerdings passen diese Beispiele für den hier erörterten Mängelhaftungsbereich selten. Bauvertragsrelevant sind die Fälle, bei denen der Auftragnehmer den aufgetretenen und gerügten Mangel beseitigt oder sich ernsthaft um die Mangelbeseitigung bemüht (OLG Düsseldorf BauR 1996, 114 im Falle, in dem der Auftragnehmer aufwendige und nicht risikofreie Nachbesserungsversuche an der Gründung einer Garage vornimmt). Jedoch beinhaltet nicht jede auf Verlangen des Auftraggebers vorgenommene Nacherfüllung zugleich ein die Verjährung unterbrechendes Anerkenntnis. Anderenfalls wäre die Regelung des § 203 BGB überflüssig. So kann z.B. das bloße Ausbessern von Rissen und Fugen in einem Hof-Estrich nicht ohne weiteres als Anerkenntnis gewertet werden; insbesondere wenn es an Feststellungen über Umfang und Kosten der Nachbesserung fehlt. Vorsicht ist geboten, wenn der Auftragnehmer erklärt, die **Nacherfüllung** würde nur »**aus Kulanz**« vorgenommen (siehe unten).

266

Etwas anderes gilt dann, wenn sich die Nacherfüllungsarbeiten in ihrem Umfang, ihrer Dauer und ihren Kosten als so erheblich darstellen, dass der Auftraggeber daraus das Bewusstsein des Auftragnehmers zur entsprechenden Nacherfüllung verpflichtet zu sein, entnehmen kann (BGH NJW 1988, 254). Ebenso gilt dies, wenn der Architekt des Auftraggebers in schriftlichen Mangelrügen den Auftragnehmer eindringlich auf seine Nacherfüllungspflicht hingewiesen und der Auftragnehmer danach jeweils ohne Vorbehalt Mangelerfüllungsversuche unternommen hat (OLG Hamm MDR 1990, 243). Die Erklärung allein, die Nacherfüllung geschehe ohne Anerkennung einer Rechtspflicht, muss ein Anerkenntnis nicht ohne weiteres ausschließen. Gerade weil allein daraus noch nicht auf mangelndes Bewusstsein vom Bestehen eines Anspruches geschlossen werden kann (BGH VersR 1972, 398; OLG München VersR 1978, 1026).

267

Dies kann auch gelten, wenn der Auftraggeber vom Auftragnehmer um Nachsicht und wohlwollende Beurteilung usw. gebeten wird. Maßgebend sind die Umstände des Einzelfalls. Dabei reicht es für ein Anerkenntnis nicht, wenn der Auftragnehmer zwar bestimmte Leistungen erbringt, aber beweist, dass er dies auf Wunsch des Auftraggebers getan hat (OLG Hamm, BB 1988, 301). Das bloße Angebot einer **vergleichsweisen Erledigung** ist noch kein Anerkenntnis (OLG Düsseldorf SFH Z 2.414 Bl. 163 ff.). Ein Anerkenntnis ist es auch dann nicht schon, wenn der Auftragnehmer seine Rechnung »aus **Kulanzgründen ohne Anerkennung einer Rechtspflicht**« storniert, insbesondere wenn **Umstände für das Bewusstsein der Schuld fehlen** (OLG Köln = NJW-RR 1995, 337). Dagegen liegt in einer Stundungsvereinbarung häufig ein Anerkenntnis (BGH BauR 1978, 486). Erklärt der Auftragnehmer, er werde die Nacherfüllung vornehmen, sobald die Witterung es erlaube, so liegt darin im Regelfall ein Anerkenntnis seiner Nacherfüllungspflicht.

268

Erkennt der Auftragnehmer unter den genannten Voraussetzungen seine Verantwortung für bestimmte Mangelerscheinungen an, so ist dies grundsätzlich geeignet, die Verjährung hinsichtlich aller dafür maßgebenden Schadensursachen zu unterbrechen (BGH BauR 1990, 356). Insofern gilt für den Umfang der Unterbrechungswirkung das gleiche wie im Hinblick auf die Tragweite einer ordnungsgemäßen Mangelrüge.

269

Sind im Rahmen der erstellten Leistung aus einem Bauvertrag mehrere Mängel (also nicht nur Mangelerscheinungen, die auf gleicher Ursache beruhen) vorhanden, kann es sein, dass sich das Anerkenntnis nur auf einen Teil bezieht. Voraussetzung dafür ist aber eine bestimmte, abgrenzbare An-

270

erkennung, durch die der Umfang im Einzelnen bezeichnet oder eindeutig erkennbar abgegrenzt ist. Unter dieser Voraussetzung tritt eine Unterbrechung der Verjährung für die Mängelansprüche nur insoweit ein (BGH BauR 1981, 591).

271 Die einem Dritten gegenüber abgegebene, ein Anerkenntnis enthaltende Erklärung ist geeignet, die Verjährung zu unterbrechen, wenn die Erklärung des Verpflichteten für den Berechtigten bestimmt war. Das **Anerkenntnis** stellt **keine empfangsbedürftige Willenserklärung** dar. Daran ändert sich auch nichts, wenn der Erklärende einen anderen für den Berechtigten gehalten hat, sofern der wirkliche Gläubiger von der Erklärung Kenntnis erhält und der Erklärende die Befriedigung des Gläubigers nicht abgelehnt hat (BGH MDR 1959, 481 = SFH Z 2.331 Bl. 6).

272 Durch das **Anerkenntnis des Mangelbeseitigungsanspruches** wird auch die **Verjährung des Schadensersatzspruches** des Auftraggebers aus Mängelhaftung unterbrochen (BGHZ 39, 189 = NJW 1963, 1451). Diese für den Werkvertrag bestehende Folge gilt auch für die Schadensersatzansprüche nach § 13 Nr. 7 VOB/B. Das Gleiche trifft auf den Minderungsanspruch zu, falls sich später herausstellt, dass nicht Nacherfüllung nach § 13 Nr. 5 VOB/B, sondern nur Minderung nach Nr. 6 in Betracht kommt.

273 Die nach Unterbrechung durch Anerkenntnis neu beginnende Verjährungsfrist läuft von dem Zeitpunkt des Anerkenntnisses an. Wird ein Anerkenntnis später nochmals bestätigt oder erneuert, unterbricht dies nach § 212 BGB abermals die Verjährung. Bestreitet der Auftragnehmer trotz Anerkenntnisses seine Nacherfüllungspflicht, so trifft ihn die Beweislast. Bei einem konkludenten Anerkenntnis durch Beginn mit Nacherfüllungsarbeiten wird die Verjährung mehrmals unterbrochen: Einmal mit Beginn der Nacherfüllungsarbeiten, weil in diesem Moment das Anerkenntnis abgegeben wurde. Zum zweiten Mal mit Beginn der Mangelbeseitigungsarbeiten und schließlich mit deren Abnahme (§ 13 Nr. 5 Abs. 1 S. 3 VOB/B). Anderenfalls hätte es der Unternehmer durch schlichte Untätigkeit in der Hand, die Verjährungsfrist ablaufen zu lassen. Dies ist jedoch – soweit ersichtlich – noch nicht richterlich entschieden worden, so dass **für die Praxis empfohlen** wird, auf den Zeitpunkt der Abgabe des Anerkenntnisses abzustellen und ggf. in der Folge eine **verjährungshemmende Maßnahme nach § 204 BGB zu ergreifen**.

4. Auswirkungen der Hemmung oder des Neubeginns auf die übrigen Mängelansprüche (§ 213 BGB)

a) Ausgangspunkt

274 Nach § 639 Abs. 1 BGB a.F. fand § 477 Abs. 3 BGB a.F. auf den gesetzlichen Werkvertrag Anwendung. Hiernach bewirkte die Hemmung oder Unterbrechung der Verjährung eines der in § 477 Abs. 1 BGB a.F. bezeichneten Ansprüche auch die Hemmung oder Unterbrechung der Verjährung der anderen Ansprüche. Diese Vorschrift wurde durch das Schuldrechtsmodernisierungsgesetz in § **213 BGB** zum allgemeinen Rechtsgrundsatz erhoben. Danach wirkt die **Hemmung, die Ablaufhemmung und der erneute Beginn der Verjährung auch für Ansprüche, die aus demselben Grund wahlweise neben dem Anspruch auf oder an seiner Stelle gegeben sind.** Die Ansprüche müssen sich auf dasselbe Interesse richten (*Palandt/Heinrichs* § 213 BGB Rn. 1).

275 Dies gilt nicht für den Bereich echter Teilklagen, in denen der Auftraggeber nur und hinreichend deutlich einen Teil ein und desselben Mangelanspruches geltend macht (siehe dazu oben).

b) Mängelrechtssystem der VOB/B

276 Fraglich ist, wie sich § **213 BGB** auf einen **VOB/B-Vertrag** auswirkt.

277 Die **Mängelansprüche der VOB/B** (§ 13 Nr. 5 ff. VOB/B) sind in ihrem **Verhältnis zueinander anders geregelt** als die **entsprechenden Ansprüche** nach dem **gesetzlichen Werkvertragsrecht** (§§ 633 ff. BGB). Beim gesetzlichen Werkvertrag bestehen für den Besteller **Wahlmöglichkeiten**

Teilweise anders ist das beim VOB/B-Bauvertrag. Grundsätzlich hat der Auftraggeber nach Nr. 5 **zunächst nur den Anspruch auf Nacherfüllung, einschließlich** der sich aus deren Absatz 2 ergebenden **Erstattungs-** bzw. **Vorschussansprüche.** Nur wenn die Erfüllung dieser Ansprüche nach den in Nr. 6 geregelten Voraussetzungen nicht zu erreichen ist, kommt der **Minderungsanspruch unmittelbar in Betracht.** Außerdem steht dem Auftraggeber der **Schadensersatzanspruch** nach Nr. 7 grundsätzlich **nicht** anstelle – das BGB bietet über die §§ 634 und 326 BGB Schadensersatz sowohl alternativ als auch »neben« anderen Rechten an – **sondern neben den Rechten aus Nr. 5 oder Nr. 6** zu. Im Allgemeinen aber auch nur, soweit ihm nach erfolgter Nacherfüllung oder Minderung noch ein **Schaden verblieben** ist.

c) Nacherfüllung und Minderung schließen sich aus

Hiernach schließen sich im Bereich der VOB/B der Nacherfüllungsanspruch und der Minderungsanspruch insofern aus, als der Minderungsanspruch nur in Betracht gezogen werden kann, wenn unter den in Nr. 6 geregelten Voraussetzungen die grundsätzlich erforderliche Nacherfüllung (Nr. 5) nicht zu erreichen ist. Insoweit können gegen eine entsprechende Anwendung des § 213 BGB keine Bedenken erhoben werden. Nur auf diese Weise kann den bauvertraglichen Erfordernissen in Verbindung mit dem Sinn der genannten gesetzlichen Regelung Rechnung getragen werden. Dies wird besonders dann augenfällig, wenn ein Mangel der Bauleistung erst kurz vor dem Ablauf der ursprünglichen Verjährungsfrist entdeckt wird und erst danach die Voraussetzungen gegeben sind, unter denen nach Nr. 6 Minderungsansprüche geltend gemacht werden können. Es würde dem System der VOB/B entgegenstehen, dem Auftragnehmer die Befugnis zur Einrede der Verjährung angesichts eines Sachverhalts zuzuerkennen, der außerhalb des Einflussbereiches des Auftraggebers liegt (so auch OLG München NJW 1972, 62). **278**

d) Nacherfüllung und Ansprüche aus Nr. 5 Abs. 2 schließen sich aus

Gleiches gilt auch für das Verhältnis des eigentlichen Nacherfüllungsanspruches (§ 13 Nr. 5 Abs. 1 VOB/B) und der Ansprüche auf Erstattung von Nacherfüllungskosten oder auf Vorschuss hierauf (§ 13 Nr. 5 Abs. 2 VOB/B). Dies rechtfertigt sich um so mehr, als der Kostenerstattungsanspruch ebenso wie der Kostenvorschussanspruch rechtsbegrifflich kein »selbstständiger« Mängelanspruch, sondern nur ein Unterfall des Nacherfüllungsanspruches ist. Deshalb kommt § 203 BGB insoweit auch für den VOB/B-Bauvertrag in Betracht (BGHZ 58, 30 = BauR 1972, 176 = NJW 1972, 526). Insbesondere kann der Kostenerstattungsanspruch erst durchgreifen, wenn der Auftragnehmer nach Nacherfüllungsaufforderung mit Fristsetzung die Beseitigung grundlos abgelehnt hat. **279**

e) Anwendung der §§ 203, 213 BGB auf alle Mängelrechte der VOB/B

Die **Schadensersatzansprüche** nach Nr. 7 sind nicht durch die Geltendmachung des **Nacherfüllungsanspruches** einschließlich des Kostenerstattungs- oder Kostenvorschussanspruches (Nr. 5), bzw. des **Minderungsanspruches** (Nr. 6) ausgeschlossen. Die genannten Ansprüche bestehen insoweit nebeneinander. Auch **hier gelten die §§ 203, 213 BGB**. Alle Ansprüche beruhen auf demselben Rechtsgrund. Es ist zu bedenken, dass durch den Schadensersatzanspruch nach Nr. 7 gerade auch die Nachteile ausgeglichen werden sollen, die dem Auftraggeber infolge der nachlässigen Bauausführung des Auftragnehmers entstanden sind. In der Regel lässt sich ein solcher Schaden und nicht selten auch die Verantwortlichkeit dafür erst feststellen, nachdem die Nacherfüllung vorgenommen oder die Vergütung des Auftragnehmers gemindert worden ist. Würde die Hemmung oder Unterbrechung der Verjährung des Nacherfüllungsanspruchs oder des Minderungsanspruchs nicht zugleich den gesamten Schadensersatzanspruch ergreifen, würde das zu einem unbilligen Ergebnis führen. Der Auftraggeber müsste sich hinsichtlich dieses Schadensersatzanspruchs von Seiten des Auftragnehmers die Einrede der Verjährung entgegenhalten lassen (BGH LM § 13 VOB/B Nr. 3 sowie Urt. v. 17.2.1964 VII ZR 200/62). **280**

281 Fazit: Auch hinsichtlich sämtlicher anderer Mängelansprüche des VOB/B-Bauvertrages (§ 13 Nr. 5, 6 und 7 VOB/B) sind die **§§ 203, 213 BGB** entsprechend anzuwenden (so auch BGHZ 59, 202 = BauR 1972, 308 = NJW 1972, 1753; ebenso für den Fall des § 639 Abs. 2 BGB a.F.: BGHZ 48, 108, 112 ff. = NJW 1967, 2005). Das ist vor allem auch wegen der noch zu erörternden verjährungsunterbrechenden Wirkung der schriftlichen Mangelanzeige von Bedeutung.

5. Einwirkung auf Verjährungsfrist durch § 13 Nr. 5 Abs. 1 S. 2 und 3 VOB/B

a) Übersicht

282 In den vorgenannten Vorschriften enthält die VOB/B Sonderbestimmungen, die in den Wortlaut der Fassung von 1973 Eingang gefunden haben. Diese wurden in den Fassungen 1979, 1988, 1990, 1992, 1996, 2000 und 2006 beibehalten. Sie stellen **vertraglich vereinbarte Quasi-Neubeginn** für den Lauf der ursprünglichen Verjährungsfrist der Gewährleistungsansprüche des Auftraggebers dar. So bestimmt § 13 Nr. 5 Abs. 1 S. 2 VOB/B, dass der Anspruch auf Beseitigung der gerügten Mängel mit Ablauf von zwei Jahren verjährt. Dies gerechnet vom Zugang des schriftlichen Verlangens an, jedoch nicht vor Ablauf der Regelfrist der Nr. 4. Des Weiteren ist in § 13 Nr. 5 Abs. 1 S. 3 VOB/B festgehalten, dass nach Abnahme der Mangelbeseitigungsleistung für diese Leistung eine Verjährungsfrist von zwei Jahren beginnt. Etwas anderes kann vereinbart werden.

b) Der Quasi-Neubeginn bei schriftlicher Mangelrüge (Nr. 5 Abs. 1 S. 2)
aa) Allgemeines

283 Nr. 5 Abs. 1 S. 2 stützt sich auf die **Rechtsprechung des Bundesgerichtshofes.** Aus der bereits in § 13 Nr. 5 Abs. 1 VOB/B der Fassung 1952 enthaltenen Forderung auf ein schriftliches Mangelbeseitigungsverlangen des Auftraggebers hat der Bundesgerichtshof gefolgert, dass der Auftraggeber die Mangelbeseitigung auch nach Ablauf der ursprünglichen Verjährungsfrist in § 13 Nr. 4 VOB/B verlangen kann – vorausgesetzt, er hat den Auftragnehmer vor Ablauf der Frist schriftlich dazu aufgefordert (BGH NJW 1959, 142; ferner OLG Düsseldorf SFH Z 2.414 Bl. 70 ff.; zustimmend BGHZ 59, 202 = NJW 1972, 1753 = BauR 1972, 308; auch OLG Oldenburg VersR 1975, 289).

bb) Änderungen durch die VOB/B 2002

284 In der Folgezeit hatte der BGH klargestellt, dass eine schriftliche Mangelbeseitigungsaufforderung vor Ablauf der Verjährungsfrist die in § 13 Nr. 4 vorgesehene Frist neu anlaufen lässt (BGH NJW 1963, 810 = SFH Z 2.414 Bl. 109). Weiter hat der BGH ausgeführt, dass nur die erste Aufforderung des Auftraggebers an den Auftragnehmer gemäß Nr. 5 Abs. 1 die neue Verjährungsfrist wegen des konkret gerügten Mangels in Lauf setzt (BGH ZfBR 1982, 19; OLG Oldenburg VersR 1975, 289; OLG Frankfurt BauR 1983, 156). Die **VOB/B 2002** enthält insofern eine **Änderung,** als die **schriftliche Mängelrüge eine Verjährungsfrist von zwei Jahren** in Gang setzt, **also nicht die Regelfrist von vier Jahren.** Dies beruht darauf, dass die Regelfrist von zwei auf vier Jahre verlängert wurde. Die neue Frist läuft also nur halb so lange wie die Regelfrist. Dafür endet sie aber auch nicht vor Ablauf der Regelfrist.

cc) Neubeginn für sämtliche Mängelansprüche

285 Das den gerügten Mangel betreffende schriftliche **Nacherfüllungsverlangen** lässt die Frist des § 13 Nr. 4 Abs. 1 S. 2 nicht nur für die Verjährung des Nacherfüllungsanspruchs, sondern für **sämtliche in Betracht kommenden Mängelansprüche** beginnen. Auch solche aus § 13 Nr. 6 und 7 (BGH BauR 1972, 308 u. BauR 1974, 280). Das gilt deshalb, weil der Auftraggeber häufig nicht von vornherein weiß, ob und inwieweit der ihm durch mangelhafte Leistung zugefügte Nachteil im Wege der Nacherfüllung ausgeglichen werden kann; insbesondere ob ihm außerdem noch Minderungs- oder Schadensersatzansprüche zustehen.

dd) Voraussetzungen des § 13 Nr. 5 Abs. 1 S. 2 VOB/B

Voraussetzung für den Beginn der neuen Frist in § 13 Nr. 5 Abs. 1 S. 2 VOB/B ist es aber immer, dass das schriftliche Mangelbeseitigungsverlangen nach der Abnahme innerhalb der ab da laufenden Verjährungsfrist gestellt wird. Ein schriftliches Mangelbeseitigungsverlangen vor der Abnahme genügt also nicht. Insoweit gilt § 4 Nr. 7 VOB/B allein (BGH BauR 1977, 346). Auch reicht eine schriftliche Mangelrüge nicht mehr, die nach Ablauf der Verjährungsfrist eingeht (OLG Düsseldorf BauR 1978, 407; OLG Hamm NJW-RR 1993, 718). **286**

Immer muss die **schriftliche Nacherfüllungsaufforderung an den Auftragnehmer** bzw. denjenigen, der in dessen Rechtsstellung eingerückt ist (z.B. den **Insolvenzverwalter;** OLG Hamm BauR 1984, 537, 538; insoweit unzutreffend *Kaiser* BauR 1990, 123, 131 f.), erfolgen. Nicht dagegen reicht die Mangelbeseitigungsaufforderung bzw. Mangelanzeige gegenüber dem **Bürgen**, der sich für die Erfüllung bzw. die Mängelhaftung durch den Auftragnehmer verbürgt hat. Der Bürge schuldet dem Auftraggeber eine selbstständige Leistung aus der Bürgschaft, nicht aber Mängelhaftung; gegen ihn läuft nicht die Verjährung der Hauptschuld (des Mängelanspruches). Nur über die Abhängigkeit der Bürgschaftsschuld von der Hauptschuld wird erreicht, dass der Bürge nach § 768 BGB dem Bürgschaftsgläubiger die dem Hauptschuldner gegenüber eingetretene Verjährung der Bürgschaftsschuld entgegenhalten kann. **287**

Auch die Insolvenzeröffnung über das Vermögen des Auftragnehmers ändert dies nicht. Die **Akzessorietät** der Bürgschaftsschuld tritt nur dann zurück, wenn die Hauptschuld aus Gründen untergeht oder in ihrem Bestand verringert wird bzw. einredebehaftet wird, die auf den Vermögensverfall des Auftragnehmers zurückzuführen sind. Hiergegen soll die Bürgschaft gerade Schutz bieten. Die Verjährung der Mängelhaftungsschuld tritt aber unabhängig von der Insolvenzeröffnung ein, nicht weil die Auftragnehmerin zahlungsunfähig ist (dazu § 8 VOB/B; BGHZ 95, 375 = NJW 1986, 310). **288**

Somit hat die schriftliche Mangelanzeige **rechtsbegründende Wirkung**. Dies indem sie den Mängelanspruch des Auftraggebers über den Lauf der ursprünglichen Verjährungsfrist (§ 13 Nr. 4) hinaus mit der Wirkung wahrt, dass mit Eingang der schriftlichen Mangelanzeige beim Auftragnehmer eine neue Verjährungsfrist von zwei Jahren in Lauf gesetzt wird. Allerdings geht dies nur einmal. Dagegen läuft wegen nicht schriftlich gerügter Mängel oder wegen später erst auftretender Mängel die ursprüngliche Verjährungsfrist der Nr. 4 weiter. **289**

Auf die neue zweijährige Frist können aber auch Hemmungen, z.B. gemäß § 203 BGB, oder Neubeginn (Unterbrechungen) einwirken, wie sie nach § 212 BGB möglich sind (BGH BauR 1978, 143 = NJW 1978, 537). Auch umgekehrt kann eine nach mündlicher Mangelrüge durch Anerkenntnis unterbrochene Verjährung durch schriftliche Aufforderung gemäß § 13 Nr. 5 Abs. 1 S. 2 VOB/B erneut in Lauf gesetzt werden (BGH NJW 1957, 344). Dagegen kann bei einer durch **Anerkenntnis** gemäß § 212 BGB nach zuvor erfolgter schriftlicher Rüge erneut unterbrochenen Verjährungsfrist eine weitere Verlängerung der Frist nicht durch jetzt wiederum vorgenommene schriftliche Rüge erreicht werden. Dies würde Sinn und Zweck des § 13 Nr. 5 Abs. 1 S. 2 VOB/B widersprechen (BGH BauR 1978, 143 = NJW 1978, 537). **290**

Wird der Lauf einer nach § 13 Nr. 4 Abs. 1 VOB/B vereinbarten, gemäß § 13 Nr. 5 Abs. 1 S. 2 VOB/B verlängerten Verjährungsfrist nach gesetzlichen Bestimmungen unterbrochen, so wird nach dem Ende der Unterbrechung die vereinbarte Frist erneut in Gang gesetzt (BGH BauR 2005, 710; 2004, 1460, Bestätigung von BGH Urt. v. 9.10.1986 VII ZR 184/85 = BauR 1987, 84; OLG Brandenburg IBR 2005, 194; a.A. wohl OLG Celle BauR 2004, 1460). **291**

Hat der Auftragnehmer seinen Vergütungsanspruch eingeklagt, der Auftraggeber dagegen lediglich einredeweise wegen vorhandener Mängel die Leistung verweigert – und läuft während des Prozesses die erneute zweijährige Verjährungsfrist hinsichtlich der schriftlich gerügten Mängelansprüche ab –, so sind diese Ansprüche verjährt. Ausgenommen, der Auftraggeber hat zwischenzeitlich Widerklage auf Mangelbeseitigung bzw. – in den Fällen der Nr. 5 Abs. 2 – auf Erstattung von Mangelbeseiti- **292** gungskosten oder auf Zahlung eines Kostenvorschusses erhoben. Allerdings werden dem Auftraggeber trotz eingetretener Verjährung die sich aus den § 215 BGB ergebenden Befugnisse (**Aufrechnung und Zurückbehaltungsrecht**) nicht genommen, sofern er die Mängel vor Ablauf der Verjährungsfrist ordnungsgemäß gerügt hat.

ee) Abweichende Vereinbarung der Verjährungsfrist

293 Nach § 13 Nr. 4 gelten die von der VOB/B festgelegten Regelverjährungsfristen nur, wenn im jeweiligen Bauvertrag durch Besondere oder Zusätzliche Vertragsbedingungen bzw. Technische Vertragsbedingungen (§ 10 Nr. 4 Abs. 2 VOB/B) nichts anderes vereinbart ist. Das zwingt zu der Frage, ob und inwieweit die oben für den Fall schriftlicher Mangelrüge festgelegten Folgen auf jene Fälle einwirken, in denen im Bauvertrag **andere Verjährungsfristen als die Regelfristen der Nr. 4** vereinbart worden sind. Dem trägt der Wortlaut der jetzigen Fassung der VOB/B teilweise dadurch Rechnung, dass in Nr. 5 Abs. 1 S. 2 im letzten Halbsatz hinzugefügt worden ist, die Verjährung trete auch bei schriftlichem Mangelbeseitigungsverlangen nicht vor Ablauf der vereinbarten Frist ein. Hieraus folgt:

294 Wird eine **längere Verjährungsfrist** als die Regelfrist der Nr. 4 vereinbart – insbesondere die fünfjährige Frist des § 634a Abs. 1 Nr. 2 BGB oder eine darüber hinausgehende Frist – so **tauchte die Frage auf**, ob dann überhaupt eine neue Frist durch den Eingang des schriftlichen Mangelbeseitigungsverlangens in Lauf gesetzt wird – falls ja, welche.

295 Die erste Frage hat der BGH mit Recht bejaht, so dass auch in jenen Fällen, in denen eine längere Verjährungsfrist vereinbart worden ist, mit dem Zugang der schriftlichen Nacherfüllungsaufforderung eine neue Verjährungsfrist zu laufen beginnt (BGHZ 58, 7 = BauR 1972, 172 = NJW 1972, 530). Dabei genügt es, wenn die schriftliche Rüge innerhalb der vereinbarten Frist (z.B. von fünf Jahren) beim Auftragnehmer eingeht.

296 Zur zweiten Frage, welche Verjährungsfrist durch den Zugang des schriftlichen Nacherfüllungsverlangens in Lauf gesetzt wird, war davon auszugehen, dass nur eine Verlängerung um die Regelfrist der Nr. 4 (damals zwei Jahre) in Betracht zu ziehen ist. Nicht aber eine Verlängerung um die volle vertraglich vereinbarte längere Frist (OLG Oldenburg VersR 1975, 289 und OLG Köln VersR 1976, 894, im Anschluss an OLG Oldenburg, BGHZ 66, 142 = BauR 1976, 202 = NJW 1976, 960). In der **VOB/B 2002 ist nun eindeutig geregelt**, dass sich die **neue Verjährungsfrist immer** nur um **zwei Jahre** verlängert, gleich wie lang die vereinbarte Frist ist. Diese neue Frist läuft aber nicht vor der Regelfrist der Nr. 4 oder der vereinbarten Frist ab.

297 Wird im Vertrag **durch Individualabrede** ausnahmsweise eine **kürzere Verjährungsfrist** als die jeweils in Betracht kommende Regelfrist der Nr. 4 vereinbart – was bei dem AGB-Gesetz unterliegenden Verträgen gemäß § 309 Nr. 8b) ff) BGB nicht möglich ist – so kommt auch hier mit Eingang des schriftlichen Mangelbeseitigungsverlangens als neue Verjährungsfrist nur die Zweijahresfrist der Nr. 5 Abs. 1 S. 2 in Betracht.

298 Aus der Formulierung in Nr. 5 Abs. 1 S. 2 folgt aber auch, dass jetzt nicht die vertraglich vereinbarte kürzere Frist neu in Lauf gesetzt wird, sondern die Zweijahresfrist. Dies entspricht auch den berechtigten Belangen des Auftraggebers, der in dem seltenen Fall der individuellen Vereinbarung einer kurzen Verjährungsfrist wohl davon ausgegangen ist, dass mit Mängel an der Leistung nicht gerechnet werden muss (hierzu die Kommentierung zu § 12 VOB/A). Wird er in dieser Erwartung enttäuscht, so ist es angemessen, ihm mit Zugang seiner schriftlichen Mangelrüge jetzt die Zweijahresfrist der Nr. 5 Abs. 1 S. 2 zuzubilligen.

299 Anders liegt der Fall, wenn die Vertragspartner durch **Individualvereinbarung** zwar die Mängelhaftung nach der VOB/B vereinbart, jedoch einen Endzeitpunkt festgelegt haben, in dem die Mängelansprüche erlöschen sollen. Hier ist in der Regel davon auszugehen, dass auch eine schriftliche Man-

gelrüge keine Verlängerung der Verjährungsfrist über den klar und deutlich festgelegten Endzeitpunkt hinaus bewirkt (BGH BauR 1981, 591 = NJW 1981, 2741).

c) Verjährung bei Mangelbeseitigungsleistungen (Nr. 5 Abs. 1 S. 3)
aa) Allgemeines

Durch die VOB/B 2002 ist § 13 Nr. 5 Abs. 1 S. 3 VOB/B in der Weise geändert worden, dass nach Abnahme der Mangelbeseitigungsleistung für diese Leistung eine Verjährungsfrist von zwei Jahren beginnt. Hier handelt es sich um eine über das gesetzliche Werkvertragsrecht hinausgehende, den Bedürfnissen der Praxis im Rahmen des Bauvertrages gerecht werdende Bestimmung der VOB/B.

300

Dabei ist der **Begriff der Mangelbeseitigungsleistung** geprägt worden. Er ist dem gesetzlichen Werkvertragsrecht des BGB im Bereich der Verjährung von Mängelansprüchen fremd, insbesondere im Hinblick auf die Verjährungsfristen in § 634a BGB. Dort läuft die Verjährungsfrist grundsätzlich ungeachtet der beendeten Nachbesserung – unter Berücksichtigung etwa eingetretener Hemmungen oder Unterbrechungen – weiter. Allerdings greift bei Nachbesserungsleistungen regelmäßig **§ 203 BGB (Hemmung durch Verhandlungen)** oder auch **§ 212 BGB (Neubeginn der Verjährung durch Anerkenntnis)** ein. Die **VOB/B geht hier weiter als das gesetzliche Werkvertragsrecht**. Gleiches trifft nach der gegenwärtigen Fassung des BGB im Hinblick auf eine entsprechende oder sinngemäße Anwendung im Bereich des § 634a BGB zu. Da die gesetzlichen Verjährungsfristen im Bereich der Mängelhaftung den Auftragnehmer u.U. besser stellen können als es die Regelung in Nr. 5 Abs. 1 S. 3 ausweist, setzt deren Anwendbarkeit die Vereinbarung der **VOB/B als Ganzes** voraus.

301

Ausgangspunkt der hier erörterten VOB/B-Regelung ist die erfolgte Vornahme einer Nacherfüllung durch den Auftragnehmer – also nicht durch einen nach § 13 Nr. 5 Abs. 2 VOB/B vom Auftraggeber in einem gesonderten Vertrag beauftragten anderen Unternehmer – an einer erbrachten Leistung oder einem Teil derselben. Der Begriff der **Mangelbeseitigungsleistung** besagt, dass es sich um eine Tätigkeit im Rahmen der Leistungspflicht des Auftragnehmers handelt, die sich auf die Beseitigung einer bisherigen Fehlleistung nach Abnahme im Rahmen der Mängelhaftung bezieht (BGH BauR 1989, 606, 607 = NJW 1989, 2753). Dabei kommt es nicht darauf an, ob die Mängel erst nach der Abnahme gerügt worden (entsprechend S. 1 während der Verjährungsfrist hervorgetreten) oder ob sie bereits vor der Abnahme vorhanden, erkannt und bei der Abnahme vorbehalten worden sind.

302

Darüber hinaus **kommt es auch nicht darauf an, ob die Mängelansprüche des Auftraggebers bereits verjährt waren** als der Auftragnehmer die Mangelbeseitigungsleistung vornahm und diese abgenommen wurde (BGH BauR 1989, 607 = NJW 1989, 2753). **Die Regelung in S. 3 bezieht sich auf nach Abnahme erfolgte Mangelbeseitigungen schlechthin**. Insoweit hat diese Bestimmung selbständige, über den Rahmen des Satzes 1 hinausgehende Tragweite. **Daher schützt diese Regelung den Auftraggeber auch vor neuen, erst durch die Nachbesserungsleistung herbeigeführten Mängeln** (BGH BauR 1989, 607 = NJW 1989, 2753).

303

Hinsichtlich der Verjährung tritt zunächst die Folge ein, dass durch den Beginn der Nachbesserungsleistung – oder bereits durch die dieser vorangehende Prüfung des gerügten Mangels – der bisherige Lauf der mit der Abnahme begonnenen und durch evtl. schriftliche Mangelrüge neu in Lauf gesetzten **Verjährungsfrist** gemäß **§ 203 BGB (Hemmung durch Verhandlungen)** gehemmt ist (OLG Düsseldorf BauR 1993, 747). Während nach dem BGB die Hemmung der Verjährung mit dem Ende der Verhandlungen beendet ist und die bisherige Verjährungsfrist hinsichtlich ihres noch offenen Restes weiterläuft (zusätzlich evtl. ein Neubeginn wegen Anerkenntnis), hat die **VOB/B** für den Fall, in dem es tatsächlich zu einer **Mangelbeseitigungsleistung** gekommen ist, eine **Sonderregelung** getroffen. Sie geht dahin, dass dann grundsätzlich wegen der Mangelbeseitigungsleistung nochmals eine neue zweijährige Verjährungsfrist beginnt.

304

bb) Verhältnis von § 203 BGB zu § 212 BGB

305 Außer § 203 BGB (Hemmung durch Verhandlungen) kommt bei Mangelbeseitigungsleistungen nicht selten auch eine Unterbrechung der bisherigen Verjährungsfrist aufgrund eines Anerkenntnisses auf der Grundlage des § 212 BGB (Neubeginn der Verjährung durch Anerkenntnis) in Betracht. Zwischen beiden Normen bestehen grundlegende Unterschiede. Während Verhandlungen gemäß § 203 BGB Mängelansprüche nur hemmen, beginnt bei einem Anerkenntnis die Verjährung erneut. Dafür liegen die Anforderungen an ein Anerkenntnis höher als die an Verhandlungen. Bei einem Anerkenntnis muss der Schuldner das Bewusstsein vom Bestehen der Schuld eindeutig zum Ausdruck bringen (BGHZ 58, 103; *Palandt/Heinrichs* § 212 BGB Rn. 3). Dieses kann auch in der **Ankündigung** oder Ausführung **von Nacherfüllungsleistungen** liegen. Dabei wird die Verjährung nach § 212 BGB mit der Abgabe des Anerkenntnisses unterbrochen. Dies würde bei der Ausführung von Nacherfüllungsleistungen dazu führen, dass der Bauunternehmer durch schlichte Untätigkeit den Ablauf der neu begonnenen Verjährungsfrist herbeiführen könnte. Es muss daher in Anwendung des Rechtsgedankens des § 13 Nr. 5 Abs. 1 S. 3 VOB/B auch bei einem BGB-Werkvertrag auf die Abnahme oder zumindest die Fertigstellung der Mangelbeseitigungsleistung ankommen. Zur Sicherheit muss dem Auftraggeber in der Praxis allerdings empfohlen werden, rechtzeitig eine zusätzliche verjährungshemmende Maßnahme nach § 204 BGB einzuleiten.

cc) Verhältnis von § 203 BGB zu Nr. 5 Abs. 1 S. 3

306 Anders als in § 203 BGB beginnt die auf die Mangelbeseitigungsleistung bezogene Verjährungsfrist nicht schon mit dem bloßen Ende der Verhandlungen, vielmehr setzt die VOB/B zunächst eine **Abnahme der Mangelbeseitigungsleistung** durch den Auftraggeber voraus (BGH SFH § 13 Nr. 5 VOB/B Nr. 15 = NJW-RR 1986, 98). Insoweit müssen die Voraussetzungen von § 12 VOB/B, allein bezogen auf die Mangelbeseitigungsleistung, gegeben sein. Vorraussetzung hierfür ist zunächst die Fertigstellung der Mangelbeseitigung, und zwar hinsichtlich aller erforderlichen Arbeiten; auch wenn diese in einzelnen Zeitabschnitten erbracht werden (BGH SFH § 13 Nr. 5 VOB/B Nr. 15 = NJW-RR 1986, 98).

Des Weiteren sind hinsichtlich der Art und der sonstigen Erfordernisse der Abnahme die u.U. durch Besondere oder Zusätzliche Vertragsbedingungen ausgefüllten oder veränderten Regelungen in § 12 VOB/B maßgebend.

307 Unabhängig hiervon ist es im Falle des Fehlens eines Verlangens förmlicher Abnahme oder des späteren nicht mehr Festhaltens daran denkbar, dass die Abnahmewirkung nach einer der anderen in § 12 VOB/B geregelten Möglichkeiten eintritt. Zum Beispiel liegt entsprechend § 12 Nr. 5 eine Abnahme in der rügelosen Entgegennahme der nachgebesserten Leistung, wenn nicht im Einzelfall besondere Umstände entgegenstehen. Gerade bei bereits bewohnten oder sonst genutzten Bauwerken beginnt die in § 12 Nr. 5 Abs. 2 festgelegte Abnahmefrist vielfach schon durch die mit der Beendigung der Nachbesserungsleistung zusammenfallende Wieder- oder Weiterbenutzung. Deshalb ist es hinsichtlich der Mangelbeseitigungsleistung angebracht, in **Besonderen** oder **Zusätzlichen Vertragsbedingungen** zu vereinbaren, dass eine förmliche Abnahme nach § 12 Nr. 4 VOB/B zu erfolgen hat. Eine solche förmliche Abnahme muss dann aber auch vom Auftraggeber fristgemäß durchgeführt werden.

308 Mit der Abnahme der Mangelbeseitigungsleistung wird die Zweijahresfrist in Bezug auf die vom Auftragnehmer für die Mangelbeseitigung erbrachten und vom Auftraggeber abgenommenen Leistungen in Gang gesetzt. Diese gelten für die Mangelbeseitigungsleistung. In Abänderung zur VOB/B 2000, nach der Nr. 5 Abs. 1 S. 3 letzter Halbsatz nur galt, wenn zwischen den Bauvertragspartnern nichts anderes vereinbart ist, **bezieht sich die VOB/B 2002 bezüglich der neuen Verjährungsfrist für der Mangelbeseitigungsleistung nur auf die Zweijahresfrist**. Diese Zweijahresfrist kann auch in AGB geändert werden, wenn man davon ausgeht, dass sich diese für den **Auftraggeber günstige Regelung** nicht im BGB befindet und §§ 203, 212 BGB durch die abweichende Vereinbarung nicht

abbedungen werden. Insoweit liegt keine Abweichung vom Leitbild des Gesetzes vor. Ein ausdrücklicher Verweis auf eine abweichende Vereinbarung findet sich bezüglich der neuen Verjährungsfrist für die Mangelbeseitigungsleistung nicht mehr im VOB/B-Text.

Es kommt also für die **neue Verjährungsfrist für die Mangelbeseitigungsleistung nicht mehr auf die Regelfrist** an. Folglich ändert auch eine abweichende Vereinbarung der Regelfrist nicht mehr die neue Verjährungsfrist für die Mangelbeseitigungsleistung. Diese ist auf zwei Jahre festgeschrieben. Eine abweichende Vereinbarung der Regelfrist wirkt sich nur noch auf die Mindestlaufzeit der Verjährung überhaupt aus, da Nr. 5 Abs. 1 S. 3 anordnet, dass auch die Zweijahresfrist nicht vor Ablauf der Regelfrist oder der vereinbarten Frist ablaufen kann. 309

Wie ausgeführt ist es allerdings möglich, die Zweijahresfrist zu verändern.

Einmal kann es sein, dass durch **Zusätzliche oder Besondere Vertragsbedingungen** (entsprechend § 10 Nr. 4 Abs. 2 VOB/B) im Bauvertrag vereinbart ist, dass für die – etwaige – Mangelbeseitigung eine andere – also entweder eine längere oder eine kürzere – Verjährungsfrist als die Zweijahresfrist gelten soll. Dann ist die jeweils abgesprochene andere Frist maßgebend; sie tritt anstelle der Zweijahresfrist. 310

dd) Erfolglose Mangelbeseitigungsleistung

Denkbar ist, dass eine Mängelbeseitigungsleistung nicht zum Erfolg geführt hat – sie gleichwohl noch während der bisherigen oder neuen Verjährungszeit erneut gerügt wird (wobei für die ordnungsgemäße Rüge die oben angeführten Voraussetzungen erforderlich, aber auch ausreichend sind, vgl. dazu auch BGH BauR 1987, 207 = NJW-RR 1987, 336). Dies gilt vor allem dann, wenn der Auftragnehmer nur die äußeren Mangelerscheinungen zu beseitigen versucht hat, nicht aber die wirklichen Mangelursachen (BGH BauR 1989, 606 = NJW 1989, 2753). In diesen Fällen wird die Verjährungsfrist entsprechend § 203 BGB zunächst erneut gehemmt; z.B., wenn der Auftragnehmer wiederum den Mangel untersucht und/oder die Mangelbeseitigung versucht. Ebenfalls kommt eine Hemmung nach § 204 Abs. 1 Nr. 7 BGB in Betracht, wenn der Auftraggeber wegen des erneut aufgetretenen Mangels die selbstständige gerichtliche Beweissicherung beantragt (BGH BauR 1989, 606 = NJW 1989, 2753). Mit der – erneuten – Abnahme dieser weiteren Mangelbeseitigungsleistung beginnt nochmals neu die Zweijahresfrist, sofern insoweit keine andere Fristregelung im Vertrag getroffen worden ist. Eine solche andere Frist muss jedoch ausdrücklich für die Verjährung der Mangelbeseitigungsleistung festgelegt werden. Es genügt nicht schon, wenn für die allgemeine Verjährungsfrist nach Nr. 4 eine längere Frist vereinbart ist. 311

Nach dem Gesagten kann sich somit wiederholt eine erneute Verjährungsfrist wegen der Mangelbeseitigungsleistung ergeben (ebenso *Heiermann/Riedl/Rusam* § 13 VOB/B Rn. 130). Zeigt sich allerdings, dass die Mangelbeseitigungsleistung schließlich (ohne dass der Auftraggeber Neuherstellung verlangt) unmöglich ist oder unverhältnismäßigen Aufwand erfordert (und vom Auftragnehmer deswegen abgelehnt wird) oder für den Auftraggeber unzumutbar ist, tritt § 13 Nr. 6 VOB/B ein. Hiervon muss der Auftraggeber rechtzeitig vor Ablauf der gerade laufenden Verjährungsfrist Gebrauch machen. 312

Auch führt die schriftliche Rüge der gesamten Mangelbeseitigungsleistung oder eines Teils derselben dazu, dass dadurch wegen des betreffenden damit gerügten Mangels erneut die Zweijahresfrist für die Verjährung nach Nr. 5 Abs. 1 S. 3 in Lauf gesetzt wird; insoweit aber ebenso wie bei der Hauptfrist nur einmal (so auch BGH SFH § 13 Nr. 5 VOB/B Nr. 15 = NJW-RR 1986, 98; BGH BauR 1989, 606 = NJW 1989, 2753; ebenso OLG Hamm BauR 1993, 86). 313

ee) Neubeginn der Verjährung durch Anerkenntnis auch im VOB-Vertrag?

In Literatur und Rechtsprechung streitig war die Frage, ob neben der Regelung des § 13 Nr. 5 Abs. 1 S. 3 VOB/B eine gesetzliche durch Anerkenntnis ausgelöste weitere Verjährungsfrist gilt. Die entspre- 314 chenden Streitfragen hat der Bundesgerichtshof zu § 13 Nr. 5 Abs. 1 S. 2 VOB/B weitgehend beantwortet (BGH Urt. v. 13.1.2005 VII ZR 15/04 = BauR 2005, 710 und BGH Urt. v. 9.10.1986 VII ZR 184/85 = BauR 1987, 84). Dabei hat er zunächst festgestellt, dass die Bestimmung des § 13 Nr. 5 Abs. 1 S. 2 VOB/B für alle Gewährleistungsansprüche des § 13 VOB/B gilt (mit Verweis auf BGH Urteile v. 19.9.1985 IX ZR 16/85 = BGHZ 95, 375, 383 und v. 29.4.1974 VII ZR 29/73 = BauR 1974, 280 = BGHZ 62, 293). Der BGH geht insoweit davon aus, dass nach Anerkenntnis des Mangels nicht die gesetzliche, sondern die vereinbarte Frist erneut zu laufen beginnt (BGH BauR 2005, 710). Diese Entscheidung kann man damit stützen, dass § 212 BGB nur von einem »Neubeginn der Verjährung« spricht (amtliche Überschrift), nicht dagegen von einem Neubeginn der gesetzlichen Verjährungsfrist. Dies ist bei Vereinbarung der VOB/B die Frist nach § 13 Nr. 4 VOB/B, sofern eine davon abweichende Verjährungsregelung getroffen wurde, diese vereinbarte Frist. Dies vor dem Hintergrund, dass in der zitierten Entscheidung vom 13.1.2005 ausdrücklich darauf hingewiesen wird, dass der damalige Verweis auf die Regelfrist auch dann gilt, wenn die Parteien eine längere Frist vereinbart haben. Entgegen der Vorinstanz in dieser Entscheidung (OLG Celle BauR 2004, 1460) soll nach Ansicht des BGH jedoch kein Neubeginn der Frist des § 13 Nr. 5 Abs. 1 S. 2 VOB/B erfolgen, sondern die anstelle von § 13 Nr. 4 Abs. 1 S. 1 VOB/B in S. 2 vereinbarte Frist. Im Fall des BGH waren dies fünf Jahre.

315 Dieser Entscheidung ist zuzustimmen. Die Frist des § 13 Nr. 5 Abs. 1 S. 2 VOB/B dient dem Schutz des Auftraggebers. Würde lediglich die kurze Frist des § 13 Nr. 5 Abs. 1 S. 2 VOB/B neu zu laufen beginnen, wäre der Auftraggeber durch die Einbeziehung der VOB/B benachteiligt. Zu Recht spricht Weyer daher § 13 Nr. 5 Abs. 1 S. 2 VOB/B lediglich die Wirkung einer »Ablaufhemmung« zu, die dem Auftraggeber einen Mindestzeitraum von 2 Jahren für die Geltendmachung seiner Mängelansprüche einräumt (*Weyer* Anm. zu BGH IBR 2005, 193).

316 Fraglich ist, ob diese Rspr. auf § 13 Nr. 5 Abs. 1 S. 3 VOB/B übertragen werden kann und man bei § 13 Nr. 5 Abs. 1 S. 3 VOB/B von einer »bedeutungslosen Klausel« (vgl. *Miernik* BauR 2004, 14 ff.) sprechen kann. Zu beachten ist, dass in den vom BGH zu entscheidenden Fällen keine Abnahme einer Mängelbeseitigungsleistung i.S.d. § 13 Nr. 5 Abs. 1 S. 3 VOB/B vorlag (der Auftragnehmer hatte zwar anerkannt, aber nicht nachgebessert), somit die dortige Zweijahresfrist nicht zu prüfen war. In einer »alten« Entscheidung vom 15.6.1989 (BauR 1989, 606) hat der BGH eine Unterbrechung nach § 13 Nr. 5 Abs. 1 S. 3 VOB/B ungeachtet einer vereinbarten Gewährleistungsfrist von 4 Jahren angenommen (die Entscheidung erging noch zur VOB/B 1973, d.h. es wurde die damalige Regelfrist von 2 Jahren, nicht die vereinbarten 4 Jahre neu begonnen). Überträgt man die Überlegungen des BGH aus den zitierten Entscheidungen auf die Fälle, in denen eine Nachbesserung durchgeführt worden ist, müsste ab der Abnahme dieser Leistungen die vereinbarte Frist des § 13 Nr. 5 Abs. 1 S. 3 VOB/B – d.h. zwei Jahre – gelten. Im Ergebnis scheint der VII. Zivilsenat somit davon auszugehen, dass die über die VOB/B vereinbarten Fristen auch im Falle eines Anerkenntnisses den BGB-Fristen vorgehen. So wohl auch *Miernik* (BauR 2004, 14), mit der Begründung, dass § 13 Nr. 5 Abs. 1 S. 3 VOB/B als speziellere Regelung vorgeht.

6. Die Vollendung der Verjährung bei Mängelansprüchen

317 Diese tritt mit dem Ablauf der jeweils letztlich, insbesondere auch unter Berücksichtigung etwaiger Hemmungen oder Neubeginn, maßgebenden Verjährungsfrist ein. Für die Berechnung des Endzeitpunktes sind die §§ 188 ff. BGB maßgebend. Falls das Fristende auf einen Sonn-, Feiertag oder Samstag fällt, ist § 193 BGB zu beachten. Danach tritt an die Stelle dieses Tages der nächstfolgende Werktag als Fristende. Das gilt auch für die Verjährung.

318 Ist die Verjährung vollendet, kann der Auftragnehmer einem Mängelanspruch des Auftraggebers mit der Verjährungseinrede begegnen und insofern die Erfüllung des an ihn gestellten Verlangens verweigern (§ 214 BGB). Die **Beweislast für den Eintritt der Vollendung der Verjährung** trägt der Auf-

tragnehmer. Wird eine Mängelhaftungspflicht erfüllt, obwohl an sich Verjährung eingetreten war, ist § 214 Abs. 2 BGB zu prüfen. Danach können bewirkte Leistungen nicht zurückgefordert werden. In Ausnahmefällen kann der Verjährungseinrede der Einwand der unzulässigen Rechtsausübung entgegengesetzt werden. Voraussetzung ist, dass der Auftragnehmer durch die Erhebung der Verjährungseinrede gegen Treu und Glauben handelt; insbesondere gegen generell oder im konkreten Fall maßgebende bzw. verabredete Gepflogenheiten. Im Übrigen wird er hier die Anerkenntniswirkung des § 212 BGB ausgelöst haben – ebenso wird § 13 Nr. 5 Abs. 2 S. 3 VOB/B gelten.

VIII. Keine anderen Anspruchsgrundlagen bei verjährten Mängelansprüchen

Sind Mängelansprüche an sich gegeben, wird jedoch vom Auftragnehmer mit Erfolg die Verjährungseinrede erhoben, **kann der Auftraggeber** wegen eines vorhandenen Mangels grundsätzlich **nicht auf Ansprüche aus unerlaubter Handlung** nach den §§ 823 ff. BGB – etwa wegen Eigentumsverletzung – »ausweichen« (siehe dazu oben). Auch sind für den Bereich der Mängelhaftung Ansprüche nach § 823 Abs. 2 BGB ausgeschlossen, zumal die **VOB/B nicht Schutzgesetz** ist (BGH SFH Z 2.11 Bl. 1). **319**

Auch kommen für den Auftraggeber keine **Ansprüche aus ungerechtfertigter Bereicherung** in Betracht (vgl. auch BGHZ 92, 123 = BauR 1984, 634; OLG Hamm BauR 1995, 109). Er kann nicht behaupten, der Auftragnehmer habe sich durch schlechte Bauausführung bzw. durch Verwendung minderwertigen und nicht vertragsgerechten Materials auf seine – des Auftraggebers – Kosten ungerechtfertigt bereichert. Der Auftraggeber hat die Vergütung **mit Rechtsgrund aufgrund des Bauvertrages** bezahlt. Er kann sich nicht darauf berufen, ihm stehe ein Bereicherungsanspruch zu, weil der mit der Leistung des Auftragnehmers bezweckte Erfolg nicht eingetreten sei. Die Rückforderung des aufgrund des Bauvertrages gezahlten Betrages ist nicht schon deshalb gerechtfertigt, weil die Bauleistung mangelhaft ist. Schließlich hat der Auftraggeber bezahlt, um seine eigene Vertragspflicht – die Zahlung der Vergütung – zu erfüllen (BGH MDR 1963, 298 = SFH Z 2.50 Bl. 9). **320**

IX. Aufrechnung und Zurückbehaltungsrecht nach Eintritt der Verjährung (§ 215 BGB)

1. Allgemeines

Gemäß **§ 215 BGB** schließt der Eintritt der Verjährung die Aufrechnung und die **Geltendmachung eines Zurückbehaltungsrechts** (§§ 273, 320 BGB) nicht aus, wenn der Anspruch in dem **Zeitpunkt** noch nicht verjährt war, in dem erstmals aufgerechnet oder die Leistung verweigert werden **konnte**. Das Zurückbehaltungsrecht sowie die Aufrechnung müssen nicht vom Schuldner (hier: Auftraggeber als Schuldner des Vergütungsanspruchs) **vor Ablauf der Verjährung geltend gemacht werden**. Die früher geltende Regelung des § 639 Abs. 1 BGB a.F. i.V.m. §§ 478, 479 BGB a.F. (**Anzeigeerfordernis** des Mangels vor Eintritt der Verjährung) **wurde** durch das Schuldrechtsmodernisierungsgesetz mit Wirkung zum 1.1.2002 ersatzlos **gestrichen**. Der § 390 S. 2 BGB a.F. wurde in § 215 BGB übernommen. **321**

In allen hiernach in Betracht kommenden Fällen hat der Auftraggeber zunächst die Einrede, die Leistung der Vergütung zu verweigern. Darüber hinaus steht ihm die Möglichkeit einer Aufrechnung mit einem ihm etwa zur Seite stehenden Schadensersatzanspruch zu.

Dies führt zunächst dazu, dass der Auftraggeber nach vom Auftragnehmer mit Recht erhobener Verjährungseinrede noch mit Schadensersatzansprüchen (nach 13 Nr. 7 VOB/B, sofern deren Voraussetzungen gegeben sind, auch solchen nach § 4 Nr. 7 VOB/B, wenn sie dem Auftraggeber erhalten geblieben sind; dazu § 4 VOB/B) gegenüber dem restlichen Vergütungsanspruch des Auftragnehmers **aufrechnen** kann. Auch kann er wegen eines ihm ausnahmsweise nach § 13 Nr. 6 VOB/B ge- **322** gebenen, jedoch »verjährten Minderungsanspruches« ein **Leistungsverweigerungsrecht** geltend machen.

323 Dies lässt sich dogmatisch damit rechtfertigen, dass für das unverjährbare Gestaltungsrecht »Minderung« gemäß §§ 634 Nr. 3, 634a Abs. 5 BGB i.V.m. § 218 BGB und § 634a Abs. 4 S. 2 BGB die Verjährungsvorschriften der Mängelansprüche teilweise entsprechend gelten. Zwar verweist § 218 BGB gerade nicht auf § 215 BGB, es ist jedoch nicht einzusehen, den Schuldner, dem ein Minderungsrecht zusteht, schlechter zu stellen als den Schuldner, dem ein Zurückbehaltungsrecht zusteht. Zudem gilt § 634a Abs. 4 S. 2 BGB entsprechend. Durch die Ausübung des Minderungsrechts tritt eine **aufrechnungsähnliche Wirkung** ein, d.h. eine entsprechende endgültige Verminderung der Vergütung des Auftragnehmers. Der Auftraggeber wird hier verpflichtet sein, eine etwaige **Nacherfüllungsbürgschaft** (**Gewährleistungsbürgschaft**) herauszugeben.

324 Ähnliches gilt für den Kostenerstattungsanspruch des Auftraggebers für den Fall der befugterweise erfolgten Nachbesserung durch einen Drittunternehmer. Die Begründung ergibt sich daraus, dass auch der Vorschuss begrifflich der Nacherfüllung zuzuordnen ist. Auch sind bei diesen Fallkonstellationen seine gesamten Anspruchsvoraussetzungen noch vor Verjährungsablauf eingetreten.

2. Geltung auch beim VOB/B-Vertrag

325 Die gleichen Befugnisse hat der Auftraggeber bei einem Bauvertrag nach der VOB/B, soweit Mängelrechte in Betracht kommen.

§ 13 Nr. 5
[Mängelbeseitigung durch Auftragnehmer]

(1) Der Auftragnehmer ist verpflichtet, alle während der Verjährungsfrist hervortretenden Mängel, die auf vertragswidrige Leistung zurückzuführen sind, auf seine Kosten zu beseitigen, wenn es der Auftraggeber vor Ablauf der Frist schriftlich verlangt. Der Anspruch auf Beseitigung der gerügten Mängel verjährt in 2 Jahren, gerechnet vom Zugang des schriftlichen Verlangens an, jedoch nicht vor Ablauf der Regelfristen nach Nummer 4 oder der an ihrer Stelle vereinbarten Frist. Nach Abnahme der Mängelbeseitigungsleistung beginnt für diese Leistung eine Verjährungsfrist von 2 Jahren neu, die jedoch nicht vor Ablauf der Regelfristen nach Nummer 4 oder der an ihrer Stelle vereinbarten Frist endet.

(2) Kommt der Auftragnehmer der Aufforderung zur Mängelbeseitigung in einer vom Auftraggeber gesetzten angemessenen Frist nicht nach, so kann der Auftraggeber die Mängel auf Kosten des Auftragnehmers beseitigen lassen.

Inhaltsübersicht

	Rn.
A. Regelung nach BGB	1
B. Regelung des § 13 Nr. 5 VOB/B	3
I. Änderungen durch die VOB/B 2002	3
II. Allgemeines	5
III. Rechtsnatur der VOB/B-Nacherfüllungsbestimmungen	6
IV. Vorrang des Nacherfüllungsanspruches	7
V. Vergleich mit den gesetzlichen Bestimmungen	8
VI. Der Nacherfüllungsanspruch (§ 13 Nr. 5 Abs. 1 VOB/B)	12
1. Mangel der Leistung des Auftragnehmers	15
2. Hervortreten während der Verjährungsfrist	27
3. Konkretisierte Nacherfüllungsaufforderung	30

	Rn.
4. Keine Ersatzvornahme ohne vorherige Nacherfüllungsaufforderung	43
a) Grundsatz	43
b) Ausnahme: Auftragnehmer verweigert Nacherfüllung oder ist unzuverlässig	48
c) Ausnahme: Vergeblicher und unschädlicher Nacherfüllungsversuch des Auftraggebers	55
d) Ausnahme: Gefahr im Verzug	57
e) Entfallen des Nacherfüllungsrechts	59
5. Art und Umfang des Nacherfüllungsanspruches	60
a) Nacherfüllung in Verantwortung des Auftragnehmers	60
b) Beseitigungskosten trägt der Auftragnehmer	64
c) Mitwirkungspflicht des Auftraggebers	65
d) Nachbesserung oder Neuherstellung?	66
e) Notwendiger Nacherfüllungsaufwand	74
f) Anlässlich Nacherfüllung anfallende Architekten- und Ingenieurkosten	84
g) Grenzen des Nacherfüllungsanspruchs	87
h) Abweichende Vereinbarungen	92
6. Schriftliches Nachbesserungsverlangen	95
a) Schriftform nicht erforderlich für Nacherfüllungsanspruch	96
b) Schriftform anspruchbegründend für Neubeginn der Verjährung	98
c) Abnahme der Mängelbeseitigungsleistungen	102
d) Verjährungsfristen nach BGB und VOB/B	103
7. Verhältnis von Nacherfüllung (Nr. 5) zu Minderung (Nr. 6) und Schadensersatz (Nr. 7)	105
VII. Die Mangelbeseitigung auf Veranlassung des Auftraggebers (§ 13 Nr. 5 Abs. 2 VOB/B)	109
1. Ausgangspunkt/Abgrenzung zum BGB	109
2. Grundlagen	113
a) Durchsetzbarer Nacherfüllungsanspruch	113
b) Angemessene Frist zur Mangelbeseitigung	117
c) Ungenutzter Fristablauf	129
d) Grundsatz: Kein Selbsthilferecht bei Versäumung der Fristsetzung	133
e) Ausnahme: Auftragnehmer verweigert Nacherfüllung	139
f) Ausnahme: Auftragnehmer ist unzuverlässig	146
g) Weitere Ausnahmefälle: Öffentliches Interesse, Gefahr im Verzug, außergewöhnliche Umstände	149
h) Beweislast für das Vorliegen einer Ausnahme	151
i) Mängelanzeige ohne Aufforderung zur Nacherfüllung	152
j) Aufrechterhaltung anderer Mängelansprüche bei Nichtinanspruchnahme des Selbstvornahmerechts	154
k) Entfallen des Nacherfüllungsanspruches	161
3. Kostenerstattungs- und Kostenvorschussanspruch des Auftraggebers	163
a) Zur Nacherfüllung gehörender Mängelanspruch	163
b) Aufwand in gebotenen Grenzen	165
c) Aufwendungen	181
d) Erstattungsanspruch	184
e) Kostenvorschuss/Abrechnung des Kostenvorschusses/Zinsen	190
g) Gerichtliche Geltendmachung – kein Vorschuss durch einstweilige Verfügung	222
h) Verjährung des Kostenerstattungs- und des Kostenvorschussanspruches	223
i) Aufrechnung und Abtretung	225
j) Kostenerstattung auch als Schadensersatzanspruch möglich	232
VIII. Leistungsverweigerungsrecht des Auftraggebers während des Bestehens von Ansprüchen nach § 13 Nr. 5 VOB/B	235
1. Grundlagen, Zug-um-Zug-Verurteilung	235
a) Einrede des nichterfüllten Vertrages	235
aa) Grundlage: Leistungsverweigerungsrecht	235

		Rn.
	bb) Voraussetzung: Fälliger Nacherfüllungsanspruch	241
	cc) Voraussetzung: Fortbestehendes Nacherfüllungsverlangen	244
	dd) Wirkung: Nichtfälligkeit des Vergütungsanspruchs	246
	ee) Geltung auch beim VOB/B-Vertrag	247
	ff) Darlegungs- und Beweislast	248
	gg) AGB-Klauseln	249
b)	Zug-um-Zug-Verurteilung	252
c)	Einrede des nichterfüllten Vertrages auch bei Abtretung von Mängelansprüchen	253
d)	Leistungsverweigerungsrecht bei Teilvergütungsanspruch	254
2. Leistungsverweigerungsrecht als Druckmittel für Auftraggeber		256
a)	Teilweises Leistungsverweigerungsrecht	256
b)	Allgemeine Geschäftsbedingungen	264
c)	Sicherheitseinbehalt	265
d)	Ausschluss des Zurückbehaltungsrechts nach Treu und Glauben	266
e)	Kostenentscheidung	267
3. Wegfall des Leistungsverweigerungsrechts		270
4. Rechtsprechung		274
IX. Mitverantwortlichkeit des Auftraggebers		275
1. § 254 BGB analog bei Nacherfüllung		276
2. Beispiele der Mitverantwortung des Auftraggebers		278
3. Mitverantwortlichkeit des Auftraggebers bei klageweiser Geltendmachung des Vergütungsanspruchs		283
4. Verhältnis zwischen mehreren Auftragnehmern		288
X. Mangelrechte bei Wohungseigentumsgemeinschaften		291

A. Regelung nach BGB

1 Nach dem gesetzlichen Werkvertragsrecht ist der Unternehmer, der ein mangelhaftes Werk hergestellt hat, dem Besteller zur **Nacherfüllung gemäß §§ 634 Nr. 1, 635 Abs. 1 BGB** (§ 633 Abs. 2 S. 1 BGB a.F.) verpflichtet. Im Ergebnis handelt es sich hier um einen auf die abgenommene Leistung bezogenen und grundsätzlich darauf konzentrierten Erfüllungsanspruch. Ziel war schließlich die Herstellung eines einwandfreien Werkes (vgl. u.a. BGHZ 42, 232 = NJW 1965, 152 = SFH Z 2.414 Bl. 136). Der Besteller kann daher vom Hersteller (zunächst nur) die Beseitigung eines Leistungsmangels (Nacherfüllung) verlangen – ausgenommen, die Beseitigung erfordert einen unverhältnismäßigen Aufwand. In diesen Fällen steht dem an sich zur Nachbesserung verpflichteten Unternehmer ein Leistungsverweigerungsrecht nach § 635 Abs. 3 BGB zu. Die Rechtsprechung hat sich allerdings dahingehend festgelegt, dass dieses Leistungsverweigerungsrecht nur dann gegeben ist, wenn nicht Interessen der Auftraggeberseite bezüglich der Funktionalität der Leistung entgegenstehen (»Fahrstuhlfall« BGH BauR 1996, 858 = NJW 1996, 3269). Nach erfolglosem Ablauf einer zur Nacherfüllung gesetzten angemessenen Frist kann der Besteller nach seiner Wahl unter den jeweiligen weiteren Voraussetzungen den Mangel selbst beseitigen (Selbstvornahme), Rücktritt oder Minderung erklären bzw. Schadensersatz verlangen. Soweit hiervon abweichende vertragliche Regelungen getroffen werden sollen, sind für den Bereich der allgemeinen Geschäftsbedingungen die §§ 307 ff. BGB zu berücksichtigen.

2 Bezüglich der Hemmung und Neubeginn der Verjährung von Mängelrechten sieht das BGB für das Werkvertragsrecht lediglich die **allgemeinen Hemmungstatbestände des § 203 BGB (Hemmung durch Verhandlungen), § 204 BGB (Hemmung durch Verfahren)** sowie für den Neubeginn **§ 212 BGB (Neubeginn durch Anerkenntnis)** vor (dazu ausführlich § 13 Nr. 4 VOB/B).

B. Regelung des § 13 Nr. 5 VOB/B

I. Änderungen durch die VOB/B 2002

Die schriftliche Mängelrüge setzt nach der VOB/B 2002 eine neue zweijährige Verjährungsfrist in Gang. Dabei stellt die VOB/B 2002 explizit auf zwei Jahre ab und verweist nicht wie die VOB/B 2000 auf die Regelfristen, die damals allerdings auch nur zwei Jahre betrugen. **3**

Diese Änderung steht im Zusammenhang mit der Verlängerung der Verjährungsfristen in § 13 Nr. 4 VOB/B 2002. Zugleich soll sie die Vorgaben der Rechtsprechung des Bundesgerichtshofes umsetzen. Der BGH hatte bei einer von § 13 Nr. 4 Abs. 1 VOB/B abweichend vereinbarten fünfjährigen Verjährungsfrist entschieden, dass der Neubeginn der Verjährung nach § 13 Nr. 5 VOB/B nur zu einer Verjährungsverlängerung um zwei Jahre führen kann. Dem lag der Rechtsgedanke zugrunde, dass eine darüber hinausgehende Verlängerung der Verjährungsfrist zu einer unbilligen Härte für den Auftragnehmer führen würde (BGHZ 66, 142 ff. = NJW 1976, 960 ff. = BauR 1976, 202 ff.). Dieser Rechtsgedanke wurde mit der VOB/B 2002 im Zuge der Verlängerung der Verjährungsfristen umgesetzt. **4**

II. Allgemeines

§ 4 Nr. 6 und 7 VOB/B regelt die Ansprüche des Auftraggebers bei einer mangelhaften Leistung des Auftragnehmers für den **Zeitraum vor der Abnahme**. Das Pendant dazu für den **Zeitraum nach der Abnahme** stellen die Vorschriften des **§ 13 Nr. 5, 6 und 7 VOB/B** dar. Sie treten an die Stelle der gesetzlichen, werkvertraglichen Regelungen der §§ 633 ff. BGB. Neben den genannten VOB/B-Vorschriften ist für eine unmittelbare oder entsprechende Anwendung der allgemeinen Bestimmungen des BGB, d.h. den §§ 275, 280 und 323 BGB und den in § 634 BGB aufgeführten Mängelrechten grundsätzlich kein Raum. Die **VOB/B – Mängelrechte** stellen insoweit ein **geschlossenes System** dar. Dies ist u.a. darin zu erkennen, dass § 13 Nr. 6 S. 2 VOB/B ausdrücklich die Folgen behandelt, die eintreten, wenn die Beseitigung des Mangels unmöglich ist (BGHZ 42, 232 = NJW 1965, 152 = SFH Z 2.414 Bl. 136 ff.). Auch ergibt sich aus Nr. 6 allgemein, dass die VOB/B im Regelfall an der Durchführung des Werkvertrags festhalten will. Im Gegensatz dazu ist beim BGB/B-Vertrag eine Minderung oder ein Rücktritt unter einfacheren Voraussetzungen erreichbar. **5**

III. Rechtsnatur der VOB/B-Nacherfüllungsbestimmungen

Von §§ 634 Nr. 1, 635 Abs. 1 BGB (Nacherfüllung) weicht § 13 Nr. 5 VOB/B nur wenig ab. Der Regelung in der VOB/B kommt jedoch teilweise eine andere Bedeutung zu. Es handelt sich nicht nur um einen **modifizierten) Erfüllungsanspruch** (von BGHZ 55, 354 = BauR 1971, 126 = NJW 1971, 838 ist diese Kommentarstelle zutreffend interpretiert worden: sowohl Erfüllungs- als auch Gewährleistungsanspruch), sondern auch um einen zwischen den Vertragspartnern vereinbarten besonderen vertraglichen Mängelanspruch. Anders als §§ 634 Nr. 1, 635 Abs. 1 BGB, die sowohl für die Zeit vor als auch für die Zeit nach der Abnahme gelten sollen (dies ist streitig wegen des Erfordernisses der Fälligkeit der Leistung des AN) und sich deshalb als reiner (modifizierter) Erfüllungsanspruch darstellen, enthalten die Allgemeinen Vertragsbedingungen zwei verschiedene Regelungen. Aufgrund der besonderen Systematik in ihrem Aufbau ist es erforderlich, den Nacherfüllungsanspruch nach der Abnahme der Leistung (§ 13 Nr. 5 VOB/B) als einen besonderen **vertraglichen Nacherfüllungsanspruch** neben dem für bestimmte Ausnahmefälle **fortbestehenden reinen Erfüllungsanspruch** anzusehen. Diese Erwägungen hat der BGH schon früher als beachtlich bezeichnet (BGH NJW 1965, 152 wobei in BGHZ 53, 122 = BauR 1970, 54, 56 der Anspruch aus § 13 Nr. 5 VOB/B zutreffend als primärer und hauptsächlicher Gewährleistungsanspruch bezeichnet wurde). **6**

IV. Vorrang des Nacherfüllungsanspruches

7 Dass der Anspruch auf Nacherfüllung im Wege vertraglicher Vereinbarung als Erfüllungs- und Mängelanspruch gewählt worden ist, hat seine Grundlage in der Besonderheit des Leistungsgegenstandes beim Bauvertrag. Ziel des Bauvertrages ist es, bleibende Werte zu schaffen und zu erhalten. Auch werden beiderseits meist erhebliche wirtschaftliche Mittel eingesetzt, zur Durchführung des Vertrages bereitgestellt sowie geleistet. Um unter diesen Umständen das Mängelrecht sinnfällig zu regeln, muss das Begehren auf Nacherfüllung in den Vordergrund gestellt werden. Die Mängelhaftung muss in erster Linie auf den Erhalt und nicht auf die Zerstörung (Rücktritt) oder auf eine Verminderung (Minderung: Nr. 6) dieser Werteinsätze sowie einen bloßen Schadensausgleich in Geld (Nr. 7) abgestellt sein.

V. Vergleich mit den gesetzlichen Bestimmungen

8 Der Wortlaut in § 13 Nr. 5 VOB/B deckt sich nicht mit dem der §§ 634 Nr. 1, 635 Abs. 1 BGB. Es handelt sich aber nur um eine den Besonderheiten des Bauvertrages gerecht werdende andere Formulierung – ohne insoweit jedenfalls für die Praxis besonders rechtlich beachtliche Änderungen aufzuweisen. In Nr. 5 Abs. 1 wird anders als in den gesetzlichen Regelungen eine besondere Betonung auf den zeitlichen Geltungsbereich dieser Bestimmungen gelegt – als ein über den bloßen Erfüllungsanspruch hinausgehender Mängelanspruch (»während der Verjährungsfrist« ... »vor Ablauf der Frist« ...).

9 Weitere Unterschiede sind: In Nr. 5 Abs. 1 S. 1 ist Schriftform für das Verlangen auf Nacherfüllung dem Wortlaut nach erwähnt, während das in §§ 634 Nr. 1, 635 Abs. 1 BGB nicht der Fall ist. Zum anderen ist in Nr. 5 eine Bestimmung, wie sie § 635 Abs. 3 BGB aufweist (das Recht auf Verweigerung der Nacherfüllung bei unverhältnismäßigem Aufwand), nicht enthalten. Es ist aber festzuhalten, dass hier die VOB/B keine Lücke enthält. Dies ergibt sich aus Nr. 6 S. 1. Insoweit liegt bei der VOB/B lediglich eine »Verschiebung« in den Bereich der Minderung vor.

10 Nach altem Recht – bis zum 31.12.2001 – war für den Bereich des § 633 Abs. 3 BGB a.F. Verzug des Auftragnehmers mit der Mangelbeseitigung erforderlich, aber auch ausreichend. § 13 Nr. 5 Abs. 2 VOB/B geht stattdessen von einer vergeblichen Fristsetzung zur Mangelbeseitigung aus. Nach neuem Recht – seit dem 1.1.2002 – gilt § 637 BGB. Hiernach reicht auch dort eine einfache Fristüberschreitung aus, ohne dass die Voraussetzungen des Verzuges gegeben sein müssen.

11 Da es sich bei Nr. 5 um eine vertragliche Sonderregelung handelt, die kraft Vereinbarung einen echten Mängelanspruch neben dem Erfüllungsanspruch darstellt, regelt sich die **Gesamtfrage der Nacherfüllung** bei einem VOB/B-Bauvertrag **ausschließlich** nach **dieser Vorschrift**. Als sich **anschließende Mängelansprüche** gelten die Regelungen in Nr. 6 und 7.

VI. Der Nacherfüllungsanspruch (§ 13 Nr. 5 Abs. 1 VOB/B)

12 Der Auftragnehmer muss alle während der Verjährungsfrist hervortretenden Mängel – sofern sie auf vertragswidrige Leistungsausführung zurückzuführen sind – auf seine Kosten beseitigen. Vorausgesetzt, der Auftraggeber verlangt dies vor Ablauf der Frist schriftlich. Es besteht aber nicht nur eine **Nacherfüllungspflicht**, sondern auch ein **Nacherfüllungsrecht** des Auftragnehmers. Dies verpflichtet den Auftragnehmer, im Falle der Geltendmachung von Mängeln eine Nacherfüllung entgegenzunehmen. Es besteht insoweit eine **vertragliche Mitwirkungspflicht** (LG Köln BauR 1972, 314, 315). Ausgenommen sind die in § 13 Nr. 6 VOB/B geregelten Fälle. Bei der **Nichtbeachtung des Nacherfüllungsrechtes** des Auftragnehmers **verliert der** Auftraggeber ein etwaiges **Leistungsverweigerungsrecht** nach § 320 BGB bezüglich der dem Auftragnehmer noch zustehenden Vergütung. Gleiches gilt, wenn dem Auftragnehmer die Besichtigung der Leistung zum Zwecke der Mangelfeststellung bzw. der Klärung erforderlicher Maßnahmen ohne stichhaltige Gründe verweigert wird (OLG Frankfurt BauR 1979, 326). Diese Aussagen dürfen nicht dazu verwendet werden, dem Auftragnehmer ein Nacherfüllungsrecht dann einzuräumen, wenn der Auftraggeber dies von ihm nicht fordert (vgl. hierzu ausführlich *Jansen* Das Recht des Auftragnehmers zur Mangelbeseitigung/Nacherfüllung BauR 2005, 1089 ff.).

Rechtlich interessant ist der Bereich der **Abtretung von Mängelhaftungsansprüchen.** Der Nacherfüllungsanspruch nach Nr. 5 Abs. 1 S. 1 gewährt dem Auftraggeber gegenüber dem Vergütungsanspruch des Auftragnehmers auch dann noch die Einrede des nichterfüllten Vertrages, wenn er die Mängelansprüche an Dritte abgetreten hat (BGHZ 55, 354 = BauR 1971, 126 = NJW 1971, 838). Für den Bereich des Erwerbs vom **Bauträger** ist aber das **Urteil des BGH vom 21.3.2002** zu beachten, nach dem die **Haftungsfreizeichnung in AGB für Mängelansprüche** gegenüber den Erwerbern **unter gleichzeitiger Abtretung der Mängelansprüche** gegen die Subunternehmer (sog. Subsidiaritätsklauseln zur Haftungsprivilegierung) gemäß § 307 Abs. 2 Nr. 2 BGB (§ 9 Abs. 2 Nr. 2 AGBG a.F.) **generell unwirksam** ist (BGH BauR 2002, 1385 = NJW 2002, 2470). Damit wird der Bereich der **Abtretung von Mängelhaftungsansprüchen** in der Praxis nur noch eine geringe Bedeutung spielen. **13**

Sofern auch ein persönlich haftender Gesellschafter einer Personengesellschaft (Auftragnehmerin) – neben der Gesellschaft – auf Mängelhaftung in Anspruch genommen werden kann, schuldet er ebenso wie diese die Nacherfüllung und nicht einen Geldersatz; hier handelt es sich um eine vertretbare handwerkliche Leistung, die der Gesellschafter notfalls auch durch Beauftragung eines Dritten erfüllen kann (BGHZ 73, 217 = BauR 1979, 328 = NJW 1979, 1361). **14**

1. Mangel der Leistung des Auftragnehmers

Erste Voraussetzung ist es, dass die vom Auftragnehmer erstellte Leistung während der durch die Abnahme in Lauf gesetzten Verjährungsfrist einen Mangel aufweist. Ob ein Mangel vorliegt, bestimmt sich nach den in § 13 Nr. 1–3 VOB/B im Einzelnen festgelegten Voraussetzungen (insoweit wird auf die Ausführungen in § 13 Nr. 1 VOB/B verwiesen). Grundsätzlich ergibt sich damit ein Nacherfüllungsanspruch des Auftraggebers gegen den Unternehmer. Ein Verschulden des Auftragnehmers ist nicht erforderlich (OLG Dresden Urt. v. 30.9.2005 IBR 2006, 1061 – entschieden als der Auftragnehmer seine vertragswidrige Leistung auf seine Einhaltung von Verarbeitungsrichtlinien Dritter zurückgeführt hat und er für deren Fehlerhaftigkeit nichts konnte). Allein entscheidend ist, dass die **Vertragsfälligkeit der Leistung aus dem Verantwortungsbereich des Auftragnehmers** herrührt. Dabei kann sich der Auftraggeber auf den Beweis des ersten Anscheins berrufen, »*wenn der Auftragnehmer ein in sich abgeschlossenes Werk in seiner Gesamtheit herzustellen hatte und bei Würdigung der Gesamtumstände durch Dritte gesetzte Schadensursachen realistisch nicht in Betracht kommen*« (OLG Bremen Urt. v. 9.7.2004 4 U64/03, BGH Nichtzulassungsbeschwerde zurückgewiesen). Im entschiedenen Fall gelang es dem Auftragnehmer nicht, ihm nicht zuzurechnende Fremdeinflüsse nachweisbar anzuführen. **15**

Kommen mehrere Ursachen **verschiedener Unternehmer** für einen Schaden in Betracht, so ist grundsätzlich nach § 287 ZPO zu entscheiden, wieweit dieser auf dem einen oder anderen Ereignis beruht (BGHZ 33, 293, 302). Wird zwischen zwei an einem Bauwerk beteiligten Handwerkern, deren Gewerbe aneinander anschließen, abgesprochen, wie die beiderseitigen Leistungen sich ergänzen sollen, so ist jeder der Unternehmer für seinen Bereich verantwortlich. Andererseits fällt ein Werkmangel, der dadurch entsteht, dass der Anschluss der Arbeiten abredewidrig ausgeführt wird, dem Unternehmer zur Last, der seine Anschlussarbeiten abredewidrig ausgeführt und nicht abgeklärt hat, ob die Änderung zu einem Werkmangel führen könnte (OLG Frankfurt/M. NJW-RR 1995, 1488). **16**

17 Dabei ist die Frage, wer die Ursache eines Mangels beweisen muss, nicht immer eindeutig zu beantworten. Dies selbst in Anbetracht der an sich unstreitigen Regelung, dass nach der Abnahme der Bauherr die Beweislast für die Vertragswürdigkeit der Leistung des Unternehmers i.S.d. § 13 Nr. 5 VOB/B trägt. Diesen Nachweis konnte der Bauherr in einer Entscheidung des OLG Hamburg nicht führen (OLG Hamburg BauR 2001, 1749 m. Anm. *Wirth*). Im entschiedenen Fall hat eine Gipserfirma großflächig Maschinenputz auf die Rohdecken eines Bürogebäudes aufgebracht. Nach viereinhalb Jahren löste sich der Gips. Der im selbstständigen Beweisverfahren eingesetzte Gutachter konnte ebenso wenig wie ein weiterer – im anschließenden Hauptprozess – feststellen, welcher Fehler zum Herabfallen des Gipsputzes geführt hat. Der Bauherr berief sich auf die Erfolgshaftung des Werkunternehmers und die Symptomrechtsprechung. Der Unternehmer bestritt eine Gewährleistungspflicht unter Berufung darauf, dass ihm eine objektive Pflichtwidrigkeit nicht nachgewiesen werden konnte. Diesbezüglich trage der Bauherr nach der Abnahme die Beweislast. Problematisch an dem Fall war, dass die Gutachter auch »andere Ursachen« als eine Pflichtwidrigkeit des Gipsers als Mangelursache für möglich hielten. Das OLG entschied, dass der Bauherr seiner Beweislast nicht nachgekommen sei. Gleiches gilt, wenn fraglich ist, ob die Ursachen für den Mangel aus dem Verantwortungsbereich des Bestellers oder des Unternehmers herrühren. Auch hier trägt der Besteller die Beweislast (OLG Hamburg BauR 2005, 1339).

18 Trägt die **Verwendung eines bestimmten Werkstoffes** das Risiko eines bestimmten Schadens in sich, der bei Gebrauch des im Vertrag vorgesehenen Werkstoffes nicht bestehen würde, kann es für den Nachweis der Ursächlichkeit und damit der Zurechenbarkeit des Mangels genügen, wenn eben dieser Schaden eintritt; auch wenn dessen Verursachung durch andere Umstände nicht mit letzter Sicherheit auszuschließen ist (BGH BauR 1973, 51 = SFH Z 2.414 Bl. 296). Allerdings kann hier noch nicht von einer Umkehr der Beweislast gesprochen werden (BGH BauR 1975, 346).

19 Haben zwei Mängel einen gleichen Schaden herbeigeführt, so sind beide mitursächlich; auch wenn einer allein genügt hätte, den Schaden herbeizuführen (BGH WM 1971, 1056; BGH SFH Z 3.12 Bl. 72). Ergibt sich die Möglichkeit, dass aus derselben vertraglichen Leistungspflicht eines Auftragnehmers mehrere Ursachen für den Mangel bestehen, bedarf es grundsätzlich nicht der Feststellung, welche Ursache wirklich maßgebend ist (BGH BauR 1975, 278 = NJW 1975, 1217; OLG Karlsruhe Urt. v. 12.1.2001; BGH IBR 2002, 306 – Revision nicht angenommen). Das gilt auch, wenn eine Mangelursache auf die Arbeit eines Subunternehmers zurückgehen kann (BGH BauR 1975, 278 = NJW 1975, 1217 = SFH Z 2.410 Bl. 70).

20 Dagegen liegt ein den Auftragnehmer zur Nacherfüllung verpflichtender **Mangel** nicht vor, wenn es sich lediglich um die **Abnutzung** oder den **Verschleiß** einer ansonsten vertragsgerecht erbrachten Leistung handelt. Insoweit kommt es für die Abgrenzung auf die technische Beurteilung der Beschaffenheit des betreffenden Bauteils sowie auf den unmittelbaren ursächlichen Zusammenhang mit dessen Gebrauch an (zur Mitwirkungspflicht des Auftragnehmers bei der Aufklärung der Mängelursachen aufgrund besonderer vertraglicher Regelung, OLG Hamburg BauR 1979, 248. Danach besteht eine solche Verpflichtung nicht ohne weiteres auch für die Kosten der Aufklärung). Die Frage der Abnutzung oder des Verschleißes bestimmter Bauteile, für die der Auftragnehmer nicht einzustehen hat, spielt nicht zuletzt im Bereich der technischen Gebäudeausstattung eine Rolle. Werden bestimmte Teile über einen Zeitraum von einer Reihe von Monaten oder sogar ein oder eineinhalb Jahren unbeanstandet benutzt, spricht der **Beweis des ersten Anscheins** dafür, dass sie bei Abnahme vertragsgerecht waren. Dann dürfte es dem Auftraggeber schwer fallen – der nach der Abnahme ohnehin die Darlegungs- und Beweislast für das Vorliegen eines Mangels hat – diesen Anscheinsbeweis zu erschüttern. Hierauf hat sich auch das OLG Hamburg in der oben zitierten Entscheidung berufen (OLG Hamburg BauR 2001, 1749).

21 Ob ein **Mangel wesentlich** ist, spielt für den Bereich des Nacherfüllungsanspruchs **keine Rolle**. Der Auftragnehmer kann sich gegenüber einem Nacherfüllungsanspruch grundsätzlich nicht mit dem Argument verteidigen, der Mangel bzw. dessen Auswirkungen seien nur unwesentlich (OLG Düsseldorf BauR 1980, 75; vgl. hierzu für den Bereich des Rücktrittsrechts im BGB die Einschränkung des § 323 Abs. 5 S. 2 BGB).

Stellt sich heraus, dass eine Nacherfüllungsleistung des Auftragnehmers erfolgt ist, ohne dass ein Mangel der Ausführung in dem durch seinen Vertrag umrissenen Bereich vorlag, stellt sich die Frage, ob diese Leistung zu vergüten ist. Dabei muss sorgfältig danach unterschieden werden, was für eine Leistung erbracht wurde. Wurde eine Leistung erbracht, die von dem Bauvertrag umfasst war, ist diese Leistung nicht zusätzlich zu vergüten. 22

Grundsatz ist somit, dass nach einem Verlangen des Auftraggebers zur Mängelbeseitigung der Auftragnehmer diese Arbeiten kostenlos auszuführen hat. Fordert der Auftragnehmer für diese Leistung eine Vergütung, weil er sich für den Mangel nicht verantwortlich sieht und deshalb eine Mangelbeseitigungsverpflichtung nicht anerkennt, muss er zuvor unzweideutig zum Ausdruck bringen, dass er die Arbeiten nicht als kostenlose Mängelbeseitigung durchführt (OLG Celle IBR 2003, 240 – auch BauR 2003, 265). 23

Wurde dagegen eine Leistung erbracht, die von dem ursprünglichen Bauvertrag nicht umfasst war, kann es sich um eine vergütungspflichtige Zusatzleistung handeln. Diese Frage ist nach § 1 Nr. 3 und Nr. 4 i.V.m. § 2 Nr. 6 ggf. auch § 2 Nr. 5 oder Nr. 8 VOB/B zu beantworten. Bezüglich dieses komplexen und schwierigen Problemkreises der Vergütungspflichtigkeit von zusätzlichen oder geänderten Leistungen (Nachträgen) wird auf die Kommentierung zu § 2 VOB/B verwiesen. 24

Mit dem Anspruch auf Mängelbeseitigung kann der Auftraggeber vom Auftragnehmer aber nur die Nachbesserung an der Bauleistung verlangen – angesprochen sind Bauleistungen, die der betroffene Unternehmer lt. Vertrag »in Auftrag« hatte. Schäden und Aufwendungen, die bei der Mängelbeseitigung »zwangsläufig« an fremden Bauteilen entstehen, werden vom Anspruch auf Nachbesserung nicht erfasst. Sie sind Gegenstand eines Schadenersatzanspruches (OLG Frankfurt IBR 2003, 10; auch OLGR Frankfurt 2002, 315). Etwas anderes gilt, wenn der AN 1 seine Nacherfüllung nur erbringen kann, wenn er gleichzeitig die Leistung des AN 2 mitsaniert. In diesen Fällen muss er sogar einen Drittunternehmer beauftragen (OLG Karlsruhe BauR 2005, 1485, 1486) 25

Die Frage ist auch, ob ein Nacherfüllungsrecht bei einer völlig unbrauchbaren Werkleistung besteht. Hierzu das OLG Koblenz: Auch wenn die bisherige Leistung eines Auftragnehmers sich als völlig unbrauchbar erwiesen hat, muss ihm Gelegenheit zur Nachbesserung gegeben werden. Um diese sachgemäß auszuführen, kann er sich erforderlichenfalls der Hilfe eines Subunternehmers bedienen (OLG Koblenz IBR 2002, 410 = NJW-RR 2002, 669). 26

2. Hervortreten während der Verjährungsfrist

Weitere Voraussetzung ist es, dass der Mangel während der Verjährungsfrist hervortritt. Damit ist nicht gemeint, dass der Mangel erst nach dem Beginn der Verjährungsfrist entstanden sein darf. Vielmehr wird nur ein Hervortreten des Mangels im Sinne einer Wahrnehmung oder Wahrnehmungsmöglichkeit verlangt. Aus letzterem ergibt sich die objektive Betrachtungsweise. Deshalb fallen hierunter Mängel, die bei der Abnahme bereits im Keim vorhanden waren, die sich dem Auftraggeber aber erst später im Laufe der Verjährungsfrist gezeigt haben. 27

Wegen der dem Auftraggeber bereits bei der Abnahme positiv – also wirklich – bekannten Mängel wird auf § 640 Abs. 2 BGB in Verbindung mit § 12 Nr. 4 Abs. 1 S. 4 VOB/B hingewiesen. Hier kommt es für den Nacherfüllungsanspruch darauf an, ob der Auftraggeber sich diesen bei der Abnahme vorbehalten hat. 28

Nicht erforderlich ist es, dass auch die Schadensauswirkungen eines Mangels während der Verjährungsfrist aufgetreten sind. Vielmehr genügt die ordnungsgemäße Mangelanzeige auch für solche 29 erst später erkennbar hervortretende, auf diesen Mangel zurückzuführende Schäden. Sie bleiben Folgen der mangelhaften Leistung (BGH LM § 198 BGB Nr. 3).

3. Konkretisierte Nacherfüllungsaufforderung

30 Weiter ist für den Nacherfüllungsanspruch das Verlangen des Auftraggebers auf Beseitigung erforderlich. Es wird eine eindeutige und inhaltlich zweifelsfreie empfangsbedürftige Willenserklärung des Auftraggebers an den Auftragnehmer verlangt. Fraglich ist insoweit, ob es ausreichend ist, den Auftragnehmer nicht direkt zur Mängelbeseitigung aufzufordern, sondern dazu, seine Bereitschaft zur Mängelbeseitigung zu erklären. Für den Bereich des § 634 Abs. 1 S. 1 BGB a.F. wurde Entsprechendes abgelehnt (OLG Düsseldorf BauR 1999, 1030 = NJW-RR 1999, 1396).

31 **Für die Praxis wird dem Auftraggeber empfohlen** für die Mangelbeseitigung immer eine »**fünffache Fristsetzung**« wie folgt vorzunehmen:

– **Aufforderung zur Mangelbeseitigung** unter genauer Beschreibung des Mangels nach seinem äußeren Erscheinungsbild.
– Fristsetzung eines **Endtermins**, bis zum dem der Mangel behoben sein muss.
– Fristsetzung eines **Anfangtermins**, ab dem mit der Nacherfüllung begonnen werden muss.
– Fristsetzung einer **Erklärungsfrist**, bis zu der der Auftragnehmer seine Bereitschaft zur Mängelbeseitigung erklären muss.
– Fristsetzung einer **Erklärungsfrist**, bzgl. Eines Sanierungskonzeptes

32 Die Setzung einer Erklärungs- und einer Beginnfrist ist besonders dann zu empfehlen, wenn es sich um **aufwändige Mangelbeseitigungsarbeiten** handelt. Anderenfalls muss der Auftraggeber bis zum Ablauf der angemessenen (langen) Endfrist warten, bis er die Selbstvornahme vornehmen kann (i.d.S. *Werner/Pastor* Rn. 1583). Zwischenzeitlich können beträchtliche Schäden, z.B. Mietausfälle entstehen. Hierzu ist jedoch darauf hinzuweisen, dass das »Recht zur Fristsetzung« bezüglich einer Beginnfrist und Erklärungsfrist weder vom Gesetzeswortlaut des BGB, noch von § 13 VOB/B gedeckt ist. Sowohl § 635 BGB als auch § 13 Nr. 5 VOB/B sprechen nur von der Nacherfüllung, bzw. der »Mängelbeseitigung in einer vom Auftraggeber gesetzten angemessenen Frist«. Gleichwohl ergibt sich in der Praxis regelmäßig das Problem, dass es der Auftraggeberseite nicht zumutbar ist, die gesetzte »Endfrist« abzuwarten (i.d.S. *Werner/Pastor* Rn. 1583 m. Hinweis a. *Knütel* BauR 2002, 689 ff.). Der Auftraggeber wird deshalb gegenüber dem Gericht belegen müssen, warum ihm ein weiteres Abwarten nicht zumutbar war. Es wurde insoweit davon gesprochen, dass zwischen den Vertragsparteien ein Vertrauensverlust bezüglich der Bereitschaft bzw. der qualitativen Leistung des Unternehmers eingetreten ist (*Werner/Pastor* Rn. 1583; BGH NJW 1972, 526; *Kaiser* NJW 1973, 176, 177).

33 Im Ergebnis sollte der Auftraggeber deshalb bereits in seinem Aufforderungsschreiben gegenüber dem Auftragnehmer darlegen und begründen, warum er (der Auftraggeber) sich nicht allein auf die Endfrist verlassen kann. Ein Restrisiko bleibt hier jedoch. Die vorliegenden Urteile decken den Anspruch auf Setzen einer Anfangsfrist bzw. auf Setzen einer Frist zur Abgabe der Erklärung, dass der Auftragnehmer zur Mängelbeseitigung bereit ist, nicht ab (BGH NJW 1986, 922; OLG Düsseldorf BauR 1999, 1030 = NJW-RR 1999, 1396 u. OLG Düsseldorf BauR 2002, 963 = IBR 2002, 244). Gleichwohl sollte sich das entsprechende Recht der Auftraggeberseite schon aus der gegenseitigen Kooperationspflicht der Bauvertragsparteien herleiten lassen (»Kooperationsentscheidung« des Bundesgerichtshofes, BGH BauR 2000, 409 = NJW 2000, 807 = NZBau 2000, 130). Die »sicherste« Lösung geht aber dahin, ein **entsprechendes Recht** der **Auftraggeberseite** im **Bauvertrag festzuschreiben**. Allerdings können hier AGB-Fragen auftreten.

34 Nach der **ständigen Rechtsprechung des BGH** ist der Mangel vom Auftraggeber nach seinem äußeren objektiven Erscheinungsbild exakt zu beschreiben (**Symptomtheorie**; BGH BauR 2002,

613, 617; BGH BauR 2000, 261). Hierfür ist es nicht erforderlich, dass der Auftraggeber auch die Mangelursachen bezeichnet. Die **Nacherfüllungspflicht** des Auftragnehmers bezieht sich »automatisch« auf **alle Mangelursachen**, die den **beschriebenen Mangel verursacht haben**. Es genügt aber keineswegs, die Bauleistung schlechthin als mangelhaft zu bezeichnen. Daher reicht es auch nicht, neben einer hinreichend konkreten Rüge eines Mangels, eine »allgemeine Rüge« für »weitere vorhandene, noch nicht sichtbare und nicht erkennbare Mängel« abzugeben (LG Hamburg MDR 1974, 581). Eine solche Mangelrüge ist wirkungslos.

Unzulänglich ist die Rüge »An einigen Fenstern blättert die Farbe ab« (KG BauR 1974, 345), wenn sich daraus nicht eindeutig ergibt, welche Fenster im Einzelfall gemeint sind (vgl. dazu auch *Merl* FS Soergel S. 217, 221). Anders dann, wenn sich der Auftragnehmer dennoch um die konkrete Nacherfüllung bemüht, da dann davon auszugehen ist, dass er weiß, wo sich der Mangel befindet. Abgesehen von dieser Ausnahme, müssen die beanstandeten und sichtbar gewordenen Mängel so genau hervorgehoben werden, dass der Auftragnehmer zweifelsfrei ersehen kann, was im Einzelnen beanstandet wird – bzw. welche Abhilfe von ihm verlangt wird (BGHZ 58, 332 = BauR 1972, 31; BGHZ 62, 293 = BauR 1974, 280; BGH BauR 1975, 341 = SFH Z 2.414.0 Bl. 4; BGH SFH § 812 BGB Nr. 3; BGH BauR 1980, 574; BGH BauR 1982, 66 = ZfBR 1982, 19; BGH BauR 1985, 355 = SFH § 633 BGB Nr. 50, 171; BGH BauR 1987, 84 = NJW 1987, 381; OLG Frankfurt NJW-RR 1987, 979; OLG Zweibrücken BauR 1992, 770). Diese Konkretisierung ist notwendig, damit der Auftragnehmer Art und Umfang der von ihm geforderten Nacherfüllung erkennen kann; außerdem damit der Auftraggeber später, insbesondere nach Ablauf der Verjährungsfrist, nicht ohne weiteres ursprünglich nicht gemeinte oder weitere Mängel nachschieben kann (KG BauR 1974, 345; OLG Zweibrücken BauR 1992, 770). **35**

Dabei muss – wie ausgeführt – die äußere Erscheinungsform des Mangels nach Art (z.B. Feuchtigkeit) und Lage (z.B. Westgiebel) hinreichend dargetan werden. Kenntnis und damit die Benennung der technischen Mangelursache bzw. der Gründe ihrer Entstehung (BGHZ 48, 108, 110 = NJW 1967, 2005; BGH BauR 1976, 430; BGH BauR 1982, 66) beim Auftraggeber kann grundsätzlich nicht vorausgesetzt werden. Selbstverständlich kann der Auftraggeber auch diese nennen. Jedoch ist ihm zu empfehlen, dies nicht zu tun, wenn er insoweit nicht sicher ist. Daher genügt für eine ordnungsgemäße Mangelrüge die Darlegung, dass an einer Filterrückspülanlage Kalkablagerungen vorhanden sind oder dass bei einer Fußbodenheizung der Fußboden im Fensterbereich zu kalt bleibe (BGH BauR 1985, 355). Gleiches gilt für die Rüge »undichter Stellen im Sheddach« sowie »mangelhafter Eindichtung der Verglasung«, ferner »fehlerhafter Dachkonstruktion«, ebenso »unsachgemäßer Ausführung der Shed-Verglasung«, die Rüge des »Eindringens von Wasser« (BGH BauR 1989, 470 = NJW-RR 1989, 667). **36**

Der Auftragnehmer muss aus der betreffenden Rüge klar erkennen können, dass es sich um einen Teil der von ihm erbrachten Leistung handelt. In der Praxis spricht man – wie ausgeführt – regelmäßig von der sog. **Symptom-Rechtsprechung** des BGH (BGH BauR 1997, 1029 = NJW-RR 1997, 1376 = ZfBR 1997, 297). Danach ist es ausreichend, wenn der Auftraggeber die Erscheinung des Mangels hinlänglich deutlich beschreibt (BGH BauR 2000, 261). Mit der Bezeichnung des Erscheinungsbildes macht der Besteller nicht nur diese Erscheinung, sondern den zugrundeliegenden Mangel selbst in vollem Umfang zum Gegenstand seiner Erklärung. Der BGH hat hierzu ausgeführt: »*Bei einem Bauvertrag genügt der Auftraggeber den Anforderungen an ein hinreichend bestimmtes Mängelbeseitigungsverlangen und auch den Anforderungen an eine schlüssige Darlegung im Prozess, wenn er die Erscheinungen, die er auf auftragswidrige Abweichungen zurückführt, hinlänglich deutlich beschreibt. Er ist nicht gehalten, die Mängelursache im Einzelnen zu bezeichnen. Die Behauptung, Schallschutzwerte seien bei weitem nicht eingehalten, ist ausreichend. Die einzuhaltenden Schallschutzwerte ergeben sich durch Vertragsauslegung und, soweit Vereinbarungen fehlen, aus den zur Zeit der Abnahme geltenden Regeln der Technik*« (BGH NJW-RR 2000, 309; hierzu zuvor BGH BauR 1998, 632). Ob die Ursachen eines Werkmangelsymptoms tatsächlich in einer vertragswidrigen Beschaffenheit der **37**

Konstruktion oder Ausführung zu suchen sind, ist Gegenstand des Beweises und nicht Erfordernis des Sachvortrages. Der Besteller muss außerhalb des Mangels liegende Ursachen nicht ausschließen (BGH BauR 1999, 899 = ZfBR 1999, 255). Liegt ein hinreichendes Mängelbeseitigungsverlangen vor, ist es unschädlich, wenn der Auftraggeber zusätzlich andere als später tatsächlich festgestellte Ursachen für die Entstehung der Mängel angibt (BGH BauR 1999, 391). Geht es um den Mangel an einer Abdichtung, so genügt es für eine schlüssige Mängelbehauptung, wenn der Auftraggeber Feuchtigkeitserscheinungen am Bauwerk vorträgt, die seiner Meinung nach auf die mangelhafte Abdichtung zurückzuführen sind. Er muss nicht darlegen, welchen Weg die Feuchtigkeit im Bauwerk genommen hat (BGH IBR 2002, 187). In dieser Entscheidung bestätigt der BGH seine Symptomtheorie (BGH Urt. v. 28.10.1999 IBR 2000, 164; s.a. OLG Hamm Urt. v. 18.10.2005 IBR 2006, 326).

38 An die Mängelrüge dürfen keine übertriebenen Anforderungen gestellt werden. Entscheidend ist der Umfang des jeweils erteilten Auftrages und die sich daraus ergebende Mängelhaftungspflicht des Auftragnehmers (BGH BauR 1989, 79 = NJW-RR 1989, 148). Somit liegt in der bloßen Bezeichnung der Mangelfolgen durch den Auftraggeber keine Begrenzung des Mangelbeseitigungsverlangens. Vielmehr werden davon im Zweifel alle damit zusammenhängenden Mangelursachen erfasst. Dies gilt insbesondere auch für nach erfolglosem Nacherfüllungsversuch erneut aufgetretene Mängel (BGH BauR 1987, 207; BGH BauR 1990, 356).

39 Auszugehen ist davon, dass der Auftraggeber in dem von seiner Rüge erfassten Bereich eine ordnungsgemäße Leistung wünscht und dies durch seine Rüge auch zum Ausdruck bringen will. Zuvor kommt es in der Frage des Inhalts und des Umfangs der Rüge nicht entscheidend auf die Kenntnisse des Auftraggebers sowie die Ausdrucksweise der ihn vertretenden Personen an. Anderenfalls bestünde z.B. die Gefahr, dass Architekt oder Ingenieur von etwa durch sie begangene Planungsfehler abzulenken versuchen. Dies folgt aus der zitierten vom BGH geprägten **Symptomtheorie (BGH BauR 1997, 1029 = NJW-RR 1997, 1376).** Diese besagt nichts anderes, als dass es ausreichend ist, wenn der Betroffene »allein« das Erscheinungsbild des Mangels darlegt. Nimmt der Auftragnehmer die von ihm zu verlangende Mängelprüfung nicht vor, und entstehen dadurch zusätzliche Kosten oder Schäden, so hat sie der Auftragnehmer zu tragen.

40 Grundsätzlich ist der Auftraggeber nicht verpflichtet, bei der Prüfung des gerügten Mangels mitzuwirken. Nur ausnahmsweise kommen auf ihn gewisse Informationspflichten zu. Abhängig ist dies von den Gegebenheiten des Falles. Dies kann der Fall sein, wenn der Auftraggeber selbst fachkundig ist oder der Auftragnehmer vom Auftraggeber gestellte Stoffe oder Bauteile verarbeitet hat, deren Beschaffenheit und/oder Wirksamkeit dem Auftragnehmer nicht bekannt sein können (dazu auch *Merl* FS Soergel S. 217, 223). **Verletzt der Auftraggeber seine Mitwirkungspflichten**, so kommt eine Mitverantwortlichkeit wegen der Nacherfüllungskosten (§ 254 BGB) in Betracht. Die verjährungsunterbrechende Wirkung des schriftlichen Nacherfüllungsverlangens nach § 13 Nr. 5 S. 1 VOB/B bleibt hiervon unberührt (dazu auch *Merl* FS Soergel S. 217, 223).

41 Die Erklärung des Auftraggebers muss mit Bestimmtheit auf das Verlangen zur Beseitigung des Mangels gerichtet sein (BGHZ 62, 293 = BauR 1974, 280; BGH BauR 1975, 341). Ebenso muss erkennbar sein, dass die Nichtbeachtung der Aufforderung von ihm nicht hingenommen wird (ähnlich LG Köln SFH Z 2.414.1 Bl. 10; OLG Hamm, BB 1988, 301, 302). Für die Praxis ergibt sich dies regelmäßig schon aus der betreffenden Mangelrüge. Bloße Überlegungen, ob und auf welche Weise nachgebessert werden kann (LG Köln a.a.O.), oder auch in dieser Richtung geführte Vergleichsverhandlungen (OLG Köln SFH Z 2.300 Bl. 14 ff.), bzw. die Angabe, man komme auf einen bestimmten Mangel noch zurück (BGH BauR 1978, 482, für den Bereich des Kaufvertrages, was gleichermaßen auch für den Bauvertrag gilt), reichen dagegen noch nicht aus. Andererseits kann die Aufforderung des Auftraggebers an den Auftragnehmer genügen, sich wegen der Mangelbeseitigung mit seinem Architekten in Verbindung zu setzen. Allerdings sollten auch hier die Mängel hinreichend genannt sein (BGHZ 62, 293 = BauR 1974, 280). Auch reicht es für eine ordnungsgemäße Nacherfüllungsaufforderung, auf eine Mängelliste in einem sich in Händen des Auftragnehmers befindlichen schriftlichen

Abnahmeprotokoll zu verweisen. Nicht ausreichend ist dagegen die kommentarlose Weiterleitung von Mängelrügen Dritter, ohne dass sich daraus eine Beanstandung und Nacherfüllungsaufforderung durch den Auftraggeber selbst ergibt.

Erklärt sich der Auftragnehmer zunächst zur Beseitigung bestimmter Baumängel bereit, verweigert er diese aber dann, weil er sich aufgrund später getroffener Feststellungen nicht zur Nacherfüllung verpflichtet glaubt, sind die für ein schuldbestätigendes **Anerkenntnis** maßgebenden Grundsätze heranzuziehen. In diesem Fall trifft den Auftragnehmer die Beweislast für die Richtigkeit der später getroffenen Feststellung und der sich für ihn daraus ergebenden günstigen Rechtswirkungen (BGH SFH Z 2.414 Bl. 198). Verweigert der Auftragnehmer grundlos die Nacherfüllung, muss er sich an seinem Anerkenntnis festhalten lassen. 42

4. Keine Ersatzvornahme ohne vorherige Nacherfüllungsaufforderung

a) Grundsatz

Lässt der Auftraggeber im Bereich der Nacherfüllung den Mangel selbst beseitigen, ohne zuvor den Auftragnehmer hierzu aufgefordert zu haben, verhält er sich nicht vertragsgerecht. Der Auftragnehmer hat nicht nur eine **Nacherfüllungspflicht**, sondern auch ein **Nacherfüllungsrecht**; d.h. die vertragliche Befugnis, die Nacherfüllung selbst und **aufgrund seiner eigenen fachmännischen Entschließung** vornehmen zu können (BGHZ 90, 344 = BauR 1984, 395 = NJW 1984, 1676). Zu beachten ist, dass der Auftragnehmer nicht das Recht hat, darauf zu bestehen, dass ein Werkvertrag auch tatsächlich durchgeführt wird bzw. durch Nacherfüllung »zu Ende gebracht« wird. Es verbleibt immer in der Dispositionsbefugnis des Auftraggebers, ob er einen Vertrag tatsächlich durchführen will. In soweit hat er die Dispositionsbefugnis über seine Vermögenswerte (i.d.S. *Jansen* BauR 2005, 1089 ff.; a.A. OLG Hamm BauR 2005, 1190 = IBR 2005, 1161 m. Hinw. a. Aufsatz *Tode*). Will er allerdings eine Nacherfüllung durchführen und hierfür nicht einen Dritten aus eigenen Mitteln bezahlen müssen, muss er dem Auftragnehmer das Recht zur Nacherfüllung einräumen. 43

Kritisch sind insoweit die Fälle, bei denen der Auftragnehmer eine Nacherfüllung ablehnt, der Auftraggeber ihn gleichwohl auffordert und der Auftragnehmer später Vergütung geltend macht. Hier wurde entschieden, dass eine Pflicht des Auftragnehmers vor Ausführung des Auftrages/der Nacherfüllung besteht, auf seinen Vergütungsanspruch hinzuweisen, er muss unzweideutig zum Ausdruck bringen, dass er die Arbeiten nicht als kostenlose Mängelbeseitigung durchführt (OLG Celle Urt. v. 8.5.2002 BauR 2003, 265; OLG Celle Urt. v. 10.2.2005 IBR 2005, 179; OLG Karlsruhe BauR 2003, 1241). 44

Früher (BB 1961, 430 = Betrieb 1961, 569 = SFH Z 2.401 Bl. 21) hatte der BGH die Ansicht vertreten, der Auftraggeber könne bei voreilig von ihm selbst bewerkstelligter Nacherfüllung vom Auftragnehmer aus **ungerechtfertigter Bereicherung** Ersatz seiner Aufwendungen insoweit verlangen, als dieser eigene Aufwendungen dadurch erspart hat, dass er den Mangel nicht selbst zu beheben brauchte. Diese Auffassung hat er später (BGH NJW 1966, 39; ebenso Urt. v. 7.10.1968 VII ZR 103/66 sowie SFH Z 2.414.3 Bl. 19; auch BGH SFH Z 2.13 Bl. 33 ff.; BGH SFH § 812 BGB Nr. 3; ebenso OLG Frankfurt NJW-RR 1987, 979) wieder aufgegeben. Dabei hat er mit Recht ausgeführt, dass **§ 13 Nr. 5 VOB/B abschließend ist** und **daneben keinen Anspruch** des Auftraggebers aus ungerechtfertigter Bereicherung zulässt. Aus den angeführten Gründen scheiden auch Ansprüche aus dem Gesichtspunkt der **Geschäftsführung ohne Auftrag** aus (BGH SFH Z 2.414.3 Bl. 19; auch BGH WM 1972, 1025; SFH § 812 BGB Nr. 3; BGH Urt. v. 22.9.2004 DB 2004, 2580). Die genannte BGH-Entscheidung weist zutreffend darauf hin, dass auch dann keine Ansprüche aus ungerechtfertigter Bereicherung oder aus Geschäftsführung ohne Auftrag gegeben sind, wenn der Auftraggeber die Mängelansprüche an Erwerber abgetreten hat. Insbesondere wenn er nach der Abtretung die Mangelansprüche der Erwerber befriedigt, ohne gegenüber dem Auftragnehmer die Voraussetzungen des § 13 Nr. 5 Abs. 2 VOB/B oder nach § 13 Nr. 7 VOB/B geschaffen zu haben. Dieselben Folgen treffen 45 im Hinblick auf den Kostenerstattungsanspruch des Werkbestellers aus § 637 BGB (BGH NJW 1968, 43 = SFH Z 3.13 Bl. 49; OLG Hamm BauR 1984, 537; LG Köln SFH Z 2.414.1 Bl. 10) bzw. § 13 Nr. 5 Abs. 2 VOB/B zu. Nicht zu folgen ist der Ansicht von Seidel, der dem Auftragnehmer für die Zeit nach der Abnahme die durch die Mängelbeseitigung ersparten Aufwendungen gemäß § 324 Abs. 1 S. 2 BGB a.F. abziehen wollte, JZ 1991, 391, 394 f. Diese Diskussion ist durch die Schulrechtsreform wieder aufgelebt (so *Katzenstein* IBR 2004, 497; bejahend OLG Koblenz Urt. v. 16.1.2004 8 U 889/03, mit der Begründung einer analogen Anwendung des § 8 Nr. 1 Abs. 2; abl. *Dauner-Lieb* NZBau 5/2004).Ins Spiel gebracht wird eine **analoge Anwendung des § 326 Abs. 2 S. 2 BGB**. Der BGH hat die Frage allerdings bereits wieder – für das Kaufrecht – negativ entschieden (BGH Urt. v. 23.2.2005 IBR 2005, 249). Es ist nicht ersichtlich, warum für das Werkvertragsrecht etwas Gegenteiliges gelten soll. Der Auftraggeber tut also gut daran, sich an die Regeln der Nr. 5 zu halten und nicht vorschnell zu handeln; andernfalls kann er einen Rechtsverlust erleiden, auch hinsichtlich möglicher Rechte aus Nr. 7.

46 Etwas anderes soll gelten, wenn ein Auftragnehmer nach Abnahme eine Sicherheit gemäß § 648a BGB verlangt und diese nicht erhält. In diesem Falle soll er die Mängelbeseitigung verweigern können und damit nicht in Verzug geraten. Lässt der Auftraggeber danach die Mängel gleichwohl im Wege der Ersatzvornahme beseitigen, sei er nicht berechtigt, die Ersatzvornahmekosten durch Aufrechnung geltend zu machen (OLG Düsseldorf Urt. v. 15.10.2004 IBR 2005, 255 – anders aber abzul. OLG Köln BauR 2005, 1680). Dabei wird betont, dass es sich seitens des Auftraggebers nicht um einen bloßen Verrechnungsposten, sondern ausdrücklich um eine Aufrechnung handle (OLG Düsseldorf Beschl. v. 24. 5.2005 IBR 2005, 525 a.A. OLG Koblenz IBR 2002, 227 – zu verweisen ist allerdings auf die »Abkehr des BGH von der Verrechnung«, BGH IBR 2005, 465). Auch ein anderer Unternehmer, den der Auftraggeber unzulässigerweise mit der Mangelbeseitigung beauftragt hat, kann wegen der dadurch entstandenen Aufwendungen keinen Anspruch aus ungerechtfertigter Bereicherung oder Geschäftsführung ohne Auftrag gegen den Auftragnehmer geltend machen (*Festge* BauR 1973, 274). Vielmehr muss er sich in diesem Fall an den ihn beauftragenden Auftraggeber halten. Andererseits: Der vom Auftraggeber auf Nacherfüllung in Anspruch genommene Auftragnehmer kann von einem anderen Auftragnehmer dann Ausgleich der auf diesen fallenden – anteiligen – Nacherfüllungskosten verlangen, wenn dessen Leistung ebenfalls mangelhaft ist und sich der betreffende (Gesamt-) Mangel nur durch Beseitigung in seiner Gesamtheit erledigen lässt (ähnlich OLG Hamm BauR 1992, 519 = NJW-RR 1992, 849; OLG Karlsruhe BauR 2005, 1485; OLG Frankfurt BauR 2004, 1669).

47 Eine Klausel in AGB (Zusätzliche Vertragsbedingungen), dass der Auftragnehmer eine Kürzung seiner Vergütung wegen vorhandener Mängel »auch ohne Benachrichtigung« hinzunehmen hat, verstößt gegen § 309 Nr. 4, § 307 BGB (§ 11 Nr. 4 bzw. § 9 AGB-Gesetz a.F.). Gleiches trifft auf eine Bestimmung zu, wonach der Auftraggeber generell die Wahl zur Selbstbeseitigung von Mängeln auf Kosten des Auftragnehmers haben soll. Eine solche Klausel ist auch im kaufmännischen Bereich unwirksam (OLG Koblenz ZIP 1981, 995).

b) Ausnahme: Auftragnehmer verweigert Nacherfüllung oder ist unzuverlässig

48 Eine Ausnahme vom Gesagten gilt zugunsten des Auftraggebers, wenn das Verhalten des Auftragnehmers von vornherein zweifelsfrei und endgültig erkennen lässt, dass er einer Aufforderung zur Nacherfüllung nicht nachkommen wird (**Weigerung**). Dann ist eine solche Aufforderung ebenso entbehrlich wie die Fristsetzung nach Nr. 5 Abs. 2. Sie würde allein auf eine bloße Förmlichkeit hinauslaufen (dazu RGZ 64, 294; BGH NJW 1967, 389 sowie insbesondere BGH NJW 1971, 798; LG Köln SFH Z 2.414.1 Bl. 10; BGH BauR 1983, 258 = NJW 1983, 1731 = SFH § 634 BGB Nr. 10 = ZfBR 1983, 123).

49 Gleiches gilt nach Treu und Glauben, wenn sich der **Auftragnehmer** im Rahmen der Ausführung der Leistung als **völlig unzuverlässig** erwiesen hat. Beispielsweise, wenn ihm ein derart grober Mangel unterlaufen ist, dass mit Sicherheit zu erwarten ist, dass ihm die ordnungsgemäße Nacherfüllung nicht gelingt (dazu OLG Düsseldorf BauR 1996, 260 = NJW-RR 1996, 401 im Falle der Beschädigung eines Dachstuhles durch Aussägen der Mittelpfette – womit der Einsturz des Dachstuhles herbeigeführt wurde). Ebenso trifft das zu, wenn sich der Auftragnehmer nicht mit der nach der Sachlage gebotenen Ernsthaftigkeit und Eile um die erforderliche Mangelbeseitigung kümmert (OLG Stuttgart BauR 1980, 363 für den Fall fehlgeschlagener Sanierungsarbeiten nach mangelhafter Leistung eines anderen Unternehmers). Andererseits gilt dies im Allgemeinen noch nicht, wenn der erste Nacherfüllungsversuch des Auftragnehmers scheitert oder er den ersten vereinbarten Nacherfüllungstermin nicht einhält (OLG Köln OLGR Köln 1992, 193).

In Fällen der Verweigerung der Nacherfüllung ist allerdings zunächst zu prüfen, ob die Weigerungshaltung des Auftragnehmers berechtigt ist. Dies kann der Fall sein, wenn der vorhandene Mangel von Umfang und Art insbesondere von seinen Auswirkungen her derartig unbedeutend ist, dass ein **Interesse des Bestellers an einer Beseitigung** nicht schützenswert ist (BGH BauR 2003, 236). Diese Grundsätze gelten, obwohl die VOB in ihrem § 13, insbesondere der Nr. 5, keine dem § 635 Abs. 3 BGB vergleichbare Regelung enthält. Insoweit ist allerdings nicht von einer Lücke auszugehen. Dies ergibt sich aus § 13 Nr. 6 S. 1. In der VOB liegt hierzu eine »Verschiebung« in dem Bereich der Minderung vor. Die Berufung auf die Unverhältnismäßigkeit der Nachbesserung ist als Sonderfall von Treu und Glauben anzusehen und deshalb nur in Ausnahmefällen zuzulassen. Erforderlich ist, dass einem objektiv geringen Interesse des Auftraggebers an einer ordnungsgemäßen Vertragserfüllung ein ganz erheblicher und deshalb vergleichsweise unangemessener Aufwand gegenüber steht (BGH Urt. v. 29.6.2006 IBR 2005, 487 m. Anm. *Schwenker*). 50

Allein das **Vorliegen unterschiedlicher Auffassungen über die Ursache eines Mangels** lässt noch **nicht** auf eine **abschließende Weigerung** des Auftragnehmers schließen (OLG Düsseldorf BauR 2002, 1564, BGH Nichtannahmebeschluss IBR 2002, 261). Auch im **prozessualen Bestreiten eines Mangels** muss noch nicht unbedingt eine endgültige Nacherfüllungsverweigerung zu sehen sein. Entscheidend sind insoweit die Gesamtumstände. Diese müssen die Annahme rechtfertigen, dass der Auftragnehmer »**endgültig**« seinen Vertragsverpflichtungen nicht nachkommen will (BGH NZBau 2002, 327 = VersR 2002, 1114). Auch die frühere Fristsetzung mit Ablehnungsandrohung zur Mängelbeseitigung wurde als entbehrlich angesehen, wenn der Auftragnehmer im selbstständigen Verweisverfahren den Mangel kategorisch in Abrede gestellt hat. Sein Nachbesserungsrecht soll nicht wiederaufleben, wenn er in einem späteren Schadensersatzprozess die Nachbesserung anbietet (OLG Saarbrücken Urt. v. 5.3.2002 BGH Nichtzulassungsbeschwerde zurückgewiesen IBR 2003, 127). Die Notwendigkeit einer Frist zur Mangelbeseitigung soll auch dann entfallen, wenn der Auftragnehmer beispielsweise eine Kellerabdichtung mit Bitumendickbeschichtung nicht in der vertraglich geschuldeten Weise ausführt und sich seine Nachbesserungsversuche als gravierend mangelhaft herausstellen (OLG Celle Urt. v. 16.12.2004, BGH Nichtzulassungsbeschwerde zurückgewiesen IBR 2006, 1035). Diese Entscheidungen basieren auf dem bis zum 31.12.2001 geltenden Recht. Nach § 636 BGB n.F. bedarf es einer Fristsetzung auch dann nicht, wenn die **Nacherfüllung fehlgeschlagen** ist. Ob damit alle Streitfragen gelöst sind, ist fraglich. Es dreht sich nun um die Problematik, **wann ein Fehlschlagen gegeben ist**. Entschieden wurde, dass bereits ein erster fehlgeschlagener Nachbesserungsversuch ausreichend sein kann (entgegen dem Kaufrecht, das im § 440 BGB n.F. regelt, dass eine Nachbesserung nach erfolglosem zweiten Versuch als fehlgeschlagen gilt). Das OLG Bremen hat bei der Sanierung eines Daches dagegen drei erfolglose Nachbesserungsversuche gefordert, um die Nacherfüllung als fehlgeschlagen anzusehen (OLG Bremen Urt. v. 7.9.2005 1 U 32/05 a). Im zu entscheidenden Fall ging es um eine neue Fußbodenbeschichtung in einem städtischen Schwimmbad – d.h. kein Fall bei dem Gefahr im Vorzug vorlag. Die Beantwortung der Frage, wann ein Fehlschlagen vorliegt, wird auf eine Einzelfallkasuistik herauslaufen. 51

Strittig kann in der Praxis auch sein, wie eine wirksame Nachfristsetzung auszusehen hat. Es wurde entschieden, dass der Gläubiger »unmissverständlich zum Ausdruck« zu bringen habe, dass er dem 52

Schuldner eine letzte Gelegenheit zur Erbringung der vertraglichen Leistung einräumt (OLG Köln Beschl. v. 1.9.2003 EWiR 2003, 1125). Speziell ist die Sachlage, wenn sich zwischen den Parteien eine Verkehrsübung entwickelt hat, nach der der Auftragnehmer auch »Hilferufe« des Auftraggebers regelmäßig Mängel der gelieferten Werke untersucht. Hier besteht nach dem OLG Rostock die Pflicht der Auftraggeberseite vor Beauftragung einer Drittfirma eine erneute Mahnung auszusprechen (OLG Rostock Urt. v. 18.2.2005 8 U 164/04).

53 Praxisrelevant sind auch die Fälle, dass die Parteien eines Bauvertrages nach Mängelbeseitigungsaufforderung eine Vereinbarung über die Nachbesserung treffen. Wird diese vom Auftragnehmer nicht oder nur teilweise erfüllt, gehen die Entscheidungen dahin, dem Auftraggeber aufzuerlegen, eine erneute Mangelbeseitigungsaufforderung mit Fristsetzung auszusprechen (OLG Köln Urt. v. 9.5.2003 BauR 2005, 439, BGH Nichtzulassungsbeschwerde zurückgewiesen; LG Wiesbaden Urt. v. 23.3.2005 IBR 2006, 490).

54 Für entsprechende Ausnahmetatbestände ist der **Auftraggeber darlegungs- und beweispflichtig**. Deshalb ist diese Ausnahmeregelung für den Auftraggeber mit der gebotenen Vorsicht aufzufassen. So reicht es für den Nachweis absoluter Unzuverlässigkeit des Auftragnehmers nicht schon aus, wenn dieser nicht in die Handwerksrolle eingetragen ist. Damit allein ist noch nicht die **mangelnde Qualifikation des Auftragnehmers** nachgewiesen (BGH BauR 1984, 58 = NJW 1984, 230).

c) Ausnahme: Vergeblicher und unschädlicher Nacherfüllungsversuch des Auftraggebers

55 Eine weitere Ausnahme liegt im Folgenden: Unternimmt der Auftraggeber ohne vorherige Aufforderung und Fristsetzung gegenüber dem Auftragnehmer selbst einen erfolglosen Nacherfüllungsversuch, so verliert er damit noch nicht seinen Nacherfüllungsanspruch. Dieser erlischt erst, wenn die Nacherfüllung – sei es von dem Auftragnehmer, sei es von einem anderen – tatsächlich erfolgreich ausgeführt worden ist. Allerdings gilt dies nicht, und der Nacherfüllungsanspruch des Auftraggebers geht verloren, wenn er durch seinen erfolglosen Versuch eine sachgerechte Nacherfüllung unmöglich gemacht oder wesentlich erschwert hat (so mit Recht OLG Köln BauR 1973, 53 = SFH Z 2.414.1 Bl. 4; OLG Frankfurt NJW-RR 1992, 280; ebenso wohl *Seidel* JZ 1991, 391, 394, 395; dies galt auch für den Bereich des § 633 Abs. 2 BGB a.F.).

56 Die Frage der wesentlichen Erschwerung ist hier zunächst technisch zu sehen. Sie orientiert sich aber letztlich an dem nach § 242 BGB ausgerichteten Gesichtspunkt der Zumutbarkeit. Die Mehrkosten, die dem Auftragnehmer wegen der erfolglosen Nacherfüllung des Auftraggebers nunmehr entstehen, um seinerseits eine nachhaltige ordnungsgemäße Herstellung der Leistung zu erreichen, muss der Auftraggeber aus dem Gesichtspunkt der **Nebenpflichtverletzung** tragen (*Seidel* JZ 1991, 391, 394, 395).

d) Ausnahme: Gefahr im Verzug

57 Schließlich kann ausnahmsweise ein sogleich gegebenes Nacherfüllungsrecht des Auftraggebers vorliegen, wenn Gefahr im Verzug oder infolge außergewöhnlicher, bei objektiver Betrachtung bisher nicht vorherzusehender Umstände Eile geboten ist (LG Köln SFH Z 2.414.1 Bl. 10; OLG Düsseldorf NJW-RR 1993, 477). Die Beurteilung solcher eng auszulegenden und vom Auftraggeber nachzuweisenden Umstände richtet sich im Wesentlichen nach der **Gefahrträchtigkeit des aufgetretenen Mangels**; auch nach den Umständen, unter denen der Auftraggeber im Rahmen der Zumutbarkeit damit fertig zu werden hat. Immer stellt sich die Frage, ob nicht doch der Auftragnehmer zur Nacherfüllung hätte herangezogen werden können.

58 Gefahr im Verzug kann zu bejahen sein, wenn an einer Fernwärmeanschlussleitung im Winter eine Undichtigkeit auftritt und nach mehrstündiger Suche die schadhafte Schweißstelle gegen 18 Uhr gefunden wird. Dann kann der Auftraggeber auch ohne Beseitigungsaufforderung berechtigt sein, den Schaden durch eigene Leute oder sofort greifbare andere Unternehmer beseitigen zu lassen (OLG

Düsseldorf NJW-RR 1993, 477). Dies ergibt sich auch aus der Schadensminderungspflicht des § 254 BGB.

e) Entfallen des Nacherfüllungsrechts

Der für VOB-Verträge immer schon geltende Grundsatz, dass der Auftragnehmer nach Ablauf einer ihm i.S.d. § 13 Nr. 5 Abs. 1 S. 1 VOB/B gesetzten Frist sein Nachbesserungsrecht verliert, gilt nach einer BGH-Entscheidung vom 27.2.2003 auch für den BGB-Bauvertrag (BGH BauR 2003, 693 = NZBau 2003, 267; abweichend: OLG Hamm Urt. v. 1.2.2005 IBR 2005, 1161). Der Grund für das Entfallen des Rechts ist darin zu sehen, dass der Auftragnehmer zu diesem Zeitpunkt schon zum zweiten Mal vertragsuntreu ist. **59**

5. Art und Umfang des Nacherfüllungsanspruches

a) Nacherfüllung in Verantwortung des Auftragnehmers

Der Begriff Beseitigung des Mangels ist dahin gehend zu verstehen, dass der Auftragnehmer verpflichtet ist, alle Anstalten zu treffen, um die von ihm nach dem jeweiligen Vertrag geschuldete Leistung in allen Einzelheiten und in ihrer Gesamtheit so zu erstellen, wie es nach dem Bauvertrag von ihm zu erwarten ist. Er muss die Leistung in eine Beschaffenheit versetzen, wie sie nach den im betreffenden Vertrag gestellten Anforderungen von ihm verlangt wird. **60**

Allerdings hat der Auftraggeber grundsätzlich keinen Anspruch darauf, dass der Auftragnehmer einen Mangel in bestimmter Weise nachbessert. Vielmehr hat der **Auftragnehmer** bei Fehlen anderweitiger vertraglicher Regelung das **Recht, selbst zu bestimmen, auf welche Weise er den Mangel** mit dem Endziel der Vertragsgerechtheit nachhaltig und dauerhaft **beseitigen will** (BGH BauR 1973, 313; OLG Hamm BauR 1995, 852 = NJW-RR 1996, 273). Etwas anderes kann gelten, wenn dem Auftraggeber unter Berücksichtigung von Treu und Glauben nur eine bestimmte Art der Nacherfüllung zumutbar ist (dazu LG Aachen NJW-RR 1988, 1176). Der Auftragnehmer ist auch zu einer bestimmten Nacherfüllung verpflichtet, wenn er nur durch diese den Mangel nachhaltig beseitigen bzw. den vertraglich geschuldeten Zustand herstellen kann (BGH BauR 1997, 638). Der Auftragnehmer trägt das Risiko seiner Arbeit; daher muss er gewöhnlich auch allein entscheiden können, wie er die Mängel beseitigt (BGH BauR 1976, 430; so auch *Nicklisch/Weick* § 13 VOB/B Rn. 119). **61**

Eine Verurteilung zur Nacherfüllung erfordert regelmäßig die Bezeichnung des Mangels der Leistung, den der Auftragnehmer zu beheben hat. Die Beifügung von Anordnungen, wie die Beseitigung technisch vorzunehmen ist, hat in der Regel zu unterbleiben; es sei denn, dass der Auftragnehmer mit der Beseitigung auf diese Weise einverstanden ist oder sich die Parteien über die Art und Weise der Nacherfüllung streiten. Ist zwischen den Parteien unklar, ob ein mangelhaftes Bauteil auszubessern oder auszuwechseln ist, bedarf diese Frage der gerichtlichen Entscheidung. Für die Notwendigkeit des Auswechselns hat der Auftraggeber die Beweislast (OLG Köln BauR 1977, 275). Gleiches gilt, wenn es sich nicht um Nacherfüllungsarbeiten im eigentlichen Sinne durch Wiederholung der bisher geschuldeten Leistung, sondern um eine dem Auftraggeber zumutbare – gleichwertige – Sanierungsmaßnahme handelt (KG BauR 1981, 380). Insbesondere wenn es darum geht, denkbare weitere Schäden zu verhindern (KG BauR 1981, 380). **62**

Auch erwächst der in einem Prozess vom Auftraggeber lediglich **einredeweise** geltend gemachte Nacherfüllungsanspruch nicht in Rechtskraft und ist nicht vollstreckbar. Deshalb muss in einem späteren Prozess erneut geprüft werden, wie weit die Nacherfüllungspflicht geht (BGH BauR 1976, 430). Eine zwischenzeitlich im Betrieb des Auftragnehmers eingetretene »Produktionsänderung« dahin gehend, dass er sich jetzt entgegen dem Zeitpunkt der »eigentlichen« Ausführung nicht mehr mit der Herstellung des betreffenden – mangelhaften – Leistungsgegenstandes befasst, ändert nichts an der Nacherfüllungspflicht. Notfalls muss er einen anderen Unternehmer mit der Vor- **63** nahme der Nacherfüllung beauftragen (OLG Köln BauR 1971, 129 m. Anm. *Jagenburg* = Betrieb 1971, 717).

b) Beseitigungskosten trägt der Auftragnehmer

64 Die **Beseitigung** hat, wie dies in Nr. 5 Abs. 1 S. 1 zum Ausdruck gekommen ist, grundsätzlich **auf Kosten und zu Lasten des Auftragnehmers** zu erfolgen (zur Frage etwaigen Vorteilsausgleichs siehe unten). Das Verlangen, die mangelhafte Leistung kostenmäßig zu Lasten des Auftragnehmers auszuführen, muss sich aus der Nacherfüllungsaufforderung, zumindest aus den im Zusammenhang mit der Aufforderung gegebenen Umständen zweifelsfrei ergeben. So kann es möglicherweise nicht genügen, wenn der Auftraggeber den Auftragnehmer zur Vornahme einer bestimmten »Reparatur« auffordert, der Auftragnehmer daraufhin ein schriftliches Angebot macht, dabei Preise einsetzt und der Auftragnehmer dann vom Auftraggeber den Auftrag erhält. Dies selbst dann nicht, wenn letzterer dabei zum Ausdruck bringt, es bleibe zu klären, wie die Schadensregelung erfolgen soll. Darin kann u.U. die Erteilung eines vergütungspflichtigen Auftrages an den Auftragnehmer gesehen werden (OLG Düsseldorf BauR 1995, 254 u. BauR 1995, 435 [L] für den Fall, dass der Auftragnehmer seine Gewährleistungspflicht verneint und auf Erteilung eines gesonderten Auftrages besteht, was der Auftraggeber ohne Vorbehalt auch tut). Im Regelfall wird allerdings der Auftragnehmer unzweideutig zum Ausdruck bringen müssen, dass er seine Arbeiten nicht als kostenlose Mängelbeseitigung durchführt (OLG Celle IBR 2003, 240 – auch BauR 2003, 265).

c) Mitwirkungspflicht des Auftraggebers

65 Der Auftraggeber ist verpflichtet, die betreffende Bauleistung dem Auftragnehmer in dem zur Nacherfüllung erforderlichen Umfang zur Verfügung zu stellen. Insbesondere muss er ihm den Zugang bzw. die ungehinderte Nacherfüllungsarbeit ermöglichen. Insofern hat der Auftraggeber eine Mitwirkungspflicht, aus deren Verletzung dem Auftragnehmer Ansprüche aus Nebenpflichtverletzung erwachsen können. Diese führen nach der Differenzlehre dazu, dass dem Auftragnehmer der volle Vergütungsanspruch abzüglich ersparter Nacherfüllungssaufwendungen zusteht. In diesem Zusammenhang ist der Auftraggeber auch verpflichtet, eine vom Auftragnehmer vorgeschlagene geeignete Nachbesserung anzunehmen. Tut er dies nicht, verhält er sich widersprüchlich (BGH Urt. v. 27.11.2003 BauR 2004, 380; BGH 2004, 501). Der Auftraggeber kann insoweit kein Sanierungskonzept vorgeben. Zulässig ist es allerdings offenkundig, untaugliche Sanierungsversuche abzulehnen. Diesbezüglich wird der Auftraggeber die Beweislast tragen. Allerdings wird er im Rahmen der Kooperationspflichten verlangen können, dass der Auftragnehmer auf nachvollziehbare Nachfragen des Auftraggebers reagiert. Beispielsweise dahingehend, warum der Auftragnehmer diese oder jene Maßnahme wählt.

d) Nachbesserung oder Neuherstellung?

66 Die im Einzelfall technisch erforderlichen Anstalten zur Beseitigung des Mangels können begrifflich einmal in der Nacherfüllung im eigentlichen Sinne (Umgestaltung der bisher mangelhaften Leistung in eine vertragsgerechte, ordnungsgemäße), zum anderen in einer völligen Neuherstellung des mangelhaften Leistungsteils bestehen. So umfasst bspw. der Nacherfüllungsanspruch auch die anlässlich fehlerhaft beschichteter Platten dem Besteller entstandenen Aufwendungen für **Demontage** und **Montage**, sowie für **Transport-, Gutachter-** und **Rechtsanwaltskosten**. Es handle sich insoweit um einen Erfüllungs- und nicht um einen Schadensersatzanspruch (BGH NJW-RR 1999, 813; insoweit zu beachten sein wird auch die zur kaufrechtlichen Vorschrift des § 439 Abs. 2 BGB ergangene Entscheidung des OLG Karlsruhes – BauR 2005, 109 – wonach die Aufwendungen um den Ersatz der mangelhaften Sache deren Wert um das 15fache übersteigen können).

67 Insofern geht der hier maßgebliche Mängelanspruch nach dem Werkvertragsrecht des BGB im Ausgangspunkt zunächst nur auf Nachbesserung und nicht auf Neuherstellung der vertraglich übertragenen Gesamtleistung (BGHZ 58, 7 = BauR 1972, 172 = NJW 1972, 530). Fraglich ist, ob bei einem

Bauvertrag sowohl nach BGB als auch nach der VOB/B als Nacherfüllung nicht ausnahmsweise doch die Neuherstellung der Gesamtleistung gefordert werden kann; insbesondere wenn die Leistung völlig unbrauchbar ist. Dies wird zu bejahen sein, wenn eine **Neuherstellung** aus objektiver Sicht erforderlich ist. Zu beachten ist insoweit auch die Gesetzesänderung zum 1.1.2002 (Schuldrechtsmodernisierungsgesetz) – §§ 634 Nr. 1, 635 BGB »Nacherfüllung«. Andere Lösungen müssen für den Auftraggeber unzumutbar sein. So kann der Auftraggeber die gänzliche Erneuerung einer Fassadenbekleidung nur verlangen, wenn sich eine bestmögliche Ausbesserung als unzulänglich erweist. Das trifft u.U. noch nicht zu, wenn geringe Farbtondifferenzen verbleiben, es sich somit um sog. optische Mängel handelt. Gerade bei Einbeziehung der VOB/B kann der Auftraggeber die Bauleistung selten als Ganzes zurückweisen. Vorrangig ist insoweit die Erzielung des Leistungserfolges durch Nachbesserung. Etwas anderes kann gelten, wenn die Voraussetzungen des § 13 Nr. 7 Abs. 2 VOB/B vorliegen (OLG Düsseldorf Urt. v. 29.11.2005 23 U 211/04).

Bei der vorangehend gestellten Frage ist zu unterscheiden: Einmal, der Auftragnehmer will – etwa, um seinen Ruf zu retten – von sich aus die unbrauchbare Leistung neu herstellen. Zum anderen, der Auftragnehmer ist – trotz Angebot des Auftraggebers – zur Neuherstellung nicht bereit. **68**

Im ersten Fall: Es ist dem Auftragnehmer grundsätzlich nicht zu verwehren, selbst die Mangelbeseitigung im Wege der völligen Neuherstellung zu beanspruchen, wenn er dazu bereit ist und es im Übrigen aus anerkennenswerten sachlichen Gründen für zweckmäßig und sinnvoll hält. Unter Umständen kann dies auch aus Kostengründen für ihn geboten sein. Es ist im Einzelfall möglich, dass die Neuherstellung kostengünstiger ist als die etwaige Minderung nach Nr. 6 und/oder ein etwaiger Schadensersatzanspruch des Auftraggebers nach Nr. 7. Die Befugnis zur Neuherstellung hat ihre Grenzen dort, wo der Neuherstellung berechtigte Interessen des Auftraggebers entgegenstehen (vgl. u.a. RGRK-BGB/*Glanzmann* § 633 BGB Rn. 20; RGZ 107, 339). Das ist vor allem auch eine Frage der Zumutbarkeit. Diese im Rahmen des § 633 BGB a.F. (heute: §§ 634 Nr. 1, 635 BGB) entwickelten Gedanken gelten entsprechend auch für einen Bauvertrag nach der VOB/B. **69**

Im zweiten Fall: Können die Mängel nur durch Neuherstellung der Gesamtleistung beseitigt werden und ist der Auftragnehmer hierzu von sich aus nicht bereit, konnte ihn der Auftraggeber dazu gemäß früherer Rechtsprechung nach den Werkvertragsregeln des BGB nicht verpflichten. Die Begründung ging dahin, dass der Auftragnehmer nach der Abnahme der Leistung nur Nachbesserung schulden würde (RGZ 57, 275; 95, 329; 107, 339; BGHZ 26, 337, 340 = NJW 1958, 706). Der Begriff der Nachbesserung setzte nach früherer Ansicht voraus, dass die Bauleistungen in der Regel nachbesserbar seinen. Diese Regel wollte der BGH uneingeschränkt auch auf Bauverträge nach der VOB/B angewendet wissen (NJW 1962, 1569 = VersR 1962, 763). Er hat dazu aber später (BGHZ 42, 232 = NJW 1965, 152) bereits mit Recht ausgeführt: Es bestehen Zweifel, ob die nach dem allgemeinen Werkvertragsrecht geltende Regel, dass im Rahmen der Nachbesserung keine Neuherstellung der Bauleistung verlangt werden kann, wirklich auch bei einem Bauvertrag nach der VOB/B gilt (in jenem Urteil ist die Frage nicht entschieden, sondern offengelassen worden, ebenso später BGHZ 58, 7 = BauR 1972, 172; BGHZ 61, 42, 45 = BauR 1973, 313). **70**

Inzwischen hat der BGH einen weiteren Schritt getan, indem er in Abkehr von der bisherigen Rechtsprechung den Nachbesserungsanspruch (heute: Nacherfüllungsanspruch) des Auftraggebers auch nach Abnahme auf Neuherstellung zulässt. Voraussetzung dafür ist, dass nur auf diese Weise die Mängel nachhaltig zu beseitigen sind. Dabei besteht kein Unterschied, ob es sich um einen nach BGB oder nach VOB/B ausgerichteten Vertrag handelt (BGHZ 96, 111 = BauR 1986, 93). **71**

Dies ist durchaus sachgerecht, zumal es entscheidend sein muss, dass der Auftraggeber letztlich eine taugliche Bauleistung und nicht nur eine mangelhafte Leistung mit einem Ausgleich in Geld (Minderung, Schadensersatz) bekommt. Daran ändert letztlich auch die Wirkung der Abnahme nichts, wodurch sich der Erfüllungsanspruch auf das abgenommene Werk beschränkt. Bei Abnahme vom Auftraggeber erkannte und vorbehaltene Mängel müssen notfalls durch Neuherstellung beseitigt **72** werden. Das kann für die Zeit nach der Abnahme jedenfalls aus Treu und Glauben dann nicht anders sein, wenn sich erst während der Verjährungsfrist herausstellt, dass die Mangelbeseitigung (Nacherfüllung) nur durch Neuherstellung zu erreichen ist. Auch kann der Vertrauensschutz des Auftragnehmers, der eine völlig untaugliche Leistung erbracht hat, durch die Abnahme nicht so weit gehen, dass er fest damit rechnen kann, nunmehr zur Neuherstellung nicht mehr verpflichtet zu werden. Dies alles gilt gleichermaßen sowohl bei einem Bauvertrag, der nach BGB, als auch bei einem solchen, der nach der VOB/B ausgerichtet ist (OLG Hamm BauR 1991, 756 im Falle der Erforderlichkeit umfassender Dachsanierung).

73 Im Übrigen sind die berechtigten Interessen des Auftragnehmers hinreichend dadurch gewahrt, dass eine Neuherstellung nur in dem wirklich gegebenen Ausnahmefall in Betracht kommt, in dem eine Nacherfüllung aus maßgebenden technischen Gründen auf andere Weise nicht erfolgen kann. Hinzu kommt, dass dem Auftragnehmer nach wie vor das Recht eingeräumt ist, die Mangelbeseitigung durch Neuherstellung wegen unverhältnismäßigen, also unzumutbaren Aufwands gemäß § 635 Abs. 3 BGB bzw. § 13 Nr. 6 S. 1 VOB/B zu verweigern (dazu auch BGH BauR 1988, 123). Auch kann es sein, dass selbst die Neuherstellung nach den derzeit anerkannten Regeln der Technik die Mangelbeseitigung nicht erreicht. Dies wäre dann ein Fall des § 275 BGB.

e) Notwendiger Nacherfüllungsaufwand

74 Selbst wenn die Mängelbeseitigungskosten sehr hoch ausfallen, gibt es keinen Grundsatz auf Beschränkung einer objektiven Minderung des Verkehrswertes. Eine wirtschaftliche Betrachtung würde dem Anspruch des Bestellers auf ein mangelfreies Werk nicht gerecht. Die Grenze wird in § 251 Abs. 2 BGB gesehen (BGH BauR 2005, 1014; OLG Karlsruhe BauR 2003, 98). Selbst unnötige Mängelbeseitigungskosten muss der Auftragnehmer ersetzen, wenn dem Auftraggeber kein Auswahlverschulden oder Planungsfehler zuzurechnen sind (OLG Karlsruhe BauR 2005, 440). Soweit der Auftraggeber Sachverständige einschalten muss, sind diese insoweit gerade **nicht** seine **Erfüllungsgehilfen** (OLG Karlsruhe BauR 2005, 879). Ersatzunternehmer des geschädigten Bauherrn handeln insoweit nicht in Erfüllung einer Obliegenheit gegenüber dem schädigenden Bauunternehmer den Schaden möglichst gering zu halten (OLG Celle Urt. v. 11.12.2003 BauR 2004, 1018).

75 Die Pflicht zur Nacherfüllung auf Kosten des Auftragnehmers beschränkt sich möglicherweise nicht nur auf die nach Sachlage nötige Prüfung und Behebung des Mangels an der Leistung selbst und die dabei entstehenden Aufwendungen, beispielsweise Transport-, Wege-, Arbeits- und Materialkosten (§ 635 Abs. 2 BGB); vielmehr kann es sein, dass außerdem noch weiterer Aufwand erforderlich ist. Das gilt insbesondere im Hinblick auf Arbeiten, die notwendig sind, um an die Leistung des verpflichteten Unternehmers und damit an den Mangel technisch überhaupt heranzukommen. Auch hier ist auf die im Kaufrecht angesiedelte Entscheidung des OLG Karlsruhe vom 2.9.2004 zu verweisen, wonach die »Nebenkosten der kaufrechtlichen Nacherfüllung den Kaufpreis um das 15fache übersteigen können (OLG Karlsruhe BauR 2005, 109).

76 Im Rahmen der Nacherfüllung können **Schäden am sonstigen Eigentum des Auftraggebers** entstehen. Diese müssen zugleich mit dem Mangel wieder beseitigt werden (vgl. auch *Eisenmann* Betrieb 1980, 433; KG BauR 1981, 380; OLG Celle BauR 1984, 409; OLG Düsseldorf BauR 1986, 217 für den Bereich des § 887 ZPO; OLG Bamberg BauR 1987, 211, 212; *Nicklisch/Weick* § 13 VOB/B Rn. 120). Hierher gehört alles, was vorbereitend zur Nacherfüllung sowie zur Herstellung des früheren Zustandes nach Nacherfüllung, einschließlich der Beseitigung von Nacherfüllungsspuren, erforderlich ist (BGHZ 96, 221 = BauR 1986, 211, 922 = ZfBR 1986, 67; OLG Celle BauR 1996, 263). Die Grenze ist darin zu sehen, dass an sich nur die Nachbesserung der **eigenen Bauleistung** des Unternehmers verlangt werde kann. Schäden und Aufwendungen, die bei der Mängelbeseitigung zwangsläufig an fremden Bauteilen entstehen, sind im Zweifelsfalle Gegenstand eines Schadensersatzanspruches (OLG Frankfurt Urt. v. 18.3.2002 IBR 2003, 10). Lässt der Unterneher eine ihm gesetzte Frist zur Nacherfüllung fruchtlos verstreichen, hat er dem Auftraggeber nicht nur die Mängelbeseitigungs-

kosten selbst, sondern auch alle Mangelfolgeschäden zu ersetzen. Entschieden für einen Einnahmeausfall von 57.000 €, nachdem die Bewehrung einer schlüsselfertig zu erstellenden Produktionshalle nicht fachgerecht war (OLG Celle Urt. v. 26.8.2004; BGH Beschl. v. 31.3.2005 VII ZR 227/04). Erstattungsfähig sind auch die Kosten eines Privatgutachtens, dass zwar vor Zustellung der Klage, aber in unmittelbarem Zusammenhang mit dem sich bereits andeutenden Rechtsstreit beauftragt wurde (OLG Zweibrücken Beschl. v. 29.1.2004 BauR 2004, 1053 u. BauR 2004, 1491). Dies soll sogar für ein vorprozessual eingeholtes Privatgutachten gelten, wenn dessen Kosten erforderlich waren, um sich ein zuverlässiges Bild über Ursache und Ausmaß des Schadens zu verschaffen (OLG Düsseldorf Urt. v. 30.9.2002 IBR 2003, 672).

Muss der nachbesserungspflichtige Werkunternehmer bei Öffnung eines Daches wegen der Gefahr eindringenden Regens zusätzliche Schutzmaßnahmen einleiten (provisorisches Notdach), soll es sich hierbei nicht um sog. **Sowiesokosten** (**Ohnehinkosten**) handeln. Begründet wird dies damit, dass der AN ansonsten Nebenpflichten verletzen würde, wenn er das Eigentum des AG nicht ausreichend schützt (OLG Celle BauR 2003, 550). Entscheidend ist in diesen Fällen immer die Abgrenzung zwischen dem geschuldeten Werkerfolg und dem Baumangel. Der AN hat insoweit alles zu tun (ohne dass Ohnehinkosten anzusetzen sind), um diesen Werkerfolg herbeizuführen (OLG Celle 2003, 730). **77**

Oftmals sind von der Nacherfüllungspflicht des Auftragnehmers auch notwendige **Leistungen anderer Unternehmer** betroffen (OLG München BauR 1990, 736). Das gilt für den Fall, bei dem es nötig ist, fehlerhafte Arbeiten eines anderen Auftragnehmers zu beseitigen, um die eigene Nacherfüllung des hier in Betracht kommenden Auftragnehmers vornehmen zu können (dazu OLG Hamm NJW-RR 1991, 730; zugleich zu Ansprüchen des nachbessernden Unternehmers gegen den anderen aus Geschäftsführung ohne Auftrag; ebenso OLG Frankfurt Urt. v. 22.6.2004 BauR 2004, 1669). **78**

Hat der Auftragnehmer im Hause des Auftraggebers eine Rohrleitung unter später aufgebrachtem Putz verlegt und ist diese schadhaft, wird es notwendig sein, alles zu entfernen, was den unmittelbaren Zutritt zur schadhaften Stelle verwehrt. Hier muss der Putz, soweit technisch im Hinblick auf die Nacherfüllung notwendig, weggeschlagen und später wieder aufgebracht werden. So können neben der reinen Nacherfüllung als solcher außerdem Mauer-, Putz-, Fliesen-, Maler-, Reinigungs- und Architektenarbeiten zu leisten sein (BGHZ 96, 221 = BauR 1986, 211; OLG Celle BauR 1996, 263) – gegebenenfalls im Wege der Einschaltung anderer Fachleute. Hierfür hat der Auftragnehmer, der die mangelhafte Leistung erbracht hat, aufzukommen. Andernfalls liefe der Auftraggeber Gefahr, die Erfüllung seines Anspruches auf Nacherfüllung mit einer Einbuße seines Vermögens bezahlen zu müssen. Die **Nacherfüllungspflicht des Auftragnehmers** umfasst daher auch die **Beseitigung jeder Beeinträchtigung**, die dem **Eigentum des Auftraggebers** zugefügt werden muss, um die Behebung des Mangels selbst zu ermöglichen. **79**

Die **Verpflichtung** zur späteren **Beseitigung von Nacherfüllungsspuren** ist, weil sie einen Teil der in § 13 Nr. 5 Abs. 1 S. 1 VOB/B festgelegten Nacherfüllungspflicht bildet, **unabhängig** von den **Voraussetzungen,** unter denen dem Auftraggeber ein **Schadensersatzanspruch** gegen den Auftragnehmer zusteht. Sie besteht daher auch, wenn der Auftraggeber keinen Schadensersatz nach § 13 Nr. 7 VOB/B verlangen kann. Da sie untrennbar mit der Pflicht zur Behebung des Werkmangels verbunden ist, muss sie ebenso wie diese selbst als eine Belastung angesehen werden. Sie zählt zu dem **verschuldensunabhängigen vertraglichen Mängelhaftungs- und Erfüllungsaufwand** des Auftragnehmers. Deshalb scheidet auch eine Deckung des zusätzlich erforderlichen Aufwandes durch die Haftpflichtversicherung des Auftragnehmers aus (BGH NJW 1963, 811 und hinsichtlich der Nacherfüllungspflicht bei Bauverträgen nach dem BGB NJW 1963, 805; BGH BauR 1979, 333). **80**

Nach dem Gesagten rechnen zu den vom Auftragnehmer zu tragenden bzw. zu ersetzenden Nacherfüllungskosten bei der Nacherfüllung von Isolierungsarbeiten auch die dazu nötigen Nebenarbei- **81** ten; beispielsweise Ausbau der Türen, der Ölheizung, des Öltanks, der Kellertreppen, Abmontieren und Wiederanbringen der Elektroanschlüsse sowie Anpassen und Wiedereinbau der Kellertüren (BGH WM 1972, 800); bei der Nacherfüllung von Rohrleitungen das Aufspüren der Schadstellen, Aufreißen der Straßendecke, Aufgraben des Erdreichs bis zur Rohrleitung, Freilegung der Leckstellen der Rohre durch Entfernen der Isolierung, Verfüllen des Rohrgrabens, Verdichten des Erdreichs, Wiederherstellung der im Zuge der Nacherfüllung aufgerissenen Straßendecke (BGHZ 58, 332, 339 = BauR 1972, 311). Hinzuzurechnen ist eine etwa erforderliche Abtragung von mit Öl verseuchtem Erdreichs (OLG München BauR 1990, 736).

82 Ebenso gilt dies, wenn Asphaltschichten zwecks Nacherfüllung entfernt und im Anschluss an die Nacherfüllung der Fahrbahnisolierung wieder aufgetragen werden müssen (BGH BauR 1975, 130, 133). Zur Beseitigung von undichten Stellen an unter dem Estrich verlegten Heizrohren rechnen Entfernen des Teppichbodens, Aufstemmen des Estrichs, Ausräumen der Perlitschüttung, Abtransport des Bauschutts, Verlegung neuen Estrichs/neuen Teppichbodens und Malerarbeiten. **Voraussetzung** ist allerdings, dass diese **durch die Nacherfüllung veranlasst** werden. Auch zählen hierzu **sonstige Nebenkosten**, z.B. Telefonkosten zur Vorbereitung und Durchführung der Nacherfüllung (BGH BauR 1979, 333; NJW 1979, 2095). Davon zu unterscheiden und nicht hierher zu rechnen sind wiederum Kosten, die zur Vorbereitung eines Rechtsstreites anfallen, wie z.B. Fotokosten (BGH BauR 1979, 333 = NJW 1979, 2095).

83 Zusammenfassend hat der Bauherr Anspruch auf Erstattung aller durch die Mängelbeseitigung entstandenen Kosten bzw. auch Beseitigung aller Schäden. Die Grenze ist darin zu sehen, dass die abgerechneten **Maßnahmen zur Mängelbeseitigung notwendig sein müssen**. Alle Reparaturen, die der Auftraggeber im Sinne einer **ex ante-Betrachtung** zum Zeitpunkt der Mängelbeseitigung als »vernünftig wirtschaftlich denkender Bauherr aufgrund fachlicher, sachkundiger Beratung aufwenden musste, sind erstattungsfähig. Unter mehreren Maßnahmen kann der Auftraggeber die sicherste wählen Es genügt, dass er die nachfolgenden Unternehmer sorgfältig auswählt. Der Auftraggeber kann also nicht nur die angemessenen durchschnittlichen Kosten ersetzt verlangen, sondern sein Erstattungsanspruch ist erst dann gemindert (und auch nicht ausgeschlossen), wenn die Grenzen der Erforderlichkeit eindeutig überschritten sind oder er bei der Auswahl der Folgeunternehmer seine Schadensminderungspflicht verletzt hätte. Wählt er aber solche Folgeunternehmer auf dem freien Markt aus, so spricht der Anscheinsbeweis für eine ordentliche Auswahl.« – So die perfekte Formulierung des OLG Bamberg (Urt. v. 1.4.2005 6 U 42/04). Insbesondere muss der Besteller sich nicht darauf verweisen lassen, dass der durch eine nicht vertragsgemäße Nachbesserung verbleibende Minderwert durch einen Minderungsvertrag abgegolten wird (BGH Urt. v. 27.3.2003 BauR 2003, 1209). Das Ergebnis der Mangelbeseitigung muss der geschuldeten Werkleistung entsprechen. **Billiglösungen** muss der Bauherr nicht hinnehmen. So muss er beispielsweise bei einem schadhaften Innenputz an einem Wohngebäude nicht akzeptieren, dass der Unternehmer als Ersatz für die ansonsten notwendige Neuherstellung eine Gipskartonplatte aufbringt. Allerdings liegt in dem Anbieten einer Billiglösung seitens des Auftragnehmers noch keine entgültige Erfüllungsverweigerung (OLG Hamm Urt. v. 25.5.2005 25 U 117/04).

f) Anlässlich Nacherfüllung anfallende Architekten- und Ingenieurkosten

84 Zu den Nacherfüllungskosten können auch Vergütungen zählen, die der Auftraggeber an den von ihm beschäftigten Architekten oder Ingenieur für Planungs- und Aufsichtsleistungen im Rahmen der Nacherfüllung zu zahlen hat. Dies setzt allerdings voraus, dass der Architekt bzw. Ingenieur einen über seine ohnehin gegebenen vertraglichen Honoraransprüche hinausgehenden, auf Nacherfüllungsarbeiten bezogenen Vergütungsanspruch gegen den Auftraggeber besitzt. Das ist jedenfalls nach der HOAI (§ 15 Abs. 2, Leistungsphase 8 oder 9) im Allgemeinen bei üblichen, keiner besonderen Planung bedürftigen Nacherfüllungsleistungen nicht der Fall. Selbst wenn diese aber im Einzelfall notwendig ist, ist ein besonderer Honoraranspruch des Architekten zu verneinen, wenn der

nachzubessernde Baumangel teilweise – also auch – auf einer Fehlleistung des Architekten beruht – dieser deswegen dem Auftraggeber neben dem Auftragnehmer Nacherfüllung bzw. eine Mitwirkung dabei schuldet (BGH MDR 1967, 833; OLG Nürnberg SFH Z 3.012 Bl. 2). Nur dann, wenn der Architekt auf keinen Fall Mitverursacher und Mitverantwortlicher des entstandenen Baumangels ist, ist seine Leistung aus Anlass der Nacherfüllung im vorangehend gekennzeichneten Rahmen besonders zu vergüten.

Beschäftigt der Auftraggeber für die Nacherfüllung einen anderen Architekten, so kann er die diesem geschuldeten Kosten nur dann vom Auftragnehmer erstattet verlangen, wenn den bisherigen Architekten keine Mitverantwortlichkeit trifft. Andernfalls ist es ihm zuzumuten, den bisherigen Architekten zur – kostenlosen – Mitwirkung bei der Nacherfüllung anzuhalten. Ist das ausnahmsweise – etwa wegen groben Fehlverhaltens dieses Architekten – nicht zumutbar oder möglich, so kann der Auftraggeber die hier erörterten Kosten seines späteren Architekten zunächst unter Schadenersatzgesichtspunkten erstattet verlangen. Die Frage ist, ob er sie zusätzlich auch von dem mangelhaft arbeitenden Auftragnehmer fordern kann. Dies wird zu bejahen sein, wenn entsprechende Planungs- oder Überwachungsleistungen im Rahmen der Nacherfüllung erforderlich werden. Dabei ist allerdings weiter zu berücksichtigen, dass diese Architekten-/Ingenieurleistungen an sich zur gesamten Mangelbeseitigungsleistung des Unternehmers gehören. Somit könnte auch dieser einen Anspruch auf Erbringung dieser Leistung durch sich geltend machen. Dem wiederum wäre entgegenzuhalten, dass dieser Leistungsbereich vom Ausgangssachverhalt her von einem Architekten-/Ingenieur teilweise als Erfüllungsgehilfe (zu trennen nach Planungs- u. Überwachungsleistungen) des Auftraggebers zu erbringen war. Insoweit muss es dem Auftraggeber gestattet sein, auch im Rahmen der Nacherfüllung wiederum einen Architekten-/Ingenieur seines Vertrauens einzuschalten. **85**

Gleiches muss auch im Hinblick auf im Rahmen der Nacherfüllung erforderliche Tätigkeiten von Sonderfachleuten, wie Tragwerksplaner, Heizungsingenieure, sonstige Sachverständige usw., gelten. **86**

g) Grenzen des Nacherfüllungsanspruchs

Andererseits, und damit findet der oben umrissene Bereich der Nacherfüllung und des damit verbundenen, vom Auftragnehmer ohnehin zu tragenden Aufwandes seine Grenze, erfasst die Nacherfüllung nur die zur Mangelbeseitigung erforderlichen Arbeiten und Vorkehrungen selbst. Dabei kann die Nacherfüllungspflicht des Auftragnehmers ausnahmsweise auch Bereiche erfassen, die andere Bauwerke betreffen. Dies muss erforderlich sein, um die dem Auftraggeber gegenüber bestehenden Leistungspflichten zu erfüllen, wobei es auf die jeweilige Vertragsgestaltung ankommt. So können Mängelansprüche des Erwerbers eines im sog. Gartenhofstil errichteten Hauses auch auf Nacherfüllung der den Gartenhof umschließenden Außenwände der Nachbarhäuser gerichtet sein. Insoweit kann es Sache des Auftragnehmers sein, mit den Nachbarn von vornherein entsprechende werkvertragliche Regelungen zu treffen (dazu BGH BauR 1988, 461). **87**

Die vom Auftragnehmer zu tragenden Kosten beschränken sich im Regelfall aber auf den von ihm **zu verantwortenden Leistungsbereich**, gehen also nicht darüber hinaus. Wird bei der Prüfung eines Mangels festgestellt, dass dieser nicht in den vom betreffenden Auftragnehmer vertraglich geschuldeten Rahmen fällt, so hat er grundsätzlich die damit verbundenen Kosten nicht zu tragen (LG Hamburg NJW-RR 1992, 1301). Bessert er im Einvernehmen mit dem Auftraggeber in anderer Weise nach, so muss dies mangelfrei sein; insofern kann von bloßer »Kulanz« des Auftragnehmers nicht die Rede sein (BGHZ 99, 160 = BauR 1987, 205 = NJW 1987, 837). Zu einem anderen Ergebnis kommt man in Fällen, wenn mehrere Auftragnehmer mit unterschiedlichen Gewerken zur Entstehung es Mangels beigetragen haben. Der BGH spricht insoweit von einer taktischen Verbundenheit der betroffenen Gewerke. Wegen der damit vorliegenden gesamtschuldnerischen Haftung ist es gerechtfertigt, dass der Auftraggeber nur einen von verschiedenen Aufragnehmern für die gesamten Sanierungskosten in Anspruch nimmt. Voraussetzung ist, dass die Mängel wirtschaftlich sinnvoll nur auf eine einzige Weise beseitigt werden können. Der jeweils in Anspruch genommene Auftrag- **88** nehmer hat dann Rückgriffsansprüche im Wege des Gesamtschuldnerausgleiches gegen die anderen Unternehmer. Hier wird er unter Umständen Streitverkündungen aussprechen müssen, um eine Verjährungshemmung einzuleiten (BGH BauR 2003, 1379; OLG Frankfurt BauR 2004,1669; OLG Stuttgart IBR 2005, 312; OLG Stuttgart ZfBR 2004, 59).

89 Von den Nacherfüllungskosten im eigentlichen Sinn sind nicht Behinderungen und Verluste erfasst, die aus Anlass der Nacherfüllung am sonstigen Vermögen des Auftraggebers auftreten. Somit werden durch die Nacherfüllungspflicht des Auftragnehmers auch nicht jene Schäden des Auftraggebers berührt, die an anderen Bauteilen oder **am sonstigen Eigentum** des Auftraggebers entstehen (BGHZ 96, 221 = BauR 1986, 211 für den Fall des Entstehens von Schäden an einer Spundwand, die Folgeschäden des Mangels sind und von der Nachbesserungspflicht des Auftragnehmers nicht erfasst werden). Hierzu zählt z.B. auch der durch die Nichtbenutzung einer Bowlingbahn während der Nachbesserungsarbeiten dem Auftraggeber entgehende Gewinn (BGHZ 72, 31 = BauR 1978, 402 = SFH § 635 BGB Nr. 6; dazu auch BGH BauR 1979, 159). Das Gesagte gilt auch für Kosten eines Vorprozesses, die der Auftraggeber wegen der Mängel zunächst vergeblich aufgewendet hat; z.B. der Hauptunternehmer gegenüber dem Auftraggeber, wenn der Nachunternehmer von ihm nunmehr auf Nacherfüllung in Anspruch genommen wird, oder der Bauträger gegenüber den Erwerbern, wenn es sich herausgestellt hat, dass der Auftragnehmer Mängel verursacht hat, die zunächst zu beseitigen sind. Allerdings muss der Auftragnehmer im Vorprozess in dem für ihn zumutbaren Maß mit Recht davon ausgegangen sein, dass die Leistung mangelfrei ist; z.B. nach Einholung eines Privatgutachtens oder gar der Durchführung eines selbstständigen Beweisverfahrens.

90 Gleiches gilt auch für Sachverständigenkosten, die für die Feststellung des Mangels erforderlich wurden (vgl. u.a. OLG München BauR 1990, 736). Die angeführten Nachteile gehören vielmehr zu dem Schadensersatzanspruch nach § 13 Nr. 7 VOB/B. Diese vom BGH für den Bereich der §§ 633 und 635 BGB a.F. (heute: § 635 und § 280 BGB) vorgenommene Abgrenzung gilt gleichermaßen für das Verhältnis von § 13 Nr. 5 zu § 13 Nr. 7 VOB/B (ebenso BGHZ 96, 221 = BauR 1986, 211= NJW 1986, 922).

91 Hat der Auftraggeber seine Pflichten gemäß § 4 Nr. 3, § 13 Nr. 3 VOB/B verletzt, der Auftragnehmer dagegen nicht, hat der Mangel somit seinen Ursprung im Auftraggeberbereich, so besteht die Nacherfüllungs- und damit die Kostentragungspflicht des Auftragnehmers nicht über den ursprünglichen Vertragsumfang hinaus. Daher schuldet der Auftragnehmer im Bereich der Nacherfüllung nicht Nachholung einer etwaigen Fehlplanung des Architekten oder Ingenieurs; auch nicht die Kosten der Neubeschaffung von Stoffen oder Bauteilen, die vom Auftraggeber gemäß vertraglicher Absprache beschafft (beigestellt) worden sind. Gleiches gilt hinsichtlich der Kosten für die Beseitigung fehlerhafter Vorleistungen anderer Unternehmer (dazu auch BGH BB 1976, 1433, 1434 = BauR 1976, 430).

h) Abweichende Vereinbarungen

92 Der vom Auftragnehmer geschuldete Nacherfüllungsaufwand kann in Individualverträgen eingeschränkt werden. § 635 Abs. 2 BGB ist insoweit dispositives Recht. In AGB – insbesondere Zusätzlichen Vertragsbedingungen – ist eine entsprechende Klausel jedoch regelmäßig gemäß § 309 Nr. 8b) cc) BGB (§ 11 Nr. 10c AGB-Gesetz a.F.) unwirksam. Das gilt nach § 307 BGB (§ 9 AGB-Gesetz a.F.) auch für den kaufmännischen Bereich, sofern der Vertragspartner zur Tragung eines beachtlichen Teils des Nacherfüllungsaufwandes verpflichtet werden soll (BGH BauR 1981, 378 = NJW 1981, 1510).

93 Vereinbaren die Vertragspartner eine bestimmte Art und Weise der Nacherfüllung, die letztlich nicht zur Herstellung der ursprünglich geschuldeten Leistung führt (z.B. Aufbringung eines zweilagigen Außenputzes mit Gewebeeinlage und Außenanstrich auf eine wegen Fehlens von Schlagregendichtigkeit mangelhafte Klinkerfassade), so kann der Auftraggeber von der Vereinbarung einer solchen

Ersatzlösung nach § 323 BGB zurücktreten, wenn der Auftragnehmer seine Verpflichtung nicht innerhalb der vereinbarten Frist und auch nicht innerhalb einer ihm gesetzten Nachfrist erfüllt. Insoweit wird man eine außerhalb des Mängelsystems der VOB/B liegende nach dem BGB zu beurteilende **Vereinbarung** anzunehmen haben. **Tritt** der Auftraggeber von dieser **zurück**, leben seine **ursprünglichen VOB/B-Mängelansprüche** wieder auf. Er erhält die Kosten erstattet, bzw. er kann Vorschuss in einer Höhe verlangen, die nötig ist, um eine mängelfreie Klinkerfassade zu erhalten; evtl. auch zur Errichtung einer vorgesetzten Fassade, wenn diese Kosten nicht höher sind als die Kosten des Abbruches der mangelhaften und der Errichtung einer neuen Klinkerfassade (OLG Düsseldorf BauR 1994, 373 = NJW-RR 1994, 719).

Die Vertragsparteien konnten die noch laufende Frist mit Ablehnungsandrohung zur Mängelbeseitigung einverständlich aufheben, um die anstehende Rechtsfolge des Erlöschens des Mängelbeseitigungsanspruches zu stoppen. Selbst wenn eine Frist bereits fruchtlos abgelaufen ist, können die Vertragsparteien die Mängelbeseitigungsansprüche wieder aufleben lassen. Diese Entscheidung des OLG Stuttgart zu §§ 633 ff. BGB a.F. gilt auch für das neue Recht (OLG Stuttgart Urt. v. 29.3. 2005 IBR 2005, 422). Zur Frage der Zulässigkeit der Vereinbarungen von Ausschlussfristen für die Anzeige von Mängeln, vgl. *Zirkel* NZBau 2006, 412 ff. Problematisch können entsprechende Vereinbarungen im Zusammenhang mit späterer **Insolvenz** sein. Vergleicht sich insoweit ein Bauunternehmer, der ein nachbesserungsbedürftiges Werk abgeliefert hat und sein Auftraggeber über die Höhe des geschuldeten Werklohns in der Weise, dass dieser unter Verzicht auf eine Nachbesserung ermäßigt wird, kann anfechtungsrechtlich in dem Verzicht auf die weitergehende Forderung ein inkongruentes Deckungsgeschäft liegen (BGH Urt. v. 13.5.2004 BauR 2004, 1448). Abfindungsvergleiche spielen insoweit in der Praxis eine große Rolle. Sie sind deshalb so gefährlich, weil der Anfechtungsgegner später die Beweislast hat, dass eine inkondruente Deckung nicht vorlag. Hierfür muss er nachweisen können, dass er davon ausgegangen ist, er könnte alle seine Gläubiger befriedigen. Ersatzweise kann der Nachweis genügen, dass die angefochtende Rechtshandlung für den Anfechtungsgläubiger von Vorteil war (BGH Urt. v. 11.3.2004 IX ZR 160/02).

6. Schriftliches Nachbesserungsverlangen

Nach dem Wortlaut der Nr. 5 Abs. 1 S. 1 muss das Nacherfüllungsverlangen des Auftraggebers schriftlich gestellt werden. Dabei ist zu fragen, welche Bedeutung diese Forderung nach der Schriftform hat.

a) Schriftform nicht erforderlich für Nacherfüllungsanspruch

Es ist nicht so, dass die Einhaltung der Schriftform grundlegendes Wesensmerkmal für die Entstehung des Nacherfüllungsanspruchs als solchem ist. Auch kann nicht davon ausgegangen werden, dass lediglich die schriftliche Geltendmachung des Nacherfüllungsanspruches eine ordnungsgemäße und den Auftragnehmer verpflichtende Aufforderung enthält (a.A. früher OLG Hamburg SFH Z 2.414 Bl. 10 ff.). Das Nacherfüllungsverlangen nach Nr. 5 Abs. 1 S. 1 ist in Wirklichkeit nichts anderes als die Aufforderung des Auftraggebers an den Auftragnehmer zur endlich ordnungsgemäßen Erfüllung seiner bauvertraglichen Pflichten. Die nachträgliche Erfüllungspflicht im Rahmen der Mängelhaftung ist praktisch die gleiche, wie sie nach dem Bauvertrag für den Auftragnehmer von Anfang an bestanden hat. Es wäre nicht sinnvoll, wenn man für die gleiche Verpflichtung **bis zur Abnahme** der Leistung keine Form, von diesem Zeitpunkt ab aber die Schriftform verlangen würde. Deshalb ist sowohl das Entstehen der Pflicht des Auftragnehmers zur Nacherfüllung, als auch die darauf beruhende Verpflichtung zum Handeln nicht von der Einhaltung der Schriftform abhängig (ebenso *Schmidt* MDR 1963, 264, 265 f., vor allem BGH BB 1958, 1272; BGHZ 58, 332 = BauR 1972, 311 = NJW 1972, 1280). Insoweit **genügt** auch die **mündliche Nacherfüllungsaufforderung** des Auftraggebers.

97 Die in Nr. 5 Abs. 1 S. 1 erwähnte Schriftform kann daher allgemein (Umkehrschluss aus § 125 S. 2 BGB) für den gekennzeichneten Rahmen nur ein vertraglich festgesetztes Gebot sein, das man möglichst beachten soll. Seine Nichteinhaltung darf den Auftraggeber in seinen Nacherfüllungsrechten aber nicht beeinträchtigen. Ihm ist jedoch dringend anzuraten, die Schriftform einzuhalten, insbesondere aus Gründen des Beweises einer ordnungsgemäßen Nacherfüllungsaufforderung bei einer späteren Auseinandersetzung. Ist in **Besonderen** oder **Zusätzlichen Vertragsbedingungen** des Auftragnehmers über die hier erörterte Regelung hinaus festgelegt, dass die **Schriftform Wirksamkeitsvoraussetzung** für eine ordnungsgemäße Mängelrüge sein soll, so ist die **VOB/B nicht mehr als Ganzes** vereinbart. Hierzu sei auf § 309 Nr. 13 BGB (§ 11 Nr. 16 AGB-Gesetz a.F.) hingewiesen.

b) Schriftform anspruchbegründend für Neubeginn der Verjährung

98 Die in Nr. 5 Abs. 1 S. 1 erwähnte Schriftform hat entscheidende Bedeutung für die in Nr. 4 geregelte Verjährungsfrist der Mangelansprüche. Die Einhaltung der Schriftform bewirkt einen gewissen Ausgleich für die in Nr. 4 im Verhältnis zu den gesetzlichen Fristen festgelegte Verkürzung der Verjährung der Mängelansprüche bei Fehlen anderweitiger Vereinbarung. Dieser von der Rechtsprechung des Bundesgerichtshofs entwickelte Gedanke hat in § 13 Nr. 5 Abs. 1 S. 2 VOB/B seinen Niederschlag gefunden.

99 Die allgemeinen Vorschriften des BGB über die Hemmung oder Neubeginn der Verjährung (früher: Unterbrechung) sehen an sich keinen Fall vor, in dem die schriftliche Mangelrüge den Ablauf der Verjährung über die Zeit der Prüfung des angezeigten Mangels hinaus hemmt oder die Verjährung durch die bloße Mangelanzeige unterbricht. Da bei der für den Bauvertrag nach der VOB/B abgekürzten Frist ein Mangel erst kurz vor dem Ablauf der Verjährung eintreten kann, erschien es geboten, dem Auftraggeber die Möglichkeit zu verschaffen, sein Recht auf Nacherfüllung auch über die bisher laufende Verjährungsfrist hinaus zu wahren. Dabei sollte er nicht gezwungen werden, zu den allgemeinen gesetzlichen Mitteln greifen zu müssen (Hemmung oder Neubeginn der Verjährung). Deshalb kommt der **schriftlichen Aufforderung** und dem schriftlichen Verlangen nach Nr. 5 Abs. 1 S. 1 **rechtsbegründende Bedeutung** zu. So wahrt sie den Nacherfüllungsanspruch des Auftraggebers über die Vollendung der Verjährung hinaus. Der Auftragnehmer ist nach Ablauf der bisherigen Verjährungsfrist gehindert, die Einrede der Verjährung zu erheben. Das gilt auch für die übrigen Mängelansprüche (vgl. u.a. BGHZ 59, 202 = BauR 1972, 308).

100 Der Auftraggeber kann bis zur Beseitigung des gerügten Mangels die Einrede des nichterfüllten Vertrages geltend machen; insbesondere die Bezahlung der Vergütung verweigern (KG SFH Z 2.410 Bl. 21 ff.). Außerdem kann er auch noch gemäß den Voraussetzungen von Nr. 5 Abs. 2 (Selbstvornahme) vorgehen. Unabweisbare Bedingung hierfür ist, dass das schriftliche Nacherfüllungsverlangen form- und fristgerecht sowie mit dem notwendigen Inhalt – nicht durch bloße auf das Gesamtbauwerk bezogene Allgemeinangaben (OLG Köln BauR 1972, 240; LG Münster MDR 1971, 758) – noch **vor Vollendung der Verjährung gestellt** und dem Auftragnehmer **zugegangen** ist. Die **Schriftform** ist **keine bloße Formsache**, sondern nach dem der vertraglichen Vereinbarung zugrundeliegenden Willen der Partner **Wirksamkeitsvoraussetzung** für die Durchsetzbarkeit des Nacherfüllungsanspruches. Hält der Auftraggeber die Schriftform nicht ein, setzt er sich der Gefahr aus, dass der Auftragnehmer zu Recht die Einrede der Verjährung erhebt (BGH NJW 1959, 142 = MDR 1959, 119).

101 § 13 Nr. 5 Abs. 1 S. 2 VOB/B eröffnet dem Auftraggeber immer nur einmal die Möglichkeit, durch eine schriftliche Aufforderung zur Mängelbeseitigung die Verjährung zu verlängern (BGH IBR 1990, 500 u. OLG Karlsruhe Urt. v. 23.9.2003 IBR 2004, 66). Zu beachten ist dabei, dass das schriftliche Mängelbeseitigungsverlangen die Verjährung auch anderer Ansprüche aus § 13 VOB/B verlängert (Kostenvorschuss-, Kostenerstattungs- und Schadensersatzansprüche).

c) Abnahme der Mängelbeseitigungsleistungen

Die Zweijahresfrist des § 13 Nr. 5 Abs. 1 S. 3 beginnt erst mit ausdrücklicher Abnahme der Mängelbeseitigungsleistungen durch den AG, allein die Beseitigung der Mängel durch den AN ist hierfür nicht ausreichend (OLG Saarbrücken Urt. v. 24.6.2003 IBR 2005, 419). Nach Abnahme der Mängelbeseitigungsleistungen iS des § 13 Nr. 5 Abs. 1 S. 3 ist eine Gewährleistungsbürgschaft Zug-um-Zug gegen eine Austauschbürgschaft herauszugeben (letztere nur in Höhe der nachgebesserten Leistungen – KG BauR 2004, 1463).

102

d) Verjährungsfristen nach BGB und VOB/B

Fraglich ist das Verhältnis zwischen der Wirkung des § 13 Nr. 5 Abs. 1 S. 2/3 VOB/B und § 212 BGB. Dies wurde oben bereits unter VIII, 5, c,ee angesprochen. Zieht man allein das BGB heran und sieht man in der Mängelbeseitigung des Auftragnehmers regelmäßig ein Anerkenntnis i.S.d. § 212 BGB, würde von diesem Zeitpunkt an die Verjährung erneut laufen. Frage ist allerdings, mit welcher Frist. § 212 BGB spricht nur von einem »Neubeginn«. Ist damit »automatisch« die gesetzliche Frist gemeint oder eine vereinbarte Frist? Der BGH geht bei Vereinbarung der VOB/B § 13 Nr. 5 Abs. 1 S. 2 davon aus, dass nach Anerkenntnis eines Mangels nicht die gesetzliche, sondern die vereinbarte Frist erneut zu laufen beginnt (BGH BauR 2005, 710). Dies soll bei Vereinbarung der VOB/B die Frist nach § 13 Nr. 4 Abs. 1 S. 1 VOB/B, sofern eine davon abweichende Verjährungsregelung getroffen wurde, diese vereinbarte Frist sein. Entgegen der Vorinstanz in dieser Entscheidung (OLG Celle BauR 2004, 1460) soll nach Ansicht des BGH jedoch kein Neubeginn der Frist des § 13 Nr. 5 Abs. 1 S. 2 VOB/B erfolgen, sondern die anstelle von § 13 Nr. 4 Abs. 1 S. 1 VOB/B in S. 2 vereinbarte Frist (im Fall BGH BauR 2005, 710 eine Frist von fünf Jahren). Handelt es sich um einen Fall der Abnahme einer Mängelbeseitigungsleistung, muss die vereinbarte Frist des § 13 Nr. 5 Abs. 1 S. 3 VOB/B gelten.

103

Frage ist, welche Konsequenzen entstehen, wenn ein fehlgeschlagener Nacherfüllungsversuch des Auftragnehmers vorliegt. Entschieden wurde für das Kaufrecht, dass insoweit keine neue Verjährungsfrist zu laufen beginnt. Etwas anderes würde wiederrum nur gelten, wenn ein Anerkenntnis vorliegen würde. Entsprechendes wurde abgelehnt, weil der Verkäufer, die Nacherfüllungsleistung nur aus Kulanz erbracht hatte (OLG Celle Urt. v. 20.6.2006 IBR 2006, 492). Insoweit kann die Regelung des § 13 Nr. 5 Abs. 1 S. 2 VOB/B für die baurechtliche Praxis doch ein imense Bedeutung haben – vorausgesetzt sie ist AGB-fest.

104

7. Verhältnis von Nacherfüllung (Nr. 5) zu Minderung (Nr. 6) und Schadensersatz (Nr. 7)

Für das Verhältnis von Nacherfüllung (Nr. 5) zu Minderung (Nr. 6) und Schadensersatz (Nr. 7) gilt:

105

Ist die Beseitigung des Mangels nicht möglich und verlangt der Auftraggeber deshalb keine Neuherstellung, oder liegen die sonst in Nr. 6 geregelten Voraussetzungen vor, so gilt anstelle des Nacherfüllungsanspruches ersatzweise der dort festgelegte Minderungsanspruch des Auftraggebers. Sofern die Nacherfüllung einen unverhältnismäßig hohen Aufwand erfordern würde, kommt eine Minderung nur in Betracht, wenn der Auftragnehmer deswegen die Nacherfüllung verweigert. Solange dies nicht geschieht, kann sich der Auftraggeber auf sein Nacherfüllungsrecht berufen (zur Frage, wann ein »zu hoher« Aufwand vorliegt und welche Kriterien dabei zu beachten sind, siehe unten und BGH BauR 1996, 858 = NJW 1996, 3269 = ZfBR 1996, 313).

106

Sind die Voraussetzungen gegeben, nach denen der Auftraggeber gemäß Nr. 7 einen Schadensersatzanspruch gegenüber dem Auftragnehmer geltend machen kann, sind die Ansprüche insofern voneinander unabhängig. Dies insoweit, als der **Schadensersatzanspruch** einen **zusätzlichen Mängelanspruch** darstellt. Allerdings **begrenzt** darauf, soweit der Schaden durch die Nacherfüllung oder gegebenenfalls eine Minderung noch nicht behoben ist. Umgekehrt: Der Nacherfüllungsanspruch geht allein durch das Bestehen eines Schadensersatzanspruches nicht verloren. Das Gleiche hat

107

auch für das Verhältnis des Minderungsanspruches nach Nr. 6 zum Schadensersatzanspruch nach Nr. 7 zu gelten.

108 Hat der Auftraggeber objektiv anerkennenswerte Bedenken, ob eine Nacherfüllung überhaupt möglich ist oder ob durch die Nacherfüllung der infolge des Mangels entstandene Schaden ganz behoben wird, so kann er **neben dem Nacherfüllungsanspruch hilfsweise Minderung** oder/und **Schadensersatz** geltend machen (BGH BB 1963, 995 = SFH Z 2.414 Bl. 127).

VII. Die Mangelbeseitigung auf Veranlassung des Auftraggebers (§ 13 Nr. 5 Abs. 2 VOB/B)

1. Ausgangspunkt/Abgrenzung zum BGB

109 § 13 Nr. 5 Abs. 2 VOB/B regelt den Fall, in dem der Auftragnehmer trotz nach Absatz 1 gegebener Verpflichtung seiner vertraglichen Nacherfüllungspflicht nicht oder nicht rechtzeitig nachkommt. Aus diesem Grunde wird dem Auftraggeber ein Selbsthilferecht im Hinblick auf die erforderliche Nacherfüllung eingeräumt. Diese Befugnis hat ihre gesetzliche Grundlage in § 637 BGB. **§ 13 Nr. 5 Abs. 2 VOB/B stimmt mit § 637 BGB überein**. Die hier erörterten Grundsätze gelten sinngemäß auch für das Selbsthilferecht des Auftraggebers nach § 887 ZPO (Ersatzvornahme bei vertretbaren Handlungen) im Bereich der Zwangsvollstreckung (OLG Düsseldorf BauR 1978, 503).

110 Sind die Voraussetzungen von § 13 Nr. 5 Abs. 2 VOB/B im Einzelfall gegeben (dazu siehe unten), so hat der Auftragnehmer für sich selbst kein Nacherfüllungsrecht mehr. Erklärt er seine Nacherfüllungsbereitschaft erst nachträglich, so ist diese für ihn rechtlich nicht mehr durchsetzbar, vielmehr ist sie allein von einer etwaigen Zustimmung des Auftraggebers abhängig (OLG Düsseldorf BauR 1980, 75; OLG München SFH § 635 BGB Nr. 57; KG BauR 1990, 472). Dieser ist hierzu nicht verpflichtet. Für den Bereich des § 634 BGB a.F. wurde entschieden, dass der Verzug des Unternehmers mit der Mangelbeseitigung entfällt, wenn er dem Besteller die Nacherfüllung in einer den Annahmeverzug begründenden Weise anbietet (OLG Düsseldorf BauR 1999, 1030 = NJW-RR 1999, 1396). Dies wurde bis zum 27.2.2003 für den BGB-Vertrag anders gesehen. In diesem ging man davon aus, dass allein durch den Fristablauf bezüglich der Mängelbeseitigungsaufforderung das Recht des Unternehmers zur Nacherfüllung noch nicht erloschen war. Dies sollte erst mit Verzug der Fall sein. Unter dem genannten Datum hat der BGH entschieden, dass der Auftraggeber nach fruchtlosem Ablauf der dem Auftragnehmer zur Nacherfüllung gesetzten Frist auch im BGB-Bauwerksvertrag nicht mehr verpflichtet ist, das Angebot des Auftragnehmers zur Mangelbeseitigung anzunehmen (BGH BauR 2003, 693 = NJW 2003, 1526 = ZfBR 2003, 363 = IBR 2003, 185).

111 Entsprechendes kann man allein aus dem Gesetzestext nach der Schuldrechtsreform nicht unbedingt herauslesen. Aus diesem Grunde war das zitierte Urteil notwendig. Begründet wurde es u.a. damit, dass der Auftragnehmer zum Zeitpunkt des fruchtlosen Ablaufes der ihm gesetzten Nacherfüllungsfrist als »doppelt vertragsuntreuer« Auftragnehmer anzusehen ist. Zunächst hat er die geschuldete Leistung nicht vertragsgemäß ausgeführt, in Anschluss hieran hat er auf die Aufforderung zur Mangelbeseitigung erneut nicht angemessen reagiert.

112 Die Vereinbarung weiterer Nacherfüllung durch den Auftragnehmer ist möglich, obwohl die ihm gesetzte Frist abgelaufen ist. Eine solche Vereinbarung kann dadurch zustande kommen, dass sich der Auftraggeber auf Vorschlag des Auftragnehmers, auch nach Fristablauf nachzubessern, einlässt, um den ihm alternativ angedrohten Rechtsfolgen zu entgehen (ähnlich OLG Düsseldorf BauR 1994, 249 = NJW-RR 1994, 15 für den BGB-Vertrag im Falle einer dort angedrohten Wandelung).

2. Grundlagen

a) Durchsetzbarer Nacherfüllungsanspruch

Die dem Auftraggeber nach Nr. 5 Abs. 2 zugestandene Selbsthilfe hat zunächst zur Voraussetzung, dass ihm ein fälliger, durchsetzbarer Nacherfüllungsanspruch zusteht, der insbesondere nicht durch eine seitens des Auftragnehmers zu Recht erhobene Einrede der Verjährung ausgeschlossen ist (zustimmend BGHZ 90, 344 = BauR 1984, 395). Fraglich ist insoweit, ob es ausreichend ist, den Auftragnehmer nicht direkt zur Mängelbeseitigung aufzufordern, sondern dazu, seine Bereitschaft zur Nacherfüllung zu erklären. Für den Bereich des § 634 Abs. 1 S. 1 BGB a.F. (heute: § 634 Nr. 1 bis 4 BGB) wurde Entsprechendes abgelehnt (BGH NJW 1986, 922; OLG Düsseldorf BauR 1999, 1030 = NJW-RR 1999, 1396; OLG Düsseldorf BauR 2002, 963 = IBR 2002, 244). 113

Zum Nacherfüllungsanspruch gehört alles, was zum Leistungsinhalt des jeweiligen Bauvertrages zu rechnen ist. Dazu zählt im Allgemeinen auch die Räumung der Baustelle von durch die Leistungen des Auftragnehmers verursachtem Bauschutt sowie das Aufräumen des Bauplatzes (offengelassen vom BGH SFH Z 2.414.3 Bl. 19 = BauR 1977, 350). 114

Auch muss nicht nur die Verpflichtung zur Mängelhaftung als solche vorliegen. Weitere Voraussetzung für die Selbstvornahme des Auftraggebers ist es, dass er dem Auftragnehmer zur Nacherfüllung eine angemessene Frist gesetzt hat (die Fristberechnung – »angemessen« – muss auch einen Zeitraum beinhalten, für den Auftragnehmer zur Überprüfung der Mangelursache selbst und der eigenen Verantwortlichkeit) und der Auftragnehmer diese Frist ungenutzt hat verstreichen lassen. Fehlt es an einer der genannten Voraussetzungen, besteht kein Kostenerstattungsanspruch oder Kostenvorschussanspruch. Allerdings geht dadurch sein Nacherfüllungsanspruch gegenüber dem Auftragnehmer nach Nr. 5 Abs. 1 grundsätzlich nicht schon verloren. Anders ist es, wenn der Auftraggeber oder ein von ihm beauftragter Dritter so unzulänglich nachzubessern versucht hat, dass eine nunmehrige Nacherfüllung durch den Auftragnehmer unzumutbar erschwert oder gar unmöglich gemacht wurde (OLG Köln BauR 1973, 53; OLG Frankfurt NJW-RR 1992, 280). 115

Vereinbaren die Vertragspartner eine bestimmte Art und Weise der Nacherfüllung, die letztlich nicht zur Herstellung der ursprünglich geschuldeten Leistung führt (z.B. Aufbringung eines zweilagigen Außenputzes mit Gewebeeinlage und Außenanstrich auf eine wegen Fehlens von Schlagregendichtigkeit mangelhafte Klinkerfassade), so kann der Auftraggeber von der Vereinbarung einer solchen Ersatzlösung nach § 323 BGB zurücktreten, wenn der Auftragnehmer seine Verpflichtung nicht innerhalb der vereinbarten Frist und auch nicht innerhalb einer ihm gesetzten Nachfrist (oder bei Vorliegen einer Ausnahme nach § 323 Abs. 2 BGB) erfüllt. Man wird unterstellen müssen, dass die Vereinbarung über eine bestimmte Art der Nacherfüllung sich nicht im Mängelsystem der VOB/B abspielt, sondern im BGB-Bereich. Nach Ausübung des Rücktritts-Gestaltungsrechtes lebt aber der ursprüngliche Mangelanspruch des Auftraggebers aus der VOB/B wieder auf. Insbesondere kann er Kostenerstattung bzw. Vorschuss in einer Höhe verlangen, die nötig ist, um eine mängelfreie Klinkerfassade zu erhalten; evtl. auch zur Errichtung einer vorgesetzten Fassade, wenn diese Kosten nicht höher sind als die Kosten des Abbruches der mangelhaften und der Errichtung einer neuen Klinkerfassade (OLG Düsseldorf BauR 1994, 373 = SFH § 326 BGB Nr. 11 = NJW-RR 1994, 719). 116

b) Angemessene Frist zur Mangelbeseitigung

Es muss als erstes eine Aufforderung des Auftraggebers an den Auftragnehmer zur Beseitigung des Mangels (Nacherfüllung) ergangen sein. Erklärt ein auf Mängelbeseitigung verklagter Generalunternehmer gegenüber seinem Subunternehmer die Streitverkündung, so soll darin die schlüssige Aufforderung liegen, auf der Grundlage des Hauptprozesses das Vorhandensein von Mängeln zu überprüfen und der Nachbesserungspflicht nachzukommen (OLG Düsseldorf Urt. v. 28.10.2003, BGH Nichtzulassungsbeschwerde zurückgewiesen BauR 2004, 1344). Diese Entscheidung kann so nicht verallgemeinert werden. Man wird dem betroffenen Generalunternehmer zumuten müssen, den 117

Subunternehmer auch noch ausdrücklich zur Mängelbeseitigung aufzufordern (i.d.S. OLG Oldenburg Urt. v. 10.2.2004 IBR 2004, 199). Weiterhin muss der Auftraggeber dem Auftragnehmer zur Nacherfüllung eine angemessene Frist gesetzt haben. Die Fristsetzung kann mit der Aufforderung verbunden, sie kann aber auch später nachgeholt werden; insbesondere nachdem eine erste, zunächst ohne Fristbestimmung erfolgte Aufforderung fruchtlos geblieben ist. Sie muss im Allgemeinen die unbedingte Aufforderung an den Auftragnehmer enthalten, innerhalb einer vom Auftraggeber genau festgesetzten, zumindest vom Auftragnehmer klar errechenbaren Zeit (über die Fristberechnung vgl. die §§ 186 ff. BGB) die Beseitigung des im Einzelnen gerügten Mangels vorzunehmen (so der Wortlaut § 13 Nr. 5 Abs. 2 VOB/B, § 637 Abs. 1 BGB).

118 Fraglich ist allerdings, wie sich der Auftraggeber zu verhalten hat, wenn er den für die Nacherfüllung erforderlichen Zeitraum nicht abschätzen kann. Nach einer Entscheidung des BGH aus dem Jahr 1982 soll es ausnahmsweise ausreichen, nur den Beginn der Nacherfüllung anzugeben (BGH BauR 1982, 496 = SFH § 13 Nr. 5 VOB/B Nr. 3 = ZfBR 1982, 211). Dies ist sicherlich eine Ausnahmeentscheidung. Der VII. Senat war bisher sehr stringent dahingehend, den oben zitierten Wortlaut der VOB/B bzw. des § 637 BGB durchzusetzen. Danach war eine Fristsetzung immer nur dann wirksam, wenn sie sich auf die Beseitigung der Mängel bezog. Es wurde entschieden, dass eine Frist zur Aufnahme der Arbeiten und zum Nachweis der Beauftragung eines Drittunternehmers für § 634 Abs. 1 BGB a.F. nicht ausreiche (BGH Urt. v. 23.2.2006 VII ZR 84/05). Ebenso sollte der Auftraggeber vom Auftragnehmer nicht die Vorlage eines Sanierungskonzeptes verlangen können. Dies selbst nachdem der Nacherfüllungsversuche einmal gescheitert war (BGH BauR 2004, 501).

119 Andererseits hat der BGH auf eine Entscheidung des OLG Koblenz mit Zurückweisung der Nichtzulassungsbeschwerde reagiert. Entschieden wurde, dass der Auftragnehmer mit der Beseitigung von Mängeln dann in Verzug komme, wenn er sich weigere, dem Auftraggeber vor der Mängelbeseitigung einen Bauzeitenplan zu übergeben, zusätzlich die Mängel in Nachtarbeit ohne Anspruch auf Nachtarbeitzuschläge zu beseitigen, weil der Auftraggeber zur Vermeidung von Störung seines Betriebsablaufes auf diese Leistung des Auftragnehmers angewiesen war (OLG Koblenz Urt. v. 6.8.2004, BGH Nichtzulassungsbeschwerde zurückgewiesen IBR 2005, 368). Der Entscheidung vom 23.3.2006 ist zu entnehmen, dass das Setzen einer Beginnfrist nicht ohne jede Bedeutung sei. Würde der Auftragnehmer daraufhin überhaupt nicht reagieren, könne der Auftraggeber davon ausgehen, dass der Auftragnehmer sich seiner Mängelbeseitigungspflicht entziehen wolle. Dies könne man auch mit den Kooperationspflichten im Bauvertrag begründen (BGH Urt. v. 23.2.2006 IBR-Online Anm. *Schulze-Hagen*).

120 Das alles hilft allerdings nicht, solange die Rechtsprechung nicht akzeptiert, dass der Auftraggeber vom Auftragnehmer über die Frist zur Durchführung der Mängelbeseitigung hinaus Erklärungen verlangen können muss. Dies deshalb, weil der Auftraggeber schließlich einplanen muss und wissen muss, wann er mit einer mangelfreien Leistung (beispielsweise für die Produktion in seinem Betrieb) rechnen kann. Hierfür muss er vom Auftraggeber fristbedingt Erklärungen fordern können, beispielsweise bzgl. der Bereitschaft des Auftragnehmers, ob er die Mängelbeseitigung durchführen will, wann er sie beginnt, welchen Umfang bzw. welches Konzept er dabei verfolgt, mit welchem Durchführungszeitraum er rechnet und damit wann die Mängelbeseitigung durchgeführt sein wird. Vorgeschlagen wird deshalb Entsprechendes im Bauvertrag zu vereinbaren. Dabei stellt sich allerdings wieder die Problematik, ob die Rechtsprechung darin unter AGB-Gesichtspunkten ein Abweichen vom gesetzlichen Leitbild sieht. Unter dem Gesichtspunkt der vom VII. Zivilsenat entwickelten Kooperationsrechtsprechung müsste Entsprechendes zulässig sein. Allerdings sind solche AGB durch das BGB oder die VOB/B nicht gedeckt.

121 Die Fristsetzung selbst bedarf ebenso wie die Aufforderung keiner besonderen Form (so auch OLG Celle BauR 1994, 250 = NJW-RR 1994, 1174).

Mängelbeseitigung durch Auftragnehmer § 13 Nr. 5 VOB/B

In der Erklärung des Auftraggebers, er werde nach fruchtlosem Ablauf der Frist die Beseitigung des Mangels auf Kosten des Auftragnehmers selbst vornehmen lassen, ist noch kein – vorweggenommener – Verzicht des Auftraggebers auf seinen Nacherfüllungsanspruch zu sehen. Für einen **Verzicht** müssen vielmehr eindeutige Erklärungen des Auftraggebers dahin gehend vorliegen, dass er nach Ablauf der Frist keine Nacherfüllung durch den betreffenden Auftragnehmer mehr wünscht (KG SFH Z 2.410 Bl. 21). Ein solch eindeutiger Verzicht liegt ebenfalls noch nicht vor, wenn der Auftraggeber dem Auftragnehmer in einem Schreiben erklärt, er werde nicht davor zurückschrecken, ihn nach Ablauf der gesetzten Frist zur Nacherfüllung auf Zahlung eines Kostenvorschusses verklagen. Ergänzt um Folgendes: »Nach Ablauf dieser Frist wird endgültig keine Nacherfüllung mehr akzeptiert und der entstandene Schaden eingeklagt«. Auch dies soll noch keinen endgültigen Verzicht auf Nacherfüllung darstellen. **122**

Wesentliche Voraussetzung ist ferner, dass die **Fristbestimmung angemessen** ist. Maßgebend für die Angemessenheit ist nicht allein die subjektive Sicht des Auftraggebers, sondern die bei **objektiver Betrachtung im Einzelfall** anzunehmende Zeit, die ein ordnungsgemäßer Auftragnehmer braucht, um diesen Mangel zu beheben. Dabei ist davon auszugehen, dass es im wohlberechtigten Interesse des Auftraggebers liegt, dass der Auftragnehmer unverzüglich (§ 121 BGB) nach Erhalt der Mangelbeseitigungsaufforderung die Nachbesserungsarbeiten in Angriff nimmt. Ausnahmen können sich bei objektiver Betrachtung ergeben, wenn die ordnungsgemäße Mangelbeseitigung von bestimmten äußeren Voraussetzungen abhängig ist. Zu denken ist an trockene Witterung, Bereitstellung des Objekts der Nacherfüllung erst zu bestimmter Zeit, Abtrocknung vorangehender Leistungen (OLG Celle BauR 1984, 409) usw. Bekannt ist auch die ständige Rechtsprechung des BGH wonach unangemessene Fristen/Nachfristen in angemessene Fristen umgedeutet werden. Dies wurde erneut vom OLG Stuttgart bestätigt (OLG Stuttgart BauR 2003, 108). Diese Rechtsprechung ist nach wie vor bedenklich, da in diesen Fällen keine der Parteien weiß, wann die fiktiv anzusetzende angemessene Frist abläuft und die damit verbundenen Rechtsfolgen eintreten. Entweder muss das damit verbundene Risiko der Auftraggeberseite auferlegt werden – weil es an ihr liegt, eine angemessene Frist zu setzen, als Folge wäre die bisherige ständige Rechtsprechung in Frage zu stellen – oder man legt in diesen Fällen dem Auftragnehmer die Pflicht auf, zu reagieren und anzuzeigen, dass die ihm gesetzte Frist nicht angemessen ist. Dies erscheint derzeit die praktikable Lösung. Verhält sich der Auftragnehmer entsprechend, müssen negative Rechtsfolgen zu Lasten der Auftraggeberseite gehen. **123**

Konkret ist die Dauer nicht festgeschrieben und auch nicht festschreibbar. Sie hängt von der in Bezug genommenen Leistung bzw. dem Mangelumfang ab. Das OLG Nauenburg hat auf diese Frage für § 326 BGB a.F. nachvollziehbar wie folgt geantwortet: Durch die »angemessene« Nachfrist soll der Auftragnehmer Gelegenheit erhalten, seine im Wesentlichen vorbereitete Leistung nunmehr zu erbringen; die Nachfrist kann deshalb in der Regel wesentlich kürzer als die Herstellungsfrist sein (OLG Naumburg, BGH Nichtannahmebeschluss IBR 2001, 600). Diesem Zitat ist nichts hinzuzufügen. Hervorzuheben ist, dass das Gericht in dieser Entscheidung zusätzlich darauf hingewiesen hat, dass der Auftraggeber während des Laufes der Nachfrist bereit sein muss, die Leistung entgegenzunehmen. **124**

Eine Entbehrlichkeit einer Fristsetzung kann beispielsweise daher herrühren, dass eine behördliche Androhung der kurzfristigen Schließung des Geschäftsbetriebes des betroffenen Bauwerkes vorliegt. Entschieden für den Fall, dass gegenüber einer Metzgerei oder einem Restaurant an einem Freitag die Schließung für den nächsten Dienstag angedroht wurde. In diesem Falle hat der Bundesgerichtshof im Gegensatz zu beiden Vorinstanzen einen Grund zur Eigennachbesserung ohne Fristsetzung gesehen (BGH BauR 2002, 940 = NJW-RR 2002, 666). **125**

Auch muss die Frist zwangsläufig später beginnen, wenn die Vertragspartner eine vorherige Klärung der Mangelbeseitigungsursachen und -maßnahmen durch Einholung eines Sachverständigengutachtens vereinbart haben; dann kann sie erst nach Eingang des klärenden Gutachtens beginnen (BGH BauR 1975, 137 = WM 1974, 932). Andererseits kann die Frist im betreffenden Fall durchaus **126** kürzer sein; vor allem dann, wenn das Objekt der Nacherfüllung zur dringenden Nutzung durch den Auftraggeber nötig ist (OLG Köln, OLGR Köln 1992, 193 in Bezug auf eine Frist von einer Woche).

127 Eine angemessene Frist liegt nicht vor, wenn der Auftraggeber sie während eines Rechtsstreites über den erforderlichen Umfang und die Art der Nacherfüllung nach der letzten mündlichen Verhandlung setzt und die Frist zwar nach dem Verkündungstermin, aber noch vor der Zustellung des Urteils abläuft (OLG Düsseldorf BauR 1982, 587 = SFH § 13 Nr. 5 VOB/B Nr. 4). In diesem Fall steht dem Auftraggeber kein Kostenerstattungsanspruch gegen den Auftragnehmer zu, wenn er bereits vor Zustellung des Urteils die Nacherfüllung durch einen anderen Unternehmer durchführen lässt (OLG Düsseldorf BauR 1982, 587 = SFH § 13 Nr. 5 VOB/B Nr. 4).

128 Da die Angemessenheit der Frist von den jeweiligen Umständen des Einzelfalles entscheidend abhängig ist, wird eine Klausel in AGB, wonach der Auftragnehmer generell die Nacherfüllung binnen einer Woche vorzunehmen und danach der Auftraggeber das Recht zur »Ersatzvornahme« hat, gegen § 307 BGB (§ 9 AGB-Gesetz a.F.) verstoßen.

c) Ungenutzter Fristablauf

129 Schließlich muss die als angemessen anzuerkennende Frist ungenutzt verstrichen sein. Dies ist der Fall, wenn der Auftragnehmer in dieser Zeit nichts oder nichts Hinreichendes zur ordnungsgemäßen Nacherfüllung unternimmt hat. Das gilt auch, wenn der Auftragnehmer nur einen Teil nachbessert oder wenn er die Nacherfüllung unter Vorziehen anderer Arbeiten zurückstellt; zusätzlich, wenn sich dadurch dem Auftraggeber der berechtigte Verdacht aufdrängt, der Auftragnehmer werde seiner Nacherfüllungspflicht nicht die gebotene Aufmerksamkeit und Sorgfalt entgegenbringen – und der Auftraggeber deswegen zu Recht die Entgegennahme weiterer Nacherfüllung ablehnt (BGH LM § 634 Nr. 1; OLG Düsseldorf BauR 1978, 503; ferner OLG Hamm NJW-RR 1992, 667).

130 Die Frist ist ebenfalls ungenutzt verstrichen, wenn es dem Auftragnehmer bis zu ihrem Ende trotz Bemühens nicht gelungen ist, den Mangel zu beseitigen. Das trifft auch dann zu, wenn der Auftragnehmer innerhalb der Frist die – an sich taugliche – Nacherfüllung beginnt, diese aber nicht beendet, weil seine Arbeitnehmer heimlich die Baustelle verlassen. Der Erfolg, d.h. die ordnungsgemäße, vollständige Nacherfüllung (Beseitigung des Mangels), wird geschuldet. Seine Nichterreichung innerhalb der vom Auftraggeber gesetzten angemessenen Frist löst regelmäßig die Selbsthilfebefugnis des Auftraggebers aus.

131 Das trifft – ausnahmsweise – auch schon vor Ablauf der angemessenen Frist zu, wenn eindeutig feststeht, dass der Auftragnehmer in der verbleibenden Restfrist bei objektiver Betrachtung nicht mehr in der Lage sein wird, die Nacherfüllung ordnungsgemäß zu Ende zu bringen (zur Abgrenzung OLG Frankfurt MDR 1983, 755). Fraglich ist, was gilt, wenn der Auftraggeber aus Anlass des Setzens einer angemessenen Frist zur Nacherfüllung erklärt hat, dass diese wieder entfalle, wenn nicht bis spätestens zum Ende einer innerhalb der angemessenen Frist liegenden – kürzeren – Frist mit der Nacherfüllung begonnen worden sei. Auch dies ist wiederum nicht vom Gesetz oder der VOB/B gedeckt.

132 Der Auftraggeber kann allerdings auch noch nach Fristablauf ein Angebot des Auftragnehmers zur Nacherfüllung annehmen und ihm hierzu Gelegenheit geben. Verpflichtet ist er dazu jedoch nicht; vielmehr hat er grundsätzlich die Wahl, ob er den Auftragnehmer oder einen Dritten mit der Nacherfüllung beauftragen will. Gestattet der Auftraggeber dem Auftragnehmer erneut die Nacherfüllung und gelingt diese wiederum nicht, obwohl die Leistung noch nachbesserungsfähig ist, so muss er u.U. dem Auftragnehmer eine erneute Frist setzen (vgl. dazu auch die auf § 634 BGB a.F. abgestellte Entscheidung des OLG Frankfurt BauR 1990, 474; OLG Celle Urt. v. 17.5.2005 IBR 2005, 365). Das gilt auch, wenn die Vertragspartner nach ergebnislosem Ablauf der Frist den ernsthaften Versuch einer Einigung machen, dieser jedoch fehlschlägt (OLG Düsseldorf, OLGR 1995, 107 = *Thamm/Detzer* EWiR § 634 BGB 1/95, 969 = NJW-RR 1996, 16).

d) Grundsatz: Kein Selbsthilferecht bei Versäumung der Fristsetzung

Fordert der Auftraggeber den Auftragnehmer zur Nacherfüllung auf, ohne ihm hierzu eine angemessene Frist zu setzen, oder unterlässt er sogar die Nacherfüllungsaufforderung, wird das Selbstvornahmerecht im Allgemeinen nicht ausgelöst; auch nicht, wenn der Auftragnehmer trotz – bloßer – Beseitigungsaufforderung nichts unternimmt. Es läuft daher **keine Frist ohne ausdrückliche Fristsetzung**. Bloße Mahnung oder auch sonst bereits eingetretener bloßer Verzug allein reicht nicht aus (auch OLG Köln SFH § 13 Nr. 5 VOB/B Nr. 34). 133

Es ist hingegen nicht notwendig, dass der Auftragnehmer im Rahmen oder neben der Fristsetzung vom Auftraggeber darüber belehrt wird, dass er bei fruchtlosem Ablauf der Frist die Nacherfüllung auf Kosten des Auftragnehmers veranlassen werde. Diese Folge ergibt sich für den Auftragnehmer aus Nr. 5 Abs. 2, die Inhalt des Vertrages ist, von selbst. 134

Auch **während des Laufs der** gesetzten **Frist** hat der Auftraggeber im Allgemeinen (zu Ausnahmefällen siehe unten) nicht die Befugnis, im Wege der Selbstvornahme einzuschreiten. Tut er es dennoch, steht ihm grundsätzlich der sich aus Nr. 5 Abs. 2 ergebende Kostenerstattungsanspruch nicht zu. 135

Ist eine vom Auftraggeber eigenmächtig vorgenommene bzw. veranlasste Nacherfüllung erfolglos geblieben, so ist er nicht gehindert, noch nachträglich den Auftragnehmer ordnungsgemäß zur Nacherfüllung aufzufordern und ihm dazu eine Frist zu setzen (dazu BGH BauR 1976, 57 = NJW 1976, 143 = SFH Z 8.41 Bl. 19). Dies setzt allerdings nach Treu und Glauben voraus, dass die Nacherfüllung für den Auftragnehmer noch in dem Sinne zumutbar ist und dass sie durch den eigenmächtigen, vergeblichen Nacherfüllungsversuch des Auftraggebers nicht wesentlich erschwert oder gar unmöglich gemacht worden ist (OLG Köln BauR 1973, 53 = SFH Z 2.414.1 Bl. 4). Das Gesagte gilt auch für den Bereich des § 637 BGB (zutreffend OLG Frankfurt NJW-RR 1992, 280). 136

Es bestehen im Übrigen keine Bedenken dagegen, dass der Auftraggeber bereits einen anderen Unternehmer mit der Nacherfüllung beauftragt, bevor die dem Auftragnehmer gesetzte Frist abgelaufen ist. **Entscheidend** ist, dass der mit der Nacherfüllung beauftragte Unternehmer seine Arbeiten **nicht vor Fristablauf beginnt**; insoweit bleiben dem Auftraggeber die Rechte aus § 13 Nr. 5 Abs. 2 VOB/B erhalten. Hier gilt das Gleiche wie im Falle der Kündigung nach § 8 Nr. 3 VOB/B (dazu § 8 VOB/B). 137

Eine Klausel in AGB (insbesondere Zusätzlichen Vertragsbedingungen), wonach der Auftraggeber immer und nicht nur bei Vorliegen der nachfolgend genannten Ausnahmen berechtigt sein soll, ohne Nachfristsetzung die »Ersatzvornahme« zu bewerkstelligen, verstößt gegen § 307 BGB (§ 9 AGB-Gesetz a.F.). Gleiches trifft auf eine Bestimmung zu, wonach der Auftraggeber generell die Wahl zur Selbstbeseitigung von Mängeln auf Kosten des Auftragnehmers haben soll; sie ist somit auch im kaufmännischen Bereich unwirksam (OLG Koblenz ZIP 1981, 995). 138

e) Ausnahme: Auftragnehmer verweigert Nacherfüllung

Nach Treu und Glauben ist ohne das Erfordernis vorangegangener Fristsetzung oder des Abwartens des Ablaufs der gesetzten Frist ein frühzeitiges Selbstvornahmerecht des Auftraggebers ausnahmsweise zu bejahen, wenn der Auftragnehmer von vornherein – dabei evtl. schon vor der Abnahme (BGH BauR 1978, 306) oder im Laufe der Zeit, gegebenenfalls noch während eines Rechtsstreits – seine Nacherfüllungspflicht überhaupt (BGH SFH Z 3.003.3 Bl. 5) und/oder das Vorhandensein des Mangels absolut und entschieden bestritten hat. Es muss eindeutig sein, dass er die Nacherfüllung nicht vornehmen wird (BGH BauR 1985, 198; BGHZ 96, 146 = BauR 1986, 98). So wenn der AN vorbringt, es lägen keine Mängel vor und er die Einrede der Verjährung erhoben hat (BGH BauR 2003, 386) Auf die Gründe der **endgültigen Weigerung** kommt es nicht an (BGH NJW-RR 1995, 939). Gleiches gilt, wenn der Auftragnehmer unnachgiebig nur ungeeignete Nacherfüllung anbietet (OLG Celle BauR 1994, 250, für den Fall der bloßen Bereitschaft, einen mangelhaften Fußboden zu 139 imprägnieren, obwohl dessen Auswechselung eindeutig nötig war, um den Mangel nachhaltig zu beseitigen). Bei der entsprechenden Beurteilung ist ein strenger Maßstab anzulegen. Es handelt sich um vom Auftraggeber zu beweisende Ausnahmetatbestände, die eng auszulegen sind. Voraussetzung ist eine **eindeutig ablehnende Haltung** des Auftragnehmers in dem Sinne, dass er sich **absolut weigert**, sich auf die **Erörterung** der vom Auftraggeber behaupteten Mängel und deren ordnungsgemäße Beseitigung einzulassen (im Ergebnis dazu auch *Fischer* BauR 1995, 452; letztlich auch kaum anders *Mantscheff* BauR 1996, 338). Zur **Beurteilung** ist das **gesamte Verhalten** des Auftragnehmers heranzuziehen, auch seine spätere Einlassung im Prozess (BGH BauR 1985, 198; BGH NZBau 2002, 327 – Danach müssen die Gesamtumstände die Annahme rechtfertigen, der Auftragnehmer werde endgültig seinen Vertragspflichten nicht nachkommen). Allerdings geht die Rechtsprechung mehr und mehr dazu über z.B. vertraglich gesondert geregelte Nachbesserungsrechte untergehen zu lassen, wenn ungeeignete Mängelbeseitigungsmaßnahmen angeboten werden. Der Auftraggeber muss sich hierauf nicht einlassen. Entschieden so ein Fall, in dem ein Bauträger seine Haftung auf das Recht auf Nachbesserung beschränkt hatte (OLG Schleswig Urt. v. 30.10.2003 BauR 2004, 381).

140 Grundsätzlich reicht es hiernach nicht schon aus, wenn der Auftragnehmer nicht die Mängel, sondern nur seine Verantwortung für sie in Abrede stellt (BGHZ 26, 337 = NJW 1958, 706). Übernimmt der Subunternehmer als Streithelfer des Generalunternehmers dessen Behauptung im Prozess mit dem Bauherrn, Mängel aus dem Auftragsbereich des Subunternehmers lägen nicht vor, liegt in diesem Prozessverhalten grundsätzlich noch keine ernsthafte und endgültige Verweigerung der Mängelbeseitigung im Vertragsverhältnis zwischen Generalunternehmer und Subunternehmer (OLG Schleswig BauR 2005, 1970). Gleiches trifft auf das bloße Bestreiten von Mängeln zu (BGH WM 1993, 623 = NJW-RR 1993, 882; auch OLG Köln SFH § 13 Nr. 5 VOB/B Nr. 34; OLG Düsseldorf OLGR 1995, 107). Dagegen kann ein hartnäckiges – striktes – Bestreiten der Nacherfüllungspflicht darin liegen, dass der Auftragnehmer die Nacherfüllungsverpflichtung auf einen anderen Unternehmer abzuschieben versucht, dabei etwa erklärt, er habe »mit der Sache nichts zu tun« (BGH BauR 1983, 258; OLG Köln SFH Z 2.414.1 Bl. 17). Für die Praxis schwer nachzuvollziehen ist die Aussage, dass das Bestreiten der Verantwortlichkeit für einen Mangel ein prozessuales Recht darstellt, aus der man noch nicht generell eine ernsthafte und endgültige Leistungsverweigerung herleiten dürfe. Eine zwangläufige Verknüpfung zwischen prozessualem Bestreiten und materiellem Erklärungswert einer Leistungsverweigerung gäbe es nicht.

141 Dass der Auftragnehmer ursprünglich zwar bereit war Mängel zu beseitigen – dies allerdings in erheblich geringerem Umfange als erforderlich – kann nicht zu seinen Gunsten gewertet werden. Weigert sich der Veräußerer eines neuerrichteten Hauses, dessen Mängel zu beseitigen, weil er das Haus »ohne Haftung für sichtbare oder unsichtbare Sachmängel gleich welcher Art« dem Erwerber »verkauft« habe und andere als kaufrechtliche Vorschriften nicht in Betracht kämen, so gerät der Veräußerer wegen absoluter, ernsthafter Weigerung der Mangelbeseitigung in Verzug. Insoweit bedarf es keines Nacherfüllungsverlangens des Erwerbers mit Fristsetzung (BGH BauR 1990, 466). Eine absolute Weigerung, die Nacherfüllung vorzunehmen, liegt auch dann vor, wenn der Auftragnehmer seinen Vergütungsanspruch einklagt und dabei behauptet, seine Leistung sei mangelfrei. Dies obwohl der Auftraggeber schon zuvor hinreichend klar tatsächlich vorhandene Mängel gerügt hat (so auch OLG Düsseldorf OLGR 1992, 170).

142 Entsprechendes gilt, wenn der Auftragnehmer die Nacherfüllung eindeutig von der Kostenübernahme durch den Auftraggeber (OLG Stuttgart BB 1971, 239) oder von der Beteiligung anderer Unternehmer, die nach seiner Ansicht gleichermaßen verantwortlich sein sollen (BGH NJW 1983, 1731), abhängig macht. Bloße Meinungsverschiedenheiten über den Vertragsinhalt oder den Umfang der vertraglichen Leistungspflicht genügen demgegenüber wiederum noch nicht; insbesondere wenn der Auftragnehmer sich bereit erklärt hat, zu anderen als den geforderten Bedingungen – allerdings kostenlos – nachzuerfüllen.

Die Fristsetzung soll den Auftragnehmer gerade vor die Frage stellen, ob er die in § 13 Nr. 5 Abs. 2 VOB/B geregelten Folgen auf sich nehmen oder sie durch nachträgliche Erfüllung von sich abwenden will. Deshalb ist eine Fristsetzung erst recht nicht entbehrlich, wenn die Vertragspartner vereinbaren, zunächst ein Sachverständigengutachten zwecks Feststellung der Mangelursachen und/oder der geeigneten Mangelbeseitigungsmaßnahmen einzuholen – und dieses noch nicht vorliegt (BGH BauR 1975, 137 = WM 1974, 932). Eine Fristsetzung kann entbehrlich sein, wenn **weitere Nacherfüllungsversuche dem Besteller nicht mehr zumutbar** sind, nachdem der Unternehmer mehr als ein Jahr lang Gelegenheit zu zahlreichen Nacherfüllungsversuchen hatte und schließlich seine Verantwortlichkeit abgelehnt hat (entschieden vom BGH für den Bereich des § 634 II BGB NJW-RR 1998, 1268; ebenso das OLG Rostock – wenn aus zögerlichem Verhalten und unzureichenden Nachbesserungsversuchen auf fehlende Bereitschaft geschlossen werden kann BauR 1998, 552). **143**

Erhebt der Auftragnehmer gegenüber einem mündlich geäußerten Nacherfüllungsverlangen sofort die Einrede der Verjährung, **kann** eine Aufforderung zur Nacherfüllung entbehrlich sein (OLG Celle BauR 1999, 763 für den Bereich des § 634 BGB a.F.). Eine Aufforderung zur Nacherfüllung soll auch dann nicht erforderlich sein, wenn eine objektiv unmögliche Beseitigung eines Mangels vorliegt (OLG Rostock BauR 1997, 654 = ZfBR 1997, 256, i.R.d. § 635 BGB, als eine statisch wirksame Tragekonstruktion nicht nachträglich eingebaut werden konnte). Insgesamt sind **an die Feststellung endgültiger Erfüllungsverweigerung strenge Anforderungen** zu stellen. Neben Meinungsverschiedenheiten und prozessualem Bestreiten müssen weitere Umstände hinzutreten, wonach der Schuldner endgültig seinen Vertragspflichten nicht nachkommen will (OLG Düsseldorf BauR 1998, 1011 = NJW-RR 1998, 1030, für den Bereich des § 634 BGB a.F. entschieden). **144**

Andererseits kann eine Nacherfüllungsverweigerung des Auftragnehmers daraus geschlossen werden, dass er auf ein vorgelegtes Sachverständigengutachten und mehrfache Aufforderungen zur Nacherfüllung nicht reagiert. In einem solchen Fall wird eine Fristsetzung oder eine weitere Fristsetzung nur als leere Förmlichkeit angesehen (BGH BauR 1982, 496; BGH BauR 1976, 285) Auch trifft dies zu, wenn der Auftragnehmer auf langwierige Vermittlungsversuche der Handwerkskammer nicht reagiert (OLG Koblenz NJW-RR 1989, 336). Im Bereich der §§ 634, 635 BGB a.F. (heute: §§ 634, 280 BGB) wurde entschieden, dass allein daraus, dass der AN Abweisung der Schadensersatzklage beantragt und die Mängel im Prozess in Abrede stellt, noch nicht auf eine endgültige Verweigerung der Nachbesserung geschlossen werden kann (OLG Düsseldorf BauR 1999, 1030 = NJW-RR 1999, 1396). **145**

f) Ausnahme: Auftragnehmer ist unzuverlässig

Einer Nachfristsetzung bedarf es über den bisher festgelegten Rahmen hinaus auch nicht, wenn sich der **Auftragnehmer** im konkreten Vertragsverhältnis bei der Bauausführung nachweislich derart **unzuverlässig** und nachlässig verhalten hat, dass dem Auftraggeber die Vornahme der Mangelbeseitigung durch diesen Auftragnehmer nicht mehr zuzumuten ist (OLG Stuttgart BauR 1980, 363). **146**

Voraussetzung ist, dass der Auftragnehmer **schwerwiegend** (BGH BauR 1981, 395) und schuldhaft gegen seine vertragliche Verpflichtung verstoßen hat. Die dem Bauvertrag innewohnende und für seine Durchführung erforderliche **Vertrauensgrundlage** muss **tiefgreifend erschüttert** sein. Dabei muss der objektive Beobachter bei verständiger Würdigung aller Umstände zu dem Ergebnis gelangen, dass es dem Auftraggeber nicht mehr zumutbar ist, länger am Vertrag festzuhalten. Dies trifft z.B. zu, wenn der Auftragnehmer mehrere vergebliche Nacherfüllungsversuche vorgenommen hat, ohne Ursache und Ausmaß der Mängel erkannt zu haben. Dabei kann er sich zu seiner Entlastung nicht darauf berufen, der Auftraggeber habe es versäumt, eine ordnungsgemäße Planung durch einen Sonderfachmann (Ingenieur) vornehmen zu lassen (BGHZ 92, 308; auch OLG Frankfurt NJW-RR 1988, 918). Dies gilt beispielsweise, wenn ein Kachelofen keine hinreichende Entlüftung hat, weil die Züge verwinkelt und nicht groß genug sind und es deshalb zu einer Explosion gekommen ist. Ein solcher Mangel erschüttert das Vertrauen in die Zuverlässigkeit des Kachelofenbauers **147** auch bei einem vom Auftraggeber selbst beschafften Ofenplan so nachhaltig, dass es dem Auftraggeber nicht zuzumuten ist, diesen Ofenbauer zur Nacherfüllung heranzuziehen (OLG Koblenz BauR 1995, 395 = NJW-RR 1995, 655). Anders liegt es im Allgemeinen, wenn lediglich der erste »normale« Nacherfüllungsversuch des Auftragnehmers scheitert oder er den ersten vereinbarten Nacherfüllungstermin nicht einhält (OLG Köln OLGR 1992, 193).

148   Das Gesagte gilt auch im Rahmen der Zwangsvollstreckung für den Bereich des § 887 ZPO (OLG Düsseldorf MDR 1982, 61).

g) Weitere Ausnahmefälle: Öffentliches Interesse, Gefahr im Verzug, außergewöhnliche Umstände

149   Eine Nachfristsetzung ist schließlich auch entbehrlich, wenn die Voraussetzungen der Geschäftsführung ohne Auftrag, §§ 677 ff. BGB, in dem Sinne vorliegen, dass nach § 679 BGB die **sofortige Mangelbeseitigung im öffentlichen Interesse** geboten ist. Man wird nach Treu und Glauben dem Auftraggeber die Veranlassung sofortiger Mangelbeseitigung auch dann zubilligen müssen, wenn **Gefahr im Verzug ist** oder infolge ganz besonderer, **außergewöhnlicher Umstände Eile geboten** ist (dazu OLG Düsseldorf NJW-RR 1993, 477 für den Fall des Auffindens einer schadhaften Schweißstelle im Winter gegen 18 Uhr an der Fernwärmehausanschlussstelle).

150   Hieraus folgt, dass eine Nachfristsetzung auch dann nicht nötig ist, wenn der Auftragnehmer vor Durchführung von Nacherfüllungsarbeiten eindeutig, also zweifelsfrei darauf verzichtet, die Mängel beseitigen zu können. Insbesondere wenn er sich statt dessen bereit erklärt, die Kosten für eine vom Auftraggeber durchgeführte Nacherfüllung zu übernehmen.

h) Beweislast für das Vorliegen einer Ausnahme

151   Für das Vorliegen der soeben beschriebenen Ausnahmen trägt der **Auftraggeber die Beweislast**.

i) Mängelanzeige ohne Aufforderung zur Nacherfüllung

152   Sofern ausnahmsweise eine Fristsetzung entbehrlich ist, bedarf es grundsätzlich auch keiner Aufforderung zur Nacherfüllung. Auch dies wäre eine nutzlose Formalität (BGH BauR 1976, 285 = SFH Z 3.003.3 Bl. 5). In diesen Fällen **reicht die Mängelanzeige** aus. Dabei ist zu bedenken, dass sich die genannten, auf dem Verhalten des Auftragnehmers beruhenden Ausnahmefälle vielfach erst nach einer Aufforderung zur Nacherfüllung ergeben. Andererseits gelten die erörterten Ausnahmen auch, wenn sie **erst nach Fristsetzung**, **aber vor Fristablauf eintreten** (BGH BauR 1975, 137 = WM 1974, 932).

153   Ebenso wie beim BGB-Werkvertrag **bleibt der Auftraggeber** auch in den vorgenannten Ausnahmefällen immer zur **Mangelanzeige verpflichtet**. Er muss also den Mangel nach seinem äußeren Erscheinungsbild exakt beschreiben.

j) Aufrechterhaltung anderer Mängelansprüche bei Nichtinanspruchnahme des Selbstvornahmerechts

154   Wenn der Auftraggeber von seinem Recht, unter den angegebenen Voraussetzungen selbst die Mängel beseitigen zu lassen, keinen Gebrauch macht, verliert er nicht etwa ihm sonst gegebene Mängelansprüche gegen den Auftragnehmer (ebenso OLG Hamburg BauR 1979, 331 für den Fall der Nr. 7). § 13 Nr. 5 Abs. 2 VOB/B ist eine sog. »**Kann-Vorschrift**«. Sie zwingt den Auftraggeber nicht unbedingt auf diesem Wege vorzugehen. Allerdings muss der Auftraggeber auch dann, wenn er Rechte aus Nr. 6 (3. Alternative) oder 7 geltend machen will, den Auftragnehmer grundsätzlich zunächst vergeblich zur Nacherfüllung aufgefordert haben. Dem Auftragnehmer steht ein **Nacherfüllungsrecht** zu, das der Auftraggeber nicht einseitig beschneiden darf. In diesem Bereich ist dem Auftraggeber **in der Praxis** eine gewisse Vorsicht anzuraten. Ihm stehen die **anderen Nacherfüllungsansprüche** grundsätzlich nur zu, **wenn deren besondere Voraussetzungen gegeben sind**. Grundsätz-

lich sollte er daher den durch Nr. 5 Abs. 2 vorgegebenen Weg beschreiten; zumal das Mängelhaftungssystem der VOB/B vornehmlich darauf gerichtet ist, dem Auftraggeber letztlich eine mangelfreie Bauleistung zu verschaffen (wegen der Besonderheit bei Geltendmachung von Mangelbeseitigungskosten im Rahmen von § 13 Nr. 7 Abs. 1 VOB/B siehe unten).

Dem Auftraggeber ist es auch nicht verwehrt, anstelle der vorgenannten Ansprüche und der Beauftragung eines anderen Unternehmers dem Auftragnehmer erneut eine Frist zur Beseitigung zu setzen – sozusagen bei Nr. 5 Abs. 1 und den Grundvoraussetzungen für den Selbstbeseitigungsanspruch des § 13 Nr. 5 Abs. 2 »vorerst stehen zu bleiben«. Der Ablauf der einmal gesetzten Frist hindert ihn nicht daran, erneut von dem Auftragnehmer unter Fristsetzung die Nacherfüllung zu fordern (OLG Hamburg BauR 1979, 331). **155**

Denkbar sind Fälle, in denen die Geltendmachung der Rechte aus § 13 Nr. 5 Abs. 2 VOB/B (oder auch § 637 BGB) dem Auftraggeber nicht helfen, etwa weil Schäden, die ursächlich auf eine mangelhafte Leistung zurückzuführen sind, durch eine Mangelbeseitigung nicht mehr zu verhindern sind. Dies gilt z.B. für Verdienstausfall und Gutachterkosten nach vergeblichen Mangelbeseitigungsversuchen des Auftragnehmers. In diesem Bereich kann der Auftraggeber unmittelbar einen Schadensersatzanspruch nach § 13 Nr. 7 VOB/B (bzw. § 280 BGB) geltend machen (BGHZ 92, 308 = BGH BauR 1985, 83). **156**

Fraglich ist, wie das Zusammenspiel zwischen Auftraggeber/Bauherr und seinem mit der Bauleitung beauftragten Architekten zu sehen ist, wenn sich Mängel in den Gewerksleistungen zeigen. Dabei ist vorauszuschicken, gleich was der Architekt »für« den Auftraggeber unternimmt, d.h. wenn er irgendwelche Erklärungen für den Auftraggeber abgeben will oder muss, hat er sich zuvor bzgl. einer wirksamen Bevollmächtigung zu versichern. Andernfalls gerät er in die Gefahr, als vollmachtsloser Vertreter nach § 179 Abs. 1 BGB in Anspruch genommen zu werden. Dies betrifft das Außenverhältnis. Im Innenverhältnis stellt sich im Nachhinein nicht selten heraus, dass der Auftraggeber mit bestimmten Ersatzvornahme-Beauftragungen seines Architekten nicht einverstanden war. **157**

Frage ist allerdings, wie weit die Beratungs-, Tätigkeitspflichten des Architekten beim Auftreten von Mängeln gehen. Hierüber herrscht in der Praxis insoweit Unsicherheit, als viele Bauherrn den Architekten »zusätzlich« als ihren Rechtsberater sehen. Sie gehen davon aus, dass mit der Bezahlung des Honorars für eine »Vollarchitektur« auch eine entsprechende Beratung umfasst ist. Dies ist unzutreffend. Sicherlich ist der Architekt verpflichtet, den Auftraggeber im technischen Bereich umfassend zu beraten. Soweit es in die fachspezifischen Fragen hineingeht, hat er beispielsweise die Pflicht den Bauherrn darauf hinzuweisen, dass zusätzlich Sonderfachleute einzuschalten sind. Dies kann soweit gehen, dass der Architekt den Vertrag (nach mehrfachen Aufforderungen) außerordentlich kündigen muss. Begleitet er ein Bauvorhaben weiter, nachdem sich der Bauherr geweigert hat, zusätzliche Sonderfachleute einzuschalten und treten an diesem Vorhaben entsprechende Mängel auf, gerät der Architekt nicht nur in eine Haftung neben dem jeweiligen Unternehmer (der oftmals zwischenzeitlich insolvent geworden ist), sondern er wird seinen Haftpflichtversicherungsschutz deshalb verlieren, weil er vorsätzlich an der Entstehung eines Vorhabens ohne Einhaltung der Regeln der Technik mitgewirkt hat. **158**

Das ist die eine Seite, die rechtliche ist eine andere. Wie gesagt, ob er rechtliche und rechtsgestaltende Erklärungen abgeben darf, hängt von dem Umfang seiner Vertretungsmacht ab. Die eigentliche Frage liegt aber darin zu sehen, ob er überhaupt verpflichtet ist, entsprechend tätig zu werden. Der BGH hat dies ursprünglich weitgehend so gesehen (BGH BauR 1973, 321). Es ist allerdings nicht davon auszugehen, dass die heutige Besetzung des VII. Zivilsenates das ebenso wertet. Herrschend dürfte im Augenblick die bereits 1973 von Locher geäußerte Meinung sein, dass es dem Architekten gerade nicht obliegt in die Vertragsverhältnisse zwischen Auftraggeber und den Unternehmern einzugreifen (*Locher* Anm. zu BGH BauR 1973, 321 u. *Locher* Das private Baurecht Rn. 411 u. 463 ff.). In der Praxis wird dabei oftmals unterschieden, ob der Architekt Mängelbeseitigungsaufforderun- **159** gen, frühere Ablehnungsandrohungen bis hin zu Kündigungserklärungen abgeben darf. Mängelrügen wird er sicherlich aussprechen müssen. Nach Locher hat er insoweit alle Schritte einzuleiten, »*die der Wahrung der Bauherrnschaft im Hinblick auf die Erreichung des geschuldeten Erfolges dienen, darf aber nicht in die Rechte des Bauherrn eingreifen und dem Bauherrn nicht vorgreifen*«. Er soll danach beim BGB- und beim VOB- Vertrag Fristsetzungen aussprechen dürfen, da diese keine rechtsgestaltenden Wirkungen haben. Beim VOB- Vertrag soll es ihm zusätzlich obliegen die Kündigungsandrohung im Sinne des § 4 Nr. 7 VOB/B auszusprechen (*Locher* Das private Baurecht Rn. 411).

160 Selbst diese Aussagen sind kritisch zu sehen. Selbstständig wird der Architekt tätig werden müssen, wenn »Gefahr im Verzug« besteht. Auch wird er die jeweiligen Gewerke auf Mängel aufmerksam machen müssen und diese vor der Abnahme zur Korrektur aufzufordern, nach der Abnahme ggf. zur Mängelbeseitigung. Aber bereits in diesem Stadium wird er mit dem Bauherrn Rücksprache halten müssen. Der Bauherr hat allein zu entscheiden, welche rechtlichen Wege er einschlagen will. Unter Umständen will er gar keine Nacherfüllung, sondern eine Minderung. Im § 13 Nr. 6 VOB/B ist insoweit nichts von einer Mängelbeseitigungsaufforderung oder gar Fristsetzung zu lesen.

k) Entfallen des Nacherfüllungsanspruches

161 Der Nachbesserungsanspruch kann aber auch entfallen. So wurde vom BGH entschieden, dass der Insolvenzverwalter vom Nachunternehmer der Gemeinschuldnerin direkt Zahlung eines Minderungsbetrages verlangen kann, ohne dem Nachunternehmer die Möglichkeit der Nachbesserung einräumen zu müssen (BGH Urt. v. 10.8.2006 IX ZR 28/05; so auch schon AG München BauR 1999, 175; anders allerdings OLG Düsseldorf in der Vorinstanz des BGH-Urteils IBR 2005, 324). In diesem Falle wurde somit das **Recht auf Nacherfüllung** genommen.

162 Kommen bei der Mangelhaftigkeit eines Außenputzes fehlerhafte Vorarbeiten – auf die der Auftragnehmer i.S.v. § 4 Nr. 3 VOB/B hingewiesen hat – und die von ihm selbst verursachten Ausführungsfehler zusammen, kann der Auftraggeber vom Verputzer keine Neuausführung der Fassade verlangen. Ihm wurde vom OLG Düsseldorf nur eine Minderung der Vergütung zugestanden, wenn der Verputzer die Nacherfüllung wegen unverhältnismäßigen Aufwandes verweigert (OLG Düsseldorf BauR 1999, 498). Ist eine Nacherfüllung nur durch eine Neuherstellung des Werkes möglich, so verliert der Auftragnehmer u.U. auch im Falle einer freien Kündigung i.S.d. § 8 Nr. 1 VOB/B bzw. des § 649 BGB sein Nacherfüllungsrecht (Sonderfall). Im zu entscheidenden Fall musste der Auftraggeber das Werk insgesamt neu erstellen. Eine Verwertung der bis dahin geleisteten Arbeiten des Unternehmers waren nicht möglich (OLG Dresden BauR 1998, 787 = NJW-RR 1998, 882). Gleiches gilt, wenn es sich um Fälle des sog. »Prognoserisikos« handelt. Angesprochen ist die Gefahr, dass Nachbesserungsversuche fehlschlagen, die zurzeit der Beauftragung des Folgeunternehmers nach dem Stand der Erkenntnisse erforderlich erschienen. Erstattungsfähig sind daher auch diejenigen Kosten, die für einen solchen erfolglosen oder sich später als unverhältnismäßig teuer herausstellenden Versuch aufgewendet werden. Soweit die Leistung des mit der Nachbesserung beauftragten Drittunternehmers mangelhaft ist, so muss der Auftraggeber die ihm insoweit zustehenden Gewährleistungsansprüche an den Auftragnehmer abtreten, den er diesbezüglich auf Kostenersatz in Anspruch nimmt (OLG Bamberg Urt. v. 1.4.2005 6 U 42/04; BGH Urt. v. 27.3.2003 BauR 2003, 1209).

3. Kostenerstattungs- und Kostenvorschussanspruch des Auftraggebers

a) Zur Nacherfüllung gehörender Mängelanspruch

163 Das Recht des Auftraggebers, den Mangel auf Kosten des Auftragnehmers beseitigen zu lassen, gibt ihm zunächst einen Kostenerstattungsanspruch gegenüber dem Auftragnehmer. Es handelt sich um einen der Nacherfüllung begrifflich zuzuordnenden Mängel-, nicht um einen Schadensersatzanspruch (BGH BauR 1970, 48 = NJW 1970, 421). Für Grund und Höhe dieser Kosten, die einklagbar sind, ist der **Auftraggeber darlegungs- und beweispflichtig**. Er muss hierüber nachprüfbar entsprechend § 14 Nr. 1 VOB/B abrechnen.

164 Allerdings sind der Kostenerstattungs- und auch der zuvor bestehende Vorschussanspruch begrifflich an Arbeiten und damit zusammenhängende Aufwendungen für die Nacherfüllung selbst gebunden. Zum erforderlichen Aufwand rechnen nicht nur die Kosten für die eigentliche Mängelbeseitigung, sondern auch für **Nebenarbeiten**, die für die Mängelbeseitigung technisch unabweisbar erforderlich sind. Dazu OLG Düsseldorf NJW-RR 1993, 477, im Falle der Undichtigkeit einer Fernwärmehausanschlussstelle zählen nicht nur die Kosten des Nachschweißens der schadhaften Stelle, sondern auch das Aufgraben, das Entfernen und Wiederanbringen der Isolierung, das Verfüllen und Verdichten des Rohrgrabens sowie das Wiederherstellen der Bürgersteig- und Straßendecke hierzu. Andererseits zählen **sonstige Vermögensverluste**, die dem Auftraggeber aus Anlass der Nacherfüllung entstehen – z.B. der Gewinnausfall während der wegen der Nacherfüllungsarbeiten notwendigen Stilllegung einer Bowlingbahn – nicht zum Bereich des § 13 Nr. 5 Abs. 2. Sie fallen unter die Regelung des § 13 Nr. 7. Gleiches gilt für den Produktionsausfall, während der Nachbesserung einer schlüsselfertig zu erstellenden Werkhalle (OLG Celle Urt. v. 26.8.2004; BGH Beschl. v. 31.3.2005 VII ZR 27/04). Diese vom BGH für das Verhältnis zwischen §§ 633 und 635 BGB a.F. (heute: §§ 635, 637 und 280 BGB) ausgesprochene Folge gilt entsprechend auch hier (BGHZ 72, 31 = BauR 1978, 402; BGH BauR 1979, 159 = SFH § 635 BGB Nr. 8). Vergleichbares kann auch für vom Auftraggeber in Vorprozessen vergeblich aufgewendete Kosten gesagt werden.

b) Aufwand in gebotenen Grenzen

165 Der Auftraggeber ist gehalten, sich bei Ausübung seines Selbsthilferechtes hinsichtlich des damit verbundenen kostenmäßigen Aufwandes in gebotenen Grenzen zu halten. Er darf nur das veranlassen, was nach objektiven Maßstäben aus seiner Sicht notwendig ist. **Entscheidend ist die nachhaltige Beseitigung des Mangels**, auch wenn für diese notgedrungen eine aufwändigere Leistung erforderlich ist (dazu OLG Frankfurt NJW-RR 1988, 918). Er kann im Bereich der Nacherfüllung zu Lasten des Auftragnehmers nichts verlangen, was sich als eine nicht unbedingt erforderliche Erweiterung der vertraglich vereinbarten Leistung darstellen würde (OLG Köln BauR 1991, 468, 471). Ein außerhalb der eigentlichen Nacherfüllung liegender Aufwand braucht vom Auftragnehmer nicht erstattet zu werden. Diese Folgerung ergibt sich bereits aus § 637 Abs. 1 BGB, wonach der Besteller lediglich berechtigt ist, die **erforderlichen Aufwendungen** vom jeweils verantwortlichen Unternehmer ersetzt zu verlangen (BGH Urt. v. 14.3.1963 VII ZR 215/61). Wenn auch der Begriff »erforderlich« in Nr. 5 Abs. 2 nicht ausdrücklich genannt ist, ergibt sich doch, dass er **auch beim VOB/B-Bauvertrag Geltung hat** (so u.a. auch *Nicklisch/Weick* § 13 VOB/B Rn. 150).

166 Insofern verstoßen AGB eines **Bauträgers**, wonach bei Verschmutzungen durch Bauschutt, die von mehreren Auftragnehmern verursacht wurden, diese sich gemeinsam der Aufschlüsselung der Beseitigungskosten durch den Auftraggeber unterwerfen, gegen die §§ 5, 9 AGB-Gesetz – heute: § 305c Abs. 2 und § 307 BGB (OLG München NJW-RR 1989, 276).

167 Entgegen OLG Köln (BauR 1993, 734 und wohl auch *Jagenburg* NJW 1994, 2864, 2874) geht der Kostenerstattungsanspruch nicht generell mit der **Veräußerung des Grundstücks** unter. Für den Bereich des Nacherfüllungsanspruches nach § 635 BGB bzw. – hier § 15 Nr. 5 Abs. 2 VOB/B – sind die Folgen der Unmöglichkeit der Herstellung eines mangelfreien Zustandes in § 635 Abs. 3 und § 275 Abs. 1 BGB bzw. § 13 Nr. 6 S. 1 VOB/B besonders geregelt. Folglich bleibt der **Nacherfüllungsanspruch auch bei Wechsel des Grundstückseigentümers** bestehen, soweit dadurch im Einzelfall nicht tatsächliche oder rechtliche Unmöglichkeit der Nacherfüllung eintritt. Eine solche liegt aber nicht schon allein in einem Eigentumswechsel. Dasselbe gilt für die Ansprüche auf Kostenerstattung bzw. Kostenvorschuss. Diese sind **Surrogate des Nacherfüllungsanspruches**. Sie teilen somit dessen Schicksal. Insofern ist die Entscheidung des OLG Köln nur im Ergebnis zutreffend: In dem betreffenden Fall lag Unmöglichkeit der Nacherfüllung vor, weil der Auftragnehmer mit dem Grundstückserwerber Nacherfüllung vereinbart und diese zwischenzeitlich durchgeführt hatte.

168 Die **Erforderlichkeit** wird allerdings nicht schon mit der bloßen Behauptung des Auftragnehmers in Zweifel gezogen, ein anderer als der hinzugezogene Unternehmer würde die Arbeiten billiger oder sachgerechter ausführen (OLG Düsseldorf BauR 1989, 329, 331). Allgemein darf der hier gesteckte Rahmen der Erforderlichkeit nicht zu eng gesehen werden. Auszugehen ist davon, dass sich der Auftraggeber einem **doppelt vertragsuntreuen Auftragnehmer** gegenübersieht: Einmal hat dieser die geschuldete Leistung nicht vertragsgerecht erbracht, zum anderen hat er die Nacherfüllung nicht veranlasst. Ein solcher Unternehmer erscheint nur in begrenztem Maße schutzwürdig. Folgerichtig muss der Auftraggeber grundsätzlich davon ausgehen können, dass ihm die durch Einsatz eines Drittunternehmers aufgewendeten Kosten auch von dem doppelt vertragsuntreuen Auftragnehmer erstattet werden.

169 Immerhin hatte es der Auftragnehmer in der Hand, den von ihm herbeigeführten Mangel selbst zu beseitigen. Insofern kann er dem Auftraggeber nicht vorwerfen, im Falle früherer Nacherfüllung wären die Kosten geringer gewesen. Deshalb ist es dem Auftraggeber auch grundsätzlich zu gestatten, für die Beauftragung des Drittunternehmers nicht zuvor ein Ausschreibungsverfahren veranstalten zu müssen. Vielmehr kann er sich einen Unternehmer seines Vertrauens aussuchen. Dies selbst dann, wenn dieser in einiger Entfernung vom Ort der Bauleistung seinen Sitz hat (so auch OLG Köln SFH § 633 BGB Nr. 27).

170 Für die Höhe eines Schadensersatzanspruches hat der BGH entschieden, dass es genügt, wenn der AN bezüglich der Höhe der potenziellen Sanierung des Bauwerks vorprozessual ein Privatgutachten anbietet – vorausgesetzt, er beruft sich für den Fall, dass der AN die Höhe der Kosten bestreitet, auf ein Sachverständigengutachten als Beweismittel. Dies wird man auf den Bereich des Kostenvorschusses übertragen können (BGH BauR 2003, 385).

171 Kommen zwei gleichartige Methoden der Nacherfüllung in Betracht, und wird nach beiden die ordnungsgemäße, nachhaltige Herstellung erreicht, so muss der Auftraggeber die kostengünstigere wählen (OLG Hamm NJW-RR 1994, 473). Für die nachhaltige Mängelbeseitigung nicht nötige Kosten braucht der Auftragnehmer nicht zu ersetzen. Dafür, dass der **Auftraggeber hier seine Schadensminderungspflicht verletzt hat, trägt der Auftragnehmer die Beweislast**.

172 Stellt ein Sachverständiger in einem selbstständigen Beweisverfahren die Erforderlichkeit bestimmter Nacherfüllungsmaßnahmen fest, so kann sich der Auftraggeber grundsätzlich auf die Richtigkeit einer solchen Feststellung verlassen. Dies gerade dann, wenn die Gegenseite dazu keine hinreichend sachlichen Einwendungen erhebt. Stellt sich später heraus, dass eine solche Maßnahme (etwa eine Abstützung) nicht erforderlich war, muss der doppelt vertragsuntreue Auftragnehmer auch die dafür aufgewendeten Kosten übernehmen; eventuell nur Zug um Zug gegen Abtretung etwaiger Ansprüche des Auftraggebers gegen den Sachverständigen (dazu OLG Frankfurt NJW-RR 1992, 602).

173 Auch muss der Auftragnehmer nur für solche Kosten des nachbessernden Unternehmers eintreten, die bei einem »nachvollziehbaren« Versuch einer sachgerechten Nacherfüllung entstehen, nicht dagegen für **Kosten, die durch ungewöhnliches Fehlverhalten des Drittunternehmers entstanden sind**. Zu denken ist an bei der Beseitigung defekten Estrichs durch sorglose Stemmarbeiten verursachte völlige Zerstörung der unter dem Estrich befindlichen Dachfolie sowie Durchnässung der Dachisolierung mangels Schutzmaßnahmen (OLG Düsseldorf BauR 1993, 739 für den Bereich des § 635 BGB a.F., was aber auch hier gilt).

174 Zum erforderlichen Beseitigungsaufwand können auch die Kosten für die Feststellung des Umfanges der Mängel durch den Drittunternehmer gehören (OLG Frankfurt BauR 1983, 156 = NJW 1983, 456 = SFH § 13 Nr. 1 VOB/B Nr. 2). Das gilt erst recht für die Kosten eines Sachverständigen; insoweit auch für die Ermittlung des Aufwandes zur Nacherfüllung und der damit verbundenen Kosten, wenn der Auftraggeber dazu nicht selbst in der Lage ist. Der Auftraggeber kann nicht darauf verwiesen werden, sich die notwendigen Kenntnisse durch kostenlose Kostenanschläge von anderen Unternehmern zu verschaffen (OLG Köln NJW-RR 1995, 211). Anders kann es liegen, wenn es sich um kleinere, eindeutig umrissene Mängel handelt, die im Hinblick auf Art und Umfang einer nachhaltigen Mangelbeseitigung und deren Kosten keiner besonderen sachkundigen Beurteilung bedürfen. **Kosten eines Sachverständigengutachtens** sind auch dann erstattungsfähig, wenn sie durch objektiv nicht erforderliche Untersuchungen (z.B. im Labor) stark überhöht sind. Der Auftraggeber kann sich grundsätzlich darauf verlassen, dass der Sachverständige nur solche Untersuchungen vornimmt, die zur zuverlässigen Beantwortung der mit der Mangelbeseitigung zusammenhängenden Fragen notwendig sind (OLG Düsseldorf SFH § 13 Nr. 7 VOB/B Nr. 6). Anders liegt es jedoch dann, wenn der Auftraggeber seinerseits nicht erforderliche Untersuchungen veranlasst (OLG Frankfurt BauR 1991, 777).

Des Weiteren sind alle Aufwendungen als erstattungsfähig anzusehen, die in der Regel und nicht nur wahrscheinlich den aufgetretenen Mangel beseitigen helfen (dazu OLG Düsseldorf BauR 1974, 61). Anders kann dies sein, wenn ein Sachverständiger in einem selbstständigen Beweisverfahren eine bestimmte Nacherfüllungsmaßnahme vorgeschlagen hat. Wird in diesen Fällen ein anderes, aufwändigeres Verfahren gewählt, muss der **Auftraggeber** dessen Notwendigkeit darlegen und beweisen. Regelmäßig wird allerdings der **Auftragnehmer** die **Beweislast** dafür haben, dass der Mängelbeseitigungsaufwand niedriger hätte sein können (dazu BGH Betrieb 1975, 1407). Dies gilt auch dann, wenn ein Sachverständiger erklärt, er könne nicht beurteilen, ob die Nachbesserungsarbeiten so erforderlich gewesen seien. In dieser Konstellation muss der Auftragnehmer seinen Sachvortrag ergänzend substantiieren (BGH BauR 1992, 758). **175**

Ausnahmsweise kann eine kostengünstigere, den eigentlichen Mangel nicht behebende Nacherfüllungsmaßnahme zulässig, aber auch geboten sein. Sie muss jedoch mit hinreichender Sicherheit geeignet sein, den vertraglichen Leistungs- und Nutzungszweck zu erreichen (dazu OLG Frankfurt – BauR 1991, 777 – für den Fall von Rissen in einer Spannbetonbrücke: Sanierung durch Verpressen mit Kunstharz). **176**

Hier ist auch der Fall zu beachten, bei dem nicht der Generalunternehmer bzw. Hauptunternehmer nacherfüllt, sondern der eigentliche Bauherr – und es sich um den Erstattungsanspruch des Generalunternehmers bzw. Hauptunternehmers gegenüber dem an sich verpflichteten Nachunternehmer handelt. Dabei wird sich die Erstattungspflicht des Nachunternehmers auf die eigentlichen Sanierungskosten beschränken. Von der Erforderlichkeit nicht umfasst sind mögliche Ansprüche des Bauherrn gegen den Generalunternehmer auf Zinsaufwendung für die Finanzierung der Nacherfüllungskosten. Diese hätte der Generalunternehmer durch rechtzeitig veranlasste Nacherfüllung vermeiden können. **177**

Auch sind von der Erstattungspflicht des Nachunternehmers nicht Kosten eines Vorprozesses zwischen Bauherr und Generalunternehmer bzw. Hauptunternehmer ergriffen, wenn der Generalunternehmer bzw. Hauptunternehmer nach Sachlage diesen Vorprozess hätte vermeiden können. Dies gilt auch, wenn dem Nachunternehmer im Vorprozess der Streit verkündet worden war, da die Bindungswirkung der §§ 74, 68 ZPO sich nicht auf Einwendungen bezieht, die allein auf das eigene Verhalten des Generalunternehmers zu seinem Auftraggeber zurückgehen. Das Gesagte trifft dagegen nicht auf die Kosten eines vorangegangenen selbstständigen Beweisverfahrens zu, wenn der Nachunternehmer daran nicht beteiligt war (OLG Köln SFH § 13 Nr. 4 VOB/B Nr. 17). **178**

Insgesamt ist für die Bewertung auf den Aufwand und die damit verbundenen Kosten abzustellen, die der Auftraggeber im Zeitpunkt der Nacherfüllung als vernünftiger, wirtschaftlich denkender Bauherr aufgrund sachkundiger Beratung oder Feststellung aufwenden konnte und musste (ähnlich OLG Frankfurt BauR 1991, 777; BGH BauR 1989, 97, insofern verneinend für den Fall der Selbstnachbesserung durch den Auftraggeber in einer schwierigen, technisch komplizierten Sache; BGH BauR 1991, 329 im Hinblick auf die Notwendigkeit des Einbaues eines Holzschwingbodens im Bereich einer Tennishalle). Kommen mehrere Nacherfüllungsmethoden in Betracht, so ist es das Recht des Auftraggebers, der sichersten den Vorzug zu geben; auch wenn diese nicht unerheblich **179** teurer ist als andere (OLG Köln NJW-RR 1993, 533, 534 für den Fall der Mängelbeseitigung im Bereich eines Flachdaches m.w.N.).

180 Der Auftragnehmer hatte es schließlich in der Hand, die von ihm geschuldete Nachbesserung selbst vorzunehmen. Daher ist es richtig, dem Auftraggeber nach den angeführten Gesichtspunkten nur die **Darlegungs- und Beweislast** für die **sorgfältige Auswahl** des nachbessernden Unternehmers aufzuerlegen. Eine **Überschreitung dieser Grenzen** ist vom Auftragnehmer darzulegen und zu beweisen. Gelingt dem Auftragnehmer dieser Nachweis, so ist seine Kostentragungspflicht entsprechend niedriger zu bewerten. Darüber hinaus können dem Auftragnehmer im Falle des Verschuldens des Auftraggebers **Schadensersatzansprüche aus Nebenpflichtverletzung** zustehen; beispielsweise für Kosten, die der Auftragnehmer aufwenden muss, um schuldhaft leichtfertige Angaben des Auftraggebers zu entkräften.

c) Aufwendungen

181 Unter »Aufwendungen« wird allgemein die freiwillige Aufopferung von Vermögenswerten für die Interessen eines anderen verstanden (BGHZ 59, 328 = BauR 1973, 52; OLG Düsseldorf BauR 1974, 61). Gerade auch Arbeitsleistungen für einen anderen können solche Aufwendungen sein (BGH BauR 1973, 52). Dazu gehören zunächst die Kosten der Nacherfüllung und des dafür notwendigen Materials; ebenso die Nebenkosten, z.B. zusätzliche Kosten durch Inanspruchnahme eines Architekten oder Sachverständigen im Rahmen der Nacherfüllung (OLG Nürnberg SFH Z 3.012 Bl. 2; OLG München BauR 1990, 362, 363 f.).

182 Auch dann, wenn der **Auftraggeber selbst nacherfüllt** und nicht einen anderen Unternehmer damit beauftragt, handelt es sich um Aufwendungen in dem hier gemeinten Sinne. Dies gilt auch, wenn selbiges durch Familienangehörige erfolgt, weil der Werkvertrag ein entgeltlicher Vertrag ist und der Auftragnehmer seinerseits die kostenlose – insoweit »kostenübernehmende« – Nacherfüllung schuldet. Die hierfür in Betracht kommenden Kosten sind – gegebenenfalls über § 287 ZPO – dadurch zu ermitteln, dass der Lohn einzusetzen ist, den ein in beruflich abhängiger Stellung Tätiger für die betreffende Nacherfüllungsarbeit zu beanspruchen hätte (BGH BauR 1973, 52). Ob es sich dabei um einen Helfer-, Facharbeiter- oder Meisterlohn handelt, hängt davon ab, worin die Nacherfüllungsarbeit besteht und welche Kenntnisse sie im Einzelnen erfordert. Maßgebend ist nur der Lohn, der an den Betreffenden unmittelbar zu zahlen gewesen wäre; nicht der Lohn, der an einen gewerblichen Unternehmer zu entrichten sein würde, wenn dieser den Nacherfüllungsauftrag erhalten und die entsprechenden Arbeitskräfte eingesetzt hätte. Bessert der Auftraggeber im eigenen Betrieb nach, so kann er den – im Einzelnen nachzuweisenden – angemessenen Personal- und Materialaufwand sowie einen entsprechenden Gemeinkostenzuschlag in Ansatz bringen (dazu KG VersR 1979, 233 für den Fall der Schadensberechnung nach § 249 BGB, deren Grundsätze hier entsprechend gelten).

183 Die Vorschusspflicht des Unternehmers umfasst auch Kosten für notwendige **Vor- und Nacharbeiten**, z.B. für die Mängelbeseitigung am Werk eines Nachfolgeunternehmers (OLG Karlsruhe Urt. v. 1.3.2005 BauR 2005, 1485).

d) Erstattungsanspruch

184 Der Auftraggeber kann die bei der Nacherfüllung entstandenen erforderlichen Kosten zunächst selbst vorlegen, also die Rechnung des Dritten, der die Leistung erbracht hat, aus eigenen Mitteln begleichen. Dann hat er einen **Erstattungsanspruch** gegen den Auftragnehmer. Dabei ist nicht Voraussetzung, dass der Auftraggeber die Schlussrechnung des Dritten bereits beglichen hat. Dies gilt auch bei Vorauszahlungen, sofern bei diesen unverzüglich die Verwendung zur Begleichung der Nacherfüllungsleistung des Dritten erfolgt. Ist der Auftraggeber **vorsteuerabzugsberechtigt**, so erfasst sein Erstattungsanspruch nur den aufgewendeten **Nettobetrag**, **nicht die Umsatzsteuer**; diese stellt bei ihm einen »durchlaufenden Posten« dar (dazu OLG Düsseldorf BauR 1996, 396 = NJW-RR 1996, 532).

Der Auftraggeber kann aber auch nach **§ 257 BGB** vorgehen. Dann ist der Auftragnehmer verpflichtet, den Auftraggeber von der Verbindlichkeit gegenüber dem Dritten zu befreien. Insofern handelt es sich um einen **Freistellungsanspruch** (dazu allgemein Bischof ZIP 1984, 1444). Ist die Forderung des Dritten noch nicht fällig, kann der Auftraggeber vom Auftragnehmer die **Leistung von Sicherheiten** verlangen. Der Anspruch aus **§ 257 BGB** verjährt gemäß § 195 BGB in drei Jahren (entschieden zum alten Recht gültig bis zum 31.12.2001; BGH NJW 1983, 1729; vgl. auch BGH SFH § 218 BGB Nr. 1 = JuS 1991, 963 Nr. 9 für den Fall eines Zahlungsanspruchs, dem ein rechtskräftig zuerkannter Freistellungsanspruch zugrunde lag). **185**

Der Streitwert einer Klage auf Befreiung von einer Verbindlichkeit entspricht grundsätzlich dem bezifferten oder bezifferbaren Schuldbetrag (BGH NJW-RR 1990, 958). Die Rechtskraft der Verurteilung zur Freistellung schließt Einwendungen des Verurteilten gegen den Grund seiner Schadensersatzpflicht im nachfolgenden Zahlungsprozess aus (BGH SFH § 218 BGB Nr. 1 = JuS 1991, 963 Nr. 9). **186**

Was die sog. »**Sowieso-Kosten**« betrifft, handelt es sich um **Mehrkosten**, um die das Werk bei ordnungsgemäßer Ausführung von **vorne herein** teurer geworden wäre. Diese sind abzugrenzen von der sog. »**Vorteilsausgleichung**«. Unter Sowieso-Kosten fällt beispielsweise ein Plandetail, das der Architekt vergessen hat (Abdichtung gegen drückendes Wasser). Hätte der Architekt als Erfüllungsgehilfe des Bauherrn von Anfang an zutreffend geplant, wären diese Kosten »Sowieso« oder »Ohnehin« (Ohnehin-Kosten) angefallen. Sie können dem Auftragnehmer nicht belastet werden. **187**

Bei der Vorteilsausgleichung ist regelmäßig an einen **Abzug** »**neu für alt**« zu denken. Diese Fälle liegen dann vor, wenn kurz vor Ablauf der Verjährungszeit für Mängelansprüche ein Mangel entdeckt wird und dieser zu einer Nacherfüllung im Sinne einer vollständigen Sanierung führt. In diesen Fällen kommt es dem Auftraggeber zugute, dass er kurz vor Ablauf der Verjährungszeit der Mängelansprüche praktisch ein neues Werk erhält. Diese deutlich **verlängerte Nutzungsdauer** wird ihm »in Rechnung gestellt«. Etwas **anderes** gilt, wenn der Unternehmer die **Mängelbeseitigung verzögert** hat (OLG Frankfurt, BGH Nichtannahmebeschluss IBR 2001, 681). **188**

Bei der **Ermittlung** der »**Sowieso- oder Ohnehin-Kosten**« ist nach dem OLG Nürnberg »von der zur Bauzeit üblichen, aus damaliger Sicht sicher zum Erfolg führenden Arbeitsweise und dem **damaligen Preisniveau** auszugehen« (OLG Nürnberg IBR 2001, 532 – auch BauR 2001, 961 = OLGR 2001,93). Im Ergebnis führt dies dazu, dass beispielsweise beim Austausch von Stahlbetonrohren (OLG Nürnberg BauR 2001, 961 = IBR 2001, 532) nicht der Aufwand für das Austauschen der Rohre zu beachten ist, sondern darauf abgestellt werden muss, was die damals »richtige« Verlegungsart mehr gekostet hätte. **189**

e) Kostenvorschuss/Abrechnung des Kostenvorschusses/Zinsen

Darüber hinaus ist der Auftraggeber auch berechtigt, von dem Auftragnehmer vor Inangriffnahme der Nacherfüllung einen Vorschuss in Höhe der zur Nacherfüllung voraussichtlich erforderlichen Kosten zu verlangen. Voraussetzung für die Entstehung dieses Anspruchs ist, dass die dem Auftragnehmer zur Nacherfüllung gesetzte Frist fruchtlos verstrichen oder aus besonderen Gründen die Fristsetzung nicht notwendig ist. Weitere Voraussetzung ist, dass die Nacherfüllungsarbeiten noch nicht durch einen anderen Unternehmer abgeschlossen sind und der Auftraggeber mit den damit verbundenen Kosten noch nicht belastet ist. Ist dies der Fall, steht dem Auftraggeber nur der Kostenerstattungsanspruch zu. Der Anspruch auf Vorschuss auf die Kosten der Mängelbeseitigung wurde abgelehnt, als Grund zur Annahme bestand, dass der Auftraggeber den Mangel nicht beseitigen wollte. Der Abweisung einer zunächst zulässigen und begründeten Vorschussklage kann der Auftraggeber nur dadurch entgehen, dass er die Hauptsache für erledigt erklärt (OLG Koblenz NJW-RR 1990, **190**

981). Ein Vorschussanspruch kann auch noch nach Kündigung des Bauvertrages entstehen (OLG Brandenburg Urt. v. 8.12.2004 BauR 2005, 601).

191 Auch wenn der zur Zahlung eines Kostenvorschusses verurteilte Auftragnehmer Nachbesserungsarbeiten erfolgreich durchgeführt hat, ist seine hierauf gestützte Vollstreckungsgegenklage dann unbegründet, wenn der Auftraggeber den Mängelbeseitigungsarbeiten durch ihn nicht zugestimmt hat. In diesem Fall ist erst bei der Abrechnung des Vorschusses unter dem Gesichtspunkt der Erforderlichkeit der vom Auftraggeber aufgewandten Kosten zu prüfen, ob und inwieweit Nacherfüllungsarbeiten des Auftragnehmers erfolgreich waren (OLG Nürnberg Beschl. v. 28.7.2005 IBR 2006, 87).

192 Eine Anspruch des Bestellers auf Zahlung eines Vorschusses für die Kosten der Mängelbeseitigung besteht dann nicht, wenn die Mängelbeseitigungsarbeiten in überschaubarer Zeit nicht ausgeführt werden können – entschieden als ein mindestens ein Jahr dauerndes selbstständiges Beweisverfahren anstand (OLG Nürnberg Urt. v. 27.6.2003 IBR 2003, 529). Frage ist, ob im Verfahren die Möglichkeit zum Übergang auf ein Schadensersatzanspruch diskutiert wurde. Wenn die VOB/B vereinbart worden war, wäre ein Schadenersatz nach § 13 Nr. 7 Abs. 1 VOB/B (2002) möglich gewesen. Der wirtschaftliche Unterschied zwischen Kostenvorschuss und Schadensersatz ist in den Kosten für die Abrechnung und den Nachweis der Mittelverwendung zu sehen. Ebenso darin, dass der Kostenvorschussberechtigte ggf – im Gegensatz zum Schadensersatzanspruch – etwas zurückzuzahlen hat. Einen gezahlten Schadensersatz kann der Auftraggeber auch nach seinem Belieben verwenden (BGH Beschl. v. 11.11.2004 BauR 2005, 386).

193 Die Zuerkennung eines Kostenvorschussanspruches ist ein sich aus den Besonderheiten des Bauvertrages ergebendes Gebot der Billigkeit (§ 242). Er wird dem Auftraggeber seit jeher von der Rechtsprechung zuerkannt (BGH BauR 1999, 631; BGHZ 47, 272 = SFH Z 2.414 Bl. 187 = NJW 1967, 1366 m. Anm. *Wussow*). Mit dem Inkrafttreten des Schuldrechtsmodernisierungsgesetzes zum 1.1.2002 ist der **Kostenvorschussanspruch** explizit in **§ 637 Abs. 3 BGB** geregelt worden. In § 13 Nr. 5 Abs. 1 VOB/B ist der Kostenvorschussanspruch nicht ausdrücklich genannt. Jedoch ist es auch hier anerkannt, dass dem Auftraggeber ein Kostenvorschussanspruch zusteht. Seit dem 1.1.2002 kann **§ 637 Abs. 3 BGB unmittelbar auch bei VOB/B-Verträgen** angewendet werden. Die nachfolgenden Ausführungen gelten daher für **BGB- und VOB/B-Bauverträge gleichermaßen**.

194 Für die Durchführung des Kostenvorschussanspruchs kann **§ 666 BGB (Auskunfts- und Rechenschaftspflicht) analog** angewendet werden. Dies ergibt sich aus der Rechtsnatur des Kostenvorschussanspruchs als vorläufige Regelung, die den Auftraggeber in die Lage versetzt ohne Einsatz eigener Geldmittel, seinen Anspruch auf Verschaffung eines mangelfreien Werkes zu realisieren. Nach Durchführung der Nacherfüllungsarbeiten des Drittunternehmers muss der Auftraggeber prüfbar abrechnen. Während der Arbeiten muss er dem Unternehmer Auskunft erteilen.

195 Der Kostenvorschuss muss im »Rahmen der Erforderlichkeit« liegen. Insoweit hat der Auftraggeber eine Nachweispflicht, etwa durch Vorlage des **Kostenanschlages** eines anderen Unternehmers. Als Nachweis kann es ausreichen, wenn der Auftraggeber wegen der Nacherfüllungskosten ein hinreichend aufgeschlüsseltes Gutachten eines Sachverständigen vorlegt, auch wenn die späteren tatsächlichen Kosten erheblich geringer sind (OLG Koblenz NJW-RR 1990, 981 = BauR 1990, 642). Beim Einheitspreisvertrag entspricht die Höhe des Vorschussanspruches – anders als beim Globalpauschalpreisvertrag – den voraussichtlichen Nacherfüllungskosten abzüglich derjenigen Mehrkosten, um die das Werk bei ordnungsgemäßer Ausführung von vornherein teurer gewesen wäre (OLG Karlsruhe BauR 1999, 1032). Ein Vorschussanspruch des AG besteht nach Treu und Glauben allerdings von vornherein nur insoweit, als dieser nicht restlichen Werklohn im Hinblick auf vorhandene Mängel **zurückbehalten** hat und diesen zur Mängelbeseitigung verwenden kann (OLG Hamm NJW-RR 1998, 885).

196 Ebenso ist zu beachten, dass im Rahmen eines Kostenvorschusses dem Unternehmer nicht Kosten auferlegt werden dürfen, die durch die Fehlerhaftigkeit seiner Vorunternehmer entstanden sind

(OLG München BauR 1996, 547). Der Anspruch auf Kostenvorschuss umfasst auch **nicht** einen **merkantilen Minderwert**, sondern **ausschließlich die mutmaßlichen Nacherfüllungskosten** (BGH BauR 1997, 129). Abgelehnt wurde ein solcher Anspruch, als damit zu rechnen war, dass die geplante Art der Nacherfüllung erneut zu einer nicht fachgerechten Herstellung führen würde (OLG Frankfurt BauR 1997, 481). »Der Anspruch auf Kostenvorschuss zur Mängelbeseitigung umfasst alle Kosten, die im Rahmen der erforderlichen Nachbesserung anfallen, einschließlich der notwendigen Vor- und Nacharbeiten, selbst wenn durch Letztere zugleich die Mängel des Gewerkes eines Nachfolgeunternehmers beseitigt werden. Allein der Umstand, dass durch die Nachbesserung des Vorunternehmers Mängel des Gewerks eines Nachfolgeunternehmers beseitigt werden, stellt keinen auszugleichenden Vorteil des Auftraggebers dar« (OLG Karlsruhe Urt. v. 1.3.2005 IBR 2005, 252 m. Anm. Weyer).

197 Der BGH hat sich zu der Frage geäußert, welche **Darlegungspflichten** dem Auftraggeber beim Kostenvorschuss auferlegt werden dürfen. Dabei hat er ausgeführt, dass hinsichtlich der Darlegung zur Anspruchshöhe nicht **gleich strenge Anforderungen** gestellt werden dürfen, wie bei den Kosten einer Ersatzvornahme. Dem Bauherrn wird insoweit zugebilligt, dass er die **zu erwartenden Kosten schätzen kann** (BGH BauR 2001, 789 = IBR 2001, 254). Diese Entscheidung ist sicherlich »in engen Grenzen« fortzuschreiben. Zwar hat der BGH betont, dass die vom Auftraggeber gegenüber dem vertragsuntreuen Werkunternehmer zu stellenden Anforderungen nicht »überzogen« werden dürfen. Festgehalten wird insoweit, dass ein Sachverständigengutachten nicht erforderlich ist. Es genüge, wenn er die Kosten schätzt und, falls der Auftragnehmer sie bestreitet, von Auftraggeberseite ein **Sachverständigengutachten als Beweis** angeboten wird. Dies dürfe allerdings nicht so weit gehen, dass die Zahlen »aufs Geratewohl« genannt werden. In diesem Falle wären sie unbeachtlich (BGH IBR 2001, 254 m. Anm. Weyer, der zurecht darauf hinweist, dass die Darlegungslast z.B. dann steigt, wenn der Bauherr »einen weiteren Vorschuss mit der Behauptung verlangt, die Kosten beliefen sich voraussichtlich auf das Zweieinhalbfache seiner ursprünglichen Schätzung«). Das Gericht darf Mängelbeseitigungskosten gemäß § 287 ZPO aufgrund greifbarer Anhaltspunkte schätzen. Die Umstände, von denen es ausgeht müssen aber auf einer ausreichenden Grundlage basieren. diese muss es nennen (BGH BauR 2004, 1290). Im Rahmen eines Kostenvorschusses sind beispielsweise auch die Kosten für den Umzug des Mieters einschließlich Hotelkosten während der Sanierung mit einzubeziehen (OLG Jena IBR 2003, 295. Für den Fall, dass ein Bauträger einen Generalunternehmer mit der schlüsselfertigen Herstellung eines Wohn- und Geschäftshauses beauftragt hatte).

198 Zu berücksichtigen ist – wie ausgeführt –, dass der Vorschuss nichts Endgültiges ist. Es handelt sich um die Vorwegnahme des Kostenerstattungsanspruchs des Auftraggebers im Sinne des Aufwendungsersatzes (BGH BauR 1983, 365). Daher muss der Auftraggeber den **erhaltenen Vorschuss später abrechnen**. Er muss dem Auftragnehmer nachweisen, dass er den an ihn gezahlten Betrag zur Nacherfüllung benötigt und verwendet hat. Ggf. kann er **Nachzahlung** verlangen. Den nichtbenötigten Teil des Vorschusses muss er dem Auftragnehmer zurückzahlen (BauR 1988, 592 = NJW 1988, 2728; BGH BauR 1990, 358 = NJW 1990, 1475, im letzteren Fall für das Verhältnis des Haupt- bzw. Generalunternehmervertrages zum Nachunternehmervertrag). Die Rückzahlungspflicht ergibt sich schon aus der Rechtsnatur des Vorschussanspruches (vgl. auch §§ 683, 669, 670 BGB), ohne dass es eines Zurückgreifens auf die §§ 812 ff. BGB bedarf. Dass eine Abrechnung des Kostenvorschusses nicht bzw. noch nicht möglich ist, muss der Auftraggeber darlegen und beweisen (BGH BauR 1990, 358 = NJW 1990, 1475). Darüber hinaus hat der Auftragnehmer entsprechend § 666 BGB einen **Anspruch auf Auskunftserteilung** und **Rechenschaftslegung**. Dabei kann er jederzeit Auskunft über den Verbleib und die Verwendung des Vorschusses verlangen; Rechenschaft kann er erst nach Beendigung der ersatzweise durchgeführten Nacherfüllung beanspruchen. Letztere geht dahin, dass ihm die erforderlichen Kosten vollständig, richtig und im Einzelnen prüfbar dargetan und belegt werden.

199 Die Abrechnungs- bzw. notfalls Rückzahlungspraxis von Vorschüssen stellt Koeble nachvollziehbar und überzeugend entgegen, dass es in der Prozesspraxis praktisch keine Rückforderungsklagen gäbe.

Er begründet seine Aussage damit, dass dem Auftraggeber gegen den Rückforderungsanspruch des Unternehmers sowohl nach VOB/B als auch nach dem BGB 2002, »jederzeit Schadensersatzansprüche zur Verfügung stehen, mit denen er die Aufrechnung erklären kann«. Dies vor dem Hintergrund, dass der Auftraggeber vom Vorschussanspruch auf Schadensersatzansprüche schon deshalb »umsteigen« kann, weil mit der Geltendmachung des Vorschusses »und sogar mit seiner rechtskräftigen Titulierung«, das Wahlrecht des Bestellers nicht verbraucht sei (*Koeble* FS Jagenburg S. 371 ff., 377).

200 Das OLG Nürnberg hat ausgeführt, dass die »erfolgreiche Nachbesserung durch den Unternehmer« als auflösende Bedingung zum werkvertraglichen Vorschussanspruch gegen ihn anzusehen ist. Wird eine Nacherfüllung durchgeführt, nachdem mit dem Vorschussanspruch gegen den Werklohnanspruch aufgerechnet worden war, lebt der Werklohnanspruch wieder auf (OLG Nürnberg NZBau 2002, 670 = IBR 2002, 471). Dabei wurde zusätzlich entschieden, dass im Falle, dass die Klage auf Zahlung des Werklohnes aufgrund der Aufrechnung mit dem Vorschussanspruch abgewiesen wurde, der Werkunternehmer aber nach Urteilerlass die Mängel beseitigt, seine in der Folgezeit eingelegte Berufung gleichwohl unzulässig sei, »wenn sie lediglich darauf gestützt werde, dass der Werklohnanspruch wegen der Nachbesserung neu entstanden sei« (OLG Nürnberg NZBau 2002, 670 = IBR 2002, 471 m. abl. Anm. v. *Weyer*, der die Begründung für inkonsequent hält. Da die Werklohnforderung wieder aufgelebt sei, mache der Bauunternehmer nach wie vor die Restforderungen der ursprünglichen Werklohnforderung geltend).

201 Für die Abrechnung gelten die gleichen Grundsätze wie für den Kostenerstattungsanspruch des Auftraggebers. Daher sind auch Eigenleistungen des Auftraggebers abzurechnen, soweit sie zur Nacherfüllung erforderlich und nicht teurer waren als vergleichbare Leistungen gewerblicher Unternehmer. Die Ansprüche auf Auskunftserteilung und Rechenschaftslegung sind selbstständig einklagbar. Sie können aber nur mit dem Abrechnungsanspruch abgetreten werden (*Renkl* BauR 1984, 472 m.w.N.).

202 Ist der Auftragnehmer aufgrund eines von ihm nicht beanstandeten Kostenvoranschlages zur Vorschusszahlung verurteilt worden, kann er später bei der Abrechnung nicht geltend machen, die veranschlagten Preise seien zu hoch (LG Hannover MDR 1984, 229).

203 Es kann unter Berücksichtigung der genannten Voraussetzungen Fälle geben, in denen dem Auftraggeber der verlangte **Vorschuss** zu versagen ist; z.B., wenn er nicht ernsthaft die Nacherfüllung selbst oder durch einen Dritten betreibt (dazu OLG Düsseldorf BauR 1988, 607, z.B. auch bei entsprechendem Vorschussverlangen schon des Rechtsvorgängers des Anspruchstellers oder bei dessen Nachbesserungsverpflichtung diesem gegenüber); auch wenn er in Wirklichkeit von vornherein eine Minderung der Vergütung oder die Geltendmachung eines Schadensersatzanspruches anstrebt. Insbesondere wenn deren weitergehende Voraussetzungen nicht vorliegen (BGH BauR 1984, 406 = NJW 1984, 2456). Gleiches gilt, wenn der Auftraggeber vor Erhalt des Vorschusses entgegen ursprünglich erklärter Absicht nunmehr keine Nacherfüllung mehr will (OLG Hamburg BauR 1979, 331) oder betreibt (OLG Köln BauR 1988, 483). Dann steht dem Recht auf Vorschuss wegen des eigenen Verhaltens des Auftraggebers wiederum der Gesichtspunkt von Treu und Glauben entgegen.

204 Eine auf Kostenvorschuss nach § 633 Abs. 3 BGB gerichtete Klage ist unbegründet, wenn zu besorgen ist, dass der Bauherr die gerügten Mängel gar nicht beseitigen will, sondern in Wirklichkeit Minderung oder Schadensersatz anstrebt (deren rechtliche Voraussetzungen möglicherweise nicht vorliegen). Davon ist in der Regel auszugehen, wenn der Bauherr nur einen geringen Bruchteil (hier 7,15%) der von ihm für erforderlich gehaltenen Nacherfüllungskosten einklagt (OLG Celle BauR 2001, 1753; OLG Düsseldorf BauR 2004, 1991).

205 Der Auftraggeber ist verpflichtet, den Vorschuss – **bestimmungsgemäß** – zur **Nacherfüllung zu verwenden**, und zwar **binnen angemessener Zeit**. Letztere richtet sich gemäß § 242 BGB nach den Umständen des Einzelfalles. Im Allgemeinen wird man hier als Richtwert nicht mehr als einen Zeitraum von einem halben bis äußerstenfalls einem Jahr zubilligen können (dazu auch OLG Köln BauR 1988, 483). Etwas anderes kann bei sehr umfangreichen Arbeiten gelten. Veranlasst der Auftraggeber nicht

innerhalb dieser Zeit die Nacherfüllung und ist ihm dieses im Verhältnis zum Auftragnehmer zuzurechnen, muss er den erhaltenen Vorschuss zurückzahlen (wie hier *Kaiser* Mängelhaftungsrecht Rn. 84a m.w.N.; *Locher* Das private Baurecht Rn. 265 ff.). Ein Auftragegber ist auch gegenüber dem **Gewährleistungsbürgen** auf erstes Anfordern verpflichtet einen **erhaltenen Vorschuss abzurechnen**. Unterlässt er dies, muss er den erhaltenen Bürgschaftsbetrag zurückerstatten (OLG Braunschweig Urt. v. 6.3.2003 BauR 2003, 1234).

Vor diesem Hintergrund ist eine Entscheidung des OLG Celle zu sehen, bei der der Auftraggeber erst im Berufungsverfahren kurz vor der mündlichen Verhandlung – etwa eineinhalb Jahre nach Erlass des Urteils, das ihm den Kostenvorschuss zugesprochen hat – ein pauschal gehaltenes Angebot über die auszuführenden Nacherfüllungsarbeiten vorgelegt hat. Der Rückforderungsklage des Auftragnehmers wurde hier stattgegeben. Als Begründung wurde darauf abgestellt, dass beim Auftraggeber der »**Nachbesserungswille**« gefehlt habe (OLG Celle IBR 2002, 308). **206**

Hinsichtlich des **Beginns der Jahresfrist** ist zu unterscheiden: Wird der Vorschuss durch Einbehalt der Vergütung durchgesetzt, so wird für den Beginn der Frist auf die rechtskräftige Zuerkennung des Vorschusses abgestellt. Muss der Vorschussbetrag dagegen erst nach Titulierung angefordert werden, bzw. vollstreckt werden, so soll die Frist »erst mit Eingang des vom Auftraggeber geschuldeten Betrages beim AG« beginnen (BGH IBR 2002, 308 Anm. *Siebert*). **207**

Für den Bereich des BGB-Bauvertrages hat der BGH (BGHZ 105, 103 = BauR 1988, 592) entschieden, dass der Auftraggeber dann, wenn er einen Kostenvorschuss zur Mangelbeseitigung erhalten hat, grundsätzlich nicht gehindert ist, vor dessen bestimmungsmäßiger Verwendung **Schadensersatz** nach den §§ 634, 635 BGB a.F. (heute: § 280 BGB) zu verlangen. Zusätzlich hat er dargelegt, dass er mit diesem Anspruch gegen die **Forderung des Auftragnehmers auf Rückgewähr** des Vorschusses **aufrechnen** kann, was durchaus dem Mängelrechtssystem der §§ 633 ff. BGB entspricht. **208**

Dies bedeutet für den Bereich des VOB/B-Vertrages: Stellt sich nachträglich nach Erhalt des Vorschusses heraus, dass die Nacherfüllung (auch aus Rechtsgründen BGH BauR 1988, 592) unmöglich oder dass die Nacherfüllung für den Auftraggeber unzumutbar ist (dazu siehe unten), so kann der Auftraggeber die **Minderung erklären** und den Kostenvorschuss entsprechend verwenden. Sind neben den Voraussetzungen für den Nacherfüllungsanspruch zugleich auch diejenigen für einen Schadensersatzanspruch nach § 13 Nr. 7 VOB/B gegeben (dazu siehe unten), so kann der Auftraggeber sich nachträglich zur Geltendmachung des **Schadensersatzanspruches** anstelle der Nacherfüllung entschließen. **209**

Er kann **mit dem** erhaltenen **Vorschuss aufrechnen**. Das gilt z.B. auch, wenn es dem Auftraggeber (Hauptunternehmer) nachträglich gelingt, sich mit dem von ihm Nacherfüllung verlangenden Bauherrn dahin zu einigen, dass dieser auf seine Mängelrechte gegen Aufgabe des restlichen Werklohnanspruchs verzichtet. In diesem Fall kann der Auftraggeber gegen den Auftragnehmer (Nachunternehmer) einen Schadensersatz nach § 13 Nr. 7 Abs. 1 VOB/B bzw. § 280 BGB geltend machen – soweit dieser die erforderlichen Nacherfüllungskosten nicht übersteigt. Dem gemäß darf der Auftraggeber den Schadensersatzanspruch mit dem erhaltenen Vorschuss verrechnen (BGH BauR 1989, 199). **210**

Der Kostenvorschussanspruch entfällt ganz oder teilweise, wenn der Auftraggeber sich auf andere Weise wegen der Nacherfüllungskosten schadlos halten kann. Insbesondere wenn dies unter Berücksichtigung weiterer gegen den Auftragnehmer bestehender Mängelansprüche geschieht; z.B. durch Verwertung einer ihm nach § 17 VOB/B zur Verfügung stehenden Sicherheit (BGH BauR 1989, 201 = ZfBR 1989, 60 = NJW-RR 1989, 405) oder durch Einbehaltung der Vergütung des Auftragnehmers (so auch OLG Oldenburg BauR 1994, 371 = NJW-RR 1994, 529). Voraussetzung ist, dass er dadurch in die Lage versetzt wird, mit den Nacherfüllungskosten aufzurechnen bzw. diese zu verrechnen (so mit Recht LG Köln BauR 1973, 114; vgl. ferner OLG Karlsruhe, Justiz 1983, 386) – zumindest ein Zurückbehaltungsrecht auszuüben (*Köhler* BauR 1992, 22, 24). **211**

212 Eine **Bürgschaft für Mängelansprüche**, sofern sie die Nacherfüllung und deren Folgen umfasst, betrifft auch den Anspruch des Auftraggebers auf **Vorschuss** für die voraussichtlichen Nacherfüllungskosten (BGH BauR 1984, 406 = NJW 1984, 2456).

213 Der Kostenvorschussanspruch vermindert sich entsprechend § 254 BGB, wenn dem Auftraggeber oder seinen Erfüllungsgehilfen (insbesondere Architekt oder Ingenieur) eine **Mitverantwortlichkeit** an der Entstehung des Mangels vorzuwerfen ist (OLG Düsseldorf MDR 1984, 756 = VersR 1985, 246).

214 Ist dem Auftraggeber ein geforderter Vorschuss zur Beseitigung von Baumängeln rechtskräftig zuerkannt worden, so steht die Rechtskraft dieses Urteils einer zweiten Klage wegen eines weitergehenden Vorschusses auch dann nicht entgegen, wenn dem Auftraggeber schon während des ersten Prozesses Angebote vorlagen, nach denen der zunächst geforderte Vorschuss nicht ausreichend sein würde (OLG München BauR 1994, 516 = NJW-RR 1994, 785). Sofern der Auftraggeber **Nachzahlung** verlangt, weil der ursprünglich in Anspruch genommene Vorschuss nicht ausreicht, handelt es sich auch hier um einen nach wie vor dem Nacherfüllungsbereich zuzurechnenden Vorschussanspruch – nicht um einen Schadensersatzanspruch. Auch insofern gelten die bereits für den Kostenerstattungsanspruch aufgezeigten Grenzen (siehe oben).

215 Für die Ordnungsgemäßheit eines auf Kostenvorschuss gerichteten Klageantrages gelten dieselben Voraussetzungen, wie sie an eine Mangelrüge zu stellen sind. Somit richtet sich die Tragweite der Unterbrechung der Verjährung nicht nach den jeweils genannten Mangelerscheinungen, sondern nach den der Leistung anhaftenden Mängeln selbst; vorausgesetzt, die Ursachen sind – technisch gesehen – identisch (BGH BauR 1989, 81 = NJW-RR 1989, 208).

216 Daraus folgt sowohl für den **BGB-Bauvertrag** als auch den **VOB/B-Vertrag**, dass der Auftraggeber hinreichend **prüfen** und sich entscheiden muss, **ob** er einen **Kostenvorschussanspruch oder** einen **Schadensersatzanspruch** geltend machen will. Wegen ihrer gänzlich voneinander verschiedenen Grundlagen und Folgen handelt es sich bei Vorschussanspruch und Schadensersatzanspruch nicht um einen einheitlichen, sondern um eine Mehrheit von Streitgegenständen (dazu im Einzelnen zutreffend *Grunsky* NJW 1984, 2545). Insofern ist jedoch im Prozess in Zweifelsfällen von der richterlichen Fragepflicht nach § 139 ZPO Gebrauch zu machen.

217 Die Vorschussklage unterbricht die Verjährung auf spätere Erhöhungen der Forderungen, vorausgesetzt sie betreffen denselben Mangel. Hierfür ist es nicht erforderlich, dass von vornherein eine Kostensteigerung in Aussicht gestellt wurde und worauf diese zurückzuführen ist (zwischenzeitliche Kostensteigerung oder neue Erkenntnisse zum Schadensumfang). Als Folge ist die Vorschussklage oftmals einer Klage auf Schadensersatz vorzuziehen. Die Verjährungshemmung tritt insoweit nicht nur auf den im Schadensersatz zu beziffernden Betrag ein. **Selbst nach Ablauf der Verjährung können Kostensteigerungen im Hinblick auf den Mangel noch in den Rechtsstreit eingeführt werden**. Der Nachteil wurde bereits genannt: Über den Vorschuss ist abzurechnen. Die Vorteile sind durch die Schuldrechtsreform noch vergrößert worden. Im Gegensatz zum früheren Recht bedarf es beim Wechsel von Vorschuss zum Schadensersatz nicht mehr der Fristsetzung mit Ablehnungsandrohung, sondern gemäß §§ 634, 280, 281 BGB allein einer Fristsetzung. Wünscht der Auftraggeber daher nach Erhalt des Vorschusses die Nacherfüllung nicht durchzuführen, vielmehr das Geld als Entschädigung zu erhalten, kann er mit einer entsprechenden Erklärung auf den kleinen Schadensersatzanspruch überwechseln. Voraussetzung hierfür ist allerdings, dass der Schadensersatzanspruch mindestens die gleiche Höhe hat wie der Betrag, den er als Vorschuss erhalten hat (BGH Urt. v. 1.2.2005 NJW-RR 2005, 1037).

218 Bei **Verurteilung** zur Vorschusszahlung des Auftragnehmers kann der Auftraggeber Prozesszinsen gemäß § 291 BGB ab Rechtshängigkeit verlangen (regelmäßig durch Klagezustellung, OLG Karlsruhe Urt. v. 28.10.2004 BGH Nichtzulassungsbeschwerde zurückgewiesen IBR 2006, 135). Die Höhe ergibt sich aus dem Verweis auf § 288 Abs. 1 S. 2, Abs. 2 und Abs. 3 BGB. Danach beträgt er 5% über dem Basiszinssatz, ist ein Verbraucher nicht beteiligt, 8% über dem Basiszinssatz. Der Basiszinssatz ist variabel. Er wird nach § 247 BGB halbjährlich zum 1.1. und 1.7. eines jeden Jahres neu festgesetzt.

Verzug tritt unter den Voraussetzungen des § 286 BGB ein. Allerdings beginnt die Pflicht des Auftragnehmers zur Entrichtung von Verzugszinsen nicht schon ab dem Tage, mit dem er mit der Nacherfüllung in Verzug gekommen ist. Dieser Verzug betrifft nur die Nacherfüllung nach § 13 Nr. 5 Abs. 1 VOB/B, während es hier um den Verzug mit der Vorschusszahlung im Rahmen von § 13 Nr. 5 Abs. 2 VOB/B geht. Nach § 286 BGB (§ 284 Abs. 1 BGB a.F.) tritt Verzug ein, wenn der Kostenvorschuss gefordert und angemahnt worden ist. Nach § 286 Abs. 2 BGB bedarf es u.a. der Mahnung nicht, wenn der Schuldner (Unternehmer) die Leistung (Zahlung des Vorschusses) ernsthaft und endgültig verweigert. Ferner kommt der Unternehmer nach § 286 Abs. 3 BGB mit der Zahlung des Kostenvorschusses in Verzug, wenn er 30 Tage nach Fälligkeit und Zugang einer Rechnung oder einer gleichwertigen Zahlungsaufforderung nicht an den Auftraggeber leistet. **219**

Sofern der Vorschuss nicht zweckgerecht verwendet worden ist oder die tatsächlichen Nacherfüllungskosten übersteigt, ergibt sich aus der mit ihm verbundenen Erstattungspflicht, dass auch die darauf vom Auftragnehmer geleisteten Zinsen wieder zurückzuzahlen sind. Insoweit besteht eine Akzessorietät zur bestimmungsgemäßen Verwendung des Vorschusses (BGHZ 94, 330 = BauR 1985, 569). Entgegen OLG Düsseldorf (BauR 1980, 468) ist dies jedoch anders hinsichtlich Verzugs- und Prozesszinsen, die auf den Vorschuss gezahlt wurden. Sie sind nicht in die Abrechnung mit einzubeziehen (OLG Düsseldorf BauR 1980, 468, 469). Die auf den Kostenvorschuss infolge Verzuges oder Rechtshängigkeit zu zahlenden Zinsen (§ 288 Abs. 1, § 291 BGB) bilden ungeachtet der Zweckgebundenheit des Vorschusses einen **gesetzlich festgelegten Mindestersatz für die zeitweilige Vorenthaltung der Hauptsumme**. Dies **ohne Rücksicht** darauf, **ob** und in welcher Höhe dem **Gläubiger tatsächlich ein Schaden entstanden** ist. Dies ist streitig (OLG Karlsruhe Urt. v. 28.10.2004; BGH Nichtzulassungsbeschwerde zurückgewiesen IBR 2006, 135, Anm. *Metzger*; BGHZ 77, 60 = BauR 1980, 359 u. BauR 1983, 365). **220**

In typisierender Betrachtung hat der Gesetzgeber damit der Tatsache Rechnung getragen, dass die mit dem Besitz von Geld verbundenen Nutzungsmöglichkeiten in der Regel geldwerte Vorteile bieten, deren Vorenthaltung rechtlich als Schaden angesehen wird. Dies unabhängig davon, ob und inwieweit der Auftraggeber die Hauptsumme verwenden kann oder – wie hier beim Vorschuss – zu verwenden hat. Das ist auch sachgerecht, weil der Auftragnehmer aus der Zahlungsverzögerung oder -verweigerung keinen Vorteil ziehen und nicht für seine Vertragsuntreue belohnt werden soll. Insofern verbietet sich, vor allem wegen der auf den Auftragnehmer zurückgehenden Verzögerung der Nacherfüllung, jeder Vorteilsausgleich oder jede Anrechnung. Wenn auch nicht unbedenklich, so ist dieser Ansicht letztlich doch der Vorzug einzuräumen. **221**

g) Gerichtliche Geltendmachung – kein Vorschuss durch einstweilige Verfügung
Hält das Gericht eine Klage auf Ersatz von Mängelbeseitigungskosten nicht im geltend gemachten Umfang für begründet, weil es eine kostengünstigere Maßnahme für ausreichend hält, sind entsprechende Hinweise zu geben. Der Auftraggeber kann seinen Vorschussanspruch regelmäßig nicht im Wege einstweiliger Verfügung durchsetzen. Im Streitfall ist er auf die Geltendmachung im »üblichen« Prozessweg angewiesen. Im Allgemeinen sind weder die Voraussetzungen des § 935 ZPO, noch die des § 940 ZPO gegeben. Auch liegt keiner der Fälle vor, in denen die Rechtsprechung in Fortbildung des § 940 ZPO über die im Gesetz geregelten Fälle hinaus die vorläufige Verurteilung zur Befriedigung eines Geldanspruches zugelassen hat. Schließlich fehlt es hier am Vorliegen der dringenden Gefahr eines Vermögensschadens (OLG Düsseldorf BauR 1972, 323). **222**

h) Verjährung des Kostenerstattungs- und des Kostenvorschussanspruches

223 Der **Kostenerstattungsanspruch** der VOB/B in § 13 Nr. 5 Abs. 2 entspricht § 637 Abs. 1 BGB. Der auf dieser gesetzlichen Vorschrift beruhende Anspruch unterliegt der Verjährung nach § 634a Abs. 1 BGB (BGH BauR 1972, 176). Er ist rechtsdogmatisch als ein **Ausfluss des Nacherfüllungsanspruchs** anzusehen. Dementsprechend gilt bei einem VOB/B-Bauvertrag die jeweils einschlägige Verjährungsfrist des § 13 Nr. 4, einschließlich der Sonderregelungen in Nr. 5 Abs. 1 S. 2 und 3 (BGH BauR 1970, 48 = NJW 1970, 421). Im Rahmen des S. 3 gilt dies für den Fall, dass der Auftragnehmer zwar zunächst nacherfüllt hat, der Mangel jedoch erneut aufgetaucht und daraufhin eine erneute Nacherfüllungsaufforderung mit Fristsetzung nach Absatz 2 vergeblich geblieben ist. Wird der Lauf einer nach § 13 Nr. 4 Abs. 1 VOB/B vereinbarten, gemäß § 13 Nr. 5 Abs. 1 S. 2 VOB/B verlängerten Verjährungsfrist nach gesetzlichen Bestimmungen unterbrochen, so wird nach dem Ende der Unterbrechung die vereinbarte Frist erneut in Gang gesetzt (BGH BauR 2005, 710; BauR 2004, 1460, Bestätigung von BGH Urt. v. 9.10.1986 VII ZR 184/05 = BauR 1987, 84; OLG Brandenburg IBR 2005, 194; anders OLG Celle BauR 2004, 132). Zu beachten bei der Entscheidung des OLG Celle war, dass keine Abnahme einer Mängelbeseitigungsleistung i.S.d. § 13 Nr. 5 Abs. 1 S. 3 VOB/B vorlag, somit nicht die dortige Zweijahresfrist zu prüfen war.

224 Der Kostenvorschussanspruch verjährt in den gleichen Fristen.

i) Aufrechnung und Abtretung

225 Der Auftraggeber kann mit seinem **Kostenerstattungsanspruch** gegen eine etwa noch bestehende Vergütungsforderung des Auftragnehmers aus dem Bauvertrag **aufrechnen** (BGHZ 54, 244 = BauR 1970, 237 = NJW 1970, 2019; *Köhler* BauR 1992, 22, 24). Lässt der Auftraggeber, nachdem er eine Sicherheit nach § 648 BGB nicht geleistet hat, die Mängel gleichwohl im Wege der Ersatzvornahme beseitigen, sei er nicht berechtigt, die Ersatzvornahmekosten durch Aufrechnung geltend zu machen (OLG Düsseldorf Urt. v. 15.10.2004 IBR 2005, 255). Dabei ist wichtig, dass es sich seitens des Auftraggebers nicht um einen bloßen Verrechnungsposten, sondern ausdrücklich um eine Aufrechnung handelt (OLG Düsseldorf Beschl. v. 24. 5.2005 IBR 2005, 525; a.A. OLG Koblenz IBR 2002, 227 – zu verweisen ist auf die »Abkehr des BGH von der Verrechnung«, BGH IBR 2005, 465).

226 Liegt der Fall allerdings so, dass ein rechtlich schutzwürdiges Interesse des Auftraggebers an einem Kostenvorschuss zur Nacherfüllung nicht besteht, weil und soweit er sich wegen der Beseitigungskosten an der Vergütung des Auftragnehmers schadlos halten kann, kommt nicht eine Aufrechnung, sondern nur ein **Leistungsverweigerungsrecht** in Betracht. Dies gilt jedoch nur insoweit, als das Leistungsverweigerungsrecht einschließlich »**Druckzuschlag**« betragsmäßig ausreicht, um dem Vergütungsanspruch gegenübergestellt zu werden. Ist der Vergütungsanspruch geringer, kann der Auftraggeber wegen des Differenzbetrages einen Kostenvorschuss verlangen (dazu zutreffend *Köhler* BauR 1992, 22, 24 ff.). Wird ein Generalunternehmer von seinem Nachunternehmer auf Rückzahlung eines Kostenvorschusses zur Mängelbeseitigung verklagt, kann er sich dem entziehen, indem er den Vorschuss an den Bauherrn weiterleitet. Der Zweck des Vorschussanspruches, Ersatz für Aufwendungen für die Mängelbeseitigung zu leisten (damit keine Vorfinanzierung erforderlich wird) wird durch die Weiterleitung des Vorschusses erreicht (OLG Düsseldorf Urt. v. 25.11.2005, BGH Nichtzulassungsbeschwerde zurückgewiesen IBR 2006, 436)

227 Erklärt sich ein ausführender Unternehmer (oder Subunternehmer) nach Eröffnung des Insolvenzverfahrens über das Vermögen des Bauträgers als seines Auftraggebers gegenüber dem Erwerber zur Nacherfüllung bereit, obwohl er weiß, dass er in erheblichem Umfang noch Vergütungsansprüche gegen die Gemeinschuldnerin hat, gibt er dadurch zu erkennen, dass er seine Mängelhaftung anerkennt und dafür gegenüber dem Erwerber unabhängig von seinen Vergütungsansprüchen eintreten will. Schlägt die Nacherfüllung fehl, verstößt er gegen § 242 BGB, wenn er gegenüber dem vom Erwerber geltend gemachten Anspruch auf Erstattung der Kosten nunmehr die Aufrechnung mit noch offenen Vergütungsansprüchen gegen die Gemeinschuldnerin erklärt. Daher hat der Unternehmer

auch kein Zurückbehaltungsrecht (zutreffend OLG Köln SFH § 633 BGB Nr. 100 = NJW-RR 1995, 211).

Erhebt der Auftragnehmer im Falle der vom Auftraggeber erklärten Aufrechnung hinsichtlich des Vorschussanspruches die Einrede der Verjährung, so hat er damit – nur – Erfolg, wenn feststeht, dass sich Vergütungsanspruch und Kostenvorschussanspruch in nicht verjährter Zeit nicht aufrechenbar gegenübergestanden haben (§ 215 BGB). **228**

Hat der Auftraggeber mit Erfolg zunächst mit seinem Vorschussanspruch gegenüber dem Vergütungsanspruch des Auftragnehmers aufgerechnet und ergibt sich bei der späteren Abrechnung, dass der zur Nacherfüllung verwendete Betrag geringer war als der durch Aufrechnung dem Vergütungsanspruch gegenübergestellte Vorschussanspruch, muss der Auftraggeber den nichtverbrauchten Vorschussbetrag trotz erfolgter Aufrechnung an den Auftragnehmer auszahlen. Dieses ergibt sich zwangsläufig aus der mit dem Vorschussanspruch eng verbundenen Pflicht zur Abrechnung; insbesondere der analogen Anwendung der §§ 667 Alt. 1, 666 BGB (*Renkl* BauR 1984, 472, 473 f.; *Mantscheff* BauR 1985, 395), ohne dass es hier auf den Gesichtspunkt der ungerechtfertigten Bereicherung (§§ 812 ff. BGB) ankommt. Demnach dürfte es auch nicht erforderlich sein, entsprechend BGH die Rückzahlungspflicht aus § 242 BGB abzuleiten (BGHZ 94, 330, 334 = BauR 1985, 569). **229**

Zu in Besonderen oder Zusätzlichen Vertragsbedingungen vereinbarten Aufrechnungsverboten vgl. § 13 VOB/A. **230**

Die **Abtretung** eines Kostenvorschussanspruches ist – ebenso wie die Abtretung eines Kostenerstattungsanspruches – grundsätzlich möglich. § 399 BGB steht dem nicht entgegen. Da der Vorschuss bestimmungsgemäß zu verwenden ist, muss zunächst der Abtretungsempfänger die Nacherfüllung selbst oder durch einen anderen Unternehmer bewirken. Gegenüber letzterem muss er die mangelhafte Leistung zur Nacherfüllung bereitstellen. Außerdem muss auch bei ihm ein rechtlich schutzwürdiges Interesse an dem Vorschuss bestehen (dazu auch OLG Düsseldorf BauR 1988, 607). **231**

j) Kostenerstattung auch als Schadensersatzanspruch möglich

An sich ist der Auftraggeber nicht gehalten, den in Nr. 5 Abs. 2 festgelegten Anspruch auf Ausgleich der Nacherfüllungskosten nur in diesem Rahmen geltend zu machen. Er kann – anders als beim Kostenvorschussanspruch – diese Kosten, die ihm grundsätzlich nach vergeblicher Nacherfüllungsaufforderung und Fristsetzung durch die Inanspruchnahme eines anderen Unternehmers entstanden sind, auch im Wege des Schadensersatzes nach § 13 Nr. 7 Abs. 3 S. 1 VOB/B ersetzt verlangen. Solche sind als Schaden an der baulichen Anlage nach Nr. 7 Abs. 3 S. 1 anzusehen (ebenso BGH BauR 1981, 395). **232**

Allerdings bietet diese Möglichkeit Nachteile: Der Auftraggeber muss dem Auftragnehmer, auf dessen Tun oder Unterlassen der Mangel (Schaden) zurückzuführen ist, Verschulden belegen. Wenn sich der Auftragnehmer hier auch von dem grundsätzlich anzunehmenden Vorwurf des Verschuldens entlasten muss,– so steht dem nicht entgegen, dass der Auftraggeber auf dem Wege des verschuldensunabhängigen Kostenerstattungsanspruchs leichter zum Ziele gelangen kann. **233**

Der Schadensersatzanspruch nach Nr. 7 steht dem Auftraggeber auch offen, wenn er von den Rechten in § 13 Nr. 5 Abs. 2 VOB/B keinen Gebrauch macht. Das ergibt sich aus dem Wort »kann«. Danach steht es dem Auftraggeber frei, ob er überhaupt nach Nr. 5 Abs. 2 vorgehen oder stattdessen den Wert der Nachbesserungskosten als Schadensersatz nach Nr. 7 geltend machen will (auch OLG Hamm BauR 1995, 109; OLG Celle BauR 1996, 263). Die gegenteilige Ansicht in Nicklisch/Weick (§ 13 Rn. 225), wonach dem Auftraggeber deshalb ein Schadensersatzanspruch nach § 13 Nr. 7 VOB/B verschlossen sein soll, weil das Wort »kann« sich nur darauf beziehe, dass der Auftraggeber unter den zusätzlichen Voraussetzungen der Nr. 5 Abs. 2 Ersatz der Nacherfüllungskosten anstatt weiterhin Nacherfüllung verlangen könne, übersieht, dass es sich bei dem Wort »kann« um eine **234**

Regelung handelt, die sich auch in § 637 Abs. 1 BGB findet. Auch beim BGB-Bauvertrag kann der Auftraggeber unter den Voraussetzungen des § 634 BGB Schadensersatz nach § 280 BGB verlangen. Überdies: Falls der Auftragnehmer nicht innerhalb der nach § 13 Nr. 5 Abs. 2 VOB/B gesetzten Frist die Mängel beseitigt, dürfte es für den Auftraggeber illusorisch sein, noch weiterhin von diesem Auftragnehmer Nacherfüllung zu verlangen. Insoweit bezieht sich das Wort »kann« vernünftigerweise entweder auf die Nacherfüllung durch den Auftragnehmer oder auf Schadensersatz in Höhe der Nacherfüllungskosten nach § 13 Nr. 7 VOB/B (im Wesentlichen wie hier auch: *Kaiser* Mängelhaftungsrecht Rn. 118; *Werner/Pastor* Rn. 1721; *Vygen* Bauvertragsrecht Rn. 568; u.a. auch *Heiermann/Riedl/Rusam* § 13 VOB/B Rn. 179). Allerdings: Der Auftragnehmer muss zuvor dem AG erfolglos Frist zur Mängelbeseitigung gesetzt haben (unter Beachtung der Ausnahmeregelungen).

VIII. Leistungsverweigerungsrecht des Auftraggebers während des Bestehens von Ansprüchen nach § 13 Nr. 5 VOB/B

1. Grundlagen, Zug-um-Zug-Verurteilung

a) Einrede des nichterfüllten Vertrages
aa) Grundlage: Leistungsverweigerungsrecht

235 Der Auftraggeber, dem ein Anspruch auf Nacherfüllung zusteht, hat beim BGB-Werkvertrag gegenüber dem Vergütungsanspruch des Auftragnehmers auch noch nach der Abnahme des Werkes ein **Leistungsverweigerungsrecht** nach § 320 BGB (Einrede des nichterfüllten Vertrages BGHZ 26, 337, 339 = NJW 1958, 706; BGH BauR 1980, 357 = SFH § 12 VOB/B Nr. 4).

236 Das objektive Bestehen des Leistungsverweigerungsrechtes des Auftraggebers hindert den Eintritt des Schuldnerverzuges hinsichtlich der dem Auftragnehmer geschuldeten Vergütung bzw. Restvergütung (BGH BauR 1999, 1025 = ZfBR 1999, 313). Steht dem AG wegen Mängel ein Zurückbehaltungsrecht zu und zahlt er deshalb geforderte Abschlagszahlungen nicht, ist der AN nach dem BGH nicht berechtigt, nach § 16 Nr. 5 Abs. 5 die Leistungen einzustellen bzw. nach § 9 Nr. 1b zu kündigen. Bereits die ungerechtfertigte Androhung eines solchen Vorgehens durch den AN kann eine Nebenpflichtverletzung (früher: positive Vertragsverletzung) darstellen, die ihrerseits den AG u.U. zur fristlosen Kündigung berechtigt (OLG München Urt. v. 15.7.1997 IBR 1999, 568, BGH-Nichtannahmebeschl. v. 28.8.1999 VII ZR 317/97).

237 Hierzu besonders hinzuweisen ist auf eine Entscheidung des **BGH** aus dem Jahre 1997. Dort hat er ausgeführt, dass ein **Besteller,** der wegen eines Baumangels die Bezahlung des Werklohnes verweigert, **nicht zur Höhe der Mängelbeseitigungskosten vorzutragen** hat (BGH BauR 1997, 133 = NJW-RR 1997, 18; zustimmend KG IBR 2000, 597). Als Begründung wird u.a. auf den Wortlaut der §§ 273, 320 BGB verwiesen, wonach »wohl die gesamte« Gegenleistung verweigert werden kann bis der Schuldner geleistet hat. Hieran ändert auch die Regelung des § 320 Abs. 2 BGB nichts, da nach h.M. trotz des Abs. 2 auch bei bereits teilweise erbrachter Leistung das Recht besteht, die volle Gegenleistung zurückzuerhalten. Anderes kann nur gelten, wenn das volle Zurückbehaltungsrecht gegen Treu und Glauben verstoßen wurde (BGH Z54, 249 NJW 97, 939; *Palandt/Heinrichs* § 320 BGB Rn. 10).

238 Die zitierte Entscheidung ist deshalb so wichtig, weil bis dahin die Gerichte regelmäßig vom Besteller eine Erläuterung zur Höhe seines Zurückbehaltungsrechtes, multipliziert mit dem von der Rechtsprechung entwickelten Druckzuschlag, gefordert haben. Seit dieser Entscheidung muss man die Vortragslast gerade umgekehrt sehen. Dies bedeutet, dass es ausreicht, wenn der Besteller Mängel vorträgt. Im Anschluss hieran muss der Auftragnehmer darlegen, wie hoch die voraussichtlichen Mängelbeseitigungskosten sind. In der Praxis wird dies oftmals einem Anerkenntnis gleichkommen. Schon wegen der Anerkenntniswirkung ist diese BGH-Entscheidung besonders zu beachten. Darüber hinaus hat sie auch Auswirkungen auf die Kostenlast. Früher war es so, dass der Auftraggeber

einen bestimmten Betrag überweisen musste, um sich insoweit »klaglos« zu stellen. Heute scheint dies aufgrund des BGH-Urteils nicht mehr erforderlich zu sein.

Frage ist allerdings, ob sich hieran durch die Einführung des § 641 Abs. 3 BGB etwas geändert hat – die nunmehrige Fixierung des Druckzuschlages. Die Literatur spricht insoweit teilweise davon, dass § 320 BGB durch die Sonderregelung des § 641 Abs. 3 BGB bei Mängeln von Werkleistungen verdrängt würde (*Palandt/Heinrichs* § 320 BGB Rn. 11). Weiter wird unter dem Stichwort der »Beweislast« festgehalten, dass derjenige, der die Einrede aus § 320 erhebt, beweisen muss, dass ihm die geltend gemachte Forderung zusteht (*Palandt/Heinrichs* § 320 Rn. 14 u. § 641 Rn. 14). Damit ist das Problem aber noch nicht gelöst. Soll nun künftig gemäß der zitierten BGH Entscheidung der Auftraggeber weiterhin »alles« zurückbehalten können oder entsprechen § 641 Abs. 3 BGB nur einen Betrag in Höhe des Druckzuschlages? Man wird wohl weiterhin der nachvollziehbaren BGH-Entscheidung folgen müssen. Dies vor dem Hintergrund, dass der Auftragnehmer besser wissen muss, welcher Nachbesserungsumfang erforderlich ist. Behält der Auftraggeber »alles« ein, muss er ihm nach Vorlage eines Gutachtens oder sonst nachvollziehbarer Angaben darlegen, dass nur ein geringerer Nachbesserungsaufwand erforderlich ist. In diesem Fall kann der Auftraggeber wegen des nun frei durchsetzbaren Werklohnanteil seine uneingeschränkte Zahlungspflicht (§ 93 ZPO) und im Übrigen seinen Verpflichtung zur restlichen Werklohnzahlung (ohne Zinsen) Zug um Zug gegen Beseitigung der festgestellten Mängel anerkennen (so *Biebelheimer* NZBau 2004, 124 u. *Schmitz* IBR 2004, 291). **239**

Dies darf allerdings nicht mit der Frage verwechselt werden, inwieweit der Besteller hinsichtlich der Mängel verpflichtet ist, diese konkret zu beschreiben. In diesem Punkt wird es immer noch dabei bleiben, dass er unter Berücksichtigung der Symptom-Rechtsprechung des BGH die Mängel ausreichend nachvollziehbar beschreiben muss (OLG Düsseldorf NJW-RR 1998, 1549). **240**

bb) Voraussetzung: Fälliger Nacherfüllungsanspruch
Voraussetzung für ein Leistungsverweigerungsrecht wegen vorhandener Leistungsmängel ist es, dass ein **Nacherfüllungsanspruch** tatsächlich entstanden, mithin fällig ist (BGH BauR 1982, 579 = NJW 1982, 2494); nicht dagegen reicht die Möglichkeit des Entstehens solcher Ansprüche aus (OLG Düsseldorf BauR 1975, 348 m.w.N.; OLG Celle BauR 1995, 558). Andererseits bezieht sich das Leistungsverweigerungsrecht des Auftraggebers nicht nur auf die regelmäßig gerügten äußeren Mangelerscheinungen, sondern vor allem auch auf deren Ursachen – Stichwort: »Mangel ohne Schaden«. Es dauert bis zu deren Beseitigung fort. Dies hat vor allem Bedeutung für den Bereich der Rechtskraft eines Urteils auf Vornahme der Nacherfüllung. Ebenso für die Zug-um-Zug-Verurteilung zur Zahlung der Vergütung gegen bestimmte Mangelbeseitigung (dazu *Weise* BauR 1991, 19, 27 f.). Unerheblich ist es, ob sich der Verpflichtete in Verzug (§ 286 BGB) befindet oder ihn ein Verschulden (§§ 276, 278 BGB) trifft, oder ob der Gegenanspruch (Nacherfüllungsanspruch), weswegen das Leistungsverweigerungsrecht geltend gemacht wird, verjährt ist. **241**

Frage ist, ob ein Nacherfüllungsanspruch bei **fehlenden bauseitigen Vorleistungen** als fällig einzustufen ist. Das OLG Düsseldorf hat insoweit entschieden, dass dem Unternehmer ein Leistungsverweigerungsrecht zusteht. Im zu entscheidenden Fall erklärte der Beschichtungsunternehmer, erst nachbessern zu wollen, wenn die bauseitigen Vorleistungen – feuchtigkeitsschutztechnische Vorbehandlungen – erbracht seien (OLG München BauR 2003, 720 u. OLG Düsseldorf Urt. v. 13.3.2003 IBR 2003, 1077 m. abl. Anm. *Groß*). **242**

Entscheidend ist, dass der Anspruch vor Eintritt der Verjährung entstanden ist und geltend gemacht wurde (§ 215 BGB). Jedoch darf die Nacherfüllung nicht unmöglich sein. Überhaupt dürfen nicht nur die Voraussetzungen der Minderung oder allein des Schadensersatzes nach § 13 Nr. 6 und/oder Nr. 7 VOB/B gegeben sein. Im Falle des Schadensersatzes allerdings nur, wenn der Auftraggeber die Leistung des Auftragnehmers zurückweist und die Zahlung jeglicher Vergütung verweigert (*Kaiser* **243**

BauR 1982, 205 m.w.N.). Gleiches gilt für den auch auf den VOB/B-Vertrag anwendbaren Bereich des § 640 Abs. 2 BGB. Abgrenzungsfragen treten zum Zurückbehaltungsrecht dann auf, wenn ein Subunternehmer für einen Bauträger für verschiedene Bauvorhaben Leistungen erbracht hat (OLG Naumburg BauR 1997, 1049).

cc) Voraussetzung: Fortbestehendes Nacherfüllungsverlangen

244 Erforderlich für das Leistungsverweigerungsrecht ist ferner, dass der Auftraggeber vom Auftragnehmer noch Nacherfüllung, also weiterhin ein Tätigwerden verlangt (BGHZ 26, 337, 340 = NJW 1958, 706; OLG München SFH § 635 BGB Nr. 57). Gemeint ist damit das **fortbestehende Verlangen auf Nacherfüllung** als solches und nicht die Geltendmachung eines anderen, auf Geld gerichteten Mängelanspruchs; insbesondere auch nicht eines Kostenerstattungsanspruchs oder eines Kostenvorschussanspruchs nach § 13 Nr. 5 Abs. 2 VOB/B. Vielmehr kommt in solchen Fällen, da sich Geldansprüche gegenüberstehen, grundsätzlich nur eine Aufrechnung bzw. Verrechnung, nicht aber ein Leistungsverweigerungsrecht in Betracht (RGZ 83, 140; 85, 110; 123, 8; BGH LM § 355 HGB Nr. 12).

245 Ein fortbestehendes Erfüllungsverlangen wird man im Falle der »einfachen« Kündigung des Bauvertrages bejahen können. In diesen Fällen verbleibt das Recht des Auftraggebers die Beseitigung von Mängeln an den bis zur Kündigung erbrachten Leistungen zu fordern (OLG Brandenburg Urt. v. 3.11.2004 BauR 2005, 441).

dd) Wirkung: Nichtfälligkeit des Vergütungsanspruchs

246 Macht der Auftraggeber wegen bestehender Mängel ein Zurückbehaltungsrecht geltend, ist die damit zurückbehaltene Vergütung des Auftragnehmers nicht fällig. Daher stehen dem Auftragnehmer, solange das Zurückbehaltungsrecht des Auftraggebers besteht, auch keine Prozesszinsen zu (BGHZ 55, 198 = NJW 1971, 615 = BauR 1971, 124). Gleiches gilt für Verzugszinsen.

ee) Geltung auch beim VOB/B-Vertrag

247 Diese Grundsätze zum Leistungsverweigerungsrecht gelten unbedenklich auch für den VOB/B-Vertrag (dazu zutreffend und mit Recht *Weyer* BauR 1981, 426 gegen *Brügmann* BauR 1981, 128; vgl. auch *Kaiser* BauR 1982, 205). Zumal die gesetzlichen Bestimmungen (hier § 320 BGB) dann ergänzend eingreifen, wenn die VOB/B – wie hier – keine Regelungen enthält. Vor allem ist eine unterschiedliche Betrachtungsweise weder aus der Vorleistungspflicht des Auftragnehmers noch aus Einzelbestimmungen der VOB/B oder aus den Regelungen des §§ 305 ff. BGB (früher: AGB-Gesetzes) geboten (Zutreffend *Weyer* BauR 1981, 426).

ff) Darlegungs- und Beweislast

248 Beim Leistungsverweigerungsrecht gilt hinsichtlich der **Darlegungs- und Beweislast** nichts anderes als nach allgemeinen Grundsätzen: Nach der Abnahme muss der Auftraggeber darlegen und beweisen, welche Mängel die Leistung des Auftragnehmers hat. Zu trennen ist die Frage des Nachweises der Höhe der Mängelbeseitigungskosten (siehe oben).

gg) AGB-Klauseln

249 Eine **Klausel in AGB**, wonach Mangelrügen den »vereinbarten Zahlungsplan« nicht ändern, verstößt gegen § 309 Nr. 2a BGB (§ 11 Nr. 2a AGB-Gesetz a.F.). Unter § 309 Nr. 2a BGB (§ 11 Nr. 2a AGB-Gesetz a.F.) fällt auch eine formularmäßige Klausel, wonach der Veräußerer (Auftragnehmer) verlangen kann, dass der Erwerber (Auftraggeber) ohne Rücksicht auf vorhandene Baumängel vor Übergabe des bezugsfertigen Bauwerkes noch nicht fällige Teile des Erwerbspreises nach Anweisung des Veräußerers (Auftragnehmers) hinterlegt (BGH BauR 1985, 93 = NJW 1985, 852). Nach § 309 Nr. 2a BGB (§ 11 Nr. 2a AGB-Gesetz a.F.) unzulässig ist eine Klausel in einem Bauträger-Erwerber-Vertrag, wonach das dem Erwerber gegenüber dem Ratenzahlungsverlangen des Bauträgers zustehende Leistungsverweigerungsrecht nach § 320 BGB dahin gehend beschränkt wird, dass es nur we-

gen anerkannter und rechtskräftig festgestellter Forderungen geltend gemacht werden kann (BGH BauR 1992, 622 = NJW 1992, 2160 = SFH § 1 AGB-Gesetz Nr. 5).

Eine Verletzung der §§ 307, 309 Nr. 2 BGB (§§ 9, 11 Nr. 2 AGB-Gesetz a.F.) stellt daher auch eine in AGB des Auftragnehmers verwendete Klausel dar: »Zum Nachweis, dass die Finanzierung des Bauvorhabens gesichert ist, muss der Auftraggeber eine unwiderrufliche Zahlungsgarantie einer Bank vorlegen. Sollte die Zahlungsgarantie nicht spätestens 4 Wochen vor Baubeginn vorliegen, kann der Auftragnehmer vom Vertrag zurücktreten. In diesem Fall hat er Anspruch auf erbrachte Vorleistungen und nachgewiesenen weiteren Schaden« (BGH BauR 1994, 108 = NJW 1993, 3264 = SFH § 9 AGBG Nr. 60 = ZfBR 1994, 13). Ein Verstoß gegen §§ 307, 309 Nr. 2 BGB (§§ 9, 11 Nr. 2 AGB-Gesetz a.F.) liegt ferner in einer AGB-Klausel, dass »Fehllieferungen« nicht zur Schecksperrung berechtigen, da dies auch für mangelhafte oder unvollständige Leistungen gelten soll, also dem Auftraggeber in Missachtung der §§ 320, 273 BGB ein Zurückbehaltungs- bzw. Leistungsverweigerungsrecht zumindest beschnitten wird. 250

Gleiches gilt für eine Bestimmung, wonach der Auftragnehmer die Durchführung der Montage von einer 90%igen Bezahlung der Gesamtvergütung abhängig macht; auch insofern werden Leistungsverweigerungs- und Zurückbehaltungsrechte des Auftraggebers vereitelt (BGH BauR 1985, 192 = NJW 1985, 855). Es ist ein Verstoß gegen §§ 307, 309 Nr. 2 BGB (§§ 9, 11 Nr. 2 AGB-Gesetz a.F.), wenn formularmäßig festgelegt wird, dass der Auftraggeber einen bestimmten Prozentsatz der Abrechnungssumme zurückbehalten kann, bis alle im Abnahmeprotokoll festgehaltenen Mängel beseitigt sind. Es kann sich insoweit um Restmängel handeln, die selbst bei Hinzurechnung eines sog. Druckzuschlages erheblich niedriger anzusetzen sein können als der betreffende Prozentsatz. Zu beachten ist bei dieser Klausel, dass die Berechtigung zum Einbehalt nur an die Auflistung von Mängeln im Abnahmeprotokoll, also an die einseitige Festlegung durch den Auftraggeber ohne Rücksicht auf das tatsächliche Vorhandensein von Mängeln geknüpft war. 251

b) Zug-um-Zug-Verurteilung
Ist die Leistung abgenommen, so führt die erfolgreiche Geltendmachung des Zurückbehaltungsrechts zur Verurteilung des Auftraggebers auf Zahlung einer vom Auftragnehmer geltend gemachten Vergütung – Zug um Zug gegen Beseitigung des Mangels (*Werner/Pastor* Rn. 2715). Gleiches gilt für den VOB/B-Vertrag (BGHZ 55, 354, 357, 358 = BauR 1971, 126). Liegen bei einem Werk mehrere abgrenzbare Mängel vor, so ist es denkbar, für jeden der Mängel einen gesonderten Zurückbehaltungsbetrag aus dem Werklohn im Urteil festzuschreiben (OLG Nürnberg BauR 2000, 273). 252

c) Einrede des nichterfüllten Vertrages auch bei Abtretung von Mängelansprüchen
Der Nacherfüllungsanspruch nach Nr. 5 Abs. 1 gewährt dem Auftraggeber gegenüber dem Vergütungsanspruch des Auftragnehmers auch dann noch die Einrede des nichterfüllten Vertrages, wenn er die Mängelansprüche an Dritte abgetreten hat (BauR 1978, 308 = NJW 1978, 1375; ausdrücklich aufrechterhalten durch BGH BauR 1978, 398). Es gilt jedoch die Einschränkung: § 320 BGB findet keine Anwendung, wenn der Auftraggeber seine Leistung – die Zahlung der Vergütung – endgültig und nicht nur vorübergehend wegen der vorhandenen Mängel verweigert hat. Wer selbst nicht erfüllungsbereit ist, kann vom Gegner nicht Erfüllung verlangen (BGH NJW 1970, 1502; BGH BB 1995, 1209 = SFH § 320 BGB Nr. 21 m.w.N.). 253

d) Leistungsverweigerungsrecht bei Teilvergütungsanspruch
Macht der Auftragnehmer nur einen Teil seines Vergütungsanspruches geltend, so ist das vom Auftraggeber wegen vorhandener Leistungsmängel beanspruchte Leistungsverweigerungsrecht nicht von vornherein betragsmäßig beschränkt. Es richtet sich vielmehr gegen die gesamte Werklohnforderung; allerdings ist hier § 320 Abs. 2 BGB zu beachten (BGH BauR 1981, 284 = NJW 1981, 1448). 254

255 Auch kann das Leistungsverweigerungsrecht nur geltend gemacht werden, sofern der noch nicht verlangte restliche Teil des unbestrittenen Vergütungsanspruches nach den dafür maßgebenden Grundsätzen zur Beseitigung der Mängel nicht ausreichen würde (im Anschluss an BGH SFH Z 2.410 Bl. 40 ff.= NJW 1967, 34). Das trifft insbesondere zu, wenn es sich bei dem noch nicht geltend gemachten Teil der Vergütung um die zwischen den Vertragspartnern vereinbarte Sicherheitsleistung für etwaige Mängelansprüche des Auftraggebers handelt.

2. Leistungsverweigerungsrecht als Druckmittel für Auftraggeber

a) Teilweises Leistungsverweigerungsrecht

256 Erfasst das Leistungsverweigerungsrecht rechtsdogmatisch grundsätzlich die gesamte geschuldete (Gegen-)Leistung, so kann sich nur die Frage stellen, ob nicht im Einzelfall aus Treu und Glauben eine Einschränkung geboten ist (so zutreffend *Weyer* BauR 1981, 426 m.w.N.; ferner *Kaiser* BauR 1982, 205). Entsprechendes lässt sich aus § 320 Abs. 2 BGB entnehmen. Dazu gilt:

257 Ist der voraussichtliche Nacherfüllungsaufwand geringer als die geschuldete Vergütung, besteht nach dem Grundsatz der Verhältnismäßigkeit und Billigkeit im Allgemeinen nur ein **teilweises Verweigerungsrecht** (BGH BauR 1981, 284 = NJW 1981, 1448; BGH BauR 1981, 577 = NJW 1981, 2801). Hier ist es jedoch durchweg nicht angängig, den einbehaltenen Betrag der Vergütung genau der Summe gleichzusetzen, die notwendig ist, um den Leistungsmangel beheben zu lassen. Das Leistungsverweigerungsrecht soll und muss vielmehr als **Druckmittel** auf den Auftragnehmer wirken, den Mangel schnellstmöglich und ordnungsgemäß zu beseitigen. Dabei ist die Beachtung einer Verhältnismäßigkeit zwischen dem einbehaltenen Teil der Vergütung und dem Kostenanteil für die Behebung des Mangels erforderlich (BGH BauR 1981, 577 = NJW 1981, 2801).

258 Gemäß **§ 641 Abs. 3 BGB** – eingefügt durch das Gesetz zur Beschleunigung fälliger Zahlungen mit Wirkung zum 1.5.2000 – kann der Auftraggeber **mindestens den dreifachen Betrag** der voraussichtlichen Mangelbeseitigungskosten geltend machen (**sog. Druckzuschlag**). Es kann ein höheres Zurückbehaltungsrecht gerechtfertigt sein. Hierfür sind allein die **Verhältnisse des Einzelfalles** unter der Berücksichtigung von Treu und Glauben maßgebend (zutreffend OLG Hamm BauR 1996, 123, das keinen sog. Druckzuschlag zuerkannt hat in einem Falle, in dem der Auftragnehmer eindeutig zur Nachbesserung bereit war, dagegen sich der Auftraggeber mit deren Entgegennahme in Annahmeverzug befand). § 641 Abs. 3 BGB beruht auf der bisherigen Rechtsprechung. Hinsichtlich der Höhe des Einbehaltes sprach man in der Regel von dem dreifachen Wert der Mängelbeseitigungskosten. Konkreter wurde von einem zwei – bis fünffachen Wert gesprochen. Für den Fall, dass weitere Besonderheiten hinzutraten, konnte das Fünffache auch auf eine beliebige darüber liegende Grenze angehoben werden. Zu denken ist nur an den Fall, dass bei einem 10 Millionen-Objekt allein ein Ventil im Gegenwert von zehn Euro für die Inbetriebnahme der Wasserzufuhr fehlen würde. Hier ist dem Auftraggeber auch mit dem Fünffachen nicht gedient. Vielmehr muss er hier das Recht haben – wenn er nicht sowieso die Abnahme verweigert – das **100- oder 1.000fache** einzubehalten.

259 Gleiches gilt, wenn eine Vielzahl kleinerer Mängel vorhanden sind (OLG Frankfurt BauR 1982, 377). Ebenso, wenn sich der Auftragnehmer bisher nur zögernd oder gar nicht zur Nacherfüllung »herabgelassen« hat (entgegen OLG Karlsruhe SFH Z 2.330 Bl. 27). Hier sprach *Korbion* in der 13. Auflage davon, dass sogar der gesamte geschuldete Werklohn zurückbehalten werden kann. Dem ist zuzustimmen (OLG Oldenburg OLGR 1995, 229 = NJW-RR 1996, 817).

260 Dies alles wird – wie ausgeführt – durch das Gesetz zur Beschleunigung fälliger Zahlungen überlagert (in Kraft getreten zum 1.5.2000). Mit dem insoweit neu eingefügten § 641 Abs. 3 BGB wurde dieser »Druckzuschlag« auf »mindestens in Höhe des dreifachen der für die Beseitigung des Mangels erforderlichen Kosten« festgeschrieben. Warum dies geschehen ist, ist nicht nachzuvollziehen. Schließlich war sich die Rechtsprechung in diesem Punkt einig. Wenn man insoweit schon das Gesetz ändern will, dann sollte dies allerdings »besser« geschehen.

Diese Kritik richtet sich u.a. dagegen, dass nun der dreifache Druckzuschlag als Mindestzurückbe- **261**
haltungsrecht festgeschrieben wurde. Warum dies? Schließlich gibt es ausreichend Fälle, bei denen
auch ein Druckzuschlag im Verhältnis 1 zu 1 oder 1 zu 2 ausgereicht hätte. Wie gesagt, die Rechtsprechung des VII. Zivilsenates des Bundesgerichtshofes und des Oberlandesgerichts hatte dies »per-
fekt« gelöst. Der Gesetzesänderung kann man diese Qualität nicht zusprechen.

Der Annahmeverzug des Auftraggebers mit der Entgegennahme einer Auftragnehmer-Nachbesse- **262**
rung schließt das Leistungsverweigerungsrecht nicht aus. Allerdings besteht es in diesen Fällen
nur in Höhe der Mängelbeseitigungskosten, nicht dagegen mit dem Faktor des Druckzuschlages.
Einigen sich die Parteien später auf die Durchführung der Nachbesserung durch den Auftragnehmer
erhöht sich das Zurückbehaltungsrecht nicht wieder auf die Höhe des Druckzuschlages (OLG Celle
Urt. v. 13.1.2005 IBR 2005, 143; Urt. v. 17.2.2004 BauR 2004, 884).

In der Praxis immer wieder relevant ist die Frage, wie zu entscheiden ist, wenn der Auftraggeber sich **263**
aus Liquiditätsgründen in Zahlungsverzug befindet, daraufhin vom Auftragnehmer verklagt wird,
und erst während des Vergütungsprozesses Mängel festgestellt werden. Damit entfällt an sich nachträglich der Zahlungsverzug, da dem Auftraggeber plötzlich eine Mängeleinrede/Zurückbehaltungs-
recht zusteht. Der AN erfährt erst während des Prozesses, dass er mit seiner Klage in Höhe des
Druckzuschlages unterliegen wird und insoweit Kosten bei ihm verbleiben (im Rahmen einer Verurteilung Zahlung Zug um Zug gegen Mangelbehebung). Nach der früheren Regelung der §§ 639
Abs. 1 u. 478 BGB a.F. musste die Mängeleinrede noch in unverjährter Zeit erhoben werden. Die
Rechtslage hat sich insoweit jedoch geändert. Nach der nun »in Frage kommenden« Regelung des
§ 634a Abs. 4 BGB ist auch eine »verspätete« Einrede ausreichend. Überträgt man dies, ist das Risiko
der Auftragnehmerseite insoweit größer geworden. In der Praxis kann ihr insoweit nur geraten werden, bei Zahlungsverzug den Auftraggeber »zu befragen«, ob er Zahlungen wegen eines Mangels zu-
rückhält. Ob dies für die Rechtsprechung allerdings ausreichend ist, bleibt offen.

b) Allgemeine Geschäftsbedingungen
Allgemeine Geschäftsbedingungen, durch die sich der Auftraggeber als Verfasser über den nach **264**
§ 273 BGB hinausgehenden Rahmen ein Zurückbehaltungsrecht zusichern lässt, bedürfen hinsichtlich ihrer Wirksamkeit einer besonderen Rechtfertigung (OLG Köln BauR 1973, 53 mit Anm. *Heyers*
= SFH Z 2.414.1 Bl. 4). Gegen den Sinn und Zweck des Bauvertrages, insbesondere des dabei in ver-
tretbarem Rahmen zu haltenden Gleichgewichts von Leistung und Gegenleistung und damit gegen
§ 307 BGB (§ 9 AGB-Gesetz a.F.) oder gegen § 242 BGB verstoßend, dürfte eine Klausel sein, nach
der das Ruhen oder die Einstellung aller Zahlungen bis zur ordnungsgemäßen Mangelbeseitigung
unabhängig von der Schwere des Mangels und den zur Beseitigung erforderlichen Aufwendungen
festgelegt werden soll (dazu OLG Köln SFH § 641 BGB Nr. 2).

c) Sicherheitseinbehalt
Sofern ein **Sicherheitseinbehalt** hinsichtlich der Vergütung des Auftragnehmers vereinbart ist, ist **265**
strittig, ob dieser zugunsten des Auftragnehmers bei Festlegung der Höhe des Leistungsverweigerungsrechts berücksichtigt werden muss (OLG Düsseldorf BauR 1975, 348). Auch hier ist zugunsten
des Auftraggebers der sog. Druckzuschlag zu beachten. Der Auftragnehmer kann nicht einwenden,
der Auftraggeber dürfe das Leistungsverweigerungsrecht nur wegen eines den Sicherheitseinbehalt
wertmäßig übersteigenden Nacherfüllungsanspruches geltend machen (BGH BauR 1982, 579 =
NJW 1982, 2494). Anders liegt es, wenn der Auftraggeber keine Nacherfüllung mehr verlangt und/
oder die Parteien sich verständigt haben, das Vorhaben endgültig abzurechnen (BGH BauR 1982,
579). Darüber hinaus muss sich der Auftraggeber vereinbarte Sicherheitseinbehalte auf vor der Abnahme zu leistende Abschlagszahlungen grundsätzlich nicht anrechnen lassen (BGH BauR 1981,
577 = NJW 1981, 2801). Jedenfalls braucht er sich nicht auf den Einbehalt verweisen zu lassen,
wenn die Mängel an sich durch diesen gedeckt sind. Er kann einen weiteren erheblichen Betrag zu-

rückbehalten, der erforderlich erscheint, den Auftragnehmer zur schleunigen Nacherfüllung anzuhalten.

d) Ausschluss des Zurückbehaltungsrechts nach Treu und Glauben

266 Hinsichtlich des Leistungsverweigerungsrechts ist ferner zu berücksichtigen, dass beim Vorhandensein von Mängeln die Leistung (hier: die Zahlung der Vergütung) insoweit nicht verweigert werden darf (§ 320 Abs. 2 BGB), als die Verweigerung wegen verhältnismäßiger Geringfügigkeit der Mängel gegen **Treu und Glauben** verstoßen würde (RGRK § 320 Anm. 9; OLG Saarbrücken MDR 1967, 670; OLG Hamburg MDR 1970, 243). Diese Ausnahme ist aber gerade bei Bauverträgen sehr eng zu beurteilen. Denkbar ist, dass die Geltendmachung des Leistungsverweigerungsrechts gegen Treu und Glauben verstößt, wenn der Mangel versichert ist und eine auf den konkreten Fall bezogene ausreichende Deckungszusage des Versicherers vorliegt.

e) Kostenentscheidung

267 Ein Teilurteil zugunsten des Auftragnehmers über einen Teil seiner Vergütung nach § 301 ZPO ist unzulässig, wenn dem Beklagten (Auftraggeber) ein Leistungsverweigerungsrecht zusteht, dass das Gericht ohne hinreichende Berücksichtigung der Druckfunktion fehlerhaft zu gering festgestellt hat (BGH BauR 1992, 401 = NJW 1992, 1632). Hieran hat auch das Gesetz zur Beschleunigung fälliger Zahlungen nichts geändert. Vielmehr wurde der § 301 ZPO sogar noch dahin gehend konkretisiert, dass dem Abs. 1 ein weiterer Satz angefügt wurde. Dieser besagt im Ergebnis, dass ein Teilurteil nach wie vor nur dann ergehen kann, wenn zugleich ein Grundurteil über den restlichen Teil des Anspruches ergeht.

268 Geändert wurde allerdings auch § 302 ZPO. Dort wurde durch eine Streichung im Abs. 1 die Möglichkeit für ein Vorbehaltsurteil erleichtert. Die Gefahren die damit verbunden sind, sind der Richterschaft seit langem bekannt. Zu verweisen ist insoweit auf die einschlägigen Ausführungen von Peters (das Gesetz zur Beschleunigung fälliger Zahlungen NZBau 2000, 169).

269 Bei der **Kostenentscheidung** im Falle einer Zug-um-Zug-Verurteilung i.o.g. Sinn ist auf der Grundlage des § 92 Abs. 1 ZPO nach einer im Einzelfall ausgerichteten wirtschaftlichen Betrachtungsweise zu entscheiden. Dabei ist auch die Verzögerung zu beachten, die dadurch eintritt, dass der Auftragnehmer den einbehaltenen Betrag später erhält. Ebenfalls zu beachten ist, dass für die Dauer des Verzuges mit der Nacherfüllung keine Zinsen auf den einbehaltenen Werklohn entfallen (dazu *Weyer* BauR 1981, 426; ferner *Kaiser* BauR 1982, 205). Eine Kostenentscheidung nach § 93 ZPO ist möglich, sofern der Auftraggeber sofort nach Einholung eines Sachverständigengutachtens die Zug-um-Zug-Verurteilung anerkennt, nachdem der Auftragnehmer zunächst uneingeschränkt Klage auf Zahlung der Vergütung erhoben hat; auch dann, wenn der Auftraggeber zunächst Klageabweisung beantragt hat (OLG Hamm BauR 1989, 374). Die **Beschwer des Bestellers** bei einer Verurteilung zur Zahlung Zug um Zug gegen die Beseitigung von Mängeln **richtet sich nach** dem Wert der nicht berücksichtigten **Nacherfüllungskosten** und nicht nach dem Druckzuschlag (BGH NJW-RR 1997, 148; auch OLG Hamm BauR 1996, 123).

3. Wegfall des Leistungsverweigerungsrechts

270 Das Leistungsverweigerungsrecht entfällt, sobald eine ordnungsgemäße Nacherfüllung erfolgt ist. Es entfällt aber auch, wenn der Auftraggeber dem Auftragnehmer nicht hinreichend Gelegenheit zur Nacherfüllung gibt oder sie ihm sogar verweigert. Insoweit besteht eine **vertragliche Mitwirkungspflicht des Auftraggebers**, als er die Nacherfüllung ermöglichen, sie dulden und die verbesserte Leistung entgegennehmen muss. Gerät der Auftraggeber als Gläubiger hier in Verzug, entfällt sein wegen des Mangels nach § 320 BGB gegebenes Leistungsverweigerungsrecht (BGH Betrieb 1970, 1375; OLG Hamburg BauR 1979, 331, Letzteres für den Fall der Erklärung des Auftraggebers vor Ablauf der für die Mangelbeseitigung gesetzten Frist, die Nachbesserungsaufforderung sei »erledigt«).

Dazu genügt noch nicht der bloß einmalige Annahmeverzug des Auftraggebers (insoweit zutreffend **271** OLG Köln NJW-RR 1995, 1393; zu nachsichtig dagegen OLG Hamm BauR 1996, 123 = NJW-RR 1996, 86, 89). Zu eng urteilt deshalb das OLG Düsseldorf (BauR 1992, 72 = NJW 1991, 3040; zu dieser Entscheidung im Übrigen *Siegburg* BauR 1992, 419), wenn es den Verlust des Nacherfüllungsanspruches des Auftraggebers von dessen endgültiger Weigerung zur Entgegennahme der Nacherfüllung abhängig machen will. Besser wird man von einem Einredeverlust des Auftraggebers wegen mangelnder Vertragstreue und deswegen auch von dessen Schuldnerverzug sprechen (*Seidel* JZ 1994, 383). Dies gibt dem Auftragnehmer die Möglichkeit, nunmehr nach § 286 BGB oder § 642 BGB vorzugehen. Entsprechendes gilt auch beim VOB/B-Vertrag, da dieser Sonderfall nicht von § 6 Nr. 6 VOB/B erfasst sein dürfte. Insoweit wandelt sich der Vertrag in ein Abwicklungsverhältnis um, bei dem sich der Verfügungsanspruch des Auftragnehmers und die Kosten der ersparten Nacherfüllung des Auftragnehmers gegenüberstehen und miteinander abzurechnen sind (auch OLG Hamm BauR 1996, 123 = NJW-RR 1996, 86, 87).

Der Verlust des Leistungsverweigerungsrechts des Auftraggebers tritt erst recht ein, wenn er die Leistung endgültig zurückweist; vor allem dann, wenn er den Vertrag ungerechtfertigt (etwa wegen unbegründeter Anfechtung) als nicht bestehend erklärt. Gerade auch dann kann er dem Verlangen des Auftragnehmers auf Zahlung der Vergütung weder die Einrede der mangelnden Fälligkeit noch die des nichterfüllten Vertrages entgegensetzen (BGHZ 50, 175, 177 f.; BGH BauR 1984, 58 = NJW 1984, 230; OLG Düsseldorf NJW-RR 1995, 155). **272**

Ist der Auftraggeber Zug um Zug gegen Vornahme bestimmter Nacherfüllungsmaßnahmen durch **273** den Auftragnehmer zur Zahlung der diesem zustehenden Vergütung verurteilt worden, muss der Auftragnehmer nach § 765 ZPO durch öffentliche oder öffentlich beglaubigte Urkunden nachweisen, dass er die Nacherfüllung vorgenommen hat; alternativ dass sich der Auftraggeber insoweit im Verzug der Annahme befindet, falls die Frage der ordnungsgemäßen Nacherfüllung streitig ist. Dies ist grundsätzlich im Zwangsvollstreckungsverfahren zu klären. Ergeben sich allerdings hinsichtlich der Tragweite des Urteils, durch das die Verurteilung zur Zahlung Zug um Zug gegen Vornahme von Nacherfüllungsmaßnahmen ausgesprochen worden ist, Zweifel, so kann der Auftragnehmer hier Klage auf Feststellung des Urteilsinhaltes erheben (BGH BauR 1976, 430 = SFH Z 2.414.1 Bl. 14).

4. Rechtsprechung

– *Das Leistungsverweigerungsrecht des Bestellers nach § 634a Abs. 4 S. 2 BGB besteht auch nach Verjährung der Rechte aus § 634a Nr. 3 BGB, jedoch nur, wenn diese Rechte aus Nr. 3 schon vor Eintritt der Verjährung ausübbar entstanden waren* (hierzu Kohler BauR 2003, 1804 ff.). **274**
– *Stellt der Besteller eine nach § 648a geforderte Sicherheit nicht, bedeutet dies nicht den Verlust seines Leistungsverweigerungsrechts gegenüber der Werklohnforderung* (BGH Urt. v. 13.8.2005 NJW-RR 2005, 609).
– *Ein Leistungsverweigerungsrecht oder Zurückbehaltungsrecht wegen Mängeln von Bauleistungen ist nicht deshalb ausgeschlossen, weil die Aufklärung der Mängel schwierig und zeitraubend ist* (BGH BauR 2005, 1012).
– *Verweigert der AG die Annahme der Mängelbeseitigungsleistungen, lässt dies sein Zurückbehaltungsrecht entfallen, nicht aber seinen Mangelbeseitigungsanspruch* (OLG Celle BauR 2004, 1948 entgegen BGH BauR 2003, 1892).
– *Wenn der Auftraggeber im einstweiligen Verfügungsverfahren vor Abnahme der Werkleistung Zurückbehaltungsrechte wegen Mängeln geltend macht, hat der Unternehmer wegen der Höhe des einbehaltenen (Werklohn-)Betrages die Glaubhaftmachungslast. Dies gilt auch für die Voraussetzungen einer konkludenten Abnahme* (OLG Brandenburg Urt. v. 16.2.2005 IBR 2005, 372; BauR 2005, 1067).
– *Die Klausel in Allgemeinen Geschäftsbedingungen eines Bauunternehmers »Die Geltendmachung von Aufrechnungen mit nicht rechtskräftig festgestellten Gegenansprüchen sowie von Zurückbehal-*

tungsrechten ist ausgeschlossen.« ist dahin zu verstehen, dass Zurückbehaltungsrechte und damit auch Leistungsverweigerungsrechte nach §§ 320, 640 Abs. 3 BGB generell ausgeschlossen sind. Insoweit ist die Klausel unwirksam (BGH BauR 2005, 1010).

IX. Mitverantwortlichkeit des Auftraggebers

275 Zur nachfolgenden Problematik wird auch auf die ausführliche Darstellung oben, § 13 Rn. 300–333 verwiesen.

1. § 254 BGB analog bei Nacherfüllung

276 Die Grundsätze des § 254 BGB finden auch im Rahmen der Nacherfüllung entsprechende Anwendung. Es ist zwar zutreffend, dass § 254 BGB nur für Schadensersatzfälle gilt und deshalb dem Nacherfüllungs- oder dem Kostenerstattungsanspruch aus §§ 635, 637 BGB sowie dem Anspruch aus § 13 Nr. 5 VOB/B an sich nicht entgegengesetzt werden kann. Jedoch können auch diese Ansprüche, wenn der Auftraggeber oder sein Erfüllungsgehilfe (z.B. der Architekt) den Mangel des Bauwerkes mitverursacht haben, nach Treu und Glauben (§ 242 BGB) eine Einschränkung dahin gehend erfahren, dass der Auftraggeber zu den Kosten der Nacherfüllung beitragen muss (BGH BGHZ 90, 344 = BauR 1984, 395; BGHZ 90, 354 = BauR 1984, 401; OLG Düsseldorf BauR 1979, 246). Dem Auftragnehmer bleibt es unbenommen, die Mängel ohne Rücksicht auf die Kostenbeteiligungspflicht des Auftraggebers vorweg zu beseitigen und den von diesem geschuldeten **Zuschuss** danach einzufordern. Zwingend ist eine solche uneingeschränkte Vorleistung nach Abnahme der Leistung aber nicht. Vielmehr muss dem **Auftragnehmer** bis zu einem gewissen Grade ein **Zurückbehaltungsrecht** entsprechend § 273 Abs. 1 BGB zuerkannt werden – und zwar insoweit, als er nach Treu und Glauben die **Nacherfüllung von ausreichender Sicherheitsleistung durch den Auftraggeber** abhängig machen darf.

Einerseits ist der Auftragnehmer nacherfüllungspflichtig und -berechtigt. Andererseits ist dem Auftraggeber nicht zuzumuten, den Zuschuss schon vor Nacherfüllung – deren erfolgreiche Durchführung für ihn in diesem Stadium ungewiss ist – zu zahlen. Auch kann der Auftragnehmer nicht ein betrags- oder quotenmäßiges Anerkenntnis vom Auftraggeber verlangen, zumal die Ungewissheit der Nacherfüllung den Auftraggeber in stärkerem Maße belastet. Insoweit ist ein **angemessener Interessenausgleich** ähnlich der Regelung des § 273 Abs. 3 BGB gemäß § 242 BGB dadurch erreicht, dass der Auftraggeber eine angemessene Sicherheit leistet. Eine Bürgschaft ist jedoch gemäß § 273 Abs. 3 S. 2 BGB ausgeschlossen. Für die Arten der Sicherheiten gelten die §§ 232 ff. BGB.

277 Macht der Auftragnehmer die Nacherfüllung von einer Sicherheitsleistung abhängig, so muss er dem Auftraggeber die voraussichtlichen Nacherfüllungskosten und den darin enthaltenen Anteil des Auftraggebers **substantiiert** darlegen; gegebenenfalls mit Untermauerung durch ein Sachverständigengutachten. Andernfalls verweigert er die Nacherfüllung **unberechtigt,** und der Auftraggeber kann ohne – weitere – Fristsetzung auf Kosten des Auftragnehmers zur Fremdnacherfüllung übergehen. Dies gilt auch, wenn der Auftragnehmer die Zahlung des Zuschusses oder ein entsprechendes **Anerkenntnis** verlangt. Lehnt dagegen der Auftraggeber die Sicherheitsleistung ab, so verliert er dadurch seinen Aufwendungsersatzanspruch. Als **Folge muss er den Werklohn bzw. den Restwerklohn zahlen**. Gleiches gilt, wenn die Sicherheitsleistung erheblich zu niedrig ist. Ist sie nur verhältnismäßig unbedeutend zu niedrig, muss der Auftragnehmer nach § 242 BGB nacherfüllen und den Differenzbetrag nachfordern (BGHZ 90, 344 = BauR 1984, 395 = NJW 1984, 1676). Klagt der Auftraggeber hingegen auf Nacherfüllung, so ist der Auftragnehmer nur **Zug um Zug** gegen die jeweils in Betracht kommende Zuschusszahlung zu verurteilen (BGHZ 90, 344 = BauR 1984, 395 = NJW 1984, 1676 = ZfBR 1984, 173).

2. Beispiele der Mitverantwortung des Auftraggebers

Eine Mitverantwortung des Auftraggebers kann in Betracht kommen, wenn die Mängel auf die vom Architekten oder Ingenieur angefertigte Leistungsbeschreibung oder Ausführungsplanung zurückzuführen sind. Entschieden, als der Auftragnehmer vortrug, dass eine detailliertere Planung und Ausschreibung der Anschlüsse der Dammsperren zur Mängelvermeidung beigetragen hätte (OLG Brandenburg Urt. v. 11.5.2005 BauR 2005, 1819). Dabei ist zu beachten, dass nicht jede Unvollständigkeit oder Auslassung als ein Fehler der Leistungsbeschreibung angesehen werden kann. Wird eine bestimmte Leistung gefordert, ist das – auch ohne ausdrückliche Benennung in der Leistungsbeschreibung – als Leistungsinhalt geschuldet, was unter Berücksichtigung der anerkannten Regeln der Technik sowie der jeweiligen örtlichen und sachlichen Gegebenheiten von jedem Fachmann als notwendig erachtet wird. Letztlich ist das Bausoll immer durch Auslegung im Einzelfall zu ermitteln. **278**

Von einem mitwirkenden Verschulden des Auftraggebers kann nicht die Rede sein, wenn der Auftragnehmer den Planungsmangel erkannt, sich dennoch an die Planung gehalten und dadurch die Leistung fehlerhaft ausgeführt hat (BGH NJW 1973, 518 BauR 1973, 190). Ähnliches gilt, wenn der Auftragnehmer erkannt hat, dass überhaupt keine Planung erfolgt ist (BGH BauR 1974, 63). Anders liegt es jedoch, wenn dem Auftraggeber die Notwendigkeit einer bestimmten Planungsmaßnahme bekannt ist, z.B. durch ein Bodengutachten, er diese, wie etwa die Planung für den Einbau einer Isolierung gegen drückendes Wasser, trotzdem unterlässt (z.B. um Kosten zu sparen) und der Auftragnehmer den Umständen nach der berechtigten Annahme sein kann, der Auftraggeber werde ein verbleibendes Risiko bewusst in Kauf nehmen (wie etwa bei Streichen einer alternativ vorgesehenen Druckwasserisolierung; BGHZ 90, 344 = BauR 1984, 395 = NJW 1984, 1676). Das gilt vornehmlich auch bei unterlassener oder fehlerhafter Koordination durch den Architekten (OLG Düsseldorf MDR 1984, 756 = VersR 1985, 246). **279**

Durch das Unterlassen von Absperrmaßnahmen seitens des Auftraggebers trotz Aufforderung des Auftragnehmers kann ein mitwirkendes Verschulden bei der Entstehung von Mängeln in Betracht kommen. Im Einzelfall kann ein mitwirkendes Verschulden des Auftraggebers auch darin liegen, dass er entgegen dem Rat seines Architekten einen fachlich ungeeigneten Auftragnehmer mit der Durchführung der Bauleistung beauftragt hat (BGH SFH Z 2.414.3 Bl. 8 = BauR 1974, 125). Andererseits kann sich der Auftragnehmer nicht auf ein mitwirkendes Verschulden des Auftraggebers mit der Begründung berufen, der Architekt habe ihn besser beaufsichtigen müssen (BGH NJW 1971, 615). Der Einwand des Mitverschuldens kann durchgreifen, wenn der Auftraggeber einem Auftragnehmer eine Leistung in Auftrag gibt, obwohl er auch aus seiner Sicht Anlass zu Zweifeln an dessen sachlicher oder fachlicher Kompetenz hatte. Dies wird aber erst in Betracht kommen, wenn konkreter Anlass zu der Annahme besteht, der Auftragnehmer werde durch die in Auftrag gegebenen Arbeiten überfordert; anderenfalls trägt der Auftragnehmer allein die Verantwortung (BGH Betrieb 1993, 630 = NJW 1993, 1191). Diese Einwände des Mitverschuldens sind jedoch restriktiv anzuwenden, da ein Auftragnehmer, der sich zu einer bestimmten Leistung verpflichtet, grundsätzlich dafür einstehen muss, dass er dafür eine ausreichende fachliche Kompetenz hat. **280**

Unter dem 5.6.2003 hat der BGH durch einen Nichtannahmebeschluss das OLG Köln zum sog. »Schürmann-Bau« bestätigt, wonach den Bauherrn im Verhältnis zum Rohbauunternehmer ein Mitverschulden bezgl. Koordinierungs- und Kommunikationspflichten treffen kann (allerdings mit einer anderen Begründung als zuvor das OLG Köln, BGH NZBau 2003, 433). Der VII. Senat hat in seiner Begründung abgestellt auf ein »Versäumnis, das beim Hochwasserschutz verfolgte Konzept« für die ausführenden Unternehmer **planerisch** hinreichend zu erläutern. Als Folge bedurfte es einer erneuten Prüfung, in wieweit die Planer und Objektüberwacher ein Verschulden (Mitverschulden der Bauherrschaft) trifft. **281**

282 Die **Beweislast für mitwirkendes Verschulden** des Auftraggebers hat der Auftragnehmer (zur Berechnung der Schadensquote FS *Locher* 1990 S. 23. Zur Berechnung der Schadensquotierung sind auch die Ausführungen von *Kamphausen* BauR 1996, 174 zu beachten).

3. Mitverantwortlichkeit des Auftraggebers bei klageweiser Geltendmachung des Vergütungsanspruchs

283 Für die **in der Praxis** häufigeren Fälle, in denen der Auftragnehmer seinen Vergütungsanspruch klageweise geltend macht, der Auftraggeber die Nacherfüllung verlangt und ein Zurückbehaltungsrecht beansprucht, ihn aber ein Mitverschulden an den Mängeln trifft, gilt: Die Feststellung einer Mitverantwortung des Auftraggebers führt im Urteilsausspruch dazu, dass der Auftraggeber zur Zahlung der festgestellten vertraglichen Vergütung Zug um Zug gegen Vornahme im Einzelnen im Urteilstenor bezeichneter Nacherfüllungsmaßnahmen durch den Auftragnehmer verurteilt wird. Ebenso, dass der Auftragnehmer zur Vornahme der Nacherfüllungsarbeiten Zug um Zug gegen Zuschussleistung des Auftraggebers zu den Nacherfüllungskosten durch den Auftraggeber verpflichtet ist (BGHZ 90, 354 = BauR 1984, 401; OLG Düsseldorf BauR 1979, 246). Hier ist es gerechtfertigt, die Nacherfüllungspflicht des Auftragnehmers entsprechend dem Grundsatz des § 274 BGB nicht nur von einer Sicherheitsleistung, sondern von einem Zug um Zug zu erbringenden Zuschuss des Auftraggebers abhängig zu machen.

284 Begründet ist dies darin, dass im gerichtlichen Verfahren der Umfang des geschuldeten Kostenzuschusses regelmäßig festgestellt werden kann, somit für den Auftraggeber nicht die Gefahr besteht, durch Fehleinschätzung der Rechtslage seine Mängelansprüche vorzeitig in vollem Umfang zu verlieren (BGHZ 90, 354 = BauR 1984, 401 = NJW 1984, 1679 = ZfBR 1984, 176; OLG Düsseldorf BauR 1979, 246). Insoweit handelt es sich um eine »**doppelte Zug-um-Zug-Verurteilung**«, die jedoch hinsichtlich der **jeweils in Betracht kommenden Vorleistungspflichten** nicht gleichzeitig, sondern **zeitlich nacheinander** liegt: Zuerst hat der Auftraggeber seinen Beitrag zu den Nacherfüllungskosten zu leisten, dann hat der Auftragnehmer nachzuerfüllen, und schließlich hat der Auftraggeber nach erfolgter ordnungsgemäßer Nacherfüllung und deren Abnahme die festgestellte bzw. noch offene vertragliche Vergütung zu zahlen.

285 Allerdings ist der Auftraggeber nicht bereits zur endgültigen Zahlung bzw. Aushändigung des Zuschussbetrages an den Auftragnehmer verpflichtet. Er muss eine gewisse Sicherheit haben, dass der Auftragnehmer seiner nach wie vor gegebenen Nacherfüllungspflicht nachkommt. Vor allem dann, wenn dessen Kostenzuschussanspruch im Verhältnis zu seinem Werklohnanspruch eine beträchtliche Höhe hat. Insoweit genügt es, wenn der Auftraggeber den Zuschuss in einer den Verzug der Annahme begründenden Weise anbietet. Hat der Auftraggeber einen Titel auf Nacherfüllung Zug um Zug gegen Zuschusszahlung erstritten (siehe oben), so muss er nicht vorleisten, sondern muss den Zuschussbetrag nur tatsächlich anbieten. Im Anschluss muss der Auftragnehmer die Nacherfüllung vornehmen. In der Folge erhält er den Zuschuss ausbezahlt.

286 Im Falle der Nacherfüllungsverweigerung hat er die Zwangsvollstreckung nach § 887 ZPO zu dulden. Dabei ist die Zuschusszahlung des Auftraggebers nach § 887 Abs. 2 ZPO zu berücksichtigen. Im Falle der klageweisen Geltendmachung des Werklohnes durch den Auftragnehmer folgt daraus, dass der Auftragnehmer die Nacherfüllung ordnungsgemäß anbieten muss. Entsprechend § 295 S. 2 BGB hat er den Auftraggeber zur Zuschussleistung aufzufordern; lehnt dieser ab, kann der Vergütungstitel vollstreckt werden (BGHZ 90, 354 = BauR 1984, 401 = NJW 1984, 1679; OLG Düsseldorf BauR 1979, 246). Bietet der Auftraggeber den Zuschuss tatsächlich an, so muss der Auftragnehmer die Mängel abnahmereif beseitigen. Insofern ist der Auftragnehmer auch hier vorleistungspflichtig, indem er den Nachweis der ordnungsgemäßen Nacherfüllung führen muss, bevor ihm der Zuschuss ausgehändigt wird bzw. er seinen Restwerklohnanspruch vollstrecken kann.

Jedoch ist es für den Auftragnehmer aus Gründen der Sicherstellung unabdingbar, dass der Zuschuss während der Nacherfüllung bereitgestellt ist. Aus diesem Grunde ist der Auftraggeber aus Treu und Glauben verpflichtet, den Zuschuss nach Abgabe seines Zuschussangebotes zu hinterlegen. Er muss ihn also schon zu Beginn der Nacherfüllung bereitstellen, ohne ihn allerdings schon auszuzahlen zu müssen (BGH a.a.O.; OLG Celle BauR 1994, 773). Bessert der Auftragnehmer trotz Hinterlegung des Zuschusses nicht nach, kann der Auftraggeber nach angemessener Frist die Freigabe des Zuschusses nach § 242 BGB verlangen. Auch kann er einen anderen Unternehmer mit der Nacherfüllung beauftragen und die dabei anfallenden Kosten mit dem Restwerklohn des Auftragnehmers und seiner Eigenbeteiligungsquote verrechnen (BGH a.a.O.; zustimmend *Kaiser* ZfBR 1985, 55, 60 f.; a.A. OLG Hamm BauR 1979, 247). **287**

4. Verhältnis zwischen mehreren Auftragnehmern

Mehrere Unternehmer, die nacheinander abgrenzbare Teilleistungen erbringen (bspw. Verfüllung der Arbeitsräume und darauf hergestellte Pflasterung), haften für Mängel nicht als Gesamtschuldner. Sie sind vielmehr allein **für Mängel ihrer Teilleistung verantwortlich** (OLG Düsseldorf NJW-RR 1998, 527). **Anders ist es**, wenn zwei Handwerker an einem Bau eine **Zweckgemeinschaft** bilden, die darauf gerichtet ist, eine einheitliche Leistung zu erbringen. In diesen Fällen haften sie bei Nacherfüllung eines Werkmangels – wenn diese gemeinsam vorgenommen werden muss – als Gesamtschuldner (Abdichten eines Balkons und Fliesenbelages; OLG Hamm NJW-RR 1996, 273). **288**

Führt ein Werkunternehmer nach der Verfüllung der Baugrube durch einen anderen Unternehmer Nacherfüllungsarbeiten an der von ihm angebrachten Dickbeschichtung aus, dann steht ihm wegen der damit einhergehenden Beseitigung von Mängeln, die auf die fehlerhafte Verfüllung zurückzuführen sind, kein Vergütungsanspruch gegen den Bauherrn zu. Es bestehen insoweit auch keine Ansprüche über das Institut der Vorteilsausgleichung sowie der ungerechtfertigten Bereicherung. Ebenso wenig bestehen Gesamtschuldnerausgleichsansprüche, da Vor- und Nachunternehmer nicht hierunter fallen. Der Vorunternehmer kann im Einzelfall jedoch einen Anspruch aus Geschäftsführung ohne Auftrag gegen den Folgeunternehmer haben (OLG Hamm NJW-RR 1998, 163). **289**

Unbeschadet der rechtlichen Eigenständigkeit von Generalunternehmer- und Subunternehmervertrag können es die Umstände des Einzelfalls gebieten, dass sich der Generalunternehmer bei Beurteilung seiner Mängelrechte gegenüber dem Subunternehmer im Wege der *Vorteilsausgleichung* die von diesem mit dem Bauherrn erzielte Mängelabgeltung entgegen halten lassen muss. Derartige Umstände können vorliegen, wenn der Subunternehmer alle Mängel durch Zahlungen an den Bauherrn abgilt und dies kraft beiderseitiger Erklärungen auch im Verhältnis zum Generalunternehmer gelten soll. In diesen Fällen erlangt er als Drittbegünstigter einen unmittelbaren Anspruch gegen den Bauherrn, es jetzt und künftig zu unterlassen, Mängelansprüche gegen ihn zu erheben. Der Subunternehmer ist dann hinsichtlich seines Werklohnanspruches gegen den Generalunternehmer i.d.R. so zu stellen, als habe er die Mängel tatsächlich beseitigt (OLG Koblenz BauR 1997, 1054 = NJW-RR 1998, 453). **290**

X. Mangelrechte bei Wohungseigentumsgemeinschaften

Wohnungseigentum setzt sich aus dem **Sondereigentum** und dem **gemeinschaftlichen Eigentum/Gemeinschaftseigentum** zusammen. Hinzutreten können Sondernutzungsrechte. In Bezug auf die Mangelansprüche müssen die genannten Eigentumsformen differenziert betrachtet werden (*Werner/Pastor* Rn. 466 ff.; *Leupertz/Merkens* § 32 Rn. 2 ff.). Hinsichtlich seines Sondereigentums und seines Anteils am Gemeinschaftseigentum ist bei Wohnungseigentumsgemeinschaften jeder Erwerber einer Einheit »Besteller« i.S.d. § 640 BGB (*Palandt/Sprau* § 640 BGB Rn. 5). »Anspruchsberechtigter ist für Nacherfüllungs- und Gewährleistungsansprüche stets der einzelne Erwerber; die Grundlage der Ansprüche bildet hierbei regelmäßig der Erwerbsvertrag« (*Werner/Pastor* Rn. 471 mit Hin- **291** weis auf BGH BauR 1997, 488, 489). Der Erwerber hat jedoch keine Befugnis die Rechte der anderen Wohnungseigentümer zu beeinflussen (BGH BauR 1998, 783). Hiervon ist die Prozessführungsbefugnis bzgl. des Gemeinschaftseigentums zu unterscheiden. Im Ergebnis können folgende Grundsätze aufgestellt werden, die jedoch nicht unstreitig sind (im Einzelnen hierzu: *Leupertz/Merkens* § 32 Rn. 6 ff.).

292 **Erfüllungs- und Nacherfüllungsansprüche**: Jeder Erwerber – auch für Mängel am gemeinschaftlichen Eigentum – befugt (BGH BauR 1991, 606). Dies umfasst auch das Selbstvornahmerecht, Vorschussanspruch (OLG Hamm Urt. v. 1.6.2005 12 U 59/03), Selbstvornahmekosten (BGH Urt. v. 21.7.2005 IBR 2005, 543), selbstständiges Beweisverfahren – hinsichtlich des Leistungsverweigerungsrechts ist zu differenzieren (*Werner/Pastor* Rn. 478 ff., 482). Dem einzelnen Eigentümer soll die Klagebefugnis auch für Mängel am Gemeinschaftseigentum zustehen, die »außerhalb des räumlichen Bereiches seines Sondereigentums liegen« (*Werner/Pastor* Rn. 478).

293 **Rücktritt**: Jeder Erwerber (BGH BauR 1975, 12, 21), und zwar auch dann, wenn die Wohnungseigentümergemeinschaft beschlossen hat, dass Mängel am Gemeinschaftseigentum durch Zahlung eines Geldbetrages durch den Verkäufer abgegolten sein sollen (OLG Brandenburg Urt. v. 4.12.2004 IBR 2005, 20 [Nichtzulassungsbeschwerde zurückgewiesen]). Die Rechtsprechung zur Wandlung ist auf den Rücktritt übertragbar. Die Auflösung des Erwerbvertrages führt dazu, dass anstelle des Ausscheidenden wieder der Veräußerer tritt – aber streitig (*Werner/Pastor* Rn. 486).

294 **Minderung und kleiner Schadensersatz** (§ 634 Nr. 3 und 4 BGB): Nur Wohnungseigentümergemeinschaft, da nur einheitliches Vorgehen möglich (BGH BauR 1988, 336, 338 u. BGH BauR 2000, 285; OLG Frankfurt Urt. v. 20.10.2005 IBR 2005, 91).

295 **Großer Schadensersatz**: Jeder Erwerber. Begründung: Dieser Anspruch ist wie die frühere Wandlung auf eine Rückgängigmachung des gesamten Erwerbsvertrags ausgerichtet (*Werner/Pastor* Rn. 491, *Leupertz/Merkens* § 32 Rn. 8). Jedoch soll das Rücktrittsrecht entfallen, wenn die Mängel mit Zustimmung der WEG vor dessen »Vollzug« behoben werden (noch zur Wandlung OLG Zweibrücken BauR 2003, 1265). Ein Erwerber kann dem Veräußerer – ohne Mitwirkung der übrigen Wohnungseigentümer – Frist setzen zur Beseitigung von Mängeln am Gemeinschaftseigentum. Läuft die Frist ungenutzt ab, erlischt der Erfüllungsanspruch dieses Erwerbers. Er ist berechtigt, großen Schadensersatz zu fordern (BGH IBR 2006, 265).

296 Zusätzlich zu beachten ist: Haben einzelne Erwerber von Wohnungseigentum den Veräußerer in Verzug mit der Beseitigung von Mängeln am Gemeinschaftseigentum gesetzt und danach die Mängel beseitigen lassen, können sie Ersatz ihrer Aufwendungen gemäß § 633 Abs. 3 BGB a.F. mit Zahlung an sich verlangen (BGH Urt. v. 21.7.2005 IBR 2005, 543). An sich kann ein Erwerber Kostenvorschuss oder Schadensersatz für die Beseitigung von Mängeln am Gemeinschaftseigentum, sofern nicht ein abweichender Beschluss der Gemeinschaft vorliegt, nur über Zahlung an die Gemeinschaft verlangen (BGH IBR 2001, 670; OLG Dresden Urt. v. 1.4.2004 IBR 2005, 157). Etwas anderes gilt, wenn die Mangelbeseitigung durchgeführt worden ist. Anerkennt und beseitigt ein Bauträger nach Ablauf der Verjährungsfrist Teile der Baumängel, kann daraus nicht geschlossen werden, dass er damit auch bzgl. weiterer Ansprüche der Wohnungseigentümer auf die Einrede der Verjährung verzichtet. Es müsste deutlich werden, dass der Verzichtende sich auch seines Verzichtswillens bewusst ist (BayObLG Beschl. v. 17.10.2002 IBR 2003, 82). Das in Prozessstandschaft vom Verwalter einer Wohnungsanlage wegen Mängeln eingeleitete selbstständige Beweisverfahren unterbricht die Verjährung der Gewährleistungsansprüche der Erwerber, wenn diese den Verwalter dazu ermächtigt haben (BGH BauR 2003, 1759). Ein nach WEG-Beschluss abgeschlossener Vergleich über Mängel am Gemeinschaftseigentum schließt das Recht des einzelnen Erwerbers sich vom Bauträgervertrag zu lösen nicht aus. Dieser kann rückabwickeln (OLG Brandenburg BauR 2005, 444). Vergleiche einzelner WEG-Mitglieder Mängelansprüche am Gemeinschaftseigentum können vom Ersterwerber geltend gemacht werden, vom Zweiterwerber nur bei Abtretung der Ansprüche. Diese kann auch stillschweigend erfolgen, wovon das OLG Düsseldorf bei fehlender Regelung im Erwerbsvertrag grundsätzlich ausgeht (OLG Düsseldorf IBR 2004, 206). Ein Erwerber von Wohnungseigentum ist bei wesentlichen Mängeln am Gemeinschaftseigentum nicht zu dessen Abnahme verpflichtet (OLG Hamm BauR 2004, 1459). Hat sich die WEG nach WEG-Beschluss mit dem Bauträger auf ein Mängelbeseitigungskonzept verständigt, bleibt die Fälligkeit des Nacherfüllungsanspruches der einzelnen Erwerber davon grundsätzlich unberührt (BGH Urt. v. 23.2.2006 IBR 2006, 266; anders noch die Vorinstanz OLG Brandenburg IBR 2005, 1213). Der Anspruch auf großen Schadensersatz ist auch dann noch möglich, wenn zwischen der WEG-Gemeinschaft und dem Bauträger ein Abfindungsvergleich geschlossen wurde (BGH BauR 2005, 561). Ermächtigen Wohnungseigentümer den Verwaltungsbeirat, im eigenen Namen Mängelgewährleistungsansprüche gegen den Bauträger geltend zu machen, sind damit die jeweils amtierenden Mitglieder des Verwaltungsbeirats sachbefugt (so der Leitsatz des BGH BauR 2004, 1148). Der BGH führt weiter aus, dass der einzelne Erwerber gegen den Veräußerer auch dann einen auf die vollen Mängelbeseitigungskosten gerichteten Schadensersatzanspruch habe, wenn der Veräußerer Mitglied einer Bauherrengemeinschaft war und der Erwerb erst nach individueller Zuteilung der einzelnen Eigentumswohnungen an die Mitglieder erfolgt ist.

§ 13 Nr. 6
[Minderung]

Ist die Beseitigung des Mangels für den Auftraggeber unzumutbar oder ist sie unmöglich oder würde sie einen unverhältnismäßig hohen Aufwand erfordern und wird sie deshalb vom Auftragnehmer verweigert, so kann der Auftraggeber durch Erklärung gegenüber dem Auftragnehmer die Vergütung mindern (§ 638 BGB).

Inhaltsübersicht   Rn.

A.	Regelung nach BGB..	1
B.	Regelung des § 13 Nr. 6 VOB/B..	5
	I. Änderungen durch die VOB/B 2002...	5
	II. Allgemeines..	8
	III. Tatbestände der Minderung...	14
	1. Überblick..	14
	2. Nacherfüllung für Auftraggeber unzumutbar.............................	17
	3. Unmöglichkeit der Nacherfüllung...	25
	a) Unmöglichkeit der gesamten Nacherfüllungsleistung.............	25
	b) Teilweise Unmöglichkeit der Nacherfüllungsleistung.............	31
	4. Verweigerung der Nacherfüllung wegen unverhältnismäßig hohen Aufwandes.....	33
	a) Unverhältnismäßiger Aufwand....................................	33
	b) Erklärung der Verweigerung......................................	51
	IV. Minderungserklärung..	54
	V. Minderung...	55
	1. Verweisung auf § 638 BGB...	55
	2. Berechnung der Minderung...	56
	3. Teilweise Geltendmachung des Vergütungsanspruchs und Abtretung....	70
	4. Minderung bei Pauschalverträgen..	72
	5. Minderung bei anderer Vergütung als Geld.............................	73
	6. Minderung bei mehreren Beteiligten.....................................	74
	7. Minderung bei mehreren Mängeln......................................	75
	8. Minderung bei Pflichtverletzung durch Erfüllungsgehilfen............	76
	VI. Verhältnis der Minderung nach Nr. 6 zu § 638 BGB........................	77
	VII. Rückzahlungsanspruch des AG bei Überzahlung nach § 638 Abs. 4 BGB...	78
	VIII. Grundsätzlich kein Rücktritt beim VOB/B-Bauvertrag.....................	80

A. Regelung nach BGB

1 Der Besteller kann nach **§§ 634 Nr. 3 Alt. 2, 638 BGB** die Vergütung durch einfache Erklärung gegenüber dem Auftragnehmer mindern, wenn eine gesetzte Frist zur Nacherfüllung fruchtlos verstrichen ist. Nach altem Recht (§ 634 Abs. 1 S. 3 BGB a.F.) hatte der Besteller einen Anspruch auf Minderung. Nach neuem Recht (Schuldrechtsmodernisierungsgesetz gültig seit dem 1.1.2002) ist die Minderung ebenfalls – wie der Rücktritt – als **Gestaltungsrecht** ausgeformt. Es gelten daher die gleichen Voraussetzungen wie beim Rücktritt (Wortlaut des § 638 BGB: »Statt zurückzutreten, ...«). Im Unterschied zum Rücktritt ist das **Recht der Minderung** auch bei **Vorliegen von unerheblichen Mängeln** möglich (§ 638 Abs. 1 S. 2 m.V.a. § 323 Abs. 5 S. 2 BGB).

2 Sind auf Seiten des Bestellers oder des Unternehmers mehrere Beteiligte, so kann die Minderung nur von allen oder gegenüber allen erklärt werden (§ 638 Abs. 2 BGB).

3 Die Berechnung der Minderung erfolgt nach Maßgabe des § 638 Abs. 3 BGB. In Abwandlung der bisherigen Praxis erfolgt die **Berechnung der Minderung** nunmehr durch eine Wertbestimmung zum **Zeitpunkt des Vertragsschlusses** (*Palandt/Sprau* § 638 BGB Rn. 5). Früher wurde auf den Zeitpunkt der Abnahme abgestellt. Nach § 638 Abs. 3 S. 2 BGB ist eine Schätzung möglich.

4 Bei einem Minderungsrecht des Bestellers, der zuvor bereits eine vollständige Zahlung geleistet hat, kommt es nach § 638 Abs. 4 BGB zu einem **eigenständigen Rückerstattungsanspruch.** Ein Rückgriff auf Bereicherungsrecht – wie bisher – ist nicht mehr erforderlich.

B. Regelung des § 13 Nr. 6 VOB/B

I. Änderungen durch die VOB/B 2002

5 Nach § 13 Nr. 6 VOB/B 2002 kann der Besteller/Auftraggeber die Vergütung durch einfache Erklärung gegenüber dem Auftragnehmer mindern, wenn mindestens eine von drei in Nr. 6 genannten Voraussetzungen vorliegt. Entsprechend der neuen Regelung des § 638 BGB ist damit auch der neue § 13 Nr. 6 VOB/B 2002 im Gegensatz zu § 13 Nr. 6 VOB/B 2000 als **Gestaltungsrecht** ausgeformt. Zur sprachlichen Vereinfachung ist der bisherige S. 2 in S. 1 eingebracht worden. An den gegenüber dem BGB-Werkvertragsrecht eingeschränkten Voraussetzungen für eine Minderung wird weiter festgehalten. Dies ist auf die Besonderheiten des Bauvertrages zurückzuführen. Der Verweis zur Berechnung der Minderung wurde mit den Änderungen des Schuldrechtsmodernisierungsgesetz abgestimmt (§ 638 BGB).

6 Sachlich hat sich daher in der VOB/B 2002, bis auf den Berechnungszeitpunkt der Minderung, nichts geändert (*Weyer* BauR 2003, 613, 620).

7 Die **Berechnung der Minderung** erfolgt nach Maßgabe des § 638 Abs. 3 BGB. In Abwandlung der bisherigen Praxis erfolgt die Berechnung nunmehr durch eine Wertbestimmung zum Zeitpunkt des Vertragsschlusses (*Palandt/Sprau* § 638 BGB Rn. 5). Für das **Werkvertragsrecht** erscheint **dieser Zeitpunkt unsachgemäß**, weil bezüglich des Werkerfolgs – nach wie vor – auf den Zeitpunkt der Abnahme abgestellt wird. Es müssen insbesondere die Verpflichtungen aus § 4 Nr. 2 VOB/B (Einhaltung der anerkannten Regeln der Technik sowie der gesetzlichen und behördlichen Bestimmungen) zum Zeitpunkt der Abnahme eingehalten werden, z.B. EnergieeinsparVO, Bestimmungen zum Brandschutz etc). Daraus können sich **Bewertungsdifferenzen** ergeben.

II. Allgemeines

Bei der Regelung des § 13 VOB/B wird einer der **Grundgedanken der VOB/B** deutlich: Die **VOB/B** **8** »will« keine Minderung der Vergütung, sondern eine **vollständige Durchführung des Bauvertrages**. Aus diesem Grunde wurde an den – im Vergleich zum BGB – eingeschränkten Möglichkeiten zur Minderung festgehalten.

Diese Regelung ist abschließend und daher einer darüber hinausgehenden ausdehnenden Auslegung **9** nicht zugänglich. Insofern handelt es sich um eine Einschränkung gegenüber den gesetzlichen Bestimmungen des Werkvertragsrechts (§§ 634, 638 BGB). Diese lassen eine Minderung nach Ablauf der Nacherfüllungsfrist zu. Diese Einengung ergibt sich aus den Besonderheiten des Bauvertrages. Grundsätzlich ist davon auszugehen, dass es dem Auftraggeber in erster Linie darum geht, eine mangelfreie Bauleistung zu erhalten. Dies hat zur Folge, dass dem Nacherfüllungsanspruch – gegebenenfalls durch Einschaltung eines nachbessernden anderen Unternehmers – der unbedingte Vorrang vor der Minderung eingeräumt ist. § 13 Nr. 6 VOB/B soll nicht gegen §§ 305 ff. BGB verstoßen (AGB-Gesetz a.F.; *Ulmer/Brandner/Hensen* Anh. §§ 9–11 Rn. 911; *Wolf/Horn/Lindacher* § 23 Rn. 259).

Nach § 13 Nr. 6 VOB/B bestehen lediglich **drei Möglichkeiten**, unter denen dem Auftraggeber anstelle des Nacherfüllungsanspruches ein **Recht auf Minderung** der Vergütung des Auftragnehmers **10** eingeräumt wird. Es handelt sich einmal um die **Unzumutbarkeit** für den Auftraggeber, die **Unmöglichkeit** der Nacherfüllung und die **Unverhältnismäßigkeit** des Aufwands der Nacherfüllung für den Unternehmer.

Vorbehaltlose Abnahme trotz Mängelkenntnis. Eine dem § 640 Abs. 2 BGB oder § 442 BGB entsprechende Regelung weist die VOB/B nicht auf, außer speziell im Bereich der fiktiven Abnahme, **11** § 12 Nr. 5 Abs. 3. Da die Regelung des § 640 Abs. 2 BGB Leitbildcharakter hat, geht die h.M. wohl von einer Anwendung auch im VOB/B Bereich aus (so *Palandt/Sprau* § 640 BGB Rn. 14 mit Hinweis auf OLG Köln NJW-RR 93, 211).

Ein Minderungsrecht nach § 13 Nr. 6 VOB/B analog ist gegeben, wenn eine Mängelbeseitigung zwar nicht unmöglich ist und auch nicht vom Auftragnehmer wegen unverhältnismäßigen Aufwands verweigert wird, aber die Mängelbeseitigung im Ergebnis keinen Sinn macht und ihm deshalb nicht **12** zugemutet werden kann. Dies urteilte das OLG Dresden (OLG Dresden BauR 2003, 262) in einem Fall, in dem der Auftraggeber das Werk aufgrund von schwerwiegenden Planungsmängeln insgesamt neu errichten ließ. Ein Nacherfüllungsanspruch wäre in diesem Fall sinnlos gewesen.

Für das Folgende ist hinsichtlich der Tatbestandsvoraussetzungen für ein Minderungsrecht als Ausgangsvoraussetzung zu fordern, dass ein Mangel der Werkleistung vorliegt. Dieser muss dahingehend erkennbar sein, dass eine vertragswidrige Leistung des Auftragnehmers vorliegt, bzw. dass **13** das von ihm Ausgeführte nicht dem vertraglich geschuldeten Werkerfolg entspricht. Zusätzlich ist gemäß dem oben zu § 13 Nr. 1 VOB/B Gesagten auf die Regeln der Technik abzustellen (Unterschreitet beispielsweise ein Tiefgaragenstellplatz die Mindestanforderungen der Garagenverordnung, liegt auch bei erteilter Baugenehmigung ein Mangel vor, der zur Minderung berechtigt, OLG Frankfurt IBR 2000, 429 – auch OLGR 2000, 147).

III. Tatbestände der Minderung

1. Überblick

Der Minderungsanspruch des Auftraggebers nach Nr. 6 hat neben dem oben Gesagten bezüglich des **14** Vorliegens eines Mangels alternativ folgende Voraussetzungen:

– Unzumutbarkeit für den Auftraggeber
– Unmöglichkeit der Nacherfüllung oder

– Unverhältnismäßigkeit des Aufwands der Nacherfüllung für den Unternehmer.

15 Mit dem OLG Celle (SFH Z 2.414 Bl. 88 ff.; a.A., jedoch nicht hinreichend nachvollziehbar, *Cuypers* BauR 1993, 541, 555) ist davon auszugehen, dass die weiter geforderte Weigerung des Auftragnehmers (... und wird sie deshalb vom Auftragnehmer verweigert ...) nur für den dritten Fall gilt, d.h. dass die Mangelbeseitigung einen unverhältnismäßig hohen Aufwand erfordert. In diesem Falle hat der Auftraggeber nur einen Anspruch auf Minderung der Vergütung, wenn sich der Auftragnehmer ausdrücklich auf den unverhältnismäßig hohen Aufwand beruft. Soweit und solange dies nicht mit hinreichender Deutlichkeit geschehen ist, bleibt der Nacherfüllungsanspruch des Auftraggebers bestehen. Liegt hingegen eine Unmöglichkeit der Nacherfüllung vor, kommt es nicht darauf an, ob der Auftragnehmer die Beseitigung des Mangels abgelehnt hat oder ob er zu Abhilfemaßnahmen bereit ist. Dann ergibt sich das Minderungsrecht von selbst aus der Tatsache der Unmöglichkeit der Nacherfüllung.

16 Liegt Unmöglichkeit der Nacherfüllung vor oder hat der Auftragnehmer zu Recht wegen des zu erwartenden unverhältnismäßig hohen Aufwandes die Beseitigung abgelehnt, ist der Auftraggeber berechtigt, die vertraglich geschuldete Vergütung gegenüber dem Auftragnehmer zu mindern. Dabei findet für die Berechnung der Minderung § 638 BGB Anwendung. Dies ergibt sich daraus, dass auf diesen Paragraphen am Ende von § 13 Nr. 6 VOB/B ausdrücklich hingewiesen wird.

2. Nacherfüllung für Auftraggeber unzumutbar

17 Nach Nr. 6 kann der Auftraggeber ausnahmsweise dann die Minderung erklären, wenn die Beseitigung des Mangels für ihn unzumutbar ist. Hier handelt es sich um eine Möglichkeit für den Auftraggeber, die Minderung der Vergütung des Auftragnehmers anstelle der Nacherfüllung zu beanspruchen. Diese Möglichkeit, Minderung geltend zu machen, scheidet also von vornherein für den Auftragnehmer aus; dieser kann sich nicht darauf berufen. Die Regelung beruht auf dem Grundsatz von Treu und Glauben (§ 242 BGB). Dies kommt dadurch zum Ausdruck, dass die Nacherfüllung für den Auftraggeber unzumutbar sein muss. Hiernach ist bei der Beurteilung, ob eine Nacherfüllung vorzunehmen ist, die allein berechtigte Interessenlage des Auftraggebers zu beachten. Gerade beim VOB/B-Vertrag ist dies notwendig, weil der Auftraggeber nach dem dort geregelten Mängelhaftungssystem an sich an die Duldung einer Nacherfüllung bei Vorliegen eines Leistungsmangels gebunden ist. Die hier erörterte Ausnahmebestimmung ist somit eng auszulegen.

18 Denkbar sind die Fälle, in denen die **Nacherfüllung** zwar **objektiv möglich** ist und auch keinen unverhältnismäßig hohen Aufwand erfordert, aber mit **Umständen** verbunden ist, die hinzunehmen **für den Auftraggeber** nach den Gegebenheiten des Einzelfalles **unzumutbar** ist. Das gilt vor allem, wenn der Vorgang der Nacherfüllung dem Auftraggeber besondere persönliche und/oder wirtschaftliche Opfer abfordert, die man ihm nicht zumuten kann. Dies selbst dann nicht, wenn sie vom Auftragnehmer – etwa im Wege des Schadensersatzes nach § 13 Nr. 7 VOB/B – auszugleichen sind. So kann es z.B. wegen Krankheit oder wegen Alters des Auftraggebers selbst oder einer seiner Hausbewohner nicht zumutbar sein, die bei der Nacherfüllung auftretenden Unzuträglichkeiten – etwa den damit verbundenen Lärm – hinzunehmen. Zu denken ist auch an den Fall, in dem es nicht angängig ist, dass der Auftraggeber für die erforderliche Zeit der Nacherfüllung einen von ihm geführten Gewerbebetrieb über Gebühr einschränken oder gar stilllegen muss.

19 Unzumutbar ist die Entgegennahme der Nacherfüllung auch, wenn der anspruchsberechtigte Erwerber einer Eigentumswohnung diese inzwischen zu einem die Mängel berücksichtigenden Preis unter Beibehaltung seiner Mängelansprüche veräußert hat (OLG Frankfurt NJW-RR 1991, 665 = BauR 1991, 516). Auch kann es sein, dass der Auftraggeber die Leistung aufgrund besonderer, anerkennenswerter Umstände sofort benötigt (BGH NJW-RR 1993, 560 = MDR 1993, 1058). Unzumutbar kann die Nacherfüllung für den Auftraggeber auch sein, wenn er konkrete, eindeutige Anhaltspunkte dafür hat, dass sich der Auftragnehmer der Nacherfüllung entziehen wird. Ähnliches kann auch gelten, wenn bisherige Nacherfüllungsversuche ohne Erfolg geblieben sind. Dadurch kann es möglicherweise für den Auftraggeber **nicht mehr zumutbar** geworden sein, **weitere Nacherfüllungsversuche** – auch durch einen anderen Unternehmer – **hinzunehmen** (siehe dazu den Sachverhalt, wie er der auf anderen rechtlichen Gesichtspunkten aufgebauten Entscheidung des BGH – NJW 1970, 383 = BB 1969, 1504 – zugrunde gelegen hat).

Auch kann es Fälle geben, in denen aus objektiven Gründen im voraus nicht abschließend gesagt werden kann, **ob die Nacherfüllung wirksam** sein wird. Auch hier kann es wegen des damit verbundenen Risikos für den Auftraggeber nicht zumutbar sein, die Nacherfüllung zu erdulden (OLG Celle SFH Z 2.414 Bl. 88; LG Nürnberg-Fürth NJW-RR 1986, 1466; LG Berlin SFH § 633 BGB Nr. 101). Das gilt vor allem, wenn die Nacherfüllungsarbeiten nach allgemeinem Sprachgebrauch als »**Experimentiererei**« anzusehen sind (OLG Nürnberg NJW-RR 1993, 1300). Unzumutbarkeit auch dann, wenn eine Mangelbeseitigung nur durch vom Unternehmer nicht geschuldete Vorarbeiten zu erreichen ist und der AG jegliche Bezahlung der Sowieso-Kosten ablehnt (OLG München BauR 2003, 720 = IBR 2004, 1154). 20

Unzumutbar ist dem Auftraggeber die Mängelbeseitigung unstreitig dann, wenn diese **nicht zu** einem **funktionstauglichen Werk** führt. Dies kann dann der Fall sein, wenn die Beseitigung des Mangels deshalb keinen Sinn macht, weil das Werk mit weiteren schwerwiegenden Fehlern aus dem Verantwortungsbereich des Auftraggebers behaftet ist – von deren Behebung dieser absieht. Entschieden wurde dies für den Fall, dass die Planvorgaben des Ingenieurs (der Auftraggeberseite) letztendlich nicht durchführbar waren (OLG Dresden BauR 2003, 262 = IBR 2002, 407). Entsprechendes gilt allerdings nur, wenn der Werkunternehmer in dem Fall, in dem der Auftraggeber mitursächlich für die Irreparabilität ist, nicht schlechter gestellt wird, als im Falle einer Nachbesserung. Nur dann ist die entsprechende Anwendung des § 13 Nr. 6 Alt. 1 VOB/B angebracht. 21

Die Nacherfüllung kann für den Aufftraggeber auch dann unzumutbar sein, wenn er sich als **Generalunternehmer** in **Insolvenz** befindet. Hat der Insolvenzverwalter gegenüber dem Bauherrn die Erfüllung verweigert, so kann dieser seine Ansprüche lediglich als Insolvenzforderung geltend machen (d.h. zur Tabelle anmelden). Nach einem Urteil des BGH (BGH Urt. v. 10.8.2006 IX ZR 28/05 IBR-Werkstatt-Beitrag; so auch schon AG München BauR 1999, 175; anders allerdings OLG Düsseldorf in der Vorinstanz des BGH-Urteils IBR 2005, 324) hat der Insolvenzverwalter in diesem Fall das **Recht vom Nachunternehmer sofort Minderung zu verlangen**. Dies vor dem Hintergrund, dass dem Insolvenzverwalter die Nacherfüllung durch den Nachunternehmer gemäß § 13 Nr. 6 VOB/B nicht mehr zumutbar sei. Bei einer Nacherfüllung würde der Nachunternehmer zugunsten des Bauherrn die Mängel beseitigen. Dadurch wäre der Bauherr im Verhältnis zu anderen Insolvenzgläubigern bevorzugt. Der Insolvenzverwalter sei aber dazu verpflichtet die Insolvenzgläubiger gleich zu behandeln und die Insolvenzmasse zu vermehren. Etwas anderes solle lediglich gelten, wenn der Insolvenzverwalter gegenüber dem Bauherrn die Erfüllung des Vertrages gewählt hat. In diesem Fall stehe dem Bauherrn der Anspruch auf Nacherfüllung zu. Der Insolvenzverwalter könne dann – ohne Nachteile für die Insolvenzmasse – vom Nachunternehmer die Mängel beseitigen lassen. 22

Für das Vorliegen dieser Voraussetzung hat der Auftraggeber die Darlegungs- und Beweislast. 23

Die Ziffer 1.7.4. der ZTV-Asphalt, wonach der Auftraggeber Abzüge vom Werklohn wegen mangelhafter Ausführung vornehmen darf, ohne dass die sonst notwendigen Voraussetzungen für einen Gewährleistungsanspruch vorliegen müssen, ist gemäß § 9 Abs. 2 Nr. 1 AGB-Gesetz (heute: § 307 BGB) unwirksam (OLG Celle BauR 2003, 1050 = IBR 2003, 239; BGH BauR 2004, 1288 – Revision zurückgewiesen). 24

3. Unmöglichkeit der Nacherfüllung

a) Unmöglichkeit der gesamten Nacherfüllungsleistung

25 Die vom Auftraggeber darzulegende und zu beweisende Unmöglichkeit der Nacherfüllung muss tatsächlich objektiv und nicht bloß subjektiv gegeben sein. Weder der Auftragnehmer des Bauvertrages noch irgendein anderer Unternehmer darf in der Lage sein, den aufgetretenen Mangel zu beseitigen (so auch OLG Köln SFH Z 2.414.2 Bl. 1). Das hängt in Bezug auf die Nacherfüllungsleistung von einer sachgerechten technischen Beurteilung ab. So besteht eine Unmöglichkeit der Nacherfüllung, wenn eine Baugrube zu breit und zu tief ausgehoben wurde und die zur Erreichung des in der Planung vorgesehenen Niveaus erforderlichen Maßnahmen (Vergrößerung der Fundamente, Ausfüllung der Zwischenräume mit gestampftem Kies) wegen des inzwischen errichteten Hauses technisch nicht mehr möglich sind (BGHZ 68, 208 = BauR 1977, 203). Gleiches trifft zu, wenn ein Haus oder eine Wohnung mit geringerer Wohnfläche oder Nutzungsfläche als vertraglich vereinbart errichtet wurde (OLG Düsseldorf NJW 1981, 1455 = BauR 1981, 475; OLG Düsseldorf BauR 1984, 294 = SFH § 13 Nr. 1 VOB/B Nr. 4). Ebenso gilt dies, wenn die vertraglich vorgesehene Wohnhöhe nicht erreicht ist (LG Wiesbaden NJW 1986, 329). Ist ein Fertighaus wegen fehlerhafter Imprägnierung, aus der Gase ausströmen, unbewohnbar, so ist ebenfalls die Nacherfüllung objektiv unmöglich (OLG Saarbrücken NJW-RR 1987, 470). Auch liegt Unmöglichkeit vor, wenn die vertraglich vorgesehene Verlegung eines Oberbodens wegen der Beschaffenheit des Unterbodens aus physikalischen Gründen nicht durchführbar ist (OLG Düsseldorf BauR 1995, 848 = NJW-RR 1996, 305). Dies ist auch anzunehmen, wenn die Vertragspartner eine tatsächliche Ausführung eines Kellers vereinbart haben, die für die vertraglich vorausgesetzte Nutzung ungeeignet ist (BGH BauR 1989, 219; BB 1989, 520 für den Fall des Erwerbs eines – noch zu errichtenden – Hauses durch einen Unternehmensberater, wenn im Keller ein Ausbau zu Büroräumen erfolgen soll, die nicht ganztägig nutzbar sind).

26 Dagegen liegt eine objektive Unmöglichkeit noch nicht allein darin, dass bei der Nacherfüllung in wirtschaftlicher Hinsicht ein Aufwand erforderlich ist, der kostenmäßig einer Neuherstellung gleichkommt (OLG Düsseldorf BauR 1982, 587 = SFH § 13 Nr. 5 VOB/B Nr. 4). Andererseits darf hier der Gesichtspunkt des für den Auftraggeber Zumutbaren nicht außer Betracht bleiben. Unter der Voraussetzung, dass die Grundsubstanz erhalten bleibt, sind im Allgemeinen auch Beseitigungsmaßnahmen zulässig, durch die der vertragsmäßige Zustand auf einem anderen als dem im Vertrag – vor allem der Leistungsbeschreibung – vorgesehenen Weg erreicht wird (RG WarnRspr. 15, 79; OLG Düsseldorf BauR 1993, 82; OLG Hamm BauR 1993, 729 für den Fall der Sanierung einer fehlerhaften zu kleinen Wohnfläche sowie zu niedriger Deckenhöhe). Denkbar ist z.B., dass eine fehlerhaft gebaute Decke durch Unterzüge tragfähig gemacht werden kann (BGHZ 58, 30, 33 = BauR 1972, 176). Eine durch Hinterlegung von Stoßfugen bezweckte Abdichtung lässt sich möglicherweise verhältnismäßig einfach und ohne wesentliche Beeinträchtigung des ästhetischen Gesamteindruckes durch Anfertigung und Anbringung eines Kunststoffteils erreichen (BGH BauR 1981, 284 = NJW 1981, 1448). Gleiches gilt bei einer mangelhaften Isolierung durch Ausstampfen der Arbeitsräume der ehemaligen Baugrube mit durchgehend bindigem Material und/oder Einbau einer Dränage oder durch Einrammen von Spundwänden um das Haus (KG BauR 1981, 380). Ebenso ist dies anzunehmen, wenn Risse in einem Betonboden durch Vergießen und Verpressen von Epoxydharz geschlossen werden sollen (OLG Düsseldorf BauR 1993, 82).

27 Die Frage der Unmöglichkeit der Nacherfüllung ist im Einzelfall aber nicht nur nach tatsächlichen, sondern insbesondere auch nach rechtlichen Gesichtspunkten zu beurteilen. Ist z.B. die vertraglich geschuldete Bauleistung völlig unbrauchbar (etwa Untauglichkeit sämtlicher Dachziegel, die der Dachdecker zu liefern und zu verlegen hatte), wäre die Nacherfüllung nur im Wege der Neuherstellung zu erzielen. Zwar kann der Auftraggeber nach der Rechtsprechung des BGH (gestärkt durch das Schuldrechtsmodernisierungsgesetz) im Falle der technischen Unmöglichkeit der bloßen Nacherfüllung als Mangelbeseitigung notfalls **Neuherstellung** der Leistung vom Auftragnehmer verlangen. Jedoch ist damit die hier erörterte Bestimmung in § 13 Nr. 6 VOB/B nicht gegenstandslos geworden.

Vielmehr ist zu folgern, dass dem Auftraggeber ein **Wahlrecht** eingeräumt ist, in diesem Fall entweder **Neuherstellung nach Nr. 5** oder **Minderung gemäß Nr. 6 zu verlangen** (a.A. *Kaiser* Mängelhaftungsrecht Rn. 87a, der die Minderung nur für den Fall der »Unmöglichkeit der Neuherstellung« zulassen will; a.A. auch *Nicklisch/Weick* § 13 VOB/B Rn. 198, der hier die Unmöglichkeit verneint und für die Minderung auf die zweite Möglichkeit der Ablehnung der Mangelbeseitigung wegen unverhältnismäßigen Aufwandes verweist). Unter den genannten Voraussetzungen gilt Nr. 6 also weiterhin im bisherigen Maße. Wird aber vom Auftraggeber keine Neuherstellung verlangt, wäre die bloße Nacherfüllung nicht nur dem in Betracht kommenden Auftragnehmer unmöglich, sondern auch jedem anderen (BGHZ 42, 232 = NJW 1965, 152).

Auch rein rechtliche Hinderungsgründe können eine objektiv gegebene Unmöglichkeit der Nacherfüllung bedeuten. Dies ist z.B. der Fall, wenn nach einer Auskunft des zuständigen Bauaufsichtsamtes die Voraussetzungen für eine Baugenehmigung nicht vorliegen und auch nicht ohne weiteres geschaffen werden können (OLG Düsseldorf BauR 1984, 294 = SFH § 13 Nr. 1 VOB/B Nr. 4). Gleiches gilt, wenn zwingende öffentlich-rechtliche Bestimmungen der Nacherfüllung entgegenstehen (BGH NJW-RR 1989, 775; OLG Hamm MDR 1978, 226). **Rechtliche Unmöglichkeit** liegt auch vor, wenn die Vertragspartner nach Kenntnis vom Mangel einvernehmlich auf die Nacherfüllung verzichtet haben (BGH BauR 1982, 277 = NJW 1982, 1524 = ZfBR 1982, 122). Eine rechtliche Unmöglichkeit zur Nacherfüllung besteht auch, wenn das Gebäude, in dem die mangelhafte Leistung liegt, zwangsversteigert ist (OLG Bremen MDR 1990, 339 = NJW-RR 1990, 218; a.A. OLG Köln SFH § 13 Nr. 7 VOB/B Nr. 4; OLG Frankfurt/M. VersR 1977, 160). Nicht schon unmöglich ist dagegen die Nacherfüllung, weil diese unter Umständen **Eingriffe in das Gemeinschaftseigentum** erforderlich macht. Jedenfalls nicht, solange nicht rechtliche Hinderungsgründe ersichtlich sind, dass und inwieweit die Miteigentümer Nacherfüllung verhindern können (OLG München BauR 1985, 453; über weitere Einzelheiten zur Frage der objektiven Leistungsunmöglichkeit § 6 VOB/B). **28**

Lediglich subjektive Unmöglichkeit (Unvermögen) des Auftragnehmers reicht für einen Minderungsanspruch nicht aus. Das gilt auch für die Fälle, in denen zur Mangelbeseitigung besondere Spezialkenntnisse erforderlich sind, die nur wenige andere erreichbare Unternehmer aufzuweisen haben. In diesen Fällen muss der Auftragnehmer notfalls einen solchen anderen Unternehmer mit der Nacherfüllung betrauen (Bsp.: eine spezielle Tiefbaufirma). Insbesondere geht eine finanzielle Unmöglichkeit des Auftragnehmers immer zu dessen Lasten, wenn nicht der zweite Fall des unverhältnismäßig hohen Aufwandes vorliegt. Unmöglichkeit der Nacherfüllung liegt weder im Falle einer Insolvenzeröffnung über das Vermögen des Auftragnehmers mit anschließender Betriebseinstellung, noch bei einer Betriebsaufgabe, noch bei einer Produktionsänderung vor (OLG Köln BauR 1971, 129 m. zust. Anm. v. *Jagenburg*). Keine Unmöglichkeit auch, wenn die Mangelbeseitigung zwar nicht mit dem vereinbarten, aber mit einem anderen Bauverfahren hergestellt werden kann (OLG Jena IBR 2005, 1169). **29**

Stellt sich erst später, etwa aufgrund eines Nacherfüllungsversuches, die Unmöglichkeit der Nacherfüllung heraus, so hat dies auf den mit der Abnahme beginnenden Lauf der Mängelhaftungsfrist grundsätzlich keinen Einfluss. Jedoch kann hier eine Hemmung des Laufs der Verjährungsfrist gemäß § 203 BGB vorliegen (ähnlich OLG Frankfurt MDR 1983, 54 für den Fall misslungener Nachbesserung und nur unter dieser Voraussetzung eingeräumter Wandelung bei einem Kaufvertrag). Auch ein Neubeginn durch Anerkenntnis der Haftungspflicht kann von Seiten des Auftragnehmers gegeben sein. Ähnlich liegt es hinsichtlich der durch die schriftliche Mangelrüge herbeigeführten **Quasi-Unterbrechung** der Verjährungsfrist. Diese ist unabhängig vom Erfolg des Nacherfüllungsversuches. Das gilt wiederum nicht, wenn die Nacherfüllung von Anfang an unmöglich ist und der Auftraggeber anstelle der Nacherfüllung im Sinne der Neuherstellung sogleich die Minderung innerhalb der mit der Abnahme beginnenden Erstfrist erklärt. Dies deshalb, weil die **Unterbrechungswirkung auf den Bereich von § 13 Nr. 5 VOB/B beschränkt** ist und nicht darüber hinaus **30** ausgedehnt werden kann. Dies zeigt schon der unterschiedliche Wortlaut von Nr. 5 Abs. 1 und Nr. 6, der jeweils für sich zu betrachten ist (LG Wiesbaden NJW 1986, 329).

b) Teilweise Unmöglichkeit der Nacherfüllungsleistung

31 Die Unmöglichkeit braucht sich nicht unbedingt auf die Beseitigung des gesamten Mangels zu beziehen. Vielmehr kann es sein, dass sich im Einzelfall ein aufgetretener Mangel nur teilweise, jedoch nicht völlig beheben lässt. Dann ist bei einer teilweisen Verpflichtung zur Nacherfüllung nur ein **Minderungsanspruch für den restlichen, mangelhaft bleibenden Teil gegeben**. Dabei kommt es darauf an, dass wenigstens eine dem Auftraggeber zumutbare **Teiltauglichkeit** erzielt wird; andernfalls muss ihm die Befugnis zur Gesamtminderung zugesprochen werden. Insbesondere braucht er eine bloße »**Experimentiererei**« nicht hinzunehmen. Die Zumutbarkeit für eine teilweise Mangelbeseitigung kann z.B. gegeben sein, wenn ein Haus zwar zu hoch angelegt worden ist, eine Senkung der Wageneinstellplätze aber möglich ist (OLG Köln SFH Z 2.414.2 Bl. 1 m. zutreffender Anm. v. *Hochstein*). Ebenso gilt dies, wenn eine zu schwache Betondecke durch den Einbau von Unterzügen tragfähig gemacht werden kann (BGHZ 58, 30, 33 f.); ferner, wenn eine fehlende Isolierung durch andere Baumaßnahmen erreichbar ist (KG BauR 1981, 380). Anders liegt es, wenn Einbaumöbel mit zu hoher Formaldehydkonzentration versehen sind und eine hinreichend sichere Mangelbeseitigungsmöglichkeit nicht gegeben ist (LG Nürnberg-Fürth NJW-RR 1986, 1466; OLG Nürnberg NJW-RR 1993, 1300): Dort versuchte »Verbesserungsmaßnahmen« sind für den Auftraggeber nicht hinnehmbar.

32 Bei der Beurteilung der Frage, ob ganze oder teilweise Unmöglichkeit der Nacherfüllung vorliegt, kommt es auf die jeweilige Lage des Einzelfalles an. Es ist daher unzulässig, die Unmöglichkeit lediglich nach allgemeinen abstrakten Gesichtspunkten oder auch nur nach allgemeinen Erfahrungssätzen ohne konkrete Beziehung auf das Einzelobjekt zu beurteilen. Das muss gerade auch von Sachverständigen beachtet werden, wenn sie die Frage zu beantworten haben, ob in einem bestimmten Fall objektiv völlige oder teilweise Unmöglichkeit der Nacherfüllung vorliegt.

4. Verweigerung der Nacherfüllung wegen unverhältnismäßig hohen Aufwandes

a) Unverhältnismäßiger Aufwand

33 Der dritte Fall der Minderung setzt im Gegensatz zum ersten zunächst voraus, dass die Nacherfüllung an sich objektiv möglich ist. Ob dann die Nacherfüllung nur mit unverhältnismäßig hohem Aufwand vorgenommen werden kann, regelt sich nach § 635 Abs. 3 BGB. Insoweit liegt Übereinstimmung in Inhalt und Tragweite zwischen der gesetzlichen Vorschrift und der VOB/B-Bestimmung vor (hierzu auch OLG Köln SFH Z 2.414 Bl. 76 ff.).

34 Entscheidend für die hier maßgebliche Beurteilung ist das Wertverhältnis zwischen dem zur Beseitigung des Mangels erforderlichen Aufwand des Auftragnehmers einerseits und dem Vorteil, den die Nacherfüllung dem Auftraggeber andererseits gewährt (OLG Hamm BauR 2003, 1398). Korbion hatte in der 12. Auflage an dieser Stelle weiter darauf abgestellt, dass in diesem Zusammenhang Aufwendungen für die Beseitigung eines Baumangels dann unverhältnismäßig seien, wenn der damit zwecks Beseitigung erzielte Erfolg bei Abwägung aller Umstände des Einzelfalls in keinem vernünftigen Verhältnis zur Höhe des dafür mit Sicherheit zu erwartenden Geldaufwandes stehen würde (BGHZ 59, 365 = NJW 1973, 138 = BauR 1973, 112; BGH BauR 1995, 540 = NJW 1995, 1836; vgl. auch OLG Hamm BauR 1980, 462 und NJW-RR 1991, 277 = BauR 1991, 385 im Falle einer fehlerhaften Verklinkerung; OLG Köln SFH § 633 BGB Nr. 34 sowie BauR 1990, 733, 734). Dies hat er in der 13. Auflage dahin gehend konkretisiert, dass auf das Verhältnis zwischen Nutzen für den Auftraggeber und Geldaufwand für den Auftragnehmer abzustellen ist.

35 Dies entspricht der neueren Rechtsprechung des BGH (BGH BauR 1996, 858 = NJW 1996, 3269; i.d.S. auch OLG Düsseldorf, für den Fall optischer Mängel [punktuelle Farbveränderungen einer

Schieferfassade], NJW-RR 1994, 342 u. für verkantete Dachziegel unterhalb eines Firstes, OLG Düsseldorf BauR 1993, 733 u. für Farbtondifferenzen einer Aluminiumfassade, OLG Hamm BauR 1994, 783). Sie lässt auch äußerst kostenintensive Nacherfüllungen zu. Sie fordert diese geradezu vom Auftragnehmer. Dieser kann selbst dann eine Nacherfüllung nicht ablehnen und sich auf eine Minderung zurückziehen, wenn der Nacherfüllungsbetrag den ursprünglich vereinbarten Werklohn um ein mehrfaches übersteigt. **Entscheidend** ist allein, welchen **Nutzen der Auftraggeber** aus der Nacherfüllung zieht (hierzu OLG Karlsruhe Urt. v. 2.9.2004 12 U 144/04 = BauR 2005, 109; OLG Koblenz BauR 2003, 1728, das dabei auf die Gesamtschau der Parteiinteressen und die konkrete Funktion des Bauwerks abstellt), sowie das objektiv berechtigte Interesse des Auftraggebers an der mangelfreien Vetragsleistung (BGH BauR 2006, 377). Keine Bedeutung für die erforderliche Abwägung kommen dem Preis-Leistungs-Verhältnis und dem Verhältnis des Nachbesserungsaufwands zu den Vertragspreisen zu. Zu berücksichtigen ist dagegen, ob und in welchem Ausmaß der Unternehmer den Mangel verschuldet hat.

Deutlich wird dies anhand des sog. »Fahrstuhl-Falles« (BGH BauR 1996, 858). Ausgangspunkt war der geschuldete Einbau eines Fahrstuhles für mehrere Personen in einem Hotel. Errichtet wurde ein wesentlich kleinerer mit auch nur der Hälfte der vereinbarten Tragfähigkeit. Eine Nacherfüllung auf den geschuldeten Umfang war nicht möglich – lediglich auf eine Zwischenlösung. Jedoch selbst diese an sich nicht ausreichende Nacherfüllung verursachte Kosten, die den ursprünglichen Werklohn nahezu überstiegen. Der BGH verurteilte hierzu gleichwohl, einschließlich einer zusätzlichen Minderung (die Leitsätze lauteten dabei wie folgt: »1. Unverhältnismäßigkeit der Nachbesserungskosten, die den Unternehmer zur Verweigerung der Nachbesserung berechtigt, wird in aller Regel nur anzunehmen sein, wenn einem objektiv geringen Interesse des Bestellers an einer völlig ordnungsgemäßen Vertragsleistung ein ganz erheblicher und deshalb unangemessener Aufwand gegenübersteht. 2. Ist die Funktion des Werkes spürbar beeinträchtigt, so kann Nachbesserung regelmäßig nicht wegen hoher Kosten verweigert werden.« – BGH a.a.O.). Er begründete dies zu Recht damit, dass hier allein die Interessen des Auftraggebers entscheidend seien. Für diesen war jeder weitere Platzgewinn im Fahrstuhl von immanenter Bedeutung. Andernfalls war das Hotel unter Kostengesichtspunkten nicht rentabel zu betreiben. 36

Dies vor dem Hintergrund, dass an sich der Auftragnehmer vor unzumutbaren Leistungen geschützt werden soll. Hierbei handelt es sich um einen allgemeingültigen rechtlichen Gesichtspunkt (OLG Köln BauR 1994, 119 = NJW-RR 1993, 1492). Zu Recht wird insoweit darauf hingewiesen, dass in der Praxis von einer Unverhältnismäßigkeit des Aufwandes zur Nacherfüllung vielfach gesprochen werden muss, wenn diese Mängel die Gebrauchsfähigkeit so gut wie nicht beeinträchtigende »Schönheitsfehler« oder optische Mängel (dazu auch *Kamphausen* BauR 1995, 343) sind, die nur mit erheblichen Kosten beseitigt werden können. Dazu zählen etwa geringfügige Kratzer an einer eingesetzten Fensterscheibe, Farbabweichungen einer Hofpflasterung (OLG Celle IBR 2003, 15) u.U. auch die sog. Florverwerfung (shading) bei Veloursteppichböden (LG Münster SFH § 633 BGB Nr. 4), evtl. auch geringfügige Mängel an Spiegeldecken aus Spiegelglas (OLG Frankfurt BauR 1988, 611). Des Weiteren kann dies bei bloß optischer Beeinträchtigung eines Hallenbodens eines Betriebes, die wegen Verschmutzung des Bodens kaum auffällt, in Betracht kommen; zumal dann, wenn die Halle eine Reihe von Jahren bestimmungsgemäß genutzt wird (BGH BauR 1988, 123). Ebenso bei Fassadenfugen, die einen mangelhaften Feuchtigkeitsschutz, mangelhafte Fugenfestigkeit und Ausblühungen aufweisen, welche nur geringe Beeinträchtigungen der Optik und der Funktion zur Folge haben (OLG Celle BauR 2003, 915). Oftmals wird es dabei auf die konkrete Nutzungsart ankommen. 37

Das OLG Celle hat die kostspielige Neuverfugung eines Hausgiebels wegen unverhältnismäßiger Kosten für unzumutbar angesehen, weil nur eine »geringfügige Funktionsbeeinträchtigung« und eine nicht ins Gewicht fallende optische Beeinträchtigung vorlag (OLG Celle Urt. v. 7.11.2002 BauR 2003, 915). Da das Gericht gleichwohl eine Minderung von 1/3 der Herstellungskosten zubil- 38 ligte, wurde zu Recht in Frage gestellt, ob tatsächlich nur von einer »geringfügigen Funktionsbeeinträchtigung« gesprochen werden konnte (i.d.S. *Quack* IBR 2003, 411).

39 Im Einzelfall kann hierher auch die Überschreitung von zulässigen Toleranzen bei Maßdifferenzen zählen, sofern keinerlei Beeinträchtigung der technischen Funktion der Leistung vorliegt und im Übrigen dem Auftraggeber die Hinnahme der Beeinträchtigung zugemutet werden kann (z.B. bei nicht ohne weiteres erkennbaren Unebenheiten im Putz, der nicht als endgültige Oberfläche vorgesehen ist, sondern mit Rauhfaser beklebt werden soll). Weisen etwa 5–10% der Schiefersteine einer Schieferfassade optische Beeinträchtigungen in Form von punktuellen Farbveränderungen, Eisenkarbonaten und Glimmer sowie offene Nagelbefestigungen auf und ist die dauerhafte Haltbarkeit des Schiefergesteins nicht beeinträchtigt, so stellt eine nur durch neue Verschieferung des Fassadengesteins mögliche Nacherfüllung unverhältnismäßiger Aufwand dar (OLG Düsseldorf NJW-RR 1994, 342). Gleiches trifft auf geringfügig nicht waagerecht eingebaute Fenstersimse zu (OLG Stuttgart BauR 1994, 519). Ebenso kann dies bei bloß optischen Farbabweichungen auf einem Industriefußboden, bei dem solche Abweichungen nach den örtlichen Gegebenheiten ohnehin nicht zu vermeiden sind, in Betracht kommen (OLG Celle BauR 1996, 259).

40 **Anders** dann, wenn der **Auftraggeber** eine ganz **bestimmte Beschaffenheit** der Leistung **bestellt** hat, insbesondere im Hinblick auf die für den Auftragnehmer deutlich erkennbare vorgesehene Art der Nutzung (dazu OLG Hamm, OLGR Hamm 1994, 98 im Falle der Abweichung der Maße einer Nische von 4 cm, die zur Aufnahme eines antiken Schrankes dienen sollte. Im Allgemeinen bedarf die Frage, ob lediglich ein »Schönheitsfehler« oder optischer Mangel vorliegt, der Beurteilung durch einen Sachverständigen; ebenso ob und wie weit er die Gebrauchsfähigkeit nach den vertraglichen Vereinbarungen beeinträchtigt [in der Grundlage richtig *Kamphausen* BauR 1995, 343 ff.]). Insofern kann eine Zumutbarkeit für den Auftraggeber nicht mehr angenommen werden, wenn Schaufensteranlagen nach sachkundiger Beurteilung unsauber und unakkurat ausgeführt worden sind. Dies im Hinblick auf Sinn und Zweck solcher Anlagen auf Grund des erkennbaren Bestellerwillens des Auftraggebers (BGH BauR 1981, 577 = NJW 1981, 2801). Erst recht gilt dies, wenn der Auftragnehmer eine explizit vereinbarte Beschaffenheit (nach altem Recht: eine zugesicherte Eigenschaft) nicht eingehalten hat, sogar schuldhaft von ihr abgewichen ist. Auch trifft dies zu, wenn der Auftragnehmer für den Wärmedurchlass von Fenstern und Türen einen bestimmten bei der Ausführung nicht eingehaltenen *k*-Wert zugesichert hat. Schließlich wird die Erreichung eines solchen Wertes für den Auftraggeber für die als ganz wesentlich zu erachtende Wärmedämmung, für das Risiko der Vermeidung von Schwitzwasserbildung über eine längere Frostperiode und nicht zuletzt für das Erreichen geringerer Heizkosten von entscheidender Bedeutung sein (BGHZ 96, 111 = BauR 1986, 93).

41 Auch legt der Auftraggeber im Allgemeinen auf das Erreichen eines gebotenen Schallschutzes besonderen Wert. Dies selbst für den Fall verhältnismäßig geringer Unterschreitung der Mindestanforderungen (OLG München BauR 1985, 453). Anders dann, wenn die Besserung ungewiss ist und der Nacherfüllungsversuch mit ganz erheblichen Kosten verbunden wäre (OLG Köln SFH § 13 Nr. 6 VOB/B Nr. 4). Eine Verbesserung der Trittschalldämmung um 8 dB ist ein keineswegs unbedeutender Vorteil, so dass der Auftragnehmer nicht berechtigt ist, die Nacherfüllung wegen unverhältnismäßigen Aufwandes zu verweigern (OLG Düsseldorf NJW-RR 1994, 341). Entgegen OLG Köln (SFH Z 2.414.2 Bl. 4) kann bei Annahme einer Wertminderung von 30% an der Vergütung nicht mehr von einem »Schönheitsfehler« gesprochen werden (mit Recht Anm. *Hochstein* a.a.O.).

42 Wichtig ist insoweit, dass die mangelfreie Herstellung eines Werkes nicht schon deshalb als »unmöglich« im Sinne einer Unverhältnismäßigkeit der Nacherfüllungskosten anzusehen ist, weil diese mit Schwierigkeiten verbunden ist. Insbesondere fallen Leistungserschwernisse, die von vornherein erkennbar waren, in den Risikobereich des Auftragnehmers (OLG Düsseldorf BauR 1999, 918). Unverhältnismäßigkeit kann somit in erster Linie gerade nicht nach der Relation der Kosten möglicher Nacherfüllungsarten zueinander beurteilt werden. Entschieden wurde dies bei Kosten für das Anbringen von biegeweichen Vorsatzschalen zum Preis von ca. 12.700 DM im Verhältnis zum Durchsägen der Haustrennwände zum Preis von 60.000 bis 80.000 DM (OLG München BauR 1997, 638 = NJW-RR 1997, 1106 = ZfBR 1997, 249).

43 Ebenso kann der Bauherr als Nacherfüllung die Herstellung eines Wintergartens in Leimholz – wie es von Anfang an fachgerecht gewesen wäre – verlangen. Er muss sich nicht mit einer vorgehängten Fensterkonstruktion begnügen (OLG Düsseldorf NJW-RR 1997, 274). **Die Nacherfüllung kann regelmäßig nicht** wegen zu hoher Kosten **verweigert** werden, **wenn die Funktionsfähigkeit eines Werkes spürbar beeinträchtigt ist** (BGH BauR 1996, 858 = NJW 1996, 3269; OLG Köln IBR 2003, 242). Nacherfüllungskosten, die für eine Leistungserbringung außerhalb des »normalen Leistungszusammenhangs« sowie durch Kostensteigerung infolge von Zeitablauf bedingt sind, gehören zum **Erfüllungsrisiko des Unternehmers** und können den Einwand der Unverhältnismäßigkeit regelmäßig nicht rechtfertigen (BGH BauR 1996, 858 = NJW 1996, 3269 = ZfBR 1996, 313). So wurde Unverhältnismäßigkeit bejaht beim Einbau von Straßenbahngleisen mit einer geringeren als der vereinbarten Einfederungstiefe. Dies hat eine nachteilige Körperschallemission für die Anwohner zur Folge, was von der AG durch die über die DIN hinausgehende Einfedertiefe gerade verhindert werden sollte (OLG Karlsruhe IBR 2006, 19).

44 Ein Nacherfüllungsaufwand kann aber dann unverhältnismäßig sein, wenn auch noch nach Beseitigung ein Großteil von Putzunebenheiten weiterhin sichtbar bleiben würde – somit der **erzielte Verbesserungserfolg gering** wäre (OLG Düsseldorf BauR 1999, 404). Gerade im Bereich **optischer Beeinträchtigungen** kann sich der Auftragnehmer oftmals auf § 13 Nr. 6 berufen, d.h., die Beseitigung des Mangels mit der Begründung verweigern, dass der Aufwand in keinem Verhältnis zum Nutzen für den Auftraggeber stehe (BGH BauR 1995, 540; BGH BauR 1996, 858; BGH BauR 1997, 638; OLG Celle BauR 1998, 401). Bei einer vom Sachverständigen festgestellten geringfügigen Kantenaufwölbung kann der Auftragnehmer die Neuherstellung des gesamten Fertigparkettbodens wegen unverhältnismäßigen Aufwandes verweigern. Er muss allerdings den Boden abschleifen und neu versiegeln. Der Auftraggeber kann außerdem wegen des noch verbleibenden Minderwertes des Parkettbodens Schadensersatz bzw. Minderung der Vergütung wegen der nach dem Abschleifen verbleibenden geringeren Nutzschicht und der sich daraus ergebenden geringeren Lebensdauer verlangen (der technische Minderwert wurde in diesem Fall mit 30% des Werklohnes veranschlagt, § 287 ZPO, OLG Düsseldorf BauR 1998, 126 = NJW-RR 1997, 1450).

45 Dabei darf das Gesagte – insbesondere von Auftragnehmerseite – nicht missverstanden werden: Es kommt allein darauf an, wie es sich mit dem Verhältnis des Nacherfüllungsaufwandes zu der damit erzielten Besserung verhält. Dagegen ist eine Beurteilung bloß nach dem Aufwand der Nacherfüllung nicht zulässig. Solange dadurch eine Behebung eines als beachtlich zu bezeichnenden Mangels erreicht wird, kann im Regelfall nicht von einem unverhältnismäßig hohen Aufwand gesprochen werden. Insbesondere, weil Mehrkosten, die der Auftragnehmer schon bei anfänglich ordnungsgemäßer Erfüllung gehabt und zu tragen gehabt hätte, ohnehin außer Betracht zu lassen sind.

46 Daher stellt es kein Beurteilungskriterium dar, ob der Auftragnehmer durch den Aufwand der Nacherfüllung den bei der betreffenden Bauleistung erwarteten Gewinn einbüßt und ob er bei der notwendigen Nacherfüllung – u.U. sogar erheblich – »zuzahlen« muss (daher auch insoweit unzutreffend OLG Köln SFH § 13 Nr. 6 VOB/B Nr. 4, mit zutreffender Anm. von *Hochstein*; wie hier auch *Nicklisch/Weick* § 13 VOB/B Rn. 115; ebenso *Kaiser* Mängelhaftungsrecht Rn. 88). **In keinem Fall ist es beachtlich, ob der Auftragnehmer** durch die Nacherfüllungsarbeiten **in seiner sonstigen betrieblichen Planung,** vor allem im Hinblick auf die Erfüllung seiner Verpflichtungen bei der Ausführung von Bauleistungen für andere Auftraggeber, **beeinträchtigt wird.** Bei der Festlegung des **Nacherfüllungsaufwandes** kommt es auf die Kosten an, die dem **eigentlichen Bereich der Nacherfüllung** zuzuordnen sind; **nicht** zählen dazu die **Folgeschäden.** Zu beachten ist, dass bei der Festlegung der Nacherfüllungskosten auf die heutigen Kosten der Nacherfüllung (z.B. derjenigen im Zeitpunkt der letzten mündlichen Verhandlung) abzustellen ist, nicht auf die Kosten in dem Zeitpunkt, die bei rechtzeitiger vertragsgemäßer Herstellung angefallen wären. **Zwischenzeitlich eingetretene Verteuerungen** müssen insoweit dem Auftragnehmer anzulasten sein. Schließlich hat er diese Entwicklung – auch die zeitliche – verursacht.

47 Es kommt insoweit nur bedingt auf den Zeitpunkt an, in dem die Nacherfüllung geschuldet war (BGH BauR 1995, 540 = NJW 1995, 1836). Dies kann jedoch nicht uneingeschränkt gelten. Auch hier wird zu berücksichtigen sein, welche Ursachen die erst jetzt vorgenommene Nacherfüllung hat. Regelmäßig wird deshalb der Auftraggeber die »**Sowieso-Kosten**« hinzugeben müssen, d.h. die Kosten, die bei vertragsgemäßer Herstellung »ursprünglich« zusätzlich angefallen wären. Dass die Maßnahme erst »jetzt« durchgeführt werden kann, wird im Regelfall allein dem Auftragnehmer anzulasten sein. Deshalb wird er diese zu tragen haben.

48 Bei der Frage nach der Unverhältnismäßigkeit der Aufwendungen sind auch andere Umstände als das reine Wertverhältnis, namentlich der **Grad des Verschuldens, zu berücksichtigen** (BGH BauR 1995, 540 = NJW 1995, 1836; OLG Köln BauR 1990, 733, 734). So kann sich der Auftragnehmer, der den Mangel **grob fahrlässig** herbeigeführt hat, grundsätzlich **nicht auf unverhältnismäßigen Aufwand berufen** (OLG Düsseldorf BauR 1987, 572 = NJW-RR 1987, 1167). Keinesfalls hat der Auftragnehmer die Möglichkeit, die Nacherfüllung wegen unverhältnismäßig hohen Aufwandes zu verweigern, wenn der Mangel darauf beruht, dass er entgegen der vertraglichen Vereinbarung (z.B. anders als nach dem Leistungsverzeichnis) vorsätzlich ein billigeres und minderwertigeres Material benutzt hat (OLG Hamburg MDR 1974, 489). In einem Fall besonders schwerer Vertragsverletzung ist es dem Auftragnehmer überhaupt verwehrt, sich auf die Unzumutbarkeit der von ihm im Wege der Nacherfüllung verlangten vertragsgerechten Leistung zu berufen. Dies lässt sich vor allem auch aus dem in § 639 BGB enthaltenen Rechtsgedanken folgern. Die Beweislast für das Vorliegen des Vorsatzes oder der groben Fahrlässigkeit des Auftragnehmers trifft allerdings den Auftraggeber.

49 Wegen des dem Auftraggeber nach berechtigter Beseitigungsverweigerung des Auftragnehmers noch verbleibenden Schadensersatzanspruches siehe § 13 Nr. 7 VOB/B.

50 Weitere Entscheidungen:

- Unverhältnismäßigkeit verneint: *Beeinträchtigungen der Funktionsfähigkeit des Werkes schließen regelmäßig den Einwand der Unverhältnismäßigkeit aus. Entschieden, als Drainagerohre zu hoch verlegt waren* (OLG Köln, Nichtzulassungsbeschwerde vom BGH zurückgewiesen IBR 2003, 242).
- Unverhältnismäßigkeit verneint: *Der Einwand der Unverhältnismäßigkeit der Nachbesserung ist nur dann gerechtfertigt, wenn einem objektiv geringen Interesse des Bestellers an einer mangelfreien Vertragsleistung – unter Abwägung aller Umstände – ein ganz erheblicher und deshalb vergleichsweise unangemessener Aufwand gegenübersteht, so dass die Forderung auf ordnungsgemäße Vertragserfüllung ein Verstoß gegen Treu und Glauben ist. Der Maßstab für das objektiv berechtigte Interesse des Besteller an einer ordnungsgemäßen Erfüllung, auch durch eine Nachbesserung einer mangelhaft erbrachten Leistung, ist der vereinbarte oder nach dem Vertrag vorausgesetzte Gebrauch des Werkes. Entschieden bezüglich des Nachbesserungsaufwandes bei Verunreinigung einer Garagenfassade. Obwohl nur ein optischer Mangel vorlag, wurde das Nachbesserungsinteresse des Auftraggebers als entscheidend angesehen* (BGH BauR 2002, 613 = NJW-RR 2002, 661 = ZfBR 2002, 345 = IBR 2002, 128; BGH BauR 2006, 377).
- Unverhältnismäßigkeit verneint: *Bei Mängel im Gebäudeabdichtungssystem kann sich der Auftragnehmer nicht auf die Unverhältnismäßigkeit der Mängelbeseitigung stützen* (OLG Schleswig IBR 2002, 406).
- Unverhältnismäßigkeit verneint: *Die nicht ordnungsgemäße vollflächige Verklebung der Abdichtung auf einer Betondecke beeinträchtigt das Funktionsinteresse des Auftraggebers* (OLG Nürnberg, BGH Nichtannahmebeschluss IBR 2001, 607).
- Unverhältnismäßigkeit verneint: *Auch wenn sich der Mangel nur durch eine Totalsanierung (Entfernung der gesamten Verschleißschicht und anschließende Neuaufbringung) mit Unterbrechung*

der Industrieproduktion und Räumung der Industriehalle beheben lässt, kann sich der Auftragnehmer nicht auf die Unverhältnismäßigkeit der Mängelbeseitigung berufen, weil er diesen Mangel mindestens grob fahrlässig herbeigeführt hat (OLG Hamm, BGH Nichtannahmebeschluss IBR 2003, 8). Bei dieser Entscheidung ist zusätzlich zu beachten, dass der Auftragnehmer die geforderte Nachbesserung schließlich verweigert hat. In der Folge hat der Auftraggeber eine Abnahme abgelehnt. Dies führte dazu, dass der **Auftragnehmer keinerlei Werklohn erhalten hat**, nicht einmal einen geminderten.

– *Unverhältnismäßigkeit bejaht: Dem Bauherrn steht wegen Unverhältnismäßigkeit des Nachbesserungsaufwandes kein Kostenvorschuss für Mangelbeseitigung zu, wenn eine Hofflächepflasterung aus Betonsteinen zwar Farbabweichungen außerhalb der Toleranz aufweist, die Funktion der Fläche aber nicht beeinträchtigt wird und der optische Mangel nur durch eine vollständige Neuverlegung behoben werden könnte* (OLG Celle IBR 2003, 15).

– *Unverhältnismäßigkeit bejaht: Auch bei nicht verschlossenen Aussparungen der Bodenplatte kann sich der Auftragnehmer auf die Unverhältnismäßigkeit der Mängelbeseitigung stützen* (OLG Celle IBR 2003, 14 – nicht rechtskräftig).

– *Nachbesserungskosten i.H.v. ca. 30.000 € zur Beseitigung von Unebenheiten im Fußboden bei einem Hauserwerbspreis von 599.000 DM stellen keine unverhältnismäßigen Kosten dar, wenn eine Beeinträchtigung der Nutzbarkeit und ein Verschulden des Unternehmers vorliegen. Auch die damit verbundenen Ausquartierungskosten (Hotel) sind akzeptabel* (OLG Schleswig Urt. v. 7.7.2005, BGH Nichtzulassungsbeschwerde zurückgewiesen IBR 2006, 86).

– *1. Birgt die Mangelhaftigkeit eines Straßenbelags das Risiko einer nachhaltigen Funktionsbeeinträchtigung, besteht grundsätzlich ein objektiv berechtigtes Interesse des Auftraggebers an der Mängelbeseitigung.*
2. Etwas anderes kann gelten, wenn der Auftragnehmer nachweist, dass sich dieses Risiko aller Voraussicht nach nicht vor einem Zeitpunkt verwirklichen wird, der kurz vor dem Ende der üblichen Nutzungsdauer liegt (BGH Urt. v. 10.11.2005; BauR 2006, 382; gegenteilig entschieden, als zu sanierende Wandpaneelen weder die Standfestigkeit noch die Langlebigkeit eines Gebäudes beeinträchtigten, OLG Celle Urt. v. 19.5.2005 IBR 2006, 132).

– *Eine ordnungsgemäße Mangelbeseitigung eines mit Schimmelpilz befallenen Dachstuhls liegt nicht vor, wenn dessen Holzgebälk nach Vornahme der Arbeiten weiterhin mit Schimmelpilzsporen behaftet ist. Dies gilt auch dann, wenn von diesen keine Gesundheitsgefahren für die Bewohner des Gebäudes ausgehen* – so der amtliche Leitsatz des BGH (Urt. v. 29.6.2006 IBR 2006, 487). Als Folge kann sich der AN nicht auf eine Unverhältnismäßigkeit der Nachbesserung berufen (der Sachverständige war von einem Restrisiko von 10% ausgegangen).

– *Keine Unverhältnismäßigkeit, wenn der AG auf einer Ersetzung der Betondachsteine durch die geschuldeten Tondachziegeln besteht, weil er aus ökologischen Gründen darauf besonderen Wert legt. Es soll dann unerheblich sein, ob Betondachsteine Tondachziegeln gleichwertig sind oder nicht* (OLG Celle Urt. v. 27.2.2003 IBR 2003, 352).

– *Der AN kann die Nacherfüllung verweigern, wenn diese ohne bauseitige Vorleistung nicht zum Erfolg führen kann – Betonsanierung ohne vom AG geschuldeten Arbeiten am Untergrund* (OLG Düsseldorf BauR 2004, 99).

b) Erklärung der Verweigerung

Die dritte Möglichkeit der Minderung setzt **außerdem voraus**, dass der **Auftragnehmer** wegen des unverhältnismäßig hohen Beseitigungsaufwandes die **Nacherfüllung verweigert**. Hierzu bedarf es einer eindeutig darauf abgestellten und insoweit näher begründeten ausdrücklichen Erklärung des Auftragnehmers gegenüber dem Auftraggeber (ebenso OLG Düsseldorf BauR 1987, 572 = NJW-RR 1987, 1167). **Maßgebend** ist daher allein die **Erklärung des nacherfüllungspflichtigen Auftragnehmers, nicht** dagegen eines Dritten; beispielsweise des Pfändungsgläubigers, der den Vergütungsanspruch des Auftragnehmers gepfändet hat und sich hat überweisen lassen (OLG Köln SFH § 641 BGB Nr. 2).

52 Die Ablehnung bedarf zu ihrer Wirksamkeit **keiner besonderen Form**, sie kann **auch mündlich** erklärt werden. Es ist dem Auftragnehmer jedoch aus Beweisgründen anzuraten, die Schriftform zu wählen.

53 Der Auftragnehmer muss im Einzelnen die **Tatsachen angeben**, aus denen er den **unverhältnismäßig hohen Aufwand** der Nacherfüllung **herleitet**. Weiterhin muss die Erklärung die klare Willensäußerung des Auftragnehmers enthalten, dass er aus diesem Grund die Nacherfüllung ablehnt. Ein ursächlicher Zusammenhang zwischen diesen Tatsachen und der hierauf beruhenden Weigerungserklärung ist notwendig. Ist dieser nicht gegeben, verweigert der Auftragnehmer insbesondere aus einem anderen Grund die Nacherfüllung, ist Nr. 6 nicht erfüllt. Den **Auftragnehmer trifft** hinsichtlich der Gründe, die er zur Verweigerung der Nacherfüllung anführt, die **Darlegungs- und Beweislast** (nunmehr auch *Nicklisch/Weick* § 13 VOB/B Rn. 186; *Kleine-Möller/Merl* § 12 Rn. 423; a.A. *Werner/Pastor* Rn. 1716; *Heiermann/Riedl/Rusam* § 13 VOB/B Rn. 163b gehen wohl davon aus, dass zunächst der Auftragnehmer seine Pflicht zu bestreiten hat und daraufhin der Auftraggeber das Gegenteil zu beweisen hat). Ein Ausschluss des § 635 Abs. 3 BGB bzw. der hier erörterten Regelung der VOB/B in AGB dahin gehend, dass der Auftragnehmer auch in solchen Fällen zur Nacherfüllung verpflichtet sei, dürfte gegen § 307 BGB (§ 9 AGB-Gesetz a.F.) verstoßen.

IV. Minderungserklärung

54 Entsprechend § 638 BGB ist die Minderung nun auch in der VOB/B 2002 als Gestaltungsrecht ausformuliert. Sie ist eine einseitige empfangsbedürftige Willenserklärung. Die Minderung ist daher mit Zugang (§ 130 BGB) der Minderungserklärung beim Unternehmer um den berechtigten Betrag gemindert. Einer weiteren Handlung bedarf es nicht mehr. Als **Gestaltungsrecht** ist die Minderungserklärung **bedingungsfeindlich** und **unwiderruflich** (*Palandt/Sprau* § 638 BGB Rn. 3).

V. Minderung

1. Verweisung auf § 638 BGB

55 Zur Durchführung der Minderung enthalten die Allgemeinen Vertragsbedingungen in Nr. 6 keine besondere Regelung. Vielmehr verweisen sie am Ende von Nr. 6 auf § 638 BGB. Dieser Verweis erscheint zunächst überflüssig, hat jedoch deshalb eine Berechtigung, weil in § 638 Abs. 2 bis 4 BGB Regelungen enthalten sind, die in Nr. 6 nicht aufgeführt sind. Die explizit erklärte Anwendbarkeit dieser Vorschriften dient der Rechtsklarheit.

2. Berechnung der Minderung

56 In **§ 638 Abs. 3 BGB** sind die Grundsätze für die Berechnung der Minderung dargestellt. Hiernach ist die Vergütung in dem Verhältnis herabzusetzen, in dem **zur Zeit des Vertragsabschlusses** der Wert der Bauleistung in dem vorauszusetzenden ordnungsgemäßen Zustand zu dem späteren wirklichen, verminderten Wert steht.

57 Vor der Einführung des Schuldrechtsmodernisierungsgesetzes wurde in Nr. 6 VOB/B 2000 auf § 634 Abs. 4 i.V.m. § 472 BGB a.F. verwiesen. Zu diesen Bestimmungen war es herrschende Meinung, dass es für den Zeitpunkt der Berechnung der Minderung auf die Abnahme ankomme. Dies war für den Bauvertrag sicherlich auch sachgerechter. In der 14. Auflage des hiesigen Kommentars hieß es daher zu Recht:

Minderung § 13 Nr. 6 VOB/B

»Dies (Berechnungszeitpunkt: Vertragsschluss) gilt aber nicht für den Bauvertrag, insbesondere nicht für 58
den nach der VOB/B ausgerichteten. Der BGH (BGHZ 58, 181 = BauR 1972, 242 = NJW 1972, 821) hat
dies zutreffend hervorgehoben, da die dem Bereich des Kaufvertragsrechts zugehörige Vorschrift des
§ 472 BGB a.F. nicht die folgenden Besonderheiten berücksichtigt:

Unter Beachtung der Regelung in § 13 Nr. 1 VOB/B ist für § 472 BGB bei der Minderung die vereinbarte 59
Vergütung in dem Verhältnis herabzusetzen, in dem der Wert der mangelfreien Leistung zum Wert der
mangelhaften nicht bei Vertragsabschluss (›Ziel des Verkaufs‹), sondern bei der Abnahme steht (BGH
a.a.O.; so auch BGHZ 42, 232, 234 = NJW 1965, 152; ebenso Nicklisch/Weick § 13 VOB/B Rn. 208;
Kaiser Mängelhaftungsrecht Rn. 90). Hier kommt es anders als beim Kauf auf den Zeitpunkt der Abnahme an, da der Auftragnehmer beim Bauvertrag erst einen Wert schafft. Das von ihm herzustellende
Werk besteht bei Abschluss des Bauvertrages noch nicht. Deshalb ist für die Minderung zunächst festzustellen, welchen Wert die Leistung im Zeitpunkt der Abnahme im mangelfreien Zustand gehabt hätte.
Deckt sich dieser mit dem für die Leistung gezahlten oder zu zahlenden Werklohn, so kann die Minderung dadurch vollzogen werden, dass von der Vergütung lediglich der Betrag abgezogen wird, der erforderlich ist, um die bei der Abnahme vorhandenen Mängel zu beseitigen (so auch BGH LM § 472 BGB
Nrn. 1 und 4).

In der Relation ›Wert der mangelfreien Leistung : Wert der mangelhaften Leistung = Werklohn : x‹ sind 60
dann die Teile ›Wert der mangelfreien Leistung‹ und ›Werklohn‹ gleich groß. Deckt sich der Wert der
mangelfreien Leistung nicht mit dem Werklohn, ist der Werklohn nach dem in § 472 BGB angegebenen
Verhältnis des vollen zum geminderten Wert herabzusetzen. Dann muss auch der Wert der Leistung in
ihrem mangelhaften Zustand ermittelt werden. Letzteres gilt für jene Fälle, in denen die Minderung darauf beruht, dass der Auftragnehmer mit Recht die Mangelbeseitigung wegen unverhältnismäßigen Aufwandes verweigert hat oder Unmöglichkeit der Mangelbeseitigung gegeben ist (so auch Nicklisch/Weick
§ 13 VOB/B Rn. 209; OLG Düsseldorf BauR 1993, 733; OLG Köln NJW-RR 1994, 1431). Etwas anderes
gilt, wenn sich eine angemessene Ersatzlösung und deren Kosten feststellen lassen, wie z.B. durch Tieferlegung eines als solchen nicht mangelhaften Fußbodens (BGHZ 90, 354 = BauR 1984, 401; zu diesen
Fragen auch Cuypers BauR 1993, 541, jedoch rechtstheoretisch angreifbar, vor allem aber für die Handhabung in der Praxis viel zu kompliziert).«

Aufgrund der neuen **werkvertraglichen** Regelung des § 638 Abs. 3 BGB, bei der explizit auf den Vertragsschluss abgestellt wird, ist es nicht mehr möglich, eine sinnvolle Korrektur vorzunehmen. Dies 61
wäre gegen das Gesetz. Auch hier zeigt sich wieder, dass der »Gesetzgeber« für die Schuldrechtsreform sich auch im Werkvertragsrecht von kaufrechtlichen Gesichtspunkten hat leiten lassen,
ohne wohl deren ganze Tragweite zu erkennen. Eine anderslautende vertragliche Regelung bietet
sich an.

Der Minderwert einer Bauleistung drückt sich regelmäßig in dem Geldbetrag aus, der aufgewendet 62
werden muss, um die bei der Abnahme vorhandenen Mängel zu beseitigen (OLG Frankfurt BauR
2004, 1348; ebenfalls zur Frage der Berechnung der Minderung, insbesondere durch Sachverständige, *Aurnhammer* BauR 1978, 356. Zu den theoretischen Grundlagen für die Wertermittlung durch
Sachverständige *Aurnhammer* BauR 1981, 139. Über die Ermittlung von Minderwerten mangelhaft
erstellter Wohnungen und Wohngebäude *Kamphausen*, BlGBW 1983, 1. Speziell zur Minderwertberechnung bei unzureichendem Wärmeschutz beachtlich *Mantscheff* BauR 1982, 435; BGH NJW-RR
1997, 688). Darüber hinaus kann auch ein nach der Nacherfüllung verbleibender verkehrsmäßiger
(merkantiler) Minderwert berücksichtigt werden (OLG Köln SFH § 13 Nr. 6 VOB/B Nr. 4; OLG
Hamm BauR 1989, 735 = NJW-RR 1989, 602 im Falle mangelhafter Schalldämmung; zur Berechnung der Minderung bei Schallschutzmängeln, vor allem auch m. Hinblick a. § 287 Abs. 2 ZPO,
LG München I SFH § 13 Nr. 6 VOB/B Nr. 5. – a.A. *Kamphausen* [Zielbaummethode] BauR 1995,
343, 349). Neben einer Minderung für einen technischen Minderwert kann der Auftraggeber für
einen merkantilen Minderwert Minderung erhalten, wenn die vertragswidrige Ausführung eine verringerte Verwertbarkeit zur Folge hat, weil die maßgeblichen Verkehrskreise ein im Vergleich zur ver-

tragsgemäßen Ausführung geringeres Vertrauen in die Qualität des Gebäudes haben (BGH BauR 2003, 533). **Erst recht** kommt es auf den **verkehrsmäßigen Minderwert** an, wenn die Nacherfüllung wegen unverhältnismäßigen Aufwandes oder Unmöglichkeit unterbleibt. Zwar ist das Minderungsrecht kein Schadensersatzanspruch, und er darf deshalb auch nicht wie ein solcher berechnet werden. Aber zu den Kosten der Nacherfüllung, sofern es darauf bei der Minderung ankommt, zählt alles, was notwendigerweise erforderlich ist, um die Mängel zu beheben. Deshalb gehören auch etwa notwendige Abbruchkosten dazu, was bei der Berechnung der Minderung mit einzubeziehen ist. Für die Festlegung eines verkehrsmäßigen Minderwertes kann im Einzelfall für dessen Bemessung von den Kosten der Erstellung der betreffenden Leistung ausgegangen und daraus das Verhältnis der Minderung berechnet werden (dazu OLG Düsseldorf NJW-RR 1994, 342).

63 Zu beachten ist aber, dass die **Berechnung der Minderung** anhand der **Mängelbeseitigungskosten nicht** in Betracht kommt, wenn die Nachbesserung unmöglich ist oder unverhältnismäßig ist (BGH BauR 2003, 533). Ist der Nachbesserungsaufwand unverhältnismäßig, beschränkt sich die Minderung auf die Höhe der durch die mangelhafte Ausführung eingesparten Kosten (OLG Stuttgart Urt. v. 31.3.2004, BGH Nichtzulassungsbeschwerde zurückgewiesen IBR, 2005, 674). Das Gericht kann in diesem Fall auch den Minderwert als Schaden nach § 287 ZPO aufgrund einer **Nutzwertanalyse schätzen** (OLG Zweibrücken Urt. v. 25.4.2005, BGH Nichtzulassungsbeschwerde zurückgewiesen IBR 2006, 1102).

64 Besteht der Mangel darin, dass ein zu errichtendes Haus oder eine zu erstellende Wohnung eine kleinere Wohnfläche als vertraglich vereinbart aufweist, so ist bei der Berechnung des Minderwertes der Wert der vereinbarten Wohnfläche zum Wert der verringerten Wohnfläche ins Verhältnis zu setzen. Dabei kommt es für die Berechnung entweder auf die Gesamtquadratmeterzahl der Wohnfläche oder aber die Kubikmeter umbauten Raumes an, nicht aber auf die unterschiedlichen Quadratmeterzahlen der einzelnen Geschosse (OLG Düsseldorf NJW 1981, 1455 = Betrieb 1981, 1038 = BauR 1981, 475). Dabei ist darauf hinzuweisen, dass der Begriff »Wohnfläche« auslegungsbedürftig ist. Die Gerichte gehen davon aus, dass es der Verkehrsauffassung entspreche, dass die Wohnungsgröße in Anlehnung an die **DIN 283** und die **II. Berechnungsverordnung** ermittelt und dementsprechend verstanden wird (OLG Celle BauR 1998, 805). Soweit sich im Hinblick auf die Berechnung der Minderung aus dem Parteivertrag keine anderen geeigneten Anhaltspunkte für die Gebäudewerte mit vereinbarter und mit tatsächlich hergestellter Fläche ergeben, kann als Richtgröße der Quadratmeterpreis herangezogen werden, der sich aus dem Werklohn und der Wohnfläche ergibt (OLG Celle NJW-RR 1999, 816). Dabei muss allerdings berücksichtigt werden, dass nicht alle Teile des Kaufpreises der Wohnflächenberechnung zugeordnet sind (z.B. Miteigentumsanteile am Grundstück einschließlich der Gemeinschaftsräume; OLG Celle BauR 1998, 805).

65 Verwendet der Auftragnehmer im Vergleich zur geschuldeten Ausführung **minderwertiges Material**, dann ist die Vergütung des Auftragnehmers um den Anteil zu vermindern, der der Differenz zwischen erbrachter und geschuldeter Ausführung entspricht (BGH BauR 2003, 533).

66 Ist die vom betreffenden Bauvertrag erfasste Bauleistung völlig wertlos und kommt Minderung in Betracht (auch OLG Köln SFH § 634 BGB Nr. 21 = NJW-RR 1993, 666 im Falle des völligen Misslingens einer im Wesentlichen auf die Ästhetik zielenden Restaurierung einer älteren Hausfassade), kann der Auftraggeber vom Auftragnehmer die Herausgabe der gesamten Vergütung verlangen. Entsprechend entfällt seine Verpflichtung zur Zahlung der Vergütung, soweit er diese noch nicht geleistet hat (BGHZ 42, 232 = NJW 1965, 152; auch OLG Düsseldorf BauR 1994, 762 = SFH § 9 AGBG Nr. 61). Außerdem kann er im Wege des Schadensersatzes nach § 13 Nr. 7 VOB/B die **Beseitigung** bzw. Wegnahme der **untauglichen Leistung** durchsetzen (OLG Nürnberg NJW-RR 1993, 1300 für den Fall der Unbrauchbarkeit der erbrachten Leistung wegen Nichtbewohnbarkeit eines Fertighauses aufgrund zu hoher Formaldehydkonzentration).

Minderung § 13 Nr. 6 VOB/B

Entscheidungen:

– Die Berechnung der Minderung nach Mängelbeseitigungskosten kommt nicht in Betracht, wenn die **67** Nachbesserung unmöglich oder unverhältnismäßig ist. Verwendet der Auftragnehmer im Vergleich zur geschuldeten Ausführung minderwertiges Material, dann ist die Vergütung des Auftragnehmers um den Vergütungsanteil zu mindern, der der Differenz zwischen der Erbrachten und der geschuldeten Ausführung entspricht. Der Auftraggeber kann Minderung für einen technischen Minderwert verlangen, der durch die vertragswidrige Ausführung im Vergleich zur geschuldeten verursacht worden ist. Neben einer Minderung für einen technischen Minderwert kann der Auftraggeber für einen merkantilen Minderwert Minderung verlangen, wenn die vertragswidrige Ausführung eine verringerte Verwertbarkeit zur Folge hat, weil die maßgeblichen Verkehrskreise einen im Vergleich zur vertragsgemäßen Ausführung geringeres Vertrauen in die Qualität des Gebäudes haben (BGH BauR 2003, 533 = NJW 2003, 1188 = NZBau 2003, 214 = ZfBR 2003, 356).

– Der Anspruch auf Zahlung des Werklohnes geht unter, soweit dem Auftraggeber dagegen ein Anspruch **68** auf Minderung wegen gravierender Mängel in der Abdichtung eines Gebäudes gegen Bodenfeuchtigkeit zusteht (OLG Celle IBR 2002, 408).

– Werden Fenster von einem Tischler in ein (hier: denkmalgeschütztes) Gebäude optisch mangelhaft **69** eingebaut, dann kann sich hieraus auch ein merkantiler Minderwert ergeben (OLG Dresden, BGH Nichtannahmebeschluss IBR 2000, 497).

3. Teilweise Geltendmachung des Vergütungsanspruchs und Abtretung

Macht der Auftragnehmer nur einen Teil seines Vergütungsanspruches geltend, so betrifft die Minderung des Auftraggebers die gesamte Werklohnforderung des Auftragnehmers. Diese wird nach § 638 Abs. 3 BGB insgesamt auf einen niedrigeren Betrag herabgesetzt. Der Minderungsbetrag ist von dem letztrangigen Teil der Werklohnforderung abzurechnen. Daher kann der Auftraggeber nicht verlangen, dass seine Minderung gerade auf den eingeklagten Werklohnteil einwirkt (BGHZ 56, 312 = BauR 1971, 260 = NJW 1971, 1800). **70**

Hat der Auftragnehmer seinen Vergütungsanspruch nur teilweise an einen Dritten **abgetreten** und **71** den Rest der Forderung behalten, haben beide Forderungsteile (der abgetretene und der verbliebene) grundsätzlich gleichen Rang. Allerdings könnte der Auftraggeber nach seiner Wahl an einen Gläubiger mit der Bestimmung zahlen, dass dessen Teilforderung in voller Höhe des gezahlten Betrages getilgt werde. Dagegen kann der von einem gleichberechtigten Teilgläubiger auf Zahlung in Anspruch genommene minderungsberechtigte Auftraggeber nicht diesem Gläubiger allein die volle Minderung entgegensetzen. Vielmehr kann er die **Minderung** grundsätzlich nur **gegenüber jeder der Teilforderungen im Verhältnis ihrer Höhe** verlangen. Dies gebietet die nach Treu und Glauben erforderliche Rücksichtnahme auf die gleichberechtigten Gläubiger (den Auftragnehmer und den Dritten), die dahin geht, dass jede **Teilforderung nur verhältnismäßig gemindert** wird (BGHZ 46, 242 = SFH Z 2.414 Bl. 171 = NJW 1967, 388).

4. Minderung bei Pauschalverträgen

Wesentlich für Bauverträge war die Sonderregelung in § 472 Abs. 2 BGB a.F. Sie traf insbesondere für **72** Pauschalverträge zu. Ist ein Gesamtpreis (Pauschale) für mehrere Leistungsteile vereinbart worden und sind nur einzelne Teile mangelhaft, ist bei der Berechnung der Minderung nicht der Einzelpreis oder der Einzelwert (insoweit der ermittelte Einheitspreis) der mangelhaften Leistungsteile zu berücksichtigen. Bei der Herabsetzung des Preises muss der Gesamtwert aller Leistungsteile zugrunde gelegt werden. Hiernach stehen sich der Gesamtwert der Leistung ohne Mängel einerseits und der Gesamtwert der Leistung mit den Mängeln andererseits als Rechnungsposten gegenüber. Diese Berechnungsmethode gilt auch nach Abschaffung des § 472 Abs. 2 BGB a.F. Sie ergibt sich durch Auslegung.

5. Minderung bei anderer Vergütung als Geld

73 Sind andere Leistungen als Geld als Vergütung vereinbart, sind die anderen Gegenleistungen bei der Berechnung der Minderung in Geld zu veranschlagen, wobei der Zeitpunkt des Abschlusses des Bauvertrages maßgebend ist. Die Herabsetzung der Gegenleistung des Auftraggebers erfolgt an dem dafür in Geld festgesetzten Preis. Wenn dieser geringer ist als der durch Minderung von der Vergütung abzusetzende Betrag, muss der Auftragnehmer dem Auftraggeber den überschießenden Betrag herausgeben.

6. Minderung bei mehreren Beteiligten

74 Sind auf der Seite des Bestellers oder des Unternehmers mehrere beteiligt, kann gemäß § 638 Abs. 2 BGB die Minderung nur von allen und gegenüber allen erklärt werden. Die Minderung ist im **Mehrpersonenverhältnis** also **unteilbar**. Sie wird daher in diesen Fällen erst wirksam, wenn sie dem letzten Erklärungsempfänger zugeht (*Palandt/Putzo* § 441 BGB Rn. 11).

7. Minderung bei mehreren Mängeln

75 § 475 BGB a.F. besagte, dass durch die wegen eines Mangels erfolgte Minderung das Recht des Auftraggebers, wegen eines anderen Mangels von neuem Minderung zu verlangen, nicht ausgeschlossen wird. Voraussetzung ist dabei, dass es sich um einen anderen Leistungsmangel als denjenigen handelt, für den bereits die Minderung erfolgt ist. Für die **Berechnung der weiteren Minderung** gilt als Wert der mangelfreien Leistung der Wert der mangelhaften Leistung aus der früheren Minderungsberechnung und als vereinbarte Vergütung die bei der vorangegangenen Minderung berechnete mindere Vergütung. Diese Aussagen gelten auch nach Abschaffung des § 475 BGB a.F. als allgemeine Rechtsgrundsätze weiter.

8. Minderung bei Pflichtverletzung durch Erfüllungsgehilfen

76 Soweit der Auftraggeber die Aufgabe hat, dem Auftragnehmer Pläne und Unterlagen zur Verfügung zu stellen (§ 3 Nr. 1 VOB/B), ist der damit vom Auftraggeber beauftragte Architekt sein Erfüllungsgehilfe. Der Auftraggeber muss sich ein etwaiges Verschulden des Architekten als Mitverschulden anrechnen lassen. Für den Bereich der Minderung folgt dies aus § 242 BGB (BGH Betrieb 1961, 569; dazu LG Mönchengladbach VersR 1971, 187). Insgesamt gelten die gleichen Grundsätze wie beim Nacherfüllungs- und Schadensersatzanspruch.

VI. Verhältnis der Minderung nach Nr. 6 zu § 638 BGB

77 Im Rahmen des **gesetzlichen Werkvertragsrechts** sind die **Möglichkeiten für** den Auftraggeber, **eine Minderung durchzusetzen**, deutlich **einfacher** als im Bereich der VOB/B. Dies ergibt sich aus einer Gegenüberstellung der §§ 634, 638 BGB mit § 13 Nr. 6 VOB/B (dazu OLG Bamberg NJW-RR 1988, 1049). Nach dem Gesetz (§ 634 Nr. 3 BGB) ist ein Minderungsrecht schon gegeben, wenn der Besteller dem Unternehmer eine Frist zur Nacherfüllung gesetzt hat und diese fruchtlos verstrichen ist. Der Grund, warum der Auftragnehmer die Nacherfüllung nicht vornimmt, spielt dann im Gegensatz zu Nr. 6 keine Rolle. Im Gegensatz dazu benennt Nr. 6 die drei oben dargestellten einschränkenden Voraussetzungen.

Minderung § 13 Nr. 6 VOB/B

VII. Rückzahlungsanspruch des AG bei Überzahlung nach § 638 Abs. 4 BGB

Durch das Schuldrechtsmodernisierungsgesetz wurde § 638 Abs. 4 BGB neu eingefügt. Danach hat der Besteller einen **vertraglichen Rückzahlungsanspruch** (§ 346 Abs. 1 BGB) einschließlich Zinsen (§ 347 Abs. 1 BGB) gegen den Unternehmer, wenn er Zahlungen an den Unternehmer geleistet hat, die den Minderungsbetrag übersteigen. § 346 Abs. 1 BGB und § 347 Abs. 1 BGB werden in § 638 Abs. 4 S. 2 BGB ausdrücklich für anwendbar erklärt. Nach altem Recht war umstritten, ob ein Rückzahlungsanspruch aus ungerechtfertigter Bereicherung oder Geschäftsführung ohne Auftrag bestand. Dieser Streit ist nun entschieden. Gewährt wird ein eigener vertraglicher Anspruch, dem kaum Einwände entgegengesetzt werden können. Die Rechte des Auftraggebers/Bestellers wurden hier deutlich verbessert. 78

Da die VOB/B in diesem Punkt keine eigene Regelung trifft, gilt § 638 Abs. 4 BGB auch hier. 79

VIII. Grundsätzlich kein Rücktritt beim VOB/B-Bauvertrag

Im gesetzlichen Werkvertragsrecht bestand bis zur Schuldrechtsreform als wahlweises Mängelrecht neben der Minderung das Recht zur Wandelung (§ 634 Abs. 1 BGB a.F.). Seit dem 1.1.2002 gibt es dieses Wandelungsrecht nicht mehr. Stattdessen ist das Rücktrittsrecht »in vorderste Linie« gerückt. § 634 Nr. 3 BGB zeigt dies. Problematisch hieran war für den Bauvertrag immer schon, dass eine Wandelung mit der Folge einer vollständigen Rückgängigmachung des abgeschlossenen Vertrages in Bezug auf die erbrachten Bauleistungen praxisfremd war. Wie sollte der Rohbauer, der zwei Stockwerke betoniert hatte, eine Rückabwicklung vornehmen? (Dies für den BGB-Werkvertrag bejahend OLG Bremen IBR 2006, 196, dort im Fall eines Wintergartens). Insbesondere, wie sollte er den ursprünglichen Zustand wieder herstellen? Aus diesem Grunde hatte die VOB/B die Wandelung niemals in ihr **Mangelsystem** aufgenommen. 80

Gleiches wiederholt sich nun bezüglich des Rücktrittsrechts. Auch dieses lehnt die VOB/B ab. Begründet wird dies damit, dass auch der Rücktritt eine vollständige Rückabwicklung fordert – die wiederum bei Bauleistungen nicht praktikabel ist. Dem ist sicherlich zuzustimmen. Der Vergabe- und Vertragsausschuss geht dabei soweit, aus der fehlenden Auflistung des Rücktrittsrechts in der VOB/B 2002 einen **konkludenten Ausschluss** des Rücktrittsrechts zu sehen (*Kratzenberg* NZBau 2002, 177, 183). Ob diese Begründung haltbar ist, mag dahinstehen. Es erscheint sehr weitgehend, ein vom BGB gegebenes elementares Mangelfolgenrecht als konkludent ausgeschlossen zu sehen. Hier hätte sich sicherlich eine ausdrückliche Regelung angeboten. Möglich soll die (auch nachträgliche) Vereinbarung einer Wandlung mit der Folge sein, dass die Bestimmungen der §§ 346 ff. BGB zur Anwendung kommen (OLG Koblenz IBR 2005, 145). 81

Im Ergebnis ändert dies jedoch nichts daran, dass sich für den Bauvertrag auch das Rücktrittsrecht nicht eignet (hierzu *Werner/Pastor* Rn. 1701). Das BGB muss dies anders sehen. Dies vor dem Hintergrund, dass das Werkvertragsrecht des Bürgerlichen Gesetzbuches jegliche Art von Werkverträgen abdecken muss. Die VOB/B hat sich dagegen »nur« mit Bauleistungen zu befassen. Dies ist im Übrigen nicht zuletzt wiederum ein Argument dafür, dass es im deutschen privaten Baurecht ohne ein eigenes privates Baurecht »praktisch nicht geht.« 82

Der BGH hatte diese Aussagen in der Vergangenheit, was die Wandelung betraf, als zweifelhaft bezeichnet (BGH Urt. v. 29.5.1961 VII ZR 84/60). In der angesprochenen Entscheidung musste er die Frage jedoch nicht entscheiden (BGH Urt. v. 29.5.1961 VII ZR 84/60). Auch in Folgefällen konnte er die Frage offen lassen (BGHZ 42, 232 = NJW 1965, 152 = SFH Z 2.414 Bl. 136 sowie BGHZ 51, 275 = NJW 1969, 653 = SFH Z 2.413 Bl. 37). Zur Begründung der hier vorgetragenen Auffassung ist als Argument aus der VOB/B anzuführen, dass die berechtigten Belange des Auftraggebers durch die anderen Institute ausreichend gewahrt sind. Zu nennen ist der Nacherfüllungsanspruch nach Nr. 5, 83 das Minderungsrecht nach Nr. 6, sowie bezüglich des dadurch etwa noch nicht ausgeglichen Schadens die Regelung nach Nr. 7 (so u.a. auch *Kaiser* a.a.O.; *Nicklisch/Weick* Vor § 13 VOB/B Rn. 17).

84 Auch das AGB-Recht verbietet den Ausschluss des Rücktritts nicht. Dies folgt aus § 309 Nr. 8b) bb) BGB (§ 11 Nr. 10b AGBG a.F.).

85 Dagegen ist beim **Bauträgervertrag** ein Rücktritt durchaus denkbar (nach dem OLG Hamm kann die Wandelung in einem Bauträgervertrag wegen § 11 Nr. 10b AGBG nicht wirksam ausgeschlossen werden NJW-RR 1998, 1031). Anders als beim »normalen« Bauvertrag ist hier das Objekt **nicht personenbezogen** zu sehen. So kann es nach dem Rücktritt wieder auf einen Dritten übertragen (veräußert) werden. Im Gegensatz dazu ist beim üblichen Bauvertrag das Objekt an die Person des Auftraggebers gebunden (vgl. auch *Locher/Koeble* Rn. 205; *Koeble* FS Soergel S. 125, 127 hinsichtlich Mängeln am Gemeinschaftseigentum). Bei Bauträgerverträgen ist der Ausschluss des Rücktritts wohl nicht zulässig, weil § 309 Nr. 8b) bb) BGB (§ 11 Nr. 10b AGBG a.F.) nur bei reinen Bauverträgen gilt. Der Bauträgervertrag enthält aber auch kaufrechtliche Elemente. Der Erwerber würde ansonsten unangemessen benachteiligt.

86 Allerdings gibt es auch beim üblichen Bauvertrag Rechtsfolgen, die sich in ihrer Auswirkung weitgehend dem Rücktritt annähern. Das gilt z.B. für den Fall der von der VOB/B ausdrücklich zugelassenen Minderung bei völliger Untauglichkeit der Leistung des Auftragnehmers. Hier muss der Auftraggeber keine Vergütung entrichten, bzw. er kann die bereits gezahlte Vergütung vom Auftragnehmer zurück verlangen. Insoweit bestehen aber auch nicht die Bedenken, die gegen einen Rücktritt sprechen. Die Begründung liegt darin, dass der Auftraggeber durch die völlige Fehlleistung des Auftragnehmers keinerlei wirtschaftlich bedeutsamen Wert erhalten hat, der – wie im Falle der Rückgewähr beim Rücktritt – der Zerstörung unterliegen würde. Hieraus könnte man folgern, dass in einem solchen Fall auch für den VOB/B-Bauvertrag der Rücktritt zugelassen werden könnte. Abgesehen davon, dass die VOB/B den Rücktritt nicht vorsieht, ist fraglich, ob hierfür tatsächlich ein Bedürfnis besteht. Das OLG Hamm hat allerdings noch zur früheren Wandlung die VOB/B als abschlossenes Gewährleistungssystem betrachtet und die Wandlung (nunmehr Rücktritt) als systemfremd abgelehnt (OLG Hamm Urt. v. 15.1.2004 IBR 2005, 196). Ebenso grundsätzlich das OLG Düsseldorf (IBR 2006, 325), das aber bei Vorliegen der Voraussetzungen des § 13 Nr. 7 im Rahmen des »großen« Schadensersatzes eine Rückabwicklung des Vertrags zulässt. Zulässig auch bei entsprechender Vereinbarung der Parteien, die auch noch nachträglich erfolgen kann (OLG Koblenz BauR 2005, 154).

87 Gemäß § 280 BGB sind die für eine **Rücktrittserklärung** entstandenen **Anwaltskosten** dem Auftraggeber als Schadensersatz zu ersetzen. Dies gilt beim VOB/B-Vertrag für die Minderung nach § 13 Nr. 6 VOB/B sowie den Schadensersatz nach § 13 Nr. 7 VOB/B entsprechend. Dies muss folgerichtig auch für die Kosten des Gutachtens zur Feststellung von Mängeln zutreffen, auf die sich die spätere Rücktritterklärung stützt.

§ 13 Nr. 7
[Schadensersatz]

(1) Der Auftragnehmer haftet bei schuldhaft verursachten Mängeln für Schäden aus der Verletzung des Lebens, des Körpers oder der Gesundheit.

(2) Bei vorsätzlich oder grob fahrlässig verursachten Mängeln haftet er für alle Schäden.

(3) Im Übrigen ist dem Auftraggeber der Schaden an der baulichen Anlage zu ersetzen, zu deren Herstellung, Instandhaltung oder Änderung die Leistung dient, wenn ein wesentlicher Mangel vorliegt, der die Gebrauchsfähigkeit erheblich beeinträchtigt und auf ein Verschulden des Auf-

tragnehmers zurückzuführen ist. Einen darüber hinausgehenden Schaden hat der Auftragnehmer nur dann zu ersetzen,
a) wenn der Mangel auf einem Verstoß gegen die anerkannten Regeln der Technik beruht,
b) wenn der Mangel in dem Fehlen einer vertraglich vereinbarten Beschaffenheit besteht oder
c) soweit der Auftragnehmer den Schaden durch Versicherung seiner gesetzlichen Haftpflicht gedeckt hat oder durch eine solche zu tarifmäßigen, nicht auf außergewöhnliche Verhältnisse abgestellten Prämien und Prämienzuschlägen bei einem im Inland zum Geschäftsbetrieb zugelassenen Versicherer hätte decken können.

(4) Abweichend von Nummer 4 gelten die gesetzlichen Verjährungsfristen, soweit sich der Auftragnehmer nach Absatz 3 durch Versicherung geschützt hat oder hätte schützen können oder soweit ein besonderer Versicherungsschutz vereinbart ist.

(5) Eine Einschränkung oder Erweiterung der Haftung kann in begründeten Sonderfällen vereinbart werden.

Inhaltsübersicht   Rn.

A. Regelung nach BGB.	3
I. Schäden, die auf einem Mangel beruhen	3
II. Schäden, die nicht auf einem Mangel beruhen	4
III. Beweislast	7
IV. Verjährung	8
V. Schadensersatz neben Rücktritt	9
B. Regelung nach § 13 Nr. 7 VOB/B – Schadensersatz	10
I. Änderungen durch die VOB/B 2002	10
1. Änderungen	10
2. Übersicht über die einzelnen Schadensersatztatbestände des § 13 Nr. 7	12
II. Allgemeines	14
1. Schadensersatz neben Nacherfüllung und Minderung	14
2. Anspruch nach § 13 Nr. 7 VOB/B nur bei Schäden, die auf einem Mangel beruhen	18
3. Gemeinsamkeiten aller Schadensersatztatbestände	19
4. Eigenständigkeit jedes Schadensersatztatbestandes	21
5. Mitverschulden des Auftraggebers	22
6. Klageantrag bei Schadensersatzklage	28
7. Fristsetzung nach altem und neuem Recht	31
III. Abs. 1: Schadensersatz bei Verletzung bestimmter höchstpersönlicher Rechtsgüter	38
IV. Abs. 2: Schadensersatz bei Vorsatz und grober Fahrlässigkeit	42
V. Abs. 3: Haftungsbegrenzung	48
1. Zusammenfassung der Abs. 1 und 2 des § 13 Nr. 7 VOB/B durch die VOB/B 2002	48
2. Abgrenzung Bauwerksschäden zu Folgeschäden, »kleiner« zu »großer« Schadensersatz	53
3. Abs. 3 S. 1 und 2: Gemeinsame Voraussetzungen	60
a) Wesentlicher Mangel	61
b) Erhebliche Beeinträchtigung der Gebrauchsfähigkeit	66
c) Verschulden des Auftragnehmers	73
d) Beweislast	78
4. Abs. 3 S. 1: Schaden an der baulichen Anlage – spezielle Voraussetzungen	85
a) Bezug des Schadens zur baulichen Anlage	85
b) Umfang des Schadensersatzes	95
aa) Keine Voraussetzung, dass AG die Mängel tatsächlich beseitigen lässt	101
bb) Gesamtleistung ist untauglich	104
cc) Kosten der Schadensminderung als Schaden an der baulichen Anlage	105
dd) Verlängerung der Verjährungsfrist als Schaden an der baulichen Anlage	106
ee) Gutachterkosten als Schaden an der baulichen Anlage	107

	Rn.
ff) Erhaltungsaufwand als Schaden an der baulichen Anlage	110
gg) Nur vertretbare Nacherfüllungskosten als Schadensersatz	111
c) Nacherfüllungsaufforderung mit Fristsetzung	113
d) Schadensersatz bei Minderung	115
e) Schadensberechnung – Sachverständige	116
f) Art des Schadensersatzes	117
5. Abs. 3 S. 2: Darüber hinaus gehender Schaden – spezielle Voraussetzungen	122
a) Allgemeines zum Anspruchsumfang	122
b) Besondere Voraussetzungen des Anspruchs	135
aa) Verstoß gegen anerkannte Regeln der Technik	136
bb) Fehlen einer vertraglich vereinbarten Beschaffenheit	139
cc) Versicherte oder versicherbare Leistung	142
dd) Tatsächlicher oder möglicher Versicherungsschutz	147
VI. Aufrechnung bzw. Verrechnung von Schadensersatzanspruch mit Vergütungsanspruch	150
VII. Verjährung der Schadensersatzansprüche	164
VIII. Einschränkung oder Erweiterung der Schadensersatzpflicht (Abs. 5)	170
1. Grenzen der Zulässigkeit zu beachten	170
2. Anderweitige Regelung nur in begründeten Sonderfällen	173
3. Freizeichnungsklauseln	174

1 Bei dem nachfolgend erörterten Themenkomplex des Schadensersatzrechts nach §§ 634 Nr. 4, 636, 280 BGB und § 13 Nr. 7 VOB/B handelt es sich »nur« um das Recht für **Schäden**, die in einem **Ursachenzusammenhang mit einem Mangel** der vertraglich geschuldeten Bauleistung stehen.

2 Schäden, die nicht auf einem Baumangel beruhen, werden nach den allgemeinen Bestimmungen (§§ 280 ff. BGB) behandelt. In diesen Fällen ist ein Rückgriff auf die werkvertraglichen Vorschriften des BGB oder die VOB/B nicht möglich.

A. Regelung nach BGB

I. Schäden, die auf einem Mangel beruhen

3 Der Besteller kann seit Einführung des Schuldrechtsmodernisierungsgesetzes mit Wirkung zum 1.1.2002 nach **§ 634 Nr. 4 Alt. 1, §§ 636, 280, 281, 283, 311a BGB** Schadensersatz verlangen, **wenn ein Mangel zu einem Schaden führt**. Die geänderten werkvertraglichen Vorschriften des BGB verweisen hierfür in das allgemeine Leistungsstörungsrecht. Damit gibt es keine Unterschiede mehr zwischen Mangel, Mangelschaden und Mangelfolgeschaden (nah oder entfernt). Diese Unterscheidung hatte nach altem Recht (§ 635 BGB a.F.) gravierende Auswirkungen bei der Verjährung. Während Mangel, Mangelschäden und sog. nahe Mangelfolgeschäden in fünf Jahren (bei Bauwerken) verjährten, verjährten die Ansprüche aus positiver Vertragsverletzung für entfernte Mangelfolgeschäden erst in 30 Jahren nach § 195 BGB a.F. Mit der Aufgabe dieser Unterscheidung als Folge des Verweises auf das allgemeine Schadensersatzrecht sind diese verjährungsrechtlichen Fragen entschärft. Es gilt einheitlich die Verjährungsfrist des § 634a Abs. 1 Nr. 2 BGB (fünf Jahre) bei Mängeln an Bauwerken, die zu einem Schaden führen. Die Haftung des Subunternehmer direkt gegenüber dem Bauherrn beschränkt sich auf deliktische Ansprüche (Hintergrund: Vertrag zwischen General- und Subunternehmer ist kein Vertrag zugunsten oder mit Schutzwirkung zugunsten Dritter, OLG Rostock IBR 2003, 22). Diese setzen eine Verletzung des Integritätsinteresses voraus (nicht gegeben bei Mängeln der Subunternehmerleistung am zu errichtenden Gebäude, OLG Rostock IBR 2003, 22).

II. Schäden, die nicht auf einem Mangel beruhen

Schäden, die nicht auf einem Baumangel beruhen, werden nach den allgemeinen Bestimmungen (§§ 280 ff. BGB) behandelt. In diesen Fällen ist ein Rückgriff auf die werkvertraglichen Vorschriften des BGB oder die VOB/B nicht möglich (so wenn nach der Baubeschreibung nicht geschuldete Leistungen erbracht werden, OLG Schleswig Urt. v. 7.7.2005 IBR 2006, 134). Bei einem Bauvertrag werden damit die **leistungsbezogenen Nebenpflichtverletzungen**, die keinen Mangel jedoch (unmittelbar) einen anderen Schaden verursacht haben, oder **sonstige Nebenpflichtverletzungen (nicht leistungsbezogene Nebenpflichten)** nach § 241 Abs. 2 BGB (Verhaltenspflichten) direkt von § 280 BGB erfasst. **§ 280 BGB**, die **zentrale Anspruchsnorm des vertraglichen Schadensersatzrechts**, unterscheidet nicht (mehr) zwischen der Verletzung von Haupt- und Nebenpflichten. Ein Rückgriff auf § 634 ff. BGB erfolgt in diesen Fällen nicht. In der Folge gilt die Verjährung nach § 195 BGB i.V.m. § 199 BGB von drei Jahren beginnend mit dem Schluss des Jahres, in dem der Anspruch entstanden ist und der Gläubiger von den den Anspruch begründenden Umständen und der Person des Schuldners Kenntnis erlangt oder ohne grobe Fahrlässigkeit erlangen müsste. 4

Für die sonstigen Nebenpflichtverletzungen nach § 241 Abs. 2 BGB (Verhaltenspflichten) ist weiterhin § 282 BGB (Schadensersatz statt der Leistung wegen Verletzung einer Pflicht nach § 241 Abs. 2 BGB [Nebenpflicht]) zu beachten. § 282 BGB ist explizit von der Verjährung nach § 634a BGB ausgenommen. Dies ergibt sich daraus, dass § 634 Nr. 4 BGB auf § 282 BGB (Schadensersatz statt der Leistung wegen Verletzung einer Pflicht nach § 241 Abs. 2 BGB [Nebenpflicht]) gerade nicht verweist. Diese Ausklammerung ist eigentlich eine Selbstverständlichkeit, da bei dieser Schadensgruppe ein Bezug zu einem Mangel am Werk nicht vorliegt. 5

Damit greift im Ergebnis immer § 280 BGB ein, wenn anlässlich eines Bauvertrages ein Schaden entstanden ist. Der Unternehmer ist daher zum Schadensersatz verpflichtet, es sei denn, er hat die Pflichtverletzung nicht zu vertreten (§ 280 Abs. 1 S. 2 BGB). 6

III. Beweislast

Im **Prozess gegen den Unternehmer** hat der Besteller daher die Pflichtverletzung, den Schaden und die Kausalität zwischen Pflichtverletzung und Schaden **darzulegen** und zu **beweisen**. Das »Vertretenmüssen« ist keine Anspruchsvoraussetzung, vielmehr steht dem Unternehmer ein Befreiungstatbestand, das »Nichtvertretenmüssen«, zur Seite. Diesen Umstand muss daher der Unternehmer darlegen und beweisen. Beispiele für die Vortragslast: Der AG ist nicht verpflichtet, die Kosten für die Sanierung eines Bauwerks vorprozessual durch ein Privatgutachten zu ermitteln. Vielmehr ist eine Kostenschätzung ausreichend mit dem Angebot des Sachverständigengutachtens als Beweismittel für den Fall des Bestreitens der Höhe der Kosten durch den AN (BGH BauR 2003, 297 u. 385 = NJW 2003, 1038; BGH BauR 2003, 1247). Verlegt eine Sanitärinstallateur Wasserrohre nicht entsprechend der einschlägigen DIN-Normen – indem er keine Überprüfung auf Dichtigkeit und Festigkeit vornimmt – und zeigt sich nach der Abnahme eine Undichtigkeit, spricht der Beweis des ersten Anscheins für eine schuldhaft mangelhafte Leistung (OLG Jena Urt. v. 21.4.2005, Nichtannahmebeschluss BGH v. 27.4.2006 IBR 2006, 388). 7

IV. Verjährung

Bei Schäden, die auf einem Mangel beruhen, gilt die fünfjährige Verjährungsfrist des § 634a Abs. 1 Nr. 2 BGB, beginnend mit der Abnahme des Bauwerks (§ 634a Abs. 2 BGB). Bei Schäden, die nicht auf einem Mangel beruhen, gilt die dreijährige Regelfrist des § 195 BGB, beginnend unter den geschilderten Voraussetzungen des § 199 BGB. 8

V. Schadensersatz neben Rücktritt

9 Schadensersatz und Rücktritt können seit Inkrafttreten des Schuldrechtsmodernisierungsgesetzes zum 1.1.2002 gemäß § 325 BGB nebeneinander geltend gemacht werden. Nach altem Recht (§§ 634 Abs. 4, 467, 346 ff. BGB) war ein Schadensersatzanspruch nach erfolgtem Rücktritt (bzw. vollzogener Wandlung) ausgeschlossen.

B. Regelung nach § 13 Nr. 7 VOB/B – Schadensersatz

I. Änderungen durch die VOB/B 2002

1. Änderungen

10 Durch die VOB/B 2002 wurden in § 13 Nr. 7 VOB/B die Abs. 1 und 2 neu eingefügt. Die bisherigen Abs. 1 und 2 wurden im neuen Abs. 3 zusammengefasst. Die bisherigen Abs. 3 und 4 wurden die Abs. 4 und 5. Inhaltlich haben sich die Abs. 3, 4 und 5 in § 13 Nr. 7 VOB/B 2002 nicht verändert. Lediglich die **Abs. 1 und 2** sind auch **inhaltlich neu.** Hier wurde für bestimmte **höchst persönliche Rechtsgüter** und bei **grobem Verschulden** eine **unbeschränkte Schadensersatzpflicht** eingeführt (*Weyer* BauR 2003, 613, 620). In Abs. 3 S. 2c ist die Bezugnahme auf von den Versicherungsaufsichtsbehörden genehmigte Allgemeine Versicherungsbedingungen entfallen. Dies beruht auf der Neufassung des § 5 Abs. 3 Nr. 2 Versicherungsaufsichtsgesetz (VAG). Dort war vorgeschrieben, dass die Allgemeinen Versicherungsbedingungen im Rahmen der Betriebserlaubnis für das Versicherungsunternehmen durch die Aufsichtsbehörden zu genehmigen waren. Durch das 3. Gesetz zur Durchführung der versicherungsrechtlichen Richtlinien des Rates der EG v. 21.7.1994 wurde diese Norm des VAG geändert. Danach sind die Versicherungsbedingungen nicht mehr vorzulegen und folglich auch nicht mehr zu genehmigen.

11 Diese Änderungen des § 13 Nr. 7 VOB/B erfolgten weitgehend als Reaktion auf die geänderten Vorgaben des BGB-Werkvertragsrechts und des AGB-Rechts (§ 309 Nr. 7a und 7b BGB). Sie sind daher sachlich erforderlich. Im Ergebnis werden damit fast alle Schäden abgedeckt. Allerdings ist die Regelung nicht einfach zu verstehen, so dass zumindest der nichtjuristische Rechtsanwender zunächst größere Schwierigkeiten haben dürfte, den Regelungsinhalt zu erfassen. Es stellt sich deshalb die Frage, ob § 13 Nr. 7 VOB/B bei isolierter Inhaltskontrolle als Allgemeine Geschäftsbedingung am Transparenzgebot des § 307 Abs. 1 S. 2 BGB scheitert.

2. Übersicht über die einzelnen Schadensersatztatbestände des § 13 Nr. 7

12 § 13 Nr. 7 VOB/B enthält damit **drei selbstständige Schadensersatztatbestände**, wobei sich der dritte Tatbestand wieder in zwei neue, aber nicht völlig selbstständige, Tatbestände aufteilt. Diese lassen sich wie folgt darstellen:

Absatz 1:   Schadensersatzanspruch für die Verletzung bestimmter höchstpersönlicher Rechtsgüter (Leben, Körper, Gesundheit)

Absatz 2:   Schadensersatzanspruch bei vorsätzlich oder grob fahrlässig verursachten Mängeln

Absatz 3:   Schadensersatzanspruch   Satz 1: – an der baulichen Anlage

Satz 2: – darüber hinaus gehender Schaden

13 Die einzelnen Schadensersatztatbestände enthalten jeweils weitere Voraussetzungen, die nachfolgend aufgeführt und erläutert werden.

II. Allgemeines

1. Schadensersatz neben Nacherfüllung und Minderung

Dieser Schadensersatzanspruch stellt grundsätzlich ein **zusätzliches Recht** des Auftraggebers dar, das **neben** dem **Nacherfüllungsanspruch** (Nr. 5) oder dem **Minderungsrecht** (Nr. 6) besteht. Das ergibt sich für die Tatbestände des § 13 Nr. 7 Abs. 1 und 3 S. 2 VOB/B von selbst, da explizit auf **Schadensfolgen außerhalb des Bauwerks** abgestellt wird. In den Fällen des Abs. 2 und Abs. 3 S. 1 greift der Schadensersatzanspruch ebenfalls ohne weiteres, wenn es sich um Schäden handelt, die **nicht in dem Mangel selbst** bestehen. Weitere Voraussetzung für die vorgenannten Schadensersatztatbestände ist, dass die Schäden auch **durch eine Nacherfüllung nicht hätten behoben** werden können, bzw. noch zu vermeiden sind (z.B. Verdienstausfall, Mietausfall [OLG Düsseldorf BauR 1993, 82, 86] oder Gutachterkosten nach vergeblichen Nacherfüllungsversuchen [BGHZ 92, 308 = BauR 1985, 83, 33; OLG Köln SFH § 633 BGB Nr. 100] oder die **Nacherfüllung verweigert** wird).

Ist der **Mangel und der Schaden identisch** (der Schaden besteht aus dem Mangel), besteht ein Schadensersatzanspruch zum einen dann, wenn eine vom Auftraggeber gesetzte Frist zur Nacherfüllung fruchtlos verstrichen ist (Nr. 5), eine Fristsetzung nicht erforderlich war oder die Voraussetzungen der Minderung (Nr. 6) vorliegen und der Schaden durch die Minderung noch nicht vollständig abgegolten ist. Eine Ausnahme gilt für den Einwand des Auftragnehmers »der unverhältnismäßigen Nacherfüllungskosten«. In diesen Fällen ist der Schadensersatz auf die Minderung beschränkt, da der Auftragnehmer ansonsten wirtschaftlich genauso (schlecht) wie im Fall der unverhältnismäßigen Nacherfüllung gestellt wäre.

Liegen die Voraussetzungen der Minderung vor, hat der Auftraggeber entsprechend dem neuen § 634 BGB nach Ablauf einer fruchtlosen Nacherfüllungsfrist ein **Wahlrecht**: Er kann Schadensersatz (wenn die weiteren Voraussetzungen vorliegen) verlangen oder die Minderung erklären. **Erklärt er die Minderung**, erlischt insoweit der Erfüllungsanspruch und die Vergütung ist mit Zugang der Minderungserklärung herabgesetzt. Er kann Schadensersatz nur noch für die über die Minderung hinausgehenden Schäden verlangen, es sei denn der Auftragnehmer hat die Unverhältnismäßigkeit der Kosten eingewendet. **Verlangt er Schadensersatz**, geht das Minderungsrecht »betragsmäßig« in dem Schadensersatzbetrag auf.

Sind der Nacherfüllungsanspruch und das Minderungsrecht wegen § 640 Abs. 2 BGB bzw. § 12 Nr. 4 Abs. 1 S. 4 und Nr. 5 Abs. 3 VOB/B nicht gegeben, kommt allein ein Schadensersatzanspruch nach § 13 Nr. 7 VOB/B in Betracht (so auch BGH BauR 1980, 460 = NJW 1980, 1952; wie hier auch OLG Nürnberg NJW-RR 1986, 1346; *Nicklisch/Weick* § 13 VOB/B Rn. 226; *Werner/Pastor* Rn. 1721). Beruht der Schadensersatzanspruch auf Voraussetzungen, die eine Verletzung der dem Auftragnehmer nach § 4 Nr. 1 Abs. 4, § 4 Nr. 3 und § 13 Nr. 3 VOB/B obliegenden Prüfungs- und Hinweispflichten darstellen, geht dieser nicht über den durch § 13 Nr. 7 VOB/B festgelegten Rahmen hinaus (BGH Urt. v. 17.2.1964 VII ZR 200/62 sowie BGH SFH Z 2.411 Bl. 34).

2. Anspruch nach § 13 Nr. 7 VOB/B nur bei Schäden, die auf einem Mangel beruhen

Das nachfolgend dargestellte Schadensersatzrecht des § 13 Nr. 7 VOB/B bezieht sich nur auf Schäden, die auf einen Mangel zurückzuführen sind.

3. Gemeinsamkeiten aller Schadensersatztatbestände

Allen in § 13 Nr. 7 VOB/B geregelten Tatbeständen ist gemeinsam, dass sie ein Verschulden (§ 276 BGB: Vorsatz oder Fahrlässigkeit) voraussetzen und der Auftragnehmer auch für gesetzliche Vertreter und Erfüllungsgehilfen gemäß § 10 Abs. 1 VOB/B i.V.m. § 278 BGB haftet.

20 Die Tatbestände differieren im Übrigen nach dem Grad des Verschuldens, der Wesentlichkeit des Mangels sowie der eingetretenen Rechtsfolge.

4. Eigenständigkeit jedes Schadensersatztatbestandes

21 Jeder einzelne Schadensersatztatbestand der Abs. 1, 2 und 3 regelt seine Anspruchsvoraussetzungen unabhängig von den jeweiligen anderen Absätzen. In Bezug genommen wird aber § 13 Nr. 5 VOB/B (siehe unten).

5. Mitverschulden des Auftraggebers

22 Hat der Auftraggeber bzw. sein Erfüllungsgehilfe (z.B. der Architekt) den Mangel am Bauwerk und den damit zusammenhängenden Schaden schuldhaft mitverursacht, finden ebenso wie im Falle des § 634 Nr. 4 i.V.m. § 280 BGB auch bei § 13 Nr. 7 VOB/B die **Grundsätze des § 254 BGB entsprechende Anwendung** (BGH Betrieb 1961, 569 sowie VersR 1965, 245 = SFH Z 2.400 Bl. 38 ff. = NJW 1965, 534 und SFH Z 2.400 Bl. 41 ff.). So wurde überwiegendes Verschulden des Auftragnehmers bei der Beschädigung eines Rohrs für den Fall angenommen, dass der Auftraggeber dem Auftragnehmer vor und/oder während der Ausführung von Bohrarbeiten fehlerhafte Auskünfte über die Lage von Leitungen erteilt (OLG Koblenz Urt. v. 3.11.2005 IBR 2005, 672). Ein Mitverschulden des Auftraggebers kann auch darin liegen, dass er entgegen dem Rat seines Architekten oder Sonderfachmanns einen fachlich ungeeigneten Auftragnehmer beauftragt (BGH BauR 1974, 125 = SFH Z 2.414.3 Bl. 8). Hinsichtlich des dem Auftraggeber möglicherweise über § 278 BGB zur Last zu legenden Mitverschuldens seines Architekten bzw. Sonderfachmannes ist besonders zu beachten:

23 Der Architekt bzw. Sonderfachmann ist nur insoweit Erfüllungsgehilfe des Auftraggebers, als er eine Tätigkeit entfaltet, die im Verhältnis zum Auftragnehmer zur Aufgabe des Auftraggebers gehört. Hierzu zählen gemäß § 3 Nr. 1 VOB/B die Fertigung und Bereitstellung von Plänen (BGH BauR 1981, 284 = NJW 1981, 1448; OLG Frankfurt NJW 1968, 1333), sowie die ordnungsgemäße Wahrnehmung der sich aus § 4 Nr. 1 Abs. 1 VOB/B ergebenden Pflichten (vgl. hierzu auch die Entscheidung des BGB zum sog. »Schürmann-Bau«, insbes. zur dort verletzten »Kommunikationspflicht«, BGH Nichtannahmebeschluss vom 5.6.2003 NZBau 2003, 433); nicht hierzu zählt die Überwachung der Bauausführung (BGHZ 70, 187, 191 = BauR 1978, 149; BGH BauR 1982, 514). Etwas anderes gilt nur, wenn der Aufsichtsführende kraft einer besseren, von dem Unternehmer nicht zu erwartenden Sachkunde die Mangelhaftigkeit allein oder jedenfalls leichter feststellen konnte als dieser (BGH Urt. v. 14.5.1970 VII ZR 154/69). Gleiches trifft zu, wenn der Aufsichtsführende die Mängel tatsächlich erkannt hat. Die Pflichtverletzung des eingesetzten Architekten muss für den eingetretenen Schaden ursächlich sein. Daran fehlt es, wenn der durch den Bauherrn zur Beurteilung der Wasser- und Bodenverhältnisse eingeschaltete Sonderfachmann Hinweise des Architekten wohl nicht berücksichtigt hätte, was das Gericht hier ausnahmsweise angenommen hat (OLG Hamm BauR 2005, 442 = IBR 2005, 30).

24 Gerade für den Bereich des Schadensersatzanspruches kann im Rahmen des § 254 BGB auch der Gesichtspunkt der Schadensminderungspflicht des Auftraggebers eine Rolle spielen. Dieser bedeutet, dass der Auftraggeber verpflichtet ist, den ihm infolge der mangelhaften Leistung entstandenen und nach § 13 Nr. 7 VOB/B erheblichen Schaden möglichst klein zu halten und sich zu gebotener Zeit im erforderlichen Umfang selbst um die Schadensbeseitigung zu bemühen. Diese Anforderung kann an den Auftraggeber allerdings gerade für den Bereich des VOB/B-Vertrages erst nach einer gewissen Zeit gestellt werden. Allein der Umstand, dass der AG erst nach vielen Jahren einen Baumangel beseitigen lässt und die Baukosten zwischenzeitlich gestiegen sind, soll kein Mitverschulden des AG begründen (BGH BauR 2004 = NJW-RR 2004, 739).

25 Da der Schadensersatzanspruch nach Nr. 7 grundsätzlich nur das gewährt, was nach erfolgter Nacherfüllung oder – ausnahmsweise – Minderung **noch an Schaden verbleibt**, kann von einer Scha-

densminderungspflicht des Auftraggebers im Allgemeinen erst gesprochen werden, wenn feststeht, ob und welcher Schaden ihm nach Nacherfüllung oder Minderung noch verbleibt. Hinzu kommt, dass eine Schadensminderungspflicht des Auftraggebers überhaupt nur in Betracht kommen kann, wenn zuvor eindeutig geklärt worden ist, welche Maßnahmen zur Nacherfüllung erforderlich sind (BGH WM 1974, 200). Für eine etwaige Verletzung der Schadensminderungspflicht durch den Auftraggeber ist der **Auftragnehmer darlegungs- und beweispflichtig** (BGH Betrieb 1975, 1407 m.w.N.).

Zur Schadensminderungspflicht gehört es beispielsweise nicht, dass der Geschädigte einen Kredit aufnimmt. Vielmehr ist es grundsätzlich Sache des Schädigers, eine vom Geschädigten zu veranlassende Schadensbeseitigung zu finanzieren. Der Geschädigte hat Anspruch auf sofortigen Ersatz. Er ist daher nicht verpflichtet, den Schaden zunächst aus eigenen Mitteln zu beseitigen oder zur Vermeidung von Folgeschäden einen Kredit aufzunehmen (BGH NJW 1989, 290; BGHZ 61, 346 = NJW 1974, 34). **26**

Festzuhalten ist, dass der **Architekt des Auftraggebers** ohne besondere Vollmacht **nicht berechtigt** ist, für den Auftraggeber auf etwaige Schadensersatzansprüche, wie sie sich aus Nr. 7 gegen den Auftragnehmer ergeben können, zu verzichten (BGH NJW 1960, 859). **27**

6. Klageantrag bei Schadensersatzklage

Wird im Klageweg durch Leistungsklage Schadensersatz geltend gemacht, ist darauf zu achten, dass der Klageantrag den Erfordernissen des § 253 ZPO entspricht. Insbesondere muss er hinreichend bestimmt sein. So reicht z.B. nicht ein Antrag, der Beklagte (Auftragnehmer) sei verpflichtet, den »durch die mangelhafte Ausführung der Verblendung der Außenwand« entstandenen Schaden zu ersetzen. Es muss zumindest angegeben werden, **worauf die »mangelhafte Ausführung« beruht**. Darüber hinaus gehört bei einem Schadensersatzanspruch im Wege der Leistungsklage zu einem ordnungsgemäßen Antrag auch die **Bezifferung des Schadens**. **28**

Mit Ausnahme der zuletzt genannten Voraussetzung gilt dies vor allem auch für **Feststellungsanträge**, die auf Nr. 7 gestützt sind, unabhängig davon, dass die besonderen Voraussetzungen des § 256 ZPO vorliegen müssen. Diese dürften jedoch in der Praxis regelmäßig gegeben sein, weil der Auftraggeber bei Klageerhebung häufig noch nicht weiß, welcher Schaden ihm im Einzelnen nach erfolgter Nacherfüllung oder Minderung verbleiben wird. Das gilt besonders, wenn der Schadensersatzanspruch zugleich mit dem Anspruch auf Nacherfüllung oder Minderung verbunden wird (zur Feststellungsklage im Baumängelprozess grundlegend *Wussow* NJW 1969, 481; *Werner/Pastor* Rn. 426 ff.; ferner *Locher* Das private Baurecht Rn. 798 ff.). **29**

Wurde dem Geschädigten auf Gutachterbasis wegen verschiedener Schadenspositionen ein Schadensersatzanspruch zugebilligt und wurde ihm insoweit durch Feststellungsausspruch der Ersatz weiteren Schadens rechtskräftig vorbehalten, so kann er höhere Kosten einer durchgeführten Teilsanierung zusätzlich geltend machen (BGH BauR 1994, 620 = NJW-RR 1994, 1173 = SFH § 249 BGB Nr. 28 = ZfBR 1994, 217; zur Frage, ob ein Schadensersatzanspruch in Anbetracht einer beantragten Zug-um-Zug-Verurteilung zu verzinsen ist, vgl. BGH Urt. v. 21.10.2004 IBR 2005, 1135). **30**

7. Fristsetzung nach altem und neuem Recht

Nach altem Recht musste für einen Schadensersatzanspruch bei einem BGB-Vertrag nach § 635 BGB a.F. zunächst gemäß § 634 BGB a.F. eine Frist zur Mängelbeseitigung mit Ablehnungsandrohung gesetzt werden. Erst nach furchtlosem Verstreichenlassen dieser Frist konnte Schadensersatz verlangt werden. Nach neuem Recht ist lediglich eine Fristsetzung zur Nacherfüllung erforderlich. Auf die **Ablehnungsandrohung** kommt es nicht mehr an. **31**

32 Für VOB/B-Verträge wurde und wird strikt zwischen der Rechtslage vor und nach Abnahme entschieden. Vor Abnahme besteht ein Schadensersatzanspruch nur nach § 4 Nr. 7 VOB/B. Nach Abnahme greift § 13 Nr. 7 VOB/B.

33 **Zum alten Recht** wurde entschieden, dass es für einen Schadensersatzanspruch nicht immer einer Fristsetzung mit Ablehnungsandrohung nach § 634 BGB a.F. bedurfte. Dies für den Fall, dass eine mangelfreie Verlegung des vertraglich ausbedungenen Bodenbelags wegen der Beschaffenheit des Unterbodens nicht möglich ist (OLG Düsseldorf NJW-RR 1996, 305). Ebenso wurde gerichtlicherseits die Frage geprüft, ob eine Mängelbeseitigungsaufforderung mit Fristsetzung im Sinne des § 634 Abs. 1 S. 1 nicht schon deshalb entbehrlich war, weil die Mängelbeseitigung einer Neuherstellung gleichkommen würde (LG Nürnberg-Fürth BauR 2000, 277 – m. Hinweis OLG Nürnberg MDR 1985, 763 – bei einer Entscheidung im Rahmen eines »großen« Schadensersatzanspruches i.S.d. § 635 BGB a.F.). **Nach neuem Recht** stellt sich hier die Frage, **ob eine Nacherfüllungsfrist nach § 634 BGB gesetzt werden muss**. Eine Ablehnungsandrohung sieht das Gesetz nicht mehr vor.

34 Wenn der verlangte Schadensersatz sich mit den Nacherfüllungskosten nach § 13 Nr. 5 Abs. 2 VOB/B deckt, kann er grundsätzlich erst nach erfolgter Fristsetzung zur Nacherfüllung geltend gemacht werden. Einer Fristsetzung bedarf es ausnahmsweise nicht, wenn sich der AN bei der Bauausführung derartig unzuverlässig gezeigt hat, dass dem AG die Nacherfüllung durch ihn nicht mehr zumutbar ist – hier: wenn der AN für das Dach eines Wintergartens statt 22 mm starken Zweischeibenisolierglases nur solches von 15,5 mm Stärke verwendet (OLG Düsseldorf BauR 1997, 312 = NJW-RR 1997, 20). Verbleiben allerdings nach einer ersten Nacherfüllung durch den Unternehmer nur noch geringfügige Mängel, so kann der große Schadensersatzanspruch nur nach Fristsetzung (nach altem Recht: mit Ablehnungsandrohung) geltend gemacht werden (OLG Düsseldorf NJW-RR 1997, 625).

35 Für die §§ 634, 635 BGB a.F. wurde vom BGH entschieden, dass Schadensersatz vor Ablauf einer dem Auftragnehmer mit Ablehnungsandrohung gesetzten Frist dann verlangt werden kann, wenn feststeht, dass der Auftragnehmer die Frist nicht einhalten wird (BGH BauR 2002, 1847 = NZBau 2002, 668). **Verwiesen wurde dabei auf § 323 Abs. 4 BGB**, der nach Auffassung des Gerichts einen **allgemeinen Rechtsgedanken** enthält. Im zu entscheidenden Fall hatte der Auftraggeber zwar eine Frist gesetzt, diese war allerdings als zu kurz bemessen eingestuft worden. Es war jedoch unstreitig, dass auch eine angemessene Frist deshalb zu keinem anderen Ergebnis geführt hätte, weil der betroffene Bauträger keinerlei Anstrengungen zur Beseitigung der Mängel unternommen hatte.

36 Eine Fristsetzung soll auch dann entbehrlich sein, wenn die Mängel in einem selbstständigen Beweisverfahren »kategorisch« in Abrede gestellt werden. In diesem Falle würde ein Nachbesserungsrecht auch nicht wieder aufleben, wenn in einem späteren Schadensersatzprozess die Nachbesserung angeboten wird (OLG Saarbrücken Urt. v. 5.3.2002, BGH Nichtzulassungsbeschwerde zurückgewiesen IBR 2003, 127). Vergleichbares ist auch dann entschieden worden, als der Auftragnehmer die Mängelbeseitigung mit seiner Klageerwiderung »endgültig verweigert« hat (BGH NJW 2003, 580 = IBR 2003, 70). Mit diesen Urteilen zum noch alten Recht hat das OLG bzw. der BGH an sich nichts anderes getan, als die **neue Rechtslage gemäß § 281 Abs. 2 BGB** vorwegzunehmen. Nach dessen Wortlaut ist eine Fristsetzung entbehrlich, wenn der Schuldner die Leistung ernsthaft und endgültig verweigert oder wenn **besondere Umstände** vorliegen, die unter Abwägung der beiderseitigen Interessen die sofortige Geltendmachung des Schadensersatzanspruches rechtfertigen. Eine solche Verweigerung wurde bejaht für den Fall, dass der AN im Prozess die Mangelhaftigkeit seiner Leistung ungeachtet zweier Gerichtsgutachten und der zum Ausdruck gebrachten Ansicht des Gerichts bestreitet (OLG München IBR 2004, 10). Übernimmt andererseits der Subunternehmer als Streithelfer des Generalunternehmers dessen Behauptungen im Prozess mit dem Bauherrn (Mängel aus dem Auftragsbereich des Subunternehmers lägen nicht vor), wurde keine Verweigerung der Mängelbeseitigung zwischen Subunternehmer und Generalunternehmer gesehen (OLG Schleswig OLGR Schleswig 2005, 566).

Nach Urteil des OLG Düsseldorf sollte der Umstand, dass sich ein Unternehmer im förmlichen Insolvenzverfahren befindet, nicht zu einer rechtlichen Unmöglichkeit der Mängelbeseitigung führen. Der Insolvenzverwalter hätte daher vom Nachunternehmer nicht ohne Fristsetzung sofort Geldzahlung (Schadensersatz oder Minderung) verlangen können (OLG Düsseldorf Urt. v. 28.1.2005 IBR 2005, 324 nicht rechtskräftig). Dieses Urteil wurde jedoch vom BGH aufgehoben (BGH Urt. v. 10.8.2006 IX ZR 28/05 IBR-Werkstatt-Beitrag). Nach dessen Auffassung kann der Insolvenzverwalter beim VOB-Bauvertrag in dem Insolvenzverfahren über das Vermögen des Hauptunternehmers von dem Nachunternehmer sofort Minderung statt Nachbesserung verlangen, wenn dem Bauherrn wegen der Mängel an dem Bauwerk nur eine Insolvenzforderung zusteht. 37

III. Abs. 1: Schadensersatz bei Verletzung bestimmter höchstpersönlicher Rechtsgüter

Nach dem **neuen** § 13 Nr. 7 Abs. 1 VOB/B haftet der Auftragnehmer bei schuldhaft (§ 276 BGB: Vorsatz oder Fahrlässigkeit – also auch leichte Fahrlässigkeit) verursachten Mängeln für Schäden aus der Verletzung des **Lebens**, des **Körpers** oder der **Gesundheit**. Das **Verschulden** muss sich also **nur auf den Mangel** und **nicht auf den Schaden** beziehen. Damit ergeben sich die folgenden Prüfungsstufen: 38

– Vorsätzlich oder fahrlässig begangene Pflichtverletzung
– Mangel
– Kausalität zwischen Pflichtverletzung und Mangel
– Verletzung des Lebens, Körpers oder der Gesundheit (Rechtsgutsverletzung)
– Kausalität zwischen Mangel und Rechtsgutsverletzung.

Der neue Abs. 1 beruht auf der in das AGB-Recht aufgenommenen Bestimmung des **§ 309 Nr. 7 lit. a) BGB**. Danach ist in **Allgemeinen Geschäftsbedingungen** ein **Ausschluss** oder eine **Begrenzung** der **Haftung für Schäden aus der Verletzung des Lebens, des Körpers oder der Gesundheit unwirksam**, sofern diese auf einer fahrlässigen Pflichtverletzung des Verwenders oder einer vorsätzlichen oder fahrlässigen Pflichtverletzung eines gesetzlichen Vertreters oder Erfüllungsgehilfen des Verwenders beruhen. Nach Maßgabe dieser Vorgabe des AGB-Rechts waren bei einer isolierten Inhaltskontrolle die bisherigen Formulierungen des § 13 Nr. 7 Abs. 1 und 2 VOB/B 2000 unwirksam. Der DVA hat sich dafür entschieden, die Fälle des § 309 Nr. 7 lit. a) BGB durch das Voranstellen eines entsprechenden neu formulierten Abs. 1 abzudecken. Dabei wurde die Vorgaben des AGB-Rechts indes nicht wortgetreu übernommen – »gesetzlicher Vertreter« und »Erfüllungsgehilfe« bleiben unerwähnt. Dennoch haftet der Auftragnehmer gemäß § 10 Abs. 1 VOB/B i.V.m. § 278 BGB auch für gesetzliche Vertreter und Erfüllungsgehilfen. 39

Bei dem geänderten § 13 Nr. 7 Abs. 1 VOB/B soll es sich um einen »**deliktischen Anspruch**« handeln (*Kemper* BauR 2002, 1613). Im Ergebnis haftet der Auftragnehmer jedenfalls für alle Schäden, die durch einen schuldhaft (Vorsatz und jede Fahrlässigkeit) verursachten Mangel (jeden Mangel) aus der Verletzung des Lebens, des Körpers oder der Gesundheit entstanden sind oder entstehen. 40

Im **Unterschied zu § 823 BGB** ist jedoch zu beachten, dass § 13 Nr. 7 Abs. 1 VOB/B nur bestimmte absolute Rechte, d.h. Leben, Körper und Gesundheit in den Schutzbereich der Regelung mit einbezieht. Die Freiheit, das Eigentum oder andere ausschließliche Rechte werden von § 13 Nr. 7 Abs. 1 VOB/B nicht erfasst. 41

IV. Abs. 2: Schadensersatz bei Vorsatz und grober Fahrlässigkeit

Gemäß § 13 Nr. 7 Abs. 2 VOB/B haftet der Unternehmer für **alle Schäden**, die auf einen **vorsätzlich** oder **grob fahrlässig verursachten Mangel** zurückzuführen sind. Das Verschulden muss sich also 42 auch hier auf den Mangel und nicht auf den Schaden beziehen. Damit ergeben sich die folgenden Prüfungsstufen:

- Vorsätzlich oder grob fahrlässig begangene Pflichtverletzung
- Mangel
- Kausalität zwischen Pflichtverletzung und Mangel
- Schaden
- Kausalität zwischen Mangel und Schaden.

43 Die Einführung des neuen § 13 Nr. 7 Abs. 2 VOB/B 2002 beruht auf **§ 309 Nr. 7 lit. b) BGB**. Danach ist in AGB ein Haftungsausschluss für grob fahrlässiges oder vorsätzliches Verhalten unzulässig. Diese Bestimmung war bereits bisher in § 11 Nr. 7 AGBG enthalten und wurde nur inhaltlich an den Terminus des neuen Schuldrechts angepasst. Der DVA hält nunmehr – im Gegensatz zur VOB/B 2000 und dem AGB-Gesetz – die Beschränkung des bisherigen § 13 Nr. 7 Abs. 1 VOB/B auf »wesentliche« Mängel für mit § 309 Nr. 7 lit. b) BGB unvereinbar und erweitert in § 13 Nr. 7 Abs. 2 VOB/B 2002 die Haftung bei vorsätzlich oder grob fahrlässig verursachten Mängeln auf »alle« Schäden (Beschluss des Vorstandes des Deutschen Vergabe- und Vertragsausschusses v. 2.5.2002, 30 f. – Quelle: www.bmvbs.de/Anlage/original_12974/DVA-HAA-Beschluesse-zur-VOB-B-vom-02.05.02.pdf).

44 Grob fahrlässig handelt der Unternehmer, wenn er die erforderliche **Sorgfalt in besonders schweren Maße** verletzt, schon einfachste naheliegende Überlegungen nicht angestellt werden und das nicht beachtet wird, was im gegebenen Fall jedem einleuchten müsste (BGH BauR 2001, 968). Das OLG Saarbrücken hat es dahingehend formuliert, dass ein Baumangel dann grob fahrlässig verursacht ist, wenn bei der Ausführung die **einleuchtendsten Vorsichtsmaßnahmen** außer Acht gelassen wurden (OLG Saarbrücken, BGH Nichtannahmebeschluss IBR 2001, 181). Entschieden, als ein Unternehmer den Boden eines Fotogroßlabors abdichten sollte, hierfür eine nur 1,5 mm dünne Folie verwandte und an den Rohrdurchlässen Undichtigkeiten hinterlies, durch die ausgelaufene Chemikalien unmittelbar auf die Betondecke gelangen konnten.

45 Ob ein grob fahrlässiges Verschulden vorliegt ist immer eine Frage des Einzelfalls. Es liegt nahe von grober Fahrlässigkeit auszugehen, wenn der Unternehmer gegen Regeln verstößt, deren Einhaltung für ein mangelfreies Werk zwingend erforderlich sind. **Weitere Beispiele für grob fahrlässig verursachte Mängel sind**: Nichteinhaltung der Tragwerksplanung, Nichtausführung der Absturzsicherung. Als grobe Fahrlässigkeit ist es z.B. anzusehen, wenn der Auftragnehmer einen im Boden liegenden Öltank mit scharfkantigem Schotter verfüllt und dadurch Undichtigkeit des Tanks eintritt (OLG Stuttgart MDR 1971, 299 = VersR 1970, 531). Gleiches gilt bei fehlerhafter Imprägnierung (Überdosis) von Holzteilen eines Fertighauses, durch die Gase ausströmen, die nur in das Hausinnere entweichen können, weil das Fertighaus nach außen mit einer PVC-Folie als Dampfsperre versehen ist (OLG Saarbrücken NJW-RR 1987, 470).

46 Eine **andere Frage ist die Einhaltung der Verkehrssicherungspflichten** während des Baubetriebs. Hier muss es sich nicht um Mängel des Bauwerks handeln. In diesen Fällen haftet der Unternehmer aus § 823 BGB.

47 Die **Beweislast** für diese besonderen Verschuldensvoraussetzungen hat der **Auftraggeber** (zu den Begriffsumschreibungen des Vorsatzes und der groben Fahrlässigkeit § 10 VOB/B).

V. Abs. 3: Haftungsbegrenzung

1. Zusammenfassung der Abs. 1 und 2 des § 13 Nr. 7 VOB/B durch die VOB/B 2002

48 Der neue Abs. 3 des § 13 Nr. 7 VOB/B fasst die zwei haftungsbeschränkenden Regelungen des bisherigen § 13 Nr. 7 Abs. 1 und 2 zusammen. Dabei enthält S. 1 die Regelung des § 13 Nr. 7 Abs. 1 VOB/B 2000. Die Regelung ist inhaltlich unverändert – sie wurde nur sprachlich umformuliert.

Durch die vorangestellten Worte »Im Übrigen« soll das Verhältnis zu den Haftungsnormen der Abs. 1 und 2 herausgestellt werden (Beschluss des Vorstandes des Deutschen Vergabe- und Vertragsausschusses v. 2.5.2002, 31 – Quelle: www.bmvbs.de/Anlage/original_12974/DVA-HAA-Beschluesse-zur-VOB-B-vom-02.05.02.pdf).

§ 13 Nr. 7 Abs. 3 S. 2 VOB/B enthält die Regelung des bisherigen Abs. 2. Er wurde sprachlich an den ersten Satz angepasst. Durch die weitgehende Übernahme des Inhalts des bisherigen Buchstaben a (Haftung für Vorsatz oder grobe Fahrlässigkeit) in den neuen Abs. 2 kann dieser entfallen. Es ändert sich dementsprechend die Reihenfolge der nachfolgenden Buchstaben. Der neue S. 2 lit. b berücksichtigt den entfallenen Begriff der »zugesicherten Eigenschaft«. Statt dessen ist von »vereinbarter Beschaffenheit« die Rede. **49**

Mit der Begriffsänderung ist sicherlich eine **Erweiterung der Fälle des sog. »großen Schadensersatzes«** der VOB/B verbunden. Bisher war der große Schadensersatz in § 13 Nr. 7 Abs. 2c VOB/B auf das Fehlen einer zugesicherten Eigenschaft beschränkt. Nunmehr wird auf den Grundtatbestand abgestellt – die Beschaffenheitsvereinbarung (*Oppler* MittBl. ARGE Baurecht 2002, 19, 24; *Kemper* BauR 2002, 1613). Die Neufassung bleibt hier hinter den bisherigen Anforderungen zurück. Die vereinbarte Beschaffenheit ist als ein »weniger« gegenüber der zugesicherten Eigenschaft anzusehen. Dies vor dem Hintergrund, dass die »Hemmschwelle« der Zusicherung einer bestimmten Eigenschaft künftig nicht mehr gegeben ist. Jeder Bauvertrag enthielt und enthält quasi als Ausgangsfestschreibung Beschaffenheitsvereinbarungen. Zugesicherte Eigenschaften dagegen mussten zusätzlich vereinbart werden. **50**

Der geänderte Buchst. c – bisher d – berücksichtigt die Neufassung des § 5 Abs. 3 Nr. 2 Versicherungsaufsichtsgesetz (VAG). Dort war vorgegeben, die Allgemeinen Versicherungsbedingungen im Rahmen der Betriebserlaubnis für das Versicherungsunternehmen durch die Aufsichtsbehörden genehmigen zu lassen. Durch das 3. Gesetz zur Durchführung der versicherungsrechtlichen Richtlinien des Rates der EG v. 21.7.1994 (BGBl. I S. 1630) wurde diese Norm des VAG geändert. Somit sind die Versicherungsbedingungen nicht mehr vorzulegen und demnach auch nicht mehr zu genehmigen. Eine Bezugnahme auf von den Versicherungsaufsichtsbehörden genehmigte Allgemeine Versicherungsbedingungen konnte somit in § 13 Nr. 7 VOB/B 2002 entfallen. **51**

Die bisherigen Abs. 3 und 4 des § 13 Nr. 7 VOB/B verschieben sich und werden zu den Abs. 4 und 5 – ohne inhaltliche Änderungen. **52**

2. Abgrenzung Bauwerksschäden zu Folgeschäden, »kleiner« zu »großer« Schadensersatz

Der durch § 13 Nr. 7 Abs. 3 VOB/B eröffnete Schadensersatzanspruch ist inhaltlich von unterschiedlicher Tragweite. Im bauvertragsrechtlichen Sprachgebrauch wird zwischen dem in Nr. 7 Abs. 3 S. 1 geregelten **unmittelbaren (Bauwerks-)Mängeln (kleiner Schadensersatz nach VOB/B)** und **darüber hinausgehenden Folgeschäden** in Nr. 7 Abs. 3 S. 2 (**großer Schadensersatz nach VOB/B**) unterschieden. Ersterer beschränkt sich auf den infolge der Leistung entstandenen – **nach Nacherfüllung oder Minderung verbliebenen** – **Schaden an der baulichen Anlage selbst**. Letzterer dehnt die Schadensersatzpflicht des Auftragnehmers auf **sämtliche darüber hinausgehenden Schäden** aus, sofern sie im Sinne der **Adäquanz ursächlich** auf die **mangelhafte Leistung** des Auftragnehmers zurückzuführen sind. Insbesondere wurden hiervon die für den Bereich des BGB-Werkvertrages (§ 635 BGB a.F.) nach altem Recht im Einzelnen unterschiedenen **Mangelfolgeschäden** und **entfernteren Mangelfolgeschäden** gleichermaßen erfasst. Nach neuem Recht werden alle Schäden, die auf einem Mangel beruhen über § 634 Nr. 4 BGB von §§ 280 f. BGB erfasst. **53**

Im BGB-Bereich: Beim »großen« Schadensersatz nach § 281 Abs. 1 BGB kann der Besteller/AG Ersatz in der Weise verlangen, dass er das mangelhaft errichtete Werk zur Verfügung stellt und den ihm aus der Nichterfüllung des Vertrages entstandenen Schaden geltend macht. Der große Schadenser- **54**

satzanspruch führt jedenfalls vor der Abnahme dazu, dass der Werklohnanspruch untergeht (BGH Urt. v. 9.2.2006 IBR 2006, 264). Er ist ausgeschlossen, wenn die Pflichtverletzung nur unerheblich ist (§ 281 Abs. 1 S. 3 BGB). Erfasst werden auch Folgeschäden (*Däubler* NJW 2001, 3729, 3731). Behält der Besteller das Werk, hat er Anspruch auf den so genannten »**kleinen Schadensersatz**«. Er kann den durch die mangelhafte Ausführung verursachten Schaden in Form des mangelbedingten Minderung des Verkehrswerteswerts (BGH BauR 1995, 388) oder die Mangelbeseitigungskosten (BGH BauR 2003, 1209 = BGHZ 154, 301) verlangen. Der Anspruch aus § 635 BGB a.F. bzw. nach neuem Recht § 636 BGB, § 13 Nr. 7 Abs. 3 S. 1 VOB/B ist auf den zur Mängelbeseitigung notwendigen Betrag gerichtet. Der Besteller kann auch dann nicht auf den Ersatz der objektiven Minderung des Verkehrswertes des Werkes verwiesen werden, wenn dieser geringer ist als die Kosten der Mängelbeseitigung (BGH Urt. v. 10.3.2005 IBR 2005, 307 m. zust. Anm. *Weyer*; zur Frage der [Nicht-]Anrechnung von Nutzungsvorteilen, OLG Hamm BauR 2003, 1733).

55 Großer und kleiner Schadensersatz im BGB und in der VOB/B sind somit nicht deckungsgleich. Der kleine Schadensersatz der VOB/B beinhaltete die Ansprüche aus § 13 Nr. 7 Abs. 1 VOB/B, d.h. die unmittelbaren Bauwerksschäden. Der große Schadensersatz umfasste zusätzlich die Mangelfolgeschäden (auch die beim BGB-Werkvertrag nach der Rspr. früher von der pVV erfassten entfernten Mangelfolgeschäden).

56 Beim »großen Schadensersatz« ist der Erwerber wirtschaftlich so zu stellen, wie wenn ordnungsgemäß erfüllt worden wäre, d.h. er von Anfang an ein mangelfreies Bauwerk erworben hätte. Er kann also – Zug um Zug gegen Rückübertragung des Bauobjekts – Rückzahlung des Kaufpreises sowie Erstattung nutzloser Aufwendungen (Einbauten wie Küche oder Regale) sowie der Vertragsnebenkosten verlangen. Hierzu zählen Notar-, Grundbuchgebühren, Grunderwerbssteuer etc. Daneben werden auch Folgekosten für die Rechtsverfolgung, Sachverständige sowie Heiz- und Stromkosten einer mangelbedingt leerstehenden Mietwohnung erfasst (BGH BauR 2002, 1385). Problematisch ist, ob der AG/Käufer sich einen **Abzug für Gebrauchsvorteile** auf den Schadensersatzanspruch anrechnen lassen muss. Zu denken ist dabei an Mieteinnahmen oder eine zeitanteilige Wertminderung bei Eigennutzung des Bauwerks. Das OLG Karlsruhe hat die Anrechnung von Mieteinnahmen mit der Begründung abgelehnt, dass diese dem AG auch bei ordnungsgemäßer Erfüllung des Vertrages zugeflossen wären (OLG Karlsruhe Urt. v. 13.3.2002 IBR 2002, 314). Diese Auffassung hat es mit Urt. v. 29.12.2005 (IBR 2006, 149 – nicht rechtskräftig) bestätigt. Der BGH geht hingegen davon aus, dass eingenommene Mieten als Nutzungsvorteil auf den Schaden anzurechnen sind (BGH Urt. v. 9.2.2006 IBR 2006, 264). Dieser Nutzungsvorteil soll beim Erwerb einer Eigentumswohnung zur Selbstnutzung zeitanteilig linear aus dem Erwerbspreis zu ermitteln sein, wobei bei mangelhafter Bauwerksleistung von dem so errechneten Nutzungsvorteil unter Berücksichtigung des Gewichts der Beeinträchtigungen ein Abschlag vorzunehmen sei – dieser kann gemäß § 287 ZPO geschätzt werden (BGH Urt. v. 6.10.2005 IBR 2006, 32; ebenso das OLG Karlsruhe Urt. v. 2.12.2004 BauR 2006, 155, wobei diese Entscheidung wohl im Widerspruch zu den anderen angeführten Entscheidungen des OLG Karlsruhe stehen dürfte).

57 Der BGH hat zum »großen Schadensersatz« ausgeführt: Verlangt der Besteller wegen des Mangels eines Bauwerks großen Schadensersatz wegen Nichterfüllung in der Weise, dass er unter Anrechnung des nicht bezahlten Werklohns Mehrkosten für die Errichtung eines neuen Bauwerks geltend macht, ist in entsprechender Anwendung des § 251 Abs. 2 BGB a.F. zu prüfen, ob die Aufwendungen dafür unverhältnismäßig sind (Leitsatz des BGH Urt. v. 29.6.2006 VII ZR 86/05 = IBR 2006, 546). Sind die Aufwendungen nicht unverhältnismäßig, kann der Besteller grundsätzlich nicht darauf verwiesen werden, dass ihm unter Abgeltung des Minderwerts lediglich die Kosten für eine Ersatzlösung zu gewähren sind, mit der er nicht in die Lage versetzt würde, den Vertraglich geschuldeten Erfolg selbst herbeizuführen. Der sog. »großen Schadensersatz« führt jedenfalls vor der Abnahme dazu, dass der Werklohnanspruch des AN untergeht (BGH Urt. v. 29.6.2006 VII ZR 86/05 = IBR 2006, 545).

Beispielsweise wurde »großer Schadensersatz« bei einem BGB-Vertrag bejaht, als bei einem neu errichteten Supermarkt entgegen der Baubeschreibung in die Bodenplatte keine Wärmedämmschicht eingebracht wird und der Fußbodenbelag statt 3 Zentimeter nur 1 Zentimeter dick ist (Sanierungskosten 320.000 DM; OLG Karlsruhe IBR 2002, 314). Ebenso entschieden bei Schimmelpilzbildung in einer Wohnung, weil sie nicht über ausreichende Lüftungsmöglichkeiten verfügt, und diese nur über den nachträglichen Einbau von Lüftungskanälen zu erreichen war (BGH IBR 2003, 78). Der Besteller konnte unter den Voraussetzungen des § 635 BGB a.F. großen Schadensersatz in der Weise verlangen, dass er das mangelhaft errichtete Werk zur Verfügung stellte und den ihm aus der Nichterfüllung des Vertrages entstandenen Schaden geltend machte. Dies führte jedenfalls vor der Abnahme dazu, dass der Werklohn unterging. **58**

Der Übergang vom »großen« zum »kleinen« Schadensersatz im Prozess bedeutet keine Klageänderung; vielmehr ist dies nur eine Frage der Schadensberechnung (BGH NJW 1992, 566 = MDR 1992, 231). **59**

3. Abs. 3 S. 1 und 2: Gemeinsame Voraussetzungen

Abs. 3 S. 1 (Schäden an der baulichen Anlage) und **S. 2** (darüber hinaus gehende Schäden) haben folgende **gemeinsame Voraussetzungen**: **60**

– Vorliegen eines wesentlichen Mangels
– Mangel muss die Gebrauchsfähigkeit der Leistung erheblich beeinträchtigen
– Mangel muss auf ein Verschulden des Auftragnehmers oder seiner Erfüllungsgehilfen zurückzuführen sein
– Durch diesen Mangel muss dem Auftraggeber ein Schaden entstanden sein, der trotz Nacherfüllung nach Nr. 5 oder trotz Vergütungsminderung nach Nr. 6 noch fortbesteht.

a) Wesentlicher Mangel

Der Begriff »wesentlich« hat **zwei Merkmale**, ein **objektives** und ein **subjektives**. Das **objektive Merkmal** ist die allgemeine Verkehrsauffassung, d.h. die Auffassung unbeteiligter Dritter darüber, ob der vorliegende Mangel unter Zugrundelegung des Vertragszwecks als empfindlich und deswegen als beachtlich anzusehen ist. Die Abgrenzung dazu ist eine nur unbedeutende Abweichung von dem vertraglichen Leistungsziel. Bei dem **subjektiven Merkmal** ist das spezielle Interesse des Auftraggebers an der vertragsgerechten Leistung in Betracht zu ziehen. Dies unter besonderer Beachtung des von ihm verfolgten Nutzungs- oder Verwendungszweckes (ebenso OLG Stuttgart BauR 1979, 432; *Nicklisch/Weick* § 13 VOB/B Rn. 233). Ob der Mangel so ist, dass ein Ausgleich in Geld gerechtfertigt erscheint (so *Kaiser* Mängelhaftungsrecht Rn. 99; *Heiermann/Riedl/Rusam* § 13 VOB/B Rn. 187a), spielt dagegen hier noch keine Rolle (vgl. dazu vor allem auch § 12 VOB/B). **61**

Aus Treu und Glauben ist eine Einschränkung dahin gehend zu machen, dass **besondere Interessen des Auftraggebers** zu Lasten des Auftragnehmers nur berücksichtigt werden können, wenn sie dem Auftragnehmer im Hinblick auf den Vertragszweck – vor oder bei der Durchführung der Bauleistung – **bekannt** gewesen sind oder **hätten bekannt** sein müssen (ebenso *Kaiser* Mängelhaftungsrecht Rn. 99). **62**

Im Regelfall, wenn auch nicht uneingeschränkt (BGHZ 46, 242 = NJW 1967, 388, 390; BGH BauR 1981, 284 = NJW 1981, 1448), wurde **nach altem Recht** das Fehlen einer zugesicherten Eigenschaft als wesentlicher Mangel angesehen. Ob dies auf den Begriff der vereinbarten Beschaffenheit **nach neuem Recht** übertragen werden kann ist offen. Diese Frage dürfte aber zu verneinen sein. Da der Beschaffenheitsbegriff auf jeden Fall weitergehend ist als der Begriff der »zugesicherten Eigenschaft«, würde allein durch die Begriffsänderung bei jeder Abweichung von der Leistungsbeschreibung ein wesentlicher Mangel vorliegen. Dies kann nicht sein. In jedem Fall wird eine einschränkende Voraussetzung erforderlich sein. Daher ist in erster Linie darauf abzustellen, ob der **Mangel** **63** im Verhältnis zur Gesamtbauleistung und bezogen auf die Funktionalität als erheblich anzusehen ist oder nicht. Fehlt beispielsweise bei einer Veranstaltungshalle die vertraglich geschuldete mechanische Lüftung und wird daraufhin von der Bauaufsicht die Nutzung der Veranstaltungshalle eingeschränkt, weil die nach öffentlichem Recht erforderliche Frischluftrate nicht erreicht wird, liegt sicherlich ein wesentlicher Mangel vor. Als weiteres Beispiel für einen wesentlichen Mangel mag bei einer Veranstaltungshalle der unzureichende Schallschutz angeführt werden. Auch in diesem Fall wird die Funktion des Bauwerks nicht erreicht bzw. stark eingeschränkt. Abzustellen ist insoweit auf die berechtigten Interessen des Auftraggebers.

64 Mit Recht hat der BGH (NJW 1962, 1569 = SFH Z 2.414 Bl. 103 = MDR 1962, 816) nach altem Recht die Verwendung einer anderen als der vertraglich vereinbarten Holzart als in der Regel wesentlichen Mangel angesehen; selbst dann, wenn es sich nicht um eine besonders zugesicherte Eigenschaft handeln sollte. Anderes könnte nur gelten, wenn die Verwendung der einen Holzart anstelle der anderen sowohl im Hinblick auf das Leistungsziel als auch hinsichtlich des berechtigten Interesses des Auftraggebers nur unwesentliche Unterschiede aufweist. Wesentlicher Mangel ist z.B. auch eine nicht ausreichende Festigkeit des Mauermörtels, weil dadurch keine hinreichende Standsicherheit des Gebäudes gewährleistet ist (BGH Urt. v. 20.12.1976 VII ZR 105/74; dazu *Schmidt* MDR 1977, 715, 716). Unwesentlich kann es dagegen sein, wenn an einem Haus verlegte Platten lediglich geringfügige farbliche Unterschiede aufweisen (BGH BauR 1970, 237). Entscheidend ist hier immer die Zumutbarkeit für den Auftraggeber im Einzelfall.

65 Im Ergebnis hängt die Wesentlichkeit eines Mangels von mehreren Faktoren ab. Zunächst von Art und Umfang des Mangels, seinen Auswirkungen auf die Gebrauchstauglichkeit und die mit der Mangelbeseitigung verbundenen Kosten. Dies ist aber nur der erste Teil. Als zweiter Teil und letztendlich maßgebend ist immer die Frage, inwieweit es der Auftraggeberseite zuzumuten ist, die Leistung ungeachtet vorhandener Mängel zu akzeptieren. Diese Akzeptanz ist beispielsweise nicht gegeben, wenn bei Fassadenarbeiten an einem Wohn- und Geschäftshaus zum Zeitpunkt der geforderten Abnahme ca. 40 unstreitige Mängel vorliegen (OLG Stuttgart, BGH Nichtannahmebeschluss IBR 2001, 167). Eindeutig ist die Rechtsprechung zwischenzeitlich dahingehend, dass auch optische Beeinträchtigungen einen wesentlichen Mangel darstellen können. Entschieden wurde dies, als Steinmaterial durch Schneidarbeiten und Verschmutzungen (beim Verfugen) massiv verunreinigt wurde. Weitere Voraussetzung war, dass die Beeinträchtigungen so stark waren, dass eine Veräußerung oder Vermietung des Gebäudes erschwert wurde (OLG Köln OLGR 2002, 247 = IBR 2002, 539).

b) Erhebliche Beeinträchtigung der Gebrauchsfähigkeit

66 Die Gebrauchsfähigkeit der Bauleistung war bei der Geltung der VOB/B 2000 erheblich beeinträchtigt, wenn die Merkmale vorlagen, die nach § 13 Nr. 1 VOB/B 2000 den Wert oder die Tauglichkeit der Leistung zu dem gewöhnlichen oder nach dem Vertrag vorausgesetzten Gebrauch aufheben oder mindern. Wie aus der auch hier im Ausgangspunkt maßgebenden Entscheidung des BGH (BGHZ 9, 98 = NJW 1953, 659 = SFH Z 2.414 Bl. 2) hervorgeht, kommt nicht nur eine technische Gebrauchsminderung oder Gebrauchsaufhebung in Betracht – also das, was in den unmittelbaren Bereich des Nacherfüllungsaufwandes fällt. Zusätzlich zu beachten ist der trotz – gegebenenfalls fiktiv angenommener – Instandsetzung (Nachbesserung) etwa verbleibende Minderwert der Leistung (merkantiler Minderwert; ebenso BGHZ 55, 198 = NJW 1971, 615 = BauR 1971, 124; BGH BauR 1991, 744 = NJW-RR 1991, 1429; OLG Stuttgart BauR 1979, 432; LG Nürnberg-Fürth NJW-RR 1989, 1106 sowie OLG Nürnberg BauR 1989, 740 für den Fall nachträglicher Sanierungsmaßnahmen bei Schallschutzmängeln). Gedacht ist hierbei an den Verkaufswert auf dem Immobilienmarkt. Er haftet dem Bauwerk unmittelbar an (BGH VersR 1969, 473; so auch *Bindhardt* BauR 1982, 442) und beruht darauf, dass bei einem großen Teil des Publikums, vor allem wegen des Verdachts verborgen gebliebener Schäden, eine den Preis beeinflussende Abneigung gegen den Erwerb besteht (BGH BauR 1979, 158 = SFH § 634 BGB Nr. 5).

Schadensersatz § 13 Nr. 7 VOB/B

Nicht erforderlich ist ein Wille zur Mangelbeseitigung und/oder eine bestimmte Verkaufsabsicht, **67** oder dass tatsächlich ein Verkauf erfolgt (BGH BauR 1986, 103 = NJW 1986, 428; dazu weiter BGHZ 99, 81 = BauR 1987, 89 = NJW 1987, 645; dazu *Peters* Jura 1987, 422). Für die Frage des Schadensersatzes ist ferner an den Minderwert bei der Vermietung oder Beleihung zu denken (OLG Nürnberg NJW-RR 1993, 1300). Die Annahme eines merkantilen Minderwerts beruht auf der Lebenserfahrung, dass eine einmal mit Mängeln behaftet gewesene Sache trotz sorgfältiger und vollständiger Nachbesserung vielfach niedriger bewertet wird (BGH Betrieb 1961, 1515 = SFH Z 2.510 Bl. 12). Im Bereich des Schadensersatzes ist **entgangener Gewinn** nicht umsatzsteuerpflichtig (BGH BauR 1992, 231 = NJW-RR 1992, 411). Bei einem **vorsteuerabzugsberechtigten AG** sind nur die Nettobeträge, d.h. ohne Mehrwertsteuer als Schadensposition erfasst (OLG Celle IBR 2004, 564). Auf einen Schadensersatzanspruch statt der Leistung findet die Regelung des § 249 Abs. 2 S. 2 BGB, die eine Geltendmachung der Umsatzsteuer als Schadensposition ausschließt, keine Anwendung (OLG Brandenburg IBR 2006, 136).

Nach der **VOB/B 2002** hat sich die **materielle Erheblichkeitsbewertung** nicht geändert. Man wird **68** nur in Zukunft mit den anderen Begriffen des neuen § 13 Nr. 1 VOB/B argumentieren müssen. **Abzustellen** dürfte vor allem auf die **nach dem Vertrag vorausgesetzte oder die gewöhnliche Verwendung** sein.

Soweit es sich um die technische Gebrauchsminderung handelt, obliegen dem Auftraggeber wegen **69** des Minderwertes – anders als nach Nr. 6 – keine besonderen Darlegungspflichten. Es wäre im Rahmen der Nr. 7 eine überflüssige Förmlichkeit, wollte man von ihm noch eine besondere Berechnung des Minderwertes der erbrachten »Leistung« auf der Grundlage des § 638 BGB fordern. Der geminderte Wert ist begrifflich in dem Schaden, den der Auftragnehmer zu ersetzen hat, ohne weiteres enthalten (BGH MDR 1960, 838 = BB 1960, 755. Zur Unterscheidung zwischen technischem und merkantilem Minderwert BGH NJW 1971, 615).

Nicht jede Beeinträchtigung der Gebrauchsfähigkeit der Leistung genügt für einen Schadensersatz- **70** anspruch nach Nr. 7; sie muss vielmehr **erheblich** sein. Das trifft ohne weiteres zu, wenn die **Verwendungseignung aufgehoben**, also weggefallen ist. Bei einer **Minderung der Verwendungseignung** kommt es auf die **Umstände des Einzelfalles** an. Insbesondere darauf, ob die Abweichung von der vertraglichen Leistung nach allgemein zu billigender Auffassung als derart schwerwiegend angesehen werden muss, dass der Auftraggeber durch die bloße Nacherfüllung und damit nachträgliche Erfüllung oder auch die Minderung der Vergütung des Auftragnehmers – oder ausnahmsweise ohne solche Maßnahmen – keinen gerechten Ausgleich hat.

In diesem Sinne ist es z.B. als erheblich anzusehen, wenn durch das im Steinholz enthaltene Nigrulit **71** an Gasleitungen Korrosionen verursacht werden. Die Gebrauchsfähigkeit des Hauses wird dabei vor allem durch die Gefahr einer Gesundheitsschädigung der Hausbewohner erheblich beeinträchtigt (BGH SFH Z 2.414 Bl. 157 ff.). Gleiches gilt bei Verlegung einer Dämmschicht nicht aus Estrichdämmplatten, sondern entgegen der Leistungsbeschreibung aus Kokosplatten, vor allem auch im Hinblick auf Druckstellen, die durch Aufstellen von Möbeln verursacht werden (dazu näher OLG Stuttgart BauR 1979, 432). Dagegen liegt z.B. keine erhebliche Beeinträchtigung der Gebrauchsfähigkeit bei Überschreitung zulässiger Maßdifferenzen vor, wenn diese einem Laien nicht ohne weiteres erkennbar sind und außerdem durch von vornherein vorgesehene andere Baumaßnahmen (z.B. Aufkleben von Rauhfasertapete auf den Putz) in ihrer Bedeutung noch weiter eingeschränkt werden. Gleiches gilt für die infolge eines Baumangels zeitweise vorliegende Beeinträchtigung der Nutzbarkeit eines Hobbyraumes.

Bejaht wurde der Schadensersatzanspruch für den Fall, dass wegen ungenügenden Schallschutzes **72** anzubringende Vorsatzschalen die Wohnfläche vermindern (BGH NJW-RR 1998, 1169). Ebenso wurde eine Erheblichkeit beim Fehlen einer ausreichenden Dampfsperre des Walmdaches einer Lagerhalle für Textilien angenommen, als es zu Wasserabtropfungen kam (OLG Düsseldorf NJW-RR

1997, 976). Als Beispiel mag auch hier eine Veranstaltungshalle dienen, bei der die Lüftung oder der Schallschutz nicht ausreichend gebaut wurde und als Folge davon die Nutzung durch die Bauaufsicht eingeschränkt wird. Bejaht wurde ein Schadensersatzanspruch auch wegen eines lediglich optischen Mangels. Es handelte sich dabei um ein stark scheckiges Aussehen des Granitplattenbelages einer Terrasse (OLG Düsseldorf BauR 1996, 712).

c) Verschulden des Auftragnehmers

73 Das Vorliegen eines wesentlichen Mangels, der die Gebrauchsfähigkeit erheblich beeinträchtigt, reicht noch nicht aus, den Auftragnehmer schadensersatzpflichtig zu machen. Der Mangel muss vielmehr auf ein Verschulden des Auftragnehmers oder eines seiner Erfüllungsgehilfen zurückzuführen sein. Damit folgt die VOB/B den allgemeinen Regeln des Vertragsrechts, wonach Schadensersatz für eine vertragswidrige Handlung nur in Betracht kommt, wenn der entstandene Schaden auf einem **Verschulden des Verpflichteten** (§ 276 BGB) oder einer **ihm rechtlich gleichgestellten Person** beruht (zum Ausnahmefall einer Garantie siehe unten).

74 Der Begriff des Verschuldens ist der gleiche, wie er aus dem allgemeinen Schuldrecht des BGB bekannt ist. Deshalb **reicht leichte Fahrlässigkeit** aus (§ 276 BGB). Bei **Vorsatz oder grober** Fahrlässigkeit **erhöht sich der Umfang der Schadensersatzverpflichtung** gemäß Nr. 7 Abs. 2. Zur Frage etwaigen mitwirkenden Verschuldens des Auftraggebers sind die sich aus § 254 BGB ergebenden Grundsätze zu beachten.

75 Trifft weder den Auftragnehmer noch einen Erfüllungsgehilfen im Rahmen des diesen zuzumutenden Wissens sowie der für sie gebotenen Aufklärung ein Verschulden an dem Leistungsmangel, kommt ein Schadensersatzanspruch des Auftraggebers nach Nr. 7 nicht in Betracht (BGH SFH Z 2.410 Bl. 18 ff.: Kein Verschulden, wenn eine Lackzersetzung auf einer Unverträglichkeit mit dem Grundanstrich beruht; OLG München SFH § 635 BGB Nr. 52 im Falle der von einem Handwerker nicht erkennbaren Nachteile einer vom Auftraggeber vorgeschriebenen neuartigen Abdeckfolie). Das Gleiche gilt, wenn die fehlende Funktionstauglichkeit gelieferter Bauteile nicht erkennbar ist und daher für den Auftragnehmer bzw. dessen Erfüllungsgehilfen kein Anlass besteht, die Funktionsfähigkeit nachzuprüfen (dazu BGH BauR 1978, 304 = NJW 1978, 1157 = SFH § 278 BGB Nr. 2 für den Fall des Fehlens einer Stopfbuchsenschraube an einem fabrikneuen Ventil). Dies gilt auch für jene Fälle, in denen der Auftragnehmer im Zeitpunkt der Abnahme zwar die zu dieser Zeit anerkannten Regeln der Technik eingehalten, seine Leistung aber dennoch als fehlerhaft zu gelten hat. Dann stehen dem Auftraggeber in der Regel nur die verschuldensunabhängigen Mängelrechte auf Nacherfüllung, gegebenenfalls auf Neuherstellung zu; einschließlich der dazu sich ergebenden Ansprüche nach Nr. 5 Abs. 2 bzw. auf Minderung. Prüft der Sanitärinstallateur von ihm verlegte Leitungen nicht DIN-gerecht auf Dichtigkeit, spricht der Beweis des ersten Anscheins für sein Verschulden bzgl der Mangelverursachung (OLG Jena IBR 2006, 388).

76 Wesentliche Gesichtspunkte zur Verschuldensfrage enthält die Rechtsprechung des BGH (NJW 1962, 1569 = SFH Z 2.414 Bl. 103). Dort ist (hinsichtlich der Verwendung ausländischer Hölzer) ausgesprochen, dass ein Auftragnehmer sich die notwendige Sachkenntnis aneignen muss, um den Auftraggeber angemessen beraten zu können. Insbesondere obliegt ihm auch die Pflicht, sich über die sein Arbeitsgebiet betreffenden Neuentwicklungen zu vergewissern (BGH BauR 1979, 159). Andernfalls muss er sich selbst bei einem Sachverständigen informieren, um gegebenenfalls eigenes Verschulden auszuschließen.

77 Die Frage des Verschuldens kann sich auch dann stellen, wenn der **Auftraggeber Arbeiten vergütet** hat, die sich **im Nachhinein als unnötig herausstellen**. Im zu entscheidenden Fall hatte sich der Auftragnehmer bezüglich einer Betonsanierung von einer Technischen Universität beraten lassen. Das System, das er dem Auftraggeber daraufhin vorschlägt und auch ausführt, hält nicht. Der Auftragnehmer bessert anschließend »kostenlos« nach. Der Auftraggeber verlangt von ihm die Vergü-

tungsteile für die ursprünglicher Arbeiten zurück, die sich im Nachhinein als unnötig herausgestellt haben. Ein diesbezüglicher Schadensersatzanspruch scheitert an einem Verschulden des Auftragnehmers. Dies liegt dann nicht vor, wenn er sich kompetent hatte beraten lassen und die Ausführungen nach Maßgabe des Beratungsergebnisses erfolgt sind (VOB-Stelle Sachsen-Anhalt, 06/2000 – Fall 253 IBR 2001, 182).

d) Beweislast

Die **Beweislast** hinsichtlich des nach der Abnahme bestehenden Mangels liegt **beim Auftraggeber**. Diese vom BGH für § 635 BGB a.F. (§ 634 Nr. 4 i.V.m. § 280 BGB) ausgesprochene Folge (BGH BauR 1981, 575 = NJW 1981, 2403; BGH BauR 1997, 129) gilt auch im Rahmen von § 13 Nr. 7 VOB/B. Das trifft vor allem auf die **Frage** zu, ob der **Mangel auf eine fehlerhafte Leistung des in Anspruch genommenen Auftragnehmers** zurückzuführen ist. Ebenso muss er die **Ursächlichkeit des Mangels für den Schaden** beweisen. Hieran fehlt es, wenn die Leistungserbringung nur als **eine von mehreren möglichen Ursachen** in Erwägung zu ziehen ist (BGH BauR 1998, 172 = ZfBR 1998, 26 – im zu entscheidenden Fall hatte der AN eingewandt, dass Drainagerohre aufgrund unzureichender Wartung – und nicht aufgrund der eigenen mangelhaften Leistung – verstopft worden seien. Da der AG dies nicht entkräftigen konnte, war er somit seiner Beweislast nicht nachgekommen. Ähnlich und instruktiv OLG Hamburg BauR 2001, 1740 m. Anm. *Wirth*). 78

Lässt sich – bezogen auf den betreffenden Mangel – ein grob fahrlässiger **Verstoß** des Auftragnehmers **gegen die anerkannten Regeln der Technik** feststellen, ist es dem Auftraggeber aber nach Sachlage nicht möglich, die Ursächlichkeit nachzuweisen, so können die Grundsätze des **Beweises des ersten Anscheins** zur Anwendung gelangen. Folge ist, dass der Auftragnehmer die Annahme seiner objektiven Verantwortlichkeit zu entkräften hat. 79

Weiter gilt: Trägt die Verwendung eines bestimmten Werkstoffes das Risiko eines bestimmten Schadens in sich – das bei Verwendung des im Vertrag vorgesehenen Werkstoffes nicht bestehen würde – so kann es für den Nachweis der Ursächlichkeit genügen, wenn eben dieser Schaden eintritt; insbesondere wenn die Verursachung durch andere Umstände fast völlig auszuschließen ist (BGH BauR 1973, 51 = SFH Z 2.414 Bl. 296; ebenso *Baumgärtel* ZfBR 1989, 231, 235). Friert z.B. eine nicht isolierte Leitung ein, die gegen Temperaturen bis zu –15 °C zu isolieren war, spricht so gut wie alles für die Schadensverursachung durch eine mangelhafte Leistung. Dem kann der Auftragnehmer nur durch die Darlegung und den konkreten Beweis entgegentreten, dass die Leitung bei noch tieferen Temperaturen als –15 °C eingefroren ist (OLG Koblenz NJW-RR 1988, 532). 80

Auch die **Beweislast zum Schaden** und seines **Umfangs** hat der Auftraggeber. Insoweit kann es notwendig sein, dass er seinen Anspruch unverzüglich geltend macht, um die Schadensfeststellung nicht zu erschweren oder gar unmöglich zu machen. Wird die Schadensfeststellung durch verzögerndes Verhalten des Auftraggebers erschwert oder gar unmöglich, geht das grundsätzlich zu seinen Lasten. Ggf. ist ein selbstständiges gerichtliches Beweisverfahren erforderlich. Allerdings ist der Auftraggeber im Regelfall nicht verpflichtet, die **Kosten für die Sanierung** eines Bauwerks »**vorprozessual**« durch ein **Privatgutachten** zu ermitteln. Nach dem BGH genügt es, wenn er die Kosten schätzt und für den Fall, dass der Schuldner die Kosten bestreitet, ein Sachverständigengutachten als Beweismittel anbietet (BGH IBR 2003, 126). 81

Handelt es sich um eine **objektive Schadensberechnung,** z.B. hinsichtlich entgangener Kapitalnutzung, muss der Schuldner beweisen, dass ein solcher Schaden nicht aufgetreten ist (BGH Betrieb 1974, 529). Überhaupt muss derjenige, der gegenüber einer Schadensersatzforderung einwendet, der Schaden hätte zu einem geringeren Preis behoben werden können, dieses beweisen (BGH MDR 1975, 924 = Betrieb 1975, 1407). Hält ein Gericht eine kostengünstigere Sanierungsmaßnahme für ausreichend, muss es auch ohne entsprechenden Vortrag des Bauherrn die Höhe dieser geringeren Kosten durch Beweisaufnahme (meist Sachverständigengutachten) ermitteln (BGH 82

BauR 2005, 1626). Auch kann sich der Auftragnehmer (z.B. der Subunternehmer) gegenüber dem Auftraggeber (z.B. dem General- oder Hauptunternehmer) grundsätzlich nicht darauf berufen, der Bauherr bzw. Erwerber habe von diesem die Leistung ohne Geltendmachung von Mangelansprüchen entgegengenommen (BGH BauR 1977, 277 = NJW 1977, 1819; zu etwa vereinbarten Schadenspauschalen § 11 sowie § 12 VOB/A).

83 Der **Auftragnehmer hat die Beweislast**, wenn es sich um die Frage handelt, ob er die objektiv feststehende Pflichtverletzung ausnahmsweise nicht zu vertreten hat (insbesondere BGHZ 42, 16, 18 = NJW 1964, 1791; BGHZ 48, 310 = NJW 1968, 43; BGH BauR 1979, 159; BGH BauR 1982, 514 = SFH § 72 ZPO Nr. 2; OLG Saarbrücken NJW-RR 1987, 470; OLG München NJW-RR 1987, 854). Dies wird ihm, wie die Praxis zeigt, nur selten gelingen.

84 Verlangt der Auftraggeber von **mehreren Auftragnehmern** wegen schuldhafter Verletzung der jeweils mit diesen abgeschlossenen Werkverträge Schadensersatz, muss er jedem von ihnen die objektive Pflichtverletzung nachweisen. Jeder Einzelne muss sich dann vom Vorwurf der Pflichtverletzung entlasten (BGH VersR 1968, 493). Nimmt der Auftraggeber den Auftragnehmer auf Schadensersatz in Anspruch, soll das Gericht der Frage eines möglicherweise fehlenden Verschuldens des Auftragnehmers nur auf dessen Einwand hin nachgehen müssen (OLG Celle NZBau 2004, 442 = IBR 2004, 241).

4. Abs. 3 S. 1: Schaden an der baulichen Anlage – spezielle Voraussetzungen
a) Bezug des Schadens zur baulichen Anlage

85 Die Schadensersatzverpflichtung ist hinsichtlich ihres Umfanges in Nr. 7 Abs. 3 S. 1 vertraglich begrenzt. Danach hat der Auftragnehmer dem Auftraggeber den Schaden an der baulichen Anlage zu ersetzen. Hierbei handelt es sich um eine feste Umgrenzung, die einer weitergehenden Auslegung und Ausdehnung nicht zugänglich ist. Insofern ist **nicht die Bauleistung im engeren Sinn** angesprochen, sondern darüber hinaus die **gesamte bauliche Anlage, in deren Bereich der Auftragnehmer die vertragliche Leistung auszuführen hatte.**

86 Daraus ergibt sich, dass der nach Nr. 7 Abs. 3 S. 1 auszugleichende und nicht bereits durch ein Vorgehen des Auftraggebers nach Nr. 5 oder 6 gedeckte Schaden nicht unbedingt an der eigentlichen Bauleistung selbst aufgetreten sein muss (z.B. infolge nicht rechtwinkliger Ausführung von Mauer- oder Verputzarbeiten, einer zu gering bemessenen Toreinfahrt, OLG Karlsruhe MDR 1969, 49, oder erheblicher Setzrisse oder Schubrisse). Vielmehr kann der – hier schon nach Abs. 3 S. 1 zu ersetzende – Schaden auch in adäquat-kausalem Zusammenhang mit der Bauleistung an der betreffenden baulichen Anlage bestehen; **also auch dort, wo nicht unmittelbar gearbeitet worden ist**, z.B. durch Auftreten von Schwamm bei Auffüllen der Baugrube mit Holzabfällen, Risse an einem Gebäude infolge unsachgemäßer Erdarbeiten, Durchfeuchtungen von Fußböden und Wänden infolge baulicher Fehler an einem errichteten Balkon, überhaupt **auf andere Bauwerksteile** sich ausdehnende Feuchtigkeit (dazu OLG Düsseldorf SFH Z 3.01 Bl. 218 ff.).

87 Daraus folgt, dass hier **nicht zwischen unmittelbarem und mittelbarem Schaden** am Bauwerk **unterschieden** wird. Es kommt z.B. nicht darauf an, ob Hausschwamm durch mangelhaften Anschluss eines Spülsteins »mittelbar« verursacht worden ist (ebenso *Locher* Das private Baurecht Rn. 279 ff.; im Ergebnis wie hier *Nicklisch/Weick* § 13 VOB/B Rn. 230; ähnlich *Kaiser* Mängelhaftungsrecht Rn. 114 wenn er unter dem Begriff des unmittelbaren Schadens den sog. Objektschaden versteht; *Werner/Pastor* Rn. 1729). **Nach altem Recht galt:** Verglichen mit dem Anwendungsbereich des § 635 BGB werden hier bereits Schäden eingeordnet, die sonst dem Bereich des sog. entfernteren Mangelfolgeschadens zuzurechnen wären, also der positiven Vertragsverletzung. **Nach neuem Recht** werden alle Schäden von §§ 634 Nr. 4 i.V.m. § 280 BGB unmittelbar umfasst.

Immer muss es sich aber um einen Schaden handeln, der an der **baulichen Anlage selbst** entstanden 88
ist (z.B. aus Anlass des Ausbaus mangelhafter Fenster; OLG Hamm BauR 1984, 524). Dazu rechnen
z.B. **nicht** Wasserschäden an dem im Hause lagernden Material oder an Einrichtungsgegenständen.

Der **Schaden**, dessen Ersatz hier verlangt werden kann, **muss entweder der Bauleistung unmittel-** 89
bar anhaften oder jedenfalls **in engem Zusammenhang mit ihr stehen**. Der Schaden an der baulichen Anlage hatte grundsätzlich dieselbe Tragweite wie § 635 BGB a.F. (BGHZ 99, 81 = BauR 1987, 89 = NJW 1987, 645) – abgesehen von dem vorgenannten Einbezug bestimmter entfernterer Mangelfolgeschäden. Nach **neuem Recht** werden auch diese Schäden abgedeckt.

Zunächst gilt alles als Schaden an der baulichen Anlage, was die **mangelhafte Leistung selbst** oder 90
deren **unmittelbare**, am Bauwerk auftretende **Folgen** betrifft; insbesondere auch durch Herabsetzung ihres Nutzungs- oder Verkehrswertes. Als Schaden gelten auch **Einnahmeverluste wegen entgangener Nutzung** der baulichen Anlage (Mietausfall, BGH BauR 2004, 1653), Mehraufwendungen wegen der Mängel (z.B. erhöhte Stromkosten für die Anlage); ferner Kosten, die zur Schadensminderung aufgewendet werden (BGH BauR 1992, 504 = ZfBR 1992, 167). Hierunter fallen auch der Verdienstausfall (BGHZ 92, 308 = BauR 1985, 83), der Mietausfall und der Zinsverlust (BGHZ 46, 238 = NJW 1967, 340); vorausgesetzt, sie beruhen ursächlich auf der mangelhaften Leistung und sind deren Folgen (so auch *Nicklisch/Weick* § 13 VOB/B Rn. 247. Zur methodischen Ermittlung von Mietminderungen bei Wohnungsmängeln *Mantscheff* BauR 1989, 44; dazu weiter *Schulz* BauR 1990, 151). Hier muss sich der Auftraggeber im Rahmen der Schadensminderung um baldmögliche Schadensbeseitigung zwecks Herbeiführung der Vermietbarkeit bemühen, will er im Wege des Schadensersatzes Mietausfall fordern (BGH BauR 1974, 205).

Es kommt jedoch immer auf die Fallgestaltung im Einzelfall an: Jedenfalls kann der Auftraggeber 91
auch im Rahmen seiner **Schadensminderungspflicht** abwarten, bis eindeutig geklärt ist, welche Maßnahmen zur Nacherfüllung notwendig sind (BGH WM 1974, 200). Kosten für die Schadensminderung sind dem hier erörterten Schadensersatzanspruch zuzurechnen, sofern der Auftraggeber sie zu Recht aufgewendet hat; insbesondere dann, wenn sie außerhalb des Leistungsbereichs des Auftragnehmers liegen, also nicht schon ohnehin zu dessen Mangelbeseitigungspflicht gehören (ebenso *Nicklisch/Weick* § 13 VOB/B Rn. 245). Hat der Auftragnehmer Schadensersatz wegen vertragswidriger Beschaffenheit der Leistung zu erbringen, weil z.B. die Geschossdecke eines Supermarktes statt der vertragsgemäßen Tragfähigkeit von 5 kN/m^2 nur eine von 2 kN/m^2 hat, so entfällt ein Schaden nicht schon deswegen, weil der Auftraggeber z. Zt. das Obergeschoss als Personalaufenthaltsraum nutzt (wozu die Tragfähigkeit ausreicht). Vielmehr muss für die Feststellung des Schadens darauf abgestellt werden, wie sich allgemein die vertragswidrige Beschaffenheit auf die Nutzbarkeit und damit auf den Ertrags- oder Veräußerungswert des Gebäudes auswirkt (BGH BauR 1995, 388 = NJW-RR 1995, 591).

Die Klausel in einem Bauvertrag »Ansprüche wegen Produktionsausfall und entgangenem Gewinn 92
werden nicht geltend gemacht«, kann sich nur auf einen Produktionsbetrieb beziehen. Nicht ergreift diese Klausel einen Vertrag, der zwischen einer Gemeinde und dem Lieferanten einer Wärmepumpe für das Hallenbad dieser Gemeinde abgeschlossen wird (BGH BauR 1989, 601 = NJW-RR 1989, 980). Im Übrigen dürfte eine solche Klausel in AGB an § 309 Nr. 7b BGB (§ 11 Nr. 7 AGB-Gesetz a.F.) zu messen sein.

Ein Schadensersatzanspruch nach § 13 Nr. 7 Abs. 3 S. 1 VOB/B, etwa wegen infolge eines Mangels 93
verzögerter Fertigstellung (Nutzungsausfall), entfällt nicht deshalb, weil der Auftraggeber auch einen **Vertragsstrafenanspruch** hat, er diesen jedoch nicht geltend machen kann, weil er ihn sich bei Abnahme nicht vorbehalten hat (mit Recht BGH BauR 1975, 344 = NJW 1975, 1701). Grundsätzlich hat der Auftraggeber das Wahlrecht, ob er die Vertragsstrafe oder den Schadensersatzanspruch geltend machen will; kann er ersteres nicht mehr, steht ihm der zweite Weg offen.

94 Eine mangelhafte Leistung ist auch **schadensursächlich**, wenn mit ihr zugleich eine **andere fehlerhafte Leistung** den Schaden herbeigeführt hat. In diesem Fall sind **beide Mängel mitursächlich**, selbst wenn einer allein genügt hätte, um den Schaden zu verursachen (BGH SFH Z 3.12 Bl. 72).

b) Umfang des Schadensersatzes

95 Ebenso wie bei §§ 634 Nr. 4, 280 BGB (§ 635 BGB a.F.) hat der Auftraggeber auch im Bereich der VOB/B die Wahl, ob er bei dem hier zur Erörterung stehenden »kleinen Schadensersatzanspruch« lediglich den **mangelbedingten Minderwert der baulichen Anlage** in Ansatz bringt **oder** ob er die **voraussichtlichen Nacherfüllungskosten** verlangt. Im ersten Fall kommt es auf die Ermittlung des verminderten Verkehrswertes an. Für den in der Praxis häufigeren Fall gilt: Hier geht es vornehmlich um den Aufwand, der dem Auftraggeber entstanden und/oder der zur Beseitigung der Schäden an der baulichen Anlage erforderlich ist, wenn der Auftragnehmer zu Recht (§ 13 Nr. 6 VOB/B) oder trotz entsprechender Aufforderung und Fristsetzung durch den Auftraggeber zu Unrecht (§ 13 Nr. 5 Abs. 2 VOB/B) die **Mangelbeseitigung** verweigert hat (BGH BauR 1991, 744 = NJW-RR 1991, 1429; auch OLG Köln BauR 1994, 119 = NJW-RR 1993, 1492). Der Auftraggeber soll sich auch selbst dann nicht auf den Ersatz der objektiven Minderung des Verkehrswerts verweisen lassen müssen, wenn diese erheblich geringer ist als die Kosten der Mangelbeseitigung (BGH Urt. v. 10.3.2005 zu § 635 BGB a.F. NJW-RR 2005, 1039). Nach Veräußerung des Bauwerkes bleibt der Schadensersatzanspruch in Höhe der zur Mängelbeseitigung erforderlichen Kosten erhalten (BGH BauR 2004, 1617; BGHZ 99, 81).

96 In diesen Bereich fallen auch die Kosten, die der Auftraggeber für die objektiv mögliche Beseitigung von ihm bei der Abnahme bekannten Mängeln aufwenden muss, weil der Auftragnehmer entsprechend § 640 Abs. 2 BGB mit Recht die Mangelbeseitigung verweigert hat (so insbesondere BGHZ 77, 134 = BauR 1980, 460; OLG Köln BauR 1980, 77; OLG Nürnberg NJW-RR 1986, 1346). Insofern ist für die Bewertung auf den Aufwand und die damit verbundenen Kosten abzustellen, die der Auftraggeber im Zeitpunkt der Nacherfüllung als vernünftiger, wirtschaftlich denkender Bauherr aufgrund sachkundiger Beratung oder Feststellung aufwenden konnte (ähnlich OLG Frankfurt BauR 1984, 67). Dabei sind im Allgemeinen Kosten zur Grundlage zu nehmen, die im Betrieb des Auftragnehmers entstanden wären, weil diesem der Ausschluss des Nacherfüllungsanspruches oder des Minderungsrechtes des Auftraggebers nach § 640 Abs. 2 BGB grundsätzlich nicht angelastet werden kann. Denkbar ist auch der zusätzliche Ersatz verbleibenden merkantilen Minderwerts trotz gänzlich möglicher Nacherfüllung bzw. deren Kosten. Ansatzfähig sind hier auch Kosten einer sachlich sinnvollen Teilsanierung ohne Anrechnung anderer Schadenspositionen, wenn im Übrigen die Beseitigungskosten noch nicht feststehen (OLG Hamm BauR 1993, 738).

97 Schadensersatzpositionen können auch gegen »Treu und Glauben« verstoßen. Dies wurde entschieden als bei einer mangelhaften Wärmedämmung einer Fußbodenheizung eine Erneuerung der Anlage 40.000 DM gekostet hätte, der Mangel aber lediglich jährliche Energiemehrkosten von 17,66 DM verursacht hat (OLG Düsseldorf BauR 2001, 445 = NJW-RR 2001, 522). Abzustellen ist somit darauf, ob der geforderte **Ersatzanspruch** »**unverhältnismäßig**« ist. Eine solche Unverhältnismäßigkeit ist desto mehr abzulehnen, je mehr die Werkleistung (gepflasterte Hoffläche) »erhebliche« Funktionsmängel aufweist. Dies selbst dann, wenn der Bauherr die Hoffläche in ihrem mangelhaften Zustand 16 Jahre genutzt hat. Dabei ist allerdings zu berücksichtigen, dass die lange Benutzungsdauer im Zusammenhang mit einer ebenso langen Zeit der unberechtigten Verweigerung der Mängelbeseitigung seitens des Auftragnehmers steht (OLG Oldenburg OLGR 2000, 114 = IBR 2000, 320).

98 Ein Ersatzanspruch wurde abgelehnt, als in einem Bauträgerkaufvertrag eine »konventionelle Bauweise« vereinbart war, das Vorhaben gleichwohl in Plattenbauweise erstellt wurde. Mangels einer Zusicherung nach altem Recht lag kein den Schadensersatzanspruch begründender Mangel vor (OLG München BGH Nichtannahmebeschluss IBR 2001, 671). Nach neuem Recht würde wohl ein Anspruch vorliegen, fraglich könnte der Schaden sein. Entstehen beim Verlegen eines Teppichbodens durch das Zusammenwirken von Kleber und Teppichboden »übel riechende Ausgasungen«, führt dies zunächst zu einer mangelhaften Werkleistung. Tritt hinzu, dass der Hersteller des Klebers dem Handwerker zuvor Materialversuche empfohlen hatte, die der Handwerker nicht vorgenommen hat, ist bei ihm Verschulden anzunehmen. Er muss auf Empfehlungen bzw. Anweisungen eines Herstellers reagieren (OLG Frankfurt NJW-RR 2000, 1188 = IBR 2000, 539).

Zu beachten ist auch, dass Eigenkosten von Geschädigten im Rahmen der unmittelbaren Schadensbeseitigung ersatzfähig sind. Allerdings gilt dies **nicht hinsichtlich Kosten**, die für die **eigentliche Feststellung und Abwicklung** des Schadens erforderlich sind. Nach dem Bundesgerichtshof würde Letzteres zu einer nicht zu rechtfertigenden Ausweitung des mittelbaren Schadens führen (BGH NJW 1969, 1109). Anders sei dies erst dann, wenn Mitarbeiter des Geschädigten über einen längeren Zeitraum von der üblichen Tätigkeit freigestellt werden müssten. Dies insbesondere zur Überwachung von Bandsetzungsarbeiten (OLG Düsseldorf BauR 2001, 1468 = NJW-RR 2001, 739). Auch **entgangener Gewinn** kann als Schadensersatzposition geltend gemacht werden, wobei dieser abstrakt oder konkret darlegbar ist (BGH IBR 2006, 248). Bei abstrakter Schadensberechnung muss der AG nur eine ausreichende Wahrscheinlichkeit für den behaupteten Gewinn nachweisen, dem AN obliegt dann der Beweis der gegen die Gewinnerzielung sprechenden Gründe (BGH IBR 2006, 248). 99

Frage ist, ob der Ersatzanspruch auch die Kosten einer Ersatzunterkunft umfasst (Hotelkosten weil Eigentümer während der Sanierung lt. Gutachter nicht im Haus bleiben konnte) – selbst wenn diese Beträge später infolge Nichtdurchführung der Sanierung gar nicht anfallen. Sie könnten auch dem Bereich der Nr. 7 Abs. 2 S. 2 VOB/B unterfallen. Der BGH hat sie für den BGB-Bereich dem § 635 zugeordnet (BGH BauR 2003, 1211). 100

aa) Keine Voraussetzung, dass AG die Mängel tatsächlich beseitigen lässt
Voraussetzung für den Ersatz der Nacherfüllungskosten an der baulichen Anlage **ist nicht, dass der Auftraggeber die Mängel tatsächlich beseitigen lässt.** Auch erlischt der Anspruch nicht, wenn der Auftraggeber das betreffende **Grundstück veräußert**, bevor er den zur Nacherfüllung nötigen Geldbetrag erhalten hat oder den Mangel nicht beseitigen lassen will (BGH BauR 2004, 493). Dies gilt auch für den Fall der Zwangsversteigerung. Insoweit ist der Zeitpunkt der letzten mündlichen Verhandlung für den Ansatz der – insoweit fiktiven – Nacherfüllungskosten maßgebend. Nur dies wird der »Dispositionsfreiheit« des geschädigten Auftraggebers gerecht. Dabei ergeben sich jedoch Einschränkungen aus der entsprechenden Anwendung des § 251 Abs. 2 BGB oder besser aus den Grundsätzen des Vorteilsausgleichs (dazu *Hochstein* FS Heiermann S. 121 ff.). Insoweit kommt es für die Schadensberechnung auf den Ansatz sinnvoller Nacherfüllungskosten an, wobei gerade für den fiktiven Ansatz von Kosten eine gebotene Zurückhaltung zu fordern ist (BGHZ 99, 81 = BauR 1987, 89; OLG Nürnberg NJW-RR 1993, 1300; dazu *Peters* Jura 1987, 422 sowie *Schulze* NJW 1987, 3097). 101

Hat der Auftragnehmer dem Auftraggeber im Wege des Schadensersatzes Nacherfüllungskosten zu ersetzen, so sind davon auch solche Kosten erfasst, die aufgrund eines Gutachtens in einem selbstständigen Beweisverfahren irrig für nötig befunden wurden (hier: Stützmaßnahmen; a.A. *Köhler* JZ 1987, 247 u. *Schulze* NJW 1987, 3097; zu beachten *Hochstein* FS Heiermann S. 121 ff.). Führen solche Maßnahmen zu weiteren Schäden bzw. Verlusten, wie Mietverlusten, hat der Auftragnehmer auch diese im Wege des Schadensersatzes zu ersetzen. Allerdings ist in einem solchen Fall der Auftragnehmer zur Leistung des Schadensersatzes nur Zug um Zug gegen Abtretung der Ansprüche gegen den Sachverständigen verpflichtet. Im Übrigen gehört es nicht zur Schadensminderungspflicht des Auftraggebers, derartige Schadensersatzansprüche gegen den Sachverständigen gerichtlich geltend zu machen (OLG Frankfurt NJW-RR 1992, 602). 102

103 Unterlässt ein geschädigter Auftraggeber (hier eine Wohnungseigentumsgemeinschaft) eine aufgrund eines Sachverständigengutachtens bekannte, dringend gebotene Maßnahme zur Beseitigung von Baumängeln – die zur Abwendung erheblicher Folgeschäden erforderlich ist – so unterliegt die Gemeinschaft was die Entstehung weiterer Folgeschäden anbetrifft, ab diesem Zeitpunkt dem **Einwand des Mitverschuldens** (OLG Celle BauR 2001, 650).

bb) Gesamtleistung ist untauglich

104 Ist die **Gesamtleistung** des betreffenden Auftragnehmers **völlig untauglich**, so rechnen zum Schadensersatz die Kosten des Abrisses, des Abtransportes und der Lagerung oder Vernichtung der entsprechenden Bauteile (OLG Saarbrücken NJW-RR 1987, 470 für den Fall der infolge untauglicher Imprägnierung der Holzteile und der dadurch ausströmenden Gase eingetretenen Unbewohnbarkeit eines Fertighauses; OLG Düsseldorf BauR 1995, 848 = NJW-RR 1996, 305 im Falle der Unmöglichkeit der Verlegung des vertraglich vorgesehenen Oberbodens wegen physikalischer Untauglichkeit des Unterbodens).

cc) Kosten der Schadensminderung als Schaden an der baulichen Anlage

105 Schäden an der baulichen Anlage können auch **Kosten** sein, die **zur Schadensminderung** aufgewendet werden, z.B. die Kosten für eine Pumpanlage bei infolge schlechter Bauausführung eingetretener Undichtigkeit des Gebäudes.

dd) Verlängerung der Verjährungsfrist als Schaden an der baulichen Anlage

106 Unter Umständen kann eine im Rahmen der Mängelhaftung zwischen dem Hauptunternehmer und dem Auftraggeber vereinbarte Verlängerung der Verjährungsfrist als »Schaden am Bauwerk«, dementsprechend auch als »Schaden an der baulichen Anlage« anzusehen sein. Dies kann der Hauptunternehmer gegenüber dem Subunternehmer geltend machen.

ee) Gutachterkosten als Schaden an der baulichen Anlage

107 Dass **Gutachterkosten,** die aufgewendet werden, um an der baulichen Anlage entstandene Schäden festzustellen, zu ersetzen sind, wird vom BGH zutreffend bejaht (BGHZ 92, 308 = BauR 1985, 83; OLG Köln SFH § 633 BGB Nr. 100 = NJW-RR 1995, 211; OLG Düsseldorf BauR 1996, 129 = NJW-RR 1996, 729). Allerdings müssen sie – was eigentlich selbstverständlich ist – notwendig gewesen sein (BGH BauR 1991, 745, 746 = NJW-RR 1991, 1428; OLG Düsseldorf BauR 1996, 129). Zum Schaden im hier erörterten Sinne zählen auch die sonstigen außergerichtlichen Kosten, die der Geschädigte selbst oder durch Inanspruchnahme eines Dritten hat aufwenden müssen; insbesondere um seinen Schaden an der baulichen Anlage dem Grunde und der Höhe nach feststellen zu können (ebenso LG Nürnberg-Fürth NJW-RR 1986, 1466). Insoweit braucht sich der nicht sachkundige Auftraggeber nicht darauf verweisen zu lassen, er habe anstelle eines Sachverständigen kostenlose Angebote von Fachunternehmern einholen können (KG JurBüro 1985, 1247). Etwas anderes gilt dann, wenn es sich um einfache Mangelbeseitigungsarbeiten handelt, deren Kosten durch zuverlässige Unternehmerangebote zweifelsfrei festgestellt werden können.

108 Auch kann der nicht sachkundige Auftraggeber u.U. stark **überhöhte Kosten der Untersuchungen** durch den Sachverständigen – die objektiv nicht erforderlich waren (z.B. zusätzliche Laboruntersuchungen) – erstattet verlangen (dazu OLG Frankfurt BauR 1991, 777). Er muss sich grundsätzlich darauf verlassen können, dass der Sachverständige aufgrund seines Sachverständigeneides und seiner Sachkunde nur solche Untersuchungen vornimmt, die zur zuverlässigen Beantwortung der anstehenden Fragen erforderlich sind. Das gilt im Übrigen auch für den Bereich eines selbstständigen Beweisverfahrens, wenn das Gericht die vom Sachverständigen geforderten Kosten bewilligt und auszahlt (OLG Düsseldorf SFH § 13 Nr. 7 VOB/B Nr. 6; ebenso BauR 1989, 329). Das Gesagte trifft auch für Unternehmen oder Behörden zu, selbst dann, wenn sie eigene Abteilungen zur Feststellung von Schäden im angegebenen Sinne und Umfang haben (a.A. BGH NJW 1969, 1109 = Betrieb 1969,

789; BGH NJW 1976, 1256 = MDR 1976, 831 mit zutreffender ablehnender Anm. von *Schmidt* NJW 1976, 1932 und *Klimke* VersR 1977, 615; zum Ersatz sog. Regiekosten beachtlich und durchweg zutreffend *Ganten* BauR 1987, 22).

Hervorzuheben ist in diesem Zusammenhang eine beim OLG Stuttgart ergangene Entscheidung (OLG Stuttgart BauR 1999, 514). Gegenstand war die Niederschlagung von Kosten zu Lasten der Staatskasse, die das erstinstanzliche Gericht durch Einholung eines Sachverständigengutachtens ausgelöst hat. Zwar betraf dies nicht direkt den hier behandelten Bereich des § 13 Nr. 7 VOB/B, sondern vielmehr die Frage der Prüffähigkeit einer Architektenhonorar-Schlussrechnung. Jedoch wird man die dort erarbeiteten Grundsätze auch auf alle hier in Betracht kommenden Fälle übertragen können. Hintergrund war die Beauftragung eines Sachverständigen durch das erstinstanzliche Gericht mit der Frage, ob eine HOAI-Abrechnung prüffähig sei. Der Sachverständige rechnete über 30.000 DM hierfür ab. Das OLG rügte das LG später dahin gehend, dass es sich um eine Rechtsfrage gehandelt habe und deshalb eine solche Beweiserhebung unzulässig gewesen sei. Die Kosten mussten somit von der Staatskasse getragen werden. **109**

ff) Erhaltungsaufwand als Schaden an der baulichen Anlage

Zum Schaden an der baulichen Anlage zählt auch der auf die mangelhafte Leistung zurückgehende **zusätzliche Erhaltungsaufwand,** insbesondere bei nur teilweise erfolgter und nur möglicher Nacherfüllung. Dieser berechnet sich nach dem tatsächlich nötigen Mehraufwand; dies bis zu dem Zeitpunkt, in dem erfahrungsgemäß eine Überholung oder Erneuerung des betreffenden Bauteils erforderlich ist. Insofern dürfte es im Streitfall wesentlich auf eine sachverständige Beurteilung als Beweis für eine Schutzgrundlage nach § 287 ZPO ankommen. **110**

gg) Nur vertretbare Nacherfüllungskosten als Schadensersatz

Wird tatsächlich nacherfüllt, so kann der Auftraggeber nur solche Kosten ansetzen, die durch vertretbare Nacherfüllungsmaßnahmen entstehen; nicht aber solche, die durch ein ungewöhnliches Fehlverhalten des nachbessernden Unternehmers anfallen – z.B. eine bei der Beseitigung defekten Estrichs durch sorglose Stemmarbeiten verursachte völlige Zerstörung der unter dem Estrich befindlichen Dachfolie und Durchnässung der Dachisolierung mangels jeglicher Schutzmaßnahmen (OLG Düsseldorf BauR 1993, 739*).* **111**

Bejaht wurde vom BGH die Frage, ob ein Hauptunternehmer, der wegen verzögerter Fertigstellung des Bauwerks an den Bauherrn eine Vertragsstrafe zu zahlen hat, diese als Schadensposition an seinen Subunternehmer »durchleiten« kann (BGH BauR 1998, 330). Dies allerdings im Bereich des § 6 Nr. 6 VOB/B. Das Ergebnis dürfte jedoch auch auf § 13 VOB/B übertragbar sein. In der Begründung wurde darauf hingewiesen, dass diese Auslegung auch einer normativ wertenden Betrachtung nicht entgegenstehe, ebenso nicht der Lehre vom Schutzzweck. Allenfalls könne dem Hauptunternehmer im Einzelfall ein mitwirkendes Verschulden zur Last fallen. Dabei sei zu berücksichtigen, ob er den Subunternehmer auf die Gefahr eines für diesen ungewöhnlich hohen Schadens aufmerksam gemacht hat. Insbesondere auch, zu welchem Zeitpunkt dies geschehen ist. Dies vor dem Hintergrund, dass Subunternehmer in diesen Fällen durch das »Durchleiten« mit Schadenspositionen belastet werden können, die ihren eigenen Vergütungsanspruch um ein Vielfaches übersteigen. **112**

c) Nacherfüllungsaufforderung mit Fristsetzung

Soweit es sich um den zur konkret beabsichtigten Beseitigung der Schäden an der baulichen Anlage erforderlichen Aufwand handelt, kann er, sofern er sich mit den Nacherfüllungskosten gemäß Nr. 5 Abs. 2 deckt, nur geltend gemacht werden, wenn dem Auftragnehmer zuvor vergeblich eine Frist zur Nacherfüllung gesetzt worden war (ebenso BGH BauR 1981, 395 = SFH § 635 BGB Nr. 27 = ZfBR 1981, 173); es sei denn es liegt eine Ausnahme von dem Erfordernis der Fristsetzung vor. Andernfalls würde die Ausschlusswirkung, die nach Nr. 5 Abs. 2 an die Unterlassung der Fristsetzung durch den **113**

Auftraggeber geknüpft ist, vereitelt werden (BGH NJW 1966, 39 = SFH Z 2.414 Bl. 146 ff. Zum Verhältnis des hier erörterten Schadensersatzanspruches zu dem Kostenerstattungsanspruch gemäß Nr. 5 Abs. 2 siehe unten). Allerdings ist eine vorausgegangene vergebliche Nacherfüllungsaufforderung mit Fristsetzung für den Schadensersatzanspruch nach Nr. 7 Abs. 3 S. 1 nur insoweit erforderlich, als dem Auftraggeber überhaupt ein Nacherfüllungsanspruch nach § 13 Nr. 5 Abs. 1 VOB/B zugestanden hat. Somit ist es für den Schadensersatzanspruch nach Nr. 7 Abs. 1 nicht erforderlich, zuvor zur Nacherfüllung aufzufordern und dazu eine Frist zu setzen, wenn im Hinblick auf § 640 Abs. 2 BGB kein Nacherfüllungsanspruch bestanden hat oder wenn lediglich ein Minderungsanspruch nach Nr. 6 in Betracht käme (von KG BauR 1979, 517 im Hinblick auf § 640 Abs. 2 BGB übersehen; vgl. dazu auch unten).

114 Zu beachten in diesem Zusammenhang ist die Gefahr, dass der Auftraggeber dem Auftragnehmer das Recht auf Nacherfüllung nehmen kann. Dies dann, wenn er (der Auftraggeber) im Rahmen der Regelung des § 640 Abs. 2 BGB seine Nacherfüllungsrechte »absichtlich« verfallen lässt und auf diese Weise »gewollt« direkt zum Schadensersatzanspruch übergeht – unter Umgehung des eigentlich bestehenden Rechts des Auftragnehmers auf Nacherfüllung.

d) Schadensersatz bei Minderung

115 Soweit bei Minderung (§ 13 Nr. 6 VOB/B) dem Auftraggeber für den Bereich der baulichen Anlage noch ein Schadensersatzanspruch verbleibt, ist der Auftragnehmer zum Ersatz des vollen Schadens – soweit er von der VOB/B gewährt wird – verpflichtet. Allerdings kommt ausnahmsweise die entsprechende Anwendung des § 251 Abs. 2 BGB in Betracht; gerade dann, wenn es für den Auftragnehmer unzumutbar wäre, die vom Auftraggeber – vor allem bei eigener oder von ihm anderweitig dennoch veranlasster Nachbesserung – in nicht sinnvoller Weise gemachten Aufwendungen tragen zu müssen. Grundsätzlich kann aber der Auftraggeber vom Auftragnehmer den Ersatz des – durch die Minderung noch nicht gedeckten – Schadens verlangen; d.h. die Erstattung der Aufwendungen, die erforderlich waren, um die Leistung mangelfrei zu machen (BGHZ 59, 365 = BauR 1973, 112). Auch ein etwa bleibender Minderwert der baulichen Anlage gehört hierher. Sofern und soweit die Leistung untauglich ist und die Voraussetzungen für eine Minderung nach § 13 Nr. 6 VOB/B gegeben sind, kann der Auftraggeber im Wege des Schadensersatzes auch die Wegnahme bzw. Beseitigung der Leistung sowie die Herstellung des alten Zustandes verlangen (OLG Hamm BB 1978, 64 = NJW 1978, 1060; LG Nürnberg-Fürth NJW-RR 1986, 1466; vgl. dazu auch unten).

e) Schadensberechnung – Sachverständige

116 Im Allgemeinen berechnet sich der Schaden ähnlich den für die Minderung maßgebenden Gesichtspunkten, zuzüglich des außerhalb der mangelhaften eigentlichen Leistung entstandenen Schadens. Das Gericht kann die Höhe des Schadens im Wege der Schätzung nach § 287 ZPO ermitteln. Wurde bei einen Schadensersatzanspruch Haftungsgrund und Schadenseintritt bejaht, muss das Gericht prüfen, ob sich aus dem Sachverhalt ausreichende Anhaltspunkte für eine Schätzung der Schadenshöhe ergeben (BGH BauR 2004, 851 = IBR 2004, 238).

f) Art des Schadensersatzes

117 Die Art des Schadensersatzes richtet sich grundsätzlich nach den allgemeinen Regeln. Demnach käme zunächst die Naturalherstellung, d.h. die ordnungsgemäße Erstellung der Leistung selbst gemäß § 249 BGB in Betracht. Nur ausnahmsweise könnte der Auftraggeber Zahlung des Geldinteresses verlangen. Nach der zutreffenden Ansicht des OLG Köln (NJW 1960, 1256 = SFH Z 2.414 Bl. 76), kommt aber im Werkvertragsrecht im Bereich des Schadensersatzes aus Mängelrechten die Naturalherstellung grundsätzlich nicht in Frage. Sie würde praktisch auf die Erfüllung der vertraglich geschuldeten Leistung hinauslaufen. Das widerspräche den sich aus §§ 634 Nr. 4, 280 BGB ergebenden Grundsätzen (a.A. *Barnickel* VersR 1977, 802, der jedoch verkennt, dass hier sowohl Minderung als auch Schadensersatz wegen Nichterfüllung begrifflich nicht auf Erfüllung, sondern nur auf geldwer-

ten Ersatz gerichtet sein können; Gleiches gilt für die gegenteilige Ansicht von *Köhler* JZ 1987, 248, 249, der bei seinem Berufen auf § 250 BGB übersieht, dass diese Bestimmung keine eigenständige Regelung gegenüber § 249 BGB, sondern nur eine Folgeregelung zu dieser grundlegenden gesetzlichen Vorschrift darstellt). Der Schadensersatzanspruch kann daher beim Bauvertrag grundsätzlich nur darauf hinauslaufen, den **Schadensausgleich in Geld** und nicht durch Naturalherstellung zu erreichen (BGH BauR 1978, 498; BGHZ 99, 81 = BauR 1987, 89; dazu auch *Peters* Jura 1987, 422; KG BauR 1981, 380). Ersatzfähig ist auch die Umsatzsteuer für Maßnahmen der Mangelbeseitigung, auch wenn diese tatsächlich nicht anfällt. § 249 Abs. 2 S. 2 BGB ist unanwendbar (OLG Brandenburg IBR 2006, 136).

Ein Schadensersatzanspruch in Geld kommt in Betracht, wenn der Auftraggeber ihm bekannte Mängel abgenommen hat, ohne dabei einen Vorbehalt zu machen; somit die Rechtsfolge des § 640 Abs. 2 BGB eingetreten ist, die auch auf den VOB/B-Vertrag Anwendung findet (§ 12 VOB/B sowie für § 633 Abs. 3 BGB BGHZ 61, 369 = BauR 1974, 59; nunmehr für § 13 Nr. 7 VOB/B auch BGHZ 77, 134 = BauR 1980, 460). **118**

Alle vorgenannten Grundsätze gelten auch für den Bereich des VOB/B-Vertrages, sofern durch die Naturalherstellung eine Erfüllung bauvertraglicher Herstellungspflichten erreicht würde. Andernfalls kommt Naturalersatz in Betracht. Das trifft z.B. zu, wenn die Leistung untauglich ist und die Voraussetzungen der Minderung gegeben sind; insbesondere hinsichtlich des dann im Wege des Schadensersatzes gegebenen Wegnahme- und Beseitigungsrechtes des Auftraggebers (OLG Hamm BB 1978, 64 = NJW 1978, 1060; LG Nürnberg-Fürth NJW-RR 1986, 1466). **119**

Vor allem: Liegt der **Rechtsgrund des Schadensersatzanspruches nicht im eigentlichen Bereich der Mängelhaftung**, so ist **grundsätzlich Naturalherstellung** geschuldet (*Nicklisch/Weick* § 13 VOB/B Rn. 228, fordern eine Ausnahme vom Grundsatz der Geldentschädigung). Zur Unterscheidung dieses Beispiel: Werden mit Stahlrahmen versehene große Schaufenster eingebaut und die Scheiben durch Schweißarbeiten beim Einbau beschädigt, liegt es im Rahmen der Mängelhaftung, wenn der Auftragnehmer Stahlrahmen und Scheiben zu liefern hatte. Er haftet auf Schadensersatz in Geld. Waren dagegen die Scheiben von einem anderen Auftragnehmer zu liefern, so liegt eine Nebenpflichtverletzung vor; u.U. auch eine unerlaubte Handlung (§ 823 Abs. 1 BGB), wenn der Auftragnehmer, der nur die Stahlrahmen nebst Einbau zu leisten hat, bei Schweißarbeiten anlässlich des Einbaus die bereits eingesetzten Scheiben beschädigt. Dann kann von ihm auch Schadensersatz in Natur (Verschaffung von neuen Scheiben) verlangt werden (vgl. insbesondere auch BGH BauR 1978, 498; BGHZ 99, 81 = BauR 1987, 89). Der Schadensersatzanspruch wegen Verlegung eines unbrauchbaren Bodenbelages umfasst die Rückzahlung des geleisteten Werklohns sowie die Kosten der Beseitigung und Entsorgung des Belages (OLG Düsseldorf NJW-RR 1996, 305). **120**

Auch für den von einem Architekten aus seinem Vertrag mit dem Auftraggeber gemäß §§ 634 Nr. 4, 280 BGB zu leistenden Schadensersatz kommt grundsätzlich nur Geldersatz in Frage. Es sei denn, es ist ihm ausnahmsweise möglich, den Schaden mit geringerem Kostenaufwand zu beseitigen, als es durch einen anderen Unternehmer möglich wäre (OLG Düsseldorf NJW-RR 1996, 305). Sofern der Architekt nach dem Vertrag die Befugnis hat, den Schaden selbst zu beseitigen, muss er von sich aus von dieser Möglichkeit Gebrauch machen, anderenfalls hat er auch hier Schadensersatz in Geld zu leisten (BGH BauR 1981, 395 = SFH § 635 BGB Nr. 27). **121**

5. Abs. 3 S. 2: Darüber hinaus gehender Schaden – spezielle Voraussetzungen

a) Allgemeines zum Anspruchsumfang

Den über den Rahmen von Nr. 7 Abs. 3 S. 1 hinausgehenden Schaden kann der Auftraggeber nur nach den in Nr. 7 Abs. 3 S. 2 geregelten Voraussetzungen ersetzt verlangen. **Auch hier** muss es sich ebenso wie in Nr. 7 Abs. 3 S. 1 um einen **schuldhaft** herbeigeführten **wesentlichen Mangel** handeln, der die **Gebrauchsfähigkeit** des Bauwerks **erheblich** beeinträchtigt (BGH NJW 1962, 1569 = **122**

MDR 1962, 816). Dagegen ist der in Nr. 7 Abs. 3 S. 1 notwendige **Zusammenhang zwischen Schaden und baulicher Anlage nicht** erforderlich. Das ergibt sich aus dem wesentlich größeren Bereich des hier geregelten weiteren Schadensersatzanspruches. Dies kommt in Nr. 7 Abs. 3 S. 2 auch durch die dort eingangs verwendeten Worte »**darüber hinausgehenden** Schaden« zum Ausdruck. Damit ist der Schaden angesprochen, der nicht schon durch den Schadensersatzanspruch nach Nr. 7 Abs. 3 S. 1 ausgeglichen wird. **Selbst die notwendigen Kosten der Nacherfüllung** können als Schadensersatz geltend gemacht werden – nachdem der Auftraggeber zunächst Nacherfüllung verlangt hat –, wenn die besonderen Vorraussetzungen der Nr. 7 Abs. 3 S. 2 erfüllt sind (OLG Düsseldorf NJW-RR 1997, 976).

123 Nach Nr. 7 Abs. 3 S. 2 kann demnach jeder Schaden in vollem Umfang ersetzt verlangt werden, wenn er nur **adäquat-ursächlich auf die Fehlleistung des Auftragnehmers** oder seiner Erfüllungsgehilfen zurückzuführen ist, vorausgesetzt er ist nicht durch die anderen Schadensersatzansprüche des § 13 Nr. 7 VOB/B abgedeckt, z.B. Wasserschäden als Auswirkung defekt angelegter Heizung, sofern sie nicht schon Schäden an der baulichen Anlage sind, Schäden an Möbeln oder sonstigen Einrichtungsgegenständen (OLG Koblenz NJW-RR 1988, 532, 533 f.), Feuchtigkeitsschäden an einem im Keller des Hauses gelagerten Vorrat von dem Auftraggeber bzw. Hauseigentümer gehörenden Teppichboden (BGH BauR 1990, 466 = NJW-RR 1990, 786), Kosten eines gegen einen Dritten gerichteten selbstständigen Beweisverfahrens (BGH Urt. v. 22.4.1965 VII ZR 143/63), auch Kosten eines Vorprozesses, den der Auftraggeber gegen Erwerber wegen der Mängel der mangelhaften Leistung führen musste (BGH BauR 1983, 573 = ZfBR 1983, 260); ebenso Kosten für die anderweitige Unterbringung von Mietern und zusätzlicher Finanzierungsaufwand für den Auftraggeber. Behält der Erwerber eines Doppelhauses vom Bauträger das Kaufobjekt und verlangt Schadensersatz hinsichtlich der Mängelbehebungskosten, soll Schadensersatz nur bis zur Differenz zwischen dem Erwerbspreis und dem Verkehrswert in mangelbehaftetem Zustand gefordert werden können (OLG Frankfurt BauR 2004). Führen Baumängel eines vermieteten gewerblichen Objekts zu Mietminderungen der Mieter, sind diese Mietminderungen im Verhältnis zwischen Bauherrn und Bauunternehmer als Schaden des Bauherrn nach § 635 BGB a.F. zu beurteilen, nicht nach Mietrecht (OLG Hamm BauR 2003, 1417). Verstößt der Auftragnehmer gegen seine Pflicht zum Einsatz von firmeneigenem Personal, kann der Auftraggeber ersparte Lohnaufwendungen des Auftragnehmers nicht als Schadensersatz gelten machen. Dies vor dem Hintergrund, dass dem AG durch den vertragswidrigen Nachunternehmereinsatz kein Schaden entstanden sei (OLG München IBR 2005, 82).

124 Allerdings ist der Auftraggeber im Rahmen der **Schadensminderung** gehalten, die Kosten auf ein zumutbares Maß zu beschränken. Dies gilt gerade auch für Kosten eines Vorprozesses, wie z.B. des Bauträgers gegen die Erwerber von Wohnungseigentum oder des Hauptunternehmers gegen den Auftragnehmer, wenn letztlich die Mängel auf das schuldhafte Verhalten des Nachunternehmers zurückgehen. Insofern ist es dem Auftraggeber (z.B. Bauträger, Hauptunternehmer) grundsätzlich zuzumuten, zunächst die Frage des Bestehens von Mängeln, ihrer Verursachung und die Verantwortlichkeit zu klären, insbesondere den wirklich Verantwortlichen auf Mangelbeseitigung in Anspruch zu nehmen.

125 Anders ist es nur, wenn die Kosten solcher vorheriger Klärung höher sind als die voraussichtlichen Kosten des (Vor-)Prozesses oder der Auftragnehmer unzutreffend erklärt hat, die Mängel seien beseitigt (nur insoweit kann dem LG Freiburg BauR 1984, 531 zugestimmt werden). Darüber hinaus muss der Auftragnehmer aber auch solche Kosten eines Vorprozesses ersetzen, die durch seine unrichtigen Angaben über Mangelursachen und Verantwortlichkeit veranlasst worden sind (BGH NJW 1971, 134; KG BauR 1988, 229). Hierzu zählen auch Kosten, die dem Auftraggeber in einem Vorprozess gegen einen anderen Baubeteiligten entstanden sind, wenn er hierzu durch ein unzutreffendes selbstständiges Beweisverfahren veranlasst worden ist; es sei denn, das unsachgemäße Gutachten im selbstständigen Beweisverfahren beruht auf einem völlig ungewöhnlichen, unsachgemäßen Verhalten des Sachverständigen. Ist Letzteres nicht gegeben, so liegen die vergeblich aufgewand-

ten Prozesskosten noch innerhalb des **Schutzzweckes**, dem die verletzten Pflichten des tatsächlich Verantwortlichen dienen (BGH BauR 1991, 744 = SFH § 276 BGB Nr. 35 bei ursprünglich falscher Inanspruchnahme des Auftragnehmers anstelle des allein verantwortlichen planenden Architekten, was auch für den umgekehrten Fall zu gelten hat). Zu beachten ist insoweit, dass auch Privatgutachterkosten »ausnahmsweise« gerichtlich festgesetzt werden können (OLG Frankfurt IBR 2003, 177).

Gerichtlich entschieden wurde auch die Frage, wer das sog. **Prognoserisiko** zu tragen hat. Hierbei handelt es sich um das Risiko, dass Reparaturversuche erfolglos sind und im Ergebnis auf Auftraggeberseite nicht notwendige Aufwendungen entstehen. Diesbezüglich wird regelmäßig der Auftragnehmer als haftbar angesehen, sofern der Auftraggeber die entsprechenden Maßnahmen als aussichtsreich ansehen durfte (OLG Hamm, BGH Nichtannahmebeschluss IBR 2002, 662). **126**

Für den **Architekten-/Ingenieurbereich** ist festzuhalten, dass ein Architekt/Ingenieur, der fehlerhaft geplant und überwacht hat, dem Bauherrn dann keinen Schadenersatz zu leisten hat, wenn feststeht, dass der Bauherr an den Unternehmer wegen dieses Mangels keinen Werklohn entrichtet hat. Allerdings ist der Architekt/Ingenieur hierfür beweispflichtig (OLG Hamm BGH Nichtannahmebeschluss BauR 2002, 1882 = ZfBR 2002, 257). **127**

Zu beachten ist auch ein **zusätzlicher Kostenaufwand**, der erforderlich wird, um ein Gebäude einer besonderen Bestimmung zuzuführen, die erst infolge des Mangels geboten ist (z.B. die Einrichtung als Büroraum anstelle von Fabrikraum, weil die nicht vertragsgerechte Decke die für die Fabrikation benötigten Maschinen nicht trägt). Auch der Mehrverbrauch von Wasser oder Gas fallen hierunter, wenn der Schaden in einer mangelhaft verlegten Leitung oder unzureichender Anlage besteht. Dieser Schadensersatzanspruch ist auch gegeben, wenn der Auftragnehmer innerhalb der ihm nach Nr. 5 Abs. 2 gesetzten angemessenen Frist den Mangel beseitigt, und zwar für den **bis zur Mangelbeseitigung** dem **Auftraggeber außerhalb der Bauleistung** an seinem **sonstigen Vermögen entstandenen Mehraufwand**. Insoweit kann sich der Auftragnehmer nicht darauf berufen, er habe ja innerhalb der Frist Zeit gehabt, den Mangel zu beseitigen. Entscheidend ist allein, dass er eine mangelhafte Leistung erbracht und er für die Folgen des Mangels einzustehen hat. Abgelehnt wurde dies, als durch die Sprengung eines Schornsteins angrenzende Anlagen des Auftraggebers beschädigt wurden. Dies mit der Begründung, dass alle in Betracht kommenden Alternativen (hier: ausreichende Schutzmaßnahmen oder Handabtragung des Schornsteins) einen wesentlich höheren Aufwand erfordert hätten; selbst dann, wenn man davon ausging, dass der Sprengmeister im Hinblick auf die erforderlichen Schutzmaßnahmen seine Aufklärungs- und Beratungspflichten verletzt hat (OLG Düsseldorf BauR 1998, 573). **128**

Auch **darüber hinaus gehende Vermögensverluste** zählen hierzu, insbesondere **Verzugsschäden**, die dem Auftraggeber neben den eigentlichen mit der Nacherfüllung verbundenen Aufwendungen entstanden sind. Denkbar ist der **entgangene Gewinn**, verursacht durch die im Zuge der Nacherfüllung erforderlich gewordene Stilllegung einer Bowlingbahn (BGHZ 72, 31 = BauR 1978, 402 = NJW 1978, 1036; auch BGH BauR 1979, 159 = ZfBR 1979, 24). Allerdings muss sich der Auftraggeber hier auch etwaige Vorteile anrechnen lassen. Insoweit sind ihm auf den Verzögerungsschaden infolge einer verspäteten Fertigstellung der Leistung (z.B. einer Eigentumswohnung) Vorteile anzurechnen. Beispielsweise aus ersparten Zinsaufwendungen oder einer Steuerersparnis, weil erst mit Bezugsfertigkeit des Vorhabens der Schuldzinsabzug eintritt (BGH BauR 1983, 465 = NJW 1983, 2137). Der Bauherr, der wegen Verzuges des Unternehmers mit der Nacherfüllung einen Mietausfallschaden geltend macht, muss darlegen, dass der Mietinteressent gerade wegen der gerügten Mängel abgesprungen ist (OLG Düsseldorf BauR 1997, 851 = NJW-RR 1998, 89). **129**

Hervorzuheben ist in diesem Zusammenhang die Entscheidung des Bundesgerichtshofes v. 10.4.2003. In dieser hat er festgehalten, dass der Schadensersatzanspruch nach § 635 BGB a.F. auch die Kosten einer Hotelunterbringung umfassen kann, die notwendig sind, um die Mängelbeseitigung durchzuführen. Das Besondere an dieser Entscheidung ist, dass diese Kosten unabhängig **130** davon ersatzfähig sein sollen, ob die Mängelbeseitigung tatsächlich durchgeführt wird, d.h. unabhängig davon, ob die Hotelkosten überhaupt anfallen. Das Gericht hat dies damit begründet, dass der Schadensersatzanspruch den **gesamten Vermögensnachteil** umfasse, den der Besteller durch den Mangel erlitten habe. Es gebe insoweit keinen Grund, zwischen **Schäden zu unterscheiden**, die am **Bauwerk entstehen** und solche, die **erst im Rahmen der Mängelbeseitigung »zwangsläufig« entstehen würden**. Im zu entscheidenden Fall stand fest, dass die später nicht durchgeführten Mängelbeseitigungsarbeiten nur bei gleichzeitigem Auszug des Bauherrn hätten durchgeführt werden können (BGH BauR 2003, 1211).

131 Eine Nutzungsentschädigung kann auch dann verlangt werden, wenn ein gesamtes Gebäude oder zumindest wichtige Teile nicht genutzt werden können. Zu Gunsten des Bauherrn wurde dies entschieden, als das Schlaf- und Wohnzimmer eines Wohnhauses monatelang wegen starkem Lösungsmittelgeruch aus dem verlegten Parkett nicht genutzt werden konnte (OLG Köln OLGR 2003, 62 = IBR 2003, 241).

132 Aus dem Gesagten ergibt sich, dass insbesondere die **nach altem Recht** als sog. »**entferneren Mangelfolgeschäden**« eingestuften Bereiche dem Schadensersatzanspruch aus § 13 Nr. 3 Abs. 3 S. 2 unterfallen (BGH BauR 1970, 48 = NJW 1970, 421; BGHZ 61, 203 = BauR 1973, 381; OLG Köln, OLGR 2002, 109 = VersR 2002, 1523).

Auch Körper- und Gesundheitsschäden des Auftraggebers, die durch eine mangelhafte Leistung des Auftragnehmers verursacht sind, sind als Mangelfolgeschäden anzusehen (*Nicklisch/Weick* § 13 VOB/B Rn. 266; *Locher* Das private Baurecht Rn. 282).

133 Ist die **Bauleistung völlig unbrauchbar**, kann voller Schadensersatz beansprucht werden – in demselben Umfang wie bei § 635 BGB a.F. (§ 634 Nr. 4, 280 BGB; BGH BB 1963, 995 = SFH Z 2.414 Bl. 127; BGH VersR 1964, 516); somit auch schon nach Nr. 7 Abs. 3 S. 1. Der Auftraggeber kann vor allem die Übernahme der Leistung ablehnen, jegliche Zahlung verweigern und darüber hinaus auch noch im Bereich von Nr. 7 Abs. 3 weiteren Schaden geltend machen (BGHZ 27, 215, 218). Die Höhe des Schadensersatzanspruches kommt in der Regel den **Kosten der Neuherstellung** gleich, **zuzüglich weiteren Schadens**, der in ursächlichem Zusammenhang mit dem Mangel steht.

134 Zum Bereich der **Schadensminderungspflicht** gehört es auch, dass der Auftraggeber das erneute Auftreten von Schäden verhindert. Insbesondere solcher, mit denen er nach den vorausgegangenen Ereignissen rechnen muss (z.B. die Beschädigung von erneut eingelagertem Material, das schon bei einem ersten Wassereinbruch Schaden erlitten hatte; BGH BauR 1975, 286 = NJW 1975, 1315). Für die **Verletzung der Schadensminderungspflicht** des Auftraggebers ist der **Auftragnehmer beweispflichtig** (BGH Betrieb 1975, 1407 = MDR 1975, 924).

b) Besondere Voraussetzungen des Anspruchs

135 Die Schadensersatzverpflichtung des Auftragnehmers im Sinne des § 13 Nr. 7 Abs. 3 S. 2 tritt jedoch nur ein, wenn neben die soeben geschilderten – generellen – Voraussetzungen die im Folgenden aufgeführten zusätzlich hinzutreten. Zu beachten ist dabei, dass die **folgenden Vorraussetzungen alternativ** nebeneinander stehen, d.h., es genügt das Vorliegen einer der drei Punkte. **Gleichzeitig müssen die Voraussetzungen des Abs. 3 S. 1 vorliegen, mit Ausnahme der Begrenzung des Schadensersatzes auf die bauliche Anlage.**

aa) Verstoß gegen anerkannte Regeln der Technik

136 Der wesentliche Mangel muss gemäß Absatz 3 S. 2a) auf einem Verstoß gegen die anerkannten Regeln der Technik beruhen. Dabei ist zu unterscheiden zwischen anerkannten Regeln der Technik, Stand der Technik und Stand von Wissenschaft und Technik (ausführlich *Seibel* BauR 2004, 266). Erforderlich ist, dass ein ursächlicher Zusammenhang zwischen dem Verstoß gegen die anerkannten Regeln der Technik und dem Mangel sowie dem Mangel und dem Schaden besteht.

Zwar wird hier von einem Verschulden des Auftragnehmers oder seiner Erfüllungsgehilfen nicht ausdrücklich gesprochen. Trotzdem handelt es sich **nicht um eine bloße Risikohaftung des Auftragnehmers**. Dies ergibt sich auch hier daraus, dass Nr. 7 Abs. 3 S. 2 nicht für sich allein steht, sondern die grundlegenden Voraussetzungen des Absatzes 3 S. 1 ebenfalls gegeben sein müssen. Demnach ist schuldhaftes ursächliches Handeln des Auftragnehmers oder seiner Erfüllungsgehilfen auch hier erforderlich. Andererseits braucht nicht ein grobes Verschulden, Vorsatz oder grobe Fahrlässigkeit, vorzuliegen. Somit muss es sich nicht um einen groben Verstoß gegen anerkannte Regeln der Technik handeln (ebenso BGH BauR 1975, 130 = SFH Z 2.414.3 Bl. 11). Vielmehr genügt allgemein Verschulden gemäß § 276 BGB, also auch leichte Fahrlässigkeit. Dies kommt z.B. bei Verkennung der Abhängigkeit von Hitzebeständigkeit des Materials und dem Lüftungsquerschnitt der betreffenden Konstruktion in Betracht (BGH BauR 1992, 504= ZfBR 1992, 167). Bejaht auch, wenn bei vereinbarter biegesteifer Decke, kein nach den Regeln der Technik erforderliches Vorspannen der Decke erfolgt (BGH BauR 2004, 1653). 137

Die Erfahrung der Praxis lehrt, dass der auch hier vorauszusetzende **wesentliche Mangel** im Allgemeinen auf einem schuldhaften Verstoß des Auftragnehmers gegen anerkannte Regeln der Technik beruht. Als Folge ist der »große« Schadensersatzanspruch in Nr. 7 Abs. 3 S. 2 durchweg über die hier erörterte besondere Voraussetzung gegeben. Vor allem gelingt es dem insoweit beweispflichtigen Auftragnehmer (vgl. insoweit auch KG BauR 1988, 229) in aller Regel nicht, sich vom Vorwurf des Verschuldens zu entlasten. 138

bb) Fehlen einer vertraglich vereinbarten Beschaffenheit

Diese Anspruchsvoraussetzung wurde durch die VOB/B 2002 als Reaktion auf das Schuldrechtsmodernisierungsgesetzes neu eingefügt. Sie ersetzt die Voraussetzung der »zugesicherten Eigenschaft« nach der VOB/B 2000. 139

Der wesentliche Mangel muss also in dem Fehlen einer vertraglich vereinbaren Beschaffenheit bestehen. **Voraussetzung** für einen Schadensersatzanspruch wegen Fehlens der vertraglich vereinbarten Beschaffenheit ist es auch hier, dass die **grundlegenden Voraussetzungen der Nr. 7 Abs. 3 S. 1 vorliegen**. Ein Schadensersatzanspruch des Auftraggebers ist somit davon abhängig, dass ein Verschulden des Auftragnehmers und ein wesentlicher Mangel, der die Gebrauchsfähigkeit erheblich beeinträchtigt, gegeben sind. 140

Der Begriff der vertraglich vereinbarten Beschaffenheit wird ausführlich unter § 13 Nr. 1 VOB/B erläutert. Eine vertraglich vereinbarte Beschaffenheit wird wesentlich eher anzunehmen sein als das Vorliegen einer zugesicherten Eigenschaft nach altem Recht (BGB bis 31.12.2001; VOB/B 2000). Daher wird bei Feststellung eines wesentlichen Mangels immer wenn eine Leistungsbeschreibung vorlag, auch eine vertraglich vereinbarte Beschaffenheit fehlen. Der »**große Schadensersatzanspruch**« nach § 13 Nr. 7 Abs. 3 S. 2 VOB/B wird somit **regelmäßig zu bejahen** sein, **wenn** die Voraussetzungen des »**kleinen Schadensersatzanspruchs**« nach § 13 Nr. 7 Abs. 3 S. 1 VOB/B vorliegen. Zutreffend ist daher der Rat Weyers an den DVA, er solle die Unterscheidung zwischen dem kleinen und großen Schadensersatzanspruch in § 13 Nr. 7 Abs. 3 VOB/B aufgeben, da kaum Fälle denkbar sind, in denen die Voraussetzungen des S. 2 Alt. a oder b nicht erfüllt sind (*Weyer* BauR 2003, 613, 621). 141

cc) Versicherte oder versicherbare Leistung

Der weitere, von Nr. 7 Abs. 3 S. 1 noch nicht erfasste Schaden ist schließlich nach S. 2c zu ersetzen, wenn ihn der Auftragnehmer »durch Versicherung seiner gesetzlichen Haftpflicht gedeckt hat oder durch eine solche zu tarifmäßigen, nicht auf außergewöhnliche Verhältnisse abgestellten Prämien und Prämienzuschlägen bei einem im Inland zum Geschäftsbetrieb zugelassenen Versicherer hätte decken können«. 142

143 In der **VOB/B 2002** ist in Abs. 3 S. 2c die Bezugnahme auf von den Versicherungsaufsichtsbehörden genehmigte Allgemeine Versicherungsbedingungen entfallen. Dies beruht auf der Neufassung des § 5 Abs. 3 Nr. 2 Versicherungsaufsichtsgesetz (VAG). Dort war vorgeschrieben, dass die Allgemeinen Versicherungsbedingungen im Rahmen der Betriebserlaubnis für das Versicherungsunternehmen durch die Aufsichtsbehörden zu genehmigen waren. Durch das 3. Gesetz zur Durchführung der versicherungsrechtlichen Richtlinien des Rates der EG v. 21.7.1994 wurde diese Norm des VAG geändert. Danach sind die Versicherungsbedingungen nicht mehr vorzulegen und folglich auch nicht mehr zu genehmigen.

144 Auch bei dieser Voraussetzung des Abs. 3 S. 2c sind die **grundlegenden Voraussetzungen** des Abs. 1 zu beachten. Es muss somit zunächst ein wesentlicher Mangel vorliegen, der die Gebrauchsfähigkeit der Leistung erheblich beeinträchtigt und der auf ein schuldhaftes Verhalten des Auftragnehmers oder seiner Erfüllungsgehilfen zurückzuführen ist.

145 Die Schadensersatzpflicht ist insofern erweitert, als der eingetretene Schaden durch einen tatsächlich vorhandenen oder möglichen Versicherungsschutz gedeckt ist oder hätte gedeckt werden können. Dabei kommt **nur** ein etwaiger Versicherungsschutz durch **Haftpflichtversicherung** in Betracht; andere Versicherungsmöglichkeiten sind hier nicht erwähnt. **Sinn dieser Regelung** ist es, zu verhindern, dass die vertragliche Beschränkung der Schadensersatzpflicht nach Abs. 3 S. 2 – die nur das Vertragsverhältnis der Partner des Bauvertrages betrifft – auch dem außerhalb dieser Rechtsbeziehung stehenden Haftpflichtversicherer zugute kommt. Das gilt auch im Hinblick auf den Ausschluss der in Nr. 4 geregelten kurzen Verjährungsfrist gemäß Nr. 7 Abs. 4.

146 An dieser Stelle kann nicht auf grundlegende Fragen zur Berufshaftpflichtversicherung des Bauunternehmers bzw. des Architekten, sowie zur Betriebshaftpflichtversicherung des Unternehmers bzw. auch zur Bauherrenhaftpflichtversicherung Stellung genommen werden. Hierbei handelt es sich jedoch nicht um Neuerungen. Als eine solche Neuerung kann dagegen die Baugewährleistungsversicherung angesehen werden. Diese Versicherungsart ist aus anderen EG-Ländern in die Bundesrepublik gekommen. In einigen EG-Mitgliedsstaaten, insbesondere in Frankreich, war es schon seit jeher möglich, auch eine Art »**Mängelversicherung**« abzuschließen. Bekanntermaßen war dies in der Bundesrepublik lange nicht möglich. Zwischenzeitlich werden entsprechende Versicherungen jedoch auch hier angeboten. Gleiches gilt für die **Baufertigstellungsversicherung**.

dd) Tatsächlicher oder möglicher Versicherungsschutz

147 Nach Nr. 7 Abs. 3 S. 2c richtet sich der Umfang der Schadensersatzpflicht des Auftragnehmers nach dem ihm gegebenen oder jedenfalls unter zumutbaren Bedingungen möglichen Versicherungsschutz. Dies wird durch das dort eingangs verwendete Wort »soweit« belegt. Dazu gilt:

148 Es besteht zwar grundsätzlich die volle Schadensausgleichspflicht auf der Grundlage der §§ 249 ff. BGB. Jedoch ist diese nach den im Einzelfall gegebenen oder möglichen Versicherungsdeckungen ausgerichtet. Generell ist zu sagen, dass **jeder Auftragnehmer die in seiner Branche üblichen Versicherungen abschließen muss**. Entscheidend ist, dass auf außergewöhnliche Verhältnisse abgestellte Sonderprämien und Sonderleistungen nicht vorgeschrieben sind. Soweit allerdings **besonders gefährliche Arbeiten** (z.B. Sprengarbeiten) ausgeführt werden, müssen auch hier notfalls besondere Versicherungen als normal bezeichnet werden.

149 Ist der Auftragnehmer zwar eine Haftpflichtversicherung eingegangen, wird aber der eingetretene Schaden nur teilweise gedeckt, ist weiter zu prüfen, ob es ihm unter den in Abs. 3 S. 2c zugrunde gelegten normalen Bedingungen und Voraussetzungen **möglich gewesen wäre**, den Schaden abzudecken. Ist das zu **bejahen**, tritt **zu seinen Lasten die erhöhte Haftung** des Absatzes 3 ebenso ein wie in dem Fall, in dem er den Abschluss einer ihm zumutbaren Versicherung unterlassen hat (hierauf stellt auch der BGH in seinem Nichtannahmebeschluss zum »Schürmann-Bau« ab, BGH 5.6.2003 BauR 2003, 1382; NZBau 2003, 433). Im anderen Fall beschränkt sich der Umfang der Ersatzpflicht des Auftragnehmers für den Bereich der Nr. 7 Abs. 3 S. 2 auf den Betrag, den die Haftpflichtversicherung tatsächlich zahlt.

VI. Aufrechnung bzw. Verrechnung von Schadensersatzanspruch mit Vergütungsanspruch

Ein seit Jahren bestehender Streitpunkt war die Frage, ob es sich bei einem Schadensersatzanspruch, der einer Werklohnforderung entgegengehalten wird, um eine Aufrechnung (selbstständiger Gegenanspruch) oder eine Verrechnung (unselbstständige Abrechnungsposition) handelt. **150**

Bis zur 14. Auflage war zur dieser Frage folgende Ansicht herrschend: **151**

»Wird dem Vergütungsanspruch des Auftragnehmers ein Schadensersatzanspruch des Auftraggebers nach Nr. 7 Abs. 3 entgegengesetzt, erlischt der Anspruch des Auftragnehmers auf den Werklohn in entsprechender Höhe. Dabei handelt es sich rechtlich um eine Aufrechnung und nicht um eine Verrechnung, wenn dem Vergütungsanspruch des Auftragnehmers Schadensersatzansprüche des Auftraggebers wegen einzelner, genau bezeichneter Mängel gegenüberstehen und der Auftraggeber die Leistung behält (OLG Düsseldorf BauR 1974, 203; OLG Frankfurt BauR 1986, 611; ebenso SFH § 635 BGB Nr. 69; OLG München SFH § 635 BGB Nr. 57; RGRK-BGB/Glanzmann § 635 BGB Rn. 12 f. m.w.N.). Eine Verrechnung nach der Differenztheorie kommt demnach nur in Betracht, wenn der Auftraggeber die mangelhafte Leistung oder Teilleistung zurückweist und Schadensersatz wegen Nichterfüllung des ganzen Vertrages verlangt (BGH BauR 1972, 185; zu weitgehend daher Werner/Pastor Der Bauprozess, Rn. 2577; wie hier Kaiser Mängelhaftungsrecht Rn. 125; Nicklisch/Weick § 13 VOB/B Rn. 268; a.A. OLG Düsseldorf, 5. Zivilsenat BauR 1984, 308; OLG Hamm NJW-RR 1992, 448 sowie BauR 1996, 141, 143 = ZfBR 1996, 95). Da Letzteres dem Schadensersatzanspruch nach § 13 Nr. 7 VOB/B sehr häufig nicht innewohnt, muss für diesen Bereich im Allgemeinen von Aufrechnung gesprochen werden. Das gilt umso mehr, als für die Zurückweisung der Leistung oder Teilleistung vom Auftraggeber die Darlegung und gegebenenfalls der Nachweis zu fordern ist, dass diese für ihn kein Interesse mehr hat (RGRK/Glanzmann, Anh. zu §§ 633–635 BGB Rn. 52; Nicklisch/Weick § 13 VOB/B Rn. 268; a.A. Daub/Piel/Soergel/Steffani Teil B § 13 ErlZ 567; Kaiser Mängelhaftungsrecht Rn. 125; Heiermann/Riedl/Rusam § 13 VOB/B Rn. 210; Kleine-Möller/Merl/Oelmaier § 12 Rn. 659).

Zutreffend weist Glanzmann (a.a.O.) darauf hin, dass diese Folge jedenfalls für den VOB/B-Vertrag gilt, weil auch schon vor der Abnahme der Schadensersatz wegen Nichterfüllung von einem solchen Interesse des Auftraggebers abhängig ist (§ 4 Nr. 7 S. 2, § 8 Nr. 3 Abs. 2 S. 2 VOB/B). Da beim VOB/B-Vertrag regelmäßig der Rücktritt ausgeschlossen ist, greift gegen die hier vertretene Ansicht auch nicht das Argument durch, bei dem Rücktritt sei auch kein besonderes Interesse des Bestellers erforderlich (zutreffend Nicklisch/Weick a.a.O. in Auseinandersetzung mit BGHZ 27, 215, 218 f.). Sollte jedoch der letztere Fall durchgreifen, ist der Auftraggeber an der Verrechnung gegenüber der Vergütung des Auftragnehmers nicht durch ein etwaiges im Vertrag festgelegtes Aufrechnungsverbot gehindert (RGRK-BGB/Glanzmann § 635 BGB Rn. 9; Nicklisch/Weick a.a.O.; Kaiser a.a.O.; Werner/Pastor Rn. 2576; BGH BauR 1972, 185 = NJW 1972, 526; BGH SFH Z 3.003.3 Bl. 5; BGHZ 70, 240 = BauR 1978, 224 = NJW 1978, 814; KG BauR 1972, 121).

Hat der Auftragnehmer nur den Teil der Vergütung verlangt, der bei Abnahme der Leistung bzw. bei Erteilung der Schlussrechnung fällig ist, hiervon aber die vereinbarte Sicherheitsleistung ausgenommen, so kann der Auftraggeber gegenüber der geltend gemachten Teilforderung mit einem Schadensersatzanspruch bei Behalt der Leistung aufrechnen. Allerdings nur mit dem Umfang, mit dem dieser den Betrag der Sicherheitsleistung übersteigt. Dies folgt aus der Zweckbestimmung der Sicherheitsleistung (BGH NJW 1967, 34 = SFH Z 2.410 Bl. 40 ff.; BGH BB 1963, 995 = SFH Z 2.414 Bl. 127).«

In einem Nichtannahmebeschluss hat der **BGH** am **5.4.2001 entschieden, dass der** gegenüber einer Honorar-/Werklohnforderung in Ansatz gebrachte **Schadensersatzanspruch** nicht als selbstständi- **152** ger Anspruch (Aufrechnung) anzusehen ist, sondern im Rahmen der Differenztheorie zur Schadensberechnung als bloßer zur **Verrechnung** gestellter Rechnungsposten (Saldierung; BGH BauR 2001, 1615; entgegenstehend wohl OLG Köln OLGR 2002, 247) Unterstützt wird dies durch folgenden Leitsatz des V. Senates des OLG Düsseldorf v. 28.6.2002: »In einem gegenseitigen Vertrag (Werkvertrag) stehen sich nach der Differenztheorie Ansprüche wegen Unmöglichkeit, Verzugs, Positiver Vertragsverletzung und Gewährleistung einerseits und Vergütungsansprüche (Werklohn) andererseits als unselbstständige Rechnungspositionen einer Gesamtabrechnung gegenüber, die saldiert werden. Einer Aufrechnung bedarf es nicht. Das gilt auch dann, wenn beide Teile ihre Ansprüche selbstständig im Klageweg verfolgen.« (OLG Düsseldorf BauR 2002, 1860 = NJW-RR 2002, 1535 = NZBau 2002, 674 = IBR 2002, 661. I.d.S. auch die Entscheidung des OGL Koblenz v. 10.1.2002, wonach der Erlass eines Vorbehaltsurteils nach § 302 ZPO in diesen Fällen ausgeschlossen ist. BauR 2002, 1124 = NZBau 2002, 453 = IBR 2002, 227). Damit fand die Verrechnungstheorie auf alle Ansprüche aus § 634 Nr. 4 i.V.m. §§ 280 ff. BGB oder § 13 Nr. 7 VOB/B Anwendung.

153 Dies war **für die Praxis von großer Bedeutung.** Als Folge liefen zumindest viele in **Allgemeinen Geschäftsbedingungen vereinbarten Aufrechnungsverbote** leer. Auch die **Streitwerte** verringerten sich hierdurch. Im Ergebnis kann man sagen, dass der Auftraggeber durch diese Rechtsprechung des Bundesgerichtshofes besser gestellt wurde. Ein Vorbehaltsurteil zugunsten der Auftragnehmerseite – unter Zurückstellung der Prüfung der mängelbedingten Ansprüche des Auftraggebers – konnte vor diesem Hintergrund kaum ergehen. Vielmehr mussten die Ansprüche beider Parteien gemeinsam abgehandelt werden, damit sie miteinander verrechnet werden konnten. Die Durchsetzung der Ansprüche der Auftragnehmerseite wird dadurch sicherlich verzögert.

154 Auch ein **vertragliches Aufrechnungsverbot** stand dem nicht entgegenstehen. Schließlich handelt es sich ja gerade um eine Verrechnung, nicht um eine Aufrechnung. Die damit verbundene **Saldierung** war beispielsweise dann von Bedeutung, wenn der Auftraggeber Mängel selbst beseitigen wollte und hierfür einen Kostenvorschuss im Sinne des § 637 Abs. 3 BGB geltend gemacht hat. Dieser war nun zum Vorteil des Auftragnehmers mit offenen Werklohnansprüchen zu verrechnen. Der Vorschussanspruch konnte nur in Höhe eines möglicherweise verbleibenden positiven Saldos zuerkannt werden. Insoweit war diese Lösung auch für die Auftraggeberseite nicht nur von Vorteil.

155 Vorteilhaft für den Auftragnehmer konnte diese Lösung ausnahmsweise auch dann sein, d.h. eine Beschleunigung der Werklohnansprüche der Unternehmerseite trat dann ein, wenn der Auftraggeber eine solche »Aufrechnungs-Erklärung« (die nur eine Verrechnung war) zu einem Zeitpunkt abgab, zu der noch keine Abnahme der Werkleistung vorlag – bspw., wenn der Auftraggeber sich gegenüber dem Vergütungsanspruch des Auftragnehmers auf Schadensersatzansprüche beruft (BGH NJW 1979, 549).

156 Allerdings bestand die Möglichkeit eine solche Verrechnung individualrechtlich auszuschließen. Aufgrund Unangemessenheit allerdings nicht im Wege Allgemeiner Geschäftsbedingungen (§ 307 Abs. 1 S. 1 Abs. 2 – bis zum 1.1.2002 § 9 AGBG). Diese Unangemessenheit ist daraus zu folgern, dass dem Vertragspartner des Verwenders insbesondere das Insolvenzrisiko der Auftraggeberseite aufgebürdet wird. Dies beispielsweise dann, wenn der Auftraggeber den Kostenvorschussanspruch zu einem Zeitpunkt zugesprochen erhält, zu dem er Teile des Werklohnes noch nicht bezahlt hat. Gerät er nun in Insolvenz, würde der Auftragnehmer seinen Werklohn verlieren, hätte zuvor allerdings bereits den Kostenvorschuss bezahlt. Er könnte insoweit nicht einmal mehr einen »Abrechnungsanspruch« durchsetzen.

157 Bereits in der 15. Auflage wurde diese Rechtsprechung aus dogmatischen Gründen kritisiert. Die Argumente lauteten: Der Schadensersatzanspruch stellt einen selbstständigen Gegenanspruch dar, der aufgerechnet werden muss. Die Begründung des BGH der Schaden sei in der Weise zu ersetzen, dass der Auftragnehmer keine oder eine nur reduzierte Vergütung verlangen kann, vermag nicht zu überzeugen (BGH BauR 2001, 1615, 1617). Dies ergibt sich daraus, dass der Schadensersatzanspruch von

seinem Ansatz her nichts mit der Vergütung zu tun hat. Er hat als Voraussetzung ausschließlich den Mangel, das Verschulden und andere Voraussetzungen, die keinen Bezug zur Vergütung haben; anders als z.B. die Minderung. Besteht beispielsweise eine gesamtschuldnerische Haftung zwischen Architekt und Bauunternehmer, ist unklar, ob sich nach der Verrechnungstheorie beide Vergütungsansprüche um den Schadensersatzbetrag reduzieren, obwohl der Schadensersatzbetrag nur einmal verlangt werden kann; oder ob jeder Vergütungsanspruch nur anteilig gemindert wird.

Dem Auftraggeber wird durch diesen »Automatismus« der Verrechnung in jedem Fall das Wahlrecht nach § 421 S. 1 BGB genommen. Hinzu kommt: Der Schadensersatzanspruch ist selbstständig abtretbar; das Minderungsrecht nicht. Macht z.B. der Zessionar einer Schadensersatzforderung diese gegen den Auftragnehmer geltend, müsste der Auftragnehmer gegen den Schadensersatzanspruch mit seinem Vergütungsanspruch – soweit vorhanden – aufrechnen. Anderenfalls, nach der Verrechnungstheorie könnte der Auftragnehmer nur den Saldo abtreten, wenn der Schadensersatzanspruch größer ist als die Werklohnforderung. Die Verrechnungstheorie wurde daher von der bisher h.M. nur dann angewendet, wenn der Auftraggeber die mangelhafte Leistung zurückwies und Schadensersatz wegen Nichterfüllung wegen des ganzen Vertrages verlangte. **158**

Dies war berechtigt, weil der Vertrag hier in ein Abwicklungsverhältnis umgewandelt wurde. Die sich gegenüberstehenden Positionen sind dann lediglich Saldoposten. Bei einem vom Architekten und Bauunternehmer gleichermaßen verschuldeten Schaden, besteht der Schaden bei einem Abwicklungsverhältnis auch mindestens in Höhe der addierten Vergütungsansprüche, so dass hier der »Automatismus« der Verrechnung gerechtfertigt wäre. **159**

Der Wunsch des BGH dem Auftraggeber bei Vorliegen von Aufrechnungsverboten zu helfen, war – wie ausgeführt – begrüßenswert, allerdings wäre hier der Gesetzgeber gefordert, das Klauselverbot des § 309 Nr. 3 BGB enger zu fassen. Durch die weite Zulässigkeit von Aufrechnungsverboten, die lediglich für die Fälle der unbestrittenen oder rechtskräftigen (Gegen-)Forderungen nicht greifen, ist der Auftraggeber deutlich benachteiligt. Allerdings kann hier nicht dadurch Abhilfe geschaffen werden, dass eine Verrechnung konstruiert wird. **160**

Für die Praxis war allerdings entscheidend, dass der Auftraggeber Schadensersatzansprüche auch bei Vorliegen von Aufrechnungsverboten »geltend« machen konnte. **161**

In Ausnahmefällen konnte es berechtigt sein, dass der Auftragnehmer gegenüber der Aufrechnung bzw. Verrechnung des Auftraggebers den Einwand der unzulässigen Rechtsausübung oder der Arglist erhob (zu den Voraussetzungen BGH Betrieb 1971, 1152). So sollte es als unzulässige Rechtsausübung gelten, wenn der Auftraggeber mit einem ihm abgetretenen Gegenanspruch aus einem anderen Bauvorhaben aufzurechnen versuchte, der Auftragnehmer aber nach den Umständen nicht mehr mit der Geltendmachung rechnen musste (OLG Frankfurt BauR 1989, 210 = SFH § 242 BGB Nr. 37 für den Fall eines Anspruches aus einem Grenzüberbau bei einem seit längerem abgewickelten Bauvertrag, bei dem der Auftragnehmer seine volle Vergütung erhalten hatte). Unter Umständen konnte dies auch in Betracht kommen, wenn der Schaden, für den der Auftraggeber einem anderen gegenüber einzustehen hatte, versichert ist und eine auf den konkreten Fall bezogene, den Schaden ausgleichende Deckungszusage eines Haftpflichtversicherers vorlag (insoweit kann den Ausführungen von *Trapp* BauR 1977, 29 – dort bezogen auf den Architektenvertrag – gefolgt werden). **162**

Mit dem Urt. v. 23.6.2005 hat der BGH letztendlich seine Verrechnungsrechtsprechung aufgegeben (BGH BauR 2005, 1477 = IBR 2005, 465 u. 485; entgegen OLG Hamm IBR 2005, 593). **Für die Praxis bedeutet dies,** dass nunmehr in **Allgemeinen Geschäftsbedingungen vereinbarte Aufrechnungsverbote** zu beachten sind, die **Streitwerte** durch die Aufrechnung sich erhöhen und Vorbehaltsurteil zugunsten der Auftragnehmerseite ergehen können. Bedeutung kommt dieser Rechtsprechungsänderung insbesondere im Rahmen der Insolvenz zu. Es gelten die Aufrechnungsverbote gemäß §§ 95 f. InsO. So hat der BGH zu § 95 Abs. 1 S. 3 InsO entschieden, dass dieser die Aufrechnung **163** des Insolvenzgläubigers mit einem während des Insolvenzverfahrens fällig gewordenen Schadensersatzanspruch auf Ersatz der Mängelbeseitigungskosten gegen den zuvor fällig gewordenen Werklohnanspruch des Insolvenzschuldners nicht ausschließt (BGH IBR 2006, 27). Jedoch ist zu beachten, dass vertragliche Aufrechnungsverbote in AGB der Inhaltskontrolle der §§ 307, 309 Nr. 3 BGB unterliegen und nach Sinn und Zweck der jeweiligen Regelung einschränkend auszulegen sind. Unangemessen soll daher eine Aufrechnungsklausel sein, wenn sie den AG dazu zwingt, nicht vertragsgemäße Leistungen ungeachtet seiner Gegenansprüche vollumfänglich zu vergüten (BGH BauR 2005, 1477).

VII. Verjährung der Schadensersatzansprüche

164 Die in den ersten drei Absätzen der Nr. 7 geregelten Schadensersatzansprüche verjähren an sich nach Nr. 4 unter Einschluss der Sonderregelungen in Nr. 5 Abs. 1 S. 2 und 3. Diese Verjährungsbestimmungen gelten grundsätzlich auch für den Schadensersatzanspruch, weil er neben den Mängelrechten auf Nacherfüllung oder Minderung nach Nr. 5 oder Nr. 6 besteht (BGHZ 58, 332 = BauR 1972, 311; OLG Köln VersR 1976, 894, zur Verjährung des Schadensersatzspruches nach Nr. 7 Abs. 1).

165 Gemäß der Regelung in Abs. 4 der Nr. 7 kann jedoch auch beim VOB/B-Vertrag die gesetzliche Verjährungsfrist nach dem BGB (§ 634a BGB) gelten. Dies gilt sowohl für den kleinen Ersatzanspruch des Abs. 3 S. 1 als auch für den großen des Abs. 3 S. 2. Abs. 4 fordert für diese Fälle, dass sich der Auftragnehmer im Sinne des Absatzes 3 S. 2c) durch Versicherungsschutz geschützt hat, hätte schützen können oder ein besonderer Versicherungsschutz vereinbart ist. Hierbei ist also die jeweilige Vereinbarung der Bauvertragspartner maßgebend. Unbeachtlich für die Anwendung des § 13 Nr. 7 Abs. 4 VOB/B soll sein, ob der Versicherer die Regulierung zusagt oder ablehnt (OLG Jena Urt. v. 21.4.2005 IBR 2006, 389).

166 Im Falle des Unterlassens zumutbarer Versicherung ist jedoch Voraussetzung, dass den Auftragnehmer für das Unterlassen ein Verschulden trifft (*Nicklisch/Weick* § 13 VOB/B Rn. 275; *Kaiser* Mängelhaftungsrecht Rn. 173e). Hierzu sind gerade auch die Fälle zu zählen, in denen dem Auftragnehmer nach DIN 18 299 Nr. 4.2.7 die Versicherung eines außergewöhnlichen Haftpflichtwagnisses vertraglich zur Pflicht gemacht worden ist.

167 Treten nacheinander weitere Schäden wegen desselben Mangels auf, beginnt die Verjährung einheitlich auch für die erst später entstehenden Folgen; allerdings müssen diese voraussehbar gewesen sein (RGZ 106, 283; BGHZ 50, 21 = NJW 1968, 1324 = SFH Z 2.0 Bl. 16 ff. = MDR 1968, 574).

168 Ein Anerkenntnis des Nacherfüllungsanspruchs gemäß § 212 BGB (§ 208 BGB a.F.) bewirkt auch ein Neubeginn (Unterbrechung) der Verjährung des Schadensersatzanspruches (BGHZ 39, 189). Der Schadensersatzanspruch der Nr. 7 steht zwar grundsätzlich neben den eigentlichen Mängelrechten auf Nacherfüllung nach Nr. 5 sowie auf Minderung nach Nr. 6 und nicht an deren Stelle. Gerade deswegen lässt sich aber vielfach bei Geltendmachung von Nachbesserung oder Minderung bzw. beim Anerkenntnis derartiger Rechte noch nicht übersehen, ob Nacherfüllung bzw. Minderung zum völligen Erfolg führen werden – auch ob deshalb nach der Nacherfüllung oder der Minderung ein Schaden verbleibt, der nach Nr. 7 noch auszugleichen ist. Aus diesem Grund kann die Rechtsfolge keine andere sein als in dem vom BGH (BGHZ 39, 189) entschiedenen Fall, d.h. ein Neubeginn der Verjährung. Bezüglich der dann geltenden Fristen sind zu beachten OLG Celle BauR 2004, 1460 u. BGH BauR 2005, 710.

169 Soweit anstelle der Verjährungsfristen nach § 13 Nr. 4 VOB/B die gesetzlichen Verjährungsfristen treten, ist wegen der Verjährungsfristen aus dem Werkvertragsrecht auf § 634a BGB (§ 638 BGB a.F.) zu verweisen.

VIII. Einschränkung oder Erweiterung der Schadensersatzpflicht (Abs. 5)

1. Grenzen der Zulässigkeit zu beachten

Schließlich lässt § 13 Nr. 7 Abs. 5 VOB/B nach wie vor die Möglichkeit der Einschränkung oder Erweiterung der Haftung kraft ausdrücklicher Vereinbarung in begründeten Sonderfällen zu. **Diese Bestimmung bezieht sich nur auf den in Nr. 7 geregelten Schadensersatzanspruch.** Dies folgt aus seiner Einordnung.

170

Um eine von den Bestimmungen in Nr. 7 Abs. 1 bis 4 abweichende vertragliche Abrede wirksam zu treffen, bedarf es einer **ausdrücklichen vertraglichen Vereinbarung** zwischen den Vertragspartnern. Wegen ihrer erforderlichen inhaltlichen Klarheit sollte diese schriftlich in den Bauvertrag aufgenommen werden. Voraussetzung ist, dass eine abweichende Regelung sich in den Grenzen des Zulässigen hält, dabei auch hinsichtlich ihrer Tragweite inhaltlich eindeutig und für den Betroffenen nicht überraschend ist. Sie darf also – auch als Individualvereinbarung – weder einen Verstoß gegen ein gesetzliches Verbot (§ 134 BGB), noch gegen die guten Sitten (§ 138 BGB), noch einen Verstoß gegen die Grundsätze von Treu und Glauben (§ 242 BGB) enthalten. Zu beachten ist, dass auch in Individualregelungen nach § 276 Abs. 3 BGB die Haftung des Auftragnehmers für vorsätzliches Handeln nicht erlassen werden kann. Dies gilt nicht für die Haftung des Auftragnehmers für das Verhalten seiner Erfüllungsgehilfen (§ 278 S. 2 BGB). Auch auf § 639 (§ 637 BGB a.F.) ist hinzuweisen.

171

Über den vorgenannten Rahmen der Zulässigkeit hinaus sind die Sondervorschriften des AGB-Gesetzes a.F., bzw. der §§ 305 ff. BGB zu beachten, sofern dessen Regelungen auf Zusätzliche oder Besondere Vertragsbedingungen anzuwenden sind. Hier können für Schadensersatzansprüche aus dem Bereich der Mängelhaftung u.a. die Bestimmungen in §§ 305c, 307, 309 Nr. 2, 3, 4, 5, 7, 8b, § 12 BGB (nach altem Recht: §§ 3, 5, 9, vor allem § 11 Nr. 2, 3, 4, 5, 7, 10, 11 und 15 AGB-Gesetz a.F.) von Bedeutung sein (vgl. dazu vor allem auch § 13 VOB/A; zur Schadenspauschalierung §§ 11 f. VOB/A). Als Beispiel: Ein Verstoß gegen § 307 BGB (§ 9 AGBG a.F.) ist in der Klausel zu sehen, der Auftraggeber könne »Schadensersatz auch bei fehlgeschlagener Nacherfüllung oder positiver Vertragsverletzung (nach altem Recht)« nicht verlangen (OLG Saarbrücken NJW-RR 1995, 117).

172

2. Anderweitige Regelung nur in begründeten Sonderfällen

Hervorzuheben ist, dass nach Nr. 7 Abs. 5 die Einschränkung oder Erweiterung der Schadensersatzhaftung des Auftragnehmers nur in begründeten Sonderfällen vereinbart werden kann. Es müssen Sondertatbestände vorliegen, für die eine Schadensersatzhaftung in den Grenzen der Nr. 7 entweder nicht ausreichend oder zu streng ist. Dabei kommt es auf die näheren Umstände der vom Auftragnehmer geschuldeten Leistung an, z.B. besondere Gefährdung durch Grundwasser, besondere Umwelteinflüsse, nicht hinreichend überschaubare Bodenverhältnisse, hoher Grad an Verschleiß im Rahmen der Nutzung usw. Immer ist Voraussetzung, dass eine Abweichung nur im Wege beiderseitigen Einverständnisses, also nach den Grundsätzen vertraglicher Vereinbarung (§§ 145 ff. BGB), zustande kommt. Lediglich einseitige Forderungen dieses oder jenes Vertragsteils sind unbeachtlich.

173

3. Freizeichnungsklauseln

Hauptfälle einer Sonderregelung zur Schadensersatzhaftung sind **individualvertraglich vereinbarte Freizeichnungsklauseln**. Hierdurch wird die Haftung des Auftragnehmers für Schadensersatz entweder ausgeschlossen oder gemildert. Sie können generell vereinbart oder auf gewisse Sachverhalte (z.B. Streik, Witterungseinflüsse, Verzugsvoraussetzungen) beschränkt werden. Zu prüfen ist, ob dem nicht zwingende gesetzliche Vorschriften entgegenstehen (siehe unten).

174

Freizeichnungsklauseln sind grundsätzlich eng und im Zweifel gegen den auszulegen, der sie verfasst hat. Sie können keine ausdehnende Anwendung erfahren (BGHZ 22, 90, 96; BGH NJW 1960, 1661; 1962, 388, 389; 1970, 383, 386; BGH BauR 1972, 114; BGHZ 62, 83 = NJW 1974, 551 = BauR 1974,

175

199; BGH BauR 1982, 489). So ist bei einer Beschränkung der Schadensersatzhaftung auf den »unmittelbaren Schaden am Bauwerk« zunächst davon auszugehen, dass Schadensersatzansprüche aus unerlaubter Handlung nicht ausgeschlossen sein sollen (BGH BauR 1975, 286 = NJW 1975, 1315). Vor allem erfasste eine Klausel, die im Bereich der Mängelrechte Ansprüche, insbesondere Schadensersatzansprüche, ausschloß, **nicht schon ohne weiteres Ansprüche aus positiver Vertragsverletzung** (heute § 280 BGB: Nebenpflichtverletzung oder die Fälle des entfernten Mangelfolgeschadens; BGH BauR 1982, 489 = NJW 1982, 2244 = SFH § 635 BGB Nr. 34 = ZfBR 1982, 205).

176 Wie diese Beispiele zeigen, ist bei **Individualabreden** eine **ergänzende Auslegung** an sich schon möglich (BGHZ 54, 106, 115; 60, 353, 362). Sie darf aber nicht nur einseitig die Interessen des Auftragnehmers oder umgekehrt des Auftraggebers berücksichtigen; vielmehr erfordert sie eine angemessene Beachtung der beiderseitigen Interessen. Ist das nicht möglich, lässt sich insbesondere bei verschiedener Gestaltungsmöglichkeit nicht feststellen, welche Regelung die Vertragspartner getroffen hätten, wenn sie sich – wegen Unwirksamkeit einer Freizeichnungsklausel – einer Vertragslücke bewusst gewesen wären. Als Folge sind die Regelungen unwirksam.

177 Für den Bereich der Allgemeinen Geschäftsbedingungen gilt: Unzulässig ist es, wenn der Auftragnehmer in seinen AGB für den Fall des Fehlschlagens der Nacherfüllung sowohl Schadensersatzansprüche als auch ein Rücktrittsrecht und/oder ein Wandelungs- oder Minderungsrecht des Auftraggebers ausschließt. Dieser Ausschluss ist nach § 242 BGB unbeachtlich, weil das Gericht hier eine ergänzende Vertragsauslegung nicht vornehmen kann (BGHZ 62, 83 = BauR 1974, 199; BGHZ 70, 240 = BauR 1978, 224; zu beachten ist hierzu insbesondere § 309 Nr. 8b) bb) BGB bzw. § 11 Nr. 10b AGB-Gesetz a.F.). Dabei müssen die dort gekennzeichneten **Mindestbefugnisse dem Auftraggeber in AGB ausdrücklich offengehalten werden** (OLG Stuttgart, WRP 1980, 444; OLG Koblenz ZIP 1981, 509, 511). Das gilt nach § 307 Abs. 2, Nr. 1 (§ 9 Abs. 2 Nr. 1 AGB-Gesetz a.F.) auch für Vertragsbeziehungen unter Kaufleuten (BGH NJW 1981, 1501 = BB 1981, 815 mit Anm. *Marburger* 1177 = ZIP 1981, 504, 506).

178 Ähnliches gilt auch für den Bereich der Haftungsbeschränkung: Eine solche für Rücktritt oder Schadensersatz auf grobes Verschulden ist unwirksam, wenn sie damit wesentliche, aus der Natur des Vertrages folgende Rechte und Pflichten betrifft. Dies wird dann der Fall sein, wenn es sich um Pflichten des Auftragnehmers handelt, deren Erfüllung die Durchführung des Vertrages erst ermöglicht und auf deren Erfüllung der Auftraggeber vertraut und vertrauen kann. Das gilt vor allem, wenn die Beschränkung der Haftung auf grobe Fahrlässigkeit dem Auftraggeber nicht den Nacherfüllungsanspruch belässt und bei deren Erfolglosigkeit nicht Rücktritt oder Minderung gewährt (BGH NJW-RR 1993, 560 = MDR 1993, 1058 m.w.N.). Das trifft auch auf die Beschränkung der Verzugsvoraussetzung hinsichtlich der Leistungszeit auf grobe Fahrlässigkeit zu; insbesondere im Hinblick auf die §§ 307, 309 Nr. 8a BGB (§§ 9, 11 Nr. 8 AGB-Gesetz a.F.). Deshalb ist eine solche Einschränkung auch im kaufmännischen Verkehr unwirksam (OLG Köln SFH § 9 AGB-Gesetz Nr. 58).

179 Demgemäss ist auch eine Freizeichnungsklausel, wonach der Auftragnehmer unter Ausschluss aller übrigen Mängelrechte nur zur Mangelbeseitigung verpflichtet sein soll, unwirksam; insbesondere sofern ihn ein Verschulden an dem Mangel trifft (BGHZ 62, 323 = BauR 1974, 276). Ebenso trifft dies auf eine Klausel zu, wonach Schadensersatzansprüche auch bei schuldhafter Verletzung der Nacherfüllungspflicht oder bei Fehlschlagen der Nacherfüllung im Falle einer Fehlkonstruktion ausgeschlossen sein sollen (dazu § 13 VOB/A). Gleiches gilt für die Freizeichnung von Mängelansprüchen aus Mängeln, die nicht im Abnahmeprotokoll enthalten sind (BGH BauR 1975, 206 = SFH Z 7.22 Bl. 7). Bezweckt eine von einem das besondere Vertrauen des Auftraggebers genießenden Fachunternehmer geplante und ausgeführte Baumaßnahme (z.B. die Errichtung eines Klimaanlage) mit Wissen des Auftragnehmers vor allem den Schutz wertvoller, hochempfindlicher Geräte (z.B. von EDV-Maschinen), so kann sich der Auftragnehmer bei Planungsfehlern nicht auf den AGB-mäßigen Ausschluss seiner Haftung für entferntere Mangelfolgeschäden (nach altem Recht) berufen. Dies ver-

stößt gegen § 307 BGB (§ 9 AGB-Gesetz a.F.) bzw. gegen § 242 BGB (BGH SFH § 9 AGBG Nr. 21 = BauR 1985, 317).

Insbesondere müssen Freizeichnungsklauseln in ihrer Tragweite eindeutig und aus sich heraus verständlich sein; vor allem auch für einen Nichtjuristen. Dabei stellt eine Klausel in Allgemeinen Geschäftsbedingungen, nach der »Schadensersatzansprüche wegen Nichterfüllung und Verzuges ausgeschlossen sind, soweit dies gesetzlich zulässig ist«, ein Verstoß gegen das **Verständlichkeitsgebot** des § 307 Abs. 1 S. 2 BGB dar (§ 2 Abs. 1 Nr. 2 AGB-Gesetz a.F.). **180**

Eine Beschränkung der Haftung für Mangelfolgeschäden auf Vorsatz oder grobe Fahrlässigkeit soll zulässig sein, wenn die Erreichung des Vertragszwecks im Einzelfall nicht tatsächlich gefährdet ist. Der Haftungsausschluss soll auch für Schadensersatzansprüche wegen Verzuges gelten (KG Urt. v. 11.2.2005, Nichtzulassungsbeschwerde zurückgenommen IBR 2005, 547). **181**

§ 14
Abrechnung

1. Der Auftragnehmer hat seine Leistungen prüfbar abzurechnen. Er hat die Rechnungen übersichtlich aufzustellen und dabei die Reihenfolge der Posten einzuhalten und die in den Vertragsbestandteilen enthaltenen Bezeichnungen zu verwenden. Die zum Nachweis von Art und Umfang der Leistung erforderlichen Mengenberechnungen, Zeichnungen und andere Belege sind beizufügen. Änderungen und Ergänzungen des Vertrags sind in der Rechnung besonders kenntlich zu machen; sie sind auf Verlangen getrennt abzurechnen.

2. Die für die Abrechnung notwendigen Feststellungen sind dem Fortgang der Leistung entsprechend möglichst gemeinsam vorzunehmen. Die Abrechnungsbestimmungen in den Technischen Vertragsbedingungen und den anderen Vertragsunterlagen sind zu beachten. Für Leistungen, die bei Weiterführung der Arbeiten nur schwer feststellbar sind, hat der Auftragnehmer rechtzeitig gemeinsame Feststellungen zu beantragen.

3. Die Schlussrechnung muss bei Leistungen mit einer vertraglichen Ausführungsfrist von höchstens 3 Monaten spätestens 12 Werktage nach Fertigstellung eingereicht werden, wenn nichts anderes vereinbart ist; diese Frist wird um je 6 Werktage für je weitere 3 Monate Ausführungsfrist verlängert.

4. Reicht der Auftragnehmer eine prüfbare Rechnung nicht ein, obwohl ihm der Auftraggeber dafür eine angemessene Frist gesetzt hat, so kann sie der Auftraggeber selbst auf Kosten des Auftragnehmers aufstellen.

Inhaltsübersicht Rn.

A. Allgemeine Grundlagen 1
   I. Begriff der Abrechnung 2
   II. Berechnungsgrundlagen 5
B. Die Bedeutung der Rechnung für die Fälligkeit nach dem Schuldrechtsmodernisierungsgesetz und der VOB 2006 7

Aufsätze: *Mantscheff* Prüfungsfähige Rechnungen BauR 1972, 205; *Duffek* Fälligkeit der Schlusszahlung nach VOB/B BauR 1976, 164; *Dähne* Die Schlussrechnung des Auftraggebers nach § 14 Nr. 4 VOB/B BauR 1981, 233; *Junker* Die Bindung an eine fehlerhafte Rechnung ZIP 1982, 1158; *Bergmann* Grundlagen der Vergütungsregelung nach BGB und § 16 VOB Teil B ZfBR 1998, 59; *Reck* Klage auf Erteilung der VOB-Schlussrechnung ZfBR 2003, 640; *Reck* Die Erläuterung der Schlussrechnung in Schriftsätzen im Bauprozess NZBau 2004, 128; *Voit* Die Bedeutung der Bestätigung von Aufmaß und Stundenlohnzettel FS Motzke 2006 S. 421.

A. Allgemeine Grundlagen

1 Die Regelungen in § 14 VOB/B über die Abrechnung der Vergütung des Auftragnehmers sind zugleich als Fälligkeitsvoraussetzungen für den Bereich des VOB-Vertrages anzusehen. Sie stehen deshalb in einem engen Zusammenhang mit § 16 VOB/B. Vom normalen Bauablauf her gesehen, sind sie nicht unbedingt folgerichtig aufgebaut. Nach Fertigstellung der vertraglichen Leistung (Nr. 3) hat zunächst – soweit erforderlich – das Aufmaß zu erfolgen (Nr. 2); danach hat der Auftragnehmer die prüfbare Rechnung aufzustellen (Nr. 1); dann ist die prüfbare Rechnung nebst den erforderlichen Unterlagen fristgerecht einzureichen (Nr. 3); falls der Auftragnehmer dies nicht befolgt, hat der Auftraggeber u.U. das Recht zur Selbstaufstellung der betreffenden Rechnung (Nr. 4).

I. Begriff der Abrechnung

2 Rechtsbegrifflich ist das Wort »**Abrechnung**« in § 782 BGB erwähnt. Es erfasst dort jede unter Mitwirkung von Gläubiger und Schuldner stattfindende Feststellung eines Rechnungsergebnisses, sei es im Wege des laufenden, sei es im Wege des »uneigentlichen« Rechnungsverhältnisses (RGZ 95, 20). In dieser allgemeinen Form versteht die VOB den Begriff der Abrechnung in § 14 VOB/B nicht. Dort ist unter Abrechnung die Feststellung des Rechnungsergebnisses möglichst unter gemeinsamer Mitwirkung von Auftraggeber und Auftragnehmer gemeint, soweit es sich um den Vergütungsanspruch des Auftragnehmers für die von ihm ausgeführten Vertragsleistungen handelt. Es geht also um Berechnung und Feststellung der Hauptverpflichtung des Auftraggebers aus dem Bauvertrag.

3 **Andere** abzurechnende **Ansprüche** des Auftragnehmers und des Auftraggebers aus dem Bauvertrag, **die nicht die Vergütung** für die hergestellte Leistung **betreffen,** wie Schadensersatz- oder Vorschussansprüche (BGH Urt. v. 16.9.1999 VII ZR 419/98 = NJW-RR 2000, 19) nach § 13 Nr. 5 Abs. 2 VOB/B, richten sich nicht nach § 14 VOB/B.

Auch bei einem nicht der VOB/B unterliegenden Vertrag kann eine stillschweigende Einigung der gewerblich tätigen Vertragspartner vorliegen, dass Forderungen des einen Teils (z.B. aus der Gestellung von Gerüsten) erst mit einer auf einem Aufmaß beruhenden Abrechnung fällig werden sollen (vgl. BGH Urt. v. 6.10.1988 VII ZR 367/87 = BauR 1989, 90 = NJW-RR 1989, 148), was vor allem verjährungsrechtlich von Bedeutung ist. Eine derartige Einigung liegt nicht bereits in der bloßen Vereinbarung, ein gemeinsames Aufmaß zu nehmen (BGH Urt. v. 29.4.1999 VII ZR 127/98 = BauR 1999, 1185).

4 Die Abrechnung der Vergütung des Auftragnehmers muss ihren Ausgang bei demjenigen Vertragspartner nehmen, der den Anspruch auf die Vergütung hat, nämlich bei dem Auftragnehmer; sie ist also zunächst seine Aufgabe. Das ergibt sich aus dem allgemeinen Grundsatz, dass derjenige, der von einem anderen etwas zu fordern hat, die Forderung im Einzelnen darlegen und gegebenenfalls beweisen muss. Die Regelung in § 14 Nr. 4 VOB/B ist also eine Ausnahme (vgl. dazu auch Nr. 1 VHB zu § 14 VOB/B unten § 14 Nr. 4 Rn. 14).

II. Berechnungsgrundlagen

5 Insofern ist § 14 in Nr. 1 und 2 VOB/B auf den Normalfall des Bauvertrages, nämlich den **Einheitspreisvertrag,** abgestellt. Das betrifft insbesondere die prüfbare Abrechnung der erbrachten Leistungen (§ 14 Nr. 1 Rn. 1 ff.) sowie die Feststellung des ausgeführten Leistungsumfanges durch Aufmaß (§ 14 Nr. 2 Rn. 1 ff.). Aus der anders gearteten Natur des **Pauschalvertrages** folgt, dass dort die in

§ 14 Nr. 1 und 2 VOB/B niedergelegten Regeln grundsätzlich nur insoweit zur Anwendung gelangen, als es sich mit dem Typ des Pauschalvertrages verträgt (BGH Urt. v. 8.11.2001 VII ZR 480/00 = BauR 2002, 313 = NJW 2002, 676, OLG Celle BauR 1979, 433; vgl. auch OLG München SFH § 8 VOB/B Nr. 6; OLG Karlsruhe BauR 1989, 208). Insbesondere die in Nr. 2 geregelte Feststellung des Leistungsumfanges – in erster Linie das Aufmaß, also die Feststellung der Vordersätze – ist beim Pauschalvertrag im allgemeinen ohne Bedeutung, da sich die Vergütung grundsätzlich nach dem vereinbarten Pauschalpreis richtet und nicht nach dem tatsächlich erbrachten Leistungsumfang, sofern der Leistungsinhalt unverändert geblieben ist (siehe nachfolgend). Zwar muss auch beim Pauschalvertrag eine Rechnung inhaltlich klar und bestimmt sein, also nachgeprüft werden können; deshalb wird auch hier die Vergütung nicht schon bei Abnahme fällig (BGH Urt. v. 20.10.1988 VII ZR 302/87 = BauR 1989, 87 = NJW 1989, 836; OLG Hamm NJW-RR 1990, 1171). Dazu bedarf es aber nicht des Vorgehens gem. Nr. 1 S. 2, vielmehr genügt grundsätzlich die klare Bezeichnung der auftragsgemäß erbrachten Leistung sowie die Nennung des vereinbarten pauschalen Preises, um eine Rechnung prüfbar, insbesondere auch im Sinne der Nr. 4, zu machen (vgl. BGH Urt. v. 12.7.1979 VII ZR 174/78 = BauR 1979, 525; BGH Urt. v. 8.11.2001 VII ZR 480/00 = BauR 2002, 313 = NJW 2002, 676; zu den Anforderungen an eine Abschlagsrechnung beim Pauschalvertrag, vgl. OLG Düsseldorf BauR 1997, 1041). Allerdings muss die besondere Regelung in Nr. 1 S. 4 auf den Pauschalvertrag ebenso angewendet werden wie die Nr. 3 und 4. Das hier zum Pauschalvertrag Gesagte gilt aber nur, sofern es bei dem ursprünglich vereinbarten Leistungsziel geblieben ist, gleichgültig, ob und welche Mehr- oder Minderleistungen erforderlich waren (vgl. BGH a.a.O.). Sind letztere jedoch über die bloße Vordersatzänderung hinaus dadurch zustande gekommen, dass sich der vertraglich vorgesehene Leistungsinhalt durch Veranlassung des Auftraggebers geändert hat, und sind dadurch für die Veränderung des Pauschalpreises die Voraussetzungen nach § 2 Nr. 4, 5 oder 6 VOB/B (vgl. § 2 Nr. 7 Abs. 1 S. 4 VOB/B) geschaffen worden, so sind jedenfalls die veränderten oder die zusätzlichen Leistungsteile nach Maßgabe von § 14 Nr. 1 und 2 VOB/B abzurechnen, falls dazu noch keine der Veränderung angepasste Vereinbarung über eine neue Pauschale getroffen worden ist. Dann muss nämlich die Einheitspreisberechnung zumindest Ausgangspunkt für die Festlegung der veränderten oder zusätzlichen Vergütung sein, um sowohl dem Auftragnehmer als auch dem Auftraggeber die gebotene Prüfungsmöglichkeit über die tatsächlich erbrachten Leistungen und die damit verbundenen Vergütungsansprüche einzuräumen (BGH Urt. v. 20.10.1988 VII ZR 302/87 = BauR 1989, 87 = NJW 1989, 836).

Insofern ist das schutzwürdige Interesse jedes Vertragspartners in gleicher Weise berechtigt und daher zu beachten. Das gilt auch in Hinblick auf die Einrede der vorbehaltlosen Annahme der Schlusszahlung durch den Auftraggeber gem. § 16 Nr. 3 Abs. 2 VOB/B, ebenso in Bezug auf etwaige Abrechnungspflichten des Auftraggebers gegenüber Dritten sowie hinsichtlich des Gesichtspunktes der gütlichen Auseinandersetzung der Vertragspartner (BGH a.a.O.) überhaupt.

Das Gesagte gilt auch für den Fall, in dem der Auftragnehmer dazu beigetragen hat, dass Ungewissheit über die bisher geleisteten Abschlagszahlungen besteht, wie z.B. dadurch, dass der Auftragnehmer schon vor längerer Zeit durch eine inhaltlich falsche »Endabrechnung« beim Auftraggeber den Eindruck erweckt hatte, die Werklohnforderung sei beglichen und der Auftraggeber jetzt die zu seinen Lasten von einem Bauherrensammelkonto an den Auftragnehmer geflossenen Zahlungen nicht mehr rekonstruieren kann (OLG Hamm NJW-RR 1990, 1171).

Für die Abrechnung nach **Stundenlöhnen** und im Wege der **Selbstkostenerstattung gilt § 14 VOB/B entsprechend** (ebenso OLG Frankfurt BauR 1999, 1480; LG Hanau BauR 1979, 256 für den Stundenlohnvertrag). **6**

B. Die Bedeutung der Rechnung für die Fälligkeit nach dem Schuldrechtsmodernisierungsgesetz und der VOB 2006

7 Beim BGB-Werkvertrag stellt die Erteilung einer prüfbaren Schlussrechnung keine Fälligkeitsvoraussetzung dar (BGH Urt. v. 24.1.2002 = BauR 2002, 938 = NJW 2002, 1567; vgl. dazu i.E. § 16 Rn. 14). Die Fälligkeit ist ausschließlich mit der Abnahme verknüpft (§ 641 BGB). Durch das Schuldrechtsmodernisierungsgesetz hat sich an dieser Rechtslage nichts geändert. Änderungen haben sich aber beim Verzug ergeben, der den Eintritt der Fälligkeit voraussetzt. Durch das Gesetz zur Beschleunigung fälliger Zahlungen vom 30.3.2000 wurde dem Schuldner grundsätzlich eine Zahlungsfrist von 30 Tagen gewährt. Dies führte im Ergebnis nicht zu einer Beschleunigung, sondern zu einer Verzögerung der Bezahlung fälliger Forderungen. Durch die Neufassung des § 286 BGB wurde dieser gesetzgeberische Fehlgriff korrigiert. Verzug mit einer Geldschuld tritt nunmehr nach Mahnung oder kalendermäßigem Zahlungstermin ein. Unabhängig davon tritt Verzug nach § 286 Abs. 3 BGB spätestens 30 Tage nach Fälligkeit und Zugang einer Rechnung ein. Damit wird im BGB erstmals eine Möglichkeit des Verzugseintritts von einer Rechnungserteilung abhängig gemacht. Insoweit erfolgt eine Annäherung an die VOB/B.

Nach dem Vorschlag des Hauptausschusses Allgemeines des DVA sollte in § 14 Nr. 2 VOB/B der **VOB 2006** eine Verpflichtung des Auftraggebers aufgenommen werden, dass dieser auf schriftlichen Antrag des Auftragnehmers an einem gemeinsamen Aufmaß teilzunehmen hat, wenn die erbrachten Leistungen aufgrund des Baufortschritts später nur schwer feststellbar sind oder ein Aufmaß für die Schlussrechnung erstellt wird. Kommt der Auftraggeber dieser Verpflichtung zu einem gemeinsamen Aufmaß nicht nach und ist eine Überprüfung des Aufmaßes unter zumutbaren Bedingungen nicht mehr möglich, sollte sich die Beweislast zu Lasten des Auftraggebers ändern. Dann hätte dieser nachweisen müssen, dass das von dem Auftragnehmer erstellte einseitige Aufmaß unzutreffend ist. Damit sollte die Rechtsprechung des BGH (Urt. v. 22.5.2003 VII ZR 143/02 = BauR 2003, 1207 = NJW 2003, 2678) umgesetzt werden, der eine Verpflichtung zum gemeinsamen Aufmaß den Kooperationspflichten der Bauvertragsparteien entnimmt (vgl. § 14 Nr. 2 Rn. 5). Dieser Änderungsvorschlag wurde vom DVA mit Beschluss vom 27.6.2006 nicht in die VOB 2006 übernommen. § 14 VOB/B hat durch die VOB 2006 somit keine Änderung erfahren. Die darin enthaltenen Anforderungen an die Prüffähigkeit der Rechnung und damit dem Fälligkeitseintritt haben sich in der Praxis durch eine sachgerechte Rechtsprechung bewährt, die über die formalen Anforderungen den Maßstab der Informations- und Kontrollinteressen des Auftraggebers stellt (vgl. § 14 Nr. 1 VOB/B Rn. 7 f.).

§ 14 Nr. 1
[Voraussetzungen der Prüfbarkeit der Rechnungen]

Der Auftragnehmer hat seine Leistungen prüfbar abzurechnen. Er hat die Rechnungen übersichtlich aufzustellen und dabei die Reihenfolge der Posten einzuhalten und die in den Vertragsbestandteilen enthaltenen Bezeichnungen zu verwenden. Die zum Nachweis von Art und Umfang der Leistung erforderlichen Mengenberechnungen, Zeichnungen und andere Belege sind beizufügen. Änderungen und Ergänzungen des Vertrags sind in der Rechnung besonders kenntlich zu machen; sie sind auf Verlangen getrennt abzurechnen.

Inhaltsübersicht

	Rn.
A. Übersicht	1
B. Pflicht zur prüfbaren Abrechnung (§ 14 Nr. 1 S. 1 VOB/B)	2
I. Voraussetzung für die Fälligkeit des Vergütungsanspruchs	5

	Rn.
II. Die Abrechnung muss für Auftraggeber oder den von ihm mit deren Feststellung Befassten prüfbar sein.	7
C. Prozessuale Folgen der fehlenden Prüffähigkeit	8
D. Einzelheiten für die Prüfbarkeit der Abrechnung (§ 14 Nr. 1 S. 2 bis 4 VOB/B)	9
I. Übersichtliche, klare Aufstellung (§ 14 Nr. 1 S. 2 VOB/B).	9
1. Begriff »Rechnung«	10
2. Übersichtlichkeit	11
II. Der Rechnung beizufügende Unterlagen (§ 14 Nr. 1 S. 3 VOB/B)	12
III. Kenntlichmachung und getrennte Abrechnung von Änderungen und Ergänzungen des Vertrages (§ 14 Nr. 1 S. 4 VOB/B)	15
E. Im Allgemeinen keine Anfechtbarkeit der Abrechnung	17

A. Übersicht

§ 14 Nr. 1 VOB/B nennt die **Voraussetzungen für eine ordnungsgemäße Abrechnung** durch den Auftragnehmer. Dabei wird als Obersatz und damit zugleich als **Grundvoraussetzung gefordert, dass der Auftragnehmer seine – erbrachten – Leistungen prüfbar abzurechnen hat (S. 1)**. In den nachfolgenden S. 2 bis 4 sind die einzelnen Voraussetzungen für eine prüfbare Abrechnung der Leistungen näher bezeichnet. Ungeschrieben selbstverständlich hat als Voraussetzung für die prüfbare Abrechnung zu gelten, dass eine **schriftlich abgefasste Rechnung** aufgestellt und dem Auftraggeber vorgelegt wird. Grundsätzlich ist es erforderlich, dass Mehrwertsteuer gesondert in der Rechnung ausgewiesen wird (§ 14 Abs. 1 S. 1 UStG). Der Anspruch auf Erteilung einer Rechnung mit gesondert ausgewiesener Mehrwertsteuer verjährt in der Regelfrist des § 195 BGB, also in 3 Jahren (zutreffend BGH Urt. v. 2.12.1992 VIII ZR 50/92 = MDR 1993, 488, für die nach altem Recht geltende Verjährungsfrist von 30 Jahren). 1

B. Pflicht zur prüfbaren Abrechnung (§ 14 Nr. 1 S. 1 VOB/B)

§ 14 Nr. 1 S. 1 VOB/B, wonach der Auftragnehmer seine erbrachten Leistungen prüfbar **abzurechnen hat,** ist eine **zwingende vertragliche Verpflichtung des Auftragnehmers. Er ist auf jeden Fall gehalten, dieser nachzukommen.** Dies ist nicht nur eine zwingende Voraussetzung für die Fälligkeit seines Vergütungsanspruches. Es handelt sich darüber hinaus nämlich um eine **vertragliche Nebenverpflichtung,** die einen Anspruch des Auftraggebers auf Erstellung einer Schlussrechnung begründet (OLG Dresden BauR 2000, 103; OLG Jena MDR 1999, 993, 994; OLG München NJW-RR 1987, 146; zur Vollstreckung eines Urteils auf Erteilung einer Schlussrechnung vgl. OLG Köln BauR 2001, 1788; *Heiermann/Riedl/Rusam* § 14 Rn. 51; *Nicklisch/Weick* § 14 Rn. 5; *Franke/Kemper/Zanner/ Grünhagen* § 14 Rn. 11). Abzulehnen ist die Auffassung von Reck (ZfBR 2003, 640), wonach ein Klagantrag auf Erteilung einer prüffähigen Schlussrechnung unbestimmt sei. Von der Rechtsprechung wurden die Anforderungen an eine prüfbare Rechnung inzwischen hinreichend geklärt. Die Auffassung von Cuypers (Beck'scher VOB-Komm./*Cuypers* § 14 Rn. 5), der einen einklagbaren Anspruch auf Erteilung der Rechnung verneint, verkennt, dass die Erstellung einer prüffähigen Schlussrechnung auch den Interessen des Auftraggebers dient, wie aus § 14 Nr. 4 VOB/B zu entnehmen ist. Der sich daraus ergebende Anspruch auf Selbstaufstellung der Rechnung tritt als spezifische Ausgestaltung der Ersatzvornahme neben den sich aus § 14 Nr. 1 VOB/B ergebenden Erfüllungsanspruch auf Erteilung einer prüffähigen Schlussrechnung (vgl. § 14 Nr. 4 Rn. 1). Die Nichtbeachtung kann daher eine **Pflichtverletzung** des Auftragnehmers mit der sich daraus ergebenden Pflicht bedeuten, dem Auftraggeber den **dadurch entstandenen Schaden** (wie z.B. durch Versagung der Aus- 2 zahlung von Kredit infolge fehlender oder nicht ordnungsgemäßer Bauabrechnungsunterlagen oder durch erhöhten Aufwand bei der Rechnungsprüfung) nach § 280 BGB **zu ersetzen**.

3   Vom Auftraggeber ist allerdings zu fordern, dass er die Rechnungen danach durchsieht, ob sie den Anforderungen der Prüfbarkeit genügen; ist das nicht der Fall, muss er sie dem Auftragnehmer) zwecks Vervollständigung zurückgeben. Diese Verpflichtung ergibt sich nach Auffassung des BGH (Urt. v. 23.9.2004 VII ZR 173/03 = BauR 2004, 1937 = NZBau 2005, 40) aus den Kooperationspflichten der Bauvertragsparteien. Ein entsprechender Hinweis ist innerhalb der Prüfungsfrist des § 16 Nr. 3 Abs. 1 VOB/B von zwei Monaten zu erteilen sonst wird die Schlussrechnung mit Ablauf der Prüffrist fällig.

4   Eine elektronische Abrechnung muss der Auftraggeber nur dann als prüfbar entgegennehmen, wenn ihm hierzu die entsprechenden Prüfungsmittel zur Verfügung stehen oder von Auftragnehmerseite zur Verfügung gestellt werden. Für Ersteres spricht es, wenn der Auftraggeber im Rahmen des Vergabeverfahrens nach § 21 Nr. 1 Abs. 3 VOB/A die Benutzung einer selbst gefertigten Kurzfassung des Leistungsverzeichnisses zugelassen hat.

I. Voraussetzung für die Fälligkeit des Vergütungsanspruchs

5   Besondere Bedeutung hat die Aufstellung einer **prüfbaren Rechnung** für die **Fälligkeit des Vergütungsanspruches** des Auftragnehmers. Es handelt sich – neben der Abnahme oder Teilabnahme der Leistung um eine weitere **Voraussetzung für das Fälligwerden des Vergütungsanspruches** (BGH Urt. v. 10.5.1990 VII ZR 257/89 = BauR 1990, 605 = NJW-RR 1990, 1170; BGH Urt. v. 8.11.2001 VII ZR 480/00 = BauR 2002, 313 = NJW 2002, 676; OLG Hamm BauR 2004, 86; *Heiermann/Riedl/Rusam* § 14 Rn. 25; *Franke/Kemper/Zanner/Grünhagen* § 14 Rn. 29; a.A. Beck'scher VOB-Komm./*Cuypers* § 14 Nr. 2 Rn. 6 f.) und zwar für den Bereich des Einheitspreisvertrages (vgl. dazu § 16 VOB/B), des Pauschalvertrages (vgl. § 14 Rn. 5 sowie zu den Anforderungen an eine prüfbare Rechnung beim gekündigten Pauschalvertrag § 8 Nr. 1 VOB/B) sowie des Stundenvertrages.

6   Eine **Ausnahme** muss jedoch gelten: Der Auftraggeber kann sich nicht auf mangelnde Fälligkeit wegen **Fehlens einer prüfbaren Rechnung** berufen, wenn dem Auftragnehmer die Erstellung eines Aufmaßes nicht mehr möglich ist, etwa weil das Bauvorhaben durch einen Drittunternehmer fertiggestellt wurde (BGH Urt. v. 17.6.2004 VII ZR 337/02 = BauR 2004, 1443 = NZBau 2004, 503) oder wenn der Auftragnehmer dazu aus anderen Gründen etwa infolge Zeitablaufs (BGH Urt. v. 22.12.2005 VII ZR 316/03 = BauR 2006, 678 = NJW-RR 2006, 455) nicht mehr in der Lage ist. Es ist dann ausnahmsweise ausreichend, dass der Auftragnehmer aufgrund der ihm zur Verfügung stehenden Informationsquellen Tatsachen vorträgt, die das Gericht in die Lage versetzen, den Mindestaufwand des Auftragnehmers für die Ausführung der Bauleistung nach § 287 ZPO zu schätzen.

II. Die Abrechnung muss für Auftraggeber oder den von ihm mit deren Feststellung Befassten prüfbar sein

7   § 14 Nr. 1 S. 1 VOB/B beantwortet nicht die Frage, welcher **Maßstab an die Prüffähigkeit** anzulegen ist. Dabei ist auf die Rechtsprechung zur **Prüffähigkeit der Architektenhonorarschlussrechnung** (vgl. dazu i.E. *Locher/Koeble/Frik* HOAI § 8 Rn. 17 ff. m.w.N.) zurückzugreifen, die vom BGH inzwischen auf den VOB-Vertrag erstreckt wurde (BGH Urt. v. 11.2.1999 VII ZR 399/97 = BauR 1999, 635 = NJW 1999, 1867; BGH Urt. v. 29.4.1999 VII ZR 127/98 = BauR 1999, 1185; BGH Urt. v. 6.7.2000 VII ZR 22/98 = BauR 2000, 1485 = NZBau 2000, 508; BGH Urt. v. 26.10.2000 VII ZR 99/99 = BauR 2001, 251 = NZBau 2001, 85; BGH BauR 2002, 468 = NJW 2002, 676; BGH Urt. v. 22.11.2001 VII ZR 168/00 = BauR 2002, 1406 = NZBau 2002, 508). Allein entscheidender Maßstab für die Prüfbarkeit sind somit die **Informations- und Kontrollinteressen** des Auftraggebers. Danach sind der Empfängerhorizont sowie die Kenntnisse und Fähigkeiten des Auftraggebers entschei-

dend. Die an eine prüfbare Abrechnung zu stellenden Anforderungen dienen dem Schutz des Auftraggebers. Dieser muss in die Lage versetzt werden, sich vor Übervorteilung schützen zu können. Dadurch werden Umfang und der Grad der Differenzierung der Schlussrechnung bestimmt. So ist es ausreichend, wenn die Schlussrechnung nicht nach den Positionen des Leistungsverzeichnisses aufgestellt wird sondern auf frühere Abschlagszahlungen Bezug nimmt, in denen die Leistungen prüfbar dargestellt sind (BGH a.a.O.; OLG Brandenburg BauR 2000, 583 = NZBau 2000, 511). Die Frage, für wen die Abrechnung prüfbar sein muss, ist danach nicht nur nach objektiven Kriterien zu beantworten, weil damit über das mit der Prüfbarkeit verfolgte Schutz- und Kontrollinteresse des Auftraggebers hinausgeschossen würde (BGH a.a.O.; a.A. Beck'scher VOB-Komm./*Cuypers* § 14 Rn. 30 ff.). Verfügt der Auftraggeber über einen **Architekten,** dem er die **Objektüberwachung** nach § 15 Abs. 2 Nr. 8 HOAI, in der **auch die Rechnungsprüfung** enthalten ist, übertragen hat, genügt es im Allgemeinen, wenn der Auftragnehmer die Rechnung so aufstellt, dass der **sachkundige Architekt sie prüfen kann** (BGH Urt. v. 22.11.2001 VII ZR 168/00 = BauR 2002, 468 = NJW 2002, 676; OLG Brandenburg BauR 2005, 1067 = IBR 2005, 1218; *Franke/Kemper/Zanner/Grünhagen* § 14 Rn. 13). Hat der Auftraggeber keinen mit der Objektüberwachung beauftragten Architekten, muss die Rechnung für ihn selbst ohne Schwierigkeiten nachprüfbar sein. Andererseits ergibt sich aus dem vorangehend Dargelegten, dass die Anforderungen an die Prüfbarkeit der Rechnung im Wesentlichen von der eigenen Erkenntnismöglichkeit i.S. einer objektiv zu bewertenden Nachvollziehbarkeit des Auftraggebers abhängen; ist dieser selbst Bauunternehmer, sind demgemäß die Anforderungen geringer einzustufen (vgl. OLG Karlsruhe BauR 1989, 208 m.w.N.). Das Gesagte gilt entsprechend auch für den Fall, dass der Auftraggeber einen Ingenieur oder einen anderen Sonderfachmann mit der Objektüberwachung beauftragt hat.

C. Prozessuale Folgen der fehlenden Prüffähigkeit

Aus der Beschränkung der Prüffähigkeit auf das Schutz- und Kontrollinteresse des Auftraggebers ergibt sich, dass die Prüfbarkeit der Rechnung **nicht von Amts wegen** zu prüfen ist, falls der Auftragnehmer die sachliche und rechnerische Richtigkeit des Ergebnisses nicht bestreitet (BGH Urt. v. 18.9.1997 VII ZR 300/96 = BauR 1997, 1065; OLG Bamberg BauR 2004, 1188 = NZBau 2004, 272). Wird eine Vergütungsklage auf eine nicht prüffähige Honorarschlussrechnung gestützt, besteht eine **Hinweispflicht** des Gerichts nach § 139 ZPO (BGH Urt. v. 11.2. 1999 VII ZR 399/97 = BauR 1999, 635, 638 = NJW 1999, 1867; Brandenburgisches OLG BauR 2000, 583; OLG Hamm BauR 2004, 693 = NJW-RR 2004, 744 zum Architektenvertrag; *Kapellmann/Messerschmidt* § 14 Rn. 15; *Heiermann/Riedl/Rusam* § 14 Rn. 25b). Der Auftragnehmer kann dann eine prüffähige Schlussrechnung nachholen. Auch spätere schriftliche Erläuterungen, die auch Bestandteil des Prozessvortrages sein können, können die Prüffähigkeit herbeiführen (BGH Urt. v. 8.10.1998 VII ZR 296/97 = BauR 1999, 63 = NJW-RR 1999, 96; BGH Urt. v. 22.12.2005 VII ZR 316/03 = BauR 2006, 678 = NJW-RR 2006,455; OLG Bamberg BauR 2004, 1188 = NZBau 2004, 272; *Reck* NZBau 2004, 128). Wird die Klage trotzdem auf die nicht prüffähige Abrechnung gestützt, so ist sie wegen fehlender Fälligkeit **als zur Zeit unbegründet** und nicht wegen fehlender Substantiierung als endgültig unbegründet abzuweisen (BGH Urt. v. 11.2.1999 VII ZR 399/97 = BauR 1999, 635 = NJW 1999, 1867; BGH BauR 2000, 1191 Urt. v. 4.5.2000 VII ZR 394/97; BGH Urt. v. 19.4.2005 X ZR 191/02= BauR 2006, 519 = NZBau 2005, 639). Sind nur einzelne Positionen der Schlussrechnung nicht prüffähig, darf nicht die gesamte Klage als derzeit unbegründet abgewiesen werden. Vielmehr muss eine Sachprüfung hinsichtlich derjenigen Positionen stattfinden, die prüffähig abgerechnet sind (BGH Urt. v. 22.12.2005 VII ZR 316/03 = BauR 2006, 678 = NJW-RR 2006, 455). Die Frage der Prüffähigkeit ist zunächst eine Rechtsfrage und vom Gericht zu entscheiden. Im Unterschied zu den §§ 8, 10 HOAI (OLG Stuttgart BauR 1999, 514) können dieser Überprüfung auch Sachfragen vorgeschaltet sein, die einem Sachverständigengutachten zugänglich sind (*Heiermann/Riedl/Rusam* § 14 Rn. 25a; *Kapellmann/Mes-*

serschmidt § 14 Rn. 16). So kann nur ein Sachverständiger feststellen, ob die in § 14 Nr. 1 S. 3 VOB/B aufgeführten Unterlagen vollständig beigefügt sind und eine Überprüfung ermöglichen.

D. Einzelheiten für die Prüfbarkeit der Abrechnung (§ 14 Nr. 1 S. 2 bis 4 VOB/B)

I. Übersichtliche, klare Aufstellung (§ 14 Nr. 1 S. 2 VOB/B)

9   Nach **Nr. 1 S. 2** hat der Auftragnehmer seine Rechnungen übersichtlich aufzustellen und dabei die Reihenfolge der Posten einzuhalten und die in den Vertragsbestandteilen enthaltenen Bezeichnungen zu verwenden.

1. Begriff »Rechnung«

10 Unter dem in S. 2 verwendeten Begriff »**Rechnungen**« fallen alle **schriftlichen Aufstellungen** über Vergütungsansprüche, die dem Auftragnehmer nach den Allgemeinen Vertragsbedingungen gem. § 2 VOB/B, vor allem im Bereich von Einheitspreis- und Pauschalverträgen, zustehen. Es kommen nach § 16 VOB/B **Rechnungen über Abschlagszahlungen** (Nr. 1), **Schlusszahlungen** (Nr. 3) und **Teilschlusszahlungen** (Nr. 4) in Betracht. Dazu sind auch die **Stundenlohnrechnungen** nach § 15 Nr. 4 VOB/B zu zählen.

2. Übersichtlichkeit

11 Die in S. 2 geforderte **Übersichtlichkeit der Rechnungsaufstellung** bedeutet: Die in Rechnung gestellten Leistungselemente müssen genau bezeichnet sein. Überschneidungen, Unklarheiten, Unvollständigkeiten usw. sind zu vermeiden. Verlangt wird auch die Einhaltung einer äußeren Übereinstimmung mit den Vertragsunterlagen, insbesondere denjenigen, die sich mit den Preisen befassen, wie z.B. das Leistungsverzeichnis (vgl. OLG Hamm BauR 2004, 86). Das ergibt sich aus der weiteren Forderung in S. 2, dass bei der Rechnungsaufstellung die Reihenfolge der Posten und die in den Vertragsunterlagen enthaltenen Bezeichnungen einzuhalten sind. Demnach muss der Auftragnehmer, um dem Erfordernis der prüfbaren Rechnung gerecht zu werden, seine Rechnungsaufstellung nach der Reihenfolge und den einzelnen Positionen der Leistungsbeschreibung oder den entsprechenden anderen Vertragsunterlagen und den dort verwendeten Bezeichnungen ausrichten. Sinn dieser Verpflichtung ist es, eine **wirkliche Prüfbarkeit** herbeizuführen, insbesondere den Auftraggeber in die Lage zu versetzen, einwandfreie Vergleiche zwischen den vertraglichen Vereinbarungen und dem Rechnungsinhalt anstellen zu können. Auch hier werden die Anforderungen an die Übereinstimmung mit dem Leistungsverzeichnis wiederum durch die Informations- und Kontrollinteressen des Auftraggebers beschränkt. So steht es der Prüfbarkeit einer nicht spiegelbildlich zum Leistungsverzeichnis erstellten Schlussrechnung nicht entgegen, sofern sich die Positionen der Schlussrechnung denen des Leistungsverzeichnisses ohne Mühe zuordnen lassen (Brandenburgisches OLG BauR 2001, 583 = NZBau 2000, 511).

Zur Übersichtlichkeit der Rechnung gehört es auch, dass bereits vorher erfolgte Zahlungen, die den Gegenstand der Rechnung betreffen, wie Vorauszahlungen und Abschlagszahlungen, in die Rechnung mit aufgenommen werden. Dabei kann es im Einzelfall erforderlich sein, die einzelnen Zahlungen nach Datum und Betrag aufzuführen, wie z.B. dann, wenn sie auf verschiedene Weise geleistet worden sind (teils bar, teils durch Überweisung, teils durch Scheck) und/oder verschiedene Zahlungsempfänger in Betracht kommen (vgl. dazu BGH Urt. v. 9.1.1997 VII ZR 69/96 = BauR 1997, 468 = NJW 1997, 1444; OLG Köln NJW-RR 1990, 1171).

II. Der Rechnung beizufügende Unterlagen (§ 14 Nr. 1 S. 3 VOB/B)

§ 14 Nr. 1 S. 3 VOB/B befasst sich mit **Unterlagen,** die der Rechnung beizufügen sind, wenn sie zum **12 Nachweis von Art und Umfang der Leistung erforderlich** sind.

Zu einer einwandfreien, prüfbaren Rechnung gehört es, dass Mengenberechnungen, Zeichnungen (Ausführungs- und Abrechnungszeichnungen) und andere Belege der Rechnung beigefügt, also nicht nur zur Einsichtnahme des Auftraggebers bereitgehalten werden (vgl. Brandenburgisches OLG BauR 2001, 1450) soweit das zur Erklärung oder zum Nachweis einzelner Rechnungspositionen oder des Gesamtleistungsinhaltes notwendig ist**,** sich also nicht schon aus der bisherigen und aufrechterhaltenen Vergütungsvereinbarung ergibt. Unter dem Begriff der »anderen Belege« ist alles zu verstehen, was für eine Erläuterung oder einen Nachweis der einzelnen Rechnungsansätze von Bedeutung sein kann. Auch Nr. 1 S. 3 enthält eine **zwingende Verpflichtung des Auftragnehmers.**

Werden die genannten **Unterlagen** allerdings zum Nachweis von Art und Umfang der Leistung nicht **13** benötigt, so brauchen sie der Abrechnung auch nicht beigefügt zu werden (BGH Urt. v. 10.5.1990 VII ZR 257/89 = BauR 1990, 605 = NJW-RR 1990, 1170 für den Fall etwaiger Entbehrlichkeit von Abrechnungszeichnungen; BGH Urt. v. 22.12.2005 VII ZR 316/03 = BauR 2006, 678 = NJW-RR 2006, 455 ferner OLG München BauR 1993, 346, Leinemann/Sterner § 14 Rn. 16). Das gilt z.B. für Revisionsunterlagen; fehlen diese, so ist die Leistung lediglich teilweise mangelhaft, und dem Auftraggeber steht insoweit ein entsprechendes Zurückbehaltungsrecht zu (vgl. OLG Celle BauR 1995, 261). Eine Beifügung der Unterlagen ist regelmäßig entbehrlich, wenn der Auftraggeber die Bauleitung selbst in die Hand genommen oder wenn er einen Architekten damit beauftragt hat (OLG München a.a.O.; *Franke/Kemper/Zanner/Grünhagen* § 14 Rn. 20) und sich deshalb an Ort und Stelle anhand der nach S. 2 aufgestellten Rechnung von Art und Umfang der Leistung selbst überzeugen konnte**.** Auch wenn die Leistung ihrer Art und ihrem Umfang nach unstreitig ist oder der Auftraggeber dies aus den ihm ohnehin schon zur Verfügung stehenden Unterlagen ersehen kann, bedarf es jedenfalls nicht der Beifügung aller in S. 3 genannten Belege. Andererseits: Fehlen **notwendig erklärende** Unterlagen, so liegt erst eine prüfbare Rechnung vor, wenn die Unterlagen vom Auftragnehmer beigeschafft sind.

Möglich ist es auch, in **Besonderen oder Zusätzlichen Vertragsbedingungen** mit hinreichender **14** Klarheit zu vereinbaren, dass anstelle des örtlichen Aufmaßes (vgl. Rn. 27 ff.) andere Unterlagen, wie z.B. Mengenberechnungen oder Aufmaßzeichnungen (vgl. dazu auch DIN 18299 Nr. 5) erstellt und der Rechnung als Nachweis beigefügt werden sollen. Dann müssen solche das örtliche Aufmaß ersetzende Unterlagen hinreichend genau aufgestellt werden, um dem Auftraggeber ein für ihn übersichtliches und abschließendes Bild über die tatsächlich erbrachten Leistungen zu vermitteln. Insbesondere muss er **auch hier** in der Lage sein, die Richtigkeit der Angaben des Auftraggebers an Ort und Stelle nachzuprüfen.

III. Kenntlichmachung und getrennte Abrechnung von Änderungen und Ergänzungen des Vertrages (§ 14 Nr. 1 S. 4 VOB/B)

Nach § 14 Nr. 1 S. 4 VOB/B sind Änderungen oder Ergänzungen des ursprünglichen Vertrages in der **15** Rechnung **besonders kenntlich** zu machen und **auf Verlangen getrennt abzurechnen.** Dies ist erforderlich, weil sich solche zusätzlichen oder veränderten Leistungen – abgestellt auf den Zeitpunkt des Vertragsabschlusses – nicht in der Leistungsbeschreibung oder in den sonstigen Unterlagen des **Hauptvertrages** befinden. Sie müssen daher, wenn die Vertragsunterlagen zwischenzeitlich nicht schon ergänzt worden sind, im Rahmen einer prüfbaren Rechnung mit klarer Kennzeichnung besonders aufgeführt werden, was insbesondere **auch für Änderungen oder Ergänzungen bei Pauschalverträgen** gilt (vgl. BGH Urt. v. 20.10.1988 VII ZR 302/87 = BauR 1989, 87 = NJW 1989, 836). Im Einzelfall können hier Ausführungszeichnungen, in denen die Änderungen eingetragen sind, zweckdienlich sein. Auf Verlangen des Auftraggebers sind alle Änderungen und Ergänzungen der ursprünglichen vertraglichen Leistung sogar getrennt abzurechnen. Der Auftraggeber sollte von dieser Möglichkeit Gebrauch machen, wenn ein umfangreicher Auftrag vorliegt oder nach § 2 Nr. 4–8 VOB/B ins Gewicht fallende erhebliche Änderungen und Ergänzungen vorgenommen worden sind, da eine äußerlich nicht aufgeteilte Abrechnung sonst zu Überschneidungen oder Unklarheiten führen kann.

16 Es ist aber zu beachten, dass Nr. 1 S. 4 nur Änderungen und Ergänzungen meint, also Leistungsteile, die ursprünglich im Auftrag so, wie ausgeführt, **noch nicht enthalten** waren. Das trifft wiederum nicht auf jene Fälle zu, in denen die tatsächlich erbrachten Leistungen **nur** ihrem Umfang nach (in den Vordersätzen) von den im Leistungsverzeichnis angenommenen Maßen abweichen.

E. Im Allgemeinen keine Anfechtbarkeit der Abrechnung

17 Die Rechnungsaufstellung und die Rechnungserteilung als solche enthalten im Falle einer vereinbarten Vergütung (§ 631 Abs. 1 BGB; § 2 Nr. 1 ff. VOB/B) keine Willenserklärung im rechtsgeschäftlichen Sinn (ebenso OLG München NJW-RR 1987, 598; *Franke/Kemper/Zanner/Grünhagen* § 14 Rn. 31). Deshalb kommt im Falle des **Verrechnens**, der **Unvollständigkeit** oder der **Falschaufstellung** der Rechnung durch den Auftragnehmer **keine Anfechtung wegen Irrtums** nach § 119 BGB in Frage (*Kapellmann/Messerschmidt* § 14 Rn. 40; *Werner/Pastor*, Rn. 1401). Auch schafft die Rechnung keinen Vertrauenstatbestand, der zu einer Bindung des Auftragnehmers an den darin ausgewiesenen Betrag führt (BGH Urt. v. 17.12.1987 VII ZR 16/87 = NJW 1988, 910 = BauR 1988, 217). Ist die Rechnung zum Nachteil des Auftragnehmers unrichtig, hat er lediglich die ihm zustehende Vergütung **noch nicht vollständig gefordert;** also ist er grundsätzlich berechtigt, den Unterschiedsbetrag in einer neuen Rechnung geltend zu machen. Dabei muss er gerade auch bei dieser neuen Rechnung die Voraussetzungen erfüllen, die an eine prüfbare Rechnung nach Nr. 1 zu stellen sind, wenn er die Fälligkeit herbeiführen will. Allerdings ist der Auftragnehmer durch die sich für ihn im Einzelfall durch § 16 Nr. 3 Abs. 2–6 VOB/B ergebenden Beschränkungen gebunden (BGH Urt. v. 17.12.1987 VII ZR 16/87 = BauR 1988, 217 = NJW 1988, 910; vgl. dazu auch *Schelle* BauR 1987, 272). Hat der Auftragnehmer dagegen vom Auftraggeber infolge falscher Rechnungserteilung zu viel gefordert und erhalten, kann der Auftraggeber den zu viel gezahlten Betrag vom Auftraggeber zurückverlangen (vgl. zum Rückforderungsanspruch des Auftraggebers bei Überzahlungen § 16 Nr. 3 VOB/B Rn. 39 ff.). Insoweit hat der Auftraggeber die Darlegungs- und Beweislast. Allerdings braucht der Auftraggeber hier nur darzulegen und zu beweisen, dass ein Rechtsgrund für die Vermögensverschiebung nicht vorlag, wobei er sich bei einer überhöhten Schlussrechnung darauf beschränken kann, die vom Auftragnehmer als Bereicherungsempfänger früher oder später behaupteten Rechtsgründe auszuräumen; gelingt ihm dies, ist der Auftragnehmer für einen anderen Rechtsgrund der Leistung darlegungspflichtig (BGH Urt. v. 6.12.1990 VII ZR 98/89 = BauR 1991, 223 = NJW-RR 1991, 574). **Anders** liegt es dagegen, wenn der Auftragnehmer eine in Auftrag gegebene Leistung bzw. Teilleistung (z.B. Voranstrich, Grundierung und Spachteln an Türen) nicht erbracht und trotzdem die darauf entfallende Vergütung erhalten hat; dann kommen Bereicherungsansprüche aus den §§ 812 ff. BGB nicht in Betracht, weil der Auftraggeber diesen Vergütungsanteil mit Rechtsgrund geleistet hat; in einem solchen Fall kommen für den Auftraggeber nur die **Mängelansprüche** der §§ 13 Nr. 5 ff. VOB/B bzw. 633 ff. BGB zum Zuge (OLG Köln SFH § 13 Nr. 5 VOB/B Nr. 30), was vor allem auch in verjährungsrechtlicher Hinsicht von Bedeutung ist.

18 Die Folgerung, dass die Rechnungsaufstellung und die Zusendung der Rechnung an den Auftraggeber keine anfechtbare rechtsgeschäftliche Willenserklärung darstellt, gilt nur für die **Rechnung selbst,** nicht dagegen für die anderen gemeinschaftlichen Erklärungen, die der Rechnungsaufstellung als Voraussetzung dienen, z.B. das Aufmaß (vgl. unten § 14 Nr. 2 VOB/B).

Zu den hier erörterten Fragen (*Junker* ZIP 1982, 1158; *U. Locher* Die Rechnung im Werkvertragsrecht S. 8 ff.), vor allem auch im Falle der Rechnungserteilung auf der Grundlage des § 632 Abs. 2 BGB oder der §§ 315 f. BGB, siehe weiter § 2 Rn. 17 ff. VOB/B.

§ 14 Nr. 2
[Das Aufmaß]

Die für die Abrechnung notwendigen Feststellungen sind dem Fortgang der Leistung entsprechend möglichst gemeinsam vorzunehmen. Die Abrechnungsbestimmungen in den Technischen Vertragsbedingungen und den anderen Vertragsunterlagen sind zu beachten. Für Leistungen, die bei Weiterführung der Arbeiten nur schwer feststellbar sind, hat der Auftragnehmer rechtzeitig gemeinsame Feststellungen zu beantragen.

Inhaltsübersicht Rn.

A. Übersicht 1
B. Möglichst gemeinsame Feststellungen entsprechend dem Baufortschritt 3
    I. Keine unbedingte Vertragspflicht zum Zusammenwirken 4
    II. Feststellung aller für die Abrechnung notwendigen Umstände – Rechtswirkungen gemeinschaftlichen Aufmaßes 7
        1. Gemeinsames Aufmaß 8
        2. Anerkenntniswirkung 9
        3. Vergleich 13
        4. Möglichkeit der Anfechtung 15
        5. Vollmacht des Architekten 16
C. Beachtung der Abrechnungsbestimmungen (§ 14 Nr. 2 S. 2 VOB/B) 17
D. Durch Baufortschritt verdeckte Leistungen (§ 14 Nr. 2 S. 3 VOB/B) 19

A. Übersicht

Nr. 2 befasst sich mit Vorgängen, die – soweit erforderlich – **zeitlich vor der Rechnungsaufstellung** durch den Auftragnehmer, die nach Maßgabe der Nr. 1 S. 2–4 zu erfolgen hat, liegen und zu deren Vorbereitung dienen, weshalb insoweit der Aufbau der VOB hier unsystematisch ist. Durch sie soll eine prüfbare Abrechnung gemäß dem Obersatz in Nr. 1 S. 1 in die Wege geleitet werden. Es handelt sich um die für die Rechnungsaufstellung notwendige Feststellung der **wirklich geleisteten Vordersätze (Mengen)** durch den Auftragnehmer, insoweit also um einen tatsächlichen Vorgang, sodass darin grundsätzlich nicht schon ein Schuldanerkenntnis des Auftraggebers zu erblicken ist, es sei denn, es handelt sich um ein **gemeinsames Aufmaß** mit einverständlichen Feststellungen (vgl. Rn. 8 ff.). Auch der Auftraggeber hat ein berechtigtes Interesse an diesen Feststellungen, da es ihm hierdurch ermöglicht und erleichtert wird, den Rechnungsinhalt nicht nur nach den Vertragsunterlagen, sondern auch am Objekt der Leistung selbst nachzuprüfen. Grundsätzlich kommt ein Aufmaß nur beim Einheitspreisvertrag, nicht aber beim Pauschalvertrag in Betracht; anders dann, wenn sich beim Pauschalvertrag Leistungsänderungen ergeben haben und eine Vergütungsänderung nach § 2 Nr. 4 bis 6 VOB/B, u.U. auch nach Nr. 8, zu erfolgen hat und sich die Vertragspartner bisher nicht auf eine neue Pauschale geeinigt haben. Dann ist die Festlegung einer neuen Pauschale nur möglich, wenn jedenfalls im Bereich der Leistungsänderungen eine Feststellung der tatsächlich erbrachten Leistungen erfolgt ist, wozu auch dann ein Aufmaß nötig ist. In den genannten Bereichen ist die ordnungsgemäße Aufstellung des Aufmaßes mit eine Voraussetzung für die Fälligkeit der Schlussvergütung im Hinblick auf den Eintritt der Zahlungspflicht des Auftraggebers, was im Übrigen nicht für den beim BGB-Bauvertrag maßgebenden § 641 BGB gilt (OLG Celle BauR 1999, 496; a.A. *Bartmann* BauR 1977, 16; vgl. dazu oben § 14 Nr. 1 Rn. 5 ff.).

2 Soll das Aufmaß vereinbarungsgemäß ausnahmsweise vom Auftraggeber gestellt werden, so hindert dessen Fehlen nach dem neuen Verjährungsrecht (ab 1.1.2002) im Gegensatz zur bisherigen Rechtslage (vgl. BGH Urt. v. 19.1.1978 VII ZR 304/75 = BauR 1979, 62) den Beginn der Verjährungsfrist für den Vergütungsanspruch, weil dieser zwar weiterhin nach § 199 Abs. 1 Nr. 1 BGB entstanden ist, aber der Gläubiger von der Forderungshöhe keine Kenntnis erlangt hatte (§ 199 Abs. 1 Nr. 2 BGB).

B. Möglichst gemeinsame Feststellungen entsprechend dem Baufortschritt

3 § 14 Nr. 2 S. 1 legt fest, dass die für die Abrechnung (die Rechnungsaufstellung und die Rechnungsprüfung) notwendigen Feststellungen dem Fortgang der Leistung entsprechend **möglichst gemeinsam vorzunehmen sind.** Die gemeinsame Feststellung hat ihren Sinn darin, dass etwaige Zweifelsfragen aufgedeckt und nach Möglichkeit sofort geklärt werden können. Es sollen **klare Verhältnisse** geschaffen und spätere Streitigkeiten vermieden werden (vgl. KG SFH Z 2.412 Bl. 16 ff.). Jedenfalls besteht die nicht zu unterschätzende Möglichkeit, im gemeinsamen Zusammenwirken etwaige Meinungsverschiedenheiten zu erörtern und dadurch unterschiedliche Ergebnisse zwischen dem Rechnungsinhalt und dem Ergebnis der Rechnungsprüfung zu vermeiden. Zweck der gemeinschaftlichen Feststellungen ist es daher, dass Auftraggeber und Auftragnehmer zusammen an Ort und Stelle die auf die erbrachte Leistung bezogenen, für die Abrechnung bedeutsamen Tatsachen mit dem Willen ermitteln, diese der Abrechnung zugrunde zu legen. Weil solche gemeinsamen Feststellungen zeitlich vor Rechnungserteilung liegen, ist kein Fall von § 14 Nr. 2 S. 1 VOB/B gegeben, wenn der Architekt oder der Auftraggeber eigene Feststellungen erst später bei dem Vorliegen der Rechnungen trifft, auch nicht, wenn sich der Auftragnehmer damit einverstanden erklärt, es sei denn, dass sich aus den Umständen des Einzelfalles etwas anderes ergibt.

I. Keine unbedingte Vertragspflicht zum Zusammenwirken

4 Aus der Fassung in S. 1, wonach die Feststellungen »**möglichst**« **gemeinsam** zu treffen sind, folgt, dass das geforderte **Zusammenwirken** als solches keine zwingende, von vornherein gegebene vertragliche Verpflichtung darstellt, aus deren bloßem Nichteinhalten bereits Erfüllungs- oder Schadensersatzansprüche des einen Vertragsteils gegenüber dem anderen hergeleitet werden könnten (vgl. auch OLG Frankfurt NJW 1989, 233; a.A. *Nicklisch/Weick* § 14 Rn. 17; *Vygen* Bauvertragsrecht Rn. 885; *Leinemann/Sterner* § 14 Rn. 21; wie hier *Heiermann/Riedl/Rusam* § 14 Rn. 32; Beck'scher VOB-Komm./*Cuypers* § 14 Nr. 2 Rn. 12; *Locher* Das private Baurecht Rn. 325; offen gelassen von BGH Urt. v. 29.4.1999 VII ZR 127/98 = BauR 1999, 1185). Es steht vielmehr im Ausgangspunkt jedem der Vertragspartner die Möglichkeit offen, die für ihn notwendigen Feststellungen allein ohne den anderen Vertragsteil vorzunehmen. Ein solches Verhalten liegt aber nicht im Sinne der VOB und den sich aus dem Bauvertrag ergebenden Kooperationspflichten, sodass den Vertragspartnern dringend zu empfehlen ist, die Feststellungen gemeinsam zu treffen (vgl. dazu Nr. 5.1. VHB zu § 14 VOB/B, wo für den öffentlichen Auftraggeber die gemeinsame Feststellung zutreffend als Regelfall bezeichnet wird, falls nicht die Leistung nach den Technischen Vertragsbedingungen aus Zeichnungen zu ermitteln ist). Die gegenteilige Ansicht von Weick (*Nicklisch/Weick* § 14 Rn. 17), der hier von vornherein eine vertragliche Nebenpflicht annimmt, die nur dann entfallen (»möglichst«) soll, wenn gemeinsame Feststellungen nicht möglich sind, übersieht, dass die Einschränkung durch das Wort »möglichst« nichts anderes bedeuten kann als eine Empfehlung, die tunlichst zu befolgen ist. Auch kann man den von Weick (a.a.O.) nach seiner Ansicht daraus im Falle der Nichtbefolgung hergeleiteten »Schadensersatzanspruch« dahin, dass bei Verzug des einen Vertragspartners der andere allein die Feststellungen soll treffen können (doch wohl nicht für den anderen von vornherein verbindlich!?), wohl kaum in den Bereich des Schadensersatzes einordnen, abgesehen davon, dass es allein die Aufgabe des Auftragnehmers ist und bleibt, als Fälligkeitsvoraussetzung für seine Rechnung das Aufmaß zu nehmen.

Bleibt der Auftraggeber einem Termin zum gemeinsamen Aufmaß fern, ergeben sich für diesen 5
somit noch keine Rechtsnachteile, wenn ein neues Aufmaß unter zumutbaren Bedingungen erstellt oder das von dem Auftragnehmer genommene einseitige Aufmaß noch überprüft werden kann. Ist aber ein neues Aufmaß oder eine Überprüfung des von dem Auftragnehmer einseitig genommenen Aufmaßes nicht mehr möglich, ergeben sich für den Auftraggeber erhebliche Rechtsnachteile aus der Verletzung dieser **Kooperationspflicht**. Er hat dann die Darlegungs- und Beweislast für die von ihm behaupteten Massen oder dafür, dass die vom Auftragnehmer angesetzten Massen unzutreffend sind. In diesem Fall findet also eine Beweislastumkehr statt (BGH Urt. v. 22.5.2003 VII ZR 143/02 = BauR 2003, 1207 = NJW 2003, 2678; OLG Naumburg BauR 2003, 115, 116; OLG Celle NJW-RR 2002, 1675; *Kapellmann/Messerschmidt* § 14 Rn. 45). Das gilt umgekehrt aber auch bei einer unberechtigten Weigerung oder insoweit gegebenen Nachlässigkeit des Auftragnehmers, die erforderlichen Feststellungen mit dem Auftraggeber vorzunehmen; er muss dann als beweisfällig gelten. In diesem Fall erhält der Auftragnehmer nur die Leistungsmengen vergütet, die **als ausgeführt** gelten können. Diese Grundsätze gelten nach Treu und Glauben (§ 242 BGB) auch dann, wenn die Vertragspartner die VOB/B **nicht** vereinbart haben, es jedoch dem Auftraggeber ohne gemeinschaftliches Aufmaß nicht möglich wäre, die Rechnung des Auftragnehmers nachzuprüfen (OLG Köln NJW 1973, 2111).

Daraus folgt: Es besteht zwar keine von vornherein gegebene vertragliche Verpflichtung zur gemein- 6
samen Vornahme des an sich vom Auftragnehmer als Voraussetzung für die Fälligkeit seines Vergütungsanspruches zu bewirkenden Aufmaßes. Dies gilt selbst dann, wenn die Parteien ausdrücklich ein gemeinsames Aufmaß vereinbart haben, weil damit nicht zugleich eine Fälligkeitsvereinbarung verbunden ist (BGH Urt. v. 29.4.1999 VII ZR 127/98 = BauR 1999, 1185; BGH Urt. v. 9.10.2001 X ZR 153/99 = BauR 2002, 775, 778). Aus der fehlenden Verpflichtung zur Erstellung eines gemeinsamen Aufmaßes folgt, dass dem Auftraggeber auch kein Schadensersatzanspruch auf die Erstattung von Sachverständigenkosten für die nachträgliche Anfertigung eines Aufmaßes zusteht. Dieser kann im Vergütungsprozess die abgerechneten Massen bestreiten oder gegebenenfalls nach § 14 Nr. 4 VOB/B vorgehen (zutreffend Beck'scher VOB-Komm./*Cuypers* § 14 Nr. 2 Rn. 14; a.A. *Nicklisch/Weick* § 14 Rn. 25).

Umgekehrt gilt das aber auch dann, wenn der Auftragnehmer den Auftraggeber oder dessen zum Aufmaß befugten Vertreter von der Notwendigkeit des Aufmaßes benachrichtigt, dieser sich aber nicht um eine Festlegung des Aufmaßtermins kümmert oder jedenfalls zum festgelegten Aufmaßtermin ohne rechtlich anerkennenswerten Grund nicht erscheint. Der Auftragnehmer kann dann ein einseitiges Aufmaß erstellen, ohne dass dies zu einer Beweislastumkehr für die Richtigkeit der abgerechneten Massen führt, wenn das Aufmaß mit zumutbarem Aufmaß überprüft werden kann. Die Beweislast verbleibt weiter beim Auftragnehmer (Brandenburgisches OLG BauR 2001, 1450, 1454). Kann dagegen in diesem Fall das vom Auftragnehmer einseitig genommene Aufmaß nicht mehr nachgeprüft werden, ändert sich die **Beweislast** (vgl. Rn. 5).

II. Feststellung aller für die Abrechnung notwendigen Umstände – Rechtswirkungen gemeinschaftlichen Aufmaßes

Festzustellen sind beim Aufmaß alle Umstände der Leistung, die für eine ordnungsgemäße Abrech- 7
nung eine Rolle spielen. Hierzu gehören grundsätzlich alle Ermittlungen am Leistungsobjekt und nicht nur anhand von Plänen (vgl. dazu OLG Köln BauR 1994, 114 = NJW-RR 1993, 1494) im Hinblick auf den für die vereinbarte Vergütung maßgebenden Wert nach Zahl, Maß und Gewicht im

Bereich der so genannten Vordersätze. Ein Aufmaß nach Plänen genügt nur dann, wenn die Leistung **genau nach der Planung** ausgeführt worden ist.

1. Gemeinsames Aufmaß

8 Von grundlegender Bedeutung ist die Vornahme des **Aufmaßes beim Einheitspreisvertrag** oder bei der erforderlich gewordenen Anpassung der Vergütung im Bereich eines Pauschalvertrages wegen Veränderung des Leistungsinhaltes (vgl. oben Rn. 1). Gerade dort werden die Wirkungen der für die Abrechnung notwendigen Feststellungen deutlich. Wird das Aufmaß gemeinschaftlich genommen und einverständlich der Abrechnung zugrunde gelegt, handelt es sich um gegenseitige rechtsgeschäftliche Willenserklärungen im Sinne einer Vereinbarung. Voraussetzung ist hierbei, dass es sich um wirklich gemeinschaftliche Feststellungen handelt, dass also Einigkeit hinsichtlich jeder Einzelheit des Aufmaßes und seiner Gesamtheit oder jedenfalls eines Teils davon herrscht.

2. Anerkenntniswirkung

9 Diese **Aufmaßfeststellung** im beiderseitigen Einverständnis ist für die Vertragspartner dann bindend. Hier handelt es sich im Regelfall nicht um ein abstraktes Schuldanerkenntnis i.S.d. § 782 BGB, da die Vertragspartner keine selbstständige neue Verpflichtung unabhängig vom bisherigen Schuldverhältnis schaffen wollen, wie dies Voraussetzung für § 782 BGB wäre (BGH Urt. v. 20.4.1967 III ZR 59/65 = WM 1967, 824, 825; KG NJW 1975, 1326, 1327; a.A. *Franke/Kemper/Zanner/Grünhagen* § 14 VOB/B Rn. 33). Vielmehr wollen die Vertragspartner im allgemeinen durch die gemeinschaftlich einverständlich getroffenen Feststellungen ersichtlich spätere Streitigkeiten aus dem bisherigen, fortbestehenden Schuldverhältnis für den hier angesprochenen Teilbereich der Abrechnung vermeiden, weswegen ein **deklaratorisches Schuldanerkenntnis** anzunehmen ist (OLG Frankfurt BauR 2003, 269, 272; OLG Hamm BauR 1992, 242 = NJW-RR 1991, 1464; *Nicklisch/Weick* § 14 Rn. 20; *Locher* Das private Baurecht Rn. 325; *Kapellmann/Messerschmidt* § 14 Rn. 46; *Leinemann/Sterner* § 14 Rn. 24). Soweit die Auffassung vertreten wird, dass es sich dabei um einen kausalen Feststellungsvertrag handelt (*Kleine-Möller/Merl* § 10 Rn. 171), besteht in Bezug auf die Rechtswirkungen kein Unterschied zwischen beiden Auffassungen. Ein gemeinsames Aufmaß geht über eine reine Wissenserklärung mit Beweisfunktion (so *Voit* FS Motzke S. 421 ff.) hinaus, weil die Parteien nach einer zeitaufwändigen Aufmaßermittlung mit der damit verbundenen Erklärung gerade die von dem Aufmaß umfassten Feststellungen (Massen) einem späteren Abrechnungsstreit entziehen wollen. Nur im Ausnahmefall kann von einem abstrakten Schuldanerkenntnis i.S.d. § 782 BGB gesprochen werden, wenn hinreichende Anhaltspunkte für die Annahme vorliegen, dass die Vertragspartner durch die gemeinsamen Feststellungen eine neue selbstständige Regelung vornehmen wollten, etwa weil später veränderte oder zusätzliche Leistungen vorliegen, hinsichtlich deren für die Ermittlung der ausgeführten Mengen keine vertragliche Regelung getroffen oder ersichtlich ist, weil die an sich vereinbarten Technischen Vertragsbedingungen (vgl. § 1 Nr. 1 S. 2 VOB/B) oder die Zusätzlichen Technischen Vertragsbedingungen bzw. die Leistungsbeschreibung (vgl. § 10 Nr. 3 S. 2 und 4 Abs. 1h VOB/A) darüber keine Aussage enthalten oder weil die Parteien von vereinbarten Aufmaßbestimmungen abweichen wollen.

10 Sowohl im Bereich des deklaratorischen (schuldbestätigenden) als insbesondere im Rahmen des abstrakten Schuldanerkenntnisses sind die Vertragspartner an die getroffenen Feststellungen gebunden (BGH Urt. v. 24.1.1974 VII ZR 73/73 = NJW 1974, 646 = BauR 1974, 210; BGH Urt. v. 30.1.1975 VII ZR 206/73 = BauR 1975, 211; OLG Braunschweig BauR 2001, 41; *Werner/Pastor* Rn. 2033 ff.; *Heiermann/Riedl/Rusam* § 14 Rn. 38; *Locher* Das private Baurecht Rn. 325; *Kleine-Möller/Merl* § 10 Rn. 171). Der BGH (Urt. v. 30.1.1975 VII ZR 206/73 = BauR 1975, 211) hat mit Recht ausgeführt, dass eine solche **Bindung** an ein gemeinsames Aufmaß **auch für** den **öffentlichen Auftraggeber** besteht und dass dies auch nicht durch eine spätere Überprüfung seitens der Rechnungsprüfungsbehörde geändert werden kann. (a.a.O.; OLG Hamm BauR 1992, 242 = NJW-RR 1991, 1496).

Allerdings besteht die Bindung an das **Aufmaßergebnis nur in tatsächlicher Hinsicht,** nicht auch wegen der richtigen Anwendung der Aufmaßbestimmungen (a.a.O.; OLG Düsseldorf BauR 1991, 722 = NJW-RR 1992, 217). Daher ist durch ein gemeinsames Aufmaß nicht der Einwand abgeschnitten, die betreffende Leistung sei durch eine andere Position mitumfasst, sei nach den Vereinbarungen nicht zu berechnen, bei richtiger Vertragsauslegung anders zu berechnen oder sei überhaupt nicht vertraglich vereinbart. Einwendungen dieser Art werden von vornherein nicht vom Zweck des Aufmaßes erfasst, tatsächliche Verhältnisse festzustellen und insoweit Beweisschwierigkeiten zu verhüten. Sie können dadurch auch nicht präkludiert werden; erst recht kann eine »Anordnung der Bauleitung« nicht die Prüfung ersparen, ob, in welchem Umfang und in welcher Art die angeordnete Leistung vertraglich geschuldet war und wie sie nach dem Vertrag zu dokumentieren und abzurechnen ist. (BGH Urt. v. 30.1.1992 VII ZR 237/90 = BauR 1992, 371 = NJW-RR 1992, 727; OLG Karlsruhe BauR 2003,1244). Hiernach erstreckt sich ein Anerkenntnis nur auf die zum Vertragsinhalt gewordenen Leistungen, daher nicht auf vom Auftragnehmer nach § 2 Nr. 8 Abs. 1 VOB/B erbrachte Leistungen; auch kann hierin nicht schon ein Anerkenntnis nach § 2 Nr. 8 Abs. 2 S. 1 VOB/B gesehen werden (BGH Urt. v. 24.1.1974 VII ZR 73/73 = NJW 1974, 646 = BauR 1974, 210).

Es ist möglich, in Besonderen oder Zusätzlichen Vertragsbedingungen die Anerkenntniswirkung eines gemeinschaftlichen Aufmaßes dadurch einzuengen, dass die spätere Berichtigung von Aufmaßfehlern vertraglich ausdrücklich zugelassen wird, so auch in Nr. 5.2. VHB zu § 14 VOB/B (vgl. dazu § 14 Nr. 4 VOB/B Rn. 14). Eine derartige Klausel verstößt nicht gegen den § 307 BGB, weil das dispositive Recht eine Berichtigung von Abrechnungsfehlern und einen darauf beruhenden Rückzahlungs- bzw. Nachzahlungsanspruch vorsieht. Dabei erfasst der Begriff »Aufmaßfehler« Abweichungen in Aufmaßlisten und Abrechnungszeichnungen von der tatsächlichen Ausführung oder untereinander, Rechenfehler, Schreibfehler, nicht aber die unrichtige Anwendung von Aufmaßbestimmungen in Teil C (BGH Urt. v. 22.5.1975 VII ZR 266/74 = BauR 1975, 424; vgl. auch OLG München NJW-RR 1987, 1500). **11**

Liegt bei Fehlen abweichender Vertragsbedingungen der **Regelfall des deklaratorischen Anerkenntnisses** vor, kann der betreffende Vertragspartner später nicht mehr bloß einwenden, die getroffenen Feststellungen entsprächen nicht der Wirklichkeit. Das reicht auch dann nicht, wenn (was ohnehin erforderlich ist) die angeblich unzutreffenden und zutreffenden Maßangaben im Einzelnen dargelegt werden; anders nur dann, wenn der betreffende Vertragspartner im Einzelnen darlegt und beweist, dass ihm die die Unrichtigkeit begründenden Tatsachen erst nach dem gemeinsamen Aufmaß bekannt geworden sind (ebenso OLG Braunschweig BauR 2001, 412, 415; OLG Hamm BauR 1992, 242 = NJW-RR 1991, 1496; *Werner/Pastor* Rn. 2034; *Nicklisch/Weick* § 14 Rn. 21. Für eine Beweislastumkehr: Beck'scher VOB-Komm./*Cuypers* § 14 Nr. 2 VOB/B Rn. 6 ff.; *Voit* FS Motzke S. 421 ff.). Die Parteien können ihre bei der Erstellung des Aufmaßes abgegebenen Erklärungen nach den §§ 119 ff. BGB anfechten (vgl. Rn. 15). Zur hinreichenden Darlegung der Unrichtigkeit des anerkannten Aufmaßes ist es erforderlich, dass sich derjenige, der sich auf die Unrichtigkeit beruft, mit der Art und Weise sowie dem Aufbau der bisherigen gemeinsamen Feststellungen befasst und hiervon durch vergleichende Darstellung ausgeht; nicht genügt dagegen die Darlegung einer anderen Abrechnungsmethode, die einen Vergleich zu den bisherigen Einzelangaben nicht ermöglicht. (OLG Hamm a.a.O.) Im Falle eines schuldbegründenden Aufmaßes nach **§ 782 BGB** besteht hingegen grundsätzlich eine **absolute Bindung** der Vertragspartner. **12**

3. Vergleich

Im Bereich des Aufmaßes kann im Einzelfall auch ein **Vergleich** i.S.v. § 779 BGB vorliegen, z.B., wenn zwischen den Parteien der Umfang der vom Auftragnehmer erbrachten Leistung zunächst streitig ist, sie dann vereinbaren, dass die Streitpunkte durch gemeinsames Aufmaß geklärt werden sollen und dies auch einverständlich geschieht, sie sich also im Wege gegenseitigen Nachgebens auf **13** ein bestimmtes Ergebnis einigen. (OLG Stuttgart BauR 1972, 318). Gleiches gilt auch dann, wenn sich die Vertragspartner auf ein bestimmtes Maß auf andere Weise einigen.

14 Zu berücksichtigen ist allerdings, dass die Tragweite eines möglichen **Vergleichs oder eines Anerkenntnisses** grundsätzlich dadurch **eingeschränkt** ist, dass sie sich nur auf das Aufmaß, also das »Maßnehmen« selbst und das hinsichtlich der bloßen Maße erzielte Einverständnis bezieht. Tauchen später in der Rechnung Unstimmigkeiten anderer Art auf, z.B. in der Frage der Vergütungspflicht von Nebenleistungen, der Beachtung der Übermessungsbestimmungen in den einschlägigen ATV, wegen der Einheitspreise oder der sonstigen Berechnungen, wie beispielsweise beim Malnehmen der aufgemessenen Vordersätze mit den Einheitspreisen, können diese vom Auftraggeber nach wie vor beanstandet werden, ohne an den Vergleich oder das Anerkenntnis gebunden zu sein (BGH Urt. v. 24.1.1974 VII ZR 73/73 = NJW 1974, 646 = BauR 1974, 210; BGH Urt. v. 30.1.1975 VII ZR 206/73 = BauR 1975, 211).

4. Möglichkeit der Anfechtung

15 Da es sich bei dem beiderseits erklärten Einverständnis um rechtsgeschäftliche Willenserklärungen handelt, können sie wegen **Irrtums** nach § 119 BGB **angefochten** werden (so auch OLG Braunschweig BauR 2001, 412, 414; OLG Stuttgart BauR 1972, 318; *Nicklisch/Weick* § 14 Rn. 20; *Kleine-Möller/Merl* § 10 Rn. 172; *Kapellmann/Messerschmidt* § 14 Rn. 46; a.A. Beck'scher VOB-Komm./ *Cuypers* § 14 Nr. 2 VOB/A Rn. 9; *Voit* FS Motzke S. 421, 433). Die Anfechtung kommt z.B. in Betracht, wenn bei der Aufmessung ein von dem Betreffenden nicht erkannter Mess- oder Berechnungsfehler unterlaufen ist (vgl. BGH SFH Z 2.302 Bl. 22 ff., wonach hier die rechtliche Einordnung auch nach dem Gesichtspunkt des Wegfalls der Geschäftsgrundlage offen gelassen wird; OLG Stuttgart BauR 1972, 318; auch *Nicklisch/Weick* § 14 Rn. 22.) gem. § 121 BGB hat die Anfechtung unverzüglich nach erhaltener Kenntnis des Anfechtungsgrundes zu erfolgen. Auch eine Anfechtung nach § 123 BGB wegen arglistiger Täuschung ist denkbar.

5. Vollmacht des Architekten

16 Zum Anerkenntnis eines Aufmaßes ist der **Architekt** des Auftraggebers, sofern ihm nach § 15 Abs. 2 Nr. 8 HOAI die Objektüberwachung übertragen worden ist, regelmäßig als vom Auftraggeber **bevollmächtigt** anzusehen (vgl. BGH Urt. v. 24.1.1974 VII ZR 73/73 = NJW 1974, 646; BGH Urt. v. 15.2.1960 VII ZR 10/59 = NJW 1960, 859; OLG Hamm BauR 1992, 242 = NJW-RR 1992, 1496; *Locher* Das private Baurecht Rn. 325; *Heiermann/Riedl/Rusam* § 14 Rn. 41; *Locher/Koeble/Frik* HOAI Einl. Rn. 50.) Dagegen umfasst die Vollmacht nicht den Verzicht auf die Erteilung einer Schlussrechnung, den Abschluss eines Vergleichs über die Höhe der Werklohnforderung oder deren Anerkenntnis (OLG Düsseldorf BauR 1996, 740; *Heiermann/Riedl/Rusam* § 14 Rn. 41; *Locher/Koeble/Frik* HOAI Einl. Rn. 51 f.).

C. Beachtung der Abrechnungsbestimmungen (§ 14 Nr. 2 S. 2 VOB/B)

17 Nach § 14 Nr. 2 S. 2 VOB/B sind bei den für die Abrechnung notwendigen Feststellungen die Abrechnungsbestimmungen in den Technischen Vertragsbedingungen oder in den möglicherweise im Einzelfall vorrangigen anderen Vertragsunterlagen, wie z.B. den etwaigen besonderen Angaben im Leistungsverzeichnis oder in Zusätzlichen Technischen Vertragsbedingungen, wie die Angabe, die Preise verstünden sich für »fix und fertige Arbeit« (vgl. dazu OLG Köln BauR 1991, 615 im Hinblick auf etwaige Zulagen nach der DIN 18421) zu beachten (vgl. z.B. hinsichtlich der Auslegung der ZTV-FLN 10.4 der Telekom zur Verrechnungsbreite OLG Köln BauR 1991, 226). Bei Zugrundelegung der ATV ist zunächst Ziff. 0.5 der DIN 18299 zu berücksichtigen, wonach im Leistungsverzeichnis die Abrechnungseinheiten für die Teilleistungen (Positionen) gemäß Abschnitt 0.5 der jeweiligen ATV anzugeben sind. Gleiches gilt auch für die Ziff. 5 der DIN 18299, wonach die Leistung aus Zeichnung zu ermitteln ist; sind solche Zeichnungen nicht vorhanden, ist die Leistung aufzumessen. Allerdings: Auch das zeichnerische Aufmaß muss für den Auftraggeber an Ort und Stelle der Bauausführung nachprüfbar sein. Des Weiteren enthalten die **DIN 18300 ff.** durchweg unter **Nr. 5** Bestimmungen über die Art der Abrechnung (Abrechnungsregelungen), die hier grundsätzlich zu beachten sind, weswegen auf die dort jeweils geregelten Einzelheiten zu verweisen ist. Auf Beachtung der Abrechnungsbestimmungen besteht ein Rechtsanspruch jedes Vertragspartners, da die Allgemeinen und die etwaigen für den Einzelfall vereinbarten Besonderen oder die Zusätzlichen Technischen Vertragsbedingungen bindender Vertragsinhalt sind; sie unterliegen der AGB-rechtlichen Inhaltskontrolle (OLG Düsseldorf BauR 1991, 772 = NJW-RR 1992, 217). Werden die Abrechnungsbestimmungen nicht eingehalten, fehlt es zwar nicht ohne weiteres an der Prüfbarkeit der Rechnung (vgl. z.B. BGH Urt. v. 9.10.2001 X ZR 153/99 = BauR 2002, 775), jedoch kann sie unrichtig sein.

Grundsätzlich sind Bauleistungen nach exakten Mengen genau abzurechnen; so genannte Näherungsverfahren sind nur dann anzuwenden, wenn eine mathematisch genaue Abrechnung nicht oder nicht mit zumutbaren Mitteln durchführbar ist. Bei dem Aufmaß nach der so genannten Simpsonschen Formel handelt es sich nicht um ein Näherungsverfahren, sondern um eine mathematisch genaue Berechnung; sie ist zum Aufmaß von Baugruben und Erdüberschüttungen nur dann anzuwenden, wenn diese genau einem oder mehreren Prismatoiden entsprechen. (OLG Düsseldorf a.a.O. für die Aufmaßregelung in DIN 18300 Ziff. 5.1.1). Hat der Auftragnehmer bei dem Aushub von Rohrgräben nicht die nach DIN 4124 zur Wahrung der Standsicherheit erforderliche Abböschung ausgeführt, so ist er nicht berechtigt, für die Mengenermittlung die in der DIN 18300, insbesondere Nr. 5.2.3, genannten Näherungswerte für die Böschungswinkel zugrunde zu legen, sondern kann nur Vergütung nach der tatsächlich ausgehobenen Menge verlangen (OLG Düsseldorf BauR 1992, 521 = NJW-RR 1992, 528). Ist vereinbart, Erdaushub und -abfuhr nach Planmaß und m²-Einheitspreis abzurechnen, darf nicht nach Ladevolumen und Zahl der zur Abfuhr benötigten Lkw berechnet werden; dies ergäbe nämlich eine durch Ausschachtung und Auflockerung bedingte Erhöhung des Volumens, während der Einheitspreis pro m² gewachsenen Boden gilt (OLG Koblenz BauR 1992, 782 = NJW-RR 1992, 727). Da die Abrechnungsbestimmungen in den Allgemeinen Technischen Vertragsbedingungen das zum Ausdruck bringen, was im Baugewerbe üblich ist, finden sie entsprechend § 157 BGB auch bei nach den §§ 631 ff. BGB ausgerichteten Verträgen Anwendung (a.A. jedoch praxisfern *Zielemann* Rn. 31. Lehrreich und unbedingt zu empfehlen ist neben dem Beck'schen VOB-Komm. Teil C die von *Damerau* und *Tauterat* verfasste Darstellung der Aufmaßregeln nach der VOB »VOB im Bild«, in der jeweils neuesten Auflage, jetzt 18. Aufl. 2005, 2 Bände, aufgeteilt in Hochbau- und Ausbauarbeiten sowie Tiefbau- und Erdbauarbeiten. Die dort durch Zeichnungen gegebenen bildlichen Darstellungen sind wertvolle und jederzeit verständliche Hinweise in Zweifelsfragen zu Aufmaßen nach den jeweils maßgebenden DIN-Normen des Teils C).

D. Durch Baufortschritt verdeckte Leistungen (§ 14 Nr. 2 S. 3 VOB/B)

In **Nr. 2 S. 3** wird dem Auftragnehmer die **Verpflichtung** auferlegt, bei Leistungen, die bei der Weiterführung der Arbeiten nur schwer feststellbar sind, rechtzeitig gemeinsame Feststellungen zu beantragen. Dies deckt sich weitgehend mit der die Leistungspflicht des Auftragnehmers entsprechenden Regelung in § 4 Nr. 10 VOB/B (vgl. § 4 Nr. 10 VOB/B Rn. 1 ff.; auch *Dähne* BauR 1981, 233 Fn. 4). Insoweit handelt es sich um eine zwingende vertragliche Nebenverpflichtung des Auftragnehmers. Das ergibt sich aus der Besonderheit des Falles, da nur er als Verantwortlicher für die Leistung (§ 4 Nr. 2 VOB/B) zu beurteilen vermag, ob und wann bei der Weiterführung der Leistung die Teilleistung nicht mehr richtig an Ort und Stelle (auch unter Zuhilfenahme von Aufmaßzeichnungen) zu überprüfen ist (vgl. dazu auch OLG Köln BauR 1994, 119 = NJW-RR 1993, 1492). Er muss den

Antrag so rechtzeitig stellen, dass durch die Feststellungen die **Weiterführung** der Arbeiten nicht erschwert oder sonst behindert oder gar unterbrochen wird. Etwaige durch einen zu spät gestellten Antrag eintretende Behinderungen oder Unterbrechungen der Arbeiten hat der Auftragnehmer aus dem Gesichtspunkt einer Pflichtverletzung zu vertreten. Gleiches gilt für alle Erschwernisse, insbesondere den zusätzlichen Kostenaufwand, der später zum Zwecke der Feststellung bzw. Prüfung der wirklich ausgeführten – inzwischen verdeckten – Leistung dem Auftraggeber entsteht. Sofern sich zuverlässige Feststellungen später nicht mehr treffen lassen, geht dies zu Lasten des Auftragnehmers, zumal er für seine vergütungsgemäß ins Gewicht fallende Leistung ohnehin darlegungs- und beweispflichtig ist. Andererseits: Hier hat der Auftraggeber eine entsprechende **Mitwirkungspflicht**, die sich aus den Kooperationspflichten der Bauvertragsparteien ergibt. Findet er sich trotz Aufforderung des Auftragnehmers zu gemeinsamen Feststellungen nicht bereit, liegt eine Verletzung der Kooperationspflicht vor. Diese hat zur Folge, dass eine Beweislastumkehr eintritt und der Auftraggeber das einseitig erstellte Aufmaß des Auftragnehmers zu widerlegen hat, wenn später eine Überprüfung dieses Aufmaßes nicht mehr unter zumutbarem Aufwand möglich ist (BGH Urt. v. 22.5.2003 VII ZR 143/02 = BauR 2003, 1207 = NJW 2003, 2678; OLG Celle BauR 2002, 1863; vgl. dazu Rn. 5 f.). Auch kann der Auftraggeber etwaige Einwendungen wegen fehlenden Aufmaßes verwirken (§ 242 BGB), wenn er damit unzumutbare Zeit abwartet (vgl. dazu OLG Celle BauR 1996, 264 in dem Fall, dass sich der Auftraggeber mehr als ein Jahr nach Erhalt der Abrechnung darauf beruft; OLG Celle BauR 2002, 1863).

§ 14 Nr. 3
[Zeitpunkt der Einreichung der Schlussrechnung]

Die Schlussrechnung muss bei Leistungen mit einer vertraglichen Ausführungsfrist von höchstens 3 Monaten spätestens 12 Werktage nach Fertigstellung eingereicht werden, wenn nichts anderes vereinbart ist; diese Frist wird um je 6 Werktage für je weitere 3 Monate Ausführungsfrist verlängert.

Inhaltsübersicht

	Rn.
A. Übersicht	1
B. Abhängig von Ausführungsfrist	4
C. Voraussetzung: Fertigstellung der Leistung	6
D. Auch Einreichung von Rechnungen für Zusatz- oder Ergänzungsaufträge	7
E. Keine isolierte Abtretung einzelner Rechnungspositionen	8

A. Übersicht

1 Zum Begriff der Schlussrechnung vgl. § 16 Nr. 3 Rn. 4 VOB/B.

2 § 14 Nr. 3 VOB/B behandelt die Frage des **Zeitpunktes der Einreichung der Schlussrechnung** durch den Auftragnehmer. Diese Bestimmung ist nur auf die Schlussrechnung anzuwenden, die die Grundlage für die Schlusszahlung und den Ausgangspunkt für deren Fälligkeit nach § 16 Nr. 3 VOB/B bildet (vgl. auch § 14 Nr. 1 Rn. 5 ff.). Rechnungen, die sich auf andere, vor der Schlusszahlung liegende Zahlungen, wie Abschlagszahlungen, Teilschlusszahlungen oder Vorauszahlungen beziehen, werden von § 14 Nr. 3 VOB/B nicht erfasst. Insoweit muss es dem Auftragnehmer überlassen bleiben, ob und wann er vorzeitige Zahlungen verlangen und deshalb vorzeitig prüfbare Rechnungen bzw. Aufstellungen im jeweils erforderlichen Umfang anfertigen und dem Auftraggeber vor-

Soweit das OLG Celle (BauR 1974, 413) auch für den Fall, dass der Auftragnehmer seine Schlussrechnung nicht innerhalb der in § 14 Nr. 3 VOB/B festgelegten Frist einreicht, eine vorzeitige Fälligkeit seiner Schlussvergütung nach Ablauf der in Nr. 3 geregelten Frist zuzüglich der in § 16 Nr. 3 Abs. 1 VOB/B festgelegten weiteren Frist von 2 Monaten annimmt, kann dem nicht gefolgt werden. Sein Hinweis auf die §§ 198, 199 BGB a.F. = § 199 Abs. 1 Nr. 1 BGB n.F. und deren Entstehungsgeschichte betrifft hier nicht einschlägige, für sich abgegrenzte Sonderfälle. Die praktische Bedeutung besteht in der Verknüpfung der Fälligkeit mit dem Beginn der Verjährungsfristen (vgl. § 16 Rn. 25). Dabei übersieht aber das OLG (ebenso wie *Schultz* JZ 1973, 713), dass die Vertragspartner bei Vereinbarung der VOB eine besondere Regelung gewollt haben: Wie sich aus § 14 Nr. 4 VOB/B ergibt, haben die Parteien ausdrücklich eine von den gesetzlichen Bestimmungen abweichende Absprache dahin gehend getroffen, dass sie es für den Fall der nicht rechtzeitigen Aufstellung der Schlussrechnung durch den Auftragnehmer nunmehr dem Auftraggeber überlassen, dieses zu tun und damit von sich aus die Fälligkeit des Schlussvergütungsanspruches des Auftragnehmers herbeizuführen. Das wird auch der besonderen Sachlage bei Bauverträgen eher gerecht, da hierdurch spätere Streitigkeiten über die Berechtigung der Schlussvergütung des Auftragnehmers jedenfalls eingedämmt werden, vor allem auch im Hinblick auf die in § 16 Nr. 3 Abs. 2 ff. VOB/B geregelten Ausschlusswirkungen nach erfolgter Schlusszahlung (in diesem Sinne insbesondere BGH Urt. v. 16.6.1977 VII ZR 66/76 = NJW 1977, 2075 = BauR 1977, 354). **3**

B. Abhängig von Ausführungsfrist

Die **Frist für die Einreichung der Schlussrechnung** ist nach § 14 Nr. 3 VOB/B davon abhängig, wie lange die vertragliche Ausführungsfrist gedauert hat. Man hat als Anhaltspunkt für die erfahrungsgemäß notwendige Zeit zur Aufstellung der Schlussrechnung die jeweilige vertragliche Ausführungsfrist genommen. Aus der letzteren lässt sich in etwa der Umfang der Bauleistung entnehmen. Je umfangreicher sie ist, um so längere Zeit beansprucht erfahrungsgemäß die Aufstellung der Schlussrechnung. Maßgebend ist hier die im betreffenden Vertrag vereinbarte Ausführungsfrist; bei späterer einverständlicher Änderung gilt die dann festgelegte Frist. Ist eine Ausführungsfrist nicht vereinbart oder veränderten Bedingungen angepasst worden, so bemisst sich die Frist im Einzelfall nach der für die betreffende Leistung bei zügigem Einsatz erforderlichen Zeit. Da hier auch Zusatzaufträge oder veränderte Leistungen mit abzurechnen sind (vgl. Rn. 7), ist die dafür erforderliche längere Zeit der jeweiligen Frist hinzuzurechnen. **4**

Die Schlussrechnung bei einer vertraglichen Ausführungsfrist von höchstens 3 Monaten muss spätestens 12 Werktage nach der Fertigstellung des Bauwerkes eingereicht werden, wenn nichts anderes vereinbart ist. Diese Frist wird um je 6 Werktage für je weitere 3 Monate Ausführungsfrist verlängert. **5**

C. Voraussetzung: Fertigstellung der Leistung

Voraussetzung für den Beginn der Frist ist die **Fertigstellung der Bauleistung.** Der Lauf der Frist bestimmt sich nach den §§ 186 ff. BGB. In diese Frist fallende Samstage werden (anders als Sonn- oder Feiertage), da Werktage, mitgerechnet, es sei denn, dass der letzte Tag der Frist ein Samstag, Sonntag oder Feiertag ist (vgl. § 193 BGB). Als Zeitpunkt der Fertigstellung gilt der Tag, an dem der Auftragnehmer die ihm vertraglich obliegende **Gesamtleistung vollendet** hat, wenn er also »fertig« ist (*Franke/Kemper/Zanner/Grünhagen* § 14 Rn. 42; zu eng daher *Nicklisch/Weick* § 14 Rn. 30, die die völlige Fertigstellung verlangen, andererseits bei »Lappalien« dem Auftraggeber nach §§ 157, 242 BGB die Befugnis nehmen wollen, die Entgegennahme und Prüfung der Schlussrechnung zu **6** verweigern). Anhaltspunkt dafür ist z.B. die zutreffende Mitteilung von der Fertigstellung der Leistung an den Auftraggeber (vgl. § 12 Nr. 5 Abs. 1 VOB/B) oder der Tag, an dem die endgültige und vollständige, nicht nur teilweise Räumung der Baustelle **beginnt,** ohne dass nachfolgend noch im Einzelfall ins Gewicht fallende Restarbeiten (einschließlich Mängelbeseitigung) vorgenommen werden bzw. vorgenommen werden müssen. Nicht Voraussetzung ist die Abnahme der Leistung, da diese in der Regel erst nach der Fertigstellung liegt; ausnahmsweise kann sie auch vorher liegen; auch etwaige spätere Gewährleistungsansprüche des Auftraggebers hindern für die Zeit nach Abnahme die zunächst gegebene Fertigstellung als solche nicht. Die Abnahme ist zwar wesentlich für die Fälligkeit der Schlusszahlung, nicht aber für die Aufstellung der Schlussrechnung.

D. Auch Einreichung von Rechnungen für Zusatz- oder Ergänzungsaufträge

7 Die Pflicht zur Einreichung der Schlussrechnung innerhalb der jeweils maßgebenden Frist betrifft nicht nur die auf der ursprünglichen vertraglichen Leistungsvereinbarung beruhende Schlussrechnung, sondern auch diejenigen Rechnungsteile, die auf **Änderungen oder Ergänzungen des Auftrages** beruhen. Dadurch soll eine möglichst schnelle Abrechnung der **gesamten Bauleistung** erreicht werden, was für alle Beteiligten von Nutzen ist. Wenn auch diese Forderung in der jetzigen Fassung der VOB nicht mehr ausdrücklich enthalten ist, so ergibt sie sich doch nach wie vor aus der Grundregel des § 14 Nr. 1 VOB/B, insbesondere aus S. 4.

E. Keine isolierte Abtretung einzelner Rechnungspositionen

8 **Einzelne Rechnungspositionen** einer Schlussrechnung stellen keine Forderung i.S.d. §§ 398 ff. BGB dar. Sie können deshalb – im Gegensatz zu dem Schlussrechnungssaldo – **nicht isoliert abgetreten werden.** Der Saldo selbst errechnet sich aus den einzelnen Rechnungspositionen abzüglich geleisteter Abschlagszahlungen. Da die Abschlagszahlungen aber nur Rechnungsposten darstellen und somit nicht auf die einzelnen Leistungspositionen der Schlussrechnung bezogen werden können, ist auch die Bedeutung der einzelnen Aktivpositionen für den Saldo nicht bestimmbar, so dass eine isolierte Abtretung unmöglich ist (BGH Urt. v. 22.10.1998 VII ZR 167/97 = BauR 1999, 251 = NJW 1999, 417; OLG Brandenburg BauR 2004, 87 = NZBau 2004, 99).

§ 14 Nr. 4
[Rechnungsaufstellung durch Auftraggeber]

Reicht der Auftragnehmer eine prüfbare Rechnung nicht ein, obwohl ihm der Auftraggeber dafür eine angemessene Frist gesetzt hat, so kann sie der Auftraggeber selbst auf Kosten des Auftragnehmers aufstellen.

Inhaltsübersicht

	Rn.
A. Allgemeine Grundlagen	1
B. Fehlen prüfbarer Rechnung des Auftragnehmers	2
C. Setzen angemessener Frist	4
D. Erfordernis prüfbarer Rechnung	6
E. Rechnungsaufstellung auf Kosten des Auftragnehmers	8
F. Folgen der Selbstaufstellung durch Auftraggeber	10
G. AGB	13
H. Anhang: Abrechnung bei öffentlichen Aufträgen	14

A. Allgemeine Grundlagen

Erfüllt der Auftragnehmer seine Verpflichtung zur Einreichung einer prüfbaren Rechnung nicht, schadet er sich in erster Linie selbst, weil vor Vorlage der Rechnung die **Fälligkeit** seines Vergütungsanspruches nicht eintreten kann. Aus dieser Sicht könnte es dem Auftraggeber gleichgültig sein, ob und wann der Auftragnehmer die Rechnung einreicht. Trotzdem hat die VOB mit Nr. 4 eine Regelung geschaffen, die dem Auftraggeber eine Möglichkeit gibt, auch ohne Mitwirkung des Auftragnehmers zu einer Abrechnung zu kommen. Es gibt nämlich in der Praxis Fälle, in denen der Auftraggeber ein besonderes Interesse an der alsbaldigen Abrechnung hat. Das gilt z.B., wenn er zur Bauerrichtung Fremdmittel erhalten hat, die nach den zugrunde liegenden Bedingungen innerhalb einer bestimmten Zeit zu Bauzwecken verwendet sein müssen oder vom Darlehensgeber jedenfalls teilweise (z.B. mit einer letzten Rate) erst zur Auszahlung gelangen, wenn die Abrechnung des Auftragnehmers vorliegt, oder man denke an Behörden als Auftraggeber, die für Bauerrichtungen bewilligte Gelder innerhalb eines bestimmten Rechnungsjahres zu verwenden haben. Dann kann nicht nur ein berechtigtes Interesse, sondern sogar eine einem Dritten gegenüber bestehende Verpflichtung den Auftraggeber zwingen, von sich aus eine Abrechnung herbeizuführen (zutreffend auch BGH Urt. v. 20.10.1988 VII ZR 302/87 = BauR 1989, 87 = NJW 1989, 836). Daher bietet Nr. 4 dem Auftraggeber einen Schutz gegen den säumigen Auftragnehmer (vgl. BGH SFH Z 2.331 Bl. 78 f.), indem ihm hier ein Recht auf **Ersatzvornahme** eingeräumt ist (zutreffend *Dähne* BauR 1981, 233, der den Begriff Selbsthilferecht des Auftraggebers als zu eng bezeichnet). Die Regelung des § 14 Nr. 4 VOB/B ist rechtlich als ein Quasi-Schadensersatzanspruch des Auftraggebers wegen einer Pflichtverletzung anzusehen, und zwar als Folge dessen, dass der Auftragnehmer seinen vertraglichen Nebenpflichten, wie sie in § 14 Nr. 1–3 VOB/B im Einzelnen festgelegt sind, nicht nachgekommen ist (vgl. auch BFH NJW-RR 1987, 533; a.A. Beck'scher VOB-Komm./*Cuypers* § 14 Nr. 4 Rn. 5, der von einem vertraglichen Anspruch ausgeht. Dieser würde voraussetzen, dass dem Auftraggeber gegen den Auftragnehmer kein Anspruch auf Erteilung einer Schlussrechnung zusteht. Es ist aber nicht einzusehen, weshalb ihm dann ein vertraglicher Anspruch auf Kostenerstattung für die Selbstaufstellung der Rechnung zustehen sollte). Der Auftraggeber ist jedoch nicht verpflichtet, die ihm nach § 14 Nr. 4 VOB/B eingeräumte Ersatzvornahme vorzunehmen, da es sich hier nur um eine so genannte Kann-Vorschrift handelt; vielmehr kann er gegen den Auftragnehmer **auch Klage auf Erteilung der Schlussrechnung** erheben (OLG München NJW-RR 1987, 146; OLG Jena MDR 1999, 993; OLG Dresden BauR 2000, 103; OLG Köln BauR 2001, 1788; *Kapellmann/Messerschmidt* § 14 Rn. 74; *Leinemann/Sterner* § 14 Rn. 42; a.A. *Reck* ZfBR 2003, 640; vgl. § 14 Nr. 1 Rn. 2). Obwohl die Rechnung nach der hier vertretenen Auffassung beim BGB-Werkvertrag keine Fälligkeitsvoraussetzung darstellt, können die Parteien dies vereinbaren. In diesem Fall ist § 14 Nr. 4 VOB/B auf den BGB-Werkvertrag ausnahmsweise anwendbar (OLG Düsseldorf BauR 1999, 655).

B. Fehlen prüfbarer Rechnung des Auftragnehmers

Voraussetzung ist, dass der Auftragnehmer eine **prüfbare Rechnung nicht** einreicht. Dies ist auch der Fall, wenn er zwar eine Rechnung aufgestellt und eingereicht hat, diese aber nicht den Erfordernissen der Prüfbarkeit entspricht, wie es nach Nr. 1 vorausgesetzt wird, abgestellt auf das Verhältnis der jeweiligen Vertragspartner. Liegt eine Rechnung vor und macht der Auftraggeber innerhalb einer Frist von zwei Monaten (BGH Urt. v. 23.9.2004 VII ZR 173/03 = BauR 2004, 1937 = NZBau 2005, 40; vgl. dazu § 16 Nr. 3 Rn. 24 ff.) geltend, diese sei nicht prüfbar, muss er im Einzelnen darlegen, in welchen Punkten er die Rechnung als nicht prüfbar ansieht (*Dähne* BauR 1981, 233). Dabei kommt es für die Entscheidung im Streitfall auf die objektive Würdigung der im Einzelfall gegebenen Sachlage, nicht dagegen auf die subjektive Auffassung des Auftraggebers an (*Kapellmann/Messerschmidt* § 14 Rn. 77). Ist bereits ein gemeinsames Aufmaß genommen, so muss dieses als Teilvoraussetzung der Prüfbarkeit genügen; es ist also bei der Rechnungsaufstellung durch den Auftraggeber zu verwenden (ähnlich *Dähne* a.a.O.). Falls nur ein Teil der Rechnung als nicht prüfbar anzusehen ist, ein anderer, vergütungsmäßig in sich bewertbarer dagegen schon, so kommt eine weitere Abschlagszahlung durch den Auftraggeber (§ 16 Nr. 1 Abs. 1 S. 3 VOB/B) in Betracht (*Dähne* a.a.O.). Die Befugnis zur Selbstaufstellung der Rechnung beschränkt sich dann auf den nichtprüfbaren Teil.

3   Eine weitere Voraussetzung für das Selbsthilferecht des Auftraggebers ergibt sich im Ausgangspunkt auch aus Nr. 3, nämlich die Nichtaufstellung der Schlussrechnung sowie der ergänzenden Rechnungen im vorgenannten Umfang innerhalb der festgelegten Fristen. Die Regelung der **Nr. 4** ist aber nicht nur auf die **Schlussrechnung** abgestellt, sondern auch auf andere Rechnungen des Auftragnehmers, wenn auch die Aufstellung der Schlussrechnung den Hauptfall bilden mag. Daher gilt für Teilschlussrechnungen die Fristenregelung der Nr. 3 entsprechend, sofern der Auftraggeber aufgrund besonderer vertraglicher Vereinbarung oder spätestens bei der Teilabnahme die Vorlage einer prüfbaren Teilschlussrechnung verlangt hat (*Heiermann/Riedl/Rusam* § 14 Rn. 51; *Nicklisch/Weick* § 14 Rn. 35; *Franke/Kemper/Zanner/Grünhagen* § 14 Rn. 57). Für Abschlagsrechnungen (a.A. *Heiermann/Riedl/Rusam* Teil B § 14 Rn. 51; *Franke/Kemper/Zanner/Grünhagen* § 14 Rn. 57) sowie Vorauszahlungsrechnungen sind die Regelungen in § 16 Nr. 1 Abs. 3 oder Nr. 2 VOB/B sinngemäß anzuwenden, wobei es im letzteren Fall aber auf jeweils getroffene besondere vertragliche Fälligkeitsbestimmungen ankommt. Diese sind zwingend erforderlich, um einen Fälligkeitszeitpunkt festzulegen, weil sich ein solcher nicht schon aus § 16 Nr. 2 VOB/B ergibt.

C. Setzen angemessener Frist

4   Kommt der Auftragnehmer seiner Verpflichtung zur Einreichung von prüfbaren Rechnungen nicht fristgemäß nach, kann der Auftraggeber erst zur eigenen Rechnungsaufstellung übergehen, wenn er dem Auftragnehmer danach ohne Erfolg eine **angemessene Frist** (Nachfrist) zur Aufstellung und Einreichung der Rechnung gesetzt hat. Die Angemessenheit der Frist richtet sich nach den Gegebenheiten des Einzelfalles. Zu berücksichtigen sind Art und Umfang der Bauleistung. Außerdem sind die berechtigten Interessen des Auftraggebers an der alsbaldigen Erlangung einer prüfbaren Rechnung zu beachten. In etwa können auch hier die Fristen der Nr. 3 als dem Auftraggeber äußerst zumutbare Orientierungspunkte dienen.

So ist es als angemessene Fristsetzung anzusehen, wenn der Auftraggeber dem Auftragnehmer eine Frist von 2 Monaten setzt, nachdem ein Verfahren nach § 18 Nr. 2 VOB/B (vgl. dazu § 18 VOB/B) durch Bescheid der vorgesetzten Stelle beendet worden war und der Auftragnehmer dagegen Einspruch eingelegt hatte (vgl. OLG Düsseldorf BauR 1995, 258 = NJW-RR 1995, 535).

5   Die Aufforderung des Auftraggebers an den Auftragnehmer zur jetzt endlich vorzunehmenden Aufstellung einer prüfbaren Rechnung unter Setzung einer angemessenen Frist bedarf keiner besonderen Form. Sie kann mündlich ergehen. Doch empfiehlt sich auch hier dringend die **Schriftform** schon aus Gründen eines später etwa notwendig werdenden Beweises.

D. Erfordernis prüfbarer Rechnung

6   Hat der Auftragnehmer innerhalb der gesetzten Frist oder vor Beendigung des Selbstaufstellens durch den Auftraggeber eine prüfbare Rechnung nicht eingereicht, ist der Auftraggeber befugt, von sich aus die Rechnung aufzustellen, und zwar soweit bisher eine prüfbare Rechnung – ganz oder zum Teil (vgl. dazu OLG Düsseldorf BauR 1987, 336; vgl. § 14 Nr. 4 Rn. 2) – noch nicht vorliegt. Dabei muss er selbst alle Erfordernisse beachten, die nach Nr. 1 und 2 für die Aufstellung einer ordnungsgemäßen, **prüfbaren Rechnung** vorgeschrieben sind (*Kapellmann/Messerschmidt* § 14

Rn. 80). Vor allem muss diese Schlussrechnung sämtliche vergütungspflichtigen Leistungen des Auftragnehmers aus dem betreffenden Vertrag erfassen. Sie darf sich nicht nur mit Teilen, vor allem nicht mit einem ganzen oder teilweisen Gegenüberstellen von Gegenansprüchen, begnügen (vgl. dazu BGH Urt. v. 22.12.1983 VII ZR 213/82 = BauR 1984, 182 = NJW 1984, 1757). Aus der Pflicht zur prüfbaren Abrechnung ergibt sich, dass der Auftraggeber diese auf der Grundlage des Bauvertrags vorzunehmen hat, soweit ihm dies möglich ist. Beim Einheitspreisvertrag hat er deshalb nach § 14 Nr. 1 VOB/B positionsbezogen nach Einheitspreisen abzurechnen und soweit erforderlich ein Aufmaß vorzunehmen (BGH Urt. v. 8.11.2001 VII ZR 480/00 = BauR 2002, 313 = NJW 2002, 676). Der Auftraggeber muss so sorgfältig vorgehen, als sei er der Auftragnehmer. Andernfalls setzt er sich berechtigten Einwendungen des Auftragnehmers aus. Zu beachten ist aber, dass für solche Einwendungen die **Beweislast** grundsätzlich beim Auftragnehmer liegt, weil er die Berechtigung seines Vergütungsanspruches darzulegen und zu beweisen hat (OLG Oldenburg BauR 1992, 83). Da der Auftraggeber die prüfbare Rechnung sozusagen stellvertretend für den Auftragnehmer aufstellt, muss er auch eine etwaige gesondert auszuweisende Mehrwertsteuer berücksichtigen. Handelt es sich um die Selbstaufstellung einer **Teilschlussrechnung,** so hat der Auftraggeber ebenfalls die Voraussetzungen des § 14 Nr. 1 und 2 VOB/B genau zu beachten; bei Selbstaufstellen von **Abschlagsrechnungen** hat er sich nach § 16 Nr. 1 VOB/B zu richten.

Stellt der Auftraggeber trotz dem Auftragnehmer gesetzter angemessener Frist die prüfbare Rechnung nicht auf, so kann der Auftragnehmer wiederum seinerseits die Rechnung anfertigen und dem Auftraggeber nunmehr vorlegen, wobei es sinnvoll sein kann, dem Auftraggeber vorher eine Nachfrist mit der Ankündigung zu setzen, dass er – der Auftragnehmer – nach deren Ablauf die Rechnung aufstellt und einreicht (vgl. dazu OLG Oldenburg a.a.O.; a.A. Beck'scher VOB-Komm./ *Cuypers* § 14 Nr. 4 Rn. 17). Für den Auftragnehmer besteht ohne Fristsetzung die Gefahr, dass er die Kosten für die eigene Rechnungsstellung neben denjenigen für die inzwischen erfolgte Selbstaufstellung nach § 14 Nr. 4 VOB/B zu tragen hat.

Die vom Auftraggeber aufgestellte Rechnung ist dem Auftragnehmer zu übermitteln, damit dieser Gelegenheit zur Prüfung und Stellungnahme erhält. **7**

E. Rechnungsaufstellung auf Kosten des Auftragnehmers

Die Aufstellung bzw. Vervollständigung (vgl. dazu OLG Düsseldorf BauR 1987, 336; OLG Düsseldorf BauR 1996, 740) der Rechnung geschieht **auf Kosten des Auftragnehmers.** Dies kommt allerdings nur in Betracht, wenn die von der Auftraggeberseite aufgestellte Rechnung die Voraussetzungen der Prüfbarkeit (vgl. oben Rn. 6) erfüllt. Der Auftragnehmer muss den zusätzlichen Aufwand tragen, der dem Auftraggeber hierbei entstanden ist, nämlich die erforderlich gewordenen Personal- und Sachkosten einschließlich aller Nebenkosten. Dabei ist auf die unbedingt notwendigen Mehrkosten abzustellen, die dem Auftraggeber durch die Selbstaufstellung der prüfbaren Rechnung entstehen (OLG Celle BauR 2005, 1933; Reck, ZfBR 2003, 640 f.). Kosten, die er ohnehin im Wege der Prüfungstätigkeit gehabt hätte, wenn die Rechnung des Auftragnehmers prüfbar gewesen wäre, sind jedenfalls dann abzuziehen, wenn die vorgelegte Rechnung in Teilen prüfbar ist (OLG Düsseldorf a.a.O.). In den vom Auftragnehmer zu ersetzenden Kosten können auch die **erforderlichen** Kosten der notfalls mit der Rechnungsaufstellung beauftragten Sachverständigen enthalten sein, z.B., wenn der Auftraggeber oder sein Vertreter (Architekt) nicht die Sachkenntnis besitzt, die für die Fertigung einer den Anforderungen der Prüfbarkeit entsprechenden Rechnung notwendig ist (ebenso *Dähne* BauR 1981, 233; *Leinemann/Sterner* § 14 Rn. 52). Andererseits kann der Auftraggeber vom Auftragnehmer aber auch den Ersatz derjenigen Kosten verlangen, die ihm dadurch entstehen, dass sein Architekt oder Ingenieur zur Selbstaufstellung der prüfbaren Rechnung imstande ist und dieses auch tut; denn damit verbundene Kosten sind nicht durch die normale Architekten- oder Ingenieurtätig- **8** keit abgegolten, sondern sind dem Architekten oder Ingenieur als Besondere Leistung gesondert zu bezahlen, wobei die Vereinbarung eines Zeithonorars gem. § 6 HOAI angemessen sein kann.

Das Recht auf Selbstaufstellung der Rechnung und damit zur Erstattung der damit verbundenen Kosten durch den Auftragnehmer ist allein von den Voraussetzungen der Nr. 4 abhängig, daher ist grundsätzlich ein **Verschulden des Auftragnehmers** an der Nichtaufstellung der Rechnung **nicht erforderlich.** Anders kann es nur zu beurteilen sein, wenn der Auftraggeber keinen begründeten Anlass zur Selbstaufstellung gehabt und daher rechtsmissbräuchlich gehandelt hat, was aber vom Auftragnehmer im Einzelnen darzulegen und zu beweisen ist. Nicht maßgebend ist es, ob die letztlich erfolgende Zahlung des Auftraggebers auf die von ihm aufgestellte prüfbare Rechnung zurückgeht; wegen der Vertragsuntreue des Auftragnehmers kommt es allein darauf an, ob die Voraussetzungen der Nr. 4 vorliegen (*Dähne* a.a.O.).

9 Die Höhe der Kosten bestimmt sich entsprechend § 632 Abs. 2 BGB nach den Grundsätzen der Üblichkeit. Hierfür können auch Gebührenordnungen, wie die HOAI, Anhaltspunkte liefern, was auch bei Selbstaufstellung der Rechnung durch einen öffentlichen Auftraggeber gilt (OLG Düsseldorf a.a.O.). Ein Ausgleich dieser Kosten kann im Wege der **Aufrechnung gegen den Vergütungsanspruch** des Auftragnehmers erfolgen. Der Auftraggeber kann die Kosten auch gesondert gegen den Auftragnehmer geltend machen. Dieser Weg ist besonders zu empfehlen, wenn zu erwarten ist, dass es wegen der Vergütung zu einem Streit zwischen den Vertragspartnern kommt.

F. Folgen der Selbstaufstellung durch Auftraggeber

10 Die vom Auftraggeber nach Nr. 4 im Wege der Ersatzvornahme aufgestellte prüfbare Rechnung hat die gleichen Rechtswirkungen im Gefolge wie die vom Auftragnehmer vorgelegte **prüfbare Rechnung** (so auch OLG Düsseldorf BauR 1995, 258 = NJW-RR 1995, 535; OLG Celle BauR 2005, 1933). Das betrifft bei Schlussrechnungen bzw. Teilschlussrechnungen insbesondere die Fälligkeit nach Abnahme (vgl. vor allem § 16 VOB/B) sowie den damit verbundenen **Beginn der Verjährungsfrist** (vgl. BGH Urt. v. 22.12.1983 VII ZR 213/82 = BauR 1984, 182 = NJW 1984, 1757; BGH Urt. v. 8.11.2001 VII ZR 480/00 = BauR 2002, 313 = NJW 2002, 676). Im Übrigen ist die vom Auftraggeber aufgestellte prüfbare Rechnung nunmehr die **alleinige Abrechnungsgrundlage** in einem etwaigen Rechtsstreit, sodass der Auftragnehmer seine darüber hinausgehenden Vergütungsansprüche im Einzelnen darlegen und beweisen muss, ohne sich auf seine später erstellte abweichende eigene Rechnung berufen zu können, wenn diese in ihrem Aufbau von der prüfbaren Schlussrechnung des Auftraggebers abweicht (OLG Düsseldorf a.a.O.).

11 Allerdings ist für die Berechnung der **Fälligkeit der Schlusszahlung** im Ausgangspunkt hier der Zeitpunkt maßgebend, in dem der Auftraggeber die Schlussrechnung aufgestellt und den Endbetrag ermittelt hat. Dies folgt aus der sinngemäßen Berücksichtigung von § 16 Nr. 3 Abs. 1 S. 1 VOB/B (vgl. dazu § 16 Nr. 3 VOB/B Rn. 13; a.A. BGH Urt. v. 8.11.2001 VII ZR 480/00 = BauR 2002, 313 = NJW 2002, 676; Beck'scher VOB-Komm./*Cuypers* § 14 Nr. 4 Rn. 26; *Kapellmann/Messerschmidt* § 14 Rn. 84; *Leinemann/Sterner* § 14 Rn. 54; wonach es auf den Zugang der Rechnung beim AN ankommen soll; wie hier *Dähne* BauR 1981, 233; *Nicklisch/Weick* § 14 Rn. 39a; *Kleine-Möller/Merl* § 10 Rn. 140). Zwar weiß der Auftragnehmer im allgemeinen diesen Zeitpunkt nicht, jedoch muss er sich dies als Folge seiner eigenen Vertragsuntreue zurechnen lassen (*Dähne* a.a.O.). Ebenso wenig bedarf es einer weiteren Frist zur Prüfung der Rechnung nach § 16 Nr. 3 Abs. 1 VOB/B, weil diese Vorschrift den Auftraggeber dadurch schützt, dass ihm die Gelegenheit zur Rechnungsprüfung gegeben wird. Dieser Schutzzweck wird im Falle einer Selbstaufstellung der Rechnung durch den Auftraggeber obsolet (BGH a.a.O. a.A. *Heiermann/Riedl/Rusam* § 14 Rn. 56).

12 **Anders** liegt es wiederum, wenn es sich um die **Frage vorbehaltloser Annahme der** Schlusszahlung (vgl. OLG Celle BauR 2005, 1933) handelt. Voraussetzung für den Beginn der Frist von 24 Werkta-

gen, innerhalb deren der Vorbehalt zu erklären ist (§ 16 Nr. 3 Abs. 5 VOB/B), ist hier nicht nur der Eingang der Schlusszahlung oder Teilschlusszahlung beim Auftragnehmer, sondern auch die Vorlage der vom Auftraggeber selbst aufgestellten Schlussrechnung (vgl. § 16 VOB/B). Die hiergegen von Dähne (a.a.O.) erhobenen Bedenken, der eine Pflicht des Auftraggebers zur Überlassung der Schlussrechnung an den Auftragnehmer erst für den Bereich der Begründung des Vorbehaltes (§ 16 Nr. 3 Abs. 5 S. 2 VOB/B) annehmen möchte, sind nicht gerechtfertigt. Zwar trifft es zu, dass sich der Auftragnehmer die Nichtkenntnis der Einzelheiten und des Ergebnisses der vom Auftraggeber aufgestellten Schlussrechnung selbst zurechnen muss. Zu beachten ist hier aber, dass dies allein nicht schon eine Rechtfertigung für eine so gravierende Folge, wie es die Wirkungen einer vorbehaltlosen Annahme der Schlusszahlung sein können, ist.

G. AGB

§ 14 Nr. 4 VOB/B hält einer isolierten Inhaltskontrolle stand, weil es sich aus dem Recht zur Selbstaufstellung der Rechnung um eine Konsequenz aus der Verletzung der vertraglichen Nebenpflicht des Auftragnehmers zur Erteilung einer prüffähigen Schlussrechnung handelt (*Korbion/Locher/Sienz* K Rn. 168). Eine Klausel in AGB des Auftraggebers, dass der Auftragnehmer im Falle der Selbstaufstellung der Rechnung durch den Auftraggeber auf Einsprüche verzichtet, verstößt gegen § 307 BGB, da hier dem Grundgedanken des § 315 BGB nicht hinreichend Rechnung getragen wird (*Korbion/Locher/Sienz* K Rn. 168; OLG Karlsruhe BB 1983, 725). **13**

H. Anhang: Abrechnung bei öffentlichen Aufträgen

Für die Abrechnung öffentlicher Bauaufträge bestimmt das VHB 2002 zu § 14 VOB/B: **14**

1. Aufstellung der Rechnung

Das Aufstellen der Rechnung obliegt dem Auftragnehmer; der Auftraggeber darf, abgesehen von den in § 14 Nr. 4 VOB/B geregelten Ausnahmen, keine Rechnungen aufstellen.

2. Prüfbarkeit der Rechnung

Sofort nach Eingang jeder Art von Rechnung (Abschlags-, Vorauszahlungs-, Schluss- und Teilschlussrechnung sowie Stundenlohnrechnung) ist zu prüfen, ob die zur Beurteilung des Leistungsumfangs erforderlichen Unterlagen vollständig und zweifelsfrei sind und ob die Rechnung so aufgestellt ist, dass sie den Zusätzlichen Vertragsbedingungen – EVM (B) ZVB – 215, EVM (Z) ZVB – 225 oder EVM (L) ZVB – 235 – entspricht (vgl. hierzu Neuregelung gem. Nr. 3.1 und 3.2 § 16 B VHB).

Ist dies nicht der Fall, ist die Rechnung unverzüglich schriftlich zurückzuweisen. Die Gründe für die Zurückweisung sind darzulegen und auf die Nichtprüfbarkeit ist hinzuweisen.

3. Datenverarbeitung (DV) für das Prüfen der Rechnung

Siehe Nr. 5 der Richtlinie zur Anwendung der Datenverarbeitung im Bauvertragswesen (Teil V – 502).

4. Fristsetzung

Wenn der Auftragnehmer innerhalb der Frist des § 14 Nr. 3 VOB/B keine prüfbare Rechnung eingereicht hat, ist ihm schriftlich eine angemessene Frist mit dem Hinweis zu setzen, dass nach deren Ablauf die Rechnung auf seine Kosten aufgestellt wird.

5. Leistungsfeststellung und Leistungserfassung

5.1 Nach Nr. 5 der Allgemeinen Regelungen für Bauarbeiten jeder Art (ATV DIN 18299) ist die Leistung aus Zeichnungen zu ermitteln, soweit die ausgeführte Leistung diesen Zeichnungen entspricht. Sind solche Zeichnungen nicht vorhanden, ist die Leistung – in der Regel gemeinsam mit dem Auftragnehmer – aufzumessen und ggf. zeichnerisch festzulegen.

Eine Leistung, die durch den Baufortschritt verdeckt wird, muss gemeinsam aufgemessen werden.

5.2 Das gemeinsame Aufmaß stellt kein Anerkenntnis der Feststellungen über den Leistungsumfang dar.

5.3 Bei der Anwendung der Datenverarbeitung sollen die für die Abrechnung notwendigen Feststellungen und die Leistungserfassung gemeinsam mit dem Auftragnehmer durchgeführt werden, unabhängig davon, ob die Leistung aus Zeichnungen oder durch Aufmaß ermittelt wird.

6. Unterrichtung des Auftragnehmers zur Schlussrechnung

Mit Abgang der Auszahlungsanordnung über die Schlusszahlung an die Kasse ist der Auftragnehmer mit dem Formblatt EFB-SZ – 332 zu unterrichten.

Bei Überzahlungen und Zahlungen an Dritte vgl. § 16 B Nr. 8 VHB.

§ 15
Stundenlohnarbeiten

1. (1) Stundenlohnarbeiten werden nach den vertraglichen Vereinbarungen abgerechnet.
   (2) Soweit für die Vergütung keine Vereinbarungen getroffen worden sind, gilt die ortsübliche Vergütung. Ist diese nicht zu ermitteln, so werden die Aufwendungen des Auftragnehmers für Lohn- und Gehaltskosten der Baustelle, Lohn- und Gehaltsnebenkosten der Baustelle, Stoffkosten der Baustelle, Kosten der Einrichtungen, Geräte, Maschinen und maschinellen Anlagen der Baustelle, Fracht-, Fuhr- und Ladekosten, Sozialkassenbeiträge und Sonderkosten, die bei wirtschaftlicher Betriebsführung entstehen, mit angemessenen Zuschlägen für Gemeinkosten und Gewinn (einschließlich allgemeinem Unternehmerwagnis) zuzüglich Umsatzsteuer vergütet.

2. Verlangt der Auftraggeber, dass die Stundenlohnarbeiten durch einen Polier oder eine andere Aufsichtsperson beaufsichtigt werden, oder ist die Aufsicht nach den einschlägigen Unfallverhütungsvorschriften notwendig, so gilt Nummer 1 entsprechend.

3. Dem Auftraggeber ist die Ausführung von Stundenlohnarbeiten vor Beginn anzuzeigen. Über die geleisteten Arbeitsstunden und den dabei erforderlichen, besonders zu vergütenden Aufwand für den Verbrauch von Stoffen, für Vorhaltung von Einrichtungen, Geräten, Maschinen und maschinellen Anlagen, für Frachten, Fuhr- und Ladeleistungen sowie etwaige Sonderkosten sind, wenn nichts anderes vereinbart ist, je nach der Verkehrssitte werktäglich oder wöchentlich Listen (Stundenlohnzettel) einzureichen. Der Auftraggeber hat die von ihm bescheinigten Stundenlohnzettel unverzüglich, spätestens jedoch innerhalb von 6 Werktagen nach Zugang, zurückzugeben. Dabei kann er Einwendungen auf den Stundenlohnzetteln oder gesondert schriftlich erheben. Nicht fristgemäß zurückgegebene Stundenlohnzettel gelten als anerkannt.

4. Stundenlohnrechnungen sind alsbald nach Abschluss der Stundenlohnarbeiten, längstens jedoch in Abständen von 4 Wochen, einzureichen. Für die Zahlung gilt § 16.

5. Wenn Stundenlohnarbeiten zwar vereinbart waren, über den Umfang der Stundenlohnleistungen aber mangels rechtzeitiger Vorlage der Stundenlohnzettel Zweifel bestehen, so kann der Auftraggeber verlangen, dass für die nachweisbar ausgeführten Leistungen eine Vergü-

tung vereinbart wird, die nach Maßgabe von Nummer 1 Abs. 2 für einen wirtschaftlich vertretbaren Aufwand an Arbeitszeit und Verbrauch von Stoffen, für Vorhaltung von Einrichtungen, Geräten, Maschinen und maschinellen Anlagen, für Frachten, Fuhr- und Ladeleistungen sowie etwaige Sonderkosten ermittelt wird.

Inhaltsübersicht Rn.

A. Allgemeine Grundlagen.. 1
   I. Besondere Vergütungsart... 2
   II. Stundenlohnverträge als Ausnahme..................................... 3
   III. Grundsätze von § 5 Nr. 2 VOB/A sollten beachtet werden........ 4
   IV. Ausdrückliche Vereinbarung der Stundenlohnvergütung erforderlich................ 5
   V. Umfang von Stundenlohnverträgen..................................... 6
B. Keine geänderte Rechtslage durch Schuldrechtsmodernisierungsgesetz.................. 7

Aufsätze: *Losert* Die Bedeutung der Unterschrift unter einem Stundenlohnzettel ZfBR 1993, 1; *Korbion* Stundenlohnarbeiten beim BGB-Bauvertrag FS Soergel S. 131 ff.; *Dähne* Angehängte Stundenlohnarbeiten – juristisch betrachtet FS Jagenburg 2002 S. 57 ff.

A. Allgemeine Grundlagen

§ 15 VOB/B hat Einzelbestimmungen über die besondere Vergütungsart bei Stundenlohnarbeiten zum Gegenstand. In den Nrn. 1 und 2 sind zunächst grundlegende Gesichtspunkte über die Berechnung der Vergütung bei Stundenlohnarbeiten enthalten, wobei in dem eingerückten Textteil in Nr. 1 Abs. 2 und danach die allgemein anerkannten Berechnungsgrundlagen für die Stundenlohnvergütung aufgeführt sind. Nr. 3 zeigt Verpflichtungen sowohl des Auftragnehmers als auch des Auftraggebers zum schnellstmöglichen Nachweis und zugleich zur endgültigen Festlegung des erbrachten Leistungsinhaltes sowie -umfanges auf. Dabei bringt Nr. 5 zumindest teilweise Rechtsfolgen für den Fall, dass der Auftragnehmer seine nach Nr. 3 festgelegten Pflichten nicht erfüllt hat. Nr. 4 schließlich setzt Fälligkeitsvoraussetzungen für die Begleichung der Stundenlohnvergütung fest. **1**

I. Besondere Vergütungsart

§ 15 VOB/B ist eine **Sonderbestimmung über die Abrechnung von Stundenlohnarbeiten** (in der Praxis weitgehend auch als »Regiearbeiten« oder »Arbeiten in Regie bzw. auf Regiebasis« bezeichnet). Die Vergütung von – **selbstverständlich auch hier erfolgsbedingten, somit werkvertraglichen und nicht etwa nur dienstvertraglichen** – Bauleistungen im Rahmen eines Stundenlohnvertrages richtet sich nach **anderen Maßstäben, als es bei** den für das Bauwesen grundsätzlich maßgebenden **Leistungsverträgen** (vgl. § 5 Nr. 1 VOB/A = Einheitspreisverträge, Pauschalverträge) der Fall ist. Der Unterschied liegt darin, dass die Vergütung nach Stundenlohn nicht entsprechend dem üblichen und anzuerkennenden Wert der erstellten Leistung, sondern davon unabhängig nach der **aufgewandten Arbeitszeit und dem dabei verbrauchten Material (Sachkosten)** berechnet wird. Bei Stundenlohnverträgen kann daher die endgültige Höhe der Vergütung **im Zeitpunkt des Vertragsschlusses noch nicht festliegen,** und zwar weit weniger, als es bei Einheitspreisverträgen der Fall ist. Die Folge ist, dass eine endgültige Berechnung der Vergütung erst nach Erledigung der vom jeweiligen Vertrag umrissenen Bauleistung oder eines bestimmten Teils, auf den vereinbarungsgemäß Stundenlohnarbeiten entfallen, erfolgen kann. Um auch in solchen Fällen soweit als möglich klare Verhältnisse zu schaffen, hat die VOB aber im Rahmen der Allgemeinen Vertragsbedingungen **Berechnungsmaßstäbe** sowie weitere Einzelheiten für die Berechnung oder Festlegung der dem Auftragnehmer vom Auftraggeber geschuldeten Vergütung festgehalten. **2**

II. Stundenlohnverträge als Ausnahme

3 **Stundenlohnverträge**, die selbstverständlich auch zum werkvertraglichen Bereich gehören, **sollten eine Ausnahme sein,** weil sie nicht immer das grundsätzlich erforderliche **Gleichgewicht** zwischen Leistungswert und Vergütungswert herbeiführen. Das weicht für den Vergütungsbereich auch von dem Werkvertragsrecht des BGB ab, da auch dort in erster Linie die **Herstellung,** also der **Leistungserfolg,** und nicht die Arbeitsleistung und der bloße Materialaufwand geschuldet werden. Aus diesen Gründen ist in § 5 Nr. 2 VOB/A zum Ausdruck gekommen, dass **nur Bauleistungen geringeren Umfangs, die überwiegend Lohnkosten verursachen,** der Vergabe im Stundenlohn zugänglich sind. Dies wird vor allem auch durch **§ 5 Nr. 2 VOB/A** zum Ausdruck gebracht, wonach unter den angegebenen Voraussetzungen die Vergabe nach Stundenlöhnen erfolgen darf, somit gerade der öffentliche Auftraggeber in die Pflicht genommen worden ist, genau zu überprüfen, ob die Bedingungen zur Vergabe nach Stundenlöhnen wirklich vorliegen.

III. Grundsätze von § 5 Nr. 2 VOB/A sollten beachtet werden

4 § 15 VOB/B setzt nicht unbedingt voraus, dass § 5 Nr. 2 VOB/A eingehalten worden ist, es sei denn, es handelt sich um **eine Bauvergabe öffentlicher Auftraggeber,** für die die Vergaberegeln des Teils A grundsätzlich **bindend** sind. Allerdings sollte auch der private Auftraggeber die Regel in § 5 Nr. 2 VOB/A im eigenen Interesse einhalten. Ansonsten genügt für die Anwendung der besonderen Abrechnungsvorschriften in § 15 VOB/B, wenn eine nach allgemeinen Grundsätzen **wirksame Vereinbarung** der Vertragsparteien dahin gehend vorliegt, dass die Vergütung des Auftragnehmers nach Stundenlöhnen berechnet werden soll. Allerdings muss hierfür im Falle eines jeden VOB-Vertrages **zwingend** noch eine **weitere Voraussetzung** vorliegen, wie sich neben § 2 Nr. 2 VOB/B **insbesondere aus § 2 Nr. 10 VOB/B** ergibt:

IV. Ausdrückliche Vereinbarung der Stundenlohnvergütung erforderlich

5 Die Vereinbarung, dass nach Stundenlöhnen abgerechnet werden soll, muss vor Ausführung der betreffenden Arbeiten getroffen worden sein. Insoweit handelt es sich um eine **Wirksamkeitsvoraussetzung**. Ist sie nicht eingehalten worden, muss auch hier grundsätzlich nach dem Normaltyp des Einheitspreises, ausnahmsweise auf der Grundlage eines im Einzelfall vereinbarten Pauschalpreises, abgerechnet werden. Die bloße Abzeichnung von Stundenlohnberichten genügt nicht für die Annahme der nachträglichen – stillschweigenden – Vereinbarung einer Stundenlohnbezahlung, vor allem dann nicht, wenn der Unterzeichnende keine entsprechende Vertretungsmacht hat (so auch BGH 14.7.1994 VII ZR 186/93 BauR 1994, 760 = NJW-RR 1995, 80 = SFH § 15 VOB/B Nr. 1; 24.7.2003 VII ZR 79/02 = BauR 2003, 1892 ff. = NZBau 2004, 31 ff. = NJW-RR 2004, 92 f.; die Entscheidung des OLG Düsseldorf 10.9.2004 22 U 15/04 IBR 2005, 669-*Schalk* ist eine Einzelfall-Entscheidung, die diesen Grundsatz nicht in Frage stellt). Dabei müsste sich die Vertretungsmacht unzweifelhaft auf die Befugnis zu nachträglicher Änderung der Vergütung in eine Bezahlung nach Stundenlöhnen beziehen.

V. Umfang von Stundenlohnverträgen

6 Stundenlohnverträge können für sich **selbstständig** abgeschlossen werden, sie können aber auch **Abschnitte aus einem größeren,** ansonsten auf der Grundlage der Leistungspreisberechnung beruhenden Vertrag erfassen. Im letzteren Falle wird häufig von so genannten **angehängten Stundenlohnarbeiten** gesprochen.

B. Keine geänderte Rechtslage durch Schuldrechtsmodernisierungsgesetz

Die besonderen Regelungen über die Anforderungen an eine Abrechnung von Stundenlohnarbeiten bedurften keiner Änderung, da auch durch das Schuldrechtsmodernisierungsgesetz das werkvertragliche Vergütungsrecht nicht geändert worden ist. **7**

§ 15 Nr. 1
[Grundsätze für die Abrechnung nach Stundenlöhnen]

(1) Stundenlohnarbeiten werden nach den vertraglichen Vereinbarungen abgerechnet.

(2) Soweit für die Vergütung keine Vereinbarungen getroffen worden sind, gilt die ortsübliche Vergütung. Ist diese nicht zu ermitteln, so werden die Aufwendungen des Auftragnehmers für Lohn- und Gehaltskosten der Baustelle, Lohn- und Gehaltsnebenkosten der Baustelle, Stoffkosten der Baustelle, Kosten der Einrichtungen, Geräte, Maschinen und maschinellen Anlagen der Baustelle, Fracht-, Fuhr- und Ladekosten, Sozialkassenbeiträge und Sonderkosten, die bei wirtschaftlicher Betriebsführung entstehen, mit angemessenen Zuschlägen für Gemeinkosten und Gewinn (einschließlich allgemeinem Unternehmerwagnis) zuzüglich Umsatzsteuer vergütet.

Inhaltsübersicht

	Rn.
A. Übersicht	1
B. Abrechnung nach vertraglichen Vereinbarungen (Nr. 1 Abs. 1)	2
I. Ausdrückliche Vereinbarung	2
II. Abrechnungsmerkmale	3
C. Fehlende Abrechnungsvereinbarung (Nr. 1 Abs. 2)	4
I. Ortsübliche Vergütung	4
II. Zeitpunkte der Berechnung	5
III. Aufwendungen des Auftragnehmers	6

A. Übersicht

Nr. 1 enthält die grundlegenden Maßstäbe, die für die Stundenlohnabrechnung ausschlaggebend sind. Dabei wird unterschieden zwischen dem Fall, in dem zur Höhe eine vertragliche Vereinbarung getroffen worden ist (Abs. 1), und dem Fall, in dem eine solche ausdrückliche vertragliche Absprache fehlt (Abs. 2). Da die in Nr. 1 festgelegten Regelungen nichts anderes sind als die auf den besonderen Typ des Stundenlohnvertrages festgelegten bzw. hiernach erläuterten Vergütungsgrundsätze **entsprechend den §§ 631 ff. BGB**, gelten diese **auch für Stundenlohnarbeiten im Bereich von BGB-Bauverträgen** (vgl. *Korbion* FS Soergel S. 131, 136). **1**

B. Abrechnung nach vertraglichen Vereinbarungen (Nr. 1 Abs. 1)

I. Ausdrückliche Vereinbarung

Nach Nr. 1 Abs. 1 werden Stundenlohnarbeiten nach den vertraglichen Vereinbarungen abgerechnet. Insoweit hält die VOB an dem Grundsatz fest, dass es für die Abrechnung von Stundenlohnarbeiten in erster Linie **auf die vertragliche Berechnungsabsprache ankommt**. Das entspricht nichts anderem als dem § 631 Abs. 1 BGB sowie dem dem zivilen Vertragsrecht innewohnenden Grundsatz der den jeweiligen Vertragspartnern vorbehaltenen **Vertragsgestaltungsfreiheit**. Eine solche ver- **2** tragliche Vereinbarung über die Berechnung von Stundenlohnarbeiten muss **grundsätzlich ausdrücklich und inhaltlich zweifelsfrei** getroffen worden sein, damit Missverständnisse vermieden werden und später bei der Abrechnung keine Zweifelsfragen auftauchen. So ist bei einer Vereinbarung bestimmter Sätze für Stundenlohn und Materialkosten grundsätzlich davon auszugehen, dass daneben Kosten für Geräte und Fracht nicht gesondert ersetzt verlangt werden können. **Nur in Ausnahmefällen** wird man eine **stillschweigende Vereinbarung** bestimmter Maßstäbe für die Abrechnung von Stundenlohnarbeiten annehmen können. Das wird nur in Betracht kommen, wenn ein bestimmter Auftraggeber einem bestimmten Auftragnehmer in zeitlich kurzen Abständen mehrfach Stundenlohnarbeiten von im Wesentlichen gleicher Art vergibt und die früheren Leistungen vereinbarungsgemäß und insbesondere ohne Beanstandung seitens des einen oder anderen Vertragspartners nach einem bestimmten Abrechnungsmodus abgerechnet worden sind, von dem man dann mit Fug und Recht annehmen kann, dass er **auch hier gelten** soll. Immerhin handelt es sich aber um einen wirklichen **Ausnahmefall**, weshalb bei geringstem Zweifel nicht gesagt werden kann, dass eine stillschweigende Abrechnungsvereinbarung für den jetzt maßgebenden Fall getroffen worden ist.

Die **Darlegungs- und Beweislast** zur Vereinbarung einer bestimmten Stundenlohnvergütung trägt der **Auftragnehmer**.

II. Abrechnungsmerkmale

3   Die den Vertragsparteien hier im Ausgangspunkt gewährte **Vertragsgestaltungsfreiheit** zur Vereinbarung der Abrechnungsmerkmale für die Stundenlohnarbeiten ist **grundsätzlich nicht begrenzt**, abgesehen von Grenzen, die durch zwingende gesetzliche Vorschriften, wie die §§ 134, 138 oder 242 BGB, gesetzt sind. Voraussetzung ist allerdings, dass die für die Stundenlohnberechnung maßgebenden Grundsätze eingehalten sind. Im Übrigen sind zwei Verfahren einer vereinbarten Abrechnung sozusagen gängig: Einmal handelt es sich um die Abrechnung nach Stundenlohnsätzen, zum anderen ist die Vereinbarung der Abrechnung nach Hauptkosten und prozentualen Zuschlägen (Stundenlohnzuschlägen) möglich. Im ersten Fall wird für jede Einheit (z.B. Stunde) ein so genannter Stundensatz festgelegt, aufgeteilt nach der Funktion des jeweils zum Einsatz gelangenden Arbeitnehmers (Meister, Facharbeiter, Helfer, Auszubildender). Darin sind Lohnkosten, Lohnnebenkosten, auch Zuschläge für Gemeinkosten, Gewinn und Mehrwertsteuer enthalten. Dabei wird dieser Stundensatz im Allgemeinen vorweg festgelegt. Material wird hier regelmäßig gesondert angesetzt. Bei dem anderen Verfahren (Hauptkosten und Stundenlohnzuschläge) werden neben den ermittelten Hauptkosten (Löhne, Lohnnebenkosten, Stoffkosten usw.) bestimmte Prozentsätze für Gemeinkosten, Gewinn und Mehrwertsteuer nachträglich hinzugeschlagen. Auch hier kommen die Materialkosten dazu. Beide Verfahren ermöglichen im Übrigen den Wettbewerb vor Vereinbarung der Stundenlohnsätze bzw. der Verrechnungssätze.

C. Fehlende Abrechnungsvereinbarung (Nr. 1 Abs. 2)

I. Ortsübliche Vergütung

4   Nr. 1 Abs. 2 enthält Regelungen für den **Fall, dass** zwischen den Bauvertragspartnern zwar Stundenlohnarbeiten vor deren Ausführung abgesprochen worden sind (§ 2 Nr. 10 VOB/B), wo es aber **unterlassen wurde, die Merkmale für deren Berechnung festzulegen**. Hier wird zunächst auf die ortsübliche Vergütung zurückgegriffen (S. 1); ist eine solche nicht festzustellen, so ist **nach Richtpunkten** abzurechnen, die im Einzelnen in **S. 2** aufgeführt worden sind. Bei den hier angeführten Gesichtspunkten handelt es sich um allgemein anerkannte baubetriebliche Berechnungsmerkmale,

Grundsätze für die Abrechnung nach Stundenlöhnen § 15 Nr. 1 VOB/B

weswegen sie auch bei einem nach den Regelungen der §§ 631 ff. BGB ausgerichteten Bauvertrag, vor allem im Hinblick auf die Üblichkeit bzw. Angemessenheit (§ 632 Abs. 2 BGB), Geltung haben.

II. Zeitpunkte der Berechnung

Das in Abs. 2 S. 1 im Falle des Fehlens vertraglicher Abrechnungsvereinbarungen in erster Linie erfolgte Zurückgreifen auf die jeweils **ortsüblichen Vergütungen** beruht auf § 632 Abs. 2 BGB. Allerdings ist auf die Besonderheiten des Bauvertragswesens abgestellt, wenn hier eine Einschränkung dahin gehend festgelegt wurde, dass es sich um die ortsübliche Vergütung handeln muss (»gilt«). Dies entspricht dem Bestreben der VOB, in jedem einzelnen Fall möglichst die **Grundsätze der Angemessenheit der Vergütung** einzuhalten. Das wiederum setzt die **Möglichkeit der Vergleichbarkeit** voraus, die am ehesten aus der Ortsüblichkeit entnommen werden kann. Dabei handelt es sich um die Feststellung **ortsüblicher Sätze** für Löhne, Stoffe, Gerätevorhaltung, sonstige mit Stundenlohnarbeiten verbundene vergütungspflichtige Leistungen sowie von Zuschlägen für Gemeinkosten und Gewinn. Ausschlaggebend für die Hauptkosten (vgl. die im Text von § 15 Nr. 1 Abs. 2 VOB/B eingerückte Aufzählung) **sind die Sätze, wie sie für das betreffende Gewerk zur Zeit der Bauleistung an dem Ort ihrer Ausführung oder in dessen engerem Bereich allgemein und daher üblicherweise bezahlt werden**. Dagegen sind die Zuschläge für Gemeinkosten und Gewinn grundsätzlich nach dem Zeitpunkt des Vertragsschlusses bzw. der Vereinbarung der Stundenlohnabrechnung festzulegen, es sei denn, es haben sich hier Kostenentwicklungen ergeben, die zur genannten Zeit noch nicht voraussehbar waren (vgl. *Kleine-Möller/Merl/Oelmaier* § 10 Rn. 151; *Zielemann* Rn. 380; *Heiermann/Riedl/Rusam* § 15 VOB/B Rn. 13; *Messerschmidt* in Kapellmann/Messerschmidt § 15 VOB/B Rn. 20; a.A. Beck'scher VOB-Komm./*Cuypers* § 15 Nr. 1 VOB/B Rn. 17 und *Franke/Kemper/Zanner/Grünhagen* § 15 VOB/B Rn. 4). 5

Im Zweifel kann es hier geboten sein, Auskünfte oder Gutachten ortsansässiger oder jedenfalls den örtlichen Bereich erfassender Berufsvertretungen, wie Handwerkskammern oder Industrie- und Handelskammern, einzuholen. Notfalls muss ein Sachverständiger herangezogen werden. Grundsätzlich muss davon ausgegangen werden, dass **die ortsüblichen Sätze sich auf Grund des Wettbewerbs gebildet haben**.

Die **Darlegungs- und Beweislast** für die ortsübliche Vergütung trägt der **Auftragnehmer**.

III. Aufwendungen des Auftragnehmers

Lassen sich **ortsübliche Vergütungen** oder Teile solcher für Stundenlohnarbeiten nicht oder nur mit einem **unzumutbaren**, weil **unverhältnismäßigen Aufwand** feststellen, was eine seltene Ausnahme sein dürfte, so gelten die in **Abs. 2 S. 2 im Einzelnen** nach Maßgabe der betrieblichen Kostenrechnung festgelegten Abrechnungsregeln. Diese sind dadurch als vereinbart anzusehen, dass die VOB/B kraft vertraglicher Absprache Vertragsgegenstand geworden ist. 6

Hiernach wird zunächst von den Aufwendungen des Auftragnehmers für Lohn- und Gehaltskosten der Baustelle, Lohn- und Gehaltsnebenkosten der Baustelle, Stoffkosten der Baustelle, Kosten der Einrichtungen, Geräte, Maschinen und maschinellen Anlagen der Baustelle, Fracht-, Fuhr- und Ladekosten, Sozialkassenbeiträge und Sonderkosten ausgegangen. Der Begriff »Aufwendungen« ergibt, dass hier nur die **tatsächlich** vom Auftragnehmer **verauslagten Beträge** zu berechnen sind. Es ist also zunächst der wirkliche Eigenaufwand des Auftragnehmers in Ansatz zu bringen, der von ihm im Zweifelsfalle im Einzelnen nachzuweisen ist. Dabei ergibt die Einzelaufzählung in S. 2 eine Aufteilung in **zwei große Gruppen**, und zwar einmal die **personellen** und zum anderen die **sachlichen** Kosten. Selbstverständlich müssen diese Aufwendungen auf die jeweilige nach Stundenlöhnen abzurechnende Leistung oder Teilleistung bezogen sein, wie sich aus der wiederholten, 7 als Einschränkung anzusehenden Wendung »der Baustelle« ergibt. Gegebenenfalls sind hierauf lediglich anteilig entfallende, tatsächlich entstandene Kosten bzw. Aufwendungen zu ermitteln.

8 Im Übrigen sind die hier im Einzelnen angeführten Berechnungsmerkmale ihrem Inhalt und Umfang nach hinreichend klar und bedürfen grundsätzlich keiner näheren Erläuterung, so dass auf sie verwiesen werden kann. Wenn als letztes Berechnungsmerkmal so genannte **Sonderkosten** erwähnt sind, so handelt es sich um eine Zusammenfassung von auf die betreffende Baustelle entfallenden **besonderen Kosten**. Dazu gehören auch die **Lohnzuschläge** und die **Lohnzulagen**, wie sie in § 15 Nr. 1 Abs. 2 und 3 VOB/B der Fassung 1952 im Einzelnen erwähnt waren (wie hier: *Messerschmidt* in *Kapellmann/Messerschmidt* § 15 VOB/B Rn. 15; *Franke/Kemper/Zanner/Grünhagen* § 15 VOB/B Rn. 3; a.A. Beck'scher VOB-Komm./*Cuypers* § 15 Nr. 1 VOB/B Rn 34, der einseitig auf Nr. 13 der LSP-Bau abstellt). Hiernach sind Lohnzuschläge für Mehrarbeit, Nacht-, Sonntags- und Feiertagsarbeit, außerdem Erschwerniszuschläge, Leistungszulagen und lohnsteuerpflichtige Wegezeitentschädigungen ansatzfähig. Gleiches gilt für Lohnzulagen, wie Wege- und Fahrgelder vom Betrieb zur Baustelle, sofern solche unmittelbar durch die in Auftrag gegebenen Stundenlohnarbeiten, also nicht durch nach anderen Vergütungsmerkmalen zu berechnende Arbeiten, verursacht sind, Auslösungen (Trennungsgelder, Unterkunfts- und Übernachtungsgelder, Kosten für An- und Rückreisen und Familienheimfahrten), die nur mit einem Zuschlag für Umsatzsteuer erstattungsfähig sind bzw. waren. Das wird allerdings auch durch das in S. 2 enthaltene Merkmal »Lohn- und Gehaltsnebenkosten« erfasst.

9 In S. 2 sind auch **diejenigen Kosten mit einbegriffen, die von § 15 Nr. 4 VOB/B der Fassung 1952** erfasst waren, nämlich Kosten für Stoffe oder Bauteile, Bauhilfs- und Baubetriebsstoffe. Diese unterfallen einmal dem Begriff »Stoffkosten der Baustelle«, zum anderen den »Sonderkosten«, gegebenenfalls auch den »Kosten der Einrichtungen«. **Bauhilfsstoffe** sind bewegliche Sachen, die bei der Bauausführung als Hilfe benötigt werden, wie z.B. Gerüstbretter. **Baubetriebsstoffe** sind verbrauchbare Sachen, die zur Ausführung der Bauarbeiten verwendet werden, wie Wasser, Dieselkraftstoff, Benzin, Schmieröl usw. Auch hier werden zunächst nur die tatsächlich entstandenen Aufwendungen in Ansatz gebracht. Das gilt entsprechend für Kosten wegen unverhältnismäßigen Verschleißes, wie sie in § 15 Nr. 2 Abs. 2 VOB/B der Fassung 1952 enthalten waren; Gleiches trifft auch auf übermäßigen Aufwand an Einrichtungen, Geräten usw. zu.

10 Zu beachten ist, dass die den jeweiligen Merkmalen unterfallenden Kosten dort nur dann aufgeführt werden können, wenn sie nicht schon ohnehin in einem oder mehreren der anderen Merkmale enthalten und berücksichtigt worden sind. Es muss also darauf geachtet werden, dass ein doppelter Ansatz vermieden wird. Das gilt vor allem bei den personellen Kosten, nicht zuletzt unter Berücksichtigung des Inhalts und des Umfanges jeweils gültiger tarifvertraglicher Vereinbarungen.

11 Die genannten **eigenen Auslagen** des Auftragnehmers (Hauptkosten) sind zwar allgemein für die Stundenlohnberechnung anzusetzen, jedoch nicht ausnahmslos und in jedem Fall. Dies ergibt sich nämlich aus der **Einschränkung** in S. 2, wonach diese Kosten als ansatzfähig für die Berechnung gegenüber dem Auftraggeber nur anerkannt werden, wenn sie bei wirtschaftlicher Betriebsführung des Auftragnehmers entstehen. Der Auftragnehmer kann also nicht jeden entstandenen Aufwand berechnen, sondern nur, wenn dies aus dem Gesichtspunkt der Wirtschaftlichkeit anzuerkennen ist. Im Streitfall ist der Auftragnehmer auch für die Wirtschaftlichkeit beweispflichtig.

12 **Voraussetzung ist** hier, dass der **Auftragnehmer** die an ihn zu stellenden **Anforderungen rationellen Baubetriebes und sparsamer Wirtschaftsführung** eingehalten hat. Hierzu gilt das Gleiche wie zu § 25 Nr. 3 Abs. 3 VOB/A, so dass darauf verwiesen werden kann. Dabei spielt insbesondere auch der Gesichtspunkt der **Erforderlichkeit** im Einzelfall eine tragende Rolle. Was die personellen Kosten anbelangt, ist zu verlangen, dass der Auftragnehmer **nicht mehr Arbeitskräfte einsetzt, als es bei objektiver fachmännischer Betrachtung zur sachgerechten und zügigen Ausführung**, insbesondere zur Einhaltung der gesetzten Ausführungsfristen, erforderlich ist, dass er außerdem darauf

Grundsätze für die Abrechnung nach Stundenlöhnen § 15 Nr. 1 VOB/B

achtet, sein Personal zu Zeiten einzusetzen, in denen die Lohnkosten und Lohnnebenkosten **nicht zusätzlichen Aufwand** erfordern, wenn anderes **nicht notwendig** ist. So geht es nicht an, Stundenlohnarbeiten samstags oder nach Feierabend ausführen zu lassen, wenn dieses bei objektiver Betrachtung auch an einem Arbeitstag zur normalen Arbeitszeit, insbesondere nach den vertraglichen Ausführungsfristen, möglich wäre. Ist eine Leistungsverzögerung vom Auftragnehmer zu vertreten und kann er den Rückstand nur durch zusätzlichen Einsatz außerhalb der normalen Arbeitszeit einholen, kann er die ihm entstehenden Mehraufwendungen nicht dem Auftraggeber berechnen. Ähnlich verhält es sich auch mit den Materialkosten. Der in diesem Zusammenhang zu tätigende Aufwand muss zwar in erster Linie eine **ordnungsgemäße Ausführung gewährleisten**, er hat sich jedoch in einem angemessenen Verhältnis hierzu zu bewegen. Grundsätzlich ist daher auf die Verwendung von Materialien mittlerer Art und Güte zu achten, wenn dem Auftragnehmer nichts anderes vorgeschrieben worden ist. Das gilt auch hinsichtlich der **Wahl der Bezugsquellen**, auch deren Entfernung zur Baustelle.

Insgesamt muss der Auftragnehmer also im Rahmen des ihm auferlegten Gebotes der Wirtschaftlichkeit unbedingt darauf achten, dass er sowohl hinsichtlich der personellen als auch der sachlichen Kosten bei Stundenlohnarbeiten im Rahmen seines Betriebes dieselbe Sorgfalt an den Tag legt, als wenn er die Leistung zu Einheitspreisen oder zu einem Pauschalpreis zu erbringen hätte. Ist das nicht der Fall, müssen die für die Stundenlohnvergütung einzusetzenden Kostenbestandteile auf **ein objektiv der Sachlage entsprechendes Maß** zurückgeführt werden. 13

Zu den bei wirtschaftlicher Betriebsführung sachlich gerechtfertigten Aufwendungen sind nach dem letzten Halbsatz in Abs. 2 S. 2 für die Vergütung nach Stundenlöhnen noch **angemessene Zuschläge für Gemeinkosten und Gewinn (einschließlich dem allgemeinen Unternehmerwagnis) zuzüglich Umsatzsteuer hinzuzurechnen. Gewinn** ist der Überschuss, den der Auftragnehmer bei Abzug aller Kosten für die betreffende Bauleistung für sein Vermögen übrig behält. Ob ein solcher wirklich übrig bleibt, hängt vom Einzelfall ab. Hier ist nämlich nur ein Zuschlag für den Gewinn hinzurechnen, den **bei objektiver Betrachtung nach allgemein gültigen Maßstäben, Erfahrungssätzen und Durchschnittswerten ein sorgfältig handelnder Auftragnehmer nach vorauszusetzender ordnungsgemäßer Leistung** voraussichtlich noch erhalten wird. Einzurechnen ist ein **Zuschlag für das allgemeine Unternehmerwagnis**. Das ist das Wagnis, das nach allgemein anerkannter Übung im betreffenden Gewerbezweig für die jeweils maßgebliche – in Auftrag gegebene – Stundenlohnleistung unter normalen voraussehbaren Umständen als angemessen anzusehen ist. 14

Als Zuschlag kommt weiter noch ein solcher für die **Gemeinkosten** hinzu. Hierunter werden Allgemeinkosten im Zusammenhang mit der betreffenden nach Stundenlöhnen ausgerichteten Baustelle verstanden, die sich auf die jeweils nach Stundenlöhnen zu berechnende, in Auftrag gegebene Gesamtleistung beziehen, die also diese Gesamtleistung überlagern. Hierzu gehören auch die Normalkosten für dauernd zum Einsatz kommendes Handwerkszeug, für Kleingeräte und kleineres, nicht besonders berechnungsfähiges Hilfsmaterial. 15

Werden die als ansatzfähig anzuerkennenden Kostenbestandteile zusammengerechnet, so ergibt sich die nach den Allgemeinen Vertragsbedingungen der VOB (§ 15 Nr. 1 Abs. 2 S. 2 VOB/B) **angemessene Stundenlohnvergütung**, die dem Auftragnehmer im Einzelfall zusteht, wenn sie sich nicht schon nach den Grundsätzen der Ortsüblichkeit (Nr. 1 Abs. 2 S. 1) oder kraft ausdrücklicher Vereinbarung (Nr. 1 Abs. 1) feststellen lässt. Auch die Regelung in Abs. 2 S. 2 ist ebenso wie Abs. 2 S. 1 eine Ausfüllung des § 632 Abs. 2 BGB, und zwar insofern eine hilfsweise. Deshalb gelten auch hier die dortigen Grundsätze der Beweislast; sie wird also grundsätzlich vom Auftragnehmer getragen (vgl. *Messerschmidt* in *Kapellmann/Messerschmidt* § 15 VOB/B Rn. 21). 16

§ 15 Nr. 2
[Zusätzliche Aufsichtsvergütung]

Verlangt der Auftraggeber, dass die Stundenlohnarbeiten durch einen Polier oder eine andere Aufsichtsperson beaufsichtigt werden, oder ist die Aufsicht nach den einschlägigen Unfallverhütungsvorschriften notwendig, so gilt Nummer 1 entsprechend.

Inhaltsübersicht Rn.

A. Grundsatz	1
B. Aufsicht auf Verlangen des Auftraggebers oder nach Unfallverhütungsvorschriften	2
C. Umfang der Beaufsichtigung..	7
D. Berechnung der Aufsichtsvergütung...	8

A. Grundsatz

1 Während Nr. 1 die allgemeine Stundenlohnabrechnung beinhaltet, befasst sich **Nr. 2** mit einer darauf **im Einzelfall zu berechnenden Zulage,** nämlich der so genannten **Aufsichtsvergütung.** Verlangt der Auftraggeber, dass die Stundenlohnarbeiten durch einen Polier oder eine andere Aufsichtsperson beaufsichtigt werden oder ist die Aufsicht nach den einschlägigen Unfallverhütungsvorschriften notwendig, so **gilt Nr. 1 entsprechend.** Die Regelung der **Nr. 2** gilt entsprechend auch **für BGB-Bauverträge** (vgl. *Korbion* FS Soergel S. 131, 141).

B. Aufsicht auf Verlangen des Auftraggebers oder nach Unfallverhütungsvorschriften

2 **Grundsätzliche Voraussetzung** für eine solche **Sondervergütung** ist einmal das von dem Auftraggeber an den Auftragnehmer gestellte **Verlangen,** dass die Stundenlohnarbeiten durch einen Polier oder eine andere Aufsichtsperson **beaufsichtigt** werden. Hierzu ist erforderlich, dass es sich um eine **besondere Aufsicht** in dem Sinne handelt, dass eine **zusätzliche Person mit besonderer, für die Beaufsichtigung** geeigneter **fachlicher Qualifikation,** wie z.B. ein Polier, ein Meister o.Ä., einzusetzen ist, die **nicht selbst mitarbeitet,** sondern die Aufsicht führt. Ist, was oft genug vorkommt, für die Ausführung der Stundenlohnarbeiten als solche ohnehin ein Polier nötig, ohne dass dieser die maßgebliche Aufsichtsfunktion auszuüben hat, kommt eine zusätzliche Vergütung nach Nr. 2 nicht in Betracht; vielmehr ist die Vergütung allein nach Nr. 1 auszurichten. **Nicht** mit **eingeschlossen** ist auch der **Auftragnehmer** selbst, der kraft der ihm nach § 4 Nr. 2 Abs. 1 VOB/B obliegenden generellen Verantwortlichkeit auch bei Stundenlohnarbeiten die notwendige Überwachungspflicht hat. Seine Tätigkeit ist durch den – einschließlich allgemeinem Wagniszuschlag – in der Stundenlohnvergütung nach Nr. 1 enthaltenen Gewinn mit abgegolten. Für ihn kommt eine zusätzliche Berechnung nach Nr. 2 nicht in Betracht. Vielmehr muss es sich um eine **besondere,** von ihm auf Verlangen des Auftraggebers gestellte **Aufsichtsperson** handeln.

3 Verlangt der Auftraggeber erst während der Ausführung der Stundenlohnarbeiten die Bereitstellung einer Aufsichtsperson, so muss der Auftragnehmer dem nachkommen, wenn die Voraussetzungen nach § 1 Nr. 4 VOB/B gegeben sind. Unabhängig davon: Befolgt er dieses Verlangen, so steht ihm eine Aufsichtsvergütung in entsprechender Anwendung von § 2 Nr. 6 VOB/B zu, ohne dass es der vorherigen Ankündigung nach § 2 Nr. 6 Abs. 1 S. 2 VOB/B bedarf, da hier die Regelung von § 15 Nr. 2 VOB/B Vorrang hat (wie hier *Heiermann/Riedl/Rusam* § 15 VOB/B Rn. 16; Beck'scher VOB-Komm./*Cuypers* § 15 Nr. 2 VOB/B Rn. 5; *Franke/Kemper/Zanner/Grünhagen* § 15 VOB/B Rn. 8; a.A. *Nicklisch/Weick* § 15 VOB/B Rn. 19 und *Messerschmidt* in *Kapellmann/Messerschmidt* § 15

Zusätzliche Aufsichtsvergütung — § 15 Nr. 2 VOB/B

VOB/B Rn. 33). Ein Ausschluss der Aufsichtsvergütung in AGB (insbesondere ZVB) des Auftraggebers auch für den Fall, dass dieser eine Aufsicht verlangt, verstößt gegen § 307 BGB, weil dadurch die auf § 242 BGB basierende gesetzliche Regelung des § 632 BGB missachtet wird.

Auch **ohne Verlangen** des Auftraggebers **kann sich die Notwendigkeit** der Gestellung einer besonderen Aufsichtsperson ergeben, **wenn dies nach den einschlägigen** – also in das betreffende Gewerk, das zu Stundenlöhnen ausgeführt wird, fallenden – **Unfallverhütungsvorschriften notwendig** ist. Dass es hier keines besonderen Verlangens des Auftraggebers bedarf, ergibt sich aus § 4 Nr. 2 Abs. 2 VOB/B, wonach der Auftragnehmer von sich aus für die Einhaltung berufsgenossenschaftlicher Verpflichtungen einzustehen hat. Gerade wegen des hier erörterten Falles ist der generelle Ausschluss von Aufsichtsvergütungen in Formularbedingungen des Auftraggebers ein Verstoß gegen § 307 BGB, weil dadurch erst recht die Grundgedanken der §§ 632, 242 BGB missachtet werden. **4**

Ergibt sich die Notwendigkeit einer Aufsicht nach den einschlägigen Unfallverhütungsvorschriften erst während der Ausführung der Stundenlohnarbeiten, so steht dem Auftragnehmer auch hier ein zusätzlicher Vergütungsanspruch entsprechend § 2 Nr. 6 VOB/B zu, und zwar auch hier ohne vorherige Ankündigung. **5**

Wird ein Verlangen zur Bereitstellung einer besonderen Aufsichtsperson durch den Auftraggeber **nicht** gestellt **oder** ist diese nach den einschlägigen Unfallverhütungsvorschriften **nicht notwendig**, so **entfällt Nr. 2**. Der Auftragnehmer ist dann nicht befugt, von sich aus eine Aufsichtsperson einzusetzen. **6**

C. Umfang der Beaufsichtigung

Beaufsichtigen in dem hier angesprochenen Sinn bedeutet das **Überwachen** und die **Überprüfung** der Arbeitsleistung der bei den betreffenden Stundenlohnarbeiten beschäftigten Arbeitnehmer des Auftragnehmers. Dies geht in Richtung auf eine einwandfreie, gefahrenfreie, störungslose, vor allem auch zügige Arbeit, ohne dass die Aufsichtsperson selbst unmittelbar mit Hand anlegt. Selbstverständlich muss der Aufsichtsführende auch befugt sein, die erforderlichen, mit seiner Aufsichtstätigkeit zusammenhängenden Anordnungen zu treffen. **7**

D. Berechnung der Aufsichtsvergütung

Ist die Gestellung einer besonderen Aufsichtsperson verlangt oder erforderlich, so müssen die **Aufsichtsstunden gesondert vergütet** werden. Die **Bemessung** dieser Vergütung richtet sich **nach den in Nr. 1 gegebenen Richtlinien**. Dies ist jedoch von vornherein **einschränkend** dahin gehend zu verstehen, dass die Regeln der Nr. 1 nur insoweit gelten, als es sich um das Entgelt für von der Aufsichtsperson erbrachte Arbeitsstunden, also die **persönlichen Kosten** handelt. Es ergibt sich daraus, dass die Aufsichtsperson grundsätzlich nur einen persönlichen Arbeitsaufwand durch die Vornahme der Aufsicht erbringt. **8**

Maßgebend für die Berechnung der Aufsichtsvergütung ist in erster Linie die von Nr. 1 Abs. 1 als vorrangig behandelte Vergütungsvereinbarung zwischen den Bauvertragspartnern. Ist eine solche Vereinbarung nicht getroffen worden, so gilt für die Aufsichtsperson nach Nr. 1 Abs. 2 S. 1 die ortsübliche Vergütung, z.B. für eine Polierstunde, Meisterstunde usw. Lässt sich eine solche nicht ermitteln, so gilt hinsichtlich der hier allein anzusetzenden persönlichen Kosten Nr. 1 Abs. 2 S. 2, soweit diese Regelung darauf bezogen ist. Beaufsichtigt der Betreffende zugleich Arbeiten, für die eine andere Vergütungsart (z.B. nach Einheitspreisen, Pauschale) vereinbart ist, so beschränkt sich die hier nach Nr. 2 maßgebende Aufsichtsvergütung auf den für die Beaufsichtigung der Stundenlohnarbeiten maßgebenden Anteil. **9**

10 Die Darlegungs- und Beweislast für die Voraussetzungen des § 15 Nr. 2 VOB/B und die ausgeführten Aufsichtsleistungen trägt der Auftragnehmer (vgl. *Messerschmidt* in *Kapellmann/Messerschmidt* § 15 VOB/B Rn. 36).

§ 15 Nr. 3
[Kontrolle der Stundenlohnleistungen durch den Auftraggeber]

Dem Auftraggeber ist die Ausführung von Stundenlohnarbeiten vor Beginn anzuzeigen. Über die geleisteten Arbeitsstunden und den dabei erforderlichen, besonders zu vergütenden Aufwand für den Verbrauch von Stoffen, für Vorhaltung von Einrichtungen, Geräten, Maschinen und maschinellen Anlagen, für Frachten, Fuhr- und Ladeleistungen sowie etwaige Sonderkosten sind, wenn nichts anderes vereinbart ist, je nach der Verkehrssitte werktäglich oder wöchentlich Listen (Stundenlohnzettel) einzureichen. Der Auftraggeber hat die von ihm bescheinigten Stundenlohnzettel unverzüglich, spätestens jedoch innerhalb von 6 Werktagen nach Zugang, zurückzugeben. Dabei kann er Einwendungen auf den Stundenlohnzetteln oder gesondert schriftlich erheben. Nicht fristgemäß zurückgegebene Stundenlohnzettel gelten als anerkannt.

Inhaltsübersicht

	Rn.
A. Allgemeines	1
B. Anzeige des Beginns der Stundenlohnarbeiten (S. 1)	2
I. Anzeige gegenüber dem Auftraggeber	2
II. Folgen einer unterlassenen Anzeige	3
III. Anzeige vor Beginn der Ausführung	5
C. Verpflichtung zur Vorlage von Stundenlohnzetteln (S. 2)	6
I. Zeitpunkt der Vorlage	6
II. Angaben auf den Stundenlohnzetteln	8
III. Zeitraum der Vorlage	11
D. Folgen der Möglichkeit zur Prüfung der Stundenlohnzettel (S. 3 bis 5)	13
I. Grundsatz	13
II. Zeitpunkt der Rückgabe der Stundenlohnzettel	14
III. Frist zur Erhebung von Einwendungen	20
IV. Folge nicht fristgerecht zurückgereichter Stundenlohnzettel	21

A. Allgemeines

1 § 15 Nr. 3 VOB/B enthält einige grundlegende Regelungen, durch die es dem Auftraggeber ermöglicht werden soll, möglichst frühzeitig und bestmöglich den bei Stundenlohnarbeiten angefallenen Aufwand zu überwachen und zu überprüfen, soweit es die angemessene Vergütung anbelangt (a.A. Beck'scher VOB-Komm./*Cuypers* § 15 Nr. 3 VOB/B Rn. 1, der hier nur bezüglich der nicht fristgemäß zurückgegebenen Stundenzettel eine Regelung festzustellen vermag). Da es sich bei dem Stundenlohnvertrag nicht um einen Leistungsvertrag, also einen Vertrag, bei dem die Angemessenheit der Vergütung an dem späteren sichtbaren Leistungsergebnis gemessen werden kann, handelt, sondern um einen so genannten »**Aufwandsvertrag**«, bei dem die Vergütung nach Zeit- und Materialaufwand ohne besondere Rücksicht auf das sichtbare Ergebnis der Leistung bemessen wird, liegt es auf der Hand, dass die Kontrollmöglichkeiten des Auftraggebers hinsichtlich des für ihn angemessenen Vergütungsaufwandes recht eingeschränkt sind. Dem versucht Nr. 3 möglichst abzuhelfen, indem sie vorsieht,

– die Verpflichtung des Auftragnehmers, den **Beginn** der Stundenlohnarbeiten **anzuzeigen** (S. 1),

– die Verpflichtung des Auftragnehmers zur **Einreichung von Stundenlohnzetteln** (S. 2),
– die **Prüfung dieser Stundenlohnzettel** mit der Verpflichtung für den Auftraggeber, sie **bescheinigt zurückzugeben oder zur gleichzeitigen Erhebung von Einwendungen,** wobei auch eine **Anerkenntniswirkung** zu Lasten des Auftraggebers eintreten kann (S. 3 bis 5).

Die hier erörterten Regelungen gelten **jedenfalls sinngemäß auch für BGB-Bauverträge,** da die Besonderheiten der Stundenlohnarbeiten und deren Vergütung eine entsprechende **Kontrollmöglichkeit** zu Gunsten des Auftraggebers gebieten, wobei eine Schadensersatzhaftung des Auftragnehmers wegen Pflichtverletzung gemäß § 280 BGB mit zu erwägen ist (vgl. *Korbion* FS Soergel S. 131, 143 ff.).

B. Anzeige des Beginns der Stundenlohnarbeiten (S. 1)

I. Anzeige gegenüber dem Auftraggeber

Nach Nr. 3 S. 1 **muss** der Auftragnehmer dem Auftraggeber die Ausführung von Stundenlohnarbeiten **vor** deren **Beginn anzeigen.** Der **Auftraggeber muss rechtzeitig über den Beginn** der vereinbarten Stundenlohnarbeiten **orientiert werden, um** die für ihn gebotene, seinen berechtigten Interessen gerecht werdende **Kontrolle ausüben zu können.** Die Pflicht zur Anzeige besteht jedoch von ihrem Sinn und Zweck her nur, wenn es der Orientierung des Auftraggebers über den Beginn der Stundenlohnarbeiten bedarf, also die Anzeige sich **nicht nur als bloße Förmlichkeit** darstellt. Letzteres wäre der Fall, wenn der Auftraggeber ohnehin über den Beginn der Stundenlohnarbeiten Bescheid weiß, also auch so die Kontrollmöglichkeit hat. Das trifft z.B. zu, wenn sich an die Vereinbarung von Stundenlohnarbeiten sofort deren Beginn anschließt. Über das Vorliegen von Ausnahmen, die eine Anzeige entbehrlich machen, ist der Auftragnehmer im Streitfall darlegungs- und beweispflichtig.

2

Da der aufsichtsführende Architekt oder Ingenieur die Kontrolle des Aufwandes bei Stundenlohnarbeiten in der Regel vorzunehmen hat (vgl. z.B. § 15 Abs. 2 Nr. 8 HOAI), liegt hier eine so genannte **originäre Vollmacht des Architekten bzw. Ingenieurs** vor, so dass die **Anzeige diesem gegenüber genügt** (vgl. *Heiermann/Riedl/Rusam* § 15 VOB/B Rn. 24).

II. Folgen einer unterlassenen Anzeige

In der **Praxis** wird die im Einzelfall gegebene Anzeigepflicht des Auftragnehmers **häufig nicht beachtet.** Zwar handelt es sich um eine vertragliche Verpflichtung, deren Verletzung einen Schadensersatzanspruch aus § 280 BGB auslösen könnte, wenn der Auftragnehmer die Anzeige schuldhaft unterlassen hat, das wird aber der hier als vorrangig anzusehenden berechtigten Interessenlage des Auftraggebers, **nämlich auf jeden Fall** eine hinreichende Kontrollmöglichkeit während der Ausführung der Stundenlohnarbeiten zu haben, nicht immer gerecht. Vielmehr müssen **auch dann Rechtsfolgen zu seinen Gunsten** eingeräumt werden, wenn der Auftragnehmer – ebenso wie bei der Unterlassung der pünktlichen Vorlage von Stundenlohnzetteln – **schuldlos** die Anzeige unterlassen hat und dem **Auftraggeber dadurch verwehrt worden ist, die erforderliche Kontrolle an Ort und Stelle auszuüben,** insbesondere auch, um Vergleichsmöglichkeiten mit den späteren Angaben in den Stundenlohnzetteln zu haben. Dazu zeigt die VOB/B auch für den hier erörterten Fall einen der **Sachlage entsprechend gebotenen Weg** auf, um dem berechtigten Auftraggeberinteresse gerecht zu werden. Insoweit ist auf die **Regelung in Nr. 5** hinzuweisen, wonach der Auftragnehmer, wenn er dem Auftraggeber die ihm zustehende Kontrollmöglichkeit nicht oder nicht hinreichend verschafft hat, die **tatsächlich erbrachten Leistungen nachweisen muss und hierfür nur objektiv berechtigte Stundenlöhne** nach Maßgabe der Nr. 1 Abs. 2 für einen **wirtschaftlich vertretbaren Aufwand** an Arbeitszeit, Materialverbrauch usw. verlangen kann oder gar auf eine Vergütung nach Einheits- oder Pauschalpreisen angewiesen ist. Dadurch wird den berechtigten Belangen des

3

Auftraggebers **hinreichend Genüge** getan, wenn der Auftragnehmer ihm durch Missachtung seiner Anzeigepflicht die rechtzeitige Kontrollmöglichkeit genommen hat. Zwar erfasst der **Wortlaut der Nr. 5 nicht den Fall der Nichtanzeige,** also die Missachtung der Nr. 3 S. 1 durch den Auftragnehmer. Eine **entsprechende Anwendung** der Nr. 5 rechtfertigt sich aber **aus Sinn und Zweck** des S. 1, der dem des S. 2 – der Vorlage von Stundenlohnzetteln – insofern gleichsteht, als es sich **auch dort um die gebotene Kontrolle** durch den Auftraggeber handelt (für den Fall schuldlosen Unterlassens der Anzeige wie hier *Nicklisch/Weick* § 15 VOB/B Rn. 24; wohl auch *Kuß* § 15 VOB/B Rn. 26; wie hier *Zielemann* Rn. 383; *Heiermann/Riedl/Rusam* § 15 VOB/B Rn. 26; *Werner/Pastor* Rn. 1213; a.A. Beck'scher VOB-Komm./*Cuypers* § 15 Nr. 3 VOB/B Rn. 13).

4 **Sofern** die Nichtanzeige auf **schuldhaftes Verhalten** des Auftragnehmers zurückgeht, liegen nach dem Gesagten die Voraussetzungen für einen Schadensersatzanspruch gemäß § 280 BGB vor. Allerdings richtet sich dieser **grundsätzlich auch nach Nr. 5.** Dabei ist zu berücksichtigen, dass auch ein Schadensersatzanspruch des Auftraggebers wegen unterlassener Anzeige durch den Auftragnehmer – lediglich – darauf beruhen kann, dass ihm die Möglichkeit der Kontrolle der Stundenlohnarbeiten im Hinblick auf eine vom Auftragnehmer wirklich verdiente Vergütung genommen wird. Das führt aber keinesfalls zu einem Wegfall des Vergütungsanspruches des Auftragnehmers, da der Auftraggeber jedenfalls eine vergütungspflichtige Leistung erhalten hat, weshalb die Erfüllung der Anzeigepflicht nach Nr. 3 S. 1 auch **nicht Voraussetzung für den Vergütungsanspruch des Auftragnehmers als solchen** ist. Vielmehr kann auch hier im Ausgangspunkt nur die Folge sein, dass der Auftragnehmer unabhängig vom tatsächlich entstandenen Leistungsaufwand nur denjenigen bezahlt verlangen kann, der bei **objektiver Betrachtung** jeweils als **angemessen** anzusehen ist. Gerade das wird aber durch die vertragliche Regelung in Nr. 5 erreicht (i.E. wie hier *Franke/Kemper/Zanner/Grünhagen* § 15 VOB/B Rn. 11; *Messerschmidt* in Kapellmann/Messerschmidt § 15 VOB/B Rn. 43; unklar dazu *Nicklisch/Weick* a.a.O., der ohne nähere Begründung der Ansicht ist, die entsprechende Anwendung der Nr. 5 erübrige sich hier). Im Einzelfall kann es allerdings sein, dass der Auftraggeber **noch einen über den Rahmen der Nr. 5 hinausgehenden Schaden** infolge des schuldhaften Unterlassens des Auftragnehmers hat, wie z.B. notwendige höhere Prüfungskosten, etwa durch Einschaltung eines Sachverständigen, um eine leistungsgerechte Vergütung zu ermitteln. **Auch dieser** besondere adäquat-kausal auf die schuldhafte Pflichtverletzung des Auftragnehmers hinausgehende **Mehraufwand** ist als **Schadensersatz** im Falle eines Verschuldens des Auftragnehmers zu ersetzen.

III. Anzeige vor Beginn der Ausführung

5 Der **Auftragnehmer erfüllt** seine **Anzeigepflicht** gegenüber dem Auftraggeber **nur,** wenn er die Anzeige **vor Beginn der Leistung** macht, die nach Stundenlöhnen abzurechnen ist. Gerade auch dies liegt im Sinn und Zweck des S. 1. Der **Auftraggeber soll seine Kontrolle von Beginn der Stundenlohnleistungen an ausführen können,** was vor allem auch den von ihm im Einzelfall eingesetzten bauaufsichtsführenden Architekten betrifft.

Eine **besondere Form** ist für die Anzeige des Auftragnehmers **nicht vorgeschrieben,** sie kann also mündlich erfolgen. Sicherer ist aus Beweisgründen aber der schriftliche Weg.

C. Verpflichtung zur Vorlage von Stundenlohnzetteln (S. 2)

I. Zeitpunkt der Vorlage

6 Nach Nr. 3 S. 2 hat der Auftragnehmer dem Auftraggeber über die geleisteten Arbeitsstunden und den dabei erforderlichen, besonders zu vergütenden Aufwand für den Verbrauch von Stoffen, für Vorhaltung von Einrichtungen, Geräten, Maschinen und maschinellen Anlagen, für Frachten, Fuhr-

und Ladeleistungen sowie etwaige Sonderkosten **Listen (Stundenlohnzettel) einzureichen;** dies hat, **wenn nichts anderes vereinbart** ist, je nach der Verkehrssitte **werktäglich oder wöchentlich** zu geschehen. Falls im Vertrag nichts anderes vereinbart ist, genügt die Vorlage der Stundenlohnzettel an den bauaufsichtsführenden Architekten (§ 15 Abs. 2 Nr. 8 HOAI), falls ein solcher im konkreten Fall tätig ist.

In der Verpflichtung zur Vorlage der Stundenlohnzettel liegt eine **weitere Kontrollmöglichkeit für den Auftraggeber** neben der in S. 1 geregelten Anzeigepflicht. Im Falle der **Verletzung dieser Verpflichtung** gilt das zur Missachtung der Anzeigepflicht Gesagte **entsprechend,** wobei hier kraft ausdrücklicher vertraglicher Regelung die Bestimmung der Nr. 5 unmittelbare Anwendung findet, und zwar auch dann, wenn der Auftragnehmer schuldlos die Vorlage der Stundenlohnzettel unterlassen hat (ebenso *Nicklisch/Weick* § 15 VOB/B Rn. 28; siehe hierzu auch OLG Frankfurt 30.11.1993 8 U 251/93 BauR 1995, 114). Anders liegt es allerdings dann, wenn der Auftraggeber ihm zurechenbar den rechtzeitigen Empfang der Stundenlohnzettel vereitelt hat.

II. Angaben auf den Stundenlohnzetteln

Um dem Auftraggeber die hinreichende und sachgerechte Kontrolle zu ermöglichen, ist in **S. 2 im Einzelnen aufgezählt, welche Angaben** der Auftragnehmer auf den Stundenlohnzetteln zu machen hat. Hierher gehören in erster Linie die jeweils geleisteten Arbeitsstunden, wozu auch der Aufwand für Aufsichtsstunden nach Nr. 2 zählt. Dazu ist es notwendig, **leserlich** die jeweils eingesetzten Personen (auch hinsichtlich ihrer Funktion: z.B. Meister, Facharbeiter, Helfer, Auszubildender), den Ort und die Art ihres Einsatzes zu bezeichnen. Der bloße Hinweis »Arbeiten nach Angabe« ist nicht ausreichend (OLG Karlsruhe a.a.O.; KG 29.2.2000 4 U 1926/99 IBR 2001, 351-*Junisch*). In Zusätzlichen und Besonderen Vertragsbedingungen kann außerdem festgelegt werden, dass der tatsächliche Lohnaufwand anhand von Lohnlisten auf Verlangen nachgewiesen wird. Ferner sind Einzelangaben über den erbrachten sachlichen Aufwand hinzuzufügen, die hinsichtlich der jeweiligen, für die Stundenlohnberechnung maßgebenden kostenmäßig ins Gewicht fallenden Gruppen in S. 2 aufgeführt sind. Dabei handelt es sich um **dieselben Merkmale,** wie sie in **Nr. 1 Abs. 2 S. 2** enthalten sind (a.A. Beck'scher VOB-Komm./*Cuypers* § 15 Nr. 3 VOB/B Rn. 22, der den Auftragnehmer nicht für verpflichtet hält, die Darstellung dieses Aufwandes auf das zu beschränken, was bei wirtschaftlicher Betriebsführung notwendig war, sondern dies den Einwendungen des Auftraggebers überlässt, dabei aber einräumen muss, dass das dem Auftraggeber Schwierigkeiten bereitet). Zu beachten ist dabei, dass nach **S. 2** nur der **erforderliche, besonders zu vergütende Aufwand** in den Stundenlohnzetteln aufgeführt werden darf. Dies ist mit der in Nr. 1 Abs. 2 S. 2 aufgestellten Forderung **gleichzusetzen,** dass für die Berechnung der Stundenlohnvergütung nur Aufwendungen in Ansatz gelangen, die bei **wirtschaftlicher Betriebsführung** entstehen (OLG Bamberg 28.1.2004 3 U 65/00 BauR 2004, 1623). Der Auftragnehmer wird also von vornherein angehalten, dieses bei seinen Aufstellungen in den Stundenlohnzetteln zu berücksichtigen, **um nicht später** bei berechtigten Einwendungen des Auftraggebers **in Schwierigkeiten** zu geraten. Erfüllt der Auftragnehmer hier seine Pflichten nicht, ist **Nr. 5 entsprechend anwendbar.** Im Übrigen ist nicht vorausgesetzt, dass in jedem Fall der in S. 2 im Einzelnen aufgezählte Aufwand voll notwendig war; so ist es denkbar, dass nur Lohnstunden ohne Materialeinsatz geleistet worden sind. Dann ist nur der tatsächlich entstandene erforderliche Aufwand in die Stundenlohnzettel einzutragen.

Beim Stundenlohnvertrag über Ausbauarbeiten ohne vorherige Feststellung des genauen Leistungsumfangs kann der Auftragnehmer auch den erforderlichen Zeitaufwand für die Materialbeschaffung in die Stundenlohnzettel aufnehmen und bezahlt verlangen, dagegen nicht den Zeitaufwand seiner Mitarbeiter für die tägliche An- und Abfahrt zur und von der Baustelle, es sei denn, die Parteien haben dies ausdrücklich vereinbart (vgl. OLG Düsseldorf 16.5.2000 21 U 145/99 BauR 2000, 1334).

10 **Nicht notwendig** und auch nicht üblich ist hingegen, in den Stundenlohnzetteln die **jeweilige Stundenlohnvergütung anzugeben** (siehe hierzu den Musterstundenlohnzettel in *Keldungs/Arbeiter*, VOB 2000, Problemlösungen für Auftragnehmer Schritt für Schritt gelöst; anders Beck'scher VOB-Komm./*Cuypers* § 15 Nr. 3 VOB/B Rn. 32). Die Stundenlohnzettel sind – ähnlich dem Aufmaß beim Einheitspreisvertrag – lediglich **Leistungsnachweise als solche** und dienen als **Unterlage für die spätere Stundenlohnrechnung.** Für die Aufstellung der Stundenlohnrechnungen gilt **Nr. 4**.

III. Zeitraum der Vorlage

11 Zum **Zeitraum**, in dem jeweils die ordnungsgemäß ausgefüllten Stundenlohnzettel dem Auftraggeber **vorzulegen** sind, geht, wie S. 2 zeigt (»wenn nichts anderes vereinbart ist«), die VOB **in erster Linie** davon aus, dass hierüber im jeweiligen Vertrag eine **Vereinbarung** zwischen den Parteien getroffen worden ist. Eine solche kann in Besonderen oder Zusätzlichen Vertragsbedingungen erfolgen (§ 10 Nr. 4 Abs. 1i VOB/A).

12 **Nur wenn** es **versäumt** wurde, im Vertrag bzw. spätestens bei der Vereinbarung von Stundenlohnleistungen nach § 2 Nr. 10 VOB/B eine Absprache hinsichtlich der Zeiträume der Einreichung von Stundenlohnzetteln zu treffen, **greift Nr. 3 S. 2 als Ersatzregelung ein.** Dann hat die Einreichung der Stundenlohnzettel **je nach der Verkehrssitte werktäglich oder wöchentlich** zu erfolgen. Insoweit kommt es auf die allgemein anerkannte Übung im betreffenden Baugewerbezweig am Ort der auszuführenden Stundenlohnarbeiten an, wobei nach allgemeiner Erfahrung die tägliche Vorlage üblich ist. Gegebenenfalls kann eine Auskunft bei der zuständigen Handwerks- oder Handelskammer Aufschluss geben, notfalls auch die gutachtliche Äußerung eines Sachverständigen.

D. Folgen der Möglichkeit zur Prüfung der Stundenlohnzettel (S. 3 bis 5)

I. Grundsatz

13 Die Regelungen in S. 3 bis 5 dienen dem Zweck, möglichst bald **Klarheit über den der späteren Stundenlohnrechnung zu Grunde zu legenden Leistungsumfang zu schaffen.** Es liegt in der **Natur der Stundenlohnarbeiten** begründet, dass deren **wirklicher** Aufwand in Bezug auf Leistungsinhalt und -umfang nachträglich, vor allem wenn eine längere Zeit verstrichen ist, **nicht mehr oder nur schwer** und dann auch nur mit erheblichem, oftmals unzumutbarem Aufwand **festzustellen,** genau genommen zu rekonstruieren ist. Daher werden hier **verhältnismäßig kurze Fristen für den Auftraggeber** gesetzt, **um etwaige Einwendungen** gegen die Einzelangaben in den ihm vorgelegten Stundenlohnzetteln **zu erheben, für deren Versäumnis** er grundsätzlich die damit verbundenen Rechtsnachteile zu tragen hat.

II. Zeitpunkt der Rückgabe der Stundenlohnzettel

14 Nach S. 3 ist es eine vertragliche Verpflichtung des Auftraggebers, die ihm vorgelegten und von ihm bescheinigten Stundenlohnzettel unverzüglich, spätestens jedoch innerhalb von 6 Werktagen nach Zugang, zurückzugeben.

15 In der Bescheinigung des Auftraggebers liegt die **Billigung des Auftraggebers der Richtigkeit** der in den Stundenlohnzetteln enthaltenen Angaben, also sein **Einverständnis, dass diese, allerdings nur, soweit sie inhaltlich reichen, der späteren Stundenlohnrechnung zu Grunde gelegt werden können.** Dabei bedeutet das Wort »Bescheinigung« nicht, dass der Auftraggeber ausdrücklich in gesondert dafür gebrauchten Worten die Richtigkeit der Angaben auf dem betreffenden Stundenlohnzettel bestätigen muss. Vielmehr **genügt** dazu die bloße **Unterschrift** des Auftraggebers oder seines hierzu bevollmächtigten Vertreters.

Grundsätzlich ist nach **früherer** Rechtsprechung der **Architekt oder dessen Bauleiter nicht ohne** **16** **weiteres zu einer zu Lasten des Auftraggebers gehenden Billigung** ihnen vorgelegter Stundenlohnzettel bzw. der darin enthaltenen Leistungsangaben **befugt.** Vielmehr bedürfen sie nach dieser Ansicht dazu **regelmäßig einer sich darauf erstreckenden Vollmacht** des Auftraggebers. Allerdings können auch hier Bindungen des Auftraggebers auf Grund einer **Anscheins- oder Duldungsvollmacht** gegeben sein. Das gilt vornehmlich dann, wenn der Auftraggeber es dem Architekten **überlassen hat, für die Vertragsgestaltung oder die Vertragsabwicklung wesentliche Handlungen für ihn vorzunehmen,** wie z.B. die Aufstellung der Vertragsunterlagen, die Erteilung des Zuschlages, die auch hinsichtlich des Leistungsumfanges allein bestimmende Aufsicht bei der Ausführung usw.

Der Verfasser ist jedoch der Ansicht, dass die vom Architekten heute auch ohne besondere Vollmacht auf der Grundlage des § 15 Abs. 2 Nr. 8 HOAI vorgenommene Kontrolle und die dann von ihm im Falle der Billigung des Inhaltes der Stundenlohnzettel geleistete Unterschrift **den Auftraggeber bindet,** es sei denn, der Auftraggeber hat dies im Bauvertrag mit dem Auftragnehmer **ausdrücklich ausgeschlossen.** Diese Folge rechtfertigt sich vor allem unter Beachtung dessen, dass der Architekt auch zur Billigung eines gemeinsam mit dem Auftragnehmer vorgenommenen Aufmaßes befugt ist. Ebenso wie das Aufmaß beim Einheitspreisvertrag dient die Kontrolle der Stundenlohnzettel der Feststellung eines vergütungspflichtigen Leistungsbestandteiles, lediglich abgestellt auf die Besonderheiten der Stundenlohnvergütung. Insofern handelt es sich um nichts anderes als eine Art »Ersatzaufmaß«, so dass ein eigentlicher Unterschied zwischen der Tätigkeit des Architekten beim gemeinsamen Aufmaß und der Prüfung und Bescheinigung von Stundenlohnzetteln nicht zu erkennen ist (ebenso *Meissner* BauR 1987, 495, 506 ff.; *Kleine-Möller/Merl/Oelmaier* § 10 Rn. 185; ähnlich *Zielemann* Rn. 404). Die gleiche Rechtsfolge gilt auch im Hinblick auf den vom Auftraggeber mit der Objektüberwachung betrauten Ingenieur oder sonstigen Sonderfachmann. **Unabdingbare Voraussetzung** für die hier erörterte Befugnis des Architekten ist allerdings, dass die jeweiligen Stundenlohnzettel inhaltlich die vorangehend **dargelegten Voraussetzungen erfüllen.** Sind sie nicht nachvollziehbar, so hat die Unterzeichnung durch den Architekten keine den Auftraggeber verpflichtende Wirkung (vgl. OLG Karlsruhe 30.11.1993 8 U 251/93 = BauR 1995, 114; u.a. BGH 1.12.1994 VII ZR 215/93 = BauR 1995, 232 = MDR 1995, 244 = NJW 1995, 960; OLG Nürnberg 8.8.1997 6 U 351/96 = IBR 1999, 516-*Moufang*).

Hat der Auftraggeber dem Architekten die Vollmacht erteilt, Stundenlohnzettel abzuzeichnen, ergibt sich hieraus keine Vollmacht zum Abschluss einer Stundenlohnvereinbarung (BGH 24.7.1993 VII ZR 79/02 BauR 2003, 1892 ff. = NZBau 2004, 31 ff. = NJW-RR 2004, 92 ff.). **17**

Rechtlich hat die **Bescheinigung** des Auftraggebers oder dessen befugten Vertreters auf den Stundenlohnzetteln die **Wirkung eines deklaratorischen Anerkenntnisses** der darin enthaltenen Leistungsangaben, **jedoch nur, soweit diese selbst reichen.** Ein solches setzt u.a. voraus, dass die Parteien mit der Vereinbarung das Schuldverhältnis insgesamt oder – wie regelmäßig hier – in einzelnen Bestimmungen dem Streit oder der Ungewissheit entziehen wollen (u.a. BGH BauR 1995, 232 = MDR 1995, 244 = NJW 1995, 960; OLG Nürnberg IBR 1999, 516-*Moufang*). Kraft vertraglicher Regelung hat der Auftragnehmer einen Anspruch auf **schriftliche** Bestätigung seiner Leistungsangaben; andererseits können **auch die Rechtswirkungen eines Anerkenntnisses bei mündlicher Bestätigung** vorliegen, da der Bescheinigung im Wesentlichen Beweisfunktion zukommt. Auch ist noch ein **späteres** schriftliches oder mündliches **Anerkenntnis möglich.** Andererseits betrifft die Abzeichnung der Stundenlohnzettel hinsichtlich ihrer **Anerkenntniswirkung nur Art und Umfang der erbrachten Leistungen.** Darin liegt nicht die nachträgliche stillschweigende Vereinbarung der Vergütung nach Stundenlöhnen (vgl. OLG Nürnberg a.a.O.; a.A. OLG Hamburg 21.12.1999 8 U 189/99 BauR 2000, 1491). **18**

Die Rückgabe der bescheinigten Stundenlohnzettel hat **unverzüglich, spätestens jedoch innerhalb von 6 Werktagen nach Zugang** beim Auftraggeber oder seinem bevollmächtigten Vertreter, zu erfolgen. Hiernach ergibt sich die **vertragliche Verpflichtung** des Auftraggebers oder seines Ver- **19**

treters, **sogleich nach Zugang** der Stundenlohnzettel diese **zu prüfen und sie dann unverzüglich,** also gemäß § 121 BGB ohne schuldhaftes Zögern, mit seiner Bescheinigung **zurückzugeben.** Dabei ist in S. 3 dem Auftraggeber **als Äußerstes eine Frist** zur Rückgabe der bescheinigten Stundenlohnzettel von **6 Werktagen nach Zugang bei ihm** gesetzt. Insoweit ergibt das Wort »zurückzugeben«, dass die bescheinigten Stundenlohnzettel **nach Ablauf der 6 Werktage wieder dem Auftragnehmer vorliegen, also bei diesem eingegangen sein müssen,** wofür die §§ 130 ff. BGB maßgebend sind. Die Frist berechnet sich somit als Zeitraum zwischen dem Eingang der Stundenlohnzettel beim Auftraggeber und dem Eingang der bescheinigten Stundenlohnzettel beim Auftragnehmer. Für die Berechnung der Frist sind die §§ 186 ff. BGB maßgebend. Da auch hier die Frist **nach Werktagen** festgelegt ist, bedeutet dies, dass Samstage, die innerhalb der Frist liegen, mitzurechnen sind, es sei denn, der letzte Tag der Frist fällt auf einen Samstag (vgl. § 193 BGB).

III. Frist zur Erhebung von Einwendungen

20 Es gibt nicht selten Fälle, in denen der **Auftraggeber** gegen die Leistungsangaben auf den Stundenlohnzetteln **Einwendungen erheben will.** Hierzu bestimmt **S. 4,** dass der Auftraggeber **Einwendungen auf den Stundenlohnzetteln oder gesondert schriftlich erheben kann.** Wesentlich ist dazu zunächst das eingangs des S. 4 verwendete Wort »Dabei«. Daraus folgt, dass **S. 4 an S. 3 unmittelbar anschließt,** was bedeutet, dass die etwaigen **Einwendungen** gegen die Leistungsangaben **innerhalb der in S. 3 genannten Frist erhoben werden müssen** (so auch *Franke/Kemper/Zanner/Grünhagen* § 15 VOB/B Rn. 19; *Messerschmidt* in *Kapellmann/Messerschmidt* § 15 VOB/B Rn. 74; *Heiermann/ Riedl/Rusam* § 15 VOB/B Rn. 38). Dabei eröffnet die VOB **zwei Möglichkeiten,** was den **äußeren Ausdruck der Einwendungen** anbelangt. Einmal können sie **auf den zurückgegebenen Stundenlohnzetteln,** also als so genannte »unmittelbare Negativbescheinigung«, gemacht werden. Sie können aber auch **gesondert schriftlich** geltend gemacht werden. Die **Einhaltung der Schriftform** sowohl auf den Stundenlohnzetteln als auch in einer gesonderten Mitteilung wird allerdings **nicht** als **Wirksamkeitsvoraussetzung** für das Erheben von Einwendungen, insbesondere zur Vermeidung etwaiger Anerkenntniswirkung, anzusehen sein (a.A. *Heiermann/Riedl/Rusam* § 15 VOB/B Rn. 34; ebenso, wenn auch unklar, wohl Beck'scher VOB-Komm./*Cuypers* § 15 Nr. 3 VOB/B Rn. 41, wie hier *Messerschmidt* in *Kapellmann/Messerschmidt* § 15 VOB/B Rn. 69). Vielmehr reicht auch eine **entsprechende zuverlässige und alle beanstandeten Punkte erfassende mündliche Mitteilung,** allerdings innerhalb der Frist des Satzes 3, **aus.** Jedoch ist dem Auftraggeber zur Vermeidung von Rechtsnachteilen, insbesondere zwecks Ausschlusses der Wirkungen des S. 4, dringend anzuraten, **aus Beweisgründen** die Schriftform im Rahmen einer der beiden in S. 4 aufgezeigten Möglichkeiten **einzuhalten.**

Gerade diese Möglichkeit, auf den Stundenlohnzetteln Einwendungen zu erheben, übersieht Losert (ZfBR 1993, 1), wenn er darzulegen versucht, dass die Unterschrift des Auftraggebers keine Wirkung im Sinne eines deklaratorischen Anerkenntnisses habe. Er beachtet nicht, dass der Auftraggeber immerhin 6 Werktage Zeit hat, um den Inhalt der Stundenlohnzettel zu überprüfen, und innerhalb dieser Zeit sachliche Einwendungen erheben kann. Macht er davon keinen Gebrauch, ist durchaus die Annahme gerechtfertigt, dass er den Inhalt des Stundenlohnberichts geprüft und für richtig befunden hat. Erst recht reimt sich die Ansicht von Losert nicht mit der Regelung in S. 5 zusammen, wo von einer Anerkenntniswirkung sogar ausdrücklich die Rede ist, wenn die Berichte nicht fristgerecht zurückgegeben werden. Warum soll das dann anders sein, wenn die Berichte sogar bescheinigt (d.h. unterschrieben) zurückgegeben werden? Losert versucht letztlich auf untaugliche Weise, den Sinn der hier erörterten VOB-Bestimmungen zu unterlaufen, nämlich schnellstmöglich Klarheit über den erbrachten Leistungsinhalt zu bekommen. Wer in Bauprozessen mit der Abrechnung von Stundenlohnarbeiten zu tun hat, vor allem als Richter oder Anwalt, wird diese Tendenz der VOB nur als richtig empfinden.

IV. Folge nicht fristgerecht zurückgereichter Stundenlohnzettel

Gibt der Auftraggeber die ihm ordnungsgemäß vorgelegten Stundenlohnzettel nicht oder nicht rechtzeitig zurück, erhebt er vor allem auch keine fristgerechten Einwendungen nach S. 4, so **gelten die betreffenden Stundenlohnzettel nach S. 5 als anerkannt.** Diese Anerkenntniswirkung tritt **erst recht** ein, **wenn** der **Auftraggeber** die Stundenlohnzettel i.S.d. S. 3 **bescheinigt hat,** was **insoweit** auch für den nach den §§ 631 ff. BGB ausgerichteten Stundenlohnvertrag zu gelten hat. Was für das nach S. 5 unterstellte Einverständnis gilt, muss im Falle des ausdrücklich erklärten Einverständnisses **umso mehr gelten.** Dasselbe gilt überdies auch, wenn die Stundenlohnzettel nicht in der Frist des S. 2 vorgelegt und/oder nicht innerhalb der Frist des S. 3, sondern **erst später** gebilligt worden sind. Im letzteren Fall tritt an die Stelle des bisher nur fingierten Anerkenntnisses das dann ausdrücklich erklärte. 21

Die Regelungen in Nr. 3 besagen nämlich nicht, dass die **Anerkennung** nicht fristgerecht vorgelegter und/oder gebilligter Stundenlohnzettel **keine Rechtswirkung** habe. Insbesondere kann sich der Auftraggeber in solchen Fällen später auch nicht ohne weiteres auf das Recht zur Neuberechnung der Stundenlohnvergütung nach Maßgabe der Nr. 5 berufen.

Die hieraus folgende Anerkenntniswirkung, insbesondere auch die des nach S. 5 unterstellten Anerkenntnisses, bezieht und **beschränkt sich** aber nur **auf die tatsächlichen Angaben in den Stundenlohnzetteln,** geht also nicht darüber hinaus (sie beinhaltet also z.B. nicht die Bestätigung der Stundenlohnvereinbarung nach § 2 Nr. 10 VOB/B, siehe hierzu auch OLG Düsseldorf 12.11.1996 21 U 68/96 BauR 1997, 647), und sie hat auch nicht die rechtliche Folge, dass dem Auftraggeber für die Zukunft unbedingt und auf jeden Fall **alle Einwendungen** gegen die Richtigkeit der Stundenlohnzettel **abgeschnitten** werden. Insbesondere ist dem Auftraggeber nicht die Möglichkeit genommen, die Erforderlichkeit des abgerechneten Umfanges zu bezweifeln. Der Auftraggeber erkennt nur an, dass der Stundenaufwand erbracht worden ist, nicht dass er auch erforderlich war (vgl. OLG Hamm 25.10.2000 12 U 32/00 BauR 202, 319; OLG Bamberg 28.1.2004 3 U 65/00 BauR 2004, 1623). Vielmehr hat diese Regelung den Sinn, klare Rechtsverhältnisse zu schaffen. Ihre Bedeutung liegt dagegen **nicht** in der **Begründung einer selbstständigen Verbindlichkeit** in der Weise, dass sich der Auftraggeber verpflichtet, die ausgewiesenen Stundenlohnarbeiten **unabhängig von dem Bestehen eines Schuldgrundes zu bezahlen** (§ 781 BGB). Es handelt sich vielmehr um ein **bestätigendes Anerkenntnis** (so genanntes deklaratorisches Schuldanerkenntnis), das das Schuldverhältnis näher festlegt und die Wirkung hat, dass der Auftraggeber **grundsätzlich keine Einwendungen gegen seine Verpflichtung mehr erheben kann,** es sei denn, dass sie ihm oder seinem befugten Vertreter **erst nach der Abgabe bekannt geworden** sind. Ein derartiges Anerkenntnis setzt u.a. voraus, dass die Parteien mit der Vereinbarung das Schuldverhältnis insgesamt oder – wie regelmäßig hier – in einzelnen Bestimmungen dem Streit oder der Ungewissheit entziehen wollen (u.a. BGH 1.12.1994 VII ZR 215/93 BauR 1995, 232 = MDR 1995, 244 = NJW 1995, 960). In einem solchen Fall **genügt** der **Auftragnehmer** als Gläubiger seiner **Beweislast, wenn** er die nicht beanstandeten **Stundenlohnzettel** vorlegt. Der Auftraggeber muss sie dann als richtig hinnehmen, es sei denn, dass **er im Sinne einer Umkehr der Beweislast im Einzelnen** den **Nachweis** zu führen vermag, **dass sie unrichtig sind und dass er** oder sein Bevollmächtigter, etwa der Architekt, **von dieser Unrichtigkeit bisher nichts gewusst hat oder nach der gegebenen Sachlage nichts gewusst haben kann.** Hiernach gilt Folgendes: 22

Der Auftraggeber kann sich ausnahmsweise auch noch auf die Unrichtigkeit der Stundenlohnzettel berufen, wenn er sie länger als 6 Tage unbeanstandet gelassen hat. Er hat aber in diesem Fall **zu beweisen, dass sie unrichtig sind und dass er oder sein befugter Vertreter dies bei Ablauf der Frist nicht gewusst hat oder im betreffenden Fall trotz entsprechender Aufmerksamkeit nicht gewusst haben kann.** Das trifft unabhängig davon zu, ob der Auftraggeber die auf den Stundenlohnzetteln beruhenden Rechnungsbeträge schon bezahlt hat oder nicht. Diese Gesichtspunkte gelten 23 nicht nur für die Fälle des unterstellten Anerkenntnisses nach S. 5, sondern darüber hinaus **auch für die Fälle einer erteilten Bescheinigung** nach S. 3 entsprechend. Dabei geht es nicht darum, dass der Auftraggeber darzulegen und zu beweisen hätte, ein an sich anerkannter Aufwand an Arbeitsstunden habe zu einer unangemessen hohen Vergütung geführt, und deshalb werde die in Rechnung gestellte Vergütung in dieser Höhe nicht geschuldet; vielmehr geht es um die Darlegung und den Nachweis des Auftraggebers, dass die berechneten Lohn- und Materialkosten in einem solchen Missverhältnis zu den erbrachten Leistungen stehen, dass daraus zwingend auf die Unrichtigkeit der Stundenlohnzettel zu schließen ist. Dies gilt jedoch nur für den Fall, in dem die Parteien eine Vereinbarung über die Stundenlohnvergütung getroffen haben. Anders dann, wenn eine solche fehlt und es um die Frage der angemessenen Vergütung geht; dann kommt für die Darlegungs- und Beweislast des Auftraggebers der zuerst genannte Gesichtspunkt in Betracht.

24 Dem Auftraggeber ist es auch nicht verwehrt, Rechtsbehelfe geltend zu machen, von denen er bisher nichts gewusst und mit denen er nicht gerechnet hat, wie z.B. die Einrede der ungerechtfertigten Bereicherung.

25 Nr. 3 S. 5 ist auch angesichts des § 308 Nr. 5 BGB wirksam, da § 308 Nr. 5 BGB insoweit eine ausdrückliche Privilegierung des Teils B der VOB enthält. **Überdies** ergibt eine **sachgerechte Wertung, dass die Regelung in Nr. 3 S. 5 notwendig ist, um die berechtigten Belange des Auftragnehmers zu wahren.** Es ist nämlich eine Erfahrungstatsache, dass gerade Stundenlohnleistungen von dem dafür grundsätzlich beweispflichtigen Auftragnehmer umso schwerer nachzuweisen sind, je größer der zeitliche Abstand zu ihrer Erbringung ist. Da andererseits der Auftraggeber durch das Erfordernis der vorherigen Vereinbarung von Stundenlohnleistungen überhaupt (§ 2 Nr. 10 VOB/B), durch die Anzeigepflicht des Auftragnehmers nach Nr. 3 S. 1 und durch das Erfordernis der Vorlage von Stundenlohnzetteln in kurzen Zeitabständen nach Nr. 3 S. 2 ganz umfassende Kontrollmöglichkeiten hat, ist es nichts anderes als ein **Gebot der Billigkeit,** den Auftraggeber anzuhalten, diese auch wahrzunehmen. Hier muss gelten: Wer ihm zustehende Rechte nicht wahrnimmt, darf sich über deren Verlust oder ihre später erschwerte Durchsetzbarkeit nicht beklagen. Aus den genannten Gründen dürfte ein **Ausschluss der Anerkenntniswirkung in AGB** überhaupt und insbesondere derjenigen nach Nr. 3 S. 5 der VOB/B den **Charakter der Ausgewogenheit nehmen.** Darüber hinaus dürfte ein genereller Ausschluss der Anerkenntniswirkung, also gerade im Hinblick auf vorbehaltlos unterzeichnete Stundenlohnzettel, wegen Verstoßes gegen § 307 BGB unwirksam sein (vgl. dazu auch *Zielemann* Rn. 406 ff.; unklar, aber wohl ablehnend Beck'scher VOB-Komm./*Cuypers* § 15 Nr. 3 VOB/B Rn. 44).

§ 15 Nr. 4
[Frist zur Vorlage von Stundenlohnrechnungen; Zahlung]

Stundenlohnrechnungen sind alsbald nach Abschluss der Stundenlohnarbeiten, längstens jedoch in Abständen von 4 Wochen, einzureichen. Für die Zahlung gilt § 16.

Inhaltsübersicht

	Rn.
A. Einreichung der Stundenlohnrechnungen	1
B. Fristen zur Einreichung der Stundenlohnrechnungen (S. 1)	2
C. Fälligkeitsregelung (S. 2)	5

Frist zur Vorlage von Stundenlohnrechnungen; Zahlung § 15 Nr. 4 VOB/B

A. Einreichung der Stundenlohnrechnungen

Nr. 4 befasst sich mit der **Einreichung von Stundenlohnrechnungen,** vor allem der **Frist hierzu,** 1
des Weiteren mit der **Zahlung** der Stundenlohnvergütung. Danach sind Stundenlohnrechnungen
**alsbald nach Abschluss der Stundenlohnarbeiten, längstens jedoch in Abständen von 4 Wochen,
einzureichen; für die Zahlung gilt § 16 VOB/B.** Auch diese Regelung dient dazu, dem Auftraggeber
eine **baldmögliche Überprüfung** (hier der Angaben in den Stundenlohnrechnungen) zu erlauben,
was am ehesten erfolgen kann, wenn die Stundenlohnrechnungen so früh wie möglich bei dem Auftraggeber eintreffen.

B. Fristen zur Einreichung der Stundenlohnrechnungen (S. 1)

Daher ist in S. 1 in erster Linie die Forderung aufgestellt, dass die Stundenlohnrechnungen **alsbald** 2
nach Abschluss der Stundenlohnarbeiten bei dem Auftraggeber einzureichen sind. Damit ist dem
Auftragnehmer **zunächst keine Frist** gesetzt, sondern er ist vertraglich – nur – gehalten, die Stundenlohnrechnungen mit **tunlichster Beschleunigung** (»alsbald«), **gerechnet vom Abschluss der
Stundenlohnarbeiten,** aufzustellen und dem Auftraggeber vorzulegen.

Handelt es sich nur um geringfügige Stundenlohnarbeiten, was der Regel entsprechen dürfte, und 3
sind diese im Rahmen des Baufortschritts kurzfristig zu erledigen, so kommt im Allgemeinen auch
nur die **Vorlage einer Stundenlohnrechnung,** insoweit im Sinne einer Schlussrechnung, in Betracht. Diese muss **längstens 4 Wochen nach Beendigung der Stundenlohnarbeiten** erfolgen,
wie sich aus dem Wortlaut der VOB ergibt, was als äußerstes Zugeständnis an den Begriff »längstens«
zu gelten hat (vgl. Beck'scher VOB-Komm./*Cuypers* § 15 Nr. 4 VOB/B Rn. 6). Dauern Stundenlohnarbeiten im Einzelfall **länger als 4 Wochen,** wie z.B. bei in einem umfangreichen, längerfristigen
Bauvertrag im Rahmen einzelner Abschnitte vereinbarten so genannten angehängten Stundenlohnarbeiten, so sind die jeweiligen Stundenlohnrechnungen **äußerstenfalls in vierwöchentlichen
Abständen** einzureichen. Dabei ist die **erste Frist** zwangsläufig **ab dem Tage des Beginns** der Stundenlohnarbeiten **zu berechnen,** weil sich eine andere Fristberechnung – etwa nach einzelnen Leistungsabschnitten – **nicht generell** anstellen lässt (*Messerschmidt* in *Kapellmann/Messerschmidt* § 15
VOB/B Rn. 32, wie hier *Franke/Kemper/Zanner/Grünhagen* § 15 VOB/B Rn 25. *Messerschmidt* verkennt, dass sich die Regelung »nach Abschluss der Stundenlohnarbeiten« auf die Fälle bezieht, in
denen Stundenlohnarbeiten in kürzeren Fristen als 4 Wochen ausgeführt werden. Andernfalls ist
nicht nachvollziehbar, warum nach Abschluss der Stundenlohnarbeiten in Abständen von 4 Wochen
Stundenlohnrechnungen eingereicht werden, obwohl überhaupt nicht mehr gearbeitet wird). Im
Einzelfall dürfte es angezeigt sein, im Wege Besonderer oder Zusätzlicher Vertragsbedingungen entsprechende ausdrückliche Regelungen zu treffen (vgl. § 10 Nr. 4 Abs. 1i VOB/A). Werden solche besonderen Absprachen nicht getroffen, bleibt nur der aufgezeigte Weg für die Berechnung der ersten
Frist übrig, wobei sich **weitere vierwöchentliche Fristen daran anschließen.** Gerade für den Fall so
genannter **angehängter Stundenlohnarbeiten** ergibt sich, dass die Regelung in Nr. 4 S. 1 von § 14
Nr. 3 VOB/B unabhängig ist. Daraus folgt, dass in Fällen, in denen die Fristen in Nr. 4 sowie nach
§ 14 Nr. 3 VOB/B nicht – ausnahmsweise – identisch sind, getrennte Rechnungen einzureichen sind,
und zwar einmal über die Stundenlohnarbeiten und zum anderen über die § 14 Nr. 3 VOB/B unterfallenden Leistungen, die auf der Grundlage des Leistungsvertrages abzurechnen sind.

Befolgt der Auftragnehmer die Verpflichtung zur fristgemäßen Einreichung seiner Stundenlohn- 4
rechnungen nicht, schadet er sich in erster Linie selbst, weil seine Vergütungsansprüche **nicht vorher
fällig werden können.** Denn für die Fälligkeit ist jeweils die Vorlage der Stundenlohnrechnungen
notwendig, wie sich aus dem Hinweis auf § 16 VOB/B in S. 2 ergibt. Notfalls kann der Auftraggeber
unter den Voraussetzungen von § 14 Nr. 4 VOB/B den dort gekennzeichneten Weg beschreiten, also

zur Selbstaufstellung der Stundenlohnrechnungen übergehen, wobei die Maßstäbe entsprechend heranzuziehen sind, wie sie durch § 15 Nr. 5 VOB/B eröffnet und vorgezeichnet werden.

C. Fälligkeitsregelung (S. 2)

5   Der wegen der Zahlung in Nr. 4 S. 2 erfolgte Hinweis **auf § 16 VOB/B bedeutet in erster Linie eine Fälligkeitsregelung. Die Bezugnahme auf § 16 VOB/B besagt zugleich, dass auch hinsichtlich der Stundenlohnrechnungen verschiedene Fälligkeiten in Betracht kommen können,** je nachdem, welcher Charakter ihnen auf der Grundlage von § 16 VOB/B beizumessen ist. Handelt es sich um eine **einmalige** oder die **abschließende Stundenlohnrechnung,** so dürfte diese dem Charakter der **Schlussrechnung** und demgemäß der dann zu erfolgenden Schlusszahlung entsprechen. Insoweit gilt für die **Fälligkeit § 16 Nr. 3 Abs. 1 VOB/B,** es tritt also die Fälligkeit spätestens 2 Monate nach Zugang der betreffenden Stundenlohnrechnung, jedoch **frühestens mit der Abnahme** ein. Handelt es sich dagegen um eine Stundenlohnrechnung, die in dem **vorgeschriebenen vierwöchentlichen Abstand bei insgesamt länger andauernden oder sich über den Zeitraum von 4 Wochen hinaus wiederholenden bzw. erneut auftretenden Stundenlohnarbeiten** vorgelegt wird, **ohne** die **abschließende** – insbesondere die letzte – Rechnung zu sein, so wird es sich in der Regel um eine solche handeln, die den Charakter der **Abschlagsrechnung** hat. Diese wird dann entsprechend **§ 16 Nr. 1 Abs. 3 VOB/B spätestens nach Ablauf von 18 Werktagen** nach Zugang beim Auftraggeber **fällig. Möglich** ist **auch,** dass derartige Rechnungen den Charakter von **Teilschlussrechnungen** tragen, wobei es sich allerdings in erster Linie um die **Abrechnung in sich abgeschlossener Teile** der Leistung entsprechend **§ 16 Nr. 4 VOB/B** handeln muss, die für sich **abgenommen** worden sind. Auch dann **gilt** die in **§ 16 Nr. 3 Abs. 1 VOB/B** enthaltene Fälligkeitsregel **entsprechend.** Im Übrigen ist es durch § 15 Nr. 4 VOB/B **nicht ausgeschlossen,** dass der Auftragnehmer auch ohne Einhaltung der dort geregelten vierwöchigen Fristen **Abschlagszahlungen** auf Stundenlohnarbeiten verlangt, sofern er **zumindest zugleich** damit die nach **Nr. 3** erforderlichen **Leistungsnachweise** erbringt. Für die Fälligkeit solcher Abschlagszahlungen **gilt § 16 Nr. 1 VOB/B,** dort vor allem **auch Abs. 3,** entsprechend. Schließlich können **auch** hier **Vorauszahlungen** nach Maßgabe von § 16 Nr. 2 VOB/B **vereinbart** werden.

6   Sofern es sich im Übrigen um die endgültige Bezahlung von Stundenlohnrechnungen handelt, müssen die darauf bezogenen Rechnungen in sinngemäßer Anwendung von § 14 Nr. 1 VOB/B **prüfbar** sein. Die Rechnung muss auf ordnungsgemäß eingereichte und vom Auftraggeber bescheinigte oder sonst als anerkannt geltende Stundenzettel Bezug nehmen, und die Abrechnung muss in hinreichend überschaubarer Aufstellung für den Auftraggeber klar nachvollziehbar, also **eindeutig nachprüfbar,** sein. Sofern der Auftragnehmer dabei verwendetes Material berechnet, muss dieses den entsprechenden Arbeitsleistungen zugeordnet werden; außerdem sind, soweit bisher noch nicht erfolgt, Lieferscheine beizufügen. Insbesondere müssen die Abrechnungen **vertragsgemäß** sein, also den jeweiligen Stundenlohnvereinbarungen entsprechen. Dabei müssen die jeweiligen Arbeiten in sauberer Reihenfolge unter näherer Darstellung von Art, Ort und Beschaffenheit im Einzelnen aufgeführt werden. Bloße Allgemeinangaben, wie z.B. »Stemmarbeiten« usw., genügen nicht (ähnlich *Heiermann/Riedl/Rusam* § 15 VOB/B Rn. 42).

§ 15 Nr. 5
[Abrechnung bei Zweifeln über Umfang der Stundenlohnarbeiten]

Wenn Stundenlohnarbeiten zwar vereinbart waren, über den Umfang der Stundenlohnleistungen aber mangels rechtzeitiger Vorlage der Stundenlohnzettel Zweifel bestehen, so kann der Auftraggeber verlangen, dass für die nachweisbar ausgeführten Leistungen eine Vergütung verein-

bart wird, die nach Maßgabe von Nummer 1 Abs. 2 für einen wirtschaftlich vertretbaren Aufwand an Arbeitszeit und Verbrauch von Stoffen, für Vorhaltung von Einrichtungen, Geräten, Maschinen und maschinellen Anlagen, für Frachten, Fuhr- und Ladeleistungen sowie etwaige Sonderkosten ermittelt wird.

Inhaltsübersicht Rn.

A. Allgemeines 1
B. Nicht rechtzeitige Vorlage der Stundenlohnzettel 3
C. Zweifel über Umfang der Stundenlohnleistung; Beweislast; entsprechende Anwendung 4
D. Verlangen des Auftraggebers auf Berechnung nach Nr. 5; Rechtzeitigkeit 8
E. Auftragnehmer muss auf berechtigtes Verlangen zur Neuberechnung eingehen 9
F. Neuberechnung der Stundenlohnvergütung 10

A. Allgemeines

Sind Stundenlohnarbeiten zwar vereinbart worden, bestehen aber **mangels rechtzeitiger Vorlage** **1** **der Stundenlohnzettel Zweifel über den Umfang der Stundenlohnleistungen,** so **kann** der Auftraggeber verlangen, dass für die **nachweisbar** ausgeführten Leistungen eine **Vergütung** vereinbart wird, die nach **Maßgabe von Nr. 1 Abs. 2 für einen wirtschaftlich vertretbaren Aufwand** an Arbeitszeit und Verbrauch von Stoffen, für Vorhaltung von Einrichtungen, Geräten, Maschinen und maschinellen Anlagen, für Frachten, Fuhr- und Ladeleistungen sowie etwaige Sonderkosten **ermittelt** wird.

Diese Fassung in Nr. 5 stellt auf **zwei Kriterien** ab, nämlich durch **Zurückgreifen auf Nr. 1 Abs. 2** **2** **einmal auf den Wertansatz** durch **Festlegung des »wirtschaftlich vertretbaren Aufwandes an Arbeitsstunden«** usw., zum anderen auf den Mengenansatz. Insoweit **verbleibt** es also grundsätzlich bei der vereinbarten Berechnung der **Vergütung nach Stundenlöhnen.** Allerdings ist dadurch das Verlangen auf Abrechnung nach Einheitspreisen oder nach Pauschalpreisen nicht ausgeschlossen, wenn hierfür im Einzelfall geeignete »Vertragspreise«, also jeweils **vereinbarte** Preisbestandteile, die für die Einheitspreis- oder Pauschalpreisberechnung brauchbar sind, vorliegen. Dazu bedarf es keiner besonderen Vereinbarung, da die Wendung in Nr. 5 »**eine Vergütung**« dem Auftraggeber auch die Möglichkeit zur Abrechnung auf der Basis von Einheits- oder Pauschalpreisen gibt, ihm insoweit also ein **Wahlrecht einräumt** (*Heiermann/Riedl/Rusam* § 15 VOB/B Rn. 45; *Nicklisch/Weick* § 15 VOB/B Rn. 41). Eine Abrechnung nach Einheitspreisen oder nach Pauschale wird auch häufig möglich sein, da hier die Leistung bereits erbracht, also auf der Grundlage von Einheits- oder Pauschalpreisberechnung nachvollziehbar ist. Liegen allerdings nach den bisherigen vertraglichen Vereinbarungen keine Preisbestandteile vor, die für eine Abrechnung nach Einheits- oder Pauschalpreisen geeignet sind, so kommt eine Abrechnung nach Einheitspreisen oder nach einer Pauschale nur in Betracht, wenn sich die Vertragspartner darüber zu einigen vermögen.

B. Nicht rechtzeitige Vorlage der Stundenlohnzettel

Erste Voraussetzung für die hier getroffene Regelung ist, **dass es der Auftragnehmer unterlassen** **3** **hat, die Stundenlohnzettel rechtzeitig vorzulegen,** dass er also die für ihn nach Nr. 3 S. 2 maßgebenden Fristen zur Vorlage der Stundenlohnzettel nicht eingehalten hat. Dabei ist **nicht** erforderlich, dass dies **schuldhaft** unterblieben ist.

C. Zweifel über Umfang der Stundenlohnleistung; Beweislast; entsprechende Anwendung

4 Des Weiteren ist **Voraussetzung,** dass die nicht rechtzeitige – oder gar die Nichtvorlage – der Stundenlohnzettel die **Ursache dafür ist, dass beim Auftraggeber berechtigte Zweifel über den Umfang** der vom Auftragnehmer behaupteten **Stundenlohnarbeiten aufgetreten** sind. Ihm muss also die seinen berechtigten Interessen zuzubilligende Prüf- und Kontrollmöglichkeit **wesentlich erschwert oder gar vereitelt** worden sein, und **darauf** müssen sich Zweifel an dem vom Auftragnehmer – insbesondere auch in seiner Rechnung – behaupteten Umfang seiner Stundenlohnleistung begründen. Insoweit ist also die entsprechende **Ursächlichkeit** zu fordern. Hierunter fallen jedoch nicht diejenigen Fälle, in denen es zweifelhaft ist, ob die in Betracht kommenden Arbeiten überhaupt von der Stundenlohnvereinbarung erfasst sind, etwa weil der Vertrag unklar ist oder sonst Zweifel im Hinblick auf die Abgrenzung zu anderen Arbeiten, die nach Einheitspreisen oder zu einer Pauschale zu leisten sind, bestehen (richtig *Nicklisch/Weick* § 15 VOB/B Rn. 38).

5 Für das Vorliegen der vorgenannten Voraussetzungen ist der **Auftraggeber grundsätzlich beweispflichtig.** Allerdings sind hier **keine zu strengen Anforderungen** zu stellen, weil zu berücksichtigen ist, dass die aufgetretene Meinungsverschiedenheit **in der Grundlage darauf beruht, dass der Auftragnehmer seiner vertraglichen Verpflichtung** zur rechtzeitigen Vorlage der Stundenlohnzettel zwecks deren Nachprüfung durch den Auftraggeber **nicht nachgekommen ist,** dieses also in erster Linie zu seinen Lasten geht.

6 Das gilt vor allem hinsichtlich der Frage, ob der Auftraggeber hier **Zweifel** hat, was allerdings eine **objektive Betrachtung** dahingehend erfordert, dass er sie bei **vernünftiger Beurteilung** durch einen Dritten im Einzelfall **auch haben kann,** dass sie also nicht bloß und vor allem nicht willkürlich behauptet werden. Dazu ist es auch erforderlich, dass der **Auftraggeber seine Zweifel im Einzelnen bezeichnet; bloß allgemeine Zweifel** allein wegen der verspäteten Vorlage oder der Nichtvorlage der Stundenlohnzettel **genügen nicht.** Dagegen **kommt** es **nicht darauf an, ob die Zweifel** des Auftraggebers **auch tatsächlich begründet sind.** Sie müssen vielmehr **als solche** nur **sachlich eine als gerechtfertigt anzusehende Grundlage haben.** Diese Abgrenzung rechtfertigt sich aus dem vorgenannten Gedanken, dass es in erster Linie der **Auftragnehmer** ist, der durch die nicht rechtzeitige oder gar durch die Nichtvorlage der Stundenlohnzettel **vertragsuntreu** ist und dass er grundsätzlich schon deswegen die Folgen daraus zu tragen hat.

Hat der Auftraggeber nach dem Gesagten seine berechtigten Zweifel bewiesen, ist es wiederum **Sache des Auftragnehmers, die Richtigkeit seiner Angaben auf den Stundenlohnzetteln zu beweisen.** Kommt es zum Prozess und bestreitet der Auftraggeber substantiiert die Angaben des Auftragnehmers, trifft diesen nach allgemeinen Grundsätzen die Darlegungs- und Beweislast. Nr. 5 hat nicht den Sinn, die prozessuale Beweislast zu verschieben, sondern das Bestreben, im Vorfeld eine vertragliche Lösung zu suchen, um einen Prozess zu vermeiden (zutreffend insofern *Nicklisch/Weick* § 15 VOB/B Rn. 40).

7 Die erwähnten Grundsätze können **nicht darauf beschränkt** sein, dass der Auftragnehmer die Stundenlohnzettel nicht rechtzeitig vorgelegt hat. Sie sind, zumindest für den Bereich der Schadensberechnung, **entsprechend auch auf jene Fälle anzuwenden, in denen die Stundenlohnzettel inhaltlich nicht den an sie zu stellenden Anforderungen genügen oder in denen der Auftragnehmer seiner Anzeigepflicht von dem Beginn der vereinbarten Stundenlohnarbeiten nicht nachgekommen ist.** Auch dort handelt es sich um die wesentliche Erschwerung oder die Vereitelung der für den Auftraggeber gebotenen Kontrollmöglichkeiten, wofür er einen **Ausgleich über Nr. 5** erhalten muss.

D. Verlangen des Auftraggebers auf Berechnung nach Nr. 5; Rechtzeitigkeit

Weitere Voraussetzung für die in Nr. 5 festgelegte **anderweitige Berechnung** der Stundenlohnvergütung ist allerdings, **dass der Auftraggeber diese verlangt,** wenn er sich darauf mit Recht berufen kann. Hierzu ist eine **eindeutige Erklärung** des Auftraggebers gegenüber **dem** Auftragnehmer erforderlich (a.A. Beck'scher VOB-Komm./*Cuypers* § 15 Nr. 5 VOB/B Rn. 18). Dabei gebietet es der Grundsatz von **Treu und Glauben,** dass der Auftraggeber diese **Forderung binnen angemessener Zeit** zu stellen hat, und zwar **spätestens bis zum Eintritt der Fälligkeit der jeweiligen Stundenlohnschlussrechnung bzw. -teilschlussrechnung.** Es ist nämlich davon auszugehen, dass der Auftraggeber jedenfalls bis dahin Zweifel an der Richtigkeit der Stundenlohnforderung des Auftragnehmers **haben kann, da er sie dann geprüft haben muss.** Versäumt der Auftraggeber diesen Zeitpunkt, wird man von einer **Verwirkung** hinsichtlich der durch Nr. 5 eröffneten Rechte auf Seiten des Auftraggebers sprechen müssen.

8

E. Auftragnehmer muss auf berechtigtes Verlangen zur Neuberechnung eingehen

Wird vom Auftraggeber das Verlangen zur Neuberechnung nach Nr. 5 **berechtigt und auch rechtzeitig** gestellt, ist der **Auftragnehmer verpflichtet, auf dieses Verlangen einzugehen.** Andernfalls ist es dem Auftraggeber gestattet, entsprechend § 14 Nr. 4 VOB/B vorzugehen und eine »Selbstaufstellung« der Stundenlohnberechnung des Auftragnehmers vorzunehmen. Die vom Auftraggeber veranlasste Aufstellung der Stundenlohnberechnung ist nicht nur nach den Grundsätzen des § 319 BGB überprüfbar, weil diese selbst aufgestellte Rechnung nicht die eines Dritten und auch § 315 Abs. 3 BGB nicht einschlägig ist, da § 14 Nr. 4 i.V.m. § 15 Nr. 5 und 1 VOB/B dem Auftraggeber nicht eine Bestimmung nach billigem Ermessen einräumt, sondern stattdessen den objektiven Maßstab des wirtschaftlich vertretbaren Aufwandes vorgibt und konkretisiert (richtig *Nicklisch/ Weick* § 15 VOB/B Rn. 42; auch *Zielemann* Rn. 394). Anderseits ist in diesem Fall jedoch vom Auftragnehmer zu verlangen, dass er ins einzelne gehende Einwendungen erhebt und entsprechende Nachweise führt, wenn er die Richtigkeit der Angaben des Auftraggebers widerlegen will. Grundlegende Voraussetzung ist allerdings in erster Linie, dass der Auftraggeber bei seiner Selbstaufstellung genau die in Nr. 5 vorgegebenen Berechnungsgrundsätze eingehalten hat.

9

F. Neuberechnung der Stundenlohnvergütung

Die Neuberechnung der Vergütung nach Nr. 5 erfolgt grundsätzlich wiederum nach Stundenlöhnen. Zunächst ist der **objektiv gerechtfertigte Leistungswert anzusetzen.** Hierfür gelten die **Grundsätze,** wie sie **in Nr. 1 Abs. 2** enthalten sind. Maßgebend ist also in erster Linie die **Ortsüblichkeit.** Lässt sich eine solche **nicht feststellen,** so gelten für die Ermittlung die Regeln in **Nr. 1 Abs. 2 S. 2.** Liegen die Voraussetzungen für die Bezahlung einer **Aufsichtsvergütung** vor, gelten die für deren Berechnung maßgebenden Regeln.

10

Des Weiteren ist zu beachten, dass **hinsichtlich des Mengenansatzes** kraft ausdrücklicher Regelung **auf den wirtschaftlich vertretbaren Aufwand abzustellen** ist, und zwar innerhalb der einzelnen genannten Merkmale. Dieses deckt sich im Wesentlichen mit dem in Nr. 1 Abs. 2 S. 2 enthaltenen Begriff »wirtschaftlicher Betriebsführung« sowie hinsichtlich der Zuschläge für Gemeinkosten und Gewinn einschließlich des allgemeinen Unternehmerwagnisses zuzüglich Umsatzsteuer mit dem Wort »angemessen« (a.A. Beck'scher VOB-Komm./*Cuypers* § 15 Nr. 5 VOB/B Rn. 22).

11

Die Voraussetzungen für § 15 Nr. 5 VOB/B hat der Auftraggeber darzulegen und zu beweisen (vgl. *Heiermann/Riedl/Rusam* § 15 VOB/B Rn. 46).

12

§ 16
Zahlung

1. (1) Abschlagszahlungen sind auf Antrag in möglichst kurzen Zeitabständen oder zu den vereinbarten Zeitpunkten zu gewähren, und zwar in Höhe des Wertes der jeweils nachgewiesenen vertragsgemäßen Leistungen einschließlich des ausgewiesenen, darauf entfallenden Umsatzsteuerbetrags. Die Leistungen sind durch eine prüfbare Aufstellung nachzuweisen, die eine rasche und sichere Beurteilung der Leistungen ermöglichen muss. Als Leistungen gelten hierbei auch die für die geforderte Leistung eigens angefertigten und bereitgestellten Bauteile sowie die auf der Baustelle angelieferten Stoffe und Bauteile, wenn dem Auftraggeber nach seiner Wahl das Eigentum an ihnen übertragen ist oder entsprechende Sicherheit gegeben wird.

(2) Gegenforderungen können einbehalten werden. Andere Einbehalte sind nur in den im Vertrag und in den gesetzlichen Bestimmungen vorgesehenen Fällen zulässig.

(3) Ansprüche auf Abschlagszahlungen werden binnen 18 Werktagen nach Zugang der Aufstellung fällig.

(4) Die Abschlagszahlungen sind ohne Einfluss auf die Haftung des Auftragnehmers; sie gelten nicht als Abnahme von Teilen der Leistung.

2. (1) Vorauszahlungen können auch nach Vertragsabschluss vereinbart werden; hierfür ist auf Verlangen des Auftraggebers ausreichende Sicherheit zu leisten. Die Vorauszahlungen sind, sofern nichts anderes vereinbart wird, mit 3 v.H. über dem Basiszinssatz des § 247 BGB zu verzinsen.

(2) Vorauszahlungen sind auf die nächstfälligen Zahlungen anzurechnen, soweit damit Leistungen abzugelten sind, für welche die Vorauszahlungen gewährt worden sind.

3. (1) Der Anspruch auf die Schlusszahlung wird alsbald nach Prüfung und Feststellung der vom Auftragnehmer vorgelegten Schlussrechnung fällig, spätestens innerhalb von 2 Monaten nach Zugang. Werden Einwendungen gegen die Prüfbarkeit unter Angabe der Gründe hierfür nicht spätestens innerhalb von 2 Monaten nach Zugang der Schlussrechnung erhoben, so kann der Auftraggeber sich nicht mehr auf die fehlende Prüfbarkeit berufen. Die Prüfung der Schlussrechnung ist nach Möglichkeit zu beschleunigen. Verzögert sie sich, so ist das unbestrittene Guthaben als Abschlagszahlung sofort zu zahlen.

(2) Die vorbehaltlose Annahme der Schlusszahlung schließt Nachforderungen aus, wenn der Auftragnehmer über die Schlusszahlung schriftlich unterrichtet und auf die Ausschlusswirkung hingewiesen wurde.

(3) Einer Schlusszahlung steht es gleich, wenn der Auftraggeber unter Hinweis auf geleistete Zahlungen weitere Zahlungen endgültig und schriftlich ablehnt.

(4) Auch früher gestellte, aber unerledigte Forderungen werden ausgeschlossen, wenn sie nicht nochmals vorbehalten werden.

(5) Ein Vorbehalt ist innerhalb von 24 Werktagen nach Zugang der Mitteilung nach den Abs. 2 und 3 über die Schlusszahlung zu erklären. Er wird hinfällig, wenn nicht innerhalb von weiteren 24 Werktagen – beginnend am Tag nach Ablauf der in Satz 1 genannten 24 Werktage – eine prüfbare Rechnung über die vorbehaltenen Forderungen eingereicht oder, wenn das nicht möglich ist, der Vorbehalt eingehend begründet wird.

(6) Die Ausschlussfristen gelten nicht für ein Verlangen nach Richtigstellung der Schlussrechnung und -zahlung wegen Aufmaß-, Rechen- und Übertragungsfehlern.

4. In sich abgeschlossene Teile der Leistung können nach Teilabnahme ohne Rücksicht auf die Vollendung der übrigen Leistungen endgültig festgestellt und bezahlt werden.

5. (1) Alle Zahlungen sind aufs äußerste zu beschleunigen.

(2) Nicht vereinbarte Skontoabzüge sind unzulässig.

(3) Zahlt der Auftraggeber bei Fälligkeit nicht, so kann ihm der Auftragnehmer eine angemessene Nachfrist setzen. Zahlt er auch innerhalb der Nachfrist nicht, so hat der Auftragnehmer vom Ende der Nachfrist an Anspruch auf Zinsen in Höhe der in § 288 BGB angegebenen Zinssätze, wenn er nicht einen höheren Verzugsschaden nachweist.

(4) Zahlt der Auftraggeber das fällige unbestrittene Guthaben nicht innerhalb von 2 Monaten nach Zugang der Schlussrechnung, so hat der Auftragnehmer für dieses Guthaben abweichend von Abs. 3 (ohne Nachfristsetzung) ab diesem Zeitpunkt Anspruch auf Zinsen in Höhe der in § 288 BGB angegebenen Zinssätze, wenn er nicht einen höheren Verzugsschaden nachweist.

(5) Der Auftragnehmer darf in den Fällen der Absätze 3 und 4 die Arbeiten bis zur Zahlung einstellen, sofern die dem Auftraggeber zuvor gesetzte angemessene Nachfrist erfolglos verstrichen ist.

6. Der Auftraggeber ist berechtigt, zur Erfüllung seiner Verpflichtungen aus den Nummern 1 bis 5 Zahlungen an Gläubiger des Auftragnehmers zu leisten, soweit sie an der Ausführung der vertraglichen Leistung des Auftragnehmers aufgrund eines mit diesem abgeschlossenen Dienst- oder Werkvertrags beteiligt sind, wegen Zahlungsverzugs des Auftragnehmers die Fortsetzung ihrer Leistung zu Recht verweigern und die Direktzahlung die Fortsetzung der Leistung sicherstellen soll. Der Auftragnehmer ist verpflichtet, sich auf Verlangen des Auftraggebers innerhalb einer von diesem gesetzten Frist darüber zu erklären, ob und inwieweit er die Forderungen seiner Gläubiger anerkennt; wird diese Erklärung nicht rechtzeitig abgegeben, so gelten die Voraussetzungen für die Direktzahlung als anerkannt.

Inhaltsübersicht Rn.

A. Allgemeine Grundlagen	1
I. Gesetzliche Grundlage: § 641 BGB	2
II. Die besonderen Regelungen der VOB	7
III. Fälligkeit der Vergütung bei der VOB	10
1. Abschlagszahlungen	11
2. Vorauszahlungen	12
3. Schlusszahlung	13
4. Teilschlusszahlungen	23
5. Stundenlohnvergütung	24
IV. Beginn der Verjährung des Vergütungsanspruches	25
V. Zahlung erst nach Erfüllung der Vorleistungspflicht des Auftragnehmers	26
VI. Beweislast für Zahlung beim Auftraggeber; Quittung; Tilgungsbestimmung	27
B. Geänderte Rechtslage durch BGB 2002, VOB 2002 und VOB 2006	28
I. BGB 2002	28
II. VOB 2002	29
III. VOB 2006	30

Aufsätze: *Locher* Der Skontoabzug an Vergütungen für Bauleistungen BauR 1980, 30; *Kronenbitter* Der Skontoabzug in der Praxis der VOB/B BB 1984, 2030; *Dähne* Der Rückforderungsanspruch des öffentlichen Bauherrn FS Korbion 1986 S. 39; *Peters* Die Fälligkeit der Werklohnforderung FS Korbion 1986 S. 337; *Grimme* Rechnungserteilung und Fälligkeit der Werklohnforderung NJW 1987, 468; *Schelle* Bindung an die Schlussrechnung auch beim VOB-Vertrag? BauR 1987, 272; *Bartsch* Zahlung nach § 16

Nr. 6 VOB/B an den Subunternehmer trotz Abtretung oder Pfändung des Werklohns? BB 1989, 510; *Nettesheim* Skonto bei nur teilweiser Bezahlung innerhalb der Skontofrist? BB 1991, 1724; *Bergmann* Grundlagen der Vergütungsregelung nach BGB und § 16 VOB/B ZfBR 1998, 59; *Kainz* Zur Wertung von Skontoangeboten bei öffentlichen Aufträgen BauR 1998, 219; *Welte* Einwendungen gegen die Schlussrechnung nach Ablauf der Prüfungszeit von zwei Monaten oder beweisrechtliche Konsequenzen? BauR 1998, 284; *Knacke* Ist der Auftraggeber nach Ablauf der Zwei-Monatsfrist des § 16 Nr. 3 Abs. 1 VOB/B mit Einwendungen gegen die Schlussrechnung des Auftragnehmers ausgeschlossen? FS Vygen 1999 S. 214; *Groß* Vorbehaltsbegründung bei Schlusszahlungen BauR 2000, 342; *Hamacher* Zahlungsverzug und Werkvertragsrecht BauR 2000, 1257; *Kniffka* Das Gesetz zur Beschleunigung fälliger Zahlungen – Neuregelung des Bauvertragsrechts und seine Folgen ZfBR 2000, 227; *Motzke* Abschlagszahlung, Abnahme und Gutachterverfahren nach dem Beschleunigungsgesetz NZBau 2000, 489; *Otto* Zur Frage der Verjährung von Abschlagsforderungen des Architekten und des Werkunternehmers BauR 2000, 350; *Peters* Das Gesetz zur Beschleunigung fälliger Zahlungen NZBau 2000, 169; *Böhme* Einige Überlegungen zum neuen § 632a BGB BauR 2001, 525; *von Rintelen* Abschlagszahlung und Werklohn Jahrbuch Baurecht 2001 S. 25; *Voppel* Abschlagszahlungen im Baurecht und § 632a BGB BauR 2001, 1165; *Niemöller* Der Abschlagszahlungsanspruch für eigens angefertigte oder angelieferte Stoffe oder Bauteile nach § 632a BGB – Mittel zur Zahlungsbeschleunigung FS Jagenburg 2002 S. 689; *Peters* Fälligkeit und Verzug bei den Zahlungsansprüchen des Bauunternehmers nach der VOB/B NZBau 2002, 305; *Schreiber/Neudel* Zur Frage der gerichtlichen Durchsetzbarkeit von fälligen Abschlagsforderungen nach Beendigung des Vertragsverhältnisses BauR 2002, 1007; *Wacke* Verjährungsbeginn nicht vor Rechnungserteilung FS Jagenburg 2002 S. 953; *Zanner* VOB 2002 – Hält die Regelung in § 16 Nr. 3 Abs. 1 und § 16 Nr. 5 Abs. 3 VOB/B einer isolierten Inhaltskontrolle gem. §§ 305 ff. BGB nach der Novellierung der VOB im Jahr 2002 stand? BauR 2002, 1742; *Brauns* Anfechtbarkeit von Werklohnzahlungen oder Besicherung von Vergütungsansprüchen des Auftragnehmers durch den Insolvenzverwalter BauR 2003, 301; *Garbe-Emden* Verzinsung von Zahlungsforderungen bei VOB-Verträgen BauR 2003, 1468; *Stellmann/Isler* Der Skontoabzug im Bauvertragswesen ZfBR 2004, 633; *Stellmann/Schinköth* Schlussrechnung und Schlusszahlung nach der VOB/B ZfBR 2005, 3; *Ganten* Wie sollte ein Forderungssicherungsgesetz im BGB aussehen? ZfBR 2006, 203.

A. Allgemeine Grundlagen

1 Der mit »Zahlung« überschriebene § 16 VOB/B enthält Regelungen über vorläufige und dann über die endgültige ganze oder teilweise Erfüllung des Vergütungsanspruchs des Auftragnehmers. Von der normalen zeitlichen Abwicklung des Bauvertrages her gesehen sind diese Bestimmungen, was die verschiedenen Zahlungsarten anbelangt, nicht hinreichend systematisch geordnet. Bei den vorläufigen, vor Abnahme erfolgenden Zahlungen kommt zunächst die in Nr. 2 geregelte Vorauszahlung in Betracht, dann die in Nr. 1 näher festgelegte Abschlagszahlung. Bei den endgültigen Zahlungen, die nach Teilabnahme oder endgültiger Abnahme der Vertragsleistungen erfolgen, handelt es sich zunächst um die Teilschlusszahlungen, die in Nr. 4 angesprochen sind, schließlich um die Schlusszahlung gem. Nr. 3. Naturgemäß ist die Schlusszahlung als letzte Zahlung des Auftraggebers von besonderer Bedeutung, und zwar nicht allein wegen ihrer Voraussetzungen, sondern besonders wegen ihrer Folgen, vor allem im Hinblick auf die etwaige vorbehaltlose Annahme der Schlusszahlung, wie sie in der Nr. 3 Abs. 2 bis 6 geregelt ist. Nr. 5 und 6 betreffen alle in Nr. 1 bis 4 geregelten möglichen Zahlungen, dabei insbesondere Nr. 5 Abs. 3 durch Festlegung der Voraussetzungen und Folgen des Zahlungsverzugs des Auftraggebers. Nr. 6 enthält eine Sonderregelung für Zahlungen des Auftraggebers an Gläubiger des Auftragnehmers. Der jetzige Inhalt von § 16 VOB/B entstammt der Fassung der VOB von 2006.

I. Gesetzliche Grundlage: § 641 BGB

2 § 16 VOB/B befasst sich im Anschluss an die grundlegenden Bestimmungen zur Vergütung in § 2 VOB/B sowie zur Abrechnung in § 14 VOB/B mit der **Zahlung,** also mit der **Erfüllung der aus**

dem Bauvertrag geschuldeten Gegenleistung des Auftraggebers, wofür er im Allgemeinen die Darlegungs- und Beweislast trägt.

Die Zahlung erfolgt grundsätzlich in Geld. Dabei kommen als geldwerte Zahlungsmittel ebenso grundsätzlich nur solche in Betracht, die es dem Auftragnehmer ermöglichen, sofort und endgültig über das Geld zu verfügen (z.B. Überweisung, Scheck). Überweist der Auftraggeber eine Werklohnforderung auf ein bestimmtes Konto, ohne zu beachten, dass der Auftragnehmer ein Konto bei einer anderen Bank angegeben hatte, so geht es zu seinen Lasten, wenn deswegen die Forderung nicht erfüllt wird (LG Koblenz IBR 2005, 1014 = BauR 2004, 1991 [Ls]); insoweit obliegen den beteiligten Banken grundsätzlich keine Warn-, Beratungs- und Aufklärungspflichten, wenn es sich um den schnell zu bewirkenden Giroverkehr handelt (OLG Hamm MDR 1989, 453). Wird eine Werklohnforderung ausnahmsweise per **Wechsel** bezahlt, trägt die Wechselspesen derjenige, für den die Wechselhingabe vorteilhaft war; dies ist im Allgemeinen der Auftraggeber (vgl. OLG Frankfurt NJW-RR 1991, 1239).

Enthalten **AGB** des Auftraggebers – insbesondere Zusätzliche Vertragsbedingungen – die Regelung, dass die Zahlung nach Wahl des Auftraggebers auch durch Wechsel erfolgen kann, so verstößt dies im Allgemeinen gegen § 308 Nr. 1 BGB, da sich der Auftraggeber mindestens eine Stundung der Zahlung einseitig vorbehält, abgesehen von sonstigen Unwägbarkeiten, die eine Wechselbegebung sonst mit sich bringt. Für den kaufmännischen Verkehr dürfte hier ein Verstoß gegen die Generalnorm des § 307 BGB vorliegen (vgl. *Frikell/Glatzel/Hofmann* K 16.31 f.).

Andererseits stellt auch eine Zahlung »unter Vorbehalt« eine ordnungsgemäße Erfüllung dar; im Allgemeinen hält sich der Zahlende dadurch – nur – die Möglichkeit offen § 814 BGB auszuschliessen und das Geleistete wieder zurückzufordern (BGH Urt. v. 6.5.1982 VII ZR 208/81 BauR 1982, 503 = NJW 1982, 2301).

3

Das **Werkvertragsrecht des BGB** regelt im Ausgangspunkt die Gegenleistung des Bestellers in **§ 631 Abs. 1 Hs. 2;** dort ist bestimmt, dass der Besteller zur Entrichtung der vereinbarten Vergütung verpflichtet ist; falls eine Vergütung nicht vereinbart ist, so erfüllt **§ 632 BGB** eine **Hilfsfunktion** (vgl. § 2 VOB/B Rn. 6).

4

Nach **§ 641 BGB** ist die **Vergütung** bei der **Abnahme** des Werkes zu leisten. Ist das Werk ausnahmsweise in Teilen abzunehmen und die Vergütung für die einzelnen Teile bestimmt, ist sie für jeden Teil bei dessen Abnahme zu zahlen. Sofern nicht die Vergütung gestundet ist, hat der Besteller eine in Geld zu entrichtende Vergütung von der Abnahme des Werkes an zu verzinsen.

Für vor dem 1.5.2000 abgeschlossene **BGB-Werkverträge** war aus § 641 Abs. 1 S. 1 BGB zu entnehmen, dass das gesetzliche Werkvertragsrecht an sich nur die endgültige Zahlung der Vergütung insgesamt oder für in sich abgeschlossene Leistungsteile kannte und Vorschriften für **Abschlagszahlungen und Vorauszahlungen** nicht enthielt. Diese kamen bei einem vor dem 1.5.2000 geschlossenen BGB-Werkvertrag nur in Betracht, wenn sie durch Zusätzliche oder Besondere Vertragsbedingungen im betreffenden Vertrag gesondert und ausdrücklich vereinbart waren. Auch gibt es keinen allgemeingültigen Satz dahingehend, **dass** Abschlagszahlungen und Vorauszahlungen beim Bauvertrag allgemein üblich sind (unzutreffend daher OLG München NJW-RR 1989, 276; vgl. *Heiermann/Riedl/Rusam* § 16 Rn. 3; *Kleine-Möller/Merl* § 10 Rn. 65).

5

Durch das **Gesetz zur Beschleunigung fälliger Zahlungen** wurde für nach dem 1.5.2000 abgeschlossene Werkverträge in **§ 632a BGB ein Anspruch auf Abschlagszahlungen** eingeführt. Danach dürfen Abschlagszahlungen für in sich abgeschlossene Teile des Werks gefordert werden (vgl. dazu i.E. § 16 Nr. 1 VOB/B Rn. 2).

Sofern hier in **AGB** des Auftragnehmers Abschlagszahlungen vereinbart sind, muss die AGB-rechtliche Inhaltskontrolle beachtet werden. So liegt ein Verstoß gegen die §§ 307, 309 Nr. 2 BGB vor, wenn nach einer AGB-Klausel für den Fall des Einschlusses der Montage in den Vertrag bei Anlieferung 90% der Rechnungssumme fällig sind und weiter festgelegt ist, dass unter Anlieferung der Transport »der Ware« an die Baustelle ohne Abladen verstanden wird. Insofern wird dem Auftraggeber jedes hinreichende Prüfungsrecht, das ihm ein Leistungsverweigerungsrecht nach § 320 BGB oder ein Zurückbehaltungsrecht nach § 273 BGB geben könnte, genommen (BGH Urt. v. 6.12.1984 VII ZR 227/83 BauR 1985, 192 = NJW 1985, 855).

6   Bei Zahlungen für **Teile des hergestellten Werkes,** sofern es in Teilen abzunehmen ist und die Vergütung für einzelne Teile fällig wird (§ 641 Abs. 1 S. 2 BGB; vgl. dazu auch *Grimme* Die Vergütung beim Werkvertrag S. 38 f.), handelt es sich beim VOB-Vertrag nicht um Abschlagszahlungen. Vielmehr sind es Schlussvergütungen für in sich abgeschlossene Teile des Werkes, wie sie in § 16 Nr. 4 VOB/B als **Teilschlusszahlungen** geregelt sind.

II. Die besonderen Regelungen der VOB

7   Die VOB kennt in § 16 VOB/B mehrere Arten der Zahlung der Vergütung, nämlich die Abschlagszahlungen (Nr. 1), die Vorauszahlungen (Nr. 2), die Schlusszahlungen (Nr. 3) und die Teilschlusszahlungen (Nr. 4). Die VOB orientiert die Zahlungen am Baufortschritt nach dem System einer gleitenden Zahlungsweise und rückt somit im Rahmen dispositiven Rechts vom bisherigen Grundsystem des § 641 Abs. 1 S. 1 BGB ab.

8   Auch ist die **Verzinsung** der geschuldeten Vergütung anders geregelt als im BGB (§ 16 Nr. 5 Abs. 3 VOB/B). Insbesondere kennt die VOB im Gegensatz zu § 641 BGB **keine Fälligkeitszinsen.**

9   Bei wirksamer Einbeziehung der VOB in den Bauvertrag richtet sich die Zahlung der Vergütung ausschließlich nach **§ 16 VOB/B.** Dies ergibt sich, abgesehen von der ausdrücklichen vertraglichen Vereinbarung, auch aus der besonderen Natur des Bauvertrages, der die VOB auch hinsichtlich der Vergütung Rechnung trägt.

III. Fälligkeit der Vergütung bei der VOB

10 Damit wird zugleich auch die Frage der **Fälligkeit** der Vergütung aufgeworfen. Die VOB 2002 verwendet in § 16 Nr. 1 Abs. 3 und Nr. 3 Abs. 1 VOB/B erstmals den Begriff »fällig«. Damit wird klargestellt – dies entsprach bereits der bisherigen Rechtslage –, dass die VOB/B je nach der Art der in Betracht kommenden Zahlungen in Abweichung von § 641 BGB unterschiedliche Fälligkeitstermine enthält.

1. Abschlagszahlungen

11 Abschlagszahlungen stellen Anzahlungen auf den Vergütungsanspruch für die gesamte Bauleistung dar. Es handelt sich somit nicht um endgültige Zahlungen. Sie sind vielmehr nur vorläufige Zahlungen auf den sich aus der Schlussrechnung unter Verrechnung mit den Abschlagszahlungen ergebenden endgültigen Vergütungsanspruch des Auftragnehmers (vgl. z.B. BGH Urt. v. 19.3.2002 X ZR 125/00 BauR 2002, 1257 = NZBau 2002, 390; BGH Urt. v. 15.4.2004 VII ZR 471/01 BauR 2004, 1146 = NJW-RR 2004, 957; *von Rintelen* Jahrbuch Baurecht 2001 S. 25 ff.).

Bei **Abschlagszahlungen** ergibt sich die **Fälligkeit** aus § 16 Nr. 1 Abs. 3 VOB/B. Weitere Prämisse ist aber die Erfüllung der Voraussetzungen in Nr. 1 Abs. 1, dabei insbesondere auch die vorherige Einreichung einer **prüfbaren Aufstellung** durch den Auftragnehmer.

2. Vorauszahlungen

12 Ob und wann die Fälligkeit von **Vorauszahlungen** eintritt, kann nach dem bloßen Wortlaut der VOB/B nicht beantwortet werden, auch nicht nach § 271 BGB. Hierzu bedarf es einer besonderen

Absprache in etwaigen Zusätzlichen oder Besonderen Vertragsbedingungen oder sonst noch nach Vertragsabschluss. Dies folgt daraus, dass **Vorauszahlungen** eine Ausklammerung der grundsätzlich zu fordernden Vorleistungspflicht des Auftragnehmers bedeuten und deshalb überhaupt nur in Betracht kommen, **wenn** sie im betreffenden Vertrag individuell unter Festlegung der dafür maßgeblichen Bedingungen **ausdrücklich vereinbart sind.**

3. Schlusszahlung

Die Fälligkeit der Schlusszahlung ist aus § 16 Nr. 3 Abs. 1 VOB/B zu entnehmen (vgl. § 16 Nr. 3 VOB/B Rn. 8 ff.). Voraussetzung für den Beginn der zweimonatigen Frist ist die vorherige Einreichung einer **prüfbaren Rechnung** durch den Auftragnehmer (vgl. auch u.a. BGH Urt. v. 10.5.1990 VII ZR 257/89 BauR 1990, 605 = NJW-RR 1990, 1170; ferner § 14 VOB/B Rn. 7 ff.). Dies gilt **nicht nur** für **Einheitspreisverträge,** sondern auch andere dem Vertrag zugrunde liegende Vergütungsarten, wie z.B. **Pauschalverträge** (dazu eingehend BGH Urt. v. 20.10.1988 VII ZR 302/87 BGHZ 105, 290 = BauR 1989, 87 = NJW 1989, 836) und **Stundenlohnverträge.** 13

Umstritten ist, **ob die Vorlage einer prüfbaren Rechnung auch beim BGB-Bauvertrag** entgegen dem Wortlaut des § 641 BGB **Fälligkeitsvoraussetzung ist.** Dies wird von einem Teil der Rechtsprechung (OLG Hamm SFH § 640 BGB Nr. 8; OLG Köln NJW 1973, 2111; OLG Frankfurt BauR 1997, 856) und des Schrifttums (*Bartmann* BauR 1977, 16; *Vygen* Bauvertragsrecht nach VOB Rn. 895; *Werner/Pastor* Rn. 1368 ff., *Peters* NJW 1977, 552) mit der Begründung bejaht, dass andernfalls für den Besteller, der beim Eintritt der Fälligkeit – etwa beim Einheitspreis- oder Stundenlohnvertrag – weder die Höhe der Werklohnforderung kennt noch diese gar überprüfen kann, unzumutbare Rechtsfolgen eintreten würden. Der Auftragnehmer könnte seine Forderung einklagen ohne zuvor eine Rechnung erteilt zu haben. Der Auftraggeber könnte sich der Zinspflicht nach § 641 Abs. 4 BGB ausgesetzt sehen, ohne diese durch Bezahlung der Rechnung abwenden zu können. 14

Diese Argumente rechtfertigen es nicht, die Fälligkeit der Werklohnforderung beim BGB-Vertrag von der Erteilung einer **prüfbaren** Schlussrechnung abhängig zu machen (ebenso BGH Urt. v. 24.1.2002 VII ZR 186/00 BauR 2002, 938, 939 = NJW 2002, 1567; OLG Celle BauR 1986, 356 = NJW 1986, 327; OLG Stuttgart NJW-RR 1994, 17; OLG Köln BauR 1996, 725; OLG Hamm BauR 1997, 656; OLG Celle BauR 1997, 1052; OLG Frankfurt NJW-RR 2000, 755; OLG Bamberg BauR 2003, 1227; OLG Karlsruhe BauR 2003, 737; KG IBR 2006, 320; Beck'scher VOB-Komm./*Motzke* Vor § 16 Rn. 26 ff.; *Grimme* NJW 1987, 468; *Nicklisch/Weick* VOB Teil B § 14 Rn. 1; *Franke/Kemper/Zanner/Grünhagen* § 16 Rn. 13; *Kapellmann/Messerschmidt* § 16 Rn. 22; vgl. i.E. *U. Locher* Die Rechnung im Werkvertragsrecht S. 43 ff.). Zunächst ist darauf hinzuweisen, dass § 641 Abs. 1 S. 1 BGB bereits eine spezielle Fälligkeitsregelung darstellt, die den in § 271 Abs. 1 BGB enthaltenen Fälligkeitszeitpunkt bis zur Abnahme hinausschiebt. Eine weitere zeitliche Verschiebung der Fälligkeit gegen den Wortlaut dieser Ausnahmeregelung könnte allenfalls dann gerechtfertigt sein, wenn die zur Begründung für die Fälligkeitslösung angesprochenen nachteiligen Folgen für den Auftraggeber tatsächlich eintreten können. Eine nähere Untersuchung zeigt aber, dass eine Verknüpfung der Fälligkeit mit der Rechnungserteilung für den Schutz des Auftraggebers nicht erforderlich ist (vgl. dazu eingehend *U. Locher* S. 23 ff.). Der Auftragnehmer hat seine Vergütungsforderung spätestens für die Schlüssigkeit der Werklohnklage im Einzelnen so darzulegen, dass sich daraus ergibt, für welche vertraglich geschuldeten und erbrachten Leistungen Werklohn in welcher Höhe verlangt wird. Dazu ist regelmäßig ein an den Leistungspositionen des Vertrages orientierter Tatsachenvortrag notwendig, so dass die Anforderungen an die Darlegungslast denen an eine prüfbare Schlussrechnung beim VOB-Vertrag entsprechen (vgl. dazu OLG Hamm BauR 1997, 656; OLG Celle BauR 1986, 356 = NJW 1986, 327; BauR 1997, 1052). Wenn eine erstmalige nachvollziehbare Berechnung der Vergütungsforderung erst in der Klageschrift erfolgt, besteht für den Auftraggeber die Möglichkeit eines sofortigen Anerkenntnisses nach § 93 ZPO, weil er zuvor keine Veranlassung zur Klageerhebung gegeben hatte. Mangels Verschulden (§ 286 Abs. 4 BGB) kann der Auftraggeber ohne vorherige Rechnungserteilung auch nicht in Verzug geraten.

Dem Auftragnehmer obliegt weiter eine vertragliche Nebenpflicht, über die Berechnung der Werklohnforderung Auskunft zu erteilen. Diese **allgemeine Auskunftspflicht** besteht immer dann, wenn der Berechtigte über den Umfang eines Anspruchs unverschuldet im Ungewissen, der Verpflichtete aber in der Lage ist, darüber Auskunft zu erteilen. Dies gilt insbesondere dann, wenn ein Schuldner zur Begründung von Einwendungen gegen eine Geldforderung, deren Höhe er nicht nachprüfen kann, auf die Information seines Vertragspartners angewiesen ist (vgl. dazu MüKo/*Keller* § 260 Rn. 10 ff.). Hier ist die Höhe der Vergütung vom Umfang der Werkleistung und den damit verbundenen Aufwendungen des Auftragnehmers abhängig. Eine eigenständige Überprüfung der Forderung durch den Auftraggeber ist deshalb ohne die Erteilung einer prüfbaren Rechnung weitgehend ausgeschlossen. Der Auftraggeber kann den Auskunftsanspruch der Werklohnforderung bis zu diesem Zeitpunkt als **Einrede nach § 273 BGB** entgegenhalten (*Kleine-Möller/Merl* § 10 Rn. 132; *Vygen* Rn. 895; *U. Locher* S. 43 ff.; *Bergmann* ZfBR 1998, 59 f.). Daraus ergibt sich zugleich, dass es zum Schutz des Auftraggebers entgegen dem Wortlaut des § 641 BGB keiner Anbindung der Fälligkeit an die Rechnungserteilung bedarf.

Die Parteien können aber auch beim BGB-Werkvertrag vereinbaren, dass die Vergütungsforderung erst mit der Erteilung einer prüfbaren Schlussrechnung fällig wird (BGH Urt. v. 6.10.1988 VII ZR 367/87 BauR 1989, 90; OLG Frankfurt NJW-RR 2005, 169).

15 Die Richtigkeit dieser Auffassung wird auch durch die Verknüpfung des **Verjährungsbeginns mit der Fälligkeit** bestätigt. Es ist kein Grund ersichtlich, weshalb ein Auftraggeber, der jederzeit eine Schlussrechnung erstellen kann, durch eine verzögerte Rechnungserteilung den Verjährungsbeginn hinauszögern kann. Der BGH (Urt. v. 18.12.1980 VII ZR 41/80 BGHZ 79, 176 = BauR 1981, 199 = NJW 1981, 814) hat deshalb zu Recht die Fälligkeit »im Sinne des Verjährungsrechts« mit der Abnahme verbunden. Da in den Urteilsgründen festgehalten wurde, dass der Vergütungsanspruch schon mit der Abnahme i.S.d. § 198 BGB entstanden ist und von diesem Zeitpunkt an mit einer Feststellungsklage durchgesetzt werden könnte, war es naheliegend, dass der BGH dieselben Grundsätze auch auf die Fälligkeit des Vergütungsanspruchs im Rahmen des § 641 BGB anwenden würde. Im Urteil vom 24.1.2002 (VII ZR 186/00 BauR 2002, 988, 939 = NJW 2002, 1567) wurde dann ohne weitere Begründung beiläufig ausgeführt, dass die Fälligkeit der Vergütung neben der Abnahme im Unterschied zum VOB-Vertrag keine Schlussrechnung voraussetzt. Dies ergibt sich mittelbar auch aus der Rechtsprechung zur Verjährung des Vergütungsanspruchs beim VOB-Vertrag, wonach der Verjährungsbeginn an die Erteilung einer die Fälligkeit begründeten Schlussrechnung geknüpft ist. Eine Aufspaltung der Fälligkeit nach dem Beginn der Zahlungspflicht und nach dem Beginn der Verjährung erfolgt hier zutreffenderweise nicht.

16 Eine **Fälligkeit vor Ablauf von 2 Monaten** nach Einreichung der Schlussrechnung tritt ausnahmsweise unter den in § 16 Nr. 3 VOB/B Rn. 23 angeführten Voraussetzungen ein. Sie schiebt sich andererseits über die Zweimonatsfrist – unter streng zu prüfenden Ausnahmen – hinaus, wenn Fälle vorliegen, wie sie in § 16 Nr. 3 VOB/B Rn. 18 ff. geschildert sind.

17 Auch wenn die **Abnahme** in § 16 Nr. 3 VOB/B nicht ausdrücklich erwähnt wird, ist sie auch für den Bereich des **VOB-Vertrages** weitere **Voraussetzung für die Fälligkeit der Schlusszahlung,** hier nach Maßgabe von § 12 VOB/B (BGH Urt. v. 18.12.1980 VII ZR 43/80 BGHZ 79, 180 = BauR 1981, 201 = NJW 1981, 822; BGH Urt. v. 26.2.1981 VII ZR 287/79 BauR 1981, 284 = NJW 1981, 1448; BGH Urt. v. 10.5.1990 VII ZR 257/89 BauR 1990, 605, 607 = NJW-RR 1990, 1170; *Nicklisch/Weick* § 12 Rn. 23; *Heiermann/Riedl/Rusam* § 16 Rn. 5; Beck'scher VOB-Komm./*I. Jagenburg* Vor § 12 Rn. 93; *Locher* Das private Baurecht Rn. 338; *Kapellmann/Messerschmidt* § 16 Rn. 192). Der Abnahme steht auch beim VOB-Vertrag die Fertigstellungsbescheinigung nach § 641a BGB gleich. Insoweit enthält die VOB keine von den gesetzlichen Vorschriften abweichende Regelung. § 16 Nr. 3 Abs. 1 VOB/B

stellt eine Ergänzung der gesetzlichen Fälligkeitsregelung des § 641 Abs. 1 BGB dar. Das darin enthaltene Erfordernis der Erteilung von prüffähigen Schlussrechnungen nebst Ablauf der Prüfungsfrist tritt somit als weitere Fälligkeitsvoraussetzung neben die in § 641 Abs. 1 BGB aufgeführte Abnahme. Dies ergibt sich mittelbar aus Teil B selbst, der in § 16 Nr. 4 VOB/B für die weitaus weniger gewichtige, der Schlusszahlung sogar vorangehende Teilschlusszahlung ausdrücklich die Abnahme verlangt.

Hinzu kommt schließlich, dass bei anderer als der hier vertretenen Ansicht das Recht zur Verweigerung der Abnahme nach § 12 Nr. 3 VOB/B praktisch leer laufen würde, wenn für die Schlusszahlung nicht die Abnahme Fälligkeitsvoraussetzung wäre.

Auf das Vorerörterte kommt es aber letztlich entscheidend nur an, wenn die Abnahme zu Recht vom Auftraggeber wegen vorhandener Mängel verweigert wird (vgl. dazu OLG Hamm NJW 1981, 131 = SFH § 16 Nr. 3 VOB/B Nr. 12 m. Anm. *Hochstein*). **18**

Anders liegt es, und der Auftragnehmer muss die Schlusszahlung leisten, wenn die Leistungen des Auftragnehmers **keine zur Verweigerung der Abnahme berechtigenden Mängel aufweisen oder sich der Auftraggeber auf etwaige Mängel nicht berufen durfte** (BGH Urt. v. 18.12.1980 VII ZR 41/80 BGHZ 79, 180 = BauR 1981, 201 = NJW 1981, 822 m.w.N.). Das trifft auch zu, wenn der Auftragnehmer die Mängelbeseitigung zu Recht wegen unverhältnismäßigen Aufwandes verweigert und dem Auftraggeber deshalb noch Minderungsansprüche zustehen (OLG Düsseldorf NJW-RR 1994, 342; OLG Hamm BauR 2003, 1403). Gleiches gilt, wenn der Auftraggeber nicht Beseitigung der Mängel verlangt und darauf sein Zurückbehaltungsrecht stützt, sondern mit Recht **Schadensersatz wegen Nichterfüllung** nach Maßgabe von § 4 Nr. 7 S. 2 VOB/B oder **Minderung** und dieses Verlangen zu einem ganzen oder teilweisen Erlöschen des noch offenen Vergütungsanspruches des Auftragnehmers führt. Da in diesen Fällen dann eine weitere Vertragserfüllung durch den Auftragnehmer nicht mehr in Betracht kommt, entfällt seine Vorleistungspflicht. Nunmehr hat unabhängig von der Frage der Abnahme eine **endgültige Abrechnung** über die erbrachte Leistung des Auftragnehmers und den Schadensersatzanspruch des Auftraggebers stattzufinden, was auch für den Vergütungsanspruch beim BGB-Vertrag gilt (BGH Urt. v. 23.11.1978 VII ZR 29/78 BauR 1979, 152 = NJW 1979, 549; BGH Urt. v. 16.9.1999 VII ZR 456/98 BauR 2000, 98 = NZBau 2000, 23; BGH Urt. v. 16.5.2002 VII ZR 479/00 BauR 2002, 1399 = NJW 2002, 3019; BGH Urt. v. 10.10.2002 VII ZR 315/01 BauR 2003, 88 = NJW 2003, 288; OLG Brandenburg BauR 1998, 793; OLG Düsseldorf BauR 1999, 494). **19**

Eine Abnahme ist auch im Falle der **Durchgriffsfälligkeit** nach § 641 Abs. 2 BGB nicht erforderlich. Nach dieser insbesondere für Nachunternehmer einschlägigen Regelung wird die Vergütung des Auftragnehmers bereits dann fällig, wenn der Auftraggeber seinerseits von seinem Auftraggeber für die von dem Auftragnehmer erbrachten Leistungen ganz oder teilweise die Vergütung erhalten hat (*Werner/Pastor* Rn. 1338; *Kniffka* ZfBR 2000, 227, 231; *Leinemann* VOB/B Kommentar § 16 Rn. 107). **20**

Ist die **Abnahme noch nicht erfolgt** oder ist sie **zweifelhaft**, so ist der Auftragnehmer nicht gehalten, zunächst Klage auf Abnahme zu erheben, um die Fälligkeit seines Zahlungsanspruches herbeizuführen; vielmehr genügt die Zahlungsklage, weil darin zugleich das Verlangen des Auftragnehmers auf Abnahme bzw. auf Feststellung der Abnahmevoraussetzungen liegt, es also letztlich für die Fälligkeit darauf ankommt, ob der Auftraggeber die Abnahme zu Recht verweigert (vgl. BGH Urt. v. 25.1.1996 VII ZR 26/95 BauR 1996, 390 = NJW 1996, 1280). **21**

Grundsätzlich ist es **Aufgabe des Auftragnehmers,** die Erfüllung seiner Leistungspflicht, also die **Abnahmereife** der Leistung, im Einzelnen darzulegen und ggf. nachzuweisen. Hier kann zu seinen Gunsten jedoch der Beweis des ersten Anscheins sprechen, wenn die Leistung erkennbar fertig gestellt ist; dann ist es zunächst Sache des Auftraggebers, diesen Anscheinsbeweis durch Vortrag gegen die Abnahmereife sprechender Tatsachen zu widerlegen (ebenso *Baumgärtel* § 16 VOB/B Rn. 2). **22**

4. Teilschlusszahlungen

23 Die Fälligkeit von **Teilschlusszahlungen** tritt nach Erfüllung aller in § 16 Nr. 4 VOB/B Rn. 1 ff. angeführten Voraussetzungen ein. Ähnlich der Schlusszahlung ist auch hier entsprechend § 641 Abs. 1 S. 2 BGB die vorher erfolgte **Teilabnahme** Voraussetzung für die Fälligkeit, wobei hier nur eine solche nach § 12 Nr. 2 VOB/B in Betracht kommt. Dies kommt in § 16 Nr. 4 VOB/B klar zum Ausdruck.

5. Stundenlohnvergütung

24 Die Fälligkeit der **Stundenlohnvergütung** ist in § 15 Nr. 4 S. 2 VOB/B durch Verweisung auf § 16 VOB/B festgelegt worden. Hiernach ist für die Fälligkeit von Stundenlohnrechnungen jeweils zu unterscheiden, welchen Charakter sie auf der Grundlage der in § 16 Nr. 1 bis 4 VOB/B enthaltenen Bestimmungen haben (vgl. dazu § 15 Nr. 4 VOB/B Rn. 5).

IV. Beginn der Verjährung des Vergütungsanspruches

25 Mit dem Eintritt der Fälligkeit ist der Beginn der **Verjährungsfrist** des Vergütungsanspruchs des Auftragnehmers nach § 199 BGB verknüpft; allerdings unter Berücksichtigung der in § 199 Abs. 1 BGB getroffenen Regelung, wonach die **Verjährung** am Schluss des Jahres beginnt, in dem die Fälligkeit des Vergütungsanspruchs eingetreten ist (vgl. BGH Urt. v. 12.2.1970 VII ZR 168/67 = NJW 1970, 938 = BauR 1970, 113; BGH Urt. v. 16.6.1977 VII ZR 66/76 BauR 1977, 354 = NJW 1977, 2075; BGH Urt. v. 10.5.1990 VII ZR 257/89 BauR 1990, 605 = NJW-RR 1990, 1170; vgl. auch BGH Urt. v. 27.11.2003 VII ZR 288/02 BauR 2004, 317 = NJW-RR 2004, 445, zum Architektenhonorarrecht). Die daran geäußerte Kritik (OLG Celle BauR 1974, 413; *Wacke* FS Jagenburg 2002 S. 953; *Schubert* JR 1981, 236; *Schultz* JZ 1973, 718), die für den Verjährungsbeginn nicht auf die Fälligkeit der Forderung, sondern auf das Entstehen des Anspruchs abstellt, ist abzulehnen. Nach dieser Auffassung käme es für den Beginn der Verjährungsfristen auf den Zeitpunkt an, in dem der Unternehmer zur Geltendmachung seiner Forderung in der Lage ist. Dieser wird der Abnahme gleichgestellt, so dass der für den Verjährungsbeginn maßgebliche Zeitpunkt auch beim VOB-Vertrag bereits mit der Abnahme eintreten würde, auch wenn die Forderung erst mit der nachfolgenden Rechnungserteilung fällig wird. Dabei wird übersehen, dass bereits mit der Verwirklichung der gesetzlichen Tatbestandsmerkmale ein auf die Anspruchsentstehung gerichteter Tatbestand vorhanden ist. Die Werklohnforderung entsteht danach bereits mit der Erbringung der Werkleistung und nicht erst mit der Abnahme. Zu diesem Zeitpunkt kann die Verjährung noch nicht beginnen, weil der Gläubiger die Leistung weder verlangen noch gerichtlich geltend machen kann. Auch soweit der Zeitpunkt des Verjährungsbeginns mit der Möglichkeit, diesen klageweise geltend zu machen, gleichgesetzt wird, wäre dieser nicht der Abnahme gleichzustellen, weil die nachfolgende Rechnungserteilung nicht ausschließlich vom Verhalten des Bestellers abhängig ist und jederzeit erfolgen kann. So verschafft die Abnahme alleine dem Werkunternehmer noch nicht in jedem Fall die Möglichkeit, seine Forderung abschließend zu berechnen und damit geltend zu machen. Neben der rechtlichen Möglichkeit, die Forderung mit der Abnahme verlangen zu können, muss für den Unternehmer auch die tatsächliche Möglichkeit zu deren Bezifferung gegeben sein, die unabhängig von der Abnahme entsteht. So können die für die Abrechnung notwendigen Feststellungen mittels eines gemeinsamen Aufmaßes noch nicht vorliegen. Ebenso kann dem Unternehmer die Berechnung zum Zeitpunkt der Abnahme auch deshalb verwehrt sein, weil Rechnungen von Nachunternehmen oder Warenlieferanten noch nicht vorhanden sind. In allen diesen Fällen besteht für ihn keine Möglichkeit, seinen Anspruch bereits mit der Abnahme zu beziffern (vgl. dazu i.E. *U. Locher* S. 40 ff.).

Dies gilt jedoch nur für solche Vergütungen und Vergütungsteile, die den Charakter der abschließenden Zahlung begrifflich in sich vereinigen. Deshalb sind für die Verjährung nur die Fälligkeitszeitpunkte einer Forderung auf Schlusszahlung bzw. Teilschlusszahlung maßgebend und zwar gleichgültig, ob die Forderungen in die abschließende Rechnung aufgenommen worden sind oder nicht (BGH Urt. v. 27.2.1969 VII ZR 38/67 SFH Z 2.331 Bl. 78 f.).

Umstritten ist die Frage, ob **Abschlagsforderungen** selbstständig verjähren können. Dies wird vom BGB in einer Entscheidung zum Architektenvertragsrecht bejaht. Allerdings kann danach die verjährte Abschlagsforderung als Rechnungsposten der Schlussrechnung weiter geltend gemacht werden (BGH Urt. v. 5.11. 1998 VII ZR 191/97 BauR 1999, 267 = NJW 1999, 713; Beck'scher VOB-Komm./*W. Jagenburg* Vor § 2 Rn. 558 f.; *Leinemann* § 16 Rn. 61; *Kapellmann/Messerschmidt* § 16 Rn. 93; *Otto* BauR 2000, 350, 351). Versteht man die Abschlagszahlung nur als vorläufige Anzahlung auf den später entstehenden endgültigen Vergütungsanspruch mit dem daraus resultierenden Erfordernis einer Verrechnung in der Schlussabrechnung, handelt es sich hier um keine neue eigenständige Forderung. Vielmehr ergibt sich aus dem vorläufigen Charakter der Zahlung auf die Schlussforderung, dass die Abschlagsforderung auch nicht selbstständig verjähren kann (OLG Düsseldorf BauR 1999, 176; *von Rintelen* Jahrbuch Baurecht 2001 S. 35 ff.; Beck'scher VOB-Komm./*Motzke* § 16 Nr. 1 Rn. 61; *Heiermann/Riedl/Rusam* § 2 Rn. 12; *Siegburg* Verjährung im Baurecht Rn. 42 ff.).

V. Zahlung erst nach Erfüllung der Vorleistungspflicht des Auftragnehmers

Der Auftraggeber ist, mit Ausnahme etwaiger Vorauszahlungen (vgl. Nr. 2), erst zur Zahlung verpflichtet, wenn der Auftragnehmer die Leistung oder die Teile, für die gesondert eine Vergütung zu zahlen ist, erstellt hat und sie – für die Teilschlusszahlung oder Schlusszahlung – abgenommen worden ist. Daraus folgt die **Vorleistungspflicht** des Auftragnehmers, was dem gesetzlichen Werkvertragsrecht entspricht. Die Ausnahmeregelung des § 321 BGB gilt allerdings auch für die VOB-Bauverträge. Diese besagt, dass der Auftragnehmer bis zur Zahlung oder Sicherheitsleistung durch den Auftraggeber ein **Leistungsverweigerungsrecht** hat, wenn nach Abschluss des Vertrags erkennbar wird, dass der Anspruch auf die Gegenleistung durch **mangelnde Leistungsfähigkeit des Auftraggebers** gefährdet wird. Das Vorliegen solcher Voraussetzungen hat der Auftragnehmer im Einzelnen darzulegen und zu beweisen. **26**

Ein Verstoß gegen §§ 307, 309 Nr. 2 BGB ist daher eine in **AGB** des Auftragnehmers verwendete Klausel: »Zum Nachweis, dass die Finanzierung des Bauvorhabens gesichert ist, muss der Auftraggeber eine unwiderrufliche Zahlungsgarantie einer Bank vorlegen. Sollte die Zahlungsgarantie nicht spätestens 4 Wochen vor Baubeginn vorliegen, kann der Auftragnehmer vom Vertrag zurücktreten. In diesem Fall hat er Anspruch auf erbrachte Vorleistungen und nachgewiesenen weiteren Schaden«. Eine solche Klausel ist unwirksam (BGH Urt. v. 16.9.1993 VII ZR 206/92 BauR 1994, 108 = NJW 1993, 3264).

VI. Beweislast für Zahlung beim Auftraggeber; Quittung; Tilgungsbestimmung

Auch bei einem VOB-Bauvertrag ist der **Auftraggeber** für die vollständige und richtige **Erfüllung** seiner Zahlungsverpflichtung im Streitfalle **beweispflichtig** (vgl. BGH Urt. v. 4.2.1965 VII ZR 100/63 SFH Z 2.400 Bl. 41 ff.; OLG Koblenz BauR 2006, 1315). Die **Beweiskraft einer Quittung** unterliegt der freien richterlichen Beweiswürdigung und kann durch jeden Gegenbeweis entkräftet werden; hierfür ist nur erforderlich, dass die Überzeugung des Gerichts vom Empfang der Leistung erschüttert wird, der volle Beweis des Gegenteils ist nicht nötig (BGH MDR 1978, 914 = LM § 286 ZPO Nr. 39). Der in einer Schlussrechnung enthaltenen Auflistung von Abschlagszahlungen kommt nicht die Wirkung einer Quittung nach § 368 BGB zu. Die **Beweislast** für den Umfang der geleisteten Zahlungen verbleibt auch dann beim Auftraggeber, wenn der Auftragnehmer in der Schlussrechnung weitere Abschlagszahlungen aufgelistet hatte, die später bestritten werden (OLG Koblenz BauR 2006, 1315). Hat der Auftragnehmer gegen den Auftraggeber Forderungen aus mehreren Bauverträgen und deckt die Zahlung nicht alle Forderungen ab, so kann er nach **§ 366 Abs. 1 BGB** be- **27** stimmen, auf welche Forderung bzw. Teilforderung die Zahlung geleistet werden soll, andernfalls greift die Auslegungsregel des § 366 Abs. 2 BGB ein. Die nach § 366 Abs. 1 BGB getroffene Tilgungsbestimmung des Auftraggebers ist nach § 119 Abs. 1 BGB wegen Irrtums anfechtbar (BGH Urt. v. 6.12.1988 XI ZR 81/88 NJW 1989, 1792 = BauR 1989, 204).

B. Geänderte Rechtslage durch BGB 2002, VOB 2002 und VOB 2006

I. BGB 2002

28 Beim BGB-Werkvertrag ist die **Fälligkeit** ausschließlich mit der Abnahme und **nicht mit der Rechnungserteilung** verknüpft (§ 641 BGB). Durch das SchuldRModG haben sich für die Fälligkeit im Gegensatz zum Verzug, der eine fällige Forderung voraussetzt, keine Änderungen ergeben. Durch das Gesetz zur Beschleunigung fälliger Zahlungen vom 30.3.2000 wurde dem Schuldner grundsätzlich eine Zahlungsfrist von 30 Tagen gewährt. Dies führte i.E. nicht zu einer Beschleunigung, sondern zu einer Verzögerung der Bezahlung fälliger Forderungen. Durch die Neufassung des § 286 BGB wurde dieser gesetzgeberische Fehlgriff korrigiert. Verzug mit einer Geldschuld tritt nunmehr nach Mahnung oder kalendermäßigem Zahlungstermin ein. Unabhängig davon tritt Verzug nach § 286 Abs. 3 BGB spätestens 30 Tage nach Fälligkeit und Zugang einer Rechnung ein. Damit wird im BGB erstmals eine Möglichkeit des Verzugseintritts von einer Rechnungserteilung abhängig gemacht. Insoweit ist eine Annäherung an die VOB/B erfolgt.

II. VOB 2002

29 § 16 VOB/B hat durch die VOB 2002 zahlreiche Änderungen erfahren. Zunächst werden in § 16 Nr. 1 VOB/B für Abschlagszahlungen und in § 16 Nr. 3 Abs. 1 VOB/B für die Schlusszahlung die Formulierung »sind zu leisten« durch »fällig« ersetzt. Gegenüber der bisherigen Rechtslage tritt dadurch keine Änderung ein. Der Verdingungsausschuss wollte im Hinblick auf die Neufassung des § 286 Abs. 3 BGB durch das SchuldModG klarstellen, dass der **Zugang einer Rechnung** sowie der **Ablauf der Prüffrist Fälligkeitsvoraussetzungen** sind. Die Ausnahmeregelung des § 286 Abs. 3 S. 2 BGB, wonach der Schuldner bei Unsicherheit über den Zeitpunkt des Zugangs der Rechnung spätestens 30 Tage nach Fälligkeit und Empfang der Gegenleistung in Verzug gerät, ist deshalb für den VOB-Vertrag ohne Bedeutung, weil der Verzug Fälligkeit und diese beim VOB-Vertrag wiederum die Übersendung einer prüfbaren Rechnung voraussetzt.

Des Weiteren erfolgte in § 16 Nr. 1 Abs. 4 VOB/B eine bloße redaktionelle Änderung durch die Streichung der Worte »und Gewährleistung«, weil nach dem SchuldModG im BGB bei den Mängelrechten des Auftraggebers nicht mehr zwischen Erfüllungs- und Gewährleistungsansprüchen unterschieden wird und der Begriff »Gewährleistung« keine Verwendung mehr findet.

In § 16 Nr. 2 VOB/B wird ebenso wie in § 16 Nr. 5 Abs. 3 und 4 VOB/B auf den **Basiszinssatz** abgestellt. Während das BGB bei den gesetzlichen Zinssätzen stets auf den Basiszinssatz abstellt (vgl. §§ 247, 288 BGB), sah noch die VOB 2000 bisher jeweils Zinsen vor, die sich an den Zinssatz der Spitzenrefinanzierungsfazilität (SFR) der Europäischen Zentralbank orientiert hatten, weil dieser Nachfolger des alten Lombardsatzes war. Diese unterschiedlichen Zinssätze sind nunmehr angeglichen worden.

§ 16 Nr. 5 Abs. 3 bis 5 VOB/B enthält erhebliche Änderungen der Voraussetzungen und Folgen des **Zahlungsverzugs.** Zunächst wird die Bemessungsgröße für den Verzugszinsanspruch geändert. Maßgeblich ist nicht mehr der Spitzenrefinanzierungssatz, sondern der Basiszinssatz des § 247 BGB. Bei den Verzugsvoraussetzungen differenziert die VOB 2002 erstmals danach, ob ein fälliges unbestrittenes Guthaben nicht bezahlt wird. Dann tritt Verzug mit Ablauf der 2-Monatsfrist nach

Zugang der Schlussrechnung ein, ohne dass es einer Nachfristsetzung bedarf. Wegen der hohen Anforderungen an ein »unbestrittenes Guthaben« (vgl. dazu § 16 Nr. 3 VOB/B Rn. 21) dürfte dieser Regelung wenig praktische Bedeutung zukommen. In den meisten Fällen ist auch weiterhin der nunmehr in § 16 Abs. 5 Nr. 4 VOB/B geregelte Ablauf einer angemessenen Nachfrist für das Entstehen des Zinsanspruchs und der übrigen Verzugsfolgen erforderlich.

In § 16 Nr. 5 Abs. 5 VOB/B ist das Recht des Auftragnehmers enthalten, nach Ablauf einer angemessenen Nachfrist die Arbeiten bis zur Zahlung einzustellen. Dies entsprach bereits der bisherigen Regelung in § 16 Nr. 5 Abs. 3 S. 3 VOB/B. Durch die Neuregelung wird klargestellt, dass vor Arbeitseinstellung auf jeden Fall der Ablauf einer Nachfrist erforderlich ist. Dies gilt unabhängig davon, ob diese eine Verzugsvoraussetzung darstellt (§ 16 Nr. 5 Abs. 3 und 4 VOB/B).

In § 16 Nr. 6 der VOB 2002 wurde die Berechtigung des Auftraggebers zur Direktzahlung an Gläubiger des Auftragnehmers eingeschränkt. Während nach der bisherigen Regelung neben der Beteiligung an der Ausführung der Bauleistung des Auftragnehmers nur Zahlungsverzug des Auftragnehmers erforderlich war, besteht nunmehr ein Recht zur Direktzahlung nur dann, wenn die Gläubiger des Auftragnehmers **wegen des Zahlungsverzugs die Fortsetzung ihrer Leistung zu Recht verweigern** und die **Direktzahlung die Fortsetzung der Leistung sicherstellen soll**. Außerdem wurde die Fiktion in S. 2 dahingehend eingeschränkt, dass nicht die Forderungen als anerkannt und der Zahlungsverzug als bestätigt, sondern nur die Voraussetzungen für die Direktzahlung als anerkannt gelten. § 16 Nr. 6 VOB/B enthält also erhebliche Einschränkungen des Direktzahlungsanspruchs. Der Grund besteht darin, dass die bisherige Regelung einer isolierten Inhaltskontrolle nicht standhielt, weil nach dem gesetzlichen Leitbild eine Zahlung an einen Dritten nur dann schuldbefreiend wirkt, wenn dieser vom Gläubiger zur Entgegennahme der Leistung ermächtigt worden ist (§§ 362 Abs. 2, 185 BGB). Der BGH (Urt. v. 21.6.1990 VII ZR 109/89 BGHZ 111, 394 = BauR 1990, 727 = NJW 1990, 2384) hat es offen gelassen, ob eine Direktzahlungsklausel bei einem erheblichen Interesse des Auftraggebers an der Bestimmung der Empfangszuständigkeit für die Leistung einer Inhaltskontrolle nach § 307 BGB standhalten kann. Die bisherige Regelung hatte aber eine Direktzahlung auf alle Forderungen des Drittgläubigers, unabhängig davon, ob diese auf zukünftige Leistungen entfallen und somit die Fortsetzung der Bauarbeiten sicherstellen sollen, ermöglicht. Dies galt insbesondere auch für bereits abgeschlossene Leistungen, bei denen sich kein berechtigtes Interesse des Auftraggebers an einer Direktzahlung erkennen lässt. Mit der Beschränkung des Rechts zur Direktzahlung auf Forderungen, die die Fortsetzung der Leistungen sicherstellen sollen, wird damit der Versuch unternommen § 16 Nr. 6 VOB/B auch im Falle einer isolierten Inhaltskontrolle nach § 307 BGB aufrechtzuerhalten (vgl. dazu § 16 Nr. 6 VOB/B Rn. 3).

III. VOB 2006

Auch durch die VOB 2006 ergeben sich in § 16 VOB/B wiederum Änderungen. So wurde in **§ 16 Nr. 1 VOB/B** eine Ergänzung aufgenommen, wonach Abschlagszahlungen nicht nur auf Antrag in möglichst kurzen Zeitabständen zu leisten sind, sondern auch zu den vereinbarten Zeitpunkten. Damit wurde der Tatsache Rechnung getragen, dass in zahlreichen Bauverträgen Zahlungspläne mit einer Abschlagszahlungsregelung vereinbart werden. Durch diese Ergänzung soll die Vereinbarung derartiger Zahlungspläne ermöglicht werden, ohne dass die Gefahr des Verlusts der Privilegierung und somit einer isolierten Inhaltkontrolle der einzelnen Bestimmungen der VOB/B besteht, weil diese nicht mehr als Ganzes vereinbart wurde. Gleichzeitig wurde klargestellt, dass Abschlagszahlungen unabhängig von der Regelung in einem Zahlungsplan nur dann zu leisten sind, wenn dafür Leistungen erbracht wurden, deren Wert der Abschlagsforderung entspricht.

In **§ 16 Nr. 3 Abs. 1 VOB/B** wurde ein neuer S. 2 eingeführt. Darin wird klargestellt, dass Einwendungen gegen die Prüfbarkeit unter Angabe der Gründe innerhalb von zwei Monaten nach Zugang der Schlussrechnung erhoben werden müssen. Ansonsten kann sich der Auftraggeber nicht mehr auf die fehlende Prüfbarkeit berufen. Diese Ergänzung führt zu keiner Änderung der Rechtslage. Mit ihr wurde lediglich die neuere Rechtsprechung des BGH (Urt. v. 23.9.2004 VII ZR 173/03 BauR 2004, 1937 = NZBau 2005, 40) in § 16 VOB/B übernommen (vgl. dazu i.E. § 16 Nr. 3 VOB/B Rn. 25). Überraschenderweise konnte sich der DVA nicht zu einer Änderung des § 16 Nr. 3 Abs. 1 S. 1 VOB/B durchringen, wonach der Anspruch auf die Schlusszahlung nach Prüfung und Feststellung der Schlussrechnung, spätestens innerhalb von 2 Monaten nach Zugang fällig wird, obwohl diese Regelung einer isolierten Inhaltskontrolle nicht Stand hält (vgl. § 16 Nr. 3 VOB/B Rn. 11).

In **§ 16 Nr. 3 Abs. 5 S. 2 VOB/B** wurde klargestellt, dass die Frist für die Begründung des Vorbehalts von weiteren 24 Werktagen erst nach Ablauf der Frist zur Erklärung des Vorbehalts von ebenfalls 24 Werktagen (§ 16 Nr. 3 Abs. 5 S. 1 VOB/B) beginnt. Es handelt sich hierbei lediglich um eine kosmetische Klarstellung der bereits bisher geltenden Rechtslage. Sie ändert nichts daran, dass § 16 Nr. 3 Abs. 2 bis 6 VOB/B einer isolierten Inhaltskontrolle nicht Stand hält (vgl. § 16 Nr. 3 VOB/B Rn. 96 ff.).

In **§ 16 Nr. 5 Abs. 5 VOB/B** wird nunmehr klargestellt, dass der Auftragnehmer die Arbeiten bereits dann einstellen darf, wenn der Auftraggeber mit der Bezahlung einer Abschlagsforderung in Verzug ist. Einer Nachfrist bedarf es nicht. Dieser Klarstellung ist weiter zu entnehmen, dass der Auftragnehmer dem Auftraggeber nach Zahlungsverzug die Arbeitseinstellung auch nicht ankündigen muss (vgl. dazu § 16 Nr. 5 VOB/B Rn. 36).

Die Änderungen des § 16 VOB/B in der VOB 2006 betreffen mit Ausnahme der Ergänzung in § 16 Nr. 1 Abs. 1 VOB/B entweder nur kosmetische Änderungen oder eine Übernahme der bereits bestehenden Rechtsprechung. Die tatsächlich problematischen vom Leitbild des § 641 BGB abweichenden Fälligkeits- und Verzugsregelungen in § 16 Nr. 3 Abs. 1 VOB/B und § 16 Nr. 5 Abs. 3 VOB/B mit der Folge einer AGB-rechtlichen Unwirksamkeit im Falle einer isolierten Inhaltskontrolle wurden nicht geändert. Dies gilt auch für die in der Praxis inzwischen weitgehend bedeutungslose Regelung des § 16 Nr. 3 Abs. 2 bis 5 VOB/B.

§ 16 Nr. 1
[Abschlagszahlungen]

(1) Abschlagszahlungen sind auf Antrag in möglichst kurzen Zeitabständen oder zu den vereinbarten Zeitpunkten zu gewähren, und zwar in Höhe des Wertes der jeweils nachgewiesenen vertragsgemäßen Leistungen einschließlich des ausgewiesenen, darauf entfallenden Umsatzsteuerbetrags. Die Leistungen sind durch eine prüfbare Aufstellung nachzuweisen, die eine rasche und sichere Beurteilung der Leistungen ermöglichen muss. Als Leistungen gelten hierbei auch die für die geforderte Leistung eigens angefertigten und bereitgestellten Bauteile sowie die auf der Baustelle angelieferten Stoffe und Bauteile, wenn dem Auftraggeber nach seiner Wahl das Eigentum an ihnen übertragen ist oder entsprechende Sicherheit gegeben wird.

(2) Gegenforderungen können einbehalten werden. Andere Einbehalte sind nur in den im Vertrag und in den gesetzlichen Bestimmungen vorgesehenen Fällen zulässig.

(3) Ansprüche auf Abschlagszahlungen werden binnen 18 Werktagen nach Zugang der Aufstellung fällig.

(4) Die Abschlagszahlungen sind ohne Einfluss auf die Haftung des Auftragnehmers; sie gelten nicht als Abnahme von Teilen der Leistung.

Abschlagszahlungen § 16 Nr. 1 VOB/B

Inhaltsübersicht Rn.

A. Voraussetzungen für Abschlagszahlungen (§ 16 Nr. 1 Abs. 1 VOB/B) 1
    I. Entsprechende vertragsgemäße Leistungen erforderlich 1
    II. Abschlagszahlungen grundsätzlich mit Mehrwertsteuerteilbeträgen 13
    III. Abschlagszahlungen nur auf Antrag... 15
    IV. Nachweis bisher erbrachter Leistung.. 17
    V. Abschlagszahlungen für Stoffe oder Bauteile.. 19
B. Einbehalte des Auftraggebers (§ 16 Nr. 1 Abs. 2 VOB/B) 33
    I. Einbehalte von Gegenforderungen.. 34
    II. Andere Einbehalte... 36
C. Fälligkeit von Abschlagszahlungen (§ 16 Nr. 1 Abs. 3 VOB/B) 42
    I. Fälligkeitsregelung.. 42
    II. Verhältnis zur Schlussrechnung.. 46
    III. Nichtleisten fälliger Abschlagszahlungen... 49
D. Kein Einfluss der Abschlagszahlungen auf Haftungen und Abnahme (§ 16 Nr. 1 Abs. 4 VOB/B) 51

Aufsätze: *Bergmann* Grundlagen der Vergütungsregelung nach BGB und § 16 VOB/B ZfBR 1998, 59; *Motzke* Abschlagszahlung, Abnahme und Gutachterverfahren nach dem Beschleunigungsgesetz NZBau 2000, 489; *Otto* Zur Frage der Verjährung von Abschlagsforderungen des Architekten und Werkunternehmers BauR 2000, 350; *Böhme* Einige Überlegungen zum neuen § 632a BGB BauR 2001, 525; *von Rintelen* Abschlagszahlung und Werklohn, Jahrbuch Baurecht 2001 S. 25; *Voppel* Abschlagszahlungen im Baurecht und § 632a BGB BauR 2001, 1165; *Niemöller* Der Abschlagszahlungsanspruch von eigens angefertigten oder angelieferten Stoffen oder Bauteilen nach § 632a BGB – Mittel zur Zahlungsbeschleunigung FS Jagenburg 2002 S. 689; *Peters* Fälligkeit und Verzug bei den Zahlungsansprüchen des Bauunternehmers nach der VOB/B NZBau 2002, 305; *Schreiber/Neudel* Zur Frage der gerichtlichen Durchsetzbarkeit von fälligen Abschlagsforderungen nach Beendigung des Vertragsverhältnisses BauR 2002, 1007; *Ganten* Wie sollte ein Forderungssicherungsgesetz im BGB aussehen? ZfBR 2006, 203.

A. Voraussetzungen für Abschlagszahlungen (§ 16 Nr. 1 Abs. 1 VOB/B)

I. Entsprechende vertragsgemäße Leistungen erforderlich

1 Abschlagszahlungen stellen **Anzahlungen** auf den Vergütungsanspruch für die gesamte Bauleistung dar. Es handelt sich somit nicht um endgültige Zahlungen. Sie sind vielmehr nur vorläufige Zahlungen auf den sich aus der Schlussrechnung unter Verrechnung mit den Abschlagszahlungen ergebenden endgültigen Vergütungsanspruch des Auftragnehmers (vgl. z.B. BGH Urt. v. 19.3.2002 X ZR 125/00 BauR 2002, 1257 = NZBau 2002, 390; BGH Urt. v. 15.4.2004 VII ZR 471/01 BauR 2004, 1146 = NJW-RR 2004, 957; dazu eingehend *von Rintelen* Jahrbuch Baurecht 2001 S. 25 ff.; MüKo/*Motzke* § 16 Nr. 1 Rn. 3 ff.). Der Rechtsgrund für Abschlagszahlungen beruht auf der vertraglichen Grundlage von § 16 Nr. 1 VOB/B. Daraus ergibt sich auch die vertragliche Verpflichtung des Auftragnehmers zur Abrechnung seiner Leistungen mittels einer Schlussrechnung und zur Auszahlung eines eventuellen Überschusses an den Auftraggeber (BGH Urt. v. 11.2.1999 VII ZR 399/97 BGHZ 140, 365, 374 = BauR 1999, 635; BGH Urt. v. 24.1.2002 VII ZR 196/00 BauR 2002, 938 = NJW 2002, 1567; BGH Urt. v. 2.5.2002 VII ZR 249/00 BauR 2002, 1407; vgl. dazu i.E. § 16 Nr. 3 VOB/B Rn. 39).

2 **Abschlagszahlungen** kommen nur in Betracht, sofern entsprechende und **nachgewiesene vertragsgemäße Leistungen** des Auftragnehmers vorliegen, wie § 16 Abs. 1 S. 1 VOB/B zeigt. Ein **Anspruch auf Abschlagszahlungen** besteht u.a. für den gesamten Bereich des Leistungsvertrages (vgl. § 5 Nr. 1 VOB/A), also nicht nur bei **Einheitspreis-**, sondern auch bei **Pauschalverträgen** (ebenso BGH Urt. v. 25.10.1990 BauR 1991, 81 = NJW 1991, 565). Voraussetzung ist grundsätzlich, dass der Auftragnehmer die vergütet verlangten Teile der vertraglich vereinbarten Leistung bereits erbracht hat (BGH

Urt. v. 23.1.1986 IX ZR 46/85 BauR 1986, 361 = NJW 1986, 1681; vgl. aber auch § 16 Nr. 1 VOB/B Rn. 16 ff.). Dies wurde durch die Neufassung des § 16 Nr. 1 Abs. 1 S. 1 VOB/B in der VOB 2006 noch einmal ausdrücklich klargestellt. Des Weiteren ist erforderlich, dass die vertraglichen Leistungen in ihrer Gesamtheit noch nicht fertig gestellt sind und dass der Auftragnehmer auch bereit und in der Lage ist, sie fortzuführen (vgl. auch § 16 Nr. 1 VOB/B Rn. 40 ff.). So hat eine zahlungsunfähige und nur noch als Liquidationsgesellschaft bestehende Auftragnehmerin für bereits erbrachte Leistungen keinen Anspruch auf Abschlagszahlungen; hier können und müssen die Arbeiten endgültig abgerechnet werden (vgl. OLG Frankfurt ZIP 1982, 322).

3 Andererseits besteht nach Nr. 1 ein **Anspruch des Auftragnehmers auf Abschlagszahlungen** allein dadurch, dass die VOB/B kraft Vereinbarung **Vertragsinhalt** geworden ist; insoweit bedarf es also nicht noch der gesonderten Festlegung des Anspruchs auf Abschlagszahlungen im jeweiligen Bauvertrag. Beim BGB-Bauvertrag war dies für vor dem 1.5.2000 abgeschlossene Verträge nach der bisherigen Rechtslage erforderlich (§ 641 BGB), und zwar auch hinsichtlich der Fälligkeit, etwaiger Rechte des Auftraggebers zur Verweigerung weiterer Leistungen usw. Ohne eine solche ausdrückliche Vereinbarung konnte sich **beim BGB-Bauvertrag** ein Anspruch des Auftragnehmers auf Abschlagszahlungen nur im Einzelfall aus **Treu und Glauben (§ 242 BGB)** ergeben (BGH Urt. v. 6.12.1984 VII ZR 227/83 BauR 1985, 192 = NJW 1985, 855; BGH Urt. v. 27.6.1985 VII ZR 265/84 BauR 1985, 565 = NJW 1985, 2696), wie z.B. bei einem großen, über eine längere Ausführungszeit dauernden Bauvorhaben. Vor allem kann angesichts der vorgenannten klaren, gesetzlichen Regelung beim BGB-Bauvertrag weder von einer Verkehrssitte noch einer Üblichkeit eines Anspruches des Auftragnehmers auf Abschlagszahlungen gesprochen werden (*Werner/Pastor* Rn. 1218; Beck'scher VOB-Komm./*Motzke* § 16 Nr. 1 Rn. 2; *Korbion/Hochstein* Rn. 647; a.A. OLG München BauR 1989, 377 = NJW-RR 1989, 276; *Heiermann/Riedl/Rusam* § 16 Rn. 3). Für beide Begriffe ist ebenfalls die Feststellung erforderlich, ob die Vertragspartnerseite – also die Seite der Auftraggeber – allgemein die Berechtigung von Abschlagszahlungen an Auftragnehmer anerkannt hat. Davon kann kaum die Rede sein, ansonsten hätte der BGH (a.a.O.) nicht – richtigerweise – den Anspruch des Auftragnehmers auf wirkliche Ausnahmefälle ganz erheblicher Vorleistungspflichten des Auftragnehmers begrenzt.

Für **nach dem 1.5.2000 abgeschlossene BGB-Bauverträge** räumt der **neu eingeführte § 632a BGB** dem Unternehmer einen **Anspruch auf Abschlagszahlungen** ein. Im Unterschied zu der sachgerechteren Regelung von § 16 Nr. 1 VOB/B, die die Fälligkeit von Abschlagszahlungen nicht mit konkreten Bautenständen verknüpft, kann der Unternehmer nach § 632a BGB nur Abschlagszahlungen für **in sich abgeschlossene Teile** des Werks verlangen. Der Gesetzgeber hat damit den Wortlaut von **§ 12 Nr. 2 VOB/B** als Fälligkeitsvoraussetzung gewählt. Diese Verknüpfung führt dazu, dass Abschlagszahlungen nach § 632a BGB nur in seltenen Fällen geltend gemacht werden können. Abgesehen davon, dass die Rechtsprechung bis heute noch kein brauchbares Abgrenzungskriterium für in sich abgeschlossene Teile der Leistung nach § 12 Nr. 2 VOB/B gefunden hat (vgl. dazu *Kniffka* ZfBR 2000, 227, 229), sind die darin gestellten Anforderungen an die funktionelle Trennbarkeit der einzelnen Leistungsgegenstände äußerst hoch (vgl. § 12 VOB/B). Wird somit der Begriff »in sich abgeschlossene Teile« in gleicher Weise wie in § 12 Nr. 2 VOB/B verstanden, wird ein Anspruch auf Abschlagszahlungen nur selten gegeben sein (zutreffend *Peters* NZBau 2000, 169 f.; *Motzke* NZBau 2000, 489 f.). Bezeichnenderweise handelt es sich bei der Vergütung von in sich abgeschlossenen Leistungsteilen nach § 12 Nr. 2 VOB/B beim VOB-Bauvertrag nicht um Abschlagszahlungen, sondern um **Teilschlusszahlungen** (vgl. § 16 Nr. 4 VOB/B). Der Gesetzgeber wollte – allerdings mit unzutreffender Begründung (BT-Drucks. 14/1246 S. 6; vgl. dazu *Motzke* NZBau 2000, 489; 490) – hier höhere Anforderungen als an Abschlagszahlungen nach § 16 Nr. 1 VOB/B stellen. Es besteht deshalb kein Anlass, den Begriff »in sich abgeschlossene Teile« in § 632a BGB anders als in § 12 Nr. 2 VOB/B auszulegen (*Niemöller* FS Jagenburg 2002 S. 689, 690 ff.; *Voppel* BauR 2001, 1165; *Karczewski/Vogel* BauR 2001, 859, 862; *Pause* NZBau 2001, 181; *Staudinger/Peters* § 632a Rn. 6; *Palandt/Sprau* § 632a Rn. 5; a.A. *Kniffka* ZfBR 2000, 227, 229; *Böhme* BauR 2001, 525; *Rodemann* BauR 2002, 863; *Leine-*

mann § 16 Rn. 63). Dies insbesondere deshalb, weil noch nicht einmal für § 12 Nr. 2 VOB/B ein brauchbares Abgrenzungskriterium gefunden wurde und dies erst recht für eine zweite davon abweichende Begriffsbestimmung kaum gelingen kann.

Darüber hinaus müssen die Leistungen nach § 632a BGB vertragsmäßig erbracht sein. Während nach § 16 Nr. 1 VOB/B die Mangelfreiheit keine Anspruchsvoraussetzung für Abschlagszahlungen darstellt, sondern nur ein Leistungsverweigerungsrecht nach § 320 BGB begründet, verwendet § 632a BGB den Begriff »vertragsmäßig«. Dieser Formulierung entspricht § 640 Abs. 1 BGB, wonach der Besteller verpflichtet ist, das vertragsmäßig hergestellte Werk abzunehmen. Die Abnahmefähigkeit setzt aber grundsätzlich Mangelfreiheit voraus. Der Begriff »vertragsmäßig« enthält somit als Anspruchsvoraussetzung ein im VOB-Vertrag nicht vorhandenes Qualitätskriterium, so dass Abschlagszahlungen bei nicht unerheblichen Mängeln ausscheiden (*Niemöller* FS Jagenburg 2002 S. 689, 692; *Karczewski/Vogel* BauR 2001, 859, 864; *Palandt/Sprau* § 632a. Rn. 5; a.A. *Motzke* NZBau 2000, 489, 491; vgl. dazu auch *Kniffka* ZfBR 2000, 227, 229).

Der Gesetzgeber hat diese Schwächen des § 632a BGB erkannt. In dem Entwurf zu einem Forderungssicherungsgesetz (BT-Drucks. 16/511) ist vorgesehen, § 632a BGB inhaltlich weitgehend an die in der Praxis bewährte Regelung des § 16 Nr. 1 Abs. 1 VOB/B anzupassen.

Beim BGB-Vertrag widerspricht im Übrigen die Vereinbarung einer übermäßig hohen Abschlagszahlung in AGB des Auftragnehmers § 307 Abs. 2 BGB, was naturgemäß erst recht gilt, wenn die Abschlagszahlung ohne Rücksicht auf Mängelrechte bzw. Erfüllungsansprüche des Auftraggebers zu leisten sein soll (OLG Hamm BauR 1989, 751 = NJW-RR 1989, 274). Keine Bedenken bestehen auch nach der Neufassung des § 632a BGB gegen AGB des Auftragnehmers, in denen die Fälligkeit von der Erstellung abgeschlossener Teile des Werks abgekoppelt und die Fälligkeitsregelung von § 16 Nr. 1 VOB/B übernommen wird. Die formularmäßige Vereinbarung von § 16 Nr. 1 Abs. 1 VOB/B war schon nach der bisherigen Rechtslage, die noch nicht einmal den kaum durchsetzbaren Anspruch auf Abschlagszahlungen nach § 632a BGB gekannt hatte, mit § 307 Abs. 2 Nr. 1 BGB (§ 9 AGBG) vereinbar (BGH Urt. v. 11.10.1984 VII ZR 248/83 NJW 1985, 852 = BauR 1985, 93; BGH Urt. v. 10.7.1986 III ZR 19/85 NJW 1986, 3199 = BauR 1986, 694; OLG Hamm BauR 1989, 751 = NJW-RR 1989, 274; *Franke/Kemper/Zanner/Grünhagen* § 16 Rn. 170). Dagegen ist ein formularmäßiger Ausschluss von Abschlagszahlungen in AGB des Auftraggebers unwirksam, weil der Abschlagszahlungsregelung des § 632a BGB Leitbildfunktion zukommt (*Kniffka* ZfBR 2000, 227, 229; *Leinemann* § 16 Rn. 63; *Korbion/Locher/Sienz* K Rn. 179).

Vertragsgemäße Leistungen sind grundsätzlich alle Leistungselemente, die vom Auftragnehmer im Rahmen des Bauvertrages geschuldet werden und nach § 2 Nr. 1 von der Vergütung erfasst sind (ebenso BGH Urt. v. 21.12.1978 VII ZR 269/77 BGHZ 73, 140 = BauR 1979, 159 = NJW 1979, 650). Dabei ist es unerheblich, ob es sich technisch um selbstständige oder von anderen abhängige Leistungsteile handelt. Daher kommen im Einzelfall – wenn dies auch eine Ausnahme sein dürfte – Abschlagszahlungen z.B. für das Einrichten der Baustelle, für Material- und Bodenprüfungen usw. in Frage, vorausgesetzt, es handelt sich um nach dem Bauvertrag besonders zu vergütende Leistungen. Als vertragsgemäße Leistungen sind alle diejenigen anzusehen, für die dem Auftragnehmer gem. § 2 VOB/B eine Vergütung zusteht, also auch solche nach Maßgabe von § 2 Nr. 3 bis 6. Sollte hier noch keine Vereinbarung über eine veränderte oder zusätzliche Vergütung zustande gekommen sein, hindert dies nicht deren Forderung durch den Auftragnehmer im Wege der Abschlagszahlung (BGH Urt. v. 21.3.1968 VII ZR 84/67 NJW 1968, 1234, 1235; OLG Celle BauR 1982, 381, 382; *Kleine-Möller/Merl* § 10 Rn. 72; *Bergmann* ZfBR 1998, 59, 61; *Kapellmann/Messerschmidt* § 16 Rn. 107). Dies gilt auch für Stillstandsrechnungen nach § 6 Nr. 6 VOB/B (OLG Hamm BauR 2004, 1304 = NZBau 2004, 439).

Erforderlich ist allerdings, **dass** der Betrag der Abschlagszahlung auch errechnet und vom Auftraggeber **prüfbar** (vgl. § 16 Nr. 1 Rn. 17 ff.) nachvollzogen werden kann. Deshalb kommen nur solche

Leistungselemente für Abschlagszahlungen in Betracht, für die entweder im Bauvertrag ein Preis festgelegt worden oder für die der Preis auf der Grundlage der vertraglichen Preisabsprache jedenfalls für den Auftraggeber nachvollziehbar ist, wie z.B. auf der Basis von § 2 Nr. 3 bis 6 VOB/B. Ist das nicht möglich, können Abschlagszahlungen nicht gewährt werden, weil dann die erforderliche Wertrelation zwischen erbrachtem Leistungsteil und **darauf** geschuldetem Vergütungsanteil gegenwärtig nicht ohne weiteres zu ermitteln ist.

8

Daraus ergibt sich zugleich, dass Abschlagszahlungen von der tatsächlich erbrachten Leistung abhängig sind, sie dürfen weder höher noch niedriger sein als der vertragsmäßig vereinbarte **Wert der nachgewiesenen Leistung.** Daraus darf jedoch nicht gefolgert werden, dass durch die Abschlagszahlungen die nachgewiesenen Leistungen endgültig vergütet sind. Vielmehr ist die Abschlagszahlung, ebenso wie die damit verbundene Aufstellung der erbrachten Leistungselemente durch den Auftragnehmer, nur eine **vorläufige Erledigung** der entsprechenden Gegenleistung des Auftraggebers (BGH Urt. v. 19.3.2002 X ZR 125/00 BauR 2002, 1257 = NZBau 2002, 390). Das folgt daraus, dass bei Verträgen nach der VOB – ebenso wie bei BGB-Verträgen – die Werklohnforderung des Auftragnehmers eine einheitliche ist. Eine Abschlagszahlung beinhaltet somit noch **nicht ein endgültiges Anerkenntnis** des Vergütungsanspruches des Auftragnehmers (BGH Urt. v. 30.9.2004 VII ZR 187/03 BauR 2004, 1940 = NZBau 2005, 41). Dafür ist grundsätzlich die Erstellung der **prüfbaren Schlussrechnung** erforderlich (OLG Düsseldorf BauR 2001, 806; *Kapellmann/Messerschmidt* § 16 Rn. 151; *Leinemann* § 16 Rn. 58). Deshalb sind auch sämtliche Abschlagszahlungen in die Schlussrechnung einzubeziehen und rechnerisch mit zu berücksichtigen (BGH Urt. v. 9.1.1997 VII ZR 69/96 BauR 1997, 468 = NJW 1997, 1444).

9

Wichtig ist, dass die **Abschlagszahlung in Höhe der jeweils nachgewiesenen vertragsgemäßen Leistung zu zahlen** ist. Das bedeutet, dass nach der VOB insoweit eine volle Bezahlung zu erfolgen hat, also zu 100% und nicht nur zu 90% oder weniger. Eine in **AGB des Auftraggebers** enthaltene Klausel, wonach **geringere Abschlagszahlungen** zu leisten sind (z.B. 90%), verstößt gegen § 307 BGB. Das gesetzliche Leitbild des § 632 BGB sieht vor, dass Abschlagszahlungen beim Vorliegen der Voraussetzungen in der Höhe des vollen Wertes zu leisten sind (*Kapellmann/Messerschmidt* § 16 Rn. 112; *Korbion/Locher/Sienz* K Rn. 179; *Markus/Kaiser/Kapellmann* Rn. 736, *Kniffka* ZfBR 2000, 227). Darüber hinaus führt eine derartige Klausel zum Verlust der Privilegierung der VOB/B (*Leinemann* § 16 Rn. 18; *Franke/Kemper/Zanner/Grünhagen* § 16 Rn. 29; *Kapellmann/Messerschmidt* § 16 Rn. 114; *Kleine-Möller/Merl* § 10 Rn. 74). Bereits die frühere Rechtsprechung hatte bei einer formularmäßigen Einschränkung der Höhe von Abschlagszahlungen einen Eingriff in den Kernbereich der VOB/B angenommen (vgl. dazu BGH Urt. v. 17.9.1987 VII ZR 155/86 BGHZ 101, 357 = BauR 1987, 694 = NJW 1988, 55; BGH Urt. v. 23.11.1989 VII ZR 228/88 BauR 1990, 207 = NJW 1990, 1365, für den Fall des »Einbehaltens« von 10% »Sicherheitsleistung« aus dem Auftragnehmer eigentlich geschuldeten Abschlagszahlungen; BGH Urt. v. 14.2.1991 VII ZR 291/89 BauR 1991, 473 = NJW-RR 1991, 727, bei der Vereinbarung von Abschlagszahlungen zu 90% trotz Sicherheitseinbehaltes von 5%; BGH Urt. v. 9.10.2001 X ZR 153/99 BauR 2002, 775; OLG Dresden NJW-RR 1999, 1399; Beck'scher VOB-Komm./*Motzke* § 16 Nr. 1 Rn. 41; kritisch: *Bergmann* ZfBR 1998, 59, 61).

Die **Vereinbarung eines Sicherheitseinbehalts** nach § 17 Nr. 6 und 7 VOB/B darf mit einer Beschränkung der Höhe der Abschlagsforderung nicht verwechselt werden (*Kapellmann/Messerschmidt* § 16 Rn. 115). Dabei ist zu beachten, dass eine Sicherheitsleistung nach § 17 VOB/B ausdrücklich vereinbart werden muss. Enthält ein Bauvertrag eine Regelung, dass von den Rechnungsbeträgen bei Abschlagszahlungen 5% einbehalten werden, stellt dies nicht die Vereinbarung einer Sicherheitsleistung dar, weil eine solche mit hinreichender Klarheit und inhaltlich zweifelsfrei getroffen werden muss (BGH Urt. v. 24.3.1988 VII ZR 126/87 NJW-RR 1988, 851; *Kapellmann/Messerschmidt* § 16 Rn. 115; zweifelnd: *Leinemann* § 16 Rn. 18).

10

Abschlagszahlungen § 16 Nr. 1 VOB/B

Wie sich aus dem in § 16 Abs. 1 S. 1 VOB/B verwendeten Begriff »vertragsgemäß« ergibt, setzt die Abschlagszahlung nicht nur voraus, dass ein Teil der vereinbarten Leistung als solcher erbracht worden ist. Vielmehr muss diese auch in ihrer Qualität den vertraglichen Erfordernissen entsprechen. Sie darf also nicht schon im gegenwärtigen Stadium mangelhaft sein. Andernfalls kann der Auftraggeber im Wege des **Leistungsverweigerungsrechts nach § 320 BGB** einen angemessenen Betrag so lange einbehalten, bis der Auftragnehmer seiner Mängelbeseitigungspflicht nach § 4 Nr. 7 S. 1 VOB/B nachgekommen ist. Das folgt außerdem auch aus der vertraglichen Regelung, dass Abschlagszahlungen nur in Höhe des Wertes erbrachter Leistungen zu entrichten sind. Sind diese fehlerhaft, so ist auch ihr Wert gemindert. Der angemessene Betrag, den der Auftraggeber hier einzubehalten berechtigt ist, wird nicht nur durch den wegen der mangelhaften Leistung bedingten »einfachen« Minderwert begrenzt. Vielmehr ist der Auftraggeber auch hier – ebenso wie nach erfolgter Abnahme während der Verjährungsfrist (vgl. auch § 16 Nr. 1 Rn. 38 ff.) – berechtigt, als so genanntes **Druckmittel** einen die Mangelbeseitigungskosten erheblich **übersteigenden Teil der Vergütung des** Auftragnehmers (der Abschlagsforderung) einzubehalten, um den Auftragnehmer zur umgehenden Nachbesserung zu veranlassen; auch insoweit ist daher § 320 BGB zu beachten (BGH Urt. v. 21.12.1978 VII ZR 269/77 BGHZ 73, 140 = BGH BauR 1979, 159 = NJW 1979, 650; BGH Urt. v. 21.4.1988 VII ZR 65/87 BauR 1988, 474; OLG Karlsruhe BauR 2004, 685). Dabei wird das gerade während der Bauausführung gegebene besondere Interesse des Auftraggebers an alsbaldiger Mängelbeseitigung, insbesondere im Hinblick auf eine zügige und ordnungsgemäße Leistungsfortführung, bei der Bemessung des einzubehaltenden Betrages eine wesentliche Rolle spielen. Die Regelung des § 641 Abs. 3 BGB findet auf die Abschlagszahlung zwar keine unmittelbare Anwendung, weil sie nur Leistungsverweigerungsrechte nach Abnahme regelt. Sie dient aber als Richtwert (*Kapellmann/Messerschmidt* § 16 Rn. 108). 11

Eine in **AGB des Auftragnehmers** enthaltene Klausel, die gegen diese genannten Grundlagen verstößt, ist nach den §§ 307, 309 Nr. 2 BGB unwirksam, was z.B. für eine Bestimmung gilt, wonach der Auftragnehmer im Falle des Einschlusses der Montage in den Vertrag bei Anlieferung 90% der Rechnungssumme verlangen kann, wenn dabei unter Anlieferung der Transport »der Ware« an die Baustelle ohne Abladen verstanden wird; hierdurch wird dem Auftraggeber jegliche Prüfungsmöglichkeit genommen, die ihm ein Leistungsverweigerungsrecht nach § 320 BGB oder ein Zurückbehaltungsrecht nach § 273 BGB geben könnte, abgesehen davon, dass auch sonst nicht die grundlegenden Voraussetzungen von § 16 Nr. 1 VOB/B erfüllt sind (BGH Urt. v. 6.12.1984 VII ZR 227/83 BauR 1985, 192 = NJW 1985, 855). Ähnliches gilt für eine AGB in einem finanzierten **Fertighausvertrag** dahin, dass 14 Tage nach der (Roh-)Montage des Hauses 90% der Vergütung zur Zahlung fällig sind, ohne dass es auf den Wert der tatsächlich erbrachten Leistungen ankommt; insofern ist die entsprechende Klausel nach § 307 BGB unwirksam. Ebenso trifft dies auf AGB eines Fertighausherstellers zu, wonach die »Kaufsumme« für das Fertighaus sowie für zusätzliche Lieferungen und Leistungen zu 60% am zweiten Aufstellungstag, weitere 30% bei Inbetriebnahme der Heizungsanlage und die restlichen 10% nach Fertigstellung der vertraglichen Leistungen vor Einzug fällig werden sollen. Auch diese Klausel verstößt zumindest gegen § 307 BGB, da es unzulässig ist, die Fälligkeit der Abschlagszahlung in Höhe von mehr als der Hälfte der Gesamtvergütung allein vom Zeitablauf und nicht vom Leistungsstand im Rahmen des Baufortschritts sowie der Erbringung etwa zusätzlicher Lieferungen und Leistungen abhängig zu machen (BGH Urt. v. 10.10.1991 VII ZR 289/90 BauR 1992, 226 = NJW 1992, 1107). 12

Es ist eine vertragliche **Pflicht des Architekten** aus seinem Vertrag mit dem Auftraggeber, im Rahmen der **Rechnungsprüfung** (§ 15 Abs. 2 Nr. 8 HOAI) darauf zu achten, dass die Leistungen des Auftragnehmers nicht hinter den Zahlungen des Auftraggebers zurückbleiben, oder umgekehrt, dass der Auftraggeber nicht Zahlungen leistet, denen der Baufortschritt nicht in etwa entspricht. Verletzt der Architekt diese Verpflichtung, macht er sich seinerseits gegenüber dem Auftraggeber schadensersatzpflichtig (BGH Urt. v. 14.5.1998 VII ZR 320/96 BauR 1998, 869 = NJW-RR 1998, 1548; BGH Urt. v. 4.4.2002 VII ZR 295/00 BauR 2002, 1112 = NZBau 2002, 456).

II. Abschlagszahlungen grundsätzlich mit Mehrwertsteuerteilbeträgen

13 Nach der **Neufassung der VOB von 1979** sind **nunmehr nach § 16 Nr. 1 Abs. 1 S. 1 VOB/B Abschlagszahlungen einschließlich des ausgewiesenen, darauf entfallenden Umsatzsteuerbetrages** zu erbringen. Dies beruht auf der am **1.1.1980 in Kraft getretenen Änderung des Umsatzsteuerrechts,** wonach die so genannte Ist-Besteuerung wiederum eingeführt wurde, also gerade auch bei Werkleistungen die Umsatzsteuer mit Empfang des Entgeltes bzw. Teilentgeltes fällig wird und an das Finanzamt abzuführen ist. Dafür war vor allem **§ 13 Abs. 1 Nr. 1a des Gesetzes zur Neufassung des Umsatzsteuergesetzes und zur Änderung anderer Gesetze** (BGBl. I 1979 S. 1953) maßgebend.

14 Die jetzige Fassung von § 16 Nr. 1 Abs. 1 S. 1 VOB/B geht dahin, dass **Abschlagsrechnungen grundsätzlich** den auf den geforderten Betrag entfallenden **Mehrwertsteueranteil auszuweisen** haben, der der Steuergesetzgebung entsprechend mit der jeweiligen Abschlagszahlung an den Auftragnehmer zu zahlen ist, damit er diesen Anteil zum nächsten Fälligkeitstermin an das Finanzamt weiterleiten kann.

III. Abschlagszahlungen nur auf Antrag

15 Wie sich ebenfalls aus § 16 Nr. 1 Abs. 1 S. 1 VOB/B ergibt, kommen **Abschlagszahlungen nur auf Antrag des Auftragnehmers** in Frage. Eine besondere **Form** ist für den Antrag als solchen **nicht vorgeschrieben;** er kann mündlich gestellt werden. Auf jeden Fall handelt es sich bei dem Antrag aber um eine **empfangsbedürftige Willenserklärung** (vgl. §§ 130 ff. BGB). Regelmäßig erfolgt die Beantragung mit Vorlage der **Abschlagsrechnung.**

16 Der Auftragnehmer ist nach der hier maßgebenden Regelung der VOB/B berechtigt, im Verlaufe der Bauausführung in möglichst **kurzen Zeitabständen** Abschlagszahlungen zu beantragen. Es ist seinem Ermessen überlassen, in welchen Abständen er das tun will (*Leinemann* § 16 Rn. 23).

Er ist allerdings gehalten, die Abstände so einzurichten, dass zwischen ihnen auch **wirklich beachtliche, d.h. vergütungsmäßig für sich eindeutig nachvollziehbare Leistungsteile fertig gestellt** worden sind. Zu empfehlen ist, im Bauvertrag entsprechend § 10 Nr. 4 Abs. 1k VOB/A nähere Bestimmungen zu treffen, durch die der zeitliche Abstand der Abschlagszahlungen genau festgelegt wird (vierteljährlich, monatlich, wöchentlich oder – noch besser und klarer – durch Festlegung eines genau bestimmten Leistungsstandes). Der Abstand wird sich jeweils nach dem Umfang, den zeitlichen Anforderungen und der Art der Bauleistung zu richten haben, nicht zuletzt den Abständen bzw. Fristen, in denen der Auftragnehmer die Arbeiten zu erbringen und dafür erforderliches Material zu beschaffen hat. Zu bedenken ist dabei aber immer, dass der **Auftragnehmer zur Vorleistung verpflichtet ist** (BGH Urt. v. 19.3.2002 X ZR 125/00 BauR 2002, 1257 = NZBau 2002, 390) und die Höhe der Abschlagszahlungen dem Wert der ausgeführten Bauleistungen entsprechen muss. Dies wurde in der Neufassung des § 16 Nr. 1 Abs. 1 VOB/B (VOB 2006) ausdrücklich präzisiert. Bereits deshalb stellt sich das Problem von missbräuchlich in zu kurzen Zeitabständen gestellten Abschlagsforderungen nicht, weil diesen in aller Regel keine entsprechende Werterhöhung der Bauleistung gegenüber steht.

IV. Nachweis bisher erbrachter Leistung

17 Auf welche Weise die bisher erbrachten Leistungselemente **nachzuweisen** sind, ergibt sich aus § 16 Nr. 1 Abs. 1 S. 2 VOB/B. Hiernach ist der Auftragnehmer verpflichtet, bei jedem Verlangen auf eine Abschlagszahlung **eine prüfbare Aufstellung** vorzulegen. Das bedeutet, dass der Auftragnehmer die jeweils in dem betreffenden zeitlichen Abstand erbrachten Leistungselemente **schriftlich** aufzuführen und Angaben zu machen hat, die die Aufstellung prüfbar machen. Dabei wird man **§ 14 Nr. 1**

und 2 VOB/B für entsprechend **anwendbar** halten müssen (vgl. hierzu § 14 Nr. 1 VOB/B Rn. 9 ff.). Dort wie hier handelt es sich um den gleichen Zweck, nämlich die Darlegung eines anhand der Vertragsunterlagen – insbesondere der Leistungsbeschreibung – ordnungsgemäß nachprüfbaren Leistungsbildes (vgl. auch OLG Frankfurt BauR 1988, 599 = NJW-RR 1987, 979). Da es sich bei der Abschlagsrechnung nur um eine **vorläufige Aufstellung** handelt, sind die Anforderungen an die Prüffähigkeit geringer als bei der Schlussrechnung (BGH Urt. v. 9.1.1997 VII ZR 69/96 BauR 1997, 468 = NJW 1997, 1444; BGH Urt. v. 19.3.2002 X ZR 125/00 BauR 2002, 1257 = NZBau 2002, 390; OLG Düsseldorf BauR 1997, 1041, 1042 ff.; *Nicklisch/Weick* § 16 Rn. 12; *Franke/Kemper/Zanner/Grünhagen* § 16 Rn. 36; *Kapellmann/Messerschmidt* § 16 Rn. 101; *Leinemann* § 16 Rn. 10; *Bergmann* ZfBR 1998, 59 ff.). Hier ist eine gewisse Überschläglichkeit ausreichend, bei der die Aufstellung nicht alle Einzelheiten einer Schlussrechnung umfassen muss. So genügt etwa eine eindeutige Bezugnahme auf einzelne ausgeführte Teile eines detaillierten Leistungsverzeichnisses. Jedenfalls muss sich aus der prüfbaren Aufstellung zweifelsfrei ergeben, welche Einzelleistungen gemäß dem Leistungsverzeichnis nach der – notfalls näher zu begründenden – Auffassung des Auftragnehmers erbracht sind und welchen Rechnungswert sie bei einwandfreier Ausführung im Einzelnen haben (BGH Urt. v. 21.12.1978 VII ZR 269/77 = BGHZ 73, 140 = BauR 1979, 159 = NJW 1979, 549). Dies gilt **auch für Pauschalverträge** (BGH Urt. v. 25.10.1990 VII ZR 201/98 BauR 1991, 81 = NJW 1991, 565; OLG Düsseldorf BauR 2003, 1572, 1577), weshalb es dort schwierig sein kann, einen für Abschlagszahlungen geeigneten Leistungsteil zu ermitteln, wenn dem Vertrag nicht eine detaillierte Leistungsbeschreibung mit entsprechenden Einzelansätzen der Preise zugrunde liegt (vgl. dazu auch BGH Urt. v. 25.10.1990 VII ZR 201/98 BauR 1991, 81 = NJW 1991, 565). Möglich ist es hier allerdings, was § 16 Nr. 1 S. 1 VOB/B nunmehr ausdrücklich vorsieht, die Abschlagszahlungen prozentmäßig für bestimmte zu erreichende Leistungsstände zu vereinbaren (OLG Karlsruhe BauR 2004, 685). Dabei ist dann aber auch hier vom Auftragnehmer in geeigneter Weise nachzuweisen, dass er den für die betreffende Abschlagszahlung maßgebenden Leistungsstand tatsächlich erreicht hat.

Die Aufstellung muss inhaltlich auch so beschaffen sein, dass für den Auftraggeber eine schnelle und sichere Beurteilung der für die Abschlagszahlung maßgeblichen Leistung möglich ist (*Kapellmann/Messerschmidt* § 16 Rn. 101). Um das zu erreichen, ist es in der Regel erforderlich, die Aufstellung mit Hinweisen zu den jeweiligen Einzelpunkten der Vertragsunterlagen (Leistungsbeschreibung usw.) zu versehen oder diese – was noch klarer wäre – **zu wiederholen**. Eindeutige und insbesondere klar nachvollziehbare Leistungsaufstellungen mit entsprechenden Vergütungsansätzen sind besonders erforderlich, wo eine Leistungsbeschreibung noch keine hinreichende Aussage enthält, wie z.B. auch bei veränderten oder zusätzlichen Leistungen nach § 2 Nr. 5, 6 oder 8 Abs. 2 VOB/B. **18**

V. Abschlagszahlungen für Stoffe oder Bauteile

Nach **S. 3** gelten auch die für die geforderte Leistung **eigens angefertigten und bereitgestellten Bauteile sowie die auf der Baustelle angelieferten,** aber noch nicht eingebauten **Stoffe oder Bauteile** für die Abschlagszahlungen als insoweit erbrachte Leistungen. Also kann der Auftragnehmer grundsätzlich auch hierfür Abschlagszahlungen beanspruchen. **19**

Der erste Teil dieser Regelung beruht darauf, dass dem Auftragnehmer im Rahmen der ihm obliegenden Vorleistungspflicht in zunehmendem Maße **vorgefertigte Bauelemente** erhebliche Kosten verursachen, hinsichtlich deren er ein berechtigtes Interesse hat, baldmöglichst den darauf entfallenden Vergütungsanteil zu erhalten. Dies betrifft sowohl solche Elemente, die in der eigenen Betriebsstätte des Auftragnehmers, als auch solche, die an anderer Stelle, wie z.B. auf der Grundlage eines Nachunternehmervertrages, angefertigt worden sind. **20**

Erste Voraussetzung ist hier allerdings, dass diese Bauteile einmal für die geforderte Leistung **eigens angefertigt** und zum anderen dafür **bereitgestellt** worden sind. **21**

Ersteres setzt nicht unbedingt eine **Sonderanfertigung** oder Ähnliches voraus; vielmehr genügt auch eine **Serienanfertigung** von Bauteilen – insbesondere auch von, nach Typen ausgerichteten vorgefertigten Elementen – ggf. in einem größeren und über die betreffende vertragliche Leistung hinausgehenden Rahmen, sofern die Anfertigung jedenfalls zum Teil auf dem erteilten Auftrag beruht (*Franke/Kemper/Zanner/Grünhagen* § 16 Rn. 21; *Kapellmann/Messerschmidt* § 16 Rn. 121; *Leinemann* § 16 Rn. 24). Dagegen kann eine **bloße,** ohne konkreten, bereits vorhandenen vertraglichen Hintergrund vorgenommene Vorratsfertigung noch nicht reichen, um Abschlagszahlungen sogleich nach später erteiltem Auftrag zu verlangen. Das kommt hier nur nach Anlieferung auf die Baustelle gemäß der zweiten Alternative des S. 3 in Betracht.

22 Für die Entstehung des Rechtes auf Abschlagszahlungen muss hier hinzukommen, dass die eigens für die geforderte Leistung angefertigten Bauteile bereitgestellt worden sind. Damit wird nicht bereits die Anlieferung auf die Baustelle gefordert; vielmehr genügt die räumliche oder jedenfalls durch eindeutige Kennzeichnung erfolgte Aussonderung der Teile von anderen, die nicht zu der entsprechenden vertraglichen Leistung gehören, an der betreffenden Lagerungsstelle, hier vor allem auch in der Werkstatt.

23 Neben den vorgenannten Bauteilen sind auch für **solche Stoffe oder Bauteile** (vgl. § 1 VOB/A; Beck'scher VOB-Komm./*Motzke* § 16 Nr. 1 Rn. 32) Abschlagszahlungen zugänglich, die auf die Baustelle – lediglich – angeliefert worden sind, die sich also im Bereich der Baustelle befinden.

24 Damit allein sind aber noch nicht alle Bedingungen erfüllt, um bei Bereitstellung oder Anlieferung von Stoffen oder Bauteilen Abschlagszahlungen fordern zu können. Einmal ist es dafür – selbstverständlich – erforderlich, dass die Voraussetzungen in Abs. 1 S. 1 und 2 gegeben sind. Vor allem müssen sich Stoffe oder Bauteile nach den dem Bauvertrag zugrunde liegenden Unterlagen preislich ermitteln und in dem für die jeweiligen Abschlagszahlungen maßgeblichen Wert nachweisen und damit feststellen lassen.

25 Zum anderen ist es **grundlegende weitere Voraussetzung** für den hier vertraglich festgelegten Anspruch des Auftragnehmers auf Abschlagszahlungen, dass dem Auftraggeber nach seiner Wahl entweder das **Eigentum an den betreffenden Stoffen oder Bauteilen übertragen** worden ist oder ihm hinsichtlich der von ihm geforderten Abschlagszahlung eine **entsprechende Sicherheit** gegeben wird, wobei die Sicherheit den **vollen Betrag** der Abschlagszahlung oder den entsprechenden Teil derselben erfassen muss. Ohne eine dieser weiteren Voraussetzungen kann der Auftragnehmer **keine Abschlagszahlung** verlangen. Dabei ist es im Einzelfall der Wahl des Auftraggebers, also einseitig seiner Bestimmung, überlassen, ob er die Eigentumsübertragung oder die Leistung einer Sicherheit fordert.

26 Der **Übergang des Eigentums** an den in Betracht kommenden Stoffen oder Bauteilen bestimmt sich **nach** den Vorschriften über den Eigentumserwerb bei beweglichen Sachen **§§ 929 ff. BGB.** Voraussetzung ist, dass die Stoffe oder Bauteile noch nicht eingebaut und noch nicht schon auf diese Weise in das Eigentum des Auftraggebers übergegangen sind (vgl. § 950 BGB). Andernfalls kommt schon eine Abschlagszahlung nach Maßgabe der S. 1 und 2 in Betracht. Der Auftragnehmer hat ebenso wie umgekehrt der Auftraggeber einen notfalls im Klageweg durchsetzbaren **Anspruch auf Übertragung des Eigentums** auf den Auftraggeber an den eigens angefertigten und bereitgestellten Bauteilen oder an den zur Baustelle angelieferten Stoffen oder Bauteilen, sofern deren Verwertung (Einbau) in Kürze zu erwarten ist und der Auftragnehmer eine entsprechende Abschlagszahlung verlangt. Das entspricht der Billigkeit, um den Auftragnehmer alsbald in den Genuss der Abschlagszahlung zu setzen.

Die bloße Anlieferung der Stoffe oder Bauteile auf Bestellung des Auftragnehmers zur Baustelle bewirkt noch nicht den Eigentumserwerb des Auftraggebers daran (vgl. BGH Urt. v. 7.1.1970 SFH Z 3.13 Bl. 64 = MDR 1970, 410; *Franke/Kemper/Zanner/Grünhagen* § 16 Rn. 24; *Leinemann* § 16

Rn. 30). Nach den jeweils näher festzustellenden Umständen des Einzelfalles kann hier aber der Eigentumsübergang durch schlüssige Erklärungen erfolgen.

Über den **Eigentumserwerb** nach den Vorschriften des BGB ist kurz festzuhalten: Immer muss eine **27 Einigung** zwischen den Vertragsparteien vorliegen, dass Eigentum übergehen soll. Hinzukommen muss die **Übergabe** der Sachen, die aber ersetzt werden kann. Erfolgt die Übergabe tatsächlich, indem der Auftraggeber z.B. die Stoffe oder Bauteile selbst in Verwahrung nimmt, geht in diesem Zeitpunkt das Eigentum über § 929 BGB. Bleibt der Auftragnehmer im Besitz der Sachen, kann die Übergabe dadurch ersetzt werden, dass er mit dem Auftraggeber einen Vertrag schließt, wonach er die Sachen für diesen **verwahrt** § 930 BGB. Ist ein Dritter im Besitz der Sachen (der Lieferant), kann die Übergabe dadurch ersetzt werden, dass der Auftragnehmer an den Auftraggeber seinen **Herausgabeanspruch** gegen den Dritten **abtritt** § 931 BGB. Allgemein gilt jedoch der Rechtssatz, dass der Auftragnehmer grundsätzlich **kein Eigentum** an Sachen auf den Auftraggeber übertragen kann, die ihm nicht oder noch nicht gehören. Dabei ist besonders an die noch nicht eingebauten Stoffe oder Bauteile zu denken, die zwar geliefert, aber vom Auftragnehmer noch nicht bezahlt worden sind und an denen deshalb meist ein – weitgehend üblicher – **Eigentumsvorbehalt** des Lieferanten besteht. Insoweit wird man dem Auftraggeber wegen der Eigentumsverhältnisse eine gewisse **Erkundigungspflicht** auferlegen müssen, um ihm die Gutgläubigkeit beim Eigentumserwerb gem. § 932 BGB bescheinigen zu können. Danach geht in solchen Fällen Eigentum nur über, wenn der Auftraggeber gutgläubig war (*Heiermann/Riedl/Rusam* § 16 Rn. 19; Beck'scher VOB-Komm./*Motzke* § 16 Nr. 1 Rn. 34; *Leinemann* § 16 Rn. 30; *Kapellmann/Messerschmidt* § 16 Rn. 126).

Soweit ein Eigentumserwerb an den von S. 3 erfassten Stoffen oder Bauteilen durch den Auftragge- **28** ber nicht erfolgt oder aus rechtlichen Gründen nicht möglich ist, kommt ein Anspruch des Auftragnehmers auf Abschlagszahlungen hierfür **nur** in Betracht, wenn er entsprechende **Sicherheit** gibt (vgl. dazu *Korbion* FS Heiermann S. 217, 224 ff.). Die Sicherheit richtet sich im Allgemeinen nach § 17 VOB/B und sollte im Bauvertrag, spätestens vor Leistung der entsprechenden Abschlagszahlung, **im Einzelnen vereinbart** werden. Sie ist grundsätzlich dem Auftraggeber vom Auftragnehmer zu gewähren. Ohne Vereinbarung bestimmt der Auftragnehmer in entsprechender Anwendung von § 17 Nr. 3 VOB/B die Art der Sicherheitsleistung (Beck'scher VOB-Komm./*Motzke* § 16 Nr. 1 Rn. 35).

Die Vereinbarung über die hierzu zu gewährende Sicherheit ist auslegungsfähig vor allem dann, wenn darin wegen ihres Zweckes anstelle von »Abschlagszahlung« das Wort »Vorauszahlung« gebraucht wird. Dafür, dass in Wirklichkeit eine **Sicherheit für Abschlagszahlungen** gemeint ist, spricht die Angabe des Betrages in der Bürgschaftserklärung, wenn er mit einer Forderung auf Abschlagszahlung identisch ist (vgl. dazu BGH Urt. v. 23.1.1986 IX ZR 46/85 BauR 1986, 361 = NJW 1986, 1681).

Andererseits: Eine **Abschlagszahlungsbürgschaft,** die gem. § 16 Nr. 1 S. 3 VOB/B geleistet wird, **29** also der Sicherung des Anspruchs auf Eigentumserwerb der dort erwähnten Stoffe oder Bauteile dient, erfasst nicht schon einen Rückzahlungsanspruch des Auftraggebers, der darauf beruht, dass die betreffende Abschlagszahlung in der Schlussrechnung rechtsgrundlos nicht berücksichtigt worden ist und er infolgedessen eine Überzahlung geleistet hat (BGH Urt. v. 9.4.1992 IX ZR 148/91 BauR 1992, 632 = NJW-RR 1992, 1044).

Der Zweck der hier erörterten Sicherheitsleistung entfällt, sobald der Auftragnehmer die betreffen- **30** den Stoffe oder Bauteile eingebaut hat. Sie ist dann grundsätzlich zurückzugewähren, es sei denn, dass die betreffenden Stoffe und/oder Bauteile nicht vertragsgemäß eingebaut sind (BGH Urt. v. 9.4.1992 IX ZR 148/91 BauR 1992, 632 = NJW-RR 1992, 1044).

Verweigert der Auftragnehmer die von ihm zu leistende **Sicherheit,** so kann der Auftraggeber inso- **31** weit einen Einbehalt nach Abs. 2 S. 2 machen, falls die Abschlagsrechnung auch fertig gestellte Leistungsteile enthält, für die eine Abschlagszahlung auf der Grundlage des Abs. 1 S. 1 und 2 gerechtfertigt ist. Trifft das nicht zu, ist die betreffende Abschlagszahlung nicht fällig, so dass der Auftraggeber darauf nichts zu leisten hat.

32 Über Abschlagszahlungen **für Stoffe oder Bauteile** im Rahmen von öffentlichen Bauaufträgen enthält das VHB 2002 zu § 16 VOB/B die folgenden Regelungen:

1. Abschlagszahlungen für angelieferte Stoffe und Bauteile.

1.1. Abschlagszahlungen dürfen nur für diejenigen auf der Baustelle angelieferten Stoffe und Bauteile geleistet werden, die unter Berücksichtigung der Grundsätze wirtschaftlicher Betriebsführung für einen reibungslosen Bauablauf notwendig sind.

Abschlagszahlungen dürfen ferner für eigens angefertigte und bereitgestellte Bauteile geleistet werden. Eigens angefertigt sind auch Bauteile aus einer Serienfertigung, wenn sie für die vertragliche Leistung hergestellt worden sind.

1.2. (...)

1.3. Der Auftragnehmer hat Aufstellungen einzureichen, aus denen Menge, Wert und Zeitpunkt der Anlieferung oder der Bereitstellung der zur Ausführung der Leistungen benötigten Stoffe und Bauteile hervorgehen.

1.4. Als Sicherheit ist ausschließlich eine selbstschuldnerische Bürgschaft eines

– in den Europäischen Gemeinschaften oder

– in einem Staat der Vertragsparteien des Abkommens über den europäischen Wirtschaftsraum oder

– in einem Staat der Vertragsparteien des WTO-Übereinkommens über das öffentliche Beschaffungswesen

zugelassenen Kreditinstituts bzw. Kredit- oder Kautionversicherers in Höhe der Abschlagszahlung nach vorgeschriebenem Formblatt – EFB – Sich 3 – 323.3 zulässig.

Die Bürgschaftsurkunde ist zurückzugeben, wenn die Stoffe und Bauteile, für die die Sicherheit geleistet worden ist, eingebaut sind.

1.5. Bei der Gewährung von Abschlagszahlungen für vertragsgemäße Leistungen ist der Wert für Stoffe und Bauteile, für die Abschlagszahlungen nach Nr. 1.1. geleistet worden sind, anteilig zu berücksichtigen.

B. Einbehalte des Auftraggebers (§ 16 Nr. 1 Abs. 2 VOB/B)

33 § 16 Nr. 1 Abs. 2 VOB/B gibt dem Auftraggeber kraft vertraglicher Regelung das Recht, bei der Leistung von Abschlagszahlungen zu seinen Gunsten bestehende **Gegenforderungen einzubehalten**. Dagegen sind **andere Einbehalte** nur zulässig, wenn dieses ausdrücklich im Vertrag und/oder in den gesetzlichen Bestimmungen vorgesehen ist.

I. Einbehalte von Gegenforderungen

34 § 16 Nr. 1 Abs. 2 S. 1 VOB/B erlaubt es dem Auftraggeber, bei der Leistung von Abschlagszahlungen etwaige **Gegenforderungen**, die er zu dieser Zeit gegenüber dem Auftragnehmer hat, **einzubehalten**. Hinsichtlich **des Grundes** dieser Gegenforderungen besteht **keine Beschränkung**. Der Gegenanspruch kann aus anderen Vertrags- oder sonstigen Rechtsverhältnissen (z.B. aus ungerechtfertigter Bereicherung §§ 812 ff. BGB, oder aus einer gesamtschuldnerischen Rückzahlungspflicht des Auftragnehmers aus einer früheren Arbeitsgemeinschaft) stammen, er kann seine Grundlage in dem hier maßgebenden Bauvertrag haben, er kann auch auf einer unerlaubten Handlung (§§ 823 ff. BGB) außerhalb der vertraglichen Bindung beruhen. Allerdings ist zu fordern, dass die **Voraussetzungen der Aufrechnung** (§ 387 BGB) gegeben sind, also Gegenseitigkeit, Gleichartigkeit, Fälligkeit. Auch eine entsprechende Anwendung des § 215 BGB kommt in Betracht (so auch *Nicklisch/Weick* § 16 Rn. 22; *Kleine-Möller/Merl* § 10 Rn. 79).

Damit ist aber nicht gesagt, dass durch das Einbehalten bereits die **Wirkungen der Aufrechnung** eintreten § 389 BGB, weil der Begriff des Einbehaltens nur als eine vorläufige oder vorsorgliche Maßnahme ohne endgültigen rechtlichen Charakter angesehen werden kann (*Franke/Kemper/Zanner/Grünhagen* § 16 Rn. 31; *Kapellmann/Messerschmidt* § 16 Rn. 129; *Leinemann* § 16 Rn. 36). Da aber der hier angesprochene Einbehalt mit Gegenforderungen zwangsläufig bei der späteren Endabrechnung in der Aufrechnung enden soll, ist es gerechtfertigt, deren Voraussetzungen bereits im Zeitpunkt der Fälligkeit von Abschlagszahlungen zu fordern. 35

II. Andere Einbehalte

Andere Einbehalte können nach § 16 Nr. 1 Abs. 2 S. 2 VOB/B nur erfolgen, wenn dies im Vertrag vorgesehen ist oder sich aus gesetzlichen Bestimmungen ergibt. 36

Vertragliche Bestimmungen sind insbesondere Sicherheitseinbehalte nach § 17 VOB/B, die häufig formularmäßig vereinbart werden. Neben diesen in Teil B vorgesehenen Einbehalten finden sich in der Praxis nicht selten formularmäßige Vereinbarungen, wonach nur ein Teil der nachgewiesenen Leistung – z.B. 95% – als Abschlag bezahlt werden soll bzw. muss. Eine solche Regelung ist unwirksam. Sie verstößt auch gegen den Grundsatz der Vereinbarung der VOB/B als Ganzes (vgl. § 16 Nr. 1 VOB/B Rn. 9). 37

Eine auf gesetzlicher Vorschrift fußende Befugnis zum Einbehalt kann auf § 320 oder § 273 BGB beruhen, insbesondere bei Bestehen eines **Zurückbehaltungsrechts** des Auftraggebers wegen vorhandener Leistungsmängel und eines darauf gestützten Nachbesserungsanspruchs, vor allem auf der Grundlage von § 4 Nr. 7 S. 1 VOB/B (BGH Urt. v. 21.4.1988 VII ZR 65/87 BauR 1988, 474 = NJW-RR 1988, 1043). 38

Formularmäßige Ausschlüsse von Zurückbehaltungs- und/oder Leistungsverweigerungsrechten verstoßen grundsätzlich gegen § 309 Abs. 2 BGB und sind daher unwirksam (BGH Urt. v. 31.3.2005 VII ZR 180/04 BauR 2005, 1010 = NZBau 2005, 392; *Korbion/Locher/Sienz* K Rn. 111; *Leinemann* § 16 Rn. 43). Das gilt gerade auch für den Bereich von Abschlagszahlungen. 39

So dient eine formularmäßige Bankgarantie für Abschlagszahlungen privater Bauherren nach Baufortschritt, deren Inanspruchnahme lediglich einen Bautenstandsbericht des Auftragnehmers voraussetzt, der Umgehung des Verbotes des formularmäßigen Ausschlusses des Leistungsverweigerungsrechtes gem. § 320 BGB und des Zurückbehaltungsrechtes gem. § 273 BGB und ist deshalb nach den §§ 307, 309 Nr. 2 BGB unwirksam (BGH Urt. v. 21.4.1986 II ZR 126/85 NJW-RR 1986, 959 = SFH § 320 BGB Nr. 12). Dies gilt auch für eine Klausel, wonach Abschlagszahlungen auf ein Sperrkonto zu zahlen sind, sofern der Auftraggeber nicht innerhalb von 5 Werktagen ab Zugang der Rechnung unter Angabe von Gründen (Nichterreichen des Bautenstandes, Leistungsverweigerungsrecht) der Auszahlung widerspricht. Derartige Klauseln führen außerdem zum Verlust der Privilegierung der VOB/B (OLG Karlsruhe BauR 2004, 685).

Ein vereinbarter **Sicherheitseinbehalt** hindert den Auftraggeber grundsätzlich nicht, an sich zu leistende fällige Abschlagszahlungen wegen mangelhafter Werkausführung zu verweigern. Der Auftragnehmer kann grundsätzlich nicht einwenden, der Auftraggeber dürfe das Leistungsverweigerungsrecht nur wegen eines den Sicherheitseinbehalt wertmäßig übersteigenden Mängelbeseitigungsanspruches geltend machen (BGH Urt. v. 9.7.1981 VII ZR 40/80 BauR 1981, 577 = NJW 1981, 40

2801; Beck'scher VOB-Komm./*Motzke* § 16 Nr. 1 Rn. 54; *Kapellmann/Messerschmidt* § 16 Rn. 135). Jedenfalls braucht sich der Auftraggeber nicht schon auf einen Sicherheitseinbehalt verweisen zu lassen, wenn die bloßen Beseitigungskosten dadurch gedeckt wären; er darf vielmehr ein **Leistungsverweigerungsrecht** ausüben, das erforderlich ist, um den Auftragnehmer zur schleunigen Nachbesserung anzuhalten. Die an dieser BGH-Entscheidung geübte Kritik von *Trapp* (BauR 1983, 318.), der wohl generell das Leistungsverweigerungsrecht nur hinsichtlich des die Sicherheitsleistung übersteigenden Betrages zulassen möchte, überzeugt nicht. Er übersieht, dass hier ein absolut vorrangiges Interesse des Auftraggebers besteht, jetzt – endlich – eine vertragsgerechte Leistung zu erhalten, weshalb es gerechtfertigt ist, einen Einbehalt zu machen, der den Betrag der Sicherheitsleistung bei der Bemessung des **Druckzuschlags** (vgl. § 16 Nr. 1 VOB/B Rn. 8) im Einzelfall zwar mit berücksichtigt, jedoch darüber hinausgeht. Vor allem ist auch keine Aufspaltung des Vergütungsanspruches des Auftragnehmers in einen durch Sicherheitsleistung gedeckten und einen davon nicht erfassten Teil gerechtfertigt. Das gilt erst recht, wenn, wie hier für den Bereich der Abschlagszahlungen, noch nicht abzusehen ist, ob und inwieweit noch weitere Mängel auftreten können, die auch noch durch den Sicherheitseinbehalt abgedeckt werden sollen.

41 Macht der Auftraggeber wegen eines Mangels an der erbrachten Leistung, auf die sich die an sich fällige Abschlagsforderung bezieht, mit Recht ein **Zurückbehaltungsrecht** (§ 320 BGB) geltend, so ist die Klage auf Leistung der Abschlagszahlung nicht abzuweisen, sondern es ist auf **Zahlung Zug um Zug** gegen Beseitigung des Mangels zu verurteilen (BGH Urt. v. 21.12.1978 VII ZR 269/77 BGHZ 73, 140 = BauR 1979, 159 = NJW 1979, 650; BGH Urt. v. 9.7.1981 VII ZR 40/80 NJW 1981, 2801 = BauR 1981, 577; BGH Urt. v. 25.10.1990 VII ZR 201/89 BauR 1991, 81 = NJW 1991, 565). Dabei ist der Auftraggeber durch die Zug-um-Zug-Verurteilung auch dann hinreichend geschützt, wenn der Auftragnehmer die Nachbesserung von der Sicherstellung seines Zahlungsanspruchs abhängig macht, da dieser zunächst seine Nachbesserungspflicht zu erfüllen hat; außerdem kommen für den Auftraggeber u.U. auch Ansprüche nach § 4 Nr. 7 S. 2 oder 3 VOB/B in Betracht (vgl. BGH Urt. v. 25.10.1990 VII ZR 201/89 BauR 1991, 81 = NJW 1991, 565). Allerdings ist anstelle einer Zug-um-Zug-Verurteilung eine Klageabweisung denkbar, wenn dies nach § 242 BGB geboten ist. Das kann im Einzelfall zutreffen, wenn eine endgültige absolute Nachbesserungsverweigerung des Auftragnehmers zur Mängelbeseitigung vorliegt; dafür trägt aber der Auftraggeber die Beweislast (offen gelassen: BGH Urt. v. 25.10.1990 VII ZR 201/89 BauR 1991, 81 = NJW 1991, 565; *Leinemann* § 16 Rn. 42).

C. Fälligkeit von Abschlagszahlungen (§ 16 Nr. 1 Abs. 3 VOB/B)

I. Fälligkeitsregelung

42 Nach § 16 Nr. 1 Abs. 3 VOB/B, der eine **Fälligkeitsregelung** enthält (vgl. § 16 VOB/B Rn. 10), beträgt die Frist zur Leistung der jeweils geforderten **Abschlagszahlung** durch den Auftraggeber seit der Fassung der VOB von 1990 – jetzt – **18 Werktage nach Zugang der** ordnungsgemäß vom Auftragnehmer angefertigten prüfbaren Aufstellung.

Für die Rechtzeitigkeit der Zahlung ist auf den Zeitpunkt der Leistungshandlung abzustellen. Nach § 270 BGB hat der Schuldner das Geld zwar im Zweifel auf seine Gefahr und seine Kosten dem Gläubiger an dessen Wohnsitz zu übermitteln. Trotzdem gilt als Leistungsort nach §§ 270 Abs. 3, 269 Abs. 1 BGB der Wohnsitz des Schuldners (BGH Urt. v. 11.2.1998 VIII ZR 287/97 BauR 1998, 398 = NJW 1998, 1302; *Staudinger/Peters* § 641 Rn. 66; Beck'scher VOB-Komm./*Motzke* § 16 Nr. 1 Rn. 57 f.). Die Bestimmung des Leistungsorts ist von derjenigen des Erfüllungsorts zu trennen, so dass es hier auf die Rechtssprechung zum Erfüllungsort der beiderseitigen Verpflichtungen aus dem Bauvertrag am Ort des Bauvorhabens (BGH Beschl. v. 5.12.1985 I AZR 737/85 BauR 1986, 241 = NJW 1986, 925) nicht ankommt. Die Geldschuld wird dadurch nicht zur Bringschuld.

Deshalb kommt es für die Rechtzeitigkeit der Leistung auf die Erbringung der Leistungshandlung durch den Schuldner an und nicht auf den Zeitpunkt des Leistungserfolgs. Im Falle einer Bezahlung durch Übersendung eines vom Gläubiger angenommenen Schecks wird die Leistungshandlung bereits dann erbracht, wenn der Scheck der Post zur Beförderung, etwa durch Einwerfen in den Briefkasten, übergeben wurde (BGH Urt. v. 11.2.1998 VIII ZR 287/97 BauR 1998, 398 = NJW 1998, 1302; OLG Saarbrücken OLGR 1998, 73; *Staudinger/Peters* § 641 Rn. 66; Beck'scher VOB-Komm./*Motzke* § 16 Nr. 1 Rn. 57 f.; *Leinemann* § 16 Rn. 53; a.A. OLG Frankfurt BauR 1988, 599 = NJW-RR 1987, 979; *Nettesheim* BB 1991, 1724, 1726).

Noch nicht höchstrichterlich geklärt ist der Zeitpunkt der Leistungshandlung im Falle einer Zahlung durch **Überweisung.** Dieser ist nach obiger Auffassung spätestens mit Eingang des Überweisungsauftrags bei dem ausführenden Kreditinstitut anzunehmen (OLG Köln BauR 1990, 367 = NJW-RR 1990, 284; OLG Düsseldorf BauR 2000, 729 = NZBau 2000, 78). Durch die Neufassung des § 676a Abs. 1 BGB ist nunmehr Grundlage für die Überweisung nicht mehr wie früher eine Weisung nach § 665 BGB, sondern der Abschluss eines Überweisungsvertrags zwischen dem Schuldner und seiner Bank. Dies führt dazu, dass die Leistungshandlung nicht mehr mit einseitiger Weisung, sondern erst mit Abschluss des Überweisungsvertrags erbracht ist. Dieser kommt in der Regel erst durch die Bearbeitung der Überweisung durch die Bank zustande (*Palandt/Heinrichs* § 270 Rn. 7; MüKo/*Krüger* § 270 Rn. 23).

Reicht der Auftragnehmer unvollständige Unterlagen ein, läuft die Frist erst von dem Zeitpunkt an, **43** in dem er die an ihn zu stellenden Anforderungen erfüllt hat. Überhaupt kommt eine **Fälligkeit** von Abschlagszahlungen nur in Betracht, wenn die jeweils maßgebenden Voraussetzungen, wie sie insbesondere in Abs. 1 festgelegt worden sind, voll erfüllt sind. Soweit der Auftraggeber mit Recht **Einbehalte** machen kann, kommt insofern auch keine Fälligkeit für eine Abschlagszahlung in Betracht.

Bezahlt der Auftraggeber vor Fälligkeit der jeweiligen Rate Abschlagszahlungen, die die Forderungen aus der Schlussrechnung nicht übersteigen, steht ihm kein Anspruch auf Ausgleich der damit verbundenen Nutzungsvorteile zu, weil die Leistung nicht ohne Rechtsgrund erfolgt, sondern ihre Grundlage in der vertraglichen Abrede über Abschlagszahlungen hat (BGH Urt. v. 19.3.2002 X ZR 125/00 BauR 2002, 1257 = NZBau 2002, 1390).

Die Frist von 18 Werktagen, in der die jeweils geforderte Abschlagszahlung zu leisten ist, berechnet **44** sich **ab Zugang der Aufstellung** des Auftragnehmers – auf die er seine Abschlagsforderung stützt – beim Auftraggeber (beim öffentlichen Auftraggeber: der auftragvergebenden Stelle) bzw. seinem für die Rechnungsprüfung gegenüber dem Auftragnehmer **hinreichend erkennbar bevollmächtigten Vertreter,** z.B. bauleitenden Architekten (insoweit auch OLG Frankfurt BauR 1988, 599 = NJW-RR 1987, 979). Gibt der Auftraggeber in den Verdingungs- bzw. Vertragsunterlagen eine bestimmte Stelle an, der die Abschlagsrechnung zuzuleiten ist, so hat sie der Auftragnehmer dorthin zu richten, um die Frist in Lauf zu setzen. Wird die Abschlagsforderung dem Auftraggeber per Post zugeleitet, so wird nach aller Erfahrung ein Zugang zwei Werktage nach der Einlieferung zur Post anzunehmen sein, so dass die Frist dann am darauf folgenden Tag beginnt. Wesentlich ist auch hier, dass die Frist nach Werktagen ausgerichtet ist, dass also grundsätzlich Samstage in die Frist mit eingerechnet werden, es sei denn, dass der letzte Tag der Frist auf einen Samstag fällt (vgl. § 193 BGB).

Die VOB sieht keine **Verlängerung** der Frist von 18 Werktagen vor. Sie ist daher als fest vereinbart **45** anzusehen, falls nicht in Besonderen oder Zusätzlichen Vertragsbedingungen andere Regelungen getroffen sind, wobei eine Verlängerung der Fälligkeitsfrist, sofern sie in Zusätzlichen Vertragsbedingungen oder sonstigen als **AGB** geltenden vertraglichen Bestimmungen geregelt ist, sicher nicht länger als weitere 6 Werktage, also insgesamt 24 Werktage, betragen darf, um nicht gegen die §§ 307, 308 Nr. 1 BGB zu verstoßen (vgl. auch zutreffend OLG München NJW-RR 1989, 276, im Hinblick auf die Unwirksamkeit einer generell festgelegten Zahlungsfrist von einem Monat; *Zielemann* Vergütung, Zahlung und Sicherheitsleistung nach VOB Rn. 430). Abzulehnen ist die Auffassung von *Ka-*

pellmann/Messerschmidt (§ 16 Rn. 141), wonach im Hinblick auf § 286 Abs. 3 BGB die Prüfungs- und damit die Zahlungsfrist formularmäßig auf insgesamt 30 Werktage verlängert werden kann. Nach dem Leitbild des § 632a BGB werden Abschlagsforderungen sofort ohne Einräumung einer Prüffrist fällig. Würde man hier alleine die Fälligkeit um 30 Werktage hinaus zögern, würde dies auch zu einem erheblichen Abweichen beim Verzugseintritt zu Lasten des Auftragnehmers führen, weil § 16 Nr. 5 Abs. 3 VOB/B entgegen der Regelung des § 286 Abs. 3 BGB auch bei Abschlagsforderungen eine Nachfrist als Verzugsvoraussetzung vorsieht. Eine formularmäßige Verlängerung der Prüfungsfrist und damit der Fälligkeit der Abschlagsforderung führt auf jeden Fall dazu, dass die VOB/B nicht mehr als Ganzes vereinbart ist. Eine zeitliche Verlängerung der Zahlungsfrist in AGB kommt höchstens dann in Betracht, wenn es sich um Umstände handelt, auf die der Auftraggeber keinerlei Einfluss hat, wie z.B. wenn für die Bereitstellung von Mitteln aufgrund internationaler oder zwischenstaatlicher Abkommen besondere Zahlungsmodalitäten vorgesehen sind, die innerhalb der von der VOB/B hier vorgesehenen Frist in keinem Fall erledigt werden können.

Die hier festgelegte kurze Fälligkeitsfrist bedeutet zugleich, dass der Auftraggeber die unbedingte Pflicht hat, seine innerbetriebliche bzw. innerbehördliche Organisation so einzurichten, dass Abschlagszahlungen innerhalb der genannten Frist geleistet werden.

Entspricht die Abschlagszahlung nicht der vom Auftragnehmer gestellten Forderung, so hat der Auftraggeber die **vertragliche Nebenpflicht,** dem Auftragnehmer die dafür maßgebenden **Gründe mitzuteilen.** Dies geschieht zweckmäßigerweise durch Übersendung einer Abschrift bzw. Ablichtung der geprüften Abschlagsrechnung.

II. Verhältnis zur Schlussrechnung

46 Der Auftragnehmer hat grundsätzlich einen im Wege der Klage durchsetzbaren Anspruch auf Abschlagszahlungen (vgl. dazu bereits grundlegend *Hochstein* BauR 1971, 7). Schon begrifflich ist aber eine **Klage aus Abschlagsrechnungen** im Allgemeinen nicht mehr zulässig, sofern sie noch nicht anhängig ist, wenn sämtliche vertraglichen Leistungen vom Auftragnehmer bereits fertig gestellt sind, weil er dann eine prüfbare Schlussrechnung vorlegen und nach Eintritt der Fälligkeit für die Schlusszahlung (§ 16 Nr. 3 Abs. 1 VOB/B) den **Anspruch auf Schlusszahlung** geltend machen kann (OLG Nürnberg NZBau 2000, 509; OLG Hamm BauR 1999, 776 = NJW-RR 1999, 528; *Kapellmann/Messerschmidt* § 16 Rn. 97; offen gelassen: BGH Urt. v. 21.2.1985 VII ZR 160/83 BauR 1985, 456 = NJW 1985, 1840). Aufgrund ihrer Funktion als vorläufige Anzahlung auf die Schlussrechnung endet die Berechtigung, eine vorläufige Abrechnung durchzusetzen, mit der **Schlussrechnungsreife.** Dem steht die endgültige Einstellung der Bauarbeiten durch den Unternehmer gleich (OLG Dresden NJW-RR 2000, 231). Das trifft erst recht zu, wenn die Schlussrechnung bereits vorliegt (für diesen Fall: BGH Urt. v. 21.2.1985 VII ZR 160/83 BauR 1985, 456 = NJW 1985, 1840; BGH Urt. v. 15.4.2004 VII ZR 471/01 BauR 2004, 1146 = NJW-RR 2004, 957; vgl. auch OLG Zweibrücken BauR 1980, 482; OLG Hamm BauR 1999, 776 = NJW-RR 1999, 528; ebenso *Locher* Rn. 334; Beck'scher VOB-Komm./*Motzke* § 16 Nr. 1 Rn. 10; *Nicklisch/Weick* § 16 Rn. 25; *Kapellmann/Messerschmidt* § 16 Rn. 97; *Heiermann/Riedl/Rusam* § 16 Rn. 42; a.A. *Schreiber/Neudel* BauR 2002, 1007). Ausnahmsweise ist eine Klage auf Abschläge auch nach Fertigstellung der Leistung aber noch möglich, wenn es sich nach Vorlage der Schlussrechnung um die **Auszahlung des unbestrittenen Guthabens** nach § 16 Nr. 3 Abs. 1 S. 3 VOB/B handelt (offen gelassen: BGH Urt. v. 21.2.1985 VII ZR 160/83 BauR 1985, 456 = NJW 1985, 1840) sowie auch dann, wenn die Fälligkeit von Abschlagszahlungen bereits eingetreten und dieserhalb schon ein **Rechtsstreit anhängig** ist, ohne dass damit allein der Zahlungsanspruch in einen solchen auf Schlusszahlung oder Teilschlusszahlung umgedeutet werden kann (OLG Köln BauR 2006, 1143 = NZBau 2006, 45; OLG Hamburg IBR 2004, 191; *Locher* Rn. 334; *Nicklisch/Weick* § 16 Rn. 25; *Kleine-Möller/Merl* § 10 Rn. 83). Darüber hinaus ist eine Klage auch noch zulässig, wenn eine Abschlagsrechnung fällig ist, bevor die

Schlussrechnung unter Berücksichtigung der nach Fertigstellung der Leistung maßgebenden Frist (§ 14 Nr. 3 VOB/B) vorgelegt werden kann (zu weitgehend OLG Bremen BauR 1980, 579, das es auf die tatsächliche Vorlage der Schlussrechnung, also unabhängig von den Fristen in § 14 Nr. 3 VOB/B, abstellt und dann die Geltendmachung einer Teilforderung annimmt, sofern der Auftraggeber die Abschlagsrechnung geprüft hat). Ebenso kann ein Anspruch auf Abschlagszahlungen im Prozess über die Schlussforderung **hilfsweise** geltend gemacht werden, wenn die Abnahmefähigkeit nicht nachgewiesen werden kann (BGH Urt. v. 15.6.2000 VII ZR 30/99 BauR 2000, 1482 = NJW 2000, 2818). Ebenso bleibt eine anhängige Klage auf Abschlagszahlung trotz danach erfolgter **Abnahme** und später eingetretener Schlussrechnungsreife auch dann zulässig, wenn die Abnahme noch nicht erfolgt ist (OLG Köln BauR 2006, 1143 = NZBau 2006, 45).

Eine Klage auf Abschlagszahlung scheidet auch aus, nachdem der Vertrag durch **Kündigung** beendet **47** worden ist, denn gerade durch die Kündigung wird das Schlussabrechnungsverfahren eingeleitet (*Nicklisch/Weick* § 16 Rn. 25; *Locher* Rn. 334; Beck'scher VOB-Komm./*Motzke* § 16 Nr. 1 Rn. 14; *Kniffka/Koeble* 9. Teil Rn. 13; BGH Urt. v. 21.2.1985 VII ZR 160/83 BauR 1985, 456 = NJW 1985, 1840, dort jedenfalls für den Fall, dass die Schlussrechnung nach Kündigung erstellt und dem Auftraggeber überreicht worden ist; aber auch dann, wenn dies noch nicht der Fall ist; BGH Urt. v. 26.2.1987 VII ZR 217/85 BauR 1987, 453 = NJW-RR 1987, 724; ebenso OLG Hamm BauR 1999, 776 = NJW-RR 1999, 528; BauR 2002, 638; BauR 2002, 1105; BauR 2004, 1304 = NZBau 2004, 439). Auch dann kommt wegen des sich aus § 16 Abs. 3 Nr. 1 S. 3 i.V.m. § 16 Nr. 5 Abs. 1 VOB/B ergebenden Beschleunigungsgrundsatzes noch eine Klage auf Abschlagszahlung wegen des unbestrittenen Guthabens des Auftragnehmers in Betracht (offen gelassen: BGH Urt. v. 21.2.1985 VII ZR 160/83 BauR 1985, 456 = NJW 1985, 1840; OLG Braunschweig BauR 2004, 1638; ebenso OLG Naumburg BauR 2004, 522; *Nicklisch/Weick* § 16 Rn. 25; Beck'scher VOB-Komm./*Motzke* § 16 Nr. 1 Rn. 15; *Werner/Pastor* Rn. 1228; *Kleine-Möller/Merl* § 10 Rn. 84; a.A. OLG Nürnberg NZBau 2000, 509). Dies gilt auch bei einer endgültigen Einstellung der Arbeiten durch den Auftragnehmer (OLG Düsseldorf NJW-RR 2000, 231).

Hat dieser bereits Klage auf Abschlagszahlung erhoben und ist er später zur Schlussabrechnung so- **48** wie zu deren klageweiser Geltendmachung in der Lage, so ist eine entsprechende Umstellung der Klage **keine Klageänderung** nach § 263 ZPO, die regelmäßig auch sachdienlich wäre. Aus dem Charakter der Abschlagszahlung als vorläufige Anzahlung auf den sich aus der Schlussrechnung unter Verrechnung mit den Abschlagszahlungen ergebenden endgültigen Vergütungsanspruch folgt, dass es sich dabei um einen einheitlichen Lebenssachverhalt und somit nicht um einen neuen Streitgegenstand handelt. Die Umstellung des Klagantrags beurteilt sich deshalb nach § 264 Nr. 1 ZPO (BGH Urt. v. 21.2.1985 VII ZR 160/83 BauR 1985, 456, 458 = NJW 1985, 1840; BGH Urt. v. 11.11.2004 VII ZR 128/03 BauR 2005, 400 = NZBau 2005, 158; BGH Urt. v. 8.12.2005 VII ZR 191/04 BauR 2006, 414 = NZBau 2006, 175; OLG Hamburg IBR 2004, 192; *von Rintelen* Jahrbuch Baurecht 2001 S. 25, 39 ff.; Beck'scher VOB-Komm./*Motzke* § 16 Nr. 1 Rn. 13; *Heiermann/Riedl/Rusam* § 16 Rn. 9a; *Locher* Rn. 334; a.A. *Otto* BauR 2000, 350, 355). Der BGH hat dabei ausdrücklich die im Urt. v. 5.11.1998 (VII ZR 191/97 BauR 1999, 267 = NJW 1999, 713) enthaltene gegenteilige Auffassung aufgegeben.

III. Nichtleisten fälliger Abschlagszahlungen

Stehen dem Auftragnehmer Abschlagszahlungen zu und kommt der Auftraggeber seiner Zahlungs- **49** verpflichtung nicht innerhalb der in § 16 Nr. 1 Abs. 3 VOB/B genannten Frist nach, kann der Auftragnehmer den Vertrag nach § 9 Nr. 1b VOB/B **kündigen** (OLG Rostock Urt. v. 15.6.2005 7 U 43/04). Außerdem steht ihm nach § 16 Nr. 5 Abs. 3 S. 3 VOB/B das Recht zur **Arbeitseinstellung** sowie ein Anspruch auf **Ersatz des Verzugsschadens** (§ 286 BGB) zu.

50 Der Auftragnehmer kann auch nach Maßgabe des § 16 Nr. 5 Abs. 3 VOB/B **Verzugszinsen** für die Abschlagsforderung geltend machen. Nach Auffassung des BGH (Urt. v. 15.4.2004 VII ZR 471/01 BauR 2004, 1146 = NJW-RR 2004, 957; a.A. OLG Braunschweig BauR 2004, 1638) ergibt sich aus dem vorläufigen Charakter von Abschlagszahlungen als Anzahlung auf die Schlussforderung, dass die Abschlagsforderung »jedenfalls nach Abnahme und Erteilung der Schlussrechnung« – nach der hier vertretenen Auffassung bereits nach Schlussrechnungsreife – (vgl. § 16 Nr. 1 VOB/B Rn. 46) erlischt und der eingetretene Verzug mit der Bezahlung der Abschlagsforderung somit nicht fortwirkt. Verzugszinsen für die Abschlagsforderung können deshalb nur bis zu diesem Zeitpunkt und dann erst wieder nach dem Verzugseintritt mit der Bezahlung der Schlussrechnung nach § 16 Nr. 5 Abs. 3 VOB geltend gemacht werden. Dagegen besteht kein Anspruch auf Verzugszinsen zwischen dem Zeitpunkt der Schlussrechnungsreife und des Verzugsbeginns mit der Bezahlung der Schlussrechnung.

D. Kein Einfluss der Abschlagszahlungen auf Haftung, Gewährleistung und Abnahme (§ 16 Nr. 1 Abs. 4 VOB/B)

51 § 16 Nr. 1 Abs. 4 VOB/B enthält eine Regelung, die zur Vermeidung von Missverständnissen an dieser Stelle in die Allgemeinen Vertragsbedingungen hat aufgenommen werden müssen. Abschlagszahlungen haben nämlich ausschließlich den Charakter der vorläufigen Erledigung eines Teils der Zahlungspflicht durch den Auftraggeber. Deshalb ist zur **Klarstellung** bestimmt, dass Abschlagszahlungen ohne Einfluss auf die **Haftung** des Auftragnehmers sind, also insbesondere auf Rechte des Auftraggebers aus den §§ 10, 4 Nr. 7, 6 Nr. 6 und 13 VOB/B. Insoweit verbleiben dem Auftraggeber trotz auf die Vergütung des Auftragnehmers geleisteter Abschläge alle Rechte, so als ob noch keine Zahlung erfolgt wäre. Das gilt auch hinsichtlich der **Abnahme**. Die Abschlagszahlung ist daher auch nicht als eine Abnahme von Teilen der Leistung oder gar der vertraglichen Gesamtleistung anzusehen. Insbesondere können daraus keine Folgerungen im Hinblick auf § 12 Nr. 2 VOB/B gezogen werden.

52 Darüber hinaus kann die Abschlagszahlung grundsätzlich auch nicht als **Anerkenntnis** des darauf bezogenen Vergütungsanspruches des Auftragnehmers angesehen werden, solange die Schlussrechnung noch nicht vorliegt (BGH Urt. v. 30.9.2004 VII ZR 187/03 BauR 2004, 1940 = NZBau 2005, 41; OLG Düsseldorf BauR 2001, 806; OLG Hamm BauR 2002, 1105: *Kapellmann/Messerschmidt* § 16 Rn. 69), weil die spätere endgültige Rechnungsprüfung wegen des vorläufigen Charakters der Abschlagsrechnung genauer vorgenommen werden und ein anderes Ergebnis erbringen kann. Dies trifft auch auf später entstandene oder fällige Gegenansprüche des Auftraggebers zu (vgl. dazu auch BGH Urt. v. 11.7.1995 X ZR 42/93 = NJW 1995, 3311).

53 Hiernach unterscheidet sich die Abschlagszahlung in ihrem bloß vorläufigen Charakter wesentlich von den der endgültigen vollen oder teilweisen Erledigung des Vergütungsanspruches des Auftragnehmers dienenden Zahlungen wie der Schlusszahlung oder einer Teilschlusszahlung oder einer durch Besondere oder Zusätzliche Vertragsbedingungen vereinbarten – als endgültig anzusehenden – Teilzahlung.

§ 16 Nr. 2
[Vorauszahlungen]

(1) Vorauszahlungen können auch nach Vertragsabschluss vereinbart werden; hierfür ist auf Verlangen des Auftraggebers ausreichende Sicherheit zu leisten. Die Vorauszahlungen sind, sofern nichts anderes vereinbart wird, mit 3 v.H. über dem Basiszinssatz des § 247 BGB zu verzinsen.

(2) Vorauszahlungen sind auf die nächstfälligen Zahlungen anzurechnen, soweit damit Leistungen abzugelten sind, für welche die Vorauszahlungen gewährt worden sind.

Inhaltsübersicht   Rn.

A. Die rechtliche Bedeutung von Vorauszahlungen 1
B. Regelung der VOB 4
C. Sicherheitsleistung und Verzinsung bei nachträglich vereinbarten Vorauszahlungen
   (§ 16 Nr. 2 Abs. 1 VOB/B) 7
D. Anrechnung der Vorauszahlungen auf nächstfällige Zahlungen (§ 16 Nr. 2 Abs. 2 VOB/B) .. 9
E. Vorauszahlungen bei öffentlichen Bauaufträgen 12

A. Die rechtliche Bedeutung von Vorauszahlungen

Vorauszahlungen unterscheiden sich in ihrem rechtlichen Charakter von den übrigen in § 16 VOB/B bestimmten Zahlungsarten (Abschlagszahlungen nach Nr. 1, Schlusszahlung nach Nr. 3 und Teilschlusszahlungen nach Nr. 4) grundlegend dadurch, dass sie im Gegensatz zu diesen nicht zur Voraussetzung haben, dass der Auftragnehmer die von ihm vertraglich geschuldete Leistung oder Teile derselben bereits erbracht hat (BGH Urt. v. 23.1.1986 IX ZR 46/85 BauR 1986, 361 = NJW 1986, 1681). Vorauszahlungen weichen von dem das Bauvertragsrecht – vgl. insbesondere auch § 641 BGB – beherrschenden Grundsatz ab, dass der Auftragnehmer vorleistungspflichtig ist, also zunächst die Leistung oder Teile derselben zu erbringen hat, bevor er die ihm darauf zustehende Vergütung beanspruchen kann. Durch die Vereinbarung von Vorauszahlungen wird praktisch dem Auftraggeber eine **Vorleistungspflicht** auferlegt, allerdings mit der Maßgabe der Sicherstellung des Auftraggebers sowie der Verzinsung zu seinen Gunsten (vgl. § 16 Nr. 2 Abs. 1 VOB/B) und schnellstmöglicher Anrechnung auf erbrachte Leistungen (vgl. § 16 Nr. 2 Abs. 2 VOB/B). **1**

Es liegt auf der Hand, dass der **Ausnahmecharakter** von Vorauszahlungen von vornherein zu einer gewissen Vorsicht auffordert, insbesondere im wohlberechtigten Interesse des Auftraggebers. Deshalb geht die VOB hier auch einen Weg, der dem Rechnung trägt: Sie gewährt dem Auftragnehmer nicht ohne weiteres Ansprüche auf Vorauszahlungen, also anders als bei den übrigen vorgenannten Zahlungsarten. Vielmehr eröffnet sie den Weg zu Vorauszahlungen nur dadurch, dass sie diese zwar nicht untersagt, sie aber von einer besonderen vertraglichen **Vereinbarung** der Bauvertragspartner abhängig macht, um dem Auftragnehmer überhaupt einen Anspruch auf Vorauszahlungen zu geben. Es ist daher **unbedingte Voraussetzung** für den Anspruch des Auftragnehmers auf Vorauszahlungen, dass solche zwischen den Bauvertragspartnern im einzelnen Bauvertrag noch gesondert vereinbart worden sind. Dazu ist es, insbesondere zur Vermeidung von Streitfällen, in jedem Fall notwendig, die Voraussetzungen, vor allem im Hinblick auf den Betrag und die Fälligkeit, hinreichend genau festzulegen, unter denen der Auftragnehmer Vorauszahlungen beanspruchen kann. Daher dürfte es sich AGB-rechtlich hier häufig um zulässige Individualvereinbarungen handeln (§ 305 Abs. 1 S. 3 BGB). **2**

Die **formularmäßige Vereinbarung von Vorauszahlungen** in AGB des Auftragnehmers verstößt gegen § 307 Abs. 2 BGB, weil die Vorleistungspflicht des Auftragnehmers dadurch auf den Kopf gestellt wird (*Staudinger/Peters* § 641 Rn. 55; Beck'scher VOB-Komm./*Motzke* § 16 Nr. 2 Rn. 23; *Leinemann* § 16 Rn. 68; *Kapellmann/Messerschmidt* § 16 Rn. 156). Darüber hinaus führt die Vereinbarung einer Vorauszahlungspflicht zu einem Ausschluss des Leistungsverweigerungsrechts nach § 320 Abs. 1 BGB, so dass auch aus diesem Grunde ein Verstoß gegen die §§ 307 Abs. 2, 309 Nr. 2a BGB vorliegt (*Christiansen* ZfBR 2004, 736, 741). Im Einzelfall kann die Vereinbarung von Vorauszahlungen dort angebracht sein, wo dem Auftragnehmer im konkreten Fall erhebliche Vorbereitungskosten entstehen, wie z.B. durch Materialbeschaffung (vgl. dazu das Rundschreiben des Bundesministeriums für Raumordnung, Bauwesen und Städtebau v. 15.1.1992 an die Oberfinanzdirektionen und die Bundesbaudirektion [B I 2–O 1082–101/1], wo es unter 2.4 heißt, bei maschinellen und elektrotechnischen Einrichtungen seien Vorauszahlungen verkehrsüblich).

3 Ist eine BGB-Gesellschaft (insbesondere Arbeitsgemeinschaft) Auftragnehmerin und erfüllt einer der Gesellschafter die vertragliche Bauleistung nicht, so kann er auf Rückzahlung einer ihm zugeflossenen Vorauszahlung erst in Anspruch genommen werden, wenn der Bauvertrag von keinem der Gesellschafter erfüllt wird (BGH Urt. v. 8.11.1978 VIII ZR 190/77 BGHZ 72, 267 = BauR 1979, 63 = NJW 1979, 308).

B. Regelung der VOB

4 Vorauszahlungen können **bereits bei Vertragsabschluss** vereinbart werden, insbesondere können deren Einzelheiten im Rahmen der Ausschreibung in Besonderen oder Zusätzlichen Vertragsbedingungen festgelegt werden. Möglich ist es aber auch, eine entsprechende Vereinbarung erst nach Abschluss des Bauvertrages zu treffen, wenn sachlich gerechtfertigte Gründe dafür auftreten.

Diese zwei Möglichkeiten werden durch § 16 Nr. 2 VOB/B dadurch beachtet, dass sich Abs. 1 nur auf den zweiten Fall, die nach Vertragsabschluss erfolgte Absprache von Vorauszahlungen, bezieht. Dagegen betrifft Abs. 2 alle Fälle vereinbarter Vorauszahlungen, gleichgültig, ob solche vor oder erst nach Vertragsabschluss abgesprochen worden sind.

5 Diese **Unterscheidung** ist durchaus begründet (*Nicklisch/Weick* § 16 Rn. 27, *Heiermann/Riedl/Rusam* § 16 Rn. 51; *Leinemann* § 16 Rn. 72; a.A. Beck'scher VOB-Komm./*Motzke* § 16 Nr. 2 ff.; *Kapellmann/Messerschmidt* § 16 Rn. 157; *Bergmann* ZfBR 1998, 59, 62). Für den Bereich des Abs. 1 muss es den Vertragspartnern überlassen bleiben, ob sie bei schon im Zeitpunkt des Vertragsabschlusses vereinbarten Vorauszahlungen überhaupt die Leistung einer Sicherheit sowie die Verzinsung vereinbaren wollen. Dagegen erscheint die grundsätzliche Verpflichtung des Auftragnehmers zur Sicherheitsleistung sowie zur Verzinsung bei erst nach Vertragsabschluss erfolgter Festlegung von Vorauszahlungen durchaus angebracht. Wenn erst nachträglich Vorauszahlungen vereinbart werden, geschieht dieses in der Regel aufgrund erst später eingetretener oder erkannter Umstände, die allgemein sowohl ein **gesteigertes Sicherheitsbedürfnis** als auch ein berechtigtes Interesse des Auftraggebers an der Verzinsung ergeben. Dagegen folgt die Notwendigkeit der in Abs. 2 festgelegten Anrechnungspflicht gleichermaßen für die Vorauszahlungen, die bereits bei Vertragsabschluss und die erst nach Vertragsabschluss abgesprochen worden sind. Es entspricht in jedem Fall einem berechtigten Anliegen des Auftraggebers, schnellstmöglich die Anrechnung seiner ohnehin nicht den allgemeinen Grundsätzen des Werkvertragsrechts entsprechenden Vorleistung auf vom Auftragnehmer inzwischen erbrachte Leistungen zu erreichen.

6 Vorauszahlungen können grundsätzlich **mit** dem entsprechenden Umsatzsteueranteil gefordert werden, weil für deren Fälligkeit gegenüber dem Finanzamt § 13 Abs. 1 Nr. 1a des Gesetzes zur Neufassung des Umsatzsteuergesetzes und zur Änderung anderer Gesetze ebenso wie für Abschlagszahlungen gilt. Daher treffen hier die gleichen Erwägungen wie im Falle von Abschlagszahlungen zu (vgl. § 16 Nr. 1 VOB/B Rn. 13 f.).

C. Sicherheitsleistung und Verzinsung bei nachträglich vereinbarten Vorauszahlungen (§ 16 Nr. 2 Abs. 1 VOB/B)

Werden beim VOB-Vertrag erst **nach Vertragsabschluss** Vorauszahlungen vereinbart, so hat der Auftraggeber die Befugnis, im Wege einseitigen, an den Auftragnehmer gerichteten Verlangens **Sicherheit** hinsichtlich der vereinbarten und auch durch den Auftragnehmer geforderten Vorauszahlung zu verlangen (vgl. dazu näher *Korbion* FS Heiermann S. 217, 221 ff.; ferner BGH Urt. v. 23.1.1986 IX ZR 46/85 BauR 1986, 361 = NJW 1986, 1681; insoweit insbesondere für den Bereich der Auslegung, wenn in Wirklichkeit nicht Sicherheit für eine Vorauszahlung, sondern für eine Abschlagszahlung vereinbart worden ist). Diese Sicherheit muss ausreichend sein. Sie muss in ihrer Art und in ihrer Höhe das Risiko wertmäßig abdecken, das der Auftraggeber im konkreten Einzelfall durch die Verpflichtung zur Leistung von Vorauszahlungen und deren Hingabe eingeht. Es hängt von der Lage des Einzelfalles ab, was hier als ausreichende Sicherheit angesehen werden kann. Im Allgemeinen wird hier das Sicherungsinteresse des Auftraggebers keinesfalls über den Betrag der Vorauszahlung hinausgehen. Vor allem darf der Auftraggeber hier nicht so weit gehen und Druck auf den Auftragnehmer dadurch ausüben, dass er eine der Sachlage nicht entsprechende unangemessen hohe Sicherheit fordert. Er ist verpflichtet, den für seinen Sicherungszweck angemessenen Rahmen einzuhalten, was sich gleichfalls aus dem in der VOB verwendeten Begriff »ausreichende Sicherheit« ergibt. Hinsichtlich der Sicherheit selbst gilt das zu § 16 Nr. 1 Abs. 1 S. 3 VOB/B Gesagte. Vor allem sind für die Vorauszahlungsbürgschaft die sich aus § 17 Nr. 4 VOB/B ergebenden Grundsätze maßgebend, wenn die Vertragspartner nichts anderes vereinbart haben (vgl. OLG Karlsruhe BauR 1986, 227). Im Falle einer Kündigung wird die Haftung aus einer Vorauszahlungsbürgschaft von dem Rückzahlungsanspruch des Auftraggebers begrenzt, der sich bei der nach Kündigung des Bauvertrags vorzunehmenden Gesamtabrechnung ergibt. Dies gilt auch dann, wenn die Vorleistungen nach dem Bauvertrag erst »gegen Ende der Bauzeit abgebaut« werden sollten und es dazu wegen der Kündigung nicht mehr gekommen ist (BGH Urt. v. 6.5.1999 IX ZR 430/97 BauR 1999, 1023). Solange der Auftragnehmer die angemessene Sicherheit nicht leistet, ist die Vorauszahlung nicht fällig, und der Auftraggeber kann die Zahlung verweigern (§ 273 BGB). Der Zweck der Sicherheitsleistung endet mit dem Zeitpunkt, in dem die (Teil-)Leistung, für die die Vorauszahlung gewährt wurde, erbracht ist. Dann ist die dafür zur Verfügung gestellte Sicherheit grundsätzlich zurückzugewähren (OLG Karlsruhe BauR 1986, 227; IBR 2005, 199 = BauR 2005, 909 [LS]).

Ist eine BGB-Gesellschaft (insbesondere Arbeitsgemeinschaft) Auftragnehmer, so wird der Vorauszahlungsbürge eines Gesellschafters von seiner Verpflichtung auch dann frei, wenn ein anderer Gesellschafter die geschuldete Leistung, für die die Vorauszahlung gewährt wurde, erbringt (BGH Urt. v. 8.11.1978 VII ZR 190/77 BGHZ 72, 267 = BauR 1979, 63 = NJW 1979, 308).

Hat der Auftraggeber dem Auftragnehmer vor Ausführung der Leistung auf die Vergütung eine Vorauszahlung gegen Stellung einer Bankbürgschaft zu leisten und lautet die Erklärung der Bank, dass sie sich für den Auftragnehmer auf teilweise oder gänzliche Rückzahlung der Vorauszahlung verbürge, so ist damit auch der im Konkurs- oder Insolvenzfall des Auftragnehmers entstehende Anspruch des Auftraggebers nach § 26 S. 2 KO gesichert, soweit er auf Rückzahlung des Vorauszahlungsbetrages gerichtet ist (OLG Frankfurt ZIP 1995, 369). Hat der Konkursverwalter noch nicht erklärt, ob er die Erfüllung nach § 17 KO bzw. § 103 InsO verlangt, so hat der Bürge dennoch jedenfalls dann kein Leistungsverweigerungsrecht analog § 770 BGB, wenn er auf die in § 770 BGB geregelten Einreden der Anfechtbarkeit und Aufrechenbarkeit verzichtet hat (OLG Frankfurt ZIP 1995, 369).

In § 232 BGB ist geregelt, welche Sicherheiten in Frage kommen. Angesichts des hohen Sicherungsbedürfnisses des Auftraggebers ist auch die formularmäßige Vereinbarung einer **Vorauszahlungsbürgschaft auf erstes Anfordern** AGB-rechtlich zulässig (OLG Düsseldorf BauR 2004, 1319; *Kapellmann/Messerschmidt* § 16 Rn. 162; *Leinemann* § 16 Rn. 78). Zu beachten ist aber, dass es sich bei der Vereinbarung einer Bürgschaft auf erstes Anfordern um eine reine Vorauszahlungsbürgschaft han-

8 Des Weiteren muss der Auftragnehmer die ihm aufgrund nach Vertragsabschluss getroffener Vereinbarung geleisteten Vorauszahlungen grundsätzlich **verzinsen,** wie sich aus § 16 Nr. 2 Abs. 1 S. 2 VOB/B ergibt. Ebenso grundsätzlich beläuft sich der Zinssatz auf 3 v.H. über dem Basiszinssatz des § 247 BGB. Während das BGB bei den gesetzlichen Zinssätzen stets auf den **Basiszinssatz** abstellt (vgl. §§ 247, 288 BGB), sah die VOB bisher jeweils Zinsen vor, die sich an dem Zinssatz der Spitzenrefinanzierungsfazilität der Europäischen Zentralbank orientiert hatten. Dieser Unterschied wurde nunmehr in der VOB 2002 aufgegeben. Es bleibt den Bauvertragspartnern allerdings überlassen, im Einzelfall eine hiervon abweichende Vereinbarung zu treffen, und zwar sowohl hinsichtlich der Verzinsung als solcher als auch wegen der Höhe des Zinssatzes (*Garbe-Emden* BauR 2003, 1468, 1471; *Kapellmann/Messerschmidt* § 16 Rn. 164).

Die Verpflichtung zur Verzinsung dauert von dem Empfang der jeweiligen Vorauszahlung bis zu deren Anrechnung auf die nächstfällige Zahlung. In letzterer Hinsicht sind im äußersten Fall die dafür maßgebenden, sich aus der VOB ergebenden Fälligkeitstermine, zu denen der Auftraggeber Abschlagszahlungen, Teilschlusszahlungen oder die Schlusszahlung zu leisten hat, ausschlaggebend (*Leinemann* § 16 Rn. 83).

D. Anrechnung der Vorauszahlungen auf nächstfällige Zahlungen (§ 16 Nr. 2 Abs. 2 VOB/B)

9 Die in § 16 Nr. 2 Abs. 2 VOB/B geregelte **Anrechnungspflicht** betrifft gleichermaßen Auftraggeber und Auftragnehmer. Der Auftraggeber muss die Anrechnung bewirken oder zumindest dulden, damit der Auftragnehmer nicht noch weiter mit Zinsen sowie einer von ihm geleisteten Sicherheit belastet wird. Der Auftragnehmer muss die Anrechnung vornehmen, weil die Vorauszahlungen möglichst bald in ein reales Verhältnis zu tatsächlich erbrachten vertraglichen Leistungen gebracht werden müssen. Das sind Anliegen beider Seiten, die es rechtfertigen, die Anrechnungspflicht für jeden Fall vereinbarter Vorauszahlungen festzulegen, gleichgültig, ob die Vorauszahlungen bei oder erst nach Vertragsabschluss vereinbart worden sind.

10 Allerdings kommt kraft ausdrücklicher Regelung eine **Anrechnung** der Vorauszahlungen nur in Betracht, soweit diese selbst leistungsmäßig abgedeckt sind, also darauf Leistungen zwischenzeitlich erbracht worden sind, für die die jeweilige Vorauszahlung geleistet worden ist. Wird eine Vorauszahlung für die Anschaffung von Baustoffen geleistet, so ist diese auf die nächstfällige Zahlung anzurechnen, die die Vergütung für **den** Teil der Leistung betrifft, in dessen Rahmen die Baustoffe verarbeitet worden sind. Ist dagegen eine Vorauszahlung für die Beschaffung von vorgefertigten Fenstern erbracht worden, so kann diese nicht auf eine Abschlagszahlung für den erfolgten Einbau von Türen angerechnet werden (*Franke/Kemper/Zanner/Grünhagen* § 16 Rn. 52; *Kapellmann/Messerschmidt* § 16 Rn. 166).

11 Sofern hiernach die Voraussetzungen für eine Anrechnung gegeben sind, hat diese auf die nächstfällige Zahlung zu erfolgen. Auch hier sind die Fälligkeitstermine maßgebend, die sich für die jeweils anstehende Zahlung aus den Regelungen der VOB ergeben.

Die Anrechnung kann durch Freigabe der auf die Vorauszahlung geleistete Sicherheit erfolgen – in der Regel Bürgschaft (vgl. dazu auch KG BauR 1989, 748; OLG Karlsruhe IBR 2005, 199 = BauR 2005, 909 [LS]).

Vorauszahlungen § 16 Nr. 2 VOB/B

E. Vorauszahlungen bei öffentlichen Bauaufträgen

Hierzu bestimmt das VHB 2002 Nr. 10 zu § 10 VOB/A über die **Vereinbarung von Vorauszahlungen in den Verdingungsunterlagen** (also vor bzw. bei Vertragsabschluss): 12

10 Vorauszahlungen

10.1 Zulässigkeit

10.2 Vorauszahlungen können in den Verdingungsunterlagen vorgesehen werden, wenn dies

– allgemein üblich oder

– durch besondere Umstände gerechtfertigt ist (§ 56 Abs. 1 BHO).

10.3 Als allgemein üblich sind Vorauszahlungen anzusehen, wenn in dem betreffenden Wirtschaftszweig regelmäßig, d.h. auch bei nicht öffentlichen Auftraggebern, Vorauszahlungen ausbedungen werden.

Bei maschinellen und elektrotechnischen Einrichtungen sind Vorauszahlungen allgemein üblich.

10.4 Besondere Umstände für Vorauszahlungen liegen z.B. vor, wenn die Ausführung der Leistung infolge ihres Umfanges oder ihrer Eigenart für den Auftragnehmer mit einer unzumutbaren Kapitalinanspruchnahme verbunden ist.

Die Gründe für die Vereinbarung von Vorauszahlungen sind aktenkundig zu machen.

Ein besonderer Umstand ist nicht gegeben, wenn am Ende des Haushaltsjahres Ausgaben vor Fälligkeit geleistet werden, um zu verhindern, dass die Ausgaben sonst verfallen.

Lässt sich bei Aufstellung der Verdingungsunterlagen nicht ausreichend übersehen, ob die Voraussetzungen für Vorauszahlungen bei allen voraussichtlichen Bietern gleichmäßig gegeben sind, so können die Zahlungsbedingungen dem Wettbewerb unterstellt werden. In diesem Fall sind von den Bietern Angaben zu verlangen über

– die Höhe der Vorauszahlungen und

– die Zahlungstermine.

Bei der Wertung der Angebote ist auch die verlangte Zahlungsweise zu berücksichtigen.

10.5 Regelung im Einzelfall

Die Höhe der Vorauszahlung sowie der Zeitpunkt der Auszahlung, die Sicherheitsleistung (Nr. 10.6) und – ggf. die Art und Weise der Tilgung (Nr. 10.7) ist im Einzelfall in Nr. 10 der Besonderen Vertragsbedingungen EVM(B)BVB – 214 gemäß dem Text WBVB T_2 35 zu vereinbaren.

10.6 Sicherheitsleistungen

Für Vorauszahlungen ist stets Sicherheit in Höhe der Vorauszahlung durch selbstschuldnerische Bürgschaft eines

– in den Europäischen Gemeinschaften oder

– in einem Staat der Vertragsparteien des Abkommens über den Europäischen Wirtschaftsraum oder

– in einem Staat der Vertragsparteien des WTO-Übereinkommens über das öffentliche Beschaffungswesen

zugelassenen Kreditinstituts bzw. Kredit- oder Kautionsversicherers nach vorgeschriebenem Formblatt EFB-Sich 3 – 323.3 zu fordern.

10.7 Tilgung von Vorauszahlungen

Nach § 16 Nr. 2 Abs. 2 VOB/B sind Vorauszahlungen auf die nächstfälligen Zahlungen anzurechnen, soweit damit Leistungen abzugelten sind, für welche die Vorauszahlungen gewährt worden sind.

Soll eine andere Art der Anrechnung vereinbart werden, ist die Art der Tilgung in Nr. 10 der Besonderen Vertragsbedingungen – EVM(B)BVB – 214 zu regeln.

10.8. Bei Vorauszahlungen für Anlagen der technischen Gebäudeausrüstung hat das Bauamt bereits bei Aufforderung zur Abgabe eines Angebots unter Nr. 10 der Besonderen Vertragsbedingungen EVM (B) BVB –214 den Text über Vorauszahlungen nach WBVB T_2 35 aufzunehmen.

Über die Vereinbarung von Vorauszahlungen nach Vertragsabschluss bestimmt das **VHB in Nr. 2 zu § 16 VOB/B:**

2 Vorauszahlungen nach Vertragsabschluss

2.1 Vorauszahlungen, die vertraglich nicht vereinbart sind, dürfen nachträglich ohne ausdrückliche Vertragsänderung nicht geleistet werden; die Vertragsänderung unterliegt § 58 BHO.

Nach Vertragsabschluss dürfen Vorauszahlungen auf Antrag des Auftragnehmers nur ausnahmsweise unter Abwägung aller Umstände und unter Berücksichtigung der Grundsätze sparsamer Wirtschaftsführung vereinbart werden.

Solche Vorauszahlungen sind mit 3 v.H. über dem Basiszinssatz nach § 247 BGB zu verzinsen, sofern nicht eine der Verzinsung entsprechende angemessene Preisermäßigung vereinbart wird.

Die Zinseinnahmen sind beim Titel für vermischte Einnahmen zu verbuchen.

2.2 Vom Auftragnehmer ist als Sicherheit für die Vorauszahlung eine selbstschuldnerische Bürgschaft eines

– in den Europäischen Gemeinschaften oder

– in einem Staat der Vertragsparteien des Abkommens über den Europäischen Wirtschaftsraum oder

– in einem Staat der Vertragsparteien des WTO-Übereinkommens über das öffentliche Beschaffungswesen

zugelassenen Kreditinstituts bzw. Kredit- oder Kautionsversicherers in Höhe der Vorauszahlung nach vorgeschriebenem Formblatt EFB–Sich 3 – 323.3 zu fordern.

§ 16 Nr. 3
[Die Schlusszahlung]

(1) Der Anspruch auf die Schlusszahlung wird alsbald nach Prüfung und Feststellung der vom Auftragnehmer vorgelegten Schlussrechnung fällig, spätestens innerhalb von 2 Monaten nach Zugang. Werden Einwendungen gegen die Prüfbarkeit unter Angabe der Gründe hierfür nicht spätestens innerhalb von 2 Monaten nach Zugang der Schlussrechnung erhoben, so kann der Auftraggeber sich nicht mehr auf die fehlende Prüfbarkeit berufen. Die Prüfung der Schlussrechnung ist nach Möglichkeit zu beschleunigen. Verzögert sie sich, so ist das unbestrittene Guthaben als Abschlagszahlung sofort zu zahlen.

(2) Die vorbehaltlose Annahme der Schlusszahlung schließt Nachforderungen aus, wenn der Auftragnehmer über die Schlusszahlung schriftlich unterrichtet und auf die Ausschlusswirkung hingewiesen wurde.

(3) Einer Schlusszahlung steht es gleich, wenn der Auftraggeber unter Hinweis auf geleistete Zahlungen weitere Zahlungen endgültig und schriftlich ablehnt.

Die Schlusszahlung § 16 Nr. 3 VOB/B

(4) Auch früher gestellte, aber unerledigte Forderungen werden ausgeschlossen, wenn sie nicht nochmals vorbehalten werden.

(5) Ein Vorbehalt ist innerhalb von 24 Werktagen nach Zugang der Mitteilung nach den Abs. 2 und 3 über die Schlusszahlung zu erklären. Er wird hinfällig, wenn nicht innerhalb von weiteren 24 Werktagen – beginnend am Tag nach Ablauf der in Satz 1 genannten 24 Werktage – eine prüfbare Rechnung über die vorbehaltenen Forderungen eingereicht oder, wenn das nicht möglich ist, der Vorbehalt eingehend begründet wird.

(6) Die Ausschlussfristen gelten nicht für ein Verlangen nach Richtigstellung der Schlussrechnung und -zahlung wegen Aufmaß-, Rechen- und Übertragungsfehlern.

Inhaltsübersicht

	Rn.
A. Übersicht	1
I. Bedeutung	1
II. Vorherige Erteilung der Schlussrechnung	3
B. Fälligkeit der Schlusszahlung (§ 16 Nr. 3 Abs. 1 VOB/B)	8
I. Grundsätzlich Fälligkeit zwei Monate nach Zugang der Schlussrechnung (§ 16 Nr. 3 Abs. 1 S. 1 VOB/B)	8
II. Auch Fälligkeit von in Schlussrechnung nicht aufgenommenen Forderungen	12
III. Prüfung und Feststellung der Schlussrechnung	13
IV. Bedeutung der Prüfung und Feststellung	16
V. Beschleunigung der Prüfung	17
VI. Ausnahme: Objektiv erforderliche längere Prüfung und Feststellung	18
VII. Ausnahmsweise: Hinausschieben der Fälligkeit	20
VIII. Auszahlung unbestrittenen Guthabens als Abschlagszahlung	21
IX. Zahlungspflicht bei vorzeitiger Beendigung von Prüfung und Feststellung	23
X. Folgen der unterlassenen Prüfung durch den Auftraggeber	24
XI. Zusammenfassung	27
C. Die Schlusszahlung (§ 16 Nr. 3 Abs. 1 VOB/B)	28
I. Begriff der Schlusszahlung	28
II. Einzelheiten	32
III. Schlusszahlung durch Verweigerung weiterer Zahlung	35
IV. Reaktion des Auftragnehmers unbeachtlich	37
D. Folgen der Nichterfüllung der Zahlungspflicht des Auftraggebers	38
E. Etwaige Rückzahlungsansprüche des Auftraggebers	39
I. Bereicherung – oder vertraglicher Anspruch?	39
II. Sonderfall: Rückzahlungsansprüche öffentlicher Auftraggeber	43
1. Rechtsgrundlage aus Vertrag	44
2. Gesetzliche Grundlage	45
3. Etwaiger Verlust durch Anerkenntnis oder Verzicht	47
4. Rückforderung nur bei Überzahlung insgesamt	48
5. Verwirkung des Rückzahlungsanspruchs	49
6. Beurteilung nach dem Einzelfall	56
7. Verzinsung	59
8. Vereinbarung über Rückzahlung	60
F. Vorbehaltlose Annahme der Schlusszahlung: Möglicher Verlust weitergehender Ansprüche des Auftragnehmers (§ 16 Nr. 3 Abs. 2 bis 6 VOB/B)	61
I. Überblick	61
II. Besondere vertragliche Ausnahmeregelung (§ 16 Nr. 3 Abs. 2 bis 5 VOB/B)	63
III. Einrede	67
1. Grundlagen	67
2. Grenzen auf der Grundlage gesetzlicher Bestimmungen	69
3. Begrenzter Bereicherungsanspruch des Auftraggebers	74
4. Anwendung des § 215 BGB	75

		Rn.
IV.	Ausschlusswirkung erfasst alle Ansprüche des Auftragnehmers aus Bauvertrag	78
V.	Mögliche Ausschlusswirkung nach § 16 Nr. 3 Abs. 2 VOB/B	85
	1. Voraussetzungen	85
	2. Schlusszahlungserklärung	86
	3. Annahme der Zahlung – Vorbehaltlose Annahme	88
	4. Weitere Voraussetzung: Schriftlicher Hinweis auf die Schlusszahlung und die Ausschlusswirkung	93
	5. AGB-rechtliche Beurteilung	96
VI.	Endgültige schriftliche Ablehnung weiterer Zahlungen unter Hinweis auf geleistete Zahlungen (§ 16 Nr. 3 Abs. 3 VOB/B)	99
VII.	Ausschlusswirkung gilt auch bei vorbehaltloser Schlussrückzahlung des Auftragnehmers	109
VIII.	Ausschluss auch bei früher gestellten, unerledigten Forderungen nach § 16 Nr. 3 Abs. 4 VOB/B	111
IX.	Ausnahme: Entbehrlichkeit des Vorbehalts	114
X.	Vorbehaltserklärung (§ 16 Nr. 3 Abs. 5 S. 1 VOB/B)	120
XI.	Adressat der Vorbehaltserklärung – Architekt	127
XII.	Beweislast für Vorbehaltserklärung	129
XIII.	Fristgerechte Vorbehaltserklärung (§ 16 Nr. 3 Abs. 5 S. 1 VOB/B)	130
XIV.	Weiteres Erfordernis: Fristgemäße Vorbehaltsbegründung (§ 16 Nr. 3 Abs. 5 S. 2 VOB/B)	134
XV.	Abweichende Vereinbarungen	142
XVI.	Nicht von der Einrede erfasster Bereich (Abs. 6)	143

Aufsätze: *Weyer* Die gefährdete Einrede aus § 16 Nr. 3 Abs. 2 S. 1 VOB/B BauR 1984, 553; *Dähne* Der Rückforderungsanspruch des öffentlichen Bauherren FS Korbion 1986 S. 39; *Peters* Die Fälligkeit der Werklohnforderung FS Korbion 1986 S. 337; *Grimme* Rechnungserteilung und Fälligkeit der Werklohnforderung NJW 1987, 468; *Langen* Verstößt § 16 Nr. 3 Abs. 2 bis 6 gegen das AGB-Gesetz? BauR 1991, 151; *Bergmann* Grundlagen der Vergütungsregelung nach BGB und § 16 VOB/B ZfBR 1998, 59; *Welte* Einwendungen gegen die Schlussrechnung nach Ablauf der Prüfungszeit von zwei Monaten oder beweisrechtliche Konsequenzen? BauR 1998, 284; *Knacke* Ist der Auftraggeber nach Ablauf der Zwei-Monatsfrist des § 16 Nr. 3 Abs. 1 VOB/B mit Einwendungen gegen die Schlussrechnung des Auftragnehmers ausgeschlossen? FS Vygen 1999 S. 214; *Groß* Vorbehaltsbegründung bei Schlusszahlungen BauR 2000, 342; *Kniffka* Das Gesetz zur Beschleunigung fälliger Zahlungen – Neuregelung des Bauvertragsrechts und seine Folgen ZfBR 2000, 227; *Peters* Das Gesetz zur Beschleunigung fälliger Zahlungen NZBau 2000, 169; *Peters* Fälligkeit und Verzug bei den Zahlungsansprüchen des Bauunternehmers nach der VOB/B NZBau 2002, 305; *Wacke* Verjährungsbeginn nicht vor Rechnungserteilung FS Jagenburg 2002 S. 953; *Stellmann/Schinköth* Schlussrechnung und Schlusszahlung nach der VOB/B ZfBR 2005, 3.

A. Übersicht

I. Bedeutung

1 § 16 Nr. 3 VOB/B befasst sich mit der **Schlusszahlung.** Der Begriff Schlusszahlung ist kein üblicher Rechtsbegriff mit feststehendem Inhalt im Allgemeinen Zahlungsverkehr (BGH Urt. v. 2.12.1982 VII ZR 63/82 BauR 1983, 165 = NJW 1983, 816; *Heiermann* NJW 1984, 2489; *Weyer* BauR 1984, 553). Unter Schlusszahlung wird für das Bauvertragsrecht die endgültige Begleichung der Vergütung des Auftragnehmers aus dem jeweiligen Bauvertrag verstanden. Es wird der **gesamte Betrag** gezahlt, der dem Auftragnehmer nach den bauvertraglichen Bedingungen und Bestimmungen **noch zusteht,** also abzüglich etwaiger, jedoch nicht notwendig (vgl. OLG München OLGZ 1979, 234) vorausgegangener Abschlags-, Voraus- und Teilschlusszahlungen, jedoch ungeachtet einer etwa nach § 17 Nr. 8 VOB/B noch nicht zurück zugewährenden Sicherheitsleistung.

Die Schlusszahlung § 16 Nr. 3 VOB/B

Allerdings kommt dem in der VOB verwendeten Begriff der Schlusszahlung eine Besonderheit zu: **Die Schlusszahlung ist nicht objektiv, sondern subjektiv orientiert,** und zwar aus der Sicht des Auftraggebers (vgl. insbesondere nachfolgend Rn. 28 ff.; ebenso u.a. OLG München BauR 1976, 61; *Locher* Rn. 336; *Leinemann* § 16 Rn. 87). Gemeint ist die letzte, im vorgenannten Umfang tatsächlich erfolgende Zahlung des Auftraggebers, und zwar desjenigen Betrages oder Restbetrages, der dem Auftragnehmer nach Ansicht des Auftraggebers noch zusteht. Dies folgt aus der in § 16 Nr. 3 Abs. 2 bis 6 VOB/B geregelten besonderen Ausschlusswirkung. **2**

Der vielfach verwendete Begriff »**Restzahlung**« ist mit dem hier gebrauchten der Schlusszahlung grundsätzlich identisch.

II. Vorherige Erteilung der Schlussrechnung

Die **Schlusszahlung setzt grundsätzlich (Ausnahme § 14 Nr. 4 VOB/B) die vorherige Aufstellung und Einreichung der prüfbaren Schlussrechnung** durch den Auftragnehmer voraus (BGH Urt. v. 16.6.1977 VII ZR 66/76 BauR 1977, 354; BGH Urt. v. 5.4.1979 VII ZR 87/78 BauR 1979, 342; BGH Urt. v. 22.12.1983 VII ZR 213/82 BauR 1984, 182). **3**

Unter dem **Begriff der Schlussrechnung** versteht man die nach außen rechnungsmäßig zum Ausdruck kommende Äußerung des Auftragnehmers darüber, welche Vergütung er endgültig aus dem betreffenden Bauvertrag gegenüber dem Auftraggeber zu beanspruchen glaubt. Dies kommt in der Regel durch den Gebrauch des Wortes »Schlussrechnung« zum Ausdruck (vgl. z.B. OLG Frankfurt NJW-RR 1988, 600; LG Hamburg BauR 1995, 399), kann aber **auch auf andere Weise kenntlich gemacht werden,** sofern es **zweifelsfrei** geschieht, wie z.B. durch die Wendung »Rechnung betr. Auftrag vom (...)« sowie die genaue Kennzeichnung des Orts der Bauleistung, wenn die Rechnung kurz nach Beendigung der Bauleistung vorgelegt wird und kein Anhaltspunkt dafür besteht, dass es sich um eine nur vorläufige Rechnung handeln soll (vgl. LG Freiburg NJW-RR 1989, 1297). Darüber hinaus muss von einer Schlussrechnung immer dann gesprochen werden, wenn die nach der Fertigstellung der in Auftrag gegebenen Leistung überreichte Rechnung alle vom Auftragnehmer übernommenen und ausgeführten Arbeiten enthält, so dass sich eine weitere Rechnung erkennbar erübrigt (BGH Urt. v. 12.6.1975 VII ZR 55/73 BauR 1975, 344 = NJW 1975, 1701; OLG Köln BauR 2006, 1143 = NZBau 2006, 45). Entscheidend ist immer, dass der **Auftragnehmer zu erkennen gibt, welche Vergütung er insgesamt für seine Leistung aus dem betreffenden Vertrag fordert**, und dass der Auftraggeber damit Gelegenheit erhält, die Rechnungsposten anhand der vertraglichen Leistungs- und Preisangaben zu prüfen und den nach seiner Ansicht von ihm noch zu zahlenden Gesamtbetrag zu ermitteln. Darauf, ob einzelne Teile der Schlussrechnung erst später fällig werden, wie z.B. der Sicherheitseinbehalt, kommt es nicht an, da der Auftraggeber auch hier feststellen kann, ob dieser erst später fällig werdende Teil zutreffend ermittelt worden ist, ob die Sicherheitssumme zur Deckung etwaiger Mängelbeseitigungskosten ausreicht oder ob gegenüber dem bereits fälligen Teil der Vergütung ein gesetzliches Leistungsverweigerungsrecht geltend gemacht werden soll (BGH Urt. v. 12.7.1979 VII ZR 174/78 BauR 1979, 525). **4**

Sofern eine hinreichende Kennzeichnung erfolgt oder sich aus ihrem eindeutig voneinander abgegrenzten Inhalt zweifelsfrei ergibt (vgl. dazu OLG Köln MDR 1985, 496; LG Hamburg BauR 1995, 399.), kann die Schlussrechnung durchaus **aus mehreren Einzelrechnungen** bestehen (BGH Urt. v. 23.10.1986 VII ZR 49/86 BauR 1987, 96 = NJW 1987, 493; vgl. auch BGH NJW-RR 1988, 1660; OLG Naumburg BauR 2005, 1796). Das kann auch auf mehrere Abschlagsrechnungen zutreffen, wenn sie für den Auftraggeber klar erkennbar sämtliche vom Auftragnehmer ausgeführten Leistungen enthalten und eine weitere zusammengefasste Rechnung nur eine Förmlichkeit wäre (ähnlich OLG Hamm OLGR 1995, 208 = NJW-RR 1996, 593; *Leinemann* § 16 Rn. 90; *Kapellmann/Messerschmidt* § 16 Rn. 173). Eine Schlussrechnung ist es dagegen nicht, wenn der Auftragnehmer zunächst eine Rechnung über die erbrachten Leistungen nach den ursprünglich vereinbarten Preisen vorlegt und da- **5** nach eine weitere Rechnung auf der Grundlage besonderer vertraglicher Vereinbarung, wie z.B. einer Lohn- und Materialpreisgleitklausel und der darauf beruhenden erhöhten Kosten, **sofern er die spätere Berechnung erkennbar** mündlich oder schriftlich **vorbehalten** oder sogar mit dem Auftraggeber oder dessen befugtem Vertreter, wozu, da es hier nicht schon um die Anerkennung der Forderung des Auftragnehmers geht, auch der mit der Rechnungsprüfung befasste Architekt gehört, vereinbart hat (BGH Urt. v. 8.12.1977 VII ZR 84/76 BauR 1978, 145). Gleiches gilt, wenn der Auftragnehmer zunächst nur die ursprünglich vereinbarte Pauschalvergütung abrechnet und ankündigt, zusätzliche Kosten aus dem **einheitlichen** Bauauftrag **gesondert** in Rechnung zu stellen. Dann ist nur die letztere Rechnung eine Schlussrechnung, während es sich bei der ersteren um eine – bloße – Zwischenrechnung handelt (BGH Urt. v. 11.3.1982 VII ZR 104/81 BauR 1982, 282 = NJW 1982, 1594; OLG Köln BauR 2006, 1143 = NZBau 2006, 45).

6 Eine **Schlussrechnung** kann dagegen aber auch dann vorliegen, wenn sich dies erst aus dem späteren – eindeutigen – Verhalten des Auftragnehmers ergibt. So kann eine zunächst über eine **Teilleistung erteilte Rechnung** dadurch zur Schlussrechnung werden, dass der Auftragnehmer später aus dem betreffenden Bauauftrag keine Forderungen mehr stellt (vgl. OLG Köln NJW-RR 1992, 1375, für den Fall von Teilrechnungen, die die erbrachten Leistungen voll enthielten; OLG Koblenz NZBau 2000, 512, für den Fall, dass der Auftragnehmer im Prozess klarstellt, dass es sich um die endgültige Abrechnung der erbrachten Leistungen handelt). Dies trifft selbst dann zu, wenn sich der Auftragnehmer bei Übersendung der nur Teilleistungen betreffenden Rechnung die Geltendmachung weiterer Ansprüche vorbehält, wie z.B. bei einer nach Kündigung gem. § 8 Nr. 1 VOB/B erfolgenden Abrechnung der erbrachten Leistungen unter gleichzeitigem Vorbehalt von Vergütungsansprüchen für die nicht geleisteten Arbeiten, und er in einer späteren Rechnung diesen Vorbehalt nicht mehr wiederholt (*Leinemann* § 16 Rn. 90). Das gilt vor allem auch, wenn der Auftragnehmer dann nur die Vergütung seiner Rechnung über die erbrachten Leistungen einklagt und im Verlauf des Prozesses auf die ursprünglich vorbehaltenen weiteren Ansprüche nicht mehr zurückkommt, vielmehr die eingeklagte Summe als Schlussrechnungsbetrag behandelt. (BGH Urt. v. 13.2.1975 VII ZR 120/74 BauR 1975, 282; BGH Urt. v. 26.6.1975 VII ZR 164/73 BauR 1975, 349 = NJW 1975, 1833).

7 Andererseits verstößt eine Klausel in **AGB** – insbesondere Zusätzlichen Vertragsbedingungen – des Auftraggebers dahin, dass der Auftragnehmer mit Einreichung der Schlussrechnung auf weitere Forderungen aus dem betreffenden Bauvorhaben verzichtet, gegen **§ 308 Nr. 5 BGB**. Dies gilt auch für den kaufmännischen Bereich, so dass eine entsprechende Klausel **gegen § 307 BGB verstößt** (BGH Urt. v. 20.4.1989 VII ZR 35/88 BGHZ 107, 205 = BauR 1989, 461 = NJW 1989, 2124; *Korbion/Locher/Sienz* K Rn. 160 ff.; *Stellmann/Schinköth* ZfBR 2005, 3; *Kapellmann/Messerschmidt* § 16 Rn. 178).

B. Fälligkeit der Schlusszahlung (§ 16 Nr. 3 Abs. 1 VOB/B)

I. Grundsätzlich Fälligkeit zwei Monate nach Zugang der Schlussrechnung (§ 16 Nr. 3 Abs. 1 S. 1 VOB/B)

8 Nach § 16 Nr. 1 Abs. 1 S. 1 VOB/B ist die Schlusszahlung alsbald nach Prüfung und Feststellung der vom Auftragnehmer vorgelegten prüfbaren Schlussrechnung (§ 14 Nr. 3 VOB/B) fällig, spätestens innerhalb von zwei Monaten nach ihrem Zugang. Die Frist von zwei Monaten ist eine **Fälligkeitsregel** im Rechtssinne, und zwar neben der ebenfalls erforderlichen Einreichung einer prüfbaren Schlussrechnung sowie der Abnahme der Leistung. Dies gilt unabhängig von der im jeweiligen Vertrag vereinbarten Vergütungsart, ob es sich also um einen Einheitspreisvertrag, einen Pauschalvertrag, einen Stundenlohnvertrag oder um einen Selbstkostenvertrag handelt. Insoweit macht die VOB/B schon nach ihrem Wortlaut ersichtlich keinen Unterschied, so dass diese Vertragsbestimmung auch für den Fall gilt, in dem ein Pauschalpreis vereinbart wurde, der unverändert weiter gilt, weil sich bei der Ausführung der bei Vertragsabschluss vorausgesetzte Leistungsinhalt nicht geändert hat (zutreffend: BGH Urt. v. 20.10.1988 VII ZR 302/87 BauR 1989, 87 = NJW 1989, 836; OLG Frankfurt NJW-RR 1988, 983). Aber auch aus Gründen der Rechtssicherheit ist eine derartig **einheitliche Fälligkeitsregelung** angebracht. Einmal wird auch bei unveränderten Pauschalverträgen dem Auftraggeber die Gelegenheit gegeben, nachzuprüfen, ob alle im Vertrag vereinbarten Leistungseinzelheiten erbracht sind, ob der in der Schlussrechnung noch verlangte Betrag sich unter Berücksichtigung schon erbrachter Zahlungen vereinbaren lässt. Zum anderen geht es bei der hier erörterten Fälligkeitsregelung nicht zuletzt darum, die für die Schlusszahlung noch benötigten Mittel zu beschaffen und pünktlich nach Ablauf der Frist zur Verfügung zu haben, um nicht in Zahlungsverzug (vgl. dazu § 16 Nr. 5 Abs. 3 und 4 VOB/B) zu geraten.

Verweigert der Auftraggeber zu Unrecht die Annahme der Schlussrechnung, so gilt sie ihm nach Maßgabe des § 130 BGB als zugegangen, ohne dass es dabei auf Arglist ankommt (zutreffend: *Heiermann/Riedl/Rusam* § 16 Rn. 67 m.w.N.; *Kapellmann/Messerschmidt* § 16 Rn. 190).

Die Frist von 2 Monaten gilt unabhängig davon, ob die Rechnung tatsächlich geprüft und festgestellt worden ist. Das bedeutet, dass grundsätzlich (über Ausnahmen vgl. § 16 Nr. 3 VOB/B Rn. 17 ff.) die Schlussrechnung **zwei Monate nach ihrem Zugang** zur Zahlung **fällig** wird, wozu es allerdings – wie schon gesagt – auch der Abnahme bedarf, die oft genug aber vorher liegen dürfte. Damit tritt allerdings nicht sogleich schon Verzug des Auftraggebers ein; dazu bedarf es der weiteren, in § 16 Nr. 5 Abs. 3 und 4 VOB/B geregelten Voraussetzungen (vgl. § 16 Nr. 5 VOB/B Rn. 13 ff.).

Vor Ablauf der 2-Monatsfrist kann der Auftragnehmer also grundsätzlich **weder die Schlusszahlung noch die Verzinsung beanspruchen** (BGH Urt. v. 24.5.1971 VII ZR 155/70 NJW 1971, 1455 = BauR 1971, 203; BGH Urt. v. 12.2.1970 VII ZR 168/67 BGHZ 53, 222 = BauR 1970, 113 = NJW 1970, 938). Der Auftraggeber läuft vor allem keine Gefahr, mit seiner Zahlungspflicht in Verzug zu kommen, wenn er die Schlussrechnung nach einer – nicht verzögerten – Prüfung begleicht (BGH a.a.O.; vgl. auch BGH Urt. v. 22.4.1982 VII ZR 191/81 BGHZ 83, 382 = BauR 1982, 377 = NJW 1982, 1815).

Das zur Fälligkeit Gesagte trifft somit auch zu, wenn der Auftragnehmer die Erteilung der Schlussrechnung über den nach § 14 Nr. 3 VOB/B vereinbarten Zeitpunkt hinaus verzögert hat (BGH Urt. v. 24.5.1971 VII ZR 155/70 BauR 1971, 203 = NJW 1971, 1455; BGH Urt. v. 1.7.1971 VII ZR 224/69 BGHZ 56, 312 = BauR 1971, 260).

Allgemeine Geschäftsbedingungen dahin gehend, dass die Schlussrechnung durch ein Architekten- oder Ingenieurbüro geprüft werden müsse, oder auch, dass sie der Anerkennung durch den Auftraggeber bedürfe, bedeuten für sich allein noch nicht, dass damit die von der VOB festgelegte Fälligkeit der Schlusszahlung hinausgeschoben ist. Eine von der VOB abweichende andere vertragliche Festlegung eines Fälligkeitszeitpunktes liegt auch nicht schon in der Abrede »Der Unternehmer haftet für die einwandfreie Ausführung der Arbeiten auf die Dauer von zwei Jahren vom Tag der Abnahme und hat während dieser Zeit ein Haftgeld von 10% der Abrechnungssumme zu hinterlegen«; eine solche Regelung hat nur Fragen der Gewährleistung und der Sicherheitsleistung, nicht aber die Fälligkeit der Vergütung zum Gegenstand (BGH Urt. v. 24.1.1972 VII ZR 171/70 BGHZ 58, 103 = BauR 1972, 179 = NJW 1972).

Eine Vertragsbedingung, durch die die Fälligkeit der Vergütung des Auftragnehmers davon abhängig gemacht wird, dass dieser dem Auftraggeber so genannte **Mängelfreibescheinigungen** Dritter (z.B. Erwerber) vorlegt, ist unangemessen und nach § 307 BGB unwirksam, weil diese Voraussetzung vom Auftragnehmer gegenüber dem Dritten nicht durchgesetzt werden kann, da er mit diesem nicht in einem Vertragsverhältnis steht. Insoweit kommt es nicht darauf an, ob die Bescheinigungen für verschiedene Hauseinheiten von mehreren oder von einem einzigen Dritten (z.B. Generalmieter) auszustellen wären (OLG Köln SFH § 641 BGB Nr. 2). Ebenso unter dem Aspekt des § 307 BGB ist eine Klausel in Zusätzlichen Vertragsbedingungen zu beurteilen, wonach die in Abs. 1 S. 1 festgelegte **Fälligkeit verlängert** wird, weil schon die VOB-Regelung im Verhältnis zu § 641 BGB ein

Hinausschieben der gesetzlichen Fälligkeitsbestimmung enthält (OLG Köln IBR 2006, 244, für eine Fälligkeitsfrist von 90 Tagen). Gleiches gilt für eine AGB des Auftraggebers, nach der die Prüfungspflicht hinsichtlich der Schlussrechnung auf 3 Monate verlängert und außerdem der Fristbeginn vom Vorhandensein von Prüfungsunterlagen (die sich nicht in Händen des Auftragnehmers befinden) abhängig gemacht wird (vgl. OLG München BauR 1990, 471 = NJW-RR 1990, 1358).

11 Der genannte Fälligkeitszeitpunkt gilt auch für solche Forderungen, für die der Auftraggeber schon vor Einreichung der Schlussrechnung erklärt hat, er werde sie nicht bezahlen (BGH Urt. v. 19.1.1970 VII ZR 151/58 BauR 1970, 116). Auch die Verjährungsfrist hinsichtlich dieser Forderungen beginnt am Schluss des Jahres, in dem die Fälligkeit der Schlusszahlung eintritt (BGH Urt. v. 19.1.1970 VII ZR 151/58 BauR 1970, 116).

Die in § 16 Nr. 3 Abs. 1 VOB/B enthaltene Fälligkeitsregelung mit einer Prüffrist von 2 Monaten für die Schlusszahlung ist im Fall einer isolierten Inhaltskontrolle nach § 307 BGB unwirksam. Sie gilt nur für den Fall, dass die **VOB/B als Ganzes** vereinbart wurde (OLG Karlsruhe NJW-RR 1993, 1435; OLG München IBR 1995, 8; OLG Düsseldorf BauR 2006, 120; OLG Naumburg BauR 2006, 849; *Korbion/Locher/Sienz* K Rn. 180; *Peters* NZBau 2002, 305; *Franke/Kemper/Zanner/Grünhagen* § 16 Rn. 168; *Leinemann* § 16 Rn. 99). Es ist zwar nicht zu verkennen, dass der Auftraggeber beim Bauvertrag in die Lage versetzt werden muss, die Berechtigung der Werklohnforderung zu überprüfen. Deshalb stellen die Verknüpfung der Fälligkeit mit der Erteilung einer prüffähigen Rechnung und die Einräumung einer Prüffrist an sich noch keine unangemessene Benachteiligung i.S.d. § 307 Abs. 1 BGB dar. Bedenklich ist aber bereits die Dauer der Prüffrist von zwei Monaten, die in den meisten Fällen für eine Rechnungsprüfung nicht erforderlich ist. Darüber hinaus darf die Fälligkeitsregelung des § 16 Nr. 3 Abs. 1 S. 1 VOB/B nicht isoliert von der Verzugsregelung des § 16 Nr. 5 Abs. 3 VOB/B gesehen werden, wonach Verzug erst mit Ablauf einer Nachfrist eintritt, deren Beginn wiederum den Ablauf der 2-Monatsfrist des § 16 Nr. 3 Abs. 1 VOB/B voraussetzt. I.E. kann also ein Verzug des Auftraggebers mit der Bezahlung der Werklohnforderung selbst dann frühestens nach mehr als 2 Monaten eintreten, wenn der Auftragnehmer sofort nach Fälligkeitseintritt eine Nachfrist setzt (*Peters* NZBau 2002, 305). Solange kann der Auftraggeber mit der Bezahlung ohne Risiko zuwarten. Diese Kombination von Fälligkeits- und Verzugsregelung weicht derart vom gesetzlichen Leitbild der §§ 641, 286 BGB ab, dass sie einer AGB-rechtlichen Inhaltskontrolle nicht Stand hält.

Die AGB-rechtliche Unwirksamkeit des § 16 Nr. 3 Abs. 1 VOB/B im Falle einer **isolierten Inhaltskontrolle** führt auch dazu, dass die **Verjährungsfrist** für die Werklohnforderung des Auftraggebers dann bereits mit der Abnahme der Werkleistung nach § 641 BGB und nicht erst mit der Rechnungserteilung zu laufen beginnt (OLG Naumburg BauR 2006, 849). Also ist hier die Vereinbarung der VOB/B »als Ganzes« durchaus für den Auftraggeber von Vorteil!

II. Auch Fälligkeit von in Schlussrechnung nicht aufgenommenen Forderungen

12 Darüber hinaus werden nicht nur solche Forderungen fällig, die in der Schlussrechnung enthalten sind, sondern auch solche, die in die Schlussrechnung – sei es bewusst, sei es aus Vergesslichkeit – nicht aufgenommen worden sind (vgl. auch OLG Düsseldorf NJW 1977, 1298; OLG Bamberg IBR 2003, 525; *Nicklisch/Weick* § 16 Rn. 40; Beck'scher VOB-Komm./*Motzke* § 16 Nr. 3 Rn. 47; *Stellmann/Schinköth* ZfBR 2005, 3; a.A. *Heiermann/Riedl/Rusam* § 16 Rn. 65).

Insoweit gilt eine **einheitliche Fälligkeit, was für den Beginn der Verjährungsfrist von größter Bedeutung** ist (BGH Urt. v. 12.2.1970 BGHZ 53, 222 = BauR 1970, 113 = NJW 1970, 938; vgl. auch BGH Urt. v. 22.4.1982 VII ZR 191/81 BGHZ 83, 382 = BauR 1982, 377 = NJW 1982, 1815; OLG Bamberg IBR 2003, 525). Selbstverständlich kann diese Folge nur für sämtliche Forderungen aus einem einheitlichen Auftrag gelten; sie geht also nicht darüber hinaus. Auch muss vorausgesetzt werden, dass die betreffenden Forderungen in der Schlussrechnung bereits enthalten sein können (BGH a.a.O.).

III. Prüfung und Feststellung der Schlussrechnung

Weitere grundsätzliche Voraussetzung für den Eintritt der Zahlungspflicht des Auftraggebers ist es nach dem Wortlaut in § 16 Nr. 3 Abs. 1 S. 1 VOB/B, dass die vom Auftragnehmer aufgrund der Regelungen in § 14 Nr. 1 bis 3 VOB/B aufgestellte und vorgelegte prüfbare Schlussrechnung vom Auftraggeber oder von dessen bevollmächtigtem Vertreter (in der Regel dem Architekten) geprüft und festgestellt worden ist. Es muss also dafür zunächst eine Schlussrechnung vorliegen, die den Erfordernissen von § 14 Nr. 1 VOB/B entspricht (vgl. § 14 Nr. 1 VOB/B Rn. 7). Jedoch: Unterbleibt die Prüfung und Feststellung der prüfbaren Schlussrechnung innerhalb der Zwei-Monatsfrist, obwohl der Auftraggeber in dieser Zeit dazu in der Lage gewesen wäre, wird sie dennoch nach Ablauf der Frist fällig (vgl. § 16 Nr. 3 VOB/B Rn. 9).

13

Ein **Architekt,** dem die Objektüberwachung bei der Bauerrichtung übertragen ist (§ 15 Abs. 2 Nr. 8 HOAI), besitzt allein deswegen noch keine Vollmacht, namens des Auftraggebers **Rechnungen** der Auftragnehmer **anzuerkennen** (vgl. zu dieser Frage BGH NJW 1960, 859; OLG Hamm BauR 1996, 739; *Locher/Koeble/Frik* Einl. Rn. 51). Eine derartige Vollmacht gibt es weder nach der Verkehrssitte, noch wird sie vermutet. Sie ergibt sich auch nicht aus dem Architektenvertrag (vgl. dazu schon eingehend und zutreffend: *Hochstein* BauR 1973, 333). Eine solche Vollmacht ist ausnahmsweise anzunehmen, wenn der Architekt vom Auftraggeber nicht nur mit der Rechnungsprüfung, sondern auch mit der weiteren Abwicklung des Bauvorhabens beauftragt worden ist, er allein mit dem Auftragnehmer verhandeln sollte und verhandelt hat, vor allem dann, wenn er im Bauvertrag ausdrücklich als zur Vertretung des Auftraggebers ermächtigt bezeichnet ist (vgl. BGH Urt. v. 20.11.1986 VII ZR 332/85 BauR 1987, 218 = NJW 1987, 775). Die Vollmacht muss im Streitfall vom Auftragnehmer bewiesen werden.

14

Ein mit Vollmacht des Auftraggebers vom Architekten oder auch vom Auftraggeber selbst auf die Schlussrechnung – wie auch auf die übrigen Rechnungen – gesetzter **Anerkennungsvermerk** hat ohne Vorliegen besonderer Umstände nicht die Wirkung eines Anerkenntnisses (BGH Urt. v. 6.12.2001 VII ZR 241/00 BauR 2002, 613 = NZBau 2002, 338; BGH Urt. v. 14.10.2004 VII ZR 190/03 BauR 2005, 94 = NZBau 2005, 148; OLG Hamm BauR 1996, 739; OLG Karlsruhe BauR 1998, 403; OLG Düsseldorf BauR 2003, 887; *Werner/Pastor* Rn. 2030 ff.; zum Prüfvermerk des öffentlichen Auftraggebers vgl. OLG Frankfurt BauR 1997, 323; OLG Celle BauR 1999, 1457). Der **Prüfvermerk** stellt eine reine Wissenserklärung dar. Ihm kommt auch dann keine rechtsgeschäftliche Wirkung zu, wenn die mit dem Prüfvermerk des Architekten versehene Schlussrechnung von dem Auftraggeber an den Auftragnehmer übersendet wird (BGH Urt. v. 14.10.2004 VII ZR 190/03 BauR 2005, 94 = NZBau 2005, 148). Dagegen kann ausnahmsweise ein Anerkenntnis vorliegen, wenn der Auftraggeber dem Auftragnehmer durch einen auf die Rechnung gesetzten Vermerk oder auf andere Weise unzweideutig zu erkennen gibt, dass seine Forderung ganz oder teilweise berechtigt ist, etwa wenn der Auftraggeber auf die Schlussrechnung des Auftragnehmers eine Zahlung leistet und diesem auf dessen Anforderung eine Kopie seiner internen Abrechnung übersendet, aus der sich das Prüfungsergebnis eindeutig ergibt (vgl. dazu OLG Karlsruhe BauR 1998, 403). Ein deklaratorisches Anerkenntnis soll auch dann vorliegen, wenn der Auftraggeber nach Abschluss der Rechnungsprüfung eine Schlusszahlung in bestimmter Höhe unter Hinweis auf die Ausschlusswirkung von § 16 Nr. 3 Abs. 2 VOB/B ankündigt (LG Bochum BauR 2002, 344; LG Schwerin BauR 2002, 346).

15

Soweit ein Architekt bloß befugt ist, Rechnungen für den Bauherrn entgegenzunehmen, bedeutet der von ihm auf die Rechnungen gesetzte Vermerk »sachlich und rechnerisch richtig« zwar einen Nachweis für die erfolgte Prüfung und Feststellung, jedoch geht seine Bedeutung nicht darüber hinaus (BGH Urt. v. 6.12.2001 VII ZR 241/00 BauR 2002, 613 = NZBau 2002, 338; OLG Düsseldorf

BauR 2003, 887; OLG Hamm BauR 1996, 739; Beck'scher VOB-Komm./*Motzke* § 16 Nr. 3 Rn. 37; *Heiermann/Riedl/Rusam* § 16 Rn. 63; *Kapellmann/Messerschmidt* § 16 Rn. 183). Insbesondere ergibt sich daraus allein **nicht** schon, dass der Auftraggeber damit das Prüfungsergebnis akzeptiert hat. Auch ergibt sich aus dem Vermerk allein noch nicht, dass die Arbeiten im Wesentlichen vertragsgemäß ausgeführt worden sind.

IV. Bedeutung der Prüfung und Feststellung

16 **Prüfung und Feststellung** bedeuten, wie sich schon aus dem vorangehend Gesagten ergibt, die inhaltliche Nachprüfung der Rechnungsangaben des Auftragnehmers unter Beachtung der entsprechenden bauvertraglichen Vereinbarungen, insbesondere auch durch Gegenüberstellung der Leistungs- und Preisangaben im Leistungsverzeichnis oder in den sonstigen Vertragsunterlagen mit der tatsächlich erbrachten Leistung. Es handelt sich bei der anzustellenden Prüfung im Wesentlichen um Ermittlungen im Wege des Vergleichens und Nachrechnens, ggf. auch des Korrigierens. Feststellung gem. S. 1 bedeutet die Zusammenfassung dieses Ermittlungsergebnisses im Sinne einer endgültigen Schlussziehung.

V. Beschleunigung der Prüfung

17 Die **Prüfung der Schlussrechnung**, deren Prüfbarkeit hier zwangsläufig aus dem gegebenen Sachzusammenhang vorauszusetzen ist, ist, wie aus § 16 Nr. 3 Abs. 1 S. 2 VOB/B hervorgeht, nach Möglichkeit **zu beschleunigen.** Dadurch ist dem Auftraggeber die vertragliche Verpflichtung auferlegt, nach besten Kräften sofort nach Erhalt der Schlussrechnung deren Überprüfung vorzunehmen. Der Auftraggeber muss bedenken, dass er vom Auftragnehmer die zügige und sachgerechte Erbringung der Leistung, unter Umständen innerhalb einer nach § 5 VOB/B festgelegten verbindlichen Ausführungsfrist, verlangt hat. Dann muss er auch seiner Vergütungspflicht baldigst nachkommen. Dazu lässt ihm die VOB grundsätzlich sogar zwei Monate nach Zugang der Schlussrechnung Zeit. Diese muss er unbedingt nutzen, da sich aus § 16 Nr. 1 S. 1 VOB/B ergibt, dass die Schlusszahlung grundsätzlich nach Ablauf dieser Frist fällig wird, unabhängig davon, ob der Auftraggeber die ihm für die Prüfung und Feststellung gesetzte Frist ausgenutzt hat oder nicht.

VI. Ausnahme: Objektiv erforderliche längere Prüfung und Feststellung

18 Es ist aber denkbar, dass der Auftraggeber bei aller ihm auferlegten Beschleunigung nicht in der Lage ist, innerhalb von zwei Monaten nach Zugang die Prüfung der Schlussrechnung insgesamt und abschließend vorzunehmen. Dabei können jedoch nur rein sachliche Hinderungsgründe eine Rolle spielen, während persönliche Behinderungen des Auftraggebers oder seines Vertreters (wie z.B. sonstige übermäßige Beschäftigung, Urlaub) grundsätzlich unbeachtlich sind. Der Auftraggeber muss nämlich dafür sorgen, dass in seinem personellen Bereich Vorsorge getroffen ist, die Prüfung der Schlussrechnung sogleich nach Zugang zu beginnen, zügig fortzusetzen und zu beenden.

19 Anzuerkennende Gründe für die Verzögerung sind deshalb nur denkbar wegen des Umfanges der Bauleistung, wenn dieser z.B. zu groß ist und die Prüfung objektiv zwangsläufig eine längere Dauer in Anspruch nehmen muss, ausgehend vom Zugang der prüfbaren Schlussrechnung. Dabei können auch umfangreiche Arbeiten im Rechnungsbereich selbst vorkommen, wenn z.B. eine erhebliche Anzahl von Abschlagszahlungen oder Teilschlusszahlungen rechnerisch zusammengestellt und in das notwendige Verhältnis zur Schlussrechnung gebracht werden muss. Auch kann es sein, dass die zur Prüfung benötigten Unterlagen aus vom Auftraggeber nicht zu vertretenden Gründen für einige Zeit nicht zugänglich sind, wie z.B. bei Verhaftung des Architekten und der Beschlagnahme seiner auf das Bauwerk bezogenen Unterlagen (vgl. BGH Urt. v. 16.12.1968 VII ZR 141/66 NJW 1969, 428). Schließlich kann eine **Verzögerung der Rechnungsprüfung** auf Veranlassung des Auftragnehmers in Betracht kommen, wenn Beanstandungen rechnerischer oder leistungsmäßiger Art unbedingt notwendig werden oder wenn noch zeitraubende Ermittlungen oder sonstige Aufklärungen sich für den Auftraggeber als objektiv erforderlich erweisen. Es bleibt jedoch im Ausgangspunkt die grundsätzliche Verpflichtung des Auftraggebers, spätestens kurz vor Ablauf von zwei Monaten nach Zugang der Schlussrechnung die Prüfung und Feststellung abzuschließen, um pflichtgerecht bis zum Ende der Frist Schlusszahlung leisten zu können. Voraussetzung für den hier angesprochenen Ausnahmefall ist daher immer, dass der Auftraggeber aus im **Einzelfall von ihm nachzuweisenden objektiv berechtigten Gründen** nicht in der Lage war, eine fristgerechte Prüfung und Feststellung der Schlussrechnung vorzunehmen und demgemäß die Schlusszahlung zu leisten. Insoweit sind **strenge Anforderungen** an die Nachweispflicht des Auftraggebers zu stellen, um ihn entlasten zu können. Dazu genügen nicht die Einschaltung zusätzlicher Prüfungsinstanzen oder andere organisatorische Maßnahmen im Verantwortungsbereich des Auftraggebers, die zu einer Verzögerung der Rechnungsprüfung führen können (OLG Düsseldorf BauR 1981, 479; *Leinemann* § 16 Rn. 103).

VII. Ausnahmsweise: Hinausschieben der Fälligkeit

Ergibt sich aus objektiv anzuerkennenden sachlichen Gründen **ausnahmsweise eine Verzögerung** der Prüfung und Feststellung der Schlussrechnung, wird in aller Regel die dem Auftraggeber eingeräumte Frist von zwei Monaten zur Zahlung der Schlussrechnung nicht eingehalten werden können. Schieben sich zwangsläufig die Prüfung und die Feststellung trotz aller dem Auftraggeber auferlegten und zuzumutenden Anstrengungen über zwei Monate hinaus, ist damit auch die **Fälligkeit hinausgeschoben** (vgl. BGH Urt. v. 16.12.1968 VII ZR 141/66 NJW 1969, 428; OLG Düsseldorf BauR 1981, 479; Beck'scher VOB-Komm./*Motzke* § 16 Nr. 3 Rn. 44; *Stellmann/Schinköth* ZfBR 2005, 3; *Leinemann* Rn. 103) und zwar so lange, bis die bestehenden Hindernisse bei der Prüfung und Feststellung **beseitigt sind oder – für die Praxis von besonderer Wichtigkeit – bei objektiver Betrachtung beseitigt sein können**. Dann beginnt für den Auftraggeber nicht etwa eine neue Zahlungsfrist von zwei Monaten. Vielmehr muss er unverzüglich seine Prüfung zu Ende führen und die Schlusszahlung leisten, so dass hier deren Fälligkeit in dem Zeitpunkt eintritt, **in** dem der Auftraggeber die Prüfung in zumutbarer Zeit erledigt hat oder hätte erledigen können. Dies beurteilt sich unter den gebotenen strengen Anforderungen nach den Gegebenheiten des Einzelfalles.

20

VIII. Auszahlung unbestrittenen Guthabens als Abschlagszahlung

In allen Fällen, in denen aus in dem nicht vom Auftraggeber zu verantwortenden Bereich liegenden sachlichen Gründen die Prüfung und Feststellung der Schlussrechnung nicht alsbald durchgeführt werden kann, darf der Auftraggeber nicht insgesamt mit der Schlusszahlung so lange warten, bis die vollständige Prüfung und Feststellung der Schlussrechnung erfolgt ist. Vielmehr hat er dann nach § 16 Nr. 3 Abs. 1 S. 3 VOB/B die vertragliche Pflicht, das **unbestrittene,** also insoweit feststehende **Guthaben** des Auftragnehmers **s**ofort an diesen als Abschlagszahlung zur Auszahlung zu bringen. Entsprechendes gilt, wenn sich bei der Rechnungsprüfung Unklarheiten ergeben.

21

Dies trifft vor allem auch zu, wenn sich überhaupt bei der Rechnungsprüfung Unklarheiten oder gar Meinungsverschiedenheiten nur über einzelne Rechnungsansätze des Auftragnehmers ergeben. Dies folgt aus dem Sinn der hier erörterten Vertragsbestimmung, den Vertrag soweit als möglich zügig abzuwickeln.

Ein **unstreitiges Guthaben** liegt nicht allein dann vor, wenn einzelne Positionen der Schlussrechnung unstreitig sind. Erforderlich ist weiter, dass sich aus der Gesamtabrechnung des Vertrags eine Gesamtsumme von unbestrittenen Einzelpositionen ergibt, die ein unstreitiges Guthaben erst begründet (BGH Urt. v. 9.1.1997 VII ZR 69/96 BauR 1997, 468 = NJW 1997, 1447). Ebenso können einzelne Aktivpositionen einer Schlussrechnung nicht isoliert abgetreten werden, weil diese lediglich Rechnungspositionen darstellen, deren Bedeutung für den Schlusssaldo nicht bestimmt und auch nicht bestimmbar ist (BGH Urt. v. 22.10.1998 VII ZR 167/97 BauR 1999, 251 = NJW 1999, 417).

Unbestritten ist das Guthaben nicht, wenn der Auftraggeber dem rechnerisch feststehenden Teil vom Auftragnehmer nicht anerkannte Gegenforderungen entgegenhält, wie z.B. aus einer Vertragsstrafe oder Schadensersatzansprüchen (LG Hamburg BauR 1995, 399; *Kapellmann/Messerschmidt* § 16 Rn. 207).

22 Zur Auszahlung des unbestrittenen Guthabens bedarf es keines besonderen Antrages des Auftragnehmers wie bei der normalen Abschlagszahlung nach § 16 Nr. 1 Abs. 1 S. 1 VOB/B. Vielmehr hat der Auftraggeber von sich aus Zahlung an den Auftragnehmer zu leisten. Das hat sofort zu geschehen, zumal insoweit im Allgemeinen von einer Anerkenntniswirkung zugunsten des Auftragnehmers auszugehen ist (vgl. auch LG Köln SFH Z 2.50 Bl. 28). Durch den in der VOB 2002 neu eingefügten § 16 Nr. 5 Abs. 4 VOB/B gerät der Auftraggeber nach Ablauf der 2-Monatsfrist mit der Bezahlung des fälligen unbestrittenen Guthabens ohne weiteres in Verzug. Bereits ab diesem Zeitpunkt ist der Anspruch mit dem gesetzlichen Zinssatz nach § 288 BGB zu verzinsen, sofern kein höherer Verzugsschaden nachgewiesen wird.

IX. Zahlungspflicht bei vorzeitiger Beendigung von Prüfung und Feststellung

23 Ist die Prüfung und Feststellung der Schlussrechnung bereits **vor dem Ablauf von zwei Monaten** seit Zugang beim Auftraggeber abschließend beendet und hat er den aus seiner Sicht berechtigten Rechnungsbetrag festgestellt und dem Auftragnehmer mitgeteilt, ist er verpflichtet, den Schlussbetrag alsbald zu zahlen, wie sich aus § 16 Nr. 3 Abs. 1 S. 1 VOB/B, insbesondere dem dort verwendeten Wort »spätestens«, ergibt (vgl. auch BGH Urt. v. 22.4.1982 VII ZR 191/81 BGHZ 83, 382 = BauR 1982, 377 = NJW 1982, 1815; BGH Beschl. v. 19.1.2006 IX ZR 104/03 = IBR 2006, 260; OLG Frankfurt NJW-RR 1988, 983; OLG Brandenburg BauR 2003, 1229; *Locher* Rn. 339; Beck'scher VOB-Komm./*Motzke* § 16 Nr. 3 Rn. 43). Er kann sich dann nicht auf die 2-Monatsfrist berufen. Der Auftraggeber hat in einem solchen Falle alle Anstrengungen zu machen, die Schlusszahlung noch vor dem Ablauf von zwei Monaten zu erbringen. Dies gilt vor allem auch für Pauschalverträge (BGH Urt. v. 20.10.1988 VII ZR 302/87 BauR 1989, 87 = NJW 1989, 836).

Voraussetzung für eine Vorverlegung der Fälligkeit ist aber, dass der Rechnungsbetrag von dem Auftraggeber tatsächlich zuvor festgestellt und dem Auftragnehmer mitgeteilt wurde. Der Auftragnehmer kann sich also nicht alleine auf einen früheren Fälligkeitstermin mit der Behauptung stützen, dem Auftraggeber sei eine frühere Prüfung möglich gewesen (*Werner/Pastor* Rn. 1396; Beck'scher VOB-Komm./*Motzke* § 16 Nr. 3 Rn. 43; *Leinemann* § 16 Rn. 102; a.A. *Hochstein* Anm. zu BGH SFH § 16 Nr. 3 VOB/B Nr. 21).

X. Folgen der unterlassenen Prüfung durch den Auftraggeber

24 In Vergütungsprozessen tritt nicht selten die Situation ein, dass der Auftraggeber erst nach langer Zeit, häufig erst während des Rechtsstreits, **Einwendungen gegen die Vergütungsforderung** erhebt, die er im Falle einer Rechnungsprüfung bereits innerhalb der 2-Monatsfrist hätte erkennen können. Da es sich dabei nicht selten um Einwendungen handelt, die zu einer erheblichen Verzögerung des Rechtsstreits etwa durch Einholung von Sachverständigengutachten führen und teilweise alleine den Zweck des Hinausschiebens der Zahlungspflicht verfolgen, stellt sich die Frage, ob der Auftraggeber damit aufgrund der unterlassenen Rechnungsprüfung ausgeschlossen ist. Dabei sind zwei Arten von Einwendungen zu unterscheiden:

Die Schlusszahlung   § 16 Nr. 3 VOB/B

Der Auftraggeber kann lange nach Ablauf der Prüfungsfrist **die Prüfbarkeit der Rechnung und da-** 25
mit die Fälligkeit der Forderung rügen. Damit war er schon nach der bisherigen Rechtslage ausgeschlossen, weil der Prüfungspflicht des Auftraggebers die Verpflichtung folgt, den Auftragnehmer auf die fehlende Prüffähigkeit hinzuweisen. Dies insbesondere deshalb, weil es für die Prüffähigkeit auf die Kenntnisse und Fähigkeiten des Auftraggebers entscheidend ankommt. Wird die fehlende Prüffähigkeit nicht innerhalb der Prüffrist gerügt, kann der Auftragnehmer deshalb davon ausgehen, dass dem Auftraggeber eine Prüfung der Rechnung möglich war. Aus diesem Grund wird hier durch den Ablauf der Prüfungsfrist ein Vertrauenstatbestand geschaffen, der es dem Auftraggeber untersagt, sich später auf die fehlende Prüffähigkeit zu berufen (vgl. dazu OLG Celle BauR 1996, 264; OLG Nürnberg BauR 1999, 1316; a.A. *Kapellmann/Messerschmidt* § 16 Rn. 188).

Der BGH hat sich dieser Auffassung inzwischen angeschlossen und eine Verpflichtung des Auftraggebers zur Prüfung der Rechnung und Mitteilung von Einwendungen gegen die Prüffähigkeit innerhalb der 2-Monatsfrist den **Kooperationspflichten** der Bauvertragsparteien entnommen (BGH Urt. v. 27.11.2003 VII ZR 288/02 BGHZ 157, 118 = BauR 2004, 316 = NJW-RR 2004, 445 [zum Architektenhonorarrecht]; BGH Urt. v. 23.9.2004 VII ZR 173/03 BauR 2004, 1937 = NZBau 2005, 40; BGH Urt. v. 8.12.2005 VII ZR 50/04 BauR 2006, 17 = NZBau 2006, 179; BGH Urt. v. 22.12.2005 VII ZR 316/03 BauR 2006, 678 = NJW-RR 2006, 455). Der Auftraggeber kann sich danach nur dann auf die fehlende Prüffähigkeit der Schlussrechnung und somit auf die fehlende Fälligkeit der Werklohnforderung berufen, wenn er innerhalb der Prüffrist von zwei Monaten zum einen die fehlende Prüffähigkeit gerügt und zum anderen mitgeteilt hatte, weshalb die Rechnung für ihn nicht prüfbar ist. Ansonsten wird eine objektiv nicht prüffähige Werklohnforderung mit Ablauf der 2-Monatsfrist fällig. Es findet dann eine Sachprüfung statt (BGH Urt. v. 22.12.2005 VII ZR 316/03 BauR 2006, 678 = NJW-RR 2006, 455). Diese Rechtsprechung des BGH wurde nunmehr in der **VOB 2006** in den neu eingefügten S. 2 des § 16 Nr. 3 Abs. 1 VOB/B übernommen.

Von der Berufung auf die fehlende Prüffähigkeit zu trennen ist die Frage, ob **der Auftraggeber nach** 26
Ablauf der 2-Monatsfrist mit inhaltlichen Einwendungen gegen die Schlussrechnung selbst wie etwa der Rüge überhöht abgerechneter Mengen **ausgeschlossen ist** (so OLG Bremen OLGR 2001, 79; OLG Düsseldorf BauR 1990, 609 = NJW-RR 1991, 278; OLG Düsseldorf BauR 1997, 1053 = NJW-RR 1998, 376; *Vygen*, Bauvertragsrecht nach VOB und BGB Rn. 760). Dies ist mit dem BGH (Urt. v. 18.1.2001 VII ZR 416/99 BauR 2001, 784 = NJW 2001, 1649) zu verneinen (ebenso OLG Brandenburg NZBau 2000, 513; OLG Celle BauR 2002, 1836; *Knacke* FS Vygen S. 214 ff.; *Werner/Pastor* Rn. 1396; Beck'scher VOB-Komm./*Motzke* § 16 Nr. 3 Rn. 40; *Heiermann/Riedl/Rusam* § 16 Rn. 63; *Zanner/Schulze* BauR 2001, 1186; *Leinemann* § 16 Rn. 101; *Kapellmann/Messerschmidt* § 16 Rn. 185; vgl. dazu *Welte* BauR 1998, 384 ff.). Für einen derart weitreichenden Einwendungsausschluss geben die §§ 14, 16 Nr. 3 Abs. 1 VOB/B keinen Anlass. Die Rechnungsprüfung dient zuerst dem Kontrollinteresse des Auftraggebers. Ein Unterlassen der Überprüfung oder Fehler des Prüfungsvorgangs selbst führen danach nicht zu einem Einwendungsausschluss. Dies ergibt sich nunmehr aus dem in der VOB 2006 neu eingefügten § 16 Nr. 3 Abs. 1 S. 2 VOB/B, wonach eine unterlassene Rüge der fehlenden Prüffähigkeit innerhalb der Prüffrist nur zur Fälligkeit der Forderung nicht aber zu einem weitergehenden Ausschluss von inhaltlichen Einwendungen gegen die Forderung führt. Auch die Prüfungsfrist von zwei Monaten erfüllt – insbesondere angesichts der gravierenden Auswirkungen des Einwendungsverlustes – nicht annähernd die Anforderungen, die an das Zeitelement bei der Verwirkung zu stellen sind. Insoweit ist auf die Rechtsprechung zur Verwirkung von Rückforderungsansprüchen öffentlicher Auftraggeber zu verweisen (vgl. dazu § 16 Nr. 3 VOB/B Rn. 43 ff.). Würde man hier nach Ablauf der 2-Monatsfrist einen Einwendungsausschluss bejahen, so wäre der Auftraggeber mit späteren Rückforderungsansprüchen aufgrund nachträglich erkannter Fehler bei der Abrechnung ausgeschlossen.

XI. Zusammenfassung

27 Die Fälligkeit der Schlussrechnung tritt nicht immer erst zwei Monate nach Einreichung ein. Die in Rn. 8 ff. angeführte Grundregel gilt also nicht ausnahmslos. Mitentscheidend für die Fälligkeit der Schlusszahlung sind nach allem auch die dem Auftraggeber zumutbare Beendigung der Prüfung und die Feststellung der Schlussrechnung innerhalb der zwei Monate bzw. spätestens nach zwei Monaten. **Die Zweimonatsfrist ist eine Höchstfrist für den Eintritt der Zahlungspflicht** des Auftraggebers, und zwar gerade für jene Fälle, in denen der Auftraggeber die Prüfung und Feststellung der Schlussrechnung bis zum Ablauf der zwei Monate noch nicht beendet hat. Sie kann ausnahmsweise nur hinausgeschoben werden, wenn aus sachlich berechtigten Gründen die Prüfung und Feststellung innerhalb der zwei Monate nicht beendet sein kann.

C. Die Schlusszahlung (§ 16 Nr. 3 Abs. 1 VOB/B)

I. Begriff der Schlusszahlung

28 Die folgenden Ausführungen beziehen sich nur auf den Begriff der Schlusszahlung als solchen im Rahmen von § 16 Nr. 3 Abs. 1 VOB/B; sie betreffen also noch nicht schon die Wirkungen einer etwaigen vorbehaltlosen Annahme der Schlusszahlung nach § 16 Nr. 3 Abs. 2 bis 6 VOB/B.

Zwar ist der Begriff »**Schlusszahlung**« dem allgemeinen bürgerlichen Recht sonst nicht bekannt; auch hat er im Allgemeinen Zahlungsverkehr keine feste Bedeutung. Er ist für die Abwicklung solcher Bauverträge maßgebend, denen die VOB/B zugrunde liegt (BGH BauR 1983, 165 = NJW 1983, 816) und hat sich auch im Bereich der BGB-Bauverträge eingebürgert.

29 Voraussetzung für eine Schlusszahlung in dem hier verstandenen Sinne ist es immer, dass sie sich auf **einen konkreten Bauvertrag** bezieht, also zum endgültigen Ausgleich auf die Vergütung des Auftragnehmers aus einem **bestimmten,** in sich abgeschlossenen **Vertrag** erfolgt und der Auftragnehmer dies **klar zu erkennen vermag** (vgl. OLG Hamburg BauR 1979, 163; OLG Düsseldorf IBR 2004, 120). Nicht begriffsnotwendig ist es dagegen für die Schlusszahlung, dass ihr aus dem betreffenden Vertrag andere Zahlungen (z.B. Vorauszahlungen nach Nr. 2, Abschlagszahlungen nach Nr. 1, Teilschlusszahlungen nach Nr. 4) vorausgegangen sind. Auch die nur einmalige Zahlung erfüllt die begrifflichen Voraussetzungen einer **Schlusszahlung** (zutreffend: OLG München BauR 1979, 436). Da § 16 Nr. 3 VOB/B für die Abwicklung konkreter Bauverträge, denen die VOB/B zugrunde liegt, gilt, also allein für ein bestimmtes Vertragsverhältnis, scheiden die dortigen Regelungen aus, wenn der Auftraggeber aus seiner – hier maßgeblichen – Sicht die Zahlung nicht im Rahmen des Vertrages, sondern **auf außervertraglicher Grundlage,** z.B. aus dem Gesichtspunkt ungerechtfertigter Bereicherung, leistet. Erst recht gilt dies, wenn der Auftraggeber überhaupt eine Zahlungsverpflichtung aus Rechtsgründen bestreitet, etwa weil er das Bestehen einer wirksamen vertraglichen Bindung leugnet.

Die Schlusszahlung ist an den Auftragnehmer zu leisten bzw. zu richten. Dies gilt auch für die so genannte Schlusszahlungserklärung (ebenso OLG Hamm NJW-RR 1991, 792). Für den Fall der – nachgewiesenen – **Abtretung** ist der Abtretungsempfänger der richtige Adressat; bei laufendem Insolvenzverfahren über das Vermögen des Auftragnehmers hat die Schlusszahlung **an den Insolvenzverwalter** zu erfolgen.

30 Grundsätzlich setzt die Schlusszahlung weiter voraus, dass **vorher eine Schlussrechnung erteilt worden ist.** Dabei macht es keinen Unterschied, ob die prüfbare Schlussrechnung – regelmäßig – vom Auftragnehmer oder ob sie – ausnahmsweise – unter den Voraussetzungen von § 14 Nr. 4 VOB/B vom Auftraggeber aufgestellt und vorgelegt worden ist (i.E. wohl wie hier: BGH Urt. v. 22.12.1983 VII ZR 213/82 BauR 1984, 182; eindeutig: BGH Urt. v. 10.5.1990 VII ZR 257/89 BauR

1990, 605 = NJW-RR 1990, 1170). Entscheidend ist allein, dass eine ordnungsgemäße Schlussrechnung vorliegt, auf die die darauf geleistete Schlusszahlung den erforderlichen Bezug nehmen kann, ohne dass es letztlich entscheidend ist, von welcher Seite die Schlussrechnung kommt (ebenso u.a. *Locher* Rn. 337; *Leinemann* § 16 Rn. 125). Haben die Vertragspartner vereinbart, dass die Schlussrechnung in ihrer bisherigen Fassung nicht mehr gelten und eine neue Rechnung erstellt werden soll, so ist eine ohne diese zwischenzeitlich erfolgte Zahlung keine Schlusszahlung mehr (vgl. BGH Urt. v. 28.6.1984 VII ZR 278/82 BauR 1984, 645 m.w.N.).

Eine Ausnahme vom vorgenannten Grundsatz gilt für den Fall der **vorzeitigen Vertragskündigung** dann, wenn die vom Auftragnehmer bisher erteilten »Teil-« oder Abschlagsrechnungen genau und prüfbar die bis zur Vertragsbeendigung ausgeführten Arbeiten enthalten; dann bedarf es ausnahmsweise keiner gesonderten Schlussrechnung, weil dies sonst bloße Förmelei wäre (vgl. OLG Köln NJW-RR 1992, 1375).

Der Charakter einer **Zahlung als Schlusszahlung** ist ferner nicht davon abhängig, dass sie betragsmäßig der prüfbaren Schlussrechnung entspricht und dass sie ausdrücklich im Wortlaut als solche bezeichnet wird (wie z.B. in dem vom BGH Urt. v. 23.10.1986 VII ZR 49/86 BauR 1987, 96 = NJW 1987, 493, entschiedenen Fall, nämlich mündlich, schriftlich auf der Überweisung oder in einem gesonderten Schreiben; vgl. dazu BGH Urt. v. 16.4.1970 VII ZR 40/69 NJW 1970, 1185, 1186 = BauR 1970, 240; BGH Urt. v. 13.2.1975 VII ZR 120/74 BauR 1975, 282; Beck'scher VOB-Komm./*Motzke* § 16 Nr. 3 Rn. 55; *Stellmann/Schinköth* ZfBR 2005, 3; *Kapellmann/Messerschmidt* § 16 Rn. 215). Vielmehr genügt es, wenn sich aus den im Zusammenhang mit der Zahlung vorliegenden Umständen – zweifelsfrei – ergibt, dass der Auftraggeber nicht nur eine Abschlagszahlung usw., sondern die nach seiner Auffassung noch bestehende Schuld bzw. Restschuld zum Ausgleich bringen und **keine weiteren Zahlungen mehr leisten will und dies für den Auftragnehmer zweifelsfrei erkennbar ist** (ebenso BGH Urt. v. 21.10.1971 VII ZR 79/70 BauR 1972, 56 = NJW 1972, 51; BGH Urt. v. 13.2.1975 VII ZR 120/74 BauR 1975, 282; BGH Urt. v. 26.6.1975 VII ZR 164/73 BauR 1975, 349 = NJW 1975, 1833; BGH Urt. v. 8.11.1979 VII ZR 86/79 BGHZ 75, 307 = BauR 1980, 174 = NJW 1980, 455; BGH Urt. v. 11.3.1982 VII ZR 104/81 BauR 1982, 282 = NJW 1982, 1594; BGH Urt. v. 2.12.1982 VII ZR 63/82 BauR 1983, 165 = NJW 1983, 816).

II. Einzelheiten

Als derartige **im Zusammenhang mit einer Zahlung stehende Umstände** können gelten:

Die der dann folgenden Zahlung vorangehende schriftliche oder mündliche Ankündigung an den Auftragnehmer, der restliche Rechnungsbetrag werde alsbald bezahlt; ebenso die Ankündigung, die Überweisung der dem Auftragnehmer nach Prüfung der Schlussrechnung zustehenden Beträge erfolge (OLG Köln BauR 1975, 351 m. Anm. *Jagenburg*); die Zahlung auf eine als Endabrechnung oder Schlussrechnung bezeichnete Rechnung des Auftragnehmers; der Vermerk auf dem Überweisungsformular »Betrifft Schlussrechnung vom (...)« (OLG Hamm SFH Z 2.330 Bl. 32 ff.), »Rechnung vom (...)« (OLG Hamburg BauR 1983, 371), »Kontoausgleich gemäß Schreiben vom (...)«, wobei es sich bei dem Schreiben um die Mitteilung des Ergebnisses der Prüfung der Schlussrechnung handelt (BGH Urt. v. 13.2.1975 VII ZR 120/74 BauR 1975, 282, was erst recht gilt, wenn anstelle des Wortes »Kontoausgleich« der Ausdruck »Schlusszahlung« gewählt wird; vgl. OLG Köln MDR 1985, 496); die Bezeichnung der Zahlung als »Restzahlung« (OLG Hamburg BauR 1979, 163) oder als »Restbetrag« (OLG Düsseldorf BauR 1982, 383) bzw. »Restguthaben« (BGH Urt. v. 20.11.1986 VII ZR 332/85 BauR 1987, 218 = NJW 1987, 775), ohne dass es darauf ankommt, auf welche der vorliegenden Rechnungen die vorangegangenen Zahlungen geleistet worden sind, vor allem nach vorheriger Rechnungsprüfung durch den Architekten (BGH Urt. v. 20.11.1986 VII ZR 332/85 BauR 1987, 218 = NJW 1987, 775; OLG Düsseldorf BauR 1973, 386; vgl. auch OLG Stuttgart BauR 1976, 60); die Zahlung des Restbetrages der Schlussrechnung unter Bezugnahme auf die Rechnung nach vorheriger eindeutiger Ablehnung weiterer, in der Schlussrechnung noch nicht enthaltener Forderungen des Auftragnehmers; die Hingabe eines Wechsels auf die Schlussrechnung; die gleichzeitige Auszahlung einer Sicherheitsleistung, ohne dass allerdings der weitere Einbehalt einer Sicherheitsleistung als solcher oder die Erklärung, der einbehaltene Vergütungsanteil werde nach Vorlage einer Bankbürgschaft ausgezahlt (dazu OLG München BB 1984, 1706), das Vorliegen einer Schlusszahlung zu hindern vermögen (BGH Urt. v. 28.6.1979 VII ZR 242/78 BauR 1979, 527 = NJW 1979, 2310; OLG Frankfurt BauR 1983, 372; OLG Hamm NJW-RR 1991, 792 m.w.N.); ebensowenig wie die Zahlung unter Kürzung von gegen den Auftragnehmer gerichteten Haftpflichtansprüchen, die der Versicherung des Auftragnehmers zur Prüfung vorliegen (LG Köln SFH Z 2.330.2 Bl. 10, dazu auch OLG Köln BauR 1975, 351 m. Anm. *Jagenburg*).

Schlusszahlung ist ferner die Zahlung eines Betrages mit dem Bemerken des Auftraggebers, er wolle damit »die Sache aus der Welt schaffen« (OLG München BB 1975, 347 m. Anm. *Nettesheim*) bzw. »die Angelegenheit endlich erledigen«.

33 **Schlusszahlung** ist darüber hinaus auch die Zahlung eines Betrages unter gleichzeitiger **Aufrechnung oder Verrechnung mit einer bestrittenen Gegenforderung** hinsichtlich des Restes (BGH Urt. v. 24.1.1972 VII ZR 171/70 BGHZ 58, 103 = BauR 1972, 179 = NJW 1972, 51; BGH Urt. v. 22.1.1987 VII ZR 96/85 BauR 1987, 329 = NJW 1987, 2582), wie überhaupt die Aufrechnung oder Verrechnung mit bestrittenen Gegenforderungen (BGH Urt. v. 13.2.1975 VII ZR 120/74 BauR 1975, 282; *Leinemann* Rn. 128), auch aus einer Vertragsstrafe, selbst dann, wenn der Auftraggeber sich die Vertragsstrafe bei Abnahme nicht vorbehalten hat (BGH Urt. v. 31.3.1977 VII ZR51/76 BauR 1977, 282 = NJW 1977, 1294; BGH Urt. v. 8.11.1979 VII ZR 86/79 BGHZ 75, 307 = BauR 1980, 174 = NJW 1980, 455), im Übrigen auch unabhängig davon, ob für den Rechtskundigen die Begründetheit oder Unbegründetheit erkennbar ist oder ob nach erfolgter Aufrechnung oder Verrechnung noch ein Vergütungsrest offen bleibt und bezahlt wird, ob also überhaupt noch eine Zahlung geleistet wird (BGH a.a.O.; BGH Urt. v. 31.1.1980 VII ZR 245/79 BauR 1980, 278; BGH Urt. v. 8.7.1982 VII ZR 13/81 BauR 1982, 499 m. Anm. *Dähne* BauR 1983, 479). Da es hier für die Schlusszahlung als solche nicht darauf ankommt, ob die vom Auftraggeber geltend gemachte Gegenforderung begründet ist, kann es für den Begriff der Schlusszahlung nicht maßgebend sein, ob der Auftraggeber sie hinreichend substantiiert darlegt (BGH Urt. v. 20.11.1986 VII ZR 332/85 BauR 1987, 218 = NJW 1987, 775).

34 **Unerheblich ist, ob sich der Auftraggeber seinerseits bei der Zahlung Ansprüche vorbehält** (BGH Urt. v. 21.10. 1971 VII ZR 79/70 BauR 1972, 56 = NJW 1972, 51), was insbesondere auch für etwaige Rückforderungen gilt (vgl. OLG Stuttgart NJW-RR 1987, 83).

III. Schlusszahlung durch Verweigerung weiterer Zahlung

35 Ist für den Begriff der Schlusszahlung allein der eindeutig gegenüber dem Auftragnehmer erklärte Wille des Auftraggebers ausschlaggebend, dass er fortan nicht mehr zahlen will, so ist es hierfür folgerichtig auch nicht unbedingt entscheidend, dass tatsächlich noch eine Zahlung eines Vergütungsrestes erfolgt.

Nach dem in Rn. 28 Gesagten kann das allerdings nur gelten, wenn der Auftraggeber nicht zu dem Ergebnis gekommen ist, dass er dem Auftragnehmer auf dessen Restvergütung noch etwas zahlen muss. Dann ist der Zahlungsvorgang Voraussetzung für die Schlusszahlung (so auch BGH BauR 1983, 165 = NJW 1983, 816).

36 Sind aber **aus der Sicht des Auftraggebers bereits Überzahlungen** aus vorangegangenen Abschlagszahlungen oder Teilschlusszahlungen erfolgt und erklärt er unter Hinweis darauf **eindeutig, er lehne eine weitere Zahlung ab, so gilt dies gleichfalls als Schlusszahlung** (BGH Urt. v. 21.10.1971 VII ZR 79/70 BauR 1972, 56 = NJW 1972, 51; BGH Urt. v. 24.3.1983 VII ZR 329/81 BauR 1983, 476; BGH

Urt. v. 22.1.1987 VII ZR 96/85 BauR 1987, 329 = NJW 1987, 2582; OLG Köln BauR 1997, 320 = NJW 1997, 213). Voraussetzung für eine schlusszahlungsgleiche Erklärung ist im Hinblick auf die Ausschlusswirkung von § 16 Nr. 3 Abs. 2 bis 6 VOB/B immer, dass für den Auftragnehmer klar erkennbar eine weitere Zahlung abgelehnt wurde. So ist auch nicht ausreichend, wenn in einem Rechtsstreit lediglich die Einrede einer nach Auffassung des Auftraggebers bereits erfolgten vorbehaltlosen Annahme der Schlusszahlung geltend gemacht wird, ohne dass damit für den Auftragnehmer erkennbar gleichzeitig eine neue schlusszahlungsgleiche Erklärung abgegeben werden soll (BGH Urt. v. 17.12.1998 VII ZR 37/98 BauR 1999, 396).

IV. Reaktion des Auftragnehmers unbeachtlich

Letztlich kommt es für den Begriff der Schlusszahlung nicht darauf an, wie der Auftragnehmer auf die Schlusszahlung bzw. auf die dieser gleichzuachtende Erklärung des Auftraggebers reagiert, z.B. sie nur als Abschlagszahlung verbucht. Ob eine Zahlung oder eine dahin gehende Erklärung als Schlusszahlung gelten soll, bestimmt allein der Auftraggeber (vgl. hierzu BGH NJW 1965, 536, sowie § 16 Nr. 3 VOB/B Rn. 28 ff.). 37

D. Folgen der Nichterfüllung der Zahlungspflicht des Auftraggebers

Kommt der Auftraggeber seiner insofern tatsächlich bestehenden Zahlungsverpflichtung nach § 16 Nr. 3 Abs. 1 VOB/B nicht oder nicht hinreichend nach, bestimmen sich die Rechte des Auftragnehmers zunächst nach § 16 Nr. 5 Abs. 3 VOB/B. Er kann also die Verzinsung seiner berechtigten Forderung oder einen darüber hinausgehenden Verzugsschaden unter den dort aufgeführten **weiteren** Voraussetzungen beanspruchen. Ein Kündigungsrecht nach § 9 Nr. 1b VOB/B steht dem Auftragnehmer dagegen nicht zu, weil es sich dort nur um ein vorzeitiges Kündigungsrecht vor Vollendung der Bauleistung handelt, das begrifflich nicht mehr in den Bereich der nach diesem Zeitpunkt, vor allem der Abnahme, liegenden Schlusszahlung hineinreicht. Selbstverständlich kann der Auftragnehmer nach Fälligkeit seine Schlussvergütung – grundsätzlich durch bezifferte Leistungsklage – einklagen. 38

E. Etwaige Rückzahlungsansprüche des Auftraggebers

I. Bereicherung – oder vertraglicher Anspruch?

Hat der Auftragnehmer durch **Abschlagszahlungen, Vorauszahlungen oder Teilschlusszahlungen** schon zu viel erhalten, muss er den überzahlten Betrag auf Verlangen des Auftraggebers zurückzahlen. Aus der Vereinbarung über Voraus- oder Abschlagszahlungen ist eine Verpflichtung des Auftragnehmers herzuleiten, mit Erteilung der Schlussrechnung Auskunft zu geben, ob und inwieweit die darin ermittelte endgültige Vergütung den geleisteten Zahlungen gegenübersteht. Ergibt sich dabei, dass die geleisteten Voraus- und Abschlagszahlungen die dem Auftragnehmer zustehende Gesamtvergütung übersteigen, ist dieser zur **Rückzahlung des Überschusses** an den Auftraggeber verpflichtet. Es handelt sich somit um einen **vertraglichen Anspruch,** der sich aus der Vereinbarung über Voraus- und Abschlagszahlungen ergibt und um keinen Anspruch aus ungerechtfertigter Bereicherung (so zutreffend: BGH Urt. v. 11.2.1999 VII ZR 399/97 BGHZ 140, 365 = BGH BauR 1999, 635 = NJW 1999, 1867; BGH Urt. v. 2.5.2002 VII ZR 249/00 BauR 2002, 1407; BGH Urt. v. 19.3.2002 X ZR 125/00 BauR 2002, 1257 = NZBau 2002, 390; BGH Urt. v. 30.9.2004 VII ZR 187/03 BauR 2004, 1940 = NZBau 2005, 41; OLG Düsseldorf BauR 2003, 1587; OLG Jena IBR 2005, 1136; *Kleine-Möller/Merl* § 10 Rn. 556; *Heiermann/Riedl/Rusam* § 16 Rn. 47; *Kapellmann/Messerschmidt* § 16 Rn. 73; a.A. 39

OLG Düsseldorf BauR 1994, 272; KG BauR 1998, 348; Beck'scher VOB-Komm./*Motzke* Vor § 16 Rn. 93; *von Rintelen* Jahrbuch Baurecht 2001 S. 25, 34).

39a Dies gilt auch für **vereinbarte Abschlagszahlungen beim BGB-Werkvertrag** (BGH Urt. v. 24.1.2002 BauR 2002, 939 = NJW 2002, 1567), **nicht aber für den Rückzahlungsanspruch von ohne Vereinbarung nach § 632a BGB geleisteten Abschlagszahlungen.** Da hier die Zahlung nur auf der gesetzlichen Grundlage des § 632a BGB erfolgt ist und es an einer vertraglichen Grundlage fehlt, liegt auch keine Vereinbarung über die Abrechnung und Rückzahlung eines eventuellen Überschusses vor. Der Rückzahlungsanspruch ergibt sich somit aus den §§ 812 ff. BGB (a.A. BGH Urt. v. 30.9.2004 VII ZR 187/03 BauR 2004, 1940 = NZBau 2005, 41, der in diesem Fall wohl auch eine vertragliche Verpflichtung auf Rückzahlung des Überschusses annimmt).

39b **Bei vorzeitiger Kündigung** des Vertrages hat der Auftragnehmer Abschlagszahlungen für nicht erbrachte Leistungen nur bis zur Höhe einer Überzahlung zurückzugewähren, die sich aus der Verrechnung der Gesamtvergütung für erbrachte Leistungen mit der Summe aller Voraus- und Abschlagszahlungen ergibt (BGH Urt. v. 24.1.2002 VII ZR 196/00 BauR 2002, 938 = NJW 2002, 1567; BGH Urt. v. 2.5.2002 VII ZR 249/00 BauR 2002, 1407; BGH Urt. v. 11.2.1999 VII ZR 399/97 BauR 1999, 635 = NJW 1999, 1867; BGH Urt. v. 23.1.1986 IX ZR 46/85 BauR 1986, 361 = NJW 1986, 681). Bürgen, die sich für die Rückgewähr von Abschlagszahlungen verbürgt haben, haften höchstens bis zu diesem Betrag. Beruht die Überzahlung auf mehreren Abschlagszahlungen für nicht erbrachte Leistungen, die verschieden verbürgt sind, wird zur Feststellung der Teilbeträge, für die die einzelnen Bürgen haften, die Vergütung, die in der Schlussrechnung auf bisher nicht erbrachte Teilleistungen entfällt, anteilig mit den einzelnen Abschlagszahlungen für nicht erbrachte Leistungen entsprechend deren Höhe verrechnet (BGH Urt. v. 23.1.1986 IX ZR 46/85 BauR 1986, 361 = NJW 1986, 681).

39c Für die **Darlegungs- und Beweislast** bei einem **vertraglichen Anspruch auf Rückzahlung** von Abschlagszahlungen gilt, dass der Auftraggeber schlüssig die Voraussetzungen für einen Anspruch auf Auszahlung des Überschusses aus einer Schlussrechnung vorzutragen hat. Liegt eine Schlussrechnung des Auftragnehmers vor, kann er sich auf diese beziehen und darlegen, dass sich daraus ein Überschuss ergibt oder aufgrund von inhaltlichen Korrekturen ergeben müsste (*Leinemann* § 16 Rn. 206). Hat der Auftragnehmer keine Schlussrechnung vorgelegt, muss der Auftraggeber die Klage auf Zahlung des Überschusses mit einer eigenen Berechnung begründen. An die Erstellung dieser Berechnung durch den Auftraggeber sind aufgrund seines geringeren Informationsstands keine hohen Anforderungen zu stellen. Ausreichend ist eine Beschränkung auf den Vortrag, der dem Auftraggeber bei zumutbarer Ausschöpfung der ihm zur Verfügung stehenden Quellen möglich ist. Eine Pflicht zur Erstellung einer prüffähigen Rechnung nach § 14 Nr. 4 VOB/B besteht nicht (BGH Urt. v. 23.1.1986 IX ZR 46/85 BauR 1986, 361 = NJW 1986, 681; OLG Brandenburg BauR 2004, 1636).

Es ist dann vielmehr Sache des Auftragnehmers, mit einer endgültigen Abrechnung dem Rückzahlungsanspruch entgegenzutreten. Dafür ist die Vorlage einer prüffähigen Schlussrechnung erforderlich (BGH Urt. v. 23.1.1986 IX ZR 46/85 BauR 1986, 361 = NJW 1986, 681).

Ebenso trägt der **Auftragnehmer die Beweislast** für die Höhe des Vergütungsanspruchs im Falle einer schlüssigen Klage des Auftraggebers auf Rückzahlung eines Überschusses. Aus der vertraglichen Vereinbarung über Abschlags- und Vorauszahlungen ist dieser verpflichtet, seine Berechtigung nachzuweisen, diese Zahlungen endgültig behalten zu dürfen (BGH Urt. v. 23.1.1986 IX ZR 46/85 BauR 1986, 361 = NJW 1986, 681; i.E. zutreffend OLG Hamm BauR 2002, 319; Beck'scher VOB-Komm./*Motzke* Vor § 16 Rn. 93; *Leinemann* § 16 Rn. 206).

Ein Rückzahlungsanspruch des Auftraggebers scheidet überhaupt aus, wenn seiner Zahlung ein deklaratorisches **Anerkenntnis** zugrunde liegt, weil er dann **mit Rechtsgrund geleistet** hat. Im Übrigen liegt ein solches Anerkenntnis nicht allein schon dadurch vor, dass der Auftraggeber nach § 16 Nr. 3 Abs. 1 VOB/B die Schlussrechnung geprüft, das aus seiner Sicht bestehende Guthaben des Auftragnehmers festgestellt und ihm dieses überwiesen hat. Vielmehr müssen Umstände hinzukommen, wonach festzustellen ist, dass der Auftraggeber den von ihm gezahlten Betrag als seine Schuld zweifelsfrei anerkennt, und zwar unabhängig davon, ob **und** inwieweit sich später die Unrichtigkeit der von ihm vor Zahlung vorgenommenen Prüfung herausstellt (*Kleine-Möller/Merl* § 10 Rn. 565).

Ein vertraglicher Rückzahlungsanspruch des Auftraggebers scheidet dagegen aus, wenn bereits die **40** **Schlusszahlung** geleistet wurde und sich später herausstellt, dass diese überhöht war. Dem Auftraggeber steht dann ein **Anspruch aus ungerechtfertigter Bereicherung nach den §§ 812 ff. BGB** zu. Die **Darlegungs- und Beweislast** für das Vorliegen der Überzahlung trägt im Falle eines **Bereicherungsanspruchs** nach den §§ 812 ff. BGB der Auftraggeber (vgl. OLG Düsseldorf BauR 1977, 64; OLG Hamm BauR 2002, 319). Er hat insbesondere darzulegen und zu beweisen, in welchem Umfang Zahlungen auf die Schlussrechnung geleistet wurden und in welchem Umfang die in der Schlussrechnung abgerechneten Leistungen überhöht sind (BGH Urt. v. 6.12.1990 VII 98/89 BauR 1991, 223; Beck'scher VOB-Komm./*Motzke* Vor § 16 Rn. 93; *Kapellmann/Messerschmidt* § 16 Rn. 77).

Dem Auftraggeber ist zu empfehlen, in den Bauvertrag in Besondere oder Zusätzliche Vertragsbedingungen eine Bestimmung aufzunehmen, dass sich der Auftragnehmer nicht auf einen etwaigen **Wegfall der Bereicherung** (§ 818 Abs. 3 BGB) berufen können soll, wenn der Auftraggeber keinen Schaden erleiden will, wobei für den Wegfall der Bereicherung allerdings auch die §§ 818 Abs. 4, 819 Abs. 1 BGB zu beachten sind. Eine derartige Klausel verstößt nicht gegen § 307 BGB, weil der Auftragnehmer durch die falsche Abrechnung die Ursache für die rechtsgrundlose Leistung gesetzt hat und er deshalb durch den Verzicht auf den Wegfall der Bereicherung nicht unangemessen benachteiligt wird (*Korbion/Locher/Sienz* K Rn. 190).

Gegenstand eines Rückforderungsanspruchs können sämtliche Elemente der Berechnung des Ver- **41** gütungsanspruchs des Auftragnehmers sein, die eine Überzahlung ergeben. Deshalb liegt hier keine Beschränkung auf Mess- und Rechenfehler vor. So ist auch durch ein gemeinsam vorgenommenes Aufmaß nicht der Einwand abgeschnitten, die Leistung sei von einer anderen Position erfasst, sie sei nach den Vereinbarungen nicht berechenbar, bei richtiger Vertragsauslegung anders zu berechnen oder die Leistung sei überhaupt nicht vertraglich vereinbart. Vor allem kann eine »Anordnung der Bauleitung« nicht die Prüfung ersparen, ob, in welchem Umfang und in welcher Art die angeordnete Leistung vertraglich geschuldet war und wie sie nach dem Vertrag zu dokumentieren und abzurechnen ist (BGH Urt. v. 30.1.1992 VII ZR 237/90 BauR 1992, 371 = NJW-RR 1992, 727).

Wenn der Auftragnehmer eine in Auftrag gegebene Leistung bzw. Teilleistung (z.B. Voranstrich, Grundierung und Spachteln an Türen) nicht erbracht und trotzdem die darauf entfallende Vergütung erhalten hat, bestehen keine Ansprüche aus ungerechtfertigter Bereicherung nach den §§ 812 ff. BGB, weil der Auftraggeber diesen Vergütungsteil mit Rechtsgrund geleistet hat. In einem solchen Fall kommen für den Auftraggeber nur die **Mängelrechte** der §§ 13 Nr. 5 ff. VOB/B bzw. §§ 633 ff. BGB in Betracht (OLG Köln SFH § 13 Nr. 5 VOB/B Nr. 30; *Franke/Kemper/Zanner/Grünhagen* § 16 Rn. 84), was vor allem auch in verjährungsrechtlicher Hinsicht von Bedeutung ist.

Gelangen **zwei verschiedene Bauaufträge** desselben Auftragnehmers zur Abrechnung und ergibt **42** sich aus einem, dass eine Überzahlung vorliegt, während hinsichtlich des anderen noch ein Anspruch des Auftragnehmers gegeben ist, ist die Frage der ungerechtfertigten Bereicherung zwar nach jedem der beiden Aufträge (Bauverträge) getrennt zu beurteilen. I.E. kommt es darauf an, ob dem Auftraggeber unter Berücksichtigung der Abrechnung aus beiden Aufträgen i.E. eine nicht gerechtfertigte Vermögensminderung entstanden ist, der auf der anderen Seite eine nicht begründete Bereicherung des Auftragnehmers gegenübersteht, weil gegen die Vergütungsforderung aus einem Vertrag mit dem Rückzahlungsanspruch aus dem anderen Vertrag aufgerechnet werden kann (vgl. dazu Beck'scher VOB-Komm./*Motzke* Vor § 16 Rn. 91). Das gilt auch, wenn nicht nur zwei, sondern noch mehr Einzelaufträge zwischen Auftraggeber und Auftragnehmer abzurechnen sind. Grundsätzlich ist es also so, dass Rückzahlungsansprüche des Auftraggebers gegen den Auftragnehmer aus ungerechtfertigter Bereicherung wegen Überzahlung einer Schlussrechnung nicht durchgesetzt werden können, wenn der Auftraggeber dem Auftragnehmer den fraglichen Betrag zwar nicht aus diesem betreffenden Vertrag, jedoch aus einem anderen Grunde schuldet.

II. Sonderfall: Rückzahlungsansprüche öffentlicher Auftraggeber

43 Eine eigene Betrachtung erfordert der besondere Sachverhalt, nach dem der **öffentliche Auftraggeber** die Schlussrechnung des Auftragnehmers geprüft und festgestellt, dem Auftragnehmer den festgestellten Betrag als Schlusszahlung ausbezahlt hat und dann, nach erfolgter Abwicklung des Bauvertrages, die Rechnungsprüfungsbehörde eine unberechtigte Überzahlung feststellt, die vom Auftragnehmer nach Maßgabe einer besonderen vertraglichen Regelung oder der §§ 812 ff. BGB zurückgefordert werden soll (zur Problematik im Einzelnen vgl. auch *Hahn* Rückforderungen im Bauvertragsrecht).

1. Rechtsgrundlage aus Vertrag

44 Hat sich der Auftraggeber für diesen Fall eine **Rückforderung im Bauvertrag ausdrücklich vorbehalten,** kann er sie kraft wirksamer vertraglicher Vereinbarung mit dem Auftragnehmer grundsätzlich auch geltend machen. Insoweit muss allerdings der Rückforderungsanspruch nach Inhalt und Umfang jeweils zweifelsfrei vereinbart worden sein (vgl. dazu vor allem auch *Dähne* FS Korbion 1986 S. 39, 41 ff., sowie BauR 1974, 163).

Das trifft z.B. nicht schon auf Fehler zu, die auf einer falschen Anwendung der dem Bauvertrag zugrunde liegenden Aufmaß- und Abrechnungsvorschriften der VOB/C beruhen.

Die spätere **Fassung der Nr. 24 der ZVB vom Februar 1983** nennt nicht mehr, wann »Fehler in den Unterlagen der Abrechnung« vorliegen, sondern begnügt sich mit der Feststellung in Nr. 24.1, dass bei Rückforderungen des Auftraggebers aus Überzahlungen (§§ 812 ff. BGB) sich der Auftragnehmer nicht auf den **Wegfall der Bereicherung** (§ 818 Abs. 3 BGB) berufen kann. Daraus folgt, dass aus dieser Fassung noch nicht eine Vereinbarung der Rückforderung zu entnehmen ist. Daran hat sich durch Nr. 20.1 der EVM (B) ZVB/E vom Mai 2002 nichts geändert (unzutreffend daher *Greiffenhagen* NJW 1994, 710, der hier von einer vertraglichen Regelung ausgeht).

2. Gesetzliche Grundlage

45 Fehlt es an einer vertraglichen Rückzahlungsvereinbarung oder wird der betreffende Fall davon nicht erfasst, so sind hier im Ausgangspunkt die **§§ 812 ff. BGB maßgebend.** Da der Prüfung und Feststellung der Schlussrechnung bereits außerhalb von Verträgen mit öffentlichen Auftraggebern keine Anerkenntniswirkung zukommt (vgl. i.E. Rn. 15), gilt dies wegen der **be**sonderen haushaltsrechtlichen Bindung bei Verträgen mit öffentlichen Auftraggebern erst recht (OLG Frankfurt BauR 1997, 323 = NJW-RR 1997, 526; OLG Celle BauR 1999, 1457). Insoweit scheidet auch die Duldungs- oder die Anscheinsvollmacht allgemein aus. Das ergibt sich aus dem öffentlichen Recht (Haushaltsrecht), das entgegen *Nicklisch/Weick* (§ 16 Rn. 71) sowie *Hahn* (ZfBR 1982, 139) in das auch hier bestehende zivilrechtliche Vertragsverhältnis zwischen öffentlichem Auftraggeber und Auftragnehmer in dem nachfolgend erörterten Punkt eingreift und dieses damit einbezieht (im Einzelnen wie hier *Dähne* FS Korbion 1986 S. 39, 42 ff.).

46 Es ist (in der heutigen Zeit verstärkt) zu berücksichtigen, dass – im Gegensatz zu einem von privater Hand kommenden Bauauftrag – die hier zum Einsatz kommenden Gelder als Steuerbeträge von der Allgemeinheit aufgebracht werden und daher hinsichtlich ihrer ordnungsgemäßen Verwendung eher einer dreifachen als einer doppelten Kontrolle unterliegen müssen (ebenso *Dähne* FS Korbion 1986 S. 39, 55). Aus diesen Gründen steht dem öffentlichen Auftraggeber bei später festgestellten Überzahlungen grundsätzlich ein Rückforderungsanspruch aus ungerechtfertigter Bereicherung zu (vgl. dazu auch BGH Urt. v. 22.5.1975 VII ZR 266/74 BauR 1975, 424; OLG München NJW-RR 1987, 1500).

3. Etwaiger Verlust durch Anerkenntnis oder Verzicht

Im Einzelfall kann ein Rückzahlungsanspruch des öffentlichen Auftraggebers nach den hier letztlich maßgebenden zivilrechtlichen Grundsätzen aber auf der Grundlage ihm vorwerfbaren Fehlverhaltens gegen Treu und Glauben verstoßen. Dies ist aber nicht schon der Fall, wenn eine wirksame Verpflichtungserklärung, z.B. eines Landkreises, zur Annahme von Nachtragsangeboten eines Auftragnehmers fehlt, etwa wegen mangelnder Schriftform eines Nachtragsauftrags. Dann ist eine Rückforderung überzahlter Beträge nicht schon mit der Begründung ausgeschlossen, dem Auftragnehmer stehe ein Schadensersatzanspruch aus culpa in contrahendo in Höhe der behaupteten Überzahlung zu (BGH Urt. v. 11.6.1992 VII ZR 110/91 BauR 1992, 761 = NJW-RR 1992, 1435). **47**

Hiervon abgesehen schließt es das Gesagte auch hier nicht aus, dass im Einzelfall infolge besonderer Umstände aufgrund eines **Anerkenntnisses oder Verzichtes** (Erlassvertrages) oder eines Vergleiches dennoch eine **Rückforderung ausgeschlossen ist,** da die genannten öffentlich-rechtlichen Bestimmungen solche besonderen Absprachen und deren Wirksamkeit nicht zwingend verbieten. Dann müssen aber besondere Umstände vorliegen, um eine der genannten Rechtsfolgen annehmen zu können. So genügt dafür nicht schon eine längere gemeinsame Prüfung der Schlussrechnung mit einer abschließenden, mit dem Auftragnehmer erfolgten Einigung. Wesentlich ist hier nämlich die allgemein bekannte Tatsache, dass öffentliche Auftraggeber durch Rechnungsprüfungsbehörden überwacht werden und deshalb im Zusammenhang mit der Überprüfung von Rechnungen von Auftragnehmern und darauf erfolgenden Zahlungsanweisungen im Allgemeinen keine Vergleiche oder Erlassverträge schließen oder Schuldanerkenntnisse abgeben wollen, so dass allein daraus ein dahin gehender objektiver Erklärungswert nicht schon entnommen werden kann. Daher sind entweder klare ausdrückliche Erklärungen oder zumindest ganz eindeutige, zweifelsfreie Anzeichen für die Annahme einer der erwähnten Folgen notwendig (BGH Urt. v. 8.3.1979 VII ZR 35/78 BauR 1979, 249 = NJW 1979, 1306; BGH Urt. v. 14.1.1982 VII ZR 296/80 BauR 1982, 283). Dazu reicht auch noch nicht eine Bemerkung des Auftragnehmers nach Einigung über den Schlusszahlungsbetrag, mit der Zahlung des Restbetrages seien somit alle gegenseitigen Ansprüche aus dem betreffenden Vertrag abgegolten (BGH Urt. v. 14.1.1982 VII ZR 296/80 BauR 1982, 283).

4. Rückforderung nur bei Überzahlung insgesamt

Das **Rückforderungsrecht** des öffentlichen Auftraggebers besteht allerdings nur wenn die Überprüfung der Rechnung ihrem Gesamtergebnis nach eine Überzahlung ergibt, der Auftraggeber also insgesamt mehr gezahlt hat, als er an Leistungswert erhalten hat. Liegt es so, dass lediglich in einer oder in mehreren Positionen eine Überzahlung vorliegt, bei anderen Positionen – etwa wegen späterer Ausdehnung des Leistungsumfanges – nachträglich festgestellt wird, dass dem Auftragnehmer an sich noch eine Nachforderung zusteht, kommt eine Rückforderung nur in Betracht, wenn auch unter Berücksichtigung des Betrages der Nachforderung noch ein **Saldo zugunsten des Auftraggebers** bleibt (vgl. BGH Urt. v. 16.6.1969 VII ZR 63/67 SFH Z 2.330 Bl. 35). Gleiches trifft z.B. auch zu, wenn der Auftraggeber zu Unrecht für sich Skontoabzüge in Anspruch genommen hat (vgl. dazu LG Tübingen BauR 1989, 487). **48**

5. Verwirkung des Rückzahlungsanspruchs

Dass die Ausübung der Kontrollfunktion durch die dazu berufenen Rechnungsprüfungsbehörden nicht willkürlich und nur im Rahmen der maßgeblichen Rechtsvorschriften oder vertraglichen Vereinbarungen zu erfolgen hat, ist selbstverständlich. Darüber hinaus ist zu beachten, dass es sich auch hier um einen zivilrechtlichen Bauvertrag handelt, daher auch die berechtigten Belange des Auftrag- **49** nehmers gerade von der öffentlichen Hand im Rahmen der ihr obliegenden vertraglichen Sorgfaltspflicht zu berücksichtigen sind. Vor allem geht es nicht an, im Einzelfall durch lange und unzumutbare Untätigkeit in dem Auftragnehmer den bei objektiver Betrachtung berechtigten Eindruck zu erwecken, die bisherige Schlussabrechnung und Schlusszahlung sei in Ordnung, um dann eines Tages, sozusagen aus heiterem Himmel, dennoch Rückzahlungsansprüche zu stellen. Insoweit bedarf es im berechtigten Interesse des Auftragnehmers einer nach rechtlichen Gesichtspunkten zu bewertenden **Gegenkontrolle**. Dies war vor allem deshalb von Bedeutung, weil nach der Rechtslage vor Inkrafttreten des SchuldModG die 30-jährige Verjährungsfrist des § 195 BGB a.F. galt. Nach dem SchuldModG gilt zwar die Regelverjährung von 3 Jahren nach § 195 BGB. Die Verjährungsfrist beginnt aber nach § 199 Abs. 1 Nr. 2 BGB erst ab dem Zeitpunkt zu laufen, zu dem der Auftraggeber von dem Rückforderungsanspruch Kenntnis erlangt, weil bei Zahlungen auf eine überhöht ausgestellte Schlussrechnung in aller Regel nicht von grober Fahrlässigkeit ausgegangen werden kann. Die Verjährung endet dann erst nach Ablauf von 10 Jahren nach dem Entstehen des Rückzahlungsanspruchs (§ 199 Abs. 4 BGB).

50 Die **Gegenkontrolle** kann entgegen *Hahn* (ZfBR 1982, 139) nicht schon dadurch angesetzt werden, dass in Zusätzlichen Vertragsbedingungen enthaltene Ausschlüsse auf das Berufen des **Wegfalls der Bereicherung** (§ 818 Abs. 3 BGB) durch den Auftragnehmer nach § 307 BGB für unwirksam erklärt werden. Abgesehen davon, dass eine solche Regelung auch bei Verträgen mit privaten Auftraggebern nicht gegen § 307 BGB verstößt (vgl. Rn. 40), käme dies wegen der hier aufgezeigten besonderen Situation des öffentlichen Auftraggebers ohnehin nicht zum Tragen. Überdies wäre das nur eine Lösung für solche Fälle, in denen vertraglich das Rückforderungsrecht besonders festgelegt wäre. Daher muss schon eine für alle hier angesprochenen Fälle brauchbare Lösung gefunden werden.

51 Hierzu bietet das von der Rechtsprechung herausgearbeitete Rechtsinstitut der **Verwirkung** aus dem Gesichtspunkt von Treu und Glauben (§ 242 BGB) eine ausreichende Handhabe, das auch auf Rechtsbeziehungen zwischen Privaten und Behörden bei der Ausführung von öffentlichen Aufträgen anzuwenden ist (vgl. Beck'scher VOB-Komm./*Motzke* Vor § 16 Rn. 82 ff.; *Kapellmann/Messerschmidt* § 16 Rn. 78 ff.; *Leinemann* § 16 Rn. 210 ff.).

52 Für den **Beginn des Zeitraumes**, der für die Beurteilung der Frage der **Verwirkung des Rückforderungsanspruches** ausschlaggebend ist, ist grundsätzlich von dem Zeitpunkt des Eingangs der Schlusszahlung auszugehen (BGH Urt. v. 22.11.1979 VII ZR 31/79 BauR 1980, 180 = NJW 1980, 880; BGH Urt. v. 14.1.1982 VII ZR 296/80 BauR 1982, 283; LG Landshut BauR 2002, 966 = NJW-RR 2002, 744; *Leinemann* § 16 Rn. 211; *Dähne* FS Korbion 1986 S. 39, 47 Fn. 38; missverstanden von *Hahn* ZfBR 1982, 139, 142).

53 Allerdings **genügt bloßer Zeitablauf noch nicht für eine Verwirkung**. Vielmehr muss hinzukommen, dass der Schuldner (hier: Auftragnehmer) sich infolge der Untätigkeit des Gläubigers (hier: Auftraggeber) im Einzelfall darauf hat einrichten dürfen und auch eingerichtet hat, dieser werde seinen Anspruch nicht mehr geltend machen, und dass deswegen die dennoch erfolgende spätere Geltendmachung des Anspruches gegen Treu und Glauben verstößt, sich also als Rechtsmissbrauch darstellt (vgl. BGH Urt. v. 22.11.1979 VII ZR 31/79 BauR 1980, 180 = NJW 1980, 880; BGH Urt. v. 14.1.1982 VII ZR 296/80 BauR 1982, 283). Bei Verträgen mit öffentlichen Auftraggebern besteht die Besonderheit darin, dass hier der Zahlung noch eine Prüfung der Schlussrechnung durch die Rechnungsprüfungsbehörde zeitlich nachgeschaltet und dieser Vorgang häufig erst mehrere Jahre später abgeschlossen ist. Der Auftragnehmer muss deshalb im Gegensatz zu Verträgen mit privaten Auftraggebern damit rechnen, dass hier eine Überzahlung erst deutlich später mit Vorlage des Prüfberichts an den Auftraggeber festgestellt und im Anschluss daran ein Rückforderungsanspruch geltend gemacht wird. Dies hat zur Folge, dass der Auftragnehmer erst nach Ablauf einer angemessenen Frist für die Rechnungsprüfung durch die Prüfungsbehörde darauf vertrauen darf, dass keine Rückforderungsansprüche erhoben werden.

Da es sich hier um die Feststellung des Eintritts eines **besonderen Vertrauenstatbestandes** handelt, kann die Bemessung nach etwaigen Verjährungsbestimmungen oder eine Orientierung danach noch nicht ausreichen. Daher kommt es insbesondere nicht darauf an, ob der Vergütungsanspruch des Auftragnehmers (BGH Urt. v. 14.1.1982 VII ZR 296/80 BauR 1982, 283) oder eventuelle Mängelansprüche des Auftraggebers inzwischen verjährt sind (a.A. *Leinemann* § 16 Rn. 211). Unzutreffend daher auch *Hahn* (ZfBR 1982, 139, 145 f.), der den tragenden Unterschied zwischen den bloßen Verjährungsregelungen und dem Ausnahmetatbestand der Verwirkung verwischt.

54

Vielmehr ist es **im Einzelfall** entscheidend, wie groß das betreffende Bauvorhaben nach Umfang und Wert war, und zwar grundsätzlich abgestellt auf den mit dem betreffenden Auftragnehmer abgeschlossenen Vertrag und nicht auf das Gesamtbauvorhaben und dessen Abrechnung (OLG Köln BauR 1979, 252; OLG München NJW-RR 1987, 1500); wie viele Unternehmer, deren Rechnungen von der Aufsichtsbehörde insgesamt und gemeinsam zu überprüfen sind, beteiligt waren; welche Beanstandungen gegen die Abrechnung des betreffenden Auftragnehmers zu erheben sind (OLG Köln BauR 1979, 252); ob dem Auftragnehmer bekannt ist, wie die in Betracht kommende Prüfungsbehörde eingerichtet und personalmäßig besetzt ist, wobei allerdings fehlende personelle Besetzung der Prüfungsbehörden grundsätzlich unbeachtlich ist, da Organisationsschwächen beim Auftraggeber nicht dem Auftragnehmer angelastet werden können (ebenso *Dähne* BauR 1974, 163, 165, sowie OLG Köln BauR 1979, 252); ob der Auftragnehmer nach Sachlage infolge Zeitablaufs etwaige Rückstellungen aufzulösen berechtigt war, weil er darauf vertrauen konnte, die Auftraggeberseite werde nichts mehr zurückfordern; in welchem Verhältnis der spätere Rückforderungsbetrag zu der an den Auftragnehmer gezahlten Gesamtvergütung steht; oder ob es ihm nicht zugerechnet werden kann, wenn er die für seine Beurteilung unumgänglichen Unterlagen nach Ablauf der gesetzlichen Aufbewahrungsfristen vernichtet hat (vgl. BGH Urt. v. 22.11.1979 VII ZR 31/79 BauR 1980, 180 = NJW 1980, 880; OLG Köln BauR 1979, 252; LG Landshut BauR 2002, 966 = NJW-RR 2002, 744). Ohne Bedeutung ist es für sich allein, wenn die auf Auftragnehmerseite tätig gewesene Arbeitsgemeinschaft nach Ausführung der Arbeiten aufgelöst und dies dem Finanzamt mitgeteilt wurde (BGH Urt. v. 14.1.1982 VII ZR 296/80 BauR 1982, 283 m.w.N.). Für das Vorliegen von Tatsachen, die die Verwirkung rechtfertigen sollen, ist der **Auftragnehmer darlegungs- und beweispflichtig** (*Dähne* FS Korbion 1986 S. 39, 48).

55

6. Beurteilung nach dem Einzelfall

Deshalb kommt es immer auf die Beurteilung des Einzelfalles an, wobei die Höhe des Bauvolumens sowie des zurückgeforderten Betrags von erheblicher Bedeutung sind. So hat der BGH (vgl. dazu BGH SFH Z 2.212 Bl. 17) bei einem Bauvorhaben im Gesamtwert von 40 Mio. DM bei einer Beteiligung von insgesamt 22 Unternehmen und einer Gesamtvergütung des später auf Rückzahlung in Anspruch genommenen Auftraggebers von 450.000 DM einen Zeitraum von etwas mehr als vier Jahren zwischen Schlusszahlung und Rückforderung noch als angemessen angesehen. Bei einem Gesamtauftrag von über 2,4 Mio. DM wurde sogar ein Zeitraum von sechs Jahren für nicht ausreichend erachtet (BGH Urt. v. 22.5.1975 VII ZR 266/74 = BauR 1975, 424). Diese Entscheidung ist deshalb zutreffend, weil die dortige Klägerin nichts Hinreichendes dafür vorgetragen hatte, dass sie sich darauf eingerichtet hatte, nichts mehr zurückzahlen zu müssen. Aus dem zuletzt genannten Grund ist auch der einen Zeitraum von 6 1/4 Jahren erfassenden Entscheidung des BGH (Urt. v. 22.11.1979 VII ZR 31/79 BauR 1980, 180 = NJW 1980, 880) i.E. zuzustimmen. Hier hatte die Auftraggeberin wiederholt unmissverständlich zu verstehen gegeben, dass sie auf der Rückforderung bestehe, und zwar vor Vernichtung der Unterlagen durch die Auftragnehmerin, und es hatte wegen der Rückforderung ein umfangreicher Schriftwechsel stattgefunden.

56

So hat das OLG Celle (BauR 1999, 1457) bei einem Bauvorhaben in der Größenordnung von mehreren Millionen DM einen Zeitraum von 4 Jahren für unzureichend angesehen, anders OLG Köln

57

(BauR 1979, 252) sowie LG Köln (SFH § 242 BGB Nr. 4) und LG Landshut (BauR 2002, 966 = NJW-RR 2002, 744), nämlich für mehr als 7 Jahre.

58 Anders, jedoch i.E. nicht zu billigen, OLG Köln – 7 Jahre –, selbst unter Berücksichtigung der Besonderheiten jenes Falles (dazu *Dähne* BauR 1974, 163, 167). Gleiches gilt für OLG Hamburg (MDR 1984, 14 m. krit. Anm. *Meinert*) bei einer Auftragssumme von 1,2 Mio. DM und einem Zeitraum von 5 Jahren. Verfehlt dürfte es sein, wenn das OLG München (BauR 1982, 603, im Falle eines Architektenvertrages) einen Zeitraum von fast 7 Jahren noch nicht als ausreichend für eine Verwirkung hält, wobei es lediglich um die Rückforderung zu viel gezahlter Umsatzsteuer ging, was der Auftraggeber sicherlich weitaus früher bei der gebotenen und in angemessener Zeit vorzunehmenden Rechnungsprüfung feststellen konnte.

Bei Verträgen mit öffentlichen Auftraggebern ist deshalb im Regelfall ein Zeitrahmen von 4–7 Jahren anzusetzen, wobei es in jedem einzelnen Fall auf die oben angesprochenen Kriterien ankommt.

7. Verzinsung

59 Der Auftraggeber kann **Verzinsung** des mit Recht zurückgeforderten Betrages von 4% (§ 246 BGB) bzw. 5% (§ 352 HGB) verlangen. Sicher ist dies für den Fall eines entsprechend vertraglich festgelegten Rückforderungsanspruchs ab **Eingang des Rückforderungsverlangens** beim Auftragnehmer gerechtfertigt, andernfalls **ab Verzugseintritt** mit dem erhöhten Zinssatz des § 288 Abs. 1 S. 1 BGB. Fraglich ist dagegen, ob eine AGB des Auftraggebers, wonach die Pflicht zur Verzinsung auf den Zeitpunkt des Empfanges der Schlusszahlung zurückverlegt werden kann, wie es z.B. früher in Nr. 24.2 der EVM (B) ZVB (diese Bestimmung ist gemäß Rundschreiben des Bundesministers für Raumordnung, Bauwesen und Städtebau v. 26.10.1987 – B I 2–0.1082 – 216/60 – nicht mehr anzuwenden) der Fall war, wirksam ist. Dies ist mit dem BGH (Urt. v. 8.10.1987 VII ZR 185/86 BGHZ 102, 41 = BauR 1988, 92 = NJW 1988, 258; vgl. auch OLG München BauR 1986, 702; OLG Celle BauR 1999, 1457; OLG Hamburg IBR 2003, 63; *Korbion/Locher/Sienz* K Rn. 191) zu verneinen. Zwar liegt in einer solchen Klausel nicht schon ein Verstoß gegen § 309 Nr. 4 BGB. Jedoch ist eine **Verletzung** der sich aus **§ 307 BGB** ergebenden Grundsätze festzustellen: Maßgebender Vergleichsmaßstab zum gesetzlich vorgegebenen Rahmen ist § 818 Abs. 1 BGB, der den Bereicherungsgläubiger (Auftraggeber) nur zur Herausgabe tatsächlich gezogener Nutzungen berechtigt, nicht dagegen ersparter Aufwendungen (vgl. LG München BauR 1989, 486). Dabei erfasst die erörterte Klausel auch Fälle, in denen eine tatsächliche Nutzung unterblieben ist, und zwar gerade auch durch den gutgläubigen Schuldner (Auftragnehmer), während sonst dafür die §§ 819, 818 Abs. 4 BGB die Grenze bilden. Wenn *Greiffenhagen* (NJW 1994, 710) die vorgenannte Entscheidung des BGH für unzutreffend hält, weil es sich hier um Vertragsrecht handele, das nicht der Beurteilung nach den §§ 812 ff. BGB unterliege, so ist dem nicht zu folgen. Hier geht es um die Beurteilung einer Vertragsklausel nach § 307 BGB, wobei die der Bewertung nach dem gesetzlichen Leitbild nächstliegenden gesetzlichen Bestimmungen heranzuziehen waren. Deshalb ist eine entsprechende Klausel selbst dann unwirksam, wenn der Nachweis niedriger Nutzungen zugelassen wird (OLG Celle BauR 1999, 1457; OLG Hamburg IBR 2003, 63).

Dazu ist bei der nach § 307 Abs. 1 BGB vorzunehmenden Gesamtabwägung zu berücksichtigen: Die unterschiedliche Verjährung von Vergütungsanspruch des Auftragnehmers und des Rückzahlungsanspruches des Auftraggebers, die Unausgewogenheit der Nichtverzinsung von Nachforderungen des Auftragnehmers gegenüber der nach der Klausel geforderten Verzinsungspflicht für die Rückzahlung, vor allem aber die Unmöglichkeit für den Auftragnehmer, auf die häufig erst nach Jahren stattfindende abschließende Rechnungsprüfung beim öffentlichen Auftraggeber Einfluss zu nehmen und einer Verzinsungspflicht vorzubeugen (in diesem Sinne u.a. auch *Dähne* FS Korbion 1986 S. 39, 52 ff.; *Hahn* BauR 1987, 268). So wird auch in der Klausel in Ziff. 20.2 der EVM (B) ZVB/E »Im Falle einer Überzahlung hat der Auftragnehmer den zu erstattenden Betrag – ohne Umsatzsteuer – vom

Die Schlusszahlung   § 16 Nr. 3 VOB/B

Empfang der Zahlung an mit 4% für das Jahr zu verzinsen, es sei denn, es werden höhere oder geringere Nutzungen nachgewiesen; § 197 BGB findet Anwendung« (vgl. VHB zu § 16 VOB/B Nr. 10 sowie EVM [B] ZVB/E Nr. 20.2 und EVM [Z] ZVB Nr. 14) unter Berücksichtigung der vorangehend genannten Grundsätze ein Verstoß gegen § 307 BGB zu sehen sein; trotz des Hinweises auf die Verjährungsregelung des § 197 BGB a.F. und die Möglichkeit des Nachweises höherer oder geringerer Nutzungen im Einzelfall (OLG Celle BauR 1999, 1457; *Hahn* BauR 1989, 143; *Leinemann* § 16 Rn. 204; a.A. Beck'scher VOB-Komm./*Motzke* Vor § 16 Rn. 99; Vorauflage Rn. 59).

8. Vereinbarung über Rückzahlung

Von dem oben erörterten Rückforderungsanspruch ist der Fall zu unterscheiden, in dem beide Vertragsparteien bei Unklarheit über die Forderung des Auftragnehmers sich einverständlich auf einen bestimmten Betrag **geeinigt** haben. Insofern liegt eine besondere **vertragliche Vereinbarung** vor, die es dem öffentlichen Auftraggeber nicht gestattet, später einseitig einen Rückforderungsanspruch geltend zu machen. 60

F. Vorbehaltlose Annahme der Schlusszahlung: Möglicher Verlust weitergehender Ansprüche des Auftragnehmers (§ 16 Nr. 3 Abs. 2 bis 6 VOB/B)

I. Überblick

Die nachfolgend zu erörternden Bestimmungen des § 16 Nr. 3 Abs. 2 bis 6 VOB/B regeln eine mögliche Folge der Annahme der Schlusszahlung des Auftraggebers (zur Schlusszahlung zunächst Rn. 1 ff.) durch den Auftragnehmer. Dabei hat die hier erörterte Bestimmung **zwei mögliche Fallgruppen** im Auge: Entweder, der durch die Schlusszahlung vom Auftraggeber entrichtete oder (bei angeblicher Überzahlung) überhaupt nicht mehr entrichtete Betrag ist geringer als derjenige, der die Endsumme der Schlussrechnung des Auftragnehmers ausmacht (es werden also nicht alle, evtl. auch keine der dort aufgeführten Leistungsteile und darauf berechnete Vergütungsanteile mehr bezahlt), oder der Auftragnehmer hat noch nicht alle ihm – vermeintlich – zustehenden Ansprüche aus dem betreffenden Bauauftrag in seine Schlussrechnung aufgenommen, möglicherweise deshalb, weil er bei Aufstellung seiner Schlussrechnung diese weitergehenden Forderungen vergessen hat. In allen Fällen könnte der Auftragnehmer bei einem auf der Grundlage der §§ 631 ff. BGB geschlossenen Vertrag Nachforderungen stellen. 61

Hier enthält die VOB/B jedoch weitere Einschränkungen, die durch das Stichwort der **vorbehaltlosen Annahme der Schlusszahlung** und den damit verbundenen, den Betrag der Schlusszahlung des Auftraggebers übersteigenden Ausschluss weitergehender Ansprüche des Auftragnehmers gekennzeichnet sind. Bis zur Fassung der VOB von 1990 waren die damit zusammenhängenden Voraussetzungen und Folgen in **§ 16 Nr. 3 Abs. 2 VOB/B** enthalten. Diese sind nunmehr in der Fassung der VOB von 1990 in § 16 Nr. 3 Abs. 2 bis 6 VOB/B teilweise besser aufgegliedert worden. Außerdem wurden die Voraussetzungen für eine vorbehaltlose Annahme der Schlusszahlung deutlich verschärft, so dass die praktische Bedeutung von § 16 Nr. 3 Abs. 2 VOB/B stark zurückgegangen ist. Nachfolgend wird der gegenwärtige Stand nach der Fassung 1990 erläutert. 62

II. Besondere vertragliche Ausnahmeregelung (§ 16 Nr. 3 Abs. 2 bis 5 VOB/B)

Bei § 16 Nr. 3 Abs. 2 bis 5 VOB/B handelt es sich um eine durch vertragliche Absprache geregelte Ausnahme von dem sonst allgemein geltenden Grundsatz, dass eine Zahlung die Schuld nur in Höhe des gezahlten Betrages tilgt. Die allgemeine Rechtfertigung der hier vorgesehenen **Ausschlusswirkung** liegt in der dem VOB-Vertrag zugrunde gelegten Vermutung, dass der Auftragnehmer mit der **vorbehaltlosen Annahme der Schlusszahlung** sozusagen in Nichtausübung einer Obliegenheit 63

U. Locher   2041

zu erkennen gibt, er wolle keine weiteren Forderungen aus dem Bauvertrag mehr stellen (vgl. dazu u.a. BGH Urt. v. 11.1.1965 VII ZR 139/63 NJW 1965, 536; OLG München BauR 1979, 436; *Locher* Rn. 340). In diesem Fall soll der Auftragnehmer mit Nachforderungen gegenüber dem Auftraggeber ausgeschlossen werden, weil sich jener darauf eingerichtet hatte, dass gerade keine Nachforderungen mehr gestellt werden.

Jedoch ist der Auftragnehmer über die sich für Nachforderungen aus § 16 Nr. 3 Abs. 2 bis 5 VOB/B ergebenden Beschränkungen hinaus **nicht an die von ihm erteilte Schlussrechnung gebunden**; vielmehr kann er dann weitere Forderungen geltend machen. Erst in der vorbehaltlos gebliebenen Schlusszahlung bzw. ihr gleichgestellten Erklärungen liegt ein abschließender Tatbestand, durch den Nachforderungen grundsätzlich ausgeschlossen werden (BGH Urt. v. 17.12.1987 VII ZR 16/87 BGHZ 102, 392 = BauR 1988, 217 = NJW 1988, 910; *Stellmann/Schinköth* ZfBR 2005, 3, 9; vgl. dazu auch *Schelle* BauR 1987, 272).

64 Unabweisbare Voraussetzung für den Eintritt der in den Abs. 2 bis 5 geregelten Ausschlusswirkung ist es, dass der Auftragnehmer vorher eine Schlussrechnung erteilt hat (BGH Urt. v. 22.1.1987 VII ZR 96/85 BauR 1987, 329 = NJW 1987, 2582 m.w.N.) oder dass diese unter den in § 14 Nr. 4 VOB/B geregelten Voraussetzungen durch Selbstaufstellung seitens des Auftraggebers »ersetzt« (OLG Schleswig BauR 1980, 477; OLG Düsseldorf BauR 1995, 258 = NJW-RR 1995, 535; OLG Celle BauR 2005, 1933; *Kapellmann/Messerschmidt* § 16 Rn. 213) und dass auf dieser Grundlage die Schlusszahlung geleistet worden ist. Nach dem dargelegten Grundsatz des § 16 Nr. 3 Abs. 1 VOB/B kommt der Erteilung der Schlussrechnung und der Leistung der Schlusszahlung gleich große Bedeutung zu (BGH Urt. v. 26.6.1975 VII ZR 164/73 BauR 1975, 349 = NJW 1975, 1833).

65 Dabei kommt es auf den **Zeitpunkt der Schlusszahlung** nicht an. Es ist also unerheblich, ob sie rechtzeitig bzw. alsbald nach Fälligkeit geleistet wird (OLG Hamburg BauR 1979, 163). Deshalb ist der Auffassung des OLG Köln (SFH 2.330.2 Bl. 32 m. abl. Anm. *Hochstein*; a.A. OLG München BauR 1979, 436; OLG Hamburg BauR 1979, 163) zu widersprechen, dass die Schlusszahlung binnen zwei Monaten nach Einreichung der Schlussrechnung erfolgt sein muss. Diese Auffassung widerspricht nicht nur dem Wortlaut und dem Zweck des § 16 Nr. 3 Abs. 2 bis 6 VOB/B. Sie übersieht auch, dass die Fälligkeit der Schlusszahlung grundsätzlich erst nach Ablauf von zwei Monaten eintritt. Zwar muss die Leistung fertig i.S.d. § 14 Nr. 3 VOB/B sein, da vorher die Aufstellung einer Schlussrechnung nicht in Betracht kommt, jedoch ist es nicht erforderlich, dass die Leistung vorher abgenommen worden ist (OLG Düsseldorf BauR 1982, 383).

66 Ebenso wenig kommt es für die vorbehaltlose Annahme einer Schlusszahlung darauf an, ob die Schlussrechnung den Anforderungen von § 14 Nr. 1 VOB/B entspricht und prüffähig ist (BGH Urt. v. 22.1.1987 VII ZR 96/85 BauR 1987, 329 = NJW 1987, 2582; BGH Urt. v. 17.12.1998 VII ZR 37/98 BauR 1999, 396; OLG Frankfurt BauR 1988, 615 = NJW-RR 1988, 600; Beck'scher VOB-Komm./*Motzke* § 16 Nr. 3 Rn. 61; *Kleine-Möller/Merl* § 10 Rn. 265; *Franke/Kemper/Zanner/Grünhagen* § 16 Rn. 90; *Leinemann* § 16 Rn. 126). Die dagegen in der 12. Auflage vorgebrachten systematischen Bedenken, (§ 16 VOB/B Rn. 163), wonach die vorbehaltlose Annahme einer Schlusszahlung nach § 16 Nr. 3 Abs. 2 bis 5 VOB/B zunächst die eine prüfbare Schlussrechnung erfordernde Fälligkeitsregelung nach Abs. 1 voraussetzt, werden nicht mehr aufrechterhalten. Aus dem Wortlaut von § 16 Nr. 3 Abs. 5 VOB/B ist eindeutig zu entnehmen, dass erst zur Begründung des Vorbehalts eine prüfbare Rechnung erforderlich ist (BGH Urt. v. 17.12.1998 VII ZR 37/98 BauR 1999, 396).

III. Einrede

1. Grundlagen

67 Bei vorbehaltloser Annahme der Schlusszahlung nach Abs. 2 oder einer dieser gleichstehenden Erklärung des Auftraggebers nach Abs. 3 erlöschen weitere zu Recht bestehende Vergütungsansprüche zwar nicht, jedoch können sie vom Auftragnehmer nicht mehr gegenüber dem Auftraggeber geltend gemacht, also gerichtlich nicht mehr durchgesetzt werden, wenn sich der Auftraggeber darauf bezieht.

Daraus folgt: **Die vorbehaltlose Annahme der Schlusszahlung** oder der schlusszahlungsgleichen Erklärung schließt nicht von selbst Nachforderungen des Auftragnehmers aus. Vielmehr gibt diese dem Auftraggeber nur **eine Einrede;** der Auftraggeber muss sich also ausdrücklich auf die Ausschlusswirkung berufen (BGH Urt. v. 6.12.1973 VII ZR 37/73 BGHZ 62, 15 = BauR 1974, 132 = NJW 1974, 236; BGH Urt. v. 8.11.1979 VII ZR 86/79m BGHZ 75, 307 = BauR 1980, 174 = NJW 1980, 455; BGH Urt. v. 8.7.1982 VII ZR13/81 BauR 1982, 499 = NJW 1982, 2250).

Deshalb müsste Abs. 2 im Eingang richtig heißen: »Die Einrede der vorbehaltlosen Annahme der Schlusszahlung (...)«.

Die **Einrede** der vorbehaltlosen Annahme der vor Prozessbeginn erfolgten Schlusszahlung kann im Laufe eines Prozesses auch noch bis zum Schluss der mündlichen Verhandlung in der Tatsacheninstanz geltend gemacht werden (BGH Urt. v. 12.3.1981 VII ZR 293/79 BauR 1981, 374 = NJW 1981, 1509). Mit dem OLG Düsseldorf (NJW 1976, 1753 m. abl. Anm. *Mauer*; Beck'scher VOB-Komm./ *Motzke* § 16 Nr. 3 Rn. 64) ist aber davon auszugehen, dass dem Auftraggeber nach § 97 Abs. 2 ZPO die Kosten der Berufungsinstanz aufzuerlegen sind, wenn er sich dort erst – soweit noch zulässig – auf die vorbehaltlose Annahme der Schlusszahlung berufen hat und sich die dafür maßgebenden Tatsachen zweifelsfrei bereits aus dem früheren – erstinstanzlichen – Vorbringen ergeben oder hätten vorgebracht werden können. 68

2. Grenzen auf der Grundlage gesetzlicher Bestimmungen

Wegen des verjährungsähnlichen Charakters der Einrede kommen die **gesetzlichen Bestimmungen über die Verjährung** im Falle der Versäumung des Vorbehaltes **entsprechend zur Anwendung,** wie z.B. die § 214 Abs. 2 S. 1, § 216 Abs. 1, § 215, § 813 Abs. 1 S. 2 BGB § 270 Abs. 3 ZPO (BGH Urt. v. 12.3.1981 VII ZR 293/79 BauR 1981, 374 = NJW 1981, 1509; BGH Urt. v. 27.4.1978 VII ZR 167/77 BauR 1978, 312 = NJW 1978, 1458; vgl. auch BGH Urt. v. 22.1.1987 VII ZR 96/85 BauR 1987, 329 = NJW 1987, 2582). Das gilt jedoch nur, soweit sich die betreffenden gesetzlichen Vorschriften mit Sinn und Zweck des § 16 Nr. 3 Nr. 3 Abs. 2 bis 5 VOB/B vereinbaren lassen. 69

Deshalb kann zunächst ein **Verzicht auf die Einrede der Verjährung** durchaus auch ein Verzicht **auf die Einrede der vorbehaltlosen Annahme der Schlusszahlung** sein, wie in den beiden zuletzt genannten BGH-Entscheidungen (a.a.O.; ebenso BGH Urt. v. 23.4.1981 VII ZR 207/80 BauR 1981, 393 = NJW 1981, 1784) mit Recht hervorgehoben worden ist. Ob und inwieweit ein solcher Verzicht auch die Einrede der vorbehaltlosen Annahme der Schlusszahlung erfasst, beurteilt sich im Zweifelsfalle in gebotener enger Auslegung nach den Umständen, unter denen die betreffende Erklärung abgegeben worden ist. So wird man gerade dann die Erstreckung der Verzichtserklärung auf den hier erörterten Fall annehmen können, wenn sie in einer Zeit abgegeben wird, in der die allgemeine Verjährung des Vergütungsanspruches noch nicht droht oder wenn in der betreffenden Zeit über die Berechtigung von Vergütungsansprüchen verhandelt wird (BGH a.a.O.). 70

Auch unabhängig von einem Verzicht auf die Geltendmachung der Verjährungseinrede kann ein solcher in Bezug auf die Einrede der vorbehaltlosen Annahme der Schlusszahlung vorliegen oder es kann eine Rücknahme der Einrede gegeben sein. 71

Erst recht kann sich der Auftraggeber nicht auf die vorbehaltlose Annahme der Schlusszahlung berufen, wenn er sich vorher mit dem Auftragnehmer über den umstrittenen Betrag verglichen hat. Dies rechtfertigt sich nicht bloß aus Treu und Glauben, (so LG Köln SFH Z 2.330.2 Bl. 35.) sondern deswegen, weil dann eine § 16 Nr. 3 Abs. 2 bis 5 VOB/B vorgehende besondere vertragliche Abrechnungsvereinbarung vorliegt (BGH Urt. v. 18.12.1980 VII ZR 203/80 BauR 1981, 204 = NJW 1981, 72

1040). Ebenso gilt dies, wenn die Vertragspartner vereinbart haben, dass die bisherige Schlussrechnung nicht mehr gelten und eine neue Rechnung erstellt werden soll (vgl. BGH Urt. v. 22.9.1983 VII ZR 360/82 BauR 1984, 64). Dagegen reichen bloße Vergleichsverhandlungen nicht, um die Einrede aus Treu und Glauben auszuschließen (BGH Urt. v. 5.5.1977 VII ZR 289/74 = BGHZ 68, 368 = BauR 1977, 287 = NJW 1977, 1293).

73 Des Weiteren kommt auch eine entsprechende Anwendung des § 216 Abs. 1 BGB in Betracht, wenn der Auftragnehmer wegen der betreffenden Forderung die Eintragung einer **Bauhandwerkersicherungshypothek nach § 648 BGB** erwirkt hat. Dann kann er trotz vorbehaltloser Annahme der Schlusszahlung sich aus der Sicherungshypothek befriedigen, da auch hier die Interessenlage nicht anders ist als bei der Verjährung. Der Auftragnehmer hat hier für eine besondere Art der Durchsetzbarkeit seiner Forderung gesorgt, und er ist wesentlich besser gesichert als ein Gläubiger, der wegen seiner Forderung keine dingliche Sicherung besitzt. Deshalb muss auch der Auftraggeber davon ausgehen, dass der Auftragnehmer von seinem besonderen Sicherungsrecht Gebrauch macht, solange dieser die Sicherung noch nicht aufgegeben hat und die gesicherte Forderung ganz oder zum Teil noch besteht (BGH Urt. v. 23.4.1981 VII ZR 207/80 BauR 1981, 393 = NJW 1981, 1436; *Franke/Kemper/Zanner/Grünhagen* § 16 Rn. 104; *Leinemann* § 16 Rn. 152).

3. Begrenzter Bereicherungsanspruch des Auftraggebers

74 Da die widerspruchslose Entgegennahme einer Schlusszahlung nur Auswirkungen auf die Durchsetzbarkeit des weiteren Vergütungsanspruches des Auftragnehmers hat und nicht zu einer Begrenzung des Vergütungsanspruches führt, kann der Auftraggeber einen nach Eintritt der Schlusszahlungswirkung gezahlten Betrag aus § 812 BGB nur zurückverlangen, soweit er damit mehr als den geschuldeten Werklohn bezahlt hat; erst recht gilt das für Zahlungen, die bereits vor Zugang einer Erklärung mit Schlusszahlungswirkung auf berechtigte Vergütungsansprüche geleistet worden sind. Die vorbehaltlose Hinnahme der Schlusszahlungserklärung hat nicht zur Folge, dass der Vergütungsanspruch rückwirkend der Höhe nach begrenzt wird. Sie bewirkt allein, dass eine Werklohnforderung insoweit nicht mehr durchsetzbar ist, soweit sie über die bis dahin geleisteten Zahlungen hinausgeht (BGH Urt. v. 6.12.1973 VII ZR 37/73 BGHZ 62, 15 = BauR 1974, 132 = NJW 1974, 236; BGH Urt. v. 8.11.1978 VII ZR 176/77 BauR 1979, 63; BGH Urt. v. 23.4.1981 VII ZR 207/80 BauR 1981, 393 = NJW 1981, 1784).

4. Anwendung des § 215 BGB

75 Ist die Ausschlusswirkung eingetreten, so kommt allerdings grundsätzlich § 215 BGB (§ 390 S. 2 BGB a.F.) entsprechend zum Zuge. Danach kann der Auftragnehmer mit seiner einredebehafteten Forderung gegenüber noch bestehenden Ansprüchen des Auftraggebers – z.B. Rückforderungsansprüchen wegen Überzahlung – **aufrechnen,** sofern sich die Ansprüche aufrechenbar gegenübergestanden haben, wie z.B. Nachforderungen, die schon in der Schlussrechnung hätten enthalten sein können, und Rückzahlungsansprüche des Auftraggebers (ebenso BGH Urt. v. 23.4.1981 VII ZR 207/80 BauR 1981, 393 = NJW 1981, 1784; BGH Urt. v. 8.7.1982 VII ZR 13/81 BauR 1982, 499 = NJW 1982, 2250; OLG Hamm BauR 1976, 434; dazu eingehend *Trapp* BauR 1979, 271).

76 Die Möglichkeit der Aufrechnung scheidet aber aus, wenn sich die beiderseitigen Forderungen **zu keiner Zeit** einredefrei gegenübergestanden haben, wie z.B. bei einer Doppelzahlung, wovon die erste die Schlusszahlung ist und durch die spätere irrtümliche zweite Zahlung erst der Rückforderungsanspruch entstanden ist (OLG Celle SFH Z 2.330.2 Bl. 12).

77 Sofern § 215 BGB eingreift, ist eine formularmäßige oder sonst wiederholt verwendete Klausel in Vertragsbedingungen des Auftraggebers, wonach eine Aufrechnung nach vorbehaltloser Entgegennahme der Schlusszahlung durch den Auftragnehmer ausgeschlossen sein soll, der Auftraggeber

sich jedoch nach wie vor Rückforderungsansprüche wegen Überzahlung vorbehält, nach § 307 BGB unwirksam.

IV. Ausschlusswirkung erfasst alle Ansprüche des Auftragnehmers aus Bauvertrag

Die **Ausschlusswirkung** bei vorbehaltloser Annahme der Schlusszahlung ergibt sich aus dem mit dieser Regelung verfolgten Zweck, zwischen den Parteien Rechtsfrieden und Rechtsklarheit zu schaffen. Sie bezieht sich auf sämtliche etwaigen Forderungen des Auftragnehmers, die mit dem Bauvertrag im Zusammenhang stehen, wegen dessen der Auftraggeber die Schlusszahlung auf eine ihm erteilte Schlussrechnung geleistet hat, was auch bei Vorliegen mehrerer Schlussrechnungen zutrifft (vgl. OLG Hamm NJW-RR 1987, 599; OLG Frankfurt NJW-RR 1994, 1241 = BauR 1994, 251; *Franke/Kemper/Zanner/Grünhagen* § 16 Rn. 99). Das gilt sowohl für Forderungen, die dem Auftraggeber bisher noch nicht bekannt gegeben wurden, als auch für Forderungen, die bereits dem Auftraggeber gegenüber gestellt worden sind (OLG Düsseldorf IBR 2004, 120). Letzteres folgt zweifelsfrei aus § 16 Nr. 3 Abs. 4 VOB/B. Dies ist auch bei der Abrechnung nach einem vorzeitig gekündigten Bauvertrag zu beachten (BGH Urt. v. 13.2.1975 VII ZR 120/74 BauR 1975, 282). **78**

Zunächst werden vom Ausschluss **alle Leistungen** erfasst, für die gemäß dem Bauvertrag nach der VOB eine Vergütung gefordert werden kann und die daher **Gegenstand der Schlussrechnung** sein sollten, gleichgültig, ob dies tatsächlich der Fall ist oder nicht (*Stellmann/Schinköth* ZfBR 2005, 3). Dies gilt auch dann, wenn ihre Geltendmachung in der Schlussrechnung erst vorbehalten ist (vgl. Beck'scher VOB-Komm./*Motzke* § 16 Nr. 3 Rn. 65). Dazu zählen z.B. auch Aufwendungen des Auftragnehmers für die Bereithaltung von Arbeitskräften während einer von der Bauleitung (der Auftraggeberseite) verursachten Arbeitsverzögerung. Auch durch eine Gleitklausel vereinbarte Lohnerhöhungskosten (vgl. OLG Celle SFH Z 2.330.2 Bl. 12) sowie zusätzliche Materialkosten werden von der Ausschlusswirkung erfasst. Durch die Einrede der vorbehaltlosen Annahme der Schlusszahlung werden auch sonst Ansprüche des Auftragnehmers ausgeschlossen, die zwar im Vertrag und in den dazugehörigen Unterlagen (z.B. im Leistungsverzeichnis) noch nicht vorgesehen waren, die jedoch **im Vertrag ihre Grundlage haben** und mit der **Vertragsleistung im Zusammenhang** stehen. Das gilt vor allem auch für Rechnungen, die Zusatz- und Nachtragsaufträge betreffen (OLG Köln BauR 1994, 634 = NJW-RR 1994, 1502; *Franke/Kemper/Zanner/Grünhagen* § 16 Rn. 99; *Kapellmann/Messerschmidt* § 16 Rn. 222). Deshalb fallen a**uch Forderungen nach § 2 Nr. 5 oder 6 VOB/B** unter die Ausschlusswirkung, selbst wenn bis zur Schlusszahlung noch kein neuer Preis gem. § 2 Nr. 5 oder § 2 Nr. 6 Abs. 2 S. 2 VOB/B vereinbart ist. Die Ausschlusswirkung betrifft ausnahmsweise keine Nachtragsaufträge, die der erst nach Erstellung der Schlussrechnung für den Hauptauftrag erteilt und abgerechnet werden (OLG Düsseldorf IBR 2004, 120). **79**

Somit kann zunächst als Zwischenergebnis festgehalten werden: Die Wirkungen von § 16 Nr. 3 Abs. 2 bis 5 VOB/B treten hinsichtlich aller Vergütungsbestandteile ein, die zu dem Bereich der Schlussrechnung gehören bzw. gehören müssen. **80**

Hat der Auftragnehmer zwar alle Leistungen, für die ihm nach dem Vertrag eine Vergütung zusteht, in die Schlussrechnung aufgenommen, hat er sich aber – etwa wegen Multiplikations- oder Additionsfehlern – zu seinem Nachteil **verrechnet,** ohne dass weder er noch der Auftraggeber dies bei der Schlusszahlung gemerkt haben, gilt die jetzige Regelung de**s § 16 Nr. 3 Abs. 6 VOB/B** (vgl. dazu § 16 Nr. 3 VOB/B Rn. 143 ff.). Anders liegt es auch, wenn der Auftragnehmer versehentlich nur eine früher verlangte, vom Auftraggeber nie beanstandete, jedoch **nicht geleistete Abschlagszahlung** dem Auftraggeber in der Schlussrechnung gutbringt. Hier handelt es sich nicht um einen Fehler bei der Berechnung der auch für den betreffenden Rahmen vom Auftraggeber anerkannten Vergütung des Auftragnehmers, sondern allein um ein Versehen im Bereich der Erfüllung. Insoweit ist dem Auftragnehmer die Nachforderung auch ohne Vorbehalt gestattet (so auch BGH Urt. v. 6.5.1985 VII ZR 190/84 BauR 1985, 458 = NJW 1986, 2050; *Leinemann* § 16 Rn. 153). **81**

82 Darüber hinaus gilt die **Ausschlusswirkung** durch vorbehaltlose Annahme der Schlusszahlung auch für Ansprüche, die sonst im Vertrag ihre Grundlage haben und mit der Vertragsleistung im engen Zusammenhang stehen, wie z.B. Schadensersatzansprüche (BGH Urt. v. 6.12.1973 VII ZR 37/73 BGHZ 62, 15, 16 f. = BauR 1974, 132; BGH Urt. v. 2.12.1982 VII ZR 63/82 BauR 1983, 165 = NJW 1983, 816). Insbesondere trifft dies auch auf Ansprüche des Auftragnehmers aus **Pflichtverletzung** zu. Gleiches gilt für Ansprüche aus **Verzug** des Auftraggebers (OLG Celle SFH Z 2.330.2 Bl. 12), weswegen auch Verzugszinsen von der Ausschlusswirkung erfasst sind (OLG München, OLGZ 1976, 464).

83 Anders verhält es sich hingegen mit Ansprüchen, die der Auftraggeber hinsichtlich ihrer Berechtigung nicht in Abrede gestellt hat, die jedoch zurzeit noch nicht fällig sind, wie z.B. **der Sicherheitseinbehalt** (vgl. OLG Düsseldorf SFH § 16 Nr. 3 VOB/B Nr. 28; *Leinemann* § 16 Rn. 153). Dies gilt jedoch nur, wenn der Sicherheitseinbehalt zugunsten des Auftragnehmers durch den Auftraggeber bei der Prüfung und Feststellung des Schlusszahlungsbetrages berücksichtigt und zu dessen Gunsten noch als offen stehend ausgewiesen ist. Anders liegt es, wenn der Auftraggeber Gegenforderungen zur Aufrechnung oder Verrechnung und eindeutig zum Ausdruck bringt, dass auch der Sicherheitseinbehalt davon ergriffen ist (OLG Frankfurt BauR 1985, 460).

84 Anders ist es auch mit solchen Ansprüchen, die zwar **bei Gelegenheit der Bauausführung** dem Auftragnehmer gegenüber dem Auftraggeber erwachsen sind, die aber in keinem rechtlichen Zusammenhang mit dem Bauvertragsverhältnis stehen, wie etwa bei außerhalb desselben liegenden Ansprüchen aus **unerlaubter Handlung** (§§ 823 ff. BGB) oder aus ungerechtfertigter Bereicherung (§§ 812 ff. BGB).

V. Mögliche Ausschlusswirkung nach § 16 Nr. 3 Abs. 2 VOB/B

1. Voraussetzungen

85 Nach dieser Bestimmung geht die VOB/B zunächst einmal »nur« **von einer Schlusszahlung** des Auftraggebers aus. Das früher in § 16 Nr. 3 Abs. 2 S. 1 VOB/B enthaltene Element, dass die Schlusszahlung »als solche gekennzeichnet« sein müsse, ist im jetzigen Wortlaut des Abs. 2 nicht mehr enthalten. Dieses Merkmal wird nunmehr praktisch durch die hier neu eingeführte Unterrichtungs- und Hinweispflicht des Auftraggebers (vgl. dazu § 16 Nr. 3 VOB/B Rn. 93 ff.) »ersetzt«. Immerhin besteht auch jetzt noch die Voraussetzung, dass der Auftraggeber hinreichend klar und zweifelsfrei zum Ausdruck bringen muss, dass es sich um eine letzte Zahlung aus dem betreffenden Vertrag handelt. Auf dieser Grundlage müssen gerade auch hier der Begriff der Schlusszahlung und deren Voraussetzungen so verstanden werden, wie bereits oben unter Rn. 28–37 im Einzelnen dargelegt wurde.

Also ist Voraussetzung, dass die betreffende **Zahlung** für den Auftragnehmer **eindeutig als Schlusszahlung auf seine Schlussrechnung erkennbar gemacht ist** (vgl. auch OLG Celle SFH Z 2.330.2 Bl. 12; *Werner/Pastor* Rn. 2299; *Heiermann/Riedl/Rusam* § 16 Rn. 78), wobei es nicht unbedingt auf die Hinzufügung des Wortes »Schlusszahlung« ankommt (BGH Urt. v. 27.10.1983 VII ZR 155/83 BauR 1984, 65 = NJW 1984, 368; BGH Urt. v. 23.10.1986 VII ZR 49/86 BauR 1987, 96 = NJW 1987, 493). Der Begriff der Schlusszahlung ist auf dieser Grundlage mit demjenigen in § 16 Nr. 1 Abs. 1 VOB/B identisch. Wegen der Einzelheiten wird deshalb auf die obige Kommentierung (Rn. 93 ff.) verwiesen.

2. Schlusszahlungserklärung

86 Nach dem Gesagten ist es daher letztlich entscheidend, ob die ordnungsgemäße Auslegung der Erklärung des Auftraggebers ergibt, dass er auf die Schlussrechnung des Auftragnehmers zahlt und dass dies zugleich die abschließende Zahlung aus seiner Sicht sein soll. Hier ist sicher, wenn nicht das Wort »Schlusszahlung« gebraucht wird, eine vorsichtige Auslegung dahin gehend am Platze, dass nur ganz eindeutige Erklärungen des Auftraggebers im genannten Sinne zu seinen Gunsten gehen können und dass alle Zweifelsfälle zu seinen Lasten zu rechnen sind, also nicht geeignet sind, die Wirkung des Abs. 2 herbeizuführen (*Stellmann/Schinköth* ZfBR 2005, 3; *Heiermann/Riedl/Rusam* § 16 Rn. 108; *Kapellmann/Messerschmidt* § 16 Rn. 215).

Immer ist auf eine **inhaltlich zweifelsfreie,** dem Auftragnehmer spätestens mit der Schlusszahlung zugehende **Erklärung** zu achten (OLG Düsseldorf IBR 2004, 120). Die Schlusszahlungserklärung des Auftraggebers kann sich nur auf die Schlussrechnung aus einem bestimmten Bauvorhaben beziehen; nicht ergreift sie dagegen andere Schlussrechnungen aus anderen Bauvorhaben, auch wenn sie fällig und angemahnt sind; in letzterer Hinsicht fehlt es an einer wie hier vorauszusetzenden Schlusszahlung (BGH Urt. v. 9.4.1987 VII ZR 88/86 NJW-RR 1987, 978). 87

3. Annahme der Zahlung – Vorbehaltlose Annahme

Aus § 16 Nr. 3 Abs. 2 VOB/B ergibt sich weiter, dass die **vorbehaltlose Annahme** der Schlusszahlung Nachforderungen ausschließt. 88

Die Annahme der Zahlung setzt voraus, dass diese dem Auftragnehmer oder dem von diesem oder sonst vertraglich bestimmten Empfänger (wie z.B. seiner Bank usw.) zugegangen ist. Auch der Insolvenzverwalter ist berechtigter Empfänger der Schlusszahlung bzw. Schlusszahlungserklärung; Gleiches gilt im Hinblick auf eine zur Insolvenztabelle angemeldete, zur Aufrechnung gestellte, als Schlusszahlung zum Ausdruck gebrachte Gegenforderung (BGH Urt. v. 22.1.1987 VII ZR 96/85 BauR 1987, 329 = NJW 1987, 2582). 89

Die **Annahme der Zahlung** liegt in der Entgegennahme dessen, was als Zahlung oder an deren Stelle bestimmt ist, und sei es auch nur zu deren endgültiger Herbeiführung. Also kommt es hier nicht so sehr auf die wirkliche und endgültige Erfüllung an. Die mit § 16 Nr. 3 Abs. 2 VOB/B verbundene Ausschlusswirkung hat nämlich in der Grundlage nicht die tatsächliche Erfüllung zur Voraussetzung, sondern die Erklärung, die mit dem Zahlungsvorgang – auch dem unbaren – verbunden ist. Deshalb genügt für die Annahme der Schlusszahlung die Entgegennahme eines Schecks (BGH Urt. v. 29.1.1970 VII ZR 95/68 BauR 1970, 117 = NJW 1970, 706) oder eines Tagesauszuges der Bank (BGH Urt. v. 5.10.1972 VII ZR 187/71 BauR 1972, 382 = NJW 1972, 2267). 90

Vorbehaltlose Annahme bedeutet die Hinnahme eines der vorangehend gekennzeichneten Zahlungsvorgänge, ohne Ausdruck des Willens, den Betrag, der durch die Zahlung ausgewiesen wird, nicht als endgültig hinzunehmen (über notwendigen Inhalt und die Art und Weise der Vorbehaltserklärung vgl. Rn. 106 ff.). 91

Die vorbehaltlose Annahme der Schlusszahlung kann nicht wegen Irrtums angefochten werden. Hierbei handelt es sich nur um das Unterlassen einer Willenserklärung. Das Unterlassen einer Willenserklärung ist grundsätzlich nicht anfechtbar (OLG Hamm SFH Z 2.330 Bl. 32 ff.; OLG Köln SFH § 16 Nr. 3 VOB/B Nr. 11). 92

4. Weitere Voraussetzung: Schriftlicher Hinweis auf die Schlusszahlung und die Ausschlusswirkung

Die Wirkung einer vorbehaltlosen Annahme der Schlusszahlung setzt nach § 16 Nr. 3 Abs. 2 VOB/B voraus, dass nicht nur eine hinreichend eindeutige Schlusszahlung durch den Auftraggeber und deren – vorbehaltlose – Annahme durch den Auftragnehmer vorliegen. Vielmehr ist weitere Voraussetzung, dass der Auftraggeber den Auftragnehmer **von der Schlusszahlung schriftlich unterrichtet und auf die Ausschlusswirkung hingewiesen** hat. Diese durch die Fassung der VOB/B von 1990 eingeführte weitere Voraussetzung muss zwingend vom Auftraggeber eingehalten werden, wenn er sich auf den genannten Ausschluss berufen will. 93

94 Die hier geforderte **Unterrichtung** auf die erfolgende oder erfolgte Schlusszahlung dient der Klarstellung, dass der Auftraggeber **aus** seiner Sicht die letzte Zahlung aus dem betreffenden Vertragsverhältnis vornimmt oder vorgenommen hat. Dies muss ganz **eindeutig und ohne jede Einschränkung** sowie ohne jeden Vorbehalt erfolgen. Hinzukommen (»und«) muss des Weiteren der **Hinweis** des Auftraggebers »**auf die Ausschlusswirkung**«. Diese »**Rechtsfolgenbelehrung**« ist hinsichtlich ihres erforderlichen Inhalts im Wortlaut des Abs. 2 nicht näher umschrieben. Da die mögliche Wirkung der vorbehaltlosen Annahme nicht schon sogleich nach Erhalt der hier maßgebenden Äußerungen des Auftraggebers eintreten kann, sondern erst nach Ablauf der in § 16 Nr. 3 Abs. 5 genannten Frist bzw. Fristen, ist es erforderlich, dass der **Hinweis** wegen der Ausschlusswirkung gerade **die Fristen des § 16 Nr. 3 Abs. 5 VOB/B,** also dessen Regelung **einbezieht** (OLG Dresden BauR 2000, 279; KG BauR 2000, 575). Dabei genügt nicht der bloße Hinweis auf den Abs. 5 als solchen. Vielmehr ist es erforderlich, die Auftragnehmerseite – gleichgültig, um wen es sich dabei handelt – wortwörtlich darauf hinzuweisen, dass die Ausschlusswirkung eintreten wird oder eintritt, wenn der Auftragnehmer nicht innerhalb von 24 Werktagen nach Zugang der Mitteilung einen Vorbehalt erklärt, und dass dieser wieder hinfällig wird, wenn der Auftragnehmer nicht innerhalb von 24 weiteren Werktagen eine prüfbare Rechnung über die vorbehaltenen Forderungen vorlegt oder, wenn das nicht möglich ist, den Vorbehalt eingehend begründet.

Aus der Regelung des Abs. 2 ergibt sich nicht, dass die Mitteilung von der Schlusszahlung sowie der Hinweis auf die Ausschlusswirkung **in einem Vorgang** zu erfolgen haben, da dies allein durch das verbindende Wort »und« noch nicht zu folgern ist. Allerdings ist nach dem Wortlaut des § 16 Nr. 3 Abs. 5 VOB/B davon auszugehen, dass dies an sich nach der Vorstellung der Verfasser der VOB so sein soll, weil hiernach die Frist für die Erklärung des Vorbehalts nach Zugang der Mitteilung »nach Abs. 2 (…) über die Schlusszahlung« beginnt, wobei sicher auch der Hinweis auf die Ausschlusswirkung gemeint ist. **Zwingend** kann dies so aber nicht gefolgert werden, so dass die Unterrichtung über die Schlusszahlung einerseits und der Hinweis auf die Ausschlusswirkung **zeitlich getrennt** erfolgen können. Maßgebend ist aber, dass die in § 16 Nr. 3 Abs. 5 VOB/B festgelegte Vorbehaltsfrist erst **beginnt, nachdem beide Erklärungen beim Auftragnehmer eingegangen** sind (*Nicklisch/Weick* § 16 Rn. 49; *Kleine-Möller/Merl* § 10 Rn. 267; Beck'scher VOB-Komm./*Motzke* § 16 Nr. 3 Rn. 67; *Werner/Pastor* Rn. 2306; a.A. OLG Dresden BauR 2000, 179 = NJW-RR 1999, 1399; *Heiermann/Riedl/Rusam* § 16 Rn. 90a; *Leinemann* § 16 Rn. 138; *Losert* ZfBR 1991, 107).

95 Während die Schlusszahlungserklärung als solche durch den Auftraggeber an sich auch mündlich erfolgen kann, (vgl. oben Rn. 85.) ist sowohl für die Mitteilung von der Schlusszahlung als auch für den Hinweis auf die Ausschlusswirkung nach Abs. 2 die **Schriftform** erforderlich, was bedeutet, dass der Auftraggeber später die Einrede der vorbehaltlosen Annahme der Schlusszahlung nicht mit Erfolg erheben kann, wenn er die hierfür verlangte Schriftform nicht eingehalten hat. **Die Schriftform ist also Wirksamkeitsvoraussetzung**, zumal es hier darum geht, dem Auftragnehmer die möglichen Folgen der vorbehaltlosen Annahme der Schlusszahlung deutlich vor Augen zu halten, wenn er sich wegen seiner weitergehenden Ansprüche nicht fristgerecht zur Wehr setzt (BGH Urt. v. 17.12.1998 VII ZR 37/98 BauR 1999, 396 = NJW 1999, 944; OLG Naumburg NZBau 2001, 139; Beck'scher VOB-Komm./*Motzke* § 16 Nr. 3 Rn. 67; *Stellmann/Schinköth* ZfBR 2005, 3). Dabei muss das betreffende Schriftstück oder müssen die betreffenden Schriftstücke den Inhalt klar und deutlich aufweisen, der vorangehend aufgeführt worden ist.

Des Weiteren ist es auch **Wirksamkeitsvoraussetzung**, dass sowohl die Unterrichtung über die Schlusszahlung als auch der Hinweis auf die Ausschlusswirkung **getrennt von der Schlusszahlung bzw. dem Vorgang der Schlusszahlung** zu erfolgen haben (so auch OLG Köln BauR 1994, 634 = NJW-RR 1994, 1502). Dies erklärt sich ebenfalls aus der Regelung in § 16 Nr. 3 Abs. 5 VOB/B, wonach die Frist zur Erklärung des Vorbehalts durch den Auftragnehmer nach dem Zugang der hier maßgebenden schriftlichen Mitteilung beginnt. Dies ist eine deutliche Änderung gegenüber § 16 Nr. 3 Abs. 2 S. 4 VOB/B a.F., wonach die Frist zur Erklärung des Vorbehalts mit dem Eingang der

Die Schlusszahlung § 16 Nr. 3 VOB/B

Schlusszahlung beim Auftragnehmer begann. Da nunmehr der Beginn und der Lauf der Frist von dem Zugang der Schlusszahlung als solcher getrennt ist, ist es anders als früher nicht mehr möglich, die schriftliche Unterrichtung über die Schlusszahlung sowie den schriftlichen Hinweis auf die Ausschlusswirkung etwa auf einem Überweisungsträger, einem Scheck, einem Wechsel o.Ä. zu machen. Allein hierdurch wird die Vorbehaltsfrist gem. § 16 Nr. 3 Abs. 5 VOB/B noch nicht in Lauf gesetzt (ebenso *Losert* ZfBR 1991, 7; Beck'scher VOB-Komm./*Motzke* § 16 Nr. 3 Rn. 67; *Kleine-Möller/Merl* § 10 Rn. 269).

5. AGB-rechtliche Beurteilung

Die Rechtsprechung zur früheren Fassung des § 16 Nr. 3 Abs. 2 VOB/B hat diese Regelung nur mit **96** großem Zögern akzeptiert und nur für den Fall hingenommen, dass **die VOB/B »als Ganzes« vereinbart** wurde. (BGH Urt. v. 16.12.1982 VII ZR 92/82 BGHZ 86, 135 = BauR 1983, 161 = NJW 1983, 816; BGH Urt. v. 22.1.1987 VII ZR 96/85 BauR 1987, 329 = NJW 1987, 2582; zuletzt OLG Hamm BauR 1997, 645). **Dies gilt auch für die Neufassung des § 16 Nr. 3 Abs. 2 bis 5 VOB/B** (BGH Urt. v. 19.3.1998 VII ZR 116/97 BGHZ 138, 176 = BauR 1998, 614 = NJW 1998, 2053; BGH Urt. v. 9.10.2001 X ZR 153/99 BauR 2002, 775; BGH Urt. v. 18.4.2002 VII ZR 260/01 BauR 2002, 1253 = NZBau 2002, 435; OLG Brandenburg BauR 2003, 1404; OLG Frankfurt BauR 2005, 1939; Beck'scher VOB-Komm./*Motzke* § 16 Nr. 3 Rn. 8; *Nicklisch/Weick* § 16 Rn. 42; *Heiermann/Riedl/Rusam* § 16 Rn. 71; *Leinemann* § 16 Rn. 121; *Korbion/Locher/Sienz* F 36; *Werner/Pastor* Rn. 2288; *Losert* ZfBR 1991, 7; *Kniffka* ZfBR 1992, 1, 6).

Einige der zur Frage der Zulässigkeit der damaligen Regelung zur vorbehaltlosen Annahme der **97** Schlusszahlung bestehenden Einwendungen sind zwar durch die neue Fassung ausgeräumt worden. Dies betrifft vor allem die jetzt in Abs. 2 **zusätzlich** aufgenommenen Anforderungen an den Eintritt der Wirkung einer vorbehaltlosen Annahme der Schlusszahlung, nämlich die schriftliche Unterrichtung über die Schlusszahlung sowie den schriftlichen Hinweis auf die Ausschlusswirkung, erledigt. Andererseits ist aber zu beachten, dass der BGH (a.a.O.) mit Recht die Bestimmung des § 307 BGB zum Prüfungsmaßstab genommen hat. Die darauf gestützten rechtlichen Vorbehalte sind durch die jetzige Fassung des § 16 Nr. 3 Abs. 2 bis 5 VOB/B nicht in dem erforderlichen Maße beiseite geräumt worden. Zwar ist auch hier die jetzt strengere Voraussetzung für die vorbehaltlose Annahme der Schlusszahlung zu beachten. Weiterhin AGB-rechtlich unwirksam ist diese Regelung aber deswegen, weil sie nach wie vor das gesetzliche Leitbild nicht beachtet**,** dass nämlich ein Auftragnehmer seinen Vergütungsanspruch nur dann verliert bzw. nicht mehr durchsetzen kann, wenn dieser entweder verwirkt oder verjährt ist, dass also durch § 16 Nr. 3 Abs. 2 bis 5 VOB/B eine wesentlich frühere Folge zu Lasten des Auftragnehmers eintreten kann. Außerdem enthalten die übrigen Bestimmungen der VOB/B im Vergütungsbereich keine annähernd gleichwertige Regelung zu Lasten der Auftraggeberseite. Hiernach weicht die VOB/B von der grundlegenden Forderung ab, dass Schuld nur durch eine entsprechende Leistung getilgt wird (BGH a.a.O.).

Dies hat zum Ergebnis, dass auch die jetzige Fassung in § 16 Abs. 2 bis 5 VOB/B einer isolierten In- **98** haltskontrolle nicht Stand hält und nur dann eine wirksame Einrede der vorbehaltlosen Annahme der Schlusszahlung herbeizuführen vermag, **wenn die VOB »als Ganzes« vereinbart** ist.

VI. Endgültige schriftliche Ablehnung weiterer Zahlungen unter Hinweis auf geleistete Zahlungen (§ 16 Nr. 3 Abs. 3 VOB/B)

Nach **§ 16 Nr. 3 Abs. 3 VOB/B** steht es einer Schlusszahlung gleich, wenn der Auftraggeber unter **99** Hinweis auf geleistete Zahlungen weitere Zahlungen endgültig und schriftlich ablehnt**.** Hier gelten ebenfalls die vorangehend angeführten Voraussetzungen. Auch die Bestimmung des Abs. 3 greift nur ein, wenn die VOB/B »als Ganzes« vereinbart ist.

Diese nunmehr zu erörternde Bestimmung ist eine weitere Konsequenz dessen, was vorangehend gesagt ist, nämlich, dass die hier wesentliche Entgegennahme der Schlusszahlung nicht so sehr mit der Erfüllung verbunden ist, sondern es entscheidend darauf ankommt, dass der Auftraggeber zweifelsfrei zum Ausdruck bringt, an den Auftragnehmer aus dem betreffenden Bauvertrag keine Zahlungen mehr leisten zu wollen. Diese Regelung dient also nur der Klarstellung und schafft keine eigene, neue Rechtsfolge.

100 Daher ist es nur folgerichtig, dass es für den Begriff der Schlusszahlung nicht immer maßgebend ist, ob tatsächlich noch eine Zahlung an den Auftragnehmer erfolgt. Sind bereits Überzahlungen aus vorangegangenen Abschlagszahlungen, Vorauszahlungen oder Teilschlusszahlungen, u.U. auch aus Aufrechnungen bzw. Abrechnungen oder Hinterlegungen nach Ansicht des Auftraggebers erfolgt und **erklärt er dies unter Hinweis darauf, er lehne weitere Zahlungen ab,** so trägt dies ebenfalls Schlusszahlungscharakter in dem für § 16 Nr. 3 Abs. 3 VOB/B maßgeblichen Sinne (BGH Urt. v. 21.10.1971 VII ZR 79/70 BauR 1972, 56 = NJW 1972, 51; BGH Urt. v. 31.3.1977 VII ZR 51/76 BauR 1977, 282 = NJW 1977, 1294, 1295; BGH Urt. v. 8.11.1979 VII ZR 86/79 BGHZ 75, 307, 308 = NJW 1980, 455 = BauR 1980, 174; BGH Urt. v. 24.3.1983 VII ZR 329/81 BauR 1983, 476.; BGH Urt. v. 17.12.1998 VII ZR 37/98 BauR 1999, 396). Eine Erklärung nach Abs. 3 kann auch in einem schriftsätzlichen **Antrag auf Klageabweisung im Prozess liegen,** wenn der Auftraggeber auf die Schlussrechnung Abschlagszahlungen geleistet hat, die nach seiner Ansicht bereits eine Überzahlung des Auftragnehmers ergeben haben, sofern es sich um Mehrforderungen des Auftragnehmers handelt, die erst in einer weiteren, bisher noch nicht mit eingeklagten Rechnung enthalten sind, also um nach Klageerhebung nachgeschobene, das gleiche Bauvorhaben betreffende Ansprüche (OLG Düsseldorf NJW 1978, 1387).

101 Voraussetzung, um hier eine Gleichstellung mit einer – eigentlichen – Schlusszahlung zu erreichen, ist allerdings eine **eindeutige,** inhaltlich ganz zweifelsfreie **Erklärung des Auftraggebers, dass bereits eine Überzahlung vorliegt** (BGH Urt. v. 17.12.1998 VII ZR 37/98 BauR 1999, 396; OLG Köln BauR 1997, 320; OLG München BauR 1996, 871). Erforderlich ist deshalb ein »Hinweis auf geleistete Zahlungen« oder auf ein Erfüllungssurrogat (wie Aufrechnung, Verrechnung, Hinterlegung); andere Einwände des Auftraggebers reichen nicht aus (BGH Urt. v. 22.12.1983 VII ZR 213/82 BauR 1984, 182; a.A. *Zielemann* Rn. 495). Aus der Erklärung des Auftraggebers muss weiter klar hervorgehen, dass weitere Zahlungen aus dem betreffenden Bauauftrag unbedingt, somit endgültig, abgelehnt werden, der Auftraggeber also nicht bereit ist, sich auch nur auf Verhandlungen über die weiteren Forderungen des Auftragnehmers einzulassen. Deshalb genügt nicht die bloße Geltendmachung eines **Zurückbehaltungsrechts** wegen vorhandener Mängel, weil daraus nur folgt, dass der Auftraggeber die Zahlung oder weitere Zahlungen verweigert, bis die Mängel behoben sind, also die Weigerung nur vorläufig ist (BGH Urt. v. 11.10.1990 VII ZR 110/89 BauR 1991, 84 = NJW-RR 1991, 275; OLG Düsseldorf MDR 1981, 228; *Kapellmann/Messerschmidt* § 16 Rn. 231; *Leinemann* § 16 Rn. 131). Im Falle der **Aufrechnung** muss der Auftraggeber entweder schon mit Gegenforderungen aufgerechnet haben oder dies jedenfalls in seinem Schreiben tun (vgl. KG NJW-RR 1988, 852; Beck'scher VOB-Komm./*Motzke* § 16 Nr. 3 Rn. 20; *Kapellmann/Messerschmidt* § 16 Rn. 231).

Den Erfordernissen entspricht daher noch nicht ein vom Auftraggeber gegen einen vom Auftragnehmer erwirkten Mahnbescheid erhobener Widerspruch mit dem bloßen Hinweis, der Widerspruch werde begründet, nachdem der Forderungsanspruch begründet sei (BGH Urt. v. 22.11.1979 VII ZR298/79 BauR 1980, 177). An der erforderlichen Bestimmtheit der Ablehnung fehlt es auch, wenn durch Schreiben des Auftraggebers der irreführende Eindruck erweckt wird, eine weitere Prüfung der Schlussrechnung stehe noch bevor, die dann erst zu einer weiteren Beurteilung der Sachlage führen werde (BGH Urt. v. 24.3.1983 VII ZR 329/81 BauR 1983, 476). Es ist ebenso wenig ausreichend, dass der Auftraggeber im prozessualen Schriftverkehr lediglich die Einrede einer nach seiner Auffassung bereits früher erfolgten vorbehaltlosen Annahme der Schlusszahlung begründet, ohne deutlich zu machen, dass mit diesem Schriftsatz zugleich eine schlusszahlungsgleiche Erklärung ab-

Die Schlusszahlung § 16 Nr. 3 VOB/B

gegeben werden soll (BGH Urt. v. 17.12.1998 VII ZR 37/98 BauR 1999, 396). Eine Schlusszahlungserklärung liegt dagegen vor, wenn der Auftraggeber eindeutig weitere Zahlungen ablehnt und außerdem zum Ausdruck bringt, falls dennoch Forderungen des Auftragnehmers bestünden, wären diese durch zur Aufrechnung gestellte Gegenforderungen erloschen.

Außerdem ist auch hier **grundlegende Voraussetzung,** dass der Auftragnehmer **vor** der schriftlichen Erklärung des Auftraggebers eine **Schlussrechnung vorgelegt hat und die Erklärung auf diese Schlussrechnung hin erfolgt** (vgl. BGH Urt. v. 5.4.1979 VII ZR 87/78 BauR 1979, 342; BGH Urt. v. 22.12.1983 VII ZR 213/82 BauR 1984, 182) oder – ausnahmsweise – der Auftraggeber unter den Voraussetzungen des § 14 Nr. 4 VOB/B vorher eine Schlussrechnung aufgestellt hat (Beck'scher VOB-Komm./*Motzke* § 16 Nr. 3 Rn. 82). Eine vor Vorlage bzw. Aufstellung der Schlussrechnung zum Ausdruck gebrachte Äußerung des Auftraggebers, er werde nichts mehr zahlen, hat somit nicht schon die hier erörterte Ausschlusswirkung (BGH a.a.O.). **102**

Nach § 16 Nr. 3 Abs. 3 VOB/B ist es weiter erforderlich, dass der **Auftraggeber** bei seiner Ablehnung **auf bereits erfolgte Zahlungen hinweist.** Insoweit ist es notwendig, dass er zumindest **den Gesamtbetrag der erfolgten Zahlungen nennt,** bei mehreren Abschlagszahlungen auch die jeweiligen Daten und Beträge, um dem Auftragnehmer die gebotene Überprüfung zu ermöglichen (*Leinemann* § 16 Rn. 132; a.A. LG Berlin BauR 2004, 1781). Bereits erfolgte Zahlungen liegen auch vor, wenn der Auftraggeber mit **Gegenforderungen,** wie z.B. aus nach seiner Ansicht vom Auftragnehmer verwirkter Vertragsstrafe, **aufgerechnet hat bzw. aufrechnet** (BGH Urt. v. 22.12.1983 VII ZR 213/82 BauR 1984, 182; dem stehen Verrechnung und Hinterlegung gleich), erst recht, wenn vertraglich vereinbart ist, dass die etwa verwirkte Vertragsstrafe bei der Schlussabrechnung abzuziehen ist (OLG München SFH Z 2.411 Bl. 59). Ob derartige Gegenforderungen berechtigt sind, spielt auch hier keine Rolle. **103**

Aus der VOB ist nicht zu entnehmen, dass der Erklärung des Auftraggebers eine **Begründung** beizugeben ist, warum eine weitere Zahlung abgelehnt wird. Vielmehr ist die Notwendigkeit einer Begründung des Vorbehalts ausdrücklich in § 16 Nr. 3 Abs. 5 enthalten. Für eine Ausdehnung der Begründungspflicht auf § 16 Nr. 3 Abs. 3 entgegen dem Wortlaut besteht kein Grund. Der Warn- und Informationsfunktion dieser Vorschrift wird vielmehr durch die hohen Anforderungen an die schlusszahlungsgleiche Erklärung sowie den Hinweis auf geleistete Zahlungen Genüge getan (KG BauR 1982, 594; *Heiermann/Riedl/Rusam* § 16 Rn. 85; Beck'scher VOB-Komm./*Motzke* § 16 Nr. 3 Rn. 82; *Nicklisch/Weick* § 16 Rn. 46; *Kleine-Möller/Merl* § 10 Rn. 273; *Leinemann* § 16 Rn. 132; *Kapellmann/Messerschmidt* § 16 Rn. 235; a.A.; *Hochstein* Anm. zu BGH SFH § 16 Nr. 3 VOB/B Nr. 9). **104**

§ 16 Nr. 3 Abs. 3 VOB/B bestimmt weiter, dass der Auftraggeber seine unter Hinweis auf geleistete Zahlungen erfolgende Ablehnung weiterer Zahlungen dem Auftragnehmer **schriftlich** mitzuteilen hat. Hier ist die **Schriftform unbedingte Wirksamkeitsvoraussetzung** für den Eintritt der Folgen, die sich aus der vorbehaltlosen Annahme der Schlusszahlung ergeben (BGH Urt. v. 17.12.1998 VII ZR 37/98 BauR 1999, 396; OLG Köln BauR 1997, 320 = NJW-RR 1997, 213; OLG Köln BauR 1991, 226; Beck'scher VOB-Komm./*Motzke* § 16 Nr. 3 Rn. 84). Die Einhaltung der Schriftform, die hier auch durch Rücksendung der geprüften Schlussrechnung gewahrt sein kann, ist in dem hier erörterten Fall angeblich erfolgter Überzahlung insbesondere notwendig, um eine **hinreichende Berechnung der Vorbehaltserklärungsfrist** zu ermöglichen, um also klare Berechnungsmöglichkeiten zu schaffen. **105**

In Abs. 3 wird mit keinem Wort erwähnt, ob hier die schriftliche Mitteilung von der Überzahlung ebenso wie in der Grundbestimmung des Abs. 2 **auch noch den Hinweis auf die – hier –** schlusszahlungsgleiche Erklärung und vor allem auf die Ausschlusswirkung enthalten muss, und zwar so, wie dies nach Abs. 2 gefordert wird. Folgt man dem reinen Wortlaut des Abs. 3, so scheint dies entbehrlich zu sein (ausgerechnet in dem Fall, in dem der Auftraggeber überhaupt nichts mehr zahlen **106** will!). Es liegt auf der Hand, dass dies nicht zutreffen kann, dass also die schriftliche Mitteilung von der Überzahlung **auch noch die weiteren in Abs. 2 aufgeführten Voraussetzungen erfüllen muss**. Gerade hier dürfte die hierdurch beabsichtigte »Vorwarnung« sowie die »Belehrung« des Auftragnehmers in Bezug auf den Abs. 5 noch **weitaus eher erforderlich** sein als im Falle des Abs. 2, wo der Auftragnehmer immerhin noch etwas ausgezahlt bekommt (BGH Urt. v. 17.12.1998 VII ZR 37/98 BauR 1999, 396; OLG München BauR 1996, 871; Beck'scher VOB-Komm./*Motzke* § 16 Nr. 3 Rn. 84; *Kapellmann/Messerschmidt* § 16 Rn. 234; *Langen* BauR 1991, 151, 154).

107 Die vorangehend erörterte Gesamtregelung in Abs. 3 muss auch von den **Vertretern des Auftraggebers** besonders beachtet werden, also solchen, die er mit der erforderlichen Eindeutigkeit beauftragt und bevollmächtigt hat, seine Interessen wahrzunehmen. Der mit der – bloßen – Bauabrechnung als solcher für den Auftraggeber nur intern befasste Architekt ist im Allgemeinen ohne besondere Vollmacht des Auftraggebers nicht befugt, für diesen eine wirksame Erklärung nach Abs. 3 abzugeben (Beck'scher VOB-Komm./*Motzke* § 16 Nr. 3 Rn. 77; *Leinemann* § 16 Rn. 134). Dies schließt aber nicht aus, dass der Architekt von dem Auftraggeber zur Abgabe einer entsprechenden Erklärung ausdrücklich bevollmächtigt wurde (dafür kann es schon ausreichend sein, dass der Architekt mit Wissen und Billigung des Auftraggebers alleine mit dem Auftragnehmer verhandelt; vgl. dazu BGH Urt. v. 20.11.1986 VII ZR 322/85 BauR 1987, 218 = NJW 1987, 775). Da dies für den Auftragnehmer häufig nicht erkennbar sein dürfte, ist ihm anzuraten, einer schlusszahlungs- oder schlusszahlungsgleichen Erklärung des Architekten auf jeden Fall zu widersprechen.

108 Die **schriftliche Mitteilung** von der aus der Sicht des Auftraggebers erfolgten Überzahlung ist grundsätzlich **an** den **Auftragnehmer** zu richten. Richtiger Adressat ist auch der Anwalt, den der Auftragnehmer bereits mit der Geltendmachung seiner Werklohnforderung beauftragt hat (§ 164 Abs. 3 BGB; KG BauR 1982, 594). Hat der Auftragnehmer den umstrittenen Zahlungsanspruch oder einen Teil desselben an einen Dritten **abgetreten**, kann es erforderlich sein, die **schriftliche Mitteilung von der Überzahlung an den Dritten (Zessionar)** zu richten. Das gilt einmal dann, wenn der Auftraggeber von der Abtretung Kenntnis hatte (§ 407 BGB), sowie auch, wenn die schriftliche Mitteilung von der Überzahlung erst nach der dem Auftraggeber bekannten Abtretung erfolgt (§ 404 BGB) (vgl. dazu OLG Frankfurt BauR 1994, 251, 253 = NJW-RR 1994, 1241). Der Ansicht von *Losert* (ZfBR 1988, 65; i.E. Beck'scher VOB-Komm./*Motzke* § 16 Nr. 3 Rn. 79; *Leinemann* § 16 Rn. 134), dass die Schlusszahlungserklärung, um wirksam zu sein, sowohl an den Zedenten (Auftragnehmer) als auch den Abtretungsempfänger (Zessionar) zu richten sei, kann nicht gefolgt werden. Unter den vorangehend dargelegten Voraussetzungen muss es genügen, wenn die Schlusszahlungserklärung dem Abtretungsempfänger zugeht. Dabei wird übersehen, dass es sich bei der Einrede der vorbehaltlosen Annahme der Schlusszahlung nicht um ein Gestaltungsrecht oder eine gestaltungsrechtsähnliche Erklärung handelt, sondern um eine verjährungsähnliche Einrede. Diese steht aber nicht nur dem Schuldner (Auftraggeber) zu, sondern sie ist, wie § 404 BGB ergibt, an den neuen Gläubiger zu richten (wie hier *Jagenburg* NJW 1990, 2972; *Werner/Pastor* Rn. 2293; *Kleine-Möller/Merl* § 10 Rn. 275).

Hat der für den Auftragnehmer bestellte **Sequester** oder **vorläufige Insolvenzverwalter** die Schlussrechnung erstellt und dem Auftraggeber zugeleitet, so ist er der berechtigte Empfänger für eine Schlusszahlung und somit der richtige Adressat für die schriftliche Ablehnung weiterer Zahlungen i.S.d. § 16 Nr. 3 Abs. 2 VOB/B (OLG Düsseldorf SFH § 16 Nr. 3 VOB/B Nr. 28).

VII. Ausschlusswirkung gilt auch bei vorbehaltloser Schlussrückzahlung des Auftragnehmers

109 Nicht geregelt ist in der VOB die Frage, ob die in **§ 16 Nr. 3 Abs. 2 VOB/B** erwähnte Wirkung auch gilt, wenn es nicht zu einer Schlusszahlung des Auftraggebers, sondern aufgrund des Abrechnungsergebnisses zu einer so genannten **Schlussrückzahlung des Auftragnehmers** kommt, weil bereits

Die Schlusszahlung   § 16 Nr. 3 VOB/B

Abschlagszahlungen oder sonstige Zahlungen auf die Vergütung aus dem betreffenden Bauvertrag geleistet worden sind, die die Gesamtforderung des Auftragnehmers übersteigen.

Zwar können Bedenken gegen eine gleiche Beurteilung vor allem deswegen bestehen, weil die VOB-Regelung eine erhebliche Tragweite zu Lasten des Auftragnehmers hat. Dennoch ist aus ihrem Sinn, nämlich schnellstmöglich Klarheit über das zu erlangen, was der Auftragnehmer i.E. zu fordern hat, eine entsprechende Anwendung geboten (so auch BGH Urt. v. 5.5.1977 VII ZR 289/74 BGHZ 68, 368 = BauR 1977, 287 = NJW 1977, 1293; *Nicklisch/Weick* § 16 Rn. 52; *Zielemann* Rn. 498; *Kapellmann/Messerschmidt* § 16 Rn. 237). Bedenkt man, dass es anstelle einer Schlusszahlung zu einer Schlussrückzahlung nur kommt, weil der Auftragnehmer aus der Sicht des Auftraggebers an Abschlagszahlungen zu viel bekommen – und in der Regel auch gefordert – hat, ist nicht einzusehen, warum er gerade hier besser gestellt sein soll als im Falle der vorbehaltlosen Annahme der Schlusszahlung. **Voraussetzung für eine Gleichstellung** ist allerdings unbedingt, dass die Schlussrückzahlung der endgültigen Bereinigung der Vergütungsfrage aus dem betreffenden Vertrag dient und dies anlässlich der Rückzahlung auch zweifelsfrei zum Ausdruck kommt (vgl. BGH Urt. v. 16.6.1969 VII ZR 63/67 SFH Z 2.330 Bl. 35).

VIII. Ausschluss auch bei früher gestellten, unerledigten Forderungen nach § 16 Nr. 3 Abs. 4 VOB/B

Nach § 16 Nr. 3 Abs. 4 VOB/B gilt die Ausschlusswirkung der Abs. 2 und 3 auch für früher gestellte, aber unerledigt gebliebene Forderungen des Auftragnehmers, wenn sie nicht nochmals vorbehalten werden.

Auch diese an sich nur klarstellende Bestimmung erklärt sich aus dem Zweck des § 16 Nr. 3 Abs. 2 bis 5 VOB/B, baldmöglichst zu einem bestimmten Zeitpunkt **Klarheit über die Forderungen des Auftragnehmers zu schaffen.** Es handelt sich auch hier um eine ähnliche Regelung, wie sie für den Bereich des Vorbehalts der Vertragsstrafe sowie des Vorbehalts bekannter Mängelansprüche in § 11 Nr. 4 VOB/B und in § 12 Nr. 4 Abs. 1 S. 4 und Nr. 5 Abs. 3 VOB/B getroffen worden ist. Auch dort müssen die Vorbehalte zu einem bestimmten Zeitpunkt, nämlich dem der Abnahme bzw. dem Eintritt der Abnahmewirkungen, erklärt werden; dort sind früher oder später erklärte Vorbehalte darüber hinaus sogar grundsätzlich wirkungslos. Der hier erörterte Abs. 4 geht – allerdings nur im Wege einer Einrede – also in dieselbe Richtung wie die vorgenannten Regelungen, die ihrerseits auf dem Gesetz (§§ 341 Abs. 3 und 640 Abs. 2 BGB) beruhen.

Hinsichtlich der früher gestellten, aber bisher **unerledigt gebliebenen Forderungen,** die nach Annahme der Schlusszahlung nochmals vorbehalten werden müssen, handelt es sich um **zwei Möglichkeiten:** Entweder die früher geltend gemachte Forderung ist in der Schlussrechnung des Auftragnehmers nicht enthalten oder sie erscheint dort doch, war aber schon vor der Einreichung der Schlussrechnung gegenüber dem Auftraggeber erhoben worden, wie z.B. ein Schadensersatzanspruch des Auftragnehmers aufgrund von § 6 Nr. 6 VOB/B oder Vergütungsansprüche nach Maßgabe von § 2 Nr. 3 bis 7 VOB/B oder ein Teilvergütungsanspruch in einer Abschlagsrechnung *Kapellmann/Messerschmidt* § 16 Rn. 239; *Leinemann* § 16 Rn. 136). In beiden Fällen muss der Auftragnehmer den Vorbehalt erklären, wenn er noch nach Erhalt der Schlusszahlung seinen bisher unerledigten Anspruch aufrechterhalten will. Er kann vor allem nicht sagen – und das ist der eigentliche Zweck dieser Regelung –, er habe die betreffende Forderung schon früher gestellt, so dass ihn der Auftraggeber nicht auf die zur Begleichung der Schlussrechnung geleistete Schlusszahlung mit deren in § 16 Nr. 3 Abs. 2 bis 5 VOB/B geregelten Folgen verweisen könne.

Hinzu kommt, dass der Auftragnehmer aus Gründen der übersichtlichen und endgültigen Abrechnung gezwungen werden soll, seine **gesamten Forderungen,** die er gegen den Auftraggeber aus demselben Bauvorhaben herzuleiten glaubt, **in einer Schlussrechnung zusammengefasst geltend zu** machen,** was durchaus billigenswert ist. Daraus folgt zugleich, dass der nach Empfang der Schlusszahlung erforderliche Vorbehalt wegen noch nicht bereinigter, bereits früher gestellter Forderungen sich auf alle Ansprüche zu beziehen hat, die als Nachforderungen zu kennzeichnen sind (vgl. dazu § 16 Nr. 3 VOB/B Rn. 78 ff.).

113 Die Bestimmung in § 16 Nr. 3 Abs. 4 VOB/B, dass der Vorbehalt nochmals zu erklären ist, bedeutet, dass vor Eingang der Schlusszahlung bereits erklärte Vorbehalte nicht den nach Abs. 5 notwendigen Vorbehalt ersetzen, sondern dass er erneut erklärt werden muss, um Rechtswirkungen zugunsten des Auftragnehmers entfalten bzw. aufrechterhalten zu können (Beck'scher VOB-Komm./*Motzke* § 16 Nr. 3 Rn. 86; *Kapellmann/Messerschmidt* § 16 Rn. 240). Deshalb genügt es nicht schon, wenn der Auftragnehmer z.B. schon bei Übergabe der Schlussrechnung dem Auftraggeber erklärt, er müsse sich die Berechnung einer oder mehrerer in der Schlussrechnung noch nicht enthaltener Forderungen aus dem betreffenden Bauvorhaben vorbehalten (a.A. anscheinend OLG Hamm SFH Z 2.310 Bl. 32). Auch eine bedingt erlassene Forderung, die z.B. auf einer niedrigeren Rechnungsstellung mit der Abrede beruht, der Rest werde erlassen, wenn der Auftraggeber dem Auftragnehmer weitere Aufträge erteile, muss sich der Auftragnehmer bei der Annahme der Schlusszahlung nochmals ausdrücklich vorbehalten (vgl. BGH Urt. v. 5.5.1966 VII ZR 148/64 SFH Z 2.330 Bl. 17, dort offen gelassen).

IX. Ausnahme: Entbehrlichkeit des Vorbehalts

114 **Ausnahmen von dem grundsätzlich sehr streng zu handhabenden Erfordernis des Vorbehalts** sind aber aus Treu und Glauben geboten: Gerade weil der dem Auftragnehmer im Falle des Unterlassens der Vorbehaltserklärung drohende Rechtsverlust an formelle Voraussetzungen geknüpft ist, ist es im Einzelfall noch hinzunehmen, eine kurz vor Erhalt der Schlusszahlungserklärung, also in engem zeitlichem Zusammenhang damit, erfolgte **klare Äußerung** des Auftragnehmers, dass er einen bestimmten Betrag mehr fordere, nachdem hierüber schon längere Verhandlungen mit dem Auftraggeber geführt wurden, noch als Vorbehalt in der Weise gelten zu lassen, als sei er zugleich mit dem Eingang der genannten Mitteilungen erklärt worden (vgl. dazu BGH Urt. v. 16.4.1970 VII ZR 40/69 NJW 1970, 1185 = BauR 1970, 240; BGH Urt. v. 5.10.1972 VII ZR 187/71 NJW 1972, 2267 = BauR 1972, 382; BGH Urt. v. 28.6.1979 VII ZR 242/78 BauR 1979, 527 = NJW 1979, 2310).

115 Überhaupt gilt dies, wenn der Auftragnehmer in engem zeitlichem Zusammenhang mit dem Eingang der schriftlichen Mitteilung nach § 16 Nr. 3 Abs. 2 oder 3 VOB/B erklärt, er bestehe auf Bezahlung der vollen von ihm erhobenen Werklohnforderung, und dem Auftraggeber deshalb bei der Schlusszahlung klar erkennbar war, dass der Auftragnehmer seine Forderung voll aufrechterhalten will (OLG Düsseldorf NJW 1981, 1455; OLG Frankfurt BauR 1988, 615 = NJW-RR 1988, 600; *Kapellmann/Messerschmidt* § 16 Rn. 248).

116 Eine solche **Ausnahme ist aber eng auszulegen und nur im Einzelfall nach Treu und Glauben gerechtfertigt** (ebenso BGH Urt. v. 11.5.1978 VII ZR 234/77 ZfBR 1978, 18; OLG München BauR 1978, 278, wobei in der zuletzt genannten Entscheidung für den Zeitraum von zwei Monaten zwischen Schlusszahlung und vorheriger »Vorbehaltserklärung« der enge zeitliche Zusammenhang zutreffend verneint wurde). So wäre es mit Treu und Glauben nicht zu vereinbaren, vom Auftragnehmer noch eine gesonderte Vorbehaltserklärung zu verlangen, wenn ihm der Inhalt eines einer Schlusszahlung nach Abs. 3 (vgl. § 16 Nr. 3 VOB/B Rn. 99 ff.) gleichstehenden Schreibens vor dessen kurze Zeit darauf erfolgtem Zugang bekannt gegeben worden ist und er der dabei mitgeteilten Kürzung seiner Werklohnforderung – z.B. um eine Vertragsstrafe – widersprochen hat (vgl. OLG München BauR 1975, 284). Gleiches gilt, wenn dem Auftragnehmer – z.B. durch Rücksendung der geprüften Schlussrechnung – mitgeteilt worden ist, dass er noch einen bestimmten Betrag zu fordern habe, er dem sogleich widerspricht und die dieser Äußerung entsprechende schriftliche Mitteilung nach Abs. 2 kurz darauf bei ihm eingeht. Ebenso trifft das zu, wenn eine vorher telefonisch

angekündigte Zahlung erst im letzten Zeitpunkt als Schlusszahlung bezeichnet wird, der Auftragnehmer jedoch nach Ankündigung und vor Zahlung unmissverständlich eine weitere Zahlung anfordert (OLG Düsseldorf BauR 1984, 185). Ein besonderer Vorbehalt ist auch nicht mehr erforderlich, wenn der Auftragnehmer wegen dreier verschiedener Bauvorhaben Schlussrechnungen gleichen Datums eingereicht, der Auftraggeber diese nacheinander kurzfristig geprüft und er den gleichen Grund für die Kürzung oder Nichtzahlung der Schlussrechnung angegeben hat, der Auftragnehmer aber einen fristgerechten Vorbehalt nur wegen eines Vorhabens erklärt; dann ergibt sich für den Auftraggeber aus den Umständen hinreichend deutlich, dass sich der Auftragnehmer auch wegen der Kürzung bzw. Nichtbezahlung der beiden anderen Schlussrechnungen nicht zufrieden gibt (BGH Urt. v. 24.3.1983 VII ZR 329/81 BauR 1983, 476). Ferner ist eine Vorbehaltserklärung entbehrlich, wenn der Auftragnehmer dem Auftraggeber bereits vor der schriftlichen Mitteilung nach Abs. 2 oder 3 den Entwurf einer Klageschrift über die umstrittene Forderung zugeleitet hat, insbesondere dann, wenn die Klageschrift im genannten Zeitpunkt bereits dem Gericht vorliegt (vgl. OLG Hamm SFH Z 2.310 Bl. 32). Auch widerspricht es Treu und Glauben, wenn der Auftraggeber die schriftliche Schlusszahlungserklärung erstmalig per Telefax abgibt, obwohl er vorher alle wesentlichen Erklärungen per Brief oder Einschreiben abgegeben hat, außerdem das Telefax zu einer Zeit beim Auftragnehmer eingeht, in der dieser den Umständen nach nicht mit dessen Eingang zu rechnen braucht, da um diese Zeit (Weihnachten/Neujahr) nicht gearbeitet wird (KG NJW 1994, 2555).

117 Erst recht gilt das Gesagte, wenn die **betreffende Mehrforderung bereits gerichtlich anhängig** ist, wofür die Anhängigkeit im **Mahnverfahren** genügt (BGH Urt. v. 20.12.1976 VII ZR 37/76 BGHZ 68, 38 = BauR 1977, 135 = NJW 1977, 531); anders, wenn der Mahnbescheid nur einen Teilbetrag betrifft und daraus nicht ersichtlich ist, welcher Teil der Klageforderung geltend gemacht wird, und der Antrag nach Einlegung des Widerspruchs durch den Auftraggeber auch nicht näher begründet wird (vgl. OLG Frankfurt BauR 1983, 372; *Kapellmann/Messerschmidt* § 16 Rn. 249). Auch genügt nicht die Geltendmachung der Werklohnforderung in einem früheren, seit längerem abgeschlossenen Prozess (vgl. OLG Frankfurt NJW-RR 1988, 600 = BauR 1988, 615).

Insoweit kommt auch **§ 270 Abs. 3 ZPO** für die Wahrung der Vorbehaltsfrist bei Klageerhebung entsprechend zur Anwendung (BGH Urt. v. 8.11.1979 VII ZR 86/79 BGHZ 75, 307 = BauR 1980, 174 = NJW 1980, 455; BGH Urt. v. 8.7.1982 VII ZR 13/81 BauR 1982, 499 = NJW 1982, 2250; Beck'scher VOB-Komm./*Motzke* § 16 Nr. 3 Rn. 90).

118 Demgemäß reicht für einen Vorbehalt auch die in einem **anhängigen Prozess bereits erklärte Aufrechnung mit der umstrittenen Forderung** des Auftragnehmers. Entgegen OLG Hamm (BauR 1980, 81.) trifft das **auch bei Hilfsaufrechnungen** zu, weil im Zweifel auch dort der klar erklärte Wille des Auftragnehmers, auf die umstrittene Forderung nicht verzichten zu wollen, zum Ausdruck gebracht wird, da die Hilfsaufrechnung lediglich darauf beruht, dass der Auftragnehmer noch andere aus seiner Sicht rechtlich vorrangige Gründe hat, um die Forderung des Auftraggebers mit Gegenforderungen zu Fall zu bringen.

119 Dagegen macht eine vor Zugang der schriftlichen Mitteilung nach Abs. 2 oder 3 erfolgte Streitverkündung des Auftragnehmers an den Auftraggeber den Vorbehalt nicht entbehrlich (BGH Urt. v. 5.5.1977 VII ZR 289/74 BGHZ 68, 368 = BauR 1977, 287 = NJW 1977, 1293); allein hieraus ist die letztlich entscheidende Ansicht des Auftragnehmers noch nicht mit der erforderlichen Eindeutigkeit zu erkennen, da diese in der Regel von dem Ausgang des Prozesses, in dem die Streitverkündung erfolgt, abhängig ist. Auch eine der genannten schriftlichen Mitteilung vorausgehende **bloße Mahnung mit Klageandrohung macht den Vorbehalt nicht entbehrlich** (OLG Hamburg BauR 1979, 173), selbst wenn beides von einem Anwalt ausgeht (OLG München SFH § 16 Nr. 3 VOB/B Nr. 7).

X. Vorbehaltserklärung (§ 16 Nr. 3 Abs. 5 S. 1 VOB/B)

120 Nach § 16 Nr. 3 Abs. 5 S. 1 VOB/B ist grundsätzlich nur ein nach Eingang der schriftlichen Mitteilung nach Abs. 2 oder 3 sozusagen als Antwort darauf geäußerter **Vorbehalt** des Auftragnehmers gegenüber dem Auftraggeber von Bedeutung, um der Einrede des Auftraggebers zu entgehen und um seine durch die Schlusszahlung noch nicht befriedigten Ansprüche aufrechtzuerhalten. Dabei ist eine **einseitige empfangsbedürftige Willenserklärung** notwendig, die dem Auftraggeber zugehen muss und deren Inhalt auch vom Auftraggeber in dem vom Auftragnehmer gemeinten Sinne klar zu verstehen ist.

121 Die **Notwendigkeit der Vorbehaltserklärung** ergibt sich auch für den mit der Beitreibung der Forderung des Auftragnehmers beauftragten Anwalt, z.B., wenn der Auftraggeber **in der vorprozessualen Korrespondenz** behauptet, der Auftragnehmer sei bereits überbezahlt, falls nicht der Auftragnehmer mit seinem weitergehenden Anspruch ausgeschlossen werden will (vgl. OLG Hamburg BauR 1979, 163; OLG München BauR 1980, 476). Der Anwalt muss vor allem auch darauf bedacht sein, dass er ein Schreiben, das die Vorbehaltserklärung enthält – ebenso wie der Auftragnehmer selbst oder ein anderer Vertreter –, so rechtzeitig absendet, dass es unter normalen Umständen den Auftraggeber erreicht (vgl. LG Berlin BauR 1982, 192, das zutreffend einen Zeitraum von 5 Tagen vor Fristablauf für ausreichend gehalten hat).

Entgegen LG Frankfurt (NJW-RR 1989, 1181) und mit OLG Frankfurt (NJW-RR 1994, 1241 = BauR 1994, 251) kann **auch der Zessionar** gegenüber dem Auftraggeber den **Vorbehalt erklären.** Selbst wenn davon ausgegangen würde, dass es sich bei dem Vorbehalt nicht um ein von der Abtretung ohne weiteres erfasstes Nebenrecht gem. § 401 BGB handelt, muss im Zweifel angenommen werden, dass der Zedent mit der Abtretung einer bestimmten Forderung dem Zessionar auch das Recht einräumt, diese ungeschmälert gegenüber dem Schuldner durchzusetzen, also das Recht zur Vorbehaltserklärung zumindest stillschweigend hinreichend klar mit abgetreten worden ist, und zwar unabhängig davon, ob und inwieweit etwaige andere Forderungsgläubiger vorhanden sind. (OLG Frankfurt BauR 1994, 251; Unterluggauer BauR 1990, 412; Beck'scher VOB-Komm./*Motzke* § 16 Nr. 3 Rn. 92; *Leinemann* § 16 Rn. 141).

122 Da für die Vorbehaltserklärung im Übrigen die Einhaltung einer besonderen Form nicht gefordert wird, ist davon auszugehen, dass eine **mündliche Erklärung** des Auftragnehmers genügt, um seine weitergehenden, durch die Schlusszahlung noch nicht erledigten Ansprüche aufrechtzuerhalten. Dem Auftragnehmer muss aber die Einhaltung der Schriftform dringend empfohlen werden, damit er es später im Streitfall zumindest leichter hat, den ihm obliegenden Beweis für die erfolgte Vorbehaltserklärung, insbesondere auch in ihrem nachfolgend erörterten notwendigen Inhalt, zu erbringen.

123 Die **Vorbehaltserklärung** bedarf nicht unbedingt des Gebrauches des Wortes »Vorbehalt« (ebenso BGH Urt. v. 8.11.1979 VII ZR 113/79 BauR 1980, 178, 180; BGH Urt. v. 24.3.1983 VII ZR 329/81 BauR 1983, 476), wenn es auch zur Vermeidung jeglichen Missverständnisses durchaus ratsam ist und der Auftragnehmer sich dieses Wort einprägen sollte. Ansonsten genügt eine Erklärung des Auftragnehmers, die ihrem Inhalt nach den für den konkreten Fall gegebenen Umständen **zweifelsfrei als Äußerung dahin gehend aufzufassen** ist, dass er aus dem in der Abwicklung befindlichen Bauvertragsverhältnis **noch Forderungen geltend macht,** die über die bisherigen Zahlungen des Auftraggebers einschließlich seiner Schlusszahlung hinausgehen. In jedem Fall muss die Äußerung aber **unbedingt und bestimmt** sein (OLG Köln BauR 1975, 351, m. Anm. *Jagenburg*; OLG Hamburg BauR 1983, 371). Insofern kann aus dem gegebenen Zusammenhang eine (weitere) Zahlungsaufforderung genügen, auch im Hinblick auf andere, gleichzeitig abgerechnete Bauvorhaben (BGH Urt. v. 24.3.1983 VII ZR 329/81 BauR 1983, 476). Ebenso reicht es, wenn der Auftragnehmer die zur Begründung der Abrechnung des Auftraggebers beigefügten Rechnungen an diesen zurückschickt, an die Begleichung einer Zwischenrechnung erinnert und Verzugszinsen anmeldet (OLG Frankfurt

NJW-RR 1988, 601). Nicht genügt aber die bloße Bitte um Prüfung, wer den entsprechenden Forderungsteil bezahlen soll (vgl. OLG Düsseldorf BauR 1975, 429), oder die lediglich Bitte um »Überprüfung der Belastungen« ohne Bestreiten der im Einzelnen vom Auftraggeber aufgeschlüsselten Gegenforderungen (OLG Hamburg BauR 1983, 371).

124 Dem BGH (Urt. v. 29.1.1970 VII ZR 95/68 BauR 1970, 117 = NJW 1970, 706; u.a. BGH Urt. v. 12.5.1977 VII ZR 270/75 NJW 1977, 1634 = BauR 1977, 356; BGH Urt. v. 18.4.2002 VII ZR 260/01 BauR 2002, 1253 = NJW 2002, 2952; ebenso *Stellmann/Schinköth* ZfBR 2005, 3; *Heiermann/Riedl/Rusam* § 16 Rn. 116; *Kapellmann/Messerschmidt* § 16 Rn. 246) ist darin beizutreten, dass an eine **Vorbehaltserklärung keine zu strengen Anforderungen** zu stellen sind, insbesondere wenn der Auftragnehmer aus der Schlusszahlung nicht hinreichend erkennen kann, welche Positionen der Schlussrechnung vom Auftraggeber gekürzt wurden (vgl. dazu auch OLG Hamburg, 1983, 371). So ist es für einen Vorbehalt ausreichend, dass der Auftragnehmer erklärt, er halte vorbehaltlich einer näheren Prüfung an der Forderung fest. (BGH Urt. v. 18.4.2002 VII ZR 260/01 BauR 2002, 1253 = NJW 2002, 2952). Weniger als vorangehend umrissen, darf jedoch im **Interesse der Rechtsklarheit** nicht gefordert werden. Soweit aus der genannten Entscheidung Gegenteiliges zu entnehmen sein sollte (BGH Urt. v. 29.1.1970 VII ZR 95/68 BauR 1970, 117 = NJW 1970, 706; was angesichts der späteren Entscheidung des BGH Urt. v. 14.3.1974 VII ZR 192/72 BauR 1974, 349, kaum anzunehmen ist), kann dem aus den zutreffenden Gründen der Anmerkung von *Jagenburg* (BauR 1970, 118) nicht beigepflichtet werden. Insbesondere ist die Bezugnahme des BGH auf eine frühere Entscheidung (Urt. v. 11.1.1965 VII ZR 139/65 NJW 1965, 536), die sich lediglich auf die Regelung in dem jetzigen § 16 Nr. 3 Abs. 5 S. 2 VOB/B bezieht, also auf die so genannte Vorbehaltsbegründung, für den Bereich der hier erörterten Vorbehaltserklärung aus systematischen Gründen nicht ohne weiteres zu billigen.

125 **Zu beachten ist aber besonders:** Von dem Auftragnehmer wird nur eine **zweifelsfreie Erklärung des Vorbehalts** im angegebenen Sinne verlangt, nicht dagegen schon eine nähere **Darlegung der Gründe** für seinen Vorbehalt (zu eng daher OLG Hamm BauR 1986, 460). Diese hat, soweit überhaupt erforderlich, erst später im Rahmen der so genannten Vorbehaltsbegründung nach § 16 Nr. 3 Abs. 5 S. 2 VOB/B zu erfolgen.

126 Im Übrigen **genügt ein einmal erklärter Vorbehalt,** um die Einrede der vorbehaltlosen Annahme der Schlusszahlung auszuschließen. Das gilt vornehmlich auch, wenn der Auftraggeber später einen Teil der vom Vorbehalt abgedeckten Forderung bezahlt. Dann bedarf es keines erneuten Vorbehaltes des Auftragnehmers hinsichtlich des noch nicht ausgeglichenen Teils. § 16 Nr. 3 Abs. 2 VOB/B ist wegen seiner gravierenden Wirkungen eng auszulegen. Daher genügt insofern ein Vorbehalt (BGH Urt. v. 11.3.1982 VII ZR 104/81 BauR 1982, 282 = NJW 1982, 1594). Das trifft auch auf den Fall zu, in dem ein Vorbehalt fristgerecht durch ein Mahngesuch und einen rechtzeitig (vgl. § 693 Abs. 2 ZPO) zugestellten Mahnbescheid erklärt, später die Klage jedoch zurückgenommen wird, was entsprechend auch für eine rechtzeitig erhobene und zugestellte, jedoch später zurückgenommene Klage (vgl. § 270 Abs. 3 ZPO) gilt, weil darin allein noch kein Verzicht auf den Vorbehalt erblickt werden kann. Eine entsprechende Anwendung des § 204 Abs. 2 BGB bei einer Klagerücknahme (§ 212 Abs. 1 BGB a.F.) scheidet einmal deshalb aus, weil dies der gebotenen zurückhaltenden Auslegung des § 16 Nr. 3 Nr. 3 Abs. 2 bis 5 VOB/B widerspräche, woran auch der Zweck dieser Regelung, alsbald Rechtsklarheit und Rechtsfrieden zu schaffen, zu messen ist. Deshalb sind nicht alle Vorschriften aus dem Verjährungsrecht hier anwendbar. Zum anderen betrifft § 204 Abs. 1 Nr. 1, Abs. 2 BGB die Hemmung der Verjährung durch Klageerhebung und den Ablauf der Hemmung bei Klagerücknahme, wobei es um den Einfluss gerichtlicher Geltendmachung auf die Verjährungs**frist** geht. Dagegen läuft nach wirksam erklärtem und nicht zurückgenommenem Vorbehalt, abgesehen von der Begründungsfrist nach § 16 Nr. 3 Abs. 5 S. 2 VOB/B, keine weitere Vorbehaltsfrist, für deren Unterbrechung eine entsprechende Anwendung erforderlich wäre (BGH Urt. v. 22.1.1987 VII ZR 96/85 BauR 1987, 329 = NJW 1987, 2582, zutreffend entgegen *Berkenbrock* BauR 1985, 633).

XI. Adressat der Vorbehaltserklärung – Architekt

127 Die **Erklärung des Vorbehalts** muss grundsätzlich **gegenüber dem Auftraggeber bzw. der auftragvergebenden Stelle selbst** geschehen. Allerdings ist der vom Auftraggeber bestellte **Architekt oder Ingenieur** mit Wirkung gegen den Auftraggeber zur Entgegennahme des Vorbehalts befugt, falls er mit der Bauabrechnung befasst ist und mit Wissen und Wollen des Auftraggebers oder zumindest unter dessen Duldung unmittelbar mit den Auftragnehmern die Auseinandersetzung über deren Werklohnforderung führt. Dann ist der Architekt die nach außen in Erscheinung getretene maßgebende Stelle für alle die Abrechnung des Bauvorhabens betreffenden Angelegenheiten, wozu auch die Entgegennahme der Erklärung des Vorbehalts des Auftragnehmers gehört (BGH Urt. v. 12.5.1977 VII ZR 270/75 NJW 1977, 1634 = BauR 1977, 356; Beck'scher VOB-Komm./*Motzke* § 16 Nr. 3 Rn. 91; *Kapellmann/Messerschmidt* § 16 Rn. 247). Das trifft besonders zu, wenn der Architekt die »typische Anlaufstelle« auch hinsichtlich der Bauabrechnung für die Auftragnehmer ist, wobei die Befugnis des Architekten, die Auftragnehmer unmittelbar über das Ergebnis der Rechnungsprüfung zu unterrichten, die Berechtigung einschließt, durch unmittelbare Verhandlungen mit den Auftragnehmern die beanstandeten Punkte zu klären; in solchen Fällen ist gerade auch der Architekt der befugte Empfänger der Vorbehaltserklärung (BGH Urt. v. 20.4.1978 VII ZR 67/77 BauR 1978, 314 = NJW 1978, 1631).

In solchen Fällen macht es keinen Unterschied, ob der Auftragnehmer nur rechnerische Einwände gegen den von dem Architekten vorgenommenen Abzug erhebt oder ob er sich auf eine dem Abzug entgegenstehende Vereinbarung mit dem Auftraggeber beruft, an der der Architekt nicht beteiligt war; denn der Architekt muss nicht selten bei der Bauabrechnung Vorgänge berücksichtigen, von denen er keine eigene Anschauung hat, etwa bei der Geltendmachung von Verzugsschäden, beim Verfall von Vertragsstrafen, aber auch, wenn der Auftragnehmer unmittelbar mit dem Auftraggeber besondere Preise ausgehandelt hat (BGH Urt. v. 20.4.1978 VII ZR 67/77 BauR 1978, 314 = NJW 1978, 1631). Anderes gilt nur, wenn der **Auftraggeber unmissverständlich zu erkennen** gegeben hat, fortan die Mitwirkung des Architekten nicht mehr zu wünschen (BGH Urt. v. 20.4.1978 VII ZR 67/77 BauR 1978, 314 = NJW 1978, 1631).

128 Insgesamt ist es entscheidend, dass es Sinn des Vorbehalts nur ist, die Nachforderungen – ggf. wiederum – anzumelden, sie aber nicht schon mit dem Auftraggeber zu klären. Da hierdurch allein nicht schon Verbindlichkeiten zu Lasten des Auftraggebers begründet oder ihm sonstige Nachteile zugefügt werden, ist es im Interesse der Rechtsklarheit und des Rechtsfriedens geboten, den Architekten in weitestmöglichem Rahmen als befugten Vertreter zum Empfang der Vorbehaltserklärung anzusehen, zumal ohnehin an den Vorbehalt keine zu strengen Anforderungen zu stellen sind (BGH Urt. v. 20.4.1978 VII ZR 67/77 BauR 1978, 314 = NJW 1978, 1631).

XII. Beweislast für Vorbehaltserklärung

129 Die Beweislast für die ordnungsgemäße Erklärung des Vorbehalts und deren fristgerechten Zugang hat der Auftragnehmer. (BGH Urt. v. 5.10.1972 VII ZR 187/71 BauR 1972, 382 = NJW 1972, 2267; OLG Hamm BauR 1986, 587 = NJW-RR 1986, 699; Beck'scher VOB-Komm./*Motzke* § 16 Nr. 3 Rn. 94).

XIII. Fristgerechte Vorbehaltserklärung (§ 16 Nr. 3 Abs. 5 S. 1 VOB/B)

130 § 16 Nr. 3 Abs. 5 S. 1 VOB/B fordert aber nicht nur einen ordnungsgemäßen Vorbehalt, sondern darüber hinaus auch einen **fristgerecht erklärten Vorbehalt.** Die hier bestimmte **Frist von 24 Werktagen** ist in die Fassung der VOB 1990 aufgenommen und beibehalten worden.

Die Schlusszahlung
§ 16 Nr. 3 VOB/B

Nach der jetzigen Regelung in Abs. 5 S. 1 rechnet sich **die Frist von 24 Werktagen** zur Erklärung des Vorbehaltes – anders als früher – **ab Zugang der schriftlichen Mitteilung beim Auftragnehmer** (so wohl auch BGH Urt. v. 18.4.2002 VII ZR 260/01 BauR 2002, 1253, 1256 = NJW 2002, 2952; *Locher* Rn. 344; *Franke/Kemper/Zanner/Grünhagen* § 16 Rn. 111; *Kapellmann/Messerschmidt* § 16 Rn. 252). Dabei ist es ohne Bedeutung, wie lange der Auftraggeber zur Prüfung der Schlussrechnung, aufgrund deren gezahlt oder eine weitere Zahlung verweigert wird, benötigt hat (vgl. dazu OLG München SFH Z 2.411 Bl. 59).

Für die **Feststellung des Fristbeginns** ist maßgebend, was im Einzelfall als Zugang der jeweils in Betracht kommenden schriftlichen Mitteilung über die Schlusszahlung zu gelten hat. Dabei ist zunächst das oben Gesagte zu beachten. Die dortige Feststellung, dass es für die Annahme der Schlusszahlung nicht so sehr auf die Erfüllung als vielmehr auf die mit dem Zahlungsvorgang verbundene Erklärung des Auftraggebers ankommt, dass **er** fortan keine weiteren Zahlungen mehr leisten will, muss konsequenterweise auch hier für die Auslegung des Begriffs »Zugang der Mitteilung nach Abs. 2 und 3 über die Schlusszahlung« gelten. Für den Fristbeginn kommt es deshalb nicht auf den Eingang der Schlusszahlung an. Werden dagegen die Schlusszahlungsmitteilung und der Hinweis auf die Ausschlusswirkung in zwei verschiedenen Schreiben vorgenommen, ist auf den Zugang des letzten Schreibens abzustellen (Beck'scher VOB-Komm./*Motzke* § 16 Nr. 3 Rn. 96; *Kapellmann/Messerschmidt* § 16 Rn. 253). Mit *Kaiser* (BauR 1976, 232.) ist nach wie vor (also auch die jetzige Regelung) davon auszugehen, dass hier die allgemeinen Grundsätze über den Zugang von Willenserklärungen (§ 130 BGB) zu gelten haben, insbesondere darauf abzustellen ist, wann der Auftragnehmer in für ihn zumutbarer Weise in die Lage versetzt ist, von der vorgenannten Mitteilung Kenntnis zu nehmen. **131**

Für die **Berechnung** der nach § 16 Nr. 3 Abs. 5 S. 1 VOB/B maßgebenden Frist von 24 Werktagen gelten die Vorschriften der §§ 186 ff. BGB. Nach § 187 Abs. 1 BGB wird der Tag des Einganges der schriftlichen Mitteilung nach Abs. 2 oder 3 noch nicht mitgerechnet, vielmehr beginnt die 24-tägige Frist am nächsten Tag. Hinsichtlich des Fristendes ist auf § 188 Abs. 1 BGB zu verweisen, wonach eine nach Tagen bestimmte Frist mit dem Ablauf des letzten Tages der Frist endet. Dabei ist – vor allem deswegen, weil hier die **Frist, wie auch sonst in der VOB, nach Werktagen** bestimmt ist – **§ 193 BGB zu beachten,** wonach – was kaum befriedigend ist – arbeitsfreie Samstage in den Fristenlauf mit eingerechnet werden, es sei denn, es handelt sich bei dem letzten Tag der 24-tägigen Frist um einen dieser Tage. Dann ist für das Fristende der nächste Werktag maßgebend, insbesondere bei einem auf einen Samstag oder Sonntag bzw. Feiertag fallenden letzten Tag der Frist der kommende Montag bzw. Werktag (ebenso BGH Urt. v. 28.6.1979 VII ZR 242/78 BauR 1979, 527 = NJW 1979, 2310; Beck'scher VOB-Komm./*Motzke* § 16 Nr. 3 Rn. 96; *Leinemann* § 16 Rn. 143). **132**

Innerhalb der hier festgelegten Frist muss der Vorbehalt vom Auftragnehmer erklärt werden. Er muss vor allem **vor** Fristablauf dem Auftraggeber zugehen, was insbesondere auch für eine etwaige schriftliche Vorbehaltserklärung gilt. Die bloße Einreichung der Klageschrift oder eines Mahnbescheides innerhalb der Frist bei Gericht genügt dazu zunächst nicht. Geschieht das aber und wird Klageschrift oder Mahnbescheid »demnächst« dem Auftraggeber zugestellt, so ergibt sich sowohl aus § 270 Abs. 3 als auch aus § 693 Abs. 2 ZPO, dass dann auch der Vorbehalt rechtzeitig erklärt worden ist (so auch BGH Urt. v. 8.11.1979 VII ZR 86/79 BGHZ 75, 307, 314 = BauR 1980, 174 = NJW 1980, 455; ebenso BGH Urt. v. 23.4.1981 VII ZR 207/80 BauR 1981, 393 = NJW 1981, 1784; BGH Urt. v. 27.10.1983 VII ZR 155/83 BauR 1984, 65 = NJW 1984, 368; BGH Urt. v. 22.1.1987 VII ZR 96/85 BauR 1987, 329 = NJW 1987, 2582; Beck'scher VOB-Komm./*Motzke* § 16 Nr. 3 Rn. 96). Es ist nicht einzusehen, warum diese gesetzlichen Vorschriften für den Bereich von § 16 Nr. 3 Abs. 5 S. 1 VOB/B nicht gelten sollen, zumal sie durch die VOB nicht ausgeschlossen worden sind. **133**

XIV. Weiteres Erfordernis: Fristgemäße Vorbehaltsbegründung (§ 16 Nr. 3 Abs. 5 S. 2 VOB/B)

134 Aber selbst der fristgerecht erklärte Vorbehalt des Auftragnehmers als solcher genügt möglicherweise noch nicht, um ihm über die Schlusszahlung des Auftraggebers hinausgehende und unerledigte Ansprüche weiterhin durchsetzbar zu erhalten, wie sich aus Abs. 5 S. 2 ergibt. Hiernach wird der ordnungsgemäß vom Auftragnehmer erklärte **Vorbehalt wieder hinfällig, wenn nicht innerhalb von weiteren 24 Werktagen eine prüfbare Rechnung über die vorbehaltenen Forderungen eingereicht oder, wenn das nicht möglich ist, der Vorbehalt eingehend begründet wird.**

135 Wegen der Berechnung und der Einhaltung der Frist gilt das oben Gesagte entsprechend. Bislang war es streitig, ob **die Frist von 24 Werktagen immer erst 24 Werktage nach Ablauf der Vorbehaltsfrist von 24 Werktagen beginnt** (so *Kaiser* ZfBR 1982, 231, 234; *Kainz* BauR 1981, 239; *Heiermann/Riedl/Rusam* § 16 Rn. 107; *Nicklisch/Weick* § 16 Rn. 61; *Franke/Kemper/Zanner/Grünhagen* § 16 Rn. 121; *Kleine-Möller/Merl* § 10 Rn. 287), **oder mit dem Tag, der auf den Eingang des Vorbehalts folgt** (§ 187 Abs. 1 BGB; ebenso Vorauflage § 16 Nr. 3 Rn. 135; *Werner/Pastor* Rn. 2314; Beck'scher VOB-Komm./*Motzke* § 16 Nr. 3 Rn. 90f). In der **VOB 2006** wurde durch den neu eingefügten Halbsatz »beginnend am Tag nach Ablauf der in S. 1 genannten 24 Werktage« klargestellt, dass die erneute Frist von 24 Werktagen unabhängig vom Zugang der Vorbehaltserklärung immer erst nach Ablauf der Vorbehaltsfrist von 24 Werktagen beginnt.

136 Die hier grundsätzlich geforderte **prüfbare Rechnung** hat die Voraussetzungen von § 14 VOB/B zu erfüllen. Wenn der Auftragnehmer binnen 24 Werktagen nach Eingang der Erklärung des Vorbehalts nicht in der Lage ist, eine prüfbare Rechnung über die vorbehaltenen Forderungen einzureichen, ist es ihm zur Wahrung seiner Rechte gestattet, **statt der Rechnung den Vorbehalt eingehend zu begründen.** Es muss sich um eine aus objektiv vernünftiger, zu billigender Sicht sachlich begründete Unmöglichkeit handeln. Daher ist es Voraussetzung, dass die prüfbare Rechnung gegenwärtig nicht oder nur mit großen Schwierigkeiten aufgestellt werden kann, deren Behebung innerhalb von weiteren 24 Werktagen nicht möglich ist, weil noch zeitlich länger dauernde Feststellungen zu treffen sind (*Leinemann* § 16 Rn. 148). Insoweit obliegt dem Auftragnehmer die Beweislast. Ist nur eine teilweise Einreichung der prüfbaren Rechnung möglich, weil über einzelne Punkte noch Unterlagen beschafft werden müssen, ist die Rechnung einzureichen, soweit es möglich ist. In der eingehenden Begründung ist dann darzulegen, warum die restliche Rechnung noch nicht vorgelegt werden kann. Nach Eingang sind die fehlenden Unterlagen nachzureichen, falls nicht inzwischen endgültig einvernehmlich abgerechnet ist. Die Begründung des Vorbehalts innerhalb der Frist von 24 Werktagen anstelle der Aufstellung einer prüfbaren Rechnung wird allgemein zulässig sein, wenn sich der Vorbehalt auf Fälle bezieht, die sich aus Abs. 4 ergeben und die diesbezügliche Rechnung dem Auftraggeber bereits vorliegt.

Die eingehende Begründung des Vorbehalts erfordert eine inhaltlich ins Einzelne gehende Darlegung, warum der Auftragnehmer noch Forderungen gegenüber dem Auftraggeber zu haben glaubt und worauf diese sich stützen.

137 Diese Grundsätze gelten allerdings nur in allgemeiner Hinsicht, und sie dienen vor allem zur Erläuterung der Anforderungen, wie sie an die prüfbare Rechnung nach Erklärung des Vorbehalts bzw. die eingehende Begründung des Vorbehalts in zeitlicher und sachlicher Hinsicht zu stellen sind. Demgegenüber ist es eine andere Frage, **ob und inwieweit nach erklärtem Vorbehalt wirklich noch die Einreichung einer prüfbaren Rechnung** über den vorbehaltenen und durch die Schlusszahlung nicht ausgeglichenen Anspruch oder die eingehende Begründung des Vorbehalts **erforderlich ist,** um keinen Verlust des Anspruches zu erleiden. Hierzu hat der BGH (Urt. v. 11.1.1965 VII ZR 139/63 NJW 1965, 536; vgl. auch BGH Urt. v. 20.12.1976 VII ZR 37/76 BGHZ 68, 38, 42 = BauR 1977, 135 = NJW 1977, 531; BGH Urt. v. 8.11.1979 VII ZR 113/79 BauR 1980, 178) wesentliche und sorgfältig zu beachtende Grundsätze aufgestellt. Hiernach ist die Bestimmung in § 16 Nr. 3 Abs. 5 S. 2 VOB/B, soweit sie an die Versäumung gewisser Handlungen einen Rechtsverlust knüpft, mit Zurückhaltung auszulegen und anzuwenden. Insbesondere dürfen an die Aufrechterhaltung des einmal erklärten Vorbehalts **keine übertriebenen und sachlich nicht gerechtfertigten Anforderungen** gestellt werden, vor allem ist bloßer Formalismus zu vermeiden. Vielmehr kann sinnvollerweise vom Auftragnehmer nur das verlangt werden, was dazu dient, dem Auftraggeber die erforderliche und hinreichende, vor allem bisher noch fehlende Aufklärung nach Art und Umfang über das zu geben, was der Auftragnehmer noch zu fordern berechtigt zu sein glaubt, ohne dass es dabei auf die Begründetheit des Standpunktes des Auftragnehmers ankommt.

Soweit der Auftraggeber bereits ausreichend orientiert ist, braucht der Auftragnehmer keine weitere Aufklärung mehr zu geben, um den Vorbehalt aufrechtzuerhalten. **Ergibt sich die streitige Forderung bereits deutlich aus einer prüfbaren Rechnung,** die der Auftragnehmer als Schlussrechnung eingereicht hat, und hat der Auftraggeber nach Überprüfung diese Forderung nicht anerkannt und demgemäß von der Schlusszahlung ausgenommen, hat daraufhin der Auftragnehmer durch ordnungsgemäße Erklärung des Vorbehalts seinen Anspruch aufrechterhalten, kann man von ihm nicht mehr verlangen, nochmals eine prüfbare Rechnung über die umstrittene Forderung vorzulegen, nur um diesen Vorbehalt und damit seinen Anspruch nicht zu verlieren (BGH a.a.O.; BGH Urt. v. 24.3.1983 VII ZR 329/81 BauR 1983, 476; BGH Urt. v. 20.5.1985 VII ZR 324/83 BauR 1985, 576 = NJW 1986, 2049; BGH Urt. v. 5.2.1998 VII ZR 279/96 BauR 1998, 613; *Groß* BauR 2000, 342; *Kapellmann/Messerschmidt* § 16 Rn. 256). Der Auftragnehmer müsste dann nämlich praktisch den streitigen Teil seiner Schlussrechnung abschreiben und dem Auftraggeber (nochmals) vorlegen, was sinnwidrig wäre. Das Gesagte trifft auch auf in der Schlusszahlung enthaltene, vom Auftraggeber nicht ausgeglichene Teile der Schlussrechnung zu, wenn der Auftragnehmer in seiner Vorbehaltserklärung zum Ausdruck gebracht hat, seine Forderung aus dem betreffenden Projekt sei noch weitaus höher, er werde seine Forderung in den nächsten Tagen spezifizieren; gerade aus dieser Erklärung ergibt sich, dass der Auftragnehmer seine bisher in die Schlussrechnung aufgenommenen Forderungen aufrechterhält, sodass es insoweit keiner besonderen Vorbehaltsbegründung mehr bedarf (BGH Urt. v. 20.5.1986 VII ZR 324/83 BauR 1985, 576 = NJW 1986, 2049).

Somit ist zur Aufrechterhaltung einer vorbehaltenen Forderung **nur dann die fristgerechte Vorlage einer prüfbaren Rechnung erforderlich,** wenn eine solche nicht bereits dem Auftraggeber vorliegt. Die Notwendigkeit einer prüfbaren Rechnung im Rahmen des § 16 Nr. 3 Abs. 5 S. 2 VOB/B kommt daher regelmäßig nur in Betracht, wenn sich der Auftragnehmer bei dem Eingang der Schlusszahlung eine Forderung vorbehalten hat, die er bis dahin noch nicht erhoben (z.B. noch nicht in der Schlussrechnung enthalten war; vgl. dazu BGH in der zuletzt genannten Entscheidung) oder zwar erhoben, aber darüber noch keine oder jedenfalls noch keine prüfbare Rechnung ausgestellt hatte. Anders kann der Fall liegen, wenn sich aus dem Verhalten des Auftragnehmers, vor allem anlässlich seiner Vorbehaltserklärung, ergibt, dass er seinen Standpunkt noch einmal überdenken und nochmals zur vom Auftraggeber vertretenen Ansicht Stellung nehmen will (vgl. OLG München BauR 1975, 284).

Immer erforderlich ist die Vorlage einer prüfbaren Rechnung oder eine eingehende Begründung des Vorbehalts, wenn der Auftragnehmer bisher keine prüfbare Rechnung eingereicht und der Auftraggeber nach **§ 14 Nr. 4 VOB/B** mit Recht seinerseits die Schlussrechnung aufgestellt und dem Auftragnehmer übermittelt hatte (ebenso OLG Oldenburg BauR 1992, 83; Beck'scher VOB-Komm./ *Motzke* § 16 Nr. 3 Rn. 103; *Kapellmann/Messerschmidt* § 16 Rn. 260). Das gilt erst recht, wenn die Rechnung des Auftragnehmers in ihrem Aufbau von der nach § 14 Nr. 4 VOB/B aufgestellten prüfbaren Rechnung des Auftraggebers abweicht (vgl. OLG Düsseldorf BauR 1995, 258 = NJW-RR 1995, 535).

Kommt nach diesen Grundsätzen die erneute **Einreichung einer prüfbaren Rechnung nicht mehr in Betracht,** ist es zur Aufrechterhaltung des Vorbehalts auch nicht erforderlich, den Vorbehalt eingehend zu begründen. Die Begründung des Vorbehalts ist nur ein »Ersatzmittel«, wenn es dem Auftragnehmer gegenwärtig nicht möglich ist, eine prüfbare Rechnung wegen der vorbehaltenen Forderung vorzulegen. Die Begründung des Vorbehalts ist also ein Weniger gegenüber der Erteilung einer prüfbaren Rechnung. In diesem Verhältnis gilt deshalb das Erfordernis der eingehenden Begründung des Vorbehalts nur subsidiär. Da es hier auch nur um vorbehaltene Forderungen des Auftragnehmers geht, erfasst die ersatzweise angeführte Begründung auch nicht das Auseinandersetzen des Auftragnehmers mit Gegenforderungen des Auftraggebers, mit denen dieser gegenüber dem Vergütungsanspruch aufzurechnen oder zu verrechnen versucht, weshalb dem Auftragnehmer kein Nachteil entsteht, wenn er dazu innerhalb dieser 24-Werktage-Frist nicht Stellung nimmt (OLG Karlsruhe BauR 1989, 208).

141 Hat der Auftraggeber aufgrund der erneuten bzw. weiteren prüfbaren Rechnung oder der dazu gegebenen Begründung des Auftragnehmers erneut die Berechtigung geprüft und gegenüber dem Auftragnehmer dazu – evtl. auch durch Zahlung eines Teilbetrages – Stellung genommen, bedarf es **nicht mehr eines erneuten Vorbehalts des Auftragnehmers.** Dann kann die Wirkung einer vorbehaltlosen Annahme der Schlusszahlung nicht mehr eintreten, weil die VOB nur von einer Schlusszahlung, einem Vorbehalt und einer Begründung desselben ausgeht, also eine mehrfache Wiederholung dieser Vorgänge mit etwa für den Auftragnehmer nachteiligen Folgen außer Betracht lässt. Was insofern für den Vorbehalt gilt, trifft auf die Vorbehaltsbegründung erst recht zu.

XV. Abweichende Vereinbarungen

142 Es ist grundsätzlich zulässig, im Bauvertrag durch auf den Einzelfall abgestellte – sich also nicht wiederholende – **Individualvereinbarung** besondere, der Ausschlusswirkung des § 16 Abs. 2 bis 5 VOB/B ähnliche, jedoch davon abweichende Regelungen zu treffen. So verstößt es unter den angegebenen, eng zu betrachtenden Voraussetzungen nicht gegen Treu und Glauben, im Bauvertrag zu bestimmen, dass etwaige Nachforderungen des Auftragnehmers, die nicht in der Schlussrechnung aufgeführt sind, ausgeschlossen sein sollen. Soweit es sich allerdings um **Formularverträge** (regelmäßig Zusätzliche Vertragsbedingungen) handelt, die zugunsten des Auftragnehmers den §§ 305 ff. BGB unterliegen, sind derartige, den Auftragnehmer zusätzlich belastende Klauseln unwirksam (vgl. § 16 Nr. 3 Rn. 7). Hierdurch würde auch die **AGB – rechtliche Privilegierung der VOB/B entfallen,** wobei vor allem auch die Generalklausel des § 307 BGB einer solchen abweichenden Regelung entgegensteht. Dies folgt eindeutig aus der neueren Rechtsprechung des BGH (vgl. zuletzt BGH Urt. v. 19.3.1998 VII ZR 116/97 BauR 1998, 614 = NJW 1998, 2053; BGH Urt. v. 9.10.2001 X ZR 153/99 BauR 2002, 775). Aus dem Gesagten ergibt sich aber auch, dass im Falle einseitig **vom Auftragnehmer** gestellter Zusätzlicher Vertragsbedingungen, in denen § 16 Nr. 3 Abs. 2 bis 5 VOB/B ausgeschlossen ist, sich der Auftragnehmer dann nicht mehr auf dem Auftraggeber im Verhältnis zu den gesetzlichen Bestimmungen nachteilige Regelungen in Teil B der VOB berufen kann, wie z.B. die fiktive Abnahme nach § 12 Nr. 5, weil diese dann einer isolierten Inhaltskontrolle unterliegen. Unbedenklich ist es dagegen, wenn in Zusätzlichen Vertragsbedingungen des Auftraggebers zu seinen Lasten die Regelung des § 16 Nr. 3 Abs. 2 bis 5 VOB/B ausgeklammert ist.

XVI. Nicht von der Einrede erfasster Bereich (Abs. 6)

143 In dem in der Fassung der VOB 1990 neu geschaffenen § 16 Nr. 3 Abs. 6 VOB/B ist festgelegt worden, dass die **Ausschlussfristen nicht gelten** für ein Verlangen auf Richtigstellung der Schlussrechnung und -zahlung **wegen Aufmaß-, Rechen- und Übertragungsfehlern.** Diese hier erfolgte Grenzziehung verfolgt den Zweck, den Vergütungsanspruch des Auftragnehmers nicht wegen bloßer Fehler in der Berechnung einzuschränken, obwohl über die Frage der Vergütung für eine tatsächlich erbrachte Leistung und das Zustehen eines Vergütungsanspruchs sowie dessen Höhe an sich gar keine Meinungsverschiedenheit herrscht. Versehen in dem genannten Bereich sollen weder zu Lasten des Auftraggebers noch des Auftragnehmers gehen. Dabei ist diese eindeutig umschrieben, indem sie auf

Die Schlusszahlung § 16 Nr. 3 VOB/B

Aufmaß-, Rechen- und Übertragungsfehler festgelegt ist. Hierbei kommt es nicht darauf an, wem der betreffende Fehler unterlaufen ist, ob dem Auftraggeber oder Auftragnehmer, wie z.B. bei der Prüfung der Schlussrechnung oder schon bei Aufstellung der Schlussrechnung oder beim Aufmaß, oder beiden Vertragspartnern, wie etwa beim gemeinsamen Aufmaß. Entscheidend ist hier, dass der betreffende Fehler in der Schlussrechnung des Auftragnehmers oder bei der Schlusszahlung des Auftraggebers aufgetaucht bzw. geschehen ist. Andere Fehlerursachen, wie z.B. in die Schlussrechnung und die Schlusszahlung nicht aufgenommene weitere Zahlungsansprüche, scheiden dagegen für den Bereich des § 16 Nr. 3 Abs. 6 VOB/B aus. Dies folgt deutlich aus dem insoweit klaren Wortlaut dieser Bestimmung, wonach es sich um das spätere Verlangen auf Richtigstellung der Schlussrechnung oder der Schlusszahlung handeln muss. Dabei ist es ohne Belang, ob dieses Verlangen von einem oder beiden Vertragspartnern gestellt wird.

Wichtig ist schließlich die Feststellung, dass § 16 Nr. 3 Abs. 6 VOB/B die genannten Fehler nur aus dem Bereich der möglichen Einrede wegen vorbehaltloser Annahme der Schlusszahlung ausklammert. Damit ist aber noch nicht gesagt, ob das Verlangen auf Richtigstellung auch sachlich Erfolg hat. Dies richtet sich nach den dafür maßgebenden allgemeinen Vorschriften, wie z.B. dem Erfolg einer Anfechtung wegen Irrtums nach § 119 BGB oder der Möglichkeit, aus der Bindung eines deklaratorischen Anerkenntnisses wieder herauszukommen. Abs. 6 regelt demnach sozusagen nur das »Vorfeld«, nicht aber die mit dem jeweiligen Geschehnis verbundene eigentliche, nach allgemeinen Vorschriften ausgerichtete Rechtsfrage.

Aufmaßfehler können einmal dadurch geschehen, dass einer oder beide Vertragspartner entweder bei der Aufstellung der Schlussrechnung oder bei deren Prüfung die **Aufmaßbestimmungen** der jeweiligen Nr. 4 der nach § 14 Nr. 2 VOB/B im betreffenden Fall einschlägigen Normen des Teils C **nicht oder nicht hinreichend beachten** (vgl. dazu § 14 Nr. 2 VOB/B; Beck'scher VOB-Komm./ *Motzke* § 16 Nr. 3.Rdn. 105; *Leinemann* § 16 Rn. 157). Dies wird im Allgemeinen auf unrichtige Eintragungen in der Aufmaßliste oder in der Aufmaßzeichnung zurückgehen. Auch sonst kommen **Fehler bei der Mengenermittlung** (wie z.B. falsche oder unzutreffende Wiegekarten) als Ursache für die unrichtigen Angaben bei der Aufstellung der Schlussrechnung in Betracht, die bei der Rechnungsprüfung nicht bemerkt oder unrichtig gewürdigt worden sind. Auch kann es sein, dass der Auftragnehmer bei der Eintragung in die Aufmaßliste **unzutreffende Maße** aufgenommen hat (*Kapellmann/Messerschmidt* § 16 Rn. 269). Vor allem kann dies auch beiden Vertragspartnern im Bereich eines gemeinsamen Aufmaßes geschehen sein, sodass das darin evtl. liegende deklaratorische Anerkenntnis nicht mehr stimmt (vgl. dazu § 14 VOB/B). Ein Aufmaßfehler kann auch in Betracht kommen, wenn der Auftragnehmer in der Schlussrechnung zwar die Leistung richtig angegeben hat, jedoch bei der **Eintragung der Mengen Teile davon vergessen** hat. Hat der Auftragnehmer eine Teilleistung als vergütungspflichtig angesehen, also keineswegs nur als Nebenleistung, und hat er **versehentlich überhaupt keine Mengenangaben** gemacht, so ist **auch das ein Aufmaßfehler** in dem hier zur Erörterung stehenden Fall des Abs. 6. Das gilt allerdings **nicht,** wenn der Auftragnehmer die betreffende Leistung **als Nebenleistung angesehen** hat, sondern **auch dann nicht,** wenn er für diese Leistung zur Zeit der Aufstellung der Schlussrechnung keine Vergütung geltend machen wollte (ähnlich *Kleine-Möller/Merl* § 10 Rn. 289). In derartigen Fällen ist somit ein Vorbehalt nicht entbehrlich. Als Aufmaßfehler ist es hingegen anzusehen, wenn der Auftraggeber das Aufmaß bei der Rechnungsprüfung **gekürzt** hat und der **Auftragnehmer** sich damit **nicht einverstanden** erklärt (zutreffend *Losert* ZfBR 1992, 7, 8). Dagegen ist die – bewusste oder unbewusste – **Nichtaufnahme einer geänderten oder zusätzlichen Leistung** (Beck'scher VOB-Komm./*Motzke* § 16 Nr. 3 Rn. 105; *Kapellmann/Messerschmidt* § 16 Rn. 269; *Leinemann* § 16 Rn. 157) entgegen *Heiermann/Riedl/Rusam* (§ 16 Rn. 90.) sowie *Losert* (ZfBR 1992, 7, 8) **keineswegs schon ein Aufmaßfehler** in dem nach Abs. 6 zu verstehenden Sinne. Dort sind nur Fehler beachtlich, die sich auf das Aufmaß als solches beziehen, sich zugleich aber darauf beschränken. In dem hier angesprochenen Fall ist die maßgebende Fehlerursache dagegen in der Nichtberechnung der Leistung selbst aufgrund eines Rechtsirrtums zu sehen, wobei die Nichtangabe eines Aufmaßes nur eine Begleiterscheinung ist. Das kann

144

nicht schon unter den Begriff »Aufmaßfehler« gebracht werden, wonach sich die Fehlangabe allein auf das Aufmaß beschränkt, also allein darin die Ursache und die Auswirkung liegen.

145 **Rechenfehler** gehen **über** den Bereich des – bloßen – **Aufmaßfehlers hinaus;** daher müssen sie sich auf die **sonstige Berechnung in der Schlussrechnung** beziehen. Insofern kommen fehlerhafte Angaben in den eigentlichen Preiseintragungen, wie z.B. der Einheitspreise, der Einzelangaben über Löhne sowie Materialkosten usw., der Nennung der Positions- oder der Endpreise, die unzutreffende Berechnung der Umsatzsteuer in Betracht. Rechenfehler liegen auch vor, wenn der Auftragnehmer versehentlich eine im betreffenden Fall anzuwendende Lohn- und/oder Materialpreisgleitklausel nicht beachtet hat, auf deren Einbezug er aber Wert legt (vgl. *Leinemann* § 16 Rn. 158; a.A. Beck'scher VOB-Komm./*Motzke* § 16 Nr. 3 Rn. 106; *Kapellmann/Messerschmidt* § 16 Rn. 270). Hier liegt kein bewusster Verzicht auf die damit verbundene Erhöhung der Vergütung und somit ein Beurteilungsfehler vor, sondern ein bloßes Vergessen. Auch sonst sind typische Rechenfehler, die beim Addieren, Subtrahieren oder Multiplizieren vorkommen, hier eingeschlossen.

Ähnlich verhält es sich mit den **Übertragungsfehlern.** Hierunter sind Unrichtigkeiten zu verstehen, die bei der Übertragung von einer Berechnungsunterlage bzw. Berechnungshilfe in die andere geschehen sind. Das kann einmal die Übertragung aus so genannten Konzepten in die Rechnungs- oder Abrechnungsoriginale betreffen, zum anderen Fehlübertragungen bereits in den sonstigen Unterlagen, wie z.B. bei der Datenverarbeitung, die dann im Rechnungs- oder Abrechnungsoriginal nicht die erforderliche Berichtigung gefunden haben.

§ 16 Nr. 4
[Die Teilschlusszahlung]

In sich abgeschlossene Teile der Leistung können nach Teilabnahme ohne Rücksicht auf die Vollendung der übrigen Leistungen endgültig festgestellt und bezahlt werden.

Inhaltsübersicht

	Rn.
A. Grundvoraussetzung: In sich abgeschlossene Teile der Leistung	1
B. Vorausgegangene Teilabnahme notwendig	3
C. Aufstellung und Einreichung einer Teilschlussrechnung	4
D. Fälligkeit; entsprechende Geltung der Ausschlusswirkung des § 16 Nr. 3 Abs. 2 bis 5 VOB/B	5
E. Keine ohne weiteres gegebene vertragliche Verpflichtung zur Teilschlusszahlung	7

A. Grundvoraussetzung: In sich abgeschlossene Teile der Leistung

1 § 16 Nr. 4 VOB/B bezieht sich auf eine besondere Art der endgültigen Abrechnung im Rahmen eines bestimmten Vertrages, nämlich auf einen für sich beurteilbaren Teil der vertraglich geschuldeten Leistung. Man spricht hier zutreffend von einer **Teilschlussrechnung bzw. Teilschlusszahlung.** Hiernach können in sich abgeschlossene Teile der Leistung nach Teilabnahme ohne Rücksicht auf die Vollendung der übrigen Leistungen endgültig festgestellt und bezahlt werden.

2 Die Erteilung einer Teilschlussrechnung setzt voraus, dass es sich um **in sich abgeschlossene Leistungsteile im Rahmen der bauvertraglichen Gesamtleistungsverpflichtung** des Auftragnehmers handelt. Dieses deckt sich mit § 12 Nr. 2 VOB/B (vgl. § 12 Nr. 2 Rn. 6 ff.; BGH Urt. v. 24.6.1999 VII ZR 120/98 BauR 1999, 1301; OLG Hamm BauR 1997, 472). In sich abgeschlossen ist eine Leistung, wenn sie nach allgemeiner Auffassung nicht lediglich Bestandteil einer Gesamtleistung ist, sondern auch für sich als **funktionell selbstständig beurteilbare Bauleistung** bestehen und vergeben werden kann. Das trifft in erster Linie zu, wenn der Gesamtbauauftrag aus mehreren selbstständigen Einzelwerken besteht, wie z.B. der Bau mehrerer Straßen, die Errichtung von mehreren Gebäuden, Rohbauten usw.; Leistungsteile, die erforderlich sind, um ein Bauwerk oder einen funktionell selbstständigen Teil desselben erst zu einem solchen zu machen, wie Wände, Decken, Fenster, Türen usw., können nicht als selbstständige Teile **der Leistung** in dem hier maßgebenden Sinne angesehen werden. Nur die für sich abschließend beurteilbaren Leistungsteile können Gegenstand einer Teilschlussrechnung sein, zumal es für diese und eine darauf erfolgende Teilschlusszahlung grundlegende Voraussetzung ist, dass für die abzurechnenden Teile ein endgültiger Preis vereinbart oder jedenfalls auf der Grundlage der bauvertraglichen Vereinbarung bestimmbar ist (*Kleine-Möller/Merl* § 10 Rn. 97).

Liegen diese für eine Teilschlusszahlung erforderlichen Voraussetzungen der abgeschlossenen Leistung und der Teilabnahme unstreitig nicht vor, steht es den Parteien frei, durch ein kausales Schuldanerkenntnis eine vertragliche Grundlage für eine Teilschlussforderung zu begründen (vgl. dazu BGH Urt. v. 24.6.1999 VII ZR 120/98 BauR 1999, 1301).

B. Vorausgegangene Teilabnahme notwendig

Für die Teilschlusszahlung ist es weitere Voraussetzung, dass wegen des selbstständigen Teils der Gesamtleistung eine **Teilabnahme im Sinne von § 12 Nr. 2 VOB/B** möglich und auch tatsächlich erfolgt ist. Dazu gilt das in § 12 Nr. 2 VOB/B Gesagte, so dass darauf zu verweisen ist.

C. Aufstellung und Einreichung einer Teilschlussrechnung

Weiterhin ist es notwendig, dass die abgenommenen selbstständigen Leistungsteile hinsichtlich ihres Vergütungswertes endgültig festgestellt sind. Hierfür ist § 16 Nr. 3 Abs. 1 VOB/B entsprechend heranzuziehen. Es muss aber vorher eine **Teilschlussrechnung** aufgestellt und eingereicht worden sein, die dann geprüft und festgestellt wird. Die Teilschlussrechnung muss den Anforderungen von § 14 Nr. 1 und 2 VOB/B genügen, also **prüfbar** sein (vgl. § 14 VOB/B; OLG Hamm BauR 2002, 1105; *Franke/Kemper/Zanner/Grünhagen* § 16 Rn. 126; *Kapellmann/Messerschmidt* § 16 Rn. 276). Ggf. ist § 14 Nr. 4 VOB/B entsprechend heranzuziehen.

D. Fälligkeit; entsprechende Geltung der Ausschlusswirkung des § 16 Nr. 3 Abs. 2 bis 5 VOB/B

Liegen alle vorgenannten Voraussetzungen vor, kann die Bezahlung des selbstständigen Leistungsteils im Sinne einer **darauf bezogenen Schlusszahlung** erfolgen, wobei die in § 16 Nr. 3 Abs. 1 S. 1 VOB/B enthaltene 2-Monatsfrist entsprechend gilt (Beck'scher VOB-Komm./*Motzke* § 16 Nr. 4 Rn. 13).

Hinsichtlich der Wirkungen der Teilschlusszahlung gelten die Vorschriften des § 16 Nr. 3 Abs. 2 bis 5 VOB/B ebenfalls entsprechend (vgl. § 16 Nr. 3 Rn. 61 ff.; offen gelassen: BGH Urt. v. 11.3.1982 VII ZR 104/81 BauR 1982, 282 = NJW 1982, 1594; wie hier OLG Köln MDR 1985, 496; Beck'scher VOB-Komm./*Motzke* § 16 Nr. 4 Rn. 16; *Leinemann* § 16 Rn. 163). Dies folgt daraus, dass eine Zahlung nach § 16 Nr. 4 VOB/B von einer solchen nach § 16 Nr. 3 VOB/B nur in einer Hinsicht abweicht, indem sie im Sinne eines endgültigen Ausgleichs nicht die gesamte vertragliche Leistung, sondern nur einen selbstständigen Teil derselben erfasst. Darin liegt der wesentliche Unterschied zu einer Abschlagszahlung. Dieser hat zur Folge, dass die Forderung auf eine Teilschlusszahlung selbstständig verjährt und eine verjährte Forderung auch nicht mehr als Teil der Schlussrechnungsforderung

E. Keine ohne weiteres gegebene vertragliche Verpflichtung zur Teilschlusszahlung

7 § 16 Nr. 4 VOB/B enthält **nicht eine ohne weiteres gegebene vertragliche Verpflichtung** zur Bezahlung von selbstständigen Teilen der Leistung. Es ist vielmehr in das **Belieben der Vertragspartner** gestellt, ob sie von dieser Möglichkeit Gebrauch machen wollen oder nicht. Dabei ist es nicht erforderlich, eine entsprechende Verpflichtung zur Teilschlusszahlung in den Bauvertrag gesondert aufzunehmen. Vielmehr genügt es, wenn einer der Vertragspartner bei Vorliegen der erörterten Voraussetzungen Teilschlusszahlungen verlangt. Dann ist der andere Vertragspartner gehalten, diesem Verlangen Folge zu leisten, vgl. dazu § 271 BGB. Die gegenteilige Ansicht (*Nicklisch/Weick* § 16 Rn. 72; *Bergmann* ZfBR 1998, 59, 63) übersieht, dass die so gewählte Formulierung in § 16 Nr. 4 VOB/B **eine vertragliche Vereinbarung i.S.d. § 641 Abs. 1 S. 2 BGB enthält, falls ein Vertragspartner das Verlangen auf Teilschlusszahlung stellt** (so auch *Heiermann/Riedl/Rusam* § 16 Rn. 111; Beck'scher VOB-Komm./*Motzke* § 16 Nr. 4 Rn. 14; *Zielemann* Rn. 527; *Kleine-Möller/Merl* § 10 Rn. 9; *Kapellmann/Messerschmidt* § 16 Rn. 280), wobei sich die Bestimmtheit bzw. Bestimmbarkeit des entsprechenden Vergütungsteils aus der jeweils vereinbarten Vergütungsart und der daraus anhand der erbrachten Teilleistung festzustellenden Vergütungshöhe (als Teil der Gesamtvergütung) ergibt.

8 Es ist auch möglich, dass die Parteien im Bauvertrag, und zwar in den Besonderen oder Zusätzlichen Vertragsbedingungen (vgl. § 10 Nr. 4 Abs. 1k VOB/A), eine uneingeschränkte Verpflichtung zur Teilschlusszahlung aufnehmen und die Bedingungen hierzu im Einzelnen festlegen.

§ 16 Nr. 5
[Beschleunigung von Zahlungen; Skontoabzüge; Folgen verzögerter Zahlung, insbesondere Zinsen, Arbeitseinstellung]

(1) Alle Zahlungen sind aufs äußerste zu beschleunigen.

(2) Nicht vereinbarte Skontoabzüge sind unzulässig.

(3) Zahlt der Auftraggeber bei Fälligkeit nicht, so kann ihm der Auftragnehmer eine angemessene Nachfrist setzen. Zahlt er auch innerhalb der Nachfrist nicht, so hat der Auftragnehmer vom Ende der Nachfrist an Anspruch auf Zinsen in Höhe der in § 288 BGB angegebenen Zinssätze, wenn er nicht einen höheren Verzugsschaden nachweist.

(4) Zahlt der Auftraggeber das fällige unbestrittene Guthaben nicht innerhalb von 2 Monaten nach Zugang der Schlussrechnung, so hat der Auftragnehmer für dieses Guthaben abweichend von Abs. 3 (ohne Nachfristsetzung) ab diesem Zeitpunkt Anspruch auf Zinsen in Höhe der in § 288 BGB angegebenen Zinssätze, wenn er nicht einen höheren Verzugsschaden nachweist.

(5) Der Auftragnehmer darf in den Fällen der Absätze 3 und 4 die Arbeiten bis zur Zahlung einstellen, sofern die dem Auftraggeber zuvor gesetzte angemessene Nachfrist erfolglos verstrichen ist.

Inhaltsübersicht

	Rn.
A. Übersicht	1
B. Beschleunigung von Zahlungen (§ 16 Nr. 5 Abs. 1 VOB/B)	2
C. Skontoabzüge (§ 16 Nr. 5 Abs. 2 VOB/B)	3

Beschleunigung von Zahlungen; Skontoabzüge u.a. **§ 16 Nr. 5 VOB/B**

I.	Begriffliches	3
II.	Besondere vertragliche Vereinbarung erforderlich	4
III.	Skontoarten	6
IV.	Voraussetzungen im Einzelnen	7
V.	AGB-Klauseln	14
VI.	Skonto bei öffentlichen Aufträgen	15

D. Voraussetzungen und Folgen des Zahlungsverzuges des Auftraggebers (§ 16 Nr. 5 Abs. 3 und 4 VOB/B) ... 16
    I. Übersicht ... 16
    II. Erste Voraussetzung: Fälligkeit des Zahlungsanspruches ... 22
    III. Angemessene Nachfrist ... 23
    IV. Nichtzahlung innerhalb der Nachfrist ... 29
    V. Zinsanspruch des Auftragnehmers ... 30
    VI. Ausnahme: Entbehrlichkeit der Nachfristsetzung ... 39
    VII. Zinsanspruch des Auftragnehmers bei unbestrittenem Guthaben nach § 16 Nr. 5 Abs. 4 VOB/B ... 41
E. Recht zur Arbeitseinstellung (§ 16 Nr. 5 Abs. 5 VOB/B) ... 42
F. Kündigungsrecht des Auftragnehmers ... 48

Aufsätze: *Locher* Der Skontoabzug an Vergütungen für Bauleistungen BauR 1980, 30; *Kronenbitter* Der Skontoabzug in der Praxis der VOB/B BB 1984, 2030; *Nettesheim* Skonto bei nur teilweiser Bezahlung innerhalb der Skontofrist? BB 1991, 1724; *Greiffenhagen* Billigkeit von vorformulierten Verzinsungsregelungen bei öffentlichen Aufträgen NJW 1994, 710; *Kainz* Zur Wertung von Skontoangeboten von öffentlichen Aufträgen BauR 1998, 219; *Peters* Fälligkeit und Verzug bei den Zahlungsansprüchen des Bauunternehmers nach der VOB/B NZBau 2002, 305; *Schmidt* Skonto: Wann ist die vereinbarte Scheckzahlung rechtzeitig? BauR 2003, 181; *Garbe-Emden* Die Verzinsung von Zahlungsforderungen bei VOB-Verträgen BauR 2003, 1468; *Stellmann/Isler* Der Skontoabzug im Bauvertragswesen ZfBR 2004, 633.

A. Übersicht

§ 16 Nr. 5 VOB/B bezieht sich auf alle vorerörterten Zahlungsarten gem. § 16 Nr. 1 bis 4 VOB/B, **1** also auf Abschlagszahlungen, Vorauszahlungen, Schlusszahlungen und Teilschlusszahlungen. Abs. 1 enthält die Verpflichtung zur äußersten Beschleunigung von Zahlungen; Abs. 2 befasst sich mit Skontoabzügen; Abs. 3 beinhaltet Regelungen für den Fall, dass bei Eintritt der Fälligkeit von Seiten des Auftraggebers keine Zahlung erfolgt. Abs. 4 regelt den Verzugseintritt für den Sonderfall eines unbestrittenen Guthabens. In Abs. 5 ist das Recht zur Arbeitseinstellung bei Nichtbezahlung von fälligen Forderungen enthalten.

B. Beschleunigung von Zahlungen (§ 16 Nr. 5 Abs. 1 VOB/B)

Bei der Regelung in § 16 Nr. 5 Abs. 1 VOB/B, dass alle **Zahlungen aufs äußerste zu beschleunigen** **2** sind, handelt es sich nicht um einen bloßen Programmsatz, sondern um die dem Auftraggeber vertraglich besonders auferlegte Verpflichtung, seinerseits alles in seiner Kraft Stehende zu tun, um seine Vergütungspflichten gegenüber dem Auftragnehmer schnellstens zu erfüllen. Auch hier verfolgt die VOB/B eindeutig das Ziel, Bauverträge so schnell als möglich abzuwickeln. Zwar können unmittelbar aus dieser Bestimmung vom Auftragnehmer **noch keine Rechte hergeleitet** werden, insbesondere kann darauf allein noch kein im Klageweg durchsetzbarer Anspruch des Auftragnehmers gestützt werden. Vielmehr müssen dann noch die weiteren, in Abs. 3 näher geregelten Voraussetzungen vorliegen. Durch Abs. 1 wird der Auftraggeber aber daran erinnert, dass dem bauvertraglichen Verhältnis ein besonderes Vertrauen zwischen dem Auftraggeber und dem Auftragnehmer zugrunde liegen muss, um zur beiderseitigen Zufriedenheit abgewickelt werden zu können. Er muss das ihn nach Abs. 1 verpflichtende vertragliche Gebot daher unbedingt beachten.

C. Skontoabzüge (§ 16 Nr. 5 Abs. 2 VOB/B)

I. Begriffliches

3 Nach § 16 Nr. 5 Abs. 2 VOB/B sind nicht vereinbarte Skontoabzüge unzulässig. **Skonto bedeutet einen prozentualen Abzug vom Rechnungsbetrag, der bei sofortiger oder kurzfristiger** (hinsichtlich des Zeitraumes im Einzelnen festgelegter) **Zahlung gewährt wird** (vgl. OLG Köln SFH § 641 BGB Nr. 2; OLG Düsseldorf BauR 1992, 782, 783; *Nettesheim* BB 1991, 1724, 1725). Er ist der Preis für die Kreditnutzung bzw. Vorfinanzierung, die dem Auftraggeber eingeräumt wird. Eine Skontovereinbarung stellt einen durch die fristgemäße Zahlung aufschiebend bedingten Teilerlass der Werklohnforderung nach den §§ 397 Abs.1, 158 Abs.1 BGB dar (BGH Urt. v. 11.2.1998 VIII ZR 287/97 BauR 1998, 398 = NJW 1998, 1302; *Heiermann/Riedl/Rusam* § 16 Rn. 135; *Kleine-Möller/ Merl* § 2 Rn. 510). Er unterscheidet sich somit grundlegend von dem unabhängig vom Zahlungseingang unbedingt eingeräumten **Nachlass bzw. Rabatt oder Abgebot** (vgl. auch OLG Frankfurt SFH § 11 VOB/B Nr. 9; OLG Köln NJW-RR 1989, 525; Beck'scher VOB-Komm./*Motzke* § 16 Nr. 5 Rn. 10; *Kainz* BauR 1998, 219, 226). Die **Umdeutung einer unwirksamen Skontovereinbarung** in ein Abgebot ist deshalb ausgeschlossen (OLG Köln SF, Nr. 2 zu § 641 BGB; *Weyand* BauR 1988, 58; Beck'scher VOB-Komm./*Motzke* § 16 Nr. 5 Rn. 10; *Kapellmann/Messerschmidt* § 16 Rn. 291). Außer anteiligem Zins und Verwaltungskosten enthält der der Vergütung zugeschlagene Skonto auch eine Prämie für das Kreditrisiko (*Locher* BauR 1980, 30; *Grimme* S. 161 f.; *Weyand* BauR 1988, 58). Grundsätzlich berechnet sich der Skonto von der tatsächlich geschuldeten Vergütung, also u.U. von einem nach § 2 Nr. 3 ff. VOB/B oder § 15 Nr. 1, 2 VOB/B zu bemessenden geringeren oder auch höheren Betrag, als er in der betreffenden Rechnung ausgewiesen ist (*Locher* BauR 1980, 30; *Kapellmann/Messerschmidt* § 16 Rn. 302).

Im Allgemeinen ist daher – auch was die Berechnung der Skontierungsfrist anbelangt – die vorherige Vorlage einer **prüfbaren Rechnung** bzw. – bei Abschlagszahlungen – einer prüfbaren Aufstellung erforderlich. Der Auftraggeber kann sich dann nicht auf die fehlende Prüffähigkeit der Rechnung berufen, wenn er diese unter Angabe von Gründen nicht innerhalb einer Frist von 2 Monaten rügt. Die Rechtsprechung zur Fälligkeit einer nicht prüfbaren Rechnung wegen nicht rechtzeitiger Rüge (vgl. § 16 Nr. 3 Rn. 25) gilt erst recht für den Skontoabzug, weil dieser meist sogar eine Vorfälligkeitsentschädigung, zumindest aber eine Entschädigung für eine kurzfristige Zahlung gewähren soll.

Mangels entgegenstehender Vereinbarung erfasst die Skontierung jedoch nur **Vergütungsansprüche**, nicht aber Schadensersatz- oder Entschädigungsansprüche des Auftragnehmers, wie z.B. nach § 6 Nr. 6 VOB/B oder § 9 Nr. 3 S. 2 VOB/B (*Grimme* S. 168; *Stellmann/Isler* ZfBR 2004, 633, 636; *Werner/Pastor* Rn. 1277).

II. Besondere vertragliche Vereinbarung erforderlich

4 Die vertragliche Regelung in § 16 Nr. 5 Abs. 2 VOB/B überlässt es im Rahmen der Vertragsfreiheit zunächst den Partnern des Bauvertrages, hier insbesondere dem Auftragnehmer, festzulegen, ob und bei welchen Zahlungen des Auftraggebers Skontoabzüge gewährt werden sollen. Dabei ergibt sich aus dem Wortlaut des Abs. 2, dass es für die Gewährung oder vor allem für die Inanspruchnahme von Skontoabzügen noch nicht genügt, wenn die Vertragspartner lediglich die VOB/B als solche vereinbart haben. Vielmehr bedarf es hierzu noch einer **gesonderten Vereinbarung.** Die **Beweislast** für das Vorliegen einer Skontovereinbarung trägt der Auftraggeber (BGH Urt. v. 13.7.1983 VIII ZR 107/82 NJW 1983, 2944; OLG Stuttgart BauR 1994, 519; *Werner/Pastor* Rn. 1277).

Ein einseitiges Verlangen des Auftraggebers auf einen Skontoabzug ist daher ohne Zustimmung des Auftragnehmers unwirksam. Ist eine besondere, Skontoabzüge gewährende Vereinbarung nicht getroffen worden, so kommt ein Skontoabzug nicht in Betracht, da es hier einen Handels- oder Gewerbegebrauch im Bauwesen nicht gibt. Der Auftraggeber kann also nicht einseitig für sich Skontoabzüge verlangen (*Leinemann* § 16 Rn. 165). Erst recht gilt dies, wenn der Auftragnehmer ausdrücklich eine Skontierung ausschließt (vgl. dazu OLG Celle MDR 1993, 1177, für eine von einem Handwerker im Schriftverkehr verwendete Klausel »zahlbar sofort netto ohne Abzug«, wobei das Verlangen auf sofortige Zahlung AGB-rechtlich beim BGB-Vertrag angesichts des § 641 BGB unbedenklich ist). Nimmt der Auftraggeber nach Ablauf der für einen Skontoeinbehalt eingeräumten Frist die Zahlungen laufend unter Abzug des Skontos vor, so kann darin ein Angebot auf Änderung der Skontoabrede liegen. Dabei erfolgt eine Annahme des Angebotes nicht allein dadurch, dass der Auftragnehmer zunächst ohne Widerspruch die Zahlungen hinnimmt; vielmehr bedarf es einer objektiv erkennbaren Bestätigung eines etwaigen Annahmewillens (zutreffend OLG Hamm NJW-RR 1994, 1474; vgl. dazu OLG Stuttgart BauR 1998, 798 f.; OLG Köln IBR 2004, 189; *Stellmann/Isler* ZfBR 2004, 633). **5**

III. Skontoarten

Sofern Vereinbarungen dahin gehend getroffen werden bzw. werden sollen, dass Skontoabzüge zu gewähren sind, so ist zu deren Wirksamkeit unerlässliche Voraussetzung, dass dieses hinreichend klar und insbesondere vollständig geschieht, indem die Bedingungen für Skontoabzüge im Einzelnen festgelegt werden. Dabei ist in erster Linie die Art des eingeräumten Skontos deutlich zu kennzeichnen. Insoweit kommen in Betracht: Barzahlungsskonto (wofür die Hingabe eines Wechsels im Allgemeinen nicht genügt, OLG Hamm BauR 1987, 560; OLG München ZfBR 1986, 284; anders bei Barschecks, Verrechnungsschecks, vgl. *Grimme* S. 169 f.), Vorauszahlungsskonto und **Vorzielzahlungsskonto**. Letzteres dürfte bei Bauverträgen hauptsächlich vorkommen, nämlich als Zahlung vor einem bestimmten Ziel, wobei zwischen **Einheitsskonto** (einheitlicher Skontosatz für eine Skontofrist), **einfach gestaffeltem Skonto** (zwei verschiedene Skontosätze für zwei hintereinander liegende Zeitabschnitte in der Skontofrist) **sowie mehrfach gestaffeltem Skonto** (mehrere verschiedene Skontosätze für mehrere hintereinander liegende Zeitabschnitte in der Skontofrist) wiederum zu unterscheiden ist (vgl. *Locher* BauR 1980, 30; *Kronenbitter* BB 1984, 2030). **6**

IV. Voraussetzungen im Einzelnen

Zur ordnungsgemäßen Skontovereinbarung gehört ferner die Bestimmung, **auf welche Zahlungen** (Vorauszahlungen, Abschlagszahlungen, Teilschlusszahlungen, Schlusszahlung) ein Abzug gestattet ist. Dabei genügt eine hinreichend auslegungsfähige und daher eindeutig zu verstehende vertragliche Vereinbarung. Wird z.B. Nachlass in Höhe von 2% bei Zahlungen innerhalb von 10 Tagen vereinbart, so folgt aus der Wendung »Zahlungen«, dass damit sämtliche Zahlungen also auch Abschlagszahlungen aus dem Vertrag gemeint sind (vgl. dazu OLG Köln NJW-RR 1990, 525; OLG Hamm BauR 1994, 774). Gleiches gilt bei einer »Vereinbarung, dass eine Skontierung bei Einhaltung der Zahlungsfristen der VOB« erfolgen dürfe (offen gelassen: OLG München NJW-RR 1992, 790; zutreffend: OLG Karlsruhe BauR 1999, 1028). Ebenfalls gilt dies bei einer Klausel, es werde ein Skonto-Nachlass von 3% auf jede Abschlags- und die Schlusszahlung gewährt, sofern diese binnen 8 Tagen seit Eingang einer jeweils prüfbaren Rechnung erfolge (OLG Hamm NJW-RR 1995, 856). **7**

Fehlt es an derartigen Voraussetzungen, so ist im Zweifel anzunehmen, dass ein **Skontoabzug nur im Rahmen** der **Schlusszahlung** erfolgen soll, nicht aber bei den anderen Arten – vorheriger – Zahlung (OLG Düsseldorf BauR 1992, 783, 784; *Nettesheim* BB 1991, 1724, 1725; wohl auch OLG München NJW-RR 1992, 790; *Locher*, a.a.O.; a.A. *Werner/Pastor* Rn. 1279; Beck'scher VOB-Komm./ *Motzke* § 16 Nr. 5 Rn. 20). Werden in solchen Fällen zwar Abschlagszahlungen innerhalb der Skon- **8** tofrist geleistet, nicht dagegen die Schlusszahlung, oder ist das umgekehrt der Fall, so muss unterschieden werden: Wird im letzteren Fall **als Schlusszahlung nur ein Teil der dem Auftragnehmer tatsächlich zustehenden Vergütung geleistet**, so ist ein Skontoabzug nicht zulässig, weil ein solcher grundsätzlich nur möglich ist, wenn dem berechtigten Zahlungsverlangen des Auftragnehmers im vollen Umfang Folge geleistet wird (OLG Düsseldorf BauR 2000, 729 = NZBau 2000, 78; BauR 2001, 1268 = NZBau 2000, 561; Beck'scher VOB-Komm./*Motzke* § 16 Nr. 5 Rn. 23; *Locher*, a.a.O., unter Hinweis auf RG Recht 1919, Nr. 2078). Dasselbe gilt auch für ein vereinbartes Skonto auf Abschlagszahlungen (OLG Düsseldorf BauR 2000, 729 = NZBau 2000, 78; OLG Düsseldorf BauR 2001, 1268 = NZBau 2001, 78; KG, IBR, 2005,187 = BauR, 2005,764 [Ls]: *Locher* BauR 1980, 30; *Werner/Pastor* Rn. 1280; Beck'scher VOB-Komm./*Motzke* § 16 Nr. 5 Rn. 23; a.A. OLG Hamm NJW-RR 1995, 856). Mangels rechtzeitiger Zahlung scheidet auch die Anrechnung eines vereinbarten Skontoabzugs auf den Vergütungsanspruch nach § 649 S. 2 BGB im Falle einer **Kündigung** des Bauvertrags aus, falls die begründete Forderung nicht fristgerecht und vollständig erfüllt wird (BGH Urt. v. 22.9.2005 VII ZR 63/04 BauR 2005, 1916 = NZBau 2005, 683). Das Erfordernis einer vollständigen Bezahlung kann nach Treu und Glauben als eng zu sehende Ausnahme dann entfallen, wenn der Auftraggeber den weitaus größten Teil der Gesamtforderung rechtzeitig zahlt und nur wegen eines geringen Teils die Zahlung zurückbehält, weil er bei objektiver Betrachtung mit dem Bestehen von Gegenrechten – wie z.B. Nachbesserungsansprüchen – rechnet, auch wenn sich diese später in diesem Umfang nicht als gerechtfertigt erweisen (ähnlich OLG Karlsruhe MDR 1980, 933; *Nettesheim* BB 1991, 1724, 1726 f.). Sind **Mängel** vorhanden, so bleibt die Skontierbarkeit für den berechtigt zurückbehaltenen Betrag erhalten; die Frist läuft wegen des betreffenden Betrages ab dem Zeitpunkt der Abnahme der Mängelbeseitigungsleistung gem. § 13 Nr. 5 Abs. 1 S. 3 VOB/B.

9 Leistet der Auftraggeber vertraglich nicht oder noch nicht geschuldete Vorauszahlungen oder Abschlagszahlungen, nicht dagegen die Schlusszahlung innerhalb der Skontofrist, so kommt ein Skontoabzug nicht in Betracht, da es in der Hand des Gläubigers liegen muss, ob und inwieweit er vorzeitige Zahlungen des Auftraggebers vereinbart oder – im Falle einer Vereinbarung – abruft.

Hat dagegen der Auftragnehmer mit dem Auftraggeber **Abschlagszahlungen** (wie hier nach Nr. 1) oder **Vorauszahlungen vereinbart** und fordert er solche nach Erreichung der jeweiligen Fälligkeitserfordernisse an, dann kann der Auftraggeber auch von den **fristgerecht geleisteten Abschlagszahlungen Skontoabzüge vornehmen,** unabhängig davon, ob andere Abschlagszahlungen oder die Schlusszahlung innerhalb der Skontierungsfrist erfolgen, weil hierdurch das Kreditrisiko des Auftragnehmers – anteilig – ebenso vermindert worden ist wie bei einer Schlusszahlung innerhalb der Skontofrist (BGH Urt. v. 29.6.2000 VII ZR 186/99 BauR 2000, 1754 = NJW 2000, 3277; Beck'scher VOB-Komm./*Motzke* § 16 Nr. 5 Rn. 20 ff.; a.A. *Werner/Pastor* Rn. 1280; *Kleine-Möller/Merl* § 2 Rn. 518). Allerdings können die jeweiligen **Skontoabzüge** in endgültiger Höhe ohne ausdrückliche Vereinbarung **nicht schon bei den Abschlagszahlungen oder den Vorauszahlungen** gemacht werden, sondern erst bei der abschließenden Zahlung, insbesondere der **Schlusszahlung**, da Abschlagszahlungen und erst recht Vorauszahlungen nur vorläufige Zahlungen sind und im Zweifel davon auszugehen ist, dass Skontoabzüge erst im Rahmen endgültiger Zahlung zu berücksichtigen sind, wenn im Vertrag nicht eine andere Regelung getroffen worden ist (so auch *Locher* BauR 1980, 30, 33; *Kleine-Möller/Merl* § 2 Rn. 519; *Franke/Kemper/Zanner/Grünhagen* § 16 Rn. 137; vgl. dazu OLG Düsseldorf BauR 1981, 75; BauR 1985, 333; a.A. OLG Karlsruhe BauR 1999, 1028; *Grimme* S. 179 f.; *Werner/Pastor* Rn. 1279; *Stellmann/Isler* ZfBR 2004, 633; vgl. auch Beck'scher VOB-Komm./*Motzke* § 16 Nr. 5 Rn. 20).

10 Zur ordnungsgemäßen Vereinbarung eines Skontos muss weiter die Absprache kommen, **für welchen Zeitraum** einer Zahlung in einem festzulegenden Zeitpunkt Skonto gewährt wird **und wie hoch** dieser dann ist. Fehlt es an der Angabe des **Beginns** des Zeitraumes »(3% Skonto bei Zahlung innerhalb von 12 Tagen)« ist zunächst zu prüfen, ob der Beginn durch Auslegung ermittelt werden kann. Dies ist etwa bei der Klausel »bei Zahlung innerhalb von 12 Tagen nach VOB/B« oder einer sonstigen Bezugnahme auf die VOB/B wie der Klausel »bei Zahlung nach VOB/B« möglich, weil die Zahlungsfristen nach § 16 Nr. 1 und 3 VOB/B jeweils ab Zugang der Rechnung laufen und somit sowohl der Fristbeginn als auch die Zahlungsfristen bestimmbar sind (vgl. dazu OLG Karlsruhe BauR 1999, 1028 = NJW-RR 1999, 1033; OLG Köln NZBau 2003, 377; OLG Celle BauR 2004, 860). Ist eine derartige Auslegung nicht möglich und ergeben sich aus dem Vertrag keine weiteren Anhaltspunkte für den Fristbeginn, ist die Skontovereinbarung unwirksam, weil das Zahlungsziel nicht bestimmbar ist (*Werner/Pastor* Rn. 1278; Beck'scher VOB-Komm./*Motzke* § 16 Nr. 5 Rn. 19; *Kapellmann/Messerschmidt* § 16 Rn. 296). Dies gilt auch für die Klausel »bei Zahlung innerhalb von 10 Tagen«.

Ist im Vertrag – insofern vom Wortlaut her unglücklich – festgelegt, dass Skonto binnen 4 Wochen nach Stellung der Schlussrechnung gewährt werden soll, so ist dies dahin auszulegen, dass die 4-wöchige Skontofrist mit Vorlage einer prüfbaren Schlussrechnung beginnt; dabei kann sich der Auftraggeber dann nicht auf eine fehlende Prüfbarkeit der Schlussrechnung berufen, wenn er selbst diese verursacht und zu vertreten hat (vgl. dazu LG München I NJW-RR 1989, 852). **11**

Die **Höhe** kann durch Nennung eines Vomhundertsatzes oder in einem bestimmten Betrag festgelegt werden. Fehlt es an einer solchen Festlegung, so wird im Allgemeinen die Skontoabrede unwirksam sein. Eine einseitige Leistungsbestimmung durch den Auftraggeber nach den §§ 315 ff. BGB wird nur in seltenen Ausnahmefällen in Betracht kommen, wenn sich ein entsprechender Parteiwille **eindeutig** feststellen lässt (*Stellmann/Isler* ZfBR 2004, 633; *Kapellmann/Messerschmidt* § 16 Rn. 300; a.A. *Kronenbitter* BB 1984, 2030).

Fehlt es darüber hinaus auch noch an der **Vereinbarung der Skontierungsfrist**, ist ein unerlässliches Merkmal für eine wirksame Skontovereinbarung nicht vorhanden, sodass diese mangels hinreichender vertraglicher Einigung regelmäßig unwirksam ist (OLG Stuttgart BauR 1998, 798; LG Aachen NJW-RR 1986, 645: Zahlung »binnen angemessener Frist«; *Stellmann/Isler* ZfBR 2004, 633; *Weyand* BauR 1988, 58 f.; *Grimme* S. 166 f.; a.A. *Kronenbitter*, a.a.O.). **12**

Die **Rechtzeitigkeit der** von der jeweiligen Skontierungsabrede erfassten **Zahlung** richtet sich wie bei der Rechtzeitigkeit der Abschlagszahlung nach der bloßen Zahlungshandlung des Auftraggebers (vgl. dazu § 16 Nr. 1 VOB/B Rn. 36). Demgemäß kommt es für die Rechtzeitigkeit der Zahlung auf die Erbringung der Leistungshandlung und nicht auf den Zeitpunkt des Leistungserfolgs an. Im Falle einer Bezahlung durch Übersendung eines vom Gläubiger angenommenen Schecks wird diese bereits dann erbracht, wenn der Scheck der Post zur Beförderung, etwa durch Einwerfen in den Briefkasten, übergeben wurde (BGH BauR 1998, 398 = NJW 1998, 1302; OLG Saarbrücken OLGR 1998, 73; OLG Düsseldorf BauR 2000, 729 = NZBau 2000, 78; *Staudinger/Peters* § 641 Rn. 66; Beck'scher VOB-Komm./*Motzke* § 16 Nr. 1 Rn. 57 f.; *Kapellmann/Messerschmidt* § 16 Rn. 301; a.A. OLG Frankfurt BauR 1988, 599; OLG Düsseldorf BauR 1992, 783; *Kainz* BauR 1998, 219, 225; *Schmidt* BauR 2003, 181; *Stellmann/Isler* ZfBR 2004, 633, 638). Noch nicht höchstrichterlich geklärt ist der Zeitpunkt im Falle einer Zahlung durch Überweisung. Dieser soll danach spätestens mit Eingang des Überweisungsauftrags bei dem ausführenden Kreditinstitut vorliegen (OLG Köln BauR 1990, 367 = NJW-RR 1990, 284). Durch die Neufassung des § 676a Abs. 1 BGB erfordert eine Überweisung nunmehr den Abschluss eines Überweisungsauftrags zwischen dem Schuldner und seiner Bank. Dadurch wird der Zeitpunkt der Leistungshandlung auf den Abschluss des Überweisungsvertrags verlegt, der in der Regel erst durch die Bearbeitung der Überweisung durch die Bank zustande kommt (*Palandt/Heinrichs* § 270 Rn. 7; MüKo/*Krüger* § 270 Rn. 23; *Stellmann/Isler* ZfBR 2005, 633, 638; vgl. dazu § 16 Nr. 1 Rn. 36). **13**

V. AGB-Klauseln

14 Skontovereinbarungen sind als Preisnebenabreden nicht der AGB-rechtlichen Inhaltskontrolle entzogen. Sie können wirksam in AGB vereinbart werden. Eine Skontoregelung führt zu keiner unangemessenen Benachteiligung des Auftragnehmers nach § 307 BGB, weil ihm als Augleich dafür eine schnelle, meist vorfällige Zahlung und somit rasche Liquidität gewährt wird (ebenso BGH Urt. v. 25.1.1996 VII ZR 233/94 BauR 1996, 378 = NJW 1996, 1356, der ausdrücklich klargestellt hat, dass gegen den Regelungsgehalt einer Skontoklausel an sich keine Bedenken bestehen; *Heiermann/ Riedl/Rusam* § 16 Rn. 113; *Kapellmann/Messerschmidt* § 16 Rn. 292; *Leinemann* § 16 Rn. 168; a.A. *Korbion/Locher/Sienz* K Rn. 188; *Wolf/Horn/Lindacher* § 4 Rn. 23). Auch die unten aufgeführten Entscheidungen, die konkrete Klauseln an § 307 BGB scheitern lassen, setzen voraus, dass eine Skontoregelung in AGB wirksam getroffen werden kann. Voraussetzung dafür ist, dass die oben (Rn. 7 bis 13) aufgeführten Anforderungen eingehalten sind. Vor allem muss der Beginn der Skontofrist nicht nur hinreichend bestimmt, sondern er muss so festgelegt werden, dass er nicht der einseitigen Bestimmung der Auftraggeberseite, vor allem auch nicht eines Dritten, unterliegt. So stellt eine Skontoregelung in AGB des Auftraggebers, in der der Beginn der Skontofrist von der Prüfung der Schlussrechnung und deren Weiterleitung durch den Architekten an den Auftraggeber abhängig gemacht wird, einen Verstoß gegen § 307 BGB dar, weil dieser Anfangszeitraum allein in die Hand des Architekten gelegt ist (OLG Frankfurt NJW-RR 1988, 1485; OLG Stuttgart OLGR 1998, 59; Beck'scher VOB-Komm./*Motzke* § 16 Nr. 5 Rn. 27). Auch verstoßen AGB des Auftraggebers, die den Beginn einer für den Skontoanspruch maßgebenden Zahlungsfrist auf den Abschluss der Prüfung der Schlussrechnung durch den Auftraggeber festlegen, gegen § 307 Abs. 1 BGB, da sie auch den Beginn dieser Frist letztlich der Bestimmung durch den Auftraggeber überlassen (LG Berlin BauR 1986, 700, *Stellmann/Isler* ZfBR 2004, 633). Zu beachten ist auch, dass Klauseln in AGB des Auftraggebers mit einer besonders langen Skontofrist, die über den Fälligkeitszeitpunkt hinausreicht, gegen § 307 BGB verstoßen und auch überraschend i.S.d. § 305c Abs. 1 BGB sein können, weil Skonto gerade auf eine schnelle Zahlung gewährt wird (*Stellmann/Isler* ZfBR 2004, 633).

Einen Verstoß gegen das Transparenzgebot (§ 307 Abs. 1 S. 2 BGB) enthält die Klausel des Auftraggebers, »vereinbartes Skonto wird von jedem Abschlags- und Schlussrechnungsbetrag abgezogen, für den die geforderten Zahlungsfristen eingehalten werden«. Durch die Verknüpfung des nur abstrakt umschriebenen Skontos mit Einzelabreden und näher bezeichneten Rechnungen sei sie aber intransparent. Hierdurch bleibe unklar, in welchem Verhältnis die Klausel zu jenen Einzelabreden stehen soll, so dass die Gefahr von Missverständnissen bestehen würde (BGH Urt. v. 25.1.1996 VII ZR 233/94 BauR 1996, 378 = NJW 1996, 1346; a.A. *Kapellmann/Messerschmidt* § 2 Rn. 12).

VI. Skonto bei öffentlichen Aufträgen

15 Für **öffentliche Auftraggeber** bestimmt das VHB 2002 zu § 16 VOB/B in Nr. 5.2: (zum Skonto bei öffentlichen Aufträgen vgl. auch *Koch* Betrieb 1982, 1607; *Kainz* BauR 1998, 219.)

5.2. Preisnachlässe mit Bedingungen für Zahlungsfristen (Skonti)

Preisnachlässe mit Bedingungen für Zahlungsfristen (Skonti), die im Angebot oder durch besondere Erklärung, z.B. durch besonderen Aufdruck auf der Rechnung eingeräumt werden, sind – auch wenn sie nicht gewertet wurden – Vertragsinhalt. Sie sind bei der Rechnungsprüfung zu berücksichtigen, wenn die Fristen so bemessen sind, dass sie bei sorgfältiger Prüfung und unter Berücksichtigung des Zahlungsweges eingehalten werden können.

Die Rechnungen sind so zügig zu bearbeiten, dass die Zahlung fristgerecht erfolgt. Die Frist beginnt mit dem Eingang der prüfbaren Rechnung beim Bauamt.

D. Voraussetzungen und Folgen des Zahlungsverzuges des Auftraggebers (§ 16 Nr. 5 Abs. 3 und 4 VOB/B)

I. Übersicht

In § 16 Nr. 5 Abs. 3 VOB/B sind die Voraussetzungen und Folgen des **Schuldnerverzuges des Auftraggebers** geregelt. Zahlt der Auftraggeber bei Fälligkeit nicht, so kann ihm der Auftragnehmer eine angemessene **Nachfrist** setzen. Zahlt er auch innerhalb der Nachfrist nicht, so hat der Auftragnehmer vom Ende der Nachfrist an Anspruch auf Zinsen in Höhe des gesetzlichen Zinssatzes nach § 288 BGB, wenn er nicht einen höheren Verzugsschaden nachweist. Für vor Inkrafttreten der VOB 2002 abgeschlossene Verträge orientierte sich der Zinssatz an dem Spitzenrefinanzierungssatz der Europäischen Zentralbank (als Nachfolger des Lombardsatzes). Nunmehr wird in Anlehnung an das BGB auf den Basiszinssatz abgestellt. In der Grundlage handelt es sich hier um eine dem § 326 BGB a.F. ähnliche Vorschrift: Sie geht also in ihren Anforderungen über die reinen Verzugsregelungen des § 286 Abs. 1 BGB hinaus.

16

Abweichende vorformulierte Bedingungen in **AGB des Auftragnehmers,** nach denen sowohl eine Nachfristsetzung als auch eine Mahnung entbehrlich sind, verstoßen gegen die §§ 309 Nr. 4, 307 BGB. Sie sind auch im kaufmännischen Verkehr unwirksam (vgl. dazu BGH Urt. v. 19.6.1985 VIII ZR 238/84 NJW 1985, 2329; OLG Stuttgart NJW-RR 1988, 786; OLG Celle BauR 1993, 476 = NJW-RR 1994, 475; *Korbion/Locher/Sienz* K Rn. 191). Klauseln nach denen eine Nachfristsetzung für den Verzugseintritt entbehrlich ist, sind dann unwirksam, wenn sie den Verzugseintritt nicht von einer Mahnung abhängig machen. Ist dies der Fall, sind sie unbedenklich, weil auch § 286 BGB für den Verzugseintritt keine Nachfristsetzung erfordert. Unabhängig von der Frage der Vereinbarkeit mit den §§ 307 ff. BGB führen solche Klauseln dazu, dass die VOB nicht mehr als Ganzes vereinbart ist und somit zum Verlust der Privilegierung der VOB.

17

Nach § 286 Abs. 3 BGB gerät der Schuldner unabhängig von einer Mahnung innerhalb von 30 Tagen nach Fälligkeit und Zugang einer Rechnung in Verzug. Dies gilt gegenüber einem Verbraucher allerdings nur dann, wenn dieser auf die Folgen der Rechnung besonders hingewiesen worden ist. **Der Verzugseintritt** wird somit **im BGB-Werkvertragsrecht** für Geldforderungen nicht mehr in jedem Fall mit einer Mahnung oder kalendermäßigen Bestimmung verknüpft. Auf den VOB-Vertrag ist § 286 Abs. 3 BGB nicht anwendbar, weil § 16 Nr. 5 VOB/B eine abschließende Regelung der Verzugsvoraussetzungen und Folgen – insbesondere des Zinsanspruchs des Auftraggebers – darstellt (LG Bochum BauR 2002, 344, 345; *Kniffka* ZfBR 2000, 227; *Franke/Kemper/Zanner/Grünhagen* § 16 Rn. 143; *Zanner* BauR 2002, 1742, 1744; *Leinemann* § 16 Rn. 177).

18

Dies ergibt sich auch aus dem in der Neufassung von § 16 Nr. 1 Abs. 3 und Nr. 3 Abs. 1 der VOB 2002 verwendeten Begriff »fällig«. Der Verdingungsausschuss wollte hiermit ausdrücklich § 286 Abs. 3 S. 2 BGB für den VOB-Vertrag ausschließen. Danach kommt der Schuldner bei Unsicherheit über den Zeitpunkt des Zugangs der Rechnung spätestens 30 Tage nach Fälligkeit und Empfang der Gegenleistung in Verzug. Da aber Verzug Fälligkeit und diese beim VOB-Vertrag wiederum die Übersendung einer prüfbaren Rechnung und den Ablauf der Prüfungsfrist voraussetzt, bleibt für § 286 Abs. 3 S. 2 BGB kein Raum.

19

Allerdings: Der Auftraggeber kommt nicht in Verzug, solange er an der Verzögerung der Zahlung wegen des Verhaltens des Auftragnehmers kein **Verschulden** trägt (§ 286 Abs. 4 BGB).

Die Verzugsregelung in § 16 Nr. 5 Abs. 3 VOB/B hält einer **isolierten Inhaltskontrolle** nach § 307 BGB nicht Stand (OLG Karlsruhe NJW-RR 1993, 1435; OLG München IBR 1995, 8; *Peters* NZBau 2002, 305; *Kraus* BauR 2001, 513, 514; *Zanner* BauR 2002, 1742, 1744; vgl. auch *Kniffka* ZfBR 2000, 227, 228; a.A. *Heiermann/Riedl/Rusam* § 16 Rn. 70; *Leinemann* § 16 Rn. 177). Der Verzug kann nicht losgelöst von der Fälligkeitsregelung in § 16 Nr. 3 Abs. 1 VOB/B beurteilt werden. Während

20

beim BGB-Werkvertragsrecht Verzug mit Mahnung spätestens aber 30 Tage nach Rechnungserteilung eintritt, beträgt alleine die fälligkeitsbegründende Prüffrist des § 16 Nr. 3 Abs. 1 VOB/B zwei Monate. Im Anschluss daran reicht eine Mahnung noch nicht einmal für den Verzugseintritt aus. Erforderlich ist vielmehr der Ablauf einer vom Auftragnehmer gesetzten weiteren Nachfrist. Dieses massive Hinausschieben der Zahlungsfrist und des Verzugseintritts lässt sich auch nicht mit den spezifischen Bedürfnissen des Bauvertrags rechtfertigen. Bei einer abstrakten Betrachtung ist zu berücksichtigen, dass in den meisten Fällen – nicht nur beim Pauschalvertrag – eine Frist von zwei Monaten nicht erforderlich ist, um dem Auftraggeber eine ordnungsgemäße Überprüfung der Rechnung zu ermöglichen. An dem Verstoß gegen § 307 BGB ändert auch der in der VOB 2002 neu eingeführte Abs. 4 nichts. Zum einen bleibt es allein der Rechnungsprüfung des Auftraggebers überlassen, ob dieser ein unbestrittenes Guthaben feststellt. Zum anderen verdoppelt sich selbst in diesem Fall der Zeitpunkt des Verzugseintritts gegenüber dem gesetzlichen Leitbild auf zwei Monate. Da somit die Verzugsregelung nicht isoliert von der Fälligkeit der Forderung gesehen werden kann (dazu i.E. *Peters* NZBau 2002, 305) und die Fälligkeitsregelung in § 16 Nr. 3 Abs. 1 VOB/B für die Schlussrechnung einer isolierten Inhaltskontrolle nicht standhält (vgl. § 16 Nr. 3 VOB/B Rn. 11), kommt es auf die i.E. zu bejahende Frage, ob die Verzugsregelung von § 16 Nr. 5 Abs. 3 VOB/B für sich alleine genommen wirksam wäre, nicht mehr an.

21 Hinsichtlich des hier festgelegten Zinsanspruches als solchen ist besonders zu beachten, dass es sich um eine **abschließende Regelung für die Verzinsung von Forderungen aus einem VOB-Vertrag handelt** und daher Zinsen nicht schon mit der Entstehung des Zahlungsanspruches, sondern erst von dem in Abs. 3 bzw. in der durch die VOB 2002 neu eingeführten Regelung für die Auszahlung von unbestrittenen Guthaben in Abs. 4 näher geregelten Zeitpunkt an geltend gemacht werden können (vgl. Rn. 18). Auch kennt die VOB/B im Gegensatz zum BGB-Werkvertrag **keine Fälligkeitszinsen nach § 641 Abs. 4 BGB** (BGH Urt. v. 19.2.1964 Ib ZR 203/62 NJW 1964, 1223; BGH Urt. v. 8.12.1983 VII ZR 139/82 BauR 1984, 181 = NJW 1984, 1460; OLG Naumburg NJW-RR 1997, 704; OLG Düsseldorf IBR 2002, 244). Eine Zinsklausel, wonach Zinsen bereits von einem Zeitpunkt vor Vertragsabschluss gezahlt werden sollen, ist so ungewöhnlich, dass der Vertragspartner des Verwenders mit einer solchen Klausel nicht zu rechnen braucht; sie wird nach § 305c BGB nicht Vertragsbestandteil (BGH Urt. v. 6.3.1986 VII ZR 195/84 BauR 1986, 452).

II. Erste Voraussetzung: Fälligkeit des Zahlungsanspruches

22 Nach S. 1 ist es zunächst **grundlegendes Erfordernis,** dass der Auftraggeber bei **Fälligkeit** der betreffenden Forderung des Auftragnehmers **nicht zahlt.** Solange ihm wegen **Mängeln** der Leistung des Auftragnehmers ein **Leistungsverweigerungsrecht** zusteht, kann mangels Fälligkeit kein Verzug eintreten (st. Rspr., vgl. BGH Urt. v. 6.5.1999 VII ZR 180/98 BauR 1999, 1025 m.w.N.; *Leinemann* § 16 Rn. 197). Ebenso trifft dies zu, wenn er wegen vom Auftragnehmer bereits berechneter, jedoch bisher noch nicht ausgeführter Arbeiten ein Leistungsverweigerungsrecht besitzt (BGH Urt. v. 14.1.1993 VII ZR 185/91 BauR 1993, 600 = NJW 1993, 2674).

III. Angemessene Nachfrist

23 Dem Auftraggeber muss vom Auftragnehmer nach S. 1 bei Nichtzahlung trotz Fälligkeit **eine angemessene Nachfrist** zur Zahlung gesetzt werden, falls er wegen der Nichtzahlung Rechte gegen den Auftraggeber geltend machen will. Mit Recht weist der BGH (NJW 1961, 1968) darauf hin, dass für den Eintritt der Verzugsfolgen das Setzen der angemessenen Nachfrist und **deren fruchtloser** Ablauf grundlegende Voraussetzungen sind. Damit wird zugleich zum Ausdruck gebracht, dass der Auftraggeber grundsätzlich gemahnt und ihm eine weitere Zahlungsfrist gesetzt werden muss, also eine bloße Mahnung noch nicht genügt (OLG Düsseldorf BauR 1982, 593; BauR 2003, 1579 = NJW-RR 2003, 1245). § 286 Abs. 2 BGB, wonach ein Schuldner ohne Mahnung und dem gemäß auch ohne

Nachfrist in Verzug kommt, wenn er an einem kalendermäßig festgelegten Zeitpunkt leisten musste und nicht geleistet hat, findet in dieser Form keine Anwendung, da nach der genannten Bestimmung der VOB/B jedenfalls die Nachfristsetzung erforderlich ist.

Andererseits: Für die Inverzugsetzung nach S. 1 bedarf es hier allerdings auch nicht noch einer besonderen Mahnung; vielmehr liegt diese mit in der Nachfristsetzung. Sie kommt dadurch zugleich zum Ausdruck, sodass ein Vorgang genügt (OLG Düsseldorf BauR 1979, 162; Beck'scher VOB-Komm./*Motzke* § 16 Nr. 5 Rn. 30). Hieraus folgt aber auch, dass an die Nachfristsetzung – neben der ohnehin notwendigen klaren Fristbestimmung – die gleichen Anforderungen gestellt werden müssen wie an die Mahnung: Es muss sich um eine in bestimmter und unbedingter Form an den Schuldner gerichtete Zahlungsaufforderung handeln, sodass der Schuldner (hier: Auftraggeber) zweifelsfrei erkennen kann, dass der Auftragnehmer die Leistung jetzt ernsthaft und endgültig verlangt. Dagegen ist ein besonderer Hinweis, dass das Ausbleiben der Zahlung Folgen haben werde, nicht erforderlich (vgl. OLG Hamburg MDR 1978, 577).

Als Nachfrist hat auch die in einem Mahnbescheid enthaltene Aufforderung, die Forderung binnen bestimmter Frist (§ 692 ZPO) zu begleichen, zu gelten, da dieser nicht nur prozessuale, sondern auch materiell-rechtliche Bedeutung zukommt (BGH Urt. v. 3.7.1986 VII ZR 91/85 BauR 1986, 585 = NJW-RR 1986, 1346). Dass die Aufforderung hier durch das Gericht ergeht, schadet nicht. Wählt der Auftragnehmer zur Durchsetzung seiner Forderung das Mahnverfahren, für das nach § 692 Abs. 1 Nr. 3 ZPO eine besondere Zahlungsaufforderung mit Fristsetzung vorgeschrieben ist, so wirkt diese auch für den Auftragnehmer (BGH Urt. v. 3.7.1986 VII ZR 91/85 BauR 1986, 585 = NJW-RR 1986, 1346).

Eine Nachfrist ist **angemessen,** wenn sie den Auftraggeber bei objektiver Betrachtung unter normalen Umständen in die Lage versetzt, sogleich nach Erhalt der Nachfristsetzung die erforderlichen Anstalten zur Zahlung zu treffen und sie auszuführen. Keine Beachtung zugunsten des Auftraggebers findet eine Zeitspanne, die er braucht, um noch nicht vorhandene Geldmittel flüssig zu machen. Es ist nämlich grundsätzlich davon auszugehen, dass es Aufgabe des Auftraggebers ist, die erforderlichen Geldmittel rechtzeitig bereits vor Fälligkeit des Vergütungsanspruches des Auftragnehmers zu beschaffen (vgl. dazu auch BGH Urt. v. 21.5.1985 V ZR 134/84 BauR 1985, 688 = NJW 1985, 2640; OLG Frankfurt BauR 1988, 599 = NJW-RR 1987, 979). Im Allgemeinen dürfte eine Nachfrist von 10 Tagen ausreichend sein. Eine unangemessene kurze Fristsetzung verlängert sich auf die angemessene Zeitspanne. Sie ist somit nicht unwirksam (BGH Urt. v. 21.5.1985 V ZR 134/84 BauR 1985, 688 = NJW 1985, 2640; Beck'scher VOB-Komm./*Motzke* § 16 Nr. 5 Rn. 30; *Kapellmann/Messerschmidt* § 16 Rn. 311; *Leinemann* § 16 Rn. 178). Im Falle der **Abtretung des Vergütungsanspruches** steht die Nachfristsetzung dem Abtretungsempfänger zu (BGH Urt. v. 21.5.1985 V ZR 134/84 BauR 1985, 688 = NJW 1985, 2640).

Die Nachfrist bedarf ansonsten keiner besonderen Form, sie kann auch mündlich festgelegt werden (*Kapellmann/Messerschmidt* § 16 Rn. 313). Aus Beweisgründen sollte vom Auftragnehmer jedoch hier immer die Schriftform gewählt werden.

Die nach Ablauf der Nachfrist eingetretenen Verzugsfolgen können durch Vertrag (Verzicht, Erlass), nicht aber durch einseitige Erklärung des Gläubigers – hier des Auftragnehmers – rückwirkend beseitigt werden; vielmehr kann eine einseitige Erklärung nur bewirken, dass keine weiteren Verzugsfolgen mehr eintreten (vgl. dazu BGH Urt. v. 17.9.1986 IVb ZR 59/85 NJW 1987, 1546; MüKo/*Ernst* § 286 Rn. 94).

IV. Nichtzahlung innerhalb der Nachfrist

Zahlt der Auftraggeber auch innerhalb der Nachfrist nicht, tritt der in der VOB/B besonders geregelte Schuldnerverzug ein. Dabei wird vor allem sein **Verschulden** im Sinne von § 286 Abs. 4

BGB vermutet. Für das ausnahmsweise Nichtvorliegen des Verschuldens trifft den Auftraggeber die **Beweislast**.

V. Zinsanspruch des Auftragnehmers

30 Ist nach Ablauf der Nachfrist der in der VOB besonders geregelte **Schuldnerverzug** des Auftraggebers eingetreten, hat der Auftragnehmer nach § 16 Nr. 5 Abs. 3 S. 2 VOB/B von diesem Zeitpunkt an grundsätzlich einen **Zinsanspruch** in Höhe des Basiszinssatzes nach § 288 BGB.

31 Die **formularmäßige Vereinbarung** von höheren als in der VOB enthaltenen Zinssätzen verstößt gegen § 307 BGB, weil gleichzeitig ein Verstoß gegen das Leitbild des § 288 BGB vorliegt. Das gilt z.B. für die Bestimmung, es seien 6% über dem jeweiligen Basiszinssatz, mindestens 9% p.a., an Verzugszinsen zu entrichten. Eine solche Klausel übersteigt den üblicherweise zu erwartenden Zinsschaden bei Weitem. Sie ist im Hinblick auf § 288 BGB im nicht kaufmännischen Geschäftsverkehr nach den §§ 309 Nr. 5a BGB, 307 BGB unwirksam (vgl. BGH Betrieb 1984, 2556). Im kaufmännischen Verkehr ist eine geringfügige Erhöhung des gesetzlichen Zinssatzes um 1 bis 2% zulässig (*Korbion/Locher/Sienz* K Rn. 175).

32 Der Auftragnehmer kann, was § 288 Abs. 3 BGB entspricht, nach § 16 Nr. 5 Abs. 3 S. 2 Hs. 2 VOB/B einen **höheren Zinssatz** geltend machen, wenn er einen **höheren Verzugsschaden** nachweist.

33 Ein **höherer Verzugsschaden** liegt meist vor, wenn der Auftragnehmer infolge des Verhaltens des Auftraggebers gezwungen ist, **Bankkredit** in Anspruch zu nehmen oder aufrechtzuerhalten. Um höhere Zinsen verlangen zu können, ist es aber nicht erforderlich, dass der Auftragnehmer wegen des Zahlungsverzuges des Auftraggebers tatsächlich Bankkredit in Anspruch nimmt, vielmehr genügt es, dass ihm überhaupt zum verlangten Zinssatz Bankkredit zumindest in Höhe seines Vergütungsanspruches gewährt worden ist, wenn er diesen bei rechtzeitiger Zahlung durch den Auftraggeber – ganz oder teilweise – hätte abdecken können (vgl. BGH Urt. v. 26.10.1983 IVa ZR 21/82 NJW 1984, 371; *Werner/Pastor* Rn. 1285). Folgerichtig kann der Auftraggeber nicht einwenden, auch andere Schuldner hätten den Auftragnehmer nicht bezahlt, so dass er ohnehin den geltend gemachten Verzugsschaden gehabt hätte. Entscheidend ist vielmehr, dass der in Anspruch genommene Auftraggeber zur Aufrechterhaltung des Kredits beigetragen hat.

34 Die Behauptung des Auftragnehmers im Prozess, er habe während des gesamten Zeitraumes des Verzuges »mindestens« einen Bankkredit zu einem in bestimmter Höhe bezeichneten Zinssatz in Anspruch nehmen müssen, kann als Verzicht auf die – spätere – Geltendmachung von über den als Teilanspruch verlangten Zinssatz hinausgehenden Zinsen aufgefasst werden (vgl. BGH MDR 1978, 1641).

35 Ein **höherer Verzugsschaden** des Auftragnehmers kann nicht nur bei Inanspruchnahme von Kredit entstehen, sondern auch dann, wenn ihm durch Vorenthaltung der ihm geschuldeten Vergütung die Möglichkeit entgeht, das **Geld gewinnbringend anzulegen.** Dazu reicht jedoch nicht schon der allgemein gehaltene Hinweis, ein Kaufmann lasse Geld nicht ungenutzt liegen. Vielmehr müssen hier die einzelnen Umstände, die eine Geldanlagemöglichkeit ergeben hätten, im Einzelfall dargelegt und ggf. nachgewiesen werden (vgl. i.E. MüKo/*Ernst* § 286 Rn. 131 ff.).

36 Der **Verzugszeitraum** berechnet sich vom Ablauf der gesetzten Nachfrist bis zur Verzugsbeseitigung durch Zahlung seitens des Auftraggebers, wobei die §§ 186 ff. BGB zu beachten sind. Für den Zeitpunkt, in dem die Pflicht zur Zahlung der Verzugszinsen beginnt, ist § 187 Abs. 1 BGB maßgebend, so dass Zinsen ab dem Tage nach Ablauf der gesetzten Nachfrist zu entrichten sind (Beck'scher VOB-Komm./*Motzke* § 16 Nr. 5 Rn. 38).

37 Besonders zu beachten ist, dass es sich bei **§ 16 Nr. 5 Abs. 3 S. 2 VOB/B** um eine abschließende Regelung in der Weise handelt und auch § 641 Abs. 4 BGB – also die Regelung über Fälligkeitszinsen –

nicht zum Zuge kommt. § 16 Nr. 5 Abs. 3 S. 2 VOB/B ist somit nicht nur eine in sich abgeschlossene Bestimmung für den Schadensersatzanspruch aus Verzug, sondern für die Verzinsung von Vergütungsforderungen allgemein (vgl. § 16 Nr. 5 VOB/B Rn. 19).

Unberührt von dieser VOB-Regelung ist allerdings grundsätzlich die Befugnis des Auftragnehmers, im Falle eines Prozesses, in dem er seine Vergütung gegen den Auftraggeber einklagt, **Prozesszinsen** nach § 291 BGB zu verlangen, sofern die dort geregelten besonderen Fälligkeitsvoraussetzungen vorliegen (OLG Düsseldorf IBR 2002, 244). Prozesszinsen können nicht beansprucht werden, wenn der Auftraggeber wegen eines Mangels der Leistung mit Recht ein Zurückbehaltungsrecht geltend macht und er zur Zahlung nur Zug um Zug gegen Vornahme von Nachbesserungsarbeiten durch den Auftragnehmer verurteilt wird. Dann liegt nämlich **noch keine Fälligkeit** i.S.d. § 291 S. 1 Hs. 2 BGB vor (BGH Urt. v. 14.1.1971 VII ZR 3/69 BGHZ 55, 198 = NJW 1971, 615 = BauR 1971, 124; BGH Urt. v. 6.5.1999 VII ZR 180/98 BauR 1999, 1025). **38**

VI. Ausnahme: Entbehrlichkeit der Nachfristsetzung

Nach der ständigen Rechtsprechung zur Geltendmachung der Rechte aus § 326 BGB a.F. (§ 281 Abs. 1 S. 1 BGB) bedarf es **keiner (Nach-)Fristsetzung,** wenn sich der Schuldner ernstlich weigert, den Anspruch des Gläubigers zu erfüllen (vgl. u.a. BGH Urt. v. 8.12.1983 VII ZR 139/82 BauR 1984, 181 = NJW 1984, 1460; OLG Köln NJW-RR 1992, 1047; OLG Düsseldorf BauR 1996, 115, 119 = NJW-RR 1996, 730; BauR 2003, 1579 = NJW-RR 2003, 1245). Sinn und Zweck der Fristsetzung ist es, den Schuldner vor die Frage zu stellen, ob er die Folgen des § 281 Abs. 1 BGB auf sich nehmen oder durch nachträgliche Erfüllung von sich abwenden will. Weigert sich der Schuldner von vornherein ernstlich, die Forderung des Gläubigers zu erfüllen, wird diese Fragestellung zur leeren und überflüssigen Form (§ 281 Abs. 2 BGB). Die **Folgen** treten dann auch ohne Fristsetzung ein. **39**

Dieser Grundsatz gilt entsprechend für **§ 16 Nr. 5 Abs. 3 VOB**, da auch hier für die Geltendmachung eines Verzugsschadens bei ernstlicher Weigerung des Auftraggebers, rechtzeitig zu zahlen, eine **Nachfristsetzung** ebenso wenig sinnvoll wäre (BGH Urt. v. 30.1.1964 VII ZR 125/62 NJW 1964, 820; BGH Urt. v. 8.12.1983 VII ZR 139/82 BauR 1984, 181 = NJW 1984, 1460; OLG Düsseldorf BauR 1982, 593; BauR 2003, 1579 = NJW-RR 2003, 1245; Beck'scher VOB-Komm./*Motzke* § 16 Nr. 5 Rn. 32).

Eine ernstliche Zahlungsverweigerung des Auftraggebers ist in der Rechtsprechung z.B. in seiner Erklärung erblickt worden, es handle sich um eine Requisitionsleistung, und er sei zur Zahlung der Bauleistung so lange nicht verpflichtet, bevor nicht die entsprechenden Mittel bereitgestellt seien (BGH Urt. v. 30.1.1964 VII ZR 125/62 NJW 1964, 820). Gleiches trifft auf die Ankündigung des – uneingeschränkten – Klageabweisungsantrages im Prozess zu (OLG Düsseldorf BauR 1982, 593; BauR 2003, 1579 = NJW-RR 2003, 1245), soweit der Auftraggeber damit nicht nur vorläufige **Rechte,** wie z.B. wegen Beseitigung von Mängeln, verfolgt, sondern aus der Begründung seines Abweisungsantrages eindeutig hervorgeht, dass er – hier in diesem Fall – endgültig nicht zahlen will und kein Raum für die Annahme bleibt, er werde durch Setzung der Nachfrist zu besserer Einsicht gelangen und »freiwillig« den Werklohnanspruch erfüllen, also der Auftragnehmer keinen Einfluss auf die Zahlungsbereitschaft des Auftraggebers nehmen kann (vgl. BGH Urt. v. 8.12.1983 VII ZR 139/82 BauR 1984, 181 = NJW 1984, 1460). Eine solche Annahme kann vor allem auch gerechtfertigt sein, wenn die Streitpunkte offen zutage liegen und längere vorprozessuale Auseinandersetzungen zu keinem Ergebnis geführt haben (BGH Urt. v. 8.12.1983 VII ZR 139/82 BauR 1984, 181 = NJW 1984, 1460). In Gesprächen über vorübergehende Zahlungsschwierigkeiten des Auftraggebers kann danach keine endgültige Erfüllungsverweigerung gesehen werden (OLG Naumburg NJW-RR 1997, 404), wohl aber in der Aufrechnung mit einer tatsächlich nicht bestehenden Gegenforderung (OLG Düsseldorf BauR 2003, 1579 = NJW-RR 2003, 1245). **40**

VII. Zinsanspruch des Auftragnehmers bei unbestrittenem Guthaben nach § 16 Nr. 5 Abs. 4 VOB/B

41 Während die VOB bisher Verzugsschadensersatzansprüche immer vom Ablauf einer Nachfrist abhängig gemacht hatte, macht die VOB 2002 in dem neu eingeführten § 16 Nr. 5 Abs. 4 VOB/B davon für unbestrittene Guthaben eine Ausnahme. Verzug tritt hier bereits mit Ablauf der 2-Monatsfrist des § 16 Nr. 3 Abs. 1 VOB/B ein, ohne dass es einer weiteren Nachfrist oder Mahnung bedarf. Damit soll dem Beschleunigungsgedanken des Abs. 1 Rechnung getragen werden. Wegen der hohen Anforderungen an ein unbestrittenes Guthaben kommt dieser Regelung aber wenig praktische Bedeutung zu. Im Regelfall bleibt es deshalb bei dem Erfordernis der Nachfristsetzung nach Abs. 3.

E. Recht zur Arbeitseinstellung (§ 16 Nr. 5 Abs. 5 VOB/B)

42 Abgesehen von dem Zinsanspruch, steht dem Auftragnehmer nach § 16 Nr. 5 Abs. 5 VOB/B zusätzlich noch die Befugnis zu, die **Arbeiten** so lange **einzustellen**, bis er die Zahlung vom Auftraggeber erhält, derentwegen dieser in Verzug ist. Es handelt sich hier um eine Konkretisierung des sich aus § 320 BGB ergebenden Leistungsverweigerungsrechts. Diese Befugnis wurde nunmehr in den neu geschaffenen § 16 Nr. 5 Abs. 5 der VOB 2002 übernommen, um klarzustellen, dass vor Arbeitseinstellung auf jeden Fall der Ablauf einer Nachfrist erforderlich ist, auch wenn diese nach Abs. 4 für unbestrittene Guthaben nicht Verzugsvoraussetzung ist. Durch die Arbeitseinstellung entstehende Kosten sind **Verzugsschäden** i.S.d. § 280 BGB. Daraus ergibt sich regelmäßig zugleich ein Schadensersatzanspruch des Auftragnehmers nach § 6 Nr. 6 VOB/B. Zu diesem zählen u.a. auch Lohn- und Materialpreiserhöhungen, die während der Stillliegezeit eintreten, selbst wenn an sich in Besonderen oder Zusätzlichen Vertragsbedingungen die Berücksichtigung von Lohn- und Materialpreiserhöhungen ausgeschlossen worden ist (*Schmidt* WM 1974, 294, 298, unter Hinweis auf BGH Urt. v. 22.11.1973 VII ZR 14/72).

43 Die **Arbeitseinstellung** kommt allerdings regelmäßig nur in Betracht, solange der Auftragnehmer die vertragliche Leistung noch nicht vollständig erbracht, sie also noch nicht fertig gestellt hat. Daher kommt im Allgemeinen die Arbeitseinstellung nicht mehr zum Zuge, wenn nur noch die Schlusszahlung ganz oder teilweise aussteht. Darüber hinaus kann die Arbeitseinstellung nur die noch **nicht** ausgeführten Teile der Leistung betreffen. Sie bezieht sich dagegen nicht auf berechtigte **Mängelbeseitigungsansprüche** des Auftraggebers, etwa nach § 4 Nr. 7 VOB/B. Denn insoweit ist der Auftragnehmer nach wie vor vorleistungspflichtig, und der Auftraggeber kann so lange einen entsprechenden Vergütungsteil einbehalten bis die Nachbesserung erfolgt ist (OLG Düsseldorf NJW-RR 1996, 1170). Auch steht dem Auftragnehmer kein Recht zur Arbeitseinstellung zu, wenn er mit der Erbringung eines in Verzug ist und der Auftraggeber deswegen eine an sich fällige Abschlagszahlung einbehält (vgl. OLG Düsseldorf BauR 1993, 123 [LS]).

44 Ob es dem Auftragnehmer aus Treu und Glauben verwehrt ist, wegen verhältnismäßig **geringfügigem Zahlungsrückstand** des Auftraggebers von einer Einstellung der Arbeiten Gebrauch zu machen, ist eine nach dem Einzelfall zu lösende Frage. Sowohl das Ausbleiben der Zahlung als auch die Einstellung der Arbeiten kann gleich schwerwiegend sein, zumal die VOB grundsätzlich dem Auftragnehmer das Recht zur Arbeitseinstellung bei Zahlungsverzug des Auftraggebers einräumt. Daher wird in der Arbeitseinstellung allgemein keine unangemessene Maßnahme zu sehen sein. Das kann insbesondere unter Berücksichtigung des Kooperationsgebots anders zu beurteilen sein, wenn es sich um einen ganz geringen Zahlungsrückstand handelt oder sich der Auftragnehmer mit der Zusicherung des Auftraggebers, alsbald zahlen zu wollen, zufrieden gibt oder wenn nur ein ganz geringfügiger Zahlungsverzug vorliegt (OLG Düsseldorf BauR 1975, 428; Beck'scher VOB-Komm./*Motzke* § 16 Nr. 5 Rn. 41; *Leinemann* § 16 Rn. 192).

Zahlung der Vergütung an Dritte § 16 Nr. 6 VOB/B

Bisher war umstritten, ob vom Auftragnehmer wegen der schwerwiegenden Folgen der Arbeitseinstellung zu verlangen ist, dass er diese **vorher dem Auftraggeber ankündigt** (so OLG Düsseldorf BauR 1975, 428; OLG Frankfurt BauR 1988, 599 = NJW-RR 1987, 979; Vorauflage § 16 Rn. 36; *Heiermann/Riedl/Rusam* § 16 Rn. 121; *Kapellmann/Messerschmidt* § 16 Rn. 332; *Zielemann* Rn. 577; a.A. *Nicklisch/Weick* § 16 Rn. 85; Beck'scher VOB-Komm./*Motzke* § 16 Nr. 5 Rn. 41; *Leinemann* § 16 Rn. 193), zumal es sich um eine Ausnahme von der Grundregelung in § 18 Nr. 4 VOB/B handelt. Durch die Neufassung des § 16 Nr. 5 Abs. 5 VOB/B in der **VOB 2006** wurde nunmehr klargestellt, dass es für die Arbeitseinstellung keiner vorherigen Androhung bedarf, was mit dem Kooperationsgedanken schwer zu vereinbaren ist. **45**

Der Auftraggeber ist im Falle einer berechtigten Arbeitseinstellung des Auftragnehmers nicht befugt, den Bauvertrag nach § 5 Nr. 4 VOB/B i.V.m. § 8 Nr. 3 VOB/B zu kündigen (so auch OLG Frankfurt BauR 1988, 599 = NJW-RR 1987, 979; BauR 1992, 541; *Franke/Kemper/Zanner/Grünhagen* § 16 Rn. 151; *Kapellmann/Messerschmidt* § 16 Rn. 335; *Leinemann* § 16 Rn. 194) ebenso nicht nach § 6 Nr. 7 VOB/B. **46**

In dem hier erörterten Bereich verstößt eine Klausel in **AGB** – insbesondere Zusätzlichen Vertragsbedingungen – des Auftraggebers, wonach dem Auftragnehmer das Recht auf Arbeitseinstellung und somit ein Leistungsverweigerungsrecht. verwehrt sein soll ebenso wie der Ausschluss von Zurückbehaltungsrechten, gegen § 309 Nr. 2 bzw. § 307 BGB (*Kapellmann/Messerschmidt* § 16 Rn. 336). Deshalb kann der Auftragnehmer auch im Bereich des VOB-Vertrages neben dem Recht auf Arbeitseinstellung ein Zurückbehaltungsrecht nach § 273 BGB an Gegenständen geltend machen, die an den Auftraggeber zurückzugewähren wären (vgl. dazu OLG Düsseldorf IBR 1993, 320, hinsichtlich Kabeltrommeln und Werkzeugen, die Eigentum eines Dritten waren). **47**

F. Kündigungsrecht des Auftragnehmers

Dem Auftragnehmer ist auch das **Kündigungsrecht nach § 9 Nr. 1b VOB/B** zuzugestehen, wobei er vor allem die in § 9 Nr. 2 VOB/B festgelegten Voraussetzungen zu beachten hat. Er kann aber auch die Forderung, wegen der sich der Auftraggeber im Schuldnerverzug befindet, **ein**klagen. Die Geltendmachung des **Kündigungsrechts** ist allerdings, ebenso wie in dem oben erörterten Fall der Arbeitseinstellung, nur sinnvoll, wenn die Bauleistung bis zu dem für die Kündigung in Betracht kommenden Zeitpunkt noch nicht voll erbracht worden ist. Die Schlusszahlung ist also allgemein auszunehmen. **48**

§ 16 Nr. 6
[Zahlung der Vergütung des Auftragnehmers durch den Auftraggeber an Dritte]

Der Auftraggeber ist berechtigt, zur Erfüllung seiner Verpflichtungen aus den Nummern 1 bis 5 Zahlungen an Gläubiger des Auftragnehmers zu leisten, soweit sie an der Ausführung der vertraglichen Leistung des Auftragnehmers aufgrund eines mit diesem abgeschlossenen Dienst- oder Werkvertrags beteiligt sind, wegen Zahlungsverzugs des Auftragnehmers die Fortsetzung ihrer Leistung zu Recht verweigern und die Direktzahlung die Fortsetzung der Leistung sicherstellen soll. Der Auftragnehmer ist verpflichtet, sich auf Verlangen des Auftraggebers innerhalb einer von diesem gesetzten Frist darüber zu erklären, ob und inwieweit er die Forderungen seiner Gläubiger anerkennt; wird diese Erklärung nicht rechtzeitig abgegeben, so gelten die Voraussetzungen für die Direktzahlung als anerkannt.

VOB/B § 16 Nr. 6 — Zahlung der Vergütung an Dritte

Inhaltsübersicht

Rn.

- A. Überblick 1
  - I. Überblick – Wahlrecht des Auftraggebers 1
  - II. Auch gesetzliche oder vertragliche Verpflichtung des Auftraggebers zur Zahlung an Dritte möglich 7
  - III. Auch sonstige Verpflichtung des Auftraggebers zur Zahlung an Dritte möglich 10
  - IV. Abtretung oder Pfändung des Vergütungsanspruchs des Auftragnehmers 11
- B. § 16 Nr. 6 VOB/B im Einzelnen 13
  - I. Erfüllung der Zahlungspflicht aus Bauvertrag 14
  - II. Fällige Forderung des Gläubigers des Auftragnehmers 15
  - III. Erklärungspflicht des Auftragnehmers 18
  - IV. Entsprechende Erkundigungspflicht des Auftraggebers 21
  - V. Erklärungsfrist 22
  - VI. Vermögensverfall beim Auftragnehmer 23

Aufsätze: *Dähne* Zur Problematik des § 16 Rn. 6 VOB/B – Zahlung an Dritte BauR 1976, 29; *Siebeck* Nochmals: Zur Problematik der Zahlung an Dritte nach § 16 Rn. 6 VOB/B BauR 1976, 238; *Bartsch* Zahlung nach § 16 Rn. 6 VOB/B an den Subunternehmer trotz Abtretung oder Pfändung des Werklohns? BB 1989, 510; *Brauns* Anfechtbarkeit von Werklohnzahlungen oder Besicherung von Vergütungsansprüchen des Auftragnehmers durch den Insolvenzverwalter BauR 2003, 301; *Vogel* Ein weites Feld – Einige Probleme aus der Schnittmenge von Bau- und Insolvenzrecht, Jahrbuch Baurecht 2004 S. 109.

A. Überblick

I. Überblick – Wahlrecht des Auftraggebers

1 Der Auftraggeber ist nach **§ 16 Nr. 6 S. 1 VOB/B** berechtigt, zur Erfüllung seiner Verpflichtungen aus § 16 Nr. 1 bis 5 VOB/B Zahlungen an Gläubiger des Auftragnehmers zu leisten, soweit sie an der Ausführung der vertraglichen Leistung des Auftragnehmers aufgrund eines mit diesem abgeschlossenen Dienst- oder Werkvertrages beteiligt sind und diese wegen Zahlungsverzugs des Auftragnehmers die Fortsetzung ihrer Leistung verweigern und die Direktzahlung die Fortsetzung der Leistung sicherstellen soll. In einem solchen Fall ist der Auftragnehmer nach **§ 16 Nr. 6 S. 2 VOB** verpflichtet, sich auf Verlangen des Auftraggebers innerhalb einer von diesem gesetzten Frist darüber zu erklären, ob und inwieweit er die Forderungen seiner Gläubiger anerkennt. Wird diese Erklärung nicht rechtzeitig abgegeben, so gelten die Voraussetzungen für die Direktzahlung als anerkannt.

2 Es handelt sich um die **vertraglich festgelegte Berechtigung** des Auftraggebers, seine aus dem Bauvertrag dem Auftragnehmer geschuldete Gegenleistung durch Zahlungen (Abschlagszahlungen, Vorauszahlungen, Schlusszahlung, Teilschlusszahlungen) an Dritte mit Erfüllungswirkung gegenüber dem Auftragnehmer zu leisten, die nicht Vertragspartner des Auftraggebers sind, die aber an der Bauleistung kraft eigenen Vertrages mit dem Auftragnehmer mitgewirkt haben (i.d.R. Nachunternehmer bzw. Subunternehmer, auch Arbeitnehmer des Auftragnehmers; vgl. in letzterer Hinsicht OLG Celle ZIP 1983, 467). Das Gesetz lässt eine Leistung durch dritte Personen an den Gläubiger für den Schuldner ohne dessen Einwilligung grundsätzlich zu, wenn dieser nach dem Inhalt des zugrunde liegenden Verpflichtungsverhältnisses nicht in Person zu leisten hat (§ 267 Abs. 1 BGB), ohne dass dadurch allerdings seine eigene Verpflichtung gegenüber dem Schuldner (Auftragnehmer) erfüllt wird, er vielmehr auf die wesentlich schwächeren Bereicherungsansprüche angewiesen ist. Für die Erfüllung der von ihm geschuldeten Vergütungsforderung bedarf es nach den §§ 362 Abs. 2, 185 BGB einer Ermächtigung durch seinen Gläubiger (Auftragnehmer).

Eine schuldbefreiende Direktzahlung nach § 16 Nr. 6 VOB/B ist für den **Auftraggeber** mit **erheblichen Risiken** verbunden. Diese zeigen sich insbesondere dann, wenn die VOB/B nicht als Ganzes vereinbart ist, weil § 16 Nr. 6 VOB/B trotz der erheblichen Einschränkung des Direktzahlungsanspruchs in der VOB 2002 einer **isolierten Inhaltskontrolle** nicht Stand hält (*Kleine-Möller/Merl* § 2 Rn. 486; *Franke/Kemper/Zanner/Grünhagen* § 16 Rn. 172; *Vogel* Jahrbuch Baurecht 2004 S. 107, 110 f.; *Tempel* NZBau 2002, 532; a.A. *Kapellmann/Messerschmidt* § 16 Rn. 358; *Heiermann/Riedl/Rusam* § 16 Rn. 169). Es ist zwar nicht zu verkennen, dass in der Neufassung des § 16 Nr. 6 VOB/B der VOB 2002 das Recht des Auftraggebers zur Direktzahlung auf diejenigen Fälle beschränkt wurde, in denen dieser durch den Zahlungsverzug des Auftragnehmers und die darauf beruhende Arbeitseinstellung des Dritten ein berechtigtes Interesse an der Fortsetzung der Arbeiten des Dritten hat (vgl. § 16 VOB/B Rn. 29). Der BGH (Urt. v. 21.6.1990 VII ZR 109/89 BGHZ 111, 394 = BauR 1990, 727 = NJW 1990, 2384) konnte es in der Entscheidung zur isolierten Inhaltskontrolle des § 16 Nr. 6 VOB/B a.F. ausdrücklich offen lassen, ob ein erhebliches Interesse des Auftraggebers an der Bestimmung der Empfangszuständigkeit für die Leistung dazu führen kann, dass eine Direktzahlungsklausel einer Inhaltskontrolle nach § 307 BGB Stand hält. Dies ist zu verneinen. Eine formularmäßige Ermächtigung zur Direktzahlung mit schuldbefreiender Wirkung gegenüber dem eigenen Gläubiger verstößt gegen § 307 BGB; weil sie mit dem Grundsatz der §§ 362 Abs. 2, 185 BGB unvereinbar ist. Danach kann eine schuldbefreiende Leistung an einen Dritten nur mit Zustimmung des Gläubigers erfolgen. Darüber hinaus verstößt § 16 Nr. 6 S. 2 VOB/B gegen das Fiktionsverbot des § 308 Nr. 5 BGB, weil die Voraussetzungen für die Direktzahlung als anerkannt gelten, wenn der Auftragnehmer keine rechtzeitige Erklärung abgibt, ob er die Forderungen anerkennt. Erfolgt eine Direktzahlung des Auftraggebers nach § 16 Nr. 6 VOB/B ohne dass die VOB als Ganzes vereinbart ist, kommt der Zahlung somit keine Erfüllungswirkung gegenüber seinem Auftragnehmer zu mit der Folge, dass die Werklohnforderung weiter besteht.

Auch für den **Dritten** bringt eine Zahlung nach § 16 Nr. 6 VOB/B häufig keine endgültige Befriedigung. Sie ist vielmehr für ihn mit erheblichen Risiken verbunden. **Direktzahlungen** des Auftraggebers gewähren diesem eine **inkongruente Deckung** nach § 131 InsO, weil der Dritte keinen Anspruch auf diese Leistung hat und § 16 Nr. 6 VOB/B ausdrücklich einen Zahlungsverzug des Auftragnehmers voraussetzt, womit Liquiditätsschwierigkeiten impliziert sind. Deshalb sind Zahlungen im letzten Monat vor dem Antrag auf Eröffnung des Insolvenzverfahrens des Auftragsnehmers immer und innerhalb von zwei bzw. drei Monaten vor dem Eröffnungsantrag unter den Voraussetzungen des § 131 Nr. 2 und 3 InsO anfechtbar. Im Rahmen des § 131 Nr. 3 InsO (Anfechtung innerhalb des zweiten oder dritten Monats vor dem Eröffnungsantrag wegen Kenntnis der Begünstigung) ist zu berücksichtigen, dass der Auftraggeber, der eine Direktzahlung nach § 16 Nr. 6 VOB/B an den Nachunternehmer leistet, diesen regelmäßig im Verhältnis zu anderen Gläubigern des Auftragnehmers begünstigt, die nicht in den Genuss solcher Zahlungen gelangen (vgl. i.E. *Vogel* Jahrbuch Baurecht 2004 S. 107, 113 ff.). Die Kenntnis einer derartigen Begünstigungsabsicht setzt weder die Kenntnis einer Inkongruenz im insolvenzrechtlichen Sinne noch diejenige einer Zahlungseinstellung voraus, sodass der Anfechtungstatbestand des § 131 Nr. 3 InsO in der Regel vorliegt und deshalb Zahlungen an den Nachunternehmer innerhalb von 3 Monaten vor dem Antrag auf Eröffnung des Insolvenzverfahrens meist anfechtbar sind (BGH Beschl. v. 6.6.2002 IX ZR 425/99 BauR 2002, 1408; OLG Dresden BauR 2000, 1758; *Schmitz* EWiR 2000, 153; Beck'scher VOB-Komm./*Motzke* § 16 Nr. 6 Rn. 8; *Vogel* Jahrbuch Baurecht 2004 S. 107, 115; a.A. *Brauns* BauR 2003, 301, 311 ff.; *Leinemann* § 16 Rn. 223, die von einer kongruenten Deckung ausgehen und deshalb eine Anfechtung nur dann zulassen wollen, wenn dem Dritten die Zahlungsunfähigkeit bekannt war). Besonders fatale Folgen hat dies für den Nachunternehmer dann, wenn dieser aufgrund der vermeintlichen Befriedigung durch die Direktzahlung nach § 16 Nr. 6 VOB/B die Arbeiten nicht einstellt, sondern weitere Leistungen erbringt, für die er dann ebenfalls keine Vergütung erhält.

Dagegen scheidet eine Insolvenzanfechtung gegenüber dem Auftraggeber bei Zahlungen nach § 16 Nr. 6 VOB/B aus, weil dieser nur eine mittelbare Leistung als Mittelsperson des Auftragnehmers erbringt. Das gesamte Rechtsverhältnis ist dann hinsichtlich der Anfechtung so anzusehen, als ob der Auftraggeber seiner Verpflichtung entsprechend an den späteren Gemeinschuldner (Auftragnehmer) geleistet hätte (BGH Beschl. v. 6.6.2002 IX ZR 425/99 BauR 2002, 1408; OLG Dresden BauR 2000, 1758).

5 Daraus, dass eine unmittelbare vertragliche Beziehung zwischen dem Auftraggeber und dem Dritten fehlt, ergibt sich eine **Berechtigung,** nicht aber eine Verpflichtung des Auftraggebers **zur Zahlung,** aus der der Auftragnehmer oder der Dritte unmittelbar gegen den Auftraggeber vorgehen könnte (ebenso BGH Urt. v. 24.4.1986 VII ZR 248/85 BauR 1986, 454 = NJW 1986, 2761; BGH Urt. v. 19.5.1994 VII ZR 124/93 BauR 1994, 624 = NJW-RR 1994, 1044; BGH Urt. v. 17.6.1999 IX ZR 176/98 BauR 1999, 1189 = NJW 1999, 296). Daraus folgt, dass der Auftraggeber, ohne sich einer Vertragsverletzung schuldig zu machen, bei Vorliegen der Voraussetzungen des § 16 Nr. 6 VOB/B die Zahlung an Dritte verweigern kann. Daher handelt es sich hier um ein **Wahlrecht** des Auftraggebers ohne Verpflichtung zur Leistung an den Dritten (*Kapellmann/Messerschmidt* § 16 Rn. 339). Von diesem Wahlrecht wird der Auftraggeber in Wahrung seiner berechtigten Interessen dann Gebrauch machen, wenn es ihm darum geht, den Baufortschritt sicherzustellen, z.B. bei berechtigter Arbeitseinstellung des Subunternehmers, weil dieser vom Haupt- bzw. Generalunternehmer nicht die fällige Abschlagszahlung erhalten hat.

6 Durch die **Ermächtigung zur Direktzahlung** nach § 16 Nr. 6 VOB/B. wird der **Dritte,** an den der Auftraggeber mit befreiender Wirkung zu leisten berechtigt ist, **keineswegs Gläubiger des Auftraggebers,** sondern er bleibt Gläubiger des Auftragnehmers. Demnach entsteht im Rahmen des § 16 Nr. 6 VOB/B kein unmittelbares schuldrechtliches Verhältnis zwischen dem Auftraggeber und dem Dritten (vgl. OLG Düsseldorf BauR 1973, 250; OLG Dresden BauR 2000, 1759). Ebenso wenig hat der Nachunternehmer eine rechtlich durchsetzbare Möglichkeit, von dem Auftraggeber die Zahlung der ihm gegen den Haupt- bzw. Generalunternehmer zustehenden vertraglichen Vergütung auf einer außervertraglichen Anspruchsgrundlage wie Geschäftsführung ohne Auftrag oder ungerechtfertigter Bereicherung zu verlangen (BGH Urt. v. 15.4.2004 VII ZR 212/03 BauR 2004, 1151 = NZBau 2004, 387).

II. Auch gesetzliche oder vertragliche Verpflichtung des Auftraggebers zur Zahlung an Dritte möglich

7 Die Regelung in § 16 Nr. 6 VOB/B ist nicht mit den vom Gesetz vorgesehenen Fällen zu verwechseln, nach denen der Schuldner sogar verpflichtet ist, zur Befreiung von seiner vertraglichen Pflicht gegenüber dem Gläubiger (hier: der Auftraggeber gegenüber dem Auftragnehmer) an einen Dritten zu leisten, der aufgrund eines rechtswirksamen Vorganges anstelle des Vertragspartners Gläubiger der Leistung geworden ist, z.B. durch Abtretung (§§ 398 ff. BGB) oder durch Pfändung und Überweisung der Forderung.

8 Abgesehen von der Abtretung sowie der Pfändung und Überweisung, gibt es auch noch andere Fälle, in denen der Auftraggeber unter bestimmten Voraussetzungen dem Dritten gegenüber zur Zahlung verpflichtet sein kann .Auf derartige Fälle ist § 16 Nr. 6 VOB/B ebenfalls nicht anwendbar, weil sie auf einer besonderen Vereinbarung beruhen. Dabei ist an die Schuldmitübernahme oder die Bürgschaft des Auftraggebers zu denken (*Leinemann* § 16 Rn. 217). Diese Fälle werden auch nicht von § 16 Nr. 6 VOB/B erfasst, sondern regeln sich nach den einschlägigen Vorschriften des BGB. Dabei ist es nicht schon als eine Schuldübernahme oder Schuldmitübernahme anzusehen, wenn der Auftraggeber nach Maßgabe des § 16 Nr. 6 VOB/B Zahlung leistet. Andererseits kann sich eine solche Verpflichtung des Auftraggebers gegenüber Dritten ausnahmsweise aus den Umständen des Einzelfalles ergeben; vor allem dann, wenn es sich darum handelt, die Durchführung oder die Weiterführung der Leistung durch den Nachunternehmer sicherzustellen, etwa im Falle einer schriftlichen Erklärung des Auftraggebers, die vom Hauptunternehmer an den Nachunternehmer zu erbringenden

Zahlungen würden vom Auftraggeber direkt an den Nachunternehmer geleistet, vor allem dann, wenn er die Erklärung im Zeitpunkt des Abschlusses des Vertrages zwischen Nach- und Hauptunternehmer abgegeben hatte und der Hauptunternehmer schon damals in Zahlungsschwierigkeiten war und ihm ein Nachunternehmer den Vertrag sogar bereits gekündigt hatte (vgl. dazu BGH Urt. v. 19.5.1994 VII ZR 124/93 BauR 1994, 624 = NJW-RR 1994, 1044). Dies kann auch dann der Fall sein, wenn der Nachunternehmer gegenüber dem Auftraggeber mit der Einstellung der Arbeiten droht, weil der Generalunternehmer (Auftragnehmer) keine Abschlagszahlungen leistet. Drängt daraufhin der Auftraggeber auf eine Fortsetzung der Arbeiten mit der Erklärung, er werde im Falle der Zahlungsunfähigkeit des Generalunternehmers dessen Verpflichtungen übernehmen und den Werklohn bezahlen, liegt in dieser Erklärung ein Schuldbeitritt des Auftraggebers (BGH Urt. v. 26.10.2000 VII ZR 117/99 BauR 2001, 626).

Dagegen liegt in der Erklärung des Auftraggebers gegenüber dem Nachunternehmer, er werde von seinen Rechten nach § 16 Nr. 6 VOB/B Gebrauch machen, alleine noch keine Übernahme einer unter Kaufleuten formlosen (§ 350 HGB) Bürgschaft. Diese würde nämlich voraussetzen, dass sich der Auftraggeber (Bürge) gegenüber dem Nachunternehmer (Gläubiger) verpflichtet, für die Erfüllung einer Verbindlichkeit eines Dritten mit dem eigenen Vermögen einzustehen, unabhängig davon, ob der Dritte (Generalunternehmer) gegen den Bürgen eine gleichartige Forderung hat. Diese wird von § 16 Nr. 6 VOB gerade vorausgesetzt (BGH Urt. v. 30.11.2000 IX ZR 276/99 BauR 2001, 628).

Behauptet der Nachunternehmer, seine Nachunternehmerleistung sei durch spätere Vereinbarung mit dem Auftraggeber und dem Hauptunternehmer aus dem Aufgabenbereich des Hauptunternehmers herausgenommen und es seien unmittelbare vertragliche Beziehungen zwischen ihm und dem Auftraggeber entstanden, so hat er dafür die Beweislast (BGH Urt. v. 22.2.1973 VII ZR 95/71 SFH Z 2.10 Bl. 29).

III. Auch sonstige Verpflichtung des Auftraggebers zur Zahlung an Dritte möglich

Es sind auch sonst Fälle denkbar, in denen der Auftraggeber verpflichtet ist, an einen Unternehmer zu zahlen, der an der Bauleistung mitgewirkt hat, aber nicht unmittelbar Vertragspartner des Auftraggebers ist, wie z.B. der Nachunternehmer. So kann der Auftraggeber zur unmittelbaren Zahlung der dem Nachunternehmer zustehenden Vergütung verpflichtet sein, wenn er diesem gegenüber ein Garantieversprechen zur Erledigung seiner Bauleistungsforderung abgegeben hat. Ein solches Garantieversprechen liegt in der Erklärung des Auftraggebers an den Nachunternehmer, er werde in jedem Fall dafür sorgen, dass dieser, notfalls aus seinem – des Auftraggebers – Vermögen, für seine Arbeit bezahlt werde (BGH Urt. v. 22.2.1962 VII ZR 262/60 SFH Z 2.300 Bl. 22). Eine unmittelbare Zahlungsverpflichtung des Auftraggebers kann sich auch ergeben, wenn er gegenüber dem Nachunternehmer einen Vertrauenstatbestand geschaffen hat; das gilt z.B. bei der Zusicherung des Auftraggebers an den Nachunternehmer, er werde seine Forderung gegen den Hauptunternehmer aus dessen Guthaben bei ihm direkt befriedigen, und wenn er ihn deswegen veranlasst, die Leistung auszuführen oder weiter auszuführen (BGH Urt. v. 28.1.1971 VII ZR 183/69 SFH Z 2.332 Bl. 65).

IV. Abtretung oder Pfändung des Vergütungsanspruchs des Auftragnehmers

§ 16 Nr. 6 VOB/B betrifft nicht die Fälle, in denen der Auftragnehmer/Generalunternehmer seinen Werklohnanspruch gegen den Auftraggeber an einen Subunternehmer abgetreten hat. In diesem Fall erfolgt eine Zahlung des Auftraggebers nicht in Ausübung eines Wahlrechts nach § 16 Nr. 6 VOB/B sondern aufgrund der Zession nach § 398 BGB oder des Pfändungs- und Überweisungsbeschlusses an den Forderungsinhaber (*Heiermann/Riedl/Rusam* § 16 Rn. 126; Beck'scher VOB-Komm./ *Motzke* § 16 Nr. 6 Rn. 16).

12 Probleme ergeben sich dann, wenn der Auftragnehmer **die Forderung an** einen nicht durch § 16 Nr. 6 VOB/B begünstigten **Dritten,** etwa eine finanzierende Bank, **abgetreten** hat oder die Forderung von einem Dritten **gepfändet** wurde. Hier ist streitig, ob dem Auftraggeber weiterhin das Wahlrecht nach § 16 Nr. 6 VOB/B zusteht (so *Bartsch* BB 1989, 529; *Bergmann* ZfBR 1998, 59, 64; a.A. *Heiermann/Riedl/Rusam* § 16 Rn. 127; Beck'scher VOB Komm./*Motzke* § 16 Nr. 6 Rn. 17 ff.; *Leinemann* § 16 Rn. 218). Ein Interesse des Auftraggebers, sein Wahlrecht weiterhin ausüben zu können, wird zwar gerade im Falle einer Krise des Auftragnehmers bestehen. Damit lässt sich aber kein Fortbestehen des Wahlrechts nach § 16 Nr. 6 VOB/B rechtfertigen, weil dabei verkannt wird, dass das Wahlrecht des Auftraggebers kein von § 404 BGB umfasstes Recht, vor allem kein Gestaltungsrecht ist. Würde man in dieser Situation – auch noch im Falle einer Abtretung vor Abschluss des Bauvertrags – ein Wahlrecht bejahen, so würde die in § 16 Nr. 6 VOB/B liegende Absprache eine unwirksame Vereinbarung zu Lasten dieses Zessionars darstellen. Das Wahlrecht nach § 16 Nr. 6 VOB/B enthält somit eine an die Person des Auftragnehmers gebundene Ermächtigung nach den §§ 362, 185 BGB, die nur soweit reichen kann, wie der Auftraggeber selbst ungehindert an den von § 16 Nr. 6 VOB/B erfassten Gläubiger mit schuldbefreiender Wirkung zu leisten berechtigt ist (so zutreffend: Beck'scher VOB-Komm./*Motzke* § 16 Nr. 6 Rn. 17 ff.). Dies ist nach § 407 BGB so lange der Fall, bis die Abtretung dem Auftraggeber angezeigt wird (*Leinemann* § 16 Rn. 220).

B. § 16 Nr. 6 VOB/B im Einzelnen

13 Die Berechtigung des Auftraggebers, mit befreiender Wirkung Zahlungen an Dritte zu leisten, hat folgende Voraussetzungen:

I. Erfüllung der Zahlungspflicht aus Bauvertrag

14 Es muss sich um eine Zahlung in Erfüllung der Verpflichtungen des Auftraggebers gegenüber dem Auftragnehmer aus dem Bauvertrag handeln, und zwar um solche Zahlungen, die nach § 16 Nr. 1 bis 5 VOB/B an den Auftragnehmer zu erbringen sind. Insbesondere muss Fälligkeit des Zahlungsanspruches (Beck'scher VOB-Komm./*Motzke* § 16 Nr. 6 Rn. 25) des Auftragnehmers gegeben sein.

Sofern der Auftraggeber unter den Voraussetzungen des § 16 Nr. 6 VOB/B Zahlungen an Dritte leistet, kann er diese mit dem ihm gegenüber noch offenen Vergütungsanspruch des Auftragnehmers verrechnen, ohne dass es dazu der Aufrechnung bedarf (so aber OLG Celle ZIP 1983, 467). Dies folgt aus der besonderen vertraglichen Regelung des § 16 Nr. 6 VOB/B, die es dem Auftraggeber gestattet, mit Wirkung gegen den Auftragnehmer dessen Vergütungsanspruch ganz oder teilweise durch Zahlung an Dritte zu erfüllen. Falls der gesamte Vergütungsanspruch in voller Höhe von einem anderen Gläubiger des Auftragnehmers gepfändet und ihm zur Einziehung überwiesen wird, kann der Auftraggeber die Zahlungen, die zur Zeit der Pfändung fällig waren, diesem Gläubiger entsprechend § 404 BGB entgegenhalten (insoweit i.E. zutreffend OLG Celle ZIP 1983, 467, das bei der von ihm angenommenen Aufrechnung von § 392 BGB ausgeht).

II. Fällige Forderung des Gläubigers des Auftragnehmers

15 Dem Gläubiger des Auftragnehmers muss aufgrund eines zwischen ihm und dem Auftragnehmer bestehenden Rechtsverhältnisses eine fällige Geldforderung gegen diesen zustehen, also müssen die dort maßgebenden Fälligkeitsvoraussetzungen gegeben sein. Dabei genügt keineswegs jedes irgendwie geartete Rechtsverhältnis. Vielmehr muss es sich um solche Gläubiger des Auftragnehmers handeln, die ihre Zahlungsansprüche gegen diesen aus einem gegenseitigen Vertrag herleiten, der entweder ein **Dienstvertrag** (§§ 611 ff. BGB) oder ein **Werkvertrag** (§§ 631 ff. BGB) ist. Andere Ver-

tragsverhältnisse zwischen dem Auftragnehmer und dem Dritten scheiden aus. Das gilt insbesondere für Kaufverträge nach §§ 433 ff. BGB.

Deshalb kommen als Gläubiger des Auftragnehmers im Wesentlichen nur zwei Gruppen in Betracht, nämlich **die Arbeitnehmer** des Auftragnehmers und seine **Nachunternehmer.** Vornehmlich beim so genannten schlüsselfertigen Bauen, aber auch sonst, können ferner von einem Generalunternehmer oder sonstigen Auftragnehmer beschäftigte selbstständige Statiker, Architekten, Ingenieure zum Kreis der Begünstigten zählen (Kapellmann/Messerschmidt § 16 Rn. 344; Beck'scher VOB-Komm./Motzke § 16 Nr. 6 Rn. 27). Nicht dazu zählen dagegen die Lieferanten des Auftragnehmers, soweit ihr Rechtsverhältnis zum Auftragnehmer auf einem **Kaufvertrag** oder einem kaufähnlichen Verhältnis beruht. Anders ist dies wiederum, wenn ein Dritter auf Bestellung des Auftragnehmers für das Bauvorhaben **unvertretbare Sachen** hergestellt und geliefert hat und somit ein sich **Werklieferungsvertrag** vorliegt, der um die in § 651 S. 3 BGB aufgeführten Vorschriften über den Werkvertrag ergänzt wird. Dies trifft z.B. bei eigens für dieses Bauvorhaben angefertigten Fertigteilen, individuell vor dem Einbau bearbeiteten Bauteilen, ganz spezieller Betonmischung usw. zu (Dähne BauR 1976, 29.; Beck'scher VOB-Komm./Motzke § 16 Nr. 6 Rn. 27; Leinemann § 16 Rn. 227). Diese Verträge haben zwar durch das Schuldrechtsmodernisierungsgesetz in § 651 BGB eine kaufvertragliche Qualifizierung erhalten. Dies ändert nichts daran, dass derartige unvertretbare Sachen speziell für das betreffende Bauvorhaben angefertigt werden und die entsprechenden Leistungen somit unter § 16 Nr. 6 VOB/B zu subsumieren sind.

Gemäß ausdrücklicher Regelung in § 16 Nr. 6 VOB/B muss ferner hinzukommen, dass die Forderung des Dritten aus Dienst- oder Werkvertrag durch dessen **Beteiligung an der Ausführung der Vertragsleistung des Auftragnehmers** entstanden ist. Nur derjenige Arbeitnehmer oder Nachunternehmer des Auftragnehmers kommt also als Empfänger von an sich dem Auftragnehmer zustehenden Vergütungsteilen in Betracht, der an der Erfüllung der aus dem Bauvertrag zwischen dem Auftraggeber und dem Auftragnehmer bestehenden Leistungsverpflichtung mitgearbeitet und hieraus eine noch nicht vom Auftragnehmer beglichene Forderung hat. Forderungen, die durch Arbeiten an einem anderen Bau entstanden sind, haben auszuscheiden.

Sofern die erörterten Voraussetzungen vorliegen, darf der Auftraggeber an den Dritten erst zahlen, wenn sich der Auftragnehmer im **Zahlungsverzug** gegenüber Dritten befindet. Es müssen daher insoweit die Voraussetzungen des Schuldnerverzuges (§§ 284 ff. BGB oder § 16 Nr. 5 Abs. 3 VOB/B) gegeben sein. Der Dritte muss aufgrund des Verzugs von seinem Leistungsverweigerungsrecht nach § 320 BGB oder seinem Recht zur Arbeitseinstellung nach § 16 Nr. 5 Abs. 5 VOB/B Gebrauch gemacht haben. Alleine ein Zahlungsverzug des Auftragnehmers reicht für § 16 Nr. 6 VOB/B nicht aus. Die Direktzahlung muss vielmehr mit dem Ziel erfolgen, dass der Dritte seine Arbeiten wieder aufnimmt (Kapellmann/Messerschmidt § 16 Rn. 348; Franke/Kemper/Zanner/Grünhagen § 16 Rn. 159).

Beauftragt ein Insolvenzverwalter einen Subunternehmer mit Bauleistungen und wird dieser aufgrund von Masseunzulänglichkeit nicht bezahlt, hat die Anzeige der Masseunzulänglichkeit durch den Insolvenzverwalter zur Folge, dass kein Verzug eintreten kann (OLG Schleswig BauR 2004, 352 m. Anm. Groß).

III. Erklärungspflicht des Auftragnehmers

Durch eine Zahlung auf der Grundlage des § 16 Nr. 6 VOB/B tritt eine Schuldbefreiung aus der bauvertraglichen Zahlungspflicht des Auftraggebers gegenüber dem Auftragnehmer grundsätzlich nur ein, wenn der Dritte gegenüber dem Auftragnehmer in Höhe der vom Auftraggeber an ihn geleisteten Zahlung auch forderungsberechtigt ist. Diese weitere Voraussetzung kommt in § 16 Nr. 6 S. 2 VOB/B dadurch zum Ausdruck, dass der Auftragnehmer verpflichtet ist, sich auf Verlangen des Auftraggebers innerhalb einer von diesem gesetzten Frist darüber zu erklären, ob und inwieweit er die Forderungen seiner Gläubiger anerkennt. Gibt der Auftragnehmer diese von ihm geforderte **Erklärung** nicht oder nicht rechtzeitig ab, gelten kraft vertraglicher Vereinbarung die Voraussetzungen für die Direktzahlung als anerkannt und damit zugleich der Zahlungsverzug des Auftragnehmers als bestätigt.

19 Diese Regelung ist notwendig, weil der Auftraggeber für den Auftragnehmer an den Dritten zahlt. Der Auftragnehmer hat also ein wichtiges **Mitspracherecht.** Es wäre nicht angängig, wenn sich der Auftraggeber wegen des Nachweises der in S. 1 geregelten Voraussetzungen allein mit dem Dritten in Verbindung setzen und lediglich mit diesem verhandeln würde. Er muss vielmehr, um sich selbst aus der Verpflichtung zur Zahlung aus seinem Bauvertrag mit dem Auftragnehmer befreien zu können, auch diesen hören und sich dessen **Einwendungen** gegen Grund und Höhe der Forderung des Dritten grundsätzlich zu Eigen machen; sonst läuft er Gefahr, ganz oder teilweise eine Nichtschuld des Auftragnehmers an den Dritten zu begleichen. Dies würde zur Folge haben, dass insoweit **keine Schuldbefreiung** des Auftraggebers im Verhältnis zum Auftragnehmer aus seiner bauvertraglichen Zahlungspflicht nach Maßgabe von § 16 Nr. 1 bis 5 VOB/B eintritt.

20 Äußert sich der Auftragnehmer auf die Aufforderung des Auftraggebers und bestreitet er substantiiert die Berechtigung des Zahlungsanspruches des Dritten, wie etwa seinen Zahlungsverzug, so ist der Auftraggeber zwar nicht gehindert, eigene Nachprüfungen anzustellen und dennoch an den Dritten zu zahlen, falls er dessen Forderung gegen den Auftragnehmer für berechtigt hält (vgl. *Dähne* BauR 1976, 29). Dem Auftraggeber ist jedoch dringend zu raten, dies nur in ganz zweifelsfreien Fällen zu tun, da er insoweit das Risiko trägt.

IV. Entsprechende Erkundigungspflicht des Auftraggebers

21 Satz 2 legt zwar nicht ausdrücklich eine **Erkundigungspflicht des Auftraggebers** beim Auftragnehmer fest. Abgesehen davon, dass eine Erkundigung des Auftraggebers vor der Zahlung an den Dritten nach dem Gesagten nur den eigenen Interessen des Auftraggebers dient, muss sie **als Nebenpflicht** aus der beiderseitigen Treuepflicht hergeleitet werden. Daraus ist zu folgern, dass den Auftraggeber vor der Zahlung an einen Dritten zunächst die Pflicht trifft, den Auftragnehmer zu befragen, ob er gegen den Anspruch des Dritten dem Grunde oder der Höhe nach Einwendungen zu erheben hat. Die gegenteilige Auffassung (*Dähne* BauR 1976, 29 Fn. 10) übersieht, dass der Auftragnehmer immer noch der Vertragspartner des Auftraggebers ist, Letzterer sich also gerade auch im Vergütungsbereich nach wie vor an Ersteren zu halten und mit diesem die Erledigung vertraglicher Pflichten abzustimmen hat (wie hier: *Heiermann/Riedl/Rusam* § 16 Rn. 123; a.A. *Dähne* BauR 1976, 29 Fn. 10; *Nicklisch/Weick* § 16 Rn. 96; Beck'scher VOB-Komm./*Motzke* § 16 Nr. 6 Rn. 30; *Leinemann* § 16 Rn. 230).

V. Erklärungsfrist

22 Der Auftraggeber hat dem Auftragnehmer eine **Frist zur Erklärung** zu setzen. Wenn der Auftragnehmer sich innerhalb dieser Frist nicht erklärt, trifft ihn im Verhältnis zum Auftraggeber die rechtliche Folge, dass die von dem Dritten geltend gemachte Forderung sowohl dem Grunde als auch der Höhe nach zu Recht besteht. In dem Schweigen des Auftragnehmers wird dann kraft vertraglicher Vereinbarung ein Anerkenntnis gesehen; zugleich gilt der behauptete Zahlungsverzug des Auftragnehmers als bestätigt. Durch die Zahlung wird der Auftraggeber dann in Höhe der an den Dritten erbrachten Leistung von seiner bauvertraglichen Zahlungspflicht gegenüber dem Auftragnehmer befreit.

VI. Vermögensverfall beim Auftragnehmer

Die in § 16 Nr. 6 VOB/B geregelte Möglichkeit des Auftraggebers, mit für ihn befreiender Wirkung an einen Dritten Zahlung zu leisten, endet mit **Eröffnung des Insolvenzverfahrens über das Vermögen des Auftragnehmers,** sofern jener in diesem Zeitpunkt noch Inhaber der Forderung ist. Dies erfolgt aus zwingenden insolvenzrechtlichen Vorschriften (BGH Urt. v. 24.4.1986 VII ZR 248/85 BauR 1986, 454 = NJW 1986, 276; BGH Urt. v. 17.6.1999 IX ZR 176/98 BauR 1999, 1189 = NJW 1999, 2696) wie den §§ 81, 82 InsO und §§ 7, 8 KO, die auch eine schuldbefreiende Zahlung für den Gemeinschuldner an Dritte in gleichzeitiger Erfüllung einer dem Gemeinschuldner gegenüber bestehenden Verbindlichkeit untersagen. Bereits mit Erlass eines allgemeinen Verfügungs- bzw. Veräußerungsverbot nach den § 21 Abs. 2 Nr. 2 InsO, § 106 KO kann der Auftraggeber nicht mehr nach § 16 Nr. 6 VOB/B mit schuldbefreiender Wirkung an einen Subunternehmer des Auftragnehmers zahlen (BGH Urt. v. 17.6.1999 IX ZR 176/98 BauR 1999, 1189 = NJW 1999, 2696; vgl. i.E. *Vogel* Jahrbuch Baurecht 2004 S. 107, 111 f.).

23

Der Insolvenzverwalter des Auftragnehmers kann Zahlungen gegenüber dem Dritten nach Maßgabe des § 131 InsO anfechten (vgl. dazu i.E. oben Rn. 2.)

§ 17
Sicherheitsleistung

1. (1) Wenn Sicherheitsleistung vereinbart ist, gelten die §§ 232 bis 240 BGB, soweit sich aus den nachstehenden Bestimmungen nichts anderes ergibt.
(2) Die Sicherheit dient dazu, die vertragsgemäße Ausführung der Leistung und die Mängelansprüche sicherzustellen.

2. Wenn im Vertrag nichts anderes vereinbart ist, kann Sicherheit durch Einbehalt oder Hinterlegung von Geld oder durch Bürgschaft eines Kreditinstituts oder Kreditversicherers geleistet werden, sofern das Kreditinstitut oder der Kreditversicherer
   – in der Europäischen Gemeinschaft oder
   – in einem Staat der Vertragsparteien des Abkommens über den Europäischen Wirtschaftsraum oder
   – in einem Staat der Vertragsparteien des WTO-Übereinkommens über das öffentliche Beschaffungswesen
   zugelassen ist.

3. Der Auftragnehmer hat die Wahl unter den verschiedenen Arten der Sicherheit; er kann eine Sicherheit durch eine andere ersetzen.

4. Bei Sicherheitsleistung durch Bürgschaft ist Voraussetzung, dass der Auftraggeber den Bürgen als tauglich anerkannt hat. Die Bürgschaftserklärung ist schriftlich unter Verzicht auf die Einrede der Vorausklage abzugeben (§ 771 BGB); sie darf nicht auf bestimmte Zeit begrenzt und muss nach Vorschrift des Auftraggebers ausgestellt sein. Der Auftraggeber kann als Sicherheit keine Bürgschaft fordern, die den Bürgen zur Zahlung auf erstes Anfordern verpflichtet.

5. Wird Sicherheit durch Hinterlegung von Geld geleistet, so hat der Auftragnehmer den Betrag bei einem zu vereinbarenden Geldinstitut auf ein Sperrkonto einzuzahlen, über das beide Parteien nur gemeinsam verfügen können (»Und-Konto«). Etwaige Zinsen stehen dem Auftragnehmer zu.

6. (1) Soll der Auftraggeber vereinbarungsgemäß die Sicherheit in Teilbeträgen von seinen Zahlungen einbehalten, so darf er jeweils die Zahlung um höchstens 10 v.H. kürzen, bis die ver-

einbarte Sicherheitssumme erreicht ist. Sofern Rechnungen ohne Umsatzsteuer gemäß § 13b UStG gestellt werden, bleibt die Umsatzsteuer bei der Berechnung des Sicherheitseinbehalts unberücksichtigt. Den jeweils einbehaltenen Betrag hat er dem Auftragnehmer mitzuteilen und binnen 18 Werktagen nach dieser Mitteilung auf ein Sperrkonto bei dem vereinbarten Geldinstitut einzuzahlen. Gleichzeitig muss er veranlassen, dass dieses Geldinstitut den Auftragnehmer von der Einzahlung des Sicherheitsbetrags benachrichtigt. Nummer 5 gilt entsprechend.

(2) Bei kleineren oder kurzfristigen Aufträgen ist es zulässig, dass der Auftraggeber den einbehaltenen Sicherheitsbetrag erst bei der Schlusszahlung auf ein Sperrkonto einzahlt.

(3) Zahlt der Auftraggeber den einbehaltenen Betrag nicht rechtzeitig ein, so kann ihm der Auftragnehmer hierfür eine angemessene Nachfrist setzen. Lässt der Auftraggeber auch diese verstreichen, so kann der Auftragnehmer die sofortige Auszahlung des einbehaltenen Betrags verlangen und braucht dann keine Sicherheit mehr zu leisten.

(4) Öffentliche Auftraggeber sind berechtigt, den als Sicherheit einbehaltenen Betrag auf eigenes Verwahrgeldkonto zu nehmen; der Betrag wird nicht verzinst.

7. Der Auftragnehmer hat die Sicherheit binnen 18 Werktagen nach Vertragsabschluss zu leisten, wenn nichts anderes vereinbart ist. Soweit er diese Verpflichtung nicht erfüllt hat, ist der Auftraggeber berechtigt, vom Guthaben des Auftragnehmers einen Betrag in Höhe der vereinbarten Sicherheit einzubehalten. Im Übrigen gelten die Nummern 5 und 6 außer Abs. 1 S. 1 entsprechend.

8. (1) Der Auftraggeber hat eine nicht verwertete Sicherheit für die Vertragserfüllung zum vereinbarten Zeitpunkt, spätestens nach Abnahme und Stellung der Sicherheit für Mängelansprüche zurückzugeben, es sei denn, dass Ansprüche des Auftraggebers, die nicht von der gestellten Sicherheit für Mängelansprüche umfasst sind, noch nicht erfüllt sind. Dann darf er für diese Vertragserfüllungsansprüche einen entsprechenden Teil der Sicherheit zurückhalten.

(2) Der Auftraggeber hat eine nicht verwertete Sicherheit für Mängelansprüche nach Ablauf von 2 Jahren zurückzugeben, sofern kein anderer Rückgabezeitpunkt vereinbart worden ist. Soweit jedoch zu diesem Zeitpunkt seine geltend gemachten Ansprüche noch nicht erfüllt sind, darf er einen entsprechenden Teil der Sicherheit zurückhalten.

Inhaltsübersicht

	Rn.
A. Allgemeine Grundlagen	1
B. Tragweite der Regelungen in § 17 VOB/B	7
C. Geänderte Regelungen mit der VOB 2006	9
1. Klarstellende Regelung in § 17 Nr. 5 S. 1 VOB/B – Anforderung an das Sperrkonto	10
2. Klarstellung zur Bemessungsgrundlage bei der Berechnung des Sicherheitseinbehaltes im Hinblick auf § 13b UStG	12

Aufsätze: Siehe jeweils Übersicht zu der Einzelkommentierung.

A. Allgemeine Grundlagen

1 § 14 VOB/A befasst sich mit der Frage, ob und in welcher Höhe öffentliche Auftraggeber in Bauvergabeverfahren Sicherheitsleistungen fordern sollen. Demgegenüber gilt § 17 VOB/B nur für den Fall, dass in einem VOB-Bauvertrag eine Sicherheitsleistung vereinbart ist. Hieraus ergibt sich eindeutig: **Auch bei Geltung der VOB hat der Auftraggeber keinen Anspruch auf Sicherheitsleistung, wenn dies nicht im Bauvertrag vorgesehen ist.** Nur unter dieser Voraussetzung bestimmt Nr. 1 Abs. 1 die

Sicherheitsleistung § 17 VOB/B

Anwendung der gesetzlichen Vorschriften zur Sicherheitsleistung, falls sich aus den nachfolgenden Bestimmungen des § 17 VOB/B nichts anderes ergibt. Nr. 1 Abs. 2 nennt sodann den regelmäßigen Zweck der Sicherheitsleistung, wenn die Vertragspartner nichts anderes vereinbart haben. Nr. 3 räumt dem Auftragnehmer ein Wahl- und Austauschrecht im Rahmen der in der VOB gemäß Nr. 2 vorgegebenen Arten der Sicherheiten ein. Diese einzelnen, bei Bauverträgen üblichen Arten der Sicherheitsleistungen werden anschließend in den Nrn. 4–6 näher geregelt. Nr. 7 bestimmt den Zeitpunkt, wann die Sicherheit zu leisten ist, Nr. 8 denjenigen der Rückgabe nicht verbrauchter Sicherheiten.

Bei der Sicherheitsleistung handelt es sich **nicht** um ein **Mittel der Erfüllung vertraglicher Leistungspflichten als solche, sondern** um ein **Mittel zur Abwendung der Gefahr künftiger Rechtsverletzungen oder Benachteiligungen** im vertraglichen Verhältnis zwischen Auftraggeber und Auftragnehmer. Dem Vertragspartner wird ein Pfand in die Hand gegeben, um sich wegen seiner Ansprüche gegenüber dem anderen Partner im Fall einer Insolvenz zu sichern. Gerade dieser Grundgedanke der von § 17 VOB/B erfassten Sicherheit rechtfertigt die Annahme, dass im Falle der Abtretung von Erfüllungs- und Gewährleistungsansprüchen durch den ursprünglich nach dem Vertrag Sicherungsberechtigten auch die Rechte aus der Sicherheitsleistung entsprechend § 401 BGB auf den neuen Gläubiger übergehen, wie z.B. bei Abtretung vom Bauträger auf den Erwerber. **2**

Die Sicherheitsleistung dient der Sicherung zukünftiger Ansprüche. Aus diesem Grund ist ein etwaiges **Leistungsverweigerungsrecht** eines Vertragspartners nach den §§ 273, 274 oder den §§ 320, 322 BGB, wie etwa des Auftraggebers hinsichtlich der Vergütung des Auftragnehmers bei mangelhafter Leistung, **nicht ausgeschlossen**. Denn das **Leistungsverweigerungsrecht dient** der **Sicherung bereits entstandener Ansprüche**. Deshalb besteht es kraft Gesetzes, es ist also nicht – wie die Sicherheitsleistung – von der vorherigen Vereinbarung der Vertragspartner abhängig. **Allerdings** ist ein **Sicherheitseinbehalt** nach § 17 Nr. 6 VOB/B bei der Festsetzung der Höhe des Leistungsverweigerungsrechts im Allgemeinen mit **zu berücksichtigen** (vgl. RG JW 1915, 1189; siehe auch BGH Urt. v. 10.10.1966 VII ZR 30/65 = NJW 1967, 34 = SFH Z 2.410 Bl. 40; Urt. v. 9.7.1981 VII ZR 40/80 = BauR 1981, 577, 580 = NJW 1981, 2801; Urt. v. 8.7.1982 VII ZR 96/81= BauR 1982, 579, 580 = ZfBR 1982, 253 = NJW 1982, 2494; auch *Locher* Das private Baurecht Rn. 677). Dasselbe gilt für auf gleicher tatsächlicher und rechtlicher Basis beruhende Aufrechnungsansprüche des Auftraggebers, da ihm im Zweifel keine doppelte Sicherheit verschafft werden soll (vgl. auch OLG Köln Urt. v. 22.4.1978 18 U 194/75 = SFH § 17 VOB/B Nr. 1). Dabei kann es für das Leistungsverweigerungsrecht jedoch nicht nur auf die voraussichtlichen Kosten der Nacherfüllung ankommen; vielmehr ist bei der Bewertung seiner Höhe ein so genannter Druckzuschlag mit einzubeziehen (vgl. auch § 641 Abs. 3 BGB). Dieser ist erforderlich, um den Auftragnehmer mit Nachdruck zur Durchführung der Mängelbeseitigung anzuhalten; der Auftragnehmer kann also nicht geltend machen, der Auftraggeber dürfe das Leistungsverweigerungsrecht nur in Höhe der die Sicherheitsleistung übersteigenden einfachen Mängelbeseitigungskosten geltend machen (BGH Urt. v. 8.7.1982 VII ZR 96/81 = BauR 1982, 579 = SFH § 17 VOB/B Nr. 6 = NJW 1982, 2494 = ZfBR 1982, 253 = LM § 17 VOB/B Nr. 3). **3**

Von der **Sicherheitsleistung zu unterscheiden** ist die **Vertragsstrafe** (vgl. § 11 VOB/B). Sie ist zwar ebenso wie die Sicherheitsleistung vorher zu vereinbaren, um von dem jeweils Berechtigten in Anspruch genommen werden zu können. Sie wird aber erst **nach einer Rechtsverletzung** fällig. Somit dient sie nicht nur der Sicherung gegen eingetretene oder etwa noch eintretende Verletzungsfolgen, sondern auch der Erleichterung des Schadensnachweises (vgl. §§ 341 Abs. 2, 340 Abs. 2 BGB). Daher ist es ohne weiteres möglich, zur Absicherung einer etwaigen Vertragsstrafe eine Sicherheitsleistung zu vereinbaren (BGH Urt. v. 7.6.1982 VIII ZR 154/81 = BauR 1982, 506 = NJW 1982, 2305 = SFH § 767 BGB Nr. 3 = ZIP 1982, 940 = MDR 1983, 50 = ZfBR 1983, 216.; vgl. auch § 17 Nr. 1 VOB/B Rn. 16; zur Vertragsstrafe vgl. im Einzelnen die Anm. zu § 11 VOB/B). **4**

5 Die VOB hält es nicht in jedem Fall für erforderlich, den Auftragnehmer zu einer Sicherheitsleistung zu verpflichten. Vielmehr erscheint es ihr **nur** in den Fällen und unter den Voraussetzungen **nötig,** die sich bei richtiger Auslegung der in **§ 14 VOB/A enthaltenen Richtlinien** ergeben. Es empfiehlt sich, die dort enthaltene Wertung auch bei nichtöffentlichen Auftraggebern als Maßstab heranzuziehen, zumal sie auf Erfahrungssätzen des Baugeschehens beruhen. Diese verdienen nicht nur Beachtung vor Vertragsabschluss, sondern auch danach, insbesondere im Hinblick auf die Frage, ob tatsächlich eine Sicherheit in Anspruch genommen werden soll (vgl. dazu *Daub* BauR 1977, 24).

6 § 17 VOB/B gilt, wenn die VOB wirksam als Vertragsgrundlage vereinbart ist. Vorstellbar ist jedoch auch, dass **§ 17 VOB/B isoliert für die Sicherheitsleistung bei einem BGB-Werkvertrag für anwendbar erklärt** wird. Hiergegen bestehen keine Bedenken, selbst wenn sich eine diesbezügliche Vereinbarung in den Allgemeinen Geschäftsbedingungen des Auftraggebers findet. § 17 VOB/B enthält keine Regelung, die einer AGB-Inhaltskontrolle nicht standhalten würde (OLG Karlsruhe Urt. v. 5.10.1988 7 U 189/87 = BauR 1989, 203; OLG Hamburg Urt. v. 6.9.1995 5 U 41/95 = BauR 1997, 668 = NJW-RR 1997, 1040; ebenso Beck'scher VOB-Komm./*I. Jagenburg* Vor § 17 VOB/B Rn. 9 – a.A. *Weise* Sicherheiten im Baurecht Rn. 26). Dies gewinnt auch in Fällen an Bedeutung, in denen wegen anderweitiger Vereinbarungen im Bauvertrag in den Kerngehalt der VOB eingegriffen wurde. Hierdurch werden sämtliche Regelungen der VOB einer Inhaltskontrolle unterworfen, der diverse Vorschriften nicht standhalten (BGH Urt. v. 22.1.2004 VII ZR 419/02 = BGHZ 157, 346, 348 = BauR 2004, 668, 669 = NJW 2004, 1597 = NZBau 2004, 267 = ZfBR 2004, 362, 363). Die Einzelregelungen von § 17 VOB/B sind insoweit jedoch unproblematisch.

B. Tragweite der Regelungen in § 17 VOB/B

7 § 17 VOB/B behandelt **nur** die **Ansprüche des Auftraggebers gegenüber dem Auftragnehmer,** nicht Ansprüche im umgekehrten Verhältnis. Dementsprechend heißt es in **Nr. 1 Abs. 2,** dass die **Sicherheit dazu dient, die vertragsgemäße Ausführung der Leistung und die Mängelansprüche sicherzustellen.**

8 Wenn § 17 VOB/B nur die Sicherheitsleistung des Auftragnehmers gegenüber dem Auftraggeber erfasst, heißt das nicht umgekehrt, dass eine **Sicherheitsleistung des Auftraggebers** gegenüber dem Auftragnehmer im VOB-Bauvertrag **ausgeschlossen,** also nicht möglich ist. Im Gegenteil: Weder die VOB noch zwingende gesetzliche Vorschriften verbieten eine Absicherung des Auftragnehmers für **seine** Ansprüche aus dem Vertrag, insbesondere für seine Vergütungsansprüche. Daher können die Bauvertragsparteien im Rahmen der Vertragsfreiheit auch ohne weiteres eine entsprechende **Vereinbarung dazu im Bauvertrag treffen.** Zwar ist diese rechtlich mögliche Vertragsgestaltung im Hinblick auf die gesetzlich verankerte Absicherung der Vergütungsansprüche nach §§ 648, 648a BGB inzwischen in den Hintergrund getreten. Gleichwohl kann zur Sicherung des Vergütungsanspruchs des Auftragnehmers – über die durch §§ 648 und 648a BGB gegebenen Möglichkeiten hinaus – bei nicht eindeutiger wirtschaftlicher Lage des Auftraggebers im Einzelfall Anlass bestehen. Dasselbe gilt bei Auftraggebern, die von dem Anwendungsbereich vor allem des § 648a BGB ausgenommen sind (u.a. juristische Personen des öffentlichen Rechts, natürliche Personen beim Bau eines Einfamilienhauses). Vereinbaren die Parteien eine Sicherheitsleistung für Vergütungsansprüche, gelten dann allerdings **nicht** die **besonderen Regeln von § 17 Nr. 2–8 VOB/B.** Diese betreffen kraft vertraglicher Vereinbarung (Nr. 1 Abs. 2) nur die Sicherheitsleistung des Auftragnehmers hinsichtlich der Erfüllung seiner vertraglichen Aufgaben, nicht aber das umgekehrte Verhältnis. Es ist jedoch zulässig, im Bauvertrag nicht nur die Verpflichtung des Auftraggebers zur Sicherheitsleistung als solche festzulegen, sondern darin weiter zu bestimmen, dass auf diese Sicherheitsleistung des Auftraggebers die Vorschriften des § 17 VOB/B **entsprechend** anzuwenden sind. Fehlt es an einer solchen Vereinbarung, sind für eine besonders festgelegte Sicherheitsleistung des Auftraggebers nur die **gesetzlichen Vorschriften der §§ 232 ff. BGB maßgebend,** wenn darüber nicht andere Einzelbestimmungen im

Vertrag getroffen worden sind. Soweit eine Sicherheitsleistung des Auftraggebers, insbesondere eine Vertragserfüllungsbürgschaft zur Absicherung der Vergütungsansprüche vereinbart ist, kann der Auftragnehmer diese Bürgschaft als eigenständige Nebenleistungspflicht des Auftraggebers einklagen. Insoweit ist der Auftraggeber vorleistungspflichtig. Dabei ist unbeachtlich, ob die Werkleistung bereits fertiggestellt oder schlussgerechnet ist oder der Auftraggeber Mangelrügen erhoben hat (OLG Nürnberg Urt. v. 27.5.1989 8 U 2370/88 = MDR 1989, 1099 = NJW-RR 1989, 1296).

C. Geänderte Regelungen mit der VOB 2006

Nach den inhaltlichen Änderungen des § 17 mit der VOB 2002, mit denen in Nr. 4 das Verbot einer Bürgschaft auf erstes Anfordern aufgenommen sowie die Rückgaberegelungen in Nr. 8 neu gefasst wurden, fallen die Änderungen der VOB 2006 bescheiden aus. Sie enthalten Klarstellungen zum einen in Nr. 5 zu den Anforderungen an ein Sperrkonto sowie zum anderen in Nr. 6 zur Höhe des Sicherheitseinbehaltes: **9**

1. Klarstellende Regelung in § 17 Nr. 5 S. 1 VOB/B – Anforderung an das Sperrkonto

§ 17 Nr. 5 S. 1 VOB/B sah seit jeher vor, dass bei der Hinterlegung einer Sicherheit in Geld der Auftragnehmer den betreffenden Betrag bei einem zu vereinbarenden Geldinstitut auf ein Sperrkonto einzuzahlen hat, über das nur beide Parteien gemeinsam verfügen können. Das Landgericht Leipzig hatte mit Urteil vom 20.4.2001 (10 O 9711/00 = BauR 2001, 1990) entschieden, dass damit zwingend ein »Und-Konto« im bankrechtlichen Sinne verlangt wird. Eine solche Vorgabe war zwar sinnvoll, keineswegs aber rechtlich zwingend ist (vgl. dazu ausführlich *Joussen* BauR 2004, 1677 sowie unten § 17 Nr. 5 Rn. 3). Selbstverständlich gibt es auch andere Möglichkeiten, eine gemeinsame (gemeint war seit jeher damit eine dingliche) Verfügungsbefugnis beider Parteien i.S.v. § 17 Nr. 5 S. 1 VOB/B sicher zu stellen, etwa über die Einräumung eines Pfandrechts. Denn in der Sache ist klar, worum es geht: Nur dann, wenn beide Parteien dinglich über das Sperrkonto verfügen können, ist im Insolvenzfall einer Partei ausgeschlossen, dass ein solches Konto in die Insolvenzmasse fällt. Dies vorausgeschickt ist richtig, dass insolvenzfest in jedem Fall ein vom Auftraggeber und vom Auftragnehmer gemeinsam eröffnetes Konto als so genanntes »Und-Konto« ist, was nunmehr als **einzig zulässige Kontoart in der VOB/B** vorgesehen ist. **10**

Im Hinblick auf die Ergänzung des § 17 Nr. 5 S. 1 VOB/B ist zu beachten, dass § 17 Nr. 6 VOB/B bezüglich des Sicherheitseinbehaltes durch den Auftraggeber auf § 17 Nr. 5 S. 1 VOB/B zum Sperrkonto verweist. Folglich besteht nunmehr auch dort die rechtliche **Verpflichtung für den Auftraggeber**, einen **Sicherheitseinbehalt** selbst ohne Aufforderung durch den Auftragnehmer unverzüglich **auf ein solches Sperrkonto in der Form eines »Und-Kontos«** einzuzahlen (vgl. zu den weitergehenden, für den Auftragnehmer z.T. auch negativen Folgen unten § 17 Nr. 6 VOB/B Rn. 16). **11**

2. Klarstellung zur Bemessungsgrundlage bei der Berechnung des Sicherheitseinbehaltes im Hinblick auf § 13b UStG

Seit der Änderung des § 13b UStG werden insbesondere im Subunternehmerverhältnis für Bauleistungen nur noch Netto-Rechnungen gestellt. Hiernach entzündete sich die Folgefrage, auf **welcher Basis ein prozentualer Sicherheitseinbehalt** zu berechnen ist. Grund dafür ist insbesondere der Umstand, dass nach der Altfassung von § 17 Nr. 6 Abs. 1 S. 1 VOB/B der jeweils gezahlte Bruttobetrag für die Sicherheit heranzuziehen war. Durch die Änderung der Umsatzsteuerregelung mit einer Umstellung auf Nettozahlungen sank somit insbesondere bei in der Praxis verbreiteten prozentualen Sicherheitseinbehalten automatisch die Höhe möglicher Einbehalte. Dies wurde von der Auftraggeberseite nachvollziehbarerweise nicht als berechtigt angesehen. In Folge dessen bestand teilweise in der Praxis die Auffassung, dass für die Berechnung des Sicherheitseinbehaltes einem Net- **12** tozahlbetrag zunächst fiktiv die Umsatzsteuer hinzuzusetzen war, wovon dann der 10%ige Sicherheitseinbehalt berechnet werden sollte. Sodann sollte der hieraus resultierende auf Bruttobasis errechnete Sicherheitseinbehalt von der netto an den Unternehmer gezahlten Rechnungssumme in Abzug zu bringen sein. Diese Auffassung, die sich streng an dem Bruttopreisprinzip orientiert, war aber wohl schon mit der bisherigen Regelung in § 17 Nr. 6 VOB/B nicht zu vereinbaren. Denn soweit die Parteien keine Anlehnung des Sicherheitseinbehaltes an eine Bruttoschlussrechnungsvergütung vereinbart haben (was teilweise der Fall ist), besagte § 17 Nr. 6 VOB/B a.F. ausdrücklich, dass der Sicherheitseinbehalt nur von (effektiv fließenden) Zahlungen einbehalten wird. Erfolgt eine **Zahlung ohne Umsatzsteuer, ist die Bemessungsgrundlage demnach niedriger**. Da es aber gleichwohl auch Argumente für die Anlehnung an die Bruttovergütung gab, ist die jetzige Klarstellung in § 17 Nr. 6 VOB/B zu begrüßen. Danach gilt nunmehr einheitlich in den Fällen, in denen § 13b UStG mit einer Verlagerung der Umsatzsteuerpflicht für den Auftraggeber zur Anwendung kommt, dass die Umsatzsteuer bei der Berechnung des Sicherheitseinbehaltes nicht berücksichtigt wird. Zu unterscheiden dabei bleibt aber auch zukünftig die Frage, ob und in welchem Umfang die **Höhe der Sicherheitsleistung** ingesamt **auf der Grundlage der Bruttovergütung berechnet** wird (siehe dazu § 17 Nr. 1 VOB/B Rn. 35).

§ 17 Nr. 1
[Ausdrückliche Vereinbarung, Zweck und Höhe der Sicherheitsleistung]

(1) Wenn Sicherheitsleistung vereinbart ist, gelten die §§ 232 bis 240 BGB, soweit sich aus den nachstehenden Bestimmungen nichts anderes ergibt.

(2) Die Sicherheit dient dazu, die vertragsgemäße Ausführung der Leistung und die Mängelansprüche sicherzustellen.

Inhaltsübersicht

	Rn.
A. Vereinbarung einer Sicherheitsleistung (Nr. 1 Abs. 1)	1
I. Sicherheitsleistung nur bei ausdrücklicher Vereinbarung	1
II. Klare und unmissverständliche Bezeichnung als Sicherheitsleistung	5
III. Inhalt der Sicherungsabrede	6
1. Sicherungszweck und Sicherungsmittel	7
2. Sicherungsfall	8
IV. Form der Sicherungsabrede	11
B. Zweck und Höhe der Sicherheitsleistung (Nr. 1 Abs. 2)	12
I. Zweck der Sicherheitsleistung	12
1. Vertragserfüllungssicherheiten	15
a) Ansprüche auf fristgerechte Erfüllung	16
b) Ansprüche auf ordnungsgemäße (mangelfreie) Leistung	17
c) Schadensersatz/Ansprüche aus dem Vergütungsbereich	18
d) Mängelansprüche	19
e) Ansprüche nach dem AEntG	20
2. Mängel-/Gewährleistungssicherheiten	22
3. Geänderte oder zusätzliche Leistungen	28
4. Weitere Zweckbestimmung	30
II. Höhe der Sicherheitsleistung	32
C. Vereinbarungen zur Sicherheitsleistung; AGB-Inhaltskontrolle	36
I. Individualvereinbarungen	36
II. AGB-Inhaltskontrolle	37
1. Unzulässige Vereinbarungen	39
2. Folgen eines AGB-Verstoßes	44

	Rn.
D. Inanspruchnahme der Sicherheit	49
E. Anwendbarkeit der gesetzlichen Vorschriften auch bei VOB-Vertrag, vor allem Nachschusspflicht	50

Aufsätze: *Quack* Der Eintritt des Sicherungsfalles bei den Bausicherheiten nach § 17 VOB/B und ähnlichen Gestaltungen BauR 1997, 754; *Thierau* Sicherheiten beim Bauvertrag – Aktuelle Fragen Jahrbuch Baurecht 2000, S. 66 ff.; *Thode* Erfüllungs- und Gewährleistungssicherheiten in innerstaatlichen und grenzüberschreitenden Bauverträgen ZfIR 2000, 165; *Hildebrand* Folgen einer unwirksamen Sicherungsvereinbarung ZfIR 2002, 572; *Hildebrand* Folgen einer unwirksamen Sicherungsabrede im Bauvertrag ZfIR 2002, 842; *Maser* Leistungsänderungen und Zusatzleistung bei der Vertragserfüllungsbürgschaft FS Jagenburg 2002 S. 557; *Thode* Aktuelle höchstrichterliche Rechtsprechung zur Sicherungsabrede in Bauverträgen ZfBR 2002, 4 ff., *Vogel* Absicherung der gewerblichen Unternehmerhaftung gemäß § 1a AEntG BauR 2002, 1013; *Vogel/Schmitz* Die Sicherung von bauvertraglichen Ansprüchen durch Bürgschaft nach der Schuldrechtsreform ZfIR 2002, 509; *Kuffer* Sicherungsvereinbarungen im Bauvertrag BauR 2003, 155; *Siegburg* Zur formularmäßigen Vereinbarung eines Sicherheitseinbehalts im Bauvertrag ZfIR 2004, 89; *Groß* Die Umkehrsteuer des § 13b UStG und der Sicherheitseinbehalt nach § 17 VOB/B BauR 2005, 1084; *Döhler* Sicherheitseinbehalt und Umsatzsteuer BauR 2006, 14; *Theurer* Behandlung von Sicherheitseinbehalten in den Fällen der Umkehr der Umsatzsteuerschuldnerschaft nach § 13b Abs. 1 S. 1 Nr. 4 UStG BauR 2006, 7.

A. Vereinbarung einer Sicherheitsleistung (Nr. 1 Abs. 1)

I. Sicherheitsleistung nur bei ausdrücklicher Vereinbarung

Die von § 17 VOB/B erfasste Sicherheitsleistung des Auftragnehmers ist **nicht damit ausbedungen, dass** die Vertragspartner die Allgemeinen Vertragsbedingungen der VOB vereinbaren. Vielmehr ist § 17 VOB/B gemäß Nr. 1 Abs. 1 Hs. 1 erst anwendbar, wenn **durch gesonderte vertragliche Absprache eine Verpflichtung des Auftragnehmers zur Sicherheitsleistung** vereinbart worden ist. Hierbei handelt es sich um die sog. **Sicherungsabrede** oder Sicherheitenvereinbarung (vgl. dazu ausführlich *Kuffer* BauR 2003, 155 ff.; *Quack* BauR 1997, 754; *Thode* ZfIR 2000, 165 ff.; *Thode*, ZfBR 2002, 4 ff.). Sie kann (sollte) gesondert und ausdrücklich getroffen werden; sie findet sich vielfach auch in Allgemeinen Geschäftsbedingungen, so vor allem in den Besonderen oder Zusätzlichen Vertragsbedingungen des Auftraggebers (§ 10 Nr. 4 Abs. 1k VOB/A). Sie ist zu unterscheiden von der zu übergebenden Sicherheit (z.B. Bürgschaft) und den damit zu schließenden Vereinbarungen (z.B. Bürgschaftsvertrag) (unklar insoweit etwa: *Krakowsky* BauR 2002, 1620, 1621 f.). Die Übergabe der Sicherheit und die damit verbundenen Vereinbarungen sind Ausfluss einer getroffenen Sicherungsabrede. Als selbstständiges Rechtsgeschäft können sie unabhängig von der Fehlerhaftigkeit einer Sicherungsabrede wirksam sein.

Für die Verpflichtung zur Stellung einer Sicherheit, d.h. für die Sicherungsabrede und deren Inhalt, trägt der Auftraggeber die **Darlegungs- und Beweislast**. Solange eine solche Sicherungsabrede fehlt, ist § 17 VOB/B gegenstandslos. Dies entspricht nichts anderem als dem Gesetz. Denn auch die in den §§ 232 ff. BGB enthaltenen Regeln sind von der Abrede einer Sicherheitsleistung dem Grunde nach abhängig. Allerdings muss die Vereinbarung nicht schon bei Abschluss des Bauvertrages getroffen werden; vielmehr kann sie noch später bis zur endgültigen Abwicklung des Vertrages erfolgen.

Im Ergebnis heißt das, dass es, entgegen noch immer verbreiteter Auffassung, insbesondere auf Auftraggeberseite, eine **Üblichkeit** oder einen **Handelsbrauch zur Sicherheitsleistung** ohne vorherige vertragliche Absprache **nicht gibt** (ebenso: *Kuffer* BauR 2003, 155; *Thode* ZfIR 2000, 165, 166; *Thode* ZfBR 2002, 4 f.; Beck'scher VOB-Komm./*I. Jagenburg* Vor § 17 VOB/B Rn. 12; *Heiermann/Riedl/Rusam* § 17 VOB/B Rn. 7).

VOB/B § 17 Nr. 1 Ausdrückliche Vereinbarung, Zweck und Höhe der Sicherheitsleistung

4   Von vorgenanntem Grundsatz, dass es für eine Sicherheitsleistung jeweils einer gesonderten Vereinbarung bedarf, gibt es bei VOB-Verträgen zwei **Ausnahmen**: So hat ein Auftragnehmer schon allein durch die Vereinbarung des Teils B der VOB unter den dort genannten Voraussetzungen **besondere Sicherheiten gemäß § 16 Nr. 2 Abs. 1 S. 1 VOB/B (Vorauszahlungen) sowie § 16 Nr. 1 Abs. 1 S. 3 VOB/B (Lieferung von Baustoffen)** zu leisten. Diese Sicherheitsleistungen können sich mit einer Sicherheitsleistung nach § 17 VOB/B decken, müssen es aber nicht. So erfasst beispielsweise eine Vertragserfüllungsbürgschaft im Allgemeinen auch die vorgenannten Sicherheiten nach § 16 VOB/B (im Hinblick auf die Vorauszahlung vgl. BGH Urt. v. 17.12.1987 IX ZR 263/86 = BB 1988, 299). Etwas anderes gilt hingegen z.B. für eine Abschlagszahlungsbürgschaft, die gemäß § 16 Nr. 1 Abs. 1 S. 3 VOB/B zur Sicherung des Anspruchs auf Eigentumserwerb der dort erwähnten Stoffe oder Bauteile geleistet wird: Diese sichert nicht schon einen Rückzahlungsanspruch des Auftraggebers, der darauf beruht, dass die betreffende Abschlagszahlung in der Schlussrechnung rechtsgrundlos nicht berücksichtigt worden ist und er infolgedessen eine Überzahlung geleistet hat (BGH Urt. v. 9.4.1992 IX ZR 148/91 = BauR 1992, 632 = NJW-RR 1992, 1044 = SFH § 16 Nr. 1 VOB/B Nr. 9 = MDR 1993, 43 = LM § 765 BGB Nr. 83 = ZfBR 1992, 262).

II. Klare und unmissverständliche Bezeichnung als Sicherheitsleistung

5   Die Vereinbarung einer Sicherheitsleistung muss **hinreichend klar und als solche unmissverständlich** geregelt sein. Sie ist üblicherweise Bestandteil des Hauptvertrages zwischen Auftraggeber und Auftragnehmer; sie kann aber auch gesondert vereinbart werden. Erforderlich ist, dass sich aus einer solchen Vereinbarung der Charakter einer Sicherungsabrede ergibt. In jedem Fall gehört daher dazu eine Verpflichtung zur Stellung einer Sicherheit dem Grunde nach, und zwar für einen konkreten Bauvertrag; denn dabei geht es um die Konkretisierung der Hauptschuld (BGH Urt. v. 21.1.1993 IX ZR 90/92 = BauR 1993, 339 = NJW 1993, 1261). Nicht erforderlich ist es hingegen, dass in der betreffenden vertraglichen Abrede das Wort »Sicherheitsleistung« ausdrücklich gebraucht wird. **Abzugrenzen** sind derartige Vereinbarungen allerdings **von reinen Zahlungsmodalitäten.** Dies gilt insbesondere für **Abschlagszahlungen**, die vielfach nur **mit einem gekürzten Prozentsatz** (z.B. 95%) ausgezahlt werden. Diese Kürzung hat mit einer Sicherheitsleistung oder einer Vereinbarung dazu vielfach nichts zu tun, weswegen die insoweit gekürzten Beträge z.B. nicht gemäß § 17 Nr. 6 Abs. 1 S. 2 VOB/B auf ein Sperrkonto einzuzahlen sind (BGH Urt. v. 24.3.1988 VII ZR 126/87 = NJW-RR 1988, 851; KG Urt. v. 15.4.1999 10 U 49/98 = IBR 2000, 601, Revision vom BGH nicht angenommen, Beschl. v. 7.9.2000 VII ZR 138/99; a.A. offenbar *Thierau* in *Kapellmann/Messerschmidt* § 17 VOB/B Rn. 7). Anzunehmen ist dies etwa, wenn die Kürzungen bei den Abschlagszahlungen nach der Auslegung des Bauvertrages in erster Linie Überzahlungen vermeiden sollen. Eine solche Auslegung ist jedoch keineswegs zwingend: Denn selbstverständlich kann die Auslegung der bauvertraglichen Klauseln auch ergeben, dass gerade nicht nur eine Zahlungsmodalität gewollt ist, sondern tatsächlich eine Sicherheitsleistung. Hiervon ist z.B. auszugehen, wenn die Pflicht zur Auszahlung des einbehaltenen Betrages aus den Abschlagszahlungen z.B. an die mangelfreie Abnahme der Bauleistung geknüpft wird: Aus dieser Klausel ergibt sich, dass der Einbehalt tatsächlich die ordnungsgemäße Vertragserfüllung sichern soll (vgl. dazu auch BGH Urt. v. 5.2.1959 VII ZR 83/58 = SFH Z 2.511 Bl. 1; *Heiermann* BauR 1976, 73 sowie *Daub* BauR 1977, 24).

III. Inhalt der Sicherungsabrede

6   Mit einer im Bauvertrag (konkludent) zu schließenden Sicherungsabrede sollte nicht nur die Stellung einer Sicherheit für ein konkretes Vertragsverhältnis dem Grunde nach vereinbart werden; vielmehr sollten die Bauvertragsparteien weiter den Sicherungszweck, das Sicherungsmittel und den Sicherungsfall regeln (siehe zu dem Inhalt einer Sicherungsabrede vor allem auch: *Thode* ZfIR 2000, 165, 166 ff., *Thode* ZfBR 2002, 4 ff.; *Schmitz/Vogel* ZfIR 2002, 509 ff.; *Kuffer* BauR 2003, 155 ff.).

Ausdrückliche Vereinbarung, Zweck und Höhe der Sicherheitsleistung § 17 Nr. 1 VOB/B

1. Sicherungszweck und Sicherungsmittel

Grundsätzlich bedarf es bei einer Sicherungsabrede der **Vereinbarung des Sicherungszwecks und** 7 **des Sicherungsmittels.** Bei VOB-Verträgen ist eine diesbezügliche konkretisierende Vereinbarung jedoch nicht erforderlich; sie ergibt sich bereits aus § 17 Nr. 1 VOB/B (Sicherungszweck; vgl. dazu nachfolgend Rn. 12 ff.) sowie Nr. 2 und 4 (Sicherungsmittel). So ist es Aufgabe einer nach einem VOB-Vertrag zu stellenden Sicherheit, die »vertragsgemäße Ausführung der Leistung und die Mängelansprüche sicherzustellen«. Sicherungsobjekt ist in der Regel die konkrete einem Bauvertrag zugrunde liegende Bauleistung, nicht Bauleistungen aus anderen Verträgen. Dementsprechend kann z.B. ein Sicherheitseinbehalt aus einem Bauvertrag nicht zur Abdeckung von Mängelansprüchen aus einem mit gesondertem Vertrag vergebene andere Bauleistung verwendet werden (OLG Dresden Urt. v. 28.9.2000 19 U 888/00 = IBR 2002, 252). Beschränkt werden könnte der Sicherungszweck jedoch ohne weiteres auf das reine Stadium der Gewährleistung (Mängelansprüche) oder die Vertragserfüllung bis zur Abnahme. Unbeschadet der Regelungen der VOB ist es selbstverständlich auch bei VOB-Verträgen sinnvoll, Vereinbarungen zum Sicherungszweck und zur Art und Weise eines Sicherungsmittels im Bauvertrag (ausdrücklich) zu treffen.

2. Sicherungsfall

Neben Sicherungsmittel und Sicherungszweck, die sich bei einer Vereinbarung einer Sicherheit dem 8 Grunde nach unmittelbar aus der VOB ergeben, sollte in einer Sicherungsabrede sinnvollerweise der **Sicherungsfall** geregelt sein. Bei dem Sicherungsfall geht es darum, **unter welcher Voraussetzung bzw. ab welchem Zeitpunkt der Auftraggeber eine ihm zur Verfügung gestellte Sicherheit verwerten** (BGH Urt. v. 13.9.2001 VII ZR 467/00 = BGHZ 148, 151, 154 = BauR 2001, 1893, 1894 = NZBau 2001, 679 = NJW 2001, 3629, 3630 = ZfBR 2001, 48, 49; *Quack* BauR 1997, 754 f.; *Kuffer* BauR 2003, 155 f.) bzw. wie lange der Auftraggeber die Sicherheit »behalten« darf (*Schmitz/Vogel* ZfIR 2002, 509, 510). Bedeutung gewinnt eine Regelung des Sicherungsfalls vor allem, wenn der Auftraggeber als Sicherungsnehmer mit dem ihm zur Verfügung gestellten Sicherungsmittel deutlich mehr kann, als er nach der Sicherungsabrede im Verhältnis zum Auftragnehmer darf. Dies gilt besonders bei Bürgschaften auf erstes Anfordern: Denn die mit dieser Sicherheit vermittelte Absicherung geht in der Regel weit über das hinaus, was nach dem Sicherungszweck (etwa Abdeckung eines auf Geld gerichteten Mängelanspruchs) durch die Bürgschaft abgedeckt sein soll. Aus diesem Grund ist es **keinesfalls zulässig, aus** dieser überschießenden Rechtsmacht des Inhabers **einer Bürgschaft auf erstes Anfordern** (Auftraggeber) **Rückschlüsse auf den Inhalt und die Reichweite einer** der Bürgschaft zugrunde liegenden **Sicherungsabrede** zwischen Auftraggeber und Auftragnehmer zu ziehen (*Quack* BauR 1997, 754, 755). Kann der Sicherungsfall nicht mehr eintreten, verstößt die Verwertung einer gestellten Sicherheit in jedem Fall gegen die Sicherungsabrede und ist unzulässig (BGH Urt. v. 24.9.1998 IX ZR 371/97 = BGHZ 139, 325, 328 = NJW 1999, 55, 56 = ZfBR 1999, 88, 89; *Thode* ZfBR 2002, 4, 5). Sie ist dann ohne Weiteres zurückzugeben (BGH a.a.O.; BGH Urt. v. 13.1.1994 IX ZR 2/93 = BGHZ 124, 371, 375 ff. = NJW 1994, 861, 862 f.; BGH Urt. v. 13.1.1994 IX ZR 79/93 = BGHZ 124, 380, 384 ff. = NJW 1994, 864, 865; BGH Beschl. v. 27.11.1997 GSZ 1/97 u. 2/97 = BGHZ 137, 212, 218 ff. = NJW 1998, 671, 672 ff.; vgl. auch LG Hamburg Urt. v. 1.9.2003 325 O 125/02 = IBR 2004, 248, mit Beschl. gemäß § 522 Abs. 2 ZPO des OLG Hamburg v. 13.2.2004 8 U 165/03, das bei Abbrucharbeiten trotz vereinbarter Gewährleistungssicherheit keinerlei Risiko für einen Sicherungsfall sah und deshalb den Auftraggeber zur Herausgbe der Gewährleistungsbürgschaft verurteilte). Vorstehendes gilt auch bei gewährten Bürgschaften auf erstes Anfordern, wenn der Sicherungsfall nicht eintreten kann, weil die zugrunde liegende Sicherungsabrede unwirksam ist. Voraussetzung ist hier jedoch weiter, dass sich die Unwirksamkeit der Sicherungsabrede aus dem unstreitigen Sachverhalt oder dem Inhalt der Vertragsurkunden ohne Weiteres ergibt (BGH Urt. v. 8.3.2001 IX ZR 236/00 = BGHZ 147, 99, 102 = BauR 2001, 1093, 1094 = NZBau 2001,

VOB/B § 17 Nr. 1 Ausdrückliche Vereinbarung, Zweck und Höhe der Sicherheitsleistung

311 = NJW 2001, 1857 = ZfBR 2001, 319, 320; vgl. dazu Erläuterungen zu § 17 Nr. 4 VOB/B Rn. 74 ff.).

9 In vielen Bauverträgen fehlt es an einer ausdrücklichen Vereinbarung des Sicherungsfalls. Dies macht eine Sicherungsabrede jedoch nicht unwirksam; vielmehr ist von einer **stillschweigenden Vereinbarung des Sicherungsfalls** auszugehen, der durch Auslegung zu ermitteln ist (BGH Urt. v. 28.9.2000 VII ZR 460/97 = BauR 2001, 109, 111 = NZBau 2001, 136, 137 = NJW-RR 2001, 307, 308 = ZfBR 2001, 31, 32; Urt. v. 13.9.2001 VII ZR 467/00 = BGHZ 148, 151, 153 f. = BauR 2001, 1893, 1894 = NZBau 2001, 679 = NJW 2001, 3629, 3630 = ZfBR 2001, 48, 49; Urt. v. 7.3.2002 VII ZR 182/01 = BauR 2002, 1543, 1544; *Quack* BauR 1997, 754 f.; *Thode* ZfIR 2000, 165, 166; *Thode* ZfBR 2002, 4 ff.; *Schmitz/Vogel* ZfIR 2002, 509, 510; *Kuffer* BauR 2003, 155, 156): Dabei gilt auch in diesen Fällen, dass eine Sicherheit nicht vor Fälligkeit des gesicherten Rechts verwertet werden darf (BGH Urt. v. 28.9.2000 VII ZR 460/97 = BauR 2001, 109, 111 = NZBau 2001, 136, 137 = NJW-RR 2001, 307, 308 = ZfBR 2001, 31, 32; *Quack* BauR 1997, 754, 756; *Thode* ZfBR 2002, 4 f.). Dies ergibt sich von selbst, da andernfalls der Sicherungscharakter eines gestellten Sicherungsmittels verloren gehen würde. Prüft man danach die Qualität eines Sicherungsmittels, wird eine solche Prüfung der Sicherungsabrede in der Regel ergeben, dass gerade **bei auf Geldzahlung gerichteten Sicherheiten nur geldwerte Ansprüche abgesichert** werden sollen. Dies gilt insbesondere für Bareinbehalte, aber auch bei Bürgschaften (BGH Urt. v. 28.9.2000 VII ZR 460/97 = BauR 2001, 109, 111 = NZBau 2001, 136, 137 = NJW-RR 2001, 307, 308 = ZfBR 2001, 31, 32; Urt. v. 7.3.2002 VII ZR 182/01 = BauR 2002, 1543, 1544; *Weise* Sicherheiten Rn. 37, 182, 238; *Thode* ZfIR 2000, 165, 171 f., *Thode* ZfBR 2002, 4, 5). Jede andere Sichtweise würde nämlich (in unzulässiger Weise) die Befugnis des Auftraggebers schaffen, bereits einen Geldbetrag anfordern zu können, obwohl er etwa die weitergehenden Voraussetzungen für den Übergang eines Mängelanspruchs auf einen geldwerten Anspruch nach § 13 Nr. 5 ff. VOB/B bzw. §§ 634 ff., 323, 280 ff. BGB noch nicht erfüllt (BGH Urt. v. 28.9.2000 VII ZR 460/97 = BauR 2001, 109, 111 = NZBau 2001, 136, 137 = NJW-RR 2001, 307, 308 = ZfBR 2001, 31, 33; Urt. v. 13.9.2001 VII ZR 467/00 = BGHZ 148, 151, 154 = BauR 2001, 1893, 1894 = NZBau 2001, 679 = NJW 2001, 3629, 3630 = ZfBR 2001, 48, 49). Aus diesem Grund kann der Sicherungsfall erst eintreten, wenn der dazugehörige geldwerte Anspruch, d.h. im Gewährleistungsstadium der auf Geldzahlung gerichtete Mängelanspruch (Vorschuss auf Mängelbeseitigungskosten, Kostenerstattungsanspruch, Minderung, Schadensersatz) entstanden ist. Dies wiederum heißt, dass eine **Verwertung** einer Sicherheit (auch einer Bürgschaft auf erstes Anfordern) in der Regel **unzulässig ist, solange nicht eine vom Auftraggeber gesetzte angemessene Frist zur Mängelbeseitigung abgelaufen** ist, d.h. dem Auftragnehmer noch das Recht zur Nacherfüllung zusteht (BGH Urt. v. 28.9.2000 VII ZR 460/97 = BauR 2001, 109, 111 = NZBau 2001, 136, 137 = NJW-RR 2001, 307, 308 = ZfBR 2001, 31, 33; Urt. v. 13.9.2001 VII ZR 467/00 = BGHZ 148, 151, 154 = BauR 2001, 1893, 1894 = NZBau 2001, 679 = NJW 2001, 3629, 3630 = ZfBR 2001, 48, 49; *Quack* BauR 1997, 754, 756; *Thode* ZfIR, 2000, 165, 171 f., *Thode* ZfBR 2002, 4, 5; *Kuffer* BauR 2003, 155 f.). Eine vorzeitige Verwertung ist danach unzulässig; sie widerspricht im Verhältnis Auftraggeber/Auftragnehmer der getroffenen Sicherungsabrede und kann vom Auftragnehmer unterbunden werden.

10 Abgesehen von dieser vorbeschriebenen Erwägung kommt bei VOB-Verträgen bzgl. der nur beschränkten Zulässigkeit der Inanspruchnahme einer Sicherheit ein weiterer Gesichtspunkt hinzu: Ein Auftragnehmer ist nach § 17 Nr. 3 VOB/B berechtigt, bis zum Eintritt des Sicherungsfalls eine einmal gestellte Sicherheit durch eine andere auszutauschen. Dieses Austauschrecht würde ihm durch die Zulassung einer vorfristigen Anforderung oder Verwertung einer Sicherheitsleistung genommen. Aus diesem Grund strahlt dieses in § 17 Nr. 3 VOB/B verankerte Austauschrecht unmittelbar in die Sicherungsabrede zwischen Auftraggeber und Auftragnehmer aus und macht eine solche vorfristige Anforderung unzulässig (BGH Urt. v. 28.9.2000 VII ZR 460/97 = BauR 2001, 109, 111 = NZBau 2001, 136, 137 = NJW-RR 2001, 307, 308 = ZfBR 2001, 31, 33; BGH Urt. v. 13.9.2001 VII

ZR 467/00 = BGHZ 148, 151, 154 = BauR 2001, 1893, 1894 = NJW 2001, 3629, 3630 = ZfBR 2001, 48, 49; *Quack* BauR 1997, 754, 756; *Weise* Sicherheiten Rn. 238; *Thode* ZfIR 2000, 165, 171 f.).

IV. Form der Sicherungsabrede

Spezielle Formvorgaben für den Abschluss einer Sicherungsabrede bestehen nicht; es sind jedoch die allgemeinen Regelungen zu beachten. Ist danach der Bauvertrag wegen der Verbindung zu einem Grundstückskaufvertrag zu beurkunden (§ 311b Abs. 1 BGB), so erstreckt sich die Beurkundungsbedürftigkeit auch auf die Sicherungsabrede (BGH Urt. v. 14.7.1994 IX ZR 110/93 = NJW 1994, 2885 = ZfBR 1994, 281). **11**

B. Zweck und Höhe der Sicherheitsleistung (Nr. 1 Abs. 2)

I. Zweck der Sicherheitsleistung

Während der **Zweck** der Sicherheitsleistung bei einem BGB-Bauvertrag angegeben sein muss, um dem Bestimmtheitsgrundsatz Rechnung tragen zu können, ist das bei einem VOB-Vertrag nicht zwingend. Fehlt es hieran, so folgt die Zweckbestimmung aus der Auslegungsregel in Nr. 1 Abs. 2: In diesem Fall dient die Sicherheit **der vertragsgemäßen Ausführung der Leistung einschließlich der Mängelansprüche**. Abweichend davon enthielt die VOB in ihrer Fassung bis zur VOB 2000 in Nr. 1 Abs. 2 eine Regelung, nach der **eine Sicherheit »die vertragsgemäße Ausführung der Leistung und die Gewährleistung sicherzustellen«** hatte. Der Ersetzung des Begriffs »Gewährleistung« durch den Begriff »Mängelansprüche« in der Neufassung der VOB 2002 sollte nach den Erläuterungen des DVA ein rein redaktioneller Charakter zukommen; eine materielle Änderung war nicht vorgesehen. In der Sache soll es somit darum gehen, dass nach dem unveränderten Teil der Nr. 1 Abs. 2 die vertragsgemäße Ausführung der Leistung vor der Abnahme gemeint ist, während die zweite Alternative die Zeit nach der Abnahme betrifft. Die Diktion dieser seit 2002 geltenden Regelung ist allerdings missverständlich, was insbesondere bei den Rückgaberegelungen Probleme aufwirft (siehe hierzu § 17 Nr. 8 VOB/B Rn. 2): Denn selbstverständlich geht es auch schon bei der »vertragsgemäßen Ausführung der Leistung« um die Absicherung von Mängelansprüchen (vgl. etwa § 4 Nr. 7 VOB/B). Die damalige Änderung der Nr. 1 Abs. 2 war jedoch i.V.m. der Änderung des § 13 Nr. 1 VOB/B zu sehen, der seinerseits den Begriff der »Gewährleistung« aus der VOB verbannt und ihn allgemein durch »Mängelansprüche« (auch hier ist die Zeit nach der Abnahme gemeint) ersetzt hat. Diese Änderung wiederum geht auf die mit der Schuldrechtsmodernisierung eingefügte Sprachregelung der §§ 633 f. BGB zurück, die ebenfalls den Begriff der Gewährleistung nicht mehr verwenden. **12**

Soweit § 17 Nr. 1 Abs. 2 VOB/B den Zweck der Sicherheitsleistung regelt, ist damit **nur die Zweckbestimmung im Verhältnis Auftraggeber/Auftragnehmer** in deren Sicherungsabrede gemeint. **Nicht erfasst wird davon eine etwaige Zweckbestimmung im Verhältnis von Dritten (z.B. Bürgen) zum Auftraggeber.** Vielmehr ist in deren Rechtsbeziehung (z.B. bei einem Bürgschaftsvertrag) jeweils gesondert zu prüfen, welche Ansprüche eine Bürgschaft sichern soll. Beide Rechtsverhältnisse stimmen bzgl. des Umfangs der abzusichernden Ansprüche idealerweise überein; dies ist jedoch in der Praxis keinesfalls die Regel. Bleibt eine Bürgschaft hinter der Sicherungsabrede zurück, kann der Auftraggeber sie als nicht tauglich zurückweisen. Vorstellbar ist aber auch der umgekehrte Fall, dass eine Bürgschaft über den in der Sicherungsabrede vereinbarten Sicherungsumfang hinausgeht. Hier wird dem Auftraggeber mit der Bürgschaft (z.B. bei einer Bürgschaft auf erstes Anfordern) eine größere Rechtsmacht verliehen, als er nach der Sicherungsabrede nutzen darf. In all diesen Fällen bestimmt ausschließlich die Sicherungsabrede, wann der Sicherungsnehmer (Auftraggeber) im Verhältnis zum Sicherungsgeber (Auftragnehmer) von dem ihm zur Verfügung stehenden **13**

VOB/B § 17 Nr. 1   Ausdrückliche Vereinbarung, Zweck und Höhe der Sicherheitsleistung

Sicherungsmittel Gebrauch machen darf. Demgegenüber ist jeweils gesondert zu prüfen, inwieweit etwa ein Bürge – unabhängig von der Sicherungsabrede – zur Zahlung z.B. auf die Bürgschaft auf der Grundlage der Bürgschaftsregelungen verpflichtet ist.

14   Auch wenn eine an § 17 angelehnte Sicherheit in der Regel Ansprüche des Auftraggebers sowohl aus dem Ausführungs- als auch aus dem Gewährleistungsstadium abdeckt, wird der **Zweck der Sicherheitsleistung** in der heutigen Bauvertragspraxis vielfach **auf die Vertragserfüllung oder die Mängelansprüche im engeren Sinne (Gewährleistung) beschränkt**. Dabei verbleiben diverse Zweifelsfragen (vgl. hierzu auch Überblick bei *Thierau* Jahrbuch Baurecht 2000 S. 66, 68 ff.):

1. Vertragserfüllungssicherheiten

15   Bei **Vertragserfüllungssicherheiten** geht es vor allem um fünf Anspruchsgruppen, die durch eine Sicherheitsleistung nach § 17 VOB/B abgedeckt sein können:

a) Ansprüche auf fristgerechte Erfüllung

16   Erfasst sind **Ansprüche auf eine fristgerechte Erfüllung.** Hierzu gehören zunächst alle Ansprüche des Auftraggebers aus Verzug (§§ 280, 286 ff. BGB, §§ 6 Nr. 6, 8 Nr. 3 i.V.m. § 5 Nr. 4 VOB/B). Hat der Auftragnehmer im Bauvertrag die Einhaltung fester Vertragstermine zugesagt und bei deren schuldhafter Nichteinhaltung eine Vertragsstrafe versprochen, erfasst eine Sicherheitsleistung nach § 17 VOB/B außerdem die Zahlung der Vertragsstrafe (BGH Urt. v. 7.6.1982 VIII ZR 154/81 = BauR 1982, 506 = NJW 1982, 2305 = SFH § 767 BGB Nr. 3 = ZfBR 1982, 216; Urt. v. 15.3.1990 IX ZR 44/89 = NJW-RR 1990, 811 = WM 1990, 841 f.; BGH Versäumnisurt. v. 23.1.2003 VII ZR 210/01 = BauR 2003, 870, 872 = NZBau 2003, 321, 322).

b) Ansprüche auf ordnungsgemäße (mangelfreie) Leistung

17   Eingeschlossen in eine Sicherheitsleistung für die Vertragserfüllung sind **Ansprüche** des Auftraggebers **wegen einer nicht ordnungsgemäßen Leistung während des Ausführungsstadiums:** Dazu zählt zunächst eine Absicherung von etwaigen Mangelbeseitigungskosten, die jedoch durch das Erfüllungsinteresse begrenzt sind. Folglich wird über eine Vertragserfüllungssicherheit nicht ein ggf. gleichzeitig einbehaltener **Druckzuschlag** gesichert (OLG Koblenz Urt. v. 8.5.2003 5 U 1515/02 = BauR 2004, 349, 350). Abgedeckt sind des Weiteren Schadensersatzansprüche nach § 4 Nr. 7 S. 2 VOB/B, d.h. vor allem Schadensersatzansprüche für Mangelfolgeschäden. Dies ist bedeutsam, wenn die Mängel selbst zwischenzeitlich beseitigt wurden (BGH Versäumnisurt.v. 23.1.2003 VII ZR 210/01 = BauR 2003, 870, 872 f. = NZBau 2003, 321, 322). Abgesichert sind außerdem sämtliche sich **nach einer Vertragskündigung ergebenden Schadensersatzansprüche sowie Ansprüche auf Ersatz von Mehrkosten nach § 8 Nr. 3 VOB/B.** Gleiches gilt für Ansprüche des Auftraggebers auf Leistung von Schadensersatz nach § 10 Nr. 1 VOB/B sowie auf Freistellung von Ansprüchen Dritter nach § 10 Nr. 6 VOB/B.

c) Schadensersatz/Ansprüche aus dem Vergütungsbereich

18   Problematisch ist, ob eine an § 17 VOB/B angelehnte Sicherheitsleistung auch **Ansprüche des Auftraggebers aus dem Vergütungsbereich,** insoweit vor allem Rückzahlungsansprüche, abdeckt. Hier ist zu unterscheiden: Beruht die Rückforderung auf einem **Schadensersatzanspruch wegen Nichterfüllung bzw. statt der Leistung**, ist dieser Rückforderungsanspruch wie alle anderen Schadensersatzansprüche aus dem Ausführungsstadium über die Sicherheitsleistung abgedeckt (BGH Urt. v. 17.12.1987 IX ZR 263/86 = BauR 1988, 220, 221 f. = NJW 1988, 907 = ZfBR 1988, 119 f.; OLG Celle Urt. v. 4.6.1997 6 U 186/96 = BauR 1997, 1057). **Nicht erfasst** werden hingegen **Rückforderungsansprüche** nach einer **gewöhnlichen Überzahlung.** Zwar fallen diese Erstattungsansprüche nach der Rechtsprechung des Bundesgerichtshofs nicht unter §§ 812 ff. BGB, sondern gelten als vertragliche Erstattungsansprüche (BGH Urt. v. 11.2.1999 VII ZR 399/97 = BGHZ 140, 365 = BauR 1999,

635, 639 = ZfBR 1999, 196); gleichwohl haben diese (nach einer überhöhten Abschlags- oder Vorauszahlung entstehenden) Rückforderungsansprüche mit einer vertragsgemäßen Ausführung der Leistung des Auftragnehmers im Sinne des § 17 Nr. 1 Abs. 2 VOB/B nichts zu tun (vgl. BGH Urt. v. 12.3.1980 VIII ZR 57/79 = BGHZ 76, 187 = NJW 1980, 1459 = MDR 1980, 664 = LM § 765 BGB Nr. 30; ebenso BGH Urt. v. 12.6.1980 VII ZR 270/79 = BauR 1980, 574 = SFH § 633 BGB Nr. 24 = ZIP 1980, 637; Urt. v. 17.12.1987 IX ZR 263/86 = BauR 1988, 220, 221 f. = NJW 1988, 907 = ZfBR 1988, 119 f.; *Heiermann/Riedl/Rusam* § 17 VOB/B Rn. 1; *Schmitz/Vogel* ZfIR 2002, 509, 512; auch *Kleine-Möller* in Handbuch des privaten Baurechts § 2 Rn. 553; a.A. *Nicklisch/Weick* § 17 VOB/B Rn. 16; *Locher* Das private Baurecht Rn. 428; Beck'scher VOB-Komm./*I. Jagenburg* § 17 Nr. 1 VOB/B Rn. 17; *Thierau* in *Kapellmann/Messerschmidt* § 17 VOB/B Rn. 63).

d) Mängelansprüche

Bei Vertragserfüllungssicherheiten wird des Weiteren die Einbeziehung von **Mängelansprüchen 19 (aus dem Gewährleistungsstadium)** diskutiert. Insoweit genügt sicherlich nicht der Verweis auf die dogmatische Betrachtung dahingehend, dass Gewährleistungsansprüche modifizierte Erfüllungsansprüche darstellen (zu dieser dogmatischen Betrachtung allgemein: BGH Urt. v. 14.1.1999 IX ZR 140/98 = BauR 1999, 659 = NJW 1999, 1105, 1106). Vielmehr ist auch hier die Sicherungsabrede auszulegen. Zu ermitteln ist, was die Parteien bei der Stellung der Sicherheit, insbesondere bei einer Bürgschaft, ausdrücklich oder – fehlt es an einer ausdrücklichen Regelung dazu – konkludent vereinbart haben. Dabei ist zu berücksichtigen, dass üblicherweise zwischen einer Vertragserfüllungs- und Gewährleistungssicherheit unterschieden wird (OLG Karlsruhe Urt. v. 20.11.1997 4 U 74/97 = BauR 1998, 640 [Ls.] = NJW-RR 1998, 533). Lassen sich jedoch keine Anhaltspunkte für eine solche Auslegung erzielen, wird man davon ausgehen können, dass **von einer Erfüllungssicherheit auch Mängelansprüche** (im Gewährleistungsstadium nach der Abnahme) **abgedeckt** sind. Denn unabhängig von jeder dogmatischen Betrachtung lässt sich nicht bestreiten, dass die Mangelfreiheit während der Gewährleistungsfrist zur Vertragserfüllung des Auftragnehmers gehört (OLG Brandenburg Urt. v. 25.3.1999 12 U 157/98 = BauR 2002, 127, 128 = ZfBR 2002, 150, 151 = NZBau 2002, 226 [Ls.] – Revision vom BGH nicht angenommen, Beschl. v. 18.9.2001 IX ZR 150/99; a.A. wohl OLG Karlsruhe Urt. v. 20.11.1997 4 U 74/97 = NJW-RR 1998, 533 = BauR 1998, 640 [Ls.]). Etwas anderes gilt, wenn eine zu stellende Vertragserfüllungssicherheit später – bei Abnahme – durch eine Gewährleistungssicherheit zu ersetzen ist. Hier dürfte die Auslegung der Sicherungsabrede ergeben, dass sich die zuvor vereinbarte Erfüllungssicherheit nicht auf die nach Abnahme entstehenden Gewährleistungsrechte erstrecken soll (BGH Urt. v. 24.10.2002 IX ZR 355/00 = BauR 2003, 246, 249 = NJW 2003, 352, 354 = ZfBR 2003, 143, 145, ebenso OLG Celle Urt. v. 26.4.2005 16 U 207/04 = BauR 2005, 1647 = NJW-RR 2005, 969, 970). Dasselbe gilt, wenn die Vertragserfüllungsbürgschaft bis zur Abnahme befristet war (OLG Frankfurt Urt. v. 28.9.2004 10 U 211/03, Nichtzulassungsbeschwerde vom BGH zurückgewiesen, Beschl. v. 23.6.2005 VII ZR 32/05 = BauR 2005, 1682 [Ls.]).

e) Ansprüche nach dem AEntG

Über eine Vertragserfüllungssicherheit können schließlich Ansprüche des Auftraggebers abgesichert 20 sein, die nur mittelbar mit der eigentlich geschuldeten Bauleistung im Zusammenhang stehen. Hierzu zählen z.B. die Rückgriffsrechte des Auftraggebers gegen den Auftragnehmer infolge einer Haftung aus dem **Arbeitnehmer-Entsendegesetz (AEntG)**: Nach § 1a AEntG haftet ein Unternehmer (bei dem es sich auch um den Bauherrn handeln kann), der einen anderen Unternehmer mit Bauleistungen beauftragt hat, wie ein Bürge dafür, dass der von ihm beauftragte Auftragnehmer bzw. dessen Subunternehmer die jeweils geltenden Mindestlöhne sowie die Beiträge an eine gemeinsame Einrichtung der Tarifvertragsparteien zahlen. Bei einem Verstoß dagegen kann ein Arbeitnehmer nicht nur den Auftraggeber seines Arbeitgebers, sondern jeden in einer Subunternehmerkette über diesem stehenden gewerblichen Unternehmer (bis zum Bauherrn) für die Zahlung der Mindestentgelte in Anspruch nehmen. Der so von einem Arbeitnehmer eines eingeschalteten Subunternehmers in Anspruch genommene Unternehmer (Bauherr) kann dann anschließend seinen unmittelbaren Auftragnehmer in Regress nehmen (*Weise* NZBau 2000, 229 str.), was man aus Gründen der Klarheit wegen des ungenauen Gesetzeswortlauts im Bauvertrag ausdrücklich regeln sollte. Wegen dieser drohenden Haftung aus § 1a AEntG sollte ein gewerblicher Bauherr (Auftraggeber) im Bauvertrag sicherstellen, dass nicht nur sein unmittelbarer Auftragnehmer (etwa der Generalunternehmer), sondern auch dessen Subunternehmer ihrer Verpflichtung zur Zahlung der Mindestentgelte u.a. nachkommen. Unstreitig kann der Bauherr oder ein Generalunternehmer (GU) das gleichwohl bestehende Haftungsrisiko durch eine gesonderte, von seinem unmittelbaren Auftragnehmer beizubringende Bürgschaft absichern (siehe hierzu ausführlich: *Weise* NZBau 2000, 229; *Vogel* BauR 2002, 1013, 1015).

21 Zulässig ist es außerdem, das vorbeschriebene Risiko als gesonderten Sicherungszweck zum **Gegenstand einer Vertragserfüllungsbürgschaft** zu machen. Dies ist nicht unangemessen, weil damit interessengerecht einer ggf. ohnehin zu stellenden Vertragserfüllungsbürgschaft lediglich ein weiterer Sicherungszweck unterlegt wird (OLG Stuttgart Urt. v. 28.9.2001 2 U 218/00 = BauR 2002, 1093, 1094 f. = ZfIR 2002, 370, 372; dazu *Vogel* BauR 2002, 1013 sowie *Kainz* ZfIR 2002, 373). Doch auch **ohne eine gesonderte Regelung** dazu in der Sicherungsabrede wird eine Ausfallhaftung des Auftraggebers wegen Verletzung der Pflicht zur Zahlung von Mindestlöhnen u.a. durch dessen Auftragnehmer bzw. einen Subunternehmer über eine Vertragserfüllungssicherheit gedeckt sein. Zwar wird dies durch das OLG Stuttgart verworfen, das eine derart weitgehende Sicherungsabrede ohne eine gesonderte Aufnahme dieses Sicherungszwecks als intransparent ansieht (OLG Stuttgart a.a.O.). Das OLG Stuttgart hatte allerdings über einen Sachverhalt zu entscheiden, bei dem die zugrunde liegende Sicherungsabrede unabhängig von dieser Frage extrem unklar gefasst war: In diesem Fall mag eine solche Klausel, die dann noch zusätzlich eine Haftung nach § 1a AEntG einschließen soll, an dem Transparenzgebot des § 307 Abs. 1 S. 2 BGB scheitern. Etwas anderes gilt jedoch, wenn die Sicherungsabrede im Übrigen klar gefasst ist: In diesem Fall wird eine Vertragserfüllungssicherheit die Rückgriffsansprüche nach § 1a AEntG abdecken (wie hier: *Maser* FS Jagenburg S. 557, 560; zweifelnd: *Vogel* BauR 2002, 1013, 1019; unentschieden: *Thierau* in *Kapellmann/Messerschmidt* § 17 VOB/B Rn. 69). So geht auch das OLG Stuttgart ohne weiteres davon aus, dass die Abwehr des Risikos für eine Inanspruchnahme des Auftraggebers nach § 1a AEntG (sowie anderer Regressansprüche) im weitesten Sinne zu den von dem Auftragnehmer im Rahmen der Vertragserfüllung zu erbringenden Leistungen gehört (OLG Stuttgart Urt. v. 28.9.2001 2 U 218/00 = BauR 2002, 1093, 1096 = ZfIR 2002, 370, 373). Im Zweipersonenverhältnis liegt dies auf der Hand. Hier dürfte es sich unstreitig um eine bauvertragliche Nebenpflicht handeln, dass z.B. der GU seinen Bauherrn durch Zahlung der gesetzlich geschuldeten Mindestentgelte vor Ansprüchen seiner Arbeitnehmer bewahren muss. Kommt er dieser Pflicht nicht nach und wird der Bauherr von Arbeitnehmern des GU in Anspruch genommen, kann sich der Bauherr wegen Verletzung dieser Nebenpflicht beim GU schadlos halten bzw. insoweit auf eine vorliegende Vertragserfüllungssicherheit zurückgreifen. Nichts anderes kann gelten, wenn sich der GU zur Erfüllung seiner eigenen Pflichten Subunternehmern bedient. Insoweit besteht für den GU die vertragliche Nebenpflicht gegenüber dem Bauherrn, durch Auswahl geeigneter Subunternehmer sicherzustellen, dass der Bauherr nicht von Arbeitnehmern des Subunternehmers nach § 1a AEntG in Anspruch genommen wird. Selbst wenn danach etwaige Rückgriffsansprüche nach der Sicherungsabrede von einer zu stellenden Vertragserfüllungssicherheit erfasst sind, ist davon **unabhängig zu prüfen, ob auch der Bürge in der von ihm erstellten Bürgschaft dieses Risiko mit übernommen hat.** Insoweit dürfte durchaus fraglich sein, ob für eine solche Haftungsübernahme allein die Bezugnahme auf den Bauvertrag ausreicht (OLG Celle Urt. v. 16.5.2002 13 U 8/02 = IBR 2002, 544).

2. Mängel-/Gewährleistungssicherheiten

Bei reinen **Gewährleistungssicherheiten** werden alle Mängelansprüche des Auftraggebers gegen den Auftragnehmer bezogen auf ein bestimmtes Bauvorhaben abgesichert. Insoweit wird eine einer zu übergebenden Gewährleistungssicherheit zugrunde liegende Sicherungsabrede in der Regel konkret auf dieses Bauvorhaben beschränkt abgeschlossen. Daher kann nicht etwa gegen den Anspruch auf Auszahlung eines Sicherheitseinbehaltes mit Mängelansprüchen aus einem anderen Bauvorhaben aufgerechnet werden. Andernfalls würde die bestehende Sicherheit für das ggf. mangelfreie Bauvorhaben entgegen der Sicherungsabrede faktisch Mängel eines anderen Bauvorhabens abdecken, für das die Sicherheit gerade nicht bestellt ist (OLG Dresden Urt. v. 28.9.2000 19 U 888/00 = IBR 2002, 252). Auf dieser Grundlage werden von einer Gewährleistungssicherheit sodann **alle primären und sekundären Gewährleistungsrechte** des Auftraggebers abgedeckt, d.h.: 22

In erster Linie fallen unter eine Gewährleistungssicherheit bei einem VOB-Vertrag **sämtliche Ansprüche aus § 13 VOB, bei einem BGB-Vertrag in jedem Fall alle nach Abnahme bestehenden Ansprüche gemäß § 634 BGB**. Nicht gesichert ist hingegen ein wg. Mängeln gleichzeitig erfolgter erhöhter Einbehalt infolge eines **Druckzuschlages:** Dieser dient zwar der Durchsetzung des Erfüllungsinteresses des Auftraggebers, das sich dadurch jedoch wertmäßig nicht erhöht (OLG Koblenz Urt. v. 8.5.2003 5 U 1515/02 = BauR 2004, 349, 350). Ob bei einem BGB-Vertrag durch eine Gewährleistungssicherheit darüber hinaus Ansprüche gemäß § 634 BGB vor der Abnahme abgesichert sind, wird maßgeblich davon abhängen, ob auch nach der Schuldrechtsreform die in § 634 BGB geregelten Mängelrechte vor der Abnahme anwendbar sind (vgl. zum alten Recht: Hier ging der BGH davon aus, dass eine Gewährleistungssicherheit auch Mängelrechte vor der Abnahme erfasste – allerdings nur unter der Voraussetzung des § 634 BGB a.F.: BGH Urt. v. 4.12.1997 IX ZR 247/96 = BauR 1998, 332, 334 = NJW 1998, 1140, 1141 = ZfBR 1998, 144, 145). Beschränkt man die Mängelrechte gemäß § 634 BGB wie bei § 13 VOB/B richtigerweise auf die Zeit nach der Abnahme, deckt eine Gewährleistungssicherheit die Haftung des Auftragnehmers für alle während der Gewährleistungsfrist bestehenden Mängel ab, gleichgültig, ob sie vor oder bei der Abnahme erkannt worden sind (BGH Urt. v. 4.12.1997 IX ZR 247/96 = BauR 1998, 332, 333 f. = NJW 1998, 1140, 1141 = ZfBR 1998, 144). Erfasst wird somit neben dem Kostenerstattungsanspruch vor allem der Anspruch des Auftraggebers auf Vorschuss der ihm voraussichtlich entstehenden Mängelbeseitigungskosten (BGH Urt. v. 5.4.1984 VII ZR 167/83 = BauR 1984, 406 = NJW 1984, 2456 = MDR 1985, 45 = LM § 633 BGB Nr. 50 = SFH § 633 BGB Nr. 43 = ZfBR 1984, 185; Urt. v. 27.2.1992 IX ZR 57/91 = BauR 1992, 373, 375 = NJW 1992, 1881, 1882). Ist eine förmliche Abnahme unbedingte Voraussetzung für die Inanspruchnahme aus einer Gewährleistungssicherheit (Bürgschaft), so kommt es darauf an, ob eine Abnahme tatsächlich stattgefunden hat (OLG Hamburg Urt. v. 4.5.1990 1 U 130/89 = BauR 1990, 745 = NJW-RR 1991, 1304 im Falle der Bürgschaft für »die vertragsgemäße Erfüllung der Gewährleistungsverpflichtungen für fertig gestellte und mängelfrei abgenommene Arbeiten«). Die vorgenannte Abgrenzung bei der Bestimmung des Umfangs einer Gewährleistungssicherheit gilt auch für **Fälle einer vorzeitigen Beendigung des Bauvertrages nach einer fristlosen Kündigung** gemäß § 8 Nr. 3 VOB/B (i.E. wohl ebenso: *Thierau* Jahrbuch Baurecht 2000 S. 66, 87 f.). Werden hiernach die Leistungen nach § 8 Nr. 6 VOB/B abgenommen, stehen dem Auftraggeber im Hinblick auf etwaige Baumängel die Gewährleistungsrechte nach § 13 VOB/B zu. Dies gilt auch für Baumängel und deren Folgeschäden, die vor Abnahme unter § 4 Nr. 7 S. 1 und 2 VOB/B fielen und die mit der Abnahme in echte Gewährleistungs- bzw. Mängelrechte nach § 13 Nr. 5 ff. VOB/B umgewandelt werden (BGH Urt. v. 25.2.1982 VII ZR 161/80 = BauR 1982, 277, 279 = NJW 1982, 1524 = ZfBR 1982, 122, 123; Urt. v. 19.12.2002 VII ZR 103/00 = BauR 2003, 689, 691 f. = NZBau 2003, 265, 266 f. = ZfBR 2003, 352, 353 f.). Somit kann der Auftraggeber für all diese Ansprüche auf eine Gewährleistungssicherheit zurückgreifen, so sie schon zum Zeitpunkt der Kündigung vorliegt. Kommt es hingegen zu keiner Abnahme der bauvertraglichen Leistung, stehen dem Auftraggeber wegen der (nicht vollendeten) Leistung nur die Rechte aus § 4 Nr. 7 VOB/B zu. Diese werden nicht 23

VOB/B § 17 Nr. 1   Ausdrückliche Vereinbarung, Zweck und Höhe der Sicherheitsleistung

von einer Gewährleistungssicherheit erfasst (BGH Urt. v. 4.12.1997 IX ZR 247/96 = BauR 1998, 332, 333 = NJW 1998, 1140, 1141 = ZfBR 1998, 144). Zu trennen von der theoretischen Reichweite einer Gewährleistungssicherheit für Mängelansprüche besteht z.T. rein praktisch die Frage, ob eine vorliegende Gewährleistungssicherheit überhaupt die »richtigen« Gewährleistungsrechte abdeckt. So soll insbesondere nach zwei Entscheidungen des Landgerichts Wiesbaden eine Gewährleistungsbürgschaft zu einem BGB-Bauvertrag leer laufen, wenn die Bürgschaft selbst nur von einer Absicherung von Gewährleistungsansprüchen nach § 13 VOB/B spricht (LG Wiesbaden Urt. v. 23.2.2006 13 O 145/05 = IBR 2006, 255 sowie Urt. v. 17.11.2005 4 O 8/05 = IBR 2006, 256).

24 Eingeschlossen von einer Gewährleistungssicherheit sind ferner Ansprüche des Auftraggebers auf **Restfertigstellung der Leistungen**, da es auch insoweit um Ansprüche des Auftraggebers nach der Abnahme geht (OLG Hamm Urt. v. 24.6.1986 21 U 150/85 = NJW-RR 1987, 686; OLG Köln Urt. v. 30.10.1997 12 U 40/97 = BauR 1998, 555, 557 = NJW-RR 1998, 1393, 1395; *Palandt/Thomas* Einf.v. § 765 BGB Rn. 13; a.A. *Merl* in Handbuch des privaten Baurechts § 12 Rn. 1098). Zu diesen gilt in gleicher Weise, dass sich sämtliche bei Abnahme noch offenen Erfüllungsansprüche mit der Abnahme in Ansprüche nach § 13 VOB/B umwandeln (BGH Urt. v. 25.2.1982 VII ZR 161/80 = BauR 1982, 277, 279 = NJW 1982, 1524 = ZfBR 1982, 122, 123; BGH Urt. v. 19.12.2002 VII ZR 103/00 = BauR 2003, 689, 691 f. = NZBau 2003, 265, 266 f. = ZfBR 2003, 352, 353 f.). Folglich werden diese dann einheitlich von einer Gewährleistungssicherheit erfasst (BGH Urt. v. 4.12.1997 IX ZR 247/96 = BauR 1998, 332, 333 = NJW 1998, 1140, 1141 = ZfBR 1998, 144) – es sei denn, die Parteien haben eindeutig etwas anderes vereinbart, so z.B. eine gesonderte Regelung zu einer Gewährleistungssicherheit einerseits und zu einer Fertigstellungssicherheit andererseits (vgl. dazu den Sachverhalt bei OLG Karlsruhe Urt. v. 21.10.2003 17 U 24/03 = OLGR 2004, 70, 71).

25 **Ausgeschlossen** von dem Schutzbereich einer Gewährleistungssicherheit sind **Schadensersatzansprüche**, die nicht auf Baumängeln beruhen, sondern auf sonstigen Pflichtverletzungen (z.B. einer **Verletzung von Beratungspflichten**). Dies gilt selbst dann, wenn die Verletzung der Beratungspflicht dazu führt, dass die Bauleistung nicht den gewünschten Erfolg herbeiführt. Denn trotz dieses Ergebnisses kann eine Bauleistung durchaus der vereinbarten Beschaffenheit im Sinne des § 13 Nr. 1 bzw. des § 633 Abs. 2 BGB entsprechen. Besondere Bedeutung gewinnt diese Nichtabdeckung der Schadensersatzansprüche durch eine Gewährleistungssicherheit für Pflichtverletzungen, die keinen Baumangel auslösen, sich gleichwohl aber negativ auf die erbrachte Bauleistung – auch in ihrer Funktionsweise – auswirken. In diesen Fällen (vor allem bei einer schuldhaft unterbliebenen Beratung) kann der Auftragnehmer dem Auftraggeber zwar nach § 280 Abs. 1 BGB schadensersatzpflichtig sein. Eine Sicherheitenabrede, die lediglich zur »fristgerechten Erfüllung der dem Auftraggeber obliegenden Mängelgewährleistung« gestellt wird, deckt diese Ansprüche jedoch in der Regel nicht ab (Saarl. OLG Urt. v. 26.9.2000 7 U 83/00–23 = BauR 2001, 266, 268; wohl auch schon BGH Urt. v. 4.12.1997 IX ZR 247/96 = BauR 1998, 332, 333 = NJW 1998, 1140, 1141 = ZfBR 1998, 144, 145; *Schmitz/Vogel* ZfIR 2002, 509, 513).

26 Von einer Gewährleistungssicherheit erfasst werden in jedem Fall sämtliche Mangelschäden. Zweifelhaft war dies teilweise für den **Ersatz von Mangelfolgeschäden**. Eine entsprechende **Abdeckung durch** Gewährleistungssicherheiten konnte bisher **unstreitig nur bei VOB-Verträgen** angenommen werden: Denn nach § 13 Nr. 5 ff. VOB/B zählten einheitlich sämtliche Schadensersatzansprüche wegen Mangelfolgeschäden zu den Gewährleistungsrechten (a.A. OLG Koblenz Urt. v. 27.2.2003 5 U 878/02 = OLGR 2003, 237, 241, das entgegen der klaren Regelung in § 13 VOB/B Schadensersatzansprüche nach § 13 Nr. 7 Abs. 2 VOB/B a.F. bzw. § 13 Nr. 7 Abs. 3 S. 2 VOB/B nicht zu den Gewährleistungsrechten zählt, so dass diese auch nicht vor einer Gewährleistungsbürgschaft abgedeckt sein sollen). Nichts anderes dürfte für BGB-Verträge für die Zeit vor Inkrafttreten des Schuldrechtsmodernisierungsgesetzes gegolten haben. Allerdings war hier zu berücksichtigen, dass lediglich nahe Mangelfolgeschäden unter § 635 BGB a.F. fielen. Demgegenüber wurden entfernte Mangelfolgeschäden über eine Haftung des Auftragnehmers aus positiver Vertragsverletzung abgewickelt (vgl.

dazu ausführlich etwa: MüKo/*Sorgel* BGB 3. Aufl. 1997 § 635 Rn. 18 ff.). Nach Auffassung des OLG Saarbrücken sollten diese Ansprüche daher nicht von einer Gewährleistungssicherheit abgedeckt werden (Urt. v. 26.9.2000 7 U 83/00–23 = BauR 2001, 266, 268 ff.; i.E. ebenso OLG Koblenz Urt. v. 27.2.2003 5 U 878/02 = OLGR 2003, 237, 241 – ähnlich *Thode* [ZfIR 2000, 165, 171], der generell Ansprüche aus positiver Vertragsverletzung ausnehmen will; ebenso *Schmitz/Vogel* ZfIR 2002, 509, 513). Überzeugend ist dies nicht: Trotz der Risikobehaftetheit einer Bürgschaft wird man nach der Auslegung sowohl einer Sicherungsabrede als auch des Bürgschaftsvertrages davon ausgehen können, dass – wie dies § 13 VOB/B vorzeichnet – nach dem Verständnis der Bauvertragsparteien sämtliche Baumängel einschließlich ihrer Folgeschäden von einer Gewährleistungssicherheit erfasst werden sollen. All diese Schäden gehen jeweils kausal auf den Mangel zurück. Auch wenn sie dogmatisch zum Teil nicht den Gewährleistungsmängeln unterfielen, wurden sie nach dem allgemeinen Verkehrsverständnis wie in der VOB den Mangelschäden zugeordnet. Dies ist nach der Neuregelung des BGB im Zuge der Schuldrechtsmodernisierung inzwischen unbestritten: Denn nunmehr werden **sämtliche Mangelfolgeschäden einheitlich von den Schadensersatzregelungen der §§ 634 Nr. 4, 280 ff. BGB** erfasst (*Palandt/Sprau* § 634 Rn. 8 sowie *Heinrichs* a.a.O., § 280 Rn. 18; *Preussner* BauR 2002, 231, 237 f.; *Voppel* BauR 2002, 843, 852 f.).

Nach der einer Gewährleistungssicherheit zugrunde liegenden Sicherungsabrede ist zu beachten, **27** dass deren Zweck sich nicht darin erschöpft, entstehende Mängelansprüche abzusichern. Vielmehr soll der Auftraggeber nach der Sicherungsabrede bzgl. etwaiger Mängelansprüche für die gesamte Dauer der Mängelhaftung des Auftragnehmers (Gewährleistung) abgesichert sein. Solange demnach die Verjährungsfrist für Mängelansprüche nicht abgelaufen ist und weitere Mängelansprüche in Betracht kommen, kann der Auftragnehmer den Auftraggeber bei auftretenden Mängelschäden nicht auf eine bereits gewährte Sicherheit verweisen. Stattdessen kann der Auftraggeber **trotz einer ihm vorliegenden Sicherheit Mängelbeseitigungskosten gesondert geltend machen** und hierfür auch einen Vorschuss, Kostenerstattung oder Schadensersatz verlangen (OLG Hamm Urt. v. 30.10.1995 17 U 83/94 = BauR 1997, 141 = NJW-RR 1996, 1046).

3. Geänderte oder zusätzliche Leistungen

Vielfach ändert sich der Leistungsumfang eines Bauvertrags aufgrund angeordneter Leistungsände- **28** rungen oder notwendig werdender Zusatzleistungen nach § 1 Nr. 3 und Nr. 4 S. 1 VOB/B. Infolgedessen kann es zu einer Vergütungsanpassung nach § 2 Nr. 5 oder Nr. 6 VOB/B kommen. Soweit eine Sicherungsabrede ausdrücklich oder konkludent bei Vertragserfüllungs- oder Gewährleistungssicherheiten auf den Bauvertrag oder die konkrete Bauleistung Bezug nimmt oder sogar dessen Bestandteil ist, **werden derartige Vertragsänderungen**, die vielfach zu einer Erhöhung der Vergütung führen, ohne weiteres **von dieser Sicherungsabrede erfasst**, d.h.: Der **Auftraggeber ist ohne weitergehende Vereinbarung berechtigt**, bei einer getroffenen Sicherungsabrede dem Grunde nach **auch eine Sicherheit für die geänderte oder zusätzliche Leistung zu verlangen**. Dies wiederum folgt daraus, dass die Bezunahme in der Sicherungsabrede auf den Bauvertrag, soweit dieser unter Geltung der VOB geschlossen wurde, die einseitigen Leistungsanordnungsrechte gemäß § 1 Nr. 3 und 4 S. 1 VOB/B einschließt. Die Möglichkeit der Leistungserweiterung ist daher bereits in der Sicherungsabrede vorgesehen (*Weise* Sicherheiten im Baurecht Rn. 57; *Schmitz/Vogel* ZfIR 2002, 509, 513f.). Dasselbe dürfte auch **außerhalb von VOB-Verträgen** gelten sowie für Anschlussaufträge, die nicht unter § 1 Nr. 3 oder 4 S. 1 VOB/B fallen: Zwar kann der Auftraggeber diese Leistungen nicht einseitig anordnen; führt der Auftragnehmer diese Leistungen allerdings aus, dürfte hierin mangels anderweitiger Absprachen in der Regel gleichzeitig eine **konkludente Erweiterung** des in der Sicherungsabrede verabredeten Umfangs der Absicherung bezogen auf diese Zusatzleistungen liegen. Denn wollten die Parteien im Ausgangsvertrag mit einer Sicherungsabrede eine konkrete Bauleistung bzw. einen mit dieser Bauleistung zu erzielenden Werkerfolg absichern, sind die dieser Sicherungsabrede zugrunde liegenden Willenserklärungen nach §§ 133, 157 BGB in der Regel in der

VOB/B § 17 Nr. 1   Ausdrückliche Vereinbarung, Zweck und Höhe der Sicherheitsleistung

Weise auszulegen, dass die Gesamtleistung mit diesem Werkerfolg auch bei späteren Leistungsänderungen abgesichert werden soll. Demgegenüber erscheint es eher fernliegend, dass nach dem Verständnis der Bauvertragsparteien von einer Sicherungsabrede lediglich ein ggf. nach Fertigstellung des Bauvorhabens verbleibender Torso einer ehemals beauftragten Leistung erfasst werden soll, während die übrigen später hinzugekommenen und zu vergütenden Leistungen ungesichert sein sollen (*Schmitz/Vogel* ZfIR 2002, 509, 513; a.A. *Weise* Sicherheiten im Baurecht Rn. 57, der jedoch nicht klar zwischen Sicherungsabrede und Umfang einer Bürgschaft unterscheidet).

29 Neben einer ggf. konkludenten Erweiterung des mit der Sicherungsabrede abgedeckten Sicherungsumfangs ist **gesondert zu prüfen, ob** eine auf deren Grundlage übergebene **Bürgschaft ebenfalls etwaige Zusatzaufträge oder Leistungsänderungen erfasst**. Dies betrifft vor allem Vertragserfüllungsbürgschaften, weniger Gewährleistungsbürgschaften: Denn Letztere werden in der Regel erst übergeben, wenn die Bauleistung fertig gestellt ist, d.h. der Bürge kennt den Umfang seiner Verpflichtung einschließlich etwaiger Leistungsänderungen. Bei Vertragserfüllungsbürgschaften ist dies nicht der Fall. Denn diese werden zumeist bei Ausführungsbeginn, d.h. vor etwaigen Leistungsänderungen oder Zusatzaufträgen übergeben. Insoweit droht gerade hier eine Kollision mit § 767 Abs. 1 S. 3 BGB: Danach wird die Verpflichtung des Bürgen durch ein Rechtsgeschäft, das der Hauptschuldner nach der Übernahme der Bürgschaft vornimmt, nicht erweitert. Vor diesem Hintergrund wird man zu unterscheiden haben: Zum einen sind Nachtragsleistungen zu beachten, deren vertragliche Grundlage bereits mit dem der Bürgschaft zugrunde liegenden Hauptvertrag gelegt ist und die infolgedessen einseitig vom Auftraggeber verlangt bzw. angeordnet werden können. Diese Nachtragsleistungen werden von einer bereits vorliegenden (Vertragserfüllungs-)Bürgschaft abgedeckt, soweit die Bürgschaft unmittelbar auf diesen Hauptvertrag Bezug nimmt und sich kein anderweitiger Wille aus der Bürgschaft bzw. dem Bürgschaftsvertrag entnehmen lässt. Insoweit fehlt es bereits an einem Rechtsgeschäft des Hauptschuldners im Sinne des § 767 Abs. 1 S. 3 BGB: Denn der Auftraggeber übt mit der Anordnung der Leistungsänderung nach § 1 Nr. 3 und Nr. 4 S. 1 VOB/B lediglich ein Gestaltungsrecht aus (BGH Urt. v. 14.7.1994 VII ZR 186/93 = BauR 1994, 760, 761 = NJW-RR 1995, 80, 81 = ZfBR 1995, 15, 16; MüKo/*Thode* 4. Aufl. § 305 BGB Rn. 51 m.w.N.), das ihm bereits mit dem über die Bürgschaft abgesicherten Bauvertrag eingeräumt ist (*Staudinger/Horn* § 767 Rn. 42; unklar *Palandt/Sprau* § 767 Rn. 3); das Risiko einer Ausübung dieses Gestaltungsrechts hat der Bürge durch Übernahme der Bürgschaft unter Bezugnahme auf den konkreten Bauvertrag mit Geltung der VOB mit übernommen. Eine solche Sichtweise verstößt auch nicht (so aber OLG München Urt. v. 23.3.2004 9 U 4089/03 = BauR 2004, 1316, 1318) gegen den im Bürgschaftsrecht geltenden Bestimmtheitsgrundsatz. Denn dieser Grundsatz schützt den Bürgen keinesfalls vor der Eingehung unüberschaubarer oder unkontrollierter Belastungen (MüKo/*Habersack* § 765 BGB Rn. 69). Dem Erfordernis der Bestimmbarkeit der verbürgten Forderung wird daher schon dann genügt, wenn dies im Bürgschaftsvertrag so bezeichnet ist, so dass Gewissheit über die Einbeziehung in das vom Bürgen übernommene Risiko besteht. Demzufolge ist also ohne Weiteres mit dem Bestimmtheitserfordernis zu vereinbaren z.B. eine Bürgschaft für sämtliche Forderungen eines bestimmten Gläubigers gegen einen bestimmten Schuldner aus einer bestimmten Geschäftsverbindung, aber auch eine Bürgschaft für alle nur irgendwie denkbaren Verbindlichkeiten des Hauptschuldners ohne sachliche Begrenzung (BGH Urt. v. 18.5.1995 IX ZR 108/94 = BGHZ 130, 19, 21 f. = NJW 1995, 2553). Es bedarf danach keiner weiteren Erläuterung, dass die Beschränkung eines Sicherungszwecks auf einen konkreten Bauvertrag, allerdings verbunden mit der dem Bürgen bekannten Option des Auftraggebers, konkret dieses Bauvorhaben betreffende notwendige Zusatzleistungen oder Leistungsänderungen anzuordnen, nur ein Minus gegenüber dem darstellt, was die Rechtsprechung auch ansonsten mit dem Bestimmtheitsgrundsatz als vereinbar ansieht. **Folglich werden daher von einer Bürgschaft sämtliche Leistungsänderungen und -anordnungen bei VOB-Verträgen gemäß § 1 Nr. 3 und Nr. 4 S. 1 VOB/B sowie bei allen VOB- und BGB-Verträgen abgedeckt, soweit sich der Auftraggeber darauf hat eine Option einräumen lassen.** Demgegenüber werden keine Leistungsänderungen erfasst, die darüber hinausgehen und mit denen der Bürge bei Hergabe seiner Bürgschaft nicht rechnen musste. Hierzu zählen bei VOB-Verträgen Leistungsänderungen gemäß § 1 Nr. 4 S. 2 VOB/B sowie alle nachträglichen Leistungsänderungen bei BGB-Verträgen (*Thierau* Jahrbuch Baurecht 2000 S. 66 ff., 74 f., 80; *Thierau* in *Kapellmann/Messerschmidt* § 17 VOB/B Rn. 64 ff.; *Weise* Sicherheiten im Baurecht Rn. 57, der allerdings auch sämtliche Nachtragsleistungen gemäß § 1 Nr. 4 S. 2 VOB/B einbeziehen will; wohl auch *Palandt/Sprau* § 767 Rn. 3, der Leistungserweiterungen als von der Bürgschaft umfasst ansieht, die bereits im ursprünglichen Vertrag mit angelegt sind [was bei Vertragserweiterungen nach § 1 Nr. 3 und Nr. 4 der Fall ist]; zweifelnd: *Schmitz/Vogel* ZfIR 2002, 509, 516; a.A.: OLG München Urt. v. 23.3.2004 9 U 4089/03 = BauR 2004, 1316, 1317; *Maser* FS Jagenburg S. 557, 563 ff.; *Heiermann/Riedl/Rusam* § 17 VOB/B Rn. 27 a.E.). Etwas anderes gilt ebenfalls, wenn der Bürge in der Bürgschaft **ausdrücklich oder zumindest mittelbar klargestellt** hat, dass er eine **Leistungserweiterung nicht mit übernehmen** will. Dies ist z.B. der Fall, wenn in der Bürgschaft der Sicherungsgegenstand durch die Bezugnahme auf den Bauvertrag und einzelne konkret genannte Nachträge beschrieben werden: Hier wird man im Umkehrschluss davon ausgehen können, dass weitere Nachträge nicht mit abgedeckt werden sollen (OLG Braunschweig Urt. v. 2.2.1998 3 U 124/97 = BauR 1999, 72 [Ls.] = IBR 1998, 370, wobei bei dieser Entscheidung nicht deutlich wird, ob ein VOB-Vertrag zugrunde lag; wohl auch OLG Frankfurt Urt. v. 29.5.2002 4 U 11/01 = IBR 2002, 478).

4. Weitere Zweckbestimmung

Den Parteien eines VOB-Bauvertrages bleibt es unbenommen, nicht nur allgemein eine Sicherheitsleistung in Anlehnung an § 17 VOB/B zu vereinbaren. Vielmehr können sie auch **den Zweck einer Sicherheit** über das o.g. Maß hinaus **erweitern oder beschränken**. Hierfür bedarf es im jeweiligen Einzelfall inhaltlich zweifelsfreier, ausdrücklicher und gesonderter vertraglicher Absprachen; sie finden sich zumeist in Besonderen oder Zusätzlichen Vertragsbedingungen. Erweiterungen sind so z.B. vorstellbar, wenn die Sicherheitsleistung auch Vorauszahlungen des Auftraggebers oder die gerade ausgeschlossenen Überzahlungen aus dem Vergütungsbereich (vgl. oben Rn. 18) erfassen soll. Derartige Vereinbarungen sind zulässig. Sie greifen weder in die Ausgewogenheit der VOB ein, noch sind sie aus AGB-rechtlichen Gründen bedenklich. Umgekehrt ist eine Beschränkung z.B. auf eine reine Mängelsicherheit für Ansprüche nach der Abnahme (Gewährleistungssicherheit) möglich. Insoweit gewinnt o.g. Unterscheidung an Bedeutung, welche Ansprüche des Auftraggebers durch eine derart beschränkte Sicherheitsleistung abgedeckt sind (siehe oben Rn. 22 ff.).

Innerhalb einer Sicherungsart können die Parteien ebenfalls **einschränkende Vereinbarungen** treffen: So ist es etwa bei einer Gewährleistungssicherheit, vor allem bei einer Gewährleistungsbürgschaft, vorstellbar, dass die Bauvertragsparteien Ansprüche auf Vorschusszahlung ausschließen: Hierfür reicht jedoch allein eine Formulierung in der Bürgschaftsurkunde, der Auftragnehmer könne nur auf Bezahlung der Mängelbeseitigungskosten in Anspruch genommen werden, nicht aus (OLG Frankfurt Urt. v. 29.1.1986 17 U 174/84 = BauR 1987, 101 = NJW-RR 1987, 82 = ZfBR 1986, 286); denn eine solche Formulierung schränkt allenfalls den Umfang der Bürgschaft ein, schließt jedoch eine Vereinbarung aus der Sicherungsabrede zur Abdeckung von Mängelansprüchen nicht aus, zu denen der Vorschussanspruch unstreitig gehört. Auch der Ausschluss einer Haftung für bei Abnahme bekannte Mängel ist möglich: Dabei genügt jedoch nicht die Formulierung, dass die Leistung in Übereinstimmung mit den vertraglichen Bestimmungen fertig gestellt worden sei (OLG Frankfurt a.a.O.).

II. Höhe der Sicherheitsleistung

Den Vertragspartnern ist **dringend anzuraten, die Höhe der Sicherheitsleistung zu bestimmen**, um später Unzuträglichkeiten oder gar Streitigkeiten zu vermeiden. Zwingend ist dies für die Wirksamkeit einer Sicherungsabrede jedoch nicht. Denn ist eine Bestimmung der Höhe unterblieben, ist

VOB/B § 17 Nr. 1 Ausdrückliche Vereinbarung, Zweck und Höhe der Sicherheitsleistung

regelmäßig der Auftraggeber befugt, die Höhe nach § 316 BGB vorzugeben (vgl. hierzu § 14 VOB/A Rn. 14; ebenso wie hier: *Kleine-Möller* in Handbuch des privaten Baurechts § 2 Rn. 557; *Praun/Merl* a.a.O. § 12 Rn. 1262; *Werner/Pastor* Rn. 1262; *Heiermann/Riedl/Rusam* § 14 VOB/A Rn. 8; *Franke/Kemper/Zanner/Grünhagen* § 17 VOB/B Rn. 13; wohl auch *Weick* in *Nicklisch/Weick* § 17 VOB/B Rn. 18; *Siegburg* Handbuch der Gewährleistung Rn. 2493, a.A. *Thierau* in *Kapellmann/Messerschmidt* § 17 VOB/B Rn. 85 f., der eine solche Sicherungsabrede für unwirksam hält). Demgegenüber scheidet eine automatische Anlehnung an die Prozentgrößen des § 14 VOB/A aus (so aber Beck'scher VOB-Komm./*I. Jagenburg* Vor § 17 VOB/B Rn. 27): Diese Vorschrift gilt nur für das Vergabeverfahren und hat keinen Einfluss auf geschlossene Verträge. Ist für eine wirksame Sicherungsabrede die Bestimmung der Höhe nicht erforderlich, muss die Höhe einer Sicherheitsleistung erst recht nicht in einem genauen Betrag festgelegt werden; vielmehr genügt die Angabe eines Richtpunktes. So ist es üblich, die **Höhe der Sicherheitsleistung anhand eines bestimmten Prozentsatzes** der Vergütung des Auftragnehmers **zu vereinbaren** (vgl. auch § 14 Nr. 2 S. 2 und 3 VOB/A).

33 Bei der **Vereinbarung der Höhe einer Sicherheitsleistung** bestehen – soweit eine **Individualvereinbarung** vorliegt – mit Ausnahme der allgemeinen Schranken der Sittenwidrigkeit keine Grenzen. Anders bei **AGB des Auftraggebers**: Hier muss der Auftraggeber darauf achten, dass er den Auftragnehmer nicht im Übermaß belastet. Die Grenzen des § 14 Nr. 2 VOB/A gelten zwar insoweit nicht kraft vertraglicher Vereinbarung, bilden aber für die Beurteilung der Angemessenheit einer Vereinbarung zu einer Sicherheitsleistung in Bezug auf deren Höhe einen tragfähigen Anhaltspunkt (vgl. auch die Erläuterungen zu § 14 VOB/A Rn. 15 ff.). Danach sind Vertragserfüllungssicherheiten in Höhe von 5% der Auftragssumme bzw. Sicherheiten für Mängelansprüche in Höhe von 3% der Abrechnungssumme unproblematisch. Jede Vereinbarung, die über diese Sätze hinausgeht, muss daraufhin überprüft werden, ob hierin eine übermäßige Belastung des Auftragnehmers liegt. Dabei hat die Rechtsprechung bisher ohne Einschränkung eine Sicherheit bei Gewährleistungssicherheiten von 5% der Bruttoschlussrechnungssumme oder auch der Baussumme als unproblematisch angesehen (BGH Urt. v. 26.2.2004 VII ZR 247/02 = BauR 2004, 841 = NJW-RR 2004, 814 = NZBau 2004, 323 = ZfBR 2004, 372; Urt. v. 13.11.2003 VII ZR 57/02 = BGHZ 157, 29 = BauR 2004, 325 = NJW 2004, 443 = NZBau 2004, 145 = ZfBR 2004, 250; a.A. *Schmitz/Vogel* ZfIR 2002, 509, 514 f., die sich wenn auch nicht ausdrücklich, wohl aber von der Höhe an der 5%-Grenze für eine Gewährleistungssicherheit orientieren). Die Angabe eines bestimmten Prozentsatzes als maximal zulässige Obergrenze ist allerdings wenig hilfreich, weil das Sicherungsbedürfnis des Auftraggebers im Einzelfall von der Art der Bauleistung und diverser Rahmenumstände abhängen kann. So kann der Auftraggeber z.B. bei besonders mangelanfälligen Gewerken (z.B. bei Flachdächern) oder neuen bisher nicht erprobten Bautechniken durchaus berechtigt sein, eine höhere Sicherheit zu verlangen als bei anderen Bauleistungen. Die **zulässige Obergrenze** für eine Sicherheitsleistung dürfte jedoch in der Regel überschritten sein, wenn die Sicherheitsleistung **10% der Auftragssumme (bei Vertragserfüllungssicherheiten)** bzw. **der Abrechnungssumme (bei Mängelsicherheiten)** überschreitet (so auch OLG Frankfurt Urt. v. 19.11.1992 5 U 65/91 = BauR 1993, 375 [Ls.]; *Korbion/Locher* Rn. 236). Letzteres gilt umso mehr, als der Auftraggeber mit der Abnahme die erbrachte Bauleistung im Wesentlichen als vertragsgerecht, somit zumindest vorläufig als erfüllt, entgegengenommen hat. Erst recht kann eine Klausel in AGB des Auftraggebers – lässt man besonders krasse und kaum vorstellbare Ausnahmefälle außer Betracht – in der Regel keinen Bestand haben, die neben der Stellung einer Vertragserfüllungssicherheit von 10% darüberhinaus dem Auftraggeber das Recht einräumt, zusätzlich von jeder Zahlung 10% als weitere Sicherheit einzubehalten (*Korbion/Locher* Rn. 236; *Schmitz/Vogel* ZfIR 2002, 509, 514; in diesem Sinne wohl auch zu verstehen OLG Brandenburg Urt. v. 16.3.1999 11 U 107/98 = BauR 2001, 1450, 1451, das allerdings über einen Fall zu entscheiden hatte, bei dem eine Vertragserfüllungsbürgschaft von 20% zzgl. eines Sicherheitseinbehaltes von 10% vereinbart war: rechtskräftig nach Nichtannahme der Revision, BGH Beschl. v. 20.7.2000 VII ZR 127/99).

34 Unklar ist vielfach, auf welcher Bemessungsgrundlage sich ein im Vertrag zur Bestimmung einer Sicherheitsleistung genannter Prozentsatz beziehen soll. Hier ist in erster Linie zu prüfen, ob eine dies-

bezügliche Klausel, falls es sich um AGB handelt, nicht wegen **Verstoßes gegen das Transparenzprinzip** (§ 307 Abs. 1 S. 2 BGB) unwirksam ist. Sodann dürfte aber häufig vorrangig im Wege der Auslegung – ggf. auch unter Rückgriff auf § 14 Nr. 2 S. 2 und 3 VOB/A – festzustellen sein, dass zumindest im Rahmen der Ausschreibung die Sicherheitsleistung für die Vertragserfüllung an die **Auftragssumme** anzulehnen ist, während es bei der Bestimmung der Höhe einer Gewährleistungssicherheit um die Bezugsgröße **Abrechnungssumme** geht. Bezieht sich die Prozentangabe auf den voraussichtlichen oder geschätzten Gesamtauftragswert, ist auf die voraussichtliche Auftragssumme bei Vertragsschluss abzustellen. Dabei kann – sollte sich die **Auftragssumme während der Baumaßnahme deutlich reduzieren** – eine Sicherungsabrede konkludent dahingehend auszulegen sein, dass in diesem Fall der Auftragnehmer eine entsprechende Reduzierung der Sicherheit verlangen kann (OLG Frankfurt Urt. v. 11.1.2006 = BauR 2006, 735).

Bei der Angabe von Prozentgrößen ist jeweils weiter zu prüfen, ob die Bezugsgröße (Auftragssumme, Abrechnungssumme u.a.) mit oder ohne **Mehrwertsteuer** zu berechnen ist. Zumindest außerhalb des Anwendungsbereichs des § 13b UStG wird man – da die Vergütung des Auftragnehmers in der Regel einschließlich oder zuzüglich Mehrwertsteuer vereinbart wird – für die Berechnung der Sicherheitsleistung auf den **Bruttobetrag mit Mehrwertsteuer** abstellen müssen (siehe zum Begriff der Auftragssumme als Bruttosumme: OLG Düsseldorf Urt. v. 9.11.1971 20 U 56/71 = BauR 1972, 121 und OLG Karlsruhe Urt. v. 23.11.1971 8 U 20/71 = BauR 1972, 243, 244 = NJW 1972, 451f; wie hier ebenso: Beck'scher VOB-Komm./*I. Jagenburg* Vor § 17 VOB/B Rn. 30; *Heiermann/Riedl/Rusam* § 17 VOB/B Rn. 12; *Thierau* in *Kapellmann/Messerschmidt* § 17 VOB/B Rn. 87). Diese Sichtweise trägt dem Vertragswillen der Parteien im Einzelfall hinreichend Rechnung. Demgegenüber kommt es auf eine zusätzliche – zumeist umständliche – Ermittlung, etwa dahin gehend, wie es die Parteien bei früheren Aufträgen gehandhabt haben oder wie es am betreffenden Ort oder Geschäftszweig (welchem?) üblich ist, nicht an. Vorstehende Grundsätze gelten auch im **Anwendungsbereich des § 13b UStG, d.h. vor allem im Subunternehmerverhältnis.** Auch hier ist, soweit zur Bestimmung der Höhe der Sicherheitsleistung (nur) auf die Vergütung Bezug genommen wird, in der Regel die **Bruttovergütung** gemeint. Denn § 13b UStG regelt nur die Frage, wer die Umsatzsteuer letztlich zu zahlen hat (so zu Recht *Groß* BauR 2005, 1084, 1085 f.; a.A. *Döhler* BauR 2006, 14, 16 f.; unklar insoweit *Theurer* BauR 2006, 7, die diese Differenzierung nicht vornimmt). Dies ist jedoch nur die steuerrechtliche Seite; sie ist zu trennen von der Frage, welche Vergütung im Verhältnis der Parteien untereinander vereinbart worden ist. Hier gilt wie auch sonst das Bruttopreisprinzip, d.h.: Solange etwa ohne Ausweis der Umsatzsteuer, was in einem Bauvertrag nicht zwingend ist, ein Preis festgelegt wird, handelt es sich dabei um den Bruttopreis einschließlich Umsatzsteuer, und zwar auch unter Gewerbetreibenden (BGH Urt. v. 11.5.2001 V ZR 492/99 = NJW 2001, 2464; Urt. v. 28.2.2002 I ZR 318/99 = NJW 2002, 2312; OLG Oldenburg Urt. v. 19.6.1969 1 U 20/69 = NJW 1969, 1486, 1487; OLG München Urt. v. 13.1.1970 5 U 2419/69 = NJW 1970, 661; OLG Karlsruhe Urt. v. 23.11.1971 8 U 20/71 = NJW 1972, 451; wohl auch: OLG Düsseldorf Urt. v. 27.2.1976 16 U 82/75 = NJW 1976, 1268 – f. die Literatur: *Werner/Pastor* Rn. 1270; *Kniffka/Koeble* 5. Teil Rn. 65; Beck'scher VOB-Komm/*Jagenburg* § 2 Nr. 1 VOB/B Rn. 74 – a.A. für einen dagegen stehenden Handelsbrauch, dass Gewerbetreibende grundsätzlich nur Netto-Preise vereinbaren: OLG Köln Urt. v. 18.1.1971 10 U 4/70 = NJW 1971, 894). Dies ist dann gleichzeitig die Auftragssumme, von der der Auftraggeber als Leistungsempfänger bei der Bezahlung aufgrund der Regelung in § 13b UStG einen Teil nun nicht mehr unmittelbar an den Auftragnehmer zu zahlen hat, sondern im Wege der Vereinfachung (und besseren Steuerkontrolle) diesen Teil als Umsatzsteuer selbst abzuführen hat. All dies ändert jedoch nichts daran, dass es sich hierbei weiterhin um einen Vergütungsanteil einer Gesamtauftragssumme handelt (*Groß* a.a.O.). Dies zeigt sich letztlich daran, dass der Auftragnehmer nach § 14a Abs. 5 UStG auf der Rechnung auf diese Abführungspflicht hinzuweisen hat. Auch der neu eingefügte S. 2 in § 17 Nr. 6 VOB/B ändert daran nichts: Denn diese Regelung bezieht sich nur auf Abzüge von effektiv fließenden Zahlungen, d.h. die Höhe des Sicherheitseinbehaltes, nicht aber auf die zuvor zu stellende Frage nach der Höhe der vereinbarten Sicherheitssumme (vgl. § 17 Nr. 6 Abs. 1 S. 1

VOB/B). Zusammengefasst gilt danach: Haben sich die Parteien auf eine Prozentgröße unter Bezugnahme auf die Auftragssumme, i.e. die dort vereinbarte Bruttovergütung, geeinigt (z.B. 5% auf eine Bruttovergütung von 119.000 €), ist dies gleichzeitig der Maßstab in den Fällen, in denen der Auftragnehmer nach § 13b UStG später nur Netto-Rechnungen stellt. Die Gesamthöhe der vereinbarten Sicherheitsleistung beläuft sich somit auf 5.950 €. Soll dieser Betrag im Wege des Sicherheitseinbehaltes einbehalten werden und leistet der Auftraggeber dazu zehn Abschlagszahlungen in jeweils gleicher Höhe, beläuft sich – da nach § 13b UStG nur der Nettobetrag zu zahlen ist – jede Zahlung bei einem Mehrwertsteuersatz von 19% auf 10.000 €. Von diesen Zahlungen darf der Auftraggeber nunmehr nach § 17 Nr. 6 Abs. 1 S. 1 VOB/B jeweils 10% einbehalten, d.h. maximal 1.000 €, und zwar dann in der Gesamtsumme so viel, bis die vereinbarte Sicherungssumme von 5.950 € erreicht ist.

35a Nehmen Gewerbetreibende, die unter § 13b UStG fallen, für die Berechnung einer prozentual zu berechnenden Sicherheitsleistung auf die (geprüfte) **Abrechnungs- oder Schlussrechnungssumme** Bezug, wird man in diesem Fall allerdings als Bemessungsgrundlage zur Berechnung der geschuldeten Sicherheitsleistung nur noch von der **effektiv zu zahlenden Netto-Vergütung** auszugehen haben. Zwar ließe sich mit denselben Argumenten wie vorstehend ebenfalls vertreten, dass der Umsatzsteueranteil, der vom Auftraggeber abzuführen ist, letztlich noch Bestandteil der Vergütung des Auftragnehmers ist (so etwa *Groß* BauR 2005, 1084). Gleichwohl kann nicht auf diese hinter der Netto-Rechnung stehende Brutto-Vergütung zurückgegriffen werden (wie hier *Theurer* BauR 2006, 7; *Döhler* BauR 2006, 14, 16). Denn die Bauvertragsparteien haben etwas anderes vereinbart, wenn sie für die Berechnung der prozentual zu ermittelnden Sicherheitsleistung auf die Rechnungssumme Bezug nehmen. Diese beläuft sich nun einmal – selbst im Fall der lediglich erfolgenden Umsatzsteuerverlagerung auf den Auftraggeber – nur auf den Netto-Betrag, der dann auch maßgeblich ist als Bemessungsgrundlage für die prozentual zu berechnende Sicherheitsleistung. **Etwas anderes** dürfte immerhin gelten, wenn die Bauvertragsparteien im Anwendungsbereich des § 13b UStG zur prozentualen Ermittlung der Höhe der Sicherheitsleistung auf die »**Brutto-Abrechnungssumme**« Bezug genommen haben. Eine solche Regelung ist im Anwendungsbereich des § 13b UStG zumindest auslegungsbedürftig. Denn tatsächlich gibt es ja eine solche Bruttoabrechnungssumme überhaupt nicht mehr, so dass eine solche Regelung in den AGB des Auftraggebers ggf. intransparent sein könnte. Diese Bedenken mag man jedoch zurückstellen, weil durch die Bezugnahme auf die nicht mehr existierende Bruttorechnungssumme gleichwohl eindeutig klar ist, was gemeint bzw. wie die Höhe der Sicherheitsleistung zu ermitteln ist: Denn hier ist tatsächlich analog der in Rn. 35 beschriebenen Vorgehensweise die Höhe der Sicherheitsleistung in Anlehnung an ein auf die Rechnungssumme fiktiv zu ermittelndes Rechnungsbrutto zu berechnen (so auch *Döhler* BauR 2006, 14, 16).

C. Vereinbarungen zur Sicherheitsleistung; AGB-Inhaltskontrolle

I. Individualvereinbarungen

36 Die Parteien sind im Rahmen ihrer Vertragsfreiheit weitgehend frei, die von ihnen gewollte Sicherheitsleistung in der Sicherungsabrede vertraglich zu gestalten. Spezielle Formvorgaben bestehen nicht, es sei denn, der Gesamtvertrag ist aus anderen Gründen ohnehin zu beurkunden (vgl. oben Rn. 11).

Inhaltlich bestehen keine Bedenken, in Individualvereinbarungen beliebige Regelungen zu der Art und Weise der Sicherheit, zu deren **Höhe und deren Zweck oder in sonstiger Weise zuzulassen,** die von den §§ 232–240 BGB oder von § 17 Nr. 2–8 VOB/B abweichen. Der Parteivereinbarung sind **bei Individualverträgen** nur insoweit Schranken gesetzt, als eine Sicherungsabrede weder gegen gesetzliche Verbote (§ 134 BGB) noch gegen die guten Sitten (§ 138 BGB) verstoßen darf. Die Parteien können danach z.B. ohne weiteres das dem Auftragnehmer nach § 232 BGB sowie speziell nach

Ausdrückliche Vereinbarung, Zweck und Höhe der Sicherheitsleistung **§ 17 Nr. 1 VOB/B**

§ 17 Nr. 2 VOB/B zustehende **Wahlrecht** hinsichtlich der **Art** der Sicherheitsleistung **ausschließen,** indem sie diese bauvertraglich **fest oder anders bestimmen.** In allen Fällen, in denen über Einzelheiten der Sicherheitsleistung in der Sicherungsabrede gesonderte Vereinbarungen getroffen worden sind, gehen diese § 17 VOB/B vor (ebenso BGH Urt. v. 12.7.1979 VII ZR 174/78 = BauR 1979, 525 = SFH § 16 Ziff. 2 VOB/B Nr. 13 = MDR 1980, 136 = ZfBR 1979, 207 = LM § 16 B VOB/B Nr. 3).

II. AGB-Inhaltskontrolle

Soweit vor allem mit den Zusätzlichen Vertragsbedingungen Allgemeine Geschäftsbedingungen vorliegen, muss eine hierin enthaltene von der VOB abweichende oder diese ergänzende vertragliche Sicherungsabrede einer AGB-Inhaltskontrolle standhalten. Dies gilt jedoch nur, soweit sich die ggf. **kritische Klausel in einem Bedingungswerk des Auftraggebers, d.h. desjenigen findet, der die Sicherheit fordert**. Demgegenüber findet eine AGB-Kontrolle nicht statt, wenn sich die ggf. kritische AGB-Klausel in dem Vertragswerk des Auftragnehmers, d.h. desjenigen findet, der aus der Sicherungsabrede verpflichtet werden soll (st. Rspr.: BGH Urt. v. 4.12.1986 VII ZR 354/85 = BGHZ 99, 160, 161 = BauR 1987, 205, 207 = NJW 1987, 837, 838; Urt. v. 2.4.1998 IX ZR 79/97 = BauR 1998, 634, 635 = NJW 1998, 2280, 2281 = ZfBR 1998, 237, 238; *Ulmer* in Ulmer/Brandner/Hensen § 1 Rn. 26 f.). 37

Maßstab einer AGB-rechtlichen Inhaltskontrolle für Sicherungsabreden ist zumeist **§ 307 BGB.** Unwirksam sind danach vor allem Klauseln, in denen ein **Übermaß an Sicherheitsleistung** vereinbart wurde (siehe dazu u.a. auch *Siegburg* ZfIR 2004, 89). Hiervon sind Regelungen betroffen, in denen sich der Auftraggeber durch die Art der Sicherungsleistung faktisch ein (verdecktes) zusätzliches Finanzierungsmittel verschafft oder durch die Sicherheitsvereinbarung das Insolvenzrisiko des Auftragnehmers unzumutbar erhöht wird. Allgemein geht es dabei um Vereinbarungen, die die in § 17 VOB/B zugunsten des Auftragnehmers bestehenden Schutzrechte einschränken oder gar ausschließen, hier vor allem das Recht des Auftragnehmers zur Ablösung eines Bareinbehaltes durch Bankbürgschaft (§ 17 Nr. 3), die Verpflichtung des Auftraggebers zur Einzahlung des Einbehaltes auf ein Sperrkonto (§ 17 Nr. 5 S. 1, Nr. 6 Abs. 1 S. 3 VOB/B) sowie zur Verzinsung des Sicherheitseinbehaltes (§ 17 Nr. 5 S. 2 VOB/B). Ein besonders weites Feld für unwirksame AGB-Klauseln ist auch bei der Forderung von **Bürgschaften auf erstes Anfordern** anzutreffen. Eine Einzelkommentierung dazu findet sich bei den Erläuterungen zu § 17 Nr. 4 VOB/B Rn. 58 ff. 38

1. Unzulässige Vereinbarungen

Bezüglich der **zulässigen Höhe eines Sicherheitseinbehaltes** liefert § 14 Nr. 2 VOB/A einen Anhaltspunkt. Zwar stellen die dort erwähnten 5% bzw. 3% keine absolute Grenze nach oben dar. Sie können z.B. überschritten werden, wenn die Sicherheitsleistung vereinbarungsgemäß sowohl der Absicherung von Rückzahlungsansprüchen des Auftraggebers wegen Überzahlung als auch der Sicherung von Gewährleistungsansprüchen dient. Demgegenüber dürfte das allgemeine Verlangen einer **Sicherheitsleistung** in AGB, also ohne nähere Darlegung eines rechtfertigenden Grundes für den Einzelfall, **in Höhe von mehr als 10%** der Auftrags- oder Abrechnungssumme **gegen § 307 BGB** verstoßen. Eine darauf gerichtete Vereinbarung wäre somit auch gegenüber Unternehmen unwirksam (siehe dazu schon oben Rn. 33). 39

Unwirksam sind ferner Vertragsklauseln, die den Auftragnehmer hinsichtlich der **Art der Sicherheitsleistung** überfordern, insbesondere weil sie das dem Auftragnehmer nach Nr. 3 grundsätzlich zustehende **Wahl- und Austauschrecht** im Übermaß **beschränken.** So sehen viele von Auftraggebern gestellte Allgemeine Geschäftsbedingungen unter Ausschluss des § 17 VOB/B, d.h. besonders der Pflicht des Auftraggebers, einen Einbehalt auf ein Sperrkonto zu zahlen, einen z.B. 5%-Gewährleistungseinbehalt vor, den der Auftragnehmer **ausschließlich durch eine selbstschuldnerische unbefristete Bürgschaft auf erstes Anfordern** ablösen darf. Derartige Vereinbarungen verstoßen we- 40 gen übermäßiger Benachteiligung des Auftragnehmers gegen § 307 BGB. Denn eine Bürgschaft auf erstes Anfordern als einzige Ablösemöglichkeit stellt zugunsten des Auftragnehmers keinen adäquaten Ausgleich für einen zinslosen Bareinbehalt dar. Die Unwirksamkeit der Sicherungsabrede führt sogar dazu, dass ein Auftragnehmer eine gleichwohl zunächst hingegebene Bürgschaft gemäß § 812 Abs. 1 S. 1 BGB zurückfordern kann (BGH Urt. v. 5.6.1997 VII ZR 324/95 = BGHZ 136, 27, 30 ff. = BauR 1997, 829 = NJW 1997, 2598, 2599 = ZfBR 1997, 292; Urt. v. 8.3.2001 IX ZR 236/00 = BGHZ 147, 99, 105 f. = BauR 2001, 1093, 1095 = NJW 2001, 1857, 1858 = ZfBR 2001, 319, 321 = NZBau 2001, 311, 312; Urt. v. 16.5.2002 VII ZR 494/00 = BauR 2002, 1392 = ZfBR 2002, 677 = NJW-RR 2002, 1311; Urt. v. 9.12.2004 VII ZR 265/03 = BauR 2005, 539, 540 = NJW-RR 2005, 458, 459 = NZBau 2005, 219, 220 = ZfBR 2005, 255 für eine Sicherheitenabrede eines öffentlichen Auftraggebers – vgl. allgemein auch zur Beschränkung des nach § 17 Nr. 3 VOB/B bestehenden Austauschrechts ausführlich Erläuterungen bei § 17 Nr. 3 VOB/B Rn. 11 ff.; siehe zur Vereinbarung einer Bürgschaft auf erstes Anfordern Erläuterungen bei § 17 Nr. 4 VOB/B Rn. 33 ff.). Nichts anderes gilt für **Vertragserfüllungssicherheiten**, soweit der Auftragnehmer gezwungen ist, zu Beginn der Bauleistung eine Vertragserfüllungsbürgschaft auf erstes Anfordern zu hinterlegen (BGH Urt. v. 18.4.2002 VII ZR 192/01 = BGHZ 150, 299, 303 = BauR 2002, 1239, 1240 f. = NZBau 2002, 494 = NJW 2002, 2388, 2389 = ZfBR 2002, 669, 670; Urt. v. 4.7.2002 VII ZR 502/99 = BauR 2002, 1533, 1535 = NZBau 2002, 559, 560 = NJW 2002, 3098, 3099 = ZfBR 2002, 784, 785; Urt. v. 24.10.2002 IX ZR 355/00 = BauR 2003, 246, 247 = NJW 2003, 352, 353 = ZfBR 2003, 143, 144 = ZfIR 2003, 16, 17; OLG München Urt. v. 28.3.2001 27 U 940/00 = BauR 2001, 1618, 1620; ebenso für Sicherungsklauseln der öffentlichen Auftraggeber: BGH Urt. v. 25.3.2004 VII ZR 453/02 = BauR 2004, 1143, 1144 = NJW-RR 2004, 880, 881 = NZBau 2004, 322 = ZfBR 2004, 550, 551; vgl. dazu ausführlich die Kommentierung bei § 17 Nr. 4 VOB/B Rn. 64 ff.). Zulässig sind hingegen Sicherungsabreden, die einen Sicherheitseinbehalt von 5% der Bausumme für die Dauer einer fünfjährigen Gewährleistungsfrist vorsehen, **ablösbar durch eine selbstschuldnerische, unbefristete Bürgschaft** (BGH Urt. v. 13.11.2003 VII ZR 57/02 = BGHZ 157, 29, 31 = BauR 2004, 325, 326 = NJW 2004, 443 = NZBau 2004, 145 = ZfBR 2004, 250). Wird die Ablösung hingegen zusätzlich davon abhängig gemacht, dass keine wesentlichen Mängel vorliegen, liegt wiederum eine so weitgehende Beschränkung des Austauschrechts vor, dass eine solche Klausel keinen Bestand haben kann (BGH a.a.O.).

41 Vorstehende Erläuterungen machen deutlich, dass selbstverständlich auch eine Vereinbarung an § 307 BGB scheitert, die dem Auftraggeber **für die Dauer der Gewährleistung unter Ausschluss des § 17 VOB/B ein Recht zum zinslosen Sicherheitseinbehalt** einräumen soll. Dies entspricht schon lange der herrschenden Meinung: Denn mit der Abnahme werden gemäß § 641 Abs. 1 S. 1 BGB 100% der Vergütung fällig. Demgegenüber würde es ein zinsloser Einbehalt ohne die Verpflichtung, diesen auf einem Sperrkonto verzinslich zugunsten des Auftragnehmers anzulegen, dem Auftraggeber ermöglichen, unter gleichzeitiger Erhöhung des Insolvenzrisikos fremdes Geld ohne Kosten in Anspruch zu nehmen und mit diesem zu wirtschaften (OLG Hamm Urt. v. 19.1.1988 21 U 110/87 = BauR 1988, 731 = NJW-RR 1988, 726; OLG Karlsruhe Urt. v. 5.10.1988 7 U 189/87 = BauR 1989, 203, 204; OLG München Urt. v. 15.10.1991 9 U 2951/91 = BauR 1992, 234 m. Anm. *Koppmann* = NJW-RR 1992, 218 f.; OLG Zweibrücken Urt. 10.3.1994 4 U 143/93 = BauR 1994, 509, 512 = NJW-RR 1994, 1363).

42 Bei der Verwendung von Allgemeinen Geschäftsbedingungen im Zusammenhang mit Sicherungsabreden ist darauf zu achten, dass diese aus Sicht des Vertragspartners klar und bestimmt sein müssen. **Unklarheiten gehen** nach § 305c Abs. 2 BGB **zu Lasten des Verwenders**, bei dem es sich bei Vereinbarungen zur Sicherheitsleistung gemäß § 17 VOB/B in der Regel um den Auftraggeber handelt. Ist insoweit die **Klausel nicht hinreichend klar und verständlich**, gilt sie als unangemessen und ist **wegen Verstoßes gegen das Transparenzgebot unwirksam** (§ 307 Abs. 1 S. 2 BGB). Bedeutung gewinnt diese Rechtsfolge vor allem in Bauverträgen, in denen sich der Auftraggeber im Nachhinein die Bestimmung der Art und Weise der Sicherheitsleistung (in Abweichung von § 17 Nr. 3 VOB/B) vorbehält. So ist etwa eine AGB-Klausel wegen Verstoßes gegen das Transparenzgebot un-

wirksam, mit der zum einen ein Sicherheitseinbehalt von 5% vorgesehen und zum anderen dem Auftragnehmer unter Ausschluss aller sonstigen Austauschrechte nur die Möglichkeit eingeräumt wird, den Einbehalt durch eine **Bürgschaft »nach Muster des Auftraggebers«** abzulösen. Denn mit einer solchen Klausel könnte der Auftraggeber nicht nur eine gewöhnliche selbstschuldnerische Bürgschaft fordern, sondern darüber hinaus auch eine Bürgschaft auf erstes Anfordern. Eine solche Beschränkung des Austauschrechtes wäre jedoch nach der inzwischen gefestigten Rechtsprechung des Bundesgerichtshofs unwirksam (BGH Urt. v. 2.3.2000 VII ZR 475/98 = BauR 2000, 1052, 1053 = NZBau 2000, 285 = NJW 2000, 1863, 1864 = ZfBR 2000, 332; vgl. oben Rn. 40 sowie ausführlich § 17 Nr. 3 VOB/B Rn. 11 ff.). Dagegen kann aus Transparenzgründen ohne Beschränkung in der Sicherungsabrede auf ein noch zu übergebendes Muster des Auftraggebers verwiesen werden, wenn die Sicherungsabrede im Übrigen klar gefasst ist, d.h.: Legt diese die Anforderungen an die zu stellende Sicherheit abschließend fest (z.B. Übergabe einer unwiderruflichen, unbefristeten und selbstschuldnerischen Bürgschaft), ist der weitere Verweis auf ein noch zu übergebendes Muster unschädlich. Denn tatsächlich orientiert sich diese Formulierung nur an der Regelung in § 17 Nr. 4 S. 2 VOB/B, wobei die inhaltlichen Eckdaten bereits feststehen. Gegen eine solche Vorgehensweise bestehen keine Bedenken (BGH Urt. v. 26.2.2004 VII ZR 247/02 = BauR 2004, 841, 843 = NJW-RR 2004, 814, 815 = NZBau 2004, 323, 324 = ZfBR 2004, 372 f.).

Unwirksam sind ferner Klauseln, mit denen ohne besondere Hervorhebung von in der Bauvertrags- **43** praxis eingeführten Sicherheiten **artfremde Ansprüche** abgedeckt werden sollen: Beispielsweise ist es mit dem Transparenzgebot nicht zu vereinbaren, wenn nach dem Bauvertrag der Bürgschaftszweck einer zu stellenden Gewährleistungssicherheit auf die Inanspruchnahme des Auftraggebers (unter anderem) wegen **Sozialbeiträgen sowie nach § 1a AEntG** erweitert wird. Eine Gewährleistungsbürgschaft sichert nach dem allgemeinen Verkehrsverständnis ausschließlich die Haftung des Auftragnehmers aus einer mangelhaften Erstellung des geschuldeten Werkes, nicht jedoch zeitlich nachlaufende Ansprüche wegen der Nichtabführung von Sozialbeiträgen oder der Nichtzahlung von Mindestlohn aus dem Erfüllungsstadium (OLG Stuttgart Urt. v. 28.9.2001 2 U 218/00 = BauR 2002, 1093, 1095 = ZfIR 2002, 370, 372 f.; dazu *Kainz* ZfIR 2002, 373). Anders könnte dies bei einer Vertragserfüllungssicherheit sein. Doch ist auch insoweit Vorsicht bei der Einbeziehung der Ausfallhaftung des Auftraggebers im Fall der Verletzung von sozialversicherungsrechtlichen Vorschriften durch den Auftragnehmer oder seiner Subunternehmer in den Sicherungszweck geboten: Eine diesbezügliche Regelung in der Sicherungsabrede wird unter Berücksichtigung der weitgehend unbekannten Rechtslage dazu und schwer verständlichen Vorschriften nur wirksam sein, wenn sie hinreichend präzise und klar gefasst ist (OLG Stuttgart Urt. v. 28.9.2001 2 U 218/00 = BauR 2002, 1093, 1096 = ZfIR 2002, 370, 373; vgl. auch dazu oben Rn. 20 f.).

2. Folgen eines AGB-Verstoßes

Eine **Sicherungsabrede, die einer AGB-Inhaltskontrolle nicht standhält**, ist unwirksam. Der **An-** **44** **spruch** des Auftraggebers **auf Sicherheitsleistung entfällt**. Der Auftraggeber muss daher einen bereits erfolgten Sicherheitseinbehalt ausbezahlen. Steht ihm zum Zeitpunkt der Auszahlungsverpflichtung ein auf Geldzahlung gerichteter fälliger Erfüllungs- oder Mängelanspruch zu, kann er damit gegen den Auszahlungsanspruch zu der Sicherheit aufrechnen; besteht lediglich ein Erfüllungs- oder Mängelanspruch, der sich noch nicht in einen Anspruch auf Geldzahlung (etwa mangels Fristsetzung) umgewandelt hat, kann er den Sicherheitseinbehalt immerhin zurückbehalten (vgl. dazu ausführlich Erläuterungen bei § 17 Nr. 6 VOB/B Rn. 22). Hat der Auftraggeber bei Unwirksamkeit der Sicherungsabrede einen Sicherheitseinbehalt auszuzahlen, unterliegt dieser Auszahlungsanspruch zwar grundsätzlich der **regelmäßigen Verjährung**. Die Verjährungsfrist beginnt in diesem Fall – trotz der Unwirksamkeit der Sicherungsabrede, die überhaupt Grundlage des Einbehaltes war – aber erst mit Ablauf der regulär vereinbarten Gewährleistungsfrist. Demgegenüber kann der Auftraggeber nicht einwenden, dass die Einbehaltsklausel unwirksam sei und daher die Verjäh-

VOB/B § 17 Nr. 1   Ausdrückliche Vereinbarung, Zweck und Höhe der Sicherheitsleistung

rungsfrist bereits im Jahr der Fälligkeit der Schlusszahlung beginne. Hierin läge nämlich ein widersprüchliches Verhalten: So kann der Auftraggeber nicht einerseits den Werklohn aufgrund einer von ihm gestellten (unwirksamen) Einbehaltsklausel einbehalten, um sich anschließend auf deren Unwirksamkeit zu berufen und einen Ablauf der Verjährungsfrist einzuwenden. Dieses Verhalten ist mit Treu und Glauben (§ 242 BGB) nicht zu vereinbaren (OLG Jena Urt. v. 22.3.2005 8 U 599/04, Nichtzulassungsbeschwerde v. BGH zurückgewiesen, Beschl. v. 23.2.2006 VII ZR 107/05 = IBR 2006, 392).

45   Wurde auf der Grundlage einer (unwirksamen) Sicherungsabrede eine Bürgschaft übergeben, **erfasst die Unwirksamkeit der Sicherungsabrede nicht auch die Bürgschaft und den Bürgschaftsvertrag, die wirksam bleiben** (*Hogrefe* BauR 1999, 111, 114; *Thode* ZfIR 2000, 165, 168 f., *Thode* ZfBR 2002, 4, 7). Allerdings hat der Auftragnehmer einen **Anspruch gegen den Auftraggeber, dass dieser die Inanspruchnahme der Bürgschaft unterlässt**. Ferner hat der Auftraggeber die in seinem Besitz befindliche **Bürgschaft nach § 812 Abs. 1 S. 1 Alt. 1 BGB herauszugeben** (BGH Urt. v. 5.6.1997 VII ZR 324/95 = BGHZ 136, 27, 30 = BauR 1997, 829, 830 = NJW 1997, 2598, 2599 = ZfBR 1997, 292; Urt. v. 8.3.2001 IX ZR 236/00 = BGHZ 147, 99, 105 f. = BauR 2001, 1093, 1095 = NZBau 2001, 311, 312 = NJW 2001, 1857, 1858 = ZfBR 2001, 319, 321; Urt. v. 16.5.2002 VII ZR 494/00 = BauR 2002, 1392, 1393 = NZBau 2002, 493 = NJW-RR 2002, 1311 = ZfBR 2002, 677, 678). Demgegenüber ist es nicht möglich, eine gegen § 307 BGB verstoßende Vereinbarung zur Stellung einer Bürgschaft auf erstes Anfordern in die Verpflichtung zur Stellung einer gewöhnlichen selbstschuldnerischen Bürgschaft umzudeuten. Eine solche Vorgehensweise würde auf eine nach § 306 BGB n.F. (§ 6 AGBG a.F.) unzulässige geltungserhaltende Reduktion hinauslaufen (BGH Versäumnisurt. v. 22.11.2001 VII ZR 208/00 = BauR 2002, 463, 464 f. = NZBau 2002, 151, 152 = NJW 2002, 894, 895 = ZfBR 2002, 249; Urt. v. 8.3.2001 IX ZR 236/00 = BGHZ 147, 99, 105 f. = BauR 2001, 1093, 1095 = NZBau 2001, 311, 312 = NJW 2001, 1857, 1858 = ZfBR 2001, 319, 321; offengelassen in BGH Urt. v. 18.4.2002 VII ZR 192/01 = BGHZ 150, 299 = BauR 2002, 1239 = NZBau 2002, 494 = NJW 2002, 2388 = ZfBR 2002, 669; *Koppmann* BauR 1992, 240; *Kainz* BauR 1995, 616, 627; *Weise* Sicherheiten im Baurecht Rn. 274; *Bomhard* BauR 1998, 179, 183; *Beyer/Zuber* MDR 1999, 1298, 1299; *Thode* ZfIR 2000, 165, 168, *Thode* in ZfBR 2002, 4, 7; *Heiermann* in: *Heiermann/Riedl/Rusam* 9. Aufl., § 17 VOB/B Rn. 31; vgl. dazu auch ausführlich Erläuterungen bei § 17 Nr. 4 VOB/B Rn. 74 ff.). Soweit eine Bürgschaft herauszugeben ist, kann der Auftraggeber dagegen keine Zurückbehaltungsrechte geltend machen, selbst wenn ihm in der Zwischenzeit Erfüllungs- oder Gewährleistungsrechte zustehen. Denn dies würde dazu führen, dass die Bürgschaft letztlich doch Ansprüche sichern würde, die aufgrund der unwirksamen Sicherungsabrede gerade nicht durch dieses Sicherungsmittel gesichert werden (BGH Urt. v. 8.3.2001 IX ZR 236/00 = BGHZ 147, 99, 106 f. = BauR 2001, 1093, 1096 = NZBau 2001, 311, 313 = NJW 2001, 1857, 1859 = ZfBR 2001, 319, 321).

46   Von vorgenanntem Grundsatz abweichend hat der BGH immerhin in seiner Entscheidung vom 4.7.2002 (BGH Urt. v. 4.7.2002 VII ZR 502/99 = BauR 2002, 1533, 1535 = NZBau 2002, 559, 560 = NJW 2002, 3098, 3099 = ZfBR 2002, 784, 785; ebenso: BGH Versäumnisurt. v. 23.1.2003 VII ZR 210/01 = BauR 2003, 870, 871 = NZBau 2003, 321) im Wege der **ergänzenden Vertragsauslegung** ausnahmsweise eine **Umdeutung einer (unwirksamen) Verpflichtung zur Stellung einer Vertragserfüllungsbürgschaft auf erstes Anfordern in eine Verpflichtung zur Stellung einer gewöhnlichen selbstschuldnerischen Bürgschaft** angenommen. Diese Entscheidung ist jedoch nicht zu verallgemeinern; sie ist ggf. nur mit Besonderheiten der Sicherungsabrede bei einer Vertragserfüllungsbürgschaft auf erstes Anfordern zu erklären und auf vergleichbare Sicherungsabreden zu Gewährleistungsbürgschaften nicht zu übertragen (BGH Urt. v. 9.12.2004 VII ZR 265/03 = BauR 2005, 539, 540 = NJW-RR 2005, 458, 459 = NZBau 2005, 219, 220 = ZfBR 2005, 255; Urt. v. 14.4.2005 VII ZR 56/04 = BauR 2005, 1154, 1155 = NJW-RR 2005, 1040, 1041 = NZBau 2005, 460, 461 = ZfBR 2005, 557, 558). Ohnehin gilt diese Rechtsprechung nur für Altfälle, d.h. für **Vertragsabschlüsse bis zum 31.12.2002** (BGH Urt. v. 25.3.2004 VII ZR 453/02 = BauR 2004, 1143, 1145 = NJW-RR 2004, 880, 881 = NZBau 2004, 322, 323 = ZfBR 2004, 550, 552). Die diesbezüglichen Rechtsfolgen werden einheitlich bei der Kommentierung zu § 17 Nr. 4 VOB/B erläutert (vgl. hierzu im Einzelnen bei § 17 Nr. 4 VOB/B Rn. 75).

Wurde eine infolge einer unwirksamen Sicherungsabrede übergebene Bürgschaft in Anspruch genommen und hat der Bürge nach materiellem Bürgschaftsrecht zu Unrecht gezahlt, so steht sowohl dem Bürgen nach § 812 Abs. 1 S. 1 Alt. 1 BGB als auch dem Hauptschuldner/Auftragnehmer **aufgrund der Verletzung der Sicherungsabrede ein originärer Rückforderungsanspruch** zu, der auf Zahlung an den Bürgen gerichtet ist. Wurde der Hauptschuldner im Anschluss daran durch den Bürgen nach §§ 774 Abs. 1 S. 1, 675, 670 BGB in Regress genommen, kann er nunmehr von dem Bürgschaftsgläubiger Zahlung an sich verlangen (BGH Urt. v. 24.9.1998 IX ZR 371/97 = BGHZ 139, 325, 328 = NJW 1999, 55, 56 = ZfBR 1999, 88, 89; Urt. v. 24.10.2002 IX ZR 355/00 = BauR 2003, 246, 248 = NJW 2003, 352, 353 = ZfBR 2003, 143, 144 = ZfIR 2003, 16, 18). Dabei muss er allerdings nicht warten, bis der Bürge Rückgriffsansprüche geltend macht. Vielmehr kann er vom Gläubiger, der eine Bürgschaft unter Verstoß gegen eine Sicherungsabrede in Anspruch genommen hat, bereits unmittelbar nach Zahlung auf die Bürgschaft Freistellung von den Rückgriffsansprüchen des Bürgen fordern (BGH Urt. v. 24.10.2002 IX ZR 355/00 = BauR 2003, 246, 248 = NJW 2003, 352, 353 f. = ZfBR 2003, 143, 145 = ZfIR 2003, 16, 18 f.). Die diesbezüglichen Ansprüche sind sofort fällig (BGH Urt. v. 28.9.2000 VII ZR 460/97 = BauR 2001, 109, 112 = NJW-RR 2001, 307, 308 f. = NZBau 2001, 136, 138 = ZfBR 2001, 31, 33). Wegen der weiteren Einzelheiten wird insoweit auf die Erläuterungen zum Bürgschaftsrecht verwiesen (§ 17 Nr. 4 VOB/B Rn. 47 ff.).

Von wegen Verstoßes gegen § 307 BGB generell unwirksamen Klauseln zu unterscheiden sind Allgemeine Geschäftsbedingungen, in denen lediglich **Teile einer detaillierten Vereinbarung zur Sicherheitsleistung** einer **AGB-Inhaltskontrolle nicht standhalten**. So ist es ohne weiteres vorstellbar, dass die Sicherheitsleistung dem Grunde und der Höhe nach wirksam vereinbart worden ist, während etwa die weiteren Klauseln zum Sicherungsmittel, insbesondere zur Stellung einer Bürgschaft, gegen § 307 BGB verstoßen. In diesem Fall ist lediglich diese weitere Klausel zum Sicherungsmittel unwirksam, soweit sie von den anderen (wirksamen) Klauseln abtrennbar und aus sich heraus verständlich ist (st. Rspr.: vgl. nur BGH Urt. v. 7.10.1981 VIII ZR 214/80 = NJW 1982, 178, 179; Urt. v. 26.11.1984 VIII ZR 214/83 = BGHZ 93, 29, 37, 48 = NJW 1985, 623, 627).

D. Inanspruchnahme der Sicherheit

Die Sicherheit darf nur in Anspruch genommen werden, wenn der Sicherungsfall (vgl. dazu oben Rn. 8 ff.) eingetreten ist. Allerdings besteht **kein Zwang des Auftraggebers**, im Sicherungsfall **auf eine Sicherheit zurückzugreifen**. Ist nach der Sicherungsabrede eine Sicherheit für eine bestimmte Zeit (z.B. für die Dauer der Gewährleistung) zu stellen und tritt während der Gewährleistungsdauer ein Mangel auf, hat der Auftraggeber vielmehr ein Wahlrecht: Er kann die Sicherheit – soweit der Sicherungsfall eingetreten ist – verwerten. Alternativ ist er aber auch **berechtigt, die Sicherheit zu behalten und sich für spätere Mängel aufzusparen**. Dieses Recht wiederum ergibt sich unmittelbar aus der Sicherungsabrede, aufgrund der für einen bestimmten Zeitraum eine Sicherheit zu gewähren ist. Der Auftraggeber kann sodann – abhängig von den Voraussetzungen – die ihm zustehenden Mängelrechte (Nacherfüllung, Selbstvornahme, Schadensersatz u.a.) geltend machen und unter Erhalt seiner Sicherheit gegen den Auftragnehmer durchsetzen (BGH Urt. v. 9.7.1981 VII ZR 40/80 = BauR 1981, 577, 580 = NJW 1981, 2801 = ZfBR 1981, 265, 266 f.; Urt. v. 8.7.1982 VII ZR 96/81 = BauR 1982, 579 f. = NJW 1982, 2494 = ZfBR 1982, 253 f.; *Kniffka/Koeble* Kompendium des Baurechts 10. Teil Rn. 80, 100; *Thode* ZfIR 2000, 165, 170; *Thode* ZfBR 2002, 4, 12). Entgegen einer z.T. vertretenen Auffassung ist dies auch unter dem Gesichtspunkt einer Verjährung von Ansprüchen gegen den die Sicherheit Stellenden (z.B. den Bürgen) unschädlich (s. dazu unter § 17 Nr. 4 VOB/B Rn. 103).

E. Anwendbarkeit der gesetzlichen Vorschriften auch bei VOB-Vertrag, vor allem Nachschusspflicht

50 § 17 VOB/B enthält zahlreiche Sonderregelungen zur Ausgestaltung und Umgangsweise mit einer vom Auftragnehmer zu stellenden Sicherheit. Diese Regelungen gelten in VOB-Verträgen kraft vertraglicher Vereinbarung. § 17 VOB/B ist jedoch nicht abschließend: Vielmehr bestehen, wenn auch nur geringe, Regelungslücken. Insoweit ist nach der ausdrücklichen Verweisung in § 17 Nr. 1 Abs. 1 VOB/B auf die gesetzlichen Regelungen, hier die §§ 232–240 BGB, zurückzugreifen. Bedeutung kann hiernach z.B. auch bei VOB-Verträgen § 233 BGB (Pfandrecht an der hinterlegten Sicherheit) erlangen. Daneben tritt bei der Stellung von Bürgschaften die sog. **Ergänzungs- oder Nachschusspflicht** nach § 240 BGB: Aufgrund dieser Vorschrift hat ein Auftragnehmer eine neue Sicherheit zu stellen oder eine bestehende zu ergänzen, wenn seine bisher übergebene Sicherheit ohne Verschulden des Auftraggebers entwertet wird. Als Beispiel kann die Insolvenz des Bürgen oder Währungsverfall (nicht aber der allgemeine Kaufkraftschwund oder Inflation) genannt werden (vgl. dazu etwa LG Berlin Urt. v. 12.11.2003 2 O 624/02 = BauR 2004, 1637). Das Vorliegen der Unzulänglichkeit der Sicherheit muss der Auftraggeber darlegen und beweisen, ein damit verbundenes Verschulden oder Mitverschulden des Auftraggebers der Auftragnehmer. War die Sicherheitsleistung von Anfang an unzulänglich, bedarf es keines Rückgriffs auf § 240 BGB: Vielmehr kann der Auftraggeber in diesem Fall eine Ergänzung nach § 232 BGB fordern (BGH Urt. v. 29.10.1953 IV ZR 75/53 = LM Nr. 1 zu § 240; *Soergel/Fahse* § 240 Rn. 3). Im Übrigen kann eine Nachschusspflicht entfallen, wenn die Sicherheit an einem bestimmten Gegenstand zu bestellen ist. Eine Nachschusspflicht besteht hier nur, falls sich diese aus dem Inhalt der getroffenen Vereinbarung ergibt (vgl. BGH Urt. v. 29.10.1953 IV ZR 75/53 = LM § 240 BGB Nr. 1).

§ 17 Nr. 2
[Arten der Sicherheitsleistung]

Wenn im Vertrag nichts anderes vereinbart ist, kann Sicherheit durch Einbehalt oder Hinterlegung von Geld oder durch Bürgschaft eines Kreditinstituts oder Kreditversicherers geleistet werden, sofern das Kreditinstitut oder der Kreditversicherer

– in der Europäischen Gemeinschaft oder
– in einem Staat der Vertragsparteien des Abkommens über den Europäischen Wirtschaftsraum oder
– in einem Staat der Vertragsparteien des WTO-Übereinkommens über das öffentliche Beschaffungswesen

zugelassen ist.

Inhaltsübersicht

	Rn.
A. Allgemeine Grundlagen	1
B. Regelung der VOB	3

Aufsätze: Siehe jeweils die Hinweise zu den einzelnen Sicherungsmitteln bei § 17 Nr. 4, 5 und 6.

A. Allgemeine Grundlagen

1 Hinsichtlich der **Arten der Sicherheitsleistung eröffnet** das **Gesetz in § 232 Abs. 1 BGB** verschiedene **Möglichkeiten.** Zwischen diesen hat der Auftragnehmer die freie Wahl, soweit nicht wie üblich im Bauvertrag hierzu eine konkrete Regelung getroffen wurde. Fehlt es daran, kann der Auftragnehmer die Sicherheitsleistung bewirken a) durch Hinterlegung von Geld oder Wertpapieren, allerdings mit der Einschränkung des § 234 BGB (vgl. hierzu auch die Hinterlegungsordnung v. 10.3.1937 RGBl. I S. 285 – und die dazu ergangenen Durchführungs-, Ausführungs- und Änderungsverordnungen bzw. -gesetze); b) durch Verpfändung von Forderungen, die in das Bundesschuldbuch oder in das Landesschuldbuch eines Bundeslandes eingetragen sind; c) durch Verpfändung beweglicher Sachen; d) durch Bestellung von Hypotheken an inländischen Grundstücken; e) durch Verpfändung von Forderungen, für die eine Hypothek an einem inländischen Grundstück besteht, oder durch Verpfändung von Grundschulden oder Rentenschulden an inländischen Grundstücken, wobei allerdings die Einschränkung in § 238 BGB zu berücksichtigen ist.

Kann eine Sicherheit nicht auf eine der in § 232 Abs. 1 BGB genannten Weisen geleistet werden, ist **hilfsweise** die Stellung eines **tauglichen Bürgen (§ 239 BGB) zulässig**. Im Streitfall trägt der Schuldner die Beweislast dafür, dass er keine der in § 232 Abs. 1 BGB genannten Realsicherheiten leisten kann. 2

B. Regelung der VOB

Die **VOB** geht einen von den gesetzlichen Bestimmungen **abweichenden Weg:** Denn **sie legt** in § 17 Nr. 2 VOB/B **gleichwertig** (vgl. BGH Urt. v. 31.1.1985 IX ZR 66/84 = BauR 1985, 461 = NJW 1985, 1694 = ZIP 1985, 470 = LM § 765 BGB Nr. 39 = SFH § 765 BGB Nr. 4 = ZfBR 1985, 129) und wahlweise nebeneinander drei Arten von möglichen Sicherheitsleistungen fest, nämlich 3

1. Sicherheit durch Bürgschaft eines in der Europäischen Gemeinschaft oder in einem Staat der Vertragsparteien des Abkommens über den Europäischen Wirtschaftsraum oder in einem Staat der Vertragsparteien des WTO-Abkommens über das öffentliche Beschaffungswesen zugelassenen Kreditinstitutes oder Kreditversicherers (vgl. eine Übersicht der zugelassenen Kreditinstitute abrufbar unter www.bafin.de/Datenbanken und Statistiken/Datenbank/zugelassene Kreditinstitute; Übersicht zu den in der Bundesrepublik Deutschland zugelassenen Kreditversicherern im Anh. IV zum VHB, Dok 405).
2. Sicherheit durch Hinterlegung von Geld (Nr. 5) und
3. Sicherheit durch Einbehalt von Geld (Nr. 6).

Eine Einzelkommentierung der drei vorgenannten Sicherungsmittel findet sich zu den jeweils genannten Regelungen bei § 17 Nr. 4–6 VOB/B.

Die VOB macht mit der Regelung in § 17 Nr. 2 VOB/B von der grundsätzlichen Möglichkeit der **Vertragsfreiheit** (vgl. oben Erläuterungen zu § 17 Nr. 1 VOB/B Rn. 36) Gebrauch: Haben die Parteien zur Art der Sicherheitsleistung nichts anderes geregelt, gelten nach Nr. 2 die dort genannten Sicherungsmittel als vereinbart. Sinn dieser Regelung ist es nicht, die Bauvertragspartner von vornherein auf eine dieser drei aufgezeigten Möglichkeiten festzulegen. Vielmehr beruht Nr. 2 auf den Erfahrungen der täglichen Baupraxis. Sie gehen dahin, dass andere Arten von Sicherheiten bei der Abwicklung von Bauverträgen im Allgemeinen kaum vereinbart werden. Selbstverständlich bleibt es den **Bauvertragspartnern unbenommen,** im **VOB-Vertrag auch andere Arten von Sicherheiten zu vereinbaren** (vgl. auch OLG Stuttgart Urt. v. 8.9.1976 13 U 60/76 = BauR 1977, 139). Dies muss jedoch, wie im Übrigen jede vertragliche Einzelabsprache, hinreichend genau und vollständig, vor allem aber unter Einhaltung etwaiger zwingender gesetzlicher Grenzen geschehen, um wirksam zu sein. 4

§ 17 Nr. 3
[Wahlrecht und Austauschrecht des Auftragnehmers]

Der Auftragnehmer hat die Wahl unter den verschiedenen Arten der Sicherheit; er kann eine Sicherheit durch eine andere ersetzen.

Inhaltsübersicht

	Rn.
A. Allgemeine Grundlagen	1
B. Wahlrecht des Auftragnehmers	2
I. Grundsatz: Einseitiges Bestimmungsrecht	2
II. Beschränkung des Wahlrechts durch den Auftraggeber	3
1. Vereinbarung zur Beschränkung des Wahlrechts	3
2. Wirksamkeit der Beschränkung des Wahlrechts	4
a) Beschränkung auf Bareinbehalt oder Bürgschaft	5
b) Folgen einer unwirksamen Beschränkung des Wahlrechts	9
C. Austauschrecht des Auftragnehmers	10
I. Grundsatz des Ersetzungsrechts	10
II. Beschränkung des Austauschrechts	11
1. Vereinbarung zur Beschränkung des Austauschrechts	11
2. Wirksamkeit der Beschränkung des Austauschrechts	13
a) Beschränkung des Austauschrechts, vor allem auf Bareinbehalt oder Bürgschaft	13
b) Folgen einer unwirksamen Beschränkung des Austauschrechts	17
III. Vollzug des Austauschs	18
1. Austausch der Sicherheiten ohne Störung	18
2. Gestörter Austausch der Sicherheiten	20
a) Einseitiges Bestimmungsrecht des Auftragnehmers	21
b) Weitere Abwicklung bei Sicherheitenaustausch	26
c) Unberechtigte Verwertung der Austauschsicherheit	29
d) Verlust der Sicherheitsleistung bei Verletzung des Austauschrechts	30

Aufsätze: *Steinbach* Ablösung des Sicherheitseinbehaltes durch Gewährleistungsbürgschaft nach Vorausabtretung der Gewährleistungsansprüche WM 1988, 809; *Leinemann* Sicherheitsleistung im Bauvertrag: Abschied vom Austauschrecht nach § 17 Nr. 3 VOB/B NJW 1999, 262; *Maas* Auszahlung des Gewährleistungseinbehaltes nach Bürgschaftsstellung FS Vygen 1999 S. 327; *Otto* Zur Ablösung des Bareinbehaltes durch Gewährleistungsbürgschaft beim VOB-Vertrag BauR 1999, 322; *Hartung* Gewährleistungseinbehalte und Ablösungsbefugnisse in Bauverträgen NZBau 2000, 371; *Thode* Erfüllungs- und Gewährleistungsbürgschaften in innerstaatlichen und grenzüberschreitenden Bauverträgen ZfIR 2000, 165; *Schmitz* Anmerkung zu BGHZ 148, 151 ZfIR 2001, 899 ff.; *Biebelheimer* Der Anspruch auf Herausgabe einer als Austauschsicherheit gewährten Bürgschaft NZBau 2002, 122; *Brauns* Die jüngere Entwicklung der Rechtsprechung zum Ersetzungsrecht nach § 17 Nr. 3 VOB/B BauR 2002, 1465; *Schmitz/Vogel* Die Sicherung von bauvertraglichen Ansprüchen durch Bürgschaft nach der Schuldrechtsreform ZfIR 2002, 509; *Thode* Aktuelle höchstrichterliche Rechtsprechung zur Sicherungsabrede in Bauverträgen ZfBR 2002, 4 ff.; *Erdmann* Formularmäßig versprochene Vertragserfüllungsbürgschaften auf erstes Anfordern in der Insolvenz des Auftragnehmers ZfIR 2003, 361; *Joussen* Zukunft der Vertragserfüllungsbürgschaft auf erstes Anfordern BauR 2003, 13; *Kuffer* Sicherungsvereinbarungen im Bauvertrag BauR 2003, 155; *Roquette/Giesen* Die Zulässigkeit aufschiebend bedingter Bürgschaftserklärungen NZBau 2003, 297; *Joussen* Die Bürgschaft auf erstes Anfordern in AGB der öffentlichen Hand BauR 2004, 852; *Rodemann* Ablösung eines Sicherheitseinbehaltes BauR 2004, 1539.

A. Allgemeine Grundlagen

§ 17 Nr. 3 VOB/B enthält für den Auftragnehmer ein **Wahl- und Austauschrecht** für den Fall, dass **1** eine Sicherheitsleistung im Bauvertrag vereinbart ist. Hierbei handelt es sich um eine **Sonderregelung allein für den Unternehmer**. Sie folgt der Systematik, dass § 17 Nr. 2 VOB/B die dort genannten Sicherungsmittel Einbehalt, Hinterlegung von Geld und Bürgschaft als gleichwertig ansieht (vgl. BGH Urt. v. 31.1.1985 IX ZR 66/84 = BauR 1985, 461 = NJW 1985, 1694 = ZIP 1985, 470 = LM § 765 BGB Nr. 39 = SFH § 765 BGB Nr. 4 = ZfBR 1985, 129; vgl. auch § 17 Nr. 2 VOB/B Rn. 3). Dem **Auftraggeber** eines VOB-Vertrages steht dieses Wahl- und Austauschrecht ohne gesonderte Vereinbarung **nicht** zu. Er ist stattdessen auf die allgemeine Regelung des § 232 BGB verwiesen.

B. Wahlrecht des Auftragnehmers

I. Grundsatz: Einseitiges Bestimmungsrecht

Hat der **Auftragnehmer** nach dem Bauvertrag eine Sicherheit zu stellen, obliegt ihm nach § 17 Nr. 3 **2** VOB/B vorbehaltlich einer anderen Vereinbarung die **Wahl zwischen den einzelnen Arten der möglichen Sicherheitsleistungen**. Dieses Wahlrecht bezieht sich, da es in unmittelbarem Zusammenhang mit der vertraglichen Vereinbarung nach § 17 Nr. 2 VOB/B steht, nur auf die dort genannten drei Arten der Sicherheitsleistung, es sei denn, der Bauvertrag enthält eine darüber hinausgehende Regelung. Das Wahlrecht stellt ein einseitiges **Bestimmungsrecht des Auftragnehmers dar.** Es schließt die Möglichkeit ein, dass der Auftragnehmer die verschiedenen Arten der Sicherheitsleistung kombiniert, also z.B. zum Teil eine selbstschuldnerische Bürgschaft, zum Teil einen Einbehalt von Vergütung bestimmt. Unabhängig von seinen Kombinationsmöglichkeiten hat der Auftragnehmer sein Wahlrecht aber immer **rechtzeitig auszuüben**, um die in § **17 Nr. 7 VOB/B** festgelegte **Frist einhalten** zu können.

II. Beschränkung des Wahlrechts durch den Auftraggeber

1. Vereinbarung zur Beschränkung des Wahlrechts

Das in § 17 Nr. 3 VOB/B vorgesehene **Wahlrecht** kann vom **Auftraggeber** nicht **beeinflusst** werden, **3** es sei denn, die Bauvertragsparteien haben eine konkrete Regelung dazu getroffen. Insoweit wird eine Sicherheitsleistung häufig auf ein bestimmtes Sicherungsmittel beschränkt oder das nach § 17 Nr. 3 VOB/B bestehende Wahlrecht ausgeschlossen. Ein solcher Ausschluss sollte – soweit dies dem Willen der Bauvertragsparteien entspricht – ausdrücklich erfolgen. Wurde von einer ausdrücklichen Vereinbarung abgesehen, sind die diesbezüglichen bauvertraglichen Regelungen – vorbehaltlich ihrer Wirksamkeit wegen eines Verstoßes gegen das Transparenzgebot (§ 307 Abs. 1 S. 2 BGB) – auszulegen. Dabei ist zu prüfen, ob mit der Angabe eines bestimmten Sicherungsmittels im Bauvertrag gleichzeitig das Wahlrecht für die erstmalige Stellung einer Sicherheit auf dieses konkrete Sicherungsmittel beschränkt wurde. Davon ist vielfach auszugehen. Dies gilt umso mehr, wenn die VOB – wie ebenfalls üblich – nur nachrangig zu den Regelungen des Bauvertrages bzw. der dort zumeist enthaltenen Sicherungsabrede vereinbart wird. So wird etwa durch eine Klausel im Bauvertrag »Von der Schlussrechnung wird ein Gewährleistungseinbehalt von 5% in Abzug gebracht – ablösbar durch Bürgschaft« das Wahlrecht des Auftragnehmers aus der ggf. nachrangig geltenden VOB/B für die erstmalige Stellung der Sicherheit auf einen Bareinbehalt beschränkt (vgl. dazu auch BGH Urt. v. 16.5.2002 VII ZR 494/00 = BauR 2002, 1392, 1393 = NZBau 2002, 493 = NJW-RR 2002, 1311 = ZfBR 2002, 677, 678; der offizielle Leitsatz dieser BGH-Entscheidung, wonach das Wahlrecht des Auftragnehmers in diesem Fall ausgeschlossen sei, ist allerdings missverständlich; denn in dieser Entscheidung ging es allein um die Beschränkung des ebenfalls in § 17 Nr. 3 VOB/B geregelten Austauschsrechts: Gleichwohl lassen sich die dortigen Ausführungen auf das Wahlrecht übertragen).

2. Wirksamkeit der Beschränkung des Wahlrechts

4 **Individualvertraglich kann das Wahlrecht** des Auftragnehmers in Bezug auf die erstmalige Stellung einer Sicherheit auf ein bestimmtes Sicherungsmittel ohne weiteres beschränkt werden. Dies schließt die Möglichkeit einer Beschränkung der Sicherungsmittel auf eine Bürgschaft auf erstes Anfordern ein (OLG Brandenburg Urt. v. 10.5.2004 12 W 3/04 = BauR 2004, 1831 [Ls.] = NJW-RR 2004, 1164, 1165, siehe auch § 17 Nr. 4 Rn. 59). Soweit das Wahlrecht jedoch in den **AGB des Auftraggebers**, d.h. insbesondere in dessen Zusätzlichen Vertragsbedingungen beschränkt oder gar ausgeschlossen wird, müssen diese Klauseln einer Inhaltskontrolle nach den §§ 307 ff. BGB standhalten:

a) Beschränkung auf Bareinbehalt oder Bürgschaft

5 **Nicht vereinbart** werden kann in AGB des Auftraggebers **für die erstmalige Stellung einer Sicherheitsleistung ein Bareinbehalt unter Ausschluss der Verzinsung und des sonst nach § 17 Nr. 3 VOB/B bestehenden Wahlrechts.** Dies beruht auf dem Grundgedanken des § 641 BGB: Danach schuldet der Auftraggeber bei Abnahme der Werkleistung die volle Vergütung, nicht eine um einen Sicherheitseinbehalt gekürzte (BGH Urt. v. 5.6.1997 VII ZR 324/95 = BGHZ 136, 27, 33 = BauR 1997, 829, 830 = NJW 1997, 2598, 2599 = ZfBR 1997, 292). Aus diesem Grund kommt es für die Unwirksamkeit einer solchen Klausel auch nicht auf die Dauer eines etwa vereinbarten zinslosen Sicherheitseinbehaltes an. Dieser ist in jedem Fall unzulässig (OLG München Urt. v. 1.3.2000 15 U 5605/99 = BauR 2002, 1109 f.; dazu Anm. *Sienz* BauR 2000, 1249, 1250 f.; BauR 2002, 1241, 1243 [Revision vom BGH nicht angenommen durch Beschl. v. 17.1.2002 VII ZR 495/00 = IBR 2002, 663]; ähnlich bereits OLG Karlsruhe Urt. v. 5.10.1988 7 U 189/87 = BauR 1989, 203, 204; OLG München Urt. v. 15.10.1991 9 U 2951/91 = BauR 1992, 234, 235 = NJW-RR 1992, 218; OLG Zweibrücken Urt. v. 10.3.1994 4 U 143/93 = BauR 1994, 509, 512 = NJW-RR 1994, 1363; OLG Brandenburg Urt. v. 16.3.1999 11 U 107/98 = BauR 2001, 1450; zustimmend *Schmitz/Vogel* ZfIR 2002, 509, 514; anders und insoweit inzwischen überholt OLG Hamburg [Urt. v. 6.9.1995 5 U 41/95 = BauR 1997, 668 = NJW-RR 1997, 1040], das noch einen zinslosen Einbehalt von 5% der Vergütung für die Dauer eines Jahres als zulässig ansah; der BGH hatte die diesbezügliche Revision ebenfalls nicht zur Entscheidung angenommen [Beschl. v. 20.3.1997 VII ZR 257/95], wobei diese Entscheidung jedoch noch vor der späteren Grundsatzentscheidung des BGH v. 5.6.1997 VII ZR 324/95 [BGHZ 136, 27 = BauR 1997, 829 = NJW 1997, 2598 = ZfBR 1997, 292] zu dem Gesamtkomplex »Beschränkung des Austauschrechts auf eine Bürgschaft auf erstes Anfordern« ergangen ist; a.A. ebenfalls wohl *Thode* ZfIR 2000, 165, 168; *Thode* ZfBR 2002, 4, 7).

6 AGB-rechtlich problematisch ist nicht nur eine Beschränkung des in § 17 Nr. 3 VOB/B vorgesehenen Wahlrechts auf einen Bareinbehalt, sondern auch eine **Beschränkung auf die Stellung einer Bürgschaft**. Dies gilt **insbesondere bei Bürgschaften auf erstes Anfordern**. Dabei bestehen dagegen keine Bedenken, wenn diese nur als besondere Ausgestaltung der zu stellenden Bürgschaft vorgegeben wird und im Übrigen nach der Sicherungsabrede wenigstens ein weiteres in § 17 Nr. 2 VOB/B vorgesehenes Sicherungsmittel erhalten bleibt (KG Beschl. v. 2.12.2003 7 W 330/03 = BauR 2004, 1016; OLG Nürnberg Urt. v. 30.9.2004 13 U 2351/03, Nichtzulassungsbeschw. zurückgewiesen: BGH Beschl. v. 21.7.2005 VII ZR 264/04 = BauR 2005, 1681 [Ls.] = IBR 2005, 535, wobei sich Einzelheiten dazu nicht aus den veröffentlichten Leitsätzen ergeben; i.E. ebenso: OLG Frankfurt Urt. v. 18.12.2003 21 U 24/03 = BauR 2004, 1787, 1788 ff., Rev. beim BGH anhängig zu XI ZR 2/04). Wird dem Auftragnehmer eine Bürgschaft auf erstes Anfordern abverlangt und dabei, und zwar mit der ersten Stellung der Sicherheit, gleichzeitig das ansonsten nach § 17 Nr. 3 VOB/B zustehende Recht genommen, alternativ auf die anderen Sicherungsmittel gemäß § 17 Nr. 2 VOB/B auszuweichen, **verstößt eine solche bauvertragliche Regelung in AGB des Auftraggebers gegen § 307 BGB**.

Für **Gewährleistungsbürgschaften auf erstes Anfordern** ergibt sich dies ohne weiteres aus dem Grundlagenurteil des BGH vom 5.6.1997 (BGH Urt. v. 5.6.1997 VII ZR 324/95 = BGHZ 136, 27, 33 = BauR 1997, 829, 830 = NJW 1997, 2598, 2599 = ZfBR 1997, 292; ebenso Urt. v. 2.3.2000 VII ZR 475/98 = BauR 2000, 1052 = NZBau 2000, 285 = NJW 2000, 1863, 1864 = ZfBR 2000, 332; Urt. v. 20.4.2000 VII ZR 458/97 = BauR 2000, 1498, 1500 = NZBau 2000, 424, 425 = NJW-RR 2000, 1331, 1332; Urt. v. 8.3.2001 IX ZR 236/00 = BGHZ 147, 99, 104 f. = BauR 2001, 1093, 1095 = NZBau 2001, 311, 312 = NJW 2001, 1857, 1858 = ZfBR 2001, 319, 321; BGH Versäumnisurt.v. 22.11.2001 VII ZR 208/00 = BauR 2002, 463, 464 = NZBau 2002, 151, 152 = NJW 2002, 894 = ZfBR 2002, 249; BGH Urt. v. 16.5.2002 VII ZR 494/00 = BauR 2002, 1392 = NZBau 2002, 493 = NJW-RR 2002, 1311 = ZfBR 2002, 677, 678). Dort hatte der BGH entschieden, dass eine Sicherungsabrede mit einer Beschränkung des Austauschrechts für einen Bareinbehalt unter Abbedingung der Pflicht des Auftraggebers, diesen auf ein Sperrkonto einzuzahlen, auf die Stellung einer Gewährleistungsbürgschaft auf erstes Anfordern gegen § 307 BGB (§ 9 AGBG a.F.) verstoße und unwirksam sei. Denn mit dieser Klausel werde der Auftragnehmer in unangemessener Form mit dem **Insolvenzrisiko des Auftraggebers belastet**; des Weiteren weiche die Unverzinslichkeit des einbehaltenen Vergütungsanteils unangemessen von der ansonsten bestehenden gesetzlichen Verzinsung nach § 641 BGB ab. Die allein als Austauschsicherheit vorgesehene Bürgschaft auf erstes Anfordern stelle keinen angemessenen Ausgleich dar: Denn diese belaste den Auftragnehmer im Fall ihrer erleichtert möglichen Inanspruchnahme in gleicher Weise mit dem Insolvenzrisiko des Auftraggebers wie der Bareinbehalt (BGH Urt. v. 5.6.1997 VII ZR 324/95 = BGHZ 136, 27, 33 = BauR 1997, 829, 830 = NJW 1997, 2598, 2599 = ZfBR 1997, 292). Verstößt danach aus den vorgenannten Gründen die Beschränkung des Austauschrechts für einen Bareinbehalt auf eine Bürgschaft auf erstes Anfordern gegen § 307 BGB, kann nichts anderes gelten, wenn bereits unmittelbar das für die erstmalige Stellung einer Sicherheit bestehende Wahlrecht auf eine Bürgschaft auf erstes Anfordern beschränkt wird. Denn insoweit bestehen die Risiken, wie sie der BGH bei der Beschränkung des Austauschrechtes beschrieben hat, bei der Beschränkung des Wahlrechts für die erstmalige Stellung der Sicherheit in gleicher Weise (ebenso *Thode* ZfIR 2000, 165, 168; *Thode* ZfBR 2002, 4, 6 f.). Entgegen der Auffassung des BGH (Urt. v. 25.3.2004 VII ZR 453/02 = BauR 2004, 1143, 1145 = NJW-RR 2004, 880, 881 = NZBau 2004, 322, 323 = ZfBR 2004, 550, 551 für Vertragserfüllungsbürgschaften; BGH Urt. v. 9.12.2004 VII ZR 265/03 = BauR 2005, 539, 540 = NJW-RR 2005, 458, 459 = NZBau 2005, 219, 220 = ZfBR 2005, 255 für Gewährleistungsbürgschaften; BGH Urt. v. 20.10.2005 VII ZR 153/04 = BauR 2006, 374 = NJW-RR 2006, 389 = NZBau 2006, 107 = ZfBR 2006, 145) wird man lediglich bei **öffentlichen Auftraggebern eine Ausnahme** machen können: Besteht bei diesen kein (praktisches) Insolvenzrisiko, kommen die von der Rechtsprechung entwickelten Grundsätze unter Berücksichtigung dieses maßgeblichen Gesichtspunktes nicht zum Tragen. Daher sind insoweit **Bürgschaften auf erstes Anfordern** auch als alleiniges Sicherungsmittel **zulässig** (OLG Koblenz Urt. v. 8.11.2002 10 U 192/02 = IBR 2003, 245; OLG Frankfurt Urt. v. 18.12.2003 21 U 24/03 = BauR 2004, 1787, 1789; siehe dazu auch ausführlich *Joussen* BauR 2004, 582 sowie die Erläuterungen zu § 17 Nr. 4 Rn. 63 [Gewährleistungsbürgschaften auf erstes Anfordern] und Rn. 69 [Vertragserfüllungsbürgschaften auf erstes Anfordern]).

Die vorgenannten Grundsätze gelten in gleicher Weise, wenn im Bauvertrag bzw. der dortigen Sicherungsabrede der Auftraggeber verpflichtet wird, eine **Vertragserfüllungsbürgschaft auf erstes Anfordern** zu stellen. In einer solchen Klausel wird man i.d.R. die konkludente Abbedingung des Rechts des Auftragnehmers gemäß § 17 Nr. 3 VOB/B zu sehen haben, bei der erstmaligen Stellung der Sicherheit die Art der Sicherheitsleistung zu bestimmen. Sie wird daher vom BGH ebenfalls verworfen: Auch wenn ein dagegenstehendes Interesse des Auftraggebers an einer solchen Vertragserfüllungsbürgschaft anzuerkennen sei, um bei einem vertragswidrigen Verhalten des Auftragnehmers (insbesondere bei mangelhaften Arbeiten) nicht selbst in Liquiditätsschwierigkeiten zu geraten (BGH Urt. v. 20.4.2000 VII ZR 458/97 = BauR 2000, 1498, 1499 f. = NZBau 2000, 424, 425 = NJW-RR 2000, 1331, 1332 zu der AGB-Regelung mit der Verpflichtung des Auftragnehmers, bei Ver-

7

tragsschluss eine Vertragserfüllungsbürgschaft zu stellen), gehe als alleiniges Sicherungsmittel eine Vertragserfüllungsbürgschaft auf erstes Anfordern über dieses berechtigte Interesse weit hinaus. Denn bei einer unberechtigten Inanspruchnahme würde dem Auftragnehmer im gleichen Umfang Liquidität entzogen, wobei dieser dann bei einem entsprechenden Rückforderungsprozess das Risiko der Insolvenz des Auftraggebers trage (BGH Urt. v. 18.4.2002 VII ZR 192/01 = BGHZ 150, 299, 304 = BauR 2002, 1239, 1240 f. m. Anm. *Sienz* = NZBau 2002, 494 = NJW 2002, 2388, 2389 = ZfBR 2002, 669, 670 = MDR 2002, 1058, m. Anm. *Hahn* BauR 2002, 1533, 1534 = NZBau 2002, 559 = NJW 2002, 3098; Urt. v. 24.10.2002 IX ZR 355/00 = BauR 2003, 246, 247 = NJW 2003, 352, 353 = ZfBR 2003, 143, 144; *Schmitz/Vogel* ZIP 2002, 1200; *Joussen* BauR 2003, 13; vgl. dazu auch die ausführliche Kommentierung zu § 17 Nr. 4 VOB/B Rn. 64 ff.).

8 Anders als bei einer Bürgschaft auf erstes Anfordern bestehen **keine Bedenken**, wenn das **Wahlrecht für die erstmalige Stellung einer Sicherheit in AGB des Auftraggebers auf** eine der in § 17 Nr. 2 VOB/B vorgesehenen Sicherungsmittel im allgemeinen beschränkt wird (KG Beschl. v. 2.12.2003 7 W 330/03 = BauR 2004, 1016; OLG Nürnberg Urt. v. 30.9.2004 13 U 2351/03, Nichtzulassungsbeschw. zurückgewiesen: BGH Beschl. v. 21.7.2005 VII ZR 264/04 = BauR 2005, 1681 [Ls.] = IBR 2005, 535, wobei sich Einzelheiten dazu nicht aus den veröffentlichten Leitsätzen ergeben; i.E. ebenso: OLG Frankfurt Urt. v. 18.12.2003 21 U 24/03 = BauR 2004, 1787, 1788 ff., Rev. beim BGH anhängig zu XI ZR 2/04). Zulässig ist danach insbesondere eine Beschränkung der Sicherungsmittel auf eine in § 17 Nr. 4 VOB/B vorgesehene (**selbstschuldnerische**) **Bankbürgschaft** (BGH Urt. v. 13.11.2003 VII ZR 57/02 = BGHZ 157, 29, 31 f. = BauR 2004, 325, 326 m. abl. Anm. *Franz* = NJW 2004, 443 = NZBau 2004, 145 = ZfBR 2004, 250; Urt. v. 26.2.2004 VII ZR 247/02 = BauR 2004, 841, 843 = NJW-RR 2004, 814, 815 = NZBau 2004, 323, 324 = ZfBR 2004, 372, 373). Das Hauptargument gegen die Zulässigkeit einer solchen Beschränkung besteht dabei immerhin in Folgendem: Eine solche Beschränkung zwinge den Auftragnehmer, entweder für die Dauer der Gewährleistung auf einen unbestrittenen Vergütungsanteil zu verzichten oder aber seine Liquidität durch eine Bankbürgschaft, die regelmäßig auf seine Avallinie angerechnet werde, zu belasten (OLG Dresden Beschl. v. 24.10.2001 11 W 1608/01 = BauR 2002, 807, 808 = NZBau 2002, 226; wohl auch schon OLG Dresden Urt. v. 1.8.2001 11 U 3125/00 = BauR 2001, 1918, 1919 = NJW-RR 2001, 1598). Das überzeugt jedoch in der Sache nicht, da bereits die weitere Regelung in § 17 Nr. 7 VOB/B übersehen wird. Wird eine Sicherheitsleistung durch Bankbürgschaft vereinbart, ist der Auftragnehmer mangels anderweitiger Vereinbarung verpflichtet, diese binnen 18 Werktagen zu stellen. Kommt er dieser Pflicht nicht nach, kann der Auftraggeber nach § 17 Nr. 7 S. 2 und 3 VOB/B in Höhe der Sicherheit Vergütungsanteile einbehalten; diese hat er sodann verzinslich zu Gunsten des Auftragnehmers auf einem unter gemeinschaftlicher Verfügungsbefugnis stehenden Sperrkonto anzulegen. Nur wenn auch diese Klausel abbedungen würde, kommt überhaupt erst ein Verstoß gegen § 307 BGB in Betracht (so auch *Schmitz/Vogel* ZfIR 2002, 509, 514). Doch selbst in diesem Fall sprechen die besseren Argumente entsprechend vorzitierter Entscheidung des BGH (a.a.O.) für die Wirksamkeit einer solchen Klausel (wie hier *Siegburg* Handbuch der Gewährleistung Rn. 2503; wohl auch *Sohn* ZfBR 2003, 110, 111 f.). Diese beruhen auf den – in Abgrenzung zu der Rechtsprechung des BGH zu der Beschränkung des Austauschrechts auf eine Bürgschaft auf erstes Anfordern (siehe dazu oben Rn. 6 f.) – durchaus anerkennenswerten Interessen des Auftraggebers an einer Absicherung im Fall eines Baumangels bzw. einer sonstigen Pflichtverletzung des Auftragnehmers: Bei diesen könnte er ohne eine Absicherung z.B. durch eine Bürgschaft selbst sehr schnell in Liquiditätsschwierigkeiten geraten. Dieses Sicherungsinteresse rechtfertigt eindeutig die Verpflichtung zur Stellung einer selbstschuldnerischen Vertrags- oder Gewährleistungsbürgschaft, wobei aus diesem Grund die Entstehung von Avalzinsen für eine solche Sicherheit beim Auftragnehmer hinzunehmen ist. Entscheidend ist stattdessen nur, dass eine danach zu stellende Bürgschaft nicht über dieses notwendige Absicherungsinteresse hinausgeht, was bei einer VOB-konformen (selbstschuldnerischen) Bürgschaft nicht erkennbar ist (vgl. dazu insbesondere die Argumentation des BGH zur Vertragserfüllungsbürgschaft: Urt. v. 4.7.2002 VII ZR 502/99 = BauR 2002, 1533, 1536 = NZBau 2002, 559, 560 = NJW 2002, 3098, 3099;

BGH Urt. v. 18.4.2002 VII ZR 192/01 = BGHZ 150, 299, 303 f. = BauR 2002, 1239, 1241 = NZBau 2002, 494 f. = NJW 2002, 2388, 2389 = ZfBR 2002, 669, 670; Urt. v. 20.4.2000 VII ZR 458/97 = BauR 2000, 1498, 1499 f. = NZBau 2000, 424, 425 = NJW-RR 2000, 1331, 1332 = ZfBR 2000, 477, 478). Dasselbe dürfte für eine Gewährleistungsbürgschaft gelten. Nur so ist im Übrigen verständlich, wieso der BGH in diversen Entscheidungen überhaupt eine geltungserhaltende Reduktion einer Beschränkung des Austauschrechts auf eine Gewährleistungsbürgschaft auf erstes Anfordern zu Gunsten einer wenigstens gewöhnlichen (selbstschuldnerischen) Bürgschaft prüft (BGH Urt. v. 8.3.2001 IX ZR 236/00 = BGHZ 147, 99, 106 = BauR 2001, 1093, 1095 f. = NZBau 2001, 311, 312 f. = NJW 2001, 1857, 1858 = ZfBR 2001, 319, 321 f.; BGH Versäumnisurt. v. 22.11.2001 VII ZR 208/00 = BauR 2002, 463, 464 f. = NZBau 2002, 151, 152 = NJW 2002, 894, 895 = ZfBR 2002, 249 f.).

b) Folgen einer unwirksamen Beschränkung des Wahlrechts

Verstößt die Beschränkung des Wahlrechts aus § 17 Nr. 3 VOB/B auf ein bestimmtes Sicherungsmittel gegen § 307 BGB (§ 9 AGBG a.F.), ist die **zugrunde liegende Vereinbarung unwirksam**. Eine **Sicherheit kann dann nicht mehr verlangt** werden. Soweit zum Teil eine gegen § 307 BGB verstoßende Vereinbarung zur Stellung einer Bürgschaft auf erstes Anfordern in die Verpflichtung zur Stellung einer gewöhnlichen selbstschuldnerischen Bürgschaft umgedeutet wird (OLG München [9. Senat] Beschl. v. 30.10.1996 9 W 3047/96 = BauR 1997, 318, 319; Beschl. v. 27.1.2000 3 W 6/00, OLG Köln Beschl. v. 27.1.2000 3 W 6/00 = BauR 2000, 1228), verstößt eine solche Vorgehensweise gegen § 306 BGB [§ 6 AGBG a.F.; BGH Urt. v. 8.3.2001 IX ZR 236/00 = BGHZ 147, 99, 105 f. = BauR 2001, 1093, 1095 = NJW 2001, 1857, 1858 = NZBau 2001, 311, 312 f. = ZfBR 2001, 319, 321; BGH Versäumnisurt.v. 22.11.2001 VII ZR 208/00 = BauR 2002, 463, 464 f. = NZBau 2002, 151, 152 = NJW 2002, 894, 895; Urt. v. 9.12.2004 VII ZR 265/03 = BauR 2005, 539, 541 = NJW-RR 2005, 458, 459 = NZBau 2005, 219, 220 = ZfBR 2005, 255, 256; Urt. v. 14.4.2005 VII ZR 56/04 = BauR 2005, 1154, 1155 = NJW-RR 2005, 1040, 1041 = NZBau 2005, 460, 461 = ZfBR 2005, 557, 558 [jeweils zu einer Gewährleistungsbürgschaft]; offengelassen in BGH Urt. v. 18.4.2002 VII ZR 192/01 = BGHZ 150, 299 = BauR 2002, 1239, m. Anm. *Sienz* = NZBau 2002, 494 = NJW 2002, 2388 = ZfBR 2002, 669 = MDR 2002, 1058, m. Anm. *Hahn* [zu einer Vertragserfüllungsbürgschaft auf erstes Anfordern]; *Koppmann* BauR 1992, 240; *Kainz* BauR 1995, 616, 627; *Weise* Sicherheiten im Baurecht Rn. 274; *Bomhard* BauR 1998, 179, 183; *Beyer/Zuber* MDR 1999, 1298, 1299; *Thode* ZfIR 2000, 165, 168; *Thode* ZfBR 2002, 4, 7; *Heiermann* in *Heiermann/Riedl/Rusam* 9. Aufl. § 17 Rn. 31). Ein gleichwohl erfolgter Einbehalt ist auszuzahlen, eine übergebene Bürgschaft kann nach § 812 Abs. 1 S. 1 Alt. 1 BGB herausverlangt werden (BGH Urt. v. 8.3.2001 IX ZR 236/00 = BGHZ 147, 99, 105 = BauR 2001, 1093, 1095 = NZBau 2001, 311, 312 = NJW 2001, 1857, 1858 = ZfBR 2001, 319, 321). **Hiervon abweichend** immerhin hat der BGH in seiner schon zitierten Entscheidung vom 4.7.2002 (BGH Urt. v. 4.7.2002 VII ZR 502/99 = BauR 2002, 1533, 1535 = NZBau 2002, 559, 560 = NJW 2002, 3098, 3099; bestätigt durch BGH Versäumnisurt.v. 23.1.2003 VII ZR 210/01 = BauR 2003, 870, 871 = NZBau 2003, 321; Urt. v. 25.3.2004 VII ZR 453/02 = BauR 2004, 1143, 1144 = NJW-RR 2004, 880, 881 = NZBau 2004, 322 = ZfBR 2004, 550, 551) im Wege der **ergänzenden Vertragsauslegung eine Umdeutung einer (unwirksamen) Verpflichtung zur Stellung einer Vertragserfüllungsbürgschaft auf erstes Anfordern in eine Verpflichtung zur Stellung einer gewöhnlichen selbstschuldnerischen Bürgschaft angenommen**. Eine solche Umdeutung soll jedoch nur in Betracht kommen für Verträge, die vor Bekanntwerden der ebenfalls zitierten Grundlagenentscheidung vom 18.4.2002 (BGH Urt. v. 18.4.2002 VII ZR 192/01 = BGHZ 150, 299 = BauR 2002, 1239 = NZBau 2002, 494 = NJW 2002, 2388 = ZfBR 2002, 669) geschlossen wurden (vgl. dazu im Einzelnen § 17 Nr. 4 VOB/B Rn. 75). Als Termin gelten hiernach Vertragsschlüsse bis zum 31.12.2002 (BGH Urt. v. 25.3.2004 VII ZR 453/02 = BauR 2004, 1143, 1145 = NJW-RR 2004, 880, 881 = NZBau 2004, 322, 323 = ZfBR 2004, 550, 552). Auf der Rechtsfolgenseite führt diese Rechtsprechung allerdings nicht dazu, dass der Auftragnehmer nunmehr berechtigt wäre, die dem Auftraggeber (zu Unrecht) vorliegende Vertragserfüllungsbürgschaft auf erstes Anfordern z.B. Zug um Zug gegen eine gewöhnliche selbstschuldnerische Bürgschaft herauszuverlangen. Vielmehr hat er lediglich einen Anspruch darauf, dass sich der Auftraggeber sowohl ihm als auch dem Bürgen gegenüber **verpflichtet**, die ihm vorliegende Vertragserfüllungsbürgschaft nicht auf erstes Anfordern, sondern nur als selbstschuldnerische Bürgschaft geltend zu machen (BGH Urt. v. 10.4.2003 VII ZR 314/01 = BauR 2003, 1385, 1388 = NJW 2003, 2605, 2607 = NZBau 2003, 493, 494 = ZfBR 2003, 672, 673 f.; ebenso BGH Beschl. v. 13.11.2003 VII ZR 373/01 = NJW-RR 2004, 377 = NZBau 2004, 213; Beschl. v. 13.11.2003 VII ZR 371/01 = BauR 2004, 500, 501 = NZBau 2004, 212, 213 = ZfBR 2004, 251; vgl. zuvor auch schon *Erdmann* ZfIR 2003, 361, 364 ff.; siehe hierzu auch ausführlich die Erläuterungen in § 17 Nr. 4 VOB/B Rn. 74 ff.).

C. Austauschrecht des Auftragnehmers

I. Grundsatz des Ersetzungsrechts

10 Der **Auftragnehmer** hat nicht nur ein einseitiges Bestimmungsrecht zur Auswahl einer erstmals zu stellenden Sicherheit; vielmehr ist er auch **befugt, eine bereits geleistete Sicherheit durch eine andere zu ersetzen** (vgl. auch BGH Urt. v. 31.1.1985 IX ZR 66/84 = BauR 1985, 461 = NJW 1985, 1694 = ZIP 1985, 470 = LM § 765 BGB Nr. 39 = SFH § 765 BGB Nr. 4 = ZfBR 1985, 129). Dies ist eine Besonderheit der VOB. Denn nach den gesetzlichen Vorschriften besteht ein Austauschrecht nur nach § 235 BGB (Austausch von hinterlegtem Geld gegen Wertpapiere und umgekehrt) sowie nach § 242 BGB. Hiernach ist auch der Schuldner eines BGB-Werkvertrages insbesondere zum Austausch einer bisher gestellten Bürgschaft durch eine andere gleichartige Bürgschaft eines ebenso leistungsfähigen Kreditinstituts berechtigt, wenn ihm dies schutzwürdige Vorteile und dem Gläubiger im Einzelfall keine messbaren Nachteile bringt (BGH Urt. v. 24.2.1994 IX ZR 120/93 = NJW 1994, 1351, 1352). Die VOB geht darüber hinaus: Sie gewährt dem Schuldner (Auftragnehmer) ein **Recht zum Austausch aller in § 17 Nr. 2 VOB/B erwähnten Arten der Sicherheitsleistung**. Dabei handelt es sich um ein **vertragliches Gestaltungsrecht** des Auftragnehmers (BGH Urt. v. 3.7.1997 VII ZR 115/95 = BGHZ 136, 195, 197 f. = BauR 1997, 1026 = NJW 1997, 2958 = ZfBR 1997, 298; Urt. v. 13.9.2001 VII ZR 467/00 = BGHZ 148, 151, 154 = BauR 2001, 1893, 1894 = NZBau 2001, 679 = NJW 2001, 3629, 3630 = ZfBR 2001, 48, 49). Demgegenüber kann nicht der Auftraggeber etwa eine Bürgschaft als Sicherheit verlangen, wenn z.B. im Bauvertrag als Sicherheit ein Vergütungseinbehalt vereinbart wurde (OLG Naumburg Urt. v. 25.11.1999 12 U 197/99 = NZBau 2001, 139; Revision vom BGH nicht angenommen, Beschl. v. 9.11.2000 VII ZR 5/00). Das insoweit bestehende Austauschrecht kann der Auftragnehmer **so lange und so oft ausüben**, wie zeitlich die Sicherheitsleistung nach dem Vertrag fortzubestehen hat.

II. Beschränkung des Austauschrechts

1. Vereinbarung zur Beschränkung des Austauschrechts

11 Den Vertragsparteien bleibt es unbenommen, die **Befugnis zum Austausch** der Sicherheitsleistung durch anderweitige Regelungen in den Besonderen oder Zusätzlichen Vertragsbedingungen (§ 10 Nr. 4 Abs. 1k VOB/A) **zu beschränken** (auch OLG Stuttgart Urt. v. 5.2.1976 10 U 119/75 = BauR 1977, 64). **Eine Beschränkung oder ein Ausschluss des Austauschrechts** kann auch **konkludent erfolgen**. Ein konkludenter Ausschluss kann beispielsweise darin liegen, dass der Bauvertrag lediglich eine bestimmte Art der Sicherheitsleistung vorsieht. Zwar kann eine solche Vereinbarung dahin gehend ausgelegt werden, dass die Parteien »zunächst« die Stellung einer bestimmten Art der Sicherheitsleistung vorgesehen haben, im Übrigen aber das Austauschrecht nicht einschränken wollten, wenn sie überhaupt an dieses Recht des Auftragnehmers gedacht haben (so etwa LG Stuttgart Urt. v. 30.12.1982 13 S 303/82 = BauR 1983, 481). Richtigerweise wird eine solche Kausel aber zumeist – anders als sie den äußeren Anschein hat – nicht nur das Wahlrecht des Auftragnehmers für die erstmalige Stellung einer Sicherheit, sondern auch das sich nach einer Stellung einer Sicherheit zeitlich unmittelbar anschließende Austauschrecht beschränken. Dies beruht auf dem Gedanken, dass die VOB dem Auftragnehmer das einseitige Bestimmungsrecht zu der Art der Sicherheitsleistung überlassen will: Dieses Bestimmungsrecht findet seinen Ausdruck bei der erstmaligen Bestellung einer Sicherheit in der Gewährung eines Wahlrechts (§ 17 Nr. 3 Hs. 1 VOB/B) und anschließend in der Ersetzungsbefugnis (Austauschrecht) einer einmal gestellten Sicherheit (§ 17 Nr. 3 Hs. 2 VOB/B). Das **Austauschrecht** stellt somit die **zeitliche Perpetuierung eines zunächst bestehenden Wahlrechts** dar. Ist aber schon das Wahlrecht für die erstmalige Stellung einer Sicherheit ausgeschlossen, wird i.d.R. anzunehmen sein, dass auch das sich hieran anlehnende Austauschrecht ausgeschlossen werden sollte (OLG Dresden Urt. v. 25.9.1995 2 U 976/95 = BauR 1997, 484, 485; Revision vom BGH nicht zur Entscheidung angenommen, Beschl. v. 21.11.1996 VII ZR 268/95; OLG Brandenburg Beschl. v. 10.5.2004 12 W 3/04 = BauR 2004, 1831 [Ls.] = NJW-RR 2004, 1164; anders LG Stuttgart Urt. v. 30.12.1982 13 S 303/82 = BauR 1983, 481; *Heiermann/Riedl/Rusam* § 17 Rn. 42). Vom Ergebnis her liegt dies auf der Hand: Denn andernfalls wäre die vertraglich vereinbarte Beschränkung auf die Stellung eines bestimmten Sicherungsmittels unsinnig, wenn der Auftragnehmer unmittelbar im Anschluss daran eine ihm nicht genehme Sicherung durch eine andere ersetzen dürfte. An diesem Ergebnis ändert sich nichts, selbst wenn nachrangig die VOB/B vereinbart ist: Denn insoweit geht die anderweitige, ein konkretes Sicherungsmittel beschreibende Regelung im Bauvertrag der allgemeinen Regelung des § 17 Nr. 3 VOB/B vor, die damit gleichzeitig das dort geregelte Austauschrecht des Auftragnehmers ausschließt (BGH Urt. v. 16.5.2002 VII ZR 494/00 = BauR 2002, 1392, 1393 = NZBau 2002, 493 = NJW-RR 2002, 1311 = ZfBR 2002, 677 f.).

Wurde das **Austauschrecht wirksam beschränkt** oder ausgeschlossen und erklärt sich der Auftraggeber trotzdem mit einem Austausch einverstanden, z.B. durch Entgegennahme einer Bürgschaftsurkunde, ist der auf diese Weise **tatsächlich vollzogene Austausch wirksam** (OLG Köln Urt. v. 22.4.1978 18 U 194/75 = SFH § 17 VOB/B Nr. 1). 12

2. Wirksamkeit der Beschränkung des Austauschrechts

a) Beschränkung des Austauschrechts, vor allem auf Bareinbehalt oder Bürgschaft

Wie das Wahlrecht kann auch das in § 17 Nr. 3 VOB/B verankerte **Austauschrecht individualvertraglich jederzeit beschränkt** werden. Grenzen bestehen hingegen, wenn sich die **Beschränkung in den AGB** des Auftraggebers, d.h. zumeist in dessen Besonderen oder Zusätzlichen Vertragsbedingungen, findet: In diesen Fällen muss sie einer Inhaltskontrolle nach den §§ 307 ff. BGB standhalten. Entscheidend ist dabei allerdings weniger die Beschränkung des Austauschrechts an sich. Dies kann schon deshalb nicht sein, da es gesetzlich kein Austauschrecht gibt. Mit einer einschränkenden Vereinbarung würde man sich daher letztlich nur der gesetzlichen Regelung annähern. **Benachteiligt** werden kann der Auftragnehmer in diesem Zusammenhang **nach § 307 BGB** jedoch durch die Sicherungsabrede, wenn ihm durch diese **Vergütungsanteile ohne einen angemessenen Ausgleich vorenthalten** werden. Ausgangspunkt ist dabei § 641 BGB, wonach bei Abnahme die volle Vergütung zu zahlen ist, nicht eine um einen Sicherheitseinbehalt gekürzte (BGH Urt. v. 5.6.1997 VII ZR 324/95 = BGHZ 136, 27, 33 = BauR 1997, 829, 830 = NJW 1997, 2598, 2599 = ZfBR 1997, 292). Aus dieser gesetzlichen Grundentscheidung folgt, dass der völlige Ausschluss des Austauschrechts bei einem ansonsten vereinbarten zinslosen Vergütungseinbehalt während der Gewährleistungszeit offensichtlich nicht mit § 307 BGB zu vereinbaren ist, und zwar unabhängig von der Dauer des Vergütungseinbehalts (OLG München Urt. v. 1.3.2000 15 U 5605/99 = BauR 2002, 1109 f.; Revision durch BGH nicht angenommen durch Beschl. v. 17.1.2002 VII ZR 495/00 = IBR 2002, 663; dazu Anm. *Sienz* BauR 2000, 1249, 1250 f., und BauR 2002, 1241, 1243, sowie *Kuffer* BauR 2003, 155, 159 f.; ähnlich bereits OLG Karlsruhe Urt. v. 5.10.1988 7 U 189/87 = BauR 1989, 203, 204; OLG München Urt. v. 15.10.1991 9 U 2951/91 = BauR 1992, 234, 235 = NJW-RR 1992, 218; OLG Zweibrücken 13

Urt. v. 10.3.1994 4 U 143/93 = BauR 1994, 509, 512 = NJW-RR 1994, 1363; zustimmend *Schmitz/ Vogel* ZfIR 2002, 509, 514; anders und insoweit inzwischen überholt OLG Hamburg Urt. v. 6.9.1995 5 U 41/95 = BauR 1997, 668 = NJW-RR 1997, 1040, das noch einen zinslosen Einbehalt von 5% der Vergütung für die Dauer eines Jahres als zulässig ansah; der BGH hatte die diesbezügliche Revision ebenfalls nicht zur Entscheidung angenommen, Beschl. v. 20.3.1997 VII ZR 257/95, wobei diese Entscheidung jedoch noch vor der späteren Grundsatzentscheidung des BGH Urt. v. 5.6.1997 VII ZR 324/95 = BGHZ 136, 27 = BauR 1997, 829 = NJW 1997, 2598 = ZfBR 1997, 292 zu dem Gesamtkomplex »Beschränkung des Austauschrechts auf eine Bürgschaft auf erstes Anfordern« ergangen ist; a.A. ebenfalls wohl *Thode* ZfIR 2000, 165, 168; *Thode* ZfBR 2002, 4, 7). Umgekehrt gilt hingegen: Stets dann, wenn **nach der Sicherungsabrede nur eines der in § 17 Nr. 2 VOB/B als angemessen angesehenen Sicherungsmittel als Wahlmöglichkeit für die Auftragnehmer erhalten bleibt, ist eine Sicherungsabrede ohne weiteres wirksam** und mit § 307 BGB vereinbar (KG Beschl. v. 2.12.2003 7 W 330/03 = BauR 2004, 1016; OLG Nürnberg Urt. v. 30.9.2004 13 U 2351/03, Nichtzulassungsbeschw. zurückgewiesen: BGH Beschl. v. 21.7.2005 VII ZR 264/04 = BauR 2005, 1681 [Ls.] = IBR 2005, 535, wobei sich Einzelheiten dazu nicht aus den veröffentlichten Leitsätzen ergeben; i.E. ebenso: OLG Frankfurt Urt. v. 18.12.2003 21 U 24/03 = BauR 2004, 1787, 1788 ff., Rev. beim BGH anhängig zu XI ZR 2/04).

14 **Unwirksam** ist hingegen eine in den AGB des Auftraggebers enthaltene Beschränkung des Austauschrechts, auf Grund der ein **Auftragnehmer einen Sicherheitseinbehalt nur durch eine Bürgschaft auf erstes Anfordern ablösen darf, ohne dass die Pflicht des Auftraggebers besteht, den Sicherheitseinbehalt auf ein unter gemeinsamer Verfügungsbefugnis stehendes Sperrkonto zu zahlen** (BGH Urt. v. 5.6.1997 VII ZR 324/95 = BGHZ 136, 27, 33 = BauR 1997, 829, 830 = NJW 1997, 2598, 2599 = ZfBR 1997, 292; Urt. v. 2.3.2000 VII ZR 475/98 = BauR 2000, 1052 f. = NZBau 2000, 285 = NJW 2000, 1863, 1864 = ZfBR 2000, 332; Urt. v. 20.4.2000 VII ZR 458/97 = BauR 2000, 1498, 1500 = NZBau 2000, 424, 425 = NJW-RR 2000, 1331, 1332; Urt. v. 8.3.2001 IX ZR 236/00 = BauR 2001, 1093, 1095 = NZBau 2001, 311, 312 = NJW 2001, 1857, 1858 = ZfBR 2001, 319, 321; BGH Versäumnisurt.v. 22.11.2001 VII ZR 208/00 = BauR 2002, 463, 464 = NZBau 2002, 151, 152 = NJW 2002, 894 = ZfBR 2002, 249, für Gewährleistungsbürgschaften auf erstes Anfordern; OLG München Urt. v. 28.3.2001 27 U 940/00 = BauR 2001, 1618, 1620; OLG Dresden Urt. v. 18.4.2002 7 U 1722/01 = BauR 2003, 255, 257, für Vertragserfüllungsbürgschaften auf erstes Anfordern; siehe dazu auch umfassend Erläuterungen in § 17 Nr. 4 VOB/B Rn. 58 ff.). Dies gilt zumindest dann, wenn auf Seiten des Auftraggebers nicht die öffentliche Hand steht, sondern ein privater Auftraggeber, der einer praktischen Insolvenzgefahr ausgesetzt ist (vgl. dazu die entsprechenden Erläuterungen zur Beschränkung des Wahlrechts oben Rn. 6 a.E. einschließlich der dazu zitierten dagegenstehenden Rechtsprechung des BGH sowie ausführlich § 17 Nr. 4 VOB/B Rn. 63 [Gewährleistungsbürgschaft auf erstes Anfordern] und Rn. 69 [Vertragserfüllungsbürgschaft auf erstes Anfordern]). Unwirksam ist ferner eine Klausel mit einem unter ausdrücklichem Ausschluss des § 17 Nr. 6 Abs. 1 S. 3 und 4, Abs. 3 VOB/B vereinbarten Sicherheitseinbehalt, der ausschließlich »durch eine Bürgschaft nach dem **Muster des Auftraggebers** ablösbar« ist. Eine solche Klausel ist intransparent. Denn es besteht durchaus die Möglichkeit, dass der Auftraggeber eine auch in diesem Fall (unzulässige) Bürgschaft auf erstes Anfordern fordert (BGH Urt. v. 2.3.2000 VII ZR 475/98 = BauR 2000, 1052 = NZBau 2000, 285 = NJW 2000, 1863 = ZfBR 2000, 332; dazu *Hartung* NZBau 2000, 371, ebenso OLG Stuttgart Urt. v. 19.2.2004 13 U 118/03 = BauR 2005, 1217 [Ls.]; Nichtzulassungsbeschwerde zurückgewiesen, BGH Beschl. v. 31.3.2005 VII ZR 185/04). Die diesbezüglichen Zweifel gehen zu Lasten des Auftraggebers als Verwender der Klausel (§ 305c Abs. 2 BGB), weswegen eine solche Formulierung im Rahmen einer AGB-Kontrolle keinen Bestand haben kann. Anders ist hingegen der Sachverhalt zu beurteilen, wenn die wesentlichen Eckpunkte zu dem Inhalt des Bürgschaftsmusters in der Sicherungsabrede festgelegt sind. Wird danach die Stellung einer unbefristeten, unwiderruflichen, selbstschuldnerischen Bürgschaft verlangt, ist in diesem Fall wegen der weiteren Ausgestaltung ein Verweis in der Sicherungsabrede auf ein »Muster des Auftraggebers«

unschädlich. Denn letztlich wird damit in Anlehnung an § 17 Nr. 4 S. 2 VOB/B nur zum Ausdruck gebracht, dass die Bürgschaft nach Vorschrift des Auftraggebers auszustellen ist. Folglich ist der Auftraggeber aber dann nicht berechtigt, die in der Sicherungsabrede vorgesehenen Eckpunkte zu den Anforderungen an die Bürgschaft zu ändern, indem er etwa abweichend davon mit dem Bürgschaftsmuster eine Bürgschaft auf erstes Anfordern verlangt (BGH Urt. v. 26.2.2004 VII ZR 247/02 = BauR 2004, 841, 843 = NJW-RR 2004, 814, 815 = NZBau 2004, 323, 324 = ZfBR 2004, 372).

Die **Beschränkung des Austauschrechts** auf eine Bürgschaft auf erstes Anfordern **verstößt nur dann gegen § 307 BGB, wenn gleichzeitig** die aus § 17 Nr. 6 VOB/B folgende **Pflicht des Auftraggebers zur Einzahlung dieses Einbehaltes auf** ein unter gemeinschaftlicher Verfügungsbefugnis stehendes **Sperrkonto zumindest konkludent abbedungen** wird (LG Bochum Urt. v. 26.7.2001 14 O 31/01 = BauR 2002, 330; *Hildebrand* ZfIR 2002, 872, 874; *Schmidt* BauR 2002, 21; a.A. *Schmitz/Vogel* ZfIR 2002, 509, 514). Hiervon soll nach Auffassung des BGH regelmäßig auszugehen sein, wenn bei der **Vereinbarung eines Sicherheitseinbehaltes als einzige Austauschsicherheit eine Bürgschaft auf erstes Anfordern** vorgesehen ist (BGH Beschl. v. 10.11.2005 VII ZR 11/04 = BauR 2006, 379, 380 = NJW 2006, 442 = NZBau 2006, 106 = ZfBR 2006, 156, 157, vgl. auch schon die Entscheidung vom 16.5.2002 VII ZR 494/00 = BauR 2002, 1392 = NZBau 2002, 493 = NJW-RR 2002, 1311 = ZfBR 2002, 677). Insoweit sei auch das weitergehende Austauschrecht nach § 17 Nr. 3 VOB/B ausgeschlossen (BGH Beschl. v. 23.6.2005 VII ZR 277/04 = BauR 2006, 106, 107 = NZBau 2005, 590 [Ls.] = ZfBR 2005, 678, 679). Grund für diese Sichtweise ist eine Analyse des Vertragswillens beider Parteien anhand einer vergleichenden Betrachtungsweise der Sicherungsmittel. Sie führt – so der BGH – zu dem Ergebnis, dass durch die Bestimmung einer Bürgschaft auf erstes Anfordern als einzige Austauschsicherheit in der Sicherungsabrede weitere Sicherungsmittel des § 17 VOB/B, insbesondere das Wahl- und Austauschrecht nach § 17 Nr. 3 VOB/B einschließlich der Pflicht, einen Sicherheitseinbehalt auf ein Sperrkonto einzuzahlen, konkludent abbedungen seien. Denn die Festlegung der Austauschsicherheit auf eine Bürgschaft auf erstes Anfordern dokumentiere, dass dem Auftraggeber ein Sicherungsmittel an die Hand gegeben werden sollte, sich ähnlich wie bei dem Zugriff auf ein Bardepot rasch und unkompliziert liquide Mittel zu verschaffen (vgl. zu den Besonderheiten einer Bürgschaft auf erstes Anfordern und deren Barwertfunktion unten § 17 Nr. 4 Rn. 33 ff.). Nur eine solche, dem Bareinbehalt vergleichbare Sicherheit sollte den Vergütungseinbehalt ersetzen können, weswegen andere Sicherungsmittel als Austauschsicherheit konkludent abbedungen seien (BGH a.a.O.).

Hinzuweisen ist darauf, dass vorstehende Rechtsprechung allein für Bürgschaften auf erstes Anfordern ergangen ist. Deren Grundlage ist richtig. Im Übrigen ist jedoch bei jeder Klausel **stets vorrangig zu prüfen**, ob tatsächlich die weitergehenden Sicherungsrechte in der Form, wie sie in § 17 Nr. 2 VOB/B vorgesehen sind, durch die Vereinbarung von Anforderungen an eine bestimmte Austauschsicherheit abbedungen sind. Mit dieser Maßgabe stellt z.B. eine Klausel »**Sicherheitseinbehalt ablösbar gegen Bürgschaft**« zunächst einmal nur die für eine Sicherheitsleistung dem Grunde nach erforderliche Sicherungsabrede dar (vgl. zu deren Bedeutung § 17 Nr. 1 VOB/B Rn. 6 ff.). Sodann korrespondiert damit bei einem VOB-Vertrag, selbst wenn die VOB nur nachrangig vereinbart ist, die Pflicht des Auftraggebers aus § 17 Nr. 6 Abs. 1 S. 3 VOB/B, wie er mit einem Sicherheitseinbehalt umzugehen hat: Im Ergebnis heißt das, dass zumindest dann, wenn als Austauschsicherheit eine **gewöhnliche selbstschuldnerische Bürgschaft** vereinbart ist, die Pflicht des Auftraggebers erhalten bleibt, diesen Einbehalt als Fremdgeld zu behandeln, d.h. vor allem, diesen ohne gesonderte Aufforderung auf ein Sperrkonto einzuzahlen, solange ihm die Austauschsicherheit nicht vorliegt (BGH Beschl. v. 10.11.2005 VII ZR 11/04 = BauR 2006, 379, 380 = NJW 2006, 442 = NZBau 2006, 106 = ZfBR 2006, 156, 157). Folglich verstößt eine solche Sicherungsabrede mit einer Beschränkung der Austauschsicherheit auf **eine gewöhnliche (selbstschuldnerische) Bürgschaft** nicht gegen § 307 BGB (BGH Urt. v. 13.11.2003 VII ZR 57/02 = BGHZ 157, 29, 31 = BauR 2004, 325, 326 m. abl. Anm. v. *Franz* = NJW 2004, 443 = NZBau 2004, 145 = ZfBR 2004, 250; Urt. v. 26.2.2004 VII ZR 247/02 = BauR 2004, 841, 843 = NJW-RR 2004, 814, 815 = NZBau 2004, 323, 324 = ZfBR 2004,

372, 373; kritisch dazu *Klein/Moufang* Jahrbuch Baurecht 2005 S. 29, 45). Dies gilt selbst dann, wenn gleichzeitig in den AGB die Pflicht des Auftraggebers, einen Sicherheitseinbehalt auf ein Sperrkonto zu zahlen, abbedungen ist (so ausdrücklich auch BGH Urt. v. 13.11.2003 VII ZR 57/02 a.a.O., das vor allem das Insolvenzrisiko, das ja nur bei der Abbedingung der Pflicht zur Einzahlung eines Sicherheitseinbehaltes überhaupt besteht, als akzeptabel ansieht, soweit dem Auftragnehmer mit der Stellung einer selbstschuldnerischen Bürgschaft eine insolvenzfeste Alternative verbleibt – a.A. KG Urt. v. 29.4.1988 24 U 3307/87 = BauR 1989, 207; OLG Hamburg Urt. v. 8.11.1995 13 U 44/94 = BauR 1996, 904 [Ls.]; *Schmitz/Vogel* ZfIR 2002, 509, 514; *Hildebrand* ZfIR 2002, 872, 874; offengelassen bei *Thode* ZfIR 2000, 165, 168; *Thode* ZfBR 2002, 4, 7). Zusammengefasst zeigt sich somit auch hier der Grundsatz: Stets dann, wenn dem Auftragnehmer wenigstens eine der in § 17 Nr. 2 VOB/B vorgesehenen Sicherungsmittel (hier eine selbstschuldnerische Bürgschaft) erhalten bleibt, ist die Beschränkung des Austauschsrechts in AGB des Auftraggebers unproblematisch (so auch KG Beschl. v. 2.12.2003 7 W 330/03 = BauR 2004, 1016; OLG Nürnberg Urt. v. 30.9.2004 13 U 2351/03, Nichtzulassungsbeschw. zurückgewiesen: BGH Beschl. v. 21.7.2005 VII ZR 264/04 = BauR 2005, 1681 [Ls.] = IBR 2005, 535, wobei sich Einzelheiten dazu nicht aus den veröffentlichten Leitsätzen ergeben; i.E. ebenso: OLG Frankfurt Urt. v. 18.12.2003 21 U 24/03 = BauR 2004, 1787, 1788 ff., Rev. beim BGH anhängig zu XI ZR 2/04).

16a AGB-rechtlich unzulässig ist nicht nur eine ggf. erfolgende Beschränkung des Austauschrechts auf Bürgschaften auf erstes Anfordern, sondern auch eine Sicherungsabrede, die aus anderen Gründen im Zusammenhang mit dem Austauschrecht über das anerkennenswerte Absicherungsinteresse des Auftraggebers hinausgeht (vgl. dazu schon oben Rn. 6). Hierzu zählt z.B. die Fallgestaltung, dass zwar zum einen der Austausch auf eine gewöhnliche selbstschuldnerische Bürgschaft beschränkt wird, was nach Vorstehendem (siehe Rn. 16) zulässig ist, zum anderen ein solcher Austausch aber an erhöhte nicht mehr zumutbare Bedingungen geknüpft wird. Zu nennen ist etwa die Bedingung, dass die Ablösung des Einbehalts durch eine gewöhnliche selbstschuldnerische Bürgschaft davon abhängig gemacht wird, dass keine wesentlichen Mängel mehr vorhanden sind. Eine solche Verknüpfung des Austauschrechts bedeutet eine so weitreichende Einschränkung des Auftragnehmers, dass ein angemessener Ausgleich zu den Nachteilen eines Sicherheitseinbehaltes nicht mehr zugestanden wird. Denn tatsächlich würde dann jeder Streit um wesentliche Mängel das Austauschrecht faktisch blockieren, so dass es danach einstweilen bei dem Sicherheitseinbehalt bliebe (BGH Urt. v. 13.11.2003 VII ZR 57/02 = BGHZ 157, 29 = BauR 2004, 325, 326 m. Anm. *Franz* = NJW 2004, 443 = NZBau 2004, 145 = ZfBR 2004, 250; dazu auch *Siegburg* ZfIR 2004, 89, 90).

b) Folgen einer unwirksamen Beschränkung des Austauschrechts

17 Verstößt die Beschränkung des Austauschrechts aus § 17 Nr. 3 VOB/B gegen § 307 BGB, ist die zu Grunde liegende Vereinbarung unwirksam. Insoweit gilt zu den Rechtsfolgen nichts anderes als bei einer unzulässigen Beschränkung des ebenfalls in § 17 Nr. 3 VOB/B geregelten Wahlrechts für die erstmalige Stellung einer Sicherheit (siehe dazu oben Rn. 9).

III. Vollzug des Austauschs

1. Austausch der Sicherheiten ohne Störung

18 Der **Vollzug des Austauschs** ist unproblematisch, wenn er Zug um Zug stattfindet. Das ist jedoch nicht zwingend: Denn das Recht auf Sicherheitsleistung hat nach der VOB **nicht** wie das Leistungsverweigerungsrecht bzw. das Zurückbehaltungsrecht des BGB lediglich eine **Verurteilung Zug um Zug** zur Folge. Vielmehr bewirkt es, dass der Auftragnehmer die Freigabe des Sicherheitsbetrages, **solange** die Befugnis des Auftraggebers zum Behalt der Sicherheit besteht, überhaupt **nicht verlangen kann.** Dieser Anspruch ist nicht fällig. Besteht der Anspruch auf Sicherheit und ist sie noch nicht mit Recht verwertet worden, so ist in der betreffenden Höhe eine etwaige Zahlungsklage des Auftragnehmers wegen fehlender Fälligkeit als **zurzeit unbegründet abzuweisen** (OLG Dresden Urt. v. 25.9.1995 2 U 976/95 = BauR 1997, 484 [Revision vom BGH nicht zur Entscheidung angenommen: Beschl. v. 21.11.1996 VII ZR 268/95]; i.E. wie hier ebenso OLG Brandenburg Urt. v. 31.3.1998 11 U 143/97 = BauR 1998, 1267 = NJW-RR 1998, 1316; OLG Frankfurt Urt. v. 29.5.1985 7 U 74/84 = BauR 1987, 577; a.A. KG Urt. v. 3.2.1982 24 U 5945/81 = BauR 1982, 386; OLG Düsseldorf Urt. v. 30.9.2003 23 U 204/02 = BauR 2004, 506, 509; *Heiermann/Riedl/Rusam* § 17 Rn. 42, die von einer Zug-um-Zug-Verpflichtung ausgehen; ebenso: *Weise* Sicherheiten im Baurecht Rn. 152, *Rodemann* BauR 2004, 1539). Für den Sicherheitenaustausch heißt das: Der Auftragnehmer hat z.B. für die Auslösung eines Sicherheitseinbehaltes zunächst die Austauschsicherheit zu übergeben, bevor er im Anschluss daran die Auszahlung des Einbehaltes verlangen kann. Trotz dieser Systematik steht ein Auftragnehmer nicht schutzlos da: Zwar darf insbesondere eine zum Austausch eines Sicherheitseinbehaltes übergebene VOB-konforme Bürgschaft grundsätzlich nicht mit Bedingungen verknüpft sein; es bestehen jedoch keine Bedenken, wenn die Bürgschaft nach der ausdrücklichen Bestimmung in der Bürgschaftserklärung erst **nach Einzahlung des vom Auftraggeber einbehaltenen Betrages auf ein bei dem Bürgen bestehendes Konto wirksam** wird (OLG Celle Urt. v. 14.10.1998 14a [6] U 79/97 = BauR 1999, 1057; OLG Naumburg Urt. v. 25.3.2004 2 U 77/03 = OLGR 2004, 349 f.; so auch *Stammkötter* BauR 2002, 875; *Roquette/Giesen* NZBau 2003, 297, sowie weitere Erläuterungen zu § 17 Nr. 4 VOB/B Rn. 81 ff.). Denn ein solcher Vorbehalt beschränkt die Bürgschaft nicht als taugliches Sicherungsmittel vor dem Hintergrund, dass der Auftraggeber nach der Sicherungsabrede eine Sicherheitsleistung nur einmal fordern darf.

Wird eine Bürgschaft übergeben, um einen Sicherheitseinbehalt auszulösen, bezahlt der Auftraggeber mit dessen Freigabe tatsächlich einen zunächst einbehaltenen Vergütungsanteil (vgl. zu dem Charakter einer Sicherheitsleistung § 17 Nr. 6 VOB/B Rn. 1). Dieser wird mit Übergabe der Bürgschaft fällig. Dies heißt aber auch, dass ab diesem Zeitpunkt für diesen nunmehr zur Auszahlung stehenden Vergütungsanspruch die **Verjährung** beginnt. Des Weiteren hat der Auftraggeber für diesen ggf. erst **zeitverzögert zu bezahlenden Vergütungsanteil etwaige Abzüge auf Grund der Bauabzugssteuer** zu beachten: Handelt es sich bei dem Auftraggeber um einen Unternehmer oder eine Körperschaft, muss er sich vor jeder ungekürzten Auszahlung eines Sicherheitseinbehaltes von dem Bauunternehmer eine aktuelle Freistellungsbescheinigung vorlegen lassen. Andernfalls darf er gemäß §§ 48 ff. EStG nur 85% des Sicherheitseinbehaltes auszahlen, während er die restlichen 15% als Bauabzugssteuer an das für den Auftragnehmer zuständige Finanzamt abzuführen hat. Für einen nicht oder zu niedrig abgeführten Abzugsbetrag haftet er unmittelbar (§ 48a Abs. 3 EStG). Der Zahlung des Auftraggebers an das Finanzamt selbst kommt in seinem Verhältnis zum Auftragnehmer gemäß § 362 BGB volle Erfüllungswirkung zu (BGH Urt. v. 12.5.2005 VII ZR 97/04 = BGHZ 163, 103, 105 f. = BauR 2005, 1311, 1312 = NJW-RR 2005, 1261 = NZBau 2005, 458, 459 = ZfBR 2005, 670, 671). 19

2. Gestörter Austausch der Sicherheiten

Störungen beim Austausch der Sicherheiten sind vielfach zu beobachten (siehe etwa den Überblick zur Rechtsprechung bei *Maas* FS Vygen S. 327 ff.). Vor allem in Fällen, in denen der einfache Sicherheitseinbehalt zur Beseitigung behaupteter Mängel u.a. nicht ausreicht, neigen Auftraggeber dazu, gegen den nach Übergabe der Austauschsicherheit (Bürgschaft) zur Auszahlung fälligen Zahlungsanspruch mit Gegenansprüchen wegen dieser (behaupteten) Mängel aufzurechnen und die Bürgschaft gleichwohl zu behalten. Diese Vorgehensweise ist in jedem Fall unzulässig: 20

a) Einseitiges Bestimmungsrecht des Auftragnehmers

Bei dem in § 17 Nr. 3 VOB/B vorgesehenen Austauschrecht handelt es sich um ein einseitiges Gestaltungsrecht des Auftragnehmers: Er allein ist berechtigt, die Art der Sicherheitsleistung zu bestimmen und zu verändern (BGH Urt. v. 3.7.1997 VII ZR 115/95 = BGHZ 136, 195, 197 f. = BauR 1997, 21

1026 = NJW 1997, 2958 = ZfBR 1997, 298; Urt. v. 13.9.2001 VII ZR 467/00 = BGHZ 148, 151, 153 f. = BauR 2001, 1893, 1894 = NZBau 2001, 679 = NJW 2001, 3629, 3630 = ZfBR 2002, 48, 49; Urt. v. 7.3.2002 VII ZR 182/01 = BauR 2002, 1543, 1544; vgl. auch oben Rn. 11). Diesem **Gestaltungsrecht kann der Auftraggeber nur mit bestehenden und liquiden Gegenrechten begegnen**, d.h.: Nur dann, wenn der Auftraggeber bereits zum Zeitpunkt der Ausübung des Austauschrechtes des Auftragnehmers die noch in seinem Besitz befindliche herauszugebende Sicherheit (z.B. einen Sicherheitseinbehalt) verwerten darf, darf er deren Herausgabe verweigern. Ob diese Gegenrechte bestehen, hängt maßgeblich davon ab, ob **zum Zeitpunkt der Übergabe der Austauschsicherheit der Sicherungsfall eingetreten** ist (vgl. dazu ausführlich § 17 Nr. 1 VOB/B Rn. 8 ff.). Dies ist jeweils im Einzelfall zu prüfen. Fehlt es wie häufig an einer ausdrücklichen Regelung dazu, ist die Sicherungsabrede nicht unwirksam; vielmehr ist der Sicherungsfall durch Auslegung zu ermitteln (Urt. v. 28.9.2000 VII ZR 460/97 = BauR 2001, 109, 111 = NZBau 2001, 136, 137 = NJW-RR 2001, 307, 308 = ZfBR 2001, 31, 32; Urt. v. 13.9.2001 VII ZR 467/00 = BGHZ 148, 151, 154 = BauR 2001, 1893, 1894 = NZBau 2001, 679 = NJW 2001, 3629, 3630 = ZfBR 2002, 48, 49; *Quack* BauR 1997, 754 f.; *Thode* ZfIR 2000, 165, 166; *Thode* ZfBR 2002, 4 ff.; *Schmitz/Vogel* ZfIR 2002, 509, 510; *Kuffer* BauR 2003, 155, 156). Insoweit wird sich i.d.R. ergeben, dass gerade bei auf Geldzahlung gerichteten Sicherheiten nur geldwerte Ansprüche abgesichert werden sollen. Dies gilt für Bareinbehalte und Bürgschaften in gleicher Weise (BGH Urt. v. 28.9.2000 VII ZR 460/97 = BauR 2001, 109, 111 = NZBau 2001, 136, 137 = NJW-RR 2001, 307, 308 = ZfBR 2001, 31, 32; Urt. v. 13.9.2001 VII ZR 467/00 = BGHZ 148, 151, 154 f. = BauR 2001, 1893, 1894 = NZBau 2001, 679 = NJW 2001, 3629, 3630 = ZfBR 2002, 48, 49; Urt. v. 7.3.2002 VII ZR 182/01 = BauR 2002, 1543, 1544; *Weise* Sicherheiten Rn. 37, 182, 238; *Thode* ZfIR 2000, 165, 171 f.; *Thode* ZfBR 2002, 4, 5). Jede andere Sichtweise würde (in unzulässiger Weise) einen Auftraggeber in die Lage versetzen, bereits über die ihm vorliegende Sicherheit einen Geldbetrag anfordern zu können, auch wenn er etwa die weiter gehenden Voraussetzungen für den Übergang eines Mängelanspruchs auf einen geldwerten Anspruch nach § 13 Nr. 5 ff. VOB/B bzw. §§ 634 ff., 323, 280 ff. BGB noch nicht erfüllt. Aus diesem Grund kann der Sicherungsfall erst eintreten, wenn der dazugehörige geldwerte Anspruch, d.h. im Gewährleistungsstadium der auf Geldzahlung gerichtete Mängelanspruch (Vorschuss auf Mängelbeseitigungskosten, Kostenerstattungsanspruch, Minderung, Schadensersatz) entstanden ist. Dies wiederum heißt, dass die **Verwertung einer Sicherheit** (auch einer Bürgschaft auf erstes Anfordern) i.d.R. **unzulässig ist, solange nicht eine vom Auftraggeber gesetzte angemessene Frist zur Mängelbeseitigung abgelaufen** ist, d.h. dem Auftragnehmer noch das Recht zur Nacherfüllung zusteht (BGH Urt. v. 28.9.2000 VII ZR 460/97 = BauR 2001, 109, 111 = NZBau 2001, 136, 137 = NJW-RR 2001, 307, 308 = ZfBR 2001, 31, 33; Urt. v. 13.9.2001 VII ZR 467/00 = BGHZ 148, 151, 154 = BauR 2001, 1893, 1894 = NZBau 2001, 679 = NJW 2001, 3629, 3630 = ZfBR 2001, 48, 49; Urt. v. 7.3.2002 VII ZR 182/01 = BauR 2002, 1543, 1544; *Quack* BauR 1997, 754, 756; *Thode* ZfIR, 2000, 165, 171 f.; *Quack* ZfBR 2002, 4, 5; *Kuffer* BauR 2003, 155 f.). Diese Beschränkung des Verwertungsrechts bei der Sicherheit strahlt auch auf die Pflichten des Auftraggebers bei dem Sicherheitenaustausch aus: Denn ist auf Grund der Sicherungsabrede zum Zeitpunkt der Stellung einer Austauschsicherheit eine Verwertung der Ursprungssicherheit noch nicht zulässig, so ist diese nicht nur herauszugeben. Vielmehr führt dies weiter dazu, dass dem Auftraggeber auch **kein Zurückbehaltungs- oder Aufrechnungsrecht** an der von ihm für die Austauschsicherheit herauszugebenden Sicherheit (i.d.R. einen Bareinbehalt) zusteht. Sähe man dies anders, würde dem Auftragnehmer das in § 17 Nr. 3 VOB/B verankerte Austauschrecht genommen, obwohl der vertraglich vereinbarte Sicherungsfall noch nicht eingetreten ist (BGH Urt. v. 28.9.2000 VII ZR 460/97 = BauR 2001, 109, 111 = NZBau 2001, 136, 137 = NJW-RR 2001, 307, 308 = ZfBR 2001, 31, 33; Urt. v. 13.9.2001 VII ZR 467/00 = BGHZ 148, 151, 154 f. = BauR 2001, 1893, 1894 = NZBau 2001, 679 = NJW 2001, 3629, 3630 = ZfBR 2002, 48, 49; *Quack* BauR 1997, 754, 756; *Weise* Sicherheiten Rn. 238; *Thode* ZfIR 2000, 165, 171 f.).

22 In Anlehnung an die Rechtsprechung des BGH (BGH Urt. v. 13.9.2001 VII ZR 467/00 = BGHZ 148, 151, 154 f. = BauR 2001, 1893, 1894 = NZBau 2001, 679 = NJW 2001, 3629, 3630 = ZfBR 2002, 48, 49

= ZfIR 2001, 898, m. Anm. *Schmitz*) lassen sich danach mit der Maßgabe, dass der Sicherungsfall bei Austausch der Sicherheit eingetreten ist, **folgende Fallgruppen** zusammenfassen:

— **Bietet** der Auftragnehmer dem Auftraggeber erst **zu einem Zeitpunkt eine Austauschsicherheit** 23 (z.B. eine Bürgschaft) **an**, in dem der Auftraggeber bereits die **Ursprungssicherheit (zu Recht) verwertet** hat, **ist für einen Austausch kein Raum** mehr. Der Auftraggeber muss dann die Bürgschaft zurückweisen. Etwas anderes gilt, wenn der **Sicherungsfall zwar vorliegt**, der Auftraggeber aber die ihm zur Verfügung stehende **Sicherheit noch nicht verwertet** hat: Übt der Auftragnehmer zu diesem Zeitpunkt sein Austauschrecht aus, steht es im Belieben des Auftraggebers, die Bürgschaft anzunehmen oder stattdessen den ihm zur Verfügung stehenden Bareinbehalt durch Aufrechnung mit seinen Mängelansprüchen zu verwerten. Wählt er die Verwertung, ist für einen Austausch ebenfalls kein Raum mehr (BGH a.a.O.). Der Auftraggeber darf dann die Bürgschaft nicht entgegennehmen. In diesem Fall allerdings hat sich sein Anspruch auf Sicherheit erledigt, da der Auftraggeber nur einmal Anspruch auf Sicherheitsleistung hat.

— Will der Auftraggeber hingegen nach Eintritt des Sicherungsfalls von der Verwertung einer ihm 24 vorliegenden Sicherheit absehen, bleibt ihm dies unbenommen. Denn ein **Auftraggeber ist zu einer Verwertung nicht verpflichtet**. Vielmehr kann er die Sicherheit behalten und stattdessen wegen zwischenzeitlich auftretender Mängel seine allgemeinen Mängelansprüche gegen den Auftragnehmer durchsetzen (BGH Urt. v. 9.7.1981 VII ZR 40/80 = BauR 1981, 577, 580 f. = NJW 1981, 2801 = ZfBR 1981, 265, 267; Urt. v. 8.7.1982 VII ZR 96/81 = BauR 1982, 579 = NJW 1982, 2494 = ZfBR 1982, 253; Urt. v. 5.4.1984 VII ZR 167/83 = BauR 1984, 406, 407 = NJW 1984, 2456 = ZfBR 1984, 185 f.; *Thode* ZfBR 2002, 4, 12). Insoweit besteht aber dann auch das Austauschrecht des Auftragnehmers gemäß § 17 Nr. 3 VOB/B fort mit der Folge, dass der Auftragnehmer die Austauschsicherheit entgegenzunehmen und die ihm vorliegende Sicherheit herauszugeben, d.h. eine Barsicherheit auszuzahlen hat. Unter Berücksichtigung der berechtigten Interessen des Auftragnehmers ist der Auftraggeber in diesem Fall aus einer **Nebenpflicht der Sicherungsabrede weiter verpflichtet, sich dem Auftragnehmer unverzüglich gegenüber zu erklären**, ob er bei Überreichung der Austauschsicherheit diese entgegennehmen oder stattdessen die ihm bereits vorliegende Sicherheit (Bareinbehalt) verwerten will. Solange der Auftraggeber dies nicht erklärt, verbleibt es bei dem Austauschrecht nach § 17 Nr. 3 VOB/B mit der Folge, dass der Auftraggeber die ihm vorliegende Sicherheit unverzüglich herauszugeben hat (BGH a.a.O.; Urt. v. 7.3.2002 VII ZR 182/01 = BauR 2002, 1543, 1544). Unverzüglich bedeutet hier wie üblich ohne schuldhaftes Zögern (§ 121 Abs. 1 BGB). Allerdings wird man einem Auftraggeber für die Frage, welcher Weg für ihn wirtschaftlich sinnvoll ist, eine Überlegungszeit einräumen müssen. Diese dürfte jedoch einen Zeitraum von zwei Wochen kaum überschreiten.

— Macht der **Auftragnehmer von seinem Austauschrecht Gebrauch, bevor der Sicherungsfall** 25 **eingetreten ist** (z.B. weil nur Zurückbehaltungsrechte an der Vergütung nach §§ 320, 641 Abs. 3 BGB und noch keine auf Geldzahlung gerichteten Ansprüche bestehen), ist der **Auftraggeber verpflichtet, die Austauschsicherheit** (Bürgschaft) **entgegenzunehmen und einen Sicherheitseinbehalt auszuzahlen**. Kommt er dieser Verpflichtung nicht nach, verletzt er seine Sicherungsabrede (BGH Urt. v. 18.5.2000 VII ZR 178/99 = BauR 2000, 1501, 1502 = NZBau 2000, 423 = NJW-RR 2000, 1259 = ZfBR 2000, 481, 482; Urt. v. 28.9.2000 VII ZR 460/97 = BauR 2001, 109, 111 = NZBau 2001, 136, 137 = NJW-RR 2001, 307, 308 = ZfBR 2001, 31, 32; Urt. v. 13.9.2001 VII ZR 467/00 = BGHZ 148, 151, 155 = BauR 2001, 1893, 1894 = NZBau 2001, 679 f. = NJW 2001, 3629, 3630 = ZfBR 2002, 48, 49; Urt. v. 7.3.2002 VII ZR 182/01 = BauR 2002, 1543, 1544). Aus dieser Pflichtverletzung darf ihm kein Vorteil entstehen. Dies wiederum heißt, dass der Auftraggeber auch dann zum Austausch der Sicherheit, d.h. insbesondere zur Auszahlung eines Barbeinbehaltes verpflichtet ist, wenn der Sicherungsfall später eintritt. Den Anspruch auf Sicherheit als solchen verliert er dadurch allerdings nicht (siehe hierzu unten Rn. 30). Er muss sich lediglich mit der Austauschsicherheit begnügen. Etwas anderes könnte allenfalls dann gelten, wenn der Sicherungsfall unmittelbar bevorsteht, weil etwa eine zur Mängelbeseitigung gesetzte Frist kurz nach Eingang der zum Austausch übermittelten Sicherheit abläuft (BGH Urt. v. 13.9.2001 VII ZR 467/00 = BGHZ 148, 151, 155 = BauR 2001, 1893, 1894 = NZBau 2001, 679 f. = NJW 2001, 3629, 3630 = ZfBR 2002, 48, 49 = ZfIR 2001, 898, m. Anm. *Schmitz*). Auch hier wird man jedoch allenfalls von Tagen, maximal von einem Zeitraum von zwei Wochen sprechen können. Insoweit dürfte nichts anderes gelten als bei der Erklärungsfrist des Auftraggebers für den Fall, dass der Sicherungsfall eingetreten ist und er sich nunmehr zwischen der Verwertung und dem Fortbestand der Sicherheit zu entscheiden hat (vgl. Rn. 24 a.E.).

b) Weitere Abwicklung bei Sicherheitenaustausch

26 Die Pflicht des Auftraggebers, nach Erhalt einer Austauschsicherheit die ursprünglich bei ihm liegende Sicherheit (i.d.R. den Bareinbehalt) zurückzugeben, folgt unmittelbar aus der Sicherungsabrede. Hiervon zu trennen sind ggf. weiter gehende Erklärungen, die der Auftragnehmer bei Übergabe der Austauschsicherheit abgibt. Insoweit ist entgegen einigen Stimmen in der Literatur (*Schmitz* ZfIR 2001, 898, 900; dazu allgemein *Thode* ZfBR 2002, 4, 9 ff.; grundlegend auch *Otto* BauR 1999, 322) an der Rechtsprechung des BGH zu der auflösenden Bedingung bei Übergabe einer Austauschsicherheit anzuknüpfen (BGH Urt. v. 3.7.1997 VII ZR 115/95 = BGHZ 136, 195, 197 f. = BauR 1997, 1026 = NJW 1997, 2958 = ZfBR 1997, 298; Urt. v. 19.2.1998 VII ZR 105/97 = BauR 1998, 544, 545 = NJW 1998, 2057 = ZfBR 1998, 185; OLG Brandenburg Urt. v. 1.9.1998 11 U 252/97 = BauR 2000, 280, 281; kritisch dazu *Leinemann* NJW 1999, 262, 263; *Otto* BauR 1999, 322): Danach gilt, dass ein Auftragnehmer unabhängig von den Rechten und Pflichten aus der Sicherungsabrede **eine Austauschsicherheit nur unter der auflösenden Bedingung** an den Auftraggeber **übergeben wird, dass er anschließend die beim Auftraggeber befindliche Sicherheit (zumeist den Bareinbehalt) tatsächlich zurückerhält bzw. der Auftraggeber insbesondere seiner Verpflichtung zur Auszahlung des Sicherheitseinbehaltes nachkommt**. Dies sollte der Auftragnehmer bei der Übersendung der Bürgschaft ausdrücklich klarstellen (so der Sachverhalt zu OLG Brandenburg Urt. v. 1.9.1998 11 U 252/97 = BauR 2000, 280, 281), wobei man **eine solche auflösende Bedingung** aber auch regelmäßig **aus den Begleitumständen entnehmen** kann. Erhält der Auftragnehmer berechtigt oder unberechtigt seine Ursprungssicherheit nicht zurück, greift die auflösende Bedingung aus seiner Willenserklärung bei der Übergabe der Bürgschaft. Entfällt danach der Rechtsgrund für den Auftraggeber zum Behalt der Austauschsicherheit, etwa weil der Auftraggeber die Ursprungssicherheit (Bareinbehalt) wegen bereits fälliger auf Geldzahlung gerichteter Mängelansprüche verwertet, kann der Auftragnehmer die ersatzweise gestellte Austauschsicherheit herausverlangen. Dieses Recht beruht **sowohl auf der Sicherungsabrede** (BGH Urt. v. 19.2.1998 VII ZR 105/97 = BauR 1998, 544, 545 = NJW 1998, 2057 = ZfBR 1998, 185 f.; Urt. v. 13.9.2001 VII ZR 467/00 = BGHZ 148, 151, 154 f. = BauR 2001, 1893, 1894 = NZBau 2001, 679 = NJW 2001, 3629, 3630 = ZfBR 2002, 48, 49 = ZfIR 2001, 898, m. Anm. *Schmitz*; vgl. auch vorstehende Erläuterungen zu Rn. 22 ff.) **als auch infolge der eingetretenen auflösenden Bedingung auf Bereicherungsrecht** (BGH Urt. v. 3.7.1997 VII ZR 115/95 = BGHZ 136, 195, 197 f. = BauR 1997, 1026 = NJW 1997, 2958 = ZfBR 1997, 298; BGH Urt. v. 19.2.1998 VII ZR 105/97 = BauR 1998, 544, 545 = NJW 1998, 2057 = ZfBR 1998, 185; OLG Brandenburg Urt. v. 1.9.1998 11 U 252/97 = BauR 2000, 280, 281; zuletzt LG Bremen Urt. v. 21.8.2003 2 O 940/03 = BauR 2003, 1914, 1915 = NJW-RR 2004, 168 = NZBau 2004, 448 f.; OLG Hamm Urt. v. 8.11.2005 21 U 84/05 = BauR 2006, 851, 852 = NJW-RR 2006, 671 f. = NZBau 2006, 314). Bedeutung gewinnt dieser weiter gehende bereicherungsrechtliche Anspruch etwa bei bestrittenen Gewährleistungsansprüchen: Der Auftraggeber wird in diesen Fällen die Auffassung vertreten, mit eigenen vermeintlich bereits auf Geldzahlung gerichteten Mängelansprüchen gegen einen ihm vorliegenden Bareinbehalt aufrechnen zu können. Eine solche Aufrechnung wäre – soweit die Ansprüche bestehen – auch von der Sicherungsabrede gedeckt (BGH Urt. v. 18.5.2000 VII ZR 178/99 = BauR 2000, 1501, 1502 = NZBau 2000, 423 = NJW-RR 2000, 1259 = ZfBR 2000, 481, 482; Urt. v. 13.9.2001 VII ZR 467/00 = BGHZ 148, 151, 154 f. = BauR 2001, 1893, 1894 = NZBau

2001, 679 = NJW 2001, 3629, 3630 = ZfBR 2002, 48, 49; Urt. v. 7.3.2002 VII ZR 182/01 = BauR 2002, 1543, 1544). Ob diese Rechte tatsächlich bestehen, wird sich jedoch ggf. erst im Laufe eines langen Rechtsstreits klären. Unbeschadet dessen bliebe aber insoweit festzuhalten, dass der Auftraggeber die ihm vorliegende Ursprungssicherheit berechtigt oder unberechtigt effektiv nicht auszahlt. In diesen Fällen greift dann unabhängig von der Berechtigung zu einer Aufrechnung die auflösende Bedingung bei der Übergabe der Austauschsicherheit: Denn es besteht kein Zweifel daran, dass der Auftraggeber für die Prozessdauer nicht beide Sicherheiten behalten darf: Er ist somit bei bestrittenen Mängelansprüchen in jedem Fall verpflichtet, hilfsweise die Austauschsicherheit wieder zurückzugeben, ohne dass es insoweit auf irgendwelche Gegenrechte ankommt (BGH Urt. v. 3.7.1997 VII ZR 115/95 = BGHZ 136, 195, 197 f. = BauR 1997, 1026 = NJW 1997, 2958 = ZfBR 1997, 298; Urt. v. 19.2.1998 VII ZR 105/97 = BauR 1998, 544, 545 = NJW 1998, 2057 = ZfBR 1998, 185; Urt. v. 18.5.2000 VII ZR 178/99 = BauR 2000, 1501, 1502 = NZBau 2000, 423 = NJW-RR 2000, 1259 = ZfBR 2000, 481, 482).

Eine ähnlich große **Bedeutung kommt der auflösenden Bedingung** bei der Übergabe der Austauschsicherheit zu, wenn – obwohl eine Verpflichtung dazu bestand – die Herausgabe eines Sicherheitseinbehaltes z.B. wegen **Insolvenz des Auftraggebers nicht mehr möglich** ist. Der gleichwohl bestehende Auszahlungsanspruch wäre eine reine Insolvenzforderung, die dem Auftragnehmer nichts bringt. Dasselbe gilt für sonstige Geldforderungen aus der Sicherungsabrede. In diesem Fall hilft die auflösende Bedingung weiter – denn für diese ist allein entscheidend, dass der Auftraggeber den auszutauschenden Sicherheitseinbehalt nicht ausbezahlt. Infolgedessen steht dem Auftragnehmer allein aus diesem Grund an der herauszugebenden Bürgschaft ein Aussonderungsrecht zu (OLG Brandenburg Urt. v. 1.9.1998 11 U 252/97 = BauR 2000, 280, 282; LG Bremen Urt. v. 21.8.2003 2 O 940/03 = BauR 2003, 1914, 1915 = NJW-RR 2004, 168 = NZBau 2004, 448, 449). 27

Verweigert der Auftraggeber bei Erhalt der Austauschsicherheit zu Unrecht die Herausgabe der ihm noch vorliegenden Sicherheit (vor allem die Auszahlung des Bareinbehaltes), steht der Auftragnehmer nicht schutzlos da: Vielmehr ist dieser berechtigt, bis zum Erhalt der Ursprungssicherheit seinerseits ein **Zurückbehaltungsrecht, z.B. an einer Mängelbeseitigung** geltend zu machen (LG Halle Urt. v. 30.9.1997 13 O 94/97 = IBR 1998, 57) und wegen etwaiger entstehender Liquiditätsnachteile vom Auftraggeber Schadensersatz zu verlangen. 28

c) Unberechtigte Verwertung der Austauschsicherheit

Hat der Auftraggeber die übergebene Austauschsicherheit (Bürgschaft) zu Unrecht verwertet, versteht es sich von selbst, dass er nunmehr wegen ggf. weiterer Mängel nicht nochmals auf einem bei ihm vertragswidrig verbliebenen Sicherheitseinbehalt zurückgreifen kann. Vielmehr steht dem Auftragnehmer in diesen Fällen wegen Verletzung der Sicherungsabrede ein **Schadensersatzanspruch gemäß § 280 Abs. 1 BGB** in Höhe der an den Auftraggeber ausgezahlten Bürgschaftssumme zu. Dieser Anspruch ist sofort fällig. Dagegen darf der Auftraggeber seinerseits **nicht mit Gegenansprüchen aufrechnen** oder ein Zurückbehaltungsrecht geltend machen. Dies gilt selbst dann, wenn die Gegenansprüche (z.B. Mängelansprüche) dem Grunde nach vom Sicherungszweck der Sicherungsabrede umfasst wären. Andernfalls stünde dem Auftraggeber über diesen Weg mit der unberechtigten Inanspruchnahme der Austauschsicherheit und der ursprünglich herauszugebenden Sicherheit eine Doppelsicherung zur Verfügung, die ihm nach der Sicherungsabrede nicht zustehen sollte (BGH Urt. v. 18.5.2000 VII ZR 178/99 = BauR 2000, 1501, 1502 = NzBau 2000, 423 = NJW-RR 2000, 1259 = ZfBR 2000, 481, 482; Urt. v. 28.9.2000 VII ZR 460/97 = BauR 2001, 109, 112 = NZBau 2001, 136, 137 f. = NJW-RR 2001, 307, 308 = ZfBR 2001, 31, 32 f.). 29

d) Verlust der Sicherheitsleistung bei Verletzung des Austauschrechts

Gibt der Auftraggeber die Ursprungssicherheit trotz Erhalt der Austauschsicherheit nicht heraus, obwohl er dazu verpflichtet ist, handelt er zwar vertragswidrig; allein dadurch **verliert er** je- 30 doch **nicht den Anspruch auf Sicherheitsleistung insgesamt**; vielmehr muss er sich mit der Austauschsicherheit begnügen (BGH Urt. v. 13.9.2001 VII ZR 467/00 = BGHZ 148, 151, 154 f. = BauR 2001, 1893, 1894 = NZBau 2001, 679 = NJW 2001, 3629, 3630 = ZfBR 2002, 48, 49; *Thode* ZfIR 165, 170; *Thode* ZfBR 2002, 4, 9 f. – a.A., d.h. für einen Verlust des Sicherungsrechts die früher überwiegende Ansicht: OLG Frankfurt Urt. v. 29.5.1985 7 U 74/84 = BauR 1987, 577 = SFH § 17 VOB/B Nr. 10; Beck'scher VOB-Komm./*Jagenburg* § 17 Nr. 3 VOB/B Rn. 3; *Staudinger/Peters* Neubearbeitung 2000, § 641 BGB Rn. 20; *Brauns* BauR 2002, 1465, 1469; *Otto* BauR 1999, 322, 325). Der **Verlust des Anspruchs auf Sicherheitsleistung kann jedoch über § 17 Nr. 6 Abs. 3 VOB/B eintreten**: Denn behält der Auftraggeber (zu Unrecht) die Ursprungssicherheit (Bareinbehalt) ein, verbleibt es bei seiner Verpflichtung aus § 17 Nr. 6 Abs. 1 S. 3 VOB/B, diesen Betrag auf ein Sperrkonto einzuzahlen. Diese Regelung gilt kraft vertraglicher Vereinbarung der VOB für jede Form des Sicherheitseinbehaltes, auch für den nicht berechtigten. Dies liegt auf der Hand: Denn hätte der Auftraggeber (zu Unrecht) die Austauschsicherheit zurückgewiesen, bestünde kein Zweifel, dass er weiter der Verpflichtung zur Einzahlung des Sicherheitseinbehaltes auf ein Sperrkonto unterläge. Nimmt er aber nunmehr die Austauschsicherheit entgegen, ohne den Sicherheitseinbehalt auszuzahlen, verfügt er (zu Unrecht) über eine doppelte Sicherheit. Damit verstößt er noch mehr gegen seine Vertragspflichten, als wenn er trotz Vorlage der Austauschvoraussetzungen die Austauschsicherheit überhaupt nicht entgegengenommen hätte. Diese erweiterte Verletzung der Sicherungsabrede darf nicht zusätzlich dazu führen, dass er sich dadurch seiner Verpflichtung aus § 17 Nr. 6 Abs. 1 S. 3 VOB/B zu entziehen vermag, den Einbehalt auf ein Sperrkonto einzuzahlen (BGH Beschl. v. 10.11.2005 VII ZR 11/04 = BauR 2006, 379, 381 = NJW 2006, 442 f. = NZBau 2006, 106, 107 = ZfBR 2006, 156, 157; a.A. OLG Brandenburg Beschl. v. 11.1.2001 12 W 58/00 = BauR 2001, 1115, 1117 f. = NZBau 2001, 396, 397 = NJW-RR 2001, 955 f., mit einer zu engen Auslegung des § 17 Nr. 6; entscheidend ist allein, dass der Sicherheitseinbehalt effektiv nicht ausgezahlt wird; so auch *Brauns* BauR 2002, 1465, 1466; a.A. ebenfalls *Voit* ZfIR 2006, 407, der der Auffassung ist, dass die vertragswidrige Nichtauszahlung eines Sicherheitseinbehaltes nur zu einem Schadensersatzanspruch führt). In der Konsequenz heißt das, dass der Auftragnehmer dann, wenn der Auftraggeber den Einbehalt nicht auf ein Sperrkonto einzahlt, diesem gemäß § 17 Nr. 6 Abs. 3 VOB/B neben seinem Anspruch auf unmittelbare Auszahlung zumindest hilfsweise eine Nachfrist setzen kann, die Einzahlung auf ein Sperrkonto nachzuholen (BGH a.a.O.; i.E. ebenso *Brauns* BauR 2002, 1465, 1466 f.). Kommt der Auftraggeber auch dieser Pflicht nicht nach, kann der Auftragnehmer **zum einen die sofortige Auszahlung des Bareinbehaltes verlangen** – ein Recht, das ihn nicht weiterbringt, da dieses infolge der bereits übergebenen Austauschsicherheit ohnehin besteht. Bedeutend ist dieser Schritt aber deshalb, weil er nunmehr **zum anderen** nach § 17 Nr. 6 Abs. 3 VOB/B **nicht mehr verpflichtet ist, überhaupt noch eine Sicherheit zu leisten**. Der Auftragnehmer kann daher nach fruchtlosem Ablauf der Nachfrist nicht nur die Auszahlung des Sicherheitseinbehaltes, sondern gleichzeitig auch Herausgabe der zunächst zum Austausch übergebenen Austauschsicherheit verlangen (BGH a.a.O.; *Leinemann* NJW 1999, 262, 263; *Schmitz* ZfIR 2002, 899, 901 ff.).

§ 17 Nr. 4
[Sicherheitsleistung durch Bürgschaft]

Bei Sicherheitsleistung durch Bürgschaft ist Voraussetzung, dass der Auftraggeber den Bürgen als tauglich anerkannt hat. Die Bürgschaftserklärung ist schriftlich unter Verzicht auf die Einrede der Vorausklage abzugeben (§ 771 BGB); sie darf nicht auf bestimmte Zeit begrenzt und muss nach Vorschrift des Auftraggebers ausgestellt sein. Der Auftraggeber kann als Sicherheit keine Bürgschaft fordern, die den Bürgen zur Zahlung auf erstes Anfordern verpflichtet.

Sicherheitsleistung durch Bürgschaft § 17 Nr. 4 VOB/B

Inhaltsübersicht Rn.

- A. Allgemeine Grundlagen 1
  - I. Bürgschaft als Hauptsicherungsmittel der VOB; Abbedingung in AGB 1
  - II. Überblick zu den Anforderungen an eine Bürgschaft nach BGB und VOB 2
  - III. Festlegung des Bürgschaftszwecks, Bürgschaftsarten 4
  - IV. Gläubigeridentität; Übertragung der Bürgschaft 6
  - V. Umsatzsteuerpflicht, Übertragung der Bürgschaft 7
- B. Bürgschaft als Sicherungsmittel gemäß VOB 8
  - I. Anerkenntnis als tauglicher Bürge (§ 17 Nr. 4 S. 1 VOB/B) 8
    1. Tauglicher Bürge 9
    2. Nachweis der Tauglichkeit 12
    3. Anerkenntnis der Tauglichkeit durch den Auftraggeber 13
  - II. Schriftliche selbstschuldnerische Bürgschaft (§ 17 Nr. 4 S. 2 VOB/B) 14
    1. Schriftform 15
       a) Allgemeine Formvorgaben für die Bürgschaft 16
       b) Umfang der Schriftform 20
       c) Zweifel bei Erstellung der Bürgschaft – Auslegung 24
    2. Selbstschuldnerische Bürgschaft – Schuldbeitritt – Garantie 25
       a) Schuldbeitritt 26
       b) Garantie 29
    3. Weitere Anforderungen an die Bürgschaft: Hinterlegungsbefugnis 30
    4. Erteilung der Bürgschaft 31
  - III. Bürgschaft auf erstes Anfordern 33
    1. Grundlagen 33
       a) Definition 34
       b) Beschränkte Verteidigungsmöglichkeiten gegen eine Bürgschaft auf erstes Anfordern 36
       c) Durchsetzung der Ansprüche im Urkundenprozess 43
       d) Rückforderung bei ungerechtfertigter Inanspruchnahme 47
       e) Stellung einer Bürgschaft auf erstes Anfordern entgegen Sicherungsabrede ... 52
    2. Abgrenzung zur Garantie 54
    3. Tauglicher Bürge 55
    4. Zulässigkeit der Vereinbarung einer Bürgschaft auf erstes Anfordern im Bauvertrag . 58
       a) Grundsatz: Nur eingeschränkte Zulässigkeit einer Bürgschaft auf erstes Anfordern ... 59
          aa) Gewährleistungsbürgschaft auf erstes Anfordern 60
          bb) Vertragserfüllungsbürgschaft auf erstes Anfordern 64
          cc) Vorauszahlungsbürgschaft auf erstes Anfordern 70
       b) Unzulässigkeit der Bürgschaft auf erstes Anfordern nach § 17 Nr. 4 S. 3 VOB/B . 71
       c) Rechtsfolgen einer unwirksamen Verpflichtung zur Stellung einer Bürgschaft auf erstes Anfordern 74
    5. Aufrechnung des Bürgen bei Inanspruchnahme 77
    6. Rechtsmittel bei missbräuchlicher Inanspruchnahme einer Bürgschaft auf erstes Anfordern 78
  - IV. Keine zeitliche Begrenzung der Bürgschaft; Ausstellung nach Vorschrift des Auftraggebers . 81
    1. Kein Anfangs- oder Endzeitpunkt für Bürgschaft 82
    2. Ausstellen nach Vorschrift des Auftraggebers 83
    3. Kosten der Bürgschaft 84
    4. Zeitbürgschaft 85
  - V. Verwertung – Einwendungen des Bürgen 89
    1. Eintritt des Sicherungsfalls 89
    2. Verwertung Inanspruchnahme des Bürgen 90
    3. Zulässige Einwendungen/Einreden aus dem Rechtsverhältnis Auftraggeber/Auftragnehmer 94
    4. Verpflichtung des Bürgen zur Abwehr einer Inanspruchnahme 102

	Rn.
5. Verjährung – Wirkung der Bürgschaftsklage	103
6. Rückgriff des Bürgen gegen Hauptschuldner	106
7. Beendigung der Bürgschaftsverpflichtung	107
VI. Verfahrensrechtliches	114
1. Rechtskraft eines Urteils gegenüber Bürgen und Hauptschuldner	114
2. Einstweilige Verfügungen gegen Bürgen und Hauptschuldner bei unberechtigter Inanspruchnahme	115
3. Streitwert von Bürgschaftsstreitigkeiten	118

Aufsätze: *Clemm* Die Stellung des Gewährleistungsbürgen, insbesondere bei der Bürgschaft auf erstes Anfordern BauR 1987, 123; *Steinbach* Ablösung des Sicherheitseinbehaltes durch Gewährleistungsbürgschaft nach Vorausabtretung der Gewährleistungsansprüche WM 1988, 809; *Bydlinski* Die Bürgschaft auf erstes Anfordern: Darlegungs- und Beweislast bei Rückforderung durch den Bürgen WM 1990, 1401; *Kohte* Die Stellung des Schuldbeitritts zwischen Bürgschaft und Schuldübernahme JZ 1990, 998; *Heiermann* Die Bürgschaft auf erstes Anfordern FS Soergel 1993 S. 73 ff.; *Kainz* Zur Unwirksamkeit von Vertragserfüllungs- und Gewährleistungsbürgschaften auf erstes Anfordern in der deutschen Bauwirtschaft und die sich daraus ergebenden Rechtsfolgen BauR 1995, 616; *Quack* Der Eintritt des Sicherungsfalles bei den Bausicherheiten nach § 17 VOB/B und ähnlichen Gestaltungen BauR 1997, 754; *Bomhard* Die Gewährleistungsbürgschaft auf erstes Anfordern auf dem Prüfstand des Bundesgerichtshofs BauR 1998, 179; *Beyer/Zuber* Die Gewährleistungsbürgschaft auf erstes Anfordern im Bauvertragsrecht MDR 1999, 1298; *Hahn* Die Bürgschaft auf erstes Anfordern MDR 1999, 839; *Hogrefe* Zur Unwirksamkeit formularmäßiger Verpflichtungen zur Stellung von Vertragserfüllungs- und Mängelgewährleistungsbürgschaften auf erstes Anfordern in Bau-, Werk- und Werklieferungsverträgen BauR 1999, 111; *Leinemann* Sicherheitsleistung im Bauvertrag: Abschied vom Austauschrecht nach § 17 Nr. 3 VOB/B NJW 1999, 262; *Maas* Auszahlung des Gewährleistungseinbehaltes nach Bürgschaftsstellung FS Vygen 1999 S. 327; *Otto* Zur Ablösung des Bareinbehaltes durch Gewährleistungsbürgschaft beim VOB-Vertrag BauR 1999, 322; *Handschuhmacher* Sicherheitseinbehalt und AGB-Gesetz/Gewährleistungsbürgschaft auf erstes Anfordern BauR 2000, 1812; *Pasker* Der Rückforderungsanspruch bei der Bürgschaft auf erstes Anfordern NZBau 2000, 279; *Schmeel* Bürgschaften und Bauvertrag MDR 2000, 7; *Sienz* Vereinbarungen von Bürgschaften auf erstes Anfordern in AGB – ein Auslaufmodell BauR 2000, 1249; *Götting* Der Rückforderungsprozess bei Bürgschaften im Rahmen des abgebrochenen Bau-Pauschalvertrages WM 2001, 288; *Stammkötter* Bürgschaft auf erstes Anfordern unter gleichzeitigem Ausschluss der Einreden gemäß § 768 BGB BauR 2001, 1295; *Hildebrandt* Folgen einer unwirksamen Sicherungsabrede im Bauvertrag ZfIR 2002, 872; *Hogrefe* Nochmals zur Unwirksamkeit formularmäßiger Verpflichtungen zur Stellung von Vertragserfüllungs- und Mängelgewährleistungsbürgschaften auf erstes Anfordern in Bau-, Werk-, und Werklieferungsverträgen und die sich daraus ergebenden Rechtsfolgen BauR 2002, 17; *Kleine-Krakowsky* Formularmäßige Bürgschaftsklauseln auf erstes Anfordern – Freibrief für Auftraggeber BauR 2002, 1620; *Möller* Die Sicherung bauvertraglicher Ansprüche durch Bankbürgschaft und Bankgarantie NZBau 2002, 585; *Moufang/Kupjetz* Zum formularvertraglichen Verzicht des Bürgen auf die Einreden aus § 768 BGB in bauvertraglichen Sicherungsabreden BauR 2002, 1314; *Roquette/Giesen* Vertragserfüllungsbürgschaften auf erstes Anfordern in Allgemeinen Geschäftsbedingungen NZBau 2002, 547; *Schmidt* Die Vertragserfüllungsbürgschaft auf erstes Anfordern in Allgemeinen Geschäftsbedingungen BauR 2002, 21; *Schmitz/Vogel* Die Sicherung von bauvertraglichen Ansprüchen durch Bürgschaft nach der Schuldrechtsreform ZfIR 2002, 509; *Siegburg* Die Bürgschaft auf erstes Anfordern im Bauvertrag ZfIR 2002, 709; *Thode* Aktuelle höchstrichterliche Rechtsprechung zur Sicherungsabrede in Bauverträgen ZfBR 2002, 4 ff.; *Vogel* Rückforderungsprozess aus Bürgschaft auf erstes Anfordern im Urkundsverfahren BauR 2002, 131; *Erdmann* Erfüllungsbürgschaften auf erstes Anfordern in der Insolvenz des Auftragnehmers ZfIR 2003, 361; *Joussen* Zukunft der Vertragserfüllungsbürgschaft auf erstes Anfordern BauR 2003, 13; *Kuffer* Sicherungsvereinbarungen im Bauvertrag BauR 2003, 155; *Sohn* Die Rechtsprechung des Bundesgerichtshofs in Bausachen zum Problemkreis der Bürgschaft auf erstes Anfordern und die sich daraus ergebenden Konsequenzen für die beteiligten Verkehrskreise ZfBR 2003, 110; *Timme* Aktuelle Entwicklungen zur Zulässigkeit der Bürgschaft auf erstes Anfordern MDR 2003, 1094; *Joussen* Die Bürgschaft auf erstes Anfordern in AGB der öffentlichen Hand BauR 2004, 582; *Peters* Der Bürge und die Einrede der Verjährung der Hauptschuld NJW 2004, 1430; *Karst* Die Bürgschaft auf erstes Anfordern im Fadenkreuz des BGH NJW 2004, 2059; *v. West-*

falen Unwirksamkeit der Bürgschaft auf erstes Anfordern – Wirksamkeit der Bankgarantie ZIP 2004, 1433; *Voit* Neue Entwicklungen im Recht der Erfüllungsbürgschaft auf erstes Anfordern ZfIR 2004, 709; *Gay* Der Beginn der Verjährungsfrist bei Bürgschaftsforderungen NJW 2005, 2585; *Klein/Moufang* Die Bürgschaft als bauvertragliche Sicherheit nach der aktuellen Rechtsprechung des VII. Zivilsenats des BGH Jahrbuch Baurecht 2005 S. 27; *Tiedtke* Die Rechtsprechung des BGH auf dem Gebiet des Bürgschaftsrechts seit 2003 NJW 2005, 2498; *Vogel* Bürgschaften in der Insolvenz BauR 2005, 218; *Schlößer* Die Hemmung der Verjährung des Bürgschaftsanspruchs nach neuem Schuldrecht NZBau 2006, 645; *Voit* Einzahlung und Auszahlung des Sicherheitseinbehalts nach Stellen einer Bürgschaft ZfIR 2006, 407.

A. Allgemeine Grundlagen

I. Bürgschaft als Hauptsicherungsmittel der VOB; Abbedingung in AGB

§ 17 Nr. 2 VOB/B sieht die **Bürgschaft** als sehr oft vorkommende **Hauptart der Sicherheitsleistung** an. Hiermit **weicht die VOB deutlich von dem gesetzlichen Rahmen ab**. Denn nach § 232 Abs. 2 BGB stellt die Absicherung durch Stellung eines tauglichen Bürgen **nur ein subsidiäres Sicherungsmittel dar, d.h.: Die Stellung einer Bürgschaft ist nur dann zulässig**, wenn der Verpflichtete die Sicherheit nicht auf die Arten zu leisten vermag, wie sie in § 232 Abs. 1 BGB genannt sind. Hieraus folgt für das BGB-Werkvertragsrecht, dass sich ein Auftraggeber grundsätzlich bis auf die vom Auftragnehmer zu beweisenden Ausnahmefälle des § 232 Abs. 2 BGB nicht auf eine Bürgschaft einzulassen braucht. Aus diesem Grund kann auch **die Abbedingung einer Absicherung durch Bürgschaft in Allgemeinen Geschäftsbedingungen** des Auftraggebers weder in einem BGB- noch in einem VOB-Vertrag trotz ihrer Verbreitung als anerkanntes Sicherungsmittel **nicht an einer AGB-Inhaltskontrolle scheitern**: Denn hiermit wird nur die ohnehin geltende gesetzliche Ausgangslage vertraglich vereinbart.

II. Überblick zu den Anforderungen an eine Bürgschaft nach BGB und VOB

Wird bei einem BGB-Werkvertrag eine Bürgschaft als Sicherungsmittel vereinbart, hat sie den Anforderungen des § 232 Abs. 2 BGB zu genügen: Der Bürge muss **tauglich** sein, d.h. vor allem ein der Höhe der zu leistenden Sicherheit angemessenes Vermögen besitzen. Ferner muss der Bürge seinen **allgemeinen Gerichtsstand** i.d.R. **im Inland** haben. Hiervon abweichend genügt ein Gerichtsstand in der **Europäischen Union**, wenn der Bürge unstreitig über eine ausreichende Bonität verfügt, er sich in der Bürgschaftsurkunde der Geltung deutschen Rechts unterwirft sowie einen in Deutschland ansässigen Zustellbevollmächtigten benennt (OLG Hamburg Beschl. v. 4.5.1995 5 U 118/93 = NJW 1995, 2859, 2860 = RIW 1995, 775, 776; OLG Koblenz Beschl. v. 29.3.1995 2 W 105/95, RIW 1995, 775, zu dem Sonderfall Österreich als EU-, jedoch nicht EUGVÜ-Staat; OLG Düsseldorf Beschl. v. 18.9.1995 4 U 231/93 = VersR 1997, 470 – jeweils zu Prozessbürgschaften). Ferner muss der Sitz des Bürgen zumindest in einem Vertragsstaat der Verordnung (EG) Nr. 44/2001 vom 20.12.2000 des Rates über die gerichtliche Zuständigkeit und die Anerkennung und Vollstreckung von Entscheidungen in Zivil- und Handelssachen (EUGVVO) liegen; denn nur so wird dem Sinn und Zweck der dem Gläubiger dienenden Regelung des § 239 Abs. 2 BGB Rechnung getragen, der eine einigermaßen unkomplizierte Rechtsverfolgung im Sicherungsfall ermöglichen soll. Der Schuldner muss darüber hinaus gemäß § 239 Abs. 2 BGB eine sog. »**selbstschuldnerische Bürgschaft**« stellen, d.h.: Die Bürgschaft muss einen Verzicht auf die Einrede der Vorausklage (§ 771 ZPO) enthalten. Die Anforderungen an die Bürgschaft werden sodann durch die §§ 765 ff. BGB konkretisiert.

Die **VOB** nimmt die nach dem BGB geltenden **Voraussetzungen** zwar auf; im Übrigen stellt sie jedoch in § 17 Nr. 4 i.V.m. § 17 Nr. 2 VOB/B eigenständige Voraussetzungen auf, unter deren Einhaltung die Bürgschaft ein vom Auftraggeber zu akzeptierendes Sicherungsmittel darstellt. Eine ausreichende Bürgschaft liegt danach nur vor, wenn **erstens der Auftraggeber den Bürgen als tauglich** anerkannt hat (§ 17 Nr. 4 S. 1 i.V.m. § 17 Nr. 2 VOB/B). **Zweitens** muss die **Bürgschaftserklärung schriftlich unter Verzicht auf die Einrede der Vorausklage** abgegeben worden sein (§ 17 Nr. 4 S. 2 Hs. 1 VOB/B). Sie muss **drittens unbefristet** und **nach Vorschrift des Auftraggebers ausgestellt** sein (§ 17 Nr. 4 S. 2 Hs. 2 VOB/B). Der Auftraggeber darf – ohne gesonderte Vereinbarung – keine Bürgschaft auf erstes Anfordern verlangen (§ 17 Nr. 4 S. 3 VOB/B).

III. Festlegung des Bürgschaftszwecks, Bürgschaftsarten

4 Ob eine Bürgschaft als Sicherheit zu stellen ist und welche Voraussetzungen diese einzuhalten hat, damit der Auftraggeber sie als ausreichend anerkennen muss, ergibt sich im Einzelnen aus der **Sicherungsabrede** zwischen Auftraggeber und Auftragnehmer. Sie enthält i.d.R. den Sicherungszweck, Angaben zum Sicherungsmittel und eine Beschreibung des Sicherungsfalls (vgl. dazu ausführlich § 17 Nr. 1 VOB/B Rn. 6 ff.).

5 Zu unterscheiden von der Beziehung Auftraggeber/Auftragnehmer, die durch die Sicherungsabrede geprägt wird, ist das Verhältnis Sicherungsnehmer (Auftraggeber)/Bürge. Zwischen diesen kommt auf der Grundlage der i.d.R. im Bauvertrag enthaltenen Sicherungsabrede ein gesonderter Bürgschaftsvertrag zu Stande. Dabei handelt es sich bei dem **Bürgschaftsvertrag** um ein **selbstständiges Rechtsgeschäft**, das **unabhängig von der Wirksamkeit der Sicherungsabrede Bestand haben** kann. Gleichwohl wird zumeist der Bürgschaftsvertrag bzw. die zu übergebende Bürgschaft einen engen Bezug zur Sicherungsabrede aufweisen: Denn die Bürgschaft als akzessorisches Sicherungsmittel sichert Ansprüche aus einem konkreten Vertragsverhältnis, auf das in der Bürgschaft im Normalfall ausdrücklich Bezug genommen wird: Übernimmt z.B. ein Bürge die Bürgschaft zur Absicherung der Ansprüche des Auftraggebers gegen den Auftragnehmer aus einem bestimmten Bauvertrag, so ist dieser Vertrag sowohl für den Inhalt der Hauptforderung als auch für das Verhältnis zwischen dem Bürgen und dem Bürgschaftsnehmer maßgebend, z.B. bei einer Mängel-(Gewährleistungs-)Bürgschaft hinsichtlich der vertraglichen Bestimmungen zur Gewährleistung (OLG Köln Urt. v. 3.9.1985 20 U 206/84 = BauR 1987, 222, 223 = MDR 1986, 409 = NJW-RR 1986, 510, 511). Beim Bauvertrag sind hier im Allgemeinen (**Vertrags-)Erfüllungs- und/oder Gewährleistungsbürgschaften** üblich; es ist aber auch die Vereinbarung weiterer Sicherheiten durch Bürgschaft möglich (vgl. dazu auch § 16 Nr. 1 Abs. 1 S. 3 sowie § 16 Nr. 2 S. 1 VOB/B). Die Erfüllungsbürgschaft soll grundsätzlich die Erfüllungspflicht des Auftragnehmers bis zur Abnahme abdecken, während die Gewährleistungsbürgschaft (Bürgschaft für Mängelansprüche) regelmäßig der Absicherung von Gewährleistungsansprüchen des Auftraggebers nach der Abnahme dient (wegen der genauen Abgrenzung und Einschränkungen siehe § 17 Nr. 1 VOB/B Rn. 15 ff., vgl. auch Rn. 19).

IV. Gläubigeridentität; Übertragung der Bürgschaft

6 Der **Gläubiger der Hauptforderung** (hier: Auftraggeber) und der **Gläubiger der Bürgschaft müssen** ein und **dieselbe Person** sein (BGH Urt. v. 19.9.1991 IX ZR 296/90 = BGHZ 115, 177, 183 = BauR 1992, 84, 86 = NJW 1991, 3025, 3026). Dies gilt auch für eine Bürgschaft auf erstes Anfordern, bei der es sich lediglich um eine besonders privilegierte Form der Bürgschaftsverpflichtung handelt (BGH Urt. v. 3.4.2003 IX ZR 287/99 = BauR 2003, 1036, 1038 = NJW 2003, 2231, 2232 f. = NZBau 2003, 436, 437 = ZfBR 2003, 755, 756; s. auch z. Bürgschaft auf erstes Anfordern nachfolgend Rn. 33). Ist der Empfänger des Bürgschaftsversprechens nicht der Gläubiger der Hauptforderung, ist der Grundsatz der Gläubigeridentität nur gewahrt, wenn der Bürgschaftsvertrag zu Gunsten dieses Gläubigers abgeschlossen wird. Auf Grund der erforderlichen Gläubigeridentität ist eine **Abtretung der Rechte aus der Bürgschaft ohne die Abtretung der Hauptforderung unwirksam** (vgl. dagegen allerdings zu dem Sonderfall einer Prozessbürgschaft: Ist diese zugunsten des Titelgläubigers ausgestellt, nachdem dieser zuvor die Forderung bereits an einen Dritten ohne Wissen des Bürgen abgetreten hatte, ist diese Bürgschaft gleichwohl wirksam: BGH Urt. v. 3.5.2005 XI ZR 287/04 =

BGHZ 163, 59, 64 f. = NJW 2005, 2157, 2159). Die Abtretung der Hauptforderung ohne die Rechte aus der Bürgschaft führt zum Erlöschen der Bürgschaft. Ist bei Abtretung der Hauptforderung wie vielfach üblich zum Schicksal der Bürgschaft nichts weiter geregelt, erlischt sie nicht; vielmehr geht sie dann gem. **§ 401 Abs. 1 BGB als akzessorisches Sicherungsmittel** von Gesetzes wegen auf den neuen Gläubiger mit über. Vom Bürgen verwendete AGB, die einen solchen Übergang der Rechte aus der Bürgschaft ausschließen mit der Folge, dass bei einer Abtretung der Hauptforderung die Bürgschaft erlischt, sind wegen Verstoßes gegen § 307 BGB unwirksam (BGH Urt. v. 19.9.1991 IX ZR 296/90 = BGHZ 115, 177, 183 = BauR 1992, 84, 85 = NJW 1991, 3025, 3026; 2001, 3327 = NZBau 2001, 682 [Ls.]). Zulässig und nicht selten ist es jedoch, dass der Auftraggeber seine (künftigen) Gewährleistungsansprüche gemeinsam mit Ansprüchen aus (künftigen und noch nicht gestellten) Sicherheiten an einen Dritten abtritt. Gläubiger der Hauptforderung und der Bürgschaftsforderung fallen insoweit nicht auseinander. Dies gilt selbst dann, wenn die Bürgschaft in diesen Fällen zunächst noch gegenüber dem Zedenten (Auftraggeber) bestellt wird, solange sich Zedent und Zessionar über die (Voraus-)Abtretung künftiger Sicherheiten einig sind und sich dies zumindest konkludent aus dem Vertrag ergibt (BGH Urt. v. 15.8.2002 IX ZR 217/99 = BauR 2002, 1849, 1850 = ZfBR 2003, 28, 29 = NJW 2002, 3461, 3462). Zur Vermeidung von Missverständnissen ist es in diesen Fällen jedoch sinnvoller, dass der Zedent (Auftraggeber) bei der Entgegennahme der Bürgschaft den Bürgschaftsvertrag zu Gunsten des neu berechtigten Zessionars abschließt oder sich ggf. vom Zessionar für die Entgegennahme bevollmächtigen lässt und in dessen Namen auftritt.

V. Umsatzsteuerpflicht, Übertragung der Bürgschaft

Die Übernahme einer Bürgschaft ist i.d.R. eine **umsatzsteuerfreie Leistung** des Auftragnehmers (§ 1 Abs. 1 Nr. 1, § 4 Nr. 8g UStG); eine Umsatzsteuerpflicht kommt deswegen allenfalls in Betracht, wenn die die Bürgschaft gewährende Bank gemäß § 9 UStG auf die Steuerbefreiung verzichtet hat (BGH Urt. v. 21.11.1991 VII ZR 4/90 = BauR 1992, 231, 232 = SFH § 252 BGB Nr. 8 = ZfBR 1992, 69 = NJW 1992, 1620 [L] = NJW-RR 1992, 411 f.).

7

B. Bürgschaft als Sicherungsmittel gemäß VOB

I. Anerkenntnis als tauglicher Bürge (§ 17 Nr. 4 S. 1 VOB/B)

Eine Bürgschaft entspricht nur dann den Vorgaben der VOB, wenn der Auftraggeber **den Bürgen als tauglich anerkennt.** Hier ist zu unterscheiden, welcher Bürge »tauglich sein kann« und welche Bedeutung das weitere Tatbestandsmerkmal des diesbezüglichen Anerkenntnisses durch den Auftraggeber hat. § 17 Nr. 4 VOB/B konkretisiert danach die zwischen Auftraggeber und Auftragnehmer getroffene Sicherungsabrede für den Fall, dass eine solche dem Grunde nach überhaupt getroffen wurde (vgl. dazu § 17 Nr. 1 VOB/B Rn. 6 ff.).

8

1. Tauglicher Bürge

Die Forderung der VOB nach der Tauglichkeit des Bürgen entspricht der gesetzlichen Vorgabe aus § 232 Abs. 2 BGB. Im Anschluss daran ist ein Bürge nach § 239 Abs. 1 BGB tauglich, wenn er ein der Höhe der zu leistenden Sicherheit angemessenes Vermögen besitzt und seinen allgemeinen Gerichtsstand im Inland hat (§§ 13 ff. ZPO) (*Retemeyer* S. 22 ff.). Schon nach allgemeinem Zivilrecht wurde gezeigt, dass die letzte Voraussetzung (Gerichtsstand im Inland) nicht mehr in jedem Fall gilt. Stattdessen **genügt auch bei der Bürgenstellung** nach BGB unter Umständen ein **Gerichtsstand in der Europäischen Union** (siehe hierzu oben Rn. 2). Dies gilt erst recht bei Bürgschaften zu VOB-Verträgen. § 17 Nr. 4 VOB/B wird nämlich durch § 17 Nr. 2 VOB/B ergänzt. Hiernach genügt nach dem ausdrücklichen Wortlaut der VOB die Bürgschaft eines Kreditinstitutes oder eines Kreditversiche-

9

rers, wenn das Institut oder der Versicherer in der Europäischen Gemeinschaft, in einem Staat des Europäischen Wirtschaftsraums oder in einem Staat der Vertragsparteien des WTO-Abkommens über das öffentliche Beschaffungswesen zugelassen ist. Ein solcher Bürge, mit seinem Sitz außerhalb der Bundesrepublik Deutschland, dürfte schon von der Natur der Sache seinen Gerichtsstand kaum im Inland haben. Daher liegt mit § 17 Nr. 2 VOB/B eine § 239 Abs. 1 BGB abändernde Vereinbarung vor, die § 17 Nr. 4 VOB/B als allgemeinerer Regelung vorgeht.

10 Wer als Kreditinstitut oder als Kreditversicherer in der Europäischen Union zugelassen ist, ergibt sich aus Veröffentlichungen im Amtsblatt der EG, des Weiteren aus Listen, die in den Wirtschaftsministerien oder in der Bundesanstalt für Finanzdienstleistungsaufsicht (Graurheindorfer Str. 108, 53117 Bonn) vorliegen. Eine Liste der zugelassenen Kreditinstitute ist ebenfalls abrufbar unter www.bafin.de/Datenbanken und Statistiken/Datenbank/zugelassene Kreditinstitute. Eine Übersicht zu den in der Bundesrepublik Deutschland zugelassenen Kreditversicherern findet sich auch im Anh. IV zum VHB, Dok. 405.

11 Will der Auftragnehmer einen **anderen als in § 17 Nr. 2 VOB/B genannten Bürgen** stellen, muss er hierzu mit dem Auftraggeber eine **konkrete Vereinbarung** treffen. Diese ergibt sich noch nicht aus einer im Bauvertrag enthaltenen Bestimmung, es solle Sicherheit durch »Bankbürgschaft« oder durch »Bürgschaft einer Großbank« geleistet werden. Derart allgemeine Floskeln führen zu keiner Einschränkung des § 17 Nr. 2 VOB/B, da es hier nur um eine zuverlässige Sicherstellung etwaiger Ansprüche des Auftraggebers geht. Soll eine Bürgschaft des einen oder anderen Institutes ausgeschlossen werden, bedarf dies einer deutlicheren Festlegung im Vertrag. Eine solche Festlegung ist jederzeit zulässig. So ist es ohne weiteres möglich und sogar zur Vermeidung von Auseinandersetzungen zu empfehlen, den Bürgen bereits im Bauvertrag näher zu bezeichnen. Alternativ kann ein bestimmter Kreis von Bürgen oder eine bestimmte Gruppe von tauglichen Bürgen genannt oder ausgeschlossen werden (z.B. keine Kreditversicherer). Zulässig wäre hiernach z.B. auch die gegenüber der konkreten Festlegung eines bestimmten Bürgen allgemeinere Regelung, dass eine Bürgschaft durch ein in Deutschland zugelassenes Kreditinstitut oder Versicherungsgesellschaft zu stellen ist, wobei auch keine Bedenken gegen eine solche Regelung in den AGB des Auftraggebers bestehen (OLG Dresden Beschl. v. 23.9.2004 12 U 1161/04 = BauR 2004, 1992; a.A. *Weise* Rn. 198).

2. Nachweis der Tauglichkeit

12 Die Eigenschaft als nach vorgenannten Bestimmungen »tauglicher« Bürgen genügt nicht. Vielmehr muss der Auftragnehmer im Streitfall die **Tauglichkeit nachweisen**, d.h. es sich um einen Bürgen i.S.d. § 17 Nr. 2 VOB/B mit einer Zulassung in der EU, einem EWR-Staat oder einem Staat der Vertragsparteien des WTO-Abkommens über das öffentliche Beschaffungswesen handelt und dieser i.S.d. § 239 Abs. 1 BGB über ein für die übernommene Sicherung angemessenes Vermögen verfügt. Bei den in § 17 Nr. 2 VOB/B genannten Bürgen dürfte hierfür eine **Vermutung** bestehen. Daher muss der Auftragnehmer zu der Vermögenslage eines der dort genannten Bürgen erst vortragen und einen Nachweis führen, wenn es etwa kurz vor Bürgschaftsübernahme zu Finanzproblemen des Bürgen gekommen ist.

3. Anerkenntnis der Tauglichkeit durch den Auftraggeber

13 Ggf. auf der Grundlage eines dazu geführten Nachweises muss der Auftraggeber den Bürgen als tauglich anerkennen. Hierbei muss er sich von objektiven Gesichtspunkten der Tauglichkeit leiten lassen; sind diese gegeben und verfügt wie üblich das bürgende Kreditinstitut über ein angemessenes Vermögen (§ 239 Abs. 1 BGB), so ist der Auftraggeber grundsätzlich zur **Anerkennung der Tauglichkeit verpflichtet** (auch *Retemeyer* S. 49). Andernfalls kann er keine Sicherheitsleistung – auch nicht anderer Art – verlangen. Daher hat der Auftraggeber bei objektiver Tauglichkeit des Bürgen nicht das Recht, nach § 17 Nr. 7 S. 2 VOB/B den Sicherheitsbetrag vom Guthaben des Auftragnehmers einzu-

behalten. Ein Auftragnehmer könnte einen insoweit zu Unrecht einbehaltenen Betrag ohne weiteres einklagen. Der Auftraggeber hat des Weiteren keinen Anspruch auf Auswahl eines bestimmten Kreditinstitutes. Die Auswahl obliegt allein dem Auftragnehmer, zumal dieser die Kosten der Bürgschaft zu übernehmen hat (auch *Retemeyer* a.a.O.). Etwas anderes gilt nur dann, wenn dies im Bauvertrag ausdrücklich individuell (also nicht in AGB) vereinbart ist. Der Auftraggeber hat darüber hinaus keinen Anspruch auf eine bestimmte Form der Bürgschaft, solange sie nur den Anforderungen nach § 17 Nr. 2 und 4 VOB/B entspricht. Insbesondere steht ihm **kein Anspruch auf eine Bürgschaft auf erstes Anfordern** zu (vgl. dazu OLG Frankfurt Urt. v. 29.5.1985 7 U 74/84 = BauR 1987, 577 = SFH § 17 VOB/B Nr. 10; vgl. auch OLG München Urt. v. 15.10.1991 9 U 2951/91 = BauR 1992, 234 f. = NJW 1992, 919 [Ls.] = NJW-RR 1992, 218 f.; siehe zur Bürgschaft auf erstes Anfordern ausführlich unten Rn. 33 ff.). Die VOB 2002 hat dies mit dem seinerzeit neu eingefügten S. 3 in § 17 Nr. 4 VOB/B nochmals ausdrücklich klargestellt. Untauglich sind ferner so genannte **Konzernbürgschaften**, da in diesen Fällen vielfach der Bürge von dem, für den er sich verbürgt, wirtschaftlich abhängig ist. Ohnehin dürfte es hier oftmals an den Voraussetzungen des § 17 Nr. 2 VOB/B (in den Europäischen Gemeinschaften zugelassenes Kreditinstitut u.a.) fehlen (zutreffend *Schelle/Erkelenz* Nr. 13.6). Untauglich sind diese Bürgschaften ohnehin, wenn der Bürge nicht rechtlich selbstständig, sondern mit dem Hauptschuldner verbunden ist (z.B. eine Konzernmutter »bürgt« für ihre Niederlassung). In einer solchen Erklärung wird vielfach ein eigenständiges Garantieversprechen liegen (OLG Celle Urt. v. 18.12.2001 16 U 111/01 = BauR 2002, 1711; zurückhaltender: OLG Düsseldorf Urt. v. 10.4.2003 I 5 U 129/02 = BauR 2003, 1582, 1583).

II. Schriftliche selbstschuldnerische Bürgschaft (§ 17 Nr. 4 S. 2 VOB/B)

Nach § 17 Nr. 4 S. 2 VOB/B muss die Bürgschaftserklärung schriftlich unter Verzicht auf die Einrede der Vorausklage (§ 771 BGB) abgegeben werden. 14

1. Schriftform

Das **Schriftformerfordernis** ist über § 17 Nr. 4 VOB/B lediglich **Bestandteil der Sicherungsabrede** und gehört zu den Anforderungen der abzugebenden Bürgschaft. Es ist **nicht Bestandteil des Bürgschaftsvertrages** und wirkt sich daher nicht auf die Wirksamkeit einer erteilten Bürgschaft aus. Insoweit ist zu beachten: 15

a) Allgemeine Formvorgaben für die Bürgschaft

In erster Linie gelten für die Einhaltung der Formvorschriften die allgemeinen Voraussetzungen (§ 126 Abs. 1 und 4 BGB). Demgegenüber ist die Abgabe einer **Bürgschaft in elektronischer Form** (§ 126 Abs. 3 BGB) **ausgeschlossen** (§§ 126a, 766 S. 2 BGB). Stattdessen muss eine Bürgschaft, d.h. die gesamte Urkunde, besonders der Wille des Bürgen, sich für die Hauptschuld des Auftragnehmers zu verbürgen, **schriftlich abgefasst und vom Bürgen unterschrieben** sein. Diese Unterschrift muss den Urkundentext räumlich abschließen; eine sog. »Oberschrift« reicht nicht aus (BGH Urt. v. 20.11.1990 XI ZR 107/89 = BGHZ 113, 48, 51 = NJW 1991, 487). Allerdings ist es unschädlich, wenn die Erklärung räumlich am Ende der Urkunde auf einer dafür vorgedruckten Linie unterzeichnet wird und ein erst im unmittelbaren Anschluss unter dieser Linie vorgedruckter Text ergibt, dass der Erklärende in seiner Eigenschaft als Bürge gehandelt hat (vgl. BGH Urt. v. 13.10.1994 IX ZR 25/94 = ZIP 1994, 1860, 1862 = NJW 1995, 43, 45 = *Tiedtke* EWiR § 164 BGB 1/95, 19 = LM § 164 BGB Nr. 77 = MDR 1995, 347 f.). 16

Eine formbedürftige Bürgschaft kann nicht in der Weise erteilt werden, dass der Bürge eine **Blankounterschrift** leistet und einen anderen mündlich ermächtigt, die Urkunde zu ergänzen. Wer nicht Kaufmann ist, kann einen anderen zur Erteilung einer Bürgschaft nur schriftlich bevollmächtigen. Zwar bedarf nach § 167 Abs. 2 BGB die Vollmachtserklärung grundsätzlich nicht der Form des 17

Hauptgeschäfts; diese Regelung wird jedoch durch die speziellere Schutznorm des § 766 BGB verdrängt. Gibt der Bürge allerdings eine Blankounterschrift ohne formgerechte Vollmacht oder Ermächtigung aus der Hand, haftet er gegenüber dem Gläubiger, der eine vollständige Urkunde erhält und ihr nicht ansehen kann, dass sie durch einen anderen ergänzt wurde (vgl. Urt. v. 29.2.1996 IX ZR 153/95 = BGHZ 132, 119, 122 ff. = ZIP 1996, 745 = BB 1996, 1080 = NJW 1996, 1467, 1468 ff. = NJW-RR 1996, 882 [Ls.]).

18 Die nach § 17 Nr. 4 VOB/B vorgeschriebene Schriftlichkeit der Bürgschaftserklärung ist an sich nichts Besonderes. Die Schriftform der Bürgschaft ist gemäß § 766 S. 1 BGB ohnehin Voraussetzung für deren Wirksamkeit. Ist die Schriftform nicht eingehalten, ist die Bürgschaft wegen Verletzung dieser zwingenden gesetzlichen Vorschrift unwirksam. Allerdings ist die in der VOB getroffene Regelung gleichwohl von Bedeutung: Denn **mit dem Schriftformerfordernis in § 17 Nr. 4 VOB/B wird im Verhältnis Auftraggeber/Auftragnehmer vor allem eine abweichende Regelung von § 350 HGB vertraglich festgelegt** (was *Kaiser* Mängelhaftungsrecht Rn. 215, nicht hinreichend beachtet). Nach § 350 HGB kann eine Bürgschaft nämlich auch ohne Einhaltung der Schriftform des § 766 BGB wirksam erteilt werden, wenn der Bürge Kaufmann ist. Dies gewinnt gerade bei den VOB-konformen Bürgschaften an Bedeutung, da diese wie gezeigt von Kreditinstituten oder Kreditversicherern abzugeben sind. § 17 Nr. 4 S. 2 VOB/B hebt diese Formerleichterung im Verhältnis der Bauvertragsparteien untereinander wieder auf und fordert auch insoweit die Schriftlichkeit der Bürgschaftserklärung. Allerdings unterliegt die nach § 17 Nr. 4 S. 2 VOB/B erforderliche Schriftform der Bürgschaftserklärung nunmehr nicht den Vorschriften des § 126 BGB; sie richtet sich als gewillkürte Schriftform nach § 127 BGB. Der Unterschied beider Regelungen liegt darin, dass bei der gesetzlich bestimmten Schriftform nach § 126 BGB, wie sie nach § 766 S. 1 BGB für den nicht kaufmännischen Bürgen gilt, eine Übermittlung der Bürgschaftserklärung per Fernschreiber (BGH Urt. v. 27.5.1957 VII ZR 223/56 = BGHZ 24, 297, 298 ff.), Telefax oder in elektronischer Form nicht genügt (so auch BGH Urt. v. 28.1.1993 IX ZR 259/91 = BGHZ 121, 224, 227 = BauR 1993, 340, 341 ff. = JZ 1993, 1005 m. beachtlicher, zutreffender Anm. v. *Vollkommer/Gleußner* = NJW 1993, 1126 ff. = NJW-RR 1993, 625 [Ls.] = krit. *Koziol* EWiR § 766 BGB 3/93, 561, dem jedoch nicht zu folgen ist, weil er den hier absolut vorrangigen Schutz des Bürgen vor Übereilung nicht hinreichend beachtet = LM § 766 BGB Nr. 25, m. Anm. *Pecher* OLG Frankfurt Urt. v. 7.3.1991 III ZR 3/90 = NJW 1991, 2154 ff. = *Vollkommer* EWiR § 766 BGB 1/91, 973; OLG Düsseldorf Urt. v. 29.12.1993 18 U 105/93 = NJW-RR 1995, 93, 94 ff.; dazu richtig auch *Cordes* NJW 1993, 2427). Die Bürgschaftserklärung des Kaufmanns, die nur auf Grund der in § 17 Nr. 4 S. 2 VOB/B enthaltenen vertraglichen Vereinbarung der Schriftform bedarf, ist dagegen nach § 127 S. 2 BGB der telegraphischen usw. Übermittlung zugänglich (so auch Beck'scher VOB-Komm./*I. Jagenburg* § 17 Nr. 4 VOB/B Rn. 9), soweit nicht – auf Grund besonderer vertraglicher Übereinkunft oder nach den Umständen – ein anderer Wille der Parteien anzunehmen ist. Im Ergebnis heißt das: **Das in § 17 Nr. 4 S. 2 VOB/B festgelegte Erfordernis der Schriftlichkeit gilt nur im Verhältnis der Bauvertragsparteien zueinander.** Infolgedessen kann der Auftraggeber eine nicht der Schriftform entsprechende Bürgschaftserklärung zurückweisen. Nicht gilt dies jedoch für das Verhältnis des Gläubigers (Auftraggebers) zum am Bauvertrag nicht beteiligten Bürgen. Insoweit ist die Einhaltung der qualifizierten Schriftform des § 127 BGB nicht erforderlich. Dort sind allein die gesetzlichen Formvorschriften maßgebend, also auch § 350 HGB (BGH Urt. v. 23.1.1986 IX ZR 46/85 = BauR 1986, 361, 363 f. = NJW 1986, 1681, 1682 = ZIP 1986, 702 = LM § 125 BGB Nr. 43 = *Jagenburg* EWiR 1986, 937 = ZfBR 1986, 162, 163 = SFH § 16 Nr. 1 VOB/B Nr. 4; OLG Celle Urt. v. 24.2.1999 14a [6] U 224/97 = BauR 2000, 1351 f. [rechtskräftig durch Nichtannahmebeschluss des BGH v. 6.4.2000 IX ZR 148/99; OLG Brandenburg Beschl. v. 27.5.2002 11 W 30/01 = NJW-RR 2002, 1316 = NZBau 2002, 678, wobei diese Passagen des Urteils dort nicht abgedruckt sind], so dass **eine per Telefax erteilte Bürgschaft trotz ihrer VOB-Widrigkeit wirksam** ist.

19 Auch der **Bürgschaftsvorvertrag** ist formbedürftig, nicht dagegen schon der Auftrag oder die Vollmacht zur Erklärung der Bürgschaft (RGZ 76, 303, 304; RGZ 76, 99, 100). Dagegen bedarf die Erfüllungsübernahme gegenüber einem Bürgen nicht der für die Bürgschaftserklärung vorgeschriebenen Form (BGH Urt. v. 19.1.1972 VIII ZR 111/70 = NJW 1972, 576 = MDR 1972, 412 = JZ 1972, 248 = LM § 766 BGB Nr. 15).

b) Umfang der Schriftform

Die Notwendigkeit der Einhaltung der Schriftform dient dem Bestimmtheitsgrundsatz im Sinne einer Warnfunktion zu Gunsten des Bürgen. Sie gilt daher **für alle wesentlichen Teile der Bürgschaftserklärung**. Umfasst sein müssen somit von der schriftlichen Erklärung vor allem **der Wille, für eine fremde Schuld einzustehen, sowie die Bezeichnung des Gläubigers, des Hauptschuldners und der verbürgten Forderung** (ständige Rechtsprechung BGH Urt. v. 29.2.1996 IX ZR 153/95 = BGHZ 132, 119, 122 = NJW 1996, 1467, 1468). Hierzu gehört grundsätzlich auch die Angabe des den Bürgen bindenden Verpflichtungsgrundes, etwa ob es sich um eine Vertragserfüllungsbürgschaft und/oder eine Gewährleistungsbürgschaft handelt. Allerdings brauchen Grund und Höhe der Bürgschaft bei Abschluss des Bürgschaftsvertrages noch nicht endgültig festzustehen. Vielmehr zeigt § 765 Abs. 2 BGB, dass die Bürgschaft auch für künftige und bedingte Verbindlichkeiten (wie z.B. für die Rückzahlung von Abschlagszahlungen) eingegangen werden kann. Für **künftige Verbindlichkeiten** bestehen jedoch Grenzen: So kann z.B. eine Klausel in AGB, dass die Bürgschaft für Verbindlichkeiten eines Unternehmens auch bei Änderung der Rechtsform seines Inhabers oder bei einem Wechsel in dessen Person bestehen bleiben soll, keine künftigen Verbindlichkeiten erfassen, die ein neuer selbstständiger Rechtsträger als Unternehmensinhaber begründet (BGH Urt. v. 6.5.1993 IX ZR 73/92 = BauR 1993, 608, 611 = NJW 1993, 1917, 1918 = NJW-RR 1993, 1134 [Ls.] = *Bydlinski* EWiR § 765 BGB 2/93, 771 = MDR 1994, 33). Im Übrigen gilt für die drei zwingend der Schriftform unterliegenden Kernbestandteile einer Bürgschaft: 20

Aus der Bürgschaftsurkunde muss sich in jedem Fall die **Person des Hauptschuldners** ergeben. Zumindest muss sie durch Auslegung bestimmbar sein. Ist dies nicht möglich, ist die Bürgschaft unwirksam. Vor einer zu schnellen Annahme der Unwirksamkeit ist jedoch zu warnen. Vor allem im gewerblichen Bereich hilft vielfach eine Auslegung weiter: Dabei ist im Zweifel auf die Sichtweise des Gläubigers abzustellen. Fehlt bei der Bezeichnung der Auftragnehmerin z.B. nur der GmbH-Zusatz, war die GmbH aber Auftragnehmerin, ist die GmbH als Hauptschuldnerin hinreichend genau bezeichnet, selbst wenn neben der GmbH der Alleingesellschafter noch ein Einzelunternehmen betreibt (BGH Urt. v. 18.2.1993 IX ZR 108/92 = BauR 1993, 474, 476 = NJW-RR 1993, 945, 946 = ZfBR 1993, 216, 217). Dasselbe gilt bei irrtümlichen Falschbezeichnungen etwa in der Weise, dass Gläubiger und Hauptschuldner in der Bürgschaftsurkunde verwechselt werden. Eine solche Bürgschaft ist nicht deshalb unwirksam, weil es etwa an der genauen Bezeichnung des Hauptschuldners fehlt (BGH Urt. v. 2.4.1998 IX ZR 79/97 = BauR 1998, 634, 635 = NJW 1998, 2280 = ZfBR 1998, 237; a.A. *Weise* Sicherheiten im Baurecht Rn. 235). 21

Aus der Bürgschaftsurkunde muss sich des Weiteren die **verbürgte Hauptschuld** entnehmen lassen. Diese kann sich im Wege der Auslegung aus der Person des in der Urkunde genannten Hauptschuldners (BGH Urt. v. 3.12.1992 IX ZR 29/92 = NJW 1993, 724, 725; OLG Zweibrücken Urt. v. 17.9.1996 8 U 23/96) oder aus sonstigen Umständen, die auch außerhalb der Bürgschaftsurkunde liegen können (BGH Urt. v. 17.2.2000 IX ZR 32/99 = BB 2000, 948), ergeben. Fehlt es jedoch an einer diesbezüglichen Bezeichnung und lassen sich keine weiteren Anhaltspunkte hierfür entnehmen, liegt keine wirksame Bürgschaft vor (BGH Urt. v. 21.1.1993 IX ZR 90/92 = BauR 1993, 339 f. = NJW 1993, 1261, 1262). 22

Aus der Bürgschaftsurkunde muss schließlich die **Person des Gläubigers** – hier des Auftraggebers – zu erkennen sein (RGZ 145, 229, 232; BGH Urt. v. 21.11.1957 VII ZR 42/57 = BGHZ 26, 142, 146 = NJW 1958, 217, 218). Dabei ist wegen des Akzessorietätsprinzips der Bürgschaft die **Identität des Gläubigers der Hauptforderung und der Bürgschaft zwingend** (BGH Urt. v. 19.9.1991 IX ZR 296/90 = BGHZ 115, 177, 183 = BauR 1992, 84, 86 = NJW 1991, 3025, 3026; Urt. v. 12.7.2001 IX 23

ZR 358/00 = NJW 2001, 3327 = NZBau 2001, 682 [Ls.]). Lässt sich der Gläubiger nicht bestimmen, ist die Bürgschaft unwirksam. Lässt sich von mehreren Gläubigern nur einer bestimmen, so kann die Bürgschaft allein zu dessen Gunsten Bestand haben (BGH Urt. v. 12.7.2001 IX ZR 358/00 = NJW 2001, 3327, 3328 = NZBau 2001, 682 [Ls.]). Nicht erforderlich ist für die Wirksamkeit, dass der Gläubiger bereits existiert. Voraussetzung ist hier jedoch in jedem Fall, dass der zukünftige Gläubiger zumindest hinreichend deutlich beschrieben wird (BGH Urt. v. 14.11.1991 IX ZR 20/91 = NJW 1992, 1448 f., für eine noch entstehende Bauherrengemeinschaft = BauR 1992, 243, 244 f. = ZfBR 1992, 117, 118 = MDR 1992, 745). So ist es ohne weiteres möglich, einen erst künftig entstehenden Rechtsnachfolger seines bisherigen Vertragspartners als Gläubiger vorzusehen. Dasselbe gilt, wenn die durch die Bürgschaft zu sichernde Hauptforderung an einen Dritten abgetreten werden soll. Hier kann bereits ohne weiteres der Dritte in der Bürgschaft als Begünstigter genannt werden. Die Bürgschaft wird dann jedoch erst wirksam, wenn der Dritte die Abtretung des gesicherten Anspruchs annimmt (BGH Urt. v. 14.12.1994 IX ZR 57/95 = BauR 1996, 251, 252 = NJW 1996, 717).

c) Zweifel bei Erstellung der Bürgschaft – Auslegung

24 Bestehen Zweifel hinsichtlich der Einhaltung der Schriftform, ist die Bürgschaft auszulegen (ständige Rechtsprechung: so zuletzt BGH Urt. v. 17.2.2000 IX ZR 32/99 = ZIP 2000, 740, 741 = NJW 2000, 1569, 1570). Dies gilt für die Bestimmung der Beteiligten, etwa des Gläubigers (BGH Urt. v. 16.4.1962 VII ZR 194/60 = NJW 1962, 1102), genauso wie für den übrigen Inhalt der Bürgschaft, vor allem zur Frage, ob überhaupt und wenn ja welche Art von Bürgschaft gewollt ist. Dabei ist regelmäßig auf die Sichtweise des Gläubigers abzustellen, und zwar in der Weise, wie dieser die Bürgschaft nach Treu und Glauben und nach der Verkehrsanschauung verstehen durfte (OLG Düsseldorf Urt. v. 10.4.2003 – 5 U 141/02 = BauR 2004, 382 f. [Ls.]). Zulässig ist es, außerhalb der Urkunde liegende Umstände zur Auslegung heranzuziehen, sofern dies mit dem Urkundeninhalt vereinbart werden kann, d.h. die Bürgschaftserklärung hinreichende Anhaltspunkte dafür liefert (BGH Urt. v. 25.1.1967 VIII ZR 173/64 = NJW 1967, 823; Urt. v. 14.5.1987 IX ZR 88/86 = ZIP 1987, 972 = *Bülow* EWiR § 765 BGB 6/87, 887; BGH Urt. v. 5.1.1995 IX ZR 101/94 = ZIP 1995, 274 = NJW 1995, 959 = MDR 1995, 346 = *Bülow* EWiR § 765 BGB 1/95, 355 = LM § 765 BGB Nr. 97; BGH Urt. v. 17.2.2000 IX ZR 32/99 = ZIP 2000, 740, 741 = NJW 2000, 1569, 1570) oder sich dies sonst eindeutig aus den Begleitumständen der Bürgschaftserklärung ergibt (BGH Urt. v. 2.4.1998 IX ZR 79/97 = BauR 1998, 634, 635 = NJW 1998, 2280 = ZfBR 1998, 237 für eine allerdings nicht unter § 17 VOB/B fallende Zahlungsbürgschaft des Auftraggebers, die dieser auf einem Formular einer Vertragserfüllungs- und Gewährleistungsbürgschaft beigebracht hatte). Insoweit kann in Ausnahmefällen sogar auf nach Erteilung der Bürgschaft abgegebene Erklärungen zurückgegriffen werden (BGH Urt. v. 16.10.1997 IX ZR 164/96 = BauR 1998, 138, 139 = NJW-RR 1998, 259). Allerdings sind die Grenzen dort überschritten, wo zumindest eine in der schriftlichen Bürgschaftserklärung fehlende wesentliche Angabe ausschließlich anhand von Umständen ermittelt werden kann, die außerhalb der Urkunde liegen (vgl. BGH Urt. v. 14.11.1991 IX ZR 20/91 = BauR 1992, 243 = SFH § 766 BGB Nr. 1 m.w.N. = NJW 1992, 1448 = ZfBR 1992, 117 = MDR 1992, 745 = LM § 766 BGB Nr. 22 = *Tiedke* EWiR § 766 BGB 1/92, 157). Dasselbe gilt, wenn der Wortlaut der Bürgschaft (z.B. Absicherung von zukünftigen Krediten) nicht zu der tatsächlich bestehenden Hauptschuld passt, weil es etwa nur um Altkredite geht (BGH Urt. v. 1.7.2003 – XI ZR 363/02, BGHR 2003, 1075). Lassen sich Person des Bürgen und/oder ein hinreichend klarer Bürgschaftswille nicht ermitteln, ist die Bürgschaft u.U. teilweise unwirksam. Auch bedarf der Verzicht des Bürgen auf die Einrede der Vorausklage (selbstschuldnerische Bürgschaft) der Schriftform (BGH Urt. v. 25.9.1968 VIII ZR 164/66 = NJW 1968, 2332), gleichgültig, ob der Verzicht bei oder nach der Bürgschaftsübernahme erklärt wird (a.a.O.). Sind die den Hauptinhalt der Bürgschaftsverpflichtung umgrenzenden wesentlichen Vertragsbestandteile (wie die Bezeichnung der verbürgten Hauptschuld und des Hauptschuldners) nicht wenigstens in hinlänglich klaren Umrissen in der Bürgschaftsurkunde angegeben, ist die Bürgschaft wegen Formmangels nichtig, selbst wenn sich die Vertragsparteien über den Inhalt der Bürg-

schaftsverpflichtung einig waren (BGH Urt. v. 2.2.1989 IX ZR 99/88 = ZIP 1989, 434 = BB 1989, 654 = NJW 1989, 1484 = MDR 1989, 538 = LM § 766 BGB Nr. 20; dazu kritisch *Tiedtke* WM 1989, 737; vgl. weiter LG Berlin Urt. v. 7.11.1989 20 O 540/88 = NJW-RR 1990, 755; BGH Urt. v. 17.1.1991 IX ZR 170/90 = NJW-RR 1991, 757; BGH MDR 1994, 446; zur Teilunwirksamkeit einer formularmäßigen Bürgschaftsverpflichtung wegen inhaltlicher Unbestimmtheit BGH Urt. v. 16.2.1992 IX ZR 113/91 = NJW 1992, 896). Unbeschadet dieser Zweifelsfragen ist jedoch in Bezug auf die gebotene Schriftform zu beachten: **In erster Linie muss auch bei einer Bürgschaft** zunächst der Inhalt des Vertrages gemäß §§ 133, 157 BGB **ausgelegt** werden. **In einem zweiten Schritt** ist dann jeweils **zu prüfen**, ob die Erteilung der in einem bestimmten Sinne ausgelegten Bürgschaftserklärung dem **Schriftformerfordernis** nach § 766 Abs. 1, § 126 Abs. 1 BGB genügt, soweit dieses nach § 350 HGB überhaupt einschlägig ist (vgl. dazu BGH Urt. v. 30.3.1995 IX ZR 98/94 = ZIP 1995, 812 = NJW 1995, 1886 = MDR 1995, 892 = LM § 766 BGB Nr. 29).

2. Selbstschuldnerische Bürgschaft – Schuldbeitritt – Garantie

Grundsätzlich kann ein Bürge die Befriedigung des Gläubigers verweigern, solange nicht der Gläubiger ohne Erfolg eine Zwangsvollstreckung gegen den Hauptschuldner versucht hat (§ 771 ZPO). Hieraus folgt aus den gesetzlichen Vorschriften für den Bürgen die sog. »Einrede der Vorausklage«. Abweichend davon genügt eine **Bürgschaft den Anforderungen der VOB nur dann, wenn der Bürge** genau **auf diese Einrede der Vorausklage in der Bürgschaftserklärung verzichtet**: Er muss eine sog. »**selbstschuldnerische Bürgschaft**« abgeben. Die selbstschuldnerische Bürgschaft beschränkt sich auf diesen Einredeverzicht; die Erhebung anderer Einreden wie etwa die Berufung des Bürgen auf die Einrede der Verjährung der Hauptschuld bleibt ihm hingegen unbenommen (OLG Koblenz Urt. v. 22.5.1980 9 U 8/79 = VersR 1981, 167 = KTS 1980, 105; vgl. auch Rn. 98). Dasselbe gilt für die Einreden der Anfechtbarkeit und der Aufrechenbarkeit, die bei einer Bürgschaft nach § 17 Nr. 4 VOB/B ebenfalls nicht ausgeschlossen werden müssen, soweit im Bauvertrag nichts anderes geregelt ist. § 17 Nr. 4 S. 2 VOB/B folgt somit letztlich nur der gesetzlichen Vorschrift in § 239 Abs. 2 BGB über die Tauglichkeit des Bürgen. Dabei nähert sich die selbstschuldnerische Bürgschaft gleichzeitig deutlich anderen Sicherungsformen an, von denen sie allerdings im Einzelfall zu unterscheiden ist:

a) Schuldbeitritt

In erster Linie ist eine selbstschuldnerische Bürgschaft von einem Schuldbeitritt abzugrenzen. Ein **Schuldbeitritt** (Schuldmitübernahme) (zur Abgrenzung zwischen selbstschuldnerischer Bürgschaft und dem der Schriftform nicht bedürftigen Schuldbeitritt vgl. BGH Urt. v. 28.3.1962 VIII ZR 250/61 = MDR 1962, 567 = NJW 1968, 2332 = MDR 1969, 44; ferner *Kohte* JZ 1990, 997) liegt vor, wenn ein Dritter einem Gläubiger gegenüber anders als bei der Bürgschaft nicht eine fremde, sondern eine **eigene unmittelbare Verbindlichkeit** als Gesamtschuldner neben dem bisherigen Schuldner mit übernimmt. Dabei ist die so entstehende Gesamtschuld zwar in ihrer Begründung vom Vorhandensein der Schuld des bisherigen alleinigen Schuldners abhängig, kann danach aber eigene Wege gehen, wie § 425 BGB zeigt (vgl. RGZ 135, 108; RGZ 143, 156). Einer gesonderten Annahme gegenüber dem den Schuldbeitritt Erklärenden bedarf es i.d.R. nicht (vgl. BGH Urt. v. 28.10.1993 VII ZR 192/92 = BauR 1994, 131 = SFH § 7 HOAI Nr. 2 = NJW-RR 1994, 280 = LM HOAI Nr. 23 = ZfBR 1994, 73). Für die Einstufung einer Erkärung als Schuldbeitritt müssen **besondere Umstände** vorliegen, die den Willen des Dritten zur Begründung einer solchen unmittelbaren Verbindlichkeit an Stelle einer Bürgschaft deutlich machen (vgl. RGZ 90, 417; OLG Köln MDR 1957, 674; OLG München Entsch. v. 11.12.1964 – Sa U 1791/64 = MDR 1965, 573, m.w.N.; BGH Urt. v. 7.7.1976 VIII ZR 80/75 = BB 1976, 1431). Diese besonderen Umstände sind nur anzunehmen, wenn der Erklärende ein **unmittelbares eigenes sachliches (wirtschaftliches oder rechtliches) Interesse an der Tilgung der Schuld hat** (BGH Urt. v. 25.9.1980 VII ZR 301/79 = NJW 1981, 47 = ZIP 1980, 983, m.w.N.; u.a. auch OLG Düsseldorf Urt. v. 23.6.1994 18 U 225/93 = OLGR Düsseldorf 1995, 1).

27 Ein **Anwendungsfall** für ein einen Schuldbeitritt rechtfertigendes unmittelbares sachliches wirtschaftliches Eigeninteresse ist z.B. gegeben, wenn der **Geschäftsführer einer zahlungsunfähigen GmbH** dem Auftraggeber eine Zahlungszusage macht, um das Vertrauen in eine inzwischen gegründete Nachfolge-GmbH nicht zu erschüttern, und nicht zu erwarten ist, dass die bisherige GmbH die Schuld tilgen wird (vgl. dazu BGH Urt. v. 19.9.1985 VII ZR 338/84 = BauR 1986, 101 = ZIP 1985, 1485 = MDR 1986, 223 = NJW 1986, 580 = *Tiedtke* EWiR § 414 BGB 1/85, 9 53 = ZfBR 1986, 273). Ein unmittelbares Eigeninteresse an der Schuldtilgung mit der Folge eines Schuldbeitritts ist ferner bei der **Beteiligung (insolventer) Bauträger** zu beobachten: Zwar kann ein über den Verbürgungswillen hinausgehender Schuldbeitritt des Hauserwerbers neben dem Bauträger in dessen Verhältnis zu den Bauunternehmen nur angenommen werden, wenn bei dem Erwerber ein besonderes Eigeninteresse an der Ausführung bzw. Fertigstellung der Bauleistungen bestanden hat (vgl. OLG Hamm Urt. v. 10.2.1993 12 U 167/92 = NJW 1993, 2625, zum Vertrauen eines vom Bauträger beauftragten Unternehmers in die Wirksamkeit einer wegen Formmangels nichtigen Bürgschaftserklärung). Erklärt jedoch ein Erwerber noch in der Insolvenz des Bauträgers gegenüber dem Auftragnehmer, er »verbürge« sich für die offenen Vergütungsansprüche, ist von einem Schuldbeitritt auszugehen. Der Erwerber haftet dann entsprechend seinem Miteigentumsanteil dem Auftragnehmer unmittelbar (OLG Hamm Urt. v. 19.10.1994 12 U 47/94 = OLGR Hamm 1995, 38 = SFH § 631 BGB Nr. 43). Dasselbe gilt, wenn ein als **bevollmächtigt geltender Architekt** bei einer Baustellenbesprechung eine Aktennotiz erstellt mit dem Inhalt, dass der Bauherr in den dem Nachunternehmer vom Hauptunternehmer erteilten Auftrag einsteigt und die geleistete Arbeit vergütet wird, falls der Nachunternehmer vom Hauptunternehmer keine Vergütung erhält. Leitet er diese Notiz dem Nachunternehmer zu, liegt darin – eine ordnungsgemäße Bevollmächtigung vorausgesetzt – ein wirksamer Schuldbeitritt wegen des Vergütungsanspruchs des Nachunternehmers für alle nach dieser Besprechung erbrachten Leistungen (vgl. OLG Düsseldorf Urt. v. 18.10.1994 21 U 92/94 = BauR 1995, 257 = NJW-RR 1995, 592 f.; ähnlich BGH Urt. v. 26.10.2000 VII ZR 117/99 = BauR 2001, 626, 627). Kein Schuldbeitritt, sondern (nur) eine Bürgschaft liegt vor, wenn in derselben Situation der Bauherr lediglich erklärt, »dass die Bezahlung für das betroffene Vorhaben gewährleistet wird« (OLG Karlsruhe Urt. v. 17.12.2004 17 U 87/01 = IBR 2006, 331, Nichtzulassungsbeschw. zurückgewiesen: BGH Beschl. v. 22.12.2005 VII ZR 24/05).

28 Ein **bloß persönliches Interesse** an der Schuldtilgung **genügt** dagegen **nicht**, um die Annahme eines Schuldbeitritts zu rechtfertigen. Bei Zweifeln ist die den Normalfall regelnde Sicherungsform der formbedürftigen selbstschuldnerischen Bürgschaft anzunehmen. Auch steht die bereits eingetretene Fälligkeit der Schuld der Auslegung der Erklärung als – unwirksame – Übernahme einer Bürgschaft nicht entgegen (BGH Urt. v. 7.7.1976 VIII ZR 80/75 = BB 1976, 1431; RG JW 1921, 335). In all diesen Fällen ist jedoch jeweils gesondert zu prüfen, ob nicht auch eine Haftung aus culpa in contrahendo (§§ 280 Abs. 1, 311 Abs. 2 BGB) in Betracht kommt. Dies ist etwa anzunehmen, wenn ein Dritter gegenüber dem Auftragnehmer erklärt, er werde dessen Forderung gegen den Auftraggeber bezahlen und der Auftragnehmer erkennbar seine Leistung hiervon abhängig gemacht hat (vgl. BGH Urt. v. 28.1.1971 VII ZR 183/69 = SFH Z 2.332 Bl. 65).

b) Garantie

29 Von einer selbstschuldnerischen Bürgschaft abzugrenzen ist auch die Vereinbarung oder Gewährung einer (Zahlungs-)Garantie. Bei einer Garantie handelt es sich um keine akzessorische Sicherheit, d.h., sie hängt nicht von einer Hauptschuld (z.B. Pflicht zur mangelfreien Erfüllung des Bauvertrages durch den Auftragnehmer) ab. Stattdessen steht der Garant dafür ein, dass **unabhängig von einer Hauptschuld ein bestimmter tatsächlicher oder rechtlicher Erfolg eintritt** (z.B. Fertigstellung einer mangelfreien Bauleistung bis zu einem Termin) oder die Gefahr eines zukünftigen Schadens nicht eintritt. Kommt es zum Garantiefall, hat der Garant den Auftraggeber i.d.R. in Geld zu entschädigen. Die Abgrenzung zwischen Bürgschaft und Garantie ist nicht immer einfach (zur Unterscheidung einer Bankbürgschaft und Bankgarantie OLG Stuttgart Urt. v. 8.9.1976 13 U 60/76 = BauR

1977, 139; zur Abgrenzung im Allgemeinen MüKo/*Habersack* Vor § 765 Rn. 16 ff.; zur Bedeutung der Garantie im Baugeschäft *Weise* Sicherheiten im Baurecht, Rn. 295). So liegt etwa keine Bürgschaft, sondern eine Garantie vor, wenn eine Bank gegenüber dem Werkunternehmer die Erklärung abgibt, die Werklohnforderung zu bezahlen, nachdem der Besteller die Ordnungsgemäßheit der Werkleistung und die Fälligkeit der Werklohnforderung bestätigt hat (OLG Köln Urt. v. 2.4.1996 22 U 166/95 = BauR 1997, 322). Dasselbe gilt, wenn sich der Bürge nicht auf einen Vergleich des Gläubigers mit dem Hauptschuldner berufen können soll; der Abschluss eines solchen Garantievertrages neben der Bürgschaft ist zulässig; er hat den Inhalt, dass der Garant verpflichtet sein soll, für den im Rahmen eines – etwaigen Vergleichs nicht gezahlten bzw. erledigten Teil der Schuld aufzukommen (OLG Frankfurt Urt. v. 22.10.1974 5 U 6/74 = Betrieb 1974, 2245 = BB 1975, 985, mit zutreffender Kritik von *Marwede* hinsichtlich der Begründung; zur Bürgschaft für Gewährleistungsverbindlichkeiten des Auftragnehmers durch einen Garantieversicherer BGH VersR 1974, 1167).

3. Weitere Anforderungen an die Bürgschaft: Hinterlegungsbefugnis

Eine vom Auftragnehmer beigebrachte Bankbürgschaft genügt mangels anderweitiger Vereinbarung auch dann den Vorgaben der VOB, wenn sich die Bank eine **Hinterlegungsbefugnis vorbehalten** hat: Hier kann der Auftraggeber die Annahme nicht verweigern mit dem Argument, dass sie nicht nach Vorschrift des Auftraggebers ausgestellt sei (OLG Köln Urt. v. 16.7.1993 19 U 240/92 = BauR 1994, 114 = NJW-RR 1993, 1494 = ZfBR 1993, 290; OLG Stuttgart Urt. v. 3.2.1999 4 U 77/97 = BauR 1999, 1057 [Ls.]). Dasselbe gilt für sonstige Einreden, die üblicherweise in Bürgschaften vorbehalten bleiben, z.B. die **Einrede der Anfechtbarkeit und der Aufrechenbarkeit**. Auch Bürgschaften unter Erhalt dieser Einreden genügen den Vorgaben des § 17 Nr. 4 VOB/B. Werden diese Einreden hingegen formularmäßig ausgeschlossen, sind die zugrunde liegenden Klauseln vielfach unwirksam (vgl. dazu die Nachweise folgend zu Rn. 37, die hier ebenso gelten). **30**

4. Erteilung der Bürgschaft

Nach § 17 Nr. 4 S. 2 VOB/B ist die Bürgschaftserklärung schriftlich »abzugeben«. Für die Abgabe der Bürgschaft gelten vorbehaltlich der Formerleichterung gemäß § 350 HGB (siehe oben Rn. 18) die allgemeinen Vorgaben des § 766 BGB, d.h.: Eine Bürgschaft wird i.S.d. § 766 BGB abgegeben, wenn dem Gläubiger die tatsächliche Verfügungsgewalt über die Bürgschaftsurkunde eingeräumt wird, was durch **Übergabe oder Zusendung der Bürgschaftsurkunde** erfolgt (vgl. dazu OLG Köln Urt. v. 7.12.1990 20 U 24/90 = NJW-RR 1992, 555). Wird Sicherheit durch Bankbürgschaft geleistet, genügt es grundsätzlich, wenn dem Sicherungsberechtigten mit Wissen und Willen des Bürgen bei der Zustellung eine beglaubigte Abschrift der Bürgschaftsurkunde übergeben wird (RGZ 137, 1, 11; vgl. auch OLG Köln a.a.O.). Das gilt allerdings nicht, und die Übergabe der Urschrift der Bürgschaftserklärung ist erforderlich, wenn das Erlöschen der Bürgschaft davon abhängig ist, dass das Original der Bürgschaftsurkunde an den Bürgen (Bank) zurückgelangt (vgl. KG Beschl. v. 19.11.1962 1 W 626/62 = NJW 1963, 661). **31**

Mit der Erteilung der Bürgschaft kommt gleichzeitig zwischen Bürgen und Gläubiger (Auftraggeber) ein **Bürgschaftsvertrag** zu Stande. Dessen Zustandekommen richtet sich nach den allgemeinen zivilrechtlichen Grundsätzen i.S.d. §§ 145 ff. BGB. Mit der Übersendung der Bürgschaft unterbreitet der Bürge gleichzeitig das für den Bürgschaftsvertrag erforderliche Angebot. Für dessen Annahme gilt sodann § 151 BGB, d.h.: Das Angebot des Bürgen bedarf nach der Verkehrssitte regelmäßig keiner gegenüber dem Bürgen erklärten Annahme. Die auch im Falle des § 151 BGB erforderliche nach außen hervortretende Betätigung des Annahmewillens ist regelmäßig schon darin zu sehen, dass der Gläubiger, der zuvor eine Bürgschaft verlangt hatte, diese behält (BGH Urt. v. 10.2.2000 IX ZR 397/98 = BGHZ 143, 381 = BauR 2000, 887, 888 = NJW 2000, 1563 = ZfBR 2000, 260). **32**

III. Bürgschaft auf erstes Anfordern

1. Grundlagen

33 Ein Bürge kann sich kraft besonderer vertraglicher Vereinbarung der Bauvertragspartner (vgl. dazu OLG Frankfurt Urt. v. 29.5.1985 7 U 74/84 = BauR 1987, 577 = SFH § 17 VOB/B Nr. 10; auch *Schwärzel/Peters* S. 40 ff.) selbstschuldnerisch verbürgen. Er kann sich darüber hinaus durch ausdrückliche Erklärung in der Bürgschaftsurkunde verpflichten, an den Gläubiger »auf erste schriftliche Aufforderung« zu zahlen.

a) Definition

34 Das Wesen der **Bürgschaft auf erstes Anfordern** liegt in der Verpflichtung des Bürgen, sofort nach schriftlicher Aufforderung durch den Gläubiger (Auftraggeber bei Erfüllungs- und/oder Gewährleistungssicherheit) auf die Bürgschaft zu zahlen. Dabei kann der Bürge die Erklärung mit der Verpflichtung zur Zahlung auf erstes Anfordern, was die Regel ist, unmittelbar in der Bürgschaftsurkunde abgeben; denkbar ist aber auch, dass er außerhalb der Bürgschaftsurkunde gegenüber dem Gläubiger gesondert bestätigt, dass er aus der von ihm erteilten Bürgschaft auf erstes Anfordern in Anspruch genommen werden kann (OLG Brandenburg Urt. v. 5.12.2001 14 U 4/01 = NZBau 2002, 219). Der Gläubiger der Bürgschaft **muss bei der Inanspruchnahme der Bürgschaft sodann nur erklären, dass der Sicherungsfall eingetreten** ist. Demgegenüber ist er nicht verpflichtet, schlüssig darzulegen, dass die durch die Bürgschaft gesicherte Hauptforderung besteht (BGH Urt. v. 28.10.1993 IX ZR 141/93 = ZIP 1993, 1851 = NJW 1994, 380 = *Schütze* EWiR § 765 BGB 2/94, 131 = LM § 765 BGB Nr. 88 = ZfBR 1994, 70; BGH Urt. v. 2.4.1998 IX ZR 79/97 = BauR 1998, 634, 637 = NJW 1998, 2280, 2281 = ZfBR 1998, 237, 239). Vielmehr geht es nur um eine Darlegung dessen, was in der Bürgschaft als Voraussetzung für eine Zahlung niedergelegt ist i.V.m. der weiteren Aussage, dass die Forderung fällig ist (BGH Urt. v. 17.10.1996 IX ZR 325/95 = BauR 1997, 134, 135 = NJW 1997, 255 = ZfBR 1997, 38; Urt. v. 2.4.1998 IX ZR 79/97 = BauR 1998, 634, 637 = NJW 1998, 2280, 2281 = ZfBR 1998, 237, 239). So ist es bei einer **Gewährleistungsbürgschaft auf erstes Anfordern** zumeist erforderlich aber genügend, dass der Gläubiger die Gewährleistungsansprüche hinreichend individualisiert vorbringt. Hingegen reicht eine bloß pauschale Behauptung zu Gewährleistungsmängeln i.d.R. nicht aus (vgl. OLG München Urt. v. 21.10.1994 23 U 3264/94 = BauR 1995, 400 = ZIP 1994, 1763 = *Brink* EWiR § 765 BGB 8/94, 1181 = SFH § 765 BGB Nr. 13; *Werner/Pastor* Rn. 1259; Beck'scher VOB-Komm./*I. Jagenburg* Vor § 17 VOB/B Rn. 56; a.A. OLG Köln Urt. v. 30.10.1997 12 U 40/97 = BauR 1998, 555, 556 f. = NJW-RR 1998, 1393, 1394; wonach eine pauschale Behauptung, dass Gewährleistungsansprüche bestehen, genügen soll). Denn für den Bürgen muss wenigstens erkennbar sein, ob überhaupt ein Gewährleistungsschaden und damit ein Sicherungsfall vorliegt. Im Übrigen muss der Gläubiger bei einer Inanspruchnahme einer Gewährleistungsbürgschaft auf erstes Anfordern mit der Formulierung, dass »der Auftragnehmer Gewährleistungspflichten nicht nachgekommen ist«, nicht vortragen, vergeblich zur Nachbesserung aufgefordert zu haben (OLG Köln Urt. v. 26.3.1996 22 U 204/95 = BauR 1996, 594 [Ls.] = NJW-RR 1997, 881). Allerdings muss deutlich werden, dass dem Gläubiger **bereits ein auf Geldzahlung gerichteter Anspruch zusteht**. Denn dabei geht es um den Sicherungsfall selbst (vgl. dazu vor allem § 17 Nr. 1 VOB/B Rn. 8 ff.). Andernfalls könnte er als Gläubiger eines Gewährleistungsanspruches bereits einen auf Geldzahlung gerichteten Zahlungsanspruch durchsetzen, ohne etwa die weiter gehenden Voraussetzungen nach § 13 Nr. 5 bis 7 VOB/B eingehalten zu haben (BGH Urt. v. 28.9.2000 VII ZR 460/97 = BauR 2001, 109, 111 f. = NJW-RR 2001, 307, 308 = NZBau 2001, 136, 137 = ZfBR 2001, 31, 33).

35 Sieht die Bürgschaft auf erstes Anfordern als **Voraussetzung für ihre Inanspruchnahme gesondert abzugebende Erklärungen** des Hauptschuldners (Auftragnehmers) vor, muss der Gläubiger (Auftraggeber) bei der Inanspruchnahme der Bürgschaft diese beibringen. Dies gilt selbst dann, wenn der Auftragnehmer zwischenzeitlich nicht mehr existiert, weil er z.B. wegen Vermögenslosigkeit im Handelsregister gelöscht wurde. Für die Inanspruchnahme der Bürgschaft auf erstes Anfordern wäre der Gläubiger daher gezwungen, zuvor den (bereits gelöschten) Auftragnehmer auf Abgabe der Erklärung zu verklagen, was ausnahmsweise zulässig ist (BGH Urt. v. 26.4.2001 IX ZR 317/98 = BauR 2001, 1426, 1427 = NJW 2001, 3616, 3617 = NZBau 2001, 680, 681 = ZfBR 2001, 406, 407).

b) Beschränkte Verteidigungsmöglichkeiten gegen eine Bürgschaft auf erstes Anfordern

36 Behauptet der Gläubiger den Sicherungsfall und nimmt eine Bürgschaft auf erstes Anfordern in Anspruch, kann sich der Bürge dagegen nur beschränkt zur Wehr setzen. **Bestreiten** kann er jedoch in jedem Fall, dass **der Sicherungsfall überhaupt vorliegt**. So kann der Bürge etwa einwenden, dass der Gläubiger die für die Inanspruchnahme der Bürgschaft notwendigen Voraussetzungen nicht eingehalten, d.h. z.B. nicht das erklärt hat, was schon nach dem Text der Bürgschaft für deren Inanspruchnahme erforderlich ist. Beachtlich ist dieser Einwand auch dann, wenn der Auftraggeber bei Inanspruchnahme der Bürgschaft nicht die Erklärungen vorlegt oder vorlegen kann, die nach der Bürgschaftsurkunde für die Inanspruchnahme vorzulegen sind (vgl. dazu oben Rn. 35). Ferner kann ein Bürge bei seiner Inanspruchnahme einwenden, dass die Bürgschaft (z.B. eine Vertragserfüllungsbürgschaft) nicht die dem Zahlungsbegehren des Gläubigers zu Grunde liegende Hauptforderung (z.B. eine Schadensersatzforderung aus Gewährleistung) sichere, sofern sich dies aus der Auslegung der Bürgschaftsurkunde ergibt. Bei all diesen Fragen geht es nämlich darum, ob insoweit überhaupt eine gültige Zahlungszusage vorliegt; umstritten sind Art und Umfang des gedeckten Risikos.

37 Von den Einwendungen, die die Zahlungsverpflichtung als solche betreffen, ist die Frage zu trennen, ob sich der in Anspruch genommene Bürge mit sonstigen Einreden verteidigen kann, die dem Hauptschuldner der Forderung zustehen (§ 768 BGB). Dies ist deshalb von Bedeutung, weil die Berufung auf § 768 BGB in Bürgschaften auf erstes Anfordern bzw. der zu Grunde liegenden Sicherungsabrede vielfach ausgeschlossen wird. Soweit dies individualvertraglich erfolgt, dürften dagegen kaum Bedenken bestehen. Entgegen der früher überwiegenden Auffassung gilt jedoch etwas anderes für einen formularmäßigen Ausschluss der Rechte aus § 768 BGB: Ein solcher ist nicht zulässig mit der Folge, dass dem **Bürgen selbst bei einer Bürgschaft auf erstes Anfordern sämtliche Einreden aus § 768 BGB erhalten** bleiben. Andernfalls würde das einer Bürgschaft zu Grunde liegende Akzessorietätsprinzip verloren gehen (BGH Urt. v. 8.3.2001 IX ZR 236/00 = BGHZ 147, 99, 104 = BauR 2001, 1093, 1094 f. = NJW 2001, 1857, 1858 f. = NZBau 2001, 311, 312 = ZfBR 2001, 319, 320 f.; dazu *Stammkötter* BauR 2001, 1295; *Moufang/Kupjetz* BauR 2002, 1314). In der Praxis heißt das z.B., dass sich auch ein Bürge bei einer Bürgschaft auf erstes Anfordern insbesondere auf die Verjährung der Hauptschuld berufen kann (BGH Urt. v. 19.9.1985 IX ZR 16/85 = BGHZ 95, 375, 284 = NJW 1986, 310 = ZfBR 1986, 28, 30), soweit dem nicht § 214 Abs. 2 BGB entgegensteht. Etwas anderes gilt jedoch, wenn die bürgende Bank selbst – ohne dass dies zwischen den Bauvertragsparteien vereinbart war – in den von ihr verwendeten Bürgschaftsbedingungen auf die Einreden gemäß § 768 BGB verzichtet hat (OLG Düsseldorf Urt. v. 6.2.2001 21 U 162/00 = BauR 2002, 492, 493, Revision vom BGH nicht zur Entscheidung angenommen, Beschl. v. 25.9.2001 – XI ZR 89/01; vgl. hierzu auch zu dem ähnlichen Fall, dass die Bank von sich aus eine Bürgschaft auf erstes Anfordern stellt, ohne dass dies zwischen den Bauvertragsparteien vereinbart war, unten Rn. 52 ff.). Bleiben demnach dem Grundsatz nach dem Bürgen materiell die Einreden des Hauptschuldners gemäß § 768 BGB erhalten, ist allerdings weiter zu beachten, dass er sich im Anforderungsprozess zu der Bürgschaft auf diese weitergehenden **Einreden** nur berufen kann, wenn sie **unstreitig oder offensichtlich und für jedermann auf der Hand liegend liquide beweisbar** sind (vgl. insoweit auch nachfolgend Rn. 41). Anderenfalls können diese Einreden nur Gegenstand eines gesonderten Rückforderungsprozesses sein.

38 Die vorgenannten Grundsätze gelten in gleicher Weise, soweit dem Bürgen im Bürgschaftsvertrag formularmäßig die **Einrede der Aufrechenbarkeit (§ 770 Abs. 2 BGB)** selbst bei unbestrittenen oder rechtskräftig festgestellten Forderungen genommen wird. Auch diese Einrede wird i.d.R. bei

Bürgschaften auf erstes Anfordern ausgeschlossen, zumal ein solcher Ausschluss lange Zeit als zulässig anerkannt wurde (so etwa noch BGH Urt. v. 19.9.1985 III ZR 214/83 = BGHZ 95, 350, 359 ff.; Urt. v. 24.11.1980 VIII ZR 317/79 = NJW 1981, 761, 762). Diese Rechtsprechung wurde vom BGH vor einigen Jahren ebenfalls aufgegeben. Denn die Einrede der Aufrechenbarkeit gemäß § 770 Abs. 2 BGB ist wie der Erhalt der Einreden nach § 768 BGB eine Ausprägung des Subsidiaritätsgrundsatzes der Bürgschaft. Der meist uneigennützig handelnde Bürge soll erst dann in Anspruch genommen werden, wenn sich der Gläubiger nicht durch Inanspruchnahme des Hauptschuldners, etwa durch Aufrechnung, befriedigen kann (BGH Urt. v. 16.1.2003 IX ZR 171/00 = ZIP 2003, 621, 623 = NJW, 2003, 1521, 1523). Enthält danach der formularmäßig vereinbarte Bürgschaftsvertrag den Verzicht auf die Einrede der Aufrechenbarkeit, **ohne die Fälle der anerkannten oder rechtskräftig festgestellten Forderungen auszunehmen**, verstößt dieser Einredeverzicht gegen § 307 BGB. Er ist insgesamt unwirksam und kann wegen des Verbots einer geltungserhaltenden Reduktion auch nicht teilweise aufrechterhalten werden (BGH a.a.O.; *Brandner* in *Ulmer/Brandner/Hensen* Anh. §§ 9 bis 11 Rn. 262; MüKo/*Habersack* § 770 BGB Rn. 3).

39 **Unwirksam** ist des Weiteren ein formularmäßig vom Auftraggeber/Gläubiger geforderter **Verzicht des Bürgen auf die Einreden des § 776 BGB**. Nach § 776 BGB wird der Bürge von seiner Verpflichtung frei, soweit der Gläubiger andere Sicherungsrechte aufgibt, aus denen er für die Hauptschuld ebenfalls Befriedigung hätte erlangen können. Diese Regelung ist im Zusammenhang mit § 774 Abs. 1 BGB zu sehen: Denn befriedigt der Bürge den Gläubiger, gehen etwaige weitere Sicherungsrechte auf ihn über bzw. sind – soweit sie nicht von Rechts wegen übergehen – auf ihn zu übertragen. Hierdurch wird unterstrichen, dass der Bürge – selbst wenn ihm wie bei VOB-Bürgschaften nach § 17 Nr. 4 S. 1 VOB/B geboten die Einrede der Vorausklage abgeschnitten ist – nicht der primäre Schuldner ist. Vielmehr soll der Bürge, wird er in Anspruch genommen, wenigstens Dritte an seiner Haftung beteiligen können, die für dieselbe Schuld eine Haftung übernommen haben. Diese Begünstigung des Bürgen würde entwertet, wenn der Gläubiger ohne weiteres andere Sicherheiten aufgeben könnte. Dem will § 776 BGB vorbeugen: Denn danach wird der Bürge von seiner Haftung befreit, soweit er andere Sicherungsgeber über § 774 BGB an seiner Haftung hätte beteiligen können. Daher ist eine Klausel, die dem Bürgen dieses Recht vollkommen abschneidet, mit dem Grundgedanken dieser Vorschrift nicht vereinbar und verstößt gegen § 307 BGB (BGH Urt. v. 2.3.2000 IX ZR 328/98 = BGHZ 144, 52, 56 ff. = BauR 2000, 1097 [Ls.] = NJW 2000, 1566, 1568 = ZfBR 2000, 407, 409 f.; Urt. v. 25.10.2001 IX ZR 185/00 = NJW 2002, 295; *Brandner* in *Ulmer/Brandner/Hensen* Anh. §§ 9 bis 11 Rn. 262; MüKo/*Habersack* § 776 BGB Rn. 3; nach BGH Urt. v. 2.3.2000 IX ZR 328/98 = BGHZ 144, 52, 56, ist ein Verzicht auf § 776 BGB auch in AGB immerhin insoweit zulässig, als Banken Sicherheiten aufgeben dürfen, die ihnen auf Grund ihres allgemeinen Pfandrechts zustehen; vgl. dazu auch unten Rn. 101).

40 Der BGH musste bisher nicht entscheiden, ob Sicherungsabreden, mit denen Bürgschaften auf erstes Anfordern unter Ausschluss der Rechte aus §§ 768, 770 Abs. 2, 776 BGB gefordert werden, nur insoweit oder gänzlich unwirksam sind. Es spricht viel dafür, dass eine **Sicherungsabrede mit einem Ausschluss dieser oder einzelner dieser Einreden insgesamt nicht aufrechterhalten** werden kann. Denn dies liefe auf eine nach § 306 BGB unzulässige geltungserhaltende Reduktion einer an sich unwirksamen AGB-Klausel (hier in der Sicherungsabrede) hinaus. Dies wiederum ergibt sich aus einem Vergleich mit der Rechtsprechung des BGH zu den ähnlich gelagerten Fällen einer unwirksamen Sicherungsabrede, in denen in unzulässiger Weise als einziges Sicherungsmittel eine Bürgschaft auf erstes Anfordern für einen befristeten Zeitraum vereinbart wird. Auch hier kommt eine Aufrechterhaltung dieser Sicherungsabrede etwa mit dem Inhalt, dass anstatt einer Bürgschaft auf erstes Anfordern wenigstens eine einfache Bürgschaft zu stellen sei, nicht in Betracht. Der BGH sieht nämlich in der Sicherungsabrede mit der Vorgabe einer bestimmten (unzulässigen) Sicherungsform eine in sich geschlossene Konzeption des Sicherungsmittels, von der nicht einzelne Elemente isoliert betrachtet werden können (BGH Versäumnisurt. v. 22.11.2001 VII ZR 208/00 = BauR 2002, 463, 464 f. = NJW 2002, 894, 895 = NZBau 2002, 151, 152 f. = ZfBR 2002, 249; BGH Urt. v. 8.3.2001 IX ZR

236/00 = BGHZ 147, 99, 106 = BauR 2001, 1093, 1095 = NJW 2001, 1857, 1858 = NZBau 2001, 311, 312 f. = ZfBR 2001, 319, 321; OLG München [13. Senat], Urt. v. 20.6.1995 13 U 5787/94 = BauR 1995, 859 = NJW-RR 1996, 534; OLG Dresden Urt. v. 11.2.1997 5 U 2577/96 = BauR 1997, 671, 672; offen gelassen in BGH Urt. v. 18.4.2002 VII ZR 192/01 = BGHZ 150, 299 = BauR 2002, 1239 f., m. Anm. *Sienz* = NJW 2002, 2388 f. = ZfBR 2002, 669 f. = NZBau 2002, 494 f. = ZIP 2002, 1198, m. Anm. *Schmitz/Vogel* = MDR 2002, 1058, m. Anm. *Hahn;* *Koppmann* BauR 1992, 240; wie hier *Kainz* BauR 1995, 616, 627; *Weise* Sicherheiten im Baurecht Rn. 274; *Bomhard* BauR 1998, 179, 183; *Beyer/Zuber* MDR 1999, 1298, 1299; *Thode* ZfIR 2000, 165, 168; *Thode* ZfBR 2002, 4, 7; *Heiermann* in *Heiermann/Riedl/Rusam* § 17 VOB/B Rn. 31). Insoweit dürfte es dann keinen Unterschied machen, ob die Unwirksamkeit der in der Sicherungsabrede vereinbarten Sicherungsform auf dem Zusatz »auf erstes Anfordern« oder auf einem unwirksamen Einwendungsausschluss beruht. Das eine wie das andere ist Kernbestandteil der nach der Sicherungsabrede zu stellenden Bürgschaft, die mit ihrer gesamten Regelung keine Geltung erlangen kann (i.d.S. bei einer formularmäßigen Abbedingung von § 768 BGB auch *Stammkötter* BauR 2001, 1295; *Moufang/Kupjetz* BauR 2002, 1314, 1317 f.; wohl auch *Kleine-Möller* NZBau 2002, 585, 588; für die Unwirksamkeit einer Sicherungsabrede bei einer formularmäßigen Abbedingung des § 770 BGB: *Hogrefe* BauR 2003, 17, 18). An diesen Grundsätzen hat die viel kritisierte und dogmatisch leider nur wenig nachvollziehbare Entscheidung des 7. Senats des BGH vom 4.7.2002 nichts geändert: Hier hatte der BGH immerhin eine (unwirksame) bauvertragliche Verpflichtung zur Stellung einer Bürgschaft auf erstes Anfordern für einen befristeten Zeitraum in eine (wirksame) Verpflichtung zur Stellung einer selbstschuldnerischen Bürgschaft umgedeutet (BGH Urt. v. 4.7.2002 VII ZR 502/99 = BauR 2002, 1533, 1535 f. = NZBau 2002, 559, 560 = NJW 2002, 3098, 3099 = ZfBR 2002, 784, 785; dazu *Roquette/Giesen* NZBau 2002, 547, 552; *Siegburg* ZfIR 2002, 709; *Hildebrandt* ZfIR 2002, 872; *Krakowsky* BauR 2002, 1620, 1627; *Joussen* BauR 2003, 13; *Hogrefe* BauR 2002, 17; *Kuffer* BauR 2003, 155, 161; *Sohn* ZfBR 2003, 110, 112). So fraglich die dortige Begründung sein mag und so sehr sich diese in Widerspruch zu der bisherigen Rechtsprechung setzt (siehe dazu unten Rn. 75), beruhte diese Umdeutung gerade nicht auf einer rechtlich unzulässigen geltungserhaltenden Reduktion einer unwirksamen AGB-Klausel, sondern – so der BGH – auf einer ausnahmsweise (zeitlich auf einen bestimmten Stichtag) begrenzt zulässigen ergänzenden Vertragsauslegung, die für zukünftige Fälle nicht mehr in Betracht kommt.

Ist ein formularmäßiger Ausschluss der Einreden aus §§ 768, 770 Abs. 2, 776 BGB entsprechend vorstehender Erläuterungen nicht oder nur beschränkt möglich, gilt trotz dieser Beschränkung, dass der Bürge in dem Anforderungsprozess des Gläubigers (Auftraggebers) lediglich in **ganz beschränkten Ausnahmefällen nach § 242 BGB die Zahlung verweigern** kann. Dies wiederum beruht auf der Sonderform einer Bürgschaft auf erstes Anfordern. Sie soll – wie vorstehend erläutert (Rn. 34) – dem Grundsatz nach dem Gläubiger (Auftraggeber) ohne große Darlegungen mit der schlüssigen Behauptung, dass der Sicherungsfall eingetreten sei, in den Besitz der Bürgschaftsvaluta bringen. Hiermit würde es sich nicht vertragen, wenn nunmehr doch bereits im Anforderungsprozess über alle Einreden insbesondere aus dem Hauptschuldverhältnis unter Rückgriff auf § 768 BGB zu entscheiden wäre. Folglich liegt bei einer Inanspruchnahme einer Bürgschaft auf erstes Anfordern nur dann ein **Missbrauch der Zahlungsanforderung** vor, wenn **offensichtlich und liquide beweisbar** ist, dass trotz Vorliegen der formellen Voraussetzungen (formeller Garantiefall) der Garantiefall im Valutaverhältnis (materieller Garantiefall) nicht eingetreten ist (BGH Urt. v. 12.3.1984 II ZR 198/82 = BGHZ 90, 287; Urt. v. 28.10.1993 IX ZR 141/93 = NJW 1994, 380, 381; Urt. v. 17.10.1996 IX ZR 325/95 = BauR 1997, 134, 136 = NJW 1997, 255, 256 = ZfBR 1997, 38, 39; Urt. v. 2.4.1998 IX ZR 79/97 = BauR 1998, 634, 637 = NJW 1998, 2280, 2281 f. = ZfBR 1998, 237, 239). Alle weiteren Streitfragen, deren Beantwortung sich nicht ohne weiteres ergibt, sind demgegenüber nicht im Erstprozess, sondern erst in einem ggf. zu führenden **Rückforderungsprozess** auszutragen (BGH Urt. v. 10.2.2000 IX ZR 397/98 = BGHZ 143, 381, 383 f. = BauR 2000, 887, 889 f. = NJW 2000, 1563, 1564 = ZfBR 2000, 260, 261 f.; Urt. v. 5.3.2002 XI ZR 113/01 = BauR 2002, 1136 [Ls.] = NJW 2002, 1493 = NZBau 2002, 270 = ZfBR 2002, 483; vgl. dazu nachfolgend Rn. 43 ff.). Diese Grundsätze finden zu- **41** nächst auf Einwendungen gegen die Hauptforderung Anwendung; so ist etwa im Anforderungsprozess zur Bürgschaft auf erstes Anfordern ein eindeutiger Verjährungseintritt (KG Urt. v. 22.11.1986 22 U 122/86 = WM 1987, 129 = *Alisch* EWiR § 765 BGB 2/87, 147), eine unstreitig nicht fällige Hauptforderung (BGH Beschl. v. 12.9.2002 IX ZR 497/00 = NJW-RR 2003, 13 = NZBau 2002, 669) oder entgegen § 341 Abs. 3 BGB, § 11 Abs. 4 VOB/B ein nicht erfolgter Vorbehalt bei Abnahme für eine Vertragsstrafe zu berücksichtigen, soweit diese über eine Bürgschaft auf erstes Anfordern abgesichert ist (OLG Brandenburg Urt. v. 25.3.1999 12 U 157/98 = BauR 2002, 127, 128 = NZBau 2002, 226 [Ls.] = ZfBR 2002, 150, 152; Revision vom BGH nicht angenommen, Beschl. v. 18.9.2001 IX ZR 150/99). Diese Grundsätze gelten ferner, wenn der Bürge vorträgt, der Gläubiger sei im Verhältnis zum Hauptschuldner verpflichtet, von der Bürgschaft keinen Gebrauch zu machen (BGH Urt. v. 10.2.2000 IX ZR 397/98 = BGHZ 143, 381, 384 f. = BauR 2000, 887, 889 f. = NJW 2000, 1563, 1564 = ZfBR 2000, 260, 261 f.; Urt. v. 8.3.2001 IX ZR 236/00 = BGHZ 147, 99, 102 f. = BauR 2001, 1093, 1094 = NJW 2001, 1857, 1858 = ZfBR 2001, 319, 320 = NZBau 2001, 311 f.; Urt. v. 5.3.2002 – XI ZR 113/01 = BauR 2002, 1136 [Ls.] = NJW 2002, 1493 = NZBau 2002, 270 f. = ZfBR 2002, 483 f.). Zu berücksichtigen im Anforderungsprozess ist ebenfalls eine etwaige doppelte Inanspruchnahme eines Sicherheitseinbehaltes und einer zum Austausch übersandten Bürgschaft auf erstes Anfordern (OLG Köln Urt. v. 30.10.1997 12 U 40/97 = BauR 1998, 555, 559 = NJW-RR 1998, 1393, 1396). Dasselbe gilt, wenn ein Generalunternehmer trotz ausdrücklicher Erklärung seines Auftraggebers zur Mangelfreiheit der Subunternehmerleistung eine vom Subunternehmer gestellte Gewährleistungsbürgschaft auf erstes Anfordern wegen angeblicher Mängel gleichwohl in Anspruch nimmt (OLG Düsseldorf Beschl. v. 29.11.1996 22 U 83/96 = BauR 1997, 358). **Kein Missbrauch der Inanspruchnahme** einer Bürgschaft auf erstes Anfordern liegt hingegen vor, wenn der Einwand, der materielle Garantiefall sei nicht eingetreten, nur auf Grund einer allenfalls möglichen, aber nicht zwingenden Auslegung des Valutaverhältnisses zu ermitteln ist (BGH Urt. v. 29.9.1986 II ZR 220/85 = BauR 1987, 98 = SFH § 242 BGB Nr. 31 = NJW-RR 1987, 115 = *Bülow* EWiR 1986, 1193 = LM § 305 BGB Nr. 5 = ZfBR 1987, 20, zu der Frage, ob sich im betreffenden Fall die Nachunternehmer nur für den Eintritt eigener Gewährleistungshaftung zu einer Garantie verpflichtet haben). Dasselbe gilt, wenn für die Prüfung des materiellen Garantiefalls zuvor eine Beweisaufnahme erforderlich wäre (OLG Hamburg Urt. v. 16.2.2006 10 U 23/05 = OLGR 2006, 366, 368 = BauR 2006, 881 [Ls.]: insoweit dort aber auch mit dem Sonderfall, dass dann, wenn eine Beweisaufnahme im Erstprozess stattgefunden hat, eine an sich streitige Tatsache im Berufungsverfahren unstreitig werden kann, so dass sie dann doch zu berücksichtigen ist). Dies betrifft vor allem Fälle, in denen die für die Beurteilung der Wirksamkeit einer Sicherungsabrede behauptete AGB-Eigenschaft streitig ist (BGH Urt. v. 5.3.2002 XI ZR 113/01 = BauR 2002, 1136 f. = NJW 2002, 1493 = NZBau 2002, 270 f. = ZfBR 2002, 483 f., vgl. aber auch den entgegengesetzten Fall, wenn die AGB-Eigenschaft unstreitig ist: BGH Beschl. v. 23.6.2005 VII ZR 277/04 = BauR 2006, 106 = NZBau 2005, 590 [Ls.] = ZfBR 2005, 678, 679). Dazu gehört ferner der Sachverhalt, nach dem der Anspruch auf Stellung einer Bürgschaft auf erstes Anfordern unklar ist, wenn z.B. der zu Grunde liegende Bauvertrag nur eine gewöhnliche Bürgschaft vorsieht und die besondere Bürgschaftsform auf erstes Anfordern auf Grund einer bestrittenen später getroffenen mündlichen Zusatzabrede vereinbart worden sein soll (BGH Urt. v. 4.7.2002 IX ZR 97/99 = BauR 2002, 1698, 1699 f. = NJW 2002, 3170, 3171 f. = NZBau 2002, 609, 610 f.). Im Ergebnis steht hier dem Bürgen der Einwand der **unzulässigen Rechtsausübung somit nur zu, wenn die materielle Berechtigung des Gläubigers offensichtlich fehlt, d.h. offensichtlich für jedermann erkennbar rechtsmissbräuchlich ist;** dieses Fehlen trifft am ehesten zu, wenn es durch Urkunden nachgewiesen werden kann.

42 Ein **Sonderfall des Missbrauchs** der Inanspruchnahme einer Bürgschaft auf erstes Anfordern liegt – neben dem liquide beweisbaren nicht eingetretenen materiellen Garantiefall – vor, wenn der die Zahlung anfordernde **Gläubiger insolvent** geworden ist **und dessen Insolvenzverwalter Masseunzulänglichkeit angezeigt** hat. Zwar trägt auch hier der Bürge dem Grundsatz nach das Risiko, bei einer Zahlung in einem späteren Rückforderungsprozess auszufallen. Daher genügt für diesen Missbrauchseinwand nicht allein, dass ein späterer Rückforderungsprozess voraussichtlich aussichtslos ist. Dies gilt schon deshalb, weil gerade insolvente Unternehmen häufig zu Sanierungszwecken fortgeführt werden und aus diesem Grund ggf. kurzfristig Liquidität benötigen. Der Gläubiger hat jedoch kein schützenswertes Interesse mehr an einer Leistung auf erstes Anfordern, sobald ein Insolvenzverfahren nicht eröffnet oder die Masseunzulänglichkeit angezeigt wird. Hier würden Sinn und Zweck einer Bürgschaft auf erstes Anfordern verfehlt, wenn der Bürge auf erstes Anfordern gleichwohl noch ohne Aussicht auf Rückzahlung leisten müsste. Aus diesem Grund ist es dann aber weiter aus der Auslegung des Bürgschaftsvertrages geboten, eine als Bürgschaft auf erstes Anfordern gestellte Bürgschaft wenigstens als gewöhnliche Bürgschaft aufrechtzuerhalten. Denn die Masseunzulänglichkeit beseitigt nur das Interesse des Gläubigers an einer sofortigen Leistung, nicht hingegen sein Sicherungsinteresse (BGH Urt. v. 4.7.2002 IX ZR 97/99 = BauR 2002, 1698, 1700 f. = NJW 2002, 3170, 3172 = NZBau 2002, 609, 611).

c) Durchsetzung der Ansprüche im Urkundenprozess

Der Zahlungsanspruch aus einer Bürgschaft auf erstes Anfordern kann i.d.R. durch Vorlage der **43** Bürgschaftsurkunde und der Zahlungsaufforderung im **Urkundenprozess** durchgesetzt werden. Etwaige **Einwendungen** kann der Bürge, soweit er sie nicht in zulässiger Form gegen die Inanspruchnahme aus einer Bürgschaft auf erstes Anfordern erheben kann (vgl. dazu oben Rn. 36 ff.), **erst durch spätere Rückforderung der erbrachten Zahlung in einem gesonderten Rückforderungsprozess** geltend machen (BGH Urt. v. 21.4.1988 IX ZR 113/87 = BauR 1988, 594 = NJW 1988, 2610 = ZfBR 1988, 225; Urt. v. 28.10.1993 IX ZR 141/93 = NJW 1994, 380, 381 = ZfBR 1994, 70; Urt. v. 2.4.1998 IX ZR 79/97 = BauR 1998, 634, 635 = NJW 1998, 2280 = ZIP 1998, 905, 906 = ZfBR 1998, 237), d.h.: Nur Einwendungen gegen die Inanspruchnahme aus der Bürgschaft selbst können schon im Erstprozess berücksichtigt werden. Falls diese Einwendungen durch Urkunden belegt werden können, können sie im Hauptverfahren zur Abwehr des Anspruchs herangezogen werden, ansonsten im Nachverfahren.

Entscheidend für die Berücksichtigungsfähigkeit im Ausgangsverfahren ist die genaue **Abgrenzung 44 zwischen den Einwendungen, die ein Bürge gegen die Inanspruchnahme aus einer Bürgschaft auf erstes Anfordern unmittelbar erheben kann, und den Einwendungen, bei denen dies auf Grund der Sonderform dieser Bürgschaft ausgeschlossen** ist. Zu den bereits im Ausgangsverfahren gegen eine Inanspruchnahme aus einer Bürgschaft auf erstes Anfordern zu berücksichtigenden Einwendungen zählt stets der Einwand, dass der Sicherungsfall für die Inanspruchnahme der Bürgschaft nicht eingetreten ist, d.h.: Der Bürge kann sich immer darauf berufen, dass der Gläubiger nicht die für die Inanspruchnahme der Bürgschaft erforderlichen Voraussetzungen eingehalten hat. Ferner kann der Bürge selbstverständlich schon im Erstprozess einwenden, dass die Bürgschaft (z.B. eine Vertragserfüllungsbürgschaft) nicht die dem Zahlungsbegehren des Gläubigers zu Grunde liegende Hauptforderung (z.B. einen Schadensersatzanspruch aus Gewährleistung) sichere, sofern sich dies aus der Auslegung der Bürgschaftsurkunde ergibt. Bei dem Einwand, die zu Grunde liegende Hauptforderung werde durch die Bürgschaft auf erstes Anfordern nicht gesichert, geht es nämlich bereits darum, ob insoweit überhaupt eine gültige Zahlungszusage vorliegt; umstritten sind Art und Umfang des gedeckten Risikos. Diese Frage betrifft die eingegangene Verpflichtung im Kern und ist damit so grundlegend, dass sie schon im Erstprozess zu klären ist (BGH Urt. v. 14.12.1995 IX ZR 57/95 = BauR 1996, 251 = ZIP 1996, 172 = NJW 1996, 717 = SFH § 765 BGB Nr. 14 = LM § 765 BGB Nr. 103, m. Anm. *Bülow* MDR 1996, 568; Urt. v. 25.2.1999 IX ZR 24/98 = NJW 1999, 2361 f.; a.A. *Horn* ZIP 2001 93, 98). Bei der Beurteilung der **Frage, welche Forderungen eine Bürgschaft auf erstes Anfordern sichert**, sind dabei auf Grund der besonderen Verfahrensart des Urkundenprozesses allerdings nur solche Umstände beachtlich, die sich aus der Urkunde selbst und den Urkunden ergeben, auf die sie sich bezieht. Unstreitige oder durch dem Gericht vorgelegte Urkunden belegte Tatsachen dürfen dabei ergänzend berücksichtigt werden. Insoweit ist wie bei einer sonstigen Bürgschaft der Gläubiger beweispflichtig (BGH a.a.O.). Gelingt ihm dieser Beweis nicht, kommt eine Inanspruchnahme aus einer Bürgschaft auf erstes Anfordern nicht in Betracht. Hilfsweise ist dann aber zu prüfen, ob wenigstens eine Haftung aus einer gewöhnlichen Bürgschaft möglich ist (BGH Urt. v. 25.2.1999 IX ZR 24/98 = NJW 1999, 2361, 2363).

45 Neben den Einwendungen, die den Umfang der eingegangenen Verpflichtung aus der Bürgschaft dem Grunde nach betreffen, kann der Bürge im **Erstprozess** darüber hinaus stets den **Einwand des Rechtsmissbrauchs** erheben, soweit dieser offensichtlich und für jedermann auf der Hand liegend liquide beweisbar ist (siehe oben Rn. 41). Hierzu zählt u.a. auch eine Berufung auf unstreitig oder zumindest offensichtlich bestehende **Einreden aus §§ 768, 770 Abs. 2, 776 BGB** – insoweit allerdings unter der weitergehenden Voraussetzung, dass diese Regelungen nicht wirksam abbedungen sind (siehe oben Rn. 40).

46 Alle anderen Einwendungen kann der Bürge, der in einem **Urkundenprozess** ggf. unter Vorbehalt seiner Rechte verurteilt worden ist, **nicht im Nachverfahren**, sondern erst in einem **gesondert zu führenden Rückforderungsprozess** geltend machen (BGH Urt. v. 21.4.1988 IX ZR 113/87 = BauR 1988, 594 = NJW 1988, 2610 = ZfBR 1988, 225; Urt. v. 28.10.1993 IX ZR 141/93 = NJW 1994, 380, 381 = ZfBR 1994, 70; Urt. v. 2.4.1998 IX ZR 79/97 = BauR 1998, 634, 635 = NJW 1998, 2280 = ZIP 1998, 905, 906 = ZfBR 1998, 237).

d) Rückforderung bei ungerechtfertigter Inanspruchnahme

47 Kommt es zu einer ungerechtfertigten Inanspruchnahme einer Bürgschaft auf erstes Anfordern, kann der Bürge die von ihm bezahlte Bürgschaftssumme zurückfordern. Ein solcher Rückforderungsanspruch ist, wenn der Sicherungsfall bei Inanspruchnahme der Bürgschaft nicht gegeben war, sofort fällig (§ 271 BGB; BGH Urt. v. 28.9.2000 VII ZR 460/97 = BauR 2001, 109, 112 = NJW-RR 2001, 307, 308 f. = ZfBR 2001, 31, 33 = NZBau 2001, 136, 138; Urt. v. 23. 1.2003 VII ZR 210/01 = BauR 2003, 870, 872 = NZBau 2003, 321, 322). Materielle **Anspruchsgrundlage** ist **§ 812 BGB** (st. Rsrp.: vgl. nur BGH Urt. v. 2.5.1979 VIII ZR 157/78 = BGHZ 74, 244, 248 = NJW 1979, 1500; Urt. v. 9.3.1989 IX ZR 64/88 = BauR 1989, 342, 343 = NJW 1989, 1606, 1697 = ZfBR 1989, 165; *Staudinger/Horn* Vor §§ 765 ff. BGB Rn. 33; a.A. etwa *Erman/Seiler* Vor § 765 BGB Rn. 12, der als Anspruchsgrundlage den Bürgschaftsvertrag heranzieht; ebenso *Canaris* Bankvertragsrecht 3. Aufl. 1988 Rn. 1148). In einem dazu ggf. zu führenden Rückforderungsprozesses sind sodann alle Streitfragen tatsächlicher, aber auch rechtlicher Art zu klären, wie z.B. hinsichtlich der Wirksamkeit der Bürgschaftsvereinbarung im Bauvertrag (BGH Urt. v. 21.4.1988 IX ZR 113/87 = BauR 1988, 594 = MDR 1988, 857 = SFH § 765 BGB Nr. 5 = NJW 1988, 2610; vgl. auch BGH Urt. v. 13.7.1989 IX ZR 223/88 = BauR 1989, 618 = NJW-RR 89, 1324; Urt. v. 17.1.1989 XI ZR 65/88 = MDR 1989, 634). Auch Zweifel dahin gehend, ob der Gläubiger mit der verbürgten Forderung Erfolg hat (BGH Urt. v. 17. 10.1996 IX ZR 325/95 = BauR 1997, 134, 136 = NJW, 1997, 255 = ZfBR 1997, 38, hier allerdings für den umgekehrten Fall einer Zahlungsbürgschaft eines Auftraggebers) oder ob der Gläubiger des Hauptschuldners und des Bürgen ein und dieselbe Person sind (OLG Düsseldorf Urt. v. 10.11.1993 19 U 9/93 = ZIP 1994, 203), gehören ausschließlich in den Rückforderungsprozess. Dasselbe gilt, wenn der Hauptforderung die Verjährungseinrede entgegengehalten werden konnte und gleichwohl unter Vorbehalt gezahlt wurde (OLG Hamm Urt. v. 21.4.1994 21 U 215/93 = BauR 1994, 775 = NJW-RR 1994, 1073 = ZfBR 1994, 223). Für den Rückforderungsprozess ist allerdings unerheblich, ob im Zeitpunkt der Anforderung der Bürgschaftsvaluta durch den Gläubiger die als Voraussetzung für die Einstandspflicht vereinbarten formellen Merkmale einer Bürgschaft auf erstes Anfordern vorlagen oder das Begehren aus anderen Gründen als rechtsmissbräuchlich hätte zurückgewiesen werden können. **Maßgeblich für den Rückforderungsanspruch ist stattdessen allein das materielle Bürgschaftsrecht.** Denn der Rückforderungsprozess soll **abschließend klären, ob dem Gläubiger ein vom Inhalt der Bürgschaft gedeckter Hauptanspruch zusteht** (BGH Urt. v. 12.7.2001 IX ZR 380/98 = BGHZ 148, 283, 288 ff. = BauR 2002, 123, 125 f. = NJW 2001, 3549, 3551 = ZfBR 2002, 46, 47; Urt. v. 24.10.2002 IX ZR 355/00 = BauR 2003, 246, 247 = NJW 2003, 352, 353 =

ZfBR 2003, 143, 144; Urt. v. 23.1.2003 VII ZR 210/01 = BauR 2003, 870, 872 = NZBau 2003, 321, 322). Dort sind alle vom Gläubiger erhobenen Einwendungen wie in einem gewöhnlichen Bürgschaftsprozess zu prüfen. Dabei trifft den Gläubiger auch die volle Darlegungs- und Beweislast für das Entstehen und die Fälligkeit der gesicherten Hauptforderung (BGH a.a.O.). Aus diesem Grund bildet die Bürgschaft auf erstes Anfordern – was einen Rückforderungsprozess angeht – kein Sicherungsmittel eigener Art; sie privilegiert den Gläubiger nur bei deren Inanspruchnahme, weil etwaige Einwendungen weitgehend ausgeschlossen sind (BGH Urt. v. 25.2.1999 IX ZR 24/98 = NJW 1999, 2361, 2363; Urt. v. 28.9.2000 VII ZR 460/97 = BauR 2001, 109, 112 = NJW-RR 2001, 307, 308 = NZBau 2001, 136, 137 = ZfBR 2001, 31, 33; Urt. v. 24.10.2002 IX ZR 355/00 = BauR 2003, 246, 247 = NJW 2003, 352, 353 = ZfBR 2003, 143, 144; Urt. v. 23.1.2003 VII ZR 210/01 = BauR 2003, 870, 872 = NZBau 2003, 321, 322). Der rechtfertigende Grund für die erhaltene Leistung fehlt deshalb nur, sofern der Gläubiger selbst während dieses Rückforderungsprozesses das Entstehen und die Fälligkeit des durch die Bürgschaft gesicherten Anspruchs nicht zu beweisen vermag oder die Einwendungen gegen den Anspruch durchgreifen (BGH Urt. v. 24.10.2002 IX ZR 355/00 = BauR 2003, 246, 247 = NJW 2003, 352, 353 = ZfBR 2003, 143, 144).

Die vorbeschriebenen Grundsätze gelten nicht nur im Verhältnis Gläubiger (Auftraggeber)/Bürge, sondern auch im Verhältnis der Parteien der Sicherungsabrede (Auftraggeber/Auftragnehmer) untereinander. Hat der Gläubiger (Auftraggeber) danach eine Zahlung erhalten, obwohl der Sicherungsfall nicht eingetreten war, so steht nach § 812 BGB nicht nur dem Bürgen, sondern **nach der Sicherungsabrede** auch **dem Auftragnehmer als Hauptschuldner ein eigener originärer Rückforderungsanspruch** zu, der sofort fällig ist (BGH Urt. v. 28.9.2000 VII ZR 460/97 = BauR 2001, 109, 112 = NJW-RR 2001, 307, 308 f. = ZfBR 2001, 31, 33 = NZBau 2001, 136, 138). Dieser Anspruch ist allerdings zunächst auf **Rückzahlung der Bürgschaftsvaluta an den Bürgen** gerichtet. Des Weiteren kann der Auftragnehmer vom Auftraggeber Freistellung von der dem Bürgen gegenüber bestehenden Verpflichtung auf Ersatz von dessen Aufwendungen verlangen; dabei wird auch dieser (**verschuldensunabhängige**) **Freistellunganspruch** i.d.R. durch Rückgewähr der erhaltenen Bürgschaftsvaluta durch den Auftraggeber an den Bürgen erfüllt (BGH Urt. v. 24.10.2002 IX ZR 355/00 = BauR 2003, 246, 248 = NJW 2003, 352, 353 f. = ZfBR 2003, 143, 145). Ein solcher Freistellungsanspruch besteht ebenfalls, wenn ein Aufwendungsersatzanspruch des Bürgen wegen Verletzung seiner Schutzpflichten aus dem Avalvertrag nicht entstanden ist (BGH Urt. v. 24.10.2002 IX ZR 355/00 = BauR 2003, 246, 249 = NJW 2003, 352, 354 = ZfBR 2003, 143, 145). Dies hat vor allem in Fällen Bedeutung, in denen es der Bürge versäumt hat, die aus der Bürgschaft auf erstes Anfordern erhobenen Ansprüche mit liquiden Einwendungen abzuwehren. Denn dieser Umstand würde nichts daran ändern, dass der Auftraggeber die Bürgschaft entgegen der Sicherungsabrede angefordert hat, ohne dass der Sicherungsfall eingetreten war. Auf Grund dieses Verstoßes gegen die Sicherungsabrede träfe den Auftraggeber daher auch die Verpflichtung, den Auftragnehmer von ggf. unbegründeten Ansprüchen Dritter (hier der bürgschaftsgebenden Bank) freizustellen (BGH Urt. v. 19.4.2002 V ZR 3/01 = NJW 2002, 2382; Urt. v. 24.10.2002 IX ZR 355/00 = BauR 2003, 246, 249 = NJW 2003, 352, 354 = ZfBR 2003, 143, 145).

Hat der Auftragnehmer (Hauptschuldner) dem Bürgen zwischenzeitlich dessen Aufwendungen erstattet (§§ 774 Abs. 1 S. 1, 675, 670 BGB), kann nunmehr er selbst (Auftragnehmer) in Höhe der vertragswidrig angeforderten Bürgschaftsleistung Zahlung an sich verlangen (BGH Urt. v. 24.9.1998 IX ZR 371/97 = BGHZ 139, 325, 328 = BauR 1999, 281 [Ls.] = NJW 1999, 55, 56 = ZfBR 1999, 88, 89; Urt. v. 24.10.2002 IX ZR 355/00 = BauR 2003, 246, 248 = NJW 2003, 352, 353 = ZfBR 2003, 143, 144). In diesem Rückforderungsprozess muss der Auftraggeber nachweisen, dass der Sicherungsfall eingetreten war. Dem Auftragnehmer stehen dagegen alle nach materiellem Recht in Betracht kommenden Einzelrechte zur Verfügung. Allerdings besitzt der Auftragnehmer wie der Bürge im Rückforderungsprozess kein Rückforderungsrecht, weil etwa der Auftraggeber bei der Anforderung der Bürgschaft auf erstes Anfordern zu Unrecht die formellen Bedingungen nicht eingehalten hat. Vielmehr ist **auch im Verhältnis Auftraggeber/Auftragnehmer** allein darauf abzustellen, ob **nach dem zum**

Zeitpunkt des Rückforderungsprozesses geltenden Sach- und Streitstand der Auftraggeber nunmehr einen Anspruch auf Verwertung der Bürgschaft besitzt (BGH Urt. v. 28.9.2000 VII ZR 460/97 = BauR 2001, 109, 112 = NJW-RR 2001, 307, 308 = NZBau 2001, 136, 138 = ZfBR 2001, 31, 33; Urt. v. 24.10.2002 IX ZR 355/00 = BauR 2003, 246, 248 = NJW 2003, 352, 353 = ZfBR 2003, 143, 144; Urt. v. 23.1.2003 VII ZR 210/01 = BauR 2003, 870, 872 = NZBau 2003, 321, 322). Soweit dies der Fall ist, greift ein Rückforderungsanspruch des Auftragnehmers selbst dann nicht durch, wenn der Sicherungsfall zum Zeitpunkt der Inanspruchnahme der Bürgschaft auf erstes Anfordern noch nicht eingetreten war. Hat demnach der Auftraggeber die Bürgschaft verfrüht gezogen, kann dies zwar Schadensersatzansprüche aus §§ 280 ff. BGB auslösen; dieser Umstand vermag jedoch nicht, dass der Auftraggeber die Bürgschaftsvaluta zunächst zurückzahlen muss, obwohl inzwischen, d.h. im Verlauf des Rückforderungsprozesses, der Sicherungsfall eingetreten ist (BGH Urt. v. 24.10.2002 IX ZR 355/00 = BauR 2003, 246, 248 = NJW 2003, 352, 353 = ZfBR 2003, 143, 144; Urt. v. 23.1.2003 VII ZR 210/01 = BauR 2003, 870, 872 = NZBau 2003, 321, 322).

50 Bei dem **Rückforderungsprozess** handelt es sich um ein gewöhnliches Zivilverfahren, bei dem die besondere **Prozessart der Urkundenklage unstatthaft** ist. Dies beruht auf Sinn und Zweck der Bürgschaft auf erstes Anfordern, dem Gläubiger im Sicherungsfall möglichst kurzfristig liquide Mittel zukommen zu lassen. Dieser Zweck würde i.d.R. verfehlt, wenn dem in Anspruch genommenen Bürgen für den Rückforderungsprozess die Urkundenklage zur Verfügung stände. In diesem Fall müsste der Bürge nämlich mit der Originalbürgschaft und dem Zahlungsbeleg nur vortragen, dass er nach § 812 BGB Rückzahlung des geleisteten Betrages verlange. Wegen der nur beschränkt zulässigen Beweismittel gemäß §§ 595 Abs. 2, 598 ZPO könnte dann der Begünstigte, der aus der Bürgschaft auf erstes Anfordern Zahlung erhalten hat, diesem Rückforderungsbegehren zumeist nichts entgegensetzen; zumindest dürfte ihm eine Klageabwehr mit den nur als Beweismitteln zugelassenen Urkunden und der Parteivernehmung kaum gelingen. Folge wäre, dass er nach Erhalt der Bürgschaftsvaluta unmittelbar anschließend ein Vorbehaltsurteil auf Rückzahlung hinnehmen müsste. Dies wiederum würde gegenüber dem Ausgangsfall nur zu einer Hin- und Herzahlung des Geldes führen, ohne dass eine abschließende Entscheidung vorliegt, bei wem dauerhaft das Geld verbleiben kann. Diese würde erst im Nachverfahren des Rückforderungsprozesses ergehen. Währenddessen würden dem Gläubiger bis zum rechtskräftigen Abschluss des Nachverfahrens die liquiden Mittel fehlen, die ihm gerade aus der in der Sicherungsabrede des Vertrages zugesagten Bürgschaft auf erstes Anfordern kurzfristig zufließen sollten. Hiermit würde also der Sinn und Zweck dieser Sicherungsabrede der Parteien verfehlt, der gerade darin besteht, dass der Gläubiger einen etwaigen Rückforderungsprozess »in Geld« führen kann. Vor diesem Hintergrund sieht die Rechtsprechung in einer Sicherungsabrede zur Stellung einer Bürgschaft auf erstes Anfordern zu Recht gleichzeitig die konkludente Vereinbarung, dass für einen Rückforderungsprozess die besondere Verfahrensart des Urkundenprozesses ausgeschlossen ist (BGH Urt. v. 12.7.2001 IX ZR 380/98 = BGHZ 148, 283, 288 f. = BauR 2002, 123, 125 f. = NJW 2001, 3549, 3551 = ZfBR 2002, 46, 47; a.A. *Lang* WM 1999, 2329, 2335; kritisch dazu *Vogel* BauR 2002, 131, 133 f.).

51 Zur **Darlegungs- und Beweislast für den im Rückforderungsprozess erhobenen Bereicherungsanspruch** eines Bürgen, der z.B. auf Grund einer Gewährleistungsbürgschaft auf erstes Anfordern zur Zahlung verpflichtet gewesen ist, gelten keine Besonderheiten: Gegenüber dem auf § 812 BGB gestützten Verlangen des Bürgen auf – ganze oder teilweise – Herausgabe seiner Leistung muss der Gläubiger (Auftraggeber) das Entstehen und die Fälligkeit der durch die Bürgschaft gesicherten Hauptforderung darlegen und beweisen. Demgegenüber trägt der Bürge die Darlegungs- und Beweislast für diejenigen Leistungen des Hauptschuldners, aus denen er die Befreiung von seiner Bürgschaftsschuld herleiten will (BGH Urt. v. 9.3.1989 IX ZR 64/88 = BauR 1989, 342 = MDR 1989, 735 = SFH § 282 ZPO Nr. 4 = NJW 1989, 1606 = ZfBR 1989, 165; dazu auch ausführlich *Götting* WM 2001, 288).

e) Stellung einer Bürgschaft auf erstes Anfordern entgegen Sicherungsabrede

Die Rechtsprechung des Bundesgerichtshofs, nach der eine Bürgschaft auf erstes Anfordern bereits bei einer reinen Behauptung des Sicherungsfalls in Anspruch genommen werden kann, ist aus Sicht der betroffenen Banken vorteilhaft: Denn reicht es für die Inanspruchnahme aus, dass der Gläubiger die Bürgenleistung nur vertragsgemäß anfordern muss, verbunden mit der Behauptung, seine Leistung sei fällig (BGH Urt. v. 17.10.1996 IX ZR 325/95 = BauR 1997, 134, 135 = NJW 1997, 255 = ZfBR 1997, 38; Urt. v. 2.4.1998 IX ZR 79/97 = BauR 1998, 634, 637 = NJW 1998, 2280, 2281 = ZfBR 1998, 237, 239), entlastet dies die Bank weitgehend von ihrer Prüfungspflicht (so auch *Kainz* BauR 1995, 616, 617). Dies führt nicht selten dazu, dass die Banken als Kreditgeber Bürgschaften auf erstes Anfordern herausgeben, obwohl die Vertragsparteien diese Sicherungsform im Bauvertrag überhaupt nicht vereinbart haben und stattdessen nur die Stellung einer Bürgschaft nach gesetzlichem Leitbild vorgesehen ist. Bei der rechtlichen Bewertung ist zu unterscheiden: Der Bürge, der **in bewusster Abweichung von einer Sicherungsabrede** zwischen Hauptschuldner und Gläubiger eine Bürgschaft auf erstes Anfordern erteilt, kann sich bei einer späteren Inanspruchnahme der Bürgschaft dem Gläubiger gegenüber nicht darauf berufen, dass zwischen den Vertragsparteien nur eine gewöhnliche selbstschuldnerische Bürgschaft vereinbart gewesen sei. Das dem Hauptschuldner zustehende Herausgaberecht nach § 812 BGB steht dem Bürgen trotz der Akzessorietät der Bürgschaft nicht zu. Will dann jedoch die bürgende Bank nach einer eigenen Inanspruchnahme im Rahmen ihres Aufwendungsersatzanspruchs den Hauptschuldner in die Haftung nehmen, bleiben dem Hauptschuldner insoweit alle Einwendungen erhalten, die ihm auch sonst gegen eine (gewöhnliche bzw. die vertraglich vereinbarte) Bürgschaft zustünden. Dieser Einwendungsdurchgriff entfällt nur dann, wenn die bürgende Bank vor Erteilung der nicht vertragsgemäßen Bürgschaft die Zustimmung des Hauptschuldners eingeholt und ihn über die mit einer Bürgschaft auf erstes Anfordern verbundenen besonderen Risiken belehrt hat (OLG Hamm Urt. v. 5.11.1999 25 U 64/99 = NZBau 2000, 136; BGH Urt. v. 10.2.2000 IX ZR 397/98 = BGHZ 143, 381, 384 ff. = BauR 2000, 887, 889 f. = NJW 2000, 1563, 1564 f. = ZfBR 2000, 260, 261 f.; zu einer Vertragserfüllungsbürgschaft BGH Urt. v. 24.10.2002 IX ZR 355/00 = BauR 2003, 246, 249 = NJW 2003, 352, 354 = ZfBR 2003, 143, 145). Ein Rückgriffsanspruch der Bank gegen ihren Kunden aus §§ 675 Abs. 1, 670 BGB bzw. § 774 Abs. 1 BGB ist daher erst dann möglich, wenn und soweit sich der Anspruch aus der gestellten Bürgschaft im Ergebnis materiell als begründet erweist und die Berechtigung des Anspruchs, für den die Bürgschaft auf erstes Anfordern in Anspruch genommen wurde, feststeht (OLG Köln Urt. v. 16.1.2002 13 U 52/01 = ZIP 2002, 1349, 1350). Weigert sich die Bank, eine gleichwohl vorgenommene Belastung rückgängig zu machen, kann der Bankkunde unmittelbar gemäß § 667, § 675 Abs. 1 BGB bzw. gemäß § 700 Abs. 1, § 488 Abs. 1 BGB Auszahlung des rückzubuchenden Betrages verlangen, sofern ihm ein solcher Auszahlungsanspruch ohne die rechtsgrundlose Abbuchung zugestanden hätte (BGH Urt. v. 17.12.1992 IX ZR 226/91 = NJW 1993, 735, 737; Urt. v. 15.09.2000 V ZR 420/98 = NJW 2001, 286; OLG Köln Urt. v. 16.1.2002 13 U 52/01 = ZIP 2002, 1349, 1350).

Ist die **von dem Bürgen entgegen der vertraglichen Absprache herausgegebene Bürgschaft auf erstes Anfordern noch nicht in Anspruch** genommen worden, kann der Hauptschuldner von dem Gläubiger nicht Herausgabe der Sicherheit bzw. einen Austausch der Bürgschaft auf erstes Anfordern Zug um Zug gegen eine gewöhnliche Bürgschaft verlangen. Er hat jedoch einen Anspruch gegen den Auftraggeber darauf, dass dieser sich gegenüber dem Auftragnehmer und Bürgen dahingehend **schriftlich verpflichtet**, aus der ihm (zu Unrecht) vorliegenden Bürgschaft auf erstes Anfordern nur so vorzugehen, als wenn der Zusatz (auf erstes Anfordern) fehlen würde (BGH Urt. v. 10.4.2003 VII ZR 314/01 = BauR 2003, 1385, 1388 = NJW 2003, 2605, 2607 = NZBau 2003, 493, 494 = ZfBR 2003, 672, 674; BGH Beschl. v. 13.11.2003 VII ZR 371/01 = BauR 2004, 500, 501 = NZBau 2004, 212, 213 = ZfBR 2004, 251; KG Urt. v. 10.12.1996 15 U 7269/96 = KGR 1997, 78 = BauR 1997, 665, 667; KG Urt. v. 18.2.1997 21 U 86/97 = BauR 1997, 892 [Ls.]).

2. Abgrenzung zur Garantie

54 Die Bürgschaft auf erstes Anfordern ist wie die selbstschuldnerische Bürgschaft von einer Garantie abzugrenzen (hierzu auch *Hahn* MDR 1999, 839 f. sowie v. *Westphalen* ZIP 2004, 1433). Die Garantie stellt eine **selbstständige, von einer Hauptschuld unabhängige Verpflichtung** des Garantiegebers dar. Demgegenüber verbleibt es bei einer Bürgschaft auf erstes Anfordern bei einer **akzessorischen Sicherheit**, die trotz ihrer unter leichten Voraussetzungen auszulösenden Zahlungsverpflichtung des Bürgen doch von dem Bestand einer Hauptschuld abhängt (OLG Hamburg Urt. v. 10.10.1985 – 6 U 90/85 = BB 1986, 834, m. zust. Anm. v. *Meinert* a.a.O. = NJW 1986, 1690 = v. *Stebut* EWiR § 765 BGB 4/86, 779; OLG München Urt. v. 6.5.1987 – 7 U 1661/87 NJW-RR 1988, 950; *Clemm* BauR 1987, 123; v. *Westphalen* a.a.O.; Heiermann/Riedl/Rusam § 17 VOB/B Rn. 27; *Kaiser* Mängelhaftungsrecht Rn. 216; a.A. *Weth* AcP 1989 Bd. 189, 303, der die Zulässigkeit der Bürgschaft auf erstes Anfordern aus rechtssystematischen Gründen ablehnt). Mit einer Bürgschaft auf erstes Anfordern wird lediglich der Zweck verfolgt, dem Gläubiger sofort liquide Mittel unter Verzicht auf eine Aufrechnung zu verschaffen. Bei der Inanspruchnahmeerklärung muss danach z.B. immerhin noch erklärt werden, dass Baumängel vorliegen, die einen Zahlungsanspruch in bestimmter Höhe begründen (siehe oben Rn. 34). Bei einer Garantie auf erstes Anfordern hingegen ist die Zahlungsaufforderung zumeist formalisiert; sie löst die Zahlungspflicht bereits aus, wenn sie so abgegeben wird, wie dies in der Garantieurkunde festgelegt wurde (vgl. dazu BGH Urt. v. 12.3.1996 XI ZR 108/95 = ZIP 1996, 784 = NJW 1996, 1673, für den Fall, dass über die Zahlungsaufforderung hinaus die Vorlage von Unterlagen vorgesehen ist; diese müssen mit der Zahlungsaufforderung vorgelegt werden).

3. Tauglicher Bürge

55 Wie sich aus dem vorangehend Gesagten ergibt, handelt es sich bei der Bürgschaft auf erstes Anfordern um ein äußerst risikoreiches Rechtsgeschäft, das zum Missbrauch verleitet. Daher wird der Kreis tauglicher Bürgen von der Rechtsprechung deutlich begrenzt – zumindest dann, wenn die Abgabe einer Bürgschaft in Allgemeinen Geschäftsbedingungen erfolgt. Als **taugliche Bürgen** kommen insoweit **allenfalls Kreditinstitute, Kreditversicherer oder sonstige, im vergleichbaren Umfang wie Kreditinstitute am Wirtschaftsverkehr tätige Wirtschaftsunternehmen** in Betracht (BGH Urt. v. 8.3.2001 IX ZR 236/00 = BGHZ 147, 99, 104 = BauR 2001, 1093, 1095 = NJW 2001, 1857, 1858 = NZBau 2001, 311, 312 = ZfBR 2001, 319, 321). Denn nur diesen traut man zu, die mit einer Bürgschaft auf erstes Anfordern verbundenen Risiken hinreichend deutlich abzuschätzen. Hat ein hiernach untauglicher Bürge, insbesondere eine Privatperson eine Bürgschaft auf erstes Anfordern in vom Gläubiger gestellten Allgemeinen Geschäftsbedingungen abgegeben, ist diese Bürgschaft unwirksam. Dies gilt selbst dann, wenn die Privatperson gleichzeitig Geschäftsführer einer im Geschäftsverkehr tätigen Gesellschaft ist. Denn auch bei einer solchen Privatperson ist dessen persönliche Begründung einer Haftung über eine Bürgschaft auf erstes Anfordern unangemessen (BGH Urt. v. 17.9.2002 X ZR 237/01 = NJW 2002, 3627, 3628). Eine etwaige Umdeutung in eine einfache Bürgschaft kommt wegen des Verbots der geltungserhaltenden Reduktion (§ 306 BGB) anders als bei Individualverträgen nicht in Betracht.

56 Liegen keine AGB vor, ist es trotz ihrer Gefährlichkeit darüber hinaus zwar **jedermann gestattet,** im Rahmen einer **Individualerklärung eine Bürgschaft auf erstes Anfordern abzugeben** (BGH Urt. v. 2.4.1998 IX ZR 79/97 = BauR 1998, 634, 636 = NJW 1998, 2280, 2281 = ZfBR 1998, 237, 238; kritisch *Hahn* MDR 1999, 839, 841 f.). Dieser **Grundsatz ist** allerdings wie folgt **einzuschränken: Zum einen** sind zum Schutz von Personen, die mit dem Inhalt und den Rechtsfolgen einer Bürgschaft auf erstes Anfordern nicht hinreichend vertraut sind, die von diesen abgegebenen Willenserklärungen **interessengerecht auszulegen,** d.h.: **Ist die Erklärung** zur Übernahme einer Bürgschaft auf erstes Anfordern besonders außerhalb des Bankverkehrs **nicht eindeutig,** ist **im Zweifel** davon auszugehen, dass **keine Bürgschaft auf erstes Anfordern, sondern nur eine gewöhnliche Bürgschaft**

Sicherheitsleistung durch Bürgschaft § 17 Nr. 4 VOB/B

vorliegt (BGH Urt. v. 12.3.1992 IX ZR 141/91 = ZIP 1992, 684 = NJW 1992, 1446; Urt. v. 25.2.1999 IX ZR 24/98 = NJW 1999, 2361, 2363 = ZIP 1999, 836, 838). So stellt z.B. die Erklärung eines Bürgen keine Bürgschaft auf erstes Anfordern dar, dass er für den Auftragnehmer die selbstschuldnerische Bürgschaft übernehme und sich verpflichte, jeden Betrag bis einer festgelegten Gesamthöhe zu zahlen, sofern der Auftragnehmer seiner Verpflichtung zur vertragsgemäßen Ausführung der Leistung einschließlich der Abrechnung nicht oder nicht vollständig nachgekommen ist; auf die Einrede der Anfechtung und Aufrechnung sowie der Vorausklage gemäß §§ 770, 771 BGB werde verzichtet; die Bürgschaft erlösche, wenn die Bürgschaftsurkunde zurückgegeben werde bzw. bei Entlassung aus der Gewährleistung, wenn er – der Bürge – bis dahin nicht in Anspruch genommen werde (BGH Urt. v. 19.9.1985 IX ZR 16/85 = BGHZ 95, 375 = NJW 1986, 310 = MDR 1986, 229; Urt. v. 19.9.1985 IX ZR 16/85, LM § 638 BGB Nr. 56 = SFH § 13 Nr. 5 VOB/B Nr. 14 = MDR 1986, 229 = ZIP 1985, 1380 = *Horn* EWiR § 768 BGB 1/85, 973 = ZfBR 1986, 28).

Zum anderen **trifft den Gläubiger**, soweit er selbst geschäftskundig ist, **gegenüber unkundigen Bürgen eine besondere Hinweis- und Aufklärungspflicht**, wenn der Bürge sie nach Treu und Glaube erwarten darf. Dabei muss der Bürge auf den Unterschied zwischen einer Bürgschaft auf erstes Anfordern und einer gesetzlichen Bürgschaft sowie die daraus folgenden Risiken deutlich hingewiesen werden. Bei Verletzung dieser Hinweispflicht kommt abweichend von dem Wortlaut der vorliegenden Vereinbarung nur ein gewöhnlicher Bürgschaftsvertrag zu Stande. Sind hingegen beide Vertragsparteien Kaufleute und im Bauvertragsrecht erfahren (z.B. in der Bauwirtschaft tätige GmbH), wird es auf eine gesonderte Hinweispflicht nicht ankommen (BGH Urt. v. 2.4.1998 IX ZR 79/97 = BauR 1998, 634, 636 = NJW 1998, 2280, 2281 = ZfBR 1998, 237, 238). Davon ist auch auszugehen, wenn der Bürge zwar kein Kaufmann, wohl aber Geschäftsführer einer in der Bauwirtschaft tätigen GmbH ist, die ihrerseits mit Bürgschaften auf erstes Anfordern vertraut ist (OLG Düsseldorf Urt. v. 23.2.2001 22 U 142/00 = BauR 2001, 1280, 1281; OLG Bamberg Urt. v. 25.2.2002 4 U 194/01 = IBR 2002, 609). 57

4. Zulässigkeit der Vereinbarung einer Bürgschaft auf erstes Anfordern im Bauvertrag

Bei einer Vereinbarung einer Bürgschaft auf erstes Anfordern als Sicherungsmittel im Bauvertrag ist jeweils zu prüfen, **ob und in welchem Umfang eine solche Vereinbarung zulässig ist**. 58

a) Grundsatz: Nur eingeschränkte Zulässigkeit einer Bürgschaft auf erstes Anfordern

Vereinbarungen zur Stellung einer Bürgschaft auf erstes Anfordern sind nur **eingeschränkt** zulässig. Dies wiederum beruht erneut auf der Gefährlichkeit dieses Sicherungsmittels: Denn muss der Bürge letztlich ohne Überprüfung(smöglichkeit) in Bezug auf den Bestand der Hauptschuld zahlen, führt dies dazu, dass die insoweit abgeflossenen Vermögensmittel bis zu einer i.d.R. erst zeitlich deutlich späteren Entscheidung in einem Rückforderungsprozess beim Gläubiger (Auftraggeber) verbleiben. Wird dieser in der Zwischenzeit insolvent, scheidet eine Rückforderung sogar gänzlich aus, d.h.: Bei einer verwerteten Bürgschaft auf erstes Anfordern tragen Bürge oder Hauptschuldner zumindest zeitweise das volle Insolvenzrisiko. Hiergegen wird **nichts einzuwenden sein, wenn die Stellung einer Bürgschaft auf erstes Anfordern individualvertraglich** vereinbart wird: Denn kann jedermann im Rahmen einer Individualvereinbarung unter bestimmten Voraussetzungen sogar tauglicher Bürge einer Bürgschaft auf erstes Anfordern sein (siehe oben Rn. 55), bestehen keine Bedenken gegen eine Verpflichtung, eine solche Bürgschaft beizubringen (ebenso *Thode* ZfIR 2000, 165, 169; *Thode* ZfBR 2002, 4, 8; *Merl* in Hdb. priv. BauR § 12 Rn. 1340; *Handschumacher* BauR 2000, 1812, 1813; vgl. auch OLG Rostock Urt. v. 16.7.2002 4 U 246/01 = BauR 2003, 582, für eine Sicherungsabrede zur Stellung einer Vertragserfüllungsbürgschaft sowie OLG Brandenburg Beschl. v. 10.5.2004 12 W 3/04 = NJW-RR 2004, 1164, 1165 zu einer individual vertraglich vereinbarten Beschränkung auf die Stellung einer Gewährleistungsbürgschaft auf erstes Anfordern). Im Hinblick auf die Gefährlichkeit dieses Sicherungsmittels muss sich dabei allerdings **zweifelsfrei aus dem** 59

Wortlaut des Bauvertrages ergeben, dass eine **Bürgschaft auf erstes Anfordern gewollt** ist. Die Begriffe »auf erstes Anfordern« müssen hingegen nicht verwendet werden. Eine Bürgschaft auf erstes Anfordern ist vielmehr auch dann vereinbart, wenn der Auftraggeber im Bauvertrag eine »ohne Einrede behaftete Bürgschaft« verlangt (BGH Urt. v. 2.4.1998 IX ZR 79/97 = BauR 1998, 634, 635 = NJW 1998, 2280 f. = ZfBR 1998, 237, 238). Die Klarheit der Formlierung mit der Verpflichtung zur Stellung einer Bürgschaft auf erstes Anfordern ist wegen § 307 Abs. 1 S. 2 BGB erst recht zu fordern, wenn diese in **AGB des Auftraggebers** enthalten ist. Dies vorausgesetzt ist bzgl. der Wirksamkeit eines solchen Verlangens nach der Rechtsprechung je nach Zweck der Bürgschaft zu unterscheiden:

aa) Gewährleistungsbürgschaft auf erstes Anfordern

60 Das Verlangen des Auftraggebers nach einer Gewährleistungsbürgschaft auf erstes Anfordern als Sicherungsmittel soll nach Ansicht des OLG München gemäß § 9 AGBG a.F. (§ 307 Abs. 1 und 2 BGB n.F.) unwirksam sein. Diese Bürgschaftsform sei mit dem Wesen der gesetzlichen Bürgschaft als akzessorisches Sicherungsmittel nicht zu vereinbaren (OLG München Urt. v. 15.10.1991 9 U 2951/91 = BauR 1992, 234 = NJW 1992, 919 = NJW-RR 1992, 218, sowie BauR 1995, 859 = NJW-RR 1996, 534; a.A. OLG Stuttgart Urt. v. 27.10.1993 1 U 143/93 = BauR 1994, 376, mit grundsätzlich zutr. abl. Anm. v. *Ulbrich* a.a.O. = NJW-RR 1994, 1204; des Weiteren der 28. Zivilsenat des OLG München Urt. v. 22.8.1995 28 U 5400/94 = ZfBR 1996, 216, mit ebenfalls abl. Anm. v. *Belz* ZfBR 1996, 194). Dem ist zuzustimmen, soweit es sich bei dem Auftragnehmer nicht um einen Unternehmer handelt; denn ein **Privatmann kann die mit einer solchen Bürgschaft verbundenen Risiken** schlichtweg **nicht übersehen**, weswegen von einer Unangemessenheit der diesbezüglichen Sicherungsabrede auszugehen ist. **Unwirksam sind ferner Sicherungsabreden mit Privatleuten und Unternehmen, wenn dem Bürgen die Einreden des Hauptschuldners gemäß §§ 768, 770 Abs. 2, 776 BGB genommen** werden. Eine solche Ausgestaltung der Sicherungsabrede ist mit dem das Bürgschaftsrecht maßgeblich bestimmenden Akzessorietätsprinzip nicht vereinbar (siehe oben Rn. 40).

61 Abgesehen von diesen absoluten Unwirksamkeitsgründen bedarf es bei **gewerblichen Auftragnehmern** einer differenzierteren Betrachtung: Hier wird es entscheidend darauf ankommen, ob die zu Grunde liegende Sicherungsabrede den Auftragnehmer **unangemessen benachteiligt**. Dies ist vor allem der Fall, wenn dem Auftragnehmer neben der Verpflichtung zur Stellung einer Bürgschaft auf erstes Anfordern **das ihm nach § 17 Nr. 3 VOB/B zustehende Wahl- und Austauschrecht genommen**, ihm also **nur eine Bürgschaft auf erstes Anfordern abverlangt** wird (OLG Zweibrücken Urt. v. 10.3.1994 4 U 143/93 = BauR 1994, 509, 513 = NJW-RR 1994, 1363, 1366; OLG Hamm Urt. v. 1.7.1997 21 U 61/97 = BauR 1998, 135; vgl. auch Erläuterungen in § 17 Nr. 3 VOB/B Rn. 6 [Beschränkungen des Wahlrechts] und Rn. 14 f. [Beschränkung des Austauschrechts]). Eine unangemessene Benachteiligung liegt ferner vor, wenn der Auftraggeber während der Dauer der Gewährleistung Vergütungsanteile als Sicherheit einbehalten darf und eine **Ablösung nur durch eine Bürgschaft auf erstes Anfordern möglich,** also die Verpflichtung des Auftraggebers zur Einzahlung des Sicherheitseinbehaltes auf ein Sperrkonto entsprechend § 17 Nr. 6 VOB/B ausgeschlossen ist (BGH Urt. v. 22.11.2001 VII ZR 208/00 = BauR 2002, 463, 464 = NZBau 2002, 151, 152 = NJW 2002, 894 = ZfBR 2002, 249; Urt. v. 16.5.2002 VII ZR 494/00 = BauR 2002, 1392, 1393 = NJW-RR 2002, 1311 = NZBau 2002, 493 = ZfBR 2002, 677, 678; Urt. v. 8.3.2001 IX ZR 236/00 = BGHZ 147, 99, 105 = BauR 2001, 1093, 1095 = NJW 2001, 1857, 1858 = ZfBR 2001, 319, 321 = NZBau 2001, 311, 312; Urt. v. 5.6.1997 VII ZR 324/95 = BGHZ 136, 27, 32 = BauR 1997, 829, 830 = NJW 1997, 2598, 2599 = ZfBR 1997, 292; OLG Hamm Urt. v. 1.7.1997 21 U 61/97 = BauR 1998, 136; OLG Hamburg Beschl. v. 14.5.1999 – 8 U 35/99 = BauR 2000, 445, 446; dazu *Bomhard* BauR 1998, 179; *Hogrefe* BauR 1999, 111; *Thode* ZfIR 2000, 165, 167; *Thode* ZfBR 2002, 4, 6 f.; *Kuffer* BauR 2003, 155, 158 ff.; sehr kritisch, soweit nur die Wahlmöglichkeit zur Einzahlung auf ein Sperrkonto erhalten bleibt, *Beyer/Zuber* MDR 1999, 1298, 1300; a.A. *Schmitz/Vogel* ZfIR 2002, 509, 514, die auch eine solche Wahlmöglichkeit als nicht ausreichend ansehen; i.d.S. wohl auch *Krakowsky* BauR 2002, 1620, 1622). Dies ist dem

Grunde nach jeweils im Einzelfall durch Auslegung der bauvertraglichen Klauseln zu prüfen (vgl. dazu schon § 17 Nr. 3 VOB/B Rn. 15 f.). Wurde danach in der Sicherungsabrede **als einzige Austauschsicherheit eine Gewährleistungsbürgschaft auf erstes Anfordern** vorgesehen, ist nach dem BGH zumindest regelmäßig davon auszugehen, dass **damit konkludent sowohl das Wahlrecht des Auftragnehmers nach § 17 Nr. 3 VOB/B als auch die Verpflichtung des Auftraggebers zur Einzahlung des Sicherheitseinbehaltes auf ein Sperrkonto nach § 17 Nr. 6 VOB/B ausgeschlossen** wurde (BGH Urt. v. 16.5.2002 VII ZR 494/00 = BauR 2002, 1392 = NJW-RR 2002, 1311 = NZBau 2002, 493 = ZfBR 2002, 677; BGH Beschl. v. 23.6.2005 VII ZR 277/04 = BauR 2006, 106, 107 = NZBau 2005, 590 [Ls.] = ZfBR 2005, 678, 679; Beschl. v. 10.11.2005 VII ZR 11/04 = BauR 2006, 379, 380 f. = NJW 2006, 442 = NZBau 2006, 106 f. = ZfBR 2006, 156, 157). Grund für diese Sichtweise ist eine Analyse des Vertragswillens beider Parteien anhand einer vergleichenden Betrachtungsweise der Sicherungsmittel. So dokumentiere die Festlegung der Austauschsicherheit auf eine Bürgschaft auf erstes Anfordern, dass nach der Sicherungsabrede dem Auftraggeber ein Sicherungsmittel an die Hand gegeben werden sollte, damit dieser sich ähnlich wie bei dem Zugriff auf ein Bardepot rasch und unkompliziert liquide Mittel verschaffen könne. Nur eine solche dem Bareinbehalt vergleichbare Sicherheit solle nach dem konkludent anzunehmenden Parteiwillen den Vergütungseinbehalt ersetzen (BGH a.a.O.). Ob diese Sichtweise tatsächlich zwingend ist, mag zu diskutieren sein. Einstweilen werden sich die Bauvertragsparteien jedoch im Hinblick auf diese Rechtsprechung darauf einzustellen haben. Sie belegt jedoch weiter: Stets dann, wenn die Parteien in der Sicherungsabrede entgegen der vorstehenden Auslegung insoweit wohl notwendigerweise **ausdrücklich** das Wahl- und Austauschrecht des Auftragnehmers nach § 17 Nr. 3 VOB/B (im Übrigen) unberührt lassen, was dann auch heißt, dass die Pflicht des Auftraggebers fortbesteht, Sicherheitseinbehalte auf ein Sperrkonto einzuzahlen, **bestehen AGB-rechtlich keine Bedenken, wenn die Austauschsicherheit Bürgschaft auf die Sonderform einer Bürgschaft auf erstes Anfordern beschränkt** wird.

Ob der durch den Auftraggeber vorgenommene **Einbehalt** zu Gunsten des Auftragnehmers **verzinst** **62** wird, ist für die Frage der Zulässigkeit einer Vereinbarung einer Bürgschaft auf erstes Anfordern als einzige Austauschsicherheit für einen Bareinbehalt unbeachtlich. Denn diese Verzinsung schließt das Insolvenzrisiko zu Lasten des Auftragnehmers nicht aus (OLG Hamburg Beschl. v. 14.5.1999 – 8 U 35/99 = BauR 1999, 1059 [Ls.]). Nicht ausreichend und somit ferner unwirksam ist eine Klausel, nach der der Gewährleistungseinbehalt einschließlich des Austauschrechts von Anfang an nur auf einen überschaubaren Zeitraum von z.B. zwölf Monaten begrenzt wird: Insoweit werden zwar die für den Auftragnehmer bestehenden Risiken verkleinert, in keiner Weise aber ausgeschlossen (BGH Nichtannahmebeschl. v. 17.1.2002 VII ZR 495/00 zu OLG München Urt. v. 1.3.2000 15 U 5605/99 = BauR 2002, 1109; OLG Hamburg Urt. v. 16.2.2006 10 U 23/05 = BauR 2006, 881 [Ls.] = OLGR 2006, 366 für einen verkürzten Gewährleistungszeitraum von 2 Jahren zzgl. 6 Monaten; dazu auch *Sienz* BauR 2002, 1243; *Kuffer* BauR 2003, 155, 159 f.; *Bomhard* BauR 1998, 179, 182; a.A. OLG Hamburg Urt. v. 6.9.1995 5 U 41/95 = BauR 1997, 668 = NJW-RR 1997, 1040 [vom BGH nicht zur Revision angenommen] – diese Entscheidung lag zeitlich jedoch vor der soeben genannten Grundsatzentscheidung des BGH Urt. v. 5.6.1997 VII ZR 324/95 = BGHZ 136, 27; i.d.S. entgegen OLG Hamburg auch *Belz* ZfBR 1998, 1, 3; vgl. allerdings *Thode* ZfIR 2000, 165, 168; ebenso ders., ZfBR 2002, 4, 6 f., der dazu neigt, einen Sicherheitseinbehalt von 5% begrenzt für ein Jahr ohne Austauschmöglichkeit zuzulassen, von einer solchen Vertragsgestaltung aus AGB-rechtlichen Gründen jedoch abrät). **Bestehen** demgegenüber **andere Sicherungsmöglichkeiten** (Recht zur Einzahlung auf ein Sperrkonto u.a.), **die insbesondere das Insolvenzrisiko** während des Rückzahlungsprozesses **ausschließen, kann im kaufmännischen Verkehr (auch) eine Bürgschaft auf erstes Anfordern als zusätzliches Sicherungsmittel vereinbart** werden (a.A. offensichtlich *Brauns* BauR 2002, 704, 708 ff., der eine Gewährleistungssicherheit auf erstes Anfordern auch dann für unzulässig hält, wenn dem Auftragnehmer die Möglichkeit nach § 17 Nr. 3 VOB/B verbleibt, die Einzahlung eines Sicherheitseinbehaltes auf ein Sperrkonto zu verlangen).

63 Ein Sonderfall liegt vor, wenn die **öffentliche Hand als Auftraggeber** in ihren AGB das Austauschrecht eines Sicherheitseinbehalts auf eine Bürgschaft auf erstes Anfordern beschränkt. Hier kommen die Grundsätze des BGH aus seiner Grundsatzentscheidung vom 5.6.1997 nicht zum Tragen: Ein Bonitätsrisiko besteht nicht; das Risiko einer missbräuchlichen Inanspruchnahme ist zu vernachlässigen. Gleichwohl ist der BGH der Auffassung, dass solche Sicherungsabreden mit einer Beschränkung des Austauschrechts auf eine **Gewährleistungsbürgschaft auf erstes Anfordern unter Beteiligung der öffentlichen Hand nicht wirksam** seien. Dabei stützt er sich – da das Bonitätsrisiko als Argument naheliegenderweise ausfällt – allein auf eine unverhältnismäßige Liquiditätsbelastung im Fall einer unberechtigten Inanspruchnahme (BGH Urt. v. 9.12.2004 VII ZR 265/03 = BauR 2005, 539, 540 = NJW-RR 2005, 458, 459 = NZBau 2005, 219 f. = ZfBR 2005, 255). Auch spiele es auch keine Rolle, dass ein Einbehalt ggf. auf ein Verwahrgeldkonto des Auftraggebers zu nehmen sei (BGH Urt. v. 20.10.2005 VII ZR 153/04 = BauR 2006, 374 = NJW-RR 2006, 389 = NZBau 2006, 107, 108 = ZfBR 2006, 145). Diese z.T. nicht einmal näher begründete Rechtsprechung ist im Kern **nicht nachvollziehbar**. Sie widerspricht auch dem Sicherungssystem der VOB/B (vgl. dazu ausführlich *Joussen* BauR 2004, 852). Im Kern geht es dabei um Folgendes: Es ist heute unumstritten, dass sich die Bauvertragsparteien – auch auf der Grundlage von AGB des Auftraggebers – ohne weiteres auf eines der in der VOB/B vorgesehenen Sicherungsmittel beschränken können (vgl. dazu etwa KG Beschl. v. 2.12.2003 7 W 330/03 = BauR 2004, 1016; OLG Nürnberg Urt. v. 30.9.2004 13 U 2351/03, Nichtzulassungsbeschw. zurückgewiesen: BGH Beschl. v. 21.7.2005 VII ZR 264/04 = BauR 2005, 1681 [Ls.] = IBR 2005, 535, wobei sich Einzelheiten allerdings nicht aus den veröffentlichten Leitsätzen ergeben; i.E. ebenso: OLG Frankfurt Urt. v. 18.12.2003 21 U 24/03 = BauR 2004, 1787, 1788 ff., Rev. beim BGH anhängig zu XI ZR 2/04). Folglich könnte AGB-rechtlich unbedenklich z.B. ein Sicherheitseinbehalt vereinbart werden, den der öffentliche Auftraggeber nach § 17 Nr. 6 Abs. 4 VOB/B auf ein unverzinsliches Verwahrgeldkonto zu legen hätte. Ist eine darauf gerichtete Sicherungsabrede zulässig, leuchtet es nicht ein, wieso dann die zusätzlich eingeräumte Möglichkeit, diesen Einbehalt gegen eine Bürgschaft auf erstes Anfordern auszutauschen, gegen § 307 BGB verstoßen soll. Selbst wenn es zu einer unberechtigten Inanspruchnahme käme, bestände in diesem Fall für den Auftragnehmer dieselbe Liquiditätsbelastung als wenn von Beginn an ausschließlich eine Sicherheitsleistung auf einem Verwahrgeldkonto vereinbart worden wäre. Es bestände nicht einmal ein Zinsnachteil, weil auch die Gelder auf dem Verwahrgeldkonto nicht zugunsten des Auftragnehmers zu verzinsen sind. Daher bleibt es weiterhin dabei, dass es entgegen der Rechtsprechung des BGH in Allgemeinen Geschäftsbedingungen der öffentlichen Hand nicht unzulässig ist, wenn diese als zusätzliches Sicherungsmittel eine Gewährleistungsbürgschaft auf erstes Anfordern verlangt (so ausdrücklich auch OLG Frankfurt Urt. v. 18.12.2003 21 U 24/03 = BauR 2004, 1787, 1789, Rev. beim BGH anhängig zu XI ZR 2/04; i.E. wohl ebenso OLG Stuttgart Urt. v. 27.10.1993 1 U 143/93 = BauR 1994, 376, m. Anm. *Ulbrich* = NJW-RR 1994, 1204; OLG Koblenz Urt. v. 8.11.2002 10 U 192/02 = IBR 2003, 245 [für eine Vertragserfüllungsbürgschaft]; wohl auch *Erdmann* ZfIR 2003, 361, 367; unentschieden *Schmitz/Vogel* ZfIR 2002, 509, 515; a.A. *Kainz* BauR 1995, 616, 626; *Ulbrich* BauR 1994, 377; *Hogrefe* BauR 1999, 111, 114; wohl auch *Thode* ZfIR 2000, 165, 168; *Thode* ZfBR 2002, 4, 6 f.).

bb) Vertragserfüllungsbürgschaft auf erstes Anfordern

64 Nicht selten verlangen Auftraggeber von den Auftragnehmern in ihren BVB oder ZVB formularmäßig die Stellung einer **Vertragserfüllungsbürgschaft auf erstes Anfordern**. Eine solche Vereinbarung wird wie bei Gewährleistungsbürgschaften überhaupt **nur zulässig** sein, **soweit sie dem Bürgen die Einreden des Hauptschuldners gemäß § 768, § 770 Abs. 2, § 776 BGB belässt** (siehe hierzu oben ausführlich Rn. 40). Im Übrigen wird ein diesbezügliches Bürgschaftsverlangen aber zumindest teilweise mit § 307 BGB für vereinbar gehalten (*Weise* Sicherheiten im Baurecht Rn. 273 a.E.). Dies vermag nicht zu überzeugen (so auch BGH Urt. v. 18.4.2002 VII ZR 192/01 = BGHZ 150, 299 = BauR 2002, 1239 ff., m. Anm. *Sienz* = NJW 2002, 2388 f. = ZfBR 2002, 669 f. = NZBau

2002, 494 f. = ZIP 2002, 1198 ff., m. Anm. *Schmitz/Vogel* = MDR 2002, 1058, m. Anm. *Hahn*; Urt. v. 4.7.2002 VII ZR 502/99 = BauR 2002, 1533, 1535 ff. = NZBau 2002, 559, 560 = NJW 2002, 3098, 3099 = ZfBR 2002, 784, 785; Urt. v. 24.10.2002 IX ZR 355/00 = BauR 2003, 246, 247 = NJW 2003, 352, 353 = ZfBR 2003, 143, 144): Soweit insbesondere von **Privatleuten** formularmäßig eine Vertragserfüllungsbürgschaft auf erstes Anfordern verlangt wird, ergibt sich die Unzulässigkeit einer einem solchen Verlangen zu Grunde liegenden Sicherungsvereinbarung bereits aus denselben Gründen wie bei einer Gewährleistungsbürgschaft auf erstes Anfordern (siehe hierzu oben Rn. 60).

Doch auch von einem **gewerblichen Auftragnehmer** kann nicht ohne weiteres formularmäßig eine Vertragserfüllungsbürgschaft auf erstes Anfordern gefordert werden (BGH Urt. v. 18.4.2002 VII ZR 192/01 = BGHZ 150, 299 = BauR 2002, 1239 ff., m. Anm. *Sienz* = NJW 2002, 2388 f. = ZfBR 2002, 669 f. = NZBau 2002, 494 f. = ZIP 2002, 1198 ff., m. Anm. *Schmitz/Vogel* = MDR 2002, 1058, m. Anm. *Hahn*; BGH Urt. v. 4.7.2002 VII ZR 502/99 = BauR 2002, 1533, 1535 f. = NZBau 2002, 559, 560. = NJW 2002, 3098, 3099 = ZfBR 2002, 784, 785; Urt. v. 24.10.2002 IX ZR 355/00 = BauR 2003, 246, 247 = NJW 2003, 352, 353 = ZfBR 2003, 143, 144; OLG München Urt. v. 28.3.2001 27 U 940/00 = BauR 2001, 1618, 1620 ff. = ZfIR 2001, 465, 466 ff., dazu Anm. v. *Vogel* ZfIR 2001, 469; BGH Urt. v. 25.3.2004 VII ZR 453/02 = BauR 2004, 1143, 1144 = NJW-RR 2004, 880, 881 = NZBau 2004, 322 = ZfBR 2004, 550, 551; *Sienz* BauR 2000, 1249, 1252 ff.; *Schmidt* BauR 2002, 21 ff.; *Roquette/Giesen* NZBau 2002, 547; *Krakowsky* BauR 2002, 1620, 1624 ff.; *Siegburg* ZfIR 2002, 709 ff.; *Joussen* BauR 2003, 13 ff.; *Hogrefe* BauR 2003, 17 ff.). Zwar ist ein dagegenstehendes Interesse des Auftraggebers durchaus anzuerkennen, durch ein vertragswidriges Verhalten des Auftragnehmers (insbesondere bei mangelhaften Arbeiten) nicht selbst in Liquiditätsschwierigkeiten zu geraten. Dies rechtfertigt es aber nicht, dieses Liquiditätsrisiko durch Allgemeine Geschäftsbedingungen einseitig auf den Auftragnehmer zu verlagern. Denn nach Auffassung des BGH würde dem Auftragnehmer etwa durch eine unberechtigte Inanspruchnahme einer solchen Bürgschaft Liquidität im selben Umfang entzogen – zumal er darüber hinaus das Risiko der Insolvenz des Auftraggebers bei der nachfolgenden Durchsetzung seiner Rückforderungsansprüche tragen würde (BGH Urt. v. 18.4.2002 VII ZR 192/01 = BGHZ 150, 299 = BauR 2002, 1239, 1240 f., m. Anm. *Sienz* = NJW 2002, 2388, 2389 = ZfBR 2002, 669, 670 = NZBau 2002, 494 f. = ZIP 2002, 1198, 1200, m. Anm. *Schmitz/Vogel* = MDR 2002, 1058, m. Anm. *Hahn*; BGH Urt. v. 4.7.2002 VII ZR 502/99 = BauR 2002, 1533, 1534 f. = NZBau 2002, 559 f. = NJW 2002, 3098 f. = ZfBR 2002, 784 f.).

Das vorbeschriebene Ergebnis ist uneingeschränkt richtig: Kerngedanke bei der Begebung einer Bürgschaft auf erstes Anfordern ist es nämlich, dem Begünstigten im Grunde ohne Abwehrmöglichkeit sofort liquide Mittel zur Verfügung zu stellen. Damit wird mit einem aus Sicht des Gläubigers vergleichbaren Mittel das früher übliche »Bardepot« abgelöst (BGH Urt. v. 28.10.1993 IX ZR 141/93 = NJW 1994, 380, 381). Somit nimmt eine **Bürgschaft auf erstes Anfordern weniger eine Sicherungs- als eine Zahlungsfunktion** ein (so auch *Kainz* BauR 1995, 616, 617; *Bomhard* BauR 1998, 179, 181). Vor allem vor diesem Hintergrund ist auch die erst später ergangene Rechtsprechung des Bundesgerichtshofs verständlich, warum das alleinige Recht zum Austausch eines Gewährleistungseinbehaltes durch eine Bürgschaft auf erstes Anfordern nicht ausreichen kann (vgl. Nachweise oben Rn. 61 f.): Denn hiermit würde letztlich nur »Bargeld gegen Bargeld« getauscht, womit der Auftragnehmer vor allem in unzulässiger Weise mit dem Insolvenzrisiko des Auftraggebers belastet wird. Nichts anderes kann für eine Vertragserfüllungsbürgschaft auf erstes Anfordern gelten: Denn wenn vom Auftragnehmer zur Sicherstellung seiner Leistung formularmäßig eine Vertragserfüllungsbürgschaft auf erstes Anfordern verlangt werden könnte, hieße das nichts anderes, als dass man von ihm formularmäßig auch für die Dauer der Bauausführung die Anlegung eines Bardepots fordern dürfte. Genau hierzu kommt es nämlich, wenn der Auftraggeber (zu Unrecht) unmittelbar nach Vertragsschluss eine gestellte Vertragserfüllungsbürgschaft auf erstes Anfordern zieht. Die formularmäßige Anforderung eines Bardepots zur Absicherung der Vertragserfüllung kann jedoch schon deshalb nicht zulässig sein, da hiermit ja die Vorleistungspflicht des Auftragnehmers nicht entfällt. Vielmehr würde er trotz der weiter bestehenden Vorleistungspflicht zusätzlich noch mit einem Insolvenzrisiko des Auftraggebers für das anzulegende Bardepot belastet. Würde man dem Auftragnehmer in diesem Fall wenigstens einräumen, das Bardepot Zug um Zug gegen eine Vertragserfüllungsbürgschaft auf erstes Anfordern abzulösen, läge eine vergleichbare Interessenlage wie bei einer Gewährleistungsbürgschaft auf erstes Anfordern vor: Benachteiligt aber dort die Vereinbarung eines Bareinbehaltes mit einer alleinigen Ablösemöglichkeit durch eine Bürgschaft auf erstes Anfordern den Auftragnehmer unangemessen, kann im Vertragserfüllungsstadium bzw. bei einer alleinigen Verpflichtung zur Stellung einer Vertragserfüllungsbürgschaft auf erstes Anfordern nichts anderes gelten (ebenso *Schmidt* BauR 2002, 21, 24).

67 Aus vorgenannten Erwägungen ergibt sich, dass die formularmäßige Vereinbarung einer Vertragserfüllungsbürgschaft auf erstes Anfordern nicht in jedem Fall unzulässig ist. Insoweit sollten auch die Entscheidungen des BGH vom 18.4.2002 (BGH Urt. v. 18.4.2002 VII ZR 192/01 = BGHZ 150, 299 = BauR 2002, 1239 ff., m. Anm. *Sienz* = NJW 2002, 2388 f. = ZfBR 2002, 669 f. = NZBau 2002, 494 f. = ZIP 2002, 1198 ff., m. Anm. *Schmitz/Vogel* = MDR 2002, 1058 m. Anm. *Hahn*) und 4.7.2002 (BGH Urt. v. 4.7.2002 VII ZR 502/99 = BauR 2002, 1533 ff. = NZBau 2002, 559 f. = NJW 2002, 3098 f. = ZfBR 2002, 784 f.) nicht missverstanden werden (vgl. dazu auch ausführlich *Joussen* BauR 2003, 13 ff.). Vielmehr kommt es – wie schon bei der Gewährleistungsbürgschaft auf erstes Anfordern (siehe oben Rn. 61 ff.) – darauf an, dass der Auftragnehmer mit der zu Grunde liegenden Sicherungsabrede nicht unangemessen benachteiligt wird. Demnach ist eine **Vereinbarung zur Stellung einer Vertragserfüllungsbürgschaft auf erstes Anfordern** auch zukünftig **wirksam, wenn dem Bauvertrag die VOB zu Grunde liegt und das in § 17 Nr. 3 VOB/B geregelte Austauschrecht uneingeschränkt erhalten** bleibt (so auch *Schmidt* BauR 2002, 21, 22 ff.; *Sienz* BauR 2002, 1241, 1244; wohl auch *Siegburg* ZfIR 2002, 709, 712 f.; a.A. *Hogrefe* BauR 2003, 17, 19 f.). Ob dies der Fall ist, ist jeweils im Einzelfall zu ermitteln. Von einem Ausschluss dieses Wahlrechts nach § 17 Nr. 3 VOB/B ist immerhin analog den Erläuterungen zu einer Sicherungsabrede bei Stellung einer Gewährleistungsbürgschaft auf erstes Anfordern auszugehen, wenn **als einzige Sicherheit eine Vertragserfüllungsbürgschaft auf erstes Anfordern** verlangt wird. Insoweit liegt darin zumindest in der Regel eine konkludente Abbedingung der anderen in § 17 VOB/B vorgesehenen Sicherungsrechte (vgl. dazu oben Rn. 61 sowie ausdrücklich die Rechtsprechung dazu betreffend allerdings vornehmlich Sicherungsabreden zu Gewährleistungsbürgschaften auf erstes Anfordern, wobei nicht ersichtlich ist, dass diese Argumentation hier nicht gelten sollte: BGH Urt. v. 16.5.2002 VII ZR 494/00 = BauR 2002, 1392, 1393 = NJW-RR 2002, 1311 = NZBau 2002, 493 = ZfBR 2002, 677, 678; BGH Beschl. v. 23.6.2005 VII ZR 277/04 = BauR 2006, 106, 107 = NZBau 2005, 590 [Ls.] = ZfBR 2005, 678, 679; Beschl. v. 10.11.2005 VII ZR 11/04 = BauR 2006, 379, 380 = NJW 2006, 442 = NZBau 2006, 106 = ZfBR 2006, 156, 157).

68 Im Umkehrschluss ergibt sich aus Vorstehendem aber weiter: Wird in der Sicherungsabrede (im Zweifel) **ausdrücklich** vereinbart, dass dem Auftragnehmer – alternativ zu dem vertraglich vereinbarten Sicherungsmittel der Vertragserfüllungsbürgschaft auf erstes Anfordern – die Wahl zusteht, die Sicherheit auf ein Sperrkonto mit gemeinschaftlicher Verfügungsbefugnis und einer Verzinsung zu seinen Gunsten einzuzahlen (vgl. § 17 Nr. 5 VOB/B), bestehen gegen **eine solche Regelung auch in AGB des Auftraggebers dem Grundsatz nach keine Bedenken** (ebenso OLG München Urt. v. 28.3.2001 27 U 940/00 = BauR 2001, 1618, 1620; OLG Dresden Urt. v. 18.4.2002 – 7 U 1722/01 = BauR 2003, 255, 257 f.). Dass dies richtig sein muss, zeigt folgende vergleichende Betrachtung: § 17 Nr. 5 VOB/B würde ohne weiteres eine Barzahlung (auch) als (Vertragserfüllungs)Sicherheit erlauben – verbunden allerdings mit der Maßgabe, dass diese Sicherheit – anders als das oben angesprochene Bardepot – auf ein Sperrkonto einzuzahlen ist, das der gemeinschaftlichen Verfügungsberechtigung unterliegt. In diesem Fall entstände dem Auftragnehmer ein erheblicher Liquiditätsnachteil, der ohne weiteres durch die VOB/B gedeckt ist. Dieser Liquiditätsnachteil wirkt sich jedoch – anders als in den vom BGH entschiedenen Sachverhalten – nicht einseitig zu Gunsten des Auftraggebers in einem spiegelbildlichen Liquiditätsvorteil aus. Denn durch den Verbleib des Gelds auf dem Sperrkonto, das zu Gunsten des Auftragnehmers zu verzinsen ist (§ 17 Nr. 5 S. 2 VOB/B), erhält der

Auftraggeber hierauf kein alleiniges Zugriffsrecht. Dies wiederum nimmt dem Auftragnehmer das Insolvenzrisiko. Ist eine solche Regelung im Bauvertrag wirksam, wäre es weiter wirksam, wenn das Austauschrecht im Übrigen vollkommen ausgeschlossen würde, d.h.: Die Parteien hätten sich dann mit der Hinterlegung von Geld auf einem Sperrkonto auf eine bestimmte Art der Sicherheit in einer Form, wie sie die VOB/B zulässt, verständigt (siehe zu der zulässigen Beschränkung des Austauschrechts auf ein in § 17 Nr. 2 VOB/B genanntes Sicherungsmittel: KG Beschl. v. 2.12.2003 7 W 330/03 = BauR 2004, 1016; OLG Nürnberg Urt. v. 30.9.2004 13 U 2351/03, Nichtzulassungsbeschw. zurückgewiesen: BGH Beschl. v. 21.7.2005 VII ZR 264/04 = BauR 2005, 1681 [Ls.] = IBR 2005, 535, wobei sich Einzelheiten dazu dort nicht aus den veröffentlichten Leitsätzen ergeben; i.E. ebenso: OLG Frankfurt Urt. v. 18.12.2003 21 U 24/03 = BauR 2004, 1787, 1788 ff., Rev. beim BGH anhängig zu Az. XI ZR 2/04 – sowie gesondert § 17 Nr. 3 VOB/B Rn. 11 ff.; Beck'scher VOB-Komm./*I. Jagenburg* § 17 Nr. 3 VOB/B Rn. 4 ff.). Vor diesem Hintergrund kann es dann aber nicht unzulässig sein, wenn die Vertragsbedingungen des Auftraggebers statt einer Beschränkung der Einzahlung der Sicherheitsleistung auf ein Sperrkonto mit einer Verzinsung zu Gunsten des Auftragnehmers die **zusätzliche Möglichkeit** vorsehen, diese Vertragserfüllungssicherheit durch eine Bürgschaft auf erstes Anfordern auszutauschen. Gewiss: Diese Sicherungsalternative ist für einen Auftragnehmer mit größeren Risiken verbunden als die Einzahlung der Sicherheit auf ein Sperrkonto; nur ist der Auftragnehmer nicht gezwungen, von ihr Gebrauch zu machen und sich diesen Risiken auszusetzen. Somit kann festgehalten werden: Verbleibt es bei dem Austauschrecht nach § 17 Nr. 3 VOB/B, wird auch zukünftig nichts gegen eine Vertragserfüllungsbürgschaft auf erstes Anfordern als zusätzliches Sicherungsmittel einzuwenden sein (OLG München Urt. v. 28.3.2001 27 U 940/00 = BauR 2001, 1618, 1620).

Die **Beschränkungen zu der Vereinbarung einer Vertragserfüllungsbürgschaft auf erstes Anfordern** finden entgegen der Entscheidung des BGH vom 25.3.2004 (VII ZR 453/02 = BauR 2004, 1143, 1144 f. = NJW-RR 2004, 880, 881 = NZBau 2004, 322 f. = ZfBR 2004, 550, 551) **keine Anwendung**, soweit **die öffentliche Hand als Auftraggeber** auftritt (so auch OLG Koblenz Urt. v. 8.11.2002 10 U 192/02 = IBR 2003, 245; i.E. ebenso OLG Stuttgart Urt. v. 27.10.1993 1 U 143/93 = BauR 1994, 376, m. Anm. *Ulbrich* = NJW-RR 1994, 1204 sowie wohl auch OLG Frankfurt Urt. v. 18.12.2003 21 U 24/03 = BauR 2004, 1787, 1789, Rev. beim BGH anhängig – XI ZR 2/04; wohl auch *Erdmann* ZfIR 2003, 361, 367; a.A. *Hogrefe* BauR 2003, 17, 20). Abgesehen davon, dass hier ein Missbrauchsrisiko eher zu vernachlässigen ist, fehlt es bei der öffentlichen Hand vor allem an jeglichem Insolvenzrisiko. Daher kommt einem großen Teil der ganz maßgeblichen Erwägungen der Rechtsprechung des BGH zu der Unwirksamkeit diesbezüglicher AGB-Klauseln aus den Entscheidungen vom 18.4.2002 (BGH Urt. 18.4.2002 VII ZR 192/01 = BGHZ 150, 299 = BauR 2002, 1239 f., m. Anm. *Sienz* = NJW 2002, 2388 f. = ZfBR 2002, 669 f. = NZBau 2002, 494 f. = ZIP 2002, 1198, m. Anm. *Schmitz/Vogel*) und 4.7.2002 (BGH Urt. v. 4.7.2002 VII ZR 502/99 = BauR 2002, 1533, 1534 f. = NZBau 2002, 559 f. = NJW 2002, 3098 f. = ZfBR 2002, 784 f.; so auch BGH Urt. v. 24.10.2002 IX ZR 355/00 = BauR 2003, 246, 247 = NJW 2003, 352, 353 = ZfBR 2003, 143, 144) nicht zum Tragen. Erstaunlicherweise hat der BGH jedoch, dem zwischenzeitlich Teile der Literatur gefolgt sind (*Voit* ZfIR 2004, 709, 710), in seiner schon vorzitierten Entscheidung, mit der er auch diesbezügliche Sicherungsabreden unter Beteiligung der öffentlichen Hand als Auftraggeber verwarf, praktisch überhaupt nicht mehr auf das zuvor vorrangig behandelte Insolvenzrisiko abgestellt, sondern maßgeblich auf das Liquiditätsargument (BGH Urt. v. 25.3.2004 VII ZR 453/02 = BauR 2004, 1143, 1145 = NJW-RR 2004, 880, 881 = NZBau 2004, 322 f. = ZfBR 2004, 550, 551 f.; vgl. dazu auch schon oben die vergleichbaren Ausführungen zur Gewährleistungsbürgschaft auf erstes Anfordern, Rn. 63). Diese Rechtsprechung überzeugt nicht: Die VOB selbst sieht drei Sicherungsmittel vor, nämlich die Hinterlegung, den Einbehalt und die Bürgschaft. Die Bauvertragsparteien sind frei, sich im Vertrag auf eines dieser Sicherungsmittel zu beschränken (KG Beschl. v. 2.12.2003 7 W 330/03 = BauR 2004, 1016; OLG Nürnberg Urt. v. 30.9.2004 13 U 2351/03, Nichtzulassungsbeschw. zurückgewiesen: BGH Beschl. v. 21.7.2005 VII ZR 264/04 = BauR 2005, 1681 [Ls.] = IBR 2005, 535, wobei sich Einzelheiten dazu nicht aus den dort veröffentlichten Leitsätzen ergeben; i.E. ebenso: OLG Frankfurt Urt. v. 18.12.2003 21 U 24/03 = BauR 2004, 1787, 1788 ff., Rev. beim BGH anhängig zu XI ZR 2/04). Zulässig wäre es demnach etwa, als alleiniges Sicherungsmittel für den Auftraggeber die Hinterlegung oder den Sicherheitseinbehalt zu wählen. Der öffentliche Auftraggeber wäre nach § 17 Nr. 6 Abs. 4 VOB/B im Anschluss daran nicht gezwungen, diesen Einbehalt auf ein zu Gunsten des Auftragnehmers zu verzinsendes Sperrkonto zu nehmen. Ausreichend ist vielmehr ein unverzinsliches Eigenkonto. Unterstellt man sodann, dass einer Bürgschaft auf erstes Anfordern praktisch Bargeldfunktion zukommt (vgl. dazu oben Rn. 66), ist bereits wirtschaftlich unter dem Gesichtspunkt der Liquiditätsbelastung kein Unterschied zwischen einem solchen auf ein Eigenkonto zu nehmenden Einbehalt und einer Bürgschaft auf erstes Anfordern zu erkennen. Auch diesen Gesichtspunkt wischt der BGH – allerdings ohne nähere Begründung – in einer späteren zu einer Gewährleistungsbürgschaft auf erstes Anfordern ergangenen Entscheidung beiseite (Urt. v. 20.10.2005 VII ZR 153/04 = BauR 2006, 374 = NJW-RR 2006, 389 = NZBau 2006, 107, 108 = ZfBR 2006, 145). So stellt er lediglich beiläufig fest, dass es nicht darauf ankomme, ob der Einbehalt auf ein Verwahrgeldkonto genommen werde. Diese Entscheidung ist jedoch kaum mit dem System der von der VOB angebotenen und als zulässig anerkannten Sicherungsmittel in Einklang zu bringen. Gerade dieses belegt nämlich genau das Gegenteil. So braucht anders als private Auftraggeber die öffentliche Hand Bareinbehalte und hinterlegte Gelder nicht auf ein Sperrkonto einzuzahlen, sondern darf diese nach § 17 Nr. 6 Abs. 4 VOB/B auf ein unverzinsliches Verwahrgeldkonto nehmen (was zulässig ist). Folglich kann eine Regelung in den AGB des öffentlichen Auftraggebers nicht unangemessen sein, wonach dieser vom Auftragnehmer alternativ eine Bürgschaft auf erstes Anfordern als Sicherungsmittel fordern darf. Denn eine solche AGB-Klausel belastet einen Auftragnehmer im Verhältnis zum öffentlichen Auftraggeber tatsächlich weniger als die nach der VOB zugelassene Verwahrung liquider Mittel auf einem unverzinslichem Eigenkonto (so auch OLG Frankfurt Urt. v. 18.12.2003 21 U 24/03 = BauR 2004, 1787, 1788 ff., Rev. beim BGH anhängig zu XI ZR 2/04). Folglich ist nicht erkennbar, worin hier eine unzulässige Vertragsgestaltung liegen soll (OLG Frankfurt a.a.O.: ausführlich dazu auch *Joussen* BauR 2004, 852). Insoweit bliebe allenfalls eine Belastung des Auftragnehmers mit Avalprovisionen. Jedoch ist auch dies kein Argument: Denn diese würden genauso anfallen, wenn zulässigerweise als alleiniges Sicherungsmittel eine gewöhnliche Bürgschaft vereinbart würde (vgl. dazu ausführlich *Joussen* BauR 2004, 852).

cc) Vorauszahlungsbürgschaft auf erstes Anfordern

70 Nicht mit den vorgenannten Fällen vergleichbar sind die Bürgschaften auf erstes Anfordern, die der Auftragnehmer dem Auftraggeber wegen erhaltener Vorauszahlungen zu stellen hat. Hier erscheint es ohne weiteres **angemessen, wenn sich der Auftragnehmer zwecks deren Absicherung zur Stellung einer Bürgschaft auf erstes Anfordern** verpflichtet. Dies gilt selbst dann, wenn es sich bei der Bürgschaft nicht um eine reine Vorauszahlungsbürgschaft handelt, sondern der Auftragnehmer darüber hinaus verpflichtet wird, eine Vertragserfüllungsbürgschaft auf erstes Anfordern zu stellen. Bedenken bestehen gegen diese Sicherung vor allem deshalb nicht, weil der Auftragnehmer ohnehin vorleistungspflichtig ist. Hat er demgegenüber schon vor Ausführung seiner Leistung Gelder erhalten, stellt seine Verpflichtung zur Beibringung einer Vorauszahlungs-/Vertragserfüllungsbürgschaft auf erstes Anfordern nur diejenige Risikolage wieder her, die von Gesetzes wegen nach § 641 BGB ohnehin besteht. Der Auftragnehmer wird durch diese ihm auferlegte Verpflichtung zur Stellung einer Bürgschaft auf erstes Anfordern nicht unangemessen i.S.d. § 307 Abs. 1 und 2 BGB benachteiligt (BGH Urt. v. 12.7.2001 IX ZR 380/98 = BGHZ 148, 283, 287 = BauR 2002, 123, 125 = NJW 2001, 3549 f. = ZfBR 2002, 46; i.E. schon ebenso Urt. v. 21.4.1988 IX ZR 113/87 = BauR 1988, 594, 596 = NJW 1988, 2610 = ZfBR 1988, 225 f.; OLG Schleswig Urt. v. 27.3.1997 5 U 52/96 = OLGR Schleswig 1997, 275). Etwas anderes dürfte nur dann gelten, wenn die zur Absicherung der Vorauszahlung zu übergebende Vertragserfüllungsbürgschaft auf erstes Anfordern bis zur Abnahme der Bauleistung aufrechterhalten werden müsste (*Vogel* BauR 2001, 131, 132; *Joussen* BauR 2003, 13, 15 f.; i.E.

wohl auch *Krakowsky* BauR 2002, 1620, 1626 f.; *Klein/Moufang* Jahrbuch Baurecht 2005 S. 29, 67). Denn nach Verbrauch der Vorauszahlung gelten für eine insoweit übergebene Vorauszahlungs-/Vertragserfüllungsbürgschaft dieselben einschränkenden Grundsätze wie bei allen anderen Bürgschaften auf erstes Anfordern (so auch OLG Düsseldorf Urt. v. 4.11.2003 I 21 U 36/03 = BauR 2004, 1319, 1320; siehe oben Rn. 64 ff.).

b) Unzulässigkeit der Bürgschaft auf erstes Anfordern nach § 17 Nr. 4 S. 3 VOB/B

Die kritische Haltung der Rechtsprechung zu einer Bürgschaft auf erstes Anfordern als Sicherungsmittel hat seit der VOB Fassung 2002 ihren Niederschlag in der VOB/B gefunden. Danach kann **bei Vereinbarung der VOB Teil B** sowie einer danach zu erbringenden Sicherheitsleistung **keine Bürgschaft auf erstes Anfordern (mehr) gefordert** werden. Hintergrund dieser Neuregelung ist nicht nur die zuvor beschriebene kritische Haltung der Rechtsprechung zu diesem Sicherungsmittel, sondern vor allem die Tatsache, dass Bürgschaften auf erstes Anfordern unverhältnismäßig stark den Kreditrahmen der Auftragnehmer einschränken. Dem sollte durch Einführung dieser Neuregelung in der VOB entgegengewirkt werden.

71

Trotz der Regelung in § 17 Nr. 4 S. 3 VOB/B **kann jedoch eine Bürgschaft auf erstes Anfordern als Sicherungsmittel vereinbart werden**. Denn ein »Verstoß« gegen § 17 Nr. 4 S. 3 VOB/B führt – wie im Übrigen jede andere Abweichung von der VOB – nicht allein aus diesem Grund zu der Unwirksamkeit einer solchen Vereinbarung. Die VOB Teil B ist lediglich ein vertragliches Regelwerk, das die Parteien im Rahmen der Privatautonomie entweder ganz oder modifiziert vereinbaren können. Es stellt sich lediglich die Frage, ob die von den Parteien erfolgte bzw. hier zumeist vom Auftraggeber geforderte abweichende Vereinbarung zur Stellung einer Bürgschaft auf erstes Anfordern (entgegen § 17 Nr. 4 S. 3 VOB/B) wirksam ist. Dies gilt vor allem für eine Vereinbarung in Allgemeinen Geschäftsbedingungen, die einer Inhaltskontrolle nach § 307 Abs. 1 und 2 BGB n.F. standhalten muss. Hierzu kann ohne weiteres auf die vorstehenden Erläuterungen verwiesen werden (vgl. Rn. 59 ff.). Insoweit ist nicht ersichtlich, dass sich nach der Aufnahme der Neuregelung in § 17 Nr. 4 VOB/B, wonach der Auftraggeber eines VOB-Vertrages keine Bürgschaft auf erstes Anfordern mehr fordern darf, an den bisher in der Rechtsprechung geltenden Grundsätzen zu der Zulässigkeit der Vereinbarung dieser Bürgschaftsform etwas geändert hat.

72

Von der Frage der Wirksamkeit einer von § 17 Nr. 4 S. 3 VOB/B abweichenden Vereinbarung zu unterscheiden ist die weitere auf der Hand liegende Frage, inwieweit mit der Vorgabe einer Bürgschaft auf erstes Anfordern gerade aufgrund der einschlägig dagegen stehenden Regelung in § 17 Nr. 4 S. 3 VOB/B **in die VOB als Ganzes eingegriffen wird** (BGH Urt. v. 22.1.2004 VII ZR 419/02 = BGHZ 157, 346 = BauR 2004, 668 = NJW 2004, 1597 = NZBau 2004, 267 = ZfBR 2004, 362; Urt. v. 15.4.2004 VII ZR 129/02 = BauR 2004, 1142 = NJW-RR 2004, 957 = NZBau 2004, 385 = ZfBR 2004, 555). Dies wiederum würde die Privilegierung der VOB beseitigen mit der weiteren Folge, dass sämtliche Regeln der VOB einer Inhaltskontrolle nach den §§ 307 ff. BGB n.F. zu unterwerfen wären (BGH Urt. v. 16.12.1982 VII ZR 92/82 = BGHZ 85, 77 = BauR 1983, 161, 163 = NJW 1983, 816, 818; Urt. v. 17.11.1997 VII ZR 245/93 = BauR 1995, 234, 235 f. = ZfBR 1995, 77 f. = NJW 1995, 526 f.; *Hensen* in *Ulmer/Brandner/Hensen* Anh. §§ 9 bis 11 Rn. 905; *Korbion/Locher* S. 42 ff.).

73

c) Rechtsfolgen einer unwirksamen Verpflichtung zur Stellung einer Bürgschaft auf erstes Anfordern

Verstößt die Vereinbarung zur Stellung einer Bürgschaft auf erstes Anfordern gegen § 307 BGB, ist sie **unwirksam. Eine Sicherheit kann dann nicht mehr verlangt** werden. Soweit zum Teil eine gegen § 307 BGB verstoßende Vereinbarung zur Stellung einer Bürgschaft auf erstes Anfordern in die Verpflichtung zur Stellung einer gewöhnlichen selbstschuldnerischen Bürgschaft umgedeutet wird (OLG München [9. Senat] Beschl. v. 30.10.1996 9 W 3047/96 = BauR 1997, 319, 320; OLG Köln Urt. v. 27.1.2000 3 W 6/00 = BauR 2000, 1228), verstößt eine solche Vorgehensweise als unzulässige

74

geltungserhaltende Reduktion gegen § 306 BGB n.F. (§ 6 AGBG a.F.; BGH Versäumnisurt.v. 22.11.2001 VII ZR 208/00 = BauR 2002, 463, 464 f. = NJW 2002, 894 f. = NZBau 2002, 151, 152 f. = ZfBR 2002, 249; BGH Urt. v. 8.3.2001 IX ZR 236/00 = BGHZ 147, 99, 105 f. = BauR 2001, 1093, 1095 = NJW 2001, 1857, 1858 = NZBau 2001, 311,312 = ZfBR 2001, 319, 321; Urt. v. 9.12.2004 VII ZR 265/03 = BauR 2005, 539, 540 = NJW-RR 2005, 458, 459 = NZBau 2005, 219, 220 = ZfBR 2005, 255; Urt. v. 14.4.2005 VII ZR 56/04 = BauR 2005, 1154, 1155 = NJW-RR 2005, 1040, 1041 = NZBau 2005, 460 = ZfBR 2005, 557, 558; OLG München [13. Senat], Urt. v. 20.6.1995 13 U 5787/94 = BauR 1995, 859 = NJW-RR 1996, 534; OLG Dresden Urt. v. 11.2.1997 5 U 2577/96 = BauR 1997, 671, 672; offengelassen in BGH Urt. v. 18.4.2002 VII ZR 192/01 = BGHZ 150, 299 = BauR 2002, 1239 f. = NJW 2002, 2388 f. = NZBau 2002, 494 f. = ZfBR 2002, 669; ebenfalls für eine vollständige Unwirksamkeit *Koppmann* BauR 1992, 240; *Kainz* BauR 1995, 616, 627; *Weise* Sicherheiten im Baurecht Rn. 274; *Bomhard* BauR 1998, 179, 183; *Beyer/Zuber* MDR 1999, 1298, 1299; *Thode* ZfIR 2000, 165, 168; *Thode* ZfBR 2002, 4, 7; *Siegburg* ZfIR 2002, 709 ff.; *Heiermann* in *Heiermann/Riedl/Rusam* § 17 VOB/B Rn. 31). Eine gleichwohl **übergebene Bürgschaft** darf **nicht mehr verwertet** und kann **nach § 812 Abs. 1 S. 1 Alt. 1 BGB herausverlangt** werden (BGH Urt. v. 5.6.1997 VII ZR 324/95 = BGHZ 136, 27, 30 = BauR 1997, 829, 830 = NJW 1997, 2598 = ZfBR 1997, 292; Urt. v. 8.3.2001 IX ZR 236/00, Urt. v. 8.3.2001 IX ZR 236/00 = BGHZ 147, 99, 105 f. = BauR 2001, 1093, 1095 = NJW 2001,1857, 1858 = NZBau 2001, 311, 312 f. = ZfBR 2001, 319, 321; r.tv. 16.5.2002 VII ZR 494/00 = BauR 2002, 1392, 1393 = ZfBR 2002, 677; Urt. v. 16.5.2002 VII ZR 494/00 = NJW-RR 2002, 1311 = NZBau 2002, 493). Zurückbehaltungsrechte etwa wegen bisher nicht bezahlter Kostenvorschüsse für die Mängelbeseitigung kann der Auftraggeber nicht geltend machen. Denn dies würde wirtschaftlich dazu führen, dass mit der ohne Rechtsgrund gewährten Bürgschaft faktisch doch Ansprüche gesichert würden, obwohl die zu Grunde liegende Sicherungsabrede gerade nicht wirksam geworden ist (BGH Urt. v. 8.3.2001 IX ZR 235/00 = BGHZ 147, 99, 106 f. = BauR 2001, 1093, 1096 = NJW 2001, 1857, 1859 = NZBau 2001, 311, 313 = ZfBR 2001, 319, 321).

75 Abweichend von der Linie der generellen Unwirksamkeit hat der 7. Senat des BGH in seiner Entscheidung vom 4.7.2002 (BGH Urt. v. 4.7.2002 VII ZR 502/99 = BauR 2002, 1533, 1535 f. = NJW 2002, 3098, 3099 = NZBau 2002, 559, 560 = ZfBR 2002, 784, 785; dazu *Roquette/Giesen* NZBau 2002, 547, 552; *Siegburg* ZfIR 2002, 709; *Hildebrandt* ZfIR 2002, 872; *Krakowsky* BauR 2002, 1620, 1627; *Joussen* BauR 2003, 13; *Hogrefe* BauR 2002, 17; *Kuffer* BauR 2003, 155, 161; *Sohn* ZfBR 2003, 110, 112) im Wege der ergänzenden Vertragsauslegung eine **Umdeutung einer (unwirksamen) Verpflichtung zur Stellung einer Vertragserfüllungsbürgschaft auf erstes Anfordern in eine Verpflichtung zur Stellung einer gewöhnlichen selbstschuldnerischen Bürgschaft** angenommen. Eine solche Umdeutung soll jedoch nur in Betracht kommen für Verträge, die vor Bekanntwerden der oben eingangs zitierten Grundlagenentscheidung vom 18.4.2002 (BGH Urt. v. 18.4.2002 VII ZR 192/01 = BGHZ 150, 299 = BauR 2002, 1239 ff., m. Anm. *Sienz* = NJW 2002, 2388 f. = ZfBR 2002, 669 f. = NZBau 2002, 494 f. = ZIP 2002, 1198, m. Anm. *Schmitz/Vogel* = MDR 2002, 1058, m. Anm. *Hahn*) geschlossen wurden. Als Stichtag gelten hier Vertragsschlüsse bis zum 31.12.2002 (BGH Urt. v. 25.3.2004 VII ZR 453/02 = BauR 2004, 1143, 1145 = NJW-RR 2004, 880, 881 = NZBau 2004, 322, 323 = ZfBR 2004, 550, 552). In der Sache hatte der BGH wohl ernsthafte Sorge, dass seine sehr klare Rechtsprechung zu der Unwirksamkeit von AGB-Klauseln mit einer Verpflichtung des Auftragnehmers zur Stellung einer Vertragserfüllungsbürgschaft auf erstes Anfordern zu sehr in die tägliche Baupraxis eingegriffen hätte – dies verbunden mit der weiteren Folge, dass zahlreiche Auftraggeber anschließend ohne Sicherungsmittel dagestanden hätten. Dies wollte er verhindern, indem er mit Hilfe der ergänzenden Vertragsauslegung die an sich unwirksame Klausel zur Vertragserfüllungsbürgschaft auf erstes Anfordern dahin gehend auslegt, dass der Bauunternehmer nunmehr wenigstens eine unbefristete, selbstschuldnerische Bürgschaft schuldet (vgl. zu den mit dieser Rechtsprechung des BGH verbundenen weit reichenden Folgen ausführlich Schmitz/Vogel [ZIP 2002, 1198, 1201] mit einer Anmerkung zu der ersten Entscheidung des BGH v. 18.4.2002). Eine solche Auslegung solle zumindest solange erfolgen, wie die Bauvertragsparteien mangels einer entsprechenden

Entscheidung des BGH auf Grund einer Art Vertrauensschutz berechtigter- oder zumindest billigerweise darauf vertrauen durften, dass Klauseln zur Forderung einer Vertragserfüllungsbürgschaft auf erstes Anfordern einer AGB-Kontrolle standhalten. In der Praxis mag man diese Entscheidung des BGH begrüßen, im Ergebnis erscheint der Weg pragmatisch. Allerdings wird man auch mit aller Deutlichkeit sagen müssen, dass der BGH damit nichts anderes als eine (zumindest zeitlich befristete) **geltungserhaltende Reduktion einer unwirksamen AGB-Klausel** zur Stellung einer Vertragserfüllungsbürgschaft auf erstes Anfordern (nicht Gewährleistungsbürgschaft auf erstes Anfordern!) zugelassen hat (i.E. ebenso *Sienz* BauR 2002, 1241, 1242; *Krakowsky* BauR 2002, 1620, 1627 f.; *Siegburg* ZfIR 2002, 709, 712 ff.; *Joussen* BauR 2003, 13 ff.; *Hogrefe* BauR 2003, 17, 18 f.; *Tiedtke* NJW 2003, 1359, 1364). Dogmatisch überzeugen kann diese Rechtsprechung daher nicht (a.A. *Kuffler* BauR 2003, 155, 161; *Hildebrand* ZfIR 2002, 872, 874 ff., der diese Rechtsprechung sogar auf Sicherungsabreden zur Stellung von Gewährleistungsbürgschaften auf erstes Anfordern anwenden will). Folgt man ihr allerdings, kann der Auftragnehmer nicht verlangen, dass der Auftraggeber die ihm zur Verfügung stehende Vertragserfüllungsbürgschaft auf erstes Anfordern Zug um Zug gegen eine gewöhnliche selbstschuldnerische Bürgschaft herausgibt. Dies wäre i.S.d. vorzitierten Rechtsprechung des BGH auch wenig sinnvoll: Denn die Pflicht des Auftragnehmers, Zug um Zug eine gewöhnliche Bürgschaft zu stellen, liefe vor allem dann leer, wenn er zwischenzeitlich insolvent würde. Denn in diesem Fall, für den der Auftraggeber gerade die Sicherheitsleistung benötigt, könnte der Insolvenzverwalter des Auftragnehmers ohne weiteres gemäß § 103 InsO die Vertragserfüllung ablehnen. Er müsste dann zu dem Bauvertrag keine Leistungen, d.h. auch keine Sicherheitsleistung mehr erbringen. Der Auftraggeber würde somit ohne Erhalt einer gewöhnlichen Bürgschaft zur Herausgabe der ihm zu Unrecht vorliegenden Vertragserfüllungsbürgschaft auf erstes Anfordern verpflichtet sein; er würde damit entgegen der Intention des BGH letztlich doch seine Sicherheit verlieren. Aus diesem Grund ist es daher nur konsequent, dass der Auftraggeber eine ihm in diesen Fällen vorliegende Vertragserfüllungsbürgschaft auf erstes Anfordern nicht herausgeben muss. Vielmehr ist er auf Anforderung **nur verpflichtet, gegenüber dem Auftragnehmer und dem Bürgen schriftlich zu erklären, die ihm (zu Unrecht) vorliegende Bürgschaft nicht auf erstes Anfordern, sondern nur als selbstschuldnerische Bürgschaft geltend** zu machen (in diesem Sinne bereits zu verstehen: BGH Urt. v. 10.4.2003 VII ZR 314/01 = BGHZ 154, 378 = BauR 2003, 1385 = NJW 2003, 2605 = NZBau 2003, 493 = ZfBR 2003, 672; ausdrücklich sodann BGH Beschl. v. 13.11.2003 VII ZR 371/01 = BauR 2004, 500 = NZBau 2004, 212 = ZfBR 2004, 251; Beschl. v. 13.11.2003 VII ZR 373/01 = NJW-RR 2004, 377 = NZBau 2004, 213, wohl auch schon zuvor *Erdmann* ZfIR 2003, 361, 364).

Wurde die **Bürgschaft** bereits (zu Unrecht) **in Anspruch genommen**, steht dem Hauptschuldner **76** nach Weiterbelastung des Zahlbetrages durch den Bürgen ein **Rückforderungsanspruch gegen den Auftraggeber** (Gläubiger) zu (BGH Urt. v. 9.3.1989 IX ZR 64/88 = BauR 1989, 342 = NJW 1989, 1606 = ZfBR 1989, 165; zuletzt OLG Hamm Urt. v. 5.4.2000 25 U 175/99 = BauR 2000, 1350 = ZfBR 2000, 559; siehe oben ausführlich auch Rn. 47 ff.). Ferner kann er vom Auftraggeber über die Grundsätze der **positiven Vertragsverletzung** (§ 280 Abs. 1 BGB) und aus dem **Rechtsgedanken des § 717 Abs. 2 ZPO** (hier sogar **verschuldensunabhängig**!) einen etwaigen Zinsschaden liquidieren (OLG Frankfurt Urt. v. 13.11.1998 4 U 87/98 = BauR 1999, 928). Gegen diese Ansprüche kann der Gläubiger nicht mit anderen Gegenansprüchen aufrechnen, für die er absprachewidrig zunächst die Bürgschaft auf erstes Anfordern verwendet hat. Dies nämlich würde dazu führen, dass eine einmal für einen konkreten Zweck gewährte Bürgschaft auf erstes Anfordern dann doch alle Ansprüche des Gläubigers gegen einen Hauptschuldner absichert, selbst wenn diese jenseits des ursprünglich vereinbarten Bürgschaftszwecks stehen (BGH Urt. v. 24.9.1998 IX ZR 371/97 = BGHZ 139, 325, 332 = BauR 1999, 281 [Ls.] = NJW 1999, 55, 57 = ZfBR 1999, 88, 90). Etwas anderes dürfte allenfalls aus dem Gesichtspunkt des § 242 BGB dann gelten, wenn der Auftraggeber zwar einerseits zu Unrecht die Bürgschaft auf erstes Anfordern in Anspruch genommen hat, ihm aber andererseits Ansprüche zustehen, die dem Grunde nach unter den Sicherungszweck der Bürgschaft fallen. Hier wäre es treuwidrig, wenn sich der Auftragnehmer selbst in diesem Fall auf das sonst bestehende Aufrechnungsverbot berufen durfte, selbst wenn zwischenzeitlich etwa die Voraussetzungen für die Bürgschaftsinanspruchnahme vorlägen (OLG Celle Urt. v. 11.12.2003 5 U 67/03 = BauR 2004, 1794, 1796).

5. Aufrechnung des Bürgen bei Inanspruchnahme

77 Bei einer Bürgschaft auf erstes Anfordern kann eine **bürgende Bank** gegenüber dem Zahlungsanspruch des Begünstigten (Auftraggebers) **nicht mit eigenen**, nicht im Zusammenhang mit dem Grundgeschäft stehenden **Gegenforderungen aufrechnen**. Ausnahmsweise ist dies jedoch zulässig, wenn der Begünstigte zahlungsunfähig ist und die Bank ihre Forderung gegen den Begünstigten ohne Aufrechnung gegen die Garantie- bzw. Bürgschaftsforderung des Begünstigten voraussichtlich nicht realisieren könnte (OLG Frankfurt Urt. v. 26.6.1984 5 U 221/83 = WM 1984, 1021). Dabei wäre hier ggf. zusätzlich zu prüfen, ob der Begünstigte/Auftraggeber die ihm vorliegende Bürgschaft überhaupt auf erstes Anfordern in Anspruch nehmen darf (vgl. dazu oben Rn. 42).

6. Rechtsmittel bei missbräuchlicher Inanspruchnahme einer Bürgschaft auf erstes Anfordern

78 Der **Hauptschuldner kann**, um die **Inanspruchnahme einer Bürgschaft auf erstes Anfordern zu verhindern, gegen den Gläubiger klagen** mit dem Ziel, den Bürgen aus der Bürgschaft zu entlassen und die Bürgschaftsurkunde herauszugeben. Eine solche Klage kann z.B. darauf gestützt werden, dass die Vereinbarung zur Stellung einer Bürgschaft auf erstes Anfordern unzulässig war oder die Inanspruchnahme der Bürgschaft aus sonstigen Gründen rechtsmissbräuchlich ist.

79 Soweit akut eine Inanspruchnahme droht, kann der Hauptschuldner (nicht der Bürge) den Gläubiger durch eine **einstweilige Verfügung** an einer Inanspruchnahme der Bürgschaft hindern (herrschende Meinung: vgl. OLG Frankfurt Urt. v. 25.9.1990 5 U 109/90 = BauR 1991, 506; KG Urt. v. 10.12.1996 15 U 7269/96 = BauR 1997, 665, 666; siehe auch unten Rn. 115 ff.) – dies jedoch nur dann, wenn er mit **liquiden Beweismitteln glaubhaft machen** kann, dass **mit der Inanspruchnahme eine unzulässige Rechtsausübung** vorliegt (KG Urt. v. 10.12.1996 15 U 7269/96 = BauR 1997, 665, 666; OLG Hamburg Beschl. v. 14.5.1999 8 U 35/99 = BauR 2000, 445 f.; OLG Hamm Urt. v. 5.4.2000 25 U 175/99 = BauR 2000, 1350 f. = ZfBR 2000, 559; OLG Jena Urt. v. 1.11.2000 4 U 671/00 = BauR 2001, 654, 656 = NJW-RR 2001, 1103, 1104 = NZBau 2001, 685, 688; OLG Köln Beschl. v. 14.1.2002 11 U 96/01 = BauR 2002, 1445 [Ls.] – eingeschränkt OLG Düsseldorf Beschl. v. 9.8.2001 23 W 46/01 = BauR 2001, 1940, 1943 = NZBau 2002, 223, 224, das im Verhältnis Auftragnehmer/Auftraggeber – nicht im Verhältnis Bürge/Auftraggeber – für die AGB-Eigenschaft im Verfügungsverfahren einen Anscheinsbeweis genügen lässt; siehe dazu im Übrigen auch oben Rn. 36 ff. und Rn. 41). Eine ggf. ergehende einstweilige Verfügung hindert sodann die Inanspruchnahme der vorliegenden Bürgschaft insgesamt, selbst wenn die Bürgschaft möglicherweise in diesem Einzelfall sogar im Wege einer geltungserhaltenden Reduktion als normale Bürgschaft aufrechterhalten werden könnte (KG Beschl. v. 7.10.2002 24 W 262/02 = KGR 2003, 34, 35). Bei der Erwirkung einer einstweiligen Verfügung ist weiter zu beachten, dass aus der unberechtigten Inanspruchnahme einer Bürgschaft auf erstes Anfordern nur ein Verfügungsanspruch des Auftragnehmers gegen den Auftraggeber auf Unterlassung entstehen kann. Daneben muss wie üblich gemäß §§ 935, 940 ZPO zusätzlich **ein Verfügungsgrund** vorliegen. Dieser besteht nicht allein in einem liquide nachweisbaren rechtsmissbräuchlichen Verhalten des Auftraggebers (so aber OLG Jena Urt. v. 30.5.2000 5 U 1433/99 = NZBau 2000, 571 [Ls.]; wohl auch OLG Düsseldorf Beschl. v. 9.8.2001 23 W 46/01 = BauR 2001, 1940, 1942 = NZBau 2002, 223, 224). Erforderlich ist vielmehr, dass der Auftragnehmer als Anspruchsteller glaubhaft machen kann, dass ihm infolge einer unzulässigen Inanspruchnahme der Bürgschaft ein Verlust des Geldbetrages oder sonstige schwer wiegende Nachteile drohen. Hiervon kann ausgegangen werden, wenn etwa ein Verlust auf Grund einer sich bereits abzeichnenden Insolvenz des Auftraggebers nicht auszuschließen ist oder eine Rückforderung im Aus-

land erfolgen müsste (OLG Frankfurt Beschl. v. 7.5.1998 9 W 8/98 = BauR 1998, 1280 f.; OLG Celle Beschl. v. 30.4.2002 6 W 56/02 = BauR 2002, 1596, 1598; OLG Rostock Urt. v. 16.7.2002 4 U 246/01 = IBR 2002, 665; OLG Rostock Urt. v. 16.7.2002 4 U 246/01 = BauR 2003, 582, 583 f.; wohl auch OLG Stuttgart Urt. v. 27.10.1993 1 U 143/93 = BauR 1994, 376, m. Anm. *Ulbrich* = NJW-RR 1994, 1204; *Kniffka/Koeble* 14. Teil Rn. 12; unklar insoweit OLG Rostock Beschl. v. 19.12.2002 4 W 43/02 = BauR 2003, 928, 929). Dasselbe gilt, wenn der Auftragnehmer infolge etwaiger Rückgriffsansprüche des Bürgen nach der Inanspruchnahme der Bürgschaft selbst in eine existenzbedrohende Lage gerät und er dies darlegen kann.

Setzt sich der Hauptschuldner gegenüber dem Gläubiger in einem Erstprozess zur Entlassung eines **80** Bürgen nicht durch, steht einer später auf Grund desselben Sachvortrages erhobenen Klage des Hauptschuldners gegen den Gläubiger, die Inanspruchnahme des Bürgen zu unterlassen, der Einwand anderweitiger Rechtshängigkeit oder – nach rechtskräftiger Entscheidung über die zuerst erhobene Klage – der rechtskräftig entschiedenen Sache entgegen; der Einwand wird nicht dadurch entkräftet, dass dem Hauptschuldner, der gegen den Gläubiger eine einstweilige Verfügung auf Unterlassung erwirkt hatte, gemäß § 926 Abs. 1 ZPO eine Frist zur Klage gesetzt worden ist, obwohl die Klage auf Entlassung des Bürgen aus der Bürgschaft bereits anhängig war (BGH Urt. v. 11.12.1986 IX ZR 165/85 = BauR 1987, 353 = NJW-RR 1987, 683 = ZfBR 1987, 90 = ZIP 1987, 566 = *Grunski* EWiR 1987, 145 = MDR 1987, 492 = LM § 765 BGB Nr. 48).

IV. Keine zeitliche Begrenzung der Bürgschaft; Ausstellung nach Vorschrift des Auftraggebers

Die selbstschuldnerische Bürgschaft des als tauglich anerkannten Bürgen darf nach § 17 Nr. 4 S. 2 **81** letzter Halbsatz VOB/B nicht auf bestimmte Zeit begrenzt (vgl. § 777 BGB) und muss nach Vorschrift des Auftraggebers ausgestellt sein.

1. Kein Anfangs- oder Endzeitpunkt für Bürgschaft

Eine Bürgschaft i.S.d. § 17 Nr. 4 VOB/B darf **keinen über den Zeitpunkt ihrer Ausstellung hinaus- 82 gehenden Anfangs- oder Endzeitpunkt** (vgl. dazu BGH Urt. v. 29.4.1974 VIII ZR 35/73 = Betrieb 1974, 1153 = MDR 1974, 839 = LM § 777 BGB Nr. 1) enthalten. Letzteres gilt schon deshalb, um rechtzeitig geltend gemachte Ansprüche noch nach dem ansonsten vereinbarten Rückgabezeitpunkt über die vorliegende Sicherheit abwickeln zu können (vgl. auch § 17 Nr. 8 Abs. 1 S. 2 und Abs. 2 S. 2 VOB/B). Ebenso ist die Abgabe einer aufschiebend oder auflösend bedingten Bürgschaftserklärung unzulässig – mit der einzigen **Ausnahme**, dass zur Sicherung des Austauschrechts nach § 17 Nr. 3 VOB/B eine Bürgschaft mit der Bedingung erteilt werden kann, dass sie erst nach Einzahlung des vom Auftraggeber einbehaltenen Betrages auf ein bei dem Bürgen bestehendes Konto wirksam wird (OLG Celle Urt. v. 14.10.1998 14a [6] U 79/97 = BauR 1999, 1057 [Ls.] = NJW-RR 1999, 816; OLG Naumburg Urt. v. 25.3.2004 2 U 77/03 = OLGR 2004, 349; so auch *Stammkötter* BauR 2002, 875; *Roquette/Giesen* NZBau 2003, 297; siehe hierzu ebenfalls Erläuterungen in § 17 Nr. 3 VOB/B Rn. 18).

2. Ausstellen nach Vorschrift des Auftraggebers

Die Verpflichtung zur Ausstellung der Bürgschaft **nach Vorschrift des Auftraggebers** besagt, dass **83** weder dem Bürgen noch dem Auftragnehmer bei der Gestaltung der Bürgschaft freie Hand gelassen ist. Vielmehr legt der Auftraggeber im zulässigen Rahmen (vgl. § 17 Nr. 1 Abs. 2 VOB/B) der von ihm zu beanspruchenden Sicherung den Zweck der Bürgschaft, deren Höhe, Wortlaut und Form fest (so auch OLG Köln Urt. v. 16.7.1993 19 U 240/92 = BauR 1994, 114 = SFH § 17 VOB/B Nr. 16 = NJW 1993, 1494 = ZfBR 1993, 286). Dabei darf er keine Anforderungen stellen, die nicht durch den **Sicherungszweck geboten sind**. Er darf also den Auftragnehmer nicht mehr als notwendig belasten (zutreffend *Kaiser* Mängelhaftungsrecht, Rn. 216). Daher hat der Auftraggeber z.B. bei Fehlen einer ausdrücklichen anderweitigen Vereinbarung nicht das Recht, die Gewährleistungsbürgschaft einer Bank zurückzuweisen, weil diese sich vorbehält, den Bürgschaftsbetrag zu hinterlegen (vgl. auch oben Rn. 30). Denn dies gefährdet in keiner Weise den Sicherungszweck, dem die Bürgschaft als Gewährleistungssicherheit dient (OLG Köln a.a.O.). Auch darf der Auftraggeber ohne **gesonderte Vereinbarung keine Bürgschaft auf erstes Anfordern** verlangen (vgl. § 17 Nr. 4 S. 3 VOB/B). Unwirksam ist in diesem Zusammenhang ebenfalls eine Sicherungsabrede in Form von AGB, nach der der Auftragnehmer **ohne weitere Angaben dazu einen Sicherheitseinbehalt nur »durch eine Bürgschaft nach dem Muster des Auftraggebers«** kann. Eine solche Klausel ist intransparent. Denn es besteht durchaus die Möglichkeit, dass der Auftraggeber eine auch in diesem Fall (unzulässige) Bürgschaft auf erstes Anfordern fordert. Die diesbezüglichen Zweifel gehen zu Lasten des Auftraggebers als Verwender der Klausel (§ 305c Abs. 2 BGB), weswegen eine solche Formulierung im Rahmen einer AGB-Kontrolle keinen Bestand haben kann (BGH Urt. v. 2.3.2000 VII ZR 475/98 = BauR 2000, 1052, 1053 = NJW 2000, 1863, 1864 = NZBau 2000, 285 = ZfBR 2000, 332; dazu *Hartung* NZBau 2000, 371). Etwas anderes gilt hingegen bei einer Sicherungsabrede, in der bereits festgelegt ist, dass der Einbehalt durch die Stellung einer unbefristeten unwiderruflichen selbstschuldnerischen Bürgschaft abgelöst werden kann, wobei dann **im Übrigen auf ein »Muster des Auftraggebers« verwiesen** wird. Eine solche Vereinbarung ist unbedenklich. Denn letztlich wird damit in Anlehnung an § 17 Nr. 4 S. 2 VOB/B nur zum Ausdruck gebracht, dass die Bürgschaft nach Vorschrift des Auftraggebers auszustellen ist. Mit dieser Maßgabe ist der Auftraggeber dann anders als bei der ersten Fallgestaltung nicht berechtigt, unter Abänderung der vertraglich vorgesehenen VOB-konformen Eckpunkte nunmehr mit Hilfe der Vorlage eines entsprechenden Musters eine (unzulässige) Bürgschaft auf erstes Anfordern zu verlangen (BGH Urt. v. 26.2.2004 VII ZR 247/02 = BauR 2004, 841, 843 = NJW-RR 2004, 814, 815 = NZBau 2004, 323, 324 = ZfBR 2004, 372 f.). Haben sich die Parteien in der Sicherungsabrede auf ein bestimmtes Sicherungsmittel verständigt, steht dem Auftraggeber ein **Recht zur nachträglichen Änderung** dieser einmal vereinbarten Bürgschaft nur im Rahmen des § 240 BGB (Ergänzungspflicht bei nachträglicher Entwertung der Bürgschaft) zu.

3. Kosten der Bürgschaft

84 Die **Kosten** der Bürgschaft trägt der Auftragnehmer, wenn nichts anderes vereinbart ist.

4. Zeitbürgschaft

85 Will der Bürge nur zeitlich befristet haften und stellt er dies in der Bürgschaft klar, ist zu unterscheiden: Zum einen kann eine Bürgschaft mit der Zielsetzung abgegeben werden, dass der Bürge **nur für die bis zu einem bestimmten Zeitpunkt entstandenen Forderungen** haftet; sind sie entstanden, haftet er dann für sie unbefristet. Bei einer solchen Bürgschaft handelt es sich jedoch um **keine Zeitbürgschaft** i.S.d. § 777 BGB, sondern um eine gegenständlich beschränkte Bürgschaft (OLG Zweibrücken Urt. v. 7.2.1994 7 U 78/93 = WM 1994, 788). Zum anderen kann der Bürge erklären, nur **bis zu einem bestimmten Zeitpunkt haften zu wollen** – ggf. verbunden mit der weiteren Maßgabe, dass die Bürgschaft anschließend erlischt. Dies stellt eine echte **Zeitbürgschaft** i.S.d. § 777 BGB dar. Welche Bedeutung eine ggf. in der Bürgschaft enthaltene zeitliche Befristung hat, muss jeweils durch Auslegung ermittelt werden (BGH Urt. v. 17.12.1987 IX ZR 93/87 = NJW 1988, 908 = ZIP 1988, 201; OLG München Urt. v. 8.4.2004 9 U 2702/03 = BauR 2004, 1631, 1632; OLG Koblenz Urt. v. 14.7.2005 5 U 267/05 = ZIP 2005, 1822). Besteht die fällige oder noch nicht fällige Hauptschuld bereits bei Abschluss des Bürgschaftsvertrages, so spricht eine zeitliche Begrenzung zumeist für eine Zeitbürgschaft i.S.d. § 777 BGB (BGH Urt. v. 14.6.1984 IX ZR 83/83 = BGHZ 91, 349, 351 = NJW 1984, 2461; Urt. v. 6.5.1997 IX ZR 136/96 = NJW 1997, 2233, 2234; *Tiedtke* NJW 2001, 1015, 1018). Dasselbe gilt, wenn z.B. in einer Vertragserfüllungsbürgschaft differenziert nach Bauabschnitten jeweils ein Endzeitpunkt angegeben wird, bis zu dem die Vertragserfüllungsbürgschaft in An-

spruch genommen werden darf (BGH Versäumnisurt. v. 23.1.2003 VII ZR 210/01 = BGHZ 153, 311, 319 = BauR 2003, 870, 873 = NJW 2003, 1805, 1807 = NZBau 2003, 321, 322 = ZfBR 2003, 447, 449). Bleibt bei einem auf der Grundlage der VOB/B beruhenden Bauvertrag die zeitliche Begrenzung der Bürgschaft streitig, so ist der Bürge, der sich dennoch darauf beruft, dafür darlegungs- und beweisbelastet (BGH Urt. v. 31.1.1985 IX ZR 66/84 = BauR 1985, 461 = NJW 1985, 1694 = SFH § 765 BGB Nr. 4 = ZfBR 1985, 129). Welche Form der Zeitbürgschaft auch vorliegt, entspricht sie **in keiner Form den Vorgaben der VOB**. Denn nach § 17 Nr. 4 S. 2 VOB/B darf eine VOB-konforme Bürgschaft mit überhaupt keiner Zeitbegrenzung versehen sein.

Bei der Inanspruchnahme einer **selbstschuldnerischen Zeitbürgschaft** kommt es darauf an, dass der Gläubiger rechtzeitig seine Rechte aus der Bürgschaft geltend macht, dies gegenüber dem Bürgen anzeigt und die gesicherten Ansprüche bis zu diesem Zeitpunkt fällig geworden sind (§ 777 Abs. 1 S. 2 BGB; BGH Urt. v. 14.6.1984 IX ZR 83/83 = BGHZ 91, 349, 355 f. = NJW 1984, 2461; Urt. v. 21.3.1989 IX ZR 82/88 = NJW 1989, 1856; Urt. v. 29.6.2000 IX ZR 299/98 = BauR 2000, 1865, 1866 = ZfBR 2000, 544 = NZBau 2000, 465 = NJW 2000, 3137, 3138). Dabei genügt für die Anzeige ein einfacher Brief, aber auch eine Streitverkündung (OLG Koblenz Urt. v. 14.7.2005 5 U 267/05 = ZIP 2005, 1822, 1823). Ein vom Gläubiger geforderter formularmäßiger Verzicht des selbstschuldnerisch haftenden Zeitbürgen auf die Anzeige seiner Inanspruchnahme gemäß § 777 Abs. 1 S. 2 BGB verstößt gegen § 307 BGB (OLG Köln Urt. v. 20.5.1985 8 U 10/84 = NJW 1985, 2722, 2723, wohl auch BGH Urt. v. 15.1.2004 IX ZR 152/00 = BauR 2004, 882 f. [Ls.] = NJW 2004, 2232, 2234 a.A. OLG Hamm Urt. v. 8.5.1989 31 U 250/88 = NJW 1990, 54). Liegt **keine selbstschuldnerische Zeitbürgschaft** vor, d.h. steht dem Bürgen die Einrede der Vorausklage zu, obliegt es dem Gläubiger (Auftraggeber) zunächst, den Hauptschuldner (Auftragnehmer) nach Ablauf der Frist unverzüglich gemäß § 772 BGB in Anspruch zu nehmen und die Inanspruchnahme sodann ebenfalls unverzüglich nach Beendigung des Verfahrens dem Bürgen anzuzeigen (§ 777 Abs. 1 S. 1 BGB). Dasselbe gilt für **zeitlich befristete Ausfallbürgschaften**; denn andernfalls würden diese Bürgschaften häufig ihren Zweck verfehlen, weil der Ausfall des Hauptschuldners bis zum Ablauf der Zeitspanne, für welche die Bürgschaft eingegangen wurde, i.d.R. nicht festgestellt werden kann (BGH Urt. v. 13.6.2002 IX ZR 398/00 = NJW 2002, 2869, 2870; *Staudinger/Horn* § 777 BGB Rn. 14).

Die **Inanspruchnahme eines Zeitbürgen** kann der Gläubiger schon vor dem Ablauftermin anzeigen, soweit die Hauptschuld während der Bürgschaftszeit fällig wird (vgl. BGH Urt. v. 14.6.1984 IX ZR 83/83 = BGHZ 91, 349 = NJW 1984, 2461 = ZIP 1984, 937 = MDR 1984, 839 = LM § 777 BGB Nr. 6 = Anm. *Rehbein* JR 1985, 198; Urt. v. 24.9.1998 IX ZR 371/97 = BGHZ 139, 325, 329 = BauR 1999, 281 [Ls.] = NJW 1999, 55, 56 = ZfBR 1999, 88, 89 f.; vgl. dazu auch OLG München Urt. v. 21.10.1994 23 U 3264/94 = BauR 1995, 400 = ZIP 1994, 1773 = *Brink* EWiR § 765 BGB 8/94, 1181 = SFH § 765 BGB Nr. 13 = NJW-RR 1995, 498, für den Fall der zeitlich befristeten Bürgschaft auf erstes Anfordern im Hinblick auf Gewährleistungsansprüche). Dabei genügt eine unbezifferte Anzeige (vgl. OLG Karlsruhe Urt. v. 26.7.1984 4 U 76/83 = WM 1985, 770), um sich die Rechte aus der Bürgschaft zu erhalten (BGH Urt. v. 9.1.1980 VIII ZR 21/79 = BGHZ 76, 81 = ZIP 1980, 108 = NJW 1980, 830 = JZ 1980, 190 = LM § 777 BGB Nr. 3 gegen RGZ 96, 133; Anm. *Rehbein* JR 1980, 281). Auch wenn die Fälligkeit der Hauptschuld und das Ende der Bürgschaftszeit zusammenfallen, ist die fristgerechte Anzeige des Gläubigers, er nehme den selbstschuldnerischen Zeitbürgen in Anspruch, grundsätzlich geeignet, ihm die Rechte aus der Bürgschaft zu sichern (BGH Urt. v. 21.3.1989 IX ZR 82/88 = NJW 1989, 1856 = BB 1989, 871 = ZIP 1989, 627 = *Tiedtke* EWiR 1990 § 777 BGB 1/90, 45 = MDR 1989, 734 = LM § 777 BGB Nr. 10 = BauR 1989, 461). Ist vereinbart, dass die Bürgschaft an einem bestimmten Tag erlischt, wenn bis dahin keine Inanspruchnahme erklärt wird, genügt ein am letzten Tag der Frist eingereichter Antrag auf **Erlass eines Mahnbescheides** auch dann **nicht zur Fristwahrung**, wenn die Zustellung des Mahnbescheides demnächst erfolgt (BGH Urt. v. 21.10.1981 VIII ZR 212/80 = NJW 1982, 172 = ZIP 1981, 1310 = MDR 1982, 315 = LM § 777 BGB Nr. 4). Fällt der Endtermin allerdings auf einen Sonntag, so kann die Inanspruchnahme noch am nächsten Werktag erklärt werden, wenn die Parteien nicht ausdrücklich das Fristende auf einen Sonntag gelegt haben (BGH Urt. v. 18.12.1986 IX ZR 62/86 = BGHZ 99, 288 = BauR 1987, 339 = MDR 1987, 402 = WM 1987, 227 = *Heinrichs* EWiR § 193 BGB 1/87, 225 = NJW 1987, 1760 = LM § 777 BGB Nr. 8 = ZfBR 1987, 144). Zur fristwahrenden **Inanspruchnahme eines Gewährleistungsbürgen** kommt es für die Rechtzeitigkeit der Inanspruchnahme im Übrigen darauf an, ab wann die Inanspruchnahme dem Bürgen überhaupt angezeigt werden kann. Dies ist regelmäßig mit Auftreten eines Mangels möglich. Auf den Übergang eines zunächst nur bestehenden Nacherfüllungs- auf einen Kostenvorschussanspruch kommt es hingegen nicht an. Im Übrigen reicht es bei einer Gewährleistungsbürgschaft zu Gunsten einer WEG-Eigentümergemeinschaft für eine fristwahrende Inanspruchnahme aus, dass der Verwalter als gesetzlicher Vertreter der Wohnungseigentümer gemäß § 27 Abs. 2 Nr. 4 WEG tätig wird (OLG Düsseldorf Urt. v. 6.12.1991 22 U 114/91 = NJW-RR 1993, 470). Ähnliches gilt für die Geltendmachung von Ansprüchen einer BGB-Gesellschaft: Auch hier kommt es für die ordnungsgemäße Anzeige i.S.d. § 777 BGB darauf an, dass ein Gesamthänder klarstellt, die Bürgschaft für die BGB-Gesellschaft anzufordern (OLG München Urt. v. 23.6.1999 7 U 6189/98 = NJW-RR 2000, 1347 f.).

88 Kommt der Gläubiger seinen Anzeigeobliegenheiten gemäß § 777 Abs. 1 BGB nicht nach, oder liegen ggf. sonst von der Bürgschaft für deren Inanspruchnahme geforderte Voraussetzungen nicht binnen der Frist vor, verliert der Gläubiger seine Rechte aus der Zeitbürgschaft. Andernfalls haftet der Bürge. Der Höhe nach beschränkt sich diese Haftung bei einer selbstschuldnerischen Zeitbürgschaft auf den **Umfang der Ansprüche des Gläubigers gegen den Hauptschuldner zum in der Bürgschaft vorgesehenen Endtermin** (§ 777 Abs. 2 BGB; BGH Urt. v. 22.12.1982 VIII ZR 199/81 = NJW 1983, 750 = ZIP 1983, 30 = WM 1983, 33 = MDR 1983, 397 = LM § 777 BGB Nr. 5). Dabei entfällt diese einmal eingetretene Haftung bei einer Zeitbürgschaft zur Sicherung der Vertragserfüllung auch dann nicht, wenn der Gläubiger (Auftraggeber) nach Eintritt des Sicherungsfalls und fristgerechter Anforderung der Bürgschaft die Bauleistung später noch abnimmt (BGH Urt. v. 24.9.1998 IX ZR 371/97 = BGHZ 139, 325, 329 = BauR 1999, 281 [Ls.] = NJW 1999, 55, 56 = ZfBR 1999, 88).

V. Verwertung – Einwendungen des Bürgen

1. Eintritt des Sicherungsfalls

89 Die **Verwertung** der Sicherheit durch den Auftraggeber ist **zulässig, wenn der Sicherungsfall eingetreten**, die **Bürgschaft also fällig ist** (BGH Urt. v. 5.4.1984 VII ZR 167/83 = BauR 1984, 406 = NJW 1984, 2456 = ZfBR 1984, 185; Urt. v. 21.1.1993 VII ZR 127/91 = BGHZ 121, 168 = BauR 1993, 335 = ZfBR 1993, 125; vgl. dazu auch umfassend § 17 Nr. 1 VOB/B Rn. 8 ff.). Ist der Eintritt des Sicherungsfalls nicht mehr möglich, darf die Bürgschaft demnach nicht mehr verwertet werden (BGH Urt. v. 24.9.1998 IX ZR 371/97 = BGHZ 139, 325, 328 = BauR 1999, 281 [Ls.] = NJW 1999, 55, 56 = ZfBR 1999, 88, 89; *Thode* ZfBR 2002, 4, 5). Im Verhältnis zum Sicherungsgeber darf die Bürgschaft ferner nur verwertet werden, wenn die durch die Bürgschaft abgesicherte Forderung fällig ist (*Quack* BauR 1997, 754, 756). Bedeutsam ist diese Einschränkung vor allem bei Gewährleistungsbürgschaften: Ist diese wie üblich nur auf Geldzahlung gerichtet, tritt der Sicherungsfall solange nicht ein, wie der Auftragnehmer noch zur Nacherfüllung berechtigt und der Nacherfüllungsanspruch nicht auf einen auf Geldzahlung gerichteten Mängelanspruch übergegangen ist (BGH Urt. v. 13.9.2001 VII ZR 467/00 = BGHZ 148, 151, 154 = BauR 2001, 1893, = NJW 2001, 3629, 3630 = NZBau 2001, 679 f., 1894 = ZfBR 2001, 507 [Ls.]; *Quack* BauR 1997, 754, 756; *Thode* ZfIR 2000, 165, 171 f.; *Thode* ZfBR 2002, 4, 5; *Kuffer* BauR 2003, 155 f.; vgl. auch § 17 Nr. 1 VOB/B Rn. 9).

2. Verwertung: Inanspruchnahme des Bürgen

90 Die **Verwertung** der **Bürgschaft** erfolgt durch **unmittelbare Inanspruchnahme** des selbstschuldnerisch haftenden Bürgen durch den Gläubiger. Bei einer Mehrheit von Gläubigern (Bauherrengemeinschaft als Auftraggeberin) kann jeder Bauherr Zahlung der Bürgschaftssumme jedenfalls an

alle gemeinschaftlich fordern (BGH Urt. v. 27.2.1992 IX ZR 57/91 = BauR 1992, 373 = ZIP 1992, 466 = *Reithmann* EWiR § 741 BGB 1/92, 453 = SFH § 765 BGB Nr. 11 = ZfBR 1992, 164 = NJW 1992, 1881 = MDR 1992, 744 = LM § 765 BGB Nr. 80 = ZIP 1992, 466).

Vom Verfahren her erfolgt die Verwertung durch **Anforderung der Zahlung** aus der Bürgschaft. Der Bürge ist zur Zahlung verpflichtet, wenn die zu Grunde liegende gesicherte Hauptforderung fällig ist und der Gläubiger die Bürgschaft nach der mit dem Hauptschuldner getroffenen Sicherungsabrede verwerten darf. Dabei darf der Bürge in entsprechender Anwendung von § 371 BGB **seine Zahlung von der gleichzeitigen Rückgabe der Bürgschaft abhängig** machen. Insoweit steht ihm gemäß § 273 BGB ein Zurückbehaltungsrecht zu (OLG Düsseldorf Urt. v. 2.7.2004 23 U 172/03 = BauR 2004, 1992 [Ls.]). Materiellrechtlich geht es sodann um die Bezahlung des von der Bürgschaft gesicherten Anspruchs, weswegen dann aber auch entsprechende Beschränkungen bestehen, d.h.: Nimmt der Auftraggeber den Bürgen z.B. aus einer Gewährleistungsbürgschaft wegen Vorschusses für eine Mängelbeseitigung in Anspruch, hat er die Nachbesserung wie sonst innerhalb angemessener Zeit durchzuführen. Anderenfalls steht dem Auftragnehmer, der dem Bürgen zwischenzeitlich dessen Aufwendungen ersetzt hat, sowohl aus der Sicherungsabrede als auch aus übergegangenem Recht gemäß § 812 Abs. 1 S. 2 BGB ein Rückgewährsanspruch zu (OLG Braunschweig Urt. v. 6.3.2003 8 U 85/02 = BauR 2003, 1234, das sich allerdings allein auf § 812 BGB stützt). 91

Macht der Auftraggeber gegen den Bürgen nur eine **Teilforderung** geltend und stützt sich diese auf verschiedene, voneinander unabhängige Mängel, hat er – wie bei einem entsprechenden Vorgehen gegen den Hauptschuldner – bei einer Bürgschaftsklage anzugeben, auf welche Einzelansprüche er die Klagesumme verteilt bzw. in welcher Reihenfolge er sie der Klageforderung zuordnet (BGH Urt. v. 4.12.1997 IX ZR 247/96 = BauR 1998, 332, 333 = NJW 1998, 1140 = ZfBR 1998, 144). 92

Die **Inanspruchnahme einer Bürgschaft ist ohne Eintritt des Sicherungsfalls vertragswidrig**. Der Gläubiger hat dies zu unterlassen (BGH Urt. v. 21.1.1993 VII ZR 127/91 = BauR 1993, 335 = ZfBR 1993, 125 = ZIP 1993, 499 = MDR 1993, 448 = NJW 1993, 1131, 121, 168 ff.; Urt. v. 11.12.1986 IX ZR 165/85 = BauR 1987, 353, 356 = NJW-RR 1987, 683, 685 = MDR 1987, 492; BGH BauR 2003, 246, 247 f. = NJW 2003, 352, 252 = ZfBR 2003, 143, 144). Den Unterlassungsanspruch kann der Hauptschuldner (auch bei einer Bürgschaft auf erstes Anfordern) mit einer **einstweiligen Verfügung** durchsetzen (siehe hierzu unten Rn. 115 ff.). Wurde die Bürgschaft vertragswidrig, d.h. ohne dass ein Sicherungsfall vorliegt, gezogen, ist der insoweit erlangte Betrag zurückzuzahlen – allerdings nur Zug um Zug gegen Gestellung einer neuen Ersatzbürgschaft (*Quack* BauR 1997, 754, 756). 93

3. Zulässige Einwendungen/Einreden aus dem Rechtsverhältnis Auftraggeber/Auftragnehmer

Dem Anspruch des Auftraggebers/Gläubigers kann **der Bürge diverse Einreden und Einwendungen entgegensetzen**. Rechtgrundlage dafür sind die gesetzlichen Regelungen in § 768 BGB (Einreden des Hauptschuldners auch für den Bürgen), § 770 Abs. 2 BGB (Einrede der Aufrechenbarkeit), § 771 BGB (Einrede der Vorausklage) und § 776 BGB (Einrede des Bürgen bei Aufgabe von Sicherheiten). Auf all diese Einreden kann der Bürge individualvertraglich verzichten; nur mit Einschränkungen kann ein solcher Verzicht in AGB des Gläubigers (Auftraggebers) erfolgen: 94

Nach dem gesetzlichen Leitbild kann sich der Bürge (abgesehen von den Ausnahmefällen des § 773 BGB) darauf berufen, dass der Gläubiger vor der Inanspruchnahme des Bürgen einen erfolglosen Vollstreckungsversuch bei dem Hauptschuldner unternommen haben muss (§ 771 BGB). Eine solche **Einrede der Vorausklage** kommt jedoch bei den **VOB-Bürgschaften nicht zum Zuge**: Denn diese sind nach § 17 Nr. 4 S. 2 VOB/B selbstschuldnerisch, d.h. unter Verzicht auf die Einrede der Vorausklage abzugeben (siehe hierzu oben Rn. 25). 95

96 Der Bürge kann dem Auftraggeber jedoch auch bei VOB-konformen Bürgschaften **die Einreden entgegensetzen, die dem Auftragnehmer als Hauptschuldner zustehen,** ohne dass dieser die diesbezüglichen Einreden schon vorgebracht haben muss (§ 768 Abs. 1 S. 1 BGB). Ein Ausschluss dieses Rechts in der Bürgschaft bzw. im Bürgschaftsvertrag kann nur individualvertraglich erfolgen, nicht innerhalb von AGB (BGH Urt. v. 8.3.2001 IX ZR 236/00 = BGHZ 147, 99, 104 = BauR 2001, 1093, 1094 f. = NJW 2001, 1857, 1858 f. = NZBau 2001, 311, 312 = ZfBR 2001, 319, 320 f.; dazu auch *Stammkötter* BauR 2001, 1295; *Moufang/Kupjetz* BauR 2002, 1314; vgl. auch zum Ausschluss der Einreden bei Bürgschaften auf erstes Anfordern oben Rn. 37). Im Überblick heißt das:

97 In erster Linie kann sich der Bürge dem Gläubiger gegenüber darauf berufen, dass die **Forderung** gegen den Hauptschuldner **nicht (mehr) besteht** oder rechtskräftig abgewiesen wurde (BGH Urt. v. 24.11.1969 VIII ZR 78/68 = NJW 1970, 279 = MDR 1970, 229 = LM § 768 BGB Nr. 4). In Betracht kommen ferner sämtliche dem Hauptschuldner zustehenden Einwendungen und Einreden, so z.B. die Einrede des nicht rechtzeitigen Vorbehalts der Vertragsstrafe (§ 11 VOB/B) oder die Geltendmachung eines Zurückbehaltungs- oder Leistungsverweigerungsrechts gemäß § 320 bzw. § 273 BGB.

98 Ein Bürge kann sich gegenüber dem Gläubiger des Weiteren auf die **Verjährung der Hauptschuld** berufen. Dies ist sogar noch möglich, wenn die Verjährung erst nach Erhebung der Bürgschaftsklage oder sogar nach einer rechtskräftigen Verurteilung der Bürgen eintritt. Im letzteren Fall kann sich der Bürge gegen etwaige Vollstreckungsmaßnahmen mit einer Vollstreckungsgegenklage zur Wehr setzen (BGH Urt. v. 9.7.1998 IX ZR 272/96 = BGHZ 139, 214, 220 = NJW 1998, 2972, 2974; NJW 1999, 278, 279 = NJW-RR 1999, 644 [Ls.]). Ist der Bürge zur Verjährungseinrede berechtigt, so verliert er diese Befugnis nicht dadurch, dass auf Grund eines gegen den Hauptschuldner ergehenden rechtskräftigen Urteils im Verhältnis zu diesem eine neue Regelverjährungsfrist in Lauf gesetzt wird (§ 768 Abs. 2 BGB; BGH Urt. v. 12.3.1980 VIII ZR 115/79 = BGHZ 76, 223 = NJW 1980, 1460 = MDR 1980, 664 = ZIP 1980, 355 = LM § 767 BGB Nr. 14, Anm. *Brunotte* = JR 1980, 506, Anm. *Rehbein*). Der vom Bürgen geforderte Verzicht in AGB auf die Einrede der Verjährung des Anspruches gegen den Hauptschuldner verstößt gegen § 307 BGB (vgl. Walther, NJW 1994, 2337).

99 Ändert sich die durch die Bürgschaft abgesicherte Hauptschuld, ist aus Sicht des Bürgen zu unterscheiden: **Rechtsgeschäftliche Erweiterungen der Hauptschuld**, wie z.B. eine nach Bürgschaftsübernahme vereinbarte Verlängerung der Ausführungsfrist (OLG Hamm Urt. v. 23.5.2000 24 U 19/00 = BauR 2002, 495, 496 = NZBau 2000, 471), eine nachträgliche Verlängerung der Gewährleistungsfrist (OLG Düsseldorf Urt. v. 23.7.1993 23 U 204/92 = BauR 1993, 747; OLG Köln Urt. v. 13.10.2004 11 U 184/03 = IBR 2005, 371 = BauR 2005, 1368 [Ls.]) oder eine nachträgliche Vereinbarung zwischen Auftraggeber und Auftragnehmer, auf eine förmliche Abnahme zugunsten einer konkludenten oder fiktiven Abnahme zu verzichten (OLG Köln Urt. v. 16.3.2005 17 U 170/03 = BauR 2005, 1199, 1200), werden wegen der Abhängigkeit der Bürgschaft von dem Bestand der Hauptforderung zum Zeitpunkt der Bürgschaftsübernahme **von der Bürgschaft nicht erfasst** (vgl. auch § 767 Abs. 1 S. 3 BGB). Dasselbe gilt für sonstige zwischen Hauptschuldner und Gläubiger getroffene Vereinbarungen, die sich nachteilhaft zulasten des Bürgen auswirken. Hierunter fallen z.B. im Sicherungsfall getroffene Verwertungsvereinbarungen zwischen dem Schuldner und einem absonderungsberechtigten Gläubiger, wenn zu dem Verwertungsgut gleichzeitig eine Bürgschaft bestellt war. In diesem Fall kann der Gläubiger nach Sinn und Zweck des § 767 Abs. 1 S. 3 BGB einen Bürgen nicht mehr in Höhe des schon erzielten Verwertungserlöses in Anspruch nehmen (BGH Urt. v. 3.11.2005 IX ZR 181/04 = BGHZ 165, 28, 34 = NJW 2006, 228, 229 f.). Etwas anderes kann für **geänderte oder zusätzliche Leistungen** gelten: Diese fallen schon begrifflich nicht unter § 767 Abs. 1 S. 3 BGB, wenn sie vor Übernahme der Bürgschaft vereinbart wurden (BGH Urt. v. 27.1.2004 XI ZR 111/03 = BauR 2004, 1159, 1160 = NZBau 2004, 270, 271) oder sonst in der Bürgschaft angelegt waren (so z.B. bei einer Verlängerung einer Abbaugenehmigung, wenn der Bürge eine unbefristete Bürgschaft auch für künftige Ansprüche aus der Rekultivierung des Grundstückes übernommen hat: OLG Celle Urt. v. 7.6.2006 3 U 1/06, n. rkr., OLGR 2006, 554). Allerdings kann es hier in

Ausnahmefällen, z.B. bei einer vor Bürgschaftsübernahme getroffenen, dem Bürgen nicht bekannten Regelung mit dem einstweiligen Verzicht der Baufertigstellung bis zum Finden eines Käufers, zu einer Begrenzung der Bürgenhaftung nach § 242 BGB kommen (BGH a.a.O.).

Bei **nach Übernahme der Bürgschaft erteilten Zusatzleistungen** ist unter dem Gesichtspunkt des § 767 Abs. 1 S. 3 BGB bei der Bürgenhaftung zu unterscheiden: Nachtragsleistungen, deren vertragliche Grundlage bereits mit dem der Bürgschaft zugrunde liegenden Hauptvertrag gelegt ist und die infolgedessen einseitig vom Auftraggeber verlangt bzw. angeordnet werden können, werden von einer bereits vorliegenden (Vertragserfüllungs-)Bürgschaft abgedeckt, soweit die Bürgschaft unmittelbar auf diesen Hauptvertrag Bezug nimmt und sich kein anderweitiger Wille aus der Bürgschaft bzw. dem Bürgschaftsvertrag entnehmen lässt. Insoweit fehlt es bereits an einem Rechtsgeschäft des Hauptschuldners im Sinne des § 767 Abs. 1 S. 3 BGB: Denn der Auftraggeber übt mit der Anordnung der Leistungsänderung nach § 1 Nr. 3 und Nr. 4 S. 1 VOB/B lediglich ein Gestaltungsrecht aus (BGH Urt. v. 14.7.1994 VII ZR 186/93 = BauR 1994, 760, 761 = NJW-RR 1995, 80, 81 = ZfBR 1995, 15, 16; MüKo/*Thode* 4. Aufl. § 305 BGB Rn. 51 m.w.N.), das ihm bereits mit dem über die Bürgschaft abgesicherten Bauvertrag eingeräumt ist (*Staudinger/Horn* § 767 BGB Rn. 42; unklar *Palandt/Sprau* § 767 BGB Rn. 3); das Risiko einer Ausübung dieses Gestaltungsrechts hat der Bürge durch Übernahme der Bürgschaft unter Bezugnahme auf den konkreten Bauvertrag mit Geltung der VOB mit übernommen. Eine solche Sichtweise verstößt auch nicht (so aber OLG München Urt. v. 23.3.2004 9 U 4089/03 = BauR 2004, 1316, 1318; ebenso *Maser* in FS Jagenburg S. 557, 563 ff.) gegen den im Bürgschaftsrecht geltenden Bestimmtheitsgrundsatz. Denn dieser Grundsatz schützt den Bürgen keinesfalls vor der Eingehung unüberschaubarer oder unkontrollierter Belastungen (MüKo/*Habersack* § 765 BGB Rn. 69). Dem Erfordernis der Bestimmbarkeit der verbürgten Forderung wird daher schon dann genügt, wenn ein ggf. auch sehr weites Risiko im Bürgschaftsvertrag so bezeichnet ist. Demzufolge ist also ohne Weiteres mit dem Bestimmtheitserfordernis zu vereinbaren z.B. eine Bürgschaft für sämtliche Forderungen eines bestimmten Gläubigers gegen einen bestimmten Schuldner aus einer bestimmten Geschäftsverbindung, aber auch eine Bürgschaft für alle nur irgendwie denkbaren Verbindlichkeiten des Hauptschuldners ohne sachliche Begrenzung (BGH Urt. v. 18.5.1995 IX ZR 108/94 = BGHZ 130, 19, 21 f. = NJW 1995, 2553). Es bedarf danach keiner weiteren Erläuterung, dass die Beschränkung eines Sicherungszwecks auf einen konkreten Bauvertrag, allerdings verbunden mit der dem Bürgen bekannten Option des Auftraggebers, konkret dieses Bauvorhaben betreffende notwendige Zusatzleistungen oder Leistungsänderungen anzuordnen, nur ein Minus dessen darstellt, was die Rechtsprechung auch ansonsten mit dem Bestimmtheitsgrundsatz als vereinbar ansieht. **Folglich werden daher von einer Bürgschaft sämtliche Leistungsänderungen und -anordnungen bei VOB-Verträgen gemäß § 1 Nr. 3 und Nr. 4 S. 1 VOB/B sowie bei allen VOB- und BGB-Verträgen abgedeckt, soweit sich der Auftraggeber darauf hat eine Option einräumen lassen.** Demgegenüber werden keine Leistungsänderungen erfasst, die darüber hinausgehen und mit denen der Bürge bei Hergabe seiner Bürgschaft nicht rechnen musste. Hierzu zählen bei VOB-Verträgen Leistungsänderungen gemäß § 1 Nr. 4 S. 2 VOB/B sowie alle nachträglichen Leistungsänderungen bei BGB-Verträgen (*Thierau* Jahrbuch Baurecht 2000 S. 66 ff., 74 f., 80; *Thierau* in *Kapellmann/Messerschmidt* § 17 VOB/B Rn. 64 ff.; *Weise* Sicherheiten im Baurecht Rn. 57, der allerdings auch sämtliche Nachtragsleistungen gemäß § 1 Nr. 4 S. 2 VOB/B einbeziehen will; wohl auch *Palandt/Sprau* § 767 BGB Rn. 3, der Leistungserweiterungen als von der Bürgschaft umfasst ansieht, die bereits im ursprünglichen Vertrag mit angelegt sind [was bei Vertragserweiterungen nach § 1 Nr. 3 und Nr. 4 der Fall ist]; zweifelnd: *Schmitz/Vogel* ZfIR 2002, 509, 516 – a.A.: OLG München Urt. v. 23.3.2004 9 U 4089/03 = BauR 2004, 1316, 1317; *Maser* FS Jagenburg S. 557, 563 ff.; *Heiermann/Riedl/Rusam* § 17 VOB/B Rn. 27 a.E.). Etwas anderes gilt ebenfalls, wenn der Bürge in der Bürgschaft ausdrücklich oder zumindest mittelbar klargestellt hat, dass er eine Leistungserweiterung nicht mit übernehmen will. Dies ist z.B. der Fall, wenn in der Bürgschaft der Sicherungsgegenstand durch die Bezugnahme auf den Bauvertrag und einzelne konkret genannte Nachträge beschrieben wird: Hier wird man im Umkehrschluss davon ausgehen können, dass weitere Nachträge nicht mit abgedeckt werden sollen (OLG Braunschweig Urt. v. 2.2.1998 3 U 124/97 = BauR 1999, 72 [Ls.] = IBR 1998, 370 – wobei in dieser Entscheidung nicht deutlich wird, ob ein VOB-Vertrag zugrunde lag; wohl auch OLG Frankfurt Urt. v. 29.5.2002 4 U 11/01 = IBR 2002, 478). Anders als bei rechtsgeschäftlichen Änderungen der Hauptschuld deckt eine Bürgschaft ebenfalls **Ansprüche des Gläubigers** ab, die sich **auf Grund gesetzlicher Vorschriften** ergeben. So kann sich die Bürgschaftsschuld ändern, d.h. vor allem erweitern infolge eines schuldhaften Verhaltens des Auftragnehmers, das den Auftraggeber zum Schadensersatz (z.B. bei Verzug) oder zur Vertragskündigung berechtigt (vgl. § 767 Abs. 1 S. 2 BGB).

100 Der Bürge kann des Weiteren die Zahlung auf die Bürgschaft verweigern, solange sich der Gläubiger durch **Aufrechnung** gegen eine fällige Forderung des Hauptschuldners befriedigen kann (§ 770 Abs. 2 BGB). Ein **Ausschluss der Einrede der Aufrechenbarkeit** ist im Bürgschaftsvertrag ebenfalls **nur individualvertraglich möglich, nicht in Form von AGB**, soweit von diesem Aufrechnungsausschluss unstreitige oder rechtskräftig festgestellte Forderungen umfasst sind. Denn die Einrede der Aufrechenbarkeit gemäß § 770 Abs. 2 BGB ist wie der Erhalt der Einreden nach § 768 BGB eine Ausprägung des Subsidiaritätsgrundsatzes der Bürgschaft. Der meist uneigennützig handelnde Bürge soll erst dann in Anspruch genommen werden, wenn sich der Gläubiger nicht durch Inanspruchnahme des Hauptschuldners, etwa durch Aufrechnung, befriedigen kann (BGH Urt. v. 16.1.2003 IX ZR 171/00 = ZIP 2003, 621, 623 = NJW 2003, 1521). Enthält danach der formularmäßig vereinbarte Bürgschaftsvertrag den Verzicht auf die Einrede der Aufrechenbarkeit, ohne die Fälle der anerkannten oder rechtskräftig festgestellten Forderungen auszunehmen, verstößt dieser Einredeverzicht gegen § 307 BGB. Er ist insgesamt unwirksam und kann wegen des Verbots einer geltungserhaltenden Reduktion nicht teilweise aufrechterhalten werden (BGH a.a.O.; *Brandner* in *Ulmer/Brandner/Hensen* Anh. §§ 9 bis 11 Rn. 262; MüKo/*Habersack* § 770 BGB Rn. 3). Der Einrede der Aufrechenbarkeit kann der Gläubiger (Auftraggeber) jedoch ohne weiteres in der Weise begegnen, dass er zunächst mit einer nicht verbürgten Forderung (z.B. Kostenerstattungsanspruch nach Mängelbeseitigung durch einen Drittunternehmer) gegen den Anspruch des Hauptschuldners aufrechnet. Eine solche Aufrechnung zur Umgehung des § 770 Abs. 2 BGB ist nur dann unzulässig, wenn der Auftraggeber damit allein zum Schaden des Bürgen handelt (BGH Urt. v. 16.2.1984 IX ZR 106/83 = NJW 1984, 2455 = ZIP 1984, 418 = LM § 396 BGB Nr. 2). Wurde die Einrede der Aufrechenbarkeit wirksam ausgeschlossen, hindert dies den Bürgen jedoch nicht, sich darauf zu berufen, dass die Hauptschuld in Folge einer bereits erklärten Aufrechnung erloschen sei. Denn der Bürge haftet nur in dem Umfang, wie die Hauptschuld überhaupt besteht (BGH Urt. v. 25.4.2002 IX ZR 254/00 = ZfBR 2002, 569, 571 = NJW 2002, 2867, 2869 = NZBau 2002, 437, 439).

101 In einem **formularmäßigen Bürgschaftsvertrag** ist des Weiteren ein **Verzicht auf die Einreden des § 776 BGB unwirksam**. Diese Regelung befreit den Bürgen von seiner Haftung, soweit der Gläubiger andere Sicherungsgeber, die der Bürge über § 774 BGB an seiner Haftung hätte beteiligen können, zuvor aus der Haftung entlassen hat. Auf Grund dieses Normzwecks ist eine Klausel, die dem Bürgen dieses Recht vollkommen abschneidet, mit dem Grundgedanken dieser Vorschrift nicht vereinbar und verstößt gegen § 307 BGB (vgl. hierzu ausführlich zu den entsprechenden Ausführungen bei einer Bürgschaft auf erstes Anfordern oben Rn. 39). Eingeschränkt werden können diese Rechte lediglich insoweit, als es um die Aufgabe von Sicherheiten bei Banken auf Grund ihrer AGB geht: Diese Ausnahme wird als zulässig angesehen, da andernfalls auf Grund des weiten Pfandrechts der Banken überhaupt keine Sicherheiten eines Hauptschuldners mehr freigegeben werden könnten und dadurch dessen wirtschaftliche Betätigungsmöglichkeit blockiert würde. Erfasst werden demgegenüber von § 307 BGB aber gesondert im Verhältnis Bank/Bürge geschlossene Sicherungsvereinbarungen für eine konkrete Hauptschuld außerhalb des allgemeinen AGB-Pfandrechts (BGH Urt. v. 2.3.2000 IX ZR 328/98 = BGHZ 144, 52, 56 ff. = BauR 2000, 1097 [Ls.] = NJW 2000, 1566, 1567 = ZfBR 2000, 407, 408; NJW 2002, 295; *Brandner* in: *Ulmer/Brandner/Hensen* Anh. §§ 9 bis 11 Rn. 262).

4. Verpflichtung des Bürgen zur Abwehr einer Inanspruchnahme

Inwieweit eine Verpflichtung des Bürgen zur Abwehr seiner Inanspruchnahme besteht, bemisst sich nach dem zwischen Bürgen und Hauptschuldner bestehenden Innenverhältnis (*Groß* BlGBW 1970, 191). In jedem Fall ist der **Bürge verpflichtet, den Hauptschuldner über eine drohende Inanspruchnahme zu unterrichten** und sich zu erkundigen, ob er Einreden oder Einwendungen geltend macht. Bestehen solche, hat er diese zu prüfen. Kommt er danach mit rechtlich vertretbaren Gründen zu dem Ergebnis, dass dem vom Gläubiger erhobenen Anspruch keine beachtlichen Einwände entgegengesetzt werden können, kann er zahlen. Ihm steht anschließend neben einem etwaigen Forderungsübergang gemäß § 774 Abs. 1 BGB ein Aufwendungsersatzanspruch gegen den Hauptschuldner (§§ 675, 670 BGB) zu. Dies gilt selbst dann, wenn sich später herausstellt, dass der Gläubiger mit der Anforderung der Bürgschaftsvaluta seine Pflichten aus der Sicherungsabrede mit dem Hauptschuldner verletzt hat (BGH Urt. v. 19.9.1985 IX ZR 16/85 = BGHZ 95, 375, 385 f. = NJW 1986, 310, 312 f. = ZfBR 1986, 28 = ZIP 1985, 1380, 1384 f.; Urt. v. 24.10.2002 IX ZR 355/00 = BauR 2003, 246, 248 = NJW 2003, 352, 353 f. = ZfBR 2003, 143, 144 f.). Der Aufwendungsersatzanspruch entfällt hingegen, wenn es der Bürge insbesondere etwa bei einer Bürgschaft auf erstes Anfordern schuldhaft versäumt hat, die aus der Bürgschaft erhobenen Ansprüche mit liquiden Einwendungen abzuwehren, und die Leistung auch nach materiellem Bürgschaftsrecht zu Unrecht erbracht worden ist (BGH Urt. v. 24.10.2002 IX ZR 355/00 = BauR 2003, 246, 249 = NJW 2003, 352, 354 = ZfBR 2003, 143, 145; wohl auch *Thode* ZfBR 2002, 4, 7 f.).

102

5. Verjährung – Wirkung der Bürgschaftsklage

Die Bürgschaftsschuld verjährt **unabhängig von der gesicherten Hauptschuld**. Es gilt die **regelmäßige Verjährungsfrist von drei Jahren** (§ 195 BGB) mit der Höchstfristbegrenzung von zehn Jahren (§ 199 Abs. 4 BGB). Die Verjährungsfrist beginnt mit Anspruchsentstehung und Kenntnis des Gläubigers von den anspruchsbegründenden Tatsachen (§ 199 Abs. 1 BGB). Der Bürgschaftsanspruch entsteht, wenn die Hauptschuld fällig ist und der Bürge vom Hauptschuldner in Anspruch genommen wird (BGH Urt. v. 11.10.1984 IX ZR 73/83 = NJW 1985, 45, 46; Urt. v. 10.11.1988 III ZR 215/87 = NJW 1989, 1284, 1285; Urt. v. 25.9.1990 XI ZR 142/89 = NJW 1991, 100; i.E. ebenso OLG München, Urt. v. 20.7.2006 – 19 U 3419/06 noch nicht veröffentl.; *Staudinger/Horn* § 765 BGB Rn. 112; *Mansel/Budzikiewicz* Das neue Verjährungsrecht 2002 § 3 Rn. 100). Z.T. wird insoweit allerdings vertreten, dass der Beginn der Verjährung der Bürgschaftsschuld mit der Fälligkeit der Hauptforderung zusammenfällt, da sie ab diesem Zeitpunkt bereits in Anspruch genommen werden könne (*Schmitz/Vogel* ZfIR 2002, 509, 518 f.; MüKo/*Habersack* § 765 BGB Rn. 82.; in diesem Sinne wohl auch die eher beiläufige Formulierung in BGH Urt. v. 18.2.2003 IX ZR 9/03 = NJW-RR 2004, 1190, 1991). Eine solche Sichtweise kann jedoch nicht zutreffen. Dabei stellt sich diese Frage vor allem bei Gewährleistungsbürgschaften, wenn gleich zu Beginn einer z.B. fünfjährigen Gewährleistungsfrist ein Mangel auftritt. Hier kommt eine **parallel laufende Verjährung jedoch überhaupt nur in Betracht, wenn ein durch eine Bürgschaft gesicherter Mangelanspruch z.B. nach einer Fristsetzung bereits auf einen Zahlungsanspruch übergegangen** ist (so auch OLG Köln Urt. v. 14.12.2005 11 U 109/05 = BauR 2006, 719). Denn vorher kann eine Gewährleistungsbürgschaft gar nicht in Anspruch genommen werden (vgl. dazu im Einzelnen § 17 Nr. 1 VOB/B Rn. 9). Folglich verbleiben unter dem Gesichtspunkt der Verjährung als Grenzfälle nur die Sachverhalte, in denen zwischenzeitlich ein auf Geldzahlung gerichteter Mangelanspruch besteht. Falls man allein für diese Variante anders als hier vertreten für den Beginn der Verjährung der Ansprüche aus der Bürgschaft nicht deren Inanspruchnahme fordert, käme es gleichwohl nicht zu einem frühzeitigen Verjährungsbeginn. Zurückzugreifen wäre dann nämlich zunächst auf die Sicherungsabrede. Sie gewährt dem Auftraggeber für die Gesamtdauer der Gewährleistung das Recht, zum einen eine Sicherheit (i.e. Bürgschaft) zu fordern und zum anderen diese für die Dauer der Gewährleistung zu behalten. Mit dieser Maßgabe ist ein Auftraggeber im Sicherungsfall keinesfalls gezwungen, auf diese Sicherheit zurückzugreifen.

103

Vielmehr kann er sie sich für ggf. spätere Schäden aufsparen und stattdessen zu den aktuellen Schäden seine sonstigen Mängelrechte durchsetzen (BGH Urt. v. 9.7.1981 VII ZR 40/80 = BauR 1981, 577, 580 = NJW 1981, 2801 = ZfBR 1981, 265, 266 f.; Urt. v. 8.7.1982 VII ZR 96/81 = BauR 1982, 579 f. = NJW 1982, 2494 = ZfBR 1982, 253 f.; vgl. auch § 17 Nr. 1 VOB/B Rn. 49). Dies vorausgeschickt ist dem Bürgen, der in der Regel seine Sicherheit unter konkreter Bezugnahme auf diesen bestimmten Bauvertrag abgibt, diese Sicherungsabrede vollumfänglich bekannt, d.h.: Der Bürge weiß, dass der Auftraggeber die von ihm gestellte Bürgschaft im Schadensfall nicht einsetzen muss, sondern sie für spätere Schadensfälle behalten darf. Folglich würde er sich dann – käme es auf die Inanspruchnahme der Bürgschaft als Fälligkeitsvoraussetzung nicht an – zumindest konkludent mit diesem ergänzenden Sicherungszweck bei Herausgabe der Bürgschaft einverstanden erklären. Damit dieses Recht des Auftraggebers aus der Sicherungsabrede aber überhaupt zum Tragen kommt, wäre es weiter zwingend, dass sich der Bürge dann nicht schon vorzeitig insbesondere im Fall eines frühen Gewährleistungsfalls auf die Verjährung der Bürgschaftsansprüche berufen kann. Denn anderenfalls würde das Recht des Auftraggebers zum Behaltendürfen der Sicherheit für die Dauer der Gewährleistung ggf. leer laufen – obwohl der Bürge diesen Sachverhalt bei Herausgabe der Bürgschaft gerade akzeptiert hat. Rechtlich wird man daher bei dieser alternativen Betrachtung im Verhältnis Bürge/Auftraggeber bzgl. der **Verjährung der Bürgschaftsansprüche** für den Zeitraum, in dem der Auftraggeber die Sicherheit behalten darf, von einem **pactum de non petendo**, d.h. von einer Verjährungshemmung, auszugehen haben. Im Ergebnis liefe dies somit verjährungstechnisch im Wesentlichen auf dasselbe hinaus wie bei hier allerdings vorrangig vertretenen Auffassung, dass für den Beginn der Verjährung der Bürgschaft deren Inanspruchnahme notwendig ist. Ist eine Inanspruchnahme allerdings erfolgt, können dann bestehende **Ansprüche etwa aus einer Gewährleistungsbürgschaft** je nach Zeitpunkt der Inanspruchnahme auf Grund der nunmehr beginnenden dreijährigen Verjährungsfrist **bereits vor Ablauf der im Bauvertrag vereinbarten**, z.B. auf fünf Jahre verlängerten **Gewährleistungsfrist verjähren**.

103a Wurde ausnahmsweise einmal – in Abweichung von § 17 Nr. 4 S. 2 VOB/B – eine **nicht selbstschuldnerische Bürgschaft** abgegeben, kann sich der Bürge vor seiner eigenen Inanspruchnahme auf die Einrede der Vorausklage berufen (§ 771 BGB). Für die Dauer der dann notwendig werdenden vorherigen Inanspruchnahme des Hauptschuldners sind bis zum Ablauf des ersten erfolglosen Vollstreckungsversuchs Ansprüche des Gläubigers (Auftraggebers) gegen den Bürgen gehemmt (§ 771 S. 2 BGB – siehe dazu auch *Schlösser* NJW 2006, 645).

104 Eine **Mängelrüge gegenüber dem Bürgen oder eine Bürgschaftsklage hemmt nicht die Verjährung der Hauptforderung**. Zwar ist der Bürgschaftsanspruch vom Bestand der Hauptforderung abhängig (§ 767 Abs. 1 S. 1 BGB); jedoch handelt es sich im Übrigen um einen selbstständigen Anspruch, der unabhängig von der gesicherten Hauptforderung einer eigenen Verjährung unterliegt. Aus diesem Grund muss der Bürgschaftsgläubiger (Auftraggeber) durch geeignete verjährungsunterbrechende oder -hemmende Maßnahmen darauf achten, dass in seinem Verhältnis zum Auftragnehmer keine Anspruchsverjährung eintritt. Verjährungshemmende Maßnahmen sind selbst dann zu ergreifen, wenn der Auftragnehmer ggf. insolvent ist und daher Ansprüche gegen den Insolvenzverwalter durchzusetzen wären. Denn auch in diesen Fällen gilt, dass **eine Klage gegen den Bürgen keine Wirkung gegen den Hauptschuldner** entfaltet (BGH Urt. v. 12.3.1980 VIII ZR 115/79 = NJW 1980, 1460). Daher kann sich der Bürge seinerseits sogar gegen Zwangsvollstreckungsmaßnahmen aus einem gegen ihn ergangenen rechtskräftigen Urteil mit einer Vollstreckungsgegenklage zur Wehr setzen, wenn zeitlich nach seiner Verurteilung der ursprünglich mit der Bürgschaft gesicherte Anspruch des Auftraggebers/Bürgschaftsgläubigers gegen den Hauptschuldner verjährt (BGH Urt. v. 9.7.1998 BGHZ 139, 214, 220 = NJW 1998, 2972, 2974 = NJW 1999, 278, 279 = NJW-RR 1999, 644 [Ls.]). Im Hinblick auf die danach bestehende Notwendigkeit zur ggf. erforderlichen Ergreifung verjährungshemmender Maßnahmen genügt allerdings bei VOB-Verträgen nach ständiger Rechtsprechung des BGH für einen Erhalt der Mängelsicherheit und die Befugnis zur späteren Verwertung einer Bürgschaft, dass der Auftraggeber dem Auftragnehmer den Mangel rechtzeitig, d.h. vor Ablauf der Gewährleistung, angezeigt hat. Dies folgt aus § 17 Nr. 8 Abs. 2 S. 2 VOB/B (ehemals § 17 Nr. 8 S. 2 VOB/B i.V.m. § 478 Abs. 1 S. 1, § 639 BGB a.F.; vgl. dazu auch BGH Urt. v. 21.1.1993 VII ZR 127/91 = BGHZ 121,168 = SFH § 17 VOB/B Nr. 14 = BauR 1993, 335 = NJW 1993, 1131 = ZIP 1993, 499 = *Heiermann* EWiR § 17 VOB/B 2/93, 509 = LM § 17 VOB/B Nr. 7, m. Anm. *Koeble* = ZfBR 1993, 125; weiter auch BGH Urt. v. 21.1.1993 VII ZR 127/91 = BGHZ 121, 173 = SFH § 17 VOB/B Nr. 15 = BauR 1993, 337 = ZIP 1993, 497 = NJW 1993, 1133 = *Kniffka* EWiR § 17 VOB/B 1/93, 507 = LM § 17 VOB/B Nr. 6 = ZfBR 1993, 120; siehe dazu auch § 17 Nr. 8 VOB/B Rn. 18). Dabei ist allerdings darauf zu achten, dass eine solche Anzeige auch der materiellen Rechtslage entsprechen muss, d.h.: Der Auftragnehmer muss zum Zeitpunkt der Anzeige überhaupt gewährleistungspflichtig sein. Daran kann es z.B. fehlen, wenn der Auftragnehmer seine Gewährleistungsansprüche gegenüber Subunternehmern an den Auftraggeber abgetreten und Letzterer sich verpflichtet hatte, die Subunternehmer zuerst in Anspruch zu nehmen. Für die Wirksamkeit einer Mängelanzeige zum Zwecke der Hemmung der Verjährung müsste der Auftraggeber nunmehr zuvor vorbehaltlich der Wirksamkeit dieser Abtretungsvereinbarung vorab den Subunternehmer in Anspruch genommen und sodann diese Mängelansprüche wieder an den Auftragnehmer zurückabgetreten haben (OLG Düsseldorf Urt. v. 6.2.2001 21 U 80/00 = IBR 2002, 477 [Revision vom BGH nicht angenommen, Beschl. v. 2.5.2002 VII ZR 86/01]). Nicht ausreichend ist im Übrigen eine Mängelanzeige innerhalb der Gewährleistungsfrist, wenn diese zuvor ohne Mitwirkung des Bürgen verlängert wurde und die Anzeige erst in dieser verlängerten Frist erfolgt. Dies wäre mit § 767 Abs. 1 S. 3 BGB nicht zu vereinbaren (OLG Köln Urt. v. 13.10.2004 11 U 184/03 = BauR 2005, 1368 [Ls.]).

105 Die Ergreifung verjährungsunterbrechender bzw. -hemmender Maßnahmen im Verhältnis Gläubiger/Hauptschuldner ist ausnahmsweise nicht erforderlich, wenn der **Hauptschuldner infolge Vermögenslosigkeit im Handelsregister gelöscht** und daher als Rechtsperson untergegangen ist. In diesem Fall verwandelt sich die **Bürgschaft in einen selbstständigen Anspruch des Gläubigers gegen den Bürgen** (BGH Urt. v. 25.11.1981 VIII ZR 299/80 = BGHZ 82, 323, 326 = NJW 1982, 875; Urt. v. 28.1.2003 IX ZR 243/02 = BauR 2003, 697, 698 = NJW 2003, 1250, 1251 = ZIP 2003, 524, 525). Verjährungsunterbrechende oder -hemmende Maßnahmen sind nunmehr im Verhältnis zwischen Gläubiger (Auftraggeber) und Auftragnehmer nicht mehr möglich; daher genügen hier ausnahmsweise entsprechende Maßnahmen unmittelbar gegen den Bürgen (BGH Urt. v. 28.1.2003 IX ZR 243/02 = BauR 2003, 697, 699 = NJW 2003, 1250, 1252 = ZIP 2003, 524, 526).

6. Rückgriff des Bürgen gegen Hauptschuldner

106 Zahlt der selbstschuldnerisch haftende Bürge an den Gläubiger, geht die Forderung des Gläubigers gegen den Hauptschuldner auf den Bürgen über (§ 774 Abs. 1 BGB). Gleichzeitig kann der Bürge vom Hauptschuldner aus dem i.d.R. bestehenden Geschäftsbesorgungsverhältnis Ersatz seiner Aufwendungen verlangen (§§ 675, 670 BGB). Besonderheiten bestehen, wenn der Gläubiger gegen den Bürgen **im Wege des Urkundenprozesses** vorgeht: Erstreitet er hier ein rechtskräftiges Vorbehaltsurteil, so geht die Forderung des Gläubigers gegen den Hauptschuldner **erst mit Abschluss des Nachverfahrens** auf den Bürgen über. Der Bürge kann daher, sofern sich nichts anderes aus dem Innenverhältnis zum Hauptschuldner ergibt, gegen diesen erst nach Abschluss des Nachverfahrens Rückgriff nehmen (BGH Urt. v. 19.1.1983 VIII ZR 315/81 = BGHZ 86, 267 = ZIP 1983, 278 = NJW 1983, 1111 = MDR 1983, 347 = JR 1983, 245, Anm. *Rehbein* = LM § 774 BGB Nr. 13).

7. Beendigung der Bürgschaftsverpflichtung

107 Die Bürgschaftsverpflichtung endet mit Erlöschen der Hauptschuld, auf Grund eines zwischen Bürgen und Gläubiger abgeschlossenen Erlassvertrages oder durch Kündigung der Bürgschaft. Hierzu gilt im Einzelnen:

108 Der Fortbestand eines formgültig geschlossenen Bürgschaftsvertrages ist **nicht davon abhängig**, dass die dem Bürgschaftsempfänger **übergebene Bürgschaftsurkunde in dessen Händen** bleibt; wird z.B. die Bürgschaftsurkunde mit der Maßgabe zurückgegeben, dass damit die Bürgschaft nicht erledigt sein soll, erlischt die Bürgschaftsverpflichtung nicht. Denn § 766 BGB verlangt nicht, dass die einmal dem Bürgschaftsempfänger übergebene Urkunde auch bei ihm verbleibt (BGH Urt. v. 3.3.1976 VIII ZR 209/74 = MDR 1976, 662 = JZ 1976, 317 = LM § 766 BGB Nr. 16; OLG Hamburg Urt. v. 25.11.1985 II ZR 80/85 = NJW 1986, 1690).

109 Trotz ihrer Abhängigkeit von der Hauptforderung erlischt die Bürgschaft ferner **nicht schon deswegen, weil der Auftragnehmer insolvent und im Handelsregister gelöscht worden ist.** Die ansonsten nach § 767 BGB geltende Akzessorität wird insoweit auf Grund des Sicherungszwecks der Bürgschaft durchbrochen. Daher bleibt die Bürgschaftsverpflichtung im Falle des gänzlichen Wegfalls des Hauptschuldners auch dann existent, wenn dieser Wegfall auf Gründen beruht, die von dem typischen Sicherungszweck der Bürgschaft gedeckt waren. Das ist z.B. der Fall, wenn eine juristische Person nach einem Insolvenzverfahren gelöscht wird; es ist gerade der Zweck der Bürgschaft, den Gläubiger vor einem solchen Vermögensverfall des Hauptschuldners mit den damit verbundenen Folgen zu schützen; hier **verwandelt sich die Bürgschaft dann allerdings mangels fortbestehender Hauptforderung in einen selbstständigen Anspruch des Gläubigers gegen den Bürgen**, der auch gesondert abtretbar ist (BGH Urt. v. 25.11.1981 VIII ZR 299/80 = BGHZ 82, 323, 326 f. = NJW 1982, 875; Urt. v. 6.5.1993 IX ZR 73/92 = NJW 1993, 1917, 1918; Urt. v. 28.1.2003 XI ZR 243/02 = BauR 2003, 697, 698 = NJW 2003, 1250, 1251 = ZIP 2003, 524, 525). Allerdings ist darauf zu achten, dass gerade die Löschung eines insolventen Hauptschuldners im Handelsregister aus einem anderen Grund Probleme aufwerfen kann. Denn z.T. sehen Bürgschaften als Voraussetzung für ihre Inanspruchnahme die Vorlage von Erklärungen des Hauptschuldners vor. Diese sind auch dann beizubringen, wenn der Hauptschuldner zwischenzeitlich nicht mehr existent ist. Daher bleibt dem Gläubiger in diesem Fall im Zweifel keine andere Wahl, als notfalls gegen den nicht mehr existenten Auftragnehmer auf Abgabe der für die Inanspruchnahme erforderlichen Erklärung zu klagen, was zulässig ist (BGH Urt. v. 26.4.2001 IX ZR 317/98 = BauR 2001, 1426, 1427 = ZfBR 2001, 406, 407 = NZBau 2001, 680, 681 = NJW 2001, 3616, 3617). Auch wenn der Hauptschuldner infolge Vermögenslosigkeit im Handelsregister gelöscht und somit als Rechtsperson untergegangen ist, **bedeutet die daraus folgende Verselbstständigung der Bürgschaftsforderung nicht, dass sie jeden Bezug zur Hauptforderung verliert**. Sie wird lediglich vom Bestand der Hauptforderung unabhängig, richtet sich inhaltlich aber weiter nach ihr. Bedeutung gewinnt dies vor allem deshalb, weil dem Bürgen auch nach Verselbstständigung der Hauptforderung alle dem ehemaligen Hauptschuldner zustehenden Einreden nach § 768 Abs. 1 S. 1 BGB erhalten bleiben, soweit diese Einreden nicht gerade mit der Vermögenssituation des Schuldners im Zusammenhang stehen. Zu Letzteren gehört die **Einrede der Verjährung der Hauptschuld jedoch nicht, auf die sich der Bürge demnach weiterhin berufen** kann. Daher muss der Gläubiger darauf achten, dass die Hauptschuld bis zur Inanspruchnahme der Bürgschaft nicht verjährt. Verjährungshemmende oder -unterbrechende Maßnahmen kann er – da der Hauptschuldner nicht mehr existiert – nunmehr aber ausnahmsweise unmittelbar gegen den Bürgen ergreifen (BGH Urt. v. 28.1.2003 XI ZR 243/02 = BauR 2003, 697, 699 = NJW 2003, 1250 1252 = ZIP 2003, 524, 526; kritisch dazu *Peters* NJW 2004, 1430).

110 Ein Sonderfall des Erlöschens des Hauptschuldners liegt bei einer Kommanditgesellschaft vor, bei der bis auf einen alle Gesellschafter ausgetreten sind und die Gesellschaftsanteile diesem einen zuwachsen: Hier sichert die Bürgschaft nunmehr diese weiter bestehende Alleinverbindlichkeit des verbleibenden Gesellschafters, jetzt Einzelkaufmanns; sie gilt aber nicht für neue Verbindlichkeiten, die der Einzelkaufmann danach begründet.

111 Eine Bürgschaftsverpflichtung endet auch dadurch, dass ein Dritter die gesicherte Hauptschuld erfüllt. Besonders bei Arbeitsgemeinschaften kann dies bedeutsam werden: Hat sich z.B. jemand für **die Erfüllung der Leistungspflicht eines Mitglieds einer Arbeitsgemeinschaft** verbürgt, so wird er von seiner Bürgschaftsverpflichtung frei, wenn ein anderes Mitglied der Arbeitsgemeinschaft der Verpflichtung vertragsgerecht nachkommt (vgl. BGH Urt. v. 8.11.1978 VIII ZR 190/77 = BGHZ 72, 267 = BauR 1979, 63 = NJW 1979, 308 = MDR 1979, 305 = SFH § 426 BGB Nr. 1 = LM § 427 BGB Nr. 5, Anm. *Merz* = ZfBR 1979, 64). Denn durch diese Vertragserfüllung erlischt die Hauptschuld. Etwas anderes gilt jedoch, wenn der Sicherungsfall bereits eingetreten ist, z.B. wenn infolge des Ausfalls eines ARGE-Mitglieds Schadensersatzansprüche des Auftraggebers wegen Nichterfüllung entstanden sind und ein ARGE-Mitglied den Auftraggeber befriedigt. In diesem Fall ist das den Gläubiger befriedigende ARGE-Mitglied im Innenverhältnis zu den anderen ARGE-Mitgliedern ausgleichsberechtigt (§ 426 Abs. 1 BGB). Deswegen bleibt das Schuldverhältnis zur Sicherung der Rückgriffsansprüche insoweit bestehen (§§ 362 Abs. 2 § 422 Abs. 1 BGB; BGH Urt. v. 15.1.1988 V ZR 183/86 = BGHZ 103, 72, 76); die Forderung des Gläubigers geht kraft Gesetzes auf den leistenden Gesamtschuldner über (§ 426 Abs. 2 BGB). Dies schließt eine zur Absicherung dieser Forderung bestehende Bürgschaft ein (§ 401 BGB), die somit in diesem Fall nicht erlischt (BGH Urt. v. 6.11.1989 II ZR 62/89 = BauR 1990, 758 = NJW 1991, 97 = ZfBR 1991, 12).

Eine Bürgschaft kann auch durch **Kündigung des Bürgen** beendet werden. Hier ist allerdings zu beachten, dass eine Bürgschaft nur in Ausnahmefällen kündbar ist, da andernfalls die Bürgschaft als Sicherungsmittel ohne Funktion wäre. Eine außerordentliche Kündigung kommt nach Treu und Glauben immerhin in Betracht, wenn sich die Vermögenslage des Schuldners ganz erheblich verschlechtert. Eine solche Kündigung kann allerdings nur mit **Wirkung ex nunc** erfolgen, d.h.: Alle Verbindlichkeiten, die zum Zeitpunkt der Kündigung bestanden, sind trotz der außerordentlichen Kündigung von der Bürgschaft erfasst (BGH Urt. v. 21.1.1993 III ZR 15/92 = NJW-RR 1993, 944 f.; MüKo/*Habersack* § 765 BGB Rn. 56 f.). 112

Für die Beweislast im Fall des Erlöschens gilt: Ebenso wie der Hauptschuldner trägt der **Bürge die Beweislast** für das Erlöschen bzw. die Erfüllung der Hauptverbindlichkeit (BGH Urt. v. 10.12.1987 NJW 1988, 906 = MDR 1988, 403 = LM § 765 BGB Nr. 57; OLG Düsseldorf Urt. v. 5.11.1987 10 U 48/87 = JZ 1988, 105 = NJW-RR 1988, 1019). Der Bürge, der Leistungen des Hauptschuldners behauptet und aus ihnen die Befreiung von seiner Bürgschaftsschuld herleiten will, muss diese Leistungen darlegen und beweisen (BGH Urt. v. 10.12.1987 IX ZR 269/86 = NJW 1988, 906; Urt. v. 18.5.1995 IX ZR 129/94 = NJW 1995, 2161 = *Tiedtke* EWiR § 397 BGB 4/95, 871 = LM § 767 BGB Nr. 28 = MDR 1995, 1108; dazu *Götting* WM 2001, 288 ff.). 113

VI. Verfahrensrechtliches

1. Rechtskraft eines Urteils gegenüber Bürgen und Hauptschuldner

Verfahrensrechtlich ist zu beachten: Ein Urteil gegen den Hauptschuldner entfaltet – anders als die Abweisung der Klage gegen den Hauptschuldner (BGH Urt. v. 24.11.1969 VIII ZR 78/68 = WM 1970, 12) – keine Rechtskraft gegenüber dem Bürgen (BGH WM 1971, 614). Voraussetzung einer Verurteilung des Bürgen dem Grunde nach ist die Feststellung des Bestehens einer Hauptschuld; sie kann nicht dem Betragsverfahren überlassen bleiben (BGH Urt. v. 30.11.1989 IX ZR 249/88 = NJW 1990, 1366 = MDR 1990, 539 = LM § 304 ZPO Nr. 52 = ZIP 1990, 441 = *Tiedtke* EWiR § 304 ZPO 1990, 199). 114

2. Einstweilige Verfügungen gegen Bürgen und Hauptschuldner bei unberechtigter Inanspruchnahme

Droht **die (unberechtigte) Inanspruchnahme** einer Bürgschaft, ist aus Sicht des Hauptschuldners zu unterscheiden, **gegen wen** er vorgeht: 115

In erster Linie steht dem Hauptschuldner aus der Sicherungsabrede ein Anspruch gegen den Gläubiger zu, eine **unberechtigte Inanspruchnahme der Bürgschaft zu unterlassen** (BGH Urt. v. 116

30.11.1989 IX ZR 249/88 = BGHZ 121, 168 ff. = BauR 1993, 335 = ZfBR 1993,125 = ZIP 1993, 499 = MDR 1993, 448 = NJW 1993, 1131; BGH BauR 1987, 356; BGH Urt. v. 11.12.1986 IX ZR 165/85 = BauR 1987, 353 = NJW-RR 1987, 683 = MDR 1987, 492 = ZIP 1987, 566; Urt. v. 24.10.2002 IX ZR 355/00 = BauR 2003, 246, 247 f. = NJW 2003, 353, 354 = ZfBR 2003, 143, 144). Den Unterlassungsanspruch kann der Hauptschuldner (auch bei einer Bürgschaft auf erstes Anfordern [vgl. aber zu den besonderen Voraussetzungen oben Rn. 78 ff.]) mit einer **einstweiligen Verfügung** durchsetzen (KG Urt. v. 30.11.1988 24 U 4067/88 = BauR 1989, 748; OLG Frankfurt Urt. v. 25.9.1990 5 U 109/90 = BauR 1991, 506 = NJW-RR 1991, 174 = ZIP 1990, 1393 = BB 1990, 2259; OLG München Beschl. v. 30.10.1996 9 W 3047/96 = BauR 1997, 319; KG Urt. v. 10.12.1996 15 U 7269/96 = BauR 1997, 665). Für den Normalfall einer selbstschuldnerischen Bürgschaft ist dabei auf der Grundlage des § 17 Nr. 4 VOB/B unter Heranziehung der §§ 935, 940 ZPO zu prüfen, ob berechtigte Interessen des Schuldners (Auftragnehmers) an der Untersagung der Inanspruchnahme der Bürgschaft vorliegen. Hierzu muss der Schuldner (Auftragnehmer) den Unterlassungsanspruch im Einzelnen darlegen und glaubhaft machen. Er muss also die Gründe (z.B. dass die Hauptschuld nicht mehr besteht) dartun, warum der Gläubiger (Auftraggeber) aus der Bürgschaft keine Rechte herleiten kann. Maßgebende Bedeutung kommt sodann dem vom Schuldner (Auftragnehmer) ferner **darzulegenden und glaubhaft zu machenden Verfügungsgrund** zu. Dabei geht es um die Frage, warum eine Eilentscheidung im Verfügungsverfahren geboten ist und nicht ein Urteil im Hauptverfahren abgewartet werden kann. Für eine solche Darlegung immerhin reicht der bloße Verstoß des Gläubigers (Auftraggebers) gegen die Pflicht, den Abruf des Bürgschaftsbetrages zu unterlassen, nicht aus (so aber OLG Jena 30.5.2000 5 U 1433/99 = NZBau 2000, 571 [Ls.]; wohl auch OLG Düsseldorf Beschl. v. 9.8.2001 23 W 46/01 = BauR 2001, 1940, 1942 = NZBau 2002, 223, 224). Entscheidend ist vielmehr, ob dem Schuldner (Auftragnehmer) durch Auszahlung des Geldbetrages darüber hinausgehende schwere Nachteile drohen, die nur durch eine Eilentscheidung im Verfügungsverfahren abgewendet werden können (OLG Frankfurt Beschl. v. 7.5.1998 9 W 8/98 = BauR 1998, 1280, 1281; OLG Rostock Urt. v. 16.7.2002 4 U 246/01 = BauR 2003, 582, 583 f.; wohl auch OLG Stuttgart Urt. v. 27.10.1993 1 U 143/93 = BauR 1994, 376, m. Anm. *Ulbrich* = NJW-RR 1994, 1204; unklar insoweit allerdings OLG Rostock Beschl. v. 19.12.2002 4 W 43/02 = BauR 2003, 928, 929). Ein solcher Nachteil kann darin liegen, dass der Schuldner nach dem Abruf der Bürgschaft mit höheren Zinsen belastet und zur Tilgung vom Bürgen angehalten wird, wenn es sich um einen **erheblichen** Bürgschaftsbetrag handelt (vgl. OLG Celle Urt. v. 9.10.1979 14 U 130/79 = SFH § 17 VOB/B Nr. 4). Dasselbe gilt, wenn die Klärung eines eventuellen Rückzahlungsanspruches durch die Notwendigkeit eines Prozesses im Ausland für den Schuldner erschwert oder die Rückerlangung des Bürgschaftsbetrages wegen zu befürchtender Illiquidität des Gläubigers fraglich oder unmöglich wird (OLG Frankfurt Beschl. v. 7.5.1998 9 W 8/98 = BauR 1998, 1280 f.; OLG Celle Beschl. v. 30.4.2002 6 W 56/02 = BauR 2002, 1596, 1598; OLG Rostock Urt. v. 16.7.2002 4 U 246/01 = IBR 2002, 665; *Kniffka/Koeble* 14. Teil, Rn. 12). Ein Verfügungsgrund liegt schließlich vor, wenn der Auftragnehmer infolge etwaiger Rückgriffsansprüche nach der Inanspruchnahme der Bürgschaft selbst in eine existenzbedrohende Lage gerät und er dies darlegen kann.

117 Viel diskutiert ist die Frage, ob der Hauptschuldner eine **einstweilige Verfügung auch gegen den Bürgen** erwirken kann mit dem Ziel, auf die Bürgschaft keine Zahlungen zu leisten. Der Weg wäre effektiv, da damit der den Hauptschuldner infolge des üblichen Rückgriffs des Bürgen belastende Zahlungsstrom unterbunden würde. Eine einstweilige Verfügung gegen den Bürgen ist dennoch **nicht** richtig: Der Verfügungsanspruch des Hauptschuldners beruht allein auf einem vertragswidrigen Verhalten des Gläubigers, der unter Verstoß gegen die Sicherungsabrede eine Bürgschaftsforderung geltend macht. Demgegenüber stellt die Handlung des Bürgen (Auszahlung des Bürgschaftsbetrages) im Verhältnis zum Schuldner i.d.R. keine Pflichtverletzung dar. Aus diesem Grund scheidet im Verhältnis Auftragnehmer/Bürge – von ganz extremen Ausnahmefällen abgesehen – eine einstweilige Verfügung aus (OLG Stuttgart Urt. v. 11.2.1981 4 U 142/80 = NJW 1981, 1913; OLG Frankfurt Beschl. v. 10.6.1981 21 U 24/81 = NJW 1981, 1914; OLG Frankfurt Urt. v. 27.4.1987

4 W 17/87 = NJW-RR 1987, 1264; OLG Frankfurt Urt. v. 13.10.1987 12 U 111/87 = BauR 1988, 732; OLG Frankfurt Urt. v. 27.4.1987 4 W 17/87 = WM 1988, 1480; OLG Köln Urt. v. 15.3.1991 20 W 1/91, 20 U 10/91 = WM 1991, 1751; *Heiermann/Riedl/Rusam* § 17 VOB/B Rn. 30; *Zöller/Vollkommer* § 940 Rn. 8 [»Bankrecht«] m.w.N.; a.A. OLG Frankfurt Urt. v. 3.3.1983 10 U 244/82 = WM 1983, 575; OLG Frankfurt Beschl. v. 12.2.1974 5 W 4/74 = WM 1974, 956; OLG Saarbrücken Urt. v. 23.1.1981 4 U 99/80 = WM 1981, 275; Beck'scher VOB-Komm./*I. Jagenburg* Vor § 17 VOB/B Rn. 59 VOB/B; *Weise* Sicherheiten im Baurecht Rn. 288).

3. Streitwert von Bürgschaftsstreitigkeiten

Der **Streitwert** einer Klage auf Herausgabe einer Bürgschaftsurkunde ist nach dem Interesse des Klägers an der Erlangung der Urkunde gemäß § 3 ZPO festzusetzen. Dieses entspricht zumeist nicht dem Kostenaufwand, der für die Erlangung und den Fortbestand der Bürgschaft selbst anfällt (vgl. insoweit auch § 17 Nr. 8 Rn. 34). Geht es aber darum, über die Herausgabeklage die Inanspruchnahme des Bürgen zu verhindern, so orientiert sich das Interesse des Klägers letztlich an der durch die Bürgschaft gesicherten Forderung. Daher ist in diesen Fällen der Streitwert in Anlehnung an § 6 ZPO nach der Höhe der Bürgschaft zu bestimmen (OLG Dresden Beschl. v. 21.10.2002 9 U 774/02 = BauR 2003, 931, m. Anm. *Handschumacher*; ähnlich BGH Beschl. v. 14.10.1993 IX ZR 104/93 = BauR 1994, 541 = NJW-RR 1994, 758; OLG Frankfurt Beschl. v. 23.8.1980 1 W 23/80 = BauR 1981, 310; vgl. dazu auch OLG Hamm Beschl. v. 19.1.1981 4 U 6/81 = JurBüro 1981, 434; OLG Düsseldorf Beschl. v. 6.10.1981 21 W 45/81 = JurBüro 1981, 1893, das im Wesentlichen auf den Beweiswert der Bürgschaftsurkunde abstellt). **118**

§ 17 Nr. 5
[Sicherheitsleistung durch Hinterlegung von Geld]

Wird Sicherheit durch Hinterlegung von Geld geleistet, so hat der Auftragnehmer den Betrag bei einem zu vereinbarenden Geldinstitut auf ein Sperrkonto einzuzahlen, über das beide Parteien nur gemeinsam verfügen können (»Und-Konto«). Etwaige Zinsen stehen dem Auftragnehmer zu.

Nr. 5 ergänzt die Bestimmungen über die nach § 232 Abs. 1 BGB als Sicherheitsleistung zugelassene Hinterlegung von Geld. Soll bei einem VOB-Vertrag Geld als Sicherheit hinterlegt werden, so muss **der Auftragnehmer** dieses Geld **bei einem zu vereinbarenden Geldinstitut auf ein Sperrkonto** mit der Maßgabe einzahlen, dass nur **beide Parteien** hierüber **gemeinsam verfügen** können. Die praktische Anwendung dieser Regelung in der Bauvertragspraxis ist gering. Denn der Auftragnehmer wird zumeist nicht in die Situation geraten, dass der Auftraggeber zunächst dessen Vergütungsansprüche voll bedient mit der Folge, dass dann der Auftragnehmer die Sicherheitsleistung nachträglich auf ein Sperrkonto einzuzahlen hat. Stattdessen wird ein Auftraggeber schon der Einfachheit halber vorrangig ausreichende Einbehalte vornehmen (§ 17 Nr. 6 VOB/B). Bedeutung hat Nr. 5 gleichwohl: Denn die grundlegenden Regelungen etwa zur Einzahlung auf ein Sperrkonto und zur Zinszahlung gelten kraft der Verweisung aus Nr. 6 Abs. 1 bei einem Sicherheitseinbehalt entsprechend. **1**

Kommt es ausnahmsweise zu einer Hinterlegung, ist hierfür eine einverständliche Regelung zwischen den Bauvertragspartnern erforderlich, bei **welchem Geldinstitut** das Geld **hinterlegt** werden soll. Es ist zweckmäßig, schon bei Vertragsabschluss das betreffende Institut zu bestimmen. Der Auftragnehmer hat gegenüber dem Auftraggeber einen Anspruch auf Mitwirkung bei der Festlegung des Geldinstitutes (KG Urt. v. 16.1.1979 21 U 3619/78 = SFH § 17 VOB/B Nr. 2), wobei ein Verzicht an der Mitwirkung möglich ist (LG Tübingen Urt. v. 3.12.1976 3 O 258/76 = BauR 1977, 207). Falls der **2**

Auftraggeber gegen den Vorschlag des Auftragnehmers innerhalb einer ihm hierzu gesetzten Frist keine Einwände erhebt, ist der Auftragnehmer berechtigt, die Einzahlung bei dem von ihm vorgeschlagenen Geldinstitut vorzunehmen (gegen das Erfordernis einer Fristsetzung: Beck'scher VOB-Komm./*I. Jagenburg* § 17 Nr. 5 VOB/B Rn. 6). Dieses einseitige Bestimmungsrecht folgt somit dem allgemeinen einseitigen Bestimmungsrecht des Auftragnehmers zur Art und Weise der Sicherheitsleistung gemäß § 17 Nr. 3 VOB/B (ebenso *Nicklisch/Weick* § 17 VOB/B Rn. 39; a.A., jedoch nicht zu folgen, *Kaiser* Mängelhaftungsrecht Rn. 218, der auch dann dem Auftraggeber das Bestimmungsrecht nach § 315 BGB einräumen will; ähnlich: Beck'scher VOB-Komm./*I. Jagenburg* § 17 Nr. 5 VOB/B Rn. 7). Etwas anderes gilt nur dann, wenn die Bedenken des Auftraggebers gegen das ausgewählte Kreditinstitut berechtigt sind, wofür ihn die Darlegungs- und Beweislast trifft. Dann ist § 17 Nr. 4 S. 2 Hs. 2 VOB/B entsprechend heranzuziehen, also dem Auftraggeber das Bestimmungsrecht einzuräumen. Machen die Vertragspartner unterschiedliche Vorschläge, so ist aus dem Sinn und Zweck von § 17 Nr. 3 VOB/B mit dem dort geregelten Bestimmungsrecht des Auftragnehmers zur Art und Weise der Sicherheitsleistung zu schließen, dass dem Auftragnehmer der Vorrang einzuräumen ist, falls dagegen keine sachlich begründeten Einwände bestehen (ähnlich *Nicklisch/Weick* § 17 VOB/B Rn. 39 a.E.).

3   Das zu hinterlegende Geld ist auf ein **Sperrkonto** einzuzahlen, über das nur beide Parteien gemeinsam verfügen können. Infolge der Änderung der VOB mit der Neufassung 2006 wurde dazu nunmehr präzisiert, dass insoweit ein »**Und-Konto**« einzurichten ist. Diese Änderung geht zurück auf eine Entscheidung des LG Leipzig vom 20.4.2001 (10 O 9711/00 = BauR 2001, 1920). Dieses war in Anlehnung an die Vorgabe in § 17 Nr. 5 VOB/B a.F. der Auffassung gewesen, dass unter einem Sperrkonto, über das nur beide Parteien gemeinsam verfügen können, zwingend ein »Und-Konto« im bankrechtlichen Sinne zu verstehen ist. Nur dadurch sei im Insolvenzfall ausgeschlossen, dass ein solches Konto in die Insolvenzmasse der verfügungsberechtigten Partei falle. Die Vorgabe des LG Leipzig zur Einrichtung eines Und-Kontos aus diesem Grund war zwar sinnvoll, rechtlich aber keineswegs zwingend. Selbstverständlich gibt es auch andere Möglichkeiten, eine gemeinsame (dingliche) Verfügungsbefugnis i.S.v. § 17 Nr. 5 S. 1 VOB/B sicher zu stellen. Zu denken wäre etwa an die Einräumung eines Pfandrechts, das ebenfalls die insolvenzrechtlichen Probleme nicht aufwirft (vgl. zu den Einzelheiten *Joussen* BauR 2004, 1677). Solche weiteren Varianten wurden vom DVA aber offenbar nicht in Betracht gezogen. Vielmehr sieht er in der Neufassung des § 17 Nr. 5 VOB/B nunmehr alleine die Einzahlung auf ein Und-Konto als tauglich an. Hieran werden sich die Bauvertragsparteien zu halten haben. Die jetzige Neuregelung könnte immerhin zu **Abwicklungsproblemen** führen, wenn der Auftragnehmer, der den Sicherheitseinbehalt auf ein Sperrkonto einzahlen will, den Auftraggeber nicht erreichen kann oder der Auftraggeber sonst an der Einrichtung des Und-Kontos verhindert ist. Dies könnte sich deshalb auswirken, weil ohne dessen Mitwirkung ein Und-Konto im banktechnischen Sinne nicht eröffnet werden kann. Während nach der Altregelung des § 17 Nr. 5 S. 1 VOB/B, der die Einschränkung des Und-Kontos nicht kannte, der Auftragnehmer in diesem Fall gleichwohl zur Einzahlung der Sicherheitsleistung auf einem Sperrkonto, das dann eben in anderer Form zu errichten war, verpflichtet war, gibt es diese Pflicht jetzt nicht mehr. Folglich geht hier die **Nichterreichbarkeit des Auftraggebers** bzw. sonst auf ihn zurückgehende Verzögerungen bei der Einrichtung des Und-Kontos ausschließlich zu seinen Lasten.

4   Für den Fall, dass die Hinterlegung **Zinsen** erbringt, stehen diese nach Nr. 5 S. 2 dem **Auftragnehmer** zu. Dies ist beim BGB-Werkvertrag nicht zwingend (vgl. § 101 BGB).

5   Da Auftraggeber und Auftragnehmer über das hinterlegte Geld nur gemeinsam verfügen können, setzt die **Verwertung** der Sicherheit eine **einverständliche Freigabe** von dem Sperrkonto voraus. Bei unberechtigter Weigerung eines Teils ist der andere gehalten, die **Freigabe im Wege der Klage** zu verfolgen (§ 894 ZPO). Dabei kann er hinsichtlich des nicht freigegebenen Teils, obwohl es originär nicht um eine Geldschuld, sondern nur um die Abgabe einer Freigabeerklärung geht, in entsprechender Anwendung des § 288 Abs. 1 bzw. Abs. 2 BGB Verzugszinsen in gesetzlicher Höhe gel-

tend machen (BGH Urt. v. 25.4.2006 XI ZR 271/05 = NJW 2006, 2398, insoweit noch zu § 288 Abs. 1 S. 1 BGB a.F.).

§ 17 Nr. 6
[Sicherheitsleistung durch Einbehalt von Zahlungen]

(1) Soll der Auftraggeber vereinbarungsgemäß die Sicherheit in Teilbeträgen von seinen Zahlungen einbehalten, so darf er jeweils die Zahlung um höchstens 10 v.H. kürzen, bis die vereinbarte Sicherheitssumme erreicht ist. Sofern Rechnungen ohne Umsatzsteuer gemäß § 13b UStG gestellt werden, bleibt die Umsatzsteuer bei der Berechnung des Sicherheitseinbehalts unberücksichtigt. Den jeweils einbehaltenen Betrag hat er dem Auftragnehmer mitzuteilen und binnen 18 Werktagen nach dieser Mitteilung auf ein Sperrkonto bei dem vereinbarten Geldinstitut einzuzahlen. Gleichzeitig muss er veranlassen, dass dieses Geldinstitut den Auftragnehmer von der Einzahlung des Sicherheitsbetrags benachrichtigt. Nummer 5 gilt entsprechend.

(2) Bei kleineren oder kurzfristigen Aufträgen ist es zulässig, dass der Auftraggeber den einbehaltenen Sicherheitsbetrag erst bei der Schlusszahlung auf ein Sperrkonto einzahlt.

(3) Zahlt der Auftraggeber den einbehaltenen Betrag nicht rechtzeitig ein, so kann ihm der Auftragnehmer hierfür eine angemessene Nachfrist setzen. Lässt der Auftraggeber auch diese verstreichen, so kann der Auftragnehmer die sofortige Auszahlung des einbehaltenen Betrags verlangen und braucht dann keine Sicherheit mehr zu leisten.

(4) Öffentliche Auftraggeber sind berechtigt, den als Sicherheit einbehaltenen Betrag auf eigenes Verwahrgeldkonto zu nehmen; der Betrag wird nicht verzinst.

Inhaltsübersicht Rn.

A. Allgemeine Grundlagen... 1
B. Regelung zum Sicherheitseinbehalt im Einzelnen... 3
  I. Einbehalt von Zahlungen in Teilbeträgen (Abs. 1)... 4
    1. Allgemeine Voraussetzung: Ausreichende Sicherungsabrede... 4
    2. Vornahme des Einbehaltes... 5
      a) Einbehalte grundsätzlich von jeder Zahlung... 6
      b) Kürzungen der Zahlungen um höchstens 10%... 9
      c) Grenze: Gesamtbetrag der vereinbarten Sicherheiten... 10
    3. Mitteilungspflicht des Auftraggebers... 11
    4. Pflicht zur Einzahlung auf Sperrkonto... 12
    5. Benachrichtigung des Auftragnehmers... 15
    6. Entsprechende Anwendung der Nr. 5... 16
    7. Rechtliche Folgen bei Einzahlung des Einbehaltes auf ein Sperrkonto... 17
    8. Abweichende Vereinbarungen... 18
      a) Unwirksame Klauseln infolge einer AGB-Inhaltskontrolle... 19
      b) Folgen einer unwirksamen Sicherungsabrede... 22
  II. Ausnahme: Einzahlung des einbehaltenen Betrages erst bei Schlusszahlung (Abs. 2)... 23
  III. Nichteinzahlung des Sicherheitsbetrages durch Auftraggeber (Abs. 3)... 25
  IV. Sonderbefugnis des öffentlichen Auftraggebers: Verwahrgeldkonto (Abs. 4)... 32

Aufsätze: *Heiermann* Die Sicherheitsleistung durch Einbehalt nach § 17 Nr. 6 VOB/B BauR 1976, 73; dazu *Kahle* BauR 1976, 329; *v. Wietersheim* Vorsicht bei Gewährleistungseinbehalten MDR 1998, 630; *Amelung* Der Sicherheitseinbehalt gemäß § 17 Nr. 6 VOB/B in der Insolvenz des Auftraggebers BauR 1999, 801; *Maas* Auszahlung des Gewährleistungseinbehaltes nach Bürgschaftsstellung FS Vygen 1999 S. 327; *Greeve/Müller* Die strafrechtliche Relevanz der Nichteinzahlung des Sicherheitseinbehaltes auf ein Sperrkonto gem. § 17 VOB/B NZBau 2000, 239; *Hartung* Gewährleistungseinbehalte und Ablösungsbefugnisse in Bauverträgen NZBau 2000, 371; *Eichner* Überlegungen zur Bedeutung des § 17 Nr. 6 Abs. 4 VOB/B für öffentlich-rechtliche Kreditinstitute BauR 2001, 1665; *Kreikenbohm* Der Verlust von Gewährleistungseinbehalten gemäß § 17 Nr. 6 VOB/B BauR 2001, 1667; *Joussen* Der öffentliche Auftraggeber i.S.d. § 17 Nr. 6 Abs. 4 VOB/B BauR 2002, 371; *Rodemann* Sicherheitseinbehalt und Klage auf zukünftige Leistung BauR 2002, 1477; *Schmidt* Sind öffentlich-rechtliche Kreditinstitute öffentliche Auftraggeber gemäß § 17 Nr. 6 Abs. 4 VOB/B? BauR 2002, 385; *Schmitz/Vogel* Die Sicherung von bauvertraglichen Ansprüchen nach der Schuldrechtsreform ZfIR 2002, 509; *Hildebrandt* Dogmatische Einordnung der Auszahlung eines Sicherheitseinbehaltes bei unwirksamer Sicherungsabrede ZfIR 2003, 221; *Stammkötter* Das Sperrkonto – ein bequemer Weg zum Sicherheitseinbehalt BauR 2003, 1287; *Joussen* Die Anforderungen an ein Sperrkonkto nach § 17 Nr. 5, Nr. 6 Abs. 1 VOB/B BauR 2004, 1677; *Oberhauser* Das Ende des Sperrkontos nach § 17 Nr. 6 VOB/B BrBP 2004, 136; *Siegburg* Zur formularmäßigen Vereinbarung eines Sicherheitseinbehaltes im Bauvertrag ZfIR 2004, 89; *Groß* Die Umkehrsteuer des § 13b UStG und der Sicherheitseinbehalt nach § 17 VOB/B BauR 2005, 1084; *Döhler* Sicherheitseinbehalt und Umsatzsteuer BauR 2006, 14; *Theurer* Behandlung von Sicherheitseinbehalten in den Fällen der Umkehr der Umsatzsteuerschuldnerschaft nach § 13b Abs. 1 S. 1 Nr. 4 UStG BauR 2006, 7; *Voit* Einzahlung statt Auszahlung des Sicherheitseinbehalts nach Stellen einer Bürgschaft ZfIR 2006, 407.

A. Allgemeine Grundlagen

1 Wenn eine vereinbarte Sicherheitsleistung entweder kraft vertraglicher Absprache in Geld bestehen soll oder der Auftragnehmer aufgrund des ihm zustehenden Wahlrechts nach Nr. 3 die Sicherheitsleistung in Geld wählt, kann er diese Sicherheitsleistung (unüblicherweise) auf ein Sperrkonto einzahlen. In der Regel jedoch ist der Auftraggeber infolge der Sicherungsabrede berechtigt, unmittelbar von der Vergütung ausreichende Anteile als Sicherheit einzubehalten. Eine hierauf gerichtete Vereinbarung ist nach Nr. 6 zulässig. Mit dieser wird die **Fälligkeit** eines Teils des Vergütungsanspruchs des Auftragnehmers unter gleichzeitiger **Vereinbarung eines Zurückbehaltungsrechts** des Auftraggebers für die Dauer der zu stellenden Sicherheit (vgl. § 17 Nr. 8 VOB/B) hinausgeschoben (herrschende Meinung: BGH Urt. v. 12.7.1979 VII ZR 174/78 = BauR 1979, 525 = SFH § 16 Ziff. 2 VOB/B Nr. 13 = MDR 1980, 136 = LM § 16 B VOB/B Nr. 3 = ZfBR 1979, 207; OLG Hamm Urt. v. 30.10.1995 17 U 83/94 = BauR 1997, 141, 142 f. = NJW 1996, 1046; OLG Frankfurt Urt. v. 11.4.2005 1 U 235/04 = OLGR 2006, 7, 8 = BauR 2005, 1682 [Ls.]; *Heiermann/Riedl/Rusam* § 17 VOB/B Rn. 34; Beck'scher VOB-Komm./*I. Jagenburg* Vor § 17 Nr. 6 VOB/B Rn. 40 – a.A. mit der Betonung eines Bardepots: *Weise* Sicherheiten im Baurecht Rn. 160).

2 Nr. 6 gilt **für alle Einbehalte eines VOB-Vertrages**, die mit der erforderlichen Eindeutigkeit den **Charakter einer Sicherheitsleistung** tragen, unabhängig davon, ob in der betreffenden vertraglichen Abrede das Wort »Sicherheitsleistung« ausdrücklich gebraucht wird oder nicht. **Abzugrenzen** sind diese Einbehalte **von reinen Zahlungsmodalitäten**. Was gewollt ist, ist jeweils durch Auslegung zu ermitteln. Dies gilt auch für Abschlagszahlungen, soweit sie nur mit einem gekürzten Prozentsatz (z.B. 95%) ausgezahlt werden. Diese Kürzung muss mit einem Sicherheitseinbehalt nichts zu tun haben, weswegen die insoweit gekürzten Beträge auch nicht auf ein Sperrkonto einzuzahlen sind (BGH Urt. v. 24.3.1988 VII ZR 126/87 = NJW-RR 1988, 851; KG Urt. v. 15.4.1999 10 U 49/98 = IBR 2000, 601, Revision vom BGH nicht angenommen, Beschl. v. 7.9.2000 VII ZR 138/99 – a.A. offenbar *Thierau* in *Kapellmann/Messerschmidt* § 17 VOB/B Rn. 7). Anzunehmen ist dies etwa, wenn die Kürzungen bei den Abschlagszahlungen nach der Auslegung des Bauvertrages in erster Linie Überzahlungen vermeiden wollen. Zwingend ist dieser Schluss allerdings nicht: Denn selbstverständlich kann die Auslegung der bauvertraglichen Klauseln bzw. der darin enthaltenen Sicherungsabrede auch ergeben, dass gerade nicht nur eine Zahlungsmodalität gewollt ist, sondern gleichzeitig eine Sicherheitsleistung. Infolgedessen gilt dann die Pflicht aus Nr. 6 Abs. 1 S. 3 zur Einzahlung dieses Einbehalts auf ein Sperrkonto. Hiervon ist z.B. auszugehen, wenn die Pflicht zur Auszahlung des einbehaltenen Betrages aus den Abschlagszahlungen an die mangelfreie Abnahme der Bauleistung geknüpft wird: Aus dieser Klausel ergibt sich hinreichend deutlich, dass der Einbehalt tatsächlich die ordnungsgemäße Vertragserfüllung sichern soll (vgl. dazu auch BGH Urt. v. 5.2.1959 VII ZR 83/58 = SFH Z 2.511 Bl. 1; *Heiermann* BauR 1976, 73 sowie *Daub* BauR 1977, 24).

B. Regelung zum Sicherheitseinbehalt im Einzelnen

§ 17 Nr. 6 enthält in seinem Abs. 1 allgemeine Regelungen, unter welchen Voraussetzungen und auf welche Weise der Auftraggeber eine Sicherheit einbehalten kann. Abs. 2 und 4 sehen für Aufträge kleineren Umfangs und für öffentliche Auftraggeber Ausnahmen vor. Abs. 3 schließlich regelt die Sanktion zulasten des Auftraggebers, wenn dieser sich nicht an das Prozedere gemäß Abs. 1 zum Umgang mit einem erfolgten Einbehalt hält. **3**

I. Einbehalt von Zahlungen in Teilbeträgen (Abs. 1)

1. Allgemeine Voraussetzung: Ausreichende Sicherungsabrede

Voraussetzung für eine Sicherheitsleistung ist nach Abs. 1 S. 1 eine **vertragliche Vereinbarung** zwischen den Parteien (Sicherungsabrede) (vgl. dazu ausführlich § 17 Nr. 1 VOB/B Rn. 6 ff.): Hiernach muss der Auftraggeber berechtigt sein, die Sicherheitsleistung sozusagen stellvertretend für den eigentlich zur Sicherheit verpflichteten Auftragnehmer von seinen an den Auftragnehmer zu leistenden fälligen Zahlungen einzubehalten. Eine solche Vereinbarung muss gesondert aus den Besonderen oder Zusätzlichen Vertragsbedingungen hervorgehen (vgl. § 10 Nr. 4 Abs. 1k VOB/A). **Sie folgt nicht allein aus der Vereinbarung der VOB** oder aus der Tatsache als solche, dass der Auftragnehmer Sicherheit nach § 17 VOB zu leisten hat: Denn aus § 17 Nr. 6 Abs. 1 ergibt sich, dass der Vergütungseinbehalt als Art der Sicherheitsleistung konkret vereinbart sein muss. In der Sache ist diese Einschränkung allerdings von geringer Bedeutung: Vereinbaren die Bauvertragsparteien nämlich eine konkrete Art der Sicherheitsleistung, z.B. die Stellung einer Bürgschaft, kommt es auf die Frage, ob der Auftraggeber stattdessen einen Einbehalt vornehmen darf, nicht an, wenn der Auftragnehmer die Bürgschaft ordnungsgemäß stellt. Entscheidend ist die Frage nach der Zulässigkeit eines Sicherheitseinbehalts daher nur, wenn der Auftragnehmer das vereinbarte Sicherungsmittel nicht (rechtzeitig) stellt. Doch auch in diesem Fall darf der Auftraggeber ohne Regelung dazu Vergütungsanteile als Sicherheit einbehalten – allerdings nicht nach § 17 Nr. 6 VOB/B, sondern nach § 17 Nr. 7 S. 2 VOB/B. **4**

2. Vornahme des Einbehaltes

Ist eine Vereinbarung zu dem Einbehalt von Vergütung als Sicherheit getroffen, regelt Nr. 6 Abs. 1, auf welche Weise und in welcher Höhe die Sicherheitsleistung einzubehalten ist: **5**

a) Einbehalte grundsätzlich von jeder Zahlung

Wurde eine Vereinbarung nach Nr. 6 Abs. 1 S. 1 in der Weise getroffen, dass der Auftraggeber die Sicherheit in Teilbeträgen einbehalten darf, ist er berechtigt, von **jeder Zahlung** einen Einbehalt vorzunehmen. Keinesfalls ist er bei den Teileinbehalten auf Einbehalte bei Abschlagszahlungen (§ 16 Nr. 1 VOB/B) begrenzt. Vielmehr können Einbehalte genauso erfolgen sowohl von Vorauszahlungen (§ 16 Nr. 2 VOB/B), von Teilschlusszahlungen (§ 16 Nr. 4 VOB/B) als auch – und insbesondere – von der Schlusszahlung (§ 16 Nr. 3 VOB/B). Sämtliche Teileinbehalte setzen jedoch grundlegend voraus, dass der Auftraggeber nach den Besonderen oder Zusätzlichen Vertragsbedingungen (§ 10 Nr. 4 Abs. 1k VOB/A) überhaupt berechtigt ist, **die Sicherheit in Teilbeträgen und nicht nur in einem Betrag oder in bestimmten Beträgen einzubehalten.** **6**

7 Den Bauvertragsparteien steht es frei, den **Sicherheitseinbehalt** abweichend von Nr. 6 Abs. 1 S. 1 **auf eine bestimmte Zahlung zu begrenzen** (vgl. aber auch zu abweichenden Vereinbarungen in AGB unten Rn. 18 ff.). Eine solche Begrenzung sollte klar und eindeutig formuliert sein. In diesem Fall immerhin darf ein Einbehalt nur von der so geregelten Zahlung (z.B. Schlusszahlung) erfolgen, und zwar einmalig in der vereinbarten Höhe (z.B. 10% eines vereinbarten Pauschalpreises). Dies versteht sich von selbst, weil der Auftraggeber bei einer Begrenzung auf eine Zahlung von anderen Zahlungen mangels entsprechender Vereinbarung keinen Einbehalt vornehmen darf. § 17 Nr. 6 Abs. 1 S. 1 VOB/B, der einen Einbehalt auf maximal 10% der jeweils fälligen Zahlung begrenzt, findet hier keine Anwendung: Denn diese Regelung gilt nur, wenn ein Einbehalt in Teilbeträgen vorgesehen ist.

8 Unberührt von den vorhergehend beschriebenen vertraglichen Vereinbarungen bleiben die sonstigen in den Allgemeinen Vertragsbedingungen **besonders vorgesehenen Sicherheitsleistungen**, wie bei der Vorauszahlung nach § 16 Nr. 2 S. 1 VOB/B oder bei Abschlagszahlungen nach § 16 Nr. 1 Abs. 1 S. 3 VOB/B. Diese sind, sofern sie vereinbarungsgemäß durch Einbehalt erfolgen sollen, ohnehin bei den betreffenden Zahlungen, bei denen der Auftraggeber gesichert werden soll, vorzunehmen, und zwar jeweils in voller Höhe.

b) Kürzungen der Zahlungen um höchstens 10%

9 Nach Nr. 6 Abs. 1 S. 1 ist der Auftraggeber bei der Vereinbarung eines Sicherheitseinbehalts in Teilbeträgen nur befugt, **die jeweilige Zahlung um höchstens 10 v.H. zu kürzen**. Grundlage ist der jeweils auszuzahlende bzw. gezahlte **Betrag**. Mit dieser Maßgabe ist dann aber zur Bestimmung der Höhe eines jeweils zulässigen Einbehaltes zu prüfen, ob seitens des Auftragnehmers unter Berücksichtigung des § 13b UStG eine Brutto- oder Nettorechnung gestellt wird: Liegt kein Anwendungsfall des § 13b UStG vor, ergeben sich keine Besonderheiten. Zahlbetrag ist hier eine Bruttovergütung unter Einschluss der Mehrwertsteuer. Folglich werden **Einbehalte auch von dieser zu zahlenden Bruttovergütung** vorgenommen. Geht es um prozentual zu berechnende Einbehalte, ist Bemessungsgrundlage ebenfalls die effektiv zu zahlende Bruttovergütung. Anders ist dies im **Anwendungsbereich des § 13b UStG**, d.h. vor allem im Subunternehmerverhältnis. Hier ist zu unterscheiden: In einem ersten Schritt ist die vereinbarte Sicherheitssumme (vgl. § 17 Nr. 6 S. 1 VOB/B), i.e. die Höhe der Sicherheit zu ermitteln. Diese ergibt sich aus dem Vertrag, während § 17 Nr. 6 Abs. 1 VOB/B, auch dessen neuer S. 2, dazu keine Aussage trifft (vgl. oben die Ausführungen zu § 17 Nr. 1 VOB/B Rn. 35 f.). Denn diese Regelung bestimmt nur die Bemessungsgrundlage für die Berechnung der Höhe möglicher Einbehalte, um die vereinbarte Sicherheitssumme zu erhalten. Dies vorausgeschickt ist erst in einem zweiten Schritt – steht die Höhe der Sicherheitssumme fest – zu ermitteln, wie die Einbehalte vorzunehmen sind, was sich dann aus § 17 Nr. 6 Abs. 1 S. 2 VOB/B ergibt. Einfach ist diese Berechnung, wenn bei einer prozentual vereinbarten Sicherheitsleistung Bezugsgröße auch für die Höhe der Sicherheitsleistung der Nettobetrag (z.B. die Schlussrechnung) ist. Da diese nur als Nettorechnung ausgestellt wird und infolgedessen nur Nettozahlungen erfolgen, liegt auf der Hand und ergibt sich ohne weiteres aus § 17 Nr. 6 Abs. 1 S. 2 VOB/B, dass sowohl die Höhe der Sicherheitsleistung als auch die Höhe der zulässigen Einbehalte einheitlich auf Nettobasis berechnet werden. Konkret heißt das: Wird eine Sicherheitsleistung von 5% auf die Schlussrechnungssumme vereinbart, beläuft sich die Höhe der vereinbarten Sicherheit bei einem Netto-Schlussrechnungsbetrag von 100.000 € auf 5.000 € (vgl. dazu schon oben § 17 Nr. 1 Rn. 35a). Soll diese Sicherheit von der Vergütung einbehalten werden, kann dieser Betrag von den effektiv fließenden (Netto-)Zahlungen in Abzug gebracht werden. Problematischer ist die Berechnung, wenn nach der Sicherungsabrede **Bezugsgröße für die Bestimmung der Höhe der Sicherheit z.B. die (Brutto)auftragssumme ist** (vgl. dazu oben § 17 Nr. 1 VOB/B Rn. 35). Denn auch dort ist nach § 17 Nr. 6 Abs. 1 S. 2 VOB/B zur **Berechnung der Einbehalte** nur **auf die Nettozahlungen zurückzugreifen**. Konkret heißt das: Haben die Parteien eine Sicherheit von 5% auf die Auftragssumme vereinbart, ist von der Bruttosumme auszugehen (vgl. dazu § 17 Nr. 1 Rn. 35; wie hier ebenso *Groß* BauR 2005, 1084, 1085 f.; a.A. *Döhler* BauR 2006, 14, 16 f.; unklar insoweit *Theurer* BauR 2006, 7, die diese Differenzierung nicht vornimmt). Beläuft sich diese auf 119.000 €, ergibt sich eine vereinbarte Sicherheitssumme von 5.950 €, selbst wenn später nach § 13b UStG nur Netto-Rechnungen ausgestellt werden. Soll dieser Betrag dann im Wege des Sicherheitseinbehaltes einbehalten werden und leistet der Auftraggeber dazu zehn Abschlagszahlungen in jeweils gleicher Höhe, beläuft sich – da nach § 13b UStG nur der Nettobetrag zu zahlen ist – jede Zahlung bei einem Mehrwertsteuersatz von 19% auf 10.000 €. Von diesen Zahlungen darf der Auftraggeber nunmehr nach § 17 Nr. 6 Abs. 1 S. 1 VOB/B jeweils 10% einbehalten, d.h. maximal 1.000 € je Zahlung, sodann in der Gesamtsumme soviel, bis die vereinbarte Sicherungssumme von 5.950 € erreicht ist.

Die Bezugnahme auf den effektiv zur Auszahlung anstehenden Betrag verdeutlicht im Übrigen, dass **andere Gegenrechte des Auftraggebers aus vertraglichen oder gesetzlichen Gründen** (wie z.B. bereits entstandene Ansprüche aus § 4 Nr. 7, § 13 Nr. 5 ff. VOB/B) **unberührt bleiben.** Falls diese durch den jeweils gestatteten Sicherheitseinbehalt nicht bereits abgesichert sind, ist der Auftraggeber daher berechtigt, einen entsprechenden weiteren Vergütungsteil zurückzubehalten (§ 320 BGB), und zwar einschließlich eines etwaigen »Druckzuschlages« (§ 641 Abs. 3 BGB). Bei Abschlagszahlungen ist darüber hinaus auf die in diesem Zusammenhang bereits in § 16 Nr. 1 Abs. 2 S. 1 und 2 VOB/B geregelten Zurückbehaltungsrechte hinzuweisen. 9a

c) Grenze: Gesamtbetrag der vereinbarten Sicherheiten
Der Auftraggeber darf Vergütungsanteile von fälligen Zahlungen selbstverständlich **nur so lange als Sicherheit einbehalten, bis der vereinbarte Gesamtbetrag der Sicherheitssumme erreicht ist.** Dies stellt die VOB in § 17 Nr. 6 Abs. 1 S. 1 VOB/B nochmals ausdrücklich klar. Darüber hinausgehende Kürzungen haben zu unterbleiben. 10

3. Mitteilungspflicht des Auftraggebers
Der **Auftraggeber** hat dem Auftragnehmer die Tatsache des Einbehalts als solchen und dessen Höhe **mitzuteilen** (Abs. 1 S. 3). Hierbei ist er konkret verpflichtet, im Wege der empfangsbedürftigen Willenserklärung dem Auftragnehmer ein inhaltlich klares und zweifelsfreies Bild zu vermitteln. Eine geprüfte Rechnung des Auftragnehmers, aus der sich die Höhe des Einbehaltes ergibt, genügt. Auch eine mündliche Mitteilung reicht aus, wenn aus Beweisgründen allerdings dringend die Einhaltung der Schriftform anzuraten ist. 11

4. Pflicht zur Einzahlung auf Sperrkonto
Nach der ausdrücklichen Regelung in Nr. 6 Abs. 1 S. 3 ist der **Auftraggeber nicht berechtigt, das einbehaltene Geld weiterhin als zu seinem Vermögen gehörig zu betrachten und damit zu arbeiten.** Vielmehr gilt dieser Betrag, dem Charakter der Sicherheitsleistung entsprechend, als Fremdgeld. Folgerichtig muss der Auftraggeber den jeweiligen Betrag ohne gesonderte Aufforderung (OLG Dresden Urt. v. 13.8.1998 7 U 824/98 = IBR 1999, 580 [Revision vom BGH nicht angenommen, Beschl. v. 2.9.1999 VII ZR 341/98]) **binnen 18 Werktagen** nach Mitteilung von der Einbehaltung **auf ein Sperrkonto bei dem vereinbarten Geldinstitut einzahlen.** Sperrkonto bedeutet infolge der in Nr. 6 Abs. 1 S. 5 enthaltenen Verweisung auf Nr. 5, dass insoweit ein »Und-Konto« zu verwenden ist. Hintergrund der Einrichtung der in Nr. 5 vorgesehenen Einrichtung eines Und-Kontos ist der damit verbundene Schutz des Auftragnehmers im Fall der Insolvenz des Auftraggebers. Denn wurde entsprechend § 17 Nr. 6 Abs. 1 S. 5, Nr. 5 VOB/B für den Sicherheitseinbehalt ein Und-Konto, über das beide Parteien nur gemeinschaftlich verfügungsbefugt sind, eingerichtet, bleibt dieses Vermögensgut dem Auftragnehmer in der Insolvenz des Auftraggebers erhalten (vgl. dazu die Erläuterungen zu § 17 Nr. 5 VOB/B Rn. 3). Dies wäre nicht so, wenn es eine solche dingliche Mitberechtigung des Auftragnehmers an dem Sperrkonto nicht gäbe. Folglich ist richtig, dass die Einrichtung eines Und-Kontos insoweit zumindest sinnvoll ist. Eine andere Frage ist, ob diese mit der Änderung der VOB/B 2006 erfolgte Vorgabe eines Und-Kontos tatsächlich zwingend gewesen ist. Denn selbst- 12

verständlich gibt es auch andere Möglichkeiten, eine gemeinsame (dingliche) Verfügungsbefugnis i.S.v. § 17 Nr. 5 S. 1 VOB/B sicher zu stellen, so z.B. über die die Einräumung eines Pfandrechts, das ebenfalls die insolvenzrechtlichen Probleme nicht aufwirft (vgl. zu den Einzelheiten *Joussen* BauR 2004, 1677). Dies vorausgeschickt verkehrt sich die jetzige Vorgabe an die Vertragsparteien zur erforderlichen **Einrichtung eine Und-Kontos gerade unter dem Gesichtspunkt des Insolvenzschutzes des Auftragnehmers z.T. in sein Gegenteil**. Dies wiederum beruht darauf, dass an der Einrichtung eines Und-Kontos beide Vertragsparteien zwingend mitzuwirken haben. Ist dies dem Auftragnehmer nicht zeitnah zur Abrechnung möglich, war nach der Altfassung von § 17 Nr. 5, 6 VOB der Auftraggeber gleichwohl verpflichtet, die Einzahlung auf ein Sperrkonto sicherzustellen, über das nur beide Parteien gemeinsam dinglich verfügen konnten. Dies ist nach der Neuregelung keineswegs mehr selbstverständlich. Denn ist insbesondere im Fall des Sicherheitseinbehaltes der Auftragnehmer nicht zeitnah zur Abrechnung greifbar, ist es dem Auftraggeber nicht verwehrt, eine Sicherheit gleichwohl einzubehalten, selbst wenn er mangels Mitwirkung des Auftragnehmers diesen einstweilen nicht auf ein Und-Konto einzahlen kann. Folglich wurde mit dieser Neuregelung zu der verbindlichen Einrichtung eines »Und-Kontos« für den Auftragnehmer ein Insolvenzrisiko geschaffen, was eigentlich ausgeschlossen sein soll. Dabei darf wohl vermutet werden, dass diese unmittelbar für den Auftragnehmer nachteilhafte Rechtsfolge infolge der Verweisung in § 17 Nr. 6 auf Nr. 5 VOB/B durch den DVA übersehen wurde, weswegen hier eine Präzisierung dringend geboten erscheint.

13 Die Pflicht des Auftraggebers zur Einzahlung des Einbehaltes auf eine Sperrkonto lässt sich **nicht dadurch umgehen**, dass der Auftraggeber gegen einen erfolgten Einbehalt **mit Gegenansprüchen**, z.B. mit Mängelansprüchen aus einem anderen Vorhaben **aufrechnet**. Dies ist schon deshalb unzulässig, weil die Sicherungsabrede, die Grundlage des Einbehaltes ist, lediglich die Mängelansprüche eines konkreten Vorhabens absichert, nicht die eines anderen Vorhabens (vgl. zu der Sicherungsabrede auch § 17 Nr. 1 VOB/B Rn. 6 ff.). Auf eine ausdrückliche diesbezügliche Klarstellung in der Sicherungsabrede (z.B. Aufrechnungsausschluss mit Mängelansprüchen aus anderen Bauvorhaben) kommt es daher nicht an (ebenso OLG Dresden Urt. v. 28.9.2000 19 U 888/00 = IBR 2002, 252).

14 Die Einzahlungsverpflichtung auf ein Sperrkonto gemäß § 17 Nr. 6 Abs. 1 VOB/B besteht auch dann, wenn der Auftraggeber den Einbehalt trotz Erhalt einer Austauschsicherheit (z.B. Bürgschaft) nicht auszahlt, obwohl er dazu verpflichtet ist. Durch dieses vertragswidrige Verhalten verliert er zwar nicht seinen Anspruch auf Sicherheit (vgl. dazu auch Erläuterungen zu § 17 Nr. 3 VOB/B Rn. 30); er bleibt aber weiter verpflichtet, diesen Betrag auf ein Sperrkonto einzuzahlen. Denn **§ 17 Nr. 6 Abs. 1 VOB/B gilt** kraft vertraglicher Vereinbarung der VOB **für jede Form des Sicherheitseinbehaltes, auch für den nicht berechtigten**. Dies wiederum beruht auf folgender Überlegung: Hätte der Auftraggeber (zu Unrecht) die Austauschsicherheit zurückgewiesen, bestünde kein Zweifel, dass er weiter der Verpflichtung zur Einzahlung des Sicherheitseinbehaltes auf ein Sperrkonto unterläge. Nimmt er aber nunmehr die Austauschsicherheit entgegen, ohne den Sicherheitseinbehalt auszuzahlen, verfügt er (zu Unrecht) über eine doppelte Sicherheit. Damit verstößt er noch mehr gegen seine Vertragspflichten, als wenn er trotz Vorlage der Austauschvoraussetzungen die Austauschsicherheit überhaupt nicht entgegengenommen hätte. Diese erweiterte Verletzung der Sicherungsabrede darf nicht noch zusätzlich dazu führen, dass er sich dadurch seiner Verpflichtung aus § 17 Nr. 6 Abs. 1 VOB/B zu entziehen vermag, den Einbehalt auf ein Sperrkonto einzuzahlen (BGH Beschl. v. 10.11.2005 VII ZR 11/04 = BauR 2006, 379, 381 = NJW 2006, 442, 443 = NZBau 2006, 106, 107 = ZfBR 2006, 156, 157; ebenso *Brauns* BauR 2002, 1465, 1466, a.A. *Voit* ZfIR 2006, 407, der bei einer vertragswidrigen Nichtauszahlung eines Sicherheitseinbehaltes nur zu einem Schadensersatzanspruch kommt; vgl. dazu auch Erläuterungen bei § 17 Nr. 3 VOB/B Rn. 30).

5. Benachrichtigung des Auftragnehmers

Der Auftraggeber muss das Geldinstitut veranlassen, dass dieses den Auftragnehmer von der Einzahlung des Sicherheitseinbehaltes auf das Sperrkonto unterrichtet (S. 4). Eine solche Unterrichtung kann z.B. durch die Übersendung eines Kontoauszuges mit Gutschriftenbeleg erfolgen. Eine bloße Nachricht des Auftraggebers selbst genügt nicht, da es hier um die **zuverlässige Mitteilung durch den Dritten** geht, der das Geld verwahrt. Nur dadurch gewinnt der Auftragnehmer die nötige Gewissheit, dass das Geld tatsächlich hinterlegt ist. Allein das ist Sinn dieser Regelung.

15

6. Entsprechende Anwendung der Nr. 5

Neben dem Vorgenannten gelten nach Absatz 1 S. 5 die Vorschriften der **Nr. 5 entsprechend.** Das trifft insbesondere hinsichtlich der **Einigung über das Geldinstitut,** bei dem der Auftraggeber den Sicherheitseinbehalt einzuzahlen hat, sowie der **gemeinsamen Verfügung** beider Partner über das Sperrkonto in der Form eines »Und-Kontos«, das dementsprechend einzurichten ist, zu. Des Weiteren ist die **Zinsregelung** zugunsten des Auftragnehmers nach Nr. 5 S. 2 zu beachten (vgl. dazu § 17 Nr. 5 VOB/B Rn. 4).

16

7. Rechtliche Folgen bei Einzahlung des Einbehaltes auf ein Sperrkonto

Die **Zahlung** der einbehaltenen Beträge **auf ein Sperrkonto stellt rechtlich keine Zahlung des Auftraggebers** im Sinne des § 16 VOB/B zum Zwecke der endgültigen Erfüllung seiner Vergütungspflicht aus dem Bauvertrag dar. Vielmehr erschöpft sich die Einzahlung des betreffenden Betrages in einer reinen **Sicherheitsleistung.** Als Erfüllung kann dieser Betrag erst gelten, wenn er gemäß § 17 Nr. 8 VOB/B nach Ablauf der vereinbarten Fristen bzw. der nach Nr. 8 geltenden Zeitpunkte zur freien Verfügung des Auftragnehmers steht (vgl. LG Würzburg Urt. v. 12.11.1980 VIII ZR 338/79 = SFH Z 2.33 Bl. 1 ff. sowie die Erläuterungen dazu bei § 17 Nr. 8 VOB/B Rn. 3 ff. für Vertragserfüllungssicherheiten und Rn. 12 ff. für Gewährleistungssicherheiten). Zur **Verwertung** eines auf einem Sperrkonto lagernden Sicherheitseinbehaltes gelten im Übrigen die Erläuterungen zu der vergleichbaren Situation bei der Hinterlegung von Geld nach Nr. 5 entsprechend (siehe dazu § 17 Nr. 5 VOB/B Rn. 5).

17

8. Abweichende Vereinbarungen

Sollen von § 17 Nr. 6 VOB/B abweichende Bedingungen für den Sicherheitseinbehalt gelten, so muss dieses mit hinreichender Klarheit geregelt werden, z.B. in den Besonderen oder Zusätzlichen Vertragsbedingungen (§ 10 Nr. 4 Abs. 1k VOB/A). Allerdings ist vorab bei jeder Einzelregelung, insbesondere bei einem im Vertrag zugelassenen Einbehalt von Vergütungsanteilen, zu prüfen, ob überhaupt eine Sicherheitsleistung mit der sich anschließenden Verpflichtung gem. § 17 Nr. 6 VOB/B vorliegt, diesen Einbehalt auf ein Sperrkonto einzuzahlen. Alternativ kommt immerhin eine reine Zahlungsmodalität in Betracht, für die § 17 Nr. 6 VOB/B nicht gilt (siehe dazu oben Rn. 2). Abweichende Vereinbarungen von Nr. 6 sind individualvertraglich ohne weiteres zulässig. **Sofern diese Vereinbarungen in den AGB des Auftraggebers erfolgen,** dürfen sie nicht in unzulässiger Weise dessen berechtigtes Sicherungsbedürfnis überschreiten. Andernfalls sind sie nach § 307 BGB unwirksam. Hierzu gilt:

18

a) Unwirksame Klauseln infolge einer AGB-Inhaltskontrolle

Unzulässig ist die Festlegung einer **Höhe für den Sicherheitseinbehalt**, die die in § 14 Nr. 2 VOB/A angegebenen Sätze erheblich übersteigt (z.B. generell 20% der Auftragssumme; *Kleine-Möller* in Handbuch priv. BauR § 2 Rn. 557; wohl auch *Heiermann/Riedl/Rusam* § 17 VOB/B Rn. 34 – a.A., d.h. für einen auch in AGB frei zulässigen Einbehalt von deutlich mehr als 10%, Beck'scher VOB-Komm./*I. Jagenburg* § 17 Nr. 6 VOB/B Rn. 46, differenzierend je nach Zweck der Sicherheit: *Weise*

19

Sicherheiten im Baurecht Rn. 120). Gleiches gilt für die Bestimmung, der Auftragnehmer habe nach Vertragsabschluss eine Bürgschaft in Höhe von 10% der Bruttoauftragssumme zu leisten, außerdem halte der Auftraggeber 10% aller anerkannten Rechnungsbeträge ein (LG München Urt. v. 8.9.1998 11 O 10676/98 = IBR 1999, 10; *Heiermann/Riedl/Rusam* § 17 VOB/B Rn. 34; *Weise* Sicherheiten im Baurecht Rn. 120 – ähnlich OLG Brandenburg Urt. v. 16.3.1999 11 U 107/98 = BauR 2001, 1450 [Revision vom BGH nicht angenommen, Beschl. v. 27.7.2000 VII ZR 127/99], das eine AGB-Klausel mit einer Verpflichtung zur Stellung einer Vertragserfüllungsbürgschaft von 20% zzgl. eines 10%igen Einbehaltes von jeder Abschlagsrechnung unter weitergehendem Ausschluss des § 17 VOB/B als unwirksam ansieht).

20 Die Möglichkeit für den Auftraggeber, einen Teil der Vergütung als Sicherheit einzubehalten, stellt einen Eingriff in die einem Auftragnehmer nach § 641 BGB vermittelte Rechtsposition dar, wonach diesem bei Abnahme ein Anspruch auf 100% der Vergütung zusteht (BGH Urt. v. 5.6.1997 VII ZR 324/95 = BGHZ 136, 27, 33 = BauR 1997, 829, 830 = NJW 1997, 2598, 2599 = ZfBR 1997, 292). Im Hinblick auf die Gesamtausgewogenheit der VOB Teil B ist dieser Eingriff jedoch, der durchaus den berechtigten Interessen des Auftraggebers Rechnung trägt, AGB-rechtlich nicht zu beanstanden. Dies gilt allerdings nur dann, wenn der Auftraggeber sich in seinen **AGB an den durch § 17 Nr. 6 VOB/B vorgegebenen Rahmen hält.** Überschritten wird dieser Rahmen hingegen durch eine Klausel, aufgrund der der Auftraggeber zum Einbehalt einer Barsicherheit von 5% der Abrechnungssumme befugt ist, ohne dass der Auftragnehmer diesen durch eine andere Sicherheit ersetzen oder die Einzahlung auf ein gemeinsames Sperrkonto verlangen kann. Eine solche Klausel verstößt gegen § 307 BGB. Denn dem Auftragnehmer werden hierdurch Vergütungsanteile ohne angemessenen Ausgleich vorenthalten; gleichzeitig wird ihm durch diese Regelung in unzulässiger Weise das Insolvenzrisiko des Auftraggebers aufgebürdet, und zwar unabhängig von der Dauer des Vergütungseinbehalts (OLG München Urt. v. 1.3.2000 15 U 5605/99 = BauR 2002, 1109 f. [Revision durch BGH nicht angenommen, Beschl. v. 17.1.2002 VII ZR 495/00 = IBR 2002, 663], dazu Anm. *Sienz* BauR 2000, 1249, 1250 f. und BauR 2002, 1241, 1243; ähnlich bereits OLG Karlsruhe Urt. v. 5.10.1988 7 U 189/87 = BauR 1989, 203, 204; OLG München Urt. v. 15.10.1991 9 U 2951/91 = BauR 1992, 234, 235 = NJW-RR 1992, 218; OLG Zweibrücken Urt. v. 10.3.1994 4 U 143/93 = BauR 1994, 509, 512 = NJW-RR 1994, 1363; zustimmend: *Schmitz/Vogel* ZfIR 2002, 509, 514 – anders und insoweit inzwischen überholt: OLG Hamburg Urt. v. 6.9.1995 5 U 41/95 = BauR 1997, 668 = NJW-RR 1997, 1040), das noch einen zinslosen Einbehalt von 5% der Vergütung für die Dauer eines Jahres als zulässig ansah: Der BGH hatte die diesbezügliche Revision ebenfalls nicht zur Entscheidung angenommen (Beschl. v. 20.3.1997 VII ZR 257/95), wobei diese Entscheidung jedoch noch vor der späteren Grundsatzentscheidung des BGH v. 5.6.1997 (BGH Urt. v. 5.6.1997 VII ZR 324/95 = BGHZ 136, 27 = BauR 1997, 829 = NJW 1997, 2598 = ZfBR 1997, 292) zu dem Gesamtkomplex »Beschränkung des Austauschrechts auf eine Bürgschaft auf erstes Anfordern« ergangen ist; a.A. ebenfalls wohl *Thode* ZfIR 2000, 165, 168, *Thode* ZfBR 2002, 4, 7). Hinzu kommt, dass auch ein **Ausschluss der Verzinsung der Barsicherheit** durch den Auftraggeber gegen § 307 BGB verstößt (vgl. dazu OLG Karlsruhe Urt. v. 5.10.1988 7 U 189/87 = BauR 1989, 203 = SFH § 9 AGBG Nr. 40; OLG Braunschweig Urt. v. 14.10.1993 1 U 11/93 = OLGR Braunschweig 1994, 180; OLG Zweibrücken Urt. v. 10.3.1994 4 U 143/93 = BauR 1994, 509, 517 = NJW-RR 1994, 1363 = BB 1995, 13 m.w.N.); allerdings gilt dies nur bei privaten, nicht bei öffentlichen Auftraggebern. Denn bei letzterer Auftraggebergruppe wäre nach der wirksamen vertraglichen Regelung des Nr. 6 Abs. 4 ein Bareinbehalt ohnehin nicht zu verzinsen.

21 Nicht mit § 307 BGB vereinbar ist des Weiteren eine Klausel in den AGB des Auftraggebers, wonach dieser nicht zur Einzahlung des Sicherheitseinbehaltes auf ein Sperrkonto verpflichtet ist und der Auftragnehmer den Einbehalt (allein) durch eine selbstschuldnerische **Bürgschaft auf erstes Anfordern** ablösen kann (BGH Urt. v. 5.6.1997 VII ZR 324/95 = BGHZ 136, 27, 30 ff. = BauR 1997, 829 = NJW 1997, 2598, 2599 = ZfBR 1997, 292; OLG Hamburg Beschl. v. 14.5.1999 8 U 35/99 = BauR 2000, 445, 446 – siehe hierzu auch Erläuterungen bei § 17 Nr. 3 VOB/B Rn. 6 ff. und 14 ff.). Zwar ist im

Einzelfall jeweils sorgfältig zu prüfen, ob mit der Sicherungsabrede, die eine Beschränkung auf eine bestimmte Austauschsicherheit vorsieht, tatsächlich die Pflicht des Auftraggebers aus § 17 Nr. 6 VOB/B abbedungen wurde, einen Sicherheitseinbehalt auf ein Sperrkonto einzuzahlen. Hiervon wird nach Auffassung des BGH jedoch regelmäßig auszugehen sein, wenn bei der **Vereinbarung eines Sicherheitseinbehaltes als einzige Austauschsicherheit eine Bürgschaft auf erstes Anfordern** vorgesehen ist (BGH Beschl. v. 10.11.2005 VII ZR 11/04 = BauR 2006, 379, 380 = NJW 2006, 442 = NZBau 2006, 106 = ZfBR 2006, 156, 157, vgl. auch schon die Entscheidung vom 16.5.2002 VII ZR 494/00 = BauR 2002, 1392 = NJW-RR 2002, 1311 = NZBau 2002, 493 = ZfBR 2002, 677). Insoweit sei auch das weitergehende Austauschrecht nach § 17 Nr. 3 VOB/B ausgeschlossen (BGH Beschl. v. 23.6.2005 VII ZR 277/04 = BauR 2006, 106, 107 = NZBau 2005, 590 [Ls.] = ZfBR 2005, 678, 679). Grund für diese Sichtweise ist eine Analyse des Vertragswillens beider Parteien anhand einer vergleichenden Betrachtungsweise der Sicherungsmittel. Sie führt – so der BGH – zu dem Ergebnis, dass durch die Bestimmung einer Bürgschaft auf erstes Anfordern als einzige Austauschsicherheit in der Sicherungsabrede weitere Sicherungsmittel des § 17 VOB/B, insbesondere das Wahl- und Austauschrecht nach § 17 Nr. 3 VOB/B einschließlich der Pflicht, einen Sicherheitseinbehalt auf ein Sperrkonto einzuzahlen, konkludent abbedungen seien. Denn die Festlegung der Austauschsicherheit auf eine Bürgschaft auf erstes Anfordern dokumentiere, dass nach der Sicherungsabrede dem Auftraggeber ein Sicherungsmittel an die Hand gegeben werden sollte, sich ähnlich wie bei dem Zugriff auf ein Bardepot rasch und unkompliziert liquide Mittel zu verschaffen (vgl. zu den Besonderheiten einer Bürgschaft auf erstes Anfordern und deren Barwertfunktion § 17 Nr. 4 VOB/A Rn. 33 ff.). Nur eine solche, dem Bareinbehalt vergleichbare Sicherheit solle den Vergütungseinbehalt ersetzen können (BGH a.a.O.).

Vorstehende Rechtsprechung ist allein für Bürgschaften auf erstes Anfordern ergangen. Wie aber ebenfalls erläutert ist unabhängig davon **stets vorrangig zu prüfen**, ob tatsächlich die weitergehenden Sicherungsrechte in der Form, wie sie in § 17 VOB/B vorgesehen sind, durch die Vereinbarung von Anforderungen an eine bestimmte Austauschsicherheit abbedungen werden. Mit dieser Maßgabe stellt so z.B. eine Klausel »**Sicherheitseinbehalt ablösbar gegen Bürgschaft**« zunächst einmal nur die für eine Sicherheitsleistung dem Grunde nach erforderliche Sicherungsabrede dar (vgl. zu deren Bedeutung § 17 Nr. 1 VOB/B Rn. 6 ff.). Sodann korrespondiert damit bei einem VOB-Vertrag, selbst wenn die VOB nur nachrangig vereinbart ist, die Pflicht des Auftraggebers aus § 17 Nr. 6 Abs. 1 S. 3 VOB/B, wie er mit einem Sicherheitseinbehalt umzugehen hat: Im Ergebnis heißt das, dass zumindest dann, wenn als Austauschsicherheit eine **gewöhnliche selbstschuldnerische Bürgschaft** vereinbart ist, die Pflicht des Auftraggebers erhalten bleibt, diesen Einbehalt als Fremdgeld zu behandeln, d.h. vor allem, diesen ohne gesonderte Aufforderung auf ein Sperrkonto einzuzahlen, solange ihm die Austauschsicherheit nicht vorliegt (BGH Beschl. v. 10.11.2005 VII ZR 11/04 = BauR 2006, 379, 380 = NJW 2006, 442 = NZBau 2006, 106 = ZfBR 2006, 156, 157). Folglich verstößt eine solche Sicherungsabrede mit einer Beschränkung der Austauschsicherheit auf eine **eine gewöhnliche (selbstschuldnerische) Bürgschaft** nicht gegen § 307 BGB (BGH Urt. v. 13.11.2003 VII ZR 57/02 = BGHZ 157, 29, 31 = BauR 2004, 325, 326 m. abl. Anm. v. *Franz* = NJW 2004, 443 = NZBau 2004, 145 = ZfBR 2004, 250; Urt. v. 26.2.2004 VII ZR 247/02 = BauR 2004, 841, 843 = NJW-RR 2004, 814, 815 = NZBau 2004, 323, 324 = ZfBR 2004, 372, 373; kritisch dazu *Klein/Moufang* Jahrbuch Baurecht 2005 S. 29, 45). Dies gilt selbst dann, wenn gleichzeitig in den AGB die Pflicht des Auftraggebers, einen Sicherheitseinbehalt auf ein Sperrkonto zu zahlen, abbedungen ist (so ausdrücklich auch BGH Urt. v. 13.11.2003 VII ZR 57/02 a.a.O., das vor allem das Insolvenzrisiko, das ja nur bei der Abbedingung der Pflicht zur Einzahlung eines Sicherheitseinbehaltes auf ein Sperrkonto überhaupt besteht, als akzeptabel ansieht, soweit dem Auftragnehmer mit der Stellung einer selbstschuldnerischen Bürgschaft eine insolvenzfeste Alternative verbleibt – a.A. KG Urt. v. 29.4.1988 24 U 3307/87 = BauR 1989, 207; OLG Hamburg Urt. v. 8.11.1995 13 U 44/94 = BauR 1996, 904 [Ls.]; *Schmitz/Vogel* ZfIR 2002, 509, 514; *Hildebrand* ZfIR 2002, 872, 874; offengelassen bei *Thode* ZfIR 2000, 165, 168; *Thode* ZfBR 2002, 4, 7). Insoweit hat der BGH auch schon in seinen weiteren Entscheidungen etwa zu der Frage der Wirksamkeit von Sicherungsabreden zur Stellung von Vertragserfüllungsbürgschaften auf erstes Anfordern (BGH Urt. v. 4.7.2002 VII ZR 502/99 = BauR 2002, 1533, 1535 f. = NJW 2002, 3098, 3099 = NZBau 2002, 559, 560 = ZfBR 2002, 784, 785, dazu *Joussen* BauR 2003, 13, 14 f.) jeweils auf das auf der einen Seite bestehende **schutzwürdige Interesse des Auftraggebers** hingewiesen, bei Pflichtverletzungen des Auftragnehmers (vor allem bei Baumängeln) nicht selbst in Liquiditätsschwierigkeiten zu geraten. Entscheidend sei jedoch auf der anderen Seite, dass die Beschränkung des Austauschrechts für einen nicht auf ein Sperrkonto zu zahlenden Bareinbehalt auf eine Bürgschaft auf erstes Anfordern wegen der Besonderheiten dieser Bürgschaftsform (sofortige Liquiditätszufuhr, beschränkte Verteidigungsmöglichkeit, volles Insolvenzrisiko, hohe Missbrauchsgefahr) über diese schützenswerten Interessen hinausgehe (BGH Urt. v. 5.6.1997 VII ZR 324/95 = BGHZ 136, 27, 33 = BauR 1997, 829, 830 = NJW 1997, 2598, 2599 = ZfBR 1997, 292; ebenso Urt. v. 2.3.2000 VII ZR 475/98 = BauR 2000, 1052, 1053 = NJW 2000, 1863, 1864 = NZBau 2000, 285 = ZfBR 2000, 332 für eine Gewährleistungsbürgschaft; ebenso zu Vertragserfüllungsbürgschaften: Urt. v. 20.4.2000 VII ZR 458/97 = BauR 2000, 1498, 1499 = NJW-RR 2000, 1331, 1332 = NZBau 2000, 424, 425 = ZfBR 2000, 477, 478; Urt. v. 18.4.2002 VII ZR 192/01 = BGHZ 150, 299, 304 = BauR 2002, 1239, 1240 m. Anm. *Sienz* = NJW 2002, 2388 f. = NZBau 2002, 494 = ZfBR 2002, 669 f. = MDR 2002, 1058 m. Anm. *Hahn*; BauR 2002, 1533, 1535 f. = NJW 2002, 3098, 3099 = NZBau 2002, 559, 560 = ZfBR 2003, 784, 785). Diese Argumentation verfängt jedoch nicht, wenn das Austauschrecht auf die Stellung einer gewöhnlichen selbstschuldnerischen Bürgschaft beschränkt wird. Denn mit dieser Bürgschaft wird genau den in der Rechtsprechung anerkannten Sicherungsinteressen des Auftraggebers Rechnung getragen und umgekehrt die besondere durch eine Bürgschaft auf erstes Anfordern verursachte Gefahrenlage vermieden. Dass der **Auftragnehmer insoweit die Avalzinsen** tragen muss, wird von der Rechtsprechung hingenommen (BGH Urt. v. 20.4.2000 VII ZR 458/97 = BauR 2000, 1498, 1500 = NJW-RR 2000, 1331, 1332 = NZBau 2000, 424, 425 = ZfBR 2000, 477, 478 für eine Vertragserfüllungsbürgschaft). Daher kann es auf eine Einzahlungsverpflichtung des Sicherheitseinbehaltes auf ein Sperrkonto, die es gesetzlich ohnehin nicht gibt, nicht ankommen, soweit dem Auftragnehmer das Recht erhalten bleibt, den Bareinbehalt durch eine VOB-konforme selbstschuldnerische Bürgschaft auszutauschen (BGH Urt. v. 13.11.2003 VII ZR 57/02 = BGHZ 157, 29, 31 f. = BauR 2004, 325, 326 m. abl. Anm. v. *Franz* = NJW 2004, 443 = NZBau 2004, 145 = ZfBR 2004, 250; Urt. v. 26.2.2004 VII ZR 247/02 = BauR 2004, 841, 843 = NJW-RR 2004, 814, 815 = NZBau 2004, 323, 324 = ZfBR 2004, 372, 373; kritisch dazu *Klein/Moufang* Jahrbuch Baurecht 2005 S. 29, 45). Oder anders ausgedrückt: Stets dann, wenn dem Auftragnehmer wenigstens eine der in § 17 Nr. 2 VOB/B vorgesehenen Sicherungsmittel (hier eine selbstschuldnerische Bürgschaft) erhalten bleibt, ist die Beschränkung des Austauschsrechts in AGB des Auftraggebers unproblematisch (so auch KG Beschl. v. 2.12.2003 7 W 330/03 = BauR 2004, 1016; OLG Nürnberg Urt. v. 30.9.2004 13 U 2351/03, Nichtzulassungsbeschw. zurückgewiesen: BGH Beschl. v. 21.7.2005 VII ZR 264/04 = BauR 2005, 1681 [Ls.] = IBR 2005, 535, wobei sich Einzelheiten dazu nicht aus den veröffentlichten Leitsätzen ergeben; i.E. ebenso: OLG Frankfurt Urt. v. 18.12.2003 21 U 24/03 = BauR 2004, 1787, 1788 ff., Rev. beim BGH anhängig zu XI ZR 2/04).

b) Folgen einer unwirksamen Sicherungsabrede

22 Verstößt die Sicherungsabrede mit einem Ausschluss der Verpflichtung des Auftraggebers zur Einzahlung des Einbehaltes auf ein Sperrkonto gegen § 307 BGB, ist sie unwirksam. Eine Sicherheit kann dann nicht mehr verlangt werden. Der noch offene Vergütungsanteil, dessen Fälligkeit über eine wirksame Sicherungsabrede unter gleichzeitiger Vereinbarung eines Zurückbehaltungsrechts des Auftraggebers bis zu einem in der Sicherungsabrede vereinbarten Zeitpunkt hinausgeschoben ist (siehe oben Rn. 1), ist daher sofort zur Auszahlung fällig. Hierbei handelt es sich weiterhin um den **originären Vergütungsanspruch** (a.A. *Hildebrandt* ZfIR 2003, 221, 222 ff., der als Anspruchsgrundlage § 812 BGB heranzieht), den den üblichen Beschränkungen unterliegt, d.h. vor allem: Der Auftraggeber ist ggf. verpflichtet, von dem zur Auszahlung fälligen Betrag 15% als Bauabzugssteuer an das zuständige Finanzamt abzuführen, soweit der Auftragnehmer nicht gleichzeitig eine aktuelle Freistellungsbescheinigung vorlegt (vgl. dazu Erläuterungen zu § 17 Nr. 8 VOB/B Rn. 31). Unbeschadet dessen ist der Auftraggeber selbstverständlich berechtigt, **gegen diesen Auszahlungsanspruch** mit eigenen Ansprüchen konkret für dieses Bauvorhaben (z.B. mit Gewährleistungs- oder Vertragsstrafenansprüchen) **aufzurechnen oder zumindest Zurückbehaltungsrechte gemäß §§ 320, 641 Abs. 3 BGB geltend zu machen.** Die Unwirksamkeit der Sicherungsabrede schränkt diese Rechte nicht ein. Der Auftragnehmer immerhin hat zu beachten, dass sein infolge der unwirksamen Sicherungsabrede freier Vergütungsanspruch der **gewöhnlichen Regelverjährung nach § 195 BGB** unterliegt. Dessen Verjährung beginnt somit grundsätzlich – auch wenn beide Parteien zunächst irrtümlich von der Wirksamkeit der Sicherungsabrede ausgingen – gemäß § 199 Abs. 1 BGB am Ende des Jahres, in dem die mit der Schlussrechnung abgerechnete Vergütung gemäß § 16 Nr. 3 Abs. 1 VOB/B fällig geworden ist. Daher ist es bei einer unwirksamen Sicherungsabrede zumindest theoretisch nicht ausgeschlossen, dass mit Ablauf einer z.B. vereinbarten fünfjährigen Gewährleistung, anlässlich der das erste Mal die Wirksamkeit der dem Sicherheitseinbehalt zugrunde liegenden Sicherungsabrede geprüft wird, der Anspruch auf Auszahlung des Sicherheitseinbehaltes selbst bei Mangelfreiheit wegen zwischenzeitlich eingetretener Verjährung ausgeschlossen ist. Ein solches Ergebnis dürfte jedoch zumindest in der Regel **über § 242 BGB im Sinne des Auftragnehmers zu korrigieren** sein. Denn der Auftraggeber, auf dessen AGB die ggf. unwirksame Sicherungsabrede zurückgeht, kann nicht einerseits Werklohn aufgrund dieser von ihm stammenden unwirksamen Einbehaltsklausel einbehalten, um sich anschließend auf die Unwirksamkeit dieser selben Klausel zu berufen und einen Ablauf der Verjährungsfrist einzuwenden. Daher wird man davon auszugehen haben, dass die Verjährung dieses zunächst einbehaltenen Teils des Werklohns tatsächlich erst mit Ablauf der Gewährleistungsfrist beginnt (OLG Jena Urt. v. 22.3.2005 8 U 599/04, Nichtzulassungsbeschw. zurückgewiesen: BGH Beschl. v. 23.2.2006 VII ZR 107/05 = IBR 2006, 392).

II. Ausnahme: Einzahlung des einbehaltenen Betrages erst bei Schlusszahlung (Abs. 2)

Lediglich **bei kleineren oder kurzfristigen Aufträgen** ist es dem Auftraggeber nach Abs. 2 gestattet, 23 den einbehaltenen Sicherheitsbetrag erst bei der Schlusszahlung auf ein Sperrkonto einzuzahlen. **Kleinere Aufträge** sind solche, die hinsichtlich der Vergütung so gering sind, dass es, vor allem auch im Hinblick auf den Kostenaufwand, nicht lohnt, den sich daraus nach Abs. 1 S. 1 ergebenden Sicherheitsbetrag bereits im Rahmen von der Schlusszahlung vorausgehenden Zahlungen auf ein Sperrkonto einzuzahlen. Diese Bestimmung dient der Vereinfachung im Sinne der Vermeidung unnötigen Aufwandes. Dabei ist jedoch Voraussetzung, dass der Auftraggeber nach seiner Vermögenssituation **jederzeit in der Lage** ist, den Betrag der Sicherheit auf ein Sperrkonto zu zahlen. Es hängt daher vom Einzelfall ab, wo die Grenze liegt; im Allgemeinen wird die geschuldete Sicherheit mehrere hundert Euro nicht überschreiten dürfen (auch *Heiermann/Riedl/Rusam* § 17 VOB/B Rn. 38).

Kurzfristige Aufträge finden in aller Regel durch **eine** Schlusszahlung, der allenfalls eine Abschlags- 24 zahlung vorausgeht, ihre Erledigung. Für die Beurteilung, ob es sich um einen kurzfristigen Auftrag handelt, kann auf die für die Fälligkeit der Schlusszahlung maßgebende Frist von 2 Monaten (vgl. § 16 Nr. 3 Abs. 1 VOB/B) zurückgegriffen werden, d.h.: Ein kurzfristiger Auftrag liegt vor, wenn die Ausführungsfrist maximal zwei Monate beträgt. Die Anknüpfung an den Zwei-Monats-Zeitraum ist deshalb sinnvoll, weil der Auftragnehmer vor Ablauf dieser Frist selbst nach gelegter Schlussrechnung, aus der sich die Höhe des Sicherheitseinbehaltes endgültig berechnen lässt, ohnehin keine frühere Zahlung verlangen könnte. Eine solche Sichtweise widerspricht auch nicht dem berechtigten Sicherstellungsinteresse des Auftragnehmers, dem die Einzahlung auf das Sperrkonto dienen soll. Denn vor allem in dem hier in Betracht kommenden verhältnismäßig kurzen Zeitraum ist die Gefahr der sachfremden Verwendung des einbehaltenen Geldes sowie das allgemeine Insolvenzrisiko wesentlich geringer als in den in Abs. 1 S. 1 zugrunde gelegten Fällen nicht nur kurzer Bauausführung.

III. Nichteinzahlung des Sicherheitsbetrages durch Auftraggeber (Abs. 3)

25 Die Pflicht des **Auftraggebers,** den einbehaltenen Betrag **rechtzeitig** auf das Sperrkonto **einzuzahlen,** begründet im Anwendungsbereich der VOB/B eine qualifizierte Vermögensbetreuungspflicht gegenüber dem Auftragnehmer. Unterlässt der Auftraggeber dies und kann er deswegen den Restwerklohn z.B. infolge eigener Insolvenz nicht mehr zahlen, so kann dies **eine Untreue im Sinne des Treuebruchtatbestandes nach § 266 Abs. 1 Alt. 2 StGB** darstellen (OLG München Beschl. v. 23.2.2006 2 Ws 22/06 = BauR 2006, 994 = NJW 2006, 2278 = NZBau 2006, 313; a.A. *Greeve/Müller* NZBau 2000, 239, die dieses Verhalten für straffrei erachten; ebenso LG Bonn Urt. v. 31.3.2004 5 S 6/04 = BauR 2004, 1471). Die Annahme einer Vermögensbetreuungspflicht betreffend die Einzahlung des Sicherheitseinbehaltes auf ein Sperrkonto hat auch weitreichende zivilrechtliche Konsequenzen, nämlich in der Art, dass der verantwortlich Handelnde auf Seiten des Auftraggebers für einen etwaigen Ausfall nach § 823 Abs. 2 BGB – ggf. unter weiterem Rückgriff auf § 14 Abs. 1 Nr. 1 StGB – dem Auftragnehmer gegenüber haftet (a.A. LG Bonn a.a.O.).

25a Neben der persönlichen Haftung im Fall der Insolvenz des Auftraggebers kann der Auftragnehmer gemäß § 17 Nr. 6 Abs. 3 VOB/B dem Auftraggeber des Weiteren für die Einzahlung eine **angemessene Nachfrist** setzen. Dies gilt einheitlich für jede Art des Sicherheitseinbehaltes, unabhängig davon, ob die Sicherheit in Teilbeträgen von jeder Zahlung oder nur in einer Summe von der Schlusszahlung abgezogen wird (eindeutig so zu verstehen BGH Urt. v. 26.6.2003 VII ZR 281/02 = BauR 2003, 1559, 1560 = NJW-RR 2003, 1321, 1322 = NZBau 2003, 560, 561 = ZfBR 2003, 686; ausdrücklich wie hier: OLG Jena Urt. v. 17.12.2003 2 U 384/03 = BauR 2004, 1456, 1457; a.A. OLG Naumburg Urt. v. 25.11.1999 12 U 197/99, Rev. nicht angenommen, BGH Beschl. v. 9.11.2000 VII ZR 5/00 = NZBau 2001, 139, 141, wonach § 17 Nr. 6 Abs. 3 VOB/B nur bei dem Einbehalt von Teilzahlungen anwendbar sei). Für die Nachfristsetzung ist nicht erforderlich, dass insbesondere bei fehlender Vereinbarung eines Kreditinstitutes der Auftragnehmer nunmehr konkret angibt, bei welchem Kreditinstitut das Sperrkonto geführt werden soll. Verzichtet er hierauf, ist die Nachfristsetzung gleichwohl wirksam. Der Auftragnehmer gibt hiermit jedoch zu erkennen, dass er mit jedem Geldinstitut einverstanden ist und die Wahl insoweit dem Auftraggeber überlässt (LG Dresden Urt. v. 5.11.1997 6 O 2772/97 = BauR 1998, 640 [Ls.]; OLG Jena Urt. v. 17.12.2003 2 U 384/03 = BauR 2004, 1456, 1457). Infolge dieser Nachfristsetzung hat nunmehr der Auftraggeber alles zu tun, damit zum einen (soweit noch nicht geschehen) ein für das Sperrkonto erforderliches Und-Konto eingerichtet wird. Zum anderen hat er ebenfalls binnen dieser Nachfrist den einbehaltenen Vergütungsanteil dort einzuzahlen. Die Angemessenheit einer nach § 17 Nr. 6 Abs. 3 S. 1 VOB/B zu setzenden Nachfrist richtet sich nach den jeweiligen Verhältnissen. Im Allgemeinen wird eine **kurze Frist von etwa 8–10 Werktagen** angebracht sein (OLG Dresden Urt. v. 13.8.1998 7 U 824/98 = IBR 1999, 580 für neun Werktage [Revision vom BGH nicht angenommen: Beschl. v. 2.9.1999 VII ZR 341/98]; OLG Jena Urt. v. 17.12.2003 2 U 384/03 = BauR 2004, 1456, 1457; KG Urt. v. 2.8.2002 7 U 38/02 = BauR 2003, 727, das eine Frist von sieben Werktagen genügen lässt). Teilweise wird sogar eine Frist von einer Woche als ausreichend angesehen (*Heiermann/Riedl/Rusam* § 17 VOB/B Rn. 39), was aber schon von der Abwicklung her zu knapp sein dürfte. War die durch den Auftragnehmer gesetzte Nachfrist zu kurz, ist diese Fristsetzung nicht wirkungslos. Sie setzt vielmehr eine angemessene Frist in Gang (KG Urt. v. 2.8.2002 7 U 38/02 = BauR 2003, 727, 728; ebenso *Kreikenbohm* BauR 2001, 1667). Die **Nachfristsetzung** bedarf **keiner besonderen Form**, sie kann mündlich erfolgen (Abs. 3 S. 1). Es liegt auf der Hand, dass zu Beweiszwecken sinnvollerweise eine schriftliche Nachfristsetzung erfolgt.

26 Kommt der Auftraggeber innerhalb der Nachfrist seiner Einzahlungsverpflichtung auf ein Sperrkonto (**verspätet**) nach, können dem Auftragnehmer gleichwohl **Schadensersatzansprüche aus Verzug**, z.B. wegen entgangener Zinsen, zustehen. Sonstige Schäden kann er über die Grundsätze der positiven Vertragsverletzung (§ 280 Abs. 1 BGB) ersetzt verlangen.

Lässt der Auftraggeber die **Nachfrist ungenutzt verstreichen**, gilt für die Schadensersatzpflicht das- **27** selbe. Außerdem ist der **Auftragnehmer nunmehr berechtigt,** die **sofortige Auszahlung** des einbehaltenen Betrages zu verlangen. Er braucht dann **keine Sicherheit mehr zu leisten** (Abs. 3 S. 2). Damit **entfällt** in dem betreffenden Vertrag infolge der Sicherungsabrede, zu der die Verwirkungsklausel in Abs. 3 S. 2 gehört, die **Verpflichtung zur Sicherheitsleistung** (so u.a. auch OLG München Urt. v. 4.11.1982 24 U 137/82 = BauR 1984, 188), also auch im Hinblick auf andere Sicherheiten, wie z.B. die Verpflichtung zur Stellung einer Bürgschaft. Dies betrifft allerdings **nur Einbehalte, die der Auftraggeber pflichtwidrig nicht auf ein Sperrkonto einbezahlt** hat. Hat er dagegen bei vorangehenden Zahlungen in dem konkreten Vertragsverhältnis Teileinbehalte auf das Konto eingezahlt, so werden diese Einbehalte von der genannten Verwirkungsregelung nicht erfasst, sondern bleiben auf dem Sperrkonto stehen. Dies ergibt sich aus dem Wortlaut des Abs. 3 S. 2, wonach der Auftragnehmer keine Sicherheiten **mehr** zu leisten braucht. Somit verliert der Auftraggeber den Anspruch auf Sicherheitsleistung anteilig nur insoweit, als er sich vertragswidrig verhalten hat. Über den Verlust des Rechts auf Sicherheitsleistung verbunden mit etwaigen Schadensersatzansprüchen hieraus stehen dem Auftragnehmer bei nicht rechtzeitiger Einzahlung des Sicherheitseinbehaltes auf ein Sperrkonto trotz gesetzter Nachfrist keine weiteren Rechte zu. Er kann insbesondere nicht auf Einzahlung des Sicherheitseinbehaltes klagen, weil er durch die Regelung des Abs. 3 hinreichend geschützt ist (wie hier: *Praun/Merl* in Handb. Priv. BauR § 12 Rn. 1339; a.A.: *Weise* Sicherheiten im Baurecht Rn. 176).

Ist der Auftragnehmer nach Nr. 6 Abs. 3 S. 2 nicht mehr verpflichtet, Sicherheit zu leisten, ist der **28** dadurch frei werdende Vergütungsanspruch sofort fällig. Er unterliegt der Regelverjährung (§ 195 BGB), d.h.: Der diesbezügliche Vergütungsanspruch **verjährt mit Ablauf von drei Jahren** – beginnend gemäß § 199 Abs. 1 BGB am Ende des Jahres, in dem der Auftraggeber sich trotz Nachfrist geweigert hat, seiner Verpflichtung zur Einzahlung des Sicherheitseinbehaltes auf ein Sperrkonto nachzukommen. Somit ist nicht ausgeschlossen, dass dieser freiwerdende Vergütungsanspruch des Auftragnehmers bereits vor Ablauf einer ggf. vereinbarten Gewährleistungsfrist von fünf Jahren verjährt.

Von der Nichteinzahlung des Sicherheitseinbehaltes auf ein Sperrkonto durch den Auftraggeber **29** trotz Nachfristsetzung zu unterscheiden ist der Fall, dass das Geldinstitut es versäumt, binnen der gesetzten Nachfrist den Auftragnehmer über die Einzahlung zu informieren. Insoweit gilt nach dem eindeutigen Wortlaut der VOB: Für den Verfall der vereinbarten Sicherheit ist die nicht rechtzeitige Einzahlung auf das Sperrkonto allein entscheidend. Die **nicht rechtzeitige Mitteilung durch das Kreditinstitut** kann – soweit vorstellbar – allenfalls Schadensersatzansprüche des Auftragnehmers auslösen.

Eine Nachfristsetzung kann **entsprechend** den zu § **326 BGB** a.F. (§§ 281 Abs. 2, 323 Abs. 2 BGB) **30** entwickelten Grundsätzen entbehrlich ein. Hiernach hat der Auftragnehmer einen Anspruch auf sofortige Auszahlung des einbehaltenen Betrages, wenn sich aus entsprechender bestimmter sowie ernsthafter Äußerung des Auftraggebers oder seiner sonst zutage getretenen Gesamteinstellung ergibt, dass er der Aufforderung, den Einbehalt auf ein Sperrkonto einzuzahlen, ohnehin nicht nachkommen wird, die **Nachfristsetzung also eine bloße, nutzlose Förmlichkeit** wäre (BGH Urt. v. 26.6.2003 VII ZR 281/02 [noch nicht veröffentlicht]; KG Urt. v. 16.1.1979 21 U 3619/78 = SFH § 17 VOB/B Nr. 2; LG Erfurt Urt. v. 11.3.1999 3 O 1902/98 = BauR 1999, 771, 773 f. = NJW 1999, 3786 = NZBau 2000, 28). Das kann sich z.B. aus der bestimmten Erklärung des Auftraggebers ergeben, er wolle entsprechend dem Grundsatz »Bargeld lacht« mit dem einbehaltenen Geld »wirtschaftlich arbeiten« (OLG Stuttgart Urt. v. 5.2.1976 10 U 119/75 = BauR 1977, 64; vgl. auch LG Tübingen Urt. v. 3.12.1976 3 O 258/76 = BauR 1977, 207). Dasselbe gilt, wenn der Auftraggeber die Auffassung vertritt, dass er einer Einzahlungsverpflichtung auf ein Sperrkonto deshalb nicht unterliege, weil er den Einbehalt bereits ausgezahlt habe (BGH Urt. v. 26.6.2003 VII ZR 281/02 = BauR 2003, 1559, 1560 = NJW-RR 2003, 1321, 1322 = NZBau 2003, 560, 561 = ZfBR 2003, 686, 687). Ebenso ist eine gesonderte Nachfristsetzung entbehrlich, wenn der Auftraggeber zunächst wahrheitswidrig behauptet hat, er habe den Sicherheitseinbehalt bereits auf ein Sperrkonto eingezahlt (LG Hamburg Urt. v. 27.6.2005, 409 O 32/05 = IBR 2005, 484). Für das Vorliegen eines solchen **Ausnahmetatbestandes** ist der **Auftragnehmer beweispflichtig**.

31 Kommt der Auftraggeber einer berechtigten Aufforderung des Auftragnehmers zur Auszahlung eines verwirkten Sicherheitseinbehaltes nicht nach, kann der Auftragnehmer in erster Linie auf Auszahlung klagen. Insoweit muss er aber berücksichtigen, dass der Auftraggeber ggf. verpflichtet ist, von dem zur Auszahlung fälligen Betrag 15% als **Bauabzugssteuer** an das für den Auftragnehmer zuständige Finanzamt abzuführen, soweit der Auftragnehmer nicht gleichzeitig eine aktuelle Freistellungsbescheinigung vorlegt (siehe dazu Erläuterungen zu § 17 Nr. 8 VOB/B Rn. 31). Neben dieser Abzugspflicht ist der Auftraggeber **berechtigt, gegen den Auszahlungsanspruch mit eigenen Ansprüchen** (z.B. Gewährleistungs- oder Vertragsstrafenansprüchen) **aufzurechnen oder zumindest Zurückbehaltungsrechte nach §§ 320, 641 Abs. 3 BGB geltend zu machen** (OLG Dresden Urt. v. 1.8.2001 11 U 3125/00 = BauR 2001, 1918, 1919 = NJW-RR 2001, 1598, 1599; KG Teilurt.v. 20.2.2002 26 U 71/01 = BauR 2002, 1567, 1569; KG Urt. v. 18.11.2002 24 U 249/01 = NZBau 2003, 331 f. – a.A. *Kreikenbohm* BauR 2001, 1667, 1668; OLG Frankfurt Urt. v. 27.6.2005 16 U 196/04 = BauR 2005, 1939, 1942 = NJW-RR 2005, 1476; *Thierau* in *Kapellmann/Messerschmidt* § 17 VOB/B Rn. 212; für den Ausschluss eines Zurückbehaltungsrechts wegen Mängeln in diesem Fall immerhin OLG Celle Urt. v. 20.2.2002 7 U 59/01 = BauR 2003, 906, 908; LG Berlin Urt. v. 6.6.2001 94 O 13/01 = BauR 2002, 969; OLG Dresden Urt. v. 28.9.2000 19 U 888/00 = IBR 2002, 252, das lediglich einen Ausschluss der Aufrechnung mit Gegenansprüchen aus anderen Bauvorhaben anerkennt). Denn alleinige Rechtsfolge der trotz Nachfristsetzung nicht erfolgten Einzahlung auf ein Sperrkonto ist ein hierdurch fällig gewordener Auszahlungsanspruch für den zunächst einbehaltenen Vergütungsanteil i.V.m. einer Verwirkung des Rechts auf zukünftige Sicherheitsleistung. Dass insoweit auch eine Aufrechnung mit ggf. streitigen Gegenansprüchen gegen den nunmehr zur Auszahlung fällig gewordenen Vergütungsanspruch oder Zurückbehaltungsrechte ausgeschlossen sein sollen, kann § 17 Nr. 6 VOB/B nicht entnommen werden (ebenso *Weise* Sicherheiten im Baurecht Rn. 178 zu der Möglichkeit der Aufrechnung mit Verweis auf die Entscheidung des BGH Urt. v. 19.2.1998 VII ZR 105/97 = BauR 1998, 544, die jedoch einen anderen Sachverhalt betraf). Neben einem eigenständigen Auszahlungsanspruch stehen dem Auftragnehmer ferner die Rechte aus § 16 Nr. 5 Abs. 3 S. 2, Abs. 4 VOB/B (Verzugszinsen) sowie aus § 9 Nr. 1b VOB/B (Kündigungsrecht) zu. Dabei ist jedoch Voraussetzung, dass die vertragliche Leistung des Auftragnehmers **noch nicht vollendet** ist, weil sonst eine Arbeitseinstellung oder eine Kündigung des Vertrages begrifflich nicht in Betracht kommt.

IV. Sonderbefugnis des öffentlichen Auftraggebers: Verwahrgeldkonto (Abs. 4)

32 Abs. 4 enthält eine Sonderregelung für **öffentliche Auftraggeber**. Diese dürfen den einbehaltenen **Sicherheitsbetrag auf ein eigenes Verwahrgeldkonto nehmen.** Verwahrgeldkonto bedeutet, dass es sich dabei auch um ein intern gebildetes Eigenkonto handeln kann; die Eröffnung eines gesonderten Kontos bei einem Kreditinstitut ist nicht erforderlich (so auch OLG Naumburg Urt. v. 7.8.2002 5 U 40/02 = BauR 2003, 909 = NJW-RR 2003, 382 = NZBau 2003, 330). Der Betrag wird **nicht verzinst**. Will der Auftragnehmer den Zinsverlust vermeiden, kann er aufgrund des ihm nach Nr. 3 zustehenden Wahlrechts anderweitig Sicherheit leisten. Macht er davon Gebrauch, kann er die Auszahlung des von dem Auftraggeber einbehaltenen Betrages verlangen. Der Ausschluss der Verzinsung verstößt – anders als bei Bauverträgen mit nicht öffentlichen Auftraggebern (vgl. dazu OLG München Urt. v. 1.3.2000 15 U 5605/99 = BauR 2002, 1109 f. [Revision durch den BGH nicht angenommen, Beschl. v. 17.1.2002 VII ZR 495/00 = IBR 2002, 663], dazu Anm. *Sienz* BauR 2000, 1249, 1250 f. und BauR 2002, 1241, 1243; OLG Karlsruhe Urt. v. 5.10.1988 7 U 189/87 = BauR 1989, 203 f. = SFH § 9 AGBG Nr. 40; OLG München Urt. v. 15.10.1991 9 U 2951/91 = BauR 1992, 234 = NJW-RR 1992, 218 f.; OLG Zweibrücken Urt. v. 10.3.1994 4 U 143/93 = BauR 1994, 509, 512 = NJW-RR 1994, 1363, 1366; OLG Brandenburg Urt. v. 16.3.1999 11 U 107/98 = BauR 2001, 1450; zustimmend *Schmitz/*

Vogel ZfIR 2002, 509, 514 – a.A. offenbar *Thode* ZfIR 2000, 165, 168; *Thode* ZfBR 2002, 4, 7) – nicht gegen § 307 Abs. 1 und 2 BGB. Der Hintergrund für den Ausschluss der Verzinsung ist nämlich im öffentlichen Haushaltsrecht zu suchen. Insbesondere der öffentlichen Hand, hier etwa dem Bund, ist es nach § 8 der Bundeshaushaltsordnung untersagt, Gelder mit einer Verzinsung für einen Dritten anzulegen. Zinsgewinne aus z.B. als Sparanlage angelegten Sicherheitsbeträgen wären als Einnahmen im Sinne des Art. 110 Abs. 1 GG anzusehen (*Piduch* Bundeshaushaltsrecht, 33. Lieferung zur 1. Aufl. 1996 Art. 110 GG Rn. 41). Diese Einnahmen wären als Deckungsmittel für den gesamten Ausgabenbedarf des Bundes zur Verfügung zu stellen. Eine Zweckbindung (Verzinsung des konkreten Sicherheitsbetrages) wäre hingegen nur durch eine gesetzliche Regelung oder durch einen Zweckbindungsvermerk im Haushaltsplan möglich (*Piudch* a.a.O. § 8 BHO Rn. 3 f.). Da weder gesetzliche Regelungen noch Zweckbindungsvermerke bestehen und die öffentliche Hand an das öffentliche Haushaltsrecht gebunden ist, lag es somit nahe, stattdessen das Unterbleiben der Verzinsung in der VOB/B zu verankern. Eine zu einseitige Belastung mit dieser Sonderregelung, die sich über diesen Begründungskern im Übrigen auf alle weiteren öffentlichen Auftraggeber erstreckt (*Joussen* BauR 2002, 371 ff.; vgl. nachfolgend Rn. 33), ist nicht ersichtlich: Denn dem Auftragnehmer verbleibt neben der Hinterlegung eines Einbehaltes auf einem zinslosen Verwahrgeldkonto immerhin das Ersetzungsrecht nach § 17 Nr. 3 VOB/B mit der Folge, dass er z.B. Auszahlung des zinslos auf ein Verwahrgeldkonto zu legenden Sicherheitseinbehaltes gegen Stellung einer Bürgschaft verlangen kann. Etwas anderes könnte aber gelten, wenn auch dieses Ersetzungsrecht in den AGB des Auftraggebers ausgeschlossen wäre.

Regelmäßig diskutiert wird die Frage, **wer öffentlicher Auftraggeber** im Sinne des § 17 Nr. 6 Abs. 4 VOB/B ist (vgl. dazu umfassend *Joussen* BauR 2002, 371 ff. sowie *Schmidt* BauR 2002, 385 bzgl. öffentlich-rechtlicher Kreditinstitute). Unstreitig fallen hierunter die klassischen öffentlichen Auftraggeber wie insbesondere die juristischen Personen des öffentlichen Rechts oder öffentlich-rechtliche Sondervermögen (Bund, Länder, Landkreise, Gemeinden, Körperschaften [vgl. dazu etwa OLG Naumburg Urt. v. 7.8.2002 5 U 40/02 = BauR 2003, 909 = NJW-RR 2003, 382 = NZBau 2003, 330], Anstalten, Stiftungen des öffentlichen Rechts, öffentlich-rechtliche Kreditinstitute [*Eichner* BauR 2001, 1665 – a.A. *Schmidt* BauR 2002, 385] u.a.). Problematisch ist hingegen, ob hierunter auch **juristische Personen des Privatrechts** (besonders GmbH und AG) fallen, **die im alleinigen Eigentum der öffentlichen Hand stehen** (so z.B. kommunale Verkehrs- oder Versorgungsbetriebe, aber auch die im Bundesbesitz stehende Deutsche Bahn AG bzw. die im Schienenwegebau tätige 100%-Tochter DB Netz AG). Teilweise wird dies ohne nähere Begründung verneint (*Weise* Sicherheiten im Baurecht Rn. 179; i.E. ebenso mit einer vertretbaren, wohl aber nicht überzeugenden Begründung AG Erfurt Urt. v. 28.1.2000 214 C 3198/99 = BauR 2001, 271, 272, ihm folgend *Schmitz* IBR 2001, 192; a.A., d.h. für eine öffentliche Auftraggebereigenschaft etwa LG Cottbus Beschl. v. 22.1.2004 1 S 136/03, nicht veröffentl.). Richtiger Anknüpfungspunkt ist hier die Insolvenzgefahr (so zu Recht die überwiegende Ansicht: ebenso Beck'scher VOB-Komm./*I. Jagenburg* § 17 Nr. 6 VOB/B Rn. 41; i.E. wohl auch, wenn allerdings im anderen Zusammenhang: *Weise* a.a.O.). Diese darf jedoch nicht nur theoretischer Natur sein, sondern muss als Risiko tatsächlich bestehen und ist daher jeweils im Einzelfall zu prüfen. So ist z.B. eine Insolvenzgefahr bei zu 100% im Eigentum der öffentlichen Hand stehenden Unternehmen oder aber bei kommunalen Verkehrsbetrieben schlechterdings vorstellbar. Daher fallen solche in diesem Umfang von der öffentlichen Hand beherrschten Unternehmen ebenfalls unter den Begriff der öffentlichen Auftraggeber nach Nr. 6 Abs. 4 (vgl. dazu ausführlich *Joussen* BauR 2002, 371).

VOB/B § 17 Nr. 7 — Fristgerechte Leistung der Sicherheit durch Auftragnehmer

§ 17 Nr. 7
[Fristgerechte Leistung der Sicherheit durch Auftragnehmer]

Der Auftragnehmer hat die Sicherheit binnen 18 Werktagen nach Vertragsabschluss zu leisten, wenn nichts anderes vereinbart ist. Soweit er diese Verpflichtung nicht erfüllt hat, ist der Auftraggeber berechtigt, vom Guthaben des Auftragnehmers einen Betrag in Höhe der vereinbarten Sicherheit einzubehalten. Im Übrigen gelten die Nummern 5 und 6 außer Abs. 1 S. 1 entsprechend.

Inhaltsübersicht Rn.

A. Überblick	1
B. Frist zur Sicherheitsleistung des Auftragnehmers	2
I. Anwendungsbereich und Fristberechnung (S. 1)	2
II. Folgen nicht fristgerechter Sicherheitsleistung (S. 2 und 3)	5
1. Recht zum Einbehalt	5
2. Einforderung der Sicherheitsleistung	7
3. Kein Grund zur Vertragsbeendigung bei VOB-Vertrag	8

A. Überblick

1 § 17 Nr. 7 VOB/B regelt die Frist, innerhalb der ein Auftragnehmer eine aufgrund einer Sicherungsabrede zu stellende Sicherheit leisten muss. Angesprochen sind in Nr. 7 nur die Fälle, in denen der Auftragnehmer aktiv eine Sicherheit zu übergeben hat, d.h. vor allem die Sicherheitsleistung durch Bürgschaft (Nr. 2 und 4) und Hinterlegung (Nr. 5). Nicht erfasst wird von Nr. 7 die Sicherheitsleistung durch Einbehalt: Einzelheiten zu dieser Art der Sicherheitsleistung, d.h. vor allem zu deren Fälligkeit, ergeben sich abschließend aus Nr. 6 Abs. 1 bis 3.

B. Frist zur Sicherheitsleistung des Auftragnehmers

I. Anwendungsbereich und Fristberechnung (S. 1)

2 Nach Nr. 7 ist der Auftragnehmer verpflichtet, die Sicherheit **binnen 18 Werktagen nach Vertragsabschluss** zu leisten (S. 1), wenn vertraglich nichts anderes vereinbart ist. Diese Frist gilt mit Ausnahme des Sicherheitseinbehaltes für sämtliche vereinbarten Sicherheiten, zu denen der Auftragnehmer aktiv einen Beitrag leisten muss. Hierzu gehören von den in der VOB geregelten Sicherheiten die Hinterlegung von Geld (Nr. 5) und die Stellung einer Bürgschaft (Nr. 2 und 4). Die für Nr. 7 maßgebende Frist beginnt mit dem Abschluss des Bauvertrages und ist unabhängig von dem Beginn der Leistungsdurchführung. Wird die Sicherheitsleistung nicht im Bauvertrag, sondern später vereinbart, beginnt die Frist bei Fehlen anderweitiger Absprachen mit dem Tag, an dem die Vereinbarung getroffen worden ist.

3 Wie sich aus Nr. 7 S. 1 ergibt, kann ohne weiteres, vor allem in den Zusätzlichen oder Besonderen Vertragsbedingungen (§ 10 Nr. 4 Abs. 1k VOB/A), eine von Nr. 7 abweichende Frist oder Fristberechnung (z.B. durch Ausklammerung von Samstagen) vereinbart werden. Zulässig und mit § 307 BGB vereinbar ist es weiter, wenn in AGB des Auftraggebers die **Erteilung des Zuschlags von der vorherigen Stellung einer VOB-konformen selbstschuldnerischen Vertragserfüllungsbürgschaft** abhängig gemacht wird (BGH Urt. v. 20.4.2000 VII ZR 458/97 = BauR 2000, 1498 = NJW-RR 2000, 1331 = ZfBR 2000, 479 = NZBau 2000, 424). Nicht zulässig ist es hingegen, wenn insoweit – abgesehen von dem Sonderfall des öffentlichen Auftraggebers (siehe zu dessen Sonderstellung bei Bürgschaften auf erstes Anfordern Erläuterungen bei § 17 Nr. 4 VOB/B Rn. 69) – eine **Vertragserfüllungsbürgschaft auf erstes Anfordern** verlangt wird: Dies folgt aus der Rechtsprechung des BGH zur Unwirksamkeit von Sicherungsabreden in Form von AGB, mit denen der Auftraggeber vom Auftragnehmer unter Ausschluss des Wahl- oder Austauschrechts nach § 17 Nr. 3 VOB/B eine Vertragserfüllungsbürgschaft fordert (so auch BGH Urt. v. 18.4.2002 VII ZR 192/01 = BauR 2002, 1239 f. m. Anm. *Sienz* = NJW 2002, 2388 f. = ZfBR 2002, 669 f. = NZBau 2002, 494 f. = ZIP 2002, 1189 m. Anm. *Schmitz/Vogel* = MDR 2002, 1058 m. Anm. *Hahn*; Urt. v. 4.7.2002 VII ZR 502/99 = BauR 2002, 1533, 1535 f. = NZBau 2002, 559, 560 = NJW 2002, 3098, 3099 = ZfBR 2002, 784, 785; Urt. v. 24.10.2002 IX ZR 355/00 = BauR 2003, 246, 247 = NJW 2003, 352, 353 = ZfBR 2003, 143, 144). Solche Klauseln belasten den Auftragnehmer – soweit er nicht einem praktisch insolvenzunfähigen öffentlichen Auftraggeber gegenübersteht – unangemessen und haben daher keinen Bestand (vgl. dazu ausführlich zur Beschränkung des Wahlrechts Erläuterungen bei § 17 Nr. 3 VOB/B Rn. 4 ff. sowie Erläuterungen zur Vertragserfüllungsbürgschaft auf erstes Anfordern: § 17 Nr. 4 VOB/B Rn. 64 ff.). Dies vorausgeschickt würde aber das gleiche Ergebnis erzielt, wenn der Auftraggeber diese unzulässige Art der Sicherheitsleistung unter Ausschluss des Wahlrechts nach § 17 Nr. 3 VOB/B (vgl. dazu Erläuterungen zu § 17 Nr. 3 VOB/B Rn. 5 ff.) für die erstmalige Stellung der Sicherheit nicht erst nach Vertragsschluss, sondern sogar vor Vertragsunterzeichnung verlangen dürfte (a.A. die aber noch vor der vorzitierten Rechtsprechung des BGH ergangene und somit wohl überholte Rechtsprechung einiger Obergerichte, u.a. OLG Jena Urt. v. 1.11.2000 4 U 671/00 = BauR 2001, 654 f. = NJW-RR 2001, 1103 f. = NZBau 2001, 687, 688, das insoweit aber auch falsch die BGH-Rechtsprechung zitiert – siehe dazu vor allem *Sienz* BauR 2003, 765). Dieselben Grundsätze mit einer Differenzierung der vereinbarten Bürgschaftsform gelten, wenn der Vertrag unter der aufschiebenden Bedingung bis zur Stellung der Vertragserfüllungssicherheit geschlossen wird. Zulässig ist es immerhin, von dem für den Zuschlag in Betracht kommenden Bieter eine Bestätigung des in Aussicht genommenen Bürgen zu verlangen, dass dieser im Falle des Zuschlages die geforderte Bürgschaft fristgerecht zur Verfügung stellt. Damit ist den berechtigten Interessen des Auftraggebers hinreichend Genüge getan.

Die Frist der **Nr. 7 gilt auch für eine Gewährleistungssicherheit**. Demgegenüber wird teilweise vertreten, dass die 18-Werktage-Frist zur Stellung der Sicherheit (kraft konkludenter Vereinbarung) erst mit der Abnahme beginne (Beck'scher VOB-Komm./*I. Jagenburg* § 17 Nr. 7 VOB/B Rn. 5; *Weise* Sicherheiten im Baurecht Rn. 376; *Thierau* in *Kapellmann/Messerschmidt* § 17 VOB/B Rn. 216). Dies widerspricht dem eindeutigen Wortlaut der Nr. 7, zumal nicht klar ist, aus welchem Beweggrund ein Auftraggeber eine solche konkludente Vereinbarung schließen sollte. Vielmehr hat er auch bei einer Gewährleistungssicherheit vorrangig das Interesse daran, dass diese Sicherheit fristgerecht gestellt wird. Solange eine auf Gewährleistungsansprüche beschränkte Bürgschaft mangels Abnahme nicht valutiert, erscheint die nach Nr. 7 getroffene Risikoverteilung auch angemessen. Somit bleibt festzuhalten: Wird lediglich eine Sicherheitsleistung durch **Gewährleistungsbürgschaft** vereinbart, **muss** sie wie alle anderen Sicherheiten **binnen 18 Werktagen nach Abschluss der zugrunde liegenden Vereinbarung gestellt** werden. In der Praxis wird diesem Streit jedoch keine große Bedeutung zukommen: Denn zum einen wird im Baugeschehen üblicherweise eine Sicherheitsleistung durch Einbehalt nach Nr. 6 vereinbart, den der Auftragnehmer dann gemäß § 17 Nr. 3 VOB/B durch eine Gewährleistungssicherheit ablösen kann. Insoweit ist die 18-Tage-Frist der Nr. 7 nicht relevant, da Nr. 7 für den Einbehalt nicht gilt (vgl. oben Rn. 2). Zum anderen steht es den Parteien frei, eine von Nr. 7 abweichende Vereinbarung zu treffen: Vorstellbar ist daher wie bei einer Vertragserfüllungsbürgschaft eine Regelung im Bauvertrag, dass der Auftragnehmer binnen der 18-Werktage-Frist zumindest eine Zusage des in Aussicht genommenen Bürgen vorzulegen hat, dass dieser im Falle der Abnahme die geforderte Bürgschaft fristgerecht stellen wird.

II. Folgen nicht fristgerechter Sicherheitsleistung (S. 2 und 3)

1. Recht zum Einbehalt

5 Wenn der **Auftragnehmer** seiner **Verpflichtung** zur Stellung der Sicherheit ganz oder teilweise **nicht nachkommt**, ist der **Auftraggeber berechtigt, vom Guthaben des Auftragnehmers einen Betrag in Höhe der vereinbarten Sicherheit einzubehalten** (S. 2). In diesem Fall sind nach Nr. 7 S. 3 § 17 Nr. 5 und 6, Letzterer allerdings mit Ausnahme des Abs. 1 S. 1, entsprechend anzuwenden. Die Nichtanwendung von Abs. 1 S. 1 beruht darauf, dass der Auftraggeber bei nicht fristgerecht gestellter Sicherheit zu einem sofortigen Einbehalt in voller Höhe berechtigt sein soll; eine Begrenzung auf 10 v.H. der jeweiligen Zahlung findet also nicht statt. Im Übrigen ist der Auftraggeber infolge der anwendbaren Regelungen der Nr. 5 und 6 jedoch **verpflichtet**, den statt der gestellten Sicherheit einbehaltenen Betrag ohne eine gesonderte Aufforderung **auf ein zugunsten des Auftragnehmers verzinsliches Sperrkonto einzuzahlen** (so auch KG Urt. v. 2.8.2002 7 U 38/02 = KGR 2002, 345, 346; OLG Celle Urt. v. 20.2.2002 7 U 59/01 = BauR 2003, 906, 908). Kommt er dieser Verpflichtung trotz Nachfristsetzung nicht nach, verliert er wie sonst auch bei Einbehalten seinen Anspruch auf Sicherheitsleistung (vgl. § 17 Nr. 6 Abs. 3 VOB/B). Die hier erörterte vorgelagerte Pflichtverletzung des Auftragnehmers, der vertragswidrig keine Sicherheit stellt, verpflichtet diesen des Weiteren gemäß § 280 Abs. 1 BGB zum Ersatz des daraus dem Auftraggeber entstandenen Schadens, sofern dieser durch das bestehende Einbehaltungsrecht des Auftraggebers noch nicht ausgeglichen ist.

6 Das Einbehaltungsrecht nach Nr. 7 steht dem Auftraggeber nicht nur zu, wenn der Auftragnehmer Sicherheit in Geld zu leisten hat. Vielmehr besteht es bei der Nichterfüllung aller Sicherheitsarten, die nach §§ 232 ff. BGB i.V.m. Nr. 2, 4 und 5 zulässig bzw. vereinbart sind, d.h. auch im Falle der Vereinbarung einer Bürgschaft. Macht der Auftraggeber von diesem Einbehaltungsrecht Gebrauch, führt dies kraft der nach Nr. 7 getroffenen vertraglichen Absprache dazu, dass sich **im Anschluss daran die vom Auftragnehmer zu stellende Sicherheit, selbst wenn zunächst eine andere Art der Sicherheitsleistung ausbedungen war, nunmehr auf eine Sicherheit in Geld beschränkt**. Dem Auftragnehmer steht infolgedessen kein Wahl- oder Austauschrecht nach Nr. 3 mehr zu; auch der Auftraggeber kann nicht mehr die ursprünglich vereinbarte ggf. andere Art der Sicherheitsleistung fordern (OLG Celle Urt. v. 20.2.2002 7 U 59/01 = BauR 2003, 906, 907). Dieser »Beschränkung« der Art der Sicherheitsleistung auf einen Geldbetrag kann der Auftragnehmer nur durch rechtzeitige Stellung der geschuldeten Sicherheit entgehen, der Auftraggeber dadurch, dass er von seinem Einbehaltungsrecht nach Nr. 7 keinen Gebrauch macht. Selbstverständlich bleibt es den Bauvertragsparteien aber unbenommen, abweichend davon den Einbehalt später doch noch gegen eine VOB-konforme Bürgschaft auszutauschen. Ein Anspruch auf einen solchen Austausch steht jedoch nach Geltendmachung des Einbehaltungsrechts nach Nr. 7 S. 2 weder dem Auftragnehmer noch dem Auftraggeber zu (OLG Celle a.a.O.).

2. Einforderung der Sicherheitsleistung

7 Neben den Rechten aus Nr. 7 kann der Auftraggeber bei nicht rechtzeitig gestellter Sicherheit **alternativ die Sicherheitsleistung einfordern**. Dies wird vor allem dann in Betracht kommen, wenn ausreichende Einbehalte nicht mehr möglich sind. Der Anspruch auf Stellung der Sicherheit beruht auf einer selbstständigen Nebenleistungspflicht des Auftragnehmers, die gesondert einklagbar ist (OLG Düsseldorf Urt. v. 10.3.1981 21 U 132/80 = BauR 1982, 592 für eine Vertragserfüllungsbürgschaft; OLG Nürnberg Urt. v. 30.9.2004 13 U 2351/03, Nichtzulassungsbeschw. zurückgewiesen: BGH Beschl. v. 21.7.2005 VII ZR 264/04 = BauR 2005, 1681 [Ls.] = IBR 2005, 535 für eine Gewährleistungssicherheit, das hier sogar einen Anspruch auf Stellung einer Gewährleistungssicherheit nach Ablauf der Gewährleistungsfrist annahm zur Absicherung von Mängeln, die rechtzeitig innerhalb der Gewährleistung vorbehalten waren). Die Vollstreckung eines Urteils auf Sicherheitsleistung durch Bürgschaft erfolgt nach § 887 ZPO. Wurde vorrangig Sicherheitsleistung durch Hinterlegung

von Geld vereinbart, ist auf Zahlung des Hinterlegungsbetrages zu klagen. Bei einer darauf gerichteten Klage hat der Auftraggeber aber in jedem Fall das nach § 17 Nr. 3 VOB/B bestehende **Wahl- und Austauschrecht des Auftragnehmers zur Sicherheitsleistung zu beachten**. Im Klageantrag muss bei bestehendem Wahlrecht dem Auftragnehmer somit alternativ die Möglichkeit eingeräumt werden, die Sicherheit durch Stellung einer vertragsgemäßen Bürgschaft oder durch Einzahlung des Sicherheitsbetrages auf ein zu benennendes Sperrkonto zu leisten (OLG Nürnberg a.a.O., insoweit aus dem nur veröffentlichten Leitsatz nicht ersichtlich). Dasselbe gilt für ein ggf. fortbestehendes Austauschrecht, das ebenfalls im Klageantrag zu berücksichtigen ist: So muss z.B. dem Auftragnehmer bei bestehendem Austauschrecht im Klageantrag die Gelegenheit gegeben werden, sich von der Hinterlegung durch Stellung einer vertragsgemäßen Bürgschaft zu befreien (*Weise* Sicherheiten im Baurecht Rn. 384 ff.).

3. Kein Grund zur Vertragsbeendigung bei VOB-Vertrag

Eine **Vertragsbeendigung als** weitere **Sanktion** bei nicht fristgerechter Stellung einer Sicherheit kommt regelmäßig nur bei einem BGB-Vertrag in Betracht: Handelt es sich bei der Verpflichtung zur Stellung einer Sicherheit um eine Nebenleistungspflicht und kommt der Auftragnehmer dieser Pflicht nicht nach, wird der Auftraggeber vor Abnahme der Bauleistung vom Vertrag nach einer entsprechenden Fristsetzung gemäß § 323 Abs. 1 BGB zurücktreten und Schadensersatz statt der Leistung fordern können (§ 281 Abs. 1 BGB). Etwas **anderes gilt bei VOB-Verträgen**: Hier werden die gesetzlichen Regelungen zum allgemeinen Rücktritts- und Schadensersatzrecht durch die besonderen vertraglichen Vorschriften der VOB zum einen in § 17 Nr. 7 VOB/B (Einbehalt statt Sicherheitsleistung) und zum anderen in § 8 VOB/B (Kündigungsrecht des Auftraggebers) bzw. in § 4 Nr. 7 VOB/B (Schadensersatzrecht) verdrängt. Für eine ergänzende Anwendung des allgemeinen Rücktrittsrechts wegen der Verletzung der Pflicht zur Stellung einer Sicherheit oder für eine etwaige Schadensersatzpflicht statt der Leistung ist demgegenüber kein Raum (in diesem Sinne wohl auch zu verstehen OLG München Urt. v. 14.1.1998 27 U 397/97 = BauR 1999, 1057 [Ls.] = IBR 1999, 313).

8

§ 17 Nr. 8
[Rückgabe der Sicherheit]

(1) Der Auftraggeber hat eine nicht verwertete Sicherheit für die Vertragserfüllung zum vereinbarten Zeitpunkt, spätestens nach Abnahme und Stellung der Sicherheit für Mängelansprüche zurückzugeben, es sei denn, dass Ansprüche des Auftraggebers, die nicht von der gestellten Sicherheit für Mängelansprüche umfasst sind, noch nicht erfüllt sind. Dann darf er für diese Vertragserfüllungsansprüche einen entsprechenden Teil der Sicherheit zurückhalten.

(2) Der Auftraggeber hat eine nicht verwertete Sicherheit für Mängelansprüche nach Ablauf von 2 Jahren zurückzugeben, sofern kein anderer Rückgabezeitpunkt vereinbart worden ist. Soweit jedoch zu diesem Zeitpunkt seine geltend gemachten Ansprüche noch nicht erfüllt sind, darf er einen entsprechenden Teil der Sicherheit zurückhalten.

Inhaltsübersicht   Rn.

A. Allgemeine Grundlagen	1
B. Rückgabe der Sicherheiten	2
I. Rückgabe einer Vertragserfüllungssicherheit (Abs. 1)	2
1. Grundsatz: Anwendung nur für Vertragserfüllungssicherheiten im engeren Sinne	2
2. Rückgabepflicht zum vereinbarten Zeitpunkt, spätestens bei Abnahme	3
3. Ausnahmen von der Rückgabeverpflichtung	6

	Rn.
4. Rückgabe der Vertragserfüllungssicherheit bei gleichzeitiger Stellung einer Gewährleistungssicherheit	8
5. Teilweiser Einbehalt einer Erfüllungssicherheit bei noch verbleibenden Ansprüchen .	9
II. Rückgabe einer Gewährleistungs-/Mängelsicherheit (Nr. 8 Abs. 2)	11
1. Rückgabe der Sicherheit zum vereinbarten Zeitpunkt, spätestens nach zwei Jahren (Nr. 8 Abs. 2 S. 1)	12
a) Grundsatz: Rückgabepflicht nach zwei Jahren	12
b) Vereinbarung zum Zeitpunkt der Rückgabe einer Mängelsicherheit	14
2. Keine Rückgabe bei fristgerecht geltend gemachtem Anspruch (Nr. 8 Abs. 2 S. 2)	17
III. Rückgabe der Sicherheit aus anderen Gründen	19
IV. Rückgabe der Sicherheiten in der Insolvenz	20
1. Insolvenz des Auftragnehmers	21
a) Gewährleistungs-/Mängelsicherheit	22
b) Vertragserfüllungssicherheit	26
2. Insolvenz des Auftraggebers	27
V. Rückgabe der Sicherheit, Abwicklung und Schuldnerverzug des Auftraggebers bei Nichtrückgabe	28
1. Rückgabe der Sicherheit	29
a) Auszahlung des Sicherheitseinbehaltes u.a.	30
b) Rückgabe einer Bürgschaft	32
2. Verzug des Auftraggebers mit der Rückgabe der Sicherheit	33
3. Streitwert einer Rückgabeklage	34
VI. Verjährung des Rückgabeanspruchs	35
VII. Geltendmachung einer Teilvergütung durch Auftragnehmer ohne Sicherheitsleistung	37

Aufsätze: *Amelung* Der Sicherheitseinbehalt gemäß § 17 Nr. 6 VOB/B in der Insolvenz des Auftraggebers BauR 1999, 801; *Schmitz* Mängel nach Abnahme und offener Werklohnanspruch – ein wesentlicher Anwendungsbereich des § 103 InsO bei Bauverträgen ZIP 2001, 765; *Lauer* Wem ist die Bürgschaftsurkunde zurückzugeben? NZBau 2003, 318.

A. Allgemeine Grundlagen

1 Die Nr. 8 in der heutigen Gestalt gilt seit der Neufassung der VOB 2002. Seitdem gibt es unterschiedliche Rückgaberegelungen für eine **Vertragserfüllungssicherheit** (Abs. 1) und eine **Gewährleistungssicherheit** (Abs. 2). Letztere ist zumindest ohne weitergehende Regelung bereits zurückzugeben, selbst wenn die Regelgewährleistungsfrist von 4 Jahren gemäß § 13 Nr. 4 Abs. 1 S. 1 VOB/B noch nicht abgelaufen ist.

B. Rückgabe der Sicherheiten

I. Rückgabe einer Vertragserfüllungssicherheit (Abs. 1)

1. Grundsatz: Anwendung nur für Vertragserfüllungssicherheiten im engeren Sinne

2 Nr. 8 Abs. 1 setzt voraus, dass im Bauvertrag eine **Vertragserfüllungssicherheit im engeren Sinne** vereinbart worden ist, d.h. eine Sicherheit, die lediglich das Ausführungsstadium bis zur Abnahme abdeckt (vgl. dazu ausführlich Erläuterungen zu § 17 Nr. 1 VOB/B Rn. 15 ff.). Als spätester Rückgabetermin ist der Zeitpunkt der Abnahme i.V.m. der Stellung einer Sicherheit für Mängelansprüche (Gewährleistungssicherheit) vorgesehen. Eine solche in § 17 Nr. 8 Abs. 1 VOB/B vorgesehene Vertragserfüllungssicherheit (im engeren Sinne) passt somit letztlich nicht vollständig in die Systematik des § 17. Denn nach § 17 Nr. 1 Abs. 2 VOB/B soll die Sicherheitsleistung die »vertragsgemäße Aus-

führung und die Mängelansprüche« abdecken. Eine Unterscheidung zwischen Vertragserfüllungs- und Gewährleistungssicherheit ist dort nicht vorgesehen. Dies zeigt sich schon daran, dass die von Nr. 1 Abs. 2 erfassten Mängelansprüche bereits während des Ausführungsstadiums entstehen können (vgl. § 4 Nr. 7 VOB/B). Umgekehrt gehört zu einer vertragsgemäßen Ausführung auch die Mangelfreiheit einer Leistung nach der Abnahme. Diese terminologische Ungenauigkeit soll hier dahinstehen. Denn in der Vertragspraxis hat sich vielfach eine unterschiedliche Regelung zu Vertragserfüllungs- und Gewährleistungssicherheiten durchgesetzt. Sollte demgegenüber nach der Sicherungsabrede eine **Vertragserfüllungssicherheit im weiteren Sinne** vereinbart sein, die auch den Zeitraum nach der Abnahme abdeckt, **ist Nr. 8 Abs. 1** mit einer Anknüpfung an die Abnahme als vertraglich vereinbarter Rückgabezeitpunkt **nicht anwendbar**. Vielmehr gilt für die Rückgabe einer solchen Sicherheit entgegen dem Wortlaut in Nr. 8 Abs. 1 ausschließlich Nr. 8 Abs. 2.

2. Rückgabepflicht zum vereinbarten Zeitpunkt, spätestens bei Abnahme

Haben die Parteien im Bauvertrag die Stellung einer Vertragserfüllungssicherheit (im engeren Sinne) vereinbart, ist diese **zum vereinbarten Zeitpunkt** zurückzugeben (siehe zu der Abwicklung der Rückgabe, auch bei einer teilweisen Freigabeverpflichtung unten Rn. 29 ff.). § 14 Nr. 2 S. 1 VOB/A gibt dafür einen Anhaltspunkt (vgl. dazu § 14 VOB/A Rn. 16 ff.), ohne dass allerdings hieraus unmittelbar, also ohne besondere vertragliche Regelung zu diesem Punkt, ein Rechtsanspruch hergeleitet werden kann. Sinnvoll ist ohnehin eine ausdrückliche Regelung. Eine **Vereinbarung zur Rückgabe** einer Sicherheit kann allerdings auch **konkludent getroffen werden** oder sich unmittelbar **aus dem Sicherungszweck** ergeben: Letzteres bedeutet, dass in der Sicherungsabrede mit der Vereinbarung eines Sicherungszwecks gleichzeitig eine konkludente Regelung des Rückgabezeitpunktes für die Sicherheit liegen kann. Er ist in der Weise zu bestimmen, dass eine Sicherheit zurückzugeben ist, sobald der Sicherungsfall nicht mehr eintreten kann (BGH Urt. v. 24.9.1998 IX ZR 371/97 = BGHZ 139, 325, 328 = BauR 1999, 281 [Ls.] = NJW 1999, 55, 56 = ZfBR 1999, 88, 89; BGH Urt. v. 4.7.2002 VII ZR 502/99 = BauR 2002, 1533, 1534 = NJW 2002, 3098 = NZBau 2002, 559 = ZfBR 2002, 784; vgl. auch OLG Hamburg Beschl. v. 13.2.2004 8 U 165/03 = IBR 2004, 248, wonach dann, wenn Mängelrechte denkbar ausgeschlossen sind, ein Sicherungsfall ebenfalls nicht mehr eintreten kann, so dass trotz vertraglicher Vereinbarung ein Sicherheitseinbehalt sofort auszuzahlen ist). So ist z.B. eine Vorauszahlungsbürgschaft in der Regel nach der vollständigen Verrechnung der Vorauszahlungen mit fälligen Zahlungsansprüchen zurückzugeben (§ 16 Nr. 2 Abs. 2 VOB/B). Dasselbe gilt für Abschlagszahlungsbürgschaften für Baustoffe und Bauteile (§ 16 Nr. 1 Abs. 1 S. 3 VOB/B) nach dem Eigentumserwerb durch den Bauherrn. Die Rückgabe hat hier unverzüglich (§ 121 BGB) zu erfolgen. Bei einer Vertragserfüllungsbürgschaft wird demgegenüber zu differenzieren sein, ob mit ihr auch Gewährleistungsansprüche abgedeckt sind (siehe § 17 Nr. 1 VOB/B Rn. 19 sowie oben Rn. 2). Ist dies nicht der Fall, weil sie z.B. bei Abnahme durch eine Gewährleistungsbürgschaft zu ersetzen ist, liegt hierin gleichzeitig die Vereinbarung eines Rückgabezeitpunktes: Danach ist sie Kraft vertraglicher Vereinbarung bereits bei Abnahme zurückzugeben, wenn bis dahin kein Sicherungsfall eingetreten ist (vgl. dazu auch OLG Celle Urt. v. 26.4.2005 16 U 207/04 = BauR 2005, 1647 = NJW-RR 2005, 969, 970).

Werden **Vereinbarungen zum Rückgabezeitpunkt** getroffen, stammen diese in der Regel vom Auftraggeber, der ein Interesse an einer möglichst langen Aufrechterhaltung der Sicherheit hat. Sind diese Bestandteil von AGB, droht ein **Verstoß gegen § 307 BGB** vor allem dann, **wenn die Rückgabe einer Sicherheit von Voraussetzungen abhängig gemacht wird, die der Auftragnehmer kraft eigenen durchsetzbaren Rechts nicht zu erfüllen vermag**. Entsprechendes gilt für **Individualvereinbarungen**, wobei sich hier ein Verstoß gegen Treu und Glauben (§ 242 BGB) ergeben kann. Unwirksam ist daher z.B. eine Klausel, nach der ein Sicherheitseinbehalt nur ausgezahlt wird, wenn der Auftragnehmer »Mängelfreiheitsbescheinigungen« späterer Erwerber des Bauobjekts (oder sonstiger Dritter) beibringt; denn der Auftragnehmer hat gegen diese keinen durchsetzbaren Anspruch auf Erteilung derartiger Bescheinigungen (LG Köln Urt. v. 19.3.1975 49 O 91/74 = SFH Z 2.50 Bl. 28). Dasselbe gilt für die Vorlage von Bescheinigungen (z.B. die der behördlichen Schlussabnahme), die allein der Auftraggeber zu beantragen hat (vgl. OLG Brandenburg Urt. v. 10.5.2006 4 U 207/05, noch nicht veröffentlicht, für die Unwirksamkeit einer diesbezüglich getroffenen Individualvereinbarung nach § 242 BGB). Unwirksam sind vor allem nach § 307 BGB ferner Klauseln, die den Auftragnehmer **aus sonstigen Gründen über Gebühr benachteiligen**: So darf z.B. die Rückgabe einer Vertragserfüllungsbürgschaft nicht von dem Anerkenntnis der geprüften Schlussrechnungssumme durch den Auftragnehmer oder der vorbehaltlosen Annahme der Schlusszahlung (LG Berlin Urt. v. 18.7.2001 26 O 489/00 = BauR 2001, 1803 [Ls.] = NZBau 2001, 559, 561) abhängig gemacht werden.

5   Als **spätester Zeitpunkt** für die Rückgabe einer Vertragserfüllungssicherheit kommt die **Abnahme verbunden mit der Stellung einer Sicherheit für Mängelansprüche** (gemeint ist hier eine Gewährleistungssicherheit) in Betracht – verbunden mit der Maßgabe, dass nach dem Bauvertrag überhaupt eine solche Gewährleistungssicherheit zu stellen ist. Ist dies nicht der Fall, kommt dieser Einschränkung keine Bedeutung zu. Die Vertragserfüllungssicherheit (etwa erfolgte Einbehalte bei Abschlagszahlungen) ist dann bei Abnahme der Bauleistung bzw. zum vereinbarten Zeitpunkt freizugeben.

3. Ausnahmen von der Rückgabeverpflichtung

6   Eine **Freigabepflicht für die Vertragserfüllungssicherheit** besteht bei der Abnahme der Bauleistung bzw. zum vereinbarten Rückgabezeitpunkt **nicht, wenn die Leistungen des Auftragnehmers nicht fertig gestellt oder mangelfrei** sind. In diesem Fall bleiben dem Auftraggeber seine Ansprüche auf Erbringung der Restleistung, Mangelbeseitigung oder z.B. aus Verzug erhalten, die auch von einer vereinbarten Vertragserfüllungssicherheit abgedeckt sind. Hiervon wiederum macht **Nr. 8 Abs. 1 S. 1 letzter Halbsatz eine Ausnahme**: Sind zum Zeitpunkt der Abnahme bzw. zum vereinbarten Rückgabezeitpunkt noch Ansprüche offen, die gleichzeitig durch eine zu stellende Gewährleistungssicherheit abgedeckt werden, ist die Vertragserfüllungssicherheit unbeschadet dieser offenen Ansprüche gleichwohl zurückzugeben. Bei Ansprüchen aus Verzug dürfte dies kaum der Fall sein, bei Ansprüchen wegen Mängeln hingegen die Regel sein. Insoweit gewinnt hier an Bedeutung, dass sich die Mängelansprüche einschließlich der Schadensersatzansprüche aus § 4 Nr. 7 VOB/B, die vor allem von einer Vertragserfüllungssicherheit abgedeckt werden, mit der Abnahme in Mängelansprüche gemäß § 13 Nr. 5 ff. VOB/B umwandeln (BGH Urt. v. 25.2.1982 VII ZR 161/80 = BauR 1982, 277, 278 f. = NJW 1982, 1524 = ZfBR 1982, 122, 123; Urt. v. 19.12.2002 VII ZR 103/00 = BauR 2003, 689, 691 = NZBau 2003, 265, 266 = ZfBR 2003, 352, 353 f.). Aus diesem Grund ist die »Überführung« dieser Mängelansprüche in den Sicherungsumfang einer Gewährleistungssicherheit nur konsequent. Wurde im Vertrag jedoch keine Gewährleistungssicherheit vorgesehen, entfällt insoweit wegen aller noch offener Ansprüche (Verzug, Restfertigstellung oder Mängel) die Rückgabe einer Vertragserfüllungssicherheit zum vereinbarten Zeitpunkt bzw. zur Abnahme. Dabei kommt es auf eine Geltendmachung etwaiger Ansprüche durch den Auftraggeber nicht an; denn es geht bei einer Erfüllungssicherheit um die Abdeckung der primären Erfüllungsansprüche des Auftraggebers, die ipso iure schon den Rückgabeanspruch des Auftragnehmers zu einer übergebenen Sicherheit ausschließen.

7   **Nicht zulässig** ist es, die Herausgabe einer **Vertragserfüllungssicherheit** in Abweichung von Nr. 8 Abs. 1 **wegen anderer Zurückbehaltungsrechte zu verweigern.** So sichert eine Vertragserfüllungssicherheit ohne gesonderte Vereinbarung in der Regel keine Ansprüche des Auftraggebers aus einer gewöhnlichen Überzahlung. Diese Ansprüche haben mit der Absicherung einer vertragsgemäßen Erfüllung der Leistung des Auftragnehmers nichts zu tun (OLG Naumburg Urt. v. 25.11.1999 12 U 197/99 = NZBau 2001, 139, 140 – rechtskräftig nach Nichtannahmebeschluss des BGH v. 9.11.2000 VII ZR 5/00 – a.A. *Thierau* in *Kapellmann/Messerschmidt* § 17 VOB/B Rn. 225; vgl. auch Erläuterungen zu § 17 Nr. 1 VOB/B Rn. 18). Daher ist es folgerichtig, dass § 17 Nr. 8 Abs. 1

VOB/B diese Ansprüche nicht erwähnt. Vielmehr wird positiv formuliert, wann ein Zurückbehalt der Vertragserfüllungssicherheit möglich ist. Ein Zurückbehaltungsrecht wegen Überzahlung gehört nicht dazu. Dies vorausgeschickt liegt aber ebenfalls auf der Hand, dass die Rückgabe einer Vertragserfüllungssicherheit nicht z.B. wegen nach Abnahme aufgetretener Gewährleistungsmängel verweigert werden kann. Dasselbe gilt erst recht für Ansprüche des Auftraggebers wegen Baumängeln bei anderen Bauvorhaben. Denn ein Anerkenntnis eines Zurückbehaltungsrechts in diesen Fällen würden dem Bürgschaftszweck zuwider laufen und faktisch dann doch Rechte des Auftraggebers wegen Mängeln sichern, für die die Bürgschaft nicht gewährt würde (OLG Frankfurt Urt. v. 28.9.2004 10 U 211/03, Nichtzulassungsbeschw. zurückgewiesen: BGH Beschl. v. 23.6.2005 VII ZR 32/05 = BauR 2005, 1682 [Ls.]; OLG Karlsruhe Urt. v. 20.11.1997 4 U 74/97 = NJW-RR 1998, 533, Nichtzulassungsbeschw. zurückgewiesen: BGH Beschl. v. 23.6.2005 VII ZR 32/05; ebenso *Thierau* in *Kapellmann/Messerschmidt* § 17 VOB/B Rn. 225).

4. Rückgabe der Vertragserfüllungsicherheit bei gleichzeitiger Stellung einer Gewährleistungssicherheit

Wurde im Vertrag neben einer Vertragserfüllungssicherheit die Stellung einer Gewährleistungssicherheit vereinbart, ist die Vertragserfüllungssicherheit gemäß § 17 Nr. 8 Abs. 1 VOB/B erst **nach der Abnahme und Stellung der Gewährleistungssicherheit** zurückzugeben. Hierbei handelt es sich um eine bedeutende Abweichung gegenüber der geübten Praxis, die zumeist einen Zug-um-Zug-Austausch vorsieht. Nach Nr. 8 Abs. 1 ist der **Auftragnehmer** hingegen **bzgl. der Übergabe der Gewährleistungssicherheit vorleistungspflichtig**. Bedeutung gewinnt diese zeitliche Reihenfolge vor allem, wenn als Vertragserfüllungssicherheit eine Bürgschaft gestellt wurde. Muss der Auftragnehmer nunmehr, um seine Vertragserfüllungsbürgschaft zurückzuerhalten, eine Gewährleistungssicherheit (ggf. ebenfalls in Form einer Bürgschaft, wenn auch unter Umständen in ermäßigter Höhe) übergeben, läuft er Gefahr, seine noch beim Auftraggeber befindliche Vertragserfüllungssicherheit (zunächst) nicht zurückzuerhalten. Zu Problemen kann es dann vor allem kommen, wenn nach Überlassung der Gewährleistungsbürgschaft, aber noch vor Rückgabe der Vertragserfüllungssicherheit, Mängel auftreten. Hier könnte ein Auftraggeber versucht sein, aus diesem Grund ein Zurückbehaltungsrecht an der noch in seinem Besitz befindlichen Vertragserfüllungsbürgschaft (§ 273 BGB) geltend zu machen. Dies ist jedoch unzulässig: Erfolgt nämlich die Abnahme, ohne dass der Sicherungsfall für die Vertragserfüllungssicherheit eingetreten ist, wird die zunächst gewährte und noch im Besitz des Auftraggebers befindliche Vertragserfüllungsbürgschaft wegen Wegfalls des Sicherungszwecks »gegenstandslos«. Dies gilt trotz zwischenzeitlich aufgetretener Mängel, die nunmehr nach Nr. 8 Abs. 1 S. 1 kraft vertraglicher Vereinbarung über die Gewährleistungssicherheit abgedeckt werden (vgl. oben Rn. 6). Würde man demgegenüber dem Auftraggeber wegen nach Abnahme auftretender Gewährleistungsmängel gleichwohl ein Zurückbehaltungsrecht an einer noch nicht zurückgegebenen Erfüllungsbürgschaft einräumen, würde diese Bürgschaft zumindest als taugliches Druckmittel letztlich der Durchsetzung von Ansprüchen dienen, für deren Zweck sie nicht gewährt wurde (OLG Karlsruhe Urt. v. 20.11.1997 4 U 74/97 = BauR 1998, 640 [Ls.] = NJW-RR 1998, 533).

5. Teilweiser Einbehalt einer Erfüllungssicherheit bei noch verbleibenden Ansprüchen

Abs. 1 S. 2 regelt, **in welchem Umfang der Auftraggeber** bei noch offenen Erfüllungsansprüchen **eine Vertragserfüllungssicherheit** trotz vereinbartem Rückgabezeitpunkt **nicht zurückgeben** muss. Dort heißt es, dass er für die verbleibenden Erfüllungsansprüche »einen entsprechenden Teil der Sicherheit zurückhalten« darf. Das Ziel dieser Regelung ist klar: Es soll eine Übersicherung vermieden werden. Besteht z.B. aus der Abwicklung eines Bauvorhabens ein Verzugsschaden von max. 1.000 €, kann über eine Vertragserfüllungssicherheit nicht ein darüber hinausgehender Schaden abgesichert werden. Sie ist somit zurückzugeben bzw. Zug um Zug gegen eine ermäßigte Bürgschaft auszutauschen (OLG Oldenburg Urt. v. 21.7.2000 2 U 124/00 = BauR 2002, 328 = ZfBR 2002, 152). Vorstellbar ist auch, dass der Auftraggeber in Bezug auf den überschießenden Teil der Bürgschaft eine entsprechende Verzichtserklärung abgibt (vgl. zu dem ähnlichen Fall, dass eine stufenweise Freigabe einer Vertragserfüllungsbürgschaft vereinbart ist: BGH Versäumnisurt.v. 23.1.2003 VII ZR 210/01 = BauR 2003, 870, 872 f. = NZBau 2003, 321, 322 sowie unten Rn. 32).

10 Zweifelhaft ist, ob bei der Bestimmung der Höhe einer einzubehaltenden Sicherheit insbesondere bei verbleibenden Ansprüchen wegen Mängeln der nach § 320, § 641 Abs. 3 BGB mögliche Druckzuschlag zu berücksichtigen ist. Hier ist zu differenzieren: Geht es bei der **Herausgabe einer Sicherheit um einen Bareinbehalt** im Sinne des § 17 Nr. 6 VOB/B, **kann** bei der Berechnung einer ggf. frei werdenden Sicherheit **der Druckzuschlag in vollem Umfang eingerechnet** werden, d.h.: Die Auszahlung eines Bareinbehaltes kann mindestens in Höhe des Dreifachen der für die Beseitigung der Mängel erforderlichen Kosten zum Zeitpunkt der ansonsten vereinbarten Rückgabe der Sicherheit verweigert werden. Dies wiederum beruht darauf, dass es sich bei der Vereinbarung eines Sicherheitseinbehaltes um das vertragliche Hinausschieben der Fälligkeit eines Teils des Vergütungsanspruchs des Auftragnehmers unter gleichzeitiger Vereinbarung eines Zurückbehaltungsrechts des Auftraggebers handelt (h.M.: BGH Urt. v. 12.7.1979 VII ZR 174/78 = BauR 1979, 525 = SFH § 16 Ziff. 2 VOB/B Nr. 13 = LM § 16 B VOB/B Nr. 3 = ZfBR 1979, 207; OLG Hamm Urt. v. 30.10.1995 17 U 83/94 = BauR 1997, 141, 142 f. = NJW-RR 1996, 1046; *Heiermann/Riedl/Rusam* § 17 VOB/B Rn. 34; Beck'scher VOB-Komm./*I. Jagenburg* Vor § 17 VOB/B Rn. 40; vgl. auch Erläuterungen dazu bei § 17 Nr. 6 Rn. 1 – a.A. mit der Betonung eines Bardepots: *Weise* Sicherheiten im Baurecht Rn. 160). Ist demnach der Sicherheitseinbehalt nichts anderes als ein Teil der geschuldeten Vergütung, ist nicht ersichtlich, wieso bei Fälligkeit der Auszahlung dieses Vergütungsteils zum vereinbarten Zeitpunkt nicht der auch sonst bei Mängeln mögliche Einbehalt nach §§ 320, 641 Abs. 3 BGB zulässig sein sollte. **Etwas anderes gilt bei der Herausgabe einer Bürgschaft**. Hier ist die Vergütung bereits in vollem Umfang bezahlt; es stellt sich allein die Frage nach dem Schicksal eines Sicherungsmittels. Dieses Sicherungsmittel sichert aber nicht einen um den Druckzuschlag erhöhten Vergütungseinbehalt, sondern allein die potenziellen Folgekosten bei auftretenden Mängeln. Daher sind bei der Herausgabeverpflichtung einer Bürgschaft nach § 17 Nr. 8 Abs. 1 VOB/B bei gleichzeitig bestehenden Mängeln zur Berechnung einer ggf. zu übergebenden ermäßigten Bürgschaft oder für die Abgabe einer Verzichtserklärung zur teilweisen Entlastung des Bürgen nur Mängelbeseitigungskosten in einfacher Höhe in Ansatz zu bringen (OLG Oldenburg Urt. v. 21.7.2000 2 U 124/00 = BauR 2002, 328, 329 = ZfBR 2002, 152, 154, a.A., d.h. für ein Zurückbehaltungsrecht einschließlich Druckzuschlag: *Thierau* in *Kapellmann/Messerschmidt* § 17 VOB/B Rn. 226). Auf dieser Basis ist dann die vertraglich vereinbarte Sicherheitsleistung (z.B. 5%) zu berechnen (KG Urt. v. 20.4.2004 27 U 333/03 = BauR 2004, 1463 f.).

II. Rückgabe einer Gewährleistungs-/Mängelsicherheit (Nr. 8 Abs. 2)

11 Der mit der VOB 2002 eingefügte zweite Abs. in Nr. 8 orientiert sich von seinem Regelungsgehalt her deutlich an Nr. 8 a.F. Allerdings beschränkt sich sein **Anwendungsbereich auf die Sicherheit für Mängelansprüche**. Gemeint ist damit unter Berücksichtigung der Nr. 1 Abs. 2 eine Sicherheit, die aufgrund der Sicherungsabrede **die nach der Abnahme bestehenden Mängelansprüche** (§ 13 Nr. 5 ff. VOB/B) abdeckt. Hierzu gehören vor allem die früher so bezeichneten Gewährleistungssicherheiten. Erfasst werden von Nr. 8 Abs. 2 aber auch Vertragserfüllungssicherheiten im weiteren Sinne, die die nach der Abnahme bestehenden Mängelansprüche einbeziehen (vgl. dazu § 17 Nr. 1 VOB/B Rn. 19 sowie zum Anwendungsbereich der Nr. 8 Abs. 1 bei Vertragserfüllungssicherheiten oben Rn. 2). Demgegenüber findet sich die abschließende Regelung zu der Vertragserfüllungssicherheit im engeren Sinne, die die bis zur Abnahme entstehenden Ansprüche absichert, in Nr. 8 Abs. 1 (vgl. dazu oben Rn. 2).

1. Rückgabe der Sicherheit zum vereinbarten Zeitpunkt, spätestens nach zwei Jahren (Nr. 8 Abs. 2 S. 1)

a) Grundsatz: Rückgabepflicht nach zwei Jahren

Ist nichts anderes vereinbart, ist vorbehaltlich etwaiger Gegenrechte des Auftraggebers eine Sicherheit für Mängelansprüche **nach Ablauf von zwei Jahren** – gerechnet vom Zeitpunkt der Abnahme – zurückzugeben. Dies gilt trotz der Tatsache, dass die Regelgewährleistungsfrist für Mängelansprüche bei VOB-Verträgen nach § 13 Nr. 4 Abs. 1 S. 1 VOB/B vier Jahre beträgt. Eine Rückgabe nach zwei Jahren hat ebenfalls zu erfolgen, wenn – wie nicht selten der Fall – bei Bauverträgen die Gewährleistungsfrist auf fünf Jahre verlängert wurde, d.h. zum Zeitpunkt der nach Nr. 8 Abs. 2 bestehenden Rückgabeverpflichtung die **Gewährleistungsverpflichtung des Auftragnehmers noch fortbesteht.**

Eine Sicherheit ist entgegen OLG Hamburg (Urt. v. 8.7.1988 1 U 149/87 = MDR 1988, 862) auch dann erst zum vereinbarten Zeitpunkt bzw. ohne eine Vereinbarung dazu nach Ablauf von zwei Jahren zurückzugeben, wenn **über das Vermögen** des Auftragnehmers nach Abnahme **das Insolvenzverfahren eröffnet** worden ist und bisher keine Mängel der Leistung des Auftragnehmers in Erscheinung getreten sind. Denn die Gewährleistungssicherheit dient gerade dazu, künftige, innerhalb der Gewährleistungsfrist auftretende Mängelansprüche abzusichern, also auch solche, hinsichtlich derer noch keine Mängel in Erscheinung getreten sind. Die gegenteilige Auffassung würde dazu führen, in einem Fall, in dem für den Auftraggeber die Durchsetzung von Gewährleistungsansprüchen besonders risikovoll ist, die Auftragnehmerseite vorzeitig aus der Pflicht zur Erfüllung der Leistungspflicht zu entlassen. Der Auftraggeber wäre dann mit dem vollen Risiko belastet, trotzdem die ungekürzte Vergütung zahlen zu müssen.

b) Vereinbarung zum Zeitpunkt der Rückgabe einer Mängelsicherheit

Eine Verpflichtung zur Rückgabe einer Mängelsicherheit nach dem Ablauf von zwei Jahren besteht nur vorbehaltlich einer davon abweichenden Vereinbarung (vgl. insoweit im Einzelnen die entsprechenden Ausführungen zu einer Vertragserfüllungssicherheit Rn. 3 ff.). Nr. 8 Abs. 2 sieht ausdrücklich eine Öffnungsklausel vor. Demnach dürfte es ohne weiteres zulässig sein, die Dauer für die Vorhaltung einer Mängelsicherheit auch zukünftig an die Dauer der Gewährleistung zu knüpfen. Dies würde entgegen dem jetzigen Regelungszweck der Nr. 8 Abs. 2 darauf hinauslaufen, dass der Auftragnehmer für seine Bauleistungen dann doch für den Zeitraum von vollen vier Jahren (vgl. § 13 Nr. 4 Abs. 1 S. 1 VOB/B) eine Sicherheit zu stellen hat. Es bestehen gleichfalls **keine Bedenken, wenn eine solche von Nr. 8 Abs. 2 abweichende Regelung des Rückgabezeitpunktes in den AGB des Auftraggebers vorgesehen wird; ferner dürfte eine solche Vereinbarung nicht in den Kerngehalt der VOB als Ganzes eingreifen** (vgl. dazu und zu den Folgen: BGH Urt. v. 16.12.1982 VII ZR 92/82 = BGHZ 86, 135 = BauR 1983, 161, 163 f. = NJW 1983, 816, 818 = ZfBR 1983, 85, 87 = SFH § 16 Nr. 3 VOB/B Nr. 25; *Hensen* in *Ulmer/Brandner/Hensen* Anh. §§ 9–11 Rn. 905 ff.; *Werner/Pastor* Rn. 1018 ff. – jeweils m.w.N.). Zwar sieht der BGH inzwischen jede Abweichung von Regelungen der VOB/B als einen Eingriff an mit der Folge, dass damit die Gesamtprivilegierung der VOB/B verloren geht und es zu einer AGB-Inhaltskontrolle sämtlicher Regelungen kommt (BGH Urt. v. 22.1.2004 VII ZR 419/02 = BGHZ 157, 346, 348 f. = BauR 2004, 668, 669 f. = NJW 2004, 1597 = NZBau 2004, 267 f. = ZfBR 2004, 362, 363; Urt. v. 15.4.2004 VII ZR 129/02 = BauR 2004, 1142, 1143 = NJW-RR 2004, 957 = NZBau 2004, 385 = ZfBR 2004, 555). Nach richtigem Verständnis dürften aber auch weiterhin Abweichungen von dem Grundtext der VOB/B ohne Auswirkung auf die sonst bestehende Privilegierung möglich sein. Dies gilt zumindest dann, wenn zum einen die VOB/B selbst wie in Nr. 8 Abs. 2 Öffnungsklauseln für Änderungen vorsieht und zum anderen dann für eine solche Änderung ein plausibler Anlass besteht und der Vertragspartner nicht ungebührlich belastet. Mit dieser Maßgabe erscheint es aber nicht unangemessen, wenn der Rückgabezeitpunkt für die Gewährleistungssicherheit auf das Ende der Gewährleistung verschoben wird. Denn damit wird nur das ohnehin bestehende Haftungsrisiko des Auftragnehmers abgedeckt. Dagegen dürfte nichts einzuwenden sein. Dass darüber hinaus eine Verschiebung des Rückgabezeitpunkts auf das Ende der vertraglich übernommenen Gewährleistung auch **in AGB des Auftraggebers zulässigerweise vorgesehen** werden kann, folgt im Übrigen aus der bisherigen Rechtsprechung zur Verlängerung von Verjährungsfristen: Es wurde seit jeher AGB-rechtlich als unbedenklich angesehen, die ehemals bestehende zweijährige Verjährungsfrist nach § 13 Nr. 4 VOB/B a.F. auf die gesetzliche fünfjährige Regelgewährleistung gemäß § 638 Abs. 1 BGB a.F. zu verlängern (grundlegend: BGH Urt. v. 23.2.1989 VII ZR 89/87 = BGHZ 107, 75, 81 ff. = BauR 1989, 322, 325 f. = ZfBR 1989, 158 159 ff. = NJW 1989, 1602, 1603 ff.; Urt. v. 21.3.1991 VII ZR 110/90 = BauR 1991, 458, 459 = NJW-RR 1991, 980, 981 = ZfBR 1991, 200; vgl. insoweit aber auch OLG München Urt. v. 25.1.1994 13 U 5798/93 = BauR 1994, 666 = NJW-RR 1995, 1301, das bei einer Verlängerung der Gewährleistungsfrist auf fünf Jahre einen Eingriff in die VOB als Ganzes annimmt. Dies dürfte im Ergebnis falsch sein: Denn § 13 Nr. 4 VOB/B [a.F.] enthält mit der dort geregelten Frist nur einen Auffangtatbestand für den Fall, dass keine andere Regelung getroffen wird. Insoweit muss es aber zulässig und mit der Ausgewogenheit der VOB vereinbar sein, in einem Bauvertrag die gesetzliche Regelgewährleistung von fünf Jahren zu vereinbaren – offengelassen BGH Urt. v. 23.2.1989 VII ZR 89/87 = BGHZ 107, 75, 87 = BauR 1989, 322, 327 = NJW 1989, 1602, 1605 = ZfBR 1989, 158, 161). Mit dieser als zulässig angesehenen Regelung wurde gleichzeitig – ebenfalls ohne AGB-rechtliche Bedenken – der Rückgabezeitpunkt für eine Gewährleistungssicherheit um denselben Zeitraum verschoben, weil § 17 Nr. 8 VOB/B a.F. auf den Ablauf der Verjährungsfrist für die Gewährleistung verwies. Dies vorausgeschickt kann es nicht unzulässig sein, wenn nicht die Gewährleistungsfrist und die Dauer zur Stellung einer Gewährleistungssicherheit einheitlich von zwei auf fünf Jahre verlängert werden, sondern nur die Dauer zur Stellung einer Gewährleistungssicherheit von zwei auf vier Jahre. Tatsächlich belastet eine solche Regelung den Auftragnehmer weniger als dies nach früherem Recht bereits als zulässig anerkannt wurde (i.E. wohl auch *Voit* ZfIR 2006, 407). Insoweit soll nur der Vollständigkeit halber darauf hingewiesen werden: Es ist nicht einmal ersichtlich, dass nicht auch zukünftig bei VOB-Verträgen **Gewährleistungsfrist und Zeitdauer der Stellung einer diesbezüglichen Sicherheit sogar einheitlich auf fünf Jahre** (entsprechend der gesetzlichen Verjährungsfrist nach § 634a Abs. 1 Nr. 2 BGB) **verlängert** werden können.

15 Wurde in dem Bauvertrag von der Möglichkeit Gebrauch gemacht, abweichend von § 17 Nr. 8 Abs. 2 S. 1 VOB/B den Zeitpunkt der Rückgabe einer Mängelsicherheit an den Ablauf der Gewährleistung zu knüpfen, bestimmt sich der Rückgabezeitpunkt in erster Linie nach der im Bauvertrag **vereinbarten Gewährleistungsfrist** bzw. nach der ohne eine gesonderte Vereinbarung dazu geltenden Verjährungsfrist gemäß § 13 Nr. 4 VOB/B von in der Regel vier Jahren (bzw. nach den verlängerten Fristen gemäß § 13 Nr. 5 Abs. 2 S. 2 [vgl. zu der Verlängerung der Verjährungsfrist nach § 13 Nr. 5 Abs. 1 S. 2, die auch zu einer Verlängerung der Dauer einer zu stellenden Sicherheit führt: OLG Dresden Urt. v. 15.10.2002 9 U 774/02 = BauR 2003, 111] und S. 3, Nr. 7 Abs. 4 VOB/B). Zu beachten ist, dass sich in Ausnahmefällen, vor allem bei Arglist, die **Gewährleistungsfrist auf bis zu 10 Jahre verlängern** kann (§§ 634a Abs. 3, 199 Abs. 3 S. 1 Nr. 1 BGB; st. Rspr.: vgl. hier noch zum alten Recht BGH Urt. v. 20.12.1973 VII ZR 184/72 = BauR 1974, 130 = NJW 1974, 553; Urt. v. 19.12.1980 V ZR 185/79 = NJW 1981, 864 f.; Urt. v. 5.12.1985 VII ZR 5/85 = BauR 1986, 215 = NJW 1986, 980; Urt. v. 12.3.1992 VII ZR 5/91 = BauR 1992, 500 = NJW 1992, 1754). Insoweit ist auch eine gestellte Gewährleistungssicherheit für diesen Zeitraum aufrechtzuerhalten. Hier ist der Auftragnehmer nicht schützenswert, da er selbst die Ursache für diese verlängerte Gewährleistungsfrist gesetzt hat.

16 Die **Gewährleistungsfrist**, an die in der Sicherungsabrede ggf. die Rückgabe einer Mängelsicherheit geknüpft wird, kann sich auch aus anderen Gründen **verlängern** mit der Folge, dass aus diesem Grund eine Sicherheit erst später zurückzugeben ist: Hiernach sind vor allem **Verjährungsunterbrechungen** (insbesondere die bei VOB-Verträgen wichtige Unterbrechung nach einer Mängelanzeige gemäß § 13 Nr. 5 Abs. 1 S. 2 – OLG Dresden Urt. v. 15.10.2002 9 U 774/02 = BauR 2003, 111 mit Anm. *Handschumacher*) bzw. Neubeginn oder **Hemmungen der Verjährungsfrist** zu berücksichtigen. Dabei genügt eine die Unterbrechung, den Neubeginn oder die Hemmung auslösende Handlung gegenüber dem Auftragnehmer. Nicht bedarf es einer solchen Handlung z.B. gegenüber dem Bürgen (vgl. OLG Düsseldorf Entsch. v. 28.4.1969 6 U 215/68 = MDR 1969, 665); sie wäre zum Zwecke der Verlängerung der Gewährleistung sogar untauglich (vgl. dazu oben Erläuterungen zu § 17 Nr. 4 VOB/B Rn. 103 ff.). Auch eine **einvernehmliche Verlängerung** der Gewährleistungsfrist nach Abnahme kommt in Betracht und hat Auswirkungen auf den Zeitpunkt der geschuldeten Rückgabe der Sicherheit, soweit die Rückgabe im Bauvertrag an den Ablauf der Gewährleistungsfrist geknüpft wurde. Allerdings: Wird von den Vertragspartnern nach Abnahme die Gewährleistungsfrist verlängert, so verlängert sich dadurch wegen § 767 Abs. 1 S. 3 BGB **nicht die Haftung des Bürgen**, wenn er nicht ausdrücklich zustimmt (vgl. OLG Düsseldorf Urt. v. 23.7.1993 23 U 204/92 = BauR 1993, 747 – vgl. dazu auch Erläuterungen zu § 17 Nr. 4 VOB/B Rn. 99).

2. Keine Rückgabe bei fristgerecht geltend gemachtem Anspruch (Nr. 8 Abs. 2 S. 2)

Wenn zum Zeitpunkt der vereinbarten Rückgabe oder ohne Vereinbarung dazu nach Ablauf von zwei Jahren Ansprüche des Auftraggebers, auf die sich die Sicherung bezieht, **noch nicht erfüllt sind, darf** der **Auftraggeber einen entsprechenden Teil der Sicherheit zurückbehalten** (S. 2). Die Höhe des Zurückbehalts wird durch das Interesse des Auftraggebers bestimmt, das dieser bei objektiver Beurteilung an der richtigen Erfüllung des betreffenden Leistungsteils hat. Danach ist bei Freigabe eines Sicherheitseinbehaltes ein ggf. möglicher Druckzuschlag gemäß §§ 320, 641 Abs. 3 BGB zu berücksichtigen, während bei der Rückgabe einer Bürgschaft nur Mängelbeseitigungskosten in einfacher Höhe in Ansatz zu bringen sind (vgl. dazu die Erläuterungen zu der vergleichbaren Situation bei der Vertragserfüllungssicherheit oben Rn. 9 f.). Dieses so ermittelte Kostenrisiko ist dann jedoch lediglich die Bemessungsgrundlage für eine reduzierte Gewährleistungssicherheit, so dass auf dieser Grundlage entsprechend den vertraglichen Regelungen z.B. eine Sicherheit von 5% aufrecht zu erhalten ist (KG Urt. v. 20.4.2004 27 U 333/03 = BauR 2004, 1463). Soweit die Sicherheitsleistung das danach berechtigte Absicherungsinteresse des Auftraggebers übersteigt, ist der freigewordene Teil dem Auftragnehmer zu dem nach S. 1 maßgebenden Zeitpunkt zurückzuerstatten; d.h.: Der frei werdende Sicherheitseinbehalt ist dem Auftragnehmer auszuzahlen, eine ggf. nicht mehr erforderliche Bürgschaft kann der Auftragnehmer Zug um Zug gegen eine ermäßigte Bürgschaft austauschen (so zur Bürgschaft: KG a.a.O.; OLG Oldenburg Urt. v. 21.7.2000 2 U 124/00 = BauR 2002, 328 = ZfBR 2002, 152, 153; siehe dazu auch weiter Erläuterungen oben Rn. 9 f.). Wahlweise kann er vom Auftraggeber in Bezug auf den überschießenden Teil der Bürgschaft eine entsprechende Verzichtserklärung verlangen (BGH Versäumnisurt.v. 23.1.2003 VII ZR 210/01 = BauR 2003, 870, 872 f. = NZBau 2003, 321, 322 zu der vergleichbaren Situation bei einer stufenweisen Freigabe einer Vertragserfüllungssicherheit).

Bei der Rückgaberegelung in Nr. 8 S. 2 ist gesondert darauf zu achten, dass der **Auftraggeber Sicherheiten nur zurückhalten darf für Mängelansprüche, die er vor Ablauf der zwei Jahre bzw. dem vereinbarten Rückgabezeitpunkt** geltend gemacht hat (vgl. dazu auch OLG Köln Urt. v. 13.10.2004 11 U 184/03 = BauR 2005, 1368 [Ls.]). Dabei bedeutet »Geltendmachung der Ansprüche« i.S.d. Nr. 8 Abs. 2 S. 2, dass der Auftraggeber vor Ablauf der Gewährleistung die Beseitigung aufgetretener Mängel verlangt haben muss. Eine bloße Streitverkündung des Auftraggebers gegenüber dem Auftragnehmer, die ansonsten kein eigenes Mangelbeseitigungsverlangen enthält, genügt nicht (OLG Oldenburg Urt. v. 10.2.2004 2 U 94/03 = BauR 2004, 1464, 1465 = ZfIR 2004, 471, 472 m. krit. Anm. von *Rodemann/Schwenker*). In der Sache selbst kann dazu immerhin auf die bereits entwickelte Meinungsbildung zu der Vorläuferregelung in Nr. 8 bis zur VOB Fassung 2000 zurückgegriffen werden. Denn auch schon nach der Altregelung der Nr. 8, die diese Einschränkung nicht enthielt, konnte der Auftraggeber eine Sicherheit nach dem vereinbarten Rückgabetermin nur verwerten, wenn er die ihm zustehenden Ansprüche in unverjährter Zeit angezeigt hatte – und zwar gegenüber dem Auftragnehmer. Rechtlich folgte dies aus einer entsprechenden Anwendung der

§§ 639 Abs. 1, 478 BGB a.F. (vgl. dazu BGH Urt. v. 21.1.1993 VII ZR 127/91 = BGHZ 121, 168 = SFH § 17 VOB/B Nr. 14 = BauR 1993, 335 = NJW 1993, 1131 = ZIP 1993, 499 = *Heiermann* EWiR § 17 VOB/B 2/93, 509 = LM § 17 VOB/B Nr. 7 m. Anm. *Koeble* = ZfBR 1993, 125; Urt. v. 21.1.1993 VII ZR 127/91 = BGHZ 121, 173 = SFH § 17 VOB/B Nr. 15 = BauR 1993, 337 = ZIP 1993, 497 = NJW 1993, 1133 = *Kniffka* EWiR § 17 VOB/B 1/93, 507 = LM § 17 VOB/B Nr. 6 = ZfBR 1993, 120). § 478 BGB war nach der Neufassung des SchuldRModG jedoch ersatzlos entfallen. Somit hätte ohne eine Änderung der Rückgaberegelung der VOB zu der Gewährleistungssicherheit gedroht, dass der Auftraggeber, der eine Sicherheit länger als vereinbart bzw. länger als zwei Jahre behält, diese für nach diesem Zeitpunkt auftretende Mängel noch hätte verwerten können. Hierdurch würde ein Auftraggeber aus diesem vertragswidrigen Zustand des zu langen Behaltens der Sicherheit sogar einen Vorteil ziehen, wenn später noch Mängel auftreten. Dem konnte nur durch Übernahme der bisherigen durch Rückgriff auf § 478 BGB bestehenden Rechtslage in § 17 Nr. 8 Abs. 2 S. 2 VOB/B begegnet werden. Daher ist es somit weiterhin notwendig, dass der Auftraggeber – will er eine Gewährleistungssicherheit nach dem vereinbarten Rückgabezeitpunkt verwerten – die **zugrunde liegenden Mängelansprüche wenigstens in unverjährter Zeit** geltend gemacht hat. Insoweit ist aber selbstverständlich weiter Voraussetzung, dass dem Auftraggeber die ggf. rechtzeitig vor Ablauf der Gewährleistungsfrist geltend gemachten Mängelansprüche überhaupt noch zustehen bzw. er zu deren Geltendmachung berechtigt ist. Dies ist nicht der Fall, wenn sich der Auftraggeber gegenüber dem Auftragnehmer wirksam verpflichtet hat, vorrangig dessen Subunternehmer in Anspruch zu nehmen. Eine Mängelanzeige gegenüber dem Auftragnehmer wäre nunmehr ohne vorherige Inanspruchnahme der Subunternehmer nicht geeignet, die ihm vorliegende Sicherheit nach Nr. 8 Abs. 2 S. 2 über den vereinbarten Zeitpunkt bzw. den Ablauf von zwei Jahren hinaus zu erhalten (ebenso OLG Düsseldorf Urt. v. 6.2.2001 21 U 80/00 = IBR 2002, 477 – Revision vom BGH nicht angenommen, Beschl. v. 2.5.2002 VII ZR 86/01).

III. Rückgabe der Sicherheit aus anderen Gründen

19 Ein Rückgabeanspruch zu einer gewährten Sicherheit kann nicht nur in den Fällen der Nr. 8 bestehen, sondern auch aus sonstigen Gründen. Bedeutung gewinnen vor allem Sachverhalte, in denen die im Bauvertrag getroffene **Sicherungsabrede wegen Verstoßes gegen § 307 BGB unwirksam** ist (vgl. dazu etwa die Erläuterungen zu Vereinbarungen im Zusammenhang mit Bürgschaften auf erstes Anfordern: § 17 Nr. 4 VOB/B Rn. 58 ff.). Eine gleichwohl gewährte Sicherheit wäre in einem solchen Fall ohne Rechtsgrund gewährt worden. Danach wäre ein Sicherheitseinbehalt als Bestandteil der vom Auftraggeber geschuldeten Vergütung ohne weitere Voraussetzung zur Auszahlung fällig, und zwar unabhängig irgendeiner laufenden Gewährleistungsfrist (vgl. dazu ausführlich Erläuterungen bei § 17 Nr. 6 VOB/B Rn. 22). Eine etwa übergebene Bürgschaft könnte der Auftragnehmer nach § 812 Abs. 1 S. 1 Alt. 1 BGB zurückfordern (vgl. dazu z.B. Erläuterungen zu den Rechtsfolgen einer unwirksamen Vereinbarung zur Stellung einer Bürgschaft auf erstes Anfordern bei § 17 Nr. 4 VOB/B Rn. 74 ff.). Eine Rückgabe der Sicherheit hat losgelöst der Fristenregelung in § 17 Nr. 8 VOB/B ebenfalls zu erfolgen, wenn **objektiv ausgeschlossen der Sicherungsfall nicht mehr eintreten** kann (OLG Hamburg Beschl. v. 13.2.2004 8 U 165/03, IBR 2004, 248 – sowie allgemein zu der Bedeutung des Sicherungsfalls § 17 Nr. 1 VOB/B Rn. 8).

IV. Rückgabe der Sicherheiten in der Insolvenz

20 Bei der Insolvenz einer Bauvertragspartei kommt es auf vereinbarte Sicherheiten überhaupt nur dann an, wenn sie **vor Insolvenzeröffnung wirksam bestellt** wurden und die Bestellung nicht anfechtbar ist (§§ 129 ff. InsO). Sodann ist zwischen der Insolvenz des Auftragnehmers und des Auftraggebers zu unterscheiden:

1. Insolvenz des Auftragnehmers

Die **Insolvenz des Auftragnehmers** (vgl. dazu u.a. *Schmitz* ZIP 2001, 765 ff.; *Vogel* BauR 2005, 218) **21** führt zu **keiner vorzeitigen Fälligkeit des Rückgabeanspruchs zu einer gestellten Sicherheitsleistung**, d.h.: Der Auftraggeber kann eine Sicherheit bis zum Ablauf des vereinbarten bzw. des in Nr. 8 näher geregelten Zeitpunktes behalten (BGH Urt. v. 17.12.1998 IX ZR 151/98 = BauR 1999, 392, 393 = NJW 1999, 1261, 1262 = ZfBR 1999, 142, 147). Dies ist konsequent vor dem Hintergrund, dass der Insolvenzverwalter nach Eröffnung des Insolvenzverfahrens nicht mehr Rechte haben kann, als der Gemeinschuldner vor Eröffnung auf Grund der vertraglichen Vereinbarung schon erworben hatte (BGH Urt. v. 7.12.1988 IVb ZR 93/87 = BGHZ 106, 169, 175 = NJW 1989, 580 = ZIP 1989, 107 = MDR 1989, 338; Urt. v. 29.11.1990 IX ZR 29/90 = BGHZ 113, 98, 100 = NJW 1991, 560; vgl. dazu auch *Vogel* BauR 2005, 218). Daher gilt für den Insolvenzverwalter auch die im Bauvertrag nach § 17 Nr. 8 geltende Rückgaberegelung (vgl. hierzu auch ausführlich: *Thode* ZfIR 2000, 165, 181 ff.). Das heißt:

a) Gewährleistungs-/Mängelsicherheit

Verlangt der Insolvenzverwalter nach Insolvenzeröffnung **gemäß § 103 Abs. 1 InsO die weitere Ver- 22 tragserfüllung**, kann der Auftraggeber zur Sicherung seiner Gewährleistungsansprüche für **nach der Insolvenzeröffnung auftretende Mängel** trotz Insolvenz des Auftragnehmers Vergütungsanteile in dreifacher Höhe der voraussichtlichen Nachbesserungskosten (Druckzuschlag gemäß § 320, § 641 Abs. 3 BGB) zurückbehalten. Eine Sicherheit ist nach Nr. 8 Abs. 2 entsprechend der vertraglichen Vereinbarung, mangels einer solchen Vereinbarung spätestens nach Ablauf von zwei Jahren zurückzugeben – es sei denn, dass ein Sicherungsfall eingetreten ist: In diesem Fall darf die Sicherheit auch noch darüber hinaus (bis zur Abwicklung dieses Sicherungsfalls) einbehalten werden (BGH Urt. v. 17.12.1998 IX ZR 151/98 = BauR 1999, 392, 393 f. = NJW 1999, 1261, 1262 = ZfBR 1999, 142, 147).

Lehnt der Insolvenzverwalter die **Erfüllung des Bauvertrages**, insbesondere eine Mangelbeseiti- **23** gung, **nach § 103 Abs. 2 InsO ab**, verliert der Auftraggeber zwar die Möglichkeit, unter Berücksichtigung des Druckzuschlages Mängelbeseitigungskosten in mindestens dreifacher Höhe einzubehalten; er ist nunmehr auf einen Einbehalt in einfacher Höhe beschränkt. Erhalten bleibt ihm jedoch auch in diesem Fall entsprechend § 17 Nr. 8 Abs. 2 die Sicherheitsleistung bis zum Ablauf des vereinbarten Zeitraumes bzw. hilfsweise einer Frist von zwei Jahren (BGH Urt. v. 17.12.1998 IX ZR 151/98 = BauR 1999, 392, 394 = NJW 1999, 1261, 1262 = ZfBR 1999, 142, 147). Besteht Unklarheit, ob der Insolvenzverwalter die Erfüllung des Vertrages, z.B. die Mängelbeseitigung, ablehnt, kann der Auftraggeber dem Auftragnehmer (Insolvenzverwalter) zur Ausübung dieses Wahlrechts eine Erklärungsfrist setzen. Kommt der Insolvenzverwalter dieser Fristsetzung nicht unverzüglich nach, so kann der Insolvenzverwalter nicht mehr auf die Erfüllung bestehen (§ 103 Abs. 2 S. 2 und 3 InsO). Praktisch wird es zu einer solchen Fristsetzung des Auftraggebers an den Insolvenzverwalter schon deshalb häufig kommen, weil viele Auftraggeber den Insolvenzverwalter (zu Recht) nochmals gesondert zur Mängelbeseitigung gemäß § 13 Nr. 5 Abs. 2 VOB/B auffordern; hierin kann dann in der Regel gleichzeitig das nach § 103 Abs. 2 S. 2 InsO vorgesehene Erfüllungswahlverlangen gesehen werden (so zu Recht *Heidland* Der Bauvertrag in der Insolvenz 2. Aufl. Rn. 1044; ebenso *Schmitz* ZIP 2001, 765, 766 ff.).

Nicht höchstrichterlich geklärt sind die Rechtsfolgen für den Fall, dass **Mängelansprüche zwar nach** **24** **der Abnahme, aber noch vor Eröffnung des Insolvenzverfahrens** auftreten. Hier könnte in der Tat fraglich sein, ob die Ablehnung der Vertragserfüllung durch den Insolvenzverwalter diesen schon zum Zeitpunkt der Insolvenzeröffnung entstandenen Gewährleistungsanspruch zum Erlöschen bringt. Dies hätte zur Folge, dass anstelle des Gewährleistungsanspruchs des Auftraggebers ein nur zur Insolvenzmasse gehörender Schadensersatzanspruch tritt. Eine solche Sichtweise erscheint jedoch gekünstelt: Während der Gewährleistungsfrist kann es für die rechtliche Betrachtungsweise nicht darauf ankommen, ob ein Gewährleistungsmangel bis zu einem bestimmten Zeitpunkt schon sichtbar geworden ist oder nicht. Die Sicherheitsleistung soll nämlich gerade die Unsicherheit abdecken, dass während der Gewährleistungsdauer überhaupt Mängel auftreten – egal, zu welchem Zeitpunkt. Würde demgegenüber ein Sicherheitseinbehalt nicht die bereits zum Zeitpunkt der Insolvenzeröffnung schon bestehenden bzw. durch Geltendmachung schon entstandenen Gewährleistungsansprüche abdecken, wäre ein Auftraggeber gut beraten, ihm bereits bekannte Gewährleistungsmängel bei drohender Insolvenz des Auftragnehmers zeitlich so weit wie möglich hinauszuzögern; er sollte sie dann erst nach Insolvenzeröffnung geltend machen, wodurch diese im Anschluss daran von der Sicherheitsleistung erfasst wären. Ein solches Verhalten, zu dem der Auftraggeber legitimerweise gezwungen wäre, kann nicht im Sinne einer für alle Parteien vernünftigen Abwicklung eines Bauvertrages liegen.

25 Neben den vorgenannten Grundsätzen rechtfertigt die Insolvenz des Auftragnehmers allein grundsätzlich **kein darüber hinausgehendes Recht des Auftraggebers, eine gewährte Sicherheit für eine längere als die vereinbarte Dauer zu behalten, auch wenn die Gewährleistung zum Zeitpunkt der Rückgabeverpflichtung noch nicht abgelaufen ist.** Dies gewinnt besonders bei der jetzigen Rückgaberegelung zur Gewährleistungssicherheit in Nr. 8 Abs. 2 an Bedeutung, nach der eine Gewährleistungssicherheit bei einer ggf. vereinbarten fünfjährigen Gewährleistungsfrist ohne eine weitere Vereinbarung dazu bereits nach zwei Jahren zurückzugeben ist. Wird nunmehr über das Vermögen des Auftragnehmers innerhalb dieser zwei Jahre das Insolvenzverfahren eröffnet, ohne dass ein Sicherungsfall eingetreten ist, ist die Bürgschaft trotz der noch weiter laufenden Gewährleistung am Ende der Zweijahresfrist zurückzugeben (i.E. ähnlich: OLG Hamm Urt. v. 12.11.1982 12 U 65/82 = BauR 1984, 537).

b) Vertragserfüllungssicherheit

26 Die **Insolvenz des Auftragnehmers** hat auch **Auswirkungen auf** eine von ihm hergereichte **Vertragserfüllungssicherheit**. Denn mit Eröffnung des Insolvenzverfahrens verlieren bei einem von beiden Seiten nicht vollständig erfüllten Vertrag alle offenen Ansprüche ihre Durchsetzbarkeit, soweit diese nicht auf anteilige Gegenleistung für vor Verfahrenseröffnung erbrachte Leistungen gerichtet sind. Wählt der Insolvenzverwalter nach Verfahrenseröffnung gemäß § 103 InsO Erfüllung der Vertrages, so erhalten die zunächst nicht durchsetzbaren Ansprüche die Rechtsqualität von originären Forderungen der und gegen die Masse (BGH Urt. v. 25.4.2002 IX ZR 313/99 = BGHZ 150, 353, 359 = BauR 2002, 1264, 1266 = NJW 2002, 2783, 2784 f. = NZBau 2002, 439, 440 = ZIP 2002, 1093,1094 entgegen der früher herrschenden Meinung, nach der die noch nicht erfüllten Ansprüche bei Insolvenzeröffnung zunächst erlöschen: so noch etwa BGH Urt. v. 4.5.1995 IX ZR 256/93 = BGHZ 129, 336, 338 = BauR 1995, 739 [Ls.] = NJW 1995, 1966 f. = NJW-RR 1996, 25 [Ls.] = ZfBR 1995, 257 f.; Urt. v. 27.2.1997 IX ZR 5/96 = BGHZ 135, 25, 26 m.w.N.= BauR 1997, 700 [Ls.] = NJW 1997, 2184 [Ls.]). Eine Vertragserfüllungssicherheit gilt nunmehr auch für diese weiterbestehende Ausgangsforderung. Lehnt der Verwalter hingegen die Erfüllung ab (§ 103 Abs. 2 InsO), so entsteht dem Auftraggeber wegen der noch nicht erbrachten Bauleistungen ein Schadensersatzanspruch wegen Nichterfüllung. Dieser Anspruch stellt zwar eine reine Insolvenzforderung dar, ist allerdings über die gewährte Sicherheit abgedeckt. Für eine Bürgschaft ergibt sich dies aus § 767 Abs. 1 S. 2 BGB.

2. Insolvenz des Auftraggebers

27 Bei der **Insolvenz des Auftraggebers** kommt es entscheidend darauf an, inwieweit die Sicherheitsleistung insolvenzfest gewährt wurde. Nur dann nämlich besteht für den Auftragnehmer **ein Aus- bzw. Absonderungsrecht nach §§ 47, 50 InsO**. In der Regel kommen diese Rechte lediglich bei gewährter Bürgschaft, bei der nach Ablauf der Gewährleistung ein Rückgabeanspruch besteht (OLG Brandenburg Urt. v. 1.9.1998 11 U 252/97 = BauR 2000, 280, 281 f. allerdings zu einer Herausgabe

der Bürgschaft nach einem gescheiterten Austausch gegen einen Sicherheitseinbehalt), oder nach Einzahlung einer Sicherheitsleistung auf ein Sperrkonto mit dinglicher Wirkung (in Form eines Und-Kontos) zum Zuge (zur Absonderung bei Einzahlung auf ein Konto mit Sperrvermerk auch: *Leineweber* BauR 1980, 510, 513 ff.; *Amelung* BauR 1999, 801; *Joussen* BauR 2004, 1677). Andernfalls, besonders bei bloßen Bareinbehalten, läuft der Auftragnehmer mit seinem Anspruch leer: Er kann seinen Auszahlungsanspruch lediglich als allgemeine Insolvenzforderung verlangen.

V. Rückgabe der Sicherheit, Abwicklung und Schuldnerverzug des Auftraggebers bei Nichtrückgabe

§ 17 Nr. 8 VOB/B spricht lediglich von der Rückgabe der Sicherheit. Einzelregelungen dazu fehlen. Dies mag nachvollziehbar sein, da die Rückgabe vielfach auf wenig Schwierigkeiten stößt; doch gibt es Zweifelsfälle: **28**

1. Rückgabe der Sicherheit

Bei der Rückgabe der Sicherheit ist abhängig von der Art der Sicherheitsleistung zu differenzieren: **29**

a) Auszahlung des Sicherheitseinbehaltes u.a.

Besteht die Sicherheitsleistung in einem Sicherheitseinbehalt (Nr. 6), wurde aufgrund der zugrunde liegenden Sicherungsabrede die Fälligkeit eines Teils der vom Auftraggeber geschuldeten Vergütungsansprüche, nämlich in Höhe des Sicherheitseinbehaltes, bis zum vereinbarten Zeitpunkt der Rückgabe der Sicherheit hinausgeschoben verbunden mit dem Recht des Auftraggebers, diesen Teil der Vergütungsansprüche zurückzubehalten (herrschende Meinung: BGH Urt. v. 12.7.1979 VII ZR 174/78 = BauR 1979, 525 = SFH § 16 Ziff. 2 VOB/B Nr. 13 = MDR 1980, 136 = LM § 16 B VOB/B Nr. 3 = ZfBR 1979, 207; OLG Hamm Urt. v. 30.10.1995 17 U 83/94 = BauR 1997, 141, 142 f. = NJW 1996, 1046; *Heiermann/Riedl/Rusam* § 17 VOB/B Rn. 34; Beck'scher VOB-Komm./*I. Jagenburg* Vor § 17 Nr. 6 VOB/B Rn. 40 – a.A. mit der Betonung eines Bardepots: *Weise* Sicherheiten im Baurecht Rn. 160; vgl. dazu auch Erläuterungen zu § 17 Nr. 6 VOB/B Rn. 1). Mit der Fälligkeit des Herausgabeanspruchs, d.h. bei nicht eingetretenem Sicherungsfall bis zum Rückgabezeitpunkt, erlischt nunmehr das im Rahmen der Sicherungsabrede vereinbarte Zurückbehaltungsrecht des Auftraggebers mit der Folge, dass dieser zunächst einbehaltene Vergütungsanteil auszuzahlen ist. Gegen diesen Auszahlungsanspruch kann der Auftraggeber **nicht mit Gegenansprüchen wegen Mängeln an anderen Bauvorhaben aufrechnen** oder die Auszahlung dieses Einbehaltes zurückbehalten. Ein solcher Ausschluss folgt konkludent aus der getroffenen Sicherungsabrede. Denn andernfalls würde ein zunächst erfolgter Sicherheitseinbehalt entgegen dem in der Sicherungsabrede vereinbarten Sicherungszweck zumindest faktisch Mängelansprüche aus Vorhaben sichern, für die die Sicherheit nicht bestellt wurde (ähnlich OLG Dresden Urt. v. 28.9.2000 19 U 888/00 = IBR 2002, 252; vgl. auch Erläuterungen zu § 17 Nr. 1 VOB/B Rn. 22). **30**

Die Qualifzierung als Vergütungsanspruch gewinnt bei Auszahlung des Sicherheitseinbehalts auch insoweit an Bedeutung, als für diesen Vergütungsteil alle sonstigen ggf. bestehenden Beschränkungen gelten, die ein Auftraggeber zu beachten hat. So hat er sich, soweit es sich bei dem Auftraggeber um einen Unternehmer oder eine Körperschaft handelt und ein Sicherheitseinbehalt zu 100% an den Auftragnehmer ausgezahlt werden soll, von dem Unternehmer zuvor eine aktuelle Freistellungsbescheinigung vorlegen zu lassen. Andernfalls darf er gemäß §§ 48 ff. EStG nur 85% auszahlen, während er die restlichen 15% als sog. **Bauabzugssteuer** an das für den Auftragnehmer zuständige Finanzamt abzuführen hat. Für einen nicht oder zu niedrig abgeführten Abzugsbetrag haftet er unmittelbar (§ 48a Abs. 3 EStG). Der Zahlung des Auftraggebers an das Finanzamt selbst kommt in seinem Verhältnis zum Auftragnehmer volle Erfüllungswirkung gemäß § 362 BGB zu (BGH Urt. **31**

v. 12.5.2005 VII ZR 97/04 = BGHZ 163, 103, 105 f. = BauR 2005, 1311, 1312 = NJW-RR 2005, 1261 = NZBau 2005, 458, 459 = ZfBR 2005, 670, 671).

b) Rückgabe einer Bürgschaft

32 Wurde eine Bürgschaft als Sicherheit gewährt und ist bis spätestens zum vereinbarten Rückgabezeitpunkt kein Sicherungsfall eingetreten, steht dem Auftragnehmer gegen den Auftraggeber aus der Sicherungsabrede ein durch den Wegfall des Sicherungszwecks aufschiebend bedingter Anspruch auf Rückgewähr der Bürgschaft zu. Gleichzeitig kann der Auftragnehmer, wenn der Bestand der Bürgschaft davon abhängt, die **Herausgabe der Bürgschaftsurkunde verlangen**. Ein solcher Herausgabeanspruch besteht jedoch nur dann, wenn die Sicherungsabrede vollständig erledigt ist. Ist dagegen in der Sicherungsabrede z.B. bei einer Vertragserfüllungsbürgschaft abhängig von der Fertigstellung einzelner Bauabschnitte nur eine **anteilige Reduzierung** vorgesehen, kommt eine Rückgabe der Bürgschaft erst in Betracht, wenn zu sämtlichen mit der Vertragserfüllungssicherheit gesicherten Ansprüchen (d.h. hier bis zur Fertigstellung sämtlicher gesicherter Bauabschnitte) der Sicherungsfall nicht mehr eintreten kann. Scheidet in diesen Fällen eine Rückgabe der Sicherheit zunächst aus, ist der Auftraggeber im Hinblick auf die in der Sicherungsabrede enthaltene Reduzierungsvereinbarung jedoch verpflichtet, zu den entsprechenden Freigabezeitpunkten Verzichtserklärungen abzugeben (vgl. dazu auch zu anderen Fällen, in denen eine Bürgschaft vorliegt, die über die Rechte aus der Sicherungsabrede hinausgeht: BGH Versäumnisurt.v. 23.1.2003 VII ZR 210/01 = BauR 2003, 870, 873 = NZBau 2003, 321, 322; BGH Beschl. v. 13.11.2003 VII ZR 371/01 = BauR 2004, 500, 501 = NZBau 2004, 212, 213 = ZfBR 2004, 251). Besteht demgegenüber nach Erledigung des Sicherungszwecks eine Rückgabepflicht der Bürgschaft insgesamt, ist das in jedem Fall unproblematisch, wenn der Auftragnehmer als Herausgabeempfänger den Bürgen angibt (BGH Urt. v. 2.2.1989 IX ZR 182/87 = NJW 1989, 1482; OLG Hamm Urt. v. 1.10.1991 26 U 76/91 = ZIP 1991, 1572 = *Brink* EWiR § 765 BGB 4/91, 1187). Dem Auftragnehmer steht jedoch aus der Sicherungsabrede auch ein **Anspruch auf Herausgabe der Bürgschaft an sich selbst** zu (OLG Hamm Urt. v. 1.10.1991 26 U 76/91 = ZIP 1991, 1572, 1573 = BauR 1992, 122 f. [Ls.]; KG Urt. v. 21.9.2005 26 U 12/05 = BauR 2006, 386, 387 = NZBau 2006, 315, 316; *Weise* Sicherheiten im Baurecht Rn. 458; Beck'scher VOB-Komm./*I. Jagenburg* § 17 Nr. 8 VOB/B Rn. 23; *Lauer* NZBau 2003, 318; *Vogel* BauR 2005, 218, 226 – a.A. OLG Düsseldorf Urt. v. 19.6.2002 19 U 37/01 = BauR 2002, 1714 = NJW-RR 2003, 668 = NZBau 2003, 329, das nur einen Herausgabeanspruch an den Bürgen anerkennt; ebenso: OLG Koblenz Urt. v. 11.5.2006 5 U 1806/05 = IBR 2006, 496 und wohl auch OLG Naumburg Urt. v. 7.12.2005 6 U 105/05 = BauR 2006, 1355 [Ls.]): Denn im Verhältnis zum Auftraggeber ist er der Sicherungsgeber, der infolgedessen ggf. sogar mit einem berechtigten Interesse Herausgabe der von ihm hingegebenen Sicherheit verlangt. Demgegenüber schließt zwar die Bank den der Bürgschaft zugrunde liegenden Bürgschaftsvertrag; insoweit handelt sie jedoch ausschließlich im Auftrag des Auftragnehmers.

2. Verzug des Auftraggebers mit der Rückgabe der Sicherheit

33 Kommt der Auftraggeber seiner Verpflichtung zur Rückgabe der ganz oder nur teilweise verwerteten Sicherheit nicht oder nicht rechtzeitig nach, muss der Auftragnehmer den Auftraggeber nach § 286 BGB **in Schuldnerverzug setzen und gegebenenfalls auf Freigabe der Sicherheit klagen**. Freigabe der Sicherheit heißt konkret, dass die Klage bei einer gewährten Bürgschaft auf deren Herausgabe, ggf. auch auf Entlassung des Bürgen aus seiner Bürgenhaftung oder Unterlassen bzw. Verzicht der Inanspruchnahme der Bürgschaft zu richten ist. Einbehaltene Sicherheitsbeträge sind in bar auszuzahlen; bei hinterlegten Geldern geht es um die Zustimmung zur Auszahlung. Insoweit ist jeweils eine gewöhnliche Leistungsklage zu erheben. Gleichzeitig mit der Klage in Bezug auf die Hauptsumme bzw. Herausgabe der gestellten Sicherheit kann der Auftragnehmer etwaige weitere Verzugsfolgen, wie Zinsen und sonstige Verzugsschäden, **geltend** machen (§§ 280 Abs. 1 und 2, 286 BGB). Bei der Bürgschaft können vor allem wegen einer ggf. verspäteten Herausgabe zusätz-

lich entstehende Avalkosten als Verzugsschaden geltend gemacht werden (so etwa OLG Koblenz Urt. v. 11.5.2006 5 U 1806/05 = IBR 2006, 496). Bei einer verspäteten Freigabe eines Sicherheitseinbehalts kann der Auftragnehmer in entsprechender Anwendung des § 288 Abs. 1 und 2 BGB einen Anspruch auf Verzugszinsen in gesetzlicher Höhe geltend machen. Dies gilt unbeschadet der Tatsache, dass es sich bei der unterbleibenden Freigabe der Sicherheit nicht originär um eine Geldschuld, sondern nur um die Abgabe einer Freigabeerklärung handelt. Wirtschaftlich besteht – was die Verzugsfolgen angeht – jedoch keinerlei Unterschied (BGH Urt. v. 25.4.2006 XI ZR 271/05 = NJW 2006, 2398 insoweit noch zu § 288 Abs. 1 S. 1 BGB a.F.). Sofern der Auftragnehmer vorzeitig, also vor Ablauf der für Nr. 8 maßgebenden Frist, seinen Rückzahlungsanspruch einklagt, was vor allem bei noch nicht erledigten Mängelansprüchen anzutreffen ist, ist die Klage als zurzeit unbegründet abzuweisen.

3. Streitwert einer Rückgabeklage

Bei dem **Streitwert** einer auf Freigabe einer Sicherheit erhobenen Klage ist zu unterscheiden: Eine Zahlungsklage ist unproblematisch. Deren Streitwert orientiert sich an dem geltend gemachten Betrag. Dagegen orientiert sich der Streitwert bei Herausgabe einer Bürgschaftsurkunde nicht automatisch an dem Wert der mit der Bürgschaft abgesicherten Forderung, sondern an dem Interesse des Auftragnehmers an der Herausgabe der Urkunde nach § 3 ZPO (BGH Beschl. v. 14.10.1993 IX ZR 104/93 = NJW-RR 1994, 758). Hiernach ist der volle Bürgschaftsbetrag nur dann als Streitwert anzusetzen, wenn mit dem Rückforderungsprozess die (unberechtigte) Inanspruchnahme verhindert werden soll. Dasselbe gilt, wenn die Verpflichtungen aus der Bürgschaft nach dem Bürgschaftsvertrag erst bei einer Rückgabe der Bürgschaftsurkunde an den Bürgen erlöschen (BGH a.a.O.; OLG Dresden Beschl. v. 21.10.2002 9 U 774/02 = BauR 2003, 931 m. zust. Anm. *Handschumacher*). Ansonsten ist der Streitwert zu schätzen. Er beträgt bei einer nicht mehr valutierenden Hauptforderung (nach Auslaufen der Gewährleistung) ca. 20–30% des verbürgten Betrages (OLG Oldenburg Urt. v. 21.7.2000 2 U 124/00 = BauR 2002, 328, 329 = ZfBR 2002, 152, 154; OLG Dresden a.a.O.; *Zöller/Herget* § 3 ZPO Rn. 16 »Bürgschaft« m.w.N.). **34**

VI. Verjährung des Rückgabeanspruchs

Sofern als Sicherheitsleistung **ein Teil des Werklohns einbehalten** wurde (Nr. 6 oder Nr. 7 S. 2), **verjährt der Anspruch des Auftragnehmers auf Auszahlung** im Falle der ganzen oder teilweisen Nichtverwertung der Sicherheit gemäß Nr. 8 **nach den für die Verjährung von Vergütungsansprüchen maßgebenden Vorschriften** der §§ 195, 199 Abs. 1 Nr. 1 BGB (drei Jahre). Die Verjährungsfrist beginnt am Schluss des Jahres, in dem der ursprünglich als Sicherheit verwendete und nunmehr frei werdende Vergütungsanteil zur Rückzahlung fällig ist. Der dafür maßgebliche Zeitpunkt lässt sich anhand der Einzelregelungen der Nr. 8 ohne weiteres ermitteln; denn für den Beginn der Verjährung kommt es entscheidend darauf an, ab wann ein Anspruch im Wege der Klage geltend gemacht werden kann (h.M., vgl. nur: BGH Urt. v. 17.2.1971 VIII ZR 4/70 = BGHZ 55, 340, 341; Urt. v. 22.2.1979 VII ZR 256/77 = BGHZ 73, 363, 365 = NJW 1979, 1550; Urt. v. 18.12.1980 VII ZR 41/80 = BGHZ 79, 176, 177 f.= BauR 1981, 189, 190 = NJW 1981, 814). **Abzugrenzen von dem Beginn der Fälligkeit der Rückzahlung eines Sicherheitseinbehaltes gemäß Nr. 8 sind die Fälle, in denen die Sicherungsabrede wegen Verstoßes gegen die AGB-rechtlichen Vorschriften unwirksam war: Nr. 8 kommt hier nicht zur Anwendung**, da diese Regelung eine wirksame Sicherungsabrede voraussetzt. Liegt diese Voraussetzung nicht vor, bestand dem Grundsatz nach bereits ab Fälligkeit der Schlussrechnung kein Recht für den Auftraggeber, Anteile der Vergütung als Sicherheit einzubehalten. Verjährungsrechtlich wäre der Anspruch damit zu diesem frühen Zeitpunkt entstanden, da er bereits im Wege einer Klage hätte durchgesetzt werden können. Folglich konnte hier schon zum Schluss des dritten Jahres nach Fälligkeit der Schlussrechnung eine Verjährung drohen – verbunden mit der Konsequenz, dass der Anspruch auf Auszahlung dieses ggf. in Unkenntnis der **35**

Unwirksamkeit der Sicherungsabrede vom Auftraggeber einbehaltenen Betrages am Ende einer fünfjährigen Gewährleistung bereits verjährt wäre. Ein solches Ergebnis wird jedoch zumindest in der Regel über **§ 242 BGB zu korrigieren** sein, und zwar in der Weise, dass die Verjährungsfrist in diesem Fall – trotz der Unwirksamkeit der Sicherungsabrede, die überhaupt Grundlage des Einbehaltes war – erst mit Ablauf der regulär vereinbarten Gewährleistungsfrist beginnt. Demzufolge kann der Auftraggeber nicht einwenden, dass die Einbehaltsklausel unwirksam sei und daher die Verjährungsfrist bereits im Jahr der Fälligkeit der Schlusszahlung beginne. Hierin läge nämlich ein widersprüchliches Verhalten, weil der Auftraggeber nicht einerseits den Werklohn aufgrund der i.d.R. von ihm stammenden (unwirksamen) Einbehaltsklausel einbehalten kann, um sich anschließend auf deren Unwirksamkeit zu berufen und einen Ablauf der Verjährungsfrist einzuwenden. Dieses Verhalten ist mit Treu und Glauben (§ 242 BGB) nicht zu vereinbaren (OLG Jena Urt. v. 22.3.2005 8 U 599/04, Nichtzulassungsbeschw.v. BGH zurückgewiesen, Beschl. v. 23.2.2006 VII ZR 107/05 = IBR 2006, 392).

36 Sofern die Sicherheitsleistung **unabhängig von dem Vergütungsanspruch** des Auftragnehmers erbracht worden ist, es sich also um eine Sicherheitsleistung nach **Nr. 4 (Bürgschaft)** oder **Nr. 5 (Hinterlegung von Geld) handelt**, gilt für die Rückgabe **ebenfalls die regelmäßige Verjährung nach § 195 BGB (3 Jahre)**. Insoweit kann auf die vorstehenden Ausführungen zur Auszahlung des Sicherheitseinbehaltes verwiesen werden.

VII. Geltendmachung einer Teilvergütung durch Auftragnehmer ohne Sicherheitsleistung

37 Der Auftragnehmer kann durchaus auf die Geltendmachung eines Teils der Vergütung beschränken und dazu erklären, dass er nur denjenigen Teil verlange, der den vom Auftraggeber nach dem Vertrag zulässigen **Sicherheitseinbehalt übersteigt**. In diesem Fall kann der Auftraggeber gegenüber der geltend gemachten Teilforderung mit einem **Schadensersatzanspruch aus dem Erfüllungs- bzw. Gewährleistungsbereich nur aufrechnen, soweit dieser den vereinbarten Betrag der Sicherheitsleistung übersteigt.** Dasselbe trifft auf einen etwaigen Minderungsanspruch zu. Dies folgt aus der Zweckbestimmung der Sicherheitsleistung, die dem Auftraggeber zur Schadloshaltung wegen etwaiger Mängelansprüche zur Verfügung steht (BGH Urt. v. 10.10.1966 VII ZR 30/65 = NJW 1967, 34 = SFH Z 2.410 Bl. 40 ff. = MDR 1967, 36 = LM § 387 BGB Nr. 44). Gleiches gilt hinsichtlich eines Nacherfüllungsanspruches insoweit, als bei der Bewertung des dem Auftraggeber zustehenden Zurückbehaltungsrechts die geleistete Sicherheit mit einzubeziehen ist (vgl. dazu Erläuterungen bei § 17 VOB/B Rn. 3). Vor allem darf der Auftraggeber nicht von sich aus wegen eines aufgetretenen Mangels oder wegen etwa noch zu erwartender Mängel den Betrag der Sicherheitsleistung erhöhen. Denn er ist insoweit durch das ihm außerdem zustehende Zurückbehaltungsrecht hinreichend gesichert (vgl. OLG Düsseldorf Teilurt. v. 5.3.1975 19 U 71/74 = BauR 1975, 348).

§ 18
Streitigkeiten

1. Liegen die Voraussetzungen für eine Gerichtsstandvereinbarung nach § 38 Zivilprozessordnung vor, richtet sich der Gerichtsstand für Streitigkeiten aus dem Vertrag nach dem Sitz der für die Prozessvertretung des Auftraggebers zuständigen Stelle, wenn nichts anderes vereinbart ist. Sie ist dem Auftragnehmer auf Verlangen mitzuteilen.

2. (1) Entstehen bei Verträgen mit Behörden Meinungsverschiedenheiten, so soll der Auftragnehmer zunächst die der auftraggebenden Stelle unmittelbar vorgesetzte Stelle anrufen. Diese soll dem Auftragnehmer Gelegenheit zur mündlichen Aussprache geben und ihn mög-

lichst innerhalb von 2 Monaten nach der Anrufung schriftlich beschieden und dabei auf die Rechtsfolgen des Satzes 3 hinweisen. Die Entscheidung gilt als anerkannt, wenn der Auftragnehmer nicht innerhalb von 3 Monaten nach Eingang des Bescheides schriftlich Einspruch beim Auftraggeber erhebt und dieser ihn auf die Ausschlussfrist hingewiesen hat.
(2) Mit dem Eingang des schriftlichen Antrages auf Durchführung eines Verfahrens nach Absatz 1 wird die Verjährung des in diesem Antrag geltend gemachten Anspruchs gehemmt. Wollen Auftraggeber oder Auftragnehmer das Verfahren nicht weiter betreiben, teilen sie dies dem jeweils anderen Teil schriftlich mit. Die Hemmung endet 3 Monate nach Zugang des schriftlichen Bescheides oder der Mitteilung nach Satz 2.

3. Daneben kann ein Verfahren zur Streitbeilegung vereinbart werden. Die Vereinbarung sollte mit Vertragsabschluss erfolgen.

4. Bei Meinungsverschiedenheiten über die Eigenschaft von Stoffen und Bauteilen, für die allgemein gültige Prüfungsverfahren bestehen, und über die Zulässigkeit oder Zuverlässigkeit der bei der Prüfung verwendeten Maschinen oder angewendeten Prüfungsverfahren kann jede Vertragspartei nach vorheriger Benachrichtigung der anderen Vertragspartei die materialtechnische Untersuchung durch eine staatliche oder staatlich anerkannte Materialprüfungsstelle vornehmen lassen; deren Feststellungen sind verbindlich. Die Kosten trägt der unterliegende Teil.

5. Streitfälle berechtigen den Auftragnehmer nicht, die Arbeiten einzustellen.

Inhaltsübersicht

	Rn.
A. Allgemeine Grundlagen.	1
B. Geänderte Regelungen durch die VOB 2006.	2

Aufsätze: Siehe dazu Hinweise bei der Einzelkommentierung der Regelungen in § 18 Nr. 1–5.

A. Allgemeine Grundlagen

§ 18 VOB/B befasst sich nach ihrer Überschrift mit »Streitigkeiten«. Versteht man darunter Auseinandersetzungen, die aus bauvertraglichen Verhältnissen vor Gericht ausgetragen werden, so trifft diese Überschrift nur für die in Nr. 1 enthaltene Zuständigkeitsregelung zu. Dagegen verfolgen die Nrn. 2 bis 4 eindeutig die Tendenz, Meinungsverschiedenheiten außergerichtlich, also ohne Inanspruchnahme von Gerichten, beizulegen. Nr. 5 enthält die Vereinbarung der Vertragspartner dahin gehend, dass der Auftragnehmer grundsätzlich trotz Vorliegen eines Streitfalls die Arbeit fortzusetzen hat, natürlich nur dort, wo er noch eine Leistung aus dem betreffenden Vertrag schuldet. Gesondert ist darauf hinzuweisen, dass im Anhang 4 zu diesem Kommentar weitere wichtige Rechtsgebiete zur Streiterledigung kommentiert werden, so vor allem das in der ZPO geregelte selbstständige Beweisverfahren. Ferner werden Grundzüge des Schiedsgutachten- und des Schiedsverfahrens, hier besonders die Schlichtungs- und Schiedsordnung für Baustreitigkeiten (SOBau) sowie die Schiedsgerichtsordnung für das Bauwesen (SGO Bau) vorgestellt.

B. Geänderte Regelungen durch die VOB 2006

Nachdem mit der VOB 2002 in § 18 VOB/B z.T. bedeutende Klarstellungen zur Hemmung der Verjährung erfolgten, beschränkt sich die Änderung in der Neufassung der VOB 2006 auf die Einfügung einer neuen Nr. 3. Hierdurch werden die ehemaligen Nr. 3 und Nr. 4 zu Nrn. 4 und 5. Von einer »beschränkten Änderung« wird hier deshalb gesprochen, weil erstmals abweichend von der sonstigen Grundkonzeption der VOB Teil B anstatt einer vertraglichen Regelung eher etwas Selbstverständliches für ein ggf. sinnvolles Handeln der Vertragsparteien in der VOB verankert wird. Inhaltlich geht es dabei – zumindest nach dem Wortlaut – um eine Ergänzung der Nr. 2: Die dortige Regelung sieht für öffentliche Bauaufträge ein außergerichtliches Verfahren zur Streitbeilegung vor. Inwieweit sich dieses in der Praxis bewährt hat, ist umstritten. Gleichwohl soll § 18 Nr. 3 VOB/B – so ist dessen Intention zu verstehen – die Parteien animieren, »daneben« im Einzelfall über die Vereinbarung von gesonderten Streitbeilegungsverfahren nachzudenken und hierzu sinnvollerweise bei Vertragsbeginn eine Vereinbarung schließen. Ob diese Regelung eine Praxisrelevanz erlangt, bleibt abzuwarten. Insbesondere bei größeren komplexen Bauvorhaben ist eine Prüfung alternativer Streitbeilegungsverfahren heute ohnehin üblich – selbst wenn man sich später dazu nicht entschließt. Inwieweit tatsächlich weitergehend durch § 18 Nr. 3 VOB/B n.F. die Parteien zum Abschluss solcher Vereinbarungen veranlasst werden, wird sich zeigen. Eine konkrete Prognose kann dazu nicht abgegeben werden. Weitere Erläuterungen können unterbleiben, da es sich hierbei ohnehin nur um eine Empfehlung der VOB handelt, die für keine Bauvertragspartei in irgendeiner Form bindend ist.

§ 18 Nr. 1
[Gerichtsstand für gerichtliche Streitigkeiten aus dem Bauvertrag]

Liegen die Voraussetzungen für eine Gerichtsstandvereinbarung nach § 38 Zivilprozessordnung vor, richtet sich der Gerichtsstand für Streitigkeiten aus dem Vertrag nach dem Sitz der für die Prozessvertretung des Auftraggebers zuständigen Stelle, wenn nichts anderes vereinbart ist. Sie ist dem Auftragnehmer auf Verlangen mitzuteilen.

Inhaltsübersicht

	Rn.
A. Allgemeine Grundlagen	1
B. Anwendungsbereich von § 18 Nr. 1 VOB/B: Örtliche Zuständigkeit	3
I. Grundsatz der örtlichen Zuständigkeit	4
II. Abgrenzung zur sachlichen und internationalen Zuständigkeit	5
1. Sachliche Zuständigkeit	6
2. Internationale Zuständigkeit	7
C. Örtliche Zuständigkeit bei Streitigkeiten	8
I. Gesetzliche Regelung	8
1. Allgemeiner Gerichtsstand des Beklagten	8
2. Gerichtsstand des Erfüllungsortes	10
3. Klagen gegen den Insolvenzverwalter	12
4. Gerichtsstandsbestimmung nach § 36 ZPO	13
II. Anwendungsbereich der Nr. 1: Öffentlicher und privater Auftraggeber	15
1. Öffentlicher Auftraggeber	16
2. Privater Auftraggeber	17
III. Gesetzliche Bestimmungen in § 38 ZPO als Grundlage und Grenze des § 18 Nr. 1 VOB/B	19
1. »Kaufmännische« Prorogation	20
2. Prorogation bei Auslandsbezug	23
3. Prorogationsvereinbarung für den Einzelfall	25
4. Weitere Einschränkungen	28
IV. Gerichtsstandsbegründung bei rügeloser Einlassung zur Hauptsache (§ 39 ZPO)	31
D. § 18 Nr. 1 VOB/B	32
I. Erfasste Streitigkeiten, Ausnahmen	33
1. Schiedsgerichtsverfahren	34
2. Selbstständiges Beweisverfahren	35
3. Mahnverfahren	36

		Rn.
	4. Einstweiliger Rechtsschutz	37
II.	Streitigkeiten aus bestimmtem Bauvertrag	38
III.	Zuständige Stelle im Auftraggeberbereich	39
IV.	Ausschließlichkeit der Gerichtsstandsvereinbarung nach Nr. 1	41
V.	Abweichende Vereinbarung und AGB-Inhaltskontrolle	42
	1. Vorrangige Prüfung der Prorogationsbefugnis	44
	2. AGB-Inhaltskontrolle	45

Aufsätze: *Schiller* Gerichtsstandsklauseln in AGB zwischen Vollkaufleuten und AGB-Gesetz NJW 1979, 636; *Duffek* Gerichtsstand bei Bauverträgen BauR 1980, 316; *Völker* Nochmals Gerichtsstand bei Bauverträgen BauR 1981, 522; *Kürschner* Zur Bedeutung des Erfüllungsortes bei Streitigkeiten aus Bauverträgen für die internationale Zuständigkeit und das nach IPR anzuwendende materielle Recht ZfBR 1986, 259; *Kartzke* Internationaler Erfüllungsgerichtsstand bei Bau- und Architektenverträgen ZfBR 1994, 1; *Englert* Die Zuständigkeitsfalle des § 18 Nr. 1 VOB Teil B BauR 1995, 774; *Rutsatz* Örtliche Zuständigkeit nach § 18 Nr. 1 VOB/B BauR 1998, 692 ff.; *Rosenberger* § 18 Nr. 1 und der besondere Gerichtsstand des Erfüllungsortes (§ 29 ZPO) FS für Mantscheff zum 70. Geburtstag 2000 S. 395 ff.; *Breyer/Zwecker* Auswirkung der neuen BGH-Rechtsprechung zur Parteifähigkeit der Gesellschaft bürgerlichen Rechts auf den besonderen Gerichtsstand bei Werklohnklagen BauR 2001, 705; *Rutsatz/Englert* Gerichtsstandsregelung des § 18 Nr. 1 VOB/B auch für private Auftraggeber? NZBau 2002, 22.

A. Allgemeine Grundlagen

Nr. 1 gewinnt an Bedeutung, wenn ein Zivilprozess zwischen den Vertragspartnern anhängig gemacht werden soll bzw. wird. In diesem Fall folgt das **gerichtliche Verfahren den Vorschriften der Zivilprozessordnung.** Sie stellen **zwingendes Recht** dar und können grundsätzlich **nicht** durch anderweitige Vereinbarungen zwischen den Bauvertragsparteien, wie durch Zugrundelegung der VOB/B, abbedungen werden, sofern dieses in der ZPO nicht ausdrücklich zugelassen ist. Eine solche Gestaltungsmöglichkeit besteht immerhin nach §§ 38 ff. ZPO für die Bestimmung des Gerichtsstandes. Soweit diese eröffnet ist, legt die seit Jahren umstrittene Regelung in Nr. 1, für deren Abschaffung sich zuletzt der 1. Baugerichtstag eingesetzt hatte (vgl. dazu BauR 2006, 1590), als Gerichtsstand für Streitigkeiten aus einem Bauvertrag den **Sitz der für die Prozessvertretung des Auftraggebers zuständigen Stelle** fest. **1**

Neben den zwingenden Verfahrensregelungen der ZPO steht sodann das **Schiedsgerichtsverfahren** nach §§ 1025 ff. ZPO. Die Parteien können **vereinbaren,** dass über Streitigkeiten aus dem Bauvertrag nicht das ordentliche Gericht, sondern ein Schiedsgericht zu entscheiden hat. Bei einem Schiedsgericht ist das Verfahren in seinem Gang im Wesentlichen frei. Gemäß § 1042 Abs. 4 ZPO können die Parteien bzw. die Schiedsrichter in gewissem Umfang auch dazu Einzelheiten festlegen, die von den Bestimmungen der ZPO abweichen. Wegen weiterer Einzelheiten zu einem Schiedsverfahren wird auf die gesonderten Erläuterungen im Anhang 4 (Rn. 119 ff.) dieser Kommentierung verwiesen. **2**

B. Anwendungsbereich von § 18 Nr. 1 VOB/B: Örtliche Zuständigkeit

Nr. 1 legt als vertragliche Absprache für einen VOB-Vertrag **unter den Voraussetzungen des § 38 ZPO allein die örtliche Zuständigkeit** eines mit einem Baurechtsstreit befassten Gerichts fest. Die hiernach getroffene Gerichtsstandsklausel hält auch im Fall der nicht vollständigen Vereinbarung der VOB/B einer Inhaltskontrolle nach § 307 BGB stand (OLG Oldenburg Urt. v. 24.4.1996 2 U 49/96 = NJW-RR 1996, 1486 = ZfBR 1996, 324). Im Übrigen gilt und ist wie folgt abzugrenzen: **3**

I. Grundsatz der örtlichen Zuständigkeit

4 Nr. 1 legt für die **örtliche Zuständigkeit von Streitigkeiten eines VOB-Vertrags** vorbehaltlich einer anderweitigen Vereinbarung als **Gerichtsstand den Sitz der für die Prozessvertretung des Auftraggebers zuständigen Stelle fest.** Diese vertragliche Regelung ist ihrem Wortlaut nach deutlich auf die besonderen Verhältnisse öffentlicher Auftraggeber und deren typische Organisation abgestellt (vgl. ausführlich unten Rn. 15 ff.). Sie kann nach Nr. 1 S. 1 letzter Halbsatz im Wege Besonderer oder Zusätzlicher Vertragsbedingungen (vgl. § 10 Nr. 4 Abs. 1 lit. 1 VOB/A) mit der Maßgabe abgeändert werden, dass auch ein anderer Ort als der Sitz des Auftraggebers als Gerichtsstand vorgesehen werden kann. Dabei beruht die Gesamtvorschrift auf der Erwägung, dass es den Bauvertragspartnern – soweit es das Gesetz gestattet – erlaubt sein soll, die örtliche Zuständigkeit eines Gerichts für den jeweiligen Einzelfall frei zu bestimmen.

II. Abgrenzung zur sachlichen und internationalen Zuständigkeit

5 Von der in Nr. 1 geregelten örtlichen Zuständigkeit von Gerichten für Baustreitigkeiten eines VOB-Vertrags ist streng die sachliche und internationale Zuständigkeit zu unterscheiden:

1. Sachliche Zuständigkeit

6 Die **sachliche Zuständigkeit bleibt,** wie sich bereits aus dem Wortlaut ergibt, **von § 18 Nr. 1 VOB/B unberührt.** Sie richtet sich nach den dafür ausschlaggebenden Vorschriften des Gerichtsverfassungsgesetzes. Diese Bestimmungen sind auch bei einem VOB-Vertrag für die Frage maßgebend, wann und unter welchen Voraussetzungen erstinstanzlich ein Amtsgericht, eine Zivilkammer oder eine Kammer für Handelssachen beim Landgericht, im zweiten Rechtszug ein Landgericht oder ein Oberlandesgericht oder in der Revisionsinstanz der Bundesgerichtshof nach der jeweils gegebenen sachlichen Entscheidungsbefugnis über einen Rechtsstreit zu befinden hat. Soweit es zulässig ist, über die sachliche Zuständigkeit vom Gesetz abweichende Vereinbarungen zu treffen, ist dies nach Eintritt der Rechtshängigkeit, also nach Beginn eines Prozesses, nicht mehr möglich (vgl. BGH Beschl. v. 16.11.1962 III ARZ 123/62 = NJW 1963, 585).

2. Internationale Zuständigkeit

7 Ebenfalls von Nr. 1 nicht erfasst ist die **internationale Zuständigkeit,** d.h. die Frage, ob für eine bestimmte Streitigkeit ein deutsches oder ein ausländisches Gericht zuständig ist. Dass Nr. 1 auch diesen Punkt regeln wollte, lässt sich weder der VOB noch ihren Materialien entnehmen. Im Übrigen wäre auch der in der VOB angestrebte Interessenausgleich zwischen Auftraggeber und Auftragnehmer gestört, würde Nr. 1 für die internationale Zuständigkeit gelten. Denn in diesem Fall müsste ein inländischer Auftragnehmer bei der Geltendmachung von Ansprüchen gegen einen ausländischen Auftraggeber unter den bekannten Schwierigkeiten ausländische Gerichte bemühen, was die Anspruchsverfolgung vielfach unzumutbar erschweren dürfte. Daher gelten für einen im Ausland ansässigen Auftraggeber mangels vorgehender Vereinbarung allein die §§ 12 ff. ZPO (BGH Urt. v. 18.4.1985 VII ZR 359/83 = BGHZ 94, 156 = BauR 1985, 475 = NJW 1985, 2090 = SFH § 18 VOB/B Nr. 1 = MDR 1985, 835 = LM § 18 VOB/B Nr. 1 = ZfBR 1985, 180; ebenso: Beck'scher VOB-Komm./ *Bewersdorf* § 18 Nr. 1 VOB/B Rn. 12. Zum internationalen Erfüllungsgerichtsstand bei Bau- und Architektenverträgen vgl. *Kartzke* ZfBR 1994, 1).

C. Örtliche Zuständigkeit bei Streitigkeiten

I. Gesetzliche Regelung

1. Allgemeiner Gerichtsstand des Beklagten

Nach § 12 ZPO ist das Gericht, bei dem eine Person ihren **allgemeinen Gerichtsstand** hat, für alle **8** gegen sie gerichteten Klagen zuständig, sofern nicht ein ausschließlicher Gerichtsstand begründet ist. Letzteres kommt für Bauvertragssachen allerdings nur bei gesonderten Verfahrensarten in Betracht (siehe hierzu unten Rn. 32 ff.). Ist demnach **grundsätzlich** der **Gerichtsstand des Beklagten maßgebend**, kann es gerade in Bauvertragssachen bei den allgemeinen Gerichtsständen zu unterschiedlichen örtlichen Zuständigkeiten kommen, je nachdem, ob der Auftraggeber gegen den Auftragnehmer oder umgekehrt der Auftragnehmer gegen den Auftraggeber Ansprüche aus dem Vertrag klageweise geltend macht. Diese Folge ergibt sich allerdings auch bei anderen gegenseitigen Verträgen (vgl. auch OLG Nürnberg Urt. v. 22.4.1976 8 U 212/75 = BauR 1977, 70).

Wo der allgemeine Gerichtsstand des Beklagten liegt, ist in den §§ 13 ff. ZPO geregelt. Hiernach **9** kommt es bei **natürlichen Personen** grundsätzlich auf den **Wohnsitz des Beklagten** an (§ 13 ZPO). Von Bedeutung, vor allem für Bauvertragssachen, sind des Weiteren neben dem allgemeinen Gerichtsstand des Fiskus gemäß § 18 ZPO der in § 17 ZPO geregelte **allgemeine Gerichtsstand juristischer Personen.** Zu beachten ist, dass hierunter **alle passiv Parteifähigen fallen, die nicht natürliche Personen sind.** Erfasst werden von § 17 ZPO somit nicht nur alle juristischen Personen des privaten und öffentlichen Rechts, sondern vor allem auch **alle parteifähigen Personenvereinigungen ohne eigene Rechtspersönlichkeit.** Hierzu zählen vor allem die im Baugeschehen wichtigen Personenhandelsgesellschaften (OHG und KG) **sowie die BGB-Außengesellschaften** (siehe zur Anerkennung der Rechts- und Parteifähigkeit einer BGB-Außengesellschaft: BGH Urt. v. 29.1.2001 II ZR 331/00 = BGHZ 146, 341 = BauR 2001, 775 = NJW 2001, 1056 = ZfBR 2001, 392) (vor allem in Form der Arge). Entsprechendes gilt nach Anerkennung von deren (Teil-)Rechtsfähigkeit (siehe dazu BGH Beschl. v. 2.6.2005 V ZB 32/05 = BGHZ 163, 154 = BauR 2005, 1462 = NJW 2005, 2061) für **Wohnungseigentümergemeinschaften,** bei denen § 29b ZPO, der nur Klagen gegen einzelne Wohnungseigentümer vor Augen hat, nicht anwendbar ist. In Betracht kommt als allgemeiner Gerichtsstand weiter der **Gerichtsstand der Niederlassung** (§ 21 ZPO): Für das dort aufgestellte Erfordernis der gewerblichen Niederlassung als Anknüpfungspunkt für einen Gerichtsstand ist allerdings entscheidend, dass die Klage, für die der Gerichtsstand in Anspruch genommen wird, eine Beziehung zum Geschäftsbetrieb der Niederlassung aufweist (BGH Urt. v. 10.7.1975 II ZR 56/74 = NJW 1975, 2142).

2. Gerichtsstand des Erfüllungortes

Neben dem allgemeinen Gerichtsstand kommt im Bauvertragsgeschehen vor allem dem **Gerichts-** **10** **stand des Erfüllungsorts (§ 29 ZPO)** große Bedeutung zu. Nach der Grundsatzentscheidung des BGH vom 5.12.1985 ist nämlich geklärt, dass **Erfüllungsort für die beiderseitigen Verpflichtungen aus dem Bauvertrag,** d.h. **sowohl für Auftragnehmer als auch für Auftraggeber,** regelmäßig der **Ort des Bauwerks** ist (BGH Beschl. v. 5.12.1985 I ARZ 737/85 = BauR 1986, 241 = NJW 1986, 935 = JZ 1986, 252 = MDR 1986, 469 = ZfBR 1986, 80 m.w.N.). Dieser vorgenannte Grundsatz gilt im Rahmen der Gewährleistung nicht nur für die an Ort und Stelle der Bauausführung zu erledigenden Nachbesserungsarbeiten, sondern auch für sämtliche Geldansprüche, wie Kostenerstattungs- und Vorschussansprüche nach § 13 Nr. 5 Abs. 2 VOB/B, Minderungsansprüche nach § 13 Nr. 6 VOB/B sowie Schadensersatzansprüche nach §§ 4 Nr. 7, 13 Nr. 7 VOB/B (vgl. OLG Düsseldorf Beschl. v. 14.10.1981 19 Sa 22/81 = BauR 1982, 297 mit Anm. *Brandt*). **Auch im umgekehrten Fall, d.h. für Werklohnklagen,** ist nicht nur für den Fall der Geltendmachung von Vergütungsansprüchen des Auftragnehmers gegen die Mitglieder einer Bauherrengemeinschaft (vgl. BayObLG Beschl. v.

10.3.1983 – Allg Reg 9/83 = BauR 1983, 390 = MDR 1983, 583), sondern grundsätzlich der Ort der Bauleistung als Gerichtsstand des Erfüllungsortes maßgebend. Denn hinsichtlich des Vergütungsanspruchs liegt der Schwerpunkt des Vertrags ebenfalls in der besonderen Ortsbezogenheit; dort muss der Auftraggeber seine Verpflichtung zur Abnahme (§ 640 BGB; § 12 VOB/B) erfüllen; ferner hängen entscheidende Gesichtspunkte der Vergütungspflicht sowie der Fälligkeit (vgl. z.B. § 2 Nr. 3–7; § 14 Nr. 1–2; § 15 Nr. 3 VOB/B) von an Ort und Stelle der Leistung zu treffenden Feststellungen ab. Daher können Werklohnklagen, insbesondere bei BGB-Werkverträgen, am Gerichtsstand des Erfüllungsortes, d.h. am Ort des Bauvorhabens, erhoben werden (BGH Beschl. v. 5.12.1985 I ARZ 737/85 = BauR 1986, 241 = NJW 1986, 935 = JZ 1986, 252 = MDR 1986, 469 = ZfBR 1986, 80 m.w.N., vgl. zuletzt bestätigt in Abgrenzung zu Honorarklagen eines Rechtsanwaltes: BGH Beschl. v. 11.11.2003 X ARZ 91/03 = BGHZ 157, 20, 24 f. = NJW 2004, 54, 55; a.A. LG Saarbrücken Beschl. v. 23.9.1999 12 O 147/99 = BauR 2000, 144 f.; *Einsiedler* NJW 2001, 1549; *Breyer/Zwecker* BauR 2001, 705 f.), wenn die Vertragspartner nicht hinreichend klar im Vertrag etwas anderes vereinbart haben (so z.B. bei VOB-Verträgen nach § 18 Nr. 1 VOB/B). Dies trifft allerdings **nicht** zu, wenn sich der einheitlich geltend gemachte Vergütungsanspruch auf mehrere Bauvorhaben bezieht, die in verschiedenen Gerichtsbezirken liegen; dann fehlt es an der vorauszusetzenden Ortsbezogenheit zu einem bestimmten Bauvorhaben, und es ist der allgemeine Gerichtsstand des beklagten Auftraggebers maßgebend (LG Tübingen Beschl. v. 7.10.1987 2 O 92/87 = BauR 1988, 630 = SFH § 29 ZPO Nr. 2). Das zur Vergütung Gesagte gilt im Übrigen auch für **Honorarklagen des Architekten**, wenn ihm die Planung und die Objektüberwachung, evtl. auch die Objektbetreuung, also eine vertragliche Aufgabe nach § 15 Abs. 2 Nr. 1 bis 8 bzw. 9 HOAI, übertragen worden ist (BGH Urt. v. 7.12.2000 VII ZR 404/99 = BauR 2001, 979, 981 = NJW 2001, 1936, 1937 = ZfBR 2001, 309, 310 = NZBau 2001, 333, 334). Anders dann, wenn sich der Architektenvertrag in Planungsleistungen erschöpft. Dann ist für Honorarklagen der Wohnsitz des Auftraggebers maßgebend (LG Kaiserslautern Urt. v. 5.5.1987 2 S 123/84 = NJW 1988, 652; LG Tübingen Beschl. v. 28.6.1995 7 O 200/95 = MDR 1995, 1208).

11 Der Gerichtsstand des Erfüllungsortes kommt auch bei Klagen wegen Schadensersatzansprüchen aus Verschulden bei Vertragsschluss/**culpa in contrahendo** (c.i.c.) gemäß §§ 280 Abs. 1, 311 Abs. 2, 241 Abs. 2 BGB in Betracht. Das gilt selbst dann, wenn **kein Vertrag zustande** gekommen ist, letzteres insbesondere bei sich danach ggf. anschließenden Ansprüchen aus Bereicherungsrecht (OLG Stuttgart Beschl. v. 2.4.2004 13 AR 2/04 = OLGR 2004, 362). Zwar fehlt es bei einem nicht zustande gekommenen Vertrag an einem hinreichenden Bezug zu einem »vertraglichen« Erfüllungsort; die gleichwohl erfolgende Anwendung von § 29 ZPO bei Ansprüchen insbesondere aus c.i.c. trägt jedoch dem Umstand Rechnung, dass Ansprüche aus c.i.c. auch ansonsten als vertragsähnlich angesehen werden. Daher ist bei den prozessrechtlichen Vorschriften eine Anlehnung an die für Vertragsverhältnisse geltenden Regelungen ebenfalls geboten (OLG München Urt. v. 30.11.1979 19 U 3044/79 = NJW 1980, 1531; BayObLG Beschl. v. 25.10.1984 – Allg Reg 39/83 = VersR 1985, 741, 743; *Zöller/Vollkommer* § 29 Rn. 6; *Küpper* DRiZ 1990, 440 jeweils m.w.N. – a.A. LG Kiel Beschl. v. 18.8.1988 15 O 111/88 = NJW 1989, 841, das unterscheidet, ob bei den geltend gemachten Ansprüchen aus c.i.c. ein Vertrag zustande gekommen ist oder nicht). Insoweit ist auch nicht ersichtlich, dass die gesetzliche Kodifizierung der c.i.c.-Ansprüche in den §§ 280 Abs. 1, 311 Abs. 2, 241 Abs. 2 BGB etwas an dem für diese Ansprüche anwendbaren Gerichtsstand des Erfüllungsortes geändert hat (ebenso: *Zöller/Vollkommer* § 29 Rn. 20 sowie unten ausführlich Rn. 38).

3. Klagen gegen den Insolvenzverwalter

12 Für Klagen, die sich materiell gegen die Insolvenzmasse richten, ist – sofern kein ausschließlicher Gerichtsstand gegeben ist – der allgemeine **Gerichtsstand am Sitz des Insolvenzgerichts** begründet (§ 19a ZPO). Da insoweit nur ein allgemeiner Gerichtsstand besteht, ist dieser ausgeschlossen, soweit für einen bestimmten Rechtsstreit ein ausschließlicher Gerichtsstand eingreift (vgl. § 12 letzter

Gerichtsstand für gerichtliche Streitigkeiten aus dem Bauvertrag § 18 Nr. 1 VOB/B

Halbsatz ZPO). Auch wenn der Wortlaut der Regelung nicht ganz eindeutig ist, ist zu beachten, dass diese Regelung keine Anwendung auf Aktivprozesse des Insolvenzverwalters findet. Hier gelten die allgemeinen Regelungen (BGH Urt. v. 27.5.2003 IX ZR 203/02 = NJW 2003, 2916; ebenso *Zöller/Vollkommer* § 19a Rn. 6, *Thomas/Putzo* § 19a Rn. 2 – a.A. *Hartmann* in *Baumbach/Lauterbach* u.a. § 19a Rn. 4).

4. Gerichtsstandsbestimmung nach § 36 ZPO

Sollen mehrere Personen, die bei verschiedenen Gerichten ihren allgemeinen Gerichtsstand haben, als **Streitgenossen** im allgemeinen Gerichtsstand verklagt werden und ist für einen solchen Rechtsstreit **kein gemeinschaftlicher besonderer Gerichtsstand** begründet, so hat das im Rechtszug zunächst höhere Gericht auf Antrag des Klägers über die Zuständigkeit zu befinden (**Gerichtsstandsbestimmung nach §§ 36 Abs. 1 Nr. 3, 37 ZPO**). Ist das zunächst höhere gemeinschaftliche Gericht der Bundesgerichtshof, wird das zuständige Gericht durch das Oberlandesgericht bestimmt, zu dessen Bezirk das zuerst mit der Sache befasste Gericht gehört (§ 36 Abs. 2 ZPO). § 36 ZPO gilt für alle der ZPO unterliegenden Verfahren, einschließlich der Vollstreckungsverfahren sowie dem selbstständigen Beweisverfahren (BayObLG Beschl. v. 24.9.1991 AR 1 Z 45/91 = MDR 1992, 183; Beschl. v. 12.3.1997 1Z AR 99/96, 1Z AR 100/96 = NJW-RR 1998, 209; *Zöller/Vollkommer* § 36 Rn. 14; *Werner/Pastor* Rn. 422 – siehe hierzu auch Erläuterungen zu Anhang 4, Rn. 73). Darüber hinaus wird § 36 ZPO entsprechend angewandt auf die Bestimmung der sachlichen funktionellen Zuständigkeit (BGH Beschl. v. 26.11.1997 XII ARZ 20/97 = NJW 1998, 685 f.). § 36 ZPO ist ebenfalls anwendbar, wenn Klagen zwar bei demselben Gericht erhoben werden und nur für einen Streitgenossen die Zuständigkeit der Kammer für Handelssachen besteht (OLG Schleswig Beschl. v. 13.12.2002 2 W 211/02 = BauR 2004, 139 [Ls.] = NJW-RR 2003, 1650; OLG Frankfurt Beschl. v. 6.5.1992 20 AR 92/92 = NJW 1992, 2900; OLG Düsseldorf Beschl. v. 6.2.1996 19 Sa 63/95 = MDR 1996, 524, mit der Maßgabe, dass dann eine Verweisung an die allgem. Zivilkammer zu erfolgen hat). Demgegenüber ist für eine Gerichtsstandsbestimmung nach § 36 Nr. 3 ZPO kein Raum, wenn einer von mehreren Beklagten mit dem Kläger eine Gerichtsstandvereinbarung geschlossen hat; andernfalls würde man dem hieraus begünstigten Streitgenossen diesen auf der Gerichtsstandvereinbarung beruhenden Vorteil wieder nehmen (BGH Beschl. v. 28.10.1982 I ARZ 449/82 = NJW 1983, 996 = MDR 1983, 466). Hier kommt eine Gerichtsstandbestimmung ausnahmsweise nur in Betracht, wenn den anderen Streitgenossen zugemutet werden kann, sich vor dem prorogierten Gesetz verklagen zu lassen (BGH Beschl. v. 19.3.1987 I ARZ 903/86 = NJW 1988, 646, 647). § 36 Nr. 3 ZPO ist ebenfalls **nicht anwendbar, wenn ein besonderer gemeinschaftlicher Gerichtsstand vorliegt** (BayObLG Beschl. v. 10.3.1983 – Allg Reg 9/83 = BauR 1983, 390, 391 = MDR 1983, 583; BGH Beschl. v. 5.12.1985 I ARZ 737/85 = BauR 1986, 241 = NJW 1986, 935). Dies ist somit immer **vorrangig zu prüfen:** Denn gerade bei Baurechtsstreitigkeiten ist häufig der Ort des Bauwerks als Erfüllungsort für alle Baubeteiligten gegeben (ebenso *Werner/Pastor* Rn. 419), so dass an diesem Ort auch ein besonderer Gerichtsstand (§ 29 ZPO) besteht (siehe oben Rn. 10).

13

Die Bestimmung des zuständigen Gerichts selbst erfolgt gemäß § 36 Abs. 1 Nr. 3 ZPO nach Zweckmäßigkeitsgesichtspunkten (BGH Beschl. v. 16.2.1984 I ARZ 395/83 = BGHZ 90, 155, 157 m.w.N.). Dabei ist nicht erforderlich, dass einer der verklagten Streitgenossen seinen allgemeinen Gerichtsstand bei dem zu bestimmenden Gericht hat (*Zöller/Vollkommer* § 36 Rn. 18); vorstellbar ist vielmehr auch, dass gerade bei Bausachen der Gerichtsbezirk ausgewählt wird, in dem sich das Bauvorhaben befindet (OLG Celle Beschl. v. 20.12.2001 4 AR 90/01 = BauR 2002, 1286, 1287; BayObLG Beschl. v. 18.12.2003 1Z AR 134/03 = BayObLGR 2004, 203).

14

II. Anwendungsbereich der Nr. 1: Öffentlicher und privater Auftraggeber

15 § 18 Nr. 1 VOB/B engt die nach den vorgenannten gesetzlichen Bestimmungen mögliche Zuständigkeit eines Gerichts ein. Denn diese Regelung legt unter dem Vorbehalt, dass an sich eine Gerichtsstandsvereinbarung überhaupt zulässig ist und in diesem Fall keine vorgehende Vereinbarung getroffen wurde, als Gerichtsstand die für die Prozessvertretung des Auftraggebers zuständige Stelle fest. Diese Vorschrift gilt für öffentliche und private Auftraggeber in gleicher Weise (siehe dazu auch *Rutsatz/Englert* NZBau 2002, 22 f.).

1. Öffentlicher Auftraggeber

16 In erster Linie ist § 18 Nr. 1 VOB/B unstreitig auf **öffentliche Auftraggeber** zugeschnitten. Das ergibt sich bereits aus dem Wortlaut, der von der »für die Prozessvertretung des Auftraggebers zuständigen Stelle« spricht. Die Gerichtsstandsbestimmung zugunsten des Sitzes dieser Stelle geht über die allgemeine Gerichtsstandsbestimmung des § 18 ZPO hinaus: Denn während § 18 ZPO den Gerichtsstand nur bei **Passivprozessen** gegen den Fiskus an den Sitz der für die Prozessvertretung zuständigen Behörde knüpft, gilt dies nach § 18 Nr. 1 VOB/B auch dann, wenn der öffentliche Auftraggeber selbst im Klagewege vorgeht, d.h. in **Aktivprozessen**. Durch die Regelung in Nr. 1 soll dem Auftraggeber die Prozessführung erleichtert werden (BGH Urt. v. 18.4.1985 VII ZR 359/83 = BGHZ 94, 156 = BauR 1985, 475 = NJW 1985, 2090 = SFH § 18 VOB/B Nr. 1 = MDR 1985, 835 = LM § 18 VOB/B Nr. 1 = ZfBR 1985, 180).

2. Privater Auftraggeber

17 Nr. 1 gilt nicht nur für öffentliche, sondern **auch für private Auftraggeber**, soweit sie im Bauvertrag mit dem Auftragnehmer die VOB zur Vertragsgrundlage gemacht und zur Frage des Gerichtsstands keine von Nr. 1 abweichende vertragliche Vereinbarung getroffen haben (wie hier *Nicklisch/Weick* § 18 VOB/B Rn. 8; Beck'scher VOB-Komm./*Bewersdorf* § 18 Nr. 1 VOB/B Rn. 3; *Rosenberger* FS Mantscheff S. 396 ff. *Merkens* in *Kapellmann/Messerschmidt* § 18 VOB/B Rn. 2 – a.A. *Heiermann/Riedl/Rusam* § 18 VOB/B Rn. 1; insbesondere *Englert* BauR 1995, 779). Demgegenüber ergibt sich eine Beschränkung auf öffentliche Auftraggeber nicht schon dadurch, dass in § 18 Nr. 1 VOB/B von dem Sitz der für die Prozessvertretung des Auftraggebers zuständigen Stelle die Rede ist (so aber vor allem *Englert* BauR 1995, 774, 779; *Englert* NZBau 2002, 22, 23). Zwar hat diese Formulierung ihren Ursprung darin, dass die VOB zunächst als Vergabeordnung für die öffentliche Hand gegolten hat. Unbeschadet dessen beschränkt der jetzige Wortlaut dieser Regelung, der in erster Linie bei AGB – wie der VOB/B – zu beachten ist, den Anwendungsbereich der Nr. 1 jedoch in keinem Fall auf öffentliche Auftraggeber. Im Gegenteil: Gerade der Vergleich mit der sich anschließenden Regelung in § 18 Nr. 2 VOB/B, die lediglich für Behörden Geltung erlangt, zeigt, dass diese Beschränkung für die Gerichtsstandsbestimmung in Nr. 1 nicht gilt (ebenso LG Magdeburg Beschl. v. 9.6.1999 5 O 156/99 = BauR 2000, 925 f.). Man muss deshalb davon ausgehen, dass die seit vielen Jahren bestehende Regelung in § 18 Nr. 1 VOB/B trotz diverser Überarbeitungen bewusst ohne Begrenzung auf den öffentlichen Auftraggeber so gefasst worden ist. Demgegenüber überzeugen die weiteren, vor allem vom OLG Brandenburg vorgebrachten Argumente für eine Beschränkung des Anwendungsbereichs der Nr. 1 auf öffentliche Auftraggeber nicht (OLG Brandenburg Urt. v. 4.7.1997 4 U 264/96 = BauR 1997, 1071 = NJW-RR 1997, 1518 = ZfBR 1997, 307): Denn selbstverständlich gibt es auch bei privaten Auftraggebern »Stellen«, die für die Prozessvertretung zuständig sind. Entstehen hier Unklarheiten, gilt nach Nr. 1 S. 2, dass diese Stelle dem Auftragnehmer mitzuteilen ist. Die vermeintliche (überzogene) Bevorzugung des Auftraggebers im Allgemeinen kann den Anwendungsbereich der Nr. 1 ebenfalls nicht beschränken: Denn jede Gerichtsstandsvereinbarung führt zu einer Bevorzugung, so dass dieser Umstand allein eine Beschränkung auf öffentliche Auftraggeber nicht rechtfertigt (so zu Recht auch *Rutsatz* BauR 1998, 692, 698; *Rutsatz* NZBau 2002, 22 f.; *Rosenberger* FS Mantscheff S. 396 ff.). Ohnehin könnte dieser Einwand allenfalls zu einer Unwirksamkeit der in Nr. 1 enthaltenen Gerichtsstandsvereinbarung insgesamt führen. Es gibt demgegenüber keinen denkbaren Gesichtspunkt, wieso man im Rahmen eines Bauvertrags die öffentliche Hand als in der Regel fiskalisch auftretenden Auftraggeber besser behandeln sollte als einen privaten Auftraggeber. Zumindest ist im Ansatz nicht erkennbar, aus welcher Regelung der VOB sich diese Privilegierung ergeben soll (*Rutsatz* a.a.O.).

Zusammengefasst gilt danach: **Nr. 1 gilt für private und öffentliche Auftraggeber in gleicher Weise** (wie hier auch LG Rostock Beschl. v. 30.1.1997 2 KfH O 156/96 = BauR 1997, 696; OLG Stuttgart Urt. v. 15.9.1997 5 U 99/97 = BauR 1999, 683, 684; OLG Frankfurt Beschl. v. 18.12.1998 21 AR 99/98 = BauR 1999, 789 [Ls.] = NJW-RR 1999, 604; LG Magdeburg Beschl. v. 9.6.1999 5 O 156/99 = BauR 2000, 925; *Nicklisch/Weick* § 18 VOB/B Rn. 8; Beck'scher VOB-Komm./*Bewersdorf* § 18 Nr. 1 VOB/B Rn. 3; *Werner/Pastor* Rn. 416; *Merkens* in *Kapellmann/Messerschmidt* § 18 VOB/B Rn. 2; *Rutsatz* BauR 1998, 692, *Rutsatz* NZBau 2002, 22; a.A. *Heiermann/Riedl/Rusam* § 18 VOB/B Rn. 1). Hiernach kommt es **beim VOB-Vertrag immer** auf den **Sitz der für die Prozessvertretung des Auftraggebers maßgebenden Stelle** an, soweit beide Parteien prorogationsbefugt sind. Dadurch kann der Auftragnehmer im Verhältnis zur gesetzlichen Regelung benachteiligt sein, wenn er aus dem Bauvertragsverhältnis vom Auftraggeber in Anspruch genommen wird. Gegen zwingende gesetzliche Bestimmungen wird damit allerdings nicht verstoßen. **18**

III. Gesetzliche Bestimmungen in § 38 ZPO als Grundlage und Grenze des § 18 Nr. 1 VOB/B

§ 18 Nr. 1 VOB/B enthält eine Gerichtsstandsbestimmung zugunsten des Auftraggebers. Sie kann als Bestandteil der VOB im Rahmen einer vertraglichen Vereinbarung **nur wirksam** werden, wenn die Parteien nach der Zivilprozessordnung zum Abschluss einer Gerichtsstandsvereinbarung befugt sind (**Prorogationsbefugnis**), d.h.: Nur dann, wenn die Zivilprozessordnung den Vertragsparteien den Abschluss einer Gerichtsstandsvereinbarung erlaubt, kann die in § 18 Nr. 1 VOB/B vorgesehene Regelung greifen. Dies wird in § 18 Nr. 1 VOB/B durch eine Bezugnahme auf § 38 ZPO, der die Grundsätze einer zulässigen Gerichtsstandsvereinbarung enthält, ausdrücklich klargestellt. Daher ist **vor einem Rückgriff auf die in § 18 Nr. 1 VOB/B** enthaltene Gerichtsstandsvereinbarung vorrangig **zu prüfen, ob die Bauvertragsparteien** dem Grunde nach **gemäß § 38 ZPO eine wirksame Gerichtsstandsvereinbarung treffen durften,** d.h. prorogationsbefugt sind. Dabei kommt es allein auf den Zeitpunkt des Abschlusses der Vereinbarung an. Folglich bleibt eine Gerichtsstandsvereinbarung wirksam, wenn später die zunächst gegebene Prorogationsbefugnis entfällt (OLG Köln Urt. v. 21.11.1991 18 U 113/91 = NJW-RR 1992, 571). Gebunden sind demnach auch die jeweiligen (Gesamt- oder Sonder-)Rechtsnachfolger (OLG Köln Urt. v. 21.11.1991 18 U 113/91 = NJW-RR 1992, 571; BayObLG Beschl. v. 11.4.2001 4Z AR 29/01 = BB 2001, 1498). Für die Prorogationsbefugnis selbst gelten folgende Grundsätze: **19**

1. »Kaufmännische« Prorogation

Nach § 38 Abs. 1 ZPO können **nur Kaufleute, juristische Personen des öffentlichen Rechts oder öffentlich-rechtliche Sondervermögen wirksame Gerichtsstandvereinbarungen** treffen. Bei dieser Beschränkung handelt es sich um eine **zwingende,** also unverzichtbare **Regelung,** die nicht abbedungen werden kann. Daher kann § 18 Nr. 1 VOB/B aufgrund vorgehender gesetzlicher Regelung grundsätzlich nur Wirkung entfalten, wenn Bauvertragspartner entweder Kaufleute, insbesondere Handelsgesellschaften, juristische Personen des öffentlichen Rechts oder öffentlich-rechtliche Sondervermögen (Körperschaften, Anstalten, Stiftungen des öffentlichen Rechts sowie Sondervermögen) sind. In allen anderen Fällen ist § 18 Nr. 1 VOB/B als Gerichtsstandsvereinbarung nicht anwendbar. **20**

21 Hervorzuheben ist, dass die in § 38 Abs. 1 ZPO enthaltene Beschränkung der Prorogationsbefugnis ihre konsequente Fortsetzung in § 29 Abs. 2 ZPO findet: Bedeutung gewinnt diese Vorschrift deshalb, weil es andernfalls ggf. nicht prorogationsbefugte Bauvertragsparteien durch eine **gesonderte Vereinbarung zum Erfüllungsort** in der Hand hätten, hierüber mittelbar mit dem für Baurechtsstreitigkeiten wichtigen besonderen Gerichtsstand des Erfüllungsortes (vgl. oben Rn. 10) eine an sich nach § 38 Abs. 1 ZPO unzulässige Gerichtsstandsvereinbarung zu begründen. Dies wird durch § 29 Abs. 2 ZPO verhindert: Zwar können die Parteien im Bauvertrag beliebig einen Erfüllungsort vereinbaren; die Begründung einer gerichtlichen Zuständigkeit ist damit jedoch nur dann verbunden, wenn es sich bei den Bauvertragsparteien wie in § 38 Abs. 1 ZPO um prorogationsbefugte Kaufleute oder ihnen gleichgestellte Personen handelt.

22 Für das Vorliegen vorgenannter Voraussetzungen der Zulässigkeit einer Gerichtsstandsvereinbarung nach § 38 Abs. 1 ZPO ist der jeweilige **Kläger, der sich auf § 18 Nr. 1 VOB/B beruft, beweispflichtig**; das gilt auch bei Säumnis des Beklagten (OLG Frankfurt Beschl. v. 30.9.1974 5 W 13/74 = WM 1974, 1082).

2. Prorogation bei Auslandsbezug

23 Eine **Ausnahme** von der nach § 38 Abs. 1 ZPO nur eingeschränkten Prorogationsbefugnis findet sich in **§ 38 Abs. 2 ZPO**. Sie kommt zum Zuge, wenn mindestens eine der Parteien keinen allgemeinen Gerichtsstand im Inland hat. Diese Regelung betrifft **internationale Gerichtsstandsvereinbarungen** über die innerdeutsche Zuständigkeit. Danach kann die Zuständigkeit des ersten Rechtszuges auch unabhängig von der Kaufmannseigenschaft vereinbart werden, wenn mindestes eine Partei ihren allgemeinen Gerichtsstand nicht in Deutschland hat. Für die Wirksamkeit einer solcher Vereinbarung bedarf diese allerdings der Schriftform bzw. nach einer mündlichen Vereinbarung zumindest der schriftlichen Bestätigung.

24 Zu beachten ist, dass § 38 ZPO hinsichtlich der Bestimmung der örtlichen Zuständigkeit nur anwendbar ist, wenn die Bauvertragsparteien Inländer sind (dann gilt § 38 Abs. 1 ZPO) oder ihren Geschäftssitz außerhalb der Verordnung (EG) Nr. 44/2001 vom 22.12.2000 über die gerichtliche Zuständigkeit und die Anerkennung und Vollstreckung von Entscheidungen in Zivil- und Handelsachen (EUGVVO) haben (§ 38 Abs. 2 ZPO). Bei Bauverträgen zwischen einem **Inländer und einem Vertragsapartner mit Sitz in einem Staat im Anwendungsbereich der EUGVVO** gilt hingegen vorrangig Artikel 23 der EUGVVO. Nach dieser Regelung sind Gerichtsstandsbestimmungen zusammengefasst wirksam, wenn sie schriftlich geschlossen bzw. schriftlich bestätigt wurden, den Gepflogenheiten der Parteien oder einem entsprechenden Handelsbrauch entsprechen (ABlEG Nr. L 12 16.1.2001 S. 1). Danach sind im Ergebnis mündliche Gerichtsstandsbestimmungen nicht ausgeschlossen.

3. Prorogationsvereinbarung für den Einzelfall

25 In allen von § 38 Abs. 1 und 2 ZPO **nicht** erfassten Fällen ist gemäß **§ 38 Abs. 3 Nr. 1 ZPO** eine Gerichtsstandsvereinbarung des Weiteren **zulässig, wenn sie ausdrücklich und schriftlich nach Entstehen der Streitigkeit** geschlossen wird. Nach dieser Regelung kann somit tatsächlich **jedermann**, d.h. auch Privatleute, **eine Gerichtsstandsvereinbarung treffen**. »Entstehen einer Streitigkeit« meint nicht den Beginn eines gerichtlichen Rechtsstreits. Entstanden ist ein Streit vielmehr schon dann, wenn die Parteien unterschiedliche Rechtsansichten zu einem bestimmten Rechtsverhältnis vertreten und nunmehr ein gerichtliches Verfahren droht (*Zöller/Vollkommer* § 38 Rn. 33; *Thomas/Putzo* § 38 Rn. 17 f.). Bezieht sich die Streitigkeit allerdings auf einen Vertrag (z.B. einen Bauvertrag), kann die Ausnahmeregelung des § 38 Abs. 3 Nr. 1 ZPO wegen der dort niedergelegten zeitlichen Reihenfolge nicht greifen, wenn die Gerichtsstandsvereinbarung schon im Vertrag (BGH Urt. v.

20.1.1986 II ZR 56/85 = NJW 1986, 1438; *Zöller/Vollkommer* a.a.O.; *Thomas/Putzo* a.a.O.), z.B. in den AGB des Auftraggebers (etwa in § 18 Nr. 1 VOB/B) vorgesehen ist.

Neben der Ausnahmeregelung in § 38 Abs. 3 Nr. 1 ZPO ist schließlich außerhalb des § 38 Abs. 1 und 2 ZPO eine Gerichtsstandsvereinbarung zulässig, wenn entweder die im Klageweg in Anspruch zu nehmende Partei nach Vertragsabschluss ihren Wohnsitz oder gewöhnlichen Aufenthaltsort aus dem Geltungsbereich der ZPO (also außerhalb der Bundesrepublik) verlegt oder ihr Wohnsitz oder gewöhnlicher Aufenthalt im Zeitpunkt der Klageerhebung nicht bekannt ist (§ 38 Abs. 3 Nr. 2 ZPO). Insoweit gelten keine Besonderheiten. **26**

Für beide Ausnahmefälle des § 38 Abs. 3 ZPO gilt, dass eine diesbezüglich zugelassene Gerichtsstandsvereinbarung **ausdrücklich und schriftlich geschlossen** werden muss. Für die Schriftform gilt § 126 BGB (MüKo/*Patzina* § 38 BGB Rn. 36 – a.A. *Zöller/Vollkommer* § 38 Rn. 34 und *Thomas/Putzo* § 38 Rn. 27, die z.B. auch eine Vereinbarung in getrennten Schriftstücken genügen lassen). Der Verstoß gegen die Schriftform führt zur Nichtigkeit der Vereinbarung. **27**

4. Weitere Einschränkungen

Die vorgenannten Fälle einer nach § 38 ZPO zulässigen Gerichtsstandsvereinbarung werden in § 40 ZPO weiter eingeschränkt. § 40 Abs. 1 ZPO legt fest, dass eine Gerichtsstandsvereinbarung keine rechtliche Wirkung entfaltet, wenn sie sich nicht auf ein **bestimmtes Rechtsverhältnis** und die aus ihm entspringenden Rechtsstreitigkeiten bezieht. Die Bedeutung dieser Regelung für VOB-Verträge ist gering. Vor allem droht keine Kollision mit § 18 Nr. 1 VOB/B: Denn § 18 Nr. 1 VOB/B gilt nach seinem ausdrücklichen Wortlaut nur für Streitigkeiten aus dem Vertrag, also dem betreffenden einzelnen Bauvertrag, dem die VOB zugrunde gelegt worden ist. Somit liegt immer auch ein bestimmtes Rechtsverhältnis vor. **28**

Größere Bedeutung könnte § 40 Abs. 2 ZPO zukommen: Danach ist eine nach § 38 ZPO an sich mögliche Gerichtsstandsvereinbarung gleichwohl unzulässig, wenn der Rechtsstreit eine nichtvermögensrechtliche Streitigkeit betrifft, die den Amtsgerichten ohne Rücksicht auf den Wert des Streitgegenstandes zugewiesen ist, oder wenn für Klagen ein **ausschließlicher Gerichtsstand** begründet ist, was in Bauvertragssachen dann doch häufiger der Fall sein kann (siehe dazu unten Rn. 33 ff.). Für beide vorgenannte Fälle der Unzulässigkeit einer Gerichtsstandsvereinbarung bestimmt § 40 Abs. 2 S. 2 ZPO weiter, dass die Zuständigkeit eines Gerichts auch nicht durch rügeloses Verhandeln zur Hauptsache begründet wird. **29**

Zu der Bezugnahme auf § 38 ZPO in § 18 Nr. 1 VOB/B ist anzumerken, dass die jetzige Regelung in § 18 Nr. 1 VOB/B auf der Fassung der §§ 38–40 ZPO vom 1.4.1974 beruht (Gesetz zur Änderung der ZPO v. 21.3.1974 – »Gerichtsstandsnovelle« – BGBl. I S. 753). Kurze Zeit nach Anpassung von § 18 Nr. 1 VOB/B wurde § 38 ZPO durch das Gesetz zur Vereinfachung und Beschleunigung gerichtlicher Verfahren (Vereinfachungsnovelle) vom 3.12.1976 (BGBl. I S. 3281) grundlegend geändert. Die letzte Änderung des § 38 ZPO durch das Handelsrechtsreformgesetz vom 22.6.1998 (BGBl. I S. 1474) mit einer Anpassung an das neue Kaufmannsrecht liegt erst ein paar Jahre zurück. All **diese Änderungen** sind auch bei VOB-Verträgen **zu beachten**, ohne dass dadurch eine Neufassung von § 18 Nr. 1 VOB/B erforderlich gewesen wäre. Bei § 18 Nr. 1 VOB/B handelt es sich nämlich um eine vertragliche Bestimmung, die einer zwingenden gesetzlichen Regelung folgt und dieser insoweit Vorrang einräumt. Daher gilt die jeweilige gesetzliche Regelung jeweils ab In-Kraft-Treten der genannten Änderungsgesetze, sofern ab diesem Zeitpunkt gerichtliche Streitigkeiten anhängig gemacht worden sind bzw. werden; unerheblich ist es, wann der betreffende Bauvertrag, auf dem die Streitigkeit beruht, abgeschlossen wurde. **30**

IV. Gerichtsstandsbegründung bei rügeloser Einlassung zur Hauptsache (§ 39 ZPO)

31 Die Zulässigkeit eines Gerichtsstands ergibt sich nicht nur aus dem gesetzlichen oder aus einem im Rahmen des § 38 ZPO, § 18 Nr. 1 VOB/B zulässigerweise vereinbarten Gerichtsstand. Vielmehr ist auch der weitere im Zusammenhang mit einer Gerichtsstandsbegründung geltende § 39 ZPO zu berücksichtigen (vgl. ebenfalls Art. 24 EUGVVO). Hiernach wird unabhängig von einer getroffenen Gerichtsstandsvereinbarung **die Zuständigkeit eines Gerichts des ersten Rechtszuges** dadurch **begründet, dass der Beklagte, ohne die Unzuständigkeit geltend zu machen, zur Hauptsache mündlich verhandelt.** Zur Hauptsache verhandeln heißt konkret, dass Sachanträge gestellt werden. Verfahrensanträge oder die Erörterung der Sach- und Rechtslage (ohne Antragstellung) genügen nicht (OLG Bamberg Urt. v. 14.10.1987 3 U 65/87 = MDR 1988, 148; wohl auch zu der vglb. Rechtsfrage bei § 269 ZPO: OLG Dresden Beschl. v. 15.1.1997 7 W 1484/96 = OLGR 1997, 187; ebenso *Zöller/Vollkommer* § 39 Rn. 5 – vgl. aber auch a.A. OLG Saarbrücken Beschl. v. 12.3.2002 5 W 61/02 = OLGR 2002, 331, 332, das bereits eine Erörterung des Streitgegenstandes mit dem Gericht genügen lässt). § 39 ZPO gilt allerdings nicht, wenn die nach § 504 ZPO vorgeschriebene Belehrung unterblieben ist. Eine solche hat zu erfolgen, wenn ein Rechtsstreit vor einem Amtsgericht anhängig ist, es jedoch örtlich oder sachlich unzuständig ist: Hier hat das Gericht den Beklagten vor der Verhandlung zur Hauptsache auf die Folgen der rügelosen Einlassung zur Hauptsache hinzuweisen. Diese Belehrungspflicht des Amtsgerichts besteht auch bei nachträglicher Unzuständigkeit nach § 506 Abs. 1 ZPO (zutreffend *Müller* MDR 1981, 11).

D. § 18 Nr. 1 VOB/B

32 **Soweit nach dem Gesagten (vgl. Rn. 8–31) eine Anwendung von § 18 Nr. 1 VOB/B in Betracht kommt,** ist zu beachten:

I. Erfasste Streitigkeiten, Ausnahmen

33 Erfasst werden nach **§ 18 Nr. 1 VOB/B Streitigkeiten** aus dem Bauvertrag. Hiermit sind sämtliche Streitigkeiten gemeint, die in einer gerichtlichen Auseinandersetzung münden können. Gerichtliche Auseinandersetzung meint dabei eine Auseinandersetzung **vor staatlichen Gerichten** (siehe bereits oben Rn. 1 f.). Folgende Sonder- und Ausnahmefälle sind zu beachten:

1. Schiedsgerichtsverfahren

34 Von der Nr. 1 wird eine **Streitigkeit vor Schiedsgerichten** nicht erfasst. Denn hier entscheidet nicht die staatliche, sondern eine privatrechtliche Gerichtsbarkeit. Die beiden folgenden Grenzfälle sind jedoch zu beachten: Zunächst ist nach den §§ 1025 ff. ZPO häufig ein staatliches Gericht zur Durchführung bestimmter Verfahren berufen, z.B. zur Entscheidung über die Ernennung oder Ablehnung eines Schiedsrichters (§§ 1034 ff. ZPO) oder die Vollstreckbarerklärung von Schiedssprüchen (§§ 1060 ff. ZPO). Eine Gerichtsstandsvereinbarung, auch die nach § 18 Nr. 1 VOB/B, findet insoweit jedoch keine Anwendung: Denn sachlich zuständig ist nach dem zwingenden § 1062 ZPO (*Albers* in: *Baumbach/Lauterbach* u.a., § 1062 Rn. 1) mit Ausnahme der Unterstützungshandlungen nach § 1050 ZPO das jeweilige Oberlandesgericht. Die örtliche Zuständigkeit ergibt sich sodann vorrangig aus der Schiedsvereinbarung. Ist dort nichts geregelt, folgt es dem Sitz des Schiedsgerichts (§ 1043 ZPO). Anders liegt der Fall hingegen im Zusammenhang mit der Beteiligung von Schiedsgerichten, wenn die Parteien eine unwirksame Schiedsvereinbarung getroffen haben und es nunmehr darum geht, welches staatliche Gericht als ordentliches Gericht zuständig ist. Hier bestehen keine Bedenken, auf eine nach § 18 Nr. 1 VOB/B im Bauvertrag getroffene Gerichtsstandsvereinbarung zurückzugreifen (BGH Urt. v. 3.11.1983 III ZR 111/82 Betrieb 1984, 825).

2. Selbstständiges Beweisverfahren

Ein weiterer Sonderfall stellt das **selbstständige Beweisverfahren** dar. Insoweit liegt zwar eine gerichtliche Auseinandersetzung vor. Gleichwohl kommt eine in § 18 Nr. 1 VOB/B getroffene Gerichtsstandsvereinbarung nicht direkt zum Zuge, solange kein Rechtsstreit anhängig ist. Denn abgesehen von der Sonderregelung des § 486 Abs. 3 ZPO ist der Antrag auf Einleitung eines selbstständigen Beweisverfahrens nach § 486 Abs. 2 ZPO bei dem Gericht zu stellen, das nach dem Vortrag des Antragstellers zur Entscheidung in der Hauptsache berufen ist. Bei dieser Regelung handelt es sich um eine **ausschließliche Zuständigkeit**, die nach § 40 Abs. 2 ZPO nicht unter die Parteidisposition fällt (*Zöller/Vollkommer* § 40 Rn. 10; *Zöller/Herget* § 486 Rn. 4). Allerdings kommt einer Gerichtsstandsvereinbarung bei einem selbstständigen Beweisverfahren zumindest mittelbar eine Bedeutung zu: Denn bei Auswahl des für das Beweisverfahren zuständigen Gerichts hat sich der Antragsteller an dem nach der Gerichtsstandsvereinbarung an sich zuständigen Gericht der Hauptsache zu orientieren, was er nach § 487 Nr. 4 ZPO auch glaubhaft zu machen hat.

35

3. Mahnverfahren

Für **Mahnverfahren** gilt § 18 Nr. 1 VOB/B ebenfalls nicht. Hier ist nach § 689 Abs. 2 S. 1 ZPO die **ausschließliche Zuständigkeit des Amtsgerichts** gegeben, bei dem der Antragsteller seinen allgemeinen Gerichtsstand hat (siehe hierzu oben Rn. 8 f.). Gibt der Antragsteller allerdings im Mahnantrag nach § 690 Abs. 1 Nr. 5 ZPO bereits das Gericht an, an das das Verfahren nach Widerspruch zur Durchführung des streitigen Verfahrens abzugeben ist, sollte er § 18 Nr. 1 VOB/B zwingend beachten. Denn das im Mahnantrag für die Durchführung eines streitigen Verfahrens angegebene Gericht kann nach § 696 Abs. 1 S. 1 ZPO im Nachhinein nur noch einvernehmlich geändert werden.

36

4. Einstweiliger Rechtsschutz

Bei Verfahren des **einstweiligen Rechtsschutzes** ist für eine Gerichtsstandsvereinbarung dem Grunde nach zwar kein Raum; denn die Gerichtsstände zu den im 8. Buch der ZPO geregelten Verfahren sind nach § 802 ZPO **ausschließliche**, so dass nach § 40 Abs. 2 S. 1 ZPO eine Gerichtsstandsvereinbarung ausscheidet. Gleichwohl tritt eine getroffene Gerichtsstandsvereinbarung, auch die nach § 18 Nr. 1 VOB/B, nicht völlig in den Hintergrund: Denn für den Erlass eines Arrestes oder einer einstweiligen Verfügung ist in der Regel (auch) das Gericht der Hauptsache zuständig (§§ 919, 937 ZPO) (*Zöller/Vollkommer* § 919 Rn. 9; *Baumbach/Hartmann* u.a. § 919 Rn. 4 ff.). Zu beachten ist lediglich, dass daneben noch weitere zusätzliche Gerichtsstände bestehen, wie das Gericht der belegenen Sache (§§ 919, 942 ZPO). Ferner kommt es auf eine Gerichtsstandsvereinbarung nicht mehr an, wenn zum Zeitpunkt der Antragstellung bereits die Hauptsache unter Verstoß gegen eine Gerichtsstandsvereinbarung anhängig (nicht rechtshängig!) gemacht worden ist. Für ein jetzt erst einzuleitendes Verfügungsverfahren kommt es dann allein auf das schon mit der Angelegenheit befasste Gericht der Hauptsache an (OLG Hamburg Urt. v. 6.11.1980 3 U 151/79 = MDR 1981, 1027; *Vollkommer* a.a.O.; *Baumbach/Hartmann* a.a.O. Rn. 6; Beck'scher VOB-Komm./*Bewersdorf* § 18 Nr. 1 VOB/B Rn. 38).

37

II. Streitigkeiten aus bestimmtem Bauvertrag

Die in § 18 Nr. 1 VOB/B enthaltene Gerichtsstandsvereinbarung betrifft **Streitigkeiten** aus dem Vertrag. Hierbei handelt es sich um den jeweils geschlossenen **konkreten Bauvertrag, dem die VOB zugrunde gelegt** worden ist. Durch die allgemeine Formulierung soll verdeutlicht werden, dass sich die in Nr. 1 enthaltene Gerichtsstandsvereinbarung **schlechthin** auf **Streitigkeiten aus dem Bauvertragsverhältnis** bezieht, die **hierin** ihre **Grundlage** oder ihren **Ausgangspunkt** haben. Eine enge Auslegung ist nicht geboten, zumal der Kreis der zum Abschluss einer Gerichtsstandsvereinbarung befähigten Personen durch §§ 38 ff. ZPO (siehe oben Rn. 19 ff.) ohnehin sehr einge-

38

schränkt ist zugunsten von Beteiligten, die keines besonderen Schutzes mehr bedürfen (im Ergebnis ebenso: Beck'scher VOB-Komm./*Bewersdorf* § 18 Nr. 1 VOB/B Rn. 19 f.). Daher ist es richtig, nicht nur Streitigkeiten über die eigentlichen Rechte und Pflichten der Vertragsparteien in den Anwendungsbereich von § 18 Nr. 1 VOB/B einzubeziehen, sondern an eine **wirtschaftliche Betrachtungsweise** anzuknüpfen. Entscheidend ist somit vorrangig, dass die Streitigkeit ihren Ursprung in dem Bauvertrag hat oder mit ihm wenigstens in unmittelbarem Zusammenhang steht. Hierzu gehören auch Streitigkeiten in Bezug auf die Wirksamkeit des Bauvertrags (vgl. nur BGH Urt. v. 19.1.1960 VIII ZR 35/59 = LM § 38 ZPO Nr. 4; *Zöller/Vollkommer* § 38 Rn. 8; *Hartmann* in *Baumbach/Lauterbach* u.a. § 38 Rn. 5 – jeweils m.w.N.). Erfasst werden darüber hinaus andere im wirtschaftlichen Zusammenhang mit einem Bauvertrag stehende Auseinandersetzungen, wie insbesondere Streitigkeiten aus ungerechtfertigter Bereicherung (OLG Stuttgart Urt. v. 12.7.1995 2 U 2/95 = BauR 1996, 149; LG Frankfurt Urt. v. 8.3.1962 2/4 O 83/61) oder Ansprüche aus culpa in contrahendo (§§ 280 Abs. 1, 241 Abs. 2, 311 Abs. 2 BGB), diese jedoch nur dann, soweit überhaupt ein Vertrag zustande gekommen ist. Andernfalls fehlt es mangels Vereinbarung der VOB an einer Gerichtsstandsvereinbarung (ebenso: Beck'scher VOB-Komm./*Bewersdorf* § 18 Nr. 1 VOB/B Rn. 22). § 18 Nr. 1 VOB/B ist ebenfalls nicht ohne weiteres bei **Streitigkeiten aus unerlaubter Handlung** anwendbar, da insoweit mangels hinreichend klarer Regelung in der VOB die Bestimmungen des **§ 32 ZPO vorrangig** sein dürften.

III. Zuständige Stelle im Auftraggeberbereich

39 Für die **örtliche Zuständigkeit** bei Rechtsstreitigkeiten der Bauvertragspartner ist der **Sitz der für die Prozessvertretung des Auftraggebers zuständigen Stelle** maßgebend. Wo sich diese befindet, richtet sich nach den Gegebenheiten des Einzelfalls. Lässt sich eine solche Stelle nicht konkret bestimmen, kommt vor allem **bei Bauverträgen mit privaten Auftraggebern deren allgemeiner Gerichtsstand** in Betracht. Dies ist bei Privatpersonen in der Regel deren Wohnsitz (§ 13 ZPO), bei Handelsgesellschaften, insbesondere bei juristischen Personen, deren Sitz (§ 17 ZPO) bzw. bei einem entsprechenden Bezug auch deren Niederlassung (§ 21 ZPO) (vgl. im Einzelnen oben Rn. 8 f.).

40 Den **Auftraggeber** trifft nach Nr. **1 S. 2** eine **Unterrichtungspflicht,** falls der Auftragnehmer von ihm Aufklärung über die für die Prozessvertretung zuständige Stelle verlangt. **Verweigert der Auftraggeber** dem Auftragnehmer **die Auskunft** und klagt letzterer daraufhin bei einem örtlich unzuständigen Gericht, hat der Auftraggeber dem Auftragnehmer gemäß § 280 Abs. 1 BGB (**positive Vertragsverletzung**) die dadurch entstehenden Mehrkosten oder auch sonstigen Schäden, wie z.B. aus durch das Verhalten des Auftraggebers entstehender Verzögerung, zu ersetzen.

IV. Ausschließlichkeit der Gerichtsstandsvereinbarung nach Nr. 1

41 Die nach Nr. 1 geltende Gerichtsstandsvereinbarung soll dem Auftraggeber die Prozessführung erleichtern. Dies gilt für den privaten und öffentlichen Auftraggeber in gleicher Weise (siehe hierzu oben Rn. 15 ff.). Hiernach kann der Auftragnehmer bei allen Prozessen gegen den Auftraggeber tatsächlich nur an dessen Sitz klagen. Demgegenüber könnte es nach Sinn und Zweck der Regelung der Nr. 1 zumindest dem Grunde nach gerechtfertigt sein, dem Auftraggeber die Möglichkeit einzuräumen, bei einem Aktivprozess wahlweise an seinem Sitz oder alternativ z.B. am Erfüllungsort zu klagen. So vertritt insbesondere Bewersdorf die Auffassung, dass mit § 18 Nr. 1 VOB/B für den Auftraggeber nur ein zusätzlicher Gerichtsstand begründet werde, während für den Auftragnehmer alle anderen Gerichtsstände ausgeschlossen seien (Beck'scher VOB-Komm./*Bewersdorf* § 18 Nr. 1 Rn. 15; ebenso *Rosenberger* FS Mantscheff S. 395, 399 ff.). Auch wenn Sinn und Zweck des § 18 Nr. 1 VOB/B eine solche Auslegung nicht ausschließen, ist dem doch zu widersprechen. Nicht nur der eindeutige Wortlaut des § 18 Nr. 1 VOB/B spricht dagegen (»der Gerichtsstand richtet sich ... nach dem Sitz

...«); auch gebieten es Sinn und Zweck des § 18 Nr. 1 VOB/B nicht zwingend, dem Auftraggeber hier die Wahlfreiheit zu lassen. Vielmehr steht die in § 18 Nr. 1 VOB/B liegende Konzentrationsmaxime von **Aktiv- und Passivprozessen am Sitz des Auftraggebers** im Vordergrund, was dem Grunde nach aus Sicht des Auftraggebers allein bereits vorteilhaft ist. Ihm noch darüber hinaus ein Wahlrecht einzuräumen, z.B. alternativ am Erfüllungsort zu klagen, ergibt sich demgegenüber weder aus § 18 Nr. 1 VOB/B noch aus einer sonstigen Regelung. Daher liegt ohne eine weitere Vereinbarung hierzu bei alleiniger Geltung von § 18 Nr. 1 VOB/B eine **ausschließliche Zuständigkeit** vor, die auch den Auftraggeber bindet (OLG Frankfurt Beschl. v. 18.12.1998 21 AR 99/98 BauR 1999, 789 [Ls.] = NJW-RR 1999, 604, 605; OLG Stuttgart Urt. v. 15.9.1997 5 U 99/97 = BauR 1999, 683; ebenso *Rutsatz* BauR 1998, 692, 696 – zweifelnd KG Beschl. v. 3.3.2005 2 AR 10/05 = OLGR 2005, 522).

V. Abweichende Vereinbarung und AGB-Inhaltskontrolle

§ 18 Nr. 1 VOB/B enthält eine von den gesetzlichen Regelungen abweichende Gerichtsstandsbestimmung zugunsten des Auftraggebers. Diese Klausel ist auch **bei einer isolierten Vereinbarung von § 18 Nr. 1 in einem Bauvertrag wirksam**; sie verstößt insbesondere nicht wegen unangemessener Benachteiligung des Vertragspartners gegen § 307 BGB. Dies gewinnt an Bedeutung, wenn die VOB im Übrigen wegen einer davon abweichenden Regelung einer AGB-Inhaltskontrolle nach §§ 307 ff. BGB unterworfen wird. Zumindest § 18 Nr. 1 VOB/B hält einer dann erforderlichen isolierten Kontrolle stand (OLG Oldenburg Urt. v. 24.4.1996 2 U 49/96 = NJW-RR 1996, 1486 = ZfBR 1996, 324). **42**

Die Gerichtsstandsvereinbarung aus § 18 Nr. 1 VOB/B ist entsprechend der ausdrücklichen Regelung in Nr. 1 selbst nur anwendbar, wenn die Parteien hierzu im Bauvertrag **keine davon abweichende andere (wirksame) Regelung** getroffen haben. Um wirksam zu sein, muss diese Regelung – soweit AGB vorliegen – ebenfalls einer AGB-Inhaltskontrolle standhalten. Dabei ist zu beachten: **43**

1. Vorrangige Prüfung der Prorogationsbefugnis

Die in Nr. 1 angesprochene anderweitige Vereinbarung kann ebenso wie die Gerichtsstandsvereinbarung nach Nr. 1 selbst nur von den nach § 38 ZPO **Prorogationsberechtigten** getroffen werden. Dies ist am oben erläuterten Maßstab vorrangig zu prüfen (vgl. oben Rn. 19 ff.). **44**

2. AGB-Inhaltskontrolle

Sind die Bauvertragsparteien nach § 38 ZPO fähig, eine Gerichtsstandsvereinbarung dem Grunde nach zu treffen, können sie von der in § 18 Nr. 1 VOB/B getroffenen Regelung ohne weiteres abweichen. Eine danach getroffene Bestimmung des Gerichtsstandes in den AGB des Auftraggebers muss zwar einer **AGB-Inhaltskontrolle** standhalten. Dabei findet jedoch die allgemeine Einbeziehungskontrolle des § 305 Abs. 2 BGB – von Ausnahmefällen abgesehen (so etwa BGH Urt. v. 30.5.1983 II ZR 135/82 = NJW 1983, 2772, 2773, wenn eine Bestimmung »nur mit Lupe zu lesen ist«) – keine Anwendung: Dies beruht darauf, dass nach § 38 ZPO die Prorogationsberechtigung der Bauvertragsparteien ohnehin Voraussetzung für eine Gerichtsstandsvereinbarung ist. Dann aber sind auf beiden Seiten grundsätzlich Unternehmer bzw. juristische Personen des öffentlichen Rechts beteiligt, so dass eine Anwendung der Schutznorm der § 305 Abs. 2 BGB ausscheidet (§ 310 Abs. 1 BGB). **45**

Zu prüfen ist eine von § 18 Nr. 1 VOB/B abweichende Regelung jedoch am Maßstab der §§ 305c und 307 BGB. Obwohl Einzelheiten hierzu in Rechtsprechung und Literatur umstritten sind (Überblick hierzu unter anderem bei *Ulmer/Brandner/Hensen* Anh., §§ 9–11 Rn. 402; *Zöller/Vollkommer* § 38 Rn. 22), dürfte eine Gerichtsstandsvereinbarung immer dann scheitern, wenn der **vorgesehene Gerichtsstand in keiner Beziehung zu einer Vertragspartei oder zu dem Bauvorhaben steht** (über- **46** wiegende Ansicht: vgl. nur OLG Köln Urt. v. 20.6.1989 24 U 44/89 = ZIP 1989, 1068, 1069; OLG Oldenburg Urt. v. 24.4.1996 2 U 49/96 = NJW-RR 1996, 1486 = ZfBR 1996, 324; KG Beschl. v. 30.3.2000 28 AR 22/00 = BauR 2000, 1092; *Zöller/Vollkommer* § 38 Rn. 22; *Ulmer/Brandner/Hensen* § 3 Rn. 16 – jeweils m.w.N.). Des Weiteren dürfte entgegen LG Frankenthal (Beschl. v. 2.4.1996 1 HK O 45/96 = NJW 1997, 203) eine Gerichtsstandsklausel keine Geltung erlangen, wenn für alle Rechtsstreitigkeiten als Eingangsinstanz unabhängig von der Höhe des Streitwerts das örtlich zuständige Amtsgericht berufen werden soll. Dabei geht es weniger um einen Schutz der infolge einer solchen Vereinbarung mit Mehrarbeit betroffenen Amtsrichter; auch ist die Motivation für eine solche Regelung nachzuvollziehen vor dem Hintergrund, dass der Verwender die Klausel deshalb stellt, um allein mit seiner Rechtsabteilung erstinstanzliche Streitigkeiten führen zu können. Gleichwohl dürfte eine solche Klausel aufgrund ihres überraschenden Charakters gemäß § 305c Abs. 1 BGB nicht Vertragsbestandteil werden (i.E. ebenso *Heinrichs* NJW 1997, 1407, 1415). Dabei dürfte eine solche Klausel ursprünglich auch gegen § 9 AGBG a.F. (§ 307 BGB) verstoßen haben: Denn tatsächlich lag darin nicht nur eine Gerichtsstandsvereinbarung, sondern mittelbar auch eine Beschneidung der Rechtsmittel des Verwendungsgegners, da ihm selbst bei Fragen von grundsätzlicher Bedeutung der Zugang zum Bundesgerichtshof verwehrt wurde. Dieses Argument greift seit dem Zivilprozessreformgesetz vom 27.7.2001 allerdings nicht mehr, da nunmehr – wenn auch nur in Ausnahmefällen – eine Revision zum Bundesgerichtshof auch gegen amtsgerichtliche Urteile möglich ist.

47 Die vorgenannten Grundsätze zu einer von § 18 Nr. 1 VOB/B abweichenden Gerichtsstandsbestimmung gelten im Wesentlichen auch für einschlägige Regelungen in **Allgemeinen Geschäftsbedingungen des Auftragnehmers;** sie sind insbesondere im bauhandwerklichen Bereich anzutreffen mit der Maßgabe, dass z.B. der Auftragnehmer entgegen § 18 Nr. 1 VOB/B seinen Geschäftssitz als Gerichtsstand vorsieht. Widerspricht der Auftraggeber dem nicht bei der Auftragserteilung oder setzt er nicht durch, dass § 18 Nr. 1 VOB/B zum Vertragsgegenstand wird, dann ist Gerichtsstand tatsächlich der des Auftragnehmers. Das gilt auch, wenn der Auftraggeber vorher in den Verdingungsunterlagen auf die VOB einschließlich § 18 Nr. 1 VOB/B hingewiesen, der Auftragnehmer aber ein davon abweichendes Angebot auf der Grundlage seiner Geschäftsbedingungen mit einer ihm günstigen Gerichtsstandsbestimmung gemacht und der Auftraggeber dann ohne Widerspruch auf dieses Angebot den Zuschlag erteilt hat. Der Auftraggeber hat sich dann mit diesem Zuschlag nach zunächst divergierenden Willenserklärungen mit dem zuletzt vorgelegten Angebot des Auftragnehmers, das die diesem günstige Gerichtsstandsvereinbarung enthält, einverstanden erklärt. Ein vergleichbarer Sachverhalt liegt vor, wenn der Auftraggeber abweichend vom Angebot des Auftragnehmers bei der Zuschlagserteilung auf die Allgemeinen Vertragsbedingungen der VOB Bezug nimmt, der Auftragnehmer in einem den Auftrag bestätigenden Schreiben wiederum auf seine Geschäftsbedingungen hinweist und der Auftraggeber daraufhin schweigt (vgl. BGH Urt. v. 14.3.1963 VII ZR 257/61 = BB 1963, 496 = Betrieb 1963, 652 = SFH Z 2.13 Bl. 14).

§ 18 Nr. 2
[Die Klärung von Meinungsverschiedenheiten bei Verträgen mit Behörden]

(1) Entstehen bei Verträgen mit Behörden Meinungsverschiedenheiten, so soll der Auftragnehmer zunächst die der auftraggebenden Stelle unmittelbar vorgesetzte Stelle anrufen. Diese soll dem Auftragnehmer Gelegenheit zur mündlichen Aussprache geben und ihn möglichst innerhalb von 2 Monaten nach der Anrufung schriftlich bescheiden und dabei auf die Rechtsfolgen des Satzes 3 hinweisen. Die Entscheidung gilt als anerkannt, wenn der Auftragnehmer nicht innerhalb von 3 Monaten nach Eingang des Bescheides schriftlich Einspruch beim Auftraggeber erhebt und dieser ihn auf die Ausschlussfrist hingewiesen hat.

(2) Mit dem Eingang des schriftlichen Antrages auf Durchführung eines Verfahrens nach Absatz 1 wird die Verjährung des in diesem Antrag geltend gemachten Anspruchs gehemmt. Wollen Auftraggeber oder Auftragnehmer das Verfahren nicht weiter betreiben, teilen sie dies dem jeweils anderen Teil schriftlich mit. Die Hemmung endet 3 Monate nach Zugang des schriftlichen Bescheides oder der Mitteilung nach Satz 2.

Inhaltsübersicht

	Rn.
A. Allgemeine Grundlagen...	1
B. Vorschrift im Einzelnen..	5
I. Allgemeine Voraussetzungen des Schlichtungsverfahrens..........................	5
1. Auftraggeber ist eine Behörde..	5
2. Kein Zwang für Schlichtungsverfahren..	6
3. Streitschlichtung nach § 15a EGZPO...	7
II. Anrufung der der auftragvergebenden Stelle vorgesetzten Behörde; Aussprache; schriftlicher Bescheid mit Rechtsfolgenbelehrung (§ 18 Nr. 2 Abs. 1 S. 1 und 2 VOB/B)	8
1. Anrufung der vorgesetzten Stelle...	8
a) Anrufung der vorgesetzten Stelle wegen bauvertraglicher Streitigkeiten........	9
b) Inhalt und Form der Anrufung...	10
c) Frist...	11
d) Ermittlung der vorgesetzten Stelle...	12
2. Aussprache; schriftlicher Bescheid..	13
a) Bedeutung der Zweimonatsfrist...	14
b) Rechtsfolgenbelehrung nach S. 3 im Bescheid...............................	15
c) Folgen bei nicht rechtzeitigem oder nicht schriftlichem Bescheid.............	16
III. Einspruch des Auftragnehmers gegen den Bescheid; Anerkenntniswirkung bei Unterlassen rechtzeitigen schriftlichen Einspruchs des Auftragnehmers (§ 18 Nr. 2 Abs. 1 S. 3 VOB/B)..	17
1. Einspruch des Auftragnehmers...	18
2. Anerkenntniswirkung des Bescheids bei fehlendem Einspruch....................	21
a) Grundlagen..	22
b) Keine AGB-Widrigkeit der Anerkenntniswirkung...........................	24
c) Keine Wiedereinsetzung in den vorigen Stand.............................	25
d) Darlegungs- und Beweislast...	26
IV. Hemmung der Verjährung (§ 18 Nr. 2 Abs. 2 VOB/B).............................	27

Aufsätze: *Kaiser* Die vertragsrechtliche Bedeutung des § 18 Nr. 2 S. 3 VOB/B BB 1978, 1548; *Zietsch/Roschmann* Die Regelungen des vorprozessualen Güteverfahrens NJW, Beil. z. Heft 51/2001 3 ff.; *Lauer* Erfahrungen mit der außergerichtlichen Streitbeilegung in Ausführung des § 15a ZPO NJW 2004, 1280; *Bitter* Die Crux mit der obligatorischen Streitschlichtung nach § 15a EGZPO – Zulässige und unzulässige Strategien zur Vermeidung eines Schlichtungsverfahrens NJW 2005, 1235.

A. Allgemeine Grundlagen

§ 18 Nr. 2 VOB/B beschreibt ein Verfahren zur **außergerichtlichen Streitbeilegung** bei Meinungsverschiedenheiten aus Verträgen, bei denen die öffentliche Hand, und zwar in der Form der Behörde, Auftraggeber ist. Nach dem dort vorgesehenen Schlichtungsverfahren soll der Auftragnehmer bei Meinungsverschiedenheiten zunächst die vorgesetzte Behörde anrufen. Diese wiederum soll nach Anhörung binnen einer Frist von zwei Monaten eine Entscheidung zu der schwebenden Auseinandersetzung treffen. Diese Entscheidung gilt als anerkannt, wenn der Auftragnehmer dagegen nicht fristgemäß schriftlich Einspruch erhebt und er zuvor auf diese Anerkenntniswirkung i.V.m. der gleichzeitig geltenden Ausschlussfrist hingewiesen wurde. 1

VOB/B § 18 Nr. 2 Die Klärung von Meinungsverschiedenheiten bei Verträgen mit Behörden

2 Bei dem in **§ 18 Nr. 2 VOB/B geregelten Schlichtungsverfahren** handelt es sich um eine **Sollvorschrift**, die die Anrufung der unmittelbar vorgesetzten Stelle nicht zwingend vorschreibt. Sie räumt dem Auftragnehmer ein Recht ein, von dem dieser Gebrauch machen kann, aber nicht muss. Gleiches gilt für die vorgesetzte Stelle. Auch diese trifft keine Verpflichtung, sich an einem Schlichtungsverfahren zu beteiligen und ein solches durchzuführen. Rechtsnachteile entstehen dadurch keiner Partei. Es steht den Parteien somit frei, sofort den Klageweg zu beschreiten – wobei man insoweit allerdings die ggf. vorrangig zu beschreitenden, obligatorisch vorgeschalteten Schlichtungsverfahren entsprechend § 15a EGZPO zu beachten hat (vgl. dazu nachfolgend Rn. 7).

3 Vor allem um der öffentlichen Hand Gelegenheit zu geben, Prozesskosten, die letztlich aus Steuergeldern genommen werden, zu vermeiden, ist § 18 Nr. 2 VOB/B in die Allgemeinen Vertragsbedingungen aufgenommen worden. Allerdings handelt es sich bei diesem Anrufungsverfahren um **kein Schiedsgutachtenverfahren** o.Ä. Vielmehr ist und bleibt die der auftragvergebenden Stelle unmittelbar vorgesetzte Stelle der Auftraggeberseite zuzurechnen; sie ist also keinesfalls Dritter i.S.d. § 317 BGB (so auch *Kaiser* BB 1978, 1548).

4 Das Verfahren nach § 18 Nr. 2 VOB/B hat eine **gewisse Ähnlichkeit** mit demjenigen, wie es im Rahmen des **öffentlichen Rechts (Verwaltungsrechts) im vorprozessualen Rahmen** üblich ist. Es darf aber nicht damit verwechselt werden, da es sich bei dem Verfahren nach § 18 Nr. 2 VOB/B um eine rein zivilrechtliche Angelegenheit mit dem Ziel der gütlichen Beilegung einer Meinungsverschiedenheit zwischen gleichberechtigten Partnern handelt (so auch *Kaiser* BB 1978, 1548).

B. Vorschrift im Einzelnen

I. Allgemeine Voraussetzungen des Schlichtungsverfahrens

1. Auftraggeber ist eine Behörde

5 § 18 Nr. 2 VOB/B greift **nur** ein, **wenn** es sich bei dem **Auftraggeber** um **eine Behörde** handelt. Diese Regelung ist somit auf diejenigen öffentlichen Auftraggeber begrenzt, bei denen zur Erledigung ihrer Amtsgeschäfte **Dienststellen im hierarchischen Aufbau mit** entsprechenden **Aufsichtsfunktionen** errichtet wurden. Dies trifft insbesondere bei öffentlich-rechtlichen Körperschaften, wie Bund, Länder, Gemeinden usw. zu (im Land Nordrhein-Westfalen zählen zu den Behörden i.S.d. § 18 Nr. 2 VOB/B auch die Landschaftsverbände; sie sind öffentlich-rechtliche Körperschaften mit dem Recht der Selbstverwaltung durch ihre gewählten Organe [§ 2 Landschaftsverbandsordnung]).

2. Kein Zwang für Schlichtungsverfahren

6 Bei § 18 Nr. 2 VOB/B handelt es sich um eine »**Sollvorschrift**«: Dem **Auftragnehmer bleibt es freigestellt, diesen Weg zu wählen** oder sogleich den Klageweg zu beschreiten. Falls nicht triftige Gegengründe vorliegen, ist ihm unbedingt anzuraten, eine gütliche Beilegung der aufgetretenen Meinungsverschiedenheiten mit Hilfe der in § 18 Nr. 2 VOB/B eingeräumten Möglichkeit zu versuchen. Denn auch der Auftragnehmer sollte in aller Regel ein berechtigtes Interesse daran haben, eine prozessuale Auseinandersetzung oder eine Auseinandersetzung vor einem Schiedsgericht zu vermeiden, schon mit Rücksicht auf die damit erreichte Zeitersparnis. Hinzu kommt, dass ein Auftragnehmer, der mit einer Behörde einen Bauvertrag abschließt, das notwendige Vertrauen zu dieser und der ihr vorgesetzten Behörde aufbringen sollte. Das setzt allerdings andererseits unbedingt eine ernsthafte, allein von sachlichen Gesichtspunkten und in objektiver Betrachtungsweise ausgerichtete Verhandlungsbereitschaft des öffentlichen Auftraggebers voraus.

3. Streitschlichtung nach § 15a EGZPO

§ 18 Nr. 2 VOB/B stellt dem Auftragnehmer eine Möglichkeit zur Verfügung, mit einem relativ unkomplizierten Verfahren ohne Prozess seine Ansprüche durchzusetzen. Der Auftragnehmer muss dieses Verfahren jedoch nicht durchführen und kann vielmehr sofort klagen, auch wenn er insoweit schlecht beraten wäre, entsprechend zu verfahren. Hindert § 18 Nr. 2 VOB/B eine solche unmittelbare Klage nicht, kann sich ein solches Hindernis allerdings aus landesrechtlichen Vorschriften ergeben. Anknüpfungspunkt für danach zwingend vor einer Klageerhebung durchzuführende »Vorverfahren« ist unter anderem § 15a EGZPO. Diese Norm eröffnet den Ländern die Möglichkeit, bestimmte zivilgerichtliche Klagen von der Durchführung eines vorgeschalteten außergerichtlichen Streitschlichtungsverfahrens abhängig zu machen. Einbezogen werden in diese **obligatorische außergerichtliche Streitschlichtung** vor allem die in Bausachen auftretenden kleineren **vermögensrechtlichen Streitigkeiten mit einem Streitwert von bis zu 750 €**, die vor den Amtsgerichten auszutragen wären und für die keine besondere Prozessart i.S.d. § 15a Abs. 2 ZPO vorliegt. Von dieser Möglichkeit der Einführung außergerichtlicher obligatorischer Streitschlichtungsverfahren haben inzwischen die Länder Nordrhein-Westfalen, Bayern, Baden-Württemberg, Brandenburg, Hessen, Saarland, Sachsen-Anhalt und Schleswig-Holstein Gebrauch gemacht (siehe zum Stand der Umsetzung in den einzelnen Ländern *Zietsch/Roschmann* NJW 2001, Beil. zu Heft 51, S. 3). Dabei sind allerdings einige landesgesetzliche Regelungen bis zum 31.12.2008 befristet. Soweit landesgesetzliche Regelungen bestehen, muss ein Kläger nunmehr mit der Klageerhebung zu den betroffenen Streitigkeiten eine von einer nach den landesrechtlichen Bestimmungen eingerichteten Gütestelle ausgestellte Bescheinigung über einen erfolglosen Einigungsversuch einreichen. Dabei ist ihm eine solche Bescheinigung auch zu erteilen, wenn binnen einer Frist von drei Monaten das von ihm beantragte Einigungsverfahren nicht durchgeführt worden ist (§ 15a Abs. 1 S. 2 und S. 3 ZPO). Eine ohne diese Bescheinigung erhobene Klage ist unzulässig, wobei ein diesbezügliches Verfahren nach Klageerhebung nicht nachgeholt werden kann (BGH Urt. v. 23.11.2004 VI ZR 336/03 = BGHZ 161, 145 = NJW 2005, 437, 438). Allerdings gilt weiter: Ist ein Prozess erst einmal anhängig (z.B. nachdem ein Schlichtungsverfahren erfolglos durchgeführt worden war), so wird dieses Verfahren wie jedes andere Verfahren nach den allgemeinen Vorschriften durchgeführt, d.h.: Der Kläger kann nunmehr die Klage erweitern oder ändern, ohne dass hierdurch die Zulässigkeit entfiele. Insoweit muss zu einem solchen ggf. geänderten Klagegegenstand nicht zuvor ein neues Schlichtungsverfahren durchgeführt werden (BGH Urt. v. 22.10.2004 V ZR 47/04 = NJW-RR 2005, 501, 503). Im Übrigen wird es zur Vermeidung der Klageabweisung wegen Unzulässigkeit mangels vorgeschaltetem Schlichtungsverfahren zulässig sein, die bereits eingereichte Klage zu erhöhen oder den bisher gestellten schlichtungspflichtigen Antrag um einen weiteren nicht schlichtungspflichtigen Antrag zu erweitern (vgl. dazu ausführlich *Bitter* NJW 2005, 1235). Wegen der weiteren Einzelheiten werden die Betroffenen kaum umhin kommen, als sich mit den z.T. sehr unterschiedlichen landesrechtlichen Vorschriften auseinander zu setzen (vgl. dazu immerhin *Zietsch/Roschmann* a.a.O.; *Friedrich* NJW 2002, 798; *ders.* NJW 2002, 3223; *Bitter* NJW 2005, 1835). Wollen sie davon absehen, können sie alternativ einem beabsichtigten Zivilprozess ein Mahnbescheidsverfahren vorschalten. In diesem Fall findet ein Güteverfahren nicht statt (§ 15 Abs. 2 Nr. 5 EGZPO – vgl. dort auch die anderen Ausnahmen).

II. Anrufung der der auftragvergebenden Stelle vorgesetzten Behörde; Aussprache; schriftlicher Bescheid mit Rechtsfolgenbelehrung (§ 18 Nr. 2 Abs. 1 S. 1 und 2 VOB/B)

1. Anrufung der vorgesetzten Stelle

Entstehen bei Bauverträgen mit Behörden Meinungsverschiedenheiten, **soll der Auftragnehmer** zunächst die **der auftragvergebenden Stelle unmittelbar vorgesetzte Stelle anrufen.** Die Anrufung der vorgesetzten Stelle ist selbstverständlich nur dann sinnvoll, wenn der Auftragnehmer die Mei-

VOB/B § 18 Nr. 2 Die Klärung von Meinungsverschiedenheiten bei Verträgen mit Behörden

nungsverschiedenheit auf Grund von Verhandlungen mit der auftragvergebenden Stelle selbst nicht ausräumen kann. Im Übrigen gilt zu der in § 18 Nr. 2 VOB/B geregelten Anrufung:

a) Anrufung der vorgesetzten Stelle wegen bauvertraglicher Streitigkeiten

9 § 18 Nr. 2 VOB/B regelt nur die **Anrufung** der vorgesetzten Stelle **bei einer Meinungsverschiedenheit, die das bauvertragliche Verhältnis betrifft;** hierzu kann auf die entsprechenden Erläuterungen zu § 18 Nr. 1 VOB/B verwiesen werden (§ 18 Nr. 1 Rn. 38). Geht es hingegen um Meinungsverschiedenheiten vor Vertragsabschluss, ist § 18 Nr. 2 VOB/B nicht anwendbar. Gegebenenfalls ist insoweit, insbesondere bei Meinungsverschiedenheiten zu einer Auftragsvergabe, unter Berücksichtigung der vergaberechtlichen Bestimmungen die Nachprüfungsstelle (§ 31 VOB/A) oder bei Überschreiten der Schwellenwerte die Vergabeprüfstelle bzw. Vergabekammer (§§ 103 f. GWB) einzuschalten.

b) Inhalt und Form der Anrufung

10 Der Auftragnehmer soll der unmittelbar vorgesetzten Stelle den Sachverhalt, d.h. die Meinungsverschiedenheit, und seine eigene Auffassung vortragen. Nach dem Wortlaut der VOB muss ein diesbezüglicher Vortrag nicht unbedingt schriftlich geschehen; es liegt aber auf der Hand, dass die **Einhaltung der Schriftlichkeit dringend anzuraten** ist. Denkbar ist auch, dass der Auftragnehmer die auftragvergebende Stelle bittet, die umstrittene Frage an die ihr vorgesetzte Dienststelle zur Klärung weiterzuleiten.

c) Frist

11 Die Anrufung der vorgesetzten Stelle unterliegt **keiner Frist**. Sie kann jederzeit nach Vertragsschluss (siehe zu Meinungsverschiedenheiten vor Vertragsschluss oben Rn. 9) bis zum Ende der Gewährleistung erfolgen. Zu beachten ist, dass ggf. laufende Fristen – mit Ausnahme der in § 18 Nr. 2 Abs. 2 VOB/B gesondert geregelten Hemmung der Verjährung (vgl. dazu unten Rn. 27 ff.) – von einer Anrufung unberührt bleiben. So muss z.B. ein Auftragnehmer unabhängig von der Einschaltung der nächsthöheren Stelle ggf. fristwahrend innerhalb von 24 Werktagen nach Eingang der Schlusszahlung den Vorbehalt nach § 16 Nr. 3 Abs. 5 VOB/B erheben (ebenso Beck'scher VOB-Komm./*Bewersdorf* § 18 Nr. 2 VOB/B Rn. 14; *Heiermann/Riedl/Rusam* § 18 VOB/B Rn. 9).

d) Ermittlung der vorgesetzten Stelle

12 Die unmittelbar vorgesetzte Stelle richtet sich nach dem Verwaltungsaufbau, in deren Hierarchie sich die auftragvergebende Stelle befindet. Ergibt sich die nächsthöhere Stelle nicht aus den Verdingungsunterlagen, **muss der Auftraggeber** hierüber **Auskunft erteilen.** Dabei handelt es sich um eine bauvertragliche Nebenpflicht, deren Verletzung zu einem **Schadensersatzanspruch aus positiver Vertragsverletzung (§ 280 Abs. 1 BGB)** führen kann (vgl. insoweit auch den zur Auskunftspflicht geregelten Parallelfall bei § 18 Nr. 1 S. 2: § 18 Nr. 1 VOB/B Rn. 40). Bei Gemeinden und Gemeindeverbänden sowie den Landkreisen ist unmittelbar vorgesetzte Stelle im hier maßgebenden Sinne die deren Tätigkeit überwachende Aufsichtsbehörde. Insoweit dürfte es nicht darauf ankommen, ob und inwieweit ein Weisungsverhältnis oder eine Vertretungsbefugnis besteht, zumal zumeist jedenfalls haushaltsrechtliche Einwirkungsmöglichkeiten eingreifen dürften. Andernfalls wäre die erörterte Regelung der VOB/B für den genannten Kreis der Auftraggeber, die sich in erheblichem Umfang als öffentlicher Auftraggeber auf dem Baumarkt betätigen, ohne Wirkung. Dies wiederum würde dazu führen, dass die Vertragspartner sogleich auf den Prozessweg angewiesen wären, was nach dem Sinn der Regelung in § 18 Nr. 2 VOB/B gerade vermieden werden soll. Vor allem dieser letztlich entscheidende Gesichtspunkt wird von Heiermann/Riedl/Rusam (§ 18 VOB/B Rn. 5) bei ihrer gegenteiligen Ansicht übersehen.

2. Aussprache; schriftlicher Bescheid

Hat der Auftragnehmer die unmittelbar vorgesetzte Stelle angerufen, soll diese ihm **Gelegenheit zur mündlichen Aussprache** geben. Der Auftragnehmer hat keine Pflicht, zu dieser Aussprache zu erscheinen. Allerdings entgeht ihm dann die Möglichkeit, sein Anliegen in der gebotenen Form bei der nächsthöheren Stelle vorzutragen. Wurde die Gelegenheit zur Aussprache gewährt, soll die vorgesetzte Stelle den Auftragnehmer unabhängig von einer etwaigen Teilnahme hieran, zweckmäßigerweise aber natürlich erst nach Anhörung der auftragvergebenden Stelle, innerhalb **von zwei Monaten** nach der Anrufung **schriftlich bescheiden** (§ 18 Nr. 2 Abs. 1 S. 2 VOB/B). Bei dem hier zu erteilenden Bescheid ist zu beachten:

a) Bedeutung der Zweimonatsfrist

Wie sich aus der Formulierung in § 18 Nr. 2 Abs. 1 S. 2 VOB/B ergibt, handelt es sich bei der Empfehlung zur schriftlichen Bescheidung des Auftragnehmers innerhalb von zwei Monaten **nicht** um eine **echte Fristsetzung.** Vielmehr ist die Zwei-Monatsfrist als ein Hinweis auf die berechtigten Interessen des Auftragnehmers aufzufassen, dass die der auftraggebenden Stelle vorgesetzte Stelle mit Beschleunigung den Fall prüfen und sich dazu erklären soll. Deshalb ist es unzulässig, den Auftragnehmer ohne hinreichend klare Zwischennachricht unangemessen lange über zwei Monate hinaus warten zu lassen (unzutreffend daher LG Bonn Beschl. v. 20.6.1995 1 O 101/95 = NJW-RR 1995, 1487, in einem Fall, in dem der schriftliche Bescheid neun Monate [!] auf sich warten ließ). Allerdings besteht auf Grund der in § 18 Nr. 2 Abs. 1 S. 2 VOB/B gefundenen Formulierung **kein vertraglicher Anspruch auf Erhalt eines schriftlichen Bescheids binnen der vorgeschriebenen Frist** (wie hier *Nicklisch/Weick* § 18 VOB/B Rn. 16; *Heiermann/Riedl/Rusam* § 18 VOB/B Rn. 10). Dieser lässt sich auch nicht im Wege einer Dienstaufsichtsbeschwerde durchsetzen (a.A. *Heiermann/Riedl/Rusam* a.a.O.). Dagegen besteht ein vertraglicher Anspruch des Auftragnehmers auf fristgerechten Bescheid, wenn sich eine entsprechende Verpflichtung des Auftraggebers dazu aus den Besonderen oder Zusätzlichen Vertragsbedingungen entnehmen lässt. Hält der Auftraggeber eine solche Verpflichtung nicht ein, haftet er dem Auftragnehmer für entstehende Mehrkosten oder wegen sonst dadurch herbeigeführte Schäden aus positiver Vertragsverletzung gemäß § 280 Abs. 1 BGB.

b) Rechtsfolgenbelehrung nach S. 3 im Bescheid

Wird der Auftraggeber schriftlich beschieden, was für eine Behörde allgemein üblich ist, soll der **schriftliche Bescheid** nach § 18 Nr. 2 Abs. 1 S. 2 VOB/B nicht nur die **Antwort** auf das vom Auftragnehmer Vorgetragene enthalten; vielmehr soll **außerdem auf die Rechtsfolgen gem. § 18 Nr. 2 Abs. 1 S. 3 VOB/B hingewiesen werden,** nämlich dass die Entscheidung der der auftraggebenden Stelle vorgesetzten Stelle als anerkannt gilt, wenn der Auftagnehmer nicht binnen drei Monaten schriftlich Einspruch erhebt (vgl. Rn. 17 ff.). Der Auftraggeber muss dieses tun, wenn er sich später auf diese Anerkenntniswirkung der Entscheidung (siehe hierzu unten Rn. 21 ff.) berufen will. Insofern ist also diese Rechtsfolgenbelehrung zwingend. Der Bescheid muss dem Auftragnehmer gemäß bzw. entsprechend den §§ 130 ff. BGB zugehen.

c) Folgen bei nicht rechtzeitigem oder nicht schriftlichem Bescheid

Erhält der Auftragnehmer innerhalb angemessener Zeit, d.h. i.d.R. binnen zwei Monaten, **keinen schriftlichen oder keinen rechtzeitigen Bescheid** (vgl. oben Rn. 14.; a.A. und unzutreffend LG Bonn Beschl. v. 20.6.1995 1 O 101/95 = NJW-RR 1995, 1487) und ist auch eine mündliche Aussprache erfolglos verlaufen oder hat sie nicht stattgefunden, muss der Auftragnehmer das als **negative Antwort** auf sein Vorbringen auffassen. Ihm steht es dann **wie überhaupt** frei, seine **Rechte im Klagewege geltend** zu machen. In solchen Fällen kann sich der Auftraggeber nicht auf die in § 18 Nr. 2 Abs. 1 S. 3 VOB/B genannten **Folgen** (vgl. Rn. 17 ff.) berufen. Denn diese setzen einen vorausgegangenen schriftlichen Bescheid mit der genannten Rechtsfolgenbelehrung voraus. Dabei ist die Einhaltung der Schriftform Wirksamkeitsvoraussetzung für den Bescheid. Des Weiteren muss es sich um

VOB/B § 18 Nr. 2   Die Klärung von Meinungsverschiedenheiten bei Verträgen mit Behörden

einen Bescheid im Sinne einer endgültigen Entschließung handeln, nicht etwa nur um eine bloße Empfehlung, sich z.B. auf einen bestimmten Betrag zu einigen.

III. Einspruch des Auftragnehmers gegen den Bescheid; Anerkenntniswirkung bei Unterlassen rechtzeitigen schriftlichen Einspruchs des Auftragnehmers (§ 18 Nr. 2 Abs. 1 S. 3 VOB/B).

17 Bescheidet die unmittelbar vorgesetzte Stelle des Auftraggebers den Auftragnehmer **schriftlich und rechtzeitig, gilt diese »Entscheidung« als vom Auftragnehmer anerkannt, falls er nicht innerhalb von drei Monaten nach Eingang des Bescheids beim Auftraggeber schriftlich »Einspruch« einlegt.** Hierzu gilt im Einzelnen:

1. Einspruch des Auftragnehmers

18 Liegt ein nach vorgenannten Voraussetzungen wirksamer Bescheid der vorgesetzten Stelle vor (oben Rn. 15 ff.), **muss** der Auftragnehmer – will er diesen nicht akzeptieren – dagegen **binnen einer Frist von drei Monaten nach Eingang des Bescheids schriftlich Einspruch erheben.** Eingang des Bescheids bei dem Auftragnehmer bedeutet Zugang i.S.d. §§ 130 ff. BGB. Die Einhaltung der Schriftform ist genauso wie die Einhaltung der Frist **absolute Wirksamkeitsvoraussetzung** des Einspruchs. Für die Fristberechnung gelten die §§ 187 ff. BGB: Hiernach ist der Tag des Zugangs des Bescheids bei der Fristberechnung nicht mitzurechnen (§ 187 Abs. 1 BGB); fällt der letzte Tag der Frist auf einen Sonntag, einen allgemein anerkannten Feiertag oder einen Sonnabend, so tritt an die Stelle eines solchen Tages der nächste Werktag (§ 193 BGB Abs. 1).

19 Der schriftliche Einspruch kann sowohl bei der auftragvergebenden als auch bei der vorgesetzten Stelle eingereicht werden. Letztere ist ebenfalls als Empfangsberechtigter der Auftraggeberseite anzusehen. Es ist nicht erforderlich, dass der Auftragnehmer in seiner schriftlichen Antwort das **Wort »Einspruch«** verwendet. Es genügt vielmehr, wenn er seinen Willen, die getroffene Entscheidung nicht hinnehmen zu wollen, auf eine andere, jedoch unmissverständliche Weise zum Ausdruck bringt.

20 Für den Fall, dass der Auftragnehmer **schriftlich und rechtzeitig »Einspruch«** eingelegt hat, sind die Versuche zur **Beilegung der Meinungsverschiedenheit als gescheitert anzusehen.** Es bleibt den Vertragspartnern dann überlassen, eine erneute gütliche Einigung zu versuchen oder den Streit im Prozesswege auszutragen.

2. Anerkenntniswirkung des Bescheids bei fehlendem Einspruch

21 Legt der Auftragnehmer keinen, keinen rechtzeitigen oder keinen schriftlichen Einspruch ein, gilt die Entscheidung der vorgesetzten Stelle nach § 18 Nr. 2 Abs. 1 S. 3 VOB/B als anerkannt, d.h.:

a) Grundlagen

22 Die **Anerkenntniswirkung tritt nur unter den in Rn. 13 ff. erläuterten Voraussetzungen** ein: Dem Auftragnehmer muss also rechtzeitig (vgl. oben Rn. 14) und ordnungsgemäß ein schriftlicher **Bescheid** zugegangen sein, der einen Verweis **auf die Folgen des § 18 Nr. 2 Abs. 1 S. 3 VOB/B** im Sinne einer Rechtsfolgenbelehrung enthält; **ferner muss zusätzlich ein ausdrücklicher Hinweis auf die dreimonatige Ausschlussfrist im Bescheid enthalten sein** (so auch VHB zu § 18 VOB/B Nr. 2). Fehlt eines dieser vorgeschriebenen Merkmale, ist es dem Auftraggeber versagt, sich auf die in § 18 Nr. 2 Abs. 1 S. 3 VOB/B geregelten Folgen, d.h. die Anerkenntniswirkung, zu berufen.

23 Vertragsrechtlich ist die Bescheidung durch die unmittelbar vorgesetzte Stelle regelmäßig (vgl. dazu *Kaiser* BB 1978, 1548, 1549) als ein für den Auftraggeber verbindliches rechtsgeschäftliches und empfangsbedürftiges Angebot (§§ 130, 145 ff. BGB) mit dem Inhalt aufzufassen, die Meinungsver-

schiedenheit in dem vorgeschlagenen Sinne zu erledigen. Das vom Auftragnehmer hierzu ausdrücklich erklärte **Einverständnis** gilt als Annahmeerklärung zur Beilegung der Meinungsverschiedenheit. Auch kommt im Einzelfall der Abschluss eines außergerichtlichen Vergleichs (§ 779 BGB) **oder** die Annahme eines sog. deklaratorischen Schuldanerkenntnisses in Betracht (für eine Einzelfallbetrachtung, allerdings mit sehr viel mehr Varianten, ebenfalls Beck'scher VOB-Komm./*Bewersdorf* § 18 Nr. 2 VOB/B Rn. 27 ff.). Letzteres setzt u.a. voraus, dass die Parteien mit der Vereinbarung das Schuldverhältnis insgesamt oder in einzelnen Bestimmungen dem Streit oder der Ungewissheit entziehen wollen (u.a. BGH Urt. v. 1.12.1994 VII ZR 215/93 = BauR 1995, 232 = ZIP 1995, 288 = MDR 1995, 244 = NJW 1995, 960 = SFH § 781 BGB Nr. 2 = LM § 781 BGB Nr. 26 = *Briesemeister* EWiR § 50 VG 1/95, S. 513 = ZfBR 1995, 82 m.w.N.). Die gleiche Wirkung wie ein ausdrücklich erklärtes Einverständnis mit dem vorliegenden Bescheid hat die Unterlassung des ordnungsgemäßen »Einspruchs«. Die Einverständniserklärung des Auftragnehmers mit dem Inhalt des Bescheids wird hier über § 18 Nr. 2 Abs. 1 VOB/B fingiert unter der Voraussetzung, dass der Bescheid die oben zu Rn. 13 ff. näher beschriebenen Voraussetzungen enthält. Sodann enthält § 18 Nr. 2 Abs. 1 S. 3 VOB/B weiter den Verzicht des Auftraggebers auf den Zugang der Annahmeerklärung des Auftragnehmers zu dem Inhalt des Bescheids gemäß § 151 S. 1 BGB (a.A. *Kaiser* BB 1978, 1548, 1550, der in Nr. 2 Abs. 1 S. 3 eine eigenständige Rechsfolgenvereinbarung sieht).

b) Keine AGB-Widrigkeit der Anerkenntniswirkung

Die Regelung in **§ 18 Nr. 2 Abs. 1 S. 3 VOB/B** mit der dort enthaltenen Anerkenntniswirkung **hält** einer AGB-Inhaltskontrolle stand. Anknüpfungspunkt ist insoweit § 308 Nr. 5 BGB. Danach sind fingierte Erklärungen bei Unterlassen einer bestimmten Handlung (hier Schweigen auf den Bescheid) nur unter den dort genannten Voraussetzungen zulässig. Diese Norm findet zwar keine Anwendung, wenn die VOB/B insgesamt in den Vertrag einbezogen ist. Doch auch unabhängig davon verstößt § 18 Nr. 2 VOB/B nicht gegen § 308 Nr. 5 BGB: Denn § 18 Nr. 2 VOB/B räumt dem Erklärungsgegner (Auftragnehmer) eine ausreichende angemessene Frist zur Abgabe einer ausdrücklichen Erklärung zum Inhalt des diesbezüglichen Bescheids ein; ferner ist der Auftraggeber verpflichtet, den Auftragnehmer bei Beginn der Frist auf die vorgesehene Bedeutung seines Verhaltens (Schweigens) besonders hinzuweisen (§ 308 Nr. 5 lit. a. und lit. b BGB). Vor diesem Hintergrund ist § 18 Nr. 2 Abs. 1 S. 3 VOB/B auch dann wirksam, wenn die VOB nicht als Ganzes vereinbart ist mit der Folge, dass jede Klausel der VOB einer AGB-Inhaltskontrolle unterworfen wird: § 18 Nr. 2 Abs. 1 S. 3 VOB/B hält einer solchen Kontrolle stand (ebenso: Beck'scher VOB-Komm./*Bewersdorf* § 18 Nr. 2 VOB/B Rn. 45; a.A. *Heiermann/Riedl/Rusam* § 18 VOB/B Rn. 11).

c) Keine Wiedereinsetzung in den vorigen Stand

Ist nach Vorgenanntem die Anerkenntniswirkung eingetreten, ist die Entscheidung endgültig. Eine **Wiedereinsetzung in den vorigen Stand** bei schuldloser Fristüberschreitung analog der §§ 233 ff. ZPO kommt **nicht** in Betracht (*Kaiser* BB 1978, 1548, 1550). Die Anerkenntniswirkung beruht hier auf einer vertraglichen Vereinbarung, die unter Zuhilfenahme des in § 18 Nr. 2 VOB/B geregelten Verfahrens zu Stande gekommen ist. Demgegenüber handelt es sich bei der Wiedereinsetzung in den vorigen Stand um ein Mittel des Prozessrechts; es hat bei einem Versäumnis zivilrechtlich vereinbarter Fristen mit den sich daraus ergebenden Erklärungswirkungen keine Bedeutung. Richtiges Instrument wäre insoweit allenfalls eine Korrektur über § 242 BGB (i.E. ebenso Beck'scher VOB-Komm./*Bewersdorf* § 18 Nr. 2 VOB/B Rn. 40 f.).

d) Darlegungs- und Beweislast

Kommt es zum Streit hinsichtlich der Voraussetzungen der Anerkenntniswirkung nach § 18 Nr. 2 Abs. 1 S. 3 VOB/B, muss der Auftraggeber die Existenz des Bescheids, dessen Schriftform verbunden mit dem Hinweis auf die Ausschlusswirkung bei fehlendem Einspruch sowie den Zugang des Be-

IV. Hemmung der Verjährung (§ 18 Nr. 2 Abs. 2 VOB/B).

27 Nach § 18 Nr. 2 Abs. 2 VOB/B ist die **Verjährung** eines Anspruchs, der zum Gegenstand eines nach dieser Nummer initiierten Schlichtungsverfahrens gemacht wird, für die Dauer dieses Verfahrens **gehemmt**. Mit dieser Regelung, die erst 2002 in die VOB/B aufgenommen wurde, von der Sache aber auch schon für zeitlich früher geschlossene Verträge galt (vgl. dazu den Meinungsstand in der Vorauflage), wird von einer streitigen Auseinandersetzung jeder unnötige Zeitdruck genommen. Gleichzeitig wird das Risiko ausgeschlossen, allein wegen einer drohenden Verjährung sofort den Weg zu den ordentlichen Gerichten zu suchen. Die Hemmung ist hierfür der richtige Weg.

28 (nicht besetzt)

29 Auch wenn das Verfahren nach § 18 Nr. 2 VOB/B kein schiedsgerichtliches Verfahren darstellt, orientiert sich § 18 Nr. 2 Abs. 2 VOB/B für den Beginn der Hemmung eng an der vergleichbaren Norm des schiedsrichterlichen Verfahrens (§ 204 Abs. 1 Nr. 11 BGB i.V.m. § 1044 ZPO). Danach knüpft der **Beginn der Hemmung** in § 18 Nr. 2 Abs. 2 S. 1 VOB/B an den **Eingang des schriftlichen Antrages** auf Durchführung des Verfahrens bei der vorgesetzten Dienststelle an. Mit dieser Regelung kann somit zweifelsfrei der genaue Zeitpunkt des Beginns der Hemmung objektiv festgestellt werden.

30 Die in § 18 Nr. 2 Abs. 2 S. 2 und 3 VOB/B enthaltenen weiteren Begleitregelungen sollen verhindern, dass ein Verfahren nach § 18 Nr. 2 VOB/B nicht mit der notwendigen Zügigkeit und Ernsthaftigkeit betrieben wird. Unter anderem aus diesem Grund, aber auch zur Vermeidung von Beweisschwierigkeiten wird die **Hemmung** der Verjährungsfrist zeitlich präzisiert. Sie **endet** entsprechend der vergleichbaren Regelung in § 203 S. 2 BGB **drei Monate nach Zugang des schriftlichen Bescheides** der vorgesetzten Behörde bzw. **nach schriftlicher Mitteilung** einer der Parteien, das Verfahren nicht weiter betreiben zu wollen. Hervorzuheben ist allerdings, dass im letzteren Fall § 18 Nr. 2 Abs. 2 VOB/B in einem Punkt von der entsprechenden Regelung in § 203 BGB abweicht. Genügt nach § 203 S. 1 BGB für das Ende der Hemmung, dass eine Partei »die Fortsetzung der Verhandlungen verweigert«, fordert § 18 Nr. 2 S. 2 und 3 VOB/B für diesen Abbruch der Verhandlungen eine schriftliche Äußerung. Erst mit deren Zugang beginnt die Dreimonatsfrist, mit deren Ablauf die Hemmung der Ansprüche endet, die Gegenstand des Schlichtungsverfahrens nach § 18 Nr. 2 VOB/B gewesen sind.

§ 18 Nr. 3
[Vereinbarung von Verfahren zur Streitbeilegung]

Daneben kann ein Verfahren zur Streitbeilegung vereinbart werden. Die Vereinbarung sollte mit Vertragsabschluss erfolgen.

Inhaltsübersicht

	Rn.
A. Allgemeine Grundlagen	1
B. Vorschrift im Einzelnen	2
I. Anwendungsbereich	2
II. Möglichkeit für Verfahren zur Streitbeilegung	3
III. Abschluss einer Vereinbarung	5

Vereinbarung von Verfahren zur Streitbeilegung § 18 Nr. 3 VOB/B

A. Allgemeine Grundlagen

Mit der Einfügung der Nr. 3 im Zuge der Neufassung der VOB 2006 wurde in der VOB Teil B anstatt einer vertraglichen Regelung eher etwas Selbstverständliches verankert. Inhaltlich geht es dabei – zumindest nach dem Wortlaut – um eine Ergänzung von § 18 Nr. 2 VOB/B: Die dortige Regelung sieht für öffentliche Bauaufträge unter Beteiligung der der auftraggebenden Stelle vorgesetzten Stelle ein außergerichtliches Verfahren zur Streitbeilegung vor. Daneben könne – so der Wortlaut des § 18 Nr. 3 VOB/B – ein (sonstiges) Verfahren zur Streitbeilegung vereinbart werden, was dann sinnvollerweise bei Vertragsschluss erfolgen solle. Dafür, dass die Parteien frei sind, derartige Streitbeilegungsverfahren zu vereinbaren, hätte es keiner Regelung in der VOB Teil B bedurft. Die gleichwohl erfolge Einfügung ist daher in der Weise zu verstehen, dass die Parteien entweder bei Vertragsschluss oder im Streitfall selbst nochmals ausdrücklich auch in der VOB Teil B zu einem solchen Abschluss animiert werden sollen. Folglich handelt es sich hier eher um eine Wunschvorstellung, die aber immerhin auf allgemeinen Erfahrungswerten beruht. Denn in der Tat sollte vor einer prozessualen Auseinandersetzung versucht werden, eine Streitigkeit anderweitig beizulegen. Dies gilt für baurechtliche Auseinandersetzungen aufgrund ihres Umfangs bei der Tatsachenermittlung in einem ganz besonderen Maße. 1

B. Vorschrift im Einzelnen

I. Anwendungsbereich

§ 18 Nr. 3 findet auf alle Bauverträge mit Geltung der VOB Teil B Anwendung, **nicht nur für öffentliche Auftraggeber**. Zwar könnte man aus der Stellung der Nr. 3 im Anschluss an die Nr. 2 als Sondervorschrift für die öffentliche Hand als Auftraggeber i.V.m. dem Wortlaut der Regelung der Nr. 3, dass »daneben« auch ein Verfahren zur Streitbeilegung vereinbart werden könne, eine Beschränkung ebenfalls auf öffentliche Auftraggeber vermuten. Diese Leseweise erscheint jedoch nicht richtig; vielmehr dürfte hier eine Ungenauigkeit in der Formulierung vorliegen. Denn selbstverständlich macht es überhaupt **keinen Sinn, diese Regelung auf die öffentliche Hand als Auftraggeber zu beschränken** – auch wenn eine Empfehlung an die öffentliche Hand besonders angeraten erscheint. Denn gerade bei öffentlichen Auftraggebern ist in der Praxis eine extreme Zurückhaltung bei der Vereinbarung alternativer Streitbeilegungsverfahren zu beobachten. Dabei ist diese Zurückhaltung bei der Vereinbarung von Schiedsverfahren allerdings vielfach aus Kostengründen motiviert: Denn bei einem Schiedsverfahren fallen für die öffentliche Hand als Prozesspartei Gerichtskosten an. Demgegenüber besteht bei Verfahren vor staatlichen Gerichten nach § 2 Abs. 1 GKG eine Kostenbefreiung. In dieser Situation wird aber wohl auch die Nr. 3 keinen eigenständigen Anlass bieten, die öffentliche Hand als Auftraggeber zum vermehrten Abschluss von Schiedsgerichtsvereinbarungen zu bewegen. Dies gilt um so mehr, als diese Regelung nur als »Kann-Vorschrift« ausgestaltet ist. 2

II. Möglichkeit für Verfahren zur Streitbeilegung

Bei der Nr. 3 handelt es sich um eine reine »**Kann-Bestimmung**«, d.h.: Auch wenn es in der Regel sinnvoll und aus der Praxis heraus geboten ist, sind die Parteien zu keinem Zeitpunkt gehalten, ein Verfahren zur Streitbeilegung zu vereinbaren, darüber nachzudenken oder sogar dazu verhandeln. Erst recht stellt es **keine Pflichtverletzung** dar, wenn man derartige Verhandlungen ablehnt – was nachvollziehbar ist: Denn selbstverständlich kann auch die VOB Teil B nicht den Gang zu den staatlichen Gerichten ein- oder beschränken. Wie schon erläutert handelt es sich der neu eingefügten Nr. 3 somit dem Grunde nach nur um eine Empfehlung des DVA als Herausgeber der VOB, im Streitfall über solche alternative Vorgehensweisen nachzudenken. 3

4 Inhaltlich geht es um die Vereinbarung eines »**Verfahrens zur Streitbeilegung**«. Auch das staatliche Gerichtsverfahren ist ein solches Verfahren. Indes braucht dieses nicht gesondert vereinbart zu werden, so dass sich schon daraus ergibt, dass dieses mit der Nr. 3 nicht gemeint ist. Stattdessen geht es um Absprachen, die – außerhalb staatlicher Gerichtsverfahren – der Streitbeilegung dienen. Einer besonderen Bedeutung kommt hier dem Abschluss von **Schlichtungs- und Schiedsgerichtsvereinbarungen** zu, die auf eine Klärung der Gesamtauseinandersetzung ausgerichtet sind. Daneben stehen in der Vorstufe Verfahren zur Klärung des Sachverhalts. Denn die Praxis zeigt vielfach, dass sich gerade baurechtliche Auseinandersetzungen von selbst erledigen, wenn der Sachverhalt neutral durch einen Dritten geklärt wurde. Insoweit können die Parteien vor allem die Durchführung von **Schiedsgutachterverfahren** oder alternativ im Einvernehmen die Durchführung eines **selbständigen Beweisverfahrens** (vgl. zu Letzterem § 485 Abs. 1 Alt. 1 ZPO) vereinbaren. Einzelheiten dazu werden im Anhang 4 in diesem Kommentar erläutert, auf den verwiesen wird (vgl. Anh. 4 Rn. 1 ff. zum selbständigen Beweisverfahren, Anh. 4 Rn. 114 ff. zu den weiteren außergerichtlichen Verfahren). Vereinbart werden können schließlich – außerhalb dieser formalisierten Verfahren – sonstige Vorgehensweisen, die der Streitvermeidung dienen. Zu erwähnen sind z.B. sog. **Sprechklauseln** mit dem Inhalt, dass vor einem Prozess die jeweils zuständigen Geschäftsführer oder Vorstände miteinander zu sprechen haben.

III. Abschluss einer Vereinbarung

5 Falls sich die Parteien auf ein Streitbeilegungsverfahren verständigen, sollte – so Nr. 3 S. 2 – eine Vereinbarung dazu mit Vertragsabschluss erfolgen. Es liegt auf der Hand, dass dies zumindest in der Regel der **frühest mögliche Zeitpunkt** bei der Vertragsabwicklung ist. Folglich empfiehlt sich bereits zu diesem frühen Zeitpunkt, bei dem meistens noch kein Streit besteht, eine entsprechende Vereinbarung. Dies schließt spätere Vereinbarungen aber keinesfalls aus.

6 Die Vereinbarung nach Nr. 3 bedarf – mit Ausnahme von Schiedsgerichtsvereinbarungen – **grundsätzlich keiner Form**, wobei die Schriftform schon allein aus Nachweisgründen in jedem Fall zu empfehlen ist. Etwas anderes gilt, wenn die Gesamtvereinbarung, deren Bestandteil die Vereinbarung zur Streitbelegung ist, formbedürftig ist. Dann gilt dieser Formzwang, etwa nach § 311b Abs. 1 S. 1 BGB im Zusammenhang mit Grundstücksgeschäften, auch für die Vereinbarung zur Streitbeilegung. Besonderheiten bestehen bei dem **Abschluss einer Schiedsgerichtsvereinbarung**: Diese dürfen nicht mündlich, sondern müssen, um wirksam zu, in einer Form geschlossen sein, die den Nachweis in Form eines schriftlichen Dokuments erlaubt (vgl. § 1031 Abs. 1–4 ZPO). Ferner muss das Rechtsverhältnis bestimmt sein, das der schiedsrichterlichen Vereinbarung unterworfen wird (§ 1029 Abs. 1 ZPO). Bei der Einhaltung der Formvorgaben geht es in der Regel um eine schriftliche Vereinbarung; genügend ist aber auch eine Vereinbarung auf der Grundlage gewechselter Schreiben oder durch Bezugnahme auf weitere Schriftstücke. Sind an der Schiedsgerichtsvereinbarung **Verbraucher beteiligt**, ist § 1031 Abs. 5 ZPO zu beachten: Danach muss die Schiedsvereinbarung eine **eigenständigen Urkunde** bilden. Sonstige Vereinbarungen, die nichts mit dem schiedsrichterlichen Verfahren zu tun haben, dürfen in dieser nicht enthalten sein (§ 1031 Abs. 5 ZPO), wobei Letzteres nicht bei notariell beurkundeten Verträgen gilt. Allerdings darf auch insoweit durchaus etwa auf eine eigenständige Schiedsgerichtsordnung verwiesen werden (vgl. weiter gehend Anh. 4 Rn. 119 ff.).

§ 18 Nr. 4
[Einschaltung einer staatlich anerkannten Materialprüfungsstelle]

Bei Meinungsverschiedenheiten über die Eigenschaft von Stoffen und Bauteilen, für die allgemein gültige Prüfungsverfahren bestehen, und über die Zulässigkeit oder Zuverlässigkeit der

Einschaltung einer staatlich anerkannten Materialprüfungsstelle § 18 Nr. 4 VOB/B

bei der Prüfung verwendeten Maschinen oder angewendeten Prüfungsverfahren kann jede Vertragspartei nach vorheriger Benachrichtigung der anderen Vertragspartei die materialtechnische Untersuchung durch eine staatliche oder staatlich anerkannte Materialprüfungsstelle vornehmen lassen; deren Feststellungen sind verbindlich. Die Kosten trägt der unterliegende Teil.

Inhaltsübersicht Rn.

A. Allgemeine Grundlagen	1
B. Vorschrift im Einzelnen	2
I. Anwendungsbereich	2
1. Meinungsverschiedenheiten über die Eigenschaft von Stoffen oder Bauteilen	3
2. Zulässigkeit oder Zuverlässigkeit der Prüfungshilfsmittel und Prüfungsverfahren	5
3. Keine Erweiterung des Anwendungsbereichs über die Fälle der Nr. 4 hinaus	6
4. Verfahrensbeschränkung auf gütliche Beilegung von Meinungsverschiedenheiten	7
II. Einschaltung der Materialprüfungsstellen und vorherige Benachrichtigungspflicht	8
1. Bedeutung der Benachrichtigungspflicht	9
2. Auswahl einer Materialprüfungsstelle	11
3. Bedeutung der Einschaltung der Materialprüfungsstelle im Prozess	12
4. Hemmung der Verjährung während der Gutachteneinholung	14
III. Feststellungen der Materialprüfungsstelle: Schiedsgutachten und Verbindlichkeit	15
1. Feststellungen der Materialprüfungsstelle als Schiedsgutachten	16
2. Beauftragung der Materialprüfungsstelle als Schiedsgutachter	17
3. Verbindlichkeit der Feststellungen der Materialprüfungsstelle und Ausnahmen	18
a) Einhaltung von Mindestmaß an Verfahrensrichtlinien	19
b) Offenbare Unrichtigkeit des Gutachtens	21
IV. Kostenregelung	26

Aufsatz: *Altschwager* Das Schiedsgutachtenverfahren nach § 18 Nr. 3 VOB/B – ein vergessenes Verfahren? BauR 1991, 157.

A. Allgemeine Grundlagen

Die heutige Regelung in § 18 Nr. 4 VOB/B entspricht vollständig Nr. 3 VOB/B a.F. Hier hat sich wegen der neu eingefügten Nr. 3 im Zuge der VOB 2006 lediglich die Nummerierung verschoben. § 18 Nr. 4 VOB/B n.F. (Nr. 3 a.F.) gibt den Vertragspartnern die **Möglichkeit, eine Meinungsverschiedenheit durch Überprüfung und Entscheidung von dritter Seite bereinigen zu lassen.** Im Gegensatz zu § 18 Nr. 2 VOB/B ist die Regelung in Nr. 4 **nicht auf öffentliche Auftraggeber beschränkt; sie erfasst vielmehr auch private Auftraggeber.** Allerdings ist sie ebenso wie diejenige der Nr. 2 nicht zwingend, sondern fakultativ; jedoch ist auch hier den Vertragspartnern zwecks Vermeidung von Prozessen anzuraten, davon Gebrauch zu machen (zutreffend *Altschwager* BauR 1991, 157) – zumal die Erhebung einer Zivilklage ohne die Durchführung des in Nr. 4 (Nr. 3 a.F.) vorgesehenen Prüfverfahrens nicht ohne weiteres möglich ist (siehe dazu unten Rn. 12). 1

B. Vorschrift im Einzelnen

I. Anwendungsbereich

Der **Anwendungsbereich** von Nr. 4 (Nr. 3 a.F.) ist zwar nicht im Hinblick auf die Art des Auftraggebers, wohl aber **in der Sache begrenzt:** Hiernach ist eine Überprüfung und Entscheidung von dritter Seite nur bei Meinungsverschiedenheiten zum einen über die Eigenschaft von Stoffen und Bauteilen, für die allgemeingültige Prüfungsverfahren bestehen, und zum anderen über die Zulässigkeit 2 oder Zuverlässigkeit der bei der Prüfung verwendeten Maschinen oder angewendeten Prüfungsverfahren vorgesehen. Nr. 4 gilt also nur für diese beiden Fallgruppen. Eine Erweiterung darüber hinaus kommt – soweit keine diesbezügliche vertragliche Vereinbarung getroffen wurde – grundsätzlich nicht in Betracht. Insoweit gilt im Einzelnen:

1. Meinungsverschiedenheiten über die Eigenschaft von Stoffen oder Bauteilen

3   Die erste von Nr. 4 (Nr. 3 a.F.) erfasste Fallgruppe betrifft einen **Streit über die Eigenschaft von Stoffen und/oder Bauteilen**, deren Vorhandensein für eine ordnungsgemäße und mangelfreie Leistungserstellung i.S.v. §§ 4 Nr. 2 und 13 Nr. 1 VOB/B notwendig ist. Damit sind **nur Sacheigenschaften** in Bezug auf Qualitätsmerkmale gemeint. Hierbei handelt es sich um die Stoffbeschaffenheit, den Stoffbestand und die Größe (RGZ 101, 68), die Herkunft (RGZ 124, 116) sowie sonstige wertbildende Faktoren, soweit sie die Sache selbst betreffen (RGZ 61, 86). Keine Eigenschaft in diesem Sinne ist dagegen der Wert der Sache (vgl. BGH Urt. v. 21.2.1952 IV ZR 103/51 = LM § 779 BGB Nr. 2), der Anschaffungspreis oder der Marktpreis.

4   Zusätzliche **Voraussetzung** für eine Überprüfung nach der ersten Fallgruppe in Nr. 4 (Nr. 3 a.F.) ist die Existenz von **allgemein gültigen Prüfungsverfahren,** die für die Feststellung der Eigenschaft der Stoffe und/oder Bauteile geeignet sind. Dafür sind die Erfahrung und die Anerkennung in dem jeweils in Betracht kommenden bautechnischen Bereich maßgebend. Hiervon kann im Allgemeinen ausgegangen werden, wenn entsprechende DIN- oder EN-Normen über einschlägige Prüfungsverfahren bestehen. Auskunft über das Vorhandensein solcher Normen wird gegebenenfalls die prüfende Stelle oder in Betracht kommende Institute Technischer Universitäten erteilen können. Entgegen Altschwager (BauR 1991, 157, 160) wird durch eine bei der prüfenden Stelle eingeholte Auskunft nicht schon eine vorweggenommene Schiedsgutachtertätigkeit (»Kompetenz-Kompetenz«) dieser Materialprüfungsstelle begründet. Denn hierbei handelt es sich nur um eine Auskunft über ohnehin veröffentlichte und nachvollziehbare Prüfungsverfahren als solche.

2. Zulässigkeit oder Zuverlässigkeit der Prüfungshilfsmittel und Prüfungsverfahren

5   In den Anwendungsbereich von § 18 Nr. 4 (Nr. 3 a.F.) VOB/B fallen des Weiteren **Meinungsverschiedenheiten**, die sich auf die **Zulässigkeit oder Zuverlässigkeit der bei der Prüfung verwendeten Maschinen oder angewendeten Prüfungsverfahren** beziehen. Hier wird vorausgesetzt, dass **bereits eine Prüfung stattgefunden** hat. Dabei muss es zu Differenzen entweder über die Zulässigkeit oder die Zuverlässigkeit der bei der vorangegangenen Prüfung verwendeten Maschinen oder über das Prüfungsverfahren selbst gekommen sein, letztlich also über den Prüfungshergang und das daraus gewonnene Ergebnis. Auch hier sind etwa vorhandene, den jeweiligen Fall betreffende technische Normen oder sonstige allgemein anerkannte Prüfverfahren ausschlaggebend.

3. Keine Erweiterung des Anwendungsbereichs über die Fälle der Nr. 4 hinaus

6   Die **in § 18 Nr. 4 (Nr. 3 a.F.) VOB/B aufgeführten Sachverhalte** für die Einschaltung einer Materialprüfungsstelle sind **abschließend**. Eine Ausdehnung auf andere Streitigkeiten kommt nicht in Betracht. Auch ist die Einbeziehung der Materialprüfungsstellen nach § 18 Nr. 4 VOB/B von sonstigen Prüfverfahren abzugrenzen, wie etwa von der auf einer eigenständigen Grundlage beruhenden Baustellenprüfung durch die Bauaufsichtsämter (BGH Urt. v. 13.7.1961 III ZR 91/60, SFH Z 3.13 Bl. 27). Die Beschränkung des § 18 Nr. 4 VOB/B auf die dort vorgesehenen Verfahren schließt jedoch nicht aus, dass die Parteien darüber hinaus eine entsprechende Anwendung dieser Regelung auf andere Sachverhalte vereinbaren.

4. Verfahrensbeschränkung auf gütliche Beilegung von Meinungsverschiedenheiten

Bei der Anwendung des § 18 Nr. 4 (Nr. 3 a.F.) VOB/B ist generell zu beachten, dass entsprechend dem Wortlaut **das dort geregelte Verfahren nur zum Zwecke einer gütlichen Beilegung von Meinungsverschiedenheiten** zwischen den Vertragspartnern auf außergerichtlichem Wege **in Betracht kommt**. § 18 Nr. 4 VOB/B scheidet also aus, wenn es bereits zum Rechtsstreit in der streitigen Frage gekommen ist (offengelassen vom BGH Urt. v. 5.10.1967 VII ZR 64/65; wie hier *Altschwager* BauR 1991, 157, 158; anders hinsichtlich des Streitverkündeten, weil insoweit die materielle Rechtslage nicht geändert wird, *Altschwager* a.a.O.; wie hier auch *Weise* Rn. 38). In diesem Fall sind für das Verfahren die Vorschriften der Zivilprozessordnung allein maßgebend, insbesondere zur Beweiserhebung und zur Beweiswürdigung. Über den Streitstoff hat dann das Gericht zu befinden. Nicht möglich ist es, auf Antrag einer Partei ein gleichwohl eingeleitetes Prozessverfahren auszusetzen, um dieser Gelegenheit zu geben, das Schiedsgutachtenverfahren nach Nr. 4 durchzuführen. Denn das in Nr. 4 vorgesehene Verfahren zum Zwecke der Streitbeilegung wird von den §§ 356, 431 ZPO nicht erfasst. Geschieht das dennoch, handelt es sich um ein reines Privatgutachten der betreffenden Partei, an das weder der Gegner noch das Gericht gebunden sind. Andererseits ist das Gericht nicht gehindert, im Prozessverfahren von sich aus ein Sachverständigengutachten einer staatlichen oder staatlich anerkannten Materialprüfungsstelle gemäß §§ 402 ff. ZPO einzuholen, dessen Ergebnis dann nach § 286 ZPO zu würdigen ist. **7**

II. Einschaltung der Materialprüfungsstellen und vorherige Benachrichtigungspflicht

Sind die vorgenannten Voraussetzungen gemäß Rn. 2 ff. gegeben, kann jeder Vertragsteil **nach vorheriger Benachrichtigung** des anderen Vertragsteils die **materialtechnische Untersuchung durch eine staatliche oder staatlich anerkannte Materialprüfungsstelle** durchführen lassen. Hierbei sind folgende Grundsätze zu beachten: **8**

1. Bedeutung der Benachrichtigungspflicht

Die **Benachrichtigung** des anderen Teils kann **formfrei** erfolgen; sie sollte jedoch im Hinblick auf ihre Bedeutung aus Nachweisgründen die Schriftform einhalten. Die Pflicht zur Benachrichtigung selbst besteht deshalb, weil der andere Vertragspartner das Recht haben muss, der Prüfungsstelle ihm wichtig erscheinende Hinweise zu geben, insbesondere sich selbst an den einzelnen Verfahrensvorgängen, wie der Entnahme von Proben, beobachtend und erläuternd zu beteiligen. Insoweit handelt es sich bei dieser Benachrichtigungspflicht um eine Ausformung des allgemein gültigen Rechts auf rechtliches Gehör, vor allem im Hinblick auf die nachfolgend (Rn. 15 ff.) erläuterten Rechtswirkungen der Untersuchung. Wird die **Benachrichtigungspflicht verletzt, entfällt die Verbindlichkeit der Prüfung** durch das Materialprüfungsamt (BGH Urt. v. 5.10.1967 VII ZR 64/65). **Dasselbe** gilt, wenn die prüfende Stelle dem anderen Vertragspartner **nicht ihrerseits Gelegenheit** gibt, im Wege des rechtlichen Gehörs zu etwaigen Ergebnissen vor Abschluss der Untersuchung Stellung zu nehmen, wozu ihm von der prüfenden Stelle selbstverständlich eine Frist gesetzt werden kann. **9**

Bei dem Erfordernis rechtlichen Gehörs handelt es sich um einen **fundamentalen Grundsatz der deutschen Rechtsordnung**. Daher bestehen zu Recht Zweifel, ob die in Nr. 4 (Nr. 3 a.F.) geregelte Verfahrensweise AGB-rechtlich zulässig ist, und zwar auch dann, wenn dem Bauvertrag die VOB/B als Ganzes zugrunde liegt (*Heiermann/Riedl/Rusam* § 18 VOB/B Rn. 24, die hier einen Verstoß gegen § 307 BGB [§ 9 AGB-Gesetz a.F.] sehen, a.A. allerdings OLG Celle Urt. v. 26.1.1995 14 U 48/94 = BauR 1995, 556 = NJW-RR 1995, 1046). Dies wäre durchaus bei am Wortlaut haftender Auslegung abzulehnen, weil in Nr. 4 ausdrücklich nur eine Benachrichtigungspflicht der Bauvertragspartner untereinander festgelegt ist, nicht aber die Pflicht zur vorherigen Anhörung des Vertragspartners durch die prüfende Stelle. Aus diesem Grund könnte man die jetzige Fassung der Nr. 4 letztlich nur mit dem Argument rechtfertigen, dass in der Pflicht zur Benachrichtigung des Vertragspartners **10** selbstverständlich der Sinn liegt, ihm Gelegenheit zur Wahrnehmung des ihm zustehenden rechtlichen Gehörs zu geben. Denn ein anderer Grund als dieser ist kaum festzustellen. Das ließe sich bei der jetzigen Fassung der Nr. 4 evtl. noch halten. Andererseits ist zu beachten, dass die Pflicht zur Benachrichtigung der die Prüfung verlangenden Vertragspartei auferlegt ist; dagegen trifft die Pflicht, dem Vertragsgegner das rechtliche Gehör zu gewähren, vor allem die prüfende Stelle. Daher wird man davon ausgehen müssen, dass die Feststellungen der Materialprüfungsstelle (vgl. Rn. 15 ff.) **nur** dann verbindlich sind, wenn der andere Vertragspartner **nicht nur benachrichtigt, sondern wenn ihm von der Prüfungsstelle vor dem Abschluss des Gutachtens Gelegenheit zur Stellungnahme in der Sachfrage eingeräumt worden ist** (vgl. dazu OLG Celle Urt. v. 26.1.1995 14 U 48/94 = BauR 1995, 556 = OLGR 1995, 81 = NJW-RR 1995, 1046, in einem Fall, in welchem die andere Vertragsseite benachrichtigt wurde, sich an dem Verfahren aber nicht beteiligte; a.A. *Merkens* in *Kapellmann/Messerschmidt* § 18 VOB/B Rn. 34). Im Hinblick auf diese AGB-rechtlichen Probleme besteht immerhin dringender Anlass, die Fassung der Nr. 4 zu überarbeiten und entsprechend zu ergänzen bzw. klarzustellen; dieses ist allerdings im Rahmen der Änderungen bei der VOB 2006 erneut unterblieben.

Wird das Gesagte zur Benachrichtigung und zum rechtlichen Gehör nicht beachtet, kommt einem dennoch eingeholten bzw. erstatteten Gutachten nur der Charakter eines Privatgutachtens zu (BGH a.a.O.; *Altschwager* BauR 1991, 157, 159).

2. Auswahl einer Materialprüfungsstelle

11 Welche Materialprüfungsstelle angerufen wird, ist nicht bestimmt; es kann also eine ortsferne Prüfungsstelle beauftragt werden (vgl. *Altschwager* BauR 1991, 157, 158). Wesentlich ist dabei, dass es sich um eine solche handelt, die in der Lage ist, die auftauchenden technischen Fragen zuverlässig zu klären. Über das Vorhandensein von staatlichen oder staatlich anerkannten Materialprüfungsstellen werden vielfach die zuständigen Industrie- und Handelskammern, Handwerkskammern oder der Verband der Materialprüfungsanstalten e.V. (www.vmpa.de) Auskunft erteilen können.

3. Bedeutung der Einschaltung der Materialprüfungsstelle im Prozess

12 Nach dem Wortlaut des 18 Nr. 4 (Nr. 3 a.F.) VOB/B **kann** nach ordnungsgemäßer Benachrichtigung zu den dort näher geregelten Meinungsverschiedenheiten **eine Materialprüfungsstelle eingeschaltet werden.** Dies ist **missverständlich**, wenn zu dem von einer Materialprüfungsstelle nach Nr. 4 zu begutachtenden Sachverhalt später ein Prozess geführt werden soll. **Kommt es** nämlich auf deren Feststellungen in einem **Prozess** an, **ist deren vorherige Einschaltung zwingend.** Ein Versäumnis ist zwar nicht von Amts wegen, wohl aber auf Einrede des Gegners hin zu beachten (OLG Frankfurt Urt. v. 12.5.1981 8 U 266/80 = VersR 1982, 759); das gilt auch im Hinblick auf eine vertraglich vereinbarte Schlichtungsklausel (OLG Düsseldorf Urt. v. 28.1.1992 24 U 123/91 = OLGR 1992, 236). Da es sich bei den Feststellungen der Materialprüfungsstelle rechtlich um ein Schiedsgutachten handelt (siehe hierzu unten Rn. 16), darf nicht einmal ein Grundurteil erlassen werden, bevor dem Gericht das Schiedsgutachten der Materialprüfungsstelle vorliegt (BGH Urt. v. 8.6.1988 VIII ZR 105/87 = JZ 1988, 1080 mit krit. Anm. v. *Walter* a.a.O. = NJW-RR 1988, 1405 = MDR 1988, 1053 = LM § 304 ZPO Nr. 49). Eine Klage, die ohne vorherige Durchführung eines an sich erforderlichen Verfahrens nach § 18 Nr. 4 VOB/B erhoben wird, wäre bei einer entsprechenden Einrede als zur Zeit unbegründet abzuweisen (vgl. nur OLG Zweibrücken Teilurt.v. 31.7.1979 5 U 88/78 = BauR 1980, 482; OLG Düsseldorf Urt. v. 9.6.1986 5 U 203/85 = NJW-RR 1986, 1061; *Gehrlein* VersR 1994, 1009, 1013 m.w.N.). Allerdings: Können sich die Bauvertragsparteien über die Modalitäten bzw. Einzelheiten der durch den Schiedsgutachter vorzunehmenden Prüfung nicht einigen, so können sie dies im Wege der Feststellungsklage vom ordentlichen Gericht klären lassen (BGH Urt. v. 3.3.1982 VIII ZR 10/81 = JZ 1982, 429 = WM 1982, 543 = MDR 1982, 928 = NJW 1982, 1879 = LM § 1027a ZPO Nr. 2).

Die **Einrede bzgl. eines vorgreiflich durchzuführenden Schiedsgutachtenverfahrens** nach Nr. 4 (Nr. 3 a.F.) kann anders als im Klage- **nicht auch im Rahmen eines selbstständigen Beweisverfahrens erhoben** werden. Dieses bleibt in Bezug auf die in Nr. 4 genannten Prüfungsgegenstände (Rn. 2 ff.) ausnahmsweise zulässig. Zwar verhindern Schiedsgutachtenabreden bezogen auf einen konkreten Prüfgegenstand grundsätzlich die parallele Einleitung eines Beweisverfahrens, weil es an einem dafür erforderlichen rechtlichen Interesse fehlt (siehe zum Verhältnis Schiedsgutachten/ Beweisverfahren ausführlich im Anh. 4 zu diesem Kommentar, dort Rn. 43 f.). Im Hinblick auf die AGB-rechtlich problematische Formulierung in Nr. 4 und die Tatsache, dass die Verbindlichkeit des Gutachtens allein von dem von der Vertragspartei nicht beeinflussbaren Verhalten der Materialprüfungsstelle abhängt (siehe dazu oben Rn. 9 f.), kann hier ausnahmsweise jedoch von einer parallelen Zulässigkeit beider Verfahren ausgegangen werden (i.E. ebenso *Altschwager* BauR 1991, 157, 160 ff., dem ansonsten aber nicht gefolgt wird). Denn andernfalls läuft die die Materialprüfungsstelle beauftragende Partei Gefahr, unverschuldet ggf. ein nicht verbindliches Gutachten in Händen zu halten. **13**

4. Hemmung der Verjährung während der Gutachteneinholung

Bei dem Verfahren nach § 18 Nr. 4 (Nr. 3 a.F.) VOB/B handelt es sich nach herrschender Meinung um die Einholung eines Schiedsgutachtens (siehe hierzu unten Rn. 16). Da sich dieses auf die gütliche Beilegung von Meinungsverschiedenheiten bezieht, wird durch dessen Einleitung die **Verjährung** von Ansprüchen, die mit der Einleitung des Schiedsgutachtens verbunden sind, **gehemmt; die Hemmung beginnt mit der Abrede, ein Verfahren nach § 18 Nr. 4 durchzuführen,** spätestens mit der Beauftragung des Gutachters (§ 204 Abs. 1 Nr. 8 BGB). Neben der Verjährungshemmung wird während der Durchführung des Gutachterverfahrens gleichzeitig der **Verzug** des an sich Leistungspflichtigen **ausgeschlossen** (zutreffend *Altschwager* BauR 1991, 157, 158). **14**

III. Feststellungen der Materialprüfungsstelle: Schiedsgutachten und Verbindlichkeit

Die **Feststellungen einer nach § 18 Nr. 4 (Nr. 3 a.F.) eingeschalteten Prüfungsstelle** sind kraft ausdrücklicher vertraglicher Regelung **für beide Vertragspartner verbindlich, es sei denn, dass die Benachrichtigung des Gegners unterblieben** (BGH Urt. v. 5.10.1967 VII ZR 64/65) oder ihm das rechtliche Gehör nicht gewährt worden ist (vgl. oben Rn. 9 f.). Durch sie werden nach dem vertraglichen Willen der Parteien die Meinungsverschiedenheiten grundsätzlich beigelegt. **15**

1. Feststellungen der Materialprüfungsstelle als Schiedsgutachten

Rechtlich handelt es sich bei der Regelung in Nr. 4 (Nr. 3 a.F.) um eine **Schiedsgutachtenabrede** (desgl. *Christoffel* S. 43; auch *Nicklisch/Weick* § 18 VOB/B Rn. 21; *Heiermann/Riedl/Rusam* § 18 VOB/B Rn. 22; *Altschwager* BauR 1991, 157). Im Gegensatz zum Schiedsgericht (zur Abgrenzung von Schiedsgericht und Schiedsgutachten BGH Urt. v. 19.6.1975 VII ZR 177/74 = WM 1975, 1043; BGH Urt. v. 10.6.1976 III ZR 71/74 = KTS 1977, 42; Urt. v. 4.6.1981 III ZR 4/80 = VersR 1981, 882 = WM 1981, 1056 = ZIP 1981, 1097 = MDR 1982, 36; ferner OLG Zweibrücken Urt. v. 20.1.1971 2 U 75/70 = NJW 1971, 943 mit beachtlicher Anm. v. *Dahlen* NJW 1971, 1756; vgl. ferner ebenfalls OLG Zweibrücken Teilurt.v. 31.7.1979 5 U 88/78 = BauR 1980, 482 – sowie Erläuterungen zu Anh. 4 in diesem Kommentar, dort Rn. 114 ff.) ist die Materialprüfungsstelle hier als Schiedsgutachter nicht mit der Entscheidung eines Rechtsstreits befasst. Sie stellt vielmehr Tatsachen fest, die für die Entscheidung eines Rechtsstreits **erheblich** sind (vgl. u.a. BGH Urt. v. 19.6.1975 VII ZR 177/74 = SFH Z 8.3 Bl. 1; näher *Gehrlein* VersR 1994, 1009), wie z.B. einen an den anerkannten Regeln der Technik zu bemessenden Befund. Denkbar ist dabei allerdings, dass die Tatsachenfeststellungen ohne Beantwortung einer vorgreiflichen Rechtsfrage nicht möglich sind (BGH Urt. v. 21. 5.1975 **16**

VIII ZR 161/73 = WM 1975, 770; Urt. v. 19.6.1975 VII ZR 177/74 = WM 1975, 1043; dazu auch *Wolf* ZIP 1981, 235, 241).

2. Beauftragung der Materialprüfungsstelle als Schiedsgutachter

17 Rechtsgrundlage der Beziehungen zwischen der Materialprüfungsstelle und den Bauvertragsparteien ist ein **gesondert abzuschließender Schiedsgutachtervertrag**, bei dem es sich um einen Geschäftsbesorgungsvertrag mit Dienstleistungscharakter handelt (*Palandt/Sprau* § 675 BGB Rn. 20a). Fällt der ursprünglich zunächst gemeinsam beauftragte Schiedsgutachter weg und vermögen sich die Beteiligten über die Person eines im Vertrag ersatzweise dafür vorgesehenen Dritten nicht zu einigen, so wird die geschuldete Leistung in entsprechender Anwendung des § 319 Abs. 1 S. 2 Hs. 2 BGB durch gerichtliches Urteil bestimmt (BGH Urt. v. 14.7.1971 V ZR 54/70 = BGHZ 57, 47 = NJW 1971, 1838 = MDR 1971, 832 = JZ 1971, 694 = LM § 319 BGB Anm. *Rothe*).

3. Verbindlichkeit der Feststellungen der Materialprüfungsstelle und Ausnahmen

18 Handelt es sich rechtlich bei der Materialprüfungsstelle um einen Schiedsgutachter, folgt hieraus zugleich, dass **deren Ergebnisse** als Schiedsgutachten für die Parteien dem Grundsatz nach **verbindlich sind**. Auch ein später mit derselben Auseinandersetzung befasstes Gericht ist an die Tatsachenfeststellungen eines Schiedsgutachters aus einem nach § 18 Nr. 4 (Nr. 3 a.F.) betriebenen Verfahren gebunden. Hiervon sind lediglich **folgende Ausnahmen** anzuerkennen:

a) Einhaltung von Mindestmaß an Verfahrensrichtlinien

19 Zunächst muss bei Durchführung eines Schiedsgutachtenverfahrens ein **Mindestmaß von Verfahrensrichtlinien** eingehalten werden. Diesem Zweck dient bereits die in § 18 Nr. 4 (Nr. 3 a.F.) vorgesehene Benachrichtigungspflicht des Vertragspartners. Das Mindestmaß bei der Einhaltung von Verfahrensrichtlinien ist aber auch während der Durchführung des Verfahrens zu beachten. Aus diesem Grund hat eine nach § 18 Nr. 4 als Schiedsgutachter eingeschaltete Materialprüfungsstelle nicht nur rechtliches Gehör (zum rechtlichen Gehör bei Schiedsgutachten vgl. *Habscheid* KTS 1970, 11 m.w.N. sowie oben Rn. 9 f.) zu gewähren, sondern vor allem auch **unabhängig** zu sein. An der notwendigen Unabhängigkeit fehlt es, wenn der eingeschaltete Schiedsgutachter **einer der Vertragsparteien zugehört, sie also nicht Dritter im Sinne der §§ 317 ff. BGB** ist, oder wenn die Materialprüfungsstelle das Gutachten einseitig zugunsten einer Partei erstellt.

20 In den vorgenannten Fällen kann jede Partei einen Schiedsgutachter zunächst wegen der **Besorgnis der Befangenheit** ablehnen. Eine solche Ablehnung kann allerdings nur in einem ordentlichen Prozess erfolgen, da die für ein Schiedsgerichtsverfahren geltenden §§ 1036 f. ZPO bei einem Schiedsgutachtenverfahren nicht anwendbar sind (so OLG München Beschl. v. 30.4.1976 1 W 1191/76 = BB 1976, 1047). Ist ein Schiedsgutachter tatsächlich befangen, liegt in diesem Umstand zumeist auch eine dem Schiedsgutachter vorwerfbare Verletzung der Verpflichtung zur Neutralität bzw. seiner vorvertraglichen Aufklärungspflicht. Dies berechtigt die Bauvertragsparteien regelmäßig zur **fristlosen Kündigung des geschlossenen Schiedsgutachtervertrages** mit der Materialprüfungsstelle **aus wichtigem Grund**. Enthält der Vertrag für einen solchen Fall keine Regelung über einen Ersatzgutachter, so ist die geschuldete Leistung in entsprechender Anwendung des § 319 Abs. 1 S. 2 Hs. 2 BGB durch gerichtliches Urteil zu bestimmen (BGH Urt. v. 6.6.1994 II ZR 100/92 = MDR 1994, 885 = NJW-RR 1994, 1314 = LM § 319 BGB Nr. 32; Urt. v. 12.1.2001 V ZR 372/99 = BGHZ 146, 280, 285 = NJW 2001, 1928, 1929).

b) Offenbare Unrichtigkeit des Gutachtens

21 Nicht nur die Verletzung von Verfahrensgrundsätzen, auch **der Inhalt** eines von einer Materialprüfungsstelle im Rahmen eines Verfahrens nach § 18 Nr. 4 (Nr. 3 a.F.) VOB/B abzugebenden Schieds-

gutachtens **kann** dessen grundsätzlich bestehende **Verbindlichkeit durchbrechen**. Hierbei sind folgende Grundsätze zu beachten:

Ein nach dem Verfahren gemäß § 18 Nr. 4 VOB/B eingeholtes Schiedsgutachten ist in Anlehnung an § 319 BGB ausnahmsweise unverbindlich, wenn die von der Materialprüfungsstelle als Schiedsgutachter getroffenen **Feststellungen offenbar unrichtig** sind (vgl. dazu BGH Urt. v. 19.2.1957 VIII ZR 38/56 = LM § 317 BGB Nr. 7; Urt. v. 22.4.1965 VII ZR 15/65 = BGHZ 43, 374, 376; Urt. v. 16.10.1957 4 AZR 257/55 = NJW 1958, 315; Urt. v. 26.10.1972 VII ZR 44/71 = BauR 1973, 60 = MDR 1973, 210 = LM § 319 BGB Nr. 13). Die Feststellungen werden dann im Streitfall durch gerichtliches Urteil ersetzt (BGH Beschl. v. 7.10.1983 V ZR 202/82 = WM 1984, 64 m.w.N. Dazu i.E. *Gehrlein* VersR 1994, 1009, 1011 f.). Offenbar unrichtig ist ein Schiedsgutachten, **wenn sich** der **Fehler dem sachkundigen und unbefangenen Beobachter** – wenn auch möglicherweise erst nach eingehender Prüfung – **aufdrängt** (BGH Urt. v. 14.12.1967 III ZR 22/66 = BB 1968, 316; ferner BGH Urt. v. 14.10.1958 VIII ZR 118/57 = NJW 1958, 2067; Urt. v. 26.10.1972 VII ZR 44/71 = BauR 1973, 60 = MDR 1973, 210; Urt. v. 21.4.1993 XII ZR 126/91 = NJW-RR 1993, 1034; vgl. auch OLG Düsseldorf Urt. v. 14.12.1982 21 U 116/82 = BauR 1984, 178 zur Frage der offenbaren Unrichtigkeit eines Schiedsgutachtens zum Trittschallschutz; OLG Düsseldorf Urt. v. 7.5.1999 22 U 219/98 = BauR 2000, 1229 [Revision vom BGH nicht angenommen, Beschl. v. 30.3.2000 V ZR 215/99]; OLG Düsseldorf Urt. v. 26.7.2000 22 U 4/00 = BauR 2000, 1771, 1772 = NZBau 2001, 207). Ob eine offenbare Unrichtigkeit vorliegt, beurteilt sich nach dem Sach- und Streitstand, der der Materialprüfungsstelle als Schiedsgutachter unterbreitet worden ist (BGH Urt. v. 25.1.1979 X ZR 40/77 = NJW 1979, 1885 = LM § 319 BGB Nr. 23; Urt. v. 14.7.1986 II ZR 249/85 = NJW 1987, 21 = *Sieben* EWiR § 318 BGB 1/87, 227). Dieser ist in Beziehung zu dem Gesamtergebnis des Gutachtens zu setzen; wirken sich danach darin enthaltene Fehler teils wertmindernd und teils werterhöhend aus und heben sie sich weitgehend auf, kann nicht von einer offenbaren Unrichtigkeit gesprochen werden (BGH Urt. v. 14.7.1986 II ZR 249/85 = NJW 1987, 21 = *Sieben* EWiR § 318 BGB 1/87, 227). **An die Voraussetzungen einer offenbaren Unrichtigkeit sind daher im Ergebnis strenge Anforderungen zu stellen;** andernfalls würde der in § 18 Nr. 4 VOB/B vorgesehene Zweck der Durchführung eines Schiedsgutachtenverfahrens, einen möglicherweise langwierigen und kostspieligen Prozess zu vermeiden, in Frage gestellt (BGH Urt. v. 26.10.1972 VII ZR 44/71 = BauR 1973, 60 = MDR 1973, 210 = LM § 319 BGB Nr. 13). **22**

Unter Heranziehung dieser Grundsätze liegt z.B. eine offenbare Unrichtigkeit eines Schiedsgutachtens vor, **wenn die Feststellungen** der Materialprüfungsstelle als Schiedsgutachter **nicht nachprüfbar** sind; denn die dem Schiedsgutachten zugrunde gelegten Faktoren müssen für die Bestimmung der Leistung überprüfbar sein (BGH Urt. v. 2.2.1977 VIII ZR 155/75 = NJW 1977, 801 = MDR 1977, 660 = LM § 317 BGB Nr. 18). Gleiches trifft zu, wenn die Ausführungen der Materialprüfungsstelle so **lückenhaft** sind, dass selbst ein Fachmann das Ergebnis aus dem Zusammenhang des Gutachtens nicht überprüfen kann (BGH Urt. v. 16.11.1987 II ZR 111/87 = ZIP 1988, 162 = *Schlosser* EWiR § 319 BGB 1/88, 339 = MDR 1988, 381 = NJW-RR 1988, 506 = LM § 319 BGB Nr. 27; Urt. v. 24.9.1990 II ZR 191/89 = NJW-RR 1991, 228). Anhaltspunkte für eine offenbare Unrichtigkeit bestehen ferner, wenn zwei Schiedsgutachter bemüht werden und deren Schätzungen so sehr voneinander abweichen, dass entweder eine der beiden oder beide Schätzungen offenbar unrichtig sein müssen. Hier ist im Allgemeinen nicht der Mittelwert maßgebend, sondern die Leistung gemäß § 319 BGB durch Urteil zu bestimmen (vgl. BGH Urt. v. 28.9.1964 II ZR 181/62 = JZ 1965, 59). **23**

Für das Vorliegen einer offenbaren Unrichtigkeit trägt diejenige Partei die **Darlegungs- und Beweislast,** die sich darauf beruft; insofern muss sie Tatsachen vortragen, die für das Gericht schlüssig auf einen Mangel der Leistungsbestimmung hindeuten (BGH Urt. v. 21.4.1993 XII ZR 126/91 = NJW-RR 1993, 1034; OLG Düsseldorf Urt. v. 7.5.1999 22 U 219/98 = BauR 2000, 1229 [Revision vom BGH nicht angenommen, Beschl. v. 30.3.2000 V ZR 215/99]). Anders als die Parteien kann ein **Schiedsgutachter** nicht selbst sein Gutachten **anfechten** oder dessen **Unwirksamkeit geltend machen;** hierzu sind **nur die Parteien** befugt. Die Schiedsgutachter haben aber gegenüber den Par- **24**

VOB/B § 18 Nr. 5 Grundsätzlich keine Befugnis des Auftragnehmers zur Arbeitseinstellung

teien eine **nachvertragliche Pflicht** und auch das Recht zur Aufklärung über von ihnen nachträglich erkannte Umstände, die zu einer Anfechtung oder zu einer Unverbindlichkeit des Schiedsgutachtens führen können (zutreffend *Döbereiner* VersR 1983, 712; zu eng daher *Altschwager* BauR 1991, 157, 160). Die Haftung des Schiedsgutachters ist insoweit jedoch auf den Fall der offenbaren Unrichtigkeit seines Gutachtens gegenüber demjenigen begrenzt, der ihn beauftragt hat (vgl. OLG Schleswig Urt. v. 21.9.1988 4 U 141/87 = NJW 1989, 175 = BauR 1989, 377 [Ls]). Daher können die Parteien, die einen Schiedsgutachter bestellt haben, gegen ihn aus Fehlern des Gutachtens praktisch nur Ansprüche herleiten, wenn das Gutachten offenbar unrichtig ist, dem Schiedsgutachter also ein **grober Verstoß** gegen die anerkannten fachwissenschaftlichen Regeln vorzuwerfen ist (vgl. BGH Urt. v. 22.4.1965 VII ZR 15/65 = NJW 1965, 1523; siehe dazu auch RG JW 1933, 217).

25 Kommt es zu einem Prozess wegen einer behaupteten offenbaren Unrichtigkeit eines Schiedsgutachtens, ist darüber eine gerichtliche Beweiserhebung nur geboten, wenn Tatsachen behauptet werden, die für das Gericht schlüssig Mängel an der Bestimmung des Schiedsgutachters ergeben (BGH Urt. v. 21.9.1983 VIII ZR 233/82 = NJW 1984, 43 = ZIP 1983, 1342 = MDR 1984, 224 = LM § 319 BGB Nr. 26). Ist dies erweislich, ist insoweit **für die Vertragspartner** die Feststellung der in Nr. 4 (Nr. 3 a.F.) angeführten Prüfungsstelle **nicht verbindlich.** Die Leistung wird dann erst mit einem gerichtlichen Bestimmungsurteil fällig (OLG Braunschweig OLGZ 66, 15, 19).

IV. Kostenregelung

26 Im Verhältnis zur Materialprüfungsstelle hat ausschließlich derjenige die Kosten zu tragen, der diese beauftragt hat. Der hiernach Zahlungspflichtige muss die ihm insoweit entstehenden Aufwendungen allerdings nicht zwingend im Innenverhältnis zur anderen Vertragspartei tragen. Vielmehr fallen diese nach Nr. 4 (Nr. 3 a.F.) S. 2 dem **unterliegenden Vertragsteil zur Last.** Das ist der Vertragspartner, dessen Behauptungen im Rahmen der Meinungsverschiedenheit durch die Feststellungen der Prüfungsstelle **nicht bestätigt** werden. Diese **vertragliche Kostenregelung** folgt somit den Grundsätzen, wie sie auch im Zivilprozessrecht nach § 91 ZPO maßgebend sind. Man wird daher § 92 ZPO ebenfalls entsprechend anwenden und die Kosten aufteilen müssen, wenn die Feststellungen der Prüfungsstelle die Auffassungen des Vertragspartners nur teilweise bestätigen. Diese vertragliche Regelung gilt naturgemäß **nur dann, wenn eine die Vertragsparteien bindende Feststellung der Prüfungsstelle vorliegt,** also die oben in Rn. 9 f. und 15 ff. im Einzelnen genannten Voraussetzungen eingehalten wurden.

27 Andererseits gilt für das **Prozessverfahren selbst:** Die Kosten eines Schiedsgutachtens sind **keine erstattungsfähigen Kosten** i.S.d. § 91 ZPO. Bedeutung gewinnt dies vor allem, wenn das Schiedsgutachten erst während des Rechtsstreits eingeholt wird (OLG Düsseldorf Beschl. v. 2.3.1982 – 21 W 5/82 = MDR 1982, 674).

§ 18 Nr. 5
[Grundsätzlich keine Befugnis des Auftragnehmers zur Arbeitseinstellung]

Streitfälle berechtigen den Auftragnehmer nicht, die Arbeiten einzustellen.

Inhaltsübersicht

	Rn.
A. Grundsatz: keine Arbeitseinstellung	1
B. Ausnahmen	2
I. Gesetzlich und vertraglich geregelte Ausnahmen	3
II. Arbeitseinstellung aus Treu und Glauben	4
C. Rechtsfolgen	6

Grundsätzlich keine Befugnis des Auftragnehmers zur Arbeitseinstellung § 18 Nr. 5 VOB/B

Aufsatz: *Kuffer* Leistungsverweigerungsrechte bei verweigerten Nachtragsverhandlungen ZfBR 2004, 110.

A. Grundsatz: keine Arbeitseinstellung

Die heutige Regelung in § 18 Nr. 5 VOB/B entspricht vollständig § 18 Nr. 4 VOB/B a.F. Hier hat sich wegen der neu eingefügten Nr. 3 im Zuge der VOB 2006 lediglich die Nummerierung verschoben. Dies vorausgeschickt ist der **Auftragnehmer nach § 18 Nr. 5 VOB/B nicht berechtigt, bei Streitfällen die Arbeiten einzustellen.** Diese Regelung betrifft nicht nur die in § 18 Nr. 2 und Nr. 4 VOB/B beschriebenen Meinungsverschiedenheiten, sondern gilt für alle Fälle, in denen ein Streit aufkommen kann, einschließlich den eines Rechtsstreits. § 18 Nr. 5 VOB/B hat insoweit aber nur eine klarstellende Funktion; mit ihr sollen selbstverständlich dem Auftragnehmer zustehende Leistungsverweigerungsrechte nach der VOB/B oder nach gesetzlichen Vorschriften nicht abgeschnitten werden (herrschende Meinung: ausdrücklich so auch BGH Urt. v. 25.1.1996 VII ZR 233/94 = BGHZ 131, 392, 401 = BauR 1996, 378, 381 = NJW 1996, 1346, 1348 = ZfBR 1996, 196, 198 = NJW-RR 1996, 792 [Ls.]; vgl. aber auch *Kuffer* ZfBR 2004, 110, 113, der in § 18 Nr. 5 offenbar einen eigenen positiven Regelungsgehalt sieht, wobei letztlich aber nicht ganz klar wird, worin dieser bestehen soll). Aus diesem Grund hält **diese Regelung** auch ohne weiteres **einer isolierten AGB-Inhaltskontrolle stand**; dies gilt vor allem dann, wenn die VOB nicht als Ganzes vereinbart ist (BGH a.a.O.).

1

B. Ausnahmen

Bei dem grundsätzlichen Verbot zur Einstellung der Arbeiten sind mit der Maßgabe, dass der Vorschrift in § 18 Nr. 5 (Nr. 4 a.F.) VOB/B nur klarstellende Funktion zukommt, folgende **Ausnahmen** zu beachten:

2

I. Gesetzlich und vertraglich geregelte Ausnahmen

Eine bedeutende Ausnahme ergibt sich aus der konsequenten Anwendung gesetzlicher oder vertraglicher Regelungen. So ist **von Gesetzes wegen ein Auftragnehmer zur Arbeitseinstellung befugt,** wenn der Auftraggeber eine angeforderte Sicherheitsleistung nach § 648a BGB nicht binnen der gesetzten Frist erbringt. Auch Zurückbehaltungsrechte (§§ 273, 320, 322 BGB) können abhängig von ihren Voraussetzungen zur Arbeitseinstellung berechtigen. Bei **vertraglich eingeräumten Rechten zur Arbeitseinstellung** ist z.B. § 16 Nr. 5 Abs. 5 VOB/B zu nennen, wenn der Auftraggeber fällige Zahlungen trotz Inverzugsetzung nicht leistet. Dasselbe gilt für die berechtigte Arbeitseinstellung bei einer offensichtlich zu Unrecht durch den Auftraggeber verweigerten Vereinbarung eines neuen Preises gemäß § 2 Nr. 5 bzw. Nr. 6 VOB/B (BGH Urt. v. 24.6.2004 VII ZR 271/01 = BauR 2004, 1613, 1615 = NJW-RR 2004, 1539, 1540 = NZBau 2004, 612, 613 = ZfBR 2004, 786, 788; OLG Zweibrücken Urt. v. 20.9.1994 8 U 214/93 = BauR 1995, 251; OLG Düsseldorf Urt. v. 25.4.1995 21 U 192/94 = BauR 1995, 706, 707 f., m. Anm. *Knacke* BauR 1996, 119; OLG Celle Urt. v. 4.11.1998 14a [6] U 195/97 = BauR 1999, 262; OLG Düsseldorf Urt. v. 14.9.2001 22 U 37/01 = BauR 2002, 484, 485 = NZBau 2002, 276, 277 = NJW-RR 2002, 165; OLG Brandenburg Urt. v. 19.10.2005 4 U 151/04 = BauR 2006, 529, 530 vgl. aber auch OLG Düsseldorf Urt. v. 10.11.2005 21 U 1783/05 = BauR 2006, 531, das für den Fall des bloßen Unterbleibens einer Preisvereinbarung nach § 2 Nr. 5 VOB/B kein Recht zur Arbeitseinstellung anerkennt).

3

II. Arbeitseinstellung aus Treu und Glauben

4 Eine Arbeitseinstellung entgegen § 18 Nr. 5 (Nr. 4 a.F.) VOB/B ist auch dann zuzulassen, **wenn bei objektiver Betrachtung** die Leistungsfortführung nach den Grundsätzen von Treu und Glauben für den Auftragnehmer unzumutbar ist (ebenso *Locher* Das private Baurecht Rn. 750; *Nicklisch/Weick* § 18 VOB/B Rn. 25; auch *Heiermann/Riedl/Rusam* § 18 VOB/B Rn. 26; ebenso BGH Urt. v. 25.1.1996 VII ZR 233/94 = BauR 1996, 378 = SFH § 9 AGB-Gesetz Nr. 68 = ZIP 1996, 678 = NJW 1996, 1346). Das kann vor allem bei grob schuldhafter Pflichtverletzung des Auftraggebers in Betracht kommen, durch die es dem Auftragnehmer wegen der damit verbundenen Risiken in zeitlicher und technischer Hinsicht nicht zumutbar ist, die Leistung fortzuführen. Eine solche Situation kann u.a. bei vom Auftraggeber schuldhaft herbeigeführten Unterbrechungen der Baumaßnahmen eintreten. Dasselbe gilt, wenn der Auftragnehmer ordnungsgemäß nach § 4 Nr. 3 VOB/B Bedenken angemeldet und daraufhin der Auftraggeber in angemessener Zeit schuldhaft nicht reagiert hat. Schließlich kann eine Arbeitseinstellung nach Treu und Glauben erfolgen, wenn der Auftraggeber hartnäckig und nachhaltig die Anpassung der dem Auftragnehmer geschuldeten Vergütung verweigert, obwohl dieser z.B. nach § 2 Nr. 5 VOB/B hierauf ganz eindeutig und zweifelsfrei einen Anspruch hat (vgl. OLG Düsseldorf Urt. v. 25.4.1995 21 U 192/94 = BauR 1995, 706 = SFH § 9 VOB/B Nr. 7 = NJW 1995, 332 = Anm. *Knacke* BauR 1996, 119; OLG Brandenburg Urt. v. 19.10.2005 4 U 151/04 = BauR 2006, 529, 530).

5 In vorgenannten Ausnahmefällen, die den Auftragnehmer aus Treu und Glauben zur Arbeitseinstellung berechtigen, muss allerdings ein **strenger Maßstab** angelegt werden. Voraussetzung ist immer ein auf **grobes Verschulden des Auftraggebers** zurückgehendes Vorkommnis, das **bei objektiver Bewertung mit Recht zur völligen Zerstörung des** zwischen dem Auftraggeber und dem Auftragnehmer vorauszusetzenden **Vertrauensverhältnisses** geführt hat. Eine rein tatsächliche Unsicherheit, z.B. über eine außergerichtliche Einigung mit dem Auftraggeber über Grund und Höhe eines Mehrvergütungsanspruchs genügt hingegen nicht (OLG Brandenburg Urt. v. 19.10.2005 4 U 151/04 = BauR 2006, 529, 530). Für das Vorliegen solch außergewöhnlicher Umstände als Rechtfertigung für die Arbeitseinstellung ist der **Auftragnehmer beweispflichtig.** Allein vor diesem Hintergrund ist bei einer beabsichtigten Arbeitseinstellung **besondere Vorsicht geboten**, will der Auftragnehmer nicht entscheidende, von ihm sicher nicht gewollte Rechtsnachteile erleiden.

C. Rechtsfolgen

6 Befolgt der Auftragnehmer das im Zweifel bestehende Verbot zur Arbeitseinstellung nach § 18 Nr. 5 (Nr. 4 a.F.) VOB/B nicht, bestimmen sich die Rechte des Auftraggebers nach den sonstigen Regelungen der Allgemeinen Vertragsbedingungen, insbesondere nach § 5 Nr. 4 sowie § 8 Nr. 3 VOB/B. § 18 Nr. 5 VOB/B enthält hierzu keine eigenständige Regelung.

Teil C: Anhang zum Bauvertragsrecht

Anhang 1
AGB-Recht und VOB/B

Inhaltsübersicht Rn.

A. Allgemeine Grundlagen	1
I. Grundgedanken des Gesetzgebers	2
II. Schutzzweck im Rahmen des Bauvertragsrechts	3
III. Die Einbeziehung der Bestimmungen des AGB-Gesetzes in das BGB	5
1. Unveränderte Klauseln	6
2. Geänderte Klauseln	8
IV. Die Änderungen der VOB/B Fassung 2006	9
V. EG-Richtlinie und allgemeiner Schutzzweck	14
VI. Maßgeblichkeit gesetzlicher Bestimmungen	15
VII. Teilbarkeit	16
VIII. Geltungserhaltende Reduktion	17
IX. Ergänzende Vertragsauslegung	18
1. Salvatorische Klausel	20
2. Staffelverweisung	21
X. Kontrollklage	22
1. Der Vertretene als Verwender	24
2. Darlegungs- und Beweislast	25
3. Wiederholungsgefahr	27
4. Abmahnung	28
5. Widerrufsanspruch	29
XI. Einstweilige Verfügung	30
XII. Irrtumsanfechtung	31
B. Anwendung AGB-rechtlicher Bestimmungen auf Bauverträge	32
I. Allgemeiner Regelungsbereich	32
II. Vorrang der Individualabrede	34
III. Vorformulierte Bedingungen	36
1. Vorformulierung	37
2. Stellen	38
IV. Verwender	39
V. Aushandeln	41
VI. Einbeziehung	43
C. Anwendung der Grundsätze des § 305 Abs. 1 BGB auf Bauverträge	47
I. Vorbemerkung	47
II. Besondere Vertragsbedingungen	48
III. Allgemeine Vertragsbedingungen	51
IV. Allgemeine Technische Vertragsbedingungen	53
V. Privilegierung der VOB/B	60
1. Voraussetzungen	61
2. Einfluss der Schuldrechtsreform	64
3. Änderungen der VOB/B	67
4. Verbraucherverträge	69
VI. Isolierte Inhaltskontrolle einzelner VOB/B-Bestimmungen	70
VII. Alleinige Vereinbarung der VOB/B-Gewährleistungsbestimmungen	79
VIII. Zusätzliche Vertragsbedingungen	87
IX. Mögliche Verwender von Allgemeinen Geschäftsbedingungen bei Bauverträgen	89
D. Einschränkung des persönlichen Geltungsbereichs	94

		Rn.
I.	Beschränkung der Inhaltskontrolle.	94
II.	AGB gegenüber Unternehmern	97
III.	Bauten der öffentlichen Hand	101
IV.	Ausnahmen nach § 310 Abs. 1 S. 2 und § 307 BGB	102
V.	Umsetzung der EG-Richtlinie.	104
VI.	Prüfungsmaßstab	105
VII.	Gefährdung des Vertragszwecks	108

E. Die VOB/B und die EG-Richtlinie über missbräuchliche Klauseln in Verbraucherverträgen – §§ 12, 24a AGBG a.F. und § 310 Abs. 3 BGB 112
    I. Allgemeine Grundlagen 112
    II. Die Regelung des § 310 Abs. 3 BGB 113
        1. Begriff des Verbrauchervertrags 114
        2. Besonderheiten des AGB-rechtlichen Schutzes von Verbraucherverträgen 116
            a) Fiktion des Stellens von AGB, falls vom Unternehmer in den Vertrag eingeführt (Nr. 1) 116
            b) Anwendung einzelner AGB-rechtlicher Bestimmungen bei nur einmaliger Verwendung in Verbraucherverträgen (Nr. 2) 119
            c) Beurteilung der unangemessenen Benachteiligung 125
            d) Transparenzgebot 127
F. Die Zukunft der VOB/B im Lichte des AGB-Rechts. 128

Aufsätze: *Brandner* Transparenz als Maßstab der Inhaltskontrolle? Eine Problemskizze FS Locher 1990 S. 317; *Bunte* Gedanken zur Rechtsharmonisierung in der EG auf dem Gebiet der missbräuchlichen Klauseln in Verbraucherverträgen FS Locher S. 325; *Siegburg* VOB/B und AGB-Gesetz FS Locher S. 349; *von Westphalen* Subunternehmerverträge bei internationalen Bauverträgen – Unangemessenheitskriterium nach § 9 AGB-Gesetz? FS Locher S. 375; *Roth* Allgemeine Geschäftsbedingungen und Individualvereinbarungen BB, Beilage 4 zu Heft 6/1992; *Glatzel* Die Überprüfung von AGB im Bauwesen durch Wirtschaftsverbände nach § 13 AGB FS Soergel S. 49; *Locher* Die Richtlinie 93/13/EWG des Rates über missbräuchliche Klauseln in Verbraucherverträgen und ihre Bedeutung für das Baurecht BauR 1993, 379; *Siegburg* Zum AGB-Charakter der VOB und deren Privilegierung durch das AGB-Gesetz BauR 1993, 9; *Eckert* Der Referentenentwurf zur Umsetzung der EG-Richtlinie über missbräuchliche Klauseln in Verbraucherverträgen ZIP 1994, 1986, dazu auch BB 1995, 110; *Frieling* Die EG-Richtlinie über missbräuchliche Klauseln in Verbraucherverträgen und ihr Einfluss auf das private Bau- und Architektenrecht BauR 1994, 154; *Heinrichs* Die Entwicklung des Rechts der Allgemeinen Geschäftsbedingungen im Jahre 1993 NJW 1994, 1380; *Kutschker* Die VOB/B, das AGB-Gesetz und die EG-Richtlinie über missbräuchliche Klauseln in Verbraucherverträgen BauR 1994, 417; *Michalski/Römermann* Die Wirksamkeit einer salvatorischen Klausel NJW 1994, 886; *Anker/Zumschlinge* Die VOB/B als Ganzes, eine unpraktische Rechtsfigur? BauR 1995, 323; *Heinrichs* Die Entwicklung des Rechts der Allgemeinen Geschäftsbedingungen im Jahre 1994 NJW 1995, 1395; *Heinrichs* Umsetzung der EG-Richtlinie über missbräuchliche Klauseln durch Auslegung NJW 1995, 153; *Nassall* Die Anwendung der EU-Richtlinie über missbräuchliche Klauseln in Verbraucherverträgen JZ 1995, 689; *Schmidt-Salzer* Recht der AGB und der missbräuchlichen Klauseln: Grundfragen JZ 1995, 223; *Schmidt-Salzer* Transformation der Richtlinie über missbräuchliche Klauseln in Verbraucherverträgen in deutsches Recht und AGB-Gesetz BB 1995, 733, des Weiteren zu Einzelfragen BB 1995, 1493; *Schmidt-Salzer* Das textliche Zusatz-Instrumentarium des AGB-Gesetzes gegenüber der EG-Richtlinie über missbräuchliche Klauseln in Verbraucherverträgen NJW 1995, 1641; *Wellkamp* Der Gewährleistungsausschluss in notariellen Verträgen Betrieb 1995, 813; *Wolfensberger* Die VOB/B als Ganzes aus der Sicht des AGBG BauR 1995, 779; *Wolf/Ungeheuer* Zum Recht der Allgemeinen Geschäftsbedingungen (Rechtsprechungsbericht) JZ 1995, 77; *Bunte* Die EG-Richtlinie über missbräuchliche Klauseln in Verbraucherverträgen und ihre Umsetzung durch Änderung des AGB-Gesetzes Betrieb 1996, 1389; *Eckert* Das neue Recht der AGB ZIP 1996, 1238; *Hager* Der lange Abschied vom Verbot der geltungserhaltenden Reduktion JZ 1996, 175; *Heinrichs* Das Gesetz zur Änderung des AGB-Gesetzes NJW 1996, 2190; *Lerch* Die richterliche Inhaltskontrolle von notariell beurkundeten Bauverträgen BauR 1996, 155; *Pauly* Zum Verhältnis von VOB/B und AGBG BauR 1996, 328; *v. Westphalen* Die Novelle zum VOB-Gesetz BB 1996, 2101; *Eichler* Die Gewährleistung nach § 13 Nr. 3 VOB/B bei Anordnungen des Auftraggebers und der Verstoß dieser Klausel gegen AGBG – neue Rechtsprechung BauR 1997, 903; *Kraus* Der Anwendungsbereich des neuen § 24a AGBG FS Craushaar 1997, S. 139; *Kutschker* VOB/B-Gesamtabwägung und die Grenzen zulässiger Kompensation nach der AGB-Richtlinie der EU FS Craushaar 1997 S. 149; *Quack* Gilt die kurze VOB/B-Verjährung noch für Verbraucherverträge? BauR 1997, 24; *Schlünder-Scholz* Notarielle Verträge über neue Häuser nach der AGBG-Novelle ZfBR 1997, 97; *Ulmer* Notarielle Verbraucherverträge und § 24a Nr. 3 AGBG FS Heinrichs 1998 S. 555; *Achim Olrik Vogel/Thomas Vogel* Die VOB/C und das AGB-Gesetz – terra incognita BauR 2000, 345; *v. Westphalen* Vertragsrecht und Klauselwerke Stand April 2001; *Frikell* Schuldrechtsreform und VOB als Ganzes BauR 2002, 671; *Oberhauser* Bauvertragsklauseln und AGB-Gesetz BauR 2002, 15; *Preussner* Die VOB/B ist tot! BauR 2002, 1602; *Schwenker* Die neue VOB/B 2002 BauR 2002, 1143; *v. Westphalen* AGB-Recht im BGB, eine erste Bestandsaufnahme NJW 2002, 12; *Weyer* Die Privilegierung der VOB/B BauR 2002, 857; *Weyer* Totgesagte leben länger. Die VOB und ihre Privilegierung BauR 2002, 1894; *Moufang* Quasi-Unterbrechung durch schriftliche Mängelrüge gemäß § 13 Nr. 5 Abs. 2 VOB/B Diskussionsforum BauR 2003, 426; *Voppel* Die AGB-rechtliche Bewertung der VOB/B nach dem neuen Schuldrecht NZBau 2003, 6; *Gebauer* Die AGB-rechtlich entprivilegierte VOB/B BauR 2004, 1843; *von Gehlen* Rechtssicherheit bei Bauverträgen – VOB/B qou vadis? NZBau 2004, 313.

A. Allgemeine Grundlagen

Da die auszuführende Bauleistung durch den Vertrag bestimmt ist (§ 1 Nr. 1 VOB/B), ist im Hinblick auf die hieran geknüpften verschiedenen Folgen die Weichenstellung zwischen Individualvertrag und AGB-Vertrag von erheblicher Bedeutung im Bereich der Bauvergabe und für den Inhalt und die Auslegung des Bauvertrages. Deshalb ist eine Erläuterung der AGB-rechtlichen Problematik des Bauvertrags und der VOB/B **unter allgemeinen Gesichtspunkten** angezeigt, während die Erörterung einzelner bauvertraglicher Klauseln im Lichte des AGB-Rechts im Zusammenhang mit der Erläuterung der Einzelbestimmungen der VOB/B erfolgen soll. Bei der Erörterung genereller Gesichtspunkte handelt es sich um die **Anwendung der AGB-rechtlichen Bestimmungen auf Bauverträge,** Fragen der **Auslegung,** der **Rechtsfolgen von Verstößen gegen die §§ 307 ff. BGB,** der **Einbeziehung der VOB/B,** des **persönlichen Geltungsbereichs** sowie der **Verbraucherverträge.** 1

I. Grundgedanken des Gesetzgebers

Das am 1.4.1977 in Kraft getretene **AGB-Gesetz vom 9.12.1976** (BGBl. I S. 3317, zuletzt i.d.F. v. 29.6.2000 BGBl. I S. 946) hatte **erhebliche Bedeutung für Bauverträge** bzw. den zulässigen Rahmen bei deren Gestaltung durch **dabei verwendete Vertragsbedingungen.** Der Grundgedanke des Gesetzgebers aus Anlass der Schaffung dieses Gesetzes, die vertragsrechtliche Gestaltung im Rahmen des Rechts- und Wirtschaftsverkehrs innerhalb der heutigen industriellen Massengesellschaft in ordnungsgemäße Bahnen zu lenken, beruht letztlich auf der Erkenntnis, dass hier eine **Kluft zwischen Recht und Rechtswirklichkeit beseitigt werden musste,** die in zunehmendem Maße dadurch entstanden ist, dass bei Geschäften des täglichen Lebens, darüber hinaus aber auch bei sonst häufig vorkommenden Geschäftsvorfällen, vielfach auf der einen Seite eine Gruppe mit wirtschaftlichem Übergewicht einer wirtschaftlich schwächeren Gruppe, insbesondere im Bereich der Vertragsgestaltung, gegenübersteht. Dies hat sich vor allem bei der Aufstellung von Vertragsbedingungen – insbesondere **auch bei** der Abfassung von **Bauverträgen** – bemerkbar gemacht. Die wirtschaftlich stärkere Seite hat dabei nicht selten in Ausnutzung ihrer Marktmacht immer mehr zu deutlich einseitig formulierten Bedingungen gefunden, und zwar oft ohne Rücksicht auf die berechtigten Interessen der jeweils anderen Seite. Diese Erscheinung ist gerade dort am stärksten hervorgetreten, wo die Nachfrage nach Leistungen des Anbieters erheblich war. Deshalb war **besonders auch der Baumarkt hiervon in nicht unerheblicher Weise betroffen.** Dies gilt für Vertragsgestaltungen auf dem bauwirtschaftlichen Gebiet grundsätzlich, wobei allerdings gewisse bauvertragliche Gestaltungsformen besonders »anfällig« für einseitige Ausnutzung bestimmter Marktmacht oder auch 2 nur wirtschaftlichem Übergewicht sind, wie z.B. im Rahmen von Bauverträgen der **öffentlichen Hand als Auftraggeber, Bauträgerverträgen und Verträgen zwischen Haupt-(General-) und Subunternehmern** (vgl. dazu auch *Kürschner* DRiZ 1987, 10; vor allem *Ulmer* in Zehn Jahre AGB-Gesetz S. 1 ff.).

II. Schutzzweck im Rahmen des Bauvertragsrechts

3 Besonders auf dem Gebiet des Bauvertragsrechts hat sich für die Rechtsprechung das Erfordernis des Eingreifens ergeben, um Missbräuchen durch ungerechtfertigte Ausnutzung einer übergewichtigen Marktposition entgegenzutreten. Insofern hat sich auch die dem Bauvertraglichen zuzurechnende Rechtsprechung auf dem Gebiet des Rechts der Allgemeinen Geschäftsbedingungen vielfach mit bestimmten Vertragsgestaltungen befasst, um den Rahmen des **noch Vertretbaren im Hinblick auf die Mindestwahrung berechtigter Belange des Vertragspartners** des Marktmächtigen abzustecken.

4 Das **AGB-Gesetz** hatte die früher allein von der Rechtsprechung ausgeübte Funktion – jedenfalls in erster Linie – übernommen und dabei vornehmlich durch die Verbotskataloge in den **§§ 10 und 11**, aber auch in der **Generalklausel des § 9** festgelegt, was bei **Wahrung des nach wie vor geltenden Grundsatzes der Vertragsfreiheit** als **nicht mehr zulässig für die Vertragsgestaltung** angesehen werden kann. Es ging deshalb in erster Linie darum, die Normen des AGB-Gesetzes zu beachten, um nicht Gefahr zu laufen, dass der betreffende Vertrag ganz oder – regelmäßig – teilweise als **gegen ein gesetzliches Verbot** – das AGB-Gesetz – **verstoßend und damit nichtig (§ 134 BGB)** angesehen wurde.

Das AGB-Gesetz hat sich in der Rechtspraxis durchaus bewährt (vgl. dazu *Bunte* NJW 1987, 921; *Ulmer* in Zehn Jahre AGB-Gesetz S. 1 ff.; *Schmidt-Salzer* BB 1983, 1255), wenn auch beanstandet werden kann, dass die »flächendeckende Durchsetzung« in der Wirtschaftspraxis noch nicht erreicht ist.

III. Die Einbeziehung der Bestimmungen des AGB-Gesetzes in das BGB

5 Das AGB-Gesetz wurde durch das **Schuldrechtsmodernisierungsgesetz** (BGBl. I 2001 S. 3138) aufgehoben. Sein materiell-rechtliche Teil wurde – teilweise mit Änderungen – als §§ 305 ff. in das BGB integriert. Dabei handelt es sich um die §§ 1–11 und die §§ 23–24a AGBG. Die verfahrensrechtlichen Vorschriften der §§ 13–22a AGBG wurden in das neue Unterlassungsklagengesetz (UKlaG) inkorporiert.

Die inhaltlichen Änderungen erscheinen auf den ersten Blick geringfügig. Die seit Verabschiedung des Gesetzes geführte Diskussion zeigt jedoch, dass die Integration nicht problemlos vorgenommen werden konnte.

1. Unveränderte Klauseln

6 Von den allgemeinen Bestimmungen sind inhaltlich unverändert geblieben (zur Synopse vgl. *Wirth/Sienz/Englert* Verträge am Bau nach der Schuldrechtsreform, Teil I Rn. 436 ff.):

§ 1 AGBG = § 305 Abs. 1 BGB

§ 2 AGBG = § 305 Abs. 2 und 3 BGB

§ 3 AGBG = § 305c Abs. 1 BGB

§ 4 AGBG = § 305b BGB

§ 5 AGBG = § 305c Abs. 2 BGB

§ 6 AGBG = § 306 BGB

§ 7 AGBG = § 306a BGB

Aus dem Klauselkatalog der §§ 10 f. AGBG wurde unverändert bzw. nur leicht verändert übernommen:

§ 10 AGBG = § 308 BGB

§ 11 Nr. 1 AGBG = § 309 Nr. 1 BGB

§ 11 Nr. 2 AGBG = § 309 Nr. 2 BGB

§ 11 Nr. 3 AGBG = § 309 Nr. 3 BGB

§ 11 Nr. 4 AGBG = § 309 Nr. 4 BGB

§ 11 Nr. 6 AGBG = § 309 Nr. 6 BGB

§ 11 Nr. 12 AGBG = § 309 Nr. 9 BGB

§ 11 Nr. 13 AGBG = § 309 Nr. 10 BGB

§ 11 Nr. 14 AGBG = § 309 Nr. 11 BGB

§ 11 Nr. 15 AGBG = § 309 Nr. 12 BGB

§ 11 Nr. 16 AGBG = § 309 Nr. 13 BGB

Die Vorschriften über den Anwendungsbereich der AGB-rechtlichen Bestimmungen (früher §§ 23, 24 AGBG) sind in § 305a BGB und in § 310 Abs. 1 und 2 BGB aufgegangen. § 24a AGBG wurde unverändert in § 310 Abs. 3 BGB übernommen.

Die Privilegierungsvorschrift des § 23 Abs. 2 Nr. 5 AGBG ist nunmehr den Klauselverboten des § 308 Nr. 5 BGB und des § 309 Nr. 8b ff. BGB unmittelbar zugeordnet.

2. Geänderte Klauseln

Es kann sich dabei um Änderungen substantieller Art handeln, um Berücksichtigung von Ergebnissen der Rechtsprechung und deren Einbindung in den Gesetzeswortlaut oder um **reine** Formulierungsverbesserungen (vgl. i.E. *Palandt/Heinrichs* Ergänzungsband zu *Palandt* BGB, 61. Aufl. § 305 BGB Rn. 2; *v. Westphalen* AGB-Recht und BGB – eine erste Bestandsaufnahme NJW 2002 12 ff.; *Wirth/Sienz/Englert* Teil I Rn. 440 ff.).

Für den Bauvertrag von Bedeutung sind vor allem folgende geänderte Bestimmungen:

– In § 307 Abs. 1 BGB ist ein S. 2 angefügt worden und damit das von der Rechtsprechung zum AGB-Gesetz bisher entwickelte **Transparenzgebot** gesetzlich geregelt worden.
– Das in § 307 Abs.1 S. 2 BGB geregelte Transparenzgebot wird von § 307 Abs. 3 BGB ausdrücklich nicht erfasst, es findet also auch auf Leistungsbeschreibungen und Preisvereinbarungen Anwendung.
– § 309 Nr. 7 BGB verschärft das bisher in § 11 Nr. 7 AGBG enthaltene Verbot von Haftungsbegrenzungen. Nach § 309 Nr. 7a BGB kann die Haftung für **verschuldete Körperschäden** in AGB nicht mehr beschränkt oder gar ausgeschlossen werden.
– In § 305 Abs. 2 Nr. 2 BGB wird die Zumutbarkeit der Kenntnisverschaffung ausdrücklich auch auf eine für den Verwender erkennbare **körperliche Behinderung** der anderen Vertragspartei ausgedehnt.
– In § 308 Nr. 5 BGB sowie in § 309 Nr. 8b BGB sind Ausnahmen für Verträge vorgesehen, in die Teil B der VOB als Ganzes einbezogen ist. Dies entspricht im wesentlichen der bisherigen Rechtspre-

chung, nach der die Privilegierung nur eintritt, wenn VOB/B ohne ins Gewicht fallende Einschränkungen übernommen worden ist.
- Nach § 309 Nr. 5b BGB wird entgegen dem bisherigen Gesetzeswortlaut nunmehr die Wirksamkeit einer Schadenspauschale in AGB davon abhängig gemacht, dass dem anderen Vertragsteil der Nachweis eines niedrigeren Schadens ausdrücklich gestattet ist.
- Die Nrn. 7 und 8 des § 309 BGB werden im Zuge der Änderung des Leistungsstörungsrechts angepasst und umstrukturiert. Die durch die Änderung des Leistungsstörungsrechts verursachte Betonung der **Pflichtverletzung** als Grundbegriff ist dabei berücksichtigt.

IV. Die Änderungen der VOB/B Fassung 2006

9 Der deutsche Vergabe- und Vertragsausschuss für Bauleistungen (DVA) – Hauptausschuss Allgemeines hat die VOB/B mit Beschluss vom 27.6.2006 erneut geändert und dabei 15 einzelne Anpassungen vorgenommen (VOB/B 2006). Ursprünglich waren insgesamt 21 Änderungen vorgesehen, wie dem Beschluss des DVA vom 17.5.2006 zu entnehmen ist (Quelle: IBR-Online/Materialien). Die Änderungen betreffen im wesentlichen sprachliche Klarstellungen sowie einige Anpassungen an die Rechtsprechung des BGH. Teil A der VOB bleibt unberührt.

10 Im Einzelnen handelt es sich um folgende Änderungen:

- In die Überschrift wird die Abkürzung »VOB/B« eingefügt.
- In § 1 Nr. 1 S. 2 wird die Abkürzung »VOB/C« eingefügt.
- In § 2 Nr. 7 Abs. 1 S. 1 wird »§ 242« durch »§ 313« ersetzt. § 2 Nr. 7 Abs. 1 S. 4 wird mit leicht geänderter Formulierung zum neuen Abs. 2. Der bisherige Abs. 2 wird mit angepasster Formulierung zum neuen Abs. 3.
- § 4 Nr. 8 Abs. 2 wird um die Worte »Teile B und C« ergänzt.
- An § 6 Nr. 6 wird ein neuer S. 2 angefügt, der auf die Anwendbarkeit des § 642 BGB verweist.
- Das Kündigungsrecht des Auftraggebers in § 8 Nr. 1 wird erweitert, und zwar auf den Fall eines zulässigerweise vom Auftraggeber gegen den Auftragnehmer gestellten Insolvenzantrags.
- Arbeiten an einem Grundstück werden in § 13 Nr. 4 Abs. 1 S. 1 nicht mehr ausdrücklich erwähnt.
- § 13 Nr. 4 Abs. 2 wird sprachlich angepasst.
- § 16 Nr. 1 Abs. 1 S. 1 wird um den Zusatz »oder zu den vereinbarten Zeitpunkten« erweitert.
- In einem neuen § 16 Nr. 3 Abs. 1 S. 2 wird die BGH-Rechtsprechung zur 2-monatigen Ausschlussfrist für Rügen gegen die Prüfbarkeit der Schlussrechnung ausdrücklich übernommen.
- § 16 Nr. 3 Abs. 5 S. 2 erhält eine Klarstellung bezüglich des Beginns der Frist zur Begründung eines Vorbehalts.
- In § 16 Nr. 5 Abs. 5 wird klargestellt, dass die Arbeitseinstellung bereits nach Ablauf der in Abs. 3 genannten Nachfrist, d.h. ohne nochmalige Fristsetzung zulässig ist.
- An § 17 Nr. 5 S. 1 wird in Klammern »Und-Konto« angefügt.
- § 17 Nr. 6 Abs. 1 wird um einen neuen S. 2 ergänzt, der die Berechnung des Sicherheitseinbehalts bei Rechnungsstellung ohne Umsatzsteuer gemäß § 13b UStG regelt.
- In § 18 wird eine neue Nr. 3 eingefügt, nach der ein Verfahren zur Streitbeilegung vereinbart werden kann.

11 Wie dem Beschluss vom 17.5.2006 zu entnehmen ist, hatte der DVA zunächst vor, die Nrn. 3 und 4 des § 1 zusammenzufassen und das Anordnungsrecht des Auftraggebers auf die Bauzeit auszudehnen; § 1 Nr. 3 sollte entsprechend ergänzt, die Vergütungsregelung des § 2 Nr. 5 dem angepasst werden. § 2 Nr. 6 wäre entfallen. Die Aufnahme der Bauzeit in die Anordnungsbefugnis hätte Folgeänderungen in § 6 Nr. 2 und in § 6 Nr. 6 nach sich gezogen. Eine weitere geplante, aber nicht umgesetzte Änderung betraf § 14 Nr. 2, danach sollte das gemeinsame Aufmass obligatorisch sein. Schließlich war geplant, für Pauschal- und Stundenlohnverträge die Schlusszahlungsfrist auf 30 Werktage zu verkürzen. Auch diese Änderung wurde nicht aufgenommen.

Die Änderungen der VOB/B 2006 können nicht überzeugen. Die einzige inhaltliche Änderung – die **12** Ausdehnung des Kündigungsrechts des Auftraggebers auf einen von ihm selbst »zulässigerweise« gestellten Insolvenzantrag – begegnet erheblichen AGB-rechtlichen Bedenken. Zwar werden an die Zulässigkeit eines Insolvenzantrags durchaus erhebliche Anforderungen gestellt. Es bleibt allerdings die gar nicht so unwahrscheinliche Möglichkeit, dass ein zulässiger Antrag als unbegründet abgewiesen wird. Stünde dem Auftraggeber in einem solchen Fall ein Kündigungsrecht zu, ggf. noch mit den Schadensersatzfolgen des § 8 Nr. 2 Abs. 2 VOB/B für den Auftragnehmer, wäre das offensichtlich eine unangemessene Benachteiligung des Auftragnehmers. Stellt der Auftraggeber die VOB/B, wird man daher eine Unwirksamkeit nach § 307 Abs. 1 BGB, ggf. auch einen Verstoß gegen § 308 Nr. 3 BGB annehmen müssen (Einzelheiten hierzu siehe bei § 8 Nr. 2 VOB/B). Auch im Übrigen überzeugen die Änderungen nicht. Ob es sinnvoll ist, Entscheidungen des BGH jeweils sofort in neue Bestimmungen umzusetzen (das scheint ein Phänomen der modernen Rechtssetzung zu sein, vgl. z.B. § 323 Abs. 2 BGB), wie das bei § 16 Nr. 3 Abs. 1 der Fall ist, darf bezweifelt werden. Handelt es sich um gefestigte Rechtsprechung, ist eine Aufnahme in den Text der VOB/B nicht notwendig. Ist das nicht der Fall, müsste vor einer Übernahme in den Text der VOB/B geprüft werden, ob das AGB-rechtlich unbedenklich ist. Es ist durchaus ein Unterschied, ob der Ausschluss eines Einwands in AGB festgelegt wird oder ob die Rechtsprechung diesen Ausschluss für den Regelfall formuliert.

Größtenteils begrüßenswert ist, dass die übrigen beabsichtigten Änderungen unterblieben sind. Die **13** Einführung eines zeitlichen Anordnungsrechts hätte zahlreiche Fragen insbesondere im Hinblick auf die AGB-rechtliche Bewertung aufgeworfen. Entgegen der in der baurechtlichen Literatur immer wieder vertretenen Ansicht besteht kein schützenswertes Interesse des Auftraggebers für ein solche Anordnungsrecht. In den meisten Fällen soll das Anordnungsrecht nur dazu dienen, die Folgen fehlerhafter und/oder verspäteter Planung sowie von Leistungsverzug anderer Unternehmer auszugleichen. Es ist nicht einzusehen, weshalb das auf dem Rücken des Auftragnehmers erfolgen soll. Die Auswirkungen auf den Betrieb des Auftragnehmers können fatal sein. Wie soll ein Betrieb, der bereits auf Monate hinweg ausgelastet ist, eine Streckung der Bauzeit um 1 Monat ausgleichen können? Wären etwaige Schadensersatzansprüche von Auftraggebern der Folgeaufträge über den Vergütungsanspruch auszugleichen? Welche Auswirkungen hätte es auf die Reputation und damit auf die Marktchancen eines Unternehmers, wenn er einen Folgeauftrag verspätet beginnen müsste, weil beim »Vorauftrag« eine Verschiebung der Bauzeit angeordnet worden ist, und wie könnten diese Nachteile ausgeglichen werden? Schon diese wenigen Fragen zeigen die erhebliche Problematik, die mit einer Ausdehnung des – AGB-rechtlich ohnehin kritischen – Anordnungsrechts verbunden wäre.

V. EG-Richtlinie und allgemeiner Schutzzweck

Schutzzweck des AGB-Gesetzes war die **Verhinderung der einseitigen Ausnutzung der vom AGB-** **14** **Verwender in Anspruch genommenen Vertragsgestaltungsfreiheit,** nicht grundsätzlich primär der Schutz des schwächeren Vertragspartners (*Ulmer/Brandner/Hensen* Einl. Rn. 29). Das AGB-Gesetz ist durch Anknüpfung an die einseitige Vorformulierung von Bestimmungen für eine Vielzahl von Verträgen und durch den grundsätzlich unbeschränkten persönlichen Anwendungsbereich auch unter Einbeziehung der Verträge mit Kaufleuten als Kunden der umfassenden Zielrichtung gefolgt, so dass mit dem Instrumentarium des AGB-Gesetzes die mit der Verwendung von AGB typischerweise und unabhängig von der stärkeren oder schwächeren Marktstellung des Verwenders verbundenen Gefahren für dessen Vertragspartner bekämpft werden konnten. Diese Ausführungen zum Schutzzweck des AGB-Gesetzes bedurften einer Einschränkung, soweit es sich um **Verbraucherverträge** handelt. Die Umsetzung der EG-Richtlinie über missbräuchliche Klauseln in Verbraucherverträgen (93/13/EWG v. 5.4.1993), also Verträgen zwischen einem gewerblich oder freiberuflich handelnden Unternehmer und einem privaten Zwecke verfolgenden Verbraucher, ist auf den speziellen Schutz des Verbrauchers gerichtet und stellt auf das Machtgefälle und den Erfahrungs-

und Wissensvorsprung des Unternehmers gegenüber dem Verbraucher ab. Nicht mehr ausschließlich die Abwehr der mit der Verwendung von AGB typischerweise für den Vertragspartner verbundenen Gefahren ist der Schutzzweck, sondern der Schutz des Verbrauchers in seiner »rollenspezifischen Unterlegenheit« (*Locher* Das Recht der Allgemeinen Geschäftsbedingungen S. 18). Die Anwendung der Richtlinie auf Bauverträge ergibt sich aus dem Begriff »Verbraucherverträge« sowie aus Ziff. 9 der Erwägungsgründe zur Richtlinie (*Schmidt-Salzer* BB 1995, 1499), ferner aus dem in der Richtlinie erwähnten **Begriff der »Dienstleistungen«** (*Heinrichs* NJW 1995, 159; *Frieling* BauR 1994, 155).

VI. Maßgeblichkeit gesetzlicher Bestimmungen

15 Grundsätzlich gelten anstelle von nach AGB-rechtlichen Bestimmungen nicht zum Vertragsbestandteil gewordenen Vertragsbedingungen die einschlägigen **Vorschriften des dispositiven Rechts** (vgl. BGH BauR 1982, 493 = NJW 1982, 2243; BGH BauR 1986, 200 = NJW 1986, 924; bedenklich hier: *Heiermann/Riedl/Rusam* § 10 VOB/A Rn. 61, die im Falle eines VOB-Vertrages lediglich auf die VOB/B zurückgehen wollen; Bedenken wie hier: *v. Westphalen* ZfBR 1985, 252, 253 f.; wohl auch *Kniffka* ZfBR 1992, 1), wie sich aus § 306 Abs. 1 und 2 BGB ergibt. Die nicht selten anzutreffenden AGB-Klauseln, die ersatzweise andere Regelwerke heranziehen möchten, kollidieren mit dieser zwingenden Rechtsfolge und entfalten daher keine Wirkung.

In Ausnahmefällen greift die Regelung des § 306 Abs. 3 BGB ein, sie führt zur Nichtigkeit des gesamten Vertrags. Erforderlich ist hierfür in der Regel eine durch das Festhalten am Vertrag verursachte, unzumutbare Härte. Diese liegt beispielsweise vor, wenn der Wegfall der unwirksamen Klausel zu einer grundlegenden Störung des Vertragsgleichgewichts führt. Erforderlich ist eine durch die Unwirksamkeit verursachte einschneidende Störung des Äquivalenzverhältnisses (vgl. BGH NJW-RR 1996, 1009).

Ganz klar vorrangig ist aber die Bestimmung des **§ 306 Abs. 1 BGB**, in der der Grundgedanke zum Ausdruck kommt, auch auf der Grundlage von unwirksamen AGB abgeschlossene Verträge **soweit als irgend möglich aufrechtzuerhalten** (*Ulmer/Brandner/Hensen* § 6 Rn. 1 ff.; *Locher* Das Recht der Allgemeinen Geschäftsbedingungen S. 71 ff.).

VII. Teilbarkeit

16 § 306 BGB stellt eine Sonderregelung gegenüber § 139 BGB dar. Diese sichert den Fortbestand des Rechtsgeschäfts unabhängig vom Parteiwillen bei ganzer oder teilweiser Nichtgeltung von AGB. Voraussetzung ist jedoch, dass der lückenhafte Vertrag teilbar ist, dass also die restlichen Vertragsteile für sich Bestand haben können. Dabei ist der innere Zusammenhang zwischen dem wirksamen und unwirksamen Teil, insbesondere auch die Abhängigkeit voneinander und damit die Möglichkeit der Verselbstständigung entscheidend (BGH BauR 1984, 514; BGH NJW 1988, 2106 und die ständige Rechtsprechung des BGH). Die **Teilbarkeit des Vertrages** dürfte den Regelfall darstellen, da die typische Funktion der AGB in der Regelung von Nebenabreden besteht, so dass objektiv wesentliche Vertragspunkte unberührt bleiben können.

Teilbarkeit ist gegeben, wenn eine AGB-Klausel verschiedene Rücktrittsgründe aufführt, die teilweise sachlich gerechtfertigt, teilweise sachlich ungerechtfertigt sind (BGH NJW 1985, 325; *Ulmer/ Brandner/Hensen* § 6 Rn. 12; *Wolf/Horn/Lindacher* § 6 Rn. 41). Ist in einer Klausel die Abnahme der Leistung an einen Zeitpunkt der Übergabe geknüpft und zugleich die fiktive Abnahme nach § 12 Nr. 5 Abs. 1 VOB/B ausgeschlossen, so sind beide Bestandteile der Klausel trennbar. Der Ausschluss der fiktiven Abnahme ist zulässig, die Anknüpfung derselben an die Übergabe verstößt gegen § 307 BGB (BGH BauR 1997, 302). Ist in einem VOB-Bauvertrag, der AGB-Charakter hat, und der zwischen Haupt- und Nachunternehmer abgeschlossen ist, eine Klausel enthalten, wonach die Gewährleistungsfrist zwei Jahren und vier Wochen beträgt und mit der Gesamtabnahme des Bauwerks durch den Bauherrn beginnen soll, so ist trennbar die Verlängerung der in § 13 Nr. 4 VOB/B vorgesehenen Verjährungsfrist für die Gewährleistungsansprüche von zwei Jahren und vier Wochen, die wirksam ist, von der nichtigen Festlegung des Beginns der Verjährungsfrist zum Zeitpunkt der Gesamtabnahme des Bauwerks (OLG Düsseldorf BauR 1995, 111). Wird in einer Vertragsstrafenklausel hinsichtlich der Fristen auf eine weitere Klausel Bezug genommen, in der verschiedene Ausführungsfristen in sprachlich, optisch und inhaltlich voneinander getrennten Tatbeständen geregelt sind, liegt eine trennbare Regelung der Vertragsstrafe vor (BGH BauR 1999, 645).

Nur insoweit, als der Rumpfvertrag nicht ergänzbar ist, oder der Vertragspartner wegen Unzumutbarkeit nicht am Inhalt des modifizierten Vertrages festgehalten werden kann, also § 306 Abs. 3 BGB ein »Notventil« gegenüber der Regelrechtsfolgeanordnung des § 306 Abs. 1 und 2 BGB darstellt (*Wolf/Horn/Lindacher* § 6 Rn. 58), liegt Gesamtnichtigkeit vor (nach *Korbion/Locher/Sienz* B Rn. 3, ein »bei Bauverträgen kaum vorkommender Fall«).

VIII. Geltungserhaltende Reduktion

Dagegen ist es nicht zulässig, dass einzelne unangemessene Bestimmungen durch den Richter auf ihren gerade noch zulässigen Inhalt zurückgeführt werden, um insoweit wirksam zu bleiben. Eine solche **geltungserhaltende Reduktion** ist grundsätzlich abzulehnen, weil sie sich mit dem **Transparenzgebot** in Widerspruch setzen würde und es unbillig wäre, wenn dem Verwender das mit unangemessenen AGB-Bestimmungen verbundene Risiko der Gesamtunwirksamkeit genommen würde. Außerdem verlangt die Unterlassungsklage im Verbandsprozess und die Berufung auf ein Unterlassungsurteil, dass die Klausel in ihrem abstrakten objektiven Gehalt geprüft wird und der Kunde bei Berufung auf ein Unterlassungsurteil nicht mit geltungserhaltender **Reduktion rechnen muss** (so h.M.: BGHZ 84, 114; BGH BauR 1986, 455; *Ulmer/Brandner/Hensen* § 6 Rn. 14; *Locher* Das Recht der allgemeinen Geschäftsbedingungen S. 76 ff.; *Wolf/Horn/Lindacher* § 6 Rn. 40 ff., die allerdings Ausnahmen vom Verbot geltungserhaltender Reduktion zulassen, wenn die »übermaßkupierte Regelung dem realen Kundenwillen entspricht oder von diesem mit umschlossen erscheint«). Insbesondere ist eine Übermaßbeseitigung im AGB-Bereich unzulässig bei AGB, die zulässige und unzulässige Tatbestände miteinander verbinden, bei denen aber eine Trennung der unzulässigen und die Aufrechterhaltung der zulässigen Teile nicht lediglich durch »Streichen«, sondern durch sprachliche Umgestaltung erreicht werden könnte (*Frieling* Klauseln im Bauvertrag S. 51).

Die Problematik der **geltungserhaltenden Reduktion** ist bei Bauverträgen vor allem im Bereich der **Haftungseinschränkungen, der Beweislastübertragungen, der überhöhten Pauschalen und Nutzungsentschädigungen,** sowie vor allem bei **Vertragsstrafenklauseln** anzutreffen. Wird eine überhöhte Pauschale im AGB-Bereich verlangt oder eine Vertragsstrafe vereinbart, die keine summenmässige angemessene Beschränkung enthält, so hat dies die Nichtigkeit der gesamten Pauschalierungs- bzw. Vertragsstrafenvereinbarung zur Folge (hierzu: BGHZ 84, 109: Ausschluss der Kündigung; BGHZ 85, 305: unzulässige Ausklammerung des Vorbehalts der Vertragsstrafe bei Abnahme; BGH BauR 1985, 93: Hinterlegungspflicht von 14% des Erwerbspreises eines bezugsfertigen Bauwerks ohne Rücksicht auf Baumängel; BGH BauR 1986, 455: formularmäßige Bankgarantie für Abschlagszahlungen – Umgehung des Verbots des formularmäßigen Ausschlusses des Leistungsverweigerungsrechts und des Zurückbehaltungsrechts).

IX. Ergänzende Vertragsauslegung

Allerdings kann die Lücke im Vertrag, die durch die Unwirksamkeit einer Klausel in AGB entsteht, im Wege der ergänzenden Vertragsauslegung geschlossen werden, wenn konkrete gesetzliche Vorschriften zur Ausfüllung der Lücke nicht zur Verfügung stehen und das ersatzlose Streichen der unwirksamen Klausel nicht zu einer angemessenen, den typischen Interessen des Klauselverwenders und seines Vertragspartners Rechnung tragenden Lösung führt oder eine vergleichbare vertragliche Regelung zwar vorhanden ist, der konkrete Vertrag aber vom Vorstellungsbild des Gesetzgebers in wesentlicher Hinsicht abweicht und die zu ersetzende Klausel unmittelbar auf der Abweichung beruht (*Locher* Das Recht der allgemeinen Geschäftsbedingungen S. 72; vgl. i.E. *Ulmer/Brandner/Hensen* § 6 Rn. 31). Im Unterschied zum Problem der geltungserhaltenden Reduktion dient die **ergänzende Vertragsauslegung** ebenso dem Interesse des Kunden, wenn beide Parteien vor einer unangemessenen Benachteiligung geschützt werden, die sonst eintreten würde. In diesem Fall wird der Richter nicht zum Sachwalter des Verwenders, indem er in dessen Interesse unangemessene Bedingungen auf das zulässige Maß »zurechtstutzen« würde. **Allerdings wird durch die ergänzende Vertragsauslegung das Transparenzgebot in der Weise nicht berücksichtigt, dass der Kunde nicht von vornherein die ergänzende Regelung in ihren klaren Umrissen erkennen kann**. Es ist deshalb Zurückhaltung im Hinblick auf die Vertragsergänzung geboten, die auf jeden Fall bei offensichtlichen Verstößen gegen §§ 307–309 BGB unzulässig sein dürfte. Bei grundsätzlicher Bejahung der Möglichkeit ergänzender Vertragsauslegung (BGHZ 90, 69; BGH NJW 1996, 1213) hat der BGH es in weiteren Entscheidungen zum Bauwerkvertragsrecht offen gelassen, ob bei Unwirksamkeit einer Vergütungsänderungsklausel (BGH BauR 1985, 576) oder bei der Frage der Wirksamkeit der Vereinbarung der VOB/B bzw. BGB und jeweiliger Geltung der günstigsten Regelung für den Bauherrn eine ergänzende Vertragsauslegung möglich ist (BGH BauR 1986, 201).

19 Die Frage, ob Kassation oder Reduktion ist schwierig zu beantworten, die Abgrenzung in Literatur und Judikatur häufig unklar. Teils wird die **Teilbarkeit** der beanstandeten Klausel angenommen, teils die geltungserhaltende Reduktion, ergänzende Vertragsauslegung oder mit der Unklarheitenregelung gearbeitet. Entscheidend ist das gewollte, billige Ergebnis.

Jedoch ist in der einschlägigen Literatur sowie in der Rechtsprechung des BGH eine Tendenz zur ergänzenden Vertragsauslegung unverkennbar. So hat der BGH (BGH BauR 2002, 1533), ausgehend von seiner Rechtsprechung, wonach die Verpflichtung eines Bauunternehmers in AGB des Bestellers, zur Sicherung von Vertragserfüllungsansprüchen eine Bürgschaft auf erstes Anfordern zu stellen, unwirksam ist, im Wege ergänzender Vertragsauslegung den Vertrag dahin ausgelegt, dass der Bauunternehmer eine unbefristete, selbstschuldnerische Bürgschaft schuldet. Nach Ansicht des BGH würde der ersatzlose Wegfall der Bürgschaftsverpflichtung zu einem den Interessen der Parteien nicht mehr gerecht werdenden Ergebnis führen. Der vollständige Wegfall der Verpflichtung, eine Sicherheit zu stellen, wäre unbillig und würde das Vertragsgefüge einseitig zu Gunsten des Vertragspartners des Verwenders verschieben. Die durch den Wegfall der beanstandeten Klausel entstehende Lücke sei daher im Wege der ergänzenden Vertragsauslegung zuschließen. Der BGH hat in dieser Entscheidung eine solche ergänzende Vertragsauslegung allerdings nur für Verträge anerkannt, die vor Bekanntwerden der Entscheidung in den beteiligten Verkehrskreisen abgeschlossen wurden. Eine zu schließende Lücke sei nicht anzunehmen, wenn die in der Klausel enthaltene Regelung bei objektiver Betrachtung als vom Verwender abschließend gewählt anzusehen ist. Diese Annahme sei geboten, wenn der Auftraggeber nach Bekannt werden der vorliegenden Entscheidung in alsdann zu schließenden Bauverträgen an der Klausel festhält. Diese Entscheidung überzeugt nicht. Von der erforderlichen »völlig einseitigen« Verschiebung des Vertragsgefüges zu Gunsten des Vertragspartners (erforderlich nach BGHZ 137, 153, 157) kann hier nicht die Rede sein. Es ging um eine **zusätzliche** Sicherheit für den Besteller, der aufgrund der Konstellation des Bauwerkvertrags und der hiermit verbundenen faktischen Vorleistungspflicht des Unternehmers (vgl. hierzu *Sienz* BauR 2004, 10) ohnehin besser gesichert war als der Unternehmer. Der Besteller war durch den Umstand, dass er Abschlagszahlungen nur für bereits fertig gestellte Teilleistungen zu bezahlen hatte, gegenüber dem Unternehmer deutlich im Vorteil. Dieser Vorteil wurde durch den Wegfall der Bürgschaft reduziert. Von einer völlig einseitigen Verschiebung des Vertragsgefüges zu Gunsten des Unternehmers durch den Wegfall der Sicherungsabrede konnte allerdings keine Rede sein. Der BGH hat im Gegenteil dem Besteller als Verwender das mit dem Stellen einer solchen AGB verbundene Risiko abgenommen. Zur

Verdeutlichung: Im Fall BGHZ 137, 152 hat der BGH zu Recht eine ergänzende Vertragsauslegung vorgenommen, dort war eine Bürgschaftsverpflichtung, die einen Kontokorrentkredit absichern sollte, wegen einer zu weiten Sicherungsabrede unwirksam. Der Vertragspartner des Verwenders hätte von der Unwirksamkeit über die Maßen profitiert. Das trifft auf den Fall der unwirksamen Erfüllungsbürgschaft nicht zu.

Zudem steht das vorstehend behandelte Urteil in einem nicht lösbaren Widerspruch zur Rechtsprechung des BGH betreffend eine Klausel zum Gewährleistungseinbehalt (vgl. BauR 1997, 829; 2002, 463). Der BGH hat Allgemeine Geschäftsbedingungen der Auftraggeberseite, die dieser einen Sicherheitseinbehalt für die Dauer der Gewährleistungsfrist einräumen, für unwirksam angesehen, wenn dem Auftragnehmer kein angemessener Ausgleich gewährt wird. Die dem Auftragnehmer eingeräumte Möglichkeit, den Einbehalt durch Übergabe einer Bürgschaft auf erstes Anfordern abzulösen, sei kein solcher angemessener Ausgleich. Einer Aufrechterhaltung im Wege inhaltlicher Änderung hat der BGH bei diesen Klauseln eine klare Absage erteilt (vgl. zum Ganzen: *Kuffer* BauR 2003, 156; *Thode* ZfBR 2002, 4). Der BGH hat den Widerspruch in der Entscheidung in BauR 2002, 1533, angesprochen und ihn damit begründet, er habe bei den Klauseln über Gewährleistungssicherheiten nur darüber zu befinden gehabt, ob die Vereinbarung eines Gewährleistungseinbehalts in AGB angemessen sei. Diese Unterscheidung überzeugt jedoch nicht. Man hätte bei den Klauseln über Gewährleistungssicherheiten mit den selben Argumenten wie hinsichtlich der Erfüllungssicherheiten mit einer Verschiebung des Vertragsgefüges argumentieren können, dort vermutlich noch besser, weil der Besteller neben dem Einbehalt keine weiteren Sicherungsmöglichkeiten zur Verfügung standen, der Wegfall ihn also härter getroffen hat. Um Missverständnisse zu vermeiden: Der Rechtsprechung des BGH zur Unwirksamkeit von AGB-Klauseln, mit denen sich der Besteller einen Gewährleistungseinbehalt einräumen lässt, ohne dem Unternehmer eine angemessene Ausgleich einzuräumen, ist uneingeschränkt zuzustimmen. Problematisch ist die Handhabung der Klauseln über Erfüllungssicherheiten, denen mit einer nicht angezeigten ergänzenden Vertragsauslegung zur Wirksamkeit verholfen wird.

Fraglich kann es auch sein, ob die richterliche Vertragsergänzung da zugelassen ist, wo vielfältige Möglichkeiten der rechtlichen Gestaltung in Frage kommen und wo es an Anhaltspunkten im Vertrag fehlt, welche Möglichkeit die Parteien in Kenntnis der Lücke gewählt hätten. Dabei spricht viel dafür, eine ergänzende Vertragsauslegung nicht grundsätzlich dann scheitern zu lassen, wenn verschiedene vertragliche Gestaltungsmöglichkeiten bestehen (vgl. *Wolf/Horn/Lindacher* § 6 Rn. 21). Zwar leidet die Transparenz in solchen Fällen. Lässt man aber in diesen Fällen eine ergänzende Vertragsauslegung grundsätzlich nicht zu, so vergrößert sich die Gefahr der Gesamtnichtigkeit des Vertrages. Häufig wird damit den Interessen des Kunden so wenig wie denjenigen des Verwenders Rechnung getragen (*Ulmer/Brandner/Hensen* § 6 Rn. 38; *Bunte* NJW 1984, 1145; *Trinkner* BB 1984, 490; *Heinrichs* NJW 1995, 159; *Frieling* BauR 1994, 155).

1. Salvatorische Klausel

Nicht zulässig ist die Bestimmung in AGB des Verwenders, wonach er berechtigt sein soll, bei Unwirksamkeit einzelner Klauseln die dem wirtschaftlichen Zweck des Vertrages entsprechenden Klauseln festzulegen (**salvatorische Klauseln**). Hier wird ein einseitiges Bestimmungsrecht des Verwenders nach § 315 BGB niedergelegt, das einmal an den Einbeziehungsvoraussetzungen des § 305 BGB scheitert, zum anderen aber auch einen Verstoß gegen § 307 BGB darstellen würde (*Ulmer/Brandner/Hensen* § 6 Rn. 39; *Staudinger/Schlosser* § 6 Rn. 4; LG Köln NJW-RR 1987, 886; modifizierend: *Wolf/Horn/Lindacher* § 6 Rn. 47), weil die Geltungsklauseln des dispositiven Rechts verdrängt würde. Abgesehen davon kollidieren solche Klauseln regelmäßig mit § 306 Abs. 2 BGB. Das gilt auch für Verbraucherverträge.

2. Staffelverweisung

21 Ist die Einbeziehungsvereinbarung daraufhin ausgerichtet, dass mehrere Bedingungswerke in einem bestimmten Rangverhältnis einbezogen werden sollen (**Staffelverweisung**) und scheitert die Einbeziehung des vorrangigen Klauselwerks an § 305 Abs. 2 BGB, so gelten die Bestimmungen der nächsten Subsidiärstufe (*Staudinger/Schlosser* § 6 Rn. 11; *Wolf/Horn/Lindacher* § 6 Rn. 23; *Locher* Das Recht der Allgemeinen Geschäftsbedingungen S. 74; a.A.: *Ulmer/Brandner/Hensen* § 6 Rn. 40). Allerdings ist in diesen Fällen besonderes Augenmerk auf die Einhaltung des Transparenzgebots zu richten.

Anders ist es bei inhaltlicher Nichtigkeit einzelner AGB-Klauseln und nachrangig vereinbarter VOB/B mit Staffelverweisung. Sind einzelne Bestimmungen der AGB nach den §§ 307 ff. BGB nichtig, so ist gemäß § 306 BGB das dispositive Recht anzuwenden, im vorliegenden Fall also nicht die VOB/B, sondern das BGB-Werkvertragsrecht. Die nachrangig eingestufte VOB/B hätte ansonsten unter Ausschaltung von § 306 Abs. 2 BGB Auffangcharakter, was mit dem Schutzzweck des § 306 Abs. 2 BGB nicht vereinbar ist. Dies muss allgemein gelten, nicht nur da, »wo die inhaltliche Anstößigkeit von solcher Evidenz ist, dass der Schluss gerechtfertigt ist, der Verwender habe jene erkannt oder sich dieser Kenntnis bewusst verschlossen« (so *Wolf/Horn/Lindacher* § 6 Rn. 24; wie hier: *Ulmer/Brandner/Hensen* § 6 Rn. 40).

Der Zusatz »**soweit gesetzlich zulässig**«, der in AGB immer wieder gebraucht wird, ist wirkungslos und damit überflüssig, da er auf die Wirksamkeit der Klausel selbst keinen Einfluss haben kann (BGHZ 93, 48; BGH NJW 1991, 2630; BGH WM 1996, 975). Er verstößt auch gegen das materielle Verständlichkeitsgebot. Zudem ist er unangemessen gemäß § 307 BGB, wenn der Verwender versucht, im Wissen um die Problematik der verwendeten Klausel die gerade noch zulässige Fassung auf diese Weise »abzutasten«. Außerdem wird gegen das **Transparenzgebot** verstoßen. Der zitierte Zusatz soll nach einer Ansicht dann zulässig sein, wenn es im Zeitpunkt der Verwendung der Klausel objektiv nach dem Stand von Rechtsprechung und Literatur ungewiss ist, ob eine konkrete Regelung noch zu tolerieren ist (*Wolf/Horn/Lindacher* § 6 Rn. 45; *MüKo/Kötz* § 2 Rn. 14a; § 6 Rn. 13; *Locher* Das Recht der Allgemeinen Geschäftsbedingungen S. 79). Das überzeugt nicht, da der Verwender nur das Risiko, eine unwirksame Klausel zu verwenden und damit am Ende weniger zu erhalten als bei einer vorsichtigeren Formulierung, auf seinen Vertragspartner verlagern will.

X. Kontrollklage

22 Die Verwendung und Empfehlung von AGB im rechtsgeschäftlichen Verkehr wurde durch das AGB-Gesetz zum Gegenstand eines Unterlassungs- bzw. Widerrufsanspruchs gemacht. Der **Unterlassungsanspruch** soll verhindern, dass drohende rechtswidrige Beeinträchtigungen des Rechtsverkehrs durch die Verwendung oder Empfehlung unwirksamer AGB erstmalig begangen, oder dass bereits eingetretene derartige Beeinträchtigungen wiederholt werden. Der **Widerrufsanspruch** ist ein Beseitigungsanspruch hinsichtlich der durch die Empfehlung unwirksamer AGB eingetretenen Störung des Rechtsverkehrs.

23 Durch das Schuldrechtsmodernisierungsgesetz wurden die §§ 13–22a AGBG in das Unterlassungsklagengesetz (UKlaG) aufgenommen und zwar der Unterlassungs- und Widerrufsanspruch in § 1 UKlaG, einen allgemeinen Missbrauchtatbestand in § 2 Abs. 3 UKlaG, die anspruchsberechtigten Stellen in § 3 UKlaG, die Zuständigkeit in § 6 UKlaG, die Veröffentlichungsbefugnis in § 7 UKlaG, die Ausgestaltung des Klageantrags und der Anhörung in § 8 UKlaG, der Inhalt der Urteilsformel in § 9 UKlaG, sowie die Wirkungen des Urteils in § 11 UKlaG. § 15 UKlaG übernimmt § 23 Abs. 1 AGBG, wonach eine Anwendung des UKlaG auf das Arbeitsrecht ausscheidet.

1. Der Vertretene als Verwender

Der auf **Unterlassung** der Verwendung Allgemeiner Geschäftsbedingungen gerichtete Anspruch nach § 1 UKlaG ist materiellrechtlicher Natur i.S.d. § 194 Abs. 1 BGB (BGH NJW-RR 1990, 886; *Ulmer/Brandner/Hensen* Rn. 23); er kann auch gegen einen öffentlichen Auftraggeber als Verwender gerichtet sein (vgl. OLG Zweibrücken BauR 1989, 227 m.w.N.). Die Unterlassungsklage ist nur gegen Klauseln zulässig, die nach den §§ 307–309 BGB unwirksam sind (BGH MDR 1983, 113 = LM AGBG § 9 [Cb] Nr. 5). Deshalb kann durch eine solche Klage nicht geltend gemacht werden, die Klausel sei wegen ihres Überraschungscharakters (§ 305c BGB) unwirksam (BGH NJW-RR 1987, 45; *Hübner* EWiR 1986, 949; a.A., jedoch unzutreffend, OLG Hamm MDR 1987, 324 für den Bereich der §§ 2–5 AGB-Gesetz). Führt ein Vertreter die AGB ein, ist grundsätzlich der Vertretene »Verwender« im Sinne des Gesetzes. So ist der Bauherr Verwender von AGB, die auf Veranlassung des Architekten in die Verträge mit den Bauunternehmen einbezogen werden. Der Vertreter wird aber selbst zum Verwender, wenn die von ihm dem Vertrag zugrunde gelegten AGB auch seinen Interessen dienen. Dies gilt auch für einen Architekten, der AGB für Verträge zwischen Bauherr und Bauunternehmer verfasst hat, sofern die AGB auch ihn in seiner Pflichtenstellung zum Bauherrn begünstigen, also etwa zu Lasten des Bauunternehmers eine Haftungsbeschränkung zu Gunsten des Architekten zum Gegenstand haben (OLG Frankfurt NJW-RR 1986, 245; OLG München BauR 1993, 494; *Ulmer/Brandner/Hensen* § 13 Rn. 14).

2. Darlegungs- und Beweislast

Das Verfahren nach § 1 UKlaG dient der Inhaltskontrolle (bestimmter) Allgemeiner Geschäftsbedingungen im Hinblick auf die dadurch abbedungene gesetzliche Regelung oder ihre Ergänzung, nicht aber im Hinblick auf eine Änderung früherer, bestehender vertraglicher Abreden (NJW 1982, 765). Wer in Allgemeinen Geschäftsbedingungen eine nach § 307 BGB unwirksame Klausel verwendet, kann deshalb auch insoweit auf Unterlassung in Anspruch genommen werden, als im Einzelfall dieser Klausel wegen einer anders lautenden Individualabrede keine Bedeutung zukommt (BGH NJW 1981, 979). Dadurch, dass in einem Rechtsstreit nur einzelne Klauseln angegriffen werden und über deren Zulässigkeit entschieden wird, greift wegen anderer Klauseln aus denselben AGB, deren Unwirksamkeit erst in einem späteren Rechtsstreit geltend gemacht wird, noch nicht der Gesichtspunkt der **Verwirkung** durch (OLG Frankfurt BB 1994, 1170).

Bei der Unterlassungsklage trifft den klagenden Verband, wozu rechtsfähige Institutionen zur Förderung gewerblicher Interessen (vgl. dazu OLG Zweibrücken BauR 1994, 509 = NJW-RR 1994, 1363) wie Industrie- und Handels- und Handwerkskammer, Verbraucherverbände, Wettbewerbsvereine gehören, **die Darlegungs- und Beweislast für die Tatbestandsmerkmale des Verwenders und Empfehlers** Allgemeiner Geschäftsbedingungen. Das Tatbestandsmerkmal des **Empfehlens** Allgemeiner Geschäftsbedingungen setzt voraus, dass der Beklagte des Unterlassungsverfahrens die beanstandeten Klauseln einer unbestimmten Vielzahl, zumindest mehr als nur einem potenziellen Verwender, zur Verwendung im geschäftlichen Verkehr anempfohlen hat (BGHZ 112, 204; *Ulmer/Brandner/Hensen* § 13 Rn. 15).

Im Unterlassungsverfahren ist darauf abzuheben, wie ein rechtlich nicht vorgebildeter Durchschnittskunde die beanstandete Klausel verstehen muss oder zumindest verstehen kann (BGHZ 79, 117, 120; BGH NJW 1980, 831, 832; BGH BauR 1983, 368). Hier, im Verbandsprozess, ist eine abstrakte, von den Umständen des konkreten Vertrages losgelöste Betrachtungsweise geboten; im Zweifelsfalle ist von einer Auslegung auszugehen, die für den Vertragsgegner des Verwenders die ungünstigste ist, sog. kundenfeindlichste Auslegung (BGH NJW 1985, 320; BGH BauR 1985, 192; BGH NJW 1985, 2329; OLG München BauR 1986, 579; OLG München NJW-RR 1987, 661).

Dabei ist der Unterlassungsanspruch schon vor erstmaliger Verwendung der entsprechenden AGB-Klauseln gegeben, wenn die **Absicht** alsbaldiger Verwendung nach außen manifestiert wird; demgemäß besteht eine ernstliche Begehungsgefahr bereits dann, wenn AGB-Formulare zum alsbaldigen Gebrauch bestellt werden oder ihr Druck in Auftrag gegeben worden ist (LG Braunschweig ZIP 1981, 876).

Erweist sich das Unterlassungsverlangen, eine Klausel in Neuverträge einzubeziehen, als entbehrlich, weil diese so nicht mehr verwendet wird, so kann im Verbandsprozess auch isoliert geprüft werden, ob dem Verwender zu versagen ist, sich bei der Abwicklung bestehender Verträge auf die Klausel zu berufen (BGH VersR 1994, 1213; vgl. auch BGH NJW 1994, 2693).

3. Wiederholungsgefahr

27 Der **Unterlassungsanspruch** setzt eine **Wiederholungsgefahr** voraus. An das **Ausräumen der Wiederholungsgefahr sind strenge Anforderungen** zu stellen; diese ist grundsätzlich erst dann nicht mehr gegeben, wenn der Verwender die Unterlassungspflicht ausdrücklich anerkennt oder für den Fall der Zuwiderhandlung eine Vertragsstrafe verspricht (bejahend BGH NJW 1992, 3158; BGH NJW 1996, 988; ständige Rechtsprechung) oder seinen Geschäftsbetrieb endgültig aufgibt (vgl. OLG Zweibrücken BauR 1994, 509), keinesfalls dann, wenn der Verwender die betreffende Klausel verteidigt (BGHZ 116, 1; BGH 127, 35; BGH NJW 1996, 988). Ähnlich wie bei Wettbewerbsverstößen liegt nämlich eine **tatsächliche Vermutung** für einer Wiederholungsgefahr, die für eine Unterlassungsverpflichtung auch hier gegeben sein muss, vor. Allerdings sind – ebenso wie im Wettbewerbsrecht – Ausnahmen möglich, die sich aus dem Gesamtverhalten des Verwenders ergeben müssen; solche können darin gesehen werden, dass sich der Verwender schon auf die erste Abmahnung bereit erklärt, die beanstandeten AGB für alle zukünftigen Fälle zu ändern und aus den bisher abgeschlossenen Verträgen insoweit keine Rechte herzuleiten, er ferner die noch vorhandenen Vordrucke seiner AGB vernichtet und nicht zu beanstandende neue Formulare entwickelt, wenn er des Weiteren vor der Klageerhebung sämtliche Partner noch laufender Verträge anschreibt und auf die unzulässigen Klauseln hinweist sowie den Abschluss neuer Verträge nach beigefügtem, geändertem Vertragsformular anbietet. Mehr kann vom Verwender vernünftigerweise nicht verlangt werden (BGHZ 81, 227; *Wolf/Horn/Lindacher* § 13 Rn. 58). Gibt dagegen der Verwender rechtswidriger AGB-Klauseln eine Unterlassungserklärung nur unter Vorbehalt einer aufschiebenden Zeitbestimmung ab (Inanspruchnahme von Aufbrauchfrist für bisher verwendete Formulare), wird dadurch die Wiederholungsgefahr nicht beseitigt (BGH NJW 1982, 2311).

4. Abmahnung

28 Die Geltendmachung des Unterlassungs- bzw. Widerrufsanspruchs erfolgt regelmäßig zunächst in der Form einer vorprozessualen **Abmahnung** unter Fristsetzung und Androhung gerichtlicher Schritte zur Anerkennung der Unterlassungspflichten (*Ulmer/Brandner/Hensen* § 13 Rn. 49 ff.; *Wolf/Horn/Lindacher* § 13 Rn. 83 ff.). Die Abmahnung stellt keine Pflicht, aber eine Obliegenheit dar, wobei in der Unterwerfung ein kausales Anerkenntnis des gesetzlichen Unterlassungsanspruchs zu sehen ist. Eine wirksame vertragsstrafenbewehrte Unterwerfung bedeutet den vertraglichen Ausschluss der Klagbarkeit. Die Abmahnung muss die Aufforderung enthalten, eine konkret benannte AGB-Klausel nicht mehr zu verwenden oder deren Verwendung nicht mehr zu empfehlen oder eine ausgesprochene Empfehlung zu widerrufen. Zwar scheidet der Unterlassungs- oder Widerrufsanspruch nicht mangels Rechtsschutzbedürfnisses aus, wenn eine Klage vorher nicht angedroht wurde. Der Kläger kann jedoch gemäß § 93 ZPO mit den Kosten des Rechtsstreits belastet werden, wenn der Gegner den Anspruch nach Klageerhebung sofort anerkennt.

5. Widerrufsanspruch

29 Der **Empfehler** unwirksamer AGB setzt sich nicht nur einem Unterlassungs-, sondern auch einem **Widerrufsanspruch** aus. Dabei handelt es sich um einen Gefahrenbeseitigungsanspruch, der durch die fortdauernde Verwendungsgefahr der Empfehlungsempfänger begründet ist (MüKo/*Gerlach* § 13 Rn. 49). Der Anspruch auf Widerruf kann entfallen, wenn der Empfehler den Nachweis führt, dass seine Empfehlung nicht befolgt wird und dass von ihr keine sonstige Gefahr ausgeht. Der Widerruf wird dadurch vollzogen, dass den Empfängern der empfohlenen AGB die Unwirksamkeit der strittigen Bestimmungen mitgeteilt wird.

XI. Einstweilige Verfügung

Die Unterlassung der Verwendung von einzelnen, unwirksamen AGB kann auch im Wege **einstweiliger Verfügung** verlangt werden (ganz h.M., vgl. OLG Düsseldorf NJW 1989, 1487; *Ulmer/Brandner/Hensen* § 15 Rn. 11; *Wolf/Horn/Lindacher* Rn. 121). Anders als früher ergibt sich das unmittelbar aus dem Gesetz, vgl. § 5 UKlaG i.V.m. § 12 Abs. 2 UWG. Die Voraussetzungen der §§ 935, 940 ZPO müssen nicht vorliegen. Insbesondere wird die **Dringlichkeit** gemäß § 12 Abs. 2 UWG – wenn auch widerleglich – **vermutet**. **30**

Mit der Unterlassungsverfügung wird zwar ein Vollstreckungstitel erlangt, dieser erreicht aber keine Drittwirkung, so dass befürchtet werden muss, dass der Antragsgegner die Klageerhebung im Hauptsachenverfahren nach § 926 ZPO erwirkt bzw. sein Widerspruchsrecht nach § 924 ZPO ausübt. Ebenso droht die Gefahr der Aufhebung wegen veränderter Umstände nach § 927 ZPO. Die volle Wirkung des Hauptsachentitels wird deshalb in der Praxis durch die **Abschlusserklärung** herbeigeführt, wodurch die auf Aufhebung der Unterlassungsverfügung abzielenden Rechtsbehelfe wirksam ausgeschlossen werden.

Während der Unterlassungsanspruch im Wege der einstweiligen Verfügung geltend gemacht werden kann, gilt dies nicht für den **Widerrufsanspruch.** Der Widerruf im Wege der einstweiligen Verfügung würde sonst zur endgültigen Befriedigung des Anspruchsberechtigten führen und damit die Hauptsacheentscheidung vorwegnehmen, was mit einer einstweiligen Verfügung regelmäßig nicht verlangt werden kann.

XII. Irrtumsanfechtung

Die Regelungen der §§ 307 ff. BGB stehen einer etwaigen **Irrtumsanfechtung** gemäß § 119 BGB **nicht entgegen,** soweit es um den Inhalt einer Klausel geht. Das gilt auch für den Verwender (*Wolf/Horn/Lindacher* § 9 Rn. 8; *Loewenheim* AcP 1980 Bd. 180, 433; *Locher* BB 1981, 818). Bezüglich der Einbeziehung von AGB kann der Verwender sich jedoch nicht auf einen Irrtum berufen, insoweit geht die Bestimmung des § 306 BGB vor (*Wolf/Horn/Lindacher* § 2 Rn. 36). **31**

B. Anwendung AGB-rechtlicher Bestimmungen auf Bauverträge

I. Allgemeiner Regelungsbereich

§ 305 Abs. 1 BGB definiert die Allgemeinen Geschäftsbedingungen sowohl in Form einer positiven Inhaltsbestimmung als auch einer negativ ausgerichteten Klarstellung. Positiv bestimmt ist die AGB-Eigenschaft gemäß § 305 Abs. 1 S. 1 BGB dadurch, dass es sich um **für eine Vielzahl von Verträgen vorformulierte Vertragsbedingungen** handeln muss, die eine Vertragspartei bei Abschluss eines Vertrages **stellt**. In § 305 Abs. 1 S. 2 BGB ist negativ formuliert, dass AGB dann nicht vorliegen, wenn die Vertragsbedingungen zwischen den Vertragsparteien **im Einzelnen ausgehandelt** sind. Nicht entscheidend ist, ob die Vertragsbedingungen Nebenabreden enthalten oder Kernbestandteile des Vertrags betreffen (*Ulmer/Brandner/Hensen* § 1 Rn. 7). Vorformulierte Empfehlungen oder Bitten sind nicht als AGB zu qualifizieren, soweit ihnen keine rechtsgeschäftliche Bedeutung zukommt (BGHZ 124, 45; BGH NJW 1994, 188). Auch vorformulierte einseitige Rechtsgeschäfte fallen nicht **32** unter den Begriff »Vertragsbedingungen«. Handelt es sich dagegen um einseitige Rechtsgeschäfte des Vertragspartners des Verwenders, die auf einer Vorformulierung des Verwenders beruhen, sind die AGB-rechtlichen Vorschriften entsprechend anzuwenden. Auch hier wird die rechtsgeschäftliche Gestaltungsfreiheit vom Verwender in Anspruch genommen (BGHZ 98, 28; BGH NJW 1987, 2011; *Ulmer/Brandner/Hensen* § 1 Rn. 16). Dagegen stellt eine nur für einen bestimmten Vertrag von einer Partei vorformulierte Vertragsbedingung keine AGB dar, es sei denn, es handelt sich um Verbraucherverträge (BGH NJW-RR 1988, 57).

33 Die **Form der Klausel** spielt keine Rolle. Die Voraussetzungen des § 305 Abs. 1 BGB sind daher auch gegeben, wenn der Verwender eine Klausel lediglich aus dem Gedächtnis in den jeweiligen Vertragstext übernimmt (BGH NJW 1988, 410). Die äußere Gestaltung der vorformulierten Vertragsbestimmungen ist unerheblich, gleichgültig, ob sie gedruckt, vervielfältigt, im Geschäftslokal des Verwenders ausgehängt oder auf sonstige Weise als Regelung einer Vielzahl von Rechtsgeschäften erkennbar sind. Auch ein handschriftlicher Text ist bei Vorliegen der entsprechenden Voraussetzungen als AGB zu beurteilen. Gleiches kann für mündliche Abreden gelten, sofern sie die Definition von AGB erfüllen (BGH NJW 1988, 410; *Ulmer/Brandner/Hensen* § 1 Rn. 36; *Wolf/Horn/Lindacher* § 1 Rn. 36).

Der Verwender kann sich nicht auf die Unwirksamkeit von ihm selbst gestellter AGB berufen. Dies wäre mit dem Schutzzweck der §§ 305 ff. BGB nicht vereinbar (BGH BauR 1987, 205 für den Fall der vom Auftraggeber selbst in den Vertrag eingeführten VOB/B, im Hinblick auf die kurze Verjährungsfrist in § 13 Nr. 4 VOB/B; ferner BGH BauR 1990, 605; OLG Hamm BauR 1990, 731).

Notarielle Verträge können grundsätzlich AGB darstellen (BGHZ 118, 239). Das Schutzbedürfnis des Vertragspartners des Verwenders bei AGB ist vorrangig gegenüber der Belehrungs- und Prüfungspflicht des Notars.

Als AGB sind nur solche Vertragsbedingungen anzusehen, die auf **rechtsgeschäftlicher Grundlage** Vertragsgegenstand werden. Nicht zu AGB gehören Vertragsbedingungen, die auf Gesetz, Verordnung, Satzung, Handelsbrauch oder ergänzender Vertragsauslegung beruhen (*Wolf/Horn/Lindacher* § 1 Rn. 7). In Fällen normativ geltender Geschäftsbedingungen, insbesondere nutzungsrechtlich ausgestalteten Benutzungsordnungen, kann allerdings eine analoge Anwendung AGB-gesetzlicher Grundsätze auch auf die satzungsrechtlichen Bestandteile in Betracht kommen, sofern das Benutzungsverhältnis als öffentlich-rechtlicher Vertrag ausgestaltet ist (OLG München BB 1980, 496; *Ulmer/Brandner/Hensen* § 1 Rn. 10). Die behördliche Genehmigung von Vertrags- oder Geschäftsbedingungen nimmt diesen nicht den Charakter von AGB (BGHZ 86, 284).

II. Vorrang der Individualabrede

34 AGB liegen kraft ausdrücklicher gesetzlicher Regelung (§ 305 Abs. 1 S. 2 BGB) dann **nicht** vor, **wenn die Vertragsbedingungen zwischen den Vertragsparteien im Einzelnen ausgehandelt sind.** Dies ist ein Ausfluss des Grundsatzes des **Vorranges der Individualabrede,** der für den Bereich von Allgemeinen Geschäftsbedingungen schon vor Inkrafttreten des AGB-Gesetzes galt (vgl. BGH VersR 1982, 489).

35 Das Vorliegen von Allgemeinen Geschäftsbedingungen muss grundsätzlich der **Vertragspartner des Verwenders darlegen und beweisen,** der sich im Individualprozess auf den Schutz der AGB-rechtlichen Bestimmungen des BGB beruft (BGH BauR 1992, 622; BGH NJW 1997, 135). Jedoch kann z.B. der Erwerber eines zu bebauenden Grundstückes seiner Darlegungs- und Beweislast unter Umständen schon durch Vorlage des mit dem Bauträger abgeschlossenen Vertrages genügen; handelt es sich um einen Vertrag, der nach seiner inhaltlichen Gestaltung aller Lebenserfahrung nach für eine mehrfache Verwendung entworfen wurde, so spricht der erste Anschein für einen vom Bauträger verwendeten Formularvertrag, der der AGB-rechtlichen Kontrolle unterliegt (BGH NJW 1992, 2160). Auch bei einem Bauvertrag kann die äußere Gestaltung als Indiz für das Vorliegen von

III. Vorformulierte Bedingungen

Wer sich auf den AGB-rechtlichen Schutz beruft, muss auch nachweisen, dass der andere Teil Verwender ist und die AGB gestellt hat (*Wolf/Horn/Lindacher* § 1 Rn. 62). Beim Verbrauchervertrag trägt gemäß § 310 Abs. 3 BGB der Unternehmer die Beweislast, dass die Klausel vom Verbraucher stammt; die Verwendereigenschaft des Unternehmers wird zunächst **vermutet** (*Palandt/Heinrichs* § 310 Rn. 14). **36**

Maßgebend ist für den von § 305 Abs. 1 BGB erfassten Bereich, dass es sich nach dem Vorhergesagten um zur vielfältigen Verwendung bestimmte vorformulierte Vertragsbedingungen handelt, die nach dem Willen des Verwenders einseitig gestellt sind, und unter der zwar grundlegenden Voraussetzung, dass sie nicht für einen bestimmten bevorstehenden Vertragsabschluss konkret entworfen werden, sondern als Grundlage und Rahmen für gleichartige Rechtsverhältnisse zwischen dem Verwender und seinen verschiedenen – zukünftigen – Vertragspartnern aufgestellt werden (*Ulmer/Brandner/Hensen* § 1 Rn. 21 ff.).

1. Vorformulierung

Die Vorformulierung setzt voraus, dass die Bestimmungen des Vertragsangebotes nicht für den konkreten Vertragsabschluss entworfen sind, sondern als Grundlage für gleichartige Rechtsverhältnisse mit verschiedenen Kunden konzipiert sind (BGH NJW 1996, 250). Das Aufstellen eines Vertragsentwurfs als Grundlage für einen Einzelvertrag ist – es sei denn, es lägen Einzelverbraucherverträge vor – dem Vertragspartner gegenüber nicht als Vorformulieren i.S.d. § 305 Abs. 1 BGB anzusehen. Dies gilt auch dann, wenn der ausgehändigte Entwurf später als vorformulierter Text gegenüber einer Vielzahl von Vertragspartnern Anwendung findet, soweit nicht bereits beim Verfassen des ersten Vertragsentwurfs die Absicht einer mehrfachen Verwendung bestanden hat (*Ulmer/Brandner/Hensen* § 1 Rn. 22). **37**

Dem Vorformulieren steht es grundsätzlich nicht entgegen, dass der vorformulierte Text ausfüllungsbedürftige Leerräume enthält. Das gilt nicht nur, wenn es sich um unselbstständige Ergänzungen (wie z.B. das Ausfüllen mit Namen oder Bezeichnungen zum Vertragsobjekt) handelt, sondern auch, wenn die Ergänzung den eigentlichen Regelungsinhalt mitbestimmt, wie z.B. die Laufzeit des Vertrages (BGH NJW 1993, 1651). Auch ändert es an der Vorformulierung nichts, wenn der Vertragspartner des Verwenders zwischen mehreren vorformulierten Texten wählen kann (BGH NJW 1992, 503; *Ulmer/Brandner/Hensen* § 1 Rn. 53). Sehen Formulare für den Vertragspartner des Verwenders Wahlmöglichkeiten vor, denen ein vorformulierter Vorschlag hinzugefügt ist, handelt es sich um gestellte Allgemeine Geschäftsbedingungen i.S.d. §§ 305 ff. BGB, wenn der Vorschlag durch die Gestaltung des Formulars im Vordergrund steht und die anderen Wahlmöglichkeiten (wie z.B. hinsichtlich der Dauer des Vertrages, der Zeit der Gewährleistungsfrist) überlagert. Enthält dagegen das Formular nur offene Stellen, die vom Vertragspartner nach seiner freien Entscheidung als selbstständige Ergänzung auszufüllen sind, ohne dass vom Verwender vorformulierte Entscheidungsvorschläge hinzugefügt wurden, stellt dieser Formularteil keine AGB dar (vgl. BGH ZIP 1996, 506).

Wesentlich ist weiter, dass die Bedingungen nicht als Ergebnis freien gegenseitigen Aushandelns der Vertragsparteien erscheinen, sondern **einseitig** vom Verwender **festgelegt** sind (BGHZ 62, 251, 253; BGH BauR 1975, 206 m.w.N.; BGH BauR 1981, 571). Dabei ist es nicht erforderlich, dass die Zahl der zukünftigen Vertragspartner als Vielzahl unbestimmt ist; vielmehr sind **AGB auch dann** gegeben, **wenn** es sich um solche handelt, die **für eine bestimmte Anzahl von Interessenten aufgestellt werden, die sich zwangsläufig aus einer bestimmten Menge von Objekten als Vertragsgegenstän-**

den (wie z.B. die Errichtung mehrerer Eigentumswohnungen) ergeben (*Ulmer/Brandner/Hensen* § 1 Rn. 25). **Wesentlich** ist dabei **nicht, ob** die für eine Vielzahl bestimmten **Vertragsmuster auch tatsächlich so Verwendung finden; entscheidend** ist allein, dass der Verwender die **Absicht dazu hat** (also mehrere gleichartige Verträge über die Errichtung oder die Veräußerung mehrerer Eigentumswohnungen abzuschließen). Auch die erstmalige Verwendung nimmt den Bedingungen nicht den Charakter von AGB i.S.d. § 305 Abs. 1 BGB; entscheidend ist allein die Absicht des vielzähligen Gebrauchs.

Darüber, wie viele Verwendungsfälle notwendig sind, um eine »Vielzahl« anzunehmen, sind die Meinungen auseinander gegangen. Der BGH hat die notwendige Mindestanzahl inzwischen auf **drei Verwendungsfälle** festgelegt (BauR 2002, 83).

2. Stellen

38 **Einseitiges Stellen** bedeutet, dass die vorformulierten **Vertragsbedingungen vom Verwender im Rahmen von Vertragsverhandlungen eingeführt werden mit dem Verlangen, nur auf dieser Grundlage den Vertrag abzuschließen, und der Vertrag daraufhin abgeschlossen wird** (BGHZ 130, 50, 57; BGH NJW 1994, 2825).

Ein Wille zum »Stellen« von AGB kann sich auch aus objektiven Umständen ergeben. Dies gilt vor allem für die Herstellung einer Vielzahl vorgedruckter Formulare und Herstellung und Verbreitung von Formularbüchern. Liegt die Zweckbestimmung nur darin, vorformulierte Vertragsbedingungen als Vorschlag und Diskussionsgrundlage anzubieten, so sind die Voraussetzungen des AGB-Begriffs nicht erfüllt (*Wolf/Horn/Lindacher* § 1 Rn. 16). Verwender und Verwendungsgegner lassen sich nicht immer klar ausmachen. Das »Stellen« ist nicht darauf beschränkt, dass der Vertragsabschluss von der Geltung der Klausel, die eingeführt wird, abhängig gemacht wird. Auch bei relativ ausgeglichener Verhandlungsstärke kann sich eine Vertragspartei mit ihrer Klausel (gegebenenfalls der VOB/B) als Vertragsform durchsetzen und damit »Verwender« sein (Beck'scher VOB-Komm./*Ganten* Einl. II Rn. 12).

Zu beachten ist, dass das »**Stellen**« der Vertragsbedingungen **einseitiges Verlangen voraussetzt**. Gehen **beide Parteien unabhängig voneinander bei den Vertragsverhandlungen von den gleichen Vertragsbedingungen aus** – wie z.B. von der **unveränderten VOB/B** –, so kann von »Stellen« im angegebenen Sinne keine Rede sein.

In der Baupraxis kommt es nicht selten vor, dass sowohl der Verwender wie auch sein Vertragspartner einen **beiderseitigen Einbeziehungsvorschlag** machen. So etwa, wenn Generalunternehmer und Subunternehmer gemeinsam ihrem Vertrag die VOB/B zugrunde legen wollen. Wenn der Einbeziehungsvorschlag inhaltlich dem übereinstimmenden Willen beider Seiten entspricht, wäre es mit dem **Schutzzweck der AGB-rechtlichen Bestimmungen** nicht vereinbar, wollte man diese Fälle dem AGB-rechtlichen Schutz aussetzen (h.M.: *Ulmer/Brandner/Hensen* § 1 Rn. 29; *Wolf/Horn/Lindacher* § 1 Rn. 29). Ein gewisses Problem liegt in diesen Fällen allerdings in der Feststellung, ob tatsächlich ein beiderseitiger Einbeziehungsvorschlag gegeben ist oder ob nicht die eine Partei dem Verlangen der anderen Partei nach Einbeziehung derer AGB lediglich zugestimmt hat, sich also nur i.S.d. § 305 Abs. 2 BGB mit der Geltung einverstanden erklärt hat (*Ulmer/Brandner/Hensen* § 1 Rn. 29, weisen zu Recht darauf hin, dass die Eigenschaft als Verwender kaum von der eher zufälligen zeitlichen Reihenfolge, in der die beiderseitigen Willenserklärungen abgegeben werden, abhängen kann). Am Merkmal des »Stellens« kann es ebenfalls fehlen, wenn ein **Dritter Vertragsbedingungen** in die Verhandlungen **einführt** und sein Handeln keinem der beiden Vertragspartner zuzurechnen ist. Muss sich eine Partei dagegen das Handeln des Dritten zurechnen lassen, z.B. weil der Dritte auf Veranlassung jener Partei tätig geworden ist, sind die AGB als von dieser Partei gestellt anzusehen (BGH BauR 1994, 776; *Ulmer/Brandner/Hensen* § 1 Rn. 27).

Bei Verträgen zwischen Verbrauchern und Unternehmern greift primär die **Vermutung des § 310 Abs. 3 Nr. 1 BGB**; AGB gelten hier als vom Unternehmer gestellt, es sei denn, dieser kann das Gegenteil beweisen. Einigen sich die Parteien darauf, einen unparteiischen Dritten – z.B. einen Notar – mit der Abfassung eines Vertrags zu betrauen, ist dessen Handeln keinem der beiden Parteien zuzurechnen. Der Notar kann deshalb in diesem Fall – der im Baurecht allerdings selten sein dürfte – auch in der Praxis gebräuchliche Formulierungen benutzen, ohne dass sie der Inhaltskontrolle unterfallen, da sie nicht von einer Vertragspartei gestellt sind (vgl. *Wolf/Horn/Lindacher* § 1 Rn. 28). Wird der Notar dagegen auf Veranlassung oder im Auftrag einer Partei tätig – wie es z.B. beim Hausnotar eines Bauträgers der Fall sein wird –, ist sein Handel dieser Partei zuzurechnen (BGH BauR 1994, 776).

IV. Verwender

Für den **Begriff des Verwenders** kommt es **nicht** darauf an, **wer** die AGB **vorformuliert** hat, wie z.B. **39** der Architekt im Rahmen einer Ausschreibung für den Auftraggeber, sondern darauf, **wer** sie in einen Vertrag durch einseitiges Verlangen **einbeziehen will** (vgl. BGHZ 74, 205). Es ist dabei nicht entscheidend, ob das Verlangen in einem Angebot zum Vertragsabschluss gestellt wird; vielmehr kann Verwender auch derjenige sein, der über die Annahme des Angebotes zu entscheiden hat; auch dieser kann Verwender sein, wenn die Bedingungen auf ihn zurückgehen und er eindeutig den Vertrag nur unter »seinen« Bedingungen abschließen will (vgl. BGH BauR 1984, 392). **Auch können von einem Notar für einen Vertragspartner** entworfene Verträge AGB i.S.d. § 305 Abs. 1 BGB sein, seine Mitwirkung beim Vertragsabschluss schließt weder das **Verwenden durch diesen Vertragspartner noch dessen Stellen der Bedingungen aus** (vgl. BGH BauR 1982, 493; OLG München BauR 1982, 64; BGH BauR 1992, 622; OLG Hamburg BauR 1990, 475, 476).

Der Verwender braucht daher nicht selbst Aufsteller der AGB zu sein; vielmehr kann es genügen, wenn er von einem Dritten formulierte AGB benutzt, wie das z.B. **gerade hinsichtlich der VOB/B** der Fall ist (vgl. dazu auch *Locher* NJW 1977, 1801). Eine Wohnungsbauträgergesellschaft, die sich von einem Wirtschaftsprüfer ein Vertragswerk für ein Bauherrenmodell ausarbeiten lässt, ist Verwenderin der darin enthaltenen AGB, auch wenn der Wirtschaftsprüfer später als Treuhänder der Bauherren die Verträge in deren Namen mit der Gesellschaft abschließt (BGH NJW 1985, 2477). Dagegen: Wer von ihm selbst vorformulierte AGB als Vertreter eines anderen in den Verkehr bringt, ist AGB-rechtlich Verwender zumindest dann, wenn er ein eigenes Interesse daran hat, dass die AGB den von ihm vermittelten Verträgen zugrunde gelegt werden, wie das gerade für Baubetreuungsunternehmen im Verhältnis zu Auftragnehmern zutrifft (vgl. BGHZ 81, 229 = BauR 1981, 582 mit Anm. *Locher*). Ist der Geschäftsführer der persönlich haftenden Gesellschafterin des Baubetreuers auch Gesellschafter der Treuhänderin und liegen keine Anhaltspunkte dafür vor, dass die Bauherren auf die Formulierung des Betreuungsvertrages Einfluss genommen haben, so ist der Baubetreuer regelmäßig auch dann als Verwender der Geschäftsbedingungen des Betreuungsvertrages anzusehen, wenn diese von der Treuhänderin vorformuliert worden sind. Dann kommt es nicht darauf an, ob der Treuhänder bei Abschluss des Betreuungsvertrages als rechtsgeschäftlicher Vertreter des Bauherrn aufgetreten ist (BGH BauR 1994, 776).

Noch nicht gesagt ist hiermit, ob der mit dem Verfasser von Klauselwerken nicht identische Verwender selbst die Absicht der Mehrfachverwendung haben muss. Die hM verneint das (vgl. nur *Staudinger/Schlosser* § 305 Rn. 19 m.w.N.). Die Rechtsprechung des VII. Zivilsenats zu dieser Frage hat mehrfach gewechselt (vgl. *v. Westphalen* NJW 2006, 2228). In einem Urteil vom 4.5.2000 hatte der BGH zunächst entschieden, dass die **Mehrfachverwendungsabsicht des Verfassers** der AGB ausreichend sei; unbeachtlich sei, dass der Verwender seinerseits nur eine **einmalige Verwendung** der vorformulierten Vertragsbedingungen **beabsichtige** (BauR 2000, 1182). Die Entscheidung betraf allerdings einen besondere Sachverhaltsvariante; eine aus mehreren Bauunternehmen bestehende GbR benutzte AGB eines ihrer Gesellschafter, wobei die Mehrfachverwendungsabsicht der

GbR nicht nachzuweisen war. In Abweichung hiervon hat der BGH in zwei Urteilen vom 13.9.2001 (BauR 2001, 1895) und vom 27.9.2001 (BauR 2002, 83) **ausdrücklich** – noch dazu in den Leitsätzen – darauf abgehoben, dass der konkrete **Verwender die Absicht der Mehrfachverwendung** haben müsse. Diese Rechtsprechung hat der BGH, allerdings ohne das ausdrücklich zu erwähnen, zuletzt wieder aufgegeben. Im Beschluss vom 23.6.2005 (IBR 2005, 479) und sowie im Urteil vom 24.11.2005 (IBR 2006, 78) heißt es ausdrücklich, dass die Absicht der Mehrfachverwendung beim Verwender nicht erforderlich ist, wenn der Verfasser des Klauselwerks diese Absicht hat. Diese Rechtsprechung ist **abzulehnen**, sie geht weit über den Schutzzweck der AGB-rechtlichen Bestimmungen hinaus (vgl. zum Ganzen *Thode/Schwenker* ZfIR 2005, 635). Ihre Konsequenz ist, dass **jede einigermaßen gebräuchliche** Vertragsklausel als AGB anzusehen sein wird, wenn sich nur der Nachweis führen lässt, dass diese von einem (beliebigen) Dritten in dessen AGB verwendet wird oder sich in einem Formularbuch wieder findet. Die Grenze zur individualvertraglichen Vereinbarung wird damit verwischt. Es wäre beispielsweise nicht mehr denkbar, individualvertraglich die Stellung einer Bürgschaft auf erstes Anfordern zu vereinbaren, wenn dabei eine Formulierung, wie sie (früher) in ABG üblich war, verwendet wird und der von dieser Klausel Begünstigte die Formulierung vorgibt (*v. Westphalen* prophezeit dementsprechend den »Tod« der anwaltlichen Datenbanken, NJW 2006, 2228; vgl. auch *Michalski/Römermann* ZIP 1993, 1434). Eine Korrektur wäre dann allenfalls noch über ein subjektives Element denkbar in dem Sinn, dass darauf abgestellt wird, ob der Verwender von der Mehrfachverwendungsabsicht des Verfassers der AGB weiß bzw. wissentlich von einem anderen verfasste AGB einsetzt. Praktikabel erscheint das jedoch nicht, führt es doch weitestgehend zu Zufallsergebnissen.

40 Im Übrigen wird in § 305 Abs. 1 S. 2 BGB klargestellt, dass es bei der Beurteilung, ob AGB vorliegen, auf **materielle, vom Schutzzweck geprägte Kriterien** ankommt, **nicht** aber auf **formale Gesichtspunkte,** wie die Schriftart (z.B. gedruckt, vervielfältigt), die sonstige äußerliche Gestaltung (besonderer Vertragsbestandteil, bloß in den Geschäftsräumen ausgehängt usw.) sowie den Umfang (viele oder wenige Klauseln) und die Form (schriftlich, notariell beurkundet).

V. Aushandeln

41 Nach § 305 Abs. 1 S. 3 BGB führt das **Aushandeln der Bedingungen** im Einzelnen dazu, dass diese nicht als AGB anzusehen und somit aus dem Schutzbereich der §§ 307 ff. BGB ausgeklammert sind. Gerade dies spielt bei Bauverträgen eine ganz erhebliche Rolle. Insoweit kann aber von Aushandeln nur gesprochen werden, wenn **zuvor** das vorangehend umrissene Merkmal des »Stellens« vorliegt; dieses ist also Voraussetzung für ein Aushandeln.

Dazu ist zunächst festzustellen, dass »**Verhandeln« nicht schon »Aushandeln«** ist. Die **bloße Aufklärung des Verhandlungspartners** durch den Verwender reicht **nicht**, insbesondere auch nicht eine solche über die Tragweite einzelner Bedingungen oder des ganzen vorformulierten Vertragswerkes. Deshalb genügt es für die Annahme einer außerhalb der AGB liegenden Individualabrede noch nicht, wenn der **Verwender oder ein Dritter (z.B. Notar)** dem anderen Teil die Klauseln im Einzelnen vorliest und allgemein erläutert, da hierdurch die bestimmende Wirkung des vorformulierten Textes und die für den anderen Teil verbundenen Gefahren noch nicht beseitigt sind (BGH BauR 1982, 493 in zutreffender Auseinandersetzung mit der hiergegen erhobenen Kritik; BGH BauR 1984, 61; BGH BauR 1985, 93). Des Weiteren reicht für die Annahme eines Aushandelns auch nicht die bloße Behauptung, die betreffende Vertragsbestimmung sei beim Notar ausführlich besprochen und erörtert worden (BGH BauR 1981, 469), vielmehr ist dazu eine eingehende Belehrung über die möglichen Rechtsfolgen und eine eindeutige besondere Vereinbarung erforderlich (BGH a.a.O.; OLG Frankfurt SFH § 635 BGB Nr. 50). Auch der allgemeine Hinweis in einem AGB enthaltenden Formularvertrag, die fragliche Bestimmung sei mit dem Auftraggeber besprochen und von ihm ausdrücklich anerkannt worden, besagt in dieser Hinsicht noch nichts (vgl. BGH NJW 1977, 432;

BGHZ 74, 204). Vor allem reicht auch eine **vorformulierte Aushandelnsbestätigung nicht**; sie ist sogar Allgemeine Geschäftsbedingung i.S.d. § 305 Abs. 1 S. 1 BGB, die auch unter das Verbot des § 309 Nr. 12b BGB fällt, da diese Bestimmung nicht nur die Beweislastumkehr, sondern schon jeden Versuch, die Beweisposition des Vertragspartners des Verwenders zu verschlechtern, erfasst (BGH BauR 1987, 308; vgl. auch OLG Stuttgart BauR 1985, 321; *Ulmer/Brandner/Hensen* § 1 Rn. 49).

Ob und inwieweit im Rahmen der hier im Ausgangspunkt vorformulierten Klauseln ein **Aushandeln** vorliegt, um zu der außerhalb des AGB-Schutzbereiches liegenden **besonderen, lediglich diesen Fall betreffenden Vereinbarung** zu kommen, lässt sich **nur nach den Verhältnissen des Einzelfalles bestimmen**. Grundsätzliche **Voraussetzung** ist es, dass der Verwender **eindeutig aushandlungsbereit** ist und dass der Gegner des Verwenders von der jeweiligen Klausel hinsichtlich ihrer vollen Tragweite **Kenntnis genommen bzw. diese Kenntnis vermittelt bekommen, auf die endgültige Vertragsgestaltung ersichtlich Einfluss genommen hat** und dass die späteren Vertragspartner bei ihren Verhandlungen als gleichberechtigte Partner **ernsthaft über die Änderung oder Ergänzung des vorformulierten Textes gesprochen haben**. Dabei muss ein Aushandeln über den betreffenden Vertrag berührende **gewichtige Punkte** verlangt werden, ohne dass es sich im eigentlichen um vertragliche Hauptpflichten handeln muss. Hingegen ist es für die Annahme eines Aushandelns **nicht erforderlich, dass der vorformulierte Text im Ergebnis tatsächlich geändert oder ergänzt** wird (BGHZ 84, 109; *Ulmer/Brandner/Hensen* § 1 Rn. 48). Es ist grundsätzlich möglich, dass es trotz eines Aushandelns im AGB-rechtliche Sinne bei den Bedingungen des Verwenders bleibt.

Ein Aushandeln kann nur in Betracht kommen, wenn der Verwender zur Abänderung seiner AGB **bereit ist, er also »mit sich reden lässt«**, und der Gegner dies bei den Vertragsverhandlungen weiß (BGHZ 85, 305). Das setzt aber eine **bedingungslose Bereitschaft** voraus, die sich allein sicher noch nicht aus dem Vorliegen eines Verhandlungsprotokolls ergibt. Diese darf auch nicht nur allgemein zum Ausdruck gelangen, sondern muss den Willen erkennen lassen, zur Änderung **bestimmter** Vertragsklauseln bereit zu sein (nur insoweit kann der sonst hinsichtlich der hier maßgebenden Grenzen zu engen Entscheidung des OLG Celle, NJW 1978, 326, zugestimmt werden), wobei jedoch die Bereitschaft zu Zugeständnissen, die nicht zum Bereich der AGB gehören, noch nicht genügt (BGH BauR 1985, 93). Auch reicht es nicht aus, wenn der Verwender dem Verhandlungspartner lediglich längere Zeit eine AGB-rechtlich bedenkliche Klausel erläutert, ohne erkennbar zu ihrer Änderung bereit zu sein (BGH NJW 1988, 410). Ein **Aushandeln i.S.v. § 305 Abs. 1 BGB** kann nach der Rechtsprechung nur bejaht werden, wenn der Verwender den in seinen AGB enthaltenen **gesetzesfremden Kerngehalt**, also die den wesentlichen Inhalt der gesetzlichen Regelung ändernden oder ergänzenden Bestimmungen, **inhaltlich ernsthaft zur Disposition stellt**, und dem Verhandlungspartner **Gestaltungsfreiheit zur Wahrung eigener Interessen** einräumt (BGH BauR 2003, 870). Das ist nicht der Fall, wenn der Verwender den gesetzesfremden Kerngehalt aufgrund einer ablehnenden Haltung des anderen Teils einfach zugunsten einer anderen, unabänderlich vorgefertigten Vertragsgestaltung entfallen lässt (BGHZ 99, 377; BGHZ 104, 236; BGH BauR 1992, 794; BGH NJW 1991, 1679; a.A. wohl: *Wolf/Horn/Lindacher* § 1 Rn. 36; vgl. *Ulmer/Brandner/Hensen* § 1 Rn. 50; OLG Hamm BB 1988, 868; OLG Düsseldorf BauR 1994, 128). Das gilt auch bei späterer erneuter Verwendung der AGB. »Erkauft« sich der Verwender die unveränderte Absprache seiner AGB gegen einen Preisnachlass, so wird man nicht von einer Individualabsprache, sondern nach wie vor von AGB sprechen müssen. Ein Aushandeln liegt auch nicht vor, wenn eine Klausel nicht inhaltlich zur Disposition gestellt, sondern nur nach den **Gegebenheiten des Falles inhaltlich angepasst wird** (BGH BauR 1992, 226 für den Fall der bloßen Anpassung der Höhe einer Abschlagszahlung, weil der Auftraggeber einen Teil der Leistung selbst übernimmt. Zur Frage des Aushandelns vgl. auch *v. Westphalen* FS Locher S. 375, 379 ff.).

Bei **Zusätzen und Einfügungen** kommt es darauf an, ob sie **selbstständig für sich stehen** oder ob es sich um **unselbstständige Ergänzungen bestehender Klauseln** handelt. Im ersten Fall sind diese nur dann keine AGB, wenn sie nach dem Vorerwähnten ausgehandelt worden sind. Im zweiten

42

Fall kommt es darauf an, ob die Ergänzungen individuell (BGH NJW 1992, 504; 1998, 1066). oder ob sie mehrfach (»Vielzahlig«) so in Verträge dieses Verwenders aufgenommen werden. Trifft Letzteres zu, so entfällt auch hier der AGB-Charakter nur im Falle eines Aushandelns.

Daraus folgt: Die – grundsätzlich von demjenigen, der den Schutz der AGB-rechtlichen Bestimmungen in Anspruch nimmt, zu beweisende – Frage, **ob** AGB vorliegen oder ausnahmsweise im Einzelnen ausgehandelte Vertragsbedingungen nach § 305 Abs. 1 S. 3 BGB – was vom Verwender nachzuweisen wäre – (*Ulmer/Brandner/Hensen* § 1 Rn. 62) ist letztlich eine **Beweisfrage,** wobei das äußere Erscheinungsbild des späteren Vertrages (unveränderte oder veränderte vorformulierte Bedingungen) weitgehende Indizien für das eine oder das andere liefern wird. Werden unveränderte, vorformulierte Klauseln Vertragsinhalt, so muss der insofern beweispflichtige Verwender erhebliche Beweisanforderungen erfüllen, um den Nachweis einer dennoch vorliegenden, im Einzelnen ausgehandelten Regelung im angegebenen Sinne erbringen zu können. Anders dann, wenn vorformulierte Klauseln (z.B. gedruckt oder maschinentechnischer Abzug) vorliegen, diese jedoch durch handschriftliche oder maschinenschriftliche Änderungen oder Ergänzungen oder Zusätze zugunsten des Vertragspartners des Verwenders (vgl. *Willemsen* NJW 1982, 1121) einen anderen als den ursprünglichen Inhalt haben. Dann hat der Verwender zunächst ein **Indiz** (*Ulmer/Brandner/Hensen* § 1 Rn. 63) dafür erbracht, dass hier ein Aushandeln i.s.v. § 305 Abs. 1 S. 3 BGB stattgefunden hat. Es ist dann Sache des Gegners des Verwenders, dies im Einzelnen zu erschüttern, vor allem dahin gehend, dass es sich bei den veränderten Klauseln um ein als planmäßig zu bezeichnendes, in einer Vielzahl von Fällen geübtes Verhalten des Verwenders handelt.

Die Frage des Aushandelns i.S.d. § 305 Abs. 1 S. 3 BGB beantwortet sich grundsätzlich nur nach Vorgängen, die einem **konkreten Vertragsabschluss** zum Zeitpunkt desselben zugrunde liegen. Haben die Vertragspartner die AGB des Verwenders bei einem früheren Vertragsabschluss im Einzelnen ausgehandelt, reicht es für das Zustandekommen einer ausgehandelten Abrede bei einem weiteren Vertragsabschluss unter denselben Vertragsparteien grundsätzlich nicht schon aus, dass der Verwender nunmehr ausdrücklich auf nur seine dem Vertragspartner bekannten AGB Bezug nimmt und dieser sich mit ihnen einverstanden erklärt (BGH NJW 1979, 367; *Ulmer/Brandner/Hensen* § 1 Rn. 46).

Im Hinblick auf den Wortlaut von § 305 Abs. 1 S. 3 BGB (»soweit«) ist eine »**Ausstrahlungswirkung**« einer ausgehandelten Klausel auf die restlichen Klauseln des Vertrags zu verneinen. Die restlichen Klauseln bleiben AGB (so h.M.: BGHZ 93, 254; BGH NJW 1992, 2760; *Ulmer/Brandner/Hensen* § 1 Rn. 55; *Wolf/Horn/Lindacher* § 1 Rn. 37). Die Frage des Aushandelns ist daher für jede Klausel im Einzelnen zu beurteilen, letztlich sogar für Teile einer Klausel. Wird beispielsweise bei einer AGB-Klausel, die eine verschuldensunabhängig zu verwirkende Vertragsstrafe und eine Obergrenze von 10% des Werklohns vorsieht, aus Sicht des Vertragspartners erfolgreich über die Obergrenze verhandelt und diese auf 5% reduziert, bleibt es dabei, dass ein unwirksame weil verschuldensunabhängige Vertragsstrafenklausel vorliegt.

VI. Einbeziehung

43 Für eine wirksame Einbeziehung von AGB und auch der VOB/B müssen grundsätzlich **zwei Voraussetzungen** erfüllt sein: Die Geltung der AGB muss vereinbart werden und es muss für den Vertragspartner des Verwenders die Möglichkeit zumutbarer Kenntnisnahme des Inhalts der AGB gegeben sein. Die Anforderungen sind unterschiedlich, je nach dem, ob es sich bei dem Vertragspartner um einen Verbraucher oder um einen Unternehmer handelt.

Immer erforderlich ist eine **rechtsgeschäftliche Einigung über die Geltung der AGB**, vgl. § 305 Abs. 2 Hs. 2 BGB. Zwar gilt § 305 Abs. 2 BGB insgesamt nicht, wenn AGB gegenüber einem Unternehmer verwendet werden, wie sich § 310 Abs. 1 BGB entnehmen lässt. Allerdings ist auch im Rechtsverkehr mit einem Unternehmer eine entsprechende rechtsgeschäftliche Einigung notwendig

(BGHZ 117, 190, 194; BGH NJW-RR 2003, 754; *Palandt/Heinrichs* § 305 Rn. 50). Das folgt aus der Notwendigkeit zweier übereinstimmender Willenserklärungen für einen Vertragsschluss. Die Einigung kann ausdrücklich erfolgen, z.B. wenn im schriftlichen Angebot des Verwenders auf die Geltung seiner AGB hingewiesen wird und der andere Teil das Angebot annimmt. Aber auch eine **schlüssig erklärte** Einbeziehung ist grundsätzlich möglich, selbst wenn die Grenzen gegenüber einem Verbraucher insoweit enger zu stecken sind als gegenüber einem Unternehmer. Bei letzterem genügt es, wenn der Verwender im Rahmen des konkreten Vertragsschlusses erkennbar auf seine AGB verweist und der andere Teil dem nicht widerspricht (BGHZ 117, 190, 194; BGH NJW-RR 2003, 754). Eine Einbeziehung kann auch durch ein **kaufmännisches Bestätigungsschreiben** erfolgen, da dieses rechtserzeugende Wirkung hat (*Palandt/Heinrichs* § 305 Rn. 50). Ob es demgegenüber zutreffend ist, bei den im geschäftlichen Verkehr üblichen **Auftragsbestätigungen** grundsätzlich davon auszugehen, dass dort erstmals in Bezug genommene AGB Vertragsbestandteil werden, wenn der andere Teil nicht widerspricht (vgl. hierzu BGH NJW-RR 2000, 1154 m.w.N.), erscheint zweifelhaft. In dieser Allgemeinheit wird man das nicht sagen können. Häufig folgen solche Auftragsbestätigungen dem eigentlichen Vertragsschluss **nach**, d.h. sie werden erst verschickt, wenn auf ein schriftliches Angebot ein entsprechender Auftrag erteilt und der Vertrag dergestalt bereits zustande gekommen ist. Einem Schweigen hierauf bzw. einer anschließenden Entgegennahme der Leistung kann dann i.d.R. kein Erklärungswert entnommen werden. Es gilt das gleiche wie bei Verweisen auf AGB, die in Lieferscheinen, Rechnungen etc. enthalten sind, die also erst **nach Vertragsschluss** erfolgen. Stellt die Auftragsbestätigung dagegen eine Annahmeerklärung dar, weil eben noch kein Vertrag zustande gekommen ist, handelt es sich aufgrund der erstmals eingeführten AGB um eine Annahme unter Änderungen und damit um ein neues Angebot (§ 150 Abs. 2 BGB), das der andere Teil seinerseits annehmen kann. Das kann auch durch schlüssiges Verhalten wie etwa die Entgegennahme der Leistung erfolgen.

44 Für eine **nachträgliche Einbeziehung** gilt nichts anderes, auch sie erfordert eine rechtsgeschäftliche Einigung über die Geltung der AGB. Hieran fehlt es, wenn die Parteien sich lediglich bei der **Durchführung** eines Bauvertrags auf Bestimmungen der VOB/B berufen, also beispielsweise »Behinderung nach § 6 Nr. 1 VOB/B« anmelden. Gleiches gilt, wenn die Bauvertragsparteien bzw. deren Anwälte in einem **Rechtsstreit** ihre rechtliche Argumentation auf die Grundlage der VOB/B stellen. Es genügt damit auch nicht den prozessrechtlichen Anforderungen an einen substantiierten Vortrag, wenn im Rechtsstreit nur vorgetragen wird, die VOB/B »sei vereinbart« oder »gelte zwischen den Parteien«.

45 Das zweite Tatbestandsmerkmal des Einbeziehens stellt die **Möglichkeit zumutbarer Kenntnisnahme** des Inhalts der AGB dar, § 305 Abs. 2 Nr. 2 BGB. Zwar muss diese Möglichkeit auch einem Unternehmer, dem gegenüber AGB verwendet werden sollen, eingeräumt werden (BGHZ 102, 293, 304). Die Anforderungen sind im **Geschäftsverkehr** allerdings **deutlich geringer**, was sich auch daraus erklärt, dass § 305 Abs. 2 Nr. 2 BGB insoweit keine Anwendung findet, § 310 Abs. 1 BGB. Einem **Verbraucher** – der beim Bauvertrag nur als Auftraggeber vorkommen kann – muss der Text der AGB regelmäßig **ausgehändigt** werden. Nicht ausreichend ist es, wenn angeboten wird, den Text auf Wunsch zu übersenden oder ein Hinweis auf die Möglichkeit der Einsichtnahme im Geschäftslokal des Verwenders erfolgt. Ebenfalls nicht ausreichend ist die Mitteilung, der Text sei im Buchhandel erhältlich, was bei der VOB/B der Fall ist (vgl. zum Ganzen *Palandt/Heinrichs* § 305 Rn. 33 ff.). Das bedeutet, dass der Verwender einem Verbraucher als Vertragspartner den Text der AGB **aushändigen** oder **übersenden muss**. Für eine wirksame Einbeziehung der VOB/B gilt das alles auch. Entgegen einer verbreiteten Ansicht führt die Mitwirkung eines **Architekten** auf Seiten des Auftraggebers nicht ohne weiteres dazu, dass eine Aushändigung der VOB/B nicht notwendig ist. Man wird zwar davon auszugehen haben, dass ein Architekt den Inhalt der VOB/B kennt. Eine Zurechnung dieses Wissens an den Auftraggeber setzt aber voraus, dass der Architekt beim Vertragsschluss als Bevollmächtigter des Auftraggebers und damit als dessen **Wissensvertreter** aufgetreten ist, da nur dann eine analoge Anwendung des § 166 BGB in Betracht kommt. Nicht ausreichend ist es, wenn der Architekt lediglich mit Planung und Bauüberwachung beauftragt ist, ohne den Auftraggeber beim Vertragsschluss zu vertreten (vgl. *Korbion/Locher/Sienz* E Rn. 16 f.; *Werner/Pastor* Rn. 1011 f.). Genügen wird dagegen, wenn der Architekt die in § 15 Leistungsphasen 6 und 7 HOAI aufgeführten Leistungen erbringt, da hierzu auch die Zusammenstellung der Vertragsunterlagen sowie die Beratung des Auftraggebers hinsichtlich der Vertragsgestaltung zählen (*Löffelmann/Fleischmann* Rn. 341).

Ist der Vertragspartner des Verwenders ein **Unternehmer**, gelten hinsichtlich der Möglichkeit zumutbarer Kenntnisnahme deutlich reduzierte Anforderungen. Eine Aushändigung oder Übersendung der AGB ohne entsprechende Aufforderung ist regelmäßig nicht notwendig (BGH NJW 1976, 1886 m.w.N.). Der Verwender ist aber verpflichtet, seine AGB auf Anforderung zu übergeben bzw. zu übersenden (*Palandt/Heinrichs* § 305 Rn. 54). Bei einem derart verbreiteten Klauselwerk wie der VOB/B, die im Buchhandel erhältlich ist und deren Text sogar aus dem Internet herunter geladen werden kann, dürfte es ausreichend sein, wenn der Vertragspartner auf diese Möglichkeiten verwiesen wird. Für die **öffentliche Hand** gilt grundsätzlich, dass eine Aushändigung nicht erforderlich ist. Sollte der seltene Fall eintreten, dass die öffentliche Hand nicht selbst Verwender der VOB/B ist, kann davon ausgegangen werden, dass der Text der VOB/B dort vorhanden ist.

46 Entgegen einer häufig von der Rechtsprechung verwendeten Formel (vgl. z.B. BGH BauR 1999, 1186) ist die Frage, ob der Vertragspartner **im Baugewerbe bewandert** ist oder nicht, **ohne Auswirkungen** auf eine wirksame Einbeziehung der VOB/B. Soll die VOB/B mit einem **Verbraucher** vereinbart werden, ist nicht ersichtlich, weshalb grundsätzlich von der Verpflichtung, diesem den Text auszuhändigen, abgewichen werden soll, auch wenn der Verbraucher im Baugewerbe bewandert ist. Das führt lediglich zu erheblichen Abgrenzungsschwierigkeiten. Wann gilt beispielsweise ein Rechtsanwalt, der Arbeiten für sein Privathaus vergeben möchte, als im Baugewerbe bewandert? Nur wenn er Fachanwalt für Bau- und Architektenrecht ist oder genügt schon eine gewisse Erfahrung im privaten Baurecht? Wer lange Jahre Vorsitzender Richter eine Spezialkammer für Bausachen war, verfügt sicherlich über umfassende Kenntnisse der VOB/B. Wie aber steht es mit dem Vorsitzenden einer Kammer, die nur gelegentlich Bausachen zu entscheiden hat? Schließlich ist es auch ein Trugschluss, bei jedem Bauhandwerker vertiefte Kenntnisse der VOB/B automatisch zu unterstellen; das belegt die tägliche Praxis eines Baujuristen. Treten diese Personen als Verbraucher auf, ist ihnen daher grundsätzlich der gleiche AGB-rechtliche Schutz zuzugestehen wie jedem anderen Verbraucher auch. In Ausnahmefällen ist es gleichwohl richtig, einem Verbraucher den Einwand, die VOB/B sei mangels Aushändigung eines Textexemplars nicht wirksam vereinbart, unter Verweis auf **Treu und Glauben, § 242 BGB**, zu verwehren, wenn nämlich offensichtlich ist, dass dieser die VOB/B kennt und die Übergabe daher eine sinnlose Förmlichkeit wäre (so lag der Fall des OLG Hamm IBR 2004, 180). Anders gewendet ist aber auch eine **Übergabe eines Textexemplars nicht notwendig**, wenn die VOB/B gegenüber einem **im Baugewerbe nicht bewanderten Unternehmer** verwendet wird. Auch insoweit ist nicht erkennbar, weshalb ohne Not von den allgemeinen AGB-rechtlichen Grundsätzen abgewichen werden soll. Für eine wirksame Einbeziehung von AGB gegenüber einem Unternehmer ist es nicht notwendig, ihm diese auszuhändigen, es sei denn, der Unternehmer verlangt das. Da dies für die üblicherweise von den Unternehmern selbst verfassten AGB des Geschäftslebens gilt, also für solche AGB, die nur beim konkreten Verwender erhältlich sind, muss es erst recht für die einfach zu beschaffende VOB/B gelten. Bezeichnend ist im Übrigen, dass es kein obergerichtliches Urteil gibt, für das die hier behandelte Fragestellung entscheidungserheblich war. Die Urteile betreffen zum Teil die Situation, dass einem Verbraucher der Text der VOB/B nicht ausgehändigt worden ist. Der BGH hat jeweils eine wirksame Einbeziehung verneint (BGH BauR 1991, 328; 1992, 503; 1999, 1186; BGHZ 109, 192). Darauf, ob die Parteien im Baugewerbe bewandert waren, kam es erkennbar nicht an. Eine Ausnahme gilt nur für das Urteil des OLG Hamm (IBR 2004, 180), wobei hier ein Abstellen auf Treu und Glauben möglich – und auch richtig – gewesen wäre. Soweit es um Fälle ging, in denen die Einbeziehung gegenüber einem Unternehmer trotz fehlender Übergabe bejaht worden ist, waren diese Unternehmer im Baubereich tätig (BGHZ 86, 135, dort war allerdings der Auftraggeber Verwender; BGHZ 105, 292, dem Urteil ist nicht genau zu entnehmen, wer Verwender ist). Die berufliche oder gewerbliche Tätigkeit des Vertragspartners des Verwenders sollte daher bei der Frage, ob eine Aushändigung eines Textes der VOB/B notwendig ist, in aller Regel unberücksichtigt bleiben.

C. Anwendung der Grundsätze des § 305 Abs. 1 BGB auf Bauverträge

I. Vorbemerkung

Die vorgenannten allgemeinen Ausgangspunkte müssen beachtet werden, wenn es sich um die Prüfung handelt, ob und inwieweit Bauverträge – vornehmlich anhand der für VOB/B-Verträge maßgebenden Begriffsbestimmungen – unter die Regelungen der §§ 305 ff. BGB fallen können. Dabei muss im Rahmen des Begrifflichen **zur Abgrenzung von den in § 10 VOB/A geregelten, verschiedenen Typen von Vertragsbedingungen ausgegangen** und die Einbeziehung der vorformulierten Bedingungen insbesondere der VOB/B geklärt werden. 47

II. Besondere Vertragsbedingungen

Als AGB auszuscheiden haben häufig die Besonderen Vertragsbedingungen. Werden sie in ihrer Tragweite **begrifflich richtig verstanden** und entsprechend in den Vertrag eingeführt, so kann es sich im Allgemeinen **nicht um von § 305 ff. BGB erfasste Klauseln handeln**. Denn sie werden **grundsätzlich für die Erfordernisse des Einzelfalles** zur Ergänzung der Allgemeinen oder auch Zusätzlichen Vertragsbedingungen aufgestellt (§ 10 Nr. 2 Abs. 2 VOB/A). Dabei kommt es selbstverständlich **nicht** entscheidend auf die **äußere Bezeichnung** als Besondere Vertragsbedingungen, sondern darauf an, ob sie **in Wirklichkeit** nicht als Vielzahl, sondern **für den Einzelfall aufgestellt und verwendet werden** (vgl. als Gegenbeispiel dazu die Entscheidungen BGHZ 85, 305; BGH BauR 1986, 202). Gleiches gilt für die technische Seite, auf der nach § 10 Nr. 3 S. 2 VOB/A in Besonderen Vertragsbedingungen ähnliche Regelungen möglich sind, indem es dort heißt, dass **für die Erfordernisse des Einzelfalles Ergänzungen und Änderungen in der Leistungsbeschreibung** festgelegt werden können. Es leuchtet ohne weiteres ein, dass es sich hier um **Einzelvereinbarungen** handelt. 48

Überdies sind **Besondere Vertragsbedingungen**, die im Rahmen eines Bauvertrages nicht für sich allein stehen, sondern im Rahmen des einzelnen Vertrages Ergänzungen oder Änderungen der Allgemeinen oder etwaigen Zusätzlichen Vertragsbedingungen enthalten, **häufig ein Hinweis dafür, dass es sich bei einem sonst auf formularmäßiger Basis nach § 305 ff. BGB geschlossenen Bauvertrag in dem von ihnen erfassten Bereich um einen im Einzelnen ausgehandelten Vertragsteil** handelt (so zutreffend BGH BauR 1981, 575). Anders dürften bereits jene Fälle zu beurteilen sein, in denen zu **Allgemeinen und/oder Zusätzlichen Vertragsbedingungen** vereinzelt Besondere Vertragsbedingungen treten, die sich lediglich auf Einzelpunkte des Vertrages beziehen und **ihrem Inhalt nach sowieso nicht geeignet sind, den Charakter von AGB im Übrigen zu verneinen**. Das gilt für die so gut wie immer **individuell getroffenen Preisabreden**, die gemäß § 307 Abs. 3 BGB ohnehin grundsätzlich nicht der Inhaltskontrolle unterliegen (vgl. dazu u.a. *Wolf/Horn/Lindacher* § 8 Rn. 13 f.), und darauf – als Besondere Vertragsbedingungen – bezogene **bloße Zahlungspläne**. Dagegen können **Preisnebenabreden,** die häufig in gleicher Weise **für die Verwendung in mehreren Verträgen formuliert** sind, der Inhaltskontrolle unterliegen (vgl. BGH BauR 1984, 61; zur Abgrenzung von kontrollfähigen Preisnebenabreden von kontrollfreien Preisabreden: BGH BauR 1999, 1290; BauR 2000, 1756). Das gleiche gilt für die im Einzelfall erforderliche Absprache von **Vertragsstrafen** (vgl. § 11 Nr. 1 VOB/B) oder von **Sicherheitsleistungen** (vgl. § 17 Nr. 1 VOB/B). Solche Einzelabreden sind bei **im Übrigen vorformulierten Vertragsbedingungen nicht geeignet, diesen den Charakter von AGB zu nehmen**. Dasselbe trifft auch auf die u.U. nur für ein einzelnes Bauvorhaben 49 vorformulierten Vertragsbedingungen eines General-(Haupt-)Unternehmers in Bezug auf ihre Verwendung bei einer Vielzahl von ihm bei diesem Bauvorhaben eingesetzter Subunternehmer zu; ebenso gilt dies für die Ausschreibung mehrerer Lose bei einem Großbauvorhaben unter gleichen vorformulierten Bedingungen. Dann handelt es sich **durchaus um AGB,** obwohl gerade hier nicht selten die Überschrift »Besondere Vertragsbedingungen« gewählt wird, jedoch oftmals nach der Häufigkeit ihrer Verwendung in Wirklichkeit von Zusätzlichen Vertragsbedingungen gesprochen werden muss. **Nicht zu verwechseln** ist dies allerdings mit jenem Fall, in dem **für die Vergabe eines Auftrags mehrere Angebote eingeholt werden,** weil es für die Beurteilung dahin, ob es sich um AGB handelt, auf die tatsächliche Mehrfachverwendung in Verträgen, nicht aber in den diese erst vorbereitenden Angeboten ankommt (BGH BauR 1997, 123).

50 Im Ergebnis wird man feststellen müssen, dass **Besondere Vertragsbedingungen** als solche, nämlich als von vornherein nur auf den Einzelfall abgestellte Abreden, **bei Bauverträgen eher selten sind.** Sollte dies dennoch der Fall sein, sind sie selbstverständlich **in Bezug auf ihre Wirksamkeit nach den allgemeinen Vorschriften des BGB zu beurteilen,** wie z.B. den §§ 134, 138 BGB. Darüber hinaus können sie aber im betreffenden Fall auch gegen **§ 242 BGB** verstoßen und deswegen unwirksam sein, nämlich weil sie den betroffenen Vertragspartner in unzumutbarer Weise belasten. Dies betrifft auch einzelne Vertragsbedingungen, die dem Vertragspartner in einem förmlichen Vergabeverfahren, wie z.B. auf der Basis des Teiles A der VOB, auferlegt werden (dazu zutreffend *Piel* FS Locher S. 209 ff.).

III. Allgemeine Vertragsbedingungen

51 **Ganz anders liegt es schon im Ausgangspunkt, wenn die Allgemeinen Vertragsbedingungen der VOB/B bei Vertragsabschluss selbst ins Auge gefasst werden.** Die Frage des Aushandelns i.S.d. § 305 Abs. 1 S. 3 BGB ist hier kein Kriterium, um den Charakter des Teils B der VOB als AGB zu verneinen, weil die **VOB/B** weder ausgehandelt wird, da es sich um einen **feststehenden Text** handelt, **noch** im Allgemeinen **bei Vertragsschluss ihrem Inhalt nach erläutert wird,** was ihr nach dem Gesagten nicht einmal den Charakter von AGB nehmen würde, sondern einfach ihrem – **insoweit vollen** – Inhalt nach zum Vertragsgegenstand gemacht wird. Es geht auch **nicht** so sehr um die **Frage des Stellens von vorformulierten Vertragsbedingungen** nach § 305 Abs. 1 BGB, **weil** es hierzu **genügt, dass** der als **Verwender** bezeichneten Seite die Einbeziehung der vorformulierten Bestimmungen zuzurechnen ist, also auf wessen Veranlassung sie Vertragsbestandteil werden (*Ulmer/Brandner/Hensen* Anh. §§ 9–11 Rn. 902; ähnlich *Siegburg* FS Locher S. 349, 356). **Das geschieht** im Bauvergabeverfahren – sowohl dem öffentlichen als auch dem privaten – **in der Regel dadurch, dass bereits der Ausschreibende bzw. zur Angebotsabgabe Auffordernde in den von ihm erstellten Vergabeunterlagen oder – umgekehrt – spätestens der Anbietende in seinem Angebot die Forderung stellt, die Vertragsbeziehungen nach VOB/B auszurichten.** Die entscheidende Frage ist vielmehr die, **ob** man es bei den **Allgemeinen Vertragsbedingungen der VOB/B** mit solchen zu tun hat, die dem Begriff der AGB **überhaupt zugerechnet werden können.** Dass der **Gesetzgeber** dies **bejaht hat, ergibt sich** allein schon **aus den Ausnahmeregelungen in § 23 Abs. 2 Nr. 5 AGB-Gesetz und §§ 308 Nr. 5 und 309 Nr. 8b ff. BGB,** in denen die **VOB/B ausdrücklich aufgeführt** worden ist (dies war vorher in der Literatur zumindest teilweise anders gesehen worden, wie die Ausführungen von *Hesse* BB 1973, 546 und vor allem auch von *Nicklisch* BB 1974 Beil. 10, S. 2, zeigen; dagegen *Schmidt-Salzer* BB 1973 Beil. 3; vgl. dazu auch OLG Braunschweig BauR 1973, 195, und *Jagenburg* NJW 1973, 1721, 1723; *Jagenburg* BauR 1977, Sonderheft 1, 1 ff.).

52 Obwohl die VOB/B kaum den Charakter üblicher AGB hat (wie besonders RGRK/*Glanzmann* § 631 BGB Nr. 13 ff., ferner *Nicklisch* a.a.O., *Hesse* a.a.O., *Jagenburg* a.a.O., *Heimann/Trosien* FS zum 25-jährigen Bestehen des BGH S. 116 sowie *Weitnauer* BauR 1978, 73, 76 mit Recht ausgeführt haben; sowie *Daub/Piel/Soergel* ErlZ A 10.43; insbesondere auch BGH BauR 1983, 161), weil insbesondere zu berücksichtigen ist, dass die letzten Fassungen erheblich von der Rechtsprechung mitgeprägt worden sind, muss jedenfalls seit Inkrafttreten des AGB-Gesetzes von dem **erklärten Willen des Gesetzgebers** ausgegangen werden, die **VOB/B als AGB anzusehen.** Dies nicht nur, »wenn sie im privaten Wirtschaftsverkehr angewendet wird, sondern auch dann, wenn sie entsprechend ihrer ursprünglichen und eigentlichen Zweckbestimmung Verträgen mit der öffentlichen Hand zugrunde gelegt wird« (Bericht des Rechtsausschusses des Bundestags, BT-Drucks. 7/5422 S. 14). Insoweit handelt es sich um AGB-rechtsrelevante **kollektiv ausgehandelte Vertragsbedingungen** (*Ulmer/ Brandner/Hensen* § 1 Rn. 74).

Hieran ändern auch die Ausführungen Siegburgs (FS Locher S. 357 ff.) nichts, der eine Reihe von Gründen dafür anführt, dass die VOB/B mit dem Zweck des AGB-Gesetzes nicht in Einklang zu bringen sei (Bauaufträge der öffentlichen Hand, die kraft haushaltsrechtlicher Vorschriften gezwungen ist, die VOB zu vereinbaren) bzw. das AGB-Gesetz auf die VOB nicht passe (Berücksichtigung auch der Interessen des Vertragsgegners, Kontrollunfähigkeit von deklaratorischen Klauseln). Auch wenn die VOB/B nicht wie viele andere AGB auf die einseitige Interessenwahrnehmung eines Vertragspartners abgestellt ist, sondern ihre Regelungen auch der Wahrung beiderseitiger berechtigter Interessen beim Bauvertrag zu dienen bestimmt sind, so ist der h.L. (BGHZ 86, 139; BGHZ 101, 369; *Heiermann/Riedl/Rusam* § 1 VOB/B Rn. 10; *Wolf/Horn/Lindacher* § 23 Rn. 240; *Korbion/Locher/ Sienz* F Rn. 1) zuzustimmen, dass nach der deutlichen vom Gesetzgeber gewollten Einbeziehung der VOB/B in den AGB-Schutzbereich in § 23 Abs. 2 Nr. 5 AGB-Gesetz und §§ 308 Nr. 5 und 309 Nr. 8b ff. BGB zwingend von ihrem AGB-Charakter auszugehen ist (*Ulmer/Brandner/Hensen* Anh. §§ 9–11 Rn. 900 formulieren lapidar: »Über den AGB-Charakter der VOB/B lässt sich nicht ernsthaft diskutieren, er ist schon aus § 23 Abs. 2 Nr. 5 ablesbar«). So weist auch Ganten (Beck'scher VOB/Komm., Einl. II Rn. 10) zu Recht darauf hin, dass weder Herkommen noch Verfahrensregeln bei der Schaffung der VOB/B ausreichen, um sie als bereitliegende Vertragsordnung kontrollfrei zu machen.

IV. Allgemeine Technische Vertragsbedingungen

Das vorausgehend Gesagte muss folgerichtig auch für die Allgemeinen Technischen Vertragsbedingungen (VOB/C) gelten (ebenso *Siegburg* Gewährleistung beim Bauvertrag Rn. 48). Nach § 1 Nr. 1 S. 2 VOB/B sind sie mit Bestandteil des VOB/B-Vertrages, so dass auch insofern das AGB-Recht eingreift (*Vygen* Bauvertragsrecht Rn. 136; *Locher* Das private Baurecht Rn. 80; *Vogel/Vogel* BauR 2000, 346; a.A. *Ulmer/Brandner/Hensen* Anh. §§ 9–11 Rn. 901, bejahend jedoch für die jeweiligen Abschnitte 5 »Abrechnung« der ATV; § 23 Rn. 43; a.A. »Allgemeine technische Normen nicht kontrollierfähig« *Wolf/Horn/Lindacher* § 8 Rn. 11). Der BGH hat den AGB-Charakter der Allgemeinen Technischen Vertragsbedingungen für deren Abrechnungsregeln – enthalten jeweils in Abschnitt 5 – bereits bejaht (BGH BauR 2004, 1438). 53

Der Einordnung der Allgemeinen Technischen Vertragsbedingungen in den Rahmen der AGB steht auch nicht § 307 Abs. 3 BGB entgegen, weil es sich für den hier maßgebenden bauvertraglichen Bereich um Rechtsvorschriften in dem von dieser Bestimmung gemeinten Sinne handelt, indem sie gerade beim VOB/B-Vertrag nicht nur Inhalt, sondern insbesondere Umfang sowie Tragweite der Leistungsverpflichtung nicht etwa bloß in technischer, sondern darüber hinaus in rechtlicher Hinsicht festlegen. Gleiches gilt auch – außerhalb der bloßen Preisvereinbarung als solche – für die Fixierung des Vergütungsanspruchs des Auftragnehmers für die von ihm nach dem Vertrag zu erbringenden Leistung. Ebenfalls trifft das für die Grundlagen der endgültigen Berechnung der Vergütung nach §§ 14, 15 VOB/B zu (vgl. dazu OLG Celle BauR 2003, 1040; OLG Köln BauR 1982, 170 zur DIN 18 300 Nr. 5.104 – Fassung 1965 im Hinblick auf § 5 AGB-Gesetz; OLG Karlsruhe NJW-RR 1989, 52 zur Frage des Aufmaßes; OLG Düsseldorf BauR 1991, 772, ebenfalls hinsichtlich des Aufmaßes, ferner zu Abrechnungsbestimmungen sowie Art und Umfang nicht gesondert zu vergüten- 54 der Nebenleistungen, speziell in Bezug auf DIN 18 300 Ziff.5.1.1 Fassung 1979 – auch Fassung 1992). Dadurch wird die betreffende Allgemeine Technische Vorschrift Teil der Rechtsvorschrift (zu eng daher *Ulmer/Brandner/Hensen* Anh. §§ 9–11 Rn. 901; vgl. dazu auch *Backherms* ZRP 1978, 261 für den Bereich der Verweisung auf DIN-Normen in Gesetzen und Rechtsverordnungen und *Vogel/Vogel* BauR 2000, 345). Die Einschränkung bei Daub/Piel/Soergel (ErlZ A 10.45), die lediglich »vertragsrechtliche Regeln« des Teils C der AGB-rechtlichen Kontrolle unterwerfen wollen, nicht dagegen die »technischen Regeln«, ist schon deswegen nicht gerechtfertigt, weil gerade auch die »technischen Regeln« aus dem gegebenen Zusammenhang vertragsrechtliche Regeln sind, überdies sonst eine AGB-rechtlich nicht hinreichend übersichtliche Aufspaltung in einem einheitlichen, zum Vertragsinhalt gemachten Normenwerk erfolgen würde. Im Übrigen ist die richtige Anwendung der DIN-Normen in der Revisionsinstanz nachprüfbar (vgl. BGH Urt. v. 28.2.1974 VII ZR 127/71 – unveröffentlicht), was eben gerade darauf hinweist, dass sie Rechtsvorschriften sein können.

55 Das Gesagte muss **entsprechend auch für Verträge gelten, denen die VOB/B nicht zugrunde liegt,** bei denen also die §§ 631 ff. BGB maßgebend sind. Für den Leistungsbereich hat auch hier der Auftragnehmer die Verpflichtung, die Leistung mängelfrei auszuführen (§ 633 Abs. 1 BGB), was sich im Wesentlichen nach den technischen Erfordernissen bestimmt, wie sie der VOB/B zugrunde gelegt sind. Also ist auch insofern zur Ausfüllung gesetzlicher Regelungen ebenfalls das Normenwerk wesentlich. Ähnliches gilt für den Vergütungsbereich (§§ 631 Abs. 1, 632 BGB), weil sich auch beim BGB-Bauvertrag die Vergütung nach den Kriterien richtet, wie sie in den §§ 2 Nr. 1; 2; 14 Nr. 1, 2; 15 VOB/B festgeschrieben sind (insofern unzutreffend *Wolf/Horn/Lindacher* § 8 Rn. 11).

56 Allerdings werden die **Allgemeinen Technischen Vertragsbedingungen** des Teils C **nur selten mit den AGB-rechtlichen Bestimmungen in Kollision geraten.** Sie sollen in ihrem jeweiligen Regelungsbereich das wiedergeben, **was nach allgemeiner Ansicht der beteiligten Verkehrskreise kraft langjähriger Übung für eine sachgerechte Ausführung als erforderlich anzusehen ist.** Sie sind von den dafür eingerichteten Normenausschüssen in langjährigen Beratungen und Stellungnahmen seitens der beteiligten Kreise aufgestellt und anerkannt worden. Vor allem ist zu beachten, dass die **Allgemeinen Technischen Vertragsbedingungen nicht** als ein **zusätzlicher** – je wie man will: die Vertragspflichten einengender oder erweiternder – **Verpflichtungskreis** für den Bereich ordnungsgemäßer bzw. mängelfreier Bauherstellung **anzusehen** sind. Vielmehr sind sie **lediglich eine nähere Umschreibung dessen, was beim Bauvertrag von einer bereits nach dem Gesetz (§ 633 Abs. 1 BGB) zu verlangenden fehlerfreien Leistung zu fordern ist.** Sie **gelten** aber keineswegs nur für den VOB/B-Vertrag, sondern **auch für den sich nach den Regeln der §§ 631 ff. BGB richtenden Bauvertrag,** sie sind also schon seit längerem sozusagen »gesetzlich abgesichert«. Deswegen können die Allgemeinen Technischen Vertragsbedingungen des Teils C der VOB – wie im Übrigen auch die anderen auf das Bauwesen bezogenen DIN-Normen – mit den Verbotsnormen der §§ 307 ff. BGB kaum in Berührung kommen.

57 Überdies: Die **Allgemeinen Technischen Vertragsbedingungen** stellen sich nur als ein **Unterfall der Allgemeinen Regeln der Technik** dar. Sofern sie sich ausnahmsweise nicht mit diesen decken, muss der Auftragnehmer gerade auch beim VOB/B-Vertrag sich kraft **ausdrücklicher vertraglicher Verpflichtung** an die Allgemeinen Regeln der Technik halten, wie sich deutlich aus der **Generalklausel zur Leistungspflicht des Auftragnehmers in § 4 Nr. 2 Abs. 1 S. 2 VOB/B ergibt.** Angesichts dieser **vorrangigen** vertraglichen Verpflichtung ist es daher so gut wie ausgeschlossen, dass ein AGB-rechtlicher Verstoß vorliegt. Schließlich kommt aber noch hinzu, dass der **Verbotskatalog in den §§ 308 ff. BGB auf die Allgemeinen Technischen Regeln nicht passt,** und insofern höchstens die Generalklausel des § 307 BGB in Erwägung zu ziehen wäre.

58 Für eine **Vielzahl** von Fällen aufgestellte, mit gleichen Leistungsanforderungen versehene, aber nicht individuell festgelegte **Leistungsbeschreibungen** (vgl. § 9 VOB/A) sind den **Allgemeinen Technischen Vertragsbedingungen entsprechend zu behandeln,** da auch sie – und zwar in **erster Linie – den Vertragsinhalt bestimmen.** Dies gilt allerdings grundsätzlich **nur für den eigentlichen Leis-**

tungsbeschrieb, nicht für die Vordersätze und vor allem **nicht für die Preise,** da diese regelmäßig durch den Auftragnehmer bzw. Bieter individuell errechnet und dem Angebotsverfahren demgemäß auch dem späteren Vertrag, zugrunde gelegt werden (vgl. dazu für den BGB-Werkvertrag BGH NJW-RR 1993, 430 m.w.N., dort zur Frage des Einsatzes eines Gerätewagens sowie der Berechnung von Wegezeit). Maßgebend ist, ob von Rechtsvorschriften abgewichen wird (*Wolf/Horn/Lindacher* § 8 Rn. 16 ff.). AGB sind auch Preisnebenbestimmungen, mit deren Hilfe der Preis erst ermittelt werden soll (BGH NJW 1984, 2160). Preisnebenabreden sind solche, die zwar auch auf den Preis bezogen sind und darauf sowie auf die Leistung Auswirkungen haben, an deren Stelle aber – wenn eine wirksame Vereinbarung fehlt – dispositives Gesetzesrecht treten kann (BGH NJW-RR 1993, 430 m.w.N.; zur Abgrenzung von kontrollfreien preisbestimmenden AGB-Bestandteilen und der Inhaltskontrolle unterworfenen Nebenabreden: *Ulmer/Brandner/Hensen* § 8 Rn. 10 ff.).

Bei Berücksichtigung des Gesagten setzt daher unter den angegebenen Voraussetzungen bei Leistungsbeschreibungen die AGB-Kontrolle im allgemeinen dort ein, wo die Leistungsangaben von den allgemein anerkannten Regeln der Technik abweichen und geeignet sind, die nach dem Zweck des Bauvertrages berechtigte Leistungserwartung des Vertragsgegners – hier regelmäßig des Auftraggebers – zu enttäuschen (vgl. dazu ähnl. *Brandner* FS Hauß S. 1 ff., insbesondere S. 10 ff., dort vorwiegend für versicherungsrechtliche AGB; offengelassen von BGHZ 81, 229). **59**

V. Privilegierung der VOB/B

Die sog. Privilegierung hat eine AGB-rechtliche Sonderstellung der VOB/B zum Gegenstand, aufgrund der die VOB/B bei Vorliegen bestimmter Voraussetzungen vollständig von einer Inhaltskontrolle ausgenommen ist. Berechtigung und Voraussetzungen der Privilegierung sind umstritten wie kaum ein anderes baurechtliches Thema. Die praktische Relevanz steht zur Intensität dieses Streits allerdings völlig außer Verhältnis. Zudem hat der BGH seine bisherige Rechtsprechung mit Urteil vom 22.1.2004 (BauR 2004, 668; bestätigt mit Urt. v. 15.4.2004 = BauR 2004, 1142) geändert und jedenfalls für vor dem 1.1.2002 geschlossene Verträge eine Inhaltskontrolle der einzelnen Bestimmungen der VOB/B bei jeglicher Abänderung des Regelungsgehalts der VOB/B angeordnet; bisher war das nur bei Eingriffen in den sog. Kernbereich der Fall (zur früheren Rechtsprechung vgl. nur BGH BauR 1983, 161). Schon vor dieser Änderung der Rechtsprechung war es aufgrund des Umstands, dass fast jeder Bauvertrag neben der VOB/B weitere Vertragsbedingungen enthielt sowie aufgrund der von der Rechtsprechung relativ niedrig angesetzten Schwelle für das Vorliegen eines Eingriffs so, dass eine Inhaltskontrolle der VOB/B praktisch immer stattfand. Seit dem BGH-Urteil vom 22.1.2004 kommt es auf die Qualität bzw. die Schwere des Eingriffs überhaupt nicht mehr an. Jede Abänderung des Regelungsgehalts der VOB/B genügt, um die Inhaltskontrolle zu eröffnen. **60**

1. Voraussetzungen

Die Privilegierung der VOB/B beruht auf einer Rechtsprechung des BGH aus dem Jahr 1982. Der BGH hat seinerzeit entscheiden, dass bei Vereinbarung der **VOB/B »als Ganzes«** sämtliche Bestimmungen der Inhaltskontrolle entzogen seien (BGH BauR 1983, 161). Der BGH hat dabei die im damaligen § 23 Abs. 2 Nr. 5 AGB-Gesetz festgelegte Nichtanwendbarkeit einzelner Klauselverbote für den Fall, dass die VOB/B **»Vertragsgrundlage ist«** – so das Gesetz wörtlich –, auf die VOB/B insgesamt ausgedehnt. Begründet hat der BGH das im Wesentlichen damit, dass die VOB/B nicht die Interessen nur einer Vertragspartei durchsetzen soll, sondern es sich um einen **einigermaßen ausgewogenen Ausgleich der Interessen beider Vertragsparteien** handeln würde. Dieser Ausgleich würde gestört, wenn man einzelne Bestimmungen einer Inhaltskontrolle unterziehen würde. Hiermit war bereits gesagt, dass einige Bestimmungen der VOB/B an einer Inhaltskontrolle scheitern würden. Zu Recht wird darauf hingewiesen, dass diese Rechtsprechung mehr oder weniger im Gesetz schon angelegt war (*Kniffka* IBR-Online-Kommentar, Stand 10.4.2006, Vor § 631 Rn. 15). Denn **61** wenn man alle Bestimmungen der VOB/B mit Ausnahme der von § 23 Abs. 2 Nr. 5 AGB-Gesetz erfassten einer Inhaltskontrolle unterzogen hätte und damit zur Unwirksamkeit verschiedener Paragraphen der VOB/B gekommen wäre, dann hätten die gesetzlich unmittelbar privilegierten Bestimmungen – d.h. § 12 Nr. 5 und § 13 Nr. 4 – ein unangemessenes Gewicht erhalten. Fraglich wäre im Übrigen dann auch gewesen, ob die »kupierte« VOB/B in diesem Fall überhaupt noch »Vertragsgrundlage« im Sinne des Gesetzes gewesen wäre. Die Ausnahme von der Inhaltskontrolle hat der BGH, entsprechend § 23 Abs. 2 Nr. 5 AGB-Gesetz, davon abhängig gemacht, dass die VOB/B »als Ganzes« vereinbart war. Hierfür forderte der BGH, dass die VOB/B im Kern Vertragsgrundlage geblieben sein musste, dass es mit anderen Worten **keinen Eingriff in den Kernbereich** der VOB/B gab (vgl. nur BGH BauR 1983, 161).

62 In der Folgezeit zeigte sich, dass der BGH die Schwelle für einen solchen Eingriff relativ niedrig ansetzte. Schon geringfügige Eingriffe genügten, um eine Inhaltskontrolle auszulösen. Als Beispiel sei nur die Verkürzung des Anspruchs auf Abschlagszahlung auf 90% der nachgewiesenen Leistungen genannt (BGH BauR 1991, 473). Problematisch war dabei, dass es nicht möglich war, einigermaßen verlässlich zu prognostizieren, ob eine bestimmte Bestimmung einen Eingriff darstellte oder nicht. Das hat den BGH bewogen, seine Rechtsprechung mit Urteil vom 22.1.2004 (BauR 2004, 668) zu ändern. In diesem Urteil hat der BGH entschieden, dass **jede vertragliche Abweichung** von der VOB/B ausreicht, um die Inhaltskontrolle auszulösen. Das **Gewicht der Abweichung** ist **unbeachtlich**. Allein maßgeblich ist, ob eine Vertragsbestimmung den Regelungsgehalt der VOB/B **abändert**. Ob die ändernde Bestimmung ihrerseits eine unwirksame AGB-Klausel darstellt, ist nach der bisherigen Rechtsprechung des BGH zum Eingriff in den Kernbereich ohne Belang (BGH BauR 1995, 234). Das wird auch künftig gelten müssen. Angesichts der geänderten Rechtsprechung des BGH wird auf eine Darstellung der durchaus zahlreichen Klauseln, die von der Rechtsprechung als Eingriff in den Kernbereich der VOB/B angesehen worden sind, verzichtet (siehe hierzu u.a. die Vorauflage Anhang I Rn. 74 ff.; *Glatzel/Hofmann/Frikell* S. 38 ff. sowie *Markus/Kaiser/Kapellmann* Rn. 70 ff.). Fraglich ist, wie solche zusätzlichen Vereinbarungen, die die VOB/B ausdrücklich zulässt, zu behandeln sind. Keine Abänderung des Regelungsgehalts stellen die Vereinbarung einer Vertragsstrafe (§ 11 VOB/B) oder einer Sicherheitsleistung (§ 17 VOB/B) dar, da die VOB/B insoweit nur ergänzende Bestimmungen bereit hält, die ohnehin erst Wirkung erlangen können, wenn eine Vertragsstrafe bzw. eine Sicherheitsleistung vereinbart ist. Eine Verlängerung der in § 13 Nr. 4 VOB/B geregelten Gewährleistungsfristen dagegen ändert den Regelungsgehalt, so dass die Inhaltskontrolle eröffnet ist. Maßgeblich ist nicht, dass die VOB/B Änderungen »zulässt« – was eine AGB-rechtliche Selbstverständlichkeit ist, vgl. § 305b BGB –, sondern dass etwas anderes gilt als bei unveränderter VOB/B gelten würde. (str.; zustimmend OLG München BauR 1994, 666; OLG Hamm IBR 1995, 294; *Markus/Kaiser/Kapellmann* Rn. 91; a.A. OLG Hamm OLGR 1997, 62; vom BGH ausdrücklich offengelassen, vgl. NJW 1989, 1602). Um Wertungswidersprüche zu vermeiden, sind nur solche Änderungen berücksichtigungsfähig, die den **Vertragspartner des Verwenders** der VOB/B **belasten** und die der **Verwender stellt**. Hat der Vertragspartner des Verwenders der VOB/B eine ihn selbst belastende Bestimmung eingeführt (was wohl ein theoretischer Fall sein dürfte), oder enthält die den Regelungsgehalt der VOB/B ändernde Bestimmung keine Schlechterstellung des Vertragspartners, erscheint es **unangebracht**, die Inhaltskontrolle der VOB/B zu Gunsten des Vertragspartners des Verwenders zu eröffnen (*Markus/Kaiser/Kapellmann* Rn. 67; *v. Westphalen* ZfBR 1985, 262, spricht von individuellem Rechtsmissbrauch; vgl. auch *Lenzen* BauR 1985, 261, 265). Zudem sind ergänzende **Individualvereinbarungen** der Vertragsparteien insoweit unbeachtlich (a.A.: Beck'scher VOB/B-Komm./*Ganten* Einl. II Rn. 48; *Frieling* BauR 1993, 163). Es würde ebenfalls AGB-rechtlichen Wertungsgesichtspunkten widersprechen, wenn eine individuell ausgehandelte Vereinbarung dazu führte, dass eine Inhaltskontrolle der VOB/B eröffnet wird, da der Vertragspartner des Verwenders in diesem Fall an der Verschiebung des Interessenausgleichs mitgewirkt hat. Hiermit wäre es nicht vereinbar, wenn er sich anschließend darauf berufen könnte, dass eine ihm nachteilige Abweichung von der VOB/B vereinbart worden ist.

Der BGH hat mit dem Urteil vom 22.1.2004 eine Entscheidung zum alten Recht getroffen. Ausdrücklich offen gelassen hat er, ob der Tenor auf die Rechtslage **nach Inkrafttreten der Schuldrechtsreform** zu übertragen ist.

2. Einfluss der Schuldrechtsreform

Im Zuge der Schuldrechtsreform durch das Schuldrechtsmodernisierungsgesetz hat der Gesetzgeber die Regelung der Privilegierung in zweifacher Hinsicht geändert. Die Auswirkungen dieser Änderungen sind umstritten. Fraglich ist vor allem, ob die Privilegierung in der bisherigen Form weiterhin Bestand hat (dies verneinen *Peters* NZBau 2002, 115, und *Preussner* BauR 2002, 241; so wohl auch *Kniffka* IBR-Online-Kommentar, Stand 20.4.2006, Vor § 631 Rn. 31 ff.; a.A.: *Joussen* BauR 2002, 1759; *Weyer* BauR 2002, 857).

Während im AGB-Gesetz in einer Anwendungsvorschrift – dem § 23 – geregelt war, dass bestimmte Klauselverbote nicht anzuwenden sind, wenn die VOB/B »Vertragsgrundlage« ist, hat der Gesetzgeber der Schuldrechtsreform die Ausnahmebestimmungen in die jeweiligen Klauselverbote – das sind § 308 Nr. 5 und § 309 Nr. 8b ff. BGB – eingestellt und zur Voraussetzung der Ausnahme gemacht, dass die VOB/B »insgesamt einbezogen« sein muss. Ausweislich der Begründung des Schuldrechtsmodernisierungsgesetzes sollte die bisherige Rechtsprechung des BGH zur Rechtsfigur der VOB/B als Ganzes im Gesetz festgeschrieben werden (BT-Drucks. 14/6040 S. 154). Das ist allerdings gründlich misslungen. Schon die Gesetzesbegründung trägt einen Widerspruch in sich, sollte sie sich doch erklärtermaßen nur auf die »im bisherigen § 23 Abs. 2 Nr. 5 AGBG zugunsten der VOB geregelten Ausnahmen« beziehen (BT-Drucks. 14/6040 S. 154). § 23 Abs. 2 Nr. 5 AGB-Gesetz enthielt eine Ausnahme von der Inhaltskontrolle aber nur hinsichtlich zweier Klauselverbote (die Ausweitung auf andere Klauselverbote erfolgte erst durch die Rechtsprechung). Aufgrund des zwingenden Charakters des AGB-Gesetzes konnte das nur bedeuten, dass **alle anderen** Klauselverbote auf die VOB/B anzuwenden sind.

Dieses Argument wurde durch die Schuldrechtsreform noch verstärkt. Die Ausnahmen von der Inhaltskontrolle sind nun den jeweiligen Klauselverboten direkt zugeordnet, so dass eine systematische Auslegung dazu führt, dass eine Ausnahme von der Inhaltskontrolle nur bezüglich dieser beiden Klauselverbote gilt. Dem Gesetzgeber war auch der Meinungsstreit um die Rechtsprechung des BGH und deren Ableitung bekannt. Hätte der Gesetzgeber seinen Willen einwandfrei umsetzen wollen, wäre eine Bestimmung aufzunehmen gewesen, nach der die VOB/B insgesamt von einer Inhaltskontrolle ausgenommen ist, wenn sie unverändert in den Vertrag aufgenommen wird. Maßgeblich für eine Gesetzesauslegung ist, so das Bundesverfassungsgericht wörtlich, der »zum Ausdruck kommende objektive Wille des Gesetzgebers, so wie er sich aus dem Wortlaut der Gesetzesbestimmung und dem Sinnzusammenhang« ergibt (BVerfGE 1, 299 f.). Zum Ausdruck kommt lediglich der Wille, zwei Klauselverbote nicht anzuwenden. Was der Gesetzgeber bzw. die Ministerialbürokratie, die das Schuldrechtsmodernisierungsgesetz verfasst hat, nach ihrer subjektiven Vorstellung wollte – nämlich die Übernahme der BGH-Rechtsprechung zur VOB/B als Ganzes –, ist dagegen ohne Belang (*Preussner* formuliert anschaulich, der Gesetzgeber sei »zu kurz gesprungen«, vgl. BauR 2002, 1602). Es sprechen daher die besseren Argumente für eine **beschränkte Privilegierung**, bezogen nur auf die beiden Klauselverbote in den §§ 308 Nr. 5 und 309 Nr. 8b ff. BGB. Hinsichtlich aller übrigen Bestimmungen der VOB/B hat eine Inhaltskontrolle auch dann stattzufinden, wenn die VOB/B unverändert übernommen wird.

3. Änderungen der VOB/B

Ein weiteres durch die Schuldrechtsreform nicht gelöstes Problem betrifft die **Verweisung** auf die VOB/B in §§ 308 Nr. 5 und 309 Nr. 8b ff. BGB. Bereits zu § 23 Abs. 2 Nr. 5 AGB-Gesetz war eingewandt worden, dass sich diese Verweisung nur auf die Fassung der VOB/B zum Zeitpunkt des Inkrafttretens des AGB-Gesetzes beziehen kann, dass es sich also um eine **statische Verweisung** handelt. Folge wäre, dass alle darauf folgenden Fassungen der VOB/B als nicht privilegiert anzusehen wären (in diesem Sinne *Kraus* Beil. zu BauR Heft 4 1997, 12 ff.; *Kraus/Sienz* BauR 2000, 631; *Hoff* BauR 2001, 1654 ff.; *Lenkeit* BauR 2002, 223; *Schwenker/Heinze* BauR 2002, 1143; *Oberhauser* Jahrbuch Baurecht 2003 S. 27; *Tempel* NZBau 2002, 468; *Kniffka* IBR-Online-Kommentar Vor § 631 Rn. 40; gegenteiliger Auffassung *Joussen* Jahrbuch Baurecht 1998, S. 111 ff.; *Kratzenberg* NZBau 2002, 179; *Joussen* BauR 2002, 1766). Schon aus verfassungsrechtlichen Aspekten ist von einer statischen Verweisung auszugehen. Auch wenn es zur »Unterwerfung« unter die Ägide der VOB/B immer noch einer Willenserklärung bedarf, der DVA also keine unmittelbare Regelungskompetenz auf Rechte und Pflichten der Rechtssubjekte hat (worauf *Joussen* hinweist, vgl. BauR 2002, 1766), würde im Falle einer **dynamischen Verweisung** eben doch einem nicht demokratisch legitimierten Gremium erlaubt, mittelbar in zivilrechtliche Beziehungen einzugreifen. Die Inhaltskontrolle nach den §§ 307 ff. BGB soll den wirtschaftlich Schwächeren vor einer einseitigen, missbräuchlichen Vertragsgestaltung durch seinen Vertragspartner schützen. Dieses Ziel würde nicht erreicht, wenn man unbesehen alle zukünftigen Fassungen der VOB/B von der Inhaltskontrolle ausnehmen würde. Der DVA könnte dann festlegen, was angemessen ist und was nicht. Würde eine künftige Fassung der VOB/B ein solches Ungleichgewicht enthalten, wäre ein korrigierender Eingriff der Rechtsprechung auf Grundlage der §§ 307 ff. BGB nicht mehr möglich. Das wäre verfassungsrechtlich nicht haltbar (*Tempel* NZBau 2002, 468). Damit ist von einer statischen Verweisung auszugehen.

68 Die Verweisung in den §§ 308 Nr. 5, 309 Nr. 8b ff. BGB bezieht sich demnach, geht man vom Zeitpunkt der Verabschiedung des Schuldrechtsmodernisierungsgesetzes aus, auf die VOB/B Fassung 2000 (*Kniffka* IBR-Online-Kommentar Vor § 631 Rn. 39). Schon die mit der Fassung 2002 verbundenen Änderungen – u.a. Verdoppelung der Regelfrist für die Verjährung von Mangelansprüchen und Ausdehnung der Schadensersatzhaftung des Auftragnehmers bei Mängeln – genügen, um die Privilegierung auszuschließen.

4. Verbraucherverträge

69 Auch wenn die VOB/B in einem **Verbrauchervertrag** als Ganzes vereinbart sein sollte, wäre sie dort – unabhängig davon, wie man vorstehende Überlegungen bewertet – **nicht privilegiert**. Insoweit kollidiert die VOB/B mit Art. 3 Abs. 1 und Art. 4 Abs. 1 der EG-Richtlinie 93/13 v. 5.4.1993 über missbräuchliche Verbraucherverträge (so auch im Ergebnis *Quack* ZfBR 2002, 428; *Ulmer/Brandner/Hensen* Anh. §§ 9–11 Rn. 906). Auch wenn die Verjährungsfrist für Mängelansprüche nunmehr auf 4 Jahre heraufgesetzt worden ist, liegt sie doch noch immerhin 1 Jahr unter der gesetzlichen Frist von 5 Jahren. Die vielfach bemühte Möglichkeit beim VOB/B-Vertrag, die Verjährung durch schriftliche Mangelrüge zu hemmen, ist ein Scheinargument. Diese Möglichkeit nützt dem Auftraggeber überhaupt nichts, wenn der Mangel erst nach Ablauf der 4 Jahre auftritt, sie kann daher nicht als Kompensation für eine Verkürzung der Verjährungsfrist angeführt werden (so aber *Joussen* BauR 2002, 1771). Auch andere Bestimmungen der VOB/B sind im Verhältnis zum Verbraucher als Auftraggeber kritisch zu betrachten, so u.a. die fiktive Abnahme (§ 12 Nr. 5) sowie die Verkürzung der Mängelansprüche in § 13 Nr. 6 und Nr. 7 Abs. 3. Im Ergebnis wird man daher eine Privilegierung der VOB/B verneinen müssen, wenn sie einem Verbraucher gestellt wird (vgl. hierzu auch *Kniffka* IBR-Online-Kommentar, Stand 20.4.2006, Vor § 631 Rn. 36 f.; *Gebauer* BauR 2004, 1843).

VI. Isolierte Inhaltskontrolle einzelner VOB/B-Bestimmungen

70 Betrachtet man die Bestimmungen der VOB/B im Einzelnen, halten einige von ihnen einer Inhaltskontrolle nach den §§ 307 ff. BGB nicht stand. Dabei hängt das Ergebnis entscheidend davon ab, ob der Auftraggeber oder der Auftragnehmer Verwender ist.

Die Wirksamkeit von § 1 Nr. 3 VOB/B (**Auftraggeber = Verwender**) gerät zunehmend in die Diskussion (unwirksam: *Vygen* Rn. 165; *Schulze-Hagen* FS Soergel S. 266 ff.; *Markus/Kaiser/Kapellmann* Rn. 101; *Anker/Klingenfuß* BauR 2005, 1377; wirksam: *Ingenstau/Korbion/Keldungs* § 1 Nr. 3 Rn. 10; *Nicklisch/Weick* § 1 Rn. 23a; *Kapellmann/Messerschmidt* § 1 Rn. 104; wohl auch OLG Hamm BauR 2001, 1594). Die besseren Gründe sprechen für eine Unwirksamkeit der Bestimmung. Sie ermöglicht es dem Auftraggeber, einen geschlossenen Vertrag einseitig abzuändern, wobei die Grenzen dieser Befugnis nicht, jedenfalls nicht ohne weiteres, erkennbar sind (vgl. hierzu BGH BauR 1996, 378 = IBR 1996, 184; *Ingenstau/Korbion/Keldungs* § 1 Nr. 3 Rn. 7 ff.; Beck'scher VOB-Komm./*Jagenburg* § 1 Nr. 3 Rn. 14 ff.). Zudem ist fragwürdig, ob § 2 Nr. 5 VOB/B tatsächlich geeignet ist, das erforderliche vertragliche Gleichgewicht wieder herzustellen (ausführlich hierzu *Anker/ Klingenfuß* BauR 2005, 1377). Für **§ 1 Nr. 4 VOB/B (Auftraggeber = Verwender)** hat der BGH mit Urteil vom 25.1.1996 (BauR 1996, 378 = IBR 1996, 184) die Wirksamkeit bei isolierter Inhaltskontrolle festgestellt. Allerdings ist auch bei dieser Bestimmung für den Auftragnehmer nicht erkennbar, wo die Grenzen des noch Zulässigen liegen. Auch hier dürfte fragwürdig sein, ob die Anspruchsgrundlage des § 2 Nr. 6 VOB/B geeignet ist, dem Auftragnehmer einen angemessenen Ausgleich zu verschaffen, das insbesondere aufgrund der Schwierigkeiten, den Nachweis zu führen, dass das Preisniveau des Vertrags beibehalten wird (vgl. *Anker/Klingenfuß* BauR 2005, 1377). **§ 2 Nr. 5 VOB/B (Auftraggeber = Verwender)** ist nach dem BGH wirksam (BauR 1996, 378). **§ 2 Nr. 6 Abs. 1 S. 2 VOB/B (Auftraggeber = Verwender)** macht einen zusätzlichen Vergütungsanspruch des Auftragnehmers von einer vorherigen Ankündigung abhängig. Der BGH hat die Ausschlusswirkung einer unterlassenen Ankündigung auf einige Ausnahmefälle begrenzt (BauR 1996, 542 = IBR 1996, 314; vgl. auch BGH BauR 2002, 312 = IBR 2002, 59). Mit dieser Auslegung soll § 2 Nr. 6 Abs. 1 S. 2 VOB/B nach Ansicht des BGH einer isolierten Inhaltskontrolle standhalten. Da der Wortlaut des § 2 Nr. 6 Abs. 1 S. 2 VOB/B die vom BGH vorgenommenen Einschränkungen jedoch nicht einmal ansatzweise wiedergibt, führt eine fehlende Ankündigung bei kundenfeindlichster Auslegung der Bestimmung (die im Individualprozess bei Prüfung der Wirksamkeit anzulegen ist) zum Verlust des Anspruchs (das Erfordernis einer schriftlichen Beauftragung durch den AG als Anspruchsvoraussetzung hat der BGH als AGB-widrig angesehen, vgl. BauR 2004, 288 = IBR 2004, 125. Für das Erfordernis einer vorherigen Ankündigung kann nichts anderes gelten). Sie ist daher als unwirksam anzusehen (so auch *Kapellmann/Messerschmidt* § 2 VOB/B Rn. 198 ff.). **71**

Inwieweit einzelne Bestandteile des **§ 2 Nr. 8 Abs. 1 und Abs. 2 VOB/B (Auftraggeber = Verwender)** für sich betrachtet unwirksam sind (hierzu u.a. *Markus/Kaiser/Kapellmann* Rn. 105 ff.), kann letztlich dahinstehen. **§ 2 Nr. 8 Abs. 3 VOB/B** stellt klar, dass die Bestimmungen der §§ 677 ff. BGB und damit etwaige gesetzliche Ansprüche des Auftragnehmers aus GoA **unberührt** bleiben. Damit ist die Kritik der Rechtsprechung an § 2 Nr. 8 Abs. 1 und 2 VOB/B, die bemängelt hatte, dass dem Auftragnehmer seine gesetzlichen Ansprüche genommen würden (u.a. BGH BauR 1991, 331; 1994, 760; 1996, 542), ausgeräumt. **72**

Die **§§ 4 Nr. 7 S. 3, 5 Nr. 4, 8 Nr. 3 VOB/B (Auftragnehmer = Verwender)** ermöglichen dem Auftraggeber eine Entziehung des Auftrags, erfordern jedoch – insoweit abweichend von den §§ 281, 323 BGB – zwingend eine vorherige Androhung. Das in § 326 Abs. 1 BGB a.F. sowie in § 634 Abs. 1 BGB a.F. noch enthaltene Erfordernis einer vorherigen Androhung hat der Gesetzgeber bewusst gestrichen, um formale Fehler zu verhindern und dem Gläubiger die Loslösung vom Vertrag zu erleichtern (BT-Drucks. 14/6040 S. 139). Ein Widerspruch zum gesetzlichen Leitbild besteht damit. § 307 Abs. 2 Nr. 2 BGB lässt allerdings Abweichungen vom gesetzlichen Leitbild zu, eine AGB-Klausel darf nur nicht mit dem Leitbild unvereinbar sein. Unvereinbarkeit ist gegeben, wenn in die rechtlich geschützten Interessen des Vertragspartner in nicht unerheblichem Maße eingegriffen wird (*Palandt/ Heinrichs* § 307 BGB Rn. 28). Bei einem in geschäftlichen Dingen regelmäßig unerfahrenen **Verbraucher** kann das der Fall sein, da eine Rücktrittserklärung allein wegen einer unterlassenen Androhung unwirksam würde. Der Auftragnehmer hätte dann die Möglichkeit, selbst eine Kündigung aus wichtigem Grund mit entsprechender Schadensersatzfolge zu erklären (eine unbe- **73** rechtigt ausgesprochene Kündigung stellt eine schwere Vertrauensverletzung dar und berechtigt den anderen Teil regelmäßig, seinerseits aus wichtigem Grund zu kündigen; für den Rücktritt muss das ebenso gelten, vgl. *Ingenstau/Korbion/Vygen* Vor §§ 8 und 9 Rn. 9 mit Nachweisen aus der Rechtsprechung). Das Erfordernis einer vorherigen Androhung stellt damit einen erheblichen Eingriff in die Rechtsposition des Verbrauchers dar. Werden die genannten VOB/B-Bestimmungen dagegen gegenüber einem **Unternehmer** als Auftraggeber verwendet, kann man erwarten, dass dieser mit der Einhaltung von Formalien bei Abwicklung eines Vertrags gut vertraut ist. Ihm wird die Lösung vom Vertrag hierdurch nicht über die Maßen erschwert, so dass eine Unwirksamkeit der §§ 4 Nr. 7 S. 3, 5 Nr. 4, 8 Nr. 3 VOB/B insoweit nicht zu erkennen ist.

74 Umstritten ist die Wirksamkeit des **§ 7 Nr. 1 VOB/B (Auftragnehmer = Verwender)**, da der Übergang der Gefahr auf den Besteller abweichend von § 644 Abs. 1 S. 1 BGB teilweise vorverlagert wird (für Unwirksamkeit: *Glatzel/Hofmann/Frikell* S. 52; *Ulmer/Brandner/Hensen* Anh. §§ 9–11 Rn. 911 bei Verwendung gegenüber einem privaten Bauherrn; für Wirksamkeit: *Ingenstau/Korbion/Oppler* § 7 Nr. 1–3 Rn. 1; *Nicklisch/Weick* § 7 Rn. 6; *Markus/Kaiser/Kapellmann* Rn. 109). Allerdings trägt die Bestimmung dem Umstand Rechnung, dass Bauleistungen in aller Regel im Herrschaftsbereich des Auftraggebers ausgeführt werden. Er steht der Gefahr damit näher. § 644 Abs. 1 S. 1 BGB hat den Werkvertrag ganz allgemein im Blick, für diesen mag die Gefahrtragung durch den Auftragnehmer bis zur Abnahme gerechtfertigt sein. Der Sachlage beim Bauvertrag wird dagegen § 7 Nr. 1 VOB/B besser gerecht. Ein Verstoß gegen § 307 BGB ist daher nicht ersichtlich. Das gilt auch für den Verbrauchervertrag, wenn der Verbraucher auf eigenem Grundstück baut.

75 Der BGH hat mit Urteil vom 17.12.1998 (BauR 1999, 414) **§ 10 Nr. 2 Abs. 2 VOB/B (Auftraggeber = Verwender)** für wirksam angesehen, das jedoch mit einer einschränkenden Auslegung. Die Regelung soll nach dem BGH nicht eingreifen, wenn der Auftraggeber vorsätzlich oder grob fahrlässig gehandelt hat; in dieser Auslegung sei sie AGB-rechtlich nicht zu beanstanden. Als Argumente dienen dem BGH § 10 Nr. 5 VOB/B und die §§ 61, 67 Abs. 1 S. 3 VVG. Da sich die vom BGH angenommene Einschränkung aber aus keiner der genannten Bestimmungen mit der erforderlichen Deutlichkeit ergibt, ist seine Auslegung abzulehnen (vgl. i.E. *Korbion/Locher/Sienz* F Rn. 29). Vielmehr ist § 10 Nr. 2 Abs. 2 VOB/B als eine in AGB unzulässige Haftungsbeschränkung anzusehen (a.A. *Markus/Kaiser/Kapellmann* Rn. 110).

76 Auch **§ 12 Nr. 5 VOB/B (Auftragnehmer = Verwender)** hält einer isolierten Inhaltskontrolle nicht stand (OLG Hamm IBR 1995, 293; *Ingenstau/Korbion/Oppler* § 12 Nr. 5 Rn. 7; *Markus/Kaiser/Kapellmann* Rn. 112). Trotz der Anhebung der Regelfrist von zwei Jahren auf vier Jahre enthalten **§ 13 Nr. 4 Abs. 1 und 2 VOB/B (Auftragnehmer = Verwender)** weiterhin eine unzulässige Verkürzung der gesetzlichen Gewährleistungsfrist und verstoßen damit gegen § 309 Nr. 8b f. BGB bzw. gegen § 07 BGB (*Ingenstau/Korbion/Wirth* § 13 Nr. 4 Rn. 58; *Heiermann/Riedl/Rusam* § 13 Rn. 69; *Markus/Kaiser/Kapellmann* Rn. 14). Im Einklang hiermit und daher AGB-rechtlich nicht zu beanstanden ist lediglich die zweijährige Frist für Arbeiten an einem Grundstück (allerdings soll in der Neufassung der VOB/B 2006 eine Verjährungsfrist für Arbeiten an Grundstücken nicht mehr explizit aufgeführt werden); diese entspricht § 634a Abs. 1 Nr. 1 BGB (vgl. hierzu *Palandt/Sprau* § 634a Rn. 8). Alle übrigen Bestandteile der Bestimmung, also diejenigen, die die gesetzlichen Verjährungsfristen verkürzen, halten einer isolierten Inhaltskontrolle nicht stand. Die Möglichkeit des **§ 13 Nr. 5 Abs. 1 S. 2 VOB/B (Auftraggeber = Verwender)**, die Verjährung mittels einfacher schriftlicher Mangelrüge um 2 Jahre zu verlängern, wird zunehmend kritisch betrachtet (so *Schwenker* Jahrbuch Baurecht S. 325; *Oberhauser* Jahrbuch Baurecht S. 3; *Lenkeit* BauR 2002, 220; *Tempel* NZBau 2002, 532; a.A. *Weyer* NZBau 2003, 521; der BGH hat § 13 Nr. 5 Abs. 1 S. 2 VOB/B für die Rechtslage vor dem 1.1.2002 als wirksam angesehen, vgl. BauR 1989, 322). Problematisch ist, dass die Bestimmung keine Begrenzung für ihre Ausübung vorsieht (vgl. *Korbion/Locher/Sienz* F Rn. 32; a.A. BGH BauR 1976, 202, der nur eine einmalige Ausübung zulassen will).

Die Haftung des Auftragnehmers für Mängel und deren Folgen wird in § 13 Nr. 7 Abs. 1–3 VOB/B (**Auftragnehmer = Verwender**) in differenzierter Weise begrenzt. Die Bestimmung wurde in AGB-rechtlicher Hinsicht gegenüber früheren Fassungen zwar entschärft. Gleichwohl wird die Haftung des Auftragnehmers für Schäden, die auf einer mangelhaften Leistung beruhen, weiterhin eingeschränkt. Eine Beschränkung der Haftung für die Verletzung von Kardinalpflichten in AGB ist jedoch unzulässig (vgl. hierzu nur BGH NJW 1994, 1060; *Ulmer/Brandner/Hensen* § 11 Nr. 7 Rn. 24; siehe auch BGHZ 149, 89). Da die mangelfreie Herstellung des Werkes die wesentliche Vertragspflicht des Auftragnehmers ist, kann die Haftung für deren ordnungsgemäße Erfüllung nicht beschränkt werden. § 13 Nr. 7 Abs. 1–3 VOB/B halten daher einer isolierten Inhaltskontrolle nicht stand (so auch *Tempel* NZBau 2002, 532; *Glatzel/Hofmann/Frikell* S. 55; a.A. *Schwenker* BauR 2002, 1153; *Markus/Kaiser/Kapellmann* Rn. 116).

77

§ 15 Nr. 3 S. 5 VOB/B (**Auftragnehmer = Verwender**) regelt eine Fiktion für den Fall, dass der Auftraggeber Stundenlohnzettel nicht fristgerecht zurückreicht. Das steht in Widerspruch zu § 308 Nr. 5 BGB, der auch im kaufmännischen Geschäftsverkehr anzuwenden ist (BGHZ 101, 365; *Palandt/Heinrichs* § 308 Rn. 30). Die Bestimmung verlangt u.a., dass der Verwender sich verpflichtet, den anderen Teil bei Fristbeginn auf die vorgesehene Folge seines Verhaltens bzw. Untätigbleibens hinzuweisen. Hieran fehlt es in § 15 Nr. 3 S. 5 VOB/B. Ausweislich § 308 Nr. 5 BGB kann auf dieses Erfordernis nur verzichtet werden bei Vereinbarung der VOB/B als Ganzes. Auch das belegt, dass § 15 Abs. 3 S. 5 VOB/B einer isolierten Inhaltskontrolle nicht standhält (wie hier: *Wolf/Horn/Lindacher* § 23 Rn. 261; *Vygen* Rn. 143b; a.A. *Ingenstau/Korbion/Keldungs* § 15 Nr. 3 Rn. 24.; *Markus/Kaiser/Kapellmann* Rn. 117 bei Verwendung gegenüber einem Unternehmer).

Die Fälligkeitsregelung des § 16 Nr. 3 Abs. 1 VOB/B (**Auftraggeber = Verwender**) steht im Widerspruch zu den §§ 641 Abs. 1 S. 1, 286 Abs. 3 BGB und damit zu wesentlichen Grundgedanken der gesetzlichen Regelung (sofortige Fälligkeit bei Abnahme, Verzug auch ohne Mahnung 30 Tage nach Fälligkeit und Erhalt einer Rechnung). Sie hält deshalb einer isolierten Inhaltskontrolle nicht stand (*Ingenstau/Korbion/U.Locher* § 16 Nr. 3 Rn. 11; *Peters* NZBau 2002, 307; *Kniffka* ZfBR 2000, 228) § 16 Nr. 3 Abs. 2 VOB/B (**Auftraggeber = Verwender**) hält auch in der aktuellen Fassung einer isolierter Inhaltskontrolle nicht stand (BGH BauR 2004, 668 = IBR 2004, 179). Für § 16 Nr. 5 Abs. 3 VOB/B (**Auftraggeber = Verwender**) gilt das zu § 16 Nr. 3 Abs. 1 VOB/B Ausgeführte entsprechend, die Bestimmung dürfte daher als AGB-widrig anzusehen sein (so auch *Niemöller/Kraus* Jahrbuch Baurecht S. 258; siehe auch *Peters* NZBau 2002, 308). Seit der Fassung 2002 enthält § 16 Nr. 6 VOB/B (**Auftraggeber = Verwender**) das zusätzliche Erfordernis für eine Direktzahlung, dass der Nachunternehmer des Auftragnehmers ein Leistungsverweigerungsrecht ausüben muss. An der Unwirksamkeit bei isolierter Inhaltskontrolle ändert sich hierdurch allerdings nichts, da weiterhin von wesentlichen Grundgedanken der gesetzlichen Regelung (vgl. § 362 Abs. 1 BGB) abgewichen wird. Unwirksam sein dürfte auch § 17 Nr. 8 Abs. 2 VOB/B (**Auftragnehmer = Verwender**), da der Auftraggeber hierdurch verpflichtet wird, eine vereinbarte Gewährleistungssicherheit deutlich vor Ablauf der Regelfrist herauszugeben. Die Regelung ist zumindest überraschend i.S.d. § 305c Abs. 1 BGB (*Tempel* NZBau 2002, 532). § 18 Nr. 4 VOB/B (**Auftraggeber = Verwender**) ist auch isoliert wirksam, da die Bestimmung nur klarstellende Funktion hat, sie vor allem dem Auftragnehmer nicht seine Leistungsverweigerungsrechte nimmt (BGH BauR 1996, 378).

78

VII. Alleinige Vereinbarung der VOB/B-Gewährleistungsbestimmungen

Eine für die Praxis wichtige Frage ist, ob es zulässig ist, in Bauverträgen **die Anwendbarkeit nur der Gewährleistungsbestimmungen der** VOB/B, also des § 13 VOB/B, **zu vereinbaren,** die übrigen Bestimmungen der VOB/B aber nicht.

79

Vorweg ist festzuhalten, dass sich ein AGB-rechtliches Problem hier nur stellen kann, wenn der **Auftragnehmer Verwender** ist. § 13 VOB/B begünstigt den Auftragnehmer. Das zeigt ein Vergleich der

Gewährleistungsbestimmungen von BGB und VOB/B im Einzelnen. Beim VOB/B-Vertrag muss der Auftraggeber – anders als beim BGB-Vertrag – Mängel zwischen Abnahme und Ablauf der Verjährungsfrist schriftlich rügen, um seine Rechtsstellung durchsetzbar zu erhalten. Die VOB/B-Regelung hinsichtlich der Verlängerung der Gewährleistungsfrist durch schriftliche Mängelanzeige kommt überhaupt nicht zum Tragen, wenn der zu rügende Mängel – wie das nicht selten der Fall ist – innerhalb von vier Jahren noch nicht aufgetreten ist. Zwar kann nach der Abnahme der Mängelbeseitigungsleistung und durch die daran angeknüpfte erneute zweijährige Verjährungsfrist (§ 13 Nr. 5 Abs. 1 S. 3 VOB/B) auch bei der ursprünglichen Normalfrist von vier Jahren insgesamt eine längere Verjährungsfrist als die des § 634a Abs. 1 Nr. 2 BGB eintreten. Das betrifft jedoch nur solche Mängel, die vor Ablauf der vierjährigen Frist erkannt worden sind. Darüber hinaus ist das vom BGB abweichende Gewährleistungssystem der VOB/B zu beachten. Eine Minderung ist nur unter stark eingeschränkten Voraussetzungen möglich (§ 13 Nr. 6 VOB/B). Der Rücktritt wird in § 13 VOB/B überhaupt nicht erwähnt und soll nach überwiegender Ansicht in der Literatur ausgeschlossen sein (*Ingenstau/Korbion/Wirth* § 13 Nr. 6 Rn. 80; *Kratzenberg* NZBau 2002, 183; der BGH hat das bisher offengelassen, vgl. NJW 1965, 152; 1969, 653). Schließlich sind Ansprüche, die nach § 634 Nr. 4 BGB i.V.m. §§ 280, 281 BGB als Schadensersatz gegeben wären, durch die Bestimmung des § 13 Nr. 7 VOB/B eingeengt, weil es sich um die Gebrauchsfähigkeit beeinträchtigende wesentliche Mängel handeln muss und eine Unterteilung in den kleinen und großen Schadensersatzanspruch vorzunehmen ist.

80 Stellt der **Auftraggeber** die Bestimmung des § 13 VOB/B isoliert, kann er sich nach allgemeinen AGB-rechtlichen Grundsätzen ohnehin nicht auf eine Unwirksamkeit berufen (vgl. BGH BauR 1987, 205). Für den Auftragnehmer als Vertragspartner des Verwenders erhebt sich dann lediglich die Frage, ob die »Quasi-Hemmung« durch schriftliche Mangelrüge der Inhaltskontrolle standhält. Verneint man das, wäre aber nur § 13 Nr. 5 Abs. 1 S. 2 VOB/B unwirksam.

81 Im Übrigen muss bei der Beantwortung der eingangs gestellten Frage differenziert werden. Stellt der Auftragnehmer § 13 VOB/B in unveränderter Fassung, d.h. unter Einschluss der **abgekürzten Verjährungsfrist**, ist das wegen Verstoßes gegen § 309 Nr. 8b ff. BGB unwirksam (BGH BauR 1986, 89, 322; *Ulmer/Brandner/Hensen* Anh. §§ 9–11 Rn. 912; *Wolf/Horn/Lindacher* § 23 Rn. 257; *Werner/Pastor* Rn. 2353; *Vygen* Rn. 597). Das gilt nicht nur für Bauträgerverträge (bei denen diese Vertragsgestaltung zuerst aufgekommen war), sondern allgemein für Bauverträge aller Art. Danach ist es nur folgerichtig, eine Vertragsklausel auch dann für unwirksam zu halten, in der die VOB/B-Gewährleistung für »das Gebäude« festgelegt, im Übrigen aber zugleich zum Ausdruck gebracht ist, dass für die »Arbeiten des Rohbaues bis einschließlich Dachstuhl« die Frist des § 634a Abs. 1 Nr. 2 BGB gelten soll. Abgesehen davon, dass hieraus allein nicht schon auf eine im Einzelnen ausgehandelte Vereinbarung geschlossen werden kann, ist letztlich ausschlaggebend, dass auch hier die Gewährleistungsfrist von 4 Jahren »für das Gebäude« vorrangig eine isolierte Vereinbarung – nur – des § 13 VOB/B darstellt (BGH BauR 1989, 77).

82 Nicht AGB-rechtlich haltbar ist es, in ZVB festzulegen, für den Fall, dass die isolierte Vereinbarung des § 13 Nr. 4 oder des § 13 VOB/B insgesamt nicht zulässig sei, gelte die VOB/B in ihrer Gesamtheit. Hierdurch wird nicht nur die auf das dispositive Recht des BGB zielende Bestimmung des § 306 Abs. 2 BGB durch eine solche nicht individuell vereinbarte (vgl. dazu *Ulmer/Brandner/Hensen* § 6 Rn. 40 und die dort angeführte Literatur) »Staffelklausel« umgangen, sondern es wird dadurch auch dokumentiert, dass es dem Verwender vorrangig um die Umgehung des Verbots der Abkürzung der Gewährleistungsfrist geht. Hinzu kommt, dass in einem solchen Fall das Vorliegen der Einbeziehungsvoraussetzungen nach § 305 BGB durchaus fraglich, wohl eher zu verneinen wäre. Eine solche »Ersatzklausel« kann man auch nicht durch die Regelung in § 1 Nr. 2 VOB/B sanktionieren, weil diese schon ihrem Wortlaut nach nicht auf den Bereich des § 306 Abs. 2 BGB passt, vielmehr nur Widersprüche in einem von vornherein vereinbarten VOB/B-Vertrag klären will.

83 Eine »isolierte« Vereinbarung der Gewährleistungsregelung von § 13 VOB/B ist auch dann nicht möglich, wenn ein Altbau umgebaut oder modernisiert und dabei Wohnungseigentum gebildet und dieses veräußert wird (BGH BauR 1987, 439).

84 Die isolierte Vereinbarung der Gewährleistungsregelung der VOB/B soll AGB-rechtlich unzulässig sein, auch wenn dies nur in einem einzelnen zwischen den betreffenden Vertragspartnern abgeschlossenen Vertrag geschieht. Auch in diesem Fall soll der Verwender (Auftragnehmer, Bauträger usw.) gegenüber dem Bauherrn (Auftraggeber) eine AGB stellen, weil die VOB/B als bereitliegende Vertragsordnung eine AGB aus sich heraus sein soll (so BGH BauR 1987, 438). Das ist jedenfalls dann zutreffend, wenn – wie auch in dem vom BGH entschiedenen Fall – der Verwender ein Unternehmer ist. Man kann ohne weiteres unterstellen, dass ein Unternehmer die VOB/B bereits mehrfach verwendet hat bzw. das künftig beabsichtigt. Erfolgt das gegenüber einem Verbraucher, würde nach heutiger Rechtslage auch § 310 Abs. 3 BGB eingreifen.

85 Dagegen sind jene Fälle **anders** zu beurteilen, in denen zwar die Gewährleistungsregelung nach der VOB/B isoliert vereinbart ist, jedoch in Abänderung von § 13 Nr. 4 VOB/B die **gesetzliche Gewährleistungsfrist des § 634a Abs. 1 Nr. 2 BGB vertraglich festgelegt** wird (ebenso BGHZ 107, 75; BGH BauR 1990, 723; a.A. *Schmidt* DNotZ 1983, 462, 468, der die Tragweite des § 13 Nr. 2 VOB/A in vertragsrechtlicher Hinsicht überbewertet, sowie OLG München BauR 1986, 579 = zutreffend ablehnend *Siegburg* EWiR 1986, 303, wenn auch die Entscheidung im Ergebnis zutrifft, weil wegen anderweitiger Bedingungen im selben Vertrag die VOB/B nicht mehr als Vertragsgrundlage i.S.d. § 23 Abs. 2 Nr. 5 AGB-Gesetz anzusehen war, vgl. insofern auch LG Frankfurt NJW-RR 1988, 917; ebenso a.A. derselbe Senat des OLG München BauR 1987, 554, der unzutreffend in § 13 VOB/B nur gesetzeskonforme oder gar für den Auftraggeber günstigere Regelungen sieht und damit die vorangehend angeführten Argumente nicht erschöpfend behandelt; dazu ablehnend auch *Beigel* BauR 1988, 142; unzutreffend auch OLG Hamm OLGR 1995, 75; wie hier dagegen u.a. OLG München BauR 1988, 596; OLG Düsseldorf BauR 1995, 111 bei Erstreckung auf fünf Jahre zwei Wochen). Durch die Anpassung an die gesetzliche Verjährungsfrist ist die Ausgewogenheit aufrechterhalten. Das trifft deshalb zu, weil es im Zweifel erstes Anliegen eines bauenden Auftraggebers ist, im Endergebnis eine vertragsgemäß hergestellte Leistung zu erhalten und nicht einen in Geld zu bewertenden Ersatz bei bleibender fehlerhafter Leistung, der hinsichtlich der Minderung und des Schadensersatzes beim BGB-Vertrag leichter als beim VOB-Vertrag zu erreichen wäre.

86 Hiervon ist wiederum zu unterscheiden die Frage, ob § 13 Nr. 4 AGB-rechtlich uneingeschränkt haltbar ist, auch wenn die VOB/B als Ganzes vereinbart ist. Die Frage ist höchstrichterlich noch nicht entschieden. Gegen die uneingeschränkte Geltung der kurzen Verjährungsfrist des § 13 Nr. 4 VOB/B a.F. werden in der Literatur beachtliche Bedenken geltend gemacht. So halten Ulmer/Brandner/Hensen (Anh. §§ 9–11 Rn. 912 unter Anlehnung an BGHZ 107, 73) die kurze Gewährleistungsfrist des § 13 Nr. 4 VOB grundsätzlich in AGB für unzulässig und bezeichnen selbst die Fünfjahresfrist des § 634a BGB als zu kurz. Sie lassen den Einwand des Rechtsmissbrauchs dann zu, wenn es sich erweist, dass der Baumangel nicht vor Ablauf von zwei Jahren auftreten konnte. Nach Wolf/Horn/Lindacher (§ 23 Rn. 258) verstößt § 13 Nr. 4 VOB/B a.F. auch bei Vereinbarung der VOB/B als Ganzes gegen § 307 BGB, wenn es sich um Bauschäden handelt, die »typischerweise« erst nach Ablauf von zwei Jahren Verjährungszeit auftreten und in Mängeln der Bauausführung begründet sind. Sie legen § 13 Nr. 4 VOB/B insoweit einschränkend aus. Lang (NJW 1995, 2069) und Kraus (Beil. zu BauR Heft 4 1997, 8 ff.) halten ebenfalls die zweijährige Gewährleistungsfrist des § 13 Nr. 4 Abs. 1 VOB/B für nicht ausreichend im Hinblick auf die verschiedenen Bauschadenberichte und der darin aufgezeichneten Tatsache, dass eine Reihe von Mängeln erst nach zwei Jahren auftreten. Nach diesen Berichten tritt zwar die Mehrzahl der Baumängel während der zweijährigen Frist der VOB/B bzw. der fünfjährigen des BGB auf; es gibt jedoch Gewerke, bei denen eine verlängerte Gewährleistungsfrist notwendig wäre, weil Mängel erst nach fünf Jahren erkannt werden und erhebliche Folgeschäden, für die ein bedeutender Aufwand notwendig ist, entstehen.

VIII. Zusätzliche Vertragsbedingungen

87 **Von den AGB-rechtlichen Regelungen** aus dem Bereich des Bauvertrages, insbesondere § 305 Abs. 1 BGB, werden **in aller Regel Zusätzliche Vertragsbedingungen erfasst** sein können, sei es als Abweichungen von an sich nach Teil B der VOB erfassten Regelungsgegenständen, sei es als Zusätze oder Ergänzungen der Allgemeinen Vertragsbedingungen. Insofern kommen vor allem die **Verbotskataloge in den §§ 308 ff. BGB** zur Anwendung. **Gerade aber auch § 307 BGB** kann für die Beurteilung von Zusätzlichen Vertragsbedingungen von ausschlaggebender Bedeutung sein. Die Beurteilung danach, ob es sich um Zusätzliche Vertragsbedingungen handelt, richtet sich keineswegs nach der Überschrift, also nicht danach, wie sie vom Verwender bezeichnet sind. **Entscheidend ist allein, ob solche abweichenden Ergänzungen oder Änderungen zum Mehrfachgebrauch bestimmt sind.** So können Klauselwerke, die als »Besondere Vertragsbedingungen« bezeichnet, aber in Wirklichkeit Zusätzliche Vertragsbedingungen sind, ohne weiteres der Inhaltskontrolle unterliegen. Ebenso gilt dies z.B. für »Technische Vorbemerkungen für Rohbauarbeiten«, wenn sie in Wirklichkeit vertragsrechtlichen Inhalts und zur Mehrfachverwendung bestimmt sind; sie sind also keineswegs aus der Inhaltskontrolle entlassen (*Ulmer/Brandner/Hensen* § 23 Rn. 43; *Wolf/Horn/Lindacher* § 23 Rn. 240; vgl. dazu OLG München NJW-RR 1987, 661). Insbesondere müssen Zusätzliche Vertragsbedingungen **inhaltlich klar und von den übrigen Vertragsbedingungen,** wie z.B. den Allgemeinen Vertragsbedingungen der VOB/B, **zweifelsfrei abgegrenzt** sein, weil **sonst die Unklarheitenregel des § 305 Abs. 1 BGB** zu Lasten des Verwenders eingreift (vgl. LG Frankfurt NJW-RR 1988, 917).

88 Dagegen dürften **Zusätzliche Technische Vertragsbedingungen für die Praxis im Bereich des AGB-Rechts kaum von Bedeutung sein.** Allerdings wird man sie nicht von der Inhaltskontrolle allein deshalb ausnehmen dürfen, weil sie keine Abweichungen oder Ergänzungen von Rechtsvorschriften sind, daher nach § 307 Abs. 3 S. 1 BGB der Inhaltskontrolle entzogen wären. Denn **auch sie haben den Charakter von Rechtsvorschriften jedenfalls in dem Sinne, als sie den Leistungsinhalt im Hinblick auf eine mängelfreie Leistung für den Rahmen des § 633 Abs. 1 BGB bzw. des § 13 Nr. 1 VOB/B festlegen** (außerdem grenzen sie vergütungsfreie Nebenleistungen und vergütungspflichtige Besondere Leistungen von einander ab, vgl. i.E. *Vogel/Vogel* BauR 2000, 345 ff.), wie durch ihre Einbeziehung in § 1 Nr. 1 S. 2 VOB/B dokumentiert wird (so auch *Soergel* Bauwirtschaft 1980, 280, 281). Sie werden aber ebenso wie die Allgemeinen Technischen Vertragsbedingungen im vertraglichen Bereich durch die grundlegende Verpflichtung des Auftragnehmers nach § 633 Abs. 1 BGB bzw. § 13 Nr. 1 VOB/B überlagert, die Leistung nach den **anerkannten Regeln der Technik** zu erbringen. Entsprechen die Zusätzlichen Technischen Vertragsbedingungen nicht den anerkannten Regeln der Technik, wofür u.U. eine größere Gefahr besteht als bei den Allgemeinen Technischen Vertragsbedingungen, so sind beide Vertragspartner durch die dem Auftragnehmer als Fachmann auferlegte besondere bauvertragliche Prüfungs- und Hinweispflicht nach § 4 Nr. 3 VOB/B, die auch nach § 242 BGB für den lediglich nach den gesetzlichen Vorschriften ausgerichteten Bauvertrag gilt, hinreichend geschützt, so dass insofern kein Anlass für eine darüber hinausgehende Inhaltskontrolle besteht. Überdies ist auch hier zu vermerken, dass die eigentlichen Verbotsnormen der §§ 308 ff. BGB Regelungen, die sich in Zusätzlichen Technischen Vertragsbedingungen finden, nicht erfassen. Insofern könnte eine Inhaltskontrolle nur über § 307 BGB erfolgen.

IX. Mögliche Verwender von Allgemeinen Geschäftsbedingungen bei Bauverträgen

89 Wird bedacht, dass der Zweck der AGB-rechtlichen Kontrolle darin liegt, die Gefahren zu bekämpfen, die sich aus einer **missbräuchlichen Inanspruchnahme der Vertragsfreiheit** durch die Verwendung einseitig formularmäßig aufgestellter Vertragsbedingungen ergeben können (BT-Drucks. 7/3919 v. 6.8.1975 S. 10), so ist dieses Bestreben gerade für den Bauvertrag aufgrund aller gerade hier gemachten Erfahrungen zu begrüßen. Wird aber weiter die erklärte **Absicht des Gesetzgebers,**

den so genannten Letztverbraucher schützen zu wollen (a.a.O. S. 43), beachtet, so muss man im Zweifel darüber sein, ob der Gesetzgeber die Praxis gerade bei bauvertraglichen Gestaltungen im Hinblick auf den möglichen Verwender zutreffend gesehen hat. Gerade die Ausnahmeregelung in § 308 S. 1 Nr. 5 und § 309 S. 1 Nr. 8b ff. zeigt deutlich, dass der Gesetzgeber im bauvertraglichen Bereich als Letztverbraucher **augenscheinlich nur den Bauherrn, also den Auftraggeber, angesehen** hat (auch *Daub/Piel/Soergel* ErlZ A 10.22), was insbesondere durch die Begründungen zu dieser Regelung dokumentiert wird (BT-Drucks. 7/3919 v. 6.8.1975 S. 42; 7/5422 v. 23.6.1976 S. 14). Dort sind **lediglich dem Auftraggeber – im Verhältnis zur gesetzlichen Regelung – nachteilige VOB-Bestimmungen angeführt worden,** nämlich § 12 Nr. 5 und § 13 Nr. 4 f. VOB/B. Dadurch tritt zutage, dass der Gesetzgeber für den Rahmen des Bauvertrages nicht alle möglichen Gestaltungsformen vorformulierter Vertragsbedingungen (insbesondere Zusätzlicher Vertragsbedingungen) gesehen haben dürfte, soweit es den Kreis möglicher Verwender anbelangt. Vor allem lässt sich der Kreis der Verwender keinesfalls in jedem Falle mit dem des Herstellers bzw. Auftragnehmers identifizieren (ebenso *Jagenburg* BauR 1977, Sonderheft 1 S. 7 f.).

Allerdings trifft dies jedoch in jenen Fällen zu, in denen der Auftragnehmer vor allem im Bereich privater Bauverträge – also solchen, die nicht die Bauherstellung für öffentliche Auftraggeber umfassen – **vorformulierte Vertragsbedingungen aufstellt** und in denen Klauseln enthalten sein können, wie sie in den §§ 308 ff. BGB angesprochen werden. Hier sind vor allem Klauseln über den Umfang der Leistungspflicht, die rechtzeitige Herstellung, Kündigungsvoraussetzungen und -folgen, Abnahme, Gewährleistung, Vergütung, Abrechnung, Zahlung und Sicherheitsrechte anzutreffen. Solche Klauseln pflegen die Rechte des Auftraggebers einzuschränken, indem sie vorformulierte auftragnehmergünstige Vertragsbedingungen stellen. **90**

Von **ganz erheblichem Gewicht** sind im Rahmen des Bauvertragswesens aber auch die **vorformulierten Vertragsbedingungen (Zusätzliche Vertragsbedingungen) der Auftraggeber,** hier also **der anderen Vertragspartnerseite,** insbesondere der öffentlichen Hand. Zwar hat der Gesetzgeber auch die vorformulierten Vertragsklauseln bei Verträgen mit der öffentlichen Hand gerade im Hinblick auf die VOB/B im Auge gehabt, wie sich aus der BT-Drucks. 7/5222 v. 23.6.1976 ergibt. Ob dies allerdings in voller Breite erkannt worden ist, lässt sich aus den Begründungen nicht klar entnehmen. Fest steht auf jeden Fall, dass **auch Vertragsbedingungen der öffentlichen Hand unter die AGB-Definition in § 305 BGB fallen,** sofern sie nicht **als Rechtsnormen** das Verhältnis zu Abnehmern im Rahmen der Versorgung regeln, was bei den privatrechtlich zu beurteilenden Bauverträgen zwischen öffentlichen Auftraggebern und privaten Unternehmern **nicht** zutrifft. **Gerade auch die Vergabevorschriften des Teils A der VOB sind grundsätzlich auf solche öffentlichen Bauvergaben abgestellt.** Daher wird es für den öffentlichen Auftraggeber klar sein müssen, dass er **einer ordnungsgemäßen Bauvergabe und Bauvertragsgestaltung verstärkte Beachtung** zu schenken hat, vor **allem** was die von bestimmten öffentlichen Auftraggebern laufend benutzten **Zusätzlichen Vertragsbedingungen** anbelangt. Der öffentliche Auftraggeber läuft im Allgemeinen wenig Gefahr, sich AGB-rechtlichen Sanktionen auszusetzen, **wenn er sich mit Nachdruck befleißigt, die für das Aufstellen und Verwenden von Vertragsbedingungen sehr wichtige Regelung in § 10 VOB/A zu beachten.** Allgemein beziehen sich solche Auftraggeberklauseln vor allem auf Gefahrtragung, Kündigung, Vertragsstrafen, Gewährleistung, einschränkende Vergütungsregelungen zu Lasten des Auftragnehmers, Stundenlohnarbeiten, Abrechnung und Zahlung. **91**

Häufig kommt die AGB-rechtliche Kontrolle zum Tragen in jenen Sonderformen bauvertraglicher Gestaltung, in denen sich Unternehmer bemühen, dem Bauinteressenten und späteren Erwerber einen über die bloße Bauherstellung hinausgehenden Service zu bieten, dabei allerdings im Wege vorformulierter Klauseln auch die Wahrung eigener Vorteile zu sichern, wie z.B. im Rahmen der **Baubetreuung oder der Bauträgertätigkeit,** der verschiedenen Formen des **Generalunternehmer- und -übernehmereinsatzes im Verhältnis zum Auftraggeber,** der **Erstellung von Wohnungseigentum,** wobei es zwischen diesen einzelnen Kategorien auch häufig Mischformen **92**

gibt. Bei allem Verständnis dafür, dass hier gegenüber dem Bauherrn bzw. Erwerber Leistungen erbracht werden, die über die bloße Bauherstellung oder die Vertragsgestaltung nach einzelnen Gewerken hinausgehen, und bei Beachtung der Tatsache, dass dem Bauherrn bzw. Erwerber bei ordnungsgemäßer Handhabung solcher Verträge nicht unerhebliche Vorteile entstehen **können,** wenn sein Vertragspartner entweder alles oder jedenfalls sehr viel in die Hand nimmt, was im Zusammenhang mit der Bauherstellung zu besorgen ist, werden hier in der Praxis weitgehend **Formularverträge** verwendet, **die AGB-rechtlich relevant sind.**

93 Des Weiteren sind in den Schutzbereich der §§ 307 ff. BGB in besonderem Maße einbezogen die **Verträge zwischen General-(Haupt-)Unternehmern und Subunternehmern.** Zwar bestimmt die VOB/B in § 4 Nr. 8 Abs. 2, dass bei der Weitergabe von Leistungen an andere Unternehmer die VOB/B zugrunde zu legen ist, was allerdings die Vereinbarung der VOB/B im Bereich des Hauptvertrages zwischen Auftraggeber und dem General-(Haupt-)Unternehmer als seinem Auftragnehmer voraussetzt. **Dieser Auftragnehmer,** der im Vertrag mit einem oder mehreren Subunternehmern **in die Stellung eines Auftraggebers für den dem Subunternehmer übertragenen Leistungsbereich einrückt,** ist nach der genannten Bestimmung in den Allgemeinen Vertragsbedingungen aber **nicht uneingeschränkt verpflichtet,** mit dem Subunternehmer die Allgemeinen Vertragsbedingungen der VOB/B **unverändert** zu vereinbaren, wenn er dazu vom eigentlichen Auftraggeber nicht noch zusätzlich – über die bloße Vereinbarung der VOB/B hinaus – verpflichtet wird. Daher tauchen in **Subunternehmerverträgen nicht selten** vom General-(Haupt-)Unternehmer **vorformulierte Bedingungen auf, die Klauseln enthalten, die nicht mit den §§ 308 ff. BGB vereinbar sind** (ebenso *Daub/Piel/Soergel/Steffani* Teil B ErlZ 0.13 S. 53). Gerade auch bei solchen Verträgen ist daher eine AGB-rechtlich orientierte Inhaltskontrolle erforderlich. Naturgemäß gilt das keineswegs nur, wenn der Hauptvertrag zwischen eigentlichem Bauherrn und General-(Haupt-)Unternehmer nach der VOB/B abgeschlossen worden ist, sondern und insbesondere auch, wenn diesem lediglich die Bestimmungen der §§ 631 ff. BGB zugrunde liegen, somit gerade bei privaten Bauvorhaben. AGB-rechtlich relevante Klauseln sind hierbei vor allem im Bereich der Harmonisierung und Abstimmung von Abnahme-, Gewährleistungs- und Vergütungsklauseln anzutreffen.

D. Einschränkung des persönlichen Geltungsbereichs

I. Beschränkung der Inhaltskontrolle

94 § 310 Abs. 1 BGB enthält in **S. 1** eine gerade für das Bauvertragswesen **nicht unerhebliche Einschränkung seines Geltungsbereiches.** Danach finden die **§§ 305 Abs. 2 und 3, 308 und 309 BGB keine Anwendung** auf AGB, die **gegenüber einem Unternehmer, einer juristischen Person des öffentlichen Rechts oder einem öffentlichrechtlichen Sondervermögen verwendet werden.** Daraus ergibt sich zwangsläufig gerade für Bauverträge, dass dadurch eine nicht unerhebliche **Beschränkung für** die AGB-rechtliche **Inhaltskontrolle** unter Berücksichtigung der jeweiligen Vertragsschließenden festgelegt worden ist. Der Unternehmer oder die öffentliche Hand als **Verwender selbst unterliegt uneingeschränkt der AGB-rechtlichen Bestimmungen** in der angesprochenen Hinsicht. Es kommt also darauf an, ob **Vertragsgegner des Verwenders entweder ein Unternehmer** oder ein **öffentlicher Auftraggeber** ist. Der Grundgedanke für die Ausklammerung solcher Vertragsgegner des Verwenders aus dem Schutz der genannten Bestimmungen beruht auf der im allgemeinen wohl nicht angreifbaren Erwägung, dass im Handelsverkehr – und auch bei privatrechtlichen Geschäften öffentlicher Auftraggeber – das **Schutzbedürfnis des den AGB unterworfenen Vertragsteils nicht so ausgeprägt ist, wie dies sonst in den Rechtsbeziehungen zu den Verbrauchern der Fall ist.**

95 **Selbst für den Fall der Ausklammerung** von Verträgen aus dem Schutzbereich des § 305 Abs. 2 und 3 BGB sowie der §§ 308 und 309 BGB ist es aber **nicht** so, **dass sie überhaupt keiner Inhaltskon-**

trolle unterlägen. Vielmehr bleibt diese – abgesehen von dem noch zu erörternden Anwendungsbereich des § 307 BGB – jedenfalls **insofern bestehen, als sie auch für diesen Rahmen von der Rechtsprechung gefordert und entwickelt worden ist** (vgl. dazu insbesondere *Schmidt-Salzer* NJW 1977, 129, 137). Vor allem trifft dies auch auf die allgemeingültigen Vorschriften der §§ 134, 138, 242 BGB zu.

Die Regelung des § 310 Abs. 1 BGB kann in der Praxis durchaus dazu führen, dass ein bestimmter Verwender unterschiedliche AGB (z.B. Zusätzliche Vertragsbedingungen) aufstellt, je nachdem, ob es sich bei seinem Vertragspartner um einen Nichtunternehmer oder einen Unternehmer bzw. die öffentliche Hand handelt (vgl. auch *Helm* NJW 1978, 129, 130; ferner *Alisch* JZ 1982, 706). **96**

Eine in Allgemeinen Geschäftsbedingungen enthaltene Klausel, mit der der Vertragspartner des Verwenders versichert, Vollkaufmann zu sein, kann eine **überraschende Klausel (»gespaltene Klausel«) i.S.d. § 305c BGB** und daher unwirksam sein. Das trifft z.B. zu, wenn es sich um einen formularmäßigen Auftrag zur Erbringung einer Werkleistung handelt, der Verwender sich – etwa durch Abschlussvertreter – von Art und Größe des Gewerbebetriebes überzeugen konnte und er dabei die betreffende Erklärung fordert, die mit der Abwicklung des zustande gekommenen Vertrags unmittelbar nichts zu tun hat (BGHZ 84, 109).

II. AGB gegenüber Unternehmern

Die Regelung des persönlichen Anwendungsbereichs für Unternehmer ist **dreistufig:** Auszugehen ist von dem grundsätzlich AGB-rechtlich geschützten Personenkreis, unabhängig von seinem persönlichen Status. Sodann ist der Schutz reduziert für Unternehmer und öffentlich-rechtliche Kunden, für die die §§ 305 Abs. 2 und 3, 308 und 309 BGB keine Anwendung finden. Schließlich ergibt sich aus § 310 Abs. 1 BGB, dass trotz Reduzierung des Schutzes für geschäftserfahrene Kunden auch für diese die Inhaltskontrolle nach § 307 BGB nicht ausgeschlossen ist. Der BGH hat das ausdrücklich auch für große Bauunternehmen entschieden (BauR 2004, 288). **97**

Bis zum Erlass des Handelsrechtsreformgesetzes (HRefG) v. 22.6.1998 war die Reduzierung des AGB-rechtlichen Schutzes an die **Kaufmannseigenschaft** geknüpft, sofern der Vertrag zum Betrieb seines Handelsgewerbes gehörte. Voll- und Minderkaufleute waren gleichgestellt (*Ulmer/Brandner/Hensen* § 24 Rn. 3). Dabei kam es bei der Beurteilung der Frage der Kaufmannseigenschaft auf denjenigen an, der Vertragspartner des Verwenders wurde, also auf den Vertretenen, sofern und soweit dieser Vertragsverhandlungen und Vertragsabschlüsse durch Vertreter tätigte. Unberührt blieben regelmäßig die vielen Verträge, die von Baubetreuern, Bauträgern und Generalunternehmern mit privaten Bauherren zur Errichtung von Wohnbauten abgeschlossen wurden. Gleiches galt auch für Verträge zwischen Unternehmern und privaten Bauherren, die bauvertragliche Einzelleistungen betrafen. Dagegen kam der reduzierte AGB-rechtliche Schutz zum Tragen, wenn Auftraggeber als Verwender zusätzlicher Vertragsbedingungen gegenüber kaufmännisch tätigen Unternehmern auftraten, oder wenn ein Generalunternehmer Subunternehmer, welche die Kaufmannseigenschaften besaßen, bauvertraglich mit eigenen vorformulierten Bedingungen band. **98**

Die Neufassung des § 24 S. 1 AGB-Gesetz durch das HRefG und § 310 Abs. 1 BGB ersetzt den »Kaufmann« durch den »**Unternehmer**« und bezieht die zwar selbstständig, aber nicht gewerblich beruflich Tätigen, also vor allem die Freiberufler und die nicht in das Handelsregister eingetragenen Land- und Forstwirte, ein. Dadurch ist die Nichtanwendung der in § 24 S. 1 AGB-Gesetz bzw. § 310 Abs. 1 BGB genannten Vorschriften bei Verwendung von AGB gegenüber Selbstständigen, die nicht Gewerbetreibende sind und deren Betrieb keine kaufmännische Organisation erfordert, sichergestellt (*Wolf/Horn/Lindacher* § 24 Rn. 6a). **99**

Gerade im Bauwesen gibt es eine nicht unerhebliche Zahl kleiner und kleinster Gewerbetreibender, die in den kaufmännischen Bereich nicht einzuordnen sind. Dies gilt insbesondere für Bauhandwerker. Insofern bringt die Neuregelung einen erweiterten Schutz gerade dieses Personenkreises.

100 Ferner sind Personen in den Anwendungsbereich des S. 1 Nr. 1 einbezogen, die in Ausübung einer selbstständigen beruflichen Tätigkeit handeln. Der Begriff der beruflichen Tätigkeit ist weiter als derjenige der gewerblichen Tätigkeit. Erforderlich ist eine nachhaltige, auf Erzielung von Einkünften gerichtete Tätigkeit und die Teilnahme am Wirtschaftsleben (*Wolf/Horn/Lindacher* § 24 Rn. 6b). Selbstständige Berufstätige sind Gewerbetreibende oder freiberuflich Tätige.

Durch die Neuregelung ist die Anknüpfung an den »Kaufmann« nicht überflüssig geworden. Der Kaufmann ist Gewerbetreibender. Der Kaufmannsbegriff ist lediglich auf den des Gewerbetreibenden durch die Neuregelung ausgedehnt, in großem Umfang jedoch deckungsgleich. Die bisherige Rechtsprechung und Literatur bleibt weiterhin von Bedeutung. Die bisherigen Aussagen sind künftig auf andere (nicht kaufmännische Unternehmer) entsprechend anzuwenden, wenn sie den Unternehmerbegriff des § 310 BGB erfüllen. Des Weiteren kann der Kaufmannsbegriff in § 310 BGB noch von Bedeutung sein, wenn es um die Berücksichtigung von Handelsbräuchen geht (vgl. hierzu i.E. *Wolf/Horn/Lindacher* § 24 Rn. 7).

III. Bauten der öffentlichen Hand

101 Die **zweite Ausnahme** von dem Schutz der in § 310 BGB genannten Bestimmungen bezieht sich auf **juristische Personen des öffentlichen Rechts oder öffentlich-rechtliche Sondervermögen als Vertragspartner des Verwenders** von AGB. Die erste Gruppe betrifft den Staat und die sonstigen Gebietskörperschaften, Körperschaften, Anstalten oder Stiftungen des öffentlichen Rechts, wie z.B. Hochschulen, Sozialversicherungsträger, Religionsgesellschaften, öffentlich-rechtliche Stiftungen, Kammern, Verbände usw. Öffentlich-rechtliches Sondervermögen waren z.B. **der Postdienst** und die Bundesbahn. Nach ihrer Überführung in private Rechtsformen unterliegen sie schon als Unternehmer § 310 Abs. 1 BGB. **Für das Bauvertragswesen hat diese Regelung keine besondere praktische Bedeutung.** Da sie voraussetzt, dass hier die Genannten – was sonst bei Bauverträgen recht häufig ist – nicht selbst Verwender von Allgemeinen Geschäftsbedingungen sind, sondern Vertragspartner des Verwenders, darf im Allgemeinen nach der Erfahrung der Praxis davon ausgegangen werden, dass sie zwar eigene, aber nicht fremde Zusätzliche Vertragsbedingungen im Rahmen eines Bauvertrages akzeptieren. Seltene Ausnahmen bestätigen – wie immer – die Regel.

IV. Ausnahmen nach § 310 Abs. 1 S. 2 und § 307 BGB

102 Aufgrund der Bestimmung des § 310 Abs. 1 S. 1 BGB ist gerade für Bauverträge, die einem Unternehmer gestellt werden, § 307 BGB von besonderem Gewicht. Die Klauselverbote der §§ 308, 309 BGB sind bei solchen AGB nicht anzuwenden, das ergibt sich aus § 310 Abs. 1 S. 1 BGB. Es bleibt daher nur die Generalklausel des § 307 BGB. § 310 Abs. 1 S. 2 BGB ist zu entnehmen, dass nicht etwa solche Klauseln, die in den Anwendungsbereich der §§ 308, 309 BGB fallen, von einer Kontrolle anhand des § 307 BGB ausgenommen wären, was an sich aufgrund des Anwendungsausschlusses der §§ 308, 309 BGB nahe läge. Vielmehr unterfallen grundsätzlich alle Klauseln einer AGB-rechtlichen Überprüfung, wobei die Rechtsgedanken der Klauselverbote der §§ 308, 309 BGB häufig über § 307 BGB auch Eingang in den Rechtsverkehr zwischen Unternehmern finden. Auf die im Handelsverkehr geltenden Gewohnheiten und Gebräuche ist dabei angemessen Rücksicht zu nehmen. Hier handelt es sich um das begrüßenswerte Bestreben des Gesetzgebers, **auch im kaufmännischen Verkehr** zur Verwendung gelangende Formularverträge und Vertragsbedingungen auf ein zumutbares Maß zurückzuführen (hierzu: *Rabe* NJW 1987, 1978; auch *Siegburg* FS Locher S. 349 ff.; im Wesentlichen positiv, auch im Hinblick auf die bisherige Rechtsprechung, *Hensen* NJW 1987, 1986; über Freizeichnungsklauseln im kaufmännischen Verkehr *Schlosser* in: Zehn Jahre AGB-Gesetz S. 121 ff.).

Hiernach kann auch die Verwendung von AGB gegenüber dem in § 310 Abs. 1 S. 1 BGB umschriebenen Personenkreis **zur Unwirksamkeit von AGB führen, wenn dies durch die Generalklausel des § 307 BGB geboten ist.** Sie ist jedenfalls der Versuch einer schriftlichen Fixierung dessen, was von der Rechtslehre und Rechtsprechung schon früher im Wesentlichen als Ausfluss aus den Bereichen der §§ 242, 138 BGB im Hinblick auf die Gebote der Lauterkeit des geschäftlichen Verkehrs entwickelt worden ist. Hiernach ist in § 307 Abs. 1 BGB die grundsätzliche Aussage dahin gehend enthalten, dass Bestimmungen in AGB unwirksam sind, wenn sie den Vertragspartner des Verwenders **entgegen den Geboten von Treu und Glauben unangemessen benachteiligen.** Der Begriff der »**unangemessenen Benachteiligung**« hat in § 307 Abs. 2 BGB eine nähere – ebenfalls generalklauselartige – Umschreibung dahin gehend erfahren, dass sie im Zweifel unter **zwei Aspekten** anzunehmen ist: einmal, wenn die Bestimmung **mit wesentlichen Grundgedanken der gesetzlichen Regelung, von der abgewichen wird, nicht zu vereinbaren ist;** zum anderen, **wenn sie wesentliche Rechte oder Pflichten, die sich aus der Natur des Vertrages ergeben, so einschränkt, dass die Erreichung des Vertragszweckes gefährdet ist.**

103

V. Umsetzung der EG-Richtlinie

Der Gesetzgeber sah in dem aufgrund der EG-Richtlinie über missbräuchliche Klauseln in Verbraucherverträgen Nr. 93/13/EWG vom 5.4.1993 (ABlEG Nr. L 95 21.4.1993 S. 29 ff.) erlassenen Gesetz vom 24.7.1996 (BGBl. I S. 1013) mit Recht keinen Anlass, den Wortlaut des § 9 AGB-Gesetz zu ändern; was von einem Teil der Literatur gefordert worden war (vgl. dazu *Eckert* ZIP 1994, 1986, 1988, 1989; *Voppel* NZBau, 2003, 6). **Problematisch** war dies im Hinblick auf **Art. 4 Abs. 1 der Richtlinie,** wo u.a. für die rechtliche Bewertung des Missbrauchs das Merkmal der den konkreten Vertragsschluss begleitenden Umstände heranzuziehen ist. Nach dem 16. Erwägungsgrund der Richtlinie soll in diesem Zusammenhang besonders beachtet werden, »welches Kräfteverhältnis zwischen den Verhandlungspositionen der Parteien bestand« und »ob auf den Verbraucher in irgendeiner Weise eingewirkt wurde«. Dieses **bedurfte** nach der zutreffenden Ansicht des Gesetzgebers (vgl. *Eckert* a.a.O., *Ulmer/Brandner/Hensen* § 9 Rn. 5) **nicht einer Änderung des Wortlautes des § 9 AGB-Gesetz, heute § 307 BGB** (so i.E. auch *Schmidt-Salzer* BB 1995, 733, 734 ff.; *Schmidt-Salzer* NJW 1995, 1641 ff.; ders., JZ 1995, 223 ff.; *Schmidt-Salzer* BB 1995, 1493 ff., jeweils m.w.N.; vgl. auch *Bunte* Betrieb 1996, 1389 sowie *Eckert* ZIP 1996, 1238). Zwar sind in der bisherigen Rechtsprechung die besonderen Umstände des konkreten Vertrages im Allgemeinen unberücksichtigt geblieben. Jedoch lässt schon der bisherige Wortlaut des § 9 AGB-Gesetz bei der danach ausgerichteten Inhaltskontrolle auch die Berücksichtigung der genannten Merkmale zu. Wichtig ist aber, dass zukünftig auch diese Merkmale im Rahmen der Auslegung mitbeachtet werden. Hiernach kommt nunmehr der Rechtsprechung die Aufgabe zu, bei der Inhaltskontrolle von vorformulierten Vertragsbedingungen auch diese EG-rechtlichen Anforderungen zu beachten und durchzusetzen.

104

VI. Prüfungsmaßstab

Um festzustellen ob eine unangemessene Benachteiligung vorliegt, ist es sinnvoll, zunächst zu prüfen, ob die Klausel nach § 307 Abs. 2 BGB mit den Grundgedanken der gesetzlichen Regelung übereinstimmt und nicht durch sie die Erreichung des Vertragszwecks gefährdet ist. Lässt sich dies nicht beantworten, muss im betreffenden Einzelfall nach dem Grundsatz von Treu und Glauben geprüft werden.

105

Soweit § 307 Abs. 2 Nr. 1 BGB eine unangemessene Benachteiligung annimmt, wenn eine **Bestimmung mit wesentlichen Grundgedanken der gesetzlichen Regelung, von der abgewichen wird,**

106

nicht zu vereinbaren ist, so verlangt dies bei Bauverträgen eine Prüfung nach dem Kerninhalt der §§ 631 ff. BGB unter Berücksichtigung der gerade dem Bauvertrag innewohnenden Besonderheiten. Dabei ist einmal die Leitbildfunktion der gesetzlichen Regelung unter Beachtung der geschriebenen und ungeschriebenen Normen des dispositiven Rechts, zum anderen der unterschiedliche Gerechtigkeits- und Schutzgehalt des dispositiven Rechts zu beachten; **dabei insbesondere die Schutzbedürftigkeit des betroffenen Vertragspartners.** Allgemein ist **für den Werkvertrag wesentliches Leitbild die ordnungsgemäße, also mangelfreie und zeitgerechte Herstellung des im betreffenden Vertrag versprochenen Werkes durch Herbeiführung eines bestimmten Arbeitsergebnisses (Erfolges) im Austausch gegen die Zahlung einer vereinbarten oder angemessenen Vergütung.**

107 Entscheidend ist also die entgeltliche Wertschöpfung dadurch, dass der Unternehmer durch seine Arbeitsleistung für den Besteller das vereinbarte Werk schafft. Gerade diese Grundsätze spielen **beim Bauvertrag eine ganz entscheidende Rolle, werden doch besonders hier in aller Regel erhebliche Vermögenswerte eingesetzt,** um den durch den jeweiligen Vertrag angestrebten Erfolg zu erreichen. Das gilt sicher zunächst für den jedenfalls faktisch vorleistungspflichtigen Unternehmer, zumindest aber in gleicher Weise für den Auftraggeber, der durch allgemein großen Einsatz von Mitteln das berechtigte Bestreben hat, **bleibende und langfristig benutzbare Werte zu erhalten.** Dieses Interesse bezieht sich **vor allem auf den Bereich der ordnungsgemäßen Bauherstellung im Hinblick auf die Beachtung der allgemein anerkannten Regeln der Technik.**

VII. Gefährdung des Vertragszwecks

108 Vor allem im Bereich von Bauverträgen sind Klauseln anzutreffen, die wesentliche Einschränkungen von Rechten und Pflichten, die sich aus der Natur des Vertrages ergeben, in einer Weise darstellen, dass die Erreichung des Vertragszwecks gefährdet wird. **Dabei geht es im Wesentlichen um Leistungs- und Schutzpflichten aus dem Grundgedanken des § 242 BGB,** wobei es sich im Übrigen **nicht unbedingt um Hauptpflichten** handeln muss. Darunter ist hinsichtlich der **Auftragnehmerpflichten** neben der bereits erwähnten **Erfüllung und Gewährleistung** (insoweit § 4 Nr. 6 und 7 sowie § 13 Nr. 5, 7 VOB/B) auch die Verpflichtung zur **zeitgerechten Herstellung** der Leistung (insoweit §§ 5, 6 VOB/B) zu verstehen, darüber hinaus und mit beidem zusammenhängend aber auch die beim Auftragnehmer zu verlangende **fortbestehende wirtschaftliche Leistungsfähigkeit.** Dabei geht es, abgestellt auf die VOB/B, gerade auch um Pflichten des Auftragnehmers, hinsichtlich deren dem **Auftraggeber** im Falle der Missachtung eine **Kündigungsmöglichkeit** nach § 8 Nr. 2–4 VOB/B einzuräumen ist. Demgegenüber sind für die andere Seite hier grundlegend die Pflicht des Auftraggebers zur **ordnungsgemäßen Bereitstellung eines bebauungsfähigen Grundstückes** (§ 4 Nr. 1 Abs. 1 S. 1 VOB/B), die Erfüllung seiner **Koordinationspflichten** (u.a. § 4 Nr. 1 Abs. 1 S. 1 und 2 VOB/B), der ordnungsgemäße, vor allem auch **rechtzeitige,** also der weder verspätete noch verfrühte **Abruf der Leistung** (§ 5 Nr. 2 VOB/B), die Pflicht **zur rechtzeitigen Zurverfügungstellung ordnungsgemäßer Pläne** (§ 3 Nr. 1 VOB/B), also Pflichten, bei deren Missachtung **dem Auftragnehmer ein Kündigungsrecht** nach § 9 Nr. 1a VOB/B für den Fall gegeben ist, dass ihm die Möglichkeit genommen wird, die Leistung vertragsgerecht auszuführen. Hinzuzuzählen ist hier die grundlegende Verpflichtung des Auftraggebers zur **Abnahme der ordnungsgemäß hergestellten Leistung** (§ 12 VOB/B) sowie **ganz besonders** die Verpflichtung **zur pünktlichen Bereitstellung der dem Auftragnehmer zustehenden Vergütung** (vgl. § 9 Nr. 1b VOB/B).

109 Entscheidend ist letztlich, dass dem Vertragspartner des jeweiligen Verwenders ein **Mindestmaß an Rechten oder Pflichten** bleibt, um den Zweck des Bauvertrages im angegebenen Sinne ungehindert zu erreichen.

110 Auch für den Ausnahmebereich des § 310 Abs. 1 S. 1 BGB sind damit die folgenden Klauselverbote aus den §§ 308, 309 BGB jedenfalls **in ihren Grundgedanken** über § 307 BGB zu beachten:

§ 308 Nr. 1 (Annahme- und Leistungsfrist); § 308 Nr. 2 (Nachfrist); § 308 Nr. 3 (Rücktrittsvorbehalt), sofern es sich – in Anbetracht des § 649 BGB – beim Verwender um den Auftragnehmer handelt; § 308 Nr. 4 (Änderungsvorbehalt), auch hier angesichts der Verteilung der beiderseitigen Hauptleistungspflichten auf den Auftragnehmer beschränkt; § 308 Nr. 7 (Abwicklung von Verträgen) für den Fall der Kündigung nach § 649 BGB; § 309 Nr. 2 (Leistungsverweigerungsrechte); § 309 Nr. 3 (Aufrechnungsverbot); § 309 Nr. 4 (Mahnung, Fristsetzung); § 309 Nr. 5 (Pauschalierung von Schadensersatzansprüchen); § 309 Nr. 7 (Ausschluss der Haftung bei Verletzung von Leben, Körper, Gesundheit und bei grobem Verschulden); § 309 Nr. 8 (Sonstige Haftungsausschlüsse bei Pflichtverletzung); § 309 Nr. 10 (Wechsel des Vertragspartners); § 309 Nr. 12 (Beweislast).

Darüber hinaus sind **auch andere,** von den Regelungen der §§ 308, 309 BGB nicht angesprochene Bestimmungen in Zusätzlichen Vertragsbedingungen zu überprüfen, ob sie nach den angegebenen Richtpunkten mit den durch § 307 BGB umrissenen **Mindestanforderungen an eine faire Vertragsgestaltung vereinbar** sind. Insoweit ist es nicht zuletzt Aufgabe der Rechtsprechung, gegebenenfalls regelnd einzugreifen. **111**

E. Die VOB/B und die EG-Richtlinie über missbräuchliche Klauseln in Verbraucherverträgen – §§ 12, 24a AGBG a.F. und § 310 Abs. 3 BGB

I. Allgemeine Grundlagen

Die EG-Richtlinie über missbräuchliche Klauseln in Verbraucherverträgen hat der deutsche Gesetzgeber durch Änderung des AGB-Gesetzes in § 12 (Internationale Verträge) und durch Hinzufügung des § 24a AGBG umgesetzt. § 12 ist dann durch das Gesetz über Fernabsatzverträge und andere Fragen des Verbraucherrechts sowie zur Umstellung von Vorschriften auf Euro v. 27.6.2000 aufgehoben worden. Gleichzeitig wurde Art. 29a EGBGB in das EGBGB eingefügt. Die Aufhebung von § 12 ist am 30.6.2000 in Kraft getreten. Das Schuldrechtsmodernisierungsgesetz ordnet § 24a AGBG als § 310 im Wesentlichen unverändert in das BGB ein. **112**

Liegt also ein Verbrauchervertrag in Form von AGB vor, so ist seine AGB-rechtliche Wirksamkeit nach § 310 Abs. 3 BGB zu prüfen.

II. Die Regelung des § 310 Abs. 3 BGB

Diese Bestimmung regelt den nach der genannten EG-Richtlinie aus der Sicht des deutschen Gesetzgebers **notwendigen materiell-rechtlichen Änderungsbedarf.** Das ist **für innerdeutsche Bauverträge deshalb von besonderer Bedeutung, weil diese Bestimmung – soweit sie reicht – von den Bauvertragspartnern besonders beachtet werden muss.** § 310 Abs. 3 BGB lautet: **113**

> **Bei Verträgen zwischen einem Unternehmer und einem Verbraucher (Verbraucherverträge) finden die Vorschriften dieses Abschnitts mit folgenden Maßgaben Anwendung:**
>
> 1. *Allgemeine Geschäftsbedingungen gelten als vom Unternehmer gestellt, es sei denn, dass sie durch den Verbraucher in den Vertrag eingeführt wurden;*
> 2. *§ 305c Abs. 2 und die §§ 306 und 307 bis 309 dieses Gesetzes sowie Art. 29a des Einführungsgesetzes zum Bürgerlichen Gesetzbuche finden auf vorformulierte Vertragsbedingungen auch dann Anwendung, wenn diese nur zur einmaligen Verwendung bestimmt sind und soweit der Verbraucher auf Grund der Vorformulierung auf ihren Inhalt keinen Einfluss nehmen konnte;*
> 3. *bei der Beurteilung der unangemessenen Benachteiligung nach § 307 Abs. 1 und 2 sind auch die den Vertragsschluss begleitenden Umstände zu berücksichtigen.*

Dabei fasst Art. 29a EGBGB die in verschiedenen Verbraucherschutzgesetzen enthaltenen Sonderkollisionsnormen unter Aufhebung bisheriger Vorschriften zusammen.

1. Begriff des Verbrauchervertrags

114 Hiernach handelt es sich um einen **Vertrag zwischen einer Person, die in Ausübung ihrer gewerblichen oder beruflichen Tätigkeit handelt (Unternehmer), und einer natürlichen Person, die den Vertrag zu einem Zweck abschließt, der weder einer gewerblichen noch beruflichen Tätigkeit zugerechnet werden kann (Verbraucher).** Diese Umschreibung ist auf der Grundlage des Art. 1 und 2 der hier erörterten EG-Richtlinie als Übersetzung in deutsches Recht gewählt. Sie ist nicht ohne weiteres mit bisher einschlägigen deutschen rechtlichen Begriffen identisch. Insofern wird der **Begriff des Verwenders für den Bereich der so genannten Verbraucherverträge** AGB-rechtlich festgelegt. Entscheidend ist die Verwendung von AGB durch diesen Unternehmer im Rahmen seiner gewerblichen oder beruflichen Tätigkeit; also gilt das nicht schon, wenn dieser gewerblich oder beruflich an sich Tätige zu rein privaten Zwecken handelt. Dabei beschränkt sich dieser Verwenderbegriff keineswegs nur auf den bisher bei uns geläufigen Kaufmannsbegriff. Es kommt maßgeblich darauf an, dass der als Unternehmer Bezeichnete den betreffenden Vertrag im Rahmen seiner gewerblichen oder beruflichen Tätigkeit, also zum Zwecke des Erwerbs abschließt, wie z.B. auch als Handwerker, der nicht unter den bisherigen Kaufmannsbegriff gefallen ist. Auch die gewerblich oder selbstständig tätigen Nichtkaufleute nehmen ebenso wie die Kaufleute in zumindest vergleichbarer Weise am Geschäftsleben teil und bedürfen im Bereich des Verwenderbegriffes nicht des gleichen Schutzes wie ein Verbraucher.

115 Diesem für den Bereich der Verbraucherverträge so gekennzeichneten Verwender steht als **Vertragspartner** der »kleine Mann« als **Verbraucher** gegenüber, der den mit einem Verwender eingegangenen Vertrag zu rein privaten Zwecken abschließt. Er handelt also – z.B. hinsichtlich der von einem Handwerker begehrten Bauleistung – **außerhalb** seiner gewerblichen oder beruflichen Zielsetzung oder **auch sonst** als das, was man landläufig als »Privatmann« bezeichnet. Dieser so umschriebene Begriff des Verbrauchers als Vertragspartner des Unternehmers ist aber **auch noch dadurch eingeschränkt,** dass es sich um eine **natürliche Person handeln muss.** Dafür sind die §§ 1 ff. BGB maßgebend. Hiernach sind alle Personen, die schon als juristische Personen anzusehen sind, von dem Begriff des Verbrauchers nicht erfasst, auch wenn sie zu Privatzwecken handeln. Allerdings fallen unter den Begriff des Verbrauchervertrages auch Sachverhalte, in denen ein Unternehmer einen Vertrag mit mehreren natürlichen Personen, z.B. Eheleuten, abschließt.

Nicht von § 310 Abs. 3 BGB erfasst sind demnach u.a. Verträge zwischen zwei Vertragspartnern, die beide im Rahmen ihrer beruflichen oder gewerblichen Tätigkeit eingehen sowie Verträge zwischen zwei Verbrauchern.

2. Besonderheiten des AGB-rechtlichen Schutzes von Verbraucherverträgen

a) Fiktion des Stellens von AGB, falls vom Unternehmer in den Vertrag eingeführt (Nr. 1)

116 Erforderlich ist hiernach, dass es sich um **Allgemeine Geschäftsbedingungen handelt,** um die es im Bereich des betreffenden Vertrages geht. Insofern sind Allgemeine Geschäftsbedingungen solche, die **von dem Unternehmer vorformuliert mit in den Vertrag eingebracht** werden. Somit gilt für den Begriff der Allgemeinen Geschäftsbedingungen nichts anderes, als es in § 305 Abs. 1 BGB bereits festgelegt ist. Dabei **reicht es hier aus, wenn die vorformulierten Bedingungen von dritter Seite aufgestellt wurden,** also auch von einer – im Hinblick auf den konkreten Vertrag – »neutralen« Person, wie z.B. von einem Verband, einer anderen Firma, einem Rechtsanwalt oder Notar, wobei insbesondere auch so genannte Standardverträge erfasst sind.

117 Jedoch geht der Schutz des Verbrauchers hier weiter: In § 310 Abs. 3 Nr. 1 BGB wird **fingiert,** dass die vorgenannten **Allgemeinen Geschäftsbedingungen als vom Unternehmer im jeweiligen Vertrag gestellt gelten. Eine Ausnahme gilt allerdings nach dem zweiten Halbsatz der hier erörterten Nr. 1 dann, wenn die betreffenden Allgemeinen Geschäftsbedingungen **durch den Verbraucher in den Vertrag eingeführt wurden,** er selbst also Wert auf die Aufnahme dieser Bedingungen in den Vertrag gelegt hat. Das betrifft nicht nur jene Fälle, in denen der Verbraucher selbst die Bedingungen vorformuliert, sondern auch die in der Praxis häufiger vorkommenden Vertragsabschlüsse, in denen der Verbraucher Wert darauf legt, ein bestimmtes Klauselwerk, das von dritter Seite stammt, in den Vertrag einzubeziehen (vgl. auch *Bunte* Betrieb 1996, 1389, 1391). Das Gesagte entspricht dem allgemeinen AGB-rechtlichen Grundsatz, dass nur der Vertragspartner des Verwenders AGB-rechtlichen Schutz beanspruchen kann, nicht aber der Verwender selbst. Dies dürfte auch für den Fall gelten, in dem beide Vertragspartner die Einbeziehung der gleichen AGB, wie z.B. der VOB/B, in den Vertrag wünschen (*Wolf/Horn/Lindacher* § 24a Rn. 29; Beck'scher VOB/B-Komm./ *Ganten* Einl. II Rn. 74). Dies ist also nicht anders, als sich aus § 305 Abs. 1 BGB ergibt.

118 Die vorgenannte **Fiktion des Stellens** von AGB durch den Unternehmer hat besondere Bedeutung dort, wo die AGB nicht von einem Unternehmer, sondern von einem Dritten, etwa einem Notar (*Heinrich* NJW 1995, 158; *Schlünder/Scholz* ZfBR 1997, 56; *v. Westphalen* BB 1996, 2101), aufgestellt wurden und der Unternehmer sie im Verbrauchervertrag verwendet. Dafür, dass es sich um Allgemeine Geschäftsbedingungen handelt, hat der Verbraucher, der sich darauf beruft, im Streitfall die Darlegungs- und Beweislast. Hat er den Nachweis in dieser Hinsicht geführt, so hat er die Vermutung des Stellens durch den Verwender für sich. Dass ausnahmsweise der Verbraucher selbst die Allgemeinen Geschäftsbedingungen in den Vertrag eingeführt hat, muss der Unternehmer dartun und beweisen.

b) Anwendung einzelner AGB-rechtlicher Bestimmungen bei nur einmaliger Verwendung in Verbraucherverträgen (Nr. 2)

119 Sind die vorangehend erörterten Voraussetzungen gegeben, so sind § 305c Abs. 2 und die §§ 306, 307 bis 309 BGB und Art. 29 EGBGB auf vorformulierte Vertragsbedingungen auch dann anzuwenden, wenn diese nur zur einmaligen Verwendung bestimmt sind und soweit der Verbraucher aufgrund der Vorformulierung auf ihren Inhalt keinen Einfluss nehmen konnte.

120 Diese Erweiterung des sachlichen Anwendungsbereichs wurde nötig, weil nach Art. 3 Abs. 1, 2 der genannten EG-Richtlinie **die Missbrauchskontrolle alle Vertragsklauseln erfassen muss, die nicht im Einzelnen ausgehandelt wurden.** Das geht somit **über** die – beibehaltene – Regelung in § 305 Abs. 1 S. 1 BGB **insofern hinaus,** als dort zu den AGB **lediglich solche** zählen, die **für eine Vielzahl** von Verträgen vorformuliert sind. Dabei kam eine bloße Streichung des Merkmals »Vielzahl« in § 305 Abs. 1 S. 1 BGB nach der ausdrücklichen Erklärung des deutschen Gesetzgebers nicht in Betracht, weil dann das AGB-Gesetz insgesamt auch für die nur zur einmaligen Verwendung bestimmten vorformulierten Vertragsbedingungen gelten würde. Dafür passten aber sonstige Bestimmungen des AGB-Gesetzes, insbesondere § 305 Abs. 2 BGB, nicht. Daher war zur Umsetzung der Anforderungen der EG-Richtlinie die Erweiterung des sachlichen Anwendungsbereiches auf **diejenigen Vorschriften des AGB-Gesetzes zu beschränken, die auch für die nur einmalige Verwendung von vorformulierten Vertragsbestimmungen passen.**

121 Das betrifft einmal die Unklarheitenregelung in **§ 305c Abs. 2 BGB.** Die Erweiterung des Anwendungsbereiches wurde durch die EG-Richtlinie in Art. 5 S. 2 veranlasst, wonach bei Zweifeln über die Bedeutung einer Klausel die für den Verbraucher günstigste Auslegung gilt.

122 Die Einbeziehung des **§ 306 BGB** hat die Wirkung, dass die Rechtsfolgen der Unwirksamkeit einer Vertragsklausel auch dann gelten, wenn diese nur zur einmaligen Verwendung vorformuliert wurde. Diese Erweiterung wurde wegen Art. 6 Abs. 1 der Richtlinie erforderlich. Danach haben die EG-Mitgliedstaaten vorzusehen, dass missbräuchliche Klauseln in Verträgen, die ein Gewerbetreibender mit einem Verbraucher geschlossen hat, unverbindlich sind. Dabei sind die Bedingungen hierfür in den innerstaatlichen Rechtsvorschriften festzulegen. Außerdem haben sie vorzusehen, dass der Vertrag für beide Parteien auf derselben Grundlage verbindlich bleibt, wenn er ohne die missbräuchlichen Klauseln bestehen kann (vgl. dazu *Wolf/Horn/Lindacher* § 24a Rn. 42 ff.).

123 Die Einbeziehung der §§ 307 bis 309 BGB bewirkt zumindest im Ausgangspunkt, dass die **Beurteilung der Missbräuchlichkeit einer nur zur einmaligen Verwendung bestimmten Klausel im sachlichen Bereich den gleichen Maßstäben unterliegt, wie die Angemessenheitskontrolle bei bisher so verstandenen AGB.** Allerdings sind hier für den Bereich des **§ 307 BGB** die nachfolgend **in § 310 Abs. 3 BGB genannten Gesichtspunkte** mit einzubeziehen.

Für die **Anwendung der vorgenannten AGB-rechtlichen Bestimmungen auch auf Verbraucherverträge, die nur einmal verwendet werden, ist es des Weiteren aber generell nötig,** dass der Verbraucher aufgrund der Vorformulierung auf ihren Inhalt **keinen Einfluss** nehmen konnte, was der Richtlinie in § 3 Abs. 2 S. 1 und 2 entspricht. Das Merkmal der fehlenden Einflussnahme findet sich zwar nicht in § 305 Abs. 1 S. 3 BGB definiert. Es liegt deshalb nahe, auf den Begriff des »Aushandelns« zurückzugreifen und die fehlende Einflussnahme mit dem Begriff des Aushandelns zu identifizieren.

124 An die Einflussmöglichkeit sind allerdings geringere Anforderungen zu stellen als an das Aushandeln (*Eckert* ZIP 1996, 1240). Es genügt die ernsthaft gemeinte Bereitschaft, auf Änderungswünsche des Verbrauchers einzugehen, unabhängig davon, ob dieser hiervon Gebrauch macht. Es ist nicht nötig, dass reale Änderungsmöglichkeiten vom Verwender eingeräumt werden und eingehend kritische Klauseln erörtert werden. Allerdings dürfte, sofern »Aushandeln« anzunehmen ist, auch die Einflussmöglichkeit des Verbrauchers gegeben sein (vgl. hierzu auch *Korbion/Locher/Sienz* B Rn. 13).

c) Beurteilung der unangemessenen Benachteiligung

125 In § 310 Abs. 3 Nr. 3 BGB ist als zwingende Vorgabe aufgenommen, dass bei der AGB-rechtlichen Beurteilung von Verbraucherverträgen für den Bereich des § 307 BGB auch die z.Zt. des Vertragsabschlusses maßgebenden Umstände zu berücksichtigen sind. Dies entspricht Art. 4 Abs. 2 der Richtlinie. Zwar wird dieser Gesichtspunkt von der bisherigen Beurteilung des § 9 AGB-Gesetz noch nicht unmittelbar erfasst, sondern nur bei der Anwendung des **Transparenzgebotes** berücksichtigt. Bei der Frage der Transparenz einer AGB-Klausel ist nämlich auf die Verständlichkeit der Klausel für den betreffenden Kunden abzuheben (*Wolf/Horn/Lindacher* § 24a Rn. 44). § 310 Abs. 3 Nr. 3 BGB modifiziert die Prüfung nach § 307 BGB. Dabei ist zunächst bei der Abwägung die generalisierende-typisierende Betrachtungsweise zu beachten (*Ulmer/Brandner/Hensen* § 9 Rn. 178; *Palandt/Heinrichs* § 310 Rn. 19). Zu Recht führen Ulmer/Brandner/Hensen (a.a.O. § 9 Rn. 178) aus, dass sich »loyale« AGB für eine Vielzahl von Verträgen nur auf Grund einer von untypischen Einzelfallumständen absehenden Regelungstechnik vorformulieren lassen. In einer weiteren Stufe sind dann bei Verbraucherverträgen auch die individuellen Begleitumstände des Vertragsschlusses einzubeziehen, denen eine Korrekturfunktion im Individualfall innewohnen kann.

126 Zu berücksichtigen sind bei den Vertragsbeteiligten, insbesondere beim Verbraucher zur Zeit des Vertragsabschlusses maßgebende Umstände, wie das erstrebte vertragliche Ziel, nähere Einzelheiten der Vertragsverhandlung, der Grad persönlicher Geschäftserfahrung, die Berücksichtigung von Überraschungs- und Verschleierungssituationen, das Maß der Sachaufklärung, gegebenenfalls auch die besondere wirtschaftliche Lage des Verbrauchers zu bedenken. Dabei ist zu beachten, dass sich diese Berücksichtigung von den den Vertragsabschluss begleitenden Umständen auch zum Nachteil des Verbrauchers auswirken kann. So etwa, wenn ein Verstoß gegen die Forderung der Transparenz in Rede steht, der Verbraucher aber die betreffende Klausel wegen bei ihm vorhandener besonderer Fachkenntnis durchschaut. Dies gilt insbesondere für den fachkundigen Bauherrn.

d) Transparenzgebot

Art. 4 Abs. 2 letzter Hs. und Art. 5 EG-Verbraucherverträgsrichtlinie verlangen, dass Klauseln in Verbraucherverträgen »stets klar und verständlich abgefasst« sein müssen. Dies gilt auch für vorformulierte Einzelvertragsklauseln und nach Art. 4 Abs. 2 RL auch für preisbestimmende und leistungsbeschreibende Klauseln (*Ulmer/Brandner/Hensen* § 9 Rn. 173; *Wolf/Horn/Lindacher* § 24 Rn. 62). Bei der Umsetzung der Richtlinie wurde das Transparenzgebot nicht in § 24a AGBG erwähnt, weil der Gesetzgeber zu Recht davon ausging, dass das Transparenzgebot durch die Rechtsprechung bereits vor Umsetzung der Richtlinie als wichtiger Bestandteil der Inhaltskontrolle nach § 9 AGBG angesehen wurde (*Brandner* MDR 1997, 312). Danach verlangte das Transparenzgebot, dass die jeweilige Klausel für den Durchschnittskunden durchschaubar und verständlich ist, Tatbestand und Rechtsfolgen der Klausel bestimmt sind und ihn nicht irreführen dürfen. Im Hinblick auf diese Rechtsprechung war es vertretbar, ein weiteres Umsetzungsbedürfnis insoweit zu verneinen (*Ulmer/Brandner/Hensen* § 9 Rn. 174).

127

Streitig ist es, ob die bloße Intransparenz die Unwirksamkeit einer Klausel nach sich zieht, oder ob dies nur der Fall ist, wenn die Intransparenz der Klausel zu einem wirtschaftlichen Nachteil hinzukommt und dadurch der Kunde den Nachteil nicht oder nicht voll erkennt (unwirksamkeit bei Intransparenz: *Ulmer/Brandner/Hensen* § 9 Rn. 175; *v. Westphalen* Vertragsrecht und AGB-Klauselwerke, Transparenzgebot Rn. 2; nur bei Zusammentreffen von Intransparenz und wirtschaftlichem Nachteil: *Wolf/Horn/Lindacher* § 24a Rn. 66; *Horn* WM-Sonderbeilage 1/1997, 21 ff.; *Wagner-Wieduwilt* WM 1989, 37). Dadurch, dass die Richtlinie in Art. 5 S. 2 die Einhaltung des Transparenzgebots als eigenständige Kategorie der Inhaltskontrolle behandelt, wird man folgern müssen, dass schon das Vorliegen nicht transparenter vorformulierter Vertragsbedingungen genügt, um zur Unwirksamkeit zu führen und dass es dazu nicht noch des Vorliegens eines wirtschaftlichen Nachteils bedarf.

F. Die Zukunft der VOB/B im Lichte des AGB-Rechts

Die mit der VOB/B und ihrer Privilegierung verbundenen Rechtsfragen, vor allem auch die Auswirkungen des Schuldrechtsmodernisierungsgesetzes hierauf, haben zu einer lebhaften Diskussion darüber geführt, ob und inwiefern die VOB/B noch eine Zukunft hat.

128

So sieht Vygen (*Ingenstau/Korbion* Einl. Rn. 25) in ihr eine ausgewogene Vertragsordnung, sofern sie in ihrer Gesamtheit vereinbart wird. Ihm folgt Joussen (BauR 2002, 1759 ff.): »ein insgesamt ausgewogenes Regelwerk«. Keldungs (FS Kraus S. 95 ff.) fragt: »Ist die VOB noch zukunftsfähig?« und meint, »dass sich diejenigen, die das Totenglöcklein für die VOB läuten hören, verhört haben dürften«. Dagegen wendet sich Weyer (BauR 2002, 1894) unter der Überschrift »Totgesagte leben länger: Die VOB/B und ihre Privilegierung« gegen das Dogma der Ausgewogenheit bei Verbraucherverträgen, nicht aber bei Verwendung der VOB bei Verträgen der öffentlichen Hand und mit gewerblichen Auftragnehmern, die er für unbedenklich ansieht. Oberhauser (Jahrbuch Baurecht 2003 S. 27) hält die VOB/B »aus mehreren Gründen« für rechtlich nicht mehr haltbar und plädiert für eine »in allen Regelungen ausgewogen ausgestaltete VOB«. Preussner (BauR 2002, 1603) behauptet, »die VOB/B ist tot«. Quack (ZfBR 2002, 429) zweifelt, ob die Rechtsprechung des BGH zu VOB/B unter »der Ägide für Schuldrechtsmodernisierung noch Bestand haben kann« und meint: »Ein Unglück wäre es jedenfalls nicht, wenn sie auch für die Verträge außerhalb der Verbraucherverträge im Orkus des Vergessens landen würde.« Schwenker/Heinze (BauR 2002, 1160) bezweifeln, ob die VOB/B 2002 in ihrer Gesamtprivilegierung vor der Rechtsprechung des BGH und des EuGH Bestand haben kann. Peters (NZBau 2002, 115) schließlich prophezeit der VOB/B »ein Massaker« durch ein vollständige Inhaltskontrolle.

Anhang 1 AGB-Recht und VOB/B

Ob die VOB/B zukunftsfähig ist, wird zum einen die Baurechtspraxis, zum andern die Rechtsprechung v.a. des BGH und des EuGH erweisen. Es spricht einiges dafür, dass der BGH seine Rechtsprechung auch für die Fassungen ab 2002 dahingehend ändern wird, dass eine Inhaltskontrolle bei jeglicher Änderung der VOB/B durch zusätzliche Vertragsbedingungen stattfinden wird. Richtig ist andererseits, dass die VOB/B nach wie vor in vielfacher Weise in der Baupraxis zugrunde gelegt wird. Die öffentlichen Auftraggeber sind verpflichtet, die VOB/B bei der Vergabe von Bauleistungen anzuwenden. Abgesehen vom Verbraucher als Bauherrn schließt kaum ein Baubeteiligter einen Bauvertrag ohne Einbeziehung der VOB/B ab. Die VOB/B ist damit im Alltag des Bauens in Deutschland nicht wegzudenken, zumindest solange es der Gesetzgeber versäumt, ein Bauvertragsrecht zu kodifizieren. Um so mehr sollte das Bestreben des DVA und dessen Mitglieder sein, eine sowohl den Erfordernissen der Praxis als auch den Bestimmungen der §§ 307 ff. BGB entsprechende Fassung der VOB/B zu veröffentlichen. An qualifizierten Vorschläge hierfür mangelt es jedenfalls nicht (z.B. Empfehlungen des Instituts für Baurecht Freiburg e.V. BauR 2001, Heft 4a).

Anhang 2
Sicherung von Vergütungsansprüchen der Bauunternehmer

Inhaltsübersicht Rn.

Vorbemerkung	
1. Abschnitt: Die Bauhandwerkersicherungshypothek	1
A. Anwendbarkeit des § 648 BGB auch auf VOB-Vertrag und Bedeutung im Sicherungsrecht	1
B. Tatbestandliche Voraussetzungen	3
I. Bauwerksleistung	3
1. Begriff	3
2. Vorbereitende Arbeiten für ein Bauwerk	5
3. Logistische Begleitarbeiten zur Bauwerksleistung – Bauschutt	6
4. Noch nicht eingebaute Sachen (Baustofflieferanten); Fertighausverträge	8
5. Gemischte Vertragsverhältnisse	9
II. Unternehmer eines Bauwerks	10
1. Unternehmerbegriff; Subunternehmer	11
2. Bauträger (Baubetreuer im weiteren Sinne)	12
a) Bauträger/Erwerber	13
b) Bauträger/Bauunternehmer	14
3. Baubetreuer im engeren Sinne	15
4. Architekten	16
a) Freianlagen	17
b) Übernahme lediglich von Teilleistungen	18
c) Innenarchitekten	23
d) Prüffähige Rechnung	24
5. Sonstige Sonderfachleute	25
III. Sicherungsobjekt: Baugrundstück, das im Eigentum des Auftraggebers steht	26
1. Grundsatz: Identität zwischen Auftraggeber der Bauleistung und Grundstückseigentümer	26
2. Ausnahmen vom Identitätserfordernis	27
a) Grundsatz: Bedeutung des § 242 BGB und Einschränkung durch § 648a BGB	28
b) Konkrete Anwendungsfälle und Prüfungsmaßstab	30
c) Zeitlicher Rahmen	36
d) Sonstige Haftung des Auftraggebers bei Nichtvorliegen der Ausnahmevoraussetzungen	37
3. Mehrere Auftraggeber – mehrere Grundstücke	38
4. Besonderheiten bei Erbbaurecht	41
5. Besonderheiten bei Wohnungseigentum	42
6. Öffentliche Hand als Auftraggeber	42b
IV. Tatbestandlicher Ausschluss (§ 648a Abs. 4 BGB)	43
C. Sicherungsfähige Forderungen – Mängel der Leistung	44
I. Tatsächlicher Forderungsumfang	45
1. Vergütungsansprüche	45
a) Ansprüche für erbrachte Leistungen	46
b) Vergütungsanspruch nach Vertragskündigung	47
c) Sonstige Voraussetzungen	49
2. Sonstige werkvertragliche Ansprüche aus dem Bauvertrag, insbesondere Schadensersatzansprüche	53
II. Kürzung der durch die Bauhandwerkersicherungshypothek sicherbaren Forderungen wegen Mängeln	58
1. Grundsatz	58
2. Berechnung der Höhe der Sicherungshypothek bei noch nicht entstandenem geldwerten Mängelanspruch	60
3. Kürzung der Sicherungshypothek bei nur subsidiärer Haftung des Auftragnehmers	61

		Rn.
	4. Beweislast/Glaubhaftmachung bei Mängeln	62
	5. Ausnahme der Kürzung: ganz geringfügige Mängel sowie bereits vorliegender Titel	63
	6. Löschung einer eingetragenen Sicherungshypothek bei später auftretenden Mängeln	64
III.	Kürzung der Forderung wegen sonstiger Gegenrechte	65
	1. Berücksichtigung einer vorrangigen Aufrechnung	66
	2. Keine Kürzung bei nicht fälligen Ansprüchen, vor allem bei Sicherheitseinbehalten des Auftraggebers	67
	3. Kürzung bei dauernden Einreden gegen den Vergütungsanspruch	68
D. Verfahren zur Eintragung einer Sicherungshypothek im Grundbuch; Vormerkung, einstweilige Verfügung		69
I.	Grundsatz	69
II.	Vormerkung zur Eintragung einer Sicherungshypothek	71
	1. Zuständigkeit des Gerichts	73
	2. Verfügungsanspruch und Glaubhaftmachung	75
	a) Glaubhaftmachung des Verfügungsanspruchs	76
	b) Mittel der Glaubhaftmachung	78
	c) Gegendarstellung des Auftraggebers	80
	d) Vormerkung bei (noch) nicht eingetragenem Grundstückseigentümer	81
	3. Verfügungsgrund	82
	4. Rechtsschutzbedürfnis	83
	a) Keine vorhergehende Mahnung erforderlich	84
	b) Vorläufig vollstreckbares Urteil	85
	5. Abwendung der Vormerkung durch Hinterlegung u.a.	86
III.	Verfahren zur Eintragung einer Vormerkung	88
	1. Antrag	88
	2. Entscheidung im Beschlussverfahren und durch Urteil	89
	a) Entscheidung durch Beschluss	90
	b) Entscheidung durch Urteil	91
	c) Zurückweisung der Verfügung	92
	3. Vollziehung der einstweiligen Verfügung	93
	a) Vollziehung bei Beschluss oder Endurteil	94
	aa) Vollziehung binnen Monatsfrist	95
	bb) Rechtzeitige Zustellung	96
	b) Vollziehung bei modifizierendem End- oder Berufungsurteil	97
	c) Versäumung der Vollziehungsfristen	98
	4. Rechtsmittel des Auftraggebers, Beseitigung der Vormerkung	100
	a) Rechsmittel bei Endurteil	101
	b) Rechtmittel bei Beschlussverfügung	102
	aa) Verfügung durch Prozessgericht der Hauptsache	103
	bb) Verfügung durch Amtsgericht	104
	c) Aufhebung der Verfügung aus anderen Gründen	105
	aa) Aufhebung wegen veränderter Umstände	106
	bb) Aufhebung nach fruchtlosem Fristablauf für Klageerhebung	107
	d) Aufhebung der der Vormerkung zugrunde liegenden Verfügung durch Sicherheitsleistung	108
	e) Einstweilige Einstellung der Vollstreckung	109
	f) Löschung der Vormerkung nach Vergleich	110
	5. Rechtsmittel des Auftragnehmers bei Ablehnung einer einstweiligen Verfügung	111
	6. Kostenentscheidung	112
	7. Streitwert	116
IV.	Umschreibung der Vormerkung in eine Sicherungshypothek	117
V.	Bauhandwerkersicherungshypothek in der Insolvenz	119
E. Vertraglicher Ausschluss oder Beschränkung des § 648 BGB		120
I.	Individualvertraglicher Ausschluss und Verzicht	120

Sicherung von Vergütungsansprüchen der Bauunternehmer — Anhang 2

Rn.

    II. Ausschluss in AGB 123
2. Abschnitt: Dinglicher Arrest in das Vermögen des Auftraggebers **125**
3. Abschnitt: Unternehmerpfandrecht des Auftragnehmers (§ 647 BGB) **127**
4. Abschnitt: Die Bauhandwerkersicherheitsleistung nach § 648a BGB **129**
A. Grundlagen 129
B. Tatbestandliche Voraussetzungen des Anspruchs auf Sicherheitsleistung 132
    I. »Anspruch« auf Sicherheitsleistung (Abs. 1 S. 1 und 2) 133
        1. Verlangen der Sicherheitsleistung (Abs. 1 S. 1) 134
            a) Unternehmer eines Bauwerks 135
                aa) Unternehmer einer Außenanlage 137
                bb) Subunternehmer 138
                cc) Bauunternehmer mit Leistungen ohne Werterhöhung für das Bauwerk. ... 139
                dd) Werklieferungsvertrag/Baustofflieferanten 140
            b) Auftraggeber als Anspruchsgegner 141
            c) Aufforderung zur Sicherheitsleistung 143
            d) Angemessene Frist zur Sicherheitsleistung 145
            e) Hinweis auf Verweigerung der Leistung 146
        2. Höhe der Sicherheit (Abs. 1 S. 2) 147
            a) Sicherheit für alle noch vergütungspflichtigen Leistungen einschließlich Nebenkosten 148
                aa) Sicherheit für schon erbrachte und noch zu erbringende Leistungen 149
                bb) Sicherheitsverlangen bei Abschlagszahlungen und Vereinbarung eines Zahlungsplans 150
                cc) Schätzung des offenen Vergütungsanspruchs 151
                dd) Änderung der Vergütung bei Zusatzaufträgen/Nachträge 152
                ee) Begrenzung der Sicherung auf Vergütungsansprüche 153
            b) Kürzung der Sicherheitsleistung wegen schon bezahlter Vergütung, Mängel u.a. .. 154
                aa) Kürzung bei bereits bezahlter Vergütung 155
                bb) Keine Kürzung des Sicherungsverlangens bei Baumängeln 156
                cc) Kürzung des Sicherungsverlangens wegen anderer Gegenansprüche des Auftraggebers 158
            c) Erhöhung der Sicherheitsleistung wegen Nebenkosten 159
    II. Anforderung an die Sicherheitsleistung (Abs. 2, Abs. 1 S. 3) 161
        1. Grundsatz: Wahlrecht des AG/Austauschrecht 161
        2. Sicherheitsleistung durch Dritte 162
            a) Sicherheitsleistung durch Dritte, insbesondere durch Kreditinstitut oder Kreditversicherer 163
            b) Zulässiger Vorbehalt des Widerrufs der Sicherheit bei Vermögensverschlechterung 164
            c) Vorbehalt zur Zahlung nur bei unstreitigem Vergütungsanspruch 168
    III. Kosten der Sicherheit (Abs. 3) 169
        1. Grundsätzliche Kostenerstattungspflicht des Unternehmers 169
        2. Ausnahmen der Erstattungspflicht 171
    IV. Verhältnis der Sicherheitsleistung zur Bauhandwerkersicherungshypothek (Abs. 4) 173
C. Folgen der Nichtleistung der verlangten Sicherheit (Abs. 1 und Abs. 5) 174
    I. Gläubigerobliegenheit des Auftraggebers; Leistungsverweigerungsrecht des Auftragnehmers (Abs. 1) 175
    II. Rechte aus §§ 643, 645 BGB; Ersatz des Vertrauensschadens (Abs. 5) 176
        1. Vertragskündigung nach § 648a Abs. 5, § 643 BGB 177
        2. Haftung des Bestellers nach § 648a Abs. 5, § 645 Abs. 1 BGB 179
        3. Ersatz des Vertrauensschadens (Abs. 5 S. 2 und S. 4) 181
            a) Grundsatz: Ersatz des negativen Interesses 182
            b) Pauschaler Schadensersatz in Höhe von 5% der Vergütung 183
                aa) Nachweis eines höheren oder niedrigeren Schadens 184

	Rn.
bb) Gesamtvergütung als Bemessungsgrundlage	185
III. Schadensersatz auch bei Kündigung des Auftraggebers im zeitlichen Zusammenhang mit dem Sicherheitsverlangen des Auftragnehmers (Abs. 5 S. 3 und S. 4)	186
1. Zeitlicher Zusammenhang	187
2. Verhältnis des Schadensersatzanspruchs zum Vergütungsanspruch	188
D. Ausnahmen von dem Sicherungsanspruch	189
I. Gesetzliche Ausnahmen des Sicherungsanspruchs nach Abs. 6	190
1. Öffentliche Auftraggeber	191
2. Privater Wohnungsbau	192
3. Ausnahme von der Ausnahme: Haupt- und Nachunternehmerverträge	195
II. Sonstige Ausnahmen	196
1. Keine Anwendung auf Werklieferungsverträge	197
2. Fehlende Leistungstreue des Auftragnehmers	198
3. Sicherungsverlangen auch noch nach Abnahme	199
a) Sich gegenüberstehende Leistungsverweigerungsrechte bei mangelhafter Bauleistung	201
b) Vertragsbeendigung nach § 648a Abs. 5 i.V.m. § 643 S. 1 BGB	203
4. Sicherungsverlangen nach Kündigung/vorzeitiger Beendigung des Bauvertrages	204
E. Verwertung der Sicherheit	205
I. Grundsatz	205
II. Einschränkung nach Abs. 2 S. 2	206
1. Anerkenntnis des Vergütungsanspruchs	207
2. Vorläufig vollstreckbares Urteil	208
3. Folgen der Zuwiderhandlung	209
F. Zwingende Regelungen in den Absätzen 1–5 (Abs. 7)	210
G. Rückgabe der Sicherheit	212a
5. Abschnitt: Gesetz zur Sicherung von Bauforderungen (GSB)	**213**
A. Überblick	213
B. Pflicht zur Verwendung von Baugeld	215
I. Definition des Baugeldes	216
1. Darlehensmittel für die Bestreitung der Kosten eines Bauwerks	217
2. Grundbuchlich gesicherte Darlehensmittel	224
II. Baugeldempfänger	226
C. Schadensersatzanspruch aus § 823 Abs. 2 BGB i.V.m. § 1 Abs. 1 GSB	230
I. Gläubiger des Schadensersatzanspruchs	231
II. Schuldner des Schadensersatzanspruchs	234
III. Schadensersatzbegründende Handlung	237
IV. Schaden	242
V. Verschulden	244
VI. Darlegungs- und Beweislast	245
VII. Verjährung	250

Vorbemerkung

§ 17 VOB/B i.V.m. § 14 VOB/A betrifft die Sicherheitsleistung des Auftragnehmers zugunsten des Auftraggebers. Die VOB enthält demgegenüber keine Regelung zur Absicherung im umgekehrten Verhältnis, d.h. der Zahlungsverpflichtung des Auftraggebers zugunsten des Auftragnehmers. Vor allem in Standard-Bauverträgen ist es auch kaum üblich, dass für den Auftragnehmer ausreichende Sicherheitsleistungen vorgesehen werden. Zu denken immerhin ist bei größeren Vorhaben an Vertragserfüllungsbürgschaften des Auftraggebers. Diese sichern vor allem den Zahlungsanspruch des Auftragnehmers ab. Verlässt man die vertragliche Sicherung, kommen nur noch gesetzliche

Schutzregelungen für die Vergütung in Betracht. In erster Linie sind dies die zivilrechtlichen Sicherungsnormen der §§ 647 (Unternehmerpfandrecht), 648 (Bauhandwerkersicherungshypothek) und 648a BGB (Bauhandwerkersicherheitsleistung). Daneben steht das in der Praxis nur wenig beachtete Gesetz zur Sicherung der Bauforderung (GSB).

1. Abschnitt:
Die Bauhandwerkersicherungshypothek (§ 648 BGB)

§ 648
Sicherungshypothek des Bauunternehmers

(1) Der Unternehmer eines Bauwerkes oder eines einzelnen Teils eines Bauwerkes kann für seine Forderungen aus dem Vertrag die Einräumung einer Sicherungshypothek an dem Baugrundstück des Bestellers verlangen. Ist das Werk noch nicht vollendet, so kann er die Einräumung der Sicherungshypothek für einen der geleisteten Arbeit entsprechenden Teil der Vergütung und für die in der Vergütung nicht inbegriffenen Auslagen verlangen.

(2) Der Inhaber einer Schiffswerft kann für seine Forderungen aus dem Bau oder der Ausbesserung eines Schiffs die Einräumung einer Schiffshypothek an dem Schiffsbauwerk oder dem Schiff des Bestellers verlangen; Absatz 1 Satz 2 gilt sinngemäß. § 647 findet keine Anwendung.

Aufsätze: *Siegburg* Ausgewählte Fragen zur Bauhandwerkersicherungshypothek BauR 1990, 32; *Siegburg* Einstweilige Verfügung auf Eintragung einer Vormerkung zur Sicherung des Anspruchs aus § 648 Abs. 1 BGB BauR 1990, 290; *Slapnicar* Die unzulässige Fiktion des Grundstückseigentümers als Besteller einer Bauhandwerker-Sicherungshypothek BB 1993, 230; *Nettesheim* Bauhandwerkerhypothek: Schadensersatzpflicht wegen Eintragung einer Vormerkung trotz vorrangiger Auflassungsvormerkung eines Dritten BB 1994, 301; *Linnemann* Bauhandwerkersicherungshypothek – im Gesamtvollstreckungsverfahren ein stumpfes Schwert? BauR 1996, 664; *Thümer* Arrest wegen Grundstücksveräußerung durch Auftraggeber vor Eintragung einer Bauhandwerkersicherungshypothek? MDR 1996, 334; *Raabe* Bauhandwerkersicherungshypothek an schuldnerfremden Grundstücken trotz § 648a BGB? BauR 1997, 757; *Horgenschurz* Besteht ein Anspruch des Werkunternehmers auf Einräumung einer Bauhandwerkersicherungshypothek (§ 648 BGB) gegen juristische Personen des öffentlichen Rechts? NJW 1999, 2576; *Ullrich* Uneingeschränkter Werklohnanspruch trotz Mängeln MDR 1999, 1233; *Lotz* Der Gerüstbauvertrag und die gesetzlichen Sicherheiten BauR 2000, 1806; *Quambusch* Vormerkung der Bauwerksicherungshypothek ohne Anhörung des Bauherrn? BauR 2000, 184.

A. Anwendbarkeit des § 648 BGB auch auf VOB-Vertrag und Bedeutung im Sicherungsrecht

§ 16 VOB/B befasst sich lediglich mit der Erfüllung der Verpflichtung des Auftraggebers aus dem Bauvertrag durch Zahlung. **Nicht davon beeinflusst** und auch sonst durch die Allgemeinen Vertragsbedingungen nicht berührt wird die gesetzlich vorgesehene **Sicherung der Bauforderungen** des Auftragnehmers nach § 648 BGB durch eine **Bauhandwerkersicherungshypothek.** Danach kann der Unternehmer eines Bauwerks oder eines einzelnen Teils eines Bauwerks für seine Forderungen aus dem Vertrag die Einräumung einer Sicherungshypothek an dem Baugrundstück des Bestellers verlangen. Ist das Werk noch nicht vollendet, kann er die Einräumung einer Sicherungshypothek für einen der geleisteten Arbeiten entsprechenden Teil der Vergütung und für die in der Vergütung nicht inbegriffenen Auslagen beanspruchen. Dieses gesetzliche **Sicherungsrecht** steht **auch dem Auftragnehmer eines Bauvertrages unter Einbeziehung der VOB** zu, da es durch anderweitige ver-

1

tragliche Regeln nicht ausgeschlossen ist (zu den Grundlagen vgl. *Groß* Einleitung S. 1 ff. sowie RWS-Skript Nr. 78, S. 42 ff.; *Motzke* S. 95 ff.; *Werner/Pastor* Rn. 182 ff.; MüKo/*Busche* § 648 BGB Rn. 7). Da es sich bei der Bauhandwerkersicherungshypothek um eine **dingliche Sicherung** handelt, ist es für ihren Bestand ohne Bedeutung, wenn der Auftraggeber und Eigentümer das Grundstück nach der Eintragung der Hypothek veräußert, real teilt oder Wohnungseigentum nach dem WEG bildet. Gleiches gilt grundsätzlich für den Fall, dass der Auftraggeber später in Insolvenz fällt (vgl. allerdings hier zur Monatsfrist nach § 88 InsO unten Rn. 119).

2 § 648 BGB hat sich in der Vergangenheit **in der Baupraxis als im wesentlichen unzulänglich** erwiesen. Dies ergibt sich aus den verschiedensten Gründen und beruht auf den heute verbreiteten sehr unterschiedlichen Formen der Bauvertragsgestaltung und deren Umfeld, gerade auf Seiten der Auftraggeber, wie z.B. der Bauträgertätigkeit. Aber auch die Auftragnehmerseite ist in ihren verschiedenen Erscheinungsformen, beispielsweise im Falle des Nachunternehmereinsatzes, davon erfasst. Zusammengefasst wird aufgrund diverser Umstände vielfach die vom Gesetzgeber durch die weiterhin gültige Fassung des § 648 BGB angestrebte Sicherung des Vergütungsanspruches der Auftragnehmerseite nicht erreicht. Das wird **besonders** im Fall der **Insolvenz** auf der Auftraggeberseite deutlich. Mit der **Einfügung des § 648a** in das BGB wurden immerhin zahlreiche Probleme zugunsten des Auftragnehmers entschärft, ohne dass allerdings die Regelungsdefizite des § 648 BGB behoben wurden. Mit der Insolvenzordnung sind sogar einige neue hinzugekommen.

B. Tatbestandliche Voraussetzungen

I. Bauwerksleistung

1. Begriff

3 Anspruchsteller für die Eintragung einer Sicherungshypothek kann nur der Unternehmer eines Bauwerks sein. Tatbestandliche Voraussetzung ist daher, dass Gegenstand der vertraglichen Pflicht des Auftragnehmers eine **Bauwerksleistung** ist. Unter einer Bauwerksleistung versteht man die **Errichtung, Ergänzung oder Veränderung eines Bauwerkes bzw. eines Teils desselben oder sonstige Bauleistungen, die für den Bestand des Bauwerkes wesentlich sind** (siehe dazu § 1 VOB/A; *Siegburg* BauR 1990, 32, 36 ff.; *Hahn* BauR 1980, 310 sowie insbesondere *Groß* S. 15 ff.; *Motzke* S. 95 ff.; *Werner/Pastor* Rn. 200, 222). Insoweit ist jedoch nicht erforderlich, dass die jeweils zu erbringende Bauleistung einen in sich geschlossenen Bauteil betrifft oder selbstständig bestehen kann. Die Arbeiten der Maurer, Verputzer, Installateure, Maler (sofern diese für den Erhalt des Bauwerks wesentliche Leistungen erbringen), Schreiner, Dachdecker, Zimmerer usw. zählen in diesem Sinne selbstverständlich ebenfalls zu den Bauwerksleistungen. **Liegt hingegen eine der vorgenannten Voraussetzungen nicht vor,** kann die dafür geschuldete Vergütung **nicht** durch eine Bauhandwerkersicherungshypothek **gesichert werden.** Dies gilt insbesondere für Vergütungsansprüche aus Werklieferungsverträgen: Denn selbst bei Werklieferungsverträgen zu nicht vertretbaren Leistungen ist § 648 BGB mangels einer entsprechenden Verweisung in § 651 BGB nicht anwendbar.

4 Nicht jede Bauwerksleistung fällt unter § 648 BGB. Vielmehr muss **die betreffende Leistung im Einzelfall nach Art, Umfang und Bedeutung für den Erhalt und den Bestand eines Bauwerkes von wesentlicher Bedeutung sein** (BGH Urt. v. 16.9.1993 VII ZR 180/92 = BauR 1994, 101, 102 = NJW 1993, 3195 = ZfBR 1994, 14 zur Einstufung von Malerarbeiten als Bauwerksleistung; ähnlich *Werner/Pastor* Rn. 209; a.A. *Siegburg* Die Bauhandwerkersicherungshypothek S. 115, der zu Unrecht auch unwesentliche Arbeiten einbeziehen will), d.h.: Die Bauwerksleistung muss sich objektiv in einer erkennbaren Werterhöhung eines Bauwerks niederschlagen, was selbstverständlich auch bei Bauwerksleistungen an Altbauten möglich ist. Ob diese Voraussetzung vorliegt, muss jeweils im Einzelfall geprüft werden. So gelten einfache Malerarbeiten zur bloßen und nicht für die Erhaltung in seinem Bestand bestimmten Instandsetzung eines Altbaus nicht als Bauwerksleistungen i.S.d. § 648 BGB (vgl. hierzu BGH Urt. v. 9.11.1961 VII ZR 108/60 = SFH Z 2.414 Bl. 106; OLG Celle Urt. v. 13.7.1954 4 U 25/54 = NJW 1954, 1607; OLG Stuttgart Beschl. v. 27.8.1957 5 U 69/57 = NJW 1957, 1679). Dasselbe gilt für Arbeiten eines Elektrounternehmers, der die Arbeiten eines anderen Unternehmers lediglich fertig stellt. Wegen der in einem solchen Fall gegebenen Geringfügigkeit dürfte dieser keine Bauwerksleistungen mehr erbringen, obwohl dies hinsichtlich des zunächst tätig gewesenen Unternehmers zu bejahen wäre (OLG Düsseldorf Urt. v. 7.7.1975 5 U 41/75 = BauR 1976, 283; dazu mit Recht kritisch *Hahn* BauR 1980, 310, 312, der eher eine Gesamtbetrachtung nach dem von Anfang an und letztlich verfolgten Leistungsziel aus der Sicht des Auftraggebers für angebracht hält).

2. Vorbereitende Arbeiten für ein Bauwerk

Auch die eigentliche Bauwerksleistung **vorbereitende Arbeiten** stellen Bauwerksarbeiten i.S.d. § 648 BGB dar mit der Folge, dass der diesbezügliche Auftragnehmer seine Vergütung durch eine Bauhandwerkersicherungshypothek sichern kann. Dies schließt **Erdarbeiten** ein, wie z.B. bei einem lediglich auf Ausschachtungsarbeiten beschränkten Auftrag. Derartige Arbeiten zählen eindeutig zu den Bauwerksleistungen. Entscheidend ist nämlich in erster Linie, ob die Leistung **wesentlicher Teil der zur Bauwerkserrichtung führenden Gesamtleistung ist und ob der Unternehmer mit dazu beiträgt, dass das Bauwerk nach Plan errichtet wird** (BGH Urt. v. 5.12.1968 VII ZR 127, 128/66 = BGHZ 51, 190 = NJW 1969, 419; *Johlen* NJW 1974, 732). Insoweit besteht kein Zweifel daran, dass auch der – bloße – Erdbauunternehmer in diesem Sinne zur Bauwerkserrichtung einen Beitrag leistet, so dass § 648 BGB zu seinen Gunsten gelten muss (so auch OLG Düsseldorf Urt. v. 25.5.1976 24 U 33/76 = SFH Z 2.321 Bl. 54). Das trifft um so mehr zu, als der BGH mit Recht für sich allein, jedoch im Zusammenhang mit der Bauwerksleistung in Auftrag gegebene **Ausschachtungsarbeiten begrifflich ebenfalls als Arbeiten an einem Bauwerk** ansieht (vgl. BGH Urt. v. 24.3.1977 VII ZR 220/75 = BGHZ 68, 208 = BauR 1977, 203 = SFH Z 1.1 Bl. 4 = NJW 1977, 1146 = MDR 1977, 658 = LM § 638 BGB Nr. 31 Anm. *Doerry*; dazu auch *Hahn* BauR 1980, 310). Dann ist es nur folgerichtig, den Erdbauunternehmer ebenfalls als Unternehmer eines Bauwerks i.S.d. § 648 BGB einzuordnen.

3. Logistische Begleitarbeiten zur Bauwerksleistung – Bauschutt

Nicht zu den Bauwerksarbeiten i.S.d. § 648 BGB zählen Arbeiten, **die der bloßen logistischen Vorbereitung der späteren Bauerrichtung vor deren Beginn** dienen, wie z.B. die alleinige **Anfuhr von Material, die Baustelleneinrichtung** oder die Anlegung einer Baustraße usw. durch den Auftragnehmer oder einen von ihm beauftragten Subunternehmer (ebenso *Groß* S. 16; wohl auch *Erman/ Schwenker* § 648a Rn. 3). Gleiches gilt für den Abtrag von Mutterboden (OLG Hamm Urt. v. 20.10.1999 12 U 107/99 = BauR 2000, 900, 901 = NJW-RR 2000, 971 = NZBau 2000, 338 = ZfBR 2000, 338, 339) oder für sich allein in Auftrag gegebene und ohne **konkreten Zusammenhang mit einer Bauerrichtung** stehende **Abbrucharbeiten** (OLG Bremen Beschl. v. 1.6.1995 4 W 1/95 = 4 O 474/95 = BauR 1995, 862, 863; LG Köln Urt. v. 27.9.1996 18 O 31/96 = BauR 1997, 672; *Motzke* S. 96; *Groß* S. 16; *Werner/Pastor* Rn. 206). Problematisch ist die Anwendung von § 648 BGB bei dem **Aufstellen von Gerüsten:** Zwar handelt es sich bei Gerüstarbeiten um Bauleistungen im Sinne der VOB (vgl. DIN 18451); gleichwohl fehlt es bei isoliert vergebenen Gerüstarbeiten an der für § 648 BGB wesentlichen Voraussetzung, nämlich dass sich diese Leistung unmittelbar in einer sicherungsfähigen Werterhöhung des Bauwerks niederschlägt (OLG Zweibrücken Urt. v. 29.9.1980 2 U 11/80 = BauR 1981, 294; i.E. wohl auch KG Berlin Beschl. v. 17.9.1964 16 W 1820/64 = SFH Z. 3.01 Bl. 282; ebenso *Werner/Pastor* Rn. 204; *Erman/Schwenker* § 648 Rn. 3; wohl auch Beck'scher VOB-Komm./ *Jagenburg* Vor § 2 VOB/B Rn. 378; a.A. OLG Köln Urt. v. 26.3.1999 4 U 47/98 = BauR 2000, 1874, 1875 zu der vergleichbaren Rechtsfrage bei § 648a BGB; OLG Hamburg Urt. v. 20.8.1993 11 U 82/92 = BauR 1994, 123, zumindest für den Fall, dass die selbstständig vergebene Gerüsterstellung später

Anhang 2   Sicherung von Vergütungsansprüchen der Bauunternehmer

der Realisierung von Bauwerksarbeiten anderer Unternehmer dient; dagegen ebenfalls ausführlich *Lotz* BauR 2000, 1806; *Staudinger/Peters* § 648 Rn. 13; MüKo/*Busche* § 648 BGB Rn. 11; *Siegburg* Die Bauhandwerkersicherungshypothek S. 126 ff. für den Fall, dass der Gerüstbauer werkvertraglich tätig wird. Insoweit verkennt er allerdings, dass das Gerüst anders als z.B. bei Aushubarbeiten nicht zur wertverbessernden Herstellung eines Bauwerks, sondern nur als später wieder entferntes Hilfsmittel dient). **Anders** ist die Rechtslage jedoch zu beurteilen, wenn die vorgenannten Vorbereitungsarbeiten (hier vor allem Abbrucharbeiten) ausgeführt werden, um **als Vorbereitung für eine bestimmte Bauerrichtung** zu dienen, und es sich deswegen um eine Bauwerksleistung handelt; dann kommt für den Auftragnehmer folgerichtig ein Anspruch nach § 648 BGB in Betracht (insoweit kann *Siegburg* Die Bauhandwerkersicherungshypothek, S. 116 ff. gefolgt werden; ebenso OLG München Urt. v. 17.9.2004 28 W 2286/04 = BauR 2004, 1992 f. = IBR 2004, 678; *Staudinger/Peters* § 648 BGB Rn. 13 – a.A. OLG Bremen Beschl. v. 1.6.1995 4 W 1/95 = 4 O 474/95 = BauR 1995, 862 = MDR 1996, 45 = SFH § 648 BGB Nr. 14). Dies gilt **erst recht,** wenn diese Arbeiten bzw. Vorkehrungen **im Rahmen eines einheitlichen Bauvertrages** in einzelnen Leistungsansätzen, die die Bauherstellung **selbst** betreffen, als **mit dazugehörige** Vorbereitungs- und Hilfsarbeiten preislich mit erfasst sind, wie z.B. die Gerüsterstellung im Rahmen eines Einheitspreises. Dann liegt ohne weiteres eine nach § 648 BGB sicherbare Bauwerksleistung vor: Hierfür kann eine Sicherungshypothek eingetragen werden, sobald der darauf bezogene Leistungsteil, der der Bauerrichtung selbst dient, erbracht worden ist. Gleiches gilt, wenn für diese Arbeiten bzw. Vorkehrungen besondere Leistungsansätze in der Leistungsbeschreibung mit einem besonders vereinbarten Preis enthalten, sie durchgeführt sind und die eigentliche, unmittelbar darauf bezogene Vertragsleistung zumindest teilweise erbracht worden ist (vgl. § 648 Abs. 1 S. 2 BGB – eine Bestimmung, die *Siegburg* [BauR 1989, 32, 50] übersieht, indem er nur mit S. 1 a.a.O. argumentiert; wie hier OLG Hamburg Urt. v. 20.8.1993 11 U 82/92 = BauR 1994, 123, für Gerüstarbeiten). Das Gesagte gilt entsprechend für Pauschal- und Stundenlohnverträge (wie hier auch *Röthlein* Rn. 155).

7   Nicht zu den logistischen Begleitarbeiten gehört die Befreiung des Bauvorhabens von **Bauschutt und anderen Rückständen.** Diese Arbeiten sind auf die Herstellung des Bauwerkes gerichtet, was sich aus den maßgebenden DIN-Vorschriften ergibt (vgl. OLG Celle Beschl. v. 18.6.1976 15 W 23/75 = BauR 1976, 365 f.; RGRK-BGB/*Glanzmann* § 648 BGB Rn. 5; *Werner/Pastor* Rn. 204; dazu auch *Hahn* BauR 1980, 310; a.A. *Groß* S. 19). Eine dafür geschuldete Vergütung kann daher über eine Bauhandwerkersicherungshypothek gesichert werden. Dasselbe gilt für Arbeiten zur **Austrocknung** eines Bauwerkes (*Werner/Pastor* Rn. 204; *Siegburg* Die Bauhandwerkersicherungshypothek S. 114).

4. Noch nicht eingebaute Sachen (Baustofflieferanten); Fertighausverträge

8   **Kein Recht auf Erlangung einer Bauhandwerkersicherungshypothek** besteht für eine **Vergütungsforderung in Bezug auf Sachen, die noch nicht eingebaut sind.** Also scheiden **Baustofflieferanten** als Anspruchsteller nach § 648 BGB schon deswegen aus (*Soergel/Teichmann* § 648 BGB Rn. 10; *Werner/Pastor* Rn. 197 – a.A., *Siegburg* Die Bauhandwerkersicherungshypothek S. 173 ff., der hier eine Gesetzeslücke sieht, die durch eine Analogie zu schließen sei). Dasselbe gilt für den reinen **Fertighauslieferanten,** der lediglich maschinell vorgefertigte Bauteile an die Baustelle liefert. Übernimmt der Fertighauslieferant hingegen wie üblich auch die Errichtung des Fertighauses, liegt ein klassischer Bauwerksvertrag vor. Dessen Vergütung kann mit einer Sicherungshypothek gesichert werden (ebenso LG Fulda Urt. v. 25.1.1991 1 S 155/90 = BauR 1992, 110 = NJW-RR 1991, 790, 791; *Werner/ Pastor* Rn. 205; *Groß* S. 17; *Weise* Sicherheiten im Baurecht Rn. 193). Ähnlich abzugrenzen ist bei dem sonstigen **Einbau fabrikmäßig hergestellter Gegenstände**, z.B. von Türen oder von Elektrogeräten in Küchen, die üblicherweise nicht zu den Bauwerksleistungen gezählt werden (*Soergel/ Teichmann* § 648 BGB Rn. 9; *Werner/Pastor* Rn. 197). Demgegenüber kommt eine Bauhandwerkersicherungshypothek als Sicherungsmittel in Betracht, wenn konkret für ein bestimmtes Bauvorhaben Bauteile hergestellt, vom Unternehmer geliefert und von ihm eingebaut werden, z.B. Türen

(OLG Köln OLGE 4, 433), Fenster (LG Düsseldorf Urt. v. 7.3.1990 23 S 347/89 = BauR 1991, 732; OLG Hamm Urt. 22.8.2000 24 U 30/00 = IBR 2000, 545, das für ein Bauvorhaben maßgeschneiderte Fenster als Bauwerksleistung [i.S.d. § 648a BGB] ansieht, selbst wenn die Fenster aufgrund späterer Vertragsaufhebung nicht mehr eingebaut werden). Auch der Einbau von für ein bestimmtes Bauwerk hergestellter **Küchen** stellt eine nach § 648 BGB sicherungsfähige Bauwerksleistung dar. Denn hier steht in der Regel die bauspezifische Handwerksleistung im Vordergrund. Sie führt nach Einbau der Küche als wesentlicher Grundstücksbestandteil gleichzeitig zu einer entsprechenden Wertsteigerung des Gesamtbauwerkes (für eine Bauwerksleistung ebenfalls: BGH Urt. v. 15.2.1990 VII ZR 175/89 = BauR 1990, 351, 352 f. = NJW-RR 1990, 787, 788 f. = ZfBR 1990, 182, 187; ebenso *Werner/Pastor* Rn. 199 – a.A. etwa KG Urt. v. 31.10.1995 7 U 5519/95 = NJW-RR 1996, 1010 f., das von einem Werklieferungsvertrag ausgeht, was die Sicherungsfähigkeit nach § 648 BGB ausschließt; ebenso OLG Hamm Urt. v. 21.2.1992 26 U 114/91 = NJW-RR 1992, 889). Etwas anderes gilt selbstverständlich für **Küchen aus standardisierten Einzelteilen**, die lediglich millimetergenau eingepasst werden: Hier wird die Küche bereits kein wesentlicher Grundstücksbestandteil (OLG Frankfurt Urt. v. 29.5.1992 10 U 208/91 = OLGR 1992, 117). Daher fehlt es schon deshalb an einer Wertsteigerung des Grundstücks durch den Einbau der Küche. Ohnehin dürfte insoweit schon keine Bauwerksleistung vorliegen.

5. Gemischte Vertragsverhältnisse

Probleme werfen sog. **gemischte Vertragsverhältnisse** auf, die sich sowohl aus echten Bauwerks- als auch aus sonstigen (nicht werkvertraglichen) Leistungen zusammensetzen. Typisches Beispiel: Gegenstand des Vertrages ist die Lieferung von Zwischendecken aus Fertigbauteilen für ein Wohnhaus, die der Auftragnehmer nach einem ihm vorgelegten Bauplan und aufgrund einer von ihm anzufertigenden statischen Berechnung herzustellen hatte. Der Einbau selbst sollte nicht durch den Auftragnehmer erfolgen, gleichwohl hatte er hierfür einen Verlegeplan zu erstellen. Soweit der Auftragnehmer die Decken zu liefern hatte, liegt ein Werklieferungsvertrag über nicht vertretbare Sachen vor; eine mit einer Bauhandwerkersicherungshypothek sicherbare Bauleistung i.S.d. § 648 BGB ist insoweit ausgeschlossen (vgl. oben Rn. 3). Hinzu kommen jedoch mit der Erstellungspflicht für die Statik und den Verlegeplan zweifelsfrei echte werkvertragliche und dem Grunde nach mit einer Sicherungshypothek sicherbare Leistungen. Derartig gemischte Vertragsverhältnisse sind für die Einstufung als echte Werkvertragsleistung danach zu beurteilen, **welcher Leistungsteil** im Vordergrund steht, d.h. **dem Vertrag »sein Gepräge« gibt** (BGH Urt. v. 18.3.1968 VII ZR 142/66 = NJW 1968, 1087 = SFH Z 3.331 Bl. 56). Im vorgenannten Fall war dies die werkvertragliche Leistung, so dass insgesamt eine sicherbare Bauwerksleistung vorlag (zur weiteren Abgrenzung, ob eine echte Bauleistung vorliegt, siehe auch die Erläuterungen zu § 1 VOB/A).

II. Unternehmer eines Bauwerks

Weitere Voraussetzung für die Eintragung einer Sicherungshypothek ist nach § 648 BGB, dass Anspruchsteller der **Unternehmer eines Bauwerks** ist.

1. Unternehmerbegriff; Subunternehmer

Unternehmer eines Bauwerks ist **jeder, der die Herstellung eines Bauwerks** oder eines Teils davon **übernommen hat**. Erfasst werden somit in jedem Fall sämtliche **Auftragnehmer zu o.g. Bauleistungen** (oben Rn. 3 ff.). Für die Eigenschaft des Unternehmers i.S.d. § 648 BGB kommt es im Übrigen nur auf die **unmittelbaren vertragsrechtlichen Beziehungen zu dem Besteller** (Grundstückseigentümer) an, nicht auf die technische und wirtschaftliche Beteiligung an der Herstellung des Bauwerks (vgl. hierzu BGH LM Nr. 1 zu § 648 BGB = MDR 1951, 728; *Werner/Pastor* Rn. 201 sowie *Groß* S. 13 ff. und *Siegburg* BauR 1990, 32, 34 ff. m.w.N.). Vor diesem Hintergrund ist es **unbeachtlich**,

ob der Unternehmer die Bauleistungen selbst erbringt. Vielmehr hat ein Auftragnehmer gegen seinen Auftraggeber auch dann einen Anspruch auf Eintragung einer Sicherungshypothek, wenn er wie im Generalunternehmerverhältnis üblich im Wesentlichen Subunternehmer mit der Erbringung der Bauleistung beauftragt (BGH Urt. v. 22.6.1951 V ZR 31/50, LM Nr. 1 zu § 648 BGB = MDR 1951, 728; MünchKomm/*Busche* § 648 Rn. 10; *Werner/Pastor* Rn. 201). Im Umkehrschluss heißt das jedoch, dass einem Subunternehmer in der Regel weder gegen seinen Auftraggeber, der nicht Grundstückseigentümer ist, noch gegen den Grundstückseigentümer, mit dem keine vertragliche Beziehung besteht, ein Anspruch auf Eintragung einer Sicherungshypothek zusteht (*Groß* S. 14; *Werner/Pastor* Rn. 201). Letzteres gilt selbst dann, wenn der Bauherr in dem Vertragsverhältnis General-/Subunternehmer der Werklohnverbindlichkeit des Generalunternehmers beitritt. Denn auch in diesem Fall fehlt es an der für eine Eintragung einer Sicherungshypothek **notwendigen Voraussetzung, dass der Auftragnehmer nur gegen seinen Auftraggeber (der gleichzeitig Grundstückseigentümer ist) eine Bauhandwerkersicherungshypothek durchsetzen** kann. Durch einen **Schuldbeitritt** wird der Bauherr aber nicht Auftraggeber des Subunternehmers (OLG Dresden Beschl. v. 14.6.2000 2 W 986/00 = BauR 2000, 1526 f. = NZBau 2000, 572).

2. Bauträger (Baubetreuer im weiteren Sinne)

12 Bei einer Sicherung von Vergütungsansprüchen mit einer Beteiligung von **Bauträgern** (Baubetreuer im weiteren Sinne) sind die verschiedenen Vertragsverhältnisse zu unterscheiden:

a) Bauträger/Erwerber

13 Im **Verhältnis zum Erwerber** übernimmt der Bauträger **eine Bauerrichtungsverpflichtung**. Hierbei handelt es sich vorrangig um eine Bauwerksleistung (OLG Düsseldorf Urt. v. 21.2.1984 23 U 82/83 = BauR 1985, 334; *Groß* S. 34; *Werner/Pastor* Rn. 221), nicht um eine Leistung aus einem Werklieferungsvertrag. Daher kann der Bauträger zumindest theoretisch seinen Zahlungsanspruch gegen den Erwerber mit einer Bauhandwerkersicherungshypothek sichern (OLG Düsseldorf Urt. v. 21.2.1984 23 U 82/83 = BauR 1985, 334; *Werner/Pastor* Rn. 221; a.A. *Staudinger/Peters* § 648 Rn. 17). Praktisch wird es hierzu jedoch kaum kommen: Denn der Eigentumserwerb findet bei Bauträgerverträgen grundsätzlich erst nach vollständiger Kaufpreiszahlung statt. Somit besteht zu dem Zeitpunkt, zu dem die Sicherung im Grundbuch eingetragen werden könnte, zumeist kein gesondertes Sicherungsbedürfnis des Bauträgers mehr in Bezug auf das Grundstück. Bis zur Umschreibung im Grundbuch besteht nicht einmal eine Sicherungsmöglichkeit, weil der Bauträger selbst Eigentümer des zu sichernden Grundstücks ist (so auch *Werner/Pastor* Rn. 221; Pause, Rn. 413).

b) Bauträger/Bauunternehmer

14 Im **Verhältnis Bauträger/Bauunternehmer** gelten zunächst keine Besonderheiten. Hier steht dem Bauunternehmer die Möglichkeit offen, seine Vergütungsansprüche über eine Bauhandwerkersicherungshypothek abzusichern, soweit die weiteren Voraussetzungen des § 648 BGB vorliegen, d.h. vor allem: Eine Absicherung kommt nur in Betracht, wenn der Bauträger wie üblich während der Bauerrichtungsphase noch Grundstückseigentümer ist. Allerdings dürfte eine Absicherung der Vergütungsansprüche über eine Sicherungshypothek dann **wenig sinnvoll** sein, wenn **zugunsten des Erwerbers bereits eine Auflassungsvormerkung eingetragen** ist. In diesem Fall nämlich ist die Eintragung der Sicherungshypothek gegenüber dem Erwerber relativ unwirksam (§ 883 Abs. 2 BGB). Dem Erwerber stünde insoweit ein Anspruch auf Löschung einer erst später eingetragenen Sicherungshypothek des Bauunternehmers zu (§ 888 Abs. 1 BGB). Etwaige Kosten oder sonstige Nachteile, die dem durch die Vormerkung Gesicherten hierdurch entstehen, hätte der Unternehmer zu tragen (vgl. nachfolgend auch Rn. 72).

3. Baubetreuer im engeren Sinne

Auch **Baubetreuer im engeren Sinne**, die lediglich im Namen der Bauherren auftreten, d.h. insbesondere auf deren Grundstück das Bauwerk errichten und in deren Namen die Bauverträge schließen, können Unternehmer eines Bauwerks i.S.d. § 648 BGB sein. Deren Vergütungsanspruch gegen den Auftraggeber kann ebenfalls durch eine Bauhandwerkerhypothek gesichert werden. Allerdings gilt dies **nur** für Vergütungsansprüche aus **technischen Betreuungs**leistungen, da es sich nur insoweit um Bau**werks**leistungen handelt. Nicht erfasst werden hingegen Leistungen, die **außerhalb der eigentlichen Bauerrichtung** liegen, wie z.B. solche der **wirtschaftlichen Betreuung**. Hierzu zählen etwa Verträge gerichtet auf die Beschaffung der Finanzierung sowie deren hypothekarische Sicherung (OLG Frankfurt Urt. v. 16.6.1987 8 U 37/87 = BauR 1988, 343, 344; MüKo/*Busche* § 648 BGB Rn. 15; *Werner/Pastor* Rn. 219 f.; *Siegburg* BauR 1990, 32, 36). 15

4. Architekten

Ein **Architekt** kann wegen seiner Forderungen aus dem Architektenvertrag gegenüber dem Auftraggeber gleichfalls die **Eintragung einer Sicherungshypothek nach § 648 BGB verlangen,** wenn er **sämtliche Leistungen von der Planung bis zur örtlichen Bauaufsicht (Objektüberwachung) erbracht** hat **und** es zur Bauausführung gekommen ist (BGH Urt. v. 5.12.1968 VII ZR 127/66, VII ZR 128/66 = BGHZ 51, 190 = NJW 1969, 419 = MDR 1969, 212 = LM § 648 Nr. 2/3 Anm. *Rietschel*). Dieser Fall der Vollarchitektur bei Bauwerken ist heute als mit einer Bauhandwerkersicherungshypothek sicherungsfähige Bauwerksleistung anerkannt. Abgrenzungsprobleme bestehen jedoch, wenn der Architekt nur Teilleistungen übernommen hat. Hier ist im Einzelfall zu prüfen, ob **erstens eine Bauwerksleistung** vorliegt **und** ob sich **zweitens** diese Bauwerksleistung in einer **Werterhöhung des Bauwerks** niedergeschlagen hat (siehe hierzu oben Rn. 3 f.). Für die Hauptfälle gilt insoweit: 16

a) Freianlagen

In erster Linie ist zu prüfen, ob überhaupt eine Leistung in Bezug auf ein Bauwerk vorliegt. Dies ergibt sich in der Regel aus dem Architektenvertrag. Sind hiernach auch **Freianlagen** Vertragsgegenstand, ändert dieser Umstand nichts an dem Charakter als Bauwerksleistung, wenn gleichzeitig Gebäude einbezogen sind. Sind hingegen **nur Freianlagen** Vertragsgegenstand, liegt **keine sicherungsfähige Bauwerksleistung vor**. Zwar könnte der Sicherungszweck dies gebieten; denn auch bei der Beplanung von Freianlagen findet sich der Wert der Architektenleistung in dem Grundstück wieder, in dessen Grundbuch die Hypothek einzutragen ist (*Siegburg* S. 160). Gleichwohl liegt keine Bauwerksleistung i.S.d. § 648 BGB vor: Denn § 3 Nr. 12 HOAI unterscheidet klar zwischen Freianlagen und Bauwerksleistung; dies heißt nichts anderes, als dass es sich bei Freianlagen gerade nicht um Bauwerksleistungen handelt (wie hier: *Werner/Pastor* Rn. 215). 17

b) Übernahme lediglich von Teilleistungen

Übernimmt der Architekt **lediglich Teilleistungen gemäß § 15 HOAI**, wird es nach vorgenannten Kriterien maßgeblich davon abhängen, welche Teilleistungen er übernommen hat und ob sie zur Ausführung gelangt sind: Ist letzteres nicht der Fall, fehlt es bereits an einer für die nach § 648 BGB für die Sicherungsfähigkeit der Vergütung erforderlichen Wertsteigerung eines Bauwerks. Folgende Hauptfälle sind zu unterscheiden: 18

Ist Leistungsgegenstand **lediglich die Bauführung bzw. Objektüberwachung**, liegt unstreitig eine sicherungsfähige werkvertragliche Leistung mit einem entscheidenden Beitrag zur Herstellung und Wertsteigerung des Gesamtbauwerks vor (BGH Urt. v. 22.10.1981 VII ZR 310/79 = BGHZ 82, 100 = BauR 1982, 79 = NJW 1982, 438 = SFH § 19 GOA Nr. 3 = MDR 1982, 313 = LM § 631 BGB Nr. 42 = ZfBR 1982, 15). Anders bei der ausschließlichen Übertragung einer **Planungsleistung**: Auch hierin liegt zwar heute in der Regel eine werkvertragliche Leistung (h.M.: BGH Urt. v. 26.11.1959 VII ZR 19

120/58 = BGHZ 31, 224 = NJW 1960, 431; Urt. v. 9.7.1962 VII ZR 98/61 = BGHZ 37, 341 = NJW 1962, 1764; *Locher/Koeble/Frik* Einl. Rn. 4 ff.); für die Sicherungsfähigkeit nach § 648 BGB kommt es jedoch entscheidend darauf an, ob sich die vom Architekten erstellte Planung in einer Werterhöhung des Gebäudes niedergeschlagen hat. Dies ist nur dann der Fall, wenn das Bauwerk tatsächlich nach den Plänen des Architekten errichtet, zumindest aber mit den Arbeiten begonnen wurde (KG Berlin Urt. v. 1.2.1963 7 U 2105/62 = NJW 1963, 813 = SFH Z 3.01 Bl. 203 ff.; KG Berlin Beschl. v. 17.9.1964 16 W 1820/64 = SFH Z 3.01 Bl. 282; OLG Düsseldorf Urt. v 25.4.1972 20 U 15/72 = BauR 1972, 254 = NJW 1972, 1863 = BlGBW 1972, 226; OLG München Urt. v. 22.9.1972 2 U 1864/72 = NJW 1973, 289 [Ls.], zugleich auch hinsichtlich vom Architekten erbrachter Dienstleistungen, wie Finanzierungsberatung und Hypothekenbeschaffung; OLG Frankfurt Urt. v. 16.6.1987 8 U 37/87 = BauR 1988, 343, 344; OLG Dresden Beschl. v 6.2.1996 7 W 17/96 = NJW-RR 1996, 920; OLG Koblenz Urt. v. 2.3.2005 6 W 124/05 = BauR 2005, 909 = NZBau 2006, 188; ebenso *Locher* Das private Baurecht Rn. 700; *Werner/Pastor* Rn. 212; a.A., jedoch unrichtig, LG Traunstein Urt. v. 21.4.1971 3 S 2/71 = NJW 1971, 1460; dazu auch *Hahn* BauR 1980, 310). Demgegenüber reicht die bloße **Erteilung einer Baugenehmigung** auf der Grundlage der erstellten Planung nicht (so aber *Maser* BauR 1975, 91). Denn die Baugenehmigung schafft kein Baurecht als eigenständigen neuen Wert; dieser ist bereits durch die maßgeblichen baurechtlichen Bestimmungen begründet. Die Baugenehmigung hebt lediglich das grundsätzliche Verbot auf, ohne eine solche zu bauen. Hinzu kommt, dass die Baugenehmigung immer nur subjektiv konkret für ein geplantes Bauvorhaben gilt. Eine für § 648 BGB erforderliche Werterhöhung setzt jedoch eine echte Wertsteigerung des Grundstücks bzw. des dort befindlichen Bauwerks durch eine Bauwerksleistung voraus: Diese liegt jedoch vor allem dann nicht vor, wenn etwa ein Erwerber des Grundstücks das bereits genehmigte Vorhaben überhaupt nicht errichten will (ebenso OLG Düsseldorf Beschl. v. 9.9.93 5 W 43/93 = OLGR Düsseldorf 1993, 288; OLG Dresden Beschl. v. 6.2.1996 7 W 17/96 = NJW-RR 1996, 920; OLG Düsseldorf Urt. v. 3.9.1999 12 U 118/99 = BauR 1999, 1482, 1483 = NJW-RR 2000, 166, 167 = NZBau 2000, 577; OLG Hamm Urt. v. 20.10.1999 12 U 107/99 = BauR 2000, 900 [= BauR 2000, 1087] = NJW-RR 2000, 971 = NZBau 2000, 338 = ZfBR 2000, 338, 339; OLG Koblenz Urt. v. 2.3.2005 6 W 124/05 = BauR 2005, 909 = NZBau 2006, 188). An einem Beginn der Bauausführung als Voraussetzung für die Sicherungsfähigkeit der Vergütung eines nur planenden Architekten fehlt es auch, wenn lediglich mit dem Abriss eines bisher auf dem Grundstück stehenden Altbaus begonnen wurde. Gleiches gilt für nur die reine Vorbereitung der Bauausführung betreffende Maßnahmen, wie z.B. die bloße Baustelleneinrichtung, die Errichtung eines Bauzaunes, die alleinige Anlieferung von Baumaterial. Demgegenüber stellen entgegen LG Nürnberg-Fürth (Urt. v. 19.11.1971 11 S 166/71 = BlGBW 1972, 138 = NJW 1972, 453) Ausschachtungsarbeiten nicht mehr nur bauvorbereitende Arbeiten dar, sondern zählen bereits zur Bauausführung (vgl. dazu oben Rn. 5).

20 Das grundlegende **Erfordernis der Werterhöhung eines Bauwerks für die Sicherungsfähigkeit der Vergütung einer Architektenleistung gilt ausnahmsweise nicht** in Fällen, in denen sich der Auftraggeber grundlos vom Vertrag lossagt. Hier stehen vielmehr die durch das Verhalten des Auftraggebers verhinderte Werterhöhung und ggf. damit verbundene Schadensersatz- und Vergütungsansprüche im Vordergrund. Danach hat der Auftraggeber **den Auftragnehmer (Architekten), auch in Bezug auf die Sicherbarkeit seiner Vergütung, so zu stellen, als hätte er den Vertrag ausgeführt** (BGH Urt. v. 5.12.1968 VII ZR 127/66, VII ZR 128/66 = BGHZ 51, 190 = NJW 1969, 419 = MDR 1969, 213; MüKo/*Busche* § 648 BGB Rn. 18; RGRK-BGB/*Glanzmann* § 648 BGB Rn. 10 – a.A.: OLG Jena Urt. v. 22.4.1998 2 U 1747/97 = BauR 1999, 179, 180 = NJW-RR 1999, 384, 385).

21 Liegen **lediglich Teilleistungen** des Architekten im Rahmen eines ihm nach § 15 HOAI erteilten **Gesamtauftrages** (Planung und Objektüberwachung), eines umfassenden Planungsauftrages oder eines Auftrages über Bauführung bzw. Objektüberwachung bei entsprechend teilweiser Bauausführung vor und steht dem Architekten **nur hierfür** die Vergütung (also nicht die volle Vergütung nach § 649 BGB) zu, so **beschränkt** sich der Anspruch auf Eintragung der Sicherungshypothek **auf diesen**

Vergütungsteil. Gleiches gilt, wenn es selbst bei umfassender Planung nur teilweise zur Bauausführung gekommen ist (LG Fulda Urt. v. 25.1.1991 1 S 155/90 = BauR 1992, 110 = NJW-RR 1991, 790).

Für den Fall der ganzen oder teilweisen Zerstörung erbrachter Leistungen vor der Abnahme (vgl. *Hahn* BauR 1980, 310) wird auf die Erläuterungen unten in Rn. 46 verwiesen. **22**

c) Innenarchitekten

Leistungen von **Innenarchitekten** können ebenfalls Bauwerksleistungen i.S.d. § 648 BGB darstellen. **23** Folglich können auch die diesbezüglichen Vergütungsansprüche durch eine Bauhandwerkersicherungshypothek gesichert werden. Voraussetzung ist jedoch wie bei den sonstigen architektonischen Leistungen eine Wertsteigerung der Bausubstanz. Daher gehören insbesondere rein gestalterische Aufgaben ohne einen Eingriff in die Bausubstanz (ebenso: *Werner/Pastor* Rn. 214) oder die Leistungen i.V.m. Einrichtungsgegenständen i.S.d. § 3 Nr. 8 HOAI (*Siegburg* S. 150) nicht hierher.

d) Prüffähige Rechnung

Die Vorlage einer prüffähigen Rechnung nach § 8 HOAI ist keine tatbestandliche Voraussetzung des **24** Sicherungsanspruchs des Architekten. Vorzulegen ist sie hingegen ggf. zu dessen Glaubhaftmachung im Rahmen eines einstweiligen Verfügungsverfahrens zur Erlangung einer Vormerkung zur Sicherung des Anspruchs auf Eintragung einer Bauhandwerkersicherungshypothek (LG Fulda Urt. v. 25.1.1991 1 S 155/90 = BauR 1992, 110 = NJW-RR 1991, 790).

5. Sonstige Sonderfachleute

Entgegen OLG München (Urt. v. 28.1.1965 14 U 356/64 = OLGZ 1965, 143) hat der **Statiker** für die **25** Erstellung der statischen Berechnung unter den vorgenannten Voraussetzungen ebenfalls einen **Anspruch** auf Einräumung einer Sicherungshypothek an dem Baugrundstück. Dies gilt selbstverständlich nur dann, wenn er in unmittelbarer vertraglicher Beziehung zum Grundstückseigentümer steht (vgl. oben Rn. 11 a.E.: Der Subunternehmer gehört nicht zu den von § 648 BGB geschützten Unternehmern einer Bauwerksleistung). Denn der Statiker trägt ebenso wie der Architekt mit seiner Leistung zur Erstellung des Bauwerkes bei (vgl. dazu BGH Urt. v. 18.9.1967 VII ZR 88/65 = BGHZ 48, 257 = MDR 1968, 41 = NJW 1967, 2259 = SFH Z 3.01 Bl. 373; OLG Frankfurt Beschl. v. 19.3.1979 6 W 27/79 = OLGZ 1979, 437; siehe dazu auch *Groß* S. 29 ff.; *Werner/Pastor* Rn. 216 f.; *Locher* Das private Baurecht Rn. 702). Entsprechend sicherbar sind auch die Leistungen **anderer Sonderfachleute** (z.B. Heizung, Lüftung, Schallschutz), soweit sich deren Leistungen im Bauwerk verkörpern und zu einer Werterhöhung führen (*Werner/Pastor* Rn. 218; MüKo/*Busche* § 648 BGB Rn. 14; *Groß* S. 30). Einbezogen in den Schutz des § 648 BGB werden schließlich **Vermessungsingenieure** mit der Maßgabe, dass sich deren Vermessungsleistung auch auf Bauwerke bezieht (BGH Urt. v. 9.3.1972 VII ZR 220/70 = BGHZ 58, 225, 230 = NJW 1972, 901; MüKo/*Busche* § 648 BGB Rn. 14).

III. Sicherungsobjekt: Baugrundstück, das im Eigentum des Auftraggebers steht

1. Grundsatz: Identität zwischen Auftraggeber der Bauleistung und Grundstückseigentümer

Der **Auftraggeber muss grundsätzlich Eigentümer des Baugrundstücks sein,** damit der Auftrag- **26** nehmer Rechte aus § 648 BGB geltend machen kann. § 648 BGB gewährt entsprechend seinem Wortlaut nur einen persönlichen Anspruch auf Hypothekenbestellung gegen den Auftraggeber als Grundeigentümer, nicht aber eine gesetzliche Hypothek (BGH Urt. v. 22.10.1987 VII ZR 12/87 = BGHZ 102, 95 = BauR 1988, 88 = NJW 1988, 255 = MDR 1988, 220 = SFH § 648 BGB Nr. 10 = BB 1988, 998 m. Anm. *Fehl* = ZfBR 1988, 72 = *Siegburg* EWiR § 648 BGB 1/88 S. 44 = LM § 648 BGB Nr. 7 m.w.N. = Anm. *Grunewald* JR 1988, 462; dazu insbesondere *Schlechtriem* FS Korbion

S. 359, ferner u.a. *Clemm* Betrieb 1985, 1777; *Groß* S. 57 f.; *Locher* Das private Baurecht Rn. 693; *Werner/Pastor* Rn. 253; *Motzke* S. 130).

Für die **rechtliche Identität zwischen Grundstückseigentümer und Auftraggeber** des Bauvorhabens kommt es auf den **Zeitpunkt des Antrags auf Eintragung** einer Vormerkung oder einer Sicherungshypothek beim Grundbuchamt an. Eine Bauhandwerkersicherungshypothek kann daher auch dann eingetragen werden, wenn der Auftraggeber das Grundstück erst **nach** Abschluss des Bauvertrages erwirbt (*Groß* S. 56 ff.; *Weise* Sicherheiten im Baurecht Rn. 512). Will der Grundstückseigentümer das Grundstück veräußern, ist die Identität gleichwohl gegeben, solange das Eigentum im Grundbuch nicht umgeschrieben wird. Allerdings: Ist für einen Erwerber bereits eine Vormerkung eingetragen, ist er bei einer dann nur noch nachrangig möglichen Eintragung eines Sicherungsverlangens des Auftragnehmers gegen den Voreigentümer hinreichend geschützt. Denn insoweit kann er vom Auftragnehmer die Löschung einer später eingetragenen Vormerkung für eine Sicherungshypothek wegen dessen Vergütungsanspruchs verlangen (vgl. OLG Düsseldorf Urt. v. 19.12.1990 9 U 180/90 = MDR 1991, 440; siehe auch Rn. 72).

2. Ausnahmen vom Identitätserfordernis

27 Im praktischen Baugeschehen fallen häufig **Auftraggeber und Bauherr rechtlich auseinander**. Dies versteht sich von selbst bei dem Einsatz von Generalunter- oder Generalübernehmern. Bei denen handelt es sich in den seltensten Fällen um den Grundstückseigentümer. Im Verhältnis zu deren Subunternehmern sowie erst recht in der weiteren Subunternehmerkette fehlt es ebenfalls regelmäßig an der für § 648 BGB erforderlichen Identität zwischen Grundstückseigentümer und Auftraggeber. Auch die Beteiligung von juristischen Personen als Bauauftraggeber mit der Folge, dass das Grundstückseigentum etwa beim Gesellschafter verbleibt, führt regelmäßig zu einem Auseinanderfallen zwischen rechtlichem Grundstückseigentümer und Auftraggeber der Bauleistung. Vor dem Hintergrund dieses typischen Geschehensablaufs bei Bauverträgen wird diskutiert, ob von dem gesetzlich vorgesehenen **Erfordernis der Identität zwischen Grundstückseigentümer und Auftraggeber Ausnahmen** zugelassen werden können:

a) Grundsatz: Bedeutung des § 242 BGB und Einschränkung durch § 648a BGB

28 Zu der Gesamtthematik des Auseinanderfallens von Grundstückseigentümer und Auftraggeber einerseits und dem berechtigten Sicherungsinteresse des Auftragnehmers an seiner Vergütung andererseits hat der BGH unter ausführlicher Auseinandersetzung mit dem einschlägigen Schrifttum bereits in seiner Entscheidung vom 22.10.1987 klargestellt, dass **grundsätzlich keine Ausnahmen** von dem Identitätserfordernis in Betracht kommen. Insbesondere hat er betont, dass **eine Identität zwischen Grundstückseigentümer und Auftraggeber nach einer nur wirtschaftlichen Betrachtungsweise nicht ausreicht**. Lediglich im jeweils konkret zu prüfenden Einzelfall **sei es möglich, dass sich der Grundstückseigentümer gemäß § 242 BGB zumindest wie ein Auftraggeber** behandeln lassen müsse, soweit der Auftragnehmer wegen der ihm zustehenden Vergütung Befriedigung aus dem Grundstück suche (BGH Urt. v. 22.10.1987 VII ZR 12/87 = BGHZ 102, 95 = BauR 1988, 88, 90 = NJW 1988, 255 = MDR 1988, 220 = SFH § 648 BGB Nr. 10 = BB 1988, 998 m. Anm. *Fehl* = ZfBR 1988, 72 = *Siegburg* EWiR § 648 BGB 1/88 S. 44 = LM § 648 BGB Nr. 7 m.w.N.). Hintergrund dieser Rechtsprechung ist die Überlegung, dass zwar aus Gründen der Rechtssicherheit in jedem Fall an dem Identitätserfordernis festzuhalten ist. Unter Anlehnung an die im Gesellschaftsrecht entwickelte **Durchgriffshaftung** an sich nur beschränkt haftender Gesellschafter von Kapitalgesellschaften könne jedoch aus Treu und Glauben das Identitätserfordernis zurücktreten, wenn die Wirklichkeit des Lebens und die Macht der Tatsachen dies gebieten und eine rein formal-juristische Beurteilung zu untragbaren Ergebnissen führe. In einem solchen Fall dürfe die förmliche Verschiedenheit nicht dazu führen, dem Bauhandwerker die ihm redlicherweise zustehende Sicherungshypothek vorzuenthalten (BGH a.a.O.).

Diese **Rechtsprechung**, die sich der wirtschaftlichen Betrachtungsweise tatsächlich sehr annähert **29** (so auch *Siegburg* EWiR § 648 BGB 1/88 S. 43, 44), ist heute **unbestritten** (vgl. nur OLG Dresden Urt. v. 14.8.1997 15 U 1445/97 = BauR 1998, 136 f.; KG Urt. v. 11.11.1998 26 U 5753/98 = BauR 1999, 921 f. = NJW-RR 1999, 1247, 1248; OLG Naumburg Urt. v. 14.4.1999 12 U 8/99 = NJW-RR 2000, 311, 312 = NZBau 2000, 79 f. = ZfBR 2000, 553; OLG Celle Urt. v. 8.7.1999 14 U 7/99 = BauR 2000, 101 = NJW-RR 2000, 387 = NZBau 2000, 198 – kritisch allenfalls noch *Clemm* BauR 1988, 558 ff.; ablehnend *Slapnicar* BB 1993, 230 ff.). Aufgrund der damit verbundenen festgeschriebenen Ablehnung einer Aufweichung des Identitätsprinzips war sodann der Gesetzgeber aufgerufen, für die im Baugeschehen sehr häufigen Fälle des Auseinanderfallens von Auftraggeber und Grundstückseigentümer im Sinne der Sicherung der Vergütungsansprüche des Auftragnehmers Abhilfe zu schaffen. Dies ist seinerzeit durch die Einführung des § 648a BGB geschehen. In der Folgezeit wurde deswegen die Auffassung vertreten, dass zwar neben § 648a BGB ein darüber hinausgehendes Sicherungsbedürfnis des Auftragnehmers nach Eintragung einer Sicherungshypothek fortbestehe; jedoch würde sich wegen dieser neuen Vorschrift des § 648a BGB ein Anspruch des Bauhandwerkers auf Eintragung einer Sicherungshypothek an einem schuldnerfremden Grundstück selbst unter Heranziehung des § 242 BGB nicht mehr begründen lassen (*Raabe* BauR 1997, 757, 761 ff.; wohl auch KG Urt. v. 28.11.1995 6 U 5092/95 = OLGR 1996, 157, 158; vgl. bereits *Slapnicar* [BB 1993, 230], der schon eine Anwendung von § 242 BGB nach altem Recht ablehnte). Dieser **Auffassung** ist mit allem Nachdruck zu **widersprechen**: Eine **Modifizierung der gesetzlichen Folgen des § 648 BGB über § 242 BGB ist trotz § 648a BGB möglich**. Zunächst ist schon nicht ersichtlich, warum die vom BGH ins Auge gefassten Ausnahmefälle zugunsten des Auftragnehmers nicht auch zukünftig einer Treu- und Glauben-Kontrolle nach § 242 BGB unterzogen werden sollen. § 242 BGB stellt keine eigene Anspruchsgrundlage dar. Er enthält lediglich die Bestimmung, eine die gesetzlichen Vorschriften ergänzende, aber noch in deren Rahmen liegende Entscheidung zu treffen, wenn dies zur Vermeidung besonderer Härtefälle zwingend geboten erscheint und der Gesetzgeber in dem betreffenden Fall aller Voraussicht nach eine gleiche ergänzende Regelung getroffen hätte. Dabei kann man nicht davon ausgehen, dass der Gesetzgeber mit der Einführung des § 648a BGB eine § 648 BGB verdrängende Regelung schaffen wollte. Dies ergibt sich bereits aus dem Wortlaut des § 648a BGB, der für alle Bauhandwerker gilt, nicht nur wie § 648 BGB für Unternehmer auf bestellerfremden Grundstücken. Auch aus Sinn und Zweck sowie aus der Gesetzesbegründung zu § 648a BGB (BT-Drucks. 12/1836) folgt, dass mit § 648a BGB neben § 648 BGB eine **zusätzliche Sicherungsnorm** für Bauhandwerker eingeführt werden sollte. Ausgeschlossen wurde nach § 648a Abs. 4 BGB nur die Möglichkeit einer doppelten Sicherung mit der Folge, dass der Auftragnehmer die Rechte aus § 648 und § 648a BGB gleichzeitig in Anspruch nehmen kann. Daher kann heute festgehalten werden: Die grundsätzliche Möglichkeit, dass die an sich vom Gesetz geforderte Identität zwischen Auftraggeber und Bauherr im Einzelfall nach den Grundsätzen von Treu und Glauben durchbrochen werden kann, besteht nach Einführung des § 648a BGB unverändert fort (OLG Dresden Urt. v. 14.8.1997 15 U 1445/97 = BauR 1998, 136; KG Urt. v. 11.11.1998 26 U 5753/98 = BauR 1999, 921 f. = NJW-RR 1999, 1247, 1248; OLG Naumburg Urt. v. 14.4.1999 12 U 8/99 = NJW-RR 2000, 311 f. = NZBau 2000, 79 f. = ZfBR 2000, 553; OLG Celle Urt. v. 8.7.1999 14 U 7/99 = BauR 2000, 101, 102 = NJW-RR 2000, 387, 388 = NZBau 2000, 198, 199; OLG Bremen Urt. v. 8.8.2002 5 U 27/02, OLG-Report 2003, 133 f.; i.E. ebenso OLG Celle Urt. v. 31.10.2002 6 U 159/02 = BauR 2003, 576 = NJW-RR 2003, 236, 237 = NZBau 2003, 332).

b) Konkrete Anwendungsfälle und Prüfungsmaßstab

Mit der Grundsatzentscheidung, dass aus Treu und Glauben die Eintragung einer Sicherungshypo- **30** thek an einem schuldnerfremden Grundstück möglich ist, ist noch nichts dazu gesagt, in welchen **konkreten Fällen ein das Identitätsprinzip durchbrechender Missbrauchsfall vorliegt**. Zumindest insoweit gewinnt an Bedeutung, dass – anders als zum Zeitpunkt der Grundsatzentscheidung des BGH hierzu vom 22.10.1987 (BGH Urt. v. 22.10.1987 VII ZR 12/87 = BGHZ 102, 95 = BauR

1988, 88 = NJW 1988, 255) – **nunmehr mit § 648a BGB eine zusätzliche Sicherungsmöglichkeit für den Auftragnehmer besteht, deren Existenz bei der Beurteilung eines missbräuchlichen Verhaltens des Auftraggebers zu berücksichtigen** ist. Diese zusätzliche Sicherungsmöglichkeit ist bei der Abwägung, ob im Einzelfall aus Treu und Glauben eine Durchbrechung des Identitätserfordernisses in Betracht kommt, zwar nicht alleine ausschlaggebend; sie ist zulasten des Auftragnehmers aber in jedem Fall in die Abwägung einzubeziehen. Allein daher ist wegen § 648a BGB mit den dort vorgesehenen Möglichkeiten der Anspruchssicherung der Anwendungsbereich der Durchbrechungsfälle unter Heranziehung des § 242 BGB nicht mehr allzu groß. Wer nämlich sehenden Auges die ihm gesetzlich eingeräumten Sicherungsrechte nicht in Anspruch nimmt, ist nicht so schutzwürdig wie nach altem Recht ohne § 648a BGB ein Auftragnehmer, der solche zusätzlichen Sicherungsrechte nicht besaß (ähnlich OLG Celle Urt. v. 8.7.1999 14 U 17/99 = BauR 2000, 101, 102 = NJW-RR 2000, 387, 388 = NZBau 2000, 198, 199; OLG Naumburg Urt. v. 14.4.1999 12 U 8/99 = NJW-RR 2000, 311, 312 = NZBau 2000, 79, 80 = ZfBR 2000, 553 – a.A. KG Urt. v. 11.11.1998 26 U 5753/98 = BauR 1999, 921, 922 = NJW-RR 1999, 1247, 1248, das auch nach Inkrafttreten des § 648a BGB von einer uneingeschränkten Anwendung des früheren Prüfungsmaßstabes nach § 242 BGB ausgeht; ebenso: *Schulze-Hagen* BauR 2000, 28, 34).

31 Bei der **Einzelbetrachtung konkreter Fälle**, die hiernach eine Durchbrechung des Identitätsgrundsatzes aus Treu und Glauben rechtfertigen, ist nach der bereits zitierten Rechtsprechung des Bundesgerichtshofs (BGH Urt. v. 22.10.1987 VII ZR 12/87 = BGHZ 102, 95 = BauR 1988, 88, 90 = NJW 1988, 255 = MDR 1988, 220 = SFH § 648 BGB Nr. 10 = BB 1988, 998 m. Anm. *Fehl* = ZfBR 1988, 72 = *Siegburg* EWiR § 648 BGB 1/88 S. 44 = LM § 648 BGB Nr. 7 m.w.N.) **unter Anlehnung an die gesellschaftsrechtliche Durchgriffshaftung sehr genau und im Zweifel zurückhaltend die Missbrauchssituation zu prüfen**. Insoweit liegt sicherlich allein in der Tatsache, dass der Auftraggeber eine GmbH ist, deren Alleingesellschafter und –geschäftsführer der Grundstückseigentümer ist, kein Missbrauchsfall. Würde ein solcher Umstand für einen Durchgriff genügen, reichte im Ergebnis die so genannte wirtschaftliche Identität für eine Mithaftung des Eigentümers nach § 648 BGB aus (BGH a.a.O.; ebenso OLG Celle Urt. v. 31.10.2002 6 U 159/02 = BauR 2003, 576 = NJW-RR 2003, 236, 237 = NZBau 2003, 332; vgl. aber auch die insoweit sehr missverständliche Urteilsbegründung des KG Urt. v. 11.11.1998 26 U 5753/98 = BauR 1999, 921 = NJW-RR 1999, 1247). Dies ist – wie gezeigt – abzulehnen. Dasselbe gilt für alle weiteren Sachverhalte, in denen zwischen Auftraggeber und Grundstückseigentümer lediglich ein Beherrschungsverhältnis besteht. Denn hierin liegt eine gesellschaftsrechtlich zulässige Gestaltungsform bei der Führung von Unternehmen (so auch OLG Dresden Urt. v. 14.8.1997 15 U 1445/97 = BauR 1998, 136, 137; wohl auch OLG München Beschl. v. 17.9.2004 28 W 2286/04 = BauR 2004, 1992 f. [Ls.] = IBR 2004, 678). Daher ist es im Zweifel nicht einmal sinnvoll, in diesem Zusammenhang die »Beherrschung« zu sehr in den Vordergrund zu rücken. Entscheidend ist vielmehr, dass **der Grundstückseigentümer**, sei es (wie üblich) mit Mitteln der Beherrschung, sei es aufgrund sonstiger Umstände (vgl. hier z.B. OLG Naumburg Urt. v. 14.4.1999 12 U 8/99 = NJW-RR 2000, 311, 312 = NZBau 2000, 79 = ZfBR 2000, 553), **den Auftraggeber einer Bauleistung tatsächlich steuert mit dem Ergebnis, dass eine von diesem beauftragte Bauleistung alleine oder zumindest zu einem ganz wesentlichen Teil dem Grundstückseigentümer zugute kommt** (BGH a.a.O.). Vor diesem Hintergrund ist somit bei einer Prüfung im Zusammenhang mit einer zulässigen Durchbrechung des gesetzlich an sich geforderten Identitätsprinzips unter Heranziehung des § 242 BGB immer **zweifstufig** vorzugehen:

32 (1) **Zunächst** ist zu fragen, **ob der Grundstückseigentümer unter Ausnutzung der rechtlichen Verschiedenheit mit einem von ihm gesteuerten Auftraggeber versucht hat, sich in missbräuchlicher Weise** im Hinblick auf § 648 BGB **einen Vorteil zu verschaffen**. Folgende Anwendungsfälle sind zu diskutieren:

33 – In erster Linie geht es um **missbräuchliche gesellschaftsrechtliche Verflechtungen**. Eine solche ist anzunehmen, wenn dem Grundstückseigentümer, der gesellschaftsrechtlich maßgeblich am

Auftraggeber beteiligt ist, nicht nur die »Nutzungs- und Ausnutzungsmöglichkeiten« seines Grundstücks und des zu errichtenden Bauwerks zur Verfügung stehen, sondern er hiervon auch z.B. durch Vermietung **intensiv** Gebrauch macht mit der Folge, dass er faktisch den tatsächlichen Vorteil aus den Leistungen des Bauunternehmers zieht (BGH Urt. v. 22.10.1987 VII ZR 12/87 = BGHZ 102, 95 = BauR 1988, 88, 91 = NJW 1988, 255 = MDR 1988, 220 = SFH § 648 BGB Nr. 10 = BB 1988, 998 m. Anm. *Fehl* = ZfBR 1988, 72 = *Siegburg* EWiR § 648 BGB 1/88 S. 44 = LM § 648 BGB Nr. 7 m.w.N.). Ein »intensiver« Gebrauch ist auch anzunehmen, wenn der Grundstückseigentümer, der ein Vorhaben über eine ihm gehörende Gesellschaft errichten lässt, dieses aufteilt und dann auf eigene Rechnung verkauft (OLG Dresden Urt. v. 14.8.1997 15 U 1445/97 = BauR 1998, 136, 137). Dabei kommt es jedoch darauf an, dass es nicht nur um eine zufällige oder untergeordnete, sondern um **eine mit Nachhaltigkeit oder mit einer gewissen Dauer ausgestattete Nutzung der Bauleistung geht**. Das zeitweise Bewohnen einer von einer eigenen Gesellschaft errichteten Wohnung innerhalb eines Mehrfamilienhauses durch den Grundstückseigentümer genügt somit nicht (OLG Celle Urt. v. 8.7.1999 14 U 7/99 = BauR 2000, 101, 102 = NJW-RR 2000, 387, 388 = NZBau 2000, 198, 199). Fehlt es an einer solchen intensiven Nutzung, reichen für die Annahme eines Missbrauchsfalls Verflechtungen alleine für eine Durchgriffshaftung nicht aus (OLG Celle Urt. v. 31.10.2002 6 U 159/02 = BauR 2003, 576, 577 = NJW-RR 2003, 236, 237 = NZBau 2003, 332, 333). Nicht von § 648 BGB wird somit z.B. der Sachverhalt erfasst, dass das Grundstück, auf dem der Auftragnehmer gebaut hat, einer in der Schweiz ansässigen Briefkastenfirma gehört, der Bauauftrag von einer anderen Briefkastenfirma in der Schweiz erteilt wurde und beide Briefkastenfirmen möglicherweise (!) von einer dritten GmbH beherrscht werden (so aber LG Aschaffenburg Beschl. v. 10.10.1996 4 T 207/96 = NJW-RR 1997, 783). Demgegenüber sind unter Rückgriff auf die gesellschaftsrechtliche Rechtsprechung zur Durchgriffshaftung bei Kapitalgesellschaften Fälle der offensichtlichen Unterkapitalisierung als hier ausreichende missbräuchliche Gestaltung anzusehen (OLG Hamm Urt. v. 21.4.1998 26 U 194/88 = BauR 1990, 365, 366 = NJW-RR 1989, 1105; KG Urt. v. 11.11.1998 26 U 5753/98 = BauR 1999, 921, 922 = NJW-RR 1999, 1247, 1248). Hierzu zählen vor allem Fallgestaltungen, in denen der Grundstückseigentümer eine in seinem Anteilsbesitz stehende Kapitalgesellschaft als Auftraggeber einer Bauleistung zwischenschaltet und diese im Hinblick auf ihren Gesellschaftszweck völlig unzureichend mit Kapital ausstattet (zu den Grundsätzen der Unterkapitalisierung bei Kapitalgesellschaften anschaulich: BSG Urt. v. 7.12.1983 7 RAr 20/82 = NJW 1984, 2117).

– Nicht nur gesellschaftsrechtliche, sondern auch andere Fallgestaltungen können die Eintragung einer Sicherungshypothek aus dem Grundsatz von Treu und Glauben an einem schuldnerfremden Grundstück in der ersten Prüfungsstufe rechtfertigen. Hierunter fallen vor allem Sachverhalte, bei denen (außerhalb des Gesellschaftsrechts) faktisch nur ein **Dritter als Auftraggeber vorgeschoben wird**. Dies ist z.B. der Fall, wenn der Grundstückseigentümer eine ihm gehörende GmbH völlig regelmäßig bei Bauaufträgen als Auftraggeber einsetzt, die an sich mit den Bauvorhaben schon von ihrem Geschäftszweck her nichts zu tun hat und die der Eigentümer zeitnah nach der Auftragsdurchführung löschen lässt (OLG Celle Urt. v. 21.4.2004 7 U 199/03, Nichtzulassungsbeschw. vom BGH zurückgewiesen; Beschl. v. 23.6.2005 VII ZR 124/04 = BauR 2006, 543, 545 f.). Zumindest eine Vermutung für einen Missbrauchsfall liegt vor, wenn aufgrund des Auftrages eines zahlungsunfähigen Mieters an einem Mietshaus, in dem auch der Eigentümer wohnt, umfangreiche Reparaturen ausgeführt werden (OLG Düsseldorf Urt. v. 25.2.1993 5 U 162/92 = NJW-RR 1993, 851; ebenso *Palandt/Sprau* § 648 BGB Rn. 3). Schließlich sind Fälle denkbar, in denen das Grundstückseigentum letztlich nur noch aus formalen Gründen bei einem Dritten, der nicht Auftraggeber ist, liegt, der Auftraggeber aber unterstützt durch eine umfassende unwiderrufliche Generalvollmacht das Bauvorhaben im Namen des Grundstückseigentümers auf eigene Rechnung und Gefahr errichtet, es aufteilt und auf eigene Gefahr veräußert (LG Essen Urt. v. 20.8.1999 9 O 109/99 = BauR 2000, 903). Abzugrenzen von diesen Missbrauchsfällen 34 sind hingegen sonstige Fallgestaltungen, bei denen zwar eine Missbrauchssituation vorstellbar ist, diese jedoch nicht zwingend vorliegt. Dies gilt insbesondere für die sog. **Ehegattenfälle**, in denen dem einen das Grundstück gehört und der andere die Bauleistungen vergibt. Wohnen beide in dem Haus, an dem die Bauleistungen erbracht werden, führt dieser Umstand alleine noch nicht zu einer Missbrauchssituation mit der Folge, dass dann der Auftragnehmer schon deswegen eine Bauhandwerkersicherungshypothek an dem Grundstück eintragen lassen kann. Selbst der Umstand, dass der dem das Grundstück gehörende Ehegatte den von dem anderen Ehegatten abgeschlossenen Bauvertrag kannte, besagt wenig. Denn dies ist bei Eheleuten, die ein gemeinsames Haus bewohnen, die Regel und Folge der gemeinsamen Haushaltsführung. Auch die Tatsache, dass die Vorteile dem das Grundstück gehörenden Ehegatten zugute kommen, ist kein taugliches Argument. Denn dazu kommt es in allen Fällen der Verschiedenheit von Grundstückseigentümer und Bauauftraggeber. Notwendig sind daher auch hier gesonderte Anhaltspunkte für eine Missbrauchssituation, so z.B., dass der den Bauauftrag erteilende Ehegatte offensichtlich vermögenslos ist, so dass von Anfang klar war, dass er die von ihm beauftragten Leistungen nicht zahlen kann (wie hier OLG Celle Beschl. v. 17.12.2004 6 W 136/04 = BauR 2005, 1050, 1051 = NJW-RR 2005, 460, 461; ebenso: *Erman/Schwenker* § 648 BGB Rn. 8; *Werner/Pastor* Rn. 250 – a.A.: OLG Frankfurt Beschl. v. 25.5.2000 16 U 103/98 = BauR 2001, 129, das bereits das Auseinanderfallen von Auftraggeber und Grundstückseigentümer bei Ehegatten ausreichen lässt, wenn beide Ehegatten das Haus bewohnen. Insoweit soll eine Sicherungshypothek eingetragen werden können; ebenso: *Locher* Das Private Baurecht Rn. 693; *Palandt/Sprau* § 648 Rn. 3).

35 (2) Bei der Beurteilung der vorgenannten Sachverhalte, ob eine Eintragung einer Sicherungshypothek nach Treu und Glauben an einem schuldnerfremden Grundstück in Betracht kommt, ist neben der Ausnutzung der Verschiedenheit der Stellung Grundstückseigentümer/Auftraggeber eines Bauvorhabens **in einem zweiten Schritt die Schutzwürdigkeit des Auftragnehmers zu prüfen**. Deswegen kann ein **Durchgriff** auf den Grundstückseigentümer im Rahmen der Missbrauchsprüfung selbst in vorgenannten Fällen **ausgeschlossen** sein, **wenn der Auftragnehmer in Kenntnis der Verschiedenheit von Grundstückseigentümer und Auftraggeber von seinen gesetzlichen Sicherungsmöglichkeiten nach § 648a BGB oder von seinem Recht auf rechtzeitige Anforderung von Abschlagszahlungen** (§ 16 Nr. 1 VOB/B; § 632a BGB) **keinen Gebrauch** gemacht hat (OLG Celle [14. Senat] Urt. v. 8.7.1999 14 U 7/99 = BauR 2000, 101 = NJW-RR 2000, 387 = NZBau 2000, 198, 199; OLG Frankfurt Beschl. v. 10.8.2001 3 W 39/01 = BauR 2002, 137 [Ls.] = MDR 2001, 1405; wohl auch: OLG Celle [6. Senat] Urt. v. 17.12.2004 6 W 136/04 = BauR 2005, 1050, 1051 = NJW-RR 2005, 460, 461 – Diesen Umstand nicht berücksichtigend: OLG Dresden Urt. v. 14.8.1997 15 U 1445/97 = BauR 1998, 136, 137; KG Urt. v. 11.1.1998 26 U 5753/98 = BauR 1999, 921 = NJW-RR 1999, 1247, 1248; OLG Naumburg Urt. v. 14.4.1999 12 U 8/99 = NJW-RR 2000, 311, 312 = NZBau 2000, 79, 80 = ZfBR 2000, 553; OLG Celle [7. Senat] Urt. v. 21.4.2004 7 U 199/03 = BauR 2006, 543, 546; Nichtzul.-Beschw. vom BGH zurückgewiesen; Beschl. v. 23.6.2005 VII ZR 124/04; unklar: OLG Celle [5. Senat], Beschl. v. 26.10.2000 13 W 75/00 = BauR 2001, 835). Entscheidend ist hier jedoch die positive Kenntnis, **Kennenmüssen der Verschiedenheit von Auftraggeber und Grundstückseigentümer reicht im Zweifel nicht**. So darf ein Auftragnehmer bei einer gewöhnlichen Bauleistung in der Regel zu Recht davon ausgehen, dass es sich bei seinem Auftraggeber um den Grundstückseigentümer handelt. Eine Einsichtnahme in das Grundbuch vor Vertragsabschluss ist nicht geboten (*Rathjen* DB 1997, 987, 990; *Werner/Pastor* Rn. 254). Dies gilt ohnehin in Fällen, in denen die den Bauauftrag erteilende GmbH während der Baumaßnahme das Grundstück auf ihren alleinigen Gesellschaftergeschäftsführer überträgt (LG Hamburg Beschl. v. 23.1.2003 313 T 3/03 = BauR 2003, 936 [Ls.] = NZBau 2003, 334). Hier würde die Einsichtnahme zum Zeitpunkt des Vertragsschlusses nicht einmal etwas bringen. Etwas anderes dürfte hingegen für das Verhältnis Generalunternehmer/Subunternehmer gelten, da nach dem üblichen Baugeschehen Generalunternehmer grundsätzlich keine Grundstückseigentümer sind (OLG Köln Urt. v. 15.5.1986 12 U 234/85 = BauR 1986, 703 = SFH § 648 BGB Nr. 9 = NJW-RR 1986, 960; dazu zutreffend *Fehl* BB 1987, 2039; vgl. auch den der Entscheidung des OLG Hamm Urt. v. 2.12.1985 6 U 139/85 = NJW-RR 1986, 570 zugrunde liegenden Sachverhalt). Dasselbe ist anzunehmen, wenn sich aus den sonstigen Umständen, z.B. aufgrund der geführten Vertragsverhandlungen, eindeutig ergibt, dass dem Auftragnehmer die Verschiedenheit zwischen Auftraggeber und Grundstückseigentümer hätte bekannt sein müssen (OLG Schleswig Urt. v. 23.12.1999 7 U 99/99 = BauR 2000, 1377; ähnlich OLG Frankfurt Beschl. v. 10.8.2001 3 W 39/01 = BauR 2002, 137 [Ls.] = MDR 2001, 1405). Im Zweifel ist aber jeweils auf den Empfängerhorizont abzustellen.

c) Zeitlicher Rahmen

Bei allen Missbrauchsfällen ist gesondert zu prüfen, ob die Nähebeziehung zwischen Grundstückseigentümer und Auftraggeber noch im Zeitpunkt der Geltendmachung der Sicherungshypothek andauert, d.h. besonders: **Veräußert der Auftraggeber den Grundbesitz vor Geltendmachung eines Sicherungsanspruchs durch den Auftragnehmer an einen Dritten, ohne dass die vorerwähnte Identitätsproblematik auftritt,** kann der Auftragnehmer einen Anspruch auf Eintragung einer Sicherungshypothek nicht mehr durchsetzen. 36

d) Sonstige Haftung des Auftraggebers bei Nichtvorliegen der Ausnahmevoraussetzungen

Liegen die vorgenannten Voraussetzungen für eine Durchbrechung der rechtlichen Identität zwischen Grundstückseigentümer und Auftraggeber nicht vor, sind unabhängig davon **auch andere Haftungstatbestände** zu prüfen, die zu einer Inanspruchnahme des Eigentümers führen können. Hierzu zählen vor allem eine Haftung aus § 280 Abs. 1 i.V.m. §§ 311 Abs. 2, 241 Abs. 2 BGB (Verschulden bei Vertragsverhandlungen/culpa in contrahendo), aus Schuldübernahme, wegen einer Bürgschaft sowie eine Haftung aus §§ 128, 161 Abs. 2 HGB (so vor allem auch *Siegburg* EwiR § 648 BGB 1/88 S. 43, 44). Dasselbe gilt, wenn dem Auftragnehmer bei den Vertragsverhandlungen und beim Vertragsabschluss der für ihn bei objektiver Betrachtung wohlberechtigte Eindruck vermittelt wurde, der Grundstückseigentümer sei Auftraggeber und bediene sich dabei willentlich eines Dritten nur als Betreuer o.Ä. Hier haftet der Eigentümer, wenn später zwischen ihm und dem Handelnden in der Frage der Auftraggeberstellung ein »Rollentausch« stattfindet, über den der Auftragnehmer nicht hinreichend aufgeklärt wurde (vgl. OLG Düsseldorf Urt. v. 25.5.1976 24 U 33/76 = SFH Z 2.321 Bl. 54). Veräußert der Auftraggeber vor Geltendmachung des Sicherungsanspruches, vor allem vor Eintragung einer Vormerkung, das Grundstück, so kann der Erwerber dem Auftragnehmer wegen eines gegenüber dem Auftraggeber begründeten Vergütungsanspruches für diese Forderung (kraft Gesetzes oder Vertrages) persönlich haften, wie z.B. durch Schuldübernahme oder Schuldbeitritt (vgl. BGH Urt. v. 16.2.1967 VII ZR 260/64; dazu auch *Groß* S. 56 ff. sowie *Werner/Pastor* Rn. 251). Lässt eine Personengesellschaft (OHG oder KG) auf dem Grundstück eines persönlich haftenden Gesellschafters bauen, und zwar mit dessen Einverständnis, so ergibt sich die Möglichkeit der Eintragung einer Sicherungshypothek schon aus allgemeinen haftungsrechtlichen Gründen, nämlich § 128 bzw. §§ 161 Abs. 2, 128 HGB (OLG Dresden SeuffArch 64, 257; OLG München OLGZ 34, 47; *Fehl* BB 1977, 69, 72 und BB 1987, 2039; *Rathjen* Betrieb 1977, 987, 988; *Groß* S. 59 f.; i.E. auch *Motzke* S. 132 f.). 37

3. Mehrere Auftraggeber – mehrere Grundstücke

Sind **mehrere Auftraggeber** Grundstückseigentümer, so muss das Grundstück folgerichtig **insgesamt** mit der Sicherungshypothek **belastet** werden können. Wird das Bauwerk teilweise auf dem Grundstück des Auftraggebers und teilweise auf dem Grundstück eines Dritten errichtet, so kommt die **Sicherung auf dem Grundstück des Auftraggebers für die gesamte Vergütung** in Betracht (OLG Nürnberg Beschl. v. 8.11.1950 2 W 416/50 = NJW 1951, 155; BGH Urt. v. 30.3.2000 VII ZR 299/96 = BGHZ 144, 138, 141 = BauR 2000, 1083, 1084 = NJW 2000, 1861, 1862 = NZBau 2000, 286 = ZfBR 2000, 329; ebenso: OLG Köln Urt. v. 9.5.2003 20 U 36/01 = IBR 2003, 300). Dies gilt vor allem, wenn es sich um eine technisch einheitliche Leistung handelt (vgl. OLG Frankfurt/M. Urt. v. 38

Anhang 2   Sicherung von Vergütungsansprüchen der Bauunternehmer

24.11.1993 21 U 164/93 = BauR 1994, 253 = NJW-RR 1994, 1432 für eine Lüftungsanlage). Gehört das Grundstück nur zum Teil dem Auftraggeber, zum Teil einem Dritten, so kann bei Bruchteilseigentum nur die Eintragung auf dem betreffenden Bruchteil, bei Gesamthandseigentum die Eintragung auf dem gesamten Grundstück erfolgen.

39 Erstreckt sich das Bauwerk über mehrere Grundstücke des Bestellers, so kann der Auftragnehmer an jedem dem Besteller gehörenden Baugrundstück für seine Forderung in voller Höhe die Einräumung einer Sicherungshypothek verlangen, bei mehreren Grundstücken in Form der Gesamthypothek (§ 1132 Abs. 1 BGB). Dasselbe gilt, wenn der Auftragnehmer **auf mehreren Grundstücken** des Auftraggebers **jeweils ein Bauwerk** errichtet (Bsp. Errichtung mehrerer Häuser auf nebeneinander liegenden Parzellen) oder die Häuser nur insoweit untereinander verbunden sind, als die in den Bauwichen zwischen den Häusern errichteten Einzelgaragen aneinander stoßen. Der BGH folgt auch in diesen Fällen einer vornehmlich gesamtheitlichen Betrachtung: Erstrecken sich demnach ein oder mehrere Bauwerke über mehrere rechtlich selbstständige Grundstücke, so kann der Auftragnehmer **an jedem dem Besteller gehörenden Grundstück für seine Forderung in voller Höhe die Einräumung einer Sicherungshypothek** verlangen, bei mehreren Grundstücken in Form einer **Gesamthypothek** (§ 1132 Abs. 1 BGB). Dabei kommt es allein auf die Höhe der Vergütung für die dem Besteller für das Bauwerk bzw. die vertraglich geschuldeten Bauwerke erbrachte (Gesamt-)Leistung an, nicht auf den dem einzelnen Grundstück zugeflossenen Wert (BGH Urt. v. 30.3.2000 VII ZR 299/96 = BGHZ 144, 138, 141 ff. = BauR 2000, 1083, 1084 f. = NZBau 2000, 286, 287 = NJW 2000, 1861, 1862 = ZfBR 2000, 329 f. = ZfIR 2000, 366 m. zust. Anm. von *Schmitz*; OLG Köln Urt. v. 9.5.2003 20 U 36/01 = IBR 2003, 300; *Werner/Pastor* Rn. 244 – a.A. die früher überwiegend vertretene Ansicht, z.B.: OLG Frankfurt Urt. v. 19.9.1984 17 U 32/84 = OLGZ 85, 193 = SFH § 648 BGB Nr. 7 oder OLG Köln Beschl v. 22.12.1993 11 W 53/93 = BauR 1995, 110 = NJW-RR 1994, 531). Insoweit tritt die rechtliche Selbstständigkeit der Grundstücke einschließlich des jeweils diesem Grundstück zugeflossenen Wertzuwachses zugunsten der Sicherung des gesamten werkvertraglichen Vergütungsanspruchs des Auftragnehmers zurück. Grund für diese Sichtweise ist vor allem der Umstand, dass bei Abschluss eines Werkvertrages zur Errichtung mehrerer Bauwerke auf mehreren rechtlich selbstständigen Grundstücken gleichwohl rechtlich nur ein einheitlicher Werkerfolg geschuldet wird. Dies zeigt sich auch daran, dass es etwa der Unternehmer bei Mängeln an einem Bauwerk auf einem Grundstück ohne weiteres hinnehmen muss, dass der Besteller die Abnahme und die Zahlung des vollen Werklohns insgesamt verweigern darf. Nichts anderes kann im umgekehrten Fall gelten: Denn die vom Besteller geschuldete Vergütung betrifft den vereinbarten Werkerfolg als Ganzes. Daher wird man in diesem Fall **sämtliche zu bebauenden Grundstücke trotz ihrer rechtlichen Selbstständigkeit einheitlich als »Baugrundstück« i.S.d. § 648 BGB** zu bezeichnen haben – mit der Folge, dass der Auftragnehmer an allen rechtlich selbstständigen Grundstücken in Höhe seiner (Gesamt)Forderungen jeweils eine Sicherungshypothek in Form einer Gesamthypothek eintragen lassen kann.

40 Hat ein Auftragnehmer hiernach zu Recht zunächst jeweils eine Gesamthypothek auf allen Grundstücken in voller Höhe eintragen lassen, ist er in einem zweiten Schritt **berechtigt**, im späteren Verlauf **die Gesamthypotheken** in Einzelhypotheken **auf die einzelnen Grundstücke aufzuteilen** (§ 1132 Abs. 2 S. 1 BGB). Insoweit handelt es sich bei der **Einzelhypothek um ein Minus zur Gesamthypothek**. Nichts anderes gilt, wenn er zunächst nur eine **Vormerkung** zur Eintragung einer Gesamthypothek hat eintragen lassen. Sie behält bei einem späteren Übergang von einer Gesamt- auf eine Einzelhypothek ebenfalls ihre Wirksamkeit. Dies ist besonders in Fällen bedeutsam, in denen der Auftragnehmer zunächst fälschlicherweise von einem einheitlichen Vergütungsanspruch ausgegangen war, und sich später herausstellt, dass sich der Vergütungsanspruch tatsächlich nur auf ein einzelnes Grundstück, nicht auf die Gesamtheit aller Grundstücke bezog (BGH Urt. v. 30.3.2000 VII ZR 299/96 = BGHZ 144, 138, 145 = BauR 2000, 1083, 1086 = NJW 2000, 1861, 1863 = NZBau 2000, 286, 287 = ZfBR 2000, 329, 330).

4. Besonderheiten bei Erbbaurecht

Baut der Auftraggeber im **Erbbaurecht,** so ist zur Bestellung einer Handwerkersicherungshypothek **41** die **Zustimmung des Grundstückseigentümers** erforderlich, soweit mit diesem eine Belastungsbeschränkung nach § 5 Abs. 2 ErbbauVO vereinbart ist (LG Tübingen Urt. v. 14.9.1955 1 Q 1/55 = SFH Z 2.321 Bl. 4; OLG Karlsruhe Rpfleger 1958, 221; BayObLG Beschl. v. 17.12.1996 3Z BR 92/96 = NJW-RR 1997, 591 m. zahlr. Nachw.; *Werner/Pastor* Rn. 246; a.A. OLG Köln Beschl. v. 27.11.1967 III ZB 15/67 = NJW 1968, 505; OLG Nürnberg OLGZ 1967, 22; *Groß* S. 77 m.w.N.). Wird die Zustimmung des Grundstückseigentümers ohne ausreichenden Grund verweigert, kann sie auf Antrag des Erbbauberechtigten durch das Amtsgericht, in dessen Amtsbezirk das Grundstück belegen ist, ersetzt werden (§ 7 Abs. 3 S. 1 ErbbauVO). Das Antragsrecht steht nach § 7 Abs. 2 ErbbauVO in der Regel nur dem Erbbauberechtigten zu; zur Durchsetzung des gesetzlichen Anspruchs auf Einräumung einer Bauhandwerkersicherungshypothek ist aber ausnahmsweise auch dem Bauunternehmer ein selbstständiges Antragsrecht nach § 7 Abs. 3 ErbbauVO zuzubilligen (BayObLG Beschl. v. 17.12.1996 3Z BR 92/96 = NJW-RR 1997, 591, 592).

5. Besonderheiten bei Wohnungseigentum

Bildet der Grundstückseigentümer bzw. Auftraggeber **Wohnungseigentum,** kommt es für die Eintragung einer Sicherungshypothek **entscheidend auf die Grundbuchverhältnisse** an. Sind bereits **42** Wohnungen veräußert worden und ist eine Wohnung im Grundbuch umgeschrieben, kommt eine Sicherungshypothek zugunsten des Bauunternehmers, der die Wohnungsanlage errichtet hat, schon mangels Identität von Grundstückseigentümer (i.E. Wohnungseigentümer) und Auftraggeber der Bauleistung (zumeist der Bauträger) nicht in Betracht. Ist, wie im Bauträgergeschäft der Normalfall, zunächst nur eine Vormerkung zugunsten des Erwerbers eingetragen, kann zwar der Bauunternehmer vom Bauträger noch die Eintragung einer Sicherungshypothek verlangen. Sie ist jedoch, soweit sie im Widerspruch zur Auflassungsvormerkung des Erwerbers steht, relativ unwirksam (§ 883 Abs. 2 BGB – siehe hierzu oben Rn. 26). Die Eintragung einer Sicherungshypothek kommt hingegen bei einem sog. **Vorratsbau** in Betracht, bei dem ein Wohnungsunternehmen oder Bauträger Wohnungen mit dem Ziel erst späterer, bisher aber noch nicht gelungener Veräußerung nach Fertigstellung errichten lässt (insoweit zutreffend OLG Düsseldorf Beschl. v. 19.9.1974 21 W 78/74 = BauR 1975, 62; OLG München Beschl. v. 11.11.1974 23 W 1876/74 = BB 1974, 1553, 1554 = NJW 1975, 220; LG Frankfurt Urt. v. 23.10.1974 2/1 S 184/74 = MDR 1975, 315; OLG Köln Urt. v. 24.10.1974 15 W 75/74 = SFH Z 2.321 Bl. 37 = OLGZ 75, 20; OLG Frankfurt Urt. v. 20.2.1975 22 U 12/75 = MDR 1975, 577 = Rpfleger 1975, 174; vgl. OLG Celle Beschl. v. 18.6.1976 15 W 23/75 = BauR 1976, 365, 366; OLG Hamm Urt. v. 7.10.1998 12 U 19/98 = BauR 1999, 407, 408 = NJW-RR 1999, 383, 384; a.A., jedoch zu eng, *Siegburg* BauR 1990, 32, 48 f. – zum Anspruch auf Eintragung einer Sicherungshypothek gegenüber Bauträgern s. oben auch Rn. 12 ff.). **Gleiches** muss gelten, **wenn die von dem Wohnungsunternehmen beauftragte Bauleistung zumindest teilweise das Gemeinschaftseigentum betrifft,** wie z.B. Putzarbeiten im Treppenhaus, Keller und Dachgeschoss, auch Außenputzarbeiten. Anderenfalls wäre eine hinreichende Sicherung des Vergütungsanspruches des Auftragnehmers in einer für ihn zumutbaren Weise nicht möglich (a.a.O.). In solchen Fällen muss die Eintragung einer Gesamthypothek daher zulässig sein (vgl. dazu auch LG Frankfurt Urt. v. 22.2.1974 2/12 O57/74 = BlGBW 1974, 200 = MDR 1974, 579; ähnlich OLG Frankfurt/M. Beschl. v. 10.5.1995 20 W 79/95 = BauR 1995, 737 = ZfBR 1995, 206 = OLGR Frankfurt/M. 1995, 121 = NJW-RR 1995, 1359). Ähnlich liegt es, wenn der Auftraggeber nach Beginn der Bauarbeiten sein Grundstück aufteilt oder Wohnungseigentum bildet, jedoch noch Eigentümer des Baugrundstückes ist; dann kann der Auftragnehmer eine Gesamtsicherungshypothek an den neugebildeten Grundstücken oder Wohnungseigentumsrechten beanspruchen (vgl. OLG Frankfurt Urt. v. 19.9.1984 17 U 32/84 = OLGZ 85, 193 = SFH § 648 BGB Nr. 7).

Anhang 2   Sicherung von Vergütungsansprüchen der Bauunternehmer

42a Gesondert zu betrachten ist der Sachverhalt, bei dem die **Wohnungseigentümergemeinschaft als Auftraggeber Bauwerksleistungen am Gemeinschaftseigentum** beauftragt. Hier **scheidet** eine **Vergütungssicherung** durch Eintragung einer Bauhandwerkersicherungshypothek (§ 648 BGB) **aus**. Dies wiederum beruht darauf, dass die Rechtsprechung die Wohnungseigentümergemeinschaft zwischenzeitlich als (teil)rechtsfähig anerkannt hat. Folglich wird klar zwischen der Rechtsstellung der Gemeinschaft und der der Eigentümer unterschieden (BGH Beschl. v. 2.6.2005 V ZB 32/05 = BGHZ 163, 154, 158 ff. = BauR 2005, 1462, 1465 ff. = NJW 2005, 2061, 2062 ff.). Für die Eintragung einer Bauhandwerkersicherungshypothek hat dies aber zur Folge, dass es nunmehr an der für die Eintragung erforderlichen Identität zwischen Bauauftraggeber (Wohnungseigentümergemeinschaft) und Grundstückseigentümer (Wohnungseigentümer) fehlt. Da auch sonst keine missbräuchliche Gestaltung erkennbar ist, kommt es hier für den Auftragnehmer zu einer durchaus misslichen Situation: Sie ist infolge der vorzitierten heftig kritisierten Rechtsprechung (vgl. nur *Bork* ZIP 2005, 1205) jedoch nicht zu vermeiden.

6. Öffentliche Hand als Auftraggeber

42b Der Eintragung einer Bauhandwerkersicherungshypothek steht es **nicht entgegen**, dass es sich bei dem **Auftraggeber um eine juristische Person des öffentlichen Rechts** handelt (so auch LG Ravensburg Urt. 29.7.2004 6 O 130/04 = BauR 2004, 1793). Schon aus dem Wortlaut des § 648 BGB ergibt sich keine diesbezügliche Einschränkung. Für eine analoge Anwendung der in § 648a Abs. 6 Nr. 1 BGB vorgesehenen Ausnahmeregelung gibt es keinen Anhaltspunkt, zumal nicht ersichtlich ist, dass der Gesetzgeber hier versehentlich eine vergleichbare Regelung bei § 648 BGB vergessen hat. Auch eine entsprechende Auslegung erscheint nicht angezeigt: Denn es geht bei § 648 BGB nicht nur um eine reine Sicherungsregelung, sondern auch um die erleichterte Vollstreckungsmöglichkeit in einen Vermögensgegenstand des Auftraggebers. Dass möglicherweise für einen späteren Vollzug der Zwangsvollstreckung noch eine gesonderte Zulassungsverfügung erforderlich ist, ändert an dem zivilrechtlich bestehenden Anspruch auf Eintragung einer Bauhandwerkersicherungshypothek nichts.

IV. Tatbestandlicher Ausschluss (§ 648a Abs. 4 BGB)

43 Bei den tatbestandlichen Voraussetzungen der Eintragung einer Bauhandwerkersicherungshypothek ist der gesetzliche **Ausschlussgrund des § 648a Abs. 4 BGB** zu berücksichtigen: Hat der Unternehmer für seine Vergütungsforderung bereits eine Sicherheitsleistung nach § 648a Abs. 1 oder 2 BGB **erlangt**, kann er nicht noch zusätzlich seine Vergütungsforderung durch Eintragung einer Sicherungshypothek absichern. Dies ist an sich eine Selbstverständlichkeit: Denn andernfalls würde der Unternehmer für ein und dieselbe Forderung eine doppelte Sicherheit in Händen halten. Gleichwohl bleiben Grenzfälle: Hat der Auftragnehmer nur **teilweise eine Sicherheitsleistung nach § 648a BGB** erlangt, kann er schon nach der gesetzlichen Ausschlussregelung des § 648a BGB **im Übrigen** die Eintragung einer Sicherungshypothek fordern. Ferner ist der umgekehrte Fall zu beachten: Solange der Auftragnehmer noch keine Sicherheit nach § 648a BGB in Höhe des ihm zustehenden sicherungsfähigen Vergütungsanspruchs in Händen hält, greift der Ausschluss des § 648a Abs. 4 BGB nicht, d.h. vor allem: Der Auftragnehmer **kann zunächst beide Rechte nebeneinander** geltend machen (*Staudinger/Peters* § 648a BGB Rn. 26; *Werner/Pastor* Rn. 317 – a.A. *Siegburg* BauR 1997, 40, 48). Dabei steht ihm ein Wahlrecht zu. Hat der Auftragnehmer hingegen eine Sicherheit nach § 648a BGB erhalten, ist es sodann unbeachtlich, ob für diese Sicherheit bereits die Verwertungsreife eingetreten, d.h. vor allem ob sie schon fällig ist: Dies gewinnt an Bedeutung, wenn der Bürge bei einer Sicherheitsleistung nach § 648a BGB unter Anlehnung an einen Zahlungsplan Zahlung erst nach feststehender Fälligkeit verspricht. In diesem Fall kommt wegen § 648a Abs. 4 BGB gleichwohl die Eintragung einer Sicherungshypothek zur ersten Baufortschrittsrate nicht mehr in Betracht (OLG Köln Urt. v. 19.5.1995 20 U 199/94 = BauR 1996, 272 = SFH § 648a BGB Nr. 1).

C. Sicherungsfähige Forderungen – Mängel der Leistung

Die Bauhandwerkersicherungshypothek kann nur in Höhe der aus dem betreffenden Bauvertrag **tatsächlich bestehenden Forderung des Auftragnehmers** eingetragen werden. Dabei muss die zu sichernde Forderung **nicht fällig** sein; vielmehr kommt es darauf an, dass sie entstanden ist und zum Zeitpunkt der Geltendmachung der Bauhandwerkersicherungshypothek noch besteht. Auch der Rechtsgrund der Forderung ist unbeachtlich, solange dieser nur in dem Bauvertrag liegt. So können neben Vergütungsansprüchen vor allem Schadensersatzansprüche u.a. gesichert werden. Bei der Höhe der zu sichernden Forderung ist allerdings zu prüfen, ob diese nicht wegen Mängeln u.a. zu reduzieren ist. **44**

I. Tatsächlicher Forderungsumfang

1. Vergütungsansprüche

In erster Linie können über eine Bauhandwerkersicherungshypothek **Vergütungsansprüche des Auftragnehmers** gesichert werden. Folgende Besonderheiten sind zu beachten: **45**

a) Ansprüche für erbrachte Leistungen

Sicherungsfähig ist eine entstandene **Vergütungsforderung** des Auftragnehmers **für** eine **Leistung, die tatsächlich erbracht** ist. Eingeschlossen sind hiervon alle »Sondervergütungen« wie z.B. Beschleunigungsprämien (*Werner/Pastor* Rn. 229; *Groß* S. 45). Ob die Vergütungsforderung fällig ist, ist unbeachtlich (BGH Urt. v. 10.3.1977 VII ZR 77/76 = BGHZ 68, 180 = BauR 1977, 208 = NJW 1977, 947; OLG Koblenz Urt. v. 19.7.1993 5 U 921/93 = NJW-RR 1994, 786; OLG Brandenburg Urt. v. 24.4.1992 13 U 245/01 = BauR 2003, 578, 579; vgl. auch *Groß* S. 47 f. m.w.N.). Ebenso ist unbeachtlich, ob die zu sichernde Forderung auf einer noch offenen Abschlagsrechnung beruht und inzwischen Schlussrechnungsreife vorliegt (OLG München Beschl. v. 12.5.2005 13 W 1494/05 = BauR 2005, 1960). Ist die Leistung nur teilweise erbracht, kann der Auftragnehmer eine Sicherungshypothek nur für einen der geleisteten Arbeit entsprechenden Teil der Vergütung und für die in der Vergütung nicht inbegriffenen Auslagen verlangen (§ 648 Abs. 1 S. 2 BGB). Wird die (teilweise ausgeführte) Bauleistung vor der Abnahme zerstört oder beschädigt, kommt es für die Höhe der sicherungsfähigen Vergütung entscheidend darauf an, welcher der Vertragspartner die Vergütungsgefahr trägt. So ist u.a. zu prüfen, ob die Zerstörung oder Beschädigung auf Umstände zurückzuführen ist, die nach § 7 VOB/B den vorzeitigen Gefahrübergang bewirken. Trifft das nicht zu, hat der Auftragnehmer **(noch) keinen Vergütungsanspruch, der zu sichern wäre**; ist dies der Fall, kann er die Sicherung seines nach § 7 VOB/B verdienten Vergütungsanspruches verlangen. Dies gilt auch für vorzeitig gekündigte bzw. sonst beendete Bauverträge. **46**

b) Vergütungsanspruch nach Vertragskündigung

Eine Sicherungshypothek sichert auch **Vergütungsansprüche** des Auftragnehmers **nach** einer vorzeitigen (**rechtsgrundlosen**) **Vertragskündigung** des Auftraggebers nach § 8 Nr. 1 VOB/B/§ 649 BGB (OLG Düsseldorf Beschl. v. 14.8.2003 5 W 17/03 = BauR 2004, 549 [Ls.] = NJW-RR 2004, 18 = NZBau 2003, 615, 616; OLG Brandenburg Urt. v. 24.2.2002 13 U 245/01 = BauR 2003, 578, 579; OLG Naumburg Urt. v. 12.9.1996 3 U 146/95 = BauR 1998, 1105; ebenso: *Werner/Pastor* Rn. 228; MüKo/*Busche* § 648 BGB Rn. 15; *Kniffka/Koeble* 10. Teil Rn. 10; *Palandt/Sprau* § 648 Rn. 4; *Praun/Merl* in Handbuch des privaten Baurechts § 18 Rn. 182; in diesem Sinne wohl auch zu verstehen: BGH Urt. v. 5.12.1968 VII ZR 127, 128/66 = BGHZ 51, 190, 192 f. = NJW 1969, 419, 420 f.; – a.A. OLG Jena Urt. 22.4.1998 2 U 1747/97 = BauR 1999, 179, 181 = NJW-RR 1999, 384, 385). Dasselbe gilt für Vergütungsansprüche nach einer **Kündigung des Auftragnehmers gemäß § 9 VOB/B für die nicht ausgeführten Leistungen bzw. Teilleistungen** (so wohl auch *Werner/Pastor* Rn. 228; a.A. *Siegburg* BauR 1990, 32, 48, der hier den Begriff der Werterhöhung zu eng interpretiert). Der **47**

Möglichkeit der Sicherung eines Vergütungsanspruches nach § 8 Nr. 1 VOB/B/§ 649 BGB steht § 649 Abs. 1 S. 2 BGB nicht entgegen (so aber OLG Jena Urt. 22.4.1998 2 U 1747/97 = BauR 1999, 179, 181 = NJW-RR 1999, 384, 385). Denn eine vorzeitig gekündigte Werkleistung ist insoweit nicht unvollendet. Vielmehr beschränkt sich infolge der Kündigung des Bauherrn die Vergütung des Auftragnehmers gemäß § 8 Nr. 1 VOB/B/§ 649 BGB auf das, was er zum Zeitpunkt der Kündigung hergestellt hatte. In diesem Umfang handelt es sich dann um ein vollendetes Werk (BGH Urt. v. 11.5.2006 VII ZR 146/04 = BauR 2006, 1294, 1295 f. = NJW 2006, 2475, 2476 = NZBau 2006, 569, 570 = ZfBR 2006, 561). Im Übrigen steht die Sicherung nach § 648 BGB aber unter der **zusätzlichen Voraussetzung, dass der Unternehmer** wenigstens **mit den Arbeiten am Bauwerk begonnen hat**; nicht ausreichend sind demgegenüber bloße Bauvorbereitungsarbeiten (Anliefern von Baustoffen u.a. – vgl. zum Baubeginn die ähnliche Rechtslage zu einer Sicherungsfähigkeit der Vergütung eines nur planenden Architekten oben Rn. 19). Der Beginn mit den Bauwerksarbeiten ist erforderlich, da sich nur dann die Werkleistung des Unternehmers wenigstens zum Teil in einer Werterhöhung des Bauwerks im Sinne der Werterhöhungstheorie niedergeschlagen hat (wie hier: OLG Düsseldorf Urt. v. 15.4.1972 20 U 15/72 = NJW 1972, 1863; wohl auch schon RGZ 58, 301; ebenso: *Kniffka/Koeble* 10. Teil Rn. 12; *Werner/Pastor* Rn. 222, 238 ff.; *Erman/Schwenker* § 648 Rn. 10; zur Werterhöhungstheorie siehe oben Rn. 4 ff.). Dass dann der Unternehmer durch Kündigung an der Fortsetzung seiner Leistungen und somit einer weiteren Werterhöhung gehindert wird, ändert an der Sicherungsfähigkeit seiner aus diesem Grund entstehenden (Gesamt)vergütung abzüglich ersparter Aufwendungen nichts. Umgekehrt reicht jedoch der bloße Abschluss eines Bauvertrages, der sodann gekündigt wird, für eine Sicherung der nach § 8 Nr. 1 VOB/B, § 649 BGB entstehenden Vergütungsansprüche mangels Mehrwert nicht aus (so wohl auch *Werner/Pastor* Rn. 222).

48 Eingeschränkt ist der Anwendungsbereich des § 648 BGB bei einer **Kündigung des Auftraggebers aus wichtigem Grund gemäß § 8 Nr. 2–4 VOB/B**. Auch hier kann zwar die Vergütung des Auftragnehmers für die von ihm **erbrachten Leistungen** unstreitig über eine Sicherungshypothek abgesichert werden – aber nur insoweit, als eine solche nach Abzug von Gegenansprüchen des Auftraggebers übrig bleibt (so auch OLG Brandenburg Urt. v. 24.4.2002 13 U 245/01 = BauR 2003, 578, 579). Allzu viel Spielraum wird in diesen Fällen daher für eine Absicherung nicht bestehen.

c) Sonstige Voraussetzungen

49 Der Anspruch auf eine vereinbarte **Naturalvergütung** (ebenso: *Werner/Pastor* Rn. 231) oder der Anspruch auf ein für den Fall des Rücktritts vom Vertrag vereinbartes **Reugeld** ist **keine** nach § 648 BGB sicherungsfähige **Forderung aus einem Bauvertrag**, ebenso nicht der Anspruch auf Ersatz von Kosten eines künftig möglichen Prozesses.

50 Die Existenz eines Vergütungsanspruchs genügt für die Geltendmachung einer Bauhandwerkersicherungshypothek nicht, wenn dieser im Bauvertrag **zusätzlich von** bestimmten, außerhalb der Erstellung der Leistung und der Fälligkeit der Vergütung liegenden **besonderen Voraussetzungen abhängig gemacht** worden ist. Vielmehr müssen in diesem Fall für die Eintragung einer Sicherungshypothek auch diese zusätzlichen Voraussetzungen gegeben sein. Andernfalls besteht noch kein Anspruch auf eine Vormerkung bzw. Eintragung einer Sicherungshypothek (vgl. OLG Köln Urt. v. 26.2.1982 20 U 199/81 = SFH § 648 BGB Nr. 5 für den Fall der vertraglichen Vereinbarung, dass die Bauherren einer Bauherrengemeinschaft nicht als Gesamtschuldner haften und nur gegen im Verzug befindliche Bauherren Zahlungsansprüche geltend gemacht werden können, wobei der Architekt die im Verzug befindlichen Bauherren zu benennen hatte und zur »Beifügung aller für eine Zwangsmaßnahme erforderlichen Unterlagen« verpflichtet war).

51 Selbstverständlich muss dem Auftragnehmer die Vergütungsforderung noch zustehen. Andernfalls fehlt es an einer für die Eintragung einer Bauhandwerkersicherungshypothek maßgeblichen Tatbestandsvoraussetzung. Bedeutung erlangt dieser Fall vor allem bei der (Sicherungs-)**abtretung von Vergütungsforderungen** zugunsten etwa den Auftragnehmer finanzierender Kreditinstitute. Hier ist unstreitig, dass – im Übrigen wie bei der Pfändung des Vergütungsanspruchs – der Sicherungsanspruch aus § 648 BGB analog § 401 BGB auf den Zessionar übergeht mit der Folge, dass nur dieser als Gläubiger einer Sicherungshypothek einzutragen ist (RGZ 126, 383, 384; OLG Köln OLGE 17, 426, 427; OLG Dresden Urt. v. 26.7.1999 2 U 1390/99 = NJW-RR 2000, 96 = NZBau 2000, 340 [Ls.]; *Werner/Pastor* Rn. 232). Dasselbe gilt, wenn zugunsten des ehemaligen Gläubigers (Zedent/Auftragnehmer) bereits eine Vormerkung eingetragen und die Sicherungszession nicht offengelegt wurde (OLG Dresden Urt. v. 26.7.1999 2 U 1390/99 = NJW-RR 2000, 96, 97 = NZBau 2000, 340 [Ls.]).

Soweit ein Vergütungsanspruch sicherungsfähig ist, gilt wie sonst als Bemessungsbetrag immer die **Bruttoforderung des Auftragnehmers**, also einschließlich Umsatzsteuer (*Motzke* S. 105; *Siegburg* Die Bauhandwerkersicherungshypothek S. 216; *Groß* S. 43, ders. BauR, 1971, 177). **52**

2. Sonstige werkvertragliche Ansprüche aus dem Bauvertrag, insbesondere Schadensersatzansprüche

Zu den sicherbaren Forderungen des Auftragnehmers aus dem Bauvertrag gehören **nicht nur reine Vergütungsansprüche**, sondern **auch darüber hinausgehende Zahlungsansprüche des Auftragnehmers, soweit sie auf dem Bauvertrag beruhen:** **53**

Von § 648 BGB erfasst werden danach vor allem **vertragliche Schadensersatzansprüche** des Auftragnehmers. Diese können beruhen auf § 280 Abs. 1 BGB/positiver Vertragsverletzung (BGH Urt. v. 5.12.1968 VII ZR 127/66, VII ZR 128/66 = BGHZ 51, 190, 193 = NJW 1969, 419, 421; MüKo/*Busche* § 648 BGB Rn. 20) oder auf Verzug, z.B. **wegen verspäteter Lieferung** der vom Auftraggeber zur Verfügung zu stellenden Materialien. Sicherbar sind ferner Ersatzansprüche wegen **sonstiger Verzugsschäden,** wie z.B. aus vergeblichen Beitreibungsversuchen, Gerichts- und Anwaltskosten oder Verzugszinsen (vgl. auch § 6 Nr. 6 VOB/B; vgl. BGH Urt. v. 17.5.1974 V ZR 187/72 = NJW 1974, 1761 = BauR 1974, 419 = SFH Z 2.321 Bl. 28 = MDR 1974, 1007 = LM § 648 BGB Nr. 4; LG Tübingen Beschl. v. 23.6.1983 2 O 11/83 = BauR 1984, 309; MüKo/*Busche* § 648 BGB Rn. 20; *Staudinger/Peters* § 648 BGB Rn. 27 – a.A. OLG Jena Urt. v. 22.4.1998 2 U 1747/97 = BauR 1999, 179, 180 = NJW-RR 1999, 384, 385; *Siegburg* S. 218; *ders.*, BauR 1990, 32, 47; wohl auch *Werner/Pastor* Rn. 229, 231 zu den Beitreibungskosten). Hinzuzurechnen sind auch Forderungen, die sich aus einem **Annahmeverzug des Auftraggebers** ergeben, sowie Ersatzansprüche für Arbeitslöhne, die der Auftragnehmer infolge einer vom Auftraggeber zu verantwortenden Einstellung der Arbeiten zusätzlich bzw. vergeblich zahlen muss. Schließlich wird der **Entschädigungsanspruch aus § 642 BGB** und der Aufwendungsersatzanspruch aus § 645 BGB erfasst (*Werner/Pastor* Rn. 228; *Staudinger/Peters* § 648 BGB Rn. 26 – a.A. MüKo/*Busche* § 648 BGB Rn. 19; wohl auch OLG Jena Urt. v. 22.4.1998 2 U 1747/97 = BauR 1999, 179, 180 f. = NJW-RR 1999, 384 f.). Demgegenüber vertritt Siegburg (BauR 1990, 32, 43 ff.) die Auffassung, dass die Sicherungshypothek nur Vergütungsansprüche des Auftragnehmers »nebst Auslagen« abdecke. Diese Auffassung ist jedoch zu eng: Denn bei sachgerechter Auslegung des »Mehrwertprinzips« gehören auch solche Aufwendungen des Auftragnehmers zu dem geschaffenen Mehrwert, die seine auf die Vergütung gerichtete Kalkulation betreffen. **54**

Der **Anspruch auf Rückzahlung einer geleisteten Sicherheit** (vgl. § 17 Nr. 5 VOB/B) wird durch § 648 BGB ebenfalls gedeckt (vgl. dazu auch *Groß* S. 42 ff.). Gleiches gilt für eine von der an sich verdienten Vergütung des Auftragnehmers **einbehaltene Sicherheit,** wie etwa nach § 17 Nr. 6 VOB/B (BGH Beschl v. 25.11.1999 VII ZR 95/99 = BauR 2000, 919 = NJW 2000, 1639 = NJW-RR 2000, 387 = NZBau 2000, 198; KG Urt. v. 16.9.1970 4 U 1800/70 = BauR 1971, 265; *Werner/Pastor* Rn. 229; *Siegburg* BauR 1990, 32, 46; MüKo/*Busche* § 648 BGB Rn. 18). Entgegen Rixecker (MDR 1982, 718) handelt es sich nämlich bei einem Sicherheitseinbehalt nicht bereits um eine erfüllungshalber erfolgende bzw. erfolgte Zahlung, sondern lediglich um eine teilweise Stundung des Vergütungsanspruches des Auftragnehmers (siehe hierzu § 17 Nr. 6 Rn. 1 VOB/B). Deshalb ist gerade hier durch **55** das damit verbundene teilweise Hinausschieben der Fälligkeit die Sicherbarkeit der Vergütung des Auftragnehmers gerechtfertigt.

56 Entgegen der Ansicht des OLG Jena (BauR 1999, 179, 181 = NJW 1999, 384, 385; so auch schon LG Zweibrücken Urt. v. 27.4.1982 3 S 211/81 = MDR 1982, 669; offengelassen in OLG Hamm Urt. v. 20.10.1999 12 U 107/99 = BauR 2000, 900) kann eine Sicherungshypothek **auch für Schadensersatzansprüche aus einem Bauvertrag bestellt werden, dessen Erfüllung der Auftraggeber abgelehnt hat, ehe der Auftragnehmer mit den Leistungen begonnen hatte.** Hier kommt es vorrangig nicht auf die sonst für eine Vergütungssicherung durchaus wesentliche Frage an, inwieweit die zugrunde liegende Leistung zu einer Werterhöhung des Bauwerks geführt hat, als vielmehr auf die **durch das Verhalten des Auftraggebers verhinderte Werterhöhung** (vgl. auch oben schon Rn. 20): Der Auftraggeber hat den Auftragnehmer so zu stellen, als hätte er den Auftrag ausgeführt, so dass hier die Gleichstellung nicht nur bei dem Vergütungsanspruch, sondern auch bei dessen Sicherung angebracht ist (vgl. RGRK-BGB/*Glanzmann* § 648 BGB Rn. 10; BGH Urt. v. 5.12.1968 VII ZR 127/66, VII ZR 128/66 = BGHZ 51, 190, 193 = NJW 1969, 419 = MDR 1969, 213; ebenso: MüKo/*Busche* § 648 BGB Rn. 16).

57 Soweit sich nach dem Gesagten die Handwerkersicherungshypothek auch auf über den reinen Werklohnanspruch hinausgehende Ansprüche erstreckt, muss dies **bei ihrer Eintragung inhaltlich zweifelsfrei zum Ausdruck** kommen. Dazu genügt nicht die Eintragung einer Bauhandwerkersicherungshypothek zur Sicherung der »Werklohnforderung« (BGH Urt. v. 17.5.1974 V ZR 187/72 = NJW 1974, 1761 = BauR 1974, 419 = SFH Z 2.321 Bl. 28 = MDR 1974, 1007 = BlGBW 1975, 38 = LM § 648 BGB Nr. 4). Das ist vor allem bei der Formulierung des Eintragungsantrages zu beachten.

II. Kürzung der durch die Bauhandwerkersicherungshypothek sicherbaren Forderungen wegen Mängeln

1. Grundsatz

58 Die Sicherungshypothek soll den Vergütungsanspruch des Werkunternehmers absichern. Lange Zeit war umstritten, inwieweit **Mängel der Bauwerksleistung die Höhe der sicherungsfähigen Vergütung beeinflussen.** Bedeutung gewinnt diese Frage vor allem, wenn der Auftraggeber von dem Auftragnehmer wegen Mängeln der Bauleistung zunächst nur Nacherfüllung verlangen kann. Insoweit besteht etwa nach Abnahme der volle Vergütungsanspruch einstweilen fort (bis er sich z.B. in einen Schadensersatz- oder Minderungsanspruch abhängig von den Voraussetzungen der VOB oder des BGB umwandelt). Aus diesem Grund will z.B. Peters dem Werkunternehmer so lange eine Sicherungshypothek in voller Höhe der Vergütungsforderung zugestehen, solange das Nacherfüllungsrecht des Auftragnehmers besteht (NJW 1981, 2550 ff.; *ders.*, in *Staudinger* § 648 BGB Rn. 32). Dem kann jedoch nicht gefolgt werden (siehe dazu zu der insoweit anderen Rechtslage bei § 648a BGB unten Rn. 156 f.). Es wurde bereits mehrfach betont, dass die Sicherungsfähigkeit der Vergütung nach § 648 BGB zumindest in der Regel jeweils eine Werterhöhung des Bauwerkes voraussetzt (vgl. oben Rn. 4). Der konkrete Wertzuwachs ist – von ganz wenigen Ausnahmen abgesehen (siehe hierzu z.B. bei einer Erfüllungsverweigerung des Auftraggebers: oben Rn. 57) – daher unabdingbare Voraussetzung für die Eintragungsfähigkeit der Sicherungshypothek. Ist aber eine Leistung mit Mängeln behaftet, fehlt es unabhängig von der Tatsache, ob bereits ein bestimmtes Mängelrecht des Auftraggebers entstanden ist, in diesem Umfang an einem Wertzuwachs bzw. Vorteil des Auftraggebers im Sinne eines Vermögenszuwachses. Dies gilt selbst dann, wenn der Auftragnehmer z.B. aufgrund der Tatsache, dass der Auftraggeber eine angeforderte Sicherheit nach § 648a BGB nicht gestellt hat, seine weitere Leistungserbringung (i.E. die Mangelbeseitigung) zurückhalten darf (OLG Celle Urt. v. 7.8.2002 7 U 60/02 = BauR 2003, 133, 134). In all diesen Fällen ist eine solche mangelbehaftete Leistung nicht die vollwertig geschuldete Leistung, sondern steht vom Wertzuwachs eher einer Teilleistung vor Vollendung des Werks gleich. Daher vertritt die heute wohl herrschende Meinung zu Recht die Auffassung, dass **mängelbehaftete Leistungen die Sicherungsfähigkeit einer Vergütung nach § 648 BGB beschränken** (BGH Urt. v. 10.3.1977 VII ZR 77/76 = BGHZ 68, 180, 183 = SFH Z 2.321 Bl. 59 = NJW 1977, 947 = BauR 1977, 208 = MDR 1977, 659 = JZ 1977, 401 = LM § 648 BGB Nr. 5; OLG Frankfurt Urt. v. 16.6. 1987 8 U 37/87 = BauR 1988, 343, 345 f.; OLG Koblenz Urt. v. 29.7.1993 5 U 921/93 = NJW-RR 1994, 786; OLG Rostock Urt v. 5.10.1994 2 U 39/94 = BauR 1995, 262; OLG Celle Urt. v. 26.4.1995 13 U 165/94 = OLGR Celle 1995, 293; OLG Hamm Urt. v. 19.8.1997 24 U 62/97 = BauR 1998, 885, 886; OLG Köln Urt. v. 19.11.1997 27 U 56/97 = BauR 1998, 794, 796; ebenso: MüKo/*Busche* § 648 BGB Rn. 22 f.; *Werner/Pastor* Rn. 234 ff.; *Locher* Das private Baurecht Rn. 697; ähnlich *Motzke* S. 112 ff.; *Siegburg* BauR 1990, 290, 299).

Kann demnach der Auftraggeber die Forderung des Auftragnehmers **mindern** (§ 638 BGB; § 13 Nr. 6 VOB/B), die **Erstattung von Mängelbeseitigungskosten, Vorschuss für solche Kosten** (§ 637 BGB; § 13 Nr. 5 Abs. 2 VOB/B) oder **Schadensersatz verlangen** (§§ 634 Nr. 4, 636, 280 ff. BGB; § 4 Nr. 7 oder § 13 Nr. 7 VOB/B), stehen ihm also **geldwerte Gegenansprüche** zu und macht er diese geltend, kann die Sicherungshypothek **grundsätzlich nicht den dadurch entfallenden Teil der Vergütung sichern** (vgl. LG Oldenburg MDR 1971, 1008); daher ist der Betrag der Vormerkung oder der Sicherungshypothek entsprechend zu reduzieren (so auch *Peters* NJW 1981, 2550). Die Reduzierung umfasst lediglich die voraussichtlichen Mangelbeseitigungskosten, **nicht** einen etwaigen erhöhten Wert unter zusätzlicher Berücksichtigung eines **Druckzuschlags** (§ 641 Abs. 3 BGB – so aber wohl *Kniffka/Koeble* 10. Teil Rn. 14). Denn bei der Eintragung einer Sicherungshypothek geht es nicht um die zu diesem Zeitpunkt durchsetzbare Werklohnforderung als solche, sondern um den dem Grundstück zufließenden Wertzuwachs, der bei Mängeln nur um den einfachen Faktor entstehender Mangelbeseitigungskosten gemindert ist (OLG Brandenburg Urt v. 24.4.2002 13 U 245/01 = BauR 2003, 578, 580; OLG Stuttgart Urt. v. 25.1.2005 6 U 175/04 = BauR 2005, 1047, 1049). Auch das Verbot der Aufrechnung in AGB des Auftragnehmers hindert die Geltendmachung von Gegenansprüchen des Auftraggebers nicht, sofern es sich um unbestrittene oder rechtskräftig festgestellte Gegenforderungen handelt, da dies gegen § 309 Nr. 3 BGB verstoßen würde. Das gilt allgemein auch für bestrittene Gegenforderungen. Allerdings muss der Auftraggeber hier deren Bestand nachweisen bzw. glaubhaft machen mit der Maßgabe, dass auch insoweit eine Werterhöhung auf dem Grundstück des Auftraggebers nicht stattgefunden hat (vgl. OLG Frankfurt Urt. v. 16.6.1987 8 U 37/87 = BauR 1988, 343, 345 m.w.N.).

59

2. Berechnung der Höhe der Sicherungshypothek bei noch nicht entstandenem geldwerten Mängelanspruch

Einer besonderen Betrachtung bedarf es, wenn dem Auftraggeber zum Zeitpunkt der Eintragung der Vormerkung oder der Bauhandwerkersicherungshypothek noch **ein Erfüllungsanspruch oder ein Nacherfüllungsrecht** (§ 635 BGB; § 13 Nr. 5 VOB/B) zusteht. Auch diese Rechte verkürzen – wie hinreichend ausgeführt (vgl. vorstehend Rn. 58 f.) – aufgrund des ihnen zugrunde liegenden Mangels der Werkleistung die Höhe der sicherungsfähigen Vergütung. Dies gilt unabhängig davon, ob dem Auftragnehmer ggf. ein Recht zusteht, die weitere Leistung bzw. Mängelbeseitigung, etwa nach § 648a Abs. 1 BGB, zu verweigern (OLG Celle Urt. v. 7.8.2002 7 U 60/02 = BauR 2003, 133, 134). Die lange Zeit vertretene Gegenauffassung (vgl. oben Rn. 58) hob zwar zu Recht die **praktischen Schwierigkeiten** dieser Lösung hervor: Vormerkungen für eine Bauhandwerkersicherungshypothek werden nämlich vielfach im Wege des einstweiligen Rechtsschutzes eingetragen; daher kann die Überprüfung der Existenz eines Mangels bzw. seines die Höhe der Sicherungshypothek beeinflussenden Wertes in der Kürze der in einem Verfügungsverfahren zur Verfügung stehenden Zeit zu ganz erheblichen Schwierigkeiten führen (*Groß* S. 50 ff.; *Barnickel* BlGBW 1977, 195). In Erwägung gezogen wird daher teilweise die Verurteilung zur Eintragung einer Sicherungshypothek bzw. Vormerkung Zug um Zug gegen Vornahme im Einzelnen zu bezeichnender Nacherfüllung ent-

60

sprechend den §§ 274 Abs. 1, 322 Abs. 1 BGB (OLG Frankfurt Urt. v. 16.1.1964 1 U 158/63 = SFHZ 2.321 Bl. 20). In der Praxis ist ein solcher Weg jedoch untauglich, da eine Vollstreckung faktisch ausgeschlossen wäre: Denn ein Auftragnehmer müsste gemäß § 765 ZPO durch öffentlich beglaubigte Urkunden den Nachweis erbringen, dass er ordnungsgemäß nachgebessert hat (so auch *Kapellmann* BauR 1976, 323, 326, dem angeschlossen BGH Urt. v. 10.3.1977 VII ZR 77/76 = BGHZ 68, 180, 183 = SFH Z 2.321 Bl. 59 = NJW 1977, 947 = BauR 1977, 208 = MDR 1977, 659 = JZ 1977, 401 = LM § 648 BGB Nr. 5). Auch widerspräche diese Sichtweise dem oben näher beschriebenen Grundsatz, dass Mängel grundsätzlich die Höhe der sicherungsfähigen Vergütung einschränken (siehe oben Rn. 59). Die gleichwohl im Zusammenhang mit der Bestimmung der sicherungsfähigen Vergütung, zumal in einem Eilverfahren nicht zu leugnenden Schwierigkeiten bei der Beurteilung, ob und inwieweit ein Mangel vorliegt, müssen somit durch andere zivilprozessuale Mittel ausgeglichen werden, so z.B. durch eine Schätzung nach § 287 ZPO (OLG Celle Urt. v. 22.5.2001 16 U 70/01 = BauR 2001, 1623; LG Chemnitz BauR 1994, 413 [Ls.]; ebenso: *Werner/Pastor* Rn. 234). Ohnehin darf nicht verkannt werden, dass die dagegen stehenden Mängel im Verfügungsverfahren nicht nachgewiesen, sondern nur glaubhaft gemacht werden müssen.

3. Kürzung der Sicherungshypothek bei nur subsidiärer Haftung des Auftragnehmers

61 Zur Kürzung einer einzutragenden Sicherungshypothek bzw. einer darauf gerichteten Vormerkung wegen Mängeln kommt es ebenfalls, wenn – wie nicht selten der Fall – der Auftragnehmer für diese Mängel **nur subsidiär haftet**. So kann z.B. je nach vertraglicher Vereinbarung und deren Wirksamkeit ein Bauherr einen Generalunternehmer nach Abtretung von dessen Gewährleistungsansprüchen gegen Nachunternehmer an den Bauherrn erst in Anspruch nehmen, wenn der Bauherr bei dem Nachunternehmer ausgefallen ist. Treten nunmehr Mängel auf, ist es dem Generalunternehmer gleichwohl verwehrt, eine Sicherungshypothek zur Absicherung der ungekürzten Vergütungshöhe eintragen zu lassen (zutreffend OLG Celle Urt. v. 1.8.1985 14 U 71/85 = BauR 1986, 588).

4. Beweislast/Glaubhaftmachung bei Mängeln

62 Sowohl im Klageverfahren zur Eintragung einer Sicherungshypothek als auch im zeitlich vorgelagerten Verfügungsverfahren zur Eintragung einer darauf gerichteten Vormerkung gilt bei behaupteten Mängeln zur Darlegungs- und Beweislast: **Für die Zeit vor der Abnahme hat der Auftragnehmer die Mangelfreiheit der Leistung,** für die **Zeit nach der Abnahme der Auftraggeber die Mangelhaftigkeit darzulegen** und zu beweisen bzw. **glaubhaft zu machen** (BGH Urt. v. 10.3.1977 VII ZR 77/76 = BGHZ 68, 180, 183 = SFH Z 2.321 Bl. 59 = NJW 1977, 947 = BauR 1977, 208 = MDR 1977, 659 = JZ 1977, 401 = LM § 648 BGB Nr. 5; OLG Hamm Urt. v. 19.8.1997 24 U 62/97 = BauR 1998, 885, 886; ebenso *Weise* Sicherheiten im Baurecht Rn. 541). Insbesondere für die Zeit vor der Abnahme wird demgegenüber allerdings auch vertreten, dass ein Auftraggeber, der im Verfügungsverfahren die Kürzung eines zur Sicherung anstehenden Vergütungsanspruchs wegen Mängeln behauptet, die Mängel darlegen und glaubhaft machen müsste. Denn immerhin erhalte er bei Vollendung der Bauleistung im Zweifel den Wert, dem seine volle Vergütungsleistung entspreche (*Jagenburg* NJW 1975, 216; *Siegburg* BauR 1990, 290, 300). Dies ist falsch: Denn nicht beachtet wird dabei, dass es vor der Abnahme keinen Erfahrungssatz dahin gibt, dass die fertiggestellte oder – besser – beendete Leistung des Auftragnehmers mangelfrei ist – zumal der Auftraggeber weder im Wege der Abnahme seine Billigung der erbrachten Leistung geäußert hat noch sonst auf seine Billigung zu schließen ist (i.E. wie hier: OLG Stuttgart Urt. v. 25.1.2005 6 U 175/04 = BauR 2005, 1047, 1049; OLG Brandenburg Urt. v. 16.2.2005 4 U 129/04 = BauR 2005, 1067 [Ls.] = IBR 2005, 372). Die vorgenannten Grundsätze zur Darlegung und Beweislast/Glaubhaftmachung von Mängeln gelten auch bei der Eintragung einer Sicherungshypothek bzw. Vormerkung für Vergütungsansprüche nach einer auf § 8 Nr. 1 VOB/B beruhenden Kündigung (OLG Köln SFH § 648 BGB Nr. 1 mit zutreffender krit. Anm. v. *Hochstein* hinsichtlich der Beweiswürdigung) sowie bei einer Kündigung aus wichtigem Grund nach § 8 Nr. 2–4 VOB/B.

5. Ausnahme der Kürzung: ganz geringfügige Mängel sowie bereits vorliegender Titel

Die Kürzung des durch eine Sicherungshypothek zu sichernden Vergütungsanspruchs kann trotz vorhandener Mängel unter Umständen **gegen Treu und Glauben verstoßen,** wenn der **Mangel der Leistung ganz und gar geringfügig ist** (dazu OLG Nürnberg BB 1965, 183 = OLGZ 65, 12; insoweit zutreffend auch *Barnickel* BlGBW 1979, 195). Ebenfalls ist eine Kürzung ausgeschlossen, wenn bereits ein **vollstreckungsfähiger Titel** zur Eintragung einer Sicherungshypothek vorliegt (z.B. nach einer Unterwerfung des Bauherrn unter die sofortige Zwangsvollstreckung in sein gesamtes Vermögen). In diesen Fällen kann der Bauherr etwaige die Vergütung des Bauunternehmers **mindernde Mängel nur im Wege der Vollstreckungsgegenklage** gegen den bereits vorliegenden Titel geltend machen (OLG Bremen Beschl. v. 30.10.1998 2 W 100/98 = BauR 1999, 1332 [Ls.] = NJW-RR 1999, 963). **63**

6. Löschung einer eingetragenen Sicherungshypothek bei später auftretenden Mängeln

Zeigen sich erst **nach Eintragung** der Vormerkung oder der Sicherungshypothek **Mängel,** kann der Auftraggeber nach **§ 812 Abs. 1 S. 2 BGB Löschung dieser Vormerkung oder Sicherungshypothek in Höhe des Umfangs etwaiger Gegenrechte verlangen** (*Motzke* S. 121 f.; *Werner/Pastor* Rn. 236). **Prozessual** ist dabei für die Berichtigung des Grundbuchs zu unterscheiden, in welchem Verfahrensstand sich die Eintragung der Hypothek befindet: Wurde zunächst nur eine Vormerkung im Beschlusswege (ohne mündliche Verhandlung) eingetragen, kann der Auftraggeber nunmehr auftretende Mängel im Rahmen eines ggf. jetzt noch durchzuführenden Widerspruchsverfahrens gegen die Verfügung einbringen. Wurde bereits ein Widerspruchsverfahren durchgeführt und ist die Vormerkung infolge eines Endurteils eingetragen worden, muss der Auftraggeber gegen diese Vormerkung gemäß §§ 936, 927 ZPO vorgehen (»Aufhebung wegen veränderter Umstände«). Wurde schon eine Sicherungshypothek nach § 648 BGB eingetragen, muss der Auftraggeber gegen den Auftragnehmer eine normale Zivilklage erheben (so auch *Werner/Pastor* Rn. 236). **64**

III. Kürzung der Forderung wegen sonstiger Gegenrechte

Die Höhe der durch eine Sicherungshypothek sicherbaren Forderung wird nicht nur durch Mängel beeinflusst, d.h. gekürzt, sondern auch durch andere Umstände. Hierzu gehören vor allem: **65**

1. Berücksichtigung einer vorrangigen Aufrechnung

Eine Vergütungsforderung kann durch eine Sicherungshypothek nur in ihrem tatsächlichen Bestand gesichert werden. Daher kommt die Eintragung einer Sicherungshypothek (teilweise) von vornherein nicht in Betracht, wenn der Auftraggeber gegen die Vergütungsforderung mit Gegenansprüchen (wegen Mängeln oder aus anderen Gründen) **aufrechnen** kann und die Voraussetzungen des § 387 BGB gegeben sind. Haftet der Grundstückseigentümer für die gegen einen Dritten gerichtete Werklohnforderung, so kann er mit einer eigenen Forderung gegen den Werkunternehmer schon im Verfahren auf Bewilligung der Eintragung einer Bauhandwerkersicherungshypothek aufrechnen; dies folgt aus §§ 1142 Abs. 2, 242 BGB (KG Urt. v. 11.1.1985 21 U 2221/84 = NJW-RR 1986, 826). **66**

2. Keine Kürzung bei nicht fälligen Ansprüchen, vor allem bei Sicherheitseinbehalten des Auftraggebers

Auf die Fälligkeit der durch Sicherungshypothek zu sichernden Forderung kommt es nicht an (BGH Urt. v. 10.3.1977 VII ZR 77/76 = BGHZ 68, 180 = BauR 1977, 208 = NJW 1977, 947; OLG Koblenz **67**

Anhang 2   Sicherung von Vergütungsansprüchen der Bauunternehmer

Urt. v. 29.7.1993 5 U 921/93 = NJW-RR 1994, 786; OLG Brandenburg Urt. v. 24.4.2002 13 U 245/01 = BauR 2003, 578, 579; vgl. auch *Groß* S. 47 f. m.w.N.). Daher ist es z.B. bei einem VOB-Vertrag für die Sicherbarkeit der Vergütung unerheblich, ob eine die Vergütung rechtfertigende Schlussrechnung (vgl. § 16 Nr. 3 Abs. 1 VOB/B) gestellt wurde (OLG Brandenburg a.a.O.). Sicherbar ist ferner der **Anspruch auf Rückzahlung einer geleisteten Sicherheit** (vgl. etwa § 17 Nr. 5 VOB/B) (vgl. dazu auch *Groß* S. 42 ff.). Dasselbe gilt im Hinblick auf eine an sich bereits verdiente Vergütung des Auftragnehmers für eine vom Auftraggeber hiervon zu Recht **einbehaltene Sicherheit** (siehe zum Charakter eines Sicherheitseinbehaltes als Teil einer schon verdienten Vergütung: Erläuterungen bei § 17 Nr. 6 Rn. 1), wie etwa nach § 17 Nr. 6 VOB/B (BGH Beschl. v. 25.11.1999 VII ZR 95/99 = BauR 2000, 919 = NJW 2000, 1639 = NJW-RR 2000, 387 = NZBau 2000, 198; KG Urt. v. 16.9.1970 4 U 1800/70 = BauR 1971, 265; OLG Köln Urt. v. 19.11.1997 27 U 56/97 = BauR 1998, 794, 796; BGH BauR 2000, 919 = NZBau 2000, 198 = NJW 2000, 1639; *Werner/Pastor* Rn. 226 – siehe auch oben Rn. 55). Selbst wenn diese ordnungsgemäß auf einem Sperrkonto eingezahlt ist, ändert dies nichts daran, dass der Auftragnehmer insoweit noch nicht über seine Vergütung für die von ihm erbrachten Leistungen verfügt (a.A. *Kleefisch/Herchen* NZBau 2006, 201). Folglich findet eine Kürzung des durch die Bauhandwerkerhypothek sicherbaren Vergütungsanspruchs nicht statt.

3. Kürzung bei dauernden Einreden gegen den Vergütungsanspruch

68 Hält der Auftraggeber dem Sicherungsanspruch des Auftragnehmers eine **dauernde Einrede** entgegen, wie die der **Verjährung** des Vergütungsanspruchs, hat der Auftragnehmer **keinen Anspruch auf Eintragung** einer Sicherungshypothek (vgl. LG Aurich Urt. v. 25.1.1991 4 O 1391/88 = NJW-RR 1991, 1240). Dies gilt auch dann, wenn der Auftraggeber in unverjährter Zeit die Eintragung einer Vormerkung erwirkt hat. Der Auftraggeber kann selbst in diesem Fall nach § 886 BGB die Beseitigung der Vormerkung fordern (ebenso *Werner/Pastor* Rn. 233). § 216 Abs. 1 BGB gilt hier nicht: Zwar durchbricht § 216 Abs. 1 BGB (§ 223 Abs. 1 BGB a.F.) den Grundsatz der Akzessorietät von Hypothek und Pfandrecht insoweit, als die Verjährung des gesicherten Hauptanspruchs dem dinglichen Verwertungsrecht nicht entgegen gesetzt werden kann. Nach ganz herrschender Meinung ist § 216 Abs. 1 BGB auf die Vormerkung jedoch nicht anwendbar (vgl. nur MüKo/*Grothe* 4. Aufl., § 216 BGB Rn. 3; *Palandt/Heinrichs* § 216 Rn. 5). Ist hingegen die Hypothek eingetragen, kommt es nach § 216 Abs. 1 BGB auf eine erst danach eintretende Verjährung der gesicherten Hauptforderung nicht mehr an. § 216 Abs. 1 BGB findet darüber hinaus entsprechende Anwendung, wenn sich der Auftraggeber nach Eintragung der Sicherungshypothek auf den Schlusszahlungseinwand nach § 16 Nr. 3 Abs. 2 S. 1 VOB/B beruft (BGH Urt. v. 23.4.1981 VII ZR 207/80 = NJW 1981, 1784 = LM VOB [B] 1973 § 16 Nr. 14). Dasselbe gilt, wenn sich die Bauvertragsparteien vergleichsweise einigen, dass der Auftraggeber zur Abwendung einer dinglichen Klage auf Eintragung einer durch Vormerkung gesicherten Bauhandwerkersicherungshypothek den Gesamtbetrag bei einem Notar zu hinterlegen hat mit der Maßgabe, dass der Auftragnehmer aus dem hinterlegten Betrag bei Bestehen des gesicherten Anspruchs unabhängig von dessen Verjährung zu befriedigen ist (BGH Urt. v. 17.2.2000 VII ZR 51/98 = BGHZ 143, 397, 398 = BGH BauR 2000, 885, 886 = NJW 2000, 1331 = ZfBR 2000, 262, 263).

D. Verfahren zur Eintragung einer Sicherungshypothek im Grundbuch; Vormerkung, einstweilige Verfügung

I. Grundsatz

69 Die **Bestellung** der Sicherungshypothek **erfordert grundsätzlich** eine entsprechende **Einigung** der Parteien **und eine Eintragung** in das Grundbuch (§ 873 BGB). Neben diesen materiellen Voraussetzungen ist das dafür gebotene Verfahren einzuhalten: Der nach dem Grundbuch berechtigte Grundstückseigentümer (Auftraggeber) hat eine notariell beglaubigte Bewilligung zur Eintragung einer Sicherungshypothek abzugeben (§§ 19, 29, 39 GBO). Aufgrund dieser Bewilligung und der vorliegenden materiell-rechtlichen Einigung ist die Sicherungshypothek zur Eintragung in das Grundbuch anzumelden (§ 13 GBO); dabei wirkt ein beim Grundbuchamt eingereichter Antrag rangwahrend gegenüber späteren Anträgen (§ 17 GBO).

Kommt keine gütliche Einigung mit dem Auftraggeber in Bezug auf die Eintragung einer Sicherungshypothek zustande, muss der Auftragnehmer hierauf eine **allgemeine Zivilklage** erheben. Die Bewilligung zur Eintragung einer Sicherungshypothek gilt dann mit Rechtskraft eines entsprechenden Urteils als erteilt (§ 894 ZPO). Solange das Urteil nicht in Rechtskraft erwachsen ist, gilt für die Übergangszeit zumindest die Eintragung einer Vormerkung als bewilligt (§ 895 ZPO). Soweit nicht einmal eine Vormerkung eingetragen ist, hat der Auftragnehmer wegen für die Eintragung einer Sicherungshypothek ggf. erforderlicher Erklärungen des Auftraggebers ein **Leistungsverweigerungsrecht nach § 273 BGB**, da die Pflicht zur Bestellung der Sicherungshypothek eine echte Vertragspflicht ist (*Kleine-Möller* FS Heiermann S. 193, 196 f.).

II. Vormerkung zur Eintragung einer Sicherungshypothek

In der Baupraxis wird der Auftragnehmer die Eintragung einer Sicherungshypothek auf der Grundlage einer (freiwilligen) Einigung mit dem Auftraggeber und dessen Bewilligung allenfalls in Ausnahmefällen betreiben können. Vorrangig ist die **Anspruchssicherung durch Eintragung einer Vormerkung, gerichtet auf Eintragung einer Sicherungshypothek**. Mit **einer Vormerkung kann sich der Auftragnehmer vor allem die Rangstelle im Grundbuch** für die von ihm erstrebte Bauhandwerkersicherungshypothek **sichern** (§ 883 BGB). Alle der Vormerkung zuwiderlaufenden Eintragungen im Grundbuch, die zeitlich später erfolgen, sind gegenüber dem aus der Vormerkung berechtigten Auftragnehmer relativ unwirksam (§§ 883 Abs. 2, 888 BGB). Doch auch die Eintragung einer Vormerkung bedarf grundsätzlich der (einseitigen) Bewilligung des Grundstückseigentümers, für die dieselben Formerfordernisse wie für die Eintragung einer Sicherungshypothek gelten (§§ 19, 29, 39 GBO – vgl. insoweit oben Rn. 69, auch zur rangwahrenden Wirkung eines Eintragungsantrages). Sie wird somit genauso schwer zu erzielen sein wie die Einigung zur Eintragung der Sicherungshypothek selbst. Eine ausschließlich auf Bewilligung der Vormerkung gerichtete Klage wäre zwar möglich, jedoch im Hinblick auf den damit verbundenen Zeitaufwand und der für die Dauer der Klage nicht möglichen Rangsicherung im Grundbuch ohne Wert. Daher tritt die nach § 885 Abs. 1 BGB zweite Möglichkeit zur Eintragung einer Vormerkung in den Vordergrund, nämlich die eine Bewilligung ersetzende **einstweilige Verfügung gerichtet auf Eintragung einer Vormerkung zur Sicherung einer Sicherungshypothek**. Demgegenüber könnte eine einstweilige Verfügung nicht unmittelbar auf Eintragung einer Sicherungshypothek betrieben werden; dies nähme die Hauptsache vorweg, was dem Wesen des einstweiligen Rechtsschutzes widerspricht. Selbst Ausnahmefälle sind insoweit kaum vorstellbar, da mit dem dinglichen Arrest verbunden mit einer Arresthypothek ein für ohnehin nur theoretisch denkbare Ausnahmefälle ausreichendes Sicherungsmittel zur Verfügung steht (so auch *Werner/Pastor* Rn. 268, dort Fußnote 274 mit Verweis auf OLG Stettin JW 1929, 211). Eine im Rahmen einer einstweiligen Verfügung relativ schnell mögliche Eintragung einer Vormerkung wird in der Regel durch eine zivilrechtliche Hauptsachenklage gerichtet auf Eintragung einer bereits durch Vormerkung gesicherten Sicherungshypothek verbunden mit einer Zahlungsklage gerichtet auf die offene Vergütung begleitet.

Für die im einstweiligen Rechtsschutz erfolgende **Eintragung einer Vormerkung** zur Sicherung einer Sicherungshypothek müssen **folgende Voraussetzungen** vorliegen:

Anhang 2   Sicherung von Vergütungsansprüchen der Bauunternehmer

1. Zuständigkeit des Gerichts

73 Für die **Zuständigkeit eines Gerichts** zum Erlass einer einstweiligen Verfügung gilt nach § 937 ZPO die Zuständigkeit aus dem Hauptsacheverfahren. Hiermit ist nicht die Zuständigkeit bei einer etwaigen Zahlungsklage gemeint, sondern die Zuständigkeit für ein Verfahren zur Eintragung einer Sicherungshypothek (siehe dazu unten Rn. 117). **Sachlich** zuständig ist **abhängig vom Streitwert das jeweils zuständige Amts- oder Landgericht**. Die örtliche Zuständigkeit richtet sich gemäß § 12 ZPO nach dem allgemeinen Gerichtsstand des Auftraggebers, der im Hinblick auf die nach § 18 Nr. 1 VOB/B getroffene Gerichtsstandvereinbarung bei VOB-Verträgen ohnehin zumeist als vereinbart gilt. Liegt keine oder zumindest bei nicht prorogationsbefugten Parteien (siehe dazu Erläuterungen bei § 18 Nr. 1 VOB/B Rn. 19 ff.) keine wirksame Gerichtsstandvereinbarung vor, kommt als weiterer Gerichtsstand der Erfüllungsort (§ 29 ZPO – Ort des Bauvorhabens) oder der dingliche Gerichtsstand (§ 26 ZPO) in Betracht (siehe hierzu auch im Einzelnen Erläuterungen bei § 18 Nr. 1 VOB/B Rn. 8 ff.).

74 Neben dieser allgemeinen Zuständigkeitsregelung kann eine **einstweilige Verfügung** nach der Sonderregelung des § 942 Abs. 2 ZPO **auch von dem Amtsgericht** erlassen werden, in dessen Bezirk das zu belastende Baugrundstück des Auftraggebers liegt. Auf die Höhe des Streitwerts kommt es dabei genauso wenig an wie nach dem ausdrücklichen Wortlaut des § 942 Abs. 2 ZPO auf einen sonstigen Fall dringlicher Anordnung.

2. Verfügungsanspruch und Glaubhaftmachung

75 Materiell-rechtlich muss für den Erlass einer einstweiligen Verfügung zur Eintragung einer Vormerkung ein **Verfügungsanspruch** bestehen. Dieser orientiert sich an den tatbestandlichen Voraussetzungen zur Erlangung einer Sicherungshypothek. Das Vorliegen dieser Voraussetzungen allein reicht jedoch nicht. Vielmehr muss der Auftragnehmer **sämtliche Anspruchsvoraussetzungen glaubhaft machen** (§§ 936, 920 ZPO). Hiervon kann allenfalls dann abgesehen werden, wenn der Auftragnehmer im Einzelfall insoweit Sicherheit geleistet hat (§§ 936, 921 Abs. 2 ZPO). Lässt man diesen Ausnahmefall außer Betracht, gilt im Überblick für die Glaubhaftmachung der Anspruchsvoraussetzungen:

a) Glaubhaftmachung des Verfügungsanspruchs

76 **Glaubhaft zu machen** sind **sämtliche Anspruchsvoraussetzungen** für die Eintragung einer Bauhandwerkersicherungshypothek. Hierzu gehört vor allem, dass der zu sichernde Vergütungsanspruch auf einer Bauwerksleistung beruht, der Auftraggeber Unternehmer eines Bauwerks sowie gleichzeitig Eigentümer des zu belastenden Grundstücks ist und dass eine nach § 648 BGB sicherungsfähige Vergütungsforderung vorliegt. Ferner hat der Auftragnehmer glaubhaft zu machen, dass er die mit der Vergütung abzugeltende Bauwerksleistung tatsächlich ausgeführt bzw. bei Sicherung einer Teilvergütung einen ausreichenden Baufortschritt erreicht hat (BGH Urt. v. 10.3.1977 VII ZR 77/76 = BGHZ 68, 180, 187 = BauR 1977, 208, 211 = NJW 1977, 947; OLG Köln Urt. v. 19.11.1997 27 U 56/97 = BauR 1998, 794, 795). Für eine solche Glaubhaftmachung genügt es nicht, die Höhe der Vergütung anhand eines am Baufortschritt aufgestellten Zahlungsplanes darzulegen. Denn dieser besagt nicht, dass auch so gebaut wurde (OLG Stuttgart Urt. v. 25.1.2005 6 U 175/04 = BauR 2005, 1047, 1048). Daher kommt ebenfalls kein Rückgriff auf sonstige Zahlungspläne, etwa in Anlehnung an die Raten der MaBV, in Betracht (OLG Stuttgart a.a.O.). Schließlich ist die Höhe der zu sichernden Vergütung glaubhaft zu machen. Dabei ist jedoch problematisch, wie mit etwaigen **Einwendungen des Auftraggebers** im Verfügungsverfahren umzugehen ist bzw. wer diese glaubhaft zu machen hat. Dies gilt besonders für Mängel, die die Höhe einer Sicherungshypothek bzw. einer diese sichernden Vormerkung zulasten des Unternehmers kürzen (vgl. oben Rn. 59 ff., vor allem Rn. 62). Hier gelten jedoch die allgemeinen Regeln der Darlegungs- und Beweislast, d.h.: Vor Abnahme hat der Auftragnehmer die Mangelfreiheit seiner Leistungen darzulegen und zu beweisen, d.h. im Verfügungsverfahren glaubhaft zu machen. Ist bereits abgenommen worden, was der Auftragnehmer ebenfalls glaubhaft zu machen hat, ist der Höhe nach ein Anspruch auf Eintragung einer Vormerkung nur dann zu kürzen, wenn umgekehrt der Auftraggeber Mängel in ausreichender Form glaubhaft macht (BGH Urt. v. 10.3.1977 VII ZR 77/76 = BGHZ 68, 180, 187 = BauR 1977, 208, 211 = NJW 1977, 947; OLG Brandenburg Urt. v. 16.2.2005 4 U 129/04 = BauR 2005, 1067 [Ls.] = IBR 2005, 372; in diesem Sinne wohl auch: OLG Stuttgart Urt. v. 25.1.2005 6 U 175/04 = BauR 2005, 1047, 1049; OLG Köln Urt. v. 19.11.1997 27 U 56/97 = BauR 1998, 794; i.E. ebenso *Werner/Pastor* Rn. 273, 275; *Praun/Merl* in Handbuch des privaten Baurechts § 18 Rn. 192).

Bei einer Vormerkung auf Eintragung einer Sicherungshypothek zur **Sicherung der Vergütung des** **77** **Auftragnehmers nach einem vorzeitig** – z.B. durch Kündigung nach § 8 Nr. 3 VOB/B – **beendeten Vertragsverhältnis** gelten zunächst dieselben Grundsätze zur Glaubhaftmachung wie vor. Der Auftragnehmer muss jedoch zusätzlich glaubhaft machen, dass ihm aus dem durch die Kündigung entstandenen Abrechnungsverhältnis noch ein Anspruch zusteht. Hier gewinnt um so mehr an Bedeutung, dass vor der Abnahme in der Regel der Auftragnehmer als Antragsteller der einstweiligen Verfügung für die Mangelfreiheit der von ihm erbrachten Bauleistungen darlegungs- und beweisbelastet ist (OLG Brandenburg Urt. v. 24.4.2002 13 U 245/01 = BauR 2003, 578, 580; OLG Brandenburg Urt. v. 16.2.2005 4 U 129/04 = BauR 2005, 1067 [Ls.] = IBR 2005, 372).

b) Mittel der Glaubhaftmachung

Für die **Mittel der Glaubhaftmachung** lassen sich keine generalisierenden Vorgaben aufstellen. Sie **78** hängen jeweils vom Einzelfall ab. Grundsätzlich ist jedoch zur Glaubhaftmachung der bauvertraglichen Beziehungen zum Auftraggeber der Bauvertrag mit den zur Beurteilung erforderlichen Anlagen (mit Preisen versehenes Leistungsverzeichnis, Besondere und Zusätzliche Vertragsbedingungen, Technische Vertragsbedingungen) vorzulegen. Hinsichtlich der Identität zwischen Auftraggeber und Grundstückseigentümer sollte dem Verfügungsantrag ein Grundbuchauszug beigefügt werden; ausnahmsweise, besonders in Eilfällen, reicht eine eidesstattliche Versicherung. Geht es bei dem zu sichernden Vergütungsanspruch wie üblich um bereits erbrachte Bauleistungen, sollte der Auftragnehmer **eine prüfbare Rechnung (vgl. § 14 Nr. 1 VOB/B)** mit dazugehörenden Unterlagen (z.B. Aufmaß) vorlegen und deren Richtigkeit an Eides Statt versichern (so auch MüKo/*Busche* § 648 Rn. 37). Außerdem sind die notwendigen Begleitunterlagen wie Aufmaßlisten, evtl. notwendige Aufmaßzeichnungen, Rechnungen, geprüfte und/oder anerkannte Stundenlohnzettel usw. einzureichen.

Im **Hinblick auf die Mangelfreiheit der Bauleistung** wird regelmäßig zu unterscheiden sein: Ist die **79** Leistung **bereits abgenommen**, gilt nach allgemeinen Beweislastregeln, die im Verfügungsverfahren anwendbar sind, dass der Auftraggeber die Mängel vortragen und glaubhaft machen muss. Insoweit genügt es für den Auftragnehmer, mit seinem Verfügungsantrag das Abnahmeprotokoll vorzulegen. Gleichzeitig sollte er an Eides Statt versichern, dass sein geltend gemachter Vergütungsanspruch nicht durch nach Abnahme aufgetretene Mängel zu kürzen ist. **Vor der Abnahme** hingegen ist die Glaubhaftmachung der Mangelfreiheit der Leistungen des Auftragnehmers nicht immer einfach. Dies gilt auch bei mangelfreien Leistungen, wenn der Auftragnehmer etwa einen entsprechenden Bautenstand für die Höhe einer Abschlagsrechnung glaubhaft zu machen hat. Vielfach dürfte hier die Vorlage von Sachverständigengutachten geboten, im Ergebnis aber auch ausreichend sein. Alternativ kommt die eidesstattliche Versicherung eines mit dem Vorhaben sonst befassten Bausachverständigen in Betracht.

c) Gegendarstellung des Auftraggebers

Hat der Auftragnehmer seinen Verfügungsanspruch glaubhaft gemacht, ist umstritten, inwieweit es **80** dem Auftraggeber erlaubt ist, **diesen einmal glaubhaft gemachten Anspruch** insbesondere bei Mängeln **durch glaubhaft gemachte** Gegendarstellungen, z.B. durch Vorlage von eidesstattlichen

Versicherungen, zu entkräften. Dies will insbesondere eine allerdings ältere Rechtsprechung des OLG Köln dem Auftraggeber verwehren. Dabei würde dem Auftraggeber kein Unrecht geschehen; denn die Forderung des Bauhandwerkers würde ja nicht festgestellt. Der Streit hierum könne vielmehr im Hauptsacheverfahren ausgetragen werden, das durch eine einstweilige Verfügung nicht präjudiziert würde (OLG Köln Urt. v. 23.6.1975 15 U 29/75 = JMBl. NW 1975, 264 = SFH Z 2.321 Bl. 42 m. krit. Anm. von *Hochstein*; in diese Richtung ebenfalls OLG Köln Urt. v. 24.10.1978 9 U 83/78 = SFH § 648 BGB Nr. 1 m. Anm. *Hochstein*). Diese Auffassung geht im Ergebnis zu weit. Zu Recht wird darauf hingewiesen, dass es keine Glaubhaftmachung erster und zweiter Klasse gibt. Stattdessen kommt es darauf an, in welchem Umfang der Auftraggeber oder der Auftragnehmer es vermag, das erkennende Gericht mit den vorgelegten Mitteln der Glaubhaftmachung zu überzeugen (so vor allem *Werner/Pastor* Rn. 273; *Siegburg* BauR 1990, 296, 304). Dies ist auch im Verfügungsverfahren nach den allgemeinen Regeln der Beweislast zu entscheiden (BGH Urt. v. 10.3.1977 VII ZR 77/76 = BGHZ 68, 180, 187 = BauR 1977, 208, 211 = NJW 1977, 947; in diesem Sinne wohl auch: OLG Brandenburg Urt. v. 16.2.2005 4 U 129/04 = BauR 2005, 1067 [Ls.] = IBR 2005, 372; OLG Köln Urt. v. 19.11.1997 27 U 56/97 = BauR 1998, 794). Dabei ist allerdings den Besonderheiten dieser Verfahrensart in der Weise Rechnung zu tragen, dass es entsprechend der Klarstellung des OLG Köln tatsächlich nur um eine vorläufige Anspruchssicherung geht; daher hat ein Gericht sehr genau zu prüfen, ob der Auftraggeber nicht eher willkürlich einen detailliert vorgebrachten Vergütungsanspruch durch pauschale Mängelbehauptungen zunichte machen will. Allein aus diesem Grund ist es dann auch zumeist richtig, dass zur Erschütterung eines vom Auftragnehmer einmal glaubhaft gemachten Verfügungsanspruchs nicht schon allein die Vorlage der vom Architekten geprüften Rechnung und dessen darauf bezogene eidesstattliche Versicherung durch den Auftraggeber genügt, zumal es nicht Sache eines Eilverfahrens sein kann, den Hauptprozess in der Sache vorwegzunehmen (OLG Köln Urt. v. 23.6.1975 15 U 29/75 = JMBl. NW 1975, 264 = SFH Z 2.321 Bl. 42). Anders ist dies jedoch zu beurteilen, wenn der Auftraggeber – vor allem im nachfolgenden Widerspruchsverfahren – ein seinerseits aufgestelltes, ins einzelne gehendes, inhaltlich klares und sachlich zweifelsfreies, in seiner Richtigkeit versichertes Aufmaß seines Architekten, besser noch ein darauf bezogenes Gutachten eines vereidigten Sachverständigen, vorlegt (vgl. in diesem Sinne etwa OLG Brandenburg Urt. v. 16.2.2005 4 U 129/04 = IBR 2005, 372 – insoweit dort allerdings nicht abgedruckt).

d) Vormerkung bei (noch) nicht eingetragenem Grundstückseigentümer

81 Liegt im Einzelfall ein dringendes, schutzwürdiges Interesse des Antragstellers vor, so kann, selbst wenn der **Antragsgegner noch nicht als Eigentümer im Grundbuch eingetragen ist,** eine einstweilige Verfügung auf Eintragung einer **Vormerkung** bereits erlassen werden – dies allerdings nur mit der Maßgabe, das die Vormerkung erst mit der Eintragung des Antragsgegners als Grundstückseigentümer eingetragen werden soll (vgl. KG Urt. v. 10.10.1994 26 W 6677/94 = KGR Berlin 1995, 13).

3. Verfügungsgrund

82 Für eine einstweilige Verfügung bedarf es nicht nur eines Verfügungsanspruchs, sondern in der Regel auch eines **Verfügungsgrundes**. Hierunter versteht man die Dringlichkeit des Anspruchs, der kurzfristig im Verfügungsverfahren durchgesetzt werden soll. Im normalen Verfügungsverfahren muss ein solcher Verfügungsgrund dargelegt und glaubhaft gemacht werden (§§ 936, 920 ZPO). Anders bei der Eintragung einer Vormerkung zur Sicherung einer Bauhandwerkersicherungshypothek: Nach der ausdrücklichen Regelung des § 885 Abs. 1 S. 2 BGB kann hier die Darlegung und Glaubhaftmachung der Eilbedürftigkeit unterbleiben. Gesetzlich wird bei einer Vormerkung zur Eintragung einer Sicherungshypothek die Eilbedürftigkeit nämlich unterstellt (herrschende Meinung: BGH Urt. v. 3.5.1984 VII ZR 80/2 = BGHZ 91, 139, 146 = BauR 1984, 413, 415 = ZfBR 1984, 188, 190 = NJW 1984, 2100, 2101; OLG Düsseldorf Urt. v. 10.12.1999 22 U 170/99 = BauR 2000, 921 = NJW-RR 2000, 825, 826; *Werner/Pastor* Rn. 277; *Siegburg* BauR 1990, 290, 293; *Zöller/Vollkommer* § 940 ZPO Rn. 8 »Bauhandwerkersicherungshypothek«; a.A. *Staudinger/Gursky* 13. Bearb.,

§ 885 BGB Rn. 24). Diese **gesetzliche Vermutung eines Verfügungsgrundes kann** jedoch **widerlegt** werden. Hierfür bedarf es allerdings ganz eindeutiger Fallgestaltungen. Eine Widerlegung ist immerhin vorstellbar, wenn der Auftragnehmer selbst zweifelsfrei erklären lässt, es »mit der einstweiligen Verfügungssache nicht so eilig zu haben« (KG Urt. v. 26.4.1994 7 U 414/94 = OLGR 1994, 105, 106 = MDR 1994, 1011, 1012). Dasselbe gilt in Fällen, in denen der Auftragnehmer ohne erkennbaren Grund zunächst anderthalb Jahre mit der Erstellung der Schlussrechnung wartet und sodann weitere neun Monate vergehen lässt, bevor er eine einstweilige Verfügung zur Durchsetzung einer Vormerkung beantragt (OLG Düsseldorf Urt. v. 10.12.1999 22 U 170/99 = BauR 2000, 921, 922 = NJW-RR 2000, 825, 826; OLG Celle Urt. v. 27.2.2003 14 U 116/02 = BauR 2003, 1439; ebenso OLG Hamm Urt. v. 4.11.2003 21 U 44/03 = BauR 2004, 872 f. = NJW-RR 2004, 379 f. = NZBau 2004, 330 f. für einen Zeitraum von anderthalb Jahren zwischen gestellter Schlussrechnung und beantragter einstweiliger Verfügung). Zu beachten ist abschließend, dass über § 885 Abs. 1 S. 2 BGB nur die Glaubhaftmachung des Verfügungsgrundes, nicht des Verfügungsanspruchs entbehrlich ist.

4. Rechtsschutzbedürfnis

Wie für jedes gerichtliche Verfahren bedarf der Auftragnehmer für seinen Antrag auf Eintragung einer Vormerkung zur Sicherung einer Sicherungshypothek eines **Rechtsschutzbedürfnisses**. Dieses besteht so lange, bis die dingliche Rechtsänderung (hier: Bauhandwerkersicherungshypothek) im Grundbuch eingetragen ist (OLG Hamm MDR 1966, 236; *Siegburg* BauR 1990, 290, 293). Das Rechtsschutzbedürfnis kann in Ausnahmefällen fehlen, z.B. wenn der Auftragnehmer kurz vor Antragstellung im Rahmen des Verfügungsverfahrens die Annahme einer anderen gleichwertigen Sicherheit (z.B. nach § 648a BGB) unstreitig verweigert (LG Bayreuth Urt. v. 24.4.2002 23 O 109/02 = BauR 2003, 422). Neben einem solchen Extremfall werden des Weiteren die beiden folgenden wichtigen Ausnahmen diskutiert:

83

a) Keine vorhergehende Mahnung erforderlich

Zu fragen ist, **ob der Auftragnehmer zur Darlegung seines Rechtsschutzbedürfnisses vor Beginn des Verfügungsverfahrens** den Auftraggeber wenigstens **zur Zahlung** der offenen Vergütung **aufgefordert haben muss**. Dies ist nicht der Fall: Unterlässt er eine solche Aufforderung, könnte dieser Umstand zwar ggf. bei der Verteilung der Kostenlast zu berücksichtigen sein, wenn der Auftraggeber unmittelbar nach Eingang des Verfügungsantrages den Vergütungsanspruch anerkennt (siehe hierzu unten Rn. 112 ff.). Für das Rechtsschutzbedürfnis ist eine vorherige Mahnung aber in der Regel unbeachtlich, da das Gesetz eine solche Voraussetzung materiell-rechtlich nicht kennt (OLG Köln Beschl. v. 23.5.1997 11 W 15/97 = NJW-RR 1997, 1242; *Weise* Sicherheiten im Baurecht, Rn. 569).

84

b) Vorläufig vollstreckbares Urteil

Besonders bestritten ist das Rechtsschutzbedürfnis für ein Verfahren zur Durchsetzung einer Sicherungshypothek, wenn **dem Auftragnehmer zwischenzeitlich** ein vorläufig vollstreckbares **Urteil** zur Durchsetzung seines Vergütungsanspruchs **vorliegt**. In diesem Fall hätte er nämlich ohne weitere Sicherheitsleistung nach § 720a Abs. 1 S. 1 lit. b ZPO die Möglichkeit, ohne ein gerichtliches Verfahren eine Sicherungshypothek bei dem Auftraggeber eintragen zu lassen. Daher ist grundsätzlich davon auszugehen, dass dem Auftragnehmer in diesem Fall das Rechtsschutzbedürfnis zur weiteren Durchsetzung seines Begehrens auf Eintragung einer Sicherungshypothek fehlt. Etwas anderes gilt jedoch, wenn die Klage auf Eintragung einer Sicherungshypothek im Zusammenhang mit einer bereits **rangwahrend eingetragenen Vormerkung** erfolgt. Hier könnte eine Sicherungshypothek nach einem zwischenzeitlich ergangenen Zahlungsurteil nicht mit diesem Rang eingetragen werden, so dass die Klage auf Eintragung einer Sicherungshypothek nach § 648 BGB weiter betrieben werden kann (ebenso: OLG Düsseldorf Urt. v. 21.2.1984 23 U 82/83 = BauR 1985, 334, 336; OLG Hamm Urt. v. 21.4.1989 26 U 194/88 = BauR 1990, 365; *Siegburg* BauR 1990, 290, 293).

85

5. Abwendung der Vormerkung durch Hinterlegung u.a.

86 Eng mit dem Rechtsschutzbedürfnis zusammen hängt aus Sicht des Auftraggebers die Frage, ob er **die Eintragung einer Bauhandwerkersicherungshypothek** bzw. einer hierauf gerichteten Vormerkung **abwenden** kann. Dies ist grundsätzlich möglich, indem er **den streitigen Werklohn zur Abwendung der Zwangsvollstreckung unter Vorbehalt zahlt,** also nicht nur eine reine Sicherheitsleistung erbringt. Zwar ist eine solche Zahlung noch nicht als Erfüllung anzusehen; jedoch reicht es für das hier maßgebende Sicherungsbedürfnis des Auftragnehmers aus, dass der Zahlungsvorgang tatsächlich stattgefunden hat. Denn nunmehr steht keine Leistung des Auftraggebers mehr aus, die abzusichern wäre (OLG Hamburg Urt. v. 14.2.1986 8 U 36/85 = NJW-RR 1986, 1467 = MDR 1986, 756).

87 Eine Abwendung von Zwangsmaßnahmen, d.h. auch einer Vormerkung zur Eintragung einer Sicherungshypothek, ist des Weiteren möglich, wenn der Auftraggeber den in Diskussion befindlichen Betrag **hinterlegt** (vgl. RGZ 55, 140; OLG Düsseldorf Beschl. v. 29.9.1972 5 W 36/71 = NJW 1972, 1676, 1677 m.w.N.). Dagegen dürfte angesichts der in § 939 ZPO festgelegten besonderen Voraussetzungen zur Abwendung einer Vormerkung die **bloße** Stellung »irgendeiner« **Sicherheit durch Bürgschaft nicht genügen.** Zumindest ist in Anbetracht des § 239 BGB eine **selbstschuldnerische Bankbürgschaft** zu fordern (ähnlich OLG Köln Urt. v. 27.11.1974 16 U 124/74 = NJW 1975, 454: Geldinstitut muss in jeder Beziehung als Bürge tauglich sein; so auch OLG Saarbrücken Beschl. v. 17.5.1990 7 W 7/90 = BauR 1993, 348; vgl. auch LG Koblenz Urt. v. 24.3.1976 6 S 248/75 = SFH Z 2.321 Bl. 45; ebenso *Groß* S. 98, *Kapellmann* BauR 1976, 323, 327 und *Siegburg* BauR 1990, 290, 302), da die Sicherheitsleistung den mit der Vormerkung verfolgten Sicherungszweck in vollem Umfang gewährleisten muss (*Baumbach/Lauterbach/Albers/Hartmann* § 939 ZPO Rn. 3).

III. Verfahren zur Eintragung einer Vormerkung

1. Antrag

88 Der **Antrag auf einstweilige Verfügung** zur Eintragung einer Vormerkung **muss** ebenso wie ein Klageantrag die **anspruchsbegründenden Tatsachen enthalten**. Dies gilt besonders für die Kennzeichnung der Art der durch die Vormerkung zu sichernden Ansprüche. So muss im Verfügungsantrag in der Regel beschrieben sein, ob (nur) Werklohnansprüche oder (auch) andere Ansprüche (z.B. auf Schadensersatz) gesichert werden sollen (vgl. dazu im Einzelnen oben: Rn. 44 ff.). Ferner muss das zu belastende Grundstück präzise bezeichnet sein. Andernfalls ist eine Vollstreckung nicht möglich. Für den Antrag auf Erlass einer einstweiligen Verfügung besteht kein Anwaltszwang.

2. Entscheidung im Beschlussverfahren und durch Urteil

89 Im einstweiligen Verfügungsverfahren entscheidet das erkennende Gericht entweder ohne mündliche Verhandlung durch Beschluss oder nach mündlicher Verhandlung durch Endurteil (§ 936 i.V.m. § 922 ZPO):

a) Entscheidung durch Beschluss

90 Eine Entscheidung zum Erlass einer einstweiligen Verfügung kann nach § 937 Abs. 2 ZPO **ohne mündliche Verhandlung** ergehen, falls ein »dringender Fall« vorliegt. Hier ist zu beachten, dass der dringende Fall nach § 937 Abs. 2 ZPO nicht mit der Dringlichkeit zu verwechseln ist, die Grundlage des Verfügungsgrundes ist. Vielmehr muss über den Verfügungsgrund hinaus ein besonderer dringlicher Fall gegeben sein, der es rechtfertigt, ohne Gehör der Gegenseite eine Entscheidung im Beschlusswege zu fassen (h.M., vgl. nur OLG Karlsruhe Beschl. v. 15.4.1987 6 W 30/87 = NJW-RR 1987, 1206; *Zöller/Vollkommer* § 937 Rn. 2 m.w.N.). Ein solch »dringender Fall« dürfte bei Erlass einer einstweiligen Verfügung zur Eintragung einer Vormerkung zwecks Sicherung des Anspruchs

auf Eintragung einer Bauhandwerkersicherungshypothek regelmäßig gegeben sein (i.E. ebenso: *Siegburg* BauR 1990, 290, 305; sehr kritisch hingegen *Quambusch* BauR 2000, 184, der aus verfassungsrechtlichen Gründen in der Regel eine vorherige Anhörung des Auftraggebers für erforderlich hält). Denn jeder Zeitverzug bringt unwiderruflich die Gefahr mit sich, dass das Grundstück insbesondere bei Kenntnis des Grundstückseigentümers von dem Verfügungsverfahren anderweitig belastet oder gar in der Zwischenzeit veräußert wird. Stellt der Bauunternehmer seinen Antrag an das wegen Belegenheit zuständige **Amtsgericht, kann in jedem Fall** ohne weitere Voraussetzungen **eine Entscheidung ohne mündliche Verhandlung** ergehen (vgl. § 942 Abs. 4 ZPO).

b) Entscheidung durch Urteil
Kommt es zu einer mündlichen Verhandlung, entscheidet das erkennende Gericht über die einstweilige Verfügung durch Endurteil (§§ 936, 922 ZPO). **91**

c) Zurückweisung der Verfügung
Bestritten ist, ob der **Antrag auf Erlass einer einstweiligen Verfügung** zur Eintragung einer Vormerkung **durch Beschluss**, d.h. ohne mündliche Verhandlung, **zurückgewiesen** werden darf. Dies soll unzulässig sein, weil es insoweit an einem dringenden Grund für eine Entscheidung ohne mündliche Verhandlung fehle. Diese Auffassung lehnt sich offensichtlich an die frühere Formulierung des § 937 Abs. 2 ZPO an, bei der dieser Punkt tatsächlich bestritten war. Heute hingegen besagt § 937 Abs. 2 ZPO eindeutig, dass ein Antrag auf Erlass einer einstweiligen Verfügung unabhängig von seiner Dringlichkeit nach pflichtgemäßem Ermessen des Gerichts ohne mündliche Verhandlung zurückgewiesen werden kann (*Zöller/Vollkommer* § 937 ZPO Rn. 2a; *Baumbauch/Lauterbach/Albers/Hartmann* § 937 ZPO Rn. 7 – jeweils m.w.N.). **92**

3. Vollziehung der einstweiligen Verfügung
Eine erlassene einstweilige Verfügung auf Eintragung einer Vormerkung zur Sicherung einer Sicherungshypothek muss vollzogen werden. Hier sind **zwingend die Vollziehungsfristen des § 929 ZPO zu beachten**. Danach gilt im Überblick: **93**

a) Vollziehung bei Beschluss oder Endurteil
Eine einstweilige Verfügung zur Eintragung einer Vormerkung ist mit ihrem Erlass vollstreckbar. Bei deren **Vollziehung** ist nach §§ 936, 929 ZPO in **zwei Schritten** vorzugehen: **94**

aa) Vollziehung binnen Monatsfrist
Zunächst muss die **einstweilige Verfügung binnen eines Monats vollzogen** sein (§ 929 Abs. 2 ZPO). Vollziehung heißt, dass binnen der Monatsfrist mit der Vollstreckung begonnen, d.h. die Eintragung der Vormerkung durch Antragstellung beim zuständigen Grundbuchamt betrieben sein muss (*Werner/Pastor* Rn. 283; *Siegburg* BauR 1990, 290, 305 f.; *Zöller/Vollkommer* § 929 ZPO Rn. 17). Dabei ist die Monatsfrist gewahrt, wenn der Eintragungsantrag fristgemäß bei dem Amtsgericht, zu dem das für die Eintragung zuständige Grundbuchamt gehört, eingeht. Nicht erforderlich ist, dass der Antrag innerhalb der Vollziehungsfrist dem zuständigen Mitarbeiter des Grundbuchamtes vorgelegt wird (BGH Beschl. v. 1.2.2001 V ZB 49/00 = BGHZ 146, 361, 363 = NJW 2001, 1134, 1135). Ausreichend ist sogar, wenn der Vollstreckungsantrag am letzten Tag der Frist per Telefax beim zuständigen Amtsgericht eingeht (BGH a.a.O.). Die Monatsfrist beginnt mit Zustellung der Verfügung, soweit eine solche unterbleibt, mit deren Aushändigung. Ist die **Verfügung durch Endurteil** ergangen, **beginnt die Monatsfrist bereits mit dessen Verkündung** (§ 929 Abs. 2 ZPO), **nicht mit dessen Zustellung** (!). **95**

bb) Rechtzeitige Zustellung

96 Neben einer Vollziehung muss der Antragsteller (Auftragnehmer) die zu seinen Gunsten ergangene **einstweilige Verfügung dem Antragsgegner rechtzeitig zustellen.** Hierfür gilt nach § 929 Abs. 2 ZPO ebenfalls die **Monatsfrist.** Nicht selten immerhin wird im einstweiligen Verfügungsverfahren eine vor allem ohne mündliche Verhandlung erlassene einstweilige Verfügung zur Eintragung einer Vormerkung vor deren Zustellung im Grundbuch vollzogen. Dies ist eine Besonderheit des Vollstreckungsrechts; denn normalerweise ist eine Vollstreckung erst nach Zustellung des Vollstreckungstitels zulässig (§ 750 Abs. 1 ZPO). Auch diese Ausnahme beruht auf der Sicherungsfunktion der Vormerkung, nämlich dass der Auftraggeber andernfalls bei einem zugestellten Vollstreckungstitel gewarnt wäre und durch geeignete Maßnahmen (Vorbelastung des Grundstücks, Verkauf u.a.) die Vollstreckung vereiteln könnte. Aus diesem Grund muss der Auftragnehmer aber **zwingend die neben der Vollziehung bestehenden verschärften Zustellfristen beachten:** Sie sind nach § 929 Abs. 3 ZPO zweifach begrenzt: Die **Zustellung muss innerhalb einer Woche nach Vollziehung der Verfügung erfolgen, spätestens jedoch binnen der Monatsfrist des § 929 Abs. 2 ZPO.** Die Wochenfrist beginnt auch hier mit der Vollziehung der Verfügung, d.h. mit dem Eingang des Eintragungsersuchens beim zuständigen Grundbuchamt.

b) Vollziehung bei modifizierendem End- oder Berufungsurteil

97 Eine **Besonderheit** bei der Wahrung der Vollziehungsfristen besteht **bei einstweiligen Verfügungen, die durch Endurteil ergehen** bzw. abgelehnt werden **und gegen die Berufung eingelegt wird.** Hier ist zu unterscheiden: Wurde eine Verfügung in einem höheren Rechtszug lediglich bestätigt, ist keine neue Vollziehung notwendig. Enthält die **Bestätigung jedoch wesentliche Änderungen** der zunächst ergangenen Verfügung, bedarf es für deren Wirksamkeit **einer erneuten Vollziehung.** Dies ist z.B. der Fall, wenn die einstweilige Verfügung mit der Maßgabe bestätigt wird, dass der Verfügungskläger die Vollstreckung nur gegen Sicherheitsleistung fortsetzen darf (OLG Frankfurt Beschl. v. 28.2.1980 = OLGZ 80, 259; OLG Hamm Urt. v. 21.6.1993 5 U 32/93 = OLGZ 94, 243 ff.; OLG Hamm Urt. v. 8.11.1994 21 U 61/94 = Rpfleger 1995, 467; OLG Köln Urt. v. 18.12.1985 6 U 144/85 = ZIP 1986, 538; *Baumbach/Lauterbach/Albers/Hartmann* § 929 ZPO Rn. 12 m.w.N.). Wird eine Verfügung zunächst ohne mündliche Verhandlung erlassen, im Widerspruchsverfahren durch Endurteil aufgehoben und im Berufungsverfahren erneut »bestätigt«, ist in Wahrheit eine neue Verfügung ergangen, die gesondert zu vollziehen ist (OLG Celle Urt. v. 24.7.1986 5 U 139/86 = NJW-RR 1987, 64; *Werner/Pastor* Rn. 283; *Baumbach/Lauterbach/Albers/Hartmann* u.a. § 929 ZPO Rn. 12 m.w.N.). Demgegenüber kann von einer erneuten Vollziehung abgesehen werden, wenn die einstweilige Verfügung in der Fassung des durch die Berufung angefochtenen Urteils lediglich als Minus gegenüber der ursprünglichen einstweiligen Verfügung anzusehen ist (OLG Frankfurt Beschl. v. 18.12.1990 6 U 204/90 = WRP 1991, 405). Ein solcher Fall soll nach Ansicht des 12. Zivilsenats des OLG Hamm vorliegen, wenn in der Berufungsentscheidung die zu sichernde Werklohnforderung (nur) ganz erheblich ermäßigt wurde (OLG Hamm Urt. v. 20.10.1999 12 U 107/99 = BauR 2000, 900, 901 f. [= BauR 2000, 1087, 1089] = NJW-RR 2000, 971, 972 = NZBau 2000, 338, 339 = ZfBR 2000, 338, 339 f.). Auch in diesen Fällen sollte jedoch schon rein vorsorglich eine erneute Vollziehung erfolgen, zumal die vorgenannte Entscheidung des OLG Hamm nicht unumstritten ist (für eine erneute Vollziehung so z.B. OLG Hamm [21. Zivilsenat] Urt. v. 8.11.1994 21 U 61/94 = Rpfleger 1995, 467 f.).

c) Versäumung der Vollziehungsfristen

98 Die Versäumung einer der beiden vorgenannten Fristen für die Vollziehung oder die Zustellung macht die bereits ergangene **Verfügung endgültig und unheilbar unwirksam** (BGH Urt. v. 25.10.1990 IX ZR 211/89 = BGHZ 112, 356, 359 f. = NJW 1991, 496, 497; *Zöller/Vollkommer* § 929 ZPO Rn. 20 ff. m.w.N.). Gleichwohl ergangene Vollstreckungsmaßnahmen sind aufzuheben. Als Rechtsmittel kommt entweder das Widerspruchsverfahren (§ 924 ZPO) oder eine Aufhebung wegen veränderter Umstände in Betracht (§ 927 ZPO). Auch eine Erinnerung nach § 766 ZPO ist möglich (BGH Urt. v. 9.2.1989 IX ZR 17/88 = ZIP 1989, 404; *Zöller/Vollkommer* § 929 ZPO Rn. 22). Wegen dieser gravierenden Folgen ist ein Auftragnehmer, der eine einstweilige Verfügung erstritten hat, gut beraten, auf die Einhaltung der Vollziehungsfristen zu achten und **vorsorglich die Vollziehung und Zustellung parallel zu betreiben.** Hierzu kann und sollte er sich bei einstweiligen Beschlussverfügungen zwei Ausfertigungen beschaffen, die schon bei Einreichung des Verfügungsantrags mit beantragt werden können. Andernfalls ist er bei der Vollziehung auf die Rückgabe des Originaldokuments entweder durch das Grundbuchamt oder durch den Gerichtsvollzieher angewiesen. Bei einer Urteilsverfügung, bei der die Frist bereits ab Urteilsverkündung läuft, die Zustellung aber der Erfahrung nach erhebliche Zeit in Anspruch nimmt, sollte der Auftragnehmer frühzeitig um eine um Tatbestand und Entscheidungsgründe gekürzte Urteilsausfertigung nachsuchen (§ 317 Abs. 2 S. 2 ZPO – hierzu im Einzelnen auch *Siegburg* BauR 1990, 290, 308 f.).

Wurde die Frist versäumt, ist der Auftragnehmer nicht gehindert, **eine erneute einstweilige Verfügung zu beantragen.** Hiermit hat er Erfolg, soweit zu diesem Zeitpunkt noch die einschlägigen Voraussetzungen dafür vorliegen. Eine aufgrund einer solchen zweiten Verfügung erwirkte Vormerkung kann aber dann nur an rangbereiter Stelle eingetragen werden; sie schützt nicht den mit der gescheiterten ersten Verfügung angestrebten Rang im Grundbuch (LG Köln Urt. v. 5.2.1976 79 O 345/75 und 51, Urt. v. 13.5.1976 79 O 619/74 = SFH Z. 2.321 Bl. 50; *Werner/Pastor* Rn. 284). In der Berufungsinstanz ist ein solcher Antrag allerdings nicht mehr möglich, weil damit dem Antragsgegner eine Tatsacheninstanz verloren ginge (OLG Frankfurt Urt. v. 18.5.1986 17 U 17/86 = MDR 1986, 768; OLG Düsseldorf Urt. v. 12.2.1987 2 U 253/86 = NJW-RR 1987, 764; KG Urt. v. 21.5.1991 9 U 1164/90 = NJW-RR 1992, 318; *Baumbach/Lauterbach/Albers/Hartmann* § 929 ZPO Rn. 9 m.w.N.– a.A. *Zöller/Vollkommer* § 929 ZPO Rn. 23 mit Verweis auf den Charakter des Eilverfahrens). 99

4. Rechtsmittel des Auftraggebers, Beseitigung der Vormerkung

Wurde im Rahmen eines einstweiligen Verfügungsverfahrens eine Vormerkung zur Sicherung einer Sicherungshypothek eingetragen und **erfolgte die Eintragung zu Unrecht, stehen dem Auftraggeber** (Grundstückseigentümer = Antragsgegner im einstweiligen Verfügungsverfahren) **folgende Rechtsmittel zu:** 100

a) Rechsmittel bei Endurteil
Erfolgte die Eintragung nach mündlicher Verhandlung auf der Grundlage eines Endurteils, kann der Auftraggeber hiergegen die normalen zivilprozessualen Rechtsmittel, d.h. vor allem **Berufung**, einlegen. 101

b) Rechtsmittel bei Beschlussverfügung
Zu differenzieren ist, wenn die **einstweilige Verfügung im Beschlussverfahren** (ohne mündliche Verhandlung) ergangen ist: 102

aa) Verfügung durch Prozessgericht der Hauptsache
Hat das für den Rechtsstreit zuständige Prozessgericht der Hauptsache die Verfügung erlassen, kann der Auftraggeber in erster Linie Widerspruch einlegen (§§ 936, 924 ZPO). Dieser ist zeitlich unbefristet möglich; es kommt allenfalls in Ausnahmefällen eine Verwirkung in Betracht, nicht jedoch schon dann, wenn der Hauptsachenprozess noch läuft (BGH Urt. v. 26.3.1992 IX ZR 108/91 = NJW 1992, 2297, 2298). Über den Widerspruch wird durch Endurteil entschieden (§ 925 ZPO). Dagegen kann der Auftraggeber anschließend im Wege der Berufung vorgehen. 103

bb) Verfügung durch Amtsgericht

104 Stammt die einstweilige Verfügung von dem auch für einen Erlass zuständigen **Amtsgericht** nach § 942 Abs. 2 S. 1 ZPO, ist zu beachten, dass hiergegen **kein Widerspruch** des Antragsgegners **zulässig** ist, wenn das Landgericht das an sich zuständige Prozessgericht wäre. Für die Durchführung des Widerspruchsverfahrens würde es nämlich an der funktionellen Zuständigkeit des Amtsgerichts fehlen. Statt eines Widerspruchs kann der Antragsgegner beim zuständigen Amtsgericht daher nur das sog. **Rechtfertigungsverfahren** einleiten (§ 942 Abs. 2 S. 2 i.V.m. Abs. 1 ZPO). Hierzu hat er den Antrag zu stellen, dass das Amtsgericht eine Frist bestimmt, innerhalb derer die Ladung des Antragsgegners (Auftraggebers) zur mündlichen Verhandlung über die Rechtmäßigkeit der einstweiligen Verfügung bei dem Gericht der Hauptsache zu beantragen ist. Sollte der Auftraggeber irrtümlich einen Widerspruch beim Amtsgericht eingereicht haben, spricht aus prozessökonomischen Gründen nichts dagegen, diesen Widerspruch in einen Antrag nach § 942 Abs. 2 S. 2 ZPO umzudeuten (überwiegende Auffassung: *Jacobs* NJW 1988, 1365; *Thomas/Putzo* § 942 ZPO Rn. 5 m.w.N.). In allen Fällen des Erlasses einer einstweiligen Verfügung im Beschlussverfahren (wie auch im Urteilsverfahren) kommt im Übrigen eine Aufhebung durch ein eigenständiges einstweiliges Verfügungsverfahren des Auftraggebers keinesfalls in Betracht (KG Beschl. v. 3.2.1977 12 W 211/77 = NJW 1977, 1694 [Ls.]).

c) Aufhebung der Verfügung aus anderen Gründen

105 Neben den vorgenannten Rechtsbehelfen, die die Rechtmäßigkeit der ergangenen Verfügung überprüfen, kann der Auftraggeber die Aufhebung auch aus anderen Gründen betreiben:

aa) Aufhebung wegen veränderter Umstände

106 In Betracht kommt insbesondere eine **Aufhebung wegen veränderter Umstände nach §§ 936, 927 ZPO.** Die in dem Gesetzeswortlaut erwähnten Fälle spielen jedoch weniger eine Rolle: Auf den Wegfall des Verfügungsgrundes kommt es bei der Vormerkung nach den einschlägigen Regelungen nicht an, weil insoweit regelmäßig die Eilbedürftigkeit vermutet wird (siehe oben Rn. 82). Das Erbieten einer Sicherheitsleistung ist wegen der Sondervorschrift des § 939 ZPO nicht ohne weiteres möglich (*Baumbauch/Lauterbach/Albers/Hartmann* u.a. § 936 ZPO Rn. 3 und 5). Statt der gesetzlichen Regelbeispiele kommt eine Aufhebung wegen veränderter Umstände aber immerhin in Betracht, wenn nachträglich der Verfügungsanspruch weggefallen ist, so z.B. nach Versäumung der Vollziehungsfristen gemäß § 929 ZPO (*Baumbauch/Lauterbach/Albers/Hartmann* § 927 ZPO Rn. 5 m.w.N.) oder Bezahlung der offenen Vergütung (LG Mainz Urt. v. 20.6.1973 10 O 107/03 = NJW 1973, 2294, 2295; *Siegburg* BauR 1990, 290, 311). Gerade bei der Bezahlung der Vergütung ist allerdings genau zu prüfen, welche Vergütung bezahlt worden ist. Bedeutung gewinnt dies vor allem, wenn eine Vormerkung zur Sicherung einer Abschlagsrechnung eingetragen wurde. Wurde diese Abschlagsrechnung bezahlt, so kann eine bereits eingetragene Vormerkung nicht mehr sonstige offene Rechnungsposten aus der später erfolgenden Schlussrechnung sichern (BGH Urt. v. 26.7.2001 VII ZR 203/00 = BauR 2001, 1783, 1784 = NZBau 2001, 549 = NJW 2001, 3701 = ZfBR 2001, 538).

bb) Aufhebung nach fruchtlosem Fristablauf für Klageerhebung

107 Der Auftraggeber kann des Weiteren nach §§ 936, 926 ZPO bei dem zuständigen Gericht beantragen, dass dieses dem Auftragnehmer eine **Frist zur Erhebung einer Hauptsachenklage** setzt. Nach ganz herrschender Meinung ist Hauptsachenklage zu einer durch eine einstweilige Verfügung eingetragenen Vormerkung **nicht eine ggf. parallel zu erhebende Zahlungsklage, sondern ausschließlich die Klage auf Einräumung einer Sicherungshypothek nach § 648 BGB** (siehe hierzu unten Rn. 117). Ist die Frist ohne Klageerhebung verstrichen, kann der Auftragnehmer die Aufhebung der Verfügung durch Endurteil beantragen (§ 926 Abs. 2 ZPO) – dies jedoch nur dann, wenn die Verfügung nicht aus anderen Gründen in der Zwischenzeit gegenstandslos geworden ist, so z.B. nach erfolgter Zahlung (LG Mainz Urt. v. 10.6.1973 10 O 107/73 = NJW 1973, 2294, 2295; *Siegburg* BauR 1990, 290, 311 m.w.N.; *Werner/Pastor* Rn. 291 f. – a.A. *Leue* JuS 1985, 176 ff.). Der Aufhebungsantrag selbst kann noch im Berufungsverfahren gestellt werden, wenn die einstweilige Verfügung bis dahin nicht rechtskräftig ist (OLG Düsseldorf Urt. v. 25.5.1976 24 U 33/76 = SFH Z 2.321 Bl. 54; OLG Frankfurt Urt. v. 23.2.1983 17 U 179/82 = BauR 1984, 535, 536 = NJW 1983, 1129).

d) Aufhebung der der Vormerkung zugrunde liegenden Verfügung durch Sicherheitsleistung

Besondere Bedeutung erlangt in Ergänzung zu § 927 ZPO die Frage, ob und inwieweit der Auftraggeber eine einmal **im Grundbuch eingetragene Vormerkung durch Sicherheitsleistung** wieder beseitigen kann. Bereits im anderen Zusammenhang wurde darauf hingewiesen, dass eine einstweilige Verfügung durch Stellung einer ausreichenden und genügenden Sicherheit (selbstschuldnerische Bürgschaft) im Verfügungsverfahren selbst abgewendet werden kann. Infolgedessen fehlt es dann am Rechtsschutzbedürfnis des Auftragnehmers (siehe hierzu oben Rn. 86 f.). Nach Erlass einer einstweiligen Verfügung ist hingegen deren Aufhebung durch eine ausreichende und werthaltige Sicherheitsleistung nur noch unter Heranziehung des § 939 ZPO eingeschränkt möglich. Hiernach reicht es nicht aus, dass dem Auftraggeber die mit der Zwangsvollstreckung verbundenen normalen Folgen drohen; vielmehr müssen, um dem durch den Wortlaut unterstrichenen Ausnahmecharakter des § 939 ZPO für die Aufhebung einer einstweiligen Verfügung Rechnung zu tragen, **besondere Härten** über die reinen Auftraggeberinteressen hinaus vorliegen (LG Hamburg Urt. v. 3.12.1970 71 O 281/70 = MDR 1971, 851; OLG Frankfurt Beschl. v. 18.3.1983 17 U 58/83 = MDR 1983, 586; *Baumbauch/Lauterbach/Albers/Hartmann* § 939 ZPO Rn. 2; a.A. OLG Köln Urt. v. 27.11.1974 16 U 124/74 = NJW 1975, 454, das bereits eine ausreichende Sicherheitsleistung genügen lässt; so wohl auch OLG Saarbrücken Beschl. v. 17.5.1990 7 W 7/90 = BauR 1993, 348; *Zöller/Vollkommer* § 939 ZPO Rn. 1; offengelassen in: OLG Hamm Urt. v. 27.10.1992 26 U 132/92 = BauR 1993, 115, 117). Im Übrigen kommt auch dann eine Aufhebung einer einstweiligen Verfügung nach Sicherheitsleistung nur in Betracht, wenn sichergestellt ist, dass der Zweck der einstweiligen Verfügung ohne Einschränkung durch die Sicherheitsleistung erreicht werden kann (RGZ 55, 140, 143; OLG Köln Urt. v. 27.11.1974 16 U 124/74 = NJW 1975, 454; OLG Saarbrücken Beschl. v. 17.5.1990 7 W 7/90 = BauR 1993, 348; wohl auch OLG Hamm Urt. v. 27.10.1992 26 U 132/92 = BauR 1993, 115, 117; *Werner/Pastor* Rn. 288). Bei der Entscheidung zur Aufhebung ist es nicht erforderlich, dass die Sicherheitsleistung bereits vorliegt; vielmehr kann dem Auftraggeber gestattet werden, eine im Urteil näher zu kennzeichnende Sicherheitsleistung zum Zwecke der Aufhebung zu erbringen (OLG Köln a.a.O.).

108

e) Einstweilige Einstellung der Vollstreckung

Begleitend zu allen vorbeschriebenen Rechtsbehelfen kann der Auftraggeber – soweit noch nicht geschehen – die Vollziehung der Verfügung, d.h. die Eintragung der Vormerkung im Grundbuch, verhindern. Hierzu muss er seinen Rechtsbehelf mit einem **Antrag nach §§ 924 Abs. 3, 707 ZPO** verbinden mit der Maßgabe, die Vollstreckung der Verfügung ggf. gegen Sicherheitsleistung einzustellen.

109

f) Löschung der Vormerkung nach Vergleich

Wird aufgrund einer im Beschlusswege ergangenen einstweiligen Verfügung eine Vormerkung zur Sicherung der Einräumung einer Bauhandwerkersicherungshypothek im Grundbuch eingetragen und schließen die Parteien im Verfügungsverfahren **einen gerichtlichen Vergleich,** wonach die Hauptsache erledigt ist, so kann die Vormerkung ohne Löschungsbewilligung nicht schon aufgrund der Vorlage einer Ausfertigung des Vergleichs gelöscht werden. Vielmehr bedarf es eines Nachweises gegenüber dem Grundbuchamt zum Wegfall der Vollstreckbarkeit. Dieser kann durch einen Beschluss des Prozessgerichtes entsprechend § 269 Abs. 3 S. 3 ZPO und die Zustellung dieses Beschlusses erfolgen (OLG Frankfurt/M. Beschl. v. 14.6.1995 20 W 184/94 = BauR 1995, 872 = ZfBR 1996, 44 = SFH 3 269 ZPO Nr. 7).

110

5. Rechtsmittel des Auftragnehmers bei Ablehnung einer einstweiligen Verfügung

111 Wurde eine einstweilige Verfügung zurückgewiesen, ist für die Rechtsmittel hier des Auftragnehmers entscheidend, ob die Zurückweisung durch Beschluss oder durch Urteil erfolgte. In letzterem Fall muss der Auftragnehmer **Berufung** einlegen. Bei einem Beschluss steht ihm die **sofortige Beschwerde** (§ 567 Abs. 1 Nr. 2, § 569 ZPO) offen, die keinem Anwaltszwang unterliegt (vgl. §§ 569 Abs. 3 Nr. 1, 78 Abs. 3, 920 Abs. 3 ZPO – OLG München Beschl. v. 12.7.1995 28 W 1948/95 = BauR 1995, 875; ebenso: *Zöller/Vollkommer* § 922 ZPO Rn. 13 m.w.N.). Alternativ zu etwaigen Rechtsmitteln kann der Auftragnehmer ggf. eine **neue einstweilige Verfügung** beantragen, mit der er Mängel des Erstverfahrens – etwa zur Glaubhaftmachung des Verfügungsanspruchs – behebt. Eine solche weitere einstweilige Verfügung kann jedoch nicht den Rang der abgelehnten ersten Verfügung sichern. Des Weiteren muss der Auftragnehmer darauf achten, dass er mit seinem neuen Verfügungsantrag gegenüber der ablehnenden Erstentscheidung entweder neue Tatsachen oder zusätzliche Mittel der Glaubhaftmachung vorträgt. Andernfalls steht einem neuen Antrag die in Rechtskraft erwachsende Erstentscheidung entgegen (OLG Frankfurt Urt. v. 16.7.2002 5 U 250/01 = BauR 2003, 287; *Baumbauch/Lauterbach/Albers/Hartmann* § 322 ZPO Rn. 29 f.).

6. Kostenentscheidung

112 Für die **Kostenentscheidung** im einstweiligen Verfügungsverfahren gelten zunächst die allgemeinen Vorschriften. Ergeht die einstweilige Verfügung, hat der Auftraggeber als Antragsgegner die Kosten zu tragen (§ 91 ZPO). Ist der Antragsteller erfolglos, trägt dieser die Kosten. Daher hat er gleichzeitig dem Antragsgegner die diesem zu seiner Rechtsverteidigung notwendigerweise entstandenen weiteren Kosten der Beweismittel – z.B. durch Hinzuziehung eines Sachverständigen, insoweit ohne Bindung an die Sätze des JVEG – zu erstatten (OLG Düsseldorf Beschl. v. 19.12.1980 10 W 99/80 = Betrieb 1981, 785).

113 Diskutiert wird die Frage, ob der Auftragnehmer vor Beantragung einer einstweiligen Verfügung gerichtet auf Eintragung einer Vormerkung zur Sicherung des Anspruches auf Eintragung einer Bauhandwerkersicherungshypothek verpflichtet ist, den Auftraggeber zur Zahlung oder gar zur Bewilligung der Eintragung aufzufordern. Dies könnte geboten sein, um nach einem **sofortigen Anerkenntnis des Auftraggebers** zum Verfügungsanspruch etwaige sich aus § 93 ZPO ergebende Kostennachteile zu verhindern (so anscheinend LG Göttingen Beschl. v. 13.7.1999 9 T 83/99 = BauR 2000, 922, das maßgeblich darauf abstellt, ob sich der Auftraggeber mit seinen Zahlungen im Verzug befand). Ein solches Ergebnis ist jedoch mit *Heyers* (BauR 1980, 20) grundsätzlich zu verneinen (ebenso OLG Celle Beschl. v. 18.6.1976 15 W 23/75 = BauR 1976, 365; OLG Frankfurt Beschl. v. 30.9.1988 10 W 23/88 = BauR 1989, 644; OLG Stuttgart Beschl. v. 5.7.1994 2 U 290/93 = BauR 1995, 116; OLG Köln Beschl. v. 23.5.1997 11 W 15/97 = NJW-RR 1997, 1242; OLG Dresden Beschl. v. 28.2.2000 9 U 3697/99 = BauR 2000, 1378; OLG Rostock Beschl. v. 28.8.2002 1 W 216/99 = IBR 2002, 652; OLG Karlsruhe Beschl. v. 23.11.2002 6 W 80/02 = IBR 2003, 29; ebenso *Siegburg* BauR 1990, 290, 310; *Werner/Pastor* Rn. 303 ff.). *Heyers* legt überzeugend dar, dass die Aufforderung zur Bewilligung der Vormerkung jedenfalls bei einer einstweiligen Verfügung nach den §§ 648, 885 BGB keine geeignete Grundlage für die Beurteilung der Veranlassung im Anwendungsbereich des § 93 ZPO abgibt (wie hier *Locher* Das private Baurecht Rn. 694; a.A., jedoch nicht überzeugend, OLG Frankfurt Beschl. v. 5.6.1992 26 W 10/92 = OLGR 1992, 150, 151). Vielmehr ist dazu eine Gesamtschau aller vorgetragenen und festgestellten Umstände anzustellen, wobei die Grundbuchgefahr und der Forderungsstreit wesentliche Erkenntnisquellen (insoweit auch offenkundige Tatsachen, § 291 ZPO) sind. Die Darlegungs- und Beweislast für Tatsachen, die die Nichtveranlassung i.S.d. § 93 ZPO ergeben, obliegt ohnehin dem Auftraggeber (ebenso OLG Stuttgart a.a.O.; OLG Dresden a.a.O.). Hiervon abzuweichen besteht – lässt man eine Beweislastumkehr in Sonderfällen außer Betracht – kein Anlass. Eine Klageveranlassung des Auftraggebers kann aber als widerlegt gelten, wenn der Auftraggeber von sich aus die Bewilligung der Eintragung der Hypothek angeboten

Sicherung von Vergütungsansprüchen der Bauunternehmer **Anhang 2**

hat und dem Auftragnehmer keine Nachteile gegenüber einer gerichtlichen Inanspruchnahme des Auftraggebers droht (dazu OLG Stuttgart a.a.O.; OLG Dresden a.a.O.). Demgegenüber dürfte die Tatsache allein, dass der Auftraggeber später zu einem Vergleichsschluss bereit ist, die Veranlassung zur Einleitung des Verfügungsverfahrens nicht beseitigen (a.A. OLG Rostock Beschl. v. 28.8.2002 1 W 216/99 = IBR 2002, 652). Die genaue Beurteilung des Einzelfalls mag insoweit mit Schwierigkeiten verbunden sein. Hierfür kann aber immerhin auch das spätere Verhalten des Auftraggebers während des Verfügungsverfahrens rückschauend herangezogen werden, wie z.B. ein schriftsätzlich geführter Streit über die Begründetheit der einstweiligen Verfügung (vgl. OLG Düsseldorf Beschl. v. 30.5.1979 21 W 16/79 = BauR 1980, 92; zu weitgehend – auch hinsichtlich der im Rahmen des § 648 BGB nur einengend zu berücksichtigenden Interessenlage des Auftraggebers – daher OLG Köln Beschl. v. 3.2.1981 9 W 29/80 = SFH § 93 ZPO Nr. 1; vgl. dazu im Einzelnen auch *Werner/Pastor* Rn. 303 ff. m.w.N.).

Sofern im Aufhebungsverfahren die Hauptsache erledigt ist, ist über die **Kosten nach § 91a ZPO** **114** durch Beschluss zu entscheiden, in Ausnahmefällen zugleich auch über die Kosten des Anordnungsverfahrens (LG Köln Beschl. v. 13.5.1976 79 O 619/74 = SFH Z 2.321 Bl. 51).

Hervorzuheben ist, dass die Kosten aus einem einstweiligen Verfügungsverfahren zum Zwecke der **115** Eintragung einer Vormerkung für eine Hypothek nicht ihrerseits durch eine Bauhandwerkersicherungshypothek abgesichert werden können (LG Lübeck Beschl. v. 15.2.1982 7 T 147/82, SchlHA 1982, 150; *Rixecker* BlGBW 1984, 107; a.A. OLG Hamm Urt. v. 12.5.2000 12 U 39/00 = BauR 2000, 1527, 1528; LG Tübingen Beschl. v. 23.6.1983 2 O 11/83 = BauR 1984, 309; *Werner/Pastor* Rn. 229). Denn insoweit stellen diese Kosten keinen Gegenwert zu der vom Auftragnehmer erbrachten einem Grundstück werterhöhend zufließenden Bauleistung dar.

7. Streitwert

Nach der zutreffenden Ansicht des Kammergerichts beträgt der **Streitwert** der einstweiligen Verfügung auf Eintragung einer Vormerkung im allgemeinen **1/3 der zu sichernden Hauptforderung** **116** (KG Beschl. v. 20.4.1972 16 W 132/72 = BauR 1972, 259 f.; vgl. dazu auch *Groß* S. 103 f.; *Siegburg* BauR 1990, 290, 292 sowie *Werner/Pastor* Rn. 312). Nicht selten klagt jedoch der Auftragnehmer **auf Zahlung der Vergütung und zugleich auf Eintragung einer Bauhandwerkersicherungshypothek**. Hier vertreten insbesondere das OLG Düsseldorf und das OLG München die Auffassung, dass sich aufgrund einer vorliegenden Klagehäufung der Streitwert aus der Vergütungsforderung um den Betrag aus der Geltendmachung der Sicherungshypothek erhöhe (OLG Düsseldorf Beschl. v. 30.4.1996 23 W 19/96 = OLGR 1997, 136; OLG München Beschl. v. 27.9.1999 28 W 2150/99 = BauR 2000, 927 f.; ebenso *Werner/Pastor* Rn. 313). Dies ist jedoch nicht richtig: Denn das entscheidende Interesse des Auftragnehmers an seiner Klage besteht allein in dem Erhalt seiner Vergütung, die er lediglich mit doppeltem Ansatz zu erzielen sucht. In der Sache geht es daher jeweils um dasselbe, weswegen der Streitwert maximal in Höhe der Vergütungsforderung des Auftragnehmers festzusetzen ist (OLG Nürnberg Beschl. v. 2.7.2003 6 W 2019/03 = MDR 2003, 1382 = IBR 2003, 586; OLG Köln JMBl. NW 1974, 68 = BlGBW 1974, 115; OLG Frankfurt Beschl. v. 1.6.77 20 W 449/77 = JurBüro 1977, 1136; KG Beschl. v. 12.9.1997 4 W 1583/97 = BauR 1998, 829, 830; OLG Stuttgart Beschl. v. 10.9.2002 12 W 42/02 = BauR 2003, 131, 132). Kosten des Verfahrens, auch aus Vorprozessen, bleiben bei der Streitwertbemessung im Übrigen außer Ansatz (vgl. LG Tübingen Beschl. v. 23.6.1983 2 O 11/83 = BauR 1984, 309).

IV. Umschreibung der Vormerkung in eine Sicherungshypothek

Die **Umschreibung der Vormerkung in eine Sicherungshypothek** kann wie die Vormerkung selbst **117** nur durch **Bewilligung des Eigentümers oder** durch ein sie ersetzendes rechtskräftiges **Urteil** im **so genannten Hauptsacheverfahren** (§ 926 ZPO) erfolgen. Im letzteren Fall muss dabei Klage auf Einräumung der Sicherungshypothek erhoben werden; eine Zahlungsklage genügt nicht (OLG Frankfurt Urt. v. 23.2.1983 17 U 179/82 = NJW 1983, 1129 = SFH § 926 ZPO Nr. 1 m.w.N., OLG Düsseldorf Urt. v. 5.11.1985 23 U 159/85 = BauR 1986, 609 = NJW-RR 1986, 322; BayObLG Beschl. v. 15.6.2000 2Z BR 46/00 = BauR 2000, 1788 [Ls.] = NJW-RR 2001, 47 = ZIP 2000, 1263, 1264; OLG Celle Beschl. v. 10.7.2003 16 W 33/03 = BauR 2004, 696 f. = NJW-RR 2003, 1529; *Werner/Pastor* Rn. 292; *Palandt/Sprau* § 648 BGB Rn. 5; *Baumbach/Lauterbach/Albers/Hartmann* § 926 ZPO Rn. 11 – a.A. OLG Frankfurt [23. Senat] Urt. v. 15.5.2002 23 U 6/02 = BauR 2002, 1435, 1436 = NZBau 2002, 456, 457). Mit Letzterer wird auch nicht die Frist des § 926 Abs. 1 ZPO gewahrt (zutreffend OLG Frankfurt [17. Senat] Urt. v. 23.2.1983 = BauR 1984, 535, 536 = NJW 1983, 1129 = SFH § 926 ZPO Nr. 1 = ZIP 1983, 629 m.w.N., wohl auch *Motzke* S. 268 – siehe oben Rn. 108). Die Klage selbst kann beim dinglichen Gerichtsstand anhängig gemacht werden (§ 26 ZPO – OLG Braunschweig Beschl. v. 19.3.1974 2 W 13/74 = OLGZ 1974, 210 = BB 1974, 624; *Werner/Pastor* Rn. 294; *Siegburg* BauR 1990, 290, 291; a.A. *Groß* S. 87 m.w.N. zum Meinungsstand). Für eine Klage gerichtet auf die Eintragung einer Sicherungshypothek könnte allerdings **das Rechtsschutzbedürfnis fehlen**, wenn dem Auftragnehmer zwischenzeitlich ein vorläufig vollstreckbares Zahlungsurteil zu seiner Vergütung vorliegt. Denn insoweit hätte er nach § 720a Abs. 1 S. 1 lit. b ZPO sogar ohne Sicherheitsleistung die Möglichkeit, ohne ein weiteres gerichtliches Verfahren eine Sicherungshypothek bei dem Auftraggeber eintragen zu lassen. Dies ist jedoch nicht immer so: So ist vielmehr auch in diesem Fall ein Rechtsschutzbedürfnis für eine Klage nach § 648 BGB gegeben, wenn sie zum Zwecke der Ablösung einer bereits eingetragenen rangwahrenden Vormerkung erhoben wird (OLG Düsseldorf Urt. v. 21.2.1984 23 U 82/83 = BauR 1985, 334, 336; OLG Hamm Urt. v. 21.4.1989 26 U 194/88 = BauR 1990, 365, *Siegburg* BauR 1990, 290, 293).

118 Die Eintragung der Sicherungshypothek ebenso wie die Zahlung selbst kann der Auftragnehmer nur **Zug um Zug gegen Löschung der Vormerkung bzw. der Sicherungshypothek** verlangen (OLG Düsseldorf Urt. v. 2.12.1993 5 U 77/93 = OLGR Düsseldorf 1994, 80). **Bei dem Antrag** auf Eintragung der Sicherungshypothek muss jedoch **durch eine entsprechende Formulierung darauf geachtet werden, dass die Rangstelle der Vormerkung auch für die Sicherungshypothek gewahrt** wird, dass also im Grundbuch die Vormerkung nur gerötet und daneben die Sicherungshypothek eingetragen wird (vgl. dazu LG Berlin Beschl. v. 5.8.1985 84 T 102/85 und KG Beschl. v. 6.6.1986 1 W 2898/86 = BauR 1987, 358, 359).

V. Bauhandwerkersicherungshypothek in der Insolvenz

119 Wurde für den Auftragnehmer zum Zeitpunkt der Insolvenzeröffnung bereits eine Bauhandwerkersicherungshypothek eingetragen, kann er insoweit abgesonderte Befriedigung verlangen (§ 49 InsO). Liegt ggf. nach einem einstweiligen Verfügungsverfahren nur eine Vormerkung vor, kommt es für das weitere Vorgehen entscheidend darauf an, ob die Vormerkung beim Grundbuchamt schon zur Eintragung angemeldet worden war (BGH Urt. v. 1.10.1958 V ZR 26/57 = BGHZ 28, 182 = NJW 1958, 2013 – a.A. LG Frankfurt Urt. v. 15.10.1982 2/2 O 9/82 = ZIP 1983, 351; LG Bonn Beschl. v. 2.12.2003 4 T 519/03 = ZIP 2004, 1374 f. und *Werner/Pastor* Rn. 184, die auf den Zeitpunkt der Eintragung abstellen). In diesem Fall muss der Insolvenzverwalter die Eintragung der Sicherungshypothek bewilligen (§ 106 InsO). Für die **Rechtsbeständigkeit einer Vormerkung** in der Insolvenz sind sodann allerdings die weiteren engen zeitlichen Fristen des Insolvenzverfahrens zu beachten. Zum einen gewinnt **§ 88 InsO** an Bedeutung: Danach wird eine Sicherung an dem zur Insolvenzmasse gehörenden Vermögen des Schuldners (Grundstück des Auftraggebers), die bis zu einem Monat vor dem Antrag auf Eröffnung des Insolvenzverfahrens erworben wurde, **im nachhinein rückwirkend unwirksam. Dies gilt auch für die Vormerkung**, soweit sie bis zu einem Monat vor Antragstellung zur Eröffnung des Insolvenzverfahrens in das Grundbuch eingetragen wurde (BGH Urt. v. 15.7.1999 IX ZR 239/98 = BGHZ 142, 208, 210 = BauR 1999, 1326, 1327 = NJW 1999, 3122, 3123 zu der vergleichbaren Regelung aus der Gesamtvollstreckungsordnung [§ 7 Abs. 3 GesO] unter gleich-

zeitiger Bezugnahme auf § 88 InsO; ebenso BGH Beschl. v. 6.4.2000 V ZB 56/99 = BGHZ 144, 181, 183 = NJW 2000, 2427; LG Meiningen Beschl. v. 10.2.2000 4 T 277/99 = ZIP 2000, 416; BayObLG Beschl. v. 15.6.2000 2Z BR 46/00 = BauR 2000, 1788 [Ls.] = NJW-RR 2001, 47 = ZIP 2000, 1263, 1264 [zu § 88 InsO], dazu auch *Keller* ZIP 2000, 1324). Der Insolvenzverwalter kann die Löschung einer solchen Vormerkung durch Klage auf Zustimmung nach § 894 BGB analog durchsetzen (*Weise* Sicherheiten im Baurecht Rn. 590). Zum anderen sind evtl. bestehende Insolvenzanfechtungen zu berücksichtigen (§§ 129 ff. InsO): Dabei ist allerdings zu beachten, dass die **Vormerkung** zur Sicherung einer Bauhandwerkersicherungshypothek **nicht als eine inkongruente Sicherung** i.S.d. § 130 InsO (§ 30 Nr. 2 KO a.F.) anzusehen ist (BGH Urt. v. 21.12.1960 VIII ZR 204/59 = NJW 1961, 456).

E. Vertraglicher Ausschluss oder Beschränkung des § 648 BGB

I. Individualvertraglicher Ausschluss und Verzicht

Bei der gesetzlichen Regelung des § 648 BGB handelt es sich um dispositives Recht. Daher kann dessen Geltung **individualvertraglich** ganz oder zum Teil **ausgeschlossen** oder von dem Eintritt näher geregelter Bedingungen abhängig gemacht werden (vgl. u.a. *Palandt/Sprau* § 648 BGB Rn. 1; *Staudinger/Riedel* § 648 BGB Anm. 16; *MüKo/Busche* § 648 BGB Rn. 4; *Groß* S. 8; *Werner/Pastor* Rn. 192; *Motzke* S. 154 f.; OLG Köln Urt. v. 19.9.1973 16 U 63/73 = BauR 1974, 282). Dies muss jedoch an übersichtlicher, ohne weiteres erkennbarer Stelle in den Vertragsunterlagen und mit eindeutiger Klarheit erfolgen, da es sich um den Ausschluss von einem Vertragspartner – hier dem Auftragnehmer – sonst kraft Gesetzes zustehenden Sicherungsrechten handelt (vgl. auch OLG München Urt. v. 21.1.1975 13 U 3720/74 = BB 1976, 1001; LG Köln Urt. v. 21.3.1973 78 O 75/73 = SFH Z 2.321 Bl. 25, Urt. v. 26.11.1973 26 O 285/73 = SFH Z 2.321 Bl. 26 sowie Urt. v. 9.10.1974 49 O 94/74 = SFH Z 2.321 Bl. 34). Die bloße Vereinbarung einer sonstigen Sicherheitsleistung bedeutet im Übrigen weder einen ausdrücklichen noch einen stillschweigenden Verzicht auf die Sicherung nach § 648 BGB (zutreffend *Rixecker* MDR 1982, 718). **120**

Ein **Verzicht** auf die Rechte des § 648 BGB ist ebenfalls zulässig. Allerdings greift selbst ein individualvertraglicher Verzicht gemäß § 242 BGB nicht durch, wenn nachträglich eine wesentliche Verschlechterung in den Vermögensverhältnissen des Auftraggebers eintritt (was nach *Motzke* S. 155, durchaus auch mit § 321 BGB begründet werden kann, OLG Köln Urt. v. 19.9.1973 16 U 63/73 = BauR 1974, 282; *Werner/Pastor* Rn. 192, *Leineweber* BauR 1980, 510, 518; *U. Locher* Das private Baurecht Rn. 691; zweifelhaft MüKo/*Busche* § 648 BGB Rn. 6). **121**

Auch unabhängig von der wirtschaftlichen Situation des Auftraggebers ist die **Wirksamkeit** eines individualvertraglichen Ausschlusses oder Verzichts auf die Rechte des § 648 BGB **am Maßstab des § 242 BGB zu messen**. Dabei ist allerdings jeweils zu berücksichtigen, dass der Auftragnehmer im Rahmen einer Individualvereinbarung vielfach freiwillig auf ihm zustehende gesetzliche Schutzrechte verzichtet hat. Daher kann nicht jede Benachteiligung des Auftragnehmers zur Unwirksamkeit der Ausschluss- oder Verzichtsvereinbarung führen. Bedeutung bei der Überprüfung individualvertraglicher Ausschlussvereinbarungen oder Verzichtserklärungen am Maßstab des § 242 BGB gewinnt aber in jedem Fall **arglistiges Handeln des Auftraggebers,** das ggf. trotz eines vertraglichen Ausschlusses des § 648 BGB die Eintragung einer Sicherheitshypothek ermöglicht (OLG Köln a.a.O.). Arglistigkeit bzw. treuwidriges Handeln liegt in diesem Zusammenhang z.B. vor, wenn sich der Auftraggeber auf den Ausschluss des § 648 BGB beruft, obwohl an dem Bestand und der Fälligkeit der zu sichernden Werklohnforderung kein Zweifel besteht und sich der Auftraggeber trotzdem auf nichts anderes als auf den vertraglichen Ausschluss des § 648 BGB bezieht, ohne jetzt zahlungswillig zu sein (u.a. *Kapellmann* BauR 1976, 323, 329; ähnlich LG Köln Urt. v. 21.3.1973 78 O 75/73 = SFH Z 2.321 Bl. 25 und Urt. v. 26.11.1973 26 O 285/73 = SFH Z 2.321 Bl. 26). Für das Vor- **122** liegen eines solchen Ausnahmefalls ist der **Auftragnehmer darlegungs- und beweis- bzw. glaubhaftmachungspflichtig.**

II. Ausschluss in AGB

123 Soweit der Bauvertrag einer **AGB-Inhaltskontrolle** zugunsten des Auftragnehmers unterliegt, war vor Inkrafttreten des § 648a BGB davon auszugehen, dass ein Ausschluss des § 648 BGB gegen § 9 AGB-Gesetz a.F. (§ 307 BGB) verstieß. Denn bei § 648 BGB handelte es sich nach früherem Recht regelmäßig um die einzig mögliche Sicherung des Vergütungsanspruchs des vorleistenden Auftragnehmers (BGH Urt. v. 3.5.1984 VII ZR 80/2 = BGHZ 91, 139 = BauR 1984, 413 = NJW 1984, 2100 = SFH § 9 AGBG Nr. 12 = MDR 1984, 853 = LM § 9 [Bf] AGBG Nr. 4 = ZfBR 1984, 188; *Motzke* S. 156 f.; *Werner/Pastor* Rn. 155; *Groß* S. 9 f.; *Jagenburg* BauR Sonderheft 1/77, 10 f.; *Siegburg* 1990, 290, 302 f.; a.A. *Kapellmann* BauR 1976, 323, 326).

124 Ein **Ausschluss des § 648 BGB** in Allgemeinen Geschäftsbedingungen des Auftraggebers – vornehmlich in dessen Zusätzlichen Vertragsbedingungen – war allerdings schon früher **wirksam, wenn dem Auftragnehmer andere dem § 648 BGB gleichwertige Sicherungen vertraglich zugesagt wurden** (BGH a.a.O.; *Groß* S. 11 f.; *Werner/Pastor* Rn. 193; *Siegburg* a.a.O.). Dazu rechnete eine vereinbarte schuldbefreiende Hinterlegung (*Motzke* S. 158 f.) oder die Vereinbarung einer Bankbürgschaft (*Motzke* S. 158 f.; *Groß* S. 11). Vor diesem Hintergrund dürfte somit seit Inkrafttreten des § 648a BGB **generell der in AGB vorgesehene Ausschluss des § 648 BGB wirksam sein.** Denn wie sich aus § 648a Abs. 4 BGB ergibt, steht dem Auftragnehmer von Gesetzes wegen mit der Sicherheitsleistung nach § 648a BGB grundsätzlich eine § 648 BGB gleichwertige Möglichkeit zur Absicherung seiner Vergütung zu (OLG Köln Urt. v. 19.5.1995 20 U 199/94 = SFH § 648a BGB Nr. 1 = BauR 1996, 272, das in dem von ihm entschiedenen Fall auch noch von einem Aushandeln des Ausschlusses des § 648 BGB ausgegangen ist, was zweifelhaft sein dürfte; wie hier ebenfalls für eine mögliche Abdingbarkeit von § 648 BGB in AGB: *U. Locher* Das private Baurecht Rn. 691; wohl auch *Hofmann/Koppmann* S. 59, unklar *Werner/Pastor* Rn. 193). Die vom OLG Karlsruhe (OLG Karlsruhe Urt. v. 29.10.1996 8 U 18/96 = BauR 1997, 486 = NJW-RR 1997, 658; ebenso OLG Celle Beschl. v. 26.10.2000 13 W 75/00 = BauR 2001, 834, 835; *Kniffka/Koeble* 10. Teil Rn. 13; MüKo/*Busche* § 648 BGB Rn. 5) vertretene Gegenauffassung, dass § 648a BGB keine gleichwertige Sicherungsalternative darstelle mit der Folge, dass ein Ausschluss des § 648 BGB in AGB des Auftraggebers weiterhin unwirksam sei, ist abzulehnen. Sie ist in Anbetracht der vorzitierten Rechtsprechung des BGH nicht einmal konsequent: Soll nämlich die Vereinbarung einer anderen angemessenen Sicherheit einen Ausschluss des § 648 BGB in AGB des Auftraggebers in zulässiger Weise ermöglichen, ist nicht ersichtlich, warum die gesetzlich nicht abdingbare Sicherheitsleistung nach § 648a BGB als angemessenes Sicherungsmittel hierfür nicht ausreichen soll. Dies versteht sich von selbst, wenn der Auftraggeber etwa zur Absicherung der Vergütung nach § 648a BGB eine selbstschuldnerische Bürgschaft übergibt. Aber auch die weiteren in § 648a BGB zugelassenen Sicherungsmittel genügen. Zwar mögen diese aus Sicht des Auftragnehmers nicht so komfortabel sein wie eine Bürgschaft; nur können diese Unterschiede wegen der unstreitig vorhandenen vollwertigen Absicherung des Vergütungsanspruchs des Auftragnehmers keine Unwirksamkeit einer hierzu getroffenen Ausschlussvereinbarung nach § 307 BGB rechtfertigen.

2. Abschnitt:
Dinglicher Arrest in das Vermögen des Auftraggebers

Aufsätze: *Thümer* Arrest wegen Grundstücksveräußerung durch Auftraggeber vor Eintragung einer Bauhandwerkersicherungshypothek? MDR 1996, 334.

Der Auftragnehmer ist zur Sicherung seiner Vergütung nicht unbedingt auf die Rechte aus § 648 **125**
Abs. 1 BGB angewiesen. Er kann ggf. auch einen **dinglichen Arrest in das** bewegliche oder unbewegliche **Vermögen des Auftraggebers** beantragen, sofern sein Vergütungsanspruch – was regelmäßig zutrifft – in einer **Geldforderung** besteht (§ 916 ZPO). Für die Durchsetzung eines Arrestes bedarf es neben dem Arrestanspruch nach § 917 ZPO auch eines **Arrestgrunds**, d.h., es muss zu besorgen sein, dass ohne die Verhängung des dinglichen Arrestes die Vollstreckung eines Urteils vereitelt oder wesentlich erschwert werden würde. Die bloße Veräußerung des Hausgrundstückes, auf dem die Bauleistung erbracht worden ist, reicht dazu nicht aus (OLG Hamm Beschl. v. 24.10.1974 24 W 4/74 = BauR 1975, 436 = MDR 1975, 587; KG Beschl. v. 18.4.1978 4 W 1578/78 = BauR 1979, 354 = OLGZ 1978, 449 = MDR 1978, 755; *Schwerdtner* NJW 1970, 222; auch *Thümer* MDR 1996, 334; *Werner/Pastor* Rn. 391; a.A. LG Berlin Urt. v. 28.1.1955 53 S 306/54 = NJW 1955, 799; OLG Karlsruhe Urt. v. 17.10.1996 2 UF 140/96 = NJW 1997, 1017, 1018). Gleiches gilt, wenn der Schuldner seine Vertragspflichten arglistig verletzt hat. Vielmehr sind konkrete Anhaltspunkte dafür erforderlich, dass der Schuldner z.B. sein Vermögen dem drohenden Zugriff seiner Gläubiger entziehen werde (BGH Urt. v. 11.3.1975 VI ZR 231/72, WM 1975, 641; KG a.a.O.). Ohnehin kann ein Arrest nicht dazu dienen, dem Gläubiger, z.B. für die Eintragung einer Bauhandwerkersicherungshypothek, eine Rangstelle zu sichern, da der Arrest nicht gegen konkurrierende Gläubiger, sondern gegen den Schuldner gerichtet ist (vgl. OLG Celle Beschl. v. 29.12.1993 16 W 57/93 = BauR 1994, 274). Nach § 917 Abs. 2 ZPO liegt immerhin ein ausreichender Arrestgrund vor, wenn das Urteil im Ausland vollstreckt werden müsste.

Der **Arrestgrund** muss vom Auftragnehmer **glaubhaft** gemacht werden. Wegen weiterer Einzelheiten dazu wird auf die Kommentierungen zu den §§ 916 ff. ZPO verwiesen. **Gegenüber § 648 BGB hat die Erwirkung des dinglichen Arrestes immerhin Erleichterungen:** Bei dem Gläubiger braucht es sich nicht um einen Unternehmer eines Bauwerks zu handeln (vgl. Rn. 10 ff.). Auch beschränkt sich die Sicherung nicht auf das Baugrundstück, sondern kann gleichfalls auf andere Vermögenswerte des Schuldners erstreckt werden. **126**

3. Abschnitt:
Unternehmerpfandrecht des Auftragnehmers (§ 647 BGB)

§ 647
Unternehmerpfandrecht

Der Unternehmer hat für seine Forderungen aus dem Vertrag ein Pfandrecht an den von ihm hergestellten oder ausgebesserten beweglichen Sachen des Bestellers, wenn sie bei der Herstellung oder zum Zwecke der Ausbesserung in seinen Besitz gelangt sind.

Aufsatz: *Kartzke* Nachunternehmerpfandrecht des Bauunternehmers nach § 647 BGB an beweglichen Sachen des Bestellers ZfBR 1993, 205.

Das Unternehmerpfandrecht gemäß § 647 BGB hat bei der Sicherung der Vergütung des Auftragnehmers bei **Bauleistungen praktisch keine Bedeutung.** Zwar kann ein **Anspruch nach § 647 BGB,** wenn die Voraussetzungen dieser Bestimmung gegeben sind, **bis zum Einbau** durchaus **neben einem solchen nach § 648 BGB bestehen** (zutreffend *Kartzke* ZfBR 1993, 205 unter Hinweis auf den Beschl. des BGH v. 4.3.1993 VII ZR 282/91). Das Hauptproblem eines Unternehmerpfandrechts bei Bauleistungen liegt jedoch darin, dass eine Vergütungssicherung nach § 647 BGB nur bei beweglichen Sachen in Betracht kommt, die vom Auftragnehmer hergestellt oder ausgebessert werden. Sie müssen bei der Herstellung oder zum Zwecke der Ausbesserung in den Besitz des Auftragneh- **127**

Anhang 2   Sicherung von Vergütungsansprüchen der Bauunternehmer

mers gelangt sein. Vorstellbar bei Bauleistungen ist dies somit lediglich für die Zeit vor Baubeginn. Denn danach wird mit der Verwendung von Baumaterialien durch Einbau der Besitz bzw. das hier erörterte Unternehmerpfandrecht nach §§ 949 S. 1, 946 BGB regelmäßig untergehen. Folglich kommt nur noch § 648 BGB zur Anwendung (vgl. *Kartzke* a.a.O.). Im Übrigen reicht mittelbarer Besitz (z.B. beim Hauptunternehmer, der Leistungen an Nachunternehmer weitervergibt) aus (ebenso *Kartzke* a.a.O.).

127a Solange der Unternehmer den Besitz innehat, kann er daran ein Pfandrecht für seine Vergütungsforderung ausüben. Hierfür ist allerdings weitere Voraussetzung, dass die **Sachen dem Auftraggeber gehören**, also in dessen Eigentum stehen (BGH Urt. v. 21.12.1960 VIII ZR 89/59 = BGHZ 34, 122, 126; BGHZ 87, 274, 280; vgl. dazu auch *Fehl* BB 1977, 69). An dieser Voraussetzung fehlt es im Baugeschehen schon deshalb häufig, weil der Auftraggeber vor dem Einbau von beweglichen Sachen – insbesondere Baumaterialien – noch nicht deren Eigentümer ist. Stehen diese wie üblich aufgrund eines Eigentumsvorbehalts im Eigentum Dritter, verbleiben dem Auftragnehmer dann je nach Sachverhalt nur ein Verwendungsersatzanspruch nach §§ 994 ff. BGB, ein Zurückbehaltungsrecht nach § 1000 BGB und unter den Voraussetzungen des § 1003 BGB sogar ein Befriedigungsrecht (BGH Urt. v. 21.12.1960 VIII ZR 89/59 = BGHZ 34, 122, 127 f.; vgl. auch BGH Urt. v. 22.10.1987 VII ZR 12/87 = BauR 1988, 88 = NJW 1988, 255 = MDR 1988, 220 = SFH § 648 BGB Nr. 10 = ZIP 1988, 244 = BB 1988, 998 m. Anm. *Fehl* = *Siegburg* EWiR § 648 BGB 1/88 S. 44 = ZfBR 1988, 72 = LM § 648 BGB Nr. 7. Zum Unternehmerpfandrecht bei ständiger, zeitlich länger dauernder Geschäftsverbindung OLG Düsseldorf Urt. v. 27.10.1977 13 U 76/77 = NJW 1978, 703).

127b Besteht ein Pfandrecht, so kann sich der Auftragnehmer nach den Vorschriften über den Pfandverkauf (§§ 1228 ff. BGB) befriedigen, falls seine Forderung fällig ist (§ 1257 BGB).

128 Zum gutgläubigen Erwerb eines Unternehmerpfandrechts und zu weiteren damit in Zusammenhang stehenden Fragen vgl. die Rechtsprechung des BGH und der Instanzgerichte (BGH Urt. v. 4.5.1977 VIII ZR 3/76 = BGHZ 68, 323, dazu kritisch *Müller* VersR 1981, 499; BGH Urt. v. 22.10.1980 VIII ZR 209/79 = NJW 1981, 226; LG München II Urt. v. 11.6.1957 1 S 83/57 = NJW 1957, 1237; LG Hamburg Urt. v. 26.4.1957 18 S 9/57 = MDR 1957, 482; LG Berlin Urt. v. 15.11.1972 54 S 71/72 = NJW 1973, 630 m.w.N., sowie *Hohennester* NJW 1958, 212. Über den gutgläubigen Erwerb eines durch Bauarbeitsgemeinschaftsvertrag vereinbarten Pfandrechts vgl. BGH Urt. v. 24.1.1983 VIII ZR 353/81 = BGHZ 86, 300 = BauR 1983, 268 = SFH § 1205 BGB Nr. 1 = NJW 1983, 1114 = MDR 1983, 483 = ZIP 1983, 438 = LM § 1205 BGB Nr. 1. Zum gutgläubigen Erwerb des gesetzlichen Pfandrechts und anderer Formen der Sicherung für den Auftragnehmer bei Aufträgen von Nichtberechtigten vgl. *Völzmann* JA 2005, 264, *Riemenschneider* Sicherung des Werkunternehmers, 1967; *Appel*, Hamburg, Schriften des Europa-Kollegs 4. Über Unternehmerpfandrecht und Schadensberechnung beim Betrug [Vortäuschung des Bestellers über seine Zahlungsfähigkeit]; *Amelung* NJW 1975, 624; ferner *Meyer* MDR 1975, 357 im Anschluss an BayObLG Urt. v. 17.12.1973 – RReg 7 Staatsanwaltschaft 233/7 = JZ 1974, 189 = JR 1974, 336 Anm. *Lenckner*).

4. Abschnitt:
Die Bauhandwerkersicherheitsleistung nach § 648a BGB

§ 648a
Bauhandwerkersicherung

(1) Der Unternehmer eines Bauwerks, einer Außenanlage oder eines Teils davon kann vom Besteller Sicherheit für die von ihm zu erbringenden Vorleistungen einschließlich dazugehöriger

Nebenforderungen in der Weise verlangen, dass er dem Besteller zur Leistung der Sicherheit eine angemessene Frist mit der Erklärung bestimmt, dass er nach dem Ablauf der Frist seine Leistung verweigere. Sicherheit kann bis zur Höhe des voraussichtlichen Vergütungsanspruchs, wie er sich aus dem Vertrag oder einem nachträglichen Zusatzauftrag ergibt, sowie wegen Nebenforderungen verlangt werden; die Nebenforderungen sind mit zehn vom Hundert des zu sichernden Vergütungsanspruchs anzusetzen. Sie ist auch dann als ausreichend anzusehen, wenn sich der Sicherungsgeber das Recht vorbehält, sein Versprechen im Falle einer wesentlichen Verschlechterung der Vermögensverhältnisse des Bestellers mit Wirkung für Vergütungsansprüche aus Bauleistungen zu widerrufen, die der Unternehmer bei Zugang der Widerrufserklärung noch nicht erbracht hat.

(2) Die Sicherheit kann auch durch eine Garantie oder ein sonstiges Zahlungsversprechen eines im Geltungsbereich dieses Gesetzes zum Geschäftsbetrieb befugten Kreditinstituts oder Kreditversicherers geleistet werden. Das Kreditinstitut oder der Kreditversicherer darf Zahlungen an den Unternehmer nur leisten, soweit der Besteller den Vergütungsanspruch des Unternehmers anerkennt oder durch vorläufig vollstreckbares Urteil zur Zahlung der Vergütung verurteilt worden ist und die Voraussetzungen vorliegen, unter denen die Zwangsvollstreckung begonnen werden darf.

(3) Der Unternehmer hat dem Besteller die üblichen Kosten der Sicherheitsleistung bis zu einem Höchstsatz von 2 vom Hundert für das Jahr zu erstatten. Dies gilt nicht, soweit eine Sicherheit wegen Einwendungen des Bestellers gegen den Vergütungsanspruch des Unternehmers aufrechterhalten werden muss und die Einwendungen sich als unbegründet erweisen.

(4) Soweit der Unternehmer für seinen Vergütungsanspruch eine Sicherheit nach den Absätzen 1 oder 2 erlangt hat, ist der Anspruch auf Einräumung einer Sicherungshypothek nach § 648 Abs. 1 ausgeschlossen.

(5) Leistet der Besteller die Sicherheit nicht fristgemäß, so bestimmen sich die Rechte des Unternehmers nach den §§ 643 und 645 Abs. 1. Gilt der Vertrag danach als aufgehoben, kann der Unternehmer auch Ersatz des Schadens verlangen, den er dadurch erleidet, dass er auf die Gültigkeit des Vertrags vertraut hat. Dasselbe gilt, wenn der Besteller in zeitlichem Zusammenhang mit dem Sicherheitsverlangen gemäß Absatz 1 kündigt, es sei denn, die Kündigung ist nicht erfolgt, um der Stellung der Sicherheit zu entgehen. Es wird vermutet, dass der Schaden fünf Prozent der Vergütung beträgt.

(6) Die Vorschriften der Absätze 1 bis 5 finden keine Anwendung, wenn der Besteller

1. eine juristische Person des öffentlichen Rechts oder ein öffentlich-rechtliches Sondervermögen ist oder
2. eine natürliche Person ist und die Bauarbeiten zur Herstellung oder Instandsetzung eines Einfamilienhauses mit oder ohne Einliegerwohnung ausführen lässt; dies gilt nicht bei Betreuung des Bauvorhabens durch einen zur Verfügung über die Finanzierungsmittel des Bestellers ermächtigten Baubetreuer.

(7) Eine von den Vorschriften der Absätze 1 bis 5 abweichende Vereinbarung ist unwirksam.

Aufsätze (bis 2000): *Sternberg* Neuregelung der Bauhandwerkersicherung BauR 1988, 33; *Quack* Mehr Sicherheit für den Bauhandwerker, zur geplanten Reform des Sicherungssystems für den vorleistungspflichtigen Bauunternehmer ZfBR 1990, 113; *Scholtissek* Mehr Sicherheit für Bauhandwerker MDR 1992, 443; *Gutbrod* Der neue § 648a BGB – Schutz oder Hemmnis? Betrieb 1993, 1559; *Slapnicar/Wiegelmann* Neue Sicherheiten für den Bauhandwerker NJW 1993, 2903; *Sturmberg* § 648a BGB – über das Ziel hinaus? Entspricht die neue Vergütungssicherung den Anforderungen der Vertragspraxis? BauR 1994, 57; *Hofmann/Koppmann* Erste Streitfragen bei Anwendung des § 648a BGB BauR 1994, 305; *Korbion* Besondere Sicherungsleistungen im bauvertraglichen Bereich FS Heiermann 1995 S. 217 ff.; *Kleine-Möller* Die

Anhang 2   Sicherung von Vergütungsansprüchen der Bauunternehmer

Leistungsverweigerungsrechte des Bauunternehmers vor der Abnahme FS Heiermann 1995 S. 193 ff.; *Leinemann/Klaft* Erfordert die Neuregelung des § 648a BGB eine restriktive Auslegung zum Schutz des Bestellers? NJW 1995, 2521; *Quack* Die Bauhandwerkersicherung, Ketzerisches zu einem noch immer ungelösten Problem BauR 1995, 319; *Sturmberg* Noch einmal: § 648a BGB – Streitfragen – BauR 1995, 169; *Wagner/Sommer* Zur Entschädigung des § 648a BGB ZfBR 1995, 168; *Leins* Wirksamkeit der Nr. 32 der EVM (B) ZVB/E unter Berücksichtigung der Bestimmung des § 648a Abs. 6 BGB BauR 1996, 662; *Liepe* Problemlösungen bei der Bauhandwerkersicherung § 648a BGB aus dem Gesetz selbst BauR 1996, 336; *Hammacher* § 648a BGB: Bedarf es bei einem VOB/B-Vertrag einer besonderen schriftlichen Kündigungserklärung? BauR 1997, 429; *Moeser/Kocher* Begrenzung des Sicherungsverlangens des Werkunternehmers nach § 648a BGB BauR 1997, 425; *Reinelt* Ist § 648a BGB extensiv oder restriktiv auszulegen? BauR 1997, 766; *Soergel* Die neue Sicherung der Bauunternehmervergütung FS v. Craushaar 1997 S. 179; *Wagner* Notarielle Hilfestellung bei § 648a BGB FS v. Craushaar 1997 S. 413; *Zimdars* Bauhandwerkersicherheit gemäß § 648a BGB: Zulässigkeit der Garantie auf erstes Anfordern und der Befristung der Garantie DB 1997, 614; *Brechtelsbauer* Leistungsverweigerungs- und Kündigungsrecht nach § 648a BGB auch bei eigener Vertragsuntreue des Unternehmers? BauR 1999, 1371; *Henkel* Sicherung, Reformdiskussion und § 648a BGB Monographie 1999; *Ullrich* Uneingeschränkter Werklohnanspruch trotz Mängeln MDR 1999, 1233; *Schilling* Probleme zum Umfang und zur Höhe einer Sicherheitsleistung nach § 648a BGB FS Vygen 1999 S. 260 ff.; *Schulze-Hagen* § 648a BGB – auch nach Abnahme anwendbar? BauR 1999, 210; *Stammkötter* Die Fälligkeit des Erstattungsanspruchs gemäß § 648a Abs. 3 BGB ZfBR 1998, 225;

Ab 2000: *Boecken* Die Sicherheit nach § 648a BGB DAB 2000, 1427; *Leinemann/Sterner* § 648a BGB: Zu Art und Höhe der Sicherheit sowie zum Zeitpunkt des Sicherungsbegehrens BauR 2000, 1414; *Lotz* Der Gerüstbauvertrag und die gesetzlichen Sicherheiten BauR 2000, 1806; *Schmitz* Richtiger Umgang mit Sicherheitsverlangen von Bauunternehmern gemäß § 648a BGB ZfIR 2000, 489; *Schulze-Hagen* § 648a BGB – eine Zwischenbilanz BauR 2000, 28; *Thierau* § 648a BGB nach Abnahme – Rückschlagsicherung gegen Mängeleinreden NZBau 2000, 14; *Warner* § 648a BGB Voraussetzungen der Bestellerpflicht zur Sicherheitsleistung und Folgen der Nichtleistung der Sicherheit im Werklohnprozeß BauR 2000, 1261; *Zanner* Zum Umfang der Sicherheit nach § 648a BGB bei Vereinbarung der VOB/B BauR 2000, 485; *Buscher* Möglichkeit der Befristung der Bürgschaft nach § 648a BGB? BauR 2001, 159; *Bschorr/Putterer* Zur Frage der Anwendbarkeit des § 648a BGB nach der Abnahme oder Kündigung BauR 2001, 1497; *Buscher* Recht auf Sicherheit gemäß § 648a BGB gegenüber treuhänderischem Sanierungs- und Entwicklungsträger i.S.d. §§ 157, 167 BauGB BauR 2002, 1288; dazu auch *Graupeter* ZfBR 2002, 750; *Frank* Zur Anwendbarkeit des § 648a BGB nach erfolgter Abnahme Jahrbuch Baurecht 2002 S. 143; *Jacob* Kündigung des Werkvertrags gemäß §§ 643, 645 Abs. 1 und 648a Abs. 5 BGB nach Abnahme BauR 2002, 386; *Kainz/Neumann* Auswirkungen auf die Bürgschaft nach § 648a BGB bei Masselosigkeit des Auftraggebers FS Jagenburg 2002 S. 311; *Rathjen* Abnahme und Sicherheitsleistung beim Bauvertrag BauR 2002, 242; *Weber* § 648a BGB nach Abnahme: Anspruch und Wirklichkeit«, FS Jagenburg 2002 S. 1001; *Busz* Die Ansprüche des Werkunternehmers bei nicht fristgemäßer Sicherheitsleistung des Auftraggebers NZBau 2003, 10; *Horsch/Hänsel* Konzernbürgschaften – taugliche Sicherungsmittel nach § 648a BGB BauR 2003, 462; *Sohn/Kandel* § 648a BGB und Gewährleistungsansprüche des Auftraggebers im Vergütungsprozeß des Werkunternehmers (zu OLG München 13 U 4425/02 – BauR 2003, 899) BauR 2003, 1633; *Diehr* Sicherheit gem. § 648a BGB zugunsten des Gesellschafters gegen seine Bau-ARGE – Die Auflösung einer Kollision von Gesellschafter- und Werkunternehmerinteressen ZfBR 2004, 3; *Mundt* Die Insolvenzanfechtung bei Stellung einer Bürgschaft nach § 648a BGB NZBau 2003, 527; *Oberhauser* Inwieweit kann § 648a BGB durch vertragliche Regelungen modifiziert werden? BauR 2004, 1864; *Schliemann/Hildebrandt* Sicherungsverlangen nach § 648a BGB nach Abnahme und Auflösung des entstehenden Schwebezustandes beim Gegenüberstehen von zwei Leistungsverweigerungsrechten ZfIR 2004, 278; *Thierau* Das Sicherungsverlangen nach Abnahme NZBau 2004, 311; *Steingröver* Bauhandwerkersicherung nach Abnahme – das stumpfe Schwert NJW 2004, 2490; *Huber* Grundstrukturen der Abwicklung eines Bauvertrages in der Insolvenz NZBau 2005, 257; *Klein/Moufang* Die Bürgschaft als bauvertragliche Sicherheit nach der aktuellen Rechtsprechung des VII. Zivilsenats des BGH Jahrbuch Baurecht 2005 S. 29; *Rothfuchs* Bemessungsgrundlage für den pauschalierten Schadensersatzanspruch nach § 648a Abs. 5 S. 4 BGB BauR 2005, 1672; *Stickler* Die Berechnungsgrundlage für den pauschalierten Schadensersatz nach § 648a V 4 BGB NZBau 2005, 322; *Theurer* Anlagenbau: Sicherung von Zahlungsansprüchen des Unternehmers gemäß § 648a BGB BauR 2005, 902; *Valerius* Die Auswirkungen einer Kündigung des Werkvertrages gemäß § 648a Abs. 5 S. 1 BGB auf Rechte wegen neuer Mängel BauR 2005, 23; *Hildebrandt* Der vom Schutzzweck des § 648a BGB erfasste und berechtigte Unternehmerkreis BauR 2006, 2; *Hofmann* Allgemeine Geschäftsbedingungen zu § 648a und Abwicklungsfragen in der Insolvenz BauR 2006, 763; *Kleefisch/Herchen* Berücksichtigung des Sicherungseinbehalts nach § 17 Nr. 6 VOB/B bei §§ 648a, 648 BGB oder doppelte Absicherung des Unternehmers? NZBau 2006, 201; *Schmitz* Abwicklungsprobleme mit § 648a – Bürgschaften BauR 2006, 430.

A. Grundlagen

Die Sicherungsnorm des § 648 BGB birgt – wie in der vorhergehenden Kommentierung aufgezeigt – diverse Schwächen für einen Auftragnehmer. Vor diesem Hintergrund sah sich der Gesetzgeber veranlasst, mit dem »Gesetz zur Änderung des Bürgerlichen Gesetzbuches (Bauhandwerkersicherung) und anderer Gesetze« Abhilfe zu schaffen (siehe im Einzelnen zur Entstehungsgeschichte und Bedeutung dieser Norm in der 13. Auflage: § 16 Rn. 416 ff. VOB/B sowie *Siegburg* BauR 1990, 647; *Quack* ZfBR 1990, 113; *Börstinghaus* ZRP 1990, 421; ZRP 1991, 402 [ohne Verf.]; *Weber* ZRP 1992, 292; *Scholtissek* MDR 1992, 443; *Slapnicar/Wiegelmann* NJW 1993, 2902; *Wagner/Sommer* ZfBR 1995, 168; *Klaft* S. 1 ff.). Bestandteil dieses am 1.5.1993 in Kraft getretenen Gesetzes war § 648a BGB, der in der Baupraxis eine große Bedeutung erlangt hat. Dies gilt vor allem für Verträge im Subunternehmerverhältnis; denn deren Auftraggeber (General- oder Hauptunternehmer) sind in der Regel keine Grundstückseigentümer, so dass schon aus diesem Grund eine Anspruchssicherung nach § 648 BGB ausscheidet. Dabei war es richtig, nicht die nach § 648 BGB bestehenden dinglichen Rechte des Auftragnehmers zu verbessern; dies hätte die Problematik des Auseinanderfallens von Auftraggeber und Grundstückseigentümer im Zweifel nicht beseitigen können. Stattdessen enthält § 648a BGB ein **schuldrechtliches Instrument zur Sicherung der Vergütung**. Es setzt sich zusammen aus der auf Anforderung zu stellenden Sicherheit durch den Auftraggeber und dem bei Weigerung hierzu entstehenden Leistungsverweigerungs- und ggf. sogar Kündigungsrecht des Auftragnehmers. Es gilt einheitlich sowohl für BGB- als auch für VOB-Bauverträge. Die **VOB/B schränkt § 648a BGB nicht ein**. Insoweit kann der Auftraggeber insbesondere nicht einwenden, der Auftragnehmer sei in Bezug auf seine Zahlungsansprüche hinreichend durch § 16 VOB/B gesichert (*Liepe* BauR 1996, 336 – einschränkend allerdings vor allem in Bezug auf die Höhe der Sicherheitsleistung nach § 648a BGB: *Zanner* BauR 2000, 485).

129

§ 648a BGB in seiner heute gültigen Fassung ist zuletzt durch das Gesetz zur Beschleunigung fälliger Zahlungen mit Wirkung zum 1.5.2000 (Gesetz v. 30.3.2000 BGBl. I. S. 330) präzisiert worden. Ergänzt wurde § 648a BGB seinerzeit dahingehend, dass der Auftragnehmer **zusätzlich eine Sicherheit für Nebenkosten** fordern kann. Diese veranschlagt das Gesetz pauschal mit zehn Prozent des Vergütungsanspruchs (Abs. 1 S. 2 Hs. 2). Geändert wurden darüber hinaus die Folgen, wenn der Auftraggeber die angeforderte Sicherheit nicht fristgerecht leistet (Abs. 5). In Ergänzung zu dem Kündigungsrecht wird zu dem dann bestehenden **Schadensersatzanspruch** vermutet, dass der dem Auftragnehmer entstandene Schaden 5% der Vergütung beträgt. Einen solchen Schadensersatz kann der Auftragnehmer z.B. geltend machen, wenn der Auftraggeber die Sicherheit mit der Konsequenz der Vertragsauflösung alleine deswegen nicht stellt, um hierdurch eine ansonsten erforderliche freie Kündigung des Bauvertrages nach § 649 BGB, § 8 Nr. 1 VOB/B mit den für ihn ggf. ungünstigeren Vergütungsfolgen zu umgehen. Ein Schadensersatzanspruch steht dem Auftragnehmer nach § 648a Abs. 5 S. 3 BGB ebenfalls zu, wenn im zeitlichen Zusammenhang mit dem Sicherungsverlangen des Auftragnehmers der Auftraggeber seinerseits den Vertrag kündigt, um einer ansonsten bei Nichtstellung der Sicherheit drohenden Vertragsauflösung zuvorzukommen. Etwas anderes gilt nur, wenn der Auftraggeber nachweisen kann, dass seine Kündigung nicht erfolgt ist, um der Stellung der Sicherheit zu entgehen. Sämtliche seit 2000 in Kraft befindlichen Regelungen gelten auch für laufende Verträge, d.h. für Bauverträge, die vor dem Inkrafttreten der Änderungen zum 1.5.2000 geschlossen wurden.

130

131 Zu beachten ist, dass die Stellung einer Sicherheit zumindest in der Regel nicht als **insolvenzfest** anzusehen ist. So stellt etwa nach der Entscheidung des BGH vom 18.11.2004 (IX ZR 299/00 = BauR 2005, 1028 = NJW-RR 2005, 840 = NZBau 2005, 338) eine Forderungsabtretung im Zusammenhang mit einer geforderten Sicherung nach § 648a BGB nur eine **inkongruente Sicherungshandlung** dar. In der Sache dürfte dies richtig sein (so auch *Huber* NZBau 2005, 257, 264 f., wohl ebenso, allerdings z.T. differenzierend *Schmitz* BauR 2005, 183): Denn nach der jetzigen gesetzlichen Regelung des § 648a BGB besitzt der Auftragnehmer keinen Anspruch auf Stellung einer Sicherheit (vgl. unten Rn. 175). Ob man darüber hinausgehend allerdings gleichzeitig auf eine Gläubigerbenachteiligungsabsicht schließen kann, ist aufgrund der beschränkten Möglichkeiten für Bauunternehmer, ihre Vergütungsansprüche abzusichern, fraglich und jeweils im Einzelfall zu prüfen (BGH a.a.O.).

B. Tatbestandliche Voraussetzungen des Anspruchs auf Sicherheitsleistung

132 Die wesentlichen Voraussetzungen für den Anspruch auf Sicherheitsleistung einschließlich der Anforderungen an die Sicherheitsleistung selbst ergeben sich aus § 648a Abs. 1–4 BGB. Hiernach kann ein Bauwerksunternehmer in Höhe seines Vergütungsanspruchs unter Setzen einer Frist eine Sicherheit verlangen verbunden mit der Erklärung, dass er nach Fristablauf seine Leistung verweigere (Abs. 1 S. 1 und 2). Abs. 1 S. 3 und Abs. 2 regeln die Anforderungen an die Sicherheitsleistung, hier insbesondere an den Sicherungsgeber sowie die Voraussetzungen der Verwertung. Abs. 3 enthält eine Kostenverteilung und Abs. 4 eine Regelung, die zumindest einseitig das Verhältnis zu der Sicherheitsleistung nach § 648 BGB bestimmt.

I. »Anspruch« auf Sicherheitsleistung (Abs. 1 S. 1 und 2)

133 Das Recht des Auftragnehmers auf Sicherheitsleistung ist in Abs. 1 geregelt, und zwar in der Form eines rechtlichen Anspruchs (»Der Unternehmer eines Bauwerkes ... kann vom Besteller Sicherheit ... verlangen ...«). Tatsächlich handelt es sich hierbei jedoch um eine reine **Gläubigerobliegenheit des Bestellers** (vgl. zu den Rechtsfolgen unten Rn. 174 ff.). Der Einfachheit halber soll hier jedoch – weil in der Baupraxis üblich – weiterhin einheitlich von einem »Anspruch« auf Sicherheitsleistung gesprochen werden. Diese ist bei Einhaltung der in Abs. 1 S. 1 genannten Voraussetzungen zu leisten, soweit der Auftragnehmer eine solche verlangt. S. 2 bestimmt die Höhe einer nach § 648a BGB zu stellenden Sicherheit:

1. Verlangen der Sicherheitsleistung (Abs. 1 S. 1)

134 Nach Abs. 1 S. 1 hat der Unternehmer eines Bauwerks die Möglichkeit, für die von ihm zu erbringenden **Vorleistungen** von dem Besteller Sicherheit zu verlangen. Hierzu kann er dem Besteller eine **angemessene Frist** setzen verbunden mit der Erklärung, dass er nach dem Ablauf der Frist seine **Leistung verweigere.** Ob er von diesem Recht Gebrauch macht, hängt von der Entschließung des Auftragnehmers im Einzelfall ab. Dabei wird er abzuwägen haben, ob er aus wirtschaftlichen Gründen, die auf der Auftraggeberseite liegen, etwa die Befürchtung haben muss, mit seiner Werklohnforderung auszufallen.

a) Unternehmer eines Bauwerks

135 **Anspruchsberechtigt** nach § 648a BGB ist allein der **Unternehmer eines Bauwerks, einer Außenanlage** (vgl. dazu DIN 276 Teil 2, Kostengruppe 5) oder eines Teils davon. Nach der zu § 648a BGB vorliegenden Gesetzesbegründung sollte dabei zunächst auf den Unternehmerbegriff des § 648 BGB zurückgegriffen werden (BT-Drucks. 12/1836 zu § 648a BGB). Vor diesem Hintergrund ist heute unstreitig, dass sämtliche Unternehmer, die unter § 648 BGB fallen, gleichzeitig unter dem Schutz des § 648a BGB stehen; der Unternehmerbegriff ist insoweit identisch (*Soergel* FS v. Craushaar S. 179,

181; MüKo/*Busche* § 648a BGB Rn. 5; *Werner/Pastor* Rn. 321 m.w.N.). Anspruchsberechtigt sind hiernach in jedem Fall Unternehmer, die sich gegenüber dem Auftraggeber mit dem Ziel der Werterhöhung eines Bauwerks zur Erbringung einer Bauleistung verpflichtet haben (vgl. zu der Bauwerkseigenschaft im Anlagenbau: *Theurer* BauR 2005, 902). Erfasst werden des Weiteren Nicht-Bauunternehmer, denen gleichwohl Sicherungsrechte nach § 648 Abs. 1 BGB zustehen, wie Architekten, Statiker oder sonstige Sonderfachleute (vgl. oben Rn. 16 ff., 25). Dies ist heute unstreitig (*Werner/Pastor* Rn. 320; MüKo/*Busche* § 648a BGB Rn. 5; *Slapnicar/Wiegelmann* NJW 1993, 2903, 2907; *Sturmberg* BauR 1994, 57, 58; a.A. *Gutbrod* Betrieb 1993, 1559, 1560, der den Bauwerksbegriff hier nur insoweit anwenden will, als der Unternehmer eine feste Verbindung mit Grund und Boden schafft).

Der **Kreis der nach § 648a BGB anspruchsberechtigten Unternehmer geht** jedoch über den Unternehmerbegriff des § 648 BGB **hinaus**. Dies lässt sich ohne weiteres mit der gesetzlichen Systematik erklären. Denn bei der Anspruchssicherung nach § 648a BGB geht es nicht um ein dingliches Sicherungsrecht »an dem Baugrundstück des Bestellers«, sondern um ein unabhängig davon bestehendes vertragliches Sicherungsrecht. Folgende Erweiterungen kommen in Betracht bzw. werden diskutiert: **136**

aa) Unternehmer einer Außenanlage
Schon nach dem Gesetz erfasst werden von § 648a BGB zusätzlich **Unternehmer einer Außenanlage**. Dies stellt eine Erweiterung gegenüber § 648 BGB dar: Denn Unternehmer von reinen Außenarbeiten ohne Verbindung zu einem Bauwerk gehören gerade nicht zu dem von § 648 BGB geschützten Personenkreis (vgl. oben Rn. 5 f.). Auch insoweit ist jedoch immer noch Voraussetzung, dass die berechtigten Unternehmer wenigstens eine werkvertragliche Leistung zugunsten des Bestellers erbringen. Einbezogen in den Anwendungsbereich des § 648a BGB sind somit zusätzlich vor allem die Garten-, Landschafts- und Sportplatzbauer (BT-Drucks. 12/4526 S. 10), **nicht** jedoch **Abbruchunternehmer** oder Firmen, die nur mit Rodungsarbeiten für die **Baufeldfreimachung** beauftragt sind (BGH Beschl. v. 24.2.2005 VII ZR 86/04 = BauR 2005, 1019, 1020 = NJW-RR 2005, 750 = NZBau 2005, 281 f. = ZfBR 2005, 453 f.; kritisch dazu *Hildebrandt* BauR 2006, 2). **137**

bb) Subunternehmer
Unstreitig erfasst werden von § 648a BGB **Subunternehmer**, einer der wesentlichen Auftragnehmereinsatzformen, die regelmäßig wegen der fehlenden Eigentümerstellung der Auftraggeber bei § 648 BGB nicht zum Zuge kommen (vgl. oben Rn. 11, 28). Anders bei § 648a BGB: Nach dieser Vorschrift können auch Subunternehmer von ihren Auftraggebern (vor allem von General- oder Hauptunternehmern) eine Sicherheit nach § 648a BGB verlangen. Dasselbe gilt für Auftragnehmer von Generalübernehmern (OLG Dresden Urt. v. 1.3.2006 12 U 2379/04 = BauR 2006, 1318). **138**

cc) Bauunternehmer mit Leistungen ohne Werterhöhung für das Bauwerk
Umstritten ist, inwieweit sich auch für den Anwendungsbereich des § 648a BGB die vom Unternehmer erbrachte Werkleistung in einer Werterhöhung des Bauwerks (bzw. einer Außenanlage) niederschlagen muss. Bedeutung erlangt diese Frage vor allem für den **nur planenden Architekten,** bevor mit seinen Arbeiten begonnen wurde, **für ausschließlich bauvorbereitende Tätigkeiten** wie z.B. den Gerüstbauer oder für **Unternehmer, die ausschließlich Renovierungsarbeiten erbringen.** Alle drei Gruppen sind wegen der jeweils fehlenden Werterhöhung aus dem Anwendungsbereich des § 648 BGB ausgenommen (siehe oben Rn. 16 ff. zu den Architekten, Rn. 6 zu Gerüstbauern und Rn. 4 zu Renovierungsarbeiten). Teilweise sollen diese Werkunternehmer in den Anwendungsbereich des § 648a BGB einbezogen werden. Denn für die rein schuldrechtliche Sicherung nach § 648a BGB könnte anders als bei der dinglichen Sicherung nach § 648 BGB die Werterhöhung des Bauwerks durch die Unternehmerleistung nicht ausschlaggebend sein. Im Vordergrund stände stattdessen der Charakter einer Bau- bzw. Werkvertragsleistung im Allgemeinen, die bei allen drei **139**

Unternehmergruppen vorliege (so vor allem *Schulze-Hagen* BauR 2000, 28; *Hildebrandt* BauR 2006, 2; i.E. ebenso: OLG Düsseldorf Urt. v. 5.10.2004 21 U 26/04 = BauR 2005, 416 = NZBau 2005, 164; OLG Köln Urt. v. 26.3.1999 4 U 47/98 = BauR 2000, 1874, 1875; wohl auch *Erman/Schwenker* § 648a BGB Rn. 5; *Schmitz* ZfIR 2000, 489; *Lotz* BauR 2000, 1806, 1811; zumindest bei Reparaturarbeiten auch *Klaft* S. 42 bzw. für Sonderfachleute, selbst wenn sich deren Leistung – noch – nicht in dem Bauwerk niedergeschlagen hat: MüKo/*Busche* § 648a BGB Rn. 8). Dieser Hinweis ist nachvollziehbar. Indes: Der Wortlaut des § 648a BGB ist bei der Beschreibung der Anspruchsberechtigten genauso eindeutig wie bei § 648 BGB: **Erfasst werden nur Unternehmer eines Bauwerks** (bzw. einer Außenanlage), **nicht aber** der **Unternehmer einer Bauleistung im Allgemeinen** (in diesem Sinne wohl auch zu verstehen: BGH Beschl. v. 24.2.2005 VII ZR 86/04 = BauR 2005, 1019, 1020 = NJW-RR 2005, 750 = NZBau, 2005, 281 f. = ZfBR 2005, 453 f.). Eine solche Erweiterung wäre de lege ferenda im Hinblick auf die Funktion der Sicherungsnorm des § 648a BGB zu begrüßen; sie wäre nach Sinn und Zweck der ausschließlich schuldrechtlich ausgelegten Sicherungsnorm sogar konsequent (i.E., wenn auch im anderen Zusammenhang wie hier *Soergel/Teichmann* § 648a BGB Rn. 2). Die jetzige Fassung des § 648a BGB gibt aber weder vom Wortlaut noch von der Gesetzesbegründung etwas für eine solche Erweiterung her. Dies gilt um so mehr, als die Norm wegen diverser Unklarheiten mit dem Gesetz zur Beschleunigung fälliger Zahlungen zum 1.5.2000 sogar an verschiedenen Stellen präzisiert wurde. Der Gesetzgeber hat jedoch seinerzeit genauso wie zuletzt im Rahmen der Schuldrechtsmodernisierung davon abgesehen, diesen Punkt zu ändern. Daher bleibt es dabei: Für die Anspruchsberechtigung nach § 648a BGB **bedarf es einer Bauwerksleistung** (bzw. Leistung an einer Außenanlage), die sich **in einer Werterhöhung des geschaffenen Bauwerks** (bzw. der Außenanlage) niederschlagen muss (so ebenfalls zu Recht *Kniffka/Koeble* 10. Teil Rn. 32; wohl auch *Werner/Pastor* Rn. 320 ff., *Palandt/Sprau* § 648a BGB Rn. 7). Hieran fehlt es bei einem ausschließlich planenden Architekten, dessen Planung sich nicht im Bauwerk realisiert (für den Architekten wie hier: *Hofmann/Koppmann* S. 30; *Klaft* S. 40; wohl auch *Slapnicar/Wiegelmann* NJW 1993, 2903, 2907, a.A. OLG Düsseldorf Urt. v. 5.10.2004 21 U 26/04 = BauR 2005, 416 = NZBau 2005, 164), reinen bauvorbereitenden Tätigkeiten wie z.B. den isoliert beauftragten Gerüstbauer (*Kniffka/Koeble* 10. Teil Rn. 28, 31 f.), Renovierungsarbeiten (*Slapnicar/Wiegelmann* a.a.O.) oder isoliert beauftragten Abbrucharbeiten bzw. Arbeiten zur Baufeldfreimachung (BGH Beschl. v. 24.2.2005 VII ZR 86/04 = BauR 2005, 1019, 1020 = NJW-RR 2005, 750 = NZBau 2005, 281 f. = ZfBR 2005, 453 f.). Bei dem planenden Architekten gilt dies selbst dann, wenn die Umsetzung seiner Planung im Bauwerk bereits gesichert, allerdings noch nicht erfolgt ist (für diese vermittelnde Lösung etwa *Werner/Pastor* Rn. 324; wohl auch *Staudinger/Peters* § 648a Rn. 3 – a.A. hier allerdings MüKo/*Busche* § 648a BGB Rn. 8). Entscheidend ist nämlich aus Sicht des Unternehmers weniger die Sicherung der Umsetzung als die anschließend tatsächlich stattfindende Werterhöhung.

dd) Werklieferungsvertrag/Baustofflieferanten

140 Letztlich mit demselben Argument scheiden auch sonst diskutierte Erweiterungen der nach § 648a BGB Anspruchsberechtigten aus. Ausgenommen sind hiernach insbesondere **die mit einem Werklieferungsvertrag** mit dem Auftraggeber eines Bauwerkes **verbundenen Vertragspartner.** Dies gilt nach der mit dem Schuldrechtsmodernisierungsgesetz geänderten Regelung des § 651 S. 3 BGB selbst dann, wenn auf das konkrete Vertragsverhältnis infolge der Herstellung nicht vertretbarer Sachen einzelne Normen des Werkvertragsrechts anzuwenden sind. § 648a BGB gehört dazu nicht. Dies ist konsequent, weil es bei Werklieferungsverträgen selbst zu nicht verwertbaren Sachen durch deren Erfüllung allein zu keiner Werterhöhung des Bauwerks des Auftraggebers kommt. Dasselbe gilt für den reinen **Baustofflieferanten,** der nur kaufvertraglich mit dem Auftraggeber eines Bauwerks verbunden ist: Wenn nach dem ausdrücklichen Gesetzeswortlaut des § 651 BGB nicht einmal bei Werklieferungsverträgen über nicht vertretbare Sachen, auf die immerhin teilweise werkvertragsrechtliche Normen anzuwenden sind, § 648a BGB anwendbar ist, kann nicht der Baustofflieferant aufgrund eines gewöhnlichen Kaufvertrages einen größeren Schutz beanspruchen, indem er sich auf

§ 648a BGB berufen können soll (so zu Recht auch *Staudinger/Peters* § 648a BGB Rn. 3; ebenso: *Soergel/Teichmann* § 648a BGB Rn. 2; *MüKo/Busche* § 648a BGB Rn. 5).

b) Auftraggeber als Anspruchsgegner

Anspruchsgegner zu dem Sicherungsverlangen des Unternehmers gemäß § 648a BGB ist jeder, der – werkvertraglich – als **Besteller** zu bezeichnen ist, und zwar **unabhängig von den Eigentumsverhältnissen an dem Baugrundstück,** auf dem gebaut wird. Daher tauchen hier nicht die Probleme auf, die im Anwendungsbereich des § 648 Abs. 1 BGB wegen der vielfach nicht gegebenen Identität zwischen Auftraggeber und Grundstückseigentümer (vgl. dazu oben Rn. 26 ff.) die Wirkung dieser Norm in entscheidendem Maße verringern. Ausschlaggebend ist vielmehr allein die werkvertragliche Verbindung zwischen Unternehmer und Auftraggeber (vgl. aber unten Rn. 189 ff.). Mit dieser Maßgabe kann dann allerdings auch ein **Gesellschafter einer Dach-ARGE** von der Arbeitsgemeinschaft eine Bauhandwerkersicherung nach § 648a BGB verlangen. Denn es gehört zu der Eigenart des Dach-ARGE-Vertrages, dass – anders als bei einer normalen Arbeitsgemeinschaft – die ARGE mit ihren Gesellschaftern zu den von diesen zu erbringenden Einzelleistungen jeweils gesonderte Nachunternehmerverträge schließt. Da im Übrigen die ARGE spätestens seit der Entscheidung des BGH vom 29.1.2000 (II ZR 331/00 = BGHZ 146, 341 = BauR 2001, 775 = NJW 2001, 1056 = ZfBR 2001, 392) eine eigene Rechtsfähigkeit besitzt, gibt es keinen Grund dafür, die Mitglieder der Dach-ARGE aus dem Kreis der schutzberechtigten Auftragnehmer auszuschließen. Dies verträgt sich nicht mit den nach Abs. 7 zwingenden Regelungen des § 648a BGB; auch sind die Gesellschafter im Hinblick auf eine mögliche isolierte Insolvenz der Arbeitsgemeinschaft ihrerseits schutzwürdig (KG Urt. v. 17.12.2004 7 U 168/03 = BauR 2005, 1035 f.). **141**

Zu beachten ist, dass § 648a BGB nach seinem Abs. 6 bei **bestimmten Bestellergruppen keine Anwendung** findet. Hierzu gehören juristische Personen des öffentlichen Rechts, öffentlich-rechtliche Sondervermögen sowie unter bestimmten Voraussetzungen natürliche Personen bei der Errichtung von Einfamilienhäusern (vgl. hierzu ausführlich, insoweit auch zu den Fragen bei der Beteiligung von Bauträgern, unten Rn. 191 ff.). **142**

c) Aufforderung zur Sicherheitsleistung

Für die Erlangung einer Sicherheitsleistung nach § 648a BGB muss der **Auftragnehmer** den **Auftraggeber zur Stellung einer solchen Sicherheit auffordern**. Diese Aufforderung bedarf **keiner Form,** sollte aus Beweisgründen jedoch schriftlich oder per Telefax übermittelt werden. Sie muss konkret erfolgen und die Höhe der Sicherheitsleistung enthalten. Die Art der geforderten Sicherheit muss nicht genannt sein. Der Auftragnehmer hat darauf ohnehin keinen Einfluss; deren Auswahl bleibt im Rahmen des § 648a BGB dem Auftraggeber überlassen. Die Anforderung einer bestimmten Sicherheit (z.B. Bürgschaft) oder eine **überhöhte Anforderung** schadet jedoch nicht. Ein solches Begehren ist vielmehr wirksam, es sei denn, es ist völlig unverhältnismäßig. Ist es dies nicht, gehört es nunmehr umgekehrt zu den Obliegenheiten des zur Kooperation verpflichteten Auftraggebers, fristgerecht eine nach § 648a BGB zugelassene Sicherheit in angemessener Höhe anzubieten. Versäumt er dies, geht dies ausschließlich zu seinen Lasten (BGH Urt. v. 9.1.2000 VII ZR 82/99 = BGHZ 146, 24, 35 f. = BauR 2001, 386, 390 = NJW 2001, 822, 825 = NZBau 2001, 129, 132 = ZfBR 2001, 166, 168 f.; OLG Karlsruhe Urt. v. 12.3.1996 8 U 207/95 = BauR 1996, 556 = NJW 1997, 263; OLG Düsseldorf Urt. v. 28.4.1998 23 U 150/97 = BauR 1999, 47, 48; *Leinemann/Klaft* NJW 1995, 2521, 2523 – a.A. OLG Koblenz Urt. v. 4.3.1999 5 U 1293/98 = BauR 2000, 936, 937 [Ls.], das ein Sicherheitsverlangen nach § 648a BGB gänzlich für unwirksam hält, wenn der Auftragnehmer z.B. eine Bürgschaft fordert; in diesem Sinne wohl auch *Schmitz* BauR 2001, 818, 820; *Reinelt* BauR 1997, 766, 771 f.). Ist der Auftraggeber dieser Obliegenheit hingegen nachgekommen und besteht der Auftragnehmer z.B. auf seinem höheren Sicherungsverlangen, hat er auch die Folgen einer ggf. unzulässigen Leistungsverweigerung u.a. zu tragen. Im Übrigen muss der Auftragnehmer bei einer Aufforderung zur Stellung einer Sicherheit nach § 648a BGB **nicht erklären, dass er gleichzeitig gem.** **143**

§ 648a Abs. 3 BGB zur Übernahme der Kosten bereit ist (so aber *Staudinger/Peters* § 648a Rn. 20). Aus dem Gesetz lässt sich nicht entnehmen, dass ein Sicherheitsverlangen nach § 648a Abs. 1 BGB ohne Kostenübernahmeerklärung unwirksam ist. Vielmehr ergibt sich die Kostenübernahmeverpflichtung bereits unmittelbar aus dem Gesetz (so zu Recht LG Bonn Urt. v. 2.12.1996 9 O 136/96 = BauR 1997, 857, 858; ebenso OLG Dresden Urt. v. 1.3.2006 12 U 2379/04 = BauR 2006, 1318, 1319).

144 Eine die Rechtsfolgen nach § 648a BGB auslösende Aufforderung zur Sicherheitsleistung kann **frühestens bei Vertragsabschluss** (oder jederzeit danach) erfolgen. Denn ab diesem Zeitpunkt, d.h. schon vor Baubeginn, entsteht der zu sichernde Vergütungsanspruch des Auftragnehmers. Soweit erforderlich, kann der Auftragnehmer aber auch noch **nach Abnahme** eine Sicherheit nach § 648a BGB verlangen (vgl. unten Rn. 200). Ferner wird man es für zulässig halten dürfen, dass der Auftragnehmer das Sicherungsverlangen schon während der Vertragsverhandlungen stellt, damit die Abwicklung des Bauvertrages im Hinblick auf die Durchführung der Leistung des Auftragnehmers keinen Aufschub erleidet. Zu leisten ist die Sicherheit dann aber erst nach Vertragsabschluss.

d) Angemessene Frist zur Sicherheitsleistung

145 Mit der Aufforderung zur Stellung einer Sicherheit muss der Auftragnehmer dem Auftraggeber hierfür eine **angemessene Frist** setzen. Deren Dauer richtet sich nach den Umständen des Einzelfalles. Entscheidend ist, wie lange der Auftraggeber, der sich in normalen finanziellen Verhältnissen befindet, benötigt, um die Sicherheit zu beschaffen und dem Unternehmer zur Verfügung zu stellen (BGH Urt. v. 31.3.2005 VII ZR 346/03 = BauR 2005, 1009 f. = NJW 2005, 1939 = NZBau 2005, 393, 394 = ZfBR 2005, 462, 463). Dabei wird man in etwa von **1–3 Wochen** ausgehen können (in diesem Sinne wohl auch: OLG Naumburg Urt. v. 16.8.2001 2 U 17/01 = BauR 2003, 556, 558 m. Anm. *Schmitz* [Revision vom BGH nicht angenommen, Beschl. v. 2.5.2002 VII ZR 304/01]; ebenso: *Sturmberg* BauR 1994, 57, 64; MüKo/*Busche* § 648a BGB Rn. 14; *Staudinger/Peters* § 648a BGB Rn. 20; *Erman/Schwenker* § 648 BGB Rn. 4; *Klaft* S. 129 f.). Demgegenüber dürfte eine auch in der Regierungsbegründung (BT-Drucks. 12/1836 S. 9) zu § 648a BGB genannte Frist von durchschnittlich 7–10 Tagen zu kurz sein (so aber *Weise* Sicherheiten im Baurecht, Rn. 649; *Schmitz* ZfIR 2000, 489, 490, ders. = BauR 2003, 559 f. sowie ZfIR 2005, 404; unentschieden: BGH Urt. v. 31.3.2005 VII ZR 346/03 = BauR 2005, 1009 = NJW 2005, 1939 = NZBau 2005, 393 = ZfBR 2005, 462; *Palandt/Sprau* § 648a BGB Rn. 6). Stattdessen ist zu differenzieren, ob die Sicherheitsleistung von einem Großauftraggeber verlangt wird, was eher für eine Verkürzung der vorgenannten 1–3-Wochenfrist spricht und sich somit der in der Regierungsbegründung genannten Frist annähert (für eine Frist von 1 Woche bei Gewerbetreibenden etwa OLG Dresden Urt. v. 1.3.2006 12 U 2379/04 = BauR 2006, 1318, 1319). Wird die Sicherheitsleistung hingegen von einem Kleingewerbetreibenden verlangt, der üblicherweise nicht mit Sicherheitsverlangen nach § 648a BGB konfrontiert wird, ist eine Fristsetzung bis zu drei Wochen sicherlich angezeigt (ebenso OLG Dresden a.a.O.; *Staudinger/Peters* § 648a BGB Rn. 20; MüKo/*Busche* § 648a BGB Rn. 14). War die **Frist** zur Stellung einer Sicherheit ggf. **zu kurz** bemessen, wird mit einem solchen nicht ausreichenden Sicherungsverlangen des Auftragnehmers eine **angemessene Frist in Gang** gesetzt (BGH Urt. v. 31.3.2005 VII ZR 346/03 = BauR 2005, 1009, 1010 = NJW 2005, 1939, 1940 = NZBau 2005, 393, 394 = ZfBR 2005, 462, 463).

e) Hinweis auf Verweigerung der Leistung

146 Für ein ordnungsgemäßes Sicherungsverlangen nach § 648a BGB **muss der Auftragnehmer** nicht nur eine angemessene Frist setzen, sondern zugleich auch auf die **Folgen hinweisen,** wenn die Sicherheitsleistung nicht oder nicht rechtzeitig zur Verfügung gestellt wird, nämlich dass er dann seine **Leistung verweigere.** Dies ist **zwingende Voraussetzung,** um nach fruchtlosem Fristablauf tatsächlich die Leistung verweigern zu dürfen. Dabei bezieht sich das Leistungsverweigerungsrecht auf die künftig zu erstellenden Leistungen (so auch *Hofmann/Koppmann* BauR 1994, 305, 310). Es kann bis zur vollständigen Fertigstellung der Leistung, d.h. auch noch nach Abnahme wegen ggf. noch

fehlender Rest- oder Mangelbeseitigungsleistungen, geltend gemacht werden (vgl. dazu weiter Rn. 199 ff.).

2. Höhe der Sicherheit (Abs. 1 S. 2)

Nach § 648a Abs. 1 S. 1 und 2 kann der Auftragnehmer für die von ihm zu erbringenden Vorleistungen Sicherheit **bis zur Höhe des voraussichtlichen Vergütungsanspruchs** verlangen, wie er sich aus dem Vertrag oder einem nachträglichen Zusatzauftrag ergibt, **zuzüglich Nebenforderungen**. Die Nebenforderungen sind mit zehn vom Hundert des zu sichernden Vergütungsanspruchs anzusetzen. Im Einzelnen heißt das: 147

a) Sicherheit für alle noch vergütungspflichtigen Leistungen einschließlich Nebenkosten

Der Auftragnehmer kann Sicherheit für die von ihm zu erbringenden Vorleistungen bis zur Höhe des voraussichtlichen Vergütungsanspruchs verlangen, wie er sich aus dem Vertrag oder einem Zusatzauftrag ergibt. Im Ergebnis geht es hierbei um alle **offenen Zahlungsansprüche auf sämtliche vergütungspflichtigen Leistungen**. Der Gesetzeswortlaut ist nicht ohne Zweifel. Zumindest wird bei **mehreren Grenzfällen** offener Vergütungsansprüche diskutiert, ob für diese (noch) eine Sicherheit nach § 648a BGB verlangt werden kann: 148

aa) Sicherheit für schon erbrachte und noch zu erbringende Leistungen

Sicherungsfähig nach § 648a BGB sind in erster Linie **Leistungen des Auftragnehmers, die dieser schon erbracht oder nach dem Vertrag noch zu erbringen hat**. Dies ist nach Sinn und Zweck der Regelung des § 648a BGB weit zu fassen. Das Sicherheitsverlangen ist nur nach oben begrenzt, nämlich bis zur Höhe des voraussichtlichen Vergütungsanspruchs zzgl. Nebenforderungen. Wird demnach das Sicherungsverlangen erst gestellt, nachdem der Auftragnehmer bereits Teilleistungen erbracht hat, so hat der Auftragnehmer einen Anspruch auf Sicherung sowohl der schon erbrachten und noch nicht bezahlten als auch der noch fehlenden (zukünftigen) Leistungsteile (BGH Urt. v. 9.11.2000 VII ZR 82/99 = BGHZ 146, 24, 31 f. = BauR 2001, 386, 389 = NJW 2001, 822, 824 = NZBau 2001, 129, 131 = ZfBR 2001, 166, 168; *Hofmann/Koppmann* BauR 1994, 305; *Werner/Pastor* Rn. 328 f.; *Sturmberg* BauR 1994, 57, 61; *Staudinger/Peters* § 648a BGB Rn. 8; *Liepe* BauR 1996, 336; *Schilling* FS Vygen S. 260, 262; *Schulze-Hagen* BauR 2000, 28, 29; *Schmitz* ZfIR 2000, 489, 494 f.; ausführlich auch *Klaft* S. 107 ff. – a.A. die eher ältere Literatur, insoweit z.T. auch mit ausführlicher Begründung: *Siegburg* BauR 1997, 40; *Reinelt* BauR 1997, 766, 771; *Weise* Sicherheiten im Baurecht Rn. 638; Beck'scher VOB-Komm./*Jagenburg* Vor § 2 VOB/B Rn. 439). Dabei kommt es für das berechtigte Sicherungsinteresse des Auftragnehmers **nicht** darauf an, ob die betreffenden zu vergütenden Leistungen auf einer **von Anfang an vereinbarten Vergütung beruhen oder auf später erteilten Aufträgen** bzw. vom Auftraggeber verlangten veränderten oder zusätzlichen Leistungen. Abgesichert werden können somit nach Abs. 1 S. 2 auch alle nach Vertragsabschluss erteilten Zusatzaufträge, d.h. hier vor allem alle **Vergütungsansprüche** des Auftragnehmers **nach § 2 Nr. 5 ff. VOB/B** (vgl. dazu auch sogleich gesondert Rn. 152). Dasselbe gilt – soweit überhaupt ein Sicherungsverlangen nach § 648a BGB vorstellbar ist – für Vergütungsansprüche nach § 649 BGB bzw. § 8 Nr. 1 VOB/B (MüKo/*Busche* § 648a BGB Rn. 20; *Werner/Pastor* Rn. 331; *Staudinger/Peters* § 648a BGB Rn. 8 – a.A. *Klaft* S. 87; vgl. auch unten Rn. 153). Die von Hofmann/Koppmann vertretene Gegenansicht (BauR 1994, 305, 307 ff.), hier sei auf das »Vorleistungsrisiko« des Auftragnehmers im konkreten Fall abzustellen, überzeugt nicht. Denn nach Abs. 1 S. 2 kann eine Sicherung bis zur Höhe des voraussichtlichen Vergütungsanspruchs verlangt werden. Daher richtet sich die Höhe der Sicherheit alleine nach der Summe des vertraglich bestehenden Vergütungsanspruchs des Auftragnehmers, aus welchem Rechtsgrund auch immer dieser gewährt wird, **abzüglich bereits geleisteter Zahlungen**. Demgegenüber dürfte es nicht dem gesetzlich normierten Sicherungsinteresse des Auftragnehmers entsprechen, die Höhe seines Sicherungsanspruchs durch eine Beschrän- 149 kung des Vorleistungsrisikos zu reduzieren (ähnlich wie hier *Sturmberg* BauR 1995, 169; *Leinemann/ Klaft* NJW 1995, 2522 f.; wohl auch *Röthlein* Rn. 272).

bb) Sicherheitsverlangen bei Abschlagszahlungen und Vereinbarung eines Zahlungsplans

150 Wie gezeigt, soll mit § 648a BGB das volle Vergütungsrisiko für alle erbrachten und vertraglich noch zu erbringenden Vorleistungen des Auftragnehmers abgedeckt werden. Dies gilt auch, wenn **aufgrund der vertraglichen Vereinbarungen ein konkretes Vorleistungsrisiko zweifelhaft** ist. So wird vor allem **bei einem vereinbarten Zahlungsplan** vertreten, dass sich das über § 648a BGB absicherbare Vorleistungsrisiko auf die jeweils fällige bzw. die jeweils höchste Rate beschränkt (*Quack* ZfBR 1990, 114; *Hofmann/Koppmann* S. 27 f.; *Slapnicar/Wiegelmann* NJW 1993, 2903, 2905; *Reinelt* BauR 1997, 766, 772; *Moeser/Koch* BauR 1997, 425, 428). Das ist falsch: Denn der Wortlaut des nach Abs. 7 nicht abdingbaren § 648a BGB enthält keine solche Einschränkung. Vielmehr spricht Abs. 1 S. 1 von der Absicherung des voraussichtlichen Vergütungsanspruchs für die vom Auftragnehmer zu erbringenden Vorleistungen. Eine Vorleistung ist von einem Auftragnehmer bei der Abwicklung eines laufenden Bauvertrages aber nicht auf das durch die jeweilige Rate abgedeckte Leistungsvolumen beschränkt. Zwar kann der Auftragnehmer bei Ausbleiben einer Rate möglicherweise ihm nunmehr entstehende Leistungsverweigerungsrechte geltend machen; doch ändert dies nichts an seiner weiter bestehenden Vorleistungspflicht einschließlich des ihn treffenden Vorleistungsrisikos. Dieses besteht bereits darin, dass der Auftragnehmer nicht sofort bei jedem Verzug mit einer Rate seine eigene Leistung einstellen kann. Im Risiko bleibt der Auftragnehmer darüber hinaus, wenn er etwa für das Gesamtbauvorhaben Subunternehmer gebunden oder sonstige Vorleistungen erbracht, z.B. Materialien eingekauft hat. Diese Fälle zeigen deutlich, dass das Vorleistungsrisiko nicht isoliert auf die durch eine Ratenzahlung abgedeckte Leistungspflicht beschränkt werden kann. Vielmehr kann der Auftragnehmer auch in diesen Fällen **in vollem Umfang die Absicherung seines offenen Vergütungsanspruchs verlangen** (BGH Urt. v. 9.11.2000 VII ZR 82/99 = BGHZ 146, 24, 29 = BauR 2001, 386, 388 = NJW 2001, 822, 823 f. = NZBau 2001, 129, 130 = ZfBR 2001, 166, 167; ebenso *Sturmberg* BauR 1994, 57, 61 f. sowie BauR 1995, 169; *Werner/Pastor* Rn. 328; MüKo/*Busche* § 648a BGB Rn. 20; umfassend auch *Klaft* S. 91 ff.; i.E. auch *Weise* Sicherheiten im Baurecht Rn. 633). Dies gilt mit denselben Argumenten ebenso, wenn die Parteien alternativ regelmäßige **Abschlagszahlungen** vereinbart haben (vgl. vor allem § 16 Nr. 1 VOB/B; § 632a BGB), was wirtschaftlich der Vereinbarung eines Ratenzahlungsplans vergleichbar ist (BGH a.a.O.; *Leinemann/Klaft* NJW 1995, 2521 f.; *Leinemann* NJW 1997, 238, 239; *Schmitz* ZfIR 2000, 489, 494 – a.A. *Moeser/Kocher* BauR 1997, 425, 426 f.; *Schulze-Hagen* BauR 2000, 25, 31; *Zanner* BauR 2000, 485).

cc) Schätzung des offenen Vergütungsanspruchs

151 Bei der Berechnung des Sicherungsanspruchs muss der Vergütungsanspruch im voraus berechnet werden. Je nach Zeitpunkt des Sicherheitsverlangens bestehen bei einer solchen »**Vorausberechnung**« nur wenig Schwierigkeiten, insbesondere bei dem Abschluss von Pauschalverträgen. Teilweise problematisch ist eine für das Sicherheitsverlangen anzustellende Vorausberechnung des Vergütungsanspruchs bei Einheitspreis- oder Stundenlohnverträgen, weil sich dort der Vergütungsanspruch vorweg kaum fixieren lässt. Hier bleibt nichts anderes übrig, als **einen angemessenen Vergütungsanspruch zu schätzen**, gegebenenfalls durch Einschaltung eines Sachverständigen. Dabei obliegt dem Auftragnehmer insoweit die Darlegungs- und Beweislast (ebenso OLG Karlsruhe Urt. v. 12.3.1996 8 U 207/95 = BauR 1996, 556; auch *Zielemann* Rn. 744), was vor allem auch für eine stillschweigende Vergütungsvereinbarung nach § 632 BGB gilt. Die Schätzung der Höhe einer zu stellenden Sicherheit ist durch die Formulierung in § 648a Abs. 1 S. 2 BGB abgedeckt, wonach Sicherheit für den »voraussichtlichen Vergütungsanspruch« verlangt werden kann. Hat der Auftragnehmer danach allerdings eine zu hohe Sicherheit verlangt, ist sein Sicherheitsverlangen gleichwohl wirksam. Es ist umgekehrt nunmehr Aufgabe des Auftraggebers, in Erwiderung darauf binnen einer gesetzlichen Frist eine angemessene Sicherheit anzubieten (BGH Urt. v. 9.11.2000 VII ZR 82/99 =

BGHZ 146, 24, 35 f. = BauR 2001, 386, 390 f. = NJW 2001, 822, 825 = NZBau 2001, 129, 132 = ZfBR 2001, 166, 168 f.; siehe hierzu auch oben Rn. 145). Etwas anderes gilt nur dann, wenn das Sicherheitsverlangen unverhältnismäßig überhöht ist und der Auftraggeber allenfalls mit einem unzumutbaren Aufwand in der Lage wäre, eine angemessene (richtige) Höhe zu ermitteln (BGH a.a.O.; OLG Hamm Urt. v. 25.9.2003 21 U 08/03 = BauR 2004, 868 = NJW-RR 2004, 377, 378 = NZBau 2004, 445, 446).

dd) Änderung der Vergütung bei Zusatzaufträgen/Nachträge
Die Einbeziehung eines »**nachträglichen Zusatzauftrages**« in die Bestimmung zur Höhe des Sicherungsanspruchs gemäß Abs. 1 S. 2 bringt zum Ausdruck, dass die Sicherheitsleistung durch entsprechendes Verlangen des Auftragnehmers **später angepasst** werden kann. Der Auftragnehmer kann also im Falle der Erhöhung des Vergütungsanspruchs vor allem bei zusätzlich beauftragten oder veränderten Leistungen eine **Erhöhung** der bisher verlangten und zur Verfügung gestellten Sicherheit beanspruchen. Abweichend davon will das OLG Düsseldorf (Urt. v. 10.11.2005 I-21 U 178/03 = BauR 2006, 531 – richtiges Datum der Entscheidung wohl 20.7.2004, wobei teilweise auch falsche Aktenzeichen wie etwa 21 U 1783/03 zitiert werden; Nichtzulassungsbeschwerde durch den BGH zurückgewiesen, Beschl. v. 10.3.2005 VII ZR 195/04 = BauR 2005, 1220) den **Sicherungsanspruch aus § 648a BGB nur dann gewähren, wenn zu den etwa nach § 1 Nr. 3 VOB/B angeordneten Zusatzleistungen bereits eine Nachtragsvereinbarung nach § 2 Nr. 5 VOB/B getroffen** wurde. Nichts anderes dürfte demnach für angeordnete, aber noch nicht beauftragte Zusatzleistungen nach § 1 Nr. 4 S. 1 VOB/B bzw. einen dann abzusichernden Vergütungsanspruch nach § 2 Nr. 6 VOB/B gelten. Das OLG Düsseldorf (a.a.O.) ist der Auffassung, dass nach § 2 Nr. 5 VOB/B (und demnach folglich bei § 2 Nr. 6 VOB/B) eine neue Preisvereinbarung möglichst vor Beginn der Leistung getroffen werden »soll«. Dies sei nur eine dringende Empfehlung, nicht aber eine Voraussetzung. Mangels Preisvereinbarung könne ein Auftragnehmer dann aber insoweit noch keine Sicherheit nach § 648a BGB fordern. **Dies ist falsch und widerspricht Sinn und Zweck des gesetzlich zwingenden § 648a BGB:** Bei den Anordnungsrechten nach § 1 Nr. 3 und Nr. 4 S. 1 VOB/B handelt es sich um einseitige Leistungsbestimmungsrechte des Auftraggebers. Mit deren Zugang ist der Vertrag geändert. Eine danach erfolgte Änderung löst automatisch die Vergütungsansprüche nach § 2 Nr. 5 und 6 VOB/B aus (so ausdrücklich BGH Urt. v. 27.11.2003 VII ZR 346/01 = BauR 2004, 495, 496 = NJW-RR 2004, 449, 450 = NZBau 2004, 207, 208). Wird demnach der (zusätzliche) Vergütungsanspruch mit der wirksamen Leistungsänderung bereits ipso iure begründet, kommt es folglich für dessen Entstehung auf eine nach § 2 Nr. 5 S. 2 bzw. Nr. 6 Abs. 2 S. 2 VOB/B vor der Leistungsausführung zu treffende (ausdrückliche) Vergütungsvereinbarung nicht mehr an. Dabei sind die Parteien – nur so sind diese Sollvorschriften zu verstehen – aus Gründen der Streitvermeidung gut beraten, vor der Leistungsausführung eine Vergütungsvereinbarung zu treffen. Kommt es dazu jedoch nicht, ändert dies an dem gleichwohl bestehenden Vergütungsanspruch des Auftragnehmers nach einer wirksam erteilten Änderungsanordnung des Auftraggebers nichts. Hierfür kann der Auftragnehmer selbstverständlich nach dem gesetzlich zwingenden § 648a BGB auch eine Sicherheit verlangen. Denn ist dieser Vergütungsanspruch bereits mit der wirksamen Leistungsänderung begründet worden, zählt er ohne weiteres zu dem nach § 648a BGB sicherbaren »voraussichtlichen« Vergütungsanspruch eines Zusatzauftrages. Jede andere Sichtweise würde im Übrigen den Sicherungszweck des § 648a BGB völlig konterkarieren. Denn träfe die Auffassung des OLG Düsseldorf zu, könnte sich der Auftraggeber allein dadurch, dass er Verhandlungen über eine Preisvereinbarung verzögert, einen Vorteil insoweit verschaffen, als er zunächst keine gesetzlich zwingende Sicherheit nach § 648a BGB stellen muss. Dies gilt um so mehr, als der Auftragnehmer zumindest in der Regel – abgesehen von Fällen der grundlosen Verweigerung – wegen seiner Kooperationspflicht nicht einmal die Arbeiten bis zu einer getroffenen Vergütungsvereinbarung einstellen darf (vgl. dazu nur BGH Urt. v. 28.10.1999 VII ZR 393/98 = BGHZ 143, 89, 92 f. = BauR 2000, 409, 410 = NJW 2000, 807, 808 = NZBau 2000, 130, 131 = ZfBR 2000, 170). Dass im konkreten Einzelfall die Abschätzung

der Vergütung für Nachtragsleistungen, zu denen noch keine Preisvereinbarung vorliegt, schwierig sein kann, ändert an dem gesetzlich zwingend bestehenden Anspruch des Auftragnehmers auf eine Bauhandwerkersicherheitsleistung nichts. Hier gilt nichts anderes als sonst bei einer schwierig abzuschätzenden Vergütung bei Einheitspreisverträgen. Diese ist ggf. im Rahmen des »voraussichtlichen Vergütungsanspruchs« zu schätzen (vgl. oben Rn. 151).

ee) Begrenzung der Sicherung auf Vergütungsansprüche

153 Zu beachten ist, dass sich das Sicherungsrecht des Auftragnehmers nur auf seinen »**Vergütungsanspruch**« bezieht. Dies ist **enger als der Sicherungsanspruch aus § 648 Abs. 1 BGB,** der sich auf »**Forderungen des Auftragnehmers aus dem Vertrage**« erstrecken kann (siehe dazu oben Rn. 45 ff.). Nach § 648a BGB kann eine Sicherung des Auftragnehmers dagegen nur so weit gehen, wie es sich bei dem zu sichernden Anspruch um eine **Vergütungsforderung (im weiteren Sinne)** handelt. Sicherungsfähig ist somit in jedem Fall aber auch eine **Vergütung der Bauleistung nach § 8 Nr. 1 VOB/B bzw. § 649 BGB** (vgl. zu der weitergehenden Frage, inwieweit in diesen Fällen eine Reduzierung der Sicherheit wegen eines ggf. nicht gegebenen Vorleistungsrisikos angezeigt ist: oben Rn. 149). Nicht anders kann die Rechtsprechung des BGH verstanden werden, wonach über § 648a BGB der gesamte (noch offene) Vergütungsanspruch des Unternehmers abgesichert werden soll – gleichgültig, ob die Leistungen bereits ausgeführt wurden oder noch erbracht werden (BGH Urt. v. 9.11.2000 VII ZR 82/99 = BGHZ 146, 24, 31 f. = BauR 2001, 386, 389 = NJW 2001, 822, 824 = NZBau 2001, 129, 131 = ZfBR 2001, 166, 168 – siehe auch oben Rn. 149). § 649 BGB ändert an diesem dem Auftragnehmer zustehenden und über § 648a BGB sicherbaren Vergütungsanspruch nichts. Denn diese Norm soll lediglich verhindern, dass der Auftragnehmer durch das im Werksvertragsrecht dem Auftraggeber eingeräumte Recht auf freie Kündigung irgendwelche Nachteile erleidet (herrschende Meinung: vgl. z.B. MüKo/*Busche* § 649 BGB Rn. 20; *Staudinger/Peters* § 649 Rn. 4, der zu Recht auf die Motive zum BGB [Mot II 503] verweist: Danach soll die Vergütungsregelung in § 649 S. 2 BGB den Auftragnehmer »schadlos halten«). Dies wird dadurch erreicht, dass § 649 BGB dem Auftragnehmer für seine vertraglich übernommenen (erbrachten und noch nicht erbrachten) Leistungen abzüglich ersparter Aufwendungen seinen vollen Vergütungsanspruch zuspricht. Würde man hier dem Auftragnehmer für diesen Vergütungsanspruch eine Sicherheit nach § 648a BGB versagen, würde er allein dadurch gleichwohl erhebliche Nachteile erleiden. Diese lägen darin, dass er vor der Kündigung seinen gesamten vertraglich vereinbarten Vergütungsanspruch (auch für die noch nicht erbrachten) Leistungen ohne Einschränkung über § 648a BGB absichern könnte, während er diesen Schutz durch eine einseitige Handlung des Auftraggebers infolge der von diesem ausgesprochenen Kündigung zumindest zum Teil für die noch offenen Leistungen verlieren würde. Konsequenterweise wäre er sogar verpflichtet, eine ihm ggf. schon vorliegende Sicherheit nach § 648a BGB nach einer Kündigung teilweise wieder zurückzugeben. Dies kann mit Sinn und Zweck einer Sicherheit aus § 648a BGB i.V.m. § 649 BGB nicht gerechtfertigt sein (ebenso wie hier: *Werner/Pastor* Rn. 331; MüKo/*Busche* § 648a BGB Rn. 20; in: *Staudinger/Peters* § 649 BGB Rn. 8; *Leinemann/Sterner* BauR 2000, 1414, 1416 f.; *Weise* Sicherheiten im Baurecht, Rn. 636; *Thierau* Jahrbuch Baurecht 2000 S. 67, 99 m.w.N.; *Zielemann* Rn. 744; *Kniffka/Koeble* 10. Teil Rn. 38 – a.A.: OLG Düsseldorf Urt. v. 30.11.1999- 21 U 59/99 = BauR 2000, 919, 920; *Kleine-Möller* in Handbuch privates Baurecht § 10 Rn. 340).

153a Entgegen Sturmberg (BauR 1994, 57, 60; ebenso: Beck'scher VOB-Komm./*Jagenburg* Vor § 2 VOB/B Rn. 451; *Thierau* Jahrbuch Baurecht 2000 S. 66, 100; *Koeble/Kniffka* 10. Teil Rn. 38) kann über § 648a BGB darüber hinaus auch ein etwaiger **Vergütungsanspruch des Auftragnehmers bei einem VOB-Vertrag nach § 2 Nr. 8 Abs. 2 VOB/B gesichert** werden. Denn hierbei handelt es sich durch die Vereinbarung der VOB/B tatsächlich um einen ausdrücklich vereinbarten, also um einen vertraglichen Anspruch, soweit die dafür maßgebenden Voraussetzungen vorliegen (so auch *Weise* Sicherheiten im Baurecht, Rn. 636). Richtigerweise können über § 648a BGB ferner solche Ansprüche des Auftragnehmers abgesichert werden, die während der Abwicklung des Vertrages zwar neben den eigentlichen Vergütungsansprüchen im engeren Sinne stehen, aber in ihrer Auswirkung letztlich **auf den Vergütungsbereich abzielen,** wie z.B. ein Anspruch des Auftragnehmers nach §§ 677 ff. BGB oder nach § 9 Nr. 3 VOB/B. Bei Schadensersatzansprüchen nach § 6 Nr. 6 VOB/B gilt dies zumindest dann, wenn sie bei einer wirtschaftlichen Betrachtungsweise ein Äquivalent für eine erbrachte Leistung darstellen und somit zumindest faktisch dem Vergütungsbereich zuzurechnen sind (vgl. dazu oben Rn. 48; wie hier: MüKo/*Busche* § 648a BGB Rn. 20; *Staudinger/Peters* § 648a BGB Rn. 8; *Weise* Sicherheiten im Baurecht Rn. 636; *Thierau* Jahrbuch Baurecht 2000 S. 67, 99 m.w.N.; *Zielemann* Rn. 744; *Leinemann/Sterner* BauR 2000, 1414, 1418; *Erman/Schwenker* § 648a BGB Rn. 7, für die Einbeziehung von Ansprüchen nach § 6 Nr. 6 VOB/B in den Schutzbereich des § 648a BGB auch LG Berlin Urt. v. 25.2.2003 91 O 4/03 = IBR 2003, 535; a.A.: *Werner/Pastor* Rn. 331; *Kniffka/Koeble* 10. Teil Rn. 38). **Andere Ansprüche** des Auftragnehmers, wie z.B. auf **Schadensersatz aus § 280 Abs. 1 BGB (positive Vertragsverletzung)** oder unerlaubter Handlung, die auch im weiteren Sinne keine Vergütung für vom Auftragnehmer erbrachte Leistungen darstellen, liegen dagegen außerhalb des Anwendungsbereichs des § 648a BGB.

b) Kürzung der Sicherheitsleistung wegen schon bezahlter Vergütung, Mängel u.a.

154 Der über § 648a BGB sicherungsfähige Vergütungsanspruch entspricht unbeschadet etwaiger Nachträge zumeist nicht der im Bauvertrag genannten Vergütungssumme. Vielmehr geht es bei der Absicherung um einen zum Zeitpunkt des Sicherungsverlangens **noch offenen** voraussichtlichen Vergütungsanspruch. Das Sicherungsverlangen entspricht somit dem Sicherungsinteresse des Auftragnehmers. Dieses kann nur soweit gehen, wie er wegen seines Vergütungsanspruchs noch der Sicherheitsleistung bedarf (so wohl auch *Wagner/Sommer* ZfBR 1995, 168, 169 ff.). Somit sind bei der Berechnung des Sicherungsanspruchs **teilweise Kürzungen** vorzunehmen:

aa) Kürzung bei bereits bezahlter Vergütung

155 Dort, wo sein Vergütungsanspruch **bereits bezahlt oder sonstwie erfüllt** ist, und zwar unabhängig von der Endgültigkeit der Erfüllung, besteht kein Sicherungsinteresse mehr für den Auftragnehmer. Hiernach kann der Auftraggeber die auf den Vergütungsanspruch des Auftragnehmers aus dem Vertrag bereits **geleisteten Zahlungen,** wie Vorauszahlungen (vgl. dazu auch *Wagner/Sommer* ZfBR 1995, 168, 171), Abschlagszahlungen, Teilschlusszahlungen usw., von der Höhe der von ihm zu leistenden Sicherheit **abziehen** (auch *Werner/Pastor* Rn. 328; i.E. ebenso: BGH Urt. v. 9.11.2000 VII ZR 82/99 = BGHZ 146, 24, 31 f. = BauR 2001, 386, 389 = NJW 2001, 822, 824 = NZBau 2001, 129, 131 = ZfBR 2001, 166, 168). Daraus ergibt sich im Laufe der Zeit möglicherweise die **Verminderung des Sicherungsinteresses** des Auftragnehmers. **Keine Zahlung** stellt hingegen die **Hinterlegung eines Teils der Vergütung als Sicherheitseinbehalt** auf einem Sperrkonto dar. Denn der Auftragnehmer kann über dieses Geld trotz einer mit der Einzahlung auf ein Sperrkonto ebenfalls verbundenen Sicherungsfunktion noch nicht verfügen (vgl. dazu auch schon oben Rn. 67 zu § 648 BGB). Eine Reduzierung aus diesem Grund, d.h. insbesondere wegen eines korrespondierenden Sicherheitseinbehaltes des Auftraggebers, der nach § 17 Nr. 6, 5 VOB/B auf einem Sperrkonto eingezahlt wird, würde im Übrigen schon deshalb ausscheiden, weil dies dem zwingenden Charakter des § 648a BGB gemäß Abs. 7 zuwiderliefe (was *Kleefisch/Herden* NZBau 2006, 201 übersehen). So können insbesondere Regelungen der VOB, aber auch sonstige Individualvereinbarungen den Umfang der nach § 648a BGB zu leistenden Sicherheit nicht beschränken. Das **Sicherungsinteresse** kann unbeschadet einer Vergütungserhöhung aber auch **nachträglich steigen:** Dies ist z.B. der Fall, wenn der Auftragnehmer zunächst eine **Vorauszahlung erhalten hatte, die er im Gegenzug mit einer Vorauszahlungsbürgschaft abdecken** musste. Solange er die Vorauszahlung in Händen hält, kann er insoweit keine Sicherung nach § 648a BGB verlangen. Etwas anderes gilt jedoch, wenn der Auftraggeber die Vorauszahlungsbürgschaft zwischenzeitlich zieht: In diesem Fall entsteht gleichzeitig wieder das Sicherungsbedürfnis des Auftragnehmers. Im Ergebnis folgt daraus, dass die Sicherheitsleistung jeweils an den voraussichtlich noch bestehenden Restanspruch **angepasst** werden muss. Die Anpassung selbst kann durch Austausch der bisherigen Sicherheit gegen eine angepasste Sicherheit erfolgen (ebenso *Zielemann* Rn. 746). Die hier aufgezeigte Folge der erforderlichen Anpassung der Höhe der Sicherheitsleistung ergibt sich im Übrigen auch aus dem in Abs. 1 aufgeführten Wort »Vorleistungen«. Daraus folgt, dass das Sicherungsinteresse des Auftragnehmers nur so weit gehen kann, wie dieser im Verhältnis zu seinem Vergütungsanspruch in »Vorlage« getreten ist oder tritt.

bb) Keine Kürzung des Sicherungsverlangens bei Baumängeln

156 Bei der Berechnung der Höhe der Sicherheitsleistung stellt sich die weitere Frage, ob und inwieweit zulasten des Auftragnehmers bereits erstellte, jedoch **mangelhafte Leistungen** eine vom Auftraggeber zu erbringende **Sicherheitsleistung reduzieren.** Hier ist zu unterscheiden: Hat der Auftraggeber wegen eines Mangels die Vergütung gemindert oder gegen einen Vergütungsanspruch mit liquiden **Gegenansprüchen** (z.B. mit Kosten einer Ersatzvornahme oder Schadensersatzansprüchen) **aufgerechnet**, reduziert sich dadurch der Vergütungsanspruch in Höhe der Minderung oder der aufgerechneten Forderung (BGH Urt. v. 9.11.2000 VII ZR 82/99 = BGHZ 146, 24, 32 f. = BauR 2001, 386, 389 f. = NJW 2001, 822, 824 f. = NZBau 2001, 129, 131 = ZfBR 2001, 166, 168; ebenso: Beck'scher VOB-Komm./*Jagenburg* Vor § 2 VOB/B Rn. 453; *Staudinger/Peters* § 648a BGB Rn. 9; *Kleine-Möller* in *Kleine-Möller/Merl* § 10 Rn. 340; *Hofmann/Koppmann* Die neue Bauhandwerkersicherung S. 139 f.; *Kraft* Die Bauhandwerkersicherung nach § 648a BGB, S. 88 f.; *Weise* Sicherheiten im Baurecht Rn. 641; *Schulze-Hagen* BauR 2000, 28, 32). Eine Sicherheit nach § 648a BGB kann der Auftragnehmer insoweit nicht mehr verlangen, weil es in dieser Höhe anschließend an einem noch zu sichernden Vergütungsanspruch fehlt (ebenso *Sohn/Kandel* BauR 2003, 1633, 1635).

157 Abzugrenzen von dem Sachverhalt, in dem sich der Vergütungsanspruch des Auftragnehmers infolge einer erklärten Minderung oder Aufrechnnung bereits reduziert hat, sind die Fälle, in denen der Auftraggber wegen aufgetretener **Mängel bisher nur Leistungsverweigerungrechte gemäß §§ 320, 641 Abs. 3 BGB** geltend macht. Solange der Auftragnehmer hier einerseits noch verpflichtet ist, die Mängel zu beseitigen bzw. das Werk mangelfrei herzustellen, und er andererseits rechtlich und tatsächlich dazu in der Lage ist, hat er grundsätzlich ein schützenswertes Interesse an der **Absicherung seines nach Mangelbeseitigung in voller Höhe durchsetzbaren Vergütungsanspruchs**. Das gleichwohl bestehende Leistungsverweigerungsrecht des Auftraggebers an der Vergütung ändert daran nichts. Denn dieses beschränkt sich ausschließlich auf den Zahlungsanspruch des Auftragnehmers. Das daneben bestehende Sicherungsrecht nach § 648a BGB bleibt davon unberührt (BGH Urt. v. 9.11.1000 VII ZR 82/99 = BGHZ 146, 24, 32 f. = BauR 2001, 386, 389 f. = NJW 2001, 822, 824 f. = NZBau 2001, 129, 131 = ZfBR 2001, 166, 168; *Werner/Pastor* Rn. 329; *Staudinger/Peters* § 648a BGB Rn. 9; *Hofmann/Koppmann* S. 139; *Kraft* a.a.O.; *Weise* a.a.O.; *Leinemann* NJW 1997, 238; 239; *Schmitz* ZfIR 2000, 489, 495; *Schulze-Hagen* BauR 2000, 28, 32). In der Sache kommt es daher für ein Sicherungsverlangen nach § 648a BGB auch nicht darauf an, ob ein Mangel bestritten ist oder nicht. Ist hingegen das Recht des Auftragnehmers auf Mängelbeseitigung, z.B. wegen endgültiger Erfüllungsverweigerung erloschen, verliert er damit gleichzeitig auch etwaige schon entstandene Rechte aus § 648a BGB (OLG München Urt. v. 12.6.2003 28 U 4242/02 = BauR 2004, 94, 97 = NJW-RR 2003, 1602, 1603, 1603 = NZBau 2003, 675, 676).

cc) Kürzung des Sicherungsverlangens wegen anderer Gegenansprüche des Auftraggebers

158 Neben Mängelrechten stehen einem Vergütungsanspruch des Auftragnehmers vielfach sonstige Gegenrechte des Auftraggebers gegenüber, z.B. Ansprüche aus positiver Vertragsverletzung des Auftragnehmers (§ 280 Abs. 1 BGB) oder aus Leistungsverzug, aus bereits angefallener Vertragsstrafe usw. Das Sicherungsverlangen des Auftragnehmers können diese Gegenrechte jedoch nur dann wirksam beeinträchtigen, wenn insoweit die **Voraussetzungen der Aufrechnung (§ 387 BGB) bzw. der Verrechnung** voll und uneingeschränkt **durchsetzbar** vorliegen und der Auftraggeber davon bereits Gebrauch gemacht, also **aufgerechnet oder verrechnet hat.** Ist die Gegenforderung des Auftraggebers **streitig,** so kommt eine entsprechende Herabsetzung der Sicherheitsleistung erst in Betracht, wenn das Bestehen der Gegenforderung und ihre Höhe **rechtskräftig festgestellt** sind (OLG Düsseldorf Urt. v. 28.4.1998 23 U 150/97 = BauR 1999, 47, 48; ebenso *Werner/Pastor* Rn. 330; unentschieden *Kniffka/Koeble* 10. Teil Rn. 47). Dies wiederum beruht darauf, dass zunächst nur der »voraussichtliche« Vergütungsanspruch abzusichern ist. Ist der Gegenanspruch des Auftraggebers bestritten, sprechen dann vor allem Sinn und Zweck der Regelung des § 648a BGB dafür, den gleichwohl vollen vom Auftragnehmer geltend gemachten Anspruch ohne Berücksichtigung der streitigen Gegenforderung als sicherbaren »voraussichtlichen« Vergütungsanspruch anzusehen: Wie nämlich vor allem § 648a Abs. 3 S. 2 BGB zeigt, liegt dieser unter anderem darin, den Auftragnehmer vor einer unberechtigten Verzögerung der Erfüllung der Vergütungsforderung zu schützen. Aus diesem Grund hat auch abweichend von der sonstigen Kostentragungslast nicht der Auftragnehmer, sondern der Auftraggeber die Kosten der Sicherheit zu tragen, soweit letzterer zu Unrecht Einwendungen gegen den Vergütungsanspruch erhoben hat. Stellt sich dagegen heraus, dass der Einwand berechtigt war, trägt wiederum der Auftragnehmer die aus der (verlängerten) Stellung der Sicherheit resultierenden Kosten. Dem Sinn dieser Kostenregelung würde es zuwider laufen, wenn nur der nicht von (bestrittenen) Gegenrechten erfasste Teil der Vergütungsforderung zu sichern wäre. Der Auftragnehmer soll gerade für die Zeit der Auseinandersetzung über die Berechtigung von erhobenen Einwendungen vor einer möglichen Vermögensverschlechterung auf Seiten des Auftraggebers und damit einem möglichen Ausfall seiner berechtigten Forderungen geschützt werden. Der Auftraggeber erleidet demgegenüber keinen wirklichen Nachteil, weil er den Vergütungsanspruch noch nicht erfüllen muss und lediglich für den Fall, dass er unberechtigte Einwendungen erhoben hat, die Kosten der Sicherheitsleistung zu tragen hat (in diesem Sinne zu verstehen wohl auch OLG Hamm Urt. v. 28.11.2002 24 U 62/02 = BauR 2003, 902, 903 = NZBau 2003, 334, 336 = NJW-RR 2003, 520, 521: Allerdings wendet das OLG Hamm diese Begründung auf ein bestrittenes Zurückbehaltungsrecht des Auftraggebers wegen vermeintlicher Mängel an. Dies überzeugt jedoch nicht, weil ein solches Zurückbehaltungsrecht ohnehin nicht das Sicherungsverlangen nach § 648a BGB ausschließen würde [vgl. oben Rdn 156 f.]). Ansonsten ist der dort entwickelte Grundgedanke aber richtig und passt uneingeschränkt auf sonstige bestrittene Gegenrechte. Aus Vorstehendem folgt, dass in dem Fall **bestrittener Einwendungen** das schutzwürdige Interesse des Auftragnehmers auf Sicherheitsleistung vorrangig ist – zumindest solange nicht mit Erfolg eine (endgültige) Herabsetzung des Vergütungsanspruchs des Auftragnehmers angenommen werden kann (OLG Düsseldorf Urt. v. 28.4.1998 23 U 150/97 = BauR 1999, 47, 48; ebenso *Werner/Pastor* Rn. 330; in diesem Sinne wohl auch: OLG Hamm Urt. v. 28.11.2002 24 U 62/02 = BauR 2003, 902, 903 = NZBau 2003, 334, 336 = NJW-RR 2003, 520, 521; a.A. *Schmitz* ZfIR 2000, 489, 495; *Hofmann/Koppmann* Die neue Bauhandwerkersicherung S. 140). Dasselbe gilt für ein bloßes **Einbehaltungsrecht des Auftraggebers nach § 16 Nr. 1 Abs. 2 VOB/B**, das ebenfalls nicht zur Verminderung der Sicherheitsleistung berechtigt.

c) Erhöhung der Sicherheitsleistung wegen Nebenkosten

159 Nach der zum 1.5.2000 geänderten Fassung des § 648a Abs. 1 S. 2 BGB kann **Sicherheitsleistung auch für Nebenforderungen verlangt** werden. Diese sind mit zehn Prozent des zu sichernden Vergütungsanspruchs anzusetzen. Was Nebenforderungen sind, lässt das Gesetz offen. Nach der Gesetzesbegründung soll es dabei vor allem um Zinsen des Unternehmers gehen, die abzusichern sein sollen (BT-Drucks. 14/1246 S. 10). Dies stellt eine hinzunehmende gesetzlich verankerte Durchbrechung der gesetzlichen Systematik des § 648a BGB dar: Denn gesichert wird mit § 648a BGB – wie gezeigt – eigentlich nur, wenn auch ohne Einschränkung der volle Vergütungsanspruch des Auftragsnehmers einschließlich sämtlicher Nachträge. Dies gilt selbst dann, wenn das Vorhaben vorzeitig beendet wird. Hier wird der volle Vergütungsanspruch abzüglich ersparter Aufwendungen gesichert (siehe hierzu oben Rn. 150). Soweit nunmehr zusätzlich Nebenforderungen als sicherungsfähig angesehen werden, kann dies die ohnehin bereits abgedeckte Vergütung folglich nicht betreffen. **Gemeint sein können** stattdessen tatsächlich nur die in der Gesetzesbegründung genannten **Ver-**

Anhang 2   Sicherung von Vergütungsansprüchen der Bauunternehmer

zugszinsen, die dem Auftragnehmer aus der Nichtbezahlung offener Rechnungen entstehen. Hiermit wird neben dem Vergütungsanspruch somit praktisch ein Schadensersatzanspruch gesichert.

160 Um unter dem erheblichen Druck bei der Abwicklung eines Bauvorhabens insoweit keinen Streit aufkommen zu lassen, wurde die Höhe dieser zusätzlichen Sicherheitsleistung nach dem Gesetzeswortlaut **pauschal mit zehn Prozent** angesetzt (für einen pauschalen Ansatz ebenso: *Werner/Pastor* Rn. 327 – a.A. MüKo/*Busche* § 648 Rn. 23 sowie *Palandt/Sprau* § 648a Rn. 11, die verlangen, dass das Bestehen einer Nebenforderung wenigstens dem Gunde nach nachgewiesen werden muss, während *Kniffka/Koeble* 16. Teil Rn. 42, sogar abweichend vom Gesetzeswortlaut bei Inanspruchnahme der Sicherung nach § 648a BGB auch für Nebenforderungen eine nähere Spezifizierung verlangen). Im Ergebnis heißt das allerdings, dass selbst ein in jeder Hinsicht vertragstreuer und pünktlich zahlender Auftraggeber auf Anforderung 110% einer an sich geschuldeten Vergütung absichern muss, was nicht Ziel der ursprünglichen Regelung des § 648a BGB war, die allein eine Vergütungssicherung verfolgte. Dies ist jedoch hinzunehmen: Denn es geht um die Absicherung des »voraussichtlichen« Vergütungsanspruchs des Auftragnehmers zzgl. Nebenkosten in die Zukunft hinein, für den gerade keinesfalls feststeht, ob der Auftraggeber jeweils pünktlich zahlt. Keinesfalls bedeutet dieser Pauschalansatz immerhin, dass der Unternehmer nach Herstellung des Werks ohne weitere Darlegung eine um zehn Prozent erhöhte Vergütung verlangen kann. Hier geht es allein um die Sicherheitsleistung; seinen materiellen Anspruch muss der Auftragnehmer im Bestreitensfall nach den allgemeinen Vorschriften nach wie vor darlegen und beweisen.

II. Anforderung an die Sicherheitsleistung (Abs. 2, Abs. 1 S. 3)

1. Grundsatz: Wahlrecht des AG/Austauschrecht

161 Das Gesetz lässt offen, was für eine Art der Sicherheit zu leisten ist. Aus dieser fehlenden Festlegung lässt sich ableiten, dass die **Auswahl des Sicherungsmittels dem Auftraggeber** obliegt (§ 262 BGB – ebenso: MüKo/*Busche* § 648a BGB Rn. 15; *Kniffka/Koeble* 10. Teil Rn. 55, *Palandt/Sprau* § 648a BGB Rn. 13). Zu den inhaltlichen Anforderungen lässt sich nur ein indirekter Hinweis aus Abs. 2 S. 1 entnehmen: Hiernach kann die Sicherheit **auch** durch eine **Garantie** oder ein **sonstiges Zahlungsversprechen** eines im Geltungsbereich des BGB zum Geschäftsbetrieb zugelassenen Kreditinstitutes oder Kreditversicherers geleistet werden. Das Wort »auch« zeigt deutlich, dass **eine Sicherheitsleistung durch** die dort genannten **Dritten zusätzlich zugelassen** werden soll. Da der Gesetzeswortlaut zu § 648a BGB nicht beschreibt, welche primären Sicherungsmittel in Betracht kommen, ist dafür **auf die allgemeinen gesetzlichen Vorschriften zur Sicherheitsleistung zurückzugreifen** (§§ 232 ff. BGB). Hieraus wiederum folgt, dass **Sicherheitsleistung nicht zwingend von einem Dritten** zu erbringen ist, sondern sie auch vom Schuldner selbst, nämlich hier vom Auftraggeber erbracht werden kann. Allerdings müssen hinreichende, vor allem gesetzlich anerkannte Sicherheiten zur Verfügung gestellt werden, deren Rahmen durch § 232 Abs. 1 BGB im Einzelnen bestimmt ist. Als **Eigensicherheit** in Betracht kommen somit vor allem die Hinterlegung von Geld oder Wertpapieren, die Bestellung von Grundpfandrechten oder die Verpfändung von beweglichen Sachen (vgl. hierzu auch Erläuterungen zu § 17 Nr. 2 VOB/B Rn. 1 ff.), nicht aber etwa eine Hinterlegung auf einem Notaranderkonto (OLG Frankfurt Beschl. v. 5.7.2005 20 W 217/03 = OLGR 2006, 227).
Im Übrigen darf die **Sicherheitsleistung nicht befristet** sein (OLG Oldenburg Urt. v. 10.6.1998 2 U 74/98 = MDR 1999, 89 = BauR 1999, 518 [Ls.]; OLG Frankfurt Urt. v. 12.8.2002 1 U 127/01 = BauR 2003, 412 m. zust. Anm. *Schmitz*; OLG Koblenz Urt. v. 14.7.2005 5 U 267/05 für eine Zeitbürgschaft = BauR 2005, 1681 = ZfBR 2005, 791 = ZIP 2005, 1822; i.E. ebenso mit einer ausführlichen Auseinandersetzung der widerstreitenden Argumente: *Buscher* BauR 2001, 159) bzw. allenfalls insoweit eine Frist enthalten, als unter jedem rechtlich denkbaren Gesichtspunkt ein Risiko des Auftragnehmers bei der Realisierung der Sicherheit ausgeschlossen ist (*Zimdars* Betrieb 1997, 614; *Palandt/Sprau* § 648a BGB Rn. 13). Nicht mit § 648a BGB vereinbar sind daher vor allem Befristungen

bis zur Abnahme, bis zum Abschluss der Rechnungsprüfung oder bis zur Beendigung des Bauvertrages. Letzteres liegt schon deshalb auf der Hand, weil die Beendigung ohne weiteres vom Auftraggeber durch Kündigung herbeigeführt werden könnte (OLG Frankfurt Urt. v. 12.8.2002 1 U 127/01 = BauR 2003, 412, 413). Eine solche Bürgschaft kann der Auftragnehmer zurückweisen bzw. eine ergänzende Sicherheit verlangen. Akzeptiert der Auftragnehmer allerdings in Kenntnis der Befristung eine solche Sicherheit, ist sie nicht wegen Verstoßes gegen § 648a Abs. 7 BGB unwirksam (OLG Oldenburg Urt. v. 10.6.1998 2 U 74/98 = MDR 1999, 89 = BauR 1999, 518 [Ls.]; OLG Koblenz Urt. v. 14.7.2005 5 U 267/05 = BauR 2005, 1681 = ZfBR 2005, 791 = ZIP 2005, 1822; *Palandt/Sprau* § 648a BGB Rn. 4). Dies gilt selbst dann, wenn die gewährte Bürgschaft ausdrücklich auf § 648a BGB Bezug nimmt (OLG München Urt. v. 8.4.2004 9 U 2702/03 = BauR 2004, 1631, 1632).

Steht nach der gesetzlichen Regelung allein dem Auftraggeber die Auswahl des Sicherungsmittels nach § 648a BGB zu, stellt sich die Frage, ob er auch das Recht hat, eine einmal gewährte Sicherheit – wie etwa im umgekehrten Verhältnis nach § 17 Nr. 3 VOB/B – auszutauschen. Ein solches **Austauschrecht** ist nach dem Gesetz jedoch nicht vorgesehen. Folglich muss sich der Auftragnehmer darauf nicht einlassen. Allenfalls aus § 242 BGB könnte sich etwas anderes ergeben, wenn sich die Weigerung des Auftragnehmers zum Austausch als **Verstoß gegen Treu und Glauben** darstellt (so z.B. bei einem erbetenen Austausch einer wortlautidentischen Bürgschaft einer gleichwertigen Bank vor dem Hintergrund, dass der Auftraggeber bei der Zweitbank Avalzinsen spart – vgl. dazu auch LG München I Urt. v. 20.3.2003 5 O 7872/02 = BauR 2004, 1020).

161a

2. Sicherheitsleistung durch Dritte

Nach Abs. 2 S. 1 kann die Sicherheit **auch** durch eine **Garantie oder ein sonstiges Zahlungsversprechen** eines im Geltungsbereich des BGB zum Geschäftsbetrieb zugelassenen **Kreditinstitutes oder Kreditversicherers** geleistet werden. Aus dieser Formulierung folgt, dass gleichfalls ein sonstiger Dritter als Aussteller einer Sicherheit in Betracht kommt. Der Auftraggeber hat hier die freie Wahl, wie er die Sicherheit leistet. Regelmäßig anzutreffen ist insoweit die Hergabe einer **Höchstbetragsbürgschaft** eines Kreditinstitutes. Zwingend ist dies jedoch nicht, wobei folgende Punkte zu beachten sind:

162

a) Sicherheitsleistung durch Dritte, insbesondere durch Kreditinstitut oder Kreditversicherer

Soll die Sicherheit durch einen Dritten gestellt werden, muss eine solche Sicherheit den Anforderungen des § 232 BGB genügen. Möglich ist somit immerhin die Bestellung einer **Hypothek an dem Baugrundstück**, wenn es im Inland liegt, selbst wenn Grundstückseigentümer und Auftraggeber der Bauleistung nicht identisch sind. In der Praxis werden Hypotheken jedoch eher selten gestellt. Der Regelfall ist eine **Sicherheit durch ein Kreditinstitut oder einen Kreditversicherer**. Für diese besonders häufige Form der Sicherheit bringt § 648a Abs. 2 S. 1 zum Ausdruck, dass es sich nicht unbedingt um die sonst hier übliche Sicherheit durch Bürgschaft handeln muss; vielmehr gilt auch eine Garantie, wie z.B. eine Auszahlungsgarantie oder ein sonstiges Zahlungsversprechen (§ 21 Abs. 1 Nr. 4 KWG) eines Kreditinstitutes als ausreichendes Sicherungsmittel. Mit dieser weiten Formulierung wollte der Gesetzgeber den heute üblichen Finanzierungswegen und Sicherstellungen gerecht werden und gleichzeitig zukünftige Entwicklungen auf dem Markt der Baukredite nicht behindern (auch *Retemeyer* S. 58).

163

Soll von einem Dritten eine Sicherheitsleistung i.S.d. § 648a BGB, vor allem eine Garantie oder ein Zahlungsversprechen gestellt werden, ist zwingende Voraussetzung für deren Eignung, dass sich daraus ein **unmittelbarer Zahlungsanspruch des Unternehmers** gegen diesen Dritten ergibt (BGH Urt. v. 9.11.2000 VII ZR 82/99 = BGHZ 146, 24, 34 = BauR 2001, 386, 390 = NJW 2001, 822, 825 = NZBau 2001, 129, 131 = ZfBR 2001, 166, 168; vgl. dazu auch Begründung zum Gesetzentwurf, BT-Drucks. 12/1836 S. 9). Hieran fehlt es z.B., wenn eine Bank dem Auftragnehmer gegenüber lediglich erklärt,»dass sie im Rahmen der ihr erteilten Verwaltungsbefugnis aus den bereit gestellten

163a

Mitteln Zahlungen unter den vertraglich vereinbarten Voraussetzungen leisten werde« (BGH a.a.O.). Dasselbe gilt erst recht, wenn erklärt wird, dass »entsprechend den zwischen dem Auftraggeber und dem Auftragnehmer (neu) vereinbarten Zahlungsmodalitäten« bei der Bank »nunmehr ausschließlich für den Auftragnehmer« Mittel einer konkret genannten Summe »bereitstehen« (OLG Naumburg Urt. v. 30.10.2003 4 U 135/03 = NJW-RR 2004, 743 = NZBau 2004, 447). Ausreichend wäre hingegen eine Finanzierungsbestätigung einer Bank mit dem Inhalt, dass die Finanzierung des Vorhabens gesichert sei und sie jeweils Zahlungen an den Bestätigungsempfänger (Auftragnehmer) gegen Vorlage einer Bescheinigung über den jeweils erreichten Bautenstand leisten werde (OLG Brandenburg Urt. v. 5.12.2002 12 U 67/02 = OLGR 2003, 181, 182 - nachf. BGH Urt. v. 23.3.2004 XI ZR 14/03 = BauR 2004, 1292, der sich mit dieser Rechtsfrage aber nicht mehr befasste). Eine nach § 648a BGB gestellte Garantie oder ein diesbezügliches Zahlungsversprechen muss darüber hinaus nicht nur den jeweiligen vollen zu sichernden Vergütungsanspruch des Auftragnehmers abdecken, sondern auch hinreichend zuverlässig und werthaltig sein. Gleichzeitig muss diese Sicherheit insolvenzfest gewährt werden (BGH a.a.O.). Daher scheiden im Rahmen des § 648a BGB aus dem Sinn und Zweck dieser Regelung, den Vergütungsanspruch des Auftragnehmers gegen einen Ausfall des Auftraggebers abzusichern, sog. **Konzernbürgschaften** als Sicherungsmittel in der Regel aus (ebenso ausführlich: *Horsch/Hänsel* BauR 2003, 462 ff.; a.A. *Weise* Sicherheiten im Baurecht, Rn. 624; für eine eingeschränkte Zulässigkeit von Konzernbürgschaften: *Schulze-Hagen* BauR 2000, 28, 33; vgl. zu Konzernbürgschaften als Sicherungsmittel allgemein Erläuterungen bei § 17 Nr. 4 Rn. 13 VOB/B). § 232 Abs. 2 i.V.m. § 239 BGB werden danach durch die erhöhten Anforderungen des § 648a Abs. 2 S. 1 BGB eingeschränkt.

163b Nicht mit den nach § 648a BGB zulässigen Sicherungsmitteln zu vereinbaren ist ferner die in der Praxis verbreitete **Abtretung von Ansprüchen**, etwa die des Generalunternehmers gegen den Bauherrn an den Subunternehmer. Dies gilt selbst dann, wenn diese Ansprüche bereits durch eine Bürgschaft des Bauherrn nach § 648a BGB gesichert sind. Zwar würde diese als akzessorisches Sicherungsmittel gemäß § 401 BGB nunmehr zunächst den Subunternehmer berechtigen. Ausreichend ist eine solche Sicherung jedoch nicht. Denn diese Sicherung sichert nicht unmittelbar den Zahlungsanspruch des Subunternehmers gegen den Generalunternehmer ab. So könnte etwa der Bürge einer solchen Abtretung dem Subunternehmer Einwendungen entgegensetzen, die der abgetretenen Werklohnforderung entgegenstehen und aus dem Vertragsverhältnis Bauherr/Generalunternehmer stammen, an dem der Subunternehmer nicht als Vertragspartei beteiligt ist und auf dass er keinen Einfluss hat. Der Subunternehmer würde sogar seine Sicherung verlieren, wenn der Auftraggeber des Hauptunternehmens die Forderung anerkennt und der Bürge mit befreiender Wirkung (§ 407 BGB) an den Hauptunternehmer zahlt (BGH Urt. v. 22.9.2005 VII ZR 152/05 = BauR 2005, 1926, 1927 = NJW-RR 2006, 28, 29 = NZBau 2006, 40, 41 = ZfBR 2006, 30). Dies vorausgeschickt ist zwar in der Praxis nicht ausgeschlossen, dass der Auftragnehmer eine solche nicht taugliche Sicherheit gleichwohl akzeptiert, wozu er dem Grunde nach nicht verpflichtet wäre. Gerade im Fall einer drohenden Insolvenz des Auftraggebers steht er mit einer derart abgetretenen Forderung infolge eines Sicherungsverlangens nach § 648a BGB aber möglicherweise besser da als ohne jegliche Sicherheit – zumal der Bundesgerichtshof in einer solchen Abtretung gerade aufgrund des Zusammenhangs mit § 648a BGB keine insolvenzrechtliche Gläubigerbenachteiligungsabsicht sieht (BGH Urt. v. 18.11.2004 IX ZR 299/00 = BauR 2005, 1321, 1323 f. = NJW-RR 2005, 840, 842 = NZBau 2005, 338, 340).

163c Die Sicherheitsleistung darf im Übrigen **nicht von Bedingungen abhängig** gemacht werden, die mit der Berechtigung des Vergütungsanspruchs des Auftragnehmers nichts zu tun haben; sie dürfen insbesondere nicht von dem Rechtsverhältnis zwischen dem Kreditgeber und dem Auftraggeber abhängen, ausgenommen von dem Sonderfall des Abs. 1 S. 3 (vgl. unten Rn. 165). Selbstverständlich muss der hier angesprochene Dritte als **Sicherungsgeber selbst** »sicher« sein. Deshalb ist es erforderlich, dass dieser Dritte, soweit es sich dabei um ein Kreditinstitut oder einen Kreditversicherer handelt, im Geltungsbereich »dieses Gesetzes«, also des BGB, zum Geschäftsbetrieb befugt ist. Er muss somit

b) Zulässiger Vorbehalt des Widerrufs der Sicherheit bei Vermögensverschlechterung

Eine Sonderregelung bei einer Sicherheitsleistung durch Dritte findet sich nicht in § 648a Abs. 2 BGB, sondern etwas unglücklich vom Aufbau her in Abs. 1 S. 3. Danach ist eine Sicherheit auch dann als ausreichend anzusehen, wenn sich der **S**icherungsgeber das **Recht vorbehält, sein Versprechen im Falle einer wesentlichen Verschlechterung der Vermögensverhältnisse des Bestellers** mit Wirkung für Vergütungsansprüche aus Bauleistungen **zu widerrufen**, die der Unternehmer bei Zugang der Widerrufserklärung noch nicht erbracht hat (womit die Bedenken v. *Gutbrod* Betrieb 1993, 1559, 1561 ausgeräumt sein dürften). Daraus folgt: **164**

(1) Voraussetzung für den Widerruf des Sicherungsversprechens ist zunächst, dass sich der Sicherungsgeber bei Hingabe der Sicherheit (nicht etwa später!) einen entsprechenden Widerruf **vorbehalten hat**. Nur in diesem Fall ist ein Widerruf möglich, wenn sich anschließend – nach Vorlage der Sicherungserklärung – die Vermögensverhältnisse des Auftraggebers **wesentlich verschlechtern** und der Sicherungsgeber infolgedessen den Widerruf seiner Sicherheit gegenüber dem Auftragnehmer erklärt. Das **Risiko** des Erhalts der Vergütung wird im Anschluss daran **allein dem Auftragnehmer** auferlegt. Dies betrifft jedoch nur Leistungen aus dem betreffenden Vertrag, die **zur Zeit des Eingangs der Widerrufserklärung noch nicht erbracht** worden sind. Leistet der Auftragnehmer dann weiter, ist er nicht mehr abgesichert. Dabei kann der Auftragnehmer aber neben seinen ggf. aus § 648a BGB enstehenden Rechten bei Nichtleistung der Sicherheit durch den Auftraggeber des Weiteren nach § 321 Abs. 1 BGB seine Arbeiten unverzüglich einstellen. Außerdem ist abhängig von den dort jeweils geregelten weiteren Voraussetzungen in einer solchen Situation an eine Arbeitseinstellung nach § 16 Nr. 5 Abs. 3 S. 3 VOB/B oder eine Kündigung nach § 9 Nr. 1b VOB/B zu denken. Als noch nicht erbrachte Leistungen i.S.d. § 648a Abs. 1 S. 3 BGB gelten hier nur solche, die zu einer Wertsteigerung der Immobilie führen, nicht dagegen Vorbereitungsarbeiten oder Arbeiten zur Baustelleneinrichtung. Hinsichtlich der Vorbereitungsarbeiten kann der Auftragnehmer allerdings u. U. von seinem Unternehmerpfandrecht nach § 647 BGB Gebrauch machen (siehe hierzu oben Rn. 127). **165**

(2) Die entscheidende Voraussetzung für die Zulässigkeit des Widerrufs einer gewährten Sicherheitsleistung nach § 648a BGB ist eine **wesentliche Verschlechterung** der Vermögensverhältnisse des Auftraggebers. Insoweit kommt es maßgeblich auf einen **Vergleich zwischen dem Zeitpunkt, als die Sicherungserklärung von dem Dritten abgegeben worden ist, und dem Zeitpunkt der Widerrufserklärung** an. Dabei ist zunächst zu prüfen, wie sich die Vermögensverhältnisse des Auftraggebers zur Zeit der Abgabe der Sicherungserklärung dargestellt haben. Waren sie schon schlecht und hat der Sicherungsgeber dennoch die Sicherheitsleistung übernommen, ist es kaum möglich, sich auf eine wesentliche Verschlechterung zu berufen. Im Übrigen trägt hier der **Sicherungsgeber die Darlegungs- und Beweislast** für den zwischenzeitlichen **Eintritt der wesentlichen Verschlechterung**. Dabei ist die Frage der wesentlichen Verschlechterung daran zu messen, ob im Gegensatz zu der Zeit, als die Sicherungserklärung abgegeben wurde, der Sicherungsgeber jetzt **nicht mehr damit rechnen kann,** dass er **vom Auftraggeber einen Ausgleich erhält**, wenn er vom Auftragnehmer wegen der Sicherheitsleistung in Anspruch genommen wird. **166**

(3) Der Widerruf kann sich zugunsten des Sicherungsgebers **nur** auf **Vergütungsansprüche** für bisher vom Auftragnehmer **noch nicht erbrachte Leistungen beziehen.** Für zur Zeit des Eingangs der Widerrufserklärung **schon erbrachte Leistungen** muss umgekehrt gelten, dass in diesem Umfang bereits das **Vermögen des Auftraggebers vermehrt** worden ist; hier hat der Sicherungsgeber die Möglichkeit, sich wegen von ihm verauslagter Gelder beim Auftraggeber zu befriedigen. Daher ist es auch richtig, dass dem Auftragnehmer in diesem Umfang, d.h. zur Absicherung der schon er- **167**

Anhang 2   Sicherung von Vergütungsansprüchen der Bauunternehmer

brachten Leistungen, in jedem Fall eine insolvenzfeste Sicherheit zu gewähren ist, damit er hier keinem zusätzlichen Risiko ausgesetzt ist (BGH Urt. v. 9.11.2000 VII ZR 82/99 = BGHZ 146, 24, 34 f. = BauR 2001, 386, 390 = NJW 2001, 822, 825 = NZBau 2001, 129, 132 = ZfBR 2001, 166, 168). Als zur Zeit des Eingangs der Widerrufserklärung erbrachte Leistungen zählen solche, die schon an Ort und Stelle eingebaut worden sind. Ferner gehören hierzu Leistungen, die im Wege der Vorbereitung als Teile von (Teil-)Leistungen fertiggestellt, aber noch nicht eingebaut bzw. am Objekt noch nicht verwertet worden sind, falls sie speziell für dieses Bauvorhaben angefertigt bzw. angeliefert worden sind und anderweitig von dem Auftragnehmer nicht verwertet werden können. Dies betrifft Stoffe und insbesondere angefertigte und bereitstehende Bauteile.

c) Vorbehalt zur Zahlung nur bei unstreitigem Vergütungsanspruch

168 Eine weitere Anforderung an die Sicherheitsleistung durch Dritte findet sich in **§ 648a Abs. 2 S. 2 BGB**. Dem Grunde nach handelt es sich bei dieser Vorschrift allerdings nicht um eine Regelung zu den Anforderungen an eine Sicherheitsleistung. Vielmehr geht es vorrangig um die Zulässigkeit der Verwertung einer von Kreditinstituten oder Kreditversicherern (nicht von sonstigen Dritten!) gestellten Sicherheit. Beide Gruppen von Sicherungsgebern dürfen nämlich nach § 648a Abs. 2 S. 2 BGB auf von ihnen gestellte Sicherheiten nur Zahlungen an den Unternehmer leisten, wenn der **Besteller den Vergütungsanspruch des Unternehmers anerkennt** oder durch **vorläufig vollstreckbares Urteil** zur Zahlung der Vergütung verurteilt worden ist und die Voraussetzungen vorliegen, unter denen die Zwangsvollstreckung begonnen werden darf (vgl. zu dieser Beschränkung im Einzelnen die Erläuterungen zur Verwertung unter Rn. 207). Hintergrund dieser Verwertungsbeschränkung ist der Schutz des Bestellers: Denn hierdurch sollen Zahlungen auf die Sicherheit vor allem dann verhindert werden, wenn streitig ist, ob die Bauleistung mangelfrei oder fertiggestellt ist. § 648a BGB will den Auftragnehmer auch in diesen Fällen nur vor dem Ausfall des Auftraggebers schützen. Demgegenüber sollen letzterem nicht etwa durch eine verfrühte Zahlung einer z.B. bürgenden Bank das ihm sonst zustehende Zurückbehaltungsrecht an Teilen der Vergütung genommen werden. Die **Verwertungsbeschränkung** selbst **strahlt** immerhin **auf die Tauglichkeit der Sicherheitsleistung** von Kreditinstituten und Kreditversicherern aus: Denn wenn eine Verwertung von solchen Sicherheiten nur unter den dort genannten Voraussetzungen zulässig ist, bestehen keine Bedenken, wenn diese Beschränkungen auch in den Text einer von Kreditinstituten oder Kreditversicherern gewährten Sicherheit (z.B. einer Höchstbetragsbürgschaft) aufgenommen werden. Eine solch beschränkte Sicherheit ist daher nach § 648a BGB ausreichend. Im Umkehrschluss folgt aus dieser Vorschrift ferner, dass der Auftragnehmer nach § 648a BGB keinesfalls eine **Bürgschaft auf erstes Anfordern** verlangen darf, weil diese Sicherungsform unter keinem denkbaren Gesichtspunkt mit der Einschränkung des § 648a Abs. 2 S. 2 BGB vereinbar ist (ebenso: OLG Düsseldorf Urt. v. 30.11.1999 21 U 59/99 = BauR 2000, 919, 920; OLG Celle Beschl. v. 6.6.2000 16 U 36/00 = IBR 2000, 377; *Gutbrod* Betrieb 1993, 1559, 1560; *Sturmberg* BauR 1994, 59, 63; *Klaft* S. 82; Beck'scher VOB-Komm./*Jagenburg* Vor § 2 VOB/B Rn. 473; wohl auch *Palandt/Sprau* § 648a Rn. 14 – a.A. *Zimdars* Betrieb 1997, 614, der S. 2 für abdingbar hält). Liegt diese trotzdem vor, ist sie zwar wirksam begeben. Die zugrunde liegende Sicherungsabrede verstößt jedoch gegen den zwingenden § 648a Abs. 7 BGB und ist unwirksam (siehe dazu im Einzelnen unten Rn. 210 ff.). Eine Inanspruchnahme der Bürgschaft auf erstes Anfordern wäre danach rechtsmissbräuchlich und könnte unterbunden werden (OLG Düsseldorf Urt. v. 30.11.1999 21 U 59/99 = BauR 2000, 919, 920; OLG Celle Beschl. v. 6.6.2000 16 U 36/00 = IBR 2000, 377). Dasselbe gilt in Fällen, in denen eine sonstige Sicherheit einer Bank ohne die Beschränkung nach § 648a Abs. 2 S. 2 BGB erteilt wird: Eine solche Sicherheit wäre zwar ebenfalls wirksam; deren Inanspruchnahme könnte jedoch gleichfalls durch den Auftragnehmer gegenüber dem Auftraggeber unterbunden werden (a.A. offenbar *Schmitz* BauR 2006, 430, der nicht klar genug zwischen Vertragsbeziehungen Bürge/Auftragnehmer und Auftraggeber/Auftragnehmer unterscheidet).

III. Kosten der Sicherheit (Abs. 3)

1. Grundsätzliche Kostenerstattungspflicht des Unternehmers

Nach § 648a Abs. 3 S. 1 BGB hat der **Unternehmer** dem Auftraggeber für eine von diesem nach § 648a BGB zu stellende Sicherheit die **üblichen mit dieser Stellung verbundenen Kosten zu erstatten.** Also muss der Auftragnehmer dem Auftraggeber die Kosten ersetzen, die dieser für die Sicherheitsleistung verauslagt. Die Höhe der verauslagten Kosten hat der Auftraggeber dem Auftragnehmer auf Verlangen nachzuweisen. Die Kostenregelung beruht auf der Überlegung, dass es bei einer Sicherheitsleistung nach § 648a BGB in erster Linie um das Sicherungsinteresse des Auftragnehmers in bezug auf dessen Vergütungsanspruch geht. Deswegen soll der Auftragnehmer auch die mit dieser Sicherheit verbundenen üblichen Kosten tragen. Übernahme der **üblichen Kosten bedeutet,** dass es **grundsätzlich nicht** um eine Erstattung der dem Auftraggeber **tatsächlich** für die Erlangung der Sicherheit aufgewendeten Kosten geht. Es ist nämlich durchaus möglich, dass dem betreffenden Auftraggeber hohe Kosten entstehen, weil seine Vermögenslage nicht den normalerweise für einen Kreditgeber zu erwartenden Voraussetzungen entspricht (vgl. dazu zutreffend *Quack* ZfBR 1990, 113, 115; *Weber* ZRP 1992, 292, 295). In diesem Fall hat der Auftragnehmer die Kosten **nur in der Höhe zu erstatten,** die **einem durchschnittlichen Kreditnehmer unter normalen Bedingungen** bei einem Kreditinstitut oder Kreditversicherer (also nicht bei einem privaten Geldgeber) entstehen. Dabei kommt es auf den Zeitpunkt der Erteilung der Sicherheitsleistung an. Im Übrigen hat § 648a BGB noch einen **Höchstsatz** für die Kosten der Sicherheitsleistung festgelegt, nämlich 2% für das Jahr. Der Gesetzgeber hat damit Vorschlägen Rechnung getragen, die eine solche Regelung zur Präzisierung für sachgerecht erachtet haben (vgl. *Weber* a.a.O., S. 295 = 2,0% der Garantiesumme).

Vor allem Peters (*Staudinger/Peters* § 648a BGB Rn. 17) vertritt zu der **Fälligkeit des Kostenerstattungsanspruchs** die Auffassung, dass der Auftraggeber die Hergabe der Sicherheit nach § 648a BGB davon abhängig machen darf, dass der Unternehmer seinerseits Sicherheit in Höhe der Kosten leistet. Hierzu schlägt er einen entsprechenden Abschlag von einer fälligen Abschlagsrechnung vor. Diese Auffassung ist mit § 648a BGB nicht zu vereinbaren (wie hier ebenso OLG Dresden Urt. v. 1.3.2006 12 U 2379/04 = BauR 2006, 1318, 1319). Auch wenn den Auftraggeber im Hinblick auf seinen Kostenerstattungsanspruch das Ausfallrisiko des Auftragnehmers trifft, **darf** er **die Übergabe nicht von einer Sicherheitsleistung** zu den Kosten **abhängig machen.** Schon der Gesetzeswortlaut macht mit der Verwendung des Begriffs »Erstattung« deutlich, dass der Auftraggeber den Unternehmer erst mit den Kosten belasten darf, wenn ihm selbst die entsprechenden Aufwendungen entstanden sind. Hinzu tritt eine systematische Betrachtung der gesetzlichen Regelung: Das Sicherheitsverlangen gemäß § 648a BGB kann nach Abs. 7 derselben Vorschrift nicht eingeschränkt werden. Der Auftragnehmer soll unabdingbar ohne Einschränkung diese Sicherheit verlangen dürfen. Könnte der Auftraggeber hingegen zuvor Sicherheit für die Kostenerstattung verlangen und stände ihm insoweit sogar ein Zurückbehaltungsrecht an der Sicherheitsleistung zu, würde die in Abs. 7 zum Ausdruck gekommene Wertentscheidung des Gesetzgebers zu einer schnellen und einredefreien Sicherheitsleistung eingeschränkt. Denn dann wäre vorab durch den Auftragnehmer (aufwendig) zu prüfen, ob das vom Auftraggeber angemahnte Sicherheitsverlangen zu den Kosten berechtigt oder gar überhöht ist. Eine solche Prüfung mit einem ggf. hierzu zu führenden Streit würde die Funktion der in § 648a BGB verankerten Sicherheitsleistung wesentlich beschneiden oder gar aufheben. Umgekehrt erscheint das Ausfallrisiko für den Auftraggeber nicht hoch: Denn es bestehen keine Bedenken, wenn er die ihm entstandenen Kosten im Rahmen der Schlussrechnungsprüfung von der anschließend zu erbringenden Schlusszahlung in Abzug bringt (*Stammkötter* ZfBR 1998, 225).

2. Ausnahmen von der Erstattungspflicht

Es ist **nicht gerechtfertigt,** den Unternehmer **in jedem Fall** mit den mit Stellung einer Sicherheit nach § 648a BGB verbundenen **Kosten zu belasten.** Vielmehr ist jeweils im Einzelfall zu prüfen, ob und in welchem Umfang der Unternehmer Anlass gehabt hat, Sicherheit für seine Vorleistungen zu verlangen und diese vor allem aufrechtzuerhalten. Dieser Grundgedanke findet seinen Ausdruck in Abs. 3 S. 2: Danach sind die Kosten der Sicherheitsleistung vom Unternehmer nicht zu tragen, wenn dieser die Sicherheitsleistung wegen Einwendungen des Bestellers gegen seinen Vergütungsanspruch für die Dauer der sich dann hinauszögernden Zahlung einstweilen aufrecht erhält und sich anschließend die Einwendungen **als unbegründet** erweisen. Das Gesetz wälzt damit das Risiko der verlängerten Kostentragung für eine unbegründet gegen den Vergütungsanspruch erhobene Einwendung zu Recht auf den Auftraggeber ab. Dabei kommt es allein auf die **Tatsache des Unbegründetseins** der Einwendung an. Nicht beachtlich hingegen ist, ob der Auftraggeber schuldhaft gehandelt hat oder die Unbegründetheit erkennen konnte, als er seine Einwendungen erhob und aufrechterhalten hat. Im Ergebnis folgt die Kostentragungspflicht somit dem Schicksal der »Hauptsache«, ähnlich dem Grundprinzip des § 91 ZPO.

172 Nicht selten erhebt ein Auftraggeber **Einwendungen** gegen den Vergütungsanspruch erst zeitverzögert nach Stellung einer Sicherheit gemäß § 648a BGB. Hier ist zu beachten, dass der Auftraggeber nur die **wegen der Einwendungen entstandenen erhöhten Kosten (Mehrkosten)** zu übernehmen hat, wenn sich die Einwendungen als unbegründet erweisen. Demgegenüber sind die gesamten Kosten der Sicherheitsleistung vom Auftraggeber zu tragen, wenn der Auftragnehmer erst später, und zwar wegen der Einwendungen, die Sicherheitsleistung verlangt hat und diese sich dann als unbegründet erwiesen haben. Ob die Einwendungen des Auftraggebers unbegründet sind, muss sich nicht erst aufgrund eines gerichtlichen Urteils herausstellen. Vielmehr kommt auch eine außerprozessuale Klärung in Betracht, etwa aufgrund eines Gutachtens im Rahmen eines selbstständigen Beweisverfahrens oder außergerichtlichen Vergleichs (§ 779 BGB). Ist wegen der Einwendungen ein Rechtsstreit unvermeidlich, so muss hier weitergehend als im Falle des Abs. 2 S. 2 die endgültige Klärung abgewartet werden, also ein rechtskräftiges Urteil oder ein Vergleich vorliegen. Aus diesem Grund kann einige Zeit vergehen, bis über die Frage der Tragung der verlängerten Kosten der Sicherheit sozusagen mit entschieden wird, wodurch sich dann natürlich die Kosten weiter erhöhen.

IV. Verhältnis der Sicherheitsleistung zur Bauhandwerkersicherungshypothek (Abs. 4)

173 § 648a BGB wurde in das BGB aufgenommen, um Unzulänglichkeiten bei der berechtigten Sicherstellung von Vergütungsansprüchen des Unternehmers gemäß § 648 Abs. 1 BGB auszugleichen oder jedenfalls abzumildern. Im Allgemeinen soll § 648a BGB daher eine Auffangfunktion zukommen. Allerdings soll ein Unternehmer die in § 648a BGB festgelegte Sicherheitsleistung **nicht** erst dann beanspruchen können, wenn er einen Sicherungsanspruch nach § 648 Abs. 1 BGB nicht durchzusetzen vermag oder ihn zwar erlangen, aber nach Lage der Dinge, wie etwa wegen des Ranges im Grundbuch, nicht befriedigend oder überhaupt nicht realisieren kann. Vielmehr steht dem Unternehmer **ein Wahlrecht** zu, **von welcher Sicherungsmöglichkeit er Gebrauch macht** (vgl. dazu auch schon Rn. 43). Dies bedarf einer vorherigen, am Einzelfall orientierten sachgerechten Überlegung. Insoweit ist der Auftragnehmer sogar **befugt**, bis zur Erlangung einer ausreichenden Sicherheit **die Rechte aus §§ 648 und 648a BGB nebeneinander geltend zu machen** (*Staudinger/Peters* § 648a BGB Rn. 26; *Werner/Pastor* Rn. 317 – a.A. *Siegburg* BauR 1997, 40, 48). Unbeschadet dessen ist aber auch das anzuerkennende Interesse des Auftraggebers zu beachten, nicht einer **Übersicherung des Auftragnehmers** ausgeliefert zu sein. Deshalb regelt Abs. **4, dass der Unternehmer, soweit er eine Sicherung** nach Abs. 1 oder 2 **erlangt hat, seinen Anspruch auf Einräumung einer Bauhandwerkersicherungshypothek** nach § 648 Abs. 1 BGB **verliert** (»ist ausgeschlossen«). Ist der Vergütungsanspruch nur teilweise durch eine Sicherheitsleistung nach Abs. 1 oder 2 abgedeckt, bleibt dem Unternehmer der Anspruch auf eine Bauhandwerkersicherungshypothek nur in Höhe des durch die Sicherheitsleistung nach § 648a BGB nicht abgedeckten Betrags erhalten. Nicht in den Wortlaut des Absatzes 4 aufgenommen ist der **umgekehrte Fall, dass der Auftragnehmer eine Sicherungshypothek nach § 648 Abs. 1 BGB erlangt** hat. Auch insoweit wird aber der Grundgedanke der Vermeidung einer Doppelsicherung zu beachten sein, d.h.: Dem Auftragnehmer ist grundsätzlich ein rechtlich schutzwürdiges Interesse an der Erlangung einer Sicherheitsleistung nach § 648a BGB zu versagen, wenn die durch die Sicherheitsleistung zu erreichende Sicherstellung des Auftragnehmers derjenigen, die die erlangte Bauhandwerkersicherungshypothek vor allem auch von der Rangstelle her bietet, gleichwertig oder jedenfalls annähernd gleichwertig ist (ähnlich *Palandt/Sprau* § 648a BGB Rn. 3, der »Mündelsicherheit« [§§ 238 Abs. 1 1807 Abs. 1 BGB] fordert; *Scholtissek* MDR 1992, 443). Hat der Auftragnehmer in diesen Fällen bisher (nur) eine **Vormerkung auf Eintragung einer Bauhandwerkersicherungshypothek** erlangt, reicht dies für den Ausschluss eines Anspruchs auf eine Sicherheit nach § 648a Abs. 1 oder 2 BGB aus; denn auch insoweit liegt eine hinreichende Sicherheit – hier hinsichtlich der Rangstelle – vor (so wohl auch OLG Köln Urt. v. 19.5.1995 20 U 199/94 = SFH § 648a BGB Nr. 1 = BauR 1996, 272; *Slapnicar/Wiegelmann* NJW 1993, 2903, 2908; *Röthlein* Rn. 281; a.A. *Sturmberg* BauR 1994, 57, 66). Ist hingegen die Verwertung einer schon eingetragenen Bauhandwerkersicherungshypothek unsicher, bleibt dem Auftragnehmer das Recht erhalten, parallel eine Bauhandwerkersicherung nach § 648a BGB zu verlangen. Um hier insbesondere im Hinblick auf die Rechtsfolgen verbunden mit einer Leistungseinstellung (vgl. dazu nachfolgend Rn. 174 ff.) kein Risiko einzugehen, könnte der Auftragnehmer ggf. sein Sicherungsverlangen mit der Erklärung verbinden, dass er auf die Rechte einer schon eingetragenen Bauhandwerkersicherungshypothek bzw. Vormerkung verzichtet, soweit er eine Sicherheit nach § 648a BGB erhält (ebenso *Kniffka/Koeble* 10. Teil Rn. 72).

C. Folgen der Nichtleistung der verlangten Sicherheit (Abs. 1 und Abs. 5)

Ausgangspunkt der nachfolgenden Erläuterungen ist die nicht fristgemäße Leistung der verlangten Sicherheit durch den Auftraggeber. Hierunter fallen diejenigen Sachverhalte, bei denen sich der Auftraggeber trotz angemessener Fristsetzung weigert oder er nicht in der Lage ist, die ordnungsgemäß verlangte Sicherheit in der vorgeschriebenen Form zur Verfügung zu stellen. Zu trennen davon ist die Fallgestaltung, in der **der Auftraggeber eine den Anforderungen des § 648 Abs. 1 und 2 BGB gemäße Sicherheit** nach Ablauf der angemessenen Frist **verspätet** leistet: Hat der Auftragnehmer insoweit insbesondere von seinen Rechten gemäß Abs. 5 noch keinen Gebrauch gemacht, so stehen ihm diese auch nicht mehr zu, weil dann der von § 648a BGB erstrebte Sicherungszweck erreicht ist. Allerdings hat der Auftraggeber unabhängig davon gemäß § 642 BGB sämtliche durch die Verzögerung der Stellung der Sicherheit entstandenen Mehrkosten, wie etwa wegen Stillstands oder Behinderung der Bauausführung, zu tragen; hierfür kann der Auftragnehmer dann seinerseits eine entsprechend erhöhte Sicherheitsleistung verlangen (auch *Hofmann/Koppmann* BauR 1994, 305, 311 f.; vgl. auch zu dem Umfang der über § 648a BGB sicherbaren Ansprüche oben Rn. 153 f.). § 642 BGB ist auch bei VOB-Verträgen für etwaige Mehrkosten im Zusammenhang mit einer verzögert gestellten Sicherheit nach § 648a BGB die maßgebende Rechtsgrundlage, wobei daneben Rechte aus § 6 Nr. 6 VOB/B hinzutreten können (zu der parallelen Anwendung von § 642 BGB neben § 6 Nr. 6 VOB/B bei einem VOB-Vertrag: BGH Urt. v. 21.10.1999 VII ZR 185/98 = BGHZ 143, 32, 39 f. = BauR 2000, 722, 724 f. = NJW 2000, 1336, 1338 = NJW-RR 2000, 825 [Ls.] = NZBau 2000, 187, 188 = ZfBR 2000, 248, 249). Hervorzuheben ist, dass der **Auftragnehmer nicht verpflichtet** ist, **von den Rechten nach Abs. 1 S. 1 oder Abs. 5 Gebrauch zu machen**. Vielmehr kann er z.B. bei einer Leistungsverweigerung nach Abs. 1 S. 1 **bleiben** und lediglich seine Rechte aus § 642 BGB bzw. § 6 Nr. 6 VOB/B geltend machen (zutreffend *Hofmann/Koppmann* BauR 1994, 305, 310 ff.; auch *Kleine-Möller* FS Heiermann S. 193, 195 f.; *MüKo/Busche* § 648a Rn. 34; *Staudinger/Peters* § 648a BGB Rn. 22; a.A. *Sturmberg* BauR 1995, 169, 172 f.). Diese Frage ist allerdings mehr theoretischer Art, weil der Auftragnehmer in der Praxis kaum auf Dauer bei der Leistungsverweigerung bleiben und zumindest in der Regel vielmehr die Kündigung wählen wird (vgl. nachfolgend Rn. 177 ff.). Vor diesem Hintergrund stehen dem Auftragnehmer bei nicht fristgerechter Stellung einer ausreichenden Sicherheit folgende Rechte zu:

174

Anhang 2 Sicherung von Vergütungsansprüchen der Bauunternehmer

I. Gläubigerobliegenheit des Auftraggebers; Leistungsverweigerungsrecht des Auftragnehmers (Abs. 1)

175 Abs. 5 S. 1 verweist unter den vorgenannten Voraussetzungen auf die in §§ 643 und 645 BGB geregelten Auftragnehmerrechte. § 643 BGB enthält seinerseits eine Sanktion bei der fehlenden Mitwirkung des Gläubigers an einer zur Herstellung der Werkleistung erforderlichen Handlung gemäß § 642 BGB. Diese Bezugnahme auf § 643 BGB verdeutlicht somit zunächst, dass die nach den § 648a Abs. 1 und 2 BGB auf Verlangen des Auftragnehmers zu leistende Sicherheit **keine vertragliche Pflicht des Auftraggebers**, vor allem keine Schuldnerverpflichtung darstellt. Vielmehr handelt es sich bei der Stellung einer nach § 648a BGB vom Auftragnehmer verlangten Sicherheit wie in den Fällen des § 642 BGB (BGH Urt. v. 16.5.1968 VII ZR 40/66 = BGHZ 11, 80, 83; 50, 175, 178) um eine reine **Gläubigerobliegenheit**. Der Auftragnehmer hat hiernach **keinen klagbaren Anspruch** gegen den Auftraggeber auf Leistung der Sicherheit (BGH Urt. v. 9.11.2000 VII ZR 82/98 = BGHZ 146, 24, 28 = BauR 2001, 386, 387 = NJW 2001, 822, 823 = NZBau 2001, 129, 130 = ZfBR 2001, 166, 167; OLG Schleswig, Urt. v. 28.2.1997 1 U 208/95 = BauR 1998, 639 [Ls.] = NJW-RR 1998, 532; *Werner/Pastor* Rn. 332; *Röthlein* Rn. 273 m.w.N.). Vielmehr kann er, wenn er den Auftraggeber auf sein Leistungsverweigerungsrecht nach Abs. 1 S. 1 hingewiesen hat, bei Nichtstellung der Sicherheit nach Ablauf einer dafür gesetzten angemessenen Frist **zunächst (nur) die Leistung verweigern**. Dies schließt das Recht zur Verweigerung der Aufnahme der Arbeiten ein, wenn das Verlangen auf Sicherheitsleistung vor dem vertraglich festgelegten Baubeginn gestellt wird und die angemessene Frist zu deren Verfügungstellung abgelaufen ist. Dies umfasst ferner das Recht zur Arbeitseinstellung, wenn der Auftragnehmer die Sicherheitsleistung erst während der Ausführung beansprucht hat und die dabei gesetzte angemessene Frist abgelaufen ist. Ist das Recht zur Arbeitseinstellung für den Auftragnehmer entstanden, kann eine ggf. parallel vom Auftraggeber gesetzte Frist zur Mängelbeseitigung nicht mehr weiterlaufen. Dies hat zur Folge, dass sich auch ein bis dahin (nur) bestehender Nacherfüllungsanspruch nicht in einen geldwerten Anspruch des Auftraggebers (z.B. auf Kostenersatz) umwandeln kann, mit dem dann der Auftraggeber gegen den Vergütungsanspruch des Auftragnehmers aufrechnen könnte. Auch Nachfristsetzungen des Auftraggebers als Voraussetzung etwa für die Entstehung eines Schadenersatzanspruchs statt der Leistung sind nicht möglich, weil diese einen fälligen und durchsetzbaren Leistungsanspruch des Auftraggebers voraussetzen. All dies gilt unbeschadet des § 16 Nr. 5 Abs. 5 VOB/B ebenso für einen VOB-Vertrag, der darüber hinaus eine Leistungseinstellung an eine ausbleibende Zahlung der Vergütung knüpft. § 18 Nr. 5 VOB/B steht der Anwendung des § 648a BGB nicht entgegen, weil es sich bei dem Leistungsverweigerungsrecht nach § 648a Abs. 1 BGB um eine vorrangige, gesetzlich normierte Regelung handelt (siehe hierzu auch § 18 Nr. 5 Rn. 3 VOB/B). Sind allerdings **bis zur Entstehung des Leistungsverweigerungsrechts** nach § 648a BGB wegen Nichtstellung der Sicherheit **Rechte des Auftraggebers entstanden**, so etwa nach Ablauf einer zur Mängelbeseitigung verbunden mit einer Kündigungsandrohung gesetzten Frist gemäß § 4 Nr. 7 S. 3 VOB/B, bleiben diese Rechte bestehen, d.h.: Ein Auftraggeber kann einen solchen Vertrag selbst dann noch kündigen, wenn zwischenzeitlich wegen der Nichtstellung der Sicherheit ein Leistungsverweigerungsrecht des Auftragnehmers nach § 648a BGB entstanden ist (BGH Urt. v. 10.11.2005 VII ZR 147/04 = BauR 2006, 375, 376 = NJW-RR 2006, 240, 241 = NZBau 2006, 112, 113 = ZfBR 2006, 153, 154).

II. Rechte aus §§ 643, 645 BGB; Ersatz des Vertrauensschadens (Abs. 5)

176 Ist die erste Frist zur Stellung einer Sicherheit fruchtlos verstrichen mit der Folge, dass dem Auftragnehmer ein Leistungsverweigerungsrecht zusteht, kann er sich damit zufrieden geben. **Alternativ** stehen ihm die weiteren Rechte aus §§ 643, 645 Abs. 1 BGB mit der Möglichkeit der Vertragskündigung sowie ein Schadensersatzanspruch zu:

1. Vertragskündigung nach § 648a Abs. 5, § 643 BGB

Der Auftragnehmer **kann** unter Einhaltung der zusätzlichen Voraussetzungen des § 643 BGB **den Vertrag kündigen**. Will er hiervon Gebrauch machen, muss er dem Auftraggeber eine – weitere – angemessene Nachfrist mit der Erklärung setzen, dass er den mit dem Auftraggeber abgeschlossenen Vertrag kündige, wenn dieser ihm die verlangte Sicherheit nicht bis zum Ablauf der Nachfrist zur Verfügung stellt. Bei dieser Nachfristsetzung handelt es sich rechtlich um eine Willenserklärung, der nach fruchtlosem Fristablauf Gestaltungswirkung zukommt, weil danach die beiderseitigen Erfüllungsansprüche erlöschen. Aus diesem Grund muss eine solche **Nachfrist** wie auch ansonsten jedwede andere einseitige Gestaltungserklärung **ohne jegliche Bedingung** gesetzt werden (herrschende Meinung, vgl. nur *Palandt/Heinrichs* Einf. v. § 158 Rn. 13 m.w.N.). Demnach ist z.B. eine Nachfristsetzung für den Fall der Abnahme nichtig (OLG Dresden Urt. v. 24.10.2002 7 U 1529/02 = IBR 2003, 75). Des Weiteren muss die Nachfristsetzung zwingend durch einen bevollmächtigten Vertreter erfolgen (BGH Urt. v. 28.11.2002 VII ZR 270/01 = BauR 2003, 381, 383 = NJW-RR 2003, 303, 304 = NZBau 2003, 153, 154). Der Auftraggeber kann demgegenüber eine Nachfristsetzung ohne beigefügte Vollmachterklärung **nach § 174 S. 1 BGB** zurückweisen. Die nachträgliche Genehmigung einer Fristsetzung eines ohne ausreichende Vollmacht handelnden Vertreters des Auftragnehmers ist zwar möglich, aber nur bis zum Ablauf der gesetzten Frist (BGH Urt. v. 29.5.1991 VIII ZR 214/90 = BGHZ 114, 360, 366 = NJW 1991, 2552, 2553; BGH Urt. v. 24.7.1998 V ZR 140/97 = NJW 1998, 3058, 3060; Urt. v. 28.11.2002 VII ZR 270/01, BGH BauR 2003, 381, 383 = NJW-RR 2003, 303, 304 = NZBau 2003, 153, 154). Keine Bedenken bestehen, wenn der Auftragnehmer die Nachfrist bereits mit seiner ersten Frist zur Sicherheitsleistung verbindet. Für die **Angemessenheit der Nachfrist** ist nicht zu verlangen, dass diese genau so lange wie die ursprünglich zur Erbringung der Sicherheit gesetzte Frist zu bemessen ist. Vielmehr kann die Nachfrist durchaus kürzer sein, zumal der Auftraggeber das ursprüngliche Sicherheitsverlangen missachtet hat. Insofern wird im allgemeinen **eine Woche** durchaus genügen (a.A. *Erman/Schwenker* § 468a BGB Rn. 15, der 1–2 Tage ausreichen lässt, was wohl eindeutig zu kurz sein dürfte).

Für die **Rechtsfolge** einer fruchtlos abgelaufenen Nachfrist ist ein besonderes Augenmerk auf die Bestimmung des § 643 S. 2 BGB zu werfen: Danach **gilt der Vertrag als aufgehoben, wenn** die **Sicherheitsleistung nicht** innerhalb der Nachfrist **geleistet wird**. Hiernach bedarf es, anders als in den sonstigen Fällen der Vertragskündigung, **nicht** noch **des gesonderten Ausspruchs einer Kündigung**. Dies gilt kraft ausdrücklicher gesetzlicher Regelung entgegen § 9 Nr. 2 S. 1 VOB/B auch bei einem VOB-Vertrag. Folglich kommt es insoweit auf die etwaige Einhaltung der Schriftform der die Kündigung auslösenden zweiten Fristsetzung nicht an (*Hammacher* BauR 1997, 429; *Werner/Pastor* Rn. 336; *Palandt/Sprau* § 648a BGB Rn. 17). Daher muss sich der Auftragnehmer vorher genau überlegen, ob er den Weg des § 643 BGB gehen, also die Beendigung des Vertrags herbeiführen will. Ist der Vertrag aufgelöst, ändert dies nichts an der ggf. **noch fortbestehenden Mängelbeseitigungspflicht** des Auftragnehmers dem Grundsatz nach (LG Bonn Urt. v. 2.12.1996 9 O 136/96 = BauR 1997, 857, 859 = NJW-RR 1998, 530). Allerdings hängt auch diese wegen § 648a BGB von der Stellung einer Sicherheitsleistung ab (BGH Urt. v. 22.1.2004 VII ZR 267/02 = BauR 2004, 834, 835 m. Anm. *Otto* = NJW-RR 2004, 740, 741 = NZBau 2004, 264, 266). Die Rechtslage ist hier der Problematik der Anwendbarkeit von § 648a BGB nach der Abnahme vergleichbar (siehe unten Rn. 200). **Auf** die vorgenannte **Nachfristsetzung** nach § 648a Abs. 5, § 643 BGB **kann** im Übrigen **nicht verzichtet werden**, selbst wenn sich der Auftraggeber endgültig und ernsthaft weigert, eine Sicherheit zu stellen (so aber *Weise* Sicherheiten im Baurecht, Rn. 656). Denn in diesem Fall würde – käme es auf die weitere Fristsetzung nicht an – der Vertrag nach § 643 S. 2 BGB sofort mit der Weigerung des Auftraggebers zur Stellung der Sicherheit aufgelöst. Das kann jedoch nicht sein, weil die Herbeiführung der Vertragsauflösung über die weitere Fristsetzung nach §§ 648a Abs. 5, 643 BGB – wie gezeigt – im Belieben des Auftragnehmers steht, sie also nicht alleine von der einseitigen Weigerung des Auftraggebers zur Stellung einer Sicherheit abhängen kann. Aus dem gleichen Grund kommt in der Regel keine analoge Anwendung der Rechtsfolgen der §§ 648a Abs. 5, 643 BGB nach den in der Rechtsprechung entwickelten Grundsätzen bei stillschweigender einvernehmlicher Vertragsaufhebung ohne Einigung über die Folgen der Aufhebung in Betracht (i.E. ebenso OLG Rostock Urt. v. 1.4.2004 7 U 219/01 = OLGR 2005, 4 = BauR 2005, 440 [Ls.]).

2. Haftung des Bestellers nach § 648a Abs. 5, § 645 Abs. 1 BGB

179 Neben dem Recht zur Vertragskündigung **geht nach § 645 Abs. 1 BGB** bei Nichtstellung einer Sicherheit gemäß § 648a BGB durch den Auftraggeber trotz ordnungsgemäßer Fristsetzung die **Leistungs- und Vergütungsgefahr vorzeitig auf** den **Auftraggeber über.** Bedeutung gewinnt dieser Gefahrübergang vor allem in Fällen, in denen eine Teilleistung bei Ablauf einer angemessenen zur Stellung der Sicherheit gesetzten Frist erbracht und noch vor Abnahme untergegangen oder zerstört worden ist. Insofern liegt nunmehr das Risiko für die Entrichtung der Vergütung beim Auftraggeber, der diese anteilig für den erstellten Leistungsteil an den Auftragnehmer zu bezahlen hat, d.h.: Der Auftraggeber schuldet bei einer Vertragskündigung des Auftragnehmers gemäß § 648a Abs. 5 BGB einen der geleisteten Arbeit entsprechenden Teil der Vergütung und Ersatz der in der Vergütung nicht inbegriffenen Auslagen. Bei der genauen Berechnung der nach § 645 BGB geschuldeten Vergütung gelten die zu § 649 BGB entwickelten Grundsätze entsprechend. Daher muss der Auftragnehmer etwa bei der Berechnung der Höhe einer Teilvergütung nach Kündigung eines Pauschalvertrages auch im Anwendungsbereich der §§ 648a Abs. 5, 645 BGB das Verhältnis des Wertes der erbrachten Teilleistungen zum Wert der nach dem Pauschalvertrag geschuldeten Gesamtleistung errechnen, darlegen und im Bestreitensfall beweisen (OLG Düsseldorf Urt. v. 28.4.1998 23 U 150/97 = BauR 1999, 47, 48 f.).

180 Neben der Vergütung für erbrachte Teilleistungen muss der Auftraggeber dem Auftragnehmer **außerdem** die **Auslagen ersetzen**, die nicht in der Vergütung für die erbrachten Teilleistungen enthalten sind. Hierzu gehören insbesondere solche Auslagen, die dem im Zeitpunkt der Vertragsaufhebung noch nicht erstellten Leistungsteil zuzurechnen sind, wie die Kosten für die Beschaffung bzw. Herstellung von Stoffen oder Bauteilen usw. In letzterem Fall kann der Auftraggeber allerdings gemäß § 273 Abs. 1 BGB seine diesbezügliche Zahlung von einer Zug um Zug erfolgenden Übereignung dieser Stoffe und Bauteile abhängig machen (*Schmitz* ZfIR 2000, 489, 491). Zu den erstattungsfähigen Auslagen gemäß § 645 BGB rechnen des Weiteren entstandene Behinderungskosten (zutreffend *Hofmann/Koppmann* BauR 1994, 305, 311). Diese auf § 645 Abs. 1 BGB beruhende Regelung gilt auch für VOB-Verträge; sie ist anders als für den Erstattungsanspruch aus § 6 Nr. 6 VOB/B verschuldensunabhängig (i.E. wie hier *Hofmann/Koppmann* a.a.O.).

180a Soweit eine Vergütung nach § 648a Abs. 5 i.V.m. § 645 Abs. 1 BGB infolge einer Auftragnehmerkündigung bei Nichtstellung der Sicherheit zu zahlen ist, ist eine **weitergehende Vergütung**, etwa ein voller Vergütungsanspruch abzgl. ersparter Aufwendungen analog § 649 BGB, **ausgeschlossen**. Dies gilt jedoch **nicht für Ansprüche**, die dem Auftragnehmer **aus anderem Grunde zustehen** als dem, dass die Sicherheit nicht gestellt wird. § 648a BGB regelt nur den Schutz des Auftragnehmers, eine ungesicherte Vorleistung erbringen zu müssen. Er regelt z.B. nicht die Rechtsfolgen, wenn der Auftraggeber zu Unrecht die Vertragserfüllung verweigert. Fordert der Auftragnehmer in diesem Fall gleichwohl noch eine Sicherheit, geht dieses Sicherungsverlangen schon deshalb ins Leere, weil der Auftraggeber ohnehin nicht bereit ist, die Gegenleistung zu erbringen, die abgesichert werden soll. In diesem Fall besteht kein Grund, dem Auftragnehmer den **vollen Vergütungsanspruch nach § 649 BGB/§ 8 Nr. 1 VOB/B** zu versagen und ihn dadurch schlechter zu stellen als er stünde, wenn er keine Sicherheit verlangt hätte. Umgekehrt darf hier der Besteller nicht dadurch bessergestellt werden, dass er nicht nur die Sicherheit nicht stellt, sondern die Vertragserfüllung insgesamt ablehnt (BGH Urt. v. 24.2.2005 VII ZR 225/03 = BauR 2005, 861, 863 = NJW 2005, 1650, 1651 = NZBau 2005, 335, 337 = ZfBR 2005, 454, 455).

3. Ersatz des Vertrauensschadens (Abs. 5 S. 2 und S. 4)

Kraft ausdrücklicher Regelung in Abs. 5 S. 2 muss der Auftraggeber **nach der Aufhebung des Vertrages** den **Schaden ersetzen**, der dem Auftragnehmer dadurch entstanden ist, dass er auf die Gültigkeit des Vertrags vertraut hat. Gemeint ist der so genannte **Vertrauensschaden**. Es wird vermutet, dass dieser 5% der Auftragssumme beträgt. Im Einzelnen gilt hierzu: **181**

a) Grundsatz: Ersatz des negativen Interesses

Bei dem Ersatz des Vertrauensschadens ist der Auftragnehmer so zu stellen, wie er gestanden hätte, wenn er nicht auf die Gültigkeit des Vertrags vertraut hätte: Also ist das so genannte **negative Interesse zu ersetzen** (wesentlich zu eng daher *Gutbrod* Betrieb 1993, 1559, 1561, der diesen Schadensersatz nur insoweit gewähren will, als der Auftragnehmer darauf vertraut hat, dass der Vertrag nicht nach § 643 S. 2 BGB aufgehoben werde). Dazu rechnet besonders der entgangene Gewinn aus einem anderen Auftrag, den der Auftragnehmer wegen des gekündigten Auftrags hat ablehnen müssen, weil er zu dessen Erfüllung nicht in der Lage war, er jedoch den anderen Auftrag hätte ausführen können, wenn er den gekündigten nicht gehabt hätte. Ersatzfähig sind ebenfalls der Aufwand für die Angebotsbearbeitung vor Erhalt des gekündigten Vertrages sowie alle Kosten, die mit dem Vertragsabschluss selbst verbunden sind. Abgedeckt sind ferner Kosten, die der Auftragnehmer deswegen hat, weil er neues Personal wegen des gekündigten Auftrags hat einstellen müssen, dieses aber nicht mehr zum Einsatz kommt und eine anderweitige zumutbare Beschäftigung im Betrieb des Auftragnehmers nicht möglich ist, ebenso nicht eine vorzeitige Kündigung, etwa aus arbeitsrechtlichen Gründen. Auch die Folgen einer ggf. erforderlichen Kündigung von Nachunternehmerverträgen nach § 649 BGB bzw. § 8 Nr. 1 VOB/B gehören hierher (ähnlich *Leinemann/Klaft* NJW 1995, 2521, 2525). **182**

b) Pauschaler Schadensersatz in Höhe von 5% der Vergütung

In der Praxis hat sich vielfach gezeigt, dass die Darlegung der Voraussetzungen für den dem Grunde nach bestehenden Schadensersatzanspruch gemäß § 648a Abs. 5 S. 1 BGB schwierig und mit großen Unsicherheiten verbunden ist. Unternehmer haben einen solchen Anspruch nur selten geltend gemacht. Daher fehlte es ihnen aber oftmals an einem ergänzenden Mittel, den Auftraggeber zur Stellung einer Sicherheit zu bewegen. Im Gegenteil war es für einen Auftraggeber z.T. sogar günstiger, eine nach § 648a BGB geforderte Sicherheit nicht zu stellen. Zwar konnte dies eine Vertragsauflösung nach sich ziehen, doch war diese nicht selten vom Auftraggeber sogar bezweckt. Denn hierin lag letztlich ein probates Mittel, eine andernfalls nur mögliche freie Kündigung nach § 649 BGB, § 8 Nr. 1 VOB/B mit der dort vorgesehenen Pflicht zur Zahlung der vollen Vergütung (abzüglich ersparter Aufwendungen) zu umgehen. Demgegenüber führte im Sinne des Auftraggebers eine über § 648a BGB erfolgende Vertragsauflösung nur zu einer Abrechnung des Vorhabens nach § 648a Abs. 5 i.V.m. § 645 Abs. 1 BGB, d.h. zu einer Vergütung der bis zur Vertragsbeendigung erbrachten Leistungen zzgl. Auslagen (vgl. dazu oben Rn. 179). Daneben bestand zwar seit jeher ebenfalls gemäß § 648a Abs. 5 BGB ein Schadensersatzanspruch des Auftragnehmers; doch nahmen Auftraggeber diesen in Kauf, da Auftragnehmer einen solchen Anspruch zumeist ohnehin nicht nachweisen konnten. Vor diesem Hintergrund immerhin wurde mit dem am 1.5.2000 in Kraft getretenen Gesetz zur Beschleunigung fälliger Zahlungen mit § 648a Abs. 5 S. 4 BGB eine **gesetzliche Regelvermutung** dahin gehend aufgenommen, **dass der dem Auftragnehmer entstandene Schaden fünf vom Hundert der Vergütung beträgt** (vgl. hierzu auch die Gesetzesbegründung BT-Drucks. 14/1246 S. 10). Dies hat zur Folge, dass der Auftragnehmer, soweit er sich auf die 5 Prozent beschränken will, zu dem danach verwirkten Schadensersatz keinen weiteren Sachverhalt mehr darlegen muss. Die Aufnahme einer Pauschale in das Gesetz ist jedoch nicht ohne Zweifel: **183**

aa) Nachweis eines höheren oder niedrigeren Schadens

184 Fraglich ist zunächst, ob der dort genannte **Pauschalsatz widerleglich** ist, d.h. der Auftraggeber den Gegenbeweis eines geringeren Schadens oder der Auftragnehmer den Beweis eines höheren Schadens antreten kann. Das Gesetz schweigt sich hierzu aus, doch dürfte eine solche Beweisführung zulässig sein. Schon in der Gesetzesberatung, insbesondere auf der Grundlage des zeitlich früher eingebrachten Oppositionsentwurfs, war nur von einer Beweiserleichterung die Rede. Der Oppositionsentwurf sah in seinem § 651r Abs. 2 BGB-E sogar ausdrücklich einen Gegenbeweis vor (so der Entwurf der CDU/CSU-Fraktion zum Bauvertragsgesetz v. 26.3.1999 [BT-Drucks. 14/673] zu § 651r BGB-E). Dafür, dass der später in Kraft getretene Regierungsentwurf einen solchen Gegenbeweis abschneiden wollte, lassen sich keine Anhaltspunkte entnehmen. Schon deswegen dürfte die **Darlegung eines höheren bzw. geringeren Schadens zulässig** bleiben, zumal eine solche Sichtweise dem Gesetzeszweck der Auftragnehmersicherung nicht zuwider läuft (i.E. ebenso: *Kniffka* ZfBR 2000, 227, 237).

bb) Gesamtvergütung als Bemessungsgrundlage

185 Problematisch ist weiter, von welchem Betrag die 5% zu berechnen sind. Das Gesetz knüpft an die Vergütung, die Gesetzesbegründung an die Auftragssumme an (BT-Drucks. 14/1246 S. 10). Letzteres indiziert zumindest vom Wortlaut, dass die vertragliche Auftragssumme gemeint sein könnte. Ferner wird vertreten, dass sich die 5% nur auf die noch offene Restvergütung beziehen (LG Leipzig Urt. v. 7.12.2001 5 HK O 4853/01 = BauR 2002, 973, 975; *Kniffka/Koeble* 10. Teil Rn. 70; *Schmitz* ZfIR 2000, 489, 492; *Stickler* NZBau 2005, 322; *Rothfuchs* BauR 2005, 1672). Die Gesetzesbegründung mit der Erwähnung des Begriffs »Auftragssumme« erscheint hier nicht geglückt: Wenn der Wortlaut des Gesetzes an die Vergütung anknüpft, muss hiermit die **gesamte nach dem Vertrag geschuldete Vergütung** (einschließlich etwaiger zum Zeitpunkt der Kündigung bereits berechtigt gestellter Nachträge) gemeint sein. Für eine Beschränkung auf die noch offenen Vergütungsansprüche gibt der so geregelte Schadensersatzanspruch mit einer Anbindung an die Vergütung im Allgemeinen nichts her (OLG Dresden Urt. v. 1.3.2006 12 U 2379/04 = BauR 2006, 1318, 1320; *Palandt/Sprau* § 648a Rn. 18; *Busz* NZBau 2004, 10, 13), zumal es wie gesagt ja im Belieben des Auftraggebers liegt, einen niedrigeren Schaden darzulegen und zu beweisen (vgl. vorstehend Rn. 184). Da es im Übrigen um einen Schadensersatzanspruch geht, ist es richtig, dass bei einem vorsteuerabzugsberechtigten Unternehmer als Bemessungsgröße wie üblich nur die Netto-, nicht die Bruttovergütung anzusetzen ist (LG Leipzig Urt. v. 7.12.2001 5 HK O 4853/01 = BauR 2002, 973, 975; *Kniffka* ZfBR 2000, 227, 237).

III. Schadensersatz auch bei Kündigung des Auftraggebers im zeitlichen Zusammenhang mit dem Sicherheitsverlangen des Auftragnehmers (Abs. 5 S. 3 und S. 4)

186 Nach dem ebenfalls mit dem Gesetz zur Beschleunigung fälliger Zahlungen neu eingefügten § 648a Abs. 5 S. 3 BGB steht dem Auftragnehmer auch dann ein **Schadensersatz von pauschal fünf Prozent** der Vergütung zu, **wenn der Besteller im zeitlichen Zusammenhang mit dem Sicherheitsverlangen** des Auftragnehmers gemäß Abs. 1 **kündigt**, es sei denn, die Kündigung ist nicht erfolgt, um der Stellung einer Sicherheit zu entgehen. Die Kündigung ist hier nicht auf eine bestimmte Art beschränkt: Erfasst werden somit **sowohl eine außerordentliche als auch eine ordentliche (freie) Kündigung.** Die außerordentliche Kündigung stellt allerdings weniger ein Problem bei der Neuregelung dar: Denn die Vermutungswirkung zwischen Kündigung und Sicherheitsverlangen ist schon nach dem Gesetzeswortlaut widerleglich. Muss danach ein Auftraggeber bei einer außerordentlichen Kündigung in einem ggf. hierzu zu führenden Prozess ohnehin darlegen und beweisen, dass seine Kündigung berechtigt war, wird er damit gleichzeitig die gesetzliche Vermutung des Zusammenhangs zwischen seiner Kündigung und dem Sicherheitsverlangen des Auftragnehmers widerlegen können. Im Kern geht es bei dieser Regelung daher vor allem um das Problem, dass sich ein Auftraggeber veranlasst sehen könnte, mit einer freien Kündigung des Bauvertrages nach

§ 649 BGB, § 8 Nr. 1 VOB/B das Sicherheitsverlangen des Auftragnehmers zu umgehen. Dies ist für Auftragnehmer teilweise deshalb misslich, weil sie gerade bei einer freien Kündigung vielfach Schwierigkeiten haben, ihre dann fällige volle Vergütung abzüglich ersparter Aufwendungen in der gebotenen Form, d.h. insbesondere unter Offenlegung ihrer (ggf. noch nachträglich anzufertigenden) Kalkulationsgrundlagen, darzulegen. Aus diesem Grund wird ihnen der Einfachheit halber ein pauschalierter Schadensersatzanspruch zugesprochen (vgl. auch oben Rn. 183). Dabei wird der zeitliche Zusammenhang zwischen Sicherheitsverlangen des Auftragnehmers und Kündigung des Auftraggebers als Voraussetzung für die Verwirkung des Schadensersatzanspruches von Gesetzes wegen widerleglich vermutet. Im Einzelnen heißt das:

1. Zeitlicher Zusammenhang

Der zeitliche Zusammenhang ist hier in der Weise zu verstehen, dass die Kündigung des Auftraggebers als Reaktion auf das Sicherheitsverlangen des Unternehmers erfolgt. Anknüpfungspunkt ist insoweit sinnvollerweise die oben näher beschriebene (Nach-)**Frist, innerhalb der der Auftraggeber nach Aufforderung** durch den Unternehmer **die Sicherheit zu stellen hat,** d.h. innerhalb von ein bis drei Wochen. Kündigt der Auftraggeber später, fehlt es an dem zeitlichen Zusammenhang. Kündigt er früher, besteht ein solcher mit der Folge, dass ein die Schadensersatzpflicht des Auftraggebers auslösender Zusammenhang zwischen Sicherheitsverlangen des Auftragnehmers und Kündigung des Auftraggebers vermutet wird. Diese Vermutung kann der Auftraggeber widerlegen, d.h. insbesondere: Bei einer außerordentlichen Kündigung wird er, was er üblicherweise ohnehin muss, seine Kündigungsgründe darzulegen und zu beweisen haben. Bestanden solche, ist hiermit auch die durch den zeitlichen Zusammenhang bestehende Vermutungswirkung mit der sich daraus ergebenden Schadensersatzpflicht widerlegt.

187

2. Verhältnis des Schadensersatzanspruchs zum Vergütungsanspruch

Nach der Gesetzesbegründung sollte dem Auftragnehmer mit dem Schadensersatzanspruch nach Abs. 5 S. 3 und 4 über die Hürden der schwierigen Abrechnung eines Vorhabens nach § 649 BGB, § 8 Nr. 1 VOB/B geholfen werden, indem man ihm statt des nunmehr bestehenden vollen Vergütungsanspruchs einen pauschalierten Schadensersatzanspruch an die Hand gibt (so die Begründung des Rechsausschusses hierzu BT-Drucks. 14/2752 S. 21). Dass aber der **Schadensersatzanspruch nur alternativ** zum Vergütunganspruch besteht, lässt sich der Gesetzesregelung nicht entnehmen. Vielmehr steht dieser daneben. Zwar wird teilweise abweichend davon vertreten, dass es um eine alternative Abrechnungsmöglichkeit für den Auftragnehmer nach §§ 648a Abs. 5, 645 BGB i.V.m. einem Schadensersatzanspruch nach § 648a Abs. 5 S. 3 einerseits und § 649 S. 1 BGB andererseits gehe (so offenbar *Palandt/Sprau* § 648a Rn. 20, wohl auch, wenn nicht eindeutig MüKo/*Busche* § 648a BGB Rn. 38, unklar: BGH Urt. v. 24.2.2005 VII ZR 225/03 = BauR 2005, 861, 863 = NJW 2005, 1650, 1651 = NZBau 2005, 335, 336 = ZfBR 2005, 454, 455, der nur einen Fall zu betrachten hatte, in dem sowohl Auftraggeber als auch Auftragnehmer gekündigt hatten). Eine solche Sichtweise kann aber schon deshalb nicht richtig sein, weil die erste Abrechnungsalternative (§§ 648a Abs. 5, 645 BGB) eine Vertragsbeendigung durch Kündigung des Auftragnehmers infolge der Nichtstellung der Sicherheit nach Nachfristsetzung gemäß § 648a Abs. 5 S. 1 voraussetzt. Hierum geht es jedoch in den meisten Fällen nicht; zumindest hat die Schadensersatzregelung nach § 648a Abs. 5 S. 3 BGB diesen Fall nicht vor Augen. Vielmehr knüpft die **Entstehung des Schadensersatzanspruchs nach dem ausdrücklichen Wortlaut des Gesetzes allein an eine Kündigung des Auftraggebers** im zeitlichen Zusammenhang mit dem Sicherungsverlangen des Auftragnehmers nach Abs. 1. Eine Auftragnehmerkündigung wg. Nichtstellung der Sicherheit, die überhaupt erst die Rechtsfolgen der Abrechnung nach § 648a Abs. 5, § 645 BGB auslösen könnte, steht hier überhaupt noch nicht im Raum (ebenso: *Busz* NZBau 2004, 10, 12).

188

Wenn es also dem Auftragnehmer gelingt, seinen vollen Vergütungsanspruch (abzüglich ersparter Aufwendungen) darzulegen, was nach der insbesondere neueren Rechtsprechung des BGH nicht mehr allzu schwierig ist (siehe hierzu die detaillierten Nachweise bei *Kniffka* ZfBR 2000, 227, 237), kommt er bei einer freien Auftraggeberkündigung **zusätzlich in den Genuss des pauschalierten Schadensersatzes, ohne dass er insoweit einen Schaden hat** (so auch *Kniffka* a.a.O. – a.A. *Schmitz* ZfIR 2000, 489, 492; MüKo/*Busche* § 648a BGB Rn. 37) bzw. ihn nachweisen muss. Dabei wird es allenfalls in Ausnahmefällen vorstellbar sein, dass einem Auftragnehmer neben dem vollen Vergütungsanspruch noch ein zusätzlicher Vertrauensschaden entstanden sein soll. Möglich ist dies aber immerhin, soweit es um einen entgangenen Gewinn für einen anderen Auftrag geht (siehe zum Umfang des Schadensersatzanspruchs aus § 648a Abs. 5 S. 1 BGB allgemein oben Rn. 182). Zwar steht dem Auftraggeber in diesem Fall – wie gezeigt (siehe oben Rn. 184) – der Gegenbeweis zur Schadenshöhe offen; doch dürfte dieser allenfalls mit Mühe zu führen sein. Daher läuft ein Auftraggeber regelmäßig Gefahr, diesen zusätzlichen Schadensersatz zahlen zu müssen, wenn er einen Auftrag im zeitlichen Zusammenhang mit einem Sicherheitsverlangen des Auftragnehmers nach § 648a BGB kündigt.

D. Ausnahmen von dem Sicherungsanspruch

189 Bei jedem Sicherheitsverlangen des Auftragnehmers ist zu prüfen, inwieweit ein gesetzlicher oder sonstiger Ausnahmefall vorliegt, der das Sicherungsbegehren nach § 648a BGB ausschließt.

I. Gesetzliche Ausnahmen des Sicherungsanspruchs nach Abs. 6

190 Abs. 6 nimmt bestimmte Gruppen von Auftraggebern aus der Verpflichtung zur Sicherheitsleistung aus. Hierbei handelt es sich um einen **Unterschied zu § 648 BGB,** der solche Ausnahmen nicht kennt.

1. Öffentliche Auftraggeber

191 Ausgenommen aus dem Anwendungsbereich des § 648a BGB sind zunächst die in § 648a Abs. 6 Nr. 1 BGB genannten **öffentlichen Auftraggeber,** nämlich die juristischen Personen des öffentlichen Rechts und die öffentlich-rechtlichen Sondervermögen. Nach den gesetzlichen Regelungen zählen dazu zunächst die Gebietskörperschaften, wie die Bundesrepublik Deutschland, die Länder, die Landkreise und Gemeinden sowie die sonstigen Gebietskörperschaften. Des Weiteren rechnen hierzu die öffentlich-rechtlichen Körperschaften, Anstalten und Stiftungen sowie ferner die aus den Gebietskörperschaften oder juristischen Personen des öffentlichen Rechts bestehenden öffentlich-rechtlichen Verbände. **Nicht** unter die Ausnahmeregelung des Absatzes 6 Nr. 1 fallen hingegen die teilweise gleichfalls zum Bereich des öffentlichen Auftragswesens gehörenden **juristischen Personen** des Privatrechts, selbst wenn sie im mehrheitlichen Anteilsbesitz der öffentlichen Hand stehen (MüKo/*Busche* § 648a BGB Rn. 10; *Werner/Pastor* Rn. 325 – a.A. *Klaft* S. 66) oder im Wesentlichen/ausschließlich durch die öffentliche Hand finanziert werden (*Buscher* BauR 2002, 1288 vor allem zu treuhänderischen Sanierungs- und Entwicklungsträgern i.S.d. §§ 157, 167 BauGB; *Werner/ Pastor* Rn. 325; ähnlich: LG Leipzig Urt. v. 11.10.2002 5 HKO 2292/02 = IBR 2003, 301 – a.A. *Graupeter* ZfBR 2002, 750). Von der wirtschaftlichen Bedeutung im Hinblick auf die zu verbauenden Gelder und damit der der Unternehmerseite zukommenden Vergütungsansprüche her handelt es sich bei den nicht nach Abs. 6 Nr. 1 unter § 648a BGB fallenden öffentlichen bzw. öffentlich finanzierten Auftraggebern um eine ganz bedeutsame Gruppe. Die Begründung für deren Herausnahme findet sich in der Erwägung, dass die hier genannten Auftraggeber im Allgemeinen als zahlungsfähig und zahlungswillig angesehen werden. Dies mag gerechtfertigt sein, soweit bei dieser Gruppe von Auftraggebern kein Insolvenzrisiko besteht. Dies trifft aber nicht auf alle dem Kreis der von § 648a

BGB privilegierten öffentlichen Auftraggeber zu, wie *Slapnicar/Wiegelmann* (NJW 1993, 2903, 2907) richtig hervorheben. Zu den insolvenzfähigen, aber gleichwohl aus dem Anwendungsbereich des § 648a BGB ausgenommenen juristischen Personen des öffentlichen Rechts zählen z.B. die Allgemeinen Ortskrankenkassen, die Rechtsanwaltskammern, Ersatzkassen, Industrie- und Handelskammern (a.a.O., 2907. Dazu zählen entgegen der Annahme von *Slapnicar/Wiegelmann* a.a.O., jedoch nicht die öffentlich-rechtlichen Rundfunkanstalten; für sie hat der Staatsvertragsgesetzgeber durch ausdrückliche Bestimmung ebenso wie für die Landesmedienanstalten den Konkurs [heute Insolvenz] gesetzlich ausgeschlossen). Daher ist diese Regelung zum Teil inkonsequent und vom Gesetzgeber zu überprüfen (a.A. Beck'scher VOB-Komm./*Jagenburg* Vor § 2 VOB/B Rn. 513). Zu beachten ist, dass die jetzige Gesetzesfassung **nur das Vertragsverhältnis des öffentlichen Auftraggebers zu seinem Auftragnehmer** betrifft, **nicht** das des Auftragnehmers zu dessen **Nachunternehmer** (vgl. dazu *Siegburg* BauR 1990, 647, 649 f.). Dies ist aber kein spezielles Problem des öffentlichen Auftragswesens, sondern ein solches des General- oder Hauptunternehmereinsatzes und der damit verbundenen Nachunternehmerbeschäftigung. In diesem Vertragsverhältnis hat die Tatsache, dass Bauherr ggf. ein (nicht insolvenzfähiger) öffentlicher Auftraggeber ist, keine besondere Bedeutung.

2. Privater Wohnungsbau

Ausgenommen von der Sicherungspflicht ist weiter der **private Auftraggeber,** wenn es sich bei ihm um eine natürliche Person handelt und er die Bauarbeiten zur Herstellung oder Instandsetzung eines Einfamilienhauses (mit oder ohne Einliegerwohnung) ausführen lässt. Dabei wird einem Einfamilienhaus eine Eigentumswohnung gleichgestellt, sofern es sich um eine einzelne Wohnung handelt (OLG Celle Urt. v. 6.8.2003 7 U 36/03 = BauR 2004, 1007, 1010 = NJW-RR 2004, 592, 593; *Staudinger/Peters* § 648a BGB Rn. 7). Voraussetzung ist also eine als privater Auftraggeber auftretende natürliche Person als Einzelperson, ggf.i.V.m. einer anderen natürlichen Person (z.B. Ehefrau, Lebenspartner u.a.). Auf die rechtliche Verbindung der privaten Auftraggeber untereinander kommt es nicht an, solange sie rechtlich Auftraggeber bleiben. Demnach fallen unter die Ausnahmeregelung des § 648a Abs. 6 Nr. 2 BGB auch Gesellschaften bürgerlichen Rechts, die aus natürlichen Personen bestehen (so zu Recht *Weise* Sicherheiten im Baurecht Rn. 622). **Nicht erforderlich** ist es, dass **der private Auftraggeber zur Deckung von Eigenbedarf baut;** er kann also auch mehrfach zur Herstellung oder Instandsetzung eines Einfamilienhauses (mit oder ohne Einliegerwohnung) tätig sein (offen LG Bonn Urt. v. 2.12.1996 9 O 136/96 = BauR 1997, 857 = NJW-RR 1997, 530; wie hier *Sturmberg* BauR 1994, 57, 59 f.; Beck'scher VOB-Komm./*Jagenburg* Vor § 2 VOB/B Rn. 519; a.A. *Staudinger/Peters* § 648a BGB Rn. 7). Ebenso unbeachtlich ist nach der gesetzlichen Regelung, ob der private Auftraggeber selbst Bauherr ist (so aber LG Koblenz Urt. v. 4.12.2003 9 O 253/03 = BauR 2004, 1348 [Ls.] = IBR 2004, 251). Für den Begriff »Einfamilienhaus mit oder ohne Einliegerwohnung« kommt es für den Einzelfall auf den Inhalt der Baugenehmigung an; für die Bestimmbarkeit einer Einliegerwohnung kann § 11 II. WoBauG hilfreich sein (zutreffend *Sturmberg* BauR 1994, 57, 60; *Zielemann* Rn. 740; *Werner/Pastor* Rn. 326). Im Übrigen ist jedoch klarzustellen, dass eine Sicherheit nach § 648a BGB verlangt werden kann, soweit selbst ein privater Auftraggeber für den privaten Gebrauch kein Einfamilienhaus, sondern z.B. ein Doppelhaus baut. Schließt ein privater Bauherr zur Errichtung sowohl eines Einfamilien- als auch eines Doppelhauses mit demselben Bauunternehmer zwei getrennte Verträge, ist zu prüfen, ob tatsächlich eine Gesamtbaumaßnahme vorliegt oder zwei getrennte Bauvorhaben gewollt waren. Im letzten Fall könnte Sicherheit nur für das Doppelhaus verlangt werden, während bei einer Gesamtbaumaßnahme Sicherheit auch für die Vergütung des Einfamilienhauses gefordert werden kann (LG Bonn Urt. v. 2.12.1996 9 O 136/96 = BauR 1997, 857 = NJW-RR 1997, 530).

192

Ein privater Bauherr ist von der Verpflichtung zur Sicherheitsleistung nach § 648a BGB jedoch nur dann befreit, wenn er sich bei der Finanzierung des Bauvorhabens **nicht einer »Zwischenperson«,**

193

wie eines Bauträgers, **bedient** und diesen mit der Verfügung über Finanzierungsmittel, z.B. im Rahmen einer Finanzierungsbetreuung, betraut hat. Dabei ist der vom Gesetzgeber hier gewählte Ausdruck »Baubetreuer« ersichtlich zu eng. Denn dieser beschränkt sich nach seinem Wortlaut nur auf Baubetreuer i.S.d. § 34c Abs. 1 Nr. 2b GewO. Er würde also die **Bauträger** ausklammern, die unter § 34c Abs. 1 Nr. 2a GewO einzuordnen sind. Dies kann vom Sinn und Zweck der Regelung des § 648a BGB nicht richtig sein (vgl. *Sturmberg* BauR 1994, 57, 59). Dabei ist allerdings zu beachten, dass Bauträger kaum als natürliche Person tätig sind. Die Grunderwägung für diese Ausnahme von der Ausnahme dürfte darauf beruhen, dass durch die Zwischenschaltung eines solchen Betreuers möglicherweise nicht die hinreichende Gewähr besteht, dass die zur Verfügung gestellten Gelder auch wirklich zum Ausgleich von Vergütungsansprüchen ausführender Unternehmer verwendet werden, weswegen insofern ein gesteigertes Insolvenzrisiko besteht. Unter die Ausnahme von der Ausnahme müsste nach dem vorangehend Gesagten auch die entsprechende Tätigkeit eines Treuhänders subsumiert werden.

194 Abgesehen von vorgenannten Erläuterungen erscheint die gesetzgeberische Erwägung, eine natürliche Person als Bauherrn eines Einfamilienhauses aus der Vergütungssicherung des § 648a BGB herauszunehmen, weil derartige private Bauvorhaben in der Regel solide finanziert seien und die »lebenslängliche Haftung des Bestellers« gegeben sei (wie ist es mit einer möglichen Verjährungseinrede?), sehr angreifbar. Nach aller Erfahrung in Bauprozessen ist das Risiko für den bauausführenden Unternehmer, seine verdiente Vergütung zu erhalten, hier keineswegs geringer als in den von den Absätzen 1–5 erfassten Fällen (dazu zutreffend *Weber* ZRP 1992, 292, 295; auch *Zielemann* Rn. 741; *Röthlein* Rn. 279; MüKo/*Busche* § 648a BGB Rn. 11). Diese im Gesetz enthaltene Ausnahme sollte daher in Bezug auf die berechtigten Belange der Unternehmerseite praxisbezogen überdacht und revidiert werden. Immerhin bleibt festzuhalten, dass der Gesetzgeber die noch in der seinerzeitigen Entwurfsfassung vorgesehene Ausprägung der Ausnahmeregelung, die »Bauarbeiten überwiegend zur Deckung des eigenen Wohnbedarfs« des privaten Auftraggebers zum Maßstab machte, mit der später erfolgten Eingrenzung auf »Bauarbeiten zur Herstellung oder Instandsetzung eines Einfamilienhauses« erkennbar präzisiert hat. Damit ist, weil die jetzige Formulierung deutlich enger gefasst ist, wenigstens eine gewisse zusätzliche Begrenzung des Insolvenzrisikos erfolgt.

3. Ausnahme von der Ausnahme: Haupt- und Nachunternehmerverträge

195 Die vorgenannten **Ausnahmen gelten nicht für das Verhältnis von Haupt- zu Nach-/Subunternehmer** im Bereich von öffentlichen Aufträgen sowie der genannten privaten Auftraggeber. Betroffen ist vielmehr nur der Hauptvertrag zwischen Auftraggeber und Hauptunternehmer, weil nur insofern vertragliche Beziehungen zu den aufgeführten Auftraggebern bestehen. Dagegen kann ein Sub- bzw. Nachunternehmer ohne Einschränkung einen Sicherungsanspruch gegen seinen (nicht privilegierten) Auftraggeber (= Hauptunternehmer) geltend machen (auch *Hofmann/Koppmann* S. 23 f.).

II. Sonstige Ausnahmen

196 Neben den in Abs. 6 normierten Ausnahmen gibt es weitere **gesetzliche und sonstige Ausnahmen**, bei denen § 648a BGB nicht oder nur teilweise zur Anwendung kommt:

1. Keine Anwendung auf Werklieferungsverträge

197 § 648a BGB ist nach der eindeutigen gesetzlichen Regelung des § 651 S. 3 BGB bei einem Werklieferungsvertrag nicht anwendbar. Dies gilt selbst dann, wenn der **Werklieferungsvertrag die Herstellung einer beweglichen nicht vertretbaren Sache** betrifft. Hintergrund dieser zuletzt durch das Schuldrechtsmodernisierungsgesetz überarbeiteten Vorschrift des § 651 BGB war die bei der Entstehung des BGB vorherrschende Auffassung, dass es sich bei einem Werklieferungsvertrag wegen der in ihm enthaltenen Eigentumsverschaffungspflicht tatsächlich um einen Kaufvertrag handelt; er sollte nur dort durch das Werkvertragsrecht modifiziert werden, wo es notwendig erschien (so insbesondere zum Gewährleistungsrecht). Dementspechend findet heute auf einen Werklieferungsvertrag (umso mehr seit dem Inkrafttreten des Schuldrechtsmodernisierungsgesetzes) ausschließlich Kaufrecht Anwendung, wobei dieses jedoch bei beweglichen nicht vertretbaren Sachen um einige werkvertraglichen Regelungen ergänzt wird. § 648a BGB gehört jedoch nach § 651 S. 3 BGB in keinem Fall dazu.

2. Fehlende Leistungstreue des Auftragnehmers

198 Eine weitere diskutierte Ausnahme zu dem Recht auf Sicherheitsleistung nach § 648a BGB betrifft die **eigene Leistungs(un)treue des Unternehmers**: Hier wird insbesondere vom OLG Karlsruhe die Auffassung vertreten, dass die Verweigerung einer Sicherheitsleistung durch den Auftraggeber nicht pflichtwidrig sei, wenn der Unternehmer das Verlangen nach einer Sicherheitsleistung gemäß § 648a BGB erkennbar vorgeschoben habe, um von eigenen Verletzungen seiner Leistungspflicht abzulenken (OLG Karlsruhe Urt. v. 30.12.1999 17 U 168/95 = IBR 2000, 170; so auch schon die Empfehlung von *Reinelt* BauR 1997, 766, 771; ebenso: *Brechtelsbauer* BauR 1999, 1371). Dabei geht es um die nicht selten am Bau anzutreffende Situation, dass sich der Bauablauf wegen Mängeln und Terminverzug des Unternehmers zulasten des Bauherrn zuspitzt und der Unternehmer nunmehr erkennt, dass das Risiko einer außerordentlichen Kündigung nicht mehr allzu fern liegt. Also fordert er letztlich zur Abwendung der außerordentlichen Kündigung eine Sicherheit nach § 648a BGB, von der er weiß, dass der Auftraggeber sie nicht fristgerecht leisten kann, was dann zu einer Leistungsverweigerung oder gar zur **Vertragskündigung durch den Auftragnehmer** mit den ihm günstigen Vergütungs- und Schadensersatzansprüchen berechtigt. Ein solches Sicherheitsverlangen soll nach der vorbezeichneten Entscheidung des OLG Karlsruhe **treuwidrig** sein, wenn es »erkennbar vorgeschoben« ist. Diese Entscheidung dürfte jedoch allenfalls im Einzelfall richtig sein (kritisch auch *Schmitz* ZfIR 2000, 489, 493 f., ders.m. Anm. zu OLG Naumburg Urt. v. 16.8.2001 2 U 17/01 = BauR 2003, 556, 559). Zwar ist nicht zu leugnen, dass es auch im Anwendungsbereich des § 648a BGB ausnahmsweise Handlungen des Unternehmers geben kann, die mit § 242 BGB nicht mehr zu vereinbaren sind (LG Leipzig Urt. v. 7.12.2001 5 HK O 4853/01 = BauR 2002, 973, 974 f.). Insoweit ist vor allem an Fälle des offensichtlichen Rechtsmissbrauchs zu denken. Ein solcher Fall liegt aber nicht schon darin, dass ein sich im Leistungsverzug befindlicher Auftragnehmer von einem anerkanntermaßen zahlungsfähigen Auftraggeber Sicherheit verlangt (so aber LG Leipzig Urt. v. 7.12.2001 5 HK O 4853/01 = BauR 2002, 973, 975; unentschieden dazu *Schulze-Hagen* BauR 2000, 28, 37). § 648a BGB gibt für eine solch restriktive Anwendung nichts her, weswegen vor einer Verallgemeinerung eines Grundsatzes, lediglich der leistungstreue Auftragnehmer könne eine Sicherheit nach § 648a BGB verlangen, nur gewarnt werden kann.

3. Sicherungsverlangen auch noch nach Abnahme

199 Lange Zeit wurde diskutiert, ob und mit welchen Rechtsfolgen § 648a BGB nach der Abnahme anwendbar ist (vgl. umfassend zum Meinungsstand in der Vorauflage Rn. 199 ff.). Diese Rechtsfrage ist nach einer Serie von Entscheidungen des Bundesgerichtshofs von Anfang 2004 positiv dahingehend entschieden, dass § 648a BGB **uneingeschränkt nach der Abnahme Anwendung** findet (BGH Urt. v. 22.1.2004 VII ZR 183/02 = BGHZ 157, 335 = BauR 2004, 826, 827 f. = NJW 2004, 1525, 1526 f. = NZBau 2004, 259 = ZfBR 2004, 365; Urt. v. 22.1.2004 VII ZR 68/03 = BauR 2004, 830, 831 = NZBau 2004, 261, 262; Urt. v. 17.6.2004 VII ZR 91/03 = BauR 2004, 1453 = ZfBR 2004, 780; Urt. v. 9.12.2004 VII ZR 199/03 = BauR 2005, 555 = NJW-RR 2005, 389 = NZBau 2005, 146, 147 = ZfBR 2005, 257; Urt. v. 13.1.2005 VII ZR 28/04 = BauR 2005, 749 = NJW-RR 2005, 609, 610 = NZBau 2005, 280 = ZfBR 2005, 360, 361; zustimmend: *Otto* BauR 2004, 838; *Werner/Pastor* Rn. 334; *Steingröver* NJW 2004, 2490; kritisch: *Thierau* NZBau 2004, 311). Dies war seit jeher uneingeschränkt richtig: Das

Anhang 2   Sicherung von Vergütungsansprüchen der Bauunternehmer

gesamte Sicherungsinteresse des Auftragnehmers besteht nach der Abnahme in gleicher Weise oder sogar erst recht wie vor der Abnahme. Zwar endet mit der Abnahme des Werkes zunächst die Vorleistungspflicht des Auftragnehmers in Bezug auf seine geschuldete Erfüllung der Bauleistung mit der Folge, dass eine Kündigung des Bauvertrages nach ganz herrschender Meinung nach Abnahme nicht mehr in Betracht kommt; der Auftragnehmer bleibt aber auch nach der Abnahme etwa in Bezug auf seine Gewährleistungsverpflichtung vorleistungspflichtig. Dies ergibt sich ohne weiteres aus dem nach Abnahme fortbestehenden Leistungsverweigerungsrecht des Auftraggebers bei Mängeln nach §§ 320, 641 Abs. 3 BGB, wonach der Auftraggeber einem an sich gegebenen Vergütungsanspruch des Auftragnehmers Zug um Zug die vorherige Beseitigung der Gewährleistungsmängel entgegensetzen kann. Seinen restlichen Werklohnanspruch kann der Unternehmer gerichtlich somit nur durchsetzen, wenn er zuvor die Mängel beseitigt, da selbst ein Zug-um-Zug-Urteil von ihm im Rahmen der Vollstreckung zunächst den Nachweis durchgeführter Mängelbeseitigung voraussetzt. Für eine Anwendbarkeit des § 648a BGB nach der Abnahme spricht sodann folgendes Argument: Wenn der Unternehmer z.B. kurz vor Abnahme eine Sicherheit nach § 648a BGB verlangt hat und der Auftraggeber eine solche nicht stellen kann, würde sich die Rechtslage für den Auftraggeber alleine dadurch verbessern, dass er die Werkleistung unter dem Vorbehalt von Mängeln kurzfristig abnimmt. Dies aber widerspräche der gesamten Systematik der Abnahme, die nach Fertigstellung der Leistung grundsätzlich zu einer Verbesserung der Rechtsstellung des Unternehmers führen soll, nicht zu einer im Vergütungsbereich eklatanten Verschlechterung.

200 Ist § 648a BGB somit richtigerweise nach der Abnahme anwendbar, stellen sich jedoch Fragen hinsichtlich der **Rechtsfolgen** insbesondere dann, wenn die **Werkleistung des Auftragnehmers mangelhaft** ist. Diese Rechtsfrage war bis zu der schon vorzitierten Rechtsprechung des BGH (a.a.O.) ebenso streitig wie der Frage, ob § 648a BGB überhaupt nach der Abnahme anwendbar ist. Hier ist zu unterscheiden:

a) Sich gegenüberstehende Leistungsverweigerungsrechte bei mangelhafter Bauleistung

201 Dem Grundsatz nach unterscheidet sich die Rechtslage bzgl. der Rechtsfolgen des § 648a BGB bei Nichtstellung der Sicherheit vor und nach der Abnahme nicht (BGH a.a.O.): Der Auftragnehmer kann im Fall mangelhafter Bauleistungen seinen Vergütungsanspruch nur Zug um Zug gegen Beseitigung der Mängel durchsetzen. Der Auftraggeber ist seinerseits berechtigt, bis zur Beseitigung der nach Abnahme aufgetretenen Mängel Vergütungsanteile in mindestens dreifacher Höhe der voraussichtlichen Mangelbeseitigungskosten einzubehalten (§§ 320, 641 Abs. 3 BGB). Will der Auftragnehmer nunmehr seine Vergütung erhalten, muss er die Mängel zuvor beseitigen. Insoweit ist die Interessenlage zunächst der Situation vor der Abnahme vergleichbar: Denn vor wie nach der Abnahme hat der Auftragnehmer nicht nur einen ggf. berechtigten Anspruch auf (spätere) Zahlung, sondern gleichfalls ein schützenswertes Interesse an der Absicherung seines nach Mangelbeseitigung in voller Höhe durchsetzbaren Vergütungsanspruchs. Dies wiederum führt dazu, dass der Auftragnehmer dann, wenn der Auftraggeber einem nach Abnahme vom Auftragnehmer geäußerten Sicherungsverlangen nicht nachkommt, nach § 648a BGB zu Recht seine weiteren **Leistungen zur Mängelbeseitigung** bis zur Übergabe einer Sicherheit bzw. Zahlung **einstellen** kann. Dieses Leistungsverweigerungsrecht zur Mangelbeseitigung ändert jedoch nichts daran, dass **anders als vor der Abnahme der Sicherungsanspruch des Auftragnehmers neben dem ggf. um Mängeleinbehalte zu kürzenden vollen Vergütungsanspruch steht**. Das eine (Sicherungsrecht mit dem Leistungsverweigerungsrecht des Auftragnehmers bzgl. der Mangelbeseitigung bei Nichtstellung der Sicherheit) hat mit dem anderen (Vergütungsanspruch mit dem Leistungsverweigerungsrecht des Auftraggebers in Bezug auf die Vergütung wegen Mängeln) nichts zu tun. Dies zeigt sich schon daran, dass das aus der Nichtübergabe der Sicherheit gemäß § 648a BGB entstehende Leistungsverweigerungsrecht des Auftragnehmers an der Ursache der Kürzung des Vergütungsanspruchs, nämlich dem tatsächlich vorhandenen Mangel, nichts ändert. Solange dieser Mangel besteht, hat der Auftragnehmer seine Leistung in einem gegenseitigen Vertrag nicht vollends erbracht. Deswegen bleibt dem Auftraggeber zu Recht unabhängig von seiner Nichtbeibringung einer geschuldeten Sicherheitsleistung, deren Folgen er auch zu tragen hat, der teilweise Einbehalt der dafür geschuldeten Gegenleistung, nämlich des Vergütungsanspruchs erhalten (BGH a.a.O.). Dass das danach bestehende Recht des Auftraggebers aber – so der BGH (a.a.O.) weiter – um den **Druckzuschlag gemäß §§ 320, 641 Abs. 3 BGB** zu erhöhen ist, dürfte **nicht richtig** sein: Der Druckzuschlag soll den Auftragnehmer zur Erfüllung seiner Werkleistung anhalten. Wenn dem Auftragnehmer aber wg. der nicht gestellten Sicherheit seinerseits ein Leistungsverweigerungsrecht zusteht, ist es nicht gerechtfertigt, dem Auftraggeber dieses Druckmittel für eine Handlung des Auftragnehmers (Mangelbeseitigung) an die Hand zu geben, die dieser zu diesem Zeitpunkt von Gesetzes wegen nicht erbringen muss (ebenso: *Otto* BauR 2004, 838, 839; wohl auch *Kniffka/Koeble* 10. Teil Rn. 49 – in diesem Sinne inzwischen auch etwas vorsichtiger: BGH Urt. v. 16.12.2004 VII ZR 167/02 = BauR 2005, 548, 549 = NJW-RR 2005, 457, 458 = NZBau 2005, 221, 222 = ZfBR 2005, 261, 262, wonach bei der Höhe des Einbehalts ggf. zu berücksichtigen sein soll, dass der Besteller keine Sicherheit leistet).

Eine andere Frage ist, welche Bedeutung dem Sicherheitsverlangen des Auftragnehmers nach § 648a BGB noch zukommt, wenn gerade der nach Abnahme typische Fall zu den mangelhaften Leistungen dazu führt, dass der Auftraggeber die Sicherheit wegen seines vorrangigen Leistungsverweigerungsrechts nach § 320 BGB in Höhe der (ggf. dreifachen) Mangelbeseitigungskosten letztlich nicht leisten muss. Doch dies ist nicht das einzige Ergebnis: Denn es verbleibt in diesem Fall **das Leistungsverweigerungsrecht des Auftragnehmers** aus § 648a Abs. 1 BGB parallel bestehen, so dass der Auftragnehmer zur **Mängelbeseitigung** nicht verpflichtet ist und hiermit vor allem **nicht in Verzug geraten** kann (BGH Urt. v. 22.1.2004 VII ZR 68/03 = BauR 2004, 830, 833 = NZBau 2004, 261, 263). Etwaige vom Auftraggeber gesetzte Fristen zur Mangelbeseitigung/Nacherfüllung können nicht weiterlaufen mit der Folge, dass sich Nacherfüllungsrechte während des bestehenden Leistungsverweigerungsrechts nicht in geldwerte Ansprüche etwa auf Kostenersatz oder Vorschuss umwandeln, solange er die gewünschte Sicherheit nicht stellt. Auch die Entstehung von Schadenersatzansprüchen statt der Leistungen sind ausgeschlossen. Konkret heißt dies weiter, dass der Auftraggeber in dieser Situation zum Erhalt seines Nacherfüllungsrechts des Auftragnehmers auch nicht seinerseits die Mängel beseitigen lassen darf. Geht er jedoch so vor und verhindert er somit eine spätere Nachbesserung des Auftragnehmers, besteht für die dazu angefallenen Kosten kein Erstattungsanspruch, d.h. er kann **mit diesem Erstattungsanspruch nicht gegen den Vergütungsanspruch aufrechnen**. Praktisch heißt das weiter, dass der Auftragnehmer dann die volle Vergütung verlangen kann (OLG Düsseldorf Urt. v. 15.10.2004 22 U 108/03 = BauR 2005, 572, 574 – a.A., d.h. in Verkennung des auch bestehenden Rechts des Auftragnehmers zur Mangelbeseitigung: OLG Köln Beschl. v. 5.7.2005 24 U 44/05 = IBR 2005, 480).

b) Vertragsbeendigung nach § 648a Abs. 5 i.V.m. § 643 S. 1 BGB

Die sich gegenüberstehenden Leistungsverweigerungsrechte führen zu einer **Pattsituation**. Diese kann der Auftraggeber dadurch auflösen, dass er die Sicherheit stellt. Für den Auftragnehmer besteht hingegen in sinngemäßer Anwendung von §§ 648a Abs. 5, 643 S. 1 BGB die Möglichkeit, sich von der nach wie vor **geschuldeten Mangelbeseitigungspflicht zu befreien**. Hierzu kann er analog der Vorgehensweise vor der Abnahme dem Auftraggeber eine **Nachfrist zur Sicherheitsleistung setzen** verbunden mit der Ankündigung, die Vertragserfüllung (Mangelbeseitigung) danach zu verweigern. Mit fruchtlosem Fristablauf ist er sodann von der **Pflicht befreit, den Vertrag zu erfüllen**. Auf eine solche Fristsetzung kann verzichtet werden, wenn der Auftraggeber nachhaltig eine Sicherheitsleistung verweigert. In diesem Fall genügt eine einfache Erklärung des Auftragnehmers, dass er zukünftig die Mangelbeseitigung ablehne. Er kann somit auf diese Weise die endgültige Abrechnung herbeiführen, auch soweit die Leistung mangelhaft ist. In weiterer sinngemäßer Anwendung des §§ 648a Abs. 5 S. 2, 645 Abs. 1 S. 1 BGB steht ihm nach fruchtlosem Fristablauf allerdings nicht die volle Vergütung zu. Vielmehr hat er lediglich **Anspruch auf Vergütung, sowie die Leistung erfüllt, d.h. mangelfrei** erbracht ist. Hinzu kommt der **Anspruch auf Ersatz des Vertrauensschadens** nach § 648a Abs. 5 S. 2 BGB. Im Ergebnis bedeutet das, dass der Vergütungsanspruch des Auftragnehmers um den infolge eines Mangelns entstandenen Minderwert zu kürzen ist. In der Höhe entspricht dieser Minderwert bei einer möglichen Mängelbeseitigung regelmäßig den Kosten der Mangelbeseitigung, ansonsten der Höhe des Minderwerts des Bauwerks (BGH Urt. v. 9.1.2003 VII ZR 181/00 = BGHZ 153, 279, 284 = BauR 2003, 533 = NJW 2003, 1188 f. = NZBau 2003, 214 = ZfBR 2003, 356; Urt. v. 22.1.2004 VII ZR 68/03 = BauR 2004, 830, 832 = NZBau 2004, 261, 263; Urt. v. 9.12.2004 VII ZR 199/03 = BauR 2005, 555 = NJW-RR 2005, 389 f. = NZBau 2005, 146, 147 = ZfBR 2005, 257; Urt. v. 13.1.2005 VII ZR 28/04 = BauR 2005, 749 f. = NJW-RR 2005, 609, 610 = NZBau 2005, 280 = ZfBR 2005, 360, 361; kritisch: *Schliemann/Hildebrandt* ZfIR 2004, 278; *Thierau* NZBau 2004, 311; *Steingröver* NJW 2004, 2490, 2491). Praktisch läuft dies auf das Recht des Auftragnehmers heraus, selbst **eine Minderung herbeizuführen** (BGH a.a.O., gesondert Urt. v. 17.6.2004 VII ZR 91/03 = BauR 2004, 1453 = ZfBR 2004, 780, 781). Ob dieses so vom BGH beschriebene Recht für den Auftragnehmer, der sich in erster Linie einem vertraguntreuen Verhalten des Auftraggebers erwehren will, von Vorteil ist, dürfte jedoch zweifelhaft sein: Denn nicht selten wird für ihn die vom BGH favorisierte Vertragsbeendigung über die zweite Fristsetzung zur Auflösung der Pattsituation aufgrund der sich gegenüber stehenden Zurückbehaltungsrechte mit erheblichen **nachteilhaften Folgen** belastet sein. Dies gilt vor allem deshalb, weil den Auftragnehmer nicht nur eine Pflicht zur Mangelbeseitigung trifft, sondern er dazu auch berechtigt ist. Hat er etwa zur Erfüllung seiner Vertragspflichten gegenüber dem Auftraggeber Subunternehmer gebunden, die noch leistungsbereit und fähig sind, die bestehenden Mängel zu beseitigen, wird der Auftragnehmer durch die Rechtsprechung des BGH in eine **ausweglose Situation** getrieben: Entweder er verzichtet auf sein Sicherungsverlangen gegenüber dem Auftraggeber, damit er nach der Mangelbeseitigung durch seine Subunternehmer in den Genuss der vollen Vergütung kommt. Dann aber tritt genau die Situation ein, die § 648a BGB verhindern will. Oder er hält an seinem Sicherungsverlangen fest und beschreitet notfalls den Weg der Vertragsbeendigung mit einer Kürzung seines Vergütungsanspruchs in einfacher Höhe der voraussichtlichen Mangelbeseitigungskosten. Dann aber wird er einen gesonderten Nachteil insoweit tragen müssen, als er bei leistungsbereiten Subunternehmern diese Vergütungskürzung nicht ohne weiteres an diese weiterreichen kann. Diese nachteilhafte Folge ist bei der jetzigen Rechtsprechung hinzunehmen; sie sollte den BGH animieren, ggf. doch noch einmal über andere Lösungen insbesondere bei an sich leistungsbereiten Auftragnehmern nachzudenken.

4. Sicherungsverlangen nach Kündigung/vorzeitiger Beendigung des Bauvertrages

204 Keine anderen Grundsätze als vorstehend beschrieben gelten bei einer vorzeitigen Beendigung des Bauvertrages z.B. infolge einer Kündigung. Fordert in diesen Fällen der Auftraggeber weiterhin die Erfüllung des Vertrages, i.e. die Mangelbeseitigung (wobei es sich im Fall der Kündigung mangels Abnahme um Ansprüche nach § 4 Nr. 7 VOB/B handelt), **bleibt § 648a BGB ebenfalls anwendbar**. Folglich kann der Auftragnehmer auch in diesem Fall noch eine Sicherheit verlangen. Leistet der Auftraggeber auf ein solch berechtigtes Sicherungsverlangen nach einer Kündigung keine Sicherheit, ist der Auftragnehmer nunmehr seinerseits berechtigt, die Mangelbeseitigung zu verweigern. Sodann kann sich der Auftragnehmer in einem zweiten Schritt wie im Fall der Situation nach Abnahme in sinngemäßer Anwendung von §§ 648a Abs. 5, 643 S. 1 BGB von der nach wie vor **geschuldeten Mangelbeseitigungspflicht befreien**. Hierzu kann er analog der Vorgehensweise vor der Abnahme dem Auftraggeber eine **Nachfrist zur Sicherheitsleistung setzen** verbunden mit der Ankündigung, die Vertragserfüllung (Mangelbeseitigung) danach zu verweigern. Mit fruchtlosem Fristablauf ist er sodann von der Pflicht befreit, den Vertrag zu erfüllen, d.h. die noch offenen Mängel zu beseitigen. Er kann somit auf diese Weise die **endgültige Abrechnung** herbeiführen, auch soweit die Leistung mangelhaft ist. Verweigert der Auftraggeber nachhaltig die Stellung einer Sicherheit, bedarf es dieser weiteren Fristsetzung nicht; hier genügt eine Erklärung des Auftragnehmers, dass er zukünftig eine weitere Mangelbeseitigung ablehne. In weiterer sinngemäßer Anwendung des §§ 648a Abs. 5 S. 2,

645 Abs. 1 S. 1 BGB steht ihm nach fruchtlosem Fristablauf allerdings nicht die volle Vergütung zu. Vielmehr hat er lediglich Anspruch auf Vergütung, soweit die Leistung erfüllt, d.h. mangelfrei erbracht ist. Hinzu kommt der Anspruch auf Ersatz des Vertrauensschadens nach § 648a Abs. 5 S. 2 BGB. Macht der Auftragnehmer hingegen von dieser Möglichkeit der Vertragsbeendigung keinen Gebrauch, kann der Auftraggeber dem ggf. noch bestehenden Vergütungsanspruch das gesetzliche Leistungsverweigerungsrecht einschließlich Druckzuschlag auch dann entgegenhalten, selbst wenn er die Sicherheit nicht gestellt hat (BGH Urt. v. 22.1.2004 VII ZR 267/02 = BauR 2004, 834, 835 f. = NJW-RR 2004, 740, 741 = NZBau 2004, 264, 265; für den Fall einer sonstigen Vertragsbeendigung ohne Abnahme: BGH Urt. v. 16.12.2004 VII ZR 167/02 = BauR 2005, 548 = NJW-RR 2005, 457 = NZBau 2005, 221 = ZfBR 2005, 261).

E. Verwertung der Sicherheit

I. Grundsatz

Die Verwertung der Sicherheit kann erfolgen, sobald der Sicherungsfall aus der gewährten Sicherheit eingetreten ist. Eine Durchsetzung von Ansprüchen (z.B. aus einer Bürgschaft) kann auch im **Urkundenprozess** erfolgen, soweit die dafür erforderlichen Voraussetzungen vorliegen. Bei einer Bürgschaftsinanspruchnahme heißt dies etwa, dass neben der Originalbürgschaft auch die ergänzenden Voraussetzungen nach Abs. 2 S. 2 durch Originalurkunden (z.B. in Form eines Anerkenntnisses des Auftraggebers) zu belegen sind. Insoweit bestehen zunächst keine Besonderheiten. **205**

II. Einschränkung nach Abs. 2 S. 2

Eine **wesentliche Einschränkung** zur Verwertung einer nach § 648a BGB gewährten Sicherheit enthält **§ 648a Abs. 2 S. 2 BGB.** Diese Vorschrift betrifft **ausschließlich** die Sicherheitsleistung durch ein Kreditinstitut oder einen Kreditversicherer, nicht also sonstige Sicherheiten (z.B. Bürgschaften) Dritter. Diese Sicherungsgeber dürfen Zahlungen an den Unternehmer **nur leisten, soweit der Auftraggeber den Vergütungsanspruch des Unternehmers anerkennt oder dieser Anspruch durch ein vorläufig vollstreckbares Urteil festgestellt ist und aus diesem vollstreckt werden darf.** Sinn und Zweck des Satzes 2 liegen darin, die Kreditwirtschaft als Hauptsicherungsgeber nicht mit Zahlungen zu belasten, die der mit ihr vertraglich verbundene Auftraggeber nicht anerkannt hat oder die nicht durch ein vorläufig vollstreckbares und der Zwangsvollstreckung zugängliches Urteil gegen den Auftraggeber sozusagen abgesichert sind. Gleichzeitig soll verhindert werden, dass durch eine vorzeitige Zahlung vor allem dieser in der Regel solventen Schuldner ein etwaiger Vergütungseinbehalt des Auftraggebers nach §§ 320, 641 Abs. 3 BGB wegen behaupteter Mängel faktisch ins Leere läuft, weil der Auftragnehmer bereits anderweitig, nämlich über die ihm vorliegende Sicherheit, an sein Geld kommt. Im Einzelnen heißt das: **206**

1. Anerkenntnis des Vergütungsanspruchs

Ein Kreditinstitut oder ein Kreditversicherer darf nach § 648a Abs. 2 S. 2 BGB auf eine gewährte Sicherheit zahlen, wenn der Auftraggeber zuvor den gesicherten Vergütungsanspruch anerkannt hat. Unter Anerkenntnis ist **regelmäßig ein deklaratorisches Anerkenntnis** des Auftraggebers zu verstehen. Dieses muss **von dem Unternehmer,** der die Zahlung auf der Grundlage der ihm zur Verfügung gestellten Sicherung in Anspruch nimmt, dem Kreditinstitut oder dem Kreditversicherer **nachgewiesen** werden. Hieraus folgt indirekt, dass nach dieser gesetzlichen Regelung im Falle der Sicherung durch ein Kreditinstitut oder einen Kreditversicherer eine **Bürgschaft auf erstes Anfordern als taugliches Sicherungsmittel ausscheidet** (OLG Düsseldorf Urt. v. 30.11.1999 21 U 59/99 = BauR 2000, 919, 920; OLG Celle Urt. v. 6.6.2000 16 U 36/00 = IBR 2000, 377; *Klaft* S. 82 – anderer **207**

Ansicht *Gutbrod* Betrieb 1993, 1559, 1561; wie hier *Slapnicar/Wiegelmann* NJW 1994, 2903, 2905; *Sturmberg* BauR 1994, 57, 63).

2. Vorläufig vollstreckbares Urteil

208 Ist zwischen Auftraggeber und Auftragnehmer, also den Partnern des Bauvertrags, **umstritten**, ob dem Unternehmer die von ihm erhobene Forderung oder Teilforderung zusteht oder ob diese fällig ist, darf das Kreditinstitut bzw. der Kreditversicherer **nicht von sich aus Prüfungen anstellen,** ob und inwieweit der Standpunkt des einen oder des anderen Vertragspartners zutrifft. Denn derartige Streitigkeiten, wie z.B. die Frage der Verpflichtung zur Zahlung einer gesonderten oder zusätzlichen Vergütung, ihrer Höhe sowie Fälligkeit, ferner Auseinandersetzungen im Hinblick auf Mängel, das Aufmaß, die Prüfbarkeit der Rechnung usw. kann ein Kreditinstitut gar nicht ohne weiteres klären. Sie sollen daher aus dem Sicherungsverhältnis herausgehalten werden. Erkennt der Auftraggeber die Forderung nicht an, ist eine Verwertung der Sicherheit gemäß § 648a BGB vielmehr erst zulässig, wenn dem die Sicherheit abgebenden Kreditinstitut von einem oder beiden Vertragspartnern ein **vorläufig vollstreckbares** – also nicht unbedingt schon rechtskräftiges – **Urteil vorgelegt wird.** Ist der Auftraggeber zwischenzeitlich **insolvent**, genügt anstatt eines vorläufig vollstreckbaren Urteils die **Feststellung der Forderung zur Tabelle** durch den Insolvenzverwalter. Dies ergibt sich aus § 178 Abs. 3 InsO, wonach die Feststellung zur Tabelle in ihrer Wirkung einem sogar rechtskräftigen Urteil gleichgestellt wird (LG Mainz Urt. v. 6.6.2000 10 O 116/99 = BauR 2000, 1357, 1358 noch zur vergleichbaren Rechtslage nach der alten Konkursordnung). Selbst wenn danach die Voraussetzungen des § 648a Abs. 2 S. 2 BGB vorliegen, d.h. der Besteller z.B. vorläufig zur Zahlung verurteilt wurde, bleiben einem Bürgen als Sicherungsgeber ohne weiteres seine weiteren Bürgenrechte erhalten. Denn selbstverständlich erlangt das gegen den Besteller **klagestattgebende Urteil gegen den Bürgen** trotz § 648a Abs. 2. S. 2 BGB **keine Rechtskraft**, so dass sich der Bürge etwa bei Mängeln auch weiterhin auf entsprechende Mängelrechte (§ 768 BGB) berufen kann (so auch *Schmitz* BauR 2006, 430, 434). Mit einer Streitverkündung kann der Auftragnehmer dieses Risiko einer doppelten Prozessführung nicht vermeiden. Denn die Voraussetzungen für eine Interventionswirkung nach § 72 Abs. 1 ZPO liegen nicht vor, weil es nicht bei einem Obsiegen des Auftragnehmers im Prozess gegen den Auftraggeber um einen ungünstigen Ausgang des Vorprozesses i.S.d. § 72 Abs. 1 ZPO geht. Richtiger wäre wohl eine Feststellungsklage gegen den Bürgen zu dessen Zahlungsverpflichtung im Fall des Obsiegens des Auftragnehmers gegen den Auftraggeber, ggf. auch eine Klage auf zukünftige Leistung gemäß § 259 ZPO (*Schmitz* a.a.O.).

208a Besondere Probleme treten auf, wenn bei **Masselosigkeit des Auftraggebers** das Insolvenzverfahren überhaupt nicht eröffnet und er infolgedessen im Handelsregister gelöscht wird. In diesen Fällen wird ein von **§ 648a Abs. 2 S. 2 BGB gefordertes Anerkenntnis** oder ein vorläufig vollstreckbares Urteil gegen den Auftraggeber **nicht ohne weiteres zu erzielen** sein. Diese Schwierigkeiten ändern jedoch nichts daran, dass nach dem wegen § 648a Abs. 7 BGB gesetzlich zwingenden § 648a Abs. 2 S. 2 BGB die Inanspruchnahme einer solchen Bürgschaft nur unter den dort genannten Voraussetzungen zulässig ist. Für eine Analogie oder ergänzende Vertragsauslegung u.a. ist daher kein Raum. Vielmehr sind selbst in solchen Fällen, in denen der Auftraggeber mangels Vermögenslosigkeit gelöscht wurde, diese noch erforderlichen Erklärungen (hier notfalls das Anerkenntnis des Zahlungsanspruchs) beizubringen. Daher bleibt dem Gläubiger letztlich keine andere Wahl, als notfalls gegen den nicht mehr existenten Auftragnehmer auf Abgabe der für die Inanspruchnahme erforderlichen Anerkenntniserklärung zu klagen (BGH Urt. v. 26.4.2001 IX ZR 317/98 = BauR 2001, 1426, 1427 = ZfBR 2001, 406, 407 = NZBau 2001, 680, 681 = NJW 2001, 3616, 3617 – a.A. *Kainz/Neumann* FS Jagenburg S. 311 ff., die hier eine Analogie zu § 773 Abs. 1 Nr. 4 BGB ziehen und in diesen Fall einen Direktanspruch gegen das bürgende Kreditinstitut eröffnen).

3. Folgen der Zuwiderhandlung

209 Solange über die Berechtigung eines umstrittenen Vergütungs- oder Teilvergütungsanspruchs Streit herrscht, insbesondere darüber noch keine vorläufig vollstreckbare und der Vollstreckung zugängliche gerichtliche Entscheidung vorliegt, **bleibt** die **Sicherung,** die der Sicherungsgeber geleistet hat, **bestehen. Verlangt** der **Auftragnehmer** in einer solchen Situation gleichwohl Zahlung aus einer z.B. entgegen Abs. 2 S. 2 gestellten Bürgschaft auf erstes Anfordern, ist dieses Vorgehen grob rechtsmissbräuchlich. Hiergegen kann der Besteller im Wege der **einstweiligen Verfügung** vorgehen (OLG Düsseldorf Urt. v. 30.11.1999 21 U 59/99 = BauR 2000, 919, 920; OLG Celle Urt. v. 6.6.2000 16 U 36/00 = IBR 2000, 377; vgl. allgemein zu den Anforderungen bei einstweiligen Verfügungen gegen Bürgschaften auf erstes Anfordern: § 17 Nr. 4 Rn. 78 ff. VOB/B). Zahlt entgegen Abs. 2 S. 2 ein Kreditinstitut bzw. ein Kreditversicherer von sich auf eine von ihm gestellte Sicherheit, obwohl die Voraussetzungen des Absatzes 2 S. 2 nicht vorlagen, so steht dem Auftraggeber gegen das auszahlende Institut ein Schadensersatzanspruch zu (ebenso *Hofmann/Koppmann* S. 41). Ein Rückgriff auf den Auftraggeber ist trotz der erfolgten Zahlungen nicht möglich. Dasselbe gilt, wenn die Voraussetzungen des Absatzes 2 S. 2 bei der Zahlung auf die Sicherheit **noch nicht vorlagen**: Zwar zahlt ein Kreditinstitut oder Kreditversicherer insoweit mit Rechtsgrund, aber unter Verstoß gegen zwingendes Recht. Die Bank kann daher auch in diesem Fall keinen Rückgriff gegen den Besteller nehmen, bis die Voraussetzungen ggf. später vorliegen. Daneben setzt sie sich ggf. Schadensersatzansprüchen des Bestellers aus (MüKo/*Busche* § 648a BGB Rn. 39; a.A. *Staudinger/Peters* § 648a BGB Rn. 19). Lagen hingegen die Voraussetzungen des Absatzes 2 S. 2 vor, obwohl die Werklohnforderung des Unternehmers tatsächlich nicht bestand, kann das Kreditinstitut bzw. der Kreditversicherer vom Besteller einen Ausgleich verlangen. Schadensersatzansprüche des Bestellers gegen die Bank scheiden aus. Gleichzeitig kann das Kreditinstitut bzw. der Kreditversicherer die von ihm an den Unternehmer gezahlten Beträge nach § 812 BGB zurückfordern (*Staudinger/Peters* § 648a BGB Rn. 19; hierzu auch *Schilling* FS Vygen S. 260, 264 ff.).

F. Zwingende Regelungen in den Absätzen 1–5 (Abs. 7)

210 Abs. 7 bringt klar zum Ausdruck, dass die Bestimmungen des § 648a BGB zwingend sind. Sie können in einem Bauvertrag nicht abbedungen werden. Dies gilt nicht nur für den Bereich von AGB, insbesondere von Zusätzlichen Vertragsbedingungen des Auftraggebers, sondern auch für Individualvereinbarungen. **Sinn und Zweck** dieser zwingenden Ausgestaltung ist es zu vermeiden, dass **die Schutzfunktion des § 648a BGB** unzulässig nicht nur verhindert, sondern vor allem **umgangen wird**, wie z.B. durch zulasten des Auftragnehmers gehende nachteilhafte Regelungen hinsichtlich seiner Vorleistungspflicht. Unabdingbar ist des Weiteren eine von Abs. 3 abweichende Bestimmung zur Kostentragung (siehe hierzu oben Rn. 171), sowie eine Regelung, die die Geltendmachung einer Sicherung nach § 648a BGB von Gegenrechten abhängig macht (z.B. von der Stellung einer Vertragserfüllungssicherheit in gleicher Höhe) (zutreffend *Sturmberg* BauR 1994, 57, 66; ebenso *Kniffka/Koeble* 10. Teil Rn. 74, *Oberhauser* BauR 2004, 1864). Solche Vereinbarungen beeinträchtigen das entgegen der gesetzlichen Regelung bestehende unbedingte Sicherungsrecht des Auftragnehmers nach § 648a BGB (*Klaft* S. 173; *Weise* Sicherheiten im Baurecht Rn. 617; a.A. Beck'scher VOB-Komm./*Jagenburg* Vor § 2 VOB/B Rn. 522). Etwas anderes hingegen soll gelten, wenn im Rahmen einer Vereinbarung eines Bauvertrages etwa zur Fälligkeit einer Vergütung vorgesehen wird, dass der Auftragnehmer bei einem anderen Bauvorhaben seine Rechte aus § 648a BGB nicht geltend macht (OLG Nürnberg, Urt. v. 22.1.1998 2 U 2639/97 = IBR 1998, 143). Dies kann nicht überzeugen: Denn durch eine solche Vereinbarung wird gerade in das allgemeine Sicherungsrecht des Auftragnehmers nach § 648a BGB eingegriffen, was Abs. 7 verhindern will.

210a **Wirksam** dürfte hingegen eine Klausel sein, nach der ein **Sicherungsverlangen** des Auftragnehmers nach § 648a BGB in einem VOB-Vertrag **mit der Rechtsfolge verknüpft** werden, dass sich dann die **Abschlagszahlungen** nicht nach dem dem Auftragnehmer eher günstigen § 16 Nr. 1 VOB/B, sondern **nach § 632a BGB** richten. Letzterer schließt aufgrund seiner Formulierung in der Baupraxis bekanntermaßen einen Anspruch auf Abschlagszahlungen nahezu aus. Faktisch führt somit auch eine solche Regelung zu einer Zwangssituation des Auftragnehmers. Sie soll ihn bewegen, von einem Sicherheitsverlangen nach § 648a BGB abzusehen. An der **Zulässigkeit** einer solchen Regelung dürfte dieser Umstand aber nichts ändern. Insbesondere liegt kein Verstoß gegen § 648a Abs. 7 BGB vor: Denn tatsächlich wird mit einer solchen Klausel nur die Geltung der gesetzlichen Regelung vereinbart, von der vorher zugunsten des Auftragnehmers mit der Vereinbarung von § 16 Nr. 1 VOB/B abgewichen wurde. Ist aber der Abschluss eines Vertrages auch ohne Vereinbarung von § 16 Nr. 1 VOB/B allein mit Geltung des § 632a BGB, dem teilweise sogar ein Leitbildcharakter zugemessen wird, wirksam, kann keine Klausel gegen zwingendes Recht verstoßen, aufgrund der unter bestimmten Voraussetzungen genau diese Rechtslage hergestellt wird. Dass diese für Auftragnehmer völlig unzureichend ist, hat mit einem Verstoß gegen § 648a BGB nichts zu tun (ebenso: *Oberhauser* BauR 2004, 1864, 1866; LG München I Urt. v. 8.2.2005 11 O 15194/04 = IBR 2005, 201 – a.A.: *Glatzel/Hofmann/Frikell* Unwirksame Bauvertragsklauseln 10. Aufl. S. 325; *Hofmann* BauR 2006, 763, 764).

210b Bietet ein Auftraggeber einem Auftragnehmer auf dessen Angebot den Abschluss eines Vertrages unter Ausschluss des § 648a BGB an, kommt kein Vertrag zustande, wenn der Auftragnehmer das Angebot zwar annimmt, aber unter Hinweis auf § 648a Abs. 7 BGB den Ausschluss von § 648a BGB ablehnt. Insoweit geht es jedoch weniger um einen Verstoß gegen § 648a BGB als vielmehr um die Tatsache, dass es bereits an übereinstimmenden Willenserklärungen fehlen dürfte. Ein unmittelbarer Rückgriff auf die Verbotsnorm des Abs. 7 erscheint hier nicht notwendig (i.E. ebenso: OLG Celle Urt. v. 3.8.2000 13 U 251/99 = BauR 2001, 101, dazu kritisch und a.A. *Schmitz* BauR 2001, 818).

211 **Unabdingbar ist § 648a BGB** nach dem eindeutigen Wortlaut des Abs. 7 **auch zugunsten des Unternehmers**. Dies gilt unbeschadet der Tatsache, dass es sich bei § 648a BGB um eine Schutznorm des Auftragnehmers handelt. Insoweit wäre es zumindest mit diesem Argument vorstellbar, in einem Bauvertrag zugunsten des Auftragnehmers die Erweiterung des Anwendungsbereichs des § 648a BGB oder die Vereinbarung einer höheren oder besseren Sicherheitsleistung als in § 648a BGB vorgesehen zu erlauben (so z.B. die Stellung einer Bürgschaft auf erstes Anfordern für einen Teil der Vergütung: vgl. etwa *Schulze-Hagen* BauR 2000, 28, 36 f.). Gleichwohl ist dies nach § 648a Abs. 7 BGB nicht zulässig (offengelassen für den Fall, dass die Parteien eine Bürgschaft auf erstes Anfordern als Sicherungsmittel gemäß § 648a BGB vereinbart haben: BGH Urt. v. 24.1.2002 IX ZR 204/00 = BauR 2002, 796, 797 f. m. Anm. *Schmitz* = NJW 2002, 1198 = NZBau 2002, 216, 217 = ZfBR 2002, 358, 359). Dies beruht darauf, dass § 648a BGB ohnehin sehr einseitig zugunsten der Vergütungssicherung des Auftragnehmers in den Bauvertrag eingreift. Dieses sehr starke Recht des Unternehmers zulasten des Auftraggebers ist auf der einen Seite nur dann zu rechtfertigen, wenn es auf der anderen Seite zugunsten des Auftraggebers abschließend ist (i.E. ebenso, aber ohne nähere Begründung: OLG Düsseldorf Urt. v. 30.11.1999 21 U 59/99 = BauR 2000, 919, 920 [gegen eine Vereinbarung zur Stellung einer Bürgschaft auf erstes Anfordern als Sicherungsmittel i.S.d. § 648a BGB]; OLG Celle Urt. v. 6.6.2000 16 U 36/00 = IBR 2000, 377; wohl auch OLG Frankfurt Beschl. v. 5.7.2005 20 W 217/03 = OLGR 2006, 227; *Staudinger/Peters* § 648a BGB Rn. 27; *Weise* Sicherheiten im Baurecht Rn. 616; a.A. *Schmitz* ZfIR 2000, 489, 497; *Palandt/Sprau* § 648a BGB Rn. 4).

212 Zu unterscheiden von einer Modifikation des § 648a BGB zugunsten des Auftragnehmers sind **vertragliche Absprachen neben § 648a BGB**, die dem Auftragnehmer Sicherungsrechte in Bezug auf seine Vergütung einräumen. Zu denken sind hier vor allem an Zahlungsbürgschaften, auf deren Stellung dem Auftragnehmer im Vertrag ein Anspruch eingeräumt wird. Diese sind in § 648a BGB, der einen Anspruch auf eine solche Sicherheit überhaupt nicht kennt, nicht geregelt. Folglich kann eine solche Regelung auch nicht mit § 648a BGB kollidieren (BGH Urt. v. 11.5.2006 VII ZR 146/04 = BauR 2006, 1294 = NJW 2006, 2475 = NZBau 2006, 569 = ZfBR 2006, 561; in diesem Sinne auch schon: BGHZ 146, 24, 28 = BauR 2001, 386, 387= NJW 2001, 822, 823 = NZBau 2001, 129, 130 = ZfBR 2001, 166, 167; *Palandt/Sprau* § 648a BGB Rn. 4; wohl auch MüKo/*Busche* § 648a BGB Rn. 40); sie ist uneingeschränkt zulässig. Unzulässig sind ausschließlich von § 648a BGB abweichende vertragliche Regelungen, die die in § 648a BGB geregelte Gläubigerobliegenheit mit einer Beschreibung der Rechtsfolgen bei Nichtbestellung der Sicherheit sowie die sonst dort getroffenen Begleitregelungen betreffen. Bestand haben **hingegen vertragliche Absprachen über Sicherheiten, die außerhalb des dort geregelten Rahmens liegen.** Hierzu gehören etwa vertraglich besonders vereinbarte Vertragserfüllungssicherheiten des Auftraggebers, inbegriffen solcher Auftraggeber, die nach § 648a Abs. 6 BGB nicht zur Sicherheitsleistung verpflichtet sind (richtig *Hofmann/Koppmann* BauR 1994, 305, 312 ff.; zumindest insoweit richtig: *Schmitz* ZfIR 2000, 489, 497 – zu eng: OLG Düsseldorf BauR 2000, 919, 920 und OLG Celle IBR 2000, 377, die diesen Unterschied nicht beachten).

G. Rückgabe der Sicherheit

§ 648a BGB enthält keine Regelung zur Rückgabe einer nach dieser Vorschrift gewährten Sicherheit. **212a** Gleichwohl versteht sich von selbst, dass eine solche spätestens dann zurückzugeben ist, wenn der nach § 648a BGB **verfolgte Sicherungszweck**, nämlich die Absicherung der Vorleistungen des Auftragnehmers, **nicht mehr besteht**. Dies ist zum einen der Fall, wenn alle nach dem Bauvertrag offenen Ansprüche **vollständig bezahlt** oder sonst wie durch Erfüllung erloschen sind (z.B. infolge einer wirksam erklärten Aufrechnung mit einer tatsächlich bestehenden Gegenforderung), nicht jedoch, wenn noch Vergütungsansprüche des Auftragnehmers bestehen, die etwa infolge eines vom Auftraggeber geltend gemachten Zurückbehaltungsrechts wegen Mängeln nicht ausbezahlt werden. Zum anderen ist eine Rückgabe geboten, wenn der Sicherungszweck, nämlich die Absicherung der Vergütungsansprüche des Auftragnehmers für dessen erbrachte bzw. noch zu erbringende Vorleistungen, **aus anderen Gründen nicht mehr eintreten** kann. Dies ist etwa der Fall, wenn zur Sicherheit eine Bürgschaft übergeben wurde und die zugrunde liegenden Vergütungsansprüche zwischenzeitlich verjährt sind. Ist streitig, ob der Sicherungszweck etwa durch Zahlung der vollständig geschuldeten Vergütung entfallen ist, trifft den Auftraggeber hierfür eine Darlegungs- und Beweislast. So muss er etwa in solchen Fällen notfalls selbst eine Schlussrechnung aufstellen, wenn der Auftragnehmer über einen längeren Zeitraum von einer Abrechnung seiner Maßnahme absieht (OLG Brandenburg Urt. 6.4.2004 11 U 79/03 = BauR 2004, 1636 = NZBau 2005, 155). Entsprechend besteht im Übrigen ein Anspruch auf Teilrückgabe bzw. Teilfreigabe einer Sicherheit, wenn zwischenzeitlich teilweise aus vorgenannten Gründen der Sicherungszweck (z.B. wegen zwischenzeitlich erfolgter Zahlungen) entfallen ist (MüKo/*Busche* § 648a BGB Rn. 28; *Palandt/Sprau* § 648a BGB Rn. 28; vgl. auch schon oben Rn. 155).

5. Abschnitt:
Gesetz zur Sicherung von Bauforderungen

Aufsätze: *Schlenger* Schadensersatz bei zweckfremder Verwendung von Baugeld ZfBR 1983, 104; *Korsukewitz* Das GSB – Eine vergessene Anspruchsgrundlage BauR 1986, 383; *Schulze-Hagen* Schadensersatz bei zweckwidriger Verwendung von Baugeld NJW 1986, 2403; *Maritz* Das GSB – eine beschränkte Sicherheit für Bauunternehmen BauR 1990, 401; *Scorl* Eigenart und zivilrechtliche Bedeutung des Gesetzes über die Sicherung von Bauforderungen FS v. Craushaar 1997 S. 317; *Stammkötter* Das Gesetz über die Sicherung der Bauforderungen – eine schlafende Chance BauR 1998, 954; *Stammkötter/Heerdt* Rechtsfolgen der Verletzung der Baubuchführungspflicht des § 2 des Gesetzes über die Sicherung von Bauforderungen BauR 1999, 1362; *Bruns* Wer ist Baugeldempfänger nach dem Gesetz über die Sicherung von Bauforderungen

Anhang 2   Sicherung von Vergütungsansprüchen der Bauunternehmer

NZBau 2000, 180; *Bruns* Zur haftungsrechtlichen Bedeutung des Gesetzes zur Sicherung von Bauforderungen Jahrbuch BauR 2001 S. 49; *Schmidt* Ansprüche des Auftragnehmers aus dem Gesetz über die Sicherung von Bauforderungen BauR 2001, 157; *Heerdt* Der Schutz des Erwerbs beim Bauträgervertrag nach dem Gesetz über die Sicherung der Bauforderungen BauR 2004, 1661; *Möller* Die Haftung des Generalunternehmers nach dem GSB als unmittelbare Haftung des Geschäftsführers/Vorstandes BauR 2005, 8; *Stammkötter* Das GSB und die Haftung der Banken ZfBR 2005, 429.

Monographien: *Hagenloch* Handbuch zum Gesetz über die Sicherung der Bauforderungen (GSB), 1991; *Stammkötter* Kommentar zum GSB, 2. Aufl. 2003.

A. Überblick

213 Der Vergütungssicherung dienen nicht nur die Vorschriften des BGB, sondern auch die des **Gesetzes zur Sicherung von Bauforderungen (GSB)**. Das Gesetz stammt vom 1.6.1909 (RGBl. I S. 449). Trotz seiner z.T. für Auftragnehmer positiven Wirkung ist es insgesamt wenig beachtet. Von dem GSB selbst sind heute nur (noch) fünf Vorschriften in Kraft, nämlich zunächst die Verpflichtung zur Verwendung von Baugeld (§ 1) sowie zur Führung eines Baubuches (§§ 2 f.). In §§ 5 f. finden sich Strafvorschriften, soweit der Baugeldempfänger gegen die in §§ 1 f. enthaltenen Verpflichtungen verstoßen hat. Alle weiteren Vorschriften dieses Gesetzes sind entweder aufgehoben oder – insbesondere was den 2. Abschnitt des GSB angeht – wegen fehlender landesrechtlicher Vorschriften nicht anwendbar.

214 Die zentrale Bedeutung des GSB liegt heute weniger in den Strafvorschriften der §§ 5 f. als in der Tatsache begründet, dass es sich nach herrschender Meinung bei § 1 Abs. 1 GSB mit der dort enthaltenen Beschränkung bei der Verwendung von Baugeld um ein **Schutzgesetz i.S.d. § 823 Abs. 2 BGB** handelt (RGZ 84, 188; RGZ 91, 72, 76; RGZ 138, 156, 158; BGH SFH Z 2.13 Bl. 3 ff.; BGH BauR 1982, 193, 194 = NJW 1982, 1037, 1038 = ZfBR 1982, 75, 76; BGH BauR 1989, 758, 759 = NJW-RR 1990, 914; *Korsukewitz* BauR 1986, 383; *Meyer* JZ 1954, 140 f.; *Schlenger* ZfBR 1983, 104; *Schulze-Hagen* NJW 1985, 2403, 2404; *Schmidt* BauR 2001, 150, 151; *Stammkötter* § 1 Rn. 80 ff.). Daher ist derjenige, der gegen die in § 1 Abs. 1 GSB vorgesehene Verwendungspflicht verstößt, dem aus dem GSB geschützten Personenkreis gegenüber zum Schadensersatz verpflichtet (siehe dazu unten Rn. 230 ff.; vgl. dazu aber auch LG Bremen Urt. v. 4.2.2004 6 O 2012/02, das das GSB z.T. für verfassungswidrig hält).

B. Pflicht zur Verwendung von Baugeld

215 § 1 GSB enthält eine Regelung zum Umgang mit Baugeld. Sie richtet sich ausschließlich an dessen Empfänger:

I. Definition des Baugeldes

216 Voraussetzung für die Anwendbarkeit des GSB ist die Errichtung des Bauvorhabens mit Baugeld i.S.d. § 1 Abs. 3 GSB. Baugeld sind Geldbeträge, die zum Zwecke der Bestreitung der Kosten eines Baues in der Weise gewährt werden, dass zur Sicherung der Ansprüche des Geldgebers eine Hypothek oder Grundschuld an dem zu bebauenden Grundstück dient oder die Übertragung des Eigentums an dem Grundstück erst nach gänzlicher oder teilweiser Herstellung des Baues erfolgen soll. Eingeschlossen sind nach § 1 Abs. 3 S. 2 GSB Geldbeträge, die auf der Basis dinglicher Sicherung zum Zweck der Bestreitung der Kosten eines Baues gewährt werden und deren Auszahlung ohne nähere Bestimmung des Zweckes der Verwendung nach Maßgabe des Fortschreitens des Baues erfolgen soll.

1. Darlehensmittel für die Bestreitung der Kosten eines Bauwerks

Kernvoraussetzung für die Baugeldeigenschaft ist zunächst, dass der Baugeldempfänger für die Errichtung des Bauwerks **Kreditmittel** erhält und diese durch Grundschuld, Hypothek oder den Vorbehalt der Eigentumsübertragung an dem Baugrundstück gesichert werden (BGH Urt. v. 9.12.1986 VI ZR 287/85 = BauR 1987, 229, 230 = NJW 1987, 1196 = NJW-RR 1987, 661 [Ls.]; BGH Urt. v. 18.4.1996 VII ZR 157/95 = BauR 1996, 709, 710 = NJW-RR 1996, 976 f. = ZfBR 1996, 257, 258; Urt. v. 15.6.2000 VII ZR 84/99 = BauR 2000, 1505 = NJW-RR 2000, 1261 = NZBau 2000, 426 f. = ZfBR 2000, 482, 483; *Korkusewitz* BauR 1986, 383, 384; *Maritz* BauR 1990, 401, 402). Dabei ist unbeachtlich, ob die einzelnen Darlehensmittel im Rahmen eines fest umrissenen Immobilienkredites oder eines betragsmäßig nicht festgelegten Kontokorrent- oder Überziehungskredites ausgezahlt werden (BGH Urt. v. 14.1.1986 VI ZR 164/84 = BauR 1986, 370, 371 = NJW-RR 1986, 446, 447 = ZfBR 1986, 134; OLG Hamm Urt. v. 27.6.2005 13 U 193/04 = BauR 2006, 123, 124, für einen Überziehungskredit mit der Maßgabe, dass es sich nicht nur bei dem tatsächlich ausgeschöpften Betrag, sondern bei der gesamten Kreditlinie um Baugeld handelt). **Entscheidend ist lediglich, dass zwischen dem Kreditgeber und dem Kreditnehmer zumindest konkludent vereinbart ist, dass die Darlehensmittel der Bestreitung der Baukosten dienen sollen** (BGH Urt. v. 11.4.2001 3 StR 456/00 = ZBau 2001, 445; zur konkludenten Vereinbarung S. unter anderem: OLG Hamburg Urt. v. 20.8.1993 11 U 82/92 = BauR 1994, 123, 125; OLG Dresden Urt. v. 28.7.2000 3 U 374/00 = NZBau 2002, 393 – Revision vom BGH nicht angenommen, Beschl. v. 17.1.2002 VII ZR 339/00; ebenso *Weise* Sicherheiten im Baurecht Rn. 677). Abzugrenzen sind davon sonstige aus Anlass eines Baus gewährten Gelder, bei denen es sich nicht zwingend um Baugeld i.S.v. § 1 GSB handeln muss. Vielmehr können diese Gelder auch anderen Zwecken dienen, die dem GSB nicht unterliegen, wie z.B. dem Grundstückserwerb, der Tilgung eines Grundstücksankaufkredites (vgl. dazu BGH Urt. v. 13.12.1988 IV ZR 260/88 = BauR 1989, 230, 231 f. = NJW-RR 1989, 788, 789; Urt. v. 6.6.1989 VI ZR 281/88 = BauR 1989, 758, 761 = NJW-RR 1989, 1045, 1047; Urt. v. 11.4.2001 3 StR 456/00 = NZBau 2001, 445, 446) oder als Betriebsmittelkredit (vgl. OLG Karlsruhe Urt. v. 3.11.1989 15 U 146/89 = BauR 1990, 630). Dabei steht es dem Kreditgeber und dem Bauherrn ohnehin frei, die Verwendung der Darlehensmittel frei zu vereinbaren. Die Bindung des GSB besteht nur dort, wo nach den Bestimmungen des Darlehensvertrages die auf Basis dinglicher Sicherung gewährten Gelder der Bestreitung der Baukosten dienen sollen (BGH Urt. v. 13.12.1988 IV ZR 260/88 = BauR 1989, 230, 231 = NJW-RR 1989, 788, 789 = ZfBR 1989, 110, 111; Urt. v. 6.6.1989 VI ZR 281/88 = BauR 1989, 758, 761 = NJW-RR 1989, 1045, 1046; Urt. v. 15.5.2000 VII ZR 84/99 = BauR 2000, 1505, 1506 = NJW-RR 2000, 1261 = NZBau 2000, 426, 427 = ZfBR 2000, 482, 483; Urt. v. 11.4.2001 3 StR 456/00 = NZBau 2001, 445, 446; *Stammkötter* § 1 Rn. 179; vgl. auch zu der Änderung der Zweckbindung unten Rn. 222).

Eigenmittel des Bauherrn stellen niemals Baugeld dar (BGH Urt. v. 10.7.1984 VI ZR 222/82 = BauR 1984, 658, 659 = NJW 1985, 134 = ZfBR 1984, 276, 277; Urt. v. 9.12.1986 VI ZR 287/85 = BauR 1987, 229, 230 = NJW 1987, 1196; Urt. v. 15.5.2000 VII ZR 84/99 = BauR 2000, 1505, 1506 = NJW-RR 2000, 1261, 1262 = NZBau 2000, 426, 427 = ZfBR 2000, 482, 484; *Maritz* BauR 1990, 402; *Stammkötter* BauR 1998, 954, 956). Dasselbe gilt für **öffentliche Fördermittel**, soweit sie als verlorene Zuschüsse gewährt werden und nur bei Widerruf der Bewilligung wegen nicht zweckgemäßer Verwendung zurückzugewähren sind, selbst wenn dieser Rückforderungsanspruch grundbuchlich gesichert ist (BGH Urt. v. 15.5.2000 VII ZR 84/99 = BauR 2000, 1505 = NJW-RR 2000, 1261 = NZBau 2000, 426 = ZfBR 2000, 482, 483; *Werner/Pastor* Rn. 1866 – a.A. *Bruns* BauR 2000, 1814). Hintergrund dieser engen Auslegung des auch unter strafrechtlichen Gesichtspunkten wichtigen Begriffs des Baugeldes mit der damit verbundenen Verwendungsbeschränkung durch den Baugeldempfänger ist eine mit dem GSB angestrebte **Gleichbehandlung der Geldgeber und Bauunternehmer**: Denn bei der Errichtung von kreditfinanzierten Bauvorhaben besteht für die Bauhandwerker die spezifische Gefährdungslage, dass diese gegenüber dem vorrangig grundpfandrechtlich gesicherten Darle-

Anhang 2   Sicherung von Vergütungsansprüchen der Bauunternehmer

hensgeber in der Zwangsversteigerung mit einer etwaigen Bauhandwerkersicherungshypothek nicht zum Zuge kommen, während die Geldgeber gleichzeitig von den werterhöhenden Leistungen der Handwerker sogar noch profitieren. Um diesen Nachteil der Bauhandwerker im Verhältnis zu den gesicherten Darlehensgebern auszugleichen, hat der Gesetzgeber mit dem GSB die Verwendungsbeschränkungen lediglich auf Fremdmittel aus Darlehen bezogen, die zweckgebunden für die Errichtung des Bauvorhabens und gegen dingliche Sicherung gewährt werden (BGH Urt. v. 15.5.2000 VII ZR 84/99 = BauR 2000, 1505, 1506 = NJW-RR 2000, 1261, 1262 = NZBau 2000, 426, 427 = ZfBR 2000, 482, 483 f.; vgl. zum gesetzgeberischen Zweck des GSB zuletzt auch *Möller* BauR 2005, 8).

219   Baugeld nach vorgenanntem sind somit ausschließlich die Geldmittel, die dem Baugeldempfänger auf dinglicher Sicherung **darlehensweise** zur Verfügung gestellt werden und nach dem Inhalt des Darlehensvertrages **unmittelbar der Herstellung des Bauwerks** dienen (Baukosten – BGH Urt. v. 18.4.1996 VII ZR 157/95 = BauR 1996, 709, 710 = NJW-RR 1996, 976 f. = ZfBR 1996, 257, 258; Urt. v. 15.5.2000 VII ZR 84/99 = BauR 2000, 1505, 1506 = NJW-RR 2000, 1261 = NZBau 2000, 426, 427 = ZfBR 2000, 482, 483; Urt. v. 11.4.2001 3 StR 456/00 = NZBau 2001, 445, 446). Zu den Herstellungskosten eines Bauwerks i.S.d. § 1 Abs. 3 GSB sind sowohl Kosten eines **Neubaues** i.S.v. § 2 Abs. 2 GSB als auch eines hiervon nicht erfassten **Umbaues oder Ausbaues schon errichteter Gebäude** zu verstehen (BGH Urt. v. 13.10.1987, Az VI ZR 270/86 = BauR 1988, 107, 108 = NJW 1988, 263 = NJW-RR 1988, 146 [Ls.] = ZfBR 1988, 20; BauR 1989, 758 = NJW-RR 1989, 1045, 1047; *Werner/Pastor* Rn. 1867).

220   Nicht selten werden grundbuchlich gesicherte Darlehensgelder sowohl für die Errichtung des Bauwerks als auch für sonstige Kosten, z.B. Grundstücksbeschaffung, gewährt. In diesen Fällen spricht man von sog. **modifizierten Baugelddarlehen**. Dabei handelt es sich um Baugeld i.S.d. § 1 Abs. 3 GSB aber nur insoweit, als es nach dem Darlehensvertrag anteilig tatsächlich für die Errichtung des Baus zur Verfügung gestellt wird (BGH Urt. v. 13.12.1988 IV ZR 260/88 = BauR 1989, 230, 231 = NJW-RR 1989, 788, 789; Urt. v. 6.6.1989 VI ZR 281/88 = BauR 1989, 758, 761 = NJW-RR 1989, 1045, 1047; Urt. v. 12.12.1989 VI ZR 311/88 = BauR 1990, 241, 242 f. = NJW-RR 1990, 914, 915; Urt. v. 11.4.2001 3 StR 456/00 = NZBau 2001, 445, 446; OLG Frankfurt Urt. v. 19.3.1999 2 U 12/98 = BauR 2000, 1507). Im Zweifel muss der Baugeldanteil durch Sachverständigengutachten ermittelt werden (BGH Urt. v. 11.4.2001 3 StR 456/00 = NZBau 2001, 445, 446; *Weise* Sicherheiten im Baurecht Rn. 689). Probleme treten regelmäßig auf, wenn bei modifizierten Baugelddarlehen nicht der gesamte Darlehensbetrag ausgezahlt worden ist. Hier stellt sich die Frage, inwieweit bei solchen Teilauszahlungen Baugeld vorliegt. Dies richtet sich in erster Linie nach der vertraglichen Vereinbarung zwischen Darlehensnehmer und Darlehensgeber. Fehlt es an einer solchen Vereinbarung, kann entsprechend dem Schutzgedanken des § 1 Abs. 1 GSB davon ausgegangen werden, dass der den Bindungen des GSB auszuzahlende Teil der Darlehensvaluta zeitlich zuletzt eingesetzt wird (OLG Dresden Urt. v. 15.4.1999 9 U 3454/97 = BauR 2000, 585, 586 f.).

221   Als Baugeld gelten nach § 1 Abs. 3 S. 2 Nr. 1 GSB ebenfalls Geldbeträge, die zum Zweck der Bestreitung der Kosten eines Baus gewährt werden und deren **Auszahlung ohne nähere Bestimmung des Zweckes der Verwendung nach Maßgabe des Fortschreitens des Baues** erfolgen soll. Mit dieser Regelung ist nicht die Zahlung des Bauherrn an den Auftragnehmer, sondern die **des Darlehensgebers an den Darlehensnehmer** gemeint. Nur in diesem Fall gilt eine widerlegbare Vermutung für die Baugeldeigenschaft unter der Voraussetzung, dass die Auszahlung der dinglich gesicherten Darlehensvaluta ohne nähere Bestimmung des Zwecks der Verwendung nach Maßgabe des Fortschreitens des Baues erfolgen soll. Hauptfunktion dieser Sonderregelung in § 1 Abs. 3 S. 2 Nr. 1 GSB ist eine **Beweiserleichterung**. Diese besteht darin, dass derjenige, der sich darauf beruft, dass nach Maßgabe des Baufortschritts zu zahlende Darlehensbeträge Baugeld seien, dies nicht zu beweisen braucht (BGH Urt. v. 18.4.1996 VII ZR 157/95 = BauR 1996, 709, 710 = NJW-RR 1996, 976 f. = ZfBR 1996, 257, 258; *Stammkötter* § 1 Rn. 194). Derartige Gelder werden somit als Baugelder angesehen, sofern der Empfänger nicht das Gegenteil beweist. Diese Beweislasterleichterung gilt auch für die Frage, ob nur modifiziertes Baugeld vorliegt, d.h.: Ohne entsprechende Darlegungen und einem Beweisantritt durch den Baugeldempfänger ist in der Regel davon auszugehen, dass kein modifiziertes Baugeld, sondern Baugeld in vollem Umfang vorliegt (OLG Stuttgart Urt. v. 6.10.2004 4 U 105/04, Nichtzulassungsbeschw. zurückgewiesen: BGH Beschl. v. 14.4.2005 VII ZR 243/04 = IBR 2005, 325). Die vorbeschriebene Beweislasterleichterung erstreckt sich aber nur auf die Zweckbestimmung des Darlehens, nicht auf die grundbuchliche Sicherung.

Liegt zunächst Baugeld vor, d.h. wurde nach dem Darlehensvertrag ein Darlehen mit grundpfandrechtlicher Sicherung zur Bestreitung der Baukosten gewährt, so steht es im Belieben der Vertragsparteien, diese **Zweckbindung im Nachhinein zu ändern**. Dies ist im Rahmen der Privatautonomie selbst dann noch möglich, wenn das Darlehen bereits ausgezahlt wurde. Zum Teil wird zwar die Zulässigkeit einer solchen nachvertraglichen Vereinbarung wegen eines Verstoßes gegen den Schutzzweck des GSB zugunsten der Baugeldgläubiger verworfen (vgl. z.B. *Maritz* BauR 1990, 401, 403; kritisch auch OLG Düsseldorf Urt. v. 7.3.2003 22 U 129/02 = IBR 2004, 505, insoweit dort aber nicht abgedruckt). Dies überzeugt jedoch nicht: Denn die einvernehmlich getroffene Zweckvereinbarung im Darlehensvertrag mit der Maßgabe, dass das Darlehen für die Bestreitung der Baukosten einzusetzen ist, ist tatbestandliche Voraussetzung dafür, dass der Schutz des GSB überhaupt greift. Eine Beschränkung aus dem GSB, eine diesbezügliche Zweckbindung mit oder ohne Vorbehalt einer späteren Modifizierung zu vereinbaren bzw. eine solche zu verändern, besteht hingegen nicht (so überzeugend auch *Stammkötter* § 1 Rn. 212 ff.). Dabei ist jedoch die Frage, wann eine solche Zweckänderung vorliegt: Insoweit wird man wohl eine klare Absprache zwischen Darlehensnehmer und Bank verlangen müssen. Allein die Ausführung von Überweisungen zur Bezahlung baufremder Rechnungen verbunden mit einer Duldung der Bank genügt nicht (OLG Düsseldorf Urt. v. 7.3.2003 22 U 129/02, Nichtzul.-beschw. zurückgewiesen: BGH Beschl. v. 8.7.2004 VII ZR 78/03 = IBR 2004, 505). **222**

Für die Baugeldeigenschaft ist **keine Identität zwischen Darlehensnehmer und Bauherrn** erforderlich (OLG Dresden Urt. v. 13.9.2001 19 U 346/01 = BauR 2002, 486, 487). Die reine Zwischenschaltung eines Darlehensnehmers vermag daher nicht, die Schutzwirkungen und Verpflichtungen aus dem GSB zu umgehen. **223**

2. Grundbuchlich gesicherte Darlehensmittel

Darlehensmittel für die Bestreitung eines Bauwerks gelten nur dann als Baugeld i.S.d. § 1 Abs. 3 GSB, wenn zu deren Sicherung eine Hypothek oder Grundschuld an dem zu bebauenden Grundstück dient. Die grundpfandrechtliche Sicherung ist somit eine zentrale Voraussetzung für die Baugeldeigenschaft mit der Maßgabe, dass **in dem zugrunde liegenden Kreditvertrag die dingliche Sicherung vorgesehen** ist bzw. der Kreditgeber die Darlehensgewährung von der dinglichen Grundstückssicherung abhängig gemacht hat (BGH Urt. v. 13.12.1988 VI ZR 260/88 = NJW-RR 1989, 788; Urt. v. 18.4.1996 VII ZR 175/95 = BauR 1996, 709, 710 = NJW-RR 1996, 976, 977 = ZfBR 1996, 257, 258; Urt. v. 15.6.2000 VII ZR 84/99 = BauR 2000, 1505, 1506 = NJW-RR 2000, 1261 = NZBau 2000, 426 = ZfBR 2000, 482, 483). Die grundpfandrechtliche Sicherung begrenzt gleichzeitig den Umfang bei der Einstufung von Darlehensmitteln als Baugeld, d.h.: **Nur soweit Darlehensmittel über ein Grundpfandrecht abgesichert sind, kann überhaupt Baugeld vorliegen**. Diese Begrenzung gewinnt vor allem an Bedeutung, wenn die Darlehenssumme den grundpfandrechtlich gesicherten Umfang übersteigt: Auch insoweit liegt nur Baugeld vor, wie es grundpfandrechtlich gesichert ist (BGH Urt. v. 11.4.2001 3 StR 456/00 = NZBau 2001, 445). Auf eine ggf. erst **nach Darlehensauszahlung erfolgende Eintragung des Grundpfandrechts** im Grundbuch kommt es demgegenüber nicht an (BGH Urt. v. 13.10.1987 VI ZR 270/86 = BauR 1988, 107, 108 = NJW 1988, 263, 264 = NJW-RR 1988, 146 = ZfBR 1988, 20; Urt. v. 8.1.1991 VI ZR 109/90 = BauR 1991, 237, 238 = NJW 1991, 2020 [Ls.] = NJW-RR 1991, 728, 729; OLG Dresden Urt. v. 13.9.2001 19 U 346/01 = **224**

BauR 2002, 486, 487). Genauso unbeachtlich ist es für die Baugeldeigenschaft, wenn die zur Sicherung des Baudarlehens eingetragene Grundschuld später gelöscht wird (so zu verstehen KG Urt. v. 27.8.2002 6 U 159/01 = IBR 2004, 425 = BauR 2004, 1346 [Ls.], das in einem solchen Fall die Baugeldeigenschaft annahm, Nichtzul.-beschw. zurückgewiesen: BGH Beschl. v. 27.5.2004 VIII ZR 375/02).

225 Zu achten ist darauf, dass das **zu belastende und das zu bebauende Grundstück identisch** sein müssen (ebenso: *Weise* Sicherheiten im Baurecht, Rn. 681). Demnach liegt kein Baugeld i.S.d. § 1 Abs. 3 GSB vor, wenn der Darlehensnehmer für die Errichtung eines Bauwerks eine Grundschuld nicht auf dem Baugrundstück, sondern auf einem anderen ihm gehörenden Baugrundstück eintragen lässt.

II. Baugeldempfänger

226 Das GSB regelt vor allem Pflichten des sog. Baugeldempfängers in Bezug auf den Umgang mit dem Baugeld; der Baugeldempfänger haftet, wenn er diese Pflichten nicht beachtet. **Baugeldempfänger im Sinne des GSB ist derjenige, der über Baugeld, d.h. einen Bankkredit, der wiederum über ein Grundpfandrecht am Baugrundstück gesichert ist, tatsächlich verfügen** kann (BGH Urt. v. 17.10.1989 VI ZR 27/89 = BauR 1990, 108, 110 = NJW-RR 1990, 88; BGH BauR 1991, 237, 238 = NJW 1991, 2020 [Ls.] = NJW-RR 1991, 728, 729). Dabei ist ohne Belang, ob diese Person selbst an der Herstellung des Bauwerks beteiligt ist (BGH Urt. v. 19.11.1985 VI ZR 148/84 = BauR 1986, 235, 237 = NJW 1986, 1105, 1106 = ZfBR 1986, 72). Unbeachtlich ist ferner, ob der Baugeldempfänger Bauherr oder Grundstückseigentümer ist; erfasst wird vielmehr jede an der Herstellung des Bauwerks beteiligte Person (BGH Urt. v. 24.11.1981 VI ZR 47/80 = BauR 1982, 193, 194 = NJW 1982, 1037, 1038 = ZfBR 1982, 75, 76; Urt. v. 9.10.1990 VI ZR 230/89 = BauR 1991, 96, 97 = NJW-RR 1991, 141 f. = ZfBR 1991, 59; OLG Dresden Urt. v. 13.9.2001 19 U 346/01 = BauR 2002, 486, 488). Erforderlich ist jedoch, dass der Darlehensnehmer den Darlehensbetrag tatsächlich erhalten hat (BGH Urt. v. 17.10.1989 VI ZR 27/89 = BauR 1990, 108, 109 = NJW-RR 1990, 88). Keine Baugeldempfänger sind demgegenüber lediglich vertretungsberechtigte Organe von juristischen Personen, die Baugeld erhalten (OLG Dresden Urt. v. 13.9.2001 19 U 346/01 = BauR 2002, 486, 488; *Stammkötter* § 1 Rn. 11 – a.A. *Schulze-Hagen* NJW 1986, 2403, 2407).

227 Ist **Empfänger von Baugeld** i.S.d. § 1 GSB jeder, der tatsächlich über Baugeld verfügen kann, zählt hierzu zunächst unstreitig der **Darlehensnehmer.** Baugeldempfänger kann aber auch ein **Dritter** sein, der sozusagen stellvertretend für den Darlehensnehmer im Einvernehmen mit dem Kreditgeber das Baugeld erhält und die daraus abgeleiteten Baugeldforderungen bedienen muss. Hierzu zählt zunächst der Bauherr, soweit dieser nicht mit dem Darlehensnehmer identisch ist und der Darlehnsgeber weiß, dass der Darlehensnehmer das Darlehen für einen Dritten aufnimmt (OLG Dresden NZBau 2002, 392, 394 [Revision nicht angenommen, Beschl. v. 17.1.2002 VII ZR 339/00]; *Weise* Sicherheiten im Baurecht, Rn. 714). Ferner gehören zu den Baugeldempfängern vor allem **Personen, die an der Herstellung des Bauwerkes beteiligt sind,** z.B. **Generalunternehmer** (BGH Urt. v. 9.10.1990 VI ZR 230/89 = BauR 1991, 96, 97 = NJW-RR 1991, 141 = ZfBR 1991, 59; BGHZ 143, 301, 304 f. = BauR 2000, 573, 574 f. = NJW 2000, 956, 957 = NZBau 2000, 129 f. = ZfBR 2000, 178, 179; Urt. v. 11.4.2001 3 StR 456/00 = NZBau 2001, 445, 446 – a.A. für einen Generalunternehmer, der nur einen Auftrag vom Generalübernehmer erhalten hat, der seinerseits Baugeldempfänger ist: KG Urt. v. 17.8.2000 27 U 4813/99 = IBR 2001, 63; kritisch auch *Möller* BauR 2005, 8, 9 f., 13 f.), **Generalübernehmer** (vgl. dazu BGH Urt. v. 9.10.1990 VI ZR 230/89 = BauR 1991, 96, 97 = NJW-RR 1991, 141 = ZfBR 1991, 59; BGH Urt. v. 16.12.1999 – VII ZR 39/99 = BGHZ 143, 301, 304 f. = BauR 2000, 573, 574 f. = NJW 2000, 956, 957 = NZBau 2000, 129 f. = ZfBR 2000, 178, 179; BGH Urt. v. 11.4.2001 3 StR 456/00 = NZBau 2001, 445, 446; BGH Urt. v. 19.12.1989 VI ZR 32/89 = NJW-RR 1990, 342 = BauR 1990, 246, 247; BGH Beschl. v. 14.1.2003 4 StR 336/02, NStZ 2004, 284), **Bauträ**-

ger (vgl. dazu BGH Urt. v. 9.10.1990 VI ZR 230/89 = BauR 1991, 96, 97 = NJW-RR 1991, 141 = ZfBR 1991, 59; BGHZ 143, 301, 304 f. = BauR 2000, 573, 574 f. = NJW 2000, 956, 957 = NZBau 2000, 129 f. = ZfBR 2000, 178, 179; BGH Urt. v. 11.4.2001 3 StR 456/00 = NZBau 2001, 445, 446; OLG Bamberg Urt. v. 15.2.2001 1 U 49/00 = IBR 2001, 310) oder **Baubetreuer**, soweit diese über das Baugeld tatsächlich verfügen und faktisch anstelle des Darlehensnehmers über dessen Verwendung entscheiden. Dabei ist unbeachtlich, ob der Empfang des Baugeldes aufgrund eines Geschäftsbesorgungsvertrages oder eines Werkvertrages erfolgt. Der Schutzzweck des GSB erfordert es, den Begriff »Empfänger von Baugeld« **weit zu fassen,** was insbesondere auch in den §§ 19, 28 GSB zum Ausdruck gekommen ist (BGH Urt. v. 24.11.1981 VI ZR 47/80 = BauR 1982, 193, 194 = NJW 1982, 1037, 1038 = ZfBR 1982, 75, 76; BGH Urt. v. 16.12.1999 – VII ZR 39/99; BGHZ 143, 301, 304 f. = BauR 2000, 573, 574 f. = NJW 2000, 956, 957 = NZBau 2000, 129 f. = ZfBR 2000, 178, 179; *Bruns* NZBau 2000, 180). So kann die Vergütung, die der Generalübernehmer erhält, Baugeld darstellen, soweit sie aus grundpfandrechtlich gesicherten Baudarlehen geleistet wird. Davon darf der Generalübernehmer allerdings nach § 1 Abs. 2 GSB einen Anteil für angefallene Eigenaufwendungen zur Vorbereitung, Planung, Koordination und Bauleitung sowie die baren Auslagen, die er für eigene (nichtkörperliche) Leistungen gehabt hat, behalten. Insoweit ist er gesetzlich nicht zur Weiterleitung an ausführende Unternehmer (Subunternehmer) verpflichtet. Jedoch muss er die Höhe seiner diesbezüglichen Aufwendungen darlegen und nachweisen (vgl. OLG Frankfurt Urt. v. 1.6.1989 6 U 14/88 = BauR 1989, 646 [Ls.] = NJW-RR 1989, 789, 790 mit zu pauschal abgefasstem Leitsatz; vgl. dazu auch unten Rn. 240). Auch der **Veräußerer sog. schlüsselfertiger Häuser** kann Empfänger von Baugeld i.S.d. § 1 Abs. 1 GSB sein, wenn er über den Erwerber oder unmittelbar von einem Kreditinstitut Geldbeträge erhält, die dem Erwerber darlehensweise gewährt werden; weitere Voraussetzung ist allerdings auch hier, dass zur Sicherung der Ansprüche des Geldgebers eine Hypothek oder Grundschuld auf dem zu bebauenden Grundstück eingetragen ist (BGH Urt. v. 19.11.1985 VI ZR 148/84 = BauR 1986, 235, 237 = NJW 1986, 1105, 1106 = NJW-RR 1986, 449 [Ls.] = ZfBR 1986, 72 f.). Ist der Empfänger von Baugeld selbst an der Herstellung des Baus beteiligt und wird das Baugeld an ihn entsprechend der MaBV nach Maßgabe des Baufortschritts gezahlt, so gelten die Verwendungsregeln des § 1 Abs. 1 und 2 GSB für jede einzelne Rate gesondert, also pro rata (BGH a.a.O. – entgegen OLG Koblenz Urt. v. 21.10.1983 8 U 130/82 = BauR 1985, 697).

228 **Nicht erfasst** von den Baugeldempfängern sind Bauunternehmer, die **lediglich einen Teil der Bauwerksleistung erbringen**, unabhängig davon, ob sie unmittelbar vom Bauherrn oder vom Generalunternehmer u.a. beauftragt werden. Dies gilt selbst dann, wenn ein über diesem stehender Generalunternehmer den betroffenen Subunternehmer aus Baugeld bezahlt (BGHZ 143, 301, 303 = BauR 2000, 573, 574 = NJW 2000, 956 = NZBau 2000, 129 = ZfBR 2000, 178, 179; ebenso OLG Düsseldorf Urt. v. 5.11.2004 14 U 63/04 = OLGR 2005, 152, 153 f. = BauR 2005, 1217 [Ls.]; *Werner/Pastor* Rn. 1868; dazu *Bruns* NZBau 2000, 180 – a.A. *Stammkötter* BauR 1999, 954, 957; *Hofmann/Koppmann* Die neue Bauhandwerkersicherung, S. 110). Denn der Subunternehmer ist in der Regel anders als ein Generalunternehmer oder Generalübernehmer nicht in der Lage, anstelle des Kreditnehmers über die für das Bauvorhaben zur Verfügung stehenden Geldmittel zu verfügen (BGH a.a.O.).

229 Kein Baugeldverwender ist selbstverständlich der **Darlehensgeber** (vgl. OLG Karlsruhe Urt. v. 3.11.1989 15 U 146/89 = BauR 1990, 630, 631; OLG München Urt. v. 13.11.1989 26 U 2877/89 = BauR 1991, 482, 483 = NJW-RR 1991, 279, 280; OLG Karlsruhe Urt. v. 31.10.2002 12 U 182/01, Rev. nicht angen.: BGH Beschl. v. 11.12.2003 VII ZR 422/02 = IBR 2001, 140; vgl. aber auch *Stammkötter/Reichelt* ZfBR 2005, 429, 430, die in diesen Fällen parallel eine Haftung der Bank aus einem Vertrag mit Schutzwirkung zugunsten Dritter prüfen; *Schmidt* BauR 2001, 150, 153). Dies gilt selbst dann, wenn die Bank das Vorhaben finanziert hat, die Erwerber den Kaufpreis auf ein Konto des Bauherrn bei der Bank eingezahlt haben und der Bauherr sodann wiederum seine Ansprüche an die Bank abgetreten hat (OLG München Urt. v. 13.11.1989 26 U 2877/89 = BauR 1991, 482, 483 = NJW-RR 1991, 279, 280).

C. Schadensersatzanspruch aus § 823 Abs. 2 BGB i.V.m. § 1 Abs. 1 GSB

230 Verstößt der Baugeldempfänger gegen die Vorschriften des GSB, kann er sich gegenüber dem aus dem GSB geschützten Personenkreis schadensersatzpflichtig machen. Insoweit ist anerkannt, dass es sich vor allem bei der Regelung des **§ 1 GSB um ein Schutzgesetz zugunsten der Baugeldgläubiger** handelt (RGZ 84, 188; RGZ 91, 72, 76; RGZ 138, 156, 158; BGH SFH Z 2.13 Bl. 3 ff.; BGH Urt. v. 24.11.1981 VI ZR 47/80 = BauR 1982, 193, 194 = NJW 1982, 1037, 1038 = ZfBR 1982, 75, 76; BGH Urt. v. 8.6.1989 21 U 216/88 = BauR 1989, 758 = NJW-RR 1990, 914; *Korsukewitz* BauR 1986, 383; *Meyer* JZ 1954, 140 f.; *Schlenger* ZfBR 1983, 104; *Schulze-Hagen* NJW 1985, 2403, 2404; *Schmidt* BauR 2001, 150, 151; *Stammkötter* § 1 Rn. 80 ff.).

I. Gläubiger des Schadensersatzanspruchs

231 Der anspruchsberechtigte Kreis potenzieller Schadensersatzgläubiger ergibt sich unmittelbar aus § 1 Abs. 1 GSB: Hierzu zählen **alle Personen, die an der Herstellung des Baues auf Grund eines Werk-, Dienst- oder Lieferungsvertrages beteiligt sind, und zu deren Befriedigung das Baugeld dient (»Baugeldgläubiger«)**. Geschützt werden somit alle Unternehmer, die an der Herstellung des Baues beteiligt sind. Allerdings muss sich die Leistung der betroffenen Unternehmer auf wesentliche Bestandteile des zu errichtenden Gebäudes i.S.d. § 94 Abs. 2 BGB beziehen (BGH Urt. v. 8.6.1989 21 U 216/88 = BauR 1989, 758, 761 = NJW 1989, 2698 [Ls.] = NJW-RR 1989, 1045, 1047). Hierzu zählen neben Neubauten bei Altbauten vor allem Arbeiten an tragenden Innenwänden sowie sonstige umfassende Sanierungs- und Modernisierungsarbeiten. Nicht geschützt sind hingegen Handwerker, die lediglich Arbeiten am Zubehör (BGH a.a.O.; ebenso BGH Beschl. v. 14.1.2003 4 StR 336/02, NStZ 2004, 284, 285) oder an Außenanlagen erbringen (OLG München Urt. v. 13.11.1989 26 U 2877/89 = BauR 1991, 482, 483 = NJW-RR 1991, 279, 280). Ob der Bauunternehmer als Gläubiger bei Abschluss seines Bauvertrages im Übrigen **Kenntnis von der Baugeldeigenschaft** hatte, ist nach dem Gesetzeswortlaut für seine Stellung als Gläubiger **unbeachtlich**, d.h. vor allem: Selbst wenn der die Baugeldeigenschaft begründende Darlehensvertrag zwischen Bank und Bauherr erst später geschlossen wird, können zu den dann zweckentfremdet verwendeten Geldern Schadensersatzansprüche nach dem GSB entstehen (a.A. immerhin LG Bremen Urt. v. 4.2.2004 6 O 2012/02, das das Gesetz insoweit für verfassungswidrig hält).

231a Voraussetzung ist weiter, dass der Gläubiger an der Herstellung des Bauwerkes aufgrund **eines wirksamen, d.h. tatsächlich zustande gekommenen Vertrages** mitgewirkt hat. Abweichend davon meint zwar das OLG Dresden (Urt. v. 22.4.2005 11 W 0104/05 = BauR 2005, 1649, 1650), dass es darauf nicht ankomme. Das Gesetz spreche insoweit nur von einer Beteiligung aufgrund eines Vertragsverhältnisses. Von einer Wirksamkeit sei dort nicht die Rede. Dies ist jedoch nicht richtig: Denn wenn ein Unternehmen nicht aufgrund eines Vertrages an der Bauwerkserstellung mitgewirkt hat, ist unklar, aufgrund welcher gesetzlichen Regelung es in den Schutzbereich des § 1 GSB einbezogen sein sollte. Auch Sinn und Zweck des GSB sprechen eindeutig dagegen: Wie schon oben in Rn. 218 erläutert, dient das GSB u.a. dazu, denjenigen Baugeldgläubigern eine Sicherheit zu verschaffen, die mit einer Bauhandwerkersicherungshypothek zur Absicherung ihrer Vergütungsansprüche aufgrund der vorrangig im Grundbuch eingetragenen Sicherungsrechte der Geldgeber wirtschaftlich ausfallen. Um diesen Nachteil der Bauhandwerker im Verhältnis zu den gesicherten Darlehensgebern auszugleichen, hat der Gesetzgeber mit dem GSB eine gesonderte Sicherungsmöglichkeit geschaffen. So sind die Empfänger des Baugeldes dann wenigstens verpflichtet, dieses zugunsten der an Bauwerkserstellung beteiligten Handwerker zu verteilen. Fehlt es aber an einem wirksamen Vertrag, könnte ein Auftragnehmer in diesem Fall auch keine Bauhandwerkersicherungshypothek eintragen lassen. Folglich entfällt auch ein Schutz nach dem GSB, bei dem es sich letztlich nur um ein Annex zu dem unvollkommenen Schutz bei Eintragung einer Bauhandwerkersicherungshypothek handelt (ebenso: *Handschuhmacher* BauR 2005, 1650 – dagegen: *Orlowski* BauR 2005, 1651).

Neben der Beteiligung an der Bauwerkserstellung als solcher ist weitere Voraussetzung für einen **232**
Schadensersatzanspruch nach § 823 Abs. 2 BGB i.V.m. § 1 Abs. 1 GSB, dass sich die von dem betroffenen Bauunternehmer **geleistete Arbeit unmittelbar in einer Werterhöhung des Bauwerks niedergeschlagen hat** (OLG Hamburg Urt. v. 20.8.1993 11 U 82/92 = BauR 1994, 123; OLG Dresden Urt. v. 13.9.2001 19 U 346/01 = BauR 2002, 486, 487). Nicht geschützt sind somit reine Hilfsarbeiten, wie z.B. isoliert vergebene Gerüstarbeiten, die unmittelbar zu keiner Werterhöhung des Bauwerks führen (a.A. OLG Hamburg Urt. v. 20.8.1993 11 U 82/92 = BauR 1994, 123). Die genaue Abgrenzung ist im Einzelnen schwierig. Sie entspricht aber in etwa der vergleichbaren Rechtslage zu § 648 BGB, der ebenfalls für den anspruchsberechtigten Bauhandwerker eine sich im Bauwerk verkörpernde werterhöhende Bauleistung verlangt (siehe oben Rn. 3 ff. sowie ähnlich, wenn auch sehr weitgehend *Kniffka/Koeble* 10. Teil Rn. 116). Ansonsten spielt es für den Schutzbereich des § 1 GSB keine Rolle, ob der Bauunternehmer als unmittelbarer Auftragnehmer des Baugeldempfängers auftritt oder nur als **Subunternehmer** (»**Nachmänner**«) (BGH Urt. v. 19.12.1989 VI ZR 32/89 = BauR 1990, 246, 247 = NJW-RR 1990, 342; OLG Düsseldorf Urt. v. 12.1.1988 4 U 34/87 = BauR 1989, 234, 235; OLG Dresden Urt. v. 15.4.1999 9 U 3454/97 = BauR 2000, 585, 586). Entscheidend ist hier allein, dass der betroffene Subunternehmer von § 1 Abs. 1 GSB erfasste werterhöhende Bauleistungen erbringt (BGH Urt. v. 24.11.1981 VI ZR 47/80 = BauR 1982, 193, 194 = NJW 1982, 1037, 1038 = ZfBR 1982, 75, 76; OLG Dresden Urt. v. 1.3.2005 5 U 1854/04 = BauR 2005, 1346). Dabei reicht dieser Schutz allerdings nur so weit wie derjenige, von dem der Subunternehmer seinen Auftrag erhalten hat, seinerseits Anspruch auf das Baugeld hat und darüber verfügt (OLG Dresden Urt. v. 13.9.2001 19 U 346/01 = BauR 2002, 486, 487). Entgegen der Auffassung von Koeble (*Kniffka/Koeble* 10. Teil. Rn. 112) zählt unter keinem denkbaren Gesichtspunkt der **Erwerber einer Bauträgerimmobilie** zu dem nach dem GSB geschützten Personenkreis. Denn insoweit kommt es weniger auf den »geordneten« Bauablauf an als vielmehr auf Sinn und Zweck des Gesetzes, nämlich dass mit dem GSB u.a. ein Ausgleich zu der ggf. nur unzureichenden Sicherungsmöglichkeit des § 648 BGB geschaffen werden sollte (vgl. oben Rn. 218). Mit einem allgemeinen Erwerberschutz hat dies nichts zu tun (*Heerdt* BauR 2004, 1161; *Stammkötter* BauR 1998, 954, 959 f.; *Brych/Pause* Rn. 989).

Einen Anspruch auf Schadensersatz wegen zweckwidriger Verwendung von Baugeld **kann selbstverständlich nur derjenige geltend machen, dessen Forderung** nicht befriedigt wurde. Daher ist weitere zwingende Voraussetzung für einen Schadensersatzanspruch, dass dem betroffenen Bauunternehmer überhaupt noch eine offene Forderung aus dem Bauvorhaben zusteht, die er im Bestreitensfall dem Grunde und der Höhe nach nachzuweisen hat (vgl. BGH Urt. v. 9.10.1990 VI ZR 230/89 = BauR 1991, 96, 98 = NJW-RR 1991, 141, 142 = ZfBR 1991, 59, 60). Dass dieser sich möglicherweise nach Insolvenzeröffnung des Auftraggebers nach Erfüllungsverweigerung des Insolvenzverwalters in einen Schadensersatzanspruch umwandelt, ist unbeachtlich (OLG Dresden Urt. v. 1.3.2005 5 U 1854/04 = BauR 2005, 1346, 1347 f.). **233**

II. Schuldner des Schadensersatzanspruchs

Schadensersatzschuldner ist zunächst der Baugeldempfänger (siehe oben Rn. 226 ff.) mit der **234**
Maßgabe, dass er seiner Pflicht zur ordnungsgemäßen Verwendung des Baugeldes nicht nachgekommen ist. Dies ist unproblematisch, soweit der Baugeldempfänger eine natürliche Person ist. Doch auch juristische Personen haften aus § 823 Abs. 2 BGB. Insoweit wird diesen das Verhalten ihrer Organe über § 31 BGB zugerechnet, das ihrer Mitarbeiter über § 831 BGB.

Neben den Baugeldempfängern können zusätzlich die **Organe einer juristischen Person** aus § 823 **235**
Abs. 2 BGB haften, soweit diese unmittelbar gegen die Verpflichtung aus § 1 GSB verstoßen haben (§ 14 Abs. 1 Nr. 1 StGB – BGH Urt. v. 11.4.2001 3 StR 456/00 = NZBau 2001, 445, 446 zur Strafbarkeit eines Geschäftsführers einer Generalunternehmerin; ebenso: OLG Dresden Urt. v. 13.9.2001 19 U 346/01 = BauR 2002, 486, 488; OLG München Urt. v. 2.10.2001 9 U 3105/01 = BauR 2002, 1108;

OLG Bamberg Urt. v. 10.2.2003 4 U 150/02 = BauR 2003, 1056, 1057; OLG Hamburg Urt. v. 24.7.2002 4 U 4/01 = BauR 2003, 1058, 1059). Diese Haftung gewinnt vor allem an Bedeutung, wenn die betroffene juristische Person als Baugeldempfängerin insolvent ist (BGH Urt. v. 19.11.1985 VI ZR 148/84 = BauR 1986, 235 = NJW 1986, 1105 = ZfBR 1986, 72; Urt. v. 13.13.1988 IV ZR 260/88 = BauR 1989, 230 = NJW-RR 1989, 788 = ZfBR 1989, 110; OLG Dresden Urt. v. 13.9.2001 19 U 346/01 = BauR 2002, 486, 488). Insoweit ist es sogar ohne weiteres möglich, bei einer insolventen GmbH & Co. KG auf den Geschäftsführer der Komplementär-GmbH zuzugreifen (BGH Urt. v. 13.12.1988 IV ZR 260/88 = BauR 1989, 230, 231 = NJW-RR 1989, 788, 789 = ZfBR 1989, 110; OLG Düsseldorf Urt. v. 1.2.1996 5 U 93/95 = BauR 1996, 904 [Ls.]). Demgegenüber kommt eine **Haftung von Prokuristen** (OLG Karlsruhe Urt. v. 25.4.1991 4 U 66/90 = BauR 1992, 791 = ZfBR 1992, 277) und anderen Handlungsgehilfen nur ausnahmsweise in Betracht (siehe dazu u.a. auch *Weise* Sicherheiten im Baurecht Rn. 753 f.). Dies hängt maßgeblich von ihrem konkreten Einflussbereich und ihrer Fähigkeit ab, wie die Geschäftsführung unmittelbar über die Baugelder verfügen zu können (BGH Urt. v. 24.11.1981 VI ZR 47/80 = BauR 1982, 193, 195 f. = NJW 1982, 1037, 1039 = ZfBR 1982, 75, 77).

236 Wegen einer Verletzung von § 823 Abs. 2 BGB i.V.m. § 1 Abs. 1 GSB können außerdem Personen in Anspruch genommen werden, die an einer zweckwidrigen Verwendung von Baugeld mitgewirkt haben. Eine **Haftung erfolgt hier als Anstifter oder Gehilfe** über § 830 Abs. 2 BGB (vgl. BGH Urt. v. 17.10.1989 VI ZR 27/89 = BauR 1990, 108, 109 = NJW-RR 1990, 88; OLG Karlsruhe [Freiburg] Urt. v. 25.4.1991 4 U 66/90 = BauR 1992, 791 = ZfBR 1992, 277 im Hinblick auf die Gesellschafterin einer GmbH, die mit Fragen der Verwendung von Baugeld befasst und vertraut war; ebenso OLG Stuttgart Urt. v. 6.10.2004 4 U 105/04, Nichtzulassungsbeschw.v. BGH zurückgewiesen, Beschl. v. 14.4.2005 VII ZR 243/04 = IBR 2005, 325 für einen faktisch aufgetretenen Geschäftsführer). Die Betroffenen haften dann neben dem eigentlich Verantwortlichen als Gesamtschuldner (§ 840 Abs. 1 BGB). Keine Haftung aus § 823 Abs. 2 BGB i.V.m. § 1 GSB trifft jedoch in der Regel **die das Bauvorhaben finanzierenden Banken**. Zwar sind die Banken zumeist über den Baugeldcharakter informiert, so dass sie auch Kenntnis von einer baugeldwidrigen Verfügung erlangen. Für eine Haftung dürfte es aber in der Regel an einem Vorsatz fehlen: Denn die Banken prüfen nicht die Rechtmäßigkeit einer Zahlung, solange sich diese in dem gegebenen Kreditrahmen bewegt. Die Mittelverwendung obliegt stattdessen ausschließlich dem Darlehensnehmer (OLG München Urt. v. 13.11.1989 26 U 2877/89 = BauR 1991, 482, 483 = NJW-RR 1991, 279, 280; OLG Düsseldorf Urt. v. 19.9.1996 5 U 19/96 = OLGR 1997, 2 f. = BauR 1997, 357 [Ls.]; OLG Karlsruhe Urt. v. 31.10.2002 12 U 182/01, Rev. nicht angenommen, BGH Beschl. v. 11.12.2003 VII ZR 422/02 = IBR 2004, 140; *Werner/Pastor* Rn. 1869; *Stammkötter* § 1 Rn. 100a ff.; *Stammkötter/Reichelt* ZfBR 2005, 429; sehr kritisch dazu *Maritz* BauR 1990, 401, 405). Etwas anderes könnte immerhin gelten, wenn der Mitarbeiter der Bank einen kurz vor Insolvenz stehenden Baugeldempfänger veranlasst, Baugelder vom Baugeldkonto zu entnehmen, um damit etwa andere Verbindlichkeiten zurückzuführen (LG Bielefeld Urt. v. 30.10.2001 2 O 650/99 = BauR 2003, 398).

III. Schadensersatzbegründende Handlung

237 Ein Schadensersatzanspruch besteht, soweit der Baugeldempfänger **das empfangene Baugeld entgegen den Vorgaben aus § 1 Abs. 1 GSB verwendet**. Umgekehrt heißt das, dass der Baugeldempfänger das Baugeld ausschließlich zur Befriedigung solcher Personen zu verwenden hat, die an der Herstellung des Baues aufgrund eines Werk-, Dienst oder Lieferungsvertrages beteiligt sind. Verwendet er das Geld für sonstige Zwecke (z.B. zur Schuldtilgung für andere Bauvorhaben), liegt darin die den Schadensersatz begründende Handlung. Unzulässig ist ferner eine zweckwidrige Bezahlung z.B. des Grundstückskaufpreises, wenn das Geld nach der Zweckabrede des Darlehensvertrages zur Bezahlung der Bauhandwerker gedacht war. Allerdings ist der Baugeldempfänger **nicht verpflichtet, für die Bedienung der begünstigten Bauunternehmer eine bestimmte Rangfolge** einzuhalten.

Vielmehr steht es ihm frei, eine beliebige Reihenfolge auszuwählen und danach die Forderungen zu begleichen, soweit sich aus dem zugrunde liegenden Darlehensvertrag nicht etwas anderes ergibt (RGZ 138, 156, 159; BGH Urt. v. 6.6.1989 VI ZR 281/88 = BauR 1989, 758, 760 = NJW-RR 1989, 1045, 1046; Urt. v. 11.4.2001 3 StR 456/00 = NZBau 2001, 445, 446). Finanziert der Baugeldempfänger das Vorhaben wie üblich zum Teil mit Eigenmitteln und zum Teil mit Baugeld, ist er des Weiteren **nicht verpflichtet, Baugeldgläubiger vorrangig mit den Eigenmitteln zu befriedigen** und das Baugeld zurückzubehalten, um etwa die vollständige Befriedigung aller Baugeldgläubiger zu gewährleisten (OLG Dresden [18. Senat] Urt. v. 8.12.1999 18 U 1117/99 = NZBau 2000, 136, 137 f.; ebenso *Schmidt* BauR 2001, 150, 151 f. mit einem Verweis auf eine vermeintlich andere Entscheidung des OLG Dresden [9. Senat] Urt. v. 15.4.1999 9 U 3454/97 = BauR 2000, 585, das aber in der Sache nicht die Gegenauffassung trägt). Eine Schadensersatzpflicht des Baugeldempfängers scheidet ohnehin aus, wenn der Baugeldempfänger in der Summe mehr Geld als das zur Verfügung stehende Baugeld zur Befriedigung der an der Herstellung des Baus beteiligten Unternehmer gezahlt hat: Hier fehlt es bereits an einer tatbestandlichen Verletzung des § 1 Abs. 1 GSB als zugrunde liegendes Schutzgesetz (OLG Naumburg Urt. v. 15.2.2000 9 U 41/99 = OLGR 2001, 97).

238 Eine Schadensersatzpflicht besteht neben der absichtlich positiven zweckwidrigen Verwendung auch **in einer ansonsten gegen § 1 Abs. 1 GSB verstoßenden Verwaltung von Baugeld** mit der Folge, dass das dort lagernde Geld nicht mehr zur Befriedigung von Baugeldgläubigern eingesetzt werden kann. Zwar bleibt es dem Baugeldempfänger überlassen, wie er die ordnungsgemäße Verwaltung sicherstellt. Tatsächlich wird er jedoch kaum umhin kommen, als das Baugeld auf einem extra einzurichtenden Sonderkonto anzulegen. Dabei liegt auch dann schon ein Verstoß gegen § 1 Abs. 1 GSB vor, wenn er als Baugeldempfänger bei einem gewöhnlichen Kontokorrent zumindest keine Vorkehrungen dagegen trifft, dass die Bank auf diese Gelder infolge ihres allgemeinen Pfandrechts an Einlagen aufgrund ihrer AGB (vgl. Nr. 14 Abs. 1 der AGB-Banken) zurückgreift und der Baugeldempfänger mit einem solchen Rückgriff rechnen musste (BGH Urt. v. 13.10.1987 VI ZR 270/86 = BauR 1988, 107, 110 = NJW 1988, 263, 265 = NJW-RR 1988, 146 [Ls.] = ZfBR 1988, 20, 21 f.).

239 Ob die **zugrunde liegende Bauforderung** im Zeitpunkt der zweckwidrigen Verwendung **fällig ist, ist für die den Schadensersatzanspruch auslösende Tathandlung unbeachtlich** (OLG Hamburg Urt. v. 10.5.1997 14 U 70/96 = OLGR 1997, 68, 69; KG Urt. v. 27.8.2002 6 U 159/01 = IBR 2004, 425 – insoweit dort aber nicht abgedruckt; unklar auch OLG Dresden Urt. v. 10.2.2002 6 U 434/02 = BauR 2002, 1871, das zumindest die Fälligkeit der Forderung des Auftragnehmers – hier im Zusammenhang mit einer noch nicht vorliegenden Schlussrechnung – diskutiert, diesen Punkt aber letztlich offen lässt). Dies wiederum gewinnt vor allem deshalb an Bedeutung, weil vielfach zum Zeitpunkt des Verstoßes gegen das Verwendungsgebot bzgl. des Baugeldes gemäß § 1 GSB der Bauunternehmer noch keine Rechnung gestellt hat, so dass es dessen Forderung zumindest bei einem VOB-Vertrag nach § 16 Nr. 3 Abs. 1 VOB/B an der Fälligkeit fehlt. Zwar müssen diese nicht fälligen Forderungen selbstverständlich zunächst nicht mit Baugeld ausgeglichen werden. Allerdings muss das Baugeld für den Zeitpunkt der (späteren) Fälligkeit vorgehalten werden. Daher kann sich ein ausgeschiedener Geschäftsführer einer Bauträger-GmbH zu seiner Entlastung nicht darauf berufen, dass er davon ausgegangen sei, dass zumindest später ausreichende Vermögenswerte für die Begleichung der Forderungen der Baugeldgläubiger zur Verfügung stehen (OLG Bamberg Urt. v. 15.2.2001 1 U 49/00: Leitsatz veröffentlicht in IBR 2001, 310).

240 Eine Ausnahme zur Verwendung von Baugeld zugunsten der am Bauwerk tätigen Bauunternehmer findet sich in § 1 Abs. 2 GSB für den Fall, dass der **Baugeldempfänger selbst Leistungen an dem Bauwerk erbringt**. Danach ist der Baugeldempfänger berechtigt, Baugeld bis zur Hälfte des angemessenen Wertes der von ihm in den Bau verwendeten Leistung oder, wenn die Leistung von ihm noch nicht in den Bau verwendet worden ist, der von ihm geleisteten Arbeit und der von ihm gemachten Auslagen für sich zu behalten (BGH Urt. v. 11.4.2001 3 StR 456/00 = BGHSt 46, 373 = NJW 2001, 2484, 2185 = NZBau 2001, 445, 446). Die beiden Alternativen unterscheiden sich danach wie folgt: In dem ersten Fall hat die Eigenleistung des Bauunternehmers schon unmittelbar zu einer Werterhöhung des Bauvorhabens geführt. Demgegenüber berechtigt die zweite Alternative zu einem Selbstbehalt für die eigene Arbeitsleistung, die sich noch nicht werterhöhend in dem Bauwerk niedergeschlagen hat. Insoweit muss aber in jedem Fall die Absicht bestehen, die diesbezügliche Leistung in dem Bau zu verwenden (*Stammkötter* § 1 Rn. 158). Folglich kommt es zu einer zweckwidrigen Verwendung von Baugeld, wenn der Auftraggeber das Baugeld zur Bestreitung seiner allgemeinen Geschäftskosten verwendet (OLG Stuttgart Urt. v. 6.10.2004 4 U 105/04, Nichtzulassungsbeschw. zurückgewiesen: BGH Beschl. v. 14.4.2005 VII ZR 243/04 = IBR 2005, 325). Zu beachten ist, dass der Baugeldempfänger nur die Hälfte des jeweils angemessenen Wertes der erbrachten Leistung für sich behalten darf, wobei nach OLG Dresden der Bruttowert in Ansatz zu bringen sein soll (OLG Dresden Urt. v. 8.12.1999 18 U 1117/99 = NZBau 2000, 136, 137; vgl. dazu auch *Bruns/Rensing* NZBau 2001, 670). Diese **Beschränkung auf die Hälfte gilt auch für Ratenzahlungen:** Von diesen darf er ebenfalls nur maximal die Hälfte für sich behalten und hat sodann zunächst die anderen Baugeldgläubiger zu bedienen. Sind diese allerdings befriedigt, darf er im Anschluss daran den Rest der betroffenen Rate behalten, d.h. auf seine Leistung anrechnen, soweit diese noch nicht verbraucht ist (BGH Urt. v. 19.11.1995 VI ZR 148/84 = BauR 1986, 235, 237 = NJW 1986, 1105, 1106 = ZfBR 1986, 72 f.; Urt. v. 13.10.1987 VI ZR 270/86 = BauR 1988, 107, 109 = NJW 1988, 263, 263 = NJW-RR 1988, 146 [Ls.] = ZfBR 1988, 20, 21; Urt. v. 6.6.1989 VI ZR 281/88 = BauR 1989, 758, 761 = NJW 1989, 2698 [Ls.] = NJW-RR 1989, 1045, 1047; Urt. v. 12.12.1989 VI ZR 311/88 = BauR 1990, 241, 242 f. = NJW-RR 1990, 914, 915; sehr kritisch zu dieser Rechtsprechung: *Möller* BauR 2005, 8, 10, 13 ff.).

241 Kein Schadensersatzanspruch besteht, wenn der Baugeldempfänger es lediglich unterlassen hat, die Verwendung der Baugelder entsprechend § 2 Abs. 1 GSB ordnungsgemäß in einem Baubuch zu dokumentieren. **§ 2 GSB stellt kein Schutzgesetz i.S.d. § 823 Abs. 2 BGB dar** (OLG Naumburg Urt. v. 15.2.2000 9 U 41/99 = OLGR 2001, 97, 98; *Schulze-Hagen* NJW 1986, 2403, 2404 – a.A. *Korsukewitz* BauR 1986, 383, 386). Denn es ist nicht Zweck des GSB, einen Baugeldempfänger einem Schadensersatzanspruch auszusetzen, nur weil er kein Baubuch geführt hat. Die Pflicht zur Führung eines Baubuchs besteht vielmehr deswegen, um dem Baugeldempfänger den Nachweis zu ermöglichen, in welcher Höhe er Baugeld erhalten und es sodann bezahlt hat. Folglich hat der Auftragnehmer gemäß § 810 BGB auch ein Einsichtsrecht in dieses Baubuch (BGH Urt. v. 9.12.1986 VI ZR 287/85 = BauR 1987, 229, 231 = NJW 1987, 1196, 1197). Hat der Baugeldempfänger kein Baubuch geführt, wird ihm infolgedessen zu Recht die Darlegungs- und Beweislast für die ordnungsgemäße Verwendung des Baugeldes auferlegt (siehe unten Rn. 246). Aus dem Schutzzweck des GSB ist es sodann jedoch allein entscheidend, ob er das empfangene Baugeld ordnungsgemäß verwendet hat (OLG Naumburg a.a.O.).

IV. Schaden

242 Der Schaden wird wie üblich in Anlehnung an §§ 249 ff. BGB berechnet (OLG München Urt. v. 12.10.2004 9 U 2662/04 = BauR 2005, 884 = NJW-RR 2005, 390; siehe zu der umsatzsteuerlichen Behandlung dieses Schadensersatzanspruchs *Bruns/Rensing* NZBau 2001, 670). Hier ergeben sich keine Besonderheiten: In der Sache geht es um die offene Werklohnforderung des Bauunternehmers, die bei einer ordnungsgemäßen Verwendung des Baugeldes ggf. (anteilig) bedient worden wäre. Dies ist für jede einzelne Bauforderung gesondert zu prüfen. Eine solche Prüfung setzt selbstverständlich voraus, dass **der Baugeldgläubiger** mit seiner Forderung, die er ebenfalls darlegen muss, **überhaupt ausgefallen ist.** Dies ist z.B. der Fall, wenn die betroffene Vergütungsforderung wegen Insolvenz des Baugeldempfängers, der das Baugeld nicht ordnungsgemäß verwendet hat, nicht mehr bedient werden kann (BGH Urt. v. 13.12.1988 IV ZR 260/88 = BauR 1989, 230, 231 = NJW-RR 1989, 788, 789 = ZfBR 1989, 110; Urt. v. 9.10.1990 VI ZR 230/89 = BauR 1991, 96, 98 = NJW-RR 1991, 141, 142 = ZfBR 1991, 59, 60; BauR 1989, 758, 759 = NJW 1989, 2698 [Ls.] = NJW-RR 1989,

1045, 1046; OLG Dresden Urt. v. 10.7.2002 6 U 434/02 = BauR 2002, 1871). Neben diesen im Einzelfall stehenden Erfüllungsansprüchen erstreckt sich der Schadensersatzanspruch ferner auf Begleitkosten zu diesem Erfüllungsanspruch, so vor allem auf etwaige Prozesskosten für die gerichtliche Durchsetzung seiner Werklohnforderung (BGH Urt. v. 12.12.1989 VI ZR 12/89 = BauR 1990, 244, 245 = NJW 1990, 1048 = NJW-RR 1990, 280, 281; OLG Düsseldorf Urt. v. 12.1.1988 4 U 34/87 = BauR 1989, 234; OLG Dresden Urt. v. 13.9.2001 19 U 346/01 = BauR 2002, 486, 489; OLG Düsseldorf Urt. v. 7.3.2003 22 U 129/02, Nichtzul.-beschw. zurückgewiesen: BGH Beschl. v. 8.7.2004 VII ZR 78/03 = IBR 2004, 505 – insoweit dort aber nicht abgedruckt). War die Bauleistung mangelhaft, hat dies zur Folge, dass Mängel der erbrachten Leistung den Schaden mindern. Dies gilt zumindest dann, wenn der Auftragnehmer nicht mehr mit einem Nachbesserungsrisiko belastet ist. Ob der Auftragnehmer seinerseits noch hätte nachbessern können oder dürfen, spielt ebenfalls keine Rolle. Denn der Schadensersatzanspruch kann nicht höher sein als der Wert der tatsächlich erbrachten Werkleistung (OLG München Urt. v. 12.10.2004 9 U 2662/04 = BauR 2005, 884 = NJW-RR 2005, 390; *Weise* Sicherheiten im Baurecht Rn. 746).

Kommt es für die die Schadensersatzpflicht auslösende Handlung des Baugeldempfängers nicht auf die Fälligkeit der zugrunde liegenden Bauforderung an (siehe oben Rn. 239), gilt etwas anderes für den Schadenseintritt in einem späteren Schadensersatzprozess: Ein Schaden liegt danach nur vor, wenn der Baugeldgläubiger tatsächlich Anspruch auf das zweckwidrig verwendete Baugeld gehabt hätte (offen gelassen in OLG Hamburg Urt. v. 24.7.2002 4 U 4/01 = BauR 2003, 1058, 1060). Dies setzt jedoch voraus, dass **dem Baugeldgläubiger spätestens bis zum Ende der mündlichen Verhandlung eines dazu geführten Prozesses eine durchsetzbare und bei einem VOB-Vertrag nach Rechnungstellung auch fällige Forderung zusteht.** Folglich erstreckt sich ein diesbezüglicher Schadensersatzanspruch nicht auf einen Sicherheitseinbehalt, wenn dieser wirksam vereinbart wurde und noch nicht zur Auszahlung fällig ist (OLG Celle Urt. v. 13.1.2005 6 U 123/04, Nichtzul.-beschw. zurückgewiesen: BGH Beschl. v. 6.10.2005 VII ZR 35/05 = BauR 2006, 685, 687). Nicht erforderlich ist hingegen eine Abnahme der Bauleistung. Dies gilt vor allem dann, wenn das Bauvorhaben wegen der Insolvenz des Auftraggebers nicht mehr abgenommen wird und somit zum Stillstand kommt (OLG Dresden Urt. v. 1.3.2005 5 U 1854/04 = BauR 2005, 1346, 1347 f.). **243**

V. Verschulden

Für eine Haftung nach § 823 Abs. 2 BGB bedarf es eines Verschuldens des in Anspruch zu nehmenden Schadensersatzgegners. § 823 Abs. 2 BGB knüpft insoweit an den Verschuldensmaßstab des zugrunde liegenden Schutzgesetzes an (BGHZ 46, 21; NJW 1962, 910, 911; *Palandt/Thomas* § 823 Rn. 143). In Bezug genommenes Schutzgesetz ist § 1 GSB, der selbst keine Angaben zum Verschuldensmaßstab enthält; Anhaltspunkte ergeben sich allenfalls aus der Strafnorm des § 5 GSB. Auch hier findet sich jedoch kein konkreter Hinweis auf die Verschuldensform. Deswegen ist hilfsweise auf § 15 StGB zurückzugreifen. Danach ist eine **Strafbarkeit nur bei vorsätzlichem Handeln** gegeben. Diese Beschränkung einer strafrechtlichen Haftung auf eine reine Vorsatzbegehung **gilt auch für die zivilrechtliche Haftung** (BGH Urt. v. 9.10.1990 VI ZR 230/89 = BauR 1991, 96, 98 = NJW-RR 1991, 141, 142 = ZfBR 1991, 59, 60; Urt. v. 13.12.2001 VII ZR 305/99 = BauR 2002, 620 = NJW-RR 2002, 740 = NZBau 2002, 392 = ZfBR 2002, 349; OLG München Urt. v. 2.10.2001 9 U 3105/01 = BauR 2002, 1107; OLG Dresden Urt. v. 15.4.1999 9 U 3454/97 = BauR 2000, 585, 587; *Werner/Pastor* Rn. 1871; *Stammkötter* BauR 1998, 954, 960). Dabei genügt **bedingter Vorsatz** (BGH Urt. v. 8.1.1991 VI ZR 109/90 = BauR 1991, 237, 240 = NJW 1991, 2020 [Ls.] = NJW-RR 1991, 728, 730; Urt. v. 13.12.2001 VII ZR 305/99 = BauR 2002, 620 = NJW-RR 2002, 740 = NZBau 2002, 392 = ZfBR 2002, 349; ähnlich: OLG Bamberg Urt. v. 15.2.2001 1 U 49/00 = IBR 2001, 310, dasselbe Urt. v. 10.2.2003 4 U 150/02 = BauR 2003, 1056, 1057 = NJW-RR 2003, 960, 961 = NZBau 2003, 680, 681). Deswegen reicht es für eine Haftung aus, dass der Baugeldempfänger wusste oder es zumindest für möglich hielt, dass die empfangenen Gelder aus einem grundpfandrechtlich gesicherten Darle- **244** hen stammten, und er insoweit eine zweckwidrige Verwendung billigend in Kauf nahm oder sich zumindest damit abfand (BGH a.a.O.). Dabei liegt die Annahme der Billigung nahe, wenn der Täter sein Vorhaben trotz starker Gefährdung des betroffenen Rechtsguts durchführt, ohne auf einen glücklichen Ausgang und überhaupt das Nichtvorliegen des objektiven Tatbestandes vertrauen zu können, und wenn er es dem Zufall überlässt, ob sich die von ihm erkannte Gefahr verwirklicht oder nicht (BGH Urt. v. 13.12.2001 VII ZR 305/99 = BauR 2002, 620 = NJW-RR 2002, 740 = NZBau 2002, 392 = ZfBR 2002, 349).

VI. Darlegungs- und Beweislast

245 Die Darlegungs- und Beweislast für einen auf § 823 Abs. 2 BGB i.V.m. § 1 GSB gestützten Schadensersatzanspruch wirft im Hinblick auf die für die Haftung allein ausreichende Vorsatztat in der Praxis Probleme auf. Denn auch insoweit gilt zunächst, dass der Anspruchsteller alle die seinen Anspruch begründenden tatbestandlichen Voraussetzungen darzulegen und zu beweisen hat. Einem Externen, hier vor allem einem Bauunternehmer, wird ein solcher Vortrag in der Regel schwer fallen, da ihm Interna des potenziellen Baugeldempfängers nicht bekannt sind. Dies gilt insbesondere für einen ausreichenden Sachvortrag und Beweisantritt zu der vorsätzlichen Begehungsweise. In der Sache hat der BGH die Anforderungen an die **Darlegungs- und Beweislast allerdings inzwischen wie folgt eingeschränkt:**

246 Der Baugeldgläubiger hat zunächst **objektiv einen Verstoß gegen die Verwendungspflicht des § 1 Abs. 1 GSB darzulegen und zu beweisen.** Er muss somit vortragen, dass der Anspruchsgegner Baugeld erhalten und dieses zweckwidrig verwendet hat (BGH Urt. 18.4.1996 VII ZR 157/95 = BauR 1996, 709, 711 = NJW-RR 1996, 976, 977 = ZfBR 1996, 257, 258). Dabei reicht in der Regel eine Behauptung, dass der Anspruchsgegner Baugeld in mindestens der Höhe der Forderung des Baugeldgläubigers erhalten habe und von diesem Geld nunmehr nichts mehr vorhanden ist (BGH Urt. v. 13.12.2001 VII ZR 305/99 = BauR 2002, 620 = NJW-RR 2002, 740 = NZBau 2002, 392 = ZfBR 2002, 349; Urt. v. 13.9.2001 19 U 346/01 = BauR 2002, 486, 488; OLG Celle Urt. v. 29.11.2001 13 U 165/01 = BauR 2002, 1869; OLG Hamburg Urt. v. 24.7.2002 4 U 4/01 = BauR 2003, 1058, 1059 f.). Für etwaige Recherchen ist der Baugeldgläubiger immerhin berechtigt, in das vom Baugeldempfänger nach § 2 GSB zu führende Baubuch Einsicht zu nehmen. Daraus kann er – wenn dies ordnungsgemäß geführt ist – entnehmen, welche der gegen Sicherung durch das zu bebauende Grundstück gewährten Geldbeträge nicht zur Bestreitung der Baukosten bestimmt waren. Sind in dem Baubuch solche Beträge nicht ausgewiesen, hat der Baugeldempfänger entgegen § 2 GSB kein Baubuch geführt oder verweigert er dem Baugeldgläubiger die Einsicht und behauptet er, ein Teil der durch Grundpfandrechte gesicherten Geldleistungen sei nicht zur Bestreitung der Baukosten gewährt worden, so hat nunmehr der Anspruchsgegner die ordnungsgemäße Verwendung des Baugelds im Einzelnen darzulegen und zu beweisen (BGH Urt. v. 9.12.1986 VI ZR 287/85 = BauR 1987, 229, 230 = NJW 1987, 1196 = NJW-RR 1987, 661 [Ls.]; OLG München Urt. v. 2.10.2001 9 U 3105/01 = BauR 2002, 1107, 1108; OLG Celle Urt. v. 29.11.2001 13 U 165/01 = BauR 2002, 1869, 1870; OLG Hamburg Urt. v. 24.7.2002 4 U 4/01 = BauR 2003, 1058, 1059 f.). Hierbei geht es sodann vor allem um die Darlegung der ordnungsgemäßen Auszahlung der Gelder an die Baugeldgläubiger – ggf. gekürzt um den hälftigen Eigenanteil gemäß § 1 Abs. 2 GSB. Erforderlich ist eine detaillierte Aufschlüsselung (OLG München a.a.O.; OLG Celle a.a.O.; OLG Hamburg a.a.O.). Insoweit ist allerdings zu beachten, dass es für die Bedienung der einzelnen Baugeldgläubiger keine Rangfolge gibt (siehe oben Rn. 242).

247 Neben der objektiv zweckwidrigen Verwendung des Baugelds muss der **Anspruchsteller weiter den Bestand und die Fälligkeit seiner durch das GSB gesicherten Forderung** darlegen und beweisen mit der Maßgabe, dass diese Forderung wegen der zweckwidrigen Verwendung von Baugeld nicht erfüllt wurde und auch nicht mehr erfüllt werden kann. Konkret setzt dies einen Sachvortrag unmittelbar zum Rechtsgrund und zur Höhe der Forderung sowie zum Ausfall des Auftraggebers voraus

(BGH Urt. v. 13.12.1988 IV ZR 260/88 = BauR 1989, 230 = NJW-RR 1989, 788 = ZfBR 1989, 110; Urt. v. 9.10.1990 VI ZR 230/89 = BauR 1991, 96, 98 = NJW-RR 1991, 141, 142 = ZfBR 1991, 59, 60; Urt. v. 6.6.1989 VI ZR 281/88 = BauR 1989, 758, 759 = NJW-RR 1989, 1045, 1046; OLG Dresden Urt. v. 10.7.2002 6 U 434/02 = BauR 2002, 1871).

Zu der **subjektiven Tatbestandsvoraussetzung, hier dem vorsätzlichen Handeln**, muss der Anspruchsinhaber wenigstens konkrete Umstände darlegen, die ihm Anhaltspunkte dafür liefern, dass es sich bei dem vom Auftraggeber verwendeten Geld um Baugeld handelt bzw. gehandelt hat. Diese Anhaltspunkte sind z.B. bei der Errichtung eines größeren Vorhabens, das üblicherweise mit dinglicher Sicherung fremdfinanziert wird, gegeben, wenn der Anspruchsgegner als ein in der Baubranche tätiger Unternehmer mit einer Fremdfinanzierung des Vorhabens auf der Grundlage einer dinglichen Sicherung rechnete bzw. rechnen konnte (BGH Urt. v. 13.12.2001 VII ZR 305/99 = BauR 2002, 620 = NJW-RR 2002, 740 = NZBau 2002, 392 = ZfBR 2002, 349). Dasselbe gilt bei kleineren Vorhaben, soweit diese im Rahmen eines Bauträgermodells errichtet werden (OLG Bamberg Urt. v. 10.2.2003 4 U 150/02 = BauR 2003, 1056, 1057 = NJW-RR 2003, 960, 961 = NZBau 2003, 680, 681). Ausreichend ist insoweit stets, dass sich der Auftraggeber zumindest mit einer Fremdfinanzierung abgefunden, d.h. sich keine weiteren Kenntnisse dahingehend verschafft hat, woher die Mittel für dieses Bauvorhaben herkommen (BGH Urt. v. 13.12.2001 VII ZR 305/99 = BauR 2002, 620 = NJW-RR 2002, 740 = NZBau 2002, 392 = ZfBR 2002, 349; OLG Dresden Urt. v. 13.9.2001 19 U 346/01 = BauR 2002, 486, 489 f.; OLG Bamberg Urt. v. 10.2.2003 4 U 150/02 = BauR 2003, 1056, 1057 = NJW-RR 2003, 960 = NZBau 2003, 680; OLG Stuttgart Urt. v. 19.5.2004 3 U 222/03 = OLGR 2004, 298, 300 = BauR 2004, 1347 f. [Ls.] = ZfBR 2004, 562 [Ls.]). **248**

Soweit ein Verschulden des Anspruchsgegners vorliegt, kann dieser sich nur im Ausnahmefall auf einen **schuldausschließenden Tatbestandsirrtum** berufen (vgl. § 16 StGB). Denn insoweit dürften die Anforderungen an einen diesbezüglichen Vortrag unter Berücksichtigung der vorstehenden Erläuterungen relativ hoch liegen. Dies wiederum beruht darauf, dass ein Baugeldempfänger insbesondere bei größeren Vorhaben nicht davon ausgehen kann, dass die empfangenen Gelder nicht auf einem grundpfandrechtlich gesicherten Baudarlehen beruhen. Etwas anderes kann immerhin gelten, wenn der Auftraggeber eines privaten Einfamilienhauses dem Generalunternehmer versichert, mit Eigenmitteln zu bauen, und der Anspruchsgegner sich darauf verlässt (*Stammkötter* § 1 Rn. 119). Selbst wenn die Vorschriften des GSB in der Praxis relativ unbekannt sind, wird sich ein Anspruchsgegner wie auch sonst bei Unkenntnis der Rechtslage kaum darauf berufen können, die einschlägige Rechtslage nicht gekannt zu haben. Daher wird insbesondere Baugewerbetreibenden in der Regel ebenfalls kein **schuldausschließender Verbotsirrtum** wegen einer nicht vermeidbaren Verkennung der Rechtslage zugute kommen (BGH Urt. v. 10.7.1984 VI ZR 222/82 = BauR 1984, 658, 659 = NJW 1985, 134, 135 = ZfBR 1984, 276, 277 f. mit krit. Anm. v. *Nierwetberg* JZ 1985, 433; Urt. v. 9.10.1990 VI ZR 230/89 = BauR 1991, 96, 98 = NJW-RR 1991, 141, 142 = ZfBR 1991, 59 60; OLG Bamberg Urt. v. 15.2.2001 1 U 49/00 = IBR 2001, 310; OLG Celle Urt. v. 29.11.2001 13 U 165/01 = BauR 2002, 1869, 1870). **249**

VII. Verjährung

Schadensersatzansprüche nach § 823 Abs. 2 BGB i.V.m. § 1 Abs. 1 GSB unterliegen der **regelmäßigen Verjährung (§ 195 BGB)**. Die Verjährungsfrist beläuft sich auf 3 Jahre. Sie beginnt am Schluss des Jahres, in dem der Anspruch entstanden ist und der Gläubiger von den den Anspruch begründenden Umständen und der Person des Schuldners Kenntnis erlangt oder ohne grobe Fahrlässigkeit hätte erlangen müssen (§ 199 Abs. 1 BGB). Für die die Verjährung auslösende Kenntnis genügt der Umstand, dass der Bauunternehmer etwa nach der Information des Insolvenzverwalters, dass keine Masse mehr da sei, **weiß, dass er mit seiner Forderung ausfallen** wird. In diesem Moment hat er nämlich Kenntnis vom Schaden und der Person des Schädigers. Unerheblich ist hingegen, dass der **250**

Anhang 2 Sicherung von Vergütungsansprüchen der Bauunternehmer

Bauunternehmer keine Kenntnis von der grundpfandrechtlichen Sicherung des Baugeldes hatte oder etwa diese auch gar nicht haben konnte, weil die das Darlehen absichernden Grundschulden zum maßgeblichen Zeitpunkt noch nicht eingetragen waren. Denn auch insoweit wirkt zum Nachteil die oben schon im anderen Zusammenhang angesprochene Vermutungswirkung (Rn. 248), wonach bei insbesondere größeren Vorhaben mit einer Fremdfinanzierung mit grundpfandrechtlicher Sicherung zu rechnen ist (OLG Düsseldorf Urt. v. 18.7.2003 14 U 63/03, BGH Nichtzulassungsbeschw. zurückgewiesen, Beschl. v. 25.3.2004 VII ZR 255/03 = IBR 2004, 317).

Anhang 3
Die Unternehmereinsatzformen

Inhaltsübersicht   Rn.

Vorbemerkung... 1
A. Begriff der Unternehmereinsatzformen 2
B. Der Alleinunternehmer.. 3
C. Die Arbeitsgemeinschaft.. 5
    I.   Begriff und andere Formen des Zusammenschlusses von Einzelunternehmen........ 6
    II.   Grundsatz der ARGE: Zusammenschluss mehrerer Unternehmer auf vertraglicher Grundlage.. 19
    III. Die ARGE als Gesellschaft bürgerlichen Rechts oder OHG? – Allgemeine Erläuterungen ... 42
    IV. Die ARGE – Das Innenverhältnis der Gesellschafter untereinander 59
        1. Organe der ARGE 59
        2. Beteiligung und Haftung im Innenverhältnis.................................. 62
        3. Geschäftsführung und Vertretungsmacht.. 64
            a) Geschäftsführung 65
                aa) Tätigkeit geschäftsführender Gesellschafter 66
                bb) Verletzung von Geschäftsführerpflichten 67
                cc) Entziehung oder Kündigung der Geschäftsführung............. 68
            b) Vertretungsmacht 69
        4. Versicherungsbeiträge 70
        5. Steuern.. 71
        6. Beiträge für Berufsverbände 72
        7. Insolvenz 73
    V.   Die ARGE – Das Außenverhältnis der Gesellschaft zu anderen..................... 83
        1. Haftung aus Vertrag, unerlaubter Handlung und Organhaftung; Gesamtschuldnerschaft... 83
        2. Gesamtgläubigerschaft... 88
        3. Abtretung von Forderungen 89
        4. Änderung des Gesellschaftsvertrages 91
    VI. Auflösung oder Kündigung bei der Arbeitsgemeinschaft 92
        1. Gesellschafterkündigung.. 93
        2. Gesellschafterbeschluss 94
        3. Gläubigerkündigung.. 95
        4. Tod eines Gesellschafters bzw. Auflösung seines Unternehmens 96
        5. Insolvenz der ARGE und Zwangsvollstreckung gegen die ARGE............ 97
    VII. Auseinandersetzung mit ausscheidendem Gesellschafter............................. 99
    VIII. Beendigung der Arbeitsgemeinschaft 105
    IX. Vertretung bei aufgelöster Gesellschaft 116
D. Von der Arbeitsgemeinschaft zu unterscheidende weitere Sonderformen 117
    I.   »Beteiligungs- und Beihilfegemeinschaft« 118
    II.   Leiharbeitsverhältnis – Dienstverschaffungsvertrag – Arbeitnehmerüberlassung ... 120
        1. Leiharbeitsverhältnisse 126
            a) Unterschied zwischen echtem und unechtem Leiharbeitsverhältnis ... 126
            b) Unechtes Leiharbeitsverhältnis 130
            c) Echtes Leiharbeitsverhältnis 131
        2. Maschinenarbeitsgemeinschaft... 134
        3. Auftrag unter anderem Namen 137
        4. Das Konsortium 138
        5. Partnering – GMP-Modelle und CM-Modelle 146
        6. Projektsteuerung.. 154h
E. General-(Haupt-) und Nachunternehmer 155
    I.   Grundsätzliches 155

			Rn.
	II.	Generalunternehmer – Hauptunternehmer	158
	III.	Generalunternehmer ist Alleinunternehmer gegenüber Auftraggeber	159
		1. Vertragliche Beziehungen grundsätzlich nur zwischen Generalunternehmer und Auftraggeber	165
		2. Weitervergabe von Leistungen an Nachunternehmer	167
		3. Organisationsverschulden; Baugeld	168
	IV.	Generalübernehmer	172
		1. Allgemeines und Abgrenzung auch zum Bauherrenmodell und Bauträgervertrag	172
		2. Vereinbarung der VOB/B; Allgemeine Geschäftsbedingungen	173
		3. Teilnahme an Ausschreibungen und Vergaben	179
		4. Bauträgerverträge als »Minus«	180
		5. Architektenmodelle	181
		6. Sonderformen	182
	V.	Weitere Mischformen	183
		1. Beschränkter Generalunternehmereinsatz	184
		2. Totalunternehmer	185
		3. Anlagenvertrag	188
		4. Fertighausvertrag	196
		5. Bausatz-(haus-)vertrag	197
		6. Ergänzend: Kaufvertragspflichten bei Montagesätzen	199
		7. Baustoffhändler	203a
	VI.	General- und Nachunternehmereinsatz bei Bauvergabe nach VOB/A	204
		1. Fachkunde des Generalunternehmers	204
		2. Subunternehmer in der Vergabe und Leiharbeitsverhältnisse	207
	VII.	Nachunternehmervertrag (Subunternehmervertrag)	209
		1. Allgemeine Gesichtspunkte	209
		2. Arbeitgebereigenschaft; Baugeräteüberlassung	212
		3. Nebenunternehmer; Schuldbeitritt	215
		4. Vertragliche Verbindungen	217
		5. Beachtung der VOB-Regelungen	221
		6. Merkblatt für Generalunternehmer	236
		7. Weitere zu beachtende Regeln im Verhältnis Haupt-/Nachunternehmer	237
		8. Verantwortlichkeit des Nachunternehmers unabhängig von Ansprüchen des Auftraggebers	241
		9. Gesamtschuldnerausgleich	246
		10. Verhältnis des Nachunternehmers zum Auftraggeber	248
		11. Zuschlag bei Generalunternehmervergütung	254
		12. Steuerrechtliche, sozial- und versicherungsrechtliche Aspekte; Verkehrssicherungspflicht	255
		13. Los- oder Dach-Arbeitsgemeinschaft	260
		14. GMP-Abrede	261
		15. Internationale Subunternehmerverträge	262
		16. FIDIC-Vereinbarungen	263
		17. Kundenschutzklauseln	264
	VIII.	Sondervereinbarungen Generalunternehmer – Auftraggeber	265
	IX.	»Rückgriff« des Generalunternehmers gegen Nachunternehmer	267
F.	Haupt- und Nebenunternehmer		283
	I.	Grundlage	283
	II.	Unmittelbare Verträge beider Unternehmer mit Auftraggeber	284
	III.	Besonderheiten für Bauvergabe	286
		1. Festlegung in den Verdingungsunterlagen	286
		2. Richtlinien für die Tätigkeit des Hauptunternehmers	287
		3. Festlegung zusätzlicher Pflichten des Hauptunternehmers	288
		4. Aufnahme der besonderen Hauptunternehmerpflichten auch im Bauvertrag	289

		Rn.
IV.	Zusätzliche Vergütung des Hauptunternehmers	290
V.	Ausgewogenheit zwischen Haupt- und Nebenunternehmerverträgen	291
VI.	Rechtsverhältnisse der Beteiligten	292
	1. Hauptunternehmervertrag ist allgemein so genannter gemischter Vertrag	293
	2. Selbstständiger Bauvertrag zwischen Auftraggeber und Nebenunternehmer	294
	3. Keine vertraglichen Beziehungen zwischen Haupt- und Nebenunternehmern	295
G. Baubetreuung – Bauträger – Treuhand		297
I.	Allgemeines zum Begriff »Baumodelle«	297
	1. Begriffliches	297
	2. Begriff der Baubetreuung im Allgemeinen	298
	3. Unterschied zum Generalunternehmer	299
	4. Sanierungsmodell	301
	5. Rechtsberatungsgesetz	302
	6. Allgemeine Geschäftsbedingungen	303
	7. Verbraucherabzahlungsverträge	304
II.	Der Baubetreuungsvertrag	305
	1. Grundlage	305
	2. Handeln des Betreuers namens und im Auftrag des Bauherrn – Vollmachtsfragen	307
	3. Unmittelbare bauvertragliche Beziehungen zwischen Betreutem und Auftragnehmer	311
	4. Überwiegend dienstvertraglicher Charakter dieses Betreuungsvertrages	312
III.	Bauträgervertrag	317
	1. Begriff	317
	2. Die Vergütung des Bauträgers	325
	3. Abschlagszahlungen	329
	4. Sicherungspflichten	330
	5. Sonderwünsche und Eigenleistungen	334
	6. Steuerliche Auswirkungen	336
	7. Prospekthaftung	338
	8. Zahlung und Zahlungsverzug der Erwerber	339
	9. Zwangsvollstreckung	340
	10. Vergütung des Baubetreuers	341
	11. Abtretung von Gewährleistungsansprüchen an Betreuten und Erwerber	342
	a) Allgemeines	343
	b) Informationspflichten	344
	c) Inhaltlich klare Abtretung	345
	d) Ausschluss der Gewährleistungsansprüche gegen Bauträger unter gleichzeitiger Abtretung	347
	e) Kosten des Erwerbers	350
	f) Individualverträge	351
	g) Insolvenz des Unternehmers	352
	h) Durch Bauträger selbst veranlasste Nachbesserung	353
	i) Zustimmung des Auftragnehmers zur Abtretung	354
	k) Einrede des nichterfüllten Vertrages	355
	l) Sonderfälle	356
	m) Ausschluss oder Einschränkung von Gewährleistungsansprüchen ohne Abtretung	357
	12. Werklieferungsvertrag mit Geschäftsbesorgungscharakter; insbesondere werkvertragliche Gewährleistung	363
	a) Grundsätzlich werkvertragliche Gewährleistungsansprüche	367
	b) Ausdrückliche Bezeichnung der Herstellungsverpflichtung im Vertrag nicht erforderlich	368
	c) Auch bereits fertig gestellte Neubauten sind von der Gewährleistungspflicht erfasst	370
	d) Umbau von Altbauten	371
	e) Abgrenzung	372

		Rn.
f)	Verzug des Bauträgers mit der Leistungserbringung.	374
g)	Bezeichnung des Vertragstyps in Formularverträgen unbeachtlich	375
h)	Umfang der werkvertraglichen Gewährleistungspflicht des Bauträgers – Verjährung – Kündigung.	377
i)	Keine Teilkündigung ohne wichtigen Grund	389
13. Rechte des Erwerbers bei Mängeln am Gemeinschaftseigentum (Wohnungseigentum).		393
a)	Allgemeines	393
b)	Grundsätzlich Anwendung des Werkvertragsrechts	394
c)	Rechtsstellung des Erwerbers	395
d)	Gläubigerstellung	396
	aa) Primäre Mängelrechte	396
	bb) Sekundäre Mängelrechte	397
	cc) Rückabwicklungsrechte	398
e)	Rechtszuständigkeit der Eigentümergemeinschaft	399
	aa) Materielle Zuständigkeit.	399
	bb) Formelle Zuständigkeit bei einem Eigentümerwechsel	400
f)	Kompetenzen für die Mängelrechte im Einzelnen	401
	aa) Erfüllungs- und Nacherfüllungsanspruch	401
	(1) Beschlusskompetenz der Gemeinschaft.	401
	(2) Rechtszuständigkeit des rechtsfähigen Verbandes	402
	bb) Fristsetzung.	403
	cc) Der Vorschussanspruch	404
	dd) Selbstvornahme und Aufwendungsersatz.	405
	ee) Rücktritt und »großer« Schadenersatzanspruch	406
g)	Schadenersatz neben Erfüllung	407
h)	Minderung oder »kleiner« Schadenersatzanspruch	408
	aa) Beschlusskompetenz der Gemeinschaft	409
	bb) Die Höhe des Anspruchs	410
	cc) Verwendung der erlangten Mittel	411
i)	Prozessführungsbefugnis.	412
14. Form des Bauträgervertrages		413
15. Ausnahme: Spätere Übertragung, Nutzungsverhältnis.		420
IV. Verjährung von Ansprüchen des Betreuers bzw. Bauträgers		422
1. Grundsätzlich Grundlage § 195 BGB		424
2. Erbrachte Leistungen		428
3. Getrennte Leistungen		429
4. Wirtschaftliche und finanzielle Betreuung		430
5. § 16 Nr. 3 Abs. 2 bis 6 VOB/B.		431
V. Sonderfragen.		432
1. Musterprozessklausel		432
2. Schlüsselfertiges Bauen		435
3. Vollstreckungsklauseln		436
4. Auskunfts- und Rechenschaftspflicht		439
5. Anfechtung, Verschulden bei Vertragsverhandlungen		440
6. Finanzierungsbestätigung – Einwendungen gegenüber kreditgebender Bank		441
7. Prospekthaftung		444
8. Mietgarantie und -bürgschaft		454
9. Vormerkung zur Grundstücksübereignung – Insolvenz		456
10. Vertragsstrafenvereinbarung		460
11. Bauträger und PPP-Verfahren.		460a
VI. Bautreuhänder		461
1. Tätigkeitsformen.		461
2. Pflichten des Treuhänders – Abgrenzung.		462

		Rn.
	3. Verschiedene Bauherrenmodelle	465
	4. Haftung für Verschulden bei Vertragsverhandlungen	469
	5. Überwachung im Rahmen der Finanzierung	471
	6. Vorvertragliche Haftung; Prospekthaftung	474
	7. Beachtung der Bestimmungen der §§ 305 ff. BGB	480
	8. Notarielle Beurkundung	482
	9. Gesamtschuldnerische Haftung von Bauträger und Treuhänder	483
	10. Verjährung von Ansprüchen gegen Treuhänder	485
	11. Zurückzahlung nicht verbrauchter Gelder	487
	12. Einwendungsdurchgriff gegen finanzierende Bank; Haftung der Bank	488
	13. Begrenzung des Vergütungsanspruches des Treuhänders	489
	14. Etwaige Haftung gegenüber ausführenden Unternehmern	490
VII.	Handelsunternehmen	492
VIII.	Leasingunternehmen	493
IX.	Der Facility Management-Vertrag	497
X.	Immobilienfonds	498

Vorbemerkung

In diesem Anhang werden verschiedene Möglichkeiten von Zusammenschlüssen oder auch von Betätigungen von Unternehmern dargestellt. Dabei geht es um den Einzelunternehmer, die (Bau-)Arbeitsgemeinschaft (ARGE), General- bzw. Hauptunternehmer, Nachunternehmer (Subunternehmer), Haupt- und Nebenunternehmer, Baubetreuer, Treuhänder und Bauträger. In den Erörterungen werden nicht nur Besonderheiten im Rahmen des Vertrages mit dem Auftraggeber, sondern auch die inneren Rechtsverhältnisse der Beteiligten dargestellt. Erläutert wird neben dem BGB, inwieweit die VOB/A und VOB/B Auswirkungen darauf haben. Auch auf besondere gesetzliche Anordnungen wird eingegangen, so im Zusammenhang mit Bauträgermodellen und der Durchsetzung der Rechte durch die Erwerber (WEG). 1

A. Begriff der Unternehmereinsatzformen

§ 4 Nr. 3 VOB/A sieht vor, dass Bauleistungen verschiedener Handwerks- oder Gewerbezweige i.d.R. nach Fachgebieten oder Gewerbezweigen getrennt zu vergeben sind (Fachlose); aus wirtschaftlichen oder technischen Gründen können mehrere Fachlose zusammen vergeben werden. In diesem Zusammenhang ist auf die möglichen Arten des Zusammenschlusses von Bauausführenden zur Erbringung einer Bauleistung einzugehen. **Man spricht von den Unternehmereinsatzformen.** Neben einem Anhaltspunkt in § 4 Nr. 3 VOB/A ergeben sich aus der VOB/A und B weitere Hinweise. Aus wirtschaftlichen und technischen Gründen können mehrere Fachlose zusammengefasst werden und an einen dieser Fachunternehmer vergeben werden, der auf mindestens einem Fachlosbereich tätig ist. Werden dann sämtliche Fachlose zusammengefasst, so ist der Einsatz eines Generalunternehmers zulässig. Die Bauleistungen dürfen auch nur an die Unternehmen vergeben werden, die sich mit der Ausführung gleicher Leistungsarten – gewerbsmäßig – befassen, § 8 Nr. 2 Abs. 1 VOB/A. Dabei ist darauf zu achten, dass nur die Unternehmen beauftragt werden, die in der Lage sind, die Leistungen selbst auszuführen, § 8 Nr. 3 VOB/A. Aus § 25 Nr. 6 VOB/A ergibt sich die Zulässigkeit von Arbeitsgemeinschaften. Allerdings schreibt § 4 Nr. 8 VOB/B vor, dass die Bauleistungen nur im Betrieb des Beauftragten zu erbringen sind und im Übrigen der Zustimmung des Auftraggebers bedürfen. Damit ergeben sich folgende Erscheinungsformen von Unternehmereinsätzen: Fachunternehmer, Hauptunternehmer und Alleinunternehmer; Nachunternehmer (Subunternehmer); 2

Anhang 3 — Unternehmereinsatzformen

Nebenunternehmer; Bietergemeinschaft; Arbeitsgemeinschaft (ARGE); Generalunternehmer; Totalunternehmer; Generalübernehmer; Totalübernehmer; Baubetreuer; Bauträger; Handelsunternehmen; Betriebe der öffentlichen Hand und verwandte Arten; Leasingunternehmen und Mischformen bei ÖPP-Modellen nebst Finanzierungsunternehmen.

B. Der Alleinunternehmer

Literatur zum Thema: *Schlapka* Kooperationsmodell – ein Weg aus der Krise? BauR 2001, 1646.

3 **Der Regelfall des Unternehmereinsatzes ist auch heute noch der Alleinunternehmer.** Es ist derjenige, der im Rahmen seines Betriebes alle Bauarbeiten **selbst durchführt,** die zu dem ihm erteilten Auftrag gehören. Er erfüllt seine Leistungsaufgabe eigenverantwortlich, wie auch § 4 Nr. 8 VOB/B dies vorsieht. Der Auftrag kann die gesamte Bauleistung umfassen, aber auch nur ein Teillos, ein Fachlos oder eine Fachlosgruppe sein. Alleinunternehmer kann eine Einzelperson, es können aber auch mehrere Personen zusammen sein. Man denke an den Fall, dass ein Baubetrieb mehrere Inhaber hat, die das Geschäft gemeinsam betreiben, ohne durch eine der Gesellschaftsformen des Handelsrechts miteinander verbunden zu sein. Man spricht dann wegen der gemeinschaftlichen Zweckbestimmung und Zweckbindung im Allgemeinen von einer Gesellschaft des bürgerlichen Rechts, wobei jeder der Inhaber für sein Tun und Unterlassen selbst verantwortlich ist und dem Auftraggeber gesamtschuldnerisch mit den anderen mit seinem ganzen Vermögen haftet; hierzu §§ 705 ff. BGB. Weiter kann Alleinunternehmer ein Unternehmen sein, das in einer der Gesellschaftsformen des Handelsrechts nach den hierfür geltenden gesetzlichen Bestimmungen geführt wird. Zu denken ist an die juristischen Personen, die gleich der natürlichen Person als Einzelperson zu gelten haben, wie z.B. die Kommanditgesellschaft, die offene Handelsgesellschaft, die Gesellschaft mit beschränkter Haftung, die Aktiengesellschaft usw. Es genügt festzuhalten, dass Alleinunternehmer i.S.d. VOB nicht nur die Einzelpersönlichkeit des allein einen Baubetrieb leitenden und innehabenden Unternehmers ist, sondern dass darunter auch alle die Gesellschaftsformen verstanden werden – und zwar sowohl des BGB als auch des HGB –, unter denen ein Unternehmen des Baugewerbes betrieben werden kann.

4 Zu **unterscheiden** ist allerdings **in aller Deutlichkeit** vom **Alleinunternehmer** der **Generalunternehmer,** der vom Auftraggeber mit sämtlichen das Bauwerk betreffende Erstellungs- und Arbeitsleistungen beauftragt wird. So wird dort der **Generalunternehmer im engeren Sinne** mit der Koordinierung und Leitung des Bauvorhabens angesprochen; der **Generalunternehmer im weiteren Sinne** übernimmt ganz oder teilweise hierzu dann auch noch die weitere Bauausführung und der **Generalübernehmer** führt darüberhinaus auch noch die Architektenleistungen und weiteren Leistungen der Fachplaner/Sonderfachleute aus (zu den Unterschieden: *Leineweber* Rn. 334 ff.; *Siegburg* Rn. 16; *Koeble* Rechtshandbuch Immobilien Bd. 1 Kap. 15 Rn. 84 ff. [Stand: 7/2002]). Insofern liegt es allerdings nahe den **Generalunternehmer auch als Alleinunternehmer** anzusprechen. **Hier gemeint** ist mit dem Begriff Alleinunternehmer aber der handwerklich, für den Auftraggeber tätige Unternehmer, der die Bauerrichtung im ursprünglichen Sinne schuldet. In der Regel wird ein Bauvorhaben im Allgemeinen von **mehreren – selbstständigen – Unternehmern bzw. Unternehmen** erstellt, von denen jeder einen bestimmten Teil auf seinem Fachgebiet (Maurer, Klempner, Installateure, Dachdecker usw.) in sich abgeschlossen nach einem jeweils **nur mit ihm eingegangenen und nur für ihn gültigen Vertrag** zu erbringen hat. Es gilt daher **allgemein** der **Grundsatz,** dass die mehreren an einem Bau tätigen Unternehmer **nicht Gesamtschuldner** (§ 421 BGB) des Auftraggebers **hinsichtlich** des Gesamtvorhabens sind. **Ausnahmen** gelten **nur bei Arbeitsgemeinschaften** im Außenverhältnis zu Dritten und dann, wenn eine **bestimmte Bauleistung ihrer Natur nach nur** durch Zusammenwirken mehrerer Unternehmer erbracht werden kann. Hiervon gehen auch die »Hinweise zur Vergabe von Bauleistungen im kommunalen Bereich« der einzelnen Bundesländer aus. Beispielhaft beschreibt die Bekanntmachung des Sächsischen Staatsministeriums des Innern (Abl.

S 00 I. S. 794) unter 3.3 »Einsatz von Generalunternehmern und Generalübernehmern bei Bauaufträgen« den Alleinunternehmer als »Fachunternehmer« und den Generalunternehmer als denjenigen, der die Bauaufträge für mehrere Leistungsbereiche annimmt, ohne gleichzeitig in diesen Bereichen auch gewerbsmäßig tätig zu sein oder alle Leistungen von seiner Kapzität her ausführen zu können. Damit wird dem Alleinunternehmer die eigentliche Ausführung der Fachlose als »Spezialisten« unterstellt.

C. Die Arbeitsgemeinschaft

Literatur: *Grünhoff* Die Konzeption des GMP-Vertrages NZBau 2000, 313; *Vetter* Rechtsprobleme der Organisation des Konsortiums bei Großprojekten ZIP 2000, 1041; *Eschenbruch* Construktion Management, NZBau 2001, 585; *Greeve* Arbeitnehmerüberlassung und Durchführung einer Bau-ARGE mit Auslandsbezug auf der Grundlage des Muster-ARGE-Vertrages NZBau 2001, 525; *Kapellmann* Ein Construktion Management Vertragsmodell NZBau 2001, 592; *Vetter* Individuelle Rechtsverfolgung versus Solidarität im Industrieanlagen-Konsortium FS Jagenburg 2002 S. 913 ff.; *Adler/May* Inanspruchnahme einer Vertragserfüllungsbürgin durch Mitgesellschafter einer Bau-ARGE, BauR 2006, 756; *Burchardt/Pfülb* ARGE-Kommentar (ARGE 2005 Dach-ARGE 2005 und Bietergemeinschaftsvertrag 2003), 4. Aufl. 2006; *Nemuth* Risikomanagement bei internationalen Bauprojekten, 2006; *Wagner* Bau-Gesellschaftsrecht – Rechtsfolgen nach Vollbeendigung einer ARGE ZfBR 2006, 209; *Wagner* Rechtsfolgen nach Vollbeendigung einer ARGE, ZfBR 2006, 209; *Zerhausen/Nieberding* Der Muster-ARGE-Vertrag 2005, BauR 2006, 296.

Mehrere Unternehmer können sich gemeinsam **vor** der Auftragserteilung zusammenschließen und **5** als einheitlicher Vertragspartner auftreten; sie können dies – ausnahmsweise – mit grundsätzlich vorauszusetzender Zustimmung des Auftraggebers auch noch **nach** Abschluss des Bauvertrages tun, ohne dass dadurch der vorangegangene Vergabewettbewerb im Geringsten eingeschränkt worden sein darf. In beiden Fällen handelt es sich um eine Arbeitsgemeinschaft. Rechtlich handelt es sich dabei im Verhältnis zum Auftraggeber um einen Alleinunternehmer, da nur ein einheitlicher Auftrag erteilt wird und sich die Rechte und Pflichten aller Beteiligten, vor allem auf der Auftragnehmerseite, nach einem einheitlichen Vertrag richten. Bei der ARGE handelt es sich daher um eine Kooperationsform bei der Bauausführung, wobei von vornherein zu beachten ist, dass die Arbeitsgemeinschaft grundsätzlich eine **eigene Rechtspersönlichkeit** besitzt (vgl. dazu BGH NJW 2001, 1056). Ein ganz anderer Gesichtspunkt ist es allerdings, dass sich die **Rechte und Pflichten der Arbeitsgemeinschaft gegenüber dem Auftraggeber weitgehend mit denen des Alleinunternehmers decken.**

I. Begriff und andere Formen des Zusammenschlusses von Einzelunternehmen

Die Begriffsbestimmung der baurechtlichen Arbeitsgemeinschaft in einer früheren Fassung der **6** Nr. 2.1 VHB zu § 8 VOB/A lautete:

2. *Arbeitsgemeinschaften*
2.1. *Arbeitsgemeinschaften sind Zusammenschlüsse von Unternehmern auf vertraglicher Grundlage mit dem Zweck, Bauaufträge für gleiche oder verschiedene Fachgebiete oder Gewerbezweige gemeinsam auszuführen; sie können vertikal (Unternehmen verschiedener Fachrichtungen) oder horizontal (Unternehmen gleicher Fachrichtungen, z.B. Ingenieur-Hochbau) gegliedert sein.*

Diese Definition ist **auch heute noch richtig.** **7**

Zunächst ist zu beachten, dass die Unternehmereinsatzformen des Alleinunternehmers, Generalunternehmers, des Generalübernehmers, des Nebenunternehmers und des Nachunternehmers innerhalb im Rahmen eines gesellschaftsrechtlichen Zusammenschlusses (zumeist einer Gesellschaft bürgerlichen Rechts, §§ 705 ff. BGB) die vereinbarte Werkleistung ausführen können. Dabei bildet die Arbeitsgemeinschaft (ARGE) als Zusammenschluss von zwei oder mehreren selbstständigen Unternehmen, die sich gegenseitig vertraglich verpflichteten, ein Bauvorhaben gemeinsam auszuführen und die zur Erreichung dieses gemeinsamen Zweckes vereinbarten, die Beiträge und Leistungen in der vertraglich bestimmten Qualität und Quantität termingerecht zu erbringen, die Kernzelle des ARGE-Zusammenschlusses. Dabei entsteht die ARGE als Gesellschaft bürgerlichen Rechts in der Form einer Außengesellschaft mit Gesamthandsvermögen. Die Gesellschafter haften also dem Bauherrn für die Erfüllung des Bauvertrages gesamtschuldnerisch neben der ARGE als Rechtssubjekt.

8 Dabei ist die ARGE von der Gesellschaftsform der OHG abzugrenzen bzw. zu dieser einzuordnen. Sie setzt ein vollkaufmännisches Unternehmen voraus. Dies basiert auf der Erkenntnis, dass mit der Handelrechtsreform zum 1.7.1998 ein Handelsgeschäft schon dann vorliegt, wenn diese auf die Ausübung des Handelsgewerbes gerichtet ist. Die ARGE betreibt im Regelfall allerdings kein vollkaufmännisches Grundhandelsgewerbe nach § 1 Abs. 2 HGB. So sind die Beschaffung von Material und Geräten eben nur Hilfsmittel zur Bauleistung. Außerdem fehlt es der ARGE an dem Merkmal des Gewerbebetriebes. Das Handelsgewerbe, in § 1 HGB definiert, ist aber zunächst als Gewerbebetrieb einzuordnen. Das Handelsreformgesetz vom 22.6.1998 hat daran nichts geändert (*Schmidt* DB 2003, 703, 706). Erforderlich ist das Vorliegen einer planmäßigen und auf Dauer angelegte Geschäftstätigkeit. Das wird man – außer der Bieter-ARGE – grundsätzlich anzunehmen haben. Verfehlt wäre es, sich nur auf das Beispiel der Nachträge gem. §§ 1 Nr. 3 und 4 VOB/B zu verlegen, weil verkannt wird, dass die Nachträge auch in einen üblichen VOB-Vertrag vorkommen, der von sehr kurzer Dauer sein kann (so aber *Burckhard/Pfülb* Präambel Rn. 4). Allerdings wird man auch erkennen müssen, dass die ARGE als Anbieter von Leistungen am Markt in Erscheinung tritt. Auch dieser Leistungsbegriff ist weit auszulegen. Hier geht es um allgemeine Leistung des Handelsbetriebes. Dies wurde bei Vermessungs- und Projektierungsarbeiten so gesehen (OLG Dresden BauR 2002, 1414) und bei Lieferungen an die Telekom (*Joussen* BauR 1999, 1063). Außerdem bedarf es eines eingerichteten und ausgeübten Geschäftsbetriebs. Daher kommt nur ausnahmsweise eine sog. **Nebenerwerbs-ARGE** in Betracht. Anerkannt ist dies bei dem zusätzlichen Betätigungsfeld des gewerblichen Verkaufs von Betonfertigteilen oder Fertigbeton an den Auftraggeber oder an Dritte, insbesondere weil die Produktion größer war, als der Bedarf. Auch bei einer Dauer-ARGE, die sich von vorneherein zur Bewirtschaftung mehrerer Lose oder Bauwerke zusammengeschlossen hat, ist die analoge Anwendung der OHG-Regeln denkbar. Hier kommt es auf die Dauerhaftigkeit und Nachhaltigkeit des Betriebs an. Maßgeblich für die Sichtweise der Einordnung ist die Entscheidung des **BGH BauR 2001, 775**. Danach sind die Rechtsverhältnisse denen der OHG und der KG angeglichen worden. **Die Außengesellschaft besitzt, soweit sie im Außenverhältnis eigene Rechte und Pflichten begründet, eine eigene Rechtsfähigkeit. Das Verhältnis zwischen den Verbindlichkeiten der Gesellschaft und der Mithaftung ihrer Gesellschafter entspricht der der OHG.**

9 §§ 7, 8 des ARGE-Mustervertrages zeigen dies deutlich auf. Allerdings werden die Tätigkeiten des Geschäftsbetriebes von den einzelnen Mitgliedern der ARGE durchgeführt und nicht von einer gesonderten Geschäftsleitung. Eben dieses zeigt die Lücke auf, wonach die ARGE keine OHG ist. Das ist in § 2.4 des ARGE-Mustervertrages berücksichtigt, weil dort klargestellt wird, dass die ARGE keinen nach § 1 Abs. 2 HGB eingerichteten eigenen Geschäftsbetrieb unterhält. Diesen üben die einzelnen Gesellschafter aus.

10 Bei den Zusammenschlüssen können sich die ARGE-Partner bestimmter existierender **Vertragsmuster** bedienen (z.B. ARGE-Vertrag des Hauptverbandes des Deutschen Baugewerbes). Zu beachten ist dabei, dass die dortigen Regelungen einer Inhaltskontrolle nach §§ 305 ff. BGB nicht unterliegen, da keine »Verwender« im Sinne der AGB-Inhaltskontrolle bei gleichwertigen Partnern, wie sie die Partner einer Bau-ARGE darstellen, existent sind und keine Partei in die Vertragsfreiheit des anderen eingreift (BGH BauR 2002, 1409, 1410). Im Übrigen gehen die vertragliche Regelung (z.B. ARGE-Mustervertrag und Dach-ARGE-Mustervertrag) den gesetzlichen Regelungen der §§ 705 ff. BGB vor. Der BGH hat vorformulierte Vertragsbedingungen der KG und der GbR dem Maßstab des § 242 BGB unterworfen (BGH NJW 1982, 2495). Allerdings ist zu beachten, dass § 310 Abs. 4 BGB die Inhaltskontrolle auch auf Gesellschaftsverträge ausdehnt. Ebenfalls erschließt sich aus der Entscheidung BGH BauR 2002, 1409, 1410, dass auch die gesellschaftlichen Kooperationsformen des Beihilfevertrages, der Beihilfegemeinschaft und der Unterbeteiligung nicht der Kontolle des § 310 Abs. 4 BGB unterworfen sind. Damit allerdings unterliegt der Mustervertrag der Überprüfung und dem Maßstab des § 242 BGB.

Abzugrenzen von der eigentlichen ARGE ist die **Dach-ARGE**. Maßgeblich ist dabei, dass die an die ARGE erteilte Bauaufgabe von dieser ARGE in einzelne Leistungsbereiche aufgeliedert wird. Diese Leistungsaufgaben werden von der ARGE wiederum an ihre oder einzelne Partner der ARGE im Rahmen dann notwendiger Nachunternehmerverträge weitergegeben. Dabei ist zu beachten, dass aufgrund der gesellschaftsrechtlichen Struktur der ARGE der die Leistung letztendlich ausführende Unternehmer als Teilmitglied der ARGE dem Auftraggeber selbst und im Rahmen der vertraglichen Beziehungen für die Leistungserbringung einzustehen hat, also auf zweifache Weise. Er ist also auch zugleich Subunternehmer der ARGE, obwohl er Mitglied der ARGE ist. Daraus folgt allerdings, dass die ARGE ein erhöhtes Haftungsrisiko trägt. Zum einen haftet sie dafür, dass dieses Nachunternehmerverhältnis nicht in den eigentlichen ARGE-Vertrag einbezogen ist. Zum anderen haftet sie dafür, dass im Außenverhältnis die gesamtschuldnerische Haftung der einzelnen ARGE-Mitglieder erhalten bleibt und uneingeschränkt ist. Das wird darin deutlich, dass im üblichen Muster-Dach-ARGE-Vertrag des Hauptverbandes der Deutschen Bauindustrie die Gesellschafter ihre jeweiligen Leistungsanteile als Unternehmer und Subunternehmer der ARGE erbringen. Damit ergibt sich die gesellschaftliche Stellung als ARGE-Partner und als Haupt- bzw. Nachunternehmer der ARGE (OLG Hamm NZBau 2001, 28; *Langen* Jahrbuch Baurecht 1998 S. 64). Zum vorformulierten Dach- Arbeitsgemeinschaftsvertrag ist z.Zt. die Fassung 2005 maßgebend. Während bei der normalen ARGE die Beitragspflichten der Gesellschafter auf die Beistellung von Geldmitteln, Personal, Geräten, Stoffen und sonstigen Leistungen gerichtet sind, erfüllen die Gesellschafter der Dach-ARGE ihre gesellschaftsrechtliche Beitragspflicht durch ihre selbstständige und eigenverantwortliche Bauleistung für das jeweilige zugewiesene Einzellos. Hierzu wird für das Einzellos ein auf gesellschaftsvertraglicher Grundlage beruhendes Nachunternehmerverhältnis zwischen Dach-ARGE und Einzellos gebildet. Die Gesellschafterpflichten und -rechte zu diesem Nachunternehmerverhältnis werden durch die in § 25 des Muster-Vertrages zum Dach-ARGE-Vertrag enthaltenen werkvertragsrechtlichen und übergeordneten gesellschaftsvertraglichen Bestimmungen geregelt. Im Übrigen gelten grundsätzlich die Regelungen, gesetzlichen Hinweise und die Einordnung der Dach-ARGE nach der Entscheidung des BGH NJW 2001, 1056 für die ARGE auch für die Dach-ARGE. Das betrifft auch die Abgrenzung zur Rechtsform der OHG, die bei der Dach-ARGE noch deutlicher durch eine »verfestigte« Geschäftsführung zu Tage tritt. Die Dach-ARGE ist damit der OHG sehr nahe, so dass die Rechtsgrundsätze der OHG auf die Dach-ARGE analog anzuwenden sind.

Abzugrenzen ist die Dach-ARGE auch von der nicht mehr geläufigen »**Vertikal**«-**ARGE**. Diese Form der ARGE führten die Gesellschafter nach Sparten verschiedene Arbeiten eines Auftrages getrennt aus, ohne die interne Abgrenzung ihrer Rechte und Pflichten jeweils vertraglich im ARGE-Vertrag festzulegen. Jedoch entsprach diese »Vertikal«-ARGE eher dem Erscheinungsbild des separat arbeitenden Einzelunternehmers, weil die fachspezifischen Gewerke tatsächlich in einer Hand blieben (z.B. Baugrube und Rohbau, Elektro- und Lüftungstechnische Anlagen).

Eine weitere Form des Zusammenschlusses in gesellschaftsrechtlicher Form ist die »**Beihilfegemeinschaft**«. Diese Form der Gesellschaft ist eine der stillen Teilhaberschaft angenäherte Form der Gesellschaft. Der beauftragte Unternehmer schließt mit einem weiteren Unternehmer, der das gleiche Gewerk oder die beauftragten Gewerke erledigen kann, zusammen. Allerdings ist dieser Zusammenschluss ein lediglich separater Vertrag ohne Bezug zum Hauptvertrag. Daher ist es kein Subunternehmervertrag, weil der Auftraggeber keine Kenntnis und keine Verpflichtung vom Vertrag bzw. aus dem Vertrag erfährt. Die Möglichkeit der Werklohnforderung gem. § 16 Nr. 6 VOB/B ist dabei völlig ausgeschlossen. Der »Stille« beteiligt sich also gemeinschaftlich am Projekt ohne dem Bauherrn bekannt zu sein oder in Erscheinung zu treten (rechtsgeschäftlich). Die Partner schließen sich daher nur im Innenverhältnis zur gemeinschaftlichen Erbringung der Leistung zusammen. Kennzeichen ist auch, dass es kein Gesamthandsvermögen und keine gesamtschuldnerische Haftung gibt. Der im Innenverhältnis nach außen auftretende Gesellschafter ist ein einzelner Auftragnehmer.

14 Im Gegensatz dazu wiederum steht der sog. »**Beihilfevertrag**«. Hier allerdings beteiligt sich ein Unternehmen nicht an einem weiteren ARGE-Partner, sondern gleich an der ARGE selbst, allerdings »still«. Es handelt sich daher um ein Innengeschäft. Merkmal ist, dass dem »stillen Beteiligten« das Recht eingeräumt wird, an Entscheidungen der ARGE-Gesellschafter mitzuwirken, z.B. durch Teilnahme an Sitzungen und Beschlüssen. Selbstständig nach aussen gegenüber dem Auftraggeber darf der »Stille« allerdings nicht. Damit handelt es sich überwiegend um Unternehmen, die separat durch Beisteuern von Materialien oder planerische Leistungsaufgaben nach Vertragsschluss der ARGE mit dem Auftraggeber den Vertrag mit der ARGE abschließen und keine Verpflichtung gegenüber dem Auftraggeber eingehen wollen, aber auch keine Rechte (z.B. § 16 Nr. 6 VOB/B).

15 Denkbar, aber kaum praktikabel sind sog. »**Unterbeteiligungen**«. Merkmal der »Unterbeteiligung« ist, dass ein Inhaber eines Gesellschaftsanteils an einer beispielsweise Bau-ARGE durch einen Gesellschaftsvertrag ohne Bildung von Gesellschaftsvermögen dieser Beteiligten einen Anteil am Gesellschaftsvermögen der ARGE in Form der Mitberechtigung an der Funktion innerhalb der ARGE einräumt (*Ulmer* Gesellschaft bürgerlichen Rechts Vor §§ 705 ff. BGB Rn. 92 ff.). Hier ist grundsätzlich verpflichtend, dass dem Unterbeteiligten eine Gewinnbeteiligung an dem Anteil des ARGE-Partners eingeräumt wird. Überwiegend wird angenommen, dass die Beteiligung am Verlust notwendig ist. Sie wird allerdings nur obligatorisch sein und damit den Regelungen des Individualvertrages unterliegen. Damit hat der Unterbeteiligte allerdings keine Rechte und Pflichten zu den anderen ARGE-Partnern und damit auch nicht im Außenverhältnis zum Auftraggeber (*Ulmer* vor § 705 ff. BGB Rn. 94).

16 Das »**Konsortium**« ist eine weitere Form des Zusammenschlusses. Es ist ebenfalls eine BGB-Gesellschaft. Kennzeichen ist, dass das Konsortium kein Gesellschaftsvermögen hat. Die Konsorten stellen hier keine Leistungen, Geräte, Maschinen oder Personal ab. Die Konsorten übernehmen und erbringen allerdings einen Teil der Leistung, die jeweils selbstständig und in eigener Verantwortung erbracht werden. Dann entsteht der Gewinn und Verlust nicht etwa beim Konsortium, sondern ausschließlich bei jedem Konsorten selbst zu seiner Leistungsaufgabenstellung. Allerdings ist übliches Kennzeichen, dass die konsorten aus den Einnahmen/Verlust eine seiner Leistung entsprechenden Gewinn/Verlust zugeschrieben bekommt und nach Abzug der Konsortialkosten (Verwaltungskosten) die bei einem dazu bestimmten Konsorten entstehen, seinen Gewinn/Verlust zugewiesen. Daher gibt es am Ende kein Auseinandersetzungsguthaben und auch keine Nachschusspflicht gem. § 735 BGB. Die Konsortialpartner haften dem Auftraggeber allerdings im Außenverhältnis als Gesamtschuldner. Das bedeutet zugleich, dass die Form des Konsortialvertrages bedeutet, dass jeder Konsorte nach aussen für seine »Teil«-Leistung am gesamten Bauvorhaben eigenverantwortlich bleibt. Wird daher das Konsortium vom Auftraggeber wegen Mängeln in Anspruch genommen, so ist aufgrund des Konsortialvertrages der einzelne Konsortialpartner dem Konsortium gegenüber in gleicher Weise verpflichtet, wie wenn er über den von ihm übernommenen Vertragsteil ein dem Hauptvertrag entsprechenden separaten Vertrag abgeschlossen hätte (*Lotz* ZfBR 1996, 233, 234).

17 Die **Bietergemeinschaft** weist gesellschaftsrechtliche Züge zu einem bestimmten Zweck und zu einer bestimmten Zeit auf. Die Bietergemeinschaft besteht ihrem Inhalt und Zweck nach nur so lange, wie das Angebotsverfahren läuft und der den Zweck des Zusammenschlusses bildende Auftrag noch nicht erteilt wurde. Ziel der Bietergemeinschaft ist nur eine gemeinsame Angebotsabgabe. Die Bietergemeinschaft löst sich dann in zwei Punkten gem. § 726 BGB wieder auf:

a) bei Erreichen des Ziels – Auftragsvergabe an die Bietergemeinschaft in Form des Zusammenschlusses der Einzelgemeinschafter und

b) bei Nichterreichen des Ziels, nämlich des Fehlschlages des Zweckes (Auftragsvergabe an einen anderen). Die Auflösung ist herbeizuführen, weil das Erreichen des Ziels unmöglich wurde.

Damit ergeben sich immer **zwei Phasen**: die Phase vor der Erteilung der des Auftrages und die die danach. § 22 des ARGE-Vertrages setzt dies nicht notwendig voraus, woraus sich ergibt, dass die Aufnahme der gemeinschaftlichen Tätigkeit nur dann im ARGE-Vertrag zu regeln ist, wenn die ARGE-Partner von vornherein beabsichtigten, eine Bieter-/Arbeitsgemeinschaft zum Zwecke der Tätigkeit in der Angebotsphase und in der Phase der Auftragsdurchführung einzugehen. Bietergemeinschaften müssen gem. § 21 Nr. 5 VOB/A und § 8 Nr. 1 und 2 VOB/A zugelassen werden, was aus der Baukoordinierungsrichtlinie 93/37/EWG vom 14.6.1993 folgt, wo nach Art. 21 Angebote von Bietern eingereicht werden können und damit die gemeinschaftlichen Bieter den einzelnen Bietern gleich zu stellen sind. Grenze ist jedoch § 25 Nr. 1 Abs. 1c VOB/A, wonach insbesondere die Bieter auszuschließen sind, die unzulässige wettbewerbsbeschränkende Abreden getroffen haben. Der Abschluss des Bietervertrages ist zulässig, wenn die Bieter gemeinschaftlich zu der Auffassung gelangen, der Zusammenschluss ist wirtschaftlich sinnvoll und zweckmäßig, sowie unter kaufmännischem Gesichtspunkt nicht nur vernünftig (BGH BauR 1984, 302). Sind wettbewerbsbeschränkende Abreden allerdings zwischen den Beteiligten verabredet worden, liegt ein kartellrechtlicher Verstoß vor (*Burchardt/Pfülb* Einf. Rn. 15). Bei der sog. »Bietergemeinschaftserklärung« gem. § 21 Nr. 5 VOB/A und § 25 Nr. 6 VOB/A wird daher nicht nur die Vertretungsbefugnis geregelt, sondern vor allem die Zusicherung der Erfüllung der geforderten Bauleistungen verlangt (zum Ausschluss einer branchenfremden Consulting- oder Generalunternehmung vgl. VÜA Brandenburg Beschl. v. 16.12.1997 1 VÜA 17/96; VÜA Bund BauR 1998, 326 zur Nichtzulassung von Unternehmen, die zum Kreis von örtlich aufgeforderten Bietern gehören). Bei Zustellungen und Vertretungen reicht es gem. § 709 BGB aus, an einen Bietergemeinschafter zuzustellen, § 41 Abs. 1 VwVfG i.V.m. § 7 Abs. 1 VwZG (VÜA Bund Beschl. v. 12.11.1997 – 1 VÜ 14/96). Bei Wahl des Bietergemeinschaftsvertrages 2003 des Hauptverbandes der Deutschen Bauindustrie wird im Falle der Auftragserteilung automatisch der ARGE-Vertrag des Hauptverbandes (Mustervertrag) vereinbart (Bietergemeinschaftsvertrag §§ 4.1, 4.11, 4.2).

II. Grundsatz der ARGE: Zusammenschluss mehrerer Unternehmer auf vertraglicher Grundlage

Grundlegend ist die übereinstimmende mündliche oder schriftliche Vereinbarung mehrerer Unternehmer, sich gemeinsam um einen Bauauftrag zu bewerben und/oder einen erteilten Auftrag zusammen auszuführen. Damit verbunden ist die Verpflichtung jedes einzelnen Unternehmers gegenüber den anderen, entsprechend den im Innenverhältnis getroffenen Vereinbarungen mit zur Erreichung des vorgenommenen Zieles beizutragen, und zwar im Rahmen der intern vertraglich festgelegten Möglichkeiten, die das einzelne Unternehmen seiner Art, seinem Gegenstand und seinem Umfang nach bietet, wobei es in der Lage sein muss, zumindest einen Teil der geforderten Leistung selbst auszuführen. Dabei ist es keineswegs erforderlich, dass es sich um gleichartige Unternehmen, d.h. um Unternehmen derselben Branche oder des gleichen Gewerbezweiges, handeln muss. Vielmehr ist der Zusammenschluss von Betrieben aus verschiedenen Fachrichtungen durchaus möglich. **Zwischen den an der Arbeitsgemeinschaft beteiligten Unternehmen muss ein besonderes Vertrauensverhältnis bestehen,** das nach rechtlichen Grundsätzen zu beurteilen ist (**§§ 242, 311, 313 BGB**). Das gilt auch schon während der Vertragsverhandlungen von Unternehmen untereinander, die auf Abschluss eines Arbeitsgemeinschaftsvertrages gerichtet sind (BGH BB 1961, 639 zur Frage der wettbewerbswidrigen Abwerbung von Arbeitnehmern eines an Vertragsverhandlungen beteiligten Unternehmers durch eine andere beteiligte Firma). Gibt ein Unternehmer entgegen der Verabredung mit einem anderen, ein gemeinsames Angebot abzugeben und eine Arbeitsgemeinschaft zu bilden, und nach Abstimmung der beiderseitigen Kalkulationen allein ein Angebot ab, und erhält er daraufhin den Auftrag, so kann er sich dem anderen Unternehmer aus **culpa in contrahendo** (§ 311

BGB) schadensersatzpflichtig machen mit dem möglichen Ergebnis, dass er dem Geschädigten das Erfüllungsinteresse zu ersetzen hat, wenn der Bauvertrag mit ihm abgeschlossen worden wäre (BGH BB 1974, 1040; zu konzernrechtlichen Fragen vgl. *Kornblum* ZfBR 1992, 9, 14 ff.).

20 **Beim Zusammenschluss ist der Zeitpunkt des Vertragsschlusses vom Beginn der ARGE zu unterscheiden.** Haben sich die Gesellschafter geeinigt, dann bestimmt § 22 des Muster-ARGE-Vertrages, dass ungeachtet des Zeitpunktes des Vertragsabschlusses die ARGE erst dann in Vollzug gesetzt wird, wenn die gemeinsame Geschäftstätigkeit auch tatsächlich aufgenommen wird. Dies kann in der Einrichtung eines gemeinsamen Büros oder eines Kontos liegen. Rechtswirksam wird die ARGE daher in Vollzug gesetzt, wenn der Bauvertrag mit dem Auftraggeber zustande gekommen ist. Zumeist verpflichten sich die Teilnehmer der ARGE vertraglich zum Zusammenschluss per **Vorvertrag**. Hier ist eine inhaltliche Bestimmtheit zu verlangen (*Ulmer* GbR § 705 ff. BGB; *Burchard/Pfülb* Einf. Rn. 19). Es ist der Zweck der Gründung anzugeben. Vielfach sind die Übergänge zur Inkraftsetzung der eigentlichen ARGE fließend und nicht abgrenzbar. Das ist unschädlich, weil die mit Aufnahme der Tätigkeit als ARGE die Vertragsumsetzung faktisch stattgefunden hat. Eine schriftliche Umsetzung ist daher nicht erforderlich. Sollte der Vertrag später unterzeichnet werden, so hat dies nur deklaratorische Bedeutung und hindert den Bestand der ARGE nicht (**stillschweigender Vertragsschluss**). Die notwendigen Bindungen der vortraglich verbundenen ARGE werden im Bereich der öffentlichen Auftragsvergabe gerade durch den Bietergemeinschaftsvertrag vereinbart. Auch hier besteht faktisch die ARGE mit dem Ziel der Teilnahme am Wettbewerb.

21 Für **öffentliche Auftraggeber** ist allerdings zu beachten, dass eine Bauvergabe an eine Arbeitsgemeinschaft nach VOB/A grundsätzlich in Betracht kommt wie an einen einzelnen Unternehmer, der sich nicht mit anderen Unternehmern zwecks Ausführung eines Bauauftrages zusammenschließt. Zunächst ist zwischen Arbeitsgemeinschaften zu unterscheiden, die **vertikal** (Zusammenschluss von Unternehmen verschiedener Fachrichtungen), und solchen, die **horizontal** (Zusammenschluss von Unternehmen gleicher Fachrichtung) gebildet worden sind (vgl. dazu auch *Jebe/Vygen* S. 329, 330). Wenn auch Arbeitsgemeinschaften durchweg unter den gleichen Bedingungen zuzulassen sind, wie Bieter als Einzelpersonen bzw. Einzelfirmen, so muss der Auftraggeber besonders auch hier darauf achten, dass die **Gebote des ordnungsgemäßen, lauteren Wettbewerbs eingehalten werden.** Vor allem muss vermieden werden, dass durch den Zusammenschluss mehrerer Unternehmen zu einer Arbeitsgemeinschaft eine Beeinträchtigung des Wettbewerbs stattfindet, besonders dann, wenn der Zusammenschluss einen **Verstoß gegen das GWB** darstellen würde (*Hochstein/Jagenburg* Einl. Rn. 37, 56 ff.; *Locher* Das private Baurecht Rn. 586 ff.; *Kornblum* ZfBR 1992, 9, 10). Diese Gefahr kann in erster Linie bei den horizontal gebildeten Arbeitsgemeinschaften bestehen. Maßgebend für die Beurteilung muss es sein, ob sich die Unternehmen, die sich hier zusammengetan haben, **auch ohne den Zusammenschluss an der betreffenden Vergabe beteiligen würden.** Ist das zu bejahen, so ist der Wettbewerbsgrundsatz nicht beachtet, und die betreffende Arbeitsgemeinschaft ist von dieser Vergabe auszuschließen. **Sind Bedenken in der genannten Hinsicht nicht gegeben, sind also Arbeitsgemeinschaften an der betreffenden Vergabe zu beteiligen, so muss für die Beurteilung der** Fachkunde, Leistungsfähigkeit und Zuverlässigkeit **auf den Zusammenschluss abgestellt werden, also auf die** Verhältnisse, wie sie durch den Zusammenschluss geschaffen **worden sind.** Das lässt sich allerdings sachgerecht nur durch Beurteilung der Gegebenheiten bewerkstelligen, wie sie bei den **einzelnen Unternehmern**, die sich zur Arbeitsgemeinschaft zusammengeschlossen haben, vorliegen. Also auch hier muss im Ausgangspunkt eine auf die jeweiligen Unternehmen abgestellte Betrachtungsweise Platz greifen. Andererseits darf jedenfalls bei der Endbeurteilung nicht aus dem Auge gelassen werden, dass der arbeitsgemeinschaftliche Zusammenschluss im Allgemeinen die Möglichkeit schaffen kann, durch das Zusammenwirken sowohl in quantitativer als auch in qualitativer Hinsicht eine verbesserte Kapazität zu besitzen. Da die Arbeitsgemeinschaft rechtlich und wirtschaftlich wie ein Einzelunternehmer zu betrachten ist, kommt es dann für die letzte Entscheidung darauf an, ob und inwieweit sich der **Zusammenschluss** für den konkret zu vergebenden Auftrag positiv auf die Fachkunde, die Leistungsfähigkeit und die Zuverläs-

sigkeit ausgewirkt hat. **Besondere Beachtung** müssen die durch den arbeitsgemeinschaftlichen Zusammenschluss geschaffenen Verhältnisse finden, wenn es sich um eine **Beschränkte Ausschreibung** handelt. Gerade hier kann die **Aufrechterhaltung gebotenen Wettbewerbs** von ganz gewichtiger Bedeutung sein. Dabei ist besonderes Augenmerk auf die **Verhältnisse** zu legen, **die mit der Gründung einer Arbeitsgemeinschaft zusammenhängen,** und zwar in Bezug auf den konkreten Bauvergabewettbewerb. Sofern im Zeitpunkt der Ausschreibung **bereits** Arbeitsgemeinschaften **bestehen,** was bei so genannten **Dauerarbeitsgemeinschaften** der Fall sein wird, kann am ehesten eine Zulassung zur Vergabe erfolgen. Bei solchen Arbeitsgemeinschaften ist der Verdacht einer unzulässigen Wettbewerbsbeschränkung im Allgemeinen nicht so groß, obwohl **auch hier** die Verhältnisse von Auftraggeberseite **im Einzelnen zu überprüfen** sind. Ähnlich liegt es, wenn der aufgeforderte Bewerber bei einer Öffentlichen Ausschreibung vor Angebotsabgabe erklärt hat, dass er eine Arbeitsgemeinschaft mit einem **von ihm namentlich genannten** Bieter bilden will. Dann muss der Auftraggeber allerdings sogleich, und zwar noch vor Ablauf der Angebotsfrist, die erforderliche Prüfung anstellen und die betreffenden Bewerber über seinen Entschluss, ob er die Bildung einer Arbeitsgemeinschaft **zulassen** will, rechtzeitig informieren. Bejaht er nach **sorgfältiger, sachgerechter Prüfung** die Bildung der Arbeitsgemeinschaft, so ist es folgerichtig, dass dann das Angebot der Arbeitsgemeinschaft für den Bauvergabewettbewerb zuzulassen ist. Hier ist dem **Auftraggeber eine besondere Verantwortung** hinsichtlich seiner Prüfungspflicht und des Ergebnisses seiner Prüfung auferlegt. Andernfalls muss er sich unter Umständen den Vorwurf gefallen lassen, einer Einschränkung ordnungsgemäßen Bauvergabewettbewerbs oder gar dem Zustandekommen einer wettbewerbsbeschränkenden Abrede Vorschub geleistet zu haben. Bei **Beschränkter Ausschreibung** scheidet dagegen die Zulassung von Arbeitsgemeinschaften, die sich erst nach Angebotsabgabe aus aufgeforderten Bietern gebildet haben, aus, jedenfalls sofern es sich um öffentliche Bauvergaben handelt. Schwieriger ist bei einer öffentlichen Ausschreibung der Fall, in dem ein Bieter in seinem Angebot den **Vorbehalt** gemacht hat, mit einem anderen Unternehmer eine Arbeitsgemeinschaft zu bilden, und zwar unter der Voraussetzung der Auftragserteilung. Gerade hier ist **besonders sorgfältige Prüfung** durch den Auftraggeber am Platze, die selbstverständlich voraussetzt, dass der betreffende Bieter den Unternehmer, mit dem er sich gegebenenfalls zu einer Arbeitsgemeinschaft zusammenschließen will, **namentlich benennt.** Andernfalls ist die Bildung der Arbeitsgemeinschaft, demgemäß auch die Auftragserteilung, von vornherein zu versagen, weil dem Auftraggeber nicht die notwendige Prüfungsmöglichkeit gegeben ist.

Der ARGE-Vertrag – auch der Vorvertrag – kann grundsätzlich formfrei abgeschlossen werden. Es ist zwar **nicht** Gültigkeitsvoraussetzung, aber Gebot der Zweckmäßigkeit, den Arbeitsgemeinschaftsvertrag in **schriftlicher Form** abzuschließen. Es ist sogar dringend **zu empfehlen,** derartige Verträge, die immerhin einiges wirtschaftliche Gewicht für jedes der beteiligten Unternehmen haben, hinsichtlich ihrer **Gültigkeit von der Schriftform und der rechtswirksamen Unterschrift aller Gesellschafter** bzw. ihrer bevollmächtigten Vertreter abhängig zu machen. Unberührt bleiben überdies gesetzliche Vorschriften, die die Rechtswirksamkeit bestimmter Vorgänge an die Einhaltung von Formerfordernissen binden, wie z.B. § 311b Abs. 2 BGB hinsichtlich der Grundstücksveräußerung sowie für eine Bürgschaft § 766 BGB, es sei denn, der Bürge ist Vollkaufmann und die Bürgschaft ist für ihn ein Handelsgeschäft (§§ 350, 351 HGB). Sind solche Vorgänge für den Rahmen eines ARGE-Vertrages vorgesehen, bedarf es somit zu ihrer Wirksamkeit grundsätzlich der Einhaltung der dafür vorgeschriebenen Form (*Hochstein/Jagenburg* Präambel Rn. 4 ff.; *Burchardt/Pflüb* Einf. Rn. 20). Im Übrigen ist darauf hinzuweisen, dass der Gesellschaftsvertrag von Unternehmen, die Beteiligte der ARGE sind im Gesellschaftsvertrag eine bestimmte Form für den Abschluss von Verträgen bzw. ARGE-Verträgen vorsehen (MüKo-GesR/*Happ* Bd. 1 § 5 Rn. 52). **22**

Wegen der Besonderheiten, die sich unter Berücksichtigung der bauvertraglichen Anforderungen gerade auch im Bereich des Zusammenschlusses mehrerer Unternehmer auf der Auftragnehmerseite ergeben, die besondere Regelungen für das Innenverhältnis zwischen den einzelnen Unternehmern erforderlich machen, besteht seit längerem ein so genannter **ARGE-Mustervertrag,** der vom Haupt- **23** verband der Deutschen Bauindustrie und dem Zentralverband des Deutschen Baugewerbes ausgearbeitet worden ist. Dieser hat zwischenzeitlich verschiedene Fassungen erfahren und wurde an die jeweils gemachten Erfahrungen und aufgetretenen Erfordernisse angepasst. Die bisher **letzte Fassung** ist von **2005**. Auch der **Dach-ARGE-Vertrag** wurde neu überarbeitet und liegt seit **2005** vor (zu den Besonderheiten und Risiken der Abfassung des ARGE-Vertrages: *Ewers/Scheef* BauRB 2005, 24).

24 Um wirksam das jeweilige Innenverhältnis zwischen den betreffenden Unternehmern, die sich zu einer ARGE zusammenschließen, zu regeln, bedarf es der hinreichend klaren Vereinbarung des ARGE-Mustervertrages; anderenfalls finden die gesetzlichen Bestimmungen oder die davon abweichenden sonstigen vertraglichen Vereinbarungen Anwendung. Vereinbaren die Parteien des ARGE-Vertrages die Geltung des ARGE-Mustervertrages, so hat die Auslegung durch das Gericht wie die Auslegung von Formularverträgen oder sonstigen typischen Klauseln nach §§ 305 ff. BGB zu erfolgen. Handelt es sich dagegen um die Auslegung von den Mustervertrag ändernden Individualvereinbarungen durch das Gericht, so kann nur überprüft werden, ob Verfahrensverstöße, Verstöße gegen Auslegungsgrundsätze, Denkgesetze oder Erfahrungsgrundsätze in Betracht kommen. Dabei liegt ein Verstoß gegen **Auslegungsgrundsätze** vor, wenn das Gericht bei Auslegung der abändernden Individualvereinbarung die im Mustervertrag bestehende ursprüngliche Regelung, von der abgewichen wird, nicht genügend beachtet (BGH BauR 1991, 1381). Außerdem ist im ARGE-Mustervertrag unter § 6.8 ein grundsätzliches Schriftformerfordernis für Handlungen der ARGE-Mitglieder, die eine in hohem Maße haftungsträchtige Handlung ausführen, vorgesehen; so bei der Aufnahme von Bankkrediten, Abtretungen, Sicherheitengestellungen durch Bürgschaften usw. Die Abtretung von Forderungen aus dem ARGE-Vertrag gem. § 20.2 ist nicht möglich. Es besteht bei Abschluss des Muster-ARGE-Vertrages ein Abtretungsverbot. Auch hier besteht das Schriftformerfordernis. Außerdem ist der Abschluss einer Schiedsgerichtsvereinbarung über § 27 schriftlich zu schließen. § 27 des Muster-ARGE-Vertrages sieht allerdings die Wahlmöglichkeit der Parteien auch den ordnetlichen Rechtsweg zu beschreiten vor. Außerdem kann das Schiedsgericht auch über Gegenforderung mit entscheiden.

25 Die Frage nach der Lösung von fehlerhaften ARGE-Verträgen ist dem Recht zur Aufhebung von Verträgen gleich. Die Verträge können nichtig sein oder angefochten werden. Zwar wirkt ein fehlerhafter ARGE-Vertrag nach den Grundsätzen der §§ 812 ff. BGB zugunsten der Vertragspartner des ARGE. Das würde bedeuten, dass Rechtsgeschäfte rückabgewickelt werden müssen. Das ist aber im Rahmen des Vertrauensschutzes nach außen hin nicht dem Rechtsverkehr zuzumuten. Das Reichsgericht hat daher die Lehre vom fehlerhaften zu Stande gekommenen Gesellschaftsvertrag herangezogen (RGZ 165, 193, 204 ff.). Danach ist der Vertrag nach außen hin als wirksam zu behandeln (MüKo-GesR/*Bälz* Bd. 1 § 100 Rn. 15, 132; *Ulmer* GbR § 705 Rn. 343). Daher kann die ARGE nicht einwenden, dass sie außen hin nicht zustande kam. Daraus folgt aber, dass die ARGE-Mitglieder selbst innerhalb der Auseinandersetzung der ARGE nicht behaupten können, dass die ARGE intern gem. § 812 ff. BGB rückabzuwickeln sei. Das ist interessengerecht, weil die Rückabwicklung von Geleistetem bei der Baurecht faktisch nicht denkbar bzw. lediglich zerstörende Wirkung hätte. Außerdem bestehen Handlungen von ARGE-Mitgliedern – z.B. die Tätigkeit als wirtschaftlicher Überwacher oder Bauleiter – in nicht rückabwickelbaren Handlungen. Daher können Einwendungen der des fehlerhaften Vertrages nur für die Zukunft von dem anfechtenden Mitglied geltend gemacht werden. Ficht der Vertragspartner den ARGE-Vertrag an mit der Maßgabe, dass der Bauvertrag zwischen der ARGE und dem Auftraggeber nicht wirksam zustande kam, gilt gleiches. **Ausnahme**: ist der ARGE-Vertrag mit dem Ziel abgeschlossen worden, dass ein Vergabeverfahren manipuliert werden soll, z.B. durch die Abrede durch verschiedene Formen der Bieterbeteiligung den Auftrag zu erhalten (als gleichwertige ARGE-Partner oder als Haupt- und Subunternehmer in verschiedenen Rollen), so ist die o.a. Lehre nicht anwendbar und nach Bereicherungsrecht abzurechnen (*Bälz* a.a.O. Rn. 34; *Ulmer* a.a.O. Rn. 377). Allerdings ist auch hier die Rechtsscheinshaftung im Außenverhältnis bei der Rückabwicklung zu beachten (BGH WM 1960, 863; 1980, 102; *Ulmer* a.a.O. Rn. 37). Im Innenverhältnis verbleibt es bei der Rückabwicklung nach §§ 812 ff. BGB.

Ist der ARGE-Vertrag fehlerhaft und wird der Fehler (z.B. die Form) nachträglich geheilt, so wird die ARGE für die Zukunft nicht aufgelöst, da es sich um ein einvernehmliches »Invollzugsetzen« der ARGE-Partner handelt (BGHZ 11, 190, 191). Bei einer unwirksamen Vertretung eines ARGE-Partners kann im Falle der Nichtzustimmung die Lehre von der fehlerhaften Gesellschaft ebenfalls nicht angewendet werden. § 24.1 des ARGE-Muster-Vertrages sieht daher die Fortsetzung der Gesellschaft vor. Ein wesentlicher Einwand zur Fortsetzung wird sich aber dann ergeben, wenn der vollmachtlose Vertreter – z.B. bei mündlichen Verträgen – Zusicherungen zur Tätigkeit in der ARGE machte, die sich auf die Leistungsfähigkeit und Bonität auswirken. Insbesondere bei Abschluss sog. **Bietergemeinschaften** wird hier das **Präqualifikationsverfahren** zu beachten sein. Hier haben die Zertifizierungsstellen (Anlage zum VHB zu § 8 Nr. 3 VOB/A; Leitlinie des BMVBW für die Durchführung eines Präqualifikationsverfahrens v. 25.4.2005 in der Fassung vom 8.11.2005 = www.bmvbs.de) maßgebliche Vorgaben zu erarbeiten. Sollte daher ein Mitglied gegen die Richtlinien verstoßen, wird dieses grundsätzlich die Nichtigkeit des Vertrages nach sich ziehen. Im Zeitpunkt des Bieterverfahrens wird es daher bei der Auseinandersetzung infolge Nichtigkeit nicht zu nennenswerten Rückabwicklungen kommen. Sollten einzelne Bieter für die Ausschreibung allerdings Aufwendungen getätigt haben – z.B. Kalkulationsermittlungen, Planungstätigkeiten – ist die Rückabwicklung über §§ 812, 818 BGB zu begründen. Daher ist ein Ersatzanspruch im Innenverhältnis neben culpa in contrahendo oder Wegfall der Geschäftsgrundlage (§ 313 BGB) daneben denkbar. Bei einem Verstoß gegen die vertraglichen Regelungen oder Voraussetzungen (§ 313 BGB) ist dem anfechtenden Mitglied gegenüber den übrigen Mitgliedern daher das Recht zur außerordentlichen Kündigung zuzugestehen. Eine Anwendung des § 314 BGB ist hier infolge des Dauerschuldverhältnisses innerhalb der Gesellschaft (= ARGE) zuzustimmen. § 314 BGB bezieht sich auch auf gesellschaftsrechtlich, wie die ARGE als GbR, die von ihrer Natur als dauerhaftes Vertragsverhältnis angelegt ist; nicht so das bauvertragliche Außenverhältnis.

Für die Ordnungsmäßigkeit des Geschäftsverkehrs nach außen ist es zweckmäßig, der Arbeitsgemeinschaft einen **Namen** zu geben (so auch § 2.1 Mustervertrag). Dieser kann auf verschiedene Weise gewählt werden, wie z.B. durch Zusammenfassung oder Zusammenziehung der Firmennamen von Unternehmen, die an der Arbeitsgemeinschaft beteiligt sind, oder durch Festlegung eines auf das Objekt der Bauleistung bezogenen Namens, z.B. »Arbeitsgemeinschaft Südbrücke«. Hierbei sind aber die allgemeinen **Voraussetzungen des lauteren Wettbewerbs zu beachten.** Es darf nicht ein Name gewählt werden, durch den eine Verwechslungsgefahr mit einer anderen Firma oder einem anderen Firmenzusammenschluss auf dem Gebiet des Bauwesens hervorgerufen werden kann. Geboten ist es ferner, im Arbeitsgemeinschaftsvertrag den **Zweck,** den **Sitz** und die **Anschrift der Arbeitsgemeinschaft** festzulegen; vgl. dazu § 2 Ziff. 2.2 und 2.3 des Mustervertrages. Gleiches gilt auch für die Regelung des **Gerichtsstandes.**

Es ist zwingendes Erfordernis, **die Beiträge,** zu denen die Unternehmen im Rahmen der Arbeitsgemeinschaft verpflichtet sind, im Vertrag aufzuführen (vgl. § 4 des Mustervertrages, Fassung 2005). Die **Beiträge** der einzelnen Gesellschafter können durchaus **verschiedener Natur** sein, wie sich auch aus § 706 Abs. 2 und 3 BGB ergibt. Jede Leistung, die gesellschaftsvertraglich zu erbringen ist, um den gemeinsamen Zweck zu fördern, stellt einen Beitrag i.S.d. § 706 BGB dar. Gerade auch bestimmte Werkleistungen, wie z.B. Architektenleistungen, sind als Beiträge denkbar (BGH BauR 1980, 280). Insbesondere kommt auch die **Leistung von Diensten,** d.h. die Gestellung von Arbeitskräften, in Betracht, vor allem die Überlassung während der Dauer der Arbeitsgemeinschaft. Dabei handelt es sich nicht nur um die Gestellung von Fach- und Hilfsarbeitern, sondern auch um die Zurverfügungstellung von Technikern, Ingenieuren, kaufmännischem Personal sowie von Führungspersonal durch die beteiligten Firmen. Eine große Rolle spielt in diesem Zusammenhang die **Regelung arbeitsrechtlicher Fragen,** vor allem auch **der Löhne und Gehälter** (Übernahme durch die Arbeitsgemeinschaft als Dienstherr oder nicht), der Kündigung, einer evtl. besseren Entlohnung, der Urlaubsfragen, der sozialen Abgaben sowie der Sozialversicherungsbeiträge, eventueller Zuschläge für von den Gesellschaftern verauslagte Lohn- und Gehaltskosten, der Reisekosten, der »Rückgliederung« des Personals bei Entbehrlichkeit oder bei Beendigung der Arbeitsgemeinschaft usw. Hierzu ist auch auf § 12 des Mustervertrages hinzuweisen (vgl. insbesondere *Burchardt/Pfülb* Anm. zu § 12). § 12 des Mustervertrages verstößt auch im Falle der Abordnung nicht gegen den Tatbestand der Gewerbsmäßigkeit i.S. Art. 1 § 1 S. 2 AÜG (*Krol* in *Burchardt/Pfülb* § 12 Rn. 33). Maßgebend ist auch § 12.6 Mustervertrag, wonach die Karenzzeit im Rahmen des Abwerbeverbotes für Angestellte ein Jahr, für gewerbliches Personal 6 Monate beträgt, es sei denn, dass es sich um Personal eines bereits ausgeschiedenen Gesellschafters handelt, was hinsichtlich der Angestellten nach wie vor bedenklich ist.

29 Zu den Beiträgen der Gesellschafter gehören auch **Sachleistungen,** wie insbesondere die Lieferung oder Zurverfügungstellung von **Stoffen oder Bauteilen.** Hier bedarf es einer deutlichen Unterscheidung und Festlegung, was von den einzelnen Gesellschaftern einzubringen ist und was von der Arbeitsgemeinschaft selbst beschafft werden soll. Dies betrifft **auch Hilfsmittel,** wie Schalungen, Bretter, Bohlen, Formeisen usw. Soweit diese Gegenstände von einzelnen Gesellschaftern einzubringen sind, ist entweder bei späterer Wertlosigkeit der Einkaufspreis oder bei Wertminderung die voraussichtliche Gebrauchsminderung für die Zukunft als »Beitrag« festzulegen (siehe dazu auch § 13 ARGE-Mustervertrag).

30 Zu den Gesellschafterbeiträgen zählen i.d.R. auch **Geldleistungen,** die von den beteiligten Unternehmen zu erbringen sind. Zweckmäßig und ratsam ist es, bei Geldeinlagen genaue Zeitpunkte festzulegen, bis wann diese Leistungen an die Gesellschaft zu erbringen sind, und weiterhin Bestimmungen für den Fall des Verzuges zu treffen. Diese können z.B. im Vorbehalt des Ausschlusses des säumigen Gesellschafters aus der Arbeitsgemeinschaft, in der Festlegung von Vertragsstrafen sowie in der Abwälzung einer evtl. Schadensersatzhaftung auf den Säumigen im Innenverhältnis bestehen. Auch die Frage der Abführung von Steuern ist zu regeln. Siehe dazu auch § 11 des Mustervertrages.

31 Schließlich kommen als Gesellschafterbeiträge auch die reinen **Gebrauchsüberlassungen** in Betracht, wie z.B. die Zurverfügungstellung von Maschinen und sonstigen Geräten (Kraftfahrzeuge, Schlepper, Krane, Handwerkszeug). Im Gegensatz zu den bereits erwähnten Hilfsmitteln handelt es sich hier um **Baugeräte, die nicht zur Verwertung** oder zum kurzfristigen Verschleiß beim Bauvorhaben **bestimmt** sind. Sie werden von den einzelnen Gesellschaftern als Eigentümern der Arbeitsgemeinschaft **praktisch nur ausgeliehen.** Natürlich werden auch diese Sachen einer gewissen Abnutzung unterworfen. Wird im Gesellschaftsvertrag aber nichts darüber bestimmt, ob und wie dem betreffenden Gesellschafter die Abnutzung vergütet oder sonst zugute gerechnet werden soll, so hat er kraft Gesetzes (§ 732 S. 2 BGB) einen Ersatzanspruch im Falle des Verlustes, der Zerstörung, des Abhandenkommens oder der wertmäßigen Verschlechterung seines Gerätes nur, wenn ein Verschulden eines Gesellschafters oder eines Erfüllungsgehilfen vorgelegen hat. Für **natürlichen Verschleiß** erhält er nach der gesetzlichen Regelung **nichts. Arbeitsgeräte,** wie z.B. ein Kran, sind zurückzugewähren, sobald die »Freimeldung« erfolgt; jedoch hat die Arbeitsgemeinschaft wegen etwaiger Ansprüche gegen den zur Verfügung stellenden Mitgesellschafter ein Zurückbehaltungsrecht, das auch gegenüber einem zwischenzeitlichen Erwerber des betreffenden Gerätes besteht (BGH NJW 1975, 1121; siehe auch § 14 ARGE-Mustervertrag).

32 Soweit Beiträge nach den angeführten Möglichkeiten erbracht werden, ist deren **rechtliches Schicksal** im Hinblick auf die **Eigentumsfrage** durchaus **verschieden,** wie sich aus § 706 Abs. 2 BGB ergibt, falls nicht ausdrücklich eine anderweitige vertragliche Regelung unter den Gesellschaftern getroffen wird. Sofern es sich bei diesen Beiträgen um **vertretbare oder verbrauchbare Sachen** handelt, wird beim Fehlen anderweitiger Abrede angenommen, dass diese **gemeinschaftliches Eigentum** der Gesellschafter werden sollen. Vertretbare Sachen sind solche, die im Verkehr nach Zahl, Maß oder Gewicht bestimmt zu werden pflegen (§ 91 BGB); verbrauchbare Sachen sind bewegliche Sachen, de-

ren bestimmungsgemäßer Gebrauch in dem Verbrauch oder in der Veräußerung besteht (§ 92 BGB). Das Gleiche hat von nicht vertretbaren und nicht verbrauchbaren Sachen zu gelten, wenn sie nach einer Schätzung beizutragen sind, die nicht bloß für die Gewinnverteilung, sondern vor allem auch für die Bewertung des so gearteten Beitrages in Geld bestimmt ist. Damit ist im Falle des Fehlens anderweitiger Regelung anzunehmen, dass, selbstverständlich abgesehen vom Personaleinsatz, **fast alle Gesellschafterbeiträge gemeinsames Eigentum der Gesellschafter zur gesamten Hand** werden, **mit Ausnahme der zum bloßen Gebrauch überlassenen Baumaschinen und Baugeräte**. Bei diesen ist im Allgemeinen davon auszugehen, dass lediglich ein Wille zur gemeinschaftlichen Benutzung durch die Mitglieder der Arbeitsgemeinschaft vorhanden ist, und zwar mit der **Bereitschaft zur Zurückgabe** an den Bereitstellenden gemäß § 732 BGB, nicht dagegen ein Wille, die hier in Rede stehenden Sachen für die Dauer der Arbeitsgemeinschaft zu Eigentum erwerben zu wollen. Aber auch hier ist eine anderweitige gesellschaftsvertragliche Regelung möglich und zulässig (vgl. § 4 ARGE-Mustervertrag). Nach dem Gesagten ist daher grundsätzlich davon auszugehen, dass die von einem Gesellschafter der Gesellschaft zum Gebrauch überlassenen Baumaschinen und Baugeräte in den alleinigen, unmittelbaren Mitbesitz der Gesellschafter übergehen, es sei denn, die Sachherrschaft wird tatsächlich nur einzelnen Gesellschaftern überlassen (BGH BauR 1983, 268; BGH BauR 1983, 273). Dieser Mitbesitz allein reicht aber nicht aus, um dem oder den anderen Gesellschaftern gegenüber dem Zurverfügungstellenden ein kaufmännisches Zurückbehaltungsrecht nach § 369 HGB zu begründen. Vielmehr müssen die Voraussetzungen des § 1206 BGB gegeben sein. Die betreffenden Sachen müssen sich also unter dem so genannten Mitverschluss des oder der übrigen Gesellschafter befinden (BGHZ 36, 300; BGH BauR 1983, 273). Sofern die – spätere – Gemeinschuldnerin als Mitglied der Arbeitsgemeinschaft diese Geräte und Arbeitskräfte in Erfüllung einer vertraglich festgelegten Verpflichtung überlassen hat, können daneben keine gesonderten Zahlungsansprüche gegen die Arbeitsgemeinschaft geltend gemacht werden; deshalb geht auch eine Aufrechnung eines anderen Mitglieds der Arbeitsgemeinschaft gegenüber einem solchen nicht bestehenden Zahlungsanspruch ins Leere (OLG Hamm ZIP 1982, 722).

Eine **Verpflichtung** der Gesellschafter im **Innenverhältnis** zueinander, über die ursprünglich vereinbarten Beitragsleistungen hinaus während des Bestehens der Gesellschaft **Zuschüsse bzw. Zubußen** i.S. einer Nachschusspflicht – wie das bei bestimmten Handelsgesellschaften der Fall ist – leisten zu müssen, besteht grundsätzlich nicht, § 707 BGB. Anders ist das allerdings, wenn die Beitragspflicht nicht auf einen bestimmten Betrag der Höhe nach begrenzt ist, was auf den ARGE-Mustervertrag (vgl. dort § 4) zutrifft. Dann ist § 707 BGB vertraglich abbedungen (BGH WM 1967, 32). Nach Beendigung der Arbeitsgemeinschaft besteht ohnehin eine Nachschusspflicht nach § 735 BGB. Soll ein Gesellschafter zum Verlustausgleich verpflichtet sein, muss dies aus dem Gesellschaftsvertrag in verständlicher und nicht nur versteckter Weise hervorgehen (BGH ZIP 1982, 1442). Dabei dürfte es für das Innenverhältnis zweckmäßig sein, für den Fall bestimmter und bei Vertragsabschluss noch nicht hinreichend ersichtlicher Schwierigkeiten bei der Bauausführung im Arbeitsgemeinschaftsvertrag gewisse **Vorbehalte** zu machen und die Voraussetzungen festzulegen, unter denen auch während des Bestehens der Gesellschaft Zubußen von den Gesellschaftern zu erbringen sind. Sofern im ARGE-Vertrag Nachschusspflichten festgelegt und nicht erfüllt sind, besteht für die ARGE gegenüber dem betreffenden Gesellschafter ein Zurückbehaltungsrecht, wie z.B. an einem von diesem der ARGE zur Verfügung gestellten Baukran; das gilt auch gegenüber einem Erwerber des Krans (BGH NJW 1975, 1121). **33**

Die Rechte und Pflichten der Gesellschafter im Innenverhältnis sind auch auf die **Vermögensrechte und -pflichten** bezogen. Die **Vermögensrechte** beziehen sich darauf, dass die ARGE-Gesellschafter eine Gewinnerzielungsabsicht anstreben. Diese ist in § 3 des ARGE-Muster-Vertrages geregelt. Die Auszahlung des Gewinns hat üblicherweise erst am Ende des Geschäftsjahres zu erfolgen. Allerdings wird hier § 721 BGB dahingehend modifiziert, als die Gewinnermittlung und -verteilung erst nach Beendigung der ARGE auf der Grundlage der endgültigen Schlussbilanz gem. § 8.6 des Mustervertrages erfolgt. Dabei ist allerdings zu beachten, dass es sich um eine vorläufige Schlussbilanz handelt **34** ohne bindende bilanzrechtliche Feststellungswirkung. Die getroffene Gewinnermittlung und Gewinnzuweisung, Verlusterm ttlung und Zuweisung hat also keine rechtliche Bindungswirkung. Der Mustervertrag besagt in § 3 abweichend von § 721 BGB auch, dass eine jährliche Gewinnfeststellung ausgeschlossen ist. Die Ermittlung erfolgt also in Abweichung von § 721 BGB erst am Ende zur Auflösung der ARGE. Darüberhinaus kann allerdings dem einzelnen Gesellschafter während der Dauer der ARGE ein vorläufiger Überschuss gem. § 8.6 ausgezahlt werden. Dabei ist allerdings zu beachten, dass § 11.25 den Rückzahlungsanspruch statuiert. Bei Ausscheiden steht dem Gesellschafter noch das Auseinandersetzungsguthaben zu (§§ 23, 24). Dieses ist in Anlehnung an § 738 Abs. 2 BGB ggf. im Wege der Schätzung zu ermitteln. Vermögenspflichten ergeben sich schon aus §§ 705, 706 Abs. 1 BGB. § 707 BGB sieht eine Nachschusspflicht allerdings nicht vor. Im Zusammenhang mit der Bauerrichtung bzw. mit der Verpflichtung aus dem Bauvertrag sind diese Nachschusspflichten in Geld oder Naturalien bzw. Manngestellungsleistungen denkbar; auch zur Abwendung von Insolvenz der ARGE. § 4.1 des Mustervertrag regelt daher alle wesentlichen Elemente der Nachschusspflicht in Form von Beistellungen. Dabei haben die Gesellschafter entsprechend ihrem Beteiligungsverhältnis die Beiträge und Leistungen zu erbringen; § 11.1 Geldmittel, § 12.1 Personal, § 13.22 Gebrauchsstoffe, § 14.21 Gerätebeistellung und § 20.1 Bürgschaften.

35 Bei der bürgerlich-rechtlichen Gesellschaft sind die vertraglichen Pflichten eines Gesellschafters gegenüber den anderen Gesellschaftern in einem besonderen Maße von der **Treuepflicht** bestimmt. Es ist aber zu beachten, dass sich der einzelne Gesellschafter im Gesellschaftsvertrag nicht etwa verpflichtet hat, auch die Interessen seiner Mitgesellschafter zu wahren und deren persönliche Ziele zu unterstützen (BGHZ 4, 73). Sein Interesse braucht nicht hinter das Interesse der übrigen Gesellschafter zurückzutreten. Entscheidend bleibt die Verpflichtung des Gesellschafters, den **gemeinsamen Zweck zu fördern.** Die Treuepflicht gegenüber den anderen Gesellschaftern besteht daher nur insoweit, als sie aus dem Gesellschaftszweck und der Zusammenarbeit der Gesellschaft zu folgern ist (RGRK-BGB/*v. Gamm* § 705 Anm. 17; *Staudinger/Habermeier* Vor § 705 BGB Rn. 38; BGHZ 34, 81, 83). Schädigt in diesem Rahmen ein Gesellschafter, auch ein geschäftsführender Gesellschafter, durch Verletzung seiner Gesellschafterpflichten einen Mitgesellschafter, so kann dieser den Schädiger unmittelbar auf Leistung von Schadensersatz an sich in Anspruch nehmen (BGH MDR 1962, 371; zur Frage, inwieweit ein Gesellschafter für unerlaubtes Handeln eines anderen gem. § 831 BGB einzutreten hat, BGH NJW 1966, 645). Im Übrigen sieht § 3 des ARGE-Mustervertrages die gleichmäßige Behandlung aller Gesellschafter vor. Dies gilt auch für den üblichen Fall, in dem die Beteiligungsverhältnisse unterschiedlich sind. Das betrifft beispielsweise die Gewinn und Verlustverteilung nach unterschiedlichen Beteiligungsverhältnissen. Nach BGHZ 116, 359, 379 endet allerdings die Zulässigkeit einer Ungleichbehandlung im Gesellschaftsvertrag auch an der Grenze des Willkürverbotes. Die Treuepflicht bedingt allerdings auch das Recht der Überprüfung der Rechtsgrundlage der ARGE und damit ein jederzeitiges Anpassungsrecht. Allerdings mit die Änderung der sich widersprechenden Rechte und Pflichten für die Gesellschafter und den einzelnen auch zumutbar sein. Grenze ist hier der wichtige Grund (§ 23.4 des Mustervertrages). Außerdem ist die Anpassung tatsächlich erforderlich (BGH NJW 1987, 189, 190). Die Rechte lassen sich über eine Leistungsklage durchsetzen, § 894 BGB. Möglich ist bei besonders groben Verstößen ein Schadenersatzanspruch gegen den verletzenden Gesellschafter.

36 Zu beachten ist, dass die Gesellschafter der ARGE sowohl Verwaltungsrechte, als auch -pflichten treffen. Diese Verwaltungsrechte sind aber nicht abspaltbar und nicht übertragbar. Das Verbot der Übertragung soll vorbeugen, dass Außenstehende die Gesellschaft manipulieren. Zu diesem Rechten und Pflichten zählen das Recht der Geschäftsführung und das Widerspruchsrecht, das Informations- und Kontrollrecht, sowie das Recht der Kündigung und des Ausschlusses eines Mitgliedes (siehe hierzu: u.a. §§ 709, 711, 716, 723, 737 BGB und §§ 5, 19, 22, 23 des ARGE-Mustervertrages; außerdem *Ulmer* GbR § 717 Rn. 195).

37 Zu den Förderungs- und Treuepflichten zählt auch die Befugnis des einzelnen Gesellschafters zur **Notgeschäftsführung** analog § 744 Abs. 2 BGB. Diese besteht nicht nur, wenn eine notwendige Handlung – z.B. eine notwendige Bauerrichtung – geschuldet ist, sondern auch dann, wenn der Gesellschaft Gefahr droht und rasches Handeln erforderlich ist, z.B. drohende Zahlungsunfähigkeit eines Partners oder ein Arbeitnehmerstreik zwingt zum Handeln (*Burchardt/Pfülb* Präambel Rn. 7; MüKo/*Ulmer* GbR § 709 Rn. 21).

38 Die **Grenzen der Gesellschafterpflichten** liegen bei den **eigennützigen eigenen Interessen** der Mitglieder der ARGE selbst. Hierzu zählen die Vermögensrechte, wie der Vergütungsanspruch gem. § 10.11 und 10.12 des ARGE-Mustervertrages, das Recht auf das Auseinandersetzungsguthaben; die Kontrollrechte; gem. § 19.1 die Rechte der Prüfung in technischer und kaufmännischer Hinsicht. Das Problem allerdings ist, dass die Gesellschafter nicht gehalten sind ihr Interesse hinter das der ARGE zurückzustellen. Daher sind die Regelungen des ARGE-Mustervertrages auf einen angemessenen Ausgleich der jeweiligen Interessen abgestellt. Dem einzelnen Mitglied ist ein Zurückstehen gegen Interessen der ARGE auch nicht zumutbar (so auch MüKo/*Ulmer* GbR § 705 Rn. 196).

39 Im **Außenverhältnis zu dritten Personen,** insbesondere gegenüber Gesellschaftsgläubigern, besteht grundsätzlich eine **unbeschränkte Haftung der Gesellschafter.** So haftet ein Mitglied der Arbeitsgemeinschaft gesamtschuldnerisch neben den anderen ARGE-Mitgliedern auf Rückzahlung eines vom Auftraggeber an die ARGE überzahlten Betrages entsprechend § 427 BGB auch dann, wenn der Auftraggeber den Rückzahlungsanspruch aufrechnungsweise gegenüber dem Mitglied der Arbeitsgemeinschaft, das eine Abschlagszahlung aus einem anderen Auftrag verlangt, geltend macht (BGHZ 61, 38). Wer allerdings erst später in eine bestehende BGB-Gesellschaft eintritt, haftet für vor seinem Eintritt begründete Verbindlichkeiten nur kraft besonderer Vereinbarung mit dem Gläubiger (BGH NJW 1979, 1821). Hat ein Gesellschafter aufgrund seiner unbeschränkten Haftpflicht im Außenverhältnis einen Gesellschaftsgläubiger befriedigt, so richtet sich sein Erstattungsanspruch in erster Linie gegen die Gesellschaft. Subsidiär kann er aber auch die einzelnen Mitgesellschafter in Anspruch nehmen. Diese haften ihm nicht gesamtschuldnerisch, sondern einzeln in Höhe ihrer Verlustbeteiligung (Haftung pro rata, BGH NJW 1962, 1863; BGH WM 1974, 750). Hieran hat auch die Entscheidung BGH NJW 2001, 1056 nichts geändert. Hierdurch wird neben die Einzelgesellschafter die Rechtsperson der ARGE gestellt. Somit ergibt sich eine weiter gesamtschuldnerische Haftung und nicht etwa nur eine alleinige Haftung der Gesellschaft oder nur der Gesellschafter für sich gesehen.

40 Notwendig erscheint es auch, Bestimmungen im Gesellschaftsvertrag für den Fall zu treffen, dass ein oder mehrere Gesellschafter ihrer **Beitragsverpflichtung** nicht oder nicht rechtzeitig nachkommen. Zu **unterscheiden** sind die **schuldhafte** Verletzung der Gesellschafterpflicht und die **schuldlose Nichtleistung** der Beiträge. Im **ersten** Fall ist es neben einer **Erweiterung der Haftung** des säumigen Gesellschafters im Innenverhältnis, z.B. der Verpflichtung zur Tragung eines durch die Säumnis entstandenen **Schadens,** durchaus möglich, den **Ausschluss** dieses Gesellschafters aus der Arbeitsgemeinschaft bei Fortbestand derselben unter den übrigen Mitgliedern vorzusehen. Dies folgt aus §§ 723 Abs. 1 S. 3, 737 BGB. Für die Auseinandersetzung mit dem ausgeschlossenen Gesellschafter gelten dann die Regelungen der §§ 738 ff. BGB. Dieses trifft auch bei Ausschluss eines oder mehrerer Gesellschafter aus anderen Gründen zu. **Wichtig** ist dabei immer, im Gesellschaftsvertrag den **Fortbestand der Arbeitsgemeinschaft** für den Fall des Ausschlusses eines oder mehrerer Gesellschafter **vorzubehalten,** da sonst die gesamte Arbeitsgemeinschaft mit dem Ausschluss kraft Gesetzes zur Auflösung gelangt. Das gilt auch bei freiwilligem Ausscheiden eines oder mehrerer Gesellschafter aus der Arbeitsgemeinschaft. Ist dagegen ein Gesellschafter **schuldlos** seiner Beitragspflicht oder auch einer sonstigen Hauptverpflichtung **nicht nachgekommen,** so wird ein Ausschluss aus der Arbeitsgemeinschaft oder eine Erweiterung der Haftung im Innenverhältnis kaum in Betracht kommen, da derartige Maßnahmen nach allgemeingültigen Maßstäben des Zivilrechts nur aus dem Gesichtspunkt des **schuldhaft vertragswidrigen Handelns** bzw. **Unterlassens** gerechtfertigt sind. Da-

Anhang 3 Unternehmereinsatzformen

gegen ist es wohl in einem solchen Fall geboten, eine Änderung der ursprünglich vorgesehenen Beteiligungsverhältnisse und zwar auch im Hinblick auf die Gewinnbeteiligung, im Gesellschaftsvertrag vorzubehalten.

41 Besteht die Arbeitsgemeinschaft nur **aus zwei Unternehmen**, also aus zwei Mitgliedern, so ist zu beachten, dass der Rechtsgedanke des § 142 HGB auf die GbR entsprechend anwendbar ist (BGHZ 32, 307, 314 ff.). Dies bedeutet, dass beim Vorliegen der Voraussetzungen des § 737 BGB der ausschließungsberechtigte Gesellschafter das Recht zur liquidationslosen Übernahme der Gesellschaft und damit des Gesellschaftsvermögens hat. Die Übertragung des Rechtsgedankens des § 142 HGB auf die BGB-Gesellschaft setzt aber voraus, dass der Gesellschaftsvertrag (Arbeitsgemeinschaftsvertrag) unmittelbar oder wenigstens im Wege der Auslegung ergibt, dass die Beteiligten eine derartige Fallgestaltung gewollt haben (BGH LM § 142 HGB Nr. 12). Geht der Wille der beiden am Arbeitsgemeinschaftsvertrag Beteiligten in diese Richtung, so bedarf es daher grundsätzlich einer entsprechenden Regelung im Vertrag; vgl. auch § 23 Mustervertrag. Ferner ist auf die Regelung über Ausgleichszahlungen in § 4.2 sowie über die Änderung der Beteiligungsverhältnisse in § 4.3 des Mustervertrages hinzuweisen.

III. Die ARGE als Gesellschaft bürgerlichen Rechts oder OHG? – Allgemeine Erläuterungen

42 Die **Rechtsdiskussion** über den **Rechtscharakter der ARGE** bzw. der GbR (hierzu MüKo-HGB/*Ulmer* § 714 Rn. 2) ging zunächst von der **Doppelverpflichtungstheorie** aus. Danach war bei schuldrechtlichen Verpflichtungen, die die Geschäftsführung der ARGE einging von der Verpflichtung der ARGE als solche und daneben auch und zugleich von einer gesonderten vertraglichen Verpflichtung der Gesellschafter selbst auszugehen (MüKo-GbR/*Gumbert* GbR § 18 Rn. 5; BGH NJW 1997, 2754, 2755). Das Problem dieser Lehre besteht darin, dass eine eigentliche Stütze weder im Gesetz noch in der Entstehungsgeschichte der GbR gefunden werden kann. Letztlich führt die Annahme, der Vertragspartner wolle nur ein Vertragswerk haben, nicht weiter. Neben der Doppelverpflichtungslehre wurde auch die **Akzessorietätstheorie** vertreten. Dabei haften die Gesellschafter für die Gesellschaftsverbindlichkeiten analog § 128 HGB mit, unabhängig von deren rechtsgeschäftlicher oder gesetzlicher Grundlage (MüKo-GbR/*Müller* § 714 Rn. 3). Der BGH hat im wesentlichen den Inhalt dieser Lehre in seiner Entscheidung vom 29.1.2001 (NJW 2001, 1056, 1057) übernommen, allerdings mit folgender anderen Sichtweise: Der Gesellschafter selbst haftet für die Verbindlichkeiten der GbR persönlich, **analog der für die OHG geltenden akzessorischen Gesellschafterhaftung** (BGHZ 146, 341, 358). Danach ist **grundsätzlich zunächst der entstandene Anspruch gegen oder für eine Gesellschaftsverbindlichkeit** (schuldrechtlich, sachenrechtlich, unerlaubte Handlung, steuerrechtlich) **maßgeblich**. Das ist grundsätzlich mit der Akzessorietätslehre zu Verbindlichkeiten und Forderungen der OHG zu vergleichen. **Sodann erst ist die persönliche Gesellschafterhaftung als logische Rechtsfolge der Gesellschaftsschuld entstanden. Diese wird als gesetzliche Rechtsfolge des Bestehens der GbR gesehen, gleich ob die Gesellschaftsschuld vertraglich oder gesetzlicher Natur ist. Damit entspricht die Gesellschafterhaftung den §§ 128, 129 HGB bei der OHG.** Der BGH hatte diese Sichtweise bis zur Entscheidung vom 29.1.2001 aber ausgeschlossen (siehe hierzu: BGH NJW 1974, 451; *Schmidt* NJW 2003, 1897, 1898; *Jauernig* NJW 2001, 2231; *Schmidt* NJW 2001, 993; *Timme/Hülk* JuS 2001, 536; BGH NJW 2002, 1207).

43 Es handelt sich also bei der baurechtlichen Arbeitsgemeinschaft um eine analoge Anwendung der OHG-Regeln auf die Gesellschaft des bürgerlichen Rechts, §§ 705 ff. BGB, die eine **eigene Rechtspersönlichkeit im Außenverhältnis** hat (schon: RGZ 73, 286; 78, 305; BGHZ 23, 307; *Wussow* IB 1965, 45; *Hochstein/Jagenburg* Einl. Rn. 47 ff.; BGH NJW 2001, 1056; zur Geschichte auch: *Joussen* BauR 1999, 1063). Eine andere, direkte Rechtsform, wie z.B. die einer OHG oder KG, scheidet **im Allgemeinen** für die ARGE aus. Im Zuge der Handelsrechtsreform ist mit Wirkung zum

1.7.1998 das gesamte Kaufmannsrecht grundlegend geändert worden (HRefG; BGBl. I S. 1474). Danach ist es als Folge der Entscheidung des **BGH NJW 2001, 1056** so, dass die ARGE ein Handelsgewerbe betreibt, da die Voraussetzungen der Gewerbeeigenschaft und des Grundhandelsgewerbes vorliegen, wenn sie nach außen hin als einheitliche Gesellschaft auftritt und Verträge abschließt. Dies gilt insbesondere für die auf Dauer angelegte ARGE, die auf unbestimmte Zeit eine unbestimmte Anzahl von Bauvorhaben gemeinsam bestreiten möchte, da der Wortlaut des § 1 Abs. 2 HGB nun nicht mehr die Eintragung in das Handelsregister, § 2 HGB (Kleingewerbe) voraussetzt, und damit diese als OHG einzustufen wäre (es gilt einheitlich Kaufmannsrecht; so ebenso *Joussen* BauR 1999, 1063). Auszuschließen ist damit auch nicht mehr die nur auf Kürze und bestimmte dann zu erreichende Zwecke angelegte ARGE, wie beispielsweise die **Bieter-ARGE**, die sich bei Nichterreichen des Zieles sofort auflöst. Sie benötigt nicht die Voraussetzungen des § 2 HGB. Soweit die ARGE als analoge OHG gelten soll, müssen planmäßiges und dauerhaftes Handeln der Gesamtheit der Mitglieder der ARGE erfüllt sein. Soweit die Mitglieder der ARGE sich bewusst sind, dass neben dem Zeitraum der Bauvergabe, -errichtung und Gewährleistungsphase ein über Jahre hinweg verbindendes Element besteht, ist die Voraussetzung erfüllt. Dabei ist zu berücksichtigen, dass der wirtschaftliche Zweck von den ARGE-Beteiligten jeweils dauerhaft erreicht wird. Unter Verwendung bzw. Berücksichtigung des Muster-ARGE-Vertrages 2005 (siehe im Folgenden, dort zu § 22 Abs. 1), ergibt sich die geforderte dauerhafte Anlage der ARGE in der Gewährleistungsvereinbarung der Beteiligten. Daraus ergibt sich bei der ARGE allgemein und nicht nur auf längere Dauer (so aber *Joussen* BauR 1999, 1063 ff.), dass die ARGE in das Handelsregister einzutragen ist, klagen und verklagt werden und die Haftung der Gesellschafter nicht nach außen beschränkt werden kann und ebenfalls eine eigene Firma führen und einen Prokuristen benennen kann. Hieraus ergibt sich eine eigene Besteuerung. Diese Ansicht stimmt mit dem BGH überein (BGH NJW 2001, 1056; zur Scheck- und Wechselfähigkeit BGHZ 126, 255, 257; zur Insolvenzfähigkeit: § 11 Abs. 2 InsO; zur Umsatz- und Gewerbesteuer: § 2 UStG und § 5 GewStG). Daraus ergibt sich allerdings, dass dennoch strikt zwischen der auf Dauer angelegten ARGE, die rechtsgeschäftlich nach außen tätig werden will und dies auch tut und der ARGE, die im Innenverhältnis ohne weitere »Außenbeziehung« tätig werden will, unterschieden werden muss. Da dieses die Konsequenz der neueren Rechtsprechung des BGH ist, wird im Nachfolgenden neben den Innen- und Außenverhältnissen unter Berücksichtigung des Muster-ARGE-Vertrages auch unterschieden in die Gesellschaft, die nach außen hin tätig werden will und dies tut und die Gesellschaft, die nur im internen ohne wesentliche Außenaktivität handelt. **In diesem Zusammenhang ist allerdings auch auf die Entscheidung des BGH hinzuweisen, wonach die OHG bereits vor Eintragung in das Handelsregister wirksam wird und mit ihrem Geschäftsbetrieb begonnen hat, wozu auch Vorbereitungshandlungen gehören können (BGH WM 2004, 1237). Hier muss der Betrieb allerdings vollkaufmännisch eingerichtet sein. Der Umstand, dass die Gesellschafter Vollkaufleute sind, ist nicht maßgeblich. Damit hängt nun die Einordnung der ARGE als OHG oder GbR von diesen Anforderungen des BGH ab** (KG Berlin BauR 2001, 1790; OLG Frankfurt BauRB 2005, 136; *Theurer* BauR 2001, 1791; *Wagner* ZfBR 2006, 209). In der Entscheidung BGH BauR 2001, 775 hat der BGH nur die Rechts- und Parteifähigkeit der ARGE als GbR bejaht.

Zur **steuerrechtlichen Behandlung** von Arbeitsgemeinschaften im Baugewerbe ist zu bemerken: **44** Bereits nach dem Urteil des Bundesfinanzhofs vom 23.2.1961 (BStBl. III 1961 S. 194.) werden Arbeitsgemeinschaften des Baugewerbes, die nach außen **in eigenem Namen** auftreten, i.d.R. ohne Rücksicht auf die Dauer ihres Bestehens sowie die Anzahl der beteiligten Unternehmer und der zur Ausführung kommenden Aufträge als gewerbesteuerpflichtige Unternehmergemeinschaften angesehen (zur Steuerkalkulation der bauwirtschaftlichen Arbeitsgemeinschaften *Müthling* BlGBW 1974, 229. Zu § 17 ARGE-Mustervertrag: *Hochstein/Jagenburg* S. 231 ff. sowie *Burchardt/Pfülb* S. 605 ff. – Über die Bilanzierung von Beteiligungen an Arbeitsgemeinschaften nach neuem Bilanzrecht: *Dill* DB 1987, 752). Die Gesellschafter haften für die Umsatz- und Grunderwerbssteuerschuld der Arbeitsgemeinschaft persönlich mit ihrem gesamten Vermögen, also im Außenverhältnis (vgl.

Tiedtke BB 1987, 1745). Dies gilt erst recht, nachdem der BGH die ARGE als Rechtspersönlichkeit anerkannt hat. Auch wenn teilweise die ARGE als Gelegenheitsgesellschaft bezeichnet wird (*Burchardt/Pfülb* Präambel Rn. 3), so ist dies nicht mit der gleichnamigen steuerrechtlichen Einordnung zu verwechseln. § 2 a) GewStG nimmt die ARGE unter dort beschriebenen steuerlichen Voraussetzungen aus und rechnet die Steuerlast den jeweiligen Gesellschaftern zu, wenn nur eine Werkleistung beabsichtigt ist, weil die bis 1995 übliche dreijährige steuerliche Frist zur fiktiven Berechnung der Beendigung eines Bauvorhabens aufgehoben wurde.

45 Der betriebliche Zusammenschluss zu einer Arbeitsgemeinschaft ist nur begrenzt von Dauer. Oftmals betrifft dieser nur ein **einziges Bauvorhaben,** d.h. den hiermit verbundenen Bauauftrag und dessen Erfüllung durch Errichtung des Bauwerkes. Ist dieses Ziel erreicht, so hat mit erfolgter vermögensmässiger Auseinandersetzung, die allerdings unter Berücksichtigung der Einzelbestimmungen des mit dem Auftraggeber abgeschlossenen Bauvertrages (wie z.B. über Gewährleistungsfristen, Rückzahlung einer Sicherheitsleistung, vollständige Bezahlung des Werklohnes) noch eine gewisse Zeit nach tatsächlicher Fertigstellung und Abnahme des Bauwerkes andauern kann, die Arbeitsgemeinschaft ihr **Ende** gefunden. Es gibt auch Fälle, in denen eine ARGE praktisch nicht zum Tragen kommt, wenn sie sich z.B. an einem Ausschreibungsverfahren beteiligt, den Bauauftrag aber nicht erhält, also so genannte **Bietergemeinschaft bleibt.** Dann findet allenfalls noch eine Auseinandersetzung im Innenverhältnis der einzelnen Beteiligten über die gehabten Aufwendungen statt (§ 3 des Mustervertrages). Führen die Gesellschafter einer durch Zeitablauf aufgelösten BGB-Gesellschaft den Geschäftsbetrieb zunächst **nach außen** unverändert **fort**, weil einer der beiden Gesellschafter seine Mitwirkung bei der Liquidation verweigert und der andere deshalb mit ihm ergebnislos über den Abschluss eines neuen Gesellschaftsvertrages verhandelt, so liegt darin noch keine konkludente Beschlussfassung über die Fortsetzung der Gesellschaft; ein derartiges Verhalten lässt regelmäßig nur den Schluss zu, dass die Gesellschafter die Abwicklung bis zur Beendigung ihrer Verhandlungen aufschieben wollen (BGH NJW 1995, 2843).

46 Abweichend vom Regelfall gibt es aber **auch Arbeitsgemeinschaften,** die nicht nur für die Erlangung und die Durchführung eines bestimmten Bauauftrages gebildet worden sind, sondern die unabhängig von einem Vergabeverfahren oder einem bestimmten Bauauftrag **ständig oder jedenfalls längere Zeit bestehen.** Dann liegt ein Dauerverhältnis vor, gerichtet auf eine unbestimmte, in der Zukunft liegende Zahl von Bauleistungsaufträgen. Dabei kann eine bestimmte Zeit festgelegt werden, nach deren Ablauf die Arbeitsgemeinschaft endet, z.B. nach zwei Jahren. Es kann auch ein **Gesellschaftsvertrag auf unbestimmte Zeit** eingegangen werden. Dann kommt eine Beendigung der Gesellschaft nur unter den gesetzlichen Voraussetzungen, wie z.B. durch Kündigung, Tod eines Unternehmers, Konkurs eines Unternehmens, Kündigung durch einen Gesellschaftsgläubiger – §§ 723, 724, 725, 728 BGB – in Betracht. Wesentliche Besonderheit für eine Dauergesellschaft ist § 721 Abs. 2 BGB, wonach der Rechnungsabschluss und die **Verteilung des Gewinns** im Zweifel am **Schluss jeden Geschäftsjahres** zu erfolgen haben.

47 Alle Arbeitsgemeinschaften sind im Rahmen der **VOB/A** bei Bauvertragsverhandlungen und Bauvertragsabschlüssen grundsätzlich zu behandeln **wie der Alleinunternehmer.** Das gilt auch bei Beschränkten Ausschreibungen, bei denen besonderes Gewicht auf die Prüfung der Zulassung von schon vor der Angebotsabgabe vorhandenen, insbesondere ständigen Arbeitsgemeinschaften gelegt wird. Grundgedanke ist dabei, dass die Voraussetzungen der Beschränkten Ausschreibung – vgl. § 3 Nr. 3 VOB/A – in sachlicher und fachlicher Richtung ein gewisses Maß nicht nur an Erfahrung, sondern besonders auch an erprobter Zusammenarbeit der beteiligten Unternehmen erfordern. Notwendig ist immer, dass auch hinsichtlich der Arbeitsgemeinschaften die Voraussetzungen des in § 2 Nr. 1 S. 1 VOB/A aufgestellten Grundsatzes der Fachkunde, Leistungsfähigkeit und Zuverlässigkeit vorliegen müssen. Wer wie ein Alleinunternehmer behandelt werden soll und auch so behandelt werden will, muss die gleichen persönlichen und sachlichen Voraussetzungen erfüllen wie der Alleinunternehmer selbst.

In der Entscheidung BGH NJW 2001, 1056 wird im zweiten Leitsatz allerdings auch die **prozessuale** 48
Konsequenz der Anerkennung der ARGE als rechtsfähig dargestellt. Die ARGE ist parteifähig, siehe auch § 124 Abs. 1 HGB für die Gesellschaft. Die ARGE bleibt Partei, auch wenn während des Prozesses ein Mitglied ausscheidet. Eine Streitgenossenschaft liegt nicht vor (§§ 59, 62 ZPO). **Die Klage gegen die ARGE sollte allerdings sowohl die ARGE – Bezeichnung, als auch als weitere Beteiligte die einzelnen Gesellschafter aufweisen, also diese mitverklagt werden (BGH NJW 2001, 1056; BGH IBR 2006, 261).** Soweit das OLG Brandenburg nunmehr für sog. »Altfälle« vor der Entscheidung des BGH BauR 2001, 775 davon ausgeht, dass eine Rubrumsberichtigung zugunsten der ARGE nicht zulässig sei (OLG Brandenburg IBR 2006, 203), ist dem nicht zu folgen. Nach der Anerkennung der Rechts- und Parteifähigkeit der (Außen-)Gesellschaft (ARGE) kann die ARGE als der OHG angenäherte GbR die Gesamthandsforderungen geltend machen und damit damit Kläger sein. Daneben sind die einzelnen Gesellschafter im Rahmen der gewillkürten Prozessstandschaft dann auch Partei, wenn ihnen die gewillkürte Vollmacht mit dem ARGE-Vertrag bereits gegeben bzw. erteilt wurde. Das OLG Brandenburg geht unzutreffend davon aus, dass die Prozessstandschaft sich nach dem Urteil des BGH BauR 2001, 775 erledigt habe. Das eben sagt die Entscheidung nicht, die an keiner Stelle die Rubrumsberichtigung oder gewillkürte Form der Vollmachtserteilung durch den ARGE-Vertrag beschreibt. Das gleiche Problem ergibt sich bei der Anerkennung der Teilrechtsfähigkeit der WEG. Nur im Falle der Nichtvereinbarung der Bevollmächtigung ergäbe sich das Problem der vollmachtlosen Vertretung für die ARGE durch einen Gesellschafter. Allerdings hat der BGH in der Entscheidung von 14.9.2005 VIII ZR 117/04 (IBR 2006, 261) klargestellt, dass die Gesellschafter in ihrer gesamthänderischen Verbundenheit nichts anderes als die Gesellschaft sind. Daher ist das Klagerubrum entweder zu berichtigen, dass die klagende ARGE (Bezeichnung ...) und aus den genannten juristischen Personen als GbR besteht (BGH Urt. v. 23.10.2003 – IX 324/01). Dies ist zutreffend, weil die ARGE selbst materielle Forderungsinhaberin ist, die durch Angabe ihrer Gesellschafter genauer zu bezeichnen ist. Das ist bei der OHG nicht anders und auch nicht bei den Forderungen zur Grundbucheintragung gem. § 47 GBO.

Die ARGE kann nach § 17 Abs. 1 ZPO am **Ort des Sitzes der ARGE** (siehe § 2 des Muster-ARGE- 49
Vertrages) am allgemeinen Gerichtsstand verklagt werden, was der Ort des Bauvorhabens ist (*Baumbach/Lauterbach/Hartmann* § 29 ZPO Rn. 33; BGH NJW 2001, 1936; siehe auch *Breyer/Zwecker* BauR 2001, 705, 706). Das ist die Konsequenz aus der Anerkennung der gesellschaftsrechtlichen Alleinstellung.

Die Auswirkung der **Prozessfähigkeit** auf die Prozessstellung der ARGE ist nach Aktiv- und Passiv- 50
prozess und dem Innen- und Außenverhältnis zu unterscheiden. Macht die ARGE Vergütungsansprüche geltend, so gibt es selbst dann kein Problem, wenn einer der Gesellschfater vor oder während des Verfahrens insolvent wird. Sein Anteil ist der Gesellschaft zugewachsen. Damit geht einher, dass das Prozessrechtsverhältnis unverändert bleibt, § 265 Abs. 2 ZPO (*Heidland* Bauvertrag in der Insolvenz 2. Aufl. Rn. 965, 1165; *Schmitz* Bauinsolvenz Rn. 880). Allerdings ist mit der Eröffnung des Insolvenzverfahrens während des Prozesses der Rechtsstreit unterbrochen. Der Insolvenzverwalter kann den Rechtsstreit allerdings aufnehmen, ja sogar Widerklage erheben (*Heidland* Rn. 295; OLG Jena NZI 2002, 112). Die Unterbrechung ergibt sich allerdings daraus, dass die ARGE an diesem Punkt als Gemeinschaft von (einfachen) Streitgenossen zu behandeln ist (BGH IBR 2003, 580; OLG Jena IBR 2002, 530). Das bedeutet einerseits, dass ein Wechsel der Führung des Prozesses namens und im Auftrag der ARGE unschädlich ist. Allerdings sollten die verbeliebenden ARGE-Gesellschaft im Fall der Insolvenz während des Verfahrens mit dem Insolvenzverwalter eine Vereinbarung treffen, dass er den Prozess mit den anderen gemeinschaftlich weiterführt, allerdings von Kosten und Verpflichtungen im Innenverhältnis freigestellt wird. Beim **Aktivprozess** ist eine in Bezug auf **einzelne klagende Gesellschafter** ergehende Entscheidung unzulässig. Deshalb ist das Verfahren nach Eröffnung der Insolvenz über das Vermögen eines klagenden Gesellschafters das Verfahren insgesamt **unterbrochen**, § 240 ZPO (BGH BauR 2003, 1758). Beim **Passivprozess** wird bei Insolvenz eines Gesellschafters das Verfahren nur hinsichtlich dieses Partners unterbrochen (§ 240 ZPO).

51 Als **Gerichtsstand** für Klagen gegen die Mitglieder der Arbeitsgemeinschaft oder die ARGE selbst ist der Ort der Bauleistung maßgebend (§ 29 ZPO), wenn nicht der betreffende Bauvertrag etwas anderes bestimmt und im Handelsverkehr zwischen der ARGE und einer privaten Gesellschaftsform abgeschlossen wurde, die das Bauwerk für den Gewerbebetrieb errichten lässt (vgl. § 18 VOB/B); das gilt auch für Klagen gegen einzelne Mitglieder der Arbeitsgemeinschaft. Anders dann, wenn die Umstände ergeben, dass der Ort der Bauleistung nicht Erfüllungsort und damit ausschlaggebend für die Bestimmung des Gerichtsstandes sein soll (BayObLG SFH § 269 BGB Nr. 1 = *Hochstein* EWiR 1985, 845). Im Prozess der Gesellschaft ergeben sich nun nach der Entscheidung des BGH (BGH NJW 2001, 1056) Probleme. Zunächst hat das Gericht gem. § 139 ZPO aufzuklären, ob die Gesellschaft zutreffend in der Klageschrift beschrieben ist. Weiterhin ergibt sich, dass die BGB-Gesellschaft an ihrem Sitz zu verklagen ist, § 17 Abs. 1 S. 1 ZPO. Fehlt es am Sitz der Gesellschaft, so gilt gem. § 17 Abs. 1 S. 2 ZPO der Sitz der Verwaltung als Gerichtsstand. Eine Bestimmung nach § 36 Abs. 1 Nr. 3 ZPO kann nur dann angenommen werden, wenn mehrere Verwaltungen in Betracht kommen können (OLG Celle OLGR 2001, 198; BayObLG IBR 2005, 455). Nach der Entscheidung des BGH ist im eigentliche Sinne auch die Möglichkeit entfallen, dass die Gesellschafter alleine oder daneben klagen oder verklagt werden. Dies bleibt weiterhin zulässig, denn es handelt sich um einen Fall der gewillkürten Prozessstandschaft (*Wieser* MDR 2001, 421; *Müther* MDR 2003, 987; BGH NJW 2001, 1056). Weiterhin ist allerdings der BGH der Auffassung, dass § 736 ZPO eine Vollstreckung in Gesellschaftsvermögen jedenfalls auch dann möglich ist, wenn ein Titel gegen alle Gesellschafter vorliegt. Dies ist in den Passivprozessen möglich. Aber auch bei den Forderungen zur gesamten Hand, z.B. bei der Grundstücksauflassung, ist dieses möglich. Allerdings ist notwendige Konsequenz der neuen Rechtsprechung dann, das bei einer Klage gegen die Gesellschaft und die Gesellschafter das Rechtsschutzbedürfnis gem. § 736 ZPO fehlt. Auch wegen der früher als Gesamthandsforderungen bezeichneten Forderungen können neben der Gesellschaft die Gesellschafter in Anspruch genommen werden, diese sind dann dabei nicht mehr als notwendige Streitgenossen anzusehen. Ist aber bereits ein gegen alle Gesellschafter geführter Rechtsstreit verloren worden, steht die Rechtskraft dieses Prozesses in analoger Anwendung de § 325 Abs. 1 ZPO einer Klage gegen die Gesellschaft entgegen. Nach § 36 Abs. 1 Nr. 3 ZPO kann das zuständige Gericht für eine zukünftige **Klage gegen eine ARGE** sowie gegen ihre Gesellschafter durch das nächsthöhere Gericht nach Wahl des Antragstellers bestimmt werden, wenn ein gemeinsamer besonderer **Gerichtsstand** für die ARGE nicht vereinbart wurde und ansonsten zwischen mehreren zuständigen Gerichten die Wahl besteht (BayObLG IBR 2005, 455).

52 Bereits vor der Grundsatzentscheidung des BGH war anerkannt, dass die **GbR als Teilnehmerin am Rechtsverkehr** grundsätzlich jede Rechtsposition einnehmen konnte, soweit nicht spezielle rechtliche Gesichtspunkte entgegenstehen (BGHZ 116, 86; BGHZ 136, 254). Der BGH ist damit der Lehre von der »Teilrechtsfähigkeit« gefolgt. Daraus ergeben sich folgende Überlegungen: Die Außengesellschaft ist im Prozess sowohl **Aktiv- als auch Passivlegitimiert** und damit **parteifähig** i.S.d. § 50 ZPO (BGH NJW 2001, 1056). Sie kann auch an Verwaltungsrechtsprozessen teilnehmen (VGH Kassel DB 1997, 1128). Sie ist ebenfalls rechtsfähige Personengesellschaft gem. § 14 BGB. Das Steuerrecht behandelt sie ebenfalls nun als Steuerrechtssubjekt und hat damit die Rechts- und Parteifähigkeit anerkannt (BFH NJW 1987, 1719; Einkommensteuer: BFH BStBl. II 1996 S. 369; BFH BStBl. II 1995 S. 617). Die GbR kann Mitglied einer juristischen Person (BGHZ 116, 86; *Habersack* BB 2001, 477), einer Personenhandelsgesellschaft (BGH ZIP 2001, 1713) oder einer weiteren GbR (BGH NJW 1998, 376) sein. Daher kann sie auch Gründerin einer AG (OLG Hamm NJW-RR 1996, 482; BGHZ 78, 311) sein und Aktien halten, als Gründerin einer GmbH Stammanteile halten und einen GmbH-Anteil erwerben. Die GbR ist damit scheck- und wechselfähig (BGHZ 136, 254; BGH NJW 2001, 1056) und kann Bürge sein (*Habersack* BB 1999, 61). Im Übrigen war auch § 191 Abs. 2 UmwG bereits von der Rechtsfähigkeit der GbR ausgegangen.

53 Da die Gesellschaft im Prozess **parteifähig** ist, kann sie unter ihrem Namen selbst klagen und verklagt werden. Somit kann auch die Kammer für Handelssachen nach § 95 Abs. 1 Nr. 1 GVG zuständig sein (LG Bonn BauR 20004, 1170). Dies ist bei der Klage einer Baugesellschaft gegen die eingetragenen Gesellschafter der ARGE, die lediglich das Bauvorhaben abwickeln so, wenn die Abwicklung eine Größenordnung erreicht, die als auf Dauer angelegte gewerbliche Tätigkeit bezeichnet werden kann (KG BauR 2001, 1790). Dies vor allem wenn die Mitglieder Formkaufleute sind (*Theurer* BauR 2001, 1791). Dies bedeutet nicht zwingend, dass sich die Klage von und gegen alle Gesellschaft ebenfalls richten muss. Daher ist auch die **Klage einer ARGE bei der Kammer für Handelssachen** einzureichen, wenn diese lediglich mit der Durchführung eines einzigen Bauvorhabens beauftragt ist und wenn die Abwicklung des Bauprojekts wegen dessen Größenordnung als auf Dauer angelegte gewerbliche Tätigkeit, die mit der Gewinnerzielungsabsicht betrieben wird, so angesehen werden kann (LG Berlin BauR 2003, 136; OLG Dresden IBR 2002, 195; OLG Frankfurt IBR 2002, 542; a.A. mit dem Bezug auf ein Bauvorhaben und dem Argument es liege kein Fall des § 354a HGB und damit auch keine Kaufmannseigenschaft der ARGE mangels Ausrichtung auf eine unbestimmte Anzahl von Geschäften vor: OLG Karlsruhe IBR 2006, 332).

Eine **gewerblich tätige Dach-ARGE** ist eine OHG und daher in **Innerrechtsstreitigkeiten** der 54 ARGE gegen eigene Gesellschafter **parteifähig**. Der Gesellschafter einer OHG kann Sozialansprüche im Wege der actio pro socio jedenfalls nicht neben der Gesellschaft zulässig verfolgen (OLG Dresden BauR 2002, 1414).

Allerdings hat der BGH auch die Rechts- und Parteifähigkeit **ausländischer Gesellschaften** nach 55 Verlegung ihres **Verwaltungssitzes** anerkannt (BGH BauR 2000, 1222). Eine nach dem Recht des Mitgliedsstaates der EU gegründete Gesellschaft mit tatsächlichem Verwaltungssitz in einem anderen Mitgliedsstaat kann sich auf die Niederlassungsfreiheit berufen und ist als rechtsfähig zu behandeln. Die bisher mit Geltung der **Sitztheorie** begründete Verweigerung ihrer Rechtsfähigkeit stellt eine unverhältnismäßige Beschränkung ihrer Niederlassungsfreiheit dar (EuGH MDR 2003, 96 ff.; *Dümig* EG-ausländische Gesellschaft im Grundbuchverfahren nach der Überseering-Entscheidung, NZBau 2001, 191 ff.; *Hök* Sitztheorie nach Baurecht ZfBR 2003, 320 ff.).

Die frühere Ablehnung auch des BAG ob die Außengesellschaft auch **arbeitgeberfähig** ist, ist nun zu 56 bejahen (früher: BAG NJW 1989, 3034; nun in der Literatur: *Ulmer* ZIP 2001, 585; *Lessner/Klebrick* ZIP 2002, 1385). Der BGH hat allerdings mit dem Argument, dass bei besonderen Rechtsverhältnissen und bei bestimmten Eigenarten des zu beurteilenden Rechtsverhältnisses die Rechtsfähigkeit der GbR eben nicht gegeben sei, die Arbeitgebereigenschaft abgelehnt (BGH NJW 2002, 1207; *Fuchs* BrBP 2004, 204). Dieses überzeugt nicht, da beispielsweise die Sozialabgabenpflicht und die Steuerpflicht der ARGE auf dem einheitlichen Auftreten nach aussen beruhen, nämlich mit dem Ziel Verträge zu schließen. Nichts anderes hat daher auch für die Beschäftung von Arbeitskräften zu gelten, da dies gerade ein Ausdruck von nach außen hin gerichtetem Handeln ist.

Noch nicht geklärt ist, wie die Außengesellschaft bezüglich des **Publizitätserfordernisses** zu behandeln ist, wenn sie eine solche Rechtsform wählt, die dieses notwendig macht. Bei der Rechtsinhaberschaft ist sie selbst Rechtsinhaberin. Die kann daher ein Grundstück erwerben und als Kommanditistin an einer KG zu beteiligen sein (BGH ZIP 2001, 1713; *Habersack* BB 2001, 477). Die vom BGH zunächst beantwortete Frage der Erfüllung des Publizitätserfordernisses ist nun so zu erfüllen, dass die GbR als Inhaberin des im Grundbuch eingetragenen Rechts auch als solche eingetragen werden kann. Bereits durch die beschränkte Registerfähigkeit gem. § 235 Abs. 1 UmwG wird die GbR als neuer Rechtsträger im Handelsregister nach außen offenbart. Auch der Verkehrsschutz und die Grundbuchklarheit fordern insoweit keine Eintragung der jeweiligen Gesellschafter mehr, wie dies zuvor so war (OLG Hamm NJW-RR 1996, 1446; OLG Düsseldorf NJW 1997, 1991), da durch einen Gesellschafterwechsel die Gefahr der Unrichtigkeit des Grundbuchs und des Handelsregisters entsteht (*Wiedemann* JZ 2001, 661). In § 47 GBO wird insoweit auch nur das Problem der Bezeichnung der GbR behandelt. Die gesamte Eintragung auch der Gesellschafter ist daher unnötig (*Schmidt* NJW 2001, 993). Die Außengesellschaft muss aber durch ihre Organe handeln, §§ 709, 714 BGB. Diese üben organschaftliche Vertretungsmacht aus. Diese Organstellungen können aufgrund der Dispositivität der Vorschriften im Einzelnen abbedungen werden. Der Gesellschaftsvertrag kann weitere Organe vorsehen, wie Gesellschafterversammlung, Beirat. Da die Gesellschaft nunmehr durch ihre Vertreter am Rechtsverkehr teilnimmt, muss sie sich im Rahmen der Deliktshaftung das Verhalten zurechnen lassen. Dies kann über § 278 BGB oder § 31 BGB analog geschehen. Ebenfalls wird das Wissen der Gesellschaft über § 166 BGB zugerechnet (BGH NJW 1999, 284). Die Gesellschaft kann einen eigenen Namen tragen (*Erman/Westerman* § 705 BGB Rn. 67). Dieser erfolgt im Gesellschaftervertrag oder durch Beschluss. Die Außengesellschaft kann nur unter einem einheitlichen Namen auftreten. Dabei sind § 37 HGB und § 11 Abs. 1 S. 2, 3 PartG zu beachten.

58 Eine **Grundbucheintragung** gem. § 47 GBO bedarf der Eintragung sämtlicher Gesellschafter mit dem Zusatz »in GbR«. Allerdings reicht allein die Eintragung der Gesellschaft mit dem Zusatz »in Gesellschaft bürgerlichen Rechts« im Grundbucheintrag nicht aus (LG Berlin ZMR 2003, 264). Soweit das BayObLG (BayObLG ZMR 2003, 218; siehe hierzu auch: *Westermann* NZG 2001, 289; *Demharter* Rpfleger 2001, 329; *Heil* NJW 2002, 2158; *K. Schmidt* NJW 2001, 993) meint, dass die grundbuchrechtlichen Vorschriften nicht als Ersatz für fehlende gesetzliche Vorschriften zur Rechtsfähigkeit der GbR nach außen herhalten dürfen, ist dem sicherlich zuzustimmen. § 15 Abs. 1b GBV sowie §§ 19, 32, 29, 47 GBO geben hierfür ebenfalls keinen Anhaltspunkt. Im Übrigen gilt dies auch zu § 736 ZPO. Eine Außengesellschaft kann sich auf das Namensrecht gem. § 12 BGB berufen oder auf § 15 MarkenG. Dies ist aber für die ARGE nicht ganz unbestritten (MüKo/*Müller* § 705 BGB Rn. 228; *Bamberger/Roth* § 705 BGB Rn. 133 ff., 142 ff.). Da der BGH die Rechtsfähigkeit der ARGE anerkannte und sie im Außenrechtsverhältnis damit als Trägerin eigenen Vermögens gilt, wäre die Eintragungsfähigkeit sinnlogische Konsequenz. Dabei wäre allerdings zwingend zu beachten, dass nur die einzelnen Gesellschafter und zusätzlich die ARGE unter ihrem »Namen« als »in GbR handelnd« oder »in GbR« einzutragen ist. Dies stimmt mit § 47 GBO überein. Soweit die Außen-GbR in Erscheinung tritt ist dem zuzustimmen. Die Innen-GbR hat jedoch keine Rechte. Die Gesellschafter haben gegeneinander keine Rechte auf Eintragung oder Austragung. Dies bleibt einem mehrheitlichen Beschluss der Gesellschaftsmitglieder vorbehalten. Bei einer nur aus zwei Gesellschaftern bestehenden ARGE wird dieses zwingend nur als einstimmiges Verhalten zu gewährleisten sein, es sei denn der ARGE-Vertrag bestimmt etwas anderes. Dem entspricht, dass aus § 718 BGB folgt, dass die Grundbucheintragung als für die Gesellschaft darzustellender Hinzuerwerb dem Gesellschaftsvermögen zuzuordnen ist. Allerdings wird im Innenverhältnis ein Gesellschafter bei einem Austragungsverlangen nicht die Teilung der Gesellschaft verlangen können. Dem steht § 719 Abs. 1 BGB entgegen. Eine Aufrechnung mit Forderungen gegen den realen Wert der in der Grundbucheintragung verkörperten Werthaltigkeit des ideelen Teils des ARGE-Vermögens ist gem. § 719 BGB während der Laufzeit der ARGE ausgeschlossen. Erst nach Auflösung der ARGE ist die Aufrechnung möglich, was auch § 721 Abs. 1 BGB grundsätzlich besagt. § 720 BGB ist in den Fällen des guten Glaubens Grundlage der Kenntnismöglichkeit des Schuldners bei Grundbucheintragungen der ARGE. Diese hat Außenwirkungen. Die ARGE kann daher als Eigentümer eines Grundstücks, als auch als Gläubigerin einer Forderung als Berechtigte einer Vormerkung oder gänzlichen Eintragung einer Bauhandwerkersicherungshypothek im Grundbuch eingetragen werden.

IV. Die ARGE – Das Innenverhältnis der Gesellschafter untereinander

1. Organe der ARGE

59 Die **Aufsichtsstelle** (Gesellschafterversammlung). Diese hat die Geschäftstätigkeit der Arbeitsgemeinschaft im Allgemeinen zu überwachen. Sie hat über alle Fragen von grundsätzlicher Bedeutung zu entscheiden, die ihr entweder von den Gesellschaftern unterbreitet werden oder über die sie nach dem ARGE-Vertrag zu befinden hat. Fragen grundsätzlicher Bedeutung sind u.a. solche, die mit der Zweckerreichung unmittelbar zusammenhängen: Rechtsberatung und Geschäftsführung, Kredite und Wechsel, Anforderung von Gesellschafterbeiträgen, Festlegung und Änderung der Beteiligungsverhältnisse, Dauer und Beendigung der Geschäftsführung sowie der Bauleitung, Ausschluss von Gesellschaftern, Forderungsabtretungen, Anerkennung oder Zurückweisung von Gewährleistungsansprüchen (§§ 5 Nr. 1, 6 ARGE-Mustervertrag).

Die kaufmännische und technische Geschäftsführung. Diese muss die Beschlüsse der Aufsichtsstelle ausführen und hat alle Geschäfte wahrzunehmen, die nicht von dieser zu erledigen sind bzw. erledigt werden. Im Allgemeinen ist es sinnvoll, die kaufmännische und technische Geschäftsführung aufzuteilen (vgl. §§ 5 Nr. 2 und 3, 7, 8 ARGE-Mustervertrag). 60

Man spricht im Rahmen des Arbeitsgemeinschaftsvertrages auch noch von der **Bauleitung.** Rechtlich ist diese **Hilfsorgan der Geschäftsführung.** Sie leitet jedoch ihre Rechte und Pflichten von der Aufsichtsstelle ab. Daraus ergibt sich eine Berichtspflicht gegenüber den Gesellschaftern; andererseits ist die Bauleitung an die Weisungen der kaufmännischen und technischen Geschäftsführung gebunden (§ 9 ARGE-Mustervertrag). 61

2. Beteiligung und Haftung im Innenverhältnis

Zu regeln ist grundsätzlich die **Beteiligung der** einzelnen **Gesellschafter an der Arbeitsgemeinschaft** und ihre **Haftung** im **Innenverhältnis.** Das Gesetz geht hinsichtlich der **Beteiligung** der Gesellschafter **im Zweifel** von einer solchen nach **gleichen Anteilen** aus. Das gilt zur Frage der Leistung von Beiträgen nach § 706 Abs. 1 BGB sowie hinsichtlich der Verteilung des Gewinnes und Verlustes gemäß § 722 BGB. Ist das nicht gewollt, muss grundsätzlich eine anderweitige Regelung in den Arbeitsgemeinschaftsvertrag aufgenommen werden (wie z.B. in § 3 ARGE-Mustervertrages). Wird eine solche unterlassen, so greift allerdings nicht ohne weiteres § 722 Abs. 1 BGB ein; vielmehr kommt es dann vorrangig auf die Auslegung des Vertrages an, sofern dies nach §§ 133, 157 BGB möglich ist. Dabei sind die beiderseits geleisteten Beiträge (Personal- und Sacheinsatz) nach der vorgesehenen Bewertung wesentliche Kriterien, da davon auszugehen ist, dass im Zweifel der Gewinnanteil dem Gesamtanteil der Beiträge entsprechen soll (BGH BauR 1982, 596). Der Prozentsatz der Beteiligung gilt auch für die **Haftung der Gesellschafter untereinander im Innenverhältnis.** Auch ist es möglich und aus sachlichen Gründen durchaus ratsam, die bloß beschränkte Haftung des Gesellschafters nach § **708 BGB** bei der baurechtlichen Arbeitsgemeinschaft nach den **Grundsätzen des § 276 BGB festzusetzen,** wie dies im Mustervertrag in der Präambel unter Ausschluss der leichten Fahrlässigkeit geschieht. Dadurch wird vor allem der nicht mehr zeitgemäße Streit darüber, welche Sorgfalt ein Bauunternehmer in eigenen Angelegenheiten anzuwenden pflegt, vermieden. 62

Für das **Innenverhältnis** der Gesellschafter gilt ferner: Während des Bestehens einer Gesellschaft kann ein Gesellschafter, der Gesellschaftsgläubiger befriedigt hat, grundsätzlich nur dann gegen seine Mitgesellschafter als Gesamtschuldner Rückgriff nehmen, wenn er aus der Gesellschaftskasse keinen Ausgleich erlangen kann. Allerdings ist das nicht erst der Fall, wenn die Zwangsvollstreckung ins Gesellschaftsvermögen aussichtslos wäre. Vielmehr genügt es, dass der Gesellschaft freie verfügbare Mittel nicht zur Verfügung stehen (BGH NJW 1981, 812). Das gilt grundsätzlich auch im Hinblick auf die Ausgleichspflicht des durch Abtretung seines Anteils an einer BGB-Gesellschaft ausgeschiedenen Gesellschafters gegenüber einem früheren Mitgesellschafter, der durch eine Leistung an Erfüllungs Statt eine Verbindlichkeit beglichen hat (BGH NJW 1981, 1095). Der betreffende Gesellschafter darf seine Mitgesellschafter nur auf den seinen Verlustanteil übersteigenden Überschuss seiner Forderung in Anspruch nehmen; eine solche Beschränkung des Anspruches muss sich auch der Zessionar, der nicht Mitgesellschafter ist, entgegenhalten lassen (BGH MDR 1983, 481). Der in die ARGE **nachträglich eintretende Gesellschafter** haftet für die vor seinem Eintritt begründeten Verbindlichkeiten auch persönlich und als Gesamtschuldner mit den Altgesellschaftern zusammen analog § 130 HGB (BGH NJW 2003, 1803). 63

3. Geschäftsführung und Vertretungsmacht

64 Der Arbeitsgemeinschaftsvertrag muss weiter Regelungen zur **Geschäftsführung und Vertretungsmacht** (sog. Federführung) enthalten. Während sich die **Erstere auf das Innenverhältnis** der Gesellschafter zueinander bezieht, betrifft die **Letztere das Außenverhältnis** zu Dritten.

a) Geschäftsführung

65 Nach § 709 Abs. 1 BGB steht die **Geschäftsführung** grundsätzlich **den Gesellschaftern gemeinschaftlich** zu; für jedes Geschäft ist dabei die Zustimmung aller Gesellschafter notwendig. So kann eine **Forderung** im Allgemeinen **nur von allen Gesellschaftern gemeinschaftlich eingezogen** werden (vgl. jedoch für den Fall der Forderung unteilbarer Leistungen, § 432 BGB). Deshalb können die Gesellschafter eine Forderung grundsätzlich **nur gemeinschaftlich einklagen oder mit Mehrheitsbeschluss einen Gesellschafter dazu beauftragen, was gewisse Parallelen zur Teilrechtsfähigkeit der WEG-Gesellschafter aufweist;** dies gilt auch für Schiedsgerichtsverfahren. Eine Ausnahme liegt vor, wenn ein einzelner Gesellschafter ein anerkennenswertes Interesse daran hat, die Forderung selbst geltend zu machen und dieses Interesse den berechtigten Belangen der Gesellschaft nicht widerspricht. Dabei kommt es auf den jeweiligen **Einzelfall** an (BGHZ 12, 308; 17, 340; BGH NJW 1963, 651). Wer sich bei einstimmiger Geschäftsführung in einer BGB-Gesellschaft aus sachfremden Gründen beharrlich weigert, sich an der Geschäftsführung zu beteiligen, verwirkt unter Umständen sein Recht, aus Zweckmäßigkeitsgründen seine Zustimmung zu einem von den übrigen Gesellschaftern beschlossenen Geschäft zu versagen, und kann, auf Zustimmung verklagt, nur noch einwenden, die Maßnahme sei pflichtwidrig (BGH NJW 1972, 862). Die gemeinschaftliche Geschäftsführung kann zweckmäßig sein, wenn es sich um wenige Gesellschafter handelt, die die Arbeitsgemeinschaft bilden. **Abweichende Regelungen** sind zulässig und bei einer Beteiligung von **mehreren Unternehmen** auch zweckmäßig. Dann ist es **notwendig,** im Arbeitsgemeinschaftsvertrag die **geschäftsführenden Personen (bei Einzelfirmen) bzw. gegebenenfalls die Firmen, denen die Geschäftsführung übertragen wird, genau zu bezeichnen.** Dabei kommen als geschäftsführende Gesellschafter nur in Betracht, die als solche Mitglieder der ARGE sind; auszuscheiden haben daher Personen, die nur bei einem Mitglied der ARGE beschäftigt sind, wie z.B. Prokuristen. Bei größeren Arbeitsgemeinschaften ist es empfehlenswert, zwischen der Geschäftsführung in technischem Sinne (Bauleitung) und der in kaufmännischen Angelegenheiten zu unterscheiden. Voraussetzung ist allerdings, in diesem Fall eine Geschäftsführungsspitze (federführende Firma) festzulegen, unter der beide Teile zusammengefasst sind. Abgesehen von der Notwendigkeit der Einheitlichkeit der Gesamtgeschäftsführung dürfte es nicht angängig und auch nicht dem Gesetz entsprechend sein, die letzte und maßgebliche Verantwortlichkeit nach Gebieten aufzuteilen. Soweit im Arbeitsgemeinschaftsvertrag die Geschäftsführung nur einem oder einigen Gesellschaftern überlassen ist, sind die übrigen Gesellschafter von der Geschäftsführung **ausgeschlossen.** Das bedingt zugleich zur Sicherung dieser an der Geschäftsführung nicht beteiligten Gesellschafter die Schaffung einer **Aufsichtsinstitution** (Aufsichtsstelle), die sich von der Redlichkeit der Geschäftsführung überzeugen und diese überwachen kann. Insoweit wird auf § 716 BGB verwiesen (BGH BB 1970, 187 zu Ausnahmen von Einsichtsrechten nach § 716 Abs. 1 BGB). Gerade bei Arbeitsgemeinschaftsverträgen im Bereich der Bauausführung kann es zweckmäßig sein, der Aufsichtsstelle weitere, über den Wortlaut des § 716 BGB hinausgehende Befugnisse und Aufgaben zu übertragen, wie z.B. letzte Entscheidungen in wesentlichen kaufmännischen und technischen Fragen (§§ 5–8 ARGE-Mustervertrag).

aa) Tätigkeit geschäftsführender Gesellschafter

66 Die **Tätigkeit der geschäftsführenden Gesellschafter** der Arbeitsgemeinschaft richtet sich gemäß **§ 713 BGB,** falls anderweitige Bestimmungen im Gesellschaftsvertrag nicht getroffen worden sind, nach den §§ 664–670 BGB. Hiernach sind die geschäftsführenden Gesellschafter **verpflichtet,** die **Geschäftsführung persönlich** auszuüben, abgesehen von Eilfällen den **Weisungen** der Mehrheit oder der Gesamtheit der Gesellschafter (Aufsichtsstelle) **Folge zu leisten,** den übrigen Gesellschaftern die **erforderlichen Nachrichten und Auskünfte zu erteilen** sowie alles, was sie zur Durchführung der Geschäftsführung erhalten und aus ihr erlangen, **an die Gesellschafter herauszugeben;** schließlich, im Falle der Verwendung von **Geld** der Gesellschafter für sich, dieses zu **verzinsen. Berechtigt** sind nach diesen Vorschriften die geschäftsführenden Gesellschafter, **Vorschuss** für die Durchführung des Auftrages sowie den **Ersatz** gehabter **Aufwendungen zu verlangen.** Das federführende Unternehmen einer ARGE kann dagegen ohne ausdrückliche oder hinreichend klare Vereinbarung keine Geschäftsführervergütung für die erbrachten Arbeitsleistungen verlangen, wobei eine stillschweigende Vereinbarung grundsätzlich nur angenommen werden kann, wenn es sich um außergewöhnliche Leistungen handelt, die eine besondere Fähigkeit erfordern (OLG Koblenz NJW-RR 1987, 24). Bei einer stillschweigenden Vereinbarung kann grundsätzlich auch nur ein festes Gehalt als Entgelt für erbrachte Dienstleistungen verlangt werden, nicht aber ein Prozentsatz am Auftragsvolumen, da dieses unzulässigerweise auf einen Anteil an der Gewinnverteilung im Rahmen der Auseinandersetzung hinauslaufen würde. Aus der vorangehenden Aufzählung von Einzelpflichten und Einzelrechten der geschäftsführenden Gesellschafter, wie sie vom BGB festgehalten worden sind, ergibt sich, dass es **keineswegs zweckmäßig** sein dürfte, sich in einem Arbeitsgemeinschaftsvertrag mit einem **Hinweis auf die gesetzlichen Vorschriften zu begnügen.** Denn die im Gesetz vorgesehenen Rechte und Pflichten sind allgemeingehalten und keineswegs auf die Besonderheiten der Arbeitsgemeinschaft im Bauwesen abgestellt. Es bedarf daher, um den tatsächlichen Gegebenheiten Rechnung zu tragen, schon einer **genaueren Einzelregelung** von Rechten und Pflichten der geschäftsführenden Gesellschafter, um dem Sinn und dem Zweck der Arbeitsgemeinschaft gerecht zu werden, weshalb sich den Besonderheiten des Bauwesens entsprechende, sehr eingehende Regelungen in den §§ 6 f. des Mustervertrages finden.

bb) Verletzung von Geschäftsführerpflichten
Ansprüche aus der **Verletzung von Geschäftsführerpflichten** können andere Gesellschafter im eigenen Namen geltend machen; das gilt auch für Ansprüche auf Unterlassung und Rechnungslegung, die daraus entstanden sind, dass der geschäftsführende Gesellschafter die ihm obliegenden Geschäftsführerpflichten nicht ordnungsgemäß erfüllt hat (BGHZ 25, 47, 49). Allerdings muss bei einer Geltendmachung von Schadensersatz oder eines gleichartigen Anspruches **Leistung an die Gesellschafter gemeinschaftlich und zusätzlich an die ARGE** verlangt werden. Anders ist dies beim Rechnungslegungsanspruch, da dieser dazu dient, den Schadensersatzanspruch der Gesellschaft, den der Gesellschafter selbst für die Gesellschaft geltend machen kann, erst festzustellen (BGH WM 1972, 1229, zugleich zu der Frage der Verjährung wegen Verletzung des Wettbewerbsverbotes nach § 122 HGB). Eine namens einer ARGE von einem alleinvertretungsberechtigten Gesellschafter abgegebene einseitige empfangsbedürftige Willenserklärung kann von dem Empfänger gem. § 174 S. 1 BGB zurückgewiesen werden, wenn ihr weder eine Vollmacht der anderen Gesellschafter, noch der Gesellschaftsvertrag oder eine Erklärung der anderen Gesellschafter beigefügt ist, aus der sich die Befugnis des handelnden Gesellschafters zur alleinigen Vertretung der Gesellschaft ergibt (BGH NJW 2002, 1194).

67

cc) Entziehung oder Kündigung der Geschäftsführung
Zur **Entziehung der Geschäftsführung** oder deren **Kündigung** vgl. § 712 BGB. Voraussetzung ist das Vorliegen eines **wichtigen Grundes,** insbesondere **grobe Pflichtverletzung oder Unfähigkeit** zur Geschäftsführung, wobei ein **einstimmiger Beschluss** der Gesellschafter (Aufsichtsstelle) vorliegen muss (§ 6 Nr. 8 ARGE-Mustervertrag; *Burchardt/Pfülb* § 6 Rn. 54 ff.) falls der Gesellschaftsvertrag nicht den Mehrheitsbeschluss genügen lässt. Sollen nach dem Willen der an der Arbeitsgemeinschaft beteiligten Gesellschafter auch noch andere Entziehungs- und Kündigungsvoraussetzungen bestehen, ist es notwendig, diese im Einzelnen in den Arbeitsgemeinschaftsvertrag aufzunehmen. Auch ein selbst nicht geschäftsführungsbefugter Gesellschafter, der eine pflichtwidrige Geschäftsführungsmaßnahme des geschäftsführenden Gesellschafters maßgeblich beeinflusst, kann der Gesell-

68

schaft zum Ersatz des daraus entstandenen Schadens verpflichtet sein (BGH NJW 1973, 2198). Eine **Kündigung** kann **auch bei objektiv zerstörtem Vertrauensverhältnis** erfolgen, selbst wenn den Gekündigten daran kein nachweisbares Verschulden trifft; jedoch ist die Zerstörung des Vertrauensverhältnisses dann kein wichtiger Grund, wenn die Gesellschaft noch einige Zeit nach dem die Zerstörung des Vertrauensverhältnisses herbeiführenden Ereignis fortgesetzt wird, ohne dass die Kündigung dem betreffenden Gesellschafter gegenüber ausgesprochen wird (BGH WM 1975, 329).

b) Vertretungsmacht

69 Die **Vertretungsmacht,** d.h. die Befugnis, die Mitglieder der Arbeitsgemeinschaft **Dritten gegenüber zu vertreten,** steht nach § 714 BGB grundsätzlich **demjenigen zu, dem die Geschäftsführung übertragen** worden ist. Sind mehrere Gesellschafter nur gemeinschaftlich als Geschäftsführer befugt, so sind ohne besondere Regelung ihre Erklärungen nur bindend, wenn gemeinschaftliche, übereinstimmende Willensäußerungen dieser Gesellschafter vorliegen. Soll die Vertretungsmacht nur einem Teil der geschäftsführenden Gesellschafter oder nur einem derselben übertragen oder soll sie aufgeteilt werden, so bedarf es einer ausdrücklichen, nach außen hin erkennbar zu machenden Bestimmung hierüber im Arbeitsgemeinschaftsvertrag. Letzteres gilt z.B. für den Mustervertrag, wo die Vertretungsmacht einmal für die technische Geschäftsführung (§ 7.2) und zum anderen für die kaufmännische Geschäftsführung (§ 8.2) getrennt festgelegt ist. Um die nötige Klarheit zu erreichen, ist es für den **Auftraggeber** geboten, von den Mitgliedern der Arbeitsgemeinschaft eine verbindliche **Erklärung** darüber **zu verlangen, welches Mitglied die Arbeitsgemeinschaft vertritt,** ob es berechtigt ist, mit Wirkung für alle Arbeitsgemeinschaftsmitglieder Zahlungen entgegenzunehmen, überhaupt befugt ist, sämtliche Rechtshandlungen oder welche sonst mit Wirkung für und gegen alle Mitglieder der ARGE vorzunehmen oder entgegenzunehmen. Das ist nicht nur von Bedeutung für vertragliche Ansprüche der ARGE oder gegen diese, sondern auch zur Wahrung aller Rechte, die sich aus der Tätigkeit der Arbeitsgemeinschaft und ihrer einzelnen Mitglieder, z.B. auch aus den §§ 823 ff. BGB, ergeben. Haben zwei zu einer ARGE zusammengeschlossene Bauunternehmer, von denen der eine mit der kaufmännischen Abwicklung des Bauvertrages betraut ist, vereinbart, dass Zahlungen des Auftraggebers nur auf ein Gemeinschaftskonto der ARGE geleistet werden sollen, und geschieht dies auch bei sämtlichen Abschlagszahlungen, so darf der Auftraggeber nicht ohne weiteres annehmen, der andere Unternehmer dulde es, wenn das federführende Mitglied der ARGE einen Teil der Schlusszahlung auf ein eigenes Geschäftskonto einzieht (BGH BauR 1990, 214). Insofern kann nicht ohne weiteres von einer Duldungs- oder Anscheinsvollmacht ausgegangen werden. Ist ein Gesellschafter einer BGB-Gesellschaft – also auch einer baurechtlichen Arbeitsgemeinschaft – zur selbstständigen Geschäftsführung und Vertretung befugt, so hat ein gegen eine von ihm vorgenommene Handlung erhobener Widerspruch eines anderen Gesellschafters jedenfalls dann keine Wirkung nach außen, wenn er dem Geschäftspartner – dem Auftraggeber – nicht bekanntgegeben war (BGH NJW 1955, 825; zur Vertretungsmacht beim ARGE-Mustervertrag vgl. auch *Burchardt/Pfülb* § 7 Rn. 8 ff. und § 8 Rn. 8, 9; über die Beendigung der Vertretungsmacht, vor §§ 7 und 8 Rn. 46, 47).

4. Versicherungsbeiträge

70 Aus der Natur der Arbeitsgemeinschaft, die von Einzelunternehmen des Bauhandwerks und der Bauindustrie gebildet wird, ergibt sich die in den Vorschriften über die BGB-Gesellschaft nicht berücksichtigte Notwendigkeit, bestimmte **Zahlungsverpflichtungen** zu beachten, die nicht unmittelbar mit der in der Arbeitsgemeinschaft beabsichtigten Zweckerreichung im Zusammenhang stehen, die aber zur **Führung eines ordnungsgemäßen Baubetriebes unerlässlich** sind. Dies betrifft u.a. **Versicherungsbeiträge,** wie **Haftpflichtversicherung, Bauversicherung, Montageversicherung, Feuerversicherung, Berufsgenossenschaft, Arbeitslosen-, Kranken- und Invalidenversicherung, Kraftfahrzeugversicherung** usw. Im Rahmen des ARGE-Mustervertrages verhält sich § 16 über Versicherungen (*Burchardt/Pfülb* Anm. zu § 16).

5. Steuern

Ähnlich wie bei den Versicherungsverträgen und den Pflichtversicherungen ist es angezeigt, auch hinsichtlich der Erledigung von **Steuerlasten** Regelungen im Arbeitsgemeinschaftsvertrag zu treffen. So wird es zweckmäßig sein, die Lohnsteuer- und Umsatzsteueranteile der einzelnen Gesellschafter, soweit sie mit den Arbeiten im Rahmen der Arbeitsgemeinschaft im Zusammenhang stehen, von Seiten der Arbeitsgemeinschaft abführen zu lassen und die entsprechenden Beträge bei der späteren Gewinn- und Verlustrechnung bzw. der Auseinandersetzung nach dem Beteiligungsverhältnis im Einzelnen zu berücksichtigen. Andererseits dürfte es geboten sein, die Abführung der Gewerbesteuer den einzelnen Gesellschafterunternehmen anteilig zu überlassen, da die Gewerbesteuersätze örtlich verschieden sind, sofern nicht ohnehin die Entscheidung des Bundesfinanzhofs (BStBl. III 1961 S. 194.) vom 23.2.1961 zur Frage der Steuerpflicht der Arbeitsgemeinschaften eingreift. Die Kraftfahrzeugsteuer ist von den Gesellschaftern zu bezahlen. Sie dürfte dann kraft Vereinbarung im Vertrag der Gesellschaft in Rechnung zu stellen sein (zu dem auf Steuern bezogenen § 17 ARGE-Mustervertrag vgl. die Rn. 67 a.E. genannte Literaturstelle). Allerdings ist durch die Anerkennung des BGH der GbR als Rechtspersönlichkeit zugleich die ARGE dann Steuerschuldner, soweit sie eingetragen oder nach außen hin einheitlich auftritt.

6. Beiträge für Berufsverbände

Schließlich sollten auch die an die **Berufsverbände** zu zahlenden **Beiträge** der einzelnen Gesellschafter der Klarheit halber vollständig im Arbeitsgemeinschaftsvertrag erfasst werden. Es entspricht der Billigkeit, wenn vereinbart wird, dass derartige Beiträge, soweit sie auf die Anteile an der Arbeitsgemeinschaft entfallen, zumindest bei der Auseinandersetzung den betroffenen Gesellschaftern zugute gehalten werden (vgl. dazu § 18 ARGE-Mustervertrag).

7. Insolvenz

Die **Verrechnung** von Gesellschafterforderungen in der Auseinandersetzungsbilanz des ausgeschiedenen ARGE-Partners ist zulässig, da diese nicht der Insolvenzanfechtung unterliegen, sondern gemäß § 84 Abs. 1 InsO die Auseinandersetzung der Gesellschaft ausserhalb der InsO nach allgemeinen Regeln des Gesellschaftsrechts erfolgt (LG Bonn IBR 2005, 205; OLG Frankfurt ZIP 2005, 2325). Erbringt der infolge Insolvenz ausgeschiedene Gesellschafter Leistungen mit Zustimmung des Insolvenzverwalters, so können diese nicht isoliert vom Insovenzverwalter eingeklagt werden. Bei diesen Ansprüchen handelt es sich um Leistungen aus Anlass der Erfüllung des ARGE-Vertrages (§ 4 des ARGE-Mustervertrages). Diese Ansprüche können nicht isoliert geltend gemacht werden, denn im Fall einer gesellschaftsrechtlichen Beteiligung gehört zur Insolvenzmasse der Gesellschaftsanteil und nicht etwa einzelne Positionen aus dem Gesellschaftsverhältnis. Das im Gesellschaftsanteil gebundene Vermögen kann für die Insolvenzgläubiger nach dem gesetzlichen Leitbild lediglich gem. § 728 Abs. 2 BGB oder im Falle der Fortsetzung der Gesellschaft über die Auseinandersetzungsbilanz nach § 738 BGB oder § 24.2 des ARGE-Mustervertrages nutzbar gemacht werden. Aus § 738 BGB folgt, dass der ausgeschiedene Gesellschafter einen Anspruch auf Abrechnung und Abfindung hat. Mit dem Ausscheiden eines Gesellschafters können von diesem im Übrigen auch Ansprüche aus dem Gesellschaftsverhältnis nicht mehr eigenständig verfolgt werden, die zuvor gem. § 717 BGB selbstständig geltend gemacht werden könnten. Dies ergibt sich aus § 733 BGB. Die Auseinandersetzung vollzieht sich damit außerhalb des Insolvenzrechtes nach gesellschaftsvertraglichen Regeln, § 84 InsO. Die Verrechnung mit Vergütungsansprüchen aus Beistellung ist damit nicht gemäß § 96 Abs. 1 Nr. 3 InsO wegen anfechtbaren Rechtsgeschäfts nach § 130 InsO gesperrt. In § 84 InsO findet sich bereits der Hinweis, dass Gesellschaften nach gesellschaftsrechtlichen Regelungen auch in der Insolvenz auseinandergesetzt werden, so dass ein »Aufrechnungsverbot (Verrechnungsverbot)« aus § 96 Abs. 1 Nr. 3 InsO mit Vergütungsansprüchen für Beistellung in der Zeit zwischen Insolvenzantragstellung und Ausschluss nicht greift. Die Beistellungen von Personal, Geräten und Stoffen sind gesellschaftsrechtlicher Natur (BGH IBR 2000, 381). Damit ist klar, dass bis zum Ausschluss eine Verrechnung von Beistellungen als unselbstständiger Rechnungsposten in der Auseinandersetzungsbilanz erfolgt, d.h. wirtschaftlich im Ergebnis eine defizitäre ARGE wegen § 24.2 des ARGE-Vertrages (z.B. bei Gewährleistungsrückstellungen) auch nicht mehr die Beistellung bezahlen muss.

74 Die Frage, ob mit dem Auseinandersetzungsdefizit bei gewillkürtem Ausschluss zwischen Insolvenzantragstellung und Insolvenzeröffnung nach § 23.51 des ARGE-Vertrages die Aufrechnung gegen Forderungen aus Beistellung nach § 24.9 des ausgeschiedenen Partners geltend gemacht werden kann ist wie folgt zu erläutern: Die **Aufrechnung** von Gesellschafterforderungen mit dem Negativsaldo aus der Auseinandersetzungsbilanz des ausgeschiedenen ARGE-Partners ist zulässig, da diese der Insolvenzanfechtung nicht unterliegt (LG Bonn IBR 2005, 205; a.A. LG Frankfurt IBR 2005, 151, 425). Bei Personal- und Gerätebeistellungen, die als atypische Beitragsleistungen einzuordnen sind, und zwischen der Insolvenzantragstellung und dem Ausscheiden aus der ARGE erbracht werden, ist die Aufrechnung möglich, da diese im Zeitraum der Gesellschafterstellung erbracht werden und zugunsten der ARGE erfolgen. Eine nachteilige Handlung kann darin nicht gesehen werden (OLG Frankfurt ZIP 2005, 2325). Das entspricht der Rechtssprechung des BGH zu den Leistungen gem. § 55 Abs. 1 Nr. 1 KO (BGH IBR 2000, 381). Daraus ergibt sich, dass die ARGE im Zeitpunkt des Ausschlusses die Vergütungsansprüche des Insolvenzschuldners aus Beistellungen nach dem ARGE-Vertrag in der Auseinandersetzungsbilanz verrechnen kann. Soweit ein gewillkürter Ausschluss nach § 23.51 ARGE-Vertrag vor Eröffnung des Insolvenzverfahrens erfolgt, ist zur Aufrechnung zu raten (BGH IBR 2000, 381). Soweit nicht die Sicherung des Ausschlusses nach § 23.51 des ARGE-Vertrages Vorrang hat, sollte der Ausschluss nach § 23.62 des ARGE-Vertrages mit der Eröffnung des Insolvenzverfahrens abgewartet werden, wenn noch erhebliche Beistellungen zu erwarten sind.

75 Ein im Rahmen einer uneigennützigen Verwaltungstreuhand eingerichtetes **Sonderkonto** berechtigt den Treugeber in der **Insolvenz des Treuhänders** zur Aussonderung gem. § 47 InsO und in der Einzelzwangsvollstreckung zum Widerspruch nach § 771 ZPO. Sofern die Parteien nicht anderes vereinbart haben, bedeutet das Ende des Treuhandvertrages nicht ohne weiteres zugleich eine Beendigung der treuhänderischen Bindung für die Kontoforderung. Vielmehr ist das Treuhandkonto jetzt abzurechnen und der Saldo, soweit er dem Treugeber gebührt, an diesen herauszugeben (BGH BauR 2005, 1769).

76 Haben Mitglieder einer ARGE die Leistung eines weiteren, in Insolvenz gefallenen Mitgliedes erbracht, so geht im Hinblick auf § 103 InsO mangels Erfüllungsverlangens des Insolvenzverwalters ein Schadensersatzanspruch vom Gläubiger auf sie über, wenn sie intern aus dem Gesamtschuldverhältnis Ausgleichung verlangen können; eine allein für den Erfüllungsanspruch des ausgefallenen Mitgliedes gegebene Bürgschaft können die ausgleichsberechtigten Gesamtschuldner in Anspruch nehmen (BGH BauR 1990, 758). Unbedingte Beachtung muss § 728 BGB finden, wonach die Gesellschaft durch **Eröffnung des Insolvenzverfahrens über das Vermögen eines Gesellschafters** grundsätzlich aufgelöst wird. Allerdings wird bei Vorliegen einer **Zahlungsunfähigkeit** (§ 17 InsO) oder bei **Antrag des Schuldners auf Eröffnung des Insolvenzverfahrens wegen drohender Zahlungsunfähigkeit** (§ 18 InsO) oder bei **Überschuldung einer juristischen Person**, die Gesellschafter ist (§ 19 InsO; *Lutter* ZIP 1999, 641) oder **bei einem außergerichtlichen Vergleichsvorschlag des betreffenden Gesellschafters** häufig eine Kündigung aus wichtigem Grund nach § 723 BGB gerechtfertigt sein (vgl. dazu § 23.51 und § 23.52 ARGE-Mustervertrag). Um das von der Arbeitsgemeinschaft gesetzte Ziel dennoch zu erreichen, vor allem gegenüber dem Auftraggeber vertragstreu zu sein, ist es aber auch hier für den Fall der Insolvenz eines Gesellschafters geboten, wenn irgend möglich **gemäß § 736 BGB die Fortsetzung** der Gesellschaft unter den übrigen Gesellschaftern vertraglich **zu vereinbaren,** so dass dann nur der betroffene Gesellschafter ausscheidet und den übrigen Gesellschaftern dessen Gesellschaftsanteil anwächst; Gleiches gilt für den Fall der Ablehnung der Eröffnung des Insolvenzverfahrens mangels Masse (§ 23.62 und 24.1 ARGE-Mustervertrag; *Kornblum* ZfBR 1992, 9, 13, 14). Bei Zugrundelegung der Bestimmungen des ARGE-

Mustervertrages geht bei einer Zweimann-ARGE bei Ausscheiden eines Gesellschafters durch Eröffnung des Insolvenzverfahrens dessen Anteil ohne besonderen Übertragungsakt durch Anwachsung auf den anderen Gesellschafter über; also wird die Gesellschaft nicht aufgelöst und nicht auseinandergesetzt (OLG Hamm BauR 1986, 462 m.w.N.). Ist eine entsprechende Fortsetzungsvereinbarung im Gesellschaftsvertrag getroffen worden, so wird der Aktivprozess von BGB-Gesellschaftern durch die Insolvenz des Mitgesellschafters nicht nach § 240 ZPO unterbrochen, und der Prozess wird von den verbleibenden Gesellschaftern fortgeführt (OLG Köln EWiR 1985, 517 – *Rumler/Detzel*). Der Rechtsstreit wird bei allen Verfahren gem. § 240 ZPO nicht unterbrochen (a.A. *Heidland* Der Bauvertrag in der Insolvenz Rn. 289 ff.). Dies ist die Konsequenz aus der Entscheidung des BGH BauR 2001, 775, wonach ein zum Gesellschaftsvermögen gehörender Anspruch nicht mehr durch die Gesellschafter in notwendiger Streitgenossenschaft gem. § 62 Abs. 1 Nr. 2 ZPO verfolgt werden kann. Daraus folgt, dass – nach Rubrumsberichtigung – im Falle der Eröffnung des Insolvenzverfahrens über das Vermögen eines Gesellschafters hiernach nicht das Rechtsverfahren unterbrochen ist, § 240 ZPO (OLG Dresden IBR 2006, 530). Das **Zwangsvollstreckungsverfahren** wird hiervon nicht erfasst (KG NZI 2000, 228). Ist der **Schuldner** nur **Streitgenosse**, § 61 ZPO, wird nur in seinem Verhältnis der Rechtsstreit unterbrochen. Anders ist dies, wenn die persönlich haftenden Gesellschafter mit in den Rechtsstreit einbezogen werden. Dann wird das Verfahren nur gegen diese fortgesetzt, wenn die Gesellschaft insolvent wird und daher dort gem. § 240 ZPO das Verfahren unterbrochen wird. Gleiches gilt bei Streitgenossen im Selbstständigen Beweisverfahren. Der Insolvenzverwalter kann Widerklage erheben (OLG Jena NZI 2002, 112). Weiterhin ist anzunehmen, dass bei einer Klage auf Feststellung mangelhafter Leistung des Auftragnehmers durch eine aus mehreren Personen bestehenden Bauherrengesellschaft, der Prozess nur dann zu unterbrechen ist, wenn nur einheitlich entschieden werden kann (*Kuhn/Uhlenbruck* Vor §§ 10–12 InsO Rn. 9). **Stellt ein Partner** einer Bau-ARGE einen **Insolvenzantrag**, ist der objektive Gefährungstatbestand erfüllt, so dass die verbleibenden ARGE-Partner dazu berechtigt sind, den späteren Gemeinschuldner mit sofortiger Wirkung aus der ARGE **auszuschließen** (OLG Naumburg BauR 2002, 1271). Dies ist Folge des § 728 Abs. 2 S. 1 BGB und des § 23.51 ARGE-Muster-Vertrag.

Bei der **Zwangsvollstreckung in die ARGE-Beteiligung** durch Gläubiger **eines Gesellschafters** ist nach § 725 BGB ebenfalls grundsätzlich die Auflösung der Gesellschaft zu unterstellen. Allerdings modifiziert § 23.51 des Muster-ARGE-Vertrages diese Rechtsfolge. Ebenso wie die Regelung zur Kündigung durch den Gesellschaftsgläubiger, kann der Gläubiger eines Gesellschafters wegen seiner Forderung an diesen nicht die ARGE kündigen. Vielmehr hat er auf die Auflösung des gesamthänderisch gebundenen Vermögens zu warten. Daraus folgt, dass er nur Ansprüche auf das Auseinandersetzungsguthaben hat und dieses pfänden kann. Die Pfändung erfolgt durch Pfändungs- und Überweisungsbeschluss. Allerdings darf das Kündigungsrecht zugunsten des Gläubigerschutzes nicht im ARGE-Vertrag ausgeschlossen werden. Um die Gesellschaft zu schützen ergibt sich aus § 23.51 eine Verpflichtung des Schuldners innerhalb von einem Monat die Pfändung rückgängig zu machen, z.B. durch Befriedigung des Gläubigers oder durch eine Ratenzahlungsregelung (Vergleich). Ebenso kann allerdings im Verbund mit Regelungen innerhalb der ARGE auch mit Zustimmungen der ARGE-Mitglieder die Abtretung von Forderungen aus dem ARGE-Vertrag eine Regelung gefunden werden. Dabei kommt die Sicherheitsleistung der anderen ARGE-Mitglieder für den Schuldner in Betracht, damit die ARGE nicht aufgelöst werden muss. Denn andererseits steht dem Gläubiger mit § 725 BGB ein Mittel zur Auflösung der Gesellschaft zur Verfügung, da er an den Inhalt des ARGE-Vertrages eben nicht gebunden ist. Kündigt der Gläubiger scheidet der Gesellschafter automatisch aus der ARGE aus, §§ 23.51, 23.65 des Muster-ARGE-Vertrages.

Daneben ist es möglich in das Privatvermögen des Gesellschafters zu vollstrecken, wenn ein Titel hierzu vorliegt. Obwohl § 129 Abs. 4 HGB die direkte Vollstreckung in das Vermögen des Gesellschafters verbietet, weil es sich um verschiedene Rechtssubjekte bei der OHG bzw. KG und den Gesellschaftern handelt, so fehlt diese Regelung für die GbR. Der BGH hat in seiner Entscheidung und nachfolgend hierzu nichts weiter gesagt, so dass es allerdings infolge der Anerkennung der Ähnlichkeiten zur OHG zu einer entsprechenden Behandlung zu kommen hat (*Habersack* BB 2001, 477, 480). Damit ist auch bei der Vollstreckung die Separierung des Vermögens der ARGE von der der Gesellschafter zu erkennen. Eine Vollstreckung setzt daher den Vollstreckungstitel sowohl gegen die ARGE als auch gegen die Einzelgesellschafter voraus.

79 b) Scheidet ein Gesellschafter einer ARGE vereinbarungsgemäß bereits mit der **Beantragung des Insolvenzverfahrens** aus der ARGE aus (§ 23.62 ARGE-Mustervertrag), sind alle Ansprüche des ausscheidenden Gesellschafters aus dem Gesellschaftsverhältnis nur noch als unselbstständige Rechnungsposten im Rahmen einer abschließenden Auseinandersetzungsrechnung zu berücksichtigen. Soweit die Gesellschaft nur aus zwei Personen bestand, gilt im Ergebnis das Gleiche. Erbringt der Gesellschafter nach seinem Ausscheiden, damit im Zeitraum der Sequestrationsphase, vereinbarungsgemäß Leistungen wie Material- und Personalbeistellungen (§ 24.9 ARGE-Mustervertrag), sind die Vergütungsforderungen des Ausscheidenden hierfür keine unselbstständigen Rechnungsposten des Ausscheidungsguthabens im Rahmen der zu erstellenden Auseinandersetzungsbilanz (§ 24.2 ARGE-Mustervertrag), da die Auseinandersetzungsbilanz zum Stichtag des Ausscheidens zu erstellen ist und der Ausscheidende von diesen Zeitpunkt an nicht mehr am Gewinn und nur noch eingeschränkt am Verlust zu beteiligen ist. Dies kann unabhängig vom Ergebnis selbstständig geltend gemacht werden (BGHZ 86, 349, 354). Diesen Vergütungsforderungen (§ 24.9 ARGE-Mustervertrag) des Ausscheidenden steht das Aufrechnungsverbot des § 96 InsO nicht entgegen. Der Gesetzgeber hat die Aufrechnungsbefugnis während der Sequestration nur durch die Regeln der Insolvenzanfechtung eingeschränkt und daran auch nach neuem Recht festgehalten, §§ 21–24, 94, 95, 96 Nr. 3 InsO. Die Vergütungsforderungen (§ 24.9 ARGE-Mustervertrag) des ausscheidenden Gesellschafters stellen, ebenso wie die Ansprüche des Ausscheidenden auf Zahlung der Abfindung oder des Auseinandersetzungsguthabens, aufrechenbare und abtretbare (BGH ZIP 88, 1545, 1546) Forderungen gem. §§ 94, 95 InsO dar, da diese Forderungen ebenfalls eine entsprechend gesicherte Grundlage im Gesellschaftsvertrag haben und diese Betrachtungsweise auch dem Sinn und Zweck der vertraglichen Regelung entspricht, die dem Schutz der übrigen Gesellschafter dient und nicht dazu führen soll, die Durchsetzung von Verlustausgleichsansprüchen zu erschweren (BGH BauR 2000, 1057; hierzu auch *Wölfing-Hamm* BauR 2005, 228).

80 Haben Mitglieder einer Bauarbeitsgemeinschaft die Leistung eines weiteren, in **Insolvenz gefallenen Mitglieds** erbracht, so geht im Hinblick auf § 103 InsO mangels Erfüllungsverlangens des Insolvenzverwalters ein Schadensersatzanspruch des Gläubigers (§ 425 BGB) auf sie über (§ 426 Abs. 2 BGB), wenn sie intern aus dem Gesamtschuldverhältnis Ausgleich verlangen können; eine allein für den Erfüllungsanspruch des ausgefallenen Mitgliedes gegebene Bürgschaft können die ausgleichsberechtigten Gesamtschuldner in Anspruch nehmen (BGH ZfBR 1991, 12). Ansprüche gegen die Gesellschafter einer Gesellschaft bürgerlichen Rechts verjähren nach dem Ausscheiden des Gesellschafters, sofern sie nicht einer kürzeren Verjährungsfrist unterliegen, grundsätzlich nach Maßgabe des § 159 Abs. 1 HGB; die Verjährungsfrist beginnt in dem Zeitpunkt, in dem der Gläubiger von dem Ausscheiden des Gesellschafters Kenntnis erlangt (BGH BauR 1992, 511). Die **Kenntnis** über die **Eröffnung des Insolvenzverfahrens** gem. § 82 InsO ist dem Gesellschafter oder dem Organ zuzurechnen, das Kenntnis hatte, da die Insolvenzeröffnung ein Umstand ist, der den anderen Gesellschaftern mitzuteilen ist (BGH ZIP 1998, 2162). Weiterhin ist die Klage des Verwalters gegen den Auftraggeber nach § 29 ZPO am Erfüllungsort auszubringen; eine Bestimmung über § 36 Nr. 3 ZPO ist untunlich. Damit kann die Gesellschaft als solche auftreten. Nicht ist dies so, wenn mit der Klage gegen einen einzelnen Gesellschafter in das Vermögen danach vollstreckt werden soll (BGH BauR 2001, 775).

81 Wurde ein Gesellschafter durch eine Beschlussfassung im Zusammenhang mit einer gegen ihn gerichteten Insolvenzantrag aus der ARGE ausgeschlossen, so sind die Vergütungsansprüche dieses ausgeschlossenen Gesellschafters für seine weiteren Beistellungen im Zeitraum zwischen Insolvenzantragstellung und Insolvenzverfahrenseröffnung als unselbstständige Rechnungsposten im Rah-

men der abschließenden Auseinandersetzungsbilanz zu berücksichtigen. Beistellungen im Zeitraum zwischen Insolvenzantragstellung und Insolvenzverfahrenseröffnung sind Vergütungsforderungen des Ausscheidenden. Sie sind keine unselbstständigen Rechnungsposten der Auseinandersetzungsbilanz nach § 24.2 des ARGE-Muster-Vertrages, da die Auseinandersetzungsbilanz zum Stichtag des Ausscheidens zu erstellen ist und der Ausscheidende von diesem Zeitpunkt an nicht mehr Gewinn und nur noch eingeschränkt am Verlust beteiligt ist. Derartige Vergütungsansprüche können daher unabhängig vom Ergebnis selbstständig geltend gemacht werden (BGHZ 86, 349, 354; BGH BauR 2000, 1057, 1058).

c) Eine **Partnerschaftsausschüttungsbürgschaft** gem. § 11.24 und 11.25 des ARGE-Mustervertrages besichert nicht den Verlustausgleichsanspruch der Auseinandersetzungsbilanz des wegen Insolvenz des ausgeschiedenen Gesellschafters, sondern nur den Negativsaldo seines Partnerkontos (OLG Frankfurt BauR 2005, 1818; LG Köln ZfIR 2003, 773; OLG Köln IBR 2006, 143). Ein weitergehender Sicherungszweck, d.h. Haftung auch für den Verlustausgleichsanspruch der Auseinandersetzungsbilanz muss sich dem Wortlaut der Bürgschaft entnehmen lassen, damit sie nicht dem Bestimmtheitsgrundsatz widerspricht (LG Frankfurt IBR 2004, 624; a.A. LG Osnabrück IBR 2004, 142). Neben dem Rückzahlungsanspruch kann der Auseinandersetzungsanspruch damit nicht selbstständig geltend gemacht werden (OLG Frankfurt BauR 2005, 1818). Die Meinung, dass infolge der Akzessorietät der Bürgschaft die Inanspruchnahme daraus ausgeschlossen ist (OLG Frankfurt IBR 2005, 541; *Diestel* EWiR 2003, 1079) schließt nicht ein, das der Bürgschaftszweck dies erst wortlich zu regeln hat. Befindet sich der Bürge vor dem Ausschluss des Gesellschafters bereits in Verzug, so kommt es auf eine sog. »**Durchsetzungssperre**« nicht an. Diese Durchsetzungssperre wird vom Bürgen immer dann eingewandt, wenn nach seiner Meinung bei einer Auseinandersetzung der Gesellschaft bei der Auseinandersetzungsbilanz keine Forderung der ARGE bestehen bleibt. Üblicherweise werden die Bürgschaften im Innenverhältnis der ARGE durch Bürgschaften auf erstes Anfordern vereinbart. Wenn eine Gesellschaft in die »Krise« gelangt werden die anderen Gesellschafter und die Banken einen Zugriff versuchen bzw. verhindern wollen. Der Einwand der Bank gegen eine solche Bürgschaft wäre nur der Tatbestand des Missbrauchs. Andererseits wird die Forderung als unselbstständiger Abrechnungsposten angesehen, weil das zur Konsequenz habe, dass der Gläubiger vom Bürgen keine Zahlung mehr verlangen kann (so LG Osnabrück ZIP 2004, 307; LG Bremen BauR 2006, 142). Im Rahmen der Meinung der Akzessorietät der Bürgschaft und der eindeutigen Bestimmbarkeit, wird man allerdings zu berücksichtigen haben, dass der Bürge mit der Auszahlung auch in Verzug kommen kann. Dann ist die zuvor beschriebene Rechtsmeinung überflüssig. Damit kann die ARGE zunächst den Bürgen in Verzug setzen und erst dann gem. § 726, 738 BGB wegen Insolvenz des Gesellschafters mit der Rechtsfolge des § 11.25 Muster-ARGE-Vertrag kündigen. Eine Partnerschaftsausschüttungsbürgschaft für Rückzahlungsverpflichtungen, auch aus wiederholten Auszahlungen, sichert nicht den Anspruch der ARGE auf monatliche Angleichungen des Gesellschaftskontos oder einen Verlustausgleichsanspruch aus der Auseinandersetzungsbilanz. Wenn sich der Sicherungszweck bei dieser Bürgschaft auf erstes Anfordern aus der Bürgschaftsurkunde ergibt, kann dieser Einwand schon im Erstprozess erhoben werden. Die Partnerschaftsausschüttungsbürgschaft verfolgt gem. § 11.24 und 11.25 des ARGE-Muster-Vertrages den wirtschaftlichen Zweck, der Gesellschaft jederzeit **liquide Mittel** zuzuführen. Der **Rückzahlungsanspruch** wird durch die spätere Insolvenz des Hauptschuldners nicht beeinträchtigt (LG Köln IBR 2006, 143).

d) Bei der **Inanspruchnahme einer Vertragserfüllungsbürgin durch einen Mitgesellschafter der ARGE** ist folgendes zu beachten: Der den Gläubiger befriedigende Mitgesellschafter einer GbR ist grundsätzlich berechtigt, von der Vertragserfüllungsbürgin Ersatz seiner Kosten und Aufwendungen im Zusammenhang mit der Erbringung von Werkleistungen, die dem Leistungsbereich des in Insolvenz gefallenen Mitgesellschafters angehören, zu verlangen. Nach dem System der §§ 422 Abs. 1, 426 Abs. 2 BGB erlischt der Erfüllungsanspruch des Auftraggebers durch die ordnungsgemäße Erbringung der ursprünglich von dem insolventen Mitgesellschafter geschuldeten Leistungen nicht. Er geht vielmehr auf den im Innenverhältnis ausgleichsberechtigten Mitgesellschafter über, der wiederum gem. § 401 BGB die sich für die Vertragserfüllung verbürgende Sicherungsgeberin aus der Bürgschaft in Anspruch nehmen kann. Das Risiko der Gesellschafter, bei Insolvenz eines Mitgesellschafters für die ihnen obliegenden und dann anwachsenden Verpflichtungen vollständig einzustehen, verringert sich durch das Bestehen der Erfüllungsbürgschaft erheblich. Die ARGE-Gesellschafter sind daher geschützt, was sie durch die Beibringung der Sicherheit bezweckt hatten. Für die Bürgen ist das im Ergebnis nicht unbillig. Da die Rechtsform der – unechten – OHG bei der ARGE abzulehnen ist (s.o.; *Adler/May* BauR 2006, 756), ist auch klar, dass ein Rückgriff wegen der unterschiedlichen Ausgestaltung der Haftung der Gesellschafter auf die Erfüllungsbürgschaft in diesem Falle ausgeschlossen ist. Eine analoge Anwendung der §§ 774 Abs. 1 und 426 Abs. 2 BGB aus der Sichtweise der Anwendung der OHG-Regeln auf die ARGE ist allerdings auch deswegen ausgeschlossen, weil aufgrund der besonderen Haftungsregelungen für den OHG-Gesellschafter und der Rückgriffsregelungen gem. § 110 HGB eine cessio legis abzulehnen ist. Daher kommt der Einordnung der ARGE als OHG bei der Frage, ob der leistende Gesellschafter auf die Vertragserfüllungsbürgin zurückgreifen kann, erhebliche Bedeutung zu.

V. Die ARGE – Das Außenverhältnis der Gesellschaft zu anderen

1. Haftung aus Vertrag, unerlaubter Handlung und Organhaftung; Gesamtschuldnerschaft

83 Die ARGE als Rechtssubjekt haftet für die rechtsgeschäftlichen Verbindlichkeiten ihrer selbst. Dabei hat sie sich die Tätigkeit ihrer Organe gem. § 278 BGB zuzurechnen (MüKo/*Mantler* GbR § 26 Rn. 50). Im außervertraglichen Bereich – unerlaubte Handlung – ist die Haftung nicht den Regelungen der GbR oder OHG (auch nicht analog) zu entnehmen, denn der Geschäftsführer einer ARGE ist weder im kaufmännischen noch im technischen Bereich i.S.d. § 831 BGB weisungsgebunden oder gar weisungsbefugt (MüKo/*Gumbert* GbR § 18 Rn. 18). Allerdings kommt hier § 31 BGB in Betracht. Folge der Entscheidung des BGH (NJW 2001, 1056) ist es, dass die BGB-Außengesellschaft auch eine Deliktszurechnung trifft. Als Personengesellschaft trifft sie eine deliktische Verantwortung immer dann, wenn sie eine persönliche Geschäfts- und Weisungsführung hat. Ist ein oder mehrere Geschäftsführer bestellt, so ist das Handeln dieser der ARGE als eigene Rechtsperönlichkeit zuzurechnen. Im Falle des Fehlens einer solchen wird man allerdings nur auf die faktische Handlung der ARGE mit ihren Persönlichkeiten dahinter abstellen müssen (§ 242 BGB). Die grundsätzliche Deliktsfähigkeit der ARGE ist vom BGH unter Bezug auf die Entscheidung vom 29.1.2001 allerdings anerkannt worden (BGH NJW 2003, 1445). Danach ist die ARGE gem. § 31 BGB zum Schadensersatz verpflichtet. Dabei ist die grundsätzliche Außenhaftung allerdings beschränkt, nämlich nach den jeweiligen Aufgabengebieten, für die die Gesellschafter eine vertragliche Innenverpflichtung übernommen haben (technischer oder finanzieller Aufgabenbereich). Die Geschäftsleitung einer ARGE ist allerdings als Organ i.S.d. § 31 BGB darzustellen. Die Bauleitung ist eine solche dann, wenn wie in § 5.4 des ARGE-Mustervertrages diese als Organ dort bezeichnet wird. Außerdem ist sie dann Organ, wenn der Bauleitung ein Kompetenzrahmen gem. § 9 eingeräumt wurde. Bereits BGH NJW 77, 2260 stellte die Organhaftung dann als Haftungsverhältnis zum Vertragspartner der ARGE dar, wenn die Bauleitung sowohl aus Vertrag (ARGE-Mustervertrag), als auch nach aussen selbstständig auftritt. Nur in den Fällen der weisungsgebundenheit der Bauleitung zu anderen Organen der ARGE (kaufmännisch oder finanziell) ist die Organstellung ausgeschlossen (die Begründung von *Burchard/Pfülb* Einf. Rn. 42, dass § 31 den § 131 »ausspiele« überzeugt nicht). § 12.12 des ARGE-Mustervertrages weist keine Organhaftung aus. Dort wird allerdings die Außenhaftung dahin geregelt, dass die ARGE insgesamt für abgestelltes Personal haftet (§§ 278 831 BGB). Andererseits ist die ARGE auch anspruchsberechtigt. Ein einzelner Gesellschafter ist anspruchsberechtigt, wenn er einen eigenen selbstständigen Anspruch gegen eine Gesellschafter im Innenverhältnis hat, z.B. bei unerlaubten Handlungen untereinander oder beim Abwerben von Arbeitnehmern (§ 12.6 des ARGE-Mustervertrages). Die Gesellschafter der ARGE haften im Außenverhältnis unmittelbar und persönlich (BGH NJW 2001, 1056; BGH NJW 1999, 3483). Dabei richtet sich die Haftung nach der Gesellschaftsschuld (Akzessorietät). Die Haftung betrifft die Gesellschaftsverbindlichkeiten, die unabhängig von deren Rechtsgrund sind. Daher hat das Vermögen der einzelnen Gesellschafter als Haftungsmasse zu gelten und dort eingesetzt zu werden (BGH NJW 2003, 1803). In dieser Entscheidung hat der BGH dann auch die entsprechende Anwendung des § 130 HGB bejaht. Dies bedeutet, dass der Gesellschafter, der erst später der ARGE beitritt für die Verbindlichkeiten der bestehenden ARGE analog §§ 128, 130 HGB haftet, und dies primär neben den anderen GesellschafteRn. Einen vertraglichen Ausschluss der Haftung kann der Eintretende grundsätzlich **nicht** durchführen. Allerdings ist er nicht gehindert **vertragliche Beschränkungen** zu vereinbaren. Dies stößt auf Grenzen. Die vertragliche Vereinbarung mit Mitgesellschaftern darf nicht zum Nachteil des Anspruchsstellers gehen, es sei denn, der Eintretende schließt einen separaten Vertrag mit dem Geschädigten. Die Möglichkeit, die **Haftung** des einzelnen Gesellschafters der ARGE zu regeln, besteht grundsätzlich **nur** für das **Innenverhältnis**. Im **Außenverhältnis**, besonders im Verhältnis der ARGE zum Bauherrn und den einzelnen Gläubigern kommt eine Regelung der Haftung einzelner Mitglieder der Arbeitsgemeinschaft von unterschiedlichem Maßstab, insbesondere entsprechend den einzelnen Beteiligungen, im allgemeinen nicht in Betracht (*Wellkamp* NJW 1994, 2715). Eine – innere – vertragliche Absprache schafft keine Bindung nach außen. Vielmehr besteht für das Außenverhältnis zu Dritten der Grundsatz der **gesamthänderischen Bindung aller Gesellschafter** und damit die Haftung eines jeden in vollem Umfang für Verpflichtungen und Verbindlichkeiten aus der gesellschaftlichen Betätigung als **Gesamtschuldner** (BGH NJW 1961, 1968; *Lipp* BB 1982, 74). Insoweit gelten die §§ 421 ff. BGB. Daher kann der Gläubiger nach seinem Belieben neben der ARGE von jedem Mitglied der ARGE den ihm geschuldeten Betrag oder die sonst geschuldete Leistung in vollem Umfang oder teilweise verlangen (schon OLG Hamburg BB 1984, 14 m. Anm. *Meinert*).

Allerdings haftet der Gesellschafter nur auf die Sorgfalt, die er in eigenen Angelegenheiten gem. **84** § 277 BGB aufwendet. Grobe Fahrlässig in eigenen Angelegenheiten entbindete von der Haftung ebensowenig, wie übervorsichtiges Handeln (objektiver Haftungsmaßstab, *Palandt/Heinrichs* § 276 BGB Rn. 14). § 708 BGB ist abdingbar und daher wird im ARGE-Mustervertrag eine entsprechende Haftung vorgesehen (*Kornblum* ZfBR 1992, 9 ff.).

Überschreitet ein Organ der ARGE – die Geschäftsleitung oder der Geschäftsführer – die ihm ver- **85** traglich gewährte Geschäftsführerbefugnis, so ist zu unterscheiden zwischen Kompetenzverstoß und Durchführung der Geschäftsführermaßnahme. Notwendig ist ein Verstoß bei der Geschäftsübernahme (BGH NJW 1997, 314; MüKo/*Ulmer* GbR § 708 Rn. 20, 21). Hier wird nur mit den Regeln der GOA mit der Maßgabe zu helfen sein, dass die verschuldensunabhängige Haftung für Fehler bei der Durchführung der Maßnahme, § 678 BGB, einzugreifen hat. Allerdings ist bei Vereinbarung des ARGE-Mustervertrages die Priviligierung zu beachten, so dass die Haftung als Geschäftsführer ohne Auftrag einzig verbleibt. Ein Ausschluss der Haftung über einen Zusatz der Bezeichnung der ARGE (z.B. »mit beschränkter Haftung«) wäre nur über eine individualvertragliche Regelung mit dem Vertragspartner – Auftraggeber – möglich. In der Entscheidung BGH NJW 1999, 3483 hat der BGH deutlich erläutert, dass die Beschränkung der Haftung nach aussen hin allgemein nicht möglich ist. Die Beschränkung der Haftung im Innenverältnis sei vertragsfeindlich im Außenverhältnis. Daher hat der ARGE-Mustervertrag davon abgesehen, diese als Option einzuführen.

Im Rahmen der **Gesamtschuld nach außen** gilt für das **Innenverhältnis** der Gesellschafter unterei- **86** nander § **426 BGB.** Der Ausgleichsanspruch besteht bereits mit der Entstehung des Gesamtschuldverhältnisses und nicht erst ab Befriedigung eines Gläubigers durch einen oder mehrere Gesellschafter; insofern besteht für diese Gesellschafter schon vor Leistung an den Gläubiger ein Anspruch auf anteilmäßige Befreiung gegen die oder den übrigen Gesellschafter; dieser Befreiungsanspruch setzt allerdings Fälligkeit der Schuld voraus (BGH DB 1986, 476). Erfüllt der Gesellschafter einer ARGE die vertragliche Bauleistung nicht, so kann er auf Rückzahlung einer ihm zugeflossenen Vorauszahlung erst in Anspruch genommen werden, wenn der Bauvertrag von keinem der Gesellschafter erfüllt wird; der Vorauszahlungsbürge eines BGB-Gesellschafters wird von seiner Verpflichtung auch dann frei, wenn ein anderer Gesellschafter die geschuldete Leistung, für die die Vorauszahlung gewährt wurde, erbringt (BGH BauR 1979, 63). Zwar ist es möglich, im Bauvertrag auf eine **gesamtschuldnerische Bindung** aller Gesellschafter von Seiten des Auftraggebers **zu verzichten** und eine Einzelhaftung oder eine Haftung der Gesellschafter von unterschiedlichem Maßstab festzulegen, was durch Begrenzung der Vertretungsmacht des geschäftsführenden Gesellschafters erfolgen kann und dem Vertragspartner zumindest erkennbar sein muss (BGH BauR 1985, 88). Es erscheint aber ratsam, von dieser Möglichkeit nicht Gebrauch zu machen. Wenn gemeinschaftliche Bieter (also nicht Arbeitsgemeinschaften) i.S.v. § 21 Nr. 5 Abs. 1 VOB/A bei Ausführung selbstständiger Teil- oder Fachlose diesen Verzicht beantragen und sie im Hinblick auf ihre Haftung für ihren Auftragsanteil eine ausreichende Sicherheit für die vertragliche Ausführung der Leistung bieten, kann das eine Ausnahme vom Grundsatz rechtfertigen. Dann ist im Allgemeinen der Auftragsanteil (selbstständige Teil- oder Fachlose) hinreichend bestimmt, der Haftungsumfang im Wesentlichen klar umgrenzt und auch die finanzielle Sicherheit des Haftenden geprüft und für hinreichend befunden worden. Trotzdem muss man auch dann überlegen, ob von der gesamtschuldnerischen Haftung abgegangen werden soll, weil damit eine der grundlegenden Funktionen, die an sich nur aus der Gesamtheit und dem gemeinsamen Zusammenwirken der beteiligten Unternehmer denkbar ist, außer Kraft gesetzt wird.

87 Es gehört zur Eigenart des **Dach-ARGE**-Vertrages, dass – anders als bei der normalen ARGE – mit den Gesellschaftern gesonderte Nachunternehmerverträge hinsichtlich der ihnen zugewiesenen Einzellose abgeschlossen werden. Soweit im Rahmen des Dach-ARGE-Vertrages jeder Gesellschafter für sein Einzellos das Leistungs- und Vergütungsrisiko allein trägt, gilt dies nur auf der gesellschaftsvertraglichen Ebene. Die zwingende Vorschrift des **§ 648a BGB** gilt daher auch im Verhältnis zwischen Dach-ARGE und ihren Gesellschaftern (KG BauR 2005, 1035). Dadurch wird der Gesellschaftszweck nicht gefährdet, da die Dach-ARGE als Auftraggeber insolvenzfähig ist. Daher kann zur Sicherheit die Sicherheit des § 648a BGB verlangt werden. Die Sicherheit ist streng akzessorisch und kann nur unter den Voraussetzungen des § 648a Abs. 2 S. 2 BGB in Anspruch genommen werden. Nichts anderes gilt nach § 25.221 des Dach-ARGE-Mustervertrages, wo nach der Nachunternehmer und Gesellschafter bis zur Schlusszahlung nicht gegen die Dach-ARGE klagen darf.

2. Gesamtgläubigerschaft

88 Besteht, z.B. gegenüber dem Auftraggeber, eine **aufrechenbare Gegenforderung der Gesellschaft**, so hat die ARGE und der in Anspruch genommene Gesellschafter entsprechend § 770 Abs. 2 BGB und § 129 Abs. 3 HGB ein Leistungsverweigerungsrecht, mit dem die Abweisung einer Klage in Höhe des der Gesellschaft und des einzelnen Gesellschafters zustehenden Anspruches erreichen kann (BGHZ 38, 122). **Nicht m**öglich ist es aber für den in Anspruch genommenen Gesellschafter, Forderungen der Gesellschaft im Wege der **Widerklage** geltend zu machen (BGH WM 1963, 728). Hierfür bedarf es einer Abtretung und eines Gesellschafterbeschlusses bzw. eines Beschlusses der Gesellschaft eine widerklagend die Rechte geltend zu machen. Konsequenterweise besteht für Forderungen aus der gesellschaftlichen Tätigkeit, wie hinsichtlich der Vergütung für eine gemeinsam erbrachte Bauleistung, ein Anspruch der Gesellschaft und eine Gesamtgläubigerschaft der Gesellschafter. Das hat zur Wirkung, dass ein Gesellschafter grundsätzlich nicht die Befugnis hat, Gesellschaftsforderungen im eigenen Namen geltend zu machen (BGH DB 1979, 979), daher auch nicht die Bezahlung von Teilbeträgen der Vergütung durch den Auftraggeber an sich verlangen kann. Dazu sind nur die Gesellschaft, die Gesellschafter in ihrer Gesamtheit oder der geschäftsführende Gesellschafter befugt, es sei denn, dass dieser erlaubtermaßen diese Befugnis an einen Gesellschafter weitergeleitet hat, wie z.B. durch Forderungsabtretung (BGH SFH Z 2.13 Bl. 12 ff.). Wenn die Gesellschafter einer ARGE eine zum Gesellschaftsvermögen gehörende Werklohnforderung durch Beschluss aller auf einen Gesellschafter übertragen hat, ist dieser zumindest aufgrund einer Einziehungsermächtigung (BGH NJW 1987, 3121) befugt, die Werklohnforderung im Wege der ge-

willkürten Prozessstandschaft geltend zu machen; zwar können die Grundsätze über die gewillkürte Prozessstandschaft dann nicht zur Anwendung kommen, wenn ein wirksames Abtretungsverbot vereinbart ist (OLG Frankfurt/M. NJW 1974, 1040 m.w.N.); ein im Bauvertrag mit dem Auftraggeber vereinbartes Abtretungsverbot schließt eine interne gesellschaftsrechtliche Umgestaltung durch Einräumung einer gewillkürten Prozessstandschaft für einen Mitgesellschafter jedoch nicht aus (OLG Köln SFH § 339 BGB Nr. 3). Dies gilt insbesondere für die Form der ARGE, die weder eingetragen noch als einheitliches Gebildes unter eigenem Namen auftritt. Andererseits ist auch das gesamthänderische Element der ARGE zu beachten. Daher kann eine ARGE von ihrem Auftraggeber keine über den gesetzlichen bzw. vereinbarten Zinssatz hinausgehenden **Verzugszinsen** verlangen, wenn nur ein ARGE-Mitglied die Inanspruchnahme höher zu verzinsender Bankkredits für den eigenen gewerblichen Betrieb nachweist (OLG Frankfurt/M. BauR 1989, 488).

3. Abtretung von Forderungen

In Arbeitsgemeinschaftsverträgen den einzelnen Gesellschaftern auferlegte Verpflichtungen, die **Abtretung von Forderungen** aus dem Arbeitsgemeinschaftsverhältnis **an Dritte** den übrigen Gesellschaftern **anzuzeigen,** ist durchaus interessengerecht, weil die übrigen Gesellschafter aus vielerlei Gründen ein Recht darauf haben, über eine zu erwartende Inanspruchnahme des Gesamthandvermögens durch Dritte unterrichtet zu sein. Diese im Vertrag zu vereinbarende **Informationspflicht** entspricht dem im Rahmen einer Arbeitsgemeinschaft unabdingbar erforderlichen **Treue- bzw. Vertrauensverhältnis der einzelnen Gesellschafter zueinander.** Dabei ist die Frage wesentlich, ob und was der Gesellschafter aus seiner arbeitsgemeinschaftlichen Beteiligung **überhaupt an Dritte abzutreten berechtigt ist,** §§ 717, 719 BGB. Hier wird das Prinzip der **gesamthänderischen Verbundenheit** der an einer ARGE Beteiligten zum Ausdruck gebracht. Dies gilt insbesondere für die nur zeitlich bedingt handelnden ARGE'n und die ARGE, die nicht einheitlich nach außen auftritt. Nach § 717 S. 1 BGB sind **Ansprüche,** die den Gesellschaftern aus dem Gesellschaftsverhältnis **gegeneinander** zustehen, **grundsätzlich nicht übertragbar.** Dabei sind einmal die Gesellschafterstellung im ganzen (Mitgliedschaft) und zum anderen die vermögensrechtliche Seite der Mitgliedschaft zu unterscheiden. **Die Erstere kann nicht übertragen werden.** Allerdings ist es möglich, einen **Mitgliederwechsel** durch Übertragung oder durch sonstigen Übergang – § 727 BGB – unter Aufrechterhaltung der bestehenden Gesellschaft vorzunehmen, wenn der Gesellschaftsvertrag dies zulässt oder alle Gesellschafter ihre Zustimmung erteilen. Die Einräumung einer **Unterbeteiligung** am Gesellschaftsanteil zugunsten eines Dritten – gegebenenfalls gegen Entgelt – durch einen Gesellschafter ist grundsätzlich nicht verboten. Auch die vermögensrechtliche Seite der Mitgliedschaft, d.h. der **Anteil des einzelnen Gesellschafters, kann grundsätzlich nicht übertragen werden,** falls nicht im Gesellschaftsvertrag eine abweichende Vereinbarung getroffen ist. In jedem Falle **nicht übertragbar (absolutes Verbot) ist der Anteil des Gesellschafters an den einzelnen Gegenständen,** die zum Gesellschaftsvermögen gehören, wie z.B. an gemeinschaftlichen Forderungen aller Gesellschafter, und an Sachen, die in die Gesellschaft eingebracht worden sind. Eine gegenteilige Bestimmung im Vertrag kann nicht getroffen werden, sie ist **nichtig.** Sonstige aus der Gesellschafterstellung sich ergebende Einzelbefugnisse sind nur übertragbar, wenn dies ausdrücklich im Gesellschaftsvertrag im Einzelnen niedergelegt ist. Das gilt auch für die **Verwaltungsrechte,** soweit sie dem einzelnen Gesellschafter nach dem Vertrag überhaupt zustehen, wie z.B. die Geschäftsführungsbefugnis, der Anspruch auf Rechnungslegung und das Recht, die Auseinandersetzung zu verlangen. Zu bemerken ist, dass das, was nicht übertragen werden kann, auch **nicht gepfändet** werden kann, § 851 ZPO. In § 717 S. 2 BGB ist eine **Ausnahme** von dem vorgenannten Verbot enthalten. Folgende **Ansprüche können übertragen** werden, **wenn** die Übertragung **nicht ausdrücklich im Vertrag ausgeschlossen** ist: etwaige Ansprüche eines **geschäftsführenden Gesellschafters** auf eine ihm zustehende **Vergütung** aus der Geschäftsführung, falls die Befriedigung aufgrund vertraglicher Regelung bereits vor der Auseinandersetzung der Arbeitsgemeinschaft verlangt werden kann. **Nicht** unter diese abtretbaren Ansprüche aus der Geschäftsführung ist das Recht auf **Vorschuss** zu rechnen. Dieser Anspruch ist **nicht übertragbar,** da der Vorschuss **zweckgebunden** ist, und zwar an die Durchführung der Geschäftsführungsaufgaben selbst, wie sich aus § 669 BGB entnehmen lässt. Daraus ist der allgemeine Schluss zu ziehen, dass übertragbar im Rahmen des § 717 S. 2 BGB nur solche Ansprüche aus der Geschäftsführung sind, die ihre Grundlage in einer ganz oder teilweise **erledigten** Geschäftsführung haben. Weiter fällt unter die Ausnahmebestimmung der **Gewinnanteil.** Dabei kommt es nicht darauf an, ob dieser feststeht und rückständig ist. Vielmehr ist auch der künftige, der Höhe nach noch zu bestimmende Gewinnanteil übertragbar, wobei allerdings die Bestimmbarkeit zur Zeit der Abtretung oder Übertragung grundlegende Voraussetzung ist. Im Übrigen erwirbt im Fall des erst der Höhe nach zu bestimmenden Gewinnanteils der neue Gläubiger nicht das Recht, den Rechnungsabschluss und die Feststellung des Gewinnes von der Gesamthand der übrigen Gesellschafter zu verlangen. Dieses verbleibt vielmehr dem übertragenden Gesellschafter (RGZ 52, 36). Auch bezüglich der Fälligkeit hat der neue Gläubiger nur die gleichen Rechte wie der abtretende Gesellschafter. Der gesellschaftsrechtliche Gewinnanspruch ist kein Anspruch auf eine regelmäßig wiederkehrende Leistung; er unterliegt der allgemeinen Verjährungsfrist von 3 Jahren, § 195 BGB (zur alten Regelung: BGH NJW 1981, 2563).

90 Schließlich kann ein Gesellschafter das **Auseinandersetzungsguthaben,** d.h. das, was ihm bei der Auseinandersetzung der Gesellschaft zukommen wird, auf einen Dritten übertragen. Das Auseinandersetzungsguthaben besteht i.d.R. aus dem Anspruch auf Rückerstattung des Wertes der Einlagen (§ 733 BGB) und aus dem Recht auf Auszahlung des Überschusses (§ 734 BGB). Die grundsätzliche Übertragbarkeit des Auseinandersetzungsguthabens folgt daraus, dass dieses schon seit der Gründung der Gesellschaft besteht und nur der Höhe nach noch unbestimmt ist (RGZ 60, 130). Die Höhe ist von der Ermittlung durch die Gesellschafter, sei es bei einer Auseinandersetzung (§§ 730–734 BGB), sei es bei einer Abfindung (§§ 738–740 BGB), abhängig. Im Übrigen ist auch hier der neue Gläubiger, dem von einem Gesellschafter das Auseinandersetzungsguthaben übertragen worden ist, nicht berechtigt, die Gesellschaft zu kündigen, ihre Auseinandersetzung zu fordern, bei dieser mitzuwirken oder Rechnungslegung zu verlangen (RGZ 90, 20). Er muss sich wegen der Durchsetzung dieser Rechte an den Gesellschafter als bisherigen Gläubiger des Auseinandersetzungsguthabens halten. Zur Frage der Ermittlung und Geltendmachung eines Abfindungsanspruchs des aus einer Zweipersonengesellschaft bürgerlichen Rechts ausgeschiedenen Gesellschafters einer Architekten-ARGE, wenn das Gesellschaftsvermögen aus einem einzigen Vermögensgegenstand besteht (BGH BauR 1999, 1471). Soweit nach § 717 S. 2 BGB bestimmte Rechte abtretbar bzw. übertragbar sind, und zwar ohne besondere gesellschaftsvertragliche Gestattung, sind diese Rechte auch **pfändbar,** § 851 ZPO. Zu beachten ist dabei besonders § 859 Abs. 1 ZPO. Zur Abtretung von Forderungen im Rahmen des § 20.2 des ARGE-Mustervertrages vgl. *Burchardt/Pfülb* Rn. 50 ff.

4. Änderung des Gesellschaftsvertrages

91 Es kann aufgrund **veränderter Umstände** oder aus einem anderen Anlass notwendig sein, den **Arbeitsgemeinschaftsvertrag** während des Bestehens der ARGE zu **ändern.** Dazu ist auf die Rechtsprechung des BGH (BGH NJW 1961, 724) hinzuweisen, wonach die Abänderung eines Gesellschaftsvertrages ein Rechtsgeschäft i.S.d. § 181 BGB darstellt. Das bedeutet, dass ein Gesellschafter nach § 181 BGB gehindert ist, an einem solchen Beschluss im eigenen Namen (mit eigener Stimme) und zugleich im fremden Namen (als Bevollmächtigter mit der Stimme eines anderen Gesellschafters) mitzuwirken.

VI. Auflösung oder Kündigung bei der Arbeitsgemeinschaft

Unbedingt erforderlich ist es, im Arbeitsgemeinschaftsvertrag Regelungen über bestimmte Sachverhalte zu treffen, an die das Gesetz als Folge die **Auflösung** oder die **Kündigung** der Gesellschaft knüpft, vgl. §§ 723–725, 727, 728 BGB.

1. Gesellschafterkündigung

Die in § 723 Abs. 1 S. 1 eröffnete jederzeitige **Möglichkeit der Kündigung** der Arbeitsgemeinschaft durch jeden Gesellschafter ist nur bei den auf unbestimmte Zeit eingegangenen **Dauerarbeitsgemeinschaften** denkbar. Handelt es sich dagegen um eine für ein bestimmtes Bauvorhaben oder mehrere bestimmbare Bauvorhaben gegründete Arbeitsgemeinschaft oder eine solche von einer **zeitlich festbestimmten Dauer,** so kommt eine **Kündigung** nach § 723 Abs. 1 S. 2 BGB **nur aus wichtigem Grund** in Betracht (vgl. auch § 23.1 Mustervertrag). Hierbei ist als **Hauptfall** genannt, dass ein **Gesellschafter** eine ihm nach dem Gesellschaftsvertrag obliegende **wesentliche Verpflichtung vorsätzlich oder grob fahrlässig verletzt** hat; desgleichen, wenn die **Erfüllung** einer solchen Verpflichtung **unmöglich** wird. Eine abschließende Regelung von Kündigungsmöglichkeiten aus wichtigem Grund im Wege der Darstellung von Einzelaufzählungen im Gesellschaftsvertrag wird nicht möglich sein und ist daher auch nicht zu empfehlen. Zu beachten ist aber, dass die Kündigung **grundsätzlich nicht zur Unzeit** geschehen darf, weil sonst u.U. eine Schadensersatzpflicht des kündigenden Gesellschafters entstehen kann (vgl. § 723 Abs. 2 BGB). Gerade das Verbot der Kündigung zur Unzeit hat für die Arbeitsgemeinschaft eine besondere Bedeutung, da die von ihr dem Auftraggeber gegenüber eingegangene Verpflichtung vielfach termingebunden ist und eine Verzögerung regelmäßig Vertragsstrafen oder zumindest Schadensersatzverpflichtungen nach sich zieht (vgl. dazu *Burchardt/Pfülb* Vor §§ 23, 24 Rn. 61).

2. Gesellschafterbeschluss

Eine andere Frage ist es, ob eine Arbeitsgemeinschaft ohne Kündigung **durch Vereinbarung** der Gesellschafter, also der beteiligten Unternehmer, vorzeitig **aufgelöst** werden kann. Nach dem Mustervertrag (§ 22 Abs. 2) ist das möglich; jedoch bedarf es dazu eines einstimmigen Beschlusses der Gesellschafter (§ 6.6 ARGE-Mustervertrag; vgl. dazu *Burchardt/Pfülb* §§ 23, 24 Rn. 13 ff.). Die Rechtsgültigkeit der Auflösung wird auch dann nicht berührt, wenn die Arbeitsgemeinschaft Dritten gegenüber zum Schein aufrechterhalten bleiben soll (BGH BB 1961, 548).

3. Gläubigerkündigung

Beachtung verdient besonders auch die **Gläubigerkündigung** nach § 725 BGB. Ein Gläubiger ist nach Pfändung des Anteils eines Gesellschafters am Gesellschaftsvermögen berechtigt, die Gesellschaft ohne Einhaltung einer Kündigungsfrist zu kündigen. Voraussetzung ist das Vorliegen eines rechtskräftigen und nicht nur vorläufig vollstreckbaren Titels. Zu beachten ist, dass es für die Pfändung des Anteils des Gesellschafters am Vermögen der Gesellschaft ausreicht, dass der Pfändungsbeschluss statt allen oder der Geschäftsführung der ARGE nur den geschäftsführenden Gesellschaftern zugestellt wird (BGH NJW 1986, 1991). Ist dem Gläubiger der **Anteil** (§ 857 ZPO) oder der **Gewinnanspruch** (§ 829 ZPO) neben der Pfändung zur Einziehung überwiesen worden, so hat er einen Anspruch auf Auszahlung des Gewinns gegen die übrigen Gesellschafter als Gesamtschuldner und gegen die ARGE (vgl. §§ 1273, 1258 BGB). Pfändet ein Gläubiger den Anteil seines Schuldners am Vermögen einer BGB-Gesellschaft und lässt er ihn sich überweisen, so kann er – nach einer Kündigung der Gesellschaft – grundsätzlich auch den Anspruch des Gesellschafter-Schuldners auf Durchführung der Auseinandersetzung ausüben (anders als RGZ 95, 231). Die **Auskunfts- und Verwaltungsrechte** des schuldnerischen Gesellschafters erhält der Gläubiger dagegen aufgrund der Pfändung und Überweisung **nicht** (BGH DB 1992, 419). Die Befugnis des Gläubigers, die Gesellschaft kündigen zu können, ist ein sehr weitgehendes Recht, da die Kündigung einen nicht unerheblichen Einfluss auf die Interessenlage der übrigen Gesellschafter haben kann. Die Kündigung durch einen Gesellschaftergläubiger im Rahmen des § 725 BGB ist aber insofern abdingbares Recht, als im Gesellschaftsvertrag der Fortbestand der Gesellschaft unter den übrigen Gesellschaftern für diesen Fall vereinbart werden kann, naturgemäß ohne den Gesellschafter, der Schuldner des kündigenden Gläubigers ist. Befriedigen die übrigen Gesellschafter den Gläubiger vor der Kündigung, so kann es allerdings für sie ein Gebot der gesellschaftlichen Treuepflicht sein, die Gesellschaft auch mit dem Schuldner fortzusetzen (BGH NJW 1959, 1683). Es ist dringend zu empfehlen, in Arbeitsgemeinschaftsverträgen eine solche **Fortsetzungsvereinbarung** festzulegen (wie z.B. nach § 23.61, 24.1 ARGE-Mustervertrag). Geschieht dieses nicht und gilt § 725 BGB, so wird durch eine Kündigung des Gläubigers nicht nur die ARGE aufgelöst, sondern es wird ihr insbesondere **unmöglich,** ihre bisher noch nicht erledigte **Bauvertragsverpflichtung** zu erfüllen, was **Schadensersatzansprüche** gegen alle Gesellschafter seitens **des Bauherrn bzw. Auftraggebers** nach sich zieht; siehe § 8 Nr. 1 und 3 VOB/B. Für den kündigenden Gläubiger sind die Bestimmungen des Arbeitsgemeinschaftsvertrages bindend, es sei denn, dass sie erst nach der Pfändung vereinbart sind oder den Zweck haben, die Rechte des Gläubigers zu beeinträchtigen. Darüber hinaus dürfte es zu empfehlen sein, auch **noch andere Sicherheitsmaßnahmen** für den Fall der Inanspruchnahme eines Gesellschafters durch einen seiner Gläubiger im Arbeitsgemeinschaftsvertrag zu treffen. Es ist zweckmäßig, diese Frage nicht von dem mehr oder weniger ungewissen und zeitlich nicht festzulegenden Kündigungsanspruch des Gläubigers abhängig zu machen, sondern der Gesellschaft im ARGE-Vertrag ein Recht zur Kündigung gegenüber einem Gesellschafter vorzubehalten, der von einem seiner Gläubiger bedrängt wird, wenn z.B. gegen ihn ein rechtskräftiger Titel vorliegt und aufgrund dieses Titels ein Pfändungsbeschluss in die ARGE-Beteiligung zugestellt wird (vgl. dazu § 23.5 ARGE-Mustervertrag). Das hat den Vorteil, dass die Auseinandersetzung mit dem ausscheidenden Gesellschafter ohne Beteiligung eines Dritten erfolgen kann.

4. Tod eines Gesellschafters bzw. Auflösung seines Unternehmens

96 Auch **der Tod eines Gesellschafters** bringt nach § 727 BGB die **ARGE** zur **Auflösung,** falls nicht im ARGE-Vertrag eine anderweitige Regelung erfolgt. § 727 BGB ist für den Fall gedacht, dass der Gesellschafter eine natürliche Einzelperson ist. Man wird diese Bestimmung aber für den Fall der **Auflösung von Unternehmen,** gleich wie sie an der Arbeitsgemeinschaft als Gesellschafter beteiligt sind, entsprechend anwenden müssen. Wird die Fortsetzung der Gesellschaft für den Fall des Todes eines Gesellschafters vereinbart, so treten dessen **Erben** an die Stelle des Verstorbenen, es sei denn, es ist die Fortsetzung lediglich unter den übrigen Gesellschaftern abgesprochen (vgl. dazu § 736 BGB). Gerade der Eintritt eines Erben des verstorbenen Gesellschafters in die Arbeitsgemeinschaft kann zu persönlichen und fachlichen Schwierigkeiten führen. Besonders aus dem für die Arbeitsgemeinschaft als Grundsatz geltenden Gedanken der **persönlichen Bindung und des engen Vertrauensverhältnisses zueinander** kann es daher geboten sein, im Arbeitsgemeinschaftsvertrag neben einer Fortsetzungsvereinbarung zugleich eine Klausel aufzunehmen, wonach sowohl die bisherigen Gesellschafter als auch der Erbe des verstorbenen Gesellschafters das Recht haben, die Arbeitsgemeinschaft zu kündigen, falls sich eine weitere gedeihliche Zusammenarbeit als nicht möglich herausstellen sollte. Weiterhin kann für den Fall einer solchen Kündigung im Vertrag festgelegt werden, dass dann lediglich der Erbe aus der Arbeitsgemeinschaft ausscheidet und die Arbeitsgemeinschaft unter den übrigen und bisherigen Gesellschaftern fortgesetzt wird. Eine besondere und für die Praxis durchaus nachahmenswerte Regelung für den Fall des Todes eines Gesellschafters sowie der Auflösung einer Gesellschaft enthält § 23 Nr. 2 und 3 des ARGE-Mustervertrages (*Burchardt/Pfülb* § 23 Rn. 14 ff.; zum Recht auf Übernahme des Gesellschaftsvermögens in der Zweimanngesellschaft des BGB *Rimmelspacher* AcP 73 Bd. 173, 1; dazu für den ARGE-Mustervertrag: *Burchardt/Pfülb* Vor §§ 23, 24 Rn. 19).

5. Insolvenz der ARGE und Zwangsvollstreckung gegen die ARGE

Die **Arbeitsgemeinschaft als solche** ist nach § 11 InsO **insolvenzfähig.** Ein Insolvenzverfahren kommt hinsichtlich des Vermögens der Gesellschafter und der Gesellschaft (wenn diese eine eigene Rechtspersönlichkeit nach außen hin hat) in Betracht, daher wird nicht nur das Vermögen der Arbeitsgemeinschaft, sondern **auch der Anteil des betreffenden Gesellschafters** an der Arbeitsgemeinschaft **erfasst.** Im Übrigen wird die ARGE über § 728 Abs. 1 BGB bei Eröffnung des Insolvenzverfahrens **aufgelöst.** Die Fortsetzung kann gem. § 736 BGB vereinbart werden, § 24.1 ARGE-Muster-Vertrag. **97**

Diese Erkenntnis basiert auf den Urteil des BGH BauR 2001, 755. Danach kann auch unmittelbar in das Gesellschaftsvermögen als solches vollstreckt werden. Ebenfalls ist es möglich, dass ein Titel gerichtet gegen alle ARGE-Gesellschafter gegen die ARGE als solche vollstreckt werden kann. Anders ist dies, wenn der Gläubiger in das Vermögen eines Gesellschafters vollstrecken will. Hat er nur einen Titel zur gesamten Hand oder gegen die ARGE als solche, ist er mit der Vollstreckung in das Vermögen eines Gesellschafters ausgeschlossen (*Wertenbruch* NJW 2002, 324, 329). **98**

VII. Auseinandersetzung mit ausscheidendem Gesellschafter

Zur **Auseinandersetzung mit einem ausscheidenden Gesellschafter** vgl. die §§ 738–740 BGB. Die **Anwachsung** nach § 738 BGB geschieht anteilmäßig, d.h. entsprechend den Anteilen der übrigen Unternehmer an der Arbeitsgemeinschaft (über die Abschichtungsbilanz nach dem Ausscheiden eines Gesellschafters: *Stötter* DB 1972, 271; vgl. auch *Hörstel* NJW 1994, 2268). Die Vorlage einer Abschichtungsbilanz kann nicht verlangt werden, wenn ein ausgeschiedener Gesellschafter nur den Buchwert zu beanspruchen hat; mit der bloß theoretischen Möglichkeit, dass auch bei vereinbarter Buchwertklausel eine höhere Abfindung in Betracht kommen kann, wenn nämlich Buchwert und realer Wert in einem bei Vertragsschluss ganz unvorhergesehenen Maße auseinanderklaffen, lässt sich der Anspruch auf Vorlage einer Abschichtungsbilanz nicht begründen (BGH ZIP 1981, 75). **99**

Bei der Arbeitsgemeinschaft ist es zweckmäßig, hinsichtlich der ihr von dem ausscheidenden Gesellschafter lediglich zur Benutzung überlassenen **Maschinen und sonstigen Baugeräte** (§ 732 BGB) eine von § 738 Abs. 1 BGB (BGH NJW 1981, 2802) abweichende Vereinbarung im Arbeitsgemeinschaftsvertrag zu treffen. Denn es wird schwer sein, den Bauvertrag ordnungsgemäß und pünktlich durchzuführen, wenn mitten während der Ausführung diese Geräte von der Baustelle abgezogen und zurückgegeben werden. Dabei kann entweder ein Leihverhältnis (unentgeltlich) oder ein Mietverhältnis (entgeltlich) mit dem ausscheidenden Unternehmer vereinbart werden. Geraten der oder die übrigen Gesellschafter mit ihrer Rückgabeverpflichtung in Verzug (§ 732 BGB), so können sie dem ausscheidenden Gesellschafter gegenüber nach §§ 284 Abs. 1 S. 2, 286 Abs. 1, 252 BGB zur Entschädigung für entgangenen Gewinn verpflichtet sein (BGH DB 1963, 690). Sind Gegenstände, die erst während des Bestehens der Arbeitsgemeinschaft entstanden bzw. erworben worden sind, nicht teilbar, so kommen sie bei der Auseinandersetzung demjenigen – gegebenenfalls gegen einen angemessenen finanziellen Ausgleich – zu, für den sie die größere Bedeutung haben. Das gilt z.B. für die Geschäftsunterlagen der Arbeitsgemeinschaft (OLG Hamburg BB 1977, 417), dabei vornehmlich im Hinblick auf die federführende Firma. **100**

Ein ausgeschiedener Gesellschafter hat, falls nichts anderes vereinbart ist, gegen die Gesellschaft, bei **Beendigung einer Zweimanngesellschaft** gegen den Geschäftsübernehmer, einen **Anspruch auf Ablösung der Sicherheiten,** die er aus seinem Privatvermögen einem Gläubiger für Gesellschaftsverbindlichkeiten eingeräumt hat. Gegenüber einem solchen Anspruch kann aber ein Zurückbehaltungsrecht geltend gemacht werden (§ 273 BGB), wenn feststeht, dass der Ausgeschiedene keine Abfindung zu erhalten hat, sondern wegen seiner Verlustbeteiligung einen Ausgleich seinerseits schuldet. Allerdings gibt es keinen allgemeinen Grundsatz, dass der Befreiungsanspruch nicht geltend **101** gemacht werden kann, bevor nicht eine Abschichtungsbilanz erstellt ist, also noch nicht feststeht, ob der ausgeschiedene Gesellschafter ausgleichspflichtig ist. Ausnahmen hiervon können jedoch im Einzelfall nach Treu und Glauben geboten sein (BGH NJW 1974, 899) z.B., wenn mit großer Wahrscheinlichkeit feststeht, dass die Ausgleichspflicht besteht. Der ausgeschiedene Gesellschafter kann seinen Auseinandersetzungsanspruch (§ 738 Abs. 1 BGB) im Wege der Stufenklage (Vorlage der Abschichtungsbilanz, Zahlung des Auseinandersetzungsguthabens) geltend machen (OLG Karlsruhe BB 1977, 1475).

102 Zu beachten ist, dass durch § 738 BGB die Abwicklung eines bis dahin bestehenden **gesellschaftsrechtlichen Innenverhältnisses geregelt** wird; deshalb findet diese Vorschrift **auf einen Gesellschafterwechsel** derart, dass an die Stelle des bisherigen Gesellschafters ein neuer Gesellschafter tritt, **keine Anwendung,** da zwischen dem bisherigen und dem neuen Gesellschafter keinerlei Rechtsbeziehungen innergesellschaftlichen Inhalts bestehen (BGH NJW 1975, 166). Übernimmt ein Gesellschafter einer BGB-Gesellschaft allein das Gesellschaftsvermögen ohne Auseinandersetzung, so geht das Gesellschaftsvermögen entsprechend § 142 Abs. 3 HGB auf den Übernehmenden über, und zwar auch dann, wenn es sich nicht um einen Gewerbebetrieb handelt (BGH NJW 1960, 1664; OLG Celle MDR 1978, 846; OLG Hamm BauR 1986, 462). Ist für die Höhe der Abfindung eines ausscheidenden Gesellschafters nach dem Gesellschaftsvertrag die Höhe der Kapitaleinlage, wie sie sich aus der letzten Bilanz vor dem Ausscheiden ergibt, maßgebend, so kann nicht allein auf den ziffernmäßigen Betrag der Einlage abgestellt werden; vielmehr ist diese um evtl. anteilige Verlustvorträge zu ergänzen (BGH GmbH-Rundschau 1979, 272; zur Haftungsbeschränkung bei ausgeschiedenen Personengesellschaftern: *Budde* NJW 1979, 1637). Die von §§ 738–740 BGB erfassten Rechtsfolgen und die vorangehend angesprochenen Fragen werden durch § 24 ARGE-Mustervertrag eingehend geregelt (OLG Celle BauR 1993, 612 zu § 24 Nr. 6).

103 Soweit es sich um Verträge handelt, die auf der Grundlage des § 740 Abs. 1 BGB abzuwickeln sind, dürfen Teilleistungen, die vor dem Ausscheiden des Gesellschafters bereits erbracht worden sind, nicht in die Abfindungsbilanz aufgenommen werden, wenn das Gesamtwerk zu diesem Zeitpunkt noch nicht fertiggestellt worden ist; diese Teilleistungen sind vielmehr in die Gewinn- und Verlustrechnung nach § 740 Abs. 1 BGB einzubringen, die zu erstellen ist, wenn das schwebende Geschäft voll erfüllt worden ist (BGH NJW 1993, 1192).

104 Die in § 24 Nr. 9 des **ARGE-Mustervertrages** enthaltene **Pfandrechtsbestellung** an den von dem später ausscheidenden Gesellschafter **eingebrachten Geräten** zugunsten der verbleibenden Gesellschafter setzt das Eigentum des Ausscheidenden voraus, schließt aber gutgläubigen Erwerb des Pfandrechts nicht aus; der gutgläubige Pfandrechtserwerber hat hinsichtlich der Eigentumsverhältnisse an der Pfandsache nur dann eine Erkundigungspflicht, wenn konkrete Anhaltspunkte für das Nichteigentum des Verpfänders sprechen; derartige Anhaltspunkte brauchen nicht in den persönlichen Verhältnissen des Verpfänders zu liegen; allgemeine Liquiditätsschwierigkeiten einer Branche sprechen nicht schon für eine Sicherungsübereignung der Pfandsache an einen Dritten (BGH BauR 1983, 268). Eine **Pfandrechtsbestellung für eine künftige Forderung** wird – ohne Rücksicht auf den Zeitpunkt des Entstehens der Forderung – mit der Einigung und der Übergabe der Pfandsache – also mit der Einräumung des Mitbesitzes an die übrigen Gesellschafter der Arbeitsgemeinschaft und nicht erst mit Ausscheiden des Gesellschafters – wirksam (bei Einigung oder Übergabe in der Krise gem. § 30 KO ist sie deshalb in den Fällen des Konkurses des betreffenden Gesellschafters anfechtbar, BGH BauR 1983, 273).

VIII. Beendigung der Arbeitsgemeinschaft

105 Die Entscheidung des BGH BauR 2001, 775 hat auch hier Auswirkungen. Scheidet der vorletzte Gesellschafter aus der ARGE aus, so tritt die Vollbeendigung der Gesellschaft ohne Liquidationsverfahren ein (*Schmidt* HGB, § 145 Rn. 31 ff.). Hinsichtlich der Rechtsfolgen ist zwischen Innen- und Au-

ßenverhältnis zu unterscheiden. Beim **Innenverhältnis** gilt: Ist eine Fortsetzungsklausel vorhanden, so ist diese als Übernahmeklausel auszulegen. Der verbleibende Gesellschafter übernimmt das Gesellschaftsvermögen des ausgeschiedenen vorletzten Gesellschafters. Die ARGE endet, geht nicht in ein Liquidationsstadium über, sondern erlischt (MüKo/*Ulmer* § 736 BGB Rn. 9; MüKo/*Schmidt* § 145 HGB Rn. 8, 37; OLG Hamm NZJ 2005, 175). Weist der Gesellschaftsvertrag keine Fortsetzungsklausel auf, so kann bei einer zweigliedrigen ARGE die Fortsetzung vereinbart werden, was dazu führt, dass das Gesellschaftsvermögen dem letzten verbleibenden Gesellschafter anwächst ohne das es eines Übertragungsvertrages bedarf, sofern es sich um gesamthänderisch gebundenes Vermögen handelt (BGH WM 1993, 2259, 2260). Denn darin liegt eine vollständige Abwicklung des Gesamthandsvermögens, was zur Vollbeendigung der ARGE führt (BGHZ 24, 91, 93; MüKo/*Ulmer* § 730 BGB Rn. 38). Weist der Gesellschaftsvertarg weder eine Fortsetzungsklausel auf, noch können sich die Partner einigen, dann existieren bei Ausscheiden des vorletzten Gesellschafters keine Anteile mehr (BGH WM 2005, 1183). Das Gesellschaftsvermögen des vorletzten Gesellschafters geht auf den Letzten im Wege der Gesamtrechtsnachfolge über, so dass kein auseinanderzusetzendes Gesellschaftsvermögen mehr besteht. § 735 BGB ist hierauf nicht anwendbar, da hier nur das Innenverhältnis im Liquiditätsfalle gemeint ist. Ein solches Innenverhältnis besteht aber ab Vollbeendigung nicht mehr. Die ARGE erlischt (MüKo/*Schmidt* § 145 HGB Rn. 8, 37). Welches die Rechtsfolgen sind, wenn eine ARGE als Außen-GbR kein Gesamthandsvermögen hat, ist streitig. Gesamthandsvermögen ist ein Sondervermögen. das dem gemeinsamen Zweck der Gesellschafter als Gesamthand zu dienen bestimmt ist. Eine Personen(handels)gesellschaft hat folglich dann kein Gesamthandsvermögen, wenn die Gesellschafter dies im Gesellschaftsvertrag ausdrücklich vereinbaren. Für diesen Fall sind die vermögensrechtlichen Beziehungen der Gesellschafter untereinander nicht gesellschaftsrechtlich, sondern schuldrechtlich einzuordnen. Scheidet nun der vorletzte Gesellschafter aus, so geht dessen diesbezügliches Vermögen nur dann auf den verbliebenen Gesellschafter über, wenn die schuld rechtlichen Vereinbarungen dies hergeben. Was für die Innenrechtsbeziehungen zu gelten hat, wenn dieserhalb schuldrechtlich nichts zwischen den Gesellschaftern vereinbart wurde, ist ebenso zu entscheiden. Beim **Außenverhältnis**: Bei einem Gesellschaftsvertrag der ARGE mit Fortsetzungsklausel muss von der das Innenverhältnis betreffenden Übernahme des Gesellschaftsvermögens durch den verbliebenene Gesellschafter die Frage getrennt werden, ob damit im Außenverhältnis auch der Geschäftsbetrieb in der Weise übernommen wird, dass der verbliebene Gesellschafter an Stelle der vollbeendeten Gesellschaft automatisch in deren Außenrechtsbeziehungen eintritt (so OLG Hamm NZJ 2005, 175; dazu *Wagner* ZfBR 2006, 209). Das ist unklar. Aufgrund der Entscheidung des BGH BauR 2001, 775 ist die GbR eigenständig rechtsfähig. Solange der vorletzte Gesellschafter noch nicht ausgeschieden ist, waren an der GbR zwei Gesellschafter beteiligt. Scheidet nun der vorletzte Gesellschafter aus der GbR aus, dann geht nicht seine Beteiligung an der GbR auf den verbliebenen Gesellschafter in der Weise über, dass der verbliebene Gesellschafter sodann über zwei Beteiligungen – die eigene und die übergegangene – verfügt, mit der Folge, dass der verbliebene Gesellschafter eine Ein-Mann-GbR mit zwei Beteiligungen fortführen würde. Vielmehr geht die Beteiligung des ausgeschiedenen Gesellschafters durch Übergang in der Person des verbliebenen Gesellschafters unter, der Alleininhaber des Gesellschaftsvermögens wird (BGHZ 65, 79, 82). Dies deshalb, weil ein Gesellschafter an einer Personengesellschaft nicht mehrfach beteiligt sein kann. Im Gesellschaftsrecht ist aber die Mitgliedschaft einheitlich, so dass es daher nicht möglich sei, zwei oder mehr Anteile trotz ihres Zusammentreffens in einer Hand eines Gesellschafters getrennt zu halten und zum Gegenstand jeweils gesonderter Verfügungen zu machen (BGH NJW 1987, 3184, 3186; *Erman/Westermann* § 705 BGB Rn. 23). Die GbR geht daher im Wege der Vollbeendigung unter, da eine Ein-Mann-GbR nicht anerkannt wird (OLG Schleswig DB 2006, 274). Folglich geht der Geschäftsbetrieb nicht auf den verbliebenen Gesellschafter über, sondern die GbR aufgrund Vollbeendigung unter. Dies hat wiederum zur Folge, dass dort, wo die GbR im Rechtsverkehr Rechtssubjekt war, sie aufgrund Vollbeendigung nicht mehr existent ist (BGHZ 65, 65, 79, 82) und der verbliebene Gesellschafter nicht in die Außenrechtsbeziehungen der GbR nachrückt. Andererseits können Personengesellschaften strukturell wie juristische Personen behandelt werden (OLG Schleswig DB 2006,

274) so dass deshalb unter Aufrechterhaltung der übergegangenen Beteiligung des vorletzten Gesellschafters auf den verbliebenen Gesellschafter eine Ein-Mann-OHG bzw. GbR anerkannt werden sollte (*Baumann* NZG 2005, 919). Scheidet der vorletzte Gesellschafter aus einer GbR aus und weist der Gesellschaftsvertrag der ARGE keine Fortsetzungsklausel aus, so ist die Rechtsfolge vergleichbar der zuvor Beschriebenen. Auch dann tritt mit dem Ausscheiden des vorletzten Gesellschafters sofortige Vollbeendigung und nicht Auflösung samt Liquidation ein. Die GbR als Rechtssubjekt endet und der verbliebene Gesellschafter rückt nicht in die Außenrechtsbeziehungen der ARGE ein. Folgen der Vollbeendigung der GbR für ausgeschiedenen und verbliebenen Gesellschafter gegenüber Gläubigem der GbR: Ob der ausgeschiedene bzw verbliebene Gesellschafter dann für die Verpflichtungen der »untergegangenen« ARGE als akzessorisch Haftende bzw. als vormalige Gesamtschuldner einzustehen hat, ist danach wie folgt zu beantworten: **a)** Der ausgeschiedene ehemalige Gesellschafter: Für die bis zu seinem Ausscheiden vorhandenen Verbindlichkeiten der ARGE als Außen-GbR haftet der ausgeschiedene ehemalige Gesellschafter gemäß § 736 Abs. 2 BGB im Wege der Nachhaftung. Für nach seinem Ausscheiden begründete Verbindlichkeiten der ARGE haftet der ausgeschiedene Gesellschafter nicht. **b)** Der verbliebene ehemalige Gesellschafter: es gibt keine akzessorische Haftung (analog § 128 HGB) für Verbindlichkeiten der vollbeendeten ARGE ab dem Zeitpunkt der Vollbeendigung. Für die bis zur Vollbeendigung der GbR/OHG begründeten Verbindlichkeiten haftet der verbliebene Gesellschafter gemäß § 128 HGB (analog). Die Verbindlichkeiten der ARGE, die über den Zeitpunkt der Vollbeendigung der ARGE hinausreichen werden vom vormalig einzig verbliebenen Gesellschafter der vollbendeten ARGE für die ordnungsgemäße Erfüllung der seitens der ARGE geschlossenen Verträge analog § 128 Abs. 1 HGB Dritten gegenüber akzessorisch haftend übernommen (*Baumbach/Lauterbach* § 128 HGB Rn. 1). Es geht hier nicht um die Frage der akzessorischen Gesellschafterhaftung für eine aufgelöste – und sich deshalb im Liquidationsstadium befindliche – ARGE, sondern um die Frage der akzessorischen Gesellschafterhaftung im Sinne einer Erfüllung für Verpflichtungen einer vollbeendeten und deshalb erloschenen bzw. nicht mehr existenten ARGE über den Zeitraum ihrer Vollbeendigung hinaus. Hier ist zu unterscheiden: schulden hat mit der Erfüllung einer eigenen Verpflichtung zu tun (Gesellschaftsschuld, § 124 Abs. 1 HGB analog), haften dagegen mit dem Einstehen für eine fremde Schuld (Gesellschafterhaftung, § 128 HGB analog). Somit stellt sich folgendes Ergebnis ein: bis zum Zeitpunkt des Ausscheidens des vorletzten Gesellschafters der GbR und der dadurch herbeigeführten Vollbeendigung der GbR hafteten die Gesellschafter der ARGE als Außen-GbR analog § 128 HGB für die (bisherige) ordnungsgemäße Erfüllung der vertraglichen Pflichten der ARGE. Ab dem Zeitpunkt der Vollbeendigung der GbR und deren nicht mehr vorhandener Existenz haftet der verbliebene ehemalige Gesellschafter der untergegangenen ARGE nicht mehr analog § 128 HGB für die zukünftige ordnungsgemäße Erfüllung der vertraglichen Pflichten der ARGE, denn die ARGE existiert seit Vollbeendigung nicht mehr. Und ab der fehlenden Existenz der ARGE ist diese auch gegenüber Dritten nicht mehr als Vertragspartner bzw. Gläubiger existent. Und ist die vollbeendete und untergegangene ARGE als Außen-GbR z.B. nicht mehr Vertragspartner, so sind damit die Rechtsbeziehungen Dritter mit der vormaligen ARGE in Fortfall geraten, so dass ab dann der verbliebene ehemalige Gesellschafter der ARGE auch nicht mehr analog § 128 HGB für nicht mehr vorhandene Verbindlichkeiten der nicht mehr existenten ARGE haften kann, was der verbliebene ehemalige Gesellschafter der ARGE analog § 129 Abs. 1 HGB Dritten entgegenhalten kann (*Schmidt* GesR S. 1147 ff.). Mit Vollbeendigung der ARGE geht mithin weder der Geschäftsbetrieb bezüglich der Außenrechtsbeziehungen der vormaligen ARGE auf den verbliebenen ehemaligen Gesellschafter über noch haftet dieser für nicht mehr existente Verbindlichkeiten der untergegangen GbR, soweit den Zeitraum nach Vollbeendigung betreffend. Die **gesamtschuldnerischen Einstandspflicht**: Dass akzessorische haftende Gesellschafter einer Außen-GbR untereinander in einem Gesamtschuldverhältnis stehen ist anerkannt (BGHZ 146, 341, 358). Wegen der akzessorischen Gesellschafterhaftung analog § 128 f. HGB ist eine unmittelbare Anwendung der §§ 420 ff. BGB im Rechtsverhältnis der GbR zu ihren Gesellschaftern und umgekehrt nicht möglich, weil kein echtes Gesamtschuldverhältnis besteht. Unter Berücksichtigung der jeweils verschiedenartigen Interessen der Beteiligten kommt allerdings der Rechtsge-

danke der §§ 420 ff. BGB im Einzelfall zur Anwendung. Für die Gesellschaft als originär Verpflichtete ist die entsprechende Anwendung der Gesamtschuldregeln im Verhältnis zur Gesellschafterhaftung grundsätzlich statthaft. Würden im Verhältnis des verbleibenden Gesellschafters zur vormaligen GbR (ARGE) die Gesamtschuldregeln gelten, so könnte es denkbar sein, dass Gläubiger der vollbeendeten und untergegangenen GbR von dem verbliebenen vormaligen Gesellschafter der ARGE die volle Leistung verlangen könnten (§ 421 S. 1 BGB) und zwar bis zum Bewirken der vollen Vertragsleistung (§ 421 S. 2 BGB). Diese Folgen würden sich mithin grundlegend von der akzessorischen Haftung analog § 128 HGB unterscheiden. Ob im Verhältnis der Gesellschafter zur GbR die Gesamtschuldregeln gelten, ist mithin eine zu prüfende Frage des Einzelfalles (BGHZ 146, 341, 358). Verneint man für das Verhältnis der vollbeendeten GbR (= ARGE) zum verbliebenen ehemaligen Gesellschafter die Anwendbarkeit der §§ 421 ff. BGB, dann bleibt es bei dem zuvor Ausgeführten. Der verbliebene ehemalige Gesellschafter ist aufgrund Vollbeendigung der ARGE mithin weder verpflichtet, die Verträge der vollbeendeten ARGE zu erfüllen, noch finanziell für deren Nichterfüllung durch die vollbeendte ARGE zu haften. Bejaht man dagegen für das Verhältnis der vollbeendeten GbR (= ARGE) zum verbliebenen ehemaligen Gesellschafter die Anwendbarkeit der §§ 421 ff. BGB, dann ist dieser Ausnahmefall des Abweichens von der akzessorischen Haftung besonders zu begründen. Im Falle der Insolvenz gilt Gleiches (*Wagner* ZfBR 2006, 209). Weiterhin zu steuerverfahrens- und steuerprozessrechtlichen Rechtsfolgen nach Vollbeendigung einer Bau-ARGE (*Wagner* ZfBR 2006, 627).

Ganz besonders muss der Arbeitsgemeinschaftsvertrag einige Bestimmungen über die **Beendigung** **106** **der Arbeitsgemeinschaft** enthalten. Dagegen ist das für die **Auseinandersetzung** angesichts der hinreichenden gesetzlichen Regelung in §§ 730–736 BGB nicht unbedingt erforderlich; insoweit genügt ein Hinweis auf diese Bestimmungen. Zu beachten ist besonders auch für die baurechtliche Arbeitsgemeinschaft, dass der nach § 732 BGB zur Rückgabe von Gegenständen verpflichtete Gesellschafter (Arbeitsgemeinschafter) kein Zurückbehaltungsrecht aufgrund seines betragsmäßig noch nicht geklärten Anspruchs auf sein Auseinandersetzungsguthaben hat (OLG Karlsruhe NJW 1961, 2017). Für die Erstattung geleisteter Einlagen ist § 733 Abs. 2 BGB maßgebend. Dabei sind erbrachte Werkleistungen nicht Dienstleistungen, die nach § 733 Abs. 2 S. 3 BGB nicht erstattet werden. Sie sind nach dem Wert, den sie zur Zeit der Einbringung hatten, grundsätzlich auszugleichen, was z.B. auch für Architektenleistungen gilt (BGH BauR 1980, 280). Nicht erstattungsfähige Dienstleistungen sind nur solche, hinsichtlich deren sich der Einsatz der physischen und geistigen Arbeitskraft im Gesellschaftsvermögen nicht als ein festumrissener und messbarer Vermögenswert niederschlägt oder bei denen zumindest die nachträgliche Bewertung der vermögenswirksamen Auswirkung solcher nach Art und Umfang höchst unterschiedlicher Individualleistungen bei der Auseinandersetzung auf kaum überwindbare Schwierigkeiten stoßen würde. Ein Anspruch auf Zahlung einer Vertragsstrafe ist in die Auseinandersetzungsrechnung einzustellen (BGH NJW-RR 1993, 1383).

Hinsichtlich der **Beendigung** der ARGE ist nach der Teilrechtsfähigkeitsentscheidung des BGH **107** (BGH NJW 2001, 1056) § 726 BGB analog heranzuziehen, wonach entweder der vereinbarte Zweck erreicht oder die Erreichung dieses Zweckes unmöglich sein muss, wobei als Zeitpunkt der Zweckerreichung allgemein der der Abnahme der vertraglichen Leistung ausschlaggebend ist (§ 640 Abs. 1 BGB; ebenso *Burchardt/Pfülb* Vor §§ 23, 24 Rn. 7). Dennoch erscheint es geboten, zur Frage der Beendigung einiges im ARGE-Vertrag festzuhalten. Es ist z.B. zu berücksichtigen, dass im Bauvertrag regelmäßig **Gewährleistungsfristen** einschließlich der Leistung von Sicherheiten vereinbart, u.U. sogar Garantieverpflichtungen eingegangen werden. Bis zum Ablauf der hiermit verbundenen und nach der eigentlichen Fertigstellung des Bauvorhabens liegenden Fristen sollte, besonders auch im Interesse der korrekt arbeitenden ARGE-Mitglieder, der **Fortbestand** der Arbeitsgemeinschaft im Gesellschaftsvertrag ausdrücklich vereinbart werden. Denn gerade in dieser Zeit können bestimmte Verpflichtungen gegenüber dem Bauherrn entstehen, wie Nachbesserungspflichten, Schadensersatzverpflichtungen usw., deren Erledigung bei bereits erfolgter Auflösung der Arbeitsgemeinschaft auf Schwierigkeiten stoßen kann. Hinzu kommt, dass mit der Abnahme erst der Vorgang endgültiger Abrechnung mit dem Auftraggeber beginnt, wie § 641 Abs. 1 BGB zeigt. Letzteres gilt um so mehr beim VOB-Vertrag, bei dem die Schlusszahlung erst zwei Monate nach Vorlage der Schlussrechnung fällig wird, also nicht schon mit der Abnahme (§ 16 Nr. 3 Abs. 1 VOB/B). Dieses gilt erst recht nach der Änderung des § 16 Nr. 3 Abs. 1 VOB/B aufgrund der Entscheidung des BGH BauR 2004, 1937. § 24.2 des Mustervertrages sieht Beteiligungsanteile für die Abarbeitung bzw. Ausgleich von Mangelhaftungen vor. Dabei ist von dem Gedanken auszugehen, dass es der ARGE nicht zumutbar ist, die Gesellschaft bis zur vollständigen Mangelbeseitigung oder bis zum theoretisch letzten Zeitpunkt der Haftung (möglich 10 Jahre, § 199 BGB, oder 30 Jahre [Altfälle vor 2002]) aufrecht zu erhalten (Steuerhaftung, Abgaben wegen Zwangsmitgliedschaft in Verbänden und Institutionen [HK, IHK] usw.). Die Höhe des Ausgleichs ist grundsätzlich mit 2% anzunehmen, wobei jeweils eine Risikoeinschätzung der ARGE-Partner zu erfolgen hat. Bei Tiefbauarbeiten hat sich wegen des erhöhten Risikos 5% als angemessen ergeben. Diese sind auch steuerlich anerkannt worden. Außerdem entsprechen sie dem derzeitigen Stand zur Höhe des Sicherheitseinbehalts. Dabei soll von einer flexiblen Risikobewertung bis zum Ende der Bauzeit ausgegangen werden, weil die Risikobewertung gegen Ende der Baumaßnahme besser zu bewerten ist (siehe hierzu auch *Burchardt/Pfülb* § 24 Rn. 38c). Der BGH hat § 24.2 des Muster-ARGE-Vertrages inzwischen anerkannt (BGH BauR 2002, 1409, 1410). Zum einen ist Maßstab der Bewertung nicht §§ 305 ff. BGB sondern §§ 242, 138 BGB, da es sich um gleichwertige Vertragpartner handelt. Anderseits ist die Regelung der Bewertungsklausel mit 5% der Risikoeinschätzung insgesamt ausgewogen, weil das Risiko dem Üblichen am Bau entspricht (so auch LG Trier IBR 2006, 498). Zusätzliche Sicherheiten für Mangelhaftungsansprüche sind nicht auf den pauschalen Bewertungsansatz anzurechnen. Dies gilt sowohl für Bürgschaften oder reale Sicherheiten. Das gilt ebenfall für begebene Unterbürgschaften innerhalb der ARGE.

108 Auch die Frage der Rückforderung etwaiger Überzahlungen durch den Auftraggeber kann bei den hier anzustellenden Überlegungen eine Rolle spielen (vgl. *Burchardt/Pfülb* § 22 Rn. 17 ff.). Eine **vermögensmäßige Auseinandersetzung**, d.h. die Verteilung des Gewinnes und Verlustes, kann dabei bis zu einem gewissen Grad schon vorher erfolgen, wozu allerdings angesichts der §§ 730 ff. BGB eine besondere Regelung im Arbeitsgemeinschaftsvertrag notwendig ist. Zu beachten ist, dass nach Beendigung oder Auflösung der Gesellschaft alle gesellschaftsvertraglich begründeten Ansprüche, die einem Gesellschafter gegen die Gesellschaft oder gegen einen der Gesellschafter zustehen und die auf Zahlung an den anspruchsberechtigten Gesellschafter gerichtet sind, grundsätzlich nicht mehr gesondert geltend gemacht werden können. Diese Ansprüche werden mit der Auflösung oder Beendigung unselbstständige Rechnungsposten der Auseinandersetzungsrechnung und sind hierbei zu berücksichtigen. Es ist gerade Aufgabe der Auseinandersetzung, dass diese Ansprüche in einem einheitlichen Verfahren Berücksichtigung finden. Der berechtigte Gesellschafter ist darauf angewiesen, die Auseinandersetzung herbeizuführen (BGH NJW 1952, 1369). Ansprüche aus einem ARGE-Verhältnis können somit nach Auflösung der Gesellschaft grundsätzlich nicht ohne vorherige Auseinandersetzung zuerkannt werden. Nur ausnahmsweise kann von der Auseinandersetzung Abstand genommen werden, wenn die Verhältnisse so einfach liegen, dass sich das, was ein jeder zu beanspruchen hat, ohne besonderes Abrechnungsverfahren ermitteln lässt (BGH DB 1963, 690; BGH BB 1972, 1245). Ebenfalls gilt dies, wenn feststeht, dass einem Gesellschafter jedenfalls ein bestimmter Betrag zusteht (BGH ZIP 1995, 1085 m.w.N.). Darüber hinaus ist bei einer zweigliedrigen ARGE, bei der kein Gesellschaftsvermögen mehr vorhanden ist, der Ausgleichsanspruch auch dann intern gegenseitig geltend zu machen, wenn kein Gesellschaftsvermögen besteht (BGH, 26, 126, 133). Es besteht in einem solchen Falle nicht nur die Rechnungslegungspflicht, sondern eine zusätzliche Nachschusspflicht der Gesellschaft bei einem jeweiligen negativen Saldo (BGH BauR 2006, 832).

109 Weiterhin gilt es zu beachten, dass bei einer Auseinandersetzung über das interne Gesellschaftsvermögen bei einer Gesellschaft dann einer Auseinandersetzungsbilanz nicht bedarf, sofern Betriebsvermögen herausverlangt wird, also Bau- und Lieferstoffe, Geräte und Maschinen, wenn das notwendig ist für den Weiterbetrieb. Versicherungsleistungen für **untergegangene Vermögensgegen-**

stände (z.B. durch Unfall) die an den – unberechtigten – Gesellschafter gehen, hat dieser zwingend auf ein **Sperrkonto** einzuzahlen, wenn der ARGE-Vertrag hier nichts anderes vorsieht. Dies gilt allerdings nicht, wenn dem unberechtigten Gesellschafter **Gegenforderungen** gegen den anderen Gesellschafter zustehen (auch BGH IBR 2006, 141, 1356). Der BGH hatte die Rechtsprechung zur zwingenden Notwendigkeit einer Auseinandersetzungsbilanz aufgegeben (BGH IBR 2006, 141). Der verpflichtete Gesellschafter hat damit separate Rückgabeansprüche gegen den anderen Gesellschafter, der in der Gesellschaft verbleibt. Daraus fülgt dann meist zwingend die gerichtliche Klärung des Verbleibs der erhaltenen Versicherungs- und Ersatzleistungen auf dem Sperrkonto (Surrogattheorie). Bei Gegenforderungen, die tatsächlich aufrechenbar sind, besteht keine Pflicht zur Zahlung auf das Sperrkonto; bei Teilgegenforderungen entsprechend. Daher hat ein Gesellschafter einer Bau-ARGE, der entsprechend der vertraglichen Verpflichtung in der Zeit zwischen Beantragung und Eröffnung des Insolvenzverfahrens weiter Leistungen erbringt (hier: fortgesetzte Bereitstellung von Personal, Geräten und Baumaterialien) und damit Beiträge oder beitragsähnliche Leistungen, einen Erstattungsanspruch an die ARGE. Die hierauf gerichteten Vergütungsansprüche sind grundsätzlich in der Auseinandersetzungsbilanz zu berücksichtigen und nicht gesondert geltend zu machen. Abweichendes gilt nur, wenn der andere ARGE-Gesellschafter die Verrechnungslage nach § 130 Abs. 1 Nr. 2 InsO in anfechtbarer Weise herbeigeführt hat (OLG Frankfurt BauR 2006, 846).

Auch kann ein Mitgesellschafter, der eine Gesellschaftsverbindlichkeit bezahlt hat, dann, wenn aus dem Gesellschaftsvermögen nichts zu erlangen ist, gegen die übrigen Gesellschafter seinen Erstattungsanspruch schon vor dem Abschluss der **Auseinandersetzung** durchsetzen, wenn im Zeitpunkt seiner Geltendmachung feststeht, dass er zumindest in Höhe dieses Anspruches von seinen Mitgesellschaftern Ausgleich verlangen kann (BGH WM 1974, 750). Desweiteren kann einem Gesellschafter schon während des Abwicklungsstadiums ein Ausgleichsanspruch zustehen, wenn bei einer Zweimanngesellschaft der andere Gesellschafter sich den wesentlichen Teil der Güter der Gesellschaft ohne Gegenleistung nutzbar macht (BGH ZIP 1995, 1085 m.w.N.).

110

Bei einer **Dach-ARGE** kann ein Partner, der überhaupt **keine Leistungen** erbracht hat, die einen bestimmten Leistungskomplex zuzuordnen sind, keinen Anteil am Werklohn für eben diesen Leistungskomplex beanspruchen. Es ist insoweit nur am **Gewinn** der Dach-ARGE zu beteiligen (BGH BauR 2003, 529).

111

Schadensersatzansprüche gegen einen Gesellschafter können dann nicht mehr selbstständig geltend gemacht werden, sondern stellen sich als bloße Posten der **Auseinandersetzungsrechnung** dar, wenn die Gesellschafter die Auflösung und Liquidation der Gesellschaft beschlossen haben, die Schadensersatzleistung zur Befriedigung der Gesellschaftsgläubiger nicht mehr benötigt wird und der ersatzpflichtige Gesellschafter selbst unter Berücksichtigung der ihn betreffenden Verbindlichkeit noch etwas aus der Liquidationsmasse verlangen kann; das gilt auch für den Fall des Ausscheidens des Gesellschafters aus der Gesellschaft (BGH NJW-RR 1992, 543). Im Falle einer Dach-ARGE hat ein Partner, der überhaupt keine als ein Vorhalten einer Bodenbearbeitungsanlage anzusehenden Leistungen erbracht hat, keinen Anspruch auf einen Anteil am Werklohn für eben dieses Vorhalten zu beanspruchen, sondern ist nur am Gewinn der ARGE zu beteiligen (BGH BauR 2003, 529).

112

Verlangt ein Gesellschafter **nach Auflösung** der Gesellschaft, aber **vor Abschluss** der **Auseinandersetzung**, von einem Mitgesellschafter die Zahlung einer Schuld an die ARGE, so ist zwar die Klage auf Zahlung abzuweisen, aber zugleich festzustellen, dass die Schuld ein zu Lasten des Beklagten gehender Teilposten der Auseinandersetzungsrechnung ist (BGH NJW 1984, 1455). Eine entsprechende Feststellungsklage ist zulässig, Voraussetzung ist allerdings, dass die Klage in Ansehung der Interessen der anderen ARGE-Partner erfolgte (GOA) (BGH NJW 1985, 1898). Eine Vollmacht wird man allerdings für die Fälle der vollständigen Auflösung nicht fordern können. Während der Auseinandersetzung reicht ein Mehrheitsbeschluss; in der Zweier-ARGE das wohlverstandene Interesse an der objektiv richtigen Abrechnung (GOA).

113

114 Für **Bereicherungsansprüche**, die im Zusammenhang mit dem Vertragsverhältnis durch rechtsgrundlose Leistungen des Gläubigers an eine BGB-Gesellschaft entstanden sind, haften die Gesellschafter jedenfalls nach Auflösung der Gesellschaft und Verteilung des Gesellschaftsvermögens als Gesamtschuldner grundsätzlich auf den vollen Betrag; der in Anspruch genommene Gesellschafter kann allerdings einwenden, die Bereicherung sei bereits im Gesamthandvermögen, bei seinen Mitgesellschaftern oder bei ihm ganz oder teilweise weggefallen (BGH NJW 1974, 451).

115 Wenn **keine Vermögensgegenstände** oder **kein Vermögen** der ARGE vorhanden ist, so können die Gesellschafter Ausgleichsansprüche auch dann gegeneinander geltend machen, wenn Gesellschaftsverbindlichkeiten noch offen sind (BGHZ 26, 126, 133; BGH ZIP 2006, 232). Dies ist nicht unkritisch. Nur bei Vorlage der Auseinandersetzungsbilanz – deren Vorlage ein klagbares Recht ist – in die die einzelnen Forderungen als unselbständige Rechnungsposten eingestellt sind, ist zu ermitteln, welcher Gesellschafter noch etwas zu erhalten hat (BGH ZIP 1993, 1307, 1309). Ist bei der ARGE noch fiktives Vermögen vorhanden (Forderungen gegen Auftraggeber, Mängelansprüche, unerledigte Bürgschaften), so bedarf es also entgegen dem BGH (a.a.O.) einer Auseinandersetzungsbilanz.

IX. Vertretung bei aufgelöster Gesellschaft

116 Zur Frage, in welchem Fall **stillschweigende Vollmacht, Duldungsvollmacht oder Anscheinsvollmacht** anzunehmen ist, im Hinblick auf das rechtsgeschäftliche Handeln einer Firma, die **für eine aufgelöste,** jedoch einem Bauamt gegenüber zum Schein aufrechterhaltene Arbeitsgemeinschaft Bestellungen erteilt hat, vgl. die Rechtsprechung des BGH BB 1961, 548. Hiernach ist der aus einer Arbeitsgemeinschaft ausgeschiedene Gesellschafter (Unternehmer) **dringend** davor zu warnen, sich darauf einzulassen, dass ein anderer – früherer – Gesellschafter (Unternehmer) nach außen hin weiterhin im Namen der in Wirklichkeit nicht mehr bestehenden Arbeitsgemeinschaft Erklärungen abgibt, vor allem dabei Verbindlichkeiten eingeht (OLG Hamburg BB 1984, 14 m. Anm. Meinert). Dies gilt erst recht nach der Entscheidung des BGH zur Parteifähigkeit (BGH BauR 2001, 775 = NJW 2001, 1056).

D. Von der Arbeitsgemeinschaft zu unterscheidende weitere Sonderformen

117 Von der **Arbeitsgemeinschaft** sind auch **zu unterscheiden:**

I. »Beteiligungs- und Beihilfegemeinschaft«

118 In der baugewerblichen Praxis wird es verschiedentlich so gehandhabt, dass **ein Bieter,** der auch das Angebot **für sich allein** abgegeben hat, vom Auftraggeber den **Auftrag erhält, er jedoch andere Unternehmer an der Ausführung beteiligt, ohne dass diese als Nachunternehmer** gelten können, weil es sich um einen nach außen nicht hervortretenden, bloß internen gemeinschaftlichen Zusammenschluss auf gleicher Ebene handelt. Hier spricht man von »**Beteiligungs- oder Beihilfegemeinschaft**«. In rechtlicher Hinsicht schließen sich die anderen Unternehmer mit dem Auftragnehmer nur im **Innenverhältnis** zum Zwecke der gemeinsamen Erbringung der Bauleistung zusammen. Es handelt sich dabei allgemein um eine **BGB-Innengesellschaft (BGH NJW 1960, 1851 zur Abgrenzung der Rechtsbegriffe Außengesellschaft und Innengesellschaft)** in der Form der Arbeitsgemeinschaft, für die hinsichtlich ihrer vertraglichen Gestaltung im **Innenverhältnis** der beteiligten Unternehmer untereinander im Wesentlichen dasselbe gilt wie bei der echten Arbeitsgemeinschaft als Außengesellschaft, so dass insoweit darauf zu verweisen ist. Dagegen besteht **nach außen die vertragliche Verbindung nur zwischen Auftraggeber und Auftragnehmer allein.** Für eine solche Form des Zusammenschlusses passt der ARGE-Mustervertrag nach seiner Gesamtkonzeption aber nicht (*Burchardt/Pfülb* § 25 Rn. 9 ff.). Möglich, jedoch in der Praxis kaum hervortretend, ist auch die Vereinbarung einer stillen Partnerschaft oder Unterbeteiligung sowie einer Subunternehmerschaft mit Gewinnbeteiligung (vgl. dazu *Hochstein/Jagenburg* Einl. Rn. 29, 30).

Sollte dem Auftraggeber das Vorhandensein oder die Absicht der Gründung einer solchen »Beteiligungsgemeinschaft« nicht bekannt sein, so bestehen Bedenken, mit dem Bieter, der eine Beteiligungsgemeinschaft gegründet hat oder nach Vertragsabschluss gründen will, einen Bauvertrag nach der VOB abzuschließen. Denn hierfür müssen allein Fachkunde, Leistungsfähigkeit und Zuverlässigkeit **des Auftragnehmers und seines Betriebes selbst** ausschlaggebend sein (vgl. § 2 Nr. 1 S. 1 VOB/A). Das bedingt aber grundsätzlich, dass der Auftraggeber genau **weiß, mit wem er es bei der Bauausführung zu tun hat,** was hier keineswegs gewährleistet ist. Es kann daher keinem Auftraggeber verwehrt werden, wenn er bei der Ausschreibung und insbesondere auch bei Vertragsabschluss die Bildung von »Beteiligungsgemeinschaften« **ausschließt** oder von seiner **Zustimmung abhängig** macht. Sollte die »Beteiligungsgemeinschaft« unter mehreren Unternehmern bereits dergestalt vereinbart sein, dass nur einer aufgrund einer Ausschreibung das Angebot abgibt und die Übrigen sich lediglich an der Ausführung nach Auftragserteilung »beteiligen« wollen, so dürfte darin ein Verstoß gegen § 1 GWB liegen, da hierin eine **unzulässige Beschränkung des Wettbewerbs** zu erblicken ist, wobei nicht einmal ein abgeschlossener Kartellvertrag erforderlich ist, sondern ein »aufeinander abgestimmtes Verhalten« der beteiligten Unternehmer genügt, wie aus § 25 Abs. 3 GWB hervorgeht (*Häring* BlGBW 1975, 227; *Barnickel* RWS-Skript Nr. 30). In solchen Fällen kommt auch die **Kündigung** eines **abgeschlossenen** Bauvertrages nach § 8 Nr. 4 VOB/B in Betracht. Aber auch sonst, insbesondere wenn der Auftraggeber die Bildung von »Beteiligungsgesellschaften« ausgeschlossen oder von seiner Zustimmung abhängig gemacht hat, dieses dennoch erfolgt bzw. die Zustimmung des Auftraggebers nicht eingeholt wird, kann der Auftraggeber den Bauvertrag wegen schwerer positiver Vertragsverletzung des Auftragnehmers entsprechend § 8 Nr. 3 VOB/B kündigen. **119**

II. Leiharbeitsverhältnis – Dienstverschaffungsvertrag – Arbeitnehmerüberlassung

Das so genannte **Leiharbeitsverhältnis bzw. die Arbeitnehmerüberlassung,** genau: **Dienstverschaffungsvertrag.** Hier stellt ein Unternehmer einem anderen für die Durchführung eines an diesen erteilten Bauauftrages aus seinem Betrieb **lediglich Arbeitskräfte,** evtl. auch Geräte, **zur Verfügung** (BGH BauR 1995, 404; OLG Düsseldorf BauR 1996, 136). Empfänger solcher Leistungen ist im Zweifel derjenige, der sich aus den Umständen des Einzelfalles als solcher ergibt (BGH BauR 1984, 519). Dabei ist Vertragspartner des Auftraggebers nur der Unternehmer, dem der Bauauftrag erteilt worden ist, mit allen Rechten und Pflichten. Dieser zahlt im Innenverhältnis an den anderen Unternehmer, der ihm die Arbeitskräfte zur Verfügung stellt, Lohnersatz, lohnabhängige Kosten und Entgelt für die Überlassung der Arbeitskräfte, soweit der andere Unternehmer die Lohnabrechnung vornimmt. Damit hat aber der **Auftraggeber nichts zu tun.** Er kann und muss sich nur an den Unternehmer halten, dem er den Bauauftrag erteilt hat und mit dem allein bauvertragliche Beziehungen bestehen. Das gilt vor allem für **werkvertragliche Gewährleistungsansprüche** (OLG Düsseldorf BauR 1976, 281 – zugleich zur Abgrenzung zwischen Leiharbeitsverhältnis – Subunternehmervertrag). **120**

Für die rechtliche Einordnung der Arbeitnehmerüberlassung im Unternehmensbereich gilt: Im Verhältnis zum Werkvertrag sind **maßgebliche Kriterien** der Arbeitnehmerüberlassung einmal das Bestehen einer Vertragsbeziehung zwischen dem Vertragsarbeitgeber (Verleiher) und dem Beschäftigungsunternehmen (Entleiher), die sich auf die entgeltliche Überlassung eines Arbeitnehmers bezieht, desweiteren das Vorliegen einer arbeitsvertraglichen Beziehung zwischen dem Verleiher und dem Leiharbeitnehmer, ferner das Nichtvorliegen von Vertragsbeziehungen zwischen dem Leiharbeitnehmer und dem Entleiher (*Becker* DB 1988, 2561; BAG DB 1989, 930; 1991, 2342). **121**

Zur **Abgrenzung zwischen Dienst-, Werk- und Arbeitnehmerüberlassungsvertrag** außerdem siehe die Rechtsprechung des BAG (BAG NJW 1979, 2636; BGH BauR 1980, 186; BSG BB 1988, **122**

1184). Die Überlassung von Arbeitskräften setzt voraus, dass die Arbeitnehmer ihre Arbeitsleistung nach den nicht nur werkvertraglichen, sondern den organisatorischen Ablauf betreffenden Weisungen des Entleihers zu erbringen haben; gerade dieses Weisungsrecht des Entleihers, dem der Arbeitnehmer unterstellt wird, unterscheidet den Arbeitnehmerüberlassungsvertrag von einem Dienst- oder Werkvertrag, innerhalb dessen von eigenen Arbeitskräften eines Unternehmers Arbeiten bei anderen verrichtet werden (BGH BauR 1982, 90; OLG Celle NJW-RR 1997, 469). Arbeitnehmerüberlassung liegt vor, wenn der Werk- oder Dienstleistungsunternehmer nicht über die betrieblichen oder personellen Voraussetzungen verfügt, die Tätigkeit der von ihm zur Erfüllung vertraglicher Verpflichtungen im Betrieb eines Dritten eingesetzten Arbeitnehmer vor Ort zu organisieren und ihnen Weisungen zu erteilen (BAG DB 1995, 1566; von *Hoyningen-Huene* BB 1985, 1669). Es kommt nicht darauf an, wie der Vertrag im Einzelfall bezeichnet wird, sondern auf dessen praktische Handhabung, vor allem im Hinblick auf verdeckte Arbeitnehmerüberlassung. Maßgebliche Beurteilungskriterien sind dabei, ob der Unternehmer, der Arbeitskräfte zur Verfügung stellt, die zur Erreichung des Leistungserfolges notwendigen Handlungen selbst organisiert, ob die eingesetzten Arbeitnehmer in der eigenen Betriebsorganisation bleiben (BAG ZIP 1998, 1597 im Falle des Einsatzes eines Arbeitnehmers in einer Tochtergesellschaft, die keine eigene Betriebsorganisation hat oder mit der Muttergesellschaft einen Tochterbetrieb fortführt) der Unternehmer das unternehmerische Weisungsrecht selbst ausführt, der betreffende Arbeitnehmer projektbezogen eingesetzt wird; weitere Beurteilungskriterien können sich im Bereich der Erfüllungs- und Gewährleistungshaftung des Unternehmers, der Vergütungsgefahr sowie der Berechnung der Vergütung ergeben, wobei im letzteren Fall sich eine klare Abgrenzbarkeit zu einer der Subunternehmerleistung möglicherweise zuzurechnenden Stundenlohnvergütung ergeben muss (*Leitner* DB 1990, 2071; *v. Hoyningen-Huene* BB 1985, 1669; *Bauer* DB 1991, 231; *Hötz* BauR, 1995, 45). Letztlich kommt es darauf an, ob der vertraglichen Vereinbarung die den §§ 631 ff. BGB (§§ 1 ff. VOB/B) typische Risikoverteilung zugrunde liegt, was vor allem auch zur Abgrenzung zu Nachunternehmerverträgen maßgebend ist (*Hötz* BauR 1995, 45). So ist hier die jeweilige Vertragsgestaltung wichtig: Ein Spezialunternehmen für Baggerarbeiten, das im Auftrag eines anderen Unternehmens einen Bagger und einen Baggerführer für Erdarbeiten stellt, wird aufgrund eines Werkvertrages und nicht eines Dienstverschaffungsvertrages tätig, wenn die Aufgabe fest umrissen ist und nicht nach Zeit, sondern nach Kubikmeterzahl der bewegten Erde abgerechnet wird (OLG Nürnberg NJW-RR 1997, 19).

123 Ein Vertrag über die entgeltliche Überlassung eines Krans bei gleichzeitiger Gestellung von Bedienungspersonal ist ein Werkvertrag, wenn dadurch ein bestimmter Arbeitserfolg geschuldet wird, was dann, wenn die Parteien keine ausdrücklichen ins Einzelne gehenden Vereinbarungen getroffen haben, durch sorgfältige Auslegung zu ermitteln ist. Dass ein bestimmter Erfolg geschuldet wird, ergibt sich z.B. aus der sachlichen, örtlichen, zeitlichen Umgrenzung der durchzuführenden Tätigkeiten, wie aus dem Abladen der Maschine vom Transportfahrzeug und aus dem Absetzen am vorgesehenen Aufstellungsort, was gegen die Übernahme des Direktionsrechts durch den Entleiher spricht (OLG München BB 1997, 1918; dazu aus versicherungsrechtlicher Sicht auch *Saller/Winter* VersR 1997, 1191).

124 Keine Arbeitnehmerüberlassung, sondern bloße **Übersendung** liegt dagegen vor, wenn z.B. ein Ingenieurbüro, das von einem Betrieb mit der Ausarbeitung von Konstruktionsunterlagen für eine Wärmerückgewinnungsanlage beauftragt worden ist, zur Erledigung des Auftrages einen Ingenieur in den Betrieb des Auftraggebers entsendet; vielmehr wird der entsandte Ingenieur nur als Erfüllungsgehilfe des Ingenieurbüros im Rahmen eines Werkvertrages tätig (LAG Schleswig BB 1983, 1161).

125 Zu beachten ist jedoch: Bei einem Dienstverschaffungsvertrag haftet der zur Verschaffung Verpflichtete im Bereich der unerlaubten Handlung **gegenüber Dritten nach § 831 BGB** für Fehler seiner Bediensteten bei der Ausführung der Arbeiten (OLG Celle NJW-RR 1997, 469). Diese Haftung entfällt, wenn die Abhängigkeit vom bisherigen Geschäftsherrn während der Tätigkeit in einem anderen Unternehmen aufgehoben ist, was anzunehmen ist, wenn die Bediensteten gänzlich aus dem bisherigen Unternehmen herausgelöst sind. Das ist bereits zu verneinen, wenn der entsendende Unternehmer jederzeit sein Personal zurückziehen und anders verwenden kann. Im Falle der Eingliederung in den aufnehmenden Betrieb können die Arbeitnehmer als Verrichtungsgehilfen des neuen Geschäftsherrn anzusehen sein (OLG Düsseldorf BauR 1998, 351). Bei nicht vollständiger Ausgliederung aus dem alten Unternehmen kommt eine Inanspruchnahme beider Seiten als Geschäftsherren i.S.v. § 831 BGB in Betracht (BGH BauR 1995, 404).

1. Leiharbeitsverhältnisse

a) Unterschied zwischen echtem und unechtem Leiharbeitsverhältnis

Ein Leiharbeiter ist in einen anderen Betrieb eingegliedert, wenn er persönlich abhängig, wenn also der fremde Arbeitgeber ihm gegenüber weisungs- und fürsorgepflichtig ist (BGH BauR 1995, 404); dabei kommt es nicht darauf an, ob der Leiharbeiter nach den getroffenen Vereinbarungen nur an einer Baustelle eingesetzt werden darf oder ob er jederzeit gegen einen anderen ausgetauscht werden kann. Deshalb kommt eine Eingliederung z.B. bei einem Baggerführer in Betracht, der zusammen mit seinem Bagger als Leiharbeiter von seinem Arbeitgeber einem anderen Unternehmer zur vorübergehenden Ausführung von Baggerarbeiten überlassen wird (OLG Düsseldorf BauR 1998, 382; OLG Düsseldorf NJW-RR 1995, 160; OLG München VersR 1999, 112; BAG BB 1974, 885 für den Fall der Verursachung eines Arbeitsunfalls eines Arbeitnehmers des Entleiherbetriebes durch einen anderen Leiharbeiter, zugleich zum Haftungsausschluss nach den §§ 636, 637 Abs. 1 RVO; BGH VersR 1979, 934. – Über die Haftung des Verleihers bei Arbeitsunfällen von Arbeitnehmern des Entleihers: *Denck* ZfA 1989, 267; zugleich kritisch zu BAG NZA 1989, 340 im Hinblick auf § 831 BGB. Zum arbeits- und sozialrechtlichen Status des Leiharbeitnehmers: *Becker* ZIP 1984, 782). In diesem Zusammenhang besteht dann eine Haftung nach Werkvertragsrecht, wenn ein konkreter Arbeitserfolg damit verbunden ist und geschuldet wird (OLG München VersR 1999, 112). Der Kranführer, der während der Zeit der Gestellung eines Autokrans allein den Weisungen des Mieters bzw. Entleihers untersteht, weil nur dieser bestimmt, welche Teile in welcher Reihenfolge zu welchem Zeitpunkt an welchen Ort befördert werden sollen, ist in den Betrieb des Mieters bzw. Entleihers eingegliedert (OLG Celle OLGR 1996, 183), so dass seine Haftung gegenüber Arbeitnehmern dieses Betriebes nach §§ 637, 636 RVO ausgeschlossen ist (OLG Düsseldorf NJW-RR 1995, 160). Der Kranverleiher haftet dem Entleiher nur dann für die Schäden, wenn der Kranführer ungeeignet war (OLG Celle OLGR 1996, 183). Er ist aber nicht Verrichtungsgehilfe des Vermieters eines Autokrans (OLG Düsseldorf BauR 1996, 136). Bei einem Vertrag über einen Kraneinsatz »auf Abruf« und einer Stundensatzvereinbarung liegt ein Dienstverschaffungsvertrag i.S.d. Leiharbeitsverhältnisses verbunden mit einem Mietvertrag vor. Es wird nicht ein Erfolg, sondern die Überlassung eines Krans nebst für den Betrieb erforderlichem Personal geschuldet. Bei einem solchen Vertrag haftet nicht der Verleiher, weil das Personal organisatorisch in den Betrieb des Entleihers eingegliedert ist. Daher kommen weder § 278 BGB noch § 831 BGB in Betracht. Übt allerdings der Verleiher gegenüber dem Personal Aufsichts- und Weisungsbefugnisse aus, so sieht dies anders aus (OLG Frankfurt IBR 2004, 133; OLG Köln IBR 1999, 269). Bei einfacher Überlassung haftet daher der Verleiher nur für das Auswahlverschulden (BGH Urt. v. 28.11.1984 VIII ZR 240/83). Weitergehend soll eine Art weitergehendes Weisungsrecht des Verleihers dahin gehend bestehen, dass über das Weisungsrecht im Rahmen des Arbeitsverhältnisses zum Verleiher auch eine gewisse Sorgfaltspflicht besteht (»Ermahnungspflichten«: Verhaltenshinweispflichten) (OLG Celle Urt. v. 22.5.1996 20 U 15/95; OLG Celle IBR 2005, 88). Es liegt kein gemischter Miet- und Dienstverschaffungsvertrag, sondern ein Dienstvertrag vor, wenn im Anschreiben zum Angebot für eventuelle Schäden die Haftung im Rahmen der gesetzlichen Haftpflicht übernommen wird. Der Verleiher haftet dann gleichwohl für Bedienungsfehler des Maschinenführers (OLG Celle BauR 2005, 603).

127 Im Übrigen ist bei der Einstellung von Leiharbeitnehmern gemäß den Bestimmungen des Arbeitnehmerüberlassungsgesetzes der Betriebsrat des Entleiherbetriebes gemäß § 99 BetrVG zu beteiligen (BAG DB 1974, 1580.)

128 **Unterschieden** wird **zwischen echtem und unechtem Leiharbeitsverhältnis:** Im ersten Fall befasst sich der so genannte Verleiher im Rahmen seines sonstigen, auf andere Zwecke gerichteten Geschäftsbetriebes nur ausnahmsweise mit der Überlassung von Arbeitskräften, während dieses im zweiten Fall der eigentliche Zweck seines Geschäftes ist (OLG Hamburg BB 1973, 891; *Saller* BauR 1995, 50). Bei einem echten Leiharbeitsverhältnis werden i.d.R. arbeitsvertragliche Beziehungen nur zwischen dem Arbeitnehmer und dem Verleiher begründet (LAG Berlin DB 1981, 1095). Hier hat der verleihende Unternehmer aber nicht dafür einzustehen, dass seine Arbeiter die ihnen gegenüber dem entleihenden Unternehmer obliegenden Vertragspflichten ordnungsgemäß erfüllen, da dies Sache des Entleihers ist (OLG Karlsruhe BauR 1985, 221). Dagegen haftet er dafür, dass die von ihm gestellten Arbeiter für die in dem Vertrag vorgesehene Dienstleistung geeignet sind (BGH NJW 1971, 1129; OLG Karlsruhe BauR 1985, 221; AG Frankfurt/M. NJW- RR 1994, 1014; OLG Düsseldorf BauR 1996, 136; OLG Köln OLGR 1999, 106) und diese tatsächlich ausüben (OLG Düsseldorf VersR 1979, 674); dabei kann den Verleiher, je nach Art der von der betreffenden Arbeitskraft wahrzunehmenden Aufgaben, die Verpflichtung treffen, den zu überlassenden Arbeitnehmer auch auf seine charakterliche Eignung zu überprüfen, gegebenenfalls dem Entleiher auch ein Führungszeugnis vorzulegen, wie etwa bei einem Buchhalter (BGH NJW 1975, 1695) oder einem Polier, Bauleiter usw. Die Beweislast für ungenügende Auswahl trifft den geschädigten Entleiher (BGH NJW 1975, 1695). Die vom BGH hier festgelegten Grundsätze gelten auch für das so gnannte **unechte Leiharbeitsverhältnis** (OLG Hamburg BB 1973, 891). Im Übrigen: Bilden mehrere an einer Baustelle tätige Unternehmem keine ARGE, sondern bestehen zwischen ihnen werkvertragliche Subunternehmerverhältnisse bezüglich der zu erbringenden Bauleistungen, so ist kein Anwendungsfall des § 636 Abs. 2 RVO gegeben; vielmehr bleiben dann die im Rahmen des Bauvorhabens eingesetzten Beschäftigten jedes Unternehmens in ihrer Tätigkeit nur diesem zugeordnet (BGH BauR 1998, 616).

129 Über die Risiken der Beschäftigungsunternehmen bei dem Einsatz von Arbeitnehmern auf der Basis von Arbeitnehmerüberlassungs-, Dienst- und Werkverträgen, vgl. *Becker* ZIP 1981, 699 ff.; Zur Abgrenzung zwischen der Haftung beim Leiharbeitsverhältnis (Dienstverschaffungsvertrag) und der Haftung bei Erfüllungsgehilfeneigenschaft zutreffend *Geigel* Der Haftpflichtprozess Kap. 28 Rn. 245. Über Rechtsprobleme des sog. echten Leiharbeitsverhältnisses: *Heinze* ZfA 1976, 183. Bei einem echten Leiharbeitsverhältnis hat der Arbeitnehmer auch die schutzwürdigen Interessen des Entleihers zu beachten, insbesondere unerlaubten Wettbewerb zu unterlassen (LAG Berlin DB 1981, 1095; zu dem bei Ausscheiden eines ARGE-Gesellschafters nach § 24.9 Abs. 3 Mustervertrag vereinbarten Leiharbeitsverhältnis: *Burchardt/Pfülb* § 24 Rn. 102). Die Grundsätze über die Haftungseinschränkungen bei gefahrgeneigter Arbeit finden auch bei einem Leiharbeitsverhältnis gegenüber Schadensersatzansprüchen des entleihenden Arbeitgebers Anwendung. (BGH NJW 1973, 2020; OLG München VersR 1984, 271).

b) Unechtes Leiharbeitsverhältnis

130 Das so genannte **unechte Leiharbeitsverhältnis** wird geprägt durch die **Grenzen der Zulässigkeit,** wie sie bereits im **Gesetz zur Regelung der gewerbsmäßigen Arbeitnehmerüberlassung (AÜG)** festgelegt worden waren. Dem liegt als vorrangige Zielvorstellung das Anliegen des Gesetzgebers zugrunde, die **illegale Beschäftigung in ihren sozial- und wirtschaftspolitisch schädlichen Erscheinungsformen durch Schaffung eines entsprechenden behördlichen Kontrollsystems zu unterbinden. Besonders wesentlich für die Bauwirtschaft** war weiter der durch das Arbeitsförderungs-Konsolidierungsgesetz vom 22.12.1981 (BGBl. I S. 1497) eingeführte § **12a des Arbeitsförderungsgesetzes.** Hiernach ist das **gewerbsmäßige Überlassen von Arbeitnehmern in Betriebe des Baugewerbes zur Erbringung von Arbeitertätigkeiten untersagt** worden. Das Verbot der gewerbsmäßigen Arbeitnehmerüberlassung im Baugewerbe nach § 12a AFG galt nur bei Überlassung von Arbeitskräften in solchen Betrieben, die an die Winterbauförderung angeschlossen waren; das sind Baubetriebe, die dem Bauhauptgewerbe (§ 1 BaubetriebsVO) zugeordnet sind; Betriebe des Baunebengewerbes werden von diesem Verbot nicht erfasst (OLG Hamburg NJW-RR 1993, 1524). Nach § 12a S. 2 AFG ist die brancheninterne gewerbliche Arbeitnehmerüberlassung im Geltungsbereich deckungsgleicher Tarifverträge gestattet (*Düwell* BB 1995, 1082). Auch bei Vorliegen der Voraussetzungen für eine zulässige Arbeitnehmerüberlassung im Baugewerbe nach § 1b S. 2 AÜG muss der Verleiher eine gültige Verleihererlaubnis besitzen. Liegt keine Verleihererlaubnis vor, hat der Entleiher nach Bereicherungsrecht nur den ersparten Arbeitslohn auszugleichen (OLG Celle BauR 2004, 1010). Ob und wenn ja, welche Zahlungsansprüche nach Bereicherungsrecht bestehen können, hängt vom konkreten Nichtigkeitsgrund ab (OLG Naumburg BauR 2005, 447). Trotz Nichtigkeit des Arbeitnehmerüberlassungsvertrages kann der Verleiher vom Entleiher unter dem Gesichtspunkt der §§ 812 ff. BGB die ersparten Lohnzahlungen verlangen. Der Entleiher kann dagegen mit dem vom ihm bereits gezahlten Entgelten aufrechnen (OLG Karlsruhe BauR 1990, 482). Wird bei einem Arbeitnehmerüberlassungsvertrag der Entleiher aufgrund seiner subsidiären Haftung für die Erfüllung der Pflicht des Verleihers als Arbeitgeber zur Zahlung der Sozialversicherungsbeiträge in Anspruch genommen, ist die Aufrechnung des Entleihers mit einem erst nach Eröffnung des Insolvenzverfahrens über das Vermögen des Verleihers entstandenen Regressanspruch gegenüber Vergütungsansprüchen für die Arbeitnehmerüberlassung ausgeschlossen, die bereits vor Eröffnungf des Insolvenzverfahrens voll wirksam und fällig sind. Dem Entleiher steht in diesem Fall auch kein insolvenzfestes Zurückbehaltungsrecht nach § 775 Abs. 1 Nr. 1 BGB zu (OLG Celle EWiR 2005, 83). Der Vertrag zwischen dem Verleiher und dem Leiharbeitnehmer ist nach § 9 Nr. 1 AÜG unwirksam, wenn der Verleiher nicht die nach § 1 AÜG erforderliche Erlaubnis zur gewerbsmäßigen Arbeitnehmerüberlassung hat. Nicht jeder drittbezogene Arbeitseinsatz ist eine Arbeitnehmerüberlassung i.S.d. AÜG. Diese ist vielmehr durch eine spezifische Ausgestaltung der Vertragsbeziehungen zwischen Verleiher und Entleiher einerseits (dem Arbeitnehmerüberlassungsvertrag) und zwischen Verleiher und Arbeitnehmer andererseits (dem Leiharbeitsvertrag) sowie durch das Fehlen einer arbeitsvertraglichen Beziehung zwischen Arbeitnehmer und Entleiher gekennzeichnet. Über die rechtliche Einordnung eines Vertrages entscheidet der Geschäftsinhalt und nicht die von den Parteien gewünschte Rechtsfolge oder eine Bezeichnung, die dem Geschäftsinhalt tatsächlich nicht entspricht. Auf die Beschäftigungsverhältnisse der in Deutschland auf der Grundlage von Verträgen mit deutschen Unternehmen zur Arbvitsleistung eingesetzten ungarischen Arbeitnehmern findet deutsches Sozialversicherungsrecht Anwendung. Das ergibt sich aus dem in § 3 Nr. 1 SGB IV niedergelegten Territorialprinzip. Ein im Ausland sitzender gewerblicher Verleiher von Arbeitnehmern muss Sozialversicherungsbeiträge zahlen (LSG NRW Urt. v. 17.1.2005 L 2 B 9/03). Siehe zur weiteren Abgrenzung nachfolgend: »Echtes Leiharbeitsverhältnis« und »Arbeitnehmerüberlassung«.

c) Echtes Leiharbeitsverhältnis

Bei so genanntem **echtem Leiharbeitsvertrag**, wozu der **Verleiher** einer **Erlaubnis** bedarf, hängt die **Wirksamkeit** des zwischen ihm und dem Entleiher geschlossenen Vertrages **von der Schriftform** ab (Art. 1 § 12 Abs. 1 AÜG, § 126 Abs. 1 und Abs. 2 S. 2 BGB). Dem Schriftformerfordernis beim Leiharbeitsvertrag ist gem. § 126 Abs. 1 S. 2 BGB nur Genüge getan, wenn vor dem tatsächlichen Einsatz des Leiharbeitnehmers im Entleiherbetrieb die Vertragsurkunde schriftlich abgefasst wird und beide Vertragsparteien dieselbe Urkunde eigenhändig durch Namensunterschriften oder mittels notariell beglaubigten Handzeichens unterschreiben. Der Entleiher darf auch ohne wirksame vertragliche Vereinbarung die Vergütung für die Arbeitnehmerüberlassung zurückbehalten, soweit der Verleiher für die überlassenen Arbeitnehmer keine Sozialversicherungsbeiträge abgeführt hat (OLG Saarbrücken IBR 2004, 287). Hat der Verleiher keine Erlaubnis (Art. 1 § 1 AÜG), so hat er gegen den Entleiher nur einen **Bereicherungsanspruch** in dem Umfang, in dem er dem Leiharbeitnehmer den nach Art. 1 § 10 Abs. 1 AÜG vom Entleiher geschuldeten Lohn und die sonstigen Abgaben zahlt, nicht aber in Höhe seines Gewinnes (BGH BauR 1980, 186). Fehlt es dagegen nur an der Schriftform des Vertrages, so besteht der Bereicherungsanspruch in dem Verkehrswert der Überlassung einschließlich des Gewinns des Überlassers (§§ 812 Abs. 1, 818 Abs. 2 BGB), da der Entleiher regelmäßig nur aufgrund eines mit diesem oder einem anderen Verleiher abzuschließenden formwirksamen Vertrages und damit gegen Zahlung der vollen Vergütung die Arbeitnehmerüberlassung erlangen kann (BGH BauR 1984, 519). Im Übrigen setzt die Anwendung des AÜG bei so genannten »freien Mitarbeitern« zunächst voraus, dass ihre Tätigkeit im Verhältnis zu ihrem Vertragspartner die eines Arbeitnehmers ist (BAG DB 1995, 1566).

132 **Arbeitnehmerüberlassung** liegt vor, wenn ein Arbeitnehmer einem Dritten zur Förderung von dessen Betriebszwecken zur Verfügung steht. Dies ist nicht der Fall, wenn der Arbeitgeber im Rahmen einer unternehmerischen Zusammenarbeit mit dem Einsatz des Arbeitnehmers jeweils eigene Betriebszwecke verfolgt (BAG NJW 2001, 1516). Nicht jeder drittbezogene Arbeitseinsatz stellt eine gewerbliche Arbeitnehmerüberlassung dar. Der Vertragstyp ist anhand des Geschäftsinhalts, nicht aber nach der von den Parteien gewählten Bezeichnung zu bestimmen. Der Geschäftsinhalt kann sich aus den Formulierungen des Vertrages oder aus der praktischen Handhabung ergeben. Bei Widersprüchen ist die tatsächliche Durchführung entscheidend (BAG BB 2004, 669). Führt der Bauunternehmer Leistungen ohne Vertrag bzw. eine Absprache über die Vergütung aus, richtet sich die Abrechnung der Leistung nach dem äußeren Erscheinungsbild der Arbeiten als Werkvertrag oder Arbeitnehmerüberlassungsvertrag (OLG Oldenburg IBR 2003, 111).

133 Zur Auslegung des Begriffs »Betrieb des Baugewerbes« bei gewerbsmäßigen Arbeitnehmerüberlassung vgl. BGH-Rechtsprechung (BGH NZBau 2000, 290; im Rahmen der **Betriebshaftpflichtversicherung** siehe *Bociniak* VersR 1998, 285).

2. Maschinenarbeitsgemeinschaft

134 Die so genannte **Maschinenarbeitsgemeinschaft:** Hier stellt ein Unternehmer, dem die Baumaschinen und sonstigen Geräte gehören, einem anderen Unternehmer, dem der Bauauftrag erteilt worden ist, zu dessen Durchführung die betreffenden Gegenstände zur Verfügung. Die **Rechtsfolge** ist **dieselbe wie beim Leiharbeitsverhältnis.** Nur zwischen dem Unternehmer, dem der eigentliche Bauauftrag erteilt worden ist, und dem Auftraggeber bestehen bauvertragliche Beziehungen. Zwischen den beiden Unternehmern liegt i.d.R. ein Mietverhältnis (§§ 535 ff. BGB) vor, mit dem der Auftraggeber nichts zu tun hat (KG SFH Z 3.12 Bl. 42 ff.). Es liegt kein gemischter Miet- und Dienstverschaffungsvertrag, sondern ein Dienstvertrag vor, wenn im Anschreiben zum Angebot für eventuelle Schäden die Haftung im Rahmen der gesetzlichen Haftpflicht übernommen wird. Der Verleiher haftet dann gleichwohl für Bedienungsfehler des Maschinenführers (OLG Celle BauR 2005, 603). Bei Autokraneinsätzen haftet der Verleiher eben nicht nach § 278 BGB oder § 831 BGB, weil er sich für die Ausführung von Leistungen eben nicht verpflichtet hat, sondern nur für das »Zurverfügungstellen« des Geräts und Bedienungspersonal. Damit geht die Haftung auf den Entleiher über (BGH WM 1996, 1785; BAGE 72, 255). Bei Autokraneinsätzen drohen bestimmte Gefahren, die nicht von der Standard-Betriebshaftpflichtversicherung gedeckt sind. Ein Vertrag, nach dessen Inhalt ein Baukran mit Hilfe eines Autokrans auf ein Baustellengelände gehoben und wieder herausgehoben werden soll, ist ein Werkvertrag, wenn die Obhut an dem Autokran für die Zeit der Hebearbeiten nicht auf den Betreiber des Baukrans übergeht (OLG Hamm IBR 1992, 9). Wird für die Durchführung von Montagearbeiten ein selbstständiger Kranführer von dem beauftragten Unternehmen hinzugezogen, so ist dieser kein Verrichtungsgehilfe des Unternehmers. Verletzt der Kranführer Arbeiter des Unternehmens, so greift die Haftungsprivilegierung des § 106 Abs. 3 Alt. 3 SGB VII ein, da es sich um Arbeiten auf einer gemeinsamen Baustelle/Betriebsstätte handelt (OLG Brandenburg IBR 2006, 500).

Andererseits zur Baugeräteüberlassung: Bei Verträgen über **Überlassung von Baugeräten** handelt es sich um separate Verträge. Üblicherweise hat der Auftragnehmer diese Geräte zu stellen und in seinen Preisen zu kalkulieren. Es daneben gesonderte Vergütung wird üblicherweise nicht geschuldet. Allerdings ist das Gefälligkeitverhältnis als sog. unentgeltlicher Überlassungsvertrag als **Leihe** denkbar. Hier übergibt der Unternehmer dem Auftraggeber oder dem Neben- oder Hauptunternehmer unentgeltlich die Geräte zur Benutzung. Daneben ist die Überlassung der Geräte im Rahmen der Kündigung gem. § 8 Nr. 3 VOB/B zu unterscheiden. Diese ist nicht unentgeltlich. Ebenfalls ist die üblich Form der **Gerätemiete** denkbar (OLG Düsseldorf BauR 1996, 136). Überlässt der Unternehmer die Geräte als Gerätevermieter dem Auftragnehmer mit eigenem Personal, so stellt dieses eine Dienstverschaffungsvertrag dar (OLG Düsseldorf NJW-RR 1995, 60). Für den fehlerhaften Einsatz des Gerätes mit Personal ist der Mieter verantwortlich. Dies gilt auch, wenn die mangelhafte Bauausführung auf Bedienungsfehler des Personals zurückzuführen ist (BGH BauR 1982, 90; OLG Düsseldorf BauR 1992, 270).

135

Die Rechtsprechung ist zu kritisieren: beim Mietvertrag legt der Mieter erkennbar Wert auf eine Gestellung von fehlerfreien Maschinen und geeignetem Personal. Die Risikosphäre ist daher bei reinen Bedienfehlern dem Vermieter zuzurechnen. Liegen diese nicht vor, so muss unterschieden werden. Konnte der Vermieter oder das Bedienpersonal den Mangel objektiv voraussehen und wurde dem Mieter kein Hinweis (Bedenkenanmeldung) erteilt, so ist der Vermieter einstandspflichtig. Umgekehrt bei einem Hinweis oder einer Nichterkennbarkeit (siehe hierzu § 1 VOB/A Rn. 46). Für die Übertragung der Verkehrssicherungspflicht eines Kranservicebetreibers auf den mietenden Unternehmer mit der Wirkung für das Außenverhältnis zu Dritten ist es erforderlich, dass der Kranservicebetreiber den mietenden Unternehmer ausdrücklich auf die einzuhaltenden Vorschriften aufmerksam macht und sich vergewissert, dass der Mieter über das entsprechende Personal verfügt, um diese Bestimmungen einzuhalten oder dafür Sorge zu tragen, dass eine entsprechende Einweisung stattfindet. Der Kranführer muss sich selbst darum kümmern, dass die Ladung ordnungsgemäß befestigt wird. Dazu muss er nicht vor jedem Ladevorgang vom Kran heruntersteigen, aber jedenfalls das ordnungsgemäße Anschlagen der Ladung sicherstellen (LG Frankfurt/M. VersR 2006, 1365).

136

3. Auftrag unter anderem Namen

Der so genannte **Auftrag unter anderem Namen:** Ein zur Abgabe eines Angebots aufgeforderter Unternehmer (A) gestattet – bei der VOB unter Zustimmung des Auftraggebers – einem anderen Unternehmer (B), das Angebot unter seinem Namen (A) abzugeben und die betreffende Bauleistung bei Auftragserteilung auszuführen. Hier erfolgt die Auftragserteilung zwar an den Unternehmer A, die gesamte Abwicklung liegt aber bei dem Unternehmer B. Letzterer handelt nicht im Namen des Unternehmers A, sondern **unter** dem Namen von A. Hier ist ein Bauvertrag allein zwischen dem Auftraggeber und dem Unternehmer B zustande gekommen. Nur in diesem Verhältnis bestimmen sich die bauvertraglichen Rechte und Pflichten. Für den Bereich der Bauvergabe sind in einem solchen Fall Fachkunde, Leistungsfähigkeit und Zuverlässigkeit nur hinsichtlich des Unternehmers B wesentlich.

137

4. Das Konsortium

Das **Konsortium** (vgl. dazu *Hautkappe* Unternehmereinsatzformen im Industrieanlagenbau, 1986, S. 96 ff.; *Nicklisch/Kalenda* Konsortien und joint Ventures bei Infrastrukturprojekten, 1998 S. 11 ff.; *Nicklisch* Der Subunternehmer bei Bau- und Anlagenverträgen im In- und Auslandsgeschäft, 1986; *Schaub* Der Konsortialvertrag, 1991 S. 41 ff.; *Vetter* ZIP 2000, 1041 ff.; *Jacobs/Brauns* Der Industrieanlagen-Konsortialvertrag, 2006; *Scheef* Das Außenkonsortium der Anlagenbauer als OHG? BauR 2004, 1079) ist im Wesentlichen bei der Realisierung von Industrieanlagenbauten und Infrastrukturprojekten zu finden und besteht meist aus wenigen rechtlich selbstständigen, auf ihrem Gebiet spezialisierten Unternehmen, die ihrerseits wiederum zahlreiche andere Erscheinungsformen haben

138

können (z.B. ARGE). Zweck ist die gemeinsame Planung und Bearbeitung eines technischen Vorhabens, wobei gleiche vergleichbare Züge zur ARGE gewollt sind, nämlich Angebotsabgabe und bei Erteilung des Auftrages die Durchführung und Abwicklung. Desweiteren hat der Gesetzgeber mit dem ÖPP-Beschleunigungsgesetz von 2005 der Marktsituation Rechnung getragen, dass Konsortien zumeist im Rahmen der Vergabe von Konzessionsmodellen im Bereich des Public Private Partnership zur Anwendung gelangen. Insoweit ist auf die Ausführungen zum GMP-Vertrag verwiesen.

139 Das Konsortium ist als »Außen-GbR« eine Gelegenheitsgesellschaft (MüKo/*Ulmer* Vor § 705 BGB Rn. 54; *Palandt/Sprau* § 705 BGB Rn. 44; a.A. OLG Dresden BauR 2002, 1414; KG Berlin BauR 2001, 1790). Das Konsortium unterscheidet sich von einer ARGE, in dem Mitglieder keine Beiträge zu einer Gesamtleistung zu erbringen haben, sondern jeder Konsorte den ihn betreffenden Leistungsanteil eigenverantwortlich zu erbringen hat (*Schmidt* GesR S. 1709). Daher bedarf es einer besonderen Begründung warum ein Konsortium über ein Gesamthandsvermögen verfügen soll. Dabei haben Außengesellschaften üblicherweise Gesamthandsvermögen. Dieses Problem wird dann akut, wenn der **vorletzte Gesellschafter** aus dem Konsortium ausscheidet und im Gesellschaftsvertrag keine Regelung zur Fortsetzung getroffen wurde. Diese Frage geht das Innenverhältnis an. Hier haben sich die Gesellschafter darauf zu einigen, das das Gesellschaftsvermögen aus der Gesamthand auf den letzten Gesellschafter übergehen soll.

140 Das »**offene Konsortium**« ist der Rechtsform der ARGE nachgebildet; der Vertrag mit dem Auftraggeber wird einheitlich mit allen Beteiligten abgeschlossen. Im Innenverhältnis erfolgt eine vertragliche Aufteilung der einzelnen Anteile unter den Beteiligten nach Liefer- und Leistungsabgrenzung (*Heiermann/ Riedl/Rusam* sprechen hier von einem Innenkonsortium, § 4 VOB/B Rn. 104). Dabei werden die vertraglichen Lücken zur Erfüllung des Vertrages mit dem Auftraggeber meist erst nach Vertragsschluss mit diesem auch zum Inhalt des Innenvertrages gemacht werden können. Darüber hinaus gilt, dass jeder Beteiligte seinen Liefer- und Leistungsanteil selbstständig gegenüber dem Auftraggeber zu erbringen hat. Daraus steht ihm dann die im Konsortialvertrag bestimmte Vergütung zu. Diese ist für das Konsortium nur durchlaufender Posten. Im Übrigen sind Gewinn und Verlust auf die Konsorten selbst bezogen. Das »**stille Konsortium**« unterscheidet sich darin, dass ein Beteiligter den Vertrag mit dem Auftraggeber abschließt, mit und ohne Offenlegung, dass die Mitglieder sich intern zu einem Konsortium zusammengeschlossen haben. Der Vertragspartner des Auftraggebers führt das Konsortium. Der Konsortialvertrag hat das zu regeln.

141 Grundlegend gilt in Anlehnung an das zur ARGE bereits Gesagte: Das Konsortium ist als **BGB-Gesellschaft** gem. §§ 705 ff. BGB zu behandeln (*Joussen* Industrieanlagenbau S. 122; *Lotz* ZfBR 1996, 237). Dabei kann es sich unter Berücksichtigung des oben Gesagten zur neuen rechtlichen Einordnung des ARGE um eine **Gelegenheits-Gesellschaft** handeln. Die Einrichtung einer Mindestorganisation und Vorhandensein von Gesellschaftsvermögen, so von Materialien, Maschinen, Einrichtungen und Personal sowie Finanzausstattung, ist beim Konsortium nicht gegeben. Die Haftung des jeweiligen Beteiligten wird nur auf seinen Liefer- und Leistungsteil begrenzt, wodurch die Einordnung in die BGB-Gesellschaft wiederum schwer fällt, da nur ein bestimmter Zweck, nämlich die gemeinschaftliche Zielerreichung den wirtschaftlichen und zeitlichen Zweck nicht im üblichen Maße erreicht und damit von vornherein auch die Einordnung als OHG ausschließt (ähnlich: *Vetter* ZIP 2000, 1041, der auch auf die Parallelen in der gesellschaftsrechtlichen Regelung des Schweizer Rechts Art. 530 ff. OR und des Österreichischen Rechts § 1175 ABGB hinweist).

142 Das Ausscheiden eines Beteiligten ist über §§ 722, 723, 737 BGB nicht über § 649 BGB zu regeln, da es der Anlage des Konsortialvertrages eigen ist, nicht eine jederzeitige Kündigung zuzulassen, wobei die Form der Ersatzleistung und an wen diese zu leisten ist nur vertraglich zu regeln wäre. Nur ein wichtiger Grund zum **Ausschluss** ist daher denknotwendig zu regeln, unter weiterem Bestand des Konsortiums.

143 Wesentlicher Bestandteil der inneren Organisation ist die Konsortialversammlung als Entscheidungsgremium. Zweckmäßigerweise sollte bei einem Außenkonsortium immer Einstimmigkeit vorliegen, da jede Willensfassung wesentlichen Charakter auf die Abwicklung des Hauptvertrages hat. Damit soll vermieden werden, dass die spezielle Leistung des einzelnen Beteiligten nicht durch Überstimmung zur »unmöglichen« Leistung im Außenverhältnis wird (vgl. ORGALIME-Mustervertrag 1995 Art. 10.2). Die Koordination liegt üblicherweise in Händen des »**federführenden**« **Konsortials** der zumeist – im Gegensatz zur ARGE und zu § 709 Abs. 1 ZPO – sowohl die technische, als auch die kaufmännische Geschäftsführung ausübt (*Lotz* ZfBR 1996, 237). Dabei ist zu beachten, dass diese Funktion als Teil der gemeinschaftlichen Verpflichtung aus §§ 705 ff. BGB anzusehen ist. Im Konsortialvertrag ist daher auch die Vertretung nach außen unter Berücksichtigung der zeitlichen Handlungsverpflichtung gegenüber den anderen Beteiligten zu regeln; da die **Gesamtvertretung** gem. §§ 709 Abs. 1, 714 BGB der Ausnahmefall bleiben soll (so auch *Vetter* ZIP 2000, 1041, 1051; *Vetter* FS Jagenburg 2002 S. 913 ff.).

144 Die **Haftung** des federführenden Beteiligten ist nicht nach § 708 BGB i.V.m. § 277 BGB auf grobe Fahrlässigkeit zu begrenzen. Vielmehr schuldet er neben der Realisierung des Ziels in kaufmännischer und technischer Verwalterverpflichtung die gleiche Verpflichtung wie jeder Beteiligte. Daraus folgt eindeutig, dass das Haftungsprivileg der §§ 708, 277 BGB hier nicht gelten kann, wollte man ausgerechnet den verwaltenden Beteiligten nicht auch infolge fahrlässiger Missachtung seiner Pflichten in Anspruch nehmen können (*Soergel/Hadding* § 708 BGB Rn. 2; *Nicklisch/Weick* Einl. §§ 4–13 VOB/B Rn. 86, 87; *Nicklisch* BB 1999, 325; *Vetter* ZIP 2000, 1041).

145 Zum **Konsortium** im **FIDIC-Vertrag** vgl. Mahlmann (*Mahlmann* Bau- und Anlagenverträge nach FIDIC-Standardbedingungen 2002 S. 93 ff.). Außerdem: Adjudication nach den FIDIC-Conditions of Contract, Schramke/Yazadani BauR 2004, 1073.

5. Partnering – GMP-Modelle und CM-Modelle

Literatur zum Thema: *Moeser* GMP-Vertrag ZfBR 1997, 113; *Blecken/Gralla* GMP-Vertrag Jahrbuch Baurecht 1998 S. 251; *Gralla* Neue Wettbewerbs- und Vertragsformen für die deutsche Bauwirtschaft, 1999; *Grünhoff* Die Konzeption des GMP-Vertrages NZBau 2000, 313; *Oberhauser* GMP-Vertrag BauR 2000, 1397; *Bibelheimer/Wazlawik* GMP-Vertrag BauR 2001, 1639; *Diedrichs/Bork* GMP-Vertrag NZBau 2001, 618; *Eschenbruch* Construktion Management, NZBau 2001, 585; *Gralla* Garantierter Maximalpreis-GMP-Partnering-Modelle 2001; *Kapellmann* Die garantielose Garantie NZBau 2001, 592; *Kapellmann/Schiffers* Garantierter Maximumpreis, Baumarkt + Bauwirtschaft 2001, 31; *Racky* Construction Management, Bauingenieur 2001, 80; *Schlappka* Kooperationsmodell – ein Weg aus der Krise? BauR 2001, 1646; *Thierau* Das Bausoll beim GMP-Vertrag FS Jagenburg 2002 S. 895; *Eschenbruch* Das Recht der Projektsteuerung, 2003; *Fuchs* Kooperationspflichten der Bauvertragsparteien, 2003, 379 ff.; *Leupertz* BrBp 2003, 172; *Gralla* Vorher in Lösungen denken, IBR 2005, 189; *Reuter* Garantierte Maximalpreisverträge für den Gebäudebetrieb BrBP 2005, 486; *Kapellmann* Partnering – Ein neues Vertragsmodell? FS Motzke 2006, 161; *Kapellmann* FS Motzke 2006, 161; *Littwin/Schöne* Public Private Partnership im öffentlichen Hochbau, 2006; *Nemuth* Risikomanagement bei internationalen Bauprojekten 2006.

146 Beim GMP-Modell handelt es sich zunächst **nicht** um eine **Unternehmereinsatzform,** sondern um einen **bestimmten Vertragstypus.** Dabei soll dem Auftraggeber in einem ausgewogenen Vertragsverhältnis ein garantierter Maximalpreis angeboten bzw. dazu seitens des Auftragnehmers – üblicherweise ein Konsortium oder eine ARGE – abgeschlossen werden. Dabei werden bestimmte Vergütungsbestimmungen in den Vordergrund gerückt. Diese sehen in der Regel vor, dass bestimmte Gewerke von den Nachunternehmern ausgeführt werden, aber zu üblichen Preisansätzen berechnet und dem Auftraggeber in Rechnung gestellt werden. Die Gewerke, die der Vertragspartner des Auftraggebers selbst erbringt, werden im Regelfall pauschal vergütet. Damit wird zunächst dem Auftraggeber ein Pauschalpreis garantiert, der eine Höchstpreis darstellt. Daraufhin vereinbaren beide Seiten, dass dieser Preis durch gemeinschaftliche Planung und Ausführung zu unterschreiten ist. Die ersparten Kosten werden sodann auf beide Partner verteilt. Dies ist das Grundmodell der Überlegung. Drei Elemente muss danach der GMP-Vertrag aufweisen: Pauschalanteil für Eigenleistungen des Generalunternehmers oder der ARGE, kalkulierte Nachunternehmer und Planerkosten, Risikomarge resultierend aus den zahlreichen Wagnissen der unvollständigen Planung und Preisfindung. Es ergeben sich damit folgende Vertragsteile, die möglichst bei einem GMP-Vertrag aufzunehmen sind: Präambel mit der Darstellung des Ziels und der verschieden Vertragspartner und deren Leistungsaufgaben; die Kooperationsverpflichtung mit der Vereinbarung der einzelnen Handlungen der Beteiligten zu den einzelnen vereinbarten Zeitpunkten; die Abgrenzung von Leistungsminderung und Qualitätsminderung zum Preis; die Nachunternehmerregelung und die Mitsprache des Auftragnehmers dabei; die Regelung des Gewinns bei Optimierung der Leistung und Preisgewinn; die baubegleitende Schlichter- und Schiedsrichtervereinbarung.

147 Allerdings basiert das GMP-Modell auf einer **Kooperationsverpflichtung** zwischen Auftraggeber und Auftragnehmer. Dabei ist es das Ziel den Auftragnehmer, der meist ein Generalunter- oder –übernehmer ist ggf. auch ein Konsortium oder ARGE ist, als gleichberechtigten Partner, nicht als Vertragsgegner zu sehen. Beide Parteien sollen durch kooperatives Verhalten eine positive Vertragsstrategie möglichst ohne Reibungsmöglichkeiten entwickeln. Hierzu gibt es zwei Möglichkeiten. Das **einstufige Modell** ist ein dem Generalunternehmervertrag angenähertes Modell, wonach auf der Grundlage einer Festpreisabrede und einer Vergütungsfindungsstrategie eine Optimierung der Kooperation der Parteien dergestalt gesucht wird, dass die Nachunternehmerbeauftragung und das Nachtragsmanagement dieser Kooperationsverpflichtung unterworfen wird. Beim **zweistufigen Modell** wird dieses Prinzip nur ausgeweitet. Der mögliche spätere Auftragnehmer berät den Auftraggeber bereits bei der Findung der Planung und Ausführung des Bauvorhabens. Dieser »GMP-Berater« erstellt zugleich auch die Ausschreibung und führt die Vergabe(-beratung) durch. Der endgültige Vertrag wird sodann aufgrund der gemeinsam ausgearbeiteten Planung vom Auftraggeber und urspünglichem GMP-Berater abgeschlossen. Dieses zweigliedrige System ist jedoch mit zahlreichen Schwierigkeiten verbunden. Diese müssen zwingend zwischen dem Auftraggeber und dem ursprünglichen GMP-Berater vereinbart werden. Hierzu zählen zunächst das es keine Abschlussverpflichtung mit dem GMP-Berater gibt. Die Vertragsgrundlagen sind für den ersten Abschnitt der Grundplanung verbindlich festzuschreiben. Dazu zählen auch die Zeitvorgaben, einschließlich des Zeitpunktes, zu dem der GMP-Partner verbindlich den Maximalpreis bekannt gibt. Geregelt werden müssen auch die Tätigkeiten und Vergütungen der Planungen, des Urheber- und Verwertungsrechts, die Gewährleistung, die Haftung und die Versicherung, soweit die Stellung von Sicherheiten und wofür.

148 Diese Verflechtung führt zu widersprüchlichen Kooperationsgestaltungen im Vertrag und dessen Abwicklung. Kern ist, dass die Vertragsparteien weiterhin ihre Interessen vorrangig verfolgen und daher die vertragliche Kooperationsverpflichtung bei der Ausführung und der Vergütung nur vorgeschoben sein kann. Jedoch ist der Auftraggeber definitiv gehalten, verstärkt mit den Nachunternehmern zusammenzuarbeiten. Weiterhin folgt aus der Kooperationsverpflichtung, dass die Vertragspartner allerdings auch Verabredungen gegen die Nachunternehmer im Rahmen dieser Kooperationsverabredungen treffen können. Damit ist das Nachtragsmanagement oder die mindere Leistung zu einem minderen Preis gemeint. Die Regel ist nun folgende: entweder werden durch Eingriffe in die Ausführungsverpflichtung z.B. gem. §§ 2 Nr. 5, 2 Nr. 6 VOB/B die Minderungen herbeigeführt. Diese können auch erst in der Endabrechnung erfolgen (Prinzip der »gläsernen Taschen« bei der Verrechnung von Vergütungsaufwand und -verpflichtung) oder die Parteien verschieben die Gewinn- oder Verrechnungsquotalen zur Seite des Auftraggebers, des Auftragnehmers oder des Nachunternehmers.

149 Markantes Kennzeichen des GMP-Vertrages ist allerdings, dass das **Nachtragsmanagement** dadurch auszuschließen ist, dass die Rechtsfolgen der §§ 2 Nr. 5, 2 Nr. 6, 2 Nr. 7 und 2 Nr. 8 VOB/B ausgeschlossen werden. An ihre Stelle tritt das Kooperationsmodell, dass zwingend die Lösung von diesen Vorschriften vorsieht. Maßgeblich ist nämlich die die **»variable«** Leistungsverpflichtung (missver-

ständlich auch als »Bausoll« bezeichnet) des GMP-Vertrages. Maßgeblich ist also die gemeinsame Zusammenarbeit zu entwickeln. Dabei sind die Zielvorgaben des Auftraggebers zu entwickeln und abzustimmen mit dem Preis-/Leistungsverhältnis. Insoweit ist das zwingend in der Präambel des Vertrages festzuhalten. Weiterhin sind die Wünsche des Auftraggebers so zu formulieren, dass bei gleicher von ihm gewünschter Funktionalität des Bauwerkes die optimale Qualität und das Preis/Leistungsverhältnis erreicht wird.

Der Begriff des »garantierten« Maximalpreises ist irreführend. Eine Garantie ist eine Vereinbarung, wonach der Versprechende einen gesonderten Erfolg gerade schulden will. Dieser ist neben dem Vertragsziel (daneben) geschuldet. Das will der GMP-Vertrag eben gerade nicht, weil seine Zielrichtung eine andere ist, nämlich eine Leistungsfindung unter Inanspruchnahme der kostengünstigsten Variante. Damit wird auch nicht eine besondere Haftung für Zufälle aufgebaut (so aber BGH NJW 1996, 2569; 1999, 1542 für besondere Garantieversprechen). Zu vergleichen ist die Situation mit der Festpreisgarantie (siehe auch zum Festpreis: BGH BauR 1987, 105, 107; BGH BauR 1974, 347, 348). In Verträgen findet man die Bezeichnung »Kostengarantie« oder »Garantiebetrag« »(-summe)«. Diese sind allerdings Begriffe, die bezeichnen, dass der Versprechende lediglich eine Haftung für eine Kostenobergrenze einhalten will; allerdings bei schon vor Vertragsschluss festumrissenen Leistungen. Damit ist der Begriff des »garantierten Maximalpreises« lediglich eine teilidentische Ausgestaltung eines später noch veränderbaren Leistungsbestimmungsrechts beider Parteien (*Kapellmann/Messerschmidt* Anhang VOB/A Rn. 72, sprechen hier missverständlich von der »deklaratorischen Garantie«. Das ist insoweit fehlerhaft, als das Garantieversprechen fest abgegeben wurde und nicht nur eine rechtsgeschäftlich unverbindliche Vereinbarung ist). **150**

Ein weiteres Problem bei der Preisfindung ist die **planerische Zielvorgabe** des Bauvorhabens. Gerade beim GMP-Vertrag obliegt dem Planer ein noch größeres Wagnis, der Zielvorgabe des Auftraggebers nicht zu entsprechen. Zwar ist der Planer gehalten, grundsätzlich so wirtschaftlich und rationell zu arbeiten und zu planen um das Vermögensbetreuungsprinzip einzuhalten, das ihm obliegt. Durch die teilweisen Mehrfachvorgaben aller am Bau Beteiligten wird er kaum im Rahmen der HOAI einen angemessenen Kostenrahmen für seinen Teil der Bauaufgabe finden können, da die Honorierung nach der HOAI gerade durch den GMP-Vertrag – rechtlich einwandfrei – umgangen werden kann, indem der Planer auf die Mehrfachhonorierung (§§ 19 ff. HOAI) als gleichwertiger Partner gem. §§ 242, 138, 305 ff. BGB verzichtet. Ähnlich wie beim ARGE-Vertrag sind die Parteien, die den ARGE-Vertrag (Mustervertrag) abschließen, keine Partner des »Über- oder Unter« (§§ 305 ff. BGB), sondern verfolgen das gleiche Ziel, nämlich den Abschluss und die Einhaltung des GMP-Vertrages. **151**

Außerdem ergeben sich Probleme im Falle der Nachunternehmerauswahl des Auftraggebers. Hier ist an die Preiseingebundenheit und die **Insolvenz** zu denken. Diese werden bei der Behandlung des Nachunternehmers unten behandelt. **152**

Zu dem GMP-Vertrag im Rahmen des **Gebäudebetriebes**: Reuter, BrBP 2005, 486. **153**

Partnering als neue Form der Kooperationverpflichtung (BGH BauR 2000, 409; *Fuchs* Kooperationspflichten der Bauvertragsparteien, 2003, 379 ff.; *Leupertz* BrBp 2003, 172) ist eine Weiterentwicklung des bestehenden GMP-Vertragsmusters. Dabei werden durch ein Partnering-Team, also von beiden Vertragsparteien benannte Personen, versucht, die unterschiedlichen Interessen zunächst zu strukturieren. Dabei sind die Zielvorstellungen der Parteien in einem geordneten Miteinander zu regeln. Sodann wird hieraus die Partnering-Charter, also die projektspezifische Zielvorstellung entwickelt. Die Abläufe der Zielvorgaben sind zu vereinheitlichen (ähnlich dem QM-Muster). Wichtig ist die Übernahme bestimmter Streitschlichtungsmechanismen. Zentraler Partner bleibt allerdings der Generalunternehmer der das Projektmanagement betreibt (hierzu insgesamt: *Kapellmann* FS Motzke 2006 S. 161). **154**

Bei diesem Vertragstyp tritt die Konfrontation zu Gunsten einer Kooperation zurück. Hierbei wird eine Zusammenarbeit jenseits der vertraglich festzulegenden Grenzen gefordert, die durch eine effektive Zusammenarbeit der einzelnen Partner erreicht wird, damit eine erfolgreichere Projektabwicklung entsteht. Damit sollen Kosten und Risiken an den Schnittstellen zwischen den Vertragspartnern eingespart werden. Partnering als Managementmethode muss so verstanden werden, dass sich alle Beteiligten in der Organisation der Projektierung zusammenschließen, um unter Maximierung der gemeinsamen Ziele unter Ausnutzung der jeweigen Ressourcen der Beteiligten die reibungslose Zusammenarbeit zu erreichen.

Deshalb muss durch »**Open Books**« und durch Kommunikation gegenseitiges Vertrauen geschaffen werden. Als Ergebnis müssen alle Beteiligten davon überzeugt sein, dass die jeweiligen Eigeninteressen auch einen Gesamtprojekterfolg erzielen können.

154a Ein anderer wichtiger Aspekt ist die faire Honorierung von Leistungen. Die Zielsetzung dieser Vorgehensweisen muss darauf gerichtet sein, schnelle und **kooperative** Lösungen zu ermöglichen. Dabei werden die während der Projektrealisierung auftretenden Probleme gemeinschaftlich im Projektteam gelöst und kostengünstige Lösungen erzielt. Darüber hinaus wird sichergestellt, dass keiner der Beteiligten einer unfairen Risikobelastung ausgesetzt wird. Die Partnering-Modelle können anhand der Projektorganisationsformen, der Vertragsformen, der Konfliktlösungsmechanismen sowie der Kooperationsmechanismen charakterisiert werden. Betrachtet man die traditionelle Abwicklung von Bauvorhaben, ist festzustellen, dass Bauprojekte zunächst vom Auftraggeber und seinen Fachplanern geplant werden. Erst danach werden die einzelnen Bauleistungen ausgeschrieben und im Wettbewerb vergeben. Die bauausführenden Unternehmen erhalten dann eine schon sehr weit fortgeschrittene Planung. Eigenes Know-how der Bauunternehmen und damit verbundene Hinweise aus deren Erfahrung, wie wirtschaftlicher gebaut werden könnte, wenn die Planung anders wäre, lassen sich zu diesem Zeitpunkt aber nicht mehr konsequent umsetzen. Nur durch eine frühzeitige Einbindung aller Baubeteiligten, insbesondere der Bauausführenden, kann jedoch effizient auf die Baukosten Einfluss genommen werden. Je weiter das Projekt geplant ist, desto weniger Möglichkeiten bestehen, durch Varianten Kosten zu senken. Die Effizienz der Kostenbeeinflussbarkeit nimmt mit dem Projektfortschritt ab und ein erheblicher Teil der späteren Kosten wird so in den frühen Planungsphasen festgelegt. Dieser Managementansatz zur Aktivierung von **Produktivitätsreserven** im Planungs- und Ausführungsprozess lehrt demnach, dass Entwurfs-, System- und Ausführungsplaner schon früh mit den Beteiligten aus der Fertigung (= Bauausführung) zusammenarbeiten müssen. Dabei haben sich derzeit zwei Erscheinungsformen als auf dem deutschen und zentraleuropäischen Markt als brauchbar erwiesen: Der oben schon besprochene GMP-Vertrag und das Construction Management als Kooperationsmodell in der Nachfolge der Forderung des BGH aus der Entscheidung vom 28.10.1999 – VII ZR 393/98.

154b Construction Management ist eine Projektorganisationsform und ein Modell zur partnerschaftlichen Form der Projektabwicklung im Bauwesen. Construction Management kann in verschiedenen Variationen auftreten, die sich letztendlich dadurch unterscheiden, für welche Aufgaben ein Construction Manager (CM) innerhalb eines Projektes verantwortlich ist. Diese Einsatzform soll das frühzeitige Zusammenarbeiten der Projektbeteiligten ermöglichen. Der Auftraggeber soll eine projektphasenübergreifende und fachkundige Unterstützung durch ein den Anforderungen eines Projekts jeweils angepasstes Projektteam erhalten. Die Besonderheit von Construction-Management-Modellen liegt in dem umfassenderen Beratungsansatz aufgrund von Fachwissen zur Abstimmung der Planungs- und Bauabläufe. Dem Construction Manager kommt die Aufgabe zu, die Vorstellungen des Auftraggebers und seiner Planer in technisch-wirtschaftlicher Hinsicht zu erfragen und umzusetzen. Die Einbindung des CM in eine frühe Projektphase gewährleistet, dass er seine Bauausführungserfahrung frühzeitig in die Planungsphasen einbringen kann, um damit auf die Bauherrenziele wie Zeit, Kosten und Qualität Einfluss nehmen zu können. Schon vor dem Baubeginn wird eine kooperative Zusammenarbeit mit dem Auftraggeber und Unternehmen ermöglicht, die eine faire Risikoverteilung und Kostentransparenz vorsieht. Der reine Preiswettbewerb wird durch einen Ideen- und Kompetenzwettbewerb ergänzt, der zu Beginn der Planung stattfindet. In Kombination mit einem koordinierten Projektablauf ergibt sich daraus eine wirtschaftlichere Gesamtabwicklung des Bauwerks. Der CM ermöglicht dem Auftraggeber die Teilnahme an der Entscheidungsfindung in allen Phasen der Planung und der Bauausführung. CM-Modelle beinhalten daher Kooperations- und Partnering-Ansätze. Um den optimalen Nutzen für den Auftraggeber zu erzielen, ist die Reduzierung der Rolle eines Construction Managers auf die reine Projektsteuerung – das so genannte Construction Management **At Agency** – nicht ausreichend, da Value-Management-Prozesse weitestgehend unberücksichtigt bleiben und der Auftraggeber zwar eine kompetente Beratungsleistung, aber keine Kostengarantie erhält. Da aber die Planungs- und Bauleistungen einerseits und die Projektsteuerung andererseits in verschiedenen Verantwortungsbereichen liegen, werden nicht alle CM-Prozesse ausgeschöpft. Wesentlich vorteilhafter für alle Beteiligten ist daher das Modell des Construction Management – **At Risk**. Hier übernimmt der Construction Manager die Verantwortung für die Schnittstellen-, Preis-, Termin- und Qualitätsrisiken. Der Auftraggeber hat ein größtmögliches Maß an Sicherheit und das ausführende Unternehmen kann alle Abläufe optimal koordinieren. Diese Variante hat wegen ihrer umfassenden Einsetzbarkeit den Charakter eines Standardmodells.

Construction Management-Modelle im Bauablauf werden in zwei Varianten unterschieden. Das Construction Management als Zwei-Phasen-Modell besteht aus einer Preconstruction-Phase, ähnlich der Planungs- und Genehmigungsphase und einer Construction-Phase, die die Ausführungsphase umfasst. Für beide Phasen wird i.d.R. jeweils ein eigener Vertrag geschlossen. Der entscheidende Unterschied zu den bekannten Modellen besteht darin, dass gemeinsam mit dem Auftraggeber bereits in der Preconstruction-Phase die Bauaufgabe definiert wird und an dieser Stelle bereits alle Details des Projektes bekannt sind. Damit können i.S. eines aktiven Risikomanagements die wahren Einsparungen, Projektrisiken und Budgetrisiken frühzeitig erkannt werden, um die Construction-Phase zu verkürzen, spätere Projektrisiken zu kontrollieren und die Kosten zu senken. Nachdem der Auftraggeber seine Ziele definiert, das Projekt vorgeplant und den GM ausgewählt und beauftragt hat, beginnt die Zusammenarbeit in der Preconstruction-Phase. In der Preconstruction-Phase werden unter Leitung des GM Planungsprozesse koordiniert, Einsparpotenziale identifiziert und das gesamte Projekt strukturiert. Diese Phase endet an der Stelle, an der bisher die Bauleistung ausgeschrieben wurde. In der Preconstruction-Phase wird das Projekt geplant mit der Zielsetzung, ein wirtschaftliches und konstruktiv durchdachtes Objekt durchzuführen. Hierbei arbeiten alle Projektbeteiligten partnerschaftlich im Team zusammen und synchronisieren die Planungsabläufe. In diesem Team fungiert der Architekt als Spezialist für die Objektplanung, der Auftraggeber kennt seine Anforderungen, Bedürfnisse und finanziellen Mittel und der GM bringt seine Kosten- und Terminkompetenz in Verbindung mit seinen Erfahrungen aus der Planung, der Ausführung und dem Betrieb ein. Der GM kann seine Qualifikation und sein Fachwissen aus der Bauausführung optimierend in das Objekt einbringen, indem sein vorhandenes Know-how frühzeitig in die Planung und Entwicklung des Projekts eingebunden wird. Am Ende der Preconstruction-Phase verfügt der Auftraggeber über eine Planung für das Projekt, dokumentiert durch alle erforderlichen Unterlagen, um die Construction-Phase beauftragen zu können. Darüber hinaus erhält der Auftraggeber ein verbindliches individuelles Vertragsangebot, welches auf verschiedenen Vertragsarten (z.B. GMP-Vertrag) basieren kann. Vom GM werden in der Preconstruction-Phase verschiedene Leistungen aus den Bereichen der Projektsteuerung durchgeführt. Im Bereich der Projektsteuerungsleistungen sind dies Tätigkeiten der Projektstrukturierung, Organisation, Koordination, Planungsmanagement, Budgetermittlung, Terminplanung; zum anderen sind dies umfangreiche Tätigkeiten, insbesondere Optimierung von Planung, Bauausführung und Betrieb, Erarbeitung von Alternativen bei Beibehaltung oder Verbesserung von Qualität und Funktionalität, Einbeziehung der Folgekosten für den Betrieb. Im Zuge der Planungsphase wird die Baurealisierungsvorgabe immer weiter zwischen den Vertragspartnern konkretisiert, so dass gemeinsam eine funktionale Be-

154c

schreibung der Leistung und ein abgestimmter Termin- und Zahlungsplan erstellt werden kann. Darüber hinaus bietet diese Phase die Möglichkeit, gemeinsam ein Organisationshandbuch für die Ausführungsphase abzustimmen, um darin wesentliche Elemente der weiteren kooperativen Zusammenarbeit schon vor Vertragsabschluss im Konsens festzulegen. Ein weiteres wesentliches Element dieser Phase ist die Prüfung der Arbeitsergebnisse der vorhandenen Planungsleistungen unter besonderer Berücksichtigung der Einhaltung der Vorgaben des Auftraggebers, der Vertragskonformität, der Einhaltung der allgemeinen Regeln der Technik, der Anforderungen aus dem öffentlichen Baurecht und den einschlägigen Verordnungen (Arbeitsstätten, Versammlungsstätten usw.). Darüber hinaus ist es im Laufe dieser Phase möglich, die Planung hinsichtlich Lücken, Unklarheiten und Widersprüchen zu überprüfen, um damit späteren Nachträgen aus unklarem Bauvorgaben des Auftraggebers entgegenzuwirken.

154d Als Ergebnis der Preconstruction-Phase verfügt der Auftraggeber über eine optimierte Planung für sein Projekt, dokumentiert durch alle erforderlichen Unterlagen, um die Construction-Phase beauftragen zu können. Diese Unterlagen enthalten die vollständigen Informationen über das Projekt, also Pläne, funktionale Baubeschreibung, Gutachten, eine detaillierte Kostenaufstellung und einen Vertragsentwurf sowie alle weiteren notwendigen Vertragsunterlagen. Zusammen mit den aus den Vertragsverhandlungen resultierenden Ergänzungen bilden diese Informationen die Grundlage für die Construction-Phase. Nachdem der Auftraggeber diese Unterlagen und das Vertragsangebot des GM-Partners erhalten hat, können nun zwei Reaktionen eintreten: a) weitere Zusammenarbeit oder b) keine weitere Zusammenarbeit. Falls der Auftraggeber das vorgeschlagene Angebot annimmt oder beide Parteien sich innerhalb von weiteren Verhandlungen einigen können, wird gemeinsam die Construction-Phase ausgeführt. Akzeptiert der Auftraggeber das Angebot nicht bzw. können sich beide Parteien auch innerhalb von weiteren Verhandlungen nicht einigen, so endet der Vertrag für die Preconstruction-Phase, und das vereinbarte Berater- bzw. Planungshonorar des CM wird fällig. Der Auftraggeber wird nun ausschreiben und im Wettbewerb versuchen, einen Auftragnehmer zu finden, der auf der Grundlage der Ergebnisse der Preconstruction-Phase ein für ihn akzeptables Angebot stellt. Hierbei wäre auch denkbar, dass der Auftraggeber seinen ursprünglichen Projektwunsch fallen lässt oder seine Ansprüche an das Projekt modifiziert.

154e In der sich dann anschließenden Construction-Phase wird das Projekt bis zur Ausführungsreife weitergeplant, optimiert und letztendlich realisiert. Die Ausführungsplanung wird als Fortsetzung der Zusammenarbeit der Projektbeteiligten aus der Preconstruction-Phase weitergeführt. Hierbei wird die Bauausführungserfahrung des CM weiterhin genutzt, um Details zu optimieren sowie weitere Kostensenkungen und Einsparungen zu erzielen. Konkret bedeutet das, dass vom CM in der Construction-Phase verschiedene Leistungen erbracht werden. Dies ist in erster Linie die schlüsselfertige Abwicklung des Projekts inklusive der dafür notwendigen Planungsleistungen. Darüber hinaus sind dies vor allem Tätigkeiten aus dem Bereich des Projektmanagements und die Fortsetzung des Optimierungsprozesses analog der Preconstruction-Phase. Im Einzelnen sind das Projektmanagement-Leistungen, wie Organisation, Information, Koordination, Dokumentation, Kostenmanagement, Termin- und Kapazitätenmanagement. Diese Projektphase endet mit der kompletten Fertigstellung und Abnahme des Bauwerks. Zum Abschluss der Construction-Phase werden die entstandenen Baukosten ermittelt und es wird die ausgeführte Leistung auf der Grundlage des vereinbarten Vertragstyps abgerechnet.

154f In den Verträgen sind Rücktritts- oder Kündigungsklauseln zu vereinbaren, wobei **§ 649 BGB** zu beachten ist, denn der Vertrag ist üblicherweise als **Werkvertrag** einzustufen. Die Abwicklung der Phasen kann in Abhängigkeit von der Bestimmung des Kostenziels prinzipiell aufgrund dreier verschiedenartiger Methoden vereinbart werden. Entweder über die traditionelle Methode, die Budget-Methode oder die Wettbewerbs-Methode, die sich allesamt durch die Art und Weise der Bestimmung des Kostenziels unterscheiden. Bei der traditionellen Methode beauftragt der Auftraggeber i.d.R. einen Architekten. Zusammen mit dem Architekten formuliert der Auftraggeber seine Objektziele wie Qualität, Termine, Kosten und trifft Entscheidungen über die Gebäudestruktur. Zusätzlich werden der Leistungsumfang ermittelt und Alternativen geprüft. Parallel erfolgt die Suche und Auswahl eines CM, die möglichst bis zur Genehmigungsplanung abzuschließen ist, da bei Vorliegen der Genehmigung Änderungen nur noch in einem sehr begrenzten Maße möglich sind. Ein reiner Preiswettbewerb kann aufgrund des frühen Projektstadiums und der damit verbundenen undifferenzierten Beschreibung der zu erbringenden Leistungen nicht als Hauptauswahlkriterium herhalten. Vielmehr wird als Kriterium eine Kombination aus Preis und Leistungsfähigkeit des CM-Partners anzunehmen sein. Die Leistungsfähigkeit der Bewerber sollte aufgrund von Kriterien beurteilt werden. Hierbei sind die individuellen Konzepte der Bewerber bezüglich der konkreten Realisierung des Projektes von großer Wichtigkeit, da daran schon vorab das Innovations- und Optimierungspotenzial und die damit einhergehende Bereitschaft, dieses auch einzusetzen, gezeigt werden kann. Aufgrund des frühen Projektstadiums und der damit verbundenen undifferenzierten Beschreibung der zu erbringenden Leistungen muss das Auswahlkriterium eine Kombination aus Preis- und Leistungsfähigkeit sein. Hier muss der Auftraggeber seine individuellen Ziele beim CM definieren. Ist vom Auftraggeber ein geeigneter GM-Partner ausgewählt worden, schließt er einen Vertrag über die Preconstruction-Phase und vereinbart darin für die zu erbringenden Beraterleistungen ein entsprechendes Honorar. Als alternative Variante könnte der Auftraggeber auch die weitere Zusammenarbeit in einem Ein-Phasen-Modell wählen, bei der ein Vertrag über die Preconstruction- und die Construction-Phase geschlossen wird. Auch dieser Ablauf wird letztlich als Werkvertrag einzustufen sein, da die Leistungen des CM erfolgsbezogen im Hinblick auf die Zielsetzung des Auftraggebers sind. Reine Beratungsleistungen treten dahinter zurück.

Der grundsätzliche Projektablauf innerhalb der Budget-Methode gestaltet sich so, dass das Preisziel für die Erstellung eines Projektes vom Auftraggeber vorgegeben und dann im Wettbewerb ein CM-Partner ausgewählt wird, mit dem dann in einem Projektteam das Bauprojekt weiterentwickelt, optimiert und realisiert wird. Diese Methode ist besonders im Hinblick auf marktwirtschaftliche und wettbewerbspolitische Aspekte im Vergleich zur normalen Methode heranzuziehen. Der Auftraggeber erstellt bei dieser Methode die Grundlagenermittlung und teilweise auch noch Teile der Vorplanung eigenverantwortlich. Parallel dazu definiert er seine finanziellen Mittel, die er für das Projekt aufwenden möchte. In Kombination aus seinen Bauherrenzielen und seinen finanziellen Möglichkeiten definiert er seinen konkreten Projektwunsch und den dafür vorgesehenen Maximalpreis. Mit diesem Budget schreibt er das Projekt am Markt aus. Grundlage dieser Ausschreibung sind funktionale Beschreibungen, welche neben architektonischen und städtebaulichen Aspekten auch Qualitätsstandards und Nutzungsanforderungen beinhalten. Ist ein CM-Partner gefunden worden, wird das vorgegebene Budget zwingend Vertragsbestandteil. In der anschließenden Preconstruction-Phase wird das Projekt bis zur Ausführungsreife weiterentwickelt; dabei wird auch weiterhin versucht, das Projekt und seine Planung zu optimieren, um damit weitere Kosten einzusparen bzw. eine höherwertige Qualität zu erzielen.

Die Wettbewerbsmethode beinhaltet die Erstellung einer Vorplanung durch den Auftraggeber, auf deren Grundlage das Projekt funktional ausgeschrieben wird. Im Wettbewerb werden dann von potenziellen CM-Partnern verbindliche Angebote für die Erstellung des Projektes benannt, aus denen der Auftraggeber dann das geeignetste heraussucht. Dies bedeutet aber nicht zwangsläufig, dass der Bieter, der das preiswerteste Angebot abgegeben hat, beauftragt wird. Vielmehr ist der Auftraggeber darauf bedacht, einen CM-Partner zu finden, der sowohl einen geringen Preis als auch eine große Leistungsfähigkeit an Optimierungsvorschlägen und Know-how besitzt. Die Wettbewerb-Methode weist große Parallelen zu der Budget-Methode auf. Der Auftraggeber erstellt die Grundlagenermittlung und Teile der Vorplanung. Er definiert die funktionalen und qualitativen Anforderungen an das Projekt, z.B. durch Qualitätsstandards und Nutzungsanforderungen, und schreibt auf dieser Grundlage das Projekt aus. Aus den Angeboten wird das geeignetste herausgesucht und der CM-Partner wird beauftragt, so dass der angebotene GMP Vertragsbestandteil wird. In der anschließenden Preconstruction-Phase werden das Projekt und die Planung weiter optimiert, um Kosten einzusparen und eine höherwertige Qualität zu erzielen.

154g Die vertragliche Abwicklung der CM orientiert sich an den ein- und zweistufigen Construction Management-Modellen. Zweistufige Modelle bestehen aus zwei in sich abgeschlossenen Einzelverträgen – jeweils für die Preconstruction- und für die Construction-Phase. Da diese beiden Vereinbarungen in keiner Weise ein Koppelungsgeschäft beinhalten, können sich beide Partner ohne rechtliche Auseinandersetzung nach Erfüllung des ersten Vertrages trennen und in der Construction-Phase getrennte Wege gehen. Der Auftraggeber kann am Ende der Preconstruction-Phase entscheiden, ob er einen weiteren Vertrag für die Construction-Phase abschließen will. Der Vertrag über die Preconstruction-Phase umfasst prinzipiell die Koordination, Steuerung und Begleitung der Planungsleistungen in den entsprechenden Leistungsphasen 1 bis 4 bzw. 5 nach § 15 Abs. 2 HOAI. Der Gesamtumfang des Preconstruction-Vertrags ist demnach davon abhängig, zu welchem Zeitpunkt der Auftraggeber den CM beauftragt. Eine CM-Beauftragung sollte daher ab LPH 2 vorgenommen werden. Neben Vollmachtsregelung, Schriftform, Gerichtsstandsregelung müssen insbesondere die Leistungsverpflichtungen, die der CM in der Preconstruction-Phase zu erbringen hat, vertraglich festgelegt werden. Die zu erbringenden Leistungen sind bereits definiert worden. Darüber hinaus ist vertraglich zu vereinbaren, welche Unterlagen innerhalb der Preconstruction-Phase vom CM erstellt werden und in welcher Form diese Dokumentation als Ergebnis der Preconstruction-Phase dem Auftraggeber übergeben wird. Diese Dokumentation enthält i.d.R. die vollständige Information über das Projekt, also Pläne, funktionale Baubeschreibung, Gutachten, eine detaillierte Kostenaufstellung sowie alle weiteren notwendigen Vertragsunterlagen. Diese Unterlagen versetzen den Auftraggeber in die Lage, falls die Zusammenarbeit mit dem CM nach der Preconstruction-Phase endet, das Projekt ohne zeitliche Verzögerungen auszuschreiben. Der CM erbringt im Rahmen der Preconstruction-Phase i.d.R. keine eigenen Planungsleistungen. Obwohl der GM keine eigenen Planungsleistungen durchführt, sollte er dennoch verpflichtet werden, sein bauausführungstechnisches Know-how in die Preconstruction-Phase einzubringen. Der Auftraggeber hat die projektbezogen entstandenen Sach- und Personalkosten zu erstatten. Der Vertrag soll eine genaue Abgrenzung der erstattungsfähigen Kosten vorsehen. Die Kosten werden im Rahmen der Abrechnung hinsichtlich tatsächlich anfallender Arbeitsleistungen ermittelt. Erst dann wird der Gesamtpreis endgültig festgelegt. Wichtig ist bei dieser Vertragsgestaltung, dass alle dazu notwendigen Unterlagen vom Auftraggeber einsehbar sind (sog. Open Books).

Darüber hinaus benötigen diese Vertragsgestaltungen und Unternehmereinsatzformen ein funktionsfähiges Änderungsmanagement, das heißt ein ständiges Gremium, das sich aus Vertretern beider Vertragspartner zusammensetzt und nach vorher festgelegten Methoden und Schemata Leistungsänderungen beurteilt und diese als Nachtragsleistung oder als Optimierung erkennt. Kommt es bei der Bauabwicklung zu Änderungswünschen, so sind die Auswirkungen auf das Projekt einzuschätzen. Sollte es sich um eine schlichte Minderung der vorher vereinbarten Qualitäten handeln, so würden diese Einsparungen ausschließlich an den Auftraggeber gehen und dürften bei der anschließenden Bonifikation nicht berücksichtigt werden. Um diese Einschätzung durchzuführen, ist es notwendig, dass die Arbeit wiederum in einer Teamleistung der einzelnen Vertragspartner erbracht wird. Das ist dann Ausdruck des **Partnering**. Das ist nur bei regelmäßigen Treffen zu bewerkstelligen. Auch hier ist es sinnvoll, ein zweistufiges Verfahren zu installieren. Die erste Stufe ist auf Entscheidungsebene einzurichten, so dass Standardfälle durchgeführt werden können. Auf der zweiten Stufe sollte ein Gremium auf einer höheren Entscheidungsebene installiert werden, die eine Klassifizierung für diejenigen Änderungen vornimmt, für die es in der ersten Stufe zu keiner Einigung gekommen ist. Das Gremium auf der zweiten Ebene sollte paritätisch von beiden Vertragspartnern besetzt werden, wobei zusätzlich eine Schlichtungsinstanz als dritte neutrale Partei vereinbart werden sollte. Hierbei ist es sinnvoll, vor Vertragsabschluss eine Vereinbarung festzulegen. Auch bei der Schlichtung von baubegleitenden Streiten ergeben sich mehrere Möglichkeiten. So die Mediation oder Schlichtung (z.B. SOBau der ARGE Baurecht im DAV oder SGO Bau des Deutschen Betonvereins und Deutschen Gesellschaft für Baurecht).

6. Projektsteuerung

Projektsteuerung wird mit § 31 HOAI in Zusammenhang gebracht. Dies gilt nur für die Vergütung. Der BGH hat § 31 Abs. 2 HOAI bereits wegen Fehlens der Ermächtigungsgrundlage für nichtig erklärt (BGH BauR 1997, 497). § 31 Abs. 1 HOAI besteht weiterhin und beschreibt seit 1977 die Tätigkeit des Projektsteuerers. Diese Tätigkeit hat sich jedoch erheblich gewandelt. Die unter oben Ziffer 5 beschriebenen Partnering-Modelle, die GMP-Abrede und die CM-Abrede sind Weiterentwicklungen. Insgesamt ist auf die Kommentierungen zu § 31 HOAI zu verweisen (*Korbion/Mantscheff/Vygen* § 31 HOAI; *Locher/Koeble/Frik* § 31 HOAI; insgesamt zu beachten: *Eschenbruch* Recht der Projektsteuerung, 2. Aufl., 2003. Weiterhin: *Möller* Ausgewählte Probleme des Projektsteuerungsvertrages BauRB 2005, 116; *Eschenbruch* Die Fortentwicklung der deutschen Projektmanagementpraxis NZBau 2004, 362; *Schill* Die Entwicklung des Rechts der Projektsteuerung seit 2002, NZBau 2005, 489).

154h

E. General- (Haupt-) und Nachunternehmer

Literatur: *Brößkamp* Der Schutz der erbrachten Leistung durch Nachunternehmer bei der Abwicklung eines Generalunternehmervertrages FS Vygen 2000 S. 285; *Brößkamp* Organisationsanforderungen an den Generalunternehmer Jahrbuch Baurecht 2000 S. 137 ff.; *Putzier* Der Pauschalpreisvertrag, 2000; *Eschenbruch* Construction Management NZBau 2001, 585; *Kapellmann* Ein Construction Mangement Vertragsmodell NZBau 2001, 592; *Kehrberg* Die Vergütung des Generalplaners BauR 2001, 1825; *Eschenbruch* Generalunternehmereinsatz: Vergütungsfolgen von Teilkündigungen und Änderungsanordnungen FS Jagenburg 2002 S. 179 ff.; *Hickl* Generalunternehmervertrag und Nachunternehmervertrag – ein Kooperationsverhältnis FS Jagenburg 2002 S. 279 ff.; *v. Wesphalen/Motzke* AGB-Klauseln, Subunternehmerverträge, Stand 1/2002; *Eschenbruch* in *Kapellmann/Vygen*, Jahrbuch Baurecht 2005, Partnering in der Immobilien- und Bauwirtschaft, S. 151 ff; *Theißen/Stollhoff* Das Vertragsrecht für Auftraggeber, 2006; *Würfele/Gralla* Nachtragsmanagement, 2006, Teil IX – Kooperationsmodelle und alternative Vertragsformen, S. 631 ff.

I. Grundsätzliches

Eine **weitere, sehr häufig vorkommende Unternehmereinsatzform** findet sich in **dem General- (Haupt-) Unternehmer** einerseits und dem selbstständig unternehmerisch tätigen **Nachunternehmer** andererseits. Dass die VOB diese mit Ausnahme von § 4 Nr. 8 VOB/B und auch § 16 Nr. 6 VOB/B nicht besonders hervorhebt, hat seinen Grund darin, dass sie **grundsätzlich nur das Verhältnis des Auftraggebers zu dem ihm gegenüber verantwortlichen sowie berechtigten Vertragspartner**, gemeinhin als »Auftragnehmer« bezeichnet, regelt. **Der General- bzw. Hauptunternehmer ist ein solcher Auftragnehmer** i.S.d. Bestimmungen der VOB/B, und zwar grundsätzlich **nur er allein im Verhältnis zum Auftraggeber.** Dagegen ist der **Nachunternehmer zwar auch bauvertraglich gebunden, jedoch nicht an den Auftraggeber, sondern an den Auftragnehmer** (den General- bzw. Hauptunternehmer). Daher wird er auch vielfach – aus der Sicht des Auftraggebers – als **Subunternehmer** bezeichnet. **Unmittelbare vertragliche Rechte und Pflichten zwischen Auftraggeber und Nachunternehmer bestehen grundsätzlich nicht.** Der Nachunternehmer (Subunternehmer) ist für seinen vertraglichen Bereich **Auftragnehmer des Auftragnehmers, der insoweit in eine Auftraggeberstellung einrückt,** ohne dabei selbst »Bauherr« zu werden (BGH BauR 1978, 220). Vertraglich hat man das Haupt- und Nachunternehmerverhältnis als **klassisches Kooperationsverhältnis** am Bauobjekt anzusehen (*Hickl* FS Jagenburg 2002 S. 279 ff.). Also sind **Hauptunternehmer und Nachunternehmer grundsätzlich auch nicht Gesamtschuldner** des

155

Auftraggebers (BGH BauR 1981, 383; OLG Köln SFH § 639 BGB Nr. 24). Eine **unmittelbare Haftung des Nachunternehmers gegenüber dem Bauherrn** (Auftraggeber des Hauptunternehmers) kommt auch **nicht aus dem Gesichtspunkt eines Vertrages mit Schutzwirkung zugunsten Dritter** in Betracht, insofern also auf der Grundlage des Vertrages des Hauptunternehmers mit dem Nachunternehmer. Die vertraglichen Pflichten des Nachunternehmers richten sich allein nach seinem Vertrag mit dem Hauptunternehmer als gegenüber dem Nachunternehmer Berechtigten und Verpflichteten, und zwar grundsätzlich **unabhängig davon, welche Ansprüche der Bauherr und andere Baubeteiligte gegen den Hauptunternehmer besitzen und in welchem Umfang sie davon Gebrauch machen** (BGH BauR 1981, 383); ist die Leistung des Nachunternehmers mangelhaft, so haftet er dem Hauptunternehmer auf Gewährleistung (BGH BauR 1990, 358). Eine darüber hinausgehende Haftung des Nachunternehmers gegenüber dem Auftraggeber – abgesehen von außervertraglichen Haftungsgrundlagen – kommt dagegen **nicht** in Betracht, weil nicht davon auszugehen ist, dass der Hauptunternehmer **über seine normalen werkvertraglichen Pflichten hinaus sozusagen für das Wohl und Wehe seines Auftraggebers verantwortlich** ist, weil er ihm Schutz und Fürsorge zu gewähren hat, es sei denn, es sind besondere vertragliche Vereinbarungen getroffen worden. Eine **Ausnahme** ist allerdings für den Fall zu bejahen, in dem nach § **13 Nr. 3 VOB/B eine Risikoverlagerung auf den Auftraggeber** eingetreten ist (*Nicklisch/Weick* § 13 VOB/B Rn. 62). Im Übrigen ist es grundsätzlich möglich, dass der Hauptunternehmer aus seinem Vertrag mit dem Nachunternehmer seine Ansprüche an den Auftraggeber **abtritt** (Doerry ZfBR 1982, 192 m.w.N.). Andererseits wird der Nachunternehmer nicht schon dann Vertragspartner des Auftraggebers des Hauptunternehmers, wenn lediglich vereinbart ist, dass der Nachunternehmer seine Rechnungen unmittelbar dem Auftraggeber zuleiten und dieser seine Zahlungen direkt an den Nachunternehmer leisten soll (BGH WM 1974, 197). Erst recht gilt dies, wenn zwischen Auftraggeber und Generalunternehmer vereinbart ist, dieser solle Abschlagszahlungen »zweckgebunden« an den Nachunternehmer leisten. Zu beachten ist aber: Nimmt der Auftraggeber vom Nachunternehmer, dem zukünftige Vergütungsansprüche des Hauptunternehmers abgetreten worden sind, nach Kündigung des Vertrages mit dem Hauptunternehmer weiter Leistungen entgegen, ohne den Nachunternehmer von der Kündigung zu unterrichten, so kann darin nach § 242 BGB die **zum Schadensersatz verpflichtende Verletzung der Vereinbarung liegen,** in der sich der Auftraggeber **im eigenen Interesse** dem Nachunternehmer verpflichtet hatte, der Abtretung zuzustimmen (BGH BauR 1993, 223). Dies ist i.d.R. der Fall, wenn die Zustimmung des Auftraggebers zur Abtretung an den Nachunternehmer darauf beruht, dass der leistungsfähige Nachunternehmer **eher in der Lage zu sein scheint, die Bauleistung fristgerecht und pünktlich zu erbringen.** Behauptet der Nachunternehmer, seine Nachunternehmerleistung sei durch spätere Vereinbarung mit dem Auftraggeber und dem Hauptunternehmer aus dem Aufgabenbereich des Hauptunternehmers herausgenommen und es seien unmittelbare vertragliche Beziehungen zwischen ihm und dem Auftraggeber entstanden, so trägt er dafür die **Beweislast** (BGH SFH Z 2.10 Bl. 29). Andererseits ist der **Nachunternehmer** für den Bereich des Bauvertrages zwischen dem Auftraggeber und dem Hauptunternehmer **Erfüllungsgehilfe des Letzteren.** Zur **Teilkündigung** und **Änderungsanordnungen** bei Generalunternehmerverträgen, insbesondere zum Schicksal der Vergabegewinne des Generalunternehmers und zu den Grenzen analoger Kalkulation bei Kündigungen und Änderungen vgl. Eschenbruch, FS Jagenburg, 2002, S. 179 ff.

156 Der im Allgemeinen über bestimmte bauliche Fachbereiche hinausgehende Generalunternehmer- bzw. Hauptunternehmervertrag ist heute die Regel, vor allem im Bereich des fortschreitenden schlüsselfertigen Bauens oder bei Fertig- oder Fertigteilbauten. Dies gilt auch im Rahmen von Vergaben nach Leistungsprogramm (so schon *Nicklisch* BB 1974, Beilage 10, S. 9). Gleiches gilt vor allem bei sonstigen Bauten, hinsichtlich derer über die Bauerrichtung selbst hinausgehende vertragliche Vereinbarungen bestehen, wie z.B. auch beim Anlagenbau usw., besonders im Bereich der Planung.

157 Der Generalunternehmer darf gegenüber dem Bauherrn als seinem Auftraggeber nur solche Leistungen berechnen, die den Wert der von ihm zu erbringenden Leistung abdecken. So ist eine **Provisi-**

onsabrede zwischen einem Generalunternehmer und einem Treuhänder eines Bauherrenmodells, die im unmittelbaren Zusammenhang mit dem Abschluss eines Generalunternehmervertrages getroffen wird, wegen Verstoßes gegen die guten Sitten nichtig; diese Sittenwidrigkeit führt zugleich auch zur Nichtigkeit des Generalunternehmervertrages, weil nicht auszuschließen ist, dass die Provisionsabrede den Abschluss oder jedenfalls den Inhalt des Generalunternehmervertrages für die Bauherrn negativ beeinflusst hat und dem von dem Treuhänder vertretenen Bauherren von dieser Provisionsabrede nichts bekannt war; die Nichtigkeit des Generalunternehmervertrages hat auch zur Folge, dass dem Generalunternehmer trotz seitens der Bauherren rechtsgrundlos erfolgter Kündigung des Bauvertrages (vgl. § 8 Nr. 1 VOB/B) kein Vergütungsanspruch für die nicht ausgeführten Leistungen zusteht, und zwar auch nicht gegen die Treuhänderin, deren Geschäftsführer auch einer der Bauherren war, da der Generalunternehmervertrag nur einheitlich und damit auch zu dessen Gunsten nichtig sein kann (OLG Düsseldorf BauR 1990, 618).

II. Generalunternehmer – Hauptunternehmer

Begriffswesentlich für die Form des **Generalunternehmers** ist, dass an ihn **sämtliche zu einem Bauvorhaben gehörigen Leistungen,** u.U. auch Planungsarbeiten (dann trifft auf diesen eher der Begriff »Totalunternehmer« zu; so auch *Nicklisch/Weick* Einl. Rn. 63, der den Begriff »Projektunternehmer« verwendet), vergeben werden und dass er einen **Teil davon selbst ausführt,** einen anderen Teil – mit Genehmigung des Auftraggebers (vgl. § 4 Nr. 8 VOB/B) – von einem oder mehreren Nachunternehmern erstellen lässt. Der **Hauptunternehmer** unterscheidet sich vom Generalunternehmer nur dadurch, dass er **nicht alle zu einem Bauvorhaben gehörigen Leistungen im Auftrag hat, sondern** gemäß der jeweiligen Ausschreibung **nur einen Teil derselben.** Auch hier ist es erforderlich, dass der Auftragnehmer (Hauptunternehmer) einen – wesentlichen – Teil des ihm in Auftrag gegebenen Teils **selbst ausführt** und einen anderen an Nachunternehmer vergibt. **Unterschiede zwischen Generalunternehmer und Hauptunternehmer bestehen also nur im Umfang der ihnen vom Auftraggeber übertragenen Leistung** (OLG Frankfurt/M. BauR 1999, 49). Diese Unterscheidung wird vor allem auch durch die Regelung in Nr. 3.1 und 3.2 VHB zu § 8 VOB/A herausgestellt. Sonst bestehen in rechtlicher Hinsicht zwischen Generalunternehmer und Hauptunternehmer **grundsätzlich keine besonderen Unterschiede, insbesondere nicht im Verhältnis zum Auftraggeber. Daher werden in der nachfolgenden Kommentierung General- und Hauptunternehmer einheitlich erörtert, wobei der Einfachheit halber die Bezeichnung »Generalunternehmer« gebraucht wird.** Zu beachten ist, dass üblicherweise Standardverträge benutzt werden, die den §§ 305 ff. BGB zwingend unterliegen. Durch vorformulierte Vertragsbedingungen besteht allerdings nur in begrenztem Maße eine Möglichkeit, dass der Auftragnehmer (GU) auf die Vertragsbestimmungen einwirken kann, da die Vertragsbedingungen meist auftraggeberfreundlich gehalten sind (siehe: *Putzier* Pauschalpreisverträge Rn. 641 ff. zu GU-Verträgen). Maßgeblich ist die korrekte Regelung der Vertragsstrafe, der Gewährleistungsregelung, der Sicherheitsleistungen und der Erweiterung und Begrenzung der Haftung. Meist werden dem Vertrag die Überlegungen des Auftraggebers zugrunde gelegt, auf der Basis einer funktionen Ausschreibung oder Beschreibung der Leistungsverpflichtung und damit eines Leistungsprogramms zugrunde zu legen. Vielfach wird damit das Massen und Mengenrisiko, sowie die Übernahme des Koplettheitsrisikos und Leistungsermittlungsrisikos vollständig dem Generalunternehmer überbürdet, was zu weiteren Schwierigkeiten bei der Weitergabe dieses Leistungsumfangs an die Nachunternehmer führt. Sog. Komplettheits- oder Schlüsselfertigkeitsklauseln in Generalunternehmerverträgen sind allerdings nur dann deklaratorisch zu betrachten, wenn die Leistungsbeschreibung für beide Seiten gewollt und damit auch für Dritte erkennbar gewollt erfolgsorientiert beschrieben wird (siehe hierzu Kommentierung unter § 2 VOB/B).

158

III. Generalunternehmer ist Alleinunternehmer gegenüber Auftraggeber

159 Der **Generalunternehmer** steht dem Bauherrn vertraglich so gegenüber, als ob es sich um einen **Alleinunternehmer** handelt (BauR 1974, 134 m. Anm. *Hartmann*). Der Unterschied liegt nur darin begründet, dass der Generalunternehmer nicht wie der eigentliche Alleinunternehmer den gesamten an ihn vergebenen Auftrag selbst ausführen muss. Er kann sich vielmehr kraft ausdrücklicher Gestattung des Auftraggebers anderer Unternehmer zur Ausführung von Teil- oder Fachleistungen der ihm übertragenen Gesamtarbeit bedienen, ohne dass die anderen Unternehmer in ein Vertragsverhältnis zum Auftraggeber gelangen.

160 Allerdings ist die Weitergabe der mit dem Auftraggeber vereinbarten Vertragsziele im Verhältnis zum Nachunternehmer schwierig. Die gleichen Vertragsbedingungen können meist nicht 1:1 durchgesetzt werden oder werden schlicht zu einfach und ohne Überlegung weitergereicht. Das macht den Vertrag grundsätzlich nicht mehr richtig »handhabbar«. Die Verträge stehen selbstständig nebeneinander. Im Übrigen ist jeweils §§ 305 ff. BGB insbesondere bei den Nachunternehmerverträgen zu beachten, weil auf die Aushandelung der GU-Verträge mehr Gewicht gelegt wird.

161 Daraus ergibt sich zunächst, dass der **Nachunternehmer für den Bereich des Bauvertrages zwischen dem Auftraggeber und dem Generalunternehmer** hinsichtlich der ihm von Letzterem befugtermaßen (§ 4 Nr. 8 VOB/B) übertragenen Leistung als dessen **Erfüllungsgehilfe** mit den sich aus den §§ 276, 278 BGB ergebenden Folgen zu gelten hat (*Werth* BauR 1976, 80; BGH BauR 1976, 131; BGH BauR 1979, 324; BGH BauR 1981, 383). **Nicht** gilt das umgekehrt im Verhältnis des Generalunternehmers zum Subunternehmer im Hinblick auf den Auftraggeber. Letzterer ist grundsätzlich nicht Erfüllungsgehilfe des Generalunternehmers bei der Erfüllung dessen vertraglicher Pflichten gegenüber dem Nachunternehmer (OLG Stuttgart BauR 1997, 850). Eine Ausnahme gilt nur, wenn der Auftraggeber gegenüber dem Generalunternehmer oder dem Nachunternehmer oder gegenüber beiden eine Verpflichtung erfüllen will, die an sich vertragliche Verpflichtung oder Obliegenheit des Generalunternehmers gegenüber dem Nachunternehmer ist, wie z.B. den Abruf der Bauleistung. Maßgebend ist dabei, ob der Auftraggeber mit Willen des Generalunternehmers als dessen Hilfsperson bei der Erfüllung von Verpflichtungen des Generalunternehmers für diesen gegenüber dem Nachunternehmer tätig sein will, wobei es keinen Unterschied macht, ob es sich um Hauptpflichten, Nebenpflichten oder nur um Obliegenheiten handelt (*Kniffka* ZfBR 1991, 8, 9; *Werth* BauR 1976, 80). Anders als bei der Erfüllungsgehilfeneigenschaft ist der **Nachunternehmer nicht Verrichtungsgehilfe des Generalunternehmers** (§ 831 BGB), weil es sich bei dem Nachunternehmer um einen **selbstständigen Unternehmer** handelt, der im Bereich der Haftung aus unerlaubter Handlung **dem Geschädigten unmittelbar** haftet (BGH BauR 1994, 780; BGH BauR 1998, 351).

162 Die Vorunternehmerhaftung (Generalunternehmer ist üblicherweise Auftraggeber mehrerer Subunternehmer) ist ebenfalls nicht unproblematisch. Der BGH hatte zunächst die Haftung des Generalunternehmers für verspätete Fertigstellung eines Unternehmers gegenüber einem weiteren Subunternehmer (Folgeunternehmer) gem. § 6 Nr. 6 VOB/B abgelehnt (BGH BauR 1985, 561; BGH BauR 2000, 722). Allerdings ist der Schadenersatz über § 642 BGB nunmehr anerkannt (BGH BauR 2000, 722, 725). Dies ist für den Generalunternehmer insoweit gefährlich, als § 642 BGB verschuldensunabhängigen Ersatzanspruch dem Nachunterunternehmer gegenüber dem Generalunternehmer bietet. Dies wird bei dem Zeitverzug des Vorunternehmers angenommen. Es muss jedoch der Nachunternehmer den Generalunternehmer in Annahmeverzug setzen und der Nachunternehmer zum Zeitpunkt des Verzuges leistungsbereit und –fähig sein. Der Nachunternehmer hat daher die Leistung ausdrücklich anzubieten, die Behinderung anzumelden und auf die fehlende Vorleistung ausdrücklich und eindringlich hinzuweisen (siehe hierzu Kommentierung unter § 6 VOB/B).

163 Wird der Eigentümer des Grundstücks hinsichtlich vertraglicher **Schutz- und Nebenpflichten** in den Werkvertrag zwischen Haupt- und Subunternehmer einbezogen, so bestehen nach den Grundsätzen der **Schutzwirkung zugunsten Dritter** i.V.m. § 278 BGB Haftungsansprüche des Bauherrn gegen den Auftragnehmer (OLG Celle BauR 2000, 580).

Die Stellung des Generalunternehmers ist als eine **Obhuts- und Vermittleraufgabe** zwischen dem Auftraggeber und dem Nachunternehmer zu kennzeichnen. In diesem Verhältnis ist er verpflichtet, sowohl die Interessen des Auftraggebers als auch die des Nachunternehmers nach **objektiven** Gesichtspunkten zu wahren. Hieraus folgt: Der Generalunternehmer darf, will er sich nicht einer **positiven Vertragsverletzung** gegenüber dem Auftraggeber schuldig machen, nur solche Forderungen des Nachunternehmers vertreten und als berechtigt anerkennen, die er **nach sorgfältiger Prüfung selbst für begründet hält**. Andererseits kann er dem Nachunternehmer schadensersatzpflichtig sein, wenn er z.B. bei der Überprüfung der Rechnung des Nachunternehmers objektiv Fehler macht und diese Fehler erkannt hat oder hätte erkennen müssen (BGH VersR 1964, 298). Im Allgemeinen gehen diese **Obhuts- und Treuepflichten** des Generalunternehmers aber **nicht über** den Rahmen hinaus, der durch **den konkreten Vertrag** oder die **Allgemeinen Vertragsbedingungen der VOB** im Hinblick auf seine Auftragnehmerstellung gegenüber dem Auftraggeber und im Hinblick auf seine Auftraggeberstellung gegenüber dem Nachunternehmer gekennzeichnet ist (*Locher* NJW 1980, 2335), insbesondere kann dem Generalunternehmer nicht eine bloße Risiko- oder Gefährdungshaftung auferlegt werden (*Werth* BauR 1976, 80). Jedoch ist er gegenüber dem Nachunternehmer verpflichtet, einen diesem von dem Auftraggeber zugefügten Schaden aus dem Gesichtspunkt der **Drittschadensliquidation** geltend zu machen (*Werth* BauR 1976, 80). Dem steht die zur Frage der Drittschadensliquidation durchaus gebotene enge Auslegung (*Feudner* BauR 1984, 257) nicht entgegen. **164**

1. Vertragliche Beziehungen grundsätzlich nur zwischen Generalunternehmer und Auftraggeber

Der Generalunternehmer ist nach dem Gesagten **Auftragnehmer hinsichtlich der Gesamtbauleistung** oder der Bauleistung, soweit sie an ihn vergeben worden ist (beim Hauptunternehmer), und deshalb dem Auftraggeber für alle damit verbundenen Pflichten und Befugnisse selbst verantwortlich und berechtigt. Deshalb braucht der Auftraggeber z.B. auf Nachbesserungsvorschläge von Nachunternehmern nicht einzugehen, solange der Generalunternehmer ihm nicht zuvor ein Gesamtkonzept mit Terminvorschlägen unterbreitet hat (OLG Celle BauR 1997, 1049). Alle Bestimmungen des Bauvertrages treffen gegenüber dem Bauherrn **nur ihn allein**. Unmittelbare **vertragliche Rechte und Pflichten** aus dem Bauvertrag kommen **zwischen dem Auftraggeber und** den vom Generalunternehmer herangezogenen **Nachunternehmern im Allgemeinen nicht** zum Entstehen. Nicht ist hier aber der Fall erfasst, in dem der Auftraggeber z.B. unmittelbar einen Nachunternehmer beauftragt, das im Vertrag mit dem Auftragnehmer vorgesehene Eichenparkett in Buchenparkett einzubauen und dieses nicht mit dem konventionellen lösemittelhaltigen Kleber, sondern mit einem sog. Ökokleber zu versehen, da hierdurch ein unmittelbarer Vertrag zwischen Auftraggeber und Nachunternehmer zustande kommt (OLG Koblenz BauR 1996, 868). Darüber hinaus kann der Nachunternehmer vom Auftraggeber grundsätzlich auch nicht aus Geschäftsführung ohne Auftrag oder ungerechtfertigter Bereicherung die Bezahlung seiner Vergütung verlangen (LG Hamburg MDR 1965, 823; BGH BauR 2004, 1151). Letzteres kann nur in Betracht kommen, wenn der »Hauptvertrag« zwischen dem Auftraggeber und dem Generalunternehmer im Umfang der vom »Nachunternehmer« erbrachten Leistung nicht besteht, weil dieser insoweit Nebenunternehmer ist (BGH BauR 1974, 134). Der wirkliche Nachunternehmer kann daher nur ausnahmsweise einen unmittelbaren Vergütungsanspruch für seine Leistung gegenüber dem Bauherrn haben, z.B., wenn dieser ihm gegenüber unmittelbar wegen der Bezahlung eine Garantieverpflichtung eingegangen ist. Diese kann in der Erklärung liegen, er werde in jedem Falle, gegebenenfalls aus seinem Vermögen, für die Bezahlung der Leistung des Nachunternehmers sorgen (BGH SFH Z 2.300 Bl. 22). Ebenso trifft dies zu, wenn der Generalunternehmer in Vermögensverfall geraten ist und sich der Auftraggeber verpflichtet hat, ausstehende Abschlagsrechnungen und die weiteren Leistungen des Nachunterneh- **165** mers zu bezahlen, und zwar im erkennbaren eigenen Interesse auf Fortführung der Bauarbeiten; dann kann im Einzelfall von einem Schuldbeitritt des Auftraggebers mit Wirkung nach außen gesprochen werden (OLG Oldenburg BauR 1986, 586; OLG Hamm OLGR 1992, 293). Gehen der Generalunternehmer und der Subunternehmer davon aus, dass der Generalunternehmer wirtschaftlich gesund sei und vereinbaren, dass der Generalunternehmer den Subunternhmer erst bezahlen muss, wenn er seinerseits vom Auftraggeber bezahlt wurde, dann fällt mit der Insolvenz des Hauptauftraggebers die Geschäftsgrundlage für die Stundung weg. Die Abrede ist dann zu anzupassen, das Generalunternehmer und Subunternehmer sich den Ausfall teilen (OLG Dresden BauR 2003, 1614). Versäumt der Subunternehmer die Vergütungsankündigung gem. § 2 Nr. 6 VOB/B gegenüber dem Hauptunternehmer, so kann er an der Durchsetzung seines Vergütungsanspruchs schon deshalb ganz oder teilweise gehindert sein, weil der Hauptunternehmer seinen inhaltsgleichen Anspruch aus § 2 Nr. 6 VOB/B wegen nicht rechtzeitiger Abkündigungen gegenüber dem Bauherrn ganz oder teilweise nicht durchsetzen kann (OLG Nürnberg IBR 2003, 120). Der Generalunternehmer hat sich um Verhältnis zum Auftraggeber im Rahmen seiner Verpflichtung zur Bedenkenanmeldung Kenntnisse seines Subunternehmers nach § 278 BGB zurechnen zu lassen (OLG Dresden BauR 2003, 262).

166 Andererseits: Seitens des mit **Inkassovollmacht** ausgestatteten Subunternehmers kann ein **Schuldbeitritt** zur Leistungsverpflichtung des Generalunternehmers gegenüber dem Bauherrn vorliegen, wenn er Kenntnis von dem bevorstehenden Insolvenz des Generalunternehmers hat und dem Bauherrn erklärt, im Falle der Zahlung einer noch nicht fälligen Werklohnrate die dann vorzeitig bezahlte Werkleistung sofort erbringen zu wollen (BGH SFH § 278 BGB Nr. 1). Außerdem kann beim VOB/B-Vertrag in dem **Insolvenzverfahren** über das Vermögen des Hauptunternehmers vom Nachunternehmer Minderung statt Nachbesserung auch dann verlangt werden, wenn dem Auftraggeber wegen Mängel nur eine Insolvenzforderung zusteht (BGH Urt. v. 10.8.2006 IX ZR 28/05). Ein Subunternehmer, der unter umfassender Regelung seines Werklohnes von einem Generalunternhmer mit Bauleistungen beauftragt wird, hat gegen den Auftraggeber des Generalunternehmers, dem die Bauleistungen zugute kommen, keinen Aufwendungsersatzanspruch aus Geschäftsführung ohne Auftrag (BGH BauR 2004, 1151).

2. Weitervergabe von Leistungen an Nachunternehmer

167 Die Weitergabe von Teilen der Vertragsleistung auf einen Nachunternehmer hat nach wie vor als **Ausnahme** und nicht als die Regel zu gelten. Dies folgt, worauf in Nr. 3.2 VHB zu § 8 VOB/A sowie Nr. 4 VHB zu § 4 VOB/B mit Recht hingewiesen wird, aus § 4 Nr. 8 Abs. 1 S. 2 VOB/B, wonach der Einsatz von Nachunternehmern an die **schriftliche Zustimmung des Auftraggebers** gebunden ist, es sei denn, dass es sich um Teilleistungen handelt, auf die der Betrieb des Auftragnehmers nicht eingerichtet ist. Des Weiteren ergibt sich dies aus § 4 Nr. 8 Abs. 3 VOB/B, wonach der Auftragnehmer dem Auftraggeber auf Verlangen die Nachunternehmer bekanntzugeben hat. Auch ist es geboten, dass der Auftragnehmer nur solche Teile aus der ihm vertraglich übertragenen Bauleistung an Nachunternehmer vergibt, die eine **für sich abschließende Beurteilung** sowohl für den Bereich der zeitgerechten und ordnungsgemäßen Erfüllung sowie Gewährleistung als auch für den Rahmen der Vergütung zulassen. Dies muss im ureigenen Interesse des Generalunternehmers sein, der dem Auftraggeber für eine ordnungsgemäße Erstellung der ihm übertragenen vertraglichen Gesamtleistung **allein einzustehen** hat. Daraus folgt auch, dass im Regelfall der Nachunternehmer nicht Verrichtungsgehilfe des Hauptunternehmers ist. Es fehlt in diesem Verhältnis an der Weisungsgebundenheit (OLG Celle BauR 2004, 105).

3. Organisationsverschulden; Baugeld

168 Folge der schuldrechtlichen Verpflichtung des Generalunternehmers gegenüber dem Bauherrn ist, dass er bei arbeitsteiliger Leistung die organisatorischen Voraussetzungen schaffen muss, den Bauablauf zu koordinieren. Hierzu zählt u.a. auch die Möglichkeit der Beurteilung des Baufortschritts und der Abnahme. Daraus resultiert ein **Organisationsverschulden,** da der Unternehmer über § 278 BGB sich die Handlungen der von ihm eingesetzten Unternehmer zurechnen lassen muss (BGH NJW 1992, 1754; BGH BauR 1974, 130; OLG Hamm BauR 1999, 767). Folge wäre u.U. auch die 3-jährige Verjährung von Ansprüchen. Daher hat der Generalunternehmer einen Organisationsmaßstab aufzustellen. Maßstab ist hier nicht DIN EN ISO 9001 ff. (*Brößkamp* Jahrbuch Baurecht 2000 S. 137, 140.) da die lediglich Zertifizierung nur innerbetriebliche Auswirkungen im Rahmen eines Ablaufprogramms hat, also nur ein Teil des Maßstabes darstellt. Wesentlich sind rein nach außen tretende Organisationsteilgebiete, wie Kalkulation, Leistungsverzeichnis, Pläne sowie vertragliche Klarstellungen der Organisationsstruktur (auch: -ablauf) mit dem Nachunternehmer und dessen praktische Einbindung in den Hauptvertrag, Architekten und Fachplaner, die genaue Regelung der Abnahme und dessen Ablauf mit Einplanung der Konsequenzen (Nachbesserung, Änderung der Ausführung, usw.), sowie Regelung des »**Durchgriffs**« auf den **Nachunternehmer** bei Schadens- und Mangelfällen durch den Bauherrn direkt (BGH BauR 1989, 322). Die Organisationsverpflichtung gilt auch dann, wenn der Generalunternehmer wesentlichen Einfluss auf den Bauablauf nehmen kann und ihm die Gefährdung von bereits erbrachten Leistungen durch Nachfolgeunternehmer bekannt sein dürfte (z.B. Fenstereinbau und nachfolgend verunreinigende Putzarbeiten; *Brößkamp* FS Vygen 1999 S. 285; BGH BauR 1989, 500; 1992, 500). Daher muss sich der Generalunternehmer ein Organisationsverschulden seines Subunternehmers, welches dem arglistigen Verschweigen gleich steht zurechnen lassen, wenn allein das Wissen und die Mitteilung des Subunternehmers ihn in die Lage versetzt, seiner Offenbarungspflicht nachzukommen. Dies ist der Fall, wenn der Generalunternehmer abgrenzbare Teile der Leistung an den Subunternhmer vergibt, ohne selbst an ihnen mitzuwirken oder sie verantwortlich zu beaufsichtigen (OLG Karlsruhe IBR 2006, 327). Ein Generalunternehmer ist gegenüber den Mitarbeitern des Subunternehmers nicht zur Überprüfung verpflichtet, ob die vom Subunternehmer eingerichteten und nur von seinen Mitarbeitern genutzten Sicherungsmaßnahmen den **Unfallverhütungsvorschriften** entsprechen (OLG Köln BauR 2004, 1321). Die **Verkehrssicherungspflicht** des Subunternehmers und nicht des Generalunternehmers auf der Baustelle endet nicht mit Abzug, sondern erst bei dauerhafter Absicherung, insbesonder wenn Nachgewerke noch bearbeitet werden (OLG München MDR 2005, 1050).

Hierzu auch: Bei zweckwidriger Verwendung von **Baugeld** kommt eine persönliche Haftung des Geschäftsführers und anderer verantwortlicher Personen in Betracht (BGH a.a.O.). Wird durch den Bauherrn Baugeld veruntreut, so haftet dieser unmittelbar gegenüber den Nachunternehmern, wenn diese im Verhältnis zum Generalunternehmer Zahlungsausfälle haben (OLG Dresden BauR 2005, 1345). Im Übrigen ist neben dem Generalunternehmer, dem Generalübernehmer, auch der Verkäufer schlüsselfertiger Häuser, der über die Verwendung der Baugelder an die am Bau beteiligten Firmen entscheidet. Der Anwendungsbereich des § 1 GSB ist auszudehnen, damit der Schutz der am Bau Beteiligten nicht umgangen werden kann. Der Unternehmer, der nur mit einzelnen Gewerken beauftragt ist, ist kein Empfänger von Baugeld (OLG Düsseldorf BauR 2005, 1217). Verlangt der Auftragnehmer als Baugeldgläubiger vom Geschäftsführer des Generalunternehmers Schadensersatz wegen Zweckentfremdung von Baugeld, so haftet dieser grundsätzlich in Höhe des Ausfallschadens. Die nicht mehr realisierte Vergütungsforderung ist jedoch wegen vorhandener Mängel zu mindern, wobei es unerheblich ist, ob der Auftragnehmer hätte nachbessern können oder die Kosten einer Nachbesserung durch Dritte hätte tragen müssen oder sich der insolvente Generalunternehmer überhaupt auf die Mängel beruft (OLG München BauR 2005, 884). Wird bei einem Bauträgerkredit die Darlehnsvaluta nach Maßgabe des Fortschreitens des Baues ausgezahlt, ist regelmäßig davon auszugehen, dass die im Generalunternehmervertrag vereinbarte Vergütung Baugeld i.S.d. § 1 Abs. 3 GSB ist. Verwendet der Generalunternehmer das Baugeld zur Bestreitung seiner Allgemeinen Geschäftskosten, liegt hierin ein Verstoß gegen die Baugeldverwendungspflicht des § 1 Abs. 1 GSB (OLG Stuttgart IBR 2005, 325). Als Baugeld i.S.d. § 1 Abs. 3 GSB sind auch Kredite anzusehen, die nach den Verträgen für die Verbindlichkeiten aus Bauleistungen verwendet werden sollen. Dazu gehören sowohl Zahlungen der Erwerber als auch die von Banken eingeräumten Kontokorrentkredite, wenn diese darüber als Baugeld verfügen konnte, also die Kreditlinie nicht ausgeschöpft war (OLG Hamm BauR 2006, 123).

170 Der lediglich mit einem Teil des Baues beauftragte **Subunternehmer** ist **nicht Empfänger** von **Baugeld**. Er unterliegt hinsichtlich seines Werklohns nicht der Verwendungspflicht des § 1 Abs. 1 GSB, was aus den oben geschilderten Vertragsverhältnissen folgt (BGH BauR 2000, 573; *Bruns* NZBau 2000, 180). Dies gilt auch im Falle der Insolvenz: Erhält der Empfänger von Baugeld im Falle einer gemischten Finanzierung des Bauvorhabens (modifiziertes Baugeld) durch den Bauherrn sowohl ungesicherte Gelder als auch gesicherte Finanzierungsmittel (Baugeld), ist folgende Reihenfolge bei der Verwendung der erhaltenen Gelder unter Beachtung der Baugeldverwendungspflicht gem. § 1 Abs. 1 GSB zu beachten: Zuerst sind die ungesicherten Gelder zu verwenden. Erst danach, wenn nämlich die Baugelder zur Finanzierung des Restbauwerkes ausreichen, dürfen die Baugelder verwendet werden (OLG Dresden IBR 1999, 372). Dies gilt nur für Bauträger, Generalübernehmer und Generalunternehmer als Baugeldempfänger in Ihrer treuhänderischen Stellung.

171 Dem Generalunternehmer, der die gesamte Planung und Bauausführung schuldet, kann die Eintragung einer **Bauhandwerkersicherungshypothek** nach erfolgter fristlser Kündigung nicht verlangen, selbst wenn er die Genehmigungsplanung erstellt, die Baugenehmigung erlangt und den Mutterboden abgetragen hat (OLG Hamm BauR 2000, 900).

IV. Generalübernehmer

Literatur zum Thema: *Fietz* Die Auftragsvergabe an Generalübernehmer – ein Tabu?, NZBau 2003, 426; *Schneevogel* Generalübernehmervergabe – Paradigmenwechsel im Vergaberecht, NZBau 2004, 418; *Stoye* Generalübernehmervergabe – nötig ist ein Paradigmenwechsel bei den Vergaberechtlern, NZBau 2004, 648; *Bartl* Angebote von Generalübernehmern in Vergabeverfahren, NZBau 2005, 195.

1. Allgemeines und Abgrenzung auch zum Bauherrenmodell und Bauträgervertrag

172 Vom Generalunternehmer zu unterscheiden ist der **Generalübernehmer** (*Koeble* Rechtshandbuch f. Immobilien, Teil 3, 37 Rn. 1 ff. [Stand 1998]). Während Ersterer auf der Auftragnehmerseite steht, steht der Letztere auf der Seite des Auftraggebers. Er übernimmt im Verhältnis zum Auftragnehmer bzw. den Auftragnehmern die **Rolle des Auftraggebers,** ohne dadurch allerdings selbst Bauherr zu werden (BGH BauR 1997, 220). Ein Generalübernehmer ist ein Unternehmer, der selbst keinerlei Bauleistungen ausführt, sondern sämtliche Leistungen an Nachunternehmer weiter vergibt. Er tritt lediglich als Vermittler auf, der Planungs-, Koordinierungs- und Überwachungsleistungen erbringt. **Gegenüber dem Bauherrn hat er seinen eigenen Vertrag,** der im Allgemeinen auch als Werkvertrag i.S. einer Geschäftsbesorgung (vgl. § 673 BGB) zu kennzeichnen ist. Vielfach handelt es sich bei den Generalübernehmern um Architekten oder so genannte Bauträger, die im Allgemeinen ohne Verstoß gegen Art. 10 § 3 MRVG (BGH BauR 1984, 192) neben den ihnen oder Dritten obliegenden Planungs- und Aufsichtsaufgaben bzw. Betreuungsaufgaben noch das **so genannte Management** (unter Umständen als Generaltreuhänder; vgl. auch *Brandt* BauR 1976, 21) übernehmen, nicht aber selbst Bauleistungen ausführen. Es ist also nicht der sonst übliche Architekt, der im Namen des Bauherrn handelt, sondern der Generalübernehmer wird regelmäßig **selbst aus dem Vertrag mit dem Auftragnehmer berechtigt und verpflichtet,** wie z.B. auch zur Beschaffung der Baugenehmigung. Derartige Verträge findet man häufig im Bereich des **schlüsselfertigen Bauens**. Vom **Bauherrenmodell** unterscheidet sich das Generalübernehmermodell in vertraglicher, schuldrechtlicher Hinsicht, nicht aber in dinglicher. Beim Bauherrenmodell bestehen Vertragsbeziehungen hinsichtlich der Bauerrichtung nicht zwischen Baubetreuer und Bauherren. Beim Generalübernehmer dagegen schließt der Bauherr einen Vertrag mit dem Generalunternehmer über einen Bau- und ggf. einen Kaufvertrag ab. In dinglicher Hinsicht bestehen zum Bauherrenmodell aber keine Unterschie-

de, da die Auflassung vor Baubeginn erfolgt und nach Zahlung des auf das Grundstück entfallenden Vergütungsanteils. Ebenfalls ist dem Generalübernehmermodell eigen, dass der Erwerber entweder vom Veräußerer oder von einem Dritten vor Baubeginn das Eigentum erwirbt. Daher bleibt bis zum Erwerb des Eigentums der Veräußerer oder Dritte Eigentümer, danach der Erwerber. Daher finden ab diesem Zeitpunkt erst die Regeln des § 34c GewO sowie der MaBV Anwendung (*Reithmann* DNotZ 1996, 1051; *Koeble* NJW 1992, 1142; *Koeble* Rechtshandbuch f. Immobilien S. 37 Rn. 1). Der Generalübernehmervertrag weist daher erhebliche Bezüge zur Geschäftsbesorgung auf (§§ 675 ff. BGB; BGH BauR 1987, 702) mit der Einschränkung, dass hier die VOB/B als Ganzes auch nicht in Betracht kommt. Dies liegt an den Pflichten des Generalübernehmers, wie Planung, Projektmanagement und -steuerung, sowie der Bauausführung und Abwicklung. **Im Übrigen**: Beim **Bauträgervertrag** erwirbt der Käufer das Recht auf die Vormerkung nach Zahlung des Anteils auf das Grundstück; beim Generalübernehmervertrag erwirbt er sofort Eigentum mit der Zahlung des Grundstückskaufpreises. Damit ist die Abwicklung sicherer. Der Generalübernehmervertrag ist daher ein Vertragstyp des **Totalübernehmers** oder auch **Totalunternehmer**, je nach Schwerpunkt der eigentlich ausgeübten Tätigkeit. Der typische Generalübernehmervertrag besteht aus mindestens zwei Verträgen, nämlich einem Vertragsteil über den Erwerb des Eigentums (Kaufvertrag) und ein zweiter Vertragsteil über die Bauerrichtung (Werkvertrag). Als dritter Vertragsteil kann der über Planungsleistungen hinzutreten. Hinzuweisen ist darauf, dass im Falle, dass **ein anderer** als der Unternehmer hier das Eigentum überträgt, der Vertrag **beurkundungspflichtig** ist. Im Übrigen handelt es sich wieder um einen Bauträgervertrag, wenn zuvor das Eigentum bis Baubeginn **nicht** verschafft wurde (*Koeble* Rechtshandbuch f. Immobilien S. 37 Rn. 5a).

2. Vereinbarung der VOB/B; Allgemeine Geschäftsbedingungen

In einem solchen Vertrag können nicht allein die Bestimmungen der VOB/B – auch nicht als Ganzes – vereinbart werden, ohne hierdurch diese Regelungen (wie z.B. angesichts der Bestimmungen in den §§ 308 Nr. 5, 309 Nr. 5 BGB hier §§ 12 Nr. 5, 13 Nr. 4, 15 Nr. 3 S. 5, 16 Nr. 6 S. 2VOB/B) zu gefährden. Denn die von **dem Generalübernehmer gegenüber dem Bauherrn zu erbringenden Leistungen werden von dem Regelungsgehalt der VOB/B, der durch § 1 VOB/A bestimmt ist, im Rahmen eines hier einheitlich zu bewertenden Vertrages jedenfalls zum Teil nicht erfasst** (BGH BauR 1987, 702; a.A. auch *Kapellmann/Schiffers* Bd. 2 Rn. 450; OLG Bamberg BauR 1999, 650; *Eschenbruch* Rn. 68 ff.). Außerdem kommt für öffentliche Auftraggeber eine Vergabe an Generalübernehmer nicht in Betracht, weil nach § 8 Nr. 2 Abs. 1 VOB/A Bauleistungen nur an Unternehmer vergeben werden dürfen, die sich gewerbsmäßig mit der Ausführung solcher Leistungen befassen, außerdem nach § 8 Nr. 3 VOB/A die Ausführung der Leistung nur an solche Unternehmen in Auftrag gegeben werden darf, die nach ihrer Ausstattung in der Lage sind, die Leistung **selbst** auszuführen. Hinzukommt, dass auch eine ganze Reihe von Vorschriften der VOB/B nicht auf den notwendigen Regelungsinhalt des Generalübernahmevertrages passt, daher durch Besondere oder Zusätzliche Vertragsbedingungen ersetzt oder ergänzt werden müsste. Der die Leistung ausführende Unternehmer muss dann wissen, dass er im Falle einer Generalübernahme auf der Bauherrenseite **als Partner den Generalübernehmer** und nicht den Bauherrn selbst hat, falls nicht von diesem gewisse Sonderverpflichtungen (Bürgschaft, Sicherheitsleistung, Schuldübernahme, Garantie) eingegangen worden sind. **Für den Bereich dieses allein die Bauausführung betreffenden Vertrages ist es durchaus möglich, die VOB/B als Vertragsgrundlage zu vereinbaren,** wobei aber gerade hier darauf geachtet werden muss, die VOB/B »als Ganzes« in den Vertrag einzubeziehen. Ist der Generalübernehmer eines Bauvorhabens aufgrund des Generalübernehmervertrages berechtigt, Aufträge im Namen des Auftraggebers mit Subunternehmen abzuschließen, so beschränkt sich diese **Vollmacht** nicht nur auf Gewerke, die nicht durch den Generalübernehmer selbst ausgeführt werden. Der Generalübernehmervertrag, der eine entsprechende Bevollmächtigung enthält, ist eine **Vollmachtsurkunde i.S.d. § 172 BGB** (LG Dresden BauR 2001, 1917).

174 Wichtig: Das Generalübernehmermodell ist vertraglich jeweils aufzuspalten in Kaufvertrag, Werkvertrag und Planungsleistungen mit eigenen Vereinbarungen über Gewährleistung, Zahlung, Verzugsregeln usw., also jeweils zu verselbstständigen.

175 Beim **Grundstücksvertrag** trifft daher den Generalübernehmer das Risiko der Bebaubarkeit und das Baugrundrisiko, da er das Eigentum zu verschaffen hat und die Planungsleistungen schuldet (*Koeble* Handbuch f. ImmobilienrechtS. 37 Rn. 45; a.A. *Brych/Pause* NJW 1990, 545). Beim Generalunternehmer ist das anders; beim Bauträgervertrag wieder gleich. Beim Grundstücksvertrag können die Regeln der Kündigung daher dazu führen, dass § 649 BGB und § 8 Nr. 1 VOB/B zur Rückübertragung des Grundstücks für sich führt.

176 Beauftragt der Bauherr einen Generalübernehmer und überträgt er ihm auch die **Objektüberwachung**, kann er vom zusätzlich beauftragten Projektsteuerer keine Herabsetzung der Vergütung verlangen, wenn er ihm die Objektüberwachung bewusst nochmals überträgt (KG BauR 2004, 135).

177 Auch wenn im Generalübernehmervertrag festgelegt ist, dass die dem Vertrag beigefügten Zeichnungen und Pläne keine selbstständigen Leistungspflichten begründen und nur die vorrangige Leistungsbeschreibung erläutern, konkretisieren sie bei Lücken der **Leistungsbeschreibung** diese und begründen auf diese Weise selbstständige Leistungspflichten (OLG Celle BauR 2003, 1408). Wenn der Gerneralübernehmer einen **Schlüsselfertigbauvertrag** zu einem Pauschalpreis abschließt, obwohl das Bausoll von einer erst noch zu erstellenden Entwurfsplanung eines noch nicht beauftragten Architekten abhängig ist, hat bewusst ein Kalkulationsrisiko übernommen und kann sich nicht darauf berufen, über den Umfang der zu erbringenden Leistungen bei Vertragsschluss im Unklaren gewesen zu sein. Eine arglistige Täuschung des Generalübernehmers scheidet bei derartigen riskanten Vertragsschlüssen regelmäßig aus. Eine solche läge allenfalls vor, wenn der Auftraggeber vor Vertragsschluss die endgültge Planung, ihre Kostendimension, die Fehlvorstellung des GÜ sowie die Unauskömmlichkeit seines Preises gekannt und nicht offenbart hätte (OLG Düsseldorf NJW-RR 2003, 1324). Ein **Steuerberatungsbüro** übernimmt in Ermangelung abweichender Anhaltspunkte als **Treuhänder** im Rahmen eines **Generalübernehmervertrages** nicht die technische Baubetreuung. Eine Verpflichtung zur Durchführung von Bauabnahmen, gegebenenfalls unter Zuhilfenahme eines Sachverständigen, kann aber vereinbart werden (OLG Naumburg ZWE 2006, 2002).

178 Der Generalübernehmer kann ebenfalls Empfänger von **Baugeld** sein (§ 1 Abs. 1 GSB). Es ist gerechtfertigt den Anwendungsbereich des § 1 GSB durch eine großzügige Auslegung des Tatbestandsmerkmals auszudehnen, damit der Schutz der am Bau Beteiligten nicht umgangen werden kann. Der Unternehmer, der nur mit einzelnen Gewerken beauftragt ist, ist hingegen kein Empfänger von Baugeld (OLG Düsseldorf BauR 2005, 1217).

3. Teilnahme an Ausschreibungen und Vergaben

179 Generalübernehmer sind grundsätzlich ungeeignet, Auftragnehmer öffentlicher Bauaufträge zu sein (aber hierzu: *Schneevogel* NZBau 2004, 418; *Stoye* NZBau 2004, 648; *Bartl* NZBau 2005, 195). Bauleistungen dürfen nur an Unternehmen vergeben werden, die aufgrund ihrer Ausstattung in der Lage sind, die Leistungen selbst auszuführen. Die Richtlinie 92/50 EWG des Europäischen Rates vom 18.6.1992 über die Koordinierung der Verfahren zur Vergabe öffentlicher Dienstleistungsaufträge ist dahin auszulegen, dass sie es einem Dienstleistungserbringer gestattet, für den Nachweis, das er die Voraussetzung an der Teilnahme an einem öffentlichen Vergabeverfahren erfüllt, auf die Leistungsfähigkeit anderer Einrichtungen zu verweisen, sofern er beweisen kann, dass er tatsächlich über die Mittel dieser Einrichtungen, verfügt. Das nationale Gericht hat zu prüfen, ob ein solcher Nachweis im Ausgangsverfahren erbracht ist (VK Saarbrücken Beschl. v. 22.12.2003 – 1 VK 10/2003). Der Ausschluss eines Generalübernehmers von der Bauvergabe ist rechtmäßig, wenn sein Angebot weder darlegt noch den Nachweis führt, dass er auf die in der Nachunternehmerliste genannten Unternehmen so zugreifen kann, dass er tatsächlich über die Einrichtungen dieser Unternehmen im Sinne einer Leistungserbringung »wie im eigenen Betrieb« verfügen kann. Die in der Nachunternehmerliste aufgeführten Leistungen sind regelmäßig ohne weitere Kennzeichnung als Frendleistungen zu werten (OLG Saarbrücken VergabeR 2004, 731). Wenn ein Bieter als Generalübernehmer auftritt und weniger als ein Drittel der Bauleistung selbst erbringt, stellt dies keinen Ausschlussgrund vom Vergabeverfahren dar (VK Hessen Beschl. v. 5.10.2004 – 69d-VK-56/2004).

4. Bauträgerverträge als »Minus«

Damit ergibt sich aber, dass das Modell des Generalübernehmers günstiger als das des Bauträgers ist (*Koeble* Rechtshandbuch f. Immobilien S. 37 Rn. 6 ff.). Die MaBV und § 34c GewO sind nicht unmittelbar anzuwenden; die VOB/B kann als Ganzes vereinbart werden und damit die Gewährleistung auf vier Jahre gesenkt werden. Bei der Altbausanierung kann die Rechtsprechung nicht greifen, wonach es sich um neuerrichtete Objekte handelt. Dies auch, wenn abweichend von § 3 Abs. 2 MaBV mehr als die jeweils erbrachte Leistung nach § 641 BGB vom Erwerber bezahlt werden soll. Eine anders lautende Klausel ist AGB-widrig (BGH BauR 1986, 694; BGH BauR 1992, 226). Selbst die übliche Drucksituation des Insolvenzverwalters eines Unternehmers, bei der er in der Bauträgerinsolvenz den Erwerber zur Zahlung gegen Freigabe der Eigentumsunschreibung veranlasst, entfällt, weil der Erwerber bereits Eigentümer vor Baubeginn geworden war. Gleiches gilt für den Erwerber bei Mängeln oder Verzug. Wenn er beim Bauträgervertrag zurücktreten will, dann muss er vom gesamten Vertrag zurücktreten; beim Generalübernehmervertrag kann er sich im Rahmen der Unternehmungen mit den Gewährleistungsrechten »frei« bewegen. Auch eine Teilkündigung ist daher möglich (nicht beim Bauträgervertrag: siehe auch *Koeble* NJW 1992, 1142; *Koeble* in Rechtshandbuch f. Immobilien S. 37 Rn. 18c).

180

5. Architektenmodelle

Weiterhin bezeichnet man die Modelle, die von einem **Architekten** initiert werden als **Architektenmodelle** (*Reithmann* WM 1987, 61; *Koeble* Rechtshandbuch f. Immobilien S. 37 Rn. 3). Hier hat der Architekt nicht nur die Initiatorenstellung, sondern auch wird hier der Architektenvertrag, sowie verschiedene andere, der am Bau beteiligten Unternehmer über ihn abgeschlossen.

181

6. Sonderformen

Sonderformen sind nicht auszuschließen, in denen der Übernehmer außerhalb des Bereiches der VOB/B **namens und im Auftrag des Bauherrn die Verträge mit den Unternehmern** sozusagen als Vermittler abschließt (OLG Köln BauR 1976, 288). Das gilt auch für den Fall, in dem sich jemand fälschlicherweise als Generalunternehmer bezeichnet, in Wirklichkeit aber Generalübernehmer ist, zumal er selbst keinerlei Bauleistungen ausführt (LG Kassel NJW 1983, 827; zur Frage der Generalübernahme: BGH SFH Z 2.212 Bl.1 ff.; BGH BauR 1975, 203; BGH BauR 1983, 66; BGH ZfBR 1982, 246, wonach ein »Baubetreuer« in Wahrheit Generalübernehmer sei und mit dem Bauherrn einen Bauvertrag mit Festpreisabrede geschlossen haben kann; *Nicklisch* BB 1974, Beil. 10, 10; über die versicherungsrechtliche Situation des Generalübernehmers, insbesondere des Architekten als Generalübernehmer, *Beeg* BauR 1973, 71, 75 ff.) denn auch der Generalübernehmer unterfällt – je nach Fallgestaltung [s.o.] – nicht der MaBV (verneinend *Brandt* BauR 1976, 25; zu Recht differenzierend: *Reithmann/Meichsner/von Heymann* Rn. 40 ff.; zur Abgrenzung von Baubetreuung und Generalübernahme: vgl. auch *Reithmann/Meichsner/von Heymann* a.a.O. und Rn. 411, 412, 421; insbesondere *Locher/Koeble* Rn. 28, 29; *Locher/König* Rn. 1 ff.; zur Altbausanierung im »Generalübermodell«: *Reithmann* ZfBR 1997, 449). Nur bei der Vereinbarung der restlosen Zahlung nach Errichtung und anschließende Auflassung ist dieses umstritten. Jedoch ist hier eine Belastung des Grundstücks vor Eigentumsumschreibung zu erkennen, so dass die MaBV und § 34c GewO anzuwenden ist (*Koeble* Rechtshandbuch f. Immobilien S. 37 Rn. 18d).

182

V. Weitere Mischformen

183 In der Praxis kann es zu gewissen **Mischformen** des Generalunternehmereinsatzes kommen. Hierbei sind Begriffe wie **Totalunternehmer, Totalübernehmer und Generalübernehmer** streng auseinander zu halten.

1. Beschränkter Generalunternehmereinsatz

184 Ein Unternehmer kann z.B. den Auftrag zur **eigenen** Durchführung bestimmter Arbeiten (Mauer-, Putz- und Stahlbetonarbeiten) erhalten; darüber hinaus bleibt es ihm von Seiten des Auftraggebers überlassen, für die Durchführung anderer Einzelleistungen andere Unternehmer als Nachunternehmer (z.B. für das Einsetzen der Stahlfenster) heranzuziehen, während die übrigen Bauleistungen vom Auftraggeber selbst und getrennt vergeben werden. Bei einer solchen **beschränkten Generalunternehmerbeauftragung** gelten die Regeln über das Rechtsverhältnis zwischen Generalunternehmer und Auftraggeber so weit, wie die Generalbeauftragung reicht, während die übrigen vom Auftraggeber selbst vergebenen Arbeiten hiervon ausgeklammert sind (BGH SFH Z 2.223 Bl. 1 ff.). Genaugenommen handelt es sich hier um den **Einsatz eines Hauptunternehmers**.

2. Totalunternehmer

185 Eine **Sonderform** ist **auch** die Beauftragung eines Generalunternehmers nicht nur mit den eigentlichen Bauleistungen, sondern auch mit den Planungsarbeiten (Architekten- und Ingenieurleistungen). Ein solcher **Totalunternehmereinsatz** (Begriffsverwirrend von *Schulze-Hagen* FS v. Craushaar S. 169 ff. für den Wohnungsbauvertrag als »Totalübernehmer« [!] bezeichnet; im Schweizer Recht wird der Generalunternehmer als »Totalunternehmer« bezeichnet: *Aepli* FS Jagenburg 2002 S. 1 ff.) begegnet rechtlich keinen Bedenken, zumal auch die Architekten- und Ingenieurleistungen Werkleistungen i.S.d. § 631 BGB sind und grundsätzlich auch kein Verstoß gegen Art. 10 § 3 MRVG vorliegt (BGH BauR 1984, 192). Die Frage ist aber, ob und **inwieweit die VOB/B** für solche Planungsarbeiten **anzuwenden** ist. Dies ist **angesichts der Bestimmungen der §§ 305 ff. BGB grundsätzlich zu verneinen**. Abgesehen davon, dass eine Reihe von Regelungen der VOB im Leistungsbereich, soweit diese Verpflichtungen des Auftraggebers beinhalten, zu deren Erfüllung sich der Auftraggeber des Architekten bzw. Ingenieurs im Verhältnis zum Auftragnehmer als Erfüllungsgehilfen (§ 278 BGB) bedient, wie z.B. §§ 3 Nr. 1 und 2, 4 Nr. 1 Abs. 1 VOB/B, auf derartige Arbeiten einfach nicht passt. Dabei ist zu beachten, dass **Gegenstand eines VOB-Vertrages nur Bauleistungen** sein können, wie sie in § **1 VOB/A umschrieben** sind (*Schmidt* BauR 1981, 119). Dazu gehören jedoch nicht die Architekten- und Ingenieurleistungen, sofern sie auf Veranlassung des Auftragnehmers neben den eigentlichen Bauleistungen selbstständig im gleichen Vertrag übernommen werden, wie z.B. im Falle der Übernahme der Verpflichtung zur Anfertigung der Statik, der Ausführungsplanung sowie des Eingabeplanes (BGH BauR 1987, 702; unzutreffend: OLG Hamm BauR 1987, 560). Da es anderenfalls auch wegen der hier maßgebenden selbstständigen Architekten- oder Ingenieurleistungen zu einer unzulässigen Verkürzung der gesetzlichen Gewährleistungsfrist nach § 13 Nr. 4 VOB/B kommen würde, gilt das Gesagte auch dann, wenn Vertragspartner des Verwenders ein Kaufmann ist. Gerade durch §§ 309 Nr. 8b, 12ff und 308 Nr. 5 BGB hat die Umschreibung der Bauleistungen in § 1 VOB/A eine wesentlich größere Bedeutung als bisher erlangt, indem nunmehr angenommen werden muss, dass nur solche Leistungen einer VOB-Regelung zugänglich sind, die auch und **nur als Bauleistungen anzusprechen** sind. Das gilt in erster Linie für die Verbotsregelungen der §§ 305 ff. BGB, die im Falle der Vereinbarung der VOB/B durch §§ 309 Nr. 8b ff., 308 Nr. 5 BGB sozusagen sanktioniert worden sind. Anderenfalls würde durch Vereinbarung der VOB für andere Leistungen als Bauleistungen i.s.v. § 1 VOB/A ein den zwingenden Regelungen des AGB-Gesetzes widersprechender und daher unzulässiger Umgehungstatbestand geschaffen. Daher ist es nötig, bei **Totalunternehmereinsatz** diejenigen Leistungen, die nicht Bauleistungen nach § 1 VOB/A sind, der Beurteilung nach den §§ 631 ff. BGB zu unterstellen (*Ulmer/Brandner/Hensen*, auch wegen der Architektenleistungen a.a.O. Rn. 112, sowie der Ingenieurleistungen a.a.O. Rn. 425; im Wesentlichen so auch *Hesse* ZfBR 1980, 259; a.A. *Fritz* Rn. 164 ff.; missverstanden von *Leineweber* Rn. 336; vgl. auch § 1 VOB/A Rn. 31 ff.). Im Übrigen kommt im Hinblick auf den so genannten Totalunternehmer eine Vergabe durch den öffentlichen Auftraggeber nach Teil A/VOB erst recht nicht in Betracht.

186 Soweit für den Bereich reiner Bauleistungen auch die Vereinbarung der VOB/B in Betracht kommt, kann dies auch hier grundsätzlich nur durch Absprache der VOB/B »als Ganzes« wirksam erfolgen, was insbesondere gerade für den hier erwähnten Bereich im Hinblick auf § 13 Nr. 4 VOB/B von wesentlicher Bedeutung ist (*Schulze-Hagen* FS v. Craushaar S. 169 ff.).

187 Möglich ist auch, dass der Totalunternehmer zugleich oder – regelmäßig vorrangig – **Aufgaben eines Baubetreuers oder Bauträgers** übernimmt. (*Kniffka* ZfBR 1992, 1). Das ist dann der Fall, wenn der Bauunternehmer unter dem Motto »Wir koordinieren alles aus einer Hand« vorgeht und auch die Architektenleistungen inkl. der Bauantragsunterlagen übernimmt, wobei er auch für das Genehmigungsrisiko einstehen will (OLG Köln BauR 2003, 1088).

3. Anlagenvertrag

Literatur zu dem Thema: *Nicklisch* Aktuelle Entwicklungen der internationalen Schiedsgerichtsbarkeit für Bau-, Anlagenbau- und Konsortialverträge BB 2001, 789; *v. Oppen* Der internationale Industrieanlagenvertrag, 2001; *Stubbe* Anlagenbau BB 2001, 685; *Schramke* Neue Formen des Streitmanagements im Bau- und Anlagenbau NZBau 2002, 409; *Schumann* Anforderungen des Claim Managements an die rechtliche Begleitung komplexer Projekte ZfBR 2002, 739; *Thode* NZBau 2002, 360; *Voit* BauR 2002, 231; *v. Gehlen* Angemessene Vertragsstrafe wegen Verzugs in Bau- und Industrieanlagenbauvertrag NJW 2003, 2961; *Lotz* Haftungsbeschränkungen in Anlageverträgen ZfBR 2003, 424; *Oberhauser* Vertragsstrafe – ihre Durchsetzung und Abwehr 2003 NZBau 2003, 121; *Schumann* Die technische Pönale unter § 639 BGB NZBau 2003, 602; Münchener Vertragshandbuch/*Roesner* Bd. 2, 5. Aufl. 2004, Formular VI.1; *Schumann* Neuere Entwicklungen im Vertragsrecht des Anlagenbaus BauR 2005, 293; NZBau 2003, 12.

188 Eine weitere Sonderform hat sich in dem **so genannten Anlagenvertrag** entwickelt, bei dem einem Auftragnehmer **nicht nur Bauleistungen,** möglicherweise einschließlich der Planung, **sondern auch die Beschaffung** der erforderlichen speziellen Einrichtung übertragen wird, wie z.B. bei Krankenhäusern, Kraftwerken usw. Hier geht es nicht nur darum, ein gebrauchsfertiges, sondern darüber hinaus ein **betriebsbereites Bauwerk** zu errichten und bereitzustellen. Dieser Vertrag ist teilweise Werkvertrag, Werklieferungsvertrag, Geschäftsbesorgungsvertrag, u.U. zum Teil auch Kaufvertrag (*v. Westphalen* BB 1971, 1126). Zutreffend weist bereits Nicklisch (*Nicklisch* NJW 1985, 2361) darauf hin, dass der Anlagenvertrag wegen seines Langzeit-, Rahmen- und Kooperationscharakters, seiner differenzierten Risikoverteilung und Störanfälligkeit im betreffenden Einzelfall nicht nur besondere Vertragsgestaltungen (z.B. auch als Außen- oder Innenkonsortium) aufweisen kann, sondern dass es jeweils geboten sein kann oder muss, besondere individualrechtliche Bestimmungen gerade im Verhältnis zwischen Generalunternehmer und einzusetzenden nachgeordneten Unternehmen zu treffen. Dies betrifft insbesondere Fragen der Übertragung von Rechten und Pflichten aus dem Hauptvertrag, wobei zur Vermeidung von Unklarheiten bloße Bezugnahmen darauf vermieden werden sollten, der Änderung oder Behinderung der Subunternehmerleistung, der Ansprüche des Subunternehmers wegen Änderung oder Behinderung, der Vertragsstrafen, der Mitwirkung des Auftraggebers (des eigentlichen Bestellers), der Abnahme und Gewährleistung, der Vergütung, der vorzeitigen Vertragsbeendigung, des Konkurses eines Beteiligten, der Konfliktregelung. Hier gibt es keine generelle Lösungsmöglichkeit; vielmehr ist es geboten, die nötigen vertraglichen Regelungen auf die Erfordernisse des jeweiligen Einzelfalles abzustellen (*Nicklisch* NJW 1985, 2361; *Schumann* BauR 1998, 228). Besonders deutlich ergibt sich dies aus Einzelabhandlungen von Nicklisch u.a. über Sonderrisiken bei Bau- und Anlagenverträgen zu Ansprüchen auf Fristverlängerung und Mehrvergütung, über Methoden für Quantifizierung und Nachweis von Zusatzansprüchen, über Sanierung und Vergrößerung von Anlagen, zur Übergabe des Sanierungsobjektes als Risikozuordnungskriterium sowie Umweltschutz und Entsorgungsanlagen. Gerade hier bedarf es besonderer Vereinbarungen, die individuell im jeweiligen Vertrag zu treffen sind, weil insoweit im Allgemeinen weder die Vorschriften der §§ 631 ff. BGB noch die der VOB/B den jeweiligen Bedürfnissen hinreichend Rechnung tragen. Bei internationalen Anlagenverträgen ist es für Subunternehmerverträge dringend geboten, zu vereinbaren, dass sich das Recht des Nachunternehmervertrages nach dem Recht des Hauptvertrages richten soll, weil dies nicht immer und in jedem Fall unterstellt werden kann (*Vetter* NJW 1987, 2124. Zur Abnahme beim Anlagengeschäft und der damit verbundenen Problematik beachtlich *Fischer* DB 1984, 2125. Über diese Fragen vgl. vor allem auch *Nicklisch* [Hrsg.] in Leistungsstörungen bei Bau- und Anlagenverträgen 1984; ebenso in Sonderrisiken bei Bau- und Anlagenverträgen 1991). Das Gesagte gilt naturgemäß im Hinblick auf Anlagenverträge, bei denen der Auftragnehmer eine »**schlüsselfertige Herstellung**« schuldet. Zwar dürfte hier das zeitliche Herstellungsmoment keine Rolle spielen. Entscheidend sind vielmehr Art und Umfang der Leistungsanforderung im Einzelnen, vor allem im Hinblick auf das, was man jeweils unter »schlüsselfertig« hinsichtlich des von der vereinbarten Vergütung erfassten Leistungszweckes zu verstehen hat. Da die geschuldete Bauleistung auch hier erfolgsbedingt ist, heißt beim Anlagenbau der Begriff der Schlüsselfertigkeit, dass davon generell alle Leistungen ergriffen sind, die nach den Regeln der Technik im Einzelfall und den örtlichen sowie sachlichen Gegebenheiten wirtschaftlich vernünftig von einem mit dem betreffenden Anlagenbau vertrauten Fachmann als nötig angesehen werden (*Lotz* BB 1996, 544, 549). Um dabei spätere Meinungsverschiedenheiten über Inhalt und Tragweite der geforderten Leistung weitestgehend zu vermeiden, ist es hier besonders geboten, ein möglichst lückenloses und hinreichend klares Leistungsverzeichnis dem Vertrag zugrunde zu legen.

189 Insbesondere zum Anlagenvertrag: Der Anlagenvertrag ist ein komplexer Langzeitvertrag mit Rahmencharakter (*Nicklisch* JZ 1984, 757, 762). Vom Bauvertrag unterscheidet er sich insbesondere dadurch, dass sein Gegenstand nicht in jedem Fall wesentlicher Bestandteil eines Grundstücks ist, einen höheren Vorfertigungsgrad aufweist, in einer spezifizierten technischen Funktion oder Leistung besteht, unmittelbar produktiven Zwecken zu dienen bestimmt ist und nach branchenspezifischen Gepflogenheiten erstellt wird. Das Schuldrechtsmodernisierungsgesetz zieht die Grenze zwischen Kauf-und Werkvertrag neu. Es kommt nicht mehr darauf an, ob das Werk aus Stoffen herzustellen ist, die der Unternehmer zu beschaffen hat, sondern ob die Herstellung und Lieferung einer beweglichen Sachen geschuldet ist. Für den Anlagenbau ist hierzu festzustellen, dass er gegenüber dem reinen Bauvertrag Besonderheiten aufweist: Er hat in erheblich größerem Umfang vorgefertigte Leistungen zum Gegenstand, und diese werden oft nicht wesentlicher Grundstücksbestandteil. Für Verträge über die Erstellung großer Komplettanlagen waren diese werkvertraglich geprägt. Wie die Rechtsprechung schon bisher für Bauverträge stellt das Gesetz jetzt darauf ab, ob die geschuldete Sache wesentlicher Grundstücksbestandteil i.S.d. §§ 93 ff., 946 BGB wird. Eine Anlage muss dazu entweder selbst Bauwerk oder zu dessen Herstellung oder wesentlicher Erneuerung eingefügt sein. Für die Bauwerkseigenschaft einer Anlage ist die Differenzierung schwierig. Große Anlagen dürften hier einzuordnen sein. Ihre Errichtung und wesentliche Erneuerung beurteilen sich nach Werkvertragsrecht. Die Qualifikation von Maschinen als wesentliche Grundstücksbestandteile und damit die Anwendung des Werkvertragsrechts war ebenfalls schwierig. Es wurde gefordert, dass die Maschine eigens für das Gebäude angefertigt und in dieses eingepasst oder das Gebäude für sie oder mit Rücksicht auf sie gebaut wurde (MüKo/*Holch* § 94 BGB Rn. 32). Eine solche Anlage muss also in dem körperlichen Gegenstand des Gebäudes aufgegangen sein. Für bewegliche, nach Kundenwunsch erstellte technische Anlagen galt gemäß § 651 BGB a.F. grundsätzlich Kaufrecht. Zwar unterfallen derartige Gegenstände auch weiterhin dem Kaufrecht, dieses wird durch die werkvertraglichen §§ 642, 643, 645, 649 und 650 BGB aber nur mehr ergänzt (*Preussner* BauR 2002, 231, 241; *Teichmann* ZfBR 2002, 13, 19), so dass sich die Rechtslage deutlich verändert hat. Sprau (*Palandt/Sprau* § 651 BGB Rn. 4) vertritt die Meinung, nach den Grundsätzen zur Einordnung gemischttypischer Verträge könne für neue komplexe Maschinen Werkvertragsrecht zur Anwendung kommen, wenn Planung, Anpassungen an die Kundenwünsche und Einbau im Vordergrund stehen.

Da gegenständliche Arbeitsleistungen bei Kauf- und Werkvertrag nun gleichermaßen auftreten könnten, dürften sie – anders als die geistige Leistungen der Planung – für eine Abgrenzung nicht mehr taugen. Die Erstellung beweglicher Anlagen beurteilen sich demnach grundsätzlich anders als der baurechtlich geprägte Großanlagenbau. Dem ist nicht in dieser Allgemeinheit zuzustimmen. Unklar ist die Rechtslage nämlich, wenn für eine Anlage zu erbringende Teilleistungen der Erstellung eines Bauwerks dienen. Ist die Fertigung und Montage von Baugruppen geschuldet, bleibt unstreitig Werkvertragsrecht anwendbar (*Thode* NZBau 2002, 360, 362), da der Einbau einen Eigentumsübergang gemäß § 946 BGB bewirkt und es somit an dem Merkmal »Lieferung« i.S. von § 651 BGB fehlt (*Erman/Schwenker* § 651 BGB Rn. 13). Reine Fertigungsaufträge wurden bisher ebenfalls werkvertraglich beurteilt, wenn die Gegenstände für ein Bauwerk bestimmt waren und der Unternehmer dies wusste. Da sie als bewegliche Sachen geliefert werden, unterfallen sie werkvertraglich. ergänztem Kaufrecht. Angesichts des Abgrenzungsmerkmals in § 651 BGB scheint die im Falle der Untervergabe missliche Änderung des Werkvertrags zu einem Kaufvertrag hinzunehmen, wenn die wenigen rechtlichen Abweichungen, die hieraus resultieren, bei der Vertragsgestaltung berücksichtigt werden (so letztlich wohl auch: *Erman/Schwenker* § 651 BGB Rn. 8, *Preussner* BauR 2002, 231, 241; *Thode* NZBau 2002, 360, 361). Eine pauschale formularmäßige Vereinbarung des Werkvertragsrechts ist aus AGB-rechtlichen Grunden nicht statthaft (*Thode* NZBau, 2002, 360, 361). Ein bloßes Durchreichen der Bedingungen des Hauptvertrages führt zu weiteren AGB-Problemen. Da Anlagen unmittelbar für produktive Zwecke bestimmt sind, kann eine Leistungsstörung zu hohen Vermögensschäden führen. Die Haftungsfrage ist daher ein Problempunkt der Vertragsgestaltung, wobei es üblich ist, die Risiken zwischen den Parteien aufzuteilen (*Lotz* ZfBR 2003, 424). Soweit dies in AGB des Unternehmers erfolgt, bestanden bereits nach altem Recht enge Zulässigkeitsgrenzen (BGH BB 1996, 654; BGH NJW 1988, 1785), die eine Haftungsbeschränkung wirtschaftlich weitgehend sinnlos machten. Das Schuldrechtsmodernisierungsgesetz hat daran nichts geändert (*v. Westphalen* BB 2002, 209). Allerdings zeigt sich, dass durch § 639 BGB eine andere Sichtweise zwingend erforderlich ist. Hiernach kann sich der Unternehmer auf eine selbst individuell vereinbarte Haftungsbeschränkung nicht berufen, wenn er eine Garantie für die Beschaffenheit des Werkes übernommen hat. Im Anlagenbau fordert der Besteller zur Absicherung der technischen Leistungsziele regelmäßig Garantien, die durch ein gestaffeltes Sanktionensystem flankiert werden. Diese sog. Technischen Strafen (Vereinbarungen) weisen für Vermögensfolgeschäden typischerweise Haftungsbegrenzungen auf, was angesichts des Wortlauts von § 639 BGB schon fragwürdig ist (*Schumann* NZBau 2003, 121; *de Vasconcellos* NZBau 2003, 121). Es muss allerdings von § 639 BGB ausgegangen werden, der die unselbstständige Garantie im Sinne der zugesicherten Eigenschaft nach altem Recht erfasst. Für eine unselbstständige Garantie ist eine Haftungsbegrenzung insoweit zulässig, wie über die gesetzlichen Ansprüche hinaus Rechte gewährt werden (*Dauner-Lieb/Theissen* ZIP 2002, 108). § 639 BGB erfasst nicht die selbstständige Garantie (*Weitnauer* NJW 2002, 2511, 2517). Mit dem vom Bundestag am 2.12.2004 (BGBl. I 2004 S. 3102) beschlossenen Gesetz zur Änderung der Vorschriften über Fernabsatzverträge bei Finanzdienstleistungen, wurde in den §§ 444 und 639 BGB jeweils das Wort »wenn« durch das Wort »soweit« ersetzt. Hierdurch soll klargestellt werden, dass die Haftungsbegrenzung zulässig ist, wenn sie nicht im Widerspruch zu dem Garantieversprechen steht.

190 Für Großprojekte war die Frage der Verjährung unproblematisch, da sie üblicherweise durch Individualvereinbarung geregelt wird. Bedeutung hat sie hingegen für kleinere technische Anlagen. Die Länge der Verjährungsfrist richtet sich gemäß § 634a Abs. 1 Nr. 2 bzw. § 438 Abs. 1 Nr. 2a BGB danach, ob der Mangel an einem Bauwerk aufgetreten ist. Ob diese unbeweglich ist, beurteilt sich nach eigenen Kriterien (BGH NJW-RR 2002, 664, 665; BGH BauR 1999, 670, 671). Die sachenrechtliche Einordnung spielt insoweit keine Rolle, wenngleich sich naturgemäß deutliche Parallelen ergeben. In seiner Entscheidung vom 20.5.2003 hat der BGH danach unterschieden, ob die Leistang in der Errichtung einer Anlage besteht, die selbst Bauwerk ist, oder ob sie zur Errichtung eines Bauwerks dient (BGH BauR 2003, 1391). Hieraus ist folgendes abzuleiten: Die lange, 5-jährige Verjährungsfrist kommt zum Zuge, wenn die Anlage selbst Bauwerk ist oder die Leistung in der grundlegenden

Erneuerung einer solchen Anlage besteht. Probleme bereiten dabei seit jeher kleinere technische Anlagen. Der BGH qualifiziert sie als Bauwerk, wenn sie die für eine unbewegliche Sache nötige enge und auf Dauer angelegte Verbindung mit dem Erdboden aufweisen, so dass nach Größe und Gewicht ihre Trennung von dem Grundstück nur mit einem größeren Aufwand möglich ist (BGH BauR 2003, 1391, 1392; 1999, 670, 672); dies gilt für eine Müllpresse mit einer Lebensdauer von 17 Jahren, 11 to Gewicht und einer 2-wöchigen Montagezeit (BGH NJW-RR 2002, 664, 665), sowie für eine der Automobilproduktion dienende Förderanlage (BGH BauR 1999, 670), sowie für eine Pelletieranlage abhängig von ihrer Größe und ihrem Gewicht (BGH BauR 2003, 1391); ebenfalls wurde die Bauwerkseigenschaft für zwei 5,70 m hohe und 21 m lange und 15 m breite Spritzkabinen nebst Be- und Entlüftungsanlage angenommen (OLG DüsseldorfBauR 2002, 103). Ist die Anlage kein Bauwerk, besteht die 5-Jahres-Frist dennoch, wenn sich die Leistung derart auf ein bestimmtes Bauwerk bezieht, dass der Unternehmer bei wertender Betrachtung bei dessen Errichtung oder grundlegender Erneuerung mitwirkt. Problematisch sind dabei ursprüglich bewegliche Anlagen, die dauerhaft in einem Bauwerk aufgestellt werden. Entscheidend ist dann ihre Ausrichtung auf das Gebäude, ihre feste Verbindung mit diesem und ihr nach Zweck und Verbindung dauerhafter Verbleib (BGH BauR 2003, 1391, 1392). Mangelansprüche verjähren auch dann in 5 Jahren, wenn eine Teilleistung erbracht wird und der Unternehmer dadurch in doppelter Hinsicht an der Erstellung des Bauwerks mitwirkt: Zum einen durch das dauerhafte Einfügen des Gegenstandes in das Bauwerk und zum anderen durch einen konzeptionellen Beitrag zu dessen Errichtung. Letzteres hat der BGH bei einem Getriebegenerator zum Selbsteinbau verneint (BGH BauR 2002, 1260), wenn der Unternehmer nur eine isolierte, bereits vorab durch den Besteller spezifizierte Leistungen erbringt, und bejaht, wenn die Leistung eines Nebenunternehmers durch Zusammenwirken mit der eines anderen Nebenunternehmers zur Schaffung des bestimmungsgemäßen Bauwerks führt (BGH BauR 2003, 1391, 1392). Bei Subunternehmern lässt der BGH das Wissen ausreichen, dass der herzustellende Gegenstand für ein bestimmtes Bauwerk verwendet werden soll, wenn der zweite Aspekt der Mitwirkung durch den Unternehmer vermittelt wird (BGH BauR 2002, 1260, 1261). Reparatur- und Wartungsarbeiten an Anlagen verjähren gemäß § 634 Abs. 1 Nr. 1 BGB in zwei Jahren.

191 Nachhaltig geprägt wurde die baurechtliche Diskussion durch das 2. Kooperationsurteil des Bundesgerichtshofs vom 28.10.1999 (BGH BauR 2000, 409). Es statuiert eine Pflicht der Parteien des VOB-Bauvertrags, durch Verhandlungen auf die einvernehmliche Lösung von Streitigkeiten, die über die Notwendigkeit oder die Art und Weise einer Vertragsanpassung oder deren Durchführung entstanden sind, hinzuwirken (BGH BauR 2003, 1889; BGH BauR 2001, 1099, 1101; BGH BauR 2001, 386, 391; BGH BauR 2000, 1762, 1764; OLG Köln NJW-RR 2002, 15, 18; OLG Düselodrf NZBau 427; OLG Jena BauR 2000, 1611; OLG Nürnberg BauR 1999, 1316). Immerhin wird ganz überwiegend davon ausgegangen, dass sie auf den BGB-Bauvertrag übertragbar ist (*Meurer* MDR 2001, 848, 849; *Wagner* NJW 2001, 2128, 2129; OLG Köln NJW-RR 2002, 15, 18). Da bei Anlagenverträgen die Kooperationserfordernisse mindestens ebenso ausgeprägt sind, gilt für sie dasselbe. Problematischer ist, welche konkreten Verhaltensanforderungen an die Parteien zu stellen sind. Der BGH scheint sie einem dem Kooperationsverhältnissen innewohnenden Prinzip entnehmen zu wollen, ohne jedoch dessen Verhältnis zu den bereits entwickelten Grundsätzen der Risikozuweisung bei Bauverträgen zu klären. Es spricht dafür, dasser den Kooperationspflichten insoweit nur subsidiäre Bedeutung beilegt (so auch *Fuchs* NZBau 2004, 65, 71). Unklar ist weiter, wann eine Vertragspflicht zur Kooperation besteht und wann es sich nur um eine Obliegenheit handelt. Zumindest bei Großprojekten des Anlagenbaus ist die Mitwirkung als Vertragspflicht auszulegen. Der Bundesgerichtshof blieb diesbezüglich stets zurückhaltend und nahm eine Vertragspflicht nur bei einer ausdrücklichen oder konkludenten Vereinbarung der Mitwirkung an. Freilich läuft das darauf hinaus, das der BGH einen Schadensersatzanspruch aus § 313 BGB bzw. PVV gewährt, wenn das Unterlassen der Mitwirkung geeignet war, den Vertragszweck zu gefährden oder zu vereiteln und daher eine Treuepflichtverletzung darstellt (BGHZ 50, 175, 178; *Kniffka* Jahrbuch Baurecht 2001, 1, 4). Tendenziell ist die Kooperationspflicht eine Warnung, in Kooperationsverhältnissen die einseitige Interessenoptimierung in jedem Fall über den Gesamtprojekterfolg zu stellen (so auch *Fuchs* NZBau 2004, 65, 71). Bedeutsam ist dies vor allem für die Beurteilung der Rechtmäßigkeit einer Kündigung aus wichtigem Grund und einer Leistungsverweigerung.

Vertragsstrafen für Verzug sind ebenfalls maßgeblich im Anlagenbau zu beachten (v. *Gehlen* NJW 2003, 2961). Nach der Entscheidung des Bundesgerichtshofs vom 23.1.2003 (BGH BauR 2003, 870), die für einen Bauvertrag eine Maximierung der Vertragsstrafe auf mehr als 5% des Auftragswertes für AGB-rechtlich unzulässig erklärte, ist dies auch beim Anlagenbau zwingend zu beachten. Wie schon bisher nahm der Bundesgerichtshof die Funktionen der Vertragsstrafe als Druckmittel (Druckfunktion) und zur erleichterten Schadloshaltung ohne Einzelnachweis (Kompensationsfunktion) zum Ausgangspunkt, stellte sodann zentral auf die Druckfunktion ab und führte aus, es reiche nicht, dass sich die Maximalhöhe innerhalb der typischerweise auftretenden Schäden halte, sie müsse sich zudem daran orientieren, was zur Realisierung der Druckfunktion notwendig und ausreichend sei. Eine Vertragsstrafe bis zu 5% des Auftragswertes erfülle die Druckfunktion hinlänglich, darüber hinaus sei ein schutzwürdiges Interesse des Bestellers nicht ersichtlich. Zu beachten ist, dass Sinn der Vertragsstrafe sei nicht die Schöpfung neuer, von Sachinteressen des Bestellers losgelöster Geldforderungen sei, auch verliere der Unternehmer durch eine höhere Vertragsstrafe nicht nur seinen Gewinn, sondern erleide einen spürbaren Verlust und werde in seiner Liquidität beeinträchtigt. Dies bestätigt eine Entscheidung des Bundesgerichtshofs (BGH BauR 2002, 1049) zur zulässigen Höhe des Tagessatzes, die für einen Anlagenvertrag dieselben Argumente heranzieht. Auf gleicher Linie liegt die restriktive Rechtsprechung zur formularmäßigen Pönalisierung von Zwischenterminen, da solche Klauseln für AGB-rechtlich unzulässig zu erachten sind, wenn selbst geringfügige Verzögerungen dazu führen, dass die vereinbarte Obergrenze in ganz kurzer Zeit erreicht wird (OLG Jena BauR 2003, 1416, 1417; OLG Hamm BauR 2000, 1202, 1203; OLG Dresden BauR 2001, 949, 950; BGH BauR 2001, 791, 792; BGH BauR 1999, 646, 646). Kritische Faktoren sind insoweit Höhe und Bezugsgröße des Tagessatzes, die Kumulierung mehrerer Vertragsstrafen auf Grund derselben Ursache und das Fehlen eines Schadens. Wird die Vertragsstrafe zur schadensunabhängigen Generierung von Forderungen also als Mittel zur Preisreduzierung benutzt (OLG Celle BauR 2001, 1108, 1109), trifft dies zu. Soweit ihre Kompensationsfunktion nun stärker beschnitten und der in der Praxis schwierige Schadensbeweis auf den geschädigten Besteller zurückverlagert wird, erscheint auch dies nicht unbillig. Wenn der BGH (BGH BauR 2003, 870, 876) in diesem Zusammenhang auf die Möglichkeit verweist, eine höhere Vertragsstrafe individuell auszuhandeln, ist dieses kein nützlicher Hinweis. Stattdessen wird man hinsichtlich der Kompensationsfunktion verstärkt über den Einsatz des pauschalierten Schadensersatzes nachzudenken haben. Dies bestätigt der BGH wonach der Besteller die von ihm an den Auftraggeber entrichtete Vertragsstrafe an seinen Subunternehmer, der den Verzug schuldhaft verursacht hat, in voller Höhe als Schadensersatz weiterreichen kann (BGH BauR 1998, 330, 331). Die zweite Entscheidung (BGH BauR 20002, 1086, 1087) stellt fest, dass die Kosten eines Vergleichs über die Frage der Verwirkung einer im Kundenvertrag vereinbarten Vertragsstrafe u.U. selbst dann vom Subunternehmer als Schaden zu ersetzen sind. wenn sich die Bestimmung später als unwirksam erweist.

Die Kündigung aus wichtigem Grund ist für Anlagenverträge ebenfalls anerkannt. Auch wenn keine Einigkeit besteht, sah man sie jedenfalls durch die Regelungslücke im Gesetz gerechtfertigt. Durch das Schuldrechtsmodernisierungsgesetz wurde diese Lücke nun geschlossen und in § 314 BGB eine generelle Bestimmung für die Kündigung aus wichtigem Grund geschaffen, die jedoch nur Dauerschuldverhältnisse erfasst. Da Anlagenverträge ebenso wie Bauverträge keine Dauerschuldverhältnisse begründen, ist nun zweifelhaft, ob sie weiterhin aus wichtigem Grund gekündigt werden können. Für den Bauvertrag wird dies vom überwiegenden Schrifttum mittlerweile bejaht (*Palandt/ Sprau* § 643 BGB Rn. 1; *Voit* BauR 2002, 1776, 1787), wobei zur Begründung auf ein weites Verständnis des § 649 BGB (*Voit* BauR 2002, 1776, 1784) oder des § 314 BGB (*Sienz* BauR 2002, 181, 195) verwiesen wird. Die baurechtliche Diskussion lässt sich ohne weiteres auf den Anlagenvertrag übertragen. Da die Kündigung aus wichtigem Grund für Projekte des Großanlagenbaus typischerweise vertraglich geregelt wird, kann allerdings auf § 326 Abs. 5 BGB verwiesen werden, der den Teilrücktritt normiert. Jedenfalls ist nicht ersichtlich, dass sie die andere Partei unangemessen benachteiligt. Schwerer fällt eine Antwort auf die Fragen, ob eine derartige Vertragsbestimmung gegebenenfalls auch als Kündigung gemäß § 649 BGB ausgelegt werden kann und in welchem Verhältnis Kündigung aus wichtigem Grund und Rücktritt stehen (*Voit* BauR 2002, 1776, 1786).

194 Projekte des Anlagenbaus sind durch eine hohe Arbeitsteiligkeit und somit durch vielfältige gegenseitige Einwirkungsmöglichkeiten und Abhängigkeiten der beteiligten Unternehmen gekennzeichnet. Dies führt zu rechtlichen Wertungsproblemen und zu Beschränkungen des Projektmanagements, wenn ein Projektbeteiligter durch einen anderen beeinträchtigt wird, zu dem er nicht in vertraglicher Beziehung steht. Für die Netzwerke komplexer Langzeitverträge hat Nicklisch gezeigt (*Nicklisch* BB 2000, 2166, 1267), dass sie aus Austauschverträgen bestehen und von einem sie überlagernden Netzvertrag nicht ausgegangen werden kann. Ein direkter Interessenausgleich zwischen vertraglich nicht verbundenen Unternehmen ist im Einzelfall möglich. Dies gilt vor allem für das Verhältnis von Besteller und Subunternehmer des Unternehmers. Zwar wurde durch das Gesetz zur Beschleunigung fälliger Zahlungen mit § 641 Abs. 2 BGB eine gewisse Verknüpfung der Zahlungsflüsse in beiden Rechtsverhältnissen geschaffen. Die Verbindung von Subunternehmer- und Hauptvertrag muss jedoch einen Gleichlauf aufweisen. Die aus der Vernetzung resultierenden Probleme setzen sich im verfahrensrechtlichen Bereich fort: bei Feststellungen durch Schiedsgutachten, im einstweiligen Rechtsschutz und im Schiedsverfahren (*Nicklisch* BB 2001, 789, 790). Immerhin hat der BGH in der Vorunternehmerentscheidung (BGH BauR 2000, 722, 723) bei einem BGB-Bauvertrag den Besteller seinen Unternehmer gegenüber für Pflichtverletzungen eines anderen Unternehmers für schadensersatzpflichtig gehalten, wenn der Besteller seine Koordinationspflicht verletzt hat oder der Unternehmer als sein Erfüllungsgehilfe tätig wurde. Zusätzlich erkennt der Senat jetzt jedoch die Obliegenheit des Bestellers an, das Baugrundstück für die Leistung des Unternehmers aufnahmebereit zur Verfügung zu stellen, und gewährt für den Fall ihrer Missachtung Aufwendungsersatz gem. §§ 642, 643 BGB. Wegen der identischen Interessenlage ist dies auf den Anlagenbau übertragbar, soweit die Leistung der Herstellung oder der wesentlichen Erneuerung eines Bauwerks i.S. der §§ 93 f., 946 BGB dient. Eine generelle Mitwirkungsobliegenheit des Bestellers bei aufeinander aufbauenden Leistungen, die nicht zu diesen Zwecken erbracht werden, lässt sich daraus nicht ableiten.

195 Der Anlagenvertrag verweist nachrangig häufig auf die VOB/B. Da die VOB/B im Anlagenbau nie »als Ganzes« im Sinne der Rechtsprechung des Bundesgerichtshofs vereinbart sein dürfte, spielt die Frage, ob die AGB-rechtliche Privilegierung der VOB/B nach der Schuldrechtsreform fortbesteht, hier keine Rolle. Bei der Vertragsgestaltung ist somit zu beachten, ob die einzelnen VOB/B-Vorschriften AGB-rechtlich zulässig sind oder dies zumindest zweifelhaft ist (*Joussen* BauR 2002, 1759). Zukünftig wird darauf zu achten sein, die wichtigen VOB/B-Vorschriften in den Vertrag zu integrieren statt pauschal auf die VOB/B zu verweisen.

4. Fertighausvertrag

196 Der davon zu unterscheidende **Fertighausvertrag** kann als Kauf-, Werk- oder Werklieferungsvertrag einzustufen sein. Dabei unterscheidet dieser sich vom Baubetreuervertrag im weitesten Sinne davon, dass der Fertighausvertrag eine Vielzahl von Pflichten des Betreuers ähnlich dem Bauträgervertrag vereinbart, jedoch das Grundstück üblicherweise von dem Bauherrn gestellt wird. Dabei hat der Fertighauslieferant die Planung und Fertigung des Gebäudes zu übernehmen. Der Bauherr hat für die Baustellen, das Baugrundrisiko, die Vermessung, die Baugenehmigung und die öffentlichen Lasten selbst zu sorgen. Damit handelt es sich beim Fertighausvertrag um einen Herstellungsvertrag. Wenn der Fertighaushersteller lediglich nach dem Vertrag die Bauteile an die Baustelle zu liefern hat, ohne die Montage zu übernehmen liegt ein reiner Kaufvertrag vor (BGH BauR 1983, 261). Die Gewährleistungsansprüche richten sich nach § 437 BGB. Wenn eine Errichtungsverpflichtung

übernommen wird so ist dies ein Werkvertrag. Das AbzG und das VerbrKrG sind nicht anzuwenden, § 505 BGB (BGH BauR 1983, 261, 266).

Die Klausel in einem Vertrag über die Errichtung eines Fertighauses »*Erfolgt eine Kündigung gleich aus welchem Grund, ohne dass sie vom Auftragnehmer zu vertreten ist, hat der Unternehmer das Recht, eine pauschale Vergütung bzw. einen pauschalierten Schadensersatz i.H.v. 10% des zur Zeit der Kündigung vereinbarten Gesamtpreises zu verlangen, sofern nicht der Bauherr oder der Unternehmer im Einzelfall andere Nachweise erbringen*« ermöglicht wirksam bei freier Kündigung des Bestellers eine pauschale Abrechnung in dieser Höhe, wenn der Unternehmer nicht daneben noch weitere Ansprüche geltend macht (BGH MDR 2006, 1101). Nach der Rechtsprechung des BGH (BGH MDR 1983, 837) ist die Vertragsklausel dahin zu verstehen, dass der Unternehmer bei Kündigung nach teilweise durchgeführtem Vertrag, wenn er die konkrete Berechnung der Vergütung wählt, nicht ergänzend auf die Pauschale zurückgreifen kann, da bei Wahl der Pauschale der gesamte Anspruch abgegolten ist. Mit diesem Verständnis ihres Inhalts gewährt die Pauschalierungsklausel auch bei Überprüfung in entsprechender Anwendung des § 308 Nr. 7a BGB keine unangemessen hohe Vergütung. Der BGH hat zur analogen Anwendung des § 10 Nr. 7a AGBG, der mit dem Schuldrechtsmodernisierungsgesetz inhaltsgleich als § 308 Nr. 7a BGB in das Bürgerliche Gesetzbuch aufgenommen worden ist, ausgeführt, dass 5% der Auftragssumme als Pauschale ohne weiteres hinnehmbar sind (BGH BauR 1985, 79, 82). Eine Pauschale von 18% hat der BGH als äußerst zweifelhaft bezeichnet (BGH a.a.O.). Die Entscheidung, ob eine Vergütungsklausel von 10% angemessen ist, hatte der BGH-Senat bisher offen gelassen (BGH BauR 1995, 546). Insoweit hat er es auch für bedeutsam gehalten, dass der Unternehmer in jenem Fall insgesamt mehr als 10% des »endgültigen Kaufpreises« verlangte, nämlich neben der Pauschale zusätzliche Kosten für bereits im Vertragspreis enthaltene Zeichnungen. Wenn der Unternehmer keine zusätzlichen Kosten verlangt und nach dem zutreffenden Verständnis der Klausel auch nicht verlangen kann, ist nur die Angemessenheit einer Pauschale von 10% zu beurteilen. Prüfungsmaßstab für die Angemessenheit ist, was ohne die Klausel vom Besteller geschuldet wäre. Im Falle der freien Kündigung hat der Unternehmer gem. § 649 BGB Anspruch auf die vereinbarte Vergütung. Er muss sich jedoch dasjenige anrechnen lassen, was er infolge der Aufhebung des Vertrages an Aufwendungen erspart hat oder durch anderweitige Verwendung seiner Arbeitskraft erwirbt oder zu erwerben unterlässt. Bei der gebotenen typisierenden Betrachtungsweise weicht eine Pauschale von 10% nicht unangemessen davon ab, was der Unternehmer in Anwendung des § 649 BGB zu beanspruchen hätte. Bei Abrechnung nach § 649 BGB sind neben den bereits geleisteten vertragsbezogenen Personal- und Sachkosten auch der kalkulierte Gewinn (BGH BauR 1998, 185) und die allgemeinen Gemeinkosten (BGH MDR 1999, 672) zu erstatten. Die Pauschalierung dieser Kosten mit 10% des zur Zeit der Kündigung vereinbarten Gesamtpreises ist nicht unangemessen.

5. Bausatz-(haus-)vertrag und Ausbauhausvertrag

Hier stehen die werkvertraglichen Elemente im Vordergrund. Es werden keine wirtschaftlichen Betreuungsleistungen erbracht. Das Grundstück wird regelmäßig vom Bauherrn zur Verfügung gestellt. Die Herstellungsverpflichtung tritt aufgrund der Vorfertigung von genormten Elementen zurück. Selbst bei besonderen Änderungen von Bauteilen ist kein Werkvertrag anzunehmen, da die Veräußerung von vorgefertigten Elementen im Vordergrund steht. Allerdings sind die Bausatzverträge, wonach neben der Lieferung der Bauteile auch die Planungsleistungen in Form von Anleitungen und Plänen zu liefern sind, Kaufverträge mit werkvertraglichen Zusatzleistungen. Der Schwerpunkt liegt allerdings auf den kaufvertraglichen Teilen des Hausbausatzvertrages (OLG Düsseldorf NJW-RR 2002, 14; LG Köln BauR 2000, 735 zum Grundstückskauf mit Lieferung von Planung und Bauteilen). Daher wird überwiegend Kaufrecht zur Anwendung kommen (OLG Düsseldorf BauR 2002, 100; *Thode* NZBau 2002, 360). Die Rechte des Erwerbers richten sich insbesondere nach § 437 BGB. Dabei liegt ein Fehler nach § 434 Abs. 2 S. 2 BGB auch dann vor, wenn die Montageanleitung mangelhaft ist und daher die Montage des Gebäude durch den Käufer nicht fehlerfrei durchgeführt werden kann. Es handelt sich um einen Sachmangel (*Westermann* NJW 2002, 441, 444).

198 Ansprüche des Auftraggebers gegen den Lieferanten des Bausatzes, der zugleich auch die Pläne dazu liefert und die erforderlichen Baugenehmigungspläne, Entwässerungspläne, Statik, Wärmeschutznachweis, sowie bei der Baubetreuung und Bauanleitung durch Bauleiter der »Lieferantenfirma«, die Verlegung der Grundleitung, Einbingen des Beton der Fundamentplatte und Verlegen der Bewehrung auf der Kellersohle verjähren bei Altverträgen nach § 638 BGB a.F. = § 634a Abs. 1 Nr. 2 BGB (OLG Düsseldorf BauR 2003, 913).

Ein Vertrag, in dem sich ein Unternehmer zur Lieferung und Errichtung eines **Ausbauhauses** gegen Teilzahlungen verpflichtet, ist ein Werkvertrag (BGHZ 87, 112; BGH BauR 2006, 510). Ein Verbraucher kann einen solchen Vertrag weder nach §§ 505 Abs. 1 Nr. 1, 355 Abs. 1 BGB (Ratenlieferungsverträge) noch nach §§ 501 S. 1, 499 Abs. 2, 495 Abs. 1, 355 Abs. 1 BGB (Teilzahlungsgeschäfte) widerrufen.

6. Ergänzend: Kaufvertragspflichten bei Montagesätzen

199 Neben der werkvertraglichen Komponete sind Montagesätze zum überwiegenden Selbstbau aller Komponenten eines Bauwerks denkbar, z.B. Solaranlage, Windkraftwerk, Gartenhäuser, Abdichtungskomponenten usw. Grundsätzlich ist dabei auf vorangehend Ziffer 5 zu verweisen, ergänzend allerdings auf Folgendes: Montagemängel von bereits vorgefertigten Teilen werden über § 434 Abs. 2 S. 1 BGB einem Kaufmangel gleichzustellen sein – dies wenn der Verkäufer die Vorfertigung übernahm. Dazu zählen alle Handlungen, die beim Zusammenbau der Einzelteile, dem Anschluss der Materialien und Geräte und dem Einbau notwendig zum Funktionieren des Gegenstandes sind. Mängel der Montageanleitung können neben den unter Ziffer 5 behandelten Eigenleistungen auch die durch Personal des Lieferanten durchgeführten Montageleistungen sein, wenn diese auf fehlerhafter Montageanleitung beruhen. Dabei genügt es, dass zum bestimmungsgemäßen Gebrauch die Teile geliefert wurden. Bei einem Mengenfehler stellt § 434 Abs. 3 BGB klar, dass es einem Sachmangel gleich steht, wenn der Verkäufer eine falsche Menge liefert. Grundlage ist dabei die Vereinbarung der Parteien darüber.

200 Der Käufer kann nach § 437 BGB folgende Sachmängelrechte geltend machen: § 439 BGB Nacherfüllung, §§ 440, 323 und 326 Abs. 5 BGB vom Vertrag zurücktreten, § 441 BGB den Kaufpreis mindern, §§ 440, 280, 281, 283 und 311a BGB Schadensersatz verlangen, nach § 284 BGB Ersatz vergeblicher Aufwendungen beanspruchen. Der Nacherfüllungsanspruch ist aber primär zur Minderung und zum Rücktritt. Wenn nach § 433 Abs. 1 S. 2 BGB der Verkäufer verpflichtet ist, die Sache frei von Sach- und Rechtsmängeln dem Käufer zu verschaffen, so kann der Käufer erst die Nachbesserung oder die Neulieferung beanspruchen. Dabei hat er nicht erst die Nachbesserung zu wählen, § 439 Abs. 1 BGB (»nach seiner Wahl«). Dabei sind von Verkäufer die erforderlichen Transport-, Wege-, Arbeits- und Materialkosten selbst zu tragen (§ 439 Abs. 2 BGB). Die Nachlieferung kann nur verweigert werden, wenn dies mit unverhältnismäßig hohen Kosten verbunden ist (§ 439 Abs. 3 BGB). Wenn der Verkäufer sich allerdings für die Nachlieferung entschieden hat, so hat er im Gegenzuge den Anspruch auf Rückgewähr der zuvor gelieferten mangelhaften Sache (§ 439 Abs. 4 i.V.m. §§ 346–348 BGB).

201 Die Verjährung beträgt im Kaufrecht zwei Jahre, § 438 Abs. 1 Nr. 3 BGB. Bei Bauwerken bzw. bei Materialen die bestimmungsgemäß dazu verwendet werden allerdings 5 Jahre, § 438 Abs. 1 Nr. 3 BGB. Maßgeblicher Zeitpunkt ist das Anliefern bzw. Abliefern des Kaufgegenstandes (§ 438 Abs. 2 BGB). Das bedeutet zugleich, dass auch die Rückgriffe auf Zulieferer und Nachunternehmer im Rahmen der Nacherfüllung gleich geregelt wurden. Ebenfalls betrifft dies die Sachmängel-Rückgriffe gegen Hersteller und Lieferanten.

Die Zahl der sog. Garantieerklärungen auf hergestellte und verkaufte Güter nimmt zu. Diese ist unterschiedlich zu sehen. Es gibt die Beschaffenheits- und Haltbarkeitsgarantie. Diese ist nun in § 443 BGB neu in das BGB aufgenommen worden. Immerhin handelt es sich um ein selbstständiges, neben den gesetzlichen Mängelansprüchen, laufendes Versprechen. Der Garantiegeber kann daher der Verkäufer, der Hersteller, der Lieferant oder der Importeur sein. Damit ist die Haftung dem ProdHaftG angenähert. Die Erklärung kann die ganze Sache oder auch nur ein Teil davon umfassen. Der Versprechende ist in der Erklärung selbst frei. Werbungen sind daher im wesentlichen als Nichtvertragsbestandteil über das Kaufrecht unerheblich; möglich aber über das ProdHaftG. Damit besteht bei Garantieerklärungen eine Anspruchskonkurrenz zu § 437 BGB. Rechtsfolge ist allerdings nicht das Recht aus §§ 437 ff BGB, sondern das Recht aus der Garantiezusage, also Nachlieferung, Nachbesserung oder Schadenersatz. Dies ergibt sich zwingend aus dem Vertrag. **202**

Einzelne Entscheidungen: Die Pflicht des Verkäufers zur Nachlieferung nach § 439 BGB umfasst auch die Lieferung einer mangelfreien und die Rücknahme der mangelfreien Sache. Hatte der Käufer die mangelhafte Sache eingebaut – Fliesen –, so ist der Einbau einer mangelhaften Sache nicht Gegenstand der Nacherfüllung. Die vergeblichen Aufwendungen des Käufers für den Einbau der mangelhaften Sache hat der Verkäufer unter dem Gesichtspunkt des Schadenerssatzes (§§ 437 Nr. 3, 284 BGB) nur zu erstatten, wenn der Verkäufer den Mangel zu vertreten hat (OLG Köln MDR 2006, 926). **203**

7. Baustoffhändler

Literatur: Suffel Baustoffkauf bei Händler oder Hersteller – unterscheiden sich die Mängelansprüche? BrBp 2004, 480; *Kullmann* ProdukthaftungsG, 5. Aufl. 2006.

Der Baustoffhersteller hat regelmäßig die Mangelhaftigkeit seines Produktes zu verantworten, während den Händler nur dann ein Verschulden trifft, wenn er den Mangel kennt. Der Baustoffhersteller ist kein Erfüllungsgehilfe des Baustoffhändlers. **203a**

VI. General- und Nachunternehmereinsatz bei Bauvergabe nach VOB/A

1. Fachkunde des Generalunternehmers

Wer sich im Rahmen einer Bauausschreibung nach den Vergabevorschriften des Öffentlichen Auftraggebers nach Teil A als **Generalunternehmer** bewirbt, muss in seiner Person und in seinem Betrieb alle Voraussetzungen erfüllen, die als grundlegend in § 2 Nr. 1 S. 1 VOB/A niedergelegt sind. Im Übrigen gilt grundlegend, dass auch über § 4 Nr. 8 Abs. 1 S. 1 VOB/A der Grundsatz der Selbstausführung gilt. Ein Bieter, der dies nicht nachweist, kann von der Vergabe ausgeschlossen werden (BayObLG VergabeR 2002, 485). Allerdings wird man zur Frage der **Fachkunde** gewisse Einschränkungen machen müssen. Man wird nicht verlangen können, dass der betreffende Unternehmer ein umfangreiches und in alle Einzelheiten gehendes technisches Fachwissen auf allen Einzelgebieten hat, aus denen der zu vergebende Gesamtbauauftrag zusammengesetzt ist. Es muss ausreichen, wenn die von ihm sorgfältig auszusuchenden Nachunternehmer die bestimmten speziellen Fachkenntnisse haben. Eines ist aber grundlegende Voraussetzung für die Beauftragung als Generalunternehmer: Er muss **wesentliche Teile** der verlangten Gesamtbauleistung selbst **in seinem eigenen Betrieb** ausführen (vgl. Nr. 3.1 VHB zu § 8 VOB/A). Er muss der **herausragende Unternehmer bei der Erfüllung der Gesamtbauaufgabe** sein. Ein bloßer »**Zwischenhändler**« ohne beachtliche, in seinem eigenen Betrieb zu erledigende Bauausführungsaufgabe ist dem auch heute noch so zu verstehenden Baugewerbe fremd. **204**

Die gegenteilige Ansicht von Daub/Piel/Soergel (ErlZ 4.52 ff.), die sogar einen bloßen Koordinator und/oder Planer dem Generalunternehmerbegriff zuordnen möchten, ist abzulehnen, zumal dadurch eine unzulässige Vermischung zwischen der hier immanenten Bauunternehmertätigkeit **205** und davon – vor allem rechtlich – zu trennenden anderen Aufgaben im Rahmen einer Bauherstellung erfolgen würde. Das leuchtet um so mehr ein, wenn der von § 1 VOB/A umrissene Regelungsbereich der gesamten VOB – insbesondere deren Teile A und B, aber auch C – berücksichtigt und außerdem beachtet wird, dass Teil B grundsätzlich auf jene weiteren Arbeiten, die nichts mit der eigentlichen Bauausführung zu tun haben, nicht abgestellt ist.

206 Auch dient es den berechtigten Belangen des Auftraggebers im Hinblick auf den Einsatz von Generalunternehmern, wenn über den Wortlaut von § 2 Nr. 1 S. 1 VOB/A hinaus zu fordern ist, dass Bieter, die als General- oder Hauptunternehmer mit Nachunternehmern eingesetzt werden sollen, wirtschaftlich, technisch und organisatorisch die Gewähr für ordnungsgemäße Vertragserfüllung, insbesondere für einwandfreie Durchführung der Koordinierungs- und Aufsichtsaufgaben, bieten müssen. Vergibt der Bieter Unteraufträge für **eigenständige Planungsleistungen**, handelt es sich nicht um Hilfsleistungen. Die leistungserbringenden Unternehmen sind in das Nachunternehmerverzeichnis aufzunehmen. Nur solche Teilleistungen sind als Nebenleistungen zu qualifizieren, die sich auf reine Hilfsfunktionen beschränken (VK Sachsen IBR 2006, 416). Allerdings besteht insoweit eine **Ausnahme im Vergaberecht** als **Vermieter von Baumaschinen und Lieferanten von Material eine Nachunternehmereigenschaft nicht begründen können** (VK Lüneburg Beschl. v. 20.5.2005 VgK-18/2005). Die Notwendigkeit einen Nachunternehmer bi einer bestimmten Leistung anzugeben, ist grundsätzlich aus der Sicht der Vergabestelle zu prüfen. Nimmt der Nachunternehmer auf die zuerbringenden Leistungen unmittelbaren Einfluss dergestalt, dass sich sein Tätigwerden auf die Qualität der erbrachten Leistungen auswirkt, muss es der Vergabestelle möglich sein, die vom Bieter eingesetzten Nachunternehmen zu prüfen. Liegen lediglich Tätigkeiten wie die Vermietung von Maschinen oder die Lieferung von Bauteilen vor, die keinen unmittelbaren Leistungsbezug aufweisen, besteht kein schützenswertes Interesse des Auftraggebers über die Namen dieser Unternehmen informiert zu werden, zumal bekannt ist, dass Hilfsleistungen durch Dritte erbracht werden. Ausnahme ist lediglich, dass die Vergabestelle um Bekanntgabe bittet.

2. Subunternehmer in der Vergabe und Leiharbeitsverhältnisse

207 **Subunternehmer** von am **Vergabeverfahren** beteiligten Bietern haben kein eigenes Antragsrecht für das Nachprüfungsverfahren vor der Vergabekammer gem. § 107 Abs. 2 GWB, da sie an der Vergabe nur ein mittelbares Interesse haben. Dies gilt auch dann, wenn sich and der Ausschreibung auch Vermittler (Generalübernehmer) beteiligen (OLG Rostock BauR 2000, 1586). Auch ein Bieter, der annähernd die Hälfte der ausgeschriebenen Leistungen an Nachunternehmer vergeben will, befasst sich gewerbsmäßig mit der Ausführung von Leistungen der ausgeschriebenen Art, § 8 Nr. 2 Abs. 2 VOB/A, § 97 GWB (OLG Bremen BauR 2001, 94).

208 Der Einsatz von Arbeitnehmern eines anderen Unternehmers ist, soweit keine wirksamen **Leiharbeitsverhältnisse** gem. §§ 1 ff. AÜG vorliegen, einem Nachunternehmereinsatz gleich zu stellen (OLG Düsseldorf VergabeR 2002, 278). Die Bürgenhaftung nach § 1a AEntG ist sowohl mit Art. 12 GG als auch mit der in Art. 49 EG-Vertrag gewährleisteten Freiheit des Dienstleistungsverkehrs vereinbar (BAG ZIP 2005, 1292). Diese Bürgenhaftung trifft nur Bauunternehmen, nicht branchenfremde Unternehmen, die Auftraggeber einer Bauleistung sind (BAG MDR 2003, 461).

VII. Nachunternehmervertrag (Subunternehmervertrag)

1. Allgemeine Gesichtspunkte

209 Für den Begriff des Nachunternehmers hat sich der Begriff des **Subunternehmers** eingebürgert. Dagegen ist nichts einzuwenden, denn bezeichnet dieser Begriff die zutreffende Ansicht, dass der Vertragsgestaltungsakt eben nicht in einer pyramidenförmigen Ausgestaltung zu sehen ist, sondern in einer Durchstellung des Vertragswerkes Auftraggeber-Hauptunternehmer-Nachunternehmer (v.

Westphalen/Motzke AGB-Klauselwerke Rn. 1; *v. Westphalen* FS Locher S. 375). Zugleich wird hierdurch klargestellt, dass die pyramidenförmige Ausgestaltung des Vertragswerkes nur die Formen der Vertragsgestaltung treffen kann, die sich kaskadenförmig nach unten durch Erweiterung des Aufgabenbereichs des Hauptunternehmers gegenüber dem Bauherrn oder durch Einsatz einer Vielzahl von Nachunternehmer für verschiedene Bereiche des Bauvorhabens begreifen lässt (*Nicklisch* NJW 1985, 2361, 2366). Das ist aber dann nur mit der Vielzahl von vom Bauherrn verlangten Ausführungsformen und deren speziell abverlangten Arbeitsweisen der Nachunternehmer zu begreifen. Dies hat baubetriebliche und bautechnische Gründe, da das Ineinandergreifen von Arbeitsgebieten und Arbeitsaufgaben dann von dem Hauptunternehmer zu koordinieren ist. Die vom BGH gewünschte Koordinierungsverpflichtung am Bau hat in dieser Sichtweise der parallelen Vertragskette ihre Ursache. Daraus ergibt sich grundsätzlich, dass Auftraggeberbeziehungen nicht direkt zum Nachunternehmer bestehen. Wohl aber ist Bindeglied der Vertrag zwischen Auftraggeber und Hauptunternehmer im Regelfall auch für den Nachunternehmer, da der Hauptunternehmer darauf Bedacht nehmen wird vertraglich im Verhältnis zum Auftraggeber nicht schlechter gestellt zu werden. Hinzuweisen ist darauf, dass die **Selbstständigkeit des Nachunternehmervertrages** vom Hauptunternehmervertrag nochmals durch § 641 Abs. 2 BGB (BGBl. I 2000 S. 330) und die damit verbundene Durchstellung von Ansprüchen erst recht normiert und klargestellt wurde. Dabei ist zu beachten, dass die Vertragswerke auch weiterhin selbstständig nebeneinander bestehen, d.h. auch deren Bedingungen und Klauseln. Dieses betrifft beispielsweise die Abnahme der Werkleistung oder auch Gewährleistungsansprüche gegen Hauptunternehmer unabhängig vom Nachunternehmervertrag (BGH BauR 1981, 383; *Ramming* BB 1994, 518; allgemein schon *Locher* NJW 1979, 2235). Die Besonderheit des Nachunternehmervertrages liegt daher darin, dass der Auftraggeber selbst nicht der Auftraggeber des Nachunternehmers ist, jedoch § 4 Nr. 8 Abs. 1 S. 3 VOB/B zu beachten ist, wonach die Nachunternehmerbeauftragung vom Auftraggeber genehmigt werden muss, ansonsten es zu einem Kündigungsrecht des Auftraggebers führen kann. Der General-, Haupt- oder Nebenunternehmer hat eine Obhuts- und Vermittlerfunktion und damit auch eine vermittelnde Funktion und Aufgabe zwischen Auftraggeber und Nachunternehmer. Die zum Auftraggeber bestehenden Risiken können vertraglich auf den Nachunternehmer durchgestellt werden. Gesetzlich ist das nicht möglich. Allerdings ist dies in den überwiegend formularmäßig denkbaren Verträgen unter Berücksichtigung des § 305 ff. BGB nicht möglich. So sind Klauseln in denen der Nachunternehmer auf Einwendungen wegen Irrtums oder mangelnder Kenntnis der zur Ausführung der Leistung erforderlichen Kenntnis verzichtet oder dies ausdrücklich ohne den Leistungsinhalt zu kennen unwirksam (BGH BauR 1983, 368). Der formularmäßige Ausschluss eines Vergütungsanspruchs bei der Kündigung nach § 8 Nr. 1 VOB/B ist unwirksam (OLG Karlsruhe IBR 1995, 379). Denkbar ist, dass der Generalunternehmer, wenn er individualvertraglich mit dem Auftraggeber die Möglichkeit vereinbarte die Zurückstellung von Ausbauarbeiten zu Lasten des Nachunternehmer ganz oder teilweise ohne die Vergütungskonsequenz des § 8 Nr. 1 VOB/B aus dem Leistungsumfang herauszunehmen. Weiterhin unzulässig sind nachfolgende Klauseln, die sich in einer Vielzahl von vorformulierten und empfohlenen Verträgen finden: »Ergänzungen, Änderungen sowie die Aufhebung des Vertrages oder der Schriftformklausel sind nur wirksam, wenn der Auftraggeber sie schriftlich bestätigt«; »Der Auftragnehmer kann im Falle der Behinderung oder Unterbrechung der Leistung etwaige Ansprüche nur geltend machen, wenn eine von dem Auftraggeber zu vertretende Zeit der Unterbrechungen der von dem Auftragnehmer auf der Baustelle zu erbringenden Leistung von mehr als 30% der vereinbarten Gesamtfrist eintritt«, »Der Auftragnehmer ist verpflichtet, aufgrund von Prüfungen gemachte Auflagen zu beachten und zu erfüllen, Hieraus resultierende Terminsverschiebungen oder Mehrkosten gehen zu seinen Lasten.«, »Der Auftragnehmer hat keinen Anspruch auf Vergütung oder entgangenen Gewinn für Leistungen, die z.B. aufgrund einer Kündigung seitens des Bauherrn nicht zur Ausführung gelangen, aus dem Auftrag genommen oder anderweitig vergeben werden.«, »Der Auftraggeber hat das Recht, während der Bauzeit Auflagen über die Zahl der am Bau beschäftigten Arbeitskräfte zu machen. Dies ist binnen 24 Stunden zu erledigen.«, »Nachforderungen nach Einreichung der Schlussrechnung werden – gleichgültig aus welchem Grunde – nicht anerkannt. Mit der Einreichung der Schlussrechnung durch den Auftragnehmer sind seine sämtlichen Forderungen geltend gemacht. Versäumt der Auftragnehmer die Berechnung erbrachter Leistungen und Lieferungen, so ist der Auftraggeber auch ohne weitere Mitteilung an den Auftragnehmer von jeglicher Verpflichtung zur Bezahlung von eventuellen späteren Forderungen des Auftragnehmers befreit.«, »Voraussetzung für die Abnahme sind, dass der Auftragnehmer sämtliche hierfür erforderlichen Unterlagen, wie z.B. Revisions- und Bestandspläne, behördliche Bescheinigungen usw. dem Auftraggeber übergeben hat.« (siehe zu Einzelheiten: OLG Hamburg BauR 1997, 1036 – Projektentwickler).

210 Das Vertragsverhältnis des Hauptunternehmers und des Nachunternehmers ist vom **allgemeinen Kooperationsprinzip** beherrscht. Beide Partner habe das Ziel der Durchführung des Vertrages (BGH BauR 200, 409, 410). Damit ist die Gesamtabwicklung in beider Hände zu einem einheitlichen Ziel geworden. Vertragsgestaltungen, die ein »Gegeneinander« zum Ausdruck bringen müssen scheitern. Aus dem Kooperationsprinzip begründet sich die Pflicht zur Rücksichtnahme, gegenseitigen Information und Mitwirkung bei der gemeinsamen Zielsetzung (so auch *Hickl* FS Jagenburg S. 279, 288).

211 Der Nachunternehmer ist dem Auftraggeber gegenüber als **Erfüllungsgehilfe** des Hauptunternehmers anzusehen (BGH BauR 1976, 131; 1979, 324, 1981, 383). Dagegen ist der Subunternehmer grundsätzlich kein **Verrichtungsgehilfe** des Hauptunternehmers i.S.d. § 831 BGB (BGH BauR 1994, 780; LG Berlin NJW-RR 1997, 1176). Der Auftraggeber des Hauptunternehmers ist grundsätzlich nicht dessen **Erfüllungsgehilfe** gegenüber dem Subunternehmer (*Werner/Pastor* Rn. 1052). Überträgt der Generalunternehmer die Werkleistung einem Subunternehmer zur eigenverantwortlichen Ausführung, ohne diese allerdings zu überwachen oder zu prüfen, so hat der Generalunternehmer gegenüber dem Bauherrn das **arglistige Verschweigen eines Mangels** durch den Subunternehmer gem. § 278 BGB zu vertreten wie eigenes arglistiges Verschweigen (BGH BauR 1976, 131; OLG Oldenburg IBR 2006, 20).

2. Arbeitgebereigenschaft; Baugeräteüberlassung

212 Der Nachunternehmer schuldet – wie der Hauptunternehmer, der Generalunternehmer, der Alleinunternehmer, der Nebenunternehmer – den werklichen Erfolg und nicht den Dienst oder die Arbeit. Damit muss der Nachunternehmervertrag von den Verträgen abgegrenzt werden, bei denen der Inhalt im Wesentlichen aus der Überlassung der Arbeitskräfte oder von Maschinen/Geräten besteht. Dies gilt auch bei der Überlassung samt Bedienungsmannschaft. Dabei ist noch darauf zu verweisen, dass infolge der Gewährleistungsregeln der Hauptunternehmer nicht auf die Weiterleitung seiner Regressansprüche an den Nachunternehmer verzichten wird, wenn er lediglich die Arbeitskraft – beispielsweise bei losweiser Vergabe/Auftrag – beim Nachunternehmer abfragt. Hier wird er regelmäßig den werkvertraglichen Erfolg durch eine entsprechende Übertragung von anteiligen werklichen Aufgaben zu sichern haben, also einen bestimmten Anteil der übertragenen Aufgabe neben der Arbeits- und Dienstleistung als Teil-Werkerfolg auszugestalten haben und die Werkleistung als solches auch abfordern. Damit ist aber zugleich auch die Abgrenzung zur Arbeitnehmerüberlassung festzustellen. Hier schuldet der Entleiher die Arbeitskräfte, also deren Bereitstellung. Er steht nicht für den durch diese Arbeitskräfte erzielten Erfolg ein. Damit ist die Arbeitnehmerüberlassung als Dienstverschaffungsvertragsverhältnis anzusprechen (*Hök* BauR 1995, 45 ff.; OLG Karlsruhe BauR 1985, 221; OLG Köln OLGR 1999, 106; OLG Düsseldorf BauR 1996, 136). Hiervon zu unterscheiden ist der **Schein-Werkvertrag**. Damit ist im Bauvertragsbereich verbotene Arbeitnehmerüberlassung gemeint. Dabei geht es um die tatsächliche Durchführung eines Vertrages der mit Vertragsinhalt und -durchführung nicht inhaltsgleich ist. Dies betrifft die Verträge in denen der Vertrag zwar mit »Werkvertrag« betitelt ist, jedoch die Arbeitnehmerüberlassung im Fordergrund steht. Maßgeblich ist daher auch hier der Schwerpunkt der Vertragsgestaltung (OLG Karlsruhe BauR 1990, 482). Maßgeblich ist daher, dass der Nachunternehmer als selbstständiger Unternehmer fungiert,

§§ 4 Nr. 1, Nr. 2 Abs. 1, 2, 3 S. 2 und Nr. 6 VOB/B (siehe auch: *Frikell* Der Nachunternehmervertrag S. 9 ff.; *Hök* BauR 1995, 45 ff.).

Bei einer ARGE sind die **Freistellungen und Abordnungen** der Arbeitnehmer Kennzeichen dafür, dass hier nicht die Arbeitnehmerüberlassung verboten ist. Bei der **Freistellung** ruht das Arbeitsverhältnis im ursprünglichen Betrieb. Dabei wird von den Arbeitnehmer ein eigenes Arbeitsverhältnis mit der ARGE eingegangen. Bereits der Musterarbeitsgemeinschaftsvertrag 2005 regelt in Ziffer 12.23 hierzu, dass im Falle der Freistellung Angestellte und Poliere und weiteres Personal in ein Arbeitsverhältnis mit der ARGE eintritt und die laufenden Bezüge von der ARGE geschuldet werden. Dies gilt auch für sonstige Umkosten, Sozialabgaben, Steuern. Bei der **Abordnung** bleibt es aber beim alten Arbeitsverhältnis. Hierzu regelt Ziffer 12.21 der Muster-ARGE-Vertrages, dass im Falle der Abordnung zur ARGE das Personal nicht im Arbeitsverhältnis zur ARGE steht und damit der Lohn, Abgaben usw. von dem Stammbetrieb zu entrichten sind. Die Stammfirma hat aber Anspruch auf Freistellung gegenüber der ARGE von diesen Abgaben, Kosten, Gehaltszahlungen usw. Dies regelt Ziffer 12.3 für abgeordnetes und Ziffer 12.4 für freigestelltes Personal. Jedoch ist eine solche Abordnung nicht erlaubnispflichtig gem. § 1 Abs. 1 S. 2 AÜG, wenn die entleihende Stammfirma Mitglied der ARGE ist, für alle Mitglieder der ARGE Tarifverträge desselben Wirtschaftszweiges gelten und die Mitglieder der ARGE aufgrund des ARGE-Vertrages zur selbstständigen Erbringung von Vertragsleistungen verpflichtet sind (*Kleine-Möller/Merl/Oelmaier* § 2 Rn. 63; *Burchardt/Pfülb* § 12 Rn. 46 ff.). Darüberhinaus erfüllt die ARGE insbesondere bei Benutzung des Muster-ARGE-Vertrages 2005 den Befreiungstatbestand des § 1 Abs. 1 AÜG. Die auch vertretene Ansicht, die Gesellschafter müssten zwingend Werkleistungen durch selbstständige Werkleistungen erbringen, findet im AUG keine Stütze. § 1 Abs. 1 S. 2 AÜG soll bewirken, dass die in einer ARGE zusammengeschlossenen gesamtschuldnerisch dem Auftraggeber haftenden Gesellschafter in der von ihnen im Innenverhältnis vereinbarten Art und Weise alle notwendigen Leistungen an die ARGE erbringen können, einschließlich der Abordnung von Personal. Nur in demjenigen Ausnahmefall, in welchem die einzige Verpflichtung des Gesellschafters einer ARGE darin besteht, ausschließlich Personal an die ARGE abzuordnen, wäre der Gesetzeszweck von § 1 Abs. 1 S. 2 AÜG berührt.

213

Bei der **Baugeräteüberlassung** mit oder ohne Bedienungspersonal liegt im Regelfall ein Mietvertrag oder ein Dienstvertrag in Kombination mit einem Mietvertrag vor. Dieses ist keine Umgehung des Verbots der Arbeitnehmerüberlassung, wenn die Gebrauchsüberlassung des Gerätes im Vordergrund steht und die Zurverfügungstellung des Bedienungspersonals lediglich dienende Funktion hat. Für die weitere Einordnung ist aber maßgeblich, ob sich Überlassung des Gerätes auf das Gerät selbst, mit oder ohne Bedienungspersonal beschränkt. Dieses findet man häufig im Spezial-Tiefbau. Dort wird das arbeitsfertige Gerät geschuldet, also das Gerät mit Mannschaft, da diese Geräte so speziell gebaut und zu bedienen sind, dass der Auftraggeber selbst dieses nicht bedienen kann (*Kleine-Möller/Merl/Oelmaier* § 2 Rn. 60; *Hök* BauR 1995, 45; *Saller* BauR 1995, 50 ff.). Damit gilt allerdings, dass es sich bei der Gestellung von Gerät und Bedienungspersonal um einen Mietvertrag kombiniert mit einem Dienstverschaffungsvertrag handelt. Hier ist die Leistung des Gerätes und des Personals im Einsatz nicht mehr Gegenstand der vertraglichen Verpflichtung des Geräteunternehmers und des Verleihers. Daraus ergibt sich, dass bei einem Mietvertrag nebst Dienstverschaffungsvertrag die Gestellung samt Personal und beim Mietvertrag in Kombination mit einem Dienstvertrag die mit dem Gerät und durch das Bedienungspersonal zu erbringende Dienstleistung ohne Rücksicht auf den werkvertraglichen Erfolg geschuldet ist. Bei Gestellung eines Mobilkrans zur Errichtung eines Kranes handelt es sich üblicherweise um einen Werkvertrag (OLG München BB 1997, 1998; OLG Hamm IBR 1992, 9; OLG Celle OLGR 1996, 183.), da der Erfolg – die Aufstellung des Krans – geschuldet ist. Das Bedienungspersonal ist aber bei einem solchen kombinierten Mietvertrag mit kombiniertem Dienstverschaffungsvertrag nicht als Verrichtungsgehilfe des Verleihers einzustufen; dieser selbst ist ebenfalls kein Erfüllungsgehilfe (OLG Düsseldorf BauR 1996, 136; OLG Hamburg IBR 1994, 505). Davon zu unterscheiden ist die reine werkvertragliche Gestaltung, wie im Haupt-/Subunternehmerverhältnis, wo die Arbeitskräfte **Erfüllungsgehilfen** sind. Beim **Mietvertrag** in Kombi-

214

nation mit einem Dienstverschaffungsvertrag sind die Bedienungsmannschaften nicht Erfüllungsgehilfen, sondern des Mieters, der das Gerät im Rahmen seiner Bedürfnisse gerade einsetzt (*Schaub* Arbeitsrechtshandbuch S. 150). Der Vermieter schuldet eben die Leistung nicht, sondern nur die Geeignetheit der Bedienmannschaft. Beim Mietvertrag kombiniert mit einem Dienstvertrag ist das Personal Erfüllunggehilfe des Vermieters und des zur Dienstleistung verpflichteten. Beim Mietvertrag mit Dienstverschaffungsvertrag steht das Weisungsrecht dem Entleiher zu, da das Personal und das Gerät hier in den Betrieb integriert werden (*v. Westphalen/Motzke* AGB-Klauselwerke, Subunternehmervertrag Rn. 27).

3. Nebenunternehmer; Schuldbeitritt

215 Die VOB/B benennt den Subunternehmer in § 4 Nr. 8 als »Nachunternehmer«. Er ist abzugrenzen vom »Nebenunternehmer«. § 4 Nr. 3 VOB/A grenzt die Tätigkeit nach Fachlosen oder Gewerken ein. So kann der Hauptunternehmer im eigenen Namen die Bedingungen weitergeben. Der Auftraggeber hat daher keine Möglichkeit über § 421 BGB an den Nachunternehmer direkt heranzutreten (*v. Westphalen/Motzke* AGB-Klauselwerke, Subunternehmerverträge Rn. 5). Erfolgen Zahlungen an den Nachunternehmer durch den Auftraggeber ist zu unterscheiden. Eine befreiende Wirkung erfolgt nicht, es sei denn, vertraglich wird dies so zwischen allen Parteien und insbesondere im Verhältnis zwischen Auftraggeber und Hauptunternehmer so gestaltet, §§ 267, 363, 364 BGB. Die VOB/B sieht eine Ausnahme vor: über § 16 Nr. 6 VOB/B kann eine Erfüllungsleistung durch Zahlung eintreten, wenn die Zahlung mit befreiender Wirkung im Rahmen der Vereinbarung der VOB als Ganzes (ohne Abänderung) erfolgt. Hat der Auftraggeber allerdings in diese Regelung durch Änderung eingegriffen, so ist der Kerngehalt der VOB betroffen und damit auch über §§ 305, 307 Abs. 2 Nr. 1 BGB die Unwirksamkeit des § 16 Nr. 6 VOB/B betroffen (BGH BauR 1995, 234; 1991, 331; 1991, 740; 1990, 727; *Siegburg* BauR 1993, 9 ff.; *Wolf/Horn* AGBG § 23 Rn. 245; *Anker/Zumschlinge* BauR 1995, 325 ff.). Auch die bloße Anforderung des Auftraggebers an den Nachunternehmer begründet keine vertragliche Beziehung zwischen diesen. Die Konstellation findet sich meist in Bauträgerverhältnissen mit den privaten Bauherrn bei den sog. »Sonderwünschen«. Hier ist jeweils auf klare vertragliche Vereinbarung und Abgrenzung bei den Parteien zu achten. Bei lediglichen Ausführungsanforderungen kommt es darauf an, ob eine rechtsgeschäftliche Qualität erreicht werden soll. Das ist nur dann der Fall, wenn ersichtlich mit dem Begehren des Fordernden auch eine Rechtshandlung und eine Rechtsfolge verbunden sein soll. Das ist bei lediglichen Ausführungsanforderung nicht der Fall (§ 5 Nr. 2, Nr. 4 VOB/B). Gegen den Willen des Vertragspartners erfolgt daher – auch bei Schweigen – keine rechtsgeschäftliche Verpflichtung (Ausnahme: Handelsverkehr bei vorheriger Absprache). Daher ist der Nachunternehmer allerdings für die Behauptung des direkten Vertragsschlusses mit dem Auftraggeber darlegungs- und beweispflichtig (so bei den Bauträgerverträgen). Verträge mit dem **Verbot des direkten vertraglichen Kontakts** sind wirksam, da sie im Zweifel auf einer Verhandlung der Parteien beruhen. Wird nach der Kündigung des Hauptvertrages zwischen Auftraggeber und Hauptunternehmer die Leistung vom Nachunternehmer weiter erbracht, so liegt grundsätzlich keine vertragliche Übernahme der Leistungs- und Preisgefahr darin. Jedoch kann sich aus den Umständen ergeben, dass der Nachunternhmer eben nur eine eigene Pflicht gegenüber dem Auftraggeber erfüllen wollte. Hierzu ist er aber darlegungs- und beweisverpflichtet. Allerdings hat der Auftraggeber den Nachunternehmer in Fällen der Aufhebung des Vertrages oder der Kündigung des Hauptunternehmervertrages direkt zu unterrichten, da er sich ansonsten gem. §§ 280, 281 BGB, wegen Vertragsverletzung schadenersatzpflichtig macht (BGH BauR 1993, 223). Allerdings sind diese Fälle immer daraufhin zu untersuchen, ob nicht ein Schuldbeitritt des Auftraggebers in der Anforderung der Leistung darin liegt. Dies ist neben der Anwendung des § 16 Nr. 6 VOB/B möglich. Wenn sich ergibt, dass der Auftraggeber den Vertrag übernimmt liegt darin nur ein Fall des Schuldbeitritts für alle bisherigen Leistungen, die noch nicht bezahlt wurden und alle zukünftigen Leistungen. Damit ergibt sich aber auch das Entstehen des Mangeleinwands zugunsten des Auftraggebers. Dies ist insbesondere dann der Fall, wenn der Architekt oder Bauleiter des Auftraggebers den Subunternehmer

Unternehmereinsatzformen

Anhang 3

im Kündigungs- oder Insolvenzfall des Hauptunternehmers zur Weiterarbeit auffordern soll. Hier ist aber die Frage der Bevollmächtigung zu klären. Die Schuldübernahme besteht auch im Falle der Übernahme der Übernahme auch ausstehender Werklohnansprüche (OLG Düsseldorf NJW 1995, 592; BGH BauR 2001, 626; OLG Dresden IBR 2001, 53). Eine Garantieerklärung des Auftraggebers kann in der Erklärung an den Nachunternehmer liegen, die Leistung – vergangene oder zukünftige – bezahlen zu wollen oder »sorgen« zu wollen. Hier ist allerdings einzelfallbezogen vorzugehen. Dies gilt insbesondere in dem Fall, dass der Nachunternehmer auf dessen unmittelbare Anordnung Leistungen erbringt, die dann auch im Verhältnis zum ursprünglichen Vertragspartner zu Änderungen gem. §§ 2 Nr. 5 oder Nr. 6 VOB/B geführt hätten. Dies geschieht häufig im Rahmen von Bauträgerverträgen, wenn der Hauptunternehmer insovent wird die Leistungen durch dessen Nachunternehmer für den Bauträger dann erbracht werden, um das Werk fertig zu stellen. Anders ist ebenfalls von einem Schuldbeitritt des Nachunternehmers auszugehen, wenn dieser dem Auftraggeber von sich aus eindeutig mitteilt, er werde die Leistung bei sofortiger Zahlung der zukünftigen und noch nicht fälligen Zahlungsanforderung/Rate erbringen. Damit wird wiederum lediglich die vertragliche Beziehung zu einem weiteren Schuldner – daneben – vereinbart. In allen Fällen gilt aber, dass die Wirkungen des Hauptvertrages bestehen bleiben. Neue zusätzliche Vertragsbedingungen werden nur bei eingehender und einzelner Absprache mit den darin entwickelten Bedingungen ausschließlich zwischen Nachunternehmer und Auftraggeber vereinbart und erhalten in diesem Rahmen Gültigkeit. Dies gilt nur im eingeschränkten Umfang für die Beziehung bei der ARGE, da die jeweiligen vertraglichen Beziehungen des Auftraggebers zur ARGE und dieser zu den Nachunternehmer gerade bei losweiser Vergabe nur auf die bestimmte Leistungserbringung beschränkt sind.

Zum vom Auftraggeber benannten Nachunternehmer, zu dessen Einschaltung auch das Einverständnis bei oder vor Vertragsschluss erteilt wurde (**nominated subcontractor**), vgl. v. Westphalen FS Locher S. 375, 381; Vetter RIW 1986, 81, 85; v. Westphalen/Motzke AGBG-Klauselwerke – Subunternehmervertrag Rn. 81. **216**

4. Vertragliche Verbindungen

Nicht frei von Problematik ist der Vertrag zwischen dem Generalunternehmer bzw. Hauptunternehmer und dem Nachunternehmer. Denn es besteht die **Gefahr**, dass der Generalunternehmer seine **Zwischenstellung** zwischen seinem Auftraggeber und dem Nachunternehmer in mehrfacher Hinsicht **zu Lasten des Nachunternehmers ausnutzen kann**. Diese Gefahr liegt nicht nur auf finanziellem, sondern nicht zuletzt auch auf rechtlichem Gebiet, weil dem Nachunternehmer einseitig eine Verantwortung auferlegt wird, die an sich vom Generalunternehmer nach Treu und Glauben jedenfalls mitzutragen wäre. Hier kann daher ein berechtigter Grund für den Auftraggeber liegen, Vergaben an Nachunternehmer, die von ihm nach § 4 Nr. 8 VOB/B auch noch nach Vertragsabschluss genehmigt werden müssen, mit einer gewissen Skepsis zu begegnen, die nur durch ordnungsgemäßes, allgemein für eine gerechte Vertragsgestaltung zu billigendes Verhalten des Generalunternehmers beseitigt werden kann. Dem kann der Auftraggeber weitgehend dadurch begegnen, dass er seinem Auftragnehmer (Generalunternehmer) auferlegt, in Verträgen mit Nachunternehmern im Wesentlichen **die gleichen Bedingungen zugrunde zu legen wie im Vertrag zwischen Auftraggeber und Generalunternehmer, jedenfalls im Verhältnis zum Nachunternehmer keine für diesen unzumutbaren Bedingungen**. Das wäre bei **gebotener praktisch-sachlicher Handhabung** keine unzumutbare Anforderung für den Generalunternehmer, wenn er die für den jeweiligen Nachunternehmer in Betracht kommenden Unterlagen sachgerecht sichtet und aufteilt, zumal es dabei in erster Linie ohnehin um den vom jeweiligen Nachunternehmer – nicht zuletzt in technischer Hinsicht – zu fordernden Leistungsinhalt und -umfang geht. Das gilt genauso für die nach § 305 Abs. 2, 3 BGB zu beachtenden Einbeziehungsvoraussetzungen in den Bereichen der jeweiligen Nachunternehmerverträge. Es ist sicher nicht übertrieben, hier von einem Unternehmer, **der sich stark genug fühlt**, als Generalunternehmer aufzutreten, zu verlangen, die nötigen Vorkehrungen vor dem Einsatz von Nachunter- **217** nehmern zu treffen, sich dabei auch etwa noch fehlende, für den Nachunternehmervertrag nötige Unterlagen zu beschaffen. Eine Selbstverständlichkeit ist es geradezu, dass Bedingungen im Hauptvertrag zwischen Auftraggeber und Generalunternehmer, die nach dem AGBG unwirksam sind, es auch für den Vertrag zwischen General- und Nachunternehmer sind. Das herauszufinden ist nun eben **Sache des Generalunternehmers, der sich entschlossen hat, als solcher tätig zu sein.** Insoweit ist jedenfalls im Wesentlichen auch weitgehend Krauss zuzustimmen (*Krauss* NJW 1997, 223). Weiterhin gilt: der wirtschaftliche Zusammenhang wird von dem BGB nicht und von der VOB/B in § 4 Nr. 8 Abs. 2 S. 2 VOB/B berücksichtigt. Hier wird auf der Grundlage, dass die Ausführung der Arbeiten ausschließlich durch den Auftragnehmer zu geschehen hat, die Erlaubnis zur Weitervergabe an den Nachunternehmer von der Zustimmung des Auftraggebers abhängig gemacht. Damit soll ebenfalls die Risikolage des Auftraggebers abgegrenzt werden. Daher überrascht die Durchstellungswirkung des § 641 Abs. 2 BGB; insofern ist auf das Merkblatt für Generalunternehmer vom 1.10.1957 hinzuweisen, wonach unter VII.4 regelt wird, dass der Nachunternehmer u.a. an den Abschlagszahlungen, Vorschüssen usw. zu beteiligen ist. § 641 Abs. 2 BGB hat das übernommen, obwohl diese Durchstellung nicht AGB-konform ist (zu allem: *Kirberger* BauR 2001, 492; *Staudinger/Peters* 2000 § 641 BGB Rn. 48a). Vor diesem Hintergrund ist eine Notwendigkeit, wonach der Generalunternehmer den Auftraggeber im Falle des Vergütungsanspruchs des Nachunternehmer durch Nachträge bei Nichtzahlung zu verklagen hat abzulehnen. Es ist Sache des Generalunternehmers in seinem Vertragsverhältnis die Regeln aufzustellen und einzuhalten. Bei einem Vergleich zwischen Nachunternehmer und Generalunternehmer ist der Inhalt, dass der Hauptunternehmer davon absieht den Auftraggeber zu klagen nicht treuwidrig (§§ 162, 242 BGB; OLG Düsseldorf NJW-RR 1997, 211). Im Übrigen ist auf § 16 Nr. 6 VOB/B hinzuweisen.

218 Vor allem sollte z.B. auch die **Abnahme** der Nachunternehmerleistung für den Fall ihrer Fertigstellung und des Eintritts der Möglichkeit ihrer sachgerechten Beurteilung festgelegt werden, da dann die Abnahme ohnehin zu geschehen hat, falls abweichende vertragliche Regelungen fehlen. Unabhängig vom nachfolgend erörterten Rahmen der §§ 305 ff. BGB ist einer Vereinbarung der Vertragspartner, dass die **Abnahme** der Leistung des Nachunternehmers erst erfolgen soll, wenn der Bauherr die Gesamtleistung des Generalunternehmers abgenommen hat, die Grundlage entzogen, wenn der Generalunternehmer in Insolvenz gerät und dadurch auf unabsehbare Zeit ungewiss geworden ist, wann das Gesamtbauvorhaben abgenommen wird und der Nachunternehmer oder auch der weitere Nachunternehmer hierauf keinen Einfluss hat (BGH BauR 1981, 284; zugleich wegen der Verzugszinsen auf die Vergütung). Es liegt weiter auf der Hand, dass z.B. die **Abwälzung einer Vertragsstrafe** auf den Nachunternehmer nur erfolgen darf, wenn und soweit die dadurch abgesicherte Bauverzögerung von dem Nachunternehmer **verursacht und verschuldet** (a.A. OLG Köln SFH § 640 BGB Nr. 29) worden und ihm nachweislich auf der Grundlage von §§ 5 Nr. 4, 6 Nr. 6 VOB/B ein Schaden entstanden (OLG Frankfurt/M. OLGR 1996, 242; 1997, 91; BGH BauR 1998, 330) ist. Grundsätzlich ist der General- bzw. Hauptunternehmer zur Abnahme der Nachunternehmerleistung verpflichtet, **sobald diese fertiggestellt** ist. So hat der General- oder Hauptunternehmer, dem die gesamten Rohbauarbeiten, bestehend aus den Losen Erd-, Kanalisations-, Mauer-, Beton- und Stahlbetonteilen, übertragen worden sind und der die Stahlbetonarbeiten isoliert an einen Nachunternehmer vergeben hat, nach Fertigstellung der Stahlbetonarbeiten diese gegenüber seinem Nachunternehmer gemäß § 12 Nr. 1 VOB/B abzunehmen (OLG Düsseldorf SFH § 12 VOB/B Nr. 14). **Im Einzelfall** ist es durchaus möglich, dass der General- bzw. Hauptunternehmer den Nachunternehmer auf dessen Aufforderung zur Abnahme bittet, bis zur Gesamtabnahme durch den Bauherrn zu warten. Dann ist der Nachunternehmer angesichts der erheblichen Rechtsfolgen, die mit einem Annahmeverzug des Auftraggebers verbunden sind, nach Treu und Glauben zur Antwort verpflichtet, wenn er trotzdem auf der Einzelabnahme seines Gewerkes bestehen will, zumal dann, wenn es zum betreffenden Zeitpunkt noch keinerlei Unstimmigkeiten zwischen den Parteien gibt (BGH BauR 1991, 461). Allerdings liegt eine – stillschweigende – Abnahme der Nachunternehmerleistung nicht schon in dem Umstand, dass der Hauptunternehmer dem Auftraggeber die Schlussrechnung erteilt, weil damit nicht schon gesagt ist, dass dadurch bereits eine Billigung der Leistung des Nachunternehmers zum Ausdruck kommt (Unzutreffend daher: OLG Düsseldorf OLGR 1996, 1). Anders dann, wenn der Auftraggeber die Leistung des Generalunternehmers abnimmt, ohne dabei vom Nachunternehmer erbrachte Leistungen zu rügen (OLG Köln NJW-RR 1997, 756). Erst recht gilt dies, wenn der Auftraggeber die Abnahme auch in Anwesenheit des Nachunternehmers vornimmt. Die Klauseln in einem zwischen Generalunternehmer und Subunternehmer im Jahre 1996 geschlossenen Bauvertrag, wonach die Abnahmewirkung erst mit der Abnahme durch den Bauherrn eintreten sollte und die zwischen dem Generalunternehmer und dem Bauherrn getroffenen Vereinbarungen über Beginn und Inhalt der Gewährleistungspflicht auch für den Subunternehmer gelten sollen, sind nach § 9 AGBG bzw. §§ 305 ff. BGB unwirksam (KG Berlin BauR 2006, 386).

Rechnet der Hauptunternehmer von seinem Subunternehmer **ohne Auftrag** erbrachte Leistungen seinerseits ungeschmälert gegenüber dem Bauherrn ab, kann darin zum Ausdruck kommen, dass die Leistungen notwendig im Sinne des § 2 Nr. 8 Abs. 2 VOB/B waren und dem mutmaßlichen Willen des Hauptunternehners entsprachen. Die Anzeige nach § 2 Nr. 8 Abs. 2 VOB/B ist entbehrlich, wenn der Hauptunternehmer über den Umfang der auftragslos erbrachten Leistungen informiert ist. Dabei muss er sich die Kenntnis des von ihm mit der Beaufsichtigung und Prüfung erbrachten Leistungen ausdrücklich beauftragten Architekten zurechnen lassen (OLG Dresden IBR 2003, 661). Im Übrigen lässt § 2 Nr. 8 Abs. 3 VOB/B daneben die Anwendbarkeit der Regeln über die Geschäftsführung ohne Auftrag gem. §§ 677 ff. BGB zu. Zwar sieht auch § 681 BGB eine Anzeigepflicht des Geschäftsführers vor. Diese ist aber nicht Anspruchsvoraussetzung. Ihre Verletzung eröffnet lediglich die Möglichkeit des Schadensersatzes. Bezahlt der Auftraggeber die Regieleistungen an den Hauptunternehmer, tritt außerdem zu Gunsten des Subunternehmers die sog. »**Durchgriffsfälligkeit**« nach § 641 Abs. 2 BGB ein. **219**

Wichtig ist, dass bei Vereinbarung der VOB/B mit dem Hauptunternehmer, dieser die Vereinbarung der VOB/B in seinem Vertragsverhältnis mit dem Nachunternehmer überträgt, da über die Privilegierung der §§ 308 Nr. 5, 309 Nr. 8 Buchst. b ff. BGB diese Regelungen eben der AGB-Kontrolle nicht unterliegen. Jedoch ist auch darauf hinzuweisen, dass dem Subunternehmer aufgrund seiner gewerblichen Betätigung im Baubereich die VOB/B bekannt sein muss. Der BGH hat ausgeführt, dass ein Hinweis auf die VOB/B im Geschäftsverkehr hier dazu führt, dass sich die allgemeinen Vertragsmuster durchgesetzt haben und als bekannt gelten und daher niemand in der Baubranche ohne Kenntnis diese Bedingungen der VOB/B sein kann (BGH BauR 1999, 1186; 1992, 503). Das Gleiche gilt im kaufmännischen Geschäftsverkehr, § 310 Abs. 1 BGB. Ist § 305b oder § 305 Abs. 2 BGB nicht einschlägig, genügt die ausdrückliche Vereinbarung der VOB/B (OLG Frankfurt BauR 1999, 1460). Damit ist zugleich die VOB/C vereinbart. Diese als Allgemeine Geschäftsbedingung zu sehen verbietet sich (entgegen: *Vogel/Vogel* BauR 2000, 345; *Ulmer* § 23 Rn. 43b; *Staudinger/Schlosser* § 9 Rn. 75). Jedoch können die Parteien abweichende Verarbeitungs- und Bearbeitungs-, sowie Beschaffenheitsausführungen vereinbaren. **220**

5. Beachtung der VOB-Regelungen

Sofern auf das Verhältnis zwischen Generalunternehmer und Nachunternehmer das **AGB-rechtliche Vorschriften zur Anwendung** gelangen, muss im jeweiligen Einzelfall zugunsten des Nachunternehmers zunächst beachtet werden, dass der Nachunternehmervertrag **gegebenenfalls (im nichtkaufmännischen Bereich) die Voraussetzungen des § 305 Abs. 2 und 3 BGB und § 305b BGB erfüllt.** Gerade hier können Einzelregelungen im Nachunternehmervertrag **vor allem auch** gegen die **Generalklausel des § 307 BGB verstoßen,** was auch dann gilt, wenn der Nachunternehmer **dem kaufmännischen Bereich zuzuordnen ist** (*Ulmer/Brandner/Hensen* Anh. §§ 9–11 Rn. 720 ff.). Vor allem kann es sein, dass AGB des Hauptvertrages, die dort zur mehrfachen Verwendung gedacht sind, bei Übernahme in den Nachunternehmervertrag ebenfalls der Beurteilung nach dem BGB zwingend selbst dann unterliegen, wenn sie vom Hauptunternehmer nur einmal in einem Nachun- **221** ternehmervertrag verwendet werden. Weiterhin ist bei der AGB-Kontrolle zunächst davon auszugehen, dass der Hauptunternehmer die Klauseln stellt und dieser Unternehmer (§ 14 BGB) ist. Dies führt zu der Prüfung, ob die Kaufmannseigenschaften (Istkaufmann, § 1 HGB; Sollkaufmann, § 2 HGB; Formkaufmann, § 6 HGB) erfüllt sind. Dann gelten die Ausnahmeregelungen des § 310 Abs. 1, 2, 4 BGB. § 1 Abs. 2 HGB zählt nun auch jeden Baubetrieb zu den Gewerbebetrieben; im Übrigen kann die Einordnung auch über §§ 343, **344 HGB erfolgen** (*Ulmer/Brandner/Hensen* § 24 Rn. 15). Die VOB wird hier durch bloße Einbeziehungserklärung Vertragsgegenstand. Im Übrigen hat im nicht-kaufmännischen Verkehr die Verpflichtung zur Vorlage der VOB/B Bestand. Dies gilt erst recht für die Einbeziehung der Zusätzlichen Technischen Vertragsbedingung, u.a. des öffentlichen Auftraggebers. Dabei ist aber auch zu beachten, dass bei jeglichen Zusätzlichen oder Allgemeinen oder Besonderen Vertragsbedingungen nach der Rechtsprechung des BGH zwar nicht die Übergabe verlangt wird, aber ein eindeutiger und unmissverständlicher Hinweis darauf (BGH BauR 1988, 207). Auch hier gilt: Die Übernahme des Vertragswerkes im Verhältnis zum Nachunternehmer ist zwingend für den Gleichlauf der Verträge.

222 **Im Übrigen gilt:** Die AGB-Widrigkeit der Allgemeinen Geschäftsbedingungen ist von der VOB-Widrigkeit streng zu unterscheiden. Für die VOB/B gilt die Priviligierung als Ganzes. Wird durch Verwendung weiterer Allgemeiner Geschäftsbedingungen in den Gesamtbestand (**Kerngehalt**) eingegriffen, so gilt die VOB nur insofern, als jede einzelne VOB-Bestimmung nunmehr von dem anderen Vertragsteil der AGB-Prüfung unterzogen werden kann. Dieses gilt, wenn die VOB/B nicht mehr als Ganzes gilt. Nur im Ganzen ist die VOB ausgewogen (BGH BauR 1983, 161; 1971, 124; OLG München BauR 1994, 666). Daher kann sie nicht ohne weiteres mit einseitig gestellten Allgemeinen Geschäftsbedingungen auf eine Stufe gestellt werden. Daher ist es verfehlt einzelne Bestimmungen einer Billigkeitskontrolle zu unterwerfen. Abweichungsmöglichkeiten sind dann gegeben, wenn davon maßvoll Gebrauch gemacht wird. Eingriffe in den Kerngehalt sind Abweichungsvereinbarungen bei § 2 Nr. 3, § 2 Nr. 5, § 8 Nr. 1, § 9 Nr. 3, § 12 Nr. 1, § 12 Nr. 5 Abs. 3, § 16 Nr. 1 VOB/B (BGH BauR 1999, 414). Treffen AGB-Widrigkeit und VOB-Widrigkeit zusammen, so führt dies zunächst dazu, dass die den anderen Teil benachteiligenden Bestimmungen der VOB/B einer AGB-Kontrolle zu unterwerfen sind (isolierte Prüfung). Sodann ist zu fragen, ob die Klausel im Rahmen der §§ 305 ff. BGB AGB-widrig ist mit der Folge der Unwirksamkeit der Klausel. An ihre Stelle tritt die gesetzliche Regelung, § 306 BGB. **Verbotswidrig** sind Klauseln, wonach Besichtigungsklauseln den ausschreibenden General-/Hauptunternehmer von der ihn treffenden Ausschreibungsverantwortung freistellen (BGH BauR 1987, 86). Dies gilt auch für Ortsbesichtigungsklauseln. Bestätigungs- und Ortsbesichtigungsklauseln sind unwirksam, soweit sie den Umfang der Leistung, den der Subunternehmer gem. § 2 Nr. 1 VOB/B für einen bestimmten Preis zu erbringen hat, mit der Folge erweitert, dass alles das zur Leistung gehört, was bei der Besichtigung hätte erkannt werden können (Nieds. VOB-Stelle IBR 1998, 374). Jedoch ist hier zu beachten, dass § 2 Nr. 5 und 6 VOB/B dem Unternehmer das Wagnis der genauen Kalkulation übertragen (BGH BauR 1997, 1036). Hierzu zählen dann auch Klauseln, wonach der Nachunternehmer bestätigt, dass er die öffentlichen Auflagen, Genehmigungen, Erlaubnisse, Zulassungen, Lizenzen kennt und diese bei seinem Angebot berücksichtigt hat (BGH BauR 1987, 86). Weiterhin ist eine Anerkenntnisklausel mit einer Vergütungsregelung unwirksam, wenn dort dem Nachunternehmer für entstehende Mehrkosten diese auferlegt werden, wenn er anerkennt, dass bei Ausbleiben von Beanstandungen er bestätigt, die Ausführungsunterlagen mangelfrei erhalten zu haben. Hierdurch wird das Planungs- und Ausschreibungsrisiko auf den Nachunternehmer abgewälzt (BGH BauR 1997, 1036). Ebenfalls, wenn er anerkennen soll, dass die Vorleistung eines anderen Unternehmers anforderungsgerecht ist und Mängel nicht auf Vorleistungen zurückzuführen seien (*v. Westphalen/Motzke* AGB-Klauselwerke, Subunternehmervertrag Rn. 97). Hier wiederum ist allerdings zu beachten, dass der Nachunternehmer nicht nur offenkundige Mängel rügen muss, sondern sämtliche gewerbe- und gewerkeüblichen Kenntnisse haben muss, die im Rahmen der DIN-Vorschriften und der VOB/C erforderlich sind und damit auch benachbarte Gewerke berühren (OLG Karlsruhe NJW-RR 1988, 405). Die Vollständigkeits-, Fix und

Fertigklauseln sind unwirksam, wenn damit der Leistungsumfang über den Rahmen hinaus vergütungslos sein soll, der durch den Leistungsbeschrieb gezogen wurde (*v. Westphalen/Motzke* AGB-Klauselwerke, Subunternehmervertrag Rn. 100 ff.). Klauseln, die bewirken, dass dem Nachunternehmer ohne Entgelt eine Leistung aufgebürdet wird, die nach dem Umfang der VOB/C zu zu erwarten ist oder nicht in den Kreis der Nebenleistungen gem. DIN 18299 Ziff. 5 zählen sind unwirksam, wenn dem Gebot der Leistungstransparenz nicht eingehalten wird. Dieses ergibt sich aus dem Transparenzgebot des § 305c BGB (BGH BauR 1997, 1036; *Brandner* FS Locher S. 317 ff.). Bei Bedenken- und Hinweisklauseln sind die Klauseln unwirksam, die ein Planungs- und Ausschreibungsversagen auf den Nachunternehmer abwälzen sollen (OLG Bamberg SFH § 635 Nr. 59; LG München BauR 1992, 270; *Hochstein* FS Korbion S. 165 ff.). Auch Klauseln, die auf den Nachunternehmer das Risiko der Termineinhaltung auch den gesamten Bauwerkes überbürden sind unwirksam. Insbesondere Klauseln, die im Fertigteilbau oder Bauträgerbereich eingesetzt werden, um Terminvereinbarungen mit Erwerbern halten zu können, beziehungsweise dann Vertragsstrafen abzuwälzen, sind unwirksam. Auch Klauseln, wonach spätere Bauzeitenpläne, Netzpläne, Balkenpläne und/oder erarbeitete Einzelfristen und -termine benannt werden und diese den Charakter von verbindlichen und/oder festgeschriebenen Einzelfristen haben sollen, sind unwirksam, weil sie gegen das Bestimmtheitsgebot verstoßen (*Brandner* FS Korbion S. 317 ff.; OLG Köln BauR 1997, 318; *v. Westphalen/Motzke* AGB-Klauselwerke, Subunternehmerverträge Rn. 118). Dies gilt auch für Vertragsstrafenregelungen bei neu vereinbarten Vertragsterminen, wenn diese die gesamte Planung des Nachunternehmers hinfällig werden lassen (BGH BauR 1993, 600; OLG Naumburg BauR 2000, 919). **Verbotswidrig** sind ebenfalls Klauseln, in denen der Nachunternehmer »auf Einwendungen wegen Irrtums oder mangelnder Kenntnis der zur Beurteilung der Leistung erforderlichen Umstände« verzichtet (BGH BauR 1983, 368). Gleiches gilt für die Regelung, dass der Nachunternehmer nach Bestimmung des Generalunternehmers zur Ausführung weiterer Leistungen verpflichtet sei; weiter trifft dies auf die Klausel zu, der Nachunternehmer sei nachträglichen Leistungsbestimmungen des Generalunternehmers oder des Bauherrn unterworfen; ebenso trifft dies auf eine Vertragsklausel zu, nach der der Subunternehmer mit Beginn seiner Leistung anerkennt, die Vorleistungen anderer Unternehmer hätten keine schädlichen Auswirkungen auf seine Leistung und dass er für entstehende Mehrkosten allein hafte; auch gilt das für Klauseln, die das Nachbesserungsrecht des Nachunternehmers in unzumutbarer Weise einschränken, wie durch ganz kurze Fristsetzung unter sofortiger Berechtigung des Generalunternehmers, dann nach § 13 Nr. 5 Abs. 2 VOB/B vorzugehen; ähnlich verhält es sich mit Klauseln, die im Falle der **Leistungsverzögerung** dem Generalunternehmer in jedem Fall sofort das Recht geben, einen anderen Unternehmer anstelle des Nachunternehmers einzusetzen oder die Vertragsstrafe auch ohne Vorliegen der Verzugsvoraussetzungen verlangen zu können. Weiterhin unwirksam sind Klauseln, die die Herausnahme von bereits beauftragten Positionen vorsehen, so dass der Auftraggeber kostenneutral diese im Rahmen der Selbstübernahme durchführen kann. Diese Klausel verstößt insbesondere gegen § 649 BGB/§ 8 Nr. 1 Abs. 2 VOB/B (BGH BauR 1997, 1036; OLG Düsseldorf BauR 1992, 77; BGH BauR 1995, 234). Auch das **Hinausschieben der Abnahme** auf den Zeitpunkt der Abnahme des Gesamtwerkes – auch der behördlichen Gesamtabnahme – ist unangemessen, sofern sich die Leistung des Nachunternehmers bereits vorher abschließend auf ihre Vertragsgerechtheit beurteilen lässt (BGH BauR 1995, 234; OLG Düsseldorf BauR 1994, 111). Unzulässig ist es, die Abnahme der Leistung von so genannten Mängelfreibescheinigungen Dritter, zu denen der Nachunternehmer nicht in vertraglichen Beziehungen steht, abhängig zu machen. Dies alles gilt unabhängig davon, ob der Nachunternehmer Kaufmann (Gewerbetreibender) ist oder nicht, da es sich bei den genannten Klauseln um solche handelt, die auf der Grundlage der §§ 305 ff. BGB unwirksam sind. **Zulässig** ist dagegen das Hinausschieben der Abnahme der Nachunternehmerleistung für eine gewisse, **hinreichend bestimmbare Zeit über die Fertigstellung hinaus**, wenn sich dies **aus objektiv anerkennenswerten Gründen rechtfertigt**. Das trifft z.B. zu, wenn sich die Ordnungsgemäßheit der vertraglich geschuldeten Nachunternehmerleistung wegen des notwendigen, untrennbaren technischen Zusammenhanges erst nach Fertigstellung eines weiteren Leistungsteils, vor allem auch durch einen anderen Nachunternehmer, beurteilen lässt (BGH

BauR 1989, 322). Auch sonst kann der Generalunternehmer ausnahmsweise und unter engen Voraussetzungen aus technischen Gründen ein noch anerkennenswertes Interesse daran haben, dass die für ihn maßgebende Gewährleistungsfrist mit der des Nachunternehmers »gleichgeschaltet« wird (BGH a.a.O.). **In jedem Fall** ist es aber für die Anerkennung solcher Ausnahmen **Grundvoraussetzung,** dass sie den **Zeitpunkt der – hinausgeschobenen – Abnahme klar erkennen lassen,** und zwar so, dass der Nachunternehmer ihn entweder herbeiführen oder klar vorausberechnen kann (BGH a.a.O.). Das trifft nicht zu, wenn die Abnahme an eine solche durch eine Behörde geknüpft wird, falls die Abnahme der Nachunternehmerleistung ohne zeitliche Festlegung erst bei vollständiger Erstellung oder Abnahme des Gesamtbauwerkes oder Bezugsfertigkeit der letzten Wohneinheit erfolgen soll (BGH a.a.O. m.w.N.; OLG Düsseldorf BauR 1999, 497). Unangemessen hinausgeschoben wird der Abnahmezeitpunkt ferner, wenn die Leistung des Nachunternehmers erst erhebliche Zeit nach ihrer Fertigstellung abgenommen werden soll, was der Fall ist, wenn die zwischen Fertigstellung und Abnahme vorgesehene Frist so bemessen ist, dass sie nur dem Generalunternehmer Vorteile bietet, dagegen auf die Interessen des Nachunternehmers, der die Leistung möglich bald abgenommen haben will, keine Rücksicht genommen wird. So ist ein Hinausschieben der 12-Werktags-Frist in § 12 Nr. 1 VOB/B auf 24 Werktage noch hinnehmbar, nicht trifft dies dagegen für ein Hinausschieben auf mehr als 2 Monate sowie auf AGB eines Bauträgers bzw. Generalunternehmers zu, wonach die Leistungen des Auftragnehmers einer förmlichen Abnahme im Zeitpunkt der Übergabe des Hauses bzw. des Gemeinschaftseigentums an den oder die Kunden des Bauträgers bedürfen, »es sei denn, dass eine solche Abnahme nicht binnen 6 Monaten seit Fertigstellung der Leistung des Auftragnehmers erfolgt« (BGH a.a.O.; BGH BauR 1991, 461). Unwirksam ist auch eine Klausel, nach der der Auftraggeber eine Abnahme durch Inbenutzungnahme ausschließt und sich zugleich vorbehält, einen Abnahmetermin durch seinen Bauleiter festzusetzen, ohne dafür in zeitlicher Hinsicht eine Frist oder eine sonstige Bindung vorzusehen, nach der der Auftragnehmer selbst einen Termin bestimmen oder darauf verbindlich einwirken kann (BGH BauR 1996, 378).

223 Grundsätzlich zulässig ist die Vertragsklausel, dass der Nachunternehmer hinsichtlich des an ihn weitervergebenen Teils der Bauleistung **die Vergütung** erhält, die dem Generalunternehmer nach seinem Vertrag mit dem Bauherrn zusteht, sofern der Generalunternehmer aus Anlass des Abschlusses des Vertrages mit dem Nachunternehmer insoweit seinen Vertrag mit dem Bauherrn, vor allem auch hinsichtlich der Fälligkeitstermine im Einzelnen, offenlegt. Andererseits kann sich der Generalunternehmer dann später nicht damit verteidigen, er habe weniger erhalten, weil der Bauherr seine Schlussrechnung wegen vorliegender Gegenansprüche gekürzt habe, wenn diese Kürzung durch Aufrechnung bzw. Verrechnung aus einem Grunde erfolgt ist, den der Generalunternehmer oder ein Dritter und nicht der Subunternehmer zu vertreten hat. Das gilt auch für den Fall, dass der Auftraggeber gegenüber dem Hauptunternehmer widerrechtlich Zahlungen einbehält (OLG München BB 1984, 1388). Denn der Generalunternehmer hat im Rahmen des Nachunternehmervertrages die **vertragliche Nebenpflicht, sich gegenüber dem Bauherrn vertragsgerecht zu verhalten, um den Nachunternehmer nicht zu schädigen;** insofern steht dem Nachunternehmer der auf seine Leistung entfallende, vom Bauherrn gekürzte Betrag wegen positiver Vertragsverletzung des Generalunternehmers zu. Auch die **Abwälzung des Vergütungsrisikos in unzumutbarer Weise** gehört dazu, wie die Regelung, die Bezahlung des Subunternehmers erfolge nur, wenn und soweit der Bauherr an den Generalunternehmer zahle, insoweit liegt ein Verstoß gegen § 308 BGB, u.U. auch gegen § 307 BGB vor (OLG Koblenz IBR 2004, 560). Eine Verletzung des § 307 BGB ist es auch, wenn der Hauptunternehmer im Vertrag mit dem Nachunternehmer sich **unangemessen lange Zahlungsfristen** einräumt, wie z.B. durch das Hinausschieben der Bezahlung von **Abschlagsrechnungen** auf 6 Wochen nach Vorlage einer prüfbaren Abschlagsrechnung oder durch die Bestimmung, die **Schlusszahlung** an den Nachunternehmer erfolge 2 Monate nach Prüfung der Schlussrechnung, da es der Auftraggeber hier in der Hand hat, den Zeitpunkt der Prüfung der Schlussrechnung selbst zu bestimmen (*Ulmer/Brandner/Hensen* Anh. § 310 Rn. 206; OLG Karlsruhe MDR 1993, 914). Ebenso trifft dies auf eine unzumutbare Verlängerung der Prüffristen im Bereich von § 16 VOB/B zu, wie z.B. für Abschlagszahlungen um 2 Wochen, für die Schlusszahlung um 1 Monat.

Gegen § 307 BGB verstößt ferner eine Bestimmung, dass im Falle der **Unterbrechung der Bauausführung** vom Nachunternehmer gegenüber dem Generalunternehmer Mehrkosten oder Schadensersatz nur gefordert werden kann, wenn der Generalunternehmer selbst die Ursache für die Unterbrechung, Behinderung oder Vertragskündigung vorsätzlich oder grob fahrlässig gesetzt hat, da durch den Haftungsausschluss für Erfüllungsgehilfen dem Nachunternehmer ein unzumutbares Risiko auferlegt wird. Das trifft auch auf die Bestimmung zu, der Nachunternehmer müsse veränderte oder zusätzliche Leistungen ohne besondere Vergütung erbringen, falls der Bauherr solche verlange; nach § 307 BGB unwirksam ist auch die Klausel, für den Fall, dass vom Auftragnehmer (Nachunternehmer) vertraglich nicht geschuldete Leistungen gefordert würden, entfalle sein Anspruch auf zusätzliche Vergütung, wenn diese nicht vor Ausführung schriftlich vereinbart worden sei; denn dadurch ist es in die Hand des Auftraggebers (Generalunternehmer) gegeben, ob er selbst zu einer solchen schriftlichen Vereinbarung bei Aufrechterhaltung seines Änderungsverlangens oder der Forderung einer Zusatzleistung bereit ist (OLG Karlsruhe MDR 1993, 841). **224**

Ebenso gilt das für andere Klauseln, wenn der Nachunternehmer ihre Folgen tatsächlich oder rechtlich nicht verhindern kann, wie z.B. die Bestimmung, nach der der Nachunternehmer im Falle der **Kündigung des Nachunternehmervertrages** nur die **Vergütung** für die bis dahin ausgeführten Arbeiten erhält, also der Nachunternehmer mit Ansprüchen gemäß § 649 BGB bzw. § 8 Nr. 1 VOB/B in jedem Falle ausgeschlossen sein soll (BGH BauR 1995, 234; *Ulmer/Brandner/Hensen* Anh. § 310 Rn. 206; zu eng und zugleich zu theoretisch kompliziert hier *Ramming* BB 1994, 518 ff., der mit § 645 Abs. 1 S. 1 BGB sowie § 6 VOB/B Nr. 5 arbeiten will, ohne die dabei auftretenden Beweisschwierigkeiten – vor allem im Hinblick auf die berechtigten Belange des Nachunternehmers – hinreichend zu berücksichtigen). **225**

Zu den **Rücktrittsklauseln:** *v. Westphalen/Motzke* AGB-Klauselwerke – Subunternehmerverträge Rn. 138 ff. Eine Klausel, wonach auch der Vertrag sanktionslos gekündigt werden kann vom Hauptunternehmer, wenn der Auftraggeber die Arbeiten gegenüber dem Hauptunternehmer einstellen lässt oder kündigt, stellt einen wesentlichen Eingriff in den Kernbereich der VOB/B dar, wenn daher jede Entscheidung des Bauherrn akzeptiert werden muss (BGH BauR 1995, 234). Die Klausel, wonach ein wichtiger Grund auch dann vorliege, wenn der Hauptvertrag endet bzw. sich Änderung im Umfang der Leistungen ergeben, verstößt gegen § 305 BGB (BGH BauR 2004, 1943). **226**

Zur **Zahlung** ergänzend: Der Auftraggeber kann im Übrigen nicht grundsätzlich gem. § 16 Nr. 6 VOB/B mit befreiender Wirkung an den Subunternehmer des Auftragnehmers leisten, nachdem gegen diesen ein allgemeines Veräußerungsverbot erging. Insoweit hat eine Zahlung des Auftraggebers an den Subunternehmer keine Tilgungswirkung und schließt ebenfalls den konkursrechtlichen Anfechtungsanspruch gegen den Subunternehmer aus (BGH IBR 1999, 404). Die Klausel in AGB eines Vertrages mit einem Nachunternehmer »Zahlung erfolgt abzüglich von 3% Skonto innerhalb von 10 Arbeitstagen der in Rechnung gestellten Leistungen durch den Hauptauftraggeber« ist wegen Verstoßes gegen § 307 BGB unwirksam (OLG Koblenz BauR 2004, 1832). Die Problematik des Hinausschiebens der Fälligkeit durch Hinausschieben der Abnahme auf einen ungewissen Zeitpunkt (BGHZ 107, 75) ist gleich so zu behandeln. **227**

Das **Gesetz zur Beschleunigung fälliger Zahlungen** (*Jani* BauR 2000, 949, 951, 952) hat mit § 641 Abs. 2 BGB nichts an dem ursprünglichen Rechtszustand geändert. Danach wird die Vergütung in dem Zeitpunkt spätestens fällig, wenn auch der Hauptunternehmer die Vergütung ganz oder in Teilen erhalten hat. Dabei ist § 641 Abs. 2 BGB nur die Erläuterung zu § 641 Abs. 1 BGB, denn der Vergütungsanspruch soll unabhängig von der Abnahme im Verhältnis Haupt-/Subunternehmer entstehen und fällig werden. Dabei erhält der Nachunternehmer keinen eigenen Anspruch gegen der Auftraggeber. Vielmehr soll lediglich dem Nachunternehmer Sicherheit für die ausgeführte Werk- **228** leistung gesetzlich zugesichert werden. Daher sind alle Klausel unwirksam, die vorsehen, dass die Durchgriffsmöglichkeit des § 641 Abs. 2 BGB abbedungen werden soll, §§ 305 ff. BGB. Mängel sollen auch den Auftraggeber gem. § 641 Abs. 3 BGB nur zum Einbehalt berechtigen, nicht zur Nichtzahlung (*v. Westphalen/Motzke* AGB-Klauselwerke, Subunternehmervertrag Rn. 151 ff.; *Staudinger/ Peters* 2000 § 641 BGB Rn. 48a).

229 Hat der Generalunternehmer **individualvertraglich** mit dem Nachunternehmer die Stundung eines Teils von dessen Werklohnforderung vereinbart, bis er den Vergütungsanspruch aus seinem Vertrag mit dem Auftraggeber gerichtlich durchgesetzt hat, so kann er sich gegenüber dem Nachunternehmer jedenfalls dann nicht mehr auf die mangelnde Fälligkeit der Restforderung berufen, wenn der Rechtsstreit länger als ein Jahr nicht mehr gegen den Auftraggeber betrieben worden ist, da dem Treu und Glauben (§ 242 BGB) entgegensteht (OLG Köln SFH § 185 BGB Nr. 2). Droht der **Sub-Sub-Unternehmer** mit der Einstellung der Arbeiten, falls sein Auftraggeber die Abschlagszahlungen nicht leiste und drängt der Bauleiter des Generalunternehmers auf Fortsetzung der Arbeiten mit der Erklärung, der Generalunternehmer werde im Falle der Zahlungsunfähigkeit des Subunternehmers deren Verpflichtungen übernehmen und den Werklohn zahlen, so liegt darin ein **Schuldbeitritt des Generalunternehmers**, sofern der **Bauleiter dazu Vollmacht** hatte (BGH BauR 2001, 626).

230 Ebenso im Grundsatz zulässig ist es auch, wenn der Generalunternehmer **andere – vor allem längere – Gewährleistungsfristen** mit dem Nachunternehmer vereinbart. Denn es kann sein wohlberechtigtes Interesse sein, den Nachunternehmer insoweit länger zu verpflichten (keinesfalls aber länger als äußerstenfalls 12 Monate), weil seine – des Generalunternehmers – gesamte Leistung, zumal bei größeren Bauvorhaben, oftmals wesentlich später abgenommen wird, also die für ihn maßgebende – auch die Leistung des Nachunternehmers erfassende – Gewährleistungsfrist erst später, u.U. sogar erheblich später, in Lauf gesetzt wird. Andererseits dürfte eine bloß formularmäßige Gleichschaltung der Gewährleistungsfrist ohne nähere sachgerechte Überprüfung der Erfordernisse und Gegebenheiten des Einzelfalles gegen § 307 BGB verstoßen, weil der Auftragnehmer (hier Nachunternehmer) nach dem Leitbild des Bauvertrages gemäß § 640 BGB grundsätzlich einen Anspruch auf Abnahme der aus seinem Vertrag fertiggestellten Leistung hat, wobei die in § 634a BGB normierte Gewährleistungsfrist von 5 Jahren ebenfalls dem Leistungsbild des Bauvertrages entspricht (*Locher* NJW 1980, 2235; *Kraus* NJW 1997, 223). Das gilt besonders dann, wenn keine hinreichend bestimmte Zeit, vor allem für den Beginn der Gewährleistungsfrist, festgelegt ist, zumal sonst auch ein Verstoß gegen § 308 Nr. 1 BGB vorliegen dürfte (*Bühl* BauR 1984, 237). Außerdem ist die Verjährungsfrist von vier Jahren gem. § 13 Ziff. 4 Abs. 1 VOB/B, dem gesetzlichen Leitbild angepasst worden. Sofern der Generalunternehmer im Vertrag mit dem Nachunternehmer aus berechtigten Gründen eine Gleichschaltung der Gewährleistungsfrist mit derjenigen aus seinem Vertrag mit dem Auftraggeber vornehmen will, muss er für den nichtkaufmännischen Bereich vor allem § 305 Abs. 2 BGB beachten, also dem Nachunternehmer durch Überlassung der betreffenden Vertragsunterlagen aus dem Hauptvertrag in zumutbarer Weise von der Gewährleistungsregelung Kenntnis verschaffen. Jedoch liegt noch kein Verstoß gegen § 307 BGB vor, wenn die gesetzliche Gewährleistungsfrist von 5 Jahren zuzüglich einer kurzen Zeitspanne festgelegt wird, damit der Hauptunternehmer Mängelrügen, die er kurz vor Ablauf seiner Gewährleistungsfrist vom Auftraggeber erhält, noch an den Nachunternehmer weiterreichen kann (OLG Düsseldorf BauR 1994, 111). Auch ist dem BGH darin beizustimmen, dass gegen die Festlegung einer **Gewährleistungsfrist von 10 Jahren und einem Monat bei Flachdacharbeiten auch bei AGB keine Bedenken** bestehen. Hier lässt sich ein Verstoß gegen § 307 BGB nicht feststellen, weil nach aller Erfahrung oft genug nach dem Ablauf von 5 Jahren Schäden auftreten, die sowohl aus Planungs- als auch aus Herstellungsmängeln herrühren (BGH BauR 1996, 707).

231 Infolge der Gleichschaltung der Klauselwerke im Verhältnis Haupt- zu Nachunternehmer kann eine Klausel des Inhalts keinen Bestand haben ein **Minderung**srecht für den Fall vorsieht, das sich der Hauptauftraggeber und der Hauptunternehmer auf eine Minderung geeinigt haben, weil hierdurch

gem. §§ 634 Nr. 1, 635 BGB die Unmöglichkeit der Nachbesserung eben nicht vermittelt wird. Auch unwirksam sind daher Klauseln, wonach bei Mängeln am Subunternehmergewerk, die auf Verletzung der Prüfungs- und Hinweispflicht gem. § 4 Nr. 3 VOB/B beruhen, der Nachunternehmer auch die Mängel des Vor- oder Nachunternehmers zu beseitigen hat (OLG München NJW-RR 1988, 20).

Des Weiteren sind Klauseln unwirksam, die mehr als 5% **Sicherheitseinbehalt** fordern (OLG München BauR 1995, 859). **232**

Zu **Bürgschaften auf erstes Anfordern** siehe § 17 VOB/B. **233**

Einem Nachunternehmer erwächst ein Anspruch auf Bewilligung einer **Sicherungshypothek** nicht dadurch, dass der Grundstückseigentümer und Bauherr der Werklohnverbindlichkeit des Generalunternehmers beitritt (OLG Dresden BauR 2000, 1526). **234**

Schadensersatzklauseln, die dem Nachunternehmer den Schaden auferlegen, wenn der Verursacher nicht ermittelt werden kann verstossen gegen § 307 BGB (OLG Düsseldorf BauR 1984, 95; BGHZ 55, 86). Der Hauptunternehmer ist auch dann grundsätzlich berechtigt, eine an seinen Auftraggeber gezahlte Vertragsstrafe als Schadensersatzanspruch gem. § 6 Nr. 6 VOB/B durchzustellen, wenn diese fast 70% seines Vergütungsanspruchs erreicht, sofern der Subunternehmer die Verzögerung schuldhaft verursacht hat. Dem Subunternehmer bleibt jedoch der Einwand des mitwirkenden Verschuldens des Hauptunternehmers wegen nicht oder nicht ausreichenden Hinweises auf die wirtschaftlichen Risiken vor Vertragsabschluss und bei Durchführung der Arbeiten (BGH BauR 2000, 1050). **235**

6. Merkblatt für Generalunternehmer

Die Gefahr der Unwirksamkeit von Vertragsklauseln wird im Allgemeinen nicht bestehen, wenn die für den Verkehr zwischen Generalunternehmer und Nachunternehmer aufgestellten Richtlinien beachtet werden. Dazu ist am 1.10.1951, also schon vor Inkrafttreten der Fassung 1952 der VOB, ein »**Merkblatt für Generalunternehmer**« von einer Reihe von Spitzenverbänden der Bauindustrie und des Bauhandwerks herausgegeben worden, und zwar in Form einer **nach wie vor beachtenswerten** Empfehlung zur Anwendung und Beachtung im praktischen Fall. Das Merkblatt stellt als **Obersatz** die Forderung auf, den Vertrag zwischen dem Generalunternehmer und dem Nachunternehmer so auszugestalten, wie es den Einzelregelungen der VOB entspricht. Im Wesentlichen sind die **Bestimmungen des Teils B der VOB** zu beachten, insbesondere über Art und Umfang der Leistung, die Vergütung, die Ausführung, die Fristen, die Gefahrverteilung, die vorzeitige Auflösung (Kündigung) des Vertrages, die Haftung, die Vertragsstrafen, die Abnahme, die Gewährleistung, die Abrechnung, die Zahlung, die Sicherheitsleistung usw. Diese Einzelpunkte sollen in den Vertrag so aufgenommen werden, als ob der **Generalunternehmer** im Verhältnis zum Nachunternehmer **ein die Vertragsbedingungen der VOB einhaltender Auftraggeber** wäre. Sicher ist ein diese Forderung nicht einhaltender Nachunternehmervertrag nicht schon deswegen unwirksam; es kann, wie schon hervorgehoben, ausnahmsweise sogar wohlberechtigte Interessen des Generalunternehmers geben, die Vertragsbedingungen in den Nachunternehmerverträgen anders – vor allem auch mit schlechteren Bedingungen – zu fassen, als es bei seinem Vertrag mit dem Bauherrn der Fall ist (*Locher* NJW 1979, 2235), **es sei denn, es wird dadurch gegen zwingende Regelungen des AGB-Gesetzes** verstoßen. Der Generalunternehmer sollte sich aber, wie sich aus dem Gesagten ergibt, möglichst zurückhalten, wenn er dem Nachunternehmer von seinem Vertrag abweichende Bedingungen auferlegt (z.B. in seinem Vertrag nicht vereinbarte Vertragsstrafen, Sicherheitsleistungen, andere Abnahmeregelungen, längere Gewährleistungsfristen). Die entscheidende Frage ist es, ob **für den Generalunternehmer im jeweiligen Einzelfall ein sachlich anerkennenswerter Grund für solche anderweitigen Bedingungen besteht**. **236**

7. Weitere zu beachtende Regeln im Verhältnis Haupt-/Nachunternehmer

237 Besonderer Berücksichtigung bedarf es, wenn der Generalunternehmer in seinem Bauvertrag mit dem Auftraggeber eine **Pauschalpreisvereinbarung** getroffen hat. Dann sollte zur Vermeidung von Streitigkeiten im Nachunternehmervertrag eine Regelung darüber getroffen werden, wie etwaige Mehr- oder Minderleistungen zwischen Generalunternehmer und Nachunternehmer abzurechnen sind. Eine vom Generalunternehmer wegen Finanzierungsschwierigkeiten des Bauherrn und darauf beruhendem Stillstand der Bauausführung gegenüber dem Nachunternehmer ausgesprochene Kündigung ist grundsätzlich eine solche nach § 8 Nr. 1 VOB/B, da dies sonst eine unzumutbare Überbürdung des Risikos auf den Nachunternehmer sein würde; auch auf den Wegfall der Geschäftsgrundlage kann sich der Generalunternehmer dann nicht berufen (BGH SFH Z 2.510 Bl. 60; OLG Karlsruhe MDR 1993, 841).

238 Andererseits muss der Nachunternehmer beachten, dass gerade der **Generalunternehmer seine Pflichten gegenüber dem Auftraggeber zu erfüllen hat** und dass er diesen dabei **nicht behindern** darf. Anderenfalls macht sich der Nachunternehmer dem Generalunternehmer schadensersatzpflichtig.

239 Aus **Teil A der VOB** kommen für die **Vergabe an Nachunternehmer** Regelungen in Betracht, die grundlegender Natur sind, wie z.B. die §§ 1, 2, 6, 7, ferner diejenigen, die als Ausgangspunkt für die wesentlichen Vorschriften des Teils B der VOB zu gelten haben und daher im Rahmen der Vertragsverhandlungen zwangsläufig Beachtung verdienen, wie z.B. die §§ 5, 9, 10, 11–15. Das gilt auch sonst für den vorvertraglichen Bereich. So sollte für die Bindung an das Angebot eines vorgesehenen Nachunternehmers keine längere Frist in AGB des Hauptunternehmers enthalten sein, als sie sich sozusagen als allgemeine Übung aus § 19 Nr. 2 VOB/A i.S. eines **Mittelwertes** ergibt, wobei u.U. auch der Abschluss des Nachunternehmervertrages unter der aufschiebenden Bedingung des Zustandekommens des Hauptunternehmervertrages (§ 158 Abs. 1 BGB) erfolgen kann, falls Letzteres noch nicht geschehen ist.

240 Des Weiteren ist es geboten, die jeweils einschlägigen Technischen Vertragsbedingungen des **Teils C der VOB,** insbesondere zur Frage der Ausführung sowie der Gewährleistung, ausdrücklich mit zum Gegenstand des Vertrages zwischen dem Generalunternehmer und dem Nachunternehmer zu machen. Entsprechendes gilt für etwaige Zusätzliche Technische Vertragsbedingungen, die im Generalunternehmervertrag enthalten sind.

8. Verantwortlichkeit des Nachunternehmers unabhängig von Ansprüchen des Auftraggebers

241 Da der Vertrag des Generalunternehmers mit dem Nachunternehmer ein **selbstständiger** Bauleistungsvertrag ist, beurteilen sich die gegenseitigen **Rechte und Pflichten** daraus grundsätzlich **unabhängig davon, ob und inwieweit der Bauherr seinerseits aus seinem Vertrag mit dem Generalunternehmer Ansprüche gegen diesen geltend macht** (BGH BauR 1981, 383; 1990, 358, OLG Hamm MDR 1989, 911; OLG Dresden NJW-RR 1997, 83). Tut er dies nicht, so stehen dem Generalunternehmer dennoch die entsprechenden Rechte zu. Ist z.B. die Arbeit des Nachunternehmers mangelhaft, nimmt der Bauherr (Auftraggeber) gegenüber dem Generalunternehmer daran keinen Anstoß, so kann der Generalunternehmer vom Nachunternehmer **dennoch ordnungsgemäße Herstellung bzw. Nachbesserung nach § 4 Nr. 7 VOB/B bzw. § 13 Nr. 5 VOB/B verlangen** (BauR 1981, 383). Dies trifft grundsätzlich auch für einen **Kostenvorschussanspruch** des Generalunternehmers gegenüber dem Nachunternehmer zu (BGH BauR 1990, 358). Allerdings ist hier die neue Rechtslage zu beachten. Grundsätzlich besteht ein Anspruch des Hauptunternehmers auf Zahlung eines Vorschusses für die Kosten der Mängelbeseitigung nicht, wenn Mangelbeseitigungsarbeiten in überschaubarer Zeit nicht ausgeführt werden (OLG Nürnberg MDR 2003, 1222). Nach neuem Recht ist dies allerdings anders zu entscheiden. Der Hauptunternehmer hätte durch die erfolglose Fristsetzung an

den Nachunternehner ein Wahlrecht zwischen Vorschuss nach § 637 Abs. 3 BGB und Schadenersatz nach §§ 634 Nr. 4, 281 Abs. 1 BGB erworben. Auf die Verwendung des Vorschusses für die Mängelbeseitigung kommt es nicht an, der Hauptunternehmer könnte denselben Zahlungsanspruch als Schadensersatz geltend machen. Ein Rückforderungsanspruch auf Erstattung des Vorschusses ist wegen des Wahlrechts ausgeschlossen (*Koeble* FS Jagenburg 371); so auch aufgrund § 13 Nr. 5 Abs. 2 VOB/B. Bei Vereinbarung der VOB/B können die Mangelbeseitigungskosten, sofern die erforderliche Fristsetzung gem. § 13 Nr. 5 Abs. 2 VOB/B verstrichen ist, als Vorschuss, aber auch als Schadensersatz gem. § 13 Nr. 7 Abs. 1 VOB/B geltend machen. Unter Umständen kommt hier auch ein Minderungsanspruch nach § 13 Nr. 6 VOB/B in Betracht, falls die dafür maßgebenden Voraussetzungen gegeben sind; das kann somit auch zutreffen, wenn der Bauherr oder der jetzige Eigentümer des Bauwerkes nicht zur Entgegennahme der Nachbesserung bereit ist. Entscheidend ist allein, dass die Leistung des Nachunternehmers nicht den Wert besitzt, der gerade auch für die Bemessung seiner Vergütung vertraglich vorausgesetzt worden ist und es erst einen entsprechenden geldwerten Aufwand erfordern würde, um diesen zu erreichen. Insofern kann es auch nicht anders sein, wenn es sich um einen Schadensersatzanspruch wegen mangelhafter Leistung des Nachunternehmers unter den Voraussetzungen von §§ 4 Nr. 7 VOB/B und 13 Nr. 7 VOB/B handelt. Auch hier kommt es für das Bestehen eines solchen Anspruches nicht darauf an, ob der Bauherr den Generalunternehmer aus dem zwischen beiden bestehenden Vertrag schadensersatzpflichtig macht bzw. gemacht hat. Denn es bleibt dabei, dass der Generalunternehmer von dem Nachunternehmer eine mangelhafte Leistung empfangen hat, wobei es nicht darauf ankommt, ob er an seinem Vermögen einen Schaden erlitten hat. Auch kann nicht gesagt werden, der Generalunternehmer sei dann zum **Vorteilsausgleich** verpflichtet, weil er im Endergebnis keinen wirklichen Schaden an seinem Vermögen gehabt habe. Ein solcher Ausgleich scheidet aus, weil die Gründe, die dazu führten, dass der Generalunternehmer nicht schadensersatzpflichtig gemacht wurde, nicht in adäquatem Zusammenhang mit dem schädigenden Ereignis – der mangelhaften Leistung des Nachunternehmers – stehen. **Ähnliches gilt für Schadensersatzansprüche des Generalunternehmers gegen den Nachunternehmer** aus anderen Rechtsgründen, wie aus **Leistungsverzug**, dabei erst recht bei Vertragsstrafen, sowie aus positiver Vertragsverletzung. Eine vom Generalunternehmer an den Bauherrn zu zahlende **Vertragsstrafe** kann als Verzugsschaden gegenüber dem Nachunternehmer geltend gemacht werden (BGH BauR 1998, 330; *Roquette/Knolle* BauR 2000, 47). Der Nachunternehmer ist auch dann zum **Schadensersatz wegen Leistungsverzuges** verpflichtet, wenn er mit der Beseitigung von Mängelns in Verzug ist. Dabei hat er den Schaden zu ersetzen, der dem Hauptunternehmer dadurch entsteht, dass der Auftraggeber des Hauptunternehmers die Gesamtleistung nicht abnimmt, er die Schlusszahlung nicht erhält und der Auftraggeber zahlungsunfähig wird (OLG München BauR 2001, 964). Hat der **Nachunternehmer Mängel** verursacht und rügt der Auftraggeber diese gegenüber dem Generalunternehmer, so ist der Nachunternehmer auf Aufforderung des Generalunternehmers zur **Nachbesserung** verpflichtet. Der etwaige Einwand des Nachunternehmers gegenüber dem Generalunternehmer, der Auftraggeber habe die Entgegennahme der Nachbesserung verweigert, ist solange unbeachtlich, wie nicht der Nachunternehmer dem Auftraggeber in verzugsbegründender Weise die Nachbesserung anbietet und diesem dadurch Gelegenheit gibt, den Auftraggeber zur Entgegennahme der Nachbesserung anzuhalten (OLG Düsseldorf BauR 1998, 1263).

242 Besonders ist allerdings zu beachten, dass im Rahmen des mehrstufigen Vertragsverhältnisses ein Generalunternehmer, der vom Nachunternhmer auf **Rückzahlung** des bereits **geleisteten Vorschusses zur Mangelbeseitigung** verklagt wird, dem nur dadurch entziehen kann, wenn er den Vorschuss an den Auftraggeber weiterleitet. Denn der Zweck des Vorschussanspruchs, Ersatz für Aufwendungen für die Mängelbeseitigung zu leisten und damit von der Vorfinanzierung frei zu werden, wird durch die Weitergabe des Vorschusses auch erreicht (BGH NJW 1990, 1475; OLG Düsseldorf Urt. v. 25.11.2005 22 U 80/05).

243 Der Nachunternehmer verletzt jedoch seine **vertraglichen Nebenpflichten** gegenüber seinem Auftraggeber, wenn er das **Vertragssoll** durch direkte Verhandlungen mit dem Planer des Bauherrn abweichend vom üblichen Stand der Technik konkretisiert, ohne dies seinem Auftraggeber mitzuteilen. Kann wegen dieser unterlassenen Mitteilung der Auftraggeber sich gegen das Nachbesserungsverlangen des Bauleiters des Bauherrn nicht wehren, muss der Subunternehmer die Nachbesserungskosten ersetzen, die seinem Auftraggeber durch Anpassung der Leistung an den üblichen Stand der Technik entstehen, obwohl die Werkleistung selbst dem konkretisierten Vertragssoll entsprach (OLG Dresden BauR 2003, 810).

244 Macht dagegen der **Nachunternehmer nach Maßgabe von §§ 4 Nr. 3, 13 Nr. 3 VOB/B – beim BGB-Vertrag nach § 242 BGB –** wegen der ihm übertragenen (Teil-)Leistung **mit Recht Bedenken geltend,** so ist **er von seiner Verantwortung befreit,** während der **Hauptunternehmer gegenüber dem Auftraggeber verantwortlich bleibt, wenn er die Bedenken nicht an diesen weiterleitet.** AGB, die dem Nachunternehmer dieses Befreiungsrecht beschneiden oder gar nehmen, sind nach § 307 BGB unwirksam.

245 Zu beachten ist weiter, dass den General- oder Hauptunternehmer grundsätzlich die **gleichen Bereitstellungspflichten** treffen wie den **Auftraggeber** im Verhältnis zum General- oder Hauptunternehmer (z.B. §§ 4 Nr. 1 Abs. 1, 3 Nr. 1, 5 Nr. 2 VOB/B). Werden diese schuldhaft von ihm verletzt, wobei er sich das Verhalten des Auftraggebers oder dessen Erfüllungsgehilfen, wie z.B. des Architekten (BGH BauR 1987, 86; was auch für den Mängelbereich gilt) gemäß § 278 BGB zurechnen lassen muss, wie etwa die nicht rechtzeitige Zurverfügungstellung endgültiger Planungsunterlagen, hat der Nachunternehmer das **Recht** auf **Schadensersatz** nach § 6 Nr. 6 VOB/B sowie zur **Kündigung** gemäß § 9 VOB/B, wenn die dort jeweils geregelten Voraussetzungen gegeben sind. Auch steht dem Nachunternehmer das **Recht auf Bauzeitverlängerung nach § 6 Abs. 1 Nr. 2a–2c VOB/B** zu, wenn die Verzögerung dem Einflussbereich des Hauptunternehmers bzw. eines seiner vorgenannten Erfüllungsgehilfen zuzurechnen ist, **ohne dass es hier auf deren Verschulden ankommt.** Auch eine entsprechende Anwendung des § 645 BGB (vgl. dazu § 7 VOB/B) kommt in Betracht. Kann der Nachunternehmer die von ihm vertraglich geschuldete Leistung nicht erbringen, weil es dem Generalunternehmer aus Gründen, die allein in der Person des Auftraggebers liegen, nicht möglich ist, das Baugrundstück zur Verfügung zu stellen, so steht dem Nachunternehmer in entsprechender Anwendung des § 645 Abs. 1 S. 1 BGB ein Entschädigungsanspruch zu (OLG München BauR 1992, 74). Hat der Nachunternehmer nach **Vorgaben des Hauptunternehmers** eine Werkleistung zu erbringen, so hat er zu prüfen, ob die Vorgaben zu verwenden sind und nicht ein fehlerhaftes Werk hergestellt wird. Bedenken hat er immer anzumelden. Ein Mitverschulden für eine fehlerhafte Vorgabe hat sich der Hauptunternehmer gem. § 254 BGB zurechnen zu lassen (OLG Dresden BauR 2001, 424).

9. Gesamtschuldnerausgleich

246 Grundlage ist zunächst die Erkenntnis, dass Vor- und Nachunternehmer, die **zusammen** einen Mangel verursacht haben, **der nur einheitlich behoben werden kann,** als **Gesamtschuldner** gelten (BGH BauR 2003, 1379; insgesamt zum Gesamtschuldnerausgleich bei Überwachungsverschulden: *Braun* FS Motzke 2006 S. 23). Dabei bilden die Gewährleistungsverpflichteten eine Zweckgemeinschaft (*Kniffka* BauR 1999, 1312, 1313). Anders ausgedrückt haben diese eine gleichstufige Verpflichtung. Daher bemisst sich die Innen-Ausgleichsquote nach § 254 BGB i.V.m. § 426 Abs. 1 BGB. Nachträgliche Vergleiche oder Vereinbarungen der Beteiligten untereinander sind an § 423 BGB zu messen und ebenfalls darauf, dass ein Vertrag zu Lasten Dritter vorliegen kann. Im Übrigen hat der BGH in der Entscheidung BauR 2003, 1379 auch klargestellt, dass eines Rückgriffs auf andere Anspruchsgrundlagen nicht mehr bedarf. In Betracht kommen hier auch die analoge Anwendung des § 840 Abs. 2 BGB i.V.m. § 829 BGB (siehe auch *Brügmann* BauR 76, 383) zur Bestimmung der Ausgleichsquoten. Aus § 840 BGB kann der Grundsatz herangezogen werden, dass der primäre Verursacher im Innenverhältnis für den Schaden allein verantwortlich ist, sofern keine Umstände eingreifen, wonach er für sein Tun verantwortlich ist (BGH NJW 1980, 2348; BGH MDR 2005, 617).

Im Rahmen des **Gesamtschuldnerausgleichs** bei Verantwortung mehrerer unabhängig arbeitender **247** Nachunternehmer für Mängel (sic: allgemein!) gilt: Die Aufwendungen des in Anspruch genommenen Gesamtschuldners, die deshalb von ihm getätigt werden, weil der andere Gesamtschuldner seine Leistungspflicht nicht erfüllt sind im Innenverhältnis auszugleichen. Dazu zählen alle Aufwendungen, die diesem unmittelbar dadurch entstehen, dass der ausgleichspflichtige Gesamtschuldner seinen Zahlungsverpflichtungen nicht nachkommt, wie Fremdkosten (einschl. Zinsen), Eigenleistungen usw.; nicht aber Prozesskosten (OLG Hamm IBR 1999, 570). Verursachen mehrere Auftragnehmer einen Mangel, haftet jeder Verursacher dem Auftraggeber in voller Höhe. Das gilt auch für die Fälle, in denen der Vorunternehmer wegen mangelhafter Ausführung und der Nachunternehmer wegen fehlenden Hinweises auf die Mängel der Vorleistung haften (Beispiel: Das schadhafte Mauerwerk führt zu Rissen im Putz; hierzu auch: OLG Stuttgart IBR 2005, 312). Nimmt der Auftraggeber den Rohbauer in Anspruch, hat dieser im Rahmen seiner Nachbesserungspflicht auch den schadhaften Putz zu entfernen und ihn nach Reparatur des Mauerwerks wieder aufzubringen. Dadurch wird zwangsläufig die Nachbesserungspflicht des Putzers mit erfüllt. Der notwendige Ausgleich zwischen Rohbauer und Putzer im Rahmen eines Gesamtschuldverhältnis liegt nur dann ausnahmsweise vor, wenn es an der dafür notwendigen Zweckgemeinschaft fehlt. Die Anwendung der Drittschadensliquidation ist abzulehnen (*Locher/Löffelmann* NJW 1982, 970). Diskutiert werden Ansprüche aus ungerechtfertigter Bereicherung, aus Geschäftsführung ohne Auftrag oder die Anwendung des Rechtsgedankens aus § 255 BGB. Nach dem Rechtsgedanken des § 255 BGB wäre nach dem Beispiel der Rohbauer nur Zug um Zug gegen Abtretung der Mängelansprüche des Auftraggebers gegen den Putzer zur Nachbesserung verpflichtet. Das erscheint im Ansatz interessengerecht, führt aber de facto zu einer Vorleistungspflicht des Auftragnehmers (OLG Stuttgart DGVZ 1989, 11). Dieses Problem lässt sich dadurch lösen, dass die Abtretung vor Beginn der Mängelbeseitigung zu erfolgen hat, sie aber aufschiebend bedingt ist mit Erfüllung der Mängelbeseitigungspflicht. Einzubeziehen sind die Fälle, bei denen der Mängelanspruch des Auftraggebers auf Geldzahlung gerichtet ist. Ergänzt werden kann die Klausel mit einer näheren Ausgestaltung der wohl ohnehin bestehenden Nebenpflicht des Auftraggebers, die abzutretenden Ansprüche nicht verjähren zu lassen. Eine solche Regelung liegt durchaus auch im Interesse des Auftraggebers, da sie Rechtsklarheit schafft und damit die Durchsetzung seiner berechtigten Ansprüche erleichtert.

10. Verhältnis des Nachunternehmers zum Auftraggeber

Grundsatz ist, dass der Nachunternehmer aufgrund **vertraglicher** Beziehungen zum General-/ **248** Hauptunterunternehmer keine rechtlichen Beziehungen zum Auftraggeber hat (BGH BauR 1974, 134; LG Dresden BauR 2001, 1917). Vertragliche Beziehungen können auch nicht aufgrund von tatsächlichen oder fiktiven Tätigkeiten des Nachunternehmers entstehen. Faktisches Handeln ist ebenfalls kein Begründungtatbestand für eine vertragliche Beziehung zwischen dem Auftragsgeber und dem Nachunternehmer soweit diese keine vertragliche Grundlage in einer Absprache hat. Dies ist grundlegend bei Bauträgerverträger mit dem Endkunden (Bauherr) zu beachten (hierzu unter F). Dies gilt auch für den Fall, in dem der Nachunternehmer die Schlussrechnung vereinbarungsgemäß dem Bauherrn zusendet und vereinbart war, dass dieser diese bezahlt (BGH WM 1974, 197). Ebenfalls gilt dies für die Absprache, wenn der Auftraggeber direkt die Leistungen beim Nachunternehmer abfragt. In beiden Fällen liegen Leistungsbestimmung zugunsten eines Dritten (Bauherr, Haupt- oder Nachunternehmer) vor. Übersendet der Auftraggeber dem Nachunternehmer eine auf eine Teilwerklohnanspruch seines direkten Vertragspartners, eines Generalunternehmers bezogene, den Nachunternehmer des Generalunternehmers begünstigende Abtretungserklärung zusammen mit folgendem Begleitschreiben »Wir sichern Ihnen hiermit zu, dass ihre vertraglich festgelegte Leistung bezahlt wird,« begründet das keinen direkten Zahlungsanspruch des Nachunternehmers gegen den Auftraggeber. Vielmehr ist diese Erklärung so zu verstehen, dass der Auftraggeber von der Abtretung Kenntnis erlangt hat und aufgrund der Abtretung an den Nachunternehmer als neuen Gläubiger zahlen wird sowie der Auftraggeber die nach seinem Vertrag mit dem Generalunternehmer notwendige Zusimmung zur Abtretung der Werklohnforderung erteilt (OLG Koblenz Urt. 19.7.2005 4 U 1468/01). Die Subunternehmer sollten hier auf eine taugliche Sicherheit gem. § 648a i.V.m. §§ 232 ff. BGB bestehen.

249 Jedoch können sich aus dem **nebenvertraglichen** Bereich haftungsrechtliche Konsequenzen zum Nachteil des Auftraggebers ergeben, wenn dieser bei Gesprächen o.Ä. deutlich zu erkennen gegeben hat, dass er bestimmte Vertragskonstellationen bevorzugt und auch persönliche Interessen daran hat. Dies führt zur Haftung des Bauherrn über §§ 311 Nr. 1 und 3, 241 BGB bzw. zur Anpassung des Vertrages über 313 Abs. 1 BGB. Hat der Bauherr einem Subunternehmer eines insolvent gewordenen Bauträgers für den Ausfall des Werklohns unter dem Gesichtspunkt des Schadensersatzes aus Sachwalterhaftung, erkennbar Bedenken in Vertragsverhandlungen zerstreut, so haftet er dehalb, weil aufgrund dieser Erklärungen der Eindruck entstand, dass der den Vertrag zwischen Nachunternehmer und Hauptunternehmer vermittelnde Bauherr die erkennbaren Bedenken des Subunternehmers aus wirtschaftlichem Eigeninteresse oder unter Inanspruchnahme besonderen persönlichen Interesses zerstreute (OLG Braunschweig BauR 2004, 1784).

250 Möglich erscheint allerdings auch ein **Schuldbeitritt**, wenn die Leistungsbestimmung an den Dritten eine Leistung zu erbringen keine eigene Leistungsbefreiung von der Schuld des Versprechenden darlegt. Ein Ausnahmefall liegt nicht schon dann vor, wenn der Subunternehmer darauf hinweist, dass bestimmte Arbeiten nicht von seinem Auftrag gedeckt seien und der Auftraggeber gleichwohl zur Ausführung/Erledigung auffordert (KG BauR 2005, 1680).

251 Ansprüche aus anderen Rechtsgrundlagen, wie etwa aus **Geschäftsführung ohne Auftrag** oder **ungerechtfertigter Bereicherung** gegenüber dem Auftragnehmer sind nicht möglich, wenn der Vertrag zwischen dem Auftraggeber und dem Hauptunternehmer wirksam ist (BGH BauR 2004, 1151; schon LG Hamburg MDR 1965, 823). Diese Situation taucht immer dann auf, wenn der Generalunternehmer insolvent wird. Da der Subunternehmer zumeist nicht abgesichert ist (Bürgschaft, Zahlungsversprechen Dritter, Versicherung), kann er sich im Falle dessen, dass er z.B. teure Vorausleistungen und Waren beschaffte, nur über § 648a BGB bzw. bei den Waren nur über Eigentumsvorbehalt schützen.

252 Entscheidend ist, dass die vertraglichen Beziehungen als vorrangig zu gelten haben. Liegt dem ein (teil-)unwirksamer Vertrag z.B. aufgrund Eingriffs in das Regelwerk der VOB als solche vor, sind **die ausservertraglichen Anspruchsgrundlagen** allerdings grundsätzlich anwendbar. Behauptet der Subunternehmer, dass aufgrund späterer Vereinbarungen unmittelbare vertraglichen Beziehungen zum Auftraggeber gegeben seien, so trägt er die **Beweislast** (BGH S/F/H/K, Z 2.10 Bl. 9). Hat der Hauptunternehmer mit dem Auftraggeber eine Vereinbarung über zusätzliche Leistungen und Vergütung dazu getroffen, jedoch vergessen diese im Vertrag des Subunternehmers zu regeln, so hat der Subunternehmer auch keinen Anspruch über **Bereicherungsausgleich** gegen den Bauherrn (OLG Düsseldorf Urt. v. 22.2.2006 5 U 104/05). Ein Schuldbeitritt kommt in Betracht, wenn die Auslegung des Vertrages (mündlich oder schriftlich) dies zulässt.

253 Weiterhin können **haftungsrechtliche** Verbindungen dann entstehen, wenn der Hauptunternehmer seine Gewährleistungsansprüche gegen den Subunternehmer dem Auftraggeber abtritt und nur subsidiär haften will. Wir der Hauptunternehmer vom Auftraggeber in die Haftung genommen, so hat er gegenüber dem Subunternehner einen Freistellungsanspruch, soweit noch kein Schadensersatz geleistet wurde. Anders allerdings ist es, wenn kein Schadenersatz- sondern ein Kostenerstattungsanspruch wegen Ersatzvornahme wegen eines vom Nachunternehmer zu vertretenden Mangels vorliegt. Hat der Bauherr den Mangel selbst beseitigt und fordert vom Hauptunternehmer Kostenvorschuss oder –ersatz, so hat der Hauptunternehmer trotz der Abtretung einen direkten Anspruch gegen den Nachunternehmer (*Werner/Pastor* Rn. 1056); nach Ansicht des OLG Köln allerdings nur auf die reinen Sanierungskosten (OLG Köln BauR 1989, 376).

11. Zuschlag bei Generalunternehmervergütung

Es werden für den Generalunternehmer auch weitere sich nicht aus der VOB ergebende Überlegungen anzustellen sein, die wegen der **Besonderheit seiner Stellung** notwendig sind. Dabei ist daran zu denken, dass der Generalunternehmer zwar der Auftraggeber, **nicht aber der Bauherr** des Nachunternehmers, sondern selbst als Auftragnehmer an der Bauherstellung beteiligt ist. Man wird ihm im Verhältnis zum Nachunternehmer einen gewissen **Zuschlag aus** dem vom Bauherrn kommenden **Erlös** zugestehen müssen, der seinen besonderen Bemühungen bei der Vergabe an Subunternehmer und der Abwicklung der Verträge mit diesen entspricht (*Locher* NJW 1979, 2235). Dieser Zuschlag muss auskalkuliert werden zwischen dem vom Generalunternehmer mit dem Bauherrn vereinbarten Baupreis und den im Einzelnen festzulegenden Forderungen des Nachunternehmers für die von diesem zu erbringenden Einzelleistungen. Voraussetzung ist, dass dieser Zuschlag zugunsten des Generalunternehmers sich in einem **angemessenen Rahmen** hält. Das ist allgemein der Fall, wenn für den Nachunternehmer jedenfalls so viel verbleibt, dass die zur Frage des angemessenen Preises gegebenen Richtlinien (§ 2 Nr. 1 S. 1 VOB/A und § 25 Nr. 3 Abs. 1 und 2 VOB/A) eingehalten werden. Man muss besonders auch hier die Maßstäbe anwenden, die in der VOB für das Verhältnis zwischen Auftraggeber und Auftragnehmer Gültigkeit besitzen (zur Anwendbarkeit der BaupreisvO 1972 auf Nachunternehmerverträge als sog. »mittelbare Bauleistungen« vgl. § 2 Abs. 5 Nr. 1; *Altmann* BauR 1981, 445; *Ebisch/Gottschalk* § 2 VO PR 1/72 Rn. 11 ff.; Zu verweisen auch ist auf *Heiermann* Aktuelle juristische Probleme des Generalunternehmers S. 49 ff. Dort sind weitere wesentliche Fragen der Gestaltung des Generalunternehmer- und des Nachunternehmervertrages berührt; *Nicklisch* Der Subunternehmer bei Bau- und Anlagenverträgen im In- und Auslandsgeschäft; *Meinert* BauR 1978, 13).

12. Steuerrechtliche, sozial- und versicherungsrechtliche Aspekte; Verkehrssicherungspflicht

Weiterhin wichtig für die vertraglichen Überlegungen sind **steuerrechtliche und sozialversicherungsrechtliche Aspekte**, die den Vertrag bestimmen können: So war zum 1.4.1999 § 50a EStG geändert worden, wonach der Auftraggeber einer in Deutschland von einem im Ausland (z.B. Portugal, Polen) ansässigen Subunternehmung erbrachten Werkleistung 25% des Brutto- Rechnungsbetrages einschließlich des Solidaritätszuschlages von dessen Abschlags- oder Schlussrechnung einbehalten und innerhalb von 8 Tagen nach Zahlung der Rechnung an das für den ausländischen Subunternehmer zuständige Finanzamt abzuführen hatte. Befreit wurde der Auftraggeber nur, wenn eine Bescheinigung des Finanzamtes vorgelegt wurde, welche andere Prozentsätze oder Entfall bescheinigte. Wurde dies nicht beachtet, schuldete der auftraggebende Unternehmer selbst (hier sind die jeweiligen zeitlichen Regelungen beim zuständigen Finanzamt des Unternehmers zu erfragen). Ebenfalls sind die steuerlichen Besonderheiten der Abführung und Erstattung der Umsatzsteuer zu beachten.

Hierher zählen auch die Zahlungen und Abführungen nach der »**Bauabzugssteuer**« ab 1.1.2001 für den Bauherrn. Durch Überreichung einer Freistellungsbescheinigung des für den Auftragnehmer maßgeblichen Finanzamtes muss der Auftraggeber keinen 15%-igen Einbehalt der Abschlagzahlung oder Schlusszahlung direkt an das Finanzamt des Sitzes des Auftragnehmers oder wahlweise seines Finanzamtes vornehmen.

Zu beachten ist unter Berücksichtigung der zeitlichen Geltung auch der Begriff der »**Scheinselbstständigkeit**«. Nach § 7 SBG IV sind auch Subunternehmer, die Werkleistungen erbringen rentenversicherungspflichtig, da sie als »arbeitnehmerähnlich« behandelt werden. Dies trifft dann zu, wenn der Subunternehmer (Einzelperson) mit Ausnahme von Familienangehörigen keine versicherungspflichtigen Arbeitnehmer beschäftigt und im Wesentlichen nur für den Auftraggeber tätig ist (Die Befreiung des Subunternehmers galt bis Antragstellung 30.6.1999, wenn er selbst vor dem 2.1.1949 geboren wurde oder vor dem 10.12.1998 eine ausreichende öffentliche oder private Lebens- oder

Rentenversicherung abgeschlossen hat oder bis 30.6.1999 entsprechend aufstockte). § 1a AentG verstößt in Bezug auf einen türkischen Bauunternehmer weder gegn Art. 49, 50 EG-Vertrag noch gegen die Assoziierungsabkommen der EU mit der Türkei von 1963 bzw. 1970. Besteht eine Hauptschuld über **Urlaubskassenbeiträge**, haftet ein **Generalunternehmer als Bürge** für diese von seinem Subunternhmer nicht bezahlten Beträge (LAG Berlin IBR 2004, 658).

258 Die **Haftungsbeschränkung bei Personenschäden** in anderen Unternehmen tätigen Personen bei vorübergehenden betrieblichen Tätigkeiten auf einer gemeinsamen Betriebsstätte ist weit zu fassen. Eine solche gemeinsame Betriebsstätte liegt dann vor, wenn eine auch nur lose Verbindung der einzelnen Arbeiten vorliegt, die sich gegenständlich, zeitlich und räumlich überschneiden. Diese Haftungsbeschränkung gilt nach der Verweisung des § 106 Abs. 3 SGB VII auf § 104 SGB VII auch für den schädigenden Unternehmer und sein Unternehmen und nicht nur für die anderen im Betrieb tätigen Personen (OLG Stuttgart BauR 2000, 752; allgemein hierzu und umfassend: *Imbusch* VersR 2001, 547). Die Haftungsfreistellung des § 104 SGB VII kommt nur ausnahmsweise unter Berücksichtigung der »gemeinsamen Betriebsstätte« in Betracht, wenn dort eine betriebliche Tätigkeit verrichtet und dabei den Versicherten eines anderen Unternehmens verletzt wird. Dies folgt aus dem Wortlaut, sowie Sinn und Zweck der Regelung. Sie ist Ausdruck der »Gefahrengemeinschaft«. Danach erfordert das Haftungsprivileg die Tätigkeit des Unternehmers auf der gemeinsamen Betriebsstätte (BGH BauR 2003, 389). Im Übrigen gilt: Die Verkehrssicherungspflicht schützt neben denjenigen, die bestimmungsgemäß mit der Gefahr in Berührung kommen, auch Personen, die sich erfahrungsgemäß – wenngleich unbefugt – im Gefahrenbereich aufhalten, es sei denn ihr dortiger Aufenthalt ist fernliegend. Die bei Bauarbeiten erforderlichen und zumutbaren Sicherheitsvorkehrungen ergeben sich maßgeblich aus den Unfallverhütungsvorschriften der Berufsgenossenschaften, die jahrzehntelange Erfahrungen, auf breitester Basis gesammelt, auswerten und in konkrete Handlungsanweisungen umsetzen. Die Zuwiderhandlungen gegen eine Unfallverhütungsvorschrift begründet eine Vermutung für die Ursächlichkeit des Verstosses für den schädigenden Erfolg, wenn dieser in der Gefahrenzone eingetreten ist, die durch die Unfallverhütungsvorschriften beherrscht werden soll. Macht ein Unternehmer abgetretene Schadensersatzansprüche seines Arbeitnehmers geltend und ist er für den Unfall mitverantwortlich, so kann der in Anspruch genommene Schädiger dem Zessionar dessen Mitverschulden entgegenhalten. Versicherungsrechtliche Haftungsprivilegien des Zessionars gegenüber dem Zedenten wirken nicht im Verhältnis des Zessionars zum weiteren Schädiger (Brandenburgisches OLG BauR 2003, 119). Die dem Subunternehmer im Tiefbau obliegende **Verkehrssicherungspflicht** endet nicht mit der beendigung seiner Tätigkeit und dem Abzug von der Baustelle. Er muss die von ihm geschaffene Gefahrenquelle sichern, entweder in dem er selbst für eine dauerhafte Absicherung während seiner Abwesenheit sorgt oder die Verantwortung jemandem anderen überträgt. Es gilt ein erhöhter Sorgfaltsmaßstab (OLG München MDR 2005, 1050; OLG Düsseldorf IBR 2005, 1147). Ein Generalunternehmer ist gegenüber den Mitarbeitern seines Stahlbau-Subunternehmers nicht zur Überprüfung (primär) verpflichtet, ob die vom Subunternehmer eingerichteten und nur von seinen Mitarbeitern genutzten Sicherungsmaßnahmen den Unfallverhütungsvorschriften entsprechen (OLG Köln BauR 2004, 1321). Ein Bauunternehmen kann sich nicht dadurch von seiner Verkehrssicherungspflicht auf der Baustelle befreien, dass es einen Sicherheits- und Gesundheitskoordinator beauftragt. Denn ein Verschulden dieses SiGeKO wird dem Auftragnehmer nach § 278 BGB zugerechnet. Der Auftragnehmer haftet nicht nur dafür, dass er den SiGeKo ordnungsgemäß auswählt und kontrolliert. Der Vertrag zwischen dem Auftragnehmer und dem SiGeKo ist ein Vertrag mit Schutzwirkung zugunsten aller Personen, die sich berechtigterweise auf der Baustelle aufhalten. Der SiGeKo haftet gegenüber diesen Personen unmittelbar, wenn es zu einem Baustellenunfall kommt (OLG Celle BauR 2006, 133).

259 **Bauleistungsversicherung**: Schließt ein Hauptunternehmer eine Bauleistungsversicherung nach den ABU i.V.m. der Klausel 65 ab, so sind nicht nur die von ihm unmittelbar beauftragten Unternehmer mitversichert, sondern auch alle Nachunternehmer (BGH NJW-RR 2004, 537). Schäden auf dem Gebiet des Tief-, Ingenieur-, Wasser- und Straßenbaus sind nach den ABN nicht versicher-

bar. Aus diesem Grunde gibt die Vereinbarung der ABU-Klausel 65 die Möglichkeit der Versicherung des Tiefbau-Auftraggebers als Versicherungsnehmer im Hinblick auf sein eigenes Risioko und das seiner Auftragnehmer. Soweit es in Ziffer 1 dieser Klausel um Schäden, die zu Lasten des Versicherungsnehmers oder eines der beauftragten Unternehner geht, sind damit auch die an Nachunternehner vergebenen Leistungen erfasst (OLG Köln NZBau 2003, 382).

13. Los- oder Dach-Arbeitsgemeinschaft

Eine besondere Form des Nachunternehmervertrages liegt in der so genannten **Los- oder Dach-Ar-** **260** **beitsgemeinschaft:** Diese übernimmt einen Gesamtauftrag, der dann in einzelne Lose zerlegt wird. Die sich daraus ergebenden Teile werden von den betreffenden Auftragnehmern, die gemeinschaftlich mit dem Bauherrn nur in einem Vertrag verbunden sind, selbstständig und unabhängig voneinander ausgeführt. Hier schließt die Gesellschaft der Los-Arbeitsgemeinschaft (§§ 705 ff. BGB) mit den Einzelgesellschaftern auf die jeweiligen Lose bezogene Subunternehmerverträge ab (*Burchardt/ Pfülb* ARGE-Mustervertrag 1995; weiter vor allem *Langen* Jahrbuch Baurecht 1999 S. 64).

14. GMP-Abrede

Zum Bauvertrag mit **GMP-Abrede** und Nachunternehmerregelung: Oberhauser (BauR 2000, 1397, **261** 1405). Zum »Bausoll« beim GMP-Vertrag: Thierau (*Thierau* FS Jagenburg 2002 S. 895; siehe auch *Gralla* Garantierter Maximalpreis-GMP-Partnering-Modelle 2001 m.w.N.; *Thierau* in *Kapellmann/ Messerschmidt*/Anh. VOB/A Rn. 42 ff.). Da die GMP-Modelle eine Ausgestaltung des »Bausolls« sind, sind diese als Vergütungsvereinbarungen bei §§ 1 Nr. 3, 1 Nr. 4, 2 Nr. 5, 2 Nr. 6 und 14 VOB/B einzuordnen und zu sehen; siehe dort. Außerdem zum Partnering-Vertragsmodell mit wesentlichen Elementen des GMP-Vertrages (*Kapellmann* FS Motzke 2006 S. 161).

15. Internationale Subunternehmerverträge

Internationale Subunternehmerverträge (MüKo/*Martiniy* Art. 27 EGBGB Rn. 11; *Reithmann/* **262** *Martiny* Internationales Vertragsrecht Rn. 489 ff.) werden unter Berücksichtigung der getroffenen Rechtswahl entschieden. Dabei gibt Art. 27 EGBGB diese vor. Ist in dem Nachunternehmervertrag geregelt, dass Leistungen im Ausland zu erbringen sind, und wird vom Hauptunternehmer die Wahl des ausländischen Rechts vorformuliert, findet eine Prüfung nach §§ 305 ff. BGB nicht statt. Allein die Art. 27 ff. EGBGB sind bestimmend. Daher kann §§ 305 ff. erst dann Anwendung finden, wenn die Rechtswahl über Art. 27 ff. EGBGB diese Aussage getroffen hat. Fehlt allerdings die Rechtswahl greift Art. 28 EGBGB. Gerade bei Bauverträgen und wie hier Nachunternehmerverträgen ist die Rechtswahl umstritten. So kann lex sitae angewandt werden. Jedoch gilt vordringlich das Recht der vordringlichen Leistung, womit der Sitz des Nachunternehmers gemeint ist und damit über das anzuwendende Recht entscheidet, Art. 28 Abs. 2 EGBGB. Art. 28 Abs. 3 EGBGB ist nur dann anwendbar, wenn es um dingliche Rechte nicht schuldrechtliche geht.

16. FIDIC-Vereinbarungen

Zur Behandlung von General- und Nachunternehmer in **FIDIC-Verträgen**, vgl. Mahlmann, S. 87, **263** 88 ff. (*Mahlmann* Bau- und Anlagenbauverträge nach FIDIC-Vertragsbedingungen 2002). Zu den neuen FIDIC-Vertragsklauseln als Auftragnehmerlastige Risikoverteilung: Kus/Markus/Steding (*Kus/Markus/Steding* Jahrbuch Baurecht 2002 S. 237 ff.).

17. Kundenschutzklauseln

Eine Wettbewerbsklausel – sog. Kundenschutzklausel – wonach bei einer »Einmalwartung« ein we- **264** der räumliches noch zeitlich befristetes Wettbewerbsverbot unter der Überschrift »Wartung und Instandhaltung« zwischen dem Hauptunternehmer und dem Nachunternehmner vereinbart wurde, ist überraschend und daher gem. § 307 BGB unwirksam (OLG Hamburg IBR 2005, 3).

VIII. Sondervereinbarungen Generalunternehmer – Auftraggeber

265 Ferner ergibt sich aus Einzelregelungen des Merkblatts für Generlunternehmer, dass auch gewisse **Sondervereinbarungen,** die an sich über den Bauvertrag im engeren Sinne hinausgehen, **zwischen dem Bauherrn und dem Generalunternehmer im Hinblick auf die Einschaltung eines Nachunternehmers** getroffen werden sollten. Hierbei handelt es sich um **Offenbarungs-, Rechnungslegungs- und Benachrichtigungspflichten des Generalunternehmers** gegenüber dem Bauherrn. Zu bedenken ist gerade hier, dass es sich um zwei gesonderte Bauverträge (Bauherr – Generalunternehmer einerseits und Generalunternehmer – Nachunternehmer andererseits) handelt, die beide in keinem unmittelbaren rechtlichen Zusammenhang stehen. Hat der Bauherr die Generalunternehmung und damit die Hinzuziehung von Nachunternehmern gestattet, so wird er sich, falls bezüglich der Nachunternehmer keine näheren Bestimmungen im Bauvertrag zwischen ihm und dem Generalunternehmer getroffen worden sind, mit dem begnügen müssen, was Gegenstand dieses Vertrages ist. Insoweit steht allein der Generalunternehmer eben nur wie ein Alleinunternehmer dem Bauherrn gegenüber. Soll der **Bauherr** aber – über die Ausnahmeregelung in § 16 Nr. 6 VOB/B hinaus – einen gewissen **Einfluss** auf das Verhältnis zwischen dem Generalunternehmer und dem Nachunternehmer erhalten, ohne des letzteren Vertragspartner zu werden, so ist es notwendig, entsprechende Bestimmungen in den Bauvertrag zwischen ihm und dem Generalunternehmer aufzunehmen. Ein dahin gehendes Verlangen des Bauherrn, über die Verhältnisse zwischen dem Generalunternehmer und den Nachunternehmern in ihren wesentlichen Punkten informiert zu werden, **entspricht der Billigkeit.** Das gilt besonders bei Beachtung des im Bauwesen vorauszusetzenden Vertrauensverhältnisses zwischen Bauherr und Auftragnehmer einerseits sowie andererseits der dem **Generalunternehmer eingeräumten Treuhänder- und Vermittlerstellung zwischen Auftraggeber und Nachunternehmer.** Es kommt allerdings darauf an, im Vertrag entsprechende Klauseln nur mit einer solchen Tragweite aufzunehmen, wie sie aus Gründen der Billigkeit nach der Gesamtinteressenlage unbedingt notwendig und geboten erscheinen. Eine **Vollmachtserteilung** in einem Bauvertrag mit dem Auftraggeber zugunsten des Hauptunternehners sich eine Vollmacht erteilen zu lassen Nachunternehmer im Namen des Bauherrn (in diesem Falle Schlüsselfertigbau) vertraglich zu verpflichten, verstößt gegen § 305c BGB (BGH BauR 2002, 1544). Dem Bauherrn darf für das Verhältnis zu den Nachunternehmern keine Stellung eingeräumt werden, die dem Generalunternehmer die vertragsrechtliche **Selbstständigkeit** und **Eigenverantwortlichkeit** zu nehmen geeignet ist. Sicher können auch sonst Sondervereinbarungen zwischen Auftraggeber und Generalunternehmer hinsichtlich der Nachunternehmer getroffen werden. So kann z.B. vereinbart werden, dass der **Generalunternehmer seine Gewährleistungsansprüche** gegen den Nachunternehmer (Subunternehmer) an den Auftraggeber **abtritt.** Eine solche Abtretung ist aber nur wirksam, wenn sie später auch tatsächlich geschieht. Eine bloße Verpflichtung des Generalunternehmers zur Abtretung genügt für sich allein dazu nicht (BGH BauR 1975, 206). Überdies ist der Generalunternehmer auch bei Abtretung von Gewährleistungsansprüchen nicht immer frei; vielmehr muss er auch dann gegenüber dem Auftraggeber einstehen, sofern sich dieser bei dem Nachunternehmer nicht schadlos halten kann. Hat der Generalunternehmer unter Ausschluss eigener Mängelhaftung die ihm gegen den Subunternehmer zustehenden Gewährleistungsansprüche an den Auftraggeber abgetreten und diesem die vom Subunternehmer nach § 17 Nr. 1 Abs. 2 VOB/B gestellte Bürgschaftsurkunde gemäß §§ 401 f. BGB übergeben, so kann der Subunternehmer jedenfalls hier aus dem Gesichtspunkt des **Vertrages mit Schutzwirkung zugunsten Dritter** unmittelbar die Urkunde vom Auftraggeber zurückverlangen, wenn die Gewährleistungsfrist abgelaufen ist (*Gehle* BauR 1982, 338; LG Tübingen BauR 1988, 232). Ein Vertrag mit Schutzwirkung zugunsten des Nachunternehmers kommt auch in Betracht, wenn zwischen Auftraggeber und Hauptunternehmer ausdrücklich oder stillschweigend vereinbart worden ist, dass der Auftragnehmer vom Nachunternehmer ausgearbeitete Unterlagen i.S. von § 3 Nr. 5 VOB/B nicht verwenden darf, so dass dem Nachunternehmer unmittelbar gegen den Auftraggeber ein Anspruch nach § 3 Nr. 6 VOB/B zusteht (BGH BauR 1985, 571). Nach Ziffer IV Nr. 4 und insbesondere Nr. 5 des Merkblattes für Generalunternehmer ist es möglich, dass der Auftraggeber vom Generalunternehmer nicht nur den Einsatz von Nachunternehmern als solchen verlangt, sondern **vor und/oder bei Vertragsabschluss fordert, einen bestimmten oder mehrere bestimmte, von ihm benannte Nachunternehmer zu beschäftigen,** also insoweit Verträge mit diesen Unternehmern abzuschließen. Hier wird vom Auftraggeber zu verlangen sein, dass er vor der Benennung eine gehörige, von ihm gegebenenfalls darzulegende und zu beweisende sorgfältige Auswahl trifft, insbesondere dahin, ob der als Nachunternehmer Einzusetzende die Voraussetzungen der Fachkundigkeit, Leistungsfähigkeit und Zuverlässigkeit gemäß der grundlegenden Vergaberegel in § 2 Nr. 1 S. 1 VOB/A voll erfüllt. Anderenfalls begeht der Auftraggeber eine Pflichtverletzung, die ihn im Falle des Eintritts eines dem Generalunternehmer entstehenden Schadens, wie z.B. wegen Leistungsverzuges oder mangelhafter Leistung des betreffenden benannten Nachunternehmers, aus culpa in contrahendo, gegebenenfalls aus positiver Vertragsverletzung, diesem gegenüber schadensersatzpflichtig macht. Das führt dann zumindest zum Ergebnis, dass der Auftraggeber den Schaden letztlich allein zu tragen hat. Voraussetzung für eine Haftung des Auftraggebers gegenüber dem Generalunternehmer ist allerdings, dass dieser darlegt, dass er beim Eingehen des Vertragsverhältnisses mit diesem Nachunternehmer von dessen Unzuverlässigkeit nichts gewusst hat und dass er außerdem den Nachunternehmer richtig eingesetzt und überwacht hat (vgl. für das Schweizer Bauvertragsrecht die ähnliche Regelung der SIA-Norm Nr. 118 Art. 29 Abs. 5).

Der **Subunternehmer** ist nicht **Baugeld**empfänger, wenn er nur einzelne Gewerke ausführt, auch wenn er sich hierzu weiterer Subunternehmer bedient oder wenn er zur Ausführung der Leistung der Lieferung von Baumaterialien bedarf (OLG Brandenburg MDR 2005, 1119). Anders der **Generalunternehmer**: zunächst ist das GSB grundsätzlich anwendbar. Die Diskussion geht lediglich darum, ob der Geschäftsführer oder das maßgebliche Organ des Generalunternehmers auch persönlich haftet. Hierbei stehen sich die Entscheidungen der Strafsenate des BGH (3. Senat) und der der Zivilsenate (VI. und VII. Senat) gegenüber. Im Nachgang zum Rechtsgericht (RGZ 84, 188) argumentieren der Strafsent mit der wenig bekannten Rechtsquelle des GSB als Nebenstrafrecht. Damit scheidet zumeist der Vorsatz aus (siehe auch §§ 15, 17). Das Bewusstsein der Rechtswidrigkeit und damit der Vorsatz fehle (BGH NStZ 2001, 600). Da im Zivilrecht diese Erkenntnis nicht gilt, genügt der Vorsatz gem. § 823 Abs. 2 i.V.m. § 5 GSB. Das GSB ist Schutzgesetz und damit anwendbar. Der Generalunternehmer ist damit auch Empfänger von Baugeld i.S.d. GSB (*Möller* BauR 2005, 8). Als Baugeld i.S.d. § 1 Abs. 3 GSB sind auch Kredite anzusehen, die nach den Verträgen für die Verbindlichkeiten aus Bauleistungen verwendet werden sollen. Dazu gehören sowohl Zahlungen der Erwerber als auch die von Banken eingeräumten Kontokorrentkredite, wenn diese darüber als Baugeld verfügen konnte, also die Kreditlinie nicht ausgeschöpft war (OLG Hamm BauR 2006, 123). **266**

IX. »Rückgriff« des Generalunternehmers gegen Nachunternehmer

Hier ist zu unterscheiden: Zum einen in die Ansprüche, die aus dem Bereich des Auftraggebers stammen (1) und zum anderen diejenigen aus dem Bereich des Hauptunternehmers (2). **267**

(1) Der Generalunternehmer kann sich nicht darauf berufen, einen Vertrag mit dem Nachunternehmer wegen eines finanziellen Engpasses des Auftraggebers kündigen oder aufheben zu können (BGH S/F/H/K Z 2.510 Bl.60). Dies gilt auch im Falle der Aufgabe durch eine Kommune. **268**

(2) Wird der **Generalunternehmer** von dem Auftraggeber aufgrund des zwischen beiden bestehenden Vertrages **wegen eines Tuns oder Unterlassens** (etwa aus Gewährleistung oder aus positiver Vertragsverletzung) **in Anspruch genommen, für das der Nachunternehmer** oder einer seiner Erfül- **269**

lungsgehilfen **verantwortlich ist,** so kann der Generalunternehmer den Nachunternehmer **seinerseits** aus dem Gesichtspunkt der aus dem Werkvertrag zwischen beiden sich ergebenden Erfüllungs- bzw. Gewährleistungsverpflichtung oder aus positiver Vertragsverletzung **verantwortlich** machen (BGH BauR 1981, 383). Die vertragliche Pflicht des Nachunternehmers geht sowieso dahin, seine Arbeiten vertragsgemäß auszuführen und in dem dadurch gekennzeichneten Rahmen den Generalunternehmer **nicht zu schädigen,** z.B. ihn nicht Schadensersatzansprüchen Dritter (wie etwa des Auftraggebers) auszusetzen. Das trifft **auch** auf **Vertragsstrafenansprüche des Auftraggebers** gegen den Generalunternehmer zu (vgl. § 5 VOB/B; insoweit unzutreffend entschieden vom OLG Dresden NJW-RR 1997, 83; i.E. zutreffend dazu *Rieble* DB 1997, 1165; wie hier: BGH BauR 1998, 330; dazu v. *Wietersheim* BauR 1999, 526, der jedoch nur auf die damit für den Nachunternehmer verbundenen Gefahren hinweist; *Roquette/Knolle* BauR 2000, 47). Dabei kommt es für die Grundlage und den Umfang der Haftung des Nachunternehmers allerdings darauf an, **ob und inwieweit er seine vertraglichen Pflichten gegenüber dem Generalunternehmer verletzt hat.** So ist der Hauptunternehmer grundsätzlich berechtigt, eine an seinen Auftraggeber gezahlte **Vertragsstrafe** als Schadensersatzanspruch gem. § 6 Nr. 6 VOB/B durchzustellen, wenn diese fast 70% seines Vergütungsanspruchs erreicht, sofern der Subunternehmer die Verzögerung schuldhaft verursacht hat. Dem Subunternehmer bleibt jedoch der Einwand mitwirkenden Verschuldens des Hauptunternehmers wegen nicht oder nicht ausreichenden Hinweises auf die wirtschaftlichen Risiken vor Vertragsabschluss und bei Durchführung der Arbeiten (BGH BauR 2000, 1050). Handelt es sich um eine **mangelhafte Leistung** – auch wegen Unterlassen der Prüfungs- und Hinweispflicht nach §§ 4 Nr. 3, 13 Nr. 3 VOB/B, so ist die Haftung des Nachunternehmers auf den Gesichtspunkt der Gewährleistung beschränkt; nicht ergibt sie sich schon aus der Vernachlässigung einer allgemeinen Pflicht, den Vertragspartner vor Schaden zu bewahren (BGH BauR 1981, 383; BGH NJW 1971, 1131; BGH BauR 1972, 379; zur Haftung bei Straßenschäden aufgrund beigestellten Baustoffen des Hauptunternehmers und der Schadensquote aufgrund Mitverschuldens des Hauptunternehmers wegen Planungsversehen: OLG Brandenburg BauR 2001, 102). Für eine Haftung des Nachunternehmers ist hier aber grundsätzlich Voraussetzung, dass der Generalunternehmer ihm gegenüber den Mangel rügt, Beseitigung der mangelhaften Leistung – gegebenenfalls unter Fristsetzung – verlangt, also in erster Linie **dem Nachunternehmer selbst Gelegenheit zur Nachbesserung gibt;** nicht reicht es für eine Haftung des Nachunternehmers, wenn der Generalunternehmer ihm im Hinblick auf die mangelhafte Leistung – sogar – noch einen entgeltlichen Zusatzauftrag erteilt (BGH BauR 1981, 383; BGH NJW 1986, 713). Auf dieser Grundlage kann der Generalunternehmer **auch einen Anspruch auf Kostenvorschuss zur Mängelbeseitigung** geltend machen, da die dafür ausschlaggebenden Grundsätze auch für das Vertragsverhältnis des Generalunternehmers zum Nachunternehmer gelten; ist die Leistung des Nachunternehmers mangelhaft, ist es ein Gebot der Billigkeit, dass letztlich der Nachunternehmer die Kosten für die Beseitigung der Mängel seiner Leistung trägt; unerheblich ist, ob der Generalunternehmer seinerseits bereits einen Kostenvorschuss an den Bauherrn geleistet hat, da dies das Vertragsverhältnis zum Nachunternehmer nicht berührt; auch kann sich der Nachunternehmer nicht darauf berufen, der Generalunternehmer sei gegenüber dem Bauherrn nicht zur Nachbesserung bereit, soweit es sich um die eigene mangelhafte Leistung des Nachunternehmers handelt; der Nachunternehmer kann auch nicht einwenden, der Generalunternehmer verlange lediglich »Erstattung« des an den Bauherrn geleisteten Betrages, da der Zweck des Vorschusses auch dann erreicht wird, wenn er vom Generalunternehmer entweder an den Bauherrn weitergeleitet wird oder ein bereits an den Bauherrn geleisteter Vorschuss durch den des Nachunternehmers ausgeglichen wird; so oder so wird durch den Vorschuss des Nachunternehmers nur die Vermögenslage erreicht, die entstanden wäre, wenn der Nachunternehmer entweder selbst unverzüglich nachgebessert oder zumindest den dazu nötigen Vorschuss rechtzeitig geleistet hätte (BGH BauR 1990, 358). Selbstverständlich beschränkt sich der Kostenvorschuss auf die Nachbesserung der mangelhaften Leistung des Nachunternehmers (BGH BauR 1990, 358). Naturgemäß kann der Generalunternehmer nur so lange Vorschuss verlangen, wie er seinerseits die Kosten der Mängelbeseitigung noch nicht abgerechnet hat und ihm eine solche Abrechnung auch nicht möglich ist, wofür der Generalunternehmer die Darlegungs- und Beweislast hat (BGH BauR 1990, 358).

Der **Bauherr-Generalunternehmer** ist grundsätzlich nicht **Erfüllungsgehilfe** des Hauptunternehmers bei der Erfüllung von dessen vertraglichen Pflichten gegenüber dem Nachunternehmer (OLG Düsseldorf BauR 2001, 284). Ein **Generalunternehmer**, der **selbst** auf dem Gewerk seines Subunternehmers **aufbaut** und weitere Bauleistungen erbringt, verletzt die ihm in eigenen Angelegenheiten obliegende **Sorgfaltspflicht**, wenn er die Leistungen dieses Auftragnehmers ungeprüft übernimmt (BGH BauR 2003, 1213). **270**

Sofern dem Generalunternehmer Schadenersatzansprüche z.B. aus §§ 13 Nr. 7, 6 Nr. 6 VOB/B oder § 4 Nr. 7 VOB/B gegenüber dem Nachunternehmer zustehen, kann er insoweit **gegen einem Vergütungsanspruch des Nachunternehmers aufrechnen.** **271**

Kann der Generalunternehmer von seinem Subunternehmer wegen eines Planungsfehlers **Schadensersatz** (vor allem nach § 635 BGB) verlangen, ist er aber (aus Rechtsgründen) gehindert, die bei der Mängelbeseitigung entstehenden so genannten Ohnehinkosten (»Sowiesokosten«, vgl. dazu § 13 VOB/B) dem Bauherrn in Rechnung zu stellen, mit dem er einen Pauschalpreis vereinbart hat, braucht er sich diese Ohnehinkosten nicht im Wege des Vorteilsausgleichs anrechnen zu lassen (BGH BauR 1990, 84). Allerdings kann dies nach Treu und Glauben **dann anders** sein, wenn der Nachunternehmer alle Mängel kraft Vereinbarung mit dem Auftraggeber durch Zahlung an diesen abgilt und dies kraft beiderseitiger Erklärung auch im Verhältnis zum Generalunternehmer gelten soll. Insofern erlangt der Generalunternehmer dann als Drittbegünstigter einen unmittelbaren Anspruch gegen den Auftraggeber, es zu unterlassen, Mängelansprüche gegen ihn zu erheben. Im Übrigen ist der Nachunternehmer wegen seines Werklohnanspruchs gegen den Generalunternehmer i.d.R. dann so zu stellen, als die Mängel tatsächlich beseitigt sind (BGH BauR 1997, 1054). **272**

Der Generalunternehmer hat wegen eines bestimmten, noch nicht befriedigten Anspruches des Auftraggebers ein **Zurückbehaltungsrecht** hinsichtlich der Werklohnforderung des Nachunternehmers. Ist der Anspruch des Auftraggebers noch nicht bestimmt, so hat der Generalunternehmer ein Zurückbehaltungsrecht, wenn eine gewisse Wahrscheinlichkeit für den Anspruch besteht und solange eine genaue Bestimmung noch nicht erfolgen konnte. In diesem Falle ist der Werklohnanspruch in Höhe der wahrscheinlichen Forderung noch nicht fällig (*Kniffka* BauR 1998, 55, 58). Ein Zurückbehaltungsrecht nach § 273 BGB wegen Mängeln aus einem Bauvorhaben steht dem Hauptunternehmer gegen die Werklohnforderung des Nachunternehmers aus einem anderen Bauvorhaben nicht zu (OLG Düsseldorf BauR 2006, 120; BGH BauR 1970, 239, 273, OLG Düsseldorf BauR 1996, 905). Das Zurückbehaltungsrecht scheitert am Erfordernis der Konnexität. Anders ist es, wenn die wechselseitigen Ansprüche aus demselben Vertragsverhältnis herrühren. Dann stünde dem Hauptunternehmer die Einrede des nichterfüllten Vertrages zu, also etwa bei der Errichtung einer ganzen Siedlung oder einer Reihenhäuserzeile. **273**

Für den Bereich des **Leistungsverzuges** müssen die Voraussetzungen in § 5 Nr. 4 VOB/B zugunsten des Generalunternehmers gegeben sein. **274**

Der Generalunternehmer kann vonn seinem Nachunternehmer nach **Kündigung** des Bauvertrages gem. § 8 Nr. 3 Abs. 3 VOB/B die Herausgabe von zur Bearbeitung überlassenen Bauteilen im Wege der einstweiligen Verfügung verlangen, wenn er diese dringend zur Erfüllung seiner vertraglichen Verpflichtungen gegenüber seinem Auftraggeber benötigt (KG NJW-RR 2003, 1528). **275**

Eine Ausnahme im Sinne des § 13 Nr. 6 VOB/B liegt vor, wenn der Generalunternehmer insolvent wird, der Nachunternehmer die Mangelbeseitigung anbietet, aber der **Insolvenz**verwalter über das Vermögen des Generalunternehmers ausschließlich die Minderung des Werklohns verlangt. Da § 13 Nr. 6 VOB/B daran anknüpft, dass das Risiko an die Sphäre des Auftraggebers anknüpft und damit die Unzumutbarkeit in seinen Risikobereich fällt, so kann der Insolvenzverwalter auch ausschließ- **276** lich eine Minderung verlangen, weil er die bevorzugte Befriedigung des einzelnen Insolvenzgläubigers ablehnen muss. Der Insolvenzverwalter ist verpflichtet die Masse zu mehren. Das kann er nur über die Minderung, denn hat der Auftraggeber wegen der Mängel über § 13 Nr. 5 VOB/B nur eine – etwa quotal – zu befriedigende Insolvenzforderung, ist dem Insolvenzverwalter die Beseitigung der Mängel durch den Nachunternehmer aus rechtlichen und wirtschaftlichen Gründen nicht mehr zuzumuten (BGH Urt. v. 10.8.2006 IX ZR 28/05).

277 Ein **Bereicherungsausgleich** findet nicht statt, wenn der Generalunternehmer den Subunternehmer des Hauptunternehmers beauftragt, die Leistung des Subunternehmers aber dem Hauptunternehmer bezahlt (BGH BauR 1998, 1113; a.A. *Kaiser* BauR 1999, 901).

278 Hat ein Hauptunternehmer einen Subunternehmer mit Putzarbeiten beauftragt und ihm dazu ein von ihm angemietetes Putzsilo zur Verfügung gestellt und kommt es dann während der Putzarbeiten des Subunternehmers durch einen geplatzten Schlauch des Putzsilos zu einem Schaden an einem Kraftfahrzeug, so folgt daraus, noch nicht ohne weiteres ein Schadenersatzanspruch gegen den Hauptunternehmer wegen **Verkehrssicherungspflichtverletzung** gem. §§ 823, 831 BGB (KG BauR 2000, 118).

279 Hat der Nachunternehmer von seinem **Haftpflichtversicherer** im Rahmen der Regulierung eines Schadensfalles die Entschädigungssumme ausgezahlt erhalten, so ist er aufgrund seiner Erhaltungs- und Obhutspflicht als vertraglicher Nebenpflicht des Bauvertrages verpflichtet, diese an den Hauptunternehmer herauszugeben, wenn dieser bereits den Schaden behoben hat und eine unmittelbare Inanspruchnahme durch den Auftraggeber nicht mehr zu erwarten ist (OLG Dresden NJW-RR 1998, 373 zu einem Fall, in welchem der Nachunternehmer bei der ihm übertragenen Sanitärinstallation einen Schaden am Bauwerk hervorruft, den der Hauptunternehmer auf seine Kosten beseitigt hat).

280 Möglicherweise ist der Nachunternehmer im Einzelfall berechtigt, dem Generalunternehmer **Mitverschulden** (§ 254 BGB) entgegenzusetzen. Das kann vor allem vorkommen, wenn der Generalunternehmer falsch geplant, insbesondere auch eine unzutreffende Leistungsbeschreibung aufgestellt hat, darüber hinaus aber auch, wenn der Auftraggeber (Bauherr) oder dessen Erfüllungsgehilfe (Architekt) selbst unsorgfältig geplant hat und dadurch bei der Arbeit des Subunternehmers entweder eine mangelhafte Leistung oder eine Bauverzögerung oder beides eingetreten ist (BGH BauR 1987, 86; OLG Stuttgart BauR 1997, 850). Auch im letzten Fall kann es je nach der Gestaltung des Einzelfalles als eine Aufgabe des Generalunternehmers anzusehen sein, die Planung in Ordnung zu bringen oder jedenfalls beim Auftraggeber dafür zu sorgen (vgl. z.B. §§ 3 Nr. 3 S. 2, 4 Nr. 3 VOB/B), weil er gegenüber dem Subunternehmer die Aufgaben des Auftraggebers übernommen hat; **insoweit** greift § 278 BGB zu Lasten des Generalunternehmers ein. U.U. kann es dem Generalunternehmer als **überwiegendes** Verschulden gemäß § 254 BGB zur Last zu legen sein, wenn er es unterlässt, gegenüber dem Auftraggeber wegen dessen Gewährleistungsansprüchen die Verjährungseinrede zu erheben (OLG Hamm NJW-RR 1996, 1338).

281 Soweit der Generalunternehmer gegenüber dem Nachunternehmer einen **Schadensersatzanspruch** hat, weil er vom Auftraggeber wegen desselben Schadens auf Naturalersatz (vor allem auch auf Nachbesserung) in Anspruch genommen wird, hat er gegenüber dem Nachunternehmer nur den Anspruch auf **Befreiung** von seiner bestehenden Verbindlichkeit, **falls er noch nicht** an den Auftraggeber **geleistet** hat (vgl. § 257 BGB). Dies folgt aus dem Grundsatz, dass Schadensersatz i.d.R. nur im Wege der Naturalherstellung zu leisten ist, § 249 S. 1 BGB, es sei denn, die Voraussetzungen des § 249 S. 2 BGB liegen vor. Ausnahmsweise kann der Generalunternehmer vom Nachunternehmer dann Schadensersatz in Geld anstatt in Natur verlangen, wenn der Nachunternehmer bereits den Naturalersatz durch Schuldbefreiung verweigert hat (OLG Koblenz NJW-RR 1988, 532). Letzteres gilt vor allem auch für Geldansprüche aus dem Bereich der Nachbesserung, wie z.B. auf Vorschuss oder Erstattung von Kosten der Mängelbeseitigung durch Dritte. Der Umstand, dass das Bauvorhaben vom

Auftraggeber nicht oder nicht mehr finanziert werden kann, gestattet es dem Generalunternehmer noch nicht, den Nachunternehmervertrag über den Rahmen des § 649 BGB hinaus zu kündigen oder sich auf Wegfall der Geschäftsgrundlage zu berufen (BGH SFH Z 2.510 Bl. 60).

War dem Nachunternehmer im **Prozess** des Auftraggebers gegen den Generalunternehmer von diesem der **Streit verkündet** worden und war er nicht beigetreten, muss er später die Wirkung des § 68 ZPO gegen sich gelten lassen (OLG Frankfurt/M. MDR 1976, 937). Im **Selbstständigen Beweisverfahren** nach §§ 485 ff. ZPO des Auftraggebers gegen den Generalunternehmer oder umgekehrt ist eine Streitverkündung des Generalunternehmers gegenüber dem Nachunternehmer möglich (vgl. § 18 VOB/B). Im Übrigen obliegt es dem Nachunternehmer aus seinem Vertrag mit dem Generalunternehmer als vertragliche Nebenpflicht, diesem im Beweissicherungsverfahren die nötige Unterstützung zu geben, ihm insbesondere die erforderlichen Informationen zu erteilen, anderenfalls er sich aus dem Gesichtspunkt der positiven Vertragsverletzung gegenüber dem Generalunternehmer schadensersatzpflichtig machen kann (*Postelt* BauR 1980, 33). Möglich ist die Einbeziehung des Nachunternehmers durch den Generalunternehmer in das Selbstständige Beweisverfahren gegebenenfalls als weiteren Antragsgegner (*Baden* BauR 1984, 306). **282**

F. Haupt- und Nebenunternehmer

I. Grundlage

Eine weitere Unternehmereinsatzform ist die des **Haupt-** und die des **Nebenunternehmers** (*Zeiger* Der Nebenunternehmervertrag 1963). Ebenso wie General- (Haupt-) und Nachunternehmer sind Haupt- und Nebenunternehmer in der VOB nicht ausdrücklich erwähnt. Wesentliches Merkmal ist auch hier, dass der **Hauptunternehmer dem Bauherrn gegenüber eine Doppelstellung hat. Einerseits ist er Partner eines Bauvertrages,** soweit es um die von ihm selbst im Rahmen seines Gewerbebetriebes zu erbringende Bauleistung geht. **Andererseits ist er hinsichtlich der dem Nebenunternehmer zu übertragenden Arbeiten als Beauftragter und Bevollmächtigter des Bauherrn** im Verhältnis zu den Nebenunternehmern zu sehen. Aus der Art dieser Unternehmereinsatzform ergibt sich, dass sie **nur in begrenzten Ausnahmefällen** gewählt werden soll. Diese können einmal vorliegen, wenn die an den Nebenunternehmer zu vergebenden Leistungen verhältnismäßig so gering sind, dass sie praktisch nur als Nebenarbeiten zu der weit überwiegenden Hauptarbeit des Hauptunternehmers zu gelten haben und dieser wegen des gerade auch technischen Zusammenhanges ohne Schwierigkeiten zu unterstellen sind. Sie können aber auch dann gegeben sein, wenn der Hauptunternehmer zwar nicht in der Lage ist, die im Einzelfall geforderte Gesamtbauleistung mit seinen eigenen betrieblichen Mitteln völlig selbst zu erbringen, wenn er aber für die über seinen Teil hinausgehenden Arbeiten selbst **genügend Erfahrung und Sachkenntnis zur Überwachung** besitzt, so dass der Bauherr für die Nebenleistungen den Einsatz eines **besonderen Bauleiters oder bauleitenden Architekten sparen kann.** Die hier erörterte Unternehmereinsatzform ist in der Praxis seit Ablösung der Mehrphasen-Umsatzsteuer durch das Mehrwertsteuersystem verschwindend gering geworden, da es nicht mehr notwendig ist, durch Einsatz eines Nebenunternehmers im Vergleich zum Nachunternehmer eine steuerpflichtige Umsatzphase auszuschalten. **283**

II. Unmittelbare Verträge beider Unternehmer mit Auftraggeber

Soweit der Hauptunternehmer **selbst seine Bauleistung zu erbringen hat,** regelt sich sein Vertragsverhältnis zum Auftraggeber in der üblichen Weise, **wie** das für den **Bauvertrag** eines **Alleinunternehmers** gilt. Insoweit bestehen keine Besonderheiten. Soweit Nebenunternehmer eingeschaltet werden, ist der Hauptunternehmer für deren Leistungen im Gegensatz zum Generalunternehmer **nicht Auftragnehmer** und damit **nicht unmittelbarer Vertragspartner des BauheRrn.** Vielmehr **284** stehen die **Nebenunternehmer im direkten Vertragsverhältnis zum Bauherrn** (BGH BauR 1974, 134). Der Auftrag über die auf sie entfallenden Teilleistungen wird ihnen von diesem selbstständig erteilt; insoweit sind sie **echte Vertragspartner des Auftraggebers.** Hinsichtlich dieser Nebenunternehmerverträge kann der Hauptunternehmer zunächst insoweit Beauftragter und Bevollmächtigter des Auftraggebers sein, dass er die Verhandlungen namens und im Auftrag des Auftraggebers führt und für ihn auch die Verträge mit den Nebenunternehmern abschließt. Man sollte das nach Möglichkeit aber dem Auftraggeber ebenso überlassen, wie das hinsichtlich der Auswahl des Hauptunternehmers der Fall ist. Jedenfalls ist die zumindest gemeinsame Auswahl und die Auftragserteilung im beiderseitigen Einvernehmen geboten, schon im Hinblick auf vom Hauptunternehmer aus den Nebenunternehmerverhältnissen gegenüber dem Bauherrn zu übernehmende Haftungsverpflichtungen. Hierunter fällt i.d.R. die **Überwachung** der Bauausführung sowie die **Vorprüfung von Rechnungen** auf ihre sachliche, fachtechnische und rechnerische Richtigkeit. Es handelt sich um **Aufsichtshandlungen,** die der Auftraggeber mangels Fach- und Sachkenntnis oftmals selbst nicht übernehmen kann und deren Durchführung er **sonst anderen Personen,** wie z.B. dem Architekten oder Sonderfachmann, **überlässt.** Die **Verpflichtung des Hauptunternehmers** im Rahmen der Nebenunternehmerverträge kann je nach der Vertragsgestaltung aber auch über die bloße Stellung eines Bevollmächtigten des Auftraggebers hinausgehen. Er kann durch bestimmte Einzelverpflichtungen Handlungen, die sonst dem Nebenunternehmer allein oblägen, dem Bauherrn gegenüber zusammen mit dem Nebenunternehmer oder allein zusätzlich und selbstverantwortlich übernehmen. So kann der Hauptunternehmer die **selbstschuldnerische Bürgschaft** für die Erfüllung der Verpflichtungen des Nebenunternehmers im Rahmen der Gewährleistung übernehmen. Er kann weiter dessen Leistungspflicht, auch hinsichtlich der pünktlichen Erfüllung, mit übernehmen oder einen Garantievertrag für die Ordnungsgemäßheit der Leistungen des Nebenunternehmers mit dem Auftraggeber eingehen. Hier ist dem Hauptunternehmer aber Vorsicht anzuraten, da er vielfach nicht voraussehen kann, ob und inwieweit er gegebenenfalls für den Nebenunternehmer einzustehen hat. **Denkbar** ist im Einzelfall auch eine **gesamtschuldnerische Bindung** von Haupt- und Nebenunternehmer an den Auftraggeber. Dann gilt § 425 Abs. 1 BGB nicht, wenn der Vertrag zwischen Auftraggeber und Haupt- und Nebenunternehmer stillschweigend die Abrede enthält, dass jeder von beiden für das Verschulden des anderen einstehen soll; dies ist anzunehmen, wenn mehrere Unternehmen sich gegenüber dem Auftraggeber zur gemeinsamen Herstellung eines Werkes verpflichten (OLG Nürnberg BauR 1990, 741 für den Fall der gemeinsamen Aufstellung eines Turmdrehkrans mit Hilfe eines Autokrans; OLG Schleswig MDR 1998, 1095 in dem Fall, in welchem dem Hauptunternehmer eine Heizung in Standardausführung, dem Nachunternehmer durch Zusatzauftrag des Auftraggebers als nunmehr Nebenunternehmer eine verbesserte Ausführung in Auftrag gegeben wurde). Ein solcher Einzelfall ist jedoch nicht ganz unbedenklich im Rahmen der gesamtschuldnerischen Bindung anzusehen. Dabei ist immer zu berücksichtigen, dass der Vertrag des Hauptunternehmers und der des Nebenunternehmers parallel laufen, aber der Bauherr immer der Auftraggeber ist. Die jeweiligen Verträge tragen aber zum Gelingen des Bauwerks bei. Wird aber daneben ein Generalunternehmer beauftragt, so schließt das den Einsatz eines Nebenunternehmers aus (*v. Westphalen/Motzke* AGB-Klauselwerke, Subunternehmerverträge Rn. 14; *Kleine-Möller/Merl* § 3 Rn. 5 ff.). Dabei ist nämlich zu berücksichtigen, dass der Generalunternehmer sämtliche Fachlose (Gewerbezweige) ausführen soll. Da aber der Hauptunternehmer nicht alle zum Gelingen notwendigen Leistungen übertragen erhält, ist nur beim Einsatz des Hauptunternehmers noch die Tätigkeit eines Nebenunternehmers denkbar. Vorsicht ist auch geboten bei der losweisen Vergabe. Dort wird nicht schon gleich jeder neben dem beauftragten Hauptunternehmer beauftragte sonstige Unternehmer zum Nebenunternehmer eines selbstständigen Gewerkes. Wenn der Hauptunternehmer allerdings Kontrollrechte für den Auftraggeber ausübt, so wird man der Nebenunternehmereigenschaft zustimmen müssen.

285 Hinzuweisen ist in diesem Zusammenhang auf die ÖNORM A 2060 (Allgemeine Vertragsbestimmungen für Leistungen). Dort wird der Vertragsregelung insbesondere die Kompetenzzuweisung dem Hauptunternehmer als Koordinierungsaufgabe zugewiesen (dort: Abschnitt 1.2.3.4 [Geschäfts- und Koordinationsaufgaben des HU]). Die schweizer Regelungen sehen bei Art. 30 SIA-Norm 118 zu den Allgemeinen Bedingungen für Bauarbeiten den Regelungskomplex für die Nebenunternehmereigenschaft vor.

III. Besonderheiten für Bauvergabe

1. Festlegung in den Verdingungsunterlagen

Der Auftraggeber teilt in den **Verdingungsunterlagen** mit, für welche Einzelarbeiten aus dem Gesamtvorhaben (Fachlose, Teile von Fachlosgruppen, Teillose) die Ausführung durch Nebenunternehmer zugelassen wird oder vorgesehen ist. Hinzu kommt die Mitteilung an den Bieter, inwieweit dieser als Hauptunternehmer Beauftragter und Vertreter des Auftraggebers gegenüber den Nebenunternehmern sein soll. Dabei ist festzulegen, ob der Auftraggeber selbst die Angebote der Nebenunternehmer einholt oder ob das durch den Hauptunternehmer geschehen soll und ob die Auftragserteilung durch den Auftraggeber oder den Hauptunternehmer als dessen Bevollmächtigten erfolgt. Wesentlich ist zur Vermeidung etwaiger Unklarheiten oder Unzuträglichkeiten, dass die Auftragserteilung an die Nebenunternehmer nur entweder vom Auftraggeber oder in dessen Namen und Auftrag durch den Hauptunternehmer erfolgt und dies in den Verdingungsunterlagen festgelegt wird. **286**

2. Richtlinien für die Tätigkeit des Hauptunternehmers

Dem **Hauptunternehmer sind für seine Tätigkeit** bei der **Abwicklung** der Nebenunternehmerverträge gewisse **Richtlinien zu geben,** damit er für sein Angebot übersehen kann, welche Aufgaben er in Bezug auf Nebenunternehmer übernehmen soll. Hierzu gehört z.B. die Frage der Vorprüfung der Rechnungen der Nebenunternehmer auf ihre sachliche, fachtechnische und rechnerische Richtigkeit. Hinzu kommen können Aufgaben der Bauaufsicht, der Weisungsbefugnis gegenüber den Nebenunternehmern am Bau, der Materialprüfung, gegebenenfalls der Bauabnahme für den Auftraggeber. Des Weiteren ist es notwendig, den Hauptunternehmer zur Mitteilung aufzufordern, ob und inwieweit er den ihm zustehenden Hauptunternehmerzuschlag fordert. **287**

3. Festlegung zusätzlicher Pflichten des Hauptunternehmers

Es ist weiterhin notwendig, in den Verdingungsunterlagen anzugeben, inwieweit **zusätzliche weitere, selbstständige Verpflichtungen für den Hauptunternehmer** bei den einzelnen Nebenunternehmerverträgen entstehen sollen, wie z.B. selbstschuldnerische Bürgschaft, Schuldmitübernahme, Garantien im Rahmen der Gewährleistungspflichten der Nebenunternehmer. **288**

4. Aufnahme der besonderen Hauptunternehmerpflichten auch im Bauvertrag

Die aufgeführten **Einzelgesichtspunkte** sind zur Schaffung von Klarheit, insbesondere zur zweifelsfreien Festlegung des Umfanges und der Tragweite der Pflichten und Rechte des Hauptunternehmers, nicht nur in die Verdingungsunterlagen aufzunehmen und vom Hauptunternehmer zum Gegenstand seines Angebotes zu machen, sondern sie werden **zweckmäßig auch im Einzelnen** in den **Bauvertrag selbst** aufgenommen. Es ist zu bedenken, dass es sich hier um eine ganz besondere Vertragsform handelt, deren Einzelpunkte durchaus verschiedener rechtlicher Beurteilung unterliegen können. **289**

IV. Zusätzliche Vergütung des Hauptunternehmers

Allgemein ist dem **Hauptunternehmer** eine **zusätzliche Vergütung** für seine auf die Nebenunternehmerverträge sich beziehenden Tätigkeiten zuzugestehen, weil regelmäßig davon auszugehen **290** ist, dass solche nicht unentgeltlich erfolgen (arg. § 632 Abs. 1 BGB). Es bedarf der **gesonderten,** von den übrigen Bauleistungen getrennten, am besten in einer besonderen Position oder mehreren Positionen des Leistungsverzeichnisses festgehaltenen Aufführung dieses Sonderanspruches des Hauptunternehmers in den Verdingungsunterlagen, im Angebot sowie zweckmäßigerweise auch im Bauvertrag. Wie diese Vergütung im Einzelfall zu errechnen ist, ist Sache der Vertragspartner. Zweckmäßig geschieht dies durch Festlegung eines Hundertsatzes auf die anerkannten Rechnungsbeträge der Nebenunternehmer oder eines Pauschalbetrages. Es ist dabei zu berücksichtigen, welche Arbeiten der Hauptunternehmer zur Entlastung des Auftraggebers vorzunehmen hat und welche Verpflichtungen er darüber hinaus auf eigenes Risiko (z.B. selbstschuldnerische Bürgschaft) zu übernehmen bereit ist.

V. Ausgewogenheit zwischen Haupt- und Nebenunternehmerverträgen

291 Die **Nebenunternehmerverträge** müssen in einem **ausgewogenen Verhältnis zum Hauptunternehmervertrag** stehen. **Wesentliche Grundfragen,** wie die der Gewährleistung, der Haftung, der Abnahme, der Fälligkeit und Höhe der Vergütung u.a., sollen in Umfang und Tragweite grundsätzlich mit den Bedingungen des Hauptunternehmervertrages **übereinstimmen.** Das gilt besonders auch hinsichtlich etwaiger **Vertragsstrafen.** Zwar sind der Hauptunternehmervertrag einerseits und die Nebenunternehmerverträge andererseits rechtlich nicht miteinander verbunden. In tatsächlicher Hinsicht sind sie aber **Ausflüsse von Teilen der Gesamtbauleistung,** die nur im vertrauensvollen Zusammenwirken aller Beteiligten sinn- sowie zweckgerecht bewirkt werden kann.

VI. Rechtsverhältnisse der Beteiligten

292 Hinsichtlich der **Rechtsverhältnisse** der Beteiligten gilt:

1. Hauptunternehmervertrag ist allgemein so genannter gemischter Vertrag

293 Soweit der **Hauptunternehmer** dem Auftraggeber **selbst Bauleistungen** zu erbringen hat, regelt sich diese Aufgabe nach dem zwischen diesen beiden abgeschlossenen Vertrag, wobei insoweit die Bestimmungen der VOB/B zum Vertragsinhalt zu machen sind bzw. zweckmäßigerweise gemacht werden. Der **Hauptunternehmer** ist in diesem Bereich **Alleinunternehmer** wie jeder andere selbst zur Bauausführung Verpflichtete. Soweit dem Hauptunternehmer in Bezug auf die Nebenunternehmerverträge Rechte und Pflichten vertraglich auferlegt worden sind, die ihn **zum Beauftragten des Auftraggebers** machen (Überwachung usw.), gelten die **Vorschriften des BGB über den entgeltlichen Auftrag – Geschäftsbesorgung – (§ 675 BGB),** sofern eine besondere Vergütung vereinbart ist. Hat der Hauptunternehmer auch Planungsleistungen zu erbringen, gelten insoweit die §§ 631 ff. BGB. Handelt es sich um Pflichten, die den Charakter des Auftrags- und Werkvertragsrechts überschreiten, wie z.B. die Übernahme einer selbstschuldnerischen Bürgschaft, die Schuldmitübernahme, die Garantievereinbarung im Rahmen der Gewährleistung für die Nebenunternehmerarbeiten, so kommen die für diese speziellen Rechtsformen gegebenen **Vorschriften des BGB** und die hierfür von der Rechtsprechung aufgestellten Grundsätze mit allen ihren Voraussetzungen und Folgen in Betracht. **Insgesamt ist der Hauptunternehmervertrag als so genannter gemischter Vertrag (§ 311 Abs. 1 i.V.m. § 241 Abs. 1 und 2 BGB) mit weitaus überwiegenden werkvertraglichen Elementen anzusehen.** Das ist vor allem auch im Hinblick auf **zwingende Vorschriften §§ 305 ff. BGB** zu beachten.

2. Selbstständiger Bauvertrag zwischen Auftraggeber und Nebenunternehmer

294 **Zwischen dem Auftraggeber und den Nebenunternehmern** bestehen **selbstständige** und in sich geschlossene **Bauverträge,** die dem üblichen Inhalt und den üblichen Voraussetzungen entsprechen.

Regelmäßig wird hier auch die VOB/B zum Vertragsinhalt zu machen sein. Für Handlungen oder Unterlassungen des Hauptunternehmers als seines Vertreters haftet der Auftraggeber den Nachunternehmern gegebenenfalls nach § 278 oder § 831 BGB.

3. Keine vertraglichen Beziehungen zwischen Haupt- und Nebenunternehmern

Zwischen dem **Hauptunternehmer und** den **Nebenunternehmern** bestehen **vertragliche Beziehungen** grundsätzlich **nicht.** Für etwaige Einzelverpflichtungen des Hauptunternehmers in Bezug auf die Nebenunternehmerverträge (Bürgschaften usw.) gelten die Vorschriften des BGB, wie sie für das Verhältnis zwischen Bürgen und Hauptschuldner, zwischen Mitschuldnern oder Gesamtschuldnern, zwischen Leistungsverpflichteten und Garantieübernehmern maßgeblich sind. **295**

Zu beachten ist andererseits für den Auftraggeber deswegen, nach § 4 BaustellenVO einen Sicherheitskoordinator auch aus versicherungsrechtlichen Gründen an Baustellen einzusetzen, an denen mehrere Arbeitgeber als General-, Haupt-, Nach- und Nebenunternehmer arbeiten. Aus arbeitsschutzrechtlichen Bestimmungen haftet der Auftraggeber neben dem Nebenunternehmer selbstständig für die Versäumnisse bei Nichtbeachtung der BaustellenVO, ArbeitsstättenVO und berufsgenossenschaftlichen Vorschriften (OLG Bamberg BauR 2004, 549). Ein Bauunternehmer, der für eine Baustelle einen Bauzaun errichtet, bleibt für dessen Zustand auch dann verantwortlich, wenn Mitarbeiter eines Nebenunternehmers den Bauzaun unsachgemäß versetzen. Eine wirksame Übertagung der Verkehrssicherungspflichten auf den Nebenunternehmer setzt eine klare und diesen erkennbare verpflichtende Absprache voraus (OLG Köln BauR 2003, 1939). **296**

G. Baubetreuung – Bauträger – Treuhand

Literatur: *Glöckner* Vertragsqualifikation als Schlüssel zur Gewährleistung beim Sanierungsmodell FS v. Craushaar 2000 S. 349 ff.; *v. Heymann/Wagner/Rösler* MaBV für Notare und Kreditinstitute Köln 2000; *Jagenburg/Sieber/Mantscheff* Das private Baurecht im Spiegel der Rechtsprechung 2000 Düsseldorf, L Rn. 1 ff.; *Reithmann* Mängelhaftung beim Sanierungs-Bauträgervertrag ZfIR 2000, 602; *Koeble* in Rechtshandbuch für Immobilienrecht, Teil 2 – Recht der Bauträger und Baubetreuer Stand 2002; *Wagner* Zur beurkundungsmäßigen Gestaltung oder Aufspaltung von Bauverträgen im Vergleich zum Bauträgervertrag FS Jagenburg 2002 S. 981 ff.; *Bamberger/Roth* BGB, Band 2 (hier: §§ 631 ff. BGB), 2003; *Grziwotz/Koeble* Handbuch Bauträgerrecht, 2004; *Kniffka/Koeble* Kompendium des Baurechts, 2. Aufl., 2004; *Basty* Der Bauträgervertrag, 5. Aufl., 2005; *Fabis* Vertragskommentar Wohnungseigentumsrecht, 2005; *Grziwotz/Everts/Heinemann/Koller* Grundstückskaufverträge, 2005; *v. Heymann/Merz* Bankenhaftung bei Immobilienanlagen, 16. Aufl. 2005; *Locher* Das private Baurecht, 7. Aufl., 2005; *Bärmann/Pick* WEG, 17. Aufl. 2006; *Blank* Bauträgervertrag, 3. Aufl. 2006; *Hagen/Brambring/Krüger/Hertel* Der Grundstückskauf, 8. Aufl. 2006; *Korbion/Locher/Sienz* AGB und Bauerrichtungsverträge, Teil M (Bauträgerverträge), 2006; *Kullmann* ProdHaftG, 5. Aufl. 2006; *Ulmer/Brandner/Hensen* AGB-Recht, Anh. § 310 BGB Rn. 180 ff., 2006.

I. Allgemeines zum Begriff »Baumodelle«

1. Begriffliches

Der Begriff der **Baumodelle** wurde zunächst nur für eine bestimmte Form von Bauerstellungsverträgen gewählt, die in hohem Maße steuerliche Vorzüge für die Ersteller, Investoren oder Bauherren und Auftraggeber erbringen sollte. Heute versteht man darunter eine Reihe von Leistungsübernahmen eines Unternehmers oder Architekten, Planers oder Betreuers in einer Hand oder mit der Möglichkeit möglichst überschaubar eine Reihe von Leistungen in wirtschaftlicher Hinsicht, also auch Finanzierung und steuerliche Fragen für den Erwerber zu erledigen. Dabei sind vier Modelle zu unterscheiden: Das **Bauträgermodell**, das **Bauherrenmodell**, das **Generalübernehmermodell** und **297** der **geschlossene Immobilienfond**. Die rechtlichen Konstruktionen der vier Modelle unterscheiden sich wie folgt, wobei die schuldrechtlichen und dinglichen Unterschiede auseinandergehalten werden müssen: Beim **Bauträgermodell** reduzieren sich die vertraglichen Beziehungen auf ein Minimum. Der Bauherr/Erwerber schließt den Vertrag ausschließlich mit dem Unternehmer/Veräußerer; damit sind auch die Planungsleistungen des Architekten einbegriffen. Soweit der Erwerber wegen Sonderleistungen mit den für den Unternehmer tätigen weiteren Unternehmern (Nachunternehmer) eigene Wünsche realisiert, so handelt es sich grundsätzlich um eigene Verträge mit diesen. Es sei denn der Unternehmer hat Vollmacht diese Verträge abzuschließen. Beim **Bauträgervertrag** ist zunächst wesentlich, dass in dinglicher Hinsicht das Eigentum am Grundstück bis zur restlosen Bezahlung beim Bauträger verbleibt. Die Auflassung hat nur sichernden Charakter nach der MaBV. Das **Bauherrenmodell** wiederum ist grundsätzlich anders aufgebaut. Hier tritt der Erwerber direkt in Vertragsbeziehungen mit den am Bau Beteiligten. Er realisiert dies über den Baubetreuer oder Treuhänder. Darüberhinaus bestehen im Grundsatz keine direkten Beziehungen zu den Initiatoren und dem Baubetreuer, sondern nur Dienst- oder Beraterverträge. Dinglich gesehen erwerben die Bauherren direkt vor Bauerrichtung das Eigentum am Grundstück und haben dafür dann auch bereits den darauf entfallenen Anteil am Grundstück bezahlt. Das **Generalübernehmermodell** ist in seiner vertraglicher Ausgestaltung dem Bauträgervertrag nicht unähnlich. Dabei ist in notarieller Form die Vertragsbeziehung für die Bauerrichtung zwischen dem Erwerber und dem Unternehmer zu schließen; es gibt keine direkten Vertragsbeziehungen zu den am Bau Beteiligten. Bei der dinglichen Übertragung ist jedoch zu beachten, dass diese gleich dem Bauherrenmodell ist, also die Übertragung zumindest in Form der Vormerkung zu bewirken ist und die Leistungen damit dem Eigentum des Erwerbers zuzuordnen sind. Der **geschlossene Immobilienfond** ist dem des Bauherrenmodells fast gleich gestellt. Hier treten die Bauherren als Mitglieder einer BGB-Gesellschaft oder als Gesellschafter einer KG direkt in Vertragsbeziehungen mit den am Bau Beteiligten. Daneben gibt es Iniatoren, Berater, wie Steuergesellschaften, Banken usw., die jedoch nicht die Erbringung der Bauleistung schulden, sondern separate Verträge – auch verdeckte – mit den Bauherren abschließen. Die dingliche Situation ist anders als beim Bauherrenmodell: Die Erwerber sind als Anleger ihres Kapitals gesamthänderische Eigentümer an der jeweiligen Immobilie als solche. Sie erwerben also einen Gesellschaftsanteil. Dabei sind verschiedene Modelle denkbar. Die häufigsten sind die Anteile bei einer KG oder Vertragspartnerschaften bei Treuhandkommanditisten. Die Erwerber (Anleger) erwerben kein Wohnungs-, Teil- oder Bruchteilseigentum.

2. Begriff der Baubetreuung im Allgemeinen

298 Der **Begriff der Baubetreuung** hat gerade **im Bauvertragswesen** eine **erhebliche Bedeutung** erlangt (zur Entwicklung der Grundlagen der Baubetreuung, vgl. *Locher/Koeble* Rn. 1 ff.; allg. ausführlich zum Bauträger- und Baubetreuervertrag: *Koeble* in Rechtshandbuch f. Immobilienrecht Teil 2, Stand 2002). Der Baubetreuungsvertrag hat nicht in jedem Fall gleichen rechtlichen Inhalt. Vielmehr **unterscheidet zunächst Locher** (*Locher* NJW 1967, 326; *Brych/Pause* Rn. 997 ff.) in seinen grundlegenden Ausführungen zwischen dem Baubetreuungsvertrag im **engeren** und dem Baubetreuungsvertrag im **weiteren** Sinne (*Locher/Koeble* Rn. 4 ff.; *Reithmann/Meichsner/von Heymann* Rn. 3 ff.; siehe auch u.a. BGH VersR 1969, 723; *Doerry* ZfBR 1982, 189). Nach jetzt allgemeingültiger Terminologie spricht man von dem **Baubetreuer einerseits** und dem **Bauträger andererseits,** und zwar insbesondere nach der Rechtsprechung des BGH wobei man sich der **gewerberechtlichen Definition des § 34c GewO angeschlossen hat** (*Locher* Rn. 417 ff.; dazu im Einzelnen vor allem auch *Pause* Rechtshandbuch Immobilien Bd. 1, Teil I, A Rn. 1 ff.; *Brych/Pause* Rn. 1002 ff.). Hiernach ist **Baubetreuer** derjenige**, der auf dem Grundstück des Bauherrn für dessen Rechnung ein Bauvorhaben vorbereitet und durchführt**. Als **Bauträger** wird bezeichnet, **wer gewerbsmäßig im eigenen Namen für eigene oder fremde Rechnung ein Bauvorhaben vorbereitet und durchführt**. Dabei ist die Erscheinungsform des Bauträgers in der Praxis wesentlich häufiger als die des – eigentlichen – Baubetreuers. Daneben ist im Laufe der Jahre außerdem der so genannte Bautreuhänder in Erscheinung getreten. Dieser schließt aufgrund Vertrages und mit ihm erteilter Vollmacht für den Bauherrn alle mehr oder weniger zur Durchführung eines Bauvorhabens erforderlichen Verträge, und zwar teilweise nicht nur mit den für den Bau, die Finanzierung sowie Vermietung vorgesehenen Partnern, sondern auch sonst noch mit möglichen weiteren »Funktionsträgern«, deren Inanspruchnahme jedenfalls steuerlich absetzbare Werbungskosten herbeiführen soll (Zum Recht der Bauträger vgl. u.a. und insbesondere auch *Koeble* Rechtshandbuch Immobilien Bd. 1, Teil 2 ff.).

3. Unterschied zum Generalunternehmer

Zur Anwendung des Art. 10 § 3 des **Gesetzes u.a. zur Regelung von Ingenieur- und Architektenleistungen vom 4.11.1971** (BGBl. I S. 1745) auf Baubetreuungs- und Bauträgerverträge vgl. die Rechtsprechung des BGH (BauR 1975, 128), wobei dieser anhand der Entstehungsgeschichte dieses Gesetzes überzeugend darlegt, dass **Verträge mit Baubetreuungs- bzw. Bauträgerunternehmen im Allgemeinen nicht dem Koppelungsverbot unterliegen,** wonach eine Vereinbarung unwirksam ist, durch die sich der Erwerber eines Grundstücks im Zusammenhang mit dem Erwerb verpflichtet, **bei der Planung oder Ausführung eines Bauwerks** auf dem Grundstück **die Leistungen eines bestimmten Ingenieurs oder Architekten** in Anspruch zu nehmen (*Locher/Koeble* Rn. 63 ff.; auch *Vollmer* ZfIR 1999, 249). Dabei kommt es nach dem BGH nicht auf eine Unterscheidung zwischen Baubetreuungs- und Bauträgerverträgen an; vielmehr gilt der vorgenannte Grundsatz gleichermaßen für beide Arten. Etwas anderes kommt in Betracht, wenn das Betreuungs- oder Bauträgerunternehmen nur gegründet worden ist, um das Koppelungsverbot zu umgehen (BGHZ 63, 302; BGH BauR 1984, 192; 1986, 208; zur Rechtsprechung zum Koppelungsverbot vgl. u.a. *Breiholdt* MDR 1987, 810; ferner *Brych/Pause* Rn. 83 ff). Für einen gewerbsmäßig (mit Erlaubnis nach § 34c GewO) **als Generalunternehmer** tätigen Architekten oder Ingenieur, der schlüsselfertige Bauten auf einem dem Erwerber vorweg zu übertragenden Grundstück errichtet, gilt das Koppelungsverbot des Art. 10 § 3 MRVG daher grundsätzlich nicht (BGH BauR 1989, 95). Das trifft auch zu, wenn die Parteien eines angestrebten Baubetreuungsvertrages vereinbaren, dass der Baubetreuer zunächst die Leistungen nach den Phasen 1 und 2 des § 15 Abs. 2 HOAI zu erbringen hat und der Planungsvertrag für den Fall, dass der Bauinteressent die vorgesehenen Bauleistungen nicht in Angriff nimmt, vorsieht, eine Honorierung der Planungsleistung habe zu erfolgen; denn die Planungsleistungen haben keinen selbstständigen Charakter, sondern sind auf der Grundlage der schlüsselfertigen Errichtung im Rahmen des vorgesehenen Baubetreuungsvertrages vereinbart worden (BGH BauR 1993, 490). **Andererseits:** Art. 10 § 3 MRVG greift auch dann ein, wenn ein **freiberuflicher Ingenieur oder Architekt** wie ein Bauträger auf einem eigenen, dem Erwerber vorweg übertragenen Grundstück einen schlüsselfertigen Bau auf eigene Rechnung und eigenes Risiko errichtet (BGH BauR 1991, 114; 1991, 383).

Da das **Koppelungsverbot** berufsstandsbezogen ist, kann sich auch ein Bauträger auf die Unwirksamkeit eines Architektenvertrages berufen.

4. Sanierungsmodell

Häufig **unterscheidet** sich der **Baubetreuer oder Bauträger von dem Generalunternehmer** bei **Sanierungsmodellen** auch dadurch, dass **er selbst keine Bauleistungen ausführt;** der Baubetreuer ist dem **Generalübernehmer** angenähert (*Schulze-Hagen* BauR 1992, 320; zum sog. Sanierungsträger: *Nicklisch* BB 1974, Beilage 10, S. 11; über Probleme der Sanierungsmodelle: *Koeble* BauR 1992, 569; dazu auch *Glöckner* FS v. Craushaar S. 349 ff.; weiter Überblick zu Bauträger und Baubetreuer auch in *Koeble* Rechtshandbuch für Immobilien Teil 2, 15 Rn. 1 ff.).

Zu beachten sind **verwaltungsrechtliche und steuerrechtliche Probleme** (*Beck/Dyroff* Sanierungsgebiete und Steuern, 2006). Die Grundprinzipien des Sanierungsrechts liegen im öffentlichen Baurecht. Die maßgeblichen gesetzlichen Vorschriften sind die §§ 136 bis 164 des Baugesetzbuchs

(BauGB). Diese Vorschriften finden in begrenztem Umfang Ergänzungen und Konkretisierungen durch landesrechtliche Vorschriften. Nach § 136 Abs. 1 BauGB findet Sanierungsrecht auf städtebauliche Sanierungen dann Anwendung, wenn deren einheitliche Vorbereitung und zügige Umsetzung im öffentlichen Interesse liegen. Dieser Anwendungsbereich ist nach § 136 Abs. 2 BauGB räumlich (§ 142 BauGB) und zeitlich (§§ 162 ff. BauGB) begrenzt. Nach § 136 Abs. 2 BauGB sind städtebauliche Sanierungsmaßnahmen solche Maßnahmen, durch die ein Gebiet zur Behebung städtebaulicher Missstände wesentlich verbessert oder umgestaltet wird. Der Begriff der städtebaulichen Missstände ist in § 136 Abs. 2 S. 2 BauGB definiert. Der Gesetzgeber unterscheidet hier zwischen der so genannten »Substanzschwäche« und der »Funktionsschwäche«. Missstände in Form einer Substanzschwäche liegen vor, wenn das Gebiet nach seiner vorhandenen Bebauung oder nach seiner sonstigen Belegenheit den allgemeinen Anforderungen an gesunde Wohn- und Arbeitsverhältnisse oder an die Sicherheit der in ihm wohnenden oder arbeitenden Menschen nicht entspricht. Städtebauliche Missstände in Form einer Funktionsstörung liegen vor, wenn das Gebiet in der Erfüllung der Aufgaben erheblich beeinträchtigt ist, die ihm nach seiner Lage und Funktion obliegen. Die Begrenzung des Sanierungsgebietes geschieht durch den Erlass einer Sanierungssatzung der Gemeinde. Durch diese wird das Sanierungsgebiet festgelegt. Gemäß § 142 Abs. 4 BauGB ist die Festlegung des Sanierungsgebietes durch ein so genanntes vereinfachtes Sanierungsverfahren erfolgen. In diesem Fall werden besondere sanierungsrechtliche Vorschriften ausgewiesen, wenn die Anwendung dieser Vorschriften für die Durchführung der Sanierung nicht erforderlich ist und die Durchführung hierdurch voraussichtlich erschwert wird. Von erheblicher Bedeutung ist, dass im Falle des »vereinfachten Verfahrens« keine Ausgleichsbeträge erhoben werden können. Nach § 162 BauGB ist die Sanierungssatzung/-verordnung aufzuheben, wenn die Sanierung durchgeführt ist, sie sich als undurchführbar erweist oder die Sanierungsabsicht aus anderen Gründen aufgegeben wird. Neben diesem generellen Abschluss der Sanierung ist auch ein individuelles Ende der Sanierung für einzelne Grundstücke gemäß § 163 BauGB möglich. Auf Antrag des Eigentümers hat die Gemeinde die Sanierung für einzelne Grundstücke als abgeschlossen zu erklären, wenn die Ziele und Zwecke der Sanierung auf diesem Grundstück erreicht sind. Anders als z.B. eine Erhaltungssatzung nach § 172 BauGB ist die Sanierungssatzung ihrem Wesen nach vorübergehender Natur. Sobald die Sanierung durchgeführt ist, gibt es keine Rechtfertigung mehr für die Beschränkungen durch das Sanierungsrecht. In § 136 Abs. 1 BauGB ist ausdrücklich von »zügiger Durchführung« der Sanierungsmaßnahmen die Rede, gleichwohl haben manche Sanierungsgebiete ein erhebliches Alter erreicht. Das besondere Städtebaurecht im Zweiten Kapitel des BauGB kennt neben den »Städtebaulichen Sanierungsmaßnahmen« noch weitere artverwandte Instrumente, namentlich die »Städtebaulichen Entwicklungsmaßnahmen« und die »Erhaltungssatzung«. Ziel der »Städtebaulichen Entwicklungsmaßnahmen« gem. §§ 165 bis 171 BauGB ist es, ein bestimmtes Gebiet aufgrund seiner besonderen städtebaulichen Bedeutung erstmalig zu entwickeln oder einer städtebaulichen Neuordnung zuzuführen (§ 165 Abs. 2 BauGB), wobei Voraussetzung ist, dass die »einheitliche Vorbereitung« sowie die »zügige Durchführung« im öffentlichen Interesse liegen (§ 165 Abs. 1 BauGB). Der Entwicklungsbereich wird durch eine von der Gemeinde erlassene Entwicklungssatzung festgelegt. Die rechtlichen Gegebenheiten sind denen im Sanierungsgebiet sehr ähnlich, da § 169 BauGB eine Vielzahl der im Sanierungsgebiet geltenden Vorschriften für entsprechend anwendbar erklärt. So gelten insbesondere der Genehmigungsvorbehalt der §§ 144, 145 BauGB sowie die Regelungen über die Erhebung des Ausgleichsbetrages nach §§ 154 ff. BauGB. Auch steuerrechtlich bestehen Gemeinsamkeiten: Bauliche Maßnahmen im Entwicklungsgebiet genießen ebenfalls die Steuervorteile des § 7h EStG. Bei der Erhaltungssatzung gem. §§ 172 bis 174 BauGB legt die Gemeinde sog. Erhaltungsgebiete fest. Hierbei kann es der Gemeinde um die »Erhaltung der städtebaulichen Eigenart des Gebiets aufgrund seiner städtebaulichen Gestalt« gehen, um die »Erhaltung der Zusammensetzung der Wohnbevölkerung« (sog. Milieuschutzsatzung, § 172 Abs. 1 Nr. 2, Abs. 4 BauGB) oder um »städtebauliche Umstrukturierungen« (§ 172 Abs. 1 Nr. 3 BauGB) gehen. Dabei unterscheiden sich die Verhältnisse im Erhaltungsgebiet grundlegend von denen im Sanierungs- oder Entwicklungsgebiet. Der in § 172 BauGB geregelte Genehmigungsvorbehalt bleibt weit hinter dem des § 144 BauGB zurück. Er bezieht er sich lediglich auf den »Rückbau, die Änderung oder die Neugestaltungsänderung baulicher Anlagen«, im Fall des § 172 Abs. 1 Nr. 1 BauGB auf die »Errichtung baulicher Anlagen«. Die Erhaltungssatzung zielt – anders als Sanierungs- und Entwicklungssatzung – nicht auf die Verbesserung oder Aufwertung des Gebietes ab. Vielmehr soll in erster Linie vor negativen Veränderungen geschützt werden. Dies setzt zum einen voraus, dass es keine den §§ 154 ff. BauGB entsprechende Möglichkeit zur Abschöpfung von Bodenwertsteigerungen gibt. Zum anderen folgt daraus, dass es sich nicht um ein nur vorübergehendes Instrument handelt. Wenn Sanierungs- und Entwicklungssatzungen nach »zügiger Durchführung« aufzuheben sind (§ 162 BauGB), ist die Erhaltungssatzung in ihrer Geltungsdauer nicht begrenzt. Auch in steuerlicher Hinsicht ist die Erhaltungssatzung strikt von der Sanierungs- bzw. Entwicklungssatzung zu trennen: § 7h EStG gilt nicht für Grundstücke im Erhaltungsgebiet.

Die Vorbereitung und Durchführung der Sanierung ist in den §§ 140 bis 151 ff. BauGB geregelt. Gemäß §§ 137 und 139 BauGB sollen sowohl die betroffenen Privatpersonen als auch die öffentlichen Aufgabenträger frühzeitig beteiligt werden. Die gemäß § 141 BauGB zunächst durchzuführenden vorbereitenden Untersuchungen werden durch die Gemeinde mit dem Beschluss über den Beginn der vorbereitenden Untersuchungen eingeleitet. Dieser Beschluss ist ortsüblich bekannt zu machen (§ 141 Abs. 3 BauGB). Durch diese Bekanntmachung wird das Gebiet zum Untersuchungsgebiet. Dies bedeutet insbesondere, dass ab diesem Zeitpunkt bereits Baugesuche im Hinblick auf die Sanierung zurückgestellt werden können (§ 141 Abs. 4 i.V.m. § 15 BauGB). Mit dem Erlass der Satzung gemäß § 142 BauGB wird das Gebiet zum Sanierungsgebiet. Dies hat insbesondere die Folge, dass nun gemäß § 144 BauGB bestimmte Vorhaben und Rechtsvorgänge der schriftlichen Genehmigung der Gemeinde bedürfen. Gemäß § 145 Abs. 2 BauGB darf die Genehmigung nur versagt werden, wenn Grund zur Annahme besteht, dass das Vorhaben oder der Rechtsvorgang die Durchführung der Sanierung unmöglich machen oder wesentlich erschweren oder den Zielen und Zwecken der Sanierung zuwiderlaufen würde. Die Sanierung endet durch Aufhebung der Sanierungssatzung (§ 162 BauGB), sie kann aber auch individuell und damit vorzeitig für einzelne Grundstücke als abgeschlossen erklärt werden (§ 163 BauGB). Mit dem Ausgleichsbetrag gemäß § 154 BauGB werden diejenigen Bodenwertsteigerungen abgeschöpft, die durch die Sanierung oder durch die Aussicht auf die Sanierung entstanden sind.

5. Rechtsberatungsgesetz

Über das Verhältnis des Baubetreuers und Bauträgers zu den Verbotsnormen des **Rechtsberatungsgesetzes,** auch im Hinblick auf § 34 Abs. 1 Nr. 2b GewO sowie § 1 UWG und zugleich in Abgrenzung zur Tätigkeit eines »Sonderberaters in Bausachen«, siehe eingehend die Judikatur des BGH (BGH BauR 1976, 367; 1978, 60; *Locher/Koeble* Rn. 62). Ist der Geschäftsbesorgungsvertrag zur Abwicklung eines Grundstückserwerbs im Bauträgermodell wegen Verstosses gegen das Rechtsberatungsgesetz nichtig (BGHZ 145, 265), so erstreckt sich die Nichtigkeit auch auf die dem Treuhänder dazu erteilte Vollmacht (BGH BauR 2002, 473). Wer ausschließlich oder hauptsächlich die rechtliche Abwicklung eines Grundstückserwerbs im Rahmen eines Bauträgermodells für den Erwerber besorgt, bedarf der Genehmigung nach Art. 1 § 1 Abs. 1 S. 1 RBerG. Verfügt er darüber nicht, ist ein solcher Geschäftsbesorgungsvertrag nichtig (BGH BauR 2001, 397). Ein Vertrag, durch den ein in der Form einer GbR betriebener Immobilienfonds die Führung seiner Geschäfte umfassend einer GmbH überträgt, die nicht Gesellschafterin der GbR ist und die der GmbH erteilte Vollmacht fallen grundsätzlich nicht in den Anwendungsbereich des Art. 1 § 1 RBerG (BGH ZfIR 2006, 718). **302**

6. Allgemeine Geschäftsbedingungen

Baubetreuungs- und insbesondere Bauträgerverträge enthalten **regelmäßig formularmäßige Bedingungen,** die von der Rechtsprechung in einzelnen Punkten schon früher wiederholt als gegen Treu und Glauben (§ 242 BGB) und/oder gegen die guten Sitten (§ 138 BGB) verstoßend angesehen **303** worden sind. Daher bedarf es **besonders bei diesen Verträgen der Beachtung der §§ 305 ff. BGB** (vgl. dazu Anhang 1). dabei vornehmlich der Verbotsnormen in den §§ 305 ff. BGB (*Locher/Koeble* Rn. 95 ff., 137 f., 270 ff., 310 ff. Zur Vereinbarkeit der VOB/B in Baubetreuungs- und Bauträgerverträgen vgl. § 1 VOB/A Rn. 35, 36). Gegen § 307 BGB verstoßen AGB des Bauträgers, in der die Überwälzung einer gemäß MaBV zu erbringenden Sicherheit auf den Erwerber eines zu errichtenden Bauvorhabens erfolgt (LG Bremen BauR 1994, 545).

7. Verbraucherabzahlungsverträge

304 Bei Baubetreuungs- und Bauträgerverträgen kamen die **Vorschriften des Abzahlungsgesetzes,** demnach auch ein Widerrufsrecht nach § 1c Nr. 1 AbzG, **nicht in Betracht (BGH BauR 1981, 190).** Das Abzahlungsgesetz war durch das Gesetz über Verbraucherkredite vom 17.12.1990, BGBl. I S. 2840 abgelöst worden und ist nun seit 1.1.2002 Teil des BGB, **§§ 488 ff. BGB, Verbraucherdarlehnsverträge.**

II. Der Baubetreuungsvertrag

1. Grundlage

305 Der **Baubetreuungsvertrag** hat **regelmäßig zur Grundlage,** dass eine natürliche oder eine juristische Person (etwa eine Handelsgesellschaft) die technische (gegebenenfalls auch architektonische), wirtschaftliche und finanzielle Betreuung, wie z.B. die Kreditbeschaffung (*Koeble* NJW 1974, 721), **auf dem Baugrundstück des Betreuten (des Auftraggebers)** übernimmt, dieser **also schon vorher Eigentümer** des betreffenden Grundstückes oder Grundstücksteils ist (*Locher* Rn. 615 ff.). Anklänge an diese Betreuungsform fanden und finden sich in gesetzlichen Vorschriften (vgl. §§ 37, 38, 2. Wohnungsbaugesetz i.d.F. v. 1.9.1965 BGBl. I S. 1618; § 6 Abs. 1, 1. Wohnungsgemeinnützigkeitsgesetz i.d.F. v. 29.2.1940 RGBl. I S. 438). In § 6 Abs. 2 der Wohnungsgemeinnützigkeits-Durchführungsverordnung vom 25.4.1957 (BGBl. I S. 406) sowie in § 34c Abs. 2 Nr. 2b GewO ist erwähnt, dass der Betreuer das Bauvorhaben in fremdem Namen und für fremde Rechnung technisch und wirtschaftlich vorbereitet oder (für den Betreuten) **durchführt** (BGH BauR 1981, 188; zur Baubetreuung ferner BGH WM 1969, 1139; BGH BauR 1975, 203; ferner *Marcks* § 34c GewO Rn. 49 ff.; umfassend auch *Brych/Pause* Rn. 997 ff.). Dabei hat sich der ursprüngliche Baubetreuungsvertrag aus dem Architektenvertrag entwickelt. Dabei wird der Begriff heute so verstanden, dass der Baubetreuer die Bauleistungen **nicht selbst** zu erbringen hat. Da die Leistungen aus einem technischen und einem wirtschaftlichen Teil bestehen ist dieses für den Bauträgerbegriff bestimmend. Für die Leistungen nur des wirtschaftlichen Bereichs wird dieser Bereich ausschließlich im Bauherrenmodell zu finden sein. Dabei ist bei Vereinbarung der Leistungen beider Abschnitte von einer »Vollbetreuung« auszugehen, während der Begriff der »Teilbetreuung« nur bei der Erbringung eines Teiles der beiden vorliegt, meist der wirtschaftlichen. Die wirtschaftliche Betreuung (Teilbetreuung) umfasst u.a. folgende Betätigungen: Beschaffung und Bearbeiten von Darlehnsverträgen, Überwachen des Zahlungsverkehrs, Wirtschaftlichkeitsberechnungen, Beschaffung von weiteren Finanzierungsmitteln und Subventionen, Prüfung von Rechnungen am Bau Beteiligter Unternehmen und Personen, auch Erstellung einer Schlussrechnung anstelle eines Unternehmers. Bezeichnend ist, dass beim Baubetreuungsvertrag der Bauherr nicht in vertragliche Beziehungen mit dem Baubetreuer hinsichtlich der Bauerstellung eingeht. Er geht nur einen Vertrag über dessen ggf. nur dienstverraglichen Leistungen. Jedoch ist der Baubetreuungsvertrag im Regelfall ein Werkvertrag. Dieses ist bei einer Vollbetreuung der Fall, da hier die Architekten- und Ingenieurleistungen gleichfalls zu erbringen sind, sowie die wirtschaftlich orientierten Leistungen (BGH BauR 1976, 367; *Koeble* NJW 1974, 721; BGH BauR 1994, 776; 1991, 1005). Der Baubetreuer haftet auch für Ausführungsfehler (*Korbion* in: *Korbion/Mantscheff/Vygen* § 15 HOAI Rn. 167). Bei der Teilbetreuung ist die rein wirtschaftliche Baubetreuung Dienstvertrag mit Geschäftsbesorgungscharakter (OLG Hamm MDR 1982,

317). Gehen Leistungen darüberhinaus, als sind sie bauerfolgsorientiert, so liegt ein Werkvertrag vor (BGH BauR 1991, 475).

Zusammenfassen lässt sich daher der jetzt definierte und geltende Begriff so, dass **Baubetreuer derjenige ist, der gewerbsmäßig Bauvorhaben im fremden Namen für fremde Rechnung wirtschaftlich vorbereitet oder durchführt** (BGH BauR 1975, 204; BGH BauR 1975, 204; *Koeble* in Rechtshandbuch f. Immobilien Teil 2, 15 Rn. 52). **306**

2. Handeln des Betreuers namens und im Auftrag des Bauherrn – Vollmachtsfragen

Bei dieser Betreuungsform liegt im Bereich des Bauens ein Handeln des Betreuers **im Namen und im Auftrag des Auftraggebers** vor, insbesondere wird von vornherein **auf dessen Rechnung gebaut**. Der Auftraggeber stellt, gegebenenfalls mit Hilfe oder durch Vermittlung des Betreuers, das Kapital zur Verfügung. Die Bauleistung erfolgt nach den von ihm genehmigten Plänen. Der Betreuer rechnet später ab, und er erhält eine so genannte Betreuungsgebühr. Möglicherweise hat sich der Betreuer auch zur Einhaltung eines Festpreises verpflichtet (*Locher/Koeble* Rn. 14 ff.). Hier wird das so genannte »**Bauherrenwagnis**« von vornherein vom **Auftraggeber** (Betreuten) übernommen. Er wird grundsätzlich nur **vom Betreuer vertreten, der in seinem Namen und mit seiner Vollmacht, die ihm allerdings inhaltlich jeweils eindeutig und zweifelsfrei erteilt sein muss, Verträge mit den verschiedenen am Bau tätig werdenden Auftragnehmern abschließt,** ohne bei Fehlen hinreichend deutlicher anderweitiger vertraglicher Regelung damit aus Gründen vereinfachter Abrechnung, der Rechtsdurchsetzung oder aus steuerrechtlichen Gründen eine Eigenverpflichtung gegenüber dem Auftragnehmer einzugehen (*v. Craushaar* FS Caemmerer S. 87 ff.; BGH NJW 1977, 294; BGH BauR 1980, 262; 1981, 188). Für die Annahme einer Baubetreuung ist es somit auch nicht entscheidend, ob im Einzelfall ein besonderes Betreuungsentgelt vereinbart oder ein so genannter Festpreis (Pauschale) festgelegt wird (*Müller* BauR 1981, 219). **307**

Zur Befugnis eines vom Erwerber bevollmächtigten Baubetreuers, der sich zur schlüsselfertigen Bauerstellung zu einem Festpreis verpflichtet hat und zur Auftragsvergabe namens des Erwerbers, hat der BGH (BGH BauR 1977, 58) festgestellt, dass eine wirksame Bevollmächtigung nicht schon dadurch gehindert wird, dass dem Auftragnehmer bei Bauvertragsabschluss noch nicht der Erwerber bekannt ist, er Abschlagszahlungen vom Betreuer erhält und sich außerdem zu einem Pauschalpreis für ein größeres Vorhaben, von dem das des späteren Erwerbers nur einen Teil bildet, verpflichtet hat; das gilt um so mehr, als derartige Bevollmächtigungen häufig aus steuerlichen Gründen erteilt werden, die von erheblicher Bedeutung für den Bauentschluss des Erwerbers sind. Dies gilt auch bei Bauarbeiten für ein umfangreiches Bauvorhaben, wenn der Betreuer die Arbeiten entsprechend den mit den Erwerbern des Raumeigentums abgeschlossenen Betreuungsverträgen im Namen des von ihm betreuten »Bauherrn« vergibt (BGH BauR 1980, 262; 1983, 457). Vergibt ein Baubetreuer Bauarbeiten zur Errichtung einer Wohnungs- und Teileigentumsanlage im Namen der von ihm betreuten Bauherren, so werden diese auch dann Vertragspartner des Auftragnehmers, wenn sie erst später der Bauherrengemeinschaft beitreten; derjenige, der erst später in eine Bauherrengemeinschaft eintritt und den Baubetreuungsvertrag unterschreibt, genehmigt die von dem Baubetreuer bereits erteilten Aufträge (BGH BauR 1983, 457; BGH NJW-RR 1987, 1233). Unzutreffend ist die Ansicht, die einen fehlenden ernsthaften Willen des Betreuers zum Handeln im fremden Namen allein aus dem wirtschaftlichen Zweck der Tätigkeit des Betreuers entnehmen will, da diese Auffassung die Grenze der Auslegung eindeutig erklärten Parteiwillens überschreitet (LG Arnsberg NJW 1978, 1588; ablehnend *Crezelius* NJW 1978, 2158; *Barnickel* BlGBW 1978, 223). Schließt jedoch der Initiator eines im Bauherrenmodell zu errichtenden Bauvorhabens Verträge namens und im Auftrag der Bauherrengemeinschaft »vertreten durch Herrn ...« und besteht eine solche Gemeinschaft nicht und wird sie später auch nicht gebildet oder genehmigen die später gefundenen Bauherren die abgeschlossenen Verträge nicht (OLG Frankfurt OLGR 1992, 1), dann haftet der als Vertreter auftretende Initiator selbst nach den Regeln des Handelns unter fremdem Namen, jedenfalls nach § 179 Abs. 1 **308**

BGB; dabei kann sich der Handelnde nicht darauf berufen, der Vertragspartner habe gewusst, dass er den Vertrag für eine nicht existente Partei schließt (OLG Köln NJW-RR 1987, 1375). Außerdem ist davon auszugehen, dass der Initiator oder Betreuer, falls sich aus dem betreffenden Vertrag nichts Gegenteiliges ergibt, nach §§ 179 Abs. 3, 242 BGB dem Auftragnehmer gegenüber die persönliche Haftung übernimmt, wenn die Genehmigung der noch nicht bekannten Vertretenen nicht erfolgt, da dann bei verständiger Auslegung nach den §§ 133, 157 BGB zu folgern ist, dass der Initiator oder Betreuer die Haftung dafür übernimmt, dass die noch ausstehende Genehmigung erfolgen wird (OLG Frankfurt MDR 1984, 692; OLG Hamm BauR 1987, 592; Zu Fragen der Vertretungsmacht in Baubetreuungsverträgen: *Mussner* BauR 1987, 497; *Brych/Pause* Rn. 847 ff.).

309 Eine **Überschreitung der Vollmacht** kann vorliegen, wenn der Betreuer die Erwerber in dem in ihrem Namen mit dem Unternehmer abgeschlossenen Vertrag **gesamtschuldnerisch verpflichtet, ohne dazu ausdrücklich ermächtigt** zu sein. Im Allgemeinen gilt die Vollmacht nur zur Erteilung von Einzelaufträgen, die sich auf das **Vorhaben des einzelnen Erwerbers beschränken** (BGH BauR 1983, 457; zu Hauptpflichten des Treuhänders, *Brych/Pause* Rn. 876 ff.). Häufig kommt daher eine Beschränkung der Vollmacht des Betreuers auf den jeweiligen Eigentumsanteil des Erwerbers in Betracht. Auch ist es möglich, die Haftung des Betreuten, der sich mit anderen zu einer BGB-Gesellschaft verbunden hat, auf das Vermögen der Gesellschaft zu beschränken. Dies muss jedoch gegenüber dem Auftragnehmer zweifelsfrei und hinreichend deutlich erkennbar zum Ausdruck kommen (BGH BauR 1985, 88). Die bloße Wendung im Vertrag, der Betreuer sei »bevollmächtigt, alle die Baudurchführung betreffenden Maßnahmen mit rechtlicher Wirkung für den Bauherrn zu treffen«, und befugt, »für die Durchführung des Bauvorhabens ... das Hausrecht« auszuüben, besagt noch nicht hinreichend, dass der Betreuer zur Vergabe von Bauaufträgen im Namen des Betreuten bevollmächtigt ist (BGH BauR 1978, 220. Über die Auslegung der Bevollmächtigung eines Baubetreuers zur Bestellung von Grundpfandrechten zwecks Baufinanzierung in einem Einzelfall: BGH BauR 1977, 127. Zur Vollmacht bei Baubetreuungsverhältnissen: *Locher/Koeble* Rn. 116 ff., 134 ff.).

310 **Allgemeine Geschäftsbedingungen eines so genannten Festpreisvertrages** mit einem Betreuer sind insoweit nach § 307 BGB unwirksam, als dieser bevollmächtigt wird, namens des Bauherrn **unbeschränkt Verträge** mit Handwerkern zu schließen (OLG Nürnberg NJW 1982, 2326; a.A. OLG München BauR 1984, 293, dem aber nicht zu folgen ist, soweit es die Ansicht vertritt, in der Festpreisabrede liege eine für den Erwerber ausreichende Preisgarantie, die den Betreuer verpflichtet, den Erwerber von über den Festpreis hinausgehenden Handwerkerforderungen freizustellen; abgesehen davon, dass in solchen Fällen nicht immer eine Garantie für einen – in Wirklichkeit gegebenen – Pauschalpreis vorliegt, ist es für den Erwerber unzumutbar, im Streitfall gegenüber dem Betreuer zunächst einen Freistellungsanspruch gerichtlich durchsetzen zu müssen).

3. Unmittelbare bauvertragliche Beziehungen zwischen Betreutem und Auftragnehmer

311 Nach dem Gesagten bestehen beim Baubetreuungsvertrag im Rahmen so genannter Vollbetreuung (Verwirklichung des Bauvorhabens in technisch und wirtschaftlich einwandfreier Weise) **unmittelbare bauvertragliche Beziehungen zwischen Auftraggeber (Betreuten) und dem bauausführenden Auftragnehmer wie beim »normalen« Werkvertrag.** Aus dem eigentlichen Bauvertrag sich ergebende Rechte und Pflichten bestehen grundsätzlich nur zwischen diesen beiden. Der Betreuer ist im Verhältnis zu Dritten, vor allem Auftragnehmern, **Erfüllungsgehilfe des Auftraggebers,** und zwar soweit seine Betreuungsaufgabe im Einzelfall reicht (für den Regelfall der Beauftragung des Betreuers mit Aufgaben im Zusammenhang mit der Bauausführung, nicht dagegen Planung: BGH BauR 1978, 149). Dies gilt unabhängig davon, ob im Einzelfall ein besonderes Betreuungsentgelt vereinbart oder eine Festpreisabsprache getroffen worden ist (*Müller* BauR 1981, 219; zur ausnahmsweisen Haftung des Betreuers gegenüber den ausführenden Unternehmern für die Zahlungsunfähigkeit des Auftraggebers, *Bindhardt* BauR 1981, 326).

4. Überwiegend dienstvertraglicher Charakter dieses Betreuungsvertrages

Der hier erörterte **Baubetreuungsvertrag selbst hat hinsichtlich der wirtschaftlichen Betreuungs-** **312** **aufgaben** des Betreuers gegenüber dem Auftraggeber – aus dem Gesichtspunkt der Geschäftsbesorgung – **überwiegend dienstvertraglichen Charakter** (*Locher/Koeble* Rn. 18 ff.; *Koeble* NJW 1974, 72; *Schmidt* MDR 1975, 710; OLG Hamm MDR 1982, 317), was erst recht bei einer auf den wirtschaftlichen Bereich beschränkten Teilbetreuung gilt (*Locher* Rn. 616). Jedoch sind im einzelnen Vertrag häufig festgelegte erfolgsabhängige Verpflichtungen dem werkvertraglichen Bereich zuzurechnen, wie z.B. bereits die Verpflichtung zur Beschaffung der erforderlichen Finanzierungsmittel (BGH BauR 1979, 343) oder die vertragliche Pflicht zur Aufstellung einer Wirtschaftlichkeitsberechnung bzw. einer Rentabilitätsberechnung (BGH BauR 1984, 420). Das gilt **erst recht bei Übernahme technischer Betreuungspflichten,** vor allem bei so genannter Vollbetreuung, aber auch bei so genannter Teilbetreuung (*Locher/Koeble* Rn. 18 ff.). Hinsichtlich des Baubetreuers kann man daher mit Recht von einer **architektenähnlichen** Stellung sprechen (*Müller* BauR 1981, 219). Hat der Bauherr dem Baubetreuer auch die technische Betreuung übertragen und ihn zugleich bevollmächtigt, für ihn einen Architektenvertrag abzuschließen, so muss der Baubetreuer die erforderlichen Planungsleistungen nicht selbst oder durch einen Erfüllungsgehilfen erbringen; dagegen ist er verpflichtet, die **Planung des Architekten** im Rahmen werkvertraglicher Verpflichtung gegenüber dem Bauherrn **zu überprüfen.** Ein Schadensersatzanspruch des Bauherrn gegen den Baubetreuer wegen mangelhafter Überprüfung der Planung ist nicht um diejenigen Kosten zu kürzen, um die die Leistung bei ordnungsgemäßer Ausführung von vornherein teurer geworden wäre (so genannte »Ohnehinkosten« bzw. »Sowiesokosten«), **wenn** der Baubetreuer garantiert hat, dass die vereinbarten Kosten nicht überschritten werden (BGH BauR 1994, 776).

Im Übrigen treffen den Baubetreuer auch **Beratungspflichten bei der Finanzierung** gegenüber **313** dem Betreuten, die – je nach Fallgestaltung – auch vertragliche Nebenpflichten sein können, bei deren schuldhafter Verletzung der Betreuer zum Schadensersatz verpflichtet sein kann (LG Oldenburg NJW-RR 1992, 154 bei Unterlassung des Hinweises, anstelle der Verjährungsfrist nach § 13 Nr. 4 VOB/B eine solche nach § 638 Abs. 1 BGB zu vereinbaren). Ebenso kann der Betreute zur Kündigung des Vertrages aus wichtigem Grund berechtigt sein (OLG Hamm BauR 1993, 482; zu Auskunfts- und Rechenschaftspflichten vgl. *Brych/Pause* Rn. 892 ff.). Soweit es sich bei der Baubetreuung um Geschäftsbesorgung handelt, hat der Betreuer gegenüber dem Bauherrn Auskunftspflichten (§§ 675, 666 BGB). Diese beziehen sich z.B. auf die mit ausführenden Unternehmern abgeschlossenen Verträge, die Kosten des Bauvorhabens einschließlich der Kalkulationsgrundlagen, falls es sich um die Nichteinhaltung eines so genannten Festpreises handelt, und die Kosten der Betreuung.

Soweit es die auf Sonderkonto einbezahlten Gelder anbelangt, handelt es sich vielfach um eine **Treu-** **314** **hand** des Baubetreuers (§ 675 BGB), die im Falle seines Konkurses zu einem **Aussonderungsrecht** führen kann.

Bezieht sich die Tätigkeit eines Baubetreuers auf **mehrere gleichzeitig bauende** Erwerber, so hängt **315** die Frage, ob gegenüber jedem einzelnen oder gegenüber mehreren oder allen Erwerbern abzurechnen ist, von der jeweiligen Vertragsgestaltung, vor allem der rechtlichen Verbindung der Erwerber untereinander, ab; **im Zweifelsfalle ist von der Pflicht zur Einzelabrechnung auszugehen** (BGH BauR 1978, 317; eingehend und zutreffend *Löffelmann* BauR 1981, 320 zur Bedeutung der Finanzierungsbestätigung – vor allem einer Bank – für den Betreuten gegenüber dem Betreuer).

Zum **Rücktritt**: Der Umstand, dass dem Auftraggeber im Baubetreuungsvertrag ein Rücktrittsrecht **316** eingeräumt ist, falls der notarielle Grundstückskaufvertrag mit einem Dritten nicht zustande kommt, spricht gegen eine rechtliche Einheit der beiden Verträge und damit gegen eine Formbedürftigkeit des Baubetreuungsvertrages nach § 311b BGB. Das in einem Baubetreuungsvertrag vereinbarte Rücktrittsrecht des Auftraggebers für den Fall, dass der notarielle Grundstückskaufvertrag mit einem Dritten nicht zustandekommt, ist dahin auszulegen, dass der Auftraggeber dann nicht wirksam zurücktreten kann, wenn er den Abschluss des Kaufvertrages treuwidrig vereitelt (OLG Düsseldorf BauR 2001, 1152).

III. Bauträgervertrag

Literatur: *Kniffka* Zur Zulässigkeit der Zwangsvollstreckung aus Unterwerfungserklärungen in Bauträgerverträgen ZfBR 1992, 195; *Rademacher* Darf das Angebot zum Immobilienkauf vom Bauträger ausgehen? DB 1996, 2374; *Döbereiner* Notarielle Urkunden als Verbraucherverträge i.S.d. § 24a AGBG NotBZ 1997, 121; *Reithmann* Erwerber, Bauträger, Bank – Interessenausgleich im Bauträgervertrag NJW 1997, 1816; *Blank* Aktuelle Fragen im Zusammenhang mit dem Bauträgervertrag ZNotP 1998, 447; *Cuypers* Unterwerfungserklärungen in Bauträgerverträgen ZfBR 1998, 4; *Drasdo* Vollstreckungsunterwerfung mit Nachweisverzicht im Bauträgervertrag NZM 1998, 256; *Habscheid* Bauträgervertrag und Nichtbeachtung der Makler- und Bauträgerverordnung (MaBV) durch den Globalgläubiger DNotZ 1998, 325; *Blomeyer* Augen auf beim Wohnungskauf – Die Risiken des Käufers nach der Makler- und Bauträgerverordnung NJW 1999, 472; *Drasdo* Zwangsvollstreckungsunterwerfung im Bauträgervertrag mit Nachweisverzicht NZM 1999, 1; *Grziwotz* Aus für den Bauträgervertrag? ZfIR 2000, 929; *Quadbeck* Abschlagszahlungen im Bauträgerrecht – Auswirkungen der Neuregelung des § 632a BGB MDR 2000, 1111; *Reithmann* Mängelhaftung beim Sanierungs-Bauträgervertrag ZfIR 2000, 602; *Baumann/Fabis* Totgesagte leben länger – Zur voreiligen Beerdigung des Bauträgervenrages RNotZ 2001, 101; *Blank* Das »Aus« für den Bauträgervertrag? ZfIR 2001, 85; *Brambring* Kein »Aus« für den Bauträgervertrag ZfIR 2001, 257; *Brambring* Schuldrechtsreform und Grundstückskaufvenrag DNotZ 2001, 904; *Greifich* Rechtsmittel und Vollstreckungsschutz bei unwirksamer Unterwerfungserklärung im Bauträgervertrag BauR 2001, 12; S. 243; *Grziwotz* Aus für den alten Bauträgervertrag – Nachdenken über einen gerechten Interessenausgleich ZfIR 2001, 521; *Grziwotz* Vertragsgestaltung im Niemandsland – Nachruf auf den Bauträgervertrag, NotBZ 2001, 1; *Rapp* Bauträgervertrag und Abschlagszahlungen MittBayNot 2001, 145; *Schmidt-Räntsch* Rechtssicherheit für Bauträgerverträge NZBau 2001, 356; *Schmucker* Nochmals: § 632a BGB contra Ratenplan nach Makler- und Bauträgerverordnung ZfIR 2001, 426; *Sienz* Die neue Verordnung über Abschlagszahlungen bei Bauträgerverträgen BauR 2001, 1147; *Sorge/Vollrath* Das Ende vom Ende des Bauträgervertrages DNotZ 2001, 261; *Thode* Rechtssicherheit für den Bauträgervertrag – eine Phantasmagorie ZfIR 2001, 345; *Thode* Im Anschluss an die Bauträger-I-Entscheidung: Wie man auch denken könnte ... ZfIR 2001, 523; *Thode* Der Bauträgervertrag vor dem Aus? ZNotP 2001, 151; *Voppel* Abschlagszahlungen im Baurecht und § 632a BGB BauR 2001, 1165; *Basty* Verbraucherschutz im Bauträgervertrag: Eigenheimerwerb ohne Risiko? DNotZ 2002, Sonderheft S. 118; *Grziwotz* Vertragsfreiheit der Parteien, Vertragsgestaltung des Notars und richterliche Vertragskontrolle NotBZ 2002, 51; *Heinemann* Mängelhaftung im Bauträgervertrag nach der Schuldrechtsreform ZfIR 2002, 167; *Pause* Auswirkungen der Schuldrechtsmodernisierung auf den Bauträgervertrag NZBau 2002, 648; *Staudinger* Der Bauträgervertrag auf dem Prüfstand des Gemeinschaftsrechts DNotZ 2002, 166; *Thode* Die wichtigsten Änderungen im BGB-Werksvertragsrecht: Schuldrechtsmodernisierungsgesetz und erste Probleme – Teil 1 NZBau 2002, 297; *Ullmann* Der Bauträgervertrag – quo vadit? NJW 2002, 1071; *Basty* Kaufpreis und Kaufpreiszahlung bei Altbauten im Bauträgermodell, BTR 2003, 254; *Dören* Die rechtliche Einordnung des Bauträgervertrages nach der Schuldrechtsmodernisierung: Werkvertrag ZfIR 2003, 497; *Hildebrandt* Die rechtliche Einordnung des Bauträgervertrages nach der Schuldrechtsmodernisierung: Kaufvertrag ZfIR 2003, 489; *Pause/Miehler* Die Leistungsbeschreibung im Bauträger- und Bauvertrag, BTR 2003, 162; *Reisach* Bauträgerfinanzierung in schwierigem Umfeld BTR 2003, 70; *Weber* Der Geschäftsbesorgungsvertrag im Bauträgermodell, BTR 2003, 112; *Derleder* Der Bauträgervertrag nach der Schuldrechtsmodernisierung, NZBau 2004, 237; *Greiner* Mängelansprüche gegen den Bauträger, BTR 2004, 242; *Grziwotz/Koeble* Handbuch Bauträgerrecht 2004; *Kesseler* Die Insolvenz des Bauträgers RNotZ 2004, 176; *Pauly* Der Bauträgervertrag – Aktuelle Entwicklungen durch das Schuldrechtsmodernisierungsgesetz MDR 2004, 16; *Thode* Die Vormerkungslösung im Bauträgervertrag und die Gestaltungsrechte des Erwerbers ZNotP 2004, 210; *Wagner* Der Bauträgervertrag und die Verbraucherschutzrichtlinie ZfBR 2004, 317; *Basty* Keine Vorauszahlungen gegen Bürgschaft nach § 7 MaBV DNotZ 2005, 94; *Grziwotz* »Aus« für den MaBV-Bauträgervertrag durch Hinweisbrief des Bundesgerichtshofs? ZfIR 2005, 267; *Grziwotz* Bauträgerschaft und Baubetreuung in der Rechtsprechung des Bundesgerichtshofs FS Thode 2005; *Hoppe/Lang* Finanzierter Immobilienkauf als Haustürgeschäft, ZfIR 2005, 800; *Wolters/Fuchs* Der Widerruf von Haustürkreditgeschäften und das Kausalitäterfordernis nach § 312 Abs. 1 S. 1 BGB, ZfIR 2005, 806; *Ampferl* Insolvenz des Bauträgers,

ZWE 2006, 214 ff., 228 ff., 317 ff.; *Beck* Modellhaftigkeit von Bauträgerfällen, BTR 2006, 79; *Bub* Krise des Bauträgers, in Sicherung der Rechte und Ansprüche aus Bau- und Bauträgervertrag, 2006, ESW Band 72, S. 79; Bauträger-, Bau- und Maklervertrag, 2002, ESW Band 64; Der Bauvertrag in der Praxis, 2003, ESW Band 66; *Everts* Alle Jahre wieder: Umsatzsteuererhöhung und Bauträgervertrag, ZfIR 2006, 661; *Grziwotz* Neue Sachmängelhaftung beim Hauskauf?, ZfIR 2006, 77; *Grziwotz* MaBV-Kommentar 2006; *Grziwotz* Verbraucherverträge zugunsten Dritter, ZfIR 2006, 189; *Grziwotz* Neuregelungen des Bauträgervertrages im BGB, ZfIR 2006, 353; *Hansen/Nitschke/Brock* Bauträgerrecht, 2006; *Hildebrandt/Schäfer* Wirksamkeit und Zweckmäßigkeit von Leistungsbestimmungsrechten und Änderungsvorbehalten im Bauträgervertrag, ZfIR 2006, 81; *Kessler* Das gesetzliche Leitbild des Bauträgervertrages – eine fehlgeleitete Diskussion, ZfIR 2006, 701; *Pause* Die Entwicklung des Bauträgerrechts seit 2001, NZBau 2006, 342; *Pause* Bauträgervertrag: Gesetzliche Defizite bei der Abnahme und Mangelhaftung?, ZfIR 2006, 356; *Sterner/Hildebrand* Hemmung und Verjährung von Mangelansprüchen nach neuem Recht und neuster Rechtsprechung, ZfIR 2006, 349; *Thode/Wagner* Anspruch und Wirklichkeit – Ein Diskussionsbeitrag zum Diskussionsentwurf der Bundesnotarkammer über die Regelung des Bauträgervertrages im BGB, BTR 2006, 2; *Volmer* Zehn Thesen zur Integration des Bauträgervertrages in das BGB, ZfIR 2006, 191; *Weise* Ein Gesetzentwurf für den Bauträger, NZBau 2006, 486.

1. Begriff

Der **Bauträgervertrag** hat zunächst mit dem **Betreuungsvertrag** im engeren Sinne gemeinsam, dass der **Bauträger** (dabei allerdings häufig zugleich ein Bauunternehmen) nach den von dem Erwerber oder Interessenten gebilligten Plänen baut bzw. bauen lässt und auch hier die **wirtschaftliche und finanzielle Betreuung** übernimmt. Der **Bauträger** wird daher definiert als derjenige, der als **Gewerbetreibender das Bauvorhaben im eigenen Namen für eigene oder fremde Rechnung vorbereitet oder durchführt** (*Koeble* in Rechtshandbuch f. Immobilien Teil 2, 15 Rn. 52). Je nach der Vertragsgestaltung im Einzelnen steht insoweit dem Bauträger für die Wahrnehmung der wirtschaftlichen und finanziellen Betreuungsaufgaben nicht eine Vergütung, sondern nur Anspruch auf **Aufwendungsersatz** zu (BGH BauR 1975, 203; *Müller* BauR 1981, 219 zur Erforderlichkeit von Aufwendungen im Rahmen des § 670 BGB; *Schulze-Hagen* BauR 1992, 320; zum Generalübernehmermodell: *Koeble* NJW 1992, 1142; allgemein *Koeble* in: Rechtshandbuch f. Immobilien Stand 2002 Teil 2, 15 Rn. 20 ff.). Dieser Vertrag hat aber vor allem und darüber hinaus als Unterschied zur engeren Baubetreuung im Allgemeinen zur Grundlage, dass der Bauträger auf einem **in seinem Eigentum** stehenden oder einem noch von ihm für den Betreuten zu beschaffenden Grundstück mit von diesem für das Grundstück sowie die Errichtung des Bauwerks zur Verfügung gestellten Mitteln baut (OLG Hamm NJW-RR 1992, 153). Nach Fertigstellung rechnet der Betreuer mit dem Betreuten ab, wobei hier vielfach auch ein Festpreis (genau: Pauschalpreis) zwischen beiden vereinbart ist. Der Betreuer hat die vertragliche Verpflichtung, das Bauwerk mit Grundstück auf den Betreuten zu übertragen. Die Übertragung des Grundstücks kann auch schon vor Fertigstellung des Bauwerks erfolgen. Bilden im letzteren Falle der Grundstückserwerbsvertrag und der Betreuungsvertrag nach dem Willen der Beteiligten eine rechtliche Einheit, so kann der Erwerber bzw. Betreute ein ihm etwa zustehendes Rücktrittsrecht nur einheitlich ausüben (BGH BB 1976, 1152). **317**

Des Weiteren ist beim typischen Inhalt des Bauträgervertrages kennzeichnend, dass der Betreute (besser: Bewerber) (*Koeble* Rechtshandbuch f. Immobilien Teil 2, 15 Rn. 20 ff., Stand 2002, spricht zu Recht von Bewerber, da im Vordergrund eines reinen Bauträgervertrages die Bewerbung auf die Grundstücksübertragung steht) nicht in direkte Vertragsbeziehungen mit den am Bau Beteiligten tritt. Die am Bau beteiligten Unternehmer haben nur dann einen unmittelbaren Anspruch, wenn der Bauträgervertrag in wirksamer Weise (siehe hierzu unten) die VOB/B zum Vertragsgegenstand hat. Über § 16 Nr. 6 VOB/B wäre der Direktanspruch möglich, wenn die VOB/B als Ganzes vereinbart wurde und nicht abgeändert wurde (BGH BauR 1990, 727). Möglich sind aber auch abgetretene Ansprüche. Ansonsten bestehen nur dann direkte Vertragsbeziehungen, wenn – wie bei sog. »Sonderwünschen« des Bewerbers – ein direkter Vertrag über die Ausführung einzelner Bauabschnitte oder Zusatz- oder Änderungsleistungen zustande gekommen ist. Ein direkter Anspruch über unge- **318** rechtfertigter Bereicherung entfällt für den Dritten Unternehmer, da die Vertragsbeziehungen zum auftraggebenden Bauträger bestehen und die Leistung ausdrücklich mit diesem vereinbart wurde, so dass ein Anspruch aus §§ 812 ff. BGB entfällt, weil die Zweckrichtung bestimmt war (nicht zutreffend, wenn auf die Sichtweise des Bewerbers abgestellt wird: *Koeble* Rechtshandbuch f. Immobilien Teil 2, 15 Rn. 28). Gleiches gilt bei **Insolvenz** des Bauträgers. Soweit ein Generalunternehmervertrag in zwei Teile aufgeteilt wird, nämlich einen beurkundungspflichtigen Grundstückskaufvertrag und einen Bauerrichtungsvertrag, und dabei die Verträge auf Seiten des Generalunternehmers auch durch unterschiedliche Personen abgeschlossen wurden, so führt dies zunächst zur Annahme eines Bauträgervertrages. Dieser ist insgesamt aber beurkundungspflichtig. Daher ergibt sich aus der fehlenden **Beurkundung** die Gesamtnichtigkeit. Ein in diesem Zusammenhang ergangenes einstweiliges Verfügungsverbot als Sicherungsmaßnahme zur Verhinderung der Heilung eines nichtigen Kaufvertrages nach § 311b BGB kommt nicht in Betracht, wenn die Parteien die Formnichtigkeit einvernehmlich herbeiführen. Einem Verfügungsanspruch auf Kondiktion der Auflassungsvormerkung steht dann § 814 BGB entgegen (OLG Köln BauR 2001, 1802). Vereinbaren die Vertragsparteien eines notariellen Erwerbervertrages im Hinblick auf einen unvorhersehbaren Umstand **nachträglich eine Frist für den Baubeginn und ein Rücktrittsrecht des Erwerbers für den Fall des verspäteten Baubeginns**, um die zeitgerechte Bauausführung und die fristgerechte Fertigstellung zu regeln, unterliegt diese Vereinbarung **nicht** der Formvorschrift des § 311c BGB (BGH BauR 2001, 1099). Das Formerfordernis des § 311b BGB erstreckt sich beim Bauträgervertrag auch auf die Baubeschreibung und die Teile der Baugenehmigung, wenn sich Inhalt und Umfang der Pflichten einer Vertragspartei hieraus ergeben. Fehlt es an der notariellen Beurkundung dieser Vertragsbestandteile, ist der Bauträgervertrag insgesamt nichtig, § 125 BGB. Die **Heilung dieses Formmangels** tritt grundsätzlich mit der Auflassung und Eintragung des Eigentumswechsels im Grundbuch ein, § 311b BGB. Vertragliche Ansprüche des Erwerbers auf Ersatz von Aufwendungen, die von ihm zur Fertigstellung des Bauvorhabens aufgebracht werden, können grundsätzlich erst im Zeitpunkt vor der Heilung des Formmangels entstehen. Für den Zeitpunkt vor der Heilung des Formmangels kommen aber gesetzliche Ansprüche aus GOA oder Bereicherungsrecht in Betracht. Soweit die Vertragsparteien aber verabreden, dass der Erwerber statt des Bauträgers bestimmte Baumaßnahmen zur Fertigstellung des Bauvorhabens veranlasst, besteht insoweit ein Aufwendungsersatzanspruch des Erwerbers aus § 670 BGB. Diese Vereinbarung bedarf nicht der **notariellen Beurkundung**, wenn sie den Inhalt der gegenseitigen Leistungspflichten im Wesentlichen unberührt lässt und allein dem Ziel und Zweck dient, Abwicklungsschwierigkeiten zu beheben (Hans. OLG BauR 2003, 253). Ist dem Bauunternehmer bei Abschluss des Hausbauvertrages bekannt, dass kein Baugrundstück vorhanden und auch die Finanzierung des Gesamtbauvorhabens noch offen ist, muss er einen erkennbar geschäftsunerfahrenen Vertragspartner darauf hinweisen, dass der Bauvertrag unabhängig vom Erwerb des Grundstücks und der Finanzierbarkeit wirksam ist. Wird dieser **Hinweis schuldhaft** unterlassen, haftet der Bauunternehmer nach den Grundsätzen des Verschuldens bei Vertragsschluss auf Schadensersatz, was dazu führt, dass der Bauunternehmer **gehindert** ist, **den nach Kündigung des Hausbauvertrages entstandenen Vergütungsanspruch durchzusetzen** (OLG Celle BauR 2003, 884).

319 Damit ergibt sich, dass der Bauträgervertrag als Werkvertrag einzuordnen ist. Daran ändern die Vorschriften des Kaufrechts und des Werkvertragsrechts nach Einführung durch das **Schuldrechtsmodernisierungsgesetz (BGBl. I 2001 S. 3138 ff.)** nichts. Das neue Schuldrecht gilt im Übrigen für die Schuldverhältnisse, die seit dem 1.1.2002 geschlossen wurden. Im Übrigen bleibt es bei der Anwendung des alten Rechts, mit Ausnahme für Dauerschuldverhältnisse und Verjährungsregeln, Art. 229 §§ 5 und 6 EGBGB. Im Gegenteil gelten die zu den **Gewährleistungsrechten** durch Änderungen in Allgemeinen Geschäftsbedingungen vom BGH bereits herausgearbeiteten Voraussetzungen erst recht. Dies zeigt auch die Einführung der fünfjährigen Gewährleistungsfrist für Ansprüche bei Bauwerken und Lieferungen für Bauwerke. Der BGH hat anlässlich der Überprüfung von AGB betreffend die Gewährleistungsrechte herausgearbeitet, dass Werkvertragsrecht dann anzuwenden ist, wenn Restarbeiten, Änderungen oder Zusatzarbeiten ausgeführt werden sollen, wenn eine Abnahmevereinbarung vereinbart wurde oder eine Errichtungsfrist, wenn das Objekt nach Fertigstellung zwei Jahre leer stand, oder sechs Monate als Musterhaus/-wohnung oder auch acht Monate zunächst an den späteren Erwerber vermietet war. In allen Fällen steht die Erfolgsbezogenheit der Veräußerung im Vordergrund. Wichtig sind aber die weiteren Abgrenzungskriterien: enge zeitliche Nähe zur Fertigstellung, Herstellungsverpflichtung des Veräußerers aus Verträgen und/oder Plänen, Vereinbarung der Beseitigung von Mängeln. Sogar die Änderung im Rahmen von Sanierungsleistungen, Instandsetzungsleistungen, nicht aber bloße Erhaltungsarbeiten und Renovierungen (*Brych/Pause* Bauträgerkauf und Baumodelle Rn. 38 ff.; BGH BauR 1975, 59; 1976, 133; 1981, 571; 1982, 58; 1982, 493; BGH SFH § 635 BGB Nr. 33, 50; BGH BauR 1985, 314; 1986, 345; *Medicus* Zur gerichtlichen Kontrolle notarieller Verträge 1989 S. 1, 5 ff.).

Gerade für den Bereich des Bauträgervertrages spielen die Vorschriften zu den Regelungen der AGB (Grundlegend dazu in diesem Werk Anhang 1 Rn. 1 ff.; wichtig hier: die Kommentierungen bei den Einzelregelungen der VOB) eine wichtige Rolle. Insofern genügt der Erwerber seiner Darlegungslast für das Vorliegen Allgemeiner Geschäftsbedingungen durch Vorlage eines Bauträgervertrages, der aufgrund seiner inhaltlichen Gestaltung allem Anschein nach für eine mehrfache Verwendung entworfen und vom Bauträger gestellt worden ist (BGH BauR 1992, 622). **320**

Bereits 1972 war die gewerbsmäßige Bauträgertätigkeit von einer Erlaubnispflicht abhängig gemacht worden (§ 34c GewO). Allerdings beschränkte sich die diesbezügliche Kontrolle auf die meist überwiegend nur nachträglich mögliche Feststellung der Unzuverlässigkeit. Praktisch bedeutsamer war dagegen die Verordnungsermächtigung in § 34c Abs. 3 GewO, die die Befugnis enthielt, Vorschriften für die Ausübung der Bauträgertätigkeit zu erlassen. Hiermit sollten vor allem die Voraussetzungen, unter denen der Bauträger Zahlungen der Erwerber entgegennehmen und verwenden durfte, geregelt werden. Von dieser Verordnung wurde am 20.6.1974 Gebrauch gemacht; die MaBV in ihrer ursprünglichen Fassung trat am 1.9.1974 in Kraft. Sie enthielt zunächst eine zwingende Sicherheitsleistung durch Versicherung oder Bürgschaft eines Kreditinstituts. Erst die Änderungsverordnung vom 13.5.1975 sah in § 2a alternativ dazu die Vormerkungslösung entsprechend dem Merkblatt der Landesnotarkammer Bayern vor. Die in der MaBV geregelten Raten sollten Höchstbeträge darstellen; auf dem Bauträgermarkt, der aufgrund der weiterhin anhaltenden Nachfrage bis an die Grenze des Zulässigen ging, wirkten sie sich freilich als Standardraten aus. Gleiches gilt für die Vereinbarung der frühestmöglichen Fälligkeitstermine. Die Sicherung der Fertigstellung regelte die MaBV ausdrücklich nicht. Dass die gesamte Regelung im Gewerberecht erfolgte, hat seinen Grund darin, dass möglichst rasch ein Schutz der Auftraggeber erreicht werden sollte. Eine Lösung im Zivilrecht durch Schaffung eines neuen Bauträgervertragsrechts wäre wünschenswert. Hierbei ist dann allerdings die Vorgabe des § 12 MaBV zu beachten. **321**

Weiteres im Überblick unter Hinweis auf die oben angegebene Fachliteratur: Charakteristisch für den Bauträgervertrag ist eine Vielzahl von Vertragsbeziehungen, die sich zunächst ausschließlich auf das jeweilige Vertragsverhältnis beschränken und nur mittelbar miteinander verknüpft sind. Sowohl der Bauträger als auch der Erwerber sind regelmäßig mit ihrer jeweiligen Finanzierungsbank durch einen Darlehensvertrag verbunden. Zusätzlich existiert zwischen der Bauträgerbank und dem Erwerber ein Freigabeversprechen als einseitig verpflichtende Vertragsbeziehung. Hinzu kommen öffentlich-rechtliche Rechtsbeziehungen zwischen dem Bauträger und der Baugenehmigungsbehörde, zwischen ihm und der die Erschließungsbeiträge erhebenden Körperschaft sowie teilweise auch mit der Gemeinde aufgrund eines mit dieser abgeschlossenen städtebaulichen Vertrages. Der Erwerber ist meist nur mittelbar von diesen Verpflichtungen betroffen, nämlich als Rechtsnachfolger des Bauträgers, der insbesondere die baurechtliche Nutzungsbefugnis nicht überschreiten darf, und als Eigentümer, der bei einer länger dauernden Abrechnung selbst erschließungsbeitragspflichtig wird. Direkte rechtsgeschäftliche Beziehungen zwischen den Erwerbern und den Partnern des Bauträgers bestehen grundsätzlich nicht. Diese regelmäßig auf den unmittelbaren Vertragspartner beschränkten Rechtsbeziehungen sind mit zahlreichen Sonderproblemen verbunden. Beispiele hierfür sind **322**

die fehlende Mittelverwendungsbindung der Bauträgerbank im Verhältnis zu den am Bau beteiligten Personen, die Haftung des Bauträgers für Sachmängel, die von den am Bau beteiligten Firmen verursacht sind, und schließlich das Wahlrecht der Bauträgerbank beim Steckenbleiben des Objektes, das die Erwerberrechte leer laufen lassen kann. Wirtschaftlich besteht der Vorteil des Kaufs vom Bauträger für den Erwerber darin, dass er es nur mit einem Vertragspartner zu tun hat, der ihm gleichsam das fertige Produkt liefert. Der Erwerber muss gerade nicht eine Vielzahl von Werkverträgen mit den am Bau beteiligten Unternehmen abschließen; er tritt jedenfalls insoweit nicht als Besteller im Sinne des Werkvertragsrechts auf. Der Erwerb zum vereinbarten Festpreis nimmt ihm zudem während einer länger dauernden Bauphase meist das Risiko von Kostensteigerungen. Umgekehrt kann auch ein wenig kapitalstarker Bauträger aufgrund der meist vereinbarten Abschlagszahlungen Objekte herstellen und finanzieren, da ihm der Mittelzufluss ermöglicht, seine Kreditbelastung entsprechend den vereinbarten Ratenzahlungen gering zu halten. Soweit dem Erwerber Eigenmittel zur Verfügung stehen, vermindern sich die Gesamtkosten für ihn. Teilzahlungen des Käufers entsprechend dem Baufortschritt verbilligen den Kaufpreis des Objektes nicht unerheblich. Selbst bei einer Kreditaufnahme des Erwerbers tritt dieser Effekt noch teilweise ein, da seine Darlehenskonditionen günstiger sein werden als die des Bauträgers. Die Interessenlage beim Bauträgervertrag ist dadurch gekennzeichnet, dass der Bauträger versucht, sein gesetzliches Vorleistungsrisiko durch die Entgegennahme von Abschlagszahlungen zu minimieren. Umgekehrt möchte der Erwerber zwar einerseits möglichst preisgünstig eine Immobilie erhalten, aber andererseits Zahlungen erst nach Schaffung eines entsprechenden Gegenwertes durch den Bauträger leisten. Zusätzlich besteht ein Sicherungsinteresse der Bauträgerbank und der finanzierenden Bank des Erwerbers. Es handelt sich somit einen »Kauf« einer Immobilie, die bereits unter Einsatz von Mitteln des Erwerbers erstellt wird. Daher wird der Bauträgervertrag als typengemischter Vertrag verstanden, der neben kauf- und werkvertraglichen Elementen auch weitere Bestandteile einer Geschäftsbesorgung und möglicherweise ferner eine Kreditgewährung enthält. Anders ausgedrückt handelt es sich beim Bauträgermodell um eine Finanzierungsvariante der Banken für Wohnungsbauunternehmen. Bauträgerfinanzierung ist meist Projektfinanzierung. Sie ist auf eine konkrete Baumaßnahmen zugeschnitten. Sie ist durch eine strenge Mittelverwendungskontrolle seitens der Bank gekennzeichnet. Kreditinstitute finanzieren beim Geschosswohnungsbau Bauträger erst dann, wenn diese eine ausreichende Anzahl von Einheiten veräußert haben. Umgekehrt zeigen Veräußerungen an Handwerker oder bei Kaufverträge mit Angehörigen des Bauträgers, dass das Finanzierungsverbot beim Bauträgerkauf eine wichtige Rolle spielt.

323 Der Bauträgervertrag ist, wenn es sich nicht um ein bereits (nahezu) fertig gestelltes Objekt handelt, regelmäßig ein Vertrag, der die Parteien auf längere Zeit bindet. Er kann deshalb ebenso als »Langzeitvertrag« bezeichnet werden. Auch die Rechtsprechung hat bisher beim Bauträgervertrag, anders als beim Bauvertrag, an seine Einordnung als Langzeitvertrag allerdings keine Konsequenzen geknüpft. Insbesondere ist die Kooperation insoweit noch nicht zur rechtlichen Kategorie geworden, aus der sich Obliegenheiten und Vertragspflichten ergeben würden.

324 Der Bundesgerichtshof behandelte den Bauträgervertrag zunächst als Kaufvertrag. Erst ab diesem Zeitpunkt wurde die Diskussion über die »richtige« rechtliche Einordnung des Bauträgervertrages geführt. Grundlegend hierfür war die Situation, bei der im Zeitpunkt des Vertragsabschlusses noch umfangreiche Maler- und Installationsarbeiten auszuführen waren. Der BGH hielt für Mängelansprüche das Werkvertragsrecht für maßgeblich. Dies sollte unabhängig davon gelten, inwieweit das Gebäude beim Abschluss des Erwerbsvertrags bereits fertig gestellt war, also auch dann, wenn keine Restarbeiten mehr auszuführen waren. Auch bei Verträgen ohne Errichtungsverpflichtung wurde diese gleichsam unterstellt. Intendiert war diese Rechtsprechung durch die erforderliche Verlängerung der Gewährleistungsfrist für Sachmängel am Bauwerk. Gleichzeitig war die Betonung der Herstellungspflicht aber auch mit Risiken für den Käufer verbunden, da der BGH konsequenterweise bei Insolvenz des Bauträgers dem Insolvenzverwalter ein vorrangiges Ablehnungsrecht hinsichtlich der restlichen Bauerrichtung gab, das dem Vormerkungsschutz vorging. Damit wurde durch die Rechtsprechung dem bisherigen Sicherungssystem des Bauträgervertrages die Grundlage entzogen. Durch das AGB-Gesetz vom 9.12.1976 sicherte der Gesetzgeber Standards im Gewährleistungsrecht bei Sachmängeln. Demgegenüber führten mehrere Entscheidungen des BGH zur Unwirksamkeit von Bezugnahmen auf die Baubeschreibung und Pläne zur Befürchtung der Nichtigkeit von Verträgen. Das Thema der Vorausleistungen des Käufers löste sodann die kaum noch umstrittene Sachmängelproblematik ab. Hierzu gehörte zunächst die Frage der Zulässigkeit oder Unzulässigkeit der notariellen Zwangsvollstreckungsunterwerfung mit Nachweisverzicht im Bauträgervertrag. Später hat der BGH die Unzulässigkeit der Zwangsvollstreckungsunterwerfung mit Nachweisverzicht nicht mehr mit der MaBV, sondern mit der Unangemessenheit im Verbrauchervertrag begründet. Am 22.12.2000 entschied der Bundesgerichtshof, dass eine der MaBV widersprechende Fälligkeitsvereinbarung nach § 134 BGB nichtig ist. Gleichzeitig wies er darauf hin, dass der MaBV als gewerberechtlicher Normierung keine zivilrechtliche Leitbildfunktion zukäme. Konsequenz dieser Entscheidung war im Hinblick auf die im Jahre 2000 erfolgte Einführung des § 632a BGB die weitere Frage, ob Abschlagszahlungen nach der MaBV generell unzulässig sind. § 632a BGB begrenzt die umfassende Vorleistungspflicht des Werkunternehmers (§ 641 BGB) auf eine Pflicht zur abschnittsweisen Vorleistung. Der Bundesgerichtshof wendet diese Vorschrift jedoch nicht auf den Bauträgervertrag an. Auch nach dieser Entscheidung, die das Aus für den Bauträgervertrag anzudeuten schien, wurde wiederum vom Gesetzgeber nachgebessert: Durch die Verordnung über Abschlagszahlungen bei Bauträgerverträgen wurde der Katalog der Abschlagszahlungen in das Zivilrecht übergeleitet. Ob diese Hausbauverordnung die Regelung der §§ 3 und 7 MaBV zum Leitbild macht, ist umstritten. Gleiches gilt für die Frage, ob sich aus dem BGB-Werkvertragsrecht ein umfassendes Verbot sowohl von Abschlagszahlungen als auch von Vorausleistungen gegen Stellung einer MaBV-Bürgschaft ergibt. Der Hinweisbrief des BGH legt dies nahe. Der erreichte Standard – Verbraucherschutz mit Lücken in der MaBV war ein Versuch, die größten Probleme des Immobilienerwerbs vom Bauträger zu lösen. Der Gesetzgeber setzt nunmehr vor allem auf Verfahren und Information. So sieht § 17 Abs. 2a S. 2 BeurkG die unmittelbare Belehrung des Erwerbers durch den Notar und zudem eine Überlegungsfrist von zwei Wochen zwischen Zurverfügungstellung des Vertrages und der Beurkundung vor, um unüberlegte und übereilte Bauträgerkäufe zu meiden. Zusätzlich enthält § 307 Abs. 1 S. 2 BGB für Formularverträge das Transparenzgebot. Eine unangemessene Benachteiligung des Vertragspartners des Bauträgers kann sich danach auch daraus ergeben, dass eine Vertragsbestimmung unklar und verständlich ist. Das Transparenzgebot gilt auch für preis- und leistungsbestimmende Klauseln, also insbesondere auch für die Baubeschreibung. Gleichwohl bleiben zahlreiche Probleme, die die MaBV kaum angemessen regelt. Insbesondere hat die Regelung der MaBV dazu geführt, dass aus einem Mindestschutz Vertragsstandards wurden. Deshalb fehlt beim klassischen Bauträgervertrag eine Sachmängelbürgschaft. Soweit vom Bauträger zu tragende Kosten als öffentliche Lasten auf dem Grundbesitz ruhen, führen die Abschlagszahlungen zu Vorleistungen. Im Hinblick auf geänderte Bauordnungen, die von einer weitgehenden Baufreiheit ausgehen, fehlt der flankierende Schutz des Erwerbers. Da bei Abschluss des Bauträgervertrages regelmäßig eine Globalgrundschuld zugunsten der finanzierenden Bank im Grundbuch steht, kann die Auflassungsvormerkung den lastenfreien Erwerb nicht sicherstellen. Die Regelung über die Freistellungserklärung der Bank hat zu einer weitgehenden Absicherung, jedoch nicht zum vollständigen Schutz des Erwerbers, insbesondere beim Steckenbleiben des Bauvorhabens, geführt. Das von der MaBV eingeräumte Bankenwahlrecht verschafft der Bauträgerbank zudem eine gegenüber dem Erwerber stärkere Position. Das Sicherungssystem der MaBV soll primär den Erwerber vor Vermögensschäden durch eine Insolvenz oder durch Straftaten des Bauträgers schützen. In gleicher Weise werden die am Bau beteiligten Handwerker geschützt. Keine Sicherung des Erwerbers besteht gegen das Risiko der Nichtvollendung des Bauvorhabens sowie des Vorhandenseins von Sachmängeln, wenn er bereits den kompletten Kaufpreis entrichtet hat. Dieses Sicherungssystem ist am »Kaufmodell« orientiert; hieraus ergeben sich auch seine Lücken. Da die MaBV zudem eine Berufsausübungsregel für den Bauträger ist, richtet sie sich nicht an die den Bauträger finanzierende Bank. Die Nichteinbeziehung der Bauträgerbank in das Sicherungssystem der MaBV ist weitgehend verantwortlich für die Lücken im Schutz der MaBV. Hierauf hat die Rechtsprechung bei der Freistellungserklärung reagiert. Das Schuldrechtsmodernisierungsgesetz schien zunächst eine Rückkehr des Bauträgervertrages zum Kaufrecht zu vollziehen. Dies zeigte sich vor allem in der Annäherung des Sachmängelrechts des Kauf- und Werkvertrags. Ging man davon aus, dass die werkvertragliche Einstufung des Bauträgervertrages vor allem in den zu kurzen Gewährleistungsfristen ihren Ausgangspunkt hatte, gibt es nach der Schuldrechtsmodernisierung eigentlich keinen Grund mehr, den Bauträgervertrag pauschal dem Werkvertragsrecht zu unterstellen. Dem wird allerdings selbst beim bereits fertig gestellten Objekt widersprochen. Dabei wird angenommen, dass auch bei einem bereits fertig gestellten Objekt die Parteien die Anwendung des Werkvertragsrechtes vereinbaren.

2. Die Vergütung des Bauträgers

325 Soweit in Bauträgerverträgen immer wieder ein »Kaufpreis« vereinbart wird, ist ein Werklohn gemeint. Der dort in Bezug genommene Festpreis ist regelmäßig ein Pauschalpreis. Damit lässt sich die Höhe der Vergütung eindeutig für beider Seiten bestimmen, im Übrigen auch die »übliche Vergütung« des § 632 Abs. 2 BGB. Die Pflicht zur Rechnungslegung entfällt hinsichtlich des im Festpreis enthaltenen Leistungsumfangs, § 8 Abs. 2 MaBV. Daher brauchen auch die bauvertraglich typischen Unterlagen nicht herausgegeben zu werden, wie Angebote, Leistungsverzeichnisse, Verträge, Rechnungen, Vergütungen, Sicherheiten. Infolge der Festpreisvereinbarung ist § 667 BGB ausgeschlossen. Andererseits trägt der Bauträger das Risiko gegenüber dem Leistungsumfang notwendiger zusätzlicher Leistungen. Das stimmt auch mit Ziffer 3.8 der MaBVwV überein. Danach ist das Wort »soweit« in § 8 Abs. 2 MaBV so auszulegen, dass auch ein Teilverzicht des Erwerbers möglich ist, z.B. bei der Erstellung eines Gebäude bezüglich der Rechnungslegung für bestimmte Bauabschnitte, Handwerkerrechnungen usw. Wichtig allerdings ist, dass die Bauzeitdauer vereinbart wird, um weitere Kalkulationen und die Entwicklung der Baukosten im Auge zu behalten; eventuell auch Ersatzansprüche der Erwerber bei Verzögerungen. Das Bauobjekt sollte möglichst vollständig ausgeplant sein und eine baugenehmigungsreife Ausführung vorliegen. Die Errichtungsverpflichtung des Bauträgers ist so auszugestalten, dass der Erwerber das Objekt funktionsgerecht – entsprechend seinen Vorstellungen – nutzen kann. Dazu gehören auch die Berücksichtigung der anerkannten Regeln der Technik. Sobald in der Bauerrichtungsverpflichtung die »schlüsselfertige« Herstellung geschuldet wurde, ist damit der Leistungsumfang aus dem Leistungsverzeichnis und der Baubeschreibung gemeint; ggf. auch aus den Plänen beim notariellen Vertrag (vgl. hierzu den Fall des undichten, falsch konstruierten und erbauten Daches: BGH BauR 2000, 411; im Allgemeinen: BGH BauR 1987, 207; BGH BauR 1999, 37; OLG Düsseldorf BauR 1991, 747). Jedoch ist immer auf die **schriftliche Fassung** des Vertrages zurückzugreifen. Aber auch mündliche Erläuterungen und Verträge bezüglich von Ausstattungs- und Errichtungsvarianten sind Vertragsbestandteile. Die Art und Weise der Ausstattung ist genauestens festzulegen. Umsatzsteuerklauseln verstossen gegen § 309 Nr. 1 BGB (BGH NJW 1980, 2133). Dieses gilt auch für Erhöhungsklauseln (BGH NJW 1980, 2133; BGH BauR 1985, 573; OLG Nürnberg BauR 2000, 1867 zur »Pfennigklausel«). Die Erschließungs- und Anliegerkosten – Gebühren und Abgaben an den öffentlichen Versorger – nicht die Kosten für die Hausanschlussmaßnahme wie Gas, Wasser, Strom, Abwasser, sind nicht vom Bauträger zu übernehmen, wenn sie vertraglich nicht vereinbart sind (OLG Köln BauR 1986, 481; *Reithmann/Brych/Manhardt* Rn. 148 ff.; *Quaas* BauR 1999, 1113. Zu sog. »Aufschließungskosten« vgl. BGH NJW 1984, 171). Der Erwerber hat immer dann diese Kosten zu übernehmen, wenn der Vertrag nichts regelt (BGH NJW 1982, 1278; LG Giessen BauR 1998, 1258). Dabei ist aber maßgeblich, dass der Zeitpunkt der Entstehung geregelt wird. Ist bei Erschließungskosten nur geregelt, dass der Erwerber diese zu tragen hat, so ist maßgeblich, wann die Erschließungsmaßnahme fertiggestellt wurde, nicht die Zustellung des Bescheides (BGH NJW 1976, 1314). Gleiches gilt bei Beitragpflichten nach dem BauGB.

Änderungen des **Festpreises** sind nur möglich, wenn durch von nicht vom Bauherr/Erwerber zu **326** vertretende Umstände wie Änderungen in der Planung oder den Unternehmerpreisen, Streiks oder Lohnerhöhungen, Materialpreisanpassungen die Preisbemessung zu ändern ist. Einen Anspruch aus Wegfall der Geschäftsgrundlage wird man dem Bauträger nur in den seltenen Fällen der unverschuldeten Verzögerung des Bauvorhabens über eine nicht beträchtliche Zeitspanne zubilligen müssen. Eine Anpassung dürfte allerdings nicht an § 2 Nr. 7 VOB/B zu messen sein, sondern hängt vom Einzelfall ab. So dürfte bei einer Steigerung von 30–35% der Bau- und Lohn- sowie Lohnnebenkosten im Verhältnis zum gesamten Festpreis auf jeden Fall eine Anpassung seitens des Bauträgers verlangt werden können (a.A. *Koeble* Rechtshandbuch f. Immobilien, Teil 2, 15 Rn. 31). In Fällen, in denen die Preis erheblich steigen und beiden Parteien ein Festhalten an dem Vertrag nicht mehr zumutbar ist, weil es unkalkulierbar geworden ist, kann auch die Kündigung gewählt werden. Dabei ist diese genaustens zu begründen, inwieweit die Kosten die Fortführung unmöglich machen werden. Weiterhin: bei Kündigung seitens des Bauherrn sind Vereinbarungen von Ansprüchen auf Vergütung in Höhe der bis dahin erbrachten Leistungen und Lieferungen und auf weitere 10% des Festpreises wegen Verstoßes gegen § 308 Nr. 7 BGB nichtig, da nicht nach dem Baufortschritt unterschieden wird und der Bauherr bei Ende des Vertrages ggf. sogar mehr zu leisten hat (*Locher/Koeble* Rn. 302; so auch *Ulmer/Brandner/Hensen* Rn. 192).

Die **Fälligkeitszeitpunkte der Vergütung** an den Bauträger ergeben sich aus dem notariellen Ver- **326a** trag. Werden die Voraussetzungen des § 3 MaBV nicht eingehalten, so wird die Vergütung nicht fällig. Neben den Voraussetzungen aus § 3 Abs. 1 MaBV sind die des § 3 Abs. 2 MaBV zu beachten. Danach sind die Fälligkeitszeitpunkte zu berücksichtigen. Daneben gibt diese § 7 MaBV vor, wobei die Sicherung der Erwerber durch Vorlage einer Bürgschaft gesichert sein muss. Eine Ratenvereinbarung, die von den Fälligkeitsterminen des § 3 Abs. 2 MaBV zugunsten des Bauträgers abweicht, ist unwirksam. Der Verstoß gegen ein gesetzliches Verbot liegt hier vor, § 134 BGB (BGH BauR 1999, 53). Der Vertrag selbst bleibt hiervon unberührt. Der Bauträger kann dann die ratenweise Zahlung nach gesetzlichem Werkvertragsrecht verlangen. Dies ergibt sich aus § 3 Abs. 2 MaBV und § 632a BGB; die gegensätzliche Auffassung, weil dort unberücksichtigt bleibt – soweit sie nur auf § 3 Abs. 2 MaBV zurückzugreifen glaubt –, dass bereits die Verordnung keine klare Linie der in sich abgeschlossenen Gewerke hergibt, wie § 632a BGB fordert, war abzulehnen, zumal es sich bei der MaBV um eine gewerberechtliche Norm handelt (*Marcks* § 12 Rn. 6 ff.; *Brych/Pause* Rn. 176 ff.; BGH BauR 2000, 881). Im Übrigen ergibt sich dies auch aus § 12 MaBV. Danach richten sich die Folgen nach § 134 BGB (BGH NJW 1999, 51). Der BGH geht davon aus, dass § 3 Abs. 2 MaBV nur für den Bauträger gilt und damit der Erwerber zu schützen sei, was die allgemeine Unwirksamkeit nach § 134 BGB zur Folge habe. Daher ist diese Rechtsmeinung auch auf Verstöße bei § 3 Abs. 1 MaBV anzuwenden. Soweit an die Stelle der Ratenzahlungen nach § 3 Abs. 2 MaBV das Werkvertragsrecht gestellt werde, resultiert dies aus § 34c Abs. 3 GewO, so dass auch keine Inhaltskontrolle über §§ 305 ff. BGB stattfindet. Daher wurde aufgrund der Kritik der Notarkammern und der Literatur (*M. Schmid* BauR 2001, 866 ff.) eine neue Verordnung auf der Grundlage des § 27a AGBG (jetzt: Art. 244 EGBGB) erforderlich (*Sorge/Vollrath* DNotZ 2001, 261). Die **VO über Abschlagszahlungen bei Bauträgerverträgen vom 23.5.2001 – BGBl. I S. 981** – ist jedoch weiterhin nicht unbestritten. Die Ermächtigungsgrundlage regelt weiterhin nicht, wie die Fälle zu behandeln sind, die nicht dem der Nichtigkeit unterworfenen Teil unterliegen. Dabei ist davon auszugehen, dass Ermächtigungsgrundlage für die VO Art. 244 EGBGB ist. Sie ist nach dem Willen des Gesetzgebers als besondere Regelung zu § 632a BGB zu verstehen. Damit ergibt sich aber, dass die Regelung nur den unwirksamen Teil des Vertrages regeln will. Der Kritik von Thode hierzu, wonach über § 6 Abs. 2 AGBG die Regelung des § 632a BGB gelten würde, ist vielfach entgegengetreten worden. Thode war der Auffassung, dass durch die Verweisung in § 632a BGB auf die Notwendigkeit des Eigentumserwerbs der mit der Abschlagszahlung bestimmten Teils beim Bauträgervertrag infolge der Eigentumsverschaffung erst am Ende der Bauleistung und der vollständigen Bezahlung der Bauträger nie Anspruch auf den teilweisen Kaufpreis habe. Diese Überlegung ist zwar grundlegend zutreffend. Jedoch durch § 1 S. 1 der VO i.V.m. § 3 Abs. 2 MaBV überholt. Daher sind abweichende Vereinbarung von § 3 Abs. 2 MaBV zur Zahlungsweise in der Zeit zwischen 1.5.2000 und 29.5.2001 möglich. Außerdem entspricht die VO der **Richtlinie der EU über missbräuchliche Klauseln in Verbraucherverträgen** (RL/93/13/EG). Danach dürfen die Mitgliedstaaten keine Vorschriften erlassen oder benutzen, die missbräuchliche Klauseln in Verbraucherverträgen dulden. Dieses wurde über § 310 Abs. 3 BGB umgesetzt. Jedoch würde es auch bedeuten, dass entsprechende abweichende Vereinbarung von § 3 Abs. 2 MaBV zwar mit dem Grundgedanken des § 632a BGB nicht in Einklang stehen. Da die Richtlinie nur einen Mindeststandard wiedergibt, ist vor dem Hintergrund der Abwägung des § 632a Satz 2 BGB und der möglichen und zwanghaften Sicherung des Erwerbers über § 7 MaBV der Ausgleich geschaffen, dass der geforderte Mindeststandard verbleibt und die Absicherung des Erwerbers verbleibt (*Thode* RWS-Forum 19, S. 267, 303; *Ullmann* NJW 2002, 1073; *Schmid* BauR 2001, 866; *Jagenburg/Weber* NJW 2001, 3453; *Brambring* ZfIR 2001, 257; *Marcks* § 12 Rn. 9 ff.; BGH BauR 2003, 243). **Daneben** verbleibt allerdings dem Erwerber das Recht der Einrede des nichterfüllten Vertrages gem. § 320 BGB und die Mängeleinwendungen als Gegenrechte. Die Fälligkeitsregelung im Hinblick auf die letzte Rate bezieht sich auf den für den Erwerber positiven Forderungskatalog des § 641 BGB, wonach die Gesamtvergütung erst bei vollständiger Erbringung der Leistung möglich ist.

Bei **Baubetreuungs- und Bauherrenmodellen** wird dagegen die Vergütung erst mit **vollständiger Erbringung** der vertraglichen Leistung fällig und zahlbar. Haben die Vertragsparteien in einem notariellen Bauträgervertrag die Fälligkeit der letzten Rate so nach vollständiger Fertigstellung« vereinbart, so tritt die Fälligkeit nicht schon mit der Abnahme oder der Abnahmereife ein, sondern erst mit vollständiger Beseitigung der sog. Protokoll-Mängel. Dies gilt jedenfalls dann, wenn der Erwerber vertraglich verpflichtet war, das Objekt schon bei Bezugsfertigkeit abzunehmen und dann die Fälligkeit der vorletzten Rate geknüpft war. Die Fälligkeit des Vergütungsanspruchs für **Sonderwünsche** tritt dagegen bereits mit der Abnahme nach §§ 640, 641 BGB a.F. ein, wenn dazu keine Sonderregelung im Vertrag getroffen wurde (OLG Düsseldorf BauR 2003, 93).

Das vertraglich vereinbarte **Rücktrittsrecht des Bauträgers** bei **Zahlungsverzug** des **Erwerbers** entfällt, wenn dem Erwerber ein Zurückbehaltungsrecht wegen Mängeln am Gemeinschaftseigentum in ausreichender Höhe zusteht, wobei dieses Leistungsverweigerungsrecht nur in Höhe des jeweiligen Anteils des Erwerbers an der Eigentümergemeinschaft besteht. Ein Zahlungsverzug des Erwerbers entfällt aber dann, wenn die Fälligkeit nach dem Bauträgervertrag die Freistellung des Vertragsobjekts von allen Grundpfandrechten, die der Vormerkung im Range vorgehen oder gleichstehen, voraussetzt und diese durch Vorlage einer Freistellungserklärung der Gläubiger gesichert ist. Der Bauträger ist nach Fertigstellung einer Garage zu deren Herausgabe verpflichtet und kann sich nicht auf ein Leistungsverweigerungsrecht berufen, wenn der Kaufpreisanspruch noch nicht fällig ist (Saarl. OLG BauR 2006, 1321).

327 Hat ein Baubetreuer bzw. Bauträger einen Festpreis **garantiert** und würden die Handwerkerforderungen, wenn nicht der Bauherr wegen Mängeln gemindert hätte, den Festpreis überschreiten, so hat der Bauherr gegen den Baubetreuer bzw. Bauträger aus der Garantie einen Anspruch in Höhe der die Garantie überschreitenden Minderungsbeträge. Denn im Zweifel ist davon auszugehen, dass sich die festgelegte garantierte Bausumme auf ein mängelfrei erstelltes bzw. zu erstellendes Bauwerk bezieht (a.A. LG Stuttgart NJW-RR 1987, 276).

§ 3 MaBV ist ebenfalls als Schutzgesetz im Sinne des § 823 Abs. 2 BGB auszulegen. Sinn und Zweck des § 3 MaBV ist die Sicherung der Vorleistungen des Käufers in Abweichung des üblichen Vergütungsanspruchs des Bauträgers nach §§ 632, 632a, 641, 641a BGB (OLG Hamm NJW-RR 1999, 530; OLG Frankfurt BauR 2005, 1041). Der **Geschäftsführer** haftet im Übrigen persönlich. § 1 GSB enthält ein Verbot der zweckwidrigen Verwendung von Baugeld und das Gebot der zweckentsprechenden Verwendung von Baugeld und ist ebenfalls Schutzgesetz gem. § 823 Abs. 1 BGB (OLG Hamm BauR 2006, 123).

Haben **am Bau Beteiligte Vergütungsansprüche** an den Bauträger, so können diese nicht gegen den **328**
Erwerber gerichtet werden, insbesondere nicht aus Bereicherungsrecht. Hierzu gilt die o.a. Rechtsprechung des BGH bei dem Haupt- und Nachunternhmerverhältnis (siehe auch: *Grziwotz/Koeble* Teil 1 Rn. 48).

3. Abschlagszahlungen

Literatur: *Grziwotz* Aus für den Bauträgervertrag?, ZfIR 2000, 929; *Hertel* Neues Werkvertragsrecht und MaBV, ZNotP 2001, 5; *Schmidt-Ränsch* Gesetz zur Beschleunigung fälliger Zahlungen, ZUR 2000, 337; *Wagner* MaBV in der notariellen Praxis, ZNotP 2000, 461; *Basty* Verordnung über Abschlagszahlungen bei Bauträgerverträgen, DNotZ 2001, 421; *Baumann/Fabis* Totgesagte leben länger – Zur voreiligen Beerdigung des Bauträgervertrages, RNotZ 2001, 101; *Blank* Das »Aus« für den Bauträgervertrag?, ZUR 2001, 85; *Brambring* Kein »Aus« für den Bauträgervertrag, ZfIR 2001, 257; *Grziwotz* Vertragsgestaltung im Niemandsland – Nachruf auf den Bauträgervertrag, NotBZ 2001, 1; *Hertel* Das Gesetz zur Beschleunigung fälliger Zahlungen und seine Folgen für die notarielle Praxis, ZNotP 2000, 130; *Kanzleiter* Quo vadis? Was wird aus dem Bauträgervertrag, DNotZ 2001, 165; *Karczewski/Vogel* Abschlagszahlungspläne im Generalübernehmer- und Bauträgervertrag, BauR 2001, 859; *Pause* Verstoßen Zahlungspläne gem. § 3 II MaBV gegen geltendes Recht?, NZBau 2001, 181; *Rapp* Bauträgervertrag und Abschlagszahlungen, Mitt-BayNot 2001, 145; *Schmidt-Räntsch* Rechtssicherheit für Bauträgerverträge, NZBau 2001, 356; *Thode* Bauträgervertrag – Gestaltungsfreiheit im Rahmen der neuen Gesetzgebung und Rechtsprechung, in: *Thode/Uechtritz/Wochner (Hrsg.)* Immobilienrecht 2000, RWS-Forum 19, 2001, S. 267; *ders.* Der Bauträgervertrag vor dem Aus?, IBR 2001, 153; *ders.* Rechtssicherheit für den Bauträgervertrag – eine Phantasmagorie, ZUR 2001, 345; *Wagner* Bauträgervertrag am Ende?, WM 2001, 718; *ders.* Verfassungsrechtliche Probleme des § 27a AGBG, einer Bausicherungsverordnung und einer eventuellen Hausbauverordnung – Auswirkungen für den Bauträgervertrag, ZUR 2001, 422; *ders.* Verbrauchergrundrechtsschutz, ZNotP 2001, 305.; *Staudinger* Der Bauträgervertrag auf dem Prüfstand des Gemeinschaftsrechts, DNotZ 2002, 166; *Ullmann* Der Bauträgervertrag – quo vadit?, NJW 2002, 1073; *Wagner* Die Bezugsfertigkeitsrate im Bauträgervertrag BauR 2004, 569; *Kessler* Das gesetzliche Leitbild des Bauträgervertrages – eine fehlgeleitete Diskussion ZfIR 2006, 701.

Zu den **Abschlagszahlungen gem. § 632a BGB:** (vgl. eingehend und richtig: *Quadbeck* MDR 2000, **329**
634 ff.; *Voppel* BauR 2001, 1165 ff.; *Wagner* BauR 2001, 1313 ff.). Anspruchsgrundlage für die Raten-Zahlungsverpflichtungem ist nicht § 3 MaBV, sondern der Vertrag i.V.m. § 632a BGB. Dabei tritt § 632a BGB nun an die Stelle des Vertrages in den Fällen, in denen Klauseln die Bestimmung des § 3 MaBV i.V.m. §§ 305 ff. AGBG und § 134 BGB als nichtig erscheinen lassen. Dem Verwender ist daher auch die abschnittsweise Erledigung der Bauerrichtungsverpflichtung erlaubt, die Fälligkeitsvoraussetzung ist. Im Rahmen des § 3 MaBV ist daher § 632a BGB nun anwendbar. Im Gleichklang mit den gesetzgeberischen Zielsetzungen sollen die Vorleistungspflichten auch des Bauträgers gemildert werden (vgl. § 16 VOB/B), da genau auch der Bauträgervertrag diese Handlungsweise voraussetzt. Dabei galt bis 30.3.2000 § 27a AGBG zum Erlass einer Rechtsverordnung, die die Abschlagszahlungsregelung nach § 632a BGB beim Hausbau konkretisieren sollte (BT-Drucks. 14/2752). Folgend wurde Art. 244 EGBGB durch Art. 2 Nr. 3 Schuldrechtsmodernisierungsgesetz in das EGBGB eingefügt. Er entspricht ohne inhaltliche Änderungen dem durch das Gesetz zur Beschleunigung fälliger Zahlungen vom 30.3.2000 in das AGB-Gesetz aufgenommenen § 27a AGBG. Systematisch stellt Art. 244 EGBGB eine Verordnungsermächtigung dar, die es dem Gesetzgeber ermöglicht, abweichend von § 632a BGB zu regeln, welche Abschlagszahlungen vom Unternehmer bei Werkverträgen über die Errichtung eines Hauses oder vergleichbarer Bauwerke verlangt werden können. § 632a BGB, der durch das Gesetz zur Beschleunigung fälliger Zahlungen vom 30.3.2000 in das BGB eingeführt wurde, regelt, dass der Unternehmer abweichend von § 641 Abs. 1 BGB die Vergütung nicht erst bei vollständiger Fertigstellung und Abnahme des Werkes verlangen kann, sondern dass bei Vorliegen der Voraussetzungen des § 632a BGB ein Anspruch auf eine Abschlagszahlung besteht. Der Werkunternehmer kann nunmehr, auch ohne dass vertraglich Abschlagszahlungen vereinbart wurden, für in sich abgeschlossene Teile des Werkes Abschlagszahlungen für die erbrachten vertragsmäßigen Leistungen verlangen. Der Anspruch besteht, doch nur, wenn dem Besteller Eigen-

tum an den Teilen des Werkes, an den Stoffen oder Bauteilen übertragen oder Sicherheit hierfür geleistet wird (§ 632a BGB).

Nach dem Entwurf eines Forderungssicherungsgesetzes sollten die Voraussetzungen unter denen der Unternehmer nach § 632a BGB eine Abschlagszahlung verlangen kann, weiter herabgesetzt werden. Künftig sollte das Erfordernis einer »abgeschlossenen Leistung« entfallen, und die Sicherheitsleistung soll auf 5% des Vergütungsanspruchs beschränkt werden. Ob dieser Gesetzentwurf noch realisiert wird, ist fraglich, da auf politischer und fachlicher Ebene eine umfassende Reform des Werkvertrags- und des Bauträgerrechts angestrebt wird. Eine Zwischenlösung, wie sie das Forderungssicherungsgesetz darstellen würde, wird wohl abgelehnt. Bereits vor der Einführung des § 632a BGB waren Abschlagszahlungen in Werkverträgen üblich, doch beruhten diese auf einer Abbedingung der grundsätzlich dispositiven gesetzlichen Vorleistungspflicht des Unternehmers (§ 641 Abs. 1 BGB). Durch § 632a BGB soll der Unternehmer insofern besser gestellt werden, als er auch ohne ausdrückliche Vereinbarung Abschlagszahlungen verlangen kann. Schon bald nach Einführung der neuen Vorschriften kam es zu einer Kontroverse über deren Auswirkungen auf den Bauträgervertrag (*Thode* ZfIR 2001, 345; *Schmidt-Räntsch* ZfIR 2000, 337). In Frage gestellt wurde, ob der Ratenzahlungsplan des § 3 Abs. 2 MaBV noch wirksam vereinbart werden kann oder dieser wegen Verstoßes gegen § 307 Abs. 2 Nr. 1 BGB unwirksam ist. Die Befürworter (*Basty* Rn. 180 ff.) einer Unwirksamkeit gehen vor allem von der These aus, dass § 632a BGB ein neues gesetzliches Leitbild darstellt. Während bis zum Erlass des § 632a BGB Kriterien für die Zulässigkeit von Abschlagszahlungen in Bauträgerverträgen im Anwendungsbeteich des § 3 Abs. 1 MaBV der Ratenzahlungsplan des § 3 Abs. 2 MaBV und bei Formularverträgen das aus § 309 Nr. 2 Buchst. a BGB abgeleitete Verbot von übermäßigen Abschlagszahlungen waren, sollte nunmehr § 632a BGB als neues Leitbild der gesetzlichen Regelung gemäß § 307 Abs. 2 BGB zusätzliche Anforderungen stellen, obwohl der Gesetzgeber mit seiner Neuregelung das Gegenteil, nämlich eine Erleichterung von Abschlagszahlungen, erreichen wollte. Abschlagszahlungen, also auch die MaBV-Raten, sollen vom Werkunternehmer nach dieser Ansicht nur unter den Voraussetzungen des § 632a BGB verlangt werden können. Da im Rahmen von Bauträgerverträgen der Unternehmer dem Besteller in der Regel nicht – wie von § 632a BGB gefordert – Eigentum an den Teilwerken verschafft, kommt es nach dieser Meinung entscheidend darauf an, ob die »Sicherheitsleistung« gemäß § 3 Abs. 1 und § 7 MaBV dem Erfordernis des § 632a BGB entspricht. Dies wurde mit dem Argument verneint, dass die Vormerkung in § 232 BGB überhaupt nicht als Sicherheit erwähnt ist. Die MaBV-Bürgschaft sei nach ihrem Inhalt unzureichend und scheitere auch an der Subsidiaritätsklausel des § 232 Abs. 2 BGB. Eine Regelung im Bauträgervertrag, die Abschlagszahlungen ohne ausreichende Sicherung gestatte, sei an § 307 Abs. 2 Nr. 1 BGB zu messen und würde an diesem scheitern (*Karczewski/Vogel* BauR 2001, 859; *Pause* NZBau 2001, 859). Verschärft wurde die Problematik durch die Entscheidung des Bundesgerichtshofs vom 22.12.2000, in der das Gericht die Ansicht vertrat, dass die MaBV an sich Abschlagszahlungen nicht rechtfertigen könne, da sie als rein gewerberechtliche Vorschrift nicht unmittelbar in das Zivilrecht hineinwirke (BGH NJW 2001, 818). Da der typische Bauträgervertrag fast immer der AGB-Kontrolle unterliegt, schien das »Aus« für den Bauträgervertrag gekommen zu sein.

Im Nachgang hat das OLG Stuttgart (Urt. v. 13.3.2006 – 5 U 198/05) zwar einen Rückzahlungsanspruch des Erwerbers nach § 817 S. 1 BGB wegen geleisteter Raten verneint, aber auf § 641 BGB hingewiesen, wonach die Kaufpreisfälligkeit erst mit der Abnahme erfolgte. Durch Rücktritt des Erwerbers ist die Fertigstellung unmöglich geworden, so dass letztlich über § 12 MaBV i.V.m. § 134 BGB nur die Rückzahlung wegen Abweichung von § 3 Abs. 2 MaBV im Vertrag möglich war (*Weise*, NJW-Spezial 2006, 309). Das OLG Celle hatte bereits in BauR 2004, 1007 die Fälligkeitsregelungen über Abschlagszahlungen im Bauträgervertrag, die gegen § 3 Abs. 1 S. 1 MaBV und § 3 Abs. 1 S. 4 MaBV verstoßen, als grundsätzlich nichtig nach § 12 MaBV i.V.m. § 134 BGB angesehen, mit der Folge der Anwendbarkeit des § 641 BGB. Daraus folgt, dass der Erwerber keine Abschlagszahlungen, auch nicht über § 632a BGB, sondern erst am Ende der Abwicklung und Beendigung des Vertrages durch vollständige Fertigstellung des Werkes zu leisten hat. Dem entspricht, dass eine Vereinbarung, die die Zahlung der Raten an die Freigabe eines Architekten oder Bauleiters des Auftragnehmers knüpft, nichtig ist, §§ 3, 12 MaBV i.V.m. § 134 BGB (LG Berlin BauR 2004, 1019). Die Argumente, die die Befürworter einer Unwirksamkeit ins Feld führen können überzeugen aber nicht. Zum einen wird man § 632a BGB nur schwerlich die behauptete Leitbildfunktion zusprechen können. Intention des Gesetzgebers war es den Werkunternehmer besser zu stellen und die Möglichkeit von Abschlagszahlungen nicht einzuschränken, sondern zu erweitern. Auch Wortlaut und Systematik des § 632a BGB lassen nicht auf eine Leitbildfunktion schließen. Der Wortlaut inpliziert nicht, dass nur unter den Voraussetzungen des § 632a BGB Abschlagszahlungen verlangt werden können. § 632a BGB ist nach dem Willen des Gesetzgebers thematisch eine Ausnahme zu § 641 BGB, der nach wie vor Gültigkeit hat. Zu § 641 BGB war aber schon immer anerkannt, dass dieser dispositiv ist und auch im AGB-Anwendungsbereich abweichende Regelungen möglich sind. Dies nunmehr zu negieren bedeutet, die Ausnahmeregelung § 632a BGB zur Grundnorm zu machen. Um den berechtigten Belangen der Beteiligten entgegenzukommen und die Rechts- und Planungssicherheit sowohl für die Verbraucher als auch die Bauträger wieder herzustellen, hat der Gesetzgeber schnell reagiert und mit der Verordnung über Abschlagszahlungen bei Bauträgerverträgen (so genannte Sicherungsverordnung) die Kontroverse beendet. Durch die Verordnung wird klar gestellt, dass im Bereich der Bauträgerverträge die §§ 3 und 7 MaBV das gesetzliche Leitbild darstellen. Nach dem Willen des Gesetzgebers soll es sich dabei inhaltlich um eine vorweggenommene AGB-Kontrolle handeln (BT-Drucks. 14/2752 S. 14). Art. 244 EGBGB setzt bei § 632a BGB an und erlaubt es dem Verordnungsgeber von § 632a BGB abweichende Voraussetzungen für die Möglichkeit von Abschlagszhalungen zu konstituieren. Sachlich ist die Möglichkeit, von § 632a BGB abzuweichen, auf Werkverträge über die Errichtung eines Hauses oder eines vergleichbaren Bauwerks beschränkt. Die Verordnungsermächtigung erlaubt es nicht, völlig losgelöst von den Tatbestandsvoraussetzungen des § 632a BGB Ratenzahlungen zu ermöglichen. So müssen in der Verordnung Abschlagszahlungen vorgesehen sein. Dies ergibt sich daraus, dass Art. 244 EGBGB direkt an die Terminologie des § 632a BGB anknüpft und gerade nicht davon abweicht. Für die Frage, ob jeweils eine Abschlagszahlung vorliegt, sind dabei die Voraussetzungen des § 632a BGB maßgeblich. Im Übrigen besteht in der Ausgestaltung der Verordnung Freiheit. Insbesondere können Abschlagszahlungen vorgesehen werden, ohne dass der Unternehmer verpflichtet ist, Eigentum zu verschaffen oder Sicherheit zu leisten (§ 632a S. 3 BGB). Dies ergibt sich zum einen aus dem Wortlaut des Art. 244 EGBGB, da generalklauselartig formuliert ist, dass durch Verordnung § 632a BGB modifiziert werden kann und die konkreten Modifizierungs- und Regelungsbeispiele durch »insbesondere« hinzugefügt sind. Ferner spricht auch die Systematik für eine derartige Auslegung, da eine Ermächtigung, die von § 632a BGB abweicht, wenig Sinn machen würde, wenn man letztendlich wieder dessen Voraussetzungen einhalten müsste. Von der Verordnungsermächtigung wurde durch die Verordnung über Abschlagszahlungen bei Bauträgerverträgen vom 23.5.2001, in Kraft getreten am 29.5.2001, Gebrauch gemacht. Dabei wurde die Ermächtigung nur teilweise ausgenutzt und nur der Bereich der Bauträgerverträge geregelt. Abweichend von § 632a BGB regelt die Verordnung in § 1, dass für Bauträgerverträge Abschlagszahlungen entsprechend § 3 Abs. 2 MaBV verlangt werden können, wenn die Voraussetzungen des § 3 Abs. 1 MaBV gegeben sind. Ferner lässt sie zu, dass unter den Voraussetzungen des § 7 MaBV auch abweichend von § 3 Abs. 1 und Abs. 2 Abschlagszahlungen verlangt werden können. Weitergehende Sicherheiten als die in § 7 oder § 3 Abs. 1 MaBV bezeichneten müssen dabei vom Unternehmer nicht gestellt werden. Die Verordnung stellt also klar, dass die Regelungen in §§ 3 und 7 MaBV gesetzliches Leitbild sind und insoweit eine Abweichung von § 632a BGB nicht gegen §§ 305 ff. BGB verstößt (*Ullmann* NJW 2002, 1073; *Wagner* BauR 2004, 569). Zu beachten ist, dass im Bereich des § 3 Abs. 1 MaBV von den Raten des § 3 Abs. 2 MaBV wegen § 12 MaBV nicht zu Lasten des Verbrauchers abgewichen werden darf. In § 2 der Verordnung ist geregelt, dass diese auch auf Verträge anzuwenden ist, die zwischen dem 1.5.2000 und dem 29.5.2001 abgeschlossen wurden, soweit nicht zwischen den Vertragsparteien ein rechtskräftiges Urteil ergangen ist oder ein verbindlicher Vergleich geschlossen wurde. Zum Teil werden gegen die Wirksamkeit der Verordnung europarechtliche Bedenken geäußert. Diese soll gegen die Richtlinie 93/13/EG des Rates vom 5.4.1993 über missbräuchliche Klauseln un Verbraucherverträgen (Abl. 95/29) – »Klauselrichtlinie« verstoßen, da die Kontrollfreiheit gemäß Art. 1 Abs. 2 der Richtlinie nicht für die Verordnung in Anspruch genommen werden könne, weil eine Kontollfreiheit nur zwingendem und dem nationalen Recht zugute komme, die Verordnung aber keinem der beiden Typen zuzuordnen sei. Dies würde dazu führen, dass MaBV-konforme Gestaltungen zwar nicht gegen nationales Recht verstoßen würden, diese jedoch wegen Verstosses gegen die Klauselrichtlinie unwirksam wären (*Thode* ZfIR 2001, 345; *Wagner* ZfIR 2001, 422). Des Weiteren werden verfassungsrechtliche Bedenken erhoben. Art. 244 verstoße gegen das verfassungsrechtliche Rückwirkungsverbot, da er eine echte Rückwirkung konstituiere. Gegen die Vorschrift wird darüber hinaus vorgebracht, dass Voraussetzungen des Art. 80 Abs. 1 GG nicht genügen, da sie nicht bestimmt genug und eine gesetzesändernde Verordnung nicht vom Grundgesetz gedeckt sei (*Wagner* ZfIR 2001, 422). Ferner wird vorgebracht, die Verordnung sei unwirksam, da unzulässigerweise die Ermächtigungsgrundlage nur teilweise ausgenutzt oder überschritten wird (*Thode* ZfIR 2001, 345). Diese Einwände vermögen jedoch nicht zu überzeugen. Im Hinblick auf die Klauselrichtlinie wird zumindest keine Missbräuchlichkeit i.S.v. § 3 Abs. 1 der Richtlinie vorliegen (hierzu: *Grziwotz/Koeble-Riemenschneider* Teil 3 Rn. 172 ff.). Überdies kann der Klauselrichtlinie nicht entnommen werden, dass es dem nationalen Gesetzgeber nicht gestattet ist, § 632a BGB durch eine gesetzlich zugelassene Verordnung zu modifizieren. Bezüglich der Rückwirkung wird kein Vertrauenstatbestand zerstört, da für den von der Rückwirkung betroffenen Zeitraum erhebliche Rechtsunsicherheit bestand und kein schutzwürdiges Vertrauen gegeben ist. Auch verstößt Art. 244 nicht gegen Art. 80 Abs. 1 GG. Durch die Verordnung wird § 632a BGB nur modifiziert. Diese Modifizierung ist von Art. 80 gedeckt, da Art. 244 hinreichend bestimmt die Grenzen der Regelungsbefugnis vorgibt und sich der Zweck aus der Vorschrift selbst ergibt. Letztlich wird auch die Ermächtigungsgrundlage nicht überschritten, da der Verordnungsgeber nicht zur vollständigen Ausnutzung der Ermächtigung verpflichtet ist und bezüglich der Frage, welche Sicherheit dem dem Besteller zu leisten ist, frei ist (*Grziwotz/Koeble-Riemenschneider* Teil 3 Rn. 178).

329a **Ergänzend:** Soweit sich Thode mit dem gesetzlichen Leitbild des Bauträgervertrages auseinandersetzt und aus dem von ihm gewonnenen Ergebnis Schlüsse gegen die Zulässigkeit der Fälligstellung der Zahlungsraten gegen Bürgschaft und letztlich gegen die Zulässigkeit der Ratenzahlungsvereinbarung insgesamt zieht, dürfte dem nicht zuzustimmen sein (*Thode* ZNotP 2006, 208, BGH, ZfIR 2005, 300). Was die Frage der Zulässigkeit der Fälligstellung einzelner Raten ohne Vorliegen der Voraussetzungen des § 3 Abs.2 MaBV angeht, ist eine erneute eingehende rechtsdogmatische Diskussion der Hausbauverordnung, des § 632a BGB und des Begriffs der »Abschlagszahlungen« nicht weiterführend und im Ergebnis auch nicht zutreffend. Interessant ist in diesem Zusammenhang nur, dass praktisch ausschließlich über die Vorleistungsproblematik bei der Stellung einer Bürgschaft anstelle des Baufortschritts (§ 3 Abs. 2 MaBV) und nicht anstelle der Voraussetzungen des § 3 Abs. 1 MaBV (Absicherung des rechtsmangelfreien Eigentumserwerbs) zu diskutieren ist. So besteht die offene Frage noch, welchen (Sicherungs-)Vorteil es für den Erwerber haben soll, wenn er als »Leistung« zwar ein Bauwerk hat, an dem der Eigentumserwerb aber mangels Eintragung einer Vormerkung nicht gesichert ist? Ein Sicherungs(!)problem mit der Stellung der Bürgschaft gibt es aber nur in dem Falle des Ersatzes der Voraussetzungen des § 3 Abs. 1 MaBV durch Bürgschaft als derer des § 3 Abs.2 MaBV. Die Sicherungsproblematik ist allerdings nur eine Komponente der für die Frage der Zulässigkeit entsprechender Zahlungsvereinbarungen zu treffenden Abwägung. Es geht letztlich nur um die Fälligstellung des Erwerbspreises gegen Bürgschaft und ob dadurch die Interessen des Erwerbers gewahrt werden (*Kanzleiter* DNotZ 2002, 819). Dies gilt allerdings nicht nur für die Ratenzahlung gegen Bürgschaft, es gilt für jede Form der Ratenzahlung beim Bauträgervertrag.

Thode (*Thode* ZNotP 2006, 208) vertritt nunmehr die Ansicht, die Ratenzahlungsvereinbarung im Bauträgervertrag sei nicht nur hinsichtlich der Fälligstellung gegen Bürgschaft, sondern insgesamt unzulässig. Mangels zulässiger Abschlagszahlungsregelung sei der vereinbarte Erwerbspreis erst mit vollständiger Fertigstellung des Bauobjektes fällig. Dies hätte zur Folge, dass das Leitbild des Bauträgervertrages im Wesentlichen im Werkvertragsrecht zu finden sei und dies wolle mit § 632a BGB ein besonderes Verbot der Vorleistungen konstituieren (Leitbildfunktion). Diese formulierte Prämissen sind aber einer Überprüfung zu stellen. Sie haben ihre Grundlage nämlich in folgenden zu hinterfragenden Auffassungen: Zum einen ist die Definition des gesetzlichen Leitbildes des Bauträgervertrages unzutreffend, zum anderen liegt den Überlegungen zum generellen Vorleistungsverbot in AGB ein verengtes Verständnis des Begriffs der »Unangemessenheit« in § 307 Abs. 2 BGB zugrunde. Dass Thode und ihm wohl folgend Vogel (BauR Heft 1a/2007) zu dem Ergebnis kommen, der Bauträgervertrag in der bisherigen Form sei, was die Ratenzahlungsvereinbarung angeht, unzulässig, ist äußerst bedenklich (siehe auch *Thode*, Thesenpapier 1. Deutscher Baugerichtstag Arbeitskreis V, BauR 2006, 1627). Es ist nicht ersichtlich, welches tatsächliche Risiko sich aus der Ratenzahlungsvereinbarung entsprechend der MaBV ergeben soll, das bei einem Hausbau auf eigenem Grundstück eben nicht bestünde. Ob nun Abschlagszahlungen auf einen fertiggestellten Teilabschnitt geleistet werden oder Ratenzahlungen aufgrund Erreichung vertraglich festgelegter Bautenstände erbracht werden, mag ein Unterschied sein. Wenn der Erwerber aber nicht mehr bezahlt, als tatsächlich auf dem Grundstück errichtet wird, ist das wirtschaftliche Ergebnis gleich. Beendet der Auftragnehmer die Baumaßnahmen vorzeitig, steht der Erwerber vor dem gleichen Problem, hat er mehr geleistet als Bauleistungen erbracht wurden, ist damit zu rechnen, dass der Weiterbau mit einem anderen Unternehmer mehr Kosten verschlingen wird als noch ausstehende Beträge vorhanden sind. Das ist dann eine Kalkulationsfrage des Bauherrn. Daher ist dem Ziel von Thode nicht zu folgen, den Bauträgervertrag im System der gesetzlich geregelten Vertragstypen unterzubringen, um so ein gesetzliches Leitbild zu schaffen.

Teilweise ist Thode zuzustimmen, wenn er betont, dass die Beteiligten nicht die rechtliche Einordnung ihres Vertragstypus bestimmen können. Dies bedeutet aber nur, dass sie einen Kaufvertrag nicht als Werkvertrag und umgekehrt behandeln können. Den Vertrag aber inhaltlich so zu gestalten, dass er nun eben nicht Werkvertrag ist, ist das Privileg der Vertragsschließenden. Das Leitbild des Bauträgervertrages ist ausschließlich das in der MaBV geregelte Muster, obwohl die MaBV Gewerberecht ist. Es ist nicht als Leitbild geeignet. So gibt es für die Mängelrechte beim Bauträgervertrag gute Gründe für die Anwendung des Werkvertragsrechts. Für andere Elemente passt es allerdings nicht. Jedenfalls hinsichtlich der Zahlungsvereinbarungen des Erwerbsentgelts ist der Werkvertrag nicht Leitbild des Bauträgervertrages, was in der Tat zur grundsätzlichen Nichtanwendung von § 632a BGB führen würde. Daher handelt es sich bei den vom Erwerber gezahlten Raten um echte Vorleistungen. Der Erwerber leistet, gleichgültig wie stark er durch Vormerkung, Bürgschaft oder sonstige Sicherungsinstrumente abgesichert ist, vor. Insoweit unterscheidet sich der Bauträgervertrag nicht vom Grundstückskaufvertrag. bei dem der Erwerber ebenfalls praktisch immer vorleistet. Zum Zahlungszeitpunkt hat er gerade noch kein Eigentum und nur in seltenen Fällen den Besitz. Dieser Kaufvertragstypus regelt mit seinen Sicherungsinstrumenten (Vormerkung, Notaranderkonto) gerade die Vorleistung des Erwerbers deutlich. Zur Beantwortung der Frage, ob diese Vorleistungen des Erwerbers auch in AGB-Verträgen gesetzeskonform sind, trägt die Leitbilddebatte aber nichts bei. § 632a BGB ist ebenso wenig ein zwingendes Vorleistungsverbot wie die §§ 320 ff. BGB. Dass § 632a BGB schon nicht auf den Bauträgervertrag anzuwenden ist, spielt deshalb tatsächlich nur eine untergeordnete Rolle. Allein dabei stehen zu bleiben, Vorleistungen festzustellen, reicht nicht aus, um deren Rechtswidrigkeit zu begründen (so aber *Thode* und *Vogel*, Heft 1a, BauR 2007). Vielmehr kann auch eine Vorleistungsverpflichtung wirksam in AGB vereinbart werden, wenn es für diese einen sachlich berechtigten Grund gibt und die Interessen des Vertragspartners dem nicht entgegenstehen (BGH ZIP 1987, 640; BGH NJW 2001, 292, 294; BGH NJW-RR 2003, 834). Ob es sich also bei der Vorleistungspflicht des Erwerbers im Bauträgervertrag um eine unangemessene Benachteiligung i.S.d. § 307 BGB handelt, ist daran messen, ob nach dem Maßstab einer solchen Unangemessenheit dabei nicht abstrakte Rechtspositionen wie »Zahlung erst nach Abnahme« einen solchen Eingriff in die Interessen und Handlungsweisen und den zu schützenden Rechtscharakter des Erwerbers als Verbraucher zu beachten sind (Art. 3 Abs. 1 der »Klauselrichtlinie«).

Es wird nicht beachtet bei der Diskussion, dass auch der Auftragnehmer Rechtspositionen verliert. Berechtigte Interessen des Bauträgers an den Vorleistungen des Erwerbers bestehen aus vielen, aber nicht immer rechtlich zu berücksichtigenden Umständen. Die Ratenzahlung des Erwerbers sichert den Bauträger zunächst einmal vor dem Risiko der zum Zeitpunkt der Fertigstellung möglicherweise nicht mehr bestehenden Leistungsfähigkeit des Erwerbers. Handelte es sich bei Bauträgerobjekten um gängige Handelsware, wäre dieses Argument vernachlässigbar. Tatsächlich aber ist es aber so, dass viele Bauträgerobjekte überhaupt nur verwirklicht werden (können), wenn frühzeitig Erwerber vorhanden sind. Einfamilienhausbauträgerobjekte werden regelmäßig erst gar nicht erstellt, wenn diese nicht schon verkauft sind, beim Geschossbau muss eine gewisse Zahl an Wohnungen bereits verkauft sein. Müsste der Unternehmer bis zur Fertigstellung warten, bis er erstmals die Leistungsfähigkeit des Vertragspartners in Anspruch nehmen könnte, trüge er das Marktrisiko eines nur wegen des Vertragsschlusses errichteten Gebäudes. Die Finanzierungszusage einer Bank bei Vertragsschluss kann bis Fertigstellung widerrufen werden. Absichern könnte insoweit nur eine erhebliche Kosten auslösende Bürgschaft. Daneben tritt das Interesse des Finanzierungsgläubigers. Auch die Bank des Bauträgers möchte durch Liquiditätsrückflüsse sicherstellen, dass das von ihr finanzierte Vorhaben am Markt an leistungsfähige Erwerber verkauft werden kann und ggf. weitere sichernde Finanzierungen durch Finanzzusagen an die Erwerber durch Baudarlehn zu einer Sicherung »im eigenen Hause« führen. Hinzu kommt das Ausfallrisiko der Bank. Es bedarf daher zur Sicherung der Mittelrückflüsse aus dem Verkauf der Bauträgerobjekte. Einer der Vorteile, die sich für den Erwerber aus den Vorleistungen ergeben, ist, dass sich die Vertragsabwicklung ohne dem Bautenstand entsprechenden Zahlungen mangels Finanzierbarkeit regelmäßig überhaupt nicht realisieren lässt. Der Erwerber hat also ein elementares Interesse an der Ratenzahlung. Hinzu kommt, dass Bauträgerobjekte mit der »Zwischenfinanzierung« der Erwerber erheblich billiger zu finanzieren und damit zu realisieren sind als bei einer reinen Vorfinanzierung durch den Bauträger. Soweit der BGH (BGH NJW 2000, 2818, 2819) der Ansicht ist, die Ratenzahlungsregelung diene dazu, die finanziellen Nachteile des Bauträgers, die sich aus seiner gesetzlichen Vorleistungspflicht ergeben, auszugleichen, dann ist das nicht zutreffend. Der Bauträgervertrag kennt selbst nämlich keine Vorleistung des Bauträgers, denn vertraglich übergibt er und übereignet das Objekt erst nach Zahlung. Die Betrachtung ist zu sehr auf rechtliche Fragen beschränkt und die entscheidende wirtschaftliche Komponente der Finanzierungsfunktion wird größtenteils nicht beachtet. Gleich ob ein Objekt mit Fremd- oder Eigenmitteln finanziert wird, ist die Finanzierung durch den Erwerber regelmäßig weniger kostenintensiv als die durch den Bauträger. Die risikogewichteten Kapitalkosten der Unternehmerfinanzierung müssen in der jetzigen Konstruktion des Ratenzahlungsvertrages höher angesetzt werden, als die Hypothekenzinsen bzw. die Eigenkapitalkosten des Erwerbers. Bauträgerfinanzierungen kosten je nach Höhe des vorhandenen Eigenkapitals derzeit zwischen 6% und 9,5% Zinsen p.a. Das Risiko des Kapitalgebers ist bei einer Finanzierung auf ein gesamtes Objekt in jedem Fall höher als bei Einzelfinanzierungen von kleineren Bruchteilen. Das unternehmerische Risiko des Bauträgers (Kostenerhöhungen etc.) ist bei Erwerberfinanzierungen nicht zu berücksichtigen. Die Kapitalkosten würden sich dann erheblich erhöhen, wollte der Unternehmer nicht nur einzelne Bauabschnitte, sondern ein gesamtes Objekt vorfinanzieren, wenn also durch Zahlungen der Erwerb tatsächlich erst nach vollständiger Fertigstellung erfolgt. Die Risiken für die Banken würden sich wesentlich erhöhen, was sich in den Kapitalkosten niederschlüge. Bauträgerfinanzierungen werden deshalb immer teurer sein als Erwerberfinanzierungen. Holt sich der Bauträger so also seine Finanzierung bei den Erwerbern, haben diese den Vorteil, bei der Berechnung des Verkaufspreises ihres Objektes mit geringeren kalkulatorischen Finanzierungskosten belastet zu sein. Diese Finanzierungsvorteile sind dann nicht geeignet, Nachteile aufseiten des Erwerbers zu kompensieren, wenn der Erwerber sich diese Vorteile damit erkaufen müsste, dass die von ihm verauslagten Mittel ungesichert vorzuleisten wären. Diesem Risiko trägt aber die MaBV dadurch Rechnung, dass sie zum einen in § 3 Abs. 1 MaBV für die Fälligkeit aller Raten fordert, die dingliche Sicherheit des Erwerbers durch Eintragung der Vormerkung am veräußerten Objekt und Sicherstellung der Lastenfreistellung zu gewährleisten und zum anderen ein dem Zahlungsbetrag entsprechender Bautenstand erreicht ist. Dies ist allerdings in der MaBV als gewerberechtliche Vorschrift vorgesehen. Aus dem zivilrechtlichen Kontrahierungszwang folgt allerdings genau diese Aufnahme in den notariellen Vertrag. Probleme bereitet die Konstruktion der MaBV nur dann, wenn die in § 3 Abs. 2 vorgesehenen Raten dem tatsächlichen Wert der Leistungen des Unternehmers nicht entsprechen. Hat das Grundstück selbst mit den Planungskosten einen unter 30% des Ratenpreises liegenden Wert oder fehlen rohbaukostenintensive Bauteile (Keller, Tiefgarage), dann müssen, um dem Erwerber nicht ungesicherte Vorleistungen zuzumuten, die entsprechenden Sätze angepasst werden. Ansonsten käme es mangels Sicherung des Leistungsinteresses des Erwerbers zu unangemessenen Vorleistungen, die jedenfalls nicht im Rahmen eines AGB-Vertrages vereinbart werden können. Bei der Sicherung durch Bürgschaft ist Folgendes zu beachten. Soll die vom Bauträger gestellte Bürgschaft die Voraussetzungen des § 3 Abs. 1 MaBV ersetzen, ändert sich grundsätzlich nichts. Baut der Unternehmer weiter, so setzt seine Liquiditätsplanung den Zufluss der Mittel des Erwerbers voraus, andernfalls fehlt das Geld für den Weiterbau. Die Kosten der vom Unternehmer zu stellenden Bürgschaft sind dabei vernachlässigbar, da es zu keiner Erhöhung des wirtschaftlichen Risikos der Bank kommt. Die von der Bank verbürgten Rückzahlungen beziehen sich auf Mittel, die diese bereits ausgelegt hat, um die dem Bautenstand entsprechenden Leistungen zu bezahlen. Wenn die Mittel an die Bank fließen, wird dieser verauslagte Saldo wieder auf null gebracht, die Bank bleibt aber wegen der Bürgschaft zwar nicht in Form von Liquidität, aber in Form des Risikos in dem Vertragswerk notwendige Teilhaberin. Abzuwägen ist nur, inwieweit die Bürgschaft mit dem Inhalt nach § 7 MaBV, die anders als die Vormerkung das Erfüllungsinteresse gerade nicht sichert, zu einer Verschiebung der Vertragsbalance führt, die die Vorleistungen als unangemessen erscheinen lassen. Regelmäßig ist aber der hinsichtlich des Erfüllungsinteresses bestehende Sicherungsnachteil des Erwerbers auch in diesen Fällen von den insgesamt bestehenden Vorteilen kompensiert worden. Anders stellt sich die Situation in den Fällen des § 3 Abs. 2 MaBV dar, in denen der Bauträger die Bürgschaft stellen will, um Raten anzufordern, obwohl ein entsprechender Bautenstand nicht erreicht ist. Die Finanzierungsfunktion, die die Vorleistungen normalerweise entfalten, haben sie in diesem Fall nicht oder jedenfalls nicht in gleichem Umfang. Zwei unterschiedliche Formen der Anforderung von Erwerbermitteln sind zu unterscheiden. Zum einen die Bautenstandvorfinanzierung. Soweit die Mittel der Erwerber dergestalt abgerufen werden, dass sie jeweils den nächst anstehenden Bauabschnitt finanzieren, leistet der Erwerber de facto die sonst von der Bank wahrgenommenen Vorfinanzierungsaufgaben. In diesem Fall mag aus Finanzierungsgesichtspunkten ein wirtschaftlich begründbares Interesse an den Vorleistungen bestehen, das aufseiten der Erwerber zu entsprechenden Kostenvorteilen wegen wegfallender Finanzierungskosten des Bauträgers führt. Dies kann dann der Fall sein, wenn die Finanzierungskosten der Bauträgerfinanzierung hoch, die Kreditkosten der Erwerber dagegen niedrig sind. Dies wird in der Regel nur bei wirtschaftlich »schwachen« Bauträgern der Fall sein. Bauträger finanzieren aber üblicherweise bei der Abschnittsfinanzierung kaum teurer als das allgemeine Hypothekenzinsniveau. Ist es dem Bauträger möglich, die erforderliche Bürgschaft, die in diesen Fällen aus Sicht des Bürgen keine Zusatzleistung zum Kredit, sondern ein echtes Risiko darstellt, sehr kostengünstig zu erlangen, sind diese Vorteile groß genug, um das Sicherungsdefizit der Erwerber aufzuwiegen. Des Weiteren ergibt sich das Problem der Gesamtfälligstellung. Während aber solche Ratenzahlungen, die zur Finanzierung des jeweils nächsten Bauabschnitts verwendet werden, in bestimmten Gestaltungen Kostenvorteile nach sich ziehen können und damit auch dem Erwerber nutzen, ist dies für weitere, umfangreichere Anforderungen nicht der Fall. Fordert der Bauträger mehr an, als er zur Finanzierung des gerade anstehenden Bauabschnitts benötigt, haben die Mittel des Erwerbers keinen Finanzierungseffekt, sondern liegen auf dem Konto des Bauträgers. Insoweit besteht dann nur die Gefahr, dass der Bauträger die Mittel an anderer, unzulässiger Stelle, § 4 Abs. 1 Nr. 2 MaBV, verwendet. Umfassende Vorauszahlungsvereinbarungen gegen Stellung einer Bürgschaft sind nur da zulässig, wo besondere Interessen des Erwerbers für eine solche Regelung sprechen – steuerliche Vorteile –. Dies gilt auch dann, wenn der Bauträger eine umfassende Erfüllungsbürgschaft stellt. Die dem Erwerber in Höhe des Gesamtpreises entstehenden Finanzierungskosten resultieren, da der Bauträger die Mittel nur zweckgebunden verwenden darf, hinsichtlich noch nicht begonnener Bauabschnitte nicht in einer Entlastung von Finanzierungskosten, da die Mittel praktisch nur angelegt werden und nicht unternehmerisch verwendet werden können. Die allein an den Sicherungsinteressen des Erwerbers orientierte Betrachtung ist daher für das Gesamtsystem ungeeignet.

Diese Unwägbarkeiten sind allerdings durch Aufnahme im Vertrag zu lösen und nicht durch gesetzliche Anpassungen. Diese betreffen folgende Probleme: Das in § 3 Abs. 1 S. 1 Nr. 4 MaBV gewerberechtlich normierte Entgegennahmeverbot kann einen Erwerber nicht davor schützen, Zahlungen leisten zu müssen, wenn das Gebäude nicht oder so nicht baurechtlich genehmigt wird. Die MaBV legt weitgehend dem Erwerber und nicht dem Bauträger die Risiken des Bauplanungs- und Bauordnungsrechts entstandenen Risiken auf. Eine Vertragsgestaltung, die dem Erwerber das Risiko auferlegt, vor lastenfreier Eigentumsverschaffung und Abnahme Zahlungen für ein nicht genehmigungsfähiges Objekt (auch teilweise) zu leisten, benachteiligt den Erwerber unangemessen i.S.v. § 307 Abs. 1 BGB. Dies ist dann der Fall, wenn eine Inhaltskontrolle entgegen Art. 244 EGBG i.V.m. § 1 der Abschlagszahlungsverordnung erfolgt. Wird im Bauträgervertrag als Fälligkeitsvoraussetzung das gewerberechtliche Entgegennahmeverbot des § 3 Abs. 1 Satz 1 Nr. 4 MaBV ganz oder teilweise unverändert wiedergegeben, d.h., ohne Erläuterung der Folgen und Risiken, so ist die Klausel rechtswidrig, nicht nichtig. Für den Erwerber ist nicht ausreichend erkennbar, dass er möglicherweise ohne behördliche Prüfung von bauplanungs- und bauordnungsrechtlichen Fragen zur Zahlung verpflichtet ist. Die Unwirksamkeitsfolge tritt selbst dann ein, wenn, wie in § 1 der Abschlagszahlungsverordnung bestimmt, bestimmte Fälligkeitsklauseln in Bauträgerverträgen von einer Inhalts- und Missbrauchskontrolle ausgenommen werden. § 3 Abs. 1 Satz 1 Nr. 3. Satz 2–5 MaBV enthält gewerberechtlich für den Bauträger keine Vorgaben, ob die Sicherung der Lastenfreistellung durch einen Vertrag zwischen dem Grundpfandrechtsgläubiger und ihm oder unmittelbar mit dem Erwerber zu sichern ist. Die Verordnung lässt also offen, ob dem Erwerber ein unmittelbarer vertraglicher Anspruch gegen den Grundpfandrechtsgläubiger eingeräumt werden muss. Die Verordnung stellt an die Person des Grundpfandrechtsgläubiger keine und an den Inhalt der Freistellungsvereinbarung nur einige inhaltliche Anforderungen. Diese gewerberechtliche Konstruktion belastet den Erwerber bei der Durchsetzung der Lastenfreistellung in der Insolvenz und davor des Bauträgers mit dem Risiko, dass die Lastenfreistellungserklärung seine Rechte nur ungenügend beschreibt, und zusätzlich mit dem Bonitäts- sowie Insolvenzrisiko des Grundpfandrechtsgläubigers. Eine Lastenfreistellungserklärung, die sich unmittelbar an den Erwerber richtet, ist ein einseitig verpflichtender Verbrauchervertrag zwischen dem Grundpfandrechtsgläubiger und dem Erwerber, wenn, wie regelmäßig, der Grundpfandrechtsgläubiger Unternehmer i.S.v. § 14 BGB und der Erwerber Verbraucher i.S.v. § 13 BGB ist. Soll bezüglich der Lastenfreistellung erkennbar eine Vereinbarung nur mit dem Bauträger zustande kommen, liegt regelmäßig kein Verbrauchervertrag vor. Wiederholt eine Lastenfreistellungserklärung den Text von § 3 Abs. 1 S. 1 Nr. 3, S. 2–5 MaBV, so ist sie intransparent, weil die wesentlichen Rechte und Pflichten des Erwerbers etwa im Falle der Nichtvollendung des Bauobjekts nicht hinreichend klar und verständlich wiedergegeben werden. Eine ergänzende Vertragsauslegung führt regelmäßig dazu, dass dem Erwerber Rechte eingeräumt werden, die über den in der Freistellungserklärung regelmäßig angegebenen Text der MaBV hinausgehen. Die von der MaBV dem Bauträger gewerberechtlich als Mindeststandard auferlegte Konstruktion der Sicherung der Lastenfreistellung ist bei bloßer Wiedergabe des MaBV-Textes im Bauträgervertrag im Regelfall für den Erwerber unklar und benachteiligt ihn auch unangemessen. Deswegen tritt die Unwirksamkeitsfolge selbst dann ein, wenn § 1 der Abschlagszahlungsverordnung die Fälligkeitsklauseln in Bauträgerverträgen von einer Inhalts- und Missbrauchskontrolle ausnimmt.

329b Die Nachteiligkeit der Vormerkungslösung anstelle der frühzeitigen Eigentumsumschreibung nach Zahlung der Grundstücksrate im Hinblick darauf, dass wegen der Vormerkungsbesonderheiten in der Insolvenzsituation eine Ausnutzung des gesamten Instrumentariums der gesetzlichen Mängelrechte, insbesondere also des Rücktritts, nicht sicher möglich ist und der Erwerber mit dem Risiko eines Prozesses zur Durchsetzung seines Übereignungsanspruchs belastet sein kann (so *Thode* DNotZ 2004, 210 und DNotZ 2006, 208, 216), besteht nicht. Richtig ist daran, dass der Rücktritt vom Bauträgervertrag für den Erwerber erhebliche Risiken mit sich bringt. Die Vormerkung ist im Falle des Rücktritts vom Vertrag wegen des Wegfalls des Übereignungsanspruchs wertlos. Auch das BGH zuerkannte Zurückbehaltungsrecht des Erwerbers wegen der Löschungsbewilligung (BGH ZfIR 2000, 358) besitzt im Insolvenzverfahren keine Wirksamkeit (*Kessler* RNotZ 2004, 176, 184). Dieses Risiko ist aber keine Besonderheit des Bauträgervertrages, sie gilt gleichermaßen für jeden anderen Kaufvertrag auch. Im Übrigen ist das Argument abzulehnen, die frühe Übereignung des Grundstücks stelle den Erwerber im Hinblick auf die Möglichkeiten zur Ausübung seiner Mängelrechte besser als die alleinige Sicherung durch die Vormerkung. Denn der Eigentümer kann den Rücktritt auch in der Insolvenz des Bauträgers erklären und doch zunächst sein Eigentum behalten. Im Rahmen des Rückgewährschuldverhältnisses kann er dem Insolvenzverwalter entgegenhalten, das Grundstück nur Zug um Zug gegen Rückgewähr des bereits gezahlten Erwerbspreises zurückzuübereignen. Hat der Insolvenzverwalter kein Interesse am Grundstück da der bereits gezahlte Erwerbspreis den Wert der vom Insolvenzschuldner erbrachten Leistung übersteigt, dann wird er den Erwerber auf die Anmeldung seiner Forderung zur Tabelle verweisen. Das Zurückbehaltungsrecht besteht zwar, aber es ist inhaltsleer geworden. Um eine Masseverbindlichkeit handelt es sich bei den Rückgewähransprüchen des Erwerbers nämlich nicht, eine zwangsweise Durchsetzung ist nicht möglich und der Erwerber ist weiter Eigentümer des Grundstücks; das er nicht will, und Inhaber einer Rückzahlungsforderung, die er nicht durchsetzen kann. Nicht anders ist die Situation beim Anspruch auf großen Schadensersatz. Ist der Erwerber dagegen nur vormerkungsgesichert, kommt die Ausübung des Rücktritts dann nicht in Betracht, wenn bereits Zahlungen an den Bauträger geleistet wurden. Was der Erwerber dem Insolvenzverwalter entgegenhalten kann, ist sein Erfüllungsverlangen. Der Insolvenzverwalters wird aber wegen der Vormerkung (§ 106 InsO) den Übereignungsanspruch des Erwerbers erfüllen müssen oder jedenfalls das Grundstück aus der Masse freigeben. Damit ergibt sich, dass die Vormerkung oder Eigentum wirtschaftlich zum gleichen Ergebnis führt. In beiden Fällen ist der Erwerber letztlich Eigentümer des Grundstücks mit dem unfertigen Gebäude, der Unterschied besteht nur darin, dass er bei bloßer Vormerkungssicherung noch die Übereignung betreiben muss. Die Erfüllungsansprüche des Erwerbers sind undurchsetzbar. Der formale Vorteil des Eigentümers gesichert zurücktreten zu können, ist wirtschaftlich wertlos, da er den Anspruch aus dem Rückgewährschuldverhältnis nicht durchsetzen kann. Ist der Insolvenzverwalter dagegen ausnahmsweise daran interessiert, das Projekt zu Ende zu führen, stehen sich Vormerkungsberechtigter und Eigentümer ebenso gleich. Im einen Fall baut der Insolvenzverwalter zu Ende und übereignet, im anderen Fall baut er nur zu Ende.

Allerdings ergibt sich daraus noch das Problem der nur unvollkommenen Sicherung des Erwerbers, aus dem durch die Vormerkung zwar gesicherten, aber nicht erfüllten Übereignungsanspruch vorgehen zu müssen. Dieses Vorleistungsrisiko besteht bei jedem Kaufvertrag, bei dem die Kaufpreiszahlung nicht erst nach erfolgter Antragstellung zur Eigentumsübertragung stattfinden soll. Beim Bauträgervertrag spielt sie deshalb eine größere Bedeutung, da Vertragsschluss, erste Zahlungen und Eigentumsumschreibung nicht nur wenige Tage oder Wochen, sondern oft mehr als ein Jahr auseinander liegen und entsprechend viele Veränderungen zwischenzeitlich eintreten können. Die insbesondere aus der Kostenlast einer Auflassungsklage resultierenden Risiken lassen sich allerdings weitgehend, wenn auch nicht gänzlich, dadurch beherrschen, dass zum einen die Auflassung bereits im Vertrag erklärt wird, zum anderen die Voraussetzungen, unter denen der Notar von der Auflassungserklärung Gebrauch machen darf, vorausschauend formuliert werden (so *Kessler* ZNotP 2006, 133, 138).

Die nunmehr im **Diskussionsentwurf** des Ausschusses der Bundesnotarkammer für Schuld- und Liegenschaftsrechts aufgestellte Änderung und Einfügung von §§ 631a und 631b BGB berücksichtigen bereits im praktischen Sinne die o.a. Ablehnung der Rechtsmeinungen (BauR 2005, 1708).

4. Sicherungspflichten

330 Für die **Sicherungspflichten** (zur Vermischung von Sicherheiten in Bauträgerverträgen: *Volmer* ZfIR 1999, 493) der Bauträger, die Eigentum an einem Grundstück zu übertragen haben, gilt hinsichtlich der Entgegennahme bzw. der Ermächtigung zur Verwendung von Vermögenswerten des Betreuten § 3 MaBV (BGH BauR 1981, 188; zur MaBV allgemein vgl. u.a. auch *Pause* Rechtshandbuch Immobilien Bd. 1, B Rn. 1 ff. sowie *Koeble* 12 C Rn. 1 ff., letzter speziell für Baubetreuer und Bauträger; weiter *Basty* Rn. 9 ff.; *Brych/Pause* Rn. 13 ff.; *Grziwotz* MaBV-Kommentar 2006). Das gilt auch, wenn auf einem vom Bauherrn separat erworbenen Grundstück gebaut werden soll, und zwar solange, bis der Grunderwerb für den Bauherrn entgültig gesichert ist (OLG Hamm OLGR 1998, 298). § 3 MaBV wurde durch die 2. ÄndVO vom 16.9.1995 (BGBl. I S. 1134) in Abs. 1 Nr. 4 zur Frage der erforderlichen Baugenehmigung durch Anpassung an die veränderten Bauordnungen der Länder geändert (vgl. *Osenbrück* NJW 1995, 3371). Durch die 3. ÄndVO, welche am 1.6.1997 in Kraft trat (BGBl. I 1997 S. 272), wurden die §§ 2 Abs. 2 S. 2, Abs. 3 Nr. 1, insbesondere § 3 Abs. 2, 3, 10 Abs. 3, Nr. 4, 5, 6, 16 Abs. 1 und 18 Nr. 12 geändert (*Hermanns* ZfIR 1997, 578, insbesondere § 3 MaBV). Zu den vorrangigen Sicherungen durch **Grundschuldeintragungen und die Mitwirkungsverpflichtung der Banken** (*M. Schmid* BauR 2000, 971 ff.). Ist ein Bauträger wegen Werkmängeln zur Kaufpreisrückzahlung verpflichtet, hindert das die Anfechtung des Anfechtungsgrundes durch die bürgende Bank nicht. Nur ein Austausch der Sicherungen der §§ 2 bis 6 MaBV und derjenigen des § 7 MaBV ist zulässig. Eine Vermischung dergestalt, dass zwar § 3 Abs. 1 MaBV eingehalten, jedoch von den Höchstbeträgen des § 3 Abs. 2 MaBV abgewichen und die Differenz durch eine Bürgschaft nach § 7 Abs. 1 MaBV abgesichert wird, ist nicht statthaft, weil es dann an einer umfassenden Sicherung sämtlicher Rückgewähransprüche des Auftraggebers fehlt (OLG Koblenz, BauR 2003, 546). Wenn bei einem Verkauf eines Miteigentumsanteils entsprechend der MaBV der Verkäufer schon vor dem Eintritt der Fälligkeit Bürgschaften anfordert, dann haftet die sich verbürgende Bank dem Käufer gem. § 7 Abs. 1 S. 3 MaBV bis zur vollständigen Fertigstellung des Vertragsobjekts, also nicht lediglich bis zur Fertigstellung der verschiedenen Bauabschnitte, für die das Kreditinstitut gesonderte Bürgschaftserklärungen abbedungen hat (KG Berlin BauR 2000, 1353). Allerdings **haften die Gesellschafter und Geschäftsführer** einer Bauträgergesellschaft, die die Zuleitung von Kaufpreiszahlungen auf die allgemeinen Geschäftskonten wissentlich und planmäßig mit veranlassten, nach § 823 Abs. 2 BGB i.V.m. § 4 Abs. 1 MaBV (OLG Celle BauR 2001, 1278). Bis dahin und fortdauernd, wenn die 3. ÄndVO **keine** Änderung bzw. Ergänzung ergab: Wer gewerbsmäßig im eigenen Namen und auf eigene Rechnung auf dem Grundstück seines Auftraggebers für diesen einen Bau errichtet (also in einer Mischform zwischen Baubetreuung und Bauträgerschaft), ist weder »Bauherr« (»Bauträger«) noch »Baubetreuer« i.S. von § 34c Abs. 1 S. 1 Nr. 2 GewO (§ 3 MaBV), so dass für ihn in einem solchen Falle keine Pflicht zur Sicherheitsleistung besteht; durch die Beauftragung von Handwerkern, eines Architekten, eines Generalunternehmers oder gar eines Generalübernehmers wird der Betreffende noch nicht »Bauherr« oder »Baubetreuer« gemäß den vorgenannten Vorschriften, zumal das Grundstück bereits dem Betreuten gehört, daher für ihn die erforderliche Sicherheit im Hinblick auf die ordnungsgemäße vertragliche Erfüllung durch den Betreuer gegeben ist (BGH BauR 1978, 1187). Lässt sich ein Bauträger entgegen § 3 Abs. 1 Nr. 1 MaBV vertraglich ein Rücktrittsrecht einräumen, so ist nicht das Rücktrittsrecht unwirksam, da ihm nur die Annahme von Zahlungen verboten und dem Auftraggeber ein aus dem Wirtschaftsverwaltungsrecht abgeleitetes privatrechtliches Leistungsverweigerungsrecht eingeräumt ist, wie sich aus § 7 Abs. 1 S. 1 und insbesondere a.a.O. S. 3 MaBV in der damaligen Fassung ergibt (BGH BauR 1985, 91). Andererseits ist eine vertragliche Regelung, wonach der Auftraggeber dem Bauträger nach Fertigstellung der Schreiner- und Glaserarbeiten den gesamten Rest der Vertragssumme leisten muss, und der Bauträger zur Sicherheit Bankbürgschaften von 15% der Resterwerbssumme bis zur Bezugsfertigkeit und Besitzübergabe und 5% bis zur vollständigen Fertigstellung bei einem Notar hinterlegt, ein Verstoß gegen §§ 3 Abs. 2 Nr. 2, 7 Abs. 1 früherer Fassung MaBV; dabei kann die zuständige Behörde die Einhaltung des § 3 Abs. 2 Nr. 2 MaBV anordnen (OVG Bremen NJW-RR 1987, 600; siehe zur Neufassung 1990 der §§ 3 Abs. 2, 7 MaBV auch *Schulze-Hagen* BauR 1992, 320). Eine Klausel im Bauträgervertrag, wonach bei Stellung einer Bürgschaft des Bauträgers der Erwerber in Abweichung vom Baufortschritt (§ 3 MaBV) zur Vorauszahlung verpflichtet ist, ist zulässig (*Grziwotz* NJW 1994, 2745; dagegen *Basty* DNotZ 1994, 15).

§ 3 Abs. 2 MaBV in der Fassung der 3. ÄndVO ging vom obligatorischen Ratenplan (6 Raten) ab und ermächtigte den Bauträger, künftig Abschlagszahlungen nach Bauverlauf von bis zu sieben Raten anzufordern. Darlehnsvermittler (§ 10 Abs. 3 Nr. 4 MaBV) wurden von den Buchführungs- und Informationspflichten ausgenommen. In § 16 MaBV ist außerdem die von der Praxis entwickelte sog. Negativerklärung, die von der Pflichtprüfung entbindet, ausdrücklich verankert worden. Weiter wurden § 2 Abs. 2 S. 2 sowie § 2 Abs. 3 Nr. 1 bei Sicherung durch Bankbürgschaft den EG-Richtlinien angepasst (*Locher* NJW 1997, 1427; zu den hier erörterten Fragen auch *Reithmann* NJW 1997, 1836). **331**

Die **Fälligkeitszeitpunkte der Vergütung** an den Bauträger ergeben sich aus dem notariellen Vertrag. Werden die Voraussetzungen des § 3 MaBV nicht eingehalten, so wird die Vergütung nicht fällig. Neben den Voraussetzungen aus § 3 Abs. 1 MaBV sind die des § 3 Abs. 2 MaBV zu beachten. Danach sind die Fälligkeitszeitpunkte zu berücksichtigen. Daneben gibt diese § 7 MaBV vor, wobei die Sicherung der Erwerber durch Vorlage einer Bürgschaft gesichert sein muss. Eine Ratenvereinbarung, die von den Fälligkeitsterminen des § 3 Abs. 2 MaBV zugunsten des Bauträgers abweicht, ist unwirksam. Der Verstoß gegen ein gesetzliches Verbot liegt hier vor, § 134 BGB (BGH BauR 1999, 53). Der Vertrag selbst bleibt hiervon unberührt. Der Bauträger kann dann die ratenweise Zahlung nach gesetzlichem Werkvertragsrecht verlangen. Dies ergibt sich aus § 3 Abs. 2 MaBV und § 632a BGB; die gegensätzliche Auffassung, weil dort unberücksichtigt bleibt – soweit sie nur auf § 3 Abs. 2 MaBV zurückzugreifen glaubt –, dass bereits die Verordnung keine klare Linie der in sich abgeschlossenen Gewerke hergibt, wie § 632a BGB fordert, war abzulehnen, zumal es sich bei der MaBV um eine gewerberechtliche Norm handelt (*Marcks* § 12 Rn. 6 ff.; *Brych/Pause* Rn. 176 ff.; BGH BauR 2000, 881). Im Übrigen ergibt sich dies auch aus § 12 MaBV. Danach richten sich die Folgen nach § 134 BGB (BGH NJW 1999, 51). Der BGH geht davon aus, dass § 3 Abs. 2 MaBV nur für den Bauträger gilt und damit der Erwerber zu schützen sei, was die allgemeine Unwirksamkeit nach § 134 BGB zur Folge habe. Daher ist diese Rechtsmeinung auch auf Verstöße bei § 3 Abs. 1 MaBV anzuwenden. Soweit an die Stelle der Ratenzahlungen nach § 3 Abs. 2 MaBV das Werkvertragsrecht gestellt werde, resultiert dies aus § 34c Abs. 3 GewO, so dass auch keine Inhaltskontrolle über §§ 305 ff. BGB stattfindet. Daher wurde aufgrund der Kritik der Notarkammern und der Literatur (*M. Schmid* BauR 2001, 866 ff.) eine neue Verordnung auf der Grundlage des § 27a AGBG (jetzt: Art. 244 EGBGB) erforderlich (*Sorge/Vollrath* DNotZ 2001, 261). Die **VO über Abschlagszahlungen bei Bauträgerverträgen vom 23.5.2001 – BGBl. I S. 981** – ist jedoch weiterhin nicht unbestritten. Die Ermächtigungsgrundlage regelt weiterhin nicht, wie die Fälle zu behandeln sind, die nicht dem der Nichtigkeit unterworfenen Teil unterliegen. Dabei ist davon auszugehen, dass Ermächtigungsgrundlage für die VO Art. 244 EGBGB ist. Sie ist nach dem Willen des Gesetzgebers als besondere Regelung zu § 632a BGB zu verstehen. Damit ergibt sich aber, dass die Regelung nur den unwirksamen Teil des Vertrages regeln will. Der Kritik von Thode hierzu, wonach über § 6 Abs. 2 AGBG die Regelung des § 632a BGB gelten würde, ist vielfach entgegengetreten worden. Thode war der Auffassung, dass durch die Verweisung in § 632a BGB auf die Notwendigkeit des Eigentumserwerbs der mit der Abschlagszahlung bestimmten Teils beim Bauträgervertrag infolge der Eigentumsverschaffung erst am Ende der Bauleistung und der vollständigen Bezahlung der Bauträger nie Anspruch auf den teilweisen Kaufpreis habe. Diese Überlegung ist zwar grundlegend zutreffend. Jedoch durch § 1 S. 1 der VO i.V.m. § 3 Abs. 2 MaBV überholt. Daher sind abweichende Vereinbarung von § 3 Abs. 2 MaBV zur Zahlungsweise in der Zeit zwischen 1.5.2000 und 29.5.2001 möglich. Außerdem entspricht die VO der **Richtlinie der EU über missbräuchliche Klauseln in Verbraucherverträgen** (RL/93/13/EG). Danach dürfen die Mitgliedstaaten keine Vorschriften erlassen oder benutzen, die missbräuchliche Klauseln in Verbraucherverträgen dulden. Dieses wurde **332** über § 310 Abs. 3 BGB umgesetzt. Jedoch würde es auch bedeuten, dass entsprechende abweichende Vereinbarung von § 3 Abs. 2 MaBV zwar mit dem Grundgedanken des § 632a BGB nicht in Einklang stehen. Da die Richtlinie nur einen Mindeststandard wiedergibt, ist vor dem Hintergrund der Abwägung des § 632a S. 2 BGB und der möglichen und zwanghaften Sicherung des Erwerbers über § 7 MaBV der Ausgleich geschaffen, dass der geforderte Mindeststandard verbleibt und die Absicherung des Erwerbers verbleibt (*Thode* RWS-Forum 19 S. 267, 303; *Ullmann* NJW 2002, 1073; *Schmid* BauR 2001, 866; *Jagenburg/Weber* NJW 2001, 3453; *Brambring* ZfIR 2001, 257; *Marcks* § 12 Rn. 9 ff.; BGH BauR 2003, 243). **Daneben** verbleibt allerdings dem Erwerber das Recht der Einrede des nichterfüllten Vertrages gem. § 320 BGB und die Mängeleinwendungen als Gegenrechte. Die Fälligkeitsregelung im Hinblick auf die letzte Rate bezieht sich auf den für den Erwerber positiven Forderungskatalog des § 641 BGB, wonach die Gesamtvergütung erst bei vollständiger Erbringung der Leistung möglich ist.

333 Bei **Baubetreuungs- und Bauherrenmodellen** wird dagegen die Vergütung erst mit vollständiger Erbringung der vertraglichen Leistung fällig und zahlbar.

333a Eine Bürgschaft nach § 7 MaBV sichert keine späteren Ansprüche auf Ersatz von Aufwendungen für Mängelbeseitigung, wenn der Eigentümer das Werk vom Unternehmer als mangelfrei abgenommen hat. Sie dient auch nicht der Absicherung eines Mietausfallschadens nach § 286 Abs. 1 BGB a.F. und vom Eigentümer zu erbringender öffentlicher Sanierungsabgaben (BGH BauR 2003, 243). Eine Bürgschaft nach § 7 MaBV sichert grundsätzlichen keinen Anspruch des Auftraggebers gegen den Bauträger auf Erstattung des durch Überschreitung der festgelegten Bauzeit entstanden Verzugsschadens gem. §§ 284, 286 Abs. 1 BGB a.F. Der BGH ergänzt damit die bereits in BGH BauR 2003, 243 getroffene Feststellung, dass die Bürgschaft ausschließlich den Baufortschritt sichert. Ebenfalls sichert diese Bürgschaft sowohl Ansprüche auf Rückgewähr der Vorauszahlung, die aus einer auf Mängel des Bauwerkes gestützten Wandelung oder Minderung oder aus einem Schadenersatzanspruch wegen teilweiser Nichterfüllung resultieren (BGH BauR 2002, 1547; BGH BauR 2003, 1220). Sie sichert auch bei weiter Auslegung keine Ansprüche des Auftraggebers auf Ersatz entgangener Steuervorteile oder Nutzungen, die durch Überschreitung der Bauzeit entstanden sind. Ein Schadenersatzanspruch, der nicht darauf beruht, dass die Unternehmerleistung hinter der vertraglich vorausgesetzten Gebrauchstauglichkeit oder Werthaltigkeit zurückbleibt, wird von der Bürgschaft nach § 7 MaBV grundsätzlich nicht erfasst (BGH BauR 2003, 1220). Eine Vermischung der Sicherheiten in der Form, dass sich eine Bürgschaft nach § 7 MaBV mit Baufortschritt reduziert, ist unzulässig (BGH BauR 2003, 1383). Der Inanspruchnahme aus einer Bürgschaft gem. § 7 MaBV kann der Bürge nach Treu und Glauben nicht entgegenhalten, es fehle an einer entsprechenden Sicherungsabrede zwischen Erwerber und Bauträger, wenn der Bauträger Zahlungen entgegengenommen hat, die er nur bei Stellung einer solchen Bürgschaft hätte entgegennehmen dürfen. Eine Bürgschaft gem. § 7 MaBV sichert den Rückgewähranspruch nach einem Rücktritt vom Vertrag gem. § 326 BGB. Ebenso ist ein entsprechender Rückzahlungsanspruch aus einer Vereinbarung zwischen den Parteien des Erwerbervertrages gesichert, die zu einem Zeitpunkt geschlossen wird, zu dem die Voraussetzungen des § 326 BGB vorliegen (BGH BauR 2005, 91). Sie sichert ebenfalls den Fall, dass der Bauträger mit dem Erwerber einen Aufhebungsvertrag geschlossen hat, wenn die Gründe für die Nichtdurchführung des Bauvorhabens in der Sphäre des Erwerbers liegen. Auch in diesem Falle ist die vertragliche Vorleistungspflicht des Erwerbers vorrangig (BGH BauR 2005, 1156).

Die **Freistellungserklärung** nach Muster der Bundesnotarkammer hat zum Inhalt, dass die Verpflichtungen zur Pfandfreistellung und zur Rückzahlung des Erwerbspreises gleichrangig nebeneinander stehen. Dass vorrangig die Freistellung geschuldet ist, lässt sich dem Wortlaut nicht entnehmen. Damit ist sie so auszulegen, dass weder eine Wahlschuld noch ein Anerkenntnis darin liegt. Ausserdem wäre sie in diesem Inhalt überraschend (§ 5 AGBG bzw. 305c BGB; OLG Bamberg BauR 2006, 122). Verpflichtet sich die Bank zur Freistellung einer noch zu errichtenden Eigentumswohnung von der Haftung für eine Globalgrundschuld gegen Zahlung des auf den Grundstücksanteil entfallenden und konkret bezifferten Teilbetrages des Kaufpreises, der nach den Bestimmungen des Kaufvertrages auf ein bei ihr geführtes Konto zu zahlen ist, muss sie sich Zahlungen des Erwerbers, die dieser auf den Baupreis unmittelbar an den Verkäufer erbringt, auch dann nicht zurechnen lassen, wenn damit im Verhältnis zum Verkäufer eine vollständige Tilgung des Kaufpreises eingetreten ist. Es ist Sache des Kaufvertrages, die Reihenfolge der Zahlungen auf Grundstücks- und Baukostenanteil zweifelsfrei zu regeln. Etwaige Unklarheiten insoweit fallen nicht der finanzierenden Bank zur Last, sondern dem Bauträger als Verwender des Vertrages (KG Berlin BauR 2006, 1485).

5. Sonderwünsche und Eigenleistungen

Es ist regelmäßig davon auszugehen, dass **bauvertragliche Beziehungen** zwischen dem Bauträger als Auftraggeber und den bauausführenden Auftragnehmern bestehen, sofern er solche (evtl. auch als Subunternehmer) einsetzt, **bauvertragliche Rechte und Pflichten** sich also in diesem Verhältnis regeln (§ 34 Abs. 1 S. 1 Nr. 2a GewO; BGH BauR 1981, 188). Das gilt im Allgemeinen auch, wenn der Erwerber **Sonderwünsche** äußert und der Bauträger dem durch Beauftragung von Handwerkern Folge leistet, und zwar auch dann, wenn vereinbart ist, dass der Erwerber die Vergütung an den ausführenden Handwerker leistet (*Vogelheim* BauR 1999, 117; dagegen zu Recht unter Hinweis auf die Möglichkeit der individualvertraglichen Möglichkeit zum sog. »selbstständigen Sonderwunschvertrag«, *Baden* BauR 1999, 712). Dies trifft jedenfalls zu, soweit es sich um die **eigentliche Bauerrichtung handelt, und so lange, wie nicht der Betreuer seine Rechte und Pflichten als Auftraggeber (wie etwa die Gewährleistungsansprüche) an den Erwerber wirksam abgetreten hat** (vgl. *Locher/Koeble* Rn. 17; *Pfeifer* NJW 1974, 1449; *Müller* BauR 1981, 219). Letzteres geschieht vielfach mit dem Übergang des Grundstückes bzw., je nach der Vertragsgestaltung, mit der Abnahme des dem Erwerber geschuldeten Bauwerkes. Das zur grundlegenden Gestaltung Gesagte gilt um so mehr, als mit der Baubetreuung im weiteren Sinne verbundene Bauaufträge oftmals mehrere Objekte zugleich erfassen und sich ein einheitlicher Vertrag darauf erstreckt oder gar die späteren Erwerber bei Auftragserteilung noch nicht bekannt sind. Die Ansicht über einen Änderungsvertrag gem. §§ 241, 311 ff. BGB auf der Grundlage des ursprünglichen Vertrages einen Anspruch des Erwerbers bei Verweigerung der Zustimmung zu Sonderwünschen herzuleiten, ist rechtstechnisch nicht wegen der Vertragsfreiheit nicht möglich (OLG Stuttgart BauR 1974, 272). Eine Einwirkungsmöglichkeit aufgrund einer vertraglichen Selbstverständlichkeit besteht daher für den Erwerber nicht. Die Grundsätze des § 1 Nr. 3 und 4 VOB/B sind grundsätzlich nicht übertragbar (BGH BauR 2004, 495; BGH BauR 1984, 166; OLG Hamm BauR 2001, 1757; *Pause* Bauträgerkauf, Rn. 539; *Basty* Rn. 605).

Anders liegen die Verhältnisse jedoch beim so genannten »**selbstständigen Sonderwunschvertrag**« (*Baden* BauR 1983, 313) in dem der Erwerber wegen bestimmter, aus dem Vertrag mit dem Bauträger **herausfallender bzw. von diesem nicht erfasster besonderer Wünsche zur Baugestaltung einen unmittelbaren, eigenen Bauvertrag** mit dem betreffenden, häufig in Bezug auf die »Normalausführung« mit dem Bauträger schon vertraglich verbundenen Auftragnehmer abschließt. Hier entstehen i.d.R. **unmittelbare vertragliche Beziehungen** zwischen dem betreffenden Erwerber und dem den Sonderwunsch ausführenden Unternehmer (wegen der damit verbundenen Problematik, vor allem auch im Zusammenhang mit dem »Hauptvertrag«, beachtlich und zutreffend: *Baden* BauR 1983, 313; siehe ferner *Vogelheim* BauR 1999, 117; weiter *Basty* Rn. 421). Hier hat der Erwerber wegen der selbstständigen Vertragsbeziehungen zum Unternehmer einen **Erstattungsanspruch** aus dem Vertrag heraus wegen Minderleistungen oder Mehrleistungen. Bei Minderleistungen infolge ersatzlosen Wegfalls von Bauleistungen wird dies durch die Parteien mit einer Gutschrift auszugleichen sein. Dies gilt auch für die Berechnung bei anderweitiger minderwertiger oder auch höherwertiger Leistung, wenn Letztere ausschließlich vom beauftragten Unternehmer zu erbringen ist (*Brych/Pause* Rn. 247). Entfällt nicht ein ganzer Bauabschnitt, so ist es interessengerecht bereits bei der nächstfälligen Rate den Abzug zu machen. Ansonsten wäre eine entsprechende vertragliche Regelung unter Beachtung des § 3 Abs. 2 MaBV nichtig. Wenn keine Vereinbarung über die Vergütung von Änderungsleistungen getroffen wurde, so ist diese erst bei Abnahme des gesamten Werkes gem. §§ 640, 641 BGB fällig (OLG Düsseldorf BauR 2003, 93). Andererseits kann dies geregelt werden und zwar dahingehend: nach Ausführung des jeweiligen Sonderwunsches, nach Ausführung des Sonderwunsches zum jeweils fälligen Ratenzeitpunkt und einem angepassten Ratenplan gem. § 3 Abs. 2 MaBV. Unter Beachtung der Entscheidung des BGH BauR 2001, 391 ergibt sich, dass ausschließlich die Fälligkeit erst nach Abnahme gegeben ist. Geänderte vertragliche Regelungen greifen meist in die festen Ratenpläne des § 3 Abs. 2 MaBV ein und sind daher nichtig (§ 134 BGB; BGH BauR 2001, 391).

335 Darüber hinaus kann dem Bauträger ein **Sonderwunschhonorar** zustehen, das sich im Rahmen von 3–10% der Kosten für den Sonderwunsch bewegt. Hiermit sollen Planungsleistungen und Überwachungen abgegolten werden, denn der Bauträger muss hierdurch das Risiko abdecken, dass er für den Erfolg der Änderung einzustehen hat und die Gewährleistung hierauf trägt. Die **Berechnung der Gutschrift** ergibt sich aus dem (orts-)üblichen bekannten Beschaffungspreis (ggf. § 632 BGB) und u.a. einer Zulage für Gemeinkosten, Baustellenrisiko und Gewinnabschlag (*Kapellmann/Schiffers* Bd. II, Rn. 1236). Bei der **Kalkulation** des **Sonderwunsches** sind u.a. zu berücksichtigen, der Materialpreis, Löhne, Planungsleistungen, Gemeinkosten. Bei Eigenleistungen sind Mehrkosten der Leistung nur bei späterer vertraglicher Übernahme durch den Bauträger möglich. Wenn im Zeitpunkt der Beurkundung des Vertrages bereits Änderungen der Ausführung feststehen, müssen diese mitbeurkundet werden, § 311b Abs. 1 BGB (*Virneburg* BauR 2004, 1681; BGH NJW 1998, 3196). **Bei Änderungen nach Vertragsschluss** ist dies eine Frage der wesentlichen Einwirkung in den Kern des Vertrages. Werden durch die Änderung Änderung von Gemeinschaftsanlagen im baulichen Bereich vereinbart, so ist eine Nachbeurkundung zwingend erforderlich und ggf. nachzuholen, da die gemeinschaftlichen Rechte aller betroffen sind. Anders ist dies beim Reihenhausbau, wo die Änderungen vielfach keine Auswirkung auf die Gesamtsituation haben. Bei Eingriffen in die Grundstücksordnung und -grenzen ist das anders, weil Rechte Dritter betroffen sind. Die Unwirksamkeit einer nachträglichen Vereinbarung lässt die Wirksamkeit des zuvor formgemäß geschlossenen Vertrages unberührt (*Palandt/Heinrichs* § 311b Rn. 41; *Pause* Rn. 127). Die Haftung des Erwerbers für Eigenleistungen ist dann gegeben, wenn der Bauträger eine vertragliche Pflicht zur Überwachung nicht übernimmt. Das ist selten genug festzustellen. Baut der Bauträger auf Arbeiten auf, die der Erwerber durchführte, so hat er ein Hinweisrecht wahrzunehmen, wenn die Vorarbeit mangelhaft ist. Werden Arbeiten (Fliesen, Bodenbelags- und Malerarbeiten) am Ende des Baufortschritts durch den Erwerber erbracht und hindern sie den Baufortschritt nach Gewerken nicht, so ist der Bauträger haftungsfrei. Allerdings besteht eine generelle Aufklärungspflicht beider Seiten. Bei fehlerhaften Ausführungen besteht die Verpflichtung dann, wenn diese dem Bauträger erkennbar sind und für den gesamten Werkerfolg der mangelfreien Erstellung notwendig ist. Unterlässt der Unternehmer den Hinweis, so haftet er wegen unterlassener Aufklärungs-, Beratungs- und Koordinationspflicht aus dem Vertrag gem. §§ 241, 311 BGB. Eine Haftungsfreizeichnung benachteiligt den Erwerber dann nicht unangemessen, wenn sie sich auf Gewerke bezieht, die nicht im Vertrag elementare Werkleistungen betreffen (Rohbau, Statik, Dach, Keller), sondern Ausbaugewerke. Werden elementare Arbeiten betroffen, so besteht die Hinweisverpflichtung des Bauträgers fort. Das gilt auch bei Öffentlich-rechtlichen Verpflichtungen des Bauträgers und des Erwerbers, sowie Eingriffe in das Nachbarschaftsrecht (Überbau, Erschließungsrechte und -beiträge; a.A. *Virneburg* a.a.O.).

6. Steuerliche Auswirkungen

336 Gerade auf der vorangehend gekennzeichneten, normalerweise anzunehmenden Vertragsgrundlage beruhen Überlegungen für den Bereich der **Vertragsgestaltung zwischen Betreuer und Erwerber sowie auch der Erwerber untereinander,** die unter dem heute üblichen Begriff der »**Bauherrenmodelle**« bzw. »**Baumodelle**« (*Reithmann* Rechtshandbuch Immobilien Bd. II Teil 4 Gliederungs-

Nr. 258 Rn. 258 ff.) zusammengefasst werden (zum sog. »Generalübernehmermodell« im Bereich der Altbausanierung vgl. *Reithmann* ZfIR 1997, 449). Dabei geht es zumindest mitentscheidend darum, den Erwerber zum »Bauherrn« zu machen, wobei für die Wahl des betreffenden Modells letztlich **steuerliche Gründe ausschlaggebend** sind bzw. waren (*Locher/Koeble* Rn. 16, 546 ff.; *Locher* Rn. 398; *Reithmann/Meichsner/v. Heymann* S. 129 ff.; *Brych/Pause* Rn. 1211 ff.; anstelle vieler: *Zitzelsberger* DB 1985, 248; *Lapau* BlGBW 1985, 126; zur finanzgerichtlichen Rechtsprechung: *Schellenberger* JZ 1986, 575. Zum Umfang der Vollmacht des Baubetreuers im Bauherrenmodell: BGH BauR 1983, 457; zur Baukostenüberschreitung beim Bauherrenmodell: *Schniewind* BB 1983, 2196). Die Entscheidung, ob Gegenstand des Erwerbsvorgangs das unbebaute Grundstück oder das Grundstück mit noch zu errichtendem Gebäude ist, wird steuerrechtlich nicht dadurch beeinflusst, dass das Grundstück von einer Gemeinde im Rahmen eines sozial- oder familienpolitischer Zielsetzung dienenden Förderungsprogramms veräußert wird; ist der Erwerber zum Zeitpunkt des Abschlusses des Kaufvertrages über das Grundstück aufgrund vorher eingegangener vertraglicher Verpflichtung in der Entscheidung über das »ob« und »wie« einer Bebauung nicht mehr frei, so wird die Annahme, dass Gegenstand des Erwerbsvorgangs das bebaute Grundstück ist, nicht dadurch ausgeschlossen, dass der Erwerber ursprünglich unter drei Bauunternehmen und verschiedenen Haustypen wählen konnte (BFH DB 1990, 1448; dazu *Flume* DB 1990, 1432. Über Rechtsformen bei geschlossenen Immobilienfonds: *Otter* BauR 1991, 557. Aufschlussreich sind die Ausführungen von *Reithmann* NJW 1992, 649, über neue Vertragstypen des Immobilienerwerbs, wie beispielsweise das Generalübernehmermodell, Ausweichgestaltungen bei Altbauaufteilungen, Fondsgestaltungen bei Neubauten, Sicherung von Anzahlungen und Sicherung von Rechtsbelehrung. Zur Anwendung des AGB-Gesetzes im Bauherrenmodell: *Wagner* BB 1984, 1757, zugleich u.a. auch zu LG München I BB 1984, 1773, ferner zum Stellen von AGB im Bauherrenmodell beachtlich und in der Unterscheidung zutreffend *Bartsch* NJW 1986, 28). Wenn nicht eine gegenteilige Verpflichtung des Bauträgers ausdrücklich im Vertrag festgehalten ist, haftet er im Allgemeinen nicht für den Eintritt eines steuerlichen Erfolges des Erwerbers; daher enthält eine Klausel in AGB eines Bauträgers, dass der Unternehmer nicht für vom Erwerber angestrebte steuerliche Erfolge haftet, nicht nur keine Beschränkung der Haftung aus dem Bauvertrag selbst, sondern eine solche Bestimmung ist auch mit den §§ 9 und 11 Nr. 7 AGB-Gesetz a.F. vereinbar (OLG Hamm NJW-RR 1989, 668).

Zur steuerrechtlichen Entwicklung im Laufe der vergangen Jahre vgl. vor allem den »Bauherrenerlass« des Bundesfinanzministers im Schreiben vom 13.8.1981 (BStBl. I S. 604 = BB 1981, 1620 = DB 1981, 1903 sowie Beil. Nr. 22/81 mit Stellungnahme von *Fleischmann* – dazu *Stuhrmann* BB 1981, 1703 und insbesondere kritisch *Wollny* BB Beil. 1/82 und *Jehner* BB 1982, 1041. Zur Abgrenzung von Werbungskosten, Herstellungs- und Anschaffungskosten beim Bauherrenmodell vgl. BFH BB 1980, 1137 mit Anm. *Wollny* = DB 1980, 1669 mit krit. Anm. von *Brych* S. 1661 sowie *Ludewig* S. 2208; ferner dazu sowie zum Begriff der Herstellungskosten im Bauherrenmodell *Dornfeld* DB 1980, 2006; über den Begriff »Bauherr« und »Bauherrenmodell« nach dem vorgenannten BFH-Urt. vgl. *Woeber* DB 1980, 2164; *Jehner* BB 1981, 921; *Görlich* BB 1981, 1451; insoweit zum Beschluss des BFH DB 1985, 2435; *Nehm* DB 1986, 1486 sowie *Schmidt-Liebig* BB 1986, 774). Anleger im Bauherrenmodell sind einkommensteuerrechtlich regelmäßig nicht als Bauherren, sondern als Erwerber des bebauten Grundstückes zu beurteilen, wenn sie sich aufgrund eines von den Projektanbietern vorformulierten Vertragswerkes beteiligen und sich bei den damit zusammenhängenden Rechtsgeschäften durch die Projektanbieter vertreten lassen; alle in diesem Zusammenhang an die Anbieterseite geleisteten Aufwendungen, die auf den Erwerb des Grundstückes mit dem bezugsfertigen Gebäude gerichtet sind, stellen deshalb Anschaffungskosten dar (BFH NJW 1990, 729 = BB 1990, 186 m. Anm. *Wollmeyer* und krit. Anm. *Wichmann* BB 1990, 256; vgl. dazu auch *Wichmann* BB 1991, 589; Über Rechtsfragen des »Kölner Modells« *Lauer* WM 1980, 786; zur Außengesellschaft beim Bauherrenmodell beachtlich *Wagner* BlGBW 1981, 201; über den Anspruch des Vertriebsunternehmers auf Maklerprovision bei gesellschaftsrechtlicher Verflechtung mit dem Treuhänder vgl. *Lieb* DB 1981, 2415; zur Grundsteuerbefreiung bei Errichtung von Wohnungen im Bauherrenmodell vgl. *Turnbull/Irrgang* DB 1981, 496, dazu vor allem BFH DB 1982, 608; 1982, 2443; weiter *Pabst* Betrieb 1983, 849; *Pelka/Niemann* DB 1983, 46; über Bauherrenmodell und Grunderwerbssteuer *Klug* BB 1984, 2258). Bei der Auslegung des grunderwerbsteuerrechtlichen Begriffes des Gegenstandes des Erwerbsvorgangs tritt für die Beantwortung der Frage, ob ein Zusammenhang zwischen mehreren Verträgen besteht und ein einheitlicher Leistungsvorgang vorliegt, das für die zivilrechtliche Beurteilung maßgebliche subjektive Element zurück, vielmehr kommt dem objektiven Zusammenhang ausschlaggebende Bedeutung zu (BFH DB 1990, 1546; vgl. auch BFH NJW 1990, 2495; über Zins- und Vermietungsgarantien im Umsatzsteuerrecht vgl. *Busl* BauR 1989, 407; wegen des so genannten Mehrwertsteuermodells anstelle des Generalübernehmermodells im Rahmen des Bauträgerkaufs vgl. *Brych/Pause* NJW 1990, 545; zur Doppelbesteuerung des Bauherrn beim Bauherrenmodell *Schumann* BB 1986, 299; über rechtliche und wirtschaftliche Aspekte von Bauherren- und Ersterwerbermodellen siehe von *Heymann* BB Beil. 12/1980; *Heymann* zur Haftung bei Bauherren- und Ersterwerbermodellen DB 1981, 563; *Heymann* ferner zur Bewertung und Finanzierung von Bauherren- und Erwerbermodellen DB 1981, 2013; über die Einbeziehung der Bauherrengemeinschaft bei Errichtung von Eigentumswohnungen in den umsatzsteuerlichen Leistungsbereich *Dornfeld* DB 1981, 1691; über steuerpolitische Überlegungen zum Bauherrenmodell *Zitzelsberger* BB 1981, 1021; zum Bauherrenmodell – Ein steuerpolitisches Ärgernis? vgl. *Quast* DB 1983, 2113; dazu *Deschler* DB 1983, 2491 und 2543; zu Treuhandverhältnissen im Steuerrecht, dargestellt im Rahmen von Bauherrengemeinschaften *Birkenfeld* BB 1983, 1086 sowie *Volhardt* BB 1982, 2142; über Beurkundungsfragen im Bauherrenmodell vgl. *Greuner/Wagner* NJW 1983, 193; zur rechtlichen Einheit der Verträge im Bauherrenmodell und zur einkommensteuerrechtlichen Qualifizierung der Aufwendungen des Bauherrn vgl. *Jagdfeld/Luckey* DB 1984 Beil. 2; zum Bauherrenmodell im Wandel *Schmidt-Liebig* DB 1984, 213; über Bauherrenmodell und Bauträgermodell *Lauer* WM 1983, 1254; zum Ausscheiden aus der Bauherrengemeinschaft vgl. *Wilhelmi* DB 1986, 1003; *Reithmann* BB 1984, 681; *Reithmann* WM 1987, 61; zum Wohnungseigentumsförderungsgesetz v. 18.4.1986 [BGBl. I S. 730] *Stephan* DB 1986, 1141; über steuerliche Aspekte bei geschlossenen Immobilienfonds *Strunz* BauR 1987, 382: zusammenfassend zur Entwicklung des Steuerrechts in Bezug auf Bauherrenmodelle *Brych* FS Korbion 1986 S. 1 f.; allgemein zu Steuervorteilen, *Brych/Pause* Rn. 1211 ff.; zur einkommensteuerrechtlichen Beurteilung der Bauherren- und Erwerbermodelle in der Rechtsprechung des Bundesfinanzhofes vgl. *Gorski* BB 1991, 593). Nach einem Beschluss des Großen Senats des Bundesfinanzgerichts vom 3.7.1995 (DB 1995, 1892) können Bauträger-Mitunternehmer und Bauträger-Einzelunternehmer nur noch in Ausnahmefällen privaten Grundbesitz haben. Dadurch wird bei ihnen die Möglichkeit, Grundstücksgeschäfte dem nicht steuerbaren privaten Vermögensbereich zuzuordnen, weitgehend eingeschränkt (kritisch dazu: *Schmakhofer/Streicher* DB 1995, 2245). Die bis dahin ergangene steuerrechtliche Rechtsprechung hat im Wesentlichen Eingang in den **so genannten Bauherrenerlass vom 31.8.1990** (BStBl. I S. 336) gefunden. Dieser gilt für Errichtung, Sanierung, Modernisierung und Erwerb von Gebäuden und Eigentumswohnungen im Rahmen von »Gesamtobjekten« für vergleichbare Modelle sowie für geschlossene Immobilien (über einige Konsequenzen des neuen Bauherrenerlasses für Rechtsbehelfsverfahren bei geschlossenen Immobilienfonds vgl. *Scheinberger* BB 1991, 456). Das Wohnungsbauförderungsgesetz 1994 hat auch in steuerrechtlicher Hinsicht einige Änderungen gebracht (vgl. dazu *Silberkuhl* NJW 1994, 2721). In den neuen Bundesländern kommen vor allem auch »Bauträger-Sanierungsmodelle« in Betracht. Seit dem 10.11.2005 gilt statt des § 2b EStG der § 15b EStG. Die Vorschrift besagt, dass Verluste aus so genannten Steuerstundungsmodellen nicht mehr mit Einkünften aus anderen Einkunftsquellen verrechnet bzw. ausgeglichen werden dürfen. Derartige Verluste können dagegen nur noch mit zukünftigen Gewinnen aus derselben Einkunftsquelle verrechnet werden. Die Neuregelung des § 15b EStG greift jedoch nur bei Fondsmodellen ein. Verkauft ein Bauträger dagegen eine unter Denkmalschutz stehende Wohnung mit Modernisierungszusage, so fällt dies nur dann unter § 15b EStG, wenn weitere Nebenleistungen vereinbart werden und der Käufer hierfür ein besonderes Entgelt zu zahlen hat (*Berg* BTR 2006, 79).

Umsatzsteuer(-erhöhung): (*Herbert* BTR 2004, 164; *Everts* ZfIR 2006, 661; *Everts* NZBau 2005, 551; *Haase* NZBau 2005, 424).

7. Prospekthaftung

Zum Bauträgerprospekt: *Karcher* BTR 2004, 155. **Wirbt** ein Bauträger für ein Bauherrenmodell mit Angaben über entstehende hohe **Vorsteuererstattungsansprüche**, so kann der Bauherr den Baubetreuungsvertrag wegen **arglistiger Täuschung** anfechten, wenn ihm verschwiegen wurde, dass die Finanzbehörden Bedenken gegen die geltend gemachten Steuervorteile erhoben hatten und Musterprozesse vor Finanzgerichten anhängig waren (OLG Düsseldorf MDR 1985, 1024). Möglich ist ein Schaden eines Kapitalanlegers, der sich an einem Bauherrenmodell beteiligt hat, wenn ihm verspätet mitgeteilt wird, dass ihm bescheinigte Verlustzuweisungen vom Finanzamt nicht in voller Höhe anerkannt werden (BGH BauR 1984, 70). Der aus Verschulden bei Vertragsabschluss hergeleitete Anspruch des Anlegers aus **Prospekthaftung** geht dahin, so gestellt zu werden, wie er gestanden hätte, wenn er den Beteiligungsvertrag nicht abgeschlossen hätte; die aus dem genannten Rechtsgrund hergeleitete Prospekthaftung soll den Anleger vor dem Verlust seines Anlagevermögens schützen, begründet für ihn aber keinen Anspruch auf den vollen in dem Prospekt angegebenen steuerlichen Vorteil aus § 7b EStG, den der Anleger sich aus der Beteiligung versprochen hat (OLG Köln WM 1987, 1292). Andererseits: Werden beim Vertrieb von Eigentumswohnungen nach dem so genannten Ersterwerbermodell in einem Prospekt Angaben über erzielbare Steuervorteile gemacht, so handelt es sich dabei nicht um eine zusicherungsfähige Eigenschaft des Kaufgegenstandes (BGH NJW-RR 1988, 343). Die zur Prospekthaftung bei der Publikums-KG entwickelten Grundsätze sind **auch bei Anlagemodellen** anwendbar, die wie z.B. das so genannte Hamburger Modell Elemente der reinen Kapitalbeteiligung und des konventionellen Bauherrenmodells vereinigen; der Anleger kann auch dann Befreiung von dem abgeschlossenen Vertrag und Ersatz seiner Aufwendungen verlangen, wenn seine Beteiligung werthaltig ist, es sich jedoch um ein von dem im Prospekt beschriebenen Anlagemodell grundlegend verschiedenes, mit ihm in keiner Weise austauschbares Investitionsmodell handelt; dem Umstand, dass die Beteiligung noch werthaltig ist, kann dadurch Rechnung getragen werden, dass die Schadensersatzleistung Zug um Zug gegen Abtretung der Beteiligung bzw. Übertragung des Wohnungseigentums erfolgt; enthält ein Anlagemodell wegen seiner konzeptionellen Gestaltung und im Hinblick auf die Möglichkeit eines späteren Erwerbs einer Eigentumswohnung wesentliche Elemente des konventionellen Bauherrenmodells, verjähren Prospekthaftungsansprüche im Hinblick auf die erfolgsorientierte Tätigkeit des Initiators nach 5 Jahren; wird ein Steuerberater als Initiator oder als ein diesem gleichstehender Prospektverantwortlicher aufgrund typisierten Vertrauens in Anspruch genommen, ist § 68 StBerG nicht anwendbar (BGH BauR 1992, 88). Im Allgemeinen kommt bei Prospekthaftungsansprüchen allerdings nur eine 3-jährige Verjährungsfrist (§ 195 BGB) in Betracht. Weiterhin zur Prospekthaftung zu zählen ist die Zusicherung der Ertragsfähigkeit oder eines bestimmten Mietertrages (BGH BauR 1999, 515 bei objektgebundenen Voraussetzungen bei einer Steuerersparnis).

338

8. Zahlung und Zahlungsverzug der Erwerber

Beim Bauträgervertrag und beim Baubetreuungsvertrag sowie bei den Bauherrenmodellen kommen die Erwerber in Verzug, wenn gem. § 284 Abs. 2 BGB entweder eine Zeit nach dem Kalender vertraglich bestimmt wurde oder wenn die Fälligkeit eingetreten ist und zusätzlich 30 Tage nach Zugang einer prüfbaren und prüffähigen Rechnung oder einer gleichgearteten Zahlungsaufforderung vergangen ist, § 284 Abs. 3 BGB. Soweit in notariellen Verträgen § 284 Abs. 3 BGB abbedungen wird, so ist die verzugsbegründende Wirkung nur dann gegeben, wenn dies individuell ausgehandelt wird. Jedoch kann der Verzug nur entfallen, wenn der Erwerber Leistungsverweigerungsrechte geltend macht, also Mängelrechte (BGH BauR 1999, 1025). Im Übrigen: Zahlungstermine in Bauträgerverträgen sind für Zwischenfertigstellungstermine und Schlusstermine möglich und können daher

339

auch vereinbart werden, § 284 Abs. 2 BGB. Jedoch gilt bei den Einzelraten und der Schlusszahlungsanforderung, dass die Fälligkeit mit dem Eintritt des Zeitpunktes sondern mit der Zustellung der Rechnung erfolgt und 30 Tage danach erst der Verzug eintritt. Dabei ist zu berücksichtigen, dass erst der Verzug nach § 284 Abs. 3 BGB zum Ersatz der Schäden berechtigt, die als Verzögerungsschaden gelten, §§ 286 ff. BGB. Ohne Nachweis eines weitergehenden Schadens, nämlich Zinsen auf Darlehen, Hypotheken usw., hat der Bauträger nur das Recht über § 288 BGB einen Zinssatz von 5% über dem Basiszinssatz nach § 1 Diskont-Überleitungsgesetz geltend zu machen. Ein höherer Schaden kann über § 286 Abs. 1 BGB geltend gemacht werden, wobei den Bauträger dann die Darlegungs- und Beweislast trifft. Er wird dieses durch Bankbescheinigungen geltend machen. Soweit in den Bauträgerverträgen nichts weiter vereinbart worden ist, so kann aber auch das Recht des Rücktritts vom Vertrag durch den Bauträger geltend gemacht werden. Dabei sind aber die Voraussetzungen des Verzugs vorrangig. Dies bedeutet, dass eine Frist zur Zahlung, verbunden mit der Erklärung, dass nach Ablauf der Frist die Leistungserbringung abgelehnt werde, § 326 BGB. Dabei ist die Nachfrist angemessen zu setzen. Schwierigkeit des Erwerbers bei der Finanzierung gehen zu seinen Lasten (BGH NJW 1985, 2640). Der Anspruch des Bauträgers ist gerichtet auf eine Zug-um-Zug Leistung der Zahlung gegen Löschung der Auflassungsvormerkung. Möglich ist auch die Wahl des Schadenersatzanspruchs wegen Nichterfüllung mit der Folge der Rückgewähr nicht erbrachter Leistungen und der Nichtdurchführung des Vertrages. Eine Regelung in einem Bauträgervertrag, wonach die letzte Rate vor Übergabe der Wohnungen zu zahlen ist, zuvor jedoch bei der Abnahme festgestellte Mängel zu beseitigen sind, ist dahin auszulegen, dass die letzte Rate nicht vor Beseitigung der Mängel fällig wird. Ist für die Übergabe ein Termin vereinbart, gerät der Bauträger in Verzug, wenn er nicht bis zum Termin die Mängel beseitigt hat. Er kann sich dann nicht darauf berufen, dass der Erwerber die letzte Rate nicht gezahlt hat (BGH BauR 2000, 881).

9. Zwangsvollstreckung

340 Die notarielle Unterwerfung unter die sofortige Zwangsvollstreckung, welche der Erwerber eingeht, ist für Individualverträge möglich; die Notarurkunde gilt als Vollstreckungstitel bei Nichtzahlungen, § 794 Abs. 1 Nr. 5 ZPO. Die formularmäßige Klausel ist dagegen nicht AGB-widrig und verstößt nicht gegen § 305 Abs. 2 BGB, wenn der Erwerber sich der Zwangsvollstreckung in sein gesamtes Vermögen unterwirft. Erst wenn durch die formularmäßige Vereinbarung der Bauträger das Recht erhält, jederzeit ohne Nachweis die Vollstreckung zu betreiben, verstößt die Regelung gegen §§ 305 ff. BGB. Dies gerade deshalb, weil der Nachweis der Fälligkeit nicht geführt werden muss (OLG Celle NJW-RR 1991, 667; *Cuypers* ZfBR 1998, 4; BGH NJW 1991, 1681; OLG Celle BauR 1998, 802; OLG Düsseldorf BauR 1996, 143; BGH BauR 1999, 53; OLG Hamm BauR 2000, 1509; OLG Zweibrücken BauR 2000, 1209; *Pause* NJW 2000, 769 ff.; OLG Dresden NJW-RR 1999, 1398 zu Altbausanierung; OLG Jena IBR 2000, 25 zu Unwirksamkeit gem. § 134 BGB i.V.m. §§ 3, 12 MaBV). Anders nur, wenn ein unabhängiger Dritter die Bestimmung des Leistungsstandes herbeiführen soll, also ein vertraglich festgelegter Architekt oder Bausachverständiger (OLG München BauR 2000, 1760). Prozessual kann der Erwerber auf zwei Wegen vorgehen. Einerseits mit der Vollstreckungsabwehrklage darauf, dass die Unterwerfungsklausel unwirksam sei. Dabei können die Einwendungen auf die Mängel als solche gestützt werden, allerdings nur Fortsetzung der Zwangsvollstreckung Zugum-Zug gegen Beseitigung der Mängel (BGH BauR 1992, 622) oder als selbstständige Feststellungsklage i.V.m. § 769 ZPO unter Beantragung der vorläufigen Einstellung der Zwangsvollstreckung (BGH NJW 1994, 461; OLG Zweibrücken NJW-RR 2000, 549; OLG Hamm BauR 2000, 1509; OLG München BauR 2000, 1760; a.A. OLG Braunschweig BauR 2000, 1228). Ist in einem Bauträgervertrag eine Zwangsvollstreckungsunterwerfungsklausel auf Grund des Verzichts auf den Nachweis der Fälligkeitsvoraussetzungen nichtig (§§ 3, 12 MaBV i.V.m. § 134 BGB), so kann sie auch nicht in einem Urkundenprozess (§§ 592 ff. ZPO) den Beweis der Fälligkeitsvoraussetzungen erleichtern. Eine auf eine solche Klausel gestützte Klage ist als im Urkundenprozess unstatthaft abzuweisen (§ 597 Abs. 2 ZPO; LG Berlin BauR 2004, 1019).

10. Vergütung des Baubetreuers

Soweit dort eine Festpreisgarantie übernommen wird, bezieht dieser sich auf die Leistung des Baubetreuers und die Garantie auf die auf die Einhaltung der Kosten der am Bau Beteiligten und sonstigen Fremdkosten. Damit liegt hier immer eine Preisgarantie vor (BGH BauR 1977, 59). Daher hat der Betreute im Innenverhältnis zum Betreuer einen Freistellungsanspruch (BGH NJW 1977, 294; LG Stuttgart NJW-RR 1987, 276). Wenn der Baubetreuer eine Liste mit genau aufgeschlüsselten Einzelkosten zum Gegenstand seines Vertrages gemacht hat, so liegt eine Garantie vor. Die Beweislast obliegt hierfür dem Bauherrn, wenn die Summen überschritten werden und dies feststeht (BGH BauR 1987, 105; 1987, 225). Der Umfang ist aus dem Vertrag herauszunehmen. Dabei ist dieser auszulegen. Daher ist es möglich, dass eine allumfassende Bausummengarantie abgegeben wird. Möglich ist auch die Vereinbarung eines Erfolgshonorares dergestalt, dass eine Bausummengarantie abgegeben wird mit der Option, dass bei Unterschreitung der Betreuer die Differenz für sich einstreichen kann. Im Hinblick auf den Bauherrenerlass vom 23.5.2001 zu § 27a AGBG ist der Betreute dann Bauherr. Werden Leistungen durch den Baubetreuer nicht erbracht, so entfallen im eigentlichen Sinne die Vergütungsansprüche für diesen Teilbereich. Die Rechtsprechung zur Tätigkeit von Architekten ist hier nicht anwendbar (BGH NJW 1982, 1387). Bei Maklertätigkeiten oder bei der Vermittlung von Finanzierungsmitteln kann der Bauherr den Anteil oder die Gebühr zurückfordern (§§ 812 ff. BGB; BGH BB 1985, 1151; BGH NJW 1983, 985; OLG München DB 1983, 1692). Auch eine Vermietungsgarantievermittlungsgebühr kann bei Erfolglosigkeit entfallen (BGH NJW 1984, 2162). Die Klausel in Betreuungsverträgen, dass der Ausschluss der Rückzahlungsverpflichtung vereinbart wird, ist unwirksam (BGH BB 1984, 1192).

11. Abtretung von Gewährleistungsansprüchen an Betreuten und Erwerber

Problematisch ist beim Bauträgervertrag, in dem unmittelbare vertragliche Beziehungen regelmäßig nur zwischen dem Bauträger und den ausführenden Unternehmern bestehen, vor allem, ob und inwieweit sich der Betreute (Erwerber) ein erkennbar wegen baulicher Mängel mangelhaftes Werk übereignen und die darauf bezogenen Gewährleistungsansprüche **abtreten** lassen muss (hierzu *Grassnack* BauR 2006, 1394).

a) Allgemeines

Dies ist jedenfalls **bei schwerwiegenden Mängeln aus Treu und Glauben (§ 242 BGB) zu verneinen**. Dann hat der Betreuer seine vertragliche Pflicht, mangelhafte Leistungen mit allen ihm zu Gebote stehenden rechtlichen Mitteln zu vermeiden und abzuwehren, ganz eindeutig vernachlässigt. Hier ist der Betreute befugt, die **Übernahme des Bauwerks so lange zu verweigern, bis der Betreuer seinerseits die ihm obliegenden Pflichten** – Bereitstellung eines ordnungsgemäßen Bauwerks ohne tiefgreifende Mängel – erfüllt hat. Überdies ist allgemein zu verlangen, dass der Betreuer mit dem Auftragnehmer vorher vertraglich eine Sicherheitsleistung für etwaige Baumängel vereinbart hat (OLG Köln MDR 1974, 931). Vor allem muss beachtet werden, dass bei Formularverträgen der durch § 309 Nr. 8a BGB vorgegebene Rahmen nicht missachtet wird. Zur **Abtretung von Sachmängelgewährleistungsansprüchen** durch Wohnungsunternehmen an Erwerber von Eigentumswohnungen: Groß, BauR 1972, 325 und 1975, 12, 17 ff., ferner *Häring* BlGBW 1978, 225; dazu auch OLG Köln BauR 1972, 375 mit zutreffender Anm. von *Hochstein* BauR 1972, 377. Zum zulässigen Rahmen der Abtretung von Gewährleistungsansprüchen siehe insbesondere auch § 13 VOB/B Rn. 78 ff.; *Kornblum* BB 1981, 1296 zum Schuldnerschutz bei Forderungsabtretung. **Bauträger und Auftragnehmer werden** hinsichtlich der den Erwerbern abgetretenen Gewährleistungsansprüche **grundsätzlich nicht Gesamtschuldner,** was sich aus der Natur der Abtretung ergibt.

b) Informationspflichten

344 **Voraussetzung für die Wirksamkeit der Abtretung von Gewährleistungsansprüchen ist immer, dass der Betreuer dem Erwerber von sich aus die im Einzelfall erforderlichen Informationen erteilt,** die zur Durchsetzung des abgetretenen Gewährleistungsanspruches notwendig sind (*Jagenburg* NJW 1972, 1222; *Brych* NJW 1972, 896 und *Ludewig* NJW 1972, 516; *Locher* Rn. 412; BGH BauR 1979, 514; OLG Hamm BauR 1976, 208; BGH BauR 1981, 571; 1989, 211; OLG Düsseldorf MDR 1999, 33). Notfalls muss er sich die **Unterlagen** – evtl. vom Auftragnehmer – wiederbeschaffen, soweit der Erwerber sie benötigt, um die an ihn abgetretenen Ansprüche sachgerecht und vollständig verfolgen zu können (OLG Hamm BB 1975, 1184). Zur ordnungsgemäßen Information gehört selbstverständlich auch die **genaue Angabe des oder der Verpflichteten** (BGH BauR 1981, 469; 1984, 634) bzw. des oder der **für die Mängel in Betracht kommenden Verantwortlichen** (BGH BauR 1981, 571) ferner des insoweit **maßgeblichen Inhalts der Verträge, des Zeitpunktes der Abnahme und des damit verbundenen Laufs der Verjährungsfrist, noch nicht beglichener Werklohnforderungen,** etwa zu erwartender Leistungsverweigerungen der Handwerker (BGH SFH Z 2.10 Bl. 35; BGH BauR 1978, 308; 1981, 571; OLG Hamm MDR 1991, 1065) dagegen reicht im Allgemeinen die bloße Übersendung der Handwerkerliste zur Feststellung der Sachbefugnis nicht aus (BGH BauR 1981, 571; 1978, 308). Der Betreuer ist auch verpflichtet, ihm bei Abschluss des Betreuervertrages **bekannte Mängel dem Erwerber mitzuteilen;** dasselbe gilt für Mängel, die ihm **im Zeitpunkt der Abtretung bekannt** sind (BGH SFH Z 2.10 Bl. 63). Die genannten Unterstützungspflichten des Betreuers (Bauträgers) ergeben sich als **vertragliche Nebenpflichten gemäß § 402 BGB in jedem Falle, ohne dass sie ausdrücklich in den Vertrag aufgenommen werden müssen** (BGH BauR 1978, 308; BGH BauR 1979, 514). Diese Informations- und Herausgabpflicht des Veräußerers bzw. Baubetreuers besteht deshalb **auch ohne besonderes** berechtigtes Interesse des Erwerbers; vielmehr genügt es, wenn dieser dem Veräußerer erkennbar macht, dass er den oder die betreffenden Handwerker im Rahmen der Gewährleistung wegen der Mängel verantwortlich machen will (BGH BauR 1989, 211). Bei ihrer Verletzung macht sich der Betreuer zumindest schadensersatzpflichtig (OLG Stuttgart BauR 1978, 401). Eine Bestimmung in AGB, wonach der Betreuer bzw. Bauträger den Erwerber nur innerhalb der ersten drei Monate ab Anzeige über die schlüsselfertige Herstellung und Bezugsfertigkeit bei der Verfolgung der abgetretenen Gewährleistungsansprüche zu unterstützen habe, verstößt in ihrer zeitlichen Beschränkung gegen Treu und Glauben und ist deshalb unwirksam (BGH BauR 1981, 469), was gerade auch für den Bereich des § 309 Nr. 8a BGB sowie § 307 BGB zutrifft. Erst recht gilt dies für noch weitergehende Einschränkungen oder gar Ausschlüsse der Unterstützungspflichten.

c) Inhaltlich klare Abtretung

345 Eine Abtretung ist außerdem **nach Inhalt und Umfang hinreichend klar zu formulieren,** um Zweifels- und damit Streitfragen auszuschließen. Die Formulierung, dass der Erwerber die Abtretung von Gewährleistungsansprüchen »verlangen kann«, kann gleichwohl bei Auslegung des Vertragstextes im Übrigen ergeben, dass die Vertragspartner bereits bei Vertragsabschluss die Abtretung gewollt haben (BGH SFH Z 2.10 Bl. 35).

346 Im Einzelfall ist immer **zu beachten und zweifelsfrei zu bezeichnen, gegen welchen Baubeteiligten Gewährleistungsansprüche abgetreten sind.** Die Klausel, dass »Ansprüche gegen die beteiligten Unternehmer, Handwerker und Lieferanten« abgetreten werden, bedeutet, dass etwaige Ansprüche gegen den Architekten nicht abgetreten sind (BGH SFH Z 2.10 Bl. 35; BGH BauR 1978, 308; 1981, 571; OLG Hamm MDR 1991, 1065). Wenn nicht nur Ansprüche wegen Ausführungsfehlern, sondern auch Ansprüche aus Planungsmängeln abgetreten sein sollen, muss dies im Vertrag unzweifelhaft zum Ausdruck kommen (BGH BauR 1980, 568).

d) Ausschluss der Gewährleistungsansprüche gegen Bauträger unter gleichzeitiger Abtretung

Schließt ein Bauträger formularmäßig seine eigenen Gewährleistungsansprüche gegenüber dem Erwerber aus und verpflichtet er sich gleichzeitig, ihm seine Gewährleistungsansprüche gegen die Baubeteiligten (Architekt, Bauunternehmer usw.) abzutreten, so bleibt seine Eigenhaftung gleichwohl zumindest dann bestehen, wenn sich eine gerichtliche Auseinandersetzung mit dem Gewährleistungspflichtigen nicht vermeiden lässt, wie sich aus § 309 Nr. 8a BGB ergibt (OLG Hamm BauR 1996, 722). Auch trifft dies zu, wenn die Durchsetzung der Gewährleistungsansprüche gegen ausführende Handwerker **aussichtslos ist, weil die Ansprüche verjährt sind** (BGH BauR 1982, 61; 1985, 314). Dazu gehört auch das Risiko, dass die eigentlichen Ursachen für die Mängelfolgeerscheinungen (z.B. Risse) nicht vor Ablauf der Gewährleistungsfrist erkannt werden und deshalb die Gewährleistungspflichtigen nicht rechtzeitig belangt werden können (OLG Köln SFH § 633 BGB Nr. 93). Gleiches gilt, wenn der Bauträger **nicht in der Lage ist, seine Ansprüche gegen sämtliche Baubeteiligten,** die für einen Mangel einstehen müssen, **abzutreten;** auch bleibt dann die **Eigenhaftung des Bauträgers** bestehen, wenn ein gewährleistungspflichtiger Baubeteiligter mittellos ist (BGH BauR 1975, 133 in Ergänzung zu BGH BauR 1974, 278). In der zuletzt genannten Entscheidung ist mit Recht ausgesprochen worden, dass eine formularmäßige Freizeichnungsklausel, worin der Veräußerer eines von ihm zu errichtenden Hauses seine eigene Gewährleistungspflicht gegenüber den Erwerbern ausschließt und gleichzeitig seine Gewährleistungsansprüche gegen Architekt, Bauunternehmer und andere an der Erstellung beteiligte Dritte an den Erwerber abtritt, dahin auszulegen ist, dass die Eigenhaftung des Veräußerers (Bauträger) **nur insoweit abbedungen ist, als sich der Erwerber aus den abgetretenen Ansprüchen gegen die am Bau Beteiligten auch tatsächlich** – vor allem ohne Notwendigkeit eines Prozesses – **schadlos halten kann.** Das Risiko, dass diese Schadloshaltung keinen Erfolg hat, bleibt somit beim Bauträger (ebenfalls BGH BauR 1977, 133; 1978, 136; 1979, 420 mit Anm. *Rosenberger* BauR 1980, 267; BGH BauR 1980, 71; 1980, 568; 1981, 467; 1981, 469; 1982, 61; 1981, 571; vgl. zu diesen Fragen *Doerr* ZfBR 1982, 189; *Löwe* NJW 1974, 1108; *Locher* NJW 1974, 1544; *Peters* NJW 1982, 562). Hat der Bauträger seine Gewährleistungsansprüche gegen einen Bauhandwerker an den Erwerber abgetreten und wird der Bauhandwerker kurz vor Ablauf der 5-jährigen Gewährleistungsfrist zahlungsunfähig, so haftet der Bauträger für alle Mängel, die innerhalb der nach dem Eintritt der Zahlungsunfähigkeit für ihn laufenden (neuen) vollen Verjährungsfrist auftreten, auch dann, wenn sich die Mängel erst mehr als 5 Jahre nach Abnahme der Leistung des Bauhandwerkers zeigen (OLG Düsseldorf BauR 1992, 775). Tritt der Bauträger in einem Formularvertrag für den Fall, dass vom keine Gewährleistungs zu erlangen ist seine Gewährleistungsansprüche gegen alle am Bau beteiligten Unternehmen, Handwerker und sonstige Dritte ab, so sind davon auch die Gewährleistungsansprüche gegen den Architekten umfasst (OLG Düsseldorf BauR 2000, 131). **347**

Im Übrigen ist eine Klausel, die die Haftung des Verantwortlichen (z.B. des Bauträgers) zwar nicht von der vorherigen gerichtlichen Inanspruchnahme Dritter abhängig macht, nach § 309 Nr. 10a BGB auch dann unwirksam, wenn sie **aufgrund ihrer sprachlichen Fassung die Gefahr begründet, dass der Klauselgegner sie dahin versteht, dass im Regelfall die gerichtliche Inanspruchnahme Dritter Voraussetzung für die subsidiäre Haftung des Verantwortlichen ist.** So ist in AGB (z.B. eines Bauträgers) über den Erwerb einer neu errichteten Eigentumswohnung eine Klausel nach § 309 Nr. 10a BGB unwirksam, nach der der Verantwortliche (Bauträger) »hilfsweise auf Gewährleistung« nur dann haftet, wenn »der Käufer die ihm abgetretenen Ansprüche aus tatsächlichen Gründen (z.B. Insolvenz oder Geschäftsaufgabe des Drittschuldners) nicht durchsetzen kann«. Durch eine solche Formulierung wird der Eindruck erweckt, der Verantwortliche (Bauträger) hafte nur aus den genannten oder aus vergleichbar gewichtigen Gründen (BGH NJW 1995, 1675; OLG Düsseldorf NJW-RR 1997, 659 im Hinblick auf eine ähnliche Klausel). Gleiches gilt im Hinblick auf die Klausel, in welcher der Bauträger seine Haftung davon abhängig macht, dass die abgetretenen Gewährleistungsansprüche gegen Nachunternehmer »nicht durchsetzbar sind«, weil nach dieser Fassung die Gefahr besteht, dass der Vertragspartner sie dahin versteht, die gerichtliche Inanspruch- **348** nahme der Nachunternehmen sei Voraussetzung für die Haftung des Bauträgers (BGH BauR 1998, 335; 2002, 1385).

349 Ein **Fehlschlagen** kann ferner darin liegen, dass der für den Mangel verantwortliche oder mitverantwortliche Unternehmer **mehrere vergebliche Nachbesserungsversuche** vornimmt (BGH BauR 1982, 493). Dies kann jetzt auf eine Nachbesserung beschränkt sein, §§ 634, 634a, 635 BGB. Andererseits: Die subsidiäre Haftung des Veräußerers lebt **dann nicht wieder auf,** wenn der Anspruch gegen Dritte (Unternehmer, Architekten, Ingenieure) aus **alleinigem Verschulden** des Erwerbers nicht mehr durchgesetzt werden kann, weil er verjährt ist, also dem Bauträger sonst keine Pflichtverletzung vorgeworfen werden kann (BGH BauR 1991, 85; OLG Köln BauR 1993, 255).

e) Kosten des Erwerbers

350 Sind dem Erwerber beim Versuch, Gewährleistungsansprüche gegenüber dem Auftragnehmer oder sonst am Bau Beteiligten durchzusetzen, Kosten entstanden, die er von dem in erster Linie auf Gewährleistung Haftenden nicht ersetzt bekommt, so hat der **Bauträger diese Aufwendungen nach den Regeln des Auftragsrechts (§ 670 BGB) zu ersetzen,** falls der Erwerber sie den Umständen nach **für erforderlich halten durfte;** insoweit sind die Grundsätze des Auftragsrechts jedenfalls sinngemäß anzuwenden (BGH BauR 1984, 634).

f) Individualverträge

351 Anders liegt es dagegen grundsätzlich bei **Individualverträgen; hier kommt aber eine an sich zulässige Freizeichnung im unter d) und e) aufgeführten eingeengten Sinne jedenfalls aber auch nicht** in Betracht, wenn der Veräußerer bzw. Betreuer einen **ihm bekannten Mangel arglistig verschweigt** (BGH BauR 1976, 432).

g) Insolvenz des Unternehmers

352 Der Bauträger kann im Falle der **Insolvenz des an sich gewährleistungspflichtigen (General-) Unternehmers** die Erwerber nicht auf dessen Ansprüche gegen die Subunternehmer verweisen, zumal die Erwerber nicht in vertraglichen Beziehungen zu diesen stehen; insoweit sind die Erwerber auch nicht gehalten, sich Ansprüche des Gemeinschuldners gegen die Subunternehmer abtreten zu lassen (BGH BauR 1979, 420 mit Anm. *Rosenberger* BauR 1980, 267 sowie *Kellmann* NJW 1980, 400). Auch haben die Erwerber ihre Schadloshaltung nicht dadurch vereitelt, dass sie sich vom Konkursverwalter die **Restforderung** des Gemeinschuldners gegen den Bauträger abtreten ließen und auf weitere Ansprüche gegen den Gemeinschuldner verzichtet haben, wenn der Konkursverwalter die Erfüllung des Vertrages zwischen dem Bauträger und dem Gemeinschuldner nach § 103 InsO abgelehnt hat; dann haben die Erwerber nichts aus der Hand gegeben, was zumutbarerweise zu ihrer Schadloshaltung hätte dienen können; weit eher hätte sich der Bauträger die Ansprüche gegen die Subunternehmer nach dem Vermögensfall des Gemeinschuldners abtreten lassen können und müssen (BGH BauR 1979, 420).

h) Durch Bauträger selbst veranlasste Nachbesserung

353 Zum etwaigen unmittelbaren Anspruch des Bauträgers aus Rückabtretung, Ermächtigung, Geschäftsführung ohne Auftrag oder ungerechtfertigter Bereicherung gegen den Unternehmer bzw. Architekten, wenn er trotz Abtretung die Nachbesserung auf seine Kosten bewirkt, vgl. § 13 VOB/B dort.

i) Zustimmung des Auftragnehmers zur Abtretung

354 Eine **notwendige Zustimmung des bauausführenden Auftragnehmers** zur Abtretung von Gewährleistungsansprüchen durch den Bauträger an die Erwerber ist häufig darin zu sehen, dass er im Allgemeinen weiß oder wissen sollte, dass ein Bauträger seine Gewährleistungsansprüche an die Erwerber abtritt (BGH BauR 1980, 69).

k) Einrede des nichterfüllten Vertrages

Trotz wirksamer Abtretung steht dem **Bauträger als Auftraggeber gegen den Auftragnehmer noch die Einrede des nichterfüllten Vertrages** aufgrund eines Mängelbeseitigungsanspruches zu. **Dagegen**: Solange der Auftraggeber (Bauträger), der seine Gewährleistungsansprüche gegen die Auftragnehmer abgetreten hat, noch einen Teil des Vergütungsanspruches eines Auftragnehmers zurückbehält, darf **auch** der – eigentlich von dem Mangel betroffene – **Erwerber** dies **gegenüber dem Bauträger** tun; Treu und Glauben gebieten es, den Erwerber im Verhältnis zum Bauträger so zu stellen, als verschulde er dem betreffenden Auftragnehmer unmittelbar die Vergütung und sei demgemäß bis zur Mängelbeseitigung zur Leistungsverweigerung befugt (BGH BauR 1980, 69). **Andererseits**: Hat der Bauträger wirksam die Gewährleistungsansprüche an den oder die Erwerber abgetreten, kann er selbst ohne vorherige Rückabtretung weder den Werklohn des Auftragnehmers mindern noch mit Schadensersatzansprüchen aus Gewährleistung gegenüber dem Unternehmer aufrechnen (OLG Celle OLGR 1995, 183; BGH BauR 1982, 384).

355

l) Sonderfälle

Wer sich zwecks Ablösung eines Garantieeinbehaltes für den Auftragnehmer einem Bauträger gegenüber verbürgt, der seinerseits seine Gewährleistungsansprüche an den Erwerber des Bauwerks abgetreten hat, haftet, wenn der Bauträger selbst für die Gewährleistung einstehen muss, weil der Auftragnehmer zur Mängelbeseitigung nicht mehr in der Lage ist (BGH BauR 1982, 384). Es ist keine angemessene Vertragsklausel und widerspricht Treu und Glauben, wenn ein Baubetreuer als Auftraggeber in einem umfangreichen Klauselwerk mit zahlreichen besonderen oder zusätzlichen von der VOB/B abweichenden Vertragsklauseln dem Auftragnehmer – für den Fall, dass der Bauherr (Grundstückseigentümer) seinen Zahlungsverpflichtungen gegenüber dem Auftraggeber (Baubetreuer) nicht nachkommt – seine Ansprüche gegen den Bauherrn »an Zahlungs Statt« abtritt und der Auftragnehmer auf seinen direkten Anspruch gegen den Auftraggeber (Baubetreuer) verzichtet; eine solche Regelung ist unwirksam, und dem Auftragnehmer ist es weiterhin gestattet, seinen Vergütungsanspruch gegen den Auftraggeber (Baubetreuer) durchzusetzen (OLG Frankfurt NJW 1975, 1662).

356

m) Ausschluss oder Einschränkung von Gewährleistungsansprüchen ohne Abtretung

Ein gänzlicher Ausschluss von Gewährleistungsansprüchen für von den Bauunternehmern verursachte Mängel ohne Abtretung durch den Bauträger an den Erwerber **verstößt** ohne ausführliche Belehrung und eingehende Erörterung seiner Rechtsfolgen **auch bei Individualverträgen gegen Treu und Glauben (§ 242 BGB)** und ist daher unwirksam, wenn es sich um eine **formelhafte, also häufig gebrauchte Klausel** handelt (BGH BauR 1987, 552; 1990, 466; OLG Frankfurt SFH § 635 BGB Nr. 50; OLG Schleswig NJW-RR 1995, 590); auf keinen Fall bezieht sich ein solcher Ausschluss auch auf Mängel, die der Betreuer durch mangelhafte Planung oder Bauaufsicht mitverursacht – nicht nur mitverschuldet – hat (abzulehnen OLG Hamm MDR 1974, 277). **Gleiches** trifft auf einen **teilweisen Ausschluss** der Gewährleistung wegen Sachmängel zu (BGH BauR 1986, 345 für den Fall der Freizeichnung von »allen erkennbaren Mängeln«; BGH BauR 1989, 597 für den Fall des Haftungsausschlusses für sichtbare oder unsichtbare Sachmängel in richtiger Auseinandersetzung mit daran geübter Kritik; vgl. dazu auch *Brambring* DNotZ 1990, 99; ferner BGH BauR 1987, 686 bei Freizeichnung von »sichtbaren Sachmängeln«, wenn damit – was regelmäßig zutrifft – einseitig die Interessen des Bauträgers als Veräußerer verfolgt werden). Das alles gilt **erst recht für Haftungsausschlüsse, die lediglich in formularmäßigen Bedingungen des Betreuers** enthalten sind und nicht frei zwischen den Vertragspartnern ausgehandelt wurden (BGH BauR 1975, 206) **wie auch durch § 309 Nr. 10a BGB festgelegt ist**. Jedenfalls bleibt gerade auch **hier das Risiko, dass die Schadloshaltung fehlschlägt, beim Betreuer** (BGH BauR 1975, 206; 1981, 571). Das Gesagte gilt auch für einen formelhaften, ohne ausführliche Belehrung und Erörterung seiner einschneidenden Rechtsfolgen in notariellen Verträgen über den Erwerb neuerrichteter oder noch zu errichtender

357

Anhang 3 — Unternehmereinsatzformen

Eigentumswohnungen und Häuser festgelegten Ausschluss der Haftung für Sachmängel, wenn die Freizeichnung des Veräußerers von Gewährleistungsansprüchen in einem notariell beurkundeten »Kaufangebot« des Erwerbers enthalten ist und der Veräußerer dies annimmt (BGH BauR 1984, 392; *Bunte* ZIP 1984, 1313). Eine in einem – vor Inkrafttreten des AGB-Gesetzes abgeschlossenen – Formularvertrag enthaltene Freizeichnungsklausel, in der der Veräußerer einer noch zu errichtenden Eigentumswohnung – ohne gleichzeitig seine Gewährleistungsansprüche gegen die Baubeteiligten abzutreten – seine eigene Gewährleistungspflicht gegenüber dem Erwerber auf den Umfang beschränkt, »in dem er von Dritten, insbesondere den Bauhandwerkern, Ersatz oder Erfüllung von Gewährleistungsansprüchen verlangen kann«, ist unwirksam; eine solche formelhafte Freizeichnung ist gemäß § 242 BGB auch in einem Individualvertrag über den Erwerb neuerrichteter Eigentumswohnungen und Häuser unwirksam, wenn sie nicht mit den Erwerbern unter ausführlicher Belehrung über die einschneidenden Folgen erörtert worden ist (BGH BauR 1987, 552). Das gilt auch für die Umwandlung eines Altbaus in Eigentumswohnungen (BGH BauR 1988, 464). Die Darlegungs- und Beweislast zu den Voraussetzungen des Gewährleistungsausschlusses hat der Bauträger (*Baumgärtl* ZfBR 1988, 112).

358 Wer im Namen einer noch nicht entstandenen GmbH & Co. KG als deren Gründer einen Vertrag abschließt (wie z.B. mit einem Bauunternehmer oder einem Architekten), haftet entsprechend § 179 Abs. 1 BGB unbeschränkt auf Erfüllung, wenn die Gesellschaft nicht existent wird oder sie den Vertrag nach ihrer Entstehung nicht genehmigt; das gilt auch, wenn der andere Teil (Bauunternehmer oder Architekt) bei Vertragsabschluss weiß, dass die Gesellschaft noch nicht besteht (BGH BB 1974, 1178 mit Anm. *Klamroth*).

359 Im Übrigen: Häufig auf dem Baumarkt sind die Fälle, in denen von einem »Bauherrn« Wohnungseigentum an noch zu errichtenden Bauten erworben wird. Wesentlich ist auch hier die Frage, ob sich die Gewährleistungsansprüche der Erwerber nach **Kauf- oder Werkvertragsrecht** richten (vgl. dazu auch *Hauger* NZM 1999, 536). Das ist vor allem für die Dauer der Verjährungsfrist von Bedeutung. Das Problem ist aber mit Einführung des § 438 Abs. 1 Nr. 2a und 2b BGB gelöst, soweit darüber hinaus wegen der **Gewährleistungsansprüche Werkvertragsrecht** zur Anwendung gelangt (BGH SFH Z 2.210 Bl. ff.). Dies hat zur Folge, dass eine nicht individuell, sondern formularmäßig getroffene Bestimmung, wonach ein Vertrag über die Veräußerung einer Eigentumswohnung mit Fertigstellungsverpflichtung des Veräußerers kein Werkvertrag, sondern ein Kaufvertrag sein soll, unwirksam ist (BGH BauR 1979, 420 m. Anm. *Rosenberger* BauR 1980, 267; BGH BauR 1990, 353). Auch hier kommen aber werkvertragliche Gewährleistungsansprüche nur insoweit in Betracht, wie das dem Erwerber veräußerte Objekt (Sonder- und/oder Gemeinschaftseigentum) selbst fehlerhaft ist, oder nicht die zugesicherten Eigenschaften besitzt. Das gilt z.B. nicht wegen einer nach Vertragsabschluss aufgrund behördlicher Auflage eingebauten Feuertreppe, wenn der Einbau nötig war, um die veräußerte Wohnung mängelfrei zu machen. Andererseits: Der Veräußerer einer Eigentumswohnung – hier: einer in Wohnungseigentum umgewandelten Altbauwohnung –, der den Erwerber schuldhaft über den geplanten, auf einer behördlichen Auflage beruhenden Einbau einer Feuertreppe vor dem einzigen Fenster der Wohnung nicht aufklärt, hat dem am Vertrag festhaltenden Erwerber als Schadensersatz wegen Verschuldens bei Vertragsschluss den Betrag zu ersetzen, um den dieser die Wohnung zu teuer erworben hat, also den Betrag, den der Erwerber bei Kenntnis der Sachlage weniger bezahlt hätte, ohne dass es darauf ankommt, ob der Veräußerer den Vertrag auch zu dem geringen Betrag abgeschlossen hätte (BGH BauR 1989, 216).

360 Hat der Veräußerer nur mit dem von ihm zwecks Herstellung des Bauvorhabens beauftragten Auftragnehmer die VOB vereinbart, sind im Verhältnis zwischen Veräußerer und Erwerber nicht allein schon deshalb die Vorschriften des Teils B der **VOB** heranzuziehen, somit auch nicht die besondere Ausgestaltung der Gewährleistungsansprüche und die Verjährungsfrist des § 13 Nr. 4 VOB/B. Die VOB ist ein Vertragswerk, das nur zwischen den Vertragsschließenden Wirkung hat, also nicht ohne weiteres »Fortwirkung« auf andere Rechts- und Vertragsverhältnisse hat. Somit gelten auch hier die §§ 631 ff. BGB zwischen Veräußerer und Erwerber, wenn nicht in zulässigem Rahmen für den Herstellungsbereich (vgl. § 1 VOB/A Rn. 35, 36) die VOB/B zur Vertragsgrundlage gemacht worden ist. Die im Erwerbervertrag ausdrücklich hervorgehobene Möglichkeit erhöhter Abschreibungen nach § 10e EstG ist nach Ansicht des BGH eine zusicherungsfähige Eigenschaft (BGH ZfBR 1981, 129; dazu mit Recht krit. *Brych* ZfBR 1981, 153; *Festge* ZfBR 1981, 208).

Auch im Verhältnis zwischen Veräußerer und Erwerber sind besonders die Vorschriften der §§ 305 ff. BGB zu beachten. Darüber hinaus spielt auch die auf den §§ 242, 138 BGB beruhende Generalklausel des § 307 BGB eine wichtige Rolle. Eine formularmäßige Freizeichnungsklausel, worin der zur Herstellung einer Eigentumswohnung Verpflichtete seine eigene Gewährleistungspflicht auf den Umfang beschränkt, in dem er die Baubeteiligten »mit zweifelsfrei begründeter Erfolgsaussicht« in Anspruch nehmen kann, ist unwirksam (BGH BauR 1977, 133). **361**

Begründet der Eigentümer eines Gebäudes im Wege der »Voratsteilung« gemäß § 8 WEG Wohnungseigentum, so liegt ein Verstoß gegen das **Koppelungsverbot des Art. 10 § 3 MRVG** nicht vor, wenn die Erwerber sich im Zusammenhang mit dem Erwerb verpflichten, zur Errichtung des Gebäudes diejenige Planung zu verwenden, die nach § 7 Abs. 4 WEG der Bildung des Wohnungseigentums zugrunde gelegt war, und denjenigen Ingenieur oder Architekten mit der Ausführung zu beauftragen, der die Planung gefertigt hat; dies widerspricht nicht dem Sinn der genannten gesetzlichen Regelung, zumal für die Bildung von Wohnungseigentum die Inanspruchnahme eines Architekten praktisch unerlässlich ist, weil die Voraussetzungen der §§ 7 Abs. 4, 8 Abs. 2 S. 1 WEG nur erfüllt werden können, wenn für ein neu zu errichtendes oder umzubauendes Gebäude jedenfalls eine Planung des Architekten auf der Grundlage des § 15 Abs. 2 (LV 1–4) HOAI beigebracht wird (BGH BauR 1986, 464). **362**

12. Werklieferungsvertrag mit Geschäftsbesorgungscharakter; insbesondere werkvertragliche Gewährleistung

Der Bauträgervertrag, also der zwischen dem Bauträger und dem Erwerber abgeschlossene Vertrag, ist für den Normalfall als Werklieferungsvertrag mit Geschäftsbesorgungscharakter anzusehen (*Doerry* ZfBR 1982, 189; *Locher/Koeble* Rn. 25 f.; *Hochstein* BauR 1971, 200; *Groß* BauR 1975, 12; *Koeble* NJW 1974, 721; *Gläser* NJW 1975, 1006, der vor allem auch den steuerrechtlichen Hintergrund beleuchtet; *Reithmann/Meichssner/v. Heymann* S. 392 ff.; *Brych/Pause* Rn. 38 ff.). Unter Umständen können bei den jeweiligen Verträgen im Einzelfall u.a. auch – abgesehen von dem die Grundstücksüberlassung selbst betreffenden Teil – Elemente des Kaufvertrages vorliegen, was jedoch für den bei solchen Verträgen letztlich entscheidenden Bereich der werkvertragsrechtlichen Bauerrichtung selbst nicht in Betracht kommt (siehe zu diesem Grundsatz im Einzelnen: *Brych/Pause* Rn. 38 ff.; *Locher* Rn. 406 ff.; *Koeble* NJW 1974, 721; BGH BauR 1973, 247; BGH WM 1969, 96; BGH BauR 1974, 59; 1975, 59; 1975, 206; 1976, 133; 1977, 271; 1979, 59; 1979, 337; 1979, 523; 1976, 59; 1982, 58 m.w.N.; BGH BauR 1989, 597; siehe insofern auch *Grziwotz* NJW 1989, 193; *Basty* Rn. 2; *Wagner* FS Jagenburg 2002 S. 981 ff.). **363**

Bei einem Baubetreuungsvertrag im Rahmen eines Bauherrenmodells, in dem der Baubetreuer auch die Verpflichtung zur Beschaffung der **Finanzierung** und der Bauherr die zu ihrer Abnahme übernimmt und in dem die Vergütung nicht nach Prozenten des vermittelten Kredits, sondern als Gesamtvergütung an der Wohnfläche der Eigentumswohnung ausgerichtet ist, handelt es sich um einen **Geschäftsbesorgungsvertrag,** der nicht dem Maklerrecht, sondern dem **Werkvertragsrecht** unterliegt (BGH BauR 1991, 475). **364**

Sofern dem Baubetreuer (Bauträger) der Auftrag erteilt ist, mit der Bauausführung einen Generalunternehmer zu beauftragen, haftet er evtl. für die Auswahl des Unternehmers und/oder die ihm evtl. anzulastende fehlerhafte Abwicklung dieses Vertrages, nicht aber für Mängel, die dem Generalunternehmer bei der Bauausführung unterlaufen; das gilt vor allem, wenn dem Baubetreuer ein fest- **365** umrissener Auftrag in dem Sinne erteilt wird, dass der Generalunternehmer von der Bauherrenseite schon ausgewählt und mit diesem bereits die Vergütung festgelegt worden ist (OLG Düsseldorf NJW-RR 1991, 219).

366 **Andererseits:** Eine in einem Baubetreuungsvertrag enthaltene Klausel, wonach der Bauträger die von ihm geschuldeten technischen Betreuungsleistungen auch durch Dritte und insbesondere in der Weise erbringen lassen kann, dass er den bauleitenden Architekten oder bauausführenden Unternehmer im Namen und für Rechnung der Bauherrengemeinschaft betraut, ist wegen Verstoßes gegen die §§ 307, 309 Nr. 10a, 11, 12a BGB unwirksam (OLG Saarbrücken NZM 1999, 527).

a) Grundsätzlich werkvertragliche Gewährleistungsansprüche

367 Somit richten sich etwaige Gewährleistungsansprüche des Erwerbers – vor allem auch bei Erwerb neuerrichteten Wohnungseigentums – durchweg nach Werkvertragsrecht, weswegen § 309 Nr. 8a, b BGB eingreifen kann. Das gilt auch, wenn das zu errichtende Gebäude im Zeitpunkt des Erwerbs bereits teilweise fertiggestellt ist und nur noch Teile der Bauleistung fehlen (BGH BauR 1975, 59). Darüber hinaus trifft das auch schon zu, wenn der Bau bei Vertragsabschluss mit dem Erwerber schon fertig ist oder nur noch unbedeutende Kleinigkeiten fehlen. Entscheidend ist allein, dass sich der Veräußerer (Bauträger, aber auch der private Veräußerer: vgl. auch OLG München BauR 1982, 64). in dem einheitlichen Vertrag zur Herstellung des Gebäudes bzw. der Wohnung neben der Grundstücksüberlassung verpflichtet (BGH BauR 1977, 271; 1979, 59; 1979, 337; 1979, 420; 1980, 568; 1981, 74; 1979, 514; 1981, 571; 1982, 58; 1982, 493; 1995, 542; 1997, 1030; OLG Köln SFH § 635 BGB Nr. 62; dagegen a.A. *Brambring* NJW 1978, 777; NJW 1987, 97; krit. auch *Peters* NJW 1979, 1820, der ohne überzeugende Begründung die vorgenannte Folge zwar auf einen gewerblich tätigen Bauträger, nicht aber bei privaten Veräußerern anwenden will; vgl. auch BGH BauR 1985, 314). Die vorangehend aufgezeigte Folge ergibt sich aus Inhalt, Sinn und Zweck sowie wirtschaftlicher Bedeutung eines solchen Vertrages und der Interessenlage der Vertragschließenden an mängelfreier Erfüllung durch den Veräußerer. Folgerichtig gilt das Gesagte auch, wenn sich das Gebäude oder die Eigentumswohnung bei Vertragsabschluss mit dem Erwerber schon längere Zeit **in weit fortgeschrittenem Bauzustand befindet und zur Fertigstellung lediglich Arbeiten auszuführen sind, für die Materialien nach dem Geschmack des Erwerbers auszuwählen sind** (BGH BauR 1976, 133; 1979, 337 – dazu auch *Müller* BauR 1981, 219, der zutreffend die rechtsdogmatischen Bedenken nicht überbewertet wissen will; insbesondere auch BGH BauR 1981, 571; 1982, 58; 1982, 493).

b) Ausdrückliche Bezeichnung der Herstellungsverpflichtung im Vertrag nicht erforderlich

368 Eine Herstellungsverpflichtung im vorgenannten Sinne **braucht** als solche **nicht ausdrücklich im Vertrag enthalten zu sein;** auch ist es nicht entscheidend, ob die Parteien den Vertrag als Kaufvertrag oder als Werkvertrag und sich selbst als Käufer und Verkäufer bezeichnet haben; vielmehr **genügt** dazu die **Erkennbarkeit einer solchen Verpflichtung,** insbesondere anhand der übrigen vertraglichen Regelungen, wie z.B. den dort festgelegten Voraussetzungen für die Übergabe, die Abnahme sowie die Mängelbeseitigung (BGH BauR 1979, 514; 1981, 571; 1982, 58; 1982, 493; OLG Koblenz NJW-RR 1997, 1179).

369 Mit Recht sagt deshalb auch das OLG Celle dass die Verpflichtung zur Errichtung einer Eigentumswohnung mit Mitteln des Bestellers auch dann ein Werk(lieferungs)vertrag ist, wenn sie in einem Kaufangebot über die Eigentumswohnung enthalten ist (OLG Celle OLGZ 1971, 401; zu eng *Brych* NJW 1973, 1583; *Brych* NJW 1975, 2326, der weitgehend Kaufvertragsrecht anwenden will; siehe aber *Brych/Pause* Rn. 50, 459 f.). Bei einem Erwerbervertrag über Eigentumswohnungen ist der **Leistungsgegenstand** dann ausreichend bestimmt und der Vertrag nicht gemäß §§ 311b, 125 S. 1 BGB unwirksam, wenn die Wohnung durch Verweis auf eine bereits bestehende Teilungserklärung sowie die Angabe eines bestimmten Miteigentumsanteils beschrieben wird. Dass der Bauträger darüber

hinaus die vertragliche Befugnis besitzt, die Leistung gem. §§ 315, 316 BGB oder die Teilungserklärung zu ändern, ist in diesem Zusammenhang unerheblich. Unzulässige Änderungsklauseln hinsichtlich der baulichen Leistungen sowie der Teilungserklärungen führen in einem Erwerbsvertrag über eine Eigentumswohnung nicht zur Gesamtnichtigkeit des Vertrages gem. § 307 BGB. Allein der Umstand, dass der Bauträger entsprechend dieser Änderungsklauseln abweichend baut und die Teilungserklärung hat ändern lassen, kann nicht auf eine ernsthafte und endgültige Erfüllungsverweigerung geschlossen werden. Die Nachfristsetzung bleibt hier entbehrlich, wenn der Erwerber der Änderung der Teilungserklärung zugestimmt hat, § 323 Abs. 1 und 2 BGB (OLG Frankfurt/M. BauR 2000, 1204).

c) Auch bereits fertig gestellte Neubauten sind von der Gewährleistungspflicht erfasst
Der Erwerber will den **insgesamt errichteten Neubau in einem Zug** erhalten und nicht in einem fertiggestellten und einem noch nicht fertiggestellten Teil (BGH BauR 1979, 514). Dabei ist es auch nicht entscheidend, ob der Veräußerer zunächst für sich gebaut, u.U. das Objekt schon einige Zeit selbst benutzt (BGH BauR 1982, 58) hat oder nicht, oder ob er gewerbsmäßig baut bzw. gebaut hat, da **allein die Erstellungs- bzw. Fertigstellungsverpflichtung maßgebendes Kriterium** ist (BGH BauR 1982, 58). Das betrifft **insbesondere** auch den so genannten **Vorratsbau** (BGH BauR 1981, 571). Daher richten sich die Sachmängelgewährleistungsansprüche auch dann nach Werkvertragsrecht, wenn der Veräußerer zunächst ein für Ausstellungszwecke bestimmtes Musterhaus errichtet, dieses dann noch mehrere Monate nach der Ausstellung zur Besichtigung durch Interessenten benutzt und es schließlich dann an einen Erwerber unter Abtretung von Ansprüchen aus der Herstellung des Hauses gegen Dritte veräußert (BGH BauR 1982, 493; OLG Frankfurt SFH § 635 BGB Nr. 50 im Falle der vorherigen bloßen Benutzung einer Musterwohnung durch den Erwerber). Gleiches gilt, wenn der Erwerber vor Abschluss des Erwerbsvertrages das fertiggestellte Haus bereits mietweise bewohnt hat (BGH BauR 1986, 345). Entgegen OLG Schleswig (OLG Schleswig BauR 1982, 60) kann daher nicht schon deswegen von einem Kaufvertrag gesprochen werden, weil das Bauwerk bereits längere Zeit – hier fast 2 Jahre – fertiggestellt ist, der **Bauträgervertrag jedoch eine Herstellungspflicht des Bauträgers ausweist** und dort außerdem von Gewährleistungsansprüchen gegen den ausführenden Unternehmer nach der VOB (!) die Rede ist. Das Risiko, dass die Veräußerung des erstellten Bauwerkes dem Bauträger **erst später gelingt,** kann keinen **Einfluss auf die Einordnung** des in Betracht kommenden Vertragstyps haben, zumal nicht zu Lasten des Erwerbers (BGH BauR 1985, 314, ebenfalls für den Fall, in dem Wohnungseigentum erst zwei Jahre nach Errichtung veräußert worden ist).

370

d) Umbau von Altbauten
Die vorangehend dargelegten Grundsätze treffen auch zu, wenn nicht das Gebäude insgesamt neu errichtet, sondern die Eigentumswohnungen durch den **Umbau eines Altbaus mit erheblichen Eingriffen in die alte Bausubstanz** geschaffen worden sind und mit dem damit zusammenhängenden »Verkauf« eine Herstellungspflicht des Veräußerers verbunden ist (*Pause* NZBau 2000, 236; *Brych/Pause* Rn. 465 ff.); auch insoweit ist § 309 Nr. 8 BGB zu beachten (OLG Frankfurt BauR 1985, 323; BGH BauR 1988, 464; OLG Köln SFH Z.1.04 Nr. 126, wonach umfangreiche Renovierungs-, Sanierungs- und Umbauarbeiten Maßstab für die Zuordnung zum Werkvertragsrecht sind). Gleiches gilt im Falle, in dem es in einem den Erwerbern vermittelten »Exposé« heißt, der Altbau werde »vollkommen modernisiert und umgebaut« und dann insgesamt erhebliche Einzelbaumaßnahmen ausgeführt werden (BGH BauR 1987, 439; i.E. ähnlich v. *Samson* BauR 1996, 58 im Hinblick auf die Bereiche sanierter und renovierter Altbau. Dies verkennt im Übrigen das OLG Hamburg BauR 1997, 335 m.i.E. zutreffender ablehnender Anm. v. *Karcewski*). Ebenso trifft dies zu, wenn der Veräußerer in einem früher gewerblich genutzten Gebäude nach entsprechendem Umbau eine Eigentumswohnung erstellt (BGH BauR 1988, 464) oder wenn er einen Bungalow mit einem weiteren Geschoss versieht und durch eine Trennwand in ein Zweifamilienhaus umwandelt (BGH BauR 1989, 597;

371

dazu auch *Brambring* DNotZ 1990, 99). **Dagegen:** Ein über 100 Jahre altes Haus ist nur dann eine **neu** hergestellte Sache i.S.v. § 309 Nr. 8b BGB, wenn eine weitgehende Entkernung des Gebäudes stattgefunden hat; eine solche liegt noch nicht in der Durchführung umfangreicher Modernisierungsmaßnahmen zur (bloßen) Verbesserung der Wohnqualität, wenn das Haus in der davor liegenden Zeit bewohnbar war und auch tatsächlich bewohnt wurde (LG Landshut BauR 1993, 227). Außerdem kommt es auch sonst auf den Inhalt des jeweiligen Vertrages an. Verspricht der Bauträger den Erwerbern einen »bis auf die Außenmauern grundlegend sanierten Altbau«, so können die Erwerber nicht darauf vertrauen, dass im Zuge der Sanierung eine bisher fehlende Kelleraußensanierung ausgeführt wird (OLG Düsseldorf MDR 1999, 33). Wird vertraglich die umfassende Modernisierung und Renovierung eines Altbaus im erforderlichen Umfang übernommen, schließt dies im Zweifel auch Maßnahmen ein, die in einer vertraglich ebenfalls vereinbarten Baubeschreibung nicht aufgeführt sind, wenn diese für eine umfassende Modernisierung und Renovierung erforderlich sind (OLG München BauR 2003, 396).

e) Abgrenzung

372 Ergibt sich hingegen aus dem Vertrag zur Veräußerung eines in der jüngeren Vergangenheit errichteten, gänzlich fertiggestellten Gebäudes oder einer Eigentumswohnung **keinerlei Anhalt für eine – u.U. fortbestehende – Errichtungsverpflichtung,** so ist dieser Vertrag dem **Kaufvertragsbereich** mit entsprechend verkürzter Gewährleistung zuzuordnen (BGH BauR 1990, 221 m. Anm. *Schlemminger*; OLG Köln SFH § 635 BGB Nr. 33 m. Anm. *Hochstein* a.a.O.). Das kann z.B. angenommen werden, wenn ein Privatmann für sich zwecks Eigennutzung ein Haus errichtet und es dann, ohne vorher dies zu wollen, nach Fertigstellung wegen Änderung seiner persönlichen Verhältnisse an privat weiterveräußert (LG Tübingen BauR 1995, 561). Erst recht trifft dies auf die Veräußerung von Grundstücken ohne Herstellungsverpflichtung zu (OLG Düsseldorf NJW-RR 1986, 320); dann kommt auch eine Freizeichnung durch einen Gewährleistungsausschluss in Betracht (BGH BauR 1986, 723).

373 Das Gesagte gilt auch für den außerhalb gewerblicher Arbeit sich betätigenden **privaten Veräußerer,** wobei auch hier die im jeweiligen Vertrag evtl. festgelegte **Errichtungsverpflichtung tragende Grenzziehung** ist, wie z.B. die Übernahme oder Abtretung von mit der Bauerrichtung zusammenhängenden Gewährleistungsansprüchen, die Vereinbarung einer werkvertraglichen Abnahme, die Übernahme – weiterer – Herstellungspflichten des Veräußerers, was – wie auch die Rechtsprechung des BGH zeigt – der jeweiligen **Einzelbeurteilung** unterliegen muss. Dabei können **zeitliche Grenzen nicht allein die maßgebende Rolle** spielen, obwohl – besonders hier – **der Zeitablauf durchaus eher für eine kaufvertragliche Grundlage** des betreffenden Vertrages sprechen wird. Insofern dürfte für den jeweiligen Fall eine hinreichende Beurteilungsgrundlage in der sachlich und rechtlich doch überschaubaren Rechtsprechung des BGH gegeben sein, die entgegen Sturmberg (Sturmberg NJW 1989, 1832) ausreichende Abgrenzungskriterien aufzeigt, so dass es im Gegensatz zu seinen an sich beachtlichen Ausführungen keiner generalisierenden Festlegung bedarf, zumal diese auch nicht alle hier denkbaren Fälle einer vertraglichen Gestaltung im Rahmen eines Veräußerungsvertrages erfassen dürfte (siehe auch *Hochstein* FS Locher S. 77 ff.). Diskutabel erscheint hier auch der Vorschlag von Klumpp (*Klumpp* NJW 1993, 372), im Hinblick auf § 309 Nr. 8b BGB im Allgemeinen dann nicht mehr von einer neu hergestellten Sache zu sprechen, wenn das Wohngebäude oder die Eigentumswohnung vom Zeitpunkt der Fertigstellung bis zur erstmaligen Veräußerung länger als 5 Jahre leerstand, was durch eine Anlehnung an § 634a BGB gerechtfertigt werden kann. Dagegen kann Klumpp (*Klumpp* NJW 1993, 372) nicht gefolgt werden, wenn er meint, dass das Objekt, falls es vor dem Erstverkauf bereits genutzt wurde, die Eigenschaft als neu hergestellte Sache schon spätestens nach 2 Jahren verliere. Die hier versuchte Anlehnung an den bis zur Fassung 2002 geltenden § 13 Nr. 4 VOB/B verbietet sich, weil diese Regelung mit ihren Besonderheiten nur gelten kann, wenn Teil B der VOB als Ganzes im Vertrag zwischen dem Auftraggeber und dem herstellenden Unternehmer (also nicht im Vertrag zwischen dem Bauträger und dem Erwerber) vereinbart worden ist.

Vielmehr muss hier ebenfalls die Grundregel des § 634a BGB maßgeblich sein, wenn auch im Einzelfall kaufvertragliche Gesichtspunkte in die Bewertung mit einbezogen werden müssen (*Hochstein* FS Locher S. 77, 90 ff.). Insoweit dürfte es entscheidend mit auf die Frage ankommen, ob der Veräußerer das betreffende Objekt mit von vornherein bestehender Veräußerungsabsicht errichtet hat oder nicht.

f) Verzug des Bauträgers mit der Leistungserbringung

Der Bauträger kommt grundsätzlich durch die Mahnung in Verzug. Wann der Bauträger die Herstellungsverpflichtung, insbesondere die Gebäudeerstellung zu erfüllen hat, ergibt sich aus dem Vertrag. Wenn keine Bestimmung getroffen wurde, so bestimmt sich dies nach den Regeln des Einzelfalls. Allerdings hat der Unternehmer alsbald mit den Arbeiten zu beginnen und innerhalb angemessener Zeit auszuführen (BGH NJW-RR 2001, 806). Nach § 286 Abs. 2 Nr. 1 BGB bedarf es einer Mahnung nicht, wenn eine Zeit nach dem Kalender bestimmt ist. Die Regelungen finden sich in den Verträgen. Verzug tritt nach § 286 Abs. 2 Nr. 2 BGB auch dann ein, wenn der Leistung ein Ereignis vorauszugehen hat, von dem an die Leistung nach dem Kalender bestimmt werden kann. Das ist dann der Fall, wenn der Bauträger die Fertigstellung acht Monate nach Erteilung einer Baugenehmigung versprochen hat. Nach § 286 Abs. 3 BGB bedarf es der Mahnung auch dann nicht, wenn aus besonderen Gründen unter Abwägung der beiderseitigen Interessen der sofortige Eintritt des Verzuges gerechtfertigt ist, § 286 Abs. 2 Nr. 4 BGB, etwa wenn der Bauträger die Erbringung noch ausstehender Leistungen ausdrücklich ankündigt, gleichwohl aber nicht leistet. Der Bauträger hat den Verzug auch zu vertreten. Dann allerdings hat der Erwerber auch die Möglichkeit den Ersatz von Zwischenfinanzierungen, Kosten für eine Ersatzwohnung, Einlagerung der Möbel vom Bauträger ersetzt zu erhalten. **374**

g) Bezeichnung des Vertragstyps in Formularverträgen unbeachtlich

Ist die Erstellungsverpflichtung des **Bauträgers** bei der gebotenen Betrachtung objektiv gegebener Interessenlage ausschlaggebend, so ist eine **nicht individualvertraglich, sondern formularmäßig getroffene vertragliche Abrede,** dass der Vertrag über die Veräußerung z.B. einer Eigentumswohnung mit Fertigstellungsverpflichtung des Veräußerers **kein Werkvertrag, sondern ein Kaufvertrag sein soll, unwirksam** (BGH BauR 1979, 420 mit Anm. *Rosenberger* BauR 1980, 267; BGH BauR 1980, 568; 1981, 571; 1982, 61; 1982, 493; 1985, 314; 1988, 461). Gleiches gilt aber **auch bei einem Individualvertrag,** wenn dessen Inhalt, Zweck und wirtschaftliche Bedeutung sowie die Interessenlage der Vertragspartner die Verpflichtung des Veräußerers zur mangelfreien Erstellung des Bauwerkes ergeben (BGH BauR 1986, 345; 1987, 686; 1988, 464). **375**

Eine formularmäßige Klausel in einem notariellen Bauträgervertrag, dass die Vorschriften über den Kaufvertrag gelten sollen, begründet grundsätzlich eine Haftung des beurkundenden Notars (*Jagenburg/Sturmberg* BauR 1982, 321). Anderes gilt bei einer entsprechenden Abrede in einem Individualvertrag, der nicht von § 305 BGB-Gesetz erfasst ist. Ein solch abweichender Wille muss aber ganz eindeutig aus dem Vertrag hervorgehen. **376**

h) Umfang der werkvertraglichen Gewährleistungspflicht des Bauträgers – Verjährung – Kündigung

Sofern keine – zulässigen – Haftungserleichterungen zugunsten des Bauträgers vereinbart sind, haftet er dem Erwerber gegenüber **aus Gewährleistung grundsätzlich unbeschränkt,** ohne dass es darauf ankommt, ob die Vertragspartner einen Festpreis oder die Abrechnung nach Herstellungskosten vereinbart haben. Aus Letzterem **allein** ergibt sich noch nicht die Annahme eindeutigen Willens der Vertragspartner dahin, dass der Betreuer in diesem Falle lediglich die ordnungsgemäße Planung, die sorgfältige Auswahl der Unternehmer und die hinreichende Überwachung der Bauausführung schuldet (a.A. *Müller* BauR 1981, 219). Oftmals umschreiben die Bauträger-Erwerberverträge die **Leistungspflichten des Bauträgers nicht hinreichend bzw. unvollständig,** was in der Rechtsprechung nicht selten zu Schwierigkeiten führt. Wo hier die Grenze der Verantwortlichkeit des Bauträ- **377** gers liegt, vor allem etwaige Eigenverantwortlichkeiten des Erwerbers, wie z.B. für den Bereich der Eigenleistungen, einsetzen, bedarf bei Meinungsverschiedenheiten vielfach der Auslegung im Einzelfall. Das gilt vornehmlich für die Frage des **Risikos** im Bereich der Planungs-, Betreuungs- und – eigentlichen – Bauleistungen und für die damit verbundene **Grenze der Zumutbarkeit (§ 242 BGB)** (*Mauer* FS Korbion S. 301, vor allem im Hinblick auf die verschiedenen Pflichtenkreise unter Berücksichtigung der bisherigen Rechtsprechung in den Ausgangspunkten). Was die Bauherstellung selbst anbelangt, ist vor allem – auch – hier zu beachten, dass der Erwerber letztlich wie jeder Bauherr **das Ziel verfolgt, ein brauchbares, für seine erklärten Zwecke vollständiges und mängelfreies Bauwerk zu erhalten und der Bauträger wie jeder andere Bauunternehmer dem Erwerber gegenüber den Erfolg schuldet.** Schließen daher einzelne Eigentümer mit dem Bauträger Verträge, wonach sie bestimmte Gewährleistungsrechte anders regeln oder ausschließen (z.B. über Balkongeländer), so gilt die Vereinbarung nicht gegenüber der Wohnungseigentümergemeinschaft als Ganzes (OLG Hamm BauR 2001, 1765).

378 Der Baubetreuer, der vertraglich **neben der wirtschaftlichen die technische Betreuung** der Bauherren übernommen hat, ist grundsätzlich **verpflichtet zu prüfen, ob die Bauausführung mit den Flächenangaben im Prospekt und in den** von den Bauherren abgeschlossenen **Verträgen übereinstimmt,** unabhängig davon, ob **auch der Treuhänder** zu einer derartigen Prüfung verpflichtet ist; erwirbt der Bauherr infolge der schuldhaften Verletzung dieser Prüfungspflicht eine Fläche, die geringer ist als die nach dem Prospekt vorgegebene und nach dem Vertrag geschuldete Fläche, haftet der Baubetreuer nach §§ 634, 636, 280, 281, 283 BGB (BGH BauR 1991, 88). Zu dem Problem der wesentlichen und unwesentlichen Mängeln bei zu **geringer Wohnfläche:** *Weyer* FS Jagenburg 2002 S. 1043 ff.

379 Zu den Gewährleistungspflichten des Betreuers gehört es auch, wie ein Architekt für im Einzelfall erforderliche **Lärmschutzmaßnahmen** zu sorgen, da dieses im Rahmen des geschuldeten »Baubetreuungswerkes« liegt; der Betreuer darf sich im Allgemeinen nicht darauf verlassen, dass das Bauaufsichtsamt bereits Entsprechendes veranlassen wird (BGH BauR 1976, 59 für den Fall der Errichtung an einer in der Nähe liegenden Autobahn). Gewährleistungsansprüche des Erwerbers eines im Gartenhofstil errichteten Hauses können auch auf Nachbesserung der den Gartenhof umschließenden Nachbarhäuser gerichtet sein, da es – je nach Vertragsgestaltung – Sache des Bauträgers ist, mit den Nachbarn entsprechende – werkvertragliche – Vereinbarungen zu treffen, um seiner Erfüllungspflicht gegenüber dem Erwerber (sog. »Grünes Zimmer«) nachzukommen (BGH BauR 1988, 461). Der Bauträger haftet auch dann, wenn die Holzbalkendecke der von ihm sanierten Altbauwohnung zwar den Anforderungen, die die Baubehörde an den Schallschutz stellt, genügt, nicht aber den Mindestanforderungen der zum Zeitpunkt der Sanierung geltenden DIN 4109 (LG Hamburg BauR 2003, 394).

380 Wie jeder Bauherr darf auch der Erwerber einer Eigentumswohnung vom Bauträger gemäß **§ 320 BGB die Zahlung** einer nach Baufortschritt fälligen Rate des Erwerbspreises jedenfalls wegen bis dahin am Sondereigentum aufgetretener Baumängel in angemessenem Verhältnis zum voraussichtlichen Beseitigungsaufwand **verweigern** (BGH BauR 1984, 166). Das dem Erwerber gegenüber dem Ratenzahlungsverlangen des Bauträgers zustehende Leistungsverweigerungsrecht nach § 320 BGB kann in einem Formularvertrag nicht dahin gehend beschränkt werden, dass es nur wegen anerkannter oder rechtskräftig festgestellter Forderungen geltend gemacht werden dürfe (BGH BauR 1992, 622). Eine Regelung in einem Bauträgervertrag, wonach die letzte Rate vor Übergabe der Wohnungen zu zahlen ist, zuvor jedoch bei der Abnahme festgestellte Mängel zu beseitigen sind, ist dahin auszulegen, dass die letzte Rate nicht vor Beseitigung der Mängel fällig wird (BGH BauR 2000, 881). Unabhängig ist, ob der Erwerber bereits bei Übergabetermin zahlte; maßgeblich ist, ob er zu dem Termin die Mängel beseitigt hat. Ein Verweigerungsrecht steht ihm nicht zu. Hieran ändert auch § 641a BGB nichts, da der Bauträger auch hier im Streitfall die **Fertigstellungsbescheinigung** schuldet, § 641a Abs. 1 Nr. 2 BGB (vgl. *Korbion* MDR 2000, 932). Die Klausel »Der amtierende

Notar wird angewiesen, den Antrag auf Umschreibung des Eigentums erst dann zu stellen, wenn der in bar zu entrichtende Kaufpreis voll gezahlt ist«, benachteiligt den Erwerber hinsichtlich der Pflicht zur Vorleistung unangemessen, §§ 305, 307 BGB. Der Erwerber kann mit einem Schadenersatzanspruch wegen Mängeln am Gemeinschaftseigentum **aufrechnen** oder den Erwerbspreis **mindern**, wenn der Bauträger als alleiniger Eigentümer durch die endgültige Verweigerung zu erkennen gibt, dass er **nicht** bereit ist, an der Durchsetzung der Gewährleistungsansprüche mitzuwirken (BGH BauR 2002, 81). Der Erwerber von Wohnungseigentum kann vom Bauträger die Auflassung verlangen, wenn sie den Kaufpreis vollständig bezahlt haben, auch wenn die Abnahme des Gemeinschaftseigentums wegen vorhandener Mängel noch nicht erfolgt ist. Dies gilt selbst dann, wenn der notarielle Vertrag vorsieht, dass die Auflassung zu erklären ist, sobald der Käufer sämtliche Zahlungsverpflichtungen einschließlich der Sonderwünsche erfüllt hat (OLG Naumburg BauR 2002, 106). Verbraucht die Beseitigung von Mängeln nahezu die noch offenstehende Restvergütung und befindet sich der Bauträger mit der Beseitigung dieser Mängel in Verzug, ist er zur sofortigen und unbedingten Auflassung und Eintragungsbewilligung des Erwerbers als Eigentümer im Grundbuch verpflichtet. Zudem ist der Bauträger verpflichtet, die vom Bauherrn als Finanzierungssicherheit abgetretenen Darlehnsauszahlungsansprüche freizugeben (LG Heilbronn BauR 2002, 107).

Zu dem Gewährleistungsrechten nach BGB und VOB/B vgl. grundsätzlich die Ausführungen zu § 13 VOB/B dort, da sich grundsätzlich keine Unterschiede ergeben. 381

Teilweise wird versucht, die einheitliche Haftung bei Grundstücksverkauf und Errichtungsverpflichtung durch die Konstellation von zwei Vertragspartnern dem Erwerber gegenüber zu verschleiern. Oft werden zwei GmbH's gegründet mit dem Ziel die Grundstücksbevorratung zu betreiben und andererseits die Bauverpflichtung gesondert zu erfüllen. Dies hat teilweise tiefgreifende Auswirkungen. Wenn an einem Bauträgervertrag über die Errichtung ein Bauobjekts auf Verkäufer-/Herstellerseite zwei (juristische) Personen beteiligt sind, von denen sich nur zur Übertragung des Grundeigentums (Verkäufer) und die andere sich zur Errichtung der baulichen Anlage (Werkunternehmer) verpflichtet, kann der Verkäufer des Grundstücks eine Haftung für die bauliche Beschaffenheit ausschließen. Der Bauherr kann dann nur den Werkunternehmer auf Gewährleistung wegen Baumängeln in Anspruch nehmen (OLG Hamm NJW-RR 2006, 1164). Dabei ist eine solches Auseinanderfallen kein Verstoß gegen § 309 Nr. 8b BGB i.V.m. § 3 MaBV. Soweit das OLG Koblenz (NJW-RR 2004, 668) hierin kein Verstoß gegen die MaBV sieht, ist dem unter dem Gesichtspunkt zuzustimmen, dass die Verträge die MaBV nicht zwingend ausschließen und eine Umgehung darstellen. Dies ist nur dann der Fall, wenn keine Abhängigkeiten in den Verträgen zueinander zu finden sind, also der Grundstückserwerb zwingende Voraussetzung für die Erstellung des Bauwerkes mit anderen – verdeckten – Zahlungsmodalitäten ist. Wird der Kaufpreis des Grundstücks mit erheblich überhöhten m²-Preisen abgeschlossen und die in § 3 MaBV beschriebenen Zahlungsmodalitäten durch niedrige oder teilweise ausserhalb der Regelungen liegenden Zeitabschnitten und Gewerken geändert, so liegt eine Umgehung offen. Dies ist Einzelfallbezogen. Eine Umgehung gem. § 309 Nr. 8b BGB liegt dann – neben § 3 MaBV – ebenfalls vor. Wenn der Bauträgervertrag über die Errichtung eines Bauobjekts auf Verkäufer-/Herstellerseite nur zwei Personen beteiligt sind, von denen sich eine nur zur Übertragung des Grundeigentums (Verkäufer) und die andere sich zur Errichtung der baulichen Anlagen (Werkunternehmer) verpflichtet, kann der Verkäufer des Grundstücks eine Haftung für die bauliche Beschaffenheit ausschließen. Der Bauherr kann dann nur den Werkunternehmer auf Gewährleistung wegen Baumängeln in Anspruch nehmen (OLG Hamm BauR 2006, 1484). 382

Abnahme und Bezugsfertigkeit: Ist die letzte Rate in einem Bauträgervertrag nach vollständiger Fertigstellung zur Zahlung fällig, so erfordert dies die Abnahmereife. Auch verhältnismäßig geringfügige Mängel – unzureichender Schutz des Verblendmauerwerkes gegen Feuchtigkeit mit Mängelbeseitigungskosten von (damals) 4.000 DM berechtigen zur Abnahmeverweigerung, soweit der Vertrag vor dem 1.5.2000 geschlossen wurde (§ 640 BGB a.F.). Dies gilt allerdings nur nicht, wenn die Mängel nach ihrer Art, ihrem Umfang und ihren Auswirkungen derart unbedeutend sind, dass das 383

Interesse des Bestellers an der Mangelbeseitigung vor Abnahme nicht schützenswert erscheint (OLG Hamm BauR 2002, 641). Ist im Bauträgervertrag vorgesehen, dass die Besitzübergabe bei Bezugsfertigkeit erfolgen soll, der Bauträger die Besitzübergabe aber verweigern kann, wenn der Erwerber mit seinen Zahlungen in Verzug ist, so kann der Bauträger die Übergabe des Gebäudes und der Schlüssel verweigern, bis der Restbetrag bezahlt ist. Zieht der Erwerber trotzdem unter Auswechslung des Schlosses ein, liegt ein Fall der verbotenen Eigenmacht vor, die den Bauträger berechtigt, die Herausgabe des Hauses im Wege der einstweiligen Verfügung zu erzwingen, auch wenn sich der Erwerber auf Mängel und ein Zurückbehaltungsrecht beruft. Diese Meinung ist nicht ganz unbestritten. Man wird ihr allerdings zu folgen haben, denn es entstehen ansonsten Wertungswidersprüche beim Besitzschutzanspruch. Der Selbsthilfegrundsatz des § 859 BGB gilt auch im Rahmen der Anordnungen der §§ 861, 862, 863 BGB, wonach Einwendungen materieller Art keine Rolle spielen (OLG Celle BauR 2001, 1465). Ist in einem Bauträgervertrag geregelt, dass zur Bezugsfertigkeit des Bauwerks genügt, dass die Straßen und Gehwege nich herzustellen sind, ergibt sich aus § 306 BGB, dass dies noch herzustellen ist und die Fertigstellung ansonsten gehindert ist. Wie allerdings die Straße herzustellen bestimmt sich nach der Ortsüblichkeit, §§ 315 Abs. 3 BGB (LG München BauR 2001, 1755). Haben die Vertragsparteien in einem notariellen Bauträgervertrag die Fälligkeit der letzten Rate nach vollständiger Fertigstellung vereinbart, so tritt die Fälligkeit nicht schon mit der Abnahme oder mit der Abnahmereife ein, sondern erst mit vollständiger Beseitigung der sog. Protokollmängel. Dies gilt jedenfalls dann, wenn der Erwerber vertraglich verpflichtet war, das Objekt schon bei Bezugsfertigkeit abzunehmen und daran die Fälligkeit der vorletzten Rate geknüpft war. Die Fälligkeit des Vergütungsanspruchs für Sonderwünsche tritt dagegen bereits mit der Abnahme nach §§ 640, 641 BGB ein, wenn dazu keine Sonderregelung im Vertrag getroffen war (OLG Düsseldorf BauR 2003, 569). Im Übrigen gilt: Bezugsfertigkeit als Fälligkeitsvoraussetzung der letzten Rate aus einem Bauträgervertrag liegt vor, wenn dem Erwerber der Bezug zugemutet werden kann und das gesamte Objekt mit Ausnahme der Außenanlagen und der Beseitung von Mängeln, die nicht die Sicherheit des Wohnens beeinträchtigen, festgestellt ist und der Erwerber tatsächlich eingezogen ist. Das objektive Bestehen eines Leistungsverweigerungsrechts gem. §§ 320, 322 BGB a.F. wegen vorhandener Mängel hindert den Eintritt des Schuldnerverzugs und steht deshalb einem Verzugszinsanspruch des Bauträgers entgegen (OLG Hamm BauR 2004, 690).

384 Nachbesserungsrechte: Dem Bauträger sind analog § 440 S. 2 BGB zwei Nachbesserungsversuche einzuräumen. Der Erwerber von Grundstücken mit darauf errichteten im grundwassergefährdeten Bereich ohne Schutz gegen drückendes Wasser gegründeten Einfamilienhäusern haben ein rechtliches Interesse an der alsbaldigen Feststellung, dass der Bauträger verpflichtet ist, sie vor Schäden durch eindringendes Grundwasser zu schützen und ihnen Schäden, die durch Verletzung dieser Pflicht entstehen, zu ersetzen hat (OLG Düsseldorf BauR 2000, 1074). Eine Klausel in einem notariellen Kaufvertrag, nach der der Erwerber von Wohnungseigentum Mängelbeseitigungsansprüche gegenüber dem jeweiligen Bauhandwerker geltend zu machen hat und erst dann eine subsidiäre Eigenhaftung des Bauträgers in Betracht kommt, ist mit §§ 305 ff. BGB vereinbar. Bringt der Bauträger auf schriftliche Mängelrüge der Erwerber schriftlich zum Ausdruck, dass berechtigte Beanstandungen beseitigt werden, so haben die Vertragsparteien formlos und einverständlich die Subsidiaritätsklausel abbedungen, so dass der Bauträger aus Eigenhaftung gewährleistungspflichtig ist (OLG Celle BauR 2000, 1212).

385 Zum **Rücktritt** und deren **Ausschluss im Bauträgervertrag** vgl. § 13 VOB/B dort (*Klaft/Maxem* BauR 2000, 477 ff.). Die Wandelung ist seit dem Schuldrechtsmodernisierungsgesetz zugunsten des Rücktritts abgeschafft worden. Dieser ist nunmehr in § 634 Nr. 3 i.V.m. § 636 BGB geregelt. Im Unterschied zur Wandlung ist der Rücktritt allerdings nach Ablauf einer angemessenen Frist zur Nacherfüllung möglich. Einer Fristsetzung mit Ablehnungsandrohung bedarf es nicht. Bei Mängel geringeren Gewichts – unwesentlichen Mängeln – ist der Rücktritt aber nach §§ 634 Nr. 3, 323 Abs. 5 S. 1 und 2 BGB ausgeschlossen. Nach vollzogener Wandlung stehen dem Erwerber neben dem Anspruch auf **Rückzahlung des vollständig erbrachten Kaufpreises nebst gesetzlicher Zinsen**

auch die Ansprüche auf **Erstattung der durch die Beurkundung des Vertrages und die Umschreibung des Eigentums entstandenen Notar- und Gerichtskosten**, sowie auf **Ersatz notwendiger Verwendungen auf das erworbene Objekt** gegen den Bauträger zu. Ein Anspruch auf Ersatz nützlicher Verwendungen ergibt sich nur dann, wenn bezogen auf den Zeitpunkt der Rückübertragung sich diese noch werterhöhend auswirken. Weitere Ansprüche, etwa auf Ersatz der zur Finanzierung des Kaufpreises aufgewendeten Zinsen, auf Ausgleich einer infolge der Rückabwicklung den Bauträger begünstigenden Werterhöhung des Objekts, auf Ersatz von Mietausfallschäden oder Anmietung eines Ersatzobjekts bestehen grundsätzlich nicht. Hier handelt es sich um Mangelschäden, die nach dem Rücktritt nicht mehr geltend gemacht werden können; allerdings als separater Schaden über §§ 634, 636, 280, 281 BGB. Der Ausgleichsanspruch des Bauträgers wegen Nutzungen ist in den Wertverlust durch lineare Abschreibung einzurechnen und kann nicht durch hypothetischen Mietzins erlangt werden. Der formularmäßige Ausschluss der Wandelung in Bauträgerverträgen ist gem. § 309 Nr. 8a BGB unwirksam (BGH BauR 2002, 310). Die erklärte und vollzogene **Wandlung** eines Bauträgervertrages schließt weitergehende Schadenersatzgründe gem. § 635 BGB a.F. aus. Es stellt daher einen **anwaltlichen Beratungsfehler** dar, wenn der Rechtsanwalt für die Erwerber wegen schwerwiegender Mängel die Wandlung erklärt und gerichtlich durchsetzt, obwohl ihm bekannt war oder hätte bekannt sein müssen, dass den Erwerbern weitergehende Schäden entstanden sind und diese mit dem **großen Schadenersatzanspruch** unter gleichzeitiger Rückabwicklung des Erwerbs der Eigentumswohnung hätten durchgesetzt werden können (OLG Düsseldorf BauR 2003, 266).

Macht der Erwerber einer Eigentumswohnung **Rückabwicklung** des Vertrages im Wege des **großen Schadensersatzes** geltend (§§ 634 Nr. 4, 636, 280 Abs. 3, 281 Abs. 4, 5 BGB), ist der ihm bei Selbstnutzung anzurechnende Nutzungsvorteil zeitanteilig linear aus dem Erwerbspreis zu ermitteln. Ist die Wohnungserstellung mangelhaft, ist von dem so errechneten Nutzungsvorteil unter Berücksichtigung des Gewichts der Beeinträchtigungen ein Abschlag vorzunehmen, der gem. § 287 ZPO geschätzt werden kann (BGH ZfIR 2006, 10). Diese Berechnungsweise ist nicht unkritisch. Zwar verweist der BGH auf die Berechnung von Nutzungsvorteilen nach fehlgeschlagenem Kauf beweglicher Sachen und zieht eine Parallele zu den unbeweglichen Sachen. Dort werden die Vorteile linear im Verhältnis zum Wert ermittelt und nicht nach den Maßstäben für einen üblichen oder fiktiven Mietzins berechnet (BGH ZIP 1991, 1149). Dabei sollen die Reparaturkosten rechnerisch über den gesamten Zeitraum gleich sein. Dies trifft aber nur bei dauerhafter und durchgehend wirtschaftlicher Betrachtungsweise zu. Zutreffend hat Vogel (ZfIR 2006, 12) darauf hingewiesen, dass die Rückabwicklung nicht der linearen, sondern der effektiven Berechnung der tatsächlichen Nutzung unterliegt. Gerade bei einer von dem BGH nunmehr unterstellten üblichen 80-jährigen Nutzung eines Wohngebäudes sind die Entscheidungen des Erwerbers und die tatsächliche Investition in das Objekt oftmals von der Nutzungsdauer und der Qualität der Ausführung abhängig. Das kann bei Grundstücken und Kaufgegenständen linear berechnet werden, weil die Nutzungsdauer überschaubar bzw. endlich ist. Bei Bauwerken ist das anders. Der VII. Senat des BGH hat dies bereits anders gesehen (OLG Karlsruhe Urt. 2.12.2004 – 19 U 111/04 = Nichtannahmebeschl. BGH Beschl. v. 22.9.2005 – VII ZR 1/05; BGH, VersR 2006, 1370). Der große Schadensersatzanspruch hat allerdings alle Investitionskosten zu enthalten. Das sind sämtliche Aufwendungen zum Erwerb der Immobilie; hierzu zählen: Maklerkosten, Finanzierungskosten, Zinsen, Steuern, usw. Der Wert der Eigennutzung eines Grundstücks ist in der Regel nach den üblichen Miet- oder Pachtzinsen zu berechnen. Bei der Rückabwicklung eines Grundstückskaufvertrages im Wege des großen Schadensersatzes ist die Nutzung des Grundstücks durch den Käufer im Rahmen des Vorteilsausgleichs nur insoweit zu berücksichtigen, als sie mit dem geltend gemachten Schaden in einem qualifizierten Zusammenhang steht. Verlangt der Käufer auch Ersatz seiner Finanzierungskosten oder der Kosten für die Unterhaltung des Grundstücks, muss er sich hierauf den üblichen Miet- oder Pachtzins zu berechnenden Wert der Eigennutzung anrechnen lassen. Beschränkt der Käufer sich darauf, den Leistungsaustausch rückgängig zu machen und Ersatz der Vertragskosten zu verlangen, ist als Nutzungsvorteil nur die abnutzungsbedingte, zeitanteilig linear zu berechnende Wertminderung der Immobilie anzurechnen (BGH VersR 2006, 1370).

385b Im Übrigen wird die sog. **Teil-Kündigung** nur im Rahmen des **Wohnungseigentums** diskutiert. Nach Pause (Rn. 756) kann ein Kündigungsrecht nur ausgeübt werden, wenn zuvor alle anderen Eigentümer zugestimmt haben. Vogel sieht das differenzierter (*Vogel* in *Grziwotz/Koeble* Teil 4 Rn. 408) und sieht dies nur als möglich an, wenn alle Miteigentümer gemeinsam die Teilkündigung erklären. Der BGH hat das Problem bisher nicht entschieden. Das Problem tritt etwa auf, wenn ein Reihenhausvertrag gekündigt wird. Es besteht allerdings mit anderen eine Eigentümergemeinschaft zur Bewirtschaftung des gesamten Komplexes an Häusern nebst Tiefgarage. Der BGH vertritt die Ansicht, dass die Mehrheit zur Beschlussfassung zugelassen sei (BGH Urt. v. 23.6.2005 – VII ZR 200/04). Bei Kündigungen wegen Überschreitung der Fertigstellungstermine muss zunächst von der Regelung in den nicht immer gleichen Verträgen ausgegangen werden. Wenn die individuellen Regelungen das zulassen, ist die Teilkündigung möglich. Das Problem liegt aber dann vor, wenn das Bauvorhaben weit fortgeschritten ist. Dann kann die Teilkündigung die Fertigstellung blockieren. Entsprechend § 22 Abs. 2 WEG wird bei Steckenbleiben des Bauwerks von einer vertraglichen Verpflichtung zum Weiterbau der übrigen Erwerber auszugehen sein (BayObLG ZfIR 2003, 246). Die Eigentümergemeinschaft kann über die Fertigstellung entscheiden, wenn die Wohnanlage weitgehend, jedenfalls deutlich mehr als der Hälfte ihres endgültigen Werts, hergestellt ist; ein Beschluss über eine erforderliche Sonderumlage zum Weiterbau muss den Gesamtbetrag und den auf jeden Wohnungseigentümer entfallenden Betrag betragsmäßig festlegen (BayObLG ZfIR 2003, 64). Im Falle des Weiterbaus haften einzelne Wohnungseigentümer für die dadurch entstehenden Kosten grundsätzlich nicht gesamtschuldnerisch (entgegen § 427 BGB), sondern anteilig (BGHZ 75, 26), grundsätzlich entsprechend den Miteigentumsquoten (BGH ZfBR 1981, 136), wobei u.U. berücksichtigt werden kann, wenn verschiedene Erwerber unterschiedlich hohe Zahlungen an den Bauträger geleistet haben und entsprechende Beträge in den Bau eingegangen sind.

Zu beachten ist weiter, dass derjenige, der gekündigt hat, bei Wohnungseigentum im Rahmen einer Selbstvornahme nicht machen kann, was er will. Er bleibt verpflichtet, wohnungseigentumsrechtliche Vorgaben zu beachten. Insbesondere muss das Gemeinschaftseigentum ordnungsgemäß, das heißt insbesondere entsprechend den im Grundbuch vollzogenen Aufteilungsplänen, errichtet werden. In Gemeinschaftseigentum kann er nicht nach Belieben eingreifen. Faktisch bleibt derjenige, der gekündigt hat, im Rahmen der Fertigstellung mit dem Bauträger verbunden. In der Regel wird es in diesem Zeitpunkt noch keine »werdende Eigentümergemeinschaft« i.e.S. geben. Sie setzt neben der Sicherung eines Erwerbsanspruchs durch Vormerkung den Übergang des Besitzes voraus (BayObLG NJW 1990, 3216). Risiken hinsichtlich der Baufertigstellung bestehen somit bei Wohnungseigentum weniger aus Rechtsgründen, sondern eher aus tatsächlichen Gründen. Ob der Kündigende seine wohnungseigentumsrechtlichen Pflichten erfüllt, ist nicht sichergestellt. Auf Seiten des Bauträgers können Kündigungen die Finanzierungsgrundlage des Vorhabens beeinträchtigen. Eine planmäßige Durchführung des Vorhabens ist oft nur dann gesichert, wenn ein hoher Verkaufsstand erreicht ist und wenn alle Erwerber die im Einzelnen vereinbarten Zahlungen vollständig leisten. Bereits Zurückbehaltungsrechte können diese Grundlage gefährden, erst Recht Kündigungen, mit denen Schadensersatzforderungen Hand in Hand gehen. Probleme sind aber bei Reihenhausanlagen zu erkennen, die nicht in der Form von Wohnungseigentum verwirklicht werden. Hier könnte der Erwerber eines Mittelhauses nach einer Kündigung tatsächlich die Arbeiten auf Dauer einstellen oder ganz anders bauen, als vom Bauträger ursprünglich vorgesehen (und den Nachbarn zugesagt). Mitspracherechte des Nachbarn bestehen nicht. Diese Umstände können aber die systemfremde Einschränkung von Kündigungsrechten durch Mitspracherechte anderer Erwerber kaum rechtfertigen. Jeder Erwerber hat einen individuellen Vertrag mit eigenen Rechten und Ansprüchen. Zwar weiß er, dass er in eine Gemeinschaftsanlage eingebunden ist, er rechnet aber nicht damit, deswegen rechtlos gestellt zu werden. Der Ausschluss des Kündigungsrechts wegen fehlender Zustimmung anderer Erwerber würde dazu führen, dass er trotz der Feststellung, dass ein Festhalten am Vertrag

Gewährleistungsansprüche gegen den Betreuer und den Bauträger verjähren bei der hier grundsätzlich gebotenen Anwendung von Werkvertragsrecht **nach § 634a BGB;** das gilt auch für Ansprüche aus culpa in contrahendo oder positiver Vertragsverletzung, soweit sie mit einem Mangel der Leistung zusammenhängen, was jetzt über §§ 280, 281 BGB geregelt ist. Durch das Schuldrechtsmodernisierungsgesetz wurden einige Änderungen eingeführt, die wegen der Überleitungsvorschriften auch für die Altverträge gelten können. Zunächst beträgt die Verjährungsfrist für Mangelansprüche gegen den Betreuer bzw. Bauträger fünf Jahre »beim Bauwerk« sowie bei einem Werk, dessen Erfolg in der Erbringung von Planungs- und Überwachungsleistungen hierfür besteht, § 634a Abs. 1 Nr. 2 BGB. Da der Bauträgervertrag im ursprünglichen Sinne sowohl die Bauerrichtung, als auch Planungsmaßnahmen neben der Grundstücksverschaffungspflicht in sich trägt, ist der § 634a Abs. 1 Nr. 2 BGB hier ausschließlich maßgeblich. Sind Sach- und Rechtsmängel des Grundstücks Gegenstand, so richtet sich dies nach kaufvertraglichen Grundsätzen. Im Hinblick auf die Verjährungsfrist für reine Mängel am Grundstück verjähren diese über § 438 Abs. 1 Nr. 3, Abs. 2 BGB. Entsprechend gilt dies auch für die Verjährung von Ansprüchen wegen Rechtsmängeln, § 437 BGB. Die Verjährungsfrist des § 634a Abs. 1 Nr. 2 BGB gilt auch für die engen und entfernten Mangelfolgeschäden. Der Bezug zum Bauwerk ergibt sich aus der »Fehlerquelle« die dem mangelhaften Bauwerk inne liegt (siehe dazu *Palandt/Sprau* § 634a Rn. 1, 5; a.A. *Koeble* in Rechtshandbuch f. Immobilien Teil 2, 20 Rn. 189). Bei Ansprüchen mit lediglich wirtschaftlichem Bezug, nämlich beispielsweise der Freistellung von Leistungen bei öffentlichen Abgaben, Gebühren und Kosten gilt die Regelverjährungsfrist von 3 Jahren, § 195 BGB. Dies gilt auch im Falle des Organisationsverschuldens und der arglistigen Täuschung, § 634a Abs. 3 i.V.m. § 195 BGB. Zu beachten ist aber, dass die die Verjährungsfrist hierfür nicht vor der Verjährungsfrist für die Mängel endet, also nicht vor fünf Jahren, § 634a Abs. 3 S. 2 BGB. Die Verkürzung der Verjährungsfrist ist zwar grundsätzlich weiterhin ausgeschlossen, § 202 Abs. 2 BGB. Jedoch kann auf die Einrede der Verjährung un problematischer verzichtet werden. So sind Vereinbarungen nach dem Eintritt der Verjährung grundsätzlich möglich. Vor Eintritt der Verjährung sind sie ebenfalls möglich, da der Wortlaut des S. 2 eine Einschränkung nicht erklärt, sondern nur die Erschwerung über 30 Jahre nach Ablauf der Verjährung (*Palandt/Heinrichs* § 202 BGB Rn. 2). Der Beginn der Verjährung läuft ab der Abnahme, § 634a Abs.2 BGB. Die Unterbrechung der Verjährung ist mit dem Schuldrechtsmodernisierungsgesetz entfallen. Eine gleiche Wirkung entfaltet allerdings das Anerkenntnis, § 212 Abs. 1 Nr. 1 BGB, in Bezug auf den Neubeginn von Sicherheitsleistungen, Abschlagszahlungen, Zinszahlungen. Nach § 204 BGB gelten die Hemmungstatbestände auch für die Klage, das Selbstständige Beweisverfahren, den Mahnbescheid, die Aufrechnung im Prozess und Zustellung der Streitverkündung. In diesen Fällen wird daher nur der Zeitraum bis zur Beendigung der Hemmungswirkung nicht in den Ablauf der Verährungsfrist eingerechnet, § 209 BGB. Hieran schließt sich bei den vorgenannten Rechtshandlungen an die Beendigung des Verfahrens eine 6-monatige Ablaufhemmung an, § 204 Abs. 2 BGB. Auch Verhandlungen der Parteien sind geeignet diese Wirkung herbeizuführen; es tritt allerding eine 3-monatige Ablaufhemmung danach ein, § 203 S. 2 BGB. Dies gilt auch für die Zusage des Bauträgers, dass er sich der Prüfung der Mangelhaftigkeit unterzieht (*Lenkeit* BauR 2002, 196; *Mansel* NJW 2002, 89; *Sienz* BauR 1002, 181; *Weyer* NZBau 2002, 366). Die Überleitungsvorschrift des Art. 229 EGBGB § 6 bestimmt, dass grundsätzlich die vor dem 31.12.2001 abgeschlossenen Verträge dem alten Rechtszustand zu unterwerfen sind. Für die Hemmung und Ablaufhemmung findet allerdings das neue Recht Anwendung, während die Tatbestände der Unterbrechung der Verjährung zugunsten des Gläubigers nach altem Rechtszustand anzuwenden sind, Art. 229 EGBGB § 6 Abs. 1 S. 3. Allerdings gilt dies nicht für die Fälle, wonach statt der Unterbrechung jetzt die Hemmungsregelung vorgesehen ist, z.B. Klage, Mahnbescheid und Selbstständiges Beweisverfahren. Wenn diese Verfahren vor dem 31.12.2001 eingeleitet wurden und noch nicht zum 1.1.2002 beendet waren, so gelten sie dann als beendet und die Hemmung tritt ein. Sobald diese Hemmung beendet ist, greift die Ablaufhemmung für weitere sechs Monate ein. Hinzuzurechnen ist der bis 31.12.2001 noch nicht abgelaufene Teil der Verjährungsfrist, Art. 229 EGBGB § 6 Abs. 2 i.V.m. § 204 Abs. 2 BGB. Im Übrigen gilt grundsätzlich die kürzere Verjährungsfrist, Art. 229 EGBGB § 6 Abs. 3, 4. Ein **alljährlicher Verzicht** eines Bauträgers auf die Erhebung der Verjährungseinrede für lediglich ein Jahr beseitigt das **Feststellungsinteresse** der Erwerber **nicht** (OLG Düsseldorf BauR 2000, 1074).

387 **Im Übrigen zur Verjährung**: Bei Rechtsmängeln am Grundstück – auch Wohnungseigentum – muss unterschieden werden. Besteht der Mangel in der Belastung des Grundstücks mit einer Dienstbarkeit oder einem Grundpfandrecht, zu dessen Übernahme der Käufer sich vertraglich nicht verpflichtete, so verjährt dieser Mangel in 30 Jahren, § 438 Abs. 1 Nr. 1 BGB. Sonstige Rechtsmängel, etwa nach der Übertragung von Wohnungseigentum bestehende Miet- oder Pachtrechte, verjähren in zwei Jahren, § 438 Abs. 1 Nr. 3 BGB. Die zweijährige Verjährungsfrist gilt auch bei Vorliegen von Altlasten oder bei anderer Grundstücksgröße. Sachmängel verjähren bei der Altbausubstanz aber in fünf Jahren, § 438 Abs. 1 Nr. 2a BGB. Bei den kaufvertraglichen Ansprüchen beginnt die Verjährung mit der Übergabe, § 438 Abs. 2 BGB.

388 Ist zwischen den Parteien die VOB wirksam vereinbart, so ist – falls im Einzelfall keine andere Vereinbarung getroffen wird – § 13 Nr. 4 VOB/B maßgebend. Davon sind jedoch nicht schon ohne weiteres vom Betreuer auch zu erbringende Architektenleistungen erfasst (BGH BauR 1980, 568). In einem Individualvertrag über die Veräußerung eines umgebauten Altbaues kann der Veräußerer seine Gewährleistung durch formelhafte Klauseln nur dann wirksam ausschließen, wenn der Erwerber vom Notar über die damit verbundenen einschneidenden Rechtsfolgen eingehend belehrt wurde; die Auskunft des Bürovorstehers genügt dem nicht (OLG Köln IBR 2000, 275). Nicht zur werkvertraglichen Gewährleistung des Baubetreuers rechnet es, wenn das zu bebauende Grundstück nach Abschluss des Bauträgervertrages in seiner mit der Lage verbundenen Qualität später geändert wird, wie z.B. durch Beeinträchtigung des freien Ausblicks infolge weiterer Bebauung entgegen der mit zum Vertragsgegenstand gemachten Baubeschreibung. Dies ist nicht ein Mangel der eigentlichen Werkleistung. Auch handelt es sich hier nicht um einen Fall der bloßen Haftung aus der dem Kaufvertrag über das Grundstück fließenden Gewährleistung. Vielmehr betrifft dies eine Verantwortlichkeit aus dem Gesichtspunkt der **positiven Vertragsverletzung mit einer Verjährungsfrist von 3 Jahren, §§ 634a Abs. 1 Nr. 3, 195 BGB**. Anderenfalls würde zu sehr auf den kaufvertraglichen Charakter abgestellt, daher die gleichzeitig im Vertrag geregelte Pflicht nicht nur zur Bauherstellung, sondern zur Übereignung des gemäß der Baubeschreibung **hergestellten Bauwerkes** zu wenig berücksichtigt (OLG Köln SFH § 276 BGB Nr. 6 m. Anm. *Hochstein* der eher der kaufvertraglichen Gewährleistung zuneigt. Zur Haftung des Grundstücksverkäufers bei Unbebaubarkeit des verkauften »Baugrundstücks« *Johlen* NJW 1979, 1531).

i) Keine Teilkündigung ohne wichtigen Grund

389 **Nicht möglich** ist es dagegen, **lediglich den die Bauerrichtung betreffenden Teil des Bauträgervertrages zu kündigen** und den den Grundstückserwerb betreffenden Teil aufrechtzuerhalten, **ohne** dass dafür ein **wichtiger Grund** vorliegt. Also ist insofern eine **Teilkündigung nach § 649 BGB und demnach auch nach § 8 Nr. 1 VOB/B ausgeschlossen.** Beim Bauträgervertrag handelt es sich um einen einheitlichen Vertrag, der verschiedene vertragsrechtliche Elemente in sich birgt, einen Vertrag eigener Art; in diesem verpflichtet sich der Bauträger zu einer **Gesamtleistung,** wozu er **auch berechtigt** ist. Insbesondere Grundstücksveräußerung und Bauerrichtung sollen für die Vertragsparteien erkennbar eine Einheit bilden und miteinander »stehen oder fallen«. Der Auftraggeber weiß auch, dass er das Grundstück nur erwerben kann, wenn er sich mit der Bauerrichtung gerade durch den gewerbsmäßig tätigen Bauträger einverstanden erklärt. **Anders** kann dies sein, wenn es sich nicht um einen vertragstreuen Bauträger handelt, vielmehr dem Erwerber ein

wichtiger Kündigungsgrund zur Seite steht; z.B., wenn der Bauträger wegen der an ihn geleisteten Vergütungsraten noch nicht eine entsprechende Leistung erbracht oder nicht entsprechende Sicherheiten geleistet hat oder wenn der Insolvenzverwalter nach Insolvenzeröffnung es nach § 103 InsO abgelehnt hat, den Vertrag zu erfüllen, wobei der Erwerber wegen der Übertragung des Grundstückes ausreichend gesichert ist, also die Ansprüche des Erwerbers durch Eintragung einer Auflassungsvormerkung nicht mehr beeinträchtigt werden können. Im Übrigen hängt die Frage, ob und wann der Erwerber den die Bauleistung betreffenden Vertrag aus wichtigem Grund kündigen kann, von den Umständen des Einzelfalles ab; können die Bauarbeiten auf den anderen Grundstücken bzw. Grundstücksteilen aus- bzw. fortgeführt werden, ohne dass die Gefahr der Stilllegung besteht, sind an die Kündigungsvoraussetzungen geringere Anforderungen zu stellen (BGH BauR 1986, 208).

Zu beachten ist aber: Ist es einem Erwerber im Rahmen eines Bauträgervertrages erlaubt, später so 390 genannte **Eigenleistungen** zu erbringen, so ist ihm entweder ein Recht auf Teilkündigung eingeräumt, ohne dass er die Folgen des § 649 BGB zu tragen hat, oder es ist ihm das Recht auf Vertragsänderung zugestanden. Macht der Erwerber von seinem Recht auf Übernahme der Eigenleistungen Gebrauch, so ist der Vertragspreis um den Teil **zu kürzen,** den der Bauträger für diese Leistung einschließlich Gewinnanteil mit in den Preis einkalkuliert hat (OLG Düsseldorf Urt. v. 17.12.1991 21 U 86/91 – unveröffentlicht; hierzu auch *Virneburg* BauR 2004, 1681).

Folgen innerhalb der dem Erwerber Verpflichteten internen Vertragspartner: Berücksichtigt ein 391 Bauträger bei der von ihm selbst vorgenommenen Planung und Ausschreibung nicht, dass eine waagerechte Abdichtung der Sohlplatte nach DIN 18195 Teil 4 erforderlich ist und kommt es daher zu einem Schaden, so haftet der lediglich mit der Bauüberwachung beauftragte Architekt dem Bauträger nicht zu 100%. Der Bauträger muss sich sein Planungsverschulden zurechnen lassen. Schaltet ein Bauherr keinen Architekten mit fachlicher Kompetenz zur Planung ein, trägt er selbst das sich hieraus ergebende Risiko in Bezug auf den Planungsfehler (OLG Celle BauR 2003, 104).

Sicherheiten: Eine Bürgschaft nach § 7 MaBV (hierzu: *Grziwotz* BauR 2005, 338; *Schmid* BauR 2004, 392 79) sichert keine späteren Ansprüche auf Ersatz von Aufwendungen für Mangelbeseitigung, wenn der Eigentümer das Werk vom Unternehmer als mangelfrei abgenommen hat. Sie dient auch nicht der Absicherung eines Mietausfallschadens und vom Eigentümer zu erbringender öffentlicher Sanierungsabgaben. (BGH BauR 2003, 243). Der BGH hat sodann entschieden, dass die Bürgschaft grundsätzlich auch nicht den Anspruch des Auftraggebers gegen den Bauträger auf Erstattung des durch Überschreitung der festgelegten Bauzeit entstandenen Verzugsschadens gem. §§ 284, 286 Abs. 1 BGB a.F. sichert (BGH BauR 2003, 700).

13. Rechte des Erwerbers bei Mängeln am Gemeinschaftseigentum (Wohnungseigentum)

Literatur: *Pause* Baubeschreibung und Mängelhaftung bei Altbausanierung, BTR 2004, 141; *Schmid* Die Abnahme des Gemeinschaftseigentums oder: Der Einzelne und die anderen Erwerber, BTR 2004, 150 ff.; *Fritsch* Die Abnahme des Gemeinschaftseigentums vom Bauträger, BauRB 2004, 28; *Bärmann/Pick* Ergänzungsband WEG 17. Aufl. 2006; *Demharter* Der Beschluss des BGH zur Teilrechtsfähigkeit der Gemeinschaft der Wohnungseigentümer, ZWE 2005, 357; *Raiser* Die Rechtsnatur der Wohnungseigentümergemeinschaft, ZWE 2005, 365; *Armbrüster* Rechtsfähigkeit und Haftungsverfassung der Wohnungseigentümergemeinschaft, ZWE 2005, 369; *Bub/Petersen* Zur Teilrechtsfähigkeit der WEG, NJW 2005, 2590; *Vogel* Die Rechtsfähigkeit der WEG, BTR 2005, 226; *Abramenko* Die Teilrechtsfähigkeit der WEG: Aktuelle Diskussionen und Probleme, ZMR 2006, 409; *Baer* Gemeinschaftsbezogenheit von Mängelrechten beim Erwerb vom Bauträger, BTR 2006, 113; *Wenzel* Die Teilrechtsfähigkeit und die Haftungsverfassung der WEG – eine Zwischenbilanz, ZWE 2006, 2; *Briesemeister* Rechtsfähigkeit der WEG und Verfahren, ZWE 2006, 15; *Wenzel* Die neuere Rechtsprechung des BGH zum Recht des Wohnungseigentums, ZWE 2006, 62; *Armbrüster* Auswirkungen der Rechtsfähigkeit der WEG auf die Reform des WEG, ZWE 2006, 53.

a) Allgemeines

393 Weist die erworbene Eigentumswohnung einen Sachmangel im Sondereigentum auf, so kann der Erwerber aufgrund seines Vertrages Gewährleistungsansprüche unabhängig von den übrigen Wohnungseigentümern geltend machen. Bestehen die Mängel dagegen am Gemeinschaftseigentum, so ergeben sich aus dem Zusammentreffen von individuellem Vertragsrecht und wohnungseigentumsrechtlichem Gemeinschaftsrecht Besonderheiten. So ist umstritten, ob und in welchem Umfang das Gemeinschaftsrecht die Ausübung individualvertraglicher Rechte beschränken und die Gemeinschaft die Verfolgung der Ansprüche zu ihrer Sache machen kann. Der BGH steht auf dem Standpunkt, dass dieses im Wesentlichen eine Frage der Beschlussfassungskompetenz der Gemeinschaft sei (BGH Beschluss v. 20.9.2000 V ZB 58/99 = BGHZ 145, 158 = NJW 2000, 3500). Das ist nicht unkritisch zu übernehmen. Hinzu kommt, dass die Wohnungseigentümergemeinschaft nunmehr als teilrechtsfähig angesehen wird (BGH Beschluss v. 2.6.2005 V B 32/05 = BGHZ 163, 154 = NJW 2005, 2061). Dieses hat Auswirkungen auf die bisherige Sichtweise des Nachbesserungs-/Gewährleistungsrechts.

b) Grundsätzlich Anwendung des Werkvertragsrechts

394 Ob der Erwerb einer Eigentumswohnung nach Werkvertragsrecht oder nach Kaufrecht zu beurteilen ist, hängt nicht von der Bezeichnung des Vertrages oder der Parteien, sondern von seinem Gegenstand ab. Handelt es sich um eine neu errichtete, im Bau befindliche oder erst zu errichtende Eigentumswohnung, kommt Werkvertragsrecht zur Anwendung (BGH Urt. v. 23.6.1989 V ZR 40/88 = BGHZ 108, 156, 158). Werkvertragsrecht ist auch dann anzuwenden, wenn der Veräußerer das Bauwerk zunächst für sich selbst errichtet und sogar einige Monate bewohnt hat (BGH Urt. v. 5.4.1979 VII ZR 308/77 = BGHZ 74, 204, 208, 209). Entscheidend ist allein, dass sich aus Inhalt, Zweck und wirtschaftlicher Bedeutung des Vertrages sowie aus der Interessenlage der Parteien die Verpflichtung des Veräußerers zu mangelfreier Herstellung des Vertragsobjekts ergibt (BGH Urt. v. 29.6.1989 VII ZR 151/88 = WM 1989, 1537, 1539). Dies gilt auch dann, wenn ein Altbau in Eigentumswohnungen umgewandelt wird und mit dem »Verkauf« der Wohnungen eine Herstellverpflichtung des Veräußerers verbunden ist. Maßgebend ist insoweit, ob der Veräußerer Leistungen erbringt oder erbracht hat, die insgesamt nach Umfang und Bedeutung den Neubauarbeiten vergleichbar sind (st. Rspr. BGH Urt. v. 16.12.2004 VII ZR 257/03 = NJW 2005, 1115, 1116; Urt. v. 6.10.2005 = VII ZR 117/04 = NJW 2006, 214). Dass der Erwerber zur Fertigstellung bestimmte Arbeiten (z.B. Bodenleger-, Tapezier-, Fliesenleger-, Trockenbau-, Ausbau- oder Deckenverkleidungsarbeiten) selbst auszuführen hat, spielt grundsätzlich keine Rolle (so schon BGH Urt. v. 21.4.1988 VII ZR 146/87 = WM 1988, 1028, 1029). Hat der Veräußerer einer Eigentumswohnung hingegen nur Verschönerungs- oder Renovierungsarbeiten übernommen, die im Laufe der Zeit ohnehin anfallen, oder hat er nur punktuelle Eingriffe in die Bausubstanz und den Ausbau einer Altbauwohnung vorgenommen, wie z.B. das Entfernen der Badezimmereinrichtung, dem Ersetzen einer Balkontür durch ein Fenster, Anbringung eines Heizkörpers, Einrichtung eines Rundbogens, Einsetzung einer Abschlusstür zum Treppenhaus oder Zumauern einer Tür, so gilt ausschließlich Kaufrecht und unterliegt damit der Vertrag nur hinsichtlich der Verletzung der Herstellungspflichten den Regelungen der §§ 633 ff. BGB. An diesen Grundsätzen ist auch nach dem In-Kraft-Treten des Schuldrechtsmodernisierungsgesetzes festzuhalten (*Staudinger/Bub* WEG [2005] § 21 Rn. 235). Dass die Mängelrechte im Kaufrecht denen des Werkvertragsrechts angeglichen wurden und auch das Kaufrecht nunmehr ein Recht auf Nacherfüllung kennt (§ 439 BGB), wird nicht nur leicht übersehen, sondern ist als primäres Recht des Käufers und primäre Pflicht der Verkäufers (Nacherfüllungsrecht), ändert im Hinblick auf den Bauträgervertrag (»Kaufvertrag«) nichts daran, dass Inhalt des Kaufvertrages einer Lieferverpflichtung ist, der Werkvertrag dagegen eine Herstellungsverpflichtung zum Gegenstand hat. Auch an der

Einordnung des Bauträgervertrages als eines einheitlichen Vertrages, der sich aus Elementen des Kauf-, Werk- und Geschäftsbesorgungsvertrages zusammensetzt (vgl. BGH Urt. v. 21.11.1985 VII ZR 366/83 = BGHZ 96, 275), hat sich nichts geändert (*Pause* Bauträgerkauf und Baumodelle 4. Aufl. 2004 Rn. 68). Soweit danach Mängel den Regelungen der §§ 633 ff. BGB unterfallen, ist ein formellhafter Ausschluss der Gewährleistung für Sachmängel selbst in einem notariellen Individualvertrag gem. § 242 BGB unwirksam, wenn die Freizeichnung nicht mit dem Erwerber unter ausführlicher Belehrung über die einschneidenden Rechtsfolgen eingehend erörtert worden ist (BGH Urt. v. 17.9.1987 VII ZR 153/86 = BGHZ 101, 350, 353; BGH Urt. v. 29.7.1989 VII ZR 151/88 = BGHZ 108, 164, 168; BGH Urt. v. 6.10.2005 VII ZR 117/04 = NJW 2006, 214). Die Rechtssprechung dient dem Schutz des Schutz des Erwerbers vor einem überrschendem Verlust seiner Ansprüche aus der dem Veräußerer übernommenen Herstellungsverpflichtung. Greift dieser Zweck nicht ein, geht es also um die Haftung für von der Herstellungsverpflichtung nicht berührten Bauteile, so ist auch ein formelhafter Gewährleistungsausschluss wirksam (BGH Urt. v. 6.10.2005 VII ZR 117/04 = NJW 2006, 214, 215).

c) Rechtsstellung des Erwerbers

Jedem einzelnen Erwerber stehen die vertraglichen Ansprüche am Gemeinschaftseigentum zu. Dies gilt sowohl für die primären Ansprüche auf Nacherfüllung, auf Zahlung des Vorschusses oder Erstattung der Ersatzvornahmekosten (BGH Urt. v. 10.5.1979 VII ZR 30/78 = NJW 1979, 2207; Urt. v. 19.12.1996 VII ZR 233/95 = NJW 1997, 2173, 2174; *Pause* Rn. 884; *Kniffka/Koeble* Kompemdium des Baurechts 2004 11. Teil Rn. 242), als auch für die sekundären Gewährleistungsansprüche, also die Ansprüche auf Minderung und kleinen Schadenersatz (BGH Urt. v. 15.4.2004 – VII ZR 130/03, NJW-RR 2004, 949) sowie die auf Rückabwicklung gerichteten Ansprüche auf Wandlung und großen Schadenersatz. Der Erwerber ist Inhaber des Anspruchs selbst. Die (teil-)rechtsfähige Gemeinschaft der Wohnungseigentümer ist hingegen hinsichtlich der sich aus den Erwerberverträgen der einzelnen Eigentümer ergebenden Rechte dagegen nicht anspruchsberechtigt. Ihr können vertragliche Ansprüche nur aus Rechtsgeschäften zustehen, die sie selbst mit Unternehmen abgeschlossen hat. Wohl aber kann sie im Rahmen ihrer Vertragskompetenz die Verfogung von individuellen Ansprüchen der Eigentümer regeln. Dies wird nicht immer deutlich unterschieden, siehe BGH Urt. v. 15.2.1990 VII ZR 130/03 = BGHZ 110, 258; *Kniffka/Koeble* 11. Teil Rn. 244. Auch hieran hat das Schuldrechtsmodernisierungsgesetz und die Rechtsprechung zur Beschlussfassungskompetenz der Gemeinschaft nichts geändert. Nur die Frage, an wen die jeweilige Leistung zu erfolgen hat, ist von der Rechtsprechung bisher noch nicht abschließend geklärt worden. Während der BGH in Bezug auf den Vorschuss zunächst den einzelnen Erwerber für empfangsberechtigt ansgah (BGH Urt. v. 5.5.1977 VII ZR 36/76 = BGHZ 68, 372, 378) und daher die Wohnungseigentümergemeinschaft in ihrem Bestand als Einzelne Berechtigte und Verpflichtete als Gesamtgläubiger bezeichnet hat (BGH Urt. v. 10.5.1979 VII ZR 30/78 = BGHZ 74, 258, 265), ist er später wieder davon abgerückt und hat die Einordnung als Gesamt- oder Mitgläubiger mehrfach ausdrücklich offengelassen (BGH Urt. v. 26.9.1991 VII ZR 291/90 = NJW 1992, 435; Urt. v. 27.2.1992 IX ZR 57/91 = NJW 1992, 1881, 1883).

395

d) Gläubigerstellung
aa) Primäre Mängelrechte

Grundsätzlich haben alle Erwerber für die Erfüllungs- und primären Mängelansprüche eine Mitgläubigerschaft (so auch *Bärmann/Pick/Merle* 9. Aufl. § 21 WEG Rn. 7; schon bereits *Doerry* EWiR 1990, 459, 460; *Kniffka/Koeble* 11. Teil Rn. 249; *Pause* Rn. 897; *Staudinger/Bub* § 21 WEG Rn. 255). Der Veräußerer kann daher als Schuldner der Gesamtleistung nur die geschuldete Leistung einheitlich an alle Erwerber gemeinsam erbringen und jeder einzelne Erwerber kann die Leistung nur an alle Erwerber fordern (§ 432 BGB). Die Mitgläubigerschaft lässt sich allerdings nicht schon damit begründen, dass die Erwerber vom Zeitpunkt des Vertragsschlusses mit dem Veräußerer an in

396

Bezug auf ihre Gewährleistungsrechte wegen der Mängel am Gemeinschaftseigentum eine Bruchteilsgemeinschaft bildeten (a.A. *Deckert* NJW 1975, 854; *Deckert* WE 1991, 304, 305; *Ehmann/Breitfeld* Anm. JZ 1992, 318, 319 zu BGHZ 114, 383 ff.; *Kapellmann* MDR 1973, 1 ff.; *Gross* BauR 1975, 21; *Schilling* BauR 1986, 450). Abgesehen davon das § 432 BGB auf die Bruchteilsgläubigerschaft unmittelbar nicht anwendbar ist, weil § 432 BGB voraussetzt, dass jeder Mitgläubiger Gläubiger einer eigenen Forderung ist (siehe auch *Staudinger/Wenzel* Vor §§ 43 ff. WEG Rn. 77 m.w.N.; *Heerstraßen* Schuldverhältnisse der Wohnungseigentümer 1998 S. 69 ff.), sind die einzelnen Erwerber beim jeweiligen Vertragsabschluss auch nicht in einer Bruchteilsgemeinschaft miteinander verbunden. Sie haben zu unterschiedlichen Zeitpunkten, mit teilweise unterschiedlichen Inhalten den Vertrag geschlossen. **§ 432 BGB findet jedoch deswegen Anwendung**, weil sämtliche individualvertraglichen Ansprüche auf dieselbe Leistung, nämlich die mangelfreie Herstellung und Nachbesserung des gesamten Gemeinschaftseigentums und nicht nur eines Miteigentumsanteils, also auf eine unteilbare Leistung des Ganzen gerichtet sind. Die Unteilbarkeit bedingt, dass jeder Erwerber Leistung nur an alle verlangen kann und verhindert daher, dass der Schuldner (Veräußerer) die Leistung mehrfach erbringen muss. Unklar ist allerdings der Fall, wenn mehrere Erwerber zu unterschiedlichen Zeitpunkten erwerben und die Leistungsbeschreibung im Vertrag sich durch Änderungen oder Eingriffe des Veräußerers in den Vertrag rein faktisch änderte. So, wenn der Vertrag Änderungsvorbehalte des Veräußerers aufgrund von Umständen vorsieht, auf die er keinen Einfluss hatte, z.B. Eingriff der Baubehörde oder technische Änderungen während der Bauerrichtung. Hier wird man allerdings zum gleichen Ergebnis kommen müssen, solange die Änderungen ohne Einwirkung des Veräußerers erfolgten. Sind die Einwirkungen durch individuelle Eingriffe des Veräußers aufgrund von individuellen Vereinbarungen mit einzelnen Erwerbern zustande gekommen und hat dies zur Folge, dass die Teilserklärung nicht geändert werden muss, so ist die Gesamtgläubigerschaft gem. § 432 BGB analog nicht mehr zu halten, weil der Vertragsgegenstand geändert wurde. Dasselbe gilt, wenn die Teilungserklärung geändert werden muss, weil die baulichen Änderungen dazu unter Berücksichtigung der Regelungen des WEG oder einer rechtskräftigen Entscheidung zwingen. Dann haben die einzelnen Eigentümer die Rechte aus dem Vertrag an sich auszuüben. Das kann dann zum Auseinanderfallen von Rechten führen, so dass denkbar ist, dass ein Teil der Erwerber die Rechte an die Gemeinschaft fordern muss und der andere Teil an sich. Dieses Auseinanderfallen ist dann untragbar, wenn der Forderung etwa Rechte der WEG aufgrund von mehrheitlichen Beschlüssen zur Herstellung der Gemeinschaftsanlage entgegenstehen. Fordert beispielsweise die Gemeinschaft die Herstellung einer mangelfreien Tiefgarage mit Stellplätzen in einer Ebene, wie die ursprüngliche Teilungserklärung und die Verträge dies vorsahen und haben einzelne später hinzugekommene Erwerber in ihrem Kaufvertrag durch die Änderung der Bauplanung aufgrund der Forderung der Baubehörde nach mehr Stellplätzen einen Stellplatz auf einer nachträglich errichteten Stellplatzebene erworben, so wird man dann von einer Gesamtgläubigerschaft gem. § 432 BGB analog auszugehen haben, wenn die Änderung sich im Einklang mit der behördlichen Forderung befindet und damit im Rahmen einer übergeordneten Gesetzlichkeit. Handelt sich aber um eine Abweichung, die nicht aufgrund eines – auch nachträglich zu fassenden – Gemeinschaftsbeschlusses aller Erwerber nachträglich genehmigt wird, so besteht keine Gesamtgläubigerschaft gem. § 432 BGB analog. In diesem Fall hat der Erwerber nur die Möglichkeit die Rechte der sekundären Mängelrechte – Minderung, Wandlung, großer Schadenersatz – geltend zu machen, wenn er das nicht akzeptieren will. Das Abstellen hier auf etwaige Sinnhaftigkeiten von Vertragsausführungen, Nützlichkeiten für die Gemeinschaft und ähnlichen Argumenten gem. § 242 BGB ist fehl am Platze, weil dies zu einer unschaften Fassung des Gesamtgläubigerrechts gem. § 432 BGB bzw. § 432 BGB analog führt.

bb) Sekundäre Mängelrechte

397 Die Geltung der vorstehenden Ergebnisse der primären Mängelrechte ist allerdings ebenfalls umstritten. Die Rechtssprechung des BGH sieht bisher die hiermit erfolgte »Mängelgewähr« als eine

unteilbare Leistung an (BGH Urt. v. 10.5.1979 VII ZR 30/78 = NJW 1979, 2207, 2208; Urt. v. 6.6.1991 VII ZR 372/89 = NJW 1991, 2480, 2481) und damit eine Mitgläubigerstellung annimmt (siehe auch *Werner/Pastor* Rn. 515), wird andererseits auch vertreten, dass die Vorschriften der §§ 420 ff. BGB über die Gläubigermehrheit eben nicht zur Anwendung kommen (*Bärmann/Pick/Merle*, § 21 WEG Rn. 18; *Wenzel* Immobilienrecht 1998, 51, 55, 56; *Weitnauer/Briesemeister* Anh. § 8 WEG Rn. 63 ff.; *Staudinger/Bub* § 21 WEG Rn. 275, 285 ff. m.w.N.) und der Gemeinschaft für die Verfolgung der individualvertraglichen Ansprüche eine Verwaltungskompetenz nicht zusteht. Vor dem Hintergrund des Schuldrechtsmodernisierungsgesetzes ist diese Meinung nicht mehr zutreffend und daher nur noch für die Fallgestaltungen davor anzuwenden. Im Übrigen liegt darin zum unter oben a) Gesagten kein Widerspruch, weil dort die Individuellvertraglichen Regelugen angesprochen sind, die auf der primären Mängelebene beruhen. **§ 634 BGB** ist als Anspruchsnorm des Erwerbers nur für die Nacherfüllung gem. Nr. 1 und hinsichtlich der übigen Regelungstatbestände **Rechtsgrundverweisung** (*Vorwerk* BauR 2003, 1, 8). § 634 BGB weist die Haftung für Mängel dem Leistungsstörungsrecht zu. Es geht nicht mehr um Gewährleistung im eigentlichen Sinne, sondern um eine **Pflichtverletzung und ihre Folgen**. Deswegen ist es auch sinnvoller, **nicht** mehr von **Gewährleistungsrechten**, sondern nur noch von **Mängelrechten** zu sprechen. Minderung und kleiner Schadenersatzanspruch gehen daher nicht auf die Übernahme einer »Gewähr« zurück, sondern sollen das ausgleichen, was durch eine Pflichtverletzung an Nachteilen entstanden ist. Die beiden Rechte unterscheiden sich nach der Art, nicht aber nach dem Zweck des Ausgleichs. Sie treten beide an die Stelle des Erfüllungsanspruchs (BGH Urt. v. 15.4.2004 VII ZR 130/04 = NJW-RR 2004, 949 – noch zu § 635 BGB a.F.) und zielen damit ebenfalls auf die Herbeiführung des von dem Veräußerer geschuldeten werkvertraglichen Erfolgs ab. Dadurch bleibt die Leistung unteilbar. Bezugspunkt ist weiterhin ein individualisierter Marktwert des erworbenen Sondereigentums samt des damit verbundenen Miteigentums. Andernfalls stünde der Veräußerer durch seine Pflichtverletzung besser, würde er für sie gewissermaßen »belohnt«, wenn er für die geschuldete mangelfrei Erstellung des gesamten Gemeinschaftseigentums im Falle der Untätigkeit der Gemeinschaft nur noch nach Maßgabe der von den einzelnen Erwerbern getrennt zu verfolgenden Ansprüche in Höhe einer individualisierten Quote einzustehen hätte und es ihm zugute käme, wenn die Ansprüche einzelner Erwerber erlöschen oder verjähren würden (*Staudinger/Bub* § 21 WEG Rn. 290). Dies stünde **bei einheitlichen Verträgen** der Erwerber in einem Wertungswiderspruch zu dem mit dem Leistungsstörungsrecht verfolgten Zweck, die Verletzung der gegenüber jedem einzelnen Erwerber bestehenden Pflicht zur mangelfreien Erstellung des gesamten Gemeinschaftseigentums vollständig auszugleichen. Anders im Falle des Auseinanderfallens der Mängelansprüche wegen unterschiedlicher Inhalte der Verkaufsverträge (siehe oben zu a)).

cc) Rückabwicklungsrechte
Diese Rechte sind Gestaltungsrechte und zielen im Gegensatz zu den primären oder sekundären Mängelrechten auf ein Ausscheiden aus der Gemeinschaft. Daher stehen sie ausschließlich dem jeweiligen Erwerber als Einzelgläubiger zu. **398**

e) Rechtszuständigkeit der Eigentümergemeinschaft
aa) Materielle Zuständigkeit
Das Bestehen einer Mitgläubigerschaft sagt für sich gesehen nichts darüber aus, wer das Recht, die Leistung an alle zu fordern, durchsetzen darf. Grundsätzlich ist dies zwar der Rechtsinhaber. Im Rahmen der Wohnungseigentümergemeinschaft ergeben sich allerdings bestimmte gemeinschaftliche Verbundenheiten und gemeinsame Verwaltungszuständigkeiten für das Gemeinschaftseigentum. Hier ist beispielsweise auf die Sondernorm des § 21 Abs. 1 WEG zu § 432 BGB hinzuweisen sein. Die Gemeinschaftsbezogenheit ist dadurch gekennzeichnet, dass dies Angelegenheiten sind, für die formell eine Verwaltungskompetenz der Wohnungseigentümer besteht und denen materiell der Anspruch auf eine Leistung zusteht. Diese haben eine allgemeine gemeinsame Empfangszustän- **399**

digkeit. Ist das der Fall, so kann sich die Durchsetzung des Anspruchs als eine Art Geschäftsführung zugunsten der Wohnungseigentümer darstellen (BGH Beschl. v. 15.12.1988 V ZB 9/88 = BGHZ 106, 222, 226, 227; BGH Beschl. v. 20.4.1990 V ZB 1/90 = BGHZ 111, 148, 150, 151; BGH Urt. v. 11.12.1992 V ZR 118/91 = BGHZ 121, 22, 26). Die Verwaltungskompetenz der Gemeinschaft überlagert dann die individuelle Rechtsverfolgungskomopetenz des einzelnen Erwerbers und bestimmt das **Prozessführungsrecht**. Dies gilt insbesondere für die bereits entschiedenen Fälle der Geltendmachung eines allen Wohnungseigentümern entstandenen Schadenersatzanspuchs gegenüber dem Verwalter (BGH Beschl. v. 15.12.1988 V ZB 9/88 = BGHZ 106, 222), oder einem Dritten (hier: Mieter) (BGH Urt. v. 11.12.1992 V ZR 118/92 = BGHZ 121, 22) oder für die Durchsetzung von gemeinschaftsrechtlichen Beitragsansprüchen (BGH Beschl. v. 20.4.1990 V ZB 1/90 = BGHZ 111, 148, 150, 151). Der dieser Rechtsprechung zugrunde liegende Gedanke, dass bei der Verfolgung von individualrechtichen Ansprüchen eine Verwaltungszuständigkeit der Gemeinschaft immer dann gegeben ist, wenn für die geschuldete Leistung eine gemeinsame Empfangszuständigkeit aller Wohnungseigentümer gegeben ist und diese über die Verwendung der Leistung gemeinsam zu entscheiden haben, hat in gkleicher Weise für die Verfolgung solcher vertraglicher Ansprüche zu gelten, die auf die Herbeiführung des von dem Veräußerer geschuldeten werkvertraglichen Erfolgs bei der Herstellung des Gemeinschaftseigentums gerichtet sind. Denn die erstmalige Herstellung eines mängelfreien Zustands gehört als Maßnahme der Instandsetzung des gemeinschaftlichen Eigentums nach § 21 Abs. 5 Nr. 2 WEG zu einer ordnungsgemäßen Verwaltung im Sinne des WEG (*Staudinger/Bub* § 21 WEG Rn. 185). Das schließt als Geschäftsführung zugunsten der Wohnungseigentümer die Verfolgung entsprechender individualvertraglicher Ansprüche mit gemeinsamer Empfangszuständigkeit der Erwerber ein, sowie auch die Geltendmachung deliktischer Ansprüche wegen Beschädigung des gemeinschaftlichen Eigentums eine Verwaltungskompetenz nach § 21 Abs. 1 WEG begründet wird (BGH Urt. v. 11.12.1992 V ZR 118/92 = BGHZ 121, 22, 26). Denn die Erwerber sind mit dem Vollzug der Erwerbsverträge Mitglied einer Gemeinschaft geworden, in der Maßnahmen der Instandsetzung eine gemeinsame Verwaltungssache sind. Die damit verbundene Beschränkung in der Ausübung der auf eine solche Instandsetzung zielenden vertraglichen Rechte ist eine diesen Rechten von vornherein anhaftende, immanente Schranke. Daraus folgt allerdings nicht, dass alle vertraglichen Ansprüche mit gemeinsamer Empfangszuständigkeit der Wohnungseigentümer von dem einzelnen Erwerber grundsätzlich nur mit Ermächtigung der Gemeinschaft geltend zu machen sind bzw. dürfen. Denn eine die Beschlusskompetenz begründende Verwaltungszuständigkeit ist nur gegeben, wenn die gemeinsame Rechtsverfolgung überhaupt im Interesse der Gemeinschaft liegen kann. Das ist z.B. nicht der Fall, wenn der Mangel sich nur im Sondereigentum des einzelnen Erwerbers auswirkt. Auch wenn der Erwerber mit Hilfe seiner Mangelrechte aus der Gemeinschaft ausscheiden will, fehlt für diese Verwaltungskompetenz schon die gemeinsame Empfangszuständigkeit. Liegt sie dagegen vor und ist ein gemeinsames Rechtsverfolgungsinteresse zu bejahen, haben die Wohnungseigentümer in der Frage, was ordnungsgemäßer Verwaltung entspricht, einen Ermessensspielraum. Daher gibt es Ansprüche, hinsichtlich derer die gemeinsame Rechtsverfolgung zwar zulässig, aber nicht unbedingt auch erforderlich ist und Ansprüche, deren Durchsetzung immer eine Entscheidung der Wohnungseigentümer voraussetzt. Dies wird nachfolgend erläutert.

bb) Formelle Zuständigkeit bei einem Eigentümerwechsel

400 Die Instandsetzung des gemeinschaftlichen Eigentums als Maßnahme odnungsgemäßer Verwaltung unterfällt schon mit dem Beginn der werdenden Gemeinschaft der Verwaltungszuständigkeit der Wohnungseigentümergemeinschaft. Deren Regelungskompetenz begegnet jedenfalls so lange keinen Zweifeln, als sie mit der Gemeinschaft der Ersterwerber personenidentisch ist (*Pause* NJW 1993, 553, 554). Denn die Beseitigung anfänglicher Baumängel des Gemeinschaftseigentums berührt die Interessen aller Eigentümer und gehört zu deren Verwaltungsaufgaben. Das gilt unabhängig von der personellen Zusammensetzung der Eigentümergemeinschaft. Ist ein Teil der Erwerber noch nicht in das Grundbuch eingetragen, so gehört an ihrer Stelle der Veräußerer (Bauträger) der Gemeinschaft an. Hat der Ersterwerber sein Wohnungseigentum weiterveräußert, so gehört der Zweiterwerber der Gemeinschaft an. Die Verwaltungskompetenz aus § 21 Abs. 5 Nr. 2 WEG wird hiervon nicht berührt. Die Gemeinschaft ist sowohl vor dem Eintritt von »Nachzüglern« als auch nach dem Ausscheiden eines Erwerbers für die ordnungsgemäße Ersterrichtung verantwortlich. Den ihr nicht angehörenden Erwerbern verbleiben zwar ihre vertraglichen Rechte, sie können sie aber insoweit nicht selbstständig verfolgen, als sie sie auch nicht in der Gemeinschaft hätten durchsetzen können. Umgekehrt darf die Gemeinschaft im Rahmen ihrer Beschlusskompetenz die notwendigen Entscheidungen unabhängig davon treffen, ob ihr auch alle Erwerber angehören. Auf die in diesem Zusammenhang erörterte Frage, ob die Nichtmitgliedererwerber zugleich auch Mitglieder der Gemeinschaft zur Wahrnehmung von Rechten aus dem Ersterwerbsvertrag ermächtigt haben, kommt es daher nicht an (BGH Urt. v. 19.12.1996 VII ZR 233/95 = NJW 1997, 2173; *Pause* NJW 1993, 553, 554; *Pause* Bauträgerkauf Rn. 759, 760, 891; *Kleine/Möller/Merl* Handbuch des privaten Baurechts 3. Aufl. Rz. 1034). Die Überlagerung der individuellen Ausübungsbefugnis durch die Verwaltungskompetenz der Eigentümergemeinschaft ist den gemeinschaftsbezogenen Vertragsrechten von vorneherein immanent.

f) Kompetenzen für die Mängelrechte im Einzelnen
aa) Erfüllungs- und Nacherfüllungsanspruch
(1) Beschlusskompetenz der Gemeinschaft

Die Ansprüche auf Erfüllung oder Nacherfüllung können grundsätzlich von jedem Einzelnen selbstständig verfolgt werden. Sie sind auf die Herstellung eines mangelfreien Gemeinschaftseigentums gerichtet. Sie stören sich nicht gegenseitig, weil die Leistung allen Erwerbern zugute kommt. Eine Regelung durch die Gemeinschaft ist nicht notwendig. Umstritten ist aber, ob due Gemeinschaft die Verfolgung der primären Mängelrechte gleichwohl durch Mehrheitsbeschluss zu ihrer Angelegenheit machen darf. Während die herrschende Meinung dies mit der Rechtsprechung des VII. Senats bejaht (*Bärmann/Pick/Merle* § 21 Rn. 8; *Weitnauer/Briesemeister* nach § 8 WEG Rn. 57, 64; BGH Urt. v. 4.6.1981 VII ZR 9/80 = NJW 1981, 1841; Urt. v. 19.12.1996 VII ZR 233/95 = NJW 1997, 2173, 2174), ist Bub der Ansicht, dass die Befugnis zur Verwaltung und Instandsetzung des gemeinschaftlichen Eigentums der Gemeinschaft noch nicht das Recht verleihe, in den individuellen Erwerbsvertrag eines Eigentümers gegen seinen Willen einzugreifen (*Staudinger/Bub* § 21 WEG Rn. 258, 260). Der Ansicht ist zuzugeben, dass die Verwaltungszuständigkeit der Gemeinschaft nicht das Recht verleiht, vertragliche Rechte auf die Gemeinschaft überzuleiten oder orginär zu begründen. Den Wohnungseigentümern fehlt hierfür die Beschlusskompetenz. Rechtsinhaber bleiben die Erewerber. Da ihnen die Ansprüche jedoch nur in Mitgläubigerschaft zustehen und die Gemeinschaft hinsichtlich der alle Erwerber zu erbringenden Leistung eine Regelungskompetenz hat, sind die Befugnisse aus § 432 BGB durch § 21 WEG überlagert, so dass die Gemeinschaft auch über die Rechtsverfolgung entscheiden darf, sofern dies ordnungsgemäßer Verwaltung entspricht. Ob das der Fall ist, hängt von den Gegebenheiten des Einzelfalls und hier insbesondere davon ab, ob die Gefahr besteht, dass sich die einzelnen Rechtsverhältnisse der Erwerber zum Veräußerer unterschiedlich entwickeln können oder entwickelt haben und hierdurch Interessen der gemeinschaftlichen Instandsetzung berührt werden. Die Gemeinschaft hat hier also zwar eine Beschlusskompetenz, aber auch ein Entscheidungsermessen. Macht sie die Durchsetzung der Mangelrechte nicht allgemein zu einer Verwaltungsangelenheit, so können die Erwerber die Nachhaftungsansprüche so lange selbstständig verfolgen, als sich die Gemeinschaft nicht nach erfolgter Fristsetzung für eine Selbstvornahme, Minderung oder kleinen Schadenersatz entschieden hat. Stimmberechtigt sind in der Versammlung auch solche Eigentümer, deren Gewährleistungsansprüche erloschen oder gar verjährt sind (*Staudinger/Bub* § 21 WEG Rn. 260). Denn die individualvertragliche Situation ist anders zu bewerten, als die WEG-rechtliche. Der Beschluss bindet daher auch alle im Zeitpunkt der Beschlussfassung im Grundbuch eingetragenen Eigentümer, also auch diejenigen, die überstimmt worden sind oder die Eigentümer. Die an der Versammlung nicht teilnahmen (§ 10 Abs. 4 WEG). Auch

Rechtsnachfolger werden hier gebunden (§ 10 Abs. 3 WEG). Die Beschlussfassung entfaltet daher hinsichtlich der primären Mängelrechte eine Sperrwirkung nicht nur im Innenverhältnis (wohl auch *Werner/Pastor* Rn. 497; a.A. *Staudinger/Bub* § 21 WEG Rn. 262). Der Bauträger kann sich darauf berufen. Hat ein Erwerber bereits Klage auf Nacherfüllung erhoben, so tritt wegen des Wegfalls des Prozessführungsrechts Erledigung ein (wohl auch *Werner/Pastor* Rn. 497; a.A. *Staudinger/Bub* § 21 WEG Rn. 261). Erwerber, die bei der Beschlussfassung bereits aus der Gemeinschaft ausgeschieden waren, können die Ansprüche, die ihnen in Mitgläubigerschaft zustehen, nicht mehr ohne Ermächtigung durch die Gemeinschaft geltend machen.

401a Im Übrigen: Der Aufnahme des Begriffs der »Gemeinschaftsbezogenheit« in das WEG (Regierungsentwurf 2006) ist nicht nur in Bezug auf die Mängelrechte aus den Erwerbsverträgen, sondern darüber hinaus auch hinsichtlich sonstiger Rechte und Pflichten der Wohnungseigentümer zu widersprechen. Neben den Mängelrechten aus den Erwerbsverträgen hält die Bundesregierung solche Angelegenheiten für gemeinschaftsbezogen, für die gemäß § 21 Abs. 1 WEG eine Verwaltungszuständigkeit der Eigentümergemeinschaft besteht (*Wenzel* ZWE 2006, 109). Sie bezieht sich hierbei auf allen Wohnungseigentümern gemeinschaftlich zustehende Schadensersatzansprüche (BGHZ 121, 22) und Ansprüche auf Beiträge der Wohnungseigentümer (BGHZ 111, 148). Die Bezugnahme auf die Beiträge zu den Lasten und Kosten des gemeinschaftlichen Eigentums offenbart, dass der Begriff der Gemeinschaftsbezogenheit weit weniger klar ist. Denn Lasten und Kosten des gemeinschaftlichen Eigentums sind durch § 16 Abs. 2 WEG gesetzlich begründete Pflichten der Wohnungseigentümer. Anspruchsberechtigt sind insoweit alle anderen Wohnungseigentümer (§ 16 Abs. 2 WEG). Nach der Entscheidung des BGH zur Rechtsfähigkeit der Wohnungseigentümergemeinschaft (BGHZ 163, 154, 177) ist die rechtsfähige Gemeinschaft nunmehr nicht nur geltendmachungsbefugt, sondern sogar Inhaberin der gesetzlich begründeten Rechte und Pflichten. Mithin stehen ihr die Ansprüche auf Beiträge zu den Kosten und Lasten gemäß § 16 Abs. 2 WEG zu. Das ergibt sich auch aus dem vorgeschlagenen § 10 Abs. 7 WEG (Reg.Entw. 2006), wonach das Verwaltungsvermögen, zu dem auch die im Rahmen der Verwaltung des gemeinschaftlichen Eigentums begründeten Ansprüche gehören sollen, der Eigentümergemeinschaft zusteht. Für den BGH war die Zuordnung der Beitragsforderungen zum rechtsfähigen Wohnungseigentümerverband mit ein Grund für die Anerkennung der Rechtsfähigkeit der Wohnungseigentümergemeinschaft (BGHZ 163, 154, 177). Derartige gesetzlich begründete Rechte stehen der Gemeinschaft bereits nach dem vorgeschlagenen § 10 Abs. 6 S. 2 WEG zu. Entgegen der Auffassung der Bundesregierung bedarf es daher der Normierung der Gemeinschaftsbezogenheit in § 10 Abs. 6 S. 3 WEG hinsichtlich der Beitragsansprüche nicht. In Bezug auf Schadensersatzansprüche wegen einer Verletzung des Gemeinschaftseigentums ist der Begriff der Gemeinschaftsbezogenheit ebenfalls entbehrlich. Entweder man vertritt insoweit die Auffassung, dass sich die Geltendmachung dieser Ansprüche nach den §§ 1011, 432 BGB richte, da das Eigentum nach wie vor den einzelnen Wohnungseigentümern – und nicht der Eigentümergemeinschaft – zugeordnet bleibt (BGHZ 163, 154, 177). Hierfür spricht etwa, dass das Wohnungseigentum nach der Eigentumsverletzung ohne Übertragung des Schadensersatzanspruches veräußert oder der Schadensersatzanspruch an einen Dritten abgetreten werden kann, so dass nicht mehr alle Wohnungseigentümer Inhaber der Schadensersatzansprüche wären. Der bloße Hinweis auf eine nicht näher begründete »Gemeinschaftsbezogenheit« wäre dann nicht geeignet, das Recht zu selbstständiger Geltendmachung des Schadensersatzspruches aus den §§ 1011, 432 BGB auszuschließen. Oder man sieht die Geltendmachung des Schadensersatzanspruches als eine Angelegenheit gemeinschaftlicher Verwaltung gemäß § 21 Abs. 1 WEG an (BGHZ 121, 22, 25). Dann begründet diese Norm eine Entscheidungsbefugnis der Eigentümergemeinschaft, ohne dass es auf eine Gemeinschaftsbezogenheit ankäme. Schadensersatzansprüche aus Verträgen der Gemeinschaft fallen bereits nach dem Entwurf des § 10 Abs. 6 S. 2 WEG in die Zuständigkeit der Wohnungseigentümergemeinschaft, so dass auch hier keine Notwendigkeit besteht, mit einer Gemeinschaftsbezogenheit zu argumentieren. Auf den unbestimmten Begriff der Gemeinschaftsbezogenheit kann daher verzichtet werden. Denn er würde lediglich als Einfallstor dafür dienen, der

Gemeinschaft durch Erklärung individueller Angelegenheiten der Eigentümer als »gemeinschaftsbezogen« neue Kompetenzen zu Lasten der Eigentümer zuzusprechen. Es ist erklärtes Ziel des Entwurfs, eine solche extensive Auslegung der Vorschriften und die daraus resultierende Minderung und Aushöhlung der Individualrechte zu vermeiden, die letztlich zu einer Gefährdung des Wohnungseigentums als echtem Eigentum führen könne.

Die in der Rechtsprechung des BayObLG zu erkennende Tendenz, nach den Mängelrechten aus den Erwerbsverträgen auch weitere individuelle Rechtsverhältnisse wie die Abnahme des Gemeinschaftseigentums zu einer gemeinschaftsbezogenen Angelegenheit zu erklären (BayObLG NZM 1999, 862 und NZM 2000, 344, 346) zeigen auch, dass eine gesetzliche Regelung notwendig ist. Der Begriff der Gemeinschaftsbezogenheit ist allerdings, soweit er sich auf Angelegenheiten bezieht, die bereits nach § 21 Abs. 1 WEG oder anderen Normen der Zuständigkeit der Wohnungseigentümergemeinschaft unterfallen, überflüssig. Wenn er darüber hinaus dazu dienen soll, der Gemeinschaft Beschlusskompetenzen zuzuweisen, die sich nicht bereits aus dem Gesetz oder aus Vereinbarungen ergeben, ist er insbesondere vor dem Hintergrund der Entscheidung des BGH vom 20.9.2000 (BGHZ 145, 158) abzulehnen. Die Gemeinschaftsbezogenheit beschreibt einen tatsächlichen oder rechtlichen Zusammenhang zwischen der Geltendmachung individueller Rechte und einem gemeinschaftlichen Gegenstand nicht ausreichend und ohne dass deutlich wird, worin dieser besteht. Sie ist bisher meist dann bemüht worden, wenn eine Zuständigkeit der Gemeinschaft wünschenswert erschien, sich mit den geltenden Vorschriften aber nicht überzeugend begründen ließ, was insbesondere im Zusammenhang mit den individuellen Mängelrechten aus den Erwerbsverträgen der Fall war. Sie täuscht darüber hinweg, dass ein bloßes gemeinschaftliches Interesse nicht zu einer Rechtsgemeinschaft verbindet (BGH WM 1979, 111) und eine durch Gesetz oder Vereinbarung begründete Beschlusskompetenz der Wohnungseigentümergemeinschaft insoweit fehlt. Sofern der Gesetzgeber eine dahingehende Normierung für erforderlich hält, dass von der Eigentümergemeinschaft gemäß § 21 WEG gefasste Beschlüsse durch den rechtsfähigen Wohnungseigentümerverband durchgesetzt werden, wird der Begriff der Gemeinschaftsbezogenheit nicht benötigt. Letztlich stünde der Entwurf des § 10 Abs. 6 WEG allerdings einer »rechtlich richtigen« Lösung der Mängelproblematik beim Erwerb vom Bauträger nicht notwendig im Weg. Denn was als »gemeinschaftsbezogen« angesehen wird, soll nicht Inhalt des Gesetzes werden. Die Gesetzesmaterialien hingegen, die etwas genauer auf die Gemeinschaftsbezogenheit eingehen, sind nur eines unter mehreren Auslegungsmitteln, das sich häufig nicht auf alle Aspekte der Norm erstreckt und bei gravierenden Argumenten für eine andere mit dem Gesetzeswortlaut zu vereinbarende Auslegung zurücktreten muss. Insofern könnte man die Neuregelung auch grundsätzlich als unschädlich bezeichnen, notwendig ist sie jedenfalls nicht. Sie kann aber negative Folgen haben, weil künftig durch die Bezeichnung einer individuellen Angelegenheit der Wohnungseigentümer als »gemeinschaftsbezogen« eine Zuständigkeit der Eigentümergemeinschaft begründet werden könnte.

(2) Rechtszuständigkeit des rechtsfähigen Verbandes
Hat die Gemeinschaft von ihrer Ausübungsbefugnis zu recht Gebrauch gemacht, so darf auch nur sie den Anspruch geltend machen. Handlungsbefugt und prozessführungsbefugt ist nach Anerkennung ihrer Teilrechtsfähigkeit die Gemeinschaft als rechtsfähiger Verband. Sie muss hierzu nicht von den Wohnungseigentümern eigens beauftragt oder ermächtigt werden. Vielmehr nehmen die Wohnungseigentümer durch die gemeinschaftliche Ausübung individualrechtlicher Ansprüche bei der vermögensrechtlichen Verwaltung des gemeinschaftlichen Eigentums am Rechtsverkehr teil und handeln dadurch als rechtsfähiges Subjekt in gesetzlicher Prozesstandschaft für die Wohnungseigentümer (*Wenzel* ZMR 2006, 166, 168 – Verfolgung von Beseitigungsansprüchen durch die Gemeinschaft). Die Gemeinschaft als Verband wird hierbei vertreten durch den Verwalter als ihr Organ gem. § 27 WEG. Die für die Prozessführung durch den Verwalter nach § 27 Abs. 2 Nr. 5 WEG für erforderlich gehaltene Ermächtigung ist in dem Beschluss enthalten, sofern die Wohnungseigentümer nicht ausdrücklich etwas anderes bestimmt haben (*Wenzel* ZMR 2006, 2, 9). Für eine bisher zu-

lässige gewillkürte Prozessstandschaft des Verwalters an Stelle der Prozessstandschaft der Gemeinschaft fehlt aufgrund seiner Organstellung das erforderliche Eiginteresse. Die Wohnungseigentümer können aber weiterhin auch einen einzelnen Erwerber oder auch einen Dritten zur Verfolgung von Ansprüchen ermächtigen. Die Leistung hat an die Gemeinschaft zu erfolgen, da die Anspruchsinhaber Mitgläubiger sind. Die Eigentümer können aber auch beschließen, dass die Leistung an die Anspruchsinhaber zu erbringen ist.

bb) Fristsetzung

403 Hat die Gemeinschaft die Verfolgung der Mängelansprüche nicht an sich gezogen, so ist jeder Erwerber für die Durchsetzung seines Anspruchs als Mitgläubiger selbst verantwortlich. Er ist insbesondere berechtigt, zum Zwecke der Selbstvornahme selbst eine angemessene Frist zur Nacherfüllung zu setzen, § 637 Abs. 1 BGB (*Kniffka/Koeble* 11. Teil Rn. 259; *Staudinger/Bub* § 21 WEG Rn. 264, 275). Anders als bei der bei Fristsetzung mit Ablehnungsandrohung nach § 634 BGB a.F. bedarf er hierzu keiner Ermächtigung durch die Wohnungseigentümergemeinschaft (*Pause* Rn. 910). Denn der fruchtlose Fristablauf führt nicht mehr zum Erlöchen des Erfüllungsanspruchs und damit auch nicht zu einer Kollision der verschiedenen Erwerberrechte, die eine Entscheidung der Gemeinschaft zwingend erforderte. Der Erfüllungsanspruch erlischt erst mit der vollständigen Beseitigung des Mangels oder mit der Ausübung eines der dem Erwerber gebührenden Gestaltungsrechte (Rücktritt, Minderung, Schadenersatz statt der Leistung). Wohl aber erlischt das Nacherfüllungsrecht des Unternehmers in dem Verhältnis zu dem fristsetzenden Erwerber (MüKo/*Busche* 4. Aufl. § 634 BGB Rn. 16; *Pause* Rn. 910). Dieser bleibt dagegen auch nach Fristablauf noch berechtigt, Nacherfüllung zu verlangen. Er kann dem Veräußerer die Nacherfüllung weiterhin gestatten oder die anderen Rechte nach § 634 Nr. 2, 3, 4 BGB geltend machen (ius variandi). Auch die Rechte der anderen Erwerber werden von der Fristsetzung nicht berührt. Die Frist wirkt wie die Mahnung nach altem Recht nur für den Erwerber, der sie gesetzt hat, § 432 Abs. 2 BGB (*Wenzel* Immobilienrecht 1998, 51, 53, 54; *Bärmann/Pick/Merle* § 21 WEG Rn. 10). Hat die Gemeinschaft die Verfolgung der Mangelansprüche zu einer Angelegenheit der Verwaltung genmacht, so kann auch nur sie die Frist setzen mit dem Ziel, entweder die Mängel selbst zu beseitigen oder Minderung bzw. den kleinen Schadenersatzanspruch zu verlangen. Zu einer Fristsetzung mit dem Ziel, Schadenersatz neben Erfüllung oder großen Schadenersatz zu verlangen, bzw. den Rücktritt zu erklären, ist dagegen weiterhin nur der einzelne Erwerber befugt. Die Gemeinschaft kann die Ausübung dieser Rechte nicht zu einer Angelegenheit der Verwaltung machen. Ihr fehlt schon mangels gemeinsamer Empfangszuständigkeit für die Rückabwicklung die Beschlusskompetenz. Eine anderslautende Entscheidung wäre nichtig. Beschlüsse, welche die Verfolgung von Mangelrechten regeln, sind daher dahin auszulegen, dass sie nicht diejenigen Rechte erfassen, welche dem Erwerber als Einzelgläubiger zustehen und hinsichtlich derer die Gemeinschaft keine Regelungskompetenz besitzt (*Pause* Rn. 921). Statt die Verfolgung der Mängelrechte zu ihrer Sache zu machen, können die Wohnungseigentümer sich aber auch darauf beschränken, dem Veräußerer durch Mehrheitsbeschluss eine Frist zur Nacherfüllung zu setzen und für den Fall, dass sie sich mit dem derzeitigen Zustand abfinden, es den einzelnen Erwerbern überlassen, ob und in welchem Umfang sie den von der Gemeinschaft gewählten Anspruch auf Minderung oder Schadenersatz gerichtlich geltend machen wollen (BGH Urt. v. 4.11.1982 –VII ZR 53/82 = NJW 1983, 453). Der Erwerber ist berechtigt, dem Veräußerer ohne Mitwirkung der übrigen Wohnungseigentümer eine angemessene Frist mit Ablehnungsandrohung zur Beseitigung der Mängel unter vorheriger Vorlage des Sanierungskonzepts zu setzen. Nach fruchtlosem Ablauf der Frist erlischt der Erfüllungsanspruch dieses Erwerbers. Er ist dann berechtigt, großen Schadensersatz zu fordern oder den Vertrag zu wandeln (BGH BauR 1998, 783; BGH BauR 2006, 979). Allerdings hat der Erwerber eine mit Ablehnungsandrohung verbundene Frist zur Aufnahme der Arbeiten und zum Nachweis der Beauftragung eines Drittunternehmers genügt den Anforderungen an eine Fristsetzung mit Ablehnungsandrohung nach § 634 Abs. 1 BGB a.F. nicht (BGH BauR 2006, 979).

cc) Der Vorschussanspruch

404 Umstrittten ist, ob der Erwerber nach Fristablauf selbstständig, d.h. ohne Mehrheitsbeschluss der Wohnungseigentümer, einen Vorschuss in Höhe der voraussichtlichen Mangelbeseitigungskosten verlangen kann. Der BGH und ein Teil der Literatur bejaht dies (BGH Urt. v. 4.6.1981 VII ZR 9/80 = NJW 1981, 1841; Urt. v. 10.3.1988 VII ZR 171/87 = NJW 1988, 1718; BGH Urt. v. 15.2.1990 VII ZR 269/88 = BGHZ 110, 258, 259; *Bärmann/Pick/Merle* § 21 WEG Rn. 10). Die Vorschussanforderung setzt zwar die Absicht zur Selbstvornahme, nicht aber die hierzu erforderliche Entscheidung der Gemeinschaft voraus (MüKo/*Busche* § 637 BGB Rn. 20; a.A. *Staudinger/Bub* § 21 WEG Rn. 269). Hat die Gemeinschaft die Selbstvornahme bereits abgelehnt, so entfällt der Vorschussanspruch. Eine andere Frage ist dann allerdings, an wen der Vorschuss zu zahlen ist. Der BGH verlangt hier die Zahlung an alle Eigentümer, wenn der Erwerber Zahlung ohne Mehrheitsbeschluss »jedenfalls« verlangt. Die ältere Rechtsprechung des BGH ist dazu abzulehnen, soweit dort noch Zahlung an sich – als Erwerber – als statthaft angesehen wurde (BGH Urt. v. 21.7.2005 VII ZR 304/03 = NZBau 2005, 585; Urt. v. 5.5.1997 VII ZR 36/76 = BGHZ 68, 372, 378; siehe auch schon *Kniffka* EWiR 1991, 51, 62). Der Vorschuss soll nämlich eine ordnungsgemäße und vollständige Beseitigung der Mängel am Gemeinschaftseigentum ermöglichen. Er ist, da ein solcher Anspruch jedem Erwerber zusteht und die Gemeinschaft die zweckbestimmte Verwendung der Mittel sicherzustellen hat, rechtlich auf eine unteilbare Leistung gerichtet (BGH Urt. v. 6.6.1991 VII ZR 372/89 = BGHZ 114, 383, 388) mit der Folge, dass der einzelne Erwerber nur Mitgläubiger ist und Zahlung nur an die Gemeinschaft verlangen kann (*Bärmann/Pick/Merle* § 21 WEG Rn. 11; *Pause* Rn. 903; *Kniffka/Koeble* 11. Teil Rn. 259, 260). Hieran ändert sich auch nichts, wenn die Erwerber und die Wohnungseigentümergemeinschaft nicht identisch sind. Die Mitgläubigerschaft an der Vorschussforderung hat ausserdem zur Folge, dass – anders als in den Fällen der Einzelgläubigerschaft – der Restkaufpreisanspruch und der Vorschussanspruch nicht zwischen denselben Personen besteht und der Bauträger also mangels Gegenseitigkeit der Forderungen (BGH Urt. v. 12.10.1995 I ZR 172/93 = NJW 1996, 1407, 1409) nicht mit einzelnen Restkaufpreisansprüchen aufrechnen kann und umgekehrt (*Bärmann/Pick/Merle* § 21 WEG Rn. 11; wohl a.A. *Pause* Rn. 955, 956). Der Schuldner des Kaufpreisanspruchs ist daher nicht gleichzeitig Gläubiger des Vorschussanspruchs. Hieran scheitert auch die Geltendmachung eines Leistungsverweigerungsrechts (a.A. wohl *Pause* Rn. 908). Dies gilt auch dann, wenn die Wohnungseigentümer die Verfolgung der primären Mängelrechte nicht durch Mehrheitsbeschluss zu ihrer Sache gemacht, sondern einem oder mehreren Eigentümern übertragen haben (BGH Beschl. v. 26.9.1991 VII ZR 291/90 = WM 1992, 282).

dd) Selbstvornahme und Aufwendungsersatz

405 Ebenfalls umstritten ist, ob der Erwerber ohne Mehrheitsbeschluss die Mängel beseitigen und seine Aufwendungen ersetzt verlangen kann (dafür: *Pause* Rn. 906 und *Staudinger/Bub* § 21 WEG Rn. 269; dagegen: *Bärmann/Pick/Merle* § 21 WEG Rn. 10). Der BGH hat die Frage im Ergebnis bejaht (BGH Urt. v. 4.6.1981 VII – ZR 9/80 = BGHZ 81, 35, 38; Urt. v. 15.4.2004 VII ZR 130/03 = NJW-RR 2004, 949; Urt. v. 21.7.2005 VII ZR 304/03 = NZBau 2005, 585). Die eigenverantwortliche Mängelbeseitigung ist ebenso, wie die Nacherfüllung durch den Veräußerer als eine Maßnahme der Instandsetzung des Gemeinschaftseigentums eine unteilbare Leistung. Sie unterfällt damit der Verwaltungszuständigkeit der Gemeinschaft, weil nur so eine Instandsetzung sichergestellt und eine unterschiedliche Inanspruchnahme des Veräußerers vermieden werden kann. Denn mit Fristablauf ist dieser zwar im Verhältnis zu dem fristsetzenden Erwerber zur Nacherfüllung nicht mehr berechtigt (MüKo/*Busche* § 634 BGB Rn. 16), darf sie aber anderen Erwerbern gegenüber zumindest solange nicht verweigern, als er einen Vorschuss nicht gezahlt und der Mangel nicht fachgerecht und fehlerfrei beseitigt wurde. Dadurch kann es zu einem Nebeneinander von Nacherfüllung und Selbstvornahme sowie einem Streit über die Ordnungsmäßigkeit der jeweiligen Nacherfüllungsmaßnahmen kommen, die den Veräußerer benachteiligen und die Gemeinschaft belasten, weil jede eigenmächtig durchgeführte Maßnahme beseitigt verlangt werden kann (OLG Karlsruhe Beschl. v. 17.7.2000 – 11 Wx 42/00 = NZM 2001, 758). Die Gemeinschaft hat damit die Aufgabe, die Verantwortung für die

Instandsetzung nach § 21 Abs. 5 Nr. 2 WEG zu übernehmen und zu regeln. Der hierdurch angestrebte Schutz der Interessen der Gesamtheit der Wohnungseigentümer würde unterlaufen, wenn diese Vorschrift nur auf das Innenverhältnis beschränkt wäre. Sie muss deshalb auch im Außenverhältnis gelten (BGH Beschl. v. 15.12.1988 V ZB 9/88 = BGHZ 106, 222, 227 – Schadensersatzanspruch gegen Verwalter). Der Erwerber bedarf daher zur Mangelbeseitigung und Erstattung der Aufwendungen eines Mehrheitsbeschlusses. Hat nicht der Erwerber, sondern die Gemeinschaft die Mängel beseitigen lassen, so kann der Erwerber diese Kosten ebenfalls nur mit Ermächtigung durch die Gemeinschaft geltend machen.

ee) Rücktritt und »großer« Schadenersatzanspruch

406 Aus der Einzelgläubigerschaft der Erwerber hinsichtlich ihrer Rückabwicklungsrechte folgt daher, dass sie die hierfür erforderliche Fristsetzung selbst aussprechen dürfen und keine Ermächtigung durch die Gemeinschaft benötigen. Die Gemeinschaft hat keine Regelungskompetenz. Ein Beschluss über die gemeinschaftliche Ausübung der Mängelansprüche lässt die auf Rückabwicklung gerichteten Rechte des Erwerbers unberührt. Hieran hat sich auch mit dem Schuldrechtsmodernisierungsgesetz nichts geändert. Neu ist nur, dass an die Stelle des Wandelungsrechts das Recht zum Rücktritt sowie an die Stelle des »großen« Schadenersatzanspruchs wegen Nichterfüllung der Schadenersatz statt der Leistung getreten ist und beides als Gestaltungsrecht ausgeformt wurde. Auch bedarf es zur Ausübung dieses Rechts keiner Ablehnungsandrohung mehr. Das Gestaltungsrecht wird durch eine einseitige empfangsbedürftige Erklärung ausgeübt. Sie ist erst nach fruchtlosem Fristablauf zulässig und bringt den Erfüllungsanspruch zum Erlöschen (§ 281 Abs. 4 BGB). Durch die Abgabe der Erklärung werden die Ansprüche der anderen Erwerber nicht berührt. Die Ausübung der Gestaltungsrechte entfaltet für die Ansprüche der übrigen Erwerber keine Sperrwirkung und bedarf deshalb auch keiner Ermächtigung durch die Gemeinschaft. Berechtigte Interessen der Gemeinschaft oder ein legitimes Schutzbedürfnis des Veräußerers stehen nicht entgegen. Dieser wird vielmehr an Stelle des Erwerbers wieder Mitglied der Eigentümergemeinschaft und ist als solches an die bestandskräftigen Beschlüsse gebunden. Das alles ist im Wesentlichen unstreitig (*Kniffka/Koeble* 11. Teil Rn. 265, 276). Der Erwerber kann seine Gestaltungsrechte nur dann nicht mehr ausüben, wenn sie durch Erfüllung erloschen sind. Das ist der Fall, wenn der Erwerber mit einer nach Fristablauf erfolgten Beseitigung des Mangels oder einer vergleichsweisen Erledigung durch Zahlung einverstanden war. Hat der Veräußerer sich nur meit der Gemeinschaft oder mit einzelnen Erwerbern geeinigt, so bleibt das Gestaltungsrecht des nicht einbezogenen Erwerbers hiervon unberührt. Ist der Mangel dagegen vor Fristablauf beseitigt worden, ist das Gestaltungsrecht gar nicht entstanden.

g) Schadenersatz neben Erfüllung

407 Ist das Gemeinschaftseigentum mangelhaft, kann der Erwerber nach §§ 634 Nr. 4, 636 und 280 BGB den Ersatz aller Schäden verlangen, die durch die Schlechtleistung entstanden sind und nicht durch Nacherfüllung beseitigt werden können (*Palandt/Heinrichs* 65. Aufl. § 280 BGB Rn. 18). Erfasst werden nahe und entfernte Mangelfolgeschäden (z.B. auch Gutachterkosten, BGH NJW 2002, 141, 142) sowie nach Maßgabe des § 286 BGB auch Verzögerungsschäden. Hier entscheidet die Empfangszuständigkeit über die Gläubigerstellung und die Verwaltungskompetenz der Gemeinschaft. Ist der Schaden nur bei dem einzelnen Erwerber eingetreten, so kann er den Anspruch selbstständig weiterverfolgen oder die Gemeinschaft ermächtigen. Ist der Schaden auch bei den anderen Erwerbern eingetreten, sind sie Mitgläubiger und wird § 432 BGB durch § 21 WEG überlagert mit der Folge, dass die Verfolgung des Anspruchs Sache der Gemeinschaft ist.

h) Minderung oder »kleiner« Schadenersatzanspruch

408 Anders verhält es sich bei den Ansprüchen auf Minderung und kleinem Schadenersatz. Hier ist vieles streitig. Nach § 635 BGB a.F. war der »kleine« Schadenersatzanspruch ebenso wie der »große« Ersatzanspruch ein Nichterfüllungsanspruch mit dem Unterschied, dass due erforderliche Fristsetzung mit Ablehnungsandrohung nur durch die Wohnungseigentümergemeinschaft ausgesprochen werden konnte (BGH Urt. v. 30.4.1988 VII ZR 47/97 = NJW 1998, 2967, 2968). Nach § 634 BGB ist eine Ablehnungsandrohung nicht mehr erforderlich und der »kleine« Schadensersatz wie der »große« Schadensersatz statt der Leistung nach §§ 281, 283, 311a BGB. Im Übrigen stellen sich dieselben Fragen wie nach altem Recht. Sie betreffen vor allem das Verhältnis von indivueller Rechtszuständigkeit zur Verwaltungskompetenz der Gemeinschaft. Die sekundären Mangelrechte stehen den Erwerbern jeweils nur in Mitgläubigerschaft zu. Hieraus ergeben sich im Rahmen der den Wohnungseigentümern unter dem Gesichtspunkt der Instandsetzung zustehenden Verwaltungs Zuständigkeit folgende Konsequenzen für die Beschlusskompetenz der Gemeinschaft und den Umfang des jeweiligen Anspruchs.

aa) Beschlusskompetenz der Gemeinschaft
Bereits für die Ansprüche nach § 635 BGB a.F. war in der Rechtsprechung anerkannt, dass der Einzelne sie bei behebbaren Mängeln, die sich nicht nur in dem Sondereigentum des Einzelnen auswirken (BGH Urt. v. 15.2.1990 VII ZR 269/88 = BGHZ 110, 258, 261; BGH Urt. v. 6.6.1991 VII ZR 372/89 = BGHZ 114, 383, 387) nur dann selbst durchsetzen kann, wenn er hierzu von der Gemeinschaft ermächtigt worden ist. Ohne eine solche Ermächtigung war der einzelne grundsätzlich nicht berechtigt, die Ansprüche zu verfolgen und Vereinbarungen zur Abgeltung dieser Ansprüche mit dem Veräußerer zu treffen (OLG Hamm BauR 2001, 1765). Wurde die Ermächtigung nicht erteilt, musste der Erwerber notfalls eine gerichtliche Entscheidung erwirken (so auch *Werner/Pastor* Rn. 489). Hieran hat sich unter der Geltung von § 634 ff. BGB n.F. nichts geändert. Die an der Rechtsprechung zu § 635 BGB a.F. geäußerte Kritik (*Staudinger/Bub* § 21 WEG Rn. 285 ff.) greift im Ergebnis nicht. Es wird dort die Überlegung angestellt, dass Minderungen und Schadensersatz jeweils auf eine teilbare Leistung gerichtet sei, die sich nach dem Minderwert des einzelnen Wohnungseigentums bemesse. Die Ansprüche störten sich daher nicht gegenseitig und brauchten deshalb nicht gemeinschaftlich verfolgt zu werden. Diese Prämisse trifft jedoch nicht zu. Durch den Ablauf der dem Veräußerer gesetzten angemessenen Frist zur Nacherfüllung und Ausübung des dem Erwerber zustehenden Gestaltungsrechts ändert sich zwar die Art der geschuldeten Leistung, nicht aber ihre Bezogenheit auf die urspünglich geschuldete mangelfreie Herstellung des gesamten Gemeinschaftseigentums. Es kann insoweit nichts anderes gelten als für die Ersetzungsbefugnis des Geschädigten nach § 249 S. 2 BGB. Hier ist anerkannt, dass der Schadensersatzanspruch nicht dadurch der Verwaltung durch die Wohnungseigentümer entzogen wird, dass der Gläubiger statt der Naturalrestitution den dazu erforderlichen Geldbetrag verlangen kann (BGH Urt. v. 11.12.1992 V ZR 118/91 = BGHZ 121, 22, 26). Dementsprechend sind auch die weiterhin auf eine unteilbare Leistung gerichteten Rechte der Verwaltungskompetenz unterworfen. Wäre es anders und könnte jeder einzelne Erwerber allein darüber entscheiden, ob er mit rechtsgestaltender Wirkung Minderung erklärt oder kleinen Schadensersatz verlangt, hätte dies zur Folge, dass ein Teil der Erwerber Minderung oder Schadensersatz oder auch Nachbesserung verlangen kann. Ein solches Nebeneinander läge weder im Interesse der Gemeinschaft an einer ordnungsmäßigen Mängelbeseitigung noch im Interesse des Veräußerers und erfordert eine gemeinschaftliche Entscheidung der Wohnungseigentümer (*Bärmann/Pick/Merle* § 21 WEG Rn. 16). Etwas anderes hat nur dann zu gelten, wenn der Mangel nicht mehr zu beheben ist und sich nur an Sondereigentum einzelner Erwerber auswirkt. Hier besteht auch dann kein schützenswertes Interesse der Gemeinschaft daran, über die Verwendung des Minderungs- oder Schadensersatzbetrages zu entscheiden. Entsprechend dem Grundsatz, dass die Befugnisse der Gemeinschaft nur insoweit die Individualrechte überlagern, kann der Erwerber seinen Anspruch in diesem Fall durchsetzen (BGH Urt. v. 15.2.1990 VII ZR 269/88 = BGHZ 110, 258, 262). Dem steht es gleich, wenn der Veräußerer die Mängelbeseitigung wegen unverhältnismäßig hohem Aufwands verweigert. Hier kann der einzelne Erwerber die Zahlung von Schadensersatz oder Minderung an sich verlangen. Dasselbe gilt auch, wenn mit der Minderung oder dem Schadensersatz nicht ein Ausgleich für den Mangel am Gemeinschaftseigentum verlangt wird, sondern ein Aus-

409

gleich für den hierdurch verursachten Folgenschaden. Von diesen Ausnahmen abgesehen ist es nach Fristablauf allein Sache der Gemeinschaft, darüber zu befinden, ob Minderung oder kleiner Schadensersatzanspruch geltend gemacht werden soll, gegebenenfalls welches dieser Rechte durch wen in welcher Höhe verfolgt wird. Für die Durchsetzung des einen oder anderen Rechts genügt, dass die Ansprüche auch nur in der Person eines Erwerbers nicht verjährt sind. Entscheidet sich die Gemeinschaft für eines von beiden, so hat die von dem Verwalter abgegebene Gestaltungserklärung mit Bestandskraft des Beschlusses zur Folge, dass die Erfüllungsansprüche erlöschen (§ 281 Abs. 4 BGB). Der Beschluss hat Außenwirkung und wirkt für und gegen die überstimmten Erwerber (BGH Urt. v. 10.5.1979 VII ZR 30/78 = NJW 1979, 2207, 2209). Die Wohnungseigentümer können aber auch nur für einen Teil der Erwerber Minderung und für den anderen Schadensersatz verlangen oder die Durchsetzung des von ihnen gewählten Anspruchs und damit auch das Prozessrisiko dem einzelnen Wohnungseigentümer überlassen (BGH Urt. v. 4.11.1982 VII ZR 53/82 = NJW 1983, 453). Sie können ferner den einzelnen Wohnungseigentümer ermächtigen, selbstständig Schadensersatz mit dem Antrag auf Zahlung an die Gemeinschaft zu verlangen, oder auch schon die Wahl zwischen Minderung und Schadensersatz und die Durchsetzung des Anspruchs dem Einzelnen überlassen. Letzteres kommt vor allem dann in Frage, wenn die Insolvenz des Veräußerers droht oder Mängelansprüche zweifelhaft sind.

bb) Die Höhe des Anspruchs

410 Unterschiedliche Ansichten bestehen auch zu der Frage, wie die Minderung oder Schadensersatz zu berechnen sind. Dabei geht es vorallem um die Frage, ob dem Erwerber als Anspruchsinhaber insoweit nur eine individuelle Quote an den gesamten Mangelbeseitigungskosten oder an der »Gesamtminderung« zusteht. Beides steht in einem unauflöslichem Zusammenhang, so dass die Antwort nur einheitlich ausfallen kann. Geht man davon aus, dass den Erwerbern beide Rechte in Mitgläubigerschaft zustehen, so ergeben sich Konsequenzen für den Zahlungsadressaten und den Umfang der Leistung. Haben die Wohnungseigentümer anderes nicht beschlossen, kann Minderung sowie der nach den Mängelbeseitigungskosten berechnete Schadensersatzanspruch wegen eines behebbaren Mangels am Gemeinschaftseigentum nur gemeinschaftlich mit dem Antrag auf Zahlung an die Gemeinschaft durchgesetzt werden (BGH Urt. v. 16.12.2004 VII ZR 257/03 = NJW 2005, 1115, 1117). Auch sind beide Ansprüche nicht auf den Ersatz des individualisierten Minderwertes des erworbenen Wohnungseigentums oder auf eine Quote beschränkt (*Pause* Rn. 922), sondern haben die Minderleistung in ihrem gesamten Umfang auszugleichen und zwar unabhängig davon, ob die Gemeinschaft die gemeinschaftliche Verfolgung und Verwendung der Mittel beschlossen hat. Denn die Höhe des Anspruchs wird nicht durch die Gemeinschaft bestimmt, sondern durch die auszugleichende Vermögenseinbuße. Diese ist aber nicht durch einzelne Vertragsbeziehungen individualisiert, sondern wird durch den Mangel des betroffenen Gemeinschaftseigentums bestimmt. Es geht daher auch nicht darum, dass der Gemeinschaft als Nichtvertragspartei ein vertraglicher Ersatzanspruch nicht zustehen kann, sondern darum, dass der Einzelne über seinen Schadensersatz- und Minderungsanspruch verlangen kann, dass die auf den Mangel des Gemeinschaftseigentums zurückgehenden Nachteile vollständig ausgeglichen werden. So wie der Geschädigte nach § 249 S. 2 BGB statt der Herstellung den dazu erforderlichen Betrag verlangen kann, treten die Ansprüche auf Schadensersatz und Minderung an die Stelle des auf mangelfreie Herstellung gerichteten Erfüllungsanspruchs und zielen auf den vollen Ausgleich für den schuldig gebliebenen werkvertraglichen Erfolg (BGH Urt. v. 10.3.2005 – VII ZR 321/03). Verlangt der Erwerber Schadensersatz, so kann er entweder den mangelbedingten Minderwert des Werks oder den Betrag geltend machen, der für die Beseitigung des Mangels insgesamt erforderlich ist (BGH Urt. v. 25.2.1999 VII ZR 208/97 = BGHZ 141, 63, 66; Urt. v. 15.4.2004 VII ZR 130/03 = NJW-RR 2004, 949; Urt. v. 10.3.2005 VII ZR 321/03 = NJW-RR 2005, 1039). Sind die Mangelbeseitigungskosten höher als der Minderwert, kann er nicht auf letzteres verwiesen werden, es sei denn, der zu tragende Aufwand wäre unzumutbar (BGH Urt. v. 10.3.2005 VII ZR 321/03 = NJW-RR 2005, 1039). Andererseits wird die Meinung vertreten, dass es sich um eine Vorrangstellung der Teilbarkeit der Leistung und der daraus folgenden Teilgläubigerschaft der einzelnen Wohnungseigentümer handelt (*Bärmann/Pick/Merle* § 21 WEG Rn. 18). Zwar hat der V. Senat mit dem Urteil vom 23.6.1989 für das Kaufrecht entschieden, dass für den Schadensersatzanspruch nach § 463 BGB a.F. der mangelbedingte Minderwert der einzelnen Eigentumswohnung maßgebend sei, so dass jeder Erwerber die Mängelbeseitigungskosten auch nur in Höhe seines Miteigentumsanteils ersetzt verlangen kann. Jedoch bezieht sich dies auf die Haftung wegen arglistigen Verscheigens eines Fehlers und ist auf die werkvertragliche Mangelhaftung nicht übertragbar (*Kniffka/Koeble* 11. Teil Rn. 267). Entscheidet sich aber die Gemeinschaft für die Minderung, so ist nach § 638 Abs. 3 BGB die Vergütung in dem Verhältnis herabzusetzen, in welchem zur Zeit des Vertragsabschlusses der Wert des mangelfreien zum wirklichen Wert gestanden haben würde. Entspricht der Erwerbspreis, wofür in der Regel eine tatsächliche Vermutung spricht, dem Wert der Eigentumswohnung zur Zeit des Vertragsabschlusses, so drückt sich der Minderwert regelmäßig in de Geldbetrag aus, der aufgewendet werden muss, um die vorhandenen Mängel zu beseitigen (*Kniffka/Koeble* 6. Teil Rn. 201, 202). Überlässt die Gemeinschaft die Geltendmachung der Minderung und die Verwendung des Geldbetrages den einzelnen Erwerbern, so kann jeder von ihnen Minderung seines Erwerbspreises in Höhe des seiner Kostentragungsquote (nicht: Miteigentumsanteil) entsprechenden Anteils an den Mängelbeseitigungskosten verlangen. Ein darüber hinaus etwa verbleibender merkantiler oder technischer Minderwert der Wohnung ist zusätzlich zu berücksichtigen. Übernimmt die Gemeinschaft die Verfolgung der Ansprüche selbst, so kann sie von dem Veräußerer Minderung des für alle Wohnungen erzielten Gesamtpreises nach den erforderlichen Beseitigungskosten verlangen (*Riecke/Vogel* WEG Rn. 48; a.A. *Pause* Rn. 919). Darf dieser Mängelbeseitigung wegen unverhältnismäßig hoher Kosten verweigern, ist die Nacherfüllung unmöglich oder beruft er sich zu Recht auf ein Leistungsverweigerungsrecht, kann die Minderung nicht nach den Mängelbeseitigungskosten berechnet, sondern nur nach § 287 ZPO geschätzt werden.

cc) Verwendung der erlangten Mittel

411 Der erlangte Schadensersatzbetrag ist an die einzelnen Erwerber in Höhe des ihrer Kostentragungsquote, die aber nicht unbedingt mit der Miteigentumsquote identisch sein muss, entsprechenden Anteils an den Mängelbeseitigungskosten auszukehren. Die Gemeinschaft kann jedoch beschließen, die Mittel zur Mängelbeseitigung zu verwenden (*Pause* Rn. 962; a.A. *Staudinger/Bub* § 21 WEG Rn. 288). Dadurch wird der Anspruch nicht auf die Gemeinschaft übergeleitet. Er verbleibt beim Erwerber. Ein solcher Beschluss entspricht aber nur dann ordnungsgemäßer Verwaltung, wenn die Instandsetzungsrücklage für die Beseitigungskosten nicht ausreicht und eine Sonderumlage erhoben werden muss. In diesem Fall ist der Beschluss dahin auszulegen, dass der Zahlungsanspruch mit der beschlossenen Sonderumlage verrechnet wird, und zwar in Höhe des der Kostentragungsquote entsprechenden Anteils an den Mängelbeseitigungskosten. Entsprechendes hat für die erlangte Minderung zu gelten. Auch dieser Betrag ist grundsätzlich den einzelnen Eigentümern als Ausgleich für den Minderwert ihres Wohnungseigentums nicht nach Miteigentumsanteilen, sondern im Verhältnis des Erwerbspreises zu dem von dem Veräußerer erzielten Gesamtbetrag auszukehren. Hiervon kann im Rahmen ordnungsgemäßer Verwaltung nur dann abgesehen werden, wenn Mängel durch die Gemeinschaft beseitigt, gelindert oder auf andere Weise ausgeglichen werden können (*Pause* Rn. 961). Voraussetzung ist jedoch wiederum, dass sie hierzu einer entsprechenden Sonderumlage bedarf und die erlangten Mittel hierfür in dem Maße als Einzahlung anrechnet, in dem der von den einzelnen Erwerbern gezahlte Kaufpreis den Gesamtkaufpreis entspricht.

i) Prozessführungsbefugnis

412 Die Beurteilung der Prozessführungsbefugnis des einzelnen Wohnungseigentümers bei der Durchsetzung der individualvertraglichen Ansprüche steht mit der Frage der Regelungskompetenz der Gemeinschaft in einem unauflöslichen Zusammenhang. Hat die Gemeinschaft die Verfolgung der

Mängelansprüche wirksam zu einer Angelegenheit der gemeinschaftlichen Verwaltung gemacht, so handelt der rechtsfähige Verband in gesetzlicher Prozessstandschaft für die Erwerber. Eine Mehrvertretungsgebühr nach § 7 RVG, Nr. 1008 VV-RVG, fällt nicht an (a.A. *Drasdo* NJW-Spezial, 2006, 6). Da die Klage nur insoweit Erfolg haben kann, als ihr unverjährte begründete Erwerberansprüche zugrundliegen, muss der Verband offen legen, welche Erwerbsverträge der Klage zugrundliegen. Die Gemeinschaft ist auch berechtigt einen Vergleich über die Mängelansprüche abzuschließen, welche das Gemeinschaftseigentum betreffen, nicht dagegen über Ansprüche, hinsichtlich derer allein der einzelne Erwerber empfangszuständig ist (Ersatz von Mangelfolgeschäden im Vermögen des Erwerbers oder eines ihn allein treffenden merkantilen oder technischen Minderwertes). Nach der geänderten Rechtsprechung des BGH (BGH NJW 2005, 2061, 2062) haftet für Verbindlichkeiten der Wohnungseigentümergemeinschaft der Verband als solcher. In einem anhängigen Verfahren, in dem entsprechend der früheren Rechtsprechung des BGH die einzelnen Eigentümer verklagt wurden, ist nach der Änderung der Rechtsprechung des BGH kein Parteiwechsel dahin erforderlich, dass Beklagte nunmehr der Verband ist. Vielmehr ist eine Rubrumsberichtigung der zulässige und richtige Weg (OLG Düsseldorf BauR 2006, 1153; a.A. *Abramenko* ZMR 2005, 749, 751). Der Beschluss der Wohnungseigentümer, die Sanierung der Balkone durchzuführen, wobei der Auftrag dem günstigsten Anbieter erteilt werden soll, enthält konkludent auch die Bevollmächtigung des Verwalters zur Vergabe der Sanierungsaufträge gem. dem Wohnungseigentümerbeschluss, wenn nicht ausdrücklich eine andere Person mit der Ausführung des Beschlusses beauftragt wird. Die Wohnungseigentümer können aber auch Dritte, z.B. den Verwaltungsbeirat, zur Verfolgung der Mängelrechte ermächtigen (BGH Urt. v. 15.4.2004 – VII ZR 130/03 NJW-RR 2004, 949). Der Dritte handelt dann ebenfalls als Prozessstandschafter der Erwerber. Für den Anspruch auf Kostenerstattung nach Selbstvornahme, das Recht auf Minderung und für den Anspruch auf kleinen Schadensersatz ist der Erwerber nur mit Ermächtigung der Gemeinschaft prozessführungsbefugt.

14. Form des Bauträgervertrages

413 Mit Recht hebt der BGH hervor, dass Verträge zwischen einem Wohnungsbauunternehmen und einem Eigenheimbewerber, durch die sich das Unternehmen zur **Errichtung eines Hauses und zur Übereignung des Anwesens an den Bewerber verpflichtet, i.d.R. nach § 311b Abs. 1 BGB auch als Geschäftsbesorgungsverträge notariell beurkundet werden müssen (BGH MDR 1971, 737; für Vorvertrag: BGH NJW 1973, 517; zur Beurkundung von *Heymann/Wagner/Rösler* Rn. 327 ff.)** was auch auf den § 311b Abs. 1 BGB zutrifft (BGH BauR 1985, 85; *Locher/Koeble* Rn. 70 ff.; *Klaas* BauR 1981, 40). Das gilt darüber hinaus für alle Fälle, in denen **Bauvertrag und Grundstückserwerbsvertrag in rechtlichem Zusammenhang** stehen, was angenommen werden muss, wenn die Vereinbarungen nach dem Willen der Beteiligten derart voneinander abhängig sind, dass sie miteinander »stehen und fallen« (BGH BauR 1981, 67; BGH NJW-RR 1993, 1441 für den Fall eines engen rechtlichen Zusammenhanges zwischen einem Vertrag über einen Hauskauf sowie einem Treuhandauftrag zur Renovierung; auch OLG Hamm MDR 1981, 931; OLG Hamm NJW-RR 1989, 1366 sowie MDR 1992, 583, wenn der Bauunternehmer weiß, dass der Auftraggeber nicht Eigentümer des Grundstückes ist, sondern den Erwerb eines Erbbaurechtes beabsichtigt; ebenso dass., BauR 1993, 506; OLG Jena OLGR 1995, 243 im Falle des Angebots eines kompletten Fertighauses mit Grundstück unter Mithilfe bei der Veräußerung des alten Grundstücks, um den Erwerb des neuen mit dem Fertighaus zu ermöglichen, mit nachfolgendem Vertragsabschluss ohne notarielle Form). Ob diese Voraussetzungen vorliegen, unterliegt im Streitfall der Entscheidung des Tatrichters. So kann es sein, dass der Bauträger mit einer entsprechenden Zeitungsanzeige den Eindruck erweckt und auch erwecken will, dass er den Bauwilligen auch das für die Errichtung des Hauses erforderliche Grundstück verschaffen werde (BGH a.a.O.; auch OLG Schleswig NJW-RR 1991, 1175; OLG Köln NJW-RR 1996, 1484). Schließt ein Generalunternehmer (oder ein Bauträger) mit einem Eigenheiminteressenten einen Bauvertrag für ein bestimmtes, von dem Interessenten noch zu erwerbendes Grundstück, so kann ein ausdrücklicher Bezug der versprochenen Bauleistung auf dieses konkrete Grundstück für einen einheitlichen Vertragswillen sprechen (BGH BauR 1994, 239). Ein untrennbarer Zusammenhang kann auch gegeben sein, wenn der Verschaffer des Grundstücks und der Auftragnehmer hinsichtlich der Errichtung des Bauwerkes nicht identisch, jedoch die jeweiligen Gesellschafter und Geschäftsführer personengleich sind (OLG Hamm MDR 1981, 931; zu Beurkundungsfragen im Bauherrenmodell BayObLG DNotZ 1982, 770; *Greuner/Wagner* NJW 1983, 193). Ein rechtlicher Zusammenhang kann auch gegeben sein, wenn die Parteien des Bauvertrages und des Grundstückskaufvertrages nicht identisch sind (OLG Hamm BauR 1998, 545). Anders liegt es hingegen bei einem Fertighausvertrag, wenn das Grundstück, auf dem das Fertighaus zu errichten ist, erst noch erworben werden muss und sich der Auftraggeber vom Fertighausvertrag nur innerhalb der ersten 6 Monate nach Vertragsabschluss bei gleichzeitigem Hinweis, sich um ein Grundstück bemüht zu haben, lösen darf; hier liegt kein untrennbarer Zusammenhang zwischen Grundstückskauf und dem Fertighausvertrag vor (OLG Koblenz BB 1994, 208).

Im Übrigen muss sich der Bauunternehmer die Kenntnisse des mit der Vermittlung des Vertrages **414** beauftragten Agenten über den Zusammenhang des Bauvertrages mit dem Grundstückserwerb nach § 166 BGB zurechnen lassen, auch wenn sie im Bauvertragsformular nicht zum Ausdruck gekommen sind (OLG Hamm BauR 1998, 545). Ist eine nach § 311b Abs. 1 BGB nötige Beurkundung unterlassen worden, so kommt eine Vergütung für vom Bauunternehmer bereits erbrachte Planungsleistungen nicht in Betracht, wenn der Auftraggeber nicht bereit war, das Risiko der Unverwertbarkeit der Planungsleistungen zu übernehmen, etwa weil die Finanzierung nicht gesichert ist (OLG Hamm a.a.O.). Dann scheidet auch ein Anspruch nach § 812 BGB aus (OLG Hamm a.a.O.). Eine nachträgliche Änderung eines Bauträgervertrages, nach deren Inhalt dem Unternehmer Vollmacht erteilt wird, alle Aufträge im Namen des Bauherrn zu vergeben, bedarf der notariellen Beurkundung nach § 311c BGB (OLG Hamm BauR 1994, 644). In diesem Bereich kommt **§ 162 BGB zu Lasten des Erwerbers** zum Zuge. Jedoch: Treuwidrig i.S.d. § 162 Abs. 1 BGB handelt nicht schon, wer sich um weitere Finanzierungsmöglichkeiten nicht bemüht, nachdem er bei realistischer Einschätzung seiner Einkommens- und Vermögensverhältnisse erkannt hat, dass für ihn ein wirtschaftlich aufwendiges Objekt nicht finanzierbar ist (OLG Hamm NJW-RR 1989, 1366).

Zu beachten ist das am 27.2.1980 in Kraft getretene **Gesetz zur Änderung und Ergänzung beurkun- 415 dungsrechtlicher Vorschriften** vom 26.2.1980 (BGBl. I 1980 S. 157 f.; zu diesem Gesetz: BGH NJW 1980, 2126; *Lichtenberger* NJW 1980, 864; vgl. auch *Kamlah* MDR 1980, 532; *Arnold* DNotZ 1980, 562; *Nieder* BB 1980, 1130). § 1 Abs. 1 S. 1 und Abs. 2 sowie § 2 dieses Gesetzes sind mit dem Grundgesetz vereinbar (BVerfG NJW 1986, 2817; BGH NJW 1980, 228 zu § 1 a.a.O.). Zur Frage, unter welchen Voraussetzungen sich der Hauptinhalt der durch das Rechtsgeschäft zu begründenden Rechte und Pflichten in hinlänglich klaren Umrissen aus der Niederschrift ergibt, siehe § 1 Abs. 1 S. 2 BeurkÄndG (BGH NJW 1981, 228). Bei Anwendung der VOB/B (vgl. dazu OLG Düsseldorf MDR 1985, 1035; *Arnold* DNotZ 1980, 281 Fn. 50; *Brambring* DNotZ 1980, 298; *Schmidt* DNotZ 1983, 462; BB 1983, 1308; *Lichtenberger* NJW 1984, 159; *Schlünder/Scholz* ZfBR 1997, 168). Die Verweisung auf Anlagen zur Niederschrift muss als Erklärung der Beteiligten protokolliert werden und den Willen erkennen lassen, dass die Erklärungen in der beigefügten Anlage Gegenstand der Beurkundung sein sollen (BGH BauR 1994, 642). Tritt ein Grundstücksverkäufer aufgrund eines entsprechenden vertraglichen Vorbehalts von einem Vertrag zurück, der nach § 1 Abs. 1 BeurkÄndG »nicht nichtig« ist, so ist der Vertrag auch hinsichtlich der aus dem Rücktritt sich ergebenden Ansprüche auf Herausgabe der Vergütung von Nutzungen und auf Ersatz von Verwendungen (§ 347 Abs. 1 S. 2 BGB) als von vornherein wirksam anzusehen (BGH NJW 1980, 1631).

Nach wie vor gilt: Sollen die hier erörterten Verträge wirksam sein, ist es erforderlich, dass **alle Ver- 416 einbarungen beurkundet** werden, aus denen sich nach dem Willen der Vertragspartner das **schuldrechtliche Veräußerungsgeschäft zusammensetzt**. Dabei spielt keine Rolle, inwieweit die einzelnen Ansprüche aus dem Vertrag nach Kauf- oder Werkvertragsrecht zu beurteilen sind. Ausgestaltung und Ausstattung des Hauses oder der Eigentumswohnung sind in aller Regel wesentliches und damit beurkundungsbedürftiges Vertragselement. Daher müssen auch die Vereinbarungen über das gemeinschaftliche Eigentum notariell beurkundet werden. Ist beurkundet worden, so hat die Urkunde – wie auch sonst – die Vermutung der Richtigkeit und Vollständigkeit für sich. Allerdings ist die Unvollkommenheit der Beurkundung unschädlich, sofern die betreffende Vereinbarung in der Urkunde einen zwar unvollkommenen, jedoch der Auslegung noch zugänglichen Niederschlag gefunden hat (zu diesen Grundregeln: BGH BauR 1981, 282). Letzteres trifft nicht mehr zu, wenn der Urkunde beigefügte Grundrisspläne nicht ersichtlich an die bestehende Bauplanung anknüpfen, sondern sich nur auf einen Teil derselben erstrecken, und der umstrittene Teil davon nicht hinreichend deutlich erfasst ist (BGH a.a.O.). Jedoch kann im Einzelfall das Berufen auf die Formnichtigkeit des Vertrages gegen Treu und Glauben verstoßen (BGH a.a.O.).

417 Zur ausnahmsweisen Geltung eines nicht notariell beurkundeten Eigenheimbewerbervertrages wegen Untragbarkeit des gegenteiligen Ergebnisses sowie zur ausnahmsweisen Entstehung und Fälligkeit des Auflassungsanspruches bereits aufgrund des Eigenheimbewerber-Vorvertrages s. die Rechtsprechung des BGH (BGH NJW 1972, 1189). Das Berufen auf die Formnichtigkeit eines Vertrages ist aber sonst nach Treu und Glauben nur in seltenen Ausnahmefällen ausgeschlossen (BGH NJW 1977, 2022 m.w.N.; BGH NJW 1978, 102). Das ist z.B. berechtigt, wenn der Veräußerer dem Erwerber eine mündliche Zusicherung macht und ihn veranlasst, sich damit zu begnügen, sofern der Erwerber auf die Einhaltung der Zusicherung ersichtlich Wert legt, wie hinsichtlich der Beibehaltung der Planung einer Penthouse-Wohnung (BGH BauR 1981, 282). Wird bei einem Grundstückskaufvertrag ein Vertragsrücktritt auf der Verkäuferseite erklärt, um den Rangrücktritt der Auflassungsvormerkung des Käufers zu erreichen, kann der Berufung auf den Formmangel dieser Abrede die Arglisteinrede entgegenstehen, wenn sich der Verkäufer, nachdem der Rangrücktritt vollzogen ist, ohne Grund von dieser Vereinbarung lösen will (BGH DB 1996, 2222 für den Fall der Übernahme eines Bauobjektes durch eine andere Baubetreuungsgesellschaft).

418 Tritt jemand einer KG bei, deren Zweck in der Verschaffung von Eigentumswohnungen für ihre Mitglieder liegt, so ist zwar an sich nicht der gesellschaftliche Beitritt, jedoch die damit verbundene Erwerbsverpflichtung formbedürftig, was nach dem Sinn und Zweck des Gesamtvertrages zur Annahme der Notwendigkeit notarieller Beurkundung des Gesamtvertrages führen kann (BGH NJW 1978, 2505). Soll das Wohnungsbauunternehmen nach dem Inhalt des Träger-Bewerber-Vertrages bereits beim Erwerb des noch in dritter Hand befindlichen Grundstückseigentums für Rechnung des Bauinteressenten handeln (indirekte Stellvertretung, Treuhand), so hat der Bauinteressent auch bei formlosem Vertragsabschluss nach erfolgtem Eigentumserwerb des Wohnungsbauunternehmens kraft Gesetzes einen Anspruch auf Weiterübereignung des Grundstücks an ihn.

419 Die Formnichtigkeit kann **nach § 311b Abs. 1 BGB durch Auflassung und Eintragung in das Grundbuch geheilt werden,** und zwar auch dann, wenn die Vertragspartner beim Vertragsabschluss die Formbedürftigkeit kannten (BGH NJW 1974, 205). Hat ein Notar einen Grundstückskaufvertrag fehlerhaft beurkundet, so haftet er auch für den Schaden, der einem Beteiligten daraus erwächst, dass in einem später zwischen den Vertragsparteien geführten Rechtsstreit ein OLG die inzwischen durch Auflassung und Eintragung eingetretene Heilung des Vertrages rechtsirrig verkennt (BGH NJW 1982, 572). Beurkundet ein Notar einen Grundstückskaufvertrag, in dem auf die VOB/B nur teilweise Bezug genommen wird, so muss er die Vertragsparteien darauf hinweisen, dass diese Klausel möglicherweise unwirksam ist (OLG Hamm NJW-RR 1987, 1234). Ein Notar handelt fahrlässig, wenn er bei der Prüfung einer Rechtsfrage nicht die Rechtsprechung der obersten Gerichte – die in den amtlichen Sammlungen und in den für seine Amtstätigkeit wesentlichen Fachzeitschriften veröffentlicht ist – und die üblichen Erläuterungsbücher auswertet (BGH NJW 1992, 3237, zugleich zur Prüfungs- und Belehrungspflicht des Notars, der die aufgrund eines Betreuungsvertrages im Rahmen eines Bauherrenmodells erteilte Vollmacht zum Grundstückserwerb und/oder den Betreuungsvertrag beurkundet; ebenso zur Darlegungs- und Beweislast dafür, ob eine von einem Notar unterlassene Rechtsbelehrung die Entscheidung eines Beteiligten verursacht hat, sich an einem wirtschaftlich nicht abgesicherten Bauherrenmodell zu beteiligen).

Bei im **Ausland** erworbenen Bauträgerobjekten und im Inland beurkundeten Verträgen gilt: Der bezüglich der Verpflichtung zum käuflichen Erwerb eines Grundstücksanteils zunächst formunwirksame Vertrag wird geheilt, wenn der Unternehmer wie vorgesehen in Vollmacht des Erwerbers Kauf und Übertragung dieses Immobilienanteils durch den ausländischen Notar beurkunden und abwickeln lässt. Auch eine Abweichung von den Vorgaben der MaBV zu Lasten des Erwerbers, namentlich bezüglich der Ratenfolge, steht der Wirksamkeit des Bauträgervertrages nicht entgegen. Beim Bauträgervertrag, dessen Wesensmerkmal die Vereinbarung eines Festpreises ist, besteht grundsätzlich keine Pflicht des Bauträgers, über die von ihm verwendeten Mittel Rechnung zu legen (OLG Koblenz BauR 2003, 1410).

15. Ausnahme: Spätere Übertragung, Nutzungsverhältnis

Soll das **Eigentum** an dem errichteten Bauobjekt **erst später** übertragen werden und wird für die Zwischenzeit ein **Nutzungsverhältnis** zugunsten des Erwerbers begründet, so ist im Allgemeinen § 536a Abs. 2 BGB entsprechend anzuwenden; soweit der Erwerber danach berechtigt ist, einen Mangel der Leistung selbst zu beseitigen, kann er dafür vom Bauträger einen Vorschuss in Höhe der voraussichtlichen Kosten verlangen (BGH BauR 1971, 190). **420**

Enthält dagegen der Bauträgervertrag über Eigentumswohnungen **keine Regelung** über **Erschließungskosten**, so ist anzunehmen, dass der Bauträger die Kosten der Erschließung zu tragen hat, und zwar auch dann, wenn die Erschließungsleistungen erst nach Eigentumsübergang erbracht werden (OLG Hamm OLGR 1992, 225). Hat sich der Bauträger im Vertrag mit dem Erwerber zur Übernahme »sämtlicher Erschließungskosten i.S.d. § 127 BauGB« verpflichtet, so muss er auch dann für einen Betrag von 105 DM/m^2 einstehen, wenn die voraussichtlich anfallenden Kosten mit 40 DM/m^2 abgegeben sind und sich die höhere Belastung erst nach 10 Jahren herausstellt (LG Gießen BauR 1998, 1268). § 134 Abs. 1 BauGB meint darüberhinaus auch den Nutzer. Mit dem Schuldrechtsmodernisierungsgesetz hat der Gesetzgeber die Regelung eingeführt, dass der Verkäufer gem. § 436 Abs. 1 BGB die Erschließungsbeiträge und sonstigen Anliegerbeiträge für Maßnahmen zu tragen hat, die bis zum Tage des Vertragsschlusses bautechnisch begonnen haben. Dies ist unabhängig von der Beitragspflicht. **421**

IV. Verjährung von Ansprüchen des Betreuers bzw. Bauträgers

Zunächst allgemein zur Abnahme und Verjährungsbeginn siehe unter § 12 VOB/B. Außerdem *Koeble* in Handbuch f. Immobilienrecht Teil 2, 18 Rn. 1 (Die Abnahme) – Stand 2002 – und Teil 2, 20 Rn. 167 ff. – (Mängelhaftung des Bauträgers und Baubetreuers; siehe auch zu den Auswirkungen des Gesetzes zur Beschleunigung fälliger Zahlungen und zur Abnahme allgemein: *Dombrauske* NJW 2000, 435; *Brambring* BnotZ 2000, 245; *Brambring* ZfBR 2000, 245; *Erkelenz* ZfBR 2000, 435; *Kuber* JZ 2000, 743; *Jäger* BB 2000, 1102; *Jani* BauR 2000, 949; *Kiesel* NJW 2000, 1673; *Kniffka* ZfBR 2000, 227; *Niemöller* Jahrbuch Baurecht 2001 S. 225; *Peters* NZBau, 2000, 168; *Schmidt-Räntsch* ZfBR 2000, 333; *Seewald* ZfBR 2000, 219). **422**

Der Zahlungsanspruch des Bauträgers verjährt in 3 Jahren nach § 195 BGB (früher: § 196 Nr. 1 Nr. 1 BGB – 2 Jahre, nicht 30 Jahre nach § 218 Abs. 1 S. 2 BGB), auch dann, wenn eine Unterwerfungsklausel im notariellen Vertrag enthalten ist. Die Einrede der Verjährung durch den Erwerber verstößt nicht gegen Treu und Glauben, wenn der Erwerber die Vollstreckungsgegenklage erhoben und sich auf die Unwirksamkeit der Unterwerfungsklausel berufen hat und dieser Rechtsstreit über drei Jahre gedauert hat (OLG Zweibrücken BauR 2000, 1209). **423**

Anhang 3 Unternehmereinsatzformen

1. Grundsätzlich Grundlage § 195 BGB

424 Sofern durch eine im **Rahmen der Kaufmannseigenschaft, also im Rahmen des Gewerblichen liegende Bauträgerschaft** die Verpflichtung zur **Veräußerung eines Grundstückes und zur Herstellung eines Gebäudes bzw. einer Eigentumswohnung** übernommen wird, so **verjährt ein einheitlich für Grundstücksanteil und Gebäudeerrichtung bzw. Wohnungserrichtung vereinbarter Vergütungsanspruch gemäß § 195 BGB in 3 Jahren. Vor allem verbietet die Einheitlichkeit** des vereinbarten Vergütungsanspruches eine Aufteilung in eine Vergütung für die Grundstücksbeschaffung einerseits und die Bauerrichtung andererseits, da hier die Errichtung des Gebäudes bzw. der Wohnung der Grundstücksverschaffung gegenüber als Leistung weitaus überwiegt und dem Vertrag die charakteristische Note gibt (BGH BauR 1979, 59; 1979, 434; 1981, 390; OLG Düsseldorf OLGZ 1977, 198; OLG Hamm BauR 1991, 620). Der Meinung, dass § 196 BGB, welcher die Übertragung des Grundstücks und der Gegenleistung dazu regelt, mit seiner bis 10-jährigen Verjährungsregel auf das gesamte Bauträgervertragssystem durchgreifen würde, ist nicht zu folgen. Zwar ist die gesonderte Ausweisung in einen Bauerrichtungsvertrag und in einen Grundstücksübertragungsvertrag auch beim Bauträgervertrag möglich, so dass hier auch gesonderte Fristen laufen. Im Regelfall ist der notarielle Vertrag aber einheitlich. Dann überwiegt die werkvertragliche Bezogenheit und die Frist des § 195 BGB ist maßgeblich. Erst wenn lediglich die Eigentumsverschaffungspflicht im Vordergrund steht, dann gilt, wie bei Eigentumsverschaffungsverpflichtungen bei geringen Instandsetzungsmaßnahmen, die lange, 10-jährige Frist des § 196 BGB.

425 **Gleiches** trifft – erst recht – zu, wenn sich der Veräußerer eines Grundstückes in dem Vertrag zugleich zur Errichtung eines Einfamilienhauses verpflichtet und ein **einheitliches Entgelt für beide Leistungsteile vereinbart** wird (BGH BauR 1979, 523). Das ist auch dann der Fall, wenn ein Vertragswerk in einen privatrechtlichen »Kaufanwartschaftsvertrag«, der die Verpflichtung zum Bauen ausspricht, und einen später abgeschlossenen notariellen Grundstückskaufvertrag, der die Verpflichtung zur Zahlung des »Kaufpreises« nicht nur für das Grundstück, sondern auch für das darauf gebaute Haus enthält, aufgespalten wird; anderenfalls würde eine unzulässige Umgehung vorliegen (BGH BauR 1981, 74; vgl. dazu *Reinelt* BB 1981, 706. – Zur Verjährung von Ansprüchen eines Bauunternehmers in dem Sonderfall, in dem er die Erstellung eines Wohnhauses für eigene Rechnung auf dem Grundstück des Auftraggebers übernommen hat, siehe OLG Celle NJW 1968, 702 mit zutreffender krit. Anm. von *Locher*).

Ein verjährter restlicher Kaufpreisanspruch aus einem Bauträgervertrag (z.B. 5. Rate) begründet für den Bauträger kein Zurückbehaltungsrecht gegenüber dem Auflassungsanspruch des Erwerbers, wenn der eigenständige Zahlungsanspruch aus der 5. Rate bereits verjährt war, als der Auflassungsanspruch nach Zahlung der Schlussrate entstand (§ 390 S. 1, 2 BGB). Bei den im Bauträgervertrag vorgesehenen Raten handelt es sich um eigenständige und vollwertige Zahlungsansprüche, die – anders als Abschlagszahlungen beim Architektenvertrag – selbstständig verjähren und nicht in einer abschließenden Gesamtforderung aufgehen (OLG Frankfurt/M. BauR 2005, 1491).

426 Der Anspruch des Bauträgers auf **Erstattung von Erschließungskosten** (*Basty* Rn. 386 ff.) verjährt nach § 195 BGB in 3 Jahren, wobei es ohne Bedeutung ist, ob solche Kosten im Erwerbsvertrag gesondert ausgewiesen oder in einem einheitlich vereinbarten Entgelt enthalten sind (BGH BauR 1988, 100; OLG Hamm NJW-RR 1991, 89) insofern können – je nach vertraglicher Gestaltung im Einzelfall – nicht nur öffentliche Erschließungskosten i.S.d. § 127 BauGB, sondern auch solche für private Zugänge gemeint sein (OLG Düsseldorf BauR 1995, 559 im Falle der Verpflichtung des Bauträgers zur schlüsselfertigen Erstellung einschließlich der Erschließungskosten für die vollständige erstmalige Erschließung). Dabei ist wegen des **Beginns der Verjährungsfrist** der Anspruch eines mit der Erschließung eines Baugeländes betrauten Betreuers auf Erschließungskostenerstattung gemäß § 195 BGB erst »entstanden«, wenn die Kosten der Erschließung abschließend abgerechnet und auf die Grundstückserwerber umgelegt werden können, wobei es nicht darauf ankommt, ob die Vereinbarung über die Bewirkung der Erschließung durch den Baubetreuer werkvertraglich einzuordnen ist oder nicht und im Übrigen der Anspruchsteller dann gem. § 199 BGB davon Kenntnis erhält (BGH BauR 1990, 95).

Nach dem Gesagten verjährt auch der Anspruch auf **Vergütung von Erschließungsleistungen** hinsichtlich eines noch nicht erschlossenen Grundstücks nach § 195 BGB in 3 Jahren, wenn die Parteien vereinbaren, dass der Veräußerer (als Kaufmann i.S.d. § 6 HGB) das Grundstück erschließt und der Erwerber die Erschließungsleistungen nach gesonderter Abrechnung zu vergüten hat. Auch insoweit handelt es sich um die Ausführung von Arbeiten bzw. die Besorgung fremder Geschäfte, die über Werklohnansprüche hinaus dieser gesetzlichen Regelung unterliegen, und zwar unabhängig von dem gewichtigeren Grundstückskaufpreis, sofern nicht einheitliche Vergütungsansprüche nach der jeweils maßgebenden vertraglichen Regelung gegeben sind (BGH BauR 1981, 581). Für die Auslegung des in einem Bauträgervertrag enthaltenen Begriffs der Hausanschlusskosten kommt es nicht darauf an, ob diese regelmäßig bei schlüsselfertig errichteten Häusern nicht im Festpreis enthalten sind. Es hängt vom jeweiligen Einzelfall ab, welche Regelung die Vertragsparteien in Bezug auf die Hausanschlusskosten treffen. Die Erwerber können dem Anspruch des Bauträgers auf Erstattung von veranschlagten Erschließungskosten keinen Nachbesserungsanspruch entgegenhalten, da es insoweit an einem Gegenseitigkeitsverhältnis fehlt (OLG Celle BauR 2003, 390). **427**

2. Erbrachte Leistungen

Allerdings ist Voraussetzung für die Annahme einer Verjährungsfrist nach § 195 BGB, dass die aufgeführten Leistungen **erbracht** werden (BGH BauR 1981, 390). Dies kommt auch in Betracht, wenn der Veräußerer **wie ein Bauträger** das Bauvorhaben im eigenen Namen ausführt und dabei Vermögenswerte der Erwerber verwendet, ohne dass es darauf ankommt, ob hier die Leistung von Diensten oder insgesamt eine werkvertragliche Tätigkeit im Rahmen der Besorgung fremder Geschäfte vorliegt, da unter Leistung von Diensten auch die werkvertragliche Leistung zu verstehen ist (BGH a.a.O.). Dabei genügt es, wenn jemand, ohne gewerbsmäßig als Bauträger tätig zu sein, evtl. auch im Rahmen einer Nebentätigkeit, **wie ein Bauträger auftritt und handelt** (BGH a.a.O.). **428**

3. Getrennte Leistungen

Die genannte kurze Verjährungsfrist des § 195 BGB bleibt ebenfalls nicht außer Betracht, wenn der Preis für die Grundstücksverschaffung und die Bauerrichtung **für sich gesondert** vereinbart, insbesondere dabei **äußerlich im Vertrag getrennt** aufgeführt wird; dann ist die Verjährungsfrist für den Grundstückskaufpreis 3 Jahre, während sie für den Vergütungsanspruch hinsichtlich der Bauerrichtung ebenfalls 3 Jahre beträgt (OLG Düsseldorf OLGZ 1977, 198, 200; vom BGH offengelassen; vgl. auch OLG Köln SFH Z 7.25 Bl. 1). **429**

4. Wirtschaftliche und finanzielle Betreuung

Die auf die **wirtschaftliche und finanzielle Betreuung** gerichteten Vergütungsansprüche des Baubetreuers gegen den Betreuten **verjähren** nach § 195 **in 3 Jahren (OLG Celle NJW 1970, 1191; OLG Nürnberg NJW 1972, 2126).** Das gilt auch, wenn ein eingetragener Verein, der nach seiner Satzung ausschließlich und unmittelbar gemeinnützige Zwecke i.S.d. Gemeinnützigkeitsverordnung vom 24.12.1953 verfolgt, Baubetreuung für seine Mitglieder betreibt (OLG Nürnberg NJW 1972, 2126). **430**

5. § 16 Nr. 3 Abs. 2 bis 6 VOB/B

Zur Anwendbarkeit von § 16 Nr. 3 Abs. 2 bis 5 VOB/B auf Bauträgerverträge vgl. § 16 VOB/B. **431**

V. Sonderfragen

1. Musterprozessklausel

432 Eine in **AGB eines Baubetreuers bzw. Bauträgers enthaltene Musterprozessklausel,** wonach der Auftragnehmer bei gerichtlicher Geltendmachung seiner Ansprüche aus Gründen der Kostenersparnis nur einen vom Baubetreuer bzw. Bauträger zu bestimmenden Bauherrn entsprechend dessen Anteil in Anspruch nehmen kann, benachteiligt den Auftragnehmer entgegen den Geboten von Treu und Glauben unangemessen und ist daher **nach § 307 BGB unwirksam** (BGH BauR 1984, 632).

433 Das gilt vor allem, weil dem Betreuer bzw. Bauträger allein die Auswahl des zu verklagenden Gesellschafters (Bauherrn) überlassen ist, ohne dass der Auftragnehmer hierauf Einfluss nehmen kann. Insofern kann es sein, dass der Auftragnehmer gegen den vom Betreuer bzw. Bauträger ausgewählten Bauherrn einen Prozess beim Amtsgericht führen muss, gegen dessen Entscheidung ihm letztinstanzlich nur die Berufung beim Landgericht bleibt; auch ist es möglich, dass der Betreuer bzw. Bauträger einen Bauherrn auswählt, der Gegenansprüche gegen den Auftragnehmer hat, die nicht für alle Bauherren gegeben sind, so dass der Auftragnehmer erneut gegen andere Bauherren, die ein solches Gegenrecht nicht haben, vorgehen müsste. Da nach solcher Klausel auch eine Unterwerfung unter die Zwangsvollstreckung durch die übrigen Gesellschafter nicht erklärt wird, muss der Auftragnehmer das Risiko weiterer Klagen gegen die übrigen Gesellschafter auf sich nehmen, so dass ihm durch die Musterprozessklausel auch vollstreckungsrechtlich unzumutbare Schwierigkeiten bereitet werden (BGH a.a.O.). Angesichts der Unwirksamkeit der Musterprozessklausel ist es dem Auftragnehmer nicht verwehrt, während eines vom ihm aufgrund der Benennung durch den Betreuer bzw. Bauträger gegen einen Bauherrn geführten Prozesses auch noch andere Bauherren im Wege der Parteierweiterung mit einzubeziehen. Eine etwaige Verweigerung der Zustimmung der neu in den Prozess hineingezogenen Bauherren wäre missbräuchlich (BGH a.a.O.).

434 Hält – nur – ein OLG eine in AGB eines Baubetreuers enthaltene Musterprozessvereinbarung für wirksam, handelt es sich dabei insbesondere nicht um ständige Rechtsprechung und erklärt der BGH später diese Klausel für unwirksam, so wird dadurch allerdings die Verjährung des Werklohnanspruches eines Auftragnehmers gegen nicht rechtzeitig verklagte Bauherren nicht entsprechend §§ 202, 203 BGB gehemmt (BGH BauR 1988, 97).

2. Schlüsselfertiges Bauen

435 Zum Begriff des **schlüsselfertigen Errichtens:** Ist der Erwerber zur ungehinderten Nutzung auf vom Betreuer bzw. Bauträger zu beschaffende Unterlagen angewiesen, so hat der Betreuer ihm diese rechtzeitig zu verschaffen; Gleiches gilt, wenn der Erwerber solche Unterlagen, vor allem den behördlichen Schlussabnahmeschein, zur Abwicklung der Finanzierung dringend benötigt; insoweit ist **§ 444 BGB entsprechend anzuwenden (OLG Köln SFH § 444 BGB Nr. 1 mit Anm. *Hochstein*).** Ein solcher Anspruch besteht für den Erwerber nach dem Gesagten aber nur, wenn hierzu bei ihm ein **besonderes, konkret begründetes rechtliches Interesse** vorliegt (§ 242 BGB), dagegen kann ein genereller Anspruch des Erwerbers auf Herausgabe von Unterlagen nicht bejaht werden (OLG München BauR 1992, 95).

3. Vollstreckungsklauseln

436 Eine in einem Bauträgervertrag enthaltene, mit einem Nachweisverzicht (vgl. auch den Vorschlag von *Drasdo* NZM 1998, 256 zu einer Nachweisklausel) versehene Unterwerfung unter die Zwangsvollstreckung verstößt gegen §§ 12, 3 MaBV und ist daher nach § 134 BGB nichtig, falls nicht eine Bankbürgschaft des Bauträgers i.S.d. § 2 Abs. 2 MaBV geleistet wird (*Vogel* BauR 1998, 925; *Drasdo* NZM 1999, 1) wobei der Erwerber die Nichtigkeit analog §767 ZPO im Wege der Vollstreckungsgegenklage geltend machen kann (OLG Koblenz BauR 1988, 748; OLG Köln MDR 1998, 1089 m.w.N.;

OLG Hamm BauR 1996, 141; a.A. OLG Celle NJW-RR 1991, 667 sowie BauR 1998, 802; OLG München NJW-RR 1992, 125; dagegen wiederum wie hier jetzt klar: BGH BauR 1999, 53; auch OLG Köln NJW-RR 1999, 22). Das gilt auch, wenn eine Unterwerfungsklausel den Notar nur ermächtigt, eine vollstreckbare Ausfertigung zu erstellen, wenn der jeweilige Bautenstand nur durch den bauleitenden Architekten bestätigt ist (AG Hamburg IBR 1999, 216). Auch liegt ein Verstoß gegen die §§ 307, 309 Nr. 12 BGB vor (OLG Düsseldorf BauR 1996, 143). Vollstreckt ein Bauträger aus einer nichtigen Unterwerfungserklärung (§ 134 BGB i.V.m. §§ 3, 12 MaBV), gibt er regelmäßig Veranlassung zur Vollstreckungsgegenklage. Der Erwerber ist nicht gehalten, den Bauträger vor Erhebung der Klage auf die Nichtigkeit des Titels hinzuweisen (OLG Hamm NJW-RR 1996, 1023).

437 Ist eine gemäß § 794 Abs. 1 Nr. 5 ZPO notariell beurkundete **Unterwerfungserklärung** nach Form und Inhalt zur **Zwangsvollstreckung geeignet** und mit der Vollstreckungsklausel versehen, ist eine **Vollstreckungsgegenklage nach § 767 ZPO** unabhängig davon zulässig, ob die Unterwerfungsklausel aus materiellrechtlichen Gründen unwirksam ist; die Unwirksamkeit des Titels wird in einer auf Einwendungen gegen den titulierten Anspruch gestützten Vollstreckungsgegenklage nicht geprüft (BGH BauR 1992, 622. Zur Einstellung der Zwangsvollstreckung im Falle einer Vollstreckungsgegenklage, vor allem zur Darlegungs- und Beweislast, zutreffend OLG Hamm BauR 1993, 362). Von einer **vollständigen Fertigstellung nach § 3 MaBV** kann nicht gesprochen werden, wenn sich nach Übergabe des Hauses noch wesentliche Mängel zeigen, die bei einer früheren Kenntnis der Abnahmepflicht des Erwerbers entgegengestanden hätten (OLG Düsseldorf BauR 1982, 168; OLG Köln BauR 1983, 381; OLG Naumburg IBR 1999, 532). Die Ansicht von Conrad (BauR 1990, 546) für die Fälligkeit der Restvergütung nach § 3 Abs. 2 a.F. MaBV komme es allein auf die Erbringung der »Restarbeiten« an, übersieht, dass wir es auch hier mit Werkvertragsrecht nach den §§ 631 ff. BGB zu tun haben, ferner mit allgemeinem Schuldrecht nach dem BGB. Zahlungen entgegen § 3 MaBV können nach § 817 S. 1 BGB i.V.m. §§ 819 Abs. 2, 989 BGB zurückverlangt werden (OLG Koblenz NJW-RR 1999, 671). Gerade nach § 320 BGB steht dem Auftraggeber auch nach der Abnahme wegen wesentlicher Mängel noch ein Leistungsverweigerungsrecht zu, das oftmals einschließlich so genanntem Druckzuschlag die hier in Rede stehenden 5% Restvergütung übersteigen wird. Sollten dennoch die Mängelbeseitigungskosten einschließlich des so genannten **Druckzuschlages** niedriger sein, ist allerdings der Differenzbetrag nach der Abnahme vom Erwerber zu entrichten; insoweit ist der Kritik von Conrad beizupflichten. Vor allem auch § 3 MaBV ist durch die Neufassung der MaBV mit Wirkung vom 1.3.1991 (BGBl. I 1990 S. 2477) geändert worden, ohne dass dies jedoch auf die vorangehende Beurteilung von Bedeutung ist. Ebenso trifft dies auf die jetzige Rechtslage zu: § 3 MaBV wurde durch die 2. ÄndVO vom 16.9.1995 (BGBl. I S. 1134) in Abs. 1 Nr. 4 zur Frage der erforderlichen Baugenehmigung durch Anpassung an die veränderten Bauordnungen der Länder geändert (*Osenbrück* NJW 1995, 3371). Eine weitere Änderung des § 3 ergab sich durch die 3. ÄndVO v. 14.12.1997 (BGBl. I 1997 S. 272). Zu Unterwerfungserklärungen in Bauträgerverträgen, vor allem im Hinblick auf den Antrag bei der Vollstreckungsgegenklage bzw. die Entscheidungsformel des Urteils sowie der Entscheidung im Kostenpunkt vgl. Cuypers (*Cuypers* ZfBR 1998, 4; *Basty* Rn. 375 ff.). Verlangt der Bauträger im Verfahren nach § 767 Abs. 2 ZPO, in dem die Besteller die Unzulässigkeit der Zwangsvollstreckung einwenden, nach der Verkündung des Urteils durch den BGH vom 22.10.1998 (BGH BauR 1998, 53) nunmehr widerklagend Werklohn, richtet sich dessen Verjährung nach § 195 BGB (OLG Celle BauR 2000, 588). Die Klausel in einem notariellen Bauträgervertrag, wonach sich der Käufer der sofortigen Zwangsvollstreckung unterwirft und die Klausel ohne Nachweis der Fälligkeit zu erteilen ist, ist auch dann wegen Verstoß gegen §§ 3, 12 MaBV unwirksam, wenn darin bestimmt wird, dass eine Beweislastumkehr nicht eintritt und die Käufer sämtliche Rechte in einer Vollstreckungsgegenklage behalten (OLG Frankfurt/M. BauR 2000, 739). Darüberhinaus ist eine Vereinbarung in einer Abschlagszahlungsvereinbarung insgesamt nichtig, wnn sie zu Lasten des Erwerbers von § 3 Abs. 2 MaBV abweicht. Die Nichtigkeit der Abschlagszahlungsvereinbarung führt nicht zur Nichtigkeit der übrigen vertraglichen Vereinbarung. Der Abschlagszahlungsplan des § 3 Abs. 2 MaBV tritt nicht als Ersatzregelung an die Stelle einer nichtigen Abschlagszahlungsvereinbarung. An die Stelle einer nichtigen Abschlagszahlungsvereinbarung tritt § 641 Abs. 1 BGB (BGH BauR 2001, 391).

438 § 3 Abs. 2 MaBV ist aber auch in anderer Hinsicht durch sog. »**Vollstreckungsunterwerfungsklauseln**« eingeschränkt worden. Diese unterliegen aber dem Maßstab der §§ 305, 309 Nr. 12 BGB. Die Rechtsprechung ist wegen der Vielgestaltigkeit nicht einheitlich (*Greilich* BauR 2001, 12 ff.). Eine Klausel, wonach dem Verwender-Verkäufer **auf jederzeitiges Verlangen** eine vollstreckbare Ausfertigung der Urkunde ohne Fälligkeitsnachweis zu erteilen war, verstößt gegen § 309 Nr. 12 BGB und ist **nichtig** (OLG Koblenz BauR 1988, 748; LG Mainz IBR 2000, 175 zum Grundstücksvertrag mit Planungsverpflichtung). Ferner gilt dies aufgrund der Teilnichtigkeit dieser Verzichtsklausel für den Fälligkeitsnachweis auch für die folgende Unterwerfungsklausel, weil der Veräußerer für jede Ratenanforderung den Bautenstand nachzuweisen hat (§ 3 Abs. 2 MaBV). Der Meinung des OLG Hamm (OLG Hamm BB 1991, 865) und des OLG München (OLG München BauR 1991, 655) ist insoweit nicht zu folgen, als es sich um einseitige prozessuale Willenserklärungen handelt; vielmehr geht es um den Verzicht auf einen materiell-rechtlichen Anspruch des Erwerbers. Allerdings ist das Klauselerinnerungsverfahren kein geeignetes Mittel, da es sich ausschließlich gegen die Vornahme der Erteilung der Klausel richtet (OLG Koblenz BauR 1988, 748). Mit der Vollstreckungsabwehrklage gem. §§ 767, 769 ZPO selbst kann der allgemeinen Unterwerfungsklausel nur sinnvoll begegnet werden, wenn der Besteller sich seiner in der Klausel liegenden Beweislastumkehr auch bewusst ist. Daher ist die Vollstreckungsgegenklage zwar das geeignete Mittel, jedoch ist die allgemeine Unterwerfungsklausel nach §§ 3, 12 MaBV i.V.m. § 134 BGB nichtig (§§ 305, 309 Nr. 12 BGB) (OLG Hamm BauR 1996, 141; OLG Düsseldorf BauR 1996, 143; OLG Köln BauR 1998, 1119). Die Klausel, dass der Bauträger die Fälligkeitsvoraussetzungen beweisen muss, wenn der Erwerber Vollstreckungsgegenklage erhebt (OLG Celle BauR 1998, 199) ist daher ebenfalls bedenklich, weil der Erwerber die Darlegungslast des Verstoßes dennoch hat. Dem BGH (BGH BauR 1999, 53; OLG Celle BauR 2000, 588, dass die Verjährung des Werklohns nach § 196 Abs. 1 Nr. 1 BGB beurteilt; OLG Köln NJW-RR 1999, 22 = BauR 1999, 93). ist bezüglich der Unterwerfungserklärungen ohne besondere Nachweismöglichkeiten/-pflichten zu folgen (OLG Düsseldorf BauR 2002, 515 wo missverständlich statt von einem Bauträgervertrag von einem Generalunternehmervertrag geredet wird. Einschränkend: *von Heymann/Wagner/Rösler* Rn. 311 ff.). Generell sind diese Klauseln wegen Verstoßes gegen §§ 3, 12 MaBV gem. § 134 BGB nichtig. Dazu zählt allerdings auch das formularmäßige Überwälzen der Kosten einer gem. § 7 MaBV vom Auftragnehmer zu erbringenden Sicherheit auf den Erwerber, § 305 BGB. Eine Vereinbarung, wonach die letzte Rate gegen Gestellung einer Bürgschaft gem. § 7 MaBV zu zahlen ist, ist nicht praktikabel. Der Bauträger hätte die Bürgschaft über den gesamten Kaufpreis zu stellen, da die MaBV die beschränkte Bürgschaft nicht kennt. Damit kann der Erwerber gem. § 3 MaBV Zahlungen auf die letzte Rate (meist 3,5%) gem. § 817 S. 1 BGB i.V.m. §§ 819 Abs. 2, 989 BGB zurück verlangen (OLG Koblenz NJW-RR 1999, 671). Darüber hinaus ist die Vereinbarung, dass als Nachweis die Bautenstandsanzeige des bauleitenden Architekten verbindlich für den Fälligkeitseintritt der Raten ist, unwirksam (OLG Jena OLGR 99, 400; LG Lübeck IBR 99, 263). Der bauleitende Architekt ist im Zweifel keine unabhängige Person, sondern vertritt die Interessen des ihn beauftragenden Bauträgers. Ebenso ist eine Schiedsgutachterklausel, wonach dieser erst auf Widerspruch des Erwerbers eingeschaltet wird, unwirksam, da der Erwerber zuerst tätig werden muss, was der Entscheidung des BGH (BGH BauR 1999, 53) zuwiderläuft (LG Nürnberg-Fürth IBR 1998, 11); ebenso die Schiedsgutachterabrede mit notwendigerweiser rechtlicher Bewertung (BGH IBR 1992, 88). Eine Klausel, wonach die Beweislastumkehr nicht eintritt und die Käufer sämtliche Rechte in einer Vollstreckungsgegenklage behalten, verstößt ebenso gegen §§ 3, 12 MaBV (OLG Frankfurt/M. BauR 2000, 739; OLG Hamm BauR 2000, 1509).

4. Auskunfts- und Rechenschaftspflicht

Zur **Auskunfts- und Rechenschaftspflicht** des Architekten und Baubetreuers s. Locher NJW 1968, 2324 sowie *Locher/Koeble* Rn. 522 ff.; ferner *Hepp* NJW 1971, 11. Über die Rechnungslegung des Baubetreuers siehe LG Stuttgart, NJW 1968, 2337 sowie NJW 1968, 2338; ferner OLG Hamm NJW 1969, 1438 mit Anm. Locher. Im Übrigen hat der Bauträger die Pflicht, den Erwerber auch **ungefragt über solche Umstände aufzuklären, die den Vertragszweck vereiteln können** und auch für ihn von wesentlicher Bedeutung sind, wie z.B. hinsichtlich der Überschreitung des in Aussicht genommenen Fertigstellungstermins wegen schwebender Nachbarschaftsstreitigkeiten und Baustopp im Falle des Erwerbs zu Anlagenzwecken; bei Verletzung dieser Pflicht hat der Erwerber Anspruch auf Befreiung vom abgeschlossenen Vertrag und auf Ersatz seiner im Vertrauen auf die Durchführung des Vertrages getätigten Aufwendungen (OLG Frankfurt/M. MDR 1998, 41). Im Rahmen einer eidesstattlichen Versicherung gem. § 807 ZPO ist der Liquidator der Bauträger-GmbH nicht vepflichtet, Fragen nach der Führung und dem Inhalt des Baubuchs zu beantworten (LG Heidelberg BauR 2001, 839).

439

5. Anfechtung, Verschulden bei Vertragsverhandlungen

Zur **Anfechtung** des Baubetreuungsvertrages wegen Irrtums über die Vertrauenswürdigkeit der Betreuungsgesellschaft (BGH WM 1970, 906). Wer die Betreuung eines Bauvorhabens im sozialen Wohnungsbau übernehmen will, aber wegen seiner persönlichen oder wirtschaftlichen Verhältnisse gewärtigen muss, nicht oder nur mit Verzögerungen nach den einschlägigen Wohnungsbauförderungsbestimmungen **als Baubetreuer zugelassen** zu werden – z.B. nach § 20 der Wohnungsbauförderungsbestimmungen NRW = SMBl. NW 2370 – **hat den Bauinteressenten bei den Vertragsverhandlungen darüber aufzuklären,** anderenfalls kann er aus dem Gesichtspunkt des **Verschuldens bei Vertragsabschluss** (culpa in contrahendo) **schadensersatzpflichtig** sein (OLG Düsseldorf MDR 1972, 688).

440

6. Finanzierungsbestätigung – Einwendungen gegenüber kreditgebender Bank

Zu Rechtsfragen im Zusammenhang mit der **Finanzierungsbestätigung** in Bauträgerverträgen *Löffelmann* BauR 1981, 320; LG Waldshut-Tiengen BauR 1985, 485. Darüber, ob der Kreditnehmer (Erwerber) Einwendungen aus seinem Vertrag mit dem Bauträger der kreditgebenden Bank entgegensetzen kann, vgl. BGH BB 1979, 1371. Hiernach ist ein solcher Einwendungsdurchgriff möglich, wenn nach Treu und Glauben (§ 242 BGB) ganz besondere Umstände trotz der rechtlichen Selbständigkeit des Darlehensvertrages mit dem Kreditgeber einerseits und dem Bauträgervertrag andererseits vorliegen, nach denen eine Behandlung der Verträge als Einheit berechtigt ist. I.d.R. wird das zutreffen, wenn die kreditgebende Bank als Globalkreditgeberin des Bauträgers und zugleich als Kreditgeberin des Erwerbers sich diesem gegenüber in einer dem widersprüchlichen Verhalten vergleichbaren Weise benimmt. Das trifft zu, wenn sich die Bank nicht auf die Rolle eines Kreditgebers beschränkt, sondern sich darüber hinaus an dem finanzierten Geschäft beteiligt, wie z.B. durch Übernahme von Funktionen des Bauträgers im Zusammenwirken mit diesem (wie etwa durch Werben des Erwerbers oder dadurch, dass ihr sonst die gesamte rechtliche Ausgestaltung des »Dreiecksverhältnisses« zuzurechnen ist). Beschränkt sich die kreditgebende Bank auf ihre Rolle als Kreditgeberin, so hat sie grundsätzlich **keine Aufklärungspflicht** gegenüber dem Erwerber/Darlehensnehmer über die Sanierungsbedürftigkeit eines so genannten Ersterwerbermodells (BGH NJW 1988, 1583). Überhaupt ist eine Aufklärungspflicht der finanzierenden Bank über besondere Nachteile und Risiken des Vorhabens **nur** gegeben, wenn im Einzelfall eine solche Pflicht aus **§ 242 BGB** entnommen werden muss, wobei gerade bei steuersparenden Bauherren- oder Ersterwerbermodellen besonders strenge Anforderungen an die Annahme der Schutzbedürftigkeit der Interessenten zu stellen sind. Das ist insbesondere dann zu bejahen, wenn die finanzierende Bank sich im Zusammenhang mit Kreditgewährungen sowohl an den Bauträger als auch an die einzelnen Erwerber in schwer-

441

wiegende Interessenkonflikte zu Lasten der Erwerber verwickelt; dies kann z.B. zutreffen bei besonders engem wirtschaftlichem Kontakt der finanzierenden Bank zum Bauträger sowie dessen der Bank bekannten Verpflichtungen, insbesondere Verschuldungen. Wird die Finanzierung erst nach Abschluss der zum Erwerb verpflichtenden Verträge beantragt, dann setzt die Annahme einer Aufklärungspflicht des Kreditinstitutes und der Ursächlichkeit ihrer Verletzung voraus, dass der Erwerber bei Kenntniserlangung in der Lage gewesen wäre, sich aus den vertraglichen Bindungen zu lösen (BGH DB 1990, 1181; vgl. dazu auch BGH DB 1992, 1287 ferner BGH NJW 1992, 2146). Eine Aufklärungspflicht der Bank besteht auch bei Kenntnis von verdeckter Altschuldenrückführung des Initiators, wenn damit ein erhöhtes Risiko des Erwerbers verbunden ist (BGH BauR 1992, 398). Die Grundsätze zur Aufklärungspflicht einer Bank, die sowohl dem Veräußerer wie dem Erwerber eines Bauherrenmodells Kredit gewährt, über die mit der Darlehensgewährung verbundenen Risiken sind unabhängig davon anwendbar, ob das Projekt gescheitert ist oder nicht; ein »konkreter Wissensvorsprung« der Bank liegt in ihrer Kenntnis, dass die Durchführung des Projekts allein von ihr abhängt, weil der Initiator seine Veräußerungskostenansprüche an sie abgetreten und dadurch seine wirtschaftliche Bewegungsfreiheit verloren hat; dem Erwerber hieraus drohende Verluste stellen einen »besonderen Gefährdungstatbestand« für ihn dar. Den Erwerber, der seine Erwerbspreissicherung auflagefrei aufgibt, trifft jedoch ein Mitverschulden an seinem Schaden; sein Ersatzanspruch mindert sich aber nicht über den Betrag hinaus, der der Bank aus dem Drittverkauf der Modelleinheit zugeflossen ist (BGH BauR 1992, 651).

442 Ansonsten bestehen im Ersterwerbermodell Aufklärungspflichten einer Bank nur dann, wenn sie nach außen erkennbar Funktionen des Initiators oder Vertreibers übernimmt; die Einflussnahme auf Konzeption und bauliche Gestaltung sowie prospektierte Finanzierungszusagen begründen noch keine derartigen Funktionen (BGH BauR 1992, 645; vgl. auch *Wolf* NJW 1994, 24). Lässt sich eine Bank im Prospekt eines Bauherrenmodells nicht nur als Vertragspartner für die Finanzierung, sondern auch als Referenz benennen, so erwächst ihr daraus gegenüber Anlegern, die mit ihr über eine Finanzierung verhandeln, die Verpflichtung, die Richtigkeit der Prospektangaben und die Bonität der Initiatorin in banküblicher Weise zu überprüfen und die Kreditinteressenten über bestehende Bedenken aufzuklären; der Schadensersatzanspruch wegen Verletzung dieser Pflicht umfasst alle mit der Anlageentscheidung verbundenen Nachteile, wenn eine ordnungsgemäße Aufklärung den Kreditnehmer veranlasst hätte, vom ganzen Projekt Abstand zu nehmen (BGH BauR 1992, 641).

443 Möglich ist auch eine **eingeschränkte Finanzierungsbestätigung** einer Bank, etwa so, dass sie außer im Falle nicht vertragsgemäßer oder nicht mängelfreier Erfüllung Zahlung der bestätigten Summe zusagt (BGH NJW-RR 1994, 1008). Scheitert der Bauträgervertrag nach **Insolvenz** des Bauträgers und hat sich die **zwischenfinanzierende** und durch **Grundschulden gesicherte Bank** sich gegenüber den Erwerbern verpflichtet die Finanzierung zu übernehmen, so hat die Bank die erbrachten Kaufpreisraten nach dem Scheitern des Vertrages an den Erwerber zurückzuzahlen, wenn diese die Freistellung nicht wünschen (BGH BauR 2001, 1097).

7. Prospekthaftung

444 Die das Management bildenden Initiatoren eines Bauherrenmodells haften den beitretenden Bauherren nach den Grundsätzen der **Prospekthaftung** (*Koeble* in Rechtshandbuch f. Immobilien Teil 2, 19 Rn. 19 ff. – Stand 2000) für Vollständigkeit und Richtigkeit der mit ihrem Wissen und Willen in Verkehr gebrachten Werbeprospekte; Personen und Unternehmen, die mit Rücksicht auf ihre besondere und berufliche Stellung oder auf ihre Eigenschaft als berufsmäßige Sachkenner eine Garantenstellung einnehmen (wie Wirtschaftsprüfer und Anlageberater), können Kapitalanlegern im Rahmen eines Bauherrenmodells haften, wenn sie durch ihr nach außen in Erscheinung getretenes Mitwirken am Prospekt einen Vertrauenstatbestand schaffen; diese Schadensersatzansprüche des Bauherrn unterliegen nicht der kurzen Frist der § 20 Abs. 5 Kapitalanlagegesetz (KAG) und § 12 Abs. 5 Auslandsinvestmentgesetz (AuslInvestmentG) (BGH BauR 1990, 612 – wegen der Verjährungsfrist vom BGH offengelassen). Anders liegt dies für den Bereich der Haftung nach OLG Hamburg (NJW-RR 1995, 14) im Falle eines so genannten »Erwerbermodells«, bei dem es sich um die erstmalige Veräußerung eines bereits fertiggestellten Objekts handelt, da dort etwaige Mängel früher festgestellt werden könnten, so dass die Haftung wegen fehlerhafter Prospektangaben der kurzen Verjährungsfrist des § 438 BGB unterläge. Dies mag wegen des entschiedenen Falles, bei dem es sich um falsche Prospektangaben zur Wohnfläche handelte, richtig sein. Bedenken bestehen aber wegen der eigentlichen Baumängel, die oft erst später auftreten. Insofern erscheint jedenfalls die Verjährungsfrist des § 634a Abs. 1 Nr. 2 BGB angemessen zu sein.

Grundsätzlich ist zu sagen: Wegen falscher oder unrichtiger **Prospektangaben** haften die Personen, **445** die für die Geschicke des Unternehmens und damit die Herausgabe des Prospektes verantwortlich sind; dazu zählen neben den Initiatoren, Gründern und Gestaltern der Gesellschaft – soweit sie das Management bilden oder beherrschen – auch die Personen, die hinter der Gesellschaft stehen und neben der Geschäftsleistung besonderen Einfluss ausüben; dabei trifft die Verantwortlichkeit auch diejenigen Personen, die aufgrund ihrer besonderen beruflichen und wirtschaftlichen Stellung oder ihrer Fachkunde eine Garantenstellung einnehmen, sofern sie durch ihr nach außen in Erscheinung getretenes Mitwirken am Emissionsprospekt einen Vertrauenstatbestand schaffen (BGH NJW 1995, 1025). Der im Prospekt namentlich genannte Rechtsanwalt, der gemäß den Prospektangaben in Erfüllung seiner Treuhandpflichten lediglich die Verfügungen über das Anlegerkonto beständig und gewissenhaft zu überwachen hat, ist nicht Prospektverantwortlicher.

Im Übrigen sind die von der Rechtsprechung zur Publikums-KG entwickelten Grundsätze der Pro- **446** spekthaftung auf das Bauherrenmodell übertragbar (BGH VersR 1990, 1363).

Damit ist eine Aufklärungspflicht bei folgenden Sachverhalten gegeben, der Baubetreuer, der Bau- **447** vorhaben im sozialen Wohnungsbau ausführt, muss den Bauherrn darauf hinweisen, wenn er in diesem Bereich nicht tätig werden darf (OLG Düsseldorf BauR 1970, 119). Dies gilt erst recht, wenn ihm die eine Zulassung nach § 34c GewO fehlt (analog zu den Fällen der nicht in die Handwerksrolle eingetragenen Handwerker: OLG Nürnberg BauR 1985, 322; OLG Hamm BauR 1988, 727; OLG Hamm NJW-RR 1990, 525). Dies gilt auch, wenn er sich im Zulassungsverfahren befindet oder Schwierigkeiten im Verfahren möglich sind. Hier sind Anfechtung wegen Irrtums (§ 119 BGB) oder arglistiger Täuschung (§ 123 BGB) möglich. Daneben besteht die Pflicht über die Risiken bei der Anerkennung von Steuervorteilen und Verlustzuweisungen aufzuklären (OLG Stuttgart BB 1999, 2269). Dabei können bloße Risikohinweise eine Aufklärungspflicht nicht beseitigen. Neben dem Erteilen falscher Informationen ist auch das Unterlassen von Aufklärung dem gleichgestellt (BGH NJW 1982, 1095; BGH BauR 1989, 216 = ZfBR 1989, 97; OLG München BB 1999, 2267). Der Baubetreuer haftet in diesem Zusammenhang für Verschulden bei Vertragsschluss, da er den Erdruck erweckte, das Bauherrenmodell sei abgesichert (OLG Düsseldorf NJW-RR 1986, 320). Auch muss vorvertraglich mit dem Bauherrn erörtert werden wie dessen Finanzsituation ist, und es ist eine Finanzierungsplan aufzustellen, der Finanzierbarkeit und Nutzung sowie Realisierbarkeit aufzeigt (BGH BB 1990, 12). Dies gilt auch für schon vermietete Objekte (BGH NJW 1982, 1095).

Im **Emissionsprospekt** für einen **geschlossenen Immobilienfonds** müssen Sondervorteile, die den **448** Gründungsgesellschaften gewährt werden, offengelegt werden, wie z.B. Sondereinnahmen aus Mieten, Verwaltervergütung usw. (BGH NJW 1995, 130).

Weiterhin sind Angaben über die **Wohnfläche** in einem **Verkaufsprospekt** einer neu zu errichtenden **449** Wohnung enthalten, so können diese auch dann Vertragsgegenstand werden, wenn weder der notariell beurkundete Kaufvertrag, noch die Baubeschreibung und die Vertragspläne Angaben zur Wohnfläche enthalten. Dies gilt selbst dann, wenn der Prospekt einen Hinweis enthält, dass »ausschließlich der Kaufvertrag und die notariell beurkundete Baubeschreibung gelten« (BGH IBR 1997, 410).

450 Wird bei der Anwerbung von Anlegern ein **Prospekt** mit unrichtigen Angaben verwendet, folgt hieraus für den Regelfall nicht nur die Verletzung von Aufklärungspflichten, sondern auch das **Verschulden der handelnden Personen.** Die rechtsirrige Annahme, eines klarstellenden Hinweises an den Anleger bedürfe es nicht, kann nur unter ganz besonderen Umständen und unter Anlegung eines strengen Maßstabes entschuldigend wirken (BGH NJW 1992, 3296). Die Initiatoren eines Bauherrenmodells, die einen Prospekt mit irreführenden Angaben über die Wohnfläche herausgegeben haben, haften auch dann aus Verschulden bei Vertragsschluss, wenn ein für sie auftretender Sachverwalter in ihrem Namen eine Rückfrage des Bauherrn zur Größe der Wohnfläche falsch beantwortet (BGH BauR 1991, 91 im Anschluss an BGH NJW 1984, 2523. – Zur Verjährungsfrage hier kritisch *Kort* DB 1991, 1057, der wohl zutreffend zwischen Prospekthaftung im engeren und im weiteren Sinn unterscheidet, entgegen BGH jedoch das hier ganz wesentliche werkvertragliche Element erheblich unterbewertet. Zur Prospekthaftungsrechtsprechung des VII. Zivilsenats des BGH im Spannungsfeld des Gewährleistungs- und Bauhaftungsrechts eingehend *Wagner* ZfBR 1991, 133).

451 Dem **Initiator eines Bauherrenmodells** steht für seine auf die Gründung einer Bauherrengemeinschaft zielende und in der Vorbereitung und Förderung des Bauvorhabens bestehende Tätigkeit gegenüber dem Bauherrn weder unter dem Gesichtspunkt der Geschäftsführung ohne Auftrag noch unter dem der ungerechtfertigten Bereicherung eine Vergütung zu, wenn er entgegen seiner Erwartung nicht zu einem Funktionsträger im Rahmen des Bauherrenmodells bestellt wird, weil sowohl die Voraussetzungen der §§ 677, 683, 684 BGB als auch die der §§ 812 ff. BGB nicht gegeben sind (OLG Nürnberg NJW-RR 1987, 405). Übernimmt eine Wohnungsbaugesellschaft für einen anderen auf dessen Grundstück die Erstellung eines schlüsselfertigen Hauses (Betreuung), so richtet sich nach Ansicht des BGH ihr Anspruch auf Ersatz der tatsächlichen Auslagen nicht nach der üblichen Vergütung gemäß § 632 Abs. 2 BGB, sondern nur nach § 670 BGB (NJW 1970, 94), was von Diehl (NJW 1970, 94) zutreffend abgelehnt wird (*zur* Prospekthaftung im Übrigen vgl. die Übersicht bei *Seibel/v. Westphalen* BB 1998, 169).

452 Der Ersatzanspruch des Geschädigten ist auf Schadensersatz gerichtet. Dabei muss sich der Geschädigte steuerliche Vorteile anrechnen lassen (BGH BB 1981, 867; BGH NJW 1990, 571). Aber durch das vom BGH dem Geschädigten eingeräumte Wahlrecht kann dieser vortragen, er hätte vom Vertragsschluss Abstand genommen. Die Berechnung des Schadens vollzieht sich dann anhand einer hypothekischen Kapitalanlage, soweit diese entsprechende Vorteile gebracht hätte. Dabei kann er Geschädigte dann so gestellt werden, wie er ohne die Anlage gestanden hätte zusätzlich auf das Kapital dann den üblichen am Kapitalmarkt zu erreichenden Zins einfordern (BGH NJW 1992, 617). Hält der Geschädigte am Vertrag fest, so ist er so zu stellen, wie wenn er bei Kenntnis des richtigen Sachverhalts über den Erwerbspreis und das Betreuungshonorar verhandelt hätte (BGH NJW 1977, 1536). Die Ansprüche verjähren i.d.R. mäßigen Zeit von drei Jahren (§ 195 BGB).

453 Die Rechte der Anleger haben diese in analaoger Anwendung des § 22 ZPO am Sitz der Gesellschaft, deren Organe und Gesellschafter an. Bei Bauherrenmodellen und geschlossenen Immobilienfonds ist das der Sitz der Initatoren (BGH NJW 1980, 1470).

8. Mietgarantie und -bürgschaft

454 Die Bestimmung in einem Formularvertrag, wonach dem Baubetreuer eine für die Vermietung des Bauobjektes und die Übernahme einer **Mietgarantie** vereinbarte Vergütung auch dann zusteht, wenn der Bauherr diese Leistungen einverständlich nicht in Anspruch nimmt, benachteiligt den Bauherrn entgegen Treu und Glauben unangemessen und ist daher unwirksam (BGH BauR 1984, 410). Wird einem Erwerber eine bestimmte Mieteinnahme garantiert, ist es unerheblich, wenn der Garantiegeber in einer anderen Vertragsbestimmung ermächtigt wird, einen Mietvertrag mit einer geringeren Miete abzuschließen; soll die Garantiemiete auf die Höhe der tatsächlich erzielten oder erzielbaren Miete beschränkt sein, muss dies in dem Garantievertrag zum Ausdruck kommen; andernfalls liegt ein Verstoß gegen §§ 305, 306 BGB vor (OLG Celle NJW-RR 1988, 119).

Die Gesellschafter einer Baubetreuungsgesellschaft können sich gegenüber den noch zu werbenden, zunächst treuhänderisch vertretenen Mitgliedern einer Bauherrengemeinschaft in einer schriftlichen Urkunde für bestimmte Verpflichtungen der Gesellschaft aus den abzuschließenden Betreuungsverträgen formgültig verbürgen, wie z.B. zu Einzelheiten der übernommenen Vermietung des Erwerberobjektes (BGH BauR 1992, 243). **455**

9. Vormerkung zur Grundstücksübereignung – Insolvenz

Ein durch **Vormerkung** gesicherter Anspruch auf Grundstücksübereignung wird kraft § 24 KO durch eine Erfüllungsablehnung nach § 17 KO auch dann nicht berührt, wenn der dem Übereignungsanspruch zugrundeliegende Vertrag zugleich auf die Erstellung eines Bauwerkes gerichtet ist; dies gilt unabhängig davon, ob das Entgelt für das Grundstück in dem Vertrag gesondert ausgewiesen ist oder nicht (BGH MDR 1981, 395). Gleiches gilt auch nach der neuen **InsO**. Fordert der Insolvenzverwalter die Löschung einer Auflassungsvormerkung, die vor **Insolvenz** über das Vermögen des Gemeinschuldners (Grundstückseigentümer) aufgrund eines formnichtigen Kaufvertrages zugunsten des Käufers eingetragen wurde, kann dieser wegen der von ihm vor Insolvenzeröffnung an den verkaufenden Eigentümer erbrachten Kaufpreiszahlungen dem Verlangen kein Zurückbehaltungsrecht entgegensetzen (BGH BauR 2002, 1088). **456**

Wird der Bauträgervertrag wegen **Zahlungsunfähigkeit des Bauträgers** aufgehoben, so hat der Käufer **keinen** Anspruch auf Erstattung geleisteter Zahlungen. Dies gilt auch gegenüber der **Bank**, die vorrangig im Grundbuch eingetragen ist (OLG Nürnberg IBR 2000, 172). Anders wenn eine den Bauträger finanzierende Bank an den Erwerber aufgrund einer **formularmäßigen Freigabeklausel** eine Freigabeerklärung hinsichtlich der Grundpfandrechte abgibt. Wenn diese eine Freigabe nach vollständiger Zahlung der beurkundeten Vertragssumme vorsieht, ist diese gem. § 3 Abs. 1 S. 2 MaBV, §§ 133, 157 BGB i.V.m. § 305c BGB im Rahmen der MaBV hinnehmbar. Dem Erwerber darf jedoch der Vorhalt von Mängeln nicht abgeschnitten sein (OLG Dresden NJW-RR 1997, 1816; mit beachtlichen Argumenten dafür *Vogel* BauR 1999, 992). **457**

Aus einem sittenwidrigen Baubetreuungsvertrag kann der **Insolvenzverwalter** keinen Rückforderungsanspruch geltend machen, da das unter Gesetzes- und Sittenverstoß Geleistete auch vom Insolvenzverwalter über das Vermögen des Leistenden nicht herausverlangt werden kann (BGH BB 1989, 376). **458**

Erteilt ein **Notar**, obwohl ihm bekannt geworden ist, dass ein von ihm beurkundeter Kaufvertrag in Zusammenhang mit einem zuvor geschlossenen Bauwerksvertrag steht (sog. **verdeckter Bauträgervertrag**), eine vollstreckbare Ausfertigung des Bauvertrages, so haftet er dem Käufer auf Schadensersatz, so dass dieser aufgrund der **Insolvenz** des Bauträgers dort keinen Ersatz erhalten kann (LG Chemnitz BauR 2001, 405). **459**

Bei **Insolvenz des Bauträgers** trifft eine Vielzahl unterschiedlicher Interessen aufeinander. Neben Erwerber und Insolvenzverwalter ist die Bauträgerbank maßgeblich am weiteren Fortgang des Verfahrens beteiligt. Neben dem Bauträgervertrag selber beeinflussen die öffentlich-rechtlichen Vorschriften der MaBV das Rechtsverhältnis von Bauträger und Erwerber, durch die dem Bauträger verschiedene Sicherungspflichten, z.B. Eintragung einer Vormerkung und Sicherung der Lastenfreistellung, auferlegt werden. Durch die Eröffnung des Insolvenzverfahrens wird der einheitliche Bauträgervertrag in einen wegen der Vormerkung gemäß § 106 InsO zwingend zu erfüllenden Übereignungsanspruch (kaufvertraglicher Teil) und einen dem Wahlrecht nach § 103 InsO unterfallenden Herstellungsanspruch (werkvertraglicher Teil) geteilt. Die Ausübung des Wahlrechtes hat auf Basis der spezifischen Rentabilitätsbedingungen der Insolvenzsituation zu erfolgen. Entscheidet **459a** sich der Insolvenzverwalter für die Restfertigstellung, wird die Verpflichtung zur Herstellung eines mangelfreien Bauwerkes eine Verbindlichkeit der Masse (§ 55 Abs. 1 Nr. 2 InsO). Maßgebliche Einflussnahmemöglichkeit hat hier wiederum die Bauträgerbank, deren Zustimmung letztlich für das Gelingen einer Fortführungsvereinbarung entscheidend ist. Lehnt der Insolvenzverwalter die Restfertigstellung ab, bleiben die Erfüllungsansprüche der Erwerber undurchsetzbar. Diese können mit ihren Forderungen wegen der Nichterfüllung gemäß § 13 Abs. 2 S. 1 InsO als Insolvenzgläubiger am Verfahren teilnehmen. Bei der Geltendmachung von Leistungsstörungsansprüchen haben die Erwerber im eigenen Interesse darauf zu achten, dass sie sich nicht vom Bauträgervertrag insgesamt lösen, wie dies z.B. bei einem Rücktritt vom gesamten Vertrag der Fall wäre. Rechtsfolge wäre, dass mit dem Untergang des Übereignungsanspruches auch die akzessorische Sicherung der Vormerkung verloren geht und die betroffenen Erwerber den Schutz des § 106 InsO verlieren. Die Bauträgerbank lässt sich regelmäßig ein Wahlrecht einräumen, ob sie durch Lastenfreistellung den Erwerb unbelasteten Eigentums ermöglicht oder den Übereignungsanspruch durch Rückzahlung der durch den Erwerber bereits geleisteten Beträge ablöst. Wenn die Bauträgerbank hinsichtlich des Lastenfreistellungsanspruches und des Anspruches auf Rückzahlung geleisteter Beträge eine echte Wahlschuld i.S.d. § 262 BGB trifft, wird dem Anspruch auf Lastenfreistellung durch eine vollständige Lösung vom Vertrag die Grundlage entzogen und der Erwerber kann unter diesen Voraussetzungen! – eine Rückzahlung erzwingen. Eine Vertragserfüllungsbürgschaft kann die Sicherungssituation des Erwerbers aber entscheidend verbessern. Lösungsklauseln bieten keine zusätzliche Sicherung des Erwerbers, ermöglichen ihm aber längere Phasen der Ungewissheit durch selbstständige Loslösung vom Vertrag zu beenden. Es sind sowohl allgemeine als auch insolvenzabhängige Lösungsklauseln ohne Verstoß gegen § 119 InsO möglich. Ein Restfertigstellungsanspruch der Mitglieder einer (werdenden) Wohnungseigentümergemeinschaft wird analog § 22 Abs. 2 WEG ab einem Bautenstand von 5% zu bejahen sein. Die Einbeziehung des Insolvenzverwalters in diese Verpflichtung bezüglich der nicht verkauften Wohnungen des Bauträgers ist grundsätzlich gegeben. Dieser kann sich aber durch Freigabe des Wohnungseigentums aus der Insolvenzmasse der Pflicht entziehen.

10. Vertragsstrafenvereinbarung

460 Eine **Vertragsstrafenvereinbarung** in vom Bauträger vorformulierten Bedingungen, wonach er dem Erwerber bei nicht rechtzeitiger **Fertigstellung** für Tage, Wochen oder Monate des Überschreitens des vereinbarten Fertigstellungszeitpunktes einen Ausgleich zahlt, beispielsweise auf der Berechnungsgrundlage zum geschuldeten Wohnraum in m² verstößt mangels Transparenz gegen §§ 305, 305c, 309 Nr. 5, 6 BGB (OLG Köln BauR 1995, 708; auch *Heiderhoff* ZfIR 2000, 250, die jedoch die Klausel über die Abbedingung von § 341 Abs. 3 BGB als gültig ansieht).

11. Bauträger und PPP-Verfahren

460a Durch das ÖPP-Beschleunigungsgesetz sind Erleichterungen im Vergabeverfahren für Projektentwickler und Bauträger beschlossen worden; hierzu Kehrberg, BTR 2006, 111. Ausserdem: Feser, Projektentwicklung und Bauträgergeschäft, BTR 2004, 98.

VI. Bautreuhänder

1. Tätigkeitsformen

461 Der insbesondere im Bereich von Bauträger-Erwerberverträgen tätige **Treuhänder** (kritisch und zutreffend zur Frage der Notwendigkeit der Einschaltung eines Treuhänders *Brych* FS Korbion 1986 S. 1 ff., wobei letztlich steuerliche Gesichtspunkte auch hier ausschlaggebend sind) kann je nach mit ihm getroffener Vertragsgestaltung verschiedene Aufgaben haben. Einmal kann es sich um den – bloßen – **Kontotreuhänder** handeln, der nur mit der Abwicklung des Zahlungsverkehrs im Rahmen der Bauerstellung befasst ist. Weitergehende Pflichten hat dagegen der **Mittelverwen-**

dungstreuhänder. Zum anderen ist die häufigste Form bei Bauherrenmodellen der so genannte Basistreuhänder, der neben dem Zahlungsverkehr vor allem mit dem Abschluss der Verträge und der gesamten rechtsgeschäftlichen Entwicklung beauftragt ist. In beiden Bereichen wird der Treuhänder **für den Bauherrn tätig und hat dessen an sich diesem obliegende Aufgaben wahrzunehmen** (*Koeble* FS Korbion S. 215; wegen der verschiedenen Formen der Treuhand bei Bauherren- und Bauträgermodell: *Reithmann* BB 1984, 681; zum Rechtsanwalt als Treuhänder im Bauherrenmodell *Evers* NJW 1983, 1652; dazu kritisch *Riedel* NJW 1984, 1021).

2. Pflichten des Treuhänders – Abgrenzung

Im Allgemeinen handelt es sich bei dem Treuhandvertrag um einen **Dienstvertrag mit Geschäfts-** **462** **besorgungscharakter** (§§ 611, 675 BGB; *Koeble* a.a.O. m.w.N.). Seine Rechte und Pflichten richten sich je nach Art und Umfang des Treuhandvertrages. Sie sind beim so genannten Basistreuhänder naturgemäß weitergehend als beim so genannten Kontotreuhänder oder auch beim Mittelverwendungstreuhänder.

Im Allgemeinen ist dazu festzustellen: Der Treuhänder hat grundsätzlich in einer von den anderen **463** am Bauherrenmodell Beteiligten **unabhängigen Weise die Rechte und Interessen seines Treugebers** umfassend und gewissenhaft wahrzunehmen; soweit er hierauf gemäß seinem Aufgabenbereich Einfluss zu nehmen hat, gilt dies vor allem auch für die Gestaltung der Einzelverträge und die Auftragsvergabe, wobei ihm ein vertretbarer Ermessensspielraum einzuräumen ist; auch ohne gesonderten Beratungsvertrag ist der Treuhänder im Bereich des jeweiligen Treuhandvertrages zur Beratung des Bauherrn über relevante Umstände verpflichtet (*Kürschner* ZfBR 1988, 2). So muss der Treuhänder, der im Rahmen des Bauherrenmodells Erklärungen zur Bildung und zum Erwerb von Eigentumswohnungen als Vertreter des Bauherrn abgibt, prüfen, ob die Wohnung vom Veräußerungsvertrag abweichende öffentlich-rechtliche Nutzungsbeschränkungen aufweist, da es sich bei solchen Nutzungsbeschränkungen um nicht behebbare Sachmängel handelt (BGH BauR 1990, 749). Des Weiteren muss der Treuhänder bei einem Bauherrenprojekt, das sowohl Wohnungen mit Dachschrägen als auch Vollgeschosswohnungen erfasst, dafür sorgen, dass der Begriff »Wohnfläche« dahin klargestellt wird, dass es sich nicht um Grundflächen, sondern um Wohnflächen der Wohnungen handelt; insofern ist er verpflichtet, eine nachträgliche Änderung des Kostenverteilungsschlüssels herbeizuführen (BGH SFH § 675 BGB Nr. 24). Wird die in der Prospektwerbung betonte Zweckbestimmung eines Bauherrenmodells als »anspruchsvolle Seniorenappartements« in »Studentenappartements« geändert und werden die baulichen Maßnahmen entsprechend angepasst, ohne dass der Treuhänder den Investor hiervon in Kenntnis setzt, so kann der Investor vom Treuhänder Schadensersatz wegen Schlechterfüllung verlangen (OLG Köln NJW-RR 1996, 469). Vor allem wird die Sorgfaltspflicht des Treuhänders nicht durch das Interesse des Bauherrn, möglichst hohe Steuervorteile zu erzielen, relativiert; insbesondere bestehen die Sorgfaltspflichten des Treuhänders im Rahmen der Auszahlungsvornahme und -überwachung und – je nach Aufgabenbereich – auch bei der Verwirklichung des steuerlichen Konzeptes des Bauherrenmodells (*Kürschner* ZfBR 1988, 2). Beim so genannten Erwerbermodell hat der Treuhänder, der für seinen Auftraggeber eine Immobilie kauft, schon um die von den Beteiligten erstrebte möglichst hundertprozentige Beleihung des Kaufpreises zu gewährleisten, für einen lastenfreien Erwerb zu sorgen (OLG Frankfurt NJW-RR 1990, 281). Auch darf der Treuhänder ohne Prüfung des Bauzustandes durch Sachverständige einen vertraglichen Gewährleistungsausschluss zugunsten des Veräußerers nicht akzeptieren (OLG Köln BauR 1991, 626).

Abzugrenzen ist der Pflichtenkreis des Treuhänders von den Pflichten anderer Baubeteiligter (so ge- **464** nannter Funktionsträger). **Zu berücksichtigen** ist dabei auch unter dem Gesichtspunkt der Eigenverantwortlichkeit **die Kenntnis des Bauherrn von der Modell- und Vertragsgestaltung sowie weiteren Einzelheiten zum Zeitpunkt seines Eintritts** in die Bauherrengemeinschaft, wodurch es zum Ausschluss oder zur Beschränkung der Haftung des Treuhänders kommen kann. Für Bauherrenmodelle besteht nämlich eine Reihe von Prüfungsmaßstäben, die dem Anleger bei seiner in erster Linie eigenverantwortlichen Entscheidung helfen, das Angebot zu beurteilen. So schließt die Eigenverantwortlichkeit eines Bauherrn auch eine – normalerweise gegebene – Haftung des Treuhänders wegen verfehlter Auszahlung von Mitteln aus, wenn der Bauherr in Kenntnis und Würdigung der Risiken gleichwohl die Auszahlung wünscht (*Kürschner* ZfBR 1988, 2).

3. Verschiedene Bauherrenmodelle

465 Die im Rahmen der Baubetreuung wesentlichen Bauherrenmodelle sind **das Kölner Bauherrenmodell, das Hamburger Modell** und **das Mietkaufmodell.**

466 Das **Kölner Bauherrenmodell** bezeichnet folgenden Ablauf: der Bauherr erwirbt von einem Dritten oder vom Baubetreuer ein Grundstück oder einen Miteigentumsanteil daran. Außerdem schließt er einen Baubetreuungsvertrag ab. Dann beauftragt der Baubetreuer in Vollmacht des Erwerbers alle Unternehmer oder auch nur den Generalunternehmer. Daher ist beim sog. »**kleinen Kölner Bauherrenmodell**« der Baubetreuer nur Kontotreuhänder und nicht sog. Basistreuhänder mit umfassenden Aufgaben und Befugnissen. Der Kontotreuhänder muss nicht nach §§ 2, 7 MaBV die Sicherungspflichten durchführen. Daher ist es auch so, dass die Bauherren – als einzelne oder als BGB-Gesellschaft – hinsichtlich der Bauleistungen in direkten Vertragsbeziehungen zu den am Bau Beteiligen stehen. Beim »**großen Kölner Bauherrenmodell**« werden allerdings noch weitere Verträge erforderlich. So werden neben dem Baubetreuer auch Initiatorenverträge geschlossen. Anstelle des Baubetreuers tritt jedoch hauptsächlich ein Treuhänder, der auch zugleich die Aufgabe des Bautreuhänders übernimmt. Dieser ist sog. Basistreuhänder, da er sämtliche Verträge vorbereitet und begleitet. Daher wird auch ein notarieller Vertrag mit ihm erforderlich. Wichtig ist, dass neben den Verträgen zu Bauleistungen auch die Gebühren und Aufwendungen verursachenden Verträge von ihm abgeschlossen werden, da ansonsten die mit diesem Modell zusammenhängenden abzugsfähigen Werbungskosten vom Bauherrn nicht abgesetzt werden können. Damit ist neben dem Grundstückserwerbsvertrag wichtig, dass die Verträge abgeschlossen werden, die Bürgschaften und »Garantien« für den Bauherrn enthalten. Dieses können sein: Finanzierungsverträge, -garantien, Darlehnssicherungen und Zinsgarantien, Mietgarantievertrag, Bausummengarantie, Ausfallbürgschaften, usw.

467 Das »**Hamburger Modell**« hat eine andere Form. Dort treten die Bauherren einer Kommanditgesellschaft bei. Die Erwerber erbringen als Kaufpreis also die Kommanditeinlage. Hiermit werden die Bauerrichtungs- und Berater-, so wie Initiatorenverträge geschlossen. Das Bauobjekt ist daher Gesamthandsvermögen. Die Bauherren sind daher Anleger und haben kein individualisierbares Eigentum. Jedoch sind Zuweisungen bestimmter Wohnungen möglich und inzwischen üblich geworden. Damit ist diese Form im eigentlichen Sinne kein Bauherrenmodell, sondern ein geschlossener Immobilienfonds. Die KG schließt sodann die Verträge mit den am Bau Beteiligten. Daher kann nur aus wichtigem Grund gekündigt werden, oder bei arglistiger Täuschung. Außerdem finden die Grundlagen der Rechtsprechung zur Prospekthaftung und zum Anlegerschutz bei einer Publikums-KG Anwendung. Seit 1980 und der Einführung des § 15a EStG dürfen allerdings nur noch Verluste bis in Höhe der Einlage durch die Anleger/Bauherrn abgesetzt werden. Hierdurch hat das Modell an Bedeutung verloren.

468 Auch an Bedeutung verloren hat das »**Mietkaufmodell**«. Hier wurde zusätzlich zu einem üblichen Bauherrenmodell – üblicherweise in Form des »Kölner Modells« – noch für einen oder mehrere Mieter eine Kaufoption nach Ablauf einer Zeit – meist fünf Jahre – vereinbart. Der Mieter konnte dann von Bauherrn erwerben, was in den Verträgen durch niedrige Mietzinszahlungen und einem privatschriftlichen Vertrag abgesichert war. Letzteres ist unwirksam, da es sich um ein grundstücksbezogenes Geschäft handelt. Im Übrigen wurde dieses Modell durch das BMF-Schreiben vom 8.12.1979,

BStBl. I 1980, 3, einkommensteuerlich nicht anerkannt. Auch der BFH erklärte, das Modell verstoße gegen § 42 AO (BFH BB 1984, 1668).

4. Haftung für Verschulden bei Vertragsverhandlungen

Haftung des Betreuers: Ist dem Treuhänder bekannt, dass die Nutzfläche einer Gewerbe- oder Wohneinheit nicht unerheblich geringer ausgeführt worden ist als vertraglich vorgesehen, ist er verpflichtet, einen Ausgleich zwischen dem betroffenen und den durch die Flächenveränderung begünstigten Bauherrn herbeizuführen und der Teilungserklärung sowie der Schlussabrechnung die tatsächlich ausgeführten Flächen zugrunde zu legen; bei schuldhaftem Verstoß des Treuhänders gegen diese Betreuungspflicht haftet er dem Bauherrn als Gesamtschuldner neben dem Eigentümer der Nachbareinheit für den Schaden, der dadurch entstanden ist, dass dieser für die verminderte Fläche einen überhöhten Preis gezahlt hat (BGH BauR 1991, 356). **469**

Ist die Haftung des Treuhänders im Rahmen eines Individualvertrages und auf den unmittelbaren Schaden des Auftraggebers beschränkt und ist ihm ein Auswahlverschulden hinsichtlich der Beauftragung des ausführenden Unternehmers als leichte Fahrlässigkeit vorzuwerfen, weil der Unternehmer weder fachlich noch finanziell zur Einhaltung der vorgegebenen Bauzeit in der Lage ist, so rechnet ein darauf beruhender Zinsmehraufwand zur Finanzierung des Bauvorhabens mit zum unmittelbaren Schaden (BGH BauR 1994, 639). **470**

5. Überwachung im Rahmen der Finanzierung

Möglich ist – je nach Gestaltung im Einzelfall – bereits eine **Haftung** des Treuhänders **im vorvertraglichen Bereich,** vor allem im Wege der **Prospekthaftung** (kritisch und zutreffend zur Frage der Notwendigkeit der Einschaltung eines Treuhänders *Brych* FS Korbion S. 1 ff., wobei letztlich steuerliche Gesichtspunkte auch hier ausschlaggebend sind). So muss der Treuhänder schon vor Annahme des Treuhandauftrages prüfen, ob der Schutz des Anlegers mit einer treuhänderischen Interessenwahrnehmung zu vereinbaren ist; insoweit muss er auch einen vorhandenen Prospekt auf seinen Wahrheitsgehalt prüfen; jedoch fehlt es an der Ursächlichkeit der Aufklärungspflichtverletzung, wenn der Schaden auch bei pflichtgemäßem Verhalten des Treuhänders aufgetreten wäre, der Geschädigte also den Rat oder Hinweis nicht befolgt hätte, wofür der Treuhänder darlegungs- und beweispflichtig ist; ein Schaden ist dem Bauherrn im Übrigen nur entstanden, wenn der Vertragszweck nicht erreicht ist; sonst ist der in seinem Vertrauen enttäuschte Anleger so zu stellen, wie er stehen würde, wenn er durch die Beteiligten pflichtgemäß aufgeklärt worden wäre, wobei es im Allgemeinen auf den Verlust der eingezahlten Beträge ankommt (OLG Stuttgart NJW-RR 1988, 276) und zwar ausschließlich verlorener Zinsen bei anderweitiger Kapitalanlage (BGH VersR 1992, 617). Im Bauherrenmodell kommt eine **Haftung des Treuhänders aus dem Gesichtspunkt der Prospekthaftung** z.B. in Betracht, wenn die Verantwortung des neutralen Treuhänders, die im Prospekt herausgestellt wird, hinsichtlich wichtiger Risikofaktoren eingeschränkt wird, die im Prospekt genannte Mietervermittlerin nach Löschung im Handelsregister ausgetauscht worden ist, die Mietervermittlerin mit den Initiatoren des Bauherrenmodells verflochten ist, bei der Angabe der Steuerersparnis eine Progression von 58% zugrunde gelegt worden ist, obgleich das Modell bei Interessenten mit Jahreseinkommen um 50.000 DM vertrieben werden soll; wegen der Schadensersatzhöhe kann dabei ein Mitverschulden der Anleger in Betracht kommen, wenn sie durch Zahlungsverzögerungen die Zwangsversteigerung mitverursacht haben (OLG Köln NJW-RR 1992, 278). Ein **Treuhandkommanditist** verletzt seine Aufklärungspflicht, wenn er im Prospekt für ein Beteiligungsmodell nicht darauf hinweist, dass die ausgewiesenen Baukosten erhöht wurden, um eine Mietausfallgarantie anbieten zu können (BGH NJW 1995, 130). **Allerdings:** Kommt einem Treuhänder weder aufgrund der Werbung im Prospekt noch aufgrund sonstigen Handelns eine besondere Vertrauensstellung über seine im Treuhandvertrag übernommenen Aufgaben zu, so ergibt sich nicht allein aus seiner Funktion als Treuhänder die Verpflichtung, den Anlageinteressierten ausdrücklich darauf hinzuweisen, dass die **471**

Beteiligung an einem derartigen Anlagemodell für ihn aufgrund seiner Einkommens- und Vermögensverhältnisse, insbesondere wegen seiner geringen Steuerbelastung, nicht besonders vorteilhaft ist. Die allgemeinen Pflichten des Treuhänders beziehen sich in einem solchen Fall allein auf die korrekte Abwicklung des Anlagemodells, nicht aber die Anlageentscheidung als solche (OLG Köln DB 1996, 2174).

472 Nicht zuletzt sind für den Bereich der Verpflichtung des Treuhänders auch die gebotenen **Grenzen der Zumutbarkeit im Rahmen des Vorhersehbaren** zu beachten. So haftet der Treuhänder im Bauherrenmodell, der im Jahre 1981 gegenüber der in einem Prospekt angekündigten Grunderwerbsteuerfreiheit für den Erwerb einer Eigentumswohnung im Hinblick auf die Praxis der Finanzverwaltung keine Zweifel zum Ausdruck brachte, einem Teilnehmer am Bauherrenmodell nicht aus Verschulden bei Vertragsverhandlungen, wenn das Finanzamt im Jahre 1985 aufgrund der fortentwickelten Rechtsprechung des BFH Grunderwerbsteuer für den gesamten Herstellungsaufwand der Eigentumswohnung verlangt (OLG Frankfurt DB 1988, 437). Beansprucht der einer Bauherrengemeinschaft beigetretene Bauherr unter Festhalten an seiner Beteiligung vom Treuhänder Schadensersatz, weil ihn dieser vor Vertragsschluss nicht über Verflechtungen mit dem in Aussicht genommenen Baubetreuer aufgeklärt hat, so besteht sein möglicher Schaden nur in den Aufwendungen, die ihm bei Abwicklung des Bauvertrages durch einen unabhängigen Treuhänder nicht entstanden wären (BGH BauR 1991, 384. Zur Haftung des Anlagenvermittlers beim Bauherrenmodell vgl. BGH NJW-RR 1989, 150).

473 Nachdem der BGH diese Frage zunächst teilweise offengelassen hat, geht die Rechtsprechung nunmehr davon aus, dass **Prospekthaftungsansprüche beim Bauherrenmodell nach der allgemeinen Frist des § 195 BGB verjähren, also in 3 Jahren** (BGH BauR 1994, 635). Wird deshalb ein Wirtschaftsprüfer als Initiator eines Bauherrenmodells in Anspruch genommen, ist § 51a WPO nicht anwendbar. Gleiches gilt dann auch im Hinblick auf § 68 StBerG sowie § 51 BRAO (zutreffend *Thode* a.a.O.). Diese Folge trifft auch auf die heute gängigen Baumodelle des Bauträgervertrages, den Generalübernehmervertrag und den geschlossenen Immobilienfonds zu (*Koeble* a.a.O.).

6. Vorvertragliche Haftung; Prospekthaftung

474 Wesentlich für den Treuhandbereich ist besonders die **sachgerechte, regelmäßige Unterrichtung und Beratung des Bauherrn, vor allem zur Vermeidung von Kostenüberschreitungen** (BGH BauR 1988, 502) die Kontrolle und Weiterleitung von Geldern, insbesondere an den Bauträger bzw. Baubetreuer, dabei naturgemäß im Zusammenhang mit der **Wahrung der steuerlichen Interessen des Bauherrn** (BGH BauR 1987, 103; BGH BauR 1988, 99). So darf der Treuhänder nicht einen vorzeitigen Baubeginn veranlassen, ohne den Bauherrn über die damit verbundenen Risiken aufzuklären, falls diese für den Bauherren von Bedeutung sind, dieser also an dem Treuhandvertrag nicht festgehalten hätte (BGH BauR 1994, 380).

475 In steuerlicher Hinsicht muss der Treuhänder eines Bauherrenmodells die Abwicklung des Bauvorhabens dahin überwachen, dass sie der Anerkennung der Anleger als Bauherren und der Gewährung der damit verbundenen Steuervorteile nicht entgegensteht; diese Pflicht hat er unabhängig davon, ob daneben ein gesondert beauftragter Steuerberater oder Baubetreuer verpflichtet ist; dabei steht einer Haftung des Treuhänders nicht schon entgegen, dass die wegen seiner Pflichtverletzung versagten Steuervorteile aufgrund späterer höchstrichterlicher Rechtsprechung aus anderen Gründen nicht hätten gewährt werden können; vielmehr ist maßgebend, ob der Anleger aufgrund der seinerzeitigen – insbesondere durch bundeseinheitliche Erlasse vorgegebenen – Praxis der Finanzverwaltung in den Genuss der Steuervorteile gekommen wäre; dagegen haftet der Treuhänder für entgangene Steuervorteile nicht, wenn die tatsächliche Abwicklung des Bauvorhabens der Finanzbehörde bei Zugrundelegung der seinerzeit maßgeblichen Verwaltungspraxis keinen Anlass zur Versagung der Steuervorteile hätte geben dürfen; zu besonderen Vorkehrungen im Hinblick auf eine mögliche unrichtige Entscheidung der Finanzbehörde ist der Treuhänder i.d.R. nicht verpflichtet (BGH VersR 1991, 562).

476 Ist der Betreuer mit der Abwicklung des Zahlungsverkehrs beauftragt (so genannter **Mittelverwendungstreuhänder**), so muss er dies mit der gebotenen Sorgfalt erledigen. Dabei muss er die sachgerechte Verwendung der ihm anvertrauten Gelder kontrollieren; falls die vertraglichen Voraussetzungen vorliegen, muss er Überweisungen unverzüglich vornehmen; bei erkennbaren Risiken muss der Treuhänder für die Sicherstellung der Mittel sorgen und die Treugeber vor der Überweisung über die Risiken aufklären und beraten; leistet er Zahlung auf eine Rechnung, ohne den Bauherrn aufzuklären, obwohl erkennbare Zweifel an der Zahlungsverpflichtung des Bauherrn bestehen, trägt er das Risiko; haben die Bauherren bei einer Überzahlung Ansprüche gegen den Generalübernehmer nach § 812 Abs. 1 S. 1 BGB und gegen den Basistreuhänder und den Mittelverwendungstreuhänder aus positiver Forderungsverletzung, so besteht insofern eine gesamtschuldnerische Haftung der genannten drei Beteiligten; im Fall einer pflichtwidrigen Überweisung steht dem Bauherrn als Schadensersatz der unberechtigt überwiesene Betrag einschließlich des Mehrwertsteueranteils zu; etwaige Steuervorteile sind dabei nicht zu berücksichtigen, wenn die Bauherren die Schadensersatzleistung versteuern müssen (BGH BauR 1989, 623).

477 Schulden mehrere Bauherren nur anteilig die Vergütung der Unternehmer, was regelmäßig der Fall ist, so muss der Treuhänder bei Abschlags- oder Teilzahlungen angeben, für wen und zu welchem Anteil gezahlt wird, weil sonst die Tilgungswirkung nicht eintritt, da der ausführende Unternehmer weder berechtigt noch verpflichtet ist, die betreffende Teilzahlung den ihm an sich bekannten Beteiligungsquoten aller Bauherren zuzuschreiben (OLG Hamm ZfBR 1988, 130). Der Treuhänder eines nach dem Bauherrenmodell geplanten Bauvorhabens, der vor Erteilung der Baugenehmigung Eigenkapitalraten der Bauherren an einen mit der wirtschaftlichen und steuerlichen Beratung der Bauherren sowie der Vermittlung des Treuhandvertrages beauftragten Dritten weiterleitet, verletzt die ihm aufgrund des Treuhandvertrages obliegenden Pflichten schuldhaft, weswegen er sich nach §§ 675, 276 BGB schadensersatzpflichtig macht (BGH BauR 1986, 590 – Zur Übernahme einer Garantie durch den innerhalb eines Bauherrenmodells tätigen »Baubetreuer«, dass näher aufgeschlüsselte Gesamtkosten nicht überschritten werden, vgl. die Einzelfallentscheidung BGH BauR 1987, 105). Pflichtverletzung des Treuhänders kommt auch in Betracht, wenn er den vom Bauherrn für seine Eigentumswohnung gezahlten Kaufpreis an einen Zessionar des Verkäufers weiterleitet und der Betrag gleichzeitig von einem anderen, durch ein Grundpfandrecht an der Eigentumswohnung gesicherten Gläubiger des Verkäufers beansprucht wird (BGH BauR 1992, 523). Aus dem mit ihm abgeschlossenen Geschäftsbesorgungsvertrag hat der Treuhänder wegen der von ihm verwalteten und verwendeten Gelder eine **umfassende Rechnungslegungspflicht,** wie sich auch aus § 259 BGB ergibt (OLG Köln NJW-RR 1989, 528). Dabei muss er **Einnahmen und Ausgaben genau darlegen;** vor allem muss er im Einzelnen mitteilen, in welcher Höhe und an wen jeweils Zahlungen geleistet wurden; dazu reicht nicht die bloße Übersendung eines Kostenspiegels. Es ist Aufgabe des Treuhänders, eine genaue Auskunft zu erteilen, der vor allem auch nicht genügt ist, wenn die Mitglieder der Bauherrengemeinschaft darauf verwiesen werden, sich die Daten ganz oder teilweise zusammenzusuchen. Auch hat jedes Mitglied der Gemeinschaft das **Recht auf Einsicht** in das Bauherrenhauptkonto (OLG München DB 1986, 1970. Zu den Voraussetzungen, dem Umfang und den Einzelheiten des Einsichtsrechts eines Mitglieds der Bauherrengemeinschaft in die Akten des Treuhänders zwecks Feststellung der Durchsetzbarkeit von Schadensersatzansprüchen, vgl. LG Freiburg NJW-RR 1986, 1288). Ob der Treuhänder verpflichtet ist, aus einer Untervermietung erzielte Mieteinkünfte voll oder nur in Höhe einer übernommenen Mietpreisgarantie abzuführen, richtet sich nach der jeweiligen vertraglichen Vereinbarung; diese kann allerdings wegen Verstoßes gegen §§ 305 ff. BGB unwirksam sein (OLG Düsseldorf DB 1986, 2020).

478 Die **Pflicht des Treuhänders zur umfassenden Rechnungslegung gilt erst recht, wenn das Objekt nicht fertiggestellt worden ist;** in diesem Fall gehört es zur ordnungsgemäßen Rechnungslegung, dass der Treuhänder eine Gesamtabrechnung des Vorhabens vorlegt und sich nicht auf die die erworbene Wohnung betreffenden Angaben beschränkt; aus einer solchen in sich verständlichen Gesamtabrechnung muss hervorgehen, welche Leistungspflichten für den Treugeber begründet, ob, wann und in welcher Weise sie erfüllt worden sind und ob aus dem jeweiligen Vertrag noch nicht erfüllte Verbindlichkeiten bestehen, wie der Verteilungsschlüssel ermittelt worden ist, ob die anderen Bauherren ihren Verpflichtungen nachgekommen oder ob mit den Mitteln des Treugebers etwa deren Verbindlichkeiten (mit)erfüllt worden sind; jedenfalls beim steckengebliebenen Bauherrenmodell ist ferner die gegenwärtige Situation des Vorhabens darzulegen, damit der Treugeber die ihm zustehenden oder gegen ihn bestehenden Ansprüche sachgerecht beurteilen kann; abzuschließen ist die Darstellung mit einer übersichtlichen Aufrechnung der Einnahmen und Ausgaben (OLG Köln NJW-RR 1989, 528).

479 Ein vertraglich vorgesehener Gesamtaufwand bedeutet nicht, dass eine darin zu sehende »Festpreisbindung« Rückzahlungs- oder Schadensersatzansprüche des Bauherrn generell ausschließt, wenn der effektive Gesamtaufwand unterschritten wird; im Rahmen des ihm eingeräumten pflichtgemäßen Ermessens darf ein Treuhänder keine vergütungspflichtigen Dienstleistungen vereinbaren, die zur Erreichung des Vertragszweckes nicht erforderlich sind; das Interesse eines Bauherrn in einem Bauherrenmodell an steuerwirksamen Maßnahmen ist subsidiär gegenüber seinem Interesse an der wirklichen Erfüllung der für »Funktionsträger-Gebühren« vereinbarten Gegenleistungen (OLG Karlsruhe BauR 1990, 486).

7. Beachtung der Bestimmungen der §§ 305 ff. BGB

480 Gerade für den Bereich des Treuhandvertrages sind die **zwingenden Bestimmungen der §§ 305 ff. BGB** zu beachten, sofern dessen Regelungen – was regelmäßig der Fall ist – im betreffenden vertraglichen Bereich Anwendung finden. Dabei kommt es nicht auf die »Marktstellung« bzw. die wirtschaftliche Potenz des Treugebers an (a.A. LG Köln BB 1987, 87 mit zutreffender abl. Anm. von *Timm* nach § 10 AGBG). So ist eine Klausel in einem formularmäßigen »Treuhandauftrag«, dass Ansprüche gegen den Treuhänder »nur binnen Jahresfrist nach Entstehung und Kenntnisnahme des Schadens, spätestens jedoch ein Jahr nach Beendigung des Treuhandauftrages geltend gemacht werden können«, als Verstoß gegen § 307 BGB unwirksam, weil sie den einen Auftrag an den Treuhänder erteilenden Bauherrn unangemessen benachteiligt; sie kann auch nicht teilweise aufrechterhalten bleiben (BGH BauR 1986, 342; vgl. u.a. auch BGH SFH § 675 BGB Nr. 24 im Falle der vertraglichen Festlegung von 2 Jahren ab Entstehung von Ansprüchen; dazu auch *Koeble* FS Korbion S. 215, 221 f.). Auch liegt ein Verstoß gegen § 307 BGB vor, wenn ein Treuhänder, der mit der Wahrnehmung der Interessen des Bauherrn betraut ist, formularmäßig die Rechnungslegungspflicht auf einen Dritten verlagert.

481 Des weiteren verstößt eine AGB-Regelung in einem Treuhandvertrag, wonach Schadensersatzansprüche gegen den Basistreuhänder erst geltend gemacht werden können, wenn der Bauherr nicht auf andere Weise Ersatz erlangen kann, gegen § 307 BGB (BGH SFH § 675 BGB Nr. 24).

8. Notarielle Beurkundung

482 Der Treuhandvertrag im Rahmen eines Bauherrenmodells bedarf der **notariellen Beurkundung, wenn er mit dem Grundstückserwerb rechtlich zusammenfällt.** Das trifft zu, wenn die Vereinbarungen nach dem Willen der Vertragspartner derart voneinander abhängig sind, dass sie miteinander »stehen oder fallen« sollen, wobei nicht erforderlich ist, dass an den Rechtsgeschäften jeweils dieselben Parteien beteiligt sind; zwar begründet die Niederlegung mehrerer selbstständiger Verträge in verschiedenen Urkunden die Vermutung, dass die Verträge nicht in rechtlichem Zusammenhang stehen sollen; entscheidend bleibt aber immer der so genannte **Verknüpfungswille:** Auch wenn nur einer der Vertragspartner einen solchen Willen zeigt und der andere ihn anerkennt oder zumindest hinnimmt, kann ein einheitliches Vertragswerk vorliegen und damit insgesamt nach § 313 BGB beurkundungsbedürftig sein (BGH BauR 1987, 699; 1990, 228). Danach ist im Allgemeinen ausschlaggebend, ob der Treuhandvertrag und der Grundstückserwerb sowie die Errichtung einer Eigentumswohnung o.Ä. **untrennbar voneinander abhängig** sein sollen; dabei wird die Verknüpfung nicht dadurch gehindert, dass der Erwerber vom Treuhandvertrag zurücktreten kann, da der Vertrag dann wirksam sein soll, wenn vom Rücktrittsrecht kein Gebrauch gemacht wird (*Brych* FS Korbion S. 1, 6 m.w.N., Fn. 25; ferner OLG Karlsruhe NJW-RR 1986, 100 zur Formbedürftigkeit einer Vollmacht im Zusammenhang mit dem Abschluss eines Treuhandvertrages; dazu auch OLG Braunschweig WM 1985, 1311; mit Recht dazu kritisch *Geimer* EWiR § 313 BGB 1/86, 33).

9. Gesamtschuldnerische Haftung von Bauträger und Treuhänder

Es ist im Einzelfall denkbar, dass – je nach Vertragsgestaltung – die vertraglichen Pflichten von **Treuhänder und Bauträger deckungsgleich** sind. Dann kommt eine **gesamtschuldnerische Haftung** beider gegenüber den Bauherren (Erwerbern) in Betracht (OLG Hamburg NJW-RR 1987, 915, zugleich zur Wirkung einer Streitverkündung, OLG Düsseldorf BauR 1992, 653). **483**

Die Gesellschafter einer Baubetreuungsgesellschaft können sich gegenüber den noch zu werbenden, zunächst treuhänderisch vertretenen **Mitgliedern** einer Baubetreuungsgemeinschaft in einer schriftlichen Urkunde für bestimmte Verpflichtungen der Gesellschaft aus den abzuschließenden Betreuungsverträgen formgültig verbürgen (BGH BauR 1992, 243). **484**

10. Verjährung von Ansprüchen gegen Treuhänder

Bei im Allgemeinen in **Treuhandverträgen im Bereich einer Publikums KG** enthaltenen **Verjährungsregelungen** müssen gerade auch hier die für **vergleichbare berufliche Betätigungen maßgebenden Verjährungsfristen eingehalten** werden, da sonst ein Verstoß gegen § 307 BGB vorliegt. Das gilt im Hinblick auf § 68 StBerG (3 Jahre) (BGH BauR 1990, 749; OLG Celle OLGR 1994, 35) § 51 BRAO (3 Jahre) und § 51a WPO (5 Jahre), womit im Wesentlichen die verschiedenen Tätigkeiten des Treuhänders erfasst sein dürften. So ist die Klausel in einem von einem Treuhänder eines Bauherrenmodells verwendeten formularmäßigen »Treuhandauftrag«, wonach Ansprüche gegen ihn »nur binnen Jahresfrist nach Entstehung und Kenntnisnahme des Schadens, spätestens jedoch ein Jahr nach Beendigung des Treuhandauftrages geltend gemacht werden können«, ein Verstoß gegen § **307 BGB,** da sie den einen Auftrag erteilenden Bauherrn entgegen den Geboten von Treu und Glauben unangemessen benachteiligt (BGH BauR 1986, 342; BGH SFH § 675 BGB Nr. 24 für den Fall der Ausschlussfrist von 6 Monaten). Schadensersatzansprüche gegen einen Wirtschaftsprüfer und Steuerberater aus seiner Tätigkeit als Treuhänder im Rahmen eines Bauherrenmodells verjähren jedenfalls dann nach § 51a WPO in 5 Jahren und nicht nach § 68 StBerG in 3 Jahren, wenn er im Prospekt auch als Wirtschaftsprüfer vorgestellt worden ist (BGH BauR 1988, 103. Zu diesen Fragen auch *Ebel* VersR 1988, 872). Gleiches gilt für eine formularmäßig vereinbarte Verjährungsfrist von 2 Jahren seit Kenntnis der Pflichtverletzung, spätestens ein Jahr nach Beendigung des Geschäftsbesorgungsvertrages (OLG Frankfurt NJW-RR 1990, 281). **485**

Darüber hinaus: Eine entsprechende Anwendung der 3-jährigen Verjährungsfrist des § **68 StBerG** kommt jedenfalls dann nicht in Betracht, wenn zwischen Anlegern und dem Steuerberater kein **Vertragsverhältnis zustande gekommen ist und die Aufklärungspflichtverletzung auch nicht im Zusammenhang mit der Anbahnung eines zu schließenden Vertrages steht,** da § 68 StBerG mit seiner kurzen Verjährungsfrist **Ansprüche aus Vertrag** unterstellt (BGH BauR 1992, 88), wobei anders als Koeble und andeutungsweise BGH nicht die 5-jährige Verjährungsfrist des § 638 BGB, sondern die 3-jährige Regelfrist des § 195 BGB in Betracht zu ziehen ist (so zutreffend *Wolf* NJW 1994, 24). **Ganz besonders aber: Soweit es sich um Ansprüche gegen den Treuhänder aus Prospekthaftung handelt, verjähren diese innerhalb der Frist des § 195 BGB, also in 3 Jahren.** Ein Steuerbe- **486**

rater, der im Bauherrenmodell als Treuhänder tätig ist, muss den Bauherrn **auf begangene Pflichtverletzungen und auf die laufende Verjährungsfrist** – ähnlich wie ein Architekt – **hinweisen,** da er die Pflicht hat, den Bauherrn über sein Fehlverhalten rechtzeitig und vollständig aufmerksam zu machen (BGH BauR 1990, 749; kritisch zur Verjährungsfrage *Kort* DB 1991, 1057, der jedoch das werkvertragliche Element nicht hinreichend beachtet).

11. Zurückzahlung nicht verbrauchter Gelder

487 Der Bauherr kann von dem Treuhänder die **Zurückzahlung** diesem zur Verfügung gestellter, jedoch **nicht verbrauchter Gelder** verlangen. Soweit er dabei die Erstattung von Aufwendungen verlangt, die er als Werbungskosten geltend gemacht hat, braucht er sich nicht die damit verbundenen steuerlichen Vorteile anrechnen zu lassen, weil er den Rückempfang der Aufwendungen nachversteuern muss (BGH BauR 1988, 347; vgl. auch OLG Frankfurt/M. NJW-RR 1990, 281).

12. Einwendungsdurchgriff gegen finanzierende Bank; Haftung der Bank

488 Im Hinblick auf eine etwaige **Haftung der darlehensgebenden Bank ist grundsätzlich der Einwendungsdurchgriff gegen diese** zugunsten von Eigentumserwerbern **nicht möglich.** Es ist im Allgemeinen nicht Sache des Finanzierungsinstitutes, Darlehensnehmer auf die mit dem zu finanzierenden Geschäft verbundenen Risiken hinzuweisen. Allerdings kann im Einzelfall ein **Hinweis nach Treu und Glauben geboten** sein, etwa, wenn die Bank einen zu allgemeinen wirtschaftlichen Risiken des Geschäfts hinzutretenden speziellen Gefährdungstatbestand für den Kunden schafft oder dessen Entstehung begünstigt oder wenn sie in Bezug auf die speziellen Risiken des zu finanzierenden Vorhabens gegenüber dem Darlehensnehmer einen konkreten Wissensvorsprung hat, z.B. weiß, dass dieses zum Scheitern verurteilt ist (BGH BauR 1987, 108). Die **Banken** haben im Zusammenhang mit dem Bauherrenmodell eine erhöhte **Sorgfalts- und Beratungspflicht.** Empfiehlt die kreditgebende Bank einem Anlageinteressenten eine Beteiligung an einem Bauherrenmodell, so muss sie ihn ungefragt informieren, wenn die erzielten Mieterträge der in dem steuersparenden Bauherrenmodell bereits erstellten Eigentumswohnungen nicht den im Anlageprospekt prognostizierten Mieten entsprechen und die Vermietung der Wohnungen Schwierigkeiten bereitet. Ein Freistellungsanspruch wandelt sich in einen Zahlungsanspruch des Geschädigten um, wenn der Schädiger jeden Schadensersatz ernsthaft und endgültig verweigert und der Geschädigte Geldersatz fordert. Zur Berechnung und Abwicklung des dem Anlegers und Kreditnehmers entstandenen Schadens sind nicht nur die angefallenen Kreditkosten, sondern auch die aufgrund der Anlageentscheidung ausgereichten Darlehn zu berücksichtigen (BGH BauR 2004, 1159).

13. Begrenzung des Vergütungsanspruches des Treuhänders

489 Der vom Initiator eines Bauherrenmodells eingesetzte Treuhänder hat im Falle eines zur Schließung der Bauherrengemeinschaft **notwendigen Selbsteintritts des Initiators keinen Vergütungsanspruch** (OLG Düsseldorf DB 1987, 630).

14. Etwaige Haftung gegenüber ausführenden Unternehmern

490 Soweit der **Treuhänder an Vertragsverhandlungen mit ausführenden Unternehmern als Vertreter der Bauherren beteiligt** ist, hat er gegenüber diesen **Obhuts-, Wahrheits- und Informationspflichten,** insbesondere im Hinblick auf die Sicherstellung der Vergütung der Unternehmer. So muss er den Unternehmern auf Befragen Namen und Anschriften der Bauherren angeben, ebenso die finanzierende Stelle, die Erfüllung von Zahlungspflichten, etwaige Schwierigkeiten im Hinblick auf die Verwirklichung des Bauobjektes bekanntgeben (OLG Köln SFH § 242 BGB Nr. 36). Bei **schuldhafter Pflichtverletzung** haftet er dem Unternehmer gegebenenfalls aus **culpa in contrahendo.** Die genannten Pflichten setzen sich über den Vertragsabschluss fort, wobei dann eine Haftung aus **positiver Vertragsverletzung** in Betracht kommt. Dabei ist jedoch zu beachten, dass der Treuhänder Vertreter der Bauherren ist, daher für ihn eine **unmittelbare Haftung** aus den genannten Rechtsgründen **nur in Betracht kommt, wenn er selbst an dem betreffenden Geschäft ein erkennbares eigenes Interesse hat.** Darüber hinaus ist aber je nach Fallgestaltung auch eine **Haftung des Treuhänders auf der Grundlage des Gesetzes über die Sicherung von Bauforderungen** möglich (zu diesen Fragen auch *Harder* BauR 1985, 51, der jedoch die grundsätzliche Einschränkung der Haftung bei Vertreterhandeln nicht hinreichend beachtet).

Darüber hinaus kommt eine **Haftung des Treuhänders gegenüber dem Bauunternehmer nach § 179 Abs. 3 S. 1 BGB** in Betracht, wenn er im Namen einer noch nicht gebildeten Bauherrengemeinschaft mit einem Bauunternehmer einen Vertrag über die Errichtung einer geplanten Wohnanlage geschlossen hat und die Bauherrengemeinschaft später nicht zustande kommt. Das ist der Fall, wenn der Bauunternehmer den Umständen nach darauf vertrauen durfte, dass die Bauherrengemeinschaft zustande kommen werde, vor allem angesichts entsprechender Erklärungen des Treuhänders; anders dann, wenn der Bauunternehmer Kenntnis von Umständen hat, aus denen sich ergibt, dass eine Bauherrengemeinschaft nicht zustande kommen werde oder wenn er davon Kenntnis haben muss (BGH BauR 1989, 92).   **491**

VII. Handelsunternehmen

Über § 4 Nr. 1 VOB/A sollen Bauleistungen i.d.R. mit den zur Leistung gehörigen Lieferungen vergeben werden. Dabei ist auch die **Nebenleistung zu den DIN 18 299 ff., Teile 4 und 5 gemeint.** Daher stehen neben der Bauleistung auch die Lieferungen im Vordergrund. Die Handelsunternehmen im hier gemeinten Sinn befassen sich nicht nur mit der Lieferung, sondern auch mit dem Einbau als Nebenleistung. Abgrenzungsschwierigkeiten ergeben sich bei lediglichen Lieferungen mit im Verhältnis zu verlässigendem Einbau. Allerdings wird vielfach doch durch »gewerbsmäßige« Befassung auch mit dem Einbau das Handelsunternehmen gem. § 8 Nr. 2 Abs. 1 VOB/A zum Wettbewerb nach VOB und nicht nach VOL zuzulassen sein, weil die angebotene Leistung ein Bauleistung zum Erfolg hat. Wird die Leistung von Lieferung und Einbau gesamt angeboten, aber von dem Handelsunternehmen an einen Nachunternehmer der Einbau vergeben, so handelt es sich um eine Bauwerksleistung. Soweit die Vergabeprüfstelle hier Einwendungen erhebt ist dem durch die Konstruktion, dass der Einbau vom dem Handelsunternehmen im Namen und Rechnung des Bauherrn durchgeführt wird zu begegnen. Allerdings kann dies auch durch direkte gesonderte Beauftragung durch den Auftraggeber geschehen.   **492**

VIII. Leasingunternehmen

Das Leasingunternehmen ist eine Form der Unternehmereinsatzform aus dem amerikanischen Rechtskreis. Es wird dort als Verfahren zur Finanzierung von Bauinvestitionen eingesetzt. Es gibt das **Mobilien-Leasing**, z.B. Kfz, Computer, Container, und das **Immobilienleasing**, was hier gemeint ist und sich auf Bauobjekte bezieht. Beim Leasing steht die Finanzierung eines Objektes im Vordergrund. Dabei handelt es sich um eine Zwischenlösung zur Finanzierung in Form der Anmietung eines Bauobjekts mit Kaufoption (Mietkauf). Die Vertragsgestaltung ist unterschiedlich. Grundsätzlich ist die Vertragsgestaltung darauf gerichtet, dass das Bauobjekt von der Leasinggesellschaft nach den Vorstellungen des Leasingnehmers errichtet und längerfristig an diesen für eine **Grundmietzeit** vermietet wird. Diese liegt zwischen 15 und 30 Jahren. Während dieser Zeit ist eine Kündigung nur in Fällen äußerster Härte oder bei Zahlungsverzug möglich. Nach dem Ablauf der Zeit erhält der Leasingnehmer das Angebot, das Objekt durch Kauf zu erwerben. Der Kaufpreis wird in der Grundform der Leasingvereinbarung im Wesentlichen durch die Differenz der Erstellungskosten und der Abschreibung des Objekts – Buchrestwert – gebildet. Im Übrigen wird das Grundstück, auf dem das Leasingobjekt erstellt werden soll, vom Leasingnehmer zur Verfügung ge-   **493** stellt. Dabei wird häufig die Form gewählt, dass durch separaten Kaufvertrag dem Leasingnehmer zunächst das Grundstück übertragen wird. Dies hat den Vorteil, das der Leasinggeber zunächst sicher sein kann, dass nach Ablauf der Leasingzeit das Objekt auch tatsächlich übernommen wird. Außerdem gilt dies nicht als Umgehung des Bauträgerrechts und der MaBV. Außerdem besteht die Möglichkeit des Erbpachtrechts.

494 **Notwendiger Inhalt eines Leasingvertrages** sind die Regelung der Planung, der Ausführung, der Finanzierung im Grundvertrag zwischen Leasingnehmer und Leasinggeber. In dem Mietvertrag sind zu regeln, die Mietdauer, die Miethöhe, die Bewirtschaftungskosten und die Art der Nutzungen. In dem Grundstücksüberlassungsvertrag ist die Übereignung oder das Erbbaurecht zu regeln.

495 **Vorteile des Immobilienleasings** sind, dass das Leasing das Eigenkapital nur in geringem Maße angreift und damit die aktuelle Liquidität erhöht, so dass die Eigenmittel für andere Zwecke genutzt werden können. Das Leasinggeschäft beinhaltet überschaubare und daher kalkulierbare Finanzierungskosten und dadurch Finanzplanung. Die Leasingunternehmen kommen üblicherweise günstig an die erforderlichen Finanzmittel. Dem Leasingnehmer entstehen erhebliche steuerliche Vorteile, da er üblicherweise die Belastungen von der Steuer absetzen kann. Der Leasinggeber stellt die Fachleute zu Verfügung. Hierzu zählen die Planer, Bauüberwachung, Bewirtschaftung, Juristen. Damit kann ebenfalls preisgünstiger am Markt operiert werden. Außerdem sind private Leasinggeber nicht an Vergabevorschriften gebunden. Jedoch ist im öffentlichen Bereich die Einschaltung von Leasingunternehmen mit äußerster Vorsicht zu genießen. Da die Leasinggesellschaft Gewinne erzielen muss, sind in dem Raten neben der Abschreibung des Bauobjekts, der Verzinsung der Mittel, Verwaltungsunkosten sowie Wagnis und Gewinnzuschläge enthalten. Die Letzteren können 2,5% bis 5,5% der Baukosten derzeit mindestens ausmachen. Jedoch eine günstigere Finanzierung ist damit zugleich nicht verbunden. Zwar sind die öffentlichen Auftraggeber bei der Finanzierung günstiger zu sehen, wegen der günstigeren Abschreibungen. Diese werden aber häufig auf einen weit höheren Zeitanteil verteilt. Leasingabkommen mit 50 bis 100 Jahren sind keine Seltenheit geworden. Damit sind aber auch die Finanzierungskosten und die Finanzierungsmöglichkeiten unübersehbar geworden. Soweit hier mit § 242 BGB gearbeitet wird ist dies nur teilweise zugunsten des öffentlichen Auftraggebers zu sehen, denn es muss hier deutlich abgewogen werden, ob der Auftraggeber hier durch die lange Laufzeit bewusst das Risiko der Unbezahlbarkeit zu Lasten des Leasinggebers ausgenutzt hat. Im Übrigen können steuerliche Vorteile nicht vom öffentlichen Auftraggeber wahrgenommen werden. Da jedoch auch die Freistellung von öffentlichen Vergaben nur ein Trugschluss ist, da es sich nur um kleine Bauvorhaben handeln kann, die die Schwellenwerte unterschreiten. Hier lohnt aus den vorbezeichneten Argumenten heraus die Vergabe an Leasinggeber nicht. Im Übrigen wird das Leasing in Abschnitt 2 der VOB/A erwähnt. Diese Verpflichtung ist aber in der Vergabe zu berücksichtigen. Daher sind auch die Leasinggeber an die Verpflichtung zur Weitergabe der VOB-Regeln verpflichtet.

496 Hierzu zählt auch der »**Buy-and-Lease-Back-Vertrag**«.

IX. Der Facility Management-Vertrag

Literatur: *Vogelheim* Wieviele technische Anlagen passen in ein Gebäude? NZBau 2003, 430; *Najrk* Der Facility Management Vertrag, NJW 2006, 2881.

497 Das wesentliche Element ist das Betreiben und die Instandhaltung technischer Gebäudeanlagen wie Heizung, Klima, Elektrotechnik, Sanitär, Gebäudeleittechnik und Aufzüge. Das Betreiben der Gebäudetechnik umfasst insbesondere die Steuerung der gebäudetechnischen Anlagen und ein Störungsmanagement, um die Nutzung des Gebäudes sicherzustellen. Unter Instandhaltung fallen die Wartung und Inspektion. Nach DIN 31051 sind auch die Instandsetzung – Reparatur – und die Verbesserung der gebäudetechnischen Anlagen umfasst (siehe zur Definition auch § 3 Nr. 11 HOAI). Hinzuweisen ist auch auf DIN 18386 – technische Gebäudeautomation. Facility Management-Verträge sind als Dauerschuldverhältnisse einzustufen. Sie enthalten Elemente des Werkvertrags, des Dienstvertrags und der entgeltlichen Geschäftsbesorgung. Die Dauer des Schuldverhältnisses bestimmt sich nach der Vereinbarung über die Laufzeit. Innerhalb der Vertragslaufzeit ist der Auftragnehmer laufend für den Betrieb der Anlagen verantwortlich. Die Wartung und Inspektion werden in regelmäßigen Abständen erbracht. Hinsichtlich der Vertragspflichten gelten daher die Rechte der Einrede des nicht erfüllten Vertrags (§ 320 BGB), der Unsicherheitseinrede (§ 321 BGB), Zug um Zug-Leistung (§ 322 BGB) und der Befreiung von der Gegenleistung beim Ausschluss der Leistungspflicht (§ 326 Abs. 1 bis 4 BGB). § 323 BGB ist nicht anwendbar auf vollzogene Dauerschuldverhältnisse (BGH NJW 1981, 1264), weshalb § 323 BGB auch auf den Facility Management-Vertrag nicht anwendbar ist. § 324 BGB wird von § 314 BGB als speziellere Norm verdrängt (*Palandt/Grünberg* § 324 BGB Rn. 2). § 325 BGB gilt hier – ebenso wie § 323 BGB – nur für den nicht durchgeführten Vertrag. Für laufende Verträge gilt die inhaltsgleiche Regelung des § 314 Abs. 4 BGB. In den Fällen des § 326 Abs. 5 BGB ergeben sich die Voraussetzungen der Vertragsbeendigung für den durchgeführten Facility Management-Vertrag ebenfalls aus § 314 BGB. Werkvertragliche Facility Management-Leistungen sind Instandsetzungs- und die Qualitätssteigerungspflichten. Wartungsleistungen sind nur dann Werkverträge, wenn diese mit einem erfolgähnlichen Tun in Zusammenhang gebracht werden können. Das entspricht § 634a Abs. 1 Nr. 1 BGB, in dem die Wartung als ein Erfolg ausdrücklich genannt ist (siehe zu PKW-Wartung: OLG Frankfurt VersR 1974, 392; Telefonanlage, BGH NJW-RR 1997, 942). Der maßgebliche Erfolg ist, dass die gewartete Anlage weiterhin störungsfrei betrieben werden kann. Dieser Soll-Zustand besteht zu Beginn der Wartung. Der Erfolg soll demnach erhalten und nicht durch die Wartungsleistung erst hergestellt werden. Inspektionen sind regelmäßig als Dienstvertrag einzuordnen. Das bloße Überprüfen kann nicht zur Instandsetzung oder Verbesserung betrachtet werden. Die Inspektion hat an sich als reine Überprüfungshandlung dienstvertraglichen Charakter. Ebenso als dienstvertragliche Verpflichtung ist einzuordnen die Verpflichtung zum Betreiben von Anlagen, weil der Auftraggeber nicht ohne ausdrückliche Verpflichtung des Auftragnehmers davon ausgehen kann, dass der Auftragnehmer für die ständige Verfügbarkeit der betriebenen Anlagen einstehen will. Inwieweit der Facility Management-Vertrag Dienst- oder Werkvertrag ist, ist für die Anwendung der §§ 675 ff. BGB unerheblich. Entscheidend ist, ob sich der Auftragnehmer zu einer Geschäftsbesorgung verpflichtet (BGH NJW-RR 1992, 560; BGH NJW 1989, 1216; MüKo § 675 Rn. 14). Facility Management ist eine Tätigkeit wirtschaftlicher Art in fremdem Interesse. Sie ist auch selbstständig durchzuführen, wenn der Auftragnehmer die technischen Anlagen eigenverantwortlich betreibt und die Wartungen eigenständig plant und durchführt. Der Facility Management-Vertrag ist – gleich dem Wohnungsverwaltervertrag – auch ein Geschäftsbesorgungsvertrag. Auf Grund der Kombination dienst- und werkvertraglicher Pflichten und der Vereinbarung werkvertraglicher Pflichten in einem Dauerschuldverhältnis kommt es auf den Inhalt der vertraglichen Verpflichtung im Facility Management-Vertrag an, ob er ein gemischter Vertrag (*Palandt/Heinrichs* Vorb. § 311, Rn. 19) oder zu einem atypischen Vertrag (*MüKo/Emmerich* § 311, Rn. 19) oder zu einem Vertrag eigener Art (BGH NJW 1988, 332) oder einem verkehrstypischen Vertrag (*MüKo/Emmerich* § 311, Rn. 41) wird. Bei der Vertragsauslegung ist DIN 31051 heranzuziehen. Soweit die Parteien vereinbaren, welche Gewährleistungsnormen Anwendung finden, bestimmen sich Mängelansprüche nach den von den Parteien gewählten Normen. Soweit die Parteien keine Regelung getroffen haben, bestimmt sich die Anwendung der für die einzelnen Vertragstypen geltenden Normen nach der Interessenlage der Parteien, wonach in der Regel für jede Leistung die Bestimmungen des jeweiligen Vertragstyps heranzuziehen sind (*Palandt/Heinrichs* Vorb. § 311 Rn. 15, 25). Bei Werkvertragspflichten ergeben sich besondere Schwierigkeiten. Nach seinem Wortlaut gibt § 320 BGB das Recht zur Leistungsverweigerung für die gesamte Vergütung, wenn bereits eine Werkleistung nicht erbracht ist. Facility Management besteht aus einer Vielzahl einzelner Leistungen über einen längeren Zeitraum. Es kann nicht davon ausgegangen werden, dass § 320 BGB dazu führt, dass bei Fehlen einer Leistung die gesamte Gegenleistung nicht geschuldet wird. Denn bei Erbringung der übrigen Leistungen stehen schon sukzessive Gegenforderungen zur Erfüllung durch den Auftraggeber. Daher kann nicht ohne ausdrückliche Verpflichtung des Auftragnehmers davon ausgegangen werden, dass der Auftragnehmer für die ständige Verfügbarkeit der betriebenen Anlagen auch einstehen will. Das ergibt die Teilleistungsverpflichtung des Auftragnehmers. Eine Zurückbehaltung der gesamten Vergütung stünde daher völlig außer Verhältnis zum Wert der betroffenen Werkleistung. Aus diesem Grund ist § 320 BGB der Höhe nach ebenso wie § 641 III BGB zu begrenzen (BGH NJW 2003, 873; *Schmidt/Futterer/Blank* Mietrecht § 536 Rn. 359). Der Auftraggeber hat außer dem Zurückbehaltungsrecht die Möglichkeit, unter den Voraussetzungen der §§ 634 Nr. 2, 637 BGB die Kosten der Ersatzvornahme vom Auftragnehmer ersetzt zu verlangen und gem. § 634 Nr. 4 BGB Schadensersatz zu verlangen. Der Rücktritt vom in Vollzug gesetzten Vertrag gem. § 634 Nr. 3 BGB ist dagegen anders als bei der Minderung ausgeschlossen. Insoweit tritt § 314 BGB an die Stelle der §§ 323 ff. BGB. Auch bei Nichterfüllung eines Dienstes kann der Auftraggeber ebenso wie bei Nichterfüllung einer Werkleistung die Vergütung entsprechend § 320 BGB zurückhalten, obwohl grundsätzlich bei Dienstverträgen das Recht nicht gilt (*Ullrich* NJW 1984, 585, 588). Im Dienstvertragsrecht ist nach herrschender Meinung auch keine Minderung vorgesehen (a.A. *Schlechtriem/Kessel* SR AT Rn. 556, 557). Stattdessen hat der Auftraggeber, unter den Voraussetzungen des § 280 BGB einen Schadensersatzanspruch gegen den Auftragnehmer (OLG Stuttgart BB 1977, 118, 119). Dieser besteht in der Differenz zwischen dem Wert der geschuldeten und der tatsächlich erbrachten Dienstleistung (*Ullrich* NJW 1984, 585, 589). Der Facility Management-Vertrag kann aus wichtigem Grund gekündigt werden. Soweit der Schwerpunkt des Vertrags im Werkvertragsrecht liegt, ergeben sich die Voraussetzungen der Kündigung unmittelbar aus § 314 BGB. Liegt der Schwerpunkt im Dienstvertragsrecht, stellt sich die Frage des Verhältnisses von § 314 zu § 626 BGB. Nach beiden Normen ist Voraussetzung der Kündigung ein wichtiger Grund, der vorliegt, wenn dem Kündigenden unter Berücksichtigung aller Umstände des Einzelfalls und unter Abwägung der Interessen beider Vertragsteile die Fortsetzung des Vertrags nicht zugemutet werden kann. Unterschiedlich sind § 314 und § 626 BGB hinsichtlich des Erfordernisses einer Fristsetzung und der Kündigungsfrist. Nach dem Wortlaut des § 626 BGB ist – anders als nach § 314 BGB – nicht der Ablauf einer angemessenen Fristsetzung oder einer Abmahnung vor der Kündigung erforderlich. § 626 BGB enthält eine Regelungslücke. Notwendig ist auf Grund dieser Regelungslücke eine Abmahnung vor einer Kündigung nach § 626 BGB. Die Regelungslücke wird aber durch § 314 Abs. 2 BGB geschlossen (MüKo/*Genssler* § 626 Rn. 44). Die Kündigungsmöglichkeit ist nach § 626 BGB zeitlich begrenzt auf zwei Wochen, während nach § 314 BGB der Kündigungsberechtigte nur innerhalb einer angemessenen Frist kündigen kann. Die Frist des § 626 BGB kann nicht im Rahmen des § 314 BGB herangezogen werden. Wegen der Vielfältigkeit der Dauerschuldverhältnisse ist es ausgeschlossen, die Frist des § 314 BGB für alle Dauerschuldverhältnisse einheitlich zu bemessen (*Palandt/Grüneberg* § 314 BGB Rn. 10). § 626 BGB ist zudem auf Arbeitsverträge zugeschnitten. Facility Management-Verträge sind wesentlich komplexer als Arbeitsverträge. Allein um die Auswirkungen einer Kündigung abzuschätzen, können mehr als zwei Wochen erforderlich sein. Aus diesen Gründen ist nicht § 626 BGB für Facility Management-Verträge anzuwenden, sondern § 314 BGB. Die Anwendbarkeit des § 649 BGB auf Facility Management-Verträge scheitert daran, dass eine Kündigung gem. § 649 BGB nach herrschender Meinung auf Werkverträge beschränkt ist, soweit die Anwendung des § 649 BGB nicht ausdrücklich vereinbart ist (*Palandt/Sprau* § 649 Rn. 1). Die Gegenauffassung sieht § 649 BGB nicht auf das Werkvertragsrecht beschränkt. Voraussetzung einer analogen Anwendung ist lediglich, dass der Auftragnehmer neben der Vergütung ein wesentliches Interesse an der Vertragsdurchführung hat (*Staudinger/Peters* § 649 Rn. 48), was beim Facility Management-Vertrag der Fall ist. Weil Facility Management-Verträge keine reinen Werkverträge sind, können sie auch nicht nach § 643 BGB gekündigt werden.

X. Immobilienfonds

Literatur: *Loddenkemper* Die quotale Haftung von Gesellschaftern geschlossener Immobilienfonds in der Rechtsform der GbR, ZfIR 2006, 707.

498 Die Auslegung der Kredit- und Sicherungsverträge ergibt regelmäßig, dass das Ausfallrisiko insolventer Gesellschafter – Teilschuldner – nicht von den Mitgesellschaftern, sondern von den die Fonds-GbR finanzierenden Banken zu tragen ist. Der Grundsatz der freien Verwertungsreihenfolge der für die Kredite bestellten Sicherheiten (Grundschulden einerseits und persönliche Unterwerfung andererseits) ist im Fall der vereinbarten quotalen Haftung nach Treu und Glauben einzuschränken, weil die Banken ansonsten die ausfallenden Haftungsquoten der insolventen Gesellschafter durch den Versteigerungserlös kompensieren. Bleibt es bei dem Grundsatz der freien Verwertungsreihenfolge, haben die in Anspruch genommenen Gesellschafter ein Zurückbehaltungsrecht gegenüber den Banken, bis ihnen der Teil der ihrer Leistung entsprechenden Grundschulden abgetreten wird. Der Anspruch auf Abtretung besteht nach § 774 Abs. 1 BGB analog. Ist der abgetretene Grundschuldteil wirtschaftlich wertlos oder leistet ein Gesellschafter auf seine Quote, ohne sein Zurückbehaltungsrecht geltend zu machen, ist das Ergebnis dadurch zu korrigieren, dass die Quoten der insolventen Gesellschafter im Rahmen der nach der Grundstücksverwertung zu erfolgenden Endabrechnung als geleistet gelten.

Sonderproblem »Schrottimmobilien«

499 Gibt der Darlehnsnehmer beim realkreditfinanzierten Immobilienkauf vor der Unterzeichnung des Darlehnsvertrages ein notarielles Angebot auf Abschluss des Kaufvertrages ab, trägt er das Kreditverwendungsrisiko auch dann, wenn er den Darlehnsvertrag mangels Belehrung nach dem Haustürwiderrufsgesetz widerrufen kann (BGH Urt. v. 16.5.2006 – XI ZR 48/04). Der Erwerber hat das Darlehn trotz des wirksamen Widerrufs an die Bank zurückzuzahlen. Die Valuta ist bei einem Widerruf nach dem HWiG nach deutschem Recht immer dann zurückzuzahlen, wenn im Darlehnsvertrag die Bestellung eines Grundpfandrechts vereinbart ist, weil in diesen Fällen § 3 VerbrKG bestimmt, dass das Darlehn und der Immobilienkauf kein Verbundgeschäft nach § 9 VerbrKG darstellen. Der EuGH hat in einer Entscheidung vom 25.10.2005 (IBR 2006, 1027) dargelegt, dass ohne Verbundgeschäft eine Rückzahlungspflicht des Darlehnsnehmers europarechtlich zulässig ist, allerdings muss der Verbraucher (§ 13 BGB) durch die Mitgliedsstaaten von Risiken einer Kapitalanlage geschützt werden, die er im Falle einer Belehrung über sein Widerrufsrecht durch die Bank hätte vermeiden können. Der BGH hat dementsprechend aus diesen Rahmenbedingungen herausgearbeitet, dass eine Befreiung von der Pflicht zur Rückzahlung der Valuta nicht in Betracht kommt, wenn der Darlehnsnehmer die Risiken der Kapitalanlage ohnehin nicht mehr vermeiden konnte, weil er das notarielle Angebot auf Abschluss des Kaufvertrages bereits vor der Unterzeichnung des Darlehnsvertrages abgab.

Anhang 4
Selbstständiges Beweisverfahren, Schiedsgutachten und Schiedsverfahren

Inhaltsübersicht

	Rn.
Vorbemerkung.	1
A. Selbstständiges Beweisverfahren (§§ 485 ff. ZPO)	3
I. Rechtliche Grundlage; Bedeutung	3
II. Zulässigkeitsvoraussetzungen.	6
1. Zulässigkeit des Beweisverfahrens bei Zustimmung des Gegners (§ 485 Abs. 1 Alt. 1 ZPO)	7
2. Zulässigkeit des Beweisverfahrens bei Verlust von Beweismitteln (§ 485 Abs. 1 Alt. 2 ZPO)	8
a) Persönliche Umstände.	9
b) Sachbezogene Gründe/Beweismittelverlust wegen Baufortschritt	10
c) Beweisverlust bei Anspruchsverjährung	12
d) Zulässigkeit des Beweisverfahrens nach Alt. 2 auch für Mängelursachen u.a.	13
3. Beweisverfahren außerhalb eines anhängigen Rechtsstreits, besonders nach § 485 Abs. 2 ZPO.	14
a) Beweismittel	15
b) Zulässige Beweisthemen	16
c) Rechtliches Interesse des Antragstellers	24
d) Einbeziehung Dritter; Streitverkündung	30
aa) Streitverkündung	31
bb) Verfahrenserweiterung durch Einbeziehung Dritter.	35
cc) Gutachten aus Beweisverfahren als Urkundenbeweis	36
e) Hemmung der Verjährung	37
4. Beweisverfahren trotz Schiedsgutachtenabrede u.a.?	42
a) Schiedsgutachtenabrede	43
b) Schiedsgerichtsvereinbarung	45
c) Schlichtungsvereinbarung	46
III. Inhalt des Beweisantrags	47
1. Bezeichnung des Gegners.	48
2. Bezeichnung der Beweistatsachen	50
3. Benennung der Beweismittel, vor allem: Ablehnung eines Sachverständigen.	55
a) Befangenheit des Sachverständigen.	58
b) Formvorschriften.	59
c) Frist	60
4. Glaubhaftmachung	62
IV. Zulässigkeit von Gegenanträgen des Antragsgegners.	63
1. Grundsatz.	64
2. Frist	67
V. Zuständiges Gericht	68
1. Zuständigkeit des Gerichts der Hauptsache	69
2. Eilzuständigkeit des Amtsgerichts	74
VI. Durchführung der Beweisaufnahme	75
1. Beweisbeschluss und Rechtsmittel.	76
2. Durchführung der Beweisaufnahme.	79
3. Keine Unterbrechung der Beweisaufnahme durch Insolvenz	82
4. Auswirkung eines selbstständig geführten Beweisverfahrens auf Hauptsacheverfahren	82a
5. Ende des Beweisverfahrens	83
VII. Kosten des Beweisverfahrens	86
1. Grundsatz: Kosten des Beweisverfahrens als Kosten der Hauptsache.	87
a) Identität des Streitgegenstandes.	88
b) Identität der Parteien	92

Selbstständiges Beweisverfahren, Schiedsgutachten und Schiedsverfahren Anhang 4

	Rn.
c) Besonderheiten bei Klagerücknahme	93
d) Kein ordnungsgemäßes Betreiben der Hauptsacheklage	94
2. Fristsetzung zur Klageerhebung (§ 494a ZPO)	95
a) Antrag des Antragsgegners	96
b) Fristsetzung durch das Gericht	98
c) Folgen nicht fristgerechter Klage (§ 494a Abs. 2 ZPO)	99
3. Kostenentscheidung außerhalb des Hauptsacheverfahrens und des § 494a ZPO	105
a) Rücknahme des Antrags auf Durchführung des Beweisverfahrens	106
b) Kostenanerkenntnis	106b
c) Unzulässiger Antrag auf Durchführung eines Beweisverfahrens	107
d) Außergerichtlicher Vergleich während des Beweisverfahrens	108
e) Übereinstimmenden Erledigungserklärung	109
f) Einseitige Erledigungserklärung	110
VIII. Streitwert	111
B. Schiedsgutachten- und Schiedsgerichtsverfahren	114
I. Schiedsgutachtenverfahren	115
II. Schiedsgerichtsverfahren	119
Annex 1: Schlichtungs- und Schiedsordnung für Baustreitigkeiten (SOBau)	124
Annex 2: Schiedsgerichtsordnung für das Bauwesen einschließlich Anlagenbau (SGO Bau)	125

Vorbemerkung

Die **VOB** trifft **keine Bestimmungen über Einzelheiten des Bauprozesses.** Dies ist verständlich: **1** Denn bei der VOB handelt es sich – **vor allem bei ihrem Teil B** – um ein **materiellrechtliches Regelwerk mit allein vertragsrechtlichen Bestimmungen.** Kommt es hingegen zu einem Bauprozess, regeln sich die prozessualen Verhältnisse zwischen den Parteien, vor allem deren Rechte und Pflichten sowie die Verfahrensvoraussetzungen und der Verfahrensgang, nach den Vorschriften der Zivilprozessordnung (ZPO). Diese sind hier genauso maßgebend wie in jedem anderen Zivilprozess.

Der Bauprozess wirft allerdings in der Praxis gegenüber »gewöhnlichen Klagen« zahlreiche **Schwie- 2 rigkeiten** auf. Sie beruhen im Wesentlichen darauf, dass bei bauvertraglichen Beziehungen rechtliche und technische sowie baubetriebliche Probleme miteinander sehr eng verknüpft sind. Der Techniker bzw. der Baubetriebswirt kennt im Allgemeinen kaum die verfahrensrechtliche juristische Vorgehensweise, die juristische Denkweise ist ihm hier weitgehend fremd. Umgekehrt ist der Jurist – vornehmlich der Anwalt und der Richter – zu wenig mit technischen sowie baubetrieblichen Fragen und Einsichten vertraut, und es bereitet ihm Schwierigkeiten, sich hier hineinzufinden. Hinzu kommt die gerade für Bausachen bestehende Schwerfälligkeit des zivilprozessualen Verfahrens. Vor diesem Hintergrund sind Bauvertragsparteien in der Regel gut beraten, jede streitige prozessuale Auseinandersetzung zu vermeiden. Dies wird nicht immer gelingen. Dann aber sollten sie versuchen, bei der Führung ihrer Streitigkeiten den **Besonderheiten einer baurechtlichen Auseinandersetzung** gerecht zu werden. Dies gilt zum einen für die **Klärung des zugrunde liegenden Sachverhalts.** Hier zeigt die Erfahrung, dass anschließend die meisten Auseinandersetzungen beigelegt werden können. Daher ist regelmäßig ein besonderes Augenmerk auf hierfür geeignete Verfahren zu werfen, vor allem auf das in der ZPO geregelte selbstständige Beweisverfahren (vgl. in diesem Sinne auch *Enaux* Jahrbuch Baurecht 1999 S. 162 ff.) oder ein außerhalb der ZPO durchzuführendes Schiedsgutachtenverfahren. Dies gilt zum anderen für die rechtliche Entscheidung einer baurechtlichen Streitigkeit selbst. Will man insoweit von einer Klage mit ihren damit verbundenen Schwierigkeiten absehen, bietet sich vor allem alternativ die Durchführung eines Schiedsgerichtsverfahrens an. Diese drei für die baurechtliche Praxis bedeutenden Verfahren werden in diesem Anhang einer besonderen Betrachtung unterzogen; dabei liegt der Schwerpunkt auf dem selbstständigen Beweisverfahren

Anhang 4 Selbstständiges Beweisverfahren, Schiedsgutachten und Schiedsverfahren

(siehe nachfolgend Rn. 3 ff.). Es folgt ein Kurzüberblick zum Schiedsgutachten- und Schiedsgerichtsverfahren (siehe nachfolgend Rn. 114 ff.).

Am Ende dieser Kommentierung sind die in der Praxis häufig anzutreffende Schlichtungs- und Schiedsordnung für Baustreitigkeiten (SOBau) der ARGE Baurecht im DeutschenAnwaltVerein (siehe Rn. 124) und die Schiedsgerichtsordnung für das Bauwesen einschließlich Anlagenbau (SGO Bau; siehe Rn. 125) abgedruckt.

A. Selbstständiges Beweisverfahren (§§ 485 ff. ZPO)

Aufsätze: *Hesse* Die Ablehnung des Sachverständigen im Beweissicherungsverfahren ZfBR 1983, 247; *Motzke* Die Ablehnung des Sachverständigen im Beweissicherungsverfahren BauR 1983, 500; *Kamphausen* Sachverständigenablehnung im Beweissicherungsverfahren BauR 1984, 31; *Schulze* Ablehnung des Sachverständigen im Beweissicherungsverfahren NJW 1984, 1019; *Wussow* Zur Sachverständigentätigkeit im Ausland bei anhängigen (deutschen) Beweissicherungsverfahren FS Korbion 1986 S. 493; *Rudolph* Schiedsgutachten und Beweissicherungsgutachten als Wege zur Beilegung von Baustreitigkeiten FS Locher 1990 S. 215; *Thieme* Das neue selbständige Beweisverfahren MDR 1991, 938; *Schreiber* Das selbständige Beweisverfahren NJW 1991, 2600; *Hochstein* Das selbständige Beweisverfahren und seine Bedeutung für das Verfahren in Bausachen ZAP 1992, Fach 5, 55; *Mugler* Das selbständige Beweisverfahren nach dem Rechtspflege-Vereinfachungsgesetz BB 1992, 797; *Knacke* Das neue selbständige Beweisverfahren – Verbesserung gegenüber dem alten Rechtszustand? FS Soergel 1993 S. 115 ff.; *Wirth* Entspricht der Gegenstandswert im selbständigen Beweisverfahren endgültig dem Wert der Hauptsache? BauR 1993, 281; *Cuypers* Das selbständige Beweisverfahren in der juristischen Praxis NJW 1994, 1985; *Geffert* Der Einzelrichter im selbständigen Beweisverfahren NJW 1995, 506; *Motthoff/Buchholz* Kostenlastentscheidungen im selbständigen Beweisverfahren JurBüro 1996, 5; *Pauly* Das selbständige Beweisverfahren in Bausachen JR 1996, 269; *Schmitz* Anwaltszwang für den Antrag gemäß § 494a Abs. 1 ZPO? BauR 1996, 340; *Enaux* Umfang und Grenzen von Gegenanträgen im selbständigen Beweisverfahren in FS v. Craushaar 1997 S. 375; *Müller* Das selbständige Beweisverfahren FS Schneider 1997 S. 405; *Pauly* Das selbständige Beweisverfahren in der Baurechts-Praxis MDR 1997, 1087; *Zanner* Selbständiges Beweisverfahren trotz Schiedsgutachterabrede BauR 1998, 1154; *Enaux* Das selbständige Beweisverfahren als Instrument der Schlichtung von Baustreitigkeiten: Möglichkeiten und Hemmnisse aus anwaltlicher Sicht Jahrbuch Baurecht 1999, S. 162; *Enaux* Rechtliches Interesse und allgemeines Rechtsschutzbedürfnis beim selbständigen Beweisverfahren FS Vygen 1999 S. 386; *Maier/Falk* Selbständiges Beweisverfahren und Gerichtsstandswahl BauR 2000, 1123; *Scholtissek* Sind im selbständigen Beweisverfahren Fragen bezüglich erforderlicher Maßnahmen zur Beseitigung der festgestellten Mängel und hierfür erforderlicher Kosten zulässig? BauR 2000, 1118; *Siegburg* Zur Kostengrundentscheidung im selbständigen Beweisverfahren und Hauptsacheprozess FS Mantscheff 2000 S. 406; *Fischer* Selbständiges Beweisverfahren – Zuständigkeits- und Verweisungsfragen MDR 2001, 608; *Kießling* Die Kosten der Nebenintervention im selbständigen Beweisverfahren der §§ 485 ff. ZPO außerhalb des Hauptsacheverfahrens NJW 2001, 3668; *Koppmann* Verjährungsunterbrechung durch selbständiges Beweisverfahren trotz mangelfreier Leistung BauR 2001, 1342; *Siegburg* Zum Beweisthema des Beweisbeschlusses beim Sachverständigenbeweis über Baumängel BauR 2001, 875; *Weyer* Selbständiges Beweisverfahren und Verjährung von Baumängelansprüchen nach künftigem Recht BauR 2001, 1807; *Enaux* Rechtliche Probleme bei der Streitverkündung im selbständigen Beweisverfahren in Bausachen FS Jagenburg 2002 S. 148; *Knacke* Der Streithelfer im selbständigen Beweisverfahren Jahrbuch Baurecht 2002, S. 329; *Henkel* Die Öffnung und Schließung von Bauteilen im Rahmen der Begutachtung durch den gerichtlichen Sachverständigen im Zivilprozess BauR 2003, 1650; *Lenzen* Unterbrechung von Beweisverfahren und/oder Schiedsverfahren durch Insolvenzeröffnung NZBau 2003, 428; *Moufang/Kupjetz* Der Ausforschungsbeweis im selbständigen Beweisverfahren bei vermuteten Mängeln NZBau 2003, 646; *Ulrich* Grundzüge des selbständigen Beweisverfahrens AnwBl. 2003, 26, 78, 144; *Cuypers* Feststellungen in selbständigen Beweisverfahren in Bausachen – eine Bilanz nach 10 Jahren MDR 2004, 244 und 314; *Enders* Das selbständige Beweisverfahren – Anwaltsgebühren nach BRAGO und RVG JurBüro, 2004, 113; *Hildebrandt* Zur Eröffnung des Insolvenzverfahrens während eines anhängigen selbständigen Beweisverfahrens ZfIR 2004, 92; *Schneider* Die Gebühren des in Bausachen tätigen Anwalts nach dem Rechtsanwaltsvergütungsgesetz (RVG) BrBp 2004, 10; *Ulrich* Selbständiges Beweisverfahren mit Sachverständigen – Erläuterungen für die Praxis, Monographie 2004; *Lenzen* Der Anspruchsgegner als Antragsteller des Beweisverfahrens und § 494a ZPO BauR 2005, 303; *Nierwertberg* Verjährungshemmung – Der Teufel steckt im Detail NJW-editorial 2005/Heft 28.

I. Rechtliche Grundlage; Bedeutung

Das **selbstständige Beweisverfahren** wurde mit dem Rechtspflege-Vereinfachungsgesetz vom 17.12.1990 (BGBl. I S. 2847) in Nachfolge des früheren Beweissicherungsverfahrens am 1.4.1991 in die ZPO eingefügt. Ziel dieser Novellierung war es u.a., das **Verfahren zu vereinfachen, die Gerichte zu entlasten** und die **außergerichtliche Beilegung von Streitigkeiten zu fördern** (vgl. Begründung zum Regierungsentwurf, BT-Drucks. 11/3621 S. 1 f.). Gerade in Bausachen ist das selbstständige Beweisverfahren häufig anzutreffen, so schon vor der Ausführung der Bauleistung (z.B. zur Feststellung des Zustands des Baugrundstücks oder des Objekts), dann während der Ausführung (z.B. im Hinblick auf die fristgerechte oder mängelfreie Ausführung) oder nach der Ausführung (z.B. zur Feststellung von Mängeln oder im Hinblick auf bestimmte tatsächliche Voraussetzungen des Vergütungsanspruchs des Auftragnehmers). Für Bauprozesse, deren Vorbereitung und deren vorherige außergerichtliche Erledigung bildet diese Verfahrensart den Hauptanwendungsfall (vgl. Begründung zum Regierungsentwurf a.a.O. S. 23). 3

Die Durchführung eines selbstständigen Beweisverfahrens ist allerdings nicht zwingend mit einem späteren Bauprozess verbunden. Hierzu wird es vielfach nicht einmal kommen. Dies wiederum beruht darauf, dass gerade Meinungsverschiedenheiten über Tatsachen z.B. zu einer Mängelursache sehr viel mehr Ursache einer baurechtlichen Streitigkeit sind als eine Auseinandersetzung über Rechtsfragen. Kann der Sachverhalt mit einem selbstständigen Beweisverfahren verbindlich und notfalls auch gerichtsverwertbar geklärt werden, wird sich allein hierdurch ein großer Teil von Streitigkeiten z.B. zu Verursachungsbeiträgen bei Mängeln von selbst erledigen. 4

Neben der gerichtlichen Beweissicherung mit Hilfe eines selbstständigen **Beweisverfahrens** gibt es **die nach § 3 Nr. 4 VOB/B vorgesehene gemeinsame Beweissicherung** zum Zustand von Straßen und der Geländeoberfläche, der Vorfluter und Vorflutleitungen, ferner der baulichen Anlagen im Baubereich. Hierbei handelt es sich um eine verbindliche Beweissicherung auf vertraglicher Grundlage, die nicht mit einer Beweissicherung im Rahmen eines selbstständigen Beweisverfahrens zu verwechseln ist. Vielmehr ist es insoweit sogar zulässig, dass eine Partei z.B. bei Weigerung der anderen Partei, an einer entsprechenden gemeinsamen Feststellung mitzuwirken, statt dessen ein selbstständiges Beweisverfahren zu den in § 3 Nr. 4 VOB/B genannten Themen durchführt. 5

II. Zulässigkeitsvoraussetzungen

Die **Zulässigkeit** eines selbstständigen Beweisverfahrens ist **in § 485 ZPO geregelt.** Danach kann während oder außerhalb eines Streitverfahrens die Durchführung eines selbstständigen Beweisverfahrens beantragt werden, wenn der Gegner zustimmt oder zu befürchten ist, dass ein Beweismittel verloren geht oder seine Benutzung erschwert wird (§ 485 Abs. 1 ZPO). Ist ein Rechtsstreit noch nicht anhängig, kann eine Partei die schriftliche Begutachtung durch einen Sachverständigen beantragen, wenn sie ein rechtliches Interesse daran hat, dass der Zustand einer Person oder der Zustand oder Wert einer Sache, die Ursache eines Schadens oder Mangels oder der hierfür erforderliche Beseitigungsaufwand festgestellt wird. Dabei wird ein rechtliches Interesse vermutet, wenn die Feststellung der Vermeidung eines Rechtsstreits dienen kann (§ 485 Abs. 2 ZPO). Liegen die vorgenannten Voraussetzungen vor, hat **das Gericht kein Ermessen**, d.h.: Einem Antrag auf Durchführung eines selbstständigen Beweisverfahrens ist dann in jedem Fall stattzugeben (siehe hierzu auch die Erläuterungen unten Rn. 76 und 78) – es sei denn, es ist vorrangig eine andere Form der Beweissicherung vereinbart (siehe hierzu unten Rn. 43 f.). Im Einzelnen: 6

Anhang 4 Selbstständiges Beweisverfahren, Schiedsgutachten und Schiedsverfahren

1. Zulässigkeit des Beweisverfahrens bei Zustimmung des Gegners (§ 485 Abs. 1 Alt. 1 ZPO)

7 Während oder außerhalb eines Streitverfahrens ist ein **Beweisverfahren** stets **zulässig, wenn** der **Gegner zustimmt** (§ 485 Abs. 1 Alt. 1 ZPO). Gesetzlich zugelassene Beweismittel sind die Einnahme von Augenschein, die Vernehmung von Zeugen oder die Begutachtung durch einen Sachverständigen. Die **Zustimmung** des Gegners selbst bedarf **keiner Form**. Sie ist gegenüber dem Gericht oder dem Gegner zu erklären (a.A. *Praun/Merl* in Hdb. priv. BauR § 16 Rn. 25, die zwingend von einer Abgabe gegenüber dem Gericht ausgehen; ebenso *Werner/Pastor* Rn. 11). Im letzteren Fall muss jedoch eindeutig sein, dass sich der Gegner tatsächlich mit der Durchführung eines Beweisverfahrens einverstanden erklärt hat; die Zustimmungserklärung ist entsprechend § 487 Nr. 4 S. 2 ZPO glaubhaft zu machen (MüKo/*Schreiber* § 485 ZPO Rn. 5; *Zöller/Herget* § 485 ZPO Rn. 2; *Baumbach/Lauterbach/Albers/Hartmann* § 485 ZPO Rn. 5 – a.A. *Schilken* ZZP 1992, 238, 266 für einen Vollbeweis). Nach ihrer Abgabe ist eine solche Erklärung – von Fällen der Arglist u.a. abgesehen – unwiderruflich und unanfechtbar (h.M.: vgl. nur MüKo/*Schreiber* § 485 ZPO Rn. 5; *Pauly* JR 1996, 269, 271 m.w.N.). Ist der Gegner nicht bekannt, scheidet die Durchführung eines Beweisverfahrens nach dieser Alternative allerdings aus: Zwar ist in § 494 Abs. 2 ZPO der Fall des »unbekannten Gegners« ausdrücklich geregelt, jedoch nur unter der Voraussetzung, dass das Beweisverfahren bereits nach § 485 ZPO zulässig ist. Die Zustimmung kann hiernach nicht ersetzt werden (*Werner/Pastor* Rn. 12; *Praun/Merl* in Hdb. priv. BauR § 16 Rn. 28; *Ulrich* Rn. 35).

2. Zulässigkeit des Beweisverfahrens bei Verlust von Beweismitteln (§ 485 Abs. 1 Alt. 2 ZPO)

8 Die Durchführung eines selbstständigen Beweisverfahrens ist nach § 485 Abs. 1 Alt. 2 ZPO während oder außerhalb eines Rechtsstreits ebenfalls zulässig, wenn **zu besorgen ist, dass Beweismittel verloren gehen** oder **ihre Benutzung erschwert** wird. Entscheidend ist der Zeitpunkt der Anordnung durch das Gericht (MüKo/*Schreiber* § 485 ZPO Rn. 7; *Baumbach/Lauterbach/Albers/Hartmann* § 485 ZPO Rn. 6). Als Beweismittel kommen wie schon bei § 485 Abs. 1 Alt. 1 ZPO nur die Einnahme durch Augenschein, die Vernehmung von Zeugen oder die Begutachtung durch Sachverständige in Betracht. Bei den vorgenannten Zulässigkeitsvarianten ist sodann jeweils zu differenzieren, unter welchen **Voraussetzungen** ein die Zulässigkeit eines Beweisverfahrens begründender **Verlust eines Beweismittels** bzw. eine **Erschwerung der Benutzung** droht:

a) Persönliche Umstände

9 Grund für einen Beweismittelverlust u.a. können **persönliche Gründe** sein (vgl. hierzu ausführlich *Praun/Merl* in Hdb. priv. BauR § 16 Rn. 32). Insbesondere bei Zeugen gehören hierzu eine gefährliche Erkrankung, eine längere Auslandsreise (MüKo/*Schreiber* § 485 ZPO Rn. 8; *Zöller/Herget* § 485 ZPO Rn. 5) oder hohes Alter (OLG Nürnberg Beschl. v. 26.2.1997 10 WF 275/97 = NJW-RR 1998, 575 = MDR 1997, 594).

b) Sachbezogene Gründe/Beweismittelverlust wegen Baufortschritt

10 Eine **Erschwerung** der Benutzung eines Beweismittels kann des Weiteren auf **Geschehnissen** beruhen, **die typischerweise mit dem Bauablauf verbunden sind**. Dabei ist grundsätzlich im Sinne aller Beteiligten eine großzügige Auslegung geboten mit der Maßgabe, dass jede Erschwerung einer Beweisaufnahme auch zu einer Erschwerung der Benutzung eines Beweismittels führt. Daher ist bei Bauvorhaben ein **Beweisverfahren** nach dieser Alternative regelmäßig **zulässig, wenn zu besorgen ist, dass** sich allein durch Zuwarten die Beweissituation verschlechtert. Dies ist etwa der Fall, wenn durch drohende **Witterungseinflüsse** später ein Mangel nicht mehr feststellbar ist. Auch **durch Baufortschritt können Beweismittel verloren gehen** (so insbesondere bei einer Sicherung von Bautenständen per einem bestimmten Datum, Mängeln von Vorgewerken u.a.). Allerdings ist hier immer

Voraussetzung, dass das Bauvorhaben später fortgesetzt werden soll: Andernfalls droht kein Verlust von Beweismitteln (ebenso *Ulrich* Rn. 38).

Im Zusammenhang mit der Beweissicherung eines Bauzustandes stellt sich regelmäßig die Frage, ob der Auftraggeber den gegenwärtigen Zustand (z.B. bestimmte Baumängel) für eine Beweissicherung erhalten muss. Insbesondere Wussow (NJW 1969, 1401, 1402; ebenso *Schilken* ZZP 92, 238, 263; ähnlich *Praun/Merl* = Hdb. priv. BauR § 16 Rn. 36) hat hier noch zum alten Beweissicherungsverfahren die Meinung vertreten, dass dies dann geboten sei, wenn dem Betroffenen insoweit keine Kosten oder sonstige Schäden drohten. Dies ist nicht richtig: Denn **dem Bauherrn** ist dem Grundsatz nach »**nicht zuzumuten, vorhandene Mängel** einstweilen **einzukonservieren**«, bis im Hauptprozess eine Beweisaufnahme stattgefunden hat; vielmehr muss ihm die Möglichkeit zugebilligt werden, das jeweils rechtlich Zulässige zu veranlassen, um baldmöglichst die Mangelbeseitigung bzw. eine mangelfreie Bauleistung zu erzielen. Anders kann es nur sein, wenn das Vorgehen des Auftraggebers zweifelsfrei rechtsmissbräuchlich ist, etwa weil eindeutig keine mangelhafte Leistung vorliegt oder der Auftragnehmer sich ohnehin schon eindeutig zur Mangelbeseitigung bereit erklärt hat (ähnlich OLG Köln Beschl. v. 20.9.1993 11 W 44/93 = MDR 1994, 94 = VersR 1994, 1327; *Hesse* BauR 1984, 23, 28; *Werner/Pastor* Rn. 20; MüKo/*Schreiber* § 485 ZPO Rn. 10). 11

c) Beweisverlust bei Anspruchsverjährung

Keine Erschwerung der Benutzung eines Beweismittels bzw. dessen Verlust liegt i.S.d. § 485 Abs. 1 Alt. 2 ZPO vor, wenn eine **Anspruchsverjährung** droht. Dies hat mit einem Beweismittel nichts zu tun, sondern ist Folge von rechtlichen Vorschriften, die zum Anspruchsverlust führen. Die Beweismittel bzw. deren Vollwertigkeit stehen daneben (so zu Recht: MüKo/*Schreiber* § 485 ZPO Rn. 11; *Zöller/Herget* § 485 ZPO Rn. 5; *Praun/Merl* in Hdb. priv. BauR § 16 Rn. 37 – a.A. *Baumbach/Lauterbach/Albers/Hartmann* § 485 ZPO Rn. 6). 12

d) Zulässigkeit des Beweisverfahrens nach Alt. 2 auch für Mängelursachen u.a.

Bestritten ist, inwieweit neben Tatsachenfeststellungen zur Abwendung eines Beweismittelverlusts gleichzeitig sonstige Themen zum Gegenstand eines selbstständigen Beweisverfahrens nach § 485 Abs. 1. Alt. 2 ZPO gemacht werden können. Dabei geht es insbesondere um die weitergehenden Beweisthemen aus § 485 Abs. 2 ZPO, so z.B. die **Klärung eines etwaigen Mangelbeseitigungsaufwands**. Vor allem Schreiber lehnt dies ab: § 485 Abs. 1 Alt. 2 ZPO siehe abschließend vor, dass nur Tatsachen festgestellt werden dürfen. Demgegenüber komme eine Erhebung von Mängelursachen, Beseitigungskosten u.a. nicht in Betracht (MüKo § 485 ZPO Rn. 12). Der Baupraxis wird diese Sichtweise nicht gerecht; auch dürfte sie im Ergebnis falsch sein: Denn *Werner/Pastor* (Rn. 24; ebenso *Scholtissek* BauR 2000, 1118) weisen zu Recht darauf hin, dass es nicht nur um eine Frage der Prozessökonomie geht, einen ohnehin mit der Beweisfeststellung tätigen Sachverständigen gleichzeitig z.B. mit den erforderlichen Feststellungen zu einem Ursachenbeitrag oder zum Mangelbeseitigungsaufwand zu befassen. Vielmehr dürfte eine reine Tatsachenfeststellung häufig auch nicht ausreichen, die Erschwerung bei der Benutzung von Beweismitteln abzuwenden. Besonders deutlich wird dies beim Beseitigungsaufwand: Wird dessen Erforderlichkeit und Umfang nach einer abgeschlossenen Tatsachenfeststellung später im Hauptsachenprozess angezweifelt, gerät der Antragsteller schnell in Beweisnöte, weil eine Nachprüfung etwa der Erforderlichkeit einer bereits stattgefundenen Mangelbeseitigung nachträglich nicht oder allenfalls unter großen Schwierigkeiten möglich ist. Daher ist es im Ergebnis richtig, keinen Unterschied zwischen den im Rahmen eines Beweisverfahrens möglichen Beweisthemen nach § 485 Abs. 1 Alt. 2 ZPO und dessen Abs. 2 zu machen: Stattdessen ist **bei einem Beweisverfahren auch nach § 485 Abs. 1 Alt. 2 ZPO die Beweisführung** gerade zu diesen strittigen Punkten, d.h. insbesondere **zu den Mangelursachen und einem etwaigen Mangelbeseitigungsaufwand, uneingeschränkt zulässig** (ebenso: *Zöller/Herget* § 485 ZPO Rn. 5). 13

3. Beweisverfahren außerhalb eines anhängigen Rechtsstreits, besonders nach § 485 Abs. 2 ZPO

14 Ein selbstständiges Beweisverfahren außerhalb eines anhängigen Rechtsstreits ist grundsätzlich unter denselben Voraussetzungen und mit denselben Beweismitteln wie während eines Streitverfahrens zulässig. Insoweit ergeben sich keine Besonderheiten mit der Folge, dass auf die dortigen Erläuterungen verwiesen werden kann (vgl. oben Rn. 7 ff.). **Außerhalb eines anhängigen Rechtsstreits** besteht nach § 485 Abs. 2 ZPO eine weiterführende Möglichkeit zur Durchführung eines Beweisverfahrens. Sie soll vor allem dazu dienen, **einen Rechtsstreit zu vermeiden.** Vor diesem Hintergrund bestimmt § 485 Abs. 2 ZPO, dass außerhalb eines anhängigen Rechtsstreits eine Partei die schriftliche Begutachtung durch einen Sachverständigen beantragen kann, wenn sie ein rechtliches Interesse daran hat, dass

1. der Zustand einer Person oder der Zustand oder Wert einer Sache,
2. die Ursache eines Personenschadens, Sachschadens oder Sachmangels,
3. der Aufwand für die Beseitigung eines Personenschadens, Sachschadens oder Sachmangels festgestellt wird.

Ein rechtliches Interesse ist anzunehmen, wenn die Feststellung der Vermeidung eines Rechtsstreits dienen kann.

Diese Erweiterung der Zulässigkeit eines selbstständigen Beweisverfahrens kommt nur in Betracht, wenn noch kein Rechtsstreit anhängig und der betreffende Streitpunkt nicht in den Rechtsstreit eingeführt ist (vgl. dazu OLG Düsseldorf Beschl. v. 31.5.1995 9 W 39/95 = NJW-RR 1996, 510 zu einem Fall, bei dem es um die Ermittlung des Werts einer von mehreren Schadenspositionen ging, die, wenn auch noch nicht beziffert, schon in den Rechtsstreit eingebracht waren). Erhebt der Antragsteller dann allerdings zu dem von ihm zuvor eingeleiteten Hauptsacheverfahren Klage zur Hauptsache, entfällt der besondere Zulassungsgrund für ein selbstständiges Beweisverfahren nach § 485 Abs. 2 ZPO. In einem solchen Fall ist das selbstständige Beweisverfahren mit Beschluss einzustellen und die Sache an das Prozessgericht abzugeben (so OLG Schleswig Beschl. v. 12.10.2004 16 W 116/04 = OLGR 2005, 39; *Zöller/Herget* § 485 ZPO Rn. 7). Dies gilt zumindest dann, wenn nicht zusätzlich noch die Zulässigkeitsvoraussetzungen nach § 485 Abs. 1 ZPO vorliegen. Zu dem Verfahren ansonsten gilt:

a) Beweismittel

15 **Beweismittel** bei einem Beweisverfahren außerhalb eines Rechtsstreits ist ausschließlich der **Sachverständigenbeweis.** Inaugenscheinnahme und Zeugenvernehmung kommen von Gesetzes wegen nicht in Betracht. Eine Inaugenscheinnahme ist auch insoweit ausgeschlossen, als es etwa um die Auswertung von Videoaufnahmen zu behaupteten Mängeln geht und das Gericht zunächst klären müsste, ob der Videofilm überhaupt einen Bezug zu diesen Mängeln oder gar zu dem Bauvorhaben aufweist (OLG München Beschl. v. 25.5.2000 28 W 1469/00 = BauR 2001, 447, 448 = NJW-RR 2001, 1652).

b) Zulässige Beweisthemen

16 Die möglichen **Beweisthemen** für ein Beweisverfahren außerhalb eines anhängigen Rechtsstreits sind nach § 485 Abs. 2 ZPO **weit gefasst.** Das Gesetz unterscheidet zwischen der Feststellung des Zustands, des Werts, der Ursachen eines Schadens oder eines Sachmangels und des hierfür erforderlichen Beseitigungsaufwands (§ 485 Abs. 2 S. 1 Nr. 1–3 ZPO). Danach gilt:

17 Die in § 485 Abs. 2 S. 1 Nr. 1 ZPO zugelassene **Feststellung des Zustands einer Sache** (siehe dazu *Weyer* NJW 1969, 2233) beschränkt die Beweiserhebung in Bausachen im Wesentlichen auf die fachmännische Einordnung einer Leistung, so z.B. auf die Kontrolle der Einhaltung der anerkannten Regeln der Technik (OLG München Beschl. v. 6.5.1993 27 W 101/92 = BauR 1994, 275) oder auf die

Mangelfeststellung (h.M.: vgl. OLG Düsseldorf Beschl. v. 1.6.1978 21 W 14/78 = BauR 1978, 506; *Hesse* BauR 1984, 23, 25; *Locher* BauR 1979, 23, 27; *Wussow* Das gerichtliche Beweissicherungsverfahren in Bausachen S. 27 f.). Hierzu gehören Untersuchungen sowohl von ohne weiteres sichtbaren Mängeln als auch von Mängeln, die erst nach Vorarbeiten (z.B. Freilegen von Kanalisation) untersucht werden können. Dafür **notwendige Eingriffe in das Bauwerk** sind dem Sachverständigen nach Vorgabe des Gerichts erlaubt (OLG Düsseldorf Beschl. v. 16.1.1997 23 W 47/96 = BauR 1997, 679 = NJW-RR 1997, 1360; *Werner/Pastor* Rn. 28; *Weyers* NJW 1969, 2233 – a.A., d.h. nur für eine Feststellung sichtbarer Mängel: *Wussow* NJW 1969, 1401, 1403; ähnlich *Schmitz* BauR 1981, 40, 42). Allerdings hat das den Eingriff in die Bausubstanz veranlassende Gericht dafür Sorge zu tragen, dass durch geeignete Anordnungen die entstandenen Schäden auf Kosten des Antragstellers behoben werden (OLG Düsseldorf a.a.O.; OLG Celle Beschl. v. 30.10.1997 4 U 197/95 = OLGR 1998, 71). Dies gilt zumindest dann, wenn der beweisfällige Antragsteller den Eingriff in die Sachsubstanz von der Wiederherstellung des ursprünglichen Zustandes abhängig gemacht hat (OLG Stuttgart Beschl. v. 13.9.2005 13 W 43/05 = IBR 2006, 62). Zu unterscheiden davon ist die Frage, ob der **Sachverständige** seinerseits **verpflichtet ist, Bauteilöffnungen vorzunehmen** (vgl. umfassend zum Streitstand: *Henkel* BauR 2003, 1650). Dies ist **nicht der Fall**. Denn es gibt keinen Grund, einen Sachverständigen mit den mit einer Bauwerksöffnung ggf. verbundenen Risiken zu belasten. Dies kommt besonders zum Tragen, wenn er als Sachverständiger keine eigene Fachkunde zu den teilweise nur rein handwerklichen Vorarbeiten besitzt. Dass er sich dabei Hilfspersonal bedienen könnte, ändert an dieser Grundentscheidung nichts, da der Sachverständige auch für dieses Hilfspersonal haftet. Folglich kann das Gericht ihm keine diesbezügliche Anweisung gemäß § 404a ZPO erteilen. Vielmehr gehört – weigert sich der Sachverständige – die Bauteilöffnung zu den Pflichten des beweispflichtigen Antragstellers (OLG Frankfurt Beschl. v. 13.11.2003 15 W 87/03 = OLGR 2004, 145, 146; ebenso: OLG Rostock Beschl. v. 4.2.2002 7 W 100/01 = BauR 2003, 757, 758; OLG Brandenburg Beschl. v. 9.8.1995 8 W 125/95 = BauR 1996, 432, 434 = ZfBR 1996, 98, 100; wohl auch OLG Bamberg Beschl. v. 9.1.2002 4 W 129/01 = BauR 2002, 829, 830; a.A. OLG Frankfurt Urt. v. 26.2.1998 18 U 50/95 = BauR 1998, 1052 = NJW 1998, 2834; OLG Celle Urt. v. 30.10.1997 4 U 197/95 = BauR 1998, 1281; OLG Düsseldorf Beschl. v. 16.1.1997 23 W 47/96 = BauR 1997, 697 = NJW-RR 1997, 1360; sowie auch OLG Celle Beschl. v. 8.2.2005 7 W 147/04 = BauR 2005, 1358, 1359, das eine Weisung nach § 404a ZPO zumindest dann für zulässig erachtet, wenn der Antragsteller und Bauwerkseigentümer der Bauwerksöffnung durch den Sachverständigen zustimmt; siehe auch *Henkel* BauR 2003, 1650, der eine solche Weisung für eine Bauwerksöffnung zumindest bei einfachen Arbeiten für zulässig erachtet).

Die in § 485 Abs. 2 S. 1 Nr. 1 ZPO vorgesehene Feststellung eines Sachverständigen ist nicht auf den »gegenwärtigen« Zustand einer Sache beschränkt. Daher ist das selbstständige Beweisverfahren **auch zur Feststellung früherer Zustände** zulässig, etwa dahingehend, ob bestimmt bezeichnete Mangelerscheinungen schon in einer früheren Zeit (wann?) erkennbar waren (zutreffend OLG Oldenburg Beschl. v. 6.6.1994 5 W 57/94 = BauR 1995, 132 = MDR 1995, 746; *Zöller/Herget* § 485 ZPO Rn. 9; *Enaux* FS Vygen S. 386, 389; a.A. *Baumbach/Lauterbach/Albers/Hartmann* § 485 ZPO Rn. 10). **18**

Der Zustand eines Bauwerks kann bei fortschreitenden Bauleistungen ebenfalls durch ein selbstständiges Beweisverfahren gesichert werden (siehe dazu auch oben Rn. 11). Daher kommt der Erlass einer einstweiligen Verfügung mit demselben Ziel, nämlich einen aktuellen Zustand der Bauleistungen feststellen zu lassen, nicht in Betracht (vgl. dazu OLG Köln Beschl. v. 29.5.1995 18 W 16/95 = BauR 1995, 874 = ZfBR 1995, 313). **19**

§ 485 Abs. 2 S. 1 Nr. 1 ZPO lässt des Weiteren die **Feststellung des Werts einer Sache** zu. Dies schließt Wertermittlungsverfahren, da sie tatsächlicher Art sind, ein (a.A. und zu eng *Cuypers* NJW 1994, 1985, 1987). Bei Baumängeln ist es somit – ggf. zusammen mit den Erhebungen nach § 485 Abs. 2 S. 1 Nr. 2 und 3 ZPO – möglich, auch eine **Wertminderung** der Bauleistung feststellen zu lassen (OLG Schleswig Beschl. v. 7.10.1999 16 W 190/99 = OLGR 2000, 61 [zum merkantilen Min- **20** derwert]; OLG Hamm Beschl. v. 16.9.2002 17 W 30/02 = NJW-RR 2002, 1674 = NZBau 2003, 37; *Werner/Pastor* Rn. 30). Dabei ist die diesbezügliche Regelung Ausdruck des Bemühens des Gesetzgebers, außerhalb des Hauptverfahrens möglichst weitreichende Tatsachenfeststellungen zuzulassen, um eine vorprozessuale Einigung der Beteiligten zu erzielen.

21 Ausdrücklich lässt § 485 Abs. 2 S. 1 Nr. 2 ZPO in Ergänzung zur Nr. 1 Feststellungen zur **Ursache eines dort näher bezeichneten Schadens, vor allem eines Sachmangels** zu. Die missglückte Terminologie bei der Einbeziehung des Sachmangels (vgl. *Quack* BauR 1991, 278, 281) meint dabei mit diesem Begriff die **äußere »Mangelerscheinung«** im Sinne der Rechtsprechung des BGH (vgl. BGH Urt. v. 18.1.1990 VII ZR 260/88 = BGHZ 110, 99 = BauR 1990, 356 = NJW 1990, 1472 = SFH § 208 BGB Nr. 5 = ZfBR 1990, 172 = MDR 1990, 615 = ZIP 1990, 457 = JR 1990, 464 Anm. *Peters* = LM § 639 BGB Nr. 31 m.w.N.). Der Gesetzgeber hätte somit besser von einer Feststellung der »Ursache einer Mangelerscheinung« gesprochen. Nicht ausdrücklich geregelt ist, ob der Sachverständige in diesem Zusammenhang gleichzeitig Feststellungen zur **Verantwortlichkeit der Baubeteiligten** untereinander treffen darf. Solche Feststellungen waren bereits bei dem früheren Beweissicherungsverfahren zugelassen (vgl. *Hesse* BauR 1984, 23 m.N.; *Heyers* BauR 1986, 268, 270 ff.; ebenso *Siegburg* Gewährleistung beim Bauvertrag Rn. 677); daher spricht alles dafür, entsprechend der Zielsetzung des selbstständigen Beweisverfahrens, vorprozessual Streit beizulegen, derartige Feststellungen im Rahmen eines außerhalb eines anhängigen Rechtsstreits zu führenden Beweisverfahrens nach § 485 Abs. 2 S. 1 Nr. 2 ZPO ebenso zu ermöglichen (so auch OLG Düsseldorf Beschl. v. 13.12.1996 21 W 42/96 = NJW-RR 1997, 1312; OLG Brandenburg Beschl. v. 16.12.2003 4 U 63/03 = BauR 2004, 698; *Werner/Pastor* Rn. 31). Im Ergebnis kann somit ohne weiteres geklärt werden, inwieweit bei einem Baumangel Ausführungs-, Planungs- oder Überwachungsfehler vorliegen (OLG Brandenburg a.a.O.; OLG Frankfurt Beschl. v. 29.6.2000 25 W 134/99 = BauR 2000, 1370 [zu der Abgrenzung zwischen Planungs- und Überwachungsverschulden]). **Zulässig** sind mit diesem Argument des Weiteren **Feststellungen zu** einer **Mitverursachung eines Mangels**. Zwar ist es nicht Aufgabe eines Sachverständigen, die mit der Verantwortlichkeit zusammenhängenden Rechtsfragen zu klären. Der Gutachter kann aber alle tatsächlichen Voraussetzungen dafür ermitteln, die für die Entscheidung eines Rechtsstreits erforderlich sind. Hiernach geht es allein um technische, nicht um rechtliche Fragen (OLG Düsseldorf a.a.O.; *Weise* Rn. 220). Daher ist es dem Sachverständigen im Beweisverfahren ebenfalls erlaubt, im Rahmen einer solchen Feststellung **Quoten zu einer Mitverursachung** zu bestimmen (OLG München Beschl. v. 12.9.1997 28 W 2066/97 = BauR 1998, 363; OLG Köln Beschl. v. 6.12.2004 15 W 59/04 = BauR 2005, 752; *Werner/Pastor* Rn. 31; *Weise* Rn. 220; *Enaux* Jahrbuch Baurecht 1999 S. 162, 166).

22 Nach § 485 Abs. 2 S. 1 Nr. 3 ZPO kann schließlich der **Aufwand zur Beseitigung eines Personen- oder Sachschadens sowie eines Sachmangels** festgestellt werden. Gerade letzterer gewinnt in baurechtlichen Auseinandersetzungen große Bedeutung. Denn die zugelassene Feststellung des **Mangelbeseitigungsaufwands** schließt notwendig Feststellungen über die erforderlichen **Mangelbeseitigungsmaßnahmen** ein (so bereits OLG Düsseldorf Beschl. v. 1.6.1978 21 W 14/78 = BauR 1978, 506 [zu dem vergleichbaren Problem des früheren Beweissicherungsverfahrens]; vgl. auch die Nachweise bei *Werner/Pastor* Rn. 32; a.A. *Schreiber* NJW 1991, 2600, 2602), da eine Aufwandsberechnung ohne die Festlegung der erforderlichen Maßnahmen **zur nachhaltigen Mangelbeseitigung** kaum möglich sein dürfte. Wenn demgegenüber Schreiber (NJW 1991, 2600, 2602) in diesem Zusammenhang meint, die Feststellung der Notwendigkeit des konkreten Mangelbeseitigungsaufwands müsse dem Richter des Hauptverfahrens überlassen bleiben, so trifft das zwar dem Grunde nach zu: Denn der Richter im streitigen Verfahren hat die Feststellungen des Sachverständigen auf Geschlossenheit, fachliche Stichhaltigkeit und Überzeugungskraft nachzuprüfen und hierüber zu entscheiden (vgl. § 412 ZPO); diese Frage muss jedoch von der hier interessierenden ganz anderen Problemstellung unterschieden werden, welche fachlichen Feststellungen im Beweisverfahren durch den Sachverständigen getroffen werden dürfen und müssen. Hierfür wiederum ist das vorrangige Gesetzesziel heranzuziehen, eine Einigung der Parteien ohne Rechtsstreit zu ermöglichen; das wäre ohne Feststellun-

gen zur Notwendigkeit eines ganz konkreten Beseitigungsaufwands nicht oder jedenfalls kaum realisierbar (wie hier *Koeble* Auseinandersetzungen im privaten Baurecht S. 110).

Neben den tatsächlichen Kosten zur Beseitigung eines Mangels im engeren Sinne **zählen zum Aufwand der Mangelbeseitigung i.S.d. § 485 Abs. 2 S. 1 Nr. 3 ZPO** alle nach §§ 637 BGB, 13 Nr. 5 VOB/B **erforderlichen Arbeiten,** um die **Leistung** in einen **vertragsgemäßen Zustand zu versetzen,** und zwar einschließlich der Schäden, die durch die Mangelbeseitigungsarbeiten an sonstigen Gegenständen im Eigentum des Auftraggebers entstehen (BGH Urt. v. 13.12.1962 II ZR 196/60 = NJW 1963, 805, 806; Urt. v. 27.4.1972 VII ZR 144/70 = BGHZ 58, 332 = NJW 1972, 1280 = SFH Z 2.414 Bl. 281 = BauR 1972, 311 = MDR 1972, 772 = LM VOB/B Nr. 53; Urt. v. 22.3.1979 VII ZR 142/78 = SFH § 633 BGB Nr. 16 = BauR 1979, 333 = MDR 1979, 928 = ZfBR 1979, 150 = LM § 633 BGB Nr. 33). Stehen die Kosten für die Mangelbeseitigung einschließlich der Nebenkosten eindeutig fest, bleibt die Bestimmung der Art und Weise der Mangelbeseitigung grundsätzlich dem Auftragnehmer im Rahmen des ihm zustehenden Mangelbeseitigungs-/Nacherfüllungsrechts überlassen.   **23**

c) Rechtliches Interesse des Antragstellers

Ein **Beweisverfahren außerhalb eines Rechtsstreits ist** nur **zulässig,** wenn der Antragsteller ein **rechtliches Interesse an der** von ihm **begehrten Feststellung** hat. Das rechtliche Interesse ist nach § 485 Abs. 2 S. 2 ZPO, anzunehmen, wenn die Feststellung der **Vermeidung** eines **Rechtsstreits** dienen kann. Diese tatbestandliche Voraussetzung für ein Beweisverfahren außerhalb eines anhängigen Rechtsstreits führt in der Praxis immer wieder zu Schwierigkeiten (hierzu ausführlich *Enaux* FS Vygen S. 386 ff.). Daher soll hierzu erläutert werden: **24**

Die Möglichkeit, durch die Feststellungen im selbstständigen Beweisverfahren einen Rechtsstreit zu vermeiden, stellt **keine abschließende,** sondern lediglich eine beispielhafte **Beschreibung** der denkbaren Fälle eines rechtlichen Interesses an den genannten Feststellungen dar; es ist also keineswegs notwendig, dass die begehrten Feststellungen geeignet sind, der Vermeidung eines Rechtsstreits zu dienen, wenn ein anderweitiges rechtliches Interesse gegeben ist (OLG Frankfurt/M. Beschl. v. 19.6.1991 21 W 16/91 = MDR 1991, 989; zustimmend *Thieme* MDR 1991, 938; ausführlich: *Enaux* FS Vygen S. 386, 387 ff.; ferner OLG Oldenburg Beschl. v. 6.6.1994 5 W 57/94 = BauR 1995, 132 = MDR 1995, 746 im Falle fehlender Vergleichsbereitschaft des Antragsgegners). Ist dies dagegen der Fall, so lässt sich daraus ein **zusätzliches Argument für die Zulässigkeit des Beweisverfahrens** gewinnen.   **25**

Der **Begriff** des rechtlichen Interesses ist – im Sinne der legislatorischen Zielsetzung – **weit** zu verstehen (ebenso OLG Frankfurt Beschl. v. 19.6.1991 21 W 16/91 = MDR 1991, 989; OLG Düsseldorf Beschl. v. 16.1.2001 22 W 2/01 = BauR 2001, 1290, 1291 = NJW-RR 2001, 1725, 1726; *Quack* BauR 1991, 278, 281; *Baumbach/Lauterbach/Albers/Hartmann* § 485 ZPO Rn. 8; auch *Weise* Rn. 206 ff.). Entgegen der Auffassung von Schreiber (NJW 1991, 2600, 2601) kommt es insoweit auf den Grundsatz der Unmittelbarkeit der Beweisaufnahme nicht an; denn speziell beim Gutachtenbeweis ist dieser Grundsatz – anders als bei der Augenscheineinnahme und beim Zeugenbeweis – ohnehin weitgehend eingeschränkt. Deshalb wird hier ausnahmsweise auch ein **mittelbares rechtliches Interesse** ausreichen (OLG Frankfurt Beschl. v. 19.6.1991 21 W 16/91 = MDR 1991, 989; *Quack* BauR 1991, 278, 281), so dass Quack (a.a.O.) zutreffend davon spricht, es handele sich »schwerlich um mehr als eine Sonderform des allgemeinen Rechtsschutzinteresses«.   **26**

Infolge dieser weiten Auslegung des rechtlichen Interesses mit dem Ziel, einen Rechtsstreit zu vermeiden, spielen etwaige Erfolgsaussichten des konkret zu vermeidenden Rechtsstreits keine Rolle (OLG Köln Beschl. v. 22.6.1995 22 W 20/95 = JurBüro 1996, 371; OLG Celle Beschl. v. 17.2.2003 5 W 3/03 = BauR 2003, 1076, 1077). Stattdessen **genügt** allein die **theoretische Möglichkeit,** dass die Beweisaufnahme geeignet ist, **einen Streit** zwischen den Parteien **beizulegen** (OLG Celle Beschl.   **27**

v. 14.2.1992 16 W 5/92 = BauR 1992, 405; Beschl. v. 17.2.2003 5 W 3/03 = BauR 2003, 1076, 1077). Daher ist ein rechtliches Interesse im Sinne der Vermeidung eines Rechtsstreits selbst dann zu bejahen, wenn der Antragsgegner (zunächst) einen Prozess für unvermeidbar hält, weil er von vornherein erklärt hat, er werde sich nicht einigen. Abgesehen davon, dass § 485 Abs. 2 S. 2 ZPO keine abschließende Regelung enthält, ist es nämlich immerhin möglich, dass der Antragsteller aufgrund des im selbstständigen Beweisverfahren eingeholten Gutachtens wegen dessen für ihn negativen Ausgangs von der Einleitung eines Prozesses absieht (OLG Zweibrücken Beschl. v. 10.9.1992 7 W 59/92 = MDR 1992, 1178; OLG Oldenburg Beschl. v. 6.6.1994 5 W 57/94 = BauR 1995, 132, 133; OLG Celle Beschl. v. 17.2.2003 5 W 3/03 = BauR 2003, 1076, 1077 – a.A. OLG Celle Beschl. v. 11.12.1991 13 OH 376/91 = JurBüro 1992, 496; wie hier: *Enaux* FS Vygen S. 386, 387; *Zöller/Herget* § 485 ZPO Rn. 7a; *Werner/Pastor* Rn. 34; Zu diesen Fragen vgl. auch *Weyer* BauR 1992, 313, 318 ff.). Etwas anderes könnte hingegen gelten, wenn sich der Auftraggeber bei fehlender Einigungsbereitschaft zusätzlich auf eine etwa bestehende **Schiedsgutachtenabrede** beruft. Hier dürfte es selbst an einem weit gefassten rechtlichen Interesse, einen Rechtsstreit zu vermeiden, fehlen; denn das Ergebnis der durch das Beweisverfahren vorgezogenen Beweisaufnahme wäre in einem späteren Hauptprozess ohnehin nicht verwendbar (vgl. hierzu im Einzelnen unten Rn. 43). Somit könnte ein Beweisverfahren unter diesem Gesichtspunkt nicht einmal theoretisch einen Hauptsacheprozess vermeiden. Ein Rechtsstreit lässt sich demgegenüber vermeiden, wenn das Beweisverfahren allein **zum Zweck der Hemmung der Verjährung** durchgeführt wird. Anders als nach Abs. 1 geht es hier nämlich darum, dass bei Einleitung des Beweisverfahrens nach Abs. 2 gerade noch kein Rechtsstreit anhängig ist; die nach Abs. 1 im Zusammenhang mit einer drohenden Verjährung geltenden Einschränkungen (siehe hierzu oben Rn. 12) finden bei einem Beweisverfahren nach Abs. 2 keine Anwendung (ebenso: MüKo/*Schreiber* § 485 ZPO Rn. 13; *Enaux* FS Vygen S. 386, 389 m.w.N.).

28 Neben dem Hauptanwendungsfall des rechtlichen Interesses, einen Rechtsstreit zu vermeiden, sind nach den eingangs erläuterten Grundsätzen **weitere**, ebenfalls **großzügig auszulegende Sachverhalte denkbar, die die Annahme eines rechtlichen Interesses rechtfertigen.** Dies gilt selbst dann, wenn es nicht um die Vermeidung eines Rechtsstreits geht. Vor diesem Hintergrund ist das **rechtliche Interesse** gleichwohl zu **bejahen, wenn der Zustand einer Sache u.a.** im Beweisverfahren festgestellt werden soll und dieser **Grundlage eines Anspruchs des Antragstellers** oder eines anderen Rechts gegen ihn **bilden** kann. Mit dieser Maßgabe liegt ein rechtliches Interesse vor allem dann vor, wenn es in der Hauptsache um Mängelansprüche (Gewährleistungsansprüche) geht bzw. gehen kann, deren Grundlagen im Rahmen eines vorgeschalteten selbstständigen Beweisverfahrens geklärt werden sollen (OLG Frankfurt/M. Beschl. v. 19.6.1991 21 W 19/91 = MDR 1991, 989; OLG Bamberg Beschl. v. 16.6.1994 4 W 44/94 = NJW-RR 1995, 893, 894; *Thieme* MDR 1991, 938; *Weyer* BauR 1992, 313, 318; *Werner/Pastor* Rn. 34 – vgl. hierzu auch *Schreiber* NJW 1991, 2601; MüKo/*Schreiber* § 485 ZPO Rn. 13). Darüber hinaus stehen alle anderen »Ansprüche« im Rechtssinne in Rede (OLG Hamm Beschl. v. 26.6.1996 13 W 21/96 = NJW-RR 1998, 68; OLG Düsseldorf Beschl. v. 16.1.2001 22 W 2/01 = BauR 2001, 1290, 1291 = NJW-RR 2001, 1725, 1726; *Baumbach/Lauterbach/Albers/Hartmann* § 485 ZPO Rn. 8; *Cuypers* NJW 1994, 1985, 1986); deswegen kann ein Beweisverfahren auch gegen einen Bürgen eines an sich Gewährleistungspflichtigen angestrengt werden (OLG Frankfurt Beschl. v. 19.6.1991 21 W 16/91 = MDR 1991, 989; *Thieme* MDR 1991, 938). Allerdings ist gerade bei dieser erweiterten Auslegung darauf zu achten, dass sich das rechtliche Interesse an den in § 485 Abs. 2 ZPO unter den Nrn. 1–3 aufgeführten Gegenständen möglicher Beweiserhebung orientieren muss (so auch *Enaux* FS Vygen S. 386, 388). Hieran fehlt es, wenn eine **Beweiserhebung unter keinem erdenklichen Gesichtspunkt einem bestimmten Rechtsstreit zugeordnet** werden kann, etwa wenn kein Rechtsverhältnis oder kein möglicher Prozessgegner ersichtlich ist (KG Beschl. v. 6.12.1991 24 W 2604/91 = BauR 1992, 403 = MDR 1992, 179, 180; OLG Bamberg Beschl. v. 16.6.1994 4 W 44/94 = NJW-RR 1995, 893, 894; *Zöller/Herget* § 485 ZPO Rn. 7a; *Werner/Pastor* Rn. 34; *Enaux* Jahrbuch Baurecht 1999 S. 162, 168 f.). Dabei kommt es jedoch nicht auf die bloße Behauptung des Antragsgegners an, er habe mit einem Mangel nichts zu tun oder die Ansprüche seien verjährt. Diese Fragen sind in erster Linie im Hauptsacheverfahren zu klären (OLG Düsseldorf Beschl. v. 13.10.2000 21 W 43/00 = BauR 2001, 128). Entscheidend ist vielmehr eine objektive Betrachtungsweise. Nur dann, wenn klar auf der Hand liegt, dass der Anspruch, dessen sich der Antragsteller berühmt, nicht bestehen kann, lässt sich das rechtliche Interesse insoweit verneinen (OLG Düsseldorf Beschl. v. 16.1.2001 22 W 2/01 = BauR 2001, 1290, 1291 = NJW-RR 2001, 1725, 1726; OLG Saarbrücken Beschl. v. 13.9.2004 4 W 166/04 = OLGR 2005, 120 [Ls.]; *Zöller/Herget* § 485 ZPO Rn. 7a; wohl auch OLG Schleswig Beschl. v. 13.4.2004 16 W 7/04 = OLGR 2004, 435, das in der Sache dann aber fast eine Schlüssigkeitsprüfung vornimmt, die im selbstständigen Beweisverfahren gerade nicht stattfindet – siehe dazu Rn. 76). An einer Bezugnahme auf die in Nr. 1–3 aufgeführten Gegenstände möglicher Beweiserhebung fehlt es ebenfalls, wenn mit dem Beweisverfahren lediglich **Rechtsfragen** beantwortet werden sollen, so z.B., ob der Antragsteller nach den AGB des Antragsgegners einen Anspruch nicht nur auf Nacherfüllung, sondern auch auf Ersatzlieferung oder Rücktritt hat (OLG München Beschl. v. 6.10.1992 28 W 2376/92 = BauR 1993, 117; vgl. dazu *Weyer* BauR 1992, 313 unter Hinweis auf OLG Düsseldorf v. 16.9.1991 22 W 51/91; *Enaux* FS Vygen S. 386, 390). Dasselbe gilt, wenn es lediglich um die Prüfung der Erfolgsaussichten einer Klage geht (OLG Köln Beschl. v. 15.4.1998 15 W 26/98 = BauR 1999, 195; *Enaux* a.a.O.).

Zweifelhaft ist ein rechtliches Interesse, **wenn bereits ein Sachverständigengutachten** zu der (erneut) gestellten Beweisfrage **vorliegt**. Je nach Qualität des Erstgutachtens ist dies jedoch nicht ausgeschlossen (vgl. §§ 485 Abs. 3, 412 ZPO): Allerdings sind dann konkrete Umstände vorzutragen, aufgrund derer das Erstgutachten als unzureichend und dessen Ergänzung bzw. die Einholung eines weiteren Gutachtens erforderlich erscheinen (OLG Düsseldorf Beschl. v. 16.9.1991 22 W 46/91 = JurBüro, 1992, 425, 426; *Enaux* FS Vygen S. 386, 389; *Werner/Pastor* Rn. 35). Dabei muss sich die fehlende Aussagekraft aus dem Erstgutachten aber evident ergeben (OLG Frankfurt Beschl. v. 5.5.2006 19 W 17/06 = IBR 2006, 478). Denn grundsätzlich ist die Prüfung der Aussagekraft des Erstgutachtens dem nachfolgenden Hauptsacheverfahren vorbehalten, wobei dem Gericht hier ein Beurteilungsermessen zusteht (OLG Jena Beschl. v. 16.12.2005 4 W 637/05 = OLGR 2006, 147, 148 = BauR 2006, 579 [Ls.]). §§ 485 Abs. 3, 412 ZPO gewinnen auch an Bedeutung, wenn ein **zweites Beweisverfahren mit denselben Beweisfragen**, nunmehr aber mit umgekehrtem Rubrum durchgeführt werden soll (OLG Düsseldorf Beschl. v. 21.10.1996 5 W 48/96 = BauR 1997, 515, 516 = NJW-RR 1997, 1086). Insoweit gelten keine anderen Maßstäbe als vorstehend beschrieben. Uneingeschränkt zulässig ist hingegen die Einholung eines (weiteren) Gutachtens zu denselben Beweisthemen in einem selbstständigen Beweisverfahren, die der Antragsgegner als gerichtlicher Sachverständiger in einem von dem Antragsteller gegen einen Dritten geführten Verfahren bearbeitet hat. Dies ist kein Fall des § 412 ZPO, weil es insoweit an der Identität der Verfahrensparteien fehlt (OLG Frankfurt Beschl. v. 17.2.2003 2 W 49/02 = IBR 2003, 585). **29**

d) Einbeziehung Dritter; Streitverkündung

Mit der nach § 485 Abs. 2 ZPO zugelassenen Möglichkeit, den Zustand einer Bauleistung, die Existenz und die Ursache von Mängeln und deren Beseitigungsaufwand gerichtsverwertbar feststellen zu lassen, wird der Antragsteller – meist der Bauherr – i.d.R. ohne weiteres in die Lage versetzt, die für ihn wichtigen Punkte einzeln oder kumulativ ohne Einleitung eines Prozessverfahrens zu klären (zur Möglichkeit des Unternehmers, zu den Beweisfragen einen Gegenantrag zu stellen oder das Beweisthema des anhängigen Verfahrens durch eigene Anträge auszuweiten, unten Rn. 63 ff.). Offen bleibt allerdings nach dem gesetzlichen Wortlaut die **Einbeziehung Dritter**, d.h. solcher Baubeteiligter, die (zunächst) **nicht Partei des Beweisverfahrens** sind. Dabei geht es zum einen um die Frage, wie mehrere potenziell für einen Baumangel Verantwortliche (Unternehmer, Architekt, Statiker, ggf. auch Nachunternehmer) in die Feststellungswirkung des Beweisverfahrens und damit des Sachverständigengutachtens einbezogen werden können. Nicht geregelt ist zum anderen, ob und ggf. wie ein im selbstständigen Beweisverfahren gegen einen der Baubeteiligten ergangenes Gutachten in den Prozess gegen andere Baubeteiligte eingeführt werden kann. Denn vor allem aus **Kostengesichtspunk-** **30** ten (siehe dazu näher unten Rn. 86 ff.) entspricht es der Regel, dass der Antragsteller (insbesondere bei Baumängeln der Bauherr) diejenigen Baubeteiligten, die in geringerem Maße als Verantwortliche für die zwischenzeitlich auftretenden Schäden in Betracht kommen, als Antragsgegner aus dem Beweisverfahren (zunächst) ausklammern wird. Zeigt sich ihre Verantwortung dann später doch, kann sich das bisherige Verfahren ggf. als nutzlos erweisen. Denn das **Ergebnis eines Beweisverfahrens** kann nach § 493 Abs. 1 ZPO nur in dem **Hauptverfahren verwertet** werden, **in dem die Parteien mit denen des Beweisverfahrens identisch** sind. In Betracht kommt daher in einem späteren Hauptsacheverfahren mit anderen Verfahrensbeteiligten allenfalls eine Vernehmung des im selbstständigen Beweisverfahren tätigen Gutachters als sachverständiger Zeuge (BGH Urt. v. 12.7.1990 VII ZR 92/89 = SFH § 493 ZPO Nr. 3 = BauR 1990, 773 = ZfBR 1990, 277 = LM § 493 ZPO Nr. 3 – sowie nachfolgend Rn. 37). Das reicht für eine gegenüber Dritten verbindliche Tatsachenfeststellung jedoch nicht ohne weiteres aus. Vor diesem Hintergrund sollte der Antragsteller, ggf. aber auch der Antragsgegner Dritte in ein gerade außerhalb eines Rechtsstreits geführtes laufendes selbstständiges Beweisverfahren rechtzeitig nach dessen Beginn nachträglich einbeziehen, wenn sich deren Haftung abzeichnet. Die Einbeziehung kann vor allem auf drei Wegen in Betracht kommen, nämlich durch eine Streitverkündung, durch eine Erweiterung sowie durch eine sonstige Verwertung von Ergebnissen eines Beweisverfahrens ohne prozessuale Erklärungen. Hierzu gilt:

aa) Streitverkündung

31 In erster Linie ist im selbstständigen Beweisverfahren ebenso wie im Hauptverfahren eine **Streitverkündung mit Nebeninterventionswirkung** (vgl. dazu *Wilke* BauR 1995, 465) zu prüfen. Eine solche ist geboten, wenn sich der Antragsgegner etwaige Rückgriffsansprüche sichern will (so z.B. der vom Bauherrn angegangene Generalunternehmer gegenüber seinem Subunternehmer). Dasselbe gilt für Ausgleichsansprüche im Gesamtschuldverhältnis, so z.B., wenn der Bauherr wegen eines Baumangels nur einen Schadensverursacher (Bauunternehmer) angeht, obwohl der Schaden durch mehrere verursacht wurde und diese im Verhältnis untereinander gegenüber dem Bauherrn als Gesamtschuldner haften (so ggf. Architekt und Bauunternehmer). Die **Zulässigkeit** der Streitverkündung im selbstständigen Beweisverfahren ist heute anerkannt (BGH Urt. v. 5.12.1996 VII ZR 108/95 = BGHZ 134, 190, 192 = BauR 1997, 347, 348 f. = NJW 1997, 859 = ZfBR 1997, 148, 149; ebenso BGH Urt. v. 2.10.1997 VII ZR 30/97 = BauR 1998, 172 = ZfBR 1998, 26). Hauptgrund für die Zulassung ist vor allem die Zielrichtung des selbstständigen Beweisverfahrens, Prozesse zu vermeiden, mindestens aber den Gang der Verfahren zu erleichtern und zu beschleunigen. Deswegen sind mehrfache Beweiserhebungen wegen desselben Gegenstands mit möglicherweise unterschiedlichen Ergebnissen nicht geboten. Vielmehr sei es, so der BGH, nahe liegend, trotz Fehlens einer ausdrücklichen gesetzlichen Regelung die Streitverkündung im selbstständigen Beweisverfahren zuzulassen. Dass § 72 Abs. 1 ZPO von einem »Rechtsstreit« spreche, führe zu keinem anderen Ergebnis. Denn abgesehen davon, dass das selbstständige Beweisverfahren in der Regel ein kontradiktorisches Verfahren zwischen Antragsteller und Antragsgegner sei, entspreche die analoge Anwendung der Vorschriften über die Streitverkündung auch dem Willen des Gesetzgebers (BGH a.a.O.; *Werner/Pastor* Rn. 48; *Enaux* Jahrbuch Baurecht 1999 S. 162, 174 – a.A. MüKo/*Schreiber* § 485 ZPO Rn. 22 – vgl. auch zur Gesetzesbegründung: Bericht des Rechtsausschusses des Deutschen Bundestages zum Entwurf des Rechtspflege-Vereinfachungsgesetzes: BT-Drucks. 11/8283, IV zu Nr. 31a – neu, S. 48).

32 Auf der Rechtsfolgenseite führt die zulässige Streitverkündung dazu, dass **einem Streitverkündeten das Ergebnis der Beweisaufnahme entsprechend § 68 ZPO** in einem nachfolgenden Prozess **entgegengehalten** werden kann (BGH a.a.O.). Keinesfalls wird der Streitverkündete jedoch durch die Streitverkündung zu einer Art »Ersatzpartei«. Daher sind im Rahmen einer Streitverkündung Beweisfragen, die sich nicht gegen den Antragsgegner, sondern nur gegen den Streitverkündeten richten, mangels eines rechtlichen Interesses unzulässig (KG Beschl. v. 15.2.1999 25 W 6893/98 = KGR 1999, 396; ebenso OLG Düsseldorf Beschl. v. 25.3.2004 I-5 W 61/03 = BauR 2004, 1657, 1658; OLG Stuttgart Beschl. v. 23.2.2004 13 W 6/04 = OLGR 2004, 254 = BauR 2004, 886 f. [Ls.]).

Der Schriftsatz mit der Streitverkündungserklärung entspricht den Anforderungen eines bestimmenden Schriftsatzes. Daher ist dem Streitverkündeten die **Streitverkündungsschrift nach § 73 S. 2 ZPO ordnungsgemäß zuzustellen** (so ausführlich und zu Recht *Schulz* BauR 2001, 327 ff.; *Enaux* FS Jagenburg 2002 S. 147, 148 ff.; i.E. ebenso, wenn auch mit anderer Begründung *Parmentier* BauR 2001, 888 ff.). Auf die Zulässigkeit der Streitverkündung im selbstständigen Beweisverfahren kommt es für die Frage der Zustellung demgegenüber nicht an, da diese erst nach Beitritt des Zustellungsempfängers oder in einem nachfolgenden Rechtsstreit zu prüfen ist (OLG Frankfurt Beschl. v. 8.1.2001 5 W 29/00 = BauR 2001, 677, 678). Ist die Streitverkündung zulässig, folgt hieraus weiter, dass **der Streitverkündete dem Beweisverfahren** nach §§ 74, 70 ZPO **beitreten** kann. Ein solcher Beitritt kann erfolgen, solange ein Rechtsstreit, d.h. hier das Beweisverfahren anhängig ist. Ist dieses beendet, kommt ein Beitritt nicht mehr in Betracht (OLG Köln Beschl. v. 11.12.1997 12 W 59/97 = BauR 1998, 591; OLG Karlsruhe Beschl. v. 25.11.1997 19 W 68/97 = BauR 1998, 589; OLG Düsseldorf Beschl. v. 21.12.2000 5W 51/00 = BauR 2001, 675, 676; ähnlich OLG Frankfurt/M. Beschl. v. 8.1.2001 5 W 29/00 = BauR 2001, 677, das eine Streitverkündung bereits dann als unzulässig ansieht, wenn das Beweisverfahren »in seinem entscheidenden Teil« abgeschlossen ist; vgl. auch die weitergehenden Erläuterungen zum Ende des Beweisverfahrens unten Rn. 83 ff.). Des Weiteren bestehen wie bei einer im Prozess erklärten Streitverkündung keine Bedenken, dem Streitverkündeten das **Recht zur weiteren Streitverkündung** nach § 72 Abs. 2 ZPO einzuräumen (OLG Düsseldorf Beschl. v. 21.12.2000 5 W 51/00 = BauR 2001, 675, 676; LG Karlsruhe Beschl. v. 18.5.1999 6 OH 15/98 = BauR 2000, 441; *Werner/Pastor* Rn. 52; *Knacke* Jahrbuch Baurecht 2002 S. 329, 332; *Enaux* FS Jagenburg S. 147, 157 – a.A. LG Berlin Beschl. v. 18.9.1995 23 OH 14/95 = BauR 1996, 435). Darüber hinaus ist der Beigetretene im Beweisverfahren zur Einlegung von Rechtsmitteln befugt, solange nicht die Hauptpartei, auf deren Seite er beigetreten ist, einen Rechtsmittelverzicht erklärt hat (OLG Frankfurt Beschl. v. 6.10.1998 19 W 47/98 = BauR 1999, 434).

33

Ein Sonderfall liegt vor, wenn einem Dritten gegenüber innerhalb eines Beweisverfahrens der Streit verkündet wurde und anschließend in derselben Sache zwischen einem Verfahrensbeteiligten und diesem Dritten ein Hauptsacheverfahren anhängig wird, das letztlich auf den Ergebnissen dieses Beweisverfahrens aufbaut. Hier kommt regelmäßig eine **Aussetzung** des zeitlich später anhängigen Hauptsacheverfahrens nach § 148 ZPO in Betracht – und zwar aus denselben Gründen, aus denen eine Streitverkündung im selbstständigen Beweisverfahren zulässig ist. Denn auch insoweit kann nur mit einer Aussetzung eine andernfalls erforderliche mehrfache Beweiserhebung zu demselben Beweisthema vermieden werden (OLG München Beschl. v. 20.2.1997 28 W 705/97 = BauR 1998, 639 [Ls.] = NJW-RR 1998, 576; ebenso: *Baumbach/Lauterbach/Albers/Hartmann* § 148 ZPO Rn. 26 »Streitverkündung« – siehe zu der Frage der Aussetzung eines parallel laufenden Hauptverfahrens allgemein unten Rn. 82a).

34

bb) Verfahrenserweiterung durch Einbeziehung Dritter

Neben der Streitverkündung ist es auch sonst möglich, dass der Antragsteller oder der Antragsgegner **Dritte in das Verfahren** einbeziehen. Dazu ist ein entsprechender Antrag zu stellen, der auf **Ausdehnung des Verfahrens** gerichtet ist (OLG Thüringen Beschl. v. 29.8.1996 8 W 360/96 [68] = BauR 1997, 701 [Ls.]; LG Bonn Beschl. v. 9.9.1983 8 T 11/83 = BauR 1984, 306; a.A. OLG München Beschl. v. 26.1.1993 28 W 2698/92 = BauR 1993, 365 = SFH § 485 ZPO Nr. 10). Der Einbeziehung eines weiteren Antragsgegners in einem Verfahren, in dem Mängel einer Werkleistung festgestellt werden sollen, steht nicht entgegen, dass dieser Dritte vor einem anderen Gericht bereits Klage, z.B. Werklohnklage gegen den Antragsteller erhoben hat (OLG Düsseldorf Beschl. v. 2.5.1995 22 W 16/95 = BauR 1995, 878). Ein Dritter kann ebenfalls noch einbezogen werden, wenn schon ein schriftliches Sachverständigengutachten erstellt ist; denn immerhin ist es möglich, dass der weitere Antragsgegner noch an einer Anhörung des Sachverständigen im Beweisverfahren teilnimmt (a.a.O.). Etwas anderes kann im Einzelfall gelten, wenn das Beweisverfahren bereits seit Jahren läuft, das Gutachten schon vorliegt und es durch die Einbeziehung weiterer Antragsgegner nunmehr zu einer erheblichen

35

weiteren Verfahrensverzögerung kommen würde (OLG Celle Beschl. v. 4.5.2005 16 W 44/05 = BauR 2005, 1670; ebenso OLG Celle Beschl. v. 27.4.2005 4 AR 31/05 = BauR 2005, 1524 = IBR 2005, 457).

cc) Gutachten aus Beweisverfahren als Urkundenbeweis

36 An sich können die Feststellungen aus einem Beweisverfahren in einem späteren Prozess nur zwischen den am selbstständigen Beweisverfahren Beteiligten verwertet werden (§ 493 ZPO). Darüber hinaus kann das **Gutachten aus dem Beweisverfahren** aber auch in einem Rechtsstreit zwischen anderen Parteien als den an der selbstständigen Beweiserhebung Beteiligten eingeführt werden, und zwar im Wege des **Urkundenbeweises**. Dieser unterliegt dann allerdings nach § 286 ZPO der freien Beweiswürdigung des Gerichts (BGH Urt. v. 26.5.1982 IVa ZR 76/80 = NJW 1983, 121, 122; OLG Frankfurt Beschl. v. 8.10.1984 1 W 20/84 = MDR 1985, 853; auch *Quack* BauR 1991, 278, 282). Daher muss das Gericht in einem solchen Fall dem auf Ladung des Sachverständigen zur Erläuterung des Gutachtens gerichteten Beweisantrag im Hauptverfahren regelmäßig stattgeben, wenn dieser Antrag auf die Vernehmung des Sachverständigen als sachverständiger Zeuge abzielt (BGH Urt. v. 12.7.1990 VII ZR 92/89 = BauR 1990, 773 = SFH § 493 ZPO Nr. 3 = MDR 1991, 236 = NJW-RR 1991, 254 = LM § 493 ZPO Nr. 3 = ZfBR 1990, 277).

e) Hemmung der Verjährung

37 Die Durchführung eines selbstständigen Beweisverfahrens hat im Werkvertragsrecht verjährungshemmende Wirkung (§ 204 Abs. 1 Nr. 7 BGB). Die **Hemmung beginnt nach § 167 ZPO mit der Einreichung des Antrags**, soweit die Zustellung demnächst erfolgt, d.h.: Während nach der alten Rechtslage bereits die Stellung des Antrags auf Durchführung des Beweisverfahrens die Verjährung unterbrach (vgl. §§ 639 Abs. 1, 477 Abs. 2 BGB a.F.; vgl. noch zur alten Rechtslage z.B. OLG München Urt. v. 12.1.1999 13 U 1592/98 = IBR 2001, 186 – Revision vom BGH nicht zur Entscheidung angenommen, Beschl. v. 9.11.2000 VII ZR 75/99), **muss** nunmehr **der Antrag auf Durchführung des Beweisverfahrens** zum Zwecke der Hemmung der Verjährung **zugestellt werden**, wobei diese dann allerdings im Falle der alsbaldigen Zustellung gemäß § 167 ZPO auf den Zeitpunkt des Antragseingangs zurückwirkt. Dieses heute in § 204 Abs. 1 Nr. 7 BGB vorgesehene Erfordernis der Zustellung des Antrags auf Einleitung des selbstständigen Beweisverfahrens zum Zwecke der Verjährungshemmung beruht auf einem Irrtum des Gesetzgebers. Denn dieser ging davon aus, dass Anträge auf Einleitung eines selbstständigen Beweisverfahrens nach § 270 Abs. 1 ZPO stets förmlich zuzustellen sind (vgl. BT-Drucks. 14/6040 S. 114, zu Nr. 7). Dies trifft jedoch nicht zu (a.A. *Kniffka/Koeble* 13. Teil Rn. 60, die eine Zustellung für zwingend erachten, wobei unklar ist, woraus sich dies ergeben soll). Denn § 270 Abs. 1 ZPO schreibt nur die förmliche Zustellung von Schriftsätzen mit Sachanträgen vor; Anträge auf Einleitung eines selbstständigen Beweisverfahrens gehören jedoch nicht hierzu, da es sich dabei um reine Verfahrensanträge handelt (vgl. dazu schon *Weyer* BauR 2001, 1807, 1810; so auch *Zöller/Herget* § 490 ZPO Rn. 2; *Baumbach/Lauterbach/Albers/Hartmann* § 490 ZPO Rn. 7). Um hier jedes Risiko zu vermeiden, wird man nicht umhin kommen, als das Gericht ausdrücklich zur Zustellung aufzufordern – wobei das Gericht einer solchen Aufforderung allerdings keine Folge leisten muss.

38 Kommt es zu einer Hemmung, werden davon nach der sog. Symptomrechtsprechung des BGH (BGH Urt. v. 6.10.1988 VII ZR 227/87 = BauR 1989, 79 = NJW-RR 1989, 148 f.; BGH Urt. v. 23.2.1989 VII ZR 31/88 = BauR 1989, 470 = NJW-RR 1989, 667 f.) insbesondere bei Auseinandersetzungen zu Mängeln **sämtliche Ansprüche zu Ursachen eines Mangels** erfasst, soweit das auftretende Mangelsymptom hinreichend genau beschrieben wurde (so auch OLG Köln Urt. v. 29.6.1999 22 U 249/98 = BauR 2000, 134). Die Hemmung der Verjährung setzt allerdings weiter voraus, dass derjenige, der die Ansprüche geltend macht, auch **Inhaber des zugrunde liegenden Anspruchs** und auf der Grundlage dieses Anspruchs gleichzeitig Antragsteller des Beweisverfahrens ist (BGH Urt. v. 4.3.1993 VII ZR 148/92 = BauR 1993, 473, 474 = NJW 1993, 1916 = ZfBR 1993, 182, 183; Urt. v. 21.12.2000 VII ZR 407/99 = BauR 2001, 674, 675 = NJW-RR 2001, 385 = NZBau 2001, 201, 202

= ZfBR 2001, 183). Nicht gehemmt werden demnach die Ansprüche des Auftraggebers gegen den Auftragnehmer wegen Baumängeln, wenn der Auftragnehmer das Beweisverfahren eingeleitet hat. Dasselbe gilt im umgekehrten Fall, d.h.: Ein vom Auftraggeber eingeleitetes Beweisverfahren zur Feststellung von Mängeln hat keine Auswirkungen auf die Verjährung der Vergütungsansprüche des Auftragnehmers (OLG Karlsruhe Urt. v. 5.3.2002 17 U 110/01 = IBR 2003, 123, Nichtzulassungsbeschwerde vom BGH zurückgewiesen, Beschl. v. 28.11.2002 VII ZR 144/02). Während im Übrigen nach altem Recht die Einleitung eines Beweisverfahrens nur Gewährleistungsansprüche des Käufers und des Bestellers unterbrach, ist der Hemmungstatbestand des heutigen § 204 Abs. 1 Nr. 7 BGB nicht auf bestimmte Gläubiger beschränkt. Daher gilt von Gesetzes wegen diese Hemmungswirkung auch für **Auftragnehmer betreffend deren Vergütungsansprüche**, soweit diese ein Beweisverfahren einleiten. Die dagegen vertretene Ansicht insbesondere des OLG Saarbrücken (Urt. v. 17.8.2005 1 U 621/04 = BauR 2006, 561, 562 = NJW-RR 2006, 163, 164), wonach der Auftragnehmer doch gleich Zahlungsklage erheben könne, überzeugt nicht. Denn selbstverständlich könnte stets ein Gläubiger jeweils sofort eine Hauptsachenklage erheben. Sinn und Zweck des Beweisverfahrens insbesondere nach § 485 Abs. 2 ZPO ist es demgegenüber gerade, eine solche Hauptsachenklage zu vermeiden, wenn absehbar ist, dass es z.B. auf bestimmte Mangelbehauptungen ankommt. Folglich kann genauso wie der Bauherr auch der Auftragnehmer im Vorfeld eines Prozesses ein berechtigtes Interesse an der Klärung der Mangelsituation in einem selbstständigen Beweisverfahren haben. Somit ist kein Grund ersichtlich, warum ein vom Auftragnehmer eingeleitetes Beweisverfahren nicht zur Hemmung seiner Ansprüche nach § 204 Abs. 1 Nr. 7 BGB führen sollte – zumal wie erläutert der Wortlaut vorgenannter Regelung sowie deren Sinn und Zweck, unnötige Hauptsachenklagen zu vermeiden, wenn es zunächst auf eine Tatsachenfeststellung ankommt – eher für als gegen eine Hemmung sprechen (wie hier ebenfalls: *Erman/Schmidt-Räntsch* § 204 Rn. 20; *Soergel/Niedenführ* § 204 BGB Rn. 72; *Ulrich* Rn. 235; a.A. *Lenkeit* BauR 2002, 196, 216; offengelassen: *Palandt/Heinrichs* § 204 BGB Rn. 22; MüKo/*Grothe* § 204 BGB Rn. 39 f.). Voraussetzung für eine Hemmung der Verjährung ist darüber hinaus, dass der **Antragsgegner am Beweisverfahren ordnungsgemäß beteiligt** wurde, indem diesem die Antragsschrift oder wenigstens das Beweisergebnis, z.B. das schriftlich vorliegende Gutachten, zugestellt wurde (OLG Karlsruhe Urt. v 31.12.1997 19 U 181/96 = BauR 1999, 1054).

Ist der **Beweisantrag unzulässig, wird gleichwohl die Verjährung gehemmt,** wenn nicht der Antrag als unstatthaft zurückgewiesen wurde (BGH Urt. v. 21.1.1983 VII ZR 210/81 = BauR 1983, 255, 256 = NJW 1983, 1901 = ZfBR 1983, 121; Urt. v. 22.1.1998 VII ZR 204/96 = BauR 1998, 390 = NJW 1998, 1305 = ZfBR 1998, 153, 154). Dasselbe gilt, wenn nach dem Ergebnis eines ordnungsgemäß durchgeführten Beweisverfahrens ein konkret vorgetragener Mangel zunächst nicht bestätigt werden konnte. An der Hemmung der Verjährung für die Dauer des Beweisverfahrens ändert dieser Umstand nichts (BGH Urt. v. 30.4.1998 VII ZR 74/97 = BauR 1998, 826, 827 = NJW-RR 1998, 1475, 1476 = ZfBR 1998, 246, 247, kritisch dazu *Koppmann* BauR 2001, 1342). Dies gewinnt vor allem an Bedeutung, wenn erst in einem späteren Hauptsacheverfahren der Mangelbeweis geführt werden kann. Will demgegenüber der Auftragnehmer insoweit eine ggf. wiederholte und ausnahmsweise trotz §§ 485 Abs. 3, 412 ZPO zulässige Beweisfeststellung zu bestimmten Mängeln jeweils verbunden mit einer Verjährungshemmung vermeiden, verbleibt ihm zumeist kein anderer Weg, als eine negative Feststellungsklage zu erheben (*Koppmann* BauR 2001, 1342). Die Verjährung wird ebenfalls gehemmt, selbst **wenn der Antragsteller später den Antrag auf Durchführung des Beweisverfahrens zurücknimmt** (*Weyers* BauR 2001, 1807, 1812; *Enaux* FS Jagenburg S. 147, 153). Dies ergibt sich eindeutig aus der Gesetzesbegründung zu § 204 BGB n.F. (BT-Drucks. 14/6040 S. 118), während noch § 212 BGB a.F. bei Rücknahme des Antrages die Verjährung als nicht unterbrochen ansah.

Soweit die Verjährung für die Dauer eines selbstständigen Beweisverfahrens gehemmt ist, **endet diese sechs Monate nach Beendigung des Beweisverfahrens** (§ 204 Abs. 3 BGB; vgl. zur Beendigung des Beweisverfahrens unten Rn. 83 ff.; § 204 Abs. 3 BGB). Dies gilt auch dann, wenn das Beweisverfahren einstweilen deshalb nicht endet, weil es zwischenzeitlich vom Antragsgegner weitergeführt wird (BGH Urt. v. 21.12.2000 VII ZR 407/99 = BauR 2001, 674, 675 = NJW-RR 2001, 385 = NZBau 2001, 201, 202 = ZfBR 2001, 183).

41 Die **verjährungshemmende Wirkung tritt ebenso gegenüber einem Dritten** ein, dem im Rahmen des selbstständigen Beweisverfahrens der Streit verkündet wurde (§ 204 Abs. 1 Nr. 6 BGB – BGH Urt. v. 5.12.1996 VII ZR 108/95 = BGHZ 134, 190, 194 = BauR 1997, 347, 348 = NJW 1997, 859 = ZfBR 1997, 148, 149; Urt. v. 2.10.1997 VII ZR 30/97 = BauR 1998, 172, 173 = ZfBR 1998, 26). Die Hemmung beginnt nach § 167 ZPO entgegen dem Wortlaut bereits mit Einreichung des Streitverkündungsschriftsatzes, wenn dieser demnächst zugestellt wird. Sie endet ebenfalls sechs Monate nach Abschluss des Beweisverfahrens (§ 204 Abs. 3 BGB). Zu unterscheiden von der nach § 204 Abs. 1 Nr. 6 BGB geltenden Hemmung der Verjährung ist die in § 13 Nr. 5 VOB/B enthaltene Unterbrechung der Verjährung. Diese Unterbrechung wird nicht durch bloße Streitverkündung mit einer damit verbundenen Mangelmitteilung erzielt. Notwendig ist vielmehr, dass mit der Streitverkündung gleichzeitig eine schriftliche Mangelbeseitigungsaufforderung verbunden wird (OLG Hamm Urt. v. 18.12.1996 12 U 46/96 = OLGR 1997, 62, 63: Dieses Urteil wurde zwar später vom BGH Urt. v. 2.10.1997 VII ZR 30/97 = BauR 1998, 172 = ZfBR 1998, 26 aufgehoben, ohne dass sich der BGH aber mit der insoweit vom OLG Hamm als Berufungsgericht entschiedenen Rechtsfrage beschäftigte. Wie hier ebenso *Werner/Pastor* Rn. 53).

4. Beweisverfahren trotz Schiedsgutachtenabrede u.a.?

42 Nicht selten vereinbaren die Bauvertragsparteien im Bauvertrag, dass Auseinandersetzungen über Tatsachen vorrangig durch einen Schiedsgutachter zu klären sind (Schiedsgutachtenabrede). Weitergehend finden sich Vereinbarungen, nach denen eine Auseinandersetzung zu rechtlichen Fragen insgesamt einem zu bildenden Schiedsgericht zur Entscheidung zugewiesen wird (Schiedsgerichtsvereinbarung). Derartige Vereinbarungen wirken sich auf die **Zulässigkeit eines Beweisverfahrens** wie folgt aus:

a) Schiedsgutachtenabrede

43 Bei einem **Schiedsgutachtenverfahren** sollen je nach Inhalt der zugrunde liegenden Vereinbarung Feststellungen zu den dort genannten Sachverhalten durch einen sachkundigen Dritten getroffen werden. Das Verfahren ist nicht in der ZPO geregelt; insbesondere finden die für ein Schiedsverfahren geltenden Normen der §§ 1025 ff. ZPO keine Anwendung (vgl. nur *Zöller/Geimer* § 1029 ZPO Rn. 5; siehe hierzu auch unten ausführlich Rn. 115 ff.). Mit dieser Maßgabe ist gleichwohl nicht zu verkennen, dass **Schiedsgutachten- und Beweisverfahren vielfach dasselbe Ziel** verfolgen: Denn bei beiden handelt es sich um objektive Verfahren, mit denen zwischen den Parteien Meinungsverschiedenheiten zu Tatsachen unbeschadet einer rechtlichen Würdigung vorab außer Streit gestellt werden sollen, ggf. verbunden mit dem weiteren Ziel, dass dann ein Rechtsstreit zu diesen außer Streit gestellten Punkten vermieden werden kann.

44 Wegen dieser Parallelität beider Verfahren stellt sich die Frage, inwieweit die Durchführung eines selbstständigen Beweisverfahrens bei einer bestehenden Schiedsgutachtenabrede zulässig bleibt. Dies wird teilweise **bejaht mit dem Argument**, dass mit der Durchführung eines selbstständigen Beweisverfahrens die Vermeidung eines späteren Rechtsstreits zumindest nicht ausgeschlossen sei; somit läge auch das für ein Beweisverfahren notwendige rechtliche Interesse vor (OLG Köln Beschl. v. 19.10.1998 20 W 48/98 = IBR 1999, 289; OLG Koblenz Beschl. v. 15.7.1998 5 W 464/98 = BauR 1999, 1055 f.; *Thomas/Putzo* § 485 ZPO Rn. 10 m.w.N.; *Werner/Pastor* Rn. 34; *Kniffka/Koeble* 13. Teil Rn. 39). Dies gelte zumindest dann, wenn die Wirksamkeit der zugrunde liegenden Schiedsgutachenvereinbarung bestritten sei, weswegen dann eine Beweissicherung nach § 485 Abs. 1 ZPO wegen der Besorgnis des Verlustes oder Erschwernis der Benutzung von Beweismitteln in Betracht komme (OLG Brandenburg Beschl. v. 19.4.2002 7 W 16/02 = BauR 2002, 1737 = NJW-RR 2002, 1537). Schließlich würde mit dem Beweisverfahren zumindest nach altem Recht die Verjährung unterbrochen, was bei einem Schiedsgutachten nicht der Fall war (*Frieling* Rn. 145). **Gegen die parallele Zulässigkeit** beider Verfahren wird u.a. vorgetragen, dass den Parteien über die Schiedsgutachtenabrede ein einfacherer Weg zur Verfügung stehe, um an ihr Ziel zu kommen (*Zanner* BauR 1998, 1154, 1156). Diese vorgenannten Argumente überzeugen weder für die eine noch für die andere Seite. So ist es z.B. durchaus zweifelhaft, ob es über ein Schiedsgutachten tatsächlich einfacher ist, den begehrten Sachverhalt abschließend feststellen zu lassen. Auch die Hinweise auf die gegenüber einem Schiedsgutachtenverfahren bestehenden Vorteile eines Beweisverfahrens (etwa bei der Verjährung – so etwa *Kniffka/Koeble* 13. Teil Rn. 39) helfen nicht weiter. Denn gerade das Argument der Verjährung greift schon deshalb nicht (mehr), da sowohl bei einem Beweis- als auch bei einem Schiedsgutachtenverfahren die Verjährung gehemmt wird (vgl. § 204 Abs. 1 Nr. 7 und 8 BGB). Doch selbst wenn solche Vorteile bestünden, darf zunächst nicht verkannt werden, dass sich die Parteien kraft ihrer ausdrücklichen Vereinbarung bzgl. der Klärung von Tatsachenfragen gerade gegen die Durchführung eines Beweisverfahrens zugunsten eines Schiedsgutachtenverfahrens mit den bekannten Vor- und Nachteilen entschieden haben. Diesem Wunsch ist Rechnung zu tragen (*Zanner* BauR 1998, 1154, 1158). Anzuknüpfen ist sodann aber vor allem an das Hauptargument der Befürworter der Parallelität beider Verfahren, dass nämlich auch bei bestehender Schiedsgutachtenabrede ein Beweisverfahren i.S.d. § 485 Abs. 2 ZPO **geeignet sein könne, einen Rechtsstreit zu vermeiden** (siehe zu der Reichweite des daraus folgenden rechtlichen Interesses an der Durchführung eines Beweisverfahrens oben Rn. 24 ff.). Dies dürfte in der Regel falsch sein: Beruft sich nämlich der Antragsgegner bereits im Beweisverfahren auf die Schiedsgutachtenabrede, kann das Beweisverfahren selbst bei positivem Ausgang zugunsten des Antragstellers grundsätzlich keinen Rechtsstreit vermeiden (so auch ausdrücklich: OLG Düsseldorf Beschl. v. 28.4.1998 23 W 25/98 = BauR 1998, 1111, 1112; ähnlich: OLG Hamm Beschl. v. 15.10.1997 20 W 19/97 = NJW 1998, 689 zu der vergleichbaren Lage des Sachverständigenverfahrens nach § 14 AKB). Denn eine hierauf gestützte Klage wäre trotz durchgeführten Beweisverfahrens als vorläufig unbegründet abzuweisen (vgl. nur OLG Zweibrücken Urt. v. 31.7.1979 5 U 88/78 = BauR 1980, 482; OLG Düsseldorf Urt. v. 9.6.1986 5 U 203/85 = NJW-RR 1986, 1061; *Baumbach/Lauterbach/Albers/Hartmann* Grundz. § 1025 ZPO Rn. 17), wenn der Antragsgegner – wie es die Regel sein dürfte – an seiner Einrede zur Durchführung des Schiedsgutachtenverfahrens im späteren Hauptsacheverfahren festhält (*Zanner* BauR 1998, 1154, 1158). Stattdessen müsste nunmehr zunächst genau zu der Frage, zu der schon ein Beweisverfahren durchgeführt wurde, ein Schiedsgutachten mit ungewissem Ausgang eingeholt werden. Die Zulassung eines Beweisverfahrens würde somit nur Kosten verursachen, während die streitige Tatsachenfeststellung allein über das Schiedsgutachten stattfände. Worin hier noch ein selbst weit gefasstes rechtliches Interesse für ein Beweisverfahren liegen soll, ist nicht erkennbar. Dasselbe gilt erst recht, wenn bereits ein Schiedsgutachten vorliegt: Hier wäre es geradezu abwegig, wenn man nunmehr mit der vorgenannten Argumentation der Befürworter für die parallele Zulassung beider Verfahren gleichwohl noch die Durchführung eines selbstständigen Beweisverfahrens zu der bereits im Schiedsgutachten geklärten Frage erlauben würde (*Zanner* a.a.O.).

b) Schiedsgerichtsvereinbarung

Ähnlich problematisch ist die Rechtslage bei einer bestehenden **Schiedsgerichtsvereinbarung**, d.h. einer Abrede, aufgrund derer die Entscheidung eines Rechtsstreits zu Lasten eines staatlichen Gerichts einem privat zu bildenden Schiedsgericht zur Entscheidung zugewiesen ist. Hier ist zu unterscheiden: **Haben die Parteien keine gesonderte Regelung zu der Zulässigkeit eines Beweisverfahrens** getroffen, spricht nichts dagegen, die ein Schiedsverfahren vorbereitende Tatsachenfeststellung im Rahmen eines selbstständigen Beweisverfahrens zuzulassen. Insoweit bleibt allenfalls offen, ob und in welchem Umfang die Ergebnisse einer so durchgeführten Beweisaufnahme das spätere Schiedsgericht binden. Dies dürfte in der Regel nicht der Fall sein (*Wussow* S. 99; *Werner/Pastor* Rn. 71, 522), wobei es umgekehrt natürlich ohne weiteres möglich und sogar nahe liegend ist, dass das Schiedsgericht auf diese so gefundenen Ergebnisse zurückgreift. Hiervon zu unterscheiden

45

ist der Sachverhalt, dass die Parteien im Rahmen ihrer Schiedsgerichtsvereinbarung **die Tatsachenfeststellung** einschließlich der Durchführung eines selbstständigen Beweisverfahrens **ausdrücklich in die Verantwortung des Schiedsgerichts gelegt** haben. Auch hier bleibt jedoch die Durchführung eines selbstständigen Beweisverfahrens zunächst möglich: Denn nach § 1033 ZPO schließt eine Schiedsgerichtsvereinbarung nicht aus, dass ein staatliches Gericht vor oder nach Beginn des schiedsrichterlichen Verfahrens auf Antrag einer Partei eine vorläufige oder sichernde Maßnahme in Bezug auf den Streitgegenstand des schiedsrichterlichen Verfahrens ergreift. Die Durchführung eines Beweisverfahrens stellt eine solche vorbereitende und sichernde Maßnahme dar (*Werner/Pastor* Rn. 71, 522; *Baumbach/Lauterbach/Albers/Hartmann* § 1033 ZPO Rn. 4). Dies gilt erst recht, wenn sich das Schiedsgericht noch nicht einmal konstituiert hat, so dass schon aus diesem Grund eine ggf. schnelle Beweissicherung nicht anders möglich wäre (OLG Frankfurt Beschl. v. 5.5.1993 19 W 8/93 = BauR 1993, 504; OLG Koblenz Beschl. v. 15.7.1998 5 W 464/98 = BauR 1999, 1055). Hinsichtlich der Bindungswirkung der so gefundenen Ergebnisse gilt allerdings dasselbe wie bei Schiedsgerichtsvereinbarungen, die diesen Punkt nicht ausdrücklich regeln (*Werner/Pastor* Rn. 522).

c) Schlichtungsvereinbarung

46 Dieselben Grundsätze wie bei einer Schiedsgerichtsvereinbarung gelten bei einer Schlichtungsvereinbarung, die die Beschreitung des »ordentlichen Rechtswegs« erst ermöglicht, wenn zuvor eine Schlichtung stattgefunden hat. Auch hier spricht nichts dagegen, ein Beweisverfahren zur Vorbereitung der vereinbarten Schlichtung zuzulassen. Denn es dürfte auf der Hand liegen, dass eine sachgerechte Schlichtung in der Regel überhaupt nur stattfinden kann, wenn die streitigen Sachfragen etwa zu den behaupteten Baumängeln, deren Verursachung und einem etwaigen Mangelbeseitigungsaufwand zuvor geklärt sind (OLG Köln Beschl. v. 4.2.2002 17 W 24/02 = BauR 2002, 1120, 1121; a.A. etwa LG Bielefeld Urt. v. 18.1.2005 3 OH 30/04 = BauR 2005, 910 und 1221 [Ls.] = IBR 2005, 355).

III. Inhalt des Beweisantrags

47 Der **notwendige Inhalt** eines Beweisantrags **ergibt sich aus § 487 ZPO**. Danach muss der Beweisantrag den Gegner, die Tatsachen, über die Beweis erhoben werden soll, und die Beweismittel bezeichnen. Gleichzeitig sind die Tatsachen glaubhaft zu machen, die die Zulässigkeit des selbstständigen Beweisverfahrens und die Zuständigkeit des Gerichts begründen. Weitere Besonderheiten bestehen nicht: Insbesondere besteht für den Antrag **kein Anwaltszwang**; er kann vielmehr nach § 486 Abs. 4 ZPO vor der Geschäftsstelle zu Protokoll erklärt werden.

1. Bezeichnung des Gegners

48 Nach § 487 Nr. 1 ZPO muss im Antrag der Gegner bezeichnet werden. Antragsgegner ist derjenige, den der Antragsteller in seinem Antrag als solchen angibt. In Bausachen kann die richtige Auswahl des Antragsgegners auf Schwierigkeiten stoßen: Denn oft ist **nicht von vornherein zu erkennen**, ob für einen Mangel ein bestimmter Handwerker, ein Subunternehmer, der Architekt oder ein Sonderfachmann **verantwortlich** ist oder ob die Verantwortung **mehrere gemeinsam** trifft. Hier empfiehlt es sich deshalb, **alle als Verursacher bzw. Verantwortliche** in Betracht kommende Beteiligten in das Beweisverfahren als Antragsgegner einzubeziehen (ebenso OLG Frankfurt/M. Beschl. v. 5.9.1994 22 W 46/94 = BauR 1995, 275 = MDR 1994, 1244 = NJW-RR 1995, 831; in diesem Sinn auch: OLG Brandenburg Beschl. v. 16.12.2003 4 U 63/00 = BauR 2004, 698). Denn die rechtlichen Wirkungen des Beweisverfahrens – von der Verwertung des Gutachtens im Hauptprozess nach § 493 Abs. 1 ZPO bis zur Verjährungshemmung – treten stets nur im Verhältnis der am Verfahren beteiligten Parteien ein (BGH Urt. v. 12.7.1990 VII ZR 92/89 = SFH § 493 ZPO Nr. 3 = BauR 1990, 773 = MDR 1991, 236 = NJW-RR 1991, 254 = LM § 493 ZPO Nr. 3 = ZfBR 1990, 277).

Selbstständiges Beweisverfahren, Schiedsgutachten und Schiedsverfahren **Anhang 4**

§ 494 ZPO lässt das Beweisverfahren grundsätzlich auch gegen einen **unbekannten Gegner** zu. Hierfür muss der Antragsteller allerdings glaubhaft machen, dass er ohne Verschulden außerstande ist, den Gegner zu bezeichnen. Entscheidend ist dabei, dass der Antragsteller überhaupt keine Kenntnis von einem möglichen Antragsgegner hat. § 494 ZPO ist demgegenüber nicht anwendbar, wenn der Antragsteller lediglich unsicher ist, welcher Unternehmer für einen konkreten Mangel die Verantwortung trägt (*Werner/Pastor* Rn. 44; *Praun/Merl* in Hdb. priv. BauR § 16 Rn. 80). In Bausachen wird daher ein Rückgriff auf § 494 ZPO die Ausnahme bleiben. Denkbar ist dies aber immerhin in Bauträgerfällen, wenn Gewährleistungsansprüche gegen die ausführenden Unternehmer an den Bauherrn abgetreten werden und der Bauherr ggf. nach Insolvenz des Bauträgers die beteiligten Handwerker nicht kennt (vgl. das Beispiel von *Wussow* Das gerichtliche Beweissicherungsverfahren in Bausachen S. 31). Das Gericht kann, wenn es dem Antrag stattgibt, dem unbekannten Gegner nach § 494 Abs. 2 ZPO für die Beweisaufnahme einen Vertreter bestellen. **Zu beachten** bleibt in diesem Zusammenhang aber, dass der **Antrag gegen Unbekannt nicht die Verjährung der Gewährleistungsansprüche hemmt** (BGH Urt. v. 13.3.1980 VII ZR 80/79 = SFH § 639 BGB Nr. 4 = BauR 1980, 364 = NJW 1980, 1458 = ZfBR 1980, 189 = MDR 1980, 663 noch zur alten Rechtslage der Verjährungsunterbrechung, wobei nicht ersichtlich ist, warum dies nicht auch nach neuem Recht gelten sollte).

49

2. Bezeichnung der Beweistatsachen

Der Beweisantrag muss nach § 487 Nr. 2 ZPO die Tatsachen bezeichnen, über die Beweis erhoben werden soll. Vor allem bei dem **Beweisverfahren außerhalb eines anhängigen Rechtsstreits** betrifft dies alle Tatsachen, auf die sich die **gutachterlichen Feststellungen nach § 485 Abs. 2 S. 1 Nr. 1–3 ZPO beziehen sollen,** also zu Zustand oder Wert einer Sache, zur Ursache eines Sachmangels unter Darlegung der vertraglich geschuldeten Beschaffenheit bzw. zum Aufwand für die Beseitigung eines Sachmangels, und zwar jeweils im oben näher erläuterten Sinne.

50

Die im Beweisantrag erforderliche Angabe der Beweistatsachen führt in Bausachen vielfach zu einer besonderen Problemlage: Denn auf der einen Seite ist zu berücksichtigen, dass insbesondere bei Baumängeln als Hauptanwendungsfall des selbstständigen Beweisverfahrens der Bauherr i.d.R. fachlicher Laie ist. Er ist deshalb selbst nur begrenzt in der Lage, entsprechend den Anforderungen des § 485 Abs. 2 S. 1 Nr. 1 und 2 ZPO (Zustands- und Ursachenfeststellung) substantiierte Angaben zu machen, ohne sich dabei eines Fachmanns zu bedienen; Letzteres ist ihm um so weniger zumutbar, wenn sich das Verfahren (auch) gegen den eigenen Architekten oder Sonderfachmann richten soll, dieser also praktisch als Berater ausscheidet. Auf der anderen Seite fällt ins Gewicht, dass das Beweisverfahren für den konkreten (Mangel)sachverhalt die **Verjährung** aller sich darauf beziehenden **Mängel-/Gewährleistungsansprüche** hemmt (§ 204 Abs. 1 Nr. 7 BGB; vgl. BGH Urt. v. 18.3.1976 VII ZR 41/74 = BGHZ 66, 138 = BauR 1976, 205 = NJW 1976, 956 = SFH Z 2.415.2 Bl. 11 = LM § 209 BGB Nr. 30); das setzt dem Grunde nach eine klare Bezeichnung des Streitgegenstands voraus und spricht deshalb für strenge Anforderungen an die Substantiierungspflicht des Antragstellers. Doch selbst aus diesem Gesichtspunkt heraus dürfte es nicht erforderlich sein, dass der Antragsteller bereits im Antrag auf Einleitung eines Beweisverfahrens konkrete Mangelbeseitigungsmaßnahmen und die für ihre Durchführung erforderlichen Kosten angibt. Denn zumeist geht es ja darum, im selbstständigen Beweisverfahren durch den zu beauftragenden Sachverständigen überhaupt erst Mängel und deren Beseitigungsaufwand festzustellen (KG Beschl. v. 13.11.1991 24 W 4409/91 = BauR 1992, 407 = NJW-RR 1992, 574).

51

Die Diskrepanz beider Anforderungsprofile (vgl. dazu vor allem die eingehende Abwägung bei *Heyers* BauR 1986, 268, 270 ff.) löst sich weitgehend durch die bereits erwähnte **Rechtsprechung des BGH**. Nach ihr reicht es für einen Beweisantrag, insbesondere auch für die damit verbundene Verjährungshemmung – ebenso wie bei der Klageerhebung (BGH Urt. v. 10.11.1988 VII ZR 140/87 = SFH § 633 BGB Nr. 77 = BauR 1989, 81 = NJW-RR 1989, 207 = MDR 1989, 346 = ZfBR 1989, 54 =

52

LM § 633 BGB Nr. 70), der Beseitigungsaufforderung nach § 13 Nr. 5 VOB/B (BGH Urt. v. 9.10.1986 VII ZR 184/85 = SFH § 13 Nr. 5 VOB/B Nr. 16 = BauR 1987, 84 = NJW 1987, 381 = ZfBR 1987, 37 = MDR 1987, 310 = LM § 13 [B] VOB/B Nr. 22) und der schon nach früherem Recht geltenden Verjährungshemmung bei Prüfung des Mangels durch den Unternehmer gemäß § 639 Abs. 2 BGB a.F. (BGH Urt. v. 20.4.1989 VII ZR 334/87 = SFH § 13 Nr. 5 VOB/B Nr. 27 = BauR 1989, 603 = NJW-RR 1989, 979= ZfBR 1989, 202 = MDR 1989, 986 = LM § 639 BGB Nr. 30) – aus, wenn sich der Antragsteller auf eine hinreichend genaue **Beschreibung von zutage getretenen Erscheinungsformen** des Mangels (Mangelsymptome) beschränkt. **Die genaue Angabe von Mangelursachen ist hingegen nicht erforderlich** (OLG München Beschl. v. 12.9.1997 28 W 2066/97 = BauR 1998, 363; BGH BauR 1997, 1025 zu einem Mangelbeseitigungsverlangen). Allerdings muss der Antrag immerhin etwa behauptete Mängel bzw. Mangelerscheinungen so genau beschreiben, dass eine sichere Identifizierung ggf. durch einen einzuschaltenden Sachverständigen gewährleistet ist (so auch KG Beschl. v. 11.3.1999 10 W 1392/99 = KGR 1999, 292; *Werner/Pastor* Rn. 54). Vor diesem Hintergrund sollte ein Antrag in jedem Fall so genau wie möglich abgefasst sein. Dies gilt unabhängig davon, ob die behaupteten Mängel in der Ausführung der Arbeit an einzelnen Stellen, in der Wahl und Überwachung von Material und handwerklicher Verarbeitung allgemein, in der Konstruktion, den bautechnischen Verfahren oder bei Planung, Statik, Grundstückseigenschaft usw. liegen (BGH Urt. v. 6.10.1988 VII ZR 227/87 = SFH § 639 BGB Nr. 12 = BauR 1989, 79 = NJW-RR 1989, 27 = ZfBR 1989, 148 = MDR 1989, 153 = LM § 639 BGB Nr. 28).

53 Die Rechtsprechung des BGH führt im Ergebnis dazu, dass vor allem in Bausachen an die **Substantiierungspflicht des Antragstellers** im Beweisverfahren keine überspannten Anforderungen zu stellen sind. Vor diesem Hintergrund hat das OLG München (Beschl. v. 9.6.1986 = SFH § 487 ZPO Nr. 4 mit zust. Anm. *Hochstein*) zu Recht festgestellt, dass der Sachverständige im Beweisverfahren auch die Aufgabe hat, die für einen Laien nicht erkennbaren Fehler zu ermitteln. Allerdings darf man umgekehrt vom Bauherrn als fachlichem Laien zumindest fordern, dass er in seinem Beweisantrag die Erscheinungsform eines Mangels wenigstens in groben Zügen und so genau, wie es ihm möglich ist, beschreibt (OLG Köln Urt. v. 27.1.1986 12 U 88/85 = SFH § 640 BGB Nr. 13; KG Beschl. v. 13.11.1991 24 W 4409/91 = BauR 1992, 407 f. = NJW-RR 1992, 575; vgl. ferner *Werner/Pastor* a.a.O. Rn. 54; *Ulrich* AnwBl. 2003, 28, 31). Hierzu gehört, dass er **im Beweisantrag neben der Mangelerscheinung (»Ist-Beschaffenheit«) in der Regel gleichzeitig die Soll-Beschaffenheit** (vereinbarte Beschaffenheit gemäß § 13 Nr. 1 VOB/B bzw. die dort hilfsweise genannte Soll-Beschaffenheit) angibt (OLG Köln Beschl. v. 4.2.2002 17 W 24/02 = BauR 2002, 1120, 1122 f.; ebenso *Siegburg* BauR 2001, 875, 884 f.) – wobei sich diese jedoch zumeist ohne weiteres aus den mit dem Beweisantrag miteingereichten Unterlagen ergeben dürfte. Fehlt es an einer Vereinbarung der Soll-Beschaffenheit, kann immerhin hilfsweise gefragt werden, ob die tatsächlich ausgeführte Leistung den anerkannten Regeln der Technik entspricht. In diesem Fall ist allerdings im Antrag auf Einleitung des Beweisverfahrens gesondert darzulegen, dass die anerkannten Regeln der Technik mangels sonstiger Vereinbarung wenigstens hilfsweise gelten sollten (OLG Köln a.a.O.). Dass überhaupt die Soll-Beschaffenheit bzw. die anerkannten Regeln der Technik als Prüfgrundlage angegeben werden müssen, liegt auf der Hand: Denn andernfalls ist der Sachverständige i.d.R. nicht in der Lage, einen Baumangel als Abweichung der Ist- von der Soll-Beschaffenheit zu prüfen.

54 Eine **reine Ausforschung** (Beispiele hierfür bei *Werner/Pastor* a.a.O. Rn. 56 sowie *Moufang/Kupjetz* NZBau 2003, 646) z.B. mit dem Ziel der Feststellung, ob das Bauwerk überhaupt Mängel aufweist, ist **unzulässig** (OLG Düsseldorf Beschl. v. 1.12.1980 21 W 53/80 = MDR 1981, 324; OLG Düsseldorf Beschl. v. 16.9.1991 22 W 46/91 = JurBüro 1992, 426; OLG Jena Beschl. v. 10.3.1998 3 W 129/98 = OLGR 1998, 186, 187; KG Beschl. v. 1.10.1998 10 W 6456/98 = NJW-RR 1999, 1369; OLG Köln Beschl. v. 4.2.2002 17 W 24/02 = BauR 2002, 1120, 1122; *Zöller/Herget* § 487 ZPO Rn. 4; *Werner/Pastor* Rn. 56; MüKo/*Schreiber* § 487 ZPO Rn. 2; *Siegburg* BauR 2001, 875, 884 m.w.N.). Entscheidend ist daher, dass der Antragsteller jeweils eine konkrete Tatsachenbehauptung aufstellt, die er im Beweisverfahren überprüfen lassen will; reine Schadensvermutungen können nicht Gegenstand eines selbstständigen Beweisverfahrens sein. Insoweit ist der Antragsteller aber selbstverständlich nicht gehindert, die **zu prüfenden Beweistatsachen in Frageform** zu kleiden; jedoch müssen diese Fragen einen tatsächlichen Kern aufweisen, der zu prüfen sein soll (OLG Köln Beschl. v. 4.2.2002 17 W 24/02 = BauR 2002, 1120, 1122). Von der reinen Tatsachenfrage ist immerhin eine Ausnahme zu machen: Nach § 485 Abs. 2 Nr. 2 und 3 ZPO kann in einem Beweisverfahren auch die Mangelursache sowie ein etwaiger Beseitigungsaufwand zu einem Mangel geklärt werden (vgl. oben Rn. 21 ff.). Hierbei handelt es sich streng genommen nicht um Tatsachenfragen, die aufgrund einer entsprechenden Behauptung des Antragstellers geklärt werden sollen. Deutlich wird dies etwa an der (zulässigen) Beweisfrage, ob es sich bei einem festzustellenden Mangel um einen Planungs- oder Überwachungsfehler handelt (OLG Frankfurt Beschl. v. 29.6.2000 25 W 134/99 = BauR 2000, 1370). In diesen Fällen können somit im Beweisantrag entgegen § 487 Nr. 2 ZPO nicht die zu prüfenden Tatsachen als solche bezeichnet werden; vielmehr sollen diese durch das Beweisverfahren überhaupt erst ermittelt werden. Diese terminologische Ungenauigkeit ist jedoch hinzunehmen. Denn aus § 485 Abs. 2 Nr. 2 und 3 ZPO ist eindeutig zu entnehmen, dass auch diese Fragen einem Beweisverfahren zugänglich sind. Nur so lassen sich nämlich in einem Beweisverfahren möglichst umfassend die tatsächlichen Grundlagen für eine Streiterledigung erheben, wozu der Mangelbeseitigungsaufwand gehört (OLG Köln Beschl. v. 4.2.2002 17 W 24/02 = BauR 2002, 1120, 1123; ausführlich dazu auch *Siegburg* BauR 2001, 875, 883 ff.).

3. Benennung der Beweismittel, vor allem: Ablehnung eines Sachverständigen

Im **Antrag** auf Einleitung eines selbstständigen Beweisverfahrens sind nach § 487 Nr. 3 ZPO die **55** **Zeugen zu benennen** oder die übrigen nach § 485 ZPO zulässigen **Beweismittel zu bezeichnen**. Bei der Bezeichnung des Beweismittels »Sachverständigenbeweis« fordert § 487 Nr. 3 ZPO nicht die Bennennung eines bestimmten Sachverständigen. Hieraus folgt, dass das Gericht bei der Auswahl des Sachverständigen frei ist (*Schreiber* NJW 1991, 2600, 2602; *Quack* BauR 1991, 278, 280; *Hansens* NJW 1991, 953, 957). Daher ist es durchaus möglich, dass das Gericht einen anderen als den vom Antragsteller vorgeschlagenen Sachverständigen bestellt (vgl. OLG München Beschl. v. 16.9.1991 28 W 2316/91 = MDR 1992, 520; OLG Düsseldorf Beschl. v. 3.6.1993 5 W 19/93 = OLGZ 1994, 85).

Aufgrund der vorbeschriebenen gesetzlichen Regelung verbleiben unbeschadet eines selbstverständ- **56** lich möglichen Vorschlags zur Bestellung eines bestimmten Sachverständigen **nur wenig Möglichkeiten, Einfluss auf dessen Auswahl** zu nehmen. Sie bestehen allerdings in einem beschränkten Maße, wenn der Antragsteller nach § 404 Abs. 3 ZPO vom Gericht aufgefordert wird, geeignete Sachverständige zu benennen. Daneben kann die in § 404 Abs. 4 ZPO festgelegte Bindung des Gerichts an eine Einigung der Parteien auf einen bestimmten Sachverständigen Bedeutung erlangen. Grundsätzlich ist gegen die Auswahl des Sachverständigen durch das Gericht kein Rechtsmittel gegeben (OLG Frankfurt/M. Beschl. v. 17.6.1993 22 W 24/93 = OLGR Frankfurt 1993, 223; OLG Düsseldorf Beschl. v. 12.9.1997 22 W 48/97 = BauR 1998, 366 = NJW-RR 1998, 933).

Die zum alten Beweissicherungsverfahren hochstreitige Problematik um die Frage, ob und ggf. unter **57** welchen Voraussetzungen ein vom Antragsteller benannter und daraufhin gerichtlich ernannter Sachverständige wegen **Besorgnis der Befangenheit abgelehnt** werden kann (vgl. u.a. OLG Köln Beschl. v. 13.1.1992 13 W 1/92 = BauR 1992, 408 = SFH § 406 ZPO Nr. 6 = NJW-RR 1993, 63; ferner zum Meinungsstand *Werner/Pastor* Rn. 60 ff. sowie dazu *Müller* NJW 1982, 1961; *Hesse* ZfBR 1983, 247; *Motzke* BauR 1983, 500; *Weinkamm* BauR 1984, 29; *Kamphausen* BauR 1984, 31; *Schulze* NJW 1984, 1019), besteht heute aufgrund der vorgenannten Kompetenz des Gerichts bei der Sachverständigenauswahl in dieser Schärfe nicht mehr. Gleichwohl kann auch im selbstständigen Beweisverfahren eine Partei einen benannten Sachverständigen nach § 406 ZPO wegen Befangenheit ablehnen. Dies ist unstreitig (vgl. nur OLG Köln Beschl. v. 13.1.1992 13 W 1/92 = BauR 1992, 408 = SFH § 406 ZPO Nr. 6 = NJW-RR 1993, 63; OLG Celle Beschl. v. 13.2.1995 8 W 42/95 = BauR 1996,

Anhang 4   Selbstständiges Beweisverfahren, Schiedsgutachten und Schiedsverfahren

144 = NJW-RR 1995, 1404; OLG Celle Beschl. v. 25.10.1995 2 W 61/95 = NJW-RR 1996, 1086; KG Beschl. v. 1.10.1997 4 W 5615/97 = BauR 1998, 364 = NJW-RR 1998, 144; OLG Düsseldorf Beschl. v. 8.7.1997 22 W 29/97 = BauR 1998, 365 = NJW 1998, 168 [Ls.]; OLG Düsseldorf Beschl. v. 12.9.1997 22 W 48/97 = BauR 1998, 366 f. = NJW-RR 1998, 933 f.; *Werner/Pastor* Rn. 60 m.w.N.; *Zöller/Greger* § 406 ZPO Rn. 1). Bei der Prüfung hierzu ist zwischen der Befangenheit eines Sachverständigen als solcher und dem dann einzuhaltenden Verfahren zu unterscheiden:

a) Befangenheit des Sachverständigen

58 Die Besorgnis der Befangenheit ist bei der **Vorlage objektiver Gründe** gerechtfertigt, die vom Standpunkt der ablehnenden Partei aus die Befürchtung erwecken können, der **Sachverständige werde der Sache nicht unvoreingenommen und damit unparteiisch gegenüberstehen** können. Der bloße Anschein der Parteilichkeit reicht bereits aus (so ausdrücklich etwa OLG Düsseldorf Beschl. v. 8.7.1997 22 W 29/97 = BauR 1998, 365 = NJW 1998, 168 [Ls.]; KG Beschl. v. 1.10.1997 4 W 5615/97 = BauR 1998, 364, 365). Dies ist z.B. bei Nichtladung zu einem Ortstermin der Fall (siehe dazu unten Nachw. b. Rn. 60). Auch persönliche Gründe sind denkbar, wenn etwa der Sachverständige als Doktorand und Assistent des Geschäftsführers des Antragsgegners an demselben Universitätsinstitut tätig war, unter dessen Betreuung als Doktorvater promoviert worden ist und in dieser Zeit eine enge wissenschaftliche Zusammenarbeit zwischen beiden bestand, die in drei fachspezifischen Veröffentlichungen zum Ausdruck kam, auch wenn dies alles ca. 20 Jahre zurückliegt. Denn eine solche besondere Verbundenheit in fachlicher und persönlicher Hinsicht kann bis in die Gegenwart mehr oder weniger andauern; dabei kann sie weiter – bewusst oder unbewusst – den ehemaligen »Schüler« als Sachverständigen gegenüber seinem »Lehrer« in der gebotenen Unparteilichkeit beeinflussen. Ob der Sachverständige insoweit tatsächlich befangen ist oder sich für unbefangen hält, ist nicht maßgebend (OLG Köln Beschl. v. 13.1.1992 13 W 1/92 = BauR 1992, 408 = SFH § 406 ZPO Nr. 6 = NJW-RR 1993, 63). Eine Ablehnung wegen Besorgnis der Befangenheit eines Sachverständigen kommt ferner in Betracht, wenn dieser nach Erstellung eines Gutachtens in einem Beweisverfahren für eine Partei gegen Entgelt ein Privatgutachten erstattet, solange eine weitere Tätigkeit als gerichtlicher Sachverständiger in derselben Sache nicht ausgeschlossen ist (OLG Schleswig Urt. v. 11.2.1992 16 W 29/92 = BauR 1993, 117). Auch ist die Ablehnung eines Sachverständigen berechtigt, wenn der Sachverständige vorher zwar für einen Dritten tätig war, seine Tätigkeit aber als eine solche für die Gegenpartei des Beweisverfahrens verstanden hat (vgl. OLG Düsseldorf Beschl. v. 31.1.1995 23 W 3/95 = BauR 1995, 876). Ebenso trifft dies zu, wenn der Sachverständige in derselben Sache schon für eine Partei ein Privatgutachten erstattet hat (OLG Köln Beschl. v. 27.4.1972 1 W 14/72 = OLGZ 1972, 474; OLG Schleswig Urt. v. 11.2.1992 16 W 29/92 = BauR 1993, 117; OLG Celle Beschl. v. 13.2.1995 8 W 42/95 = BauR 1996, 144; OLG Düsseldorf Beschl. v. 8.7.1997 22 W 29/97 = BauR 1998, 365). Die Ablehnung eines Sachverständigen soll demgegenüber ausscheiden, selbst wenn sich der Sachverständige fälschlich als öffentlich bestellter und vereidigter Sachverständiger bezeichnet hat (OLG Frankfurt Beschl. v. 20.1.1994 24 W 8/94 = BauR 1995, 133), was aber insgesamt bedenklich erscheint. Ebenso soll eine Sachverständigenablehnung ausgeschlossen sein, wenn der bestellte Sachverständige bereits zuvor in anderer Funktion (nicht im Auftrag einer Partei) mit den zu begutachtenden Objekten befasst war (OLG Brandenburg Beschl. v. 30.12.2004 11 W 93/04 = BauR 2005, 1208 für einen Ingenieur, der zunächst mit der Entwicklung von Plattenbauten befasst war und nunmehr zum Sachverständigen für konstruktive Mängel an Plattenbauten bestellt wurde).

b) Formvorschriften

59 Ein Ablehnungsantrag kann nach § 406 Abs. 2 S. 3 ZPO auch zu Protokoll der Geschäftsstelle erklärt werden; für ihn besteht also **kein Anwaltszwang (§ 78 Abs. 3 ZPO)**. Der **Ablehnungsgrund** ist nach § 406 Abs. 3 ZPO **glaubhaft** zu machen. Dabei bestehen bei der Auswahl der Mittel der Glaubhaftmachung keine Besonderheiten; allerdings ist nach § 406 Abs. 3 Hs. 2 ZPO eine eigene eidesstattliche Versicherung des Ablehnenden nicht zugelassen.

c) Frist

Nach § 406 Abs. 2 S. 1 ZPO ist der Ablehnungsantrag **fristgebunden**. Er ist bei dem Gericht oder Richter, von dem der Sachverständige ernannt worden ist, **vor seiner Vernehmung zu stellen, spätestens binnen 2 Wochen nach Verkündung oder Zustellung des Beschlusses über die Ernennung.** Bei der in **Bausachen** regelmäßig angeordneten schriftlichen Begutachtung kommt es insoweit regelmäßig auf den zweitgenannten Zeitpunkt an. Wichtig für die Baupraxis ist ferner § 406 Abs. 2 S. 2 ZPO: Danach ist zu einem **späteren Zeitpunkt die Ablehnung nur zulässig, wenn der Antragsteller (des Ablehnungsantrags) glaubhaft macht, dass er ohne sein Verschulden verhindert war, den Ablehnungsgrund früher geltend zu machen** (vgl. dazu OLG Koblenz Beschl. v. 10.1.1992 4 W 2/92 = NJW-RR 1992, 1471). Zu Problemen kommt es dabei vor allem, wenn sich für den Ablehnenden erst später, wie z.B. bei einer Nichtbenachrichtigung der Beteiligten von einem Ortstermin oder einer Ortsbesichtigung durch den Sachverständigen, aus dem Inhalt des schriftlichen Gutachtens oder bei der Anhörung des Sachverständigen die Ablehnungsgründe ergeben (vgl. OLG Köln Beschl. v. 1.6.1992 19 W 21/92, VersR 1993, 1502; OLG München Beschl. v. 2.4.1993 14 W 43/93 = BauR 1993, 636; OLG Celle Beschl. v. 13.2.1995 8 W 42/95 = NJW-RR 1995, 1404). In diesen Fällen ist der Ablehnungsantrag **unverzüglich,** und zwar unabhängig von der Prozesslage und vom Erfolg anderer Anträge zu stellen; allerdings ist dem Antragsteller u.U., so z.B. bei der Ablehnung eines Sachverständigen wegen Art und Inhalt des erstellten Gutachtens, eine von den Gegebenheiten des Einzelfalls abhängige Überlegungsfrist einzuräumen (BayObLG Beschl. v. 16.6.1994 1Z BR 73/94 = MDR 1995, 412; OLG Koblenz Beschl. v. 29.6.1998 3 U 1078/95 = NJW-RR 1999, 72, 73 = BauR 1999, 283 [Ls.]; OLG München Beschl. v. 5.11.1999 1 W 2570/99 = OLGR 2000, 211, 212 = IBR 2000, 572; OLG Brandenburg Beschl. v. 14.11.2000 9 UF 267/00 = NJW-RR 2001, 1433; *Thomas/Putzo* § 406 ZPO Rn. 7). Eine Überlegungsfrist von mehr als vier Wochen ab Eingang des Gutachtens ist jedoch zu lang, so dass später dessen Inhalt i.d.R. nicht mehr zur Ablehnung eines Sachverständigen herangezogen werden kann (OLG Düsseldorf Beschl. v. 12.9.1997 22 W 48/97 = BauR 1998, 366 = NJW-RR 1998, 933, 934; ähnlich OLG Brandenburg Beschl. v. 14.11.2000 9 UF 267/00 = NJW-RR 2001, 1433; vgl. aber auch OLG Nürnberg Beschl. v. 20.10.1999 13 W 1915/99 = BauR 2000, 454, das nach einem Monat einen Befangenheitsantrag noch zulässt, wobei es bei dem zugrunde liegenden Sachverhalt allerdings um »ein äußerst umfangreiches Gutachten« ging). Wurde der betroffenen Partei hingegen gemäß § 411 Abs. 4 S. 2 ZPO eine ggf. **verlängerte Frist zur Stellungnahme** zum Beweisgutachten gesetzt, läuft die Frist zu einer etwaigen Ablehnung des Sachverständigen aufgrund des Inhalts des Gutachtens zumindest in der Regel auch erst mit Ablauf dieser (verlängerten) Frist ab. Dies liegt auf der Hand, weil ein ggf. zu stellender Ablehnungsantrag ohne Befassung mit dem Gutachten nicht möglich wäre (BGH Beschl. v. 15.3.2005 VI ZB 74/04 = BauR 2005, 1205 = NJW 2005, 1869 – a.A. die früher offenbar überwiegende Ansicht, siehe dazu noch Übersicht i.d. Vorauflage Rn. 60).

60

Die Ablehnung eines Sachverständigen stößt um so mehr auf Schwierigkeiten, je später sie beantragt wird. Dies gilt erst recht, wenn die Befangenheit **erstmals nach Abschluss des Beweisverfahrens in einem nachfolgenden Hauptprozess** reklamiert wird. Hier gilt dem Grundsatz nach: Die von einer Partei erst im anschließenden Hauptprozess angebrachte Ablehnung ist unzulässig, wenn ihr die behaupteten Ablehnungsgründe schon während des selbstständigen Beweisverfahrens bekannt gewesen sind (OLG Düsseldorf Beschl. v. 23.8.1985 23 W 31/85 = BauR 1985, 725 = ZIP 1985, 1290 = SFH § 406 ZPO Nr. 4 = NJW-RR 1986, 63 = *Vygen* EWiR § 406 ZPO 1/85 S. 717; *Vygen* Beschl. v. 31.1.1995 23 W 3/95 = BauR 1995, 876 = OLGR 1995, 203; OLG Celle Beschl. v. 13.2.1995 8 W 42/95 = OLGR 1995, 123; OLG Düsseldorf Beschl. v. 13.12.2000 5 W 32/00 = BauR 2001, 835, 836; zutreffend dazu auch *Weise* Rn. 415 ff.). Der Ausschluss derartiger verspätet vorgebrachter Bedenken gegen den Sachverständigen beruht auf dem Grundgedanken des § 406 ZPO, wonach das gesamte Verfahren prozessökonomisch gestaltet und »taktische« Überlegungen (so vor allem *Zöller/Herget* § 406 ZPO Rn. 1) – vor allem im Hinblick auf den nachfolgenden Hauptsachenprozess – ausgeschlossen werden sollen. Ist hingegen über die Ablehnung des Sachverständigen im selbstständigen Beweisver-

61

fahren nicht – mehr – entschieden worden, obwohl das betreffende Gesuch rechtzeitig angebracht worden war, so kann darüber letztlich nur eine Entscheidung im Hauptsacheprozess getroffen werden (ebenso OLG Nürnberg Beschl. v. 26.7.1988 9 W 2444/88 = NJW 1989, 235); dies setzt allerdings voraus, dass das Ablehnungsgesuch spätestens in der Klageerwiderung erneut vorgebracht wird (insoweit zutreffend OLG München Urt. v. 29.11.1983 23 W 2607/83 = ZIP 1983, 1515). Gleiches gilt, wenn zwar der Sachverständige im selbstständigen Beweisverfahren abgelehnt worden war, aber das Gericht, bei dem das Verfahren anhängig war, den Ablehnungsantrag zu Unrecht als unzulässig abgewiesen hat (vgl. dazu LG Mainz Urt. v. 31.1.1991 7 O 328/90 = BauR 1991, 510 m. Anm. *Wirth*). Ist dagegen im selbstständigen Beweisverfahren über die Ablehnung des Sachverständigen sachlich entschieden worden, so kann im Hauptsacheprozess zwischen denselben Parteien eine Ablehnung des Sachverständigen nur auf neue, nach Beendigung des Verfahrens bekannt gewordene Tatsachen gestützt werden (vgl. OLG Frankfurt Beschl. v. 8.10.1984 1 W 20/84 = MDR 1985, 853). Die Zurückweisung eines Ablehnungsgesuchs gegen einen Sachverständigen im selbstständigen Beweisverfahren als unbegründet ist für den Hauptprozess bindend, auch wenn das Prozessgericht die Ablehnung des Sachverständigen im selbstständigen Beweisverfahren an sich für unstatthaft hält (*Werner/Pastor* Rn. 66; a.A. wohl OLG Frankfurt/M. 22. ZS, Beschl. v. 17.6.1993 22 W 24/93 = OLGR 1993, 223).

4. Glaubhaftmachung

62 Nach § 487 Nr. 4 ZPO müssen im Antrag die Tatsachen, die die **Zulässigkeit** des **selbstständigen Beweisverfahrens** (und die Zuständigkeit des Gerichts – dazu nachfolgend Rn. 68 ff.) begründen, **glaubhaft gemacht** werden. Hierzu kann sich der Antragsteller **aller Beweismittel einschließlich der Versicherung an Eides statt (§ 294 ZPO)** bedienen. In letzterer kann er – zumindest was den Tatsachenvortrag angeht – ohne Weiteres auf die entsprechenden Ausführungen in dem Antrag zur Einleitung eines selbstständigen Beweisverfahrens Bezug nehmen (OLG Koblenz Beschl. v. 11.11.2004 3 W 727/04 = OLGR 2005, 185 – a.A. OLG Dresden Beschl. v. 15.7.1996 10 UF 247/96 = OLGR 1997, 74; OLG Jena Beschl. v. 10.4.1995 7 W 103/95 = OLGR 1995, 94; *Zöller/Gregor* § 294 ZPO Rn. 5, die eine Bezugnahme für unzulässig erachten; vgl. auch BGH Beschl. v. 13.1.1998 IVa ZB 13/87 = NJW 1988, 2045, der bei einer eidesstattlichen Versicherung zu einem Wiedereinsetzungsgesuch zwar ebenfalls bezüglich erfolgter Bezugnahmen von einer »Unsitte« spricht, sie aber wohl bei Bezugnahmen auf Tatsachenvortrag als zulässig erachtet). Gesteigerte Anforderungen sind an die Glaubhaftmachung, die teilweise sogar als überflüssige gesetzliche Anforderung qualifiziert wird (*Quack* BauR 1991, 278, 281; kritisch auch *Thieme* MDR 1991, 938), im Übrigen nicht zu stellen. Ohnehin bedürfen **unstreitige Tatsachen keiner Glaubhaftmachung** (*Praun/Merl* in Hdb. priv. BauR § 16 Rn. 112; wohl ebenso: OLG Oldenburg Beschl. v. 3.2.1995 2 W 15/95 = OLGR 1995, 135; *Zöller/Herget* § 487 ZPO Rn. 6; *Baumbach/Lauterbach/Albers/Hartmann* § 487 ZPO Rn. 10, die jeweils eine Glaubhaftmachung für nicht erforderlich halten, wenn der Gegner den Tatsachenvortrag des Antragstellers zugesteht). Glaubhaft zu machen ist hingegen in jedem Fall bei Einleitung des Beweisverfahrens mit Zustimmung des Antragsgegners (§ 485 Abs. 1 Alt. 1 ZPO) eine ggf. nicht gegenüber dem Gericht, sondern gegenüber dem Antragsteller abgegebene Zustimmungserklärung (siehe hierzu oben Rn. 7). Fehlt es an einer Zustimmung des Antraggegners zur Durchführung des selbstständigen Beweisverfahrens und soll ein Beweisverfahren wegen der Besorgnis des Verlustes oder der erschwerten Benutzung eines Beweismittels (§ 485 Abs. 1 Alt. 2 ZPO) eingeleitet werden, müssen auch die diesbezüglichen Umstände glaubhaft gemacht werden (OLG Karlsruhe Beschl. v. 18.1.2006 12 W 2/06 = BauR 2006, 578 [Ls.]).

IV. Zulässigkeit von Gegenanträgen des Antragsgegners

63 **Rechtsmittel** gegen einen Beschluss zur Durchführung eines Beweisverfahrens **sind nicht gegeben**; der ergehende Beschluss ist **unanfechtbar** (§ 490 Abs. 2 S. 2 ZPO). Dies gilt selbst dann, wenn der zugrunde liegende Antrag unzulässig war (OLG Brandenburg Beschl. v. 15.3.2001 11 W 12/01 =

Selbstständiges Beweisverfahren, Schiedsgutachten und Schiedsverfahren Anhang 4

BauR 2001, 1143 = NJW-RR 2001, 1727). Aufgrund dieser beschränkten Verteidigungsmöglichkeiten bemühen sich Antragsgegner vielfach, die von dem Antragsteller aufgeworfenen Beweisanträge, wenn sie sie schon nicht verhindern können, durch geeignete Gegenanträge zu präzisieren oder zu ergänzen.

1. Grundsatz

Die Zulässigkeit von Gegenanträgen wird teilweise mit der Bindungswirkung des Gerichts an den Antrag des Antragstellers verneint (so wohl OLG Frankfurt Beschl. v. 8.8.1996 5 W 16/96 = BauR 1997, 167; vgl. zur Bindungswirkung auch allgemein unten Rn. 78). Auch sei die uneingeschränkte Zulassung von Gegenanträgen der mit dem Beweisverfahren verbundenen Beschleunigungswirkung abträglich (OLG München [28. Senat] Beschl. v. 26.1.1993 28 W 2698/92 = BauR 1993, 365). Eingeschränkt sehen dies *Praun/Merl*, die einen Gegenbeweisantrag nur dann zulassen wollen, wenn er im unmittelbaren Zusammenhang mit dem Beweisthema des Antragstellers steht: So sei z.B. bei einem vom Auftragnehmer angestrengten Beweisverfahren zu der Frage der Mangelfreiheit der Leistung ein Gegenantrag des Auftraggebers zulässig, dass Mängel vorliegen (Hdb. priv. BauR § 16 Rn. 61 ff., ebenso: OLG Dresden Beschl. v. 29.8.2002 2 W 1034/02 = BauR 2003, 1617 [Ls.]). Diese einschränkende Sichtweise vermag nicht zu überzeugen (vgl. hierzu umfassend mit zahlr. Nachweisen: *Enaux* FS von Craushaar S. 375 ff.). Richtig ist vielmehr, dass **eigene Beweisanträge des Antragsgegners** in einem bereits anhängigen und noch nicht beendeten Beweisverfahren zu dem konkret vorliegenden Lebenssachverhalt **uneingeschränkt zulässig** sind. Sinn und Zweck des Beweisverfahrens ist nämlich eine vollständige und endgültige Beweiserhebung mit dem Ziel einer umfassenden Streiterledigung (hierzu detailliert auch *Enaux* a.a.O. S. 375, 382 ff.). Dies setzt voraus, dass **alle** zwischen den Parteien streitigen Auseinandersetzungen zur Überprüfung eines Sachverhalts in dieses Verfahren einbezogen werden. Das ist nur dann möglich, wenn es dem Antragsgegner erlaubt ist, eigene Anträge in das Beweisverfahren einzubringen (OLG Düsseldorf Beschl. v. 20.6.1994 23 W 18/94 = BauR 1995, 430; OLG München [27. Senat] Beschl. v. 7.2.1996 27 W 303/95 = BauR 1996, 589 = NJW 1996, 1277; KG Beschl. v. 16.2.1996 4 W 8989/95 = BauR 1996, 753; OLG Frankfurt Beschl. v. 19.2.1996 24 W 10/96 = BauR 1996, 585 = ZfBR 1996, 160; OLG Düsseldorf Beschl. v. 25.6.1996 21 W 20/96 = BauR 1996, 896 f.; OLG Nürnberg Beschl. v. 25.7.2000 4 W 2323/00 = BauR 2001, 1303 [Ls.] = NJW 2001, 2640 [Ls.] = NJW-RR 2001, 859, 860; OLG Celle Beschl. v. 8.9.2003 14 W 37/03 = BauR 2003, 1942 [Ls.]; OLG Köln Beschl. v. 6.12.2004 15 W 59/04 = BauR 2005, 752; *Werner/Pastor* Rn. 94 m.w.N.). Vor diesem Hintergrund gilt: **64**

In erster Linie ist es dem Antragsgegner erlaubt, **Anregungen zur Präzisierung** der **Beweisfragen des Antragstellers** zu unterbreiten (so ausdrücklich OLG Düsseldorf Beschl. v. 20.6.1994 23 W 18/94 = BauR 1995, 430; wohl auch OLG Rostock Beschl. v. 29.3.2001 4 W 5/01 = BauR 2001, 1142, 1143). Das Gericht ist zwar an eine solche Präzisierung in keiner Weise gebunden; es kann aber in Reaktion darauf nunmehr von sich aus gegenüber dem Antragsteller anregen, dass dieser seine Beweisfragen, entsprechend den Ausführungen des Antragsgegners, anpasst (*Enaux* a.a.O., S. 375, 384). Neben einer Präzisierung kommt des Weiteren ein **Gegenantrag** in Betracht, der **zur Erweiterung des Beweisthemas** führt. **Voraussetzung** ist hier lediglich, **dass die Erweiterung im Kern noch denselben Sachverhalt betrifft bzw. mit diesem Sachverhalt im Zusammenhang steht**, den der Antragsteller zum Gegenstand des Beweisverfahrens gemacht hat. Nicht zulässig hingegen sind Gegenanträge zu Beweisthemen, die in keinem Zusammenhang (mehr) mit dem Ausgangssachverhalt stehen (OLG Düsseldorf Beschl. v. 25.6.1996 21 W 20/96 = BauR 1996, 896 f.; OLG Nürnberg Beschl. v. 25.7.2000 4 W 2323/00 = BauR 2001, 1303 [Ls.] = NJW 2001, 2640 [Ls.] = NJW-RR 2001, 859, 860; *Enaux* a.a.O. S. 375, 384 f.). Diese Beschränkung beruht gleichfalls auf der Ausrichtung des Beweisverfahrens, eine Auseinandersetzung auf der Grundlage eines konkreten Sachverhalts möglichst im Vorfeld eines Prozesses beizulegen. Gegenanträge, die diesen Ausgangssachverhalt nicht betreffen bzw. hiermit in keinem Zusammenhang stehen, können dazu nicht beitragen. Insoweit ist **65**

Anhang 4 Selbstständiges Beweisverfahren, Schiedsgutachten und Schiedsverfahren

der Antragsgegner aber nicht gehindert, auf deren Grundlage ohne Rechtsverlust ein eigenes (zweites) Beweisverfahren einzuleiten. Dasselbe gilt, wenn es allein um Gegenanträge geht, die ausschließlich eine Klärung der Verursachungsbeiträge zwischen dem Antragsgegner und einem Streithelfer betreffen, dem der Antragsgegner zuvor den Streit verkündet hatte. Auch diese »Gegenanträge« haben mit dem Ursprungsverfahren und dem diesem zugrunde liegenden Rechtsverhältnis dann nichts mehr zu tun, so dass sie dort unzulässig wären (vgl. dazu oben Rn. 33).

66 Unbeschadet der grundsätzlichen Zulässigkeit von Gegenanträgen ist in jedem Fall die allgemeine Schranke der §§ 485 Abs. 3, 421 ZPO zu beachten: Hiernach ist ein Gegenantrag dann unzulässig, wenn bei **Identität der Beweisthemen** bereits eine Begutachtung angeordnet wurde (OLG Düsseldorf Beschl. v. 25.6.1996 21 W 20/96 = BauR 1996, 896 f.; *Werner/Pastor* Rn. 94; *Enaux* a.a.O. S. 375, 383). Ergeht in Folge eines Antrags des Antragsgegners ein ergänzender Beweisbeschluss, so ist der Antragsgegner insoweit als Antragsteller anzusehen. Folglich trifft ihn in diesem Umfang vor allem eine Kostenvorschusspflicht für aus diesen Gegenanträgen erwachsenden ergänzend einzuholenden Sachverständigengutachten.

2. Frist

67 Ein Gegenantrag ist nur **so lange zulässig, wie das Beweisverfahren nicht beendet** ist (OLG Düsseldorf Beschl. v. 28.8.2000 21 W 36/00 = BauR 2000, 1775, 1776; OLG Jena Beschl. v. 30.4.2002 1 W 200/02 = BauR 2003, 581; wohl ebenso OLG Düsseldorf Beschl. v. 21.12.2000 5 W 51/00 = BauR 2001, 675, 676; LG Köln Beschl. v. 28.12.1993 9 T 184/93 = MDR 1994, 902 = SFH § 485 Nr. 15; *Werner/Pastor* Rn. 94 – vgl. zur Beendigung unten Rn. 83). Keine zeitliche Grenze stellt hingegen der Umstand dar, dass bereits ein Sachverständiger beauftragt wurde (so wohl zu verstehen OLG Rostock Beschl. v. 29.3.2001 4 W 5/01 = BauR 2001, 1141, 1142; ebenso: OLG Hamm Beschl. v. 29.10.2002 21 W 25/02 = BauR 2003, 1763), ein Ortstermin stattgefunden (Thür. OLG Beschl. v. 9.6.1897 7 W 311/97 = MDR 1997, 1160 = BauR 1998, 408 [Ls.]) oder der Sachverständige seine Tätigkeit aufgenommen hat (a.A. OLG Frankfurt Beschl. v. 19.2.1996 24 W 10/96 = BauR 1996, 585 = ZfBR 1996, 160). Zwar kann es bei erst in einem späteren Stadium des Beweisverfahrens gestellten Gegenanträgen zu **Verzögerungen** kommen; doch ändert dies nichts daran, dass in der Regel auch ein solcher »**verspäteter**« **Gegenantrag,** so er denselben Sachverhaltskomplex betrifft, der mit dem Beweisverfahren verfolgten Erledigung der Gesamtauseinandersetzung dienen wird. Dies liegt auf der Hand: Denn ließe man den (verspäteten) Gegenantrag im Beweisverfahren nicht mehr zu, könnte der Antragsgegner einen gleichlautenden Beweisantrag in einem anschließend zu den Ergebnissen des Beweisverfahrens zu führenden Hauptverfahren stellen. Damit wäre keiner der Parteien geholfen. Eine restriktive Betrachtung bei der Zulassung von erst in einem relativ späten Stadium des Beweisverfahrens gestellten Gegenanträgen ist allenfalls dann angezeigt, wenn der Antrag grob rechtsmissbräuchlich allein zum Zwecke der Verzögerung gestellt wird. Hiervon kann jedoch nur in Einzelfällen ausgegangen werden.

V. Zuständiges Gericht

68 Zuständiges Gericht für die Durchführung des Beweisverfahrens ist nach § 486 ZPO das für die Hauptsache zuständige Gericht, in Eilfällen das Amtsgericht. Im Einzelnen:

1. Zuständigkeit des Gerichts der Hauptsache

69 Ist ein Rechtsstreit bereits anhängig, ist der Antrag auf Durchführung eines Beweisverfahrens (hier nach § 485 Abs. 1 ZPO) bei dem mit der Auseinandersetzung befassten Prozessgericht einzureichen (§ 486 Abs. 1 ZPO). Ist noch **kein Rechtsstreit anhängig**, ist der Antrag nach § 486 Abs. 2 ZPO **bei dem Gericht zu stellen, das nach dem Vortrag des Antragstellers zur Entscheidung in der Hauptsache berufen wäre.**

Zur Bestimmung des für die Hauptsache zuständigen Gerichts hat der Antragsteller wegen der sachlichen Zuständigkeit den ungefähren **Streitwert** anzugeben. Dieser ist sodann **vom Gericht bei Antragseingang** für die Begründung der Zuständigkeit **festzusetzen** (OLG Frankfurt Beschl. v. 26.9.1997 21 AR 76/97 = NJW-RR 1998, 1610; *Baumbach/Lauterbach/Albers* u.a., § 486 ZPO Rn. 7). Liegt hierzu eine übereinstimmende Einschätzung beider Parteien vor (etwa zur ungefähren Höhe von Mangelbeseitigungskosten), ist das Gericht an diese Einschätzung gebunden. Etwas anderes gilt nur dann, wenn das Gericht aufgrund eigener gesteigerter Kenntnis in der Lage ist, qualifiziert die Behauptung eines falschen Gegenstandswertes zu belegen (LG Dresden Beschl. v. 15.9.1999 10 T 974/99 = BauR 1999, 1493). Eine nachträgliche Erhöhung des Streitwerts (etwa durch Erhöhung der zunächst zu niedrig geschätzten Mangelbeseitigungskosten) lässt den einmal begründeten zulässigen Gerichtsstand unberührt; § 506 ZPO ist nicht anwendbar (OLG Frankfurt Beschl. v. 26.9.1997 21 AR 76/97 = NJW-RR 1998, 1610; OLG Celle Beschl. v. 8.11.2004 4 AR 90/04 = OLGR 2005, 253, 254 = BauR 2005, 158 [Ls.] – vgl. aber auch zu der nachträglichen Veränderung des einmal festgesetzten Streitwerts in diesen Fällen ausführlich unten Rn. 112). Kommt es nach einem, einmal bei einem nach § 486 Abs. 2 S. 1 ZPO zuständigen Gericht später zwischen denselben Parteien zu demselben Gegenstand zu einem Hauptsacheverfahren, geht abweichend von Vorstehendem mit der Beiziehung der Akten durch das Prozessgericht zu Beweiszwecken die Zuständigkeit des Verfahrens dorthin über (BGH Beschl. v. 22.7.2004 VII ZB 3/03 = BauR 2004, 1656, 1657 = NZBau 2004, 550 = ZfBR 2005, 52, 53).

70

Der Antragsteller hat nach **§ 487 Nr. 4 ZPO** die Tatsachen zur Begründung der **Zuständigkeit** des Gerichts **glaubhaft** zu machen. Die Anforderungen an diese Glaubhaftmachung sind umstritten. Z.T. wird verlangt, der Antragsteller müsse die sachliche Zuständigkeit des Amts- oder Landgerichts notfalls durch ein Sachverständigengutachten unterlegen (*Zöller/Herget* § 486 ZPO Rn. 4). Dies kann jedoch nicht richtig sein: Denn damit würde sich das Beweisverfahren nach seinem Sinn und Zweck bereits teilweise erledigen. Gleichzeitig würden unnötige Doppelbegutachtungen allein für die Bestimmung der Zuständigkeit provoziert. Richtigerweise ist daher für die Bestimmung der Zuständigkeit allein eine schlüssige Darlegung des voraussichtlichen Streitwerts zu fordern (OLG München Beschl. v. 5.5.1993 28 W 1434/93 = OLGZ 1994, 229, 231). Dafür genügt es, dass der Antragsteller den Hauptsachestreitwert auf Grund gewisser Anhaltspunkte und Erfahrungswerte, die er vortragen muss, angibt bzw. schätzt (*Fischer* MDR 2001, 608, 609). Dies gilt auch und vor allem dann, wenn der Antragsteller ein Beweisverfahren aufgrund einer getroffenen Gerichtsstandsvereinbarung bei einem Gericht anhängig machen will, bei dem es sich weder um den allgemeinen Gerichtsstand des Antragstellers noch den des Antragsgegners handelt (siehe hierzu ausführliche Erläuterungen bei § 18 Nr. 1 VOB/B Rn. 35).

71

Ist die **Zuständigkeit** eines Gerichts im Beweisverfahren **einmal begründet,** ist der Antragsteller an die in der Antragsschrift getroffene Wahl des Gerichtsstandes für die Dauer des Beweisverfahrens gebunden. Eine davon abweichende Zuständigkeit lässt sich daneben nicht aus der Bindungswirkung einer etwaigen Verweisung gemäß § 281 Abs. 2 S. 4 ZPO herleiten, da § 281 ZPO im Beweisverfahren mangels Rechtshängigkeit keine Anwendung findet (OLG Zweibrücken Beschl. 28.5.1997 2 AH 15/97 = BauR 1997, 885; OLG Celle Beschl. v. 8.11.2004 4 AR 90/04 = OLGR 2005, 253, 254 = BauR 2005, 158 [Ls.]; a.A. OLG Frankfurt Beschl. v. 26.9.1997 21 AR 76/97 = NJW-RR 1998, 1610; OLG Brandenburg Beschl. v. 6.4.2006 1 AR 12/06 = OLGR 2006, 677, 678; wohl auch OLG Dresden Beschl. v. 16.3.2004 1 AR 16/04 = BauR 2004, 1338; *Baumbach/Lauterbach/Albers/Hartmann* § 281 ZPO Rn. 11). Doch nicht nur im Beweisverfahren selbst, sondern auch in einem späteren Hauptsacheverfahren **kann** sich der **Antragsteller nicht mehr auf die Unzuständigkeit des von ihm zuvor im Beweisverfahren angerufenen Gerichts** berufen (§ 486 Abs. 2 S. 2 ZPO). Die vorstehend beschriebene Beschränkung der Rechte des Antragstellers gemäß § 486 Abs. 2 S. 2 ZPO gilt **vor allem, wenn** sowohl für das Beweis- als auch das Hauptsacheverfahren jeweils **mehrere Gerichtsstände zur Auswahl standen.** Insgesamt hat der Antragsteller, wie sich aus § 486 Abs. 2 ZPO ergibt, insoweit **nur einmal das Wahlrecht.** Hat er es ausgeübt, ist es auch für das anschließende Hauptsacheverfah-

72

ren verbraucht (*Baumbach/Lauterbach/Albers/Hartmann* § 486 ZPO Rn. 11; *Zöller/Herget* § 486 ZPO Rn. 4; *Werner/Pastor* Rn. 72). Dies ist schon deshalb richtig, weil andernfalls Sinn und Zweck der Regelung des § 486 ZPO leer laufen würden: Denn bei dem zeitlich vorgelagerten Beweisverfahren soll zur Verfahrensbeschleunigung bereits das Prozessgericht der Hauptsache zuständig sein. Daher ist es nur konsequent, es dem Antragsteller zu verwehren, sich zu einem späteren Zeitpunkt des Verfahrens auf eine etwaige Unzuständigkeit des von ihm selbst ausgewählten Gerichts zu berufen. **Zu beachten** immerhin ist, dass § 486 Abs. 2 S. 2 ZPO dem Antragsteller **nur das Recht nimmt, in einem späteren Streitverfahren die Unzuständigkeit des angerufenen Gerichts zu rügen.** Hieraus folgt zum einen, dass der Antragsteller als Kläger nicht gehindert ist, ein Hauptsacheverfahren unabhängig von einer nicht mehr möglichen eigenen Unzuständigkeitsrüge **an einem anderen Gericht anhängig** zu machen als bei dem Gericht, an dem das Beweisverfahren geführt wurde (OLG Celle Beschl. v. 8.1.1999 1 W 23/98 = NJW-RR 2000, 1737, 1738 = BauR 2001, 460 [Ls.]; wohl auch *Baumbach/Lauterbach/Albers/Hartmann* § 487 ZPO Rn. 8; *Maier/Falk* BauR 2000, 1123 ff.; *Fischer* MDR 2001, 608, 611 f.). Zum anderen gilt die **Beschränkung der Einrede** der Unzuständigkeit **nur für den Antragsteller**, nicht für den Antragsgegner: § 39 ZPO (Zuständigkeit infolge rügeloser Verhandlung) greift insoweit nicht. Daher bleibt der Antragsgegner durchaus berechtigt, noch im anschließenden Hauptsacheverfahren die Unzuständigkeit des angerufenen Gerichts zu rügen (OLG Frankfurt Beschl. v. 26.9.1997 21 AR 76/97 = NJW-RR 1998, 1610, 1611; OLG Celle Beschl. v. 8.1.1999 1 W 23/98 = NJW-RR 2000, 1737, 1738 = BauR 2001, 460 [Ls.]; *Baumbach/Lauterbach/Albers/Hartmann* a.a.O.).

73 Schwierigkeiten bestehen, wenn das **Beweisverfahren gegen mehrere Antragsgegner** gerichtet wird, für die **kein gemeinschaftlicher Gerichtsstand** besteht. Hier kann auch im Rahmen eines selbstständigen Beweisverfahrens das zuständige Gericht (der Hauptsache) nach § 36 Abs. 1 Nr. 3 ZPO bestimmt werden (BayObLG Beschl. v. 12.3.1997 1Z AR 99/96, 1Z AR 100/96 = NJW-RR 1998, 209; BayObLG Beschl. v. 3.3.1998 1Z AR 9/98 = BauR 1998, 895 [Ls.] = NJW-RR 1998, 814, 815; BayObLG Beschl. v. 20.10.1998 1Z AR 75/98 = BauR 1999, 1332 [Ls.] = NJW-RR 1999, 1010 f.; OLG Celle Beschl. v. 8.11.2004 4 AR 90/04 = OLGR 2005, 253 = BauR 2005, 158 [Ls.]). Dies ist unstreitig (siehe hierzu auch Erläuterungen bei § 18 Nr. 1 VOB/B Rn. 13). Vorrangig ist allerdings jeweils zu prüfen, ob nicht gerade in solchen Fällen neben den auseinander fallenden allgemeinen Gerichtsständen der Antragsgegner in Bezug auf das Bauvorhaben der gemeinsame besondere Gerichtsstand des Erfüllungsorts (§ 29 ZPO) gegeben ist (siehe hierzu Erläuterungen bei § 18 Nr. 1 VOB/B Rn. 10). In diesem Fall wäre nämlich eine Bestimmung des zuständigen Gerichts nach § 36 Abs. 1 Nr. 3 ZPO nicht zulässig (*Werner/Pastor* Rn. 72; siehe auch weitere Nachweise bei § 18 Nr. 1 VOB/B Rn. 13).

2. Eilzuständigkeit des Amtsgerichts

74 In Eilfällen, d.h. in Fällen dringender Gefahr, kann ein Antrag auf Durchführung eines Beweisverfahrens **ausnahmsweise** auch beim **Amtsgericht** gestellt werden. Zuständig ist das Amtsgericht, in dessen Bezirk sich die zu vernehmende oder zu begutachtende Person aufhält oder die in Augenschein zu nehmende oder zu begutachtende Sache befindet (§ 486 Abs. 3 ZPO). Einzelheiten hat der Antragsteller detailliert vorzutragen und glaubhaft zu machen. Dabei genügt für die Darlegung des Eilfalls allerdings nicht die Besorgnis eines Beweismittelverlusts; ein dringender Fall wird vielmehr nur dann vorliegen, **wenn eine sofortige Beweiserhebung notwendig ist,** die nicht mehr vor dem an sich zuständigen Gericht durchgeführt werden könnte (BayObLG Beschl. v. 24.9.1991 – AR 1 Z 45/91 = MDR 1992, 183). Solche Fälle sind kaum vorstellbar, wenn man von Extremfällen absieht (vgl. sehr weitgehend etwa LG Kassel Beschl. v. 25.3.1998 3 T 104/98 = BauR 1998, 1045 zu dem Sachverhalt, dass bei mehreren Antragsgegnern nach § 36 Abs. 1 Nr. 3 ZPO zunächst ein zuständiges Gericht bestimmt werden müsste, eine Beweiserhebung aber kurzfristig erfolgen muss, weil ansonsten der Stillstand eines größeren Bauvorhabens droht).

VI. Durchführung der Beweisaufnahme

Die Beweisaufnahme beginnt mit dem Beweisbeschluss. Für die Durchführung des Beweisverfahrens selbst enthält das Gesetz sodann nur wenige Sonderbestimmungen. Im Einzelnen gilt hier: **75**

1. Beweisbeschluss und Rechtsmittel

Auf einen zulässigen Antrag zwecks Einleitung eines Beweisverfahrens ergeht ein Beweisbeschluss. **76** Eine **inhaltliche Prüfung des Antrages, dessen Erheblichkeit für ein mögliches Hauptsacheverfahren** oder sonst eine **Schlüssigkeitsprüfung findet nicht statt** (BGH Beschl. v. 16.9.2004 III ZB 33/04 = BauR 2004, 1975 = NJW 2004, 3488 = NZBau 2005, 45 = ZfBR 2005, 54, 55; OLG Schleswig Beschl. v. 13.4.2004 16 W 7/04 = OLGR 2004, 435; ebenso zu verstehen bezüglich der Nichtprüfung der Erheblichkeit des Antrags für ein Hauptsacheverfahren: BGH Urt. v. 4.11.1999 VII ZB 19/99 = BauR 2000, 599 = NJW 2000, 960 = NZBau 2000, 246 = ZfBR 2000, 171; ebenso: *Zöller/Herget* § 485 ZPO Rn. 4, 7a). Der Beschluss kann nach § 490 Abs. 1 ZPO ohne mündliche Verhandlung gefasst werden. Inwieweit das Gericht dem Antragsgegner zuvor den Antrag zwecks Einräumung **rechtlichen Gehörs** zuleitet, steht in seinem Ermessen; dies sollte aber in der Regel unterbleiben, um nicht das auf Schnelligkeit ausgerichtete Beweisverfahren bereits in diesem Anfangsstadium zu verzögern. Die Praxis ist hier allerdings uneinheitlich und neigt wohl eher dazu, den Antragsgegner zuvor anzuhören. In jedem Fall **genügt** es aus Rechtsstaatsgesichtspunkten, **wenn** der **Antragsgegner von dem Beweisverfahren erstmals nach Erlass des Beweisbeschlusses** erfährt (OLG Karlsruhe Beschl. v. 3.8.1982 7 W 20/82 = BauR 1983, 183, 184 = MDR 1988, 1026, 1027; *Baumbach/Lauterbach/Albers/Hartmann* § 490 ZPO Rn. 5; *Werner/Pastor* Rn. 76). Dies gilt umso mehr, als er noch in diesem Verfahrensstadium ohne Rechtsnachteile ergänzende Erklärungen abgeben oder Gegenanträge zu dem bereits vorliegenden Beweisbeschluss stellen kann (vgl. hierzu oben Rn. 63 ff.).

Soll ein Beschluss ergehen, sind in ihm auf der Grundlage des Antrags alle Tatsachen, über die Beweis **77** erhoben werden soll, sowie die Beweismittel unter Benennung der Zeugen und Sachverständigen zu bezeichnen. Ggf. ist – soweit erforderlich – einem nicht beteiligten Dritten gemäß § 144 Abs. 1 ZPO aufzugeben, die Prüfung durch einen Sachverständigen zu dulden (vgl. dazu KG Beschl. v. 21.10.2005 7 W 46/05 = NJW-RR 2006, 241). Der so ergangene **Beschluss** ist für die Verfahrensparteien **unanfechtbar** (§ 490 Abs. 2 ZPO). Dies gilt auch für den Antragsgegner insoweit, als es um die in das freie Ermessen des Gerichts gestellte Auswahl des Sachverständigen geht (KG Beschl. v. 31.3.2005 24 W 170/04 = KGR 2005, 557). Eine **Anfechtung** ist hingegen **möglich**, wenn das Gericht über den Antrag des Antragstellers hinausgegangen ist (OLG Frankfurt Beschl. v. 5.3.1990 1 W 4/90 = NJW-RR 1990, 1023, 1024; *Baumbach/Lauterbach/Albers/Hartmann* § 490 ZPO Rn. 6; *Werner/Pastor* Rn. 80). Ist der **Beschluss offensichtlich gesetzeswidrig,** kam nach früherem Recht eine so genannte außerordentliche Beschwerde in Betracht. Diese war jedoch seit jeher auf Ausnahmefälle beschränkt; seit der ZPO-Reform 2001 ist sie entfallen. In Betracht kommt nunmehr allenfalls eine in Anlehnung an § 321a Abs. 2 S. 2 ZPO fristgebundene binnen zwei Wochen zu erhebende **Gegenvorstellung.** Wird ein Verfassungsverstoß selbst dann nicht beseitigt, kommt allein eine Verfassungsbeschwerde zum Bundesverfassungsgericht in Betracht (BGH Beschl. v. 7.3.2002 IX ZB 11/02 = BGHZ 150, 133, 135 = NJW 2002, 1577; ebenso BGH Beschl. v. 21.4.2004 – XII ZB 279/03 = BGHZ 159, 14 = NJW 2004, 2224, 2225; KG Beschl. v. 25.10.2005 7 W 26/05 = BauR 2006, 149 f.; *Zöller/Gummer* Vor § 567 ZPO Rn. 6; *Werner/Pastor* Rn. 97; a.A. *Baumbach/Lauterbach/Albers/Hartmann* § 470 ZPO Rn. 9, der sich allerdings nur auf Fundstellen zum alten Recht stützt).

Wird der **Antrag auf Einleitung eines Beweisverfahrens zurückgewiesen** oder hierauf nur z.T. ein **78** Beweisbeschluss erlassen, ist der diesbezügliche Beschluss zu begründen (*Baumbach/Lauterbach/Albers/Hartmann* a.a.O.; *Werner/Pastor* Rn. 80). Gegen eine solche Teil- oder Vollabweisung kann **sofortige Beschwerde** eingelegt werden (§ 490 i.V.m. § 567 Abs. 1 Hs. 2 ZPO). Dies gilt jedoch nur dann, wenn tatsächlich in der Sache ein ablehnender Beschluss vorliegt. Lehnt das Gericht hingegen

Anhang 4 Selbstständiges Beweisverfahren, Schiedsgutachten und Schiedsverfahren

lediglich eine erneute Begutachtung (§§ 492 Abs. 1 und 412 ZPO) oder eine ergänzende Stellungnahme des Sachverständigen zum gleichen Beweisthema ab, handelt es sich dabei im reinen Ermessen des Gerichts stehende Entscheidungen, gegen die eine Beschwerde mangels gesetzlicher Regelung nicht zulässig ist (OLG Köln Beschl. v. 10.5.2004 11 W 26/04 = OLGR 2004, 303 = BauR 2004, 1997 [Ls.]; OLG Köln Beschl. v. 28.5.2001 11 W 16/01 = OLGR 2002, 128, 129 = BauR 2002, 992 [Ls.]; OLG Düsseldorf Beschl. v. 12.9.1997 22 W 48/97 = BauR 1998, 366 = NJW-RR 1998, 933; *Zöller/Herget* § 490 ZPO Rn. 4). Eine Zurückweisung kommt vor allem in Betracht, wenn das angerufene Gericht unzuständig ist oder wenn die besonderen Voraussetzungen nach §§ 485, 487 ZPO nicht erfüllt sind. Vielfach kommt es hier zu Meinungsverschiedenheiten zwischen Antragsteller und Gericht. Diese beruhen vor allem darauf, dass das Gericht z.B. Zweifel an der Zweckdienlichkeit eines Beweisbeschlusses hat. In diesen Fällen erlässt es nicht selten nur **einen vom Antrag abweichenden Beweisbeschluss** oder stellt einstweilen verschiedene Anträge zurück. Der BGH hat jedoch zu diesen Fragen in seiner Grundsatzentscheidung vom 4.11.1999 (BGH Beschl. v. 4.11.1999 VII ZB 19/99 = BauR 2000, 599 = ZfBR 2000, 171 = NJW 2000, 960 = NZBau 2000, 246; ähnlich bereits zuvor OLG Hamm Beschl. v. 26.6.1996 13 W 21/96 = BauR 1998, 197 [Ls.] = NJW-RR 1998, 68) klar herausgestellt, dass **allein der Antragsteller Herr des Beweisverfahrens** ist. Er bestimmt abschließend in eigener Verantwortung durch seinen Antrag auf Einleitung eines selbstständigen Beweisverfahrens den Gegenstand der Beweisaufnahme und die Beweismittel. Auf dieser Grundlage hat das damit befasste Gericht über die Einleitung eines Beweisverfahrens zu entscheiden, d.h. dem Antrag entweder stattzugeben oder ihn zurückzuweisen, wenn der Beweisantrag unzulässig ist oder wenn es an einer sonstigen Zulässigkeitsvoraussetzung fehlt. Alle weiteren Erwägungen hat das Gericht zurückzustellen, insbesondere Fragen zur Beweisbedürftigkeit, zur Entscheidungserheblichkeit der behaupteten Tatsachen oder auch zu den Erfolgsaussichten eines ggf. zu vermeidenden Rechtsstreits. Letztere werden in einem Beweisverfahren nicht geprüft (BGH a.a.O.; OLG Celle Beschl. v. 17.2.2003 5 W 3/03 = BauR 2003, 1076, 1077).

2. Durchführung der Beweisaufnahme

79 Für die **Durchführung des Beweisverfahrens** nach ergangenem Beschluss gelten **keine Besonderheiten** gegenüber der Beweisaufnahme in einem gewöhnlichen Zivilprozess. Die Vorschriften der §§ 355 ff. ZPO sind entsprechend anwendbar (§ 490 Abs. 1 ZPO). Auf folgende **Sonderregelungen** ist hinzuweisen:

80 Grundsätzlich ist es bei baurechtlichen Streitigkeiten **geboten, dass** ein im Beweisverfahren zu beauftragender **Sachverständiger schriftlich** zu einer Beweisfrage **Stellung nimmt**. Nur so ist gewährleistet, dass ein Sachverständigengutachten ohne Einschränkung in einem Hauptsacheverfahren verwertet werden kann. Hierauf ist bei der Antragstellung und Formulierung des Beweisantrags vor allem bei einem Beweisverfahren nach § 485 Abs. 1 ZPO zu achten. Demgegenüber ist bei einem Beweisverfahren nach § 485 Abs. 2 ZPO (Beweisverfahren vor Anhängigkeit der Hauptsache) ohnehin nur die Einholung eines schriftlichen Sachverständigengutachtens als Beweismittel zugelassen. Liegt das Gutachten vor, kann jede Partei bis zum Abschluss des Beweisverfahrens **schriftliche Ergänzungsfragen** stellen (vgl. hierzu *Werner/Pastor* Rn. 112) oder die mündliche Vernehmung des Sachverständigen beantragen (herrschende Meinung: vgl. nur *Zöller/Greger* § 411 ZPO Rn. 5a; *Enaux* Jahrbuch Baurecht 1999 S. 162, 171). Einem entsprechenden Antrag muss das Gericht stattgeben, da das Recht der Parteien, dem Sachverständigen Fragen zu stellen, nicht durch Anordnung einer schriftlichen Gutachtenerstattung beschnitten werden darf (BGH Urt. v. 27.1.2004 VI ZR 150/02 = MDR 2004, 699; OLG München Beschl. v. 7.12.1993 28 W 2882/93 = OLGR 1994, 106, 107; OLG Köln Beschl. v. 29.3.1996 20 W 10/96 = OLGR 1997, 69, 70; OLG Köln Beschl. v. 17.1.1996 11 W 4/96 = OLGR 1996, 111; OLG Düsseldorf Beschl. v. 18.4.2000 22 W 10/00 = NJW 2000, 3364 [Ls.] = NJW-RR 2001, 141 = NZBau 2000, 385, 386; *Zöller/Greger* § 411 ZPO Rn. 5a m.w.N.; *Baumbach/Lauterbach/Albers/Hartmann* u.a., § 411 ZPO Rn. 14). Der Antrag auf Anhörung darf daher

Selbstständiges Beweisverfahren, Schiedsgutachten und Schiedsverfahren Anhang 4

lediglich in Ausnahmefällen abgelehnt werden, z.B. wenn er rechtsmissbräuchlich ist (OLG Köln Beschl. v. 29.3.1996 20 W 10/96 = OLGR 1997, 69, 70; OLG Köln Beschl. v. 17.1.1996 11 W 4/96 = OLGR 1996, 111; OLG Düsseldorf Beschl. v. 18.4.2000 22 W 10/00 = NJW 2000, 3364 [Ls.] = NJW-RR 2001, 141 = NZBau 2000, 385, 386). Dabei liegt allerdings kein Fall des Rechtsmissbrauchs vor, wenn der Antragsteller bei einem etappenweisen Eingang des Sachverständigengutachtens erst nach Eingang des letzten Teilgutachtens eine Anhörung des Sachverständigen zu dem Gesamtverfahren beantragt (so aber offensichtlich OLG Saarbrücken Urt. v. 25.2.2004 1 U 422/03–108 = OLGR 2004, 379, 381 = BauR 2004, 1996 [Ls.]). Wird auf Antrag einer Verfahrenspartei ein Ergänzungsgutachten des Sachverständigen eingeholt, muss ohne eine erneute Wiederholung des Begehrens auf mündliche Erläuterung eine Anhörung des Sachverständigen hingegen nicht durchgeführt werden (OLG Hamm Beschl. v. 14.6.2004 17 W 17/04 = IBR 2004, 665). Wird der Antrag auf Anhörung eines Sachverständigen abgelehnt, ist diese Entscheidung mit der sofortigen Beschwerde angreifbar (OLG Stuttgart Beschl. v. 25.3.2002 1 W 12/02 = OLGR 2002, 418 = BauR 2004, 886 [Ls.]; zuvor schon OLG Düsseldorf Beschl. v. 18.4.2000 22 W 10/00 = BauR 2000, 1387 [Ls.] und 1538 [Ls.] = NJW-RR 2001, 141 = NZBau 2000, 385, 386; a.A. OLG Düsseldorf Beschl. v. 14.7.1992 21 W 22/92 = OLGR 1992, 344 = BauR 1993, 124 [Ls.]).

Findet ein **Beweistermin** statt, ist der Antragsgegner hierzu nach § 491 Abs. 1 ZPO unter Zustellung der Antragsabschrift und des Beweisbeschlusses so zeitig zu laden, dass er in diesem Termin seine Rechte wahrnehmen kann. Eine Beweisaufnahme kann zwar auch bei Nichtbefolgung dieser Bestimmung (Abs. 2 a.a.O.) durchgeführt werden; deren Ergebnis unterliegt jedoch bei **Ausbleiben des Gegners** gemäß § 493 Abs. 2 ZPO **im Hauptverfahren keiner Bindungswirkung, d.h.:** Die betroffene nicht geladene Partei bleibt befugt, im Hauptsacheprozess ungeschmälert Beweis anzutreten. Demgegenüber ist es dem Antragsteller immerhin möglich, das Ergebnis des selbstständigen Beweisverfahrens urkundenbeweislich in das Hauptsachverfahren einzuführen (OLG Hamm Beschl. v. 27.6.2002 21 W 4/02 = BauR 2003, 930 = ZfBR 2003, 37 [Ls.]; *Zöller/Herget* § 493 ZPO Rn. 5; *Baumbach/Lauterbach/Albers/Hartmann* § 493 ZPO Rn. 4; a.A., d.h. für ein Verwertungsverbot: *Thomas/Putzo* § 493 ZPO Rn. 2). Die **Parteien** können gemäß § 492 Abs. 3 ZPO **vom Gericht** ebenfalls **geladen** werden, **wenn** eine **Einigung zu erwarten** ist. Ein Vergleich ist dann zu gerichtlichem Protokoll zu nehmen. Hierdurch kann bereits in einem Beweisverfahren **ein vollstreckbarer Titel** geschaffen werden. Diese Vergleichsmöglichkeit innerhalb eines Beweisverfahrens zeigt einmal mehr, wie sehr das Beweisverfahren auf eine endgültige Bereinigung einer bestehenden Auseinandersetzung ausgerichtet ist.

81

3. Keine Unterbrechung der Beweisaufnahme durch Insolvenz

Gerät eine Verfahrenspartei in Insolvenz, ist seit der Grundsatzentscheidung des BGH vom 11. Dezember 2003 geklärt, dass es **zu keiner Verfahrensunterbrechung** gemäß § 240 ZPO kommt (Beschl. v. 11.12.2003 VII ZB 14/03 = BauR 2004, 531 = NJW 2004, 1388, 1389 = NZBau 2004, 156 = ZfBR 2004, 268, 269; zustimmend *Hildebrandt* ZfIR 2004, 92 – vgl. zum Meinungsstand dieser sehr streitigen Rechtsfrage in der Vorauflage Rn. 82). Zwar legt die systematische Stellung des § 240 ZPO im ersten Buch der ZPO dessen Anwendung auf das in der Regel kontradiktorisch geführte selbstständige Beweisverfahren nahe. Sinn und Zweck des selbstständigen Beweisverfahrens, das in erster Linie auf eine schnelle Beweissicherung im Sinne des Antragstellers gerichtet ist verbunden mit dem Ziel, auf der Grundlage der Feststellungen eine möglichst rasche und kostensparende Einigung erzielen zu können, sprechen jedoch gegen eine Unterbrechung bei Insolvenz des Antragsgegners. Dass der Insolvenzverwalter als Partei an diesem Verfahren nicht beteiligt ist, ist unbeachtlich. Denn auch unabhängig davon ist ein fortgesetztes und abzuschließendes selbstständiges Beweisverfahren geeignet, eine Grundlage auch für einvernehmliche Vergleichsgespräche zu schaffen (BGH a.a.O.).

82

Anhang 4 Selbstständiges Beweisverfahren, Schiedsgutachten und Schiedsverfahren

4. Auswirkung eines selbstständig geführten Beweisverfahrens auf Hauptsacheverfahren

82a Nach § 493 Abs. 1 ZPO ist das Ergebnis eines selbstständigen Beweisverfahrens wie eine vor dem Prozessgericht erfolgte Beweisaufnahme zu behandeln. Dabei steht das selbstständige Beweisverfahren zunächst neben einem ggf. zunächst noch nicht eingeleiteten selbstständigen Hauptsacheverfahren. Dies ist besonders deutlich bei einem selbstständigen Beweisverfahren außerhalb eines Rechtsstreits nach § 485 Abs. 2 ZPO zu erkennen (vgl. oben Rn. 14 ff.). Kommt es in solchen Fällen später doch **(parallel) zu einem Hauptsacheverfahren**, geht die **Zuständigkeit** eines zunächst nach § 486 Abs. 2 S. 1 ZPO angerufenen Gerichts dann **auf das Prozessgericht** über, wenn dieses die Akten zu Beweiszwecken beizieht (BGH Beschl. v. 22.7.2004 VII ZB 3/03 = BauR 2004, 1656, 1657 = NZBau 2004, 550 = ZfBR 2005, 52, 53). Laufen beide Verfahren parallel, ist ein **Hauptsacheverfahren** zumindest in der Regel nach **§ 148 ZPO auszusetzen**, wenn sich beide Parteien damit einverstanden erklären und im Beweisverfahren ein für das Hauptsacheverfahren beweiserheblicher Sachverhalt festgestellt werden soll (BGH Beschl. 29.4.2004 VII ZB 39/03 = BauR 2004, 1484, 1485 = NJW 2004, 2597 = ZfBR 2004, 677). Entsprechendes dürfte aus den Grundsätzen der Prozessökonomie ebenfalls gelten, wenn ein solches Einverständnis nicht vorliegt (so wohl auch zu verstehen der BGH a.a.O. in einem obiter dictum; in diesem Sinne wohl ebenfalls schon: BGH Beschl. v. 10.7.2003 VII ZB 32/02 = BauR 2003, 1607 = NJW 2003, 3057 = NZBau 2003, 563 = ZfBR 2003, 765).

5. Ende des Beweisverfahrens

83 Lange Zeit war umstritten, wann ein Beweisverfahren beendet ist. Die Bestimmung des genauen Zeitpunktes hat zahlreiche Auswirkungen auf Folgefragen: So hängt von dem Zeitpunkt der Beendigung des Beweisverfahrens z.B. ab, bis wann ein Beitritt eines Streitverkündeten erfolgen (OLG Karlsruhe Beschl. v. 25.11.1997 19 W 68/97 = BauR 1998, 589) bzw. ein Ergänzungsgutachten oder die Vernehmung des Sachverständigen zu dessen Feststellungen beantragt werden kann (OLG Köln Beschl. v. 24.1.1997 1 W 1/97 = BauR 1997, 886 = NJW-RR 1998, 210; OLG Köln Beschl. v. 11.12.1997 12 W 59/97 = BauR 1998, 591). Das Gesetz regelt diese Fragen nicht: § 492 Abs. 1 ZPO verweist nur in Bezug auf die Durchführung der Beweiserhebung auf die einschlägigen Regelungen der ZPO, ohne jedoch darüber hinaus konkret die Beendigung des Beweisverfahrens anzusprechen. Vor diesem Hintergrund gilt: Das Beweisverfahren **endet bei Stattfinden einer mündlichen Verhandlung** mit Verlesen des Protokolls bzw. seiner Vorlage an die Parteien zur Durchsicht (BGH Entscheidung v. 21.2.1973 VIII ZR 212/71 = BGHZ 60, 212; *Zöller/Herget* § 492 ZPO Rn. 4; *Thomas/Putzo* § 493 ZPO Rn. 3). Findet **keine mündliche Verhandlung** statt, ist zu unterscheiden (BGH Urt. v. 20.2.2002 VIII ZR 228/00 = BGHZ 150, 55, 57 ff. = BauR 2002, 1115, 1117 = NJW 2002, 1640, 1641 = NZBau 2002, 445 [Ls.]): Hat das Gericht den Parteien im Rahmen eines Sachverständigenbeweises gemäß § 411 Abs. 4 S. 2 ZPO eine (angemessene) Frist zur Stellungnahme zum Sachverständigengutachten gesetzt, **ist das Beweisverfahren mit Fristablauf beendet.** Dabei ist allerdings Voraussetzung, dass die Fristsetzung formgerecht erfolgt und gemäß § 329 Abs. 2 S. 2 ZPO zugestellt wurde (OLG Celle Beschl. v. 15.8.2005 4 W 165/05 = BauR 2005, 1961; OLG Schleswig Beschl. v. 21.8.2003 16 W 115/03 = OLGR 2003, 470 f.). **Erfolgte keine Fristsetzung, endet das Beweisverfahren ebenfalls mit Zugang des Sachverständigengutachtens bei den Parteien**, soweit die Parteien nicht innerhalb eines angemessenen Zeitraums nach Erhalt des Gutachtens Einwendungen dagegen oder das Gutachten betreffende Anträge oder Ergänzungsfragen mitgeteilt haben. Dabei knüpft der **Beginn der gesetzlichen Frist** zur Mitteilung von Einwendungen u.a. an die Vorlage des Gutachtens an, zu dem konkrete Einwendungen erhoben oder Fragen gestellt werden. Bedeutung erlangt diese Einschränkung vor allem dann, wenn später noch Ergänzungsgutachten vorgelegt werden. Die betroffene Partei kann hier nicht nach Ablauf einer angemessenen Frist die Tatsache, dass noch Ergänzungsgutachten gefertigt werden, dazu nutzen, um noch Fragen zum Erstgutachten nachzuschieben. (OLG Frankfurt Beschl. v. 2.1.2006 24 W 91/05 = OLGR 2006, 310). Die sich danach ergebende klare frühe Terminbestimmung schafft für alle Parteien Rechtsklarheit über den genauen Beendigungster-

min des Beweisverfahrens; er hat seine Rechtfertigung darin, dass mit Übergabe des Beweisgutachtens das Beweisverfahren sachlich erledigt ist, soweit keine Ergänzungsfragen gestellt werden (BGH Urt. v. 20.2.2002 VIII ZR 228/00 a.a.O.).

Setzt das Gericht keine (wirksame) Frist zur Stellungnahme, ist unter Berücksichtigung der vorbeschriebenen Rechtsprechung jeweils im Einzelfall zu prüfen, innerhalb welchen Zeitraums eine solche Stellungnahme abgegeben werden kann mit der Folge, dass das Beweisverfahren dann noch andauert. Im Ergebnis wird es hier geboten sein, dass die **diesbezügliche Stellungnahme bzw. etwaige Ergänzungsfragen in engem zeitlichen Zusammenhang mit der Zustellung des Gutachtens abgegeben bzw.** gestellt werden (OLG Düsseldorf Beschl. v. 18.4.2000 22 W 10/00 = BauR 2000, 1387 [Ls.] = NJW 2000, 3364 [Ls.] = NJW-RR 2001, 141 = NZBau 2000, 385, 386; *Zöller/Herget* § 492 ZPO Rn. 6). Eine Frist von 6 Monaten ist dafür zu lang (OLG Köln Beschl. v. 11.12.1997 12 W 59/97 = BauR 1998, 591); demgegenüber sind fünfeinhalb Monate gerade noch zu rechtfertigen, wenn die Parteien seit der letzten Anhörung des Sachverständigen zunächst in ernsthafte Vergleichsverhandlungen getreten sind und dies dem Gericht angezeigt haben (OLG Düsseldorf Beschl. v. 28.8.2000 21 W 36/00 = BauR 2000, 1775, 1776). Ein Zeitraum von knapp drei Monaten zwischen Übersendung des Gutachtens und Antrag auf Anhörung des Sachverständigen ist ebenfalls nicht verspätet, wenn der Antragsteller zur Überprüfung des Gutachtens zunächst einen Privatgutachter hinzuzieht (OLG Düsseldorf Beschl. v. 27.4.2004 5 W 7/04 = BauR 2004, 1978, 1979 f. = NZBau 2004, 555, 556; OLG Düsseldorf Beschl. v. 18.4.2000 22 W 10/00 = BauR 2000, 1387 [Ls.] = NJW 2000, 3364 [Ls.] = NJW-RR 2001, 141, 142 = NZBau 2000, 385, 386; ähnlich KG Beschl. v. 31.12.1999 4 W 7027/99 = BauR 2000, 1371 f., das eine Frist von vier Monaten allenfalls dann für gerechtfertigt hält, wenn es um ein besonders schwieriges, eingehendes und umfangreiches Gutachten geht; a.A. OLG Bamberg Beschl. v. 27.5.2005 8 W 22/05 = BauR 2006, 560, das eine Maximalfrist selbst bei Hinzuziehung eines Privatgutachtens von zwei Monaten für richtig hält). Sollte in solchen Fällen wegen der Dauer der Einholung eines Privatgutachtens ein Zeitraum für eine Stellungnahme von mehr als vier Monaten zu erwarten sein, ist derjenige, der noch Stellung nehmen will, gehalten, diese **Absicht dem Gericht zumindest zeitnah anzuzeigen** (OLG München Beschl. v. 1.12.2000 28 W 3034/00 = BauR 2001, 837 f. mit einer insoweit bestehenden Anzeigeobliegenheit binnen zwei Monaten; ähnlich OLG Düsseldorf Beschl. v. 27.4.2004 5 W 7/04 = BauR 2004, 1978, 1979 f. = NZBau 2004, 555, 556; OLG Hamburg, Beschl. v. 18.6.2003 4 W 45/03 = IBR 2003, 583). Der **Beginn der Frist zur Mitteilung von Einwendungen** u.a. knüpft an die **Vorlage eines Ausgangsgutachtens**, selbst wenn später noch ergänzende Gutachten vorgelegt werden, d.h.: Die betroffene Partei kann nicht nach Ablauf einer angemessenen Frist die Tatsache, dass noch Ergänzungsgutachten gefertigt werden, dazu nutzen, um Fragen zum Erstgutachten nachzuschieben (OLG Frankfurt Beschl. v. 2.1.2006 24 W 91/05 = OLGR 2006, 310 zu dem insoweit vergleichbaren Sachverhalt, dass überhaupt keine Frist gesetzt wurde). Zusammengefasst ist somit **hypothetisch darauf abzustellen, welche Frist – wenn sie vom Gericht gesetzt worden wäre – für eine Stellungnahme bzw. eine solche Anzeige angemessen gewesen wäre** (vgl. dazu aus der Rechtsprechung: OLG Köln Beschl. v. 24.1.1997 1 W 1/97 = BauR 1997, 886, 887 = NJW-RR 1998, 210 [4 Monate bei komplexen Fragestellungen]; für deutlich kürzere Fristen: LG Dortmund, Beschl. v. 10.12.1999 2 OH 11/99 = NJW-RR 2001, 714, 715 = NZBau 2000, 342 [4 Wochen]; OLG Köln Beschl. v. 18.9.1996 2 W 151/96 = NJW-RR 1997, 1220, 1221 [6 Wochen]; ähnlich OLG Brandenburg Beschl. v. 4.6.2002 12 W 16/02 = BauR 2002, 1734 oder OLG Düsseldorf Urt. v. 5.12.1995 21 U 68/95 = NJW-RR 1996, 1527, 1528 [10 Wochen]). Dies wird jeweils vom Einzelfall abhängen (so wohl auch OLG Düsseldorf Urt. v. 5.12.1995 21 U 85/95 = NJW-RR 1996, 1527, 1528; OLG Köln Beschl. v. 18.9.1996 2 W 151/96 = NJW-RR 1997, 1220).

Stellt im Nachgang zu dem übersandten Gutachten nicht der Antragsteller sondern **der Antragsgegner** rechtzeitig **Ergänzungs- oder Gegenanträge**, ist das Beweisverfahren ebenfalls nicht beendet und wird fortgeführt. Die für die Dauer der Beweiserhebung bestehenden Rechtswirkungen (z.B. Hemmung der Verjährung) bleiben bestehen. Ob der Gegenantrag insoweit zulässig ist, ist für die

Anhang 4 Selbstständiges Beweisverfahren, Schiedsgutachten und Schiedsverfahren

Fortführung des Beweisverfahrens unerheblich (BGH Urt. v. 21.12.2000 VII ZR 407/99 = BauR 2001, 674, 675 = NJW-RR 2001, 385 = NZBau 2001, 201, 202 = ZfBR 2001, 183).

VII. Kosten des Beweisverfahrens

86 Vom Grundsatz her gehören die **Kosten des Beweisverfahrens** bei einem anhängigen Rechtsstreit **zu den Kosten des Hauptverfahrens;** sie sind dort **im Rahmen der Kostenfestsetzung** mit zu berücksichtigen. Hier kommt es jedoch zu zahlreichen Zweifelsfällen. Diese treten umso häufiger zu Tage, wenn es zu keinem Hauptverfahren kommt. Gerade in diesen Fällen sind die Regelungen zum Beweisverfahren vollkommen unbefriedigend, da das Gesetz keine selbstständige Kostengrundentscheidung kennt. Vielmehr kann das Gericht nur nach § 494a ZPO vorgehen und dem Antragsteller eine Frist zur Klageerhebung setzen. Sieht der Antragsteller binnen der gesetzten Frist von einer Klage ab, hat er die Kosten des Beweisverfahrens zu tragen. Im Einzelnen ist hier zu beachten:

1. Grundsatz: Kosten des Beweisverfahrens als Kosten der Hauptsache

87 Die Kosten des selbstständigen Beweisverfahrens gehören, auch wenn kein streitiges Verfahren geführt wird, zu den **Kosten der Hauptsache.** Sie werden im Falle der Durchführung des Hauptverfahrens als gerichtliche Kosten von der dort getroffenen **Kostenentscheidung mit umfasst** (st. Rspr.: vgl. nur BGH Urt. v. 27.2.1996 X ZR 3/94 = BGHZ 132, 96, 104 = BauR 1996, 386, 389 = NJW 1996, 1749, 1750 f.; BGH Beschl. v. 24.6.2004 VII ZB 34/03 = BauR 2004, 1487, 1488 = NZBau 2005, 44, 45 = ZfBR 2004, 788). Die wesentlichen Grundsätze einer Kostenentscheidung lassen sich sodann wie folgt zusammenfassen (BGH Urt. v. 27.2.1996 X ZR 3/94 = BGHZ 132, 96, 104 = BauR 1996, 386, 389 = NJW 1996, 1749, 1750 f.; OLG Frankfurt Beschl. v. 22.7.1996 18 W 268/95 = BauR 1997, 169): Die Entscheidung über die Kosten folgt aus § 91 ZPO. Ob hiernach die Kosten notwendig waren (§ 91 ZPO), die Parteien des Beweisverfahrens und des Hauptsachenprozesses identisch sind und sich im Beweisverfahren gegenübergestanden haben und ob der Streitgegenstand der Verfahren identisch war, ist nicht Bestandteil der der Kostengrundentscheidung zugrunde liegenden Prüfung im Erkenntnisverfahren, sondern der **Prüfung der Erstattungsfähigkeit der Kosten im Kostenfestsetzungsverfahren nach § 104 ZPO.** Dort ist ferner zu prüfen, ob und unter welchen Voraussetzungen die Kosten dann nicht erstattungsfähig sind, wenn das Ergebnis der Beweiserhebung für die Entscheidung in der Hauptsache ganz oder teilweise nicht verwertet wurde. Diese vom BGH aufgestellten Grundsätze veranlassen zu folgenden **Kernaussagen:**

a) Identität des Streitgegenstandes

88 Für eine Kostenentscheidung im Hauptsacheverfahren kommt es auf die **Identität des Streitgegenstands** an (BGH a.a.O.). Hiernach ist entscheidend, **inwieweit zum Gegenstand der Hauptsache ein Sachverhalt gemacht wurde, der auch Gegenstand des Beweisverfahrens war.** Dabei ist dann allerdings unbeachtlich, ob das Beweisergebnis verwertet wurde (BGH Beschl. v. 22.5.2003 VII ZB 30/02 = BauR 2003, 1255 = NJW-RR 2003, 1240, 1241 = NZBau 2003, 566 = ZfBR 2003, 566; Beschl. v. 24.6.2004 VII ZB 34/03 = BauR 2004, 1487, 1488 = NZBau 2004, 44, 45 = ZfBR 2004, 788, 789). Im Vordergrund steht vielmehr, ob die Beweiserhebung bei Einleitung des Beweisverfahrens aus Sicht der betroffenen Partei als notwendig anzusehen war (KG Beschl. v. 20.8.1996 1 W 4514/95 = BauR 1997, 891 [Ls.] = NJW-RR 1997, 960). Dies ist z.B. der Fall, wenn das Beweisverfahren auf die Feststellung von Werkmängeln gerichtet war und die nachfolgende Hauptsachenklage in einem Aktivprozess diese Mängel zum Gegenstand hat (OLG Köln Beschl. v. 16.9.1996 11 W 52/96 = BauR 1997, 517 = BauR 1997, 885 = NJW-RR 1997, 1295). Im Übrigen kommt es nicht darauf an, dass sich die streitgegenständlichen Ansprüche der Höhe nach decken. Dies ergibt sich schon daraus, dass dem Streitgegenstand eines Beweisverfahrens kein Anspruch, sondern nur ein konkreter Lebenssachverhalt i.V.m. einem Beweisantrag zugrunde liegt. Daher ist die hier geforderte Identität des Streitgegenstandes auch dann zu bejahen, wenn im Beweisverfahren zunächst ein zu

Selbstständiges Beweisverfahren, Schiedsgutachten und Schiedsverfahren　　Anhang 4

hoher Kostenvorschussanspruch angegeben wurde, der nach den Ergebnissen des Beweisverfahrens in dieser Höhe nicht zu halten war und der im Hauptsacheverfahren nur noch ermäßigt verfolgt wird (OLG Frankfurt Beschl. v. 11.6.1999 12 W 144/99 = BauR 2000, 296, 297; *Werner/Pastor* Rn. 124). Dasselbe gilt, wenn der Streitgegenstand der Hauptsache deswegen niedriger ist, weil der Kläger mit den auf die Mängel bezogenen Schadensersatzansprüchen gegen eine unbestrittene Forderung aufgerechnet hat (OLG München Beschl. v. 16.8.1999 11 W 2144/99 = MDR 1999, 1347). Ändert sich hingegen im Laufe des Klageverfahrens der Streitgegenstand dahingehend, dass infolge einer Klageänderung am Ende des Verfahrens kein identischer Streitgegenstand zwischen Hauptsacheverfahren und selbstständigen Beweisverfahren mehr vorliegt, scheidet folgerichtig eine Einbeziehung der Kosten des selbstständigen Beweisverfahrens in das Kostenfestsetzungsverfahren des Hauptsacheverfahrens aus (OLG Köln Beschl. v. 7.1.2005 17 W 302/04 = BauR 2005, 900 f.).

Wurde das **Beweisverfahren vom Antragsteller nicht zu Ende geführt und kommt es gleichwohl zu einem Hauptsacheprozess**, in den dann allerdings die Ergebnisse des Beweisverfahrens wegen der vorzeitigen Beendigung nicht einfließen oder zumindest nicht verwertet werden können, ändert dies an der **Identität des Streitgegenstands** nichts. Daher ist auch in diesem Fall allein im Hauptsacheverfahren unter Berücksichtigung der Kosten des Beweisverfahrens eine abschließende Kostenentscheidung zu treffen. Demgegenüber ist für eine isolierte Kostenentscheidung nach § 269 Abs. 3 S. 2 ZPO wegen der nicht ordnungsgemäßen Weiterbetreibung des Beweisverfahrens zulasten des Antragstellers (siehe dazu unten Rn. 106) kein Raum (so aber KG Beschl. v. 24.8.2000 27 W 4727/00 = BauR 2000, 1903 f.). Dem Gericht bleibt es aber unbenommen, dem Antragsteller des Beweisverfahrens und späteren Kläger selbst im Fall des Obsiegens gemäß § 96 ZPO die mit dem Beweisverfahren verbundenen Kosten aufzuerlegen. Dies bietet sich vor allem an, wenn sich das zuvor eingeleitete Beweisverfahren aufgrund des Verhaltens des Antragstellers, z.B. durch den oben beschriebenen vorzeitigen Abbruch, für das Hauptsacheverfahren als völlig nutzlos erwiesen hat (*Knütel* BauR 2000, 1904). **89**

Schwierigkeiten in Bezug auf die Identität des Streitgegenstandes bzw. deren Nachweis bestehen für den Antragsgegner bzw. späteren Beklagten ebenfalls, wenn die **Hauptsachenklage** nach einem geführten Beweisverfahren **ohne sachliche Entscheidung zum Gegenstand des Beweisverfahrens**, z.B. wegen fehlender Prozessführungsbefugnis, **abgewiesen** wird. Hier vertritt das Kammergericht zu Recht die Auffassung, dass die vorgerichtlichen Kosten des Beweisverfahrens für den Beklagten gleichwohl erstattungsfähig sind: Denn die Einleitung des Rechtsstreits einschließlich des diesen vorbereitenden Beweisverfahrens und die Auslösung der damit verbundenen Kosten hat allein der Kläger zu verantworten; somit hat er auch in diesen Fällen der Klageabweisung sämtliche Kosten des gesamten Verfahrens einschließlich der Kosten der vorgeschalteten Beweiserhebung zu tragen (KG Beschl. v. 20.8.1996 1 W 4514/95 = BauR 1997, 891 = NJW-RR 1997, 960; *Werner/Pastor* Rn. 124 – a.A. OLG Zweibrücken Beschl. v. 23.8.2004 4 W 98/04 = BauR 2004, 1835 [Ls.]). **90**

Werden zu einem Beweisverfahren **mehrere Hauptsacheverfahren** geführt, sind die **Kosten** des selbstständigen Beweisverfahrens entsprechend dem Verhältnis der Streitwerte der Hauptsacheverfahren **aufzuteilen** (OLG München Beschl. v. 9.3.1989 11 W 3434/88 = MDR 1989, 548; *Werner/Pastor* Rn. 124 a.E.). Wurde hingegen ein auf ein Beweisverfahren gestütztes Hauptsacheverfahren zunächst durch Vergleich beigelegt, ohne auf das Beweisergebnis zurückzugreifen, und wurde dann zwei Jahre später auf der Grundlage des Beweisverfahrens ein zweites oder gar drittes Hauptsacheverfahren geführt, spricht nichts dagegen, die Kosten des Beweisverfahrens in die Kostenentscheidungen dieser späteren Verfahren einzubeziehen (OLG Stuttgart Beschl. v. 17.8.1999 8 W 192/99 = BauR 2000, 136). **91**

b) Identität der Parteien

Neben der Identität des Streitgegenstands kommt es für eine Kostenentscheidung im Hauptsacheverfahren ferner auf die **Identität der Parteien** in Beweis- und Hauptsacheverfahren an, und zwar in **92**

Anhang 4   Selbstständiges Beweisverfahren, Schiedsgutachten und Schiedsverfahren

der Weise, dass sie sich jeweils als Gegner in derselben Parteirolle gegenüber gestanden haben müssen (BGH Urt. v. 27.2.1996 X ZR 3/94 = BGHZ 132, 96, 104 = BauR 1996, 386, 389 = NJW 1996, 1749, 1750 f.; OLG Frankfurt Beschl. v. 22.7.1996 18 W 268/95 = BauR 1997, 169). Identität liegt ebenfalls vor, wenn sich eine Partei des Hauptsacheverfahrens etwaige Erstattungsansprüche einer Partei des selbstständigen Beweisverfahrens hat abtreten lassen (vgl. OLG Koblenz Beschl. v. 20.4.1993 14 W 187/93 = NJW-RR 1994, 574 sowie a.a.O. 1994, 1277). Dasselbe gilt, wenn anstelle einer Partei im späteren Hauptsacheverfahren der Insolvenzverwalter tritt (OLG Köln Beschl. v. 14.4.1986 17 W 158/86 = JurBüro 1987, 433; *Werner/Pastor* Rn. 123). Ist ein Beweisverfahren gegen zwei Antragsgegner geführt worden, von denen einer Partei des nachfolgenden Hauptprozesses geworden ist, liegt zwar nur eine **Teilidentität der Parteien** vor. Gleichwohl sind dem später verklagten Antragsgegner im Fall seines Unterliegens die vollen Kosten einschließlich die des selbstständigen Beweisverfahrens aufzuerlegen. Denn selbst wenn in dem ursprünglichen Beweisverfahren zunächst noch ein weiterer Antragsgegner beteiligt war, ändert dies im Verhältnis des Antragstellers (Klägers) zum verklagten Antragsgegner an der insoweit gleichwohl bestehenden Parteiidentität nichts. In diesem Verhältnis wären die Kosten einschließlich die des selbstständigen Beweisverfahrens nicht geringer, wenn der weitere Antragsgegner hinweggedacht würde. Soweit demgegenüber die Hauptsache hinter dem Verfahrensgegenstand des selbstständigen Beweisverfahrens deswegen zurückbleibt, weil im selbstständigen Beweisverfahren weitere Mängel untersucht wurden, die nur andere Verfahrensbeteiligte betrafen, umfasst die Kostenentscheidung der Hauptsache dann allerdings mangels Parteiidentität die Kosten des Beweisverfahrens nicht vollständig. Der Kläger hat in diesem Fall im Rahmen der Kostenfestsetzung nur Anspruch auf Erstattung derjenigen (anteiligen) Gerichtskosten des Beweisverfahrens, soweit sie den Gegenstand betreffen, an dem der verklagte Antragsgegner beteiligt war (BGH Beschl. v. 22.7.2004 VII ZB 9/03 = BauR 2004, 1809, 1810 = NJW-RR 2004, 1651 = NZBau 2004, 674 = ZfBR 2004, 53, 54). Auf der anderen Seite heißt dies immerhin für den später nicht im Hauptsacheverfahren behelligten Antragsgegner, dass er bzgl. seiner ihm entstandenen außergerichtlichen Kosten nach gerichtlicher Fristsetzung eine Kostenentscheidung nach § 494a Abs. 2 ZPO herbeiführen kann (siehe hierzu unten Rn. 100). Keine anderen Grundsätze als vorstehend beschrieben gelten, wenn **nur einer von mehreren Antragstellern des Beweisverfahrens später Hauptsacheklage** erhebt. Dies könnte z.B. darauf beruhen, dass sich in dem Beweisverfahren nur die Ansprüche des einen, nicht aber die eines anderen Antragstellers belegen lassen. Auch hier kommt jedoch eine volle Festsetzung der Kosten des Beweisverfahrens in diesem späteren Hauptsacheverfahren in Betracht, soweit sich Gegenstand des Hauptsache- und des selbstständigen Beweisverfahrens decken. Davon unabhängig gestaltet sich aber ggf. das Rechtsverhältnis zwischen später verklagtem Antragsgegner und dem nicht klagenden Antragsteller: Hier wird man dem Antragsgegner das Recht einräumen müssen, im Verhältnis zu dem nicht klagenden Antragsteller nach § 494a Abs. 2 ZPO vorgehen zu dürfen, d.h.: Erhebt der weitere Antragsteller binnen einer gesetzten Frist nicht ebenfalls Klage bzw. beteiligt sich nicht an dem Klageverfahren seines früheren Mitstreiters, sind ihm allein in diesem Verhältnis weiterer Antragsteller/Antragsgegner nach § 494a Abs. 2 ZPO anteilig die Kosten des Beweisverfahrens aufzuerlegen. War der Streitgegenstand z.B. bei zwei Antragstellern identisch, kann somit der nicht klagende Antragsteller im Verhältnis zum Antragsgegner analog § 100 Abs. 1 ZPO mit der Hälfte der Verfahrenskosten belastet werden. Kommt eine Aufteilung nach Kopfteilen nicht in Betracht, mag die Kostentragung in Anlehnung an § 287 ZPO zu schätzen sein. Praktisch heißt das: In seinem Verhältnis zu dem einen berechtigt klagenden Antragsteller sind zulasten des Antragsgegners im Hauptsacheverfahren zwar die vollen Verfahrenskosten einschließlich der des selbstständigen Beweisverfahrens festzusetzen. Anteilig kann er davon aber möglicherweise über eine isolierte Kostenentscheidung des § 494a ZPO einen Teil von dem nicht klagenden Antragsteller zurückerhalten. Die effektive Kostenbelastung entspricht dann dem, als wenn beide Antragsteller tatsächlich geklagt hätten.

c) Besonderheiten bei Klagerücknahme

Eine einheitliche Kostenentscheidung im Hauptsacheverfahren stößt auf Schwierigkeiten, wenn der Kläger die **später erhobene Klage zurücknimmt**. Hier wird mit z.T. beachtlichen Argumenten die Auffassung vertreten, dass in diesem Fall dem Kläger in entsprechender Anwendung des § 269 Abs. 3 ZPO oder § 494a Abs. 2 ZPO bei identischem Streitgegenstand und denselben Parteien die Kosten des Beweisverfahrens aufzuerlegen seien. Insoweit unterscheide sich der Fall der Klagerücknahme aus Sicht des Antragsgegners nicht von dem des § 494a Abs. 2 ZPO: Auch hier würden dem Antragsteller ebenfalls ohne eine Entscheidung zur Sache allein wegen nicht fristgerechter Klage die Kosten des Beweisverfahrens auferlegt. Dies könne nicht anders sein, wenn der Antragsteller zunächst Klage erhebe und diese später zurücknehme (für eine analoge Anwendung des § 494a Abs. 2 ZPO der Hinweis im Bericht des Rechtsausschusses zu § 494a ZPO: BT-Drucks. 11/8283 S. 48; ebenso für eine analoge Anwendung der §§ 269 Abs. 3 i.V.m. § 494a Abs. 2 ZPO: OLG Düsseldorf Beschl. v. 23.9.1996 12 W 42/96 = BauR 1997, 349, 351 mit der Folge, dass dem Kläger, der zunächst Klage erhebt und diese später wieder zurücknimmt, ohne weitere Fristsetzung die Kosten des Beweisverfahrens aufzuerlegen sind; dem OLG Düsseldorf folgend: OLG Frankfurt Beschl. v. 1.8.2003 19 W 29/03 = NJW-RR 2004, 70, 71; *Zöller/Herget* § 494a ZPO Rn. 4a; sehr zweifelnd an dieser Lösung: BGH Beschl. v. 22.5.2003 VII ZB 30/02 = BauR 2003, 1255, 1256 = NJW-RR 2003, 1240 = NZBau 2003, 500 = ZfBR 2003, 566; offengelassen in BGH Beschl. v. 21.7.2005 VII ZB 44/05 = ZfBR 2005, 790 für einen Fall, dass das selbstständige Beweisverfahren bei Klagerücknahme noch nicht beendet war; für eine analoge Anwendung des § 269 Abs. 3 ZPO: OLG Karlsruhe Beschl. v. 17.1.2005 15 W 22/04 = BauR 2005, 1071 [Ls.]; OLG Jena Beschl. v. 22.6.2006 4 W 173/06 = BauR 2006, 1361 [Ls.]; *Thomas/Putzo* § 494a ZPO Rn. 5; wohl auch MüKo/*Schreiber* § 494a ZPO Rn. 1, ders. = NJW 1991, 2600, 2602). Die hierzu vertretene Auffassung verkennt jedoch, dass bei einer Klagerücknahme keine abschließende Entscheidung über die Hauptsache getroffen wird oder sich die Hauptsache sonst wie erledigt. Vielmehr lässt die Klagerücknahme die Anhängigkeit rückwirkend entfallen mit der Konsequenz, dass der Antragsteller dieselbe Klage auf der Grundlage des durchgeführten Beweisverfahrens noch einmal einreichen könnte. Bei einem ihm dann günstigen Klageausgang muss es möglich bleiben, die Kosten des Beweisverfahrens abschließend dem Beklagten aufzuerlegen; dies wäre ausgeschlossen, wenn bereits im Erstverfahren hierüber entschieden würde (OLG Köln Beschl. v. 24.1.1994 17 W 229/93 = SFH § 269 ZPO Nr. 5; OLG Schleswig Beschl. v. 27.9.1994 9 W 150/94 = JurBüro 1995, 36; OLG München Beschl. v. 10.12.1997 11 W 2427/97 = NJW-RR 1998, 1078; OLG Köln Beschl. v. 23.10.2002 17 W 263/02 = BauR 2003, 290, 291; wohl auch OLG Celle Beschl. v. 6.5.2004 4 W 79/04 = OLGR 2005, 66; OLG Düsseldorf Beschl. v. 3.2.2006 23 W 62/05 = BauR 2006, 1512 = NJW-RR 2006, 1028; ebenso: *Siegburg* Handbuch der Gewährleistung Rn. 2325 ff.; *Zöller/Greger* § 269 ZPO Rn. 18b). Folglich **scheidet** hier **eine Einbeziehung der Kosten des selbstständigen Beweisverfahrens in die Kostenentscheidung des § 269 Abs. 3 S. 2 ZPO aus** – was selbst dann gelten soll, wenn der Antragsteller die Klagerücknahme mit einem Verzicht auf den Klageanspruch verbindet (OLG Koblenz Beschl. v. 5.3.2003 14 W 148/03 = BauR 2003, 1767, 1768 = NJW 2003, 3281 = ZfBR 2003, 369 [Ls.]).

d) Kein ordnungsgemäßes Betreiben der Hauptsacheklage

Eine ähnliche Situation wie bei der Klagerücknahme entsteht, wenn zwar der Antragsteller später eine Hauptsacheklage erhebt, diese aber nicht ordnungsgemäß betreibt, z.B. **keinen Kostenvorschuss einzahlt**. Nach Auffassung des OLG Brandenburg soll der Antragsgegner in diesem Fall nach § 494a Abs. 1 ZPO analog verfahren können. Dem Antragsgegner wäre dann vom Gericht eine Frist zu setzen, das Hauptsacheverfahren weiterzubetreiben (OLG Brandenburg Beschl. v. 29.11.2000 13 W 8/00 = BauR 2001, 678). Die vom OLG Brandenburg vertretene Lösung mag pragmatisch sein, sie widerspricht jedoch der klaren gesetzlichen Formulierung. Der Antragsgegner hat Klage erhoben, so dass für die Ausnahmeregelung des § 494a ZPO kein Raum mehr ist. Ohnehin dürfte das OLG Brandenburg in Schwierigkeiten kommen, wenn der Antragsteller später noch die Kosten einzahlt. Richtig ist daher, den Antragsgegner in diesen Fällen auf einen gesondert durchzusetzenden materiellen Kostenerstattungsanspruch zu verweisen.

2. Fristsetzung zur Klageerhebung (§ 494a ZPO)

95 Erhebt der Antragsteller nach Abschluss des Beweisverfahrens keine Hauptsacheklage, kann der Antragsgegner über den Weg des § 494a ZPO durch das Gericht seine Kosten zulasten des Antragstellers festsetzen lassen. § 494a ZPO ist jedoch nur anwendbar, wenn **das Beweisverfahren zu Ende geführt** wurde. Fälle des vorzeitigen Abbruchs sind demgegenüber nicht geeignet, den Antragsteller über § 494a Abs. 2 ZPO mit einer negativen Kostenfolge zu belasten. In diesen Fällen, vor allem bei einem faktischen Nichtweiterbetreiben des Beweisverfahrens, kommt vielmehr allein eine **isolierte Kostenentscheidung** außerhalb des § 494a ZPO in Betracht (siehe dazu ausführlich: OLG München Beschl. v. 25.4.2001 28 W 1086/01 = BauR 2001, 1947 ff. = NJW-RR 2001, 1580 ff.; ebenso: OLG Jena Beschl. v. 16.11.2001 2 W 506/01 [59] = BauR 2002, 667, 668; *Siegburg* FS Mantscheff S. 405, 409 f.), soweit die weiteren Voraussetzungen dafür vorliegen (siehe dazu unten Rn. 105 ff.). Ist das Beweisverfahren hingegen abgeschlossen, ermöglicht § 494a ZPO dem Antragsgegner, auch außerhalb eines Hauptsacheverfahrens zu einer Kostenentscheidung zu kommen: Nach dessen Absatz 1 muss ein Gericht, wenn ein Rechtsstreit nicht anhängig ist, nach Ende der Beweiserhebung **auf Antrag** des Antragsgegners ohne mündliche Verhandlung anordnen, dass der Antragsteller binnen einer **bestimmten Frist Klage zu erheben** hat (dazu näher *Röthlein* Rn. 107 ff.). Kommt der Antragsteller dieser Anordnung nicht nach, hat das Gericht auf weiteren Antrag gemäß § 494a Abs. 2 ZPO durch Beschluss auszusprechen, dass er die dem Gegner entstandenen Kosten zu tragen hat. Hierzu gilt im Einzelnen:

a) Antrag des Antragsgegners

96 **Wirksamkeitsvoraussetzung** für die Anordnung zur Kostentragung gemäß § 494a Abs. 2 ZPO ist zunächst ein entsprechender dem Anwaltszwang nicht unterliegender (vgl. OLG Stuttgart Beschl. v. 6.7.1994 9 W 12/94 = BauR 1995, 135; OLG Schleswig Beschl. v. 5.12.1996 16 W 224/95 = BauR 1996, 592; OLG Düsseldorf Beschl. v. 7.7.1998 5 W 29/98 = BauR 1999, 197 = NJW-RR 1999, 509; *Schmitz* BauR 1996, 340 – a.A. OLG Zweibrücken Beschl. v. 13.2.1995 4 W 6/95 = BauR 1995, 587 = MDR 1995, 744 = NJW-RR 1996, 573 = JurBüro 1995, 489; MüKo/*Schreiber* § 494a ZPO Rn. 2) **Antrag des Antragsgegners** an das Gericht, dem Antragsteller binnen einer zu setzenden Frist die Klageerhebung aufzugeben. Ein **Streithelfer des Antragsgegners** kann diesen Antrag ebenfalls stellen, allerdings nur mit der Zielrichtung, dass der Antragsteller Hauptsacheklage gegen den Antragsgegner zu erheben hat (OLG Koblenz Beschl. v. 17.9.1999 1 W 484/99 = NJW-RR 2001, 1726; unklar OLG Köln Beschl. v. 29.11.2004 22 W 27/04 = OLGR 2005, 219, 220, das zwar vermeintlich gegen OLG Koblenz entscheidet, einen solchen Antrag des Streithelfers aber offenbar trotzdem zulassen will). Demgegenüber ist ein solcher Antrag des Streithelfers ausgeschlossen, wenn der Antragsgegner hiermit nicht einverstanden ist (OLG Karlsruhe Beschl. v. 16.7.1999 19 W 45/99 = BauR 1999, 1210 = NJW-RR 2001, 214). In diesem Fall bleibt dem Streithelfer keine andere Möglichkeit, als die ihm entstandenen Kosten im Rahmen eines gesonderten Hauptsacheverfahrens durchzusetzen, sofern ihm dafür überhaupt ein materiell-rechtlicher Anspruch zusteht. In einer solchen für den Streithelfer sicherlich misslichen Situation kann ihm gleichwohl kein Antragsrecht gemäß § 494a ZPO zugestanden werden verbunden mit der Zielrichtung, dass der Antragsteller nunmehr Hauptsacheklage gegen ihn selbst erheben müsse (so aber *Kießling* NJW 2001, 3668, 3672 f.). Dies scheidet schon deshalb aus, weil eine solche Befugnis nicht einmal dem Antragsgegner zustände, so dass dem Streithelfer über diesen Umweg keine weitergehenden Befugnisse eingeräumt werden können (OLG Koblenz Beschl. v. 17.9.1999 1 W 484/99 = NJW-RR 2001, 1726).

97 Wurde das Beweisverfahren gegen **mehrere Antragsgegner** geführt, wirkt der Antrag eines Antragsgegners nicht zugunsten der übrigen Antragsgegner, d.h.: Stellt nur einer den Antrag, sind für die

übrigen Antragsgegner die Voraussetzungen einer Kostenentscheidung nach § 494a Abs. 2 ZPO nicht erfüllt (OLG Stuttgart Beschl. v. 19.6.2000 13 W 28/00 = NJW-RR 2001, 863 = BauR 2001, 1303 [Ls.]).

b) Fristsetzung durch das Gericht

Ist der Antrag wirksam gestellt, hat das **Gericht eine Frist zur Klageerhebung zu setzen** und in dem hierzu ergehenden Beschluss auf die Folgen der Nichteinhaltung der Frist hinzuweisen (OLG Köln Beschl. v. 27.11.1996 19 W 54/96 = BauR 1997, 702). Die Fristsetzung selbst muss gegenüber dem Antragsteller des Beweisverfahrens erfolgen und nach Gegenstand (ganz oder teilweise) sowie Zeit hinreichend bestimmt sein (vgl. dazu OLG Düsseldorf Beschl. v. 9.9.1994 21 W 36/94 = BauR 1995, 279). Antragsteller im Sinne dieser Vorschrift ist zunächst derjenige, der das Beweisverfahren begonnen hat. Hat der Antragsgegner Gegenanträge gestellt, was grundsätzlich zulässig ist (siehe oben Rn. 63 ff.), folgt daraus, dass kostenrechtlich insoweit dieser als Antragsteller zu behandeln ist (OLG Koblenz Beschl. v. 27.6.1996 14 W 344/96 = NJW-RR 1997, 1024). Während die Ablehnung eines Antrages zur Fristsetzung gemäß § 494a Abs. 1 ZPO mit der sofortigen Beschwerde angegriffen werden kann, ist ein Beschluss, aufgrund dessen dem Antragsgegner eine Frist zur Klageerhebung gesetzt wird, nicht anfechtbar (allgem. Auffassung: OLG Hamm Beschl. v. 30.10.2001 21 W 28/01 = BauR 2002, 522; *Zöller/Herget* § 494a ZPO Rn. 3; *Baumbach/Lauterbach/Albers/Hartmann* § 494a ZPO Rn. 9 f. – jeweils m.w.N.).

98

c) Folgen nicht fristgerechter Klage (§ 494a Abs. 2 ZPO)

Erhebt der Antragsteller trotz ordnungsgemäßer Belehrung über die Folgen der Fristsäumnis binnen der gesetzten Frist keine Klage zur Hauptsache (OLG Köln Beschl. v. 27.11.1996 19 W 54/96 = BauR 1997, 702), spricht das Gericht gemäß § 494a Abs. 2 ZPO auf – ebenfalls nicht dem Anwaltszwang unterliegenden (vgl. OLG Stuttgart Beschl. v. 6.7.1994 9 W 12/94 = BauR 1995, 135) – **Antrag aus, dass der Antragsteller die dem Gegner entstandenen Kosten des Beweisverfahrens zu tragen hat.** Auferlegt werden dem Antragsteller ebenfalls etwaige Kosten des Streithelfers des Antragsgegners (vgl. OLG Oldenburg Beschl. v. 8.7.1994 8 W 51/94 = NJW-RR 1995, 829). Eine Klageerhebung ist bei Überschreiten der durch das Gericht gesetzten Frist allerdings noch rechtzeitig, wenn bisher nicht über den Kostenantrag des Antragsgegners nach § 494a Abs. 2 ZPO entschieden wurde (OLG Düsseldorf Beschl. v. 21.7.1997 21 W 25/97 = NJW-RR 1998, 359; OLG Düsseldorf Beschl. v. 18.5.2001 22 W 19/01 = BauR 2001, 1292 f. = NJW-RR 2002, 427; OLG Celle Beschl. v. 6.5.2004 4 W 79/04 = OLGR 2005, 66; *Zöller/Herget* § 494a ZPO Rn. 4a; *Baumbach/Lauterbach/Albers/Hartmann* § 494a ZPO Rn. 17 – a.A. OLG Frankfurt Beschl. v. 4.1.2001 24 W 55/00 = NJW-RR 2001, 862, 863 = BauR 2001, 1303 [Ls.]). Für eine Klageerhebung genügt es wegen der unterschiedlichen Streitgegenstände nicht, wenn der Antragsteller eine Klage auf Kostenerstattung erhebt (BGH Beschl. v. 1.7.2004 V ZB 66/03 = BauR 2004, 1670 [Ls.] = NJW-RR 2004, 1580, 1581). Vielmehr muss sich die Klage an dem tatsächlichen Gegenstand des selbstständigen Beweisverfahrens orientieren, d.h.: Der Antragsteller muss zwingend eine Klage zur Hauptsache erheben. Insoweit reicht es aber aus, wenn der Antragsteller rechtzeitig in einem z.B. laufenden Prozess **Widerklage erhebt** (BGH Beschl. v. 22.5.2003 VII ZB 30/02 = BauR 2003, 1255 = NJW-RR 2003, 1240, 1241 = NZBau 2003, 500 = ZfBR 2003, 566). Denn hierbei handelt es sich um eine ordentliche Klage, für die gemäß § 33 ZPO lediglich ein besonderer Gerichtsstand gegeben ist. Auch eine Geltendmachung des Hauptsacheanspruchs mit einem **Mahnbescheid** dürfte genügen. Denn damit wird der Anspruch ebenfalls rechtshängig verbunden mit der Möglichkeit für den Antragsgegner, notfalls über einen Antrag nach § 696 Abs. 1 ZPO eine streitige Hauptsachenentscheidung zu erzwingen (OLG Schleswig Beschl. v. 9.3.2006 16 W 25/06 = IBR 2006, 308; i.E. auch schon OLG Koblenz Beschl. v. 15.3.1999 10 W 162/99 = OLGR 2000, 55). Einer Klageerhebung innerhalb einer durch das Gericht gemäß § 494a Abs. 1 ZPO gesetzten Frist steht des Weiteren **die Geltendmachung der betreffenden Forderung im Wege der Aufrechnung** im Prozess umgekehrten Rubrums gleich. Denn auch hier ist nach Sinn

99

und Zweck der gesetzlichen Regelung eine isolierte Kostenentscheidung nach § 494a Abs. 2 S. 1 ZPO nicht angezeigt. Vielmehr kann über den zur Aufrechnung gestellten Gegenanspruch entschieden werden. Infolgedessen kann dann auch eine entsprechende Kostenentscheidung unter Einschluss der Kosten des selbstständigen Beweisverfahrens ergehen. Stellt sich allerdings im weiteren Verfahrensverlauf heraus, dass etwa das Hauptsacheverfahren entschieden werden kann, ohne dass es auf die Aufrechnung ankommt, d.h. werden die Gegenansprüche des Antragstellers des zuvor durchgeführten selbstständigen Beweisverfahrens nicht geprüft, kann der Antragsgegner dann noch den Weg des § 494a ZPO beschreiten (BGH Beschl. v. 25.8.2005 VII ZB 35/04 = BauR 2005, 1799, 1801 = NJW-RR 2005, 1688, 1689 = NZBau 2005, 687, 688 = ZfBR 2006, 26, 27). Ist hiernach richtigerweise allein zu prüfen, ob über die Gegenansprüche des Antragstellers, die sich aus einem auf der Grundlage eines selbstständigen Beweisverfahrens gestützten Sachverhalt ergeben, in einem Hauptsacheverfahren mitentschieden werden kann, reicht es im Anwendungsbereich des § 494a Abs. 2 ZPO ebenfalls aus, wenn der Antragsteller die Ergebnisse des Beweisverfahrens (z.B. festgestellte Mängel) in einem vom Antragsgegner angestrengten Prozess (z.B. gerichtet auf Vergütung) nur **einredeweise geltend** macht (i.E. ebenso OLG Nürnberg Beschl. v. 8.11.1999 13 W 2637/99 = BauR 2000, 442; OLG Köln [17. Senat] Beschl. v. 9.6.1999 17 W 241/98 = NJW-RR 2000, 361; offensichtlich auch OLG Hamburg Beschl. v. 20.2.2002 11 W 2/02 = BauR 2002, 1283, 1284; *Siegburg* FS Mantscheff S. 405, 410 – a.A.: OLG Köln [11. Senat] Beschl. v. 16.9.1996 11 W 52/96 = BauR 1997, 517 = BauR 1997, 885 = NJW-RR 1997, 1295; OLG Zweibrücken Beschl. v. 11.2.2004 4 W 111/03 = BauR 2004, 1490; *Werner/Pastor* Rn. 132). Ist der **Antragsteller** nach Abschluss des Beweisverfahrens **verstorben**, geht eine etwaige Verpflichtung des Antragstellers zur Klageerhebung zwecks Vermeidung der Kostentragungspflicht auf seine Erben über (LG Saarbrücken Beschl. v. 22.1.1999 5 T 4/99 = BauR 1999, 938).

99a Entbehrlich ist die Erhebung einer Hauptsachenklage, wenn die im selbstständigen Beweisverfahren festgestellten Mängel zwischenzeitlich beseitigt sind. Hier kann (und muss) keine Leistungsklage mehr erhoben werden, da es insoweit an einem streitigen Rechtsverhältnis fehlt (siehe dazu sogleich auch Rn. 103). Wurde gleichwohl durch das Gericht eine Frist zur Klageerhebung nach § 494a ZPO gesetzt, ist diese Fristsetzung trotzdem wirksam. In einem solchen Fall genügt es dann aber nicht, wenn der Antragsteller eine **Klage auf Kostenerstattung** erhebt; denn diese betrifft einen anderen Streitgegenstand gegenüber den Fragen, die im selbstständigen Beweisverfahren geprüft wurden. Vielmehr ist der Antragsteller gehalten, notfalls eine **Feststellungsklage** zu erheben, dass ihm ehemals ein entsprechender materiell-rechtlicher Anspruch gegen den Antragsgegner zustand (BGH Beschl. 12.2.2004 V ZB 57/03 = BauR 2004, 1181, 1183 = NJW-RR 2004, 1005; BGH Beschl.V. 1.7.2004 V ZB 66/03 = BauR 2004, 1670 [Ls.] = NJW-RR 2004, 1580, 1581).

99b Die Belastung des Antragsgegners mit den Kosten des selbstständigen Beweisverfahrens nach § 494a Abs. 2 S. 1 ZPO erfolgt nur deshalb, weil der Antragsteller nicht binnen der gesetzten Frist Klage erhebt. Nur hierüber wird in dem Kostenbeschluss nach § 494a ZPO entschieden. Nicht ausgeschlossen ist hingegen, dass dem Antragsteller trotz einer solchen Kostenentscheidung zu seinen Lasten **gleichwohl ein materiellrechtlicher Kostenerstattungsanspruch** zusteht (vgl. zu der beschränkten Wirkung einer Kostenentscheidung allgemein: BGH Urt. v. 18.5.1966 Ib ZR 73/64 = BGHZ 45, 251, 257 = NJW 1966, 1513, 1515; Urt. v. 22.11.2001 VII ZR 405/00 = BauR 2002, 519 = NJW 2002, 680 = ZfBR 2002, 250, 251). So können durchaus Umstände auftreten, die bei der Kostenentscheidung nach § 494a ZPO nicht berücksichtigt wurden oder werden konnten oder ihr sogar entgegen gesetzt sind (BGH a.a.O., zum § 494a ZPO ausdrücklich: OLG Düsseldorf Urt. v. 1.9.2005 I-5 U 6/05 = BauR 2006, 862, 863 = NJW-RR 2006, 571, 5721 = NZBau 2006, 521, 522).

100 Die Anwendung von § 494a ZPO stößt regelmäßig auf Probleme, wenn nur eine **Teilidentität der Parteien im Beweis- und Hauptsacheverfahren** vorliegt. Hierzu kommt es, wenn der Antragsteller nach Fristsetzung nur einzelne Antragsgegner verklagt oder einzelne Antragsteller (von mehreren) von einer Klage absehen. In diesen Fällen gilt: Der insoweit **nicht durch Klage behelligte Antrags-**

gegner kann wie üblich nach § 494a ZPO vorgehen mit der Folge, dass dem Antragsteller nach fruchtlosem Ablauf zur Erhebung einer gegen den Antragsgegner gerichteten Klage dessen (außergerichtlichen) Prozesskosten aufzuerlegen sind. Soweit es später in einem im Übrigen geführten Hauptsacheverfahren um die Festsetzung der gerichtlichen Kosten des Beweisverfahrens geht, gilt nichts anderes als oben schon zu Rn. 92 beschrieben: Hier kommt es für die Kostenentscheidung im Verhältnis Antragsteller (Kläger) zu dem verklagten Antragsgegner allein darauf an, ob der gesamte Gegenstand des zuvor geführten selbstständigen Beweisverfahrens zum Gegenstand des Hauptsacheverfahrens gemacht wurde. In diesem Fall kann zu den Gesamtkosten des selbstständigen Beweisverfahrens unbeschadet der Tatsache, dass einzelne Antragsgegner nicht belangt werden, eine einheitliche Kostenentscheidung im Hauptsacheverfahren ergehen, die die Kosten des selbstständigen Beweisverfahrens einschließt (BGH Beschl. v. 22.7.2004 VII ZB 9/03 = BauR 2004, 1809, 1810 = NJW-RR 2004, 1651 = NZBau 2004, 674 = ZfBR 2005, 53, 54 – siehe auch oben Rn. 92). In gleicher Weise ist zu verfahren, wenn **einzelne Antragsteller später von einer Hauptsacheklage deshalb absehen**, etwa weil sie erkannt haben, dass ihnen z.B. trotz Vorliegens eines Baumangels gleichwohl keine Ansprüche zustehen. Hier kann der verbleibende klagende Antragsteller bei einer Identität des Gegenstandes im Hauptsacheverfahren und selbstständigen Beweisverfahren im Fall seines Obsiegens die vollen Kosten des Beweisverfahrens festsetzen lassen. Demgegenüber kann der Antragsgegner gegen den nicht klagenden anderen Antragsteller nach § 494a ZPO vorgehen mit der Folge, dass diesem dann seinerseits nach Festsetzung ein Teil der Kostenlast aufzuerlegen ist (vgl. oben Rn. 92).

Von der Teilidentität der Parteien zu unterscheiden ist die **Teilidentität hinsichtlich des Verfahrensgegenstands.** Gemeint ist damit der Fall, dass der Antragsteller nur zu einem Teil der in das Beweisverfahren eingeführten Tatsachenfragen später Hauptsacheklage erhebt. Hier war lange Zeit streitig, ob insoweit für den Teil, zu dem keine Hauptsachenklage erhoben wird, eine Kostenentscheidung nach § 494a ZPO ergehen kann (siehe zum damaligen Meinungsstand i.d. Vorauflage). Diese Rechtsfrage ist zwischenzeitlich geklärt: Eine Teilkostenentscheidung nach § 494a ZPO scheidet danach aus (BGH Beschl. v. 24.6.2004 VII ZB 11/03 = BauR 2004, 1485, 1486 f. = NJW 2004, 3121 = NZBau 2004, 507, 508 = ZfBR 2004, 785, 786). Dabei ist unbeachtlich, ob nur ein Teil eines einheitlichen Anspruchs (Teil eines einheitlichen Mangelbeseitigungsanspruchs im Wege der Teilklage) oder nur einer von mehreren unabhängig voneinander bestehenden Teilsachverhalten zum Gegenstand des Hauptsacheverfahrens gemacht wird (BGH Beschl. v. 21.10.2004 V ZB 28/04 = BauR 2005, 429 = NJW 2005, 294 = NZBau 2005, 43, 44). Einer Anwendung von § 494a ZPO steht in all diesen Fällen der Wortlaut der gesetzlichen Regelung entgegen. Danach soll eine Kostenentscheidung nach § 494a ZPO nur ergehen, wenn der Antragsteller später keine Hauptsacheklage erhebt. Erhebt er aber zumindest zu einem Teil Hauptsacheklage, besteht für das Gericht wie sonst die Möglichkeit, eine einheitliche Kostenentscheidung ggf. auch zu dem Teil zu treffen, der später nicht Gegenstand des Hauptsacheverfahrens geworden ist. Hinzu kommen ohnehin rein praktische Erwägungen: Denn eine ggf. isolierte Teilkostenentscheidung gemäß § 494a ZPO für den nicht rechtshängig gemachten Teil wäre in etwa zeitgleich mit der Klageerhebung zu erlassen. Zu diesem Zeitpunkt ist es z.T. aber durchaus schwierig zu beurteilen, in welchem Umfang die Klage hinter dem Verfahrensgegenstand des selbstständigen Beweisverfahrens zurückbleibt. Dies könnte erst zum Zeitpunkt der letzten mündlichen Verhandlung entschieden werden, wobei insoweit noch Klageänderungen, -erweiterungen u.a. zu berücksichtigen sind. Eine zeitlich i.d.R. deutlich früher zu treffende Quotenentscheidung wäre daher kaum möglich; zumindest droht ihr eine nachträgliche Unrichtigkeit – wobei eine dann notwendige Korrektur ausschiede. Denn auch Beschlüsse nach § 494a Abs. 2 S. 1 ZPO sind der formellen Rechtskraft fähig.

Bleibt die Hauptsachenklage des Antragstellers hinter dem Verfahrensgegenstand des selbstständigen Beweisverfahrens zurück, können dem Antragsteller immerhin in **entsprechender Anwendung des § 96 ZPO** die dem Antragsgegner durch den überschießenden Teil des selbstständigen Beweisverfahrens entstandenen Kosten auferlegt werden (BGH Beschl. v. 24.6.2004 VII ZB 11/03 = BauR

2004, 1485, 1487 = NJW 2004, 3121 = NZBau 2004, 507, 508 = ZfBR 2004, 785, 786; Beschl. v. 21.10.2004 V ZB 28/04 = BauR 2005, 429, 430 = NJW 2005, 294 = NZBau 2005, 43, 44). Dabei ist eine solche Auferlegung von Verfahrenskosten zum Nachteil des Antragstellers angezeigt, wenn der Gegenstand der Klage vor allem deshalb hinter dem des selbstständigen Beweisverfahrens zurückbleibt, weil sich dort ergeben hat, dass ein etwaiger Anspruch insoweit unbegründet war. Hat das Hauptsachegericht hingegen selbst in einem solchen Fall von der Möglichkeit der Auferlegung einer Kostenlast nach § 96 ZPO zum Nachteil des Antragstellers bzw. späteren Klägers keinen Gebrauch gemacht, scheidet eine Korrektur dieser Kostengrundentscheidung bei der späteren Kostenfestsetzung aus (BGH Beschl. v. 24.6.2004 VII ZB 34/03 = BauR 2004, 1487, 1488 = NZBau 2005, 44, 45 = ZfBR 2004, 788, 789; Beschl. v. 9.2.2006 VII ZB 59/05 = BauR 2006, 865, 867 = NJW 2006, 2557 [Ls.] = NJW-RR 2006, 810, 811 = NZBau 2006, 374, 375 = ZfBR 2006, 348, 349 f.).

103 **Trotz Nichterhebung der Klage** innerhalb der vom Gericht gesetzten Frist ergeht **keine Kostenentscheidung** zugunsten des Antragsgegners, **wenn** dieser zuvor den **Hauptsacheanspruch erfüllt**, d.h. z.B. die festgestellten Mängel beseitigt hat. Eine Hauptsacheforderung kann hier nicht mehr Gegenstand einer rechtlichen Auseinandersetzung sein (BGH Beschl. 19.12.2002 VII ZB 14/02 = BauR 2003, 575 = NZBau 2003, 216 = ZfBR 2003, 257; siehe dazu auch ausführlich die Entscheidungen: OLG Düsseldorf Beschl. v. 28.10.1993 10 W 135/93 = BauR 1994, 277; OLG Karlsruhe Beschl. v. 20.5.1998 13 W 50/98 = BauR 1998, 1278, 1279; OLG Frankfurt Beschl. v. 2.10.1998 22 W 54/98 = BauR 1999, 435, 436; OLG Hamm Beschl. v. 15.9.1999 26 W 27/99 = NJW-RR 2000, 732, 733; OLG Celle Beschl. v. 23.10.2001 14 W 33/01 = BauR 2002, 1888; *Zöller/Herget* § 494a ZPO Rn. 5; vgl. auch *Siegburg* FS Mantscheff S. 405, 410 ff.). Dasselbe gilt, wenn der Antragsgegner zumindest erklärt hat, er werde den Hauptsacheanspruch vorbehaltlos erfüllen (OLG Düsseldorf [10. Zs] Beschl. v. 28.10.1993 10 W 135/93 = BauR 1994, 277 = MDR 1994, 201; a.A. wohl OLG Düsseldorf [21. Zs] Beschl. v. 9.9.1994 21 W 36/94 = BauR 1995, 279). § 494a ZPO ist ferner nicht anwendbar, wenn ein Beweisverfahren gegen mehrere Personen, deren Haftung als Gesamtschuldner in Betracht kommt (z.B. gegen ein Mitglied einer Bau-Arbeitsgemeinschaft), geführt wurde und nach Durchführung des Beweisverfahrens ein Antragsgegner die Hauptsacheforderung mit befreiender Wirkung zu Gunsten der anderen Antragsgegner erfüllt. Mag der andere Antragsgegner eine Mitverantwortung auch bestreiten, so ändert dies nichts daran, dass infolge der Erfüllungshandlung ebenfalls eine gegen ihn erhobene Klage abzuweisen wäre. Dieser Widerstreit der Interessen kann sinnvollerweise nicht über eine Kostenentscheidung nach § 494a Abs. 2 ZPO gelöst werden; vielmehr ist der betroffene Antragsgegner bzgl. seiner ihm entstandenen Kosten auf seinen materiell-rechtlichen Kostenerstattungsanspruch verwiesen, der durch eine Entscheidung nach § 494a ZPO nicht berührt wird (OLG Hamm Beschl. v. 15.9.1999 26 W 27/99 = NJW-RR 2000, 732, 733; OLG Celle Beschl. v. 23.10.2001 14 W 33/01 = BauR 2002, 1888; OLG Hamm Beschl. v. 18.1.2006 17 W 44/05 = IBR 2006, 307). Dasselbe gilt, wenn einer der in Anspruch genommenen Antragsgegner zwar die geltend gemachten Ansprüche nicht vollständig erfüllt, wohl aber zur Abgeltung aller erhobenen Ansprüche einen Geldbetrag bezahlt (OLG Hamburg Beschl. v. 1.6.2004 11 W 18/04 = BauR 2004, 1822 f.). Hat die Beweiserhebung im selbstständigen Beweisverfahren die vom Antragsteller behaupteten Mängel nur zum Teil ergeben und hat der Antragsgegner diese Mängel beseitigt, ist nur insoweit ein Antrag nach § 494a ZPO ausgeschlossen. Hinsichtlich der weiteren entstandenen Kosten für die nicht festgestellten Mängel kann der Antragsgegner hingegen anteilig die Kostenfestsetzung nach § 494a ZPO betreiben (OLG Koblenz Beschl. v. 24.1.1997 3 W 23/97 = BauR 1997, 690 = NJW-RR 1998, 69; OLG Frankfurt Beschl. v. 18.3.1998 1 W 1/98 = BauR 1999, 195, 196; OLG Düsseldorf Beschl. v 11.9.2002 5 W 26/02 = BauR 2003, 289 f. = NZBau 2003, 38 [Ls.]; *Zöller/Herget* § 494a ZPO Rn. 5 – siehe auch vorstehend Rn. 101).

104 Der Antragsgegner kann schließlich die Kosten nach § 494a ZPO ohne Einschränkung festsetzen lassen, wenn der Antragsteller nur deshalb **von einer Klageerhebung absieht,** weil zwischenzeitlich **über das Vermögen des Antragsgegners das Insolvenzverfahren eröffnet** wurde oder dieser sonst in Vermögensverfall geraten ist. Die dagegen stehende Auffassung insbesondere des OLG Rostock

(OLG Rostock Beschl. v. 10.6.1996 4 W 81/95 = BauR 1997, 169; ebenso OLG Karlsruhe Beschl. v. 20.8.2003 14 W 26/03 = BauR 2003, 1931; ihm folgend *Siegburg* FS Mantscheff S. 405, 412 f.) verstößt nicht nur gegen den klaren gesetzlichen Wortlaut, sondern übersieht auch die Bedeutung der dann ergehenden Kostenentscheidung: Denn zum einen entsteht der Kostenerstattungsanspruch als Vermögensgut der Insolvenzmasse; zum anderen kann eine Kostenentscheidung an Bedeutung gewinnen, wenn z.B. die Kostentragungspflicht des Antragstellers in diesen Fällen einem etwa am Beweisverfahren beteiligten Streithelfer zugute kommt (LG Göttingen Beschl. v. 24.11.1997 2 OH 13/95 = BauR 1998, 590; OLG Dresden Beschl. v. 16.8.1999 14 W 733/99 = BauR 2000, 137; *Zöller/Herget* § 494a ZPO Rn. 5). Verfällt umgekehrt nach Festsetzung der **Antragsteller in Insolvenz**, kommt eine Kostenentscheidung nach § 494a Abs. 2 S. 1 ZPO nicht in Betracht, wenn noch vor Ablauf der Frist das Insolvenzverfahren eröffnet wurde. Grund dafür ist die auf den Insolvenzverwalter übergehende Verwaltungs- und Verfügungsbefugnis. Hierdurch verliert der Antragsteller die Möglichkeit, Klage zu erheben (OLG Celle Beschl. v. 28.01.2005 6 W 3/05 = DZWIR 2005, 257), so dass die Fristsetzung nach § 494a Abs. 1 ZPO ins Leere läuft.

3. Kostenentscheidung außerhalb des Hauptsacheverfahrens und des § 494a ZPO

Ohne gesetzgeberische Entscheidung (auf weitere Zweifelsfragen in diesem Zusammenhang weist **105** *Herget* MDR 1991, 314 hin; vgl. auch *Notthoff/Buchholz* JurBüro 1996, 5 ff.) ist geblieben, ob und inwieweit über die Regelung des § 494a ZPO hinaus eine vom Hauptverfahren losgelöste Kostenentscheidung zulässig ist. Das gilt vor allem für den Fall, dass der Antrag auf Einleitung eines Beweisverfahrens zurückgewiesen wird, ebenso wie für die Antragsrücknahme, eine (einseitige oder übereinstimmende) Erledigungserklärung oder einen während des Beweisverfahrens geschlossenen Vergleich. Für diese Fallgruppen hatte die Rechtsprechung schon zum früheren Recht des Beweissicherungsverfahrens zunehmend die Möglichkeit einer selbstständigen Kostenentscheidung bejaht (vgl. etwa für den Fall der Zurückweisung eines unzulässigen Antrags: OLG München Beschl. v. 14.7.1986 13 W 1902/86 = NJW-RR 1986, 1442; OLG Düsseldorf Beschl. v. 13.10.1971 5 W 32/70 = NJW 1972, 295; für den Fall der Antragsrücknahme siehe u.a. LG Hanau Beschl. v. 30.3.1984 3 T 73/84 = SFH § 269 ZPO Nr. 2; LG Memmingen Beschl. v. 25.11.1987 4 T 1606/87 = SFH § 269 ZPO Nr. 4 = BauR 1988, 636; für den Fall der Erledigungserklärung vgl. AG Marbach Beschl. v. 11.3.1987 H 36/85 AnwBl. 1987, 334, 335; s. a. OLG Hamm Beschl. v. 10.12.1984 6 WF 626/84 = MDR 1985, 415; OLG Frankfurt/M. Beschl. v. 2.4.1993 17 W 15/92 = OLGZ 1993, 441, 442). Für das selbstständige Beweisverfahren hat diese Entscheidungslinie das OLG Karlsruhe mit der Feststellung fortgesetzt, dass bei Rücknahme des Antrags auf selbstständige Beweiserhebung dem Antragsteller nach § 269 Abs. 3 ZPO die Kosten des Verfahrens aufzuerlegen sind (OLG Karlsruhe Beschl. v. 21.8.1991 15 W 58/91 = MDR 1991, 993 = NJW-RR 1992, 125; ebenso OLG Karlsruhe Beschl. v. 18.5.1992 6 W 25/92 = BauR 1992, 410 = NJW-RR 1992, 1406 = MDR 1992, 910). Auch wenn viele Zweifelsfälle bleiben, ist dieser Weg richtig. Nachdem der Gesetzgeber selbst mit § 494a Abs. 2 ZPO den bisherigen Grundsatz durchbrochen hat, dass eine Kostenentscheidung im »isolierten« Verfahren nach §§ 485 ff. ZPO nicht in Betracht komme, wird man – auch im Hinblick auf die prozessökonomische Zielsetzung und das eigenständige Gewicht des selbstständigen Beweisverfahrens – zumindest **in einigen Fallgruppen für eine Kostenentscheidung außerhalb des Hauptsacheverfahrens** votieren müssen. Folgende Fallgruppen sind zu unterscheiden:

a) Rücknahme des Antrags auf Durchführung des Beweisverfahrens

Hat der Antragsteller seinen **Antrag auf Einleitung des selbstständigen Beweisverfahrens zurück- 106 genommen,** sind ihm entsprechend § 269 Abs. 3 S. 2 ZPO die Kosten aufzuerlegen (BGH Beschl. v. 14.10.2004 VII ZB 23/03 = BauR 2005, 133, 134 = NZBau 2005, 42, 43 = ZfBR 2005, 174, 175). Dies schließt etwaige Kosten des Streithelfers ein, soweit er einen eigenen Kostenantrag stellt und der Antragsgegner nicht widerspricht (BGH a.a.O.). Läuft parallel zum selbstständigen Beweisverfahren bereits ein Hauptsacheverfahren, ergeht allerdings keine isolierte Kostenentscheidung. Vielmehr ist

Anhang 4 Selbstständiges Beweisverfahren, Schiedsgutachten und Schiedsverfahren

dann wie üblich bei einer erklärten Rücknahme des Antrags auf Durchführung eines selbstständigen Beweisverfahrens über die Kostenfolge des § 269 Abs. 3 S. 2 ZPO in dem Hauptsacheverfahren mit zu entscheiden (BGH Beschl. v. 10.3.2005 VII ZB 1/04 = BauR 2005, 1056 = NJW-RR 2005, 1015 = NZBau 2005, 396 = ZfBR 2005, 466; *Thomas/Putzo* § 494a ZPO Rn. 6; *Zöller/Herget* § 91 ZPO Rn. 13 »Selbstständiges Beweisverfahren«; MüKo/*Schreiber* § 485 ZPO Rn. 21; ausführlich auch *Siegburg* FS Mantscheff S. 405, 407 ff. – a.A. *Baumbach/Lauterbach/Albers/Hartmann* § 91 ZPO Rn. 193). Einer Rücknahme kann es gleichstehen, wenn der Antragsteller **anderweitig zu erkennen gibt, dass er an dem Fortgang des selbstständigen Beweisverfahrens kein Interesse mehr hat**. Dies ist z.B. denkbar, wenn er erklärt, er könne nicht länger zuwarten, habe nunmehr einen Privatgutachter beauftragt, so dass sich das Verfahren erledigt habe. Tatsächlich liegt in diesem Verhalten eine Rücknahme des Antrages auf Einleitung eines selbstständigen Beweisverfahren (BGH a.a.O.). Ähnliches kann gelten, wenn der Antragsteller den ihm auferlegten **Kostenvorschuss** für den Sachverständigen trotz gerichtlicher Mahnung **nicht zahlt** (OLG Frankfurt/M. Beschl. v. 27.2.1995 22 W 43/94 = MDR 1995, 751 = NJW-RR 1995, 1150 und BauR 1998, 891; OLG Celle Beschl. v. 3.12.1997 22 W 106/97 = BauR 1998, 1118 [Ls.] = NJW-RR 1998, 1079; OLG Hamm Beschl. v. 28.12.1999 21 W 34/98 = BauR 2000, 1090 f.; OLG Jena Beschl. v. 25.1.2006 4 W 366/05 = BauR 2006, 885 [Ls.] – a.A. OLG Köln Beschl. v. 12.4.2000 17 W 480/99 = BauR 2000, 1777 f. = NJW-RR 2001, 1650, 1651, nach dem das Beweisverfahren in diesem Fall von Amts wegen fortzusetzen sein soll, so dass anschließend gemäß § 494a ZPO verfahren werden kann; ebenso *Siegburg* FS Mantscheff S. 405, 407 f.). Das Gericht hat in diesen Fällen jedoch zunächst jeweils sorgfältig zu prüfen, ob die Nichteinzahlung des Kostenvorschusses tatsächlich einer Rücknahmeerklärung gleichzusetzen ist. Denn selbstverständlich können auch andere Gründe bestehen, warum der Antragsteller einen Kostenvorschuss nicht einzahlt (z.B. schwebende Vergleichsverhandlungen, finanzieller Engpass des Antragstellers – so OLG Düsseldorf Beschl. v. 19.11.2001 21 U 35/01 = BauR 2002, 350, 351 = NJW-RR 2002, 864). Ist die Nichteinzahlung nach der Überzeugung des Gerichts mit einer Rücknahme des Antrages auf Einleitung des Beweisverfahrens gleichzusetzen, kann immerhin der Antragsgegner von sich aus ein Interesse an der Fortführung des Beweisverfahrens haben, z.B. wenn sich der Antragsteller (Auftraggeber) zu Unrecht irgendwelcher Gewährleistungsansprüche wegen vermeintlicher Mängel berühmt. Der Antragsgegner kann daher seinerseits ohne Weiteres den vom Antragsteller zu tragenden Kostenvorschuss zahlen. Das Beweisverfahren ist dann fortzuführen; nach dessen Abschluss kann wiederum nach § 494a ZPO verfahren werden: Dem Antragsteller wäre somit auf Antrag eine Frist zur Klageerhebung zu setzen mit der Maßgabe, dass ihm bei nicht fristgerechter Klage sämtliche dem Antragsgegner entstandenen Kosten, d.h. auch die von dem Antragsgegner eingezahlten Kostenvorschüsse, aufzuerlegen sind (OLG Köln Beschl. v. 12.4.2000 17 W 480/99 = BauR 2000, 1777, 1778 f. = NJW-RR 2001, 1650, 1651). Will der Antragsteller diesen Verfahrensfortgang mit den letztlich von ihm zu tragenden Mehrkosten vermeiden, verbleibt ihm tatsächlich nur die Rücknahme des Antrags auf Einleitung des Beweisverfahrens; aufgrund dessen sind ihm dann allerdings wie erläutert in entsprechender Anwendung von § 269 Abs. 3 S. 2 ZPO die (jedoch ggf. noch nicht um Folgekosten erhöhten) Verfahrenskosten aufzuerlegen. Nach § 269 Abs. 3 S. 2 ZPO ist ebenfalls zu verfahren, wenn der Antragsteller **aus anderen Gründen** (so z.B. nach einem Verzicht auf die zugrunde liegenden materiell-rechtlichen Ansprüche) das Verfahren – insbesondere trotz Aufforderung durch das Gericht – nicht mehr weiterbetreibt (OLG München Beschl. v. 2.3.2001 28 W 979/01 = BauR 2001, 993 f. = NJW-RR 2001, 1439). Nicht hierunter fällt hingegen eine nur teilweise Rücknahme des Antrags für das Beweisverfahren: Denn in diesem Fall kann ohne Weiteres nach § 494a ZPO verfahren werden (LG Potsdam Beschl. v. 15.7.1997 6 OH 1/95 = BauR 1998, 883, 884; i.E. wohl auch OLG Koblenz Beschl. v. 4.1.2006 14 W 5/05 und 6/05 = IBR 2006, 534).

106a Nicht unter eine analoge Anwendung von § 269 Abs. 3 S. 2 ZPO, wohl aber von § 494a ZPO fallen Sachverhalte, in denen der Antragsteller nach Abschluss des Beweisverfahrens z.B. wegen der dort gewonnenen Erkenntnisse **ausdrücklich auf seine Ansprüche bzw. eine Klage verzichtet.** Hier würde einem Antrag nach § 494a Abs. 1 ZPO das Rechtsschutzbedürfnis fehlen. Da andererseits

Selbstständiges Beweisverfahren, Schiedsgutachten und Schiedsverfahren Anhang 4

aber mangels Antrag § 494a Abs. 2 ZPO nicht unmittelbar anwendbar ist, ist hier in analoger Anwendung auch ohne Antrag ein entsprechender Kostenbeschluss zu erlassen. Denn in der Tat wäre es reine Förmelei, einen Antrag selbst in solchen Fällen zu fordern, in denen der Antragsteller erklärt hat, ohnehin nicht klagen zu wollen (OLG Karlsruhe Beschl. v. 15.1.1996 4 W 2/96 = BauR 1997, 355 = NJW-RR 1996, 1343; OLG München Beschl. v. 31.7.2000 28 W 1961/00 = MDR 2001, 25 = BauR 2001, 459 [Ls.] = NZBau 2001, 332 [Ls.]; *Zöller/Herget* § 494a ZPO Rn. 4; *Thomas/Putzo* § 494a ZPO Rn. 6).

b) Kostenanerkenntnis

In engem Zusammenhang mit der Auferlegung von Kosten des selbstständigen Beweisverfahrens nach Rücknahme steht der Sachverhalt, dass eine Vertragspartei die sie treffende **Kostenlast anerkennt**. Dies gilt insbesondere für den Antragsgegner, wenn er später z.B. die Mängel beseitigt und dabei erklärt, die Kosten des Beweisverfahrens übernehmen zu wollen. Hier spricht nichts dagegen, außerhalb des § 494a ZPO eine isolierte **Kostenentscheidung im Beschlusswege zuzulassen** (OLG Dresden Beschl. v. 8.4.2005 11 W 276/05 = BauR 2005, 1671; ähnlich LG Potsdam Beschl. v. 9.5.2003 12 OH 13/02 = BauR 2003, 1435). Dabei ist allerdings stets insoweit Vorsicht geboten, als jeweils genau zu prüfen ist, ob tatsächlich ein Anerkenntnis vorliegt: Denn die Tatsache allein, dass der Antragsgegner während oder nach einem selbstständigen Beweisverfahren festgestellte Mängel beseitigt, ist mit einem Anerkenntnis nicht gleichzusetzen.

106b

c) Unzulässiger Antrag auf Durchführung eines Beweisverfahrens

Eine Kostenentscheidung außerhalb eines Hauptsacheverfahrens kann neben § 494a Abs. 2 ZPO ebenfalls ergehen, wenn der **Antrag** auf Einleitung des selbstständigen Beweisverfahrens **unzulässig** war (vgl. z.B. LG Dresden Beschl. v. 5.4.2001 14 OH 4943/00 = BauR 2001, 1623, 1624 bei Antrag auf Einleitung eines Beweisverfahrens, wenn die Sache schon rechtshängig ist; i.E. wie hier: OLG Celle Beschl. v. 31.10.1994 14 W 30/94 = OLGR 1995, 16; OLG Karlsruhe Beschl. v. 9.6.2000 9 W 34/00 = BauR 2000, 1529; OLG Celle Beschl. v. 23.10.2001 14 W 33/01 = BauR 2002, 1888; KG Beschl. v. 2.6.2003 8 W 113/03, KGR 2004, 70; MüKo/*Schreiber* § 485 ZPO Rn. 21; *Zöller/Herget* § 91 ZPO Rn. 13 »Selbstständiges Beweisverfahren« – a.A. *Baumbach/Hartmann/Albers/Hartmann* § 91 ZPO Rn. 193). Daher bestehen keine Bedenken, dem Antragsteller die von ihm insoweit verursachten Kosten aufzuerlegen, so z.B. nach § 281 Abs. 3 S. 2 ZPO analog, wenn ein unzuständiges Gericht angerufen wurde (OLG Hamm Beschl. v. 16.5.1997 7 W 2/97 = NJW-RR 1997, 959; ähnlich OLG Stuttgart Beschl. v. 7.7.1994 4 W 25/94 = BauR 1995, 278; OLG Brandenburg Beschl. v. 27.9.1995 8 W 177/95 = BauR 1996, 584; OLG Karlsruhe Beschl. v. 9.6.2000 9 W 34/00 = BauR 2000, 1242f. [Ls.] bei einer Zurückweisung des Antrags als unzulässig; ebenso: *Werner/Pastor* Rn. 135).

107

d) Außergerichtlicher Vergleich während des Beweisverfahrens

Eine isolierte Kostengrundentscheidung kann demgegenüber **nicht** ergehen, wenn die Parteien auf der Grundlage der Ergebnisse des Beweisverfahrens einen **außergerichtlichen Vergleich** geschlossen haben. Für eine Kostenentscheidung nach § 494a ZPO ist schon deshalb kein Raum, weil es kein streitiges Rechtsverhältnis in der Hauptsache mehr gibt. Eine Hauptsachenklage könnte daher nicht mehr erhoben werden. Aber auch eine isolierte Kostenentscheidung entfällt, weil es tatsächlich nicht (nur) um eine reine Kostenfestsetzung geht, sondern um eine im Vergleich (versehentlich) offen gelassene Regelung zur Verteilung der Kosten des Beweisverfahrens. Diese Lücke kann durch einen Kostenbeschluss des Gerichts nicht geschlossen werden (OLG Dresden Beschl. v. 11.2.1999 15 W 1610/98 = BauR 2000, 605, 606 = NJW-RR 1999, 1516). Daher ist lediglich materiell zu prüfen, ob nicht im Wege der Auslegung des Vergleichs die Pflicht einer Partei zur Übernahme der Kosten ermittelt werden kann. In diesem Fall besteht dann aber nur ein materiell-rechtlicher Kostenerstattungsanspruch, der ggf. gesondert einzuklagen ist (a.A. offenbar OLG Koblenz Beschl. v. 17.8.2004 5 W 517/04 = OLGR 2005, 155 = NJW-RR 2004, 1728 [Ls.] = ZfBR 2005, 65 [Ls.], das ohne nähere

108

Begründung zu einer Kostenaufhebung nach § 98 ZPO kommt). Davon zu trennen ist immerhin der Sachverhalt, wonach der Antragsteller infolge des Vergleichs den Beweisantrag zurücknimmt. Hier kommt eine Kostengrundentscheidung nach § 269 Abs. 3 S. 2 ZPO analog in Betracht (vgl. hierzu oben Rn. 106 – unklar OLG Köln Beschl. v. 16.3.1992 27 W 14/92 = VersR 1992, 638), soweit die Parteien hierzu – wie im Vergleich allerdings üblich – keine anderweitige Regelung getroffen haben.

e) Übereinstimmenden Erledigungserklärung

109 Ähnlich umstritten ist die Rechtslage bei einer im Beweisverfahren erfolgten **übereinstimmenden Erledigungserklärung**. Dazu vertreten mehrere Oberlandesgerichte die Auffassung, dass anschließend eine Entscheidung zu den Kosten des Beweisverfahrens nach § 91a ZPO analog ergehen könne (so offensichtlich OLG Karlsruhe Beschl. v. 18.5.1992 6 W 25/92 = MDR 1992, 911; OLG Celle Beschl. v. 30.11.1992 7 W 87/92 = MDR 1993, 914; OLG Koblenz Beschl. v. 28.3.1998 1 W 97/95 = BauR 1998, 1045; OLG Hamm Beschl.v. 28.12.1999 21 W 34/98 = BauR 2000, 1090, 1091; OLG München Beschl. v. 25.4.2001 28 W 1086/01 = BauR 2001, 1947, 1949 = NJW-RR 2001,1580, 1582; OLG Jena Beschl. v. 16.11.2001 2 W 506/01 [59] = BauR 2002, 667, 668; OLG Düsseldorf Beschl. v. 11.9.2002 5 W 26/02 = BauR 2003, 289, 290; ebenso *Thomas/Putzo* § 494a Rn. 6; MüKo/*Schreiber* § 485 ZPO Rn. 21). Dies ist jedoch genauso wenig zu halten wie bei einem außergerichtlichen Vergleich: Zwar mag es rechtlich unbefriedigend sein, dass diese Fälle weder bei den Kostenregelungen noch bei den Vorschriften des selbstständigen Beweisverfahrens geregelt sind, weswegen tatsächlich eine Gesetzeslücke vorliegen könnte. Für einen Rückgriff auf § 91a ZPO ist dennoch kein Raum, wenn sich die Parteien im Rahmen ihrer Erledigungserklärung nicht zu den Kosten verständigt haben. Denn ein Gericht müsste dann auf der Grundlage des Sach- und Streitstands des bis zur Erledigungserklärung betriebenen Beweisverfahrens nach billigem Ermessen eine Entscheidung treffen, wobei die Einbeziehung rechtlicher Erwägungen praktisch ausscheidet. Rechtsfragen werden nämlich nicht zum Gegenstand eines Beweisverfahrens gemacht, bei dem es allein um die Tatsachenklärung geht. Anders ausgedrückt: Nach den »Ergebnissen« des Beweisverfahrens kann sich »natürlich« zugunsten des Antragstellers ergeben, dass z.B. Mängel in einem bestimmten Umfang bestehen. Nur kann dieser Umstand nicht einmal im Ansatz dazu herangezogen werden, nach dem Sach- und Streitstand dem Antragsgegner die Kosten aufzuerlegen. Denn macht der Antragsgegner zusätzlich rein rechtliche Einwendungen gegen die tatsächlich streitigen Behauptungen geltend (z.B. eine bereits eingetretene Verjährung des Gewährleistungsanspruchs), müsste er diese Einwendungen im Beweisverfahren nicht vorbringen; hier wären sie sogar falsch. Dann aber kann ihm das Unterlassen dieser rechtlich erheblichen Einwendungen bei der Kostenentscheidung zum Beweisverfahren nicht zum Nachteil gereichen, weil diese Fragen ausschließlich dem Hauptsacheverfahren vorbehalten bleiben müssen. Ob demnach eine Kostenerstattungspflicht besteht, ist keine Frage des gerichtlichen Kostenrechts, sondern eine materiell-rechtliche Frage. Diese haben die Parteien notfalls in einem gesonderten Verfahren auszutragen (BGH Beschl. v. 12.2.2004 V ZB 57/03 = BauR 2004, 1181, 1182 = NJW-RR 2004, 1005, der dies inzident anlässlich der vergleichbaren Rechtsfrage bei der einseitigen Erledigungserklärung feststellte; ebenso: OLG Hamburg Beschl. v. 31.7.1997 9 W 16/97 = MDR 1998, 242, 243; OLG Dresden Beschl. v. 11.2.1999 15 W 1610/98 = BauR 2000, 605, 606 = NJW-RR 1999, 1516; i.E. gleichfalls OLG Köln Beschl. v. 12.4.2000 17 W 480/99 = BauR 2000, 1777, 1778 = NJW-RR 2001, 1650, 1651; KG Beschl. v. 24.8.2000 27 W 4727/00 = BauR 2000, 1903, 1904; KG Beschl. v. 18.9.2001 4 W 183/01 = BauR 2001, 1951 = NZBau 2002, 445 m. abl. Anm. *Vygen*; OLG Schleswig Beschl. v. 21.7.2005 16 W 37/05 = BauR 2006, 870; ebenso für die Nichtanwendung des § 91a ZPO: *Siegburg* FS Mantscheff S. 405, 422 ff.). Dabei mag allenfalls ein anderes Ergebnis zu rechtfertigen sein mit der Folge, dass das Gericht doch eine Kostenentscheidung nach § 91a ZPO zu treffen hat, wenn sich beide Parteien im Nachhinein ausdrücklich damit einverstanden erklärt haben. Dies entspricht auch Sinn und Zweck der Regelung des § 492 Abs. 3 ZPO, der in jedem Verfahrensstadium eine gütliche Streitbeilegung ermöglichen soll. Besteht diese in einem nachträglichen Einverständnis zu einer Kostenentscheidung nach § 91a ZPO, mag so verfahren werden (OLG Dres-

den Beschl. v. 8.7.2002 14 W 1875/01 = BauR 2003, 1608). Dieser Sonderfall darf jedoch nicht darüber hinwegtäuschen, dass ansonsten für eine Kostenentscheidung nach § 91a ZPO kein Raum ist.

f) Einseitige Erledigungserklärung

Genauso wenig wie eine übereinstimmende Erledigungserklärung vermag eine **einseitige Erledigungserklärung**, dem Antragsgegner einen ihm günstigen isolierten Kostentitel zu verschaffen (OLG München Beschl. v. 25.4.2001 28 W 1086/01 = BauR 2001, 1947, 1949 = NJW-RR 2001, 1580, 1581; OLG Jena Beschl. v. 16.11.2001 2 W 506/01 [59] = BauR 2002, 667, 668; *Siegburg* FS Mantscheff S. 404, 423). Hier stellt sich ohnehin die Frage, ob für eine solche einseitige Erledigungserklärung im Beweisverfahren Raum ist (ablehnend OLG Schleswig Beschl. v. 3.5.2004 16 W 57/04 = BauR 2004, 1818). Denn richtigerweise wird das Gericht, vor allem bei einem Widerspruch des Antragsgegners dazu, **vorrangig zu prüfen** haben, ob in einer **einseitigen Erledigungserklärung** des Antragstellers **nicht tatsächlich eine (verdeckte) Rücknahme des Beweisantrages liegt** (so auch BGH Beschl. v. 14.10.2004 VII ZB 23/03 = BauR 2005, 133, 134 = NZBau 2005, 42, 43 = ZfBR 2005, 174, 175). Dies ist vor allem dann anzunehmen, wenn der Antragsteller das Verfahren ohne erkennbaren Grund nicht weiterbetreibt (KG Beschl. v. 13.9.2001 8 W 329/01 = BauR 2002, 1735). Eine einseitige Erledigungserklärung ist jedoch auch im Beweisverfahren vorstellbar (so auch zu verstehen BGH Beschl. v. 12.2.2004 V ZB 57/03 = BauR 2004, 1181, 1182 = NJW-RR 2004, 1005, der in diesen Fällen lediglich eine Kostenentscheidung zum Nachteil des Antragsgegners ablehnt; wohl ebenso BGH Beschl. v. 14.10.2004 VII ZB 23/03 = BauR 2005, 133, 134 = NZBau 2005, 42, 43 = ZfBR 2005, 174). Zu denken ist etwa an Fälle, in denen der Antragsgegner die Mängel beseitigt oder anerkennt (BGH Beschl. v. 12.2.2004 V ZB 57/03 = BauR 2004, 1181, 1182 f. = NJW-RR 2004, 1005). Hier kommt selbstverständlich eine Belastung des Antragstellers mit den Verfahrenskosten nicht in Betracht. Doch auch in allen anderen Fällen der »einseitigen Erledigungserklärung« wird der Antragsgegner keinen isolierten Kostentitel außerhalb eines ggf. streitig zu führenden Hauptsacheverfahrens erzielen können. Denn im Gegensatz zu der einvernehmlichen Erledigungserklärung (vgl. oben Rn. 109) müsste bei der einseitigen Erledigungserklärung erst recht die materielle Rechtslage geprüft und entschieden werden, auf deren Basis dann möglicherweise eine Kostenentscheidung ergehen müsste. Das Beweisverfahren ist dafür wenn schon nicht bei der einvernehmlichen bei der einseitigen Erledigungserklärung erst recht nicht der richtige Ort (BGH a.a.O.; KG Beschl. v. 18.9.2001 4 W 183/01 = BauR 2001, 1951 f. = NZBau 2002, 445, 446). Vielmehr verbleibt es dabei, dass der Antragsgegner im Fall der einseitigen Erledigungserklärung die Erstattung seiner Kosten im Rahmen eines ordentlichen Verfahrens erstreiten muss.

VIII. Streitwert

Der **Streitwert** des selbstständigen Beweisverfahrens bemisst sich gemäß § 3 ZPO **nach dem Interesse des Antragstellers**. Lange Zeit war umstritten, ob vom Streitwert aufgrund der Tatsache, dass es bei einem Beweisverfahren letztlich »nur« um eine Beweisfeststellung, nicht um die Hauptsache geht, Abschläge vorzunehmen sind (vgl. dazu noch zum Streitstand die Nachweise in der Vorauflage). Dies war zu keinem Zeitpunkt richtig: Denn ein Abzug wäre allenfalls dann gerechtfertigt, wenn es sich bei Beweis- und Hauptsacheverfahren um rechtlich selbstständige Verfahren handeln würde. Dies ist jedoch nicht der Fall: Vielmehr findet bei einem vor einem Rechtsstreit durchgeführten Beweisverfahren nur eine vorgezogene Beweisaufnahme statt. Dies ergibt sich unzweifelhaft aus dem Beweisverwertungsgebot des § 493 Abs. 1 ZPO im späteren Hauptsacheverfahren. Infolgedessen ist für den **Streitwert des Beweisverfahrens allein der volle Gegenstandswert der Hauptsache heranzuziehen** (so nunmehr auch ausdrücklich BGH Beschl. v. 16.9.2004 III ZB 33/04 = BauR 2004, 1975, 1976 = NJW 2004, 3488, 3489 = ZfBR 2005, 54, 55; ebenso: *Zöller/Herget* § 3 ZPO Rn. 16 »Selbstständiges Beweisverfahren«; *Thomas/Putzo* § 3 ZPO Rn. 33; *Baumbach/Lauterbach/Albers/Hartmann* Anh. zu § 3 ZPO Rn. 102; *Werner/Pastor* Rn. 145). Im Ergebnis heißt das jedoch weiter,

Anhang 4 Selbstständiges Beweisverfahren, Schiedsgutachten und Schiedsverfahren

dass je nach Sachverhalt im Rahmen eines später etwa zu Mängeln zu führenden Hauptsacheverfahrens nicht nur die mit dem Beweisverfahren festgestellten Mängel für den Streitwert des Beweis- und Hauptsacheverfahrens erheblich sind; zu berücksichtigen sind vielmehr auch etwaige bei Einleitung des Beweisverfahrens schon bekannte Mangelfolgekosten (OLG Hamm Beschl. v. 12.7.1996 21 W 17/96 = BauR 1997, 691) oder sonstige Ansprüche des Antragstellers, die dieser mit dem Beweisverfahren erkennbar vorbereiten will (z.B. großen Schadensersatz oder Rücktritt vom Vertrag; OLG Düsseldorf Beschl. v. 29.5.2001 5 W 8/01 = BauR 2001, 1785 f.; OLG München Beschl. v. 6.11.2001 28 W 2556/01 = BauR 2002, 523; OLG Nürnberg Beschl. v. 17.9.2003 2 W 2753/03 = IBR 2003, 709). Dasselbe gilt, wenn der Auftraggeber zur Rechtfertigung eines um einen Druckzuschlag erhöhten Einbehalts ein Beweisverfahren einleitet: Hier orientiert sich wie bei einem später durchzuführenden Hauptsacheverfahren der Streitwert an dem erhöhten Einbehalt (OLG Brandenburg Beschl. v. 5.9.2000 12 W 12/00 = BauR 2001, 292, 293 f. = NJW-RR 2001, 311, 312 = NJW 2001, 836 [Ls.] = ZfBR 2001, 44 f.; i.E. ebenso wohl auch OLG Köln Beschl. v. 20.12.2000 11 W 91/00 = BauR 2001, 1003 [Ls.]. – a.A. OLG Düsseldorf Beschl. v. 10.1.2001 22 W 72/00 = BauR 2001, 838, das im umgekehrten Fall, in dem der Auftragnehmer das Beweisverfahren zur Feststellung von Mängelbeseitigungskosten einleitet, einen erhöhten Einbehalt, der erkennbar mit Abschluss des Beweisverfahrens ausgelöst werden soll, zur Bemessung des Streitwerts außer Ansatz lässt). Richtet sich das Beweisverfahren gegen einen Insolvenzverwalter, um Mangelbeseitigungskosten für vor Insolvenzeröffnung von der Gemeinschuldnerin verursachte Mängel festzustellen, bedeutet Anlehnung an die Hauptsache, dass der **Gegenstandswert lediglich nach der voraussichtlichen Quotenaussicht** zu bemessen ist (OLG München Beschl. v. 21.6.2004 28 W 1600/04 = BauR 2004, 1819 f.).

112 Bei der Bewertung des Interesses des Antragstellers an der Beweisfeststellung kommt es entscheidend auf den **Zeitpunkt** der Wertbestimmung an. Dieser ist eng verbunden mit der Frage, ob ein einmal zu Beginn des Verfahrens angenommener vorläufiger Streitwert, insbesondere nach eingeholtem Sachverständigengutachten, anzupassen ist. Auch diese Rechtsfrage war bisher sehr umstritten (vgl. zu dem Meinungsstand die Nachweise in der Vorauflage). Der Streit ist stets dann von Bedeutung, wenn ein Antragsteller eines selbstständigen Beweisverfahrens ggf. in Unkenntnis des Ausmaßes eines Mangels dessen voraussichtlichen Beseitigungskosten viel zu niedrig oder zu hoch angesetzt hat. Letztlich gelten hier jedoch keinerlei Besonderheiten gegenüber sonstigen Verfahren: Der vom Antragsteller in seinem Antrag angegebene geschätzte Wert ist für das Gericht weder bindend noch maßgeblich. Vielmehr hat das **Gericht nach Einholung des Sachverständigengutachtens den »richtigen« Hauptsachewert festzusetzen**, insoweit allerdings **bezogen auf den Zeitpunkt der Verfahrenseinleitung** und das Interesse des Antragstellers (vgl. auch § 4 ZPO). Dies kann etwa bedeuten, dass dann, wenn im Beweisverfahren nicht alle behaupteten Mängel bestätigt werden, für die Streitwertfestsetzung diejenigen Kosten zu schätzen sind, die sich ergeben hätten, wenn jene Mängel festgestellt worden wären (BGH Beschl. v. 16.9.2004 III ZB 33/04 = BauR 2004, 1975, 1977 = NJW 2004, 3488, 3489 = ZfBR 2005, 54, 56). Umgekehrt haben die Kostensteigerungen außer Betracht zu bleiben, die bei Verfahrenseinleitung für den Antragsteller objektiv nicht zu erkennen waren. Dies aber heißt weiter: Findet später zu dem Gegenstand eines Beweisverfahrens ein Hauptsacheverfahren statt, in dem weitere Erkenntnisse zu dem Sachverhalt gewonnen werden, der auch Gegenstand des Beweisverfahrens gewesen ist (z.B. infolge der tatsächlichen Ermittlung von Mangelbeseitigungskosten), findet insoweit nicht allein deswegen eine Korrektur des Streitwerts des schon abgeschlossenen Beweisverfahrens statt. Vielmehr ist es dann hinzunehmen, dass trotz Einheitlichkeit des Gesamtverfahrens die Streitwerte des Hauptverfahrens und des selbstständigen Beweisverfahrens auseinander fallen (a.A. OLG Düsseldorf Beschl. v. 10.11.2005 I-5 W 28/05 = BauR 2006, 1179, 1180, das eine Anpassung vorschlägt).

113 Wird das selbstständige **Beweisverfahren gegen mehrere Antragsgegner** geführt und lassen sich dabei **die** gestellten **Beweisfragen** einzelnen Antragsgegnern **zuordnen**, während andere Antragsgegner an diesen Beweisfragen nicht beteiligt sind, so ist der **Streitwert im Verhältnis zu den einzelnen Antragsgegnern** jeweils getrennt nach dem Wert der ihnen gegenüber zu sichernden Ansprüche

festzusetzen (vgl. OLG Düsseldorf Beschl. v. 27.9.1994 22 W 45/95 = BauR 1995, 586; KG Beschl. v. 14.8.2000 24 W 4524/00 = BauR 2000, 1918 [Ls.] = NJW-RR 2000, 1622 = NZBau 2000, 522; OLG Rostock Beschl. v. 19.4.2004 7 W 88/03 = BauR 2004, 1835 [Ls.] = OLGR 2004, 311, 312; OLG Koblenz Beschl. v. 18.5.2005 8 W 296/05 = BauR 2005, 1372 [Ls.]). Wurden hingegen die Beweisfragen so gestellt, dass sie den einzelnen Antragsgegnern nicht zugeordnet werden können, so kann der Streitwert des selbstständigen Beweisverfahrens nur einheitlich gegenüber allen Antragsgegnern festgesetzt werden. Dies gilt selbst dann, wenn sich nach dem Ergebnis der Begutachtung erweist, dass einzelne Antragsgegner für bestimmte Mängel nicht verantwortlich sein können (OLG Nürnberg Beschl. v. 19.8.1999 6 W 2673/99 = OLGR 2000, 58). Denn auch insoweit ist allein das durch die Anträge zum Ausdruck gekommene Interesse des Antragstellers zu Beginn des Beweisverfahrens maßgebend.

B. Schiedsgutachten- und Schiedsgerichtsverfahren

Aufsätze (Auswahl): *Zerhusen* Schlichtung- und Schiedsordnung für Baustreitigkeit (SO Bau) der ARGE Baurecht im Deutschen Anwaltverein BauR 1998, 849; *Kullack/Royé* Änderungen der Schiedsgerichtsordnung für das Bauwesen einschließlich Anlagenbau (SGO Bau) – November 2000 ZfBR 2001, 299; *Eberl/Friedrich* Alternative Streitbeilegung im zivilen Baurecht BauR 2002, 250; *Bietz* Baustreitigkeiten vor dem Schiedsgericht NZBau 2003, 177; *Lenzen* Unterbrechung von Beweisverfahren und/oder Schiedsverfahren durch Insolvenzeröffnung NZBau 2003, 428; *Kraus* Gestaltung von Schiedsgutachterabreden bei Bauverträgen ZfBR 2004, 118; *Kremer/Weimann* Die Einrede der verarmten Partei – ein Ausweg aus der Schiedsvereinbarung oder bloße Verzögerungstaktik MDR 2004, 181; *Roquette/Kunkel* Schiedsgerichtsbarkeit – ein Glaubensbekenntnis? Jahrbuch Baurecht 2004 S. 269; *Scheef* Ablauf von Schiedsverfahren nach der SGO Bau BauRB 2004, 350; *Zerhusen* Die SOBau der ARGE Baurecht im DeutschenAnwaltVerein – praktische Erfahrungen BauR 2004, 216.

114

Neben dem selbstständigen Beweisverfahren gibt es weitere Möglichkeiten, eine baurechtliche Streitigkeit außergerichtlich zu klären. Von Bedeutung sind vor allem das außergerichtliche Schiedsgutachten- und Schiedsgerichtsverfahren:

I. Schiedsgutachtenverfahren

Das selbstständige Beweisverfahren dient vor allem im Vorfeld eines Prozesses der Klärung streitiger Tatsachen. Auf dasselbe Ziel ist vielfach die Durchführung eines Schiedsgutachtenverfahrens gerichtet (zum Verhältnis von Schiedsgutachtenvereinbarung und Beweisverfahren siehe oben Rn. 43). Grundlage eines solchen Schiedsgutachtenverfahrens ist ein sog. Schiedsgutachtenvertrag. Hiermit vereinbaren die Parteien, dass **ein nach den Regelungen des Vertrags zu benennender Schiedsgutachter streitige Tatsachen verbindlich zwischen den Parteien aufklären** (BGH Urt. v. 17.3.1971 IV ZR 209/69 = NJW 1971, 1455 [Schadensfeststellung]; Urt. v. 26.10.1989 VII ZR 75/89 = BauR 1990, 86, 87 = NJW 1990, 1231 = ZfBR 1990, 64 [Abrechnungsdifferenzen] oder eine ggf. im Vertrag offengebliebene Leistungsbestimmung vornehmen soll [BGH Urt. v. 22.4.1965 VII ZR 15/65 = BGHZ 43, 374, 376 = NJW 1965, 1523; Urt. v. 6.6.1994 II ZR 100/92 = NJW-RR 1994, 1314]). Insoweit sind dann die §§ 317–319 BGB anwendbar (umfassend MüKo/*Gottwald* § 317 BGB Rn. 13 m.w.N.).

115

Ein Schiedsgutachtenvertrag kann **formlos** geschlossen werden. Allerdings ist schon aus Gründen der Vermeidung weiterer Auseinandersetzungen dringend die Einhaltung der Schriftform anzuraten. Auch eine **Vereinbarung in AGB** ist möglich; allerdings unterliegt der Schiedsgutachtenvertrag in diesem Fall einer AGB-Inhaltskontrolle gemäß §§ 307 ff. BGB (BGH Urt. v. 14.7.1987 X ZR 38/86

116

= NJW 1987, 2818). Mit dieser Maßgabe ist etwa eine obligatorische Schiedsgutachtenklausel in Fertighausverträgen mit Verbrauchern nicht mit § 307 BGB zu vereinbaren und daher unwirksam (BGH Urt. v. 10.10.1991 VII ZR 2/91 = BGHZ 115, 329, 331 = BauR 1992, 223, 224 = NJW 1992, 433, 434 = ZfBR 1992, 61, 62). Anders verhält sich dies bei Schiedsgutachtenklauseln eines Bauträgers bei Geschäftshäusern, die in den AGB des Bauträgers vereinbart werden können (BGH Urt. v. 27.11.2003 VII ZR 53/03 = BGHZ 157, 102, 117 = BauR 2004, 488, 494 = NJW 2004, 502, 506 = NZBau 2004, 146, 149 f. = ZfBR 2004, 258, 262).

117 Soweit eine **wirksame Schiedsgutachtenvereinbarung** vorliegt, kann zu einer zunächst durch Schiedsgutachten zu klärenden Frage **kein Prozess** geführt werden (vgl. zu der Frage, ob daneben wenigstens ein selbstständiges Beweisverfahren durchgeführt werden kann, oben Rn. 43). Denn die Parteien haben von dem einzuholenden Schiedsgutachten Entstehung und Umfang ihrer privatrechtlichen Rechte und Pflichten abhängig gemacht. Daher ist eine Schiedsgutachtenabrede für ein staatliches Gericht auch verbindlich. Das Fehlen eines vertraglich vereinbarten Schiedsgutachtens ist sodann allerdings nicht von Amts wegen, sondern nur auf **Einrede** zu beachten (BGH Urt. v. 23.5.1960 II ZR 75/58 = NJW 1960, 1462, 1463; Urt. v. 8.6.1988 VIII ZR 105/87 = NJW-RR 1988, 1405). Eine gleichwohl erhobene Klage wäre als zur Zeit unbegründet abzuweisen (vgl. nur OLG Zweibrücken Teil-Urt. v. 31.7.1979 5 U 88/78 = BauR 1980, 482; OLG Düsseldorf Urt. v. 9.6.1986 5 U 203/85 = NJW-RR 1986, 1061), wobei das Gericht, was heute der Regel entspricht, vor einer Abweisung eine Frist zur Beibringung des Schiedsgutachtens setzen sollte (BGH Urt. v. 8.6.1988 VIII ZR 105/87 = NJW-RR 1988, 1405). Verzögert eine Partei das Schiedsgutachtenverfahren, lehnt sie die Benennung eines Schiedsgutachters ab, obwohl die Voraussetzungen hierfür vorliegen, kann sie sich anschließend nicht mehr auf die Schiedsgutachtenklausel berufen. Der Gegner muss infolgedessen nicht auf Mitwirkung an dem Schiedsgutachtenverfahren klagen, sondern kann unmittelbar Klage auf Leistung erheben (BGH Urt. v. 30.3.1979 V ZR 150/77 = NJW 1979, 1543, 1544).

118 Für das Schiedsgutachtenverfahren selbst, auf das die §§ 1025 ff. ZPO keine Anwendung finden, einschließlich seiner Verbindlichkeit und für die Möglichkeiten, ein vorliegendes Schiedsgutachten bei offenbarer Unrichtigkeit anzugreifen, bestehen keine Besonderheiten. Insoweit kann auf die Ausführungen zu § 18 Nr. 4 VOB/B verwiesen werden, wo bereits in der VOB ein schiedsgutachterliches Verfahren geregelt ist (siehe dazu Erläuterungen bei § 18 Nr. 4 VOB/B Rn. 15 ff.).

II. Schiedsgerichtsverfahren

119 Neben einer Schiedsgutachtenvereinbarung steht es den Parteien frei, eine Schiedsgerichtsvereinbarung zu treffen. In diesem Fall schließen die Parteien für den Fall einer rechtlichen Auseinandersetzung eine **Entscheidung durch das staatliche Gericht aus** und berufen hierfür **stattdessen ein auf privater Grundlage zu errichtendes Schiedsgericht** (vgl. auch § 10 Nr. 6 VOB/A). Eine solche Vereinbarung muss, um wirksam zu, in einer **Form geschlossen** sein, die den Nachweis in Form eines schriftlichen Dokuments erlaubt (vgl. § 1031 Abs. 1–4 ZPO). Ferner muss das Rechtsverhältnis bestimmt sein, das der schiedsrichterlichen Vereinbarung unterworfen wird (§ 1029 Abs. 1 ZPO). Bei der Einhaltung der Formvorgaben geht es in der Regel um eine schriftliche Vereinbarung; genügend ist aber auch eine Vereinbarung auf der Grundlage gewechselter Schreiben oder durch Bezugnahme auf weitere Schriftstücke. Sind an der Schiedsgerichtsvereinbarung **Verbraucher beteiligt**, ist § 1031 Abs. 5 ZPO zu beachten: Danach muss die Schiedsvereinbarung eine **eigenständigen Urkunde** bilden. Sonstige Vereinbarungen, die nichts mit dem schiedsrichterlichen Verfahren zu tun haben, dürfen in dieser nicht enthalten sein (§ 1031 Abs. 5 ZPO), wobei letzteres nicht bei notariell beurkundeten Verträgen gilt. Allerdings darf auch insoweit durchaus etwa auf eine eigenständige Schiedsgerichtsordnung verwiesen werden.

119a Die **Vorteile** einer Schiedsgerichtsvereinbarung gegenüber der staatlichen Gerichtsbarkeit (vgl. dazu auch ausführlich: *Eberl/Friedrich* BauR 2002, 250 sowie *Roquette/Kunkel* Jahrbuch Baurecht 2004

S. 269) sind **beachtlich:** In den Vordergrund tritt nicht nur eine gegenüber staatlichen Gerichten besonders wegen des fehlenden Instanzenzuges beschleunigte Herbeiführung einer abschließenden Entscheidung; der Streitbeilegung förderlich ist auch die Tatsache, dass sich die Parteien ihre Schiedsrichter aussuchen können. Dies hat in aller Regel zur Folge, dass vor allem bei Schiedsgerichten in Bausachen im Durchschnitt mit einer sehr viel größeren technischen und im Zweifel auch rechtlichen Sachkunde entschieden wird als vor staatlichen Gerichten. Allerdings ist und bleibt ein **Nachteil** der Schiedsgerichtsverfahren die Einbeziehung Dritter, weil es das **Institut der Streitverkündung nicht gibt**. Auch liegen die Kosten insbesondere eines Dreierschiedsgerichts vielfach über denen eines staatlichen Gerichts (zumindest denen in erster Instanz). Gerade das Kostenargument führt im Übrigen dazu, dass wegen der in § 2 Abs. 1 GKG vorgesehenen Gerichtskostenbefreiung die öffentliche Hand praktisch kaum Schiedsgerichtsvereinbarungen schließt.

Wurde eine Schiedsgerichtsvereinbarung geschlossen, sind für das Verfahren die §§ 1025 ff. ZPO anwendbar. Hier ist auf die einschlägige Kommentierung zu verweisen. Wird **trotz Schiedsgerichtsvereinbarung eine Klage vor einem staatlichen Gericht eingereicht**, steht dem Beklagten nach § 1032 Abs. 1 ZPO eine **prozesshindernde Einrede** zu. Allerdings muss eine hierauf gerichtete **Rüge rechtzeitig** erhoben werden, d.h. gemäß § 1032 Abs. 1 ZPO bis zum Beginn der mündlichen Verhandlung (BGH Urt. v. 10.5.2001 III ZR 262/00 = BGHZ 147, 394, 395 ff. = BauR 2002, 142 [Ls.] = NJW 2001, 2176 f.); ansonsten ist sie als verspätet zurückzuweisen mit der Folge, dass trotz Schiedsgerichtsvereinbarung die Klage zulässig bleibt (OLG München Urt. v. 7.10.1994 23 U 2130/94 = NJW-RR 1995, 127 für den Fall, dass erstmalig die Einrede bei einem Einspruch gegen ein Versäumnisurteil erhoben wird). Wurde die Einrede rechtzeitig erhoben, ist die diesbezügliche Klage gemäß § 1032 Abs. 1 ZPO als unzulässig abzuweisen. Etwas anderes gilt gemäß § 1032 Abs. 1 ZPO nur dann, wenn das Gericht feststellt, dass die Schiedsvereinbarung nichtig, unwirksam oder undurchführbar ist. Letzteres ist z.B. der Fall, wenn der Kläger mittellos ist, so dass er nicht einmal die Kosten für das Schiedsverfahren aufbringen kann (BGH Urt. v. 14.9.2000 III ZR 33/00 = BGHZ 145, 116, 119 = BauR 2001, 849 [Ls.] = NJW 2000, 3720, 3721). **120**

Soweit eine wirksame Schiedsgerichtsabrede vorliegt, wird vor allem in Bauverträgen zur näheren Verfahrensausgestaltung vielfach die Geltung einer **Schiedsgerichtsordnung** vereinbart. Dies ist in jedem Fall sinnvoll, soweit die Schiedsgerichtsordnung auf die Besonderheiten des Bauverfahrens zugeschnitten ist. Im Umlauf sind hier zur Zeit zum einen die **Schiedsgerichtsordnung für das Bauwesen**, die vom Deutschen Betonverein e.V. und der Deutschen Gesellschaft für Baurecht e.V. herausgegeben wird, sowie die **Schlichtungs- und Schiedsordnung für Baustreitigkeiten (SOBau)** der ARGE-Baurecht im Deutschen Anwaltverein. Beide Schiedsordnungen sind als Annex zu diesem Anhang abgedruckt (Rn. 124 f.). **121**

Eine Einzelkommentierung dieser z.T. sehr ausführlichen Schiedsordnungen kann hier nicht erfolgen. Insoweit ist auf die jeweils einschlägigen Fachartikel und Erläuterungen zu verweisen. Zusammengefasst kann zu der inzwischen in zweiter Fassung mit Stand Juli 2004 vorliegenden **Schlichtungs- und Schiedsordnung für Baustreitigkeiten (SOBau)** darauf hingewiesen werden, dass diese mit ihrem dreigestuften Verfahren dem heutigen Baugeschehen besonders gut gerecht wird (vgl. hierzu ausführlich *Zerhusen* BauR 1998, 849, *ders.* BauR 2004, 216). So steht im Vordergrund ein auf Streitschlichtung ausgerichtetes Schlichtungsverfahren (§§ 8 ff. SOBau). Ein Schlichter soll versuchen, nach Klärung des Sachverhalts den Weg für eine einvernehmliche Einigung zu ebnen. Dabei kann er schon zu diesem frühen Stadium einen Sachverständigen beteiligen. Scheitert die Schlichtung oder ist dies bereits während der Schlichtung sachdienlich, kann auf Antrag einer Partei in einer zweiten Stufe das sog. isolierte Beweisverfahren durchgeführt werden (§§ 11 ff. SOBau). Dieses lehnt sich eng an das in der ZPO geregelte selbstständige Beweisverfahren an. Mit ihm sollen kurzfristig Tatsachen festgestellt werden, vor allem wenn Störungen im Bauablauf drohen oder schon eingetreten sind. In der dritten Stufe finden sich schließlich die Regelungen zum eigentlichen schiedsrichterlichen Verfahren (§§ 14 ff. SOBau), wobei das Schiedsgericht bis zu Streitwerten von **122**

Anhang 4 Selbstständiges Beweisverfahren, Schiedsgutachten und Schiedsverfahren

100.000 € aus einem Schiedsrichter, bei höheren Streitwerten aus drei Schiedsrichtern besteht (§ 15 Abs. 1 SOBau). Bei einem Einzelschiedsrichter muss es sich um einen Volljuristen handeln, entsprechendes gilt für den Vorsitzenden eines Dreierschiedsgerichts.

123 Im Gegensatz zur SOBau blickt die seit 1974 gemeinsam von dem Deutschen Beton-Verein e.V. und der Deutschen Gesellschaft für Baurecht e.V. herausgegebene **Schiedsgerichtsordnung für das Bauwesen (SGO Bau)** (siehe dazu den Kommentar zur SGOBau von *Heiermann/Kullack/Bayer*) auf eine deutlich längere Tradition zurück. Sie liegt in der Fassung November 2000 vor (siehe dazu *Kullack/Royé* ZfBR 2001, 299). Anders als die SOBau ist die SGOBau allein auf die Führung des streitigen Schiedsgerichtsverfahrens ausgerichtet: Elemente etwa zur Schlichtung oder einer isolierten Beweissicherung fehlen. Soweit allerdings das Schiedsgerichtsverfahren in der Verfahrensordnung geregelt wird, sind die diesbezüglichen Regelungen deutlich detaillierter gefasst. Die SGOBau ist in insgesamt sechs Abschnitte gegliedert: Abschnitt I beginnt mit den einleitenden Bestimmungen wie den Anwendungsbereich der SGOBau, Vorgaben zur Einleitung des Verfahrens und Einzelregelungen zum Schriftverkehr und Vertretung der Parteien im Schiedsgerichtverfahren. Abschnitt II beschreibt die Zusammensetzung des Schiedsgerichts, Abschnitt III Regelungen zur Ablehnung und Ersetzung von Schiedsrichtern. Dabei ist darauf hinzuweisen, dass die SGOBau erst ab Streitwerten von 76.694 € (150.000 DM) ein Dreierschiedsgericht vorsieht, während bei niedrigeren Streitwerten eine Empfehlung für ein Einzelschiedsgericht abgegeben wird. In Abschnitt IV wird der genaue Verfahrensablauf beschrieben, wobei in §§ 18 und 19 Regelungen zur Widerklage und Aufrechnung aufgenommen wurden. In Abschnitt V finden sich im Anschluss daran Einzelheiten zum Schiedsspruch, hier vor allem zur Beschlussfassung, Form und Wirkung sowie zur Beendigung des Verfahrens. Abschnitt VI endet mit Regelungen zu den Kosten des Schiedsgerichtsverfahrens.

Annex 1: Schlichtungs- und Schiedsordnung für Baustreitigkeiten (SOBau)

(Fassung Juli 2004 – Herausgegeben von der ARGE Baurecht im Deutschen Anwaltverein, Littenstr. 11, 10179 Berlin – www.arge-baurecht.de, mit deren freundlicher Genehmigung hier der Abdruck erfolgt.)

124 *Teil I – Allgemeine Bestimmungen*

§ 1 Anwendungsbereich

(1) Die SOBau gilt für Streitigkeiten, die entweder auf der Grundlage einer Schlichtungs- oder einer Schiedsgerichtsvereinbarung oder einer beide Elemente umfassenden Schlichtungs- und Schiedsgerichtsvereinbarung nach Maßgabe der nachfolgenden Bestimmungen beendet werden sollen.

(2) Bestandteile dieser Verfahrensordnung sind

– *die Schlichtung (§§ 8 ff.) als eigenständiges Verfahren oder als einem schiedsrichterlichen Verfahren vorgeschaltetes Verfahren*
– *das isolierte Beweisverfahren (§§ 11 ff.)*
– *das Schiedsgerichtsverfahren (§§ 14 ff.).*

(3) Die Bestimmungen der SOBau sind – soweit nicht zwingende gesetzliche Regelungen entgegenstehen – auch dann anzuwenden, wenn der Ort des Bauvorhabens nicht in Deutschland liegt.

§ 2 Vertretung im Verfahren

(1) Jede Partei kann im Verfahren selbst auftreten oder sich durch Verfahrensbevollmächtigte vertreten lassen.

(2) Parteivertreter, die nicht gesetzliche Vertreter ihrer Partei sind, haben sich durch schriftliche Vollmacht auszuweisen.

(3) Wird eine Partei durch einen Verfahrensbevollmächtigen vertreten, sind Zustellungen an diesen vorzunehmen.

§ 3 Vertraulichkeit

(1) Das Verfahren findet nichtöffentlich statt. Auf Antrag einer Partei kann mit Zustimmung aller Beteiligten Dritten die Anwesenheit gestattet werden.

(2) Schlichter, Schiedsgericht, Sachverständige sowie alle weiteren Beteiligten sind zur Verschwiegenheit über die ihnen im Verfahren bekannt gewordenen Tatsachen verpflichtet.

§ 4 Beschleunigungsgrundsatz

Schlichter und Schiedsgericht haben auf eine zügige Durchführung des Verfahrens hinzuwirken. Sie haben die Parteien anzuhalten, den Sachverhalt so vollständig und so rechtzeitig darzulegen, dass das Verfahren möglichst nach einem Termin abgeschlossen werden kann.

§ 5 Gütliche Einigung

Schlichter und Schiedsgericht sollen die Einigungsbereitschaft der Parteien fördern, jederzeit auf eine gütliche Beilegung des Streits oder einzelner Streitpunkte bedacht sein und Einigungsvorschläge unterbreiten.

§ 6 Einbeziehung Dritter

Dritte können als Haupt- oder Nebenintervenienten oder als Streitverkündete mit Zustimmung aller Parteien dem Verfahren mit der Folge der Wirkungen der §§ 66 ff. ZPO beitreten, wenn sie sich der Schiedsgerichtsvereinbarung unterworfen haben. Die Zustimmung kann auch in der Schiedsgerichtsvereinbarung generell erteilt werden. Soweit die Zustimmung des Schiedsgerichts erforderlich ist, darf diese nur versagt werden, wenn die Einbeziehung des Dritten rechtsmissbräuchlich wäre.

§ 7 Zustellung

(1) Anträge auf Einleitung der Schlichtung, des isolierten Beweisverfahrens und des schiedsrichterlichen Verfahrens sowie Schiedsklage, Schriftsätze, die Sachanträge oder eine Klagerücknahme enthalten, Ladungen, fristsetzende Verfügungen und Entscheidungen des Schlichters und des Schiedsgerichts sind den Parteien durch Einschreiben gegen Rückschein oder durch Gerichtsvollzieher (§§ 166 ff. ZPO) zuzustellen. Ist ein solches Schriftstück in anderer Weise zugegangen, gilt die Zustellung als im Zeitpunkt des tatsächlichen Zugangs bewirkt.

(2) Alle anderen Schriftstücke können mittels einfachen Briefes übersandt werden.

Teil II – Die Schlichtung

§ 8 Schlichter

(1) Schlichter ist die in der Schlichtungs- oder Schiedsgerichtsvereinbarung benannte Person. Ist ein Schlichter nicht benannt und können sich die Parteien nachträglich nicht auf einen Schlichter einigen, wird der Schlichter auf Antrag einer Partei vom Präsidenten des DeutschenAnwaltVereins benannt.

(2) Der Schlichter soll die Befähigung zum Richteramt haben, sofern die Parteien nichts anderes bestimmt haben.

(3) Der Schlichter hat sich gegenüber den Parteien schriftlich zur Unparteilichkeit, Unabhängigkeit und umfassenden Verschwiegenheit zu verpflichten. Er kann in einem späteren Schiedsgerichtsverfahren nicht Zeuge für Tatsachen sein, die ihm während des Schlichtungsverfahrens offenbart werden.

(4) Die Parteien können auch mehrere Personen als Schlichter bestellen.

(5) In einem nachfolgenden Schiedsgerichtsverfahren soll der Schlichter nur dann als Schiedsrichter tätig werden, wenn sich die Parteien damit einverstanden erklären.

(6) Der Schlichter kann in einem späteren Schiedsgerichtsverfahren nicht Zeuge für Tatsachen sein, die ihm während des Schlichtungsverfahrens offenbart werden.

§ 9 Verfahren

(1) Die Schlichtung findet auf Antrag einer Partei mit dem Ziel einer gütlichen Einigung statt.

(2) Der Schlichter soll unverzüglich das Streitverhältnis mit den Parteien erörtern. Er kann zur Aufklärung des Sachverhaltes alle Handlungen vornehmen, die dem Ziel einer zügigen Streitbeilegung dienen. Insbesondere kann er im Einvernehmen mit den Parteien diese einzeln und auch in Abwesenheit der jeweils anderen Partei befragen. Der Schlichter ist befugt, die Schlichtungsverhandlung am Ort des Bauvorhabens anzuberaumen, das Bauvorhaben in Augenschein zu nehmen sowie sachkundige Personen oder Sachverständige hinzuzuziehen.

(3) Zur Förderung des Baufortschritts kann der Schlichter unter freier Würdigung aller Umstände vorläufige Feststellungen zur Vergütungsfähigkeit und -höhe der Werkleistung treffen und Vorschläge zur Absicherung der streitigen Vergütungsansprüche unterbreiten.

§ 10 Ergebnis der Schlichtung

(1) Das Ergebnis der Schlichtung und im Verfahren getroffene Vereinbarungen der Parteien sind zu protokollieren; das Protokoll soll vom Schlichter und den Parteien unterzeichnet werden.

(2) Soweit die Parteien sich nicht geeignet haben, unterbreitet der Schlichter einen Schlichtungsvorschlag. Wird der Vorschlag nicht binnen zwei Wochen nach Zustellung angenommen, gilt er als abgelehnt. Der Schlichter kann die Annahmefrist abkürzen.

(3) Lehnt eine Partei die Schlichtung ab, erscheint eine Partei zur Schlichtungsverhandlung nicht oder wird der Schlichtungsvorschlag abgelehnt, gilt die Schlichtung als gescheitert. Der Schlichter erteilt in diesem Fall auf Antrag einer Partei eine Bescheinigung über das Scheitern der Schlichtung im Sinne des § 278 Abs. 2 ZPO.

Teil III – Das isolierte Beweisverfahren

§ 11 Antrag

(1) Im Rahmen eines Schlichtungsverfahrens ordnet der Schlichter auf Antrag einer Partei die Begutachtung durch einen Sachverständigen an. Die Begutachtung dient insbesondere der Feststellung

- *des Zustandes eines Bauwerkes einschließlich der Ermittlung des Bautenstandes,*
- *der Ursache eines Schadens, eines Baumangels, einer Behinderung, einer Bauverzögerung,*
- *des Aufwandes für die Beseitigung des Schadens oder des Baumangels oder der Kosten, die durch eine Behinderung oder Bauverzögerung entstanden sind.*

(2) Der Antrag auf Durchführung des isolierten Beweisverfahrens ist unzulässig, wenn bereits vor einem ordentlichen Gericht ein selbstständiges Beweisverfahren zu den Beweisfragen beantragt oder im schiedsrichterlichen Verfahren eine Begutachtung angeordnet wurde.

(3) Der Antrag ist schriftlich bei dem Schlichter zu stellen und muss den Gegner bezeichnen sowie die Tatsachen, über die Beweis erhoben werden soll. Dem Antragsgegner ist Gelegenheit zu geben, sich binnen einer vom Schlichter zu benennenden Frist zu dem Antrag zu äußern.

(4) Mit dem Zugang des Antrages auf Einleitung des isolierten Beweisverfahrens beim Schlichter wird die Verjährung wie im selbstständigen Beweisverfahren (§§ 485 ff. ZPO) gehemmt, § 204 Abs. 1 Nr. 7 BGB.

(5) Wird während eines schiedsrichterlichen Verfahrens ein isoliertes Beweisverfahren eingeleitet und ist ein Schiedsgericht bereits gebildet, tritt der Einzelschiedsrichter bzw. der Vorsitzende an die Stelle des Schlichters.

§ 12 Entscheidung

(1) Der Schlichter entscheidet nach Anhörung der anderen Partei durch Beschluss. Er ist an den vorgeschlagenen Sachverständigen nicht gebunden, es sei denn, die Parteien haben sich auf diesen geeinigt. Der Sachverständige soll öffentlich bestellt und vereidigt sein.

(2) Der Schlichter beauftragt den Sachverständigen auf Rechnung des Antragstellers. Er kann von dem Antragsteller einen angemessenen Vorschuss verlangen.

(3) Wird während eines schiedsrichterlichen Verfahrens ein isoliertes Beweisverfahren eingeleitet und ist ein Schiedsgericht bereits gebildet, tritt der Einzelschiedsrichter bzw. der Vorsitzende an die Stelle des Schlichters.

§ 13 Beweisaufnahme und Beweisergebnis

(1) Der Sachverständige hat den Parteien Gelegenheit zu geben, an dem für die Begutachtung bestimmten Termin teilzunehmen. Nimmt eine Partei nicht teil, ist ihr das Ergebnis der Feststellungen unverzüglich zur Stellungnahme vorzulegen.

(2) Die Feststellungen sind bindend im Sinne der §§ 412, 493 ZPO.

Teil IV – Das schiedsrichterliche Verfahren

§ 14 Einleitung

(1) Das schiedsrichterliche Verfahren kann eingeleitet werden, wenn eine Schlichtung nicht vereinbart worden ist oder ein vereinbartes Schlichtungsverfahren gescheitert ist. Das Verfahren beginnt mit dem Tag, an dem der Beklagte den schriftlichen Antrag, die Streitigkeit einem Schiedsgericht vorzulegen, empfangen hat. Der Beklagte hat dem Kläger binnen einer Frist von zwei Wochen mitzuteilen, ob er Einwendungen gegen die Durchführung erhebt. Erhebt er in dieser Frist keine Einwendungen, gilt dies als Verzicht auf solche Einwendungen. Bei unverschuldeter Fristversäumnis kann nachträglich das Vorliegen der Voraussetzungen für eine Wiedereinsetzung in den vorigen Stand festgestellt werden.

(2) Der Antrag muss enthalten

– *die Angabe des Streitgegenstandes,*
– *einen Hinweis auf die Schiedsgerichtsvereinbarung,*
– *die Bestellung eines Schiedsrichters (Beisitzer) oder, wenn die Parteien die Entscheidung durch einen Einzelschiedsrichter vereinbart haben, einen Vorschlag für dessen gemeinsame Bestellung.*

Der Kläger soll seinem Antrag eine den Anforderungen des § 253 ZPO genügende Klageschrift beifügen.

§ 15 Schiedsgericht

(1) Bei Streitigkeiten mit einem Streitwert bis zu € 100.000,– besteht das Schiedsgericht aus einem Einzelschiedsrichter (Einzel-Schiedsgericht), im Übrigen aus drei Schiedsrichtern (Dreier-Schiedsgericht). Die Parteien können etwas anderes vereinbaren.

(2) Einzelschiedsrichter und Vorsitzende des Dreier-Schiedsgerichts müssen die Befähigung zum Richteramt besitzen.

(3) Ist ein Einzel-Schiedsgericht vereinbart, der Einzelschiedsrichter jedoch noch nicht bestellt, entscheidet der vom Kläger vorgeschlagene Schiedsrichter, wenn der Beklagte innerhalb von zwei Wochen ab Empfang des Antrags dem Vorschlag zustimmt oder seinerseits keinen anderen Vorschlag unterbreitet und dies auch innerhalb einer vom Kläger schriftlich zu setzenden Nachfrist von weiteren zwei Wochen

Anhang 4 Selbstständiges Beweisverfahren, Schiedsgutachten und Schiedsverfahren

nicht nachholt. Lehnt der Beklagte den Vorschlag des Klägers innerhalb der Frist ab und können sich die Parteien innerhalb weiterer zwei Wochen nicht auf eine Person als Einzelschiedsrichter einigen, bestellt der Präsident des DeutschenAnwaltVereins auf Antrag einer Partei den Einzelschiedsrichter.

(4) Ist ein Dreier-Schiedsgericht vereinbart, hat der Beklagte binnen einer Frist von zwei Wochen nach Empfang des Antrags einen Schiedsrichter (Beisitzer) zu bestellen. Kommt der Beklagte dieser Verpflichtung nicht nach, bestellt auf Antrag des Klägers der Präsident des DeutschenAnwaltVereins den Beisitzer.

(5) Der Vorsitzende des Schiedsgerichts wird durch die Beisitzer bestellt. Einigen sie sich nicht innerhalb von zwei Wochen auf einen Vorsitzenden, ist dieser auf Antrag eines Beisitzers durch den Präsidenten des DeutschenAnwaltVereins zu bestellen.

(6) Ein Schiedsrichter soll das ihm angetragene Amt nur annehmen, wenn er zur zügigen Bearbeitung in der Lage ist.

§ 16 Verfahren

(1) Die Parteien können eine Vereinbarung über den Ort des schiedsrichterlichen Verfahrens treffen. Fehlt eine solche Vereinbarung, wird der Ort des schiedsrichterlichen Verfahrens vom Schiedsgericht bestimmt. Dabei sind der Ort des Bauvorhabens und die Umstände des Falles einschließlich der Eignung des Ortes für die Parteien zu berücksichtigen.

(2) Innerhalb der vom Schiedsgericht bestimmten Frist hat der Kläger seinen Anspruch und die Tatsachen, auf die sich dieser Anspruch stützt, darzulegen und der Beklagte hierzu Stellung zu nehmen.

(3) Über die mündliche Verhandlung und Beweisaufnahme ist eine Niederschrift zu fertigen, die den Gang der Verhandlung mit ihrem wesentlichen Inhalt wiedergibt. Art und Umfang der Protokollierung bestimmt das Schiedsgericht.

(4) Das schiedsrichterliche Verfahren endet mit einem Schiedsspruch, einem Vergleich (Schiedsspruch mit vereinbartem Wortlaut) oder einem Beschluss gemäß § 1056 ZPO.

(5) Ergänzend gelten die Vorschriften der Zivilprozessordnung (ZPO), insbesondere die §§ 1025 ff. ZPO.

(6) Die Verfahrensakten sind vom Schiedsgericht für die Dauer von drei Jahren aufzubewahren.

Teil V – Kosten und Gebühren

§ 17 Kostenentscheidung

(1) Die Kosten der Schlichtung tragen die Parteien grundsätzlich je zur Hälfte. Für den Fall, dass die Schlichtung scheitert und sich ein schiedsrichterliches Verfahren anschließt, kann das Schiedsgericht auch über die Kosten der Schlichtung nach billigem Ermessen entscheiden.

(2) Das Schiedsgericht entscheidet über die Kosten des Verfahrens (§ 1057 ZPO).

(3) Die Kosten des isolierten Beweisverfahrens sind Kosten des Verfahrens. Kommt es nicht zur Durchführung des schiedsrichterlichen Verfahrens, steht den Parteien wegen dieser Kosten der ordentliche Rechtsweg offen.

§ 18 Honorare und Auslagen

Soweit nichts anderes vereinbart ist, gelten folgende Regelungen:

(1) Schlichtung

Die Kosten der Schlichtung und des isolierten Beweisverfahrens in der Schlichtung richten sich nach der Vereinbarung mit dem Schlichter. Die Parteien sollen mit dem Schlichter bei Abschluss des Schlichtervertrages auch die Höhe des Honorars festlegen. Wird der Schlichter auch als Schiedsrichter tätig, werden die Honorare für die Schlichtertätigkeit nicht auf die Honorare für die schiedsrichterliche Tätigkeit angerechnet.

(2) Schiedsrichterliches Verfahren

(a) Die Honorare des Schiedsgerichts bestimmen sich nach dem Streitwert, der vom Schiedsgericht unter Berücksichtigung der gesetzlichen Vorschriften (ZPO, GVG) festgesetzt wird, und dem Rechtsanwaltsvergütungsgesetz (RVG), sofern nichts anderes vereinbart ist.

(b) Die Honorare für den Einzelschiedsrichter und den Vorsitzenden eines Dreier-Schiedsgerichts sind um 30% der jeweils vollen Gebühren gegenüber denjenigen für die Besitzer im Dreier-Schiedsgericht erhöht.

(c) Bei einer vorzeitigen Erledigung des Verfahrens steht den Schiedsrichtern bis zum Eingang der Klageschrift die Hälfte der jeweiligen Gebühr für die Führung des Verfahrens zu.

(3) Hält das Schiedsgericht in Ausnahmefällen eine darüber hinausgehende Honorierung wegen des Umfanges, Schwierigkeitsgrades oder außergewöhnlichen Zeitaufwandes für erforderlich, hat es diese vor der mündlichen Verhandlung gegenüber den Parteien zu beantragen und zu begründen. Stimmen die Parteien diesem Antrag nicht schriftlich zu, bleibt es bei den Gebühren gemäß Absatz 2.

(4) Die Parteien haben alle notwendigen Auslagen des Schlichters und des Schiedsgerichts sowie die durch die Beweisaufnahme entstehenden Kosten zu tragen.

(5) Die Parteien haften dem Schiedsgericht und dem Schlichter als Gesamtschuldner.

(6) Schlichter und Schiedsgericht können in jedem Stadium des Verfahrens zur Deckung voraussichtlicher Kosten und Auslagen Vorschüsse anfordern.

(7) Das Schiedsgericht hat auf Antrag nach Abschluss des Verfahrens auch im Falle eines Schiedsspruchs mit vereinbartem Wortlaut (Vergleich) die Kosten der Parteien ziffernmäßig festzustellen.

Annex 2: Schiedsgerichtsordnung für das Bauwesen einschließlich Anlagenbau (SGO Bau)

(Ausgabe November 2000, Herausgeber: Deutscher Beton- und Bautechnik-Verein e.V. [Kurfürstenstr. 129, 10785 Berlin] und Deutsche Gesellschaft für Baurecht e.V. [Friedrichstr. 15, 60323 Frankfurt a.M.], mit deren freundlicher Genehmigung hier der Abdruck erfolgt.)

Abschnitt I: Einleitende Bestimmungen

§ 1 Anwendungsbereich

(1) Diese Schiedsgerichtsordnung gilt für Streitigkeiten, die gemäß Vereinbarung der Parteien unter Ausschluss des ordentlichen Rechtsweges durch ein Schiedsgericht gemäß den Bestimmungen der nachstehenden Schiedsgerichtsordnung entschieden werden sollen.

**Schiedsgerichts-
vereinbarung**

(2) Für das Verfahren gelten die Bestimmungen der Zivilprozessordnung, soweit nicht im Folgenden abweichende Bestimmungen getroffen sind.

**Hilfsweise Geltung
der ZPO**

§ 2 Einleitung des Verfahrens

(1) Die Partei, die das Schiedsgerichtsverfahren einleiten will (Kläger), hat die andere Partei (Beklagter) gemäß § 3 davon schriftlich zu benachrichtigen.

**Einleitung und
Benachrichtigung**

Anhang 4 Selbstständiges Beweisverfahren, Schiedsgutachten und Schiedsverfahren

(2) Das Schiedsgerichtsverfahren beginnt an dem Tage, an dem die Benachrichtigung über die Einleitung des Schiedsgerichtsverfahrens dem Beklagten zugegangen ist. — *Beginn des Verfahrens*

(3) Die Benachrichtigung über die Einleitung des Schiedsgerichtsverfahrens hat zu enthalten: — *Notwendiger Inhalt der Benachrichtigung*
1. den Antrag, die Streitigkeit im Schiedsgerichtsverfahren zu entscheiden
2. die Namen und Anschriften der Parteien
3. die Bezeichnung des Streitgegenstandes (Lebenssachverhalt und Antrag)
4. den Hinweis auf die getroffene Schiedsgerichtsvereinbarung
5. die Bezeichnung des vom Kläger gemäß § 8 ernannten Schiedsrichters.

(4) Die Benachrichtigung soll enthalten: — *Soll-Inhalt der Benachrichtigung*
1. einen Vorschlag für die Anzahl der Schiedsrichter, wenn die Parteien vorher darüber nichts vereinbart haben;
2. einen oder mehrere Vorschläge für einen Einzelschiedsrichter unter Berücksichtigung von § 7, wenn sich die Parteien vorher auf einen Einzelschiedsrichter geeinigt haben.

(5) Die Benachrichtigung über die Einleitung des Schiedsgerichtsverfahrens kann auch folgende Angaben enthalten — *Weiterer Inhalt der Benachrichtigung*
1. die Klageschrift (§ 253 ZPO),
2. Vorschläge für Einzelschiedsrichter im Falle von Abs. 4 Nr. 2

§ 3 Schriftverkehr

(1) Alle Erklärungen der Parteien oder ihrer Bevollmächtigten, die das Schiedsgerichtsverfahren einleiten und die Ernennung bzw. Ablehnung von Schiedsrichtern betreffen, sollen gegen Zustellungsnachweis übermittelt werden. Die Wirksamkeit schriftlicher Erklärungen, die auf an derem Wege übermittelt wurden, bleibt unberührt. — *Zustellungen*
(2) Bei unbekanntem Aufenthalt gilt § 1028 ZPO.

§ 4 Vertretung

(1) Die Vertretung der Parteien durch Verfahrensbevollmächtigte ist zulässig. — *Bevollmächtigte*

(2) Parteivertreter, die nicht gesetzliche Vertreter ihrer Partei sind, haben sich auf Verlangen des Schiedsgerichts oder der Gegenseite durch schriftliche Vollmacht auszuweisen. — *Vollmachtsnachweis*

Abschnitt II: Zusammensetzung des Schiedsgerichts

§ 5 Anzahl der Schiedsrichter

(1) Das Schiedsgericht besteht aus drei Schiedsrichtern (Vorsitzender und zwei Schiedsrichter). Die Parteien können etwas anderes vereinbaren. — *Dreier-Schiedsgericht*

(2) Bei einem Streitwert unter 150.000, DM sollen sich die Parteien möglichst auf einen Einzelschiedsrichter einigen. — *Einzelschiedsgericht*

§ 6 Qualifikation der Schiedsrichter

(1) Der Einzelschiedsrichter (§ 7) und der Vorsitzende (§ 8) müssen die Befähigung zum Richteramt haben. — *Befähigung zum Richteramt*

(2) Als Schiedsrichter sollen nur solche Personen bestimmt werden, die wegen ihrer Kenntnisse und Erfahrungen im Hinblick auf den konkreten Streitfall für das Amt des Schiedsrichters geeignet sind. — *Sachkunde*

(3) Der Schiedsrichter ist nicht Parteivertreter, sondern hat das ihm übertragene Amt nach bestem Wissen und Gewissen unparteiisch wahrzunehmen. — *Unparteilichkeit*

§ 7 Ernennung des Einzelschiedsrichters

(1) Ist ein Einzelschiedsrichter zu ernennen, so kann jede Partei eine oder mehrere Personen vorschlagen. Sie kann dabei die Gegenpartei schriftlich auffordern, innerhalb einer Frist von zwei Wochen nach Zu gang eine der vorgeschlagenen Personen auszuwählen oder einen Gegenvorschlag zu unterbreiten. Zu diesem Gegenvorschlag hat sich die andere Partei binnen zwei Wochen zu äußern. — *Vorschläge für die Ernennung*

(2) Haben sich die Parteien auf einen Einzelschiedsrichter geeinigt, so kann jede Partei diesen von seiner Ernennung schriftlich benachrichtigen. — *Benachrichtigung der Parteien*

(3) Unterlässt eine Partei die fristgemäße Äußerung, so ist sie schriftlich (§ 3) zu mahnen und ihr eine Ausschlussfrist von zwei Wochen zu setzen. — *Ausschlussfrist*

(4) Nach fruchtlosem Ablauf der Nachfrist gemäß Abs. 3 ist die verbindliche Ernennung des Einzelschiedsrichters durch den Deutschen Beton- und Bautechnik-Verein E.V. zu beantragen (Ersatzernennung). Dies gilt auch für den Fall, dass über die Vorschläge keine Einigung er zielt wurde. Der Antrag muss außer den in § 2 geforderten Angaben auch Unterlagen enthalten, aus denen sich die Säumigkeit des Antragsgegners sowie die Namen der bisher für den Einzelschiedsrichter vorgeschlagenen Personen ergeben. — *Beantragung der Ersatzernennung*

(5) Der Deutsche Beton- und Bautechnik-Verein E.V. ernennt unverzüglich nach Antragstellung den Einzelschiedsrichter und gibt dessen Namen den Beteiligten schriftlich bekannt. — *Ersatzernennung*

(6) Die vom Deutschen Beton- und Bautechnik-Verein E.V. übertragenen Befugnisse werden vom Vorsitzenden des Deutschen Beton- und Bautechnik-Vereins E.V., bei seiner Verhinderung von seinem 1. Stellvertreter und bei Verhinderung beider vom 2. Stellvertreter ausgeübt. So weit eine dieser Personen von dem Schiedsgerichtsverfahren betroffen ist, ist sie von der Ausübung der vorgenannten Befugnisse ausgeschlossen. — *Ernennungsbefugnis*

(7) Der Vorsitzende, seine Stellvertreter und die Angestellten des Deutschen Beton- und Bautechnik-Vereins E.V. sind zur Geheimhaltung verpflichtet. — *Geheimhaltungsverpflichtung*

(8) Der Einzelschiedsrichter hat sich unverzüglich über die Annahme des Amtes zu erklären, nachdem er von seiner Ernennung unterrichtet worden ist. Die Erklärung muss beiden Parteien gegenüber schriftlich erfolgen. — *Annahmeerklärung*

(9) Fällt der im Wege der Ersatzbenennung berufene Einzelschiedsrichter weg, so erfolgt die Ersatzbenennung wiederum durch den Deutschen Beton- und Bautechnik-Verein E.V. — *Wegfall des Einzelschiedsrichters*

§ 8 Ernennung des Dreier-Schiedsgerichts

(1) Sind drei Schiedsrichter zu ernennen, so hat zunächst jede Partei einen Schiedsrichter zu ernennen und vollständig mit Namen und Anschrift zu bezeichnen. Mit der Einleitung des Schiedsgerichtsverfahrens hat der Kläger den von ihm ernannten Schiedsrichter zu bezeichnen und den Beklagten aufzufordern, ebenfalls einen Schiedsrichter zu ernennen und ihn innerhalb einer Frist von 2 Wochen nach Zugang zu bezeichnen.
Dieser Aufforderung hat der Beklagte auch dann zu entsprechen, wenn er den vom Kläger ernannten Schiedsrichter ablehnt. — *Ernennung der Schiedsrichter*

(2) Unterlässt der Beklagte die fristgemäße Ernennung, so ist er schriftlich zu mahnen und ihm eine Ausschlussfrist von 2 Wochen zu setzen. — *Ausschlussfrist*

Anhang 4 Selbstständiges Beweisverfahren, Schiedsgutachten und Schiedsverfahren

(3) Ist von jeder Partei ein Schiedsrichter ernannt, so haben diese einen Vorsitzenden zu ernennen. Die Ernennung soll innerhalb eines Monats nach Mitteilung über die Ernennung des zweiten Schiedsrichters erfolgen. Vor der Ernennung des Vorsitzenden sind die Parteien anzuhören. Der Name des Vorsitzenden ist den Parteien unverzüglich bekannt zu geben. — ***Ernennung des Vorsitzenden***

(4) Nach fruchtlosem Ablauf der Frist gemäß Abs 2 hat der Kläger die verbindliche Ernennung des Schiedsrichters durch den Deutschen Beton- und Bautechnik-Verein E.V. zu beantragen (Ersatzernennung). Der Antrag muss außer den in § 2 geforderten Angaben auch Unterlagen enthalten, aus denen sich die Säumigkeit des Beklagten ergibt, so wie die Erklärung des vom Kläger ernannten Schiedsrichters über Annahme seines Amtes.
Der Deutsche Beton- und Bautechnik-Verein E.V. hat dem Beklagen unter Fristsetzung von 2 Wochen Gelegenheit zur Stellungnahme zu dem Antrag und zu dem zur Ernennung in Aussicht genommenen Schiedsrichter zu geben. — ***Ersatzernennung von Schiedsrichtern***

(5) Können sich die beiden Schiedsrichter innerhalb der Frist gemäß Abs. 3 nicht über die Person des Vorsitzenden einigen, so haben sie dies unverzüglich den Parteien und dem Deutschen Beton- und Bautechnik-Verein E.V. mitzuteilen und die verbindliche Ernennung des Vorsitzenden durch den Deutschen Beton- und Bautechnik-Verein E.V. zu beantragen (Ersatzernennung). Der Antrag muss die in § 2 geforderten Angaben enthalten, soweit deren Kenntnis für die Auswahl des Vorsitzenden erforderlich ist, ferner die Erklärungen beider Schiedsrichter über die Annahme ihres Amtes sowie die Namen der bisher für den Vorsitzenden vorgeschlagenen Personen. — ***Ersatzernennung des Vorsitzenden***

(6) Der Deutsche Beton- und Bautechnik-Verein E.V. ernennt unverzüglich den Schiedsrichter oder den Vorsitzenden und gibt dessen Namen den Beteiligten zugleich schriftlich bekannt.
(7) § 7 Absätze 6 und 7 finden Anwendung.

(8) Der Vorsitzende und jeder Schiedsrichter haben sich unverzüglich über die Annahme des Amtes zu erklären, nachdem sie von ihrer Ernennung unterrichtet worden sind. Die Erklärung muss beiden Parteien gegenüber schriftlich erfolgen und den übrigen Schiedsrichtern mitgeteilt werden. — ***Annahmeerklärung***

(9) Fallen ein Schiedsrichter oder der Vorsitzende, die im Wege der Ersatzbenennung berufen worden sind, weg, so erfolgt die Ersetzung eines Schiedsrichters oder des Vorsitzenden wiederum durch den Deutschen Beton- und Bautechnik-Verein E.V. — ***Wegfall von Schiedsrichtern***

Abschnitt III: Ablehnung und Ersetzung von Schiedsrichtern

§ 9 Erklärung über die Ablehnung

(1) Ein Schiedsrichter ist verpflichtet, seine Ernennung abzulehnen, wenn Umstände vorliegen, die berechtigte Zweifel an seiner Unparteilichkeit oder Unabhängigkeit, insbesondere aus Gründen der §§ 41, 42 Abs.2 ZPO aufkommen lassen. Dasselbe gilt, wenn ein Schiedsrichter nicht in der Lage ist, sein Amt unverzüglich auszuüben. — ***Selbstablehnung***

(2) Ein Schiedsrichter hat vor seiner Ernennung alle Umstände offen zu legen, die Zweifel an seiner Unparteilichkeit oder Unabhängigkeit wecken können. Er ist nach seiner Bestellung bis zum Ende des schiedsrichterlichen Verfahrens verpflichtet, solche Umstände den Parteien unverzüglich offen zu legen. — ***Offenbarungspflichten***

§ 10 Ablehnungsvoraussetzungen

(1) Ein Schiedsrichter kann nur abgelehnt werden, wenn Umstände vorliegen, die berechtigte Zweifel an seiner Unparteilichkeit oder Unabhängigkeit aufkommen lassen, oder wenn er die zwischen den Parteien vereinbarten Voraussetzungen nicht erfüllt. *Ablehnungsvoraussetzungen*

(2) Die Ablehnung eines Schiedsrichters muss bei Kenntnis des Grundes unverzüglich erfolgen. Erfolgt sie trotz Kenntnis des Ablehnungsgrundes nicht, gilt dies als Verzicht auf das Ablehnungsrecht. *Frist, Verzicht*

(3) Eine Partei kann einen Schiedsrichter, den sie bestellt oder an dessen Bestellung sie mitgewirkt hat, nur aus Gründen ablehnen, die ihr erst nach der Bestellung bekannt geworden sind. *Präklusion von Ablehnungsgründen*

§ 11 Ablehnungsverfahren

(1) Will eine Partei einen Schiedsrichter ablehnen, so hat sie innerhalb von 2 Wochen, nachdem ihr die Zusammensetzung des Schiedsgerichts oder Ablehnungsgründe bekannt geworden sind, dem Schiedsgericht schriftlich die Ablehnungsgründe darzulegen. Tritt der abgelehnte Schiedsrichter von seinem Amt nicht zurück oder stimmt die andere Partei der Ablehnung nicht zu, so entscheidet das Schiedsgericht über die Ablehnung. *Verfahren bei Ablehnung*

(2) Bleibt die Ablehnung erfolglos, so kann die ablehnende Partei innerhalb von 2 Wochen, nachdem sie von der Entscheidung, mit der die Ablehnung verweigert wurde, Kenntnis erlangt hat, bei dem zuständigen Oberlandesgericht eine Entscheidung über die Ablehnung beantragen. Während ein solcher Antrag anhängig ist, kann das Schiedsgericht einschließlich des abgelehnten Schiedsrichters das schiedsrichterliche Verfahren fortsetzen und einen Schiedsspruch erlassen. *Entscheidung des Oberlandesgerichts*

(3) Ist ein Schiedsrichter rechtlich oder tatsächlich außerstande, seine Aufgaben zu erfüllen oder kommt er aus anderen Gründen seinen Aufgaben in angemessener Frist nicht nach, so endet sein Amt, wenn er zurücktritt oder wenn die Parteien die Beendigung seines Amtes vereinbaren. Im Übrigen wird auf § 1038 ZPO verwiesen. *Beendigung des Schiedsrichteramts*

§ 12 Ersetzung eines Schiedsrichters

Im Falle des Todes, des Rücktritts, der wirksamen Ablehnung eines Schiedsrichters, der Beendigung seines Amtes durch Vereinbarung der Parteien oder einer Entscheidung des Gerichts nach § 1038 Abs. 1 ZPO ist ein neuer Schiedsrichter zu bestellen. Die Bestellung erfolgt nach den Regeln, die auf die Bestellung des zu ersetzenden Schiedsrichters anzuwenden waren. *Ersetzung*

Abschnitt IV: Verfahren

§ 13 Verfahrensgrundsätze

(1) Wenn die Parteien keine andere Vereinbarung getroffen haben, ist die Verfahrenssprache deutsch. *Verfahrenssprache*

(2) Das Schiedsgerichtsverfahren ist nicht öffentlich. *Keine Öffentlichkeit*

(3) Sobald sich das Schiedsgericht ordnungsgemäß konstituiert hat, ist innerhalb einer vom Schiedsgericht festzusetzenden Frist die Klageschrift einzureichen, sofern dies nicht bereits gemäß § 2 Abs. 4 geschehen ist. *Einreichung der Klageschrift*

Anhang 4 Selbstständiges Beweisverfahren, Schiedsgutachten und Schiedsverfahren

(4) Das Schiedsgericht hat für eine zügige Durchführung des Schiedsgerichtsverfahrens zu sorgen. Die Parteien haben ihre Angriffs- und Verteidigungsmittel vollständig und so zeitig vorzubringen, wie es nach der jeweiligen Prozesslage einer sorgfältigen und auf Förderung des Verfahrens bedachten Prozessführung entspricht. Das Schiedsgericht kann das Vorbringen einer Partei wegen nicht genügend entschuldigter Verspätung zurückweisen, wenn es zuvor im Einzelfall auf diese Möglichkeit hingewiesen hat. — *Beschleunigungsgrundsatz*

(5) Dem Einzelschiedsrichter bzw. dem Vorsitzenden obliegt die Leitung der Geschäfte des Schiedsgerichtsverfahrens. Er führt den Schriftverkehr mit den Beteiligten und hat den Vorsitz bei der mündlichen Verhandlung und den Beratungen des Schiedsgerichts. Er setzt nach Anhörung der übrigen Schiedsrichter die Termine fest, erlässt die erforderlichen Ladungen und fordert die von ihm für notwendig erachteten Kostenvorschüsse ein. — *Leitung der Geschäfte*

(6) Der Einzelschiedsrichter bzw. der Vorsitzende leitet die Klageschrift dem Beklagten mit der Aufforderung zu, sich dazu binnen einer von ihm festgesetzten Frist unter Anführung der Beweismittel zu äußern und einen ordnungsgemäßen Antrag zu stellen. — *Zuleitung der Klageschrift*

(7) Liegt die Klageerwiderung vor oder ist die hierzu gesetzte Frist fruchtlos verstrichen, so bestimmt der Einzelschiedsrichter bzw. Vorsitzende einen Termin zur mündlichen Verhandlung, der möglichst binnen 6 Wochen stattfinden soll. Zu diesem Termin sind die Schiedsrichter und die Parteien zu laden. Zwischen dem Zugang der Ladung und dem ersten Verhandlungstermin muss eine Frist von 14 Tagen liegen. In dringenden Fällen darf der Einzelschiedsrichter bzw. der Vorsitzende die Ladungsfrist abkürzen. — *Termin zur mündlichen Verhandlung*

(8) Der Einzelschiedsrichter bzw. Vorsitzende soll schon vor der mündlichen Verhandlung alle Anordnungen treffen, die angebracht erscheinen, damit der Rechtsstreit möglichst in einem Termin erledigt wird. — *Vorbereitung der mündlichen Verhandlung*

(9) Das Schiedsgericht bestimmt die Verfahrensregeln einschließlich des Beweisverfahrens nach freiem Ermessen unter Wahrung der Grundsätze eines fairen Verfahrens. Es kann, insbesondere nach eigenem Ermessen, die Beweisanträge der Parteien ablehnen, wenn und soweit es sie für sachlich unerheblich oder als Verschleppungsversuch erachtet. — *Keine Bindung an Beweisantrag*

§ 14 Ort des schiedsrichterlichen Verfahrens

(1) Wenn die Parteien keine Vereinbarung über den Ort des schiedsrichterlichen Verfahrens getroffen haben, wird dieser Ort vom Schiedsgericht innerhalb Deutschlands bestimmt. Der Ort des schiedsrichterlichen Verfahrens soll möglichst so gewählt werden, dass er für alle Beteiligten gleich günstig liegt. — *Verhandlungsort*

(2) Ist eine Ortsbesichtigung vorzunehmen, so ist sie möglichst mit dem Verhandlungstermin zu verbinden. — *Ortsbesichtigung*

§ 15 Verhandlung, Säumnis

(1) In der Regel ist mündlich zu verhandeln. Mit Zustimmung der Parteien kann schriftliches Verfahren angeordnet werden. — *Mündlichkeit*

(2) Die mündliche Verhandlung ist durch Schriftsätze vorzubereiten. In der Verhandlung sind die Parteien und ihre Vertreter zu hören. — *Schriftliche Vorbereitung und Anhörung der Parteien*

(3) Erklärt sich eine Partei nicht zu dem tatsächlichen Vorbringen der Gegenseite oder erscheint sie trotz ordnungsgemäßer Ladung ohne ausreichende Entschuldigung nicht zum Verhandlungstermin, so setzt das Schiedsgericht das Verfahren fort und kann den Schiedsspruch nach den vorliegenden Erkenntnissen erlassen. Es kann insbesondere das tatsächliche Vorbringen als zugestanden annehmen. — *Säumnis einer Partei*

§ 16 Niederschrift

Über die mündliche Verhandlung vor dem Schiedsgericht ist eine Niederschrift aufzunehmen, die den Gang der Verhandlung mit ihrem wesentlichen Inhalt wiedergibt. Entsprechendes gilt für eine eventuelle Beweisaufnahme. Die Niederschriften sind vom Einzelschiedsrichter bzw. vom Vorsitzenden zu unterzeichnen. — *Verhandlungsniederschrift*

§ 17 Geheimhaltungspflicht

Die Schiedsrichter sowie die Sachverständigen und sonstige vom Schiedsgericht hinzugezogene Personen sind zur Geheimhaltung der ihnen durch ihre Tätigkeit im Schiedsgerichtsverfahren bekannt gewordenen Tatsachen verpflichtet. — *Geheimhaltungspflicht*

§ 18 Klageerweiterung, Klageänderung, Klagerücknahme

(1) Der Kläger kann die Schiedsklage während des Verfahrens im Rahmen der Schiedsvereinbarung ohne Zustimmung des Beklagten ändern, erweitern oder ergänzen. — *Klageänderung*

(2) Klagerücknahme ist nur mit Zustimmung des Beklagten möglich. — *Klagerücknahme*

§ 19 Widerklage, Aufrechnung

(1) Über einen Streitgegenstand, der derselben Schiedsvereinbarung unterliegt, kann der Beklagte Widerklage erheben. Für die Widerklage gelten die Vorschriften über die Klage entsprechend. — *Widerklage*

(2) Widerklage ist vor der ersten mündlichen Verhandlung unbeschränkt zulässig, später nur, wenn der Kläger zustimmt, das Schiedsgericht sie für sachdienlich erachtet oder der Kläger seine Klage erweitert (§ 18). — *Beschränkungen für Widerklagen*

(3) Unterliegt ein zur Aufrechnung gestellter Anspruch nicht der Schiedsgerichtsvereinbarung, so kann das Schiedsgericht mit Zustimmung der Parteien hierüber entscheiden. Andernfalls entscheidet das Schiedsgericht unter Vorbehalt (§ 302 ZPO). — *Vorbehaltsschiedsspruch*

Abschnitt V: Schiedsspruch und Beendigung des Verfahrens

§ 20 Beschlussfassung über den Schiedsspruch

(1) Bei der Beratung und Beschlussfassung über den Schiedsspruch dürfen nur die Schiedsrichter anwesend sein. — *Vertraulichkeit der Beratung*

(2) Besteht das Schiedsgericht aus drei Schiedsrichtern, so ist jeder Schiedsspruch oder jede andere Entscheidung des Schiedsgerichts mit Stimmenmehrheit zu erlassen. — *Mehrheitsentscheidung*

(3) Die vorstehenden Bestimmungen gelten entsprechend für Beschlüsse. Soweit es sich nur um Verfahrensfragen handelt, kann der Vorsitzende, vorbehaltlich einer etwaigen Änderung durch das Schiedsgericht, allein entscheiden. — *Alleinentscheidung des Vorsitzenden*

Anhang 4 — Selbstständiges Beweisverfahren, Schiedsgutachten und Schiedsverfahren

§ 21 Form, Inhalt und Wirkung des Schiedsspruchs

(1) Der Schiedsspruch ist schriftlich zu erlassen und durch den oder die Schiedsrichter zu unterschreiben. — *Schriftlicher Erlass*

(2) Der Schiedsspruch ist zu begründen, es sei denn es handelt sich um einen Schiedsspruch mit vereinbartem Wortlaut. — *Begründung*

(3) In dem Schiedsspruch ist der Tag, an dem er erlassen wurde und der Ort des schiedsrichterlichen Verfahrens anzugeben. — *Inhalt*

(4) Jeder Partei ist ein von den Schiedsrichtern unterschriebener Schiedsspruch zu übersenden. — *Zustellung*

(5) Der Schiedsspruch hat unter den Parteien die Wirkungen eines rechtskräftigen gerichtlichen Urteils. — *Wirkungen*

§ 22 Vergleich

(1) Vergleichen sich die Parteien während des schiedsrichterlichen Verfahrens über die Streitigkeit, so beendet das Schiedsgericht das Verfahren (§ 21). Auf Antrag der Parteien hält es den Vergleich in der Form eines Schiedsspruchs mit vereinbartem Wortlaut fest. — *Schiedsspruch mit vereinbartem Wortlaut*

(2) Wegen der Einzelheiten wird auf § 1053 ZPO Bezug genommen.

§ 23 Beendigung des Verfahrens

(1) Das schiedsrichterliche Verfahren wird mit dem endgültigen Schiedsspruch oder mit einem Beschluss des Schiedsgerichts nach § 1056 Abs. 2 ZPO beendet. — *Beendigungsfälle*

(2) Vorbehaltlich § 1056 Abs. 3 ZPO endet das Amt des Schiedsgerichts mit der Beendigung des schiedsrichterlichen Verfahrens. — *Beendigung des Schiedsrichteramts*

§ 24 Aufbewahrung der Akten

(1) Nach Abschluss des Verfahrens sind die entstandenen Akten, soweit sie nicht den Beteiligten auf Antrag zurückgegeben werden, vom Schiedsgericht fünf Jahre aufzubewahren. — *Aufbewahrungsfrist*

(2) Die Parteien können einvernehmlich auf die Aufbewahrung verzichten. — *Verzicht auf Aufbewahrung*

Abschnitt VI: Kosten des Schiedsgerichtsverfahrens

§ 25 Vorschüsse

Das Schiedsgericht kann den Beginn und den Fortgang seiner Tätigkeit von angemessenen Vorschüssen auf die zu erwartenden oder entstandenen Gebühren und Auslagen abhängig machen. — *Vorschusspflicht*

§ 26 Kostenentscheidung

(1) Das Schiedsgericht entscheidet in seinem Schiedsspruch über die Kosten des Schiedsverfahrens und ihre Verteilung auf die Parteien gemäß § 1057 ZPO. — *Kostenentscheidung*

(2) Stehen die Kosten des Verfahrens bei Entscheidungsreife der Sache noch nicht endgültig fest, so entscheidet das Schiedsgericht in seinem Schiedsspruch nur dem Grunde nach über die Kosten. Die Entscheidung über die Höhe erfolgt nur, soweit sie schon dem Schiedsgericht bekannt sind. Die Entscheidung über die Höhe der weiteren Kosten bleibt einem gesonderten Schiedsspruch vorbehalten. — *Kostengrundentscheidung Entscheidung über Höhe der Kosten*

Selbstständiges Beweisverfahren, Schiedsgutachten und Schiedsverfahren — Anhang 4

(3) Vergleichen sich die Parteien während des Verfahrens und treffen sie hierbei keine Regelung über die Kosten, so entscheidet das Schiedsgericht in entsprechender Anwendung des § 98 ZPO. — **Kosten bei Vergleich**

§ 27 Streitwert und Gebühren

(1) Das Schiedsgericht bestimmt den Streitwert nach den Berechnungssätzen der Zivilprozessordnung (ZPO) und des Gerichtsverfassungsgesetzes (GVG). — **Berechnung des Streitwerts**

(2) Die Vergütung der Schiedsrichter bemisst sich in entsprechender Anwendung der Bestimmungen der Bundesrechtsanwaltsgebührenordnung (BRAGO) in der jeweils bei Einleitung des Schiedsgerichtsverfahrens (§ 2 SGOBau) geltenden Fassung. In Schiedsgerichtsverfahren, in denen mehr als ein Kläger oder Beklagter beteiligt sind, findet § 6 BRAGO auf die Kosten der Schiedsrichter keine Anwendung. Die Gebühren der Prozessbevollmächtigten der Parteien bleiben hiervon unberührt. — **Anwendung der BRAGO**

(3) Bei einem Dreier-Schiedsgericht entstehen nach den Grundsätzen der BRAGO (insbesondere § 31) für das Schiedsgericht jeweils folgende Gebühren:
Vorsitzender 13/10 Gebühren.
Schiedsrichter 10/10 Gebühren.
Bei einem Streitwert bis DM 100.000 werden je Schiedsrichter höchstens je drei der vorstehend genannten Gebühren berechnet. — **Gebührensatz**

(4) Vergleichen sich die Parteien im Schiedsgerichtsverfahren auch über Ansprüche, die bisher nicht Gegenstand des Schiedsgerichtsverfahrens waren, erhöht dies den Streitwert für den Schiedsvergleich entsprechend. Ungeachtet der Regelung des § 23 Abs. 1 S. 1 BRAGO fallen bei mitverglichenen außerschiedsgerichtlichen Ansprüchen für den Vorsitzenden nur 13/10 und für die Beisitzer 10/10 Gebührensätze an. Darüber hinaus ist § 32 BRAGO anwendbar. — **Gebühren bei Vergleich**

(5) Bei einem Einzelschiedsrichter entstehen die vorgenannten Gebühren mit der Maßgabe, dass für den Einzelschiedsrichter jeweils 15/10 Gebühren entstehen. — **Gebühren der Einzelschiedsrichter**

(6) Hält das Schiedsgericht in Ausnahmefällen eine abweichende Gebührenregelung für unabweisbar erforderlich, so muss dies vom Schiedsgericht vor der ersten mündlichen Verhandlung schriftlich beantragt und ausdrücklich begründet werden. — **Abweichende Gebührenregelung in Ausnahmefällen**

(7) Ausnahmefälle liegen nur dann vor, wenn Umfang, Schwierigkeitsgrad oder Zeitaufwand dies erfordern. — **Ausnahmefälle**

(8) Die Zustimmung der Parteien zu dem Antrag des Schiedsgerichts hat schriftlich zu erfolgen. — **Zustimmung schriftlich**

(9) Ist einer oder sind mehrere Schiedsrichter ernannt und wird das Verfahren nicht durchgeführt, so fallen für jeden ernannten beisitzen den Schiedsrichter folgende Gebühren an:
a) vor Einreichung der Klageschrift 5/10,
b) nach Einreichung der Klageschrift 7,5/10,
c) nach Einreichung der Klageerwiderungsschrift 10/10.
Für den Vorsitzenden erhöhen sich die vorgenannten Gebühren jeweils um 30%. — **Gebühren bei nicht durchgeführtem Verfahren**

(10) Die Parteien haben alle notwendigen Auslagen der Schiedsrichter, sowie die durch die Vernehmung von Zeugen und Sachverständigen, die Einholung von Gutachten und sonstigen Auskünften entstehenden Kosten zu tragen. — **Notwendige Auslagen**

Anhang 4 Selbstständiges Beweisverfahren, Schiedsgutachten und Schiedsverfahren

(11) Die Parteien haften dem Schiedsgericht als Gesamtschuldner. **Haftung der Parteien**

(12) Für jede Schiedsrichterbenennung durch den Deutschen Beton- und Bautechnik-Verein E.V. fällt eine Gebühr von DM 400 an. Der Vorsitzende kann diese Gebühr als Vorschuss anfordern. **Gebühren für die Ersatzbenennung**

Stichwortverzeichnis

Einl = Einleitung; Anh = Anhang; magere Zahlen = Randnummer

A
Abbrucharbeiten VOB/A § 1 25; VOB/B § 10 Nr. 2 53, § 13 Nr. 4 85
Abbruchkosten VOB/B § 13 Nr. 6 62
Abgrenzung
– Verhandlungsverfahren VOB/A § 3a 5
– wettbewerblicher Dialog VOB/A § 3a 5
Abgrenzung zwischen Dienst-, Werk- und Arbeitnehmerüberlassungsvertrag Anh 3 122
Abkürzung der Verjährungsfrist VOB/B § 13 Nr. 4 60
Ablauf des Präqualifikationsverfahrens VOB/A § 8 83
Ablehnungsordnung VOB/B § 13 Nr. 7 33
Abmahnung Anh 1 28
Abnahme VOB/B Vor §§ 8 und 9 30, § 8 Nr. 6 1, 3 ff., 10, 15 ff.
– Bauhandwerkersicherheitsleistung Anh 2 199
Abnahme der Leistung
– § 640 Abs. 1 Satz 3 BGB VOB/B § 12 26
– Abnahmebegriff nach BGB und VOB VOB/B § 12 7
– Abnahmeprotokoll VOB/B § 12 Nr. 4 15
– Abnahmetermin VOB/B § 12 Nr. 4 9
– Abnahmeverlangen VOB/B § 12 Nr. 1 4, § 12 Nr. 4 3
– Abnahmeverweigerung VOB/B § 12 Nr. 3 1
– Abnahmewirkung VOB/B § 12 Nr. 5 3
– Abwesenheit des Auftragnehmers VOB/B § 12 Nr. 4 20
– AGB-Klauseln VOB/B § 12 50
– Anfechtung der Abnahme VOB/B § 12 19
– Annahmeverzug VOB/B § 12 Nr. 1 18
– ausdrücklich erklärte Abnahme VOB/B § 12 Nr. 1 10
– Ausfertigung der Niederschrift VOB/B § 12 Nr. 4 19
– Ausschluss von Gewährleistungsansprüchen VOB/B § 12 61
– Ausschluss von Vertragsstrafen VOB/B § 12 60
– Bauhilfen VOB/B § 12 16
– Beendigung des Erfüllungsstadiums VOB/B § 12 51
– Beginn des Gewährleistungsfrist VOB/B § 12 56
– Beginn des Abrechnungsstadiums VOB/B § 12 70
– Behördliche Abnahme VOB/B § 12 5
– Billigung VOB/B § 12 9
– Entbehrlichkeit VOB/B § 12 46
– Erklärte Abnahme VOB/B § 12 Nr. 1 9
– Fertigstellung der Leistung VOB/B § 12 48
– Fertigstellungsbescheinigung VOB/B § 12 30
– Fertigstellungsmitteilung VOB/B § 12 Nr. 5 8
– fiktive Abnahme VOB/B § 12 22
– – Begriff VOB/B § 12 Nr. 5 1
– – Mängelrüge VOB/B § 12 Nr. 5 25
– – Voraussetzungen VOB/B § 12 Nr. 5 3
– – Vorbehalt und Form VOB/B § 12 Nr. 5 13
– förmliche Abnahme VOB/B § 12 Nr. 4 1
– Frist VOB/B § 12 26
– Gemeinde VOB/B § 12 15
– Gesetz zur Beschleunigung fälliger Zahlungen VOB/B § 12 25
– Gläubigerverzug VOB/B § 12 Nr. 1 18
– Hauptpflicht des Auftraggebers VOB/B § 12 18
– Inbenutzungnahme der Leistung VOB/B § 12 Nr. 5 19
– Irrtum VOB/B § 12 19
– Klage auf Abnahme
– – isolierte VOB/B § 12 18
– körperliche Entgegennahme VOB/B § 12 8
– Kosten der Abnahme VOB/B § 12 Nr. 1 17
– Leistungsteile
– – in sich abgeschlossene VOB/B § 12 Nr. 2 6
– Leistungsverweigerungsrecht VOB/B § 12 Nr. 3 4
– Niederlegung des Befundes VOB/B § 12 Nr. 4 13
– Niederschrift VOB/B § 12 Nr. 4 15
– rechtswidrige Abnahmeverweigerung § 12 Nr. 3 7
– – endgültige VOB/B § 12 Nr. 3 8
– – vorläufige VOB/B § 12 Nr. 3 9
– Sachverständiger VOB/B § 12 Nr. 4 11
– stillschweigend (konkludent) erklärte Abnahme VOB/B § 12 Nr. 1 11
– technische Abnahme VOB/B § 12 4
– Teilabnahme VOB/B § 12 Nr. 2 1
– Übergang der Leistungsgefahr VOB/B § 12 51
– Übergang der Vergütungsgefahr VOB/B § 12 59
– Umkehr der Beweislast VOB/B § 12 51
– Unterschrift VOB/B § 12 Nr. 4 18
– Vertragskündigung VOB/B § 12 Nr. 2 10
– Vertragsstrafe VOB/B § 12 Nr. 5 29
– Verzicht des Auftraggebers VOB/B § 12 69
– Vollmacht VOB/B § 12 13
– Vorbehalt VOB/B § 12 63
– Vorbereitungsarbeiten VOB/B § 12 16
– Willenserklärung VOB/B § 12 9
– Wirkungen der Abnahme VOB/B § 12 51
– Wohnungseigentum VOB/B § 12 17
– Zwang der Verhältnisse VOB/B § 12 Nr. 5 25
Abnahme des Architektenwerks VOB/B Vor § 13 187
Abnahme, technische VOB/B § 4 Nr. 10 2; § 12 4
Abnahme und Bezugsfertigkeit Anh 3 383
Abnahmeersatz VOB/B Vor § 13 81
Abnahmeprotokoll VOB/B § 13 Nr. 4 61
Abnahmereife VOB/B § 13 Nr. 4 171, 174
Abnutzung VOB/B § 13 Nr. 5 20
Abpreise VOB/A § 2 29
Abrechnung VOB/B § 14 2, § 14 Nr. 2 18
– Anfechtbarkeit VOB/B § 14 Nr. 1 17
– öffentliche Bauaufträge VOB/B § 14 Nr. 4 14
– Prüfbarkeit VOB/B § 14 Nr. 1 2 ff.
– Selbstkostenerstattung VOB/B § 14 6
– Stundenlöhne VOB/B § 14 6
Abrechnung des Kostenvorschusses VOB/B § 13 Nr. 5 190
Abrechnungsbestimmungen VOB/B § 14 Nr. 2 17

Stichwortverzeichnis

Abschlagsforderung
– Zugang der Aufstellung VOB/B § 16 Nr. 1 44
Abschlagsrechnungen
– prüfbare Aufstellung VOB/B § 16 Nr. 1 17
Abschlagszahlungen VOB/B § 9 Nr. 1 43, § 16 Nr. 3 21
– Abschlagszahlungsbürgschaft VOB/B § 16 Nr. 1 29
– AGB VOB/B § 16 Nr. 1 5, 9, 11
– Anerkenntnis VOB/B § 16 Nr. 1 8, 52
– Bauhandwerkersicherheitsleistung Anh 2 150
– Begriff VOB/B § 16 Nr. 1 1
– beim BGB-Bauvertrag VOB/B § 16 Nr. 1 3
– BGB-Bauvertrag VOB/B § 16 Nr. 1 2
– Eigentum an den betreffenden Stoffen oder Bauteilen VOB/B § 16 Nr. 1 25
– Eigentumserwerb VOB/B § 16 Nr. 1 26
– Eigentumsvorbehalt des Lieferanten VOB/B § 16 Nr. 1 27
– Einbehalte VOB/B § 16 Nr. 1 33
– Fälligkeit VOB/B § 16 Nr. 1 42
– Fälligkeitsfrist VOB/B § 16 Nr. 1 45
– Fertighausvertrag VOB/B § 16 Nr. 1 11
– für Stoffe oder Bauteile VOB/B § 16 Nr. 1 19
– Gegenforderungen VOB/B § 16 Nr. 1 34
– Kündigung VOB/B § 16 Nr. 1 47
– Mängelbeseitigungspflicht VOB/B § 16 Nr. 1 10
– öffentliche Bauaufträge VOB/B § 16 Nr. 1 32
– prüfbare VOB/B § 16 Nr. 1 7,17
– Rechnungsprüfung VOB/B § 16 Nr. 1 12
– Rückzahlungsanspruch VOB/B § 16 Nr. 3 39
– Schlussrechnung VOB/B § 16 Nr. 1 46
– Sicherheit VOB/B § 16 Nr. 1 28
– Sicherheitseinbehalte VOB/B § 16 Nr. 1 37,40
– Umsatzsteuer VOB/B § 16 Nr. 1 13
– vertragsgemäße Leistungen VOB/B § 16 Nr. 1, 4, 6
– Verzugszinsen VOB/B § 16 Nr. 1 50
– VOB/B
– – als Ganzes VOB/B § 16 Nr. 1 9; Anh 3 326a, 328
– volle Bezahlung VOB/B § 16 Nr. 1 9
– vorläufige Erledigung VOB/B § 16 Nr. 1 8
– Zeitabstände VOB/B § 16 Nr. 1 16
– Zurückbehaltungsrecht VOB/B § 16 Nr. 1 38,41
Abschlagszahlungen gem. § 632a BGB Anh 3 329
Abschlusserklärung Anh 1 30
Abschnitt 4 VOB/A-SKR Vor SKR 1
Absichtserklärung VOB/A § 8a 33
Absolutes Mitwirkungsverbot VOB/A § 2 44, § 8 31
Absonderungsrecht
– Sicherheitsleistung VOB/B § 17 Nr. 8 27
Abstimmungspflichten VOB/B § 13 Nr. 1 111
Abstraktes Gefährdungsdelikt VOB/A § 8 99
Abtretung VOB/B Vor § 13 155, § 13 Nr. 5 225; Anh 3 345
– von Rechnungsposition VOB/B § 14 Nr. 3 9
Abtretung des Nacherfüllungsanspruchs VOB/B Vor § 13 151
Abtretung von Forderungen Anh 3 89
Abtretung von Gewährleistungsansprüchen an Betreuten und Erwerber Anh 3 342

Abtretung von Mängelansprüchen VOB/B Vor § 13 150, § 13 Nr. 5 253
Abtretung von Mängelhaftungsansprüchen VOB/B § 13 Nr. 5 13
Abtretung von Mängelrechten VOB/B § 13 250
– Änderung des Leistungsinhaltes VOB/B § 13 251
– Umfang der Abtretbarkeit VOB/B § 13 250
– Voraussetzungen einer wirksamen Abtretung VOB/B § 13 255
Abtretungsverbot VOB/B § 2 72
Abweichungen von gemeinschaftsrechtlicher technischer Spezifikation VOB/A § 9b 4
Abwicklungsverhältnis VOB/B Vor § 13 46
Abzug neu für alt VOB/B § 13 Nr. 5 188
Adressat
– des Abnahmeverlangens VOB/B § 12 Nr. 1 8
– Mitteilung von Bedenken VOB/B § 4 Nr. 3 72
AGB VOB/B § 2 Nr. 7 32, Vor § 13 335
– Sicherheitsleistung VOB/B § 17 Nr. 1 37
– – Höhe VOB/B § 17 Nr. 1 33
– – Transparenzgebot VOB/B § 17 Nr. 1 42
AGB-Gesetz VOB/B § 2 Nr. 3 10, Vor §§ 8 und 9 13 ff., 16, 23, 44
– Fehlleistungen anderer Auftragnehmer VOB/B § 4 Nr. 7 14
– Haftungsabwälzung auf Auftragnehmer VOB/B § 4 Nr. 7 13
– Nachbesserungskosten VOB/B § 4 Nr. 7 18
– Prüfungspflicht VOB/B § 4 Nr. 3 57
– Überprüfbarkeit von Ausschreibungspflichten VOB/A § 19 3
AGB-Inhaltskontrolle VOB/B § 17 Nr. 6 19
– Bauhandwerkersicherungshypothek Anh 2 123
– Gerichtsstandsvereinbarung VOB/B § 18 Nr. 1 42
– Rückgaberegelung für Sicherheit VOB/B § 17 Nr. 8 14
– Schiedsgutachtenverfahren nach § 18 Nr. 4 VOB/B § 18 Nr. 4 10
– Schlichtungsverfahren nach § 18 Nr. 2 VOB/B § 18 Nr. 2 24
– Sicherheitsleistung VOB/B § 17 6, § 17 Nr. 1 37
– – Höhe VOB/B § 17 Nr. 1 33
– – Transparenzgebot VOB/B § 17 Nr. 1 42
AGB-Klauseln VOB/A § 19 37; VOB/B § 2 5
Ähnliche Einrichtung VOB/A § 8 34
Akt öffentlicher Gewalt VOB/A § 8 5
Aktivprozess Anh 3 50
Akzessorietätstheorie Anh 3 42
Aliud-Lieferung VOB/B § 13 79, § 13 Nr. 1 44
Alleinige Haftung des Auftraggebers im Innenverhältnis VOB/B § 10 Nr. 2 87
Alleinunternehmer Anh 3 3
Allgemein anerkannte Regeln der Bautechnik VOB/B § 1 Nr. 2 11
Allgemeine Geschäftsbedingungen Anh 3 173, 303
Allgemeine Geschäftskosten VOB/A § 2 30
Allgemeine Grundlagen Anh 1 1
Allgemeine Ordnung auf der Baustelle
– Mitwirkungspflichten VOB/B § 4 Nr. 1 2

Stichwortverzeichnis

Allgemeine Technische Vertragsbedingungen VOB/B
§ 1 Nr. 1 7, § 4 Nr. 2 40, § 4 Nr. 3 15
– hinsichtlich des Baugrundes **VOB/B § 4 Nr. 3** 16; **Anh 1** 53
Allgemeine Vertragsbedingungen VOB/B § 2 Nr. 1 62; **Anh 1** 51
Allgemeine Verwaltungskosten VOB/A § 2 30
Allgemeine Zugänglichkeit des Netzes VOB/A § 16 56
Allgemeiner Gerichtsstand VOB/B § 18 Nr. 1 8
Allgemeingültigkeit in den entsprechenden Fachkreisen VOB/A § 9 21
Allgemeininteresse VOB/A § 8a 10
Altbauten VOB/B § 13 Nr. 1 82
Alternativ- oder Eventualleistungen VOB/B § 2 Nr. 1 4
Alternativpositionen VOB/B § 8 Nr. 1 4
Altertumswert
– Gegenstände von **VOB/B § 4 Nr. 9** 2
Amtsdelikt VOB/A § 8 102
Amtsermittlungsgrundsatz VOB/A § 8 7
Amtsträgerbegriff VOB/A § 8 102
Andere Unternehmen
– Bedenken gegen die Leistungen **VOB/B § 4 Nr. 3** 48
Änderung des Gesellschaftsvertrages Anh 3 91
Änderungsvorschläge VOB/A § 21 28
– auf besonderer Anlage **VOB/A § 25** 90
Anerkannte Regeln der Technik VOB/B § 4 Nr. 2 36, 39, **Vor § 13** 121, **§ 13** 168, 221, **§ 13 Nr. 1** 11, 33, 49, 78
– Anscheinsbeweis **VOB/B § 4 Nr. 2** 59
– Auslegung **VOB/B § 4 Nr. 2** 45
– Begriff **VOB/B § 4 Nr. 2** 40, 48
– Beweislast **VOB/B § 4 Nr. 2** 59
– neuartige Bauweisen **VOB/B § 4 Nr. 2** 58
– unbestimmter Rechtsbegriff **VOB/B § 4 Nr. 2** 47
Anerkenntnis VOB/B § 2 54, **§ 2 Nr. 8** 25, 27 f., **Vor § 13** 133, **§ 13 Nr. 4** 198, 263, 271, 290, **§ 13 Nr. 5** 238, **§ 14 Nr. 2** 12
Anerkennung VOB/B § 13 Nr. 2 6
Anfechtung VOB/B Vor §§ 8 und 9 38
– der Abnahme **VOB/B § 12** 19
– durch den Auftraggeber **VOB/B § 19** 41
– Folgen **VOB/B § 19** 39
Anfechtung wegen arglistiger Täuschung VOB/B Vor §§ 8 und 9 38
Anfechtung wegen Irrtums VOB/A Vor § 2 7 **VOB/B Vor §§ 8 und 9** 38
– Preisabrede **VOB/B § 2 Nr. 1** 39
Anfechtungsfrist VOB/B § 2 Nr. 1 45
Anforderungen an das Angebot VOB/A § 6 2
Anforderungen an den Bewerber VOB/A § 2 4
Anforderungen an Leistungsbeschreibung mit Mengen- und Preisangaben VOB/A § 9 159
Anforderungen an Teilnahmeanträge VOB/A § 16a 1
Angabe des Ablaufs der Zuschlags- und Bindefrist VOB/A § 17 26
Angaben des Auftraggebers VOB/B § 4 Nr. 3 86
– Bereitstellungspflicht des Auftraggebers **VOB/B § 4 Nr. 4** 1
Angaben zur Ausführung VOB/A § 9 61
Angaben zur Baustelle VOB/A § 9 60

Angebot
– Änderungen des Bieters an seinen Eintragungen **VOB/A § 21** 10
– aufgrund staatlicher Beihilfe **VOB/A § 25b** 3
– aufgrund wettbewerbsbeschränkender Abrede **VOB/A § 25** 20
– Betrugshandlungen bei Abgabe **VOB/A § 25** 35
– Bietergemeinschaften **VOB/A § 25** 93
– – Begriff/Zulässigkeit **VOB/A § 21** 31
– Einsetzen nur der Preise und der geforderten Erklärungen **VOB/A § 21** 7
– Kennzeichnung und Verwahrung bis zur Eröffnung **VOB/A § 22** 7
– mit einem unangemessen hohen oder niedrigen Preis **VOB/A § 25** 62
– mündliche oder fernmündliche Zurückziehung **VOB/A § 18** 16
– Muster und Proben der Bieter **VOB/A § 21** 20
– nicht rechtzeitiges **VOB/A § 22** 28
– Nichtvorliegen bei Öffnung des ersten Angebotes **VOB/A § 22** 34
– Rücknahme **VOB/A § 18** 13
– wirtschaftliche Prüfung **VOB/A § 23** 24
– Zulassung von Abschriften und Kurzfassungen **VOB/A § 21** 15
Angebotsausschluss VOB/A § 2 8
Angebotsfrist VOB/A § 18a 14; **§ 32a** 20; **VOB/A-SKR § 10** 1
– bei Dringlichkeit **VOB/A § 18** 10
– beim Nichtoffenen Verfahren **VOB/A § 18a** 10
– Übersicht des VHB **VOB/A § 18a** 23
Angebotsphase VOB/A § 3a 16
Angebotspreis
– Aufklärung bei unangemessen niedrigem **VOB/A § 25** 67
Angebotsverfahren VOB/A § 3 14, **§ 3a** 10, **§ 6** 1, 5
Angehängte Stundenlohnarbeiten VOB/A § 9 20; **VOB/B § 8 Nr. 1** 4
Angemessene Entschädigung VOB/A § 16 25, **§ 20** 15
Angemessene Frist VOB/B § 4 Nr. 8 17
Angemessener Preis VOB/A § 2 24
Angemessenheit
– der Beseitigungsfrist **VOB/B § 4 Nr. 7** 43
Angemessenheit des Preises VOB/A § 2 26
Angestelltenbestechung VOB/A § 2 41, **§ 8** 101
Anlagenvertrag Anh 3 188
Annahmeverzug VOB/B § 8 12, **§ 13 Nr. 5** 271
Annahmeverzug des Auftraggebers VOB/B § 13 Nr. 3 60
Annullierung VOB/B Vor §§ 8 und 9 6
Anordnung des Auftraggebers VOB/B § 13 Nr. 3 25, 43
Anordnungen des Auftraggebers
– Anmeldung von Bedenken **VOB/B § 4 Nr. 3** 27
– Beseitigung vertragswidriger Stoffe oder Bauteile **VOB/B § 4 Nr. 6** 7
Anordnungsrecht des Auftraggebers VOB/B § 4 Nr. 1 73
Anrufung der vorgesetzten Stelle VOB/B § 18 Nr. 2 8
Anscheinsvollmacht VOB/B § 2 36, **§ 12** 14

Stichwortverzeichnis

Anschlussgleise VOB/B § 4 Nr. 4 1
Anschreiben VOB/A § 10 49, **§ 10a** 1, **§ 10b** 4
- Inhalt des Anschreibens **VOB/A § 10** 51
- Sonderregelungen für Auftraggeber, die ständig Bauleistungen vergeben **VOB/A § 10** 86
- Versendung **VOB/A § 10** 50

Anschrift der Dienststelle
- bei der die Verdingungsunterlagen eingesehen werden können **VOB/A § 17** 15

Anspruch auf Kostenvorschuss zur Mängelbeseitigung Anh 3 269
Anspruch auf Zulassung zum Wettbewerb VOB/A § 8a 10
Anspruch zur Masse VOB/B Vor § 13 347
Ansprüche gegen Subunternehmer VOB/B § 13 263
Anwachsung Anh 3 99

Anwaltszwang
- selbständiges Beweisverfahren **Anh 4** 47

Anweisungen
- Bindung des Auftragnehmers **VOB/A § 9** 82

Anwendungsbereich VOB/A § 1b 1, **§ 3b** 1
- Öffentlicher Auftraggeber **VOB/A § 1a** 3

Anzahl der abzugebenden Angebotsunterlagen VOB/A § 17 42
Anzeige VOB/B § 4 Nr. 3 61
- Anzeigepflicht **VOB/B § 4 Nr. 3** 61
- Art und Form der Anzeige **VOB/B § 4 Nr. 3** 61

Anzeigepflicht VOB/B § 2 Nr. 8 39
- Bedenken **VOB/B § 4 Nr. 3** 21, 39
- bei der Entdeckung **VOB/B § 4 Nr. 9** 3
- Mitteilungspflicht des Auftragnehmers **VOB/B § 4 Nr. 3** 60

A-Paragraphen VOB/A § 1a 1
Arbeiten an einem Grundstück VOB/A § 1 26; **VOB/B § 13 Nr. 4** 77
- Abbrucharbeiten **VOB/A § 1** 72
- Abbruchunternehmer **VOB/A § 1** 72
- Ausschachtungsarbeiten **VOB/A § 1** 72

Arbeiten an einer Sache VOB/B § 13 134
Arbeiten bei Bauwerken VOB/A § 1 70
- Abbrucharbeiten **VOB/A § 1** 72
- Abbruchunternehmer **VOB/A § 1** 72
- Ausschachtungsarbeiten **VOB/A § 1** 72

Arbeitgebereigenschaft Anh 3 212
Arbeitnehmer
- Erfüllung von Pflichten **VOB/B § 4 Nr. 2** 74

Arbeitnehmer-Entsendegesetz VOB/A § 8 108, **§ 25** 52
- Vertragserfüllungssicherheit **VOB/B § 17 Nr. 1** 20

Arbeitnehmerüberlassung Anh 3 132
Arbeitnehmerüberlassungsgesetz VOB/A § 2 41
Arbeitseinstellung VOB/B § 18 Nr. 5 1
- Ankündigung **VOB/B § 16 Nr. 5** 45
- Kündigungsrecht **VOB/B § 16 Nr. 5** 48
- Recht auf **VOB/B § 4 Nr. 3** 79

Arbeitsgemeinschaft VOB/A § 4 21; **Anh 3** 5
- Bezeichnung des bevollmächtigten Vertreters **VOB/A § 21** 34

Arbeitsgeräte Anh 3 31

Arbeitsplätze
- Bereitstellung **VOB/B § 4 Nr. 4** 1

Arbeitsraum VOB/B § 4 Nr. 1 11
Architekt VOB/B § 16 Nr. 3 14
- Aufklärungspflicht **VOB/B § 4 Nr. 1** 18
- Aufklärungspflicht des Auftragnehmers **VOB/B § 4 Nr. 1** 19
- Aufsichtspflichten **VOB/B § 4 Nr. 2** 32
- Auftragsentzug **VOB/B § 4 Nr. 8** 22
- Bauhandwerkersicherungshypothek **Anh 2** 16
- Bauleistungen
- – Ausführung **VOB/B § 4** 1
- Bauordnungen **VOB/B § 4 Nr. 1** 24
- Begrenzung **VOB/B § 4 Nr. 1** 77
- Begriff und Umfang **VOB/B § 4 Nr. 1** 73
- Bekanntgabe der Nachunternehmer **VOB/B § 4 Nr. 8** 30
- Beratungspflicht **VOB/B § 4 Nr. 6** 22, **§ 4 Nr. 7** 62
- Bereitstellungs- sowie Überwachungsrechte und -pflichten des Auftraggebers **VOB/B § 4 Nr. 1** 1
- Bodenverhältnisse **VOB/B § 4 Nr. 2** 17
- Dehnungsfugen **VOB/B § 4 Nr. 2** 28
- Eigenleistungsverpflichtung des Auftragnehmers **VOB/B § 4 Nr. 8** 4
- Erfüllungsgehilfe **VOB/B § 4 Nr. 1** 23
- Ersatz für entstehende Mehrkosten **VOB/B § 4 Nr. 1** 99
- Genehmigungen
- – öffentlich-rechtliche **VOB/B § 4 Nr. 1** 17
- Genehmigungsplanung **VOB/B § 4 Nr. 1** 23
- Gewerberecht **VOB/B § 4 Nr. 1** 24
- Grundwasserverhältnisse **VOB/B § 4 Nr. 2** 17
- Haftungsverhältnisse **VOB/B § 4 Nr. 1** 105
- Koordinationspflicht **VOB/B § 4 Nr. 1** 1
- Koordinationspflicht des Auftraggebers **VOB/B § 4 Nr. 1** 1
- Mehrkosten
- – Ausgleich **VOB/B § 4 Nr. 1** 93
- Mitteilung von Bedenken **VOB/B § 4 Nr. 1** 87
- Pflichten bei **§ 4 Nr. 7** 7, **§ 4 Nr. 7** 65
- Prüfung der Bedenken des Auftragnehmers durch den Auftraggeber **VOB/B § 4 Nr. 1** 89
- Prüfungspflicht bei Änderungen **VOB/B § 4 Nr. 2** 18
- Schriftform der Zustimmung **VOB/B § 4 Nr. 8** 12
- schriftliche Zustimmung zum Nachunternehmereinsatz **VOB/B § 4 Nr. 8** 8
- Selbstausführung durch Auftragnehmer **VOB/B § 4 Nr. 8** 4
- Sicherheits- und Gesundheitsschutzplan **VOB/B § 4 Nr. 1** 14
- Spezialkenntnisse **VOB/B § 4 Nr. 2** 11
- Straßenverkehrsrecht **VOB/B § 4 Nr. 1** 24
- Überwachungspflicht **VOB/B § 4 Nr. 1** 59
- Überwachungsrecht des Auftraggebers **VOB/B § 4 Nr. 1** 52
- unberechtigte oder unzweckmäßige Anordnung des Auftraggebers **VOB/B § 4 Nr. 1** 87
- Verstoß gegen gesetzliche oder behördliche Bestimmungen **VOB/B § 4 Nr. 1** 92

Stichwortverzeichnis

– beschränkte Ausschreibung **VOB/A § 3** 26
– Gleichbehandlung der Bieter **VOB/A § 26** 21 ff.
– nichtoffenes Verfahren **VOB/A § 3a** 12
– Rechtsschutz **VOB/A § 26** 58 ff.
– Schadensersatzansprüche **VOB/A § 26** 77 ff.
– Unterrichtungspflicht **VOB/A § 26** 44 ff.
– Verhandlungsverfahren **VOB/A § 3a** 36
Aufhebungsgrund VOB/A § 16 19
Auflagen zum Schutz der Vertraulichkeit VOB/A § 2b 3
Auflösung oder Kündigung bei der Arbeitsgemeinschaft Anh 3 92
Auflösung seines Unternehmens Anh 3 96
Aufmaß VOB/B § 8 Nr. 6 1, 3 ff., 8, 15, 22, **§ 14 Nr. 4** 6,
– Anerkenntnis **VOB/B § 14 Nr. 2** 9,14
– Anfechtung **VOB/B § 14 Nr. 2** 15
– Architekt **VOB/B § 14 Nr. 2** 16
– Beweislast **VOB/B § 14 Nr. 2** 5
– Ermittlungen am Leistungsobjekt **VOB/B § 14 Nr. 2** 7
– Fälligkeitsvoraussetzung **VOB/B § 14 Nr. 2** 4
– Feststellungen
– – gemeinschaftliche **VOB/B § 14 Nr. 2** 8
– Pläne **VOB/B § 14 Nr. 2** 7
– Vergleich **VOB/B § 14 Nr. 2** 13 f.
– Verweigerung der Mitwirkung **VOB/B § 14 Nr. 2** 5
– Willenserklärungen **VOB/B § 14 Nr. 2** 8
Aufmaßfehler VOB/B § 14 Nr. 2 11
Aufnahme der besonderen Hauptunternehmerpflichten auch im Bauvertrag Anh 3 289
Aufpreise VOB/A § 2 29
Aufrechenbare Gegenforderung der Gesellschaft Anh 3 88
Aufrechnen VOB/B § 13 Nr. 5 210
Aufrechnung VOB/B § 13 Nr. 4 292, 321, **§ 13 Nr. 5** 225; **Anh 3** 74
Aufrechnung bzw. Verrechnung von Schadensersatzanspruch mit Vergütungsanspruch VOB/B § 13 Nr. 7 150
Aufrechnungsverbot VOB/B § 13 Nr. 7 151
Aufrechterhaltung der allgemeinen Ordnung auf der Baustelle VOB/B § 4 Nr. 1 1
Aufruf zum Wettbewerb VOB/A § 3b 5; **VOB/A-SKR § 9** 1
– Ausschließlichkeitsrechte **VOB/A § 3b** 10
– Begriff **VOB/A § 3b** 6
– Dringlichkeit **VOB/A § 3b** 11
– Forschung und Entwicklung **VOB/A § 3b** 9
– Fristen **VOB/A § 18b** 4
– keine geeigneten Angebote **VOB/A § 3b** 8
– Rahmenvereinbarung **VOB/A § 3b** 14
– technische oder künstlerische Gründe **VOB/A § 3b** 10
– Wiederholung gleichartiger Leistungen **VOB/A § 3b** 13
– Zusatzleistungen **VOB/A § 3b** 12
Aufschiebende Bedingung VOB/B § 13 272
Aufsicht VOB/A § 1a 25
Aufsichts- oder Organisationsverschulden VOB/A § 8a 9
Aufsichtspflichten
– des Architekten **VOB/B § 4 Nr. 2** 32

Stichwortverzeichnis

Aufsichtsstelle Anh 3 59
Aufsichtsvergütung VOB/B § 15 Nr. 2 1
– Aufsichtsperson **VOB/B § 15 Nr. 2** 2
– Aufsichtsstunden **VOB/B § 15 Nr. 2** 8
– Beaufsichtigung **VOB/B § 15 Nr. 2** 7
– Berechnung der Aufsichtsvergütung **VOB/B § 15 Nr. 2** 8
– Kontrolle der Stundenlohnleistungen **VOB/B § 15 Nr. 3** 1
– Stundenlohnabrechnung **VOB/B § 15 Nr. 2** 1
– Unfallverhütungsvorschriften **VOB/B § 15 Nr. 2** 4
– zusätzliche **VOB/B § 15 Nr. 2** 1
Aufsichtsverschulden VOB/B § 13 324
Aufspaltung der Verantwortlichkeit für den Planungsbereich VOB/A § 9 121
Aufsteller Anh 1 39
Auftrag
– Änderung **VOB/B § 4 Nr. 1** 92, 94
Auftrag unter anderem Namen Anh 3 137
Auftraggeber VOB/A Vor § 2 9
– Anforderungen an **VOB/A § 9** 119
– Sitz der für die Prozessvertretung zuständigen Stelle **VOB/B § 18 Nr. 1** 39
– Wünsche **VOB/B § 4 Nr. 1** 73
Auftragnehmer VOB/A Vor § 2 9
– Sicherung der Vergütung **Anh 2** 1
– Sorge für Ordnung auf der Baustelle **VOB/B § 4 Nr. 2** 64
Auftragnehmer ist unzuverlässig VOB/B § 13 Nr. 5 146
Auftragnehmer verweigert Nacherfüllung VOB/B § 13 Nr. 5 48, 139
Auftragsbestätigung Anh 1 43
Auftragssperre VOB/A § 8 109, **§ 8a** 4
Aufwendungen VOB/A § 2 30; **VOB/B § 13 Nr. 5** 181
Aufwendungen des Unternehmers VOB/A § 2 29
Aufwendungen unverhältnismäßig VOB/B § 13 Nr. 7 57
Aufwendungsersatz VOB/B Vor § 13 37, **§ 13** 89
Aus- und Fortbildungsstätten VOB/A § 8 34
Ausbauhaus Anh 3 198
Ausbauhausvertrag Anh 3 197
Ausbesserungsarbeiten VOB/B § 13 Nr. 4 79
Auseinandersetzung mit ausscheidendem Gesellschafter Anh 3 99
Auseinandersetzung Anh 3 110
Auseinandersetzungsguthaben Anh 3 90
Ausforschung VOB/B § 13 Nr. 4 256
Ausführung der Bauleistung VOB/B § 4 Nr. 1 92
– Adressat der Anordnungen **VOB/B § 4 Nr. 1** 82
– allgemeine Ordnung auf der Baustelle **VOB/B § 4 Nr. 1** 1, 6
– Allgemeines **VOB/B § 4 Nr. 1** 1
– Änderung des Leistungsinhalts **VOB/B § 4 Nr. 1** 92
– angemessene Frist **VOB/B § 4 Nr. 8** 17
– Anordnungsrecht des Auftraggebers **VOB/B § 4 Nr. 1** 73
– Anweisung, Recht zur **VOB/B § 4 Nr. 1** 59
– Anzeigepflicht **VOB/B § 4 Nr. 3** 60
– Arbeitsgemeinschaft **VOB/B § 4 Nr. 8** 5

Ausführung nicht vereinba...
– Vergütung zusätzlicher Lei...
– Zusatzleistungen **VOB/B §**...
– zusätzliche Leistungen **VOB/**...
Ausführung von Nacherfüllungs... **§ 1 Nr. 4** 6
Nr. 4 305
Ausführungsbeginn innerhalb der ...
Fristen VOB/A § 16 14
Ausführungsdauer VOB/A-SKR § 11 2,
Ausführungsfrist VOB/A § 17 14
Ausführungsfristen
– **§ 271 BGB VOB/A § 11** 5 ff., **§ 25** 80; **VO**...
  45, **§ 5** 1 ff., **§ 14 Nr. 3** 5
– Abhilfeverlangen des Auftraggebers **VOB/**...
  Nr. 1–3 18
– Abnahmereife **VOB/B § 5 Nr. 1–3** 23
– Abruf **VOB/A § 11** 7, 14; **VOB/B § 5 Nr. 1–3** 10
– AGB **VOB/A § 11** 5
– AGB-Recht **VOB/B § 5 Nr. 1–3** 6, **§ 5 Nr. 4** 2
– allgemeine Vorschriften **VOB/B § 5** 5
– Allgemeines **VOB/A § 11** 1
– Androhung **VOB/B § 5 Nr. 4** 17
– Androhung des Auftragsentzugs **VOB/B § 5 Nr. 4** 17
– Anfangstermin **VOB/A § 11** 6; **VOB/B § 5 Nr. 1–3** 4, 8
– angemessene Förderung der Bauausführung **VOB/B § 5 Nr. 1–3** 7, 15
– angemessene Förderungspflicht **VOB/A § 11** 9
– angemessene Frist zur Vertragserfüllung **VOB/B § 5 Nr. 4** 15
– Angemessenheit der Frist **VOB/B § 5 Nr. 4** 18
– Anordnungs- und Weisungsrecht **VOB/B § 5 Nr. 1–3** 16
– Anzeige vor Beginn der Ausführung **VOB/B § 5 Nr. 1–3** 14
– Aufforderung zum Beginn **VOB/A § 11** 7, 14
– ausdrücklich vereinbarte Fristen **VOB/A § 11** 17
– ausdrückliche Fristvereinbarung **VOB/B § 5 Nr. 1–3** 4
– Ausführungsfrist als Vertragsfrist **VOB/B § 5 Nr. 1–3** 2
– Auskunftpflicht **VOB/B § 5 Nr. 1–3** 10
– ausreichend bemessen **VOB/A § 11** 11
– Baufortschrittspläne **VOB/A § 11** 19
– Baufristenplan **VOB/B § 5 Nr. 1–3** 15
– Baufristenpläne **VOB/A § 11** 18
– bauseits zu erbringende Vorleistungen **VOB/B § 5 Nr. 1–3** 9
– Baustellenräumung **VOB/B § 5 Nr. 1–3** 23
– Bautagebuch **VOB/B § 5 Nr. 1–3** 1
– Bauzeitenplan **VOB/A § 11** 3, 16 f.; **VOB/B § 5 Nr. 1–3** 1, 4, 15
– Bedeutung **VOB/A § 11** 2
– Beginn der Ausführung **VOB/B § 5 Nr. 1–3** 12, 14
– Beginn des Einrichtens der Baustelle **VOB/B § 5 Nr. 1–3** 8
– Begriff **VOB/B § 5** 2
– beizustellende Stoffe oder Bauteile **VOB/B § 5 Nr. 1–3** 9
– Bestimmung der Leistungszeit nach **§ 315 BGB VOB/B § 5** 7
– Beweislast **VOB/B § 5 Nr. 4** 12, 20

Stichwortverzeichnis

- Eingriffsrecht des Auftraggebers **VOB/B § 5 Nr. 1–3** 16
- Eingriffsvoraussetzungen **VOB/B § 5 Nr. 4** 3
- Einrede des nichterfüllten Vertrages **VOB/B § 5 Nr. 4** 27
- Einzelfristen **VOB/A § 11** 9, 16 f.; **VOB/B § 5 Nr. 1–3** 1, 4
- Endtermin **VOB/A § 11** 9
- Entbehrlichkeit der Nachfrist **VOB/A § 5 Nr. 4** 19
- entgangener Gewinn **VOB/B § 5 Nr. 4** 11
- Erfüllungsverweigerung **VOB/B § 5 Nr. 4** 2, 20
- Fertigstellung **VOB/B § 5 Nr. 1–3** 23
- Frist für Zeichnungen und Unterlagen **VOB/A § 11** 13
- fristgerecht anfangen **VOB/B § 5 Nr. 1–3** 7
- Fristsetzung **VOB/B § 5 Nr. 4** 16
- Genehmigungen **VOB/B § 5 Nr. 1–3** 9
- gesetzliche Regelungen **VOB/B § 5 Nr. 4** 25
- in sich abgeschlossene Teile der Gesamtleistung **VOB/A § 11** 17
- kalendermäßig bestimmte Leistungszeit **VOB/B § 5 Nr. 4** 2
- Klage auf Vertragserfüllung **VOB/B § 5 Nr. 4** 26
- kurze Fristen bei besonderer Dringlichkeit **VOB/A § 11** 11
- Missachtung des § 11 VOB/A **VOB/A § 11** 4
- Mitwirkungspflicht **VOB/B § 5 Nr. 1–3** 13
- nachweislich entstandener Schaden **VOB/B § 5 Nr. 4** 11
- Nichteinhaltung der Ausführungsfristen **VOB/B § 5 Nr. 1–3** 19
- Nichterfüllung der Nr. 3 **VOB/B § 5 Nr. 4** 2
- Nichtnachkommen der Verpflichtung **VOB/B § 5 Nr. 4** 4
- Nichtvertragsfristen **VOB/A § 11** 20
- ordnungsgemäße Bauablaufplanung **VOB/A § 11** 12
- Pflicht zur unverzüglichen Abhilfe **VOB/B § 5 Nr. 1–3** 21
- Recht auf Auskunft **VOB/A § 11** 7
- Rechtsfolgen bei Verletzung der Pflichten nach Nr. 1–3 **VOB/B § 5 Nr. 4** 1, 8
- Rücktritt **VOB/B § 5 Nr. 4** 29
- Schadensersatz **VOB/B § 5 Nr. 4** 8
- Schadensersatz statt Leistung **VOB/B § 5 Nr. 4** 30
- Schadensersatz wegen Nichterfüllung **VOB/B § 5 Nr. 4** 23
- Schadensteilung nach § 254 BGB **VOB/B § 5 Nr. 4** 11
- Schriftform **VOB/B § 5 Nr. 4** 21
- Umfang des Verzugsschaden **VOB/B § 5 Nr. 4** 13
- unverzügliche Auskunft **VOB/B § 5 Nr. 1–3** 11
- verbindliche Fristen **VOB/B § 5 Nr. 1–3** 1, 3
- Verlängerung der Ausführungsfrist **VOB/B § 5 Nr. 1–3** 26
- Verpflichtung des Auftragnehmers **VOB/B § 5 Nr. 1–3** 7
- Verschulden **VOB/B § 5 Nr. 4** 10
- Verschulden des Auftragnehmers **VOB/B § 5 Nr. 4** 6
- Vertragsfristen **VOB/A § 11** 3, 10, 17
- Vertragskündigung **VOB/B § 5 Nr. 4** 8
- Vertrauensgrundlage nachhaltig erschüttert **VOB/B § 5 Nr. 4** 19
- Verzögerung des Beginns der Ausführung **VOB/B § 5 Nr. 4** 2, 4
- Verzug mit der Vollendung **VOB/B § 5 Nr. 4** 2
- Verzug nach § 286 BGB **VOB/B § 5** 6
- Verzug ohne Mahnung **VOB/B § 5** 11, **§ 5 Nr. 4** 2
- Verzugsschaden **VOB/B § 5 Nr. 4** 9
- Vollendung in Verzug **VOB/B § 5 Nr. 4** 3
- Vorleistungen anderer Unternehmer **VOB/B § 5 Nr. 1–3** 9
- 12 Werktage nach Aufforderung **VOB/B § 5 Nr. 1–3** 12

Ausführungsplanung VOB/A § 9 3
- urheberrechtlicher Schutz **VOB/A § 9** 5

Ausführungsunterlagen VOB/B § 2 Nr. 9 4, **§ 3** 1, **§ 4 Nr. 1** 63, **§ 9 Nr. 1** 7
- Abgrenzung zu § 4 Nr. 3 VOB/B **VOB/B § 3 Nr. 3** 14
- Abstecken der Hauptachsen **VOB/B § 3 Nr. 2** 2, 4
- Absteckungen **VOB/B § 3 Nr. 3** 3
- abweichende Vereinbarung **VOB/B § 3 Nr. 1** 4
- AGB-Recht **VOB/B § 3 Nr. 3** 8
- allgemeine Technische Vertragsbedingungen **VOB/B § 3 Nr. 5** 4
- Aufbewahrungspflicht des Besitzers **VOB/B § 3 Nr. 6** 3
- Ausführungspläne **VOB/B § 3 Nr. 1** 2
- Ausmaß der Prüfung **VOB/B § 3 Nr. 3** 5
- Ausnahmeregelung **VOB/B § 3 Nr. 5** 2
- bauliche Anlagen im Baubereich **VOB/B § 3 Nr. 4** 2
- Begriff **VOB/B § 3 Nr. 1** 2
- Beibringungspflicht des Auftragnehmers **VOB/B § 3 Nr. 1** 4
- Beweismittel **VOB/B § 3 Nr. 4** 3
- Beweissicherung **VOB/B § 3 Nr. 4** 3
- bleibendes Nutzungsrecht des Auftragnehmers **VOB/B § 3 Nr. 6** 17
- brauchbare Pläne und Ausführungsunterlagen **VOB/B § 3** 5
- brauchbare und zuverlässige Pläne **VOB/B § 3** 2
- Darlegungs- und Beweislast **VOB/B § 3 Nr. 6** 16
- Datensicherung **VOB/B § 3 Nr. 6** 14
- dem Planungsbereich zuzurechnende Hilfsmittel **VOB/B § 3 Nr. 1** 1
- endgültige Fassung der Leistungsbeschreibung **VOB/B § 3 Nr. 1** 3
- Eventual- oder Alternativpositionen **VOB/B § 3 Nr. 1** 3
- Feststellung des Zustandes von Straßen usw. **VOB/B § 3 Nr. 4** 2
- Geländeaufnahmen **VOB/B § 3 Nr. 3** 3
- Genehmigungen **VOB/B § 3 Nr. 6** 8
- Grenzen des Geländes **VOB/B § 3 Nr. 2** 8
- Grundstück bebauungsreif zur Verfügung stellen **VOB/B § 3 Nr. 2** 1
- Grundwasserstände **VOB/B § 3 Nr. 2** 7
- Hinweis **VOB/B § 3 Nr. 3** 11
- Hinweispflicht **VOB/B § 3 Nr. 3** 10
- Höhenfestpunkte in unmittelbarer Nähe **VOB/B § 3 Nr. 2** 6

2697

Stichwortverzeichnis

- Identifikationsmerkmale **VOB/B § 3 Nr. 6** 15
- Klarstellung seitens des Auftraggebers **VOB/B § 3 Nr. 3** 12
- Koordinierungspflicht **VOB/B § 3** 5
- Kosten der Feststellung **VOB/B § 3 Nr. 4** 7 f.
- Mitverantwortlichkeit **VOB/B § 3 Nr. 2** 8
- Mitwirkung als Nebenpflicht **VOB/B § 3** 3
- Mitwirkungspflichten **VOB/B § 3 Nr. 1** 10
- Möglichkeit der Kündigung **VOB/B § 3 Nr. 1** 11
- Nachfrage beim Auftraggeber **VOB/B § 3 Nr. 3** 9
- Niederschrift **VOB/B § 3 Nr. 4** 2, 3
- notfalls einklagbarer Anspruch **VOB/B § 3 Nr. 1** 9
- notwendige Stückzahl **VOB/B § 3 Nr. 1** 7
- Nutzungsrechte des Auftraggebers **VOB/B § 3 Nr. 6** 12
- offensichtlicher Fehler oder Mangel **VOB/B § 3 Nr. 3** 13
- Pflichten des Auftragnehmers **VOB/B § 3 Nr. 5** 7
- Pflichten des Auftragnehmers nach Vertrag oder Verkehrssitte **VOB/B § 3 Nr. 5** 3
- Planer als Erfüllungsgehilfe **VOB/B § 3** 5 ff.
- positive Vertragsverletzung **VOB/B § 3 Nr. 3** 7
- Prüfungspflicht des Auftragnehmers **VOB/B § 3 Nr. 3** 4
- Recht zur Nutzung mit den vereinbarten Leistungsmerkmalen **VOB/B § 3 Nr. 6** 13
- Rechtsfolgen bei Verweigerung der Mitwirkung **VOB/B § 3 Nr. 4** 6
- Rückgabe **VOB/B § 3 Nr. 6** 3, 5
- Sacheigentum **VOB/B § 3 Nr. 6** 2
- Schadensersatzansprüche **VOB/B § 3** 3, **§ 3 Nr. 1** 11, 14
- Schaffen der notwendigen Höhenfestpunkte **VOB/B § 3 Nr. 2** 2, 5
- Schriftstücke, Zeichnungen, Berechnungen, Anleitungen **VOB/B § 3 Nr. 1** 2
- Schuldnerpflicht **VOB/B § 3** 4
- Schutz Dritter **VOB/B § 3 Nr. 6** 7
- selbständiges gerichtliches Beweisverfahren **VOB/B § 3 Nr. 4** 5
- sofort nach der Entdeckung **VOB/B § 3 Nr. 3** 11
- Übergabeverpflichtung des Auftraggebers **VOB/B § 3 Nr. 1** 6
- unentgeltlich und rechtzeitig zu übergeben **VOB/B § 3 Nr. 1** 5 ff.
- Unterstützungspflichten des Auftragnehmers **VOB/B § 3** 8
- Urheber **VOB/B § 3 Nr. 6** 6
- Verbindlichkeit der Ausführungsunterlagen **VOB/B § 3 Nr. 3** 1
- Verbot der Verwendung von Unterlagen **VOB/B § 3 Nr. 6** 7
- Vereinbarung eines Schiedsgutachtens **VOB/B § 3 Nr. 4** 5
- Vergütung nach § 2 Nr. 9 **VOB/B § 3 Nr. 2** 9
- Verlängerungen der Ausführungsfrist **VOB/B § 3 Nr. 1** 14
- vertragliche Pflicht zur Unterlassung **VOB/B § 3 Nr. 6** 9
- vertragliche Vereinbarung **VOB/B § 3 Nr. 6** 7
- Verzögerung der Bauausführung **VOB/B § 3 Nr. 1** 14
- vollständige Leistungsbeschreibung **VOB/B § 3** 5
- vom Auftragnehmer zu beschaffende Unterlagen **VOB/B § 3 Nr. 5** 1
- Vorbereitungsarbeiten **VOB/B § 3 Nr. 2** 1
- Vorfluter **VOB/B § 3 Nr. 4** 2
- Vorflutleitungen **VOB/B § 3 Nr. 4** 2
- Vorlagepflicht des Auftragnehmers **VOB/B § 3 Nr. 5** 7
- Vornahme der Handlungen durch Auftragnehmer **VOB/B § 3 Nr. 2** 9
- vorübergehende Unterbrechung **VOB/B § 3 Nr. 1** 14
- Zustand der Straßen, Geländeoberfläche **VOB/B § 3 Nr. 4** 2

Ausführungszeichnungen VOB/B § 4 Nr. 2 15
Ausgeführte Leistungen in den letzten drei Geschäftsjahren VOB/A § 8 72
Ausgewogenheit zwischen Haupt- und Nebenunternehmerverträgen Anh 3 291
Ausgleichsanspruch VOB/B Vor § 13 237, **§ 13** 330
Aushandeln Anh 1 41
Aushändigung der Verdingungsunterlagen VOB/A § 8 43
Aushändigung der VOB/B Anh 1 45
Auskünfte
- fristgerechte Erteilung **VOB/A § 17a** 21

Auskünfte und Aufklärungen an Bewerber VOB/A § 17 48
Auskunfts- und Rechenschaftspflicht VOB/B § 13 Nr. 5 194; Anh 3 439
Auskunftserteilung
- Recht des Auftraggebers
- – Begrenzung **VOB/B § 4 Nr. 1** 67
- – Geschäftsgeheimnis **VOB/B § 4 Nr. 1** 68

Ausländische Gesellschaften Anh 3 55
Auslegung VOB/B § 13 Nr. 1 94
Ausnahmetatbestände VOB/A § 3a 5
- Darlegungslast **VOB/A § 3a** 11

Ausreichende Bewerbungsfrist VOB/A § 18 20
Ausreißer VOB/B § 13 Nr. 3 4
Ausschließlichkeitsrechte VOB/A § 3a 43, **§ 3b** 10
Ausschluss der Gewährleistungsansprüche gegen Bauträger unter gleichzeitiger Abtretung Anh 3 347
Ausschluss des Rücktrittsrechts VOB/B § 13 Nr. 6 81
Ausschluss des Zurückhaltungsrechts VOB/B § 13 Nr. 5 266
Ausschluss im Bauträgervertrag Anh 3 385
Ausschluss oder Einschränkung von Gewährleistungsansprüchen ohne Abtretung Anh 3 357
Ausschluss von Angeboten VOB/A § 25 11–17
- Änderung am Angebot **VOB/A § 25** 11
- Angabe von Preisen **VOB/A § 25** 14–15
- fehlende Erklärungen **VOB/A § 25** 16
- fehlende Nachunternehmererklärung **VOB/A § 25** 17
- fehlende Unterzeichnung **VOB/A § 25** 11

Ausschluss von Bewerbern von der Teilnahme am Wettbewerb VOB/A § 8 91
Ausschluss wegen fehlender oder unvollständiger Erklärungen und Nachweise VOB/A § 8 66
Ausschlussgründe VOB/A § 23 5

Stichwortverzeichnis

Ausschlussklauseln **VOB/B § 2 Nr. 1** 63
Ausschlusswirkung
– abweichende Vereinbarungen **VOB/B § 16 Nr. 3** 142
– Aufrechnung **VOB/B § 16 Nr. 3** 75
– Ausschlussfristen **VOB/B § 16 Nr. 3** 143
– früher gestellte, unerledigte Forderungen **VOB/B § 16 Nr. 3** 111
Ausschreibung für vergabefremde Zwecke **VOB/A § 16** 26
Ausschreibung
– Folgen fehlender Entschädigungsfestsetzung **VOB/A § 20** 20
Ausschreibung technischer Alternativen **VOB/A § 16** 39
Ausschreibungsbeginn **VOB/A § 16** 6
Ausschreibungsbetrug **VOB/A § 2** 41
Ausschreibungsreife **VOB/A § 16** 2
Außengesellschaft **Anh 3** 8
Außergerichtlicher Vergleich **VOB/B § 13 Nr. 4** 47
– selbständiges Beweisverfahren **Anh 4** 108
Außerordentliche Beschwerde **Anh 4** 77
Außerordentliche Kündigung **VOB/B § 8** 2
Austauschrecht zur Sicherheitsleistung
– Beschränkung **VOB/B § 17 Nr. 3** 11
Auswahl der Teilnehmer **VOB/A § 3a** 19
Auswahl der Teilnehmer beim Nichtoffenen Verfahren und Verhandlungsverfahren **VOB/A § 8b** 5
Auswahl von geeigneten Teilnehmern **VOB/A § 8b** 6
Auswahlkriterien **VOB/A § 8** 46, **§ 8b** 7
Auswechseln von Nachunternehmern **VOB/A § 2** 7

B
Banken **Anh 3** 488
Bau- und Finanzierungsleistungen **VOB/A § 16** 37
Bauabnahme
– § 640 Abs. 1 Satz 3 BGB **VOB/B § 12** 1, 26
– Abnahmebegriff nach BGB und VOB **VOB/B § 12** 7
– Abnahmeprotokoll **VOB/B § 12 Nr. 4** 15
– Abnahmetermin **VOB/B § 12 Nr. 4** 9
– Abnahmeverlangen **VOB/B § 12 Nr. 1** 4, **§ 12 Nr. 4** 3
– Abnahmeverweigerung **VOB/B § 12 Nr. 3** 1
– Abnahmewirkung **VOB/B § 12 Nr. 5** 3
– Abwesenheit des Auftragnehmers **VOB/B § 12 Nr. 4** 20
– AGB-Klauseln **VOB/B § 12** 50
– Anfechtung der Abnahme **VOB/B § 12** 19
– Annahmeverzug **VOB/B § 12 Nr. 1** 18
– ausdrücklich erklärte Abnahme **VOB/B § 12 Nr. 1** 10
– Ausfertigung der Niederschrift **VOB/B § 12 Nr. 4** 19
– Ausschluss von Gewährleistungsansprüchen **VOB/B § 12** 61
– Ausschluss von Vertragsstrafen **VOB/B § 12** 60
– Bauhilfen **VOB/B § 12** 16
– Beendigung des Erfüllungsstadiums **VOB/B § 12** 51
– Beginn der Gewährleistungsfrist **VOB/B § 12** 56
– Beginn des Abrechnungsstadiums **VOB/B § 12** 70
– Billigung **VOB/B § 12** 9
– Entbehrlichkeit **VOB/B § 12** 46
– Fertigstellung der Leistung **VOB/B § 12** 48
– Fertigstellungsmitteilung **VOB/B § 12 Nr. 5** 8
– fiktive Abnahme **VOB/B § 12** 22, **§ 12 Nr. 5** 1
– – Mängelrüge **VOB/B § 12 Nr. 5** 25
– – Voraussetzungen **VOB/B § 12 Nr. 5** 3
– – Vorbehalt **VOB/B § 12 Nr. 5** 13
– Form **VOB/B § 12 Nr. 5** 17
– förmliche Abnahme **VOB/B § 12 Nr. 4** 1
– Frist **VOB/B § 12** 26
– Gemeinde **VOB/B § 12** 15
– Gesetz zur Beschleunigung fälliger Zahlungen **VOB/B § 12** 25
– Gläubigerverzug **VOB/B § 12 Nr. 1** 18
– Hauptpflicht des Auftraggebers **VOB/B § 12** 18
– Inbenutzungnahme der Leistung **VOB/B § 12 Nr. 5** 19
– Irrtum **VOB/B § 12** 19
– Klage auf Abnahme
– – isolierte **VOB/B § 12** 18
– körperliche Entgegennahme **VOB/B § 12** 8
– Kosten der Abnahme **VOB/B § 12 Nr. 1** 17
– Leistungsteile
– – in sich abgeschlossene **VOB/B § 12 Nr. 2** 6
– Leistungsverweigerungsrecht **VOB/B § 12 Nr. 3** 4
– Niederlegung des Befundes **VOB/B § 12 Nr. 4** 13
– Niederschrift **VOB/B § 12 Nr. 4** 15
– rechtswidrige Abnahmeverweigerung
– – endgültige **VOB/B § 12 Nr. 3** 8
– – vorläufige **VOB/B § 12 Nr. 3** 9
– Sachverständiger **VOB/B § 12 Nr. 4** 11
– stillschweigend (konkludent) erklärte Abnahme **VOB/B § 12 Nr. 1** 11
– Technische Abnahme **VOB/B § 12** 4
– Teilabnahme **VOB/B § 12 Nr. 2** 1
– Übergang der Leistungsgefahr **VOB/B § 12** 51
– Übergang der Vergütungsgefahr **VOB/B § 12** 59
– Umkehr der Beweislast **VOB/B § 12** 51
– Unterschrift **VOB/B § 12 Nr. 4** 18
– Vertragskündigung **VOB/B § 12 Nr. 2** 10
– Vertragsstrafe **VOB/B § 12 Nr. 5** 29
– Verzicht auf Gewährleistungsansprüche **VOB/B § 12** 69
– Vollmacht **VOB/B § 12** 13
– Vorbehalt **VOB/B § 12** 63
– Vorbereitungsarbeiten **VOB/B § 12** 16
– Willenserklärung **VOB/B § 12** 9
– Wirkungen der Abnahme **VOB/B § 12** 51
– Wohnungseigentum **VOB/B § 12** 17
– Zwang der Verhältnisse **VOB/B § 12 Nr. 5** 25
Bauabsicht **VOB/A § 16** 27
Bauabzugsteuer
– Rückgabe der Sicherheit **VOB/B § 17 Nr. 8** 31
– Sicherheitseinbehalt **VOB/B § 17 Nr. 6** 22, 31
– Sicherheitseinbehalt/Rückgabe **VOB/B § 17 Nr. 8** 31
– Sicherheitsleistung **VOB/B § 17 Nr. 3** 19
Bauarbeiten **VOB/A § 1** 30
Bau-ARGE **Anh 3** 10
Bau-ARGE einen Insolvenzantrag **Anh 3** 76
Bauaufgabe
– funktionsgerechte Lösung **VOB/A § 9** 129
Bauauftrag **VOB/A § 1a** 47

Stichwortverzeichnis

Bauaufträge
– überwiegender Lieferanteil **VOB/A § 1a** 50
Bauausführung VOB/B § 4 Nr. 2 65
– Ordnung auf der Arbeitsstelle **VOB/B § 4 Nr. 2** 70
– Recht und Pflicht des Auftragnehmers zur Leitung **VOB/B § 4 Nr. 2** 65
Baubeschreibung VOB/A § 9 87
Baubetreuer VOB/A § 8 20; **Anh 3** 187
– Bauhandwerkersicherungshypothek **Anh 2** 15
– GSB **Anh 2** 227
Baubetreuung Anh 3 297
Baubetreuungs- und Bauherrenmodelle Anh 3 326a, 333
Baubetreuungsvertrag Anh 3 305
Bauentwurf VOB/B § 1 Nr. 3 1 ff., 8
– Änderungen **VOB/B § 1 Nr. 3** 5, **§ 2 Nr. 5** 12
Baufertigstellungsversicherung VOB/B § 13 Nr. 7 146
Bauforderungssicherungsgesetz
– Pauschale Abrechnung **VOB/B § 8** 10 f.
Baugeld Anh 2 216; **Anh 3** 169
Baugeldempfänger Anh 2 226
Baugenehmigung VOB/A § 16 15; **VOB/B § 4 Nr. 1** 17
– Kündigung **VOB/B § 4 Nr. 1** 34
– Mitverschulden bei fehlender **VOB/B § 4 Nr. 1** 31
– nicht Voraussetzung für wirksamen Bauvertrag **VOB/B § 4 Nr. 1** 31
– Rechtsfolgen bei Missachtung **VOB/B § 4 Nr. 1** 31
Baugeräte Anh 3 31, 32
Baugeräte- und Maschinenversicherung VOB/B § 7 Nr. 1–3 31
Baugeräteüberlassung Anh 3 135, 212, 214
Baugewährleistungsversicherung VOB/B § 13 Nr. 7 146
Baugrund VOB/A § 9 53
– Untersuchungs- und Prüfungspflicht **VOB/B § 4 Nr. 3** 16
Baugrundgutachten VOB/B § 13 Nr. 3 19
Baugrundrisiko VOB/A § 9 54; **VOB/B § 2 Nr. 1** 10
Baugrundverhältnisse
– Erkundigungspflicht **VOB/B § 4 Nr. 2** 26, **Nr. 3** 16
– – Mitverschulden **VOB/B § 4 Nr. 2** 17
Bauhandwerkersicherheitsleistung Anh 2 129
– Abbedingung **Anh 2** 210
– Abbrucharbeiten **Anh 2** 139
– Abnahme **Anh 2** 199
– Abschlagszahlung **Anh 2** 150
– Anerkenntnis **Anh 2** 207
– Anpassung **Anh 2** 152
– Anspruch auf Sicherheitsleistung **Anh 2** 133
– Anspruchsgegner **Anh 2** 141
– Anspruchsinhaber **Anh 2** 135
– Anwendung nach Abnahme **Anh 2** 199
– Anwendungsbereich **Anh 2** 189
– ARGE **Anh 2** 141
– Art der Sicherheitsleistung **Anh 2** 161
– Aufforderung **Anh 2** 143
– Ausnahmen **Anh 2** 189
– Außenanlagen **Anh 2** 137
– Austausch **Anh 2** 161a

– Baubetreuer **Anh 2** 193
– Baustofflieferant **Anh 2** 140
– Bauträger **Anh 2** 193
– Bürgschaft auf erstes Anfordern **Anh 2** 168, 207, 211
– Einfamilienhaus **Anh 2** 192
– einstweilige Verfügung **Anh 2** 209
– Fälligkeit des Kostenerstattungsanspruchs **Anh 2** 170
– Finanzierungsbestätigung **Anh 2** 163a
– Folgen nicht fristgerechter Sicherheitsleistung **Anh 2** 174
– Frist zur Sicherheitsleistung **Anh 2** 145
– Garantie **Anh 2** 162
– Gerüstbauer **Anh 2** 139
– Gläubigerobliegenheit **Anh 2** 133, 174, 175
– Höchstbetragsbürgschaft **Anh 2** 162
– Höhe **Anh 2** 147
– Hypothek an dem Baugrundstück **Anh 2** 163
– Insolvenzfestigkeit **Anh 2** 131
– Konzernbürgschaften **Anh 2** 163a
– Kosten **Anh 2** 169
– Kündigung **Anh 2** 177, 204
– Leistungstreue des Auftragnehmers **Anh 2** 198
– Leistungsverweigerungsrecht des Auftragnehmers **Anh 2** 175
– Nachfrist **Anh 2** 177
– Nachtrag **Anh 2** 152
– Naturalvergütung **Anh 2** 49
– Nebenforderungen **Anh 2** 159
– öffentlicher Auftraggeber **Anh 2** 191
– privater Auftraggeber **Anh 2** 192
– Recht zur Arbeitseinstellung **Anh 2** 175
– Renovierungsarbeiten **Anh 2** 139
– Rückgabe **Anh 2** 212a
– Schadensersatz **Anh 2** 181
– Schadensersatzansprüche **Anh 2** 153a
– Sicherheitseinbehalt **Anh 2** 155
– Sicherungsfall **Anh 2** 205
– Subunternehmer **Anh 2** 138, 195
– tatbestandliche Voraussetzungen **Anh 2** 132
– Unternehmer eines Bauwerks **Anh 2** 135
– Vertragskündigung **Anh 2** 177
– Verwertung **Anh 2** 205
– Verzugszinsen **Anh 2** 159
– Voraussetzungen **Anh 2** 132
– vorläufig vollstreckbares Urteil **Anh 2** 208
– Werklieferungsvertrag **Anh 2** 140, 197
– Widerruf **Anh 2** 164
– Zahlungsplan **Anh 2** 150
– Zusatzauftrag **Anh 2** 152
– zwingende Regelung **Anh 2** 210
Bauhandwerkersicherungshypothek Anh 2 1, 71; **Anh 3** 171
– Abtretung der Vergütung **Anh 2** 51
– Abwendung durch Bürgschaft **Anh 2** 87
– Abwendung durch Zahlung u.a. **Anh 2** 86
– AGB-Inhaltskontrolle **Anh 2** 123
– Anwendbarkeit bei VOB-Vertrag **Anh 2** 1
– Architekt **Anh 2** 16
– Aufrechnung **Anh 2** 66

Stichwortverzeichnis

- Ausnahmen vom Identitätserfordernis **Anh 2** 27
- Ausschluss **Anh 2** 120
- Ausschluss wegen § 648a Abs. 4 BGB **Anh 2** 43
- Baubetreuer **Anh 2** 12, 15
- Baumängel **Anh 2** 58
- Bauschutt **Anh 2** 6
- Baustofflieferanten **Anh 2** 8
- Bauträger **Anh 2** 12
- Bauwerksleistung **Anh 2** 3
- Beweislast **Anh 2** 62
- Bruttovergütung **Anh 2** 52
- Darlegungslast **Anh 2** 62
- Ehegatten **Anh 2** 34
- Einreden **Anh 2** 68
- Erbbaurecht **Anh 2** 41
- Erdarbeiten **Anh 2** 5
- Fälligkeit der Vergütung **Anh 2** 67
- Fertighauslieferanten **Anh 2** 8
- Freianlagen **Anh 2** 17
- Gegenansprüche des Auftraggebers **Anh 2** 58
- gemischte Vertragsverhältnisse **Anh 2** 9
- Gerüstbauer **Anh 2** 6
- Gesamthypothek **Anh 2** 39
- Haftung aus anderen Gründen **Anh 2** 37
- Hauptsachenklage **Anh 2** 117
- Identität Eigentümer/Grundstückseigentümer **Anh 2** 26
- Insolvenz des Auftraggebers **Anh 2** 119
- Küche **Anh 2** 8
- Leistungsverweigerungsrecht **Anh 2** 70
- logistische Begleitarbeiten **Anh 2** 6
- mehrere Auftraggeber **Anh 2** 38
- mehrere Grundstücke **Anh 2** 39
- Nacherfüllungsrecht **Anh 2** 60
- Schadensersatzansprüche **Anh 2** 54
- Schuldbeitritt **Anh 2** 11
- Sicherheitseinbehalt **Anh 2** 67
- sicherungsfähige Forderung **Anh 2** 44
- Sicherungsobjekt **Anh 2** 26
- Sonderfachleute **Anh 2** 25
- Statiker **Anh 2** 25
- tatbestandlicher Ausschluss **Anh 2** 43
- Unternehmer eines Bauwerks **Anh 2** 10
- Vergütungsansprüche **Anh 2** 45
- Verhältnis zu § 648a BGB **Anh 2** 43
- Verjährung des Vergütungsanspruchs **Anh 2** 68
- Verzicht **Anh 2** 121
- Voraussetzungen **Anh 2** 3
- vorbereitende Arbeiten **Anh 2** 5
- Vormerkung **Anh 2** 71
- Werterhöhung eines Bauwerks **Anh 2** 4
- Wohnungseigentum **Anh 2** 42
- Wohnungseigentümergemeinschaft **Anh 2** 42
- Zurückbehaltungsrecht **Anh 2** 70

Bauhandwerkssicherungsgesetz VOB/B Vor §§ 8 und 9 20

Bau-(haus-)vertrag Anh 3 197

Bauherr VOB/A Vor § 2 9

Bauherrengemeinschaft VOB/B § 13 Nr. 5 296

Bauherrenmodell Anh 3 171, 172, 297

Bauherr-Generalunternehmer Anh 3 270

Bauherrn Wohnungseigentum Anh 3 359

Bau-Ist VOB/B § 13 2

Baukonzession VOB/A § 1a 47, **§ 32** 1, 13, **§ 32a** 3

Baukonzessionäre VOB/A § 1a 42

Baukonzessionen VOB/A § 32a 2, **§ 32 b** 1

Baukonzessionsvertrag VOB/A § 32a 2

Baukostengarantie VOB/B § 13 364

Bauleistung VOB/A-SKR § 1 1

Bauleistungen
- Arbeiten am Grundstück **VOB/A § 1** 4
- Aufstellung **VOB/A § 1** 66
- ausgeschiedene **VOB/A § 1** 25
- Außenanlagen **VOB/A § 1** 26
- Bachbett **VOB/A § 1** 26
- Bauarbeiten **VOB/A § 1** 4
- Baugeräte **VOB/A § 1** 48
- Baukoordinierungsrichtlinie **VOB/A § 1** 4
- Baukran **VOB/A § 1** 49
- bauliche Anlage **VOB/A § 1** 4
- Bauträger **VOB/A § 1** 35
- Bauwerk **VOB/A § 1** 4
- Bedienungspersonal **VOB/A § 1** 48
- Begriff **VOB/A § 1** 4
- Beschädigung und Diebstahl
  - Schutz vor **VOB/B § 4 Nr. 5** 2
- bloße Bereitstellung **VOB/A § 1** 48
- Dienstverschaffungsvertrag **VOB/A § 1** 48
- eigentliche Bauherstellung **VOB/A § 1** 35
- Einzelheiten **VOB/A § 1** 6
- elektrotechnische Anlage **VOB/A § 1** 65
- Erdauffüllungs- und Bodenverdichtungsarbeiten **VOB/A § 1** 26
- Fertighausverträge **VOB/A § 1** 41
- feste Verbindung an Ort und Stelle **VOB/A § 1** 66
- gemischte Leistungen **VOB/A § 1** 56
- Grundwasser **VOB/B § 4 Nr. 5** 18
- Herstellung **VOB/A § 1** 43
- kaufvertragliches Umsatzgeschäft **VOB/A § 1** 40
- landschaftsgärtnerische Arbeiten **VOB/A § 1** 26
- Leiharbeitsverhältnis **VOB/A § 1** 50
- Leistungen nach VOB/C **VOB/A § 1** 42
- Lieferung und Montage elektrotechnischer/elektronischer Anlagen **VOB/A § 1** 65
- Lieferung und Montage maschineller Einrichtungen **VOB/A § 1** 65
- Lieferung **VOB/A § 1** 66
- maschinelle Einrichtung oder elektrotechnische/elektronische Anlage **VOB/A § 1** 68
- maschinelle Einrichtung **VOB/A § 1** 65
- Mietvertrag **VOB/A § 1** 48
- Mischleistungen **VOB/A § 1** 44
- Montage **VOB/A § 1** 66
- Musterbauordnung **VOB/A § 1** 4
- Nebenleistungen **VOB/A § 1** 77
- private Bauvergaben **VOB/A § 1** 44
- reine Lieferungen **VOB/A § 1** 43
- Reparaturarbeiten **VOB/A § 1** 7

Stichwortverzeichnis

- Schutzpflichten des Auftragnehmers **VOB/B § 4 Nr. 5** 1
- Unzumutbarkeit der Befolgung **VOB/A § 1** 2
- Verbraucherkreditgesetz **VOB/A § 1** 40
- Verkehrsanschauung **VOB/A § 1** 7
- VHB **VOB/A § 1** 3
- vorausgehende **VOB/A § 1** 25
- Werkvertrag **VOB/A § 1** 4
- Wohnungsbauträger **VOB/A § 1** 35
- Zurverfügungstellung von Baumaschinen **VOB/A § 1** 48
- Zusammenbau **VOB/A § 1** 66
- Zweckbestimmung **VOB/A § 1** 4

Bauleistungsversicherung
- § 645 BGB
- – entsprechende Anwendung **VOB/B § 7** 11, 12, **§ 7 Nr. 1–3** 28; **Anh 3** 259
- – Gefährdung der Leistung **VOB/B § 7** 12
- – Schürmannbau **VOB/B § 7** 12

Bauleiter VOB/B § 4 Nr. 2 9, 66
Bauleitung Anh 3 61
Bauliche Anlage VOB/A § 1a 46
Baumaschinen Anh 3 32
Baumethoden VOB/B § 13 284
Baumodell Anh 3 297
Baupreisverordnung VOB/A § 2 28
Bauprozess Anh 4 1
Baurechtsstreit
- wichtige Verfahrensarten **Anh 4** 1

Baurisiko VOB/A § 32 17
Bausatzverträge VOB/A § 1 39; **VOB/B § 13 Nr. 4** 106
Bau-Soll VOB/B § 13 2
Baustelle
- wesentliche Verhältnisse **VOB/A § 9** 53

Baustelleneinrichtung VOB/A § 2 33
Baustelleneinrichtungs- und Baustellengemeinkosten VOB/B § 2 Nr. 3 42
Baustelleneinrichtungsplan VOB/B § 9 Nr. 1 12
Baustellenleiter VOB/B § 13 Nr. 4 120
Baustellenordnungsplan VOB/B § 4 Nr. 1 12
Baustellenverordnung VOB/B § 4 Nr. 1 14, **§ 4 Nr. 2** 61, 74, **§ 4 Nr. 3** 38
- Prüfungs- und Hinweispflicht **VOB/B § 4 Nr. 3** 38

BaustellenVO VOB/B § 10 Nr. 2 82
Baustoffe VOB/B § 13 284
Baustoffhändler VOB/B § 13 191, **§ 13 Nr. 4** 19; **Anh 3** 203a
Baustofflieferant VOB/B § 4 Nr. 3 46, **§ 13** 308 f., **§ 13 Nr. 1** 116
- Bauhandwerkersicherheitsleistung **Anh 2** 140
- Erfüllungsgehilfe **VOB/B § 4 Nr. 3** 46

Bausummenüberschreitungen VOB/B Vor § 13 176
Bauteile VOB/B § 13 284
Bauten der öffentlichen Hand VOB/A § 10 89
- einheitliche Verdingungsmuster – EVM **VOB/A § 10** 89

Bauträger VOB/A § 8 20; **VOB/A § 13** 256; **Anh 3** 187, 297, 317
- Bauhandwerkersicherungshypothek **Anh 2** 12

- GSB **Anh 2** 227

Bauträger und PPP-Verfahren Anh 3 460a
Bauträgermodell Anh 3 297
Bauträgervertrag VOB/A § 1a 47; **VOB/B Vor § 13** 54, **§ 13** 106, **§ 13 Nr. 6** 85; **Anh 3** 172, 297, 317
Bautreuhänder Anh 3 461
Bauvertragliche Vergütungsarten VOB/B § 2 Nr. 1 24
Bauwerk VOB/A § 1a 46
- Anlage
- – bauliche **VOB/A § 1** 17
- Anschluss an die vorhandene Leistung **VOB/A § 1** 21
- Anstreicherarbeiten **VOB/A § 1** 20
- Arbeiten an einem Grundstück **VOB/A § 1** 29
- Ausschachtungsarbeiten **VOB/A § 1** 28
- Auswechslung des vorhandenen Tanks **VOB/A § 1** 21
- Bauglieder **VOB/A § 1** 12
- Bauteile **VOB/A § 1** 12
- Beschallungsanlage **VOB/A § 1** 17
- Bestandteile **VOB/A § 1** 33
- Einbauküche **VOB/A § 1** 17 f.
- Einbruchalarmanlage **VOB/A § 1** 17
- elektrotechnische Anlage **VOB/A § 1** 65
- Ergänzungsarbeiten **VOB/A § 1** 17
- Erneuerung **VOB/A § 1** 14
- Gebäude **VOB/A § 1** 16
- Heizkörper **VOB/A § 1** 18
- Herstellung **VOB/A § 1** 30
- Herstellung mittels Baustoffen oder Bauteilen **VOB/A § 1** 29
- Hilfsmittel **VOB/A § 1** 59
- Ingenieur- oder Statikerleistungen **VOB/A § 1** 34
- Kachelofen **VOB/A § 1** 17
- Kaufleistung **VOB/A § 1** 39
- kaufvertragliches Umsatzgeschäft **VOB/A § 1** 65
- Klimaanlage **VOB/A § 1** 17
- Konstruktion **VOB/A § 1** 16
- Lieferung und Montage elektrotechnischer/elektronischer Anlagen **VOB/A § 1** 65
- Lieferung und Montage maschineller Einrichtungen **VOB/A § 1** 65
- Malerarbeiten **VOB/A § 1** 17
- maschinelle Einrichtung **VOB/A § 1** 65
- Neonleuchtreklame **VOB/A § 1** 19
- Neuherstellung **VOB/A § 1** 14
- Reparatur **VOB/A § 1** 15
- Selbsteinbau vorgesehenen Materials **VOB/A § 1** 39
- Stahlbetonponton **VOB/A § 1** 29
- Stoffe
- – Bauteile **VOB/A § 1** 59
- Teppichboden **VOB/A § 1** 17
- Umsatzgeschäft **VOB/A § 1** 21
- Umstellung von Koks- auf Ölfeuerung **VOB/A § 1** 17
- Veränderung **VOB/A § 1** 14
- Verfüllungsarbeiten **VOB/A § 1** 28
- vorgefertigte Bauelemente **VOB/A § 1** 39
- Zusatzleistungen **VOB/A § 1** 39

Bauwerke VOB/B § 13 Nr. 4 73
Bauwerksarbeit VOB/A § 1 19

Stichwortverzeichnis

Bauwerksleistung
- Bauhandwerkersicherungshypothek **Anh 2** 3

Bauwerksschäden **VOB/B § 13 Nr. 7** 53
Bauzäune, Baugerüste, Baugruben **VOB/B § 10 Nr. 2** 49
Bauzeitenplan **VOB/B § 4 Nr. 1** 13, **§ 9 Nr. 1** 12
Beauftragung des Sachverständigen **VOB/A § 7** 12
Bedarfs- oder Eventualpositionen **VOB/A § 9** 17; **VOB/B § 8 Nr. 1** 4
- Ausnahmecharakter der Zulässigkeit von Bedarfspositionen **VOB/A § 9** 17

Bedenken **VOB/B § 4 Nr. 3** 1
- Anzeigepflicht **VOB/B § 4 Nr. 3** 60
- Begriff **VOB/B § 4 Nr. 3** 60
- bei Erfüllung der Hinweispflicht **VOB/B § 4 Nr. 3** 74
- Eigenleistungen des Auftraggebers **VOB/B § 4 Nr. 3** 48
- erneute Prüfung **VOB/B § 4 Nr. 3** 77
- gegen Anordnungen des Auftraggebers **VOB/B § 4 Nr. 1** 107
- gegen die Güte der vom Auftraggeber gelieferten Stoffe oder Bauteile **VOB/B § 4 Nr. 3** 39
- gegen die vorgesehene Art der Ausführung **VOB/B § 4 Nr. 3** 21, **§ 9 Nr. 1** 16
- Sicherung gegen Unfallgefahren **VOB/B § 4 Nr. 3** 34
- Verantwortung des Auftraggebers **VOB/B § 4 Nr. 3** 74

Bedenkenhinweis **VOB/B § 13 Nr. 3** 30
Bedeutung des Mangelrechts **VOB/B § 13** 1
Beendigung der Arbeitsgemeinschaft **Anh 3** 105
Beendigung einer Zweimanngesellschaft **Anh 3** 101
Befangene Personen **VOB/A § 2** 44
Befangenheit des Sachverständigen
- selbständiges Beweisverfahren **Anh 4** 58

Befassung mit der ausgeschriebenen Art der Bauleistung **VOB/A § 8** 41
Beginn der Ausführung **VOB/B § 4 Nr. 5** 4
Beginn der Verjährungsfrist **Anh 2** 426
Beginn des Eröffnungstermins **VOB/A § 22** 12
Begrenzung der Anzahl der Teilnehmer **VOB/A § 8a** 16
Begrenzung des Vergütungsanspruches des Treuhänders **Anh 3** 489
Begriff des Preises **VOB/A § 2** 25
Begriff des Sachverständigen **VOB/A § 7** 1
Begriff des Wettbewerbs **VOB/A § 2** 39
Begriff und Ziel der Präqualifikation **VOB/A § 8** 82
Beherrschung **VOB/A § 1a** 1
Behinderung **VOB/B § 6 Nr. 2**
- § 252 Satz 2 BGB **VOB/B § 6 Nr. 6** 30 f.
- Abgabe des Angebots **VOB/B § 6 Nr. 2** 33
- Abrechnung nach Kündigung **VOB/B § 6 Nr. 7** 11 f.
- Abrechnung nach Vertragspreisen **VOB/B § 6 Nr. 5** 11
- Abwehraussperrung **VOB/B § 6 Nr. 2** 18
- Angriffsaussperrung **VOB/B § 6 Nr. 2** 18
- Annahmeverzug **VOB/B § 6 Nr. 6** 54
- Auffangtatbestand **VOB/B § 6 Nr. 6** 1, 10
- ausgeführte Leistungen **VOB/B § 6 Nr. 5** 11
- Ausschluss der Kündigung **VOB/B § 6 Nr. 7** 5
- Ausschluss des entgangenen Gewinns **VOB/B § 6** 25 ff.
- äußeres, betriebsfremdes Ereignis **VOB/B § 6 Nr. 2** 19
- außergewöhnliche Witterungseinflüsse **VOB/B § 6 Nr. 2** 25
- außergewöhnliches Ereignis **VOB/B § 6 Nr. 2** 19
- Aussperrung **VOB/B § 6 Nr. 2** 12, 18
- Basis Urkalkulation **VOB/B § 6 Nr. 6** 59
- Baugeräteliste **VOB/B § 6 Nr. 6** 42
- Baugrundrisiko **VOB/B § 6 Nr. 2** 8
- Begriffe **VOB/B § 6** 2 f., 7
- Behinderung **VOB/B § 6** 2
- Behinderungsanzeige **VOB/B § 6 Nr. 6** 55
- beiderseitiges Vertreten **VOB/B § 6 Nr. 6** 24
- Berechnung der Entschädigung **VOB/B § 6 Nr. 6** 57 ff.
- Berechnung der Fristverlängerung **VOB/B § 6 Nr. 4** 1 ff.
- bereits entstandene Kosten **VOB/B § 6 Nr. 5** 14
- Beweislast **VOB/B § 6 Nr. 6** 22 f., 61
- BGB-Bauvertrag **VOB/B § 6 Nr. 6** 62
- Bürgenhaftung **VOB/B § 6 Nr. 4** 6
- Darlegungs- und Beweislast **VOB/B § 6 Nr. 6** 22
- Dauer der Behinderung **VOB/B § 6 Nr. 4** 2
- Dauer der Behinderung oder Unterbrechung **VOB/B § 6 Nr. 4** 3
- Differenzhypothese **VOB/B § 6 Nr. 6** 27
- Dokumentation des Bauablaufs **VOB/B § 6 Nr. 4** 3
- Durchstellen einer Vertragsstrafe **VOB/B § 6 Nr. 6** 36
- echte Haftungsbeschränkung **VOB/B § 6 Nr. 6** 4 ff.
- eigener Betrieb **VOB/B § 6 Nr. 2** 13
- eigenes Verschulden **VOB/B § 6 Nr. 6** 13
- Einigung über Fristverlängerung **VOB/B § 6 Nr. 4** 7
- entgangener Gewinn **VOB/B § 6 Nr. 6** 4, 29 ff., 35, 43
- Erfüllungsgehilfe **VOB/B § 6 Nr. 2** 8, **§ 6 Nr. 6** 14 ff.
- erhöhte Allgemeine Geschäftskosten **VOB/B § 6 Nr. 6** 38
- Erkenntnisse des Wetterdienstes **VOB/B § 6 Nr. 2** 25
- Fristberechnung **VOB/B § 6 Nr. 4** 1 ff.
- für den Auftragnehmer arbeitender Betrieb **VOB/B § 6 Nr. 2** 13
- Fürsorgepflichten **VOB/B § 6 Nr. 3** 2
- gewaltsame Anschläge **VOB/B § 6 Nr. 2** 19
- Gewässervereisung **VOB/B § 6 Nr. 2** 30
- Grenze der längeren Dauer **VOB/B § 6 Nr. 5** 3
- Grundwasserstände **VOB/B § 6 Nr. 2** 29
- Handlungen dritter Personen **VOB/B § 6 Nr. 2** 19
- hindernde Umstände **VOB/B § 6 Nr. 2** 2
- Hochwasser oder Sturmfluten **VOB/B § 6 Nr. 2** 28
- hohe Wahrscheinlichkeit der längeren Dauer **VOB/B § 6 Nr. 5** 2
- höhere Gewalt **VOB/B § 6 Nr. 2** 19
- Informationsverpflichtung **VOB/B § 6 Nr. 3** 10
- Jahreszeit **VOB/B § 6 Nr. 4** 5
- kein Unterlaufen der Kündigungsrechte **VOB/B § 6 Nr. 7** 8
- keine dauernde Unmöglichkeit **VOB/B § 6 Nr. 5** 4
- keine Wagnis- und Gewinnanteile **VOB/B § 6 Nr. 6** 58 f.
- konkreter Schadensnachweis **VOB/B § 6 Nr. 6** 40
- Kooperationspflicht **VOB/B § 6 Nr. 4** 8
- Kosten der Baustellenräumung **VOB/B § 6 Nr. 7** 13
- Kosten der Unterbrechung **VOB/B § 6 Nr. 5** 16
- Kündigungsvoraussetzung **VOB/B § 6 Nr. 7** 3
- Leistungsverzug **VOB/B § 6 Nr. 6** 2

Stichwortverzeichnis

- Mehraufwand bei der Leistungserstellung **VOB/B § 6 Nr. 6** 38
- Mehraufwendungen nach § 304 BGB **VOB/B § 6 Nr. 6** 60
- Mehrkosten an Architekten- oder Ingenieurgebühren **VOB/B § 6 Nr. 6** 37
- Mehrwertsteuer **VOB/B § 6 Nr. 6** 44
- Mitverursachung **VOB/B § 6 Nr. 2** 10
- Mitwirkungshandlung **VOB/B § 6 Nr. 6** 53
- Mitwirkungspflichten **VOB/B § 6 Nr. 2** 7 f.
- Mitwirkungspflichtverletzung **VOB/B § 6 Nr. 6** 14
- Naturereignisse **VOB/B § 6 Nr. 2** 19
- Nebenverpflichtung **VOB/B § 6 Nr. 3** 6
- neue Vereinbarung **VOB/B § 6 Nr. 4** 6
- Nichtbefolgung von Mitwirkungspflichten **VOB/B § 6 Nr. 2** 7 f.
- Nichterfüllung **VOB/B § 6** 4
- Normalfrist des § 195 BGB **VOB/B § 6 Nr. 6** 48
- Offenkundigkeit **VOB/B § 6 Nr. 6** 55
- Pflicht zur Leistungsfortführung **VOB/B § 6 Nr. 3** 8
- Pflicht zur Schadensminderung **VOB/B § 6 Nr. 3** 2
- Pflichten des Auftragnehmers **VOB/B § 6 Nr. 3** 1, 2
- Planungs- und Aufsichtsaufgaben **VOB/B § 6 Nr. 2** 6
- positive Vertragsverletzung **VOB/B § 6 Nr. 3** 7
- prüfbare Abrechnung **VOB/B § 6 Nr. 6** 49
- Recht zum Nichttätigwerden **VOB/B § 6 Nr. 3** 4
- rechtliche Hinderungsgründe **VOB/B § 6** 5
- Rechtsgedanke des § 254 BGB **VOB/B § 6 Nr. 6** 24
- Risikobereich des Auftraggebers **VOB/B § 6 Nr. 2** 5, 7, 11
- Schäden des Auftraggebers **VOB/B § 6 Nr. 6** 34 ff.
- Schäden des Auftragnehmers **VOB/B § 6 Nr. 6** 38 ff.
- Schadensersatz bei Behinderung und Unterbrechung **VOB/B § 6 Nr. 6** 12
- Schadensersatz und Vergütungsansprüche **VOB/B § 6 Nr. 6** 39
- Schadensersatzanspruch **VOB/B § 6 Nr. 6** 1, 12 ff.
- Schadensersatzansprüche des Auftraggebers **VOB/B § 6 Nr. 6** 50
- Schlechterfüllung **VOB/B § 6** 4
- Schlechtwettertage **VOB/B § 6 Nr. 2** 24
- Schriftform der Kündigung **VOB/B § 6 Nr. 7** 10
- Schuldner-, Gläubigerverzug **VOB/B § 6 Nr. 6** 9
- Soll-Ist-Vergleich **VOB/B § 6 Nr. 4** 3, **§ 6 Nr. 6** 41
- Sonderkündigungsrecht gemäß Nr. 7 **VOB/B § 6 Nr. 7** 1
- Sondervorschrift **VOB/B § 6 Nr. 5** 9
- Stillstand **VOB/B § 6** 3
- Streik **VOB/B § 6 Nr. 2** 12, 16
- Sturm **VOB/B § 6 Nr. 2** 31
- tatsächliches Angebot **VOB/B § 6 Nr. 6** 54
- Teilkündigung **VOB/B § 6 Nr. 7** 6
- unabwendbare Umstände **VOB/B § 6 Nr. 2** 19, 20
- Unmöglichkeit **VOB/B § 6** 4
- Unterbrechung **VOB/B § 6 Nr. 3**, **§ 6 Nr. 5** 4
- Unterbrechung im Zeitpunkt der Kündigung **VOB/B § 6 Nr. 7** 4
- Unvermögen **VOB/B § 6** 4
- unverzügliche Weiterführung **VOB/B § 6 Nr. 3** 5, 9
- unvorhersehbar **VOB/B § 6 Nr. 2** 20
- Ursächlichkeit **VOB/B § 6 Nr. 6** 26 ff.
- Vergütungscharakter **VOB/B § 6 Nr. 6** 57
- Verjährung des Entschädigungsanspruchs **VOB/B § 6 Nr. 6** 62
- Verjährung des Schadensersatzanspruches **VOB/B § 6 Nr. 6** 46 ff.
- Verlängerung der Ausführungsfristen **VOB/B § 6 Nr. 2** 1 ff.
- Verletzung der Wiederaufnahmepflicht **VOB/B § 6 Nr. 3** 11
- Vermögensnachteil **VOB/B § 6 Nr. 6** 26
- Verschulden **VOB/B § 6 Nr. 2** 6, **§ 6 Nr. 6** 13
- Verschulden des Auftraggebers **VOB/B § 6 Nr. 6** 20
- Verschulden eines Erfüllungsgehilfen **VOB/B § 6 Nr. 6** 14 f.
- Vertragspreise Maßstab für die Kostenberechnung **VOB/B § 6 Nr. 5** 15
- Vertragsstrafe **VOB/B § 6 Nr. 6** 36
- Vertretenmüssen i.S.d. Nr. 6 **VOB/B § 6 Nr. 6** 19
- Voraussetzungen des § 642 BGB **VOB/B § 6 Nr. 6** 52 ff.
- Vorbehalt nach § 16 Nr. 3 Abs. 2 **VOB/B § 6** 45
- Vorlage einer prüfbaren Rechnung **VOB/B § 6 Nr. 7** 11
- vorläufige Abrechnung **VOB/B § 6 Nr. 5** 1
- vorleistende Unternehmer **VOB/B § 6 Nr. 6** 16
- Vorteilsanrechnung **VOB/B § 6 Nr. 6** 34
- Vorunternehmer **VOB/B § 6 Nr. 2** 9, **§ 6 Nr. 6** 16
- Wegfall der Hindernisse **VOB/B § 6 Nr. 3** 8 f.
- Weiterführung der Arbeiten **VOB/B § 6 Nr. 3** 1 ff.
- Weiterführungspflicht **VOB/B § 6 Nr. 3** 5, 9
- Witterungseinflüsse **VOB/B § 6 Nr. 2** 21
- wörtliches Angebot **VOB/B § 6 Nr. 6** 54
- Zeitpunkt **VOB/B § 6 Nr. 2** 33
- Zuschlag für die Wiederaufnahme der Arbeiten **VOB/B § 6 Nr. 4** 2
- Zuschlag für Verschiebung der Bauzeit **VOB/B § 6 Nr. 4** 2

Behinderungsanzeige VOB/B § 6 Nr. 1 1 ff.
- Adressat der Anzeige **VOB/B § 6 Nr. 1** 8
- Anzeigepflicht des Auftragnehmers **VOB/B § 6 Nr. 1** 1
- Auswirkung auf den Baufortschritt **VOB/B § 6 Nr. 1** 11
- beauftragter Dritter **VOB/B § 6 Nr. 1** 15
- Informations-, Schutz- und Warnfunktion **VOB/B § 6 Nr. 1** 6
- Inhalt der Anzeige **VOB/B § 6 Nr. 1** 6
- mündliche Anzeige **VOB/B § 6 Nr. 1** 4
- Nachweis **VOB/B § 6 Nr. 1** 16
- Offenkundigkeit **VOB/B § 6 Nr. 1** 10 f.
- ohne schuldhaftes Zögern **VOB/B § 6 Nr. 1** 7
- Planlieferverzug **VOB/B § 6 Nr. 1** 12
- Schriftform **VOB/B § 6 Nr. 1** 5
- vertragliche Nebenpflicht **VOB/B § 6 Nr. 1** 4
- Voraussetzungen **VOB/B § 6 Nr. 1** 3
- Zweck **VOB/B § 6 Nr. 1** 5 f.

Behörde
- Meinungsverschiedenheiten **VOB/B § 18 Nr. 2** 5

Beiderseitiger Einbeziehungsvorschlag Anh 1 38
Beihilfsgemeinschaft Anh 3 13

Stichwortverzeichnis

Beihilfsvertrag Anh 3 14
Beirat VOB/A § 8 83
Bekämpfung ungesunder Begleiterscheinungen VOB/A § 2 40
Bekanntmachung VOB/A § 3 11, § 3a 17, § 8a 17, § 32a 7
– bei Beschränkten Ausschreibungen nach Öffentlichem Teilnahmewettbewerb VOB/A § 17 29
– Bestehen eines Prüfungssystems VOB/A § 17b 14
– Inhalt VOB/A § 17a 10
– öffentlicher Ausschreibung VOB/A § 17 3
Bekanntmachung der Auftragserteilung
– Inhalt VOB/A § 28a 5 ff.
– Nichtangabe von Informationen VOB/A § 28a 8
– Rechtsschutz VOB/A § 28a 15 f.
– Sektorenauftraggeber VOB/A § 28b 1 ff.
– Übermittlung VOB/A § 28a 14
Bekanntmachung der Auftragsteilung VOB/A-SKR § 13 1
Bekanntmachung von Vergaben VOB/A § 17a 5
– Amt für Veröffentlichungen VOB/A § 17a 4
– Art der Bekanntmachung VOB/A § 17a 6
– elektrische Übermittlung VOB/A § 17a 6
– Erforderlichkeit der Bekanntmachung VOB/A § 17a 5
– Nachweis des Tages der Absendung VOB/A § 17a 7
– Veröffentlichung im Inland VOB/A § 17a 9
– Zeitpunkt der Veröffentlichung VOB/A § 17a 8
Bekanntmachungsorgane VOB/A § 17 4
Bemessung der Angebotsfrist VOB/A § 18 5
Benachrichtigungspflicht VOB/B § 18 Nr. 4 9
Benennung des Sachverständigen VOB/A § 7 12
Benennung des Sachverständigen durch Berufsvertretung VOB/A § 7 25
Beratervertrag VOB/B Vor § 13 281, § 13 385, 387
Beratungsfehler
– Gewährleistungssicherheit VOB/B § 17 Nr. 1 25
Beratungspflicht des Auftragnehmers VOB/B § 13 Nr. 1 103
Beratungspflichten bei der Finanzierung Anh 3 313
Berechnung der Minderung VOB/B § 13 Nr. 6 7, 56
Berechnungsgrundlage VOB/B § 2 Nr. 9 10
– Einheitspreisvertrag VOB/B § 14 5
– Pauschalvertrag VOB/B § 14 5
Bereicherungsanspruch Anh 3 114, 131
Bereicherungsausgleich Anh 3 252, 277
Bereitstellungspflichten VOB/B § 2 Nr. 5 12
Berücksichtigung mittelständischer Bewerber VOB/A § 3 19
Berufsgenossenschaft VOB/A § 8 123
Berufsregister VOB/A § 2 17
Berufsverbände Anh 3 72
Berufsvertretung VOB/A § 7 5, 28
Beschaffenheitsangaben VOB/B § 13 Nr. 1 20
Beschafferprofil VOB/A § 16 58, § 17b 10
Beschäftigte Arbeitskräfte in den letzten drei Geschäftsjahren VOB/A § 8 73
Bescheid bei Meinungsverschiedenheiten bei Verträgen mit Behörden VOB/B § 18 Nr. 2 13

Bescheinigung der zuständigen Stellen oder Erklärungen VOB/A § 8 126
Beschleunigtes Verfahren VOB/A § 3a 45
Beschleunigung von Zahlungen
– Verpflichtung VOB/B § 16 Nr. 5 2
Beschleunigungsvergütungen VOB/A § 12 22 ff.
– Ausnahmefall VOB/A § 12 23
– Bedeutung VOB/A § 12 22
– beschleunigte Fertigstellung VOB/A § 12 23
– positive Vertragsverletzung VOB/A § 12 24
– Vereinbarung VOB/A § 12 24
Beschlusskompetenz der Gemeinschaft Anh 3 409
Beschränkte Anzahl der Teilnehmer bei beschränkter Ausschreibung VOB/A § 8 45
Beschränkte Ausschreibung VOB/A § 3 17, § 3a 9
– Annehmbarkeit von Angeboten VOB/A § 3 25
– Anwendungsbereich VOB/A § 3 20
– Auffangtatbestand VOB/A § 3 29
– außergewöhnlich hoher Aufwand VOB/A § 3 33
– beschränkter Kreis von Unternehmern VOB/A § 3 32
– Beweislast VOB/A § 3 24
– Dringlichkeit VOB/A § 3 30
– Geheimhaltung VOB/A § 3 30
– kein annehmbares Ergebnis VOB/A § 3 25
– Kostenschätzung VOB/A § 3 22 f.
– Missverhältnis VOB/A § 3 21 ff.
– nach öffentlichem Teilnahmewettbewerb VOB/A § 3 31
– öffentlicher Teilnahmewettbewerb VOB/A § 3 18
– Sachverständige VOB/A § 3 22
– Sicherheitsleistung VOB/A § 14 11
– Teilnahmeanspruch VOB/A § 3 17
– Unzweckmäßigkeit der Öffentlichen Ausschreibung VOB/A § 3 29
– Vergabeverfahren und Verfahrenstypen VOB/A § 3 2
– wesentliche Merkmale VOB/A § 3 17
Beschränkter Generalunternehmereinsatz Anh 3 184
Beschränkung auf Bewerber aus bestimmten Regionen oder Orten VOB/A § 8 11
Beschreibung der Leistung VOB/A-SKR § 6 1
Beschreibung durch Leistungsverzeichnis VOB/A § 9 94
Beschreibung mit Leistungsprogramm
– Zweckmäßigkeit VOB/A § 9 125
Beschwerdeausschuss VOB/A § 8 83
Beschwerdeverfahren VOB/A § 8 83
Beseitigung von Nacherfüllungsspuren VOB/B § 13 Nr. 5 80
Beseitigungsfrist VOB/B § 2 Nr. 8 9
Beseitigungskosten VOB/B § 13 Nr. 5 64
Beseitigungspflicht VOB/B § 2 Nr. 8 7
Besondere Leistungen VOB/A § 9 63
Besondere Sachverständige VOB/A § 7 10
Besondere Vertragsbedingungen VOB/B § 1 Nr. 2 6; Anh 1 48, 49
Besonderheiten für Bauvergabe Anh 3 286
Besorgnis der Befangenheit VOB/A § 8 31
Bestandteile eines Grundstücks VOB/A § 1 18

2705

Stichwortverzeichnis

Bestechlichkeit und Bestechung im geschäftlichen Verkehr **VOB/A § 8** 101
Bestechlichkeit **VOB/A § 8** 102
Bestechung **VOB/A § 8** 102, **§ 8a** 8
Bestechung ausländischer Abgeordneter **VOB/A § 8a** 8
Beteiligung von Handelsunternehmen **VOB/A § 8** 17
Beteiligung von Projektanten **VOB/A § 8** 27
Beteiligung von vorbefassten Bewerbern oder Bietern **VOB/A § 8a** 26
Beteiligungs- und Beihilfegemeinschaft **Anh 3** 118
Betreibermodell **VOB/A § 32** 6
Betreuungsvertrag **Anh 3** 317
Betriebe der öffentlichen Hand **VOB/A § 8** 34
Betriebskosten **VOB/A-SKR § 11** 2
Betrug **VOB/A § 8** 99, **§ 8a** 8
Betrug, Abgabe des Angebots **VOB/A § 25** 32
Betrugshandlungen
– Angebotsabgabe **VOB/A § 25** 35
Betrugsschaden **VOB/A § 8** 99
Beurteilung der Angemessenheit **VOB/A § 2** 28
Beurteilung der Eignung **VOB/A § 2** 13
Beurteilungsspielraum **VOB/A § 2** 28
Bevollmächtigter Vertreter **VOB/A § 8a** 21
Bevorzugte Bewerber **VOB/A § 8** 14
Bewegliche Sachen als Bauleistungen **VOB/A § 1** 29
Beweis des ersten Anscheins **VOB/B § 13 Nr. 1** 123, **§ 13 Nr. 4** 127
– Fehler des Statikers **VOB/B § 4 Nr. 2** 23
Beweislast **VOB/A § 8** 125; **VOB/B § 2** 12, **§ 2 Nr. 7** 4, **Vor § 13** 193, **§ 13 Nr. 1** 121, **§ 13 Nr. 4** 147
– Bauhandwerkersicherungshypothek **Anh 2** 62
– Erfüllung der Prüfungs- und Hinweispflicht **VOB/B § 4 Nr. 3** 20
– Erhaltungspflicht **VOB/B § 4 Nr. 5** 12
– Nichtbestehen des Kündigungsrechts **VOB/B § 4 Nr. 7** 61
– Schadensersatzanspruch nach § 4 Nr. 7 Satz 2 **VOB/B § 4 Nr. 7** 40
– Zahlung **VOB/B § 16** 27
– Zustandsfeststellung **VOB/B § 4 Nr. 10** 6
Beweislast für die rechtzeitige und vollständige Vorlage der verlangten Eignungsnachweise **VOB/A § 8** 80
Beweislastumkehr **VOB/B § 13 Nr. 4** 131, 155, 175
Beweismittel
– selbständiges Beweisverfahren **Anh 4** 15
Beweissicherung **VOB/B § 4 Nr. 6** 8
Beweisvereitlung **VOB/B § 13 Nr. 1** 126
Beweiswürdigung **VOB/B Vor § 13** 232
Bewerber **VOB/A Vor § 2** 8
Bewerbungsfrist **VOB/A § 32a** 20; **VOB/A-SKR § 10** 1
– Verkürzung bei wettbewerblichem Dialog **VOB/A § 3a** 18
Bezeichnung der Beteiligten **VOB/A Vor § 2** 8
Bezugsquellen **VOB/A § 9** 79
BGB **VOB/A § 3** 6
BGB-Gesellschaft **Anh 3** 141
– Gerichtsstand **VOB/B § 18 Nr. 1** 9

BGB-Vertrag
– Einzelfälle zur Prüfungspflicht des Auftragnehmers **VOB/B § 4 Nr. 3** 52
– Prüfungs- und Hinweispflicht des Auftragnehmers **VOB/B § 4 Nr. 3** 50
Bieter **VOB/A Vor § 2** 8
– Anforderungen an **VOB/A § 9** 119
Bieter-ARGE **Anh 3** 43
Bietergemeinschaft **VOB/A § 2** 11, **§ 8** 25; **Anh 3** 17
– Angebot **VOB/A § 21** 31
Bietergemeinschaften **VOB/A § 8a** 20, **§ 8b** 16; **Anh 3** 26
Bietergemeinschaften als Bewerber **VOB/A § 8b** 16
Bietergemeinschaftserklärung **Anh 3** 18
Bieterschützende Wirkung **VOB/A § 13** 24
Bietungsbürgschaft **VOB/A § 2** 15, **§ 14** 5
Bietungssicherheit **VOB/A § 2** 15
– Rückgabe **VOB/A § 14** 26
Bildung eines Durchschnittspreises **VOB/A § 9** 107
Bildung krimineller Vereinigung **VOB/A § 8a** 8
Bildung terroristischer Vereinigungen **VOB/A § 8a** 8
Billiglösung **VOB/B § 13 Nr. 5** 83
Bindefrist **VOB/A § 19** 21
– Anfechtung des Angebots **VOB/A § 19** 25
– Kalkulationsirrtum **VOB/A § 19** 25
Bindung an die Zusammensetzung der Bietergemeinschaft **VOB/A § 8** 56
Bindung des Nachunternehmers **VOB/A § 2** 5
Böse Schein **VOB/A § 2** 44, **§ 8** 31
Böser Schein **VOB/A**
Bundesimmissionsschutzgesetz **VOB/B § 4 Nr. 2** 61
Bundeszentralregister **VOB/A § 8a** 9
Bürge **VOB/B § 13 Nr. 4** 287
Bürgschaft **VOB/B Vor § 13** 300 siehe auch *Bürgschaft auf erstes Anfordern*
– Abgabe **VOB/B § 17 Nr. 4** 31
– Abtretung **VOB/B § 17 Nr. 4** 6
– Abwehr einer Inanspruchnahme **VOB/B § 17 Nr. 4** 102
– Abwehr unberechtigter Inanspruchnahme **VOB/B § 17 Nr. 4** 115
– Änderung der Hauptschuld **VOB/B § 17 Nr. 4** 99
– Anerkenntnis der Tauglichkeit eines Bürgen durch Auftraggeber **VOB/B § 17 Nr. 4** 13
– Anfechtbarkeit **VOB/B § 17 Nr. 4** 30
– Anforderung der Zahlung **VOB/B § 17 Nr. 4** 91
– Anforderungen **VOB/B § 17 Nr. 4** 2
– Arten **VOB/A § 14** 3; **VOB/B § 17 Nr. 4** 5
– Aufgabe von Sicherheiten **VOB/B § 17 Nr. 4** 101
– Aufrechenbarkeit **VOB/B § 17 Nr. 4** 30
– Aufrechnung **VOB/B § 17 Nr. 4** 100
– Auftragnehmer **VOB/A § 14** 1
– Auftragssumme **VOB/A § 14** 13
– Aufwendungsersatzanspruch **VOB/B § 17 Nr. 4** 106
– Ausfallbürgschaft **VOB/B § 17 Nr. 4** 86
– Auslegung **VOB/B § 17 Nr. 4** 24
– Auswahl des Bürgen **VOB/B § 17 Nr. 4** 13
– Beendigung der Bürgschaftsverpflichtung **VOB/B § 17 Nr. 4** 107
– Befristung **VOB/B § 17 Nr. 4** 82

Stichwortverzeichnis

- Begriff **VOB/A § 14** 2
- beschränkte Ausschreibung **VOB/A § 14** 11
- Bietungsbürgschaften **VOB/A § 14** 5
- Blankounterschrift **VOB/B § 17 Nr. 4** 17
- Freihändige Vergabe **VOB/A § 14** 11
- Gewährleistungssicherheiten **VOB/A § 14** 17
- Grundlagen **VOB/B § 17** 1
- Grundsätze bei Vereinbarung einer Sicherheitsleistung **VOB/A § 14** 4
- Höhe **VOB/A § 14** 14
- Muster des Auftraggebers **VOB/B § 17 Nr. 4** 83
- öffentliche Ausschreibung **VOB/A § 14** 10
- Rückgabe **VOB/A § 14** 23
- selbstständiges Beweisverfahren **Anh 4** 43
- Sicherungsgegenstand **VOB/A § 14** 5
- Übersicherung **VOB/A § 14** 21
- Vereinbarung **VOB/B § 17** 1
- Vertragserfüllungssicherheiten **VOB/A § 14** 17
- Verzicht **VOB/A § 14** 7

Bürgschaft auf erstes Anfordern
- VOB als Ganzes **VOB/B § 17 Nr. 4** 34, 73
- Abwehr durch Bürgen **VOB/B § 17 Nr. 4** 36
- Aufrechnung mit Gegenansprüchen des Bürgen **VOB/B § 17 Nr. 4** 77
- Austauschrecht **VOB/B § 17 Nr. 3** 14
- Bürgschaftserklärung per Telefax **VOB/B § 17 Nr. 4** 18
- Bürgschaftsvertrag **VOB/B § 17 Nr. 4** 5, 32
- Bürgschaftsvorvertrag **VOB/B § 17 Nr. 4** 19
- Dauer **VOB/B § 17 Nr. 4** 82
- Einrede der Aufrechenbarkeit **VOB/B § 17 Nr. 4** 38, 100
- Einrede der Vorausklage **VOB/B § 17 Nr. 4** 25, 95
- Einreden **VOB/B § 17 Nr. 4** 94
- Einreden des Hauptschuldners **VOB/B § 17 Nr. 4** 37
- Einredeverzicht **VOB/B § 17 Nr. 4** 37
- einstweilige Verfügung **VOB/B § 17 Nr. 4** 79, 116
- Einwendungen des Bürgen **VOB/B § 17 Nr. 4** 36
- Entlassung des Bürgen **VOB/B § 17 Nr. 8** 33
- Erfüllung der Leistungspflicht **VOB/B § 17 Nr. 4** 111
- ergänzende Vertragsauslegung **VOB/B § 17 Nr. 4** 75
- Erlassvertrag **VOB/B § 17 Nr. 4** 107
- Erlöschen **VOB/B § 17 Nr. 4** 107
- Erteilung **VOB/B § 17 Nr. 4** 31
- Erweiterung der Hauptschuld **VOB/B § 17 Nr. 4** 99
- Folgen bei Unzulässigkeit **VOB/B § 17 Nr. 4** 74
- Forderungsübergang **VOB/B § 17 Nr. 4** 106
- Freistellungsanspruch **VOB/B § 17 Nr. 4** 48
- Garantie **VOB/B § 17 Nr. 4** 54
- geltungserhaltende Reduktion **VOB/B § 17 Nr. 4** 75
- Gewährleistungsbürgschaft **VOB/B § 17 Nr. 4** 5
- Gewährleistungsbürgschaft auf erstes Anfordern **VOB/B § 17 Nr. 4** 60
- Gewährleistungssicherheit **VOB/B § 17 Nr. 1** 22
- Gläubigeridentität **VOB/B § 17 Nr. 4** 6
- Hauptart der Sicherheitsleistung **VOB/B § 17 Nr. 4** 1
- Hauptschuld **VOB/B § 17 Nr. 4** 22
- Herausgabe entgegen Sicherungsabrede **VOB/B § 17 Nr. 4** 52
- Herausgabeklage **VOB/B § 17 Nr. 8** 33
- Hinterlegung bei Inanspruchnahme **VOB/B § 17 Nr. 4** 102
- Hinterlegungsbefugnis **VOB/B § 17 Nr. 4** 30
- Hinweis- und Aufklärungspflicht des Gläubigers **VOB/B § 17 Nr. 4** 57
- Identität des Gläubigers der Hauptforderung und der Bürgschaft **VOB/B § 17 Nr. 4** 23
- Inanspruchnahme **VOB/B § 17 Nr. 4** 90, 115
- Insolvenz des Auftraggebers **VOB/B § 17 Nr. 8** 27
- Insolvenz des Auftragnehmers **VOB/B § 17 Nr. 4** 109
- Klage gegen Inanspruchnahme **VOB/B § 17 Nr. 4** 78
- Konzernbürgschaften **VOB/B § 17 Nr. 4** 13
- Kosten **VOB/B § 17 Nr. 4** 84
- Kündigung **VOB/B § 17 Nr. 4** 112
- Mängelsicherheit **VOB/B § 17 Nr. 1** 22
- Missbrauch **VOB/B § 17 Nr. 4** 41
- Nachweis der Tauglichkeit des Bürgen **VOB/B § 17 Nr. 4** 12
- Person des Gläubigers **VOB/B § 17 Nr. 4** 23
- Person des Hauptschuldners **VOB/B § 17 Nr. 4** 21
- Rechtskrafterstreckung **VOB/B § 17 Nr. 4** 114
- Rückforderungsprozess **VOB/B § 17 Nr. 4** 47
- Rückgabe bei Beendigung **VOB/B § 17 Nr. 8** 32
- Rückgriffsansprüche **VOB/B § 17 Nr. 4** 106
- Schadensersatz **VOB/B § 17 Nr. 4** 76
- Schriftformerfordernis **VOB/B § 17 Nr. 4** 15
- schriftliche selbstschuldnerische Bürgschaft **VOB/B § 17 Nr. 4** 14
- selbstschuldnerische Bürgschaft **VOB/B § 17 Nr. 4** 25
- Sicherungsabrede **VOB/B § 17 Nr. 4** 39
- Streitwert einer Freigabeklage **VOB/B § 17 Nr. 8** 34
- Streitwert einer Herausgabeklage **VOB/B § 17 Nr. 4** 118
- tauglicher Bürge **VOB/B § 17 Nr. 4** 9, 55
- Übergabe **VOB/B § 17 Nr. 4** 31
- Umfang der Schriftform **VOB/B § 17 Nr. 4** 20
- umsatzsteuerfreie Leistung **VOB/B § 17 Nr. 4** 7
- Unterlassungsanspruch bei unberechtigter Inanspruchnahme **VOB/B § 17 Nr. 4** 115
- Unterrichtungspflicht des Bürgen bei Inanspruchnahme **VOB/B § 17 Nr. 4** 102
- Urkundenprozess **VOB/B § 17 Nr. 4** 43
- Verfahrensrecht **VOB/B § 17 Nr. 4** 114
- Verjährung **VOB/B § 17 Nr. 4** 103
- Verjährung der Hauptschuld **VOB/B § 17 Nr. 4** 98
- Verteidigungsmöglichkeit des Bürgen **VOB/B § 17 Nr. 4** 36
- Vertragserfüllungsbürgschaft auf erstes Anfordern **VOB/B § 17 Nr. 4** 64
- Vertragserfüllungsbürgschaft **VOB/B § 17 Nr. 4** 5
- Vertragserfüllungssicherheit **VOB/B § 17 Nr. 1** 15
- Verwertung **VOB/B § 17 Nr. 4** 89 f.
- Verzicht auf Einrede der Vorausklage **VOB/B § 17 Nr. 4** 25
- Verzicht der Inanspruchnahme **VOB/B § 17 Nr. 8** 33
- Vorauszahlungsbürgschaft auf erstes Anfordern **VOB/B § 17 Nr. 4** 70
- Vorschrift des Auftraggebers **VOB/B § 17 Nr. 4** 83
- Wahlrecht **VOB/B § 17 Nr. 3** 6

Stichwortverzeichnis

- Wegfall des Hauptschuldners **VOB/B § 17 Nr. 4** 109
- Zeitbürgschaft **VOB/B § 17 Nr. 4** 85
- zukünftige Verbindlichkeiten **VOB/B § 17 Nr. 4** 20
- Zulässigkeit **VOB/B § 17 Nr. 4** 58, 71

Bürgschaft für Mängelansprüche VOB/B § 13 Nr. 5 212
Bürgschaftsvertrag VOB/B § 17 Nr. 4 32
Bürgschaftsvorvertrag VOB/B § 17 Nr. 4 19
Bußgeld Anh 3 168

C

Construction Management Anh 3 154b
Containerkombination VOB/A § 1 18
culpa in contrahendo VOB/A § 2 14, **§ 3** 1, 6, 17, 48, **§ 8** 2; **VOB/B Vor § 2** 2, 19, 22, **§ 2 Nr. 3** 9, **§ 2 Nr. 7** 7, **§ 4 Nr. 3** 8, **§ 4 Nr. 8** 16; **Anh 3** 19
- Gerichtsstand **VOB/B § 18 Nr. 1** 11

D

Dach-ARGE Anh 3 11, 87
Darlegungs- und Beweislast VOB/A § 3a 5; **VOB/B § 2** 13, **§ 2 Nr. 3** 28; **Anh 1** 25, 35
- Bauhandwerkersicherungshypothek **Anh 2** 62
- Vorliegen eines vergütungspflichtigen Zusatzauftrages **VOB/B § 2 Nr. 6** 3

Daseinsvorsorge VOB/A § 8 37
Dauerarbeitsgemeinschaft Anh 3 21
Dauerschuldverhältnis VOB/A Vor §§ 8 und 9 9, 11 f., 39, **§ 8** 13 ff., **§ 8 Nr. 1** 2
De-facto-Vergabe VOB/A § 3a 52
- Rechtsfolgen **VOB/A § 27a** 18 f.

Definition des Präqualifikationsverfahrens VOB/A § 8b 23
Der Vorschussanspruch Anh 3 404
Detail-Pauschalvertrag VOB/B § 2 Nr. 2 8
Deutsche Bahn AG VOB/A § 1 a 30
Deutsche Post AG VOB/A § 1a 32
Dezemberfieber VOB/A § 2 53
Dialogphase VOB/A § 3a 16
- Abschluss **VOB/A § 3a** 19
- Auswahl der Teilnehmer **VOB/A § 3a** 19
- Dialogrunden **VOB/A § 3a** 19

Dialogrunden VOB/A § 3a 19
Dienstleistungsfreiheit VOB/A § 8 116
Dienstleistungskonzession VOB/A § 32 22
Dienstleistungsvertrag VOB/B § 13 13
Dienstvertraglicher Charakter dieses Betreuungsvertrages Anh 3 312
Differenztheorie VOB/B § 13 Nr. 7 152
DIN EN 9000 ff. VOB/A § 8a 36
DIN EN ISO 8402 VOB/A § 8a 36
DIN EN ISO 14001: 2005–02 VOB/A § 8a 35
DIN-Normen VOB/B § 4 Nr. 2 42
Diskriminierung VOB/A § 2 44
Diskriminierungsverbot VOB/A § 2 52, **§ 8** 4, **§ 32** 23; **VOB/A-SKR § 2** 1
Diskussionsentwurf des Ausschusses der Bundesnotarkammer für Schuld- und Liegenschaftsrecht Anh 3 329
Dispositives Recht Anh 1 15

Dokumentation Vergabevermerk VOB/A § 13 24
Doppel- oder Mehrfachbeteiligung eines Unternehmens VOB/A § 2 43
Doppelausschreibung VOB/A § 16 37
Doppelbeteiligung VOB/A § 2 43
Doppelmandat VOB/A § 8 31
Doppelverpflichtungstheorie Anh 3 42
Dringender Tatverdacht VOB/A § 8 105
Dringlichkeit VOB/A § 3 30, **§ 3a** 44, **§ 3b** 11
Drittschadensliquidation VOB/B § 10 Nr. 1 4, **Vor § 13** 212, **§ 13** 347
Drittschuldnererklärung VOB/B § 2 55
Drittwirkung von Grundrechten VOB/A § 8 5
Drittzahlung VOB/B § 16 Nr. 6 2
Druckmittel für Auftraggeber VOB/B § 13 Nr. 5 256
Druckzuschlag VOB/B Vor § 13 296, **§ 13 Nr. 5** 226, 258; **Anh 3** 437
Duldungsvollmacht VOB/B § 2 39
Durch Bauträger selbst veranlasste Nachbesserung Anh 3 353
Durchsetzungssperre Anh 3 82
DVA VOB/B Vor § 13 20
Dynamische Verweisung Anh 1 67

E

Echtes Leiharbeitsverhältnis Anh 3 131
Eco-Management and Audit Scheme VOB/A § 8a 35
EDV-Ausdruck VOB/A § 8 79
Effektiver Rechtsschutz VOB/A § 8 5
EG-Richtlinie über missbräuchliche Klauseln in Verbraucherverträgen Anh 1 14, 104
Eigenart der Leistung VOB/A § 3b 4
Eigenaufwand des Unternehmers VOB/A § 2 30
Eigenerklärung VOB/A § 8 79
Eigengeschäft VOB/A § 8 38
Eigenkosten VOB/B § 13 Nr. 7 99
Eigenleistung VOB/A § 2 4, **§ 8a** 31
Eigenleistungsanteil VOB/A § 8 23
Eigenleistungsverpflichtung des Auftragnehmers VOB/B § 4 Nr. 8 4
Eigenschaften der Probe VOB/B § 13 Nr. 2 2
Eignung VOB/A § 2 12
Eignungskriterien VOB/A § 2 12, 16
- fachkundig, leistungsfähig und zuverlässig **VOB/A § 8b** 9

Eignungsnachweis VOB/A § 2 5, **§ 8b** 10
Eignungsprüfung VOB/A § 2 3, **§ 27** 8
Eignungsvoraussetzung VOB/A § 2 2, **§ 8** 18, 64
Einbauküche VOB/B § 13 Nr. 4 106
Einbehalt VOB/B Vor § 13 300
Einbeziehung Anh 1 43
Eindeutige und erschöpfende Beschreibung der Leistung VOB/A § 9 8
- zahlreiche Wahl- oder Alternativpositionen **VOB/A § 9** 8

Eindeutigkeit der Beschreibung der Leistung VOB/A § 9 21
Einfluss der Schuldrechtsreform Anh 1 64
Eingebrachte Geräte Anh 3 104

Stichwortverzeichnis

Eingeschränkte Finanzierungsbestätigung Anh 3 443
Eingeschränkte Verhandlungsmöglichkeit bei Ausschreibungen VOB/A § 24 2
Eingriff Anh 1 62
Eingriffe in das Gemeinschaftseigentum VOB/B § 13 Nr. 6 28
Einhaltung der anerkannten Regeln der Technik VOB/B § 13 72
Einheitliche Ausführung VOB/A § 4 4
Einheitliche Verdingungsmuster – EVM VOB/A § 10 89
Einheitspreis VOB/B § 2 Nr. 2 4, § 2 Nr. 3 34, 46, § 2 Nr. 7 30, § 2 Nr. 10 10
– Beweislast VOB/B § 2 Nr. 2 3
Einheitspreisvertrag VOB/A § 5 8; VOB/B § 2 Nr. 7 24, § 13 Nr. 5 195
– Höchstpreisklausel VOB/A § 5 11
– Leistungsinhalt
– – Änderung VOB/B § 4 Nr. 1 94
– Mengenabweichungen VOB/B § 2 Nr. 3 6, 13
Einrede der Aufrechenbarkeit
– Bürgschaft auf erstes Anfordern VOB/B § 17 Nr. 4 38
– Bürgschaft VOB/B § 17 Nr. 4 100
Einrede der Vorausklage VOB/B § 17 Nr. 4 25
Einrede des nichterfüllten Vertrages VOB/B § 13 Nr. 5 235; Anh 3 355
Einreden des Hauptschuldners
– Bürgschaft auf erstes Anfordern VOB/B § 17 Nr. 4 37
Einrichtung zur Jugendhilfe VOB/A § 8 34
Einsatz elektronischer Kommunikationsmittel VOB/A § 16 55
Einschaltung der nächsthöheren Behörde
– Meinungsverschiedenheiten bei Verträgen mit Behörden VOB/B § 18 Nr. 2 8
Einschränkung des persönlichen Geltungsbereichs Anh 1 94
Einsetzen der Preise VOB/A § 9 109
Einsicht
– in die Ausführungsunterlagen VOB/B § 4 Nr. 1 63
– in die Unterlagen VOB/A § 17 44
– in Niederschrift VOB/A § 22 40
Einspruch gegen Bescheid gemäß § 18 Nr. 2 VOB/B § 18 Nr. 2 18
Einstufiges Modell Anh 3 147
Einstweilige Verfügung VOB/B § 13 Nr. 5 222; Anh 1 30; Anh 2 71
– Bauhandwerkersicherungshypothek Anh 2 71
– Bürgschaft VOB/B § 17 Nr. 4 116
– Bürgschaft auf erstes Anfordern VOB/B § 17 Nr. 4 78
– selbständiges Beweisverfahren Anh 4 19
Einstweiliger Rechtsschutz
– Gerichtsstandsvereinbarung VOB/B § 18 Nr. 1 37
Einteilung der Leistungsbereiche VOB/A § 8 83
Eintragung in das Handelsregister VOB/A § 8 76
Eintragung in das Mitgliederverzeichnis der Industrie- und Handelskammer VOB/A § 8 76
Einverständliche Vertragsaufhebung VOB/B Vor §§ 8 und 9 28
Einwandfreie Preisermittlung VOB/A § 9 36

Einwendungsdurchgriff gegen finanzierende Bank; Haftung der Bank Anh 3 488
Einzelfälle zur Verkehrssicherungspflicht
– Abbrucharbeiten VOB/B § 10 Nr. 2 81
– allgemeiner Rahmen VOB/B § 10 Nr. 2 72
– Anlieger, Nachbarn, Hausbewohner VOB/B § 10 Nr. 2 97
– Bauzäune, Baugerüste, Baugruben VOB/B § 10 Nr. 2 77
– gefährliche Arbeiten VOB/B § 10 Nr. 2 82
– Kinder auf der Baustelle VOB/B § 10 Nr. 2 124
– Lagerung von Material
– – Verwenden und Abstellen von Maschinen VOB/B § 10 Nr. 2 94
– Sicherungspflichten des Architekten bzw. Bauleiters VOB/B § 10 Nr. 2 126
– Straßenbau – sonstiger Tiefbau VOB/B § 10 Nr. 2 113
– Versorgungsleitungen VOB/B § 10 Nr. 2 101
Einzelfristen siehe *Ausführungsfristen*
Einzelkosten der Teilleistungen VOB/A § 2 30
Einzellose VOB/A § 4 3
Einzelunternehmen Anh 3 6
Einzelunternehmer VOB/A § 8 20
Elektrisches Angebot
– Kosten VOB/A § 20 7
Elektronische Kommunikationsmittel VOB/A § 16 1
Elektrotechnische/elektronische Anlagen VOB/B § 13 Nr. 4 97
EMAS VOB/A § 8a 35
Emissionsprospekt Anh 3 448
Energieversorgung VOB/A-SKR Vor SKR 1
Entbehrlichkeit des Vorbehalts VOB/B § 16 Nr. 3 114
Entdeckerrechte für Auftraggeber VOB/B § 4 Nr. 9 8
Entfallen des Nacherfüllungsanspruches VOB/B § 13 Nr. 5 161
Entferntere Mangelfolgeschäden
– Umfang der Schadensersatzpflicht nach § 4 Nr. 7 VOB/B § 4 Nr. 7 28
Entgangener Gewinn VOB/A Vor § 2 3; VOB/B § 13 Nr. 7 99, 129
Entnahme oder Auflagerung von Boden VOB/B § 10 Nr. 3 9
Entschädigung
– Tätigkeit des Bewerbers VOB/A § 20 10
Entschädigungsanspruch VOB/B § 9 3, § 9 Nr. 3 5, 8, 13
Entschädigungspflicht VOB/A § 20 13
Entschädigungszahlung
– Höhe und Einzelheiten VOB/A § 17 16
Entscheidung VOB/A § 2 22
Entziehung VOB/B § 2 Nr. 4 4
Entziehung des Auftrags VOB/B § 4 Nr. 7 56, § 4 Nr. 8 22
– Androhung des Auftragsentzuges VOB/B § 4 Nr. 7 52
– Hinweispflicht des Auftragnehmers VOB/B § 4 Nr. 3 49
Erbbaurecht VOB/B Vor § 13 107
– Bauhandwerkersicherungshypothek Anh 2 41
Erbringen eigener Bauleistung VOB/A § 8 42
Erdarbeiten VOB/B § 13 Nr. 4 76

Stichwortverzeichnis

Erfahrung VOB/A § 2 20
Erfolglose Mangelbeseitigungsleistung VOB/B § 13 Nr. 4 311
Erforderliche Aufwendungen VOB/B § 13 Nr. 5 165
Erfüllungsbürgschaft VOB/B § 17 Nr. 4 5
Erfüllungsgehilfe VOB/B § 2 Nr. 3 9, Vor § 13 219, 223, 227, § 13 313, § 13 Nr. 4 119, § 13 Nr. 5 74; Anh 3 161
– Architekt VOB/B § 4 Nr. 1 23, § 4 Nr. 2 34, § 4 Nr. 3 84
– Bauleiter des Auftragnehmers VOB/B § 4 Nr. 2 66
Erfüllungsort
– Architektenvertrag VOB/B § 18 Nr. 1 10
– Bauvertrag VOB/B § 18 Nr. 1 10
– Gerichtsstand VOB/B § 18 Nr. 1 10
Ergänzende Vertragsauslegung Anh 1 18, 19
Erhaltungsaufwand als Schaden VOB/B § 13 Nr. 7 110
Erhaltungspflicht VOB/B § 4 Nr. 5 2
– Beginn und Ende VOB/B § 4 Nr. 5 4
– Beweislast VOB/B § 4 Nr. 5 12
– Haftung VOB/B § 4 Nr. 5 12
– Umfang VOB/B § 4 Nr. 5 6
– Versicherung VOB/B § 4 Nr. 5 11
Erhebliche Beeinträchtigung der Gebrauchsfähigkeit VOB/B § 13 Nr. 7 66
Erklärung der Verweigerung VOB/B § 13 Nr. 6 51
Erkundigungspflicht VOB/B § 13 Nr. 3 42
– Baugrundverhältnisse VOB/B § 4 Nr. 2 17
– Grundwasserverhältnisse VOB/B § 4 Nr. 2 17
Erlassvertrag VOB/B § 13 Nr. 4 37
Erledigungserklärung
– selbständiges Beweisverfahren Anh 4 109
Ermessensreduzierung auf null VOB/A Vor § 2 18, § 8a 28
Eröffnungstermin
– Datum, Uhrzeit und Ort VOB/A § 17 21
– Zweck VOB/A § 22 2
Ersatz des entgangenen Gewinns VOB/A § 16 51
Ersatz des negativen Interesses VOB/A § 16 49
Ersatz des positiven Interesses VOB/A § 16 50, 51
Ersatz vergeblicher Aufwendungen VOB/B Vor § 13 74, § 13 126
Ersatzteile VOB/A-SKR § 11 2
Ersatzunterkunft VOB/B § 13 Nr. 7 100
Ersatzvornahme VOB/B § 8 Nr. 3 8, § 13 Nr. 5 43
Erstattung von Erschließungskosten Anh 3 426
Erteilung von Auskünften VOB/A § 17b 20
Ertragsberechnung VOB/A § 16 28
Ertragsberechnungen VOB/A § 16 3
Erwerber von Wohnungseigentum VOB/B § 13 Nr. 5 296
Erwerbswirtschaftliche Betätigung VOB/A § 8 37
Etwaige Verlängerung der Frist VOB/A § 18a 4
EU-Bestechungsgesetz VOB/A § 8 102
Eventual- oder Alternativpositionen VOB/B § 8 Nr. 1 4

F

Fach- und Rechtsaufsichtsbehörden VOB/A § 31 2
Fach- und Teillose VOB/A § 4 2
Fachausschreibung VOB/A § 16 38

Fachhandwerker
– Kenntnisse VOB/B § 4 Nr. 2 10
Fachkunde VOB/A § 2 17
Fachliche Voraussetzungen des Sachverständigen VOB/A § 7 9
Fachlose VOB/A § 4 17
Fachlosgruppe VOB/A § 4 24
Fachunternehmen VOB/A § 16 38
Facility Management-Vertrag Anh 3 497
Fahrstuhl-Falle VOB/B § 13 Nr. 6 36
Fälligkeit VOB/B § 16 14, § 16 Nr. 5 22
– Abnahme VOB/B § 16 17
– Abschlagszahlungen VOB/B § 16 11, § 16 Nr. 1 42
– BGB-Bauvertrag VOB/B § 16 14
– Fertigstellungsbescheinigung nach § 641a BGB VOB/B § 16 17
– Mahnung VOB/B § 16 Nr. 5 23
– prüfbare Rechnung VOB/B § 14 Nr. 1 5
– Rechnung VOB/B § 16 14
– Rechnungserteilung VOB/B § 16 14
– Schlusszahlung VOB/B § 16 13
– Treu und Glauben VOB/B § 14 Nr. 1 6
– Verjährungsbeginn VOB/B § 16 15
– Vorauszahlungen VOB/B § 16 12
Fälligkeitszeitpunkt der Vergütung Anh 3 326a, 332
Fälligkeitszinsen
– VOB VOB/B § 16 8
Falschlieferung VOB/B § 13 78, § 13 Nr. 1 43
Fehlende bauseitige Vorleistungen VOB/B § 13 Nr. 5 242
Fehlende Haushaltsmittel VOB/A § 3 27
Fehlende oder unvollständige Angaben zu Nachunternehmern VOB/A § 2 8
Fehlerbegriff VOB/B § 13 170
Fehlerhafte Rechnung VOB/B § 2 26
Fehlgeschlagene Nachbesserung VOB/B § 13 Nr. 5 51
Fertighausvertrag Anh 3 196
Fertigstellung aller Verdingungsunterlagen VOB/A § 16 10
Fertigstellungsbescheinigung VOB/A § 7 2; VOB/B § 12 30; Anh 3 380
– Abnahmefiktion VOB/B § 12 39
– Abschrift der Bescheinigung VOB/B § 12 43
– Aufmaß VOB/B § 12 37
– Besichtigungstermin VOB/B § 12 42
– Besorgnis der Befangenheit VOB/B § 12 40
– Fertigstellung VOB/B § 12 35
– Kammer VOB/B § 12 40
– Mangelfreiheit VOB/B § 12 36
– Restarbeiten VOB/B § 12 35
– Sachverständiger VOB/B § 12 40
– Stundenlohnabrechnung VOB/B § 12 37
– Urkunde VOB/B § 12 30
– Urkundenprozess VOB/B § 12 30
– Vermutung VOB/B § 12 37
Festlegung in den Verdingungsunterlagen Anh 3 286
Festlegung zusätzlicher Pflichten des Hauptunternehmers Anh 3 288

Stichwortverzeichnis

Festpreis VOB/A § 15 4; **VOB/B § 2 Nr. 7** 26, **§ 13** 364; **Anh 3** 326
– Festpreisvereinbarung **VOB/A § 15** 9
– Preisanpassungsklausel **VOB/A § 15** 10
– Preisermittlungsgrundlagen **VOB/A § 15** 16
Festpreisgarantie VOB/B Vor § 13 286
Festpreisvertrag Anh 3 310
Festsetzung angemessener Fristen
– zu berücksichtigende Umstände **VOB/A § 18b** 8
Feststellendes Gutachten VOB/A § 7 14
Feststellungsanträge VOB/B § 13 Nr. 7 29
Feuerungsanlagen VOB/B § 13 Nr. 4 92
Feuerversicherung VOB/B § 7 Nr. 1–3 29
FIDIC-Vereinbarung Anh 3 263
FIDIC-Vertrag Anh 3 145
Fiktion der Abnahme VOB/B § 13 Nr. 4 168
Fiktion des Stellens von AGB Anh 1 116, 118
Fiktive Abnahme
– § 640 Abs. 1 Satz 3 BGB **VOB/B § 12** 26
Finanzielle Komplexität VOB/A § 3a 28
Finanzielle Zuverlässigkeit VOB/A § 2 21
Finanzierung VOB/A § 1a 24, **§ 16** 17
Finanzierung eines Vorhabens VOB/A § 16 37
Finanzierungsbestätigung Anh 3 441
Fingierte Leistungsmehrforderungen VOB/A § 9 27
Fiskalische Hilfsgeschäfte VOB/A § 8 5
Fiskalisches Verwaltungshandeln VOB/A § 8 5
Flachdachentscheidung VOB/B § 13 Nr. 4 23
Folgeschäden VOB/B § 13 Nr. 7 53
Förderung mittelständischer Interessen VOB/A § 4 2
Form des Bauträgervertrages Anh 3 413
Formelle Angebotsprüfung VOB/A § 23 4
Formelle Aufgabenprivatisierung VOB/A § 8 37
Förmliche Abnahme VOB/B § 13 Nr. 4 307
Formularmäßige Freigabeklausel Anh 3 457
Formularverträge Anh 3 375
Forschungs-, Versuchs- oder Entwicklungszwecke VOB/A § 3a 38
Freie Kündigung VOB/B § 8 2
Freie Kündigung ohne wichtigen Grund VOB/B § 8 Nr. 1 1
Freie Vertragsgestaltung VOB/A-SKR Vor SKR 6
Freie Wahl der Vergabeart VOB/A-SKR Vor SKR 4
Freihändige Vergabe VOB/A § 3 34, **§ 19** 42
– Anwendungsbereich **VOB/A § 3** 37
– Ausschreibung nicht erfolgversprechend **VOB/A § 3** 45
– besondere Dringlichkeit **VOB/A § 3** 44
– Geheimhaltung **VOB/A § 3** 47
– Gestaltungsspielraum **VOB/A § 3** 35 f.
– gewerbliche Schutzrechte **VOB/A § 3** 40
– kleine Zusatzleistung **VOB/A § 3** 43
– Leistung nicht eindeutig beschreibbar **VOB/A § 3** 42
– nur ein bestimmter Unternehmer **VOB/A § 3** 40
– Patentschutz **VOB/A § 3** 40
– Sicherheitsleistung **VOB/A § 14** 11
– technische Besonderheit **VOB/A § 3** 40
– Unzweckmäßigkeit **VOB/A § 3** 38 f.
– Urheberrechte **VOB/A § 3** 40
– Vergabeverfahren und Verfahrenstypen **VOB/A § 3** 2

– Verhandlungen **VOB/A § 3** 35
– Verhandlungsverfahren **VOB/A § 3a** 29
– wesentliche Merkmale **VOB/A § 3** 34 f.
Freistellung VOB/B § 10 Nr. 6 2, **Vor § 13** 234
Freistellung von den Kosten VOB/B § 2 Nr. 8 11
Freistellungsanspruch VOB/B § 13 Nr. 5 185
– Bürgschaft auf erstes Anfordern **VOB/B § 17 Nr. 4** 48
Freistellungsbescheinigung VOB/A § 8 120
Freistellungserklärung Anh 3 333a
Freizeichnungsklausel VOB/B Vor § 13 266, **§ 13** 369, **§ 13 Nr. 7** 174
Fremdleistung VOB/A § 2 4
Freundschaftspreis VOB/B § 13 Nr. 1 76
Frist zur Mangelbeseitigung VOB/B § 13 Nr. 5 117
Fristbestimmung angemessen VOB/B § 13 Nr. 5 123.
Fristen siehe auch *Ausführungsfristen*
– angemessene Frist **VOB/B § 4 Nr. 7** 43
– Beginnfrist zur Mangelbeseitigung **VOB/B § 4 Nr. 7** 44
– Beseitigung vertragswidriger Stoffe und Bauteile **VOB/B § 4 Nr. 6** 12
– Entbehrlichkeit der Fristsetzung und Beseitigungsaufforderung **VOB/B § 4 Nr. 7** 48
– unangemessene Frist **VOB/B § 4 Nr. 7** 46
– zur Mängelbeseitigung **VOB/B § 4 Nr. 7** 43
– zur Nachbesserung **VOB/B § 4 Nr. 7** 43
– zur Selbstausführung **VOB/B § 4 Nr. 8** 17
Fristsetzung zur Klageerhebung Anh 4 95
Führungszeugnis VOB/A § 8a 9
Fund
– Anzeigepflicht **VOB/B § 4 Nr. 9** 9
Funktionale Leistungsbeschreibung VOB/A § 9 116
– Wettbewerblicher Dialog **VOB/A § 3a** 27
Funktioneller Auftraggeber
– Aufgabe im Allgemeininteresse **VOB/A § 1a** 14
– Begriff **VOB/A § 1a** 7
– Beherrschung **VOB/A § 1a** 22
– Einzelfälle **VOB/A § 1a** 27
– Gründungszweck **VOB/A § 1a** 20
– Juristische Person des öffentlichen Rechts **VOB/A § 1a** 12
– Juristische Person des privaten Rechts **VOB/A § 1a** 13
– Nichtgewerblichkeit **VOB/A § 1a** 17
Funktionsfähigkeit VOB/B § 13 Nr. 6 43
Funktionsgarantie VOB/B Vor § 13 275
Funktionstauglichkeit VOB/B § 13 Nr. 1 23, 65

G

Ganzjährige Bautätigkeit VOB/A § 2 53
Garantie VOB/B § 13 183
Garantierter Maximalpreis (GMP) VOB/B Vor §§ 8 und 9 18
Garantieverpflichtungen VOB/A § 9 34
Garantieverträge VOB/B Vor § 13 271, **§ 13** 374
Garten- und Sportplatzbau VOB/A § 8 41
Gartengestaltung VOB/B § 13 Nr. 4 78
Gasanschlüsse VOB/B § 4 Nr. 4 4
Geänderte Klauseln Anh 1 8
Gebäuderisiko VOB/B § 13 Nr. 4 74

Stichwortverzeichnis

Gebietsmäßige Beschränkung des Wettbewerbs VOB/A § 8 12
Gebot der Selbstausführung VOB/A § 2 4, **§ 8** 18
Gebot objektiver Auswahlkriterien VOB/A § 8b 6
Gebrauchsabnahmeschein
– Mängelbeseitigung **VOB/B § 4 Nr. 7** 43
– zur Nachbesserung **VOB/B § 4 Nr. 7** 43
Gebrauchstauglichkeitsbeeinträchtigung VOB/B § 13 Nr. 1 10
Gebrauchsüberlassung Anh 3 31
Gebrauchsvorteile VOB/B Vor § 13 60, **§ 13 Nr. 7** 56
Gebührenordnung
– Vereinbarung **VOB/B § 2 Nr. 9** 10
Gefahr VOB/B § 7 2
– Abnahme **VOB/B § 7** 3
– andere Schäden
– – Ersatzpflicht **VOB/B § 7 Nr. 1–3** 23
– Bauhilfsmittel **VOB/B § 7 Nr. 1–3** 5
– Baustelleneinrichtung **VOB/B § 7 Nr. 1–3** 4
– Begriff **VOB/B § 7** 2
– Diebstahl **VOB/B § 7 Nr. 1–3** 19
– erbrachte Leistungen **VOB/B § 7 Nr. 1–3** 3
– Gefahrübergang **VOB/B § 7 Nr. 1–3** 20
– höhere Gewalt
– – Krieg **VOB/B § 7 Nr. 1–3** 8
– Leistung
– – Zerstörung oder Beschädigung **VOB/B § 7 Nr. 1–3** 18
– Leistungsgefahr **VOB/B § 7** 3
– Stoffe oder Bauteile **VOB/B § 7 Nr. 1–3** 4
– Umstände **VOB/B § 7 Nr. 1–3** 8
– Vergütungsgefahr **VOB/B § 7** 2
– Vertragsbestimmungen
– – abweichende **VOB/B § 7 Nr. 1–3** 26
Gefahr im Verzug VOB/B § 13 Nr. 5 57
Gefährdung des Vertragszwecks Anh 1 108
Gefährliche Arbeiten VOB/B § 10 Nr. 2 54
GefahrstoffVO VOB/B § 4 Nr. 2 61
Gefahrübergang
– Abnahme **VOB/B § 7** 8
– Abnahmepflicht **VOB/B § 7** 9
– Zeitpunkt **VOB/B § 7** 8
Gegebenheiten in der Person des Auftraggebers VOB/A § 9 43
Gegenanträge im selbständigen Beweisverfahren Anh 4 63
Gegenforderung Anh 3 109
Gegengeschäft VOB/A § 2 51
Geheimhaltung VOB/A § 3 30
– der Angebote **VOB/A § 22** 44
Geheimheit des Wettbewerbs VOB/A § 2 43
Geldleistungen Anh 3 30
Geldwäsche, Verschleierung unrechtmäßig erlangter Vermögenswerte VOB/A § 8a 8
Gelegenheits-Gesellschaft Anh 3 141
geltungserhaltende Reduktion Anh 1 17
Gemeinkosten VOB/A § 2 35
Gemeinkosten der Baustelle VOB/A § 2 30
Gemeinkostenzuschlag VOB/B § 13 Nr. 5 182

Gemeinsame Einrichtungen der Tarifvertragsparteien VOB/A § 8 117
Gemeinsames Aufmaß
– Bindung **VOB/B § 14 Nr. 2** 10
– keine Verpflichtung **VOB/B § 14 Nr. 2** 4
– Umkehr der Beweislast **VOB/B § 14 Nr. 2** 12
Gemeinschaftseigentum (Wohnungseigentum) Anh 3 393
Gemeinschaftsrechtliche technische Spezifikationen VOB/A § 9 74
Gemeinschaftssystem für das Umweltmanagement und die Umweltbetriebsprüfung VOB/A § 8a 35
Gemischte Verträge VOB/B § 2 Nr. 1 25
Genehmigung
– öffentlich-rechtliche **VOB/B § 4 Nr. 1** 17
– und Erlaubnis nach dem Wasserrecht **VOB/A § 9** 56
Genehmigungsfähigkeit
– Anmeldung von Bedenken **VOB/B § 4 Nr. 3** 22
General- (Haupt-) und Nachunternehmer Anh 3 155
General- und Nachunternehmereinsatz bei Bauvergabe nach VOB/A Anh 3 204
Generalpräventive Wirkung VOB/A § 8 112
Generalübernehmer VOB/A § 8 20, **§ 8a** 31; **Anh 3** 172
– GSB **Anh 2** 227
Generalübernehmereinsatz VOB/A § 8 21
Generalübernehmermodell Anh 3 174, 297
Generalunternehmen VOB/A § 16 38
Generalunternehmer als Bürge Anh 3 257
Generalunternehmer VOB/A § 4 21, **§ 8** 20, **§ 32** 32; **VOB/B § 13 Nr. 3** 32, **§ 13 Nr. 5** 290; **Anh 3** 4, 158, 172, 299
– GSB **Anh 2** 227
Generalunternehmer ist Alleinunternehmer Anh 3 159
Generalunternehmereinsatz VOB/A § 8 23
Generalunternehmer-Subunternehmer-Vertrag VOB/B § 13 358
Generalunternehmervertrag VOB/B § 13 Nr. 4 166
Gentlemen's agreement VOB/A § 2 3, **§ 8a** 33
Geräteliste VOB/A § 2 21
Gerichtliche Streitigkeiten
– Anwendung der ZPO **VOB/B § 18 Nr. 1** 1
– Gerichtsstand **VOB/B § 18 Nr. 1** 1
Gerichtsstand VOB/B § 18 Nr. 1 1; **Anh 3** 51
– allgemeiner **VOB/B § 18 Nr. 1** 8
– BGB-Gesellschaft **VOB/B § 18 Nr. 1** 9
– culpa in contrahendo **VOB/B § 18 Nr. 1** 11
– Erfüllungsort **VOB/B § 18 Nr. 1** 10
– Insolvenzverwalter **VOB/B § 18 Nr. 1** 12
– Niederlassung **VOB/B § 18 Nr. 1** 9
– rügelose Einlassung zur Hauptsache **VOB/B § 18 Nr. 1** 31
– Unterrichtungspflicht des Auftraggebers **VOB/B § 18 Nr. 1** 40
– zuständige Stelle im Auftraggeberbereich **VOB/B § 18 Nr. 1** 39
Gerichtsstandsbestimmung VOB/B § 18 Nr. 1 13
Gerichtsstandsvereinbarung
– abweichende Vereinbarung **VOB/B § 18 Nr. 1** 42
– AGB-Inhaltskontrolle **VOB/B § 18 Nr. 1** 42

Stichwortverzeichnis

- Anwendungsbereich nach § 18 **VOB/B § 18 Nr. 1** 32
- Ausschließlichkeit der Gerichtsstandsvereinbarung **VOB/B § 18 Nr. 1** 40
- Ausschließlichkeit **VOB/B § 18 Nr. 1** 41
- Beweislast **VOB/B § 18 Nr. 1** 22
- einstweiliger Rechtsschutz **VOB/B § 18 Nr. 1** 37
- Form **VOB/B § 18 Nr. 1** 25
- Gerichtsstandsbestimmung **VOB/B § 18 Nr. 1** 13
- Mahnverfahren **VOB/B § 18 Nr. 1** 36
- öffentlicher Auftraggeber **VOB/B § 18 Nr. 1** 16
- privater Bauherr **VOB/B § 18 Nr. 1** 17
- Schiedsgericht **VOB/B § 18 Nr. 1** 34
- selbständiges Beweisverfahren **VOB/B § 18 Nr. 1** 35
- Streitigkeiten aus bestimmtem Bauvertrag **VOB/B § 18 Nr. 1** 38
- Zulässigkeit **VOB/B § 18 Nr. 1** 19
- zuständige Stelle im Auftraggeberbereich **VOB/B § 18 Nr. 1** 39

Geringfügige Abweichungen VOB/B § 13 Nr. 2 7
Gerüstbauarbeiten VOB/A § 1 74
- Bauleistungen **VOB/A § 1** 75
- Baustelleneinrichtung **VOB/A § 1** 76
- Gerüste **VOB/A § 1** 74
- selbständige Teilleistungen **VOB/A § 1** 78
- selbständiger Gerüstvertrag **VOB/A § 1** 79
- Werkleistungen **VOB/A § 1** 75

Gerüstordnung VOB/B § 4 Nr. 2 61
Gesamtgläubigerschaft Anh 3 88
Gesamtpauschalen VOB/B § 2 Nr. 7 24
Gesamtschuld
- Ausgleich im Innenverhältnis **VOB/B § 13** 322
- Einbeziehung der Sonderfachleute **VOB/B § 13** 307
- Grundsatz **VOB/B § 13** 300
- mit Baustofflieferanten **VOB/B § 13** 308
- mit weiteren Bauunternehmen **VOB/B § 13** 308
- Mitverschulden des Auftraggebers **VOB/B § 13** 312
- Quotenhaftung **VOB/B § 13** 317
- Verjährung des Ausgleichsanspruchs **VOB/B § 13** 330

Gesamtschuld nach außen Anh 3 86
Gesamtschuldner VOB/B § 13 303, **§ 13 Nr. 1** 124, **§ 13 Nr. 5** 288
- Architekt und Auftragnehmer **VOB/B § 4 Nr. 2** 34
- mehrere Unternehmer **VOB/B § 4 Nr. 3** 58

Gesamtschuldnerausgleich Anh 3 246
Gesamtschuldnerische Einstandspflicht Anh 3 105
Gesamtschuldnerische Haftung VOB/B Vor § 13 216
- Architekt und Auftragnehmer **VOB/B § 13** 300

Gesamtschuldnerische Haftung aufgrund gesetzlicher Haftpflichtbestimmungen VOB/B § 10 Nr. 2 7
Gesamtschuldnerische Haftung von Architekt und anderen Auftragnehmern VOB/B Vor § 13 202
Gesamtschuldnerische Haftung von Bauträger und Treuhänder Anh 3 483
Gesamtschuldnerschaft VOB/B Vor § 13 210
Gesamtschuldverhältnis VOB/B § 13 301
Gesamtvergabe VOB/A § 4 3
Gesamtzweck der fertigen Bauleistung VOB/A § 9 52
Geschäfts- und Betriebsgeheimnis VOB/A § 2b 1

Geschäftsführung ohne Auftrag VOB/B § 2 45, **§ 2 Nr. 8** 15 f., **§ 13 Nr. 5** 45, 289
Geschäftsgrundlage VOB/B Vor §§ 8 und 9 22, 27, **§ 9** 11, **§ 9 Nr. 1** 27
- Änderung **VOB/B Vor §§ 8 und 9** 22, **§ 9** 14
- Wegfall **VOB/B § 9** 14

Geschäftsirrtum VOB/B § 2 Nr. 1 39
Geschlossener Immobilienfonds Anh 3 297, 448
Gesellschaft des Bürgerlichen Rechts VOB/A § 8a 23; **VOB/B Vor § 13** 305
Gesellschafterbeschluss Anh 3 94
Gesellschafterhaftung Anh 3 42
Gesellschaftskündigung Anh 3 93
Gesetz
- gegen Wettbewerbsbeschränkungen **VOB/B § 2** 68
- zur Beschleunigung fälliger Zahlungen **VOB/B § 9 Nr. 1** 48, **§ 13** 17, **§ 16** 5
- – Abschlagszahlungen **VOB/B § 16** 5
- zur Sicherung von Bauforderungen (GSB) **Anh 2** 213
- – Baubetreuer **Anh 2** 227
- – Baugeld **Anh 2** 216
- – Baugeldempfänger **Anh 2** 226
- – Baugeldgläubiger **Anh 2** 231
- – Bauträger **Anh 2** 227
- – Beweislast **Anh 2** 245
- – Darlegungslast **Anh 2** 245
- – dingliche Sicherung **Anh 2** 224
- – Eigenmittel **Anh 2** 218
- – Generalübernehmer **Anh 2** 227
- – Generalunternehmer **Anh 2** 227
- – Gläubiger des Schadensersatzanspruchs **Anh 2** 231
- – modifizierte Baugelddarlehen **Anh 2** 220
- – Neubauten, Altbauten **Anh 2** 219
- – öffentliche Fördermittel **Anh 2** 218
- – Schaden **Anh 2** 242
- – Schadensersatzansprüche **Anh 2** 230
- – Tatbestandsirrtum **Anh 2** 249
- – Verbotsirrtum **Anh 2** 249
- – Verschulden **Anh 2** 244

Gesetz zur Änderung und Ergänzung beurkundungsrechtlicher Vorschriften Anh 3 415
Gesetz zur Bekämpfung der internationalen Bestechung VOB/A § 8 102
Gesetz zur Bekämpfung der Korruption VOB/A § 8 99
Gesetz zur Bekämpfung der Schwarzarbeit und illegalen Beschäftigung VOB/A § 2 17
Gesetz zur Beschleunigung fälliger Zahlungen VOB/B Vor § 13 16; **Anh 3** 228
Gesetzliche Ausschlussgründe VOB/A § 8 107
Gesetzliche Krankenkassen VOB/A § 1a 28
Gesetzliche Unfallversicherung VOB/A § 1a 29
Gesicherte Finanzierung VOB/A § 16 17
Gestaltungsrecht
- Minderung **VOB/B § 13** 204, 235

Gestaltungsspielraum VOB/B § 13 Nr. 1 127
Getrennte Leistungen Anh 3 492
Gewähltes Vergabeverfahren VOB/A § 17 8
Gewährfristen VOB/B Vor § 13 274

2713

Stichwortverzeichnis

Gewährleistung
- Gefahrtragung VOB/B § 7 5
- grundlegende G. des Auftragnehmers VOB/B § 4 Nr. 7 1
- Minderungsanspruch des Auftraggebers VOB/B § 4 Nr. 7 21
- Mitverschulden des Auftraggebers VOB/B § 4 Nr. 2 31
- neuartige Baustoffe und Baukonstruktionen
 - VOB/B § 4 Nr. 2 14
- Ortssatzung
 - - Kenntnis durch Auftragnehmer VOB/B § 4 Nr. 2 61
- unverhältnismäßig hoher Aufwand VOB/B § 4 Nr. 7 20

Gewährleistung des Wettbewerbs VOB/A § 8b 15

Gewährleistungsanspruch
- Erfüllungsort VOB/B § 18 Nr. 1 10
- Vertragserfüllungssicherheit VOB/B § 17 Nr. 1 19

Gewährleistungsbürgen VOB/B § 13 Nr. 5 205

Gewährleistungsbürgschaft VOB/B § 13 405, § 17 Nr. 4 5
- fristgerechte Leistung VOB/B § 17 Nr. 7 4
- Verwertung VOB/B § 17 Nr. 4 89
- Wahlrecht VOB/B § 17 Nr. 3 6
- Zeitbürgschaft VOB/B § 17 Nr. 4 87

Gewährleistungsbürgschaft auf erstes Anfordern
- Zulässigkeit VOB/B § 17 Nr. 4 60

Gewährleistungsfristen
- Verlängerung und Rückgabe der Sicherheitsleistung VOB/B § 17 Nr. 8 16

Gewährleistungspflicht VOB/B § 13 6

Gewährleistungspflicht des Bauträgers Anh 3 377

Gewährleistungsrecht Anh 3 319

Gewährleistungssicherheit VOB/B Vor § 13 299
- Beratungsfehler VOB/B § 17 Nr. 1 25
- Fälligkeit VOB/B § 17 Nr. 7 4
- fristgerechte Leistung VOB/B § 17 Nr. 7 4
- Mangelfolgeschaden VOB/B § 17 Nr. 1 26
- Rückgabe VOB/A § 14 25; VOB/B § 17 Nr. 8 11
- Umfang VOB/B § 17 Nr. 1 22

Gewerbeüblichkeit VOB/B § 4 Nr. 3 54

Gewerbezentralregisterauszug VOB/A § 8a 9

Gewerbliche Verkehrssitte VOB/A § 9 102

Gewerbsmäßig VOB/A § 8 40

Gewerbsmäßige Arbeitnehmerüberlassung (AÜG) Anh 3 130

Gewerbsmäßige Ausführung VOB/A § 8 18

Gewinn VOB/A § 2 29, 33

Gewinnanteil Anh 3 89

Gewinnbegriff VOB/A § 2 29

Gewinnerzielungsabsicht VOB/A § 8 18, 37

Gewöhnliche Verwendung VOB/B § 13 Nr. 1 100

Gewöhnliche Verwendungseignung VOB/B § 13 Nr. 1 30

Gläubigerkündigung Anh 3 95

Gläubigerstellung Anh 3 396

Gläubigerverzug VOB/B § 13 Nr. 4 168, 178

Gleichartigkeit der technischen Beschaffenheit VOB/A § 9 106

Gleichbehandlung VOB/A § 2 45, § 3 9

Gleichbehandlung aller Bewerber VOB/A § 8 4

Gleichbehandlungsgrundsatz VOB/A § 32 23, § 8 4, 65

Gleiche oder gleichartige Mängel VOB/A § 8 7

Gleiches Verständnis für alle Bewerber VOB/A § 9 15

Gleichwertige Art VOB/A § 9 85

Gleichwertigkeit der Informationsmittel VOB/A § 16 55

Gleitklausel VOB/A § 32 30

Gliederung des Leistungsverzeichnisses VOB/A § 9 104

Global-Pauschalvertrag VOB/B § 2 Nr. 2 8

GMP-Abrede Anh 3 261

GMP-Modell Anh 3 147

Grob fahrlässig VOB/B § 13 Nr. 7 44

Großer Schadensersatz VOB/B Vor § 13 144, § 13 215, 244, § 13 Nr. 7 50, 54

Großer Schadensersatzanspruch Anh 3 406

Größtmöglicher Wettbewerb VOB/A § 8 60

Grundbedeutung des Teil A VOB/A Vor § 2 1

Grundbucheintragung Anh 3 58

Grundgedanke des Gesetzgebers Anh 1 2

Grundrechtsbindung VOB/A § 8 5

Grundsatz der einheitlichen Vergabe VOB/A § 4 4

Grundsatz eines fairen Wettbewerbs VOB/A § 8 27

Grundsätze der Ausschreibung VOB/A § 16 1, 6

Grundsätze der Informationsübermittlung VOB/A § 16 1

Grundsätze für Vergabearten VOB/A § 8 3

Grundsätzliches Verbot anderer Verhandlungen VOB/A § 24 21

Grundschuldeintragungen und die Mitwirkungsverpflichtung der Banken Anh 3 330

Grundstückseigentümer VOB/A § 1 18

Grundstücksvertrag Anh 3 175

Gründungszweck VOB/A § 1a 20

GSB
- Kenntnis von Baugeldeigenschaft Anh 2 231
- mangelhafte Leistung Anh 2 243
- Sicherheitseinbehalt Anh 2 243
- Verjährung Anh 2 250

Gutachterkosten VOB/B § 13 Nr. 7 107

Gütezeichen VOB/A § 9 85

H

Haften der Gesellschafter und Geschäftsführer Anh 3 330

Haftpflichtversicherer Anh 3 279

Haftpflichtversicherung VOB/B § 13 Nr. 7 145

Haftpflichtversicherung des Auftragnehmers VOB/B § 10 Nr. 2 92

Haftung
- Abgrenzung der Gefahrtragung VOB/B § 7 4
- Amtspflichtverletzung VOB/B § 10 Nr. 2 157
- Auftragnehmer
 - - bei Verletzung der Pflichten nach Nr. 3 VOB/B § 4 Nr. 3 82
- des Auftraggebers VOB/B § 2 44
- für andere Schäden VOB/B § 2 Nr. 8 12
- nach § 839 BGB VOB/B § 10 Nr. 2 157
- Staatshaftungsgesetz VOB/B § 10 Nr. 2 163

Stichwortverzeichnis

- Verjährung **VOB/B § 10 Nr. 2** 164

Haftung der am Bau Beteiligten
- § 823 Abs. 1 BGB **VOB/B § 10 Nr. 2** 6
- § 823 Abs. 2 BGB (Schutzgesetze) **VOB/B § 10 Nr. 2** 9
- §§ 836 ff. BGB **VOB/B § 10** 1, **§ 10 Nr. 2** 35
- Ausgleich im Innenverhältnis **VOB/B § 10** 2
- Bedeutung **VOB/B § 10** 1
- Begriff des gesetzlichen Vertreters **VOB/B § 10 Nr. 1** 62
- Beweislast **VOB/B § 10 Nr. 1** 52
- Erfüllungsgehilfe **VOB/B § 10 Nr. 1** 63
- Erfüllungsgehilfe des Auftraggebers **VOB/B § 10 Nr. 1** 70
- Fahrlässigkeit – Einzelentscheidungen **VOB/B § 10 Nr. 1** 49
- Fürsorge- und Obhutspflichten des Auftraggebers **VOB/B § 10 Nr. 1** 29
- Gefahrtragung **VOB/B § 10** 7
- grobe Fahrlässigkeit **VOB/B § 10 Nr. 1** 45
- Grundpflichten der Bauvertragspartner bei Inanspruchnahme durch einen geschädigten Dritten **VOB/B § 10 Nr. 6** 1
- Grundregel für Haftungsausgleich im Innenverhältnis **VOB/B § 10 Nr. 2** 182
- Haftung aufgrund gesetzlicher Bestimmungen **VOB/B § 10** 1
- Haftung aufgrund gesetzlicher Haftpflichtbestimmungen **VOB/B § 10 Nr. 2** 4
- Haftung aus Verletzung von Verkehrssicherungspflichten **VOB/B § 10** 2
- Haftung beider Vertragspartner **VOB/B § 10 Nr. 2** 176
- Haftung für gesetzliche Vertreter und Erfüllungsgehilfen **VOB/B § 10 Nr. 1** 60
- Haftung für Verrichtungsgehilfen **VOB/B § 10 Nr. 2** 171
- Haftung nach § 839 BGB **VOB/B § 10 Nr. 2** 157
- Haftungen im Zusammenhang mit der Baustellenrichtlinie der EG **VOB/B § 10** 2
- Haftungsfolgen aus der Baustellenrichtlinie **VOB/B § 10 Nr. 2** 131
- Haftungsgrundlagen der §§ 836 ff. BGB **VOB/B § 10** 1
- interne Haftung der Vertragspartner **VOB/B § 10** 6
- Kausalität der Schadensverursachung **VOB/B § 10 Nr. 2** 40
- leichte Fahrlässigkeit **VOB/B § 10 Nr. 1** 47
- objektive Haftungstatbestände **VOB/B § 10 Nr. 1** 2
- öffentliche Auftraggeber **VOB/B § 10 Nr. 2** 130
- Schadensausgleich im Innenverhältnis **VOB/B § 10 Nr. 2** 1
- Schadensersatzanspruch aus § 909 BGB **VOB/B § 10 Nr. 2** 26
- Schadenstragung durch Auftragnehmer – Voraussetzungen **VOB/B § 10 Nr. 4** 3
- Schadensursachen **VOB/B § 10 Nr. 3** 3
- Schadensverursachung **VOB/B § 10 Nr. 1** 31
- Schutzbereich des Werkvertrages **VOB/B § 10 Nr. 1** 17
- Schutzgesetze **VOB/B § 10 Nr. 2** 11
- Schutzpflichten **VOB/B § 10 Nr. 1** 10
- Sicherungspflichtiger zur Gefahrenabwehr **VOB/B § 10 Nr. 2** 58, 61
- subjektive Voraussetzung Verschulden **VOB/B § 10 Nr. 1** 41
- überholende Kausalität **VOB/B § 10 Nr. 1** 34
- Unfallverhütungsvorschriften **VOB/B § 10** 2, **§ 10 Nr. 2** 148
- Unterfangungsarbeiten **VOB/B § 10 Nr. 2** 20
- Verhältnis zu Dritten **VOB/B § 10** 6
- Verkehrssicherung **VOB/B § 10 Nr. 2** 64
- Verkehrssicherungspflichten **VOB/B § 10 Nr. 2** 50
- Verletzung bauvertraglicher Haupt- oder Nebenpflichten **VOB/B § 10 Nr. 1** 2
- Verschulden noch kein Haftungstatbestand **VOB/B § 10 Nr. 1** 2
- Versicherbarkeit des Schadens durch den Auftragnehmer **VOB/B § 10 Nr. 2** 197
- vertragliche Haftung der Bauvertragspartner **VOB/B § 10 Nr. 1** 2
- vertragliche Haftungsvereinbarungen **VOB/B § 10 Nr. 1** 59
- vertragliche Pflichten **VOB/B § 10 Nr. 1** 8
- Verzug bei unerlaubter Handlung **VOB/B § 10 Nr. 2** 175

Haftung des gerichtlichen Sachverständigen VOB/A § 7 16
Haftung des Sachverständigen VOB/A § 7 14
Haftung für Erfüllungsgehilfen VOB/B § 13 Nr. 1 112
Haftung für gesetzliche Vertreter und Erfüllungsgehilfen VOB/B § 10 Nr. 1 13
Haftung für Mängelansprüche VOB/A § 4 6
Haftungsausgleich im Innenverhältnis VOB/B § 10 Nr. 2 3
Haftungsausschluss VOB/B Vor § 13 140, **§ 13 Nr. 3** 63
Haftungsbefreiung VOB/B § 13 Nr. 3 5
- Auftragnehmer bei Erfüllung der Pflichten nach Nr. 3 **VOB/B § 4 Nr. 3** 81

Haftungsbefreiungsvoraussetzung VOB/B § 13 Nr. 3 50
Haftungsbegrenzung VOB/B § 13 Nr. 7 48
Haftungsbeschränkung VOB/A § 7 20; **VOB/B § 13** 343
Haftungsbeschränkung bei Personenschäden Anh 3 258
Haftungsfolgen aus der Baustellenrichtlinie VOB/B § 10 Nr. 2 131
- Besonderheiten der Richtlinie **VOB/B § 10 Nr. 2** 135
- Ziele, Rechte und Pflichten der Richtlinie **VOB/B § 10 Nr. 2** 139

Haftungsverhältnis VOB/B Vor § 13 168
Haftungsverteilung VOB/B Vor § 13 213
Hamburger Modell Anh 3 467
Handelsgeschäft Anh 3 8
Handelsregister VOB/A § 8 76
Handelsunternehmen Anh 3 492
Handwerkliche Leistungen VOB/A § 8 17
Handwerksordnung VOB/A § 8 42
Handwerksrolle VOB/A § 8 76; **VOB/B Vor §§ 8 und 9** 34
Haupt- und Nebenunternehmer Anh 3 283
Hauptpflichten VOB/B Vor § 13 176

2715

Stichwortverzeichnis

Hauptsachenklage
– Bauhandwerkersicherungshypothek **Anh 2** 107
Hauptunternehmer VOB/A § 8 20; **Anh 3** 158
Hauptunternehmervertrag Anh 3 293
Haushaltsmittel VOB/A § 16 17
Hausverbot VOB/B § 13 Nr. 3 59
Heizöltank VOB/B § 13 Nr. 4 106
Hemmung VOB/B § 13 Nr. 4 191
Hemmung der Verjährung VOB/B § 13 Nr. 4 193
– Schiedsgutachtenverfahren nach § 18 Nr. 4 **VOB/B § 18 Nr. 4** 14
– Schlichtungsverfahren nach § 18 Nr. 2 **VOB/B § 18 Nr. 2** 27
– selbständiges Beweisverfahren **Anh 4** 27
Hemmung durch selbständiges Beweisverfahren VOB/B § 13 Nr. 4 243
Hemmung durch Verhandlungen VOB/B § 13 Nr. 4 304
Hemmungswirkung VOB/B § 13 Nr. 4 256
Herausgabe von Nutzungen VOB/B § 13 112
Herstellkosten VOB/A § 2 30
Hierarchie der Verfahrenstypen VOB/A § 3 7, **§ 3a** 4
– Ausnahmetatbestände **VOB/A § 3a** 5
– Wettbewerb **VOB/A § 3** 7
Hierarchieverhältnis VOB/A-SKR Vor SKR 4
Hilfsorgan der Geschäftsführung Anh 3 61
Hilfsperson des Auftragnehmers VOB/B § 13 Nr. 4 119
Hinterlegungsbefugnis VOB/B § 17 Nr. 4 30
Höhe des Entschädigungsanspruchs VOB/B § 9 Nr. 3 8, 13
Höhere Gewalt VOB/B § 13 Nr. 4 200, siehe auch *Behinderung*
– Begriff **VOB/B § 7 Nr. 1–3** 12
– Benachrichtigungspflicht **VOB/B § 7 Nr. 1–3** 16
– Krieg **VOB/B § 7 Nr. 1–3** 8
– Witterungseinflüsse **VOB/B § 7 Nr. 1–3** 15
Holzerkrankungen VOB/B § 13 Nr. 4 17
Honorarordnung für Architekten/Ingenieure VOB/B § 13 271
Horizontale Absprache VOB/A § 8 99
Hotelkosten VOB/B § 13 Nr. 7 130

I

Illegale Beschäftigung VOB/A § 8 107
Im Allgemeininteresse liegende Aufgaben nichtgewerblicher Art VOB/A-SKR § 1 2
Immobilienfonds Anh 3 498
Immobilienleasing Anh 3 495
Individualverträge Anh 3 351
Industrie- und Handelskammern VOB/A § 1a 37
Industrielle Feuerungsanlagen VOB/B § 13 Nr. 4 95
Informations- und Kommunikationstechnologie VOB/A § 16 4
Informationspflicht Anh 3 89, 344
Informationspflicht gem. Vergabeverordnung
– Adressat **VOB/A § 27a** 7
– Form und Frist **VOB/A § 27a** 11 f.
– Nichtigkeitsfolge **VOB/A § 27a** 16 f.
– Umfang **VOB/A § 27a** 8 ff.

Informationsübermittlung VOB/A § 16 4; **VOB/A-SKR § 8** 1
Informationsvorsprung VOB/A § 8a 28
Inhalt der Bekanntmachung VOB/A § 17 5
Inhalt des Gleichbehandlungsgrundsatzes VOB/A § 8 6
Inhaltsirrtum VOB/A § 19 31
Inhaltskontrolle VOB/B Vor §§ 8 und 9 12–16
Inhaltskontrolle (VOB/B) VOB/A § 32 31
Inhaltskontrolle der VOB/B VOB/B Vor § 13 327
Inhaltskontrolle v. AGB VOB/A § 13 25
Inhaltskontrolle v. Verjährungsfristen VOB/A § 13 25
Inhouse-Geschäft VOB/A § 8 38
Initiator eines Bauherrenmodells Anh 3 451
Inkassovollmacht Anh 3 166
Innenarchitekten
– Bauhandwerkersicherungshypothek **Anh 2** 23
Innenverhältnis Anh 3 33, 59, 63, 86
Innerer Zusammenhang zur Erledigung bauvertraglicher Pflichten VOB/B § 10 Nr. 1 23
Insolvenz VOB/B § 13 Nr. 6 22; **Anh 3** 73, 456
– Bauhandwerkersicherungshypothek **Anh 2** 119
– des Auftraggebers **VOB/B § 17 Nr. 8** 27
– selbständiges Beweisverfahren **Anh 4** 82
Insolvenz der ARGE Anh 3 97
Insolvenz des Auftragnehmers
– Sicherheitsleistung **VOB/B § 17 Nr. 8** 21
– Vertragserfüllungsbürgschaft **VOB/B § 17 Nr. 8** 26
Insolvenz des Bauträgers Anh 3 318, 459a
Insolvenz des Bestellers/Auftraggebers VOB/B Vor § 13 347
Insolvenz des Generalunternehmers VOB/B Vor § 13 348
Insolvenz des Treuhänders Anh 3 75
Insolvenz des Unternehmers/Auftraggebers VOB/B Vor § 13 344; **Anh 3** 352
Insolvenzeröffnung VOB/B § 13 Nr. 4 288
Insolvenzfall eines Mitglieds der ARGE Anh 3 73
Insolvenzrisiko VOB/A § 8 37
Insolvenzverfahren VOB/A § 8 94; **Anh 3** 166
Insolvenzverwalter VOB/B § 13 Nr. 5 161, **§ 13 Nr. 7** 37; **Anh 3** 458
Instandsetzungsarbeiten VOB/B § 13 Nr. 4 79
Integrität der Daten VOB/A § 16a 2
Interessenkollision VOB/A § 8 31
Internationale Subunternehmerverträge Anh 3 262
Interner Kalkulationsirrtum VOB/A Vor § 2 7
Internet VOB/A § 16 56
Intranet VOB/A § 16 56
Irrtumsanfechtung VOB/B § 2 Nr. 7 7; **Anh 1** 31
ISO 14001 VOB/A § 8a 35
Isolierte Inhaltskontrolle Anh 1 70
Ist-Bestimmungen VOB/A Vor § 2 12, 20

J

Jahresmietertrag VOB/B Vor § 13 285
Jahresverträge VOB/B Vor §§ 8 und 9 22
Juristische Person des öffentlichen Rechts VOB/A § 1a 12; **Anh 1** 101
Juristische Person des privaten Rechts VOB/A § 1a 13

Stichwortverzeichnis

Justizvergütungs- und -entschädigungsgesetz VOB/A § 7 22
Justizvollzugsanstalt VOB/A § 8 34

K
Kalkulationsirrtum VOB/A Vor § 2 7, § 19 27
Kammer für Handelssachen Anh 3 53
Kapitaldienst VOB/A § 2 30
Kardinalpflicht VOB/A § 7 20
Kauf nach Probe VOB/B § 13 Nr. 2 3
Kaufmännische und technische Geschäftsführung Anh 3 60
Kaufmännischer Verkehr Anh 1 102
Kaufmännisches Bestätigungsschreiben VOB/B § 2 Nr. 8 24; Anh 1 43
Kaufmannseigenschaft Anh 1 98
Kaufvertrag VOB/B Vor § 13 15
Kernbereich Anh 1 60, 61
Kinder auf der Baustelle VOB/B § 10 Nr. 2 77
Kirchen VOB/A § 1a 35
Klage auf Abschlagszahlung VOB/B § 16 Nr. 1 46 ff.
– Klageänderung VOB/B § 16 Nr. 1 48
Klageantrag bei Schadensersatzklage VOB/B § 13 Nr. 7 28
Klageerhebung VOB/B § 13 Nr. 4 226
Klagerücknahme
– selbständiges Beweisverfahren Anh 4 93
Kleiner Schadensersatz VOB/B § 13 Nr. 7 54
Kleinere Aufträge VOB/B § 17 Nr. 6 23
Know-how VOB/A § 2 28
Kölner Bauherrenmodell Anh 3 466
Kommerzielle Nebenzwecke VOB/A § 3a 38
Kommunikationspflicht VOB/B § 13 Nr. 7 23
Kompatibilität VOB/A § 16 56
Komplexität der Leistung VOB/A § 3a 26
– finanzielle Bedingungen VOB/A § 3a 28
– rechtliche Bedingungen VOB/A § 3a 28
– technische Mittel VOB/A § 3a 27
Konkludentes Anerkenntnis VOB/B § 13 Nr. 4 273
Konkret geforderte Bauleistung VOB/A § 9 45
Konsortium Anh 3 16, 138
Kontrahierungszwang VOB/A § 26 4 ff.
Kontrollklage Anh 1 22
Konzernbürgschaften VOB/B § 17 Nr. 4 13
Konzerngesellschaft VOB/A § 2 3, § 8 24
Konzessionär VOB/A § 32 27
Konzessionsmodell VOB/A § 32 6
Kooperation VOB/B Vor § 13 110
Kooperation der Bauvertragspartner VOB/B § 8 5
Kooperationsmodell VOB/A § 32 6
Kooperationspflicht VOB/B Vor §§ 8 und 9 21, § 13 Nr. 4 175
– der Bauvertragspartner VOB/B § 9 Nr. 1 15
Kooperationsprinzip Anh 3 210
Kooperationsverpflichtung Anh 3 147
Koordinationspflicht des Auftraggebers VOB/B § 4 Nr. 1, § 4 Nr. 2 31
– Nebenpflichten VOB/B § 4 Nr. 1 32
Koordinationspflichten VOB/B Vor § 13 224

Koordinierte Auftragssperre VOB/A § 8 113
Koordinierungspflichten VOB/B § 9 Nr. 1 12, Vor § 13 176
Kopie VOB/A § 8 79
Koppelung der Auftragsvergabe VOB/A § 16 26
Koppelung VOB/A § 2 51
Kopplungsverbot Anh 3 300
Korruption VOB/A § 8 102, § 8a 3
Korruptionsregister VOB/A § 8 113
Korruptionsregistergesetz VOB/A § 8 113
Kosten
– für Entfernung vertragswidriger Stoffe oder Bauteile VOB/B § 4 Nr. 6 16
– Wasser- und Energieverbrauch VOB/B § 4 Nr. 4 4
Kosten der Schadensminderung VOB/B § 13 Nr. 7 105
Kosten des Erwerbers Anh 3 350
Kosten eines Sachverständigengutachtens VOB/B § 13 Nr. 5 174
Kosten eines Vorprozesses VOB/B § 13 Nr. 5 178, § 13 Nr. 7 124
Kostenanschlag VOB/B Vor §§ 8 und 9 18 f.
Kostenentscheidung VOB/B § 13 Nr. 5 267
Kostenerstattung VOB/A § 3a 23
Kostenerstattung als Schadensersatzanspruch VOB/B § 13 Nr. 5 232
Kostenerstattungs- und Kostenvorschussanspruch des Auftraggebers VOB/B § 13 Nr. 5 163
Kostenerstattungsanspruch VOB/B § 13 Nr. 4 279
– Erfüllungsort VOB/B § 18 Nr. 1 10
Kostenfestsetzung
– selbständiges Beweisverfahren Anh 4 86
Kostenschätzung VOB/B § 13 Nr. 7 7
Kostenvorschuss VOB/B § 13 Nr. 5 190
Kriminelle und terroristische Vereinigung im Ausland VOB/A § 8a 8
Kulanz VOB/B § 13 Nr. 4 268
Kundendienst und technische Hilfe VOB/A-SKR § 11 2
Kundenfeindlichste Auslegung Anh 1 26
Kundenschutzklausel Anh 3 264
Kündigung VOB/B Vor §§ 8 und 9 5, 21; Anh 3 275
– Ablehnung von Nachtragsangebot VOB/B Vor §§ 8 und 9 22
– Abmahnung VOB/B Vor §§ 8 und 9 11, 24
– Abnahme VOB/B Vor §§ 8 und 9 7
– Abrechnungsverhältnis VOB/B Vor §§ 8 und 9 8
– Abschlagszahlungen VOB/B Vor §§ 8 und 9 8, 21
– AGB-Gesetz VOB/B Vor §§ 8 und 9 23
– Änderung der Geschäftsgrundlage VOB/B Vor §§ 8 und 9 22, 27
– Annullierung VOB/B Vor §§ 8 und 9 6
– Anpassung der Vergütung VOB/B Vor §§ 8 und 9 21
– Anzeigepflicht nach § 650 VOB/B Vor §§ 8 und 9 19
– Arbeitseinstellung VOB/B Vor §§ 8 und 9 20
– Baubeginn VOB/B Vor §§ 8 und 9 7
– Bauverzögerung VOB/B Vor §§ 8 und 9 21
– Bedenken gegen die vorgesehene Art der Ausführung VOB/B Vor §§ 8 und 9 25
– Bedenken gemäß §§ 4 Nr. 3 VOB/B Vor §§ 8 und 9 25
– Dauerschuldverhältnis VOB/B Vor §§ 8 und 9 11 f.

Stichwortverzeichnis

- Eignungsnachweis zum Schweißen **VOB/B Vor §§ 8 und 9** 21
- Einbehalte wegen vorhandener Mängel **VOB/B Vor §§ 8 und 9** 20
- Entschädigungsanspruch **VOB/B Vor §§ 8 und 9** 9
- Erfüllungsverweigerung **VOB/B Vor §§ 8 und 9** 21
- fristlose Kündigung **VOB/B Vor §§ 8 und 9** 21
- Fristsetzung mit Kündigungsandrohung **VOB/B Vor §§ 8 und 9** 22, 26
- Handwerksrolle **VOB/B Vor §§ 8 und 9** 21
- Haupt- oder Nebenpflichten **VOB/B Vor §§ 8 und 9** 24
- in sich abgeschlossene Teilleistung **VOB/B Vor §§ 8 und 9** 7
- Jahresverträge **VOB/B Vor §§ 8 und 9** 22
- Kooperationspflicht **VOB/B Vor §§ 8 und 9** 21
- Kostenanschlag **VOB/B Vor §§ 8 und 9** 18,19
- Kostenlimit **VOB/B Vor §§ 8 und 9** 18
- Kündigung nach § 650 BGB **VOB/B Vor §§ 8 und 9** 18
- Mängelbeseitigungsansprüche **VOB/B Vor §§ 8 und 9** 8
- Mangelhafte Vorleistung **VOB/B Vor §§ 8 und 9** 27
- Mehrvergütungsanspruch **VOB/B Vor §§ 8 und 9** 27
- Mitwirkungspflichten des Auftraggebers **VOB/B Vor §§ 8 und 9** 9
- Nachunternehmerverträge **VOB/B § 8 Nr. 1** 3
- positive Vertragsverletzung **VOB/B Vor §§ 8 und 9** 21, 27
- Regeln der Technik **VOB/B Vor §§ 8 und 9** 21
- Rücktrittsrecht **VOB/B Vor §§ 8 und 9** 9
- Schlusszahlung **VOB/B Vor §§ 8 und 9** 8
- Schmiergelder **VOB/B Vor §§ 8 und 9** 21
- Schwarzarbeit **VOB/B Vor §§ 8 und 9** 21
- Sicherheit **VOB/B Vor §§ 8 und 9** 20
- Sistierung **VOB/B Vor §§ 8 und 9** 6
- Stornierung **VOB/B Vor §§ 8 und 9** 6
- Stundenlohnberichte **VOB/B Vor §§ 8 und 9** 19
- Subunternehmer **VOB/B Vor §§ 8 und 9** 26
- Teilabnahme **VOB/B Vor §§ 8 und 9** 7
- Teilkündigung **VOB/B Vor §§ 8 und 9** 7
- Überschreitung eines Kostenanschlags **VOB/B Vor §§ 8 und 9** 18
- Vergabe Nachprüfungsverfahren **VOB/B Vor §§ 8 und 9** 27
- vertragswidriger Subunternehmereinsatz **VOB/B Vor §§ 8 und 9** 26
- Vertrauensverhältnis **VOB/B Vor §§ 8 und 9** 21
- Vorunternehmerleistungen **VOB/B Vor §§ 8 und 9** 25
- Wandelung **VOB/B Vor §§ 8 und 9** 9

Kündigung aus wichtigem Grund VOB/B Vor §§ 8 und 9 21–27, **§ 2**, 12 ff.
- Ablehnungsandrohung **VOB/B § 8 Nr. 3** 33
- Abmahnung **VOB/B § 8 Nr. 3** 19
- Abnahme **VOB/B § 8 Nr. 3** 6, 44
- Abrechnungspflicht des Auftraggebers **VOB/B § 8 Nr. 3** 69
- AGB **VOB/B § 8 Nr. 3** 9
- Änderung oder Wegfall der Geschäftsgrundlage **VOB/B § 8 Nr. 3** 19
- angelieferte Baustoffe oder Bauteile **VOB/B § 8 Nr. 3** 47
- angemessene Frist **VOB/B § 8 Nr. 3** 13, 29
- Aufmaß **VOB/B § 8 Nr. 3** 71
- Ausführungsfristen **VOB/B § 8 Nr. 3** 11
- Ausschlussfrist **VOB/B § 8 Nr. 3** 77
- bauseits gestellte Baustoffe **VOB/B § 8 Nr. 3** 63
- Bau-Soll **VOB/B § 8 Nr. 3** 73
- Baustelleneinrichtung **VOB/B § 8 Nr. 3** 60, 62
- Bedenken gegen die vorgesehene Art der Ausführung **VOB/B § 8 Nr. 3** 24 f.
- Beginn der Ausführung **VOB/B § 8 Nr. 3** 11
- Beratungspflichten **VOB/B § 8 Nr. 3** 26
- Bestandsaufnahme **VOB/B § 8 Nr. 3** 66
- Beweise sichern **VOB/B § 8 Nr. 3** 10
- Beweislast **VOB/B § 8** 7, **§ 8 Nr. 3** 29, 33, 52
- culpa in contrahendo **VOB/B § 8 Nr. 3** 26
- Darlegungs- und Beweislast **VOB/B § 8 Nr. 3** 3, 37, 60, 70
- Differenztheorie **VOB/B § 8 Nr. 3** 58
- DIN-Normen **VOB/B § 8 Nr. 3** 21
- Dokumentation **VOB/B § 8 Nr. 3** 14
- Einheitspreis- oder Pauschalpreisvertrag **VOB/B § 8 Nr. 3** 71
- einverständliche Aufhebung des Vertrags **VOB/B § 8 Nr. 3** 30
- Erfüllungsverweigerung **VOB/B § 8 Nr. 3** 56
- Ersatzvornahme **VOB/B § 8 Nr. 3** 8, 10, 70, 74
- Fälligkeit der Leistung **VOB/B § 8 Nr. 3** 12
- Fenster, Türen, Treppenanlagen oder Fertigteile **VOB/B § 8 Nr. 3** 63
- fiktive Abnahme **VOB/B § 8 Nr. 3** 10
- Folgeschäden **VOB/B § 8 Nr. 3** 59
- förmliche Abnahme **VOB/B § 8 Nr. 3** 10
- freie Kündigung **VOB/B § 8 Nr. 3** 3
- Fristsetzung **VOB/B § 8** 4, **§ 8 Nr. 3** 12, 28
- Fristsetzung mit Kündigungsandrohung **VOB/B § 8 Nr. 3** 15, 22, 30
- Fürsorge- und Obhutspflichten **VOB/B § 8** 8
- Genehmigung des Subunternehmereinsatzes **VOB/B § 8 Nr. 3** 16
- Gerüstbau **VOB/B § 8 Nr. 3** 60
- grobe Vertragsverletzung **VOB/B § 8 Nr. 3** 19
- Handwerksrolle **VOB/B § 8 Nr. 3** 19
- Haupt- oder Nebenpflichten **VOB/B § 8 Nr. 3** 18
- in sich abgeschlossener Teil der vertraglichen Leistung **VOB/B § 8 Nr. 3** 8, 31
- Interessenwegfall **VOB/B § 8 Nr. 3** 55
- isolierte Inhaltskontrolle **VOB/B § 8** 15
- Kalkulationsgrundlagen **VOB/B § 8 Nr. 3** 38
- Kooperationspflicht **VOB/B § 8 Nr. 3** 20 f.
- Kosten der Mängelbeseitigung **VOB/B § 8 Nr. 3** 8
- Kündigung des Bauvertrags wegen Mängeln **VOB/B § 8 Nr. 3** 8
- Kündigung wegen positiver Vertragsverletzung **VOB/B § 8 Nr. 3** 17

Stichwortverzeichnis

- Kündigung wegen ungenehmigten Subunternehmereinsatzes **VOB/B § 8 Nr. 3** 15
- Kündigungsandrohung **VOB/B § 8** 4, 6, **§ 8 Nr. 3** 12, 28
- Kündigungserklärung **VOB/B § 8 Nr. 3** 27
- Kündigungsgründe nachschieben **VOB/B § 8 Nr. 3** 30
- Leistungsänderungen **VOB/B § 8 Nr. 3** 38, 49
- Leistungsverweigerungsrecht **VOB/B § 8 Nr. 3** 23
- Mahnung oder In-Verzug-Setzung **VOB/B § 8 Nr. 3** 12
- Mängel **VOB/B § 8 Nr. 3** 1, 50
- Mängelbeseitigung endgültig verweigert **VOB/B § 8 Nr. 3** 8
- Mängelbeseitigungskosten **VOB/B § 8 Nr. 3** 10, 74
- Mängelfreiheit **VOB/B § 8 Nr. 3** 33
- Mehraufwendungen **VOB/B § 8 Nr. 3** 51
- Mehrkosten **VOB/B § 8 Nr. 3** 37 f., 42, 49, 70 f.
- Mehrkostenaufstellung **VOB/B § 8 Nr. 3** 76
- Mehrkostenerstattungsanspruch **VOB/B § 8 Nr. 3** 49, 73
- Mehrmengen **VOB/B § 8 Nr. 3** 71, 73
- Minderung **VOB/B § 8 Nr. 3** 46, 50
- Minderungs- oder Schadensersatzansprüche **VOB/B § 8 Nr. 3** 75
- Nachbesserungsrecht **VOB/B § 8 Nr. 3** 74
- Nachforderungen **VOB/B § 8 Nr. 3** 20
- nachgeschobener Kündigungsgrund **VOB/B § 8 Nr. 3** 30
- Nachlässe **VOB/B § 8 Nr. 3** 58
- Nachschieben weiterer und neuer Kündigungsgründe **VOB/B § 8** 5
- Nachtragsangebot **VOB/B § 8 Nr. 3** 25
- Nachtragsforderungen **VOB/B § 8 Nr. 3** 38
- Nachtragspreise **VOB/B § 8 Nr. 3** 73
- Nebenpflichten **VOB/B § 8 Nr. 3** 77
- Nutzungsrecht des Auftraggebers an Geräten, Gerüsten, Bauteilen **VOB/B § 8 Nr. 3** 60, 65
- Ohnehin- oder Sowiesokosten **VOB/B § 8 Nr. 3** 38, 71, 73
- pauschale Abrechnung **VOB/B § 8** 10
- Personaleinsatz **VOB/B § 8 Nr. 3** 14
- Planungsänderungen **VOB/B § 8 Nr. 3** 73
- Planungsleistungen **VOB/B § 8 Nr. 3** 38
- positive Vertragsverletzung **VOB/B § 8 Nr. 3** 17, 20, 23, 33, 51, 62, 77
- Restarbeiten im Stundenlohn **VOB/B § 8 Nr. 3** 72
- Schadensersatz **VOB/B § 8** 8
- Schadensersatz wegen Nichterfüllung **VOB/B § 8 Nr. 3** 53, 58
- Schadensersatzansprüche **VOB/B § 8 Nr. 3** 51
- Schadensminderungspflicht **VOB/B § 8 Nr. 3** 47, 60
- Schadstoffe in Böden **VOB/B § 8 Nr. 3** 21
- Schätzung der voraussichtlichen Mehrkosten **VOB/B § 8 Nr. 3** 42
- Schriftform **VOB/B § 8 Nr. 3** 30
- Steuerersparnis **VOB/B § 8 Nr. 3** 52
- Stoffe oder Bauteile **VOB/B § 8 Nr. 3** 60, 63
- Subunternehmer **VOB/B § 8 Nr. 3** 62
- Subunternehmereinsatz **VOB/B § 8 Nr. 3** 15, 16
- Teilabnahme **VOB/B § 8 Nr. 3** 31
- Teilkündigung **VOB/B § 8 Nr. 3** 8, 31
- Umdeutung **VOB/B § 8** 7
- ungenehmigter Subunternehmereinsatz **VOB/B § 8 Nr. 3** 1
- unverhältnismäßiger Aufwand **VOB/B § 8 Nr. 3** 46
- Verjährungsfrist **VOB/B § 8 Nr. 3** 44
- Verschuldensvermutung **VOB/B § 8 Nr. 3** 33
- Vertrauensverhältnis **VOB/B § 8** 12 ff., **§ 8 Nr. 3** 2, 15, 17, 19
- Verwirkung des Kündigungsrechts **VOB/B § 8 Nr. 3** 12, 28
- Verzicht auf die Weiterführung **VOB/B § 8 Nr. 3** 54
- Verzug **VOB/B § 8 Nr. 3** 1, 11 f., 44
- Verzugsschaden **VOB/B § 8 Nr. 3** 51
- Vorschuss **VOB/B § 8 Nr. 3** 42
- Vorunternehmerleistungen **VOB/B § 8 Nr. 3** 24
- Werkzeuge **VOB/B § 8 Nr. 3** 62
- Zinsaufwendungen **VOB/B § 8 Nr. 3** 52
- Zusatzleistungen **VOB/B § 8 Nr. 3** 38, 73
- Zwischentermine **VOB/B § 8 Nr. 3** 14

Kündigung der Geschäftsführung Anh 3 68
Kündigung des Auftragnehmers nach § 648a BGB VOB/B § 9 Nr. 1 54
Kündigung durch den Auftraggeber VOB/B Vor §§ 8 und 9 9, 17, **§ 8** 1 f., **§ 8 Nr. 1** 10
- Abnahme **VOB/B § 8 Nr. 6** 1, 3 ff., 7, 10, 15, **§ 8 Nr. 7** 4
- Abrechnung des Auftragnehmers **VOB/B § 8 Nr. 6** 1
- Abrechnungsverhältnis **VOB/B § 8 Nr. 7** 4
- Abrufpflicht **VOB/B § 9 Nr. 1** 17
- Abschlagszahlungen **VOB/B § 8 Nr. 6** 23
- Änderung oder Wegfall der Geschäftsgrundlage **VOB/B § 9 Nr. 1** 27
- Aufmaß **VOB/B § 8 Nr. 6** 1, 3 ff., 8, 15, 22
- Auskunftspflicht **VOB/B § 9 Nr. 1** 17
- außerordentliche Kündigung **VOB/B § 8** 2
- Baustellenverbot **VOB/B § 8 Nr. 6** 8
- Beginn der Verjährungsfrist **VOB/B § 8 Nr. 6** 10
- Bereicherungsanspruch **VOB/B § 8 Nr. 6** 23
- Beweislast **VOB/B § 8 Nr. 6** 17, 23
- Beweislastumkehr **VOB/B § 8 Nr. 6** 8
- Darlegungs- und Beweislast **VOB/B § 8 Nr. 6** 15
- Einheitspreisvertrag **VOB/B § 8 Nr. 6** 9
- Einstellung der Arbeiten **VOB/B § 8 Nr. 5** 5
- einverständliche Vertragsaufhebung **VOB/B § 8 Nr. 5** 3, 5, **§ 8 Nr. 6** 17, **§ 8 Nr. 7** 1
- Ersatzunternehmer **VOB/B § 8 Nr. 5** 5
- Fälligkeit des Vergütungsanspruches **VOB/B § 8 Nr. 6** 16, 18 f.
- fiktive Abnahme **VOB/B § 8 Nr. 6** 13, 16
- freie Kündigung **VOB/B § 8** 2
- gemeinsames Aufmaß **VOB/B § 8 Nr. 6** 8
- Genehmigungen **VOB/B § 8 Nr. 5** 4
- Gewährleistungsfrist **VOB/B § 8 Nr. 6** 5, 10
- Jahresverträge **VOB/B § 9 Nr. 1** 27
- Kooperationspflicht der Bauvertragspartner **VOB/B § 9 Nr. 1** 23
- Kündigung aus wichtigem Grund **VOB/B § 8** 2
- Leistungsverzeichnis **VOB/B § 8 Nr. 6** 9
- Mängel **VOB/B § 8 Nr. 6** 17

Stichwortverzeichnis

- Mängelbeseitigungsansprüche **VOB/B § 8 Nr. 6** 20
- Mitwirkungspflichten **VOB/B § 9 Nr. 1** 23
- Nachbesserungsrecht **VOB/B § 8 Nr. 6** 17, 20
- Nebenpflichten **VOB/B § 9 Nr. 1** 23, 28
- Pauschalvertrag **VOB/B § 8 Nr. 6** 9, 18
- positive Vertragsverletzung **VOB/B § 8 Nr. 6** 8, § 9 Nr. 1 23
- prüfbare Rechnung **VOB/B § 8 Nr. 6** 1, 3, 21 f.
- Schadensersatz wegen Nichterfüllung **VOB/B § 8 Nr. 6** 2
- Schriftform **VOB/B § 8 Nr. 5** 2
- Sicherheitseinbehalt **VOB/B § 8 Nr. 6** 20
- Stundenlohnarbeiten **VOB/B § 8 Nr. 6** 9
- Subunternehmer **VOB/B § 9 Nr. 1** 27
- Unterschrift **VOB/B § 8 Nr. 5** 1
- Vertragsstrafe **VOB/B** 5, **§ 8 Nr. 7** 1
- Verzug **VOB/B § 8 Nr. 7** 1
- Vollmacht **VOB/B § 8 Nr. 5** 4, 5
- Vollmachtsurkunde **VOB/B § 8 Nr. 5** 5
- Vorbehalt der Vertragsstrafe **VOB/B § 8 Nr. 7** 2
- Zahlungsplan **VOB/B § 8 Nr. 6** 18
- Zugang **VOB/B § 8 Nr. 5** 5

Kündigung durch den Auftragnehmer VOB/B Vor §§ 8 und 9 9, 17, **§ 9** 1
- Abfindung **VOB/B § 9 Nr. 3** 8
- Ablehnung von berechtigten Nachtragsangeboten **VOB/B § 9 Nr. 1** 27
- Abmahnung **VOB/B § 9** 6, 10
- Abnahme **VOB/B § 9 Nr. 3** 7
- Abrechnung nach Vertragspreisen **VOB/B § 9 Nr. 3** 2
- Abrufpflicht **VOB/B § 9 Nr. 1** 17
- Abschlagszahlungen **VOB/B § 9 Nr. 1** 43
- Abschlagszahlungen mit ungedecktem Scheck **VOB/B § 9 Nr. 1** 25
- Abstandsflächen **VOB/B § 9 Nr. 1** 8
- Abstecken der Hauptachsen **VOB/B § 9 Nr. 1** 8
- AGB **VOB/B § 9** 7 ff., 15
- Änderung oder Wegfall der Geschäftsgrundlage **VOB/B § 9** 14, **§ 9 Nr. 1** 27
- Änderungskündigung **VOB/B § 9 Nr. 1** 25
- angelieferte Bauteile **VOB/B § 9 Nr. 3** 4
- Annahme- oder Gläubigerverzug **VOB/B § 9** 13, **§ 9 Nr. 1** 23, 31
- Anschlüsse für Wasser und Energie **VOB/B § 9 Nr. 1** 14
- Aufrechterhaltung der allgemeinen Ordnung **VOB/B § 9 Nr. 1** 10
- Ausführungsunterlagen, Pläne, Zeichnungen **VOB/B § 9 Nr. 1** 7
- Auskunftpflicht **VOB/B § 9 Nr. 1** 17
- Ausschluss des Erfordernisses der Nachfristsetzung in AGB **VOB/B § 9 Nr. 2** 5
- Baubeginn **VOB/B § 9 Nr. 1** 25
- Bauzeitenplan **VOB/B § 9 Nr. 1** 12
- Bedenken gegen die vorgesehene Art der Ausführung **VOB/B § 9 Nr. 1** 16
- Bereicherungsansprüche **VOB/B § 9 Nr. 3** 21
- Bereitstellung eines baureifen Grundstücks **VOB/B § 9 Nr. 1** 6
- Beweislast **VOB/B § 9 Nr. 3** 2
- Bürgerinitiativen **VOB/B § 9 Nr. 1** 11
- Demonstrationen **VOB/B § 9 Nr. 1** 11
- Eigenleistungen **VOB/B § 9 Nr. 1** 38
- Einzelfristen **VOB/B § 9 Nr. 1** 38
- entgangener Gewinn **VOB/B § 9 Nr. 3** 5, 8, 13
- Entschädigung **VOB/B § 9 Nr. 3** 10, 11
- Entschädigungsanspruch **VOB/B § 9** 3, **§ 9 Nr. 3** 5, 8, 13 ff.
- Erfüllungsgehilfen **VOB/B § 9 Nr. 1** 7
- Erfüllungsverweigerung durch den Auftraggeber **VOB/B § 9 Nr. 1** 48
- Fälligkeit **VOB/B § 9 Nr. 1** 44 ff., 48
- Finanzierung **VOB/B § 9 Nr. 1** 36
- fristlose Kündigung **VOB/B § 9 Nr. 1** 25
- gemeinsames Aufmaß **VOB/B § 9 Nr. 3** 2
- Genehmigungen **VOB/B § 9 Nr. 1** 13
- Gerüsterstellung für Dachdeckerarbeiten **VOB/B § 9 Nr. 1** 38
- Gesetz zur Beschleunigung fälliger Zahlungen **VOB/B § 9 Nr. 1** 48
- Haupt- und Nebenpflichten **VOB/B § 9** 5
- Höhe des Entschädigungsanspruchs **VOB/B § 9 Nr. 3** 8, 13 ff.
- Höhenfestpunkte **VOB/B § 9 Nr. 1** 8
- Jahresverträge **VOB/B § 9 Nr. 1** 27
- Klausel in AGB **VOB/B § 9** 12
- Kooperationspflicht der Bauvertragspartner **VOB/B § 9 Nr. 1** 15, 23
- Koordinierungspflicht **VOB/B § 9 Nr. 1** 12
- Kosten der Baustellenräumung **VOB/B § 9 Nr. 3** 3
- Kündigung aus wichtigem Grund **VOB/B § 9** 14
- Kündigung nach Fristablauf **VOB/B § 9 Nr. 2** 6
- Kündigung wegen Gläubigerverzuges **VOB/B § 9 Nr. 1** 1
- Kündigung zur Unzeit **VOB/B § 9 Nr. 1** 25
- Kündigungsandrohung **VOB/B § 9 Nr. 2** 3
- Kündigungserklärung **VOB/B § 9 Nr. 2** 7
- Kündigungsfolgen **VOB/B § 9 Nr. 1** 23, **§ 9 Nr. 3** 1
- Kündigungsrecht nach §§ 642, 643 BGB **VOB/B § 9** 2, 3
- Kündigungsvoraussetzungen **VOB/B § 9 Nr. 2** 1
- Lager und Arbeitsplätze **VOB/B § 9 Nr. 1** 14
- Leistungsverweigerungsrecht **VOB/B § 9 Nr. 1** 46
- Mahnung und Verschulden des Auftraggebers **VOB/B § 9 Nr. 1** 47
- Mängelbeseitigung **VOB/B § 9 Nr. 3** 6
- Mängelbeseitigungskosten **VOB/B § 9 Nr. 3** 5
- mangelhafte Vorleistungen **VOB/B § 9 Nr. 1** 16
- Mehraufwendungen gemäß § 304 BGB **VOB/B § 9 Nr. 3** 21
- Mitverschulden **VOB/B § 9 Nr. 1** 36
- Mitverschulden des Auftragnehmers **VOB/B § 9 Nr. 3** 16, 21
- Mitwirkungspflichten **VOB/B § 9** 2, 13 f., **§ 9 Nr. 1** 2, 4, 23, 31
- Nachbar **VOB/B § 9 Nr. 1** 11
- Nachfristsetzung mit Kündigungsandrohung **VOB/B § 9 Nr. 2** 1 f., 4
- Nachholfrist **VOB/B § 9 Nr. 2** 3

Stichwortverzeichnis

- Nebenpflichten **VOB/B § 9 Nr. 1** 23 f., 28
- Nichtleisten einer fälligen Zahlung **VOB/B § 9 Nr. 1** 37
- öffentlich-rechtliche Genehmigungen **VOB/B § 9 Nr. 1** 13
- Planliefertermine **VOB/B § 9 Nr. 1** 7
- positive Vertragsverletzung **VOB/B § 9 Nr. 1** 23, **§ 9 Nr. 3** 21
- Prüfbarkeit der Abschlagsrechnung **VOB/B § 9 Nr. 1** 46
- Schadensersatzansprüche **VOB/B § 9 Nr. 3** 21
- Schadensersatzpflicht **VOB/B § 9 Nr. 1** 41
- Schätzung **VOB/B § 9 Nr. 3** 13
- Schlussabnahme **VOB/B § 9 Nr. 1** 38
- Schlusszahlung **VOB/B § 9 Nr. 1** 43
- Schriftform **VOB/B § 9 Nr. 1** 25, **§ 9 Nr. 2** 8
- Schuldnerverzug **VOB/B § 9** 13, **§ 9 Nr. 1** 1, 24
- Schwarzarbeit **VOB/B § 9 Nr. 1** 25
- Sicherheiten **VOB/B § 9 Nr. 1** 53
- Stoffe oder Bauteile **VOB/B § 9 Nr. 1** 16
- Störung des Vertrauensverhältnisses **VOB/B § 9 Nr. 1** 25
- Subunternehmer **VOB/B § 9 Nr. 1** 27
- Teilabnahme **VOB/B § 9 Nr. 1** 38, 52
- Teilkündigung **VOB/B § 9 Nr. 1** 29
- Teilschlusszahlungen **VOB/B § 9 Nr. 1** 43
- Überbau **VOB/B § 9 Nr. 1** 8
- Umbauarbeiten **VOB/B § 9 Nr. 1** 10
- Unterbrechung der Bauausführung **VOB/B § 9** 14, **§ 9 Nr. 1** 25
- Ursächlichkeit **VOB/B § 9 Nr. 1** 29
- Verdienstausfall **VOB/B § 9 Nr. 3** 8
- Vergütung **VOB/B § 9 Nr. 1** 41
- Verjährung **VOB/B § 9 Nr. 3** 18
- Verkehrssicherungspflicht **VOB/B § 9 Nr. 1** 10
- Verschulden **VOB/B § 9 Nr. 1** 31, 51
- Vertragsanpassung **VOB/B § 9 Nr. 1** 27
- Vertrauensverlust **VOB/B § 9** 14, **§ 9 Nr. 1** 25
- Verzug des Auftraggebers **VOB/B § 9 Nr. 1** 47
- Vollmacht **VOB/B § 9 Nr. 2** 8
- Vorauszahlungen **VOB/B § 9 Nr. 1** 43
- Vorhaltung von Geräten **VOB/B § 9 Nr. 3** 8
- Vorunternehmer **VOB/B § 9 Nr. 1** 6, 12
- Wagnis **VOB/B § 9 Nr. 3** 8, 13
- Zahlungen auf Stundenlohnrechnungen **VOB/B § 9 Nr. 1** 43
- Zahlungsplan **VOB/B § 9 Nr. 1** 45
- Zahlungsverweigerung **VOB/B § 9 Nr. 2** 4
- Zahlungsverzug **VOB/B § 9 Nr. 1** 39
- Zedenten **VOB/B § 9 Nr. 2** 2
- Zeit nach dem Kalender **VOB/B § 9 Nr. 1** 48
- Zessionar **VOB/B § 9 Nr. 2** 2
- Zufahrtswege **VOB/B § 9 Nr. 1** 11, 14
- Zurückbehaltungsrecht **VOB/B § 9 Nr. 1** 46
- Zusammenwirken der verschiedenen Unternehmer **VOB/B § 9 Nr. 1** 10
- Zustandsfeststellung **VOB/B § 9 Nr. 1** 9
- **Kündigung, freie oder ordentliche VOB/B § 8 Nr. 1** 6
- Abnahme **VOB/B § 8 Nr. 1** 10
- Abnahmeverweigerung **VOB/B § 8 Nr. 1** 10
- Abrechnung nach Kündigung **VOB/B § 8 Nr. 1** 23, 28
- Abrechnungsverhältnis **VOB/B § 8 Nr. 1** 14
- Abschlagszahlungen **VOB/B § 8 Nr. 1** 13, 37
- AGB-Gesetz **VOB/B § 8 Nr. 1** 20 ff., 69, 72
- allgemeine Geschäftskosten **VOB/B § 8 Nr. 1** 40, 50, 65 f.
- anderweitiger Auftrag **VOB/B § 8 Nr. 1** 67
- anderweitiger Erwerb **VOB/B § 8 Nr. 1** 44
- Angebotskalkulation **VOB/B § 8 Nr. 1** 45
- angehängte Stundenlohnarbeiten **VOB/B § 8 Nr. 1** 4
- Anrechnung ersparter Kosten **VOB/B § 8 Nr. 1** 49
- Anrechnung von Personalkosten **VOB/B § 8 Nr. 1** 67
- Aufmaß **VOB/B § 8 Nr. 1** 26, 32 f., 36, 48
- Aufwendungen an der Baustelle **VOB/B § 8 Nr. 1** 49
- Ausschluss Baukonzession **VOB/B § 8 Nr. 1** 20
- Ausschluss des freien Kündigungsrechts des Auftraggebers **VOB/B § 8 Nr. 1** 20 ff.
- Baugenehmigung **VOB/B § 8 Nr. 1** 6
- Baustellengemeinkosten **VOB/B § 8 Nr. 1** 49, 53, 64
- Baustellenverbot **VOB/B § 8 Nr. 1** 26
- Bauträger **VOB/B § 8 Nr. 1** 6
- Bedarfs- oder Eventualpositionen **VOB/B § 8 Nr. 1** 4
- Bedingung **VOB/B § 8 Nr. 1** 17
- Bestandsaufnahme **VOB/B § 8 Nr. 1** 36
- Darlegungs- und Beweislast **VOB/B § 8 Nr. 1** 38, 43, 67 f.
- Einheitspreisvertrag **VOB/B § 8 Nr. 1** 23, 29, 59 f.
- Einverständliche Vertragsaufhebung **VOB/B § 8 Nr. 1** 18
- erbrachte Leistungen **VOB/B § 8 Nr. 1** 31
- Ermittlung der tatsächlich ersparten Kosten **VOB/B § 8 Nr. 1** 45
- Ersparnis als Einrede/Einwand **VOB/B § 8 Nr. 1** 58
- ersparte Kosten bzw. Aufwendungen **VOB/B § 8 Nr. 1** 43, 45 ff., 50, 62
- Eventual- oder Alternativpositionen **VOB/B § 8 Nr. 1** 4
- Fälligkeit **VOB/B § 8 Nr. 1** 46
- Finanzierung **VOB/B § 8 Nr. 1** 6
- Füllauftrag **VOB/B § 8 Nr. 1** 55, 66 f.
- funktionale Leistungsbeschreibung **VOB/B § 8 Nr. 1** 34
- Gehälter **VOB/B § 8 Nr. 1** 49
- Gemeinkosten **VOB/B § 8 Nr. 1** 29
- Generalunternehmer **VOB/B § 8 Nr. 1** 6
- Generalunternehmer- und Bauträgerverträge **VOB/B § 8 Nr. 1** 37
- Gewährleistungsansprüche **VOB/B § 8 Nr. 1** 12
- gewerkbezogene Aufstellung **VOB/B § 8 Nr. 1** 36
- Gewinn **VOB/B § 8 Nr. 1** 29, 40 f., 51, 65 ff.
- Global-Pauschalvertrag **VOB/B § 8 Nr. 1** 34, 36, 62
- Herstellungskosten **VOB/B § 8 Nr. 1** 64
- Kalkulation **VOB/B § 8 Nr. 1** 34 f., 44, 48 f.
- Kostendeckungsbeitrag **VOB/B § 8 Nr. 1** 41, 68
- Kündigung vor Baubeginn **VOB/B § 8 Nr. 1** 59
- Kündigungsfolgen
- – Pauschalierung in AGB **VOB/B § 8 Nr. 1** 70 ff.
- Kündigungsfolgenregelung **VOB/B § 8 Nr. 1** 23
- Leistungsverzeichnis **VOB/B § 8 Nr. 1** 34

Stichwortverzeichnis

- Lohn- und Personalkosten **VOB/B § 8 Nr. 1** 55
- Löhne **VOB/B § 8 Nr. 1** 49
- Makler- und Bauträgerverordnung **VOB/B § 8 Nr. 1** 37
- Mängelbeseitigungsansprüche **VOB/B § 8 Nr. 1** 14
- Materialkosten **VOB/B § 8 Nr. 1** 49
- Mehrwertsteuer **VOB/B § 8 Nr. 1** 62
- Mengen des Leistungsverzeichnisses **VOB/B § 8 Nr. 1** 60
- Mindermengen **VOB/B § 8 Nr. 1** 29
- Mitwirkungspflichten **VOB/B § 8 Nr. 1** 5
- Nachbarwiderspruch **VOB/B § 8 Nr. 1** 6
- Nachlässe **VOB/B § 8 Nr. 1** 66
- Nachunternehmer **VOB/B § 8 Nr. 1** 56
- Nachunternehmervertrag **VOB/B § 8 Nr. 1** 22
- nicht eingebaute Bauteile **VOB/B § 8 Nr. 1** 29, 49
- nicht erbrachte Leistungen **VOB/B § 8 Nr. 1** 31
- Offenlegung der Kalkulation **VOB/B § 8 Nr. 1** 46
- pauschale Bewertungen **VOB/B § 8 Nr. 1** 37
- Pauschalierungsklausel **VOB/B § 8 Nr. 1** 72
- Pauschalierungsnachlass **VOB/B § 8 Nr. 1** 33
- Pauschalpreis **VOB/B § 8 Nr. 1** 59
- Pauschalvertrag **VOB/B § 8 Nr. 1** 23, 30, 34, 62
- positive Vertragsverletzung **VOB/B § 8 Nr. 1** 73
- Preisermittlungsgrundlagen **VOB/B § 8 Nr. 1** 35
- Preisnachlässe **VOB/B § 8 Nr. 1** 32
- Preiszuschläge **VOB/B § 8 Nr. 1** 32
- Provision **VOB/B § 8 Nr. 1** 57
- prüfbare Abrechnung **VOB/B § 8 Nr. 1** 26, 36, 38, 46, 48
- Ratenzahlungsplan **VOB/B § 8 Nr. 1** 37
- Risikozuschlag **VOB/B § 8 Nr. 1** 64
- Schadensminderungspflicht **VOB/B § 8 Nr. 1** 49
- Schadenspauschalisierung **VOB/B § 8 Nr. 1** 72
- Schätzung gemäß § 287 ZPO **VOB/B § 8 Nr. 1** 38, **Anh 3** 16855
- Stoffe oder Bauteile **VOB/B § 8 Nr. 1** 49
- Stundenlohnverträge **VOB/B § 8 Nr. 1** 39, 65
- Stundenlohnzettel **VOB/B § 8 Nr. 1** 39
- Subunternehmervertrag **VOB/B § 8 Nr. 1** 6
- Teilkündigung **VOB/B § 8 Nr. 1** 4, 13, 74
- unmögliche Leistung **VOB/B § 8 Nr. 1** 11
- Unterkalkulation **VOB/B § 8 Nr. 1** 45
- ursächlicher Zusammenhang **VOB/B § 8 Nr. 1** 67
- vereinbarte Vergütung **VOB/B § 8 Nr. 1** 25
- Verjährung **VOB/B § 8 Nr. 1** 46
- Verlustgeschäft **VOB/B § 8 Nr. 1** 49
- Vollendung der Bauleistung **VOB/B § 8 Nr. 1** 8, 10
- Vollmacht **VOB/B § 8 Nr. 1** 15
- Wagnis und Gewinn **VOB/B § 8 Nr. 1** 64
- Wagnis **VOB/B § 8 Nr. 1** 52
- Willenserklärung **VOB/B § 8 Nr. 1** 17
- Zahlungsplan **VOB/B § 8 Nr. 1** 37

Kündigung wegen unzulässiger Vergabe VOB/B § 8 Nr. 4 1

Kündigung wegen unzulässiger Wettbewerbsbeschränkung VOB/B § 8 Nr. 4 1
- Anfechtung **VOB/B § 8 Nr. 4** 1
- angemessene Vergütung **VOB/B § 8 Nr. 4** 13
- Aufforderung zur Abgabe von Angeboten **VOB/B § 8 Nr. 4** 2
- Ausschlussfrist **VOB/B § 8 Nr. 4** 10
- Beweislast **VOB/B § 8 Nr. 4** 11
- Kartellvertrag **VOB/B § 8 Nr. 4** 3
- Mehrkosten **VOB/B § 8 Nr. 4** 13
- Nichtigkeit **VOB/B § 8 Nr. 4** 3
- Preisabsprache **VOB/B § 8 Nr. 4** 3, 7, 11, 13
- Schätzung **VOB/B § 8 Nr. 4** 13
- Schmiergelder **VOB/B § 8 Nr. 4** 8
- Submissionsabsprache **VOB/B § 8 Nr. 4** 3
- Teilanfechtung **VOB/B § 8 Nr. 4** 12
- Teilkündigung **VOB/B § 8 Nr. 4** 12
- Vergabeverfahren **VOB/B § 8 Nr. 4** 2
- Vergütung **VOB/B § 8 Nr. 4** 13
- Zuschlag **VOB/B § 8 Nr. 4** 2

Künstlerische Gründe VOB/A § 3a 43, **§ 3b** 10
Kurzfristige Aufträge VOB/B § 17 Nr. 6 24

L

Lagerplätze
- Benutzung oder Mitbenutzung **VOB/B § 4 Nr. 4** 3

Landesbanken VOB/A § 1a 33
Landesbauordnungen VOB/B § 4 Nr. 2 61
Landesvergabegesetze VOB/A § 8 116
Landschafts- und Gartenbau VOB/A § 8 41
Lärmschutzmaßnahmen Anh 3 379
Last call VOB/A § 3a 32
Leasingmodell VOB/A § 32 6
Leasingunternehmen Anh 3 493
Leasingvertrag VOB/A § 1a 47
Leerräume Anh 1 37
Leiharbeitsverhältnis Anh 3 126
Leistungs- und Funktionsanforderungen
- Wettbewerblicher Dialog **VOB/A § 3a** 27

Leistungsänderung VOB/B § 2 Nr. 5 14 ff.
- Sicherheitsleistung **VOB/B § 17 Nr. 1** 28

Leistungsbeschreibung VOB/A § 2 Nr. 1 3, **§ 5** 18, **§ 9** 2; **VOB/B § 13 Nr. 1** 27, 57, 65
- Leistungsprogramm **VOB/A § 5** 21
- Nebenangebot zur Pauschale **VOB/A § 5** 21
- Pflichtenkreis des Architekten **VOB/A § 9** 2

Leistungsbeschreibung mit Leistungsprogramm VOB/A § 9 114, **§ 16** 12
- Anforderungen an die Angebote der Bieter **VOB/A § 9** 151
- Voraussetzungen für eine **VOB/A § 9** 123

Leistungsbeschreibung mit Leistungsverzeichnis VOB/A § 9 86
Leistungseinstellung VOB/B § 18 Nr. 5 1
Leistungselemente VOB/B § 2 Nr. 1 3
Leistungserfüllung durch Dritte VOB/A § 8a 31, **§ 8b** 20
Leistungserschwernis VOB/B § 13 Nr. 6 42
Leistungsfähigkeit VOB/A § 2 21
Leistungsvertrag VOB/A § 5 5
Leistungsverweigerungsrecht des Auftraggebers
- vor Abnahme **VOB/B § 4 Nr. 7** 2, 29

Leistungsverweigerungsrecht VOB/B § 2 Nr. 6 30, **§ 9 Nr. 1** 46, **§ 13 Nr. 5** 226

Stichwortverzeichnis

Leistungsverweigerungsrecht des Auftragnehmers
- Bauhandwerkersicherheitsleistung **Anh 2** 175
- nach Mitteilung von Bedenken an den Auftraggeber **VOB/B § 4 Nr. 3** 79

Leistungsverzeichnis VOB/A § 9 104
- Anmeldung von Bedenken **VOB/B § 4 Nr. 3** 23
- eindeutiger und unmissverständlicher Aufbau **VOB/A § 9** 104

Leistungsverzögerung
- Gefahrtragung **VOB/B § 7** 7

Leistungsverzug Anh 3 274
Lieferanteil VOB/A § 1a 50
Lieferfrist VOB/A-SKR § 11 2
Lieferungen VOB/A § 4 7
- von Stoffen und Bauteilen **VOB/A § 1** 53

Liquidation des Bewerberbetriebs VOB/A § 8 95
Liste der Bewerber VOB/A § 17 57
Lizenzen VOB/A § 3 40, **§ 3a** 43
Lizitation VOB/A § 6 3
Lohn- und Stoffpreisgleitklausel VOB/A § 6; VOB/B § 2 Nr. 1 61
Lohnkosten VOB/A § 2 30
Los VOB/A § 4 9
Los- oder Dach-Arbeitsgemeinschaft Anh 3 260
Losvergabe VOB/A § 1a 48

M

Maschinelle Anlagen VOB/B § 13 Nr. 4 97
Mahnbescheid VOB/B § 2 53
Mahnung VOB/B § 9 Nr. 1 48
Mahnverfahren
- Gerichtsstandsvereinbarung **VOB/B § 18 Nr. 1** 36

Mangel
- Aliud-Lieferung **VOB/B § 13** 79
- anerkannte Regeln der Technik **VOB/B § 13** 72
- Architektenwerk **VOB/B § 13** 280
- Falschlieferung **VOB/B § 13** 78
- gewöhnliche Verwendungseignung **VOB/B § 13** 68
- mangelhafte oder vertragswidrige Leistungen **VOB/B § 4 Nr. 7** 8
- nach dem Vertrag vorausgesetzte Verwendungseignung **VOB/B § 13** 63
- neuer Mangelbegriff **VOB/B § 13** 50
- Rechtsmangel **VOB/B § 13** 52
- Sachmangel **VOB/B § 13** 55
- Subunternehmerleistung **VOB/B § 4 Nr. 8** 25
- vereinbarte Beschaffenheit **VOB/B § 13** 59
- Werbeaussagen **VOB/B § 13** 77
- zugesicherte Eigenschaft **VOB/B § 13** 73
- Zuwenig-Lieferung **VOB/B § 13** 78

Mangel der Leistungsbeschreibung VOB/B § 13 Nr. 3 20
Mangel der Probe VOB/B § 13 Nr. 2 8
Mängel des Architektenwerks VOB/B Vor § 13 181
Mangel ohne Schaden VOB/B § 13 Nr. 1 74
Mangel- und Mangelfolgeschäden VOB/B § 13 297
Mängelanspruch
- des Auftraggebers gegen den Architekten bzw. Sonderfachmann **VOB/B § 13** 270

- Erfüllungsort **VOB/B § 18 Nr. 1** 10
- Vertragserfüllungssicherheit **VOB/B § 17 Nr. 1** 19

Mängelanzeige ohne Aufforderung zur Nacherfüllung VOB/B § 13 Nr. 5 152
Mangelbegriff VOB/B Vor § 13 119, **§ 13** 168, 219, **§ 13 Nr. 1** 4, 61
- neuer **VOB/B § 13** 50

Mängelbeseitigung VOB/B § 2 Nr. 8 4
Mangelbeseitigung auf Veranlassung des Auftraggebers VOB/B § 13 Nr. 5 109
Mängelbeseitigungsaufforderung VOB/B § 13 Nr. 4 284
Mängelbeseitigungsaufwand
- selbständiges Beweisverfahren **Anh 4** 22

Mangelbeseitigungsleistung VOB/B § 13 Nr. 4 301
Mangelfolgeschaden VOB/B § 4 Nr. 7 28, **Vor § 13** 70, **§ 13 Nr. 4** 82, 89, 152
- Gewährleistungssicherheit **VOB/B § 17 Nr. 1** 26

Mangelhafte Vorleistungen VOB/B § 9 Nr. 1 16
Mangelhaftes Bauwerk VOB/B § 13 131
Mängelhaftung VOB/A § 4 6
Mangelrechte VOB/A § 13 1; **VOB/B Vor § 13** 1
- dasselbe Schadensereignis **VOB/B § 13** 364
- Garantievertrag **VOB/A § 13** 4
- Gewährleistung **VOB/A § 13** 2
- Grenzen der Mängelrechte **VOB/A § 13** 5
- nach BGB **VOB/A § 13** 45
- nach VOB/B 2002 **VOB/A § 13** 160
- Sicherheitsleistung **VOB/A § 13** 366
- spezielle Fragen im Rahmen des Mangelrechts **VOB/B § 13** 348
- Verzicht **VOB/A § 13** 1
- Wiederaufleben **VOB/B § 13** 259

Mangelrechte bei Wohnungseigentumsgemeinschaften VOB/B § 13 Nr. 5 291
Mängelrechte nach BGB VOB/B Vor § 13 28
Mängelrüge VOB/B Vor § 13 129, **§ 13 Nr. 4** 284
Mangelschaden VOB/B § 4 Nr. 7 28, **Vor § 13** 70
Mängelsicherheit
- Beratungsfehler **VOB/B § 17 Nr. 1** 25
- Mangelfolgeschaden **VOB/B § 17 Nr. 1** 26
- Rückgabe **VOB/B § 17 Nr. 8** 11
- Umfang **VOB/B § 17 Nr. 1** 22

Mangelversicherung VOB/B § 13 Nr. 7 146
Marktautonomie VOB/A § 8 9
Markterkundung VOB/A § 16 28
Marktsondierung VOB/A § 3 18
Marktübersicht VOB/A § 3 18
Marktzutrittsverbot VOB/A § 8 36
Maschinen und sonstige Baugeräte Anh 3 100
Maschinenarbeitsgemeinschaft Anh 3 134
Maßgebliche Auswahlkriterien VOB/A § 8 46
Materialauswahl VOB/B § 13 Nr. 3 14
Materialpreis- oder Lohnerhöhungen VOB/B § 2 Nr. 7 24
Mehr an Eignung VOB/A § 2 13
Mehr- oder Minderkosten VOB/B § 2 Nr. 3 27, **§ 2 Nr. 5** 33, 43, **§ 2 Nr. 7** 28
Mehraufwands-Wintergeld VOB/A § 2 54

Stichwortverzeichnis

Mehrere Ursachen für einen Schaden VOB/B § 13 Nr. 5 16
Mehrfachbeteiligung VOB/A § 2 43
Mehrfachverwendungsabsicht Anh 1 39
Mehrkostenerstattungsanspruch VOB/B § 8 Nr. 3 52
Mehrleistungen VOB/B § 2 Nr. 5 33, **§ 2 Nr. 7** 19
Mehrwertsteuer VOB/B § 2 Nr. 1 18
– Höhe der Sicherheitsleistung **VOB/B § 17 Nr. 1** 34
– Sicherheitseinbehalt **VOB/B § 17 Nr. 6** 9
Meinungsverschiedenheiten bei Verträgen mit Behörden VOB/B § 18 Nr. 2 5
– Anerkenntniswirkung eines Bescheides **VOB/B § 18 Nr. 2** 21
– Anrufung der vorgesetzten Stelle **VOB/B § 18 Nr. 2** 8
– Aussprache **VOB/B § 18 Nr. 2** 13
– Bescheid **VOB/B § 18 Nr. 2** 13
– Einspruch gegen Bescheid **VOB/B § 18 Nr. 2** 18
Meinungsverschiedenheiten über die Eigenschaft von Stoffen oder Bauteilen VOB/B § 18 Nr. 4 3
Melde- und Berichtspflichten
– Allgemeine Grundlagen **VOB/A § 33a** 1
– Mindestangaben **VOB/A § 33a** 5 ff.
– Übermittlung **VOB/A § 33a** 2 f.
Mengenänderungen VOB/B § 2 Nr. 3 11
Merkantiler Minderwert VOB/B § 13 Nr. 5 196, **§ 13 Nr. 6** 62, **§ 13 Nr. 7** 67
Merkblatt für Generalunternehmer Anh 3 236
Mieter VOB/A § 1 18
Mietgarantie und -bürgschaft Anh 3 454
Mietkaufmodell Anh 3 468
Mietminderung VOB/B § 13 Nr. 7 123
Minderleistungen VOB/B § 2 Nr. 5 8, 33, 46, **§ 2 Nr. 7** 20
Minderung VOB/B Vor §§ 8 und 9 44, **Vor § 13** 65, **§ 13** 117, 141, 204, 235, **§ 13 Nr. 6** 1, 55
Minderung bei mehreren Beteiligten VOB/B § 13 Nr. 6 74
Minderung bei mehreren Mängeln VOB/B § 13 Nr. 6 75
Minderung bei Pauschalverträgen VOB/B § 13 Nr. 6 72
Minderung bei Pflichtverletzung durch Erfüllungsgehilfen VOB/B § 13 Nr. 6 76
Minderung oder kleiner Schadensersatzanspruch Anh 3 408
Minderungsanspruch
– Erfüllungsort **VOB/B § 18 Nr. 1** 10
Minderungserklärung VOB/B § 13 Nr. 6 54
Minderwert VOB/B Vor § 13 53
Minderwertiges Material VOB/B § 13 Nr. 6 65
Mindestabsprachen VOB/A § 5b 3
Mindestanforderungen
– an Änderungsvorschläge oder Nebenangebote **VOB/A § 25b** 4
Mindestanforderungen für Nebenangebot VOB/A § 10a 10
Mischkalkulation VOB/A § 2 29, **§ 25** 15
Missbrauchsverbot VOB/A § 5b 9
Mitgliederverzeichnis der Industrie- und Handelskammer VOB/A § 8 76
Mitteilung
– an Bieter und Dritte **VOB/A § 22** 41
– technischer Spezifikationen **VOB/A § 9b** 9
Mitteilung über Vergabeverzicht
– Rechtsansprüche **VOB/A § 26a** 18 ff.
– Zurückhaltung von Informationen **VOB/A § 26a** 12 ff.
Mitteilungspflicht VOB/A SKR § 12 1; **VOB/B § 13 Nr. 3** 51
– des Auftraggebers **VOB/A § 9** 47
– Nähere Einzelheiten **VOB/A § 27b** 8 ff.
– Nichterteilung bestimmter Auskünfte **VOB/A § 27b** 13
– Rechtsschutz **VOB/A § 27b** 14
– Sektorenauftraggeber **VOB/A § 27b** 2 ff.
Mittelbarer Schaden VOB/B § 13 Nr. 7 87
Mittelverwendungstreuhänder Anh 3 476
Mitverantwortlichkeit des Auftraggebers VOB/B § 13 Nr. 5 275
– für seinen Architekten **VOB/B § 13** 312
Mitverantwortlichkeitsquote VOB/B § 13 313
Mitverantwortung des Auftraggebers VOB/B Vor § 13 218, 225, **§ 13 Nr. 5** 278
Mitverschulden VOB/B § 4 Nr. 1 31, **§ 4 Nr. 2** 12, **Vor §§ 8 und 9** 31, 32, **§ 13 Nr. 1** 108
– Beaufsichtigung des Vorunternehmers **VOB/B § 4 Nr. 3** 59
– unterlassene Bedenkenanmeldung **VOB/B § 4 Nr. 3** 84
Mitverschulden des Auftraggebers VOB/B § 13 Nr. 7 22
Mitverschulden des Bauherrn VOB/B Vor § 13 221
Mitwirkung von Berufsvertretungen VOB/A § 7 5
Mitwirkung von Sachverständigen VOB/A § 7 8
Mitwirkungspflicht VOB/B § 2 Nr. 5 12, **§ 8** 12, **§ 8 Nr. 1** 5, **§ 9** 2, **Vor § 13** 237, **§ 13 Nr. 4** 175, **§ 13 Nr. 5** 40
Mitwirkungspflicht des Auftraggebers VOB/B § 13 Nr. 5 65, 270
– Auftraggeber **VOB/B § 9 Nr. 1** 31
Mitwirkungsverbot VOB/B § 8 31
Modifizierte Baugelddarlehen Anh 2 220
Modifizierter Erfüllungsanspruch VOB/B § 13 Nr. 5 6
Mögliche Ausschlussgründe VOB/A § 8 94
Möglichkeit zumutbarer Kenntnisnahme Anh 1 45
Montagesätze Anh 3 199
Montageversicherung VOB/B § 7 Nr. 1–3 30
Muss-Bestimmung VOB/A Vor § 2 16
Muster
– bei Offenen und Nichtoffenen Verfahren **VOB/A § 17a** 17
– Umfang der Angaben **VOB/A § 17a** 19
Muster des Auftraggebers VOB/B § 17 Nr. 4 83
Muster-Dach-ARGE-Vertrag Anh 3 11
Musterleistungsverzeichnis VOB/A § 9 143
Musterprozess VOB/B § 13 Nr. 4 40, 44
Musterprozessklausel Anh 3 432

N

Nach dem Vertrag vorausgesetzte Verwendungseignung VOB/B § 13 Nr. 1 90
Nachbessern von Eignungsnachweisen VOB/A § 2 8
Nachbesserung VOB/B Vor § 13 32, **§ 13** 84
Nachbesserung oder Neuherstellung VOB/B § 13 Nr. 5 66

Stichwortverzeichnis

Nachbesserungswille **VOB/B § 13 Nr. 5** 206
Nacherfüllung **VOB/B Vor § 13** 32, 189, **§ 13** 84
Nacherfüllung für Auftraggeber unzumutbar **VOB/B § 13 Nr. 6** 17
Nacherfüllungsanspruch **VOB/B § 13 Nr. 5** 12
Nacherfüllungsaufforderung **VOB/B § 13 Nr. 4** 287, **§ 13 Nr. 5** 43
Nacherfüllungsaufforderung mit Fristsetzung **VOB/B § 13 Nr. 7** 113
Nacherfüllungs-Folgekosten-Aufwand **VOB/B § 13** 15
Nacherfüllungsrecht **VOB/B § 13** 289
– Architekt/Ingenieur **VOB/B § 13** 289
Nacherfüllungsrecht des Architekten **VOB/B Vor § 13** 190
Nacherfüllungsrecht des Auftragnehmers **VOB/B § 13 Nr. 5** 12
Nacherfüllungsversuch des Auftraggebers **VOB/B § 13 Nr. 5** 55
Nachforderung
– Fehler bei der Berechnung **VOB/B § 16 Nr. 3** 81
Nachfrist **VOB/B § 16 Nr. 5** 23
– Mahnbescheid **VOB/B § 16 Nr. 5** 25
Nachfristsetzung **VOB/B § 13 Nr. 5** 52
– Entbehrlichkeit **VOB/B § 16 Nr. 5** 39
– mit Kündigungsandrohung **VOB/B § 9 Nr. 2** 2
Nachholung der Bezeichnung **VOB/A § 21** 36
Nachprüfung der Eignung **VOB/A § 8** 64
Nachprüfungsbehörden
– Allgemeine Grundlagen **VOB/A § 31a** 1, **§ 31b** 1
– Erweiterter EU-Rechtsschutz **VOB/A § 31a** 2 f., **§ 31b** 2 f.
– Rechtsschutz **VOB/A § 31a** 9 f., **§ 31b** 9 f.
– Vergabekammern **VOB/A § 31a** 4 ff., **§ 31b** 4 ff.
– Vergabeprüfstellen **VOB/A § 31a** 7, **§ 31b** 7
Nachprüfungsstellen
– Befugnisse **VOB/A § 31** 4 ff.
– Bekanntmachung **VOB/A § 31** 3
– Rechtsschutz **VOB/A § 31** 8 f.
Nachreichen von Eignungsnachweisen **VOB/A § 2** 8, **§ 8** 68
Nachschieben von Kündigungsgründen **VOB/B § 8** 5
Nachtrag
– Bauhandwerkersicherheitsleistung **Anh 2** 152
Nachträglich gebildete oder in der personellen Zusammensetzung veränderte Bietergemeinschaft **VOB/A § 8** 56
Nachträgliche Bildung oder Erweiterung einer Bietergemeinschaft **VOB/A § 8** 56
Nachträgliche Einbeziehung **Anh 1** 44
Nachträgliche Teilung in Fachlose **VOB/A § 4** 26
Nachtragsmanagement **Anh 3** 149
Nachunternehmer **VOB/A § 2** 5, 43, **§ 8** 24, **§ 32** 32; **VOB/B § 4 Nr. 8** 4; **Anh 3** 167
– angemessene Frist **VOB/B § 4 Nr. 8** 17
– Arbeitsgemeinschaft **VOB/B § 4 Nr. 8** 5
– Auftragsentzug **VOB/B § 4 Nr. 8** 22
– Bekanntgabe der Nachunternehmer **VOB/B § 4 Nr. 8** 30

– Eigenleistungsverpflichtung des Auftragnehmers **VOB/B § 4 Nr. 8** 4
– Schriftform der Zustimmung **VOB/B § 4 Nr. 8** 8, 12
– Wechsel **VOB/B § 4 Nr. 8** 14
– Zugrundelegung der VOB **VOB/B § 4 Nr. 8** 26
Nachunternehmererklärung **VOB/A § 2** 7, 8, 9
Nachunternehmervertrag **Anh 3** 209
Nachunternehmerverzeichnis **VOB/A § 2** 10
Nachverhandlungsverbot **VOB/A-SKR § 11** 2
Nachweis **VOB/A § 2** 22, **§ 8a** 32
– Beurteilung ihrer Fachkunde
– – Leistungsfähigkeit oder Zuverlässigkeit **VOB/A § 17** 25
Nachweis der Eignung **VOB/A § 8** 64, **§ 8a** 13
Nachweis der schweren Verfehlung **VOB/A § 8** 104
Nachweis durch Präqualifikation **VOB/A § 8** 81
Nachweis von Umweltmanagement- und Qualitätssicherungsverfahren **VOB/A § 8a** 34
Nachweislichkeit **VOB/A § 8** 105
Nachzahlung **VOB/B § 13 Nr. 5** 214
Naturalherstellung **VOB/B § 13 Nr. 7** 117
Naturereignis siehe *Behinderung*
Nebenangebote **VOB/A § 21** 28; **VOB/B § 2 Nr. 3** 10
– auf besonderer Anlage **VOB/A § 25** 90
– ohne Hauptangebot **VOB/A § 25** 92
Nebenarbeit **VOB/A § 1a** 53
Nebenerfüllungsaufforderung **VOB/B § 13 Nr. 5** 30
Nebenleistungen **VOB/A § 1a** 53, **§ 9** 63; **VOB/B § 2 Nr. 1** 26, **§ 2 Nr. 5** 4
Nebenpflichten **VOB/B Vor § 13** 176
– Anmeldung von Bedenken **VOB/B § 4 Nr. 3** 4
– Bereitstellungspflicht des Auftraggebers **VOB/B § 4 Nr. 4** 2
Nebenpflichtverletzung durch den Auftraggeber **VOB/B § 13 Nr. 3** 58
Nebenpflichtverletzung **VOB/B Vor § 13** 178, **§ 13** 277, **§ 13 Nr. 1** 110, **§ 13 Nr. 4** 125, 151, 183
Nebenunternehmer **VOB/A § 8** 26; **Anh 3** 215
Negativbescheinigungen oder -erklärungen **VOB/A § 8** 126
Negative Koalitionsfreiheit **VOB/A § 8** 116
Negative Merkmale **VOB/A § 8b** 11
Negatives Interesse **VOB/A Vor § 2** 3, **§ 16** 49
Netz **VOB/A § 16** 56
Neuartige Baustoffe oder Bauteile **VOB/B § 4 Nr. 3** 42
– besondere Prüfungspflicht **VOB/B § 4 Nr. 3** 42
Neubeginn der Verjährung **VOB/B Vor § 13** 129, **§ 13** 203, 229, **§ 13 Nr. 4** 191, 261, **§ 13 Nr. 5** 98
– Verjährung von gerügten Mängeln **VOB/B § 13** 229
Neubeginn der Verjährung durch Anerkenntnis **VOB/B § 13 Nr. 4** 314
Neufestlegung des Preises **VOB/B § 2 Nr. 5** 33
Neuherstellung **VOB/B Vor § 13** 32
Neutralitätsdefizit **VOB/A § 8** 31
Newcomer **VOB/A § 2** 18, 28
Nichtabführen von Sozialversicherungsbeiträgen **VOB/A § 8** 107
Nichtanmeldung bei der Berufsgenossenschaft **VOB/A § 8** 123

2725

Stichwortverzeichnis

Nichtberücksichtigte Bewerbungen
- Benachrichtigungspflicht VOB/A § 27a 38 ff.
- Mitteilung der Gründe VOB/A § 27a 38 ff.
- Rechtsschutz VOB/A § 27a 49 f.
- Zurückhaltung von Informationen VOB/A § 27a 44 f.

Nichtberücksichtigung
- Benachrichtigung von Bewerbern VOB/A § 27 15 f.
- Benachrichtigung von Bietern VOB/A § 27 4 ff.
- Mitteilung der Gründe VOB/A § 27 12 ff.
- Nichtbenutzung der Angebote VOB/A § 27 21 ff.
- Rechtsschutz VOB/A § 27 27 f.

Nichtgewerblichkeit VOB/A § 1a 17

Nichtigkeit des Bauvertrages VOB/B Vor §§ 8 und 9 33 f.

Nichtoffenes Verfahren VOB/A § 3a 3, § 3b 1, § 8a 12
- Angebotsverfahren VOB/A § 3a 10
- Anspruch auf Teilnahme VOB/A § 3a 10
- Anwendungsbereich VOB/A § 3a 11
- Beurteilungsspielraum VOB/A § 3a 10
- Fristen VOB/A § 18b 4
- Öffentlicher Teilnahmewettbewerb VOB/A § 3a 9
- Sektorenbereich VOB/A § 3b 5
- Vorauswahl VOB/A § 3a 10
- zweistufiges Verfahren VOB/A § 3a 10

Nichtzahlung von Steuern, Abgaben und Sozialversicherungsbeiträgen VOB/A § 8 117

Niederschrift über den Eröffnungstermin VOB/A § 22 24

Niedrigster Angebotspreis VOB/A § 2 28

Notar Anh 1 38, 39

Notarielle Beurkundung VOB/B Vor §§ 8 und 9 35; Anh 3 482

Notarielle Verträge Anh 1 33

Notgeschäftsführung Anh 3 37

Notwendige Verwendung VOB/B Vor § 13 62

Notwendiger Nacherfüllungsaufwand VOB/B § 13 Nr. 5 74

Nutzungsentschädigung VOB/B § 13 Nr. 7 131

Nutzungsrecht des Auftraggebers an Geräten, Gerüsten, Bauteilen VOB/B § 8 Nr. 3 60

Nutzungsrecht VOB/A § 32 18, § 32a 3

Nutzungsrisiko VOB/A § 32 17

O

Obhuts- und Vermittleraufgabe Anh 3 164

Objektiv unmögliche Leistung VOB/B Vor §§ 8 und 9 32

Objektive Regeln und Kriterien VOB/A § 8b 6

Objektive Unmöglichkeit VOB/B § 13 Nr. 6 26

Objektüberwachungsmängel VOB/B Vor § 13 173, § 13 274

Objektüberwachungspflicht VOB/B Vor § 13 209

Obligatorische Streitschlichtung VOB/B § 18 Nr. 2 7

Offenbare Unrichtigkeit eines Schiedsgutachtens VOB/B § 18 Nr. 4 22

Offenbarung des Mangels VOB/B § 13 Nr. 4 111

Offenbarungs-, Rechnungslegungs- und Benachrichtigungspflichten des Generalunternehmers Anh 3 265

Offenbarungspflicht VOB/B § 13 Nr. 4 114

Offenes Konsortium Anh 3 140

Offenes Verfahren VOB/A § 3a 3, 7, § 3b 1, § 8a 11
- Angebotsfrist VOB/A § 18b 2
- Anwendungsbereich VOB/A § 3a 8
- Ausnahme VOB/A § 3b 4
- zusätzliche Unterlagen VOB/A § 17b 19

Öffentliche Angebotsaufforderung VOB/A § 3 11

Öffentliche Auftraggeber
- Definition und Abgrenzung bei Sicherheitsleistung VOB/B § 17 Nr. 6 32
- Gerichtsstandsbestimmung VOB/B § 18 Nr. 1 16
- Rechnungsprüfungsbehörde VOB/B § 16 Nr. 3 48 f.
- Sicherheitseinbehalt VOB/B § 17 Nr. 6 32
- ungerechtfertigte Bereicherung VOB/B § 16 Nr. 3 45

Öffentliche Ausschreibung VOB/A § 3 9, § 3a 7, § 14 10
- Angebotsverfahren VOB/A § 3 14
- Anwendungsbereich VOB/A § 3 16
- regionale Begrenzung der Bieter VOB/A § 3 13
- Vergabeverfahren und Verfahrenstypen VOB/A § 3 2
- Veröffentlichungsorgane VOB/A § 3 12
- vorgeschriebenes Verfahren VOB/A § 3 14
- wesentliche Merkmale VOB/A § 3 10

Öffentliche Ausschreibung und beschränkte Ausschreibung nach Öffentlichem Teilnahmewettbewerb VOB/A § 8 86

Öffentliche Bauaufträge VOB/A § 13 23
- neuartige Baustoffe VOB/A § 13 23
- Vereinbarung von Verjährungsfristen VOB/A § 13 7
- Verjährung von Mangelansprüchen VOB/A § 13 7
- Verjährungsfristen VOB/A § 13 5

Öffentliche Förderung VOB/A § 3 1

Öffentlicher Auftraggeber Anh 1 94
- Begriff VOB/A § 1a 3
- funktioneller Auftraggeber VOB/A § 1a 7
- institutioneller Auftraggeber VOB/A § 1a 6

Öffentlicher Teilnahmewettbewerb VOB/A § 3 18, § 3a 9
- Berücksichtigung mittelständischer Bewerber VOB/A § 3 19

Öffentliches Interesse VOB/B § 4 Nr. 2 5

Öffentliches Wirtschaftsrecht VOB/A § 3 5

Öffentlich-rechtlich
- Genehmigung VOB/B § 4 Nr. 1 17

Öffentlich-rechtliche Genehmigungen VOB/A § 16 15; VOB/B § 13 Nr. 4 75

Öffentlich-rechtliche Sondervermögen Anh 1 101

Öffentlich-rechtliche Streitigkeit VOB/A § 8 5

Öffentlich-rechtliche Zulassungsvoraussetzung VOB/A § 8 42

Ohnehinkosten VOB/B Vor § 13 251, § 13 355, § 13 Nr. 5 77

ÖPP-Beschleunigungsgesetz VOB/A § 1a 2, § 3a 1, § 32 10

Optionen VOB/A § 16 31

Ordentliche Kündigung VOB/B § 8 10

Ordnungsgemäße und daher eindeutige Abrechnung VOB/A § 9 25

Organe der ARGE Anh 3 59

Organisationsprivatisierung VOB/A § 8 37

Organisationsverschulden VOB/B § 13 Nr. 4 120, 122, 125, 129; Anh 3 168
Organisierte Kriminalität VOB/A § 8a 8
Original VOB/A § 8 79
Ort der Ausführung VOB/A § 17 10
Ort des Sitzes Anh 3 49
Örtliche Beschränkung des Wettbewerbs VOB/A § 8 12
Örtliche Zuständigkeit VOB/B § 18 Nr. 1 3, 39
Ortsbesichtigung
– Notwendigkeit VOB/A § 18a 18

P
Pächter VOB/A § 1 18
Pactum de non petendo VOB/B § 13 Nr. 4 40
Parallelausschreibung VOB/A § 4 14, § 16 35
Parteifähig Anh 3 52
Partnering Anh 3 154, 154g
Partnerschaftsschüttungsbürgschaft Anh 3 82
Passivprozess Anh 3 50
Patentschutz VOB/A § 3 40
Pauschale Abrechnung VOB/B § 8 10 f.
Pauschalierter Verzugsschaden
– § 309 Nr. 5 BGB VOB/A § 11 21 ff., 25
– Berechnung und Auftragssumme VOB/A § 11 28
– branchentypischer Durchschnittsschaden VOB/A § 11 25
– Darlegungs- und Beweislast VOB/A § 11 23
– Einzelfallbetrachtung VOB/A § 11 25
– Einzelvoraussetzungen VOB/A § 11 25 ff.
– kaufmännischer Verkehr VOB/A § 11 27
– kein Nachweis der Schadenshöhe VOB/A § 11 23
– Nachweis eines geringeren Schadens VOB/A § 11 26
– Schadensersatzansprüche VOB/A § 11 22 f.
– Schadenspauschale bei Kündigung VOB/A § 11 29
– tatsächlich eingetretener Schaden VOB/A § 11 23
– Vertragsstrafe VOB/A § 11 23
Pauschalpreis VOB/B § 2 Nr. 2 8
– Änderungen VOB/B § 2 Nr. 7 10, 33
– Beweislast VOB/B § 2 Nr. 2 3
– grundsätzliche Unveränderbarkeit VOB/B § 2 Nr. 7 2
– Pauschalpreisleistungen VOB/B § 2 Nr. 3 46
– Pauschalvereinbarung VOB/B § 2 Nr. 7 24
Pauschalvertrag VOB/A § 5 13; VOB/B § 2 Nr. 5 4
Personalbestand VOB/A § 2 21
Personenidentität VOB/A § 2 11
Persönliche Erstellung des Gutachtens VOB/A § 7 17
Persönliche und sachliche Eignung der Bieter
– beschränkte Ausschreibung VOB/A § 25 59
– öffentliche Ausschreibung VOB/A § 25 46
Pfandrechtsbestellung Anh 3 104
Pfandrechtsbestellung für eine künftige Forderung Anh 3 104
Pfetten-Fall VOB/B § 13 Nr. 4 126
Pflichtgemäßes Erfüllen VOB/A Vor § 2 21
Pläne VOB/B § 9 Nr. 1 7
Planen auf eigenes Risiko VOB/B § 13 171, § 13 272
Planierarbeiten VOB/A § 1 26; VOB/B § 13 Nr. 4 78
Planlieferfristen VOB/A § 11 13; siehe auch *Ausführungsfristen*

Planliefertermine VOB/B § 9 Nr. 1 7
Planungs- und Überwachungsleistungen für Bauwerke VOB/B § 13 133
Planungsfehler VOB/B Vor § 13 226
Planungsmängel VOB/B Vor § 13 170, § 13 271
Planungspflichten VOB/B Vor § 13 184
Positionen VOB/A § 9 105
Positivbescheinigung oder -erklärung VOB/A § 8 126
Positive Vertragsverletzung VOB/B Vor §§ 8 und 9 19, 25, 45; § 9 Nr. 3 21
Positives Interesse VOB/A Vor § 2 3
Postdienstleistung VOB/A-SKR Vor SKR 1
PPP-Projekt VOB/A § 1a 38
Prämien siehe *Beschleunigungsvergütungen*
Präqualifikationsverfahren VOB/A § 8 81, § 8b 22; Anh 3 26
Präqualifikationsverzeichnis VOB/A § 8 1, 82
Präqualifizierungsfrist VOB/A § 8 83
Präqualifizierungsstellen VOB/A § 8 83
Preferred bidder VOB/A § 3a 32
Preis VOB/A § 2 24
Preisabsprache VOB/A § 3 18, § 8 99, § 25 22; VOB/B § 2 Nr. 1 54
Preisänderungen
– Verhandlungen über VOB/A § 24 21
Preisanpassung VOB/B § 2 Nr. 3 7, 17
Preisbildung
– wesentliche Umstände VOB/A § 9 24
Preiserhöhung VOB/B § 2 Nr. 1 60
Preiserhöhungsklauseln VOB/B § 2 Nr. 1 59
Preisermittlung VOB/A § 3a 39
Preisermittlungsgrundlagen VOB/A § 15 15; VOB/B § 2 Nr. 3 18, § 2 Nr. 6 26 f.
– Angemessene Änderung VOB/A § 15 24
– Baukostenindex VOB/A § 15 31
– Lohn- und/oder Materialpreisgleitklauseln VOB/A § 15 30
– Preisänderungsregelung in Teil A § 15 VOB/A § 15 23
– Preisbemessungsklausel VOB/A § 15 34
– Preisvorbehalte VOB/A § 15 34
– Umsatzsteuergleitklauseln VOB/A § 15 30
Preisgrundlagen
– Änderungen VOB/B § 2 Nr. 5 3
Preisliste VOB/A § 6 7
Preismeldeverfahren VOB/A § 2 42
Preisnachlässe VOB/A § 21 30
Preisspiegel VOB/A § 25 70
Preisvereinbarung VOB/B § 2 Nr. 5 47
Preisvorbehalte VOB/B § 2 Nr. 1 59
Preisvorschriften VOB/B § 2 67
Primärrechtsschutz VOB/A § 8 5, § 16 45
Privatgutachterkosten VOB/B § 13 Nr. 7 125
Private Finanzierungsmodelle VOB/A § 32 2
Privatgutachten VOB/B § 13 Nr. 7 7
Privilegierung Anh 1 61
Privilegierung der VOB Teil B VOB/B Vor § 13 313, § 13 24, § 13 Nr. 4 20; Anh 1 60
Produktfehler VOB/B § 13 Nr. 1 127
Produktneutrale Ausschreibung VOB/A § 2 52

Stichwortverzeichnis

Prognoserisiko VOB/B § 13 Nr. 5 162, **§ 13 Nr. 7** 126
Projektanten VOB/A § 2 44, **§ 8a** 26
– Projektierung oder Vorbereitung der Vergabe zur Betrachtung oder Unterstützung **VOB/A § 7** 1
Projektbeschreibung VOB/A § 3a 17
Projektproblematik VOB/A § 2 45
Projektsteuerung Anh 3 154h
Prorogationsbefugnis VOB/B § 18 Nr. 1 19
– Auslandsbezug **VOB/B § 18 Nr. 1** 23
– kaufmännische **VOB/B § 18 Nr. 1** 20
Prospektangaben Anh 3 445
Prospekthaftung Anh 3 338, 444, 470
Provisionsabrede Anh 3 157
Provisionsabsprachen des Auftragnehmers VOB/B § 2 4
Prozessfähigkeit Anh 3 50
Prozessführungsbefugnis Anh 3 412
Prozessstandschaft VOB/B § 13 Nr. 4 230
Prozessvertrag VOB/B § 2 60
Prozesszinsen VOB/B § 13 Nr. 5 218
Prüf- oder Gütezeichen VOB/B Vor § 13 293
Prüfbare Rechnung VOB/B § 8 Nr. 6 17, **§ 14 Nr. 4** 2, 6
– Fehlen **VOB/B § 14 Nr. 4** 2
Prüfbarkeit der Abrechnung VOB/B § 14 Nr. 1 2 ff.
– Reihenfolge der **VOB/B § 14 Nr. 1** 9
Prüfbarkeit der Abschlagsrechnung VOB/B § 9 Nr. 1 45,46
Prüfbarkeit der Schlussrechnung VOB/B § 9 Nr. 1 45,46
Prüffähigkeit der Abrechnung
– Informations- und Kontrollinteressen **VOB/B § 14 Nr. 1** 7
– Maßstab **VOB/B § 14 Nr. 1** 7
– prozessuale Folgen **VOB/B § 14 Nr. 1** 8
Prüfingenieur für Baustatik VOB/B § 4 Nr. 1 26
Prüfpflichten des Auftragnehmers
– Beweislast **VOB/B § 4 Nr. 3** 20
– Fachkunde des Auftraggebers **VOB/B § 4 Nr. 3** 17
Prüfsysteme VOB/A § 8b 23
Prüfung der Angebote VOB/A § 23 2
Prüfung der Angemessenheit der Preise VOB/A § 24 13
Prüfung der Eignung der Bieter VOB/A § 25 45
Prüfungskriterien VOB/A § 8 83
Prüfungsmaßstab Anh 1 105
Prüfungspflicht VOB/B § 13 Nr. 3 14, 36
Prüfungspflicht des Auftragnehmers VOB/B § 13 Nr. 3 41
Prüfungspflicht des Bewerbers VOB/A § 9 48
Prüfungspflichten des Auftragnehmers
– AGB-Gesetz **VOB/B § 4 Nr. 3** 5
– Allgemeines **VOB/B § 4 Nr. 3** 6
– Befreiung des Auftragnehmers **VOB/B § 4 Nr. 3** 28
– Entfall der Prüfungspflicht **VOB/B § 4 Nr. 3** 29
– erneute Prüfung **VOB/B § 4 Nr. 3** 26
– Fachkunde des Auftragnehmers **VOB/B § 4 Nr. 3** 10
– hinsichtlich des Baugrundes **VOB/B § 4 Nr. 3** 16
– Spezialkenntnisse **VOB/B § 4 Nr. 3** 54
– Umfang der Prüfungspflicht **VOB/B § 4 Nr. 3** 9, 54
– verstärkte Prüfungspflicht **VOB/B § 4 Nr. 3** 42

– Zeitpunkt der Prüfung **VOB/B § 4 Nr. 3** 44
Prüfvermerk VOB/B § 2 Nr. 8 23
Publizitätserfordernisse Anh 3 57

Q
Qualifikationsliste VOB/A § 8 78
Qualifikationsstufen VOB/A § 8b 25
Qualität VOB/A-SKR § 11 2
Qualitativ bessere Leistung VOB/B § 13 Nr. 1 117
Qualitätsmanagementsystem VOB/A § 8a 36
Qualitätssicherung VOB/A § 4 1
Qualitätssicherungsnormen VOB/A § 8a 36
Qualitätssicherungssystem VOB/A § 2 50
Qualitätssicherungsverfahren VOB/A § 8b 21
Quasi-Neubeginn VOB/B § 13 Nr. 4 283
Quasi-Unterbrechung der Verjährungsfrist VOB/B § 13 Nr. 6 30
Quasi-Verjährung VOB/B Vor § 13 93, **§ 13** 150
Quotenhaftung VOB/B § 13 317, 340

R
Rahmenvereinbarung VOB/A § 1b 17, **§ 3b** 14; **VOB/A-SKR § 4** 4
– Begriff **VOB/A § 5b** 2
– Zulässigkeit **VOB/A § 5b** 5
Rahmenverträge VOB/A § 6 8
Rangverhältnis Anh 1 21
Raumprogramm VOB/A § 9 139
Rechenfehler VOB/A § 23 21
Rechnerische Prüfung VOB/A § 23 8
Rechnung VOB/B § 14 1
– Änderungen oder Ergänzungen **VOB/B § 14 Nr. 1** 15
– auf Kosten des Auftragnehmers **VOB/B § 14 Nr. 4** 8
– Beifügung der Unterlagen **VOB/B § 14 Nr. 1** 13
– Fälligkeitsvoraussetzung BGB-Vertrag **VOB/B § 16** 14
– Pflicht zur Erteilung **VOB/B § 14 Nr. 4** 1
– Selbstaufstellung **VOB/B § 14 Nr. 4** 8,10
– Übersichtlichkeit der Rechnungsaufstellung **VOB/B § 14 Nr. 1** 11
– Unterlagen **VOB/B § 14 Nr. 1** 12
– Willenserklärung **VOB/B § 14 Nr. 1** 18
Rechnungsaufstellung
– Frist **VOB/B § 14 Nr. 4** 4
Rechnungsaufstellung durch Auftraggeber
– Aufrechnung gegen den Vergütungsanspruch **VOB/B § 14 Nr. 4** 9
– Kosten **VOB/B § 14 Nr. 4** 9
Rechnungsposition
– Abtretung **VOB/B § 14 Nr. 3** 9
Recht zur Anweisung VOB/B § 4 Nr. 1 57
Rechte zum Schutz der Vertraulichkeit VOB/A § 2b 9
Rechtliche Komplexität VOB/A § 3a 28
Rechtliche Unmöglichkeit VOB/B § 13 Nr. 6 28
Rechtliche Voraussetzungen VOB/A § 16 15
Rechtliche, wirtschaftliche, personelle Verflechtungen VOB/A § 8a 28
Rechtliche Zweckgemeinschaft VOB/B § 13 301
Rechtmäßiges Alternativverhalten VOB/A Vor § 2, 3, **§ 26** 98 ff.

Stichwortverzeichnis

Rechtsberatung **VOB/B Vor § 13** 179, **§ 13** 278
Rechtsberatungsgesetz **Anh 3** 302
Rechtscharakter der ARGE **Anh 3** 42
Rechtschutzfragen Vergaberecht **VOB/A § 13** 24 ff.
Rechtsfähige Stiftungen des öffentlichen Rechts **VOB/A § 1a** 34
Rechtsform von Bietergemeinschaften **VOB/A § 8a** 20
Rechtsgeschäftsähnliches Schuldverhältnis **VOB/A § 8** 2
Rechtskraft des Urteils **VOB/B Vor § 13** 262
Rechtskräftige Verurteilung **VOB/A § 8** 104, **§ 8a** 3
Rechtsmangel **VOB/B § 13** 52, **§ 13 Nr. 1** 7
Rechtsmittel
– Bauhandwerkersicherungshypothek **Anh 2** 100
Rechtsschutz unterhalb der Schwellenwerte **VOB/A Vor § 2** 20
Rechtsschutzbedürfnis
– Bauhandwerkersicherungshypothek **Anh 2** 83
Rechtssicherheit **VOB/A § 8** 7
Rechtsstreitigkeiten **VOB/B § 18 Nr. 1** 39
Rechtsverfolgung **VOB/B § 13 Nr. 4** 224
Rechtsweg **VOB/A § 8** 5
Rechtswidrige Preisabsprachen **VOB/A § 8** 99
Regelmäßige Bekanntmachung **VOB/A § 17b** 6
Regelmäßige Verjährungsfrist **VOB/A § 7** 14
Regeln der Technik
– anerkannte Regeln der Technik **VOB/B § 4 Nr. 2** 36
Regiebetriebe der öffentlichen Hand **VOB/A § 8** 35
Regionale Begrenzung des Wettbewerbs **VOB/A § 8** 8
Regresslücke am Bau **VOB/B § 13** 191
Reichsversicherungsordnung **VOB/A § 8** 123
Rentabilität **VOB/A § 25** 78, 79; **VOB/A-SKR § 11** 2
Richtlinie 2001/78/EG **VOB/A § 1a** 2
Richtlinie 2004/18/EG **VOB/A § 1a** 2
Richtlinie 93/37/EWG **VOB/A § 1a** 2
Richtlinie der EU über missbräuchliche Klauseln in Verbraucherverträgen **Anh 3** 332
Richtlinie über missbräuchliche Klauseln in Verbraucherverträgen **VOB/B Vor § 13** 332
Richtlinien für die Tätigkeit des Hauptunternehmers **Anh 3** 287
Richtlinien zur Vergabe von Sammelaufträgen **VOB/A § 4** 27
Risikozuschlag **VOB/A § 2** 33
Rückabtretung **VOB/B Vor § 13** 161
Rückabwicklung **Anh 3** 385a
Rückbau **VOB/B Vor § 13** 50
Rückforderungsanspruch
– gemeinsam vorgenommenes Aufmaß **VOB/B § 16 Nr. 3** 40
– öffentliche Auftraggeber **VOB/B § 16 Nr. 3** 46
– Verwirkung **VOB/B § 16 Nr. 3** 52
Rückforderungsanspruch des öffentlichen Auftraggebers
– Wegfall der Bereicherung **VOB/B § 16 Nr. 3** 50
Rückforderungsprozess
– Bürgschaft auf erstes Anfordern **VOB/B § 17 Nr. 4** 47
Rückforderungsverlangen
– Verzinsung **VOB/B § 16 Nr. 3** 59

Rückgabepflicht **VOB/B Vor § 13** 47
Rückgewähr- und Abwicklungsverhältnis **VOB/B § 13** 98, 253
Rückgewährschuldverhältnis **VOB/B Vor § 13** 47
Rückgriff des Generalunternehmers gegen Nachunternehmer **Anh 3** 267
Rücktritt **VOB/B Vor §§ 8 und 9** 39, 40, **Vor § 13** 43, **§ 13** 95, 141; **Anh 3** 385, 406
– Wertersatz **VOB/B Vor §§ 8 und 9** 40
Rücktritt und Schadensersatz **VOB/B Vor §§ 8 und 9** 42
Rücktrittsandrohung **VOB/B Vor §§ 8 und 9** 31
Rücktrittsklausel **Anh 3** 226
Rücktrittsrecht **VOB/B Vor §§ 8 und 9** 9, 31, **§ 8** 13 ff., **§ 13** 253; **Anh 3** 326a
Rückzahlungsanspruch **VOB/B § 16 Nr. 3** 39
– Bereicherung – oder vertraglicher Anspruch? **VOB/B § 16 Nr. 3** 39
– Darlegungs- und Beweislast **VOB/B § 16 Nr. 3** 39
– öffentlicher Auftraggeber **VOB/B § 16 Nr. 3** 43
– Schlusszahlung **VOB/B § 16 Nr. 3** 39
Rückzahlungsanspruch des AG **VOB/B § 13 Nr. 6** 78
Rügelose Einlassung zur Hauptsache **VOB/B § 18 Nr. 1** 31
Rügeverpflichtung **VOB/B § 13 Nr. 3** 49
Rundfunkanstalten **VOB/A § 1a** 36

S

Sachleistungen **Anh 3** 29
Sachmangel **VOB/B § 13** 55
Sachverständiger **VOB/A § 7** 1, **§ 32a** 6
– Ablehnung, selbständiges Beweisverfahren **Anh 4** 58
Sachwalterpflichten **VOB/B § 13** 281
Sachwalterpflichten des Architekten **VOB/B Vor § 13** 176
Saison-Kurzarbeitergeld **VOB/A § 2** 54
Saldierung **VOB/B § 13 Nr. 7** 154
Salvatorische Klauseln **Anh 1** 20
Sammelaufträge **VOB/A § 4** 27
Sanierung eines Altbau **VOB/B § 13 Nr. 4** 106
Sanierungsgutachten **VOB/A § 7** 14
Sanierungsmodell **Anh 3** 301
Schäden am sonstigen Eigentum des Auftraggebers **VOB/B § 13 Nr. 5** 76
Schaden an der baulichen Anlage **VOB/B § 13 Nr. 7** 85
Schäden, die nicht auf einem Baumangel beruhen **VOB/B § 13 Nr. 7** 4
Schadensausgleich in Geld **VOB/B § 13 Nr. 7** 117
Schadensberechnung **VOB/B § 13 Nr. 7** 116
Schadensersatz **VOB/B Vor §§ 8 und 9** 19, **Vor § 13** 70, **§ 13** 122, 208, 237, **§ 13 Nr. 7** 3, 14
– Aufforderung zur Mangelbeseitigung **VOB/B § 4 Nr. 7** 42
– bei mangelhafter Leistung vor Abnahme **VOB/B § 4 Nr. 7** 26
– Gebrauchsvorteil **VOB/B § 4 Nr. 7** 36
– Regiekosten **VOB/B § 4 Nr. 7** 29
– unverhältnismäßiger Aufwand **VOB/B § 4 Nr. 7** 32
– Verjährung des Schadensersatzanspruchs nach § 4 Nr. 7 Satz 2 **VOB/B § 4 Nr. 7** 39

2729

Stichwortverzeichnis

Schadensersatz bei Minderung VOB/B § 13 Nr. 7 115
Schadensersatz neben Erfüllung Anh 3 407
Schadensersatz wegen Nichterfüllung VOB/B Vor §§ 8 und 9 31, 39
Schadensersatzanspruch VOB/B Vor §§ 8 und 9 45
– Erfüllungsort VOB/B § 18 Nr. 1 10
Schadensersatzansprüche Anh 3 271
Schadensersatzansprüche gegen einen Gesellschafter Anh 3 112
Schadensersatzklausel Anh 3 235
Schadensersatzpflicht des Architekten VOB/B Vor § 13 188
Schadensminderung VOB/B § 13 Nr. 7 124
Schadensminderungspflicht VOB/B § 13 Nr. 5 171, § 13 Nr. 7 91
Schadenspauschale siehe *pauschalierter Verzugsschaden*
Schadensrisiko VOB/B § 13 Nr. 1 75
Schadensursachen
– Einzelfälle VOB/B § 10 Nr. 3 8
Schädigungsabsicht VOB/B § 13 Nr. 4 117
Schallschutzmantel VOB/B § 13 Nr. 1 127
Schätzung Auftragswert
– Zeitpunkt VOB/A § 1b 18
Scheinausschreibung VOB/A § 16 29
Scheinbestandteil eines Grundstückes VOB/A § 1 18
Scheinbestandteile VOB/B Vor § 13 107
Scheinselbstständigkeit Anh 3 257
Schein-Werkvertrag Anh 3 212
Schiedsgericht
– Gerichtsstandsvereinbarung VOB/B § 18 Nr. 1 34
Schiedsgerichtsordnung für das Bauwesen Anh 4 123, 125
Schiedsgerichtsvereinbarung VOB/B § 18 Nr. 3 4
Schiedsgerichtsverfahren Anh 4 119
– selbständiges Beweisverfahren Anh 4 45
Schiedsgutachten VOB/A § 7 3; VOB/B § 13 Nr. 4 40
– Schiedsgutachtenverfahren nach § 18 Nr. 4 VOB/B § 18 Nr. 4 16
– selbständiges Beweisverfahren Anh 4 43
Schiedsgutachtenverfahren VOB/B § 18 Nr. 3 4; Anh 4 115
Schiedsgutachtenverfahren nach § 18 Nr. 2
– Meinungsverschiedenheiten über Eigenschaft von Stoffen und Bauteilen VOB/B § 18 Nr. 4 3
– Zulässigkeit der Prüfungshilfsmittel und Prüfungsverfahren VOB/B § 18 Nr. 4 5
Schiedsgutachtenverfahren nach § 18 Nr. 4 VOB/B § 18 Nr. 4 1
– AGB-Inhaltskontrolle VOB/B § 18 Nr. 4 10
– Anwendungsbereich VOB/B § 18 Nr. 4 2
– Auswahl Materialprüfungsstelle VOB/B § 18 Nr. 4 11
– Befangenheit des Gutachters VOB/B § 18 Nr. 4 20
– Benachrichtigungspflicht VOB/B § 18 Nr. 4 9
– gütliche Beilegung VOB/B § 18 Nr. 4 7
– Hemmung der Verjährung VOB/B § 18 Nr. 4 14
– Klageverfahren VOB/B § 18 Nr. 4 12
– Kosten VOB/B § 18 Nr. 4 26
– Materialprüfungsstelle Auswahl VOB/B § 18 Nr. 4 11
– Prozess VOB/B § 18 Nr. 4 12

– Schiedsgutachtenabrede VOB/B § 18 Nr. 4 16
– Schiedsgutachtervertrag VOB/B § 18 Nr. 4 17
– selbständiges Beweisverfahren VOB/B § 18 Nr. 4 13, Anh 4 43
– Unrichtigkeit des Gutachtens VOB/B § 18 Nr. 4 21
– Verbindlichkeit der Feststellungen VOB/B § 18 Nr. 4 18
– Verfahrensziel VOB/B § 18 Nr. 4 7
– Verjährungshemmung VOB/B § 18 Nr. 4 14
– Zulässigkeit der Prüfungshilfsmittel und Prüfungsverfahren VOB/B § 18 Nr. 4 5
Schiedsgutachterklausel VOB/B § 13 Nr. 4 43
Schiedsvereinbarung VOB/A § 10 90
Schlechtwettergeld VOB/A § 2 54
Schlechtwetterzeit VOB/A § 2 54
Schlichtungs- und Schiedsordnung für Baustreitigkeiten (SOBau) Anh 4 122 f.
Schlichtungsvereinbarung VOB/B § 18 Nr. 3 4
Schlichtungsverfahren nach § 18 Nr. 2 VOB/B § 18 Nr. 2 1
– AGB-Inhaltskontrolle VOB/B § 18 Nr. 2 24
– Anrufung der vorgesetzten Stelle VOB/B § 18 Nr. 2 8
– Anwendungsbereich VOB/B § 18 Nr. 2 9
– Aussprache VOB/B § 18 Nr. 2 13
– Bescheid VOB/B § 18 Nr. 2 13
– Darlegungs- und Beweislast VOB/B § 18 Nr. 2 26
– Einspruch gegen Bescheid VOB/B § 18 Nr. 2 18, 21
– Formalia VOB/B § 18 Nr. 2 10
– Hemmung der Verjährung VOB/B § 18 Nr. 2 27
– obligatorische Streitschlichtung VOB/B § 18 Nr. 2 7
– Verjährung VOB/B § 18 Nr. 2 27
– Voraussetzungen VOB/B § 18 Nr. 2 5
– Wiedereinsetzung in den vorigen Stand VOB/B § 18 Nr. 2 25
Schlüsselfertig VOB/B § 13 Nr. 1 68
Schlüsselfertige Herstellung Anh 3 188
Schlüsselfertiges Bauen Anh 3 172, 435
Schlussrechnung VOB/B § 2 Nr. 2 10, § 16 Nr. 3 5 ff.
– abschließende Zahlung VOB/B § 16 Nr. 3 86
– AGB VOB/B § 16 Nr. 3 7, 10
– Anerkennungsvermerk VOB/B § 16 Nr. 3 15
– Aufstellung durch Auftraggeber VOB/B § 14 Nr. 4 1
– Ausführungsfrist VOB/B § 14 Nr. 3 4
– Ausschlusswirkung VOB/B § 16 Nr. 3 102
– Auszahlung unbestrittenen Guthabens VOB/B § 16 Nr. 3 21
– Einwendungsausschluss VOB/B § 16 Nr. 3 26
– Fälligkeit VOB/B § 14 Nr. 3 3, § 16 Nr. 3 9
– Fälligkeitsvoraussetzung BGB-Vertrag VOB/B 16 14
– Folgen der unterlassenen Prüfung durch den Auftraggeber VOB/B § 16 Nr. 3 24
– Frist VOB/B § 14 Nr. 3 4
– Hinausschieben der Fälligkeit VOB/B § 16 Nr. 3 20
– Klage auf Erteilung VOB/B § 14 Nr. 4 1
– Prüffrist
– – VOB/B VOB/B § 16 Nr. 1 12
– Prüfung und Feststellung VOB/B § 16 Nr. 3 13, 17
– Prüfungspflicht VOB/B § 16 Nr. 3 25
– Teilleistungen VOB/B § 16 Nr. 3 6

Stichwortverzeichnis

- vorzeitige Beendigung von Prüfung und Feststellung **VOB/B § 16 Nr. 3** 23
- Zeitpunkt der Einreichung **VOB/B § 14 Nr. 3** 2
- zusammengefasste Rechnung **VOB/B § 16 Nr. 3** 5
- Zweimonatsfrist **VOB/B § 16 Nr. 3** 23

Schlusszahlung
- Adressat **VOB/B § 16 Nr. 3** 29
- AGB-rechtliche Beurteilung **VOB/B § 16 Nr. 3** 96
- Aufmaßfehler **VOB/B § 16 Nr. 3** 144
- Aufrechnung **VOB/B § 16 Nr. 3** 33
- Begriff **VOB/B § 16 Nr. 3** 28 ff.
- Einzelheiten **VOB/B § 16 Nr. 3** 32
- Fälligkeitsregelung **VOB/B § 16 Nr. 3** 8
- Kündigungsrecht **VOB/B § 16 Nr. 3** 38
- prüfbare Schlussrechnung **VOB/B § 16 Nr. 3** 8
- Rechtsbegriff **VOB/B § 16 Nr. 3** 1
- Rückforderungsanspruch **VOB/B § 16 Nr. 3** 40
- Schlussrechnung **VOB/B § 16 Nr. 3** 3, 30 f.
- Verweigerung weiterer Zahlung **VOB/B § 16 Nr. 3** 35
- Verzinsung **VOB/B § 16 Nr. 3** 38
- vorbehaltlose Annahme **VOB/B § 16 Nr. 3** 61
- Zeitpunkt **VOB/B § 16 Nr. 3** 65

Schlusszahlungserklärung VOB/B § 16 Nr. 3 87
- Schlussrechnung **VOB/B § 16 Nr. 3** 87

Schlusszahlungsgleiche Erklärung VOB/B § 16 Nr. 3 106

Schmiergeldabreden VOB/A § 25 37

Schmiergeldzahlung VOB/A § 8 99

Schnee und Eis
- Schutz gegen **VOB/B § 4 Nr. 5** 18

Schönheitsfehler VOB/B § 13 Nr. 6 37, 40

Schriftform
- der Mitteilung **VOB/B § 4 Nr. 3** 64
- der Zustimmung zu Nachunternehmereinsatz **VOB/B § 4 Nr. 8** 12
- Hinweis auf die Ausschlusswirkung **VOB/B § 16 Nr. 3** 95

Schriftliche Angebote
- Anforderungen an die Unterschrift **VOB/A § 21** 3
- Unterschrift durch Bevollmächtigten **VOB/A § 21** 4
- Unterzeichnung **VOB/A § 21** 2
- Zulassung digitaler Angebote **VOB/A § 21** 5

Schriftliche Niederlegung des Verhandlungsergebnisses VOB/A § 24 30

Schriftliche Zustimmung VOB/B § 4 Nr. 8 8

Schriftliches Nachbesserungsverlangen VOB/B § 13 Nr. 5 95

Schuldanerkenntnis VOB/B § 14 Nr. 2 9 f.

Schuldbeitritt Anh 3 166, 215, 250
- Abgrenzung zu selbstschuldnerischer Bürgschaft **VOB/B § 17 Nr. 4** 26

Schuldhafte Pflichtverletzung VOB/A § 16 27

Schuldnerverzug VOB/B § 13 Nr. 4 169, 182, **§ 16 Nr. 5** 20 f.
- Zinsanspruch **VOB/B § 16 Nr. 5** 21, 30

Schuldrechtsmodernisierungsgesetz VOB/B Vor § 13 10, 19, **§ 13** 10, **§ 13 Nr. 1** 1; **Anh 1** 5, 64; **Anh 3** 319

Schürmannbau VOB/B Vor § 13 221, **§ 13 Nr. 5** 28
- Auslagen **VOB/B § 7** 12

- Entsprechende Anwendung § 645 BGB **VOB/B § 7** 12
- Gefahrnähe **VOB/B § 7** 12
- Vergütungsgefahr **VOB/B § 7** 12

Schutz der Integrität der Daten und der Vertraulichkeit VOB/A § 16a 2

Schutz der Unternehmen VOB/A § 16 7

Schutz der Vertraulichkeit VOB/A § 2b 1, **§ 16a** 2; **VOB/A-SKR § 2** 1

Schutz- und Nebenpflichten Anh 3 163

Schutzgesetz VOB/A Vor § 2 5; **VOB/B § 10 Nr. 2** 22; **§ 13 Nr. 4** 319

Schutzzweck Anh 1 3, 14

Schwarzarbeit VOB/B § 4 Nr. 1 37, **Vor §§ 8 und 9** 34

Schwarzarbeitsbekämpfungsgesetz VOB/A § 2 17, 41, **§ 8** 107

Schweigen des Auftraggebers VOB/B § 2 Nr. 8 24

Schwellenwertberechnung VOB/A § 32a 6

Schwellenwerte VOB/A § 1a 43, **§ 1b** 12
- Gesamtauftragswert **VOB/A § 1b** 13, 17
- Schätzung **VOB/A § 1a** 44

Schwere Verfehlung VOB/A § 8a 9

Schwere Verfehlung des Bewerbers VOB/A § 8 96

Sektoren VOB/A-SKR Vor SKR 1

Sektorenfremde Beauftragung VOB/A § 1b 10

Sektorentätigkeit VOB/A § 1b 5
- Auftragsspezifischer Zusammenhang **VOB/A § 1b** 8
- Mittelbarer Zusammenhang **VOB/A § 1b** 11
- Trinkwasserversorgung **VOB/A § 1b** 6
- Verkehrswesen **VOB/A § 1b** 7

Sekundärhaftung des Architekten VOB/B Vor § 13 201

Sekundärrechtsschutz VOB/A § 16 46

Selbstausführung VOB/A § 8 40

Selbstausführung der Leistung VOB/A § 4 Nr. 8 4

Selbstausführungsgebot VOB/A § 2 4, **§ 8a** 31

Selbstbindung der Verwaltung VOB/A § 3 3

Selbsthilferecht VOB/B § 4 Nr. 6 12

Selbsthilferecht des Auftraggebers
- Beseitigung vertragswidriger Stoffe und Bauteile **VOB/B § 4 Nr. 6** 12

Selbsthilferecht des Auftraggebers bei der Mängelbeseitigung VOB/B § 4 Nr. 6 14
- Fürsorgepflichten des Auftraggebers **VOB/B § 4 Nr. 6** 15
- Veräußerungsbefugnis des Auftraggebers **VOB/B § 4 Nr. 6** 18

Selbstkosten VOB/A § 2 30

Selbstkostenerstattungsbetrag
- Beweislast **VOB/B § 2 Nr. 2** 3

Selbstkostenerstattungsverträge VOB/A § 5 32; **VOB/B § 2 Nr. 2** 7, 14
- Gewinnsatz **VOB/A § 5** 37
- Selbstkosten **VOB/A § 5** 37

Selbstreinigung VOB/A § 8 111

Selbstschuldnerische Bürgschaft VOB/B § 17 Nr. 4 14

Selbstständige Garantie VOB/B Vor § 13 284, **§ 13** 388

Selbstständiger Bauvertrag Anh 3 294

Selbstständiger Sonderwunschvertrag Anh 3 334

2731

Stichwortverzeichnis

Selbstständiges Beweisverfahren VOB/B § 4 Nr. 6 10, **Vor § 13** 336, **§ 13 Nr. 4** 46, **§ 18 Nr. 3** 4; **Anh 4** 3
- Ablehnung eines Sachverständigen **Anh 4** 58
- Antragsrücknahme **Anh 4** 106
- Anwaltszwang **Anh 4** 47
- Aufrechnung **Anh 4** 99
- außergerichtlicher Vergleich **Anh 4** 108
- außerordentliche Beschwerde **Anh 4** 77
- Aussetzung des Hauptverfahrens **Anh 4** 35
- Bauteilöffnungen **Anh 4** 17
- Befangenheit eines Sachverständigen **Anh 4** 58
- Benennung der Beweismittel **Anh 4** 55
- Beweisantrag **Anh 4** 47
- Beweisbeschluss **Anh 4** 76
- Beweismittel **Anh 4** 15
- Beweismittelverlust **Anh 4** 8
- Beweissicherung nach Teil B § 3 Nr. 4 **Anh 4** 5
- Beweistermin **Anh 4** 81
- Beweisthemen **Anh 4** 16
- Bezeichnung der Beweistatsachen **Anh 4** 50
- Bezeichnung des Gegners **Anh 4** 48
- Durchführung der Beweisaufnahme **Anh 4** 79
- Eilzuständigkeit des Amtsgerichts **Anh 4** 74
- Einbeziehung Dritter **Anh 4** 30
- einstweilige Verfügung **Anh 4** 19
- Ende des Beweisverfahrens **Anh 4** 83
- Erledigungserklärung **Anh 4** 109
- Erweiterung auf Dritte **Anh 4** 36
- Feststellung einer Schadensquote **Anh 4** 21
- Feststellungsklage **Anh 4** 99a
- Fristsetzung zur Klageerhebung **Anh 4** 95
- Gegenanträge **Anh 4** 63
- Gericht der Hauptsache **Anh 4** 69
- Gerichtsstandsbestimmung nach § 36 ZPO **Anh 4** 73
- Gerichtsstandsvereinbarung **VOB/B § 18 Nr. 1** 35
- Glaubhaftmachung **Anh 4** 62
- Gutachten als Urkundenbeweis **Anh 4** 37
- Hauptsacheverfahren **Anh 4** 82a
- Hemmung der Verjährung **Anh 4** 27
- Herr des Beweisverfahrens **Anh 4** 78
- Identität der Beweisthemen **Anh 4** 66
- Identität der Parteien **Anh 4** 92
- Identität des Streitgegenstandes **Anh 4** 88
- Inhalt des Beweisantrags **Anh 4** 47
- Insolvenz **Anh 4** 82
- isolierte Kostenentscheidung **Anh 4** 105
- Klage auf Kostenerstattung **Anh 4** 99
- Klageerhebung **Anh 4** 95
- Klagerücknahme **Anh 4** 93
- Klageverzicht **Anh 4** 106a
- Kosten **Anh 4** 86
- Kostenanerkenntnis **Anh 4** 106b
- Kostenentscheidung außerhalb des Hauptsacheverfahrens **Anh 4** 105
- Mahnbescheid **Anh 4** 99
- Mangelbeseitigungsaufwand **Anh 4** 22
- mehrere Hauptsacheverfahren **Anh 4** 91
- Nebenintervention **Anh 4** 31
- rechtliches Interesse **Anh 4** 24
- Rechtsmittel **Anh 4** 63, 76
- Rücknahme der Klage **Anh 4** 93
- Rücknahme des Antrags **Anh 4** 106
- Schiedsgerichtsverfahren **Anh 4** 45
- Schiedsgutachtenabrede **Anh 4** 27
- Schiedsgutachtenverfahren nach § 18 Nr. 4 **VOB/B § 18 Nr. 4** 13
- Schiedsgutachtenverfahren **Anh 4** 43
- selbstständige Kostenentscheidung **Anh 4** 105
- sofortige Beschwerde **Anh 4** 78
- Streitgegenstand **Anh 4** 88
- Streitverkündung **Anh 4** 30
- Streitwert **Anh 4** 111
- Substantiierungspflicht **Anh 4** 50
- Teilkostenentscheidung **Anh 4** 101
- übereinstimmende Erledigungserklärung **Anh 4** 109
- unbekannter Gegner **Anh 4** 7, 49
- Unzulässiger Antrag **Anh 4** 107
- Urkundenbeweis **Anh 4** 37
- Ursachenfeststellung **Anh 4** 21
- Vergleich **Anh 4** 81, 108
- Verjährungshemmung **Anh 4** 27, 38
- Verlust eines Beweismittels **Anh 4** 8
- Wertfeststellung **Anh 4** 20
- Widerklage **Anh 4** 99
- Zulässigkeit **Anh 4** 6
- Zulässigkeit von Gegenanträgen **Anh 4** 63
- Zurückbehaltungsrecht **Anh 4** 99
- zuständiges Gericht **Anh 4** 68
- Zustandsfeststellung **Anh 4** 17
- Zustellung **Anh 4** 38
- Zustimmung des Gegners **Anh 4** 7

Selbstständiges Schuldversprechen VOB/B § 2 25
Selbstübernahme VOB/B § 2 Nr. 4 6
Selbstvornahme VOB/B Vor § 13 37, **§ 13** 89
Selbstvornahme und Aufwendungsersatz Anh 3 405
SGOBau Anh 4 123, 125
Sicherheit der Versorgung VOB/A-SKR § 11 2
Sicherheiten Anh 3 392
Sicherheiten für Mängelrechte VOB/B Vor § 13 296, **§ 13** 401
Sicherheitseinbehalt VOB/B § 13 Nr. 5 264; **Anh 3** 232
- abweichende Vereinbarung **VOB/B § 17 Nr. 6** 18
- AGB-Inhaltskontrolle **VOB/B § 17 Nr. 6** 19
- Ausnahmen **VOB/B § 17 Nr. 6** 23
- Bauabzugssteuer **VOB/B § 17 Nr. 3** 19, **§ 17 Nr. 6** 22, 31
- Benachrichtigung des Auftragnehmers **VOB/B § 17 Nr. 6** 15
- Einbehalt in Teilbeträgen **VOB/B § 17 Nr. 6** 1
- einmaliger Einbehalt **VOB/B § 17 Nr. 6** 7
- Einzahlung auf Sperrkonto **VOB/B § 17 Nr. 6** 12
- Freiwerden bei fehlender Einzahlung auf Sperrkonto **VOB/B § 17 Nr. 6** 25
- Geldinstitut **VOB/B § 17 Nr. 6** 16
- GSB **Anh 2** 243
- Höhe **VOB/B § 17 Nr. 6** 9
- Insolvenz des Auftraggebers **VOB/B § 17 Nr. 8** 27
- kleinere Aufträge **VOB/B § 17 Nr. 6** 23

Stichwortverzeichnis

- Mehrwertsteuer **VOB/B § 17 Nr. 6** 9
- Mitteilungspflicht des Auftraggebers über Einbehalt **VOB/B § 17 Nr. 6** 11
- Nichteinzahlung auf Sperrkonto **VOB/B § 17 Nr. 6** 25
- öffentlicher Auftraggeber **VOB/B § 17 Nr. 6** 32
- Rückgabe **VOB/B § 17 Nr. 8** 30
- Rückzahlung **VOB/B § 17 Nr. 6** 31
- Sperrkonto **VOB/B § 17 Nr. 6** 12
- Umfang **VOB/B § 17 Nr. 6** 6
- Und-Konto **VOB/B § 17 Nr. 6** 12
- Untreue **VOB/B § 17 Nr. 6** 25
- Vereinbarung **VOB/B § 17 Nr. 6** 4
- Verjährung **VOB/B § 17 Nr. 6** 22
- vertragliche Vereinbarung **VOB/B § 17 Nr. 6** 1
- Verwahrgeldkonto **VOB/B § 17 Nr. 6** 32
- Verwertung **VOB/B § 17 Nr. 6** 17
- Zahlungsmodalitäten **VOB/B § 17 Nr. 6** 2
- zinsloser Einbehalt **VOB/B § 17 Nr. 3** 5, 13
- Zinsregelung **VOB/B § 17 Nr. 6** 16

Sicherheitsleistung VOB/A § 14 1; **VOB/B Vor § 13** 263, **§ 13** 366
- Abgrenzung zu Leistungsverweigerungsrecht **VOB/B § 17** 3
- Abgrenzung zu Vertragsstrafe **VOB/B § 17** 4
- Absonderungsrecht **VOB/B § 17 Nr. 8** 27
- Abwicklung und Schuldnerverzug **VOB/B § 17 Nr. 8** 33
- AGB-Inhaltskontrolle **VOB/B § 17** 6, **Nr. 1** 37, **Nr. 8** 14
- Anwendbarkeit der gesetzlichen Regelungen **VOB/B § 17 Nr. 1** 50
- Arten **VOB/B § 17 Nr. 2** 1
- Auftraggeber **VOB/B § 17** 8
- Austausch **VOB/B § 17 Nr. 3** 18
- Austauschrecht **VOB/B § 17 Nr. 3** 10
- Auswahl des Geldinstituts bei Hinterlegung **VOB/B § 17 Nr. 5** 2
- Auszahlung von Einbehalten **VOB/B § 17 Nr. 8** 33
- Bauabzugsteuer **VOB/B § 17 Nr. 8** 31
- Begriff **VOB/B § 17** 2
- Berechnung **VOB/B § 17 Nr. 1** 34
- Beschränkung des Austauschrechts **VOB/B § 17 Nr. 1** 40, **§ 17 Nr. 3** 11
- Beschränkung des Wahlrechts **VOB/B § 17 Nr. 3** 3
- Bürge **VOB/B § 17 Nr. 4** 9
- Bürgschaft **VOB/B § 17 Nr. 4** 1
- Bürgschaft auf erstes Anfordern **VOB/B § 17 Nr. 4** 34
- Bürgschaftsvertrag **VOB/B § 17 Nr. 4** 5
- Einbehalt von Zahlungen **VOB/B § 17 Nr. 6** 1
- Erfüllungsbürgschaft **VOB/B § 17 Nr. 4** 5
- Freigabe **VOB/B § 17 Nr. 8** 33
- fristgerechte Leistung **VOB/B § 17 Nr. 7** 2
- fristgerechte Sicherheitsleistung **VOB/B § 17 Nr. 7** 5
- Gewährleistungsbürgschaft **VOB/B § 17 Nr. 4** 5
- Gewährleistungssicherheit **VOB/B § 17 Nr. 1** 22
- Handelsbrauch **VOB/B § 17 Nr. 1** 3
- Hinterlegung von Geld **VOB/B § 17 Nr. 5** 1
- Höhe **VOB/B § 17 Nr. 1** 32
- Inanspruchnahme **VOB/B § 17 Nr. 1** 49
- Klage auf Sicherheitsleistung **VOB/B § 17 Nr. 7** 7
- kurzfristige Aufträge **VOB/B § 17 Nr. 6** 24
- Leistungsänderung **VOB/B § 17 Nr. 1** 28
- Mängeleinrede bei Rückgabe **VOB/B § 17 Nr. 8** 18
- Mängelsicherheit **VOB/B § 17 Nr. 1** 22
- Nachschlusspflicht **VOB/B § 17 Nr. 1** 50
- Nebenleistungspflicht **VOB/B § 17 Nr. 7** 7
- Rückgabe **VOB/B § 17 Nr. 8** 1
- Rückgabe/Abwicklung **VOB/B § 17 Nr. 8** 29
- Rückgabe der Sicherheit in der Insolvenz **VOB/B § 17 Nr. 8** 20
- Rückgabe Gewährleistungssicherheit **VOB/B § 17 Nr. 8** 11
- Rückgabe Mängelsicherheit **VOB/B § 17 Nr. 8** 11
- Rückgabe und Insolvenz des Auftragnehmers **VOB/B § 17 Nr. 8** 13
- Rückgabe Vertragserfüllungssicherheit **VOB/B § 17 Nr. 8** 2
- Rückgaberegelung **VOB/B § 17 Nr. 8** 14
- Schuldnerverzug bei Rückgabe **VOB/B § 17 Nr. 8** 33
- Sicherheitseinbehalt **VOB/B § 17 Nr. 6** 1
- Sicherheitseinbehalt (zinslos) **VOB/B § 17 Nr. 3** 5, 13
- Sicherungsabrede **VOB/B § 17 Nr. 1** 6
- Sicherungsfall **VOB/B § 17 Nr. 1** 8
- Sicherungsmittel der VOB **VOB/B § 17 Nr. 2** 3
- Sperrkonto **VOB/B § 17 Nr. 5** 1
- Störungen beim Austausch **VOB/B § 17 Nr. 3** 20
- Streitwert einer Freigabeklage **VOB/B § 17 Nr. 8** 34
- tauglicher Bürge **VOB/B § 17 Nr. 4** 9, 55
- Teilvergütung für Auftragnehmer ohne Sicherheitsleistung **VOB/B § 17 Nr. 8** 37
- Transparenzgebot **VOB/B § 17 Nr. 1** 42
- Übermaß an Sicherheitsleistung **VOB/B § 17 Nr. 1** 38
- unberechtigte Verwertung **VOB/B § 17 Nr. 3** 29
- Und-Konto **VOB/B § 17 Nr. 5** 3
- Vereinbarung **VOB/B § 17 Nr. 1** 1
- Vereinbarung zu Sicherheitsleistungen **VOB/B § 17 Nr. 1** 36
- Verjährung des Rückgabeanspruchs **VOB/B § 17 Nr. 8** 35
- Verlust bei Verletzung des Austauschrechts **VOB/B § 17 Nr. 3** 30
- Vertragsbeendigung **VOB/B § 17 Nr. 7** 8
- Vertragserfüllungsbürgschaft **VOB/B § 17 Nr. 4** 5
- Vertragserfüllungssicherheiten **VOB/B § 17 Nr. 1** 15
- VOB als Ganzes **VOB/B § 17 Nr. 8** 14
- Vollzug des Austauschs **VOB/B § 17 Nr. 3** 18
- Wahl- und Austauschrecht **VOB/B § 17 Nr. 3** 1
- Wahl zwischen Arten der Sicherheitsleistungen **VOB/B § 17 Nr. 3** 2
- zinsloser Sicherheitseinbehalt **VOB/B § 17 Nr. 1** 41
- Zulässigkeit Bürgschaft auf erstes Anfordern **VOB/B § 17 Nr. 4** 58
- Zusatzleistungen **VOB/B § 17 Nr. 1** 28
- Zuschlag **VOB/B § 17 Nr. 7** 3
- Zweck **VOB/B § 17 Nr. 1** 12

Sicherstellung der Finanzierung VOB/A § 16 17
Sicherungsabrede VOB/B § 17 Nr. 1 6
- Ausschluss von Einreden des Bürgen **VOB/B § 17 Nr. 4** 39

Stichwortverzeichnis

- Einredeverzicht des Bürgen **VOB/B § 17 Nr. 4** 39
- Form **VOB/B § 17 Nr. 1** 11
- geänderte Leistung **VOB/B § 17 Nr. 1** 28
- Leistungsänderung **VOB/B § 17 Nr. 1** 28
- Zulässigkeit Bürgschaft auf erstes Anfordern **VOB/B § 17 Nr. 4** 58
- Zusatzleistungen **VOB/B § 17 Nr. 1** 28

Sicherungsfall VOB/B § 17 Nr. 1 8
- Verwertung der Bürgschaft **VOB/B § 17 Nr. 4** 89

Sicherungshypothek Anh 3 234
Sicherungspflichten des Architekten bzw. Bauleiters VOB/B § 10 Nr. 2 78, 126
Sicherungspflichten Anh 3 330
Sistierung VOB/B Vor §§ 8 und 9 6
Sittenwidrigkeit VOB/B Vor §§ 8 und 9 37
Sitztheorie Anh 3 55
Skonto VOB/B § 16 Nr. 5 3 ff.
- AGB **VOB/B § 16 Nr. 5** 14
- Begriff **VOB/B § 16 Nr. 5** 1
- Frist **VOB/B § 16 Nr. 5** 10,12
- öffentliche Auftraggeber **VOB/B § 16 Nr. 5** 15
- Rechtzeitigkeit **VOB/B § 16 Nr. 5** 8,13
- Skontierungsfrist **VOB/B § 16 Nr. 5** 10,12

Skontoabzug
- Abschlagszahlungen **VOB/B § 16 Nr. 5** 7,9
- Umdeutung in Abgebot **VOB/B § 16 Nr. 5** 3

Skontoarten VOB/B § 16 Nr. 5 6
Skontofrist VOB/B § 16 Nr. 5 10,12
Skontovereinbarung
- Beweislast **VOB/B § 16 Nr. 5** 4

SOBau Anh 4 122
Sofortige Beschwerde
- selbständiges Beweisverfahren **Anh 4** 78

Soll-Bestimmungen VOB/A Vor § 2 13, 18
Soll-Vorschrift VOB/A Vor § 2 15
Sonderfachleute VOB/B Vor § 13 209
- Bauhandwerkersicherungshypothek **Anh 2** 25

Sonderfachmann VOB/A § 7 18; **VOB/B § 13 Nr. 7** 23
Sonderkonto Anh 3 75
Sonderproblem Schrottimmobilien Anh 3 499
Sonderwünsche VOB/B § 13 364
Sonderwünsche und Eigenleistungen Anh 3 334
Sonderwunschhonorar Anh 3 335
Sonstige Werke VOB/B § 13 137
Sorgfalts- und Beratungspflicht Anh 3 488
Sowiesokosten VOB/B § 4 Nr. 3 82, **Vor § 13** 251, **§ 13** 355, **§ 13 Nr. 5** 77
Soziale Wohnungsbaugesellschaften VOB/A § 1a 31
Sozialeinrichtungen
- Bereitstellung von Flächen **VOB/B § 4 Nr. 4** 1

Sozialkassen VOB/A § 8 117
Sozialstaatsprinzip VOB/A § 8 9
Sparkassen VOB/A § 1a 33
Spätschäden VOB/B § 13 Nr. 4 64
Spekulationsangebote VOB/A § 25 44
Spekulationspreise VOB/A § 2 20
Sperrkonto VOB/B § 17 Nr. 6 12; **Anh 3** 109
- kleinere und kurzfristige Aufträge **VOB/B § 17 Nr. 6** 23

Spezifikationen der Geräte VOB/A § 16 57
Staatliche Beihilfe VOB/A-SKR § 11 7
Staffelverweisung Anh 1 21
Statiker VOB/B § 4 Nr. 2 19
- Bauhandwerkersicherungshypothek **Anh 2** 25
- Haftung **VOB/B § 4 Nr. 2** 19
- Spezialwissen **VOB/B § 4 Nr. 2** 23
- Verantwortungsbereich **VOB/B § 4 Nr. 2** 20

Statische Verweisung Anh 1 67
Stellen Anh 1 38, 39
Steuerersparnis VOB/B § 13 Nr. 7 129
Steuerhinterziehung VOB/A § 8a 8
Steuerliche Auswirkungen Anh 3 336
Steuern Anh 3 71
Steuerrechtliche Behandlung Anh 3 44
Steuerrechtliche Entwicklung Anh 3 337
Steuerrechtliche, soziale- und versicherungsrechtliche Aspekte Anh 3 255
Stilles Konsortium Anh 3 140
Stillhalteabkommen VOB/B § 13 Nr. 4 35, 40, 52, 195
Stillschweigende Vollmacht, Duldungsvollmacht oder Anscheinsvollmacht Anh 3 116
Stillschweigender Vertragsschluss Anh 3 20
Stillstand siehe *Behinderung*
Stoffe oder Bauteile
- Anmeldung von Bedenken **VOB/B § 4 Nr. 3** 24
- Beseitigungsanspruch **VOB/B § 4 Nr. 6** 2
- Lieferung durch den Auftraggeber **VOB/B § 4 Nr. 5** 17
- Pflicht zur Beseitigung vertragswidriger **VOB/B § 4 Nr. 6** 1

Stoffkosten VOB/A § 2 30
Stornierung VOB/B Vor §§ 8 und 9 6
Störung der Geschäftsgrundlage VOB/B § 2 Nr. 1 49
Strafe siehe *Vertragsstrafe*
Strafgerichtsbarkeit VOB/A § 8a 6
Straftatbestände VOB/A § 8a 5
Straftaten gegen den Wettbewerb VOB/A § 2 41
Straßenbau sonstiger Tiefbau VOB/B § 10 Nr. 2 73
Straßenbauerhandwerk VOB/A § 8 41
Streik siehe *Behinderung*
Streitgegenstand
- selbstständiges Beweisverfahren **Anh 4** 88

Streitigkeiten VOB/B § 18 1
Streitschlichtung
- Meinungsverschiedenheiten bei Verträgen mit Behörden **VOB/B § 18 Nr. 2** 8

Streitverkündung VOB/B Vor § 13 234, 238 **§ 13** 321, 333
- Mangelanzeige **VOB/B § 17 Nr. 8** 18
- selbstständiges Beweisverfahren **Anh 4** 31

Streitwert
- Bürgschaftsstreitigkeit **VOB/B § 17 Nr. 4** 118
- Freigabeklage für Sicherheit **VOB/B § 17 Nr. 8** 34
- selbstständiges Beweisverfahren **Anh 4** 111

Stufenverhältnis VOB/A § 3a 4, **§ 3b** 2
Stundenlohnarbeiten VOB/B § 2 Nr. 10 4; **§ 15** 2
- Allgemeinkosten **VOB/B § 15 Nr. 1** 15
- anderweitige Berechnung der Stundenlohnvergütung **VOB/B § 15 Nr. 5** 8

Stichwortverzeichnis

- Auslösungen **VOB/B § 15 Nr. 1** 8
- Baubetriebsstoffe **VOB/B § 15 Nr. 1** 9
- Bauhilfsstoffe **VOB/B § 15 Nr. 1** 9
- Fracht-, Fuhr- und Ladekosten **VOB/B § 15 Nr. 1** 7
- Frist zur Vorlage von Stundenlohnrechnungen **VOB/B § 15 Nr. 4** 1
- Gemeinkosten und Gewinn **VOB/B § 15 Nr. 1** 14
- Geräte, Maschinen und maschinelle Anlagen der Baustelle **VOB/B § 15 Nr. 1** 7
- Kosten der Einrichtungen **VOB/B § 15 Nr. 1** 7
- Lohn- und Gehaltskosten der Baustelle **VOB/B § 15 Nr. 1** 7
- Lohn- und Gehaltsnebenkosten der Baustelle **VOB/B § 15 Nr. 1** 7
- Lohnzulagen **VOB/B § 15 Nr. 1** 8
- Lohnzuschläge **VOB/B § 15 Nr. 1** 8
- Neuberechnung der Stundenlohnvergütung **VOB/B § 15 Nr. 5** 10
- nicht rechtzeitige Vorlage der Stundenlohnzettel **VOB/B § 15 Nr. 5** 3
- Normalkosten **VOB/B § 15 Nr. 1** 15
- ortsübliche Vergütung **VOB/B § 15 Nr. 1** 4
- Sozialkassenbeiträge und Sonderkosten **VOB/B § 15 Nr. 1** 7
- Stoffkosten der Baustelle **VOB/B § 15 Nr. 1** 7
- Zweifel über Umfang der Stundenlohnarbeiten **VOB/B § 15 Nr. 5** 1

Stundenlohnberichte VOB/B Vor §§ 8 und 9 19

Stundenlohnleistungen
- Anzeige des Beginns der Stundenlohnarbeiten **VOB/B § 15 Nr. 3** 2
- Anzeigepflicht des Auftragnehmers **VOB/B § 15 Nr. 3** 3
- Aufwandsvertrag **VOB/B § 15 Nr. 3** 1
- originäre Vollmacht des Architekten bzw. Ingenieurs **VOB/B § 15 Nr. 3** 2
- Prüfung der Stundenlohnzettel **VOB/B § 15 Nr. 3** 13
- Schadensersatz aus positiver Vertragsverletzung **VOB/B § 15 Nr. 3** 4
- Stundenlohnzettel **VOB/B § 15 Nr. 3** 1
- Vorlage von Stundenlohnzetteln **VOB/B § 15 Nr. 3** 6
- wirtschaftlich vertretbarer Aufwand **VOB/B § 15 Nr. 3** 3

Stundenlohnsatz
- Beweislast **VOB/B § 2 Nr. 2** 3

Stundenlohnvereinbarung VOB/B § 2 Nr. 10 8, 10

Stundenlohnvergütung VOB/B § 2 Nr. 10 2, 4; **§ 15** 5

Stundenlohnvertrag VOB/A § 5 25, **§ 9** 20; **VOB/B § 2 Nr. 7** 12; **§ 15** 2
- Abschluss **VOB/B § 2 Nr. 10** 3
- angehängte und selbstständige Stundenlohnarbeiten **VOB/A § 5** 29
- Wettbewerbsgrundsatz
- Bekanntgabe von Verrechnungssätzen **VOB/A § 5** 31

Stundenlohnzettel
- Anerkenntniswirkung **VOB/B § 15 Nr. 3** 17
- Billigung des Inhaltes der Stundenlohnzettel **VOB/B § 15 Nr. 3** 16
- deklaratorische Anerkenntnisse **VOB/B § 15 Nr. 3** 17
- Werktage **VOB/B § 15 Nr. 3** 18

Stundung VOB/B § 13 Nr. 4 195, **§ 2** 55
Subjektive Rechte VOB/A Vor § 2 20
Subjektive Unmöglichkeit VOB/B § 13 Nr. 6 29
Subjektiver Fehlerbegriff VOB/B § 13 Nr. 1 13
Submissionsbetrug VOB/A § 2 41, **§ 8** 99
Subsidiäre Haftung VOB/B Vor § 13 240, **§ 13** 334
Subsidiaritätsklausel VOB/B § 13 339
Subunternehmer in der Vergabe und Leiharbeitsverhältnisse Anh 3 207
Subunternehmereinsatz
- ungenehmigter **VOB/B § 8 Nr. 3** 1, 15 f., 62

Subunternehmer VOB/B Vor §§ 8 und 9 34, **§ 13 Nr. 5** 290; **Anh 3** 155
Subunternehmervertrag Anh 3 209
Subvention VOB/A 1a 41
Subventionsbetrug VOB/A § 8a 8
Sukzessives Abschichten VOB/A § 3a 32
Symptomtheorie VOB/B § 13 Nr. 4 228, 256, **§ 13 Nr. 5** 34
Systemrisiko VOB/B § 2 Nr. 1 13

T

Tariftreue VOB/A § 8 115
Tariftreueerklärung VOB/A § 8 115
Tariftreuegesetz VOB/A § 8 116
Tarifvertrag VOB/A § 8 115
Tätigkeit geschäftsführender Gesellschafter Anh 3 66
Tätigkeitspflichten des Architekten beim Auftreten von Mängeln VOB/B § 13 Nr. 5 158
Täuschung
- arglistige **VOB/B § 4 Nr. 8** 15

Technische Abnahme VOB/B § 12 4, **§ 13 Nr. 4** 163
Technische Anforderungen der Geräte VOB/A § 16 57
Technische Ausrüstung VOB/A § 8 74
Technische Gründe VOB/A § 3a 43, **§ 3b** 10
Technische Leistungsfähigkeit VOB/A § 8 74
Technische Mittel VOB/A § 3a 27
Technische Prüfung der Angebote VOB/A § 23 21
Technische Spezifikation VOB/A § 2b 4, **§ 9** 68; **VOB/A-SKR § 6** 1
- Abweichung der Leistung **VOB/A § 21** 21
- Bezeichnung im Angebot **VOB/A § 21** 26
- Nachweis der Gleichwertigkeit **VOB/A § 21** 27
- Wettbewerblicher Dialog **VOB/A § 3a** 27
- Zulässigkeit der Abweichung **VOB/A § 21** 24

Technische und gestalterische Gesichtspunkte VOB/A § 9 82
Technische Vertragsbedingungen VOB/B § 2 Nr. 1 7
Technischer Wert VOB/A § 25 77; **VOB/A-SKR § 11** 2
Technisches Personal VOB/A § 8 75
Teilaufhebung VOB/A § 26 16
Teilbarkeit Anh 1 16, 19
Teilklage VOB/B § 2 53, **§ 13 Nr. 4** 236, 275
Teilkündigung VOB/B § 2 Nr. 4 2, 5, 6, **§ 2 Nr. 7** 12, **Vor §§ 8 und 9** 7 f., **§ 9 Nr. 1** 29; **Anh 3** 385b
Teilkündigung ohne wichtigen Grund Anh 3 389
Teilleistungen VOB/B § 4 Nr. 8 4, 15
Teillose VOB/A § 4 10

Stichwortverzeichnis

Teilnahme am Wettbewerb bei Öffentlicher Ausschreibung VOB/A § 8 40
Teilnahme an Ausschreibungen und Vergaben Anh 3 179
Teilnahmeantrag
– bei Beschränkter Ausschreibung nach Öffentlichem Teilnahmewettbewerb VOB/A § 18 19
Teilnahmevoraussetzung VOB/A § 8 40
Teilnahmewettbewerb VOB/A § 2 10
Teilnehmer VOB/A Vor § 2 8
Teilnehmer am Wettbewerb VOB/A § 8 18; VOB/A-SKR § 5 1
Teilnichtigkeit VOB/B Vor §§ 8 und 9 32
Teilrücktritt VOB/B Vor §§ 8 und 9 39
Teilschlussrechnung VOB/B § 16 Nr. 4 2
– in sich abgeschlossene Leistungsteile VOB/B § 16 Nr. 4 2
– prüfbare VOB/B § 16 Nr. 4 4
– Verjährung VOB/B § 2 49
Teilschlusszahlung VOB/B § 9 Nr. 1 43, § 16 Nr. 4 3
– Fälligkeit VOB/B § 16 23
– Teilabnahme VOB/B § 16 Nr. 4 3
– vertragliche Vereinbarung VOB/B § 16 Nr. 4 7
– Wirkungen VOB/B § 16 Nr. 4 6
Teilurteil VOB/B § 13 Nr. 5 267
Teilvergütung durch Auftragnehmer ohne Sicherheitsleistung VOB/B § 17 Nr. 8 37
Teilvergütungsanspruch VOB/B § 13 Nr. 5 254
Teilweise Leistungsverweigerung VOB/B § 13 Nr. 5 256
Teilweise Unmöglichkeit VOB/B § 13 Nr. 6 31
Telekommunikation VOB/A-SKR Vor SKR 1
Telekommunikationsdienst VOB/A-SKR Vor SKR 1
Terrorismus VOB/A § 8a 3
Tod eines Gesellschafters Anh 3 96
Totalübernehmer Anh 3 172, 185
Totalunternehmer Anh 3 172, 185
Totalunternehmereinsatz Anh 3 185
Tragwerksplaner VOB/B Vor § 13 228
Transparenz VOB/A § 3 9, § 3a 31
– Ex-ante-Transparenz VOB/A § 3a 32
– Ex-post-Transparenz VOB/A § 3a 32
Transparenz des Vergabeverfahrens VOB/A § 8 65
Transparenzgebot VOB/B § 13 272; Anh 1 8, 18, 127
Transparenzpflicht VOB/A § 32 23
Treu und Glauben VOB/B § 4 Nr. 1 95, § 13 Nr. 7 97
– Anmeldung von Bedenken VOB/B § 4 Nr. 3 2
– Pflicht des Auftragnehmers zur Befolgung von Anordnungen des Auftraggebers VOB/B § 4 Nr. 1 95
Treuepflicht Anh 3 35
Treuhand Anh 3 297
Treuhänder VOB/A § 8 20
Trinkwasserversorgung VOB/A § 1b 6, § 3b 3; VOB/A-SKR Vor SKR 1

U

Überhöhte Kosten der Untersuchungen VOB/B § 13 Nr. 7 108
Überschreitungen VOB/B § 2 Nr. 3 16
Überwachung im Rahmen der Finanzierung Anh 3 470

Überwachungsrecht des Auftraggebers
– Ausführung der Bauleistung VOB/B § 4 Nr. 1 52
– Umfang VOB/B § 4 Nr. 1 61
– Verfügungsgewalt VOB/B § 4 Nr. 1 61
– Zutrittsrecht VOB/B § 4 Nr. 1 62
Überzahlung
– Darlegungs- und Beweislast VOB/B § 16 Nr. 3 40
– öffentliche Auftraggeber VOB/B § 16 Nr. 3 44
– Schlusszahlung VOB/B § 16 Nr. 3 40
– Wegfall der Bereicherung VOB/B § 16 Nr. 3 44
Übliche Beschaffenheit VOB/B § 13 Nr. 1 100
Üblicher Preis VOB/A § 2 27
Umbau von Altbauten Anh 3 371
Umdeutung VOB/B § 8 7
Umfang des Nacherfüllungsanspruches VOB/B § 13 Nr. 5 60
Umfang des Schadensersatzes VOB/B § 13 Nr. 7 95
Umfangreiche Vorarbeiten VOB/A § 8 51
Umgehungsverbot VOB/A § 1a 55, § 1b 15
– Lieferungen im Sektorenbereich VOB/A § 1b 16
Umsatz der letzten drei Geschäftsjahre VOB/A § 8 71
Umsatzsteuer VOB/A § 2 34; VOB/B § 2 Nr. 3 27, § 13 Nr. 5 184
Umsatzsteuer(-erhöhung) Anh 3 337
Umstand, unabwendbarer VOB/B § 7 Nr. 1–3 8
– Begriff VOB/B § 7 Nr. 1–3 13
– Benachrichtigungspflicht VOB/B § 7 Nr. 1–3 16
– Beweislast VOB/B § 7 Nr. 1–3 17
– einheitliche Beurteilung VOB/B § 7 Nr. 1–3 14
– Witterungseinflüsse VOB/B § 7 Nr. 1–3 15
Umwelteigenschaften VOB/A-SKR § 11 2
Umweltmanagementverfahren VOB/A § 8a 35, § 8b 21
Umweltschutz VOB/A § 8a 35
Unangemessene Benachteiligung des Nachunternehmers VOB/A § 2 5
Unangemessenheit des Preises VOB/A § 2 37
Unbedingte Ausschlussgründe VOB/A § 8 92
Unbefugtes Betreten VOB/B § 10 Nr. 3 4
Unbedenklichkeitsbescheinigung VOB/A § 8 119
Und-Konto VOB/B § 17 Nr. 5 3, § 17 Nr. 6 12
Unechtes Leiharbeitsverhältnis Anh 3 130
Unerlaubte Handlung VOB/B § 13 153, § 13 Nr. 4 157
Unfallgefahren
– Sicherung gegen VOB/B § 4 Nr. 3 34
Unfallverhütungsvorschriften VOB/A § 8 123; VOB/B § 4 Nr. 2 57, 61, § 10 Nr. 2 83; Anh 3 168
Unfallversicherung VOB/A § 8 123
Ungenehmigter Subunternehmereinsatz VOB/B § 8 Nr. 3 1, 15 f., 62
Ungenutzter Fristablauf VOB/B § 13 Nr. 5 129
Ungerechtfertigte Bereicherung VOB/B § 13 Nr. 5 45
Ungesunde Begleiterscheinung VOB/A § 2 41
Ungewöhnlich niedriges Angebot VOB/A-SKR § 11 7
Ungewöhnliches Wagnis VOB/A § 9 29, § 32 33
Unmittelbare bauvertragliche Beziehungen zwischen Betreutem und Auftragnehmer Anh 3 311
Unmittelbarkeitsklausel VOB/B § 13 343
Unmöglichkeit, anfängliche oder nachträgliche VOB/B Vor §§ 8 und 9 30–32

Stichwortverzeichnis

Unmöglichkeit der Nacherfüllung VOB/B § 13 Nr. 6 25
Unselbstständige Ergänzung Anh 1 37
Unselbstständige Garantie VOB/B Vor § 13 273, 277, 376
Unterbeteiligung Anh 3 15, 89
Unterbrechung siehe *Behinderung*
– der Bauausführung VOB/B § 9 14, Nr. 1 25
Untergegangene Vermögensgegenstände Anh 3 109
Unterhaltungsarbeit VOB/A § 6 7
Unterkonzession VOB/A § 32 32
Unterlassungsanspruch Anh 1 22
Unterlassungsklagengesetz (UKlaG) Anh 1 23
Unternehmens- und Betriebsstruktur VOB/A § 8 59
Unternehmer VOB/A Vor § 2 8; Anh 1 45, 94, 97, 99, 102, 116, 117
Unternehmer eines Bauwerks
– Bauhandwerkersicherungshypothek Anh 2 10
Unternehmereinsatzform VOB/A § 8 18; Anh 3 2, 146
Unternehmerpfandrecht Anh 2 127
Unterrichtung
– Angemessenheit der geforderten Preise VOB/A § 24 12
Unterrichtungspflicht VOB/B § 18 Nr. 1 40
Unterrichtungsverweigerung durch den Bieter VOB/A § 24 19
Untersuchungs- und Prüfungspflicht des Auftragnehmers VOB/B § 4 Nr. 3 1
Unterwerfungserklärung Anh 3 437
Untreue
– Sicherheitseinbehalt VOB/B § 17 Nr. 6 25
Unveränderte Klauseln Anh 1 6
Unverbindliche Preisanfrage VOB/A § 16 33
Unverhältnismäßiger Aufwand VOB/B § 13 Nr. 6 33
– Begriff VOB/B § 4 Nr. 7
– Minderung der Vergütung VOB/B § 4 Nr. 7 21
Unverhältnismäßigkeit VOB/B § 13 Nr. 6 50
Unverhältnismäßigkeit der Kosten VOB/B § 13 88
Unvermögensklausel VOB/B § 13 343
Unverzüglich
– Definition VOB/B § 4 Nr. 3 70
Unvorhersehbares Ereignis VOB/A § 3a 44
Unzulässige Rechtsausübung VOB/A Vor § 2 6
Unzuverlässigkeit VOB/A § 2 20
Unzuverlässigkeit der Bietergemeinschaft VOB/A § 2 11
Urheberrechte VOB/A § 3 40
Urheberrechtsschutz VOB/A § 20 33
Urheberrechtsverletzung
– Beweislast VOB/A § 20 39
Urheberschutz des Bieters
– Sacheigentum an den Unterlagen VOB/A § 20 27
Urkundenprozess
– Bürgschaft auf erstes Anfordern VOB/B § 17 Nr. 4 43
Urlaubskassenbeitrag Anh 3 257
Ursprungsorte VOB/A § 9 79

V

Variable Leistungsverpflichtung Anh 3 149
Verantwortlichkeit
– AGB-Gesetz VOB/B § 4 Nr. 2 7
– des Auftragnehmers für die ordnungsgemäße Ausführung VOB/B § 4 Nr. 2 1
– Minderung und Wegfall VOB/B § 4 Nr. 2 9
– Pflichten gegenüber Arbeitnehmern VOB/B § 4 Nr. 2 74
– Umfang VOB/B § 4 Nr. 2 6
Verantwortlichkeit des Auftragnehmers
– grundsätzliche VOB/B § 4 Nr. 2 1
– Verhältnis der Bauvertragspartner zu Dritten VOB/B § 4 Nr. 2 6
Veräußerung des Grundstücks VOB/B § 13 Nr. 5 167
Verbände VOB/A § 1a 40
Verbindliche Erklärung VOB/A § 8a 33
Verbot der Beteiligung der Projektanten VOB/A § 7 7
Verbot der sonstigen Beteiligung des Sachverständigen VOB/A § 7 6
Verbraucher Anh 1 115, 117
Verbraucherbezahlungsverträge Anh 3 304
Verbraucherverträge VOB/B § 13 Nr. 4 20; Anh 1 36, 69, 114
Verbrechensbekämpfung VOB/A § 8a 3
Verbundene Unternehmen VOB/A § 2 3, § 32a 14
Verdeckte Leistungen VOB/B § 14 Nr. 2 19
Verdeckter Bauträgervertrag Anh 3 459
Verdingungsunterlagen VOB/A § 21 11
– Änderungen VOB/A § 3a 37
– Bekanntmachung der Entschädigungshöhe VOB/A § 20 6
– Entgelt VOB/A § 20 3
– Höhe des Entgelts VOB/A § 20 4
– Mitteilung VOB/A § 21 38
Verein für Präqualifikation von Bauunternehmen VOB/A § 8 83
Vereinbarte Beschaffenheit VOB/B § 13 59, § 13 Nr. 1 17, 63, § 13 Nr. 6 40
Vereinbarter Zahlungsplan VOB/B § 13 Nr. 5 249
Vereinbarung der Verjährungsfrist VOB/B § 13 Nr. 4 293
Vereinbarung der VOB/B VOB/B Vor § 13 331
Vereinbarung eines Pauschalpreises VOB/A § 9 155
Vereinbarung über Genehmigungen VOB/B § 4 Nr. 1 29
Vereinbarungen zur Mängelhaftung VOB/B Vor § 13 264, § 13 367
Verfahren zur Streitbeilegung VOB/B § 18 Nr. 3 2
– Anwendungsbereich VOB/B § 18 Nr. 3 3
– Form VOB/B § 18 Nr. 3 6
– Verfahren VOB/B § 18 Nr. 3 3
Verfallklausel VOB/A § 12 5
Vergabe nach Fachlosen VOB/A § 4 18
Vergabe nach Losen VOB/A § 4 9
Vergabeart VOB/A § 32 35; VOB/A § 3a 6
Vergabebekanntmachung
– Bekanntmachung VOB/A § 17a 16
Vergabefremde Aspekte VOB/A § 4 2, § 8a 3, § 25 56; VOB/A-SKR § 11
Vergabefremde Zwecke VOB/A § 6 9, § 16 3, 26
Vergabehandbuch VOB/A § 11 6, 11, 25
Vergabekammer VOB/A-SKR § 15 1

2737

Stichwortverzeichnis

Vergabeprüfstellen VOB/A-SKR § 15 1
Vergabeunterlagen VOB/A § 10b 1; **VOB/A-SKR § 7** 1
– Absendung im Nichtoffenen und im Verhandlungsverfahren **VOB/A § 17b** 21
– Änderungsvorschläge **VOB/A § 10b** 7
– Anschreiben **VOB/A § 10** 3
– Aufforderung zur Angebotsabgabe **VOB/A § 10b** 2
– Begriff **VOB/A § 10** 2
– Frist zur Übermittlung **VOB/A § 17** 38
– Inhalt des Anschreibens **VOB/A § 10b** 2
– maßgebende Wertungskriterien **VOB/A § 10a** 2
– Nebenangebote **VOB/A § 10b** 7
– Sicherheitsleistung **VOB/A § 14** 1
– Übersendung **VOB/A § 17a** 20
– Verdingungsunterlagen **VOB/A § 10** 4
Vergabevermerk VOB/A § 3a 5, **§ 13** 24
– Allgemeine Grundlagen **VOB/A § 30** 1
– Bedeutung **VOB/A § 30** 2 ff.
– Inhalte **VOB/A § 30** 9 ff.
– Rechtsfolgen bei Fehler **VOB/A § 30** 16 ff.
– Rechtsschutz **VOB/A § 30** 23
Vergeblicher Untersuchungsaufwand VOB/B § 13 Nr. 3 60
Vergleich VOB/B § 13 Nr. 4 40
– selbstständiges Beweisverfahren **Anh 4** 81, 108
Vergleichbare Leistungen VOB/A § 2 18
Vergleichbarkeit der Einheitspreise VOB/A § 2 29
Vergleichsanschläge VOB/A § 16 28
Vergleichsrechnung VOB/B § 2 Nr. 5 33
Vergütung VOB/B § 16 4
– Änderungen **VOB/B § 2 Nr. 3** 1
– Auskunftpflicht **VOB/B § 16** 14
– Berechnung **VOB/B § 2** 22
– Beschaffung von Ausführungsunterlagen **VOB/B § 2 Nr. 9** 10
– Erhaltungsmaßnahmen **VOB/B § 4 Nr. 5** 16
– Fälligkeit **VOB/B § 16** 10
– fehlende Vergütungsregelung **VOB/B § 2** 6
– für Schutzmaßnahmen **VOB/B § 4 Nr. 5** 21
– Kürzung **VOB/B § 4 Nr. 7** 18
– Nachprüfung technischer Berechnungen **VOB/B § 2 Nr. 9** 7
– Neuberechnung **VOB/B § 2 Nr. 5** 29
– Vereinbarung **VOB/B § 2** 3
– Vorleistungspflicht **VOB/B § 16** 26
Vergütung des Auftragnehmers VOB/B § 2 1
Vergütung des Baubetreuers Anh 3 341
Vergütung des Bauträgers Anh 3 325
Vergütung von Erschließungsleistungen Anh 3 427
Vergütungsanspruch VOB/A § 2 Nr. 8 20
– Abtretung **VOB/B § 2** 69
– Erfüllungsort **VOB/B § 18 Nr. 1** 10
– Erhalt **VOB/B § 2 Nr. 4** 10
– Verjährung **VOB/B § 2** 47
– vorherige Ankündigung **VOB/B § 2 Nr. 6** 13
Vergütungsregelungen VOB/B § 2 2
Vergütungssicherung Anh 2 1, 129
– Arrest **Anh 2** 125
– Bauhandwerkersicherheitsleistung **Anh 2** 129

– Bauhandwerkersicherungshypothek **Anh 2** 1
– Gesetz über die Sicherung von Bauforderungen **Anh 2** 213
– Unternehmerpfandrecht **Anh 2** 127
Verhältnis des Nachunternehmers zum Auftraggeber Anh 3 248
Verhandlungen VOB/B § 13 Nr. 4 204
Verhandlungen nur in Ausnahmefällen VOB/A § 24 3
Verhandlungsgespräche VOB/A § 3a 31
Verfahrenstypen VOB/A § 3 2, **§ 3a** 3, 13, **§ 3b** 1
– Anwendungsbereich **VOB/A § 3** 1, **§ 3a** 1
– Auslegungsgrundsätze **VOB/A § 3a** 1
– Beschränkte Ausschreibung **VOB/A § 3** 2
– EuGH-Vorlage **VOB/A § 3** 49
– fehlerhafte Wahl **VOB/A § 3a** 51
– fehlerhafte Wahl des Verfahrenstyps **VOB/A § 3** 48
– Freihändige Vergabe **VOB/A § 3** 2
– Hierarchie **VOB/A § 3** 2, **§ 3a** 4
– nichtoffenes Verfahren **VOB/A § 3a** 3, **§ 3b** 1
– offenes Verfahren **VOB/A § 3a** 3, 7, **§ 3b** 1
– Öffentliche Ausschreibung **VOB/A § 3** 2
– Schwellenwerte **VOB/A § 3** 2
– Vergabeverfahren **VOB/A § 3** 2
– Verhandlungsverfahren **VOB/A § 3a** 3, **§ 3b** 1
– Wahl des Verfahrenstyps **VOB/A § 3a** 5
– Wettbewerblicher Dialog **VOB/A § 3a** 3
Verhandlungsverfahren mit Bekanntmachung VOB/A § 3a 34 **§ 18a** 17
– Änderung der Verdingungsunterlagen **VOB/A § 3a** 37
– Forschungs-, Versuchs- oder Entwicklungszwecke **VOB/A § 3a** 38
– keine annehmbaren Angebote **VOB/A § 3a** 35
– keine eindeutige und erschöpfende Beschreibbarkeit **VOB/A § 3a** 39
Verhandlungsverfahren mit Vergabebekanntmachung VOB/A § 8a 14
Verhandlungsverfahren ohne Bekanntmachung VOB/A § 3a 40
– Ausschließlichkeitsrechte **VOB/A § 3a** 43
– Dringlichkeit aus zwingenden Gründen **VOB/A § 3a** 44
– Erneuerung oder Erweiterung **VOB/A § 3a** 50
– Fehlen tauglicher Angebote **VOB/A § 3a** 42
– keine annehmbaren Angebote **VOB/A § 3a** 41
– nachfolgende Leistungen **VOB/A § 3a** 50
– technische oder künstlerische Gründe **VOB/A § 3a** 43
– Wiederholung gleichartiger Bauleistungen **VOB/A § 3a** 49
– zusätzliche Leistungen **VOB/A § 3a** 46 ff.
Verhandlungsverfahren VOB/A § 3a 3, **§ 3b** 1, **§ 8a** 15
– Angebotsverfahren **VOB/A § 3a** 32
– Anspruch auf Teilnahme **VOB/A § 3a** 30
– Anwendungsbereich **VOB/A § 3a** 34
– Bekanntmachung **VOB/A § 17a** 16
– Fristen **VOB/A § 18b** 4
– Gegenstand **VOB/A § 3a** 31
– Gleichbehandlung **VOB/A § 3a** 31
– mit Aufruf zum Wettbewerb **VOB/A § 3b** 6

- mit Öffentlicher Vergabebekanntmachung **VOB/A § 3a** 34
- öffentlicher Teilnahmewettbewerb **VOB/A § 3a** 30
- ohne Aufruf zum Wettbewerb **VOB/A § 3b** 7
- ohne Öffentliche Vergabebekanntmachung **VOB/A § 3a** 40
- Transparenz **VOB/A § 3a** 32
- Vertragsverhandlungen **VOB/A § 3a** 30
- Vorabinformation **VOB/A § 3a** 32
- zweigliedriges Verfahren **VOB/A § 3a** 30

Verhinderung von Preisabsprachen VOB/A § 8 57
Verjährung VOB/B Vor § 13 77, 195; **Anh 3** 387
- Bürgschaftsforderung **VOB/B § 17 Nr. 4** 103
- des Schadensersatzanspruches nach § 4 Nr. 7 **VOB/B § 4 Nr. 7** 25
- Hemmung **VOB/B § 2** 53
- Mängelrechte nach § 4 Nr. 7 **VOB/B § 4 Nr. 7** 25
- Schlussrechnung **VOB/B § 16** 15
- Sicherheitseinbehalt **VOB/B § 17 Nr. 6** 22
- Verlust von Beweismitteln **Anh 4** 12

Verjährungsbeginn VOB/B § 13 Nr. 4 161, 187
Verjährungseinrede VOB/B § 13 Nr. 4 50
- Verwirkung **VOB/B § 2** 63
- Verzicht **VOB/B § 2** 59

Verjährung bei Mangelbeseitigungsleistungen VOB/B § 13 232, **§ 13 Nr. 4** 300
Verjährung der Schadensersatzansprüche VOB/B § 13 Nr. 7 164
Verjährung des Kostenerstattungs- und Kostenvorschussanspruches VOB/B § 13 Nr. 5 223
Verjährung von Ansprüchen des Betreuers bzw. Bauträgers Anh 3 422
Verjährung von Ansprüchen gegen Treuhänder Anh 3 485
Verjährung von Mängelansprüchen VOB/A § 13 7; **VOB/B § 13** 5, 129, 188, 227
- Belange des Auftragnehmers **VOB/A § 13** 20
- Eigenart der Leistung **VOB/A § 13** 10
- Festlegung durch die Vertragsparteien **VOB/A § 13** 7
- öffentliche Bauaufträge **VOB/A § 13** 23

Verjährungsfrist VOB/B § 2 49
Verjährungsfristen nach BGB und VOB/B § 13 Nr. 5 103
Verjährungshemmung
- Schiedsgutachtenverfahren nach § 18 Nr. 4 **VOB/B § 18 Nr. 4** 14
- Schlichtungsverfahren nach § 18 Nr. 2 **VOB/B § 18 Nr. 2** 27
- selbständiges Beweisverfahren **Anh 4** 38

Verkaufsprospekt Anh 3 449
Verkehrsanschauung VOB/A § 1 18
Verkehrskommunikation VOB/A-SKR Vor SKR 1
Verkehrssicherung VOB/B § 4 Nr. 2 74
Verkehrssicherungspflicht VOB/B § 9 Nr. 1 10, **§ 10 Nr. 2** 38, **§ 13 Nr. 7** 46; **Anh 3** 168, 255, 258
Verkehrssicherungspflichtverletzung Anh 3 278
Verkehrsübliche Bezeichnungen VOB/A § 9 65
Verkehrswesen VOB/A § 1b 7, **§ 3b** 3
Verkürzung bei Vorinformation VOB/A § 18a 3

Verlängerung der Verjährungsfrist VOB/B § 13 Nr. 4 59
Verlesung des Angebots VOB/A § 22 20
Verletzung eines vorvertraglichen Schuldverhältnisses VOB/A § 16 46
- gewerbliche Schutzrechte **VOB/B § 10 Nr. 4** 1

Verletzung von Geschäftsführerpflichten Anh 3 67
Vermögensnachteil VOB/A § 8 99
Vermögensschaden VOB/A § 8 99
Vermögensverluste aus Anlass der Nacherfüllung VOB/B § 13 Nr. 5 164
Veröffentlichungsverbot VOB/A § 22 40
Verordnung über die Berufsausbildung in der Bauwirtschaft VOB/A § 2 18
Verpflichtungserklärung VOB/A § 8a 33
Verrechnung Anh 3 73
Verrichtungsgehilfe Anh 3 161
Verringerung der Zahl der Bewerber VOB/A § 8b 12
Verschaffenspflicht VOB/B Vor § 13 122, **§ 13 Nr. 1** 50
Verschaffenspflicht des Unternehmers VOB/B § 13 Nr. 1 6
Verschaffung des Werkes VOB/B Vor § 13 31
Verschärfung der Mängelrechte VOB/B Vor § 13 271
Verschiedene Bauherrenmodelle Anh 3 465
Verschleiß VOB/B § 13 Nr. 5 20
Verschleißerscheinungen VOB/B § 13 Nr. 4 71
Verschulden bei Vertragsverhandlungen VOB/A Vor § 2 2
Verschulden des Auftragnehmers VOB/B § 13 Nr. 7 73
Verschulden in eigener Angelegenheit VOB/A § 9 37
Versicherte oder versicherbare Leistung VOB/B § 13 Nr. 7 142
Versicherung
- Bauleistungsversicherung **VOB/B § 7 Nr. 1–3** 28
- Baugeräte- und Maschinenversicherung **VOB/B § 7 Nr. 1–3** 31
- Feuerversicherung **VOB/B § 7 Nr. 1–3** 29
- Montageversicherung **VOB/B § 7 Nr. 1–3** 30

Versicherungsbeiträge Anh 3 70
Versicherungsleistungen VOB/A § 9 32; **VOB/B § 13** 412
Versorgungsleitungen VOB/B § 10 Nr. 2 65
Versperren von Wegen und Wasserläufen VOB/B § 10 Nr. 3 10
Verstoß gegen anerkannte Regel der Technik VOB/B § 13 Nr. 7 136
Verstoß gegen den Grundsatz von Treu und Glauben VOB/A § 8 69
Verteilung der Gefahr
- AGB-Gesetz **VOB/B § 7** 1
- Diebstahl **VOB/B § 7 Nr. 1–3** 19
- Gefahrübergang **VOB/B § 7** 8, **§ 7 Nr. 1–3** 20

Vertikal-ARGE VOB/A § 4 23; **Anh 3** 12
Vertikale Absprache VOB/A § 8 99
Vertrag mit Schutzwirkung zugunsten Dritter VOB/A § 7 19
Vertrag zugunsten Dritter VOB/B Vor § 13 279, **§ 13** 321, 383
Vertragliche Abweichung Anh 1 62
Vertragliche Beziehungen Anh 3 165
Vertragliche Haftung; Prospekthaftung Anh 3 474

Stichwortverzeichnis

Vertragliche Verjährungsfristen VOB/B § 13 Nr. 4 71
Vertragliches Rücktrittsrecht VOB/B Vor §§ 8 und 9 40
Vertragsähnliches Vertrauensverhältnis VOB/A § 16 46
Vertragsbedingungen VOB/A § 10 17
– Änderungen **VOB/A § 10** 17
– besondere **VOB/A § 10** 11
– Einschränkungen **VOB/A § 10** 17
– Ergänzungen **VOB/A § 10** 17
– notwendige **VOB/A § 10** 6
– technische **VOB/A § 10** 43
– zusätzliche **VOB/A § 10** 7
Vertragsbeendigung
– nicht fristgerechte Sicherheitsleistung **VOB/B § 17 Nr. 7** 8
Vertragserfüllungsbürgin Anh 3 82a
Vertragserfüllungsbürgschaft VOB/B Vor § 13 300, **§ 13** 405, **§ 17 Nr. 1** 4
– Insolvenz des Auftragnehmers **VOB/B § 17 Nr. 8** 26
– Rückgabe **VOB/B § 17 Nr. 8** 3
– Wahlrecht **VOB/B § 17 Nr. 3** 7
Vertragserfüllungsbürgschaft auf erstes Anfordern
– Zulässigkeit **VOB/B § 17 Nr. 4** 64
Vertragserfüllungssicherheit VOB/A § 14 17; **VOB/B Vor § 13** 299
Vertragsfristen siehe *Ausführungsfristen*
Vertragskündigung VOB/B § 2 Nr. 7 27
Vertragslaufzeit VOB/A § 6 8
Vertrags-/probewidrige Stoffe oder Bauteile VOB/B § 4 Nr. 6 4
Vertragsstrafe VOB/A § 12 1, **§ 19** 3; **VOB/B § 8 Nr. 7** 5, **§ 11** 1 ff., **§ 13 Nr. 7** 112
– Abnahmeprotokoll **VOB/B § 11 Nr. 4** 2
– AGB-Recht **VOB/A § 12** 8, 16 f.
– akzessorisch **VOB/A § 12** 6
– allgemeine Geschäftsbedingungen **VOB/A § 12** 16; **VOB/B § 11 Nr. 1** 3
– Allgemeines **VOB/A § 12** 1
– Anrechnung **VOB/B § 11 Nr. 1** 12
– Anwendung gesetzlicher Bestimmungen **VOB/B § 11 Nr. 1** 1 f.
– arbeitsfreie Samstage mitgerechnet **VOB/B § 11 Nr. 3** 3
– Aufrechnung, Verrechnung **VOB/B § 11** 10
– ausdrückliche Vertragsstrafenvereinbarung **VOB/B § 11** 2
– Begriff der Abnahme **VOB/B § 11 Nr. 4** 6
– besondere oder zusätzliche Vertragsbedingungen **VOB/A § 12** 8
– besondere Vollmacht des Architekten **VOB/B § 11 Nr. 4** 12
– Beweislast **VOB/B § 11** 9
– Darlegungs- und Beweislast **VOB/B § 11 Nr. 3** 9
– Drohen erheblicher Nachteile **VOB/A § 12** 14
– Druckmittel **VOB/A § 12** 3
– Durchstellen einer Vertragsstrafe **VOB/B § 11 Nr. 2** 5 f.
– Einzelfristen **VOB/A § 12** 18
– empfangsbedürftige Willenserklärung **VOB/B § 11 Nr. 4** 9
– Entbehrlichkeit des Vorbehaltes **VOB/B § 11 Nr. 4** 5

– Erfordernis des Vorbehaltes **VOB/B § 11 Nr. 1** 15
– Fälle einer Vertragsstrafe **VOB/B § 11 Nr. 1** 4
– Fälligkeit **VOB/A § 12** 13
– fehlender Vorbehalt **VOB/B § 11 Nr. 4** 16
– Form **VOB/B § 11 Nr. 4** 9
– Fristberechnung **VOB/B § 11 Nr. 3** 1
– Fristberechnung ohne Sonn- und Feiertage **VOB/B § 11 Nr. 3** 2
– Fristverlängerung **VOB/B § 11 Nr. 3** 8
– für Nebenpflichten **VOB/A § 12** 9
– Heilung durch Genehmigung **VOB/B § 11 Nr. 4** 15
– Herabsetzung **VOB/A § 12** 15
– Herabsetzung einer überhöhten Vertragsstrafe **VOB/B § 11** 6 ff.
– Hinweispflicht des Architekten **VOB/B § 11 Nr. 4** 14
– Höchststrafe **VOB/A § 12** 19
– Höhe der Strafe **VOB/A § 12** 15 ff.
– Höhe der Vertragsstrafe nach Zeitabschnitten **VOB/A § 12** 18
– Individualabreden **VOB/A § 12** 15
– Kaufleute **VOB/A § 12** 15
– Mahnung **VOB/B § 11 Nr. 2** 5
– Missachtung des § 12 VOB/A **VOB/A § 12** 14
– Mitverschulden **VOB/B § 11 Nr. 2** 7
– Möglichkeit der Vereinbarung von Vertragsstrafen **VOB/B § 11** 4
– Nachweis des Nichtvertretenmüssens **VOB/B § 11 Nr. 3** 6
– Neuordnung der Bauzeit **VOB/B § 11 Nr. 3** 9
– nicht rechtzeitige Erfüllung **VOB/B § 11 Nr. 2** 1
– Nichterfüllung **VOB/B § 11 Nr. 1** 4
– nichtgehörige Erfüllung **VOB/B § 11 Nr. 1** 4
– Obergrenze **VOB/A § 12** 19
– rechtswirksame Hauptverbindlichkeit **VOB/A § 12** 6
– Reduzierung der Bauzeit **VOB/B § 11 Nr. 3** 10
– Schadenspauschale **VOB/A § 12** 4
– Schlechterfüllung **VOB/B § 11 Nr. 1** 4
– Schuldnerverzug **VOB/B § 11 Nr. 1** 5, **§ 11 Nr. 2** 5
– Strafe als Mindestbetrag des Schadens **VOB/B § 11 Nr. 1** 10 f.
– Überblick **VOB/A § 12** 2 ff.
– Überschreitung von Vertragsfristen **VOB/A § 12** 9
– unselbständige Vertragsstrafe **VOB/B § 11 Nr. 1** 2
– unzweifelhafte Erklärung **VOB/B § 11 Nr. 4** 1
– verbindliche Fristen **VOB/B § 11 Nr. 2** 2
– Verfallklausel **VOB/A § 12** 5; **VOB/B § 11 Nr. 1** 14
– Vergabeverfahren **VOB/A § 12** 10
– Verjährung des Vertragsstrafenanspruches **VOB/B § 11** 11
– Verlängerung der Bauzeit **VOB/B § 11 Nr. 3** 9
– Vermögensleistung **VOB/A § 12** 12
– verspätete Erfüllung **VOB/B § 11 Nr. 1** 4
– Vertragsstrafe als Haftungsschaden **VOB/B § 11 Nr. 2** 7
– Vertragsstrafe nur statt der Erfüllung **VOB/B § 11 Nr. 1** 9
– Vertragsstrafe wegen Nichterfüllung **VOB/B § 11 Nr. 1** 9
– Vertrauensschutz **VOB/A § 12** 20

Stichwortverzeichnis

- Vertretungsmacht zur Erklärung des Vorbehaltes **VOB/B § 11 Nr. 4** 15
- Voraussetzungen **VOB/A § 12** 6 ff.
- Voraussetzungen des § 286 Abs. 2 BGB **VOB/B § 11 Nr. 2** 5
- Vorbehalt bei der Abnahme **VOB/B § 11 Nr. 1** 15, **§ 11 Nr. 4** 2
- Vorbehaltserklärung gegenüber Auftragnehmer **VOB/B § 11 Nr. 4** 11
- wegen nicht gehöriger Erfüllung **VOB/A § 12** 9
- wegen Nichterfüllung **VOB/A § 12** 9
- Wegfall der Vertragsstrafe **VOB/B § 11 Nr. 3** 9
- weitergehender Schaden **VOB/A § 12** 19
- wirksame Vereinbarung **VOB/A § 12** 6
- zulässige Höhe **VOB/B § 11** 6
- Zweck **VOB/A § 12** 2
- Zwischentermin **VOB/A § 12** 18

Vertragsstrafenanspruch VOB/B § 13 Nr. 7 93
Vertragsstrafenklausel VOB/A § 19 4
Vertragsstrafenvereinbarung Anh 3 460
Vertragsurkunde
- Inhalt und Form **VOB/A § 29** 1 ff.

Vertragsverhandlungen VOB/A Vor § 2 1, **§ 3a** 2
Vertrauen der Bieter VOB/A § 3 28
Vertrauensschaden VOB/A Vor § 2 3, **§ 16** 49
Vertrauensverhältnis VOB/A Vor § 2 2, 22
Vertraulichkeit der Teilnahmeanträge und Angebote VOB/A-SKR § 8 1
Vertretbare Nacherfüllungskosten VOB/B § 13 Nr. 7 111
Vertretung bei aufgelöster Gesellschaft Anh 3 116
Vertretungsmacht Anh 3 64, 69
Verwahrgeldkonto VOB/B § 17 Nr. 6 32
Verwahrung
- digitale Angebote **VOB/A § 22** 10
- geöffnete Angebote **VOB/A § 22** 45

Verwaltung VOB/A § 8 34
Verwaltungsbeirat VOB/B § 13 Nr. 5 296
Verwaltungsprivatrecht VOB/A § 8 5
Verwaltungsverfahren VOB/A § 3 4, **§ 3a** 2
Verwaltungsverfahrensgesetz VOB/A § 3 5
Verweigerung der Abnahme VOB/B § 13 Nr. 4 167, **§ 16** 19
- endgültige Abrechnung **VOB/B § 16** 19

Verweisung Anh 1 67
Verwender Anh 1 24, 38, 39, 89
Verwendungen VOB/B § 13 114
Verwendung von Unterlagen VOB/A § 20 43
Verwendungseignung VOB/B § 13 Nr. 1 26
Verwendungsfälle Anh 1 37
Verwendungsgegner Anh 1 38
Verwirkung
- Darlegungs- und Beweislast **VOB/B § 16 Nr. 3** 55
- Zeitablauf **VOB/B § 16 Nr. 3** 53

Verwirkung eines Mangelanspruches VOB/B § 13 Nr. 4 34
Verzeichnis von Nachunternehmern VOB/A § 2 7
Verzicht auf Einrede der Vorausklage
- Bürgschaft **VOB/B § 17 Nr. 4** 25

Verzicht auf Geltendmachung der Verjährungseinrede VOB/B § 13 Nr. 4 50
Verzicht auf Mangelansprüche VOB/B § 13 Nr. 4 36
Verzicht des Auftraggebers auf seinen Nacherfüllungsanspruch VOB/B § 13 Nr. 5 122
Verzichtserklärung VOB/B § 2 60
Verzinsung
- Fälligkeitszinsen **VOB/B § 16 Nr. 5** 21,37

Verzug VOB/B § 13 Nr. 5 219
- Recht zur Arbeitseinstellung **VOB/B § 16 Nr. 5** 42

Verzug des Bauträgers mit der Leistungserbringung Anh 3 374
Verzugszinsen VOB/B § 13 Nr. 5 219
VHB VOB/B § 2 Nr. 10 12
Vielzahl von Verträgen Anh 1 32
VO über Abschlagszahlungen bei Bauträgerverträgen Anh 3 332
VOB als Ganzes
- Bürgschaft auf erstes Anfordern **VOB/B § 17 Nr. 4** 73
- Rückgaberegelung für Sicherheit **VOB/B § 17 Nr. 8** 14

VOB 2006 neue Regelung des § 8a Nr. 10 VOB/A VOB/A § 8a 31
VOB/A Abschnitt 4 VOB/A-SKR Vor SKR 1
VOB/B 2002 VOB/B § 13 19
- Änderungen **VOB/B § 13** 43

VOB/B als Ganzes Anh 1 61
VOB/B Fassung 2006 Anh 1 9
VOB/B-Gewährleistungsbestimmungen Anh 1 79
Vollendung der Verjährung VOB/B § 13 Nr. 4 317
Vollmacht VOB/B § 2 27
- Grenzen **VOB/B § 2** 27

Vollmachtloses Handeln des Vertreters VOB/B § 2 40
Vollmachtsfragen Anh 3 307
Vollmachtsüberschreitung VOB/B § 2 44
Vollständige Fertigstellung nach § 3 MaBV Anh 3 437
Vollstreckungsgegenklage Anh 3 437
Vollstreckungsklauseln Anh 3 436, 438
Vorabinformation VOB/A § 3a 33
Voraussichtliche Nacherfüllungskosten VOB/B § 13 Nr. 7 95
Vorauswahl VOB/A § 3a 10
Vorauszahlungen VOB/B § 9 Nr. 1 43
- AGB **VOB/B § 16 Nr. 2** 2
- Ausnahmecharakter **VOB/B § 16 Nr. 2** 2
- Insolvenzfall **VOB/B § 16 Nr. 2** 7
- öffentliche Bauaufträge **VOB/B § 16 Nr. 2** 12
- rechtlicher Charakter **VOB/B § 16 Nr. 2** 1
- Sicherheitsbedürfnis **VOB/B § 16 Nr. 2** 5
- Sicherheitsleistung **VOB/B § 16 Nr. 2** 7
- Umsatzsteueranteil **VOB/B § 16 Nr. 2** 6
- Vereinbarung **VOB/B § 16 Nr. 2** 4
- Verzinsung **VOB/B § 16 Nr. 2** 7 f.

Vorauszahlungsbürgschaft
- Rückgabe **VOB/B § 17 Nr. 8** 3

Vorauszahlungsbürgschaft auf erstes Anfordern
- Zulässigkeit **VOB/B § 17 Nr. 4** 70

Vorauszahlungssicherheit
- Rückgabe **VOB/A § 14** 26

Stichwortverzeichnis

Vorbehalt
– anhängiger Prozess **VOB/B § 16 Nr. 3** 118
Vorbehaltlose Annahme
– Einreden **VOB/B § 16 Nr. 3** 68
– endgültige schriftliche Ablehnung weiterer Zahlungen **VOB/B § 16 Nr. 3** 99
– Irrtum **VOB/B § 16 Nr. 3** 92
Vorbehaltlose Annahme der Schlusszahlung VOB/B § 16 Nr. 3 62, 78, 105
– Annahme **VOB/B § 16 Nr. 3** 89
– Ausschlusswirkung **VOB/B § 16 Nr. 3** 78
– Bereicherungsanspruch **VOB/B § 16 Nr. 3** 74
– besondere vertragliche Ausnahmeregelung **VOB/B § 16 Nr. 3** 63
– Hinweis **VOB/B § 16 Nr. 3** 94
– Rechenfehler **VOB/B § 16 Nr. 3** 145
– Schlussrechnung **VOB/B § 16 Nr. 3** 66
– Schriftform **VOB/B § 16 Nr. 3** 105
– Übertragungsfehler **VOB/B § 16 Nr. 3** 145
– Unterrichtungs- und Hinweispflicht des Auftraggebers **VOB/B § 16 Nr. 3** 85
– Vergleichsverhandlungen **VOB/B § 16 Nr. 3** 72
– Verzug des Auftraggebers **VOB/B § 16 Nr. 3** 82
Vorbehaltsbegründung VOB/B § 16 Nr. 3 134
– Frist **VOB/B § 16 Nr. 3** 135
– prüfbare Rechnung **VOB/B § 16 Nr. 3** 136
Vorbehaltserklärung VOB/B § 16 Nr. 3 120
– Adressat **VOB/B § 16 Nr. 3** 127
– Anforderungen **VOB/B § 16 Nr. 3** 124
– Beweislast **VOB/B § 16 Nr. 3** 129
– empfangsbedürftige Willenserklärung **VOB/B § 16 Nr. 3** 120
– Form **VOB/B § 16 Nr. 3** 122
– Frist **VOB/B § 16 Nr. 3** 130
Vorbehaltsurteil VOB/B § 13 Nr. 5 268
Vorbemerkungen zum Leistungsverzeichnis VOB/A § 9 88
Vordersätze VOB/B § 2 Nr. 3 11
Voreingenommene Personen VOB/A § 2 44
Vorformulierte Bedingungen Anh 1 36
Vorformulierung Anh 1 37
Vorgeschalteten Teilnahmewettbewerb VOB/A § 2 10
Vorgeschriebene Stoffe oder Bauteile VOB/B § 13 Nr. 3 38
Vorgesehene Beanspruchung der fertigen Leistung VOB/A § 9 49
Vorinformation
– Bekanntmachung **VOB/A § 17a** 3
– Wertgrenzen **VOB/A § 17a** 2
Vorinformationsverfahren
– Art der Veröffentlichung **VOB/A § 17a** 4
Vorlage anderer als der geforderten Nachweise VOB/A § 8a 19
Vorleistungen anderer Unternehmer VOB/B § 13 Nr. 3 44
Vormerkung zur Grundstücksübereignung Anh 3 456
Vormerkung zur Sicherungshypothek
– Abwendung durch Bürgschaft **Anh 2** 87
– Abwendung durch Hinterlegung **Anh 2** 87
– Antrag **Anh 2** 88
– Aufhebung **Anh 2** 100
– Aufhebung nach Sicherheitsleistung **Anh 2** 108
– Beschluss ohne mündliche Verhandlung **Anh 2** 90
– einstweilige Verfügung **Anh 2** 71
– Endurteil **Anh 2** 91
– Glaubhaftmachung **Anh 2** 75
– Hauptsachenklage **Anh 2** 117
– Insolvenz des Auftraggebers **Anh 2** 119
– Kosten des Verfügungsverfahrens **Anh 2** 112
– Rechtsmittel des Auftraggebers **Anh 2** 100
– Rechtsmittel des Auftragnehmers **Anh 2** 111
– Rechtsschutzbedürfnis **Anh 2** 83
– Sicherheitsleistung **Anh 2** 108
– Streitwert des Verfügungsverfahrens **Anh 2** 116
– Umschreibung in Sicherungshypothek **Anh 2** 117
– Verfügungsanspruch **Anh 2** 75
– Verfügungsgrund **Anh 2** 82
– Vollziehung einer einstweiligen Verfügung **Anh 2** 93
– Voraussetzungen **Anh 2** 72
– Zurückweisung **Anh 2** 92
– Zuständigkeit **Anh 2** 73
Vorrang der Individualabrede Anh 1 34
Vorsätzlich unzutreffende Erklärungen der Bewerber VOB/A § 8 121
Vorschussanspruch VOB/B § 8 Nr. 3 42
– Erfüllungsort **VOB/B § 18 Nr. 1** 10
Vorschussklage VOB/B Vor § 13 341
Vorsteuererstattungsansprüche Anh 3 338
Vorteilsannahme VOB/A § 8 102
Vorteilsausgleich VOB/B § 2 Nr. 1 9, **Vor § 13** 244, **§ 13** 348
Vorteilsausgleichung VOB/B § 13 Nr. 5 188
Vorteilsgewährung VOB/A § 8 102
Vorunternehmer VOB/B § 9 Nr. 1 6, 12, **§ 13 Nr. 1** 114

W

Wagnis VOB/A § 2 30, 33, **§ 3a** 39
– und Gewinn **VOB/B § 9 Nr. 3** 8, 13
Wahl des Verfahrenstyps
– Rechtsfolgen einer fehlerhaften Wahl **VOB/A § 3a** 51
Wahl- oder Alternativpositionen VOB/A § 9 17
Wahlmöglichkeit Anh 1 37
Wahlrecht VOB/B Vor § 13 35, **§ 13 Nr. 7** 16
Wahlrecht zur Sicherheitsleistung
– Beschränkung **VOB/B § 17 Nr. 3** 3
Wahlschuldverhältnis VOB/B § 2 Nr. 1 5, **§ 2 Nr. 6** 3
Wandelung VOB/B Vor §§ 8 und 9 9
– Ausschluss **VOB/B Vor §§ 8 und 9** 44
Wandelung bei einem VOB-Bauvertrag VOB/B Vor §§ 8 und 9 44
Wandelungsrecht VOB/B Vor §§ 8 und 9 43
Wärmepumpe VOB/B § 13 Nr. 4 106
Wärmeschutzverordnung VOB/B § 4 Nr. 2 61
Wartung VOB/B § 13 Nr. 4 99
Wartungsvertrag VOB/B § 13 Nr. 4 100
Wechsel der Teilnehmer VOB/A § 8 62
Wegfall der Geschäftsgrundlage VOB/B Vor §§ 8 und 9 22, **§ 9** 14

Stichwortverzeichnis

Wegfall des Leistungsverweigerungsrechts VOB/B § 13 Nr. 5 270
Wegfall oder Änderung der Geschäftsgrundlage VOB/B § 13 Nr. 4 164
Wegfall von Vertragspflichten VOB/B § 2 Nr. 4 15
Weigerung des Auftragnehmers VOB/B § 13 Nr. 5 51
Werbeaussagen VOB/B § 13 77
Werklieferungsvertrag VOB/B Vor § 13 103
– Bauhandwerkersicherheitsleistung **Anh 2** 140, 197
– Neuregelung **VOB/B § 13** 154
Werklohnklage
– Erfüllungsort **VOB/B § 18 Nr. 1** 10
Werkvertragsrecht VOB/B § 16 5
– Abschlagszahlungen **VOB/B § 16** 5
Wertersatz VOB/B Vor § 13 52, **§ 13** 104
Wertung
– Änderungsvorschläge und Nebenangebote **VOB/A § 25** 82
– Angebote bei freihändiger Vergabe **VOB/A § 25** 94
– Angebotspreise **VOB/A § 25** 60
– Mehr an Eignung **VOB/A § 25** 45
– Preisnachlässe ohne Bedingung **VOB/A § 25** 91
– Tariftreue **VOB/A § 25** 52
– Umwelteigenschaften **VOB/A § 25** 77
– vier wesentliche Gruppen **VOB/A § 25** 3
Wertung der Angebote VOB/A-SKR § 11 11
Wertungskriterien VOB/A § 25b 2
Wesentlicher Mangel VOB/B § 13 Nr. 7 61
Wettbewerb VOB/A § 2 38, **§ 3** 7
– Arten des Aufrufes zum **VOB/A § 17b** 2
Wettbewerblicher Dialog VOB/A § 3a 1, 3, 13, **§ 8a** 14, **§ 32** 11, **§ 32a** 8
– Abschluss **VOB/A § 3a** 22
– Angebotsphase **VOB/A § 3a** 16, 21
– Anwendungsbereich **VOB/A § 3a** 24
– Aufhebung **VOB/A § 3a** 20
– Bekanntmachung **VOB/A § 3a** 17
– Bewerbungsfrist **VOB/A § 3a** 18
– Darlegungslast **VOB/A § 3a** 24
– Dialogphase **VOB/A § 3a** 16, 19
– dreigliedriges Verfahren **VOB/A § 3a** 16
– Komplexität der Leistung **VOB/A § 3a** 26
– Kostenerstattung **VOB/A § 3a** 23
– objektives Unvermögen **VOB/A § 3a** 25
– Projektbeschreibung **VOB/A § 3a** 17
– Wertungsphase **VOB/A § 3a** 21
– wesentliche Merkmale **VOB/A § 3a** 13
Wettbewerbsbeschränkende Absprachen bei Ausschreibungen VOB/A § 25 23
Wettbewerbsbeschränkende Verhaltensweise VOB/A § 2 41
Wettbewerbspreis VOB/A § 8 99
Wettbewerbsprinzip VOB/A § 8 4
Widerklage Anh 3 88
Widerrufsanspruch Anh 1 22, 29
Widersprüchliches Verhalten VOB/B § 13 Nr. 4 46
Wiedereinsetzung in den vorigen Stand
– Bescheid nach § 18 Nr. 2 **VOB/B § 18 Nr. 2** 25
– Schlichtungsverfahren nach § 18 Nr. 2 **VOB/B § 18 Nr. 2** 25
Wiederholung gleichartiger Bauleistungen
– Verhandlungsverfahren **VOB/A § 3a** 49
Wiederholungsgefahr Anh 1 27
Winterausfallgeld VOB/A § 2 54
Winterbau VOB/A § 2 53
Winterbeschäftigungs-Verordnung VOB/A § 2 54
Wintergeld VOB/A § 2 54
Winterschäden
– Begriff **VOB/B § 4 Nr. 5** 22
– Maßnahmen gegen **VOB/B § 4 Nr. 5** 18
Wirtschaftliche Identität VOB/A § 16 51
Wirtschaftliche und finanzielle Betreuung Anh 3 430
Wirtschaftliche Vertretbarkeit VOB/A § 9 135
Wirtschaftliches Wagnis VOB/B § 2 Nr. 1 58
Wirtschaftlichkeit VOB/A § 25 72
Wirtschaftlichkeitsvergleich VOB/A § 32 6
Wirtschafts- und wettbewerbspolitische Ziele VOB/A § 8 9
Wirtschaftsstrafgesetz VOB/B § 2 67
Wissenschaftlicher Wert
– Gegenstände **VOB/B § 4 Nr. 9** 2
Witterungseinflüsse siehe *Behinderung*
Wohnfläche VOB/B § 13 Nr. 6 64; **Anh 3** 449
Wohnungseigentum Anh 3 385b
– Bauhandwerkersicherungshypothek **Anh 2** 42
Wohnungseigentümergemeinschaft VOB/B § 18 Nr. 1 9
– Gerichtsstand **VOB/B § 18 Nr. 1** 9
Wucher VOB/B § 2 4, **Vor §§ 8 und 9** 37

Z

Zahl der aufzufordernden Unternehmer VOB/A § 8a 12, 15
Zahlung VOB/B § 16 2
– Darlegungs- und Beweislast **VOB/B § 16** 2
– Erklärungspflicht des Auftragnehmers **VOB/B § 16 Nr. 6** 18
– Rechtzeitigkeit **VOB/B § 16 Nr. 1** 42
Zahlung an Dritte
– Abtretung **VOB/B § 16 Nr. 6** 7
– Erfüllung der Zahlungspflicht aus Bauvertrag **VOB/B § 16 Nr. 6** 14
– Erklärungsfrist **VOB/B § 16 Nr. 6** 22
– Erkundigungspflicht des Auftraggebers **VOB/B § 16 Nr. 6** 21
– Forderung des Gläubigers **VOB/B § 16 Nr. 6** 15
– Garantieversprechen **VOB/B § 16 Nr. 6** 7
– inkongruente Deckung **VOB/B § 16 Nr. 6** 4
– Insolvenzanfechtung **VOB/B § 16 Nr. 6** 4
– isolierte Inhaltskontrolle **VOB/B § 16 Nr. 6** 3
– Vermögensverfall beim Auftragnehmer **VOB/B § 16 Nr. 6** 23
– Voraussetzungen **VOB/B § 16 Nr. 6** 13
– Wahlrecht des Auftraggebers **VOB/B § 16 Nr. 6** 1, 5
Zahlung und Zahlungsverzug der Erwerber Anh 3 339

2743

Stichwortverzeichnis

Zahlung unter Vorbehalt VOB/B § 16 3
– Erfüllung **VOB/B § 16** 3
Zahlungen auf Stundenlohnrechnungen VOB/B § 9 Nr. 1 43
Zahlungsbedingungen
– wesentliche **VOB/A § 17** 23
Zahlungsfähigkeit Anh 3 76
Zahlungsfristen der VOB/B
– Inhaltskontrolle **VOB/B § 9 Nr. 1** 50
Zahlungsgarantie
– Abgrenzung zur selbstschuldnerischen Bürgschaft **VOB/B § 17 Nr. 4** 29
Zahlungsplan
– Bauhandwerkersicherheitsleistung **Anh 2** 150
Zahlungsverzug VOB/B § 13 Nr. 5 263
Zahlungsverzug des Auftraggebers VOB/B § 16 Nr. 5 16
– Nachfrist **VOB/B § 16 Nr. 5** 23
– Zinsen **VOB/B § 16 Nr. 5** 18
Zeichnungen VOB/B § 9 Nr. 1 7
– Verlangen **VOB/B § 2 Nr. 9** 2
Zeichnungen und Probestücke VOB/A § 9 97
Zeitbürgschaft VOB/B § 17 Nr. 4 85
Zeitliches Anordnungsrecht Anh 1 13
Zeitpunkt der Aufforderung VOB/A § 8 61
Zeitpunkt der Auskunftsanforderung VOB/A § 8 86
Zeitpunkt der Auskunftsanforderung bei beschränkter Ausschreibung und freihändige Vergabe VOB/A § 8 90
Zeitpunkt der Eignungsprüfung VOB/A § 2 12
Zeitverträge VOB/A § 6 8
Zentrale Leistungen VOB/B Vor § 13 182
Zerstörung von Baumaterial oder Handwerkszeug VOB/B § 4 Nr. 2 73
Zinsen VOB/B § 13 Nr. 5 190
Zivilprozess
– örtliche Zuständigkeit **VOB/B § 18 Nr. 1** 4
Zufahrtswege VOB/B § 4 Nr. 4 1
Zugesicherte Eigenschaft VOB/B Vor §§ 8 und 9 41, **Vor § 13** 144, 272, **§ 13** 73, **§ 13 Nr. 1** 10, 36, **§ 13 Nr. 7** 63
Zug-um-Zug-Verurteilung VOB/B § 13 Nr. 5 235, 252
Zulagen VOB/A § 9 108
Zulässigkeit von Gegenanträgen im Beweisverfahren Anh 4 63
Zulässigkeit von Parallelausschreibungen VOB/A § 16 40
Zulassung durch den Auftraggeber VOB/A § 8 84
Zulieferungen VOB/A § 4 7
Zurechnung von Einigungsvoraussetzungen VOB/A § 2 3
Zurückbehaltungsrecht VOB/B § 9 Nr. 1 46, **Vor § 13** 297, **§ 13 Nr. 4** 292, **§ 18 Nr. 5** 3; **Anh 3** 273
– des Auftraggebers vor Abnahme **VOB/B § 4 Nr. 7** 4, 29
Zurückhaltungsrecht nach Eintritt der Verjährung VOB/B § 13 Nr. 4 321
Zurückzahlung nicht verbrauchter Gelder Anh 3 487
Zusatzleistung VOB/A § 3b 12; **VOB/B § 2 Nr. 5** 8
– Sicherheitsleistung **VOB/B § 17 Nr. 1** 28
– Verhandlungsverfahren **VOB/A § 3a** 46 ff.

Zusätzliche Technische Vertragsbedingungen VOB/B § 1 Nr. 2 7; **Anh 1** 88
– allgemein anerkannten Regeln der Bautechnik **VOB/B § 1 Nr. 2** 11
– Proben und Muster **VOB/B § 1 Nr. 2** 11
Zusätzliche Vergütung VOB/B § 2 Nr. 6 1
– Berechnung **VOB/B § 2 Nr. 6** 22
Zusätzliche Vergütung des Hauptunternehmers Anh 3 290
Zusätzliche Vertragsbedingungen VOB/B § 1 Nr. 2 7, **§ 2 Nr. 3** 10; **Anh 1** 87
Zuschlag VOB/A § 3a 22
– Allgemeine Grundlagen **VOB/A § 28** 1
– Anwendungsbereich **VOB/A § 28** 8
– Rechtsschutz **VOB/A § 28** 34 ff.
– Vertragsschluss **VOB/A § 28** 12 ff.
– Voraussetzung **VOB/A § 28** 21 ff.
Zuschlag bei Generalunternehmervergütung Anh 3 254
Zuschlagsfrist
– Angemessenheit der Frist **VOB/A § 19** 11
– Bemessung der Frist **VOB/A § 19** 14
– Bestimmung des Fristendes **VOB/A § 19** 17
– Dauer **VOB/A § 19** 8
– Eröffnungstermin als Fristbeginn **VOB/A § 19** 12
– Fristbestimmung durch Auftraggeber **VOB/A § 19** 9 f.
– Verlängerung der Zuschlagsfrist **VOB/A § 19** 18
Zuschlags- und Bindefrist VOB/A-SKR § 10 4
– Anschreiben (Aufforderung zur Angebotsabgabe) **VOB/A § 19** 6
Zuschuss-Wintergeld VOB/A § 2 54
Zuschusszahlung des Auftraggebers VOB/B § 13 Nr. 5 286
Zuständigkeit
– internationale **VOB/B § 18 Nr. 1** 7
– örtliche **VOB/B § 18 Nr. 1** 4
– sachliche **VOB/B § 18 Nr. 1** 6
Zuständigkeit für die Vergabe öffentlicher Aufträge VOB/A Vor § 2 23
Zustandsfeststellung VOB/B § 4 Nr. 10 1
– Beweislastumkehr **VOB/B § 4 Nr. 10** 6
– Dokumentation **VOB/B § 4 Nr. 10** 8
– Einigung **VOB/B § 4 Nr. 10** 8
– Ergebnis schriftliche Niederlegung **VOB/B § 4 Nr. 10** 5
– Leistungsteile
– – unselbstständige **VOB/B § 4 Nr. 10** 2
– Mangelanerkenntnis **VOB/B § 4 Nr. 10** 7
– Mehrkosten **VOB/B § 4 Nr. 10** 10
– Mitwirkung
– – verweigerte **VOB/B § 4 Nr. 10** 9
– Verlangen **VOB/B § 4 Nr. 10** 4
– Verzicht **VOB/B § 4 Nr. 10** 7
– Wirkungen **VOB/B § 4 Nr. 10** 3, 6
Zustellung der Klageschrift VOB/B § 13 Nr. 4 223
Zustimmung des Auftragnehmers zur Abtretung Anh 3 354
Zutrittsrecht des Auftraggebers zu den Arbeitsplätzen VOB/B § 4 Nr. 1 52

Stichwortverzeichnis

Zuverlässigkeit VOB/A § 2 20
Zuverlässigkeit der Bietergemeinschaft VOB/A § 2 11
Zuwenig-Lieferung VOB/B § 13 78, § 13 Nr. 1 46
Zwangsvollstreckung Anh 3 73, 77, 340, 437
Zwangsvollstreckung gegen die ARGE Anh 3 97
Zweckgemeinschaft VOB/B Vor § 13 203, 211, § 13 Nr. 5 288
Zweckmäßigkeit VOB/A-SKR § 11 2
Zweistufiges Modell Anh 3 147
Zwingende Gründe des Allgemeininteresses VOB/A § 8a 10
Zwingender Ausschlussgrund VOB/A § 8a 3
Zwingender Ausschlussgrund bei rechtskräftiger Verurteilung wegen bestimmter Straftaten VOB/A § 8a 3, § 8b 4

Werner / Pastor
Der Bauprozess
Prozessuale und materielle Probleme des zivilen Bauprozesses

11., neu bearbeitete und erweiterte Auflage 2005, 1.608 Seiten, gebunden, inkl. CD-ROM mit den aus der Zeitschrift „baurecht" zitierten Entscheidungen im Wortlaut,
€ 149,-

Die Autoren bleiben auch in der 11. Auflage ihrem Konzept treu, „von Praktikern für Praktiker" zu schreiben: Die Darstellung erfolgt wie bisher übersichtlich, praxisnah und präzise.

Aus dem Inhalt:
Die Sicherung bauvertraglicher Ansprüche • Zulässigkeitsfragen im Bauprozess • Die mündliche Verhandlung in Bausachen • Die Honorarklage des Architekten • Die Werklohnklage des Bauunternehmers • Die Honorarklage des Sonderfachmannes • Die Honorarklage des Projektsteuerers • Die Klage auf Mängelbeseitigung (Nachbesserung) • Die Gewährleistungsklage des Bauherrn • Besondere Fallgestaltungen außerhalb der Gewährleistung • Besondere Klagearten • Die Einwendungen der Baubeteiligten im Bauprozess • Kosten und Streitwerte • Die Zwangsvollstreckung in Bausachen

Zu beziehen über Ihre Buchhandlung oder direkt beim Verlag.

Bestellen Sie mit diesem Coupon per Fax oder Brief versandkostenfrei innerhalb Deutschlands. Sie können Ihre Bestellung innerhalb von 2 Wochen ohne Angaben von Gründen in Textform (z.B. Brief, Fax, E-Mail) oder durch Rücksendung der Ware widerrufen. Die Frist beginnt frühestens mit Erhalt dieser Belehrung. Zur Wahrung der Widerrufsfrist genügt die rechtzeitige Absendung des Widerrufs oder der Ware an die Wolters Kluwer Deutschland GmbH, Heddesdorfer Str. 31, 56564 Neuwied. Im Falle eines wirksamen Widerrufs oder einer wirksamen Rückgabe sind die beiderseits empfangenen Leistungen (Ware bzw. Kaufpreis) zurückzugewähren. Die Rücksendung ist für Sie in jedem Fall kostenfrei.
Geschäftsführer: Dr. Ulrich Hermann · HRB 58843 Köln · DE 188836808

Bitte ausschneiden und einschicken. WKN
Bestellung bitte per Fax oder per Post an:
Fax (gebührenfrei): (0 800) 801 801 8
Wolters Kluwer Deutschland GmbH • Niederlassung Neuwied
Postfach 2352 • 56513 Neuwied • Telefon 02631 801-2222
E-Mail info@wolterskluwer.de • www.werner-verlag.de

☐ **Ich bestelle:**

_____ Expl. **Der Bauprozess**
€ 149,- • ISBN (10) 3-8041-5002-0
ISBN (13) 978-3-8041-5002-7

Name/Vorname

Straße/Hausnummer

PLZ/Ort

Datum   Unterschrift

AGB und Bau-
errichtungsverträge

Korbion/Locher/Sienz
AGB und Bauerrichtungsverträge
4. Auflage 2006
316 Seiten, gebunden, € 69,-

Bauverträge im Rahmen mittlerer und größerer Bauvorhaben enthalten überwiegend Klauseln, die das Werkvertragsrecht des BGB sowie das Recht der VOB zugunsten des Verwenders abändern. Diese Klauseln unterliegen der **Inhaltskontrolle der AGB-rechtlichen Regelungen.**

Die Autoren erläutern auf Grundlage der bisher veröffentlichten, umfangreichen Rechtsprechung das **Verhältnis des AGB-Rechts** zur **VOB** und der häufig in der Praxis vorkommenden **Bauerrichtungsklauseln.**

Zu beziehen über Ihre Buchhandlung oder direkt beim Verlag.

Bestellen Sie mit diesem Coupon per Fax oder Brief versandkostenfrei innerhalb Deutschlands. Sie können Ihre Bestellung innerhalb von 2 Wochen ohne Angaben von Gründen in Textform (z.B. Brief, Fax, E-Mail) oder durch Rücksendung der Ware widerrufen. Die Frist beginnt frühestens mit Erhalt dieser Belehrung. Zur Wahrung der Widerrufsfrist genügt die rechtzeitige Absendung des Widerrufs oder der Ware an die Wolters Kluwer Deutschland GmbH, Heddesdorfer Str. 31, 56564 Neuwied. Im Falle eines wirksamen Widerrufs oder einer wirksamen Rücksendung sind die beiderseits empfangenen Leistungen (Ware bzw. Kaufpreis) zurückzugewähren. Die Rücksendung ist für Sie in jedem Fall kostenfrei.
Geschäftsführer: Dr. Ulrich Hermann · HRB 58843 Köln · DE 188836808

Bitte ausschneiden und einschicken.

Bestellung bitte per Fax oder per Post an: 26277/001
Fax (gebührenfrei): (0 800) 801 801 8
Wolters Kluwer Deutschland GmbH • Niederlassung Neuwied
Postfach 2352 • 56513 Neuwied • Telefon 02631 801-2222
E-Mail info@wolterskluwer.de • www.werner-verlag.de

☐ **Ich bestelle:**

_____ Expl. **AGB und Bauerrichtungsverträge**
€ 69,- • ISBN (10) 3-8041-5161-2
ISBN (13) 978-3-8041-5161-1

Name/Vorname

Straße/Hausnummer

PLZ/Ort

Datum   Unterschrift

Eine Marke von Wolters Kluwer Deutschland

Notizen

Notizen

Notizen

Notizen

Notizen

Notizen

Notizen

Notizen

Notizen

Notizen

WICHTIGER HINWEIS zur Beilagen-CD-ROM Ingenstau/Korbion, 16. Auflage:

Wir weisen darauf hin, dass die Installation von neuer Software grundsätzlich einen Eingriff in die vorhandene Systemkonfiguration darstellt und dementsprechend die notwendigen Vorsichtsmaßnahmen (Datensicherung usw.) zu treffen sind.

Bei der Benutzung dieser CD-ROM werden – je nach bereits vorhandenen Betriebssystemkomponenten – weitere Zusatzkomponenten installiert. Bei Windows NT oder Windows 2000 benötigen Sie hierzu Administratorrechte. In Zweifelsfällen empfehlen wir Ihnen, Ihren Systembetreuer vor der Installation zu konsultieren.

Die Installationsroutine überprüft Ihre Rechnerkonfiguration und installiert gegebenenfalls folgende Komponenten automatisch:

1. Sofern auf Ihrem Rechner noch keine Version des Microsoft Internet-Explorers ab Version 5.0 installiert ist, wird eine aktuellere Version installiert (weitere Hinweise: http://www.microsoft.de).
2. Zur Erschließung der Entscheidungen wird noch ein weiteres Active-X-Control (»Makrolog-Tree-Control«) installiert.

Normalerweise sollten diese Schritte nach Einlegen der CD-ROM automatisch ablaufen.

Bei Problemen wenden Sie sich bitte an die technische Hotline unter der Telefonnummer 01805-9534357 bzw. 01805-WKDHELP (12 Cent/Min. aus dem Netz der Deutschen Telekom) oder per Email an supportcenter@wolterskluwer.de

Für inhaltliche Fragen steht Ihnen unsere Kundenbetreuung unter der Telefonnummer 02631-801-2222 oder per Email an info@wolterskluwer.de gerne zur Verfügung.

Rechte/Haftungsausschluss: Für zugesicherte Eigenschaften und bei grober Fahrlässigkeit oder Vorsatz haftet die Wolters Kluwer Deutschland GmbH unbegrenzt nach den gesetzlichen Vorschriften.

Bei einfacher Fahrlässigkeit ist die Haftung ausgeschlossen, soweit weder eine wesentliche Vertragspflicht, noch Leben, Körper und Gesundheit verletzt wurden oder ein Fall des Verzugs oder der Unmöglichkeit vorliegt.

Bei einfacher Fahrlässigkeit wird, soweit eine wesentliche Vertragspflicht verletzt wurde oder ein Fall des Verzugs oder der Unmöglichkeit vorliegt, die Haftung für Schäden, die nicht auf einer Verletzung von Leib oder Leben beruhen, auf den Kaufpreis des Produkts pro Schadensfall beschränkt.

Dem Anwender ist bekannt, dass er im Rahmen seiner Schadensminderungsobliegenheit insbesondere für die regelmäßige Sicherung seiner Daten zu sorgen hat und im Falle eines vermuteten Softwarefehlers alle zumutbaren zusätzlichen Sicherungsmaßnahmen ergreifen muss.

Das Werk ist einschließlich aller seiner Teile urheberrechtlich geschützt. Jede Verwertung außerhalb der engen Grenzen des Urheberrechts ist ohne Zustimmung des Verlages unzulässig.

Werner Verlag